PRESENTAZIONE

Questo **Nuovo Zingarelli** ***minore*** — **Vocabolario della lingua italiana** di Nicola Zingarelli – Undicesima edizione — *vuole essere contemporaneamente il* primo *e il* secondo *vocabolario.*

Primo vocabolario *per gli allievi della scuola dell'obbligo: in particolare l'opera è stata espressamente ideata per soddisfare le esigenze di conoscenza della lingua e di apprendimento del lessico che i programmi richiedono agli studenti della* ***Scuola media inferiore****. Anche i programmi per la* ***Scuola elementare*** *raccomandano, a partire dal terzo anno, l'«*attivazione delle capacità di ricercare e raccogliere informazioni da testi scritti (libri, giornali, vocabolari, ...)*»: con questo* **Nuovo Zingarelli** ***minore*** *l'allievo imparerà contemporaneamente i significati di parole sconosciute e la tecnica per la consultazione di un repertorio ordinato alfabeticamente.*

Secondo vocabolario *per chiunque già disponga del* **Nuovo Zingarelli** ***maggiore*** *— o di altro dizionario che gli sia pari per mole, o che gli si avvicini per completezza — e necessiti di un volume facilmente trasportabile e di rapida consultazione: un libro da tenere perciò sempre in cartella o sul banco di scuola; indispensabile in ufficio, sulla scrivania o accanto alla tastiera del videoterminale; da portare in viaggio e in vacanza; per i* rebus *e i* cruciverba, *per* Scarabeo *e* Paroliamo. *Insomma, un vocabolario da avere sottomano quando è necessaria una risposta immediata a una delle fatidiche domande: «*Come si scrive? Che vuol dire? Qual è l'esatta pronuncia? Come *fa* al plurale?*».*

Questa duplice destinazione ha ispirato i nostri criteri nel determinare le caratteristiche lessicografiche dell'opera:

- *La scelta calibrata dei* 58 000 *vocaboli: parole di lingua comune, termini delle scienze e delle tecniche, neologismi e forestierismi, vocaboli gergali e arcaici.*
- *La chiara suddivisione di ciascuna voce nelle distinte categorie grammaticali — contrassegnate dalle lettere* ***A, B, C, ...*** *— e nelle diverse accezioni — precedute dai numeri* ***1, 2, 3, ...****; all'interno di ogni accezione, l'ulteriore segnalazione delle sfumature di significato — indicate dalla barra verticale* **|**.
- *La frequentissima menzione di* sinonimi *e di* contrari*: una caratteristica importante non solo per evitare le ripetizioni nello scrivere, ma anche per dare una più immediata concretezza alla definizione.*
- *La puntuale registrazione della coniugazione dei verbi irregolari, dell'uso dell'ausiliare* essere *o* avere *per i verbi intransitivi, del plurale di sostantivi e aggettivi nei casi di irregolarità o, comunque, quando possa esservi un ragionevole dubbio.*
- *L'indicazione della pronuncia mediante accenti tonici* chiari, *ben distinti dagli accenti grafici in* neretto*; l'uso di semplici segni per indicare le* s *e* z *sonore; la trascrizione fonematica delle voci straniere con i caratteri dell'Associazione Fonetica Internazionale.*
- *L'abbondanza di illustrazioni:* 246 *tavole illustrate, molte delle quali a tutta pagina, per un totale di circa* 5 000 *disegni: una dimensione visiva che perfettamente si integra con il testo scritto nel definire il significato delle parole. E inoltre tre repertori enciclopedici: l'*Atlante degli animali, *l'*Atlante delle piante *e, in quadricromia, l'*Atlante dei colori.
- *Le preziose* Note d'uso*, in evidenza su un fondo di colore grigio, fra le quali segnaliamo:* Accento; Elisione e troncamento; Femminile; Maiuscola; Numero; Punto; Sillaba.
- *Gli utili repertori finali:* Sigle, abbreviazioni, simboli; Locuzioni; Proverbi; Nomi propri; Luoghi e abitanti d'Italia; Unità di misura; Gradi militari; Prefissi e suffissi *e le* Tavole di nomenclatura*: un vero e proprio dizionario analogico per esplorare il mondo delle parole partendo dalle idee.*
- *La leggibilità del testo, interamente ricomposto in questa nuova edizione con nitidi caratteri di fotocomposizione, e l'aumento del formato della pagina, che ha consentito un accrescimento di più del 15% in un volume sostanzialmente invariato per mole.*

Questo **Nuovo Zingarelli** ***minore*** *è frutto dell'opera intelligente, colta e metodica di numerosi collaboratori, il cui nome è elencato nel retro di questa pagina: a tutti esprimiamo la nostra gratitudine. Un ringraziamento particolare dobbiamo a* Mario Cannella, *che, dopo avere collaborato con la* Redazione lessicografica Zanichelli *e con* Augusta Forconi *alla stesura del piano di revisione, si è accollato il compito della rilettura dell'edizione precedente, della scelta delle nuove voci e della stesura delle nuove definizioni.*

Siamo grati ai lettori per il favore crescente con cui sono accolti i **Nuovi Dizionari** *e* **Atlanti Zanichelli** *e chiediamo loro di aiutarci a renderli sempre più accurati segnalandoci eventuali imprecisioni o errori che ci fossero sfuggiti: come sempre, se ne terrà conto nelle future ristampe e edizioni.*

Maggio 1987

l'Editore

Undicesima edizione

Il piano di lavoro è stato elaborato dall'Editore, con la collaborazione di Augusta Forconi e di Mario Cannella.

Revisione e stesura delle nuove voci: Mario Cannella.

Coordinamento redazionale: Roberta Balboni.

Collaborazioni redazionali: Anna Cocchi, Enrico Lorenzi.

Illustrazioni: coordinamento redazionale: Roberta Balboni; *esecuzione*: Luigi Spighi.

Atlante dei colori a cura di Vincenzo Satta.

Impaginazione e fotocomposizione: Elios, Trento, con sistema EDG-Zanichelli *a cura di* Marco Brazzali e Roberto Cagol.

Sovraccoperta: Anna Zamboni.

Coordinamento della composizione, stampa, confezione: Edgardo Garaffoni, Mauro Stanghellini.

Decima edizione

Stesura del piano di rielaborazione e revisione generale: Miro Dogliotti.

Stesura delle voci del vocabolario: Augusta Forconi.

Coordinamento redazionale: Enrico Righini.

Revisione delle voci del vocabolario: Luciano Satta per la lingua comune, Rinaldo De Benedetti (Didimo) per i linguaggi tecnici e scientifici.

Indicazioni di pronunzia: Ilio Calabresi.

Stesura delle tavole delle locuzioni: Carlo Lapucci.

Stesura delle tavole dei nomi di persona e di luogo: Manlio Cortelazzo.

Stesura delle tavole dei proverbi: Alberto Mario Cirese.

Elaborazione delle tavole di nomenclatura: Melina Insolera.

Collaborazioni redazionali: Anna Cocchi, Rosella Rocca; Bruno Basile, Maria Rosa Patrignani; Grazia Zaniboni, Giulio Forconi.

Segreteria di redazione: Roberta Balboni.

Impaginazione delle tavole delle illustrazioni: Maurizio Osti.

Esecuzione delle illustrazioni: Majda Abrate Novinc, Renata Coen Pirani, Maurizio Osti, Paola Pallottino, Wanda Pellino, Giampiero Piazza, Luigi Spighi, Luciano Vignali; Giuliano Abelli, Giuliano Aghemo, Luisella Cacciotto, Giuliano Fornari, Auro Lecci, Stefano Stefanini.

Consulenze scientifiche speciali: Francesco Corbetta, Elvezio Ghirardelli.

Questo vocabolario accoglie anche parole che sono — o si pretende che siano — marchi registrati senza che ciò implichi alcuna valutazione del loro reale stato giuridico. Nei casi obiettivamente noti all'editore, comunque, la definizione inizia con la formula «Nome commerciale di ...».

Finito di stampare nel settembre 1991
dalla Grafica Editoriale, via Mattei 106, Bologna
per conto della Zanichelli S.p.A., via Irnerio 34, 40126 Bologna

GUIDA ALLA CONSULTAZIONE

vocabolo o lemma — definizione

barùffa *s. f.* Litigio più o meno violento, spec. verbale.

qualifica grammaticale — sfumatura di significato

numero che indica i diversi significati

concentrazióne *s. f.* **1** Concentramento | Convergenza. **2** (*chim.*) Quantità relativa di una sostanza in un miscuglio. **3** Raggruppamento di imprese spec. industriali | Organismo unitario di più gruppi politici. **4** (*fig.*) Intenso raccoglimento mentale.

trascrizione fonematica delle parole straniere — voce o articolo

dribbling /*ingl.* 'dribliŋ/ *s. m. inv.* Nel calcio, azione di scartare abilmente l'avversario conservando il possesso della palla.

omografi — lettera che indica diverse qualifiche grammaticali

ètico (1) ***A*** *agg.* (*pl. m.* -*ci*) **1** (*filos.*) Che concerne o interessa l'etica o la filosofia morale. **2** Relativo al costume, alla vita sociale e civile. ***B*** *s. m.* (*filos.*) Chi si dedica allo studio dell'etica.

limite d'uso di significato

ètico (2) *agg.; anche s. m.* (*f.* -*a*; *pl. m.* -*ci*) (*raro*) Affetto da tisi.

forme di coniugazione verbale — verbo ausiliare — fraseologia esplicativa

fioccàre *v. intr.* (*io fiòcco, tu fiòcchi; aus. essere; anche impers.*) **1** Cadere a fiocchi: *la neve fiocca.* **2** (*fig.*) Essere detto o fatto in gran copia, come cadono i fiocchi di neve: *fioccano le bugie.*

indicazione dei sinonimi — indicazione dei contrari

garbàto *part. pass. di garbare; anche agg.* Che ha garbo, gentilezza, cortesia: *modo di fare* — | Aggraziato, di bella forma: *figura garbata*; SIN. Gentile; CONTR. Sgarbato.

indicazione di parole collegate — limite d'uso specialistico

lessèma *s. m.* (*ling.*) Unità di base del lessico che contiene un significato autonomo (ad es., *cant-*, *fanciull-*, *brutt-*); CFR. Morfema.

simbolo di elemento chimico

manganése *s. m.* Elemento chimico, metallo splendente, duro, fragile, spesso accompagnato al ferro; componente di acciai e altre leghe. SIMB. Mn.

locuzioni idiomatiche

nàso *s. m.* **1** Parte prominente del volto posta tra la fronte e la bocca: organo dell'olfatto e sbocco delle vie respiratorie: — *aquilino, camuso* | *Arricciare, torcere il* —, provare contrarietà, disgusto | *Non vedere più in là del proprio* —, avere la vista corta e (*fig.*) essere poco lungimirante | *Ficcare, mettere il — in q.c.*, impicciarsi de-

indicazione del femminile

operatóre ***A*** *agg.* (*f.* -*trice*) Che opera: *carità operatrice.*

indicazione del plurale

provìncia *s. f.* (*pl.* -*ce o* -*cie*) **1** Originariamente, sfera di

nota grammaticale — rinvio a nota d'uso

qualcùno o (*pop., dial.*) qualchedùno *pron. indef. solo sing.* (Si può troncare davanti a parola che comincia per consonante; si tronca sempre davanti a *'altro'* e si elide davanti ad *'altra'*: *qualcun altro*; *qualcun'altra*) (V. nota d'uso ELISIONE e TRONCAMENTO) **1** Alcuni, non molti

variante di forma

ricompràre o *ricomperàre* *v. tr.* (*io ricómpro*) Comprare di nuovo.

rinvio

ricomperàre V. *ricomprare.*

rinvio alle illustrazioni

toscàno ***A*** *agg.; anche s. m.* (*f.* -*a*) Della Toscana: *lingua toscana; pane, vino* —. [→ ill. *architettura, pane*] ***B*** *s. m.* Sigaro di tabacco forte prodotto dal monopolio italiano, che si usa fumare spezzato a metà. [→ ill. *fumatore*]

rinvio ai repertori finali

zùppa *s. f.* **1** Minestra di pane affettato in brodo di carne, pesce o verdure | *Se non è — è pan bagnato*, fra le due cose non c'è differenza sostanziale. **2** (*fig.*) Confusione, mescolanza di cose eterogenee. [→ tav. *proverbi* 351]

INDICE DELLE ILLUSTRAZIONI

13 Abbigliamento
17 Abitazione
24 Acconciatura
32 Aeronautica
33 Aeroporto
40 Agricoltura
45 Alga
49 Alpinista
58 Anatomia umana
63 Animali
89 Ape
89 Apicoltore
94 Araldica
97 Architettura
100 Armi
113 Astronautica
114 Astronomia
120 Automobile
122 Autoveicoli
128 Baco da seta
129 Bagno
132 Bandiera e insegna
134 Bar
133 Barba
135 Barbiere
138 Basilica cristiana
139 Batteri
148 Bilancia
156 Borsa
157 Botanica generale
165 Bue
170 Cacciatore
175 Calzatura
176 Calzolaio
178 Campana e campanello
179 Campeggiatore
181 Cane
189 Capra
194 Carrello
195 Carro e carrozza
197 Casa
200 Castello
204 Cava
205 Cavallo
208 Cellula
213 Cesta
217 Chimico
221 Ciclo e motociclo
224 Cinematografia
226 Circo
238 Coltello
259 Contenitore
267 Copricapo
282 Cristalli
285 Cucina
306 Diagramma
310 Diga
319 Disegnatore
330 Dolciumi
340 Edilizia
343 Elab. elettronica
344 Elemento ornamentale
346 Elettricità
347 Elettrodomestici
348 Elettronica
373 Falegname
384 Ferramenta
386 Ferrovia
393 Finestra
393 Finimenti
396 Fisica
403 Forbici
405 Formaggi
405 Formica
409 Fotografo
416 Frutta
417 Fumatore
418 Fungo
419 Funivia
423 Gallo
426 Gatto
432 Geografia
431 Geometria
437 Giardiniere
438 Giardino pubblico
442 Giochi
441 Gioielli
447 Giustizia
468 Illuminazione
531 Lavatura e stiratura
539 Lichene
549 Luna park
553 Macelleria
556 Magazzinaggio
558 Maiale
570 Marina
574 Martello
575 Maschera
581 Meccanica
583 Medicina e chirurgia
593 Metallurgia
595 Meteorologia
594 Metro
601 Miniera
606 Misure
608 Mobili
614 Moneta
617 Monumenti archeologici
622 Motore
633 Nettezza urbana
637 Nodo
642 Nucleare (fisica e ind.)
657 Orafo e argentiere
662 Orologiaio
663 Orologio
669 Ottica
674 Paleontologia
677 Pane
678 Panettiere
685 Parlamento
687 Parrucchiere
690 Passamaneria
692 Pasta
696 Pecora
700 Penna da scrivere
709 Pesca
713 Petrolio
716 Piante
741 Pittore
751 Ponte
754 Porta
756 Porto
758 Posta
785 Puericultura
800 Radio
806 Rana
817 Religione
846 Riscaldamento
868 Salumi
878 Scala
894 Scopa
899 Scultore
900 Scuola
904 Sega
929 Slitta
936 Solare (energia)
938 Sollevamento
952 Spazzola
956 Spezie
957 Spiaggia
963 Sport
973 Stalla
974 Stampa
984 Stoviglie
985 Strada
992 Strumenti musicali
999 Suono
1000 Supermercato
1014 Teatro
1016 Telefonia
1015 Telegrafia
1018 Televisione
1021 Tenda
1028 Tessuto
1036 Toilette e cosmesi
1040 Tornio
1046 Trapano
1064 Ufficio
1069 Uniforme militare
1077 Valigeria
1088 Verdura
1093 Vesti
1098 Vigili del fuoco
1100 Vino
1117 Zodiaco
1119 Zoologia generale

SEGNI CONVENZIONALI DI SCRITTURA E PRONUNZIA

Nel vocabolario tutte le voci composte in nero sono accentate: l'accento nero è obbligatorio secondo l'ortografia della lingua a cui la parola appartiene; quello chiaro, invece, indica l'esatta pronunzia quando la parola non è accentata nell'ortografia italiana.

´ accento acuto obbligatorio: **perché** **sé** (pronome) **matinée** (fr.)
` accento grave obbligatorio: **falò** **caffè** **tribù**
^ accento circonflesso obbligatorio: **suprême** (fr.) **tête-à-tête** (fr.) **chaîne** (fr.)
´ accento acuto non obbligatorio: **sé** (congiunzione) **réte** **póllo**
` accento grave non obbligatorio: **bàttere** **rètto** **pòlo**
gḷ quando la **g** è velare (dura): **gḷàuco** **gḷèba** **gḷìcine** **geroglìfico**
gl quando **gl** ha suono palatale (dolce): **pàglia** **scégliere** **gli** **maglificio**
i̱ quando, non essendo accentata e davanti ad altra vocale, conserva la pronunzia di vocale autonoma: **di̱àteṣi** **sci̱àre** **bi̱ènnio** **ri̱uscìre** **bi̱ologìa**
i quando, nelle stesse posizioni, è semivocale (o, preceduta da **c, g, sc,** è muta): **piàno** **lasciàre** **bièco** **più** **piovàsco**
u̱ quando, pur non essendo accentata ed essendo seguita da vocale, conserva la pronunzia di vocale autonoma: **du̱àle** **cru̱ènto** **taccu̱ìno** **proficu̱o** **argu̱ìre**
u quando, nelle stesse posizioni, è semivocale: **quàle** **quésto** **pasquìno** **èquo** **seguìre**
ṣ quand'è sonora (dolce): **bàṣe** **ròṣa** **preṣentàre** **àṣma** **ṣdentàto**
s quand'è sorda (aspra): **càsa** **presentìre** **staséra** **sàsso** **spuntàto**
ẓ quand'è sonora (dolce): **ẓòo** **aẓẓùrro** **biẓantino** **garẓa**
z quand'è sorda (aspra): **zìo** **pózzo** **negòzio** **tèrzo**
˘ quando una vocale è breve: **bŏnus** (lat.) **bĕne** (lat.)
¯ quando una vocale è lunga: **tēlum** (lat.) **Rōma** (lat.)

Le vocali **é, ó, é, ó** (indicate nell'alfabeto fonetico con il simbolo [e, o]) sono vocali chiuse, mentre **è, ò, è, ò** (indicate nell'alfabeto fonetico con il simbolo [ɛ, ɔ]) sono vocali aperte.

ALFABETO FONETICO

simbolo	grafia normale		grafia fonematica
a	*sàno*		'sano
	rìma		'rima
ã	*ampère*	*fr.*	ã'pɛr
ʌ	*bluff*	*ingl.*	blʌf
æ	*jazz*	*ingl.*	dʒæz
b	*cìbo*		'tʃibo
	èrba		'ɛrba
	làbbro		'labbro
d	*ràdo*		'rado
	càldo		'kaldo
	càddi		'kaddi
ð	*rutherford*	*ingl.*	'rʌðəfəd
dz	*bónzo*		'bondzo
	azzùrro		ad'dzurro
dʒ	*bìgio*		'bidʒo
	màrgine		'mardʒine
	màggio		'maddʒo
e	*séta*		'seta
	vàlle		'valle
ɛ	*gèlo*		'dʒɛlo
ɛ̃	*gobelin*	*fr.*	gobə'lɛ̃
ə	*Lager*	*ted.*	'la:gər
f	*cìfra*		'tʃifra
	cànfora		'kanfora
	buffóne		buf'fone
g	*rùga*		'ruga
	sàngue		'sangwe
	lèggo		'lɛggo
h	*coherer*	*ingl.*	kou'hiərə
i	*prìmo*		'primo
	màni		'mani
j	*ièri*		'jɛri
	càppio		'kappjo
k	*fuòco*		'fwɔko
	bifólco		bi'folko
	sàcco		'sakko
l	*stàbile*		'stabile
	càlma		'kalma
	bóllo		'bollo
ʎ	*dìrgli*		'dirʎi
	famìglia		fa'miʎʎa
m	*battésimo*		bat'tezimo
	campàna		kam'pana
	ammésso		am'messo
n	*veneràto*		vene'rato
	fumànte		fu'mante
	tónno		'tonno
ɲ	*ségno*		'seɲɲo
ŋ	*doping*	*ingl.*	'doupiŋ
o	*sóle*		'sole
	tàsto		'tasto
ɔ	*mòla*		'mɔla
ɔ̃	*biberon*	*fr.*	bi'brɔ̃
ø	*chartreuse*	*fr.*	ʃar'trøz
œ	*chauffeur*	*fr.*	ʃo'fœr
p	*ripòso*		ri'pɔso
	dirimpètto		dirim'pɛtto
	cappèllo		kap'pɛllo
r	*vàrio*		'varjo
	càrta		'karta
	tórre		'torre
s	*diségno*		di'seɲɲo
	córsa		'korsa
	pàsso		'passo
ʃ	*incònscio*		in'kɔnʃo
	discettàre		diʃʃet'tare
t	*carità*		kari'ta
	costànza		kos'tantsa
	rètto		'rɛtto
θ	*lazo*	*sp.*	'laθo
ts	*fòrza*		'fɔrtsa
	cavézza		ka'vettsa
tʃ	*péce*		'petʃe
	lanciàre		lan'tʃare
	piccióne		pit'tʃone
u	*sùbito*		'subito
	rubàre		ru'bare
v	*tovàglia*		to'vaʎʎa
	salvàre		sal'vare
	avviàre		avvi'are
w	*uòvo*		'wɔvo
	àcqua		'akkwa
x	*navaja*	*sp.*	na'baxa
y	*brut*	*fr.*	bryt
ɥ	*habitué*	*fr.*	abi'tɥe
z	*divìsa*		di'viza
	sofìsma		sofi'zma
ʒ	*frigidaire*	*fr.*	friʒi'dɛr

(') è il segno dell'accento tonico, anteposto nella trascrizione fonetica a tutta la sillaba tonica (es.: *mattìna* /mat'tina/)

(:) è il segno della lunghezza, posposto nella trascrizione fonetica alla vocale lunga (es.: *leader* /*ingl.* 'li:də/)

Simboli dell'alfabeto fonetico in equivalente grafia ortoepica: ɛ = è; e = é; ɔ = ò; o = ó; s = ʃ; z = ṣ; ts = z; dz = ẓ; i = i/j; u = u/ụ; j = i; w = u; gl = gḷ; ʎ/ʎʎ = gl/gli.

ABBREVIAZIONI USATE NEL VOCABOLARIO

a. = anno
abbigl. = abbigliamento
abbr. = abbreviato, abbreviazione
abl. = ablativo
a.C. = avanti Cristo
acc. = accusativo
acconc. = acconciatura
accr. = accrescitivo
acrt. = accorciativo
aer. = aeronautica
afer. = aferesi, aferetico
aff. = affermativo, affermativamente
agg. = aggettivo, aggettivale, aggettivato
agr. = agricoltura
anat. = anatomia umana e comparata
antifr. = antifrasi
antit. = antitesi, antitetico
anton. = antonomasia
antrop. = antropologia
ar. = arabo
arald. = araldica
arch. = architettura
archeol. = archeologia
art. = articolo, articolato
ass. = assoluto, assolutamente
astrol. = astrologia
astron. = astronomia
atten. = attenuativo
aus. = ausiliare
autom. = automobilismo
avv. = avverbio, avverbiale, avverbialmente
avvers. = avversativo

banca = banca-borsa
biol. = biologia
bot. = botanica
bur. = burocratico, burocraticamente

ca. = circa
calz. = calzaturiera (tecnica)
card. = cardinale
caus. = causale
centr. = centrale
cfr. = confronta
chim. = chimica
chir. = chirurgia
cin. = cinese
cine. = cinematografia (arte e tecnica)
cit. = citazione, citato
coll. = collettivo
com. = comune, comunemente
comm. = commercio
comp. = composto, composizione
compar. = comparativo, comparazione
compl. = complemento
conc. = concessivo
concl. = conclusivo, conclusione
cond. = condizionale
cong. = congiunzione
congv. = modo congiuntivo
coniug. = coniugazione
cons. = consonante
consec. = consecutivo
contr. = contrario
corr. = corretto, correttamente
correl. = correlativo, correlazione
corrisp. = corrispondente
cosm. = cosmesi-profumeria
costr. = costruzione, costrutto
crist. = cristiano

d.C. = dopo Cristo
dan. = danese
dat. = dativo
deriv. = derivato, derivazione
desin. = desinenza, desinenziale
det. = determinato, determinativo
dev. = deverbale
dial. = dialettale, dialettalismo
dif. = difettivo
dim. = diminutivo
dimostr. = dimostrativo
dir. = diritto
distr. = distributivo

ebr. = ebraico
ecc. = eccetera
eccl. = ecclesiastico
econ. = economia
edil. = edilizia
elab. = elaborazione elettronica dei dati
elettr. = elettrotecnica
elettron. = elettronica
ell. = ellissi, ellittico, ellitticamente
enf. = enfatico, enfaticamente
enol. = enologia
es. = esempio
escl. = esclamativo, esclamazione
est. = estensione, estensivo
etn. = etnologia
euf. = eufemismo, eufemistico
evit. = evitato

f. = femminile
fam. = familiare, familiarmente
farm. = farmacia
ferr. = ferrovia
fig. = figurato, figuratamente
filat. = filatelia
filos. = filosofia
fin. = finale
fis. = fisica
fisiol. = fisiologia umana e comparata
fot. = fotografia
fr. = francese
freq. = frequentativo
fut. = futuro

gener. = generale, generalmente; generico, genericamente
genit. = genitivo
geol. = geologia
ger. = gerundio
gerg. = gergale
germ. = germanico
giapp. = giapponese
giorn. = giornalismo
gr. = greco
gramm. = grammatica, grammaticale

id. = idem
idraul. = idraulica
ill. = illustrazione
imperat. = imperativo
imperf. = imperfetto
impers. = impersonale, impersonalmente
indef. = indefinito
indet. = indeterminativo
indeur. = indeuropeo
indic. = indicativo
inf. = infinito
infant., *inft.* = infantile
ing. = ingegneria
ingl. = inglese
inter. = interiezione, interiettivo
interr. = interrogativo
intr. = intransitivo
ints. = intensivo, intensivamente
inv. = invariabile
irl. = irlandese
iron. = ironico, ironicamente
irr. = irregolare
it. = italiano
iter. = iterativo, iterativamente

l. = lingua, linguaggio
lad. = ladino
lat. = latino
lett. = letterario, letterariamente
letter. = letteratura
lig. = ligure
ling. = linguistica
loc. = locuzione

m. = maschile
mar. = marina
mat. = matematica
mecc. = meccanica
med. = medicina
mediev. = medievale
mer. = meridionale
meteor. = meteorologia
meton. = metonimia, metonimico
mil. = militare (scienza e tecnica)
min. = mineraria (scienza e tecnica)
miner. = mineralogia
mitol. = mitologia
molt. = moltiplicativo
mus. = musica

n. = nome
neerl. = neerlandese
neg. = negazione, negativo, negativamente
nom. = nominativo
nt. = neutro
nucl. = nucleare (scienza e tecnica)
num. = numerale
numism. = numismatica

ogg. = oggetto, oggettivo, oggettivamente
ol. = olandese
omon. = omonimo
onomat. = onomatopea, onomatopeico
ord. = ordinale
oref. = oreficeria
org. az. = organizzazione aziendale
orient. = orientale
orig. = originariamente

pag. = pagina
paleogr. = paleografia
parl. = parlato
part. = participio
partcl. = particella
partit. = partitivo
pass. = passato
pedag. = pedagogia
pegg. = peggiorativo
perf. = perfetto
pers. = persona, personale
pesca = pesca (industriale e sportiva)
pitt. = pittura (arte e tecnica)
pl. = plurale
pleon. = pleonasmo, pleonastico, pleonasticamente
poet. = poetico, poeticamente
pol. = polacco
polit. = politica
pop. = popolare, popolarmente
port. = portoghese
poss. = possessivo
pred. = predicato, predicativo
pref. = prefisso
preindeur. = preindeuropeo
prep. = preposizione, prepositivo
pres. = presente
priv. = privativo
pron. = pronome, pronominale
prop. = proposizione
pross. = prossimo
prov. = proverbio, proverbiale
provz. = provenzale
psicol. = psicologia
pt. = posta e telegrafo

q.c. = qualcosa
qc. = qualcuno
qual. = qualificativo

rad. = radiofonia
radd. = raddoppiamento
raff. = rafforzativo
rag. = ragioneria
rec. = reciproco, reciprocamente
reg. = regolare
region. = regionale
rel. = relativo
relig. = religione
rem. = remoto
rifl. = riflessivo
rom. = romano, romanesco
rum. = rumeno

s. = sostantivo
scherz. = scherzoso, scherzosamente
scient. = scientifico
sec. = secolo
seg. = seguente
sett. = settentrionale
sign. = significato
sim. = simile, simili, similmente
simb. = simbolo
simil. = similitudine
sin. = sinonimo
sing. = singolare
sl. = slavo
slov. = sloveno
sociol. = sociologia
sogg. = soggetto, soggettivo, soggettivamente
sost. = sostantivo
sott. = sottinteso
sp. = spagnolo
spec. = specialmente
spreg. = spregiativo, spregiativamente
st. = storia
stat. = statistica
suff. = suffisso
sup. = superlativo, superlativamente
sved. = svedese

t. = termine
tav. = tavola
teat. = teatro
tecnol. = tecnologia
ted. = tedesco
tel. = telefonia
tess. = tessile (tecnica)
tosc. = toscano
tr. = transitivo, transitivamente
tv = televisione

ungh. = ungherese
urban. = urbanistica

v. = verbo
V. = vedi
var. = variante
vc. = voce
ven. = veneto
venez. = veneziano
verb. = verbale
vetr. = vetraria (tecnica)
vezz. = vezzeggiativo
voc. = vocale
vocat. = vocativo
volg. = volgare, volgarmente

zool. = zoologia
zoot. = zootecnia
→ = vedi

Ogni figura dell'*atlantino animali* e dell'*atlantino piante* è accompagnata da un numero. Questo o è preceduto dal segno di moltiplicazione "×" o è espresso sotto forma di frazione: nel primo caso indica quante volte il disegno è maggiore dell'animale o della pianta al naturale, nel secondo quante volte è minore.

a (1) *s. f. o m. inv.* Prima lettera dell'alfabeto italiano | *Dall'— alla zeta*, dal principio alla fine.

a (2) o *ad prep. propria semplice* (*può assumere la forma eufonica ad davanti a parola che comincia per vocale, spec. a: pensare ad altro. Fondendosi con gli art. det. dà origine alle prep. art. m. sing. al, allo; m. pl. ai, agli; f. sing. alla; f. pl. alle*). **I** Stabilisce diverse relazioni dando luogo a molti complementi. **1** Compl. di termine: *date — Cesare quel che è di Cesare.* **2** Compl. di stato in luogo: *abitare — Milano; stare — letto* | Col sign. di 'presso, in': *impiegato al comune* | Col sign. di 'presso, vicino a, sul' in nomi di luogo: *San Vito al Tagliamento* | Con valore locativo, in insegne di trattorie, ristoranti e sim.: *al Cavallino bianco.* **3** Compl. di moto a luogo: *andare — Roma, — teatro, al cinema.* **4** Compl. di tempo: *all'alba; — notte fonda; alle due; — Natale.* **5** Compl. di età: *Dante morì a cinquantasei anni.* **6** Compl. di modo o maniera: *alla svelta; alla perfezione; — precipizio; vestire all'antica; cotoletta alla milanese.* **7** Compl. di mezzo o strumento: *andare — piedi; stufa — legna; cucire — macchina; giocare — carte.* **8** Compl. di causa: *— quella notizia mi rallegrai.* **9** Compl. di fine o scopo: *essere destinato — grandi fortune; uscire — passeggio.* **10** Compl. di vantaggio e svantaggio: *un assegno — tuo favore.* **11** Compl. di limitazione: *essere coraggioso — parole.* **12** Compl. di qualità: *una gonna — pieghe.* **13** Compl. di prezzo e misura: *vendere — duemila lire l'etto; viaggiare — cento chilometri l'ora.* **14** Compl. di pena: *condannare all'ergastolo.* **15** Compl. di paragone: *il cane è simile al lupo.* **16** Compl. predicativo: *eleggere qc. — moderatore.* **II** Introduce varie specie di proposizioni col v. all'inf. **1** Prop. causale: *hai fatto bene ad aiutarlo.* **2** Prop. condizionale: *— lasciarlo fare, ne combina di ogni colore.* **3** Prop. finale: *vado — vedere.* **III** Ricorre nella formazione di molte loc. **1** Loc. avv.: *— stento; — caso; — tentoni; — precipizio; — poco — poco; — corpo — corpo; — faccia — faccia; — goccia — goccia* e sim. **2** Loc. prep. o prep. composte: *fino —; vicino —; oltre —; davanti —; intorno —; di fianco —.* **3** Loc. con valore distributivo: *uno alla volta; — due — due.*

a- (1) *pref.* (assume, davanti a vocale, la forma eufonica *an-*; è detto *alfa* o *a* privativo). Indica mancanza, assenza, indifferenza e sim. relativamente al termine con cui è unito: *acefalo, anabbagliante, apolide, apolitico.*

a- (2) *pref.* (assume, davanti a vocale, la forma eufonica *ad-*; davanti a consonante, ne determina il rafforzamento). Indica direzione, tendenza verso q.c. e sim.: *accorrere, aggiungere* | Ha anche valore derivativo: *accasare, addolcire, avviare.*

abacà *s. f.* Fibra tessile ricavata da una specie di banano coltivato nelle Filippine; SIN. Canapa di Manila.

àbaco o *àbbaco s. m.* (*pl. -chi*). **1** Tavoletta atta a eseguire le operazioni dell'aritmetica. **2** Aritmetica. **3** Negli ordini architettonici classici, elemento a forma di lastra quadrangolare posto tra il capitello e l'architrave. [→ ill. *architettura*]

ab aeterno /*lat.* ab e'tɛrno/ o *ab etèrno loc. avv.* Dall'eternità, da sempre: *Dio esiste —.*

ab antiquo /*lat.* ab an'tikwo/ o *ab antico loc. avv.* Dall'antichità, dai tempi antichi.

abàte o *abbàte s. m.* **1** Superiore di un monastero o di una badia. **2** Nel XVIII sec., chi godeva di un beneficio ecclesiastico e portava l'abito da prete, dopo aver ricevuto i soli ordini minori.

abatìno *s. m.* **1** *Dim. di abate.* **2** (*fig., scherz., spreg.*) Prete giovane mondano e galante. **3** (*fig.*) Persona che fa smancerie ma non viene a capo di nulla.

abat-jour /*fr.* aba'ʒur/ *s. m. inv.* **1** Paralume. [→ ill. *illuminazione*] **2** Lampada con paralume.

abbacchiàre A *v. tr.* (*io abbàcchio*) **1** (*raro*) Far cascare i frutti da un albero percuotendone i rami con una pertica ('bacchio'): *— le castagne*; SIN. Bacchiare. **2** (*fig.*) Avvilire, deprimere. **3** (*fig., tosc.*) Vendere a poco prezzo: *— una casa.* **B** *v. intr. pron.* Deprimersi, abbattersi.

abbacchiàto *part. pass. di abbacchiare; anche agg.* (*fig.*) Abbattuto, depresso.

abbacchiatùra *s. f.* Operazione, lavoro dell'abbacchiare | Periodo in cui ciò avviene.

abbàcchio *s. m.* (*centr.*) Agnello macellato ancora lattante.

abbacinaménto *s. m.* **1** Forma di antico supplizio consistente nell'abbacinare. **2** (*est.*) Privazione della vista per una luce troppo intensa | (*fig.*) Inganno, illusione.

abbacinàre *v. tr.* (*io abbacìno o abbàcino*) **1** Accecare avvicinando agli occhi un bacino rovente, secondo una forma di antico supplizio. **2** (*est.*) Privare momentaneamente della vista mediante luce troppo intensa; SIN. Abbagliare, abbarbagliare. **3** (*fig.*) Ingannare.

àbbaco V. *abaco.*

abbadìa V. *abbazia.*

abbagliaménto *s. m.* **1** L'abbagliare | Diminuzione della capacità visiva dell'occhio per una luce troppo intensa. **2** (*fig.*) Turbamento | Errore.

abbagliànte A *part. pres. di abbagliare; anche agg.* Che abbaglia | Detto del fascio di luce emesso in profondità dai proiettori degli autoveicoli. **B** *s. m.* Negli autoveicoli, proiettore che emette tale fascio di luce. • CFR. Anabbagliante, antiabbagliante.

abbagliàre A *v. tr.* (*io abbàglio*) **1** Turbare e alterare temporaneamente la vista per luce troppo intensa; SIN. Abbacinare, abbarbagliare. **2** (*fig.*) Stupire, affascinare | (*est.*) Illudere, ingannare. **B** *v. intr.* **1** Mandare bagliori. **2** Restare abbagliato. **C** *v. intr. pron.* **1** Confondersi la vista per luce troppo intensa. **2** (*fig.*) Restare sorpreso. **3** (*fig.*) Ingannarsi.

abbàglio (1) *s. m.* **1** (*raro*) Abbagliamento. **2** Svista, errore | *Prendere —, un —*, cadere in errore.

abbaglio (2) *s. m.* Abbagliamento intenso.

abbaiaménto *s. m.* Modo e atto di abbaiare.

abbaiàre *v. intr.* (*io abbàio; aus. avere*) **1** Detto del cane, emettere il caratteristico verso alto e ripetuto, in segno di rabbia, minaccia, contentezza e sim. **2** (*fig.*) Parlare, gridare rabbiosamente | *— alla luna*, gridare invano. [→ tav. *proverbi* 41]

abbaiàta *s. f.* **1** Abbaiamento fatto da più cani. **2** (*fig.*) Schiamazzo contro qc.

abbaìno *s. m.* **1** (*edil.*) Sovrastruttura applicata ai tetti a falde inclinate con finestra di chiusura, per dar luce a stanze o soffitte e permettere l'accesso al tetto. [→ ill. *casa*] **2** Soffitta usata per abitazione.

abbàio (1) *s. m.* Verso caratteristico del cane.

abbaìo (2) *s. m.* Abbaiamento forte e prolungato.

abballàre *v. tr.* Imballare.

abballinàre *v. tr.* (*io abballìno*) (*tosc.*) Alzare e ripiegare i materassi per dare aria al letto.

abbandonàre A *v. tr.* (*io abbandóno*) **1** Lasciare per sempre persone o cose: *— un luogo* | (*fig.*) *— qc. a se stesso, alla sua sorte*, lasciarlo senza aiuto, disinteressarsene. **2** Cessare di fare q.c. o di curarsi di q.c. o qc.: *— un affare, un progetto* | Trascurare: *— la casa* | ass. Ritirarsi da una gara sportiva: *ha abbandonato alla terza ripresa.* **3** Lasciar cadere, detto del corpo e delle sue membra: *— la testa sulle spalle, le mani in grembo*; SIN. Piegare. **4** Allentare: *— le briglie.* **B** *v. rifl.* **1** Lasciarsi andare, detto del corpo: *abbandonarsi sulla poltrona, alla corrente* | (*fig.*) Cedere: *abbandonarsi ai ricordi.* **2** Perdersi d'animo.

abbandonàto A *part. pass. di abbandonare; anche agg.* Lasciato per sempre | Deserto: *casa abbandonata.* **B** *s. m.* (*f. -a*) Fanciullo orfano, trovatello.

abbandóno *s. m.* **1** Atto dell'abbandonare. **2** Stato di chi o di ciò che è abbandonato: *mettere, lasciare, porre in —* | *Casa in —*, disabitata, trascurata. **3** Rilassamento, cedimento: *un attimo di —.*

abbarbagliaménto *s. m.* **1** Forte abbagliamento. **2** (*fig.*) Errore, sbaglio.

abbarbagliàre A *v. tr.* (*io abbarbàglio*) **1** Abbagliare fortemente per eccessiva luminosità; SIN. Abbacinare, abbagliare. **2** (*fig.*) Turbare, frastornare. **B** *v. intr.* Mandare barbagli. **C** *v. intr. pron.* **1** (*raro, lett.*) Rimanere abbagliato. **2** (*raro, fig.*) Turbarsi profondamente | Confondersi.

abbarbàglio (1) *s. m.* Abbarbagliamento.

abbarbaglìo (2) *s. m.* Abbarbagliamento intenso.
abbarbicàre *v. intr. e intr. pron.* (*io abbàrbico, tu abbàrbichi; aus. intr. avere*) **1** Emettere radici nel terreno, detto di pianta | Attaccarsi a un sostegno con le radici: *l'edera si abbarbica ai muri.* **2** (*fig.*) Attaccarsi con forza: *abbarbicarsi al braccio di qc.*; SIN. Avvinghiarsi. **3** (*fig.*) Fissarsi stabilmente: *abbarbicarsi in un ufficio* | Far presa, detto spec. di passioni o vizi; SIN. Radicarsi.
abbarcàre *v. tr.* (*io abbàrco, tu abbàrchi*) Ammassare, ammucchiare.
abbaruffàre **A** *v. tr.* Mettere sossopra. **B** *v. rifl. rec.* Accapigliarsi, azzuffarsi.
abbarufflo *s. m.* Grande disordine, confusione | Zuffa.
abbassàbile *agg.* Che si può abbassare.
abbassalingua *s. m. inv.* (*med.*) Strumento per abbassare la lingua nell'esplorazione della cavità orale. [→ ill. *medicina e chirurgia*]
abbassaménto *s. m.* Spostamento di q.c. più in basso | Diminuzione: – *di temperatura* | Affievolimento: – *di voce.*
abbassàre **A** *v. tr.* **1** Portare q.c. più in basso; SIN. Calare; CONTR. Alzare. **2** Tracciare dall'alto verso il basso: – *la perpendicolare.* **3** Diminuire di altezza, d'intensità, di valore e sim.: – *un muro, la voce, i prezzi*; CONTR. Alzare. **4** Chinare, volgere in giù | – *gli occhi, il capo*, in segno di vergogna, modestia | – *la cresta*, (*fig.*) piegarsi, cedere. **5** (*fig.*) Umiliare. **B** *v. intr. e intr. pron.* (*aus. essere*) Diminuire di altezza, d'intensità, di valore e sim. **C** *v. rifl.* **1** Chinarsi. **2** (*fig.*) Umiliarsi.
abbàsso **A** *avv.* In luogo basso, di sotto: *scendete* –. **B** *in funzione di inter.* Esprime avversione od ostilità: – *la guerra!*; CONTR. Evviva. **C** *s. m. inv.* Grido di avversione: *gli – dei dimostranti.*
abbastànza *avv.* **1** Quanto basta, a sufficienza: *non ho dormito –; non ho – denaro* | *Averne – di qc. o di q.c.*, esserne stanco. **2** Alquanto, piuttosto: *clima – mite.*
abbàte V. *abate.*
abbàttere **A** *v. tr.* (*coniug. come battere*) **1** Gettar giù, far cadere battendo; SIN. Atterrare. **2** (*fig.*) Distruggere, demolire, rovesciare: – *un regime tirannico* | Confutare: – *un argomento.* **3** (*fig.*) Indebolire, prostrare: *la malattia lo abbatte.* **4** Ammazzare: – *un animale.* **B** *v. intr. pron.* **1** Cadere | Piombare, cadere addosso: *sulle campagne si è abbattuto un violento temporale*; (*fig.*) *una grave disgrazia si abbatté sulla loro famiglia* | Lasciarsi cadere a terra. **2** (*fig.*) Sgomentarsi; SIN. Accasciarsi, avvilirsi.
abbattifièno *s. m. inv.* (*agr.*) Apertura praticata nel pavimento del fienile per lo scarico del fieno nella stalla sottostante.
abbattiménto *s. m.* **1** Atto dell'abbattere | Distruzione, demolizione: – *di un edificio* | Uccisione di animali. [→ ill. *miniera*] **2** (*fig.*) Prostrazione di forze, indebolimento fisico | Avvilimento, depressione psichica.
abbattitóre **A** *agg.* Che abbatte. **B** *s. m.* (*f. -trice*) **1** (*raro*) Chi abbatte. **2** Operaio specializzato nell'atterramento di piante forestali.
abbattùta *s. f.* **1** Taglio di alberi su una determinata superficie | La zona di bosco dov'è avvenuto il taglio. **2** (*mar.*) Nella vela, movimento di rotazione impresso a un'imbarcazione dal vento, dalle onde o dal timoniere.
abbattùto *part. pass. di abbattere; anche agg.* Atterrato | (*fig.*) Depresso, prostrato.
abbazìa o *abbadìa, badìa s. f.* **1** Casa religiosa di monaci con possedimenti territoriali: – *di Montecassino, di Chiaravalle.* **2** Titolo e beneficio ecclesiastici.
abbaziàle o *badiàle agg.* **1** Di abbazia. **2** Di abate.
abbecedàrio *s. m.* Libretto per imparare a leggere; SIN. Abbiccì, sillabario.
abbelliménto *s. m.* **1** Atto dell'abbellire | Artificio usato per rendere più bello q.c. **2** (*mus.*) Nota o gruppo di note che in una melodia sono ornamentali rispetto a un'altra nota.
abbellire **A** *v. tr.* (*io abbellìsco, tu abbellìsci*) **1** Rendere più bello mediante ornamenti: – *una stanza.* **2** Far sembrare più bello: *questa pettinatura ti abbellisce.* **B** *v. rifl.* Farsi bello, adornarsi.
abbeveràggio *s. m.* Modo e atto dell'abbeverare.
abbeveràre **A** *v. tr.* (*io abbévero*) **1** Fare bere, spec. il bestiame. **2** (*est., raro*) Imbevere d'acqua, irrigare: – *un prato.* **B** *v. rifl.* Togliersi la sete (*anche fig.*): *abbeverarsi a una fontana; abbeverarsi alle fonti del sapere.*
abbeveràta *s. f.* **1** L'abbeverare, l'abbeveràrsi, riferito al bestiame. **2** Luogo in cui il bestiame si abbevera.
abbeveratóio *s. m.* Recipiente o luogo in cui le bestie bevono. [→ ill. *stalla*]
abbiadàre *v. tr.* Nutrire di biada.
abbicàre *v. tr.* (*io abbico, tu abbìchi*) Riunire, disporre in biche, detto di covoni e sim. | (*est.*) Ammucchiare, ammassare.
abbicatùra *s. f.* Atto dell'abbicare.
abbiccì *s. m.* **1** Alfabeto. **2** Abbecedario. **3** (*fig.*) Complesso di principi e nozioni elementari propri di una disciplina, di un'attività e sim.
abbiènte *agg.; anche s. m. e f.* Che (o chi) è in possesso di una certa ricchezza e vive agiatamente; SIN. Benestante.
abbiètto e deriv. V. *abietto* e deriv.
abbigliaménto *s. m.* **1** Modo e atto dell'abbigliare o dell'abbigliarsi. **2** Complesso degli indumenti e degli accessori destinati ad abbigliare | Foggia di vestire: – *moderno, antiquato.* [→ ill. *abbigliamento*] **3** (*econ.*) Settore che produce e distribuisce capi di vestiario: *lavorare nell'–.*
abbigliàre **A** *v. tr.* (*io abbiglio*) Vestire in maniera accurata ed elegante | (*est.*) Adornare. **B** *v. rifl.* Vestirsi e acconciarsi con eleganza; SIN. Agghindarsi.
abbinaménto *s. m.* Atto dell'abbinare.
abbinàre *v. tr.* Riunire in coppie cose particolarmente affini fra loro; SIN. Accoppiare.
abbinàta *s. f.* Accoppiata.
abbindolaménto *s. m.* **1** (*raro*) Operazione dell'abbindolare. **2** (*fig.*) Inganno, imbroglio.
abbindolàre **A** *v. tr.* (*io abbìndolo*) **1** Porre la matassa sul bindolo per fare il gomitolo. **2** (*fig.*) Imbrogliare, ingannare; SIN. Raggirare. **B** *v. intr. pron.* Confondersi, imbrogliarsi, detto dei fili della matassa.
abbindolatóre *s. m.* (*f. -trice*) Chi inganna, imbroglia.
abbiosciàre *v. intr. e intr. pron.* (*io abbiòscio; aus. essere*) Lasciarsi cadere, accasciarsi | (*fig.*) Avvilirsi, deprimersi.
abbisciàre *v. tr.* (*io abbiscio*) Avvolgere un cavo o una catena in ampie spire in modo che ciascuna di queste possa scorrere liberamente.
abbiṣognàre *v. intr.* (*io abbiṣógno; aus. avere* nel sign. 1, *essere* nel sign. 2) **1** Aver bisogno: *abbisogno di denaro.* **2** Essere necessario: *mi abbisognano i tuoi consigli.*
abboccaménto *s. m.* Colloquio importante, generalmente prestabilito, di due o più persone.
abboccàre **A** *v. tr.* (*io abbócco, tu abbócchi*) **1** Prendere con la bocca: *i pesci abboccano l'esca.* **2** Riempire fino all'orlo: – *la botte.* **3** Collegare apparecchiature o tubazioni introducendo l'estremità dell'una in quella dell'altra. **B** *v. intr.* (*aus. avere*) **1** Attaccarsi con la bocca: *i pesci abboccano all'amo.* **2** (*fig.*) Farsi ingannare per eccessiva ingenuità. **3** Combaciare: *le tubazioni abboccano.* **C** *v. rifl. rec.* Incontrarsi con qc. per discutere.
abboccàto *part. pass. di abboccare; anche agg.* **1** Di persona che mangia di tutto. **2** Di vino il cui gusto tende al dolce.
abboccatùra *s. f.* **1** Collegamento di apparecchiature o tubazioni. **2** Imboccatura di un recipiente. **3** Tratto in cui due imposte d'uscio o di finestra combaciano.
abboffàrsi V. *abbuffarsi.*
abbonacciàre **A** *v. tr.* (*io abbonàccio*) Rendere calmo (*anche fig.*). **B** *v. intr. e intr. pron.* (*aus. essere*) Divenire calmo (*anche fig.*).
abbonaménto *s. m.* **1** Contratto per cui, mediante il pagamento di un importo, si ha il diritto di ricevere un servizio continuativo o periodico: – *alle radioaudizioni.* **2** Canone da pagarsi in base a tale contratto: *versare l'–.* **3** Documento che attesta l'esistenza del contratto e il pagamento del canone.
abbonàre (1) o *abbuonàre v. tr.* (*io abbuòno*) **1** Defalcare una parte del debito: *mi ha abbonato mille lire* | (*fig.*) Considerare con indulgenza: – *una mancanza.* **2** Riconoscere per buono: – *l'esame.*
abbonàre (2) **A** *v. tr.* (*io abbòno*) Fare un abbonamento per conto di altri. **B** *v. rifl.* Fare un abbonamento per conto proprio: *abbonarsi a un giornale.*

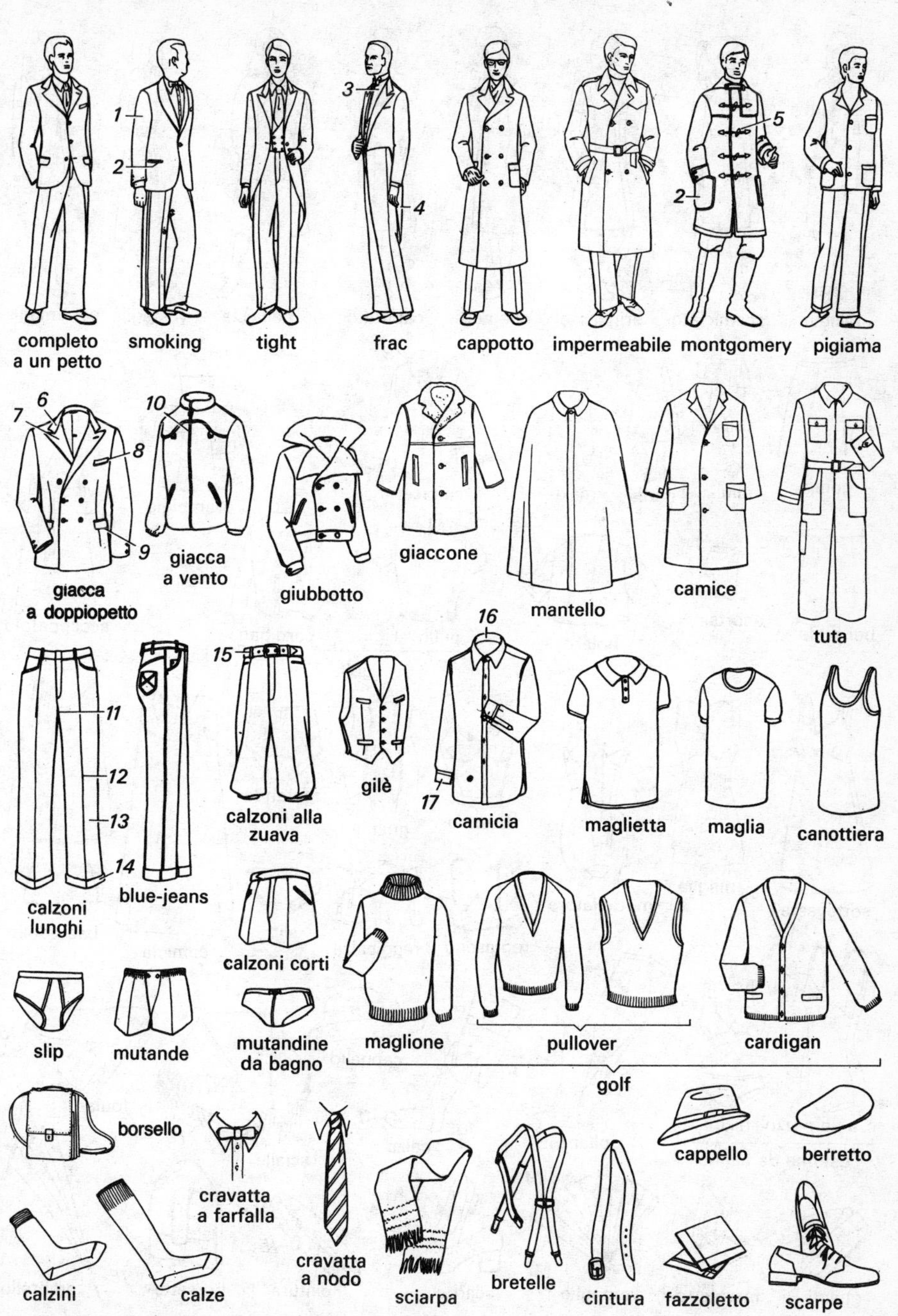

1 manica 2 tasca 3 sparato 4 coda 5 alamaro 6 bavero 7 risvolto 8 taschino 9 patta 10 cerniera lampo 11 cavallo 12 piega 13 gamba 14 risvolto 15 passante 16 colletto 17 polsino

1 manica 2 scollatura 3 colletto 4 polsino 5 pettino 6 spallina 7 coppa 8 bordo 9 gamba 10 calcagno 11 cappelletto 12 frangia 13 manico 14 stecca 15 fibbia 16 puntale

←

abbonàto *part. pass. di abbonare* (2); *anche agg. e s. m.* (*f.* -*a*) Che (o chi) usufruisce di un abbonamento.

abbondànte *part. pres. di abbondare; anche agg.* Che è in grande quantità, che ha grande quantità di q.c.: *un'– nevicata; un terreno – di frutti* | Superiore al giusto: *un chilo –* | (*scherz.*) Grasso; SIN. Copioso, ricco; CONTR. Scarso.

abbondànza *s. f.* Gran quantità di ogni cosa | *Vivere nell'–*, con larghezza di mezzi; SIN. Copia, profusione, ricchezza; CONTR. Scarsezza.

abbondàre *v. intr.* (*io abbóndo; aus. avere o essere*) **1** Essere, avere in gran quantità: *il compito abbonda di errori.* **2** Eccedere: *– in, di promesse.* [→ tav. *proverbi* 191]

abbonìre **A** *v. tr.* (*io abbonisco, tu abbonisci*) **1** Calmare. **2** Rendere produttivo: *– un terreno.* **B** *v. intr. e intr. pron.* (*aus. essere*) Calmarsi.

abbòno V. *abbuono.*

abbordàbile *agg.* **1** Di facile abbordo. **2** (*fig.*) Accessibile, avvicinabile.

abbordàggio *s. m.* **1** (*mar.*) Manovra per affiancare la propria nave a un'altra allo scopo di impadronirsene con la forza: *andare all'–.* **2** (*fig.*) Ricerca decisa di q.c., condotta senza scrupolo e con totale volontà di riuscita: *andare all'– della gloria.*

abbordàre *v. tr.* (*io abbórdo*) **1** (*mar.*) Avvicinarsi di bordo | Venire a collisione con altra nave. **2** (*est.*) Accostare qc., anche con intenzioni ostili | Farsi incontro a una persona, cogliendola alla sprovvista: *– qc. per strada.* **3** (*fig.*) Affrontare q.c. con decisione e risolutezza: *– un argomento delicato.*

abbórdo *s. m.* **1** Abbordaggio. **2** Atto del farsi incontro a una persona per conoscerla o parlarle.

abborracciaménto *s. m.* **1** Modo e atto dell'abborracciare. **2** Lavoro fatto male e in fretta.

abborracciàre *v. tr.* (*io abborràccio*) Fare q.c. male, in fretta e senza attenzione.

abborracciatóre *s. m.* (*f.* -*trice*) Chi lavora in fretta e male.

abbottàre **A** *v. tr.* (*io abbòtto*) (*dial.*) Far diventare gonfio con un pugno: *– un occhio.* **B** *v. rifl.* Rimpinzarsi, abbuffarsi.

abbottonàre **A** *v. tr.* (*io abbottóno*) Chiudere un indumento con bottoni infilandoli negli occhielli corrispondenti; CONTR. Sbottonare. **B** *v. rifl.* (*fig., fam.*) Divenire riservato: *abbottonarsi su un argomento.*

abbottonàto *part. pass. di abbottonare; anche agg.* **1** Chiuso con bottoni. **2** (*fig.*) Riservato.

abbottonatùra *s. f.* **1** Atto dell'abbottonare. **2** Serie di bottoni e occhielli aventi la funzione di abbottonare o di guarnire un indumento.

abbozzàre (1) *v. tr.* (*io abbòzzo*) **1** Dare la prima forma a un'opera da compiere: *– un quadro*; SIN. Delineare, schizzare. **2** (*est., fig.*) Formulare a grandi linee: *– un'idea* | Accennare: *– un gesto, un saluto.*

abbozzàre (2) *v. intr.* (*io abbòzzo; aus. avere*) Frenare il proprio risentimento, pazientare, lasciar correre.

abbozzàta *s. f.* Abbozzo fatto in fretta.

abbozzatìccio **A** *agg.* (*pl. f.* -*ce*) (*raro*) Abbozzato male. **B** *s. m.* Lavoro fatto male.

abbozzàto *part. pass. di abbozzare* (1); *anche agg.* Sbozzato, accennato.

abbòzzo *s. m.* **1** Stadio preparatorio di un'opera figurativa, letteraria, musicale e sim. in cui è accennata la forma che l'artista intende realizzare; SIN. Schizzo, traccia. **2** (*fig.*) Tentativo, accenno: *un – di saluto.*

abbozzolàrsi *v. rifl.* (*io mi abbòzzolo*) **1** Farsi il bozzolo, detto dei bachi. **2** Agglomerarsi, della farina aggiunta all'acqua.

abbracciaménto *s. m.* Abbraccio lungo e ripetuto.

abbracciàre **A** *v. tr.* (*io abbràccio*) **1** Cingere e chiudere tra le braccia (*anche fig.*). **2** (*fig.*) Comprendere, contenere: *l'Europa abbraccia molti Stati.* **3** Accettare, seguire incondizionatamente: *– la vita religiosa.* **B** *v. intr. pron.* Avvinghiarsi a qc. o a q.c. **C** *v. rifl. rec.* Stringersi reciprocamente fra le braccia. [→ tav. *proverbi* 211]

abbràccio *s. m.* Atto dell'abbracciare.

abbrancàre (1) **A** *v. tr.* (*io abbrànco, tu abbrànchi*) Afferrare, stringere con forza. **B** *v. rifl.* Appigliarsi con forza a q.c.: *abbrancarsi a un ramo.*

abbrancàre (2) **A** *v. tr.* (*io abbrànco, tu abbrànchi*) Riunire in branco. **B** *v. rifl.* Raccogliersi in branco.

abbreviaménto *s. m.* Modo e atto dell'abbreviare.

abbreviàre *v. tr.* (*io abbrèvio; aus. essere e avere*) Fare più breve, accorciare; SIN. Ridurre.

abbreviativo *agg.* Atto ad abbreviare.

abbreviatóre (1) *s. m.; anche agg.* (*f.* -*trice*) Chi (o che) abbrevia.

abbreviatóre (2) *s. m.* Nella cancelleria pontificia, chi redige i brevi e le lettere.

abbreviatùra *s. f.* **1** Abbreviazione. **2** Modo di scrivere per compendio o troncamento.

abbreviazióne *s. f.* **1** Riduzione di q.c. nella durata o nell'estensione. **2** Riduzione grafica di una parola o di una frase mediante una sigla | Parola che ha subito tale riduzione.

abbrivàre **A** *v. tr.* Aumentare gradatamente la velocità di una nave fino a raggiungere quella voluta. **B** *v. intr.* (*aus. avere*) Prendere l'abbrivo, acquistare velocità.

abbrivo o *abbrìvio s. m.* **1** Velocità iniziale che un natante prende per effetto dei suoi mezzi di propulsione | Moto residuo di un natante quando la propulsione è cessata. **2** (*fig.*) Inizio deciso: *prendere l'–.*

abbronzànte *part. pres. di abbronzare* **A** *agg.* Che abbronza. **B** *s. m.* Cosmetico atto ad abbronzare la pelle.

abbronzàre **A** *v. tr.* (*io abbrónzo*) Dare il colore del bronzo | (*est.*) Rendere bruna la pelle. **B** *v. intr. pron.* Assumere la tinta del bronzo | (*est.*) Divenire scuro di pelle esponendosi al sole.

abbronzatùra *s. f.* Coloritura bruna, spec. della pelle per l'esposizione al sole.

abbruciacchiàre *v. tr.* (*io abbruciàcchio*) Bruciare leggermente, alla superficie.

abbrumàre *v. intr.* Corrodersi della carena di legno delle navi per effetto di piante e animali marini.

abbrunàre *v. tr.* **1** Fregiare con un segno di lutto: *– le bandiere.* **2** Fare bruno.

abbrustoliménto *s. m.* Operazione dell'abbrustolire; SIN. Torrefazione.

abbrustolìre **A** *v. tr.* (*io abbrustolisco, tu abbrustolisci*) Far prender colore a un alimento sulla viva fiamma o nel forno | Tostare: *– il caffè.* **B** *v. intr. pron.* Abbronzarsi: *abbrustolirsi al sole.*

abbrutiménto *s. m.* Riduzione, degradazione in uno stato simile a un bruto.

abbrutìre **A** *v. tr.* (*io abbrutisco, tu abbrutisci*) Ridurre come un bruto. **B** *v. intr. e intr. pron.* (*aus. essere*) Divenire simile a un bruto.

abbruttìre **A** *v. tr.* (*io abbruttisco, tu abbruttisci*) Rendere brutto. **B** *v. intr. e intr. pron.* (*aus. essere*) Divenire brutto.

abbuffàrsi o (*dial.*) *abboffàrsi v. rifl.* (*io mi abbùffo*) Mangiare avidamente e in gran quantità.

abbuiàre **A** *v. tr.* (*io abbùio*) **1** Fare buio, oscurare. **2** (*fig.*) Mettere a tacere, coprire di silenzio. **B** *v. intr. pron.* **1** (*fig.*) Perdere la vista | Perdere la ragione: *la mente gli si abbuia.* **2** (*fig.*) Divenire triste, incupirsi nel volto e nell'animo. **C** *v. intr. e intr. pron.* (*anche impers.*) Divenire buio, oscurarsi | Annottare.

abbuonàre V. *abbonare* (1).

abbuòno o (*pop.*) *abbòno s. m.* **1** Riduzione di un prezzo pattuito. **2** Riduzione, ai fini della classifica generale di una corsa ciclistica a tappe, del tempo impiegato dai primi arrivati al traguardo finale o a traguardi intermedi.

abburattaménto *s. m.* Separazione della farina dalla crusca per mezzo del buratto.

abburattàre *v. tr.* **1** Cernere la farina dalla crusca col buratto. **2** (*fig.*) Esaminare col giudizio. **3** Scuotere, agitare | (*fig.*) Strapazzare, malmenare.

abburattatùra *s. f.* **1** Operazione dell'abburattare. **2** Crusca ottenuta abburattando. • SIN. Stacciatura.

abdicàre **A** *v. intr.* (*io àbdico, tu àbdichi; aus. avere*) **1** Rinunciare all'autorità sovrana o ad altro potere legittimo: *– al trono.* **2** (*est., fig.*) Rinunciare: *– a un'eredità.* **B** *v. tr.* (*raro, lett.*) Rifiutare.

abdicatàrio *agg.* Che abdica o ha abdicato.

abdicazióne *s. f.* Rinuncia all'autorità sovrana o, (*est.*), a un diritto, una carica e sim.

abdùrre *v. tr.* (*pres. io abdùco, tu abdùci; fut. io abdurrò; part. rem. io abdùssi, tu abducésti; condiz. pres. io abdurrèi; part. pass. abdótto; le altre forme dal tema abdùcere*) Allontanare un arto dall'asse mediano del corpo; CONTR. Addurre.

abduttóre ***A*** *s. m.* Ogni muscolo che provoca abduzione. ***B*** *anche agg.: muscolo —.*

abduzióne *s. f.* Atto, effetto dell'abdurre.

abelmòsco *s. m.* (*pl. -schi*) Pianta erbacea aromatica delle Malvali da cui semi si estrae un'essenza dall'odore di muschio; SIN. Ambretta.

aberràre *v. intr.* (*io abèrro; aus. avere*) Sviarsi | Deviare dalla norma, dal giusto: — *dalla retta via.*

aberrazióne *s. f.* ***1*** (*med.*) Irregolarità di organi e di funzioni. ***2*** Deviazione morale, smarrimento. ***3*** (*fis.*) Difetto nella formazione delle immagini da parte di un sistema ottico: — *astigmatica, cromatica* | — *cromatica*, deformazione o variazione di colore, rispetto all'oggetto, dell'immagine fornita da uno specchio o da una lente. ***4*** (*astron.*) Spostamento apparente degli astri dalla loro posizione per effetto della composizione vettoriale della velocità della luce con quella di chi osserva.

abetàia *s. f.* Abetina.

abéte *s. m.* ***1*** Pianta ad alto fusto delle Conifere, sempreverde, con rami quasi orizzontali digradanti verso la cima. [→ ill. *piante* 1] ***2*** Legno di abete.

ab etèrno V. *ab aeterno.*

abetìna *s. f.* Bosco di abeti.

abiettézza o *abbiettézza s. f.* L'essere abietto.

abiètto o *abbiètto agg.* Spregevole, vile.

abiezióne o *abbiezióne s. f.* ***1*** Bassezza, meschinità. ***2*** Stato di estrema degradazione.

abigeàto *s. m.* Furto di bestiame.

abigeo *s. m.* Chi è colpevole di abigeato.

àbile *agg.* ***1*** Che ha le qualità, i requisiti, i mezzi necessari per fare q.c.: *essere — al lavoro*; SIN. Idoneo; CONTR. Inabile. ***2*** Che è idoneo al servizio militare. ***3*** Valente, esperto; SIN. Bravo, capace.

-àbile *suff.* di agg. spec. tratti da verbi in *-are* che esprimono attitudine, possibilità: *amabile, fabbricabile, utilizzabile.*

abilità *s. f.* ***1*** Capacità e idoneità a compiere q.c. in modo soddisfacente; SIN. Bravura, perizia. ***2*** Destrezza, astuzia.

abilitànte *part. pres. di abilitare; anche agg.* Che abilita, che rende idoneo allo svolgimento di una data professione: *corso —.*

abilitàre ***A*** *v. tr.* (*io abìlito*) ***1*** Rendere abile: — *i giovani a tradurre.* ***2*** Concedere da parte di un'autorità, spec. statale, l'idoneità allo svolgimento di una data professione: — *qc. all'insegnamento.* ***B*** *v. rifl.* Conseguire l'abilitazione.

abilitàto *part. pass. di abilitare; anche agg. e s. m.* (*f. -a*) Che (o chi) ha conseguito un'abilitazione.

abilitazióne *s. f.* Concessione, da parte di un'autorità, dell'idoneità allo svolgimento di una data professione o attività.

ab imis /*lat.* a'b imis/ *loc. avv.* Dalle fondamenta, dalle basi.

ab immemorabili /*lat.* ab immemo'rabili/ *loc. avv.* Da tempo immemorabile.

abiogènesi *s. f.* (*biol.*) Generazione di organismi viventi dalla materia non vivente.

abissàle *agg.* ***1*** Di abisso. ***2*** Detto di grande profondità oceanica | *Fauna —*, adatta a resistere alle notevoli pressioni delle profondità marine. ***3*** (*fig.*) Senza limiti, profondo: *ignoranza —.*

abìsso *s. m.* ***1*** Profonda voragine, baratro (*anche fig.*): *gli abissi del mare; quell'uomo è un — di malvagità.* ***2*** (*est., lett.*) Inferno. ***3*** (*fig.*) Grande differenza: *in politica fra noi due c'è un —.* ***4*** (*fig.*) Quantità immensa: *un — di miserie.*

abitàbile *agg.* Che si può abitare; CONTR. Inabitabile.

abitabilità *s. f.* Condizione di abitabile | Autorizzazione ad essere abitato.

abitàcolo *s. m.* ***1*** Spazio destinato alle persone in un veicolo. ***2*** Cabina di guida di aeromobili, veicoli spaziali e sim. [→ ill. *aeronautica*] ***3*** (*mar.*) Chiesuola.

abitànte *part. pres. di abitare; anche agg. e s. m. e f.* Che (o chi) abita in un luogo.

abitàre ***A*** *v. tr.* (*io àbito*) Avere come dimora: — *una casa.* ***B*** *v. intr.* (*aus. avere*) Risiedere, vivere stabilmente in un luogo: — *in città*; SIN. Alloggiare, dimorare.

abitatìvo *agg.* Relativo all'abitare, alle abitazioni: *edilizia abitativa.*

abitàto ***A*** *part. pass. di abitare; anche agg.* Popolato, occupato. ***B*** *s. m.* Luogo occupato da un complesso di edifici destinati all'abitazione dell'uomo.

abitatóre *s. m.* (*f. -trice*) (*lett.*) Abitante.

abitazióne *s. f.* ***1*** Atto dell'abitare: *appartamento per —.* ***2*** Edificio, casa, appartamento. [→ ill. *abitazione*]

àbito *s. m.* ***1*** Capo di abbigliamento | *Taglio d'—*; quantità di stoffa occorrente per un vestito. [→ ill. *spazzola, valigeria*] ***2*** Foggia, modo di vestire, spec. come segno distintivo di una condizione o una professione: — *militare, civile, religioso.* ***3*** Veste religiosa | *Prendere, vestire l'—*, dedicarsi alla vita ecclesiastica | *Deporre, abbandonare, lasciare l'—*, abbandonare la vita ecclesiastica. ***4*** (*fig.*) Abitudine, disposizione naturale o acquisita: — *mentale.* ***5*** Aspetto visibile di animale o pianta. [→ tav. *proverbi* 212]

abituàle *agg.* Che deriva da abitudine o temperamento; SIN. Consueto, solito.

abitualità *s. f.* Condizione di ciò che è abituale.

abitualménte *avv.* In modo abituale.

abituàre ***A*** *v. tr.* (*io abìtuo*) Dare un'abitudine: — *qc. al lavoro*; SIN. Assuefare, avvezzare; CONTR. Disabituare. ***B*** *v. rifl.* Prendere un'abitudine: *abituarsi a tacere.*

abituàto *part. pass. di abituare; anche agg.* Che ha l'abitudine a q.c.: *è — alla fatica* | *Bene —*, che ha buone abitudini o buona educazione.

abitudinàrio ***A*** *agg.; anche s. m.* Che (o chi) agisce secondo le abitudini acquisite, spec. per mancanza di iniziativa o entusiasmo; SIN. Consuetudinario, metodico. ***B*** *s. m.* (*f. -a*) Chi frequenta abitualmente un luogo: *gli abitudinari di un bar.*

abitùdine *s. f.* Disposizione ad agire in un determinato modo acquisita con la continua ripetizione degli stessi atti: *fare l'— a q.c.; fare q.c. per —*; SIN. Consuetudine, costume.

abitùro *s. m.* Abitazione meschina e povera.

abiùra *s. f.* Solenne rinunzia a una religione o dottrina considerata falsa o erronea.

abiuràre *v. tr.* Fare abiura.

ablatìvo ***A*** *s. m.* Caso della declinazione indoeuropea, indicante il punto di partenza, lo strumento, la compagnia, lo stato in luogo | — *assoluto*, senza legame sintattico col resto della proposizione. ***B*** *anche agg.: caso —.*

ablatóre ***A*** *agg.* (*geogr.*) Detto di bacino costituito dalla porzione inferiore del ghiacciaio sotto la linea delle nevi persistenti, in cui prevalgono i fenomeni di fusione dei ghiacciai. [→ ill. *geografia*] ***B*** *s. m.* (*med.*) Levatartaro.

ablazióne *s. f.* ***1*** (*geogr.*) Erosione superficiale di una roccia e sim. | Riduzione del volume di un ghiacciaio per fusione o evaporazione. ***2*** (*chir.*) Asportazione di un organo o di una parte di esso.

abluzióne *s. f.* Lavaggio del corpo o di una parte di esso, anche come atto rituale di molte religioni, a scopo di purificazione.

abnegàre *v. tr.* (*io abnégo* o *àbnego, tu abnéghi* o *àbneghi*) (*raro*) Rinunciare con l'animo ai propri voleri, per il bene altrui o per culto religioso.

abnegazióne *s. f.* Rinuncia, sacrificio di sé, della propria volontà; SIN. Dedizione.

abnòrme *agg.* Che esce dalla norma; CONTR. Normale.

abolìre *v. tr.* (*io abolisco, tu abolisci*) Annullare, togliere del tutto | Abrogare: — *una legge*; SIN. Sopprimere.

abolitìvo *agg.* Atto ad abolire.

abolitóre *s. m.* (*f. -trìce*) Chi abolisce.

abolizióne *s. f.* Annullamento, soppressione | Abrogazione.

abolizionismo *s. m.* Movimento che propugna l'abolizione o la modificazione di leggi, istituzioni o consuetudini.

abolizionista *s. m. e f.* (*pl. m. -i*) Chi sostiene l'abolizionismo.

abolizionistico *agg.* (*pl. m. -ci*) Dell'abolizionismo.

abòlla *s. f.* Casacca militare e da viaggio in uso nel mondo romano.

abomàso o evit. *abòmaso s. m.* (*zool.*) Ultima delle quattro cavità dello stomaco dei ruminanti; SIN. Caglio. [→ ill. *zoologia*]

abominàre *v. tr.* (*io abòmino*) Avere in orrore, aborrire, detestare.

abominazióne *s. f.* ***1*** Sentimento di avversione profonda, odio, disprezzo: *avere qc., q.c., in* —. **2** Cosa, persona, abominevole.

abominévole *agg.* Esecrabile, odioso, orribile | *L'— uomo delle nevi,* essere mostruoso che, secondo la leggenda, vive fra le nevi dell'Himalaya.

abominio *s. m.* Abominazione.

aborigeno A *agg.* Indigeno. **B** *s. m.* (*f.* -*a*) **1** Chi è originario della regione in cui vive. **2** (*est.*) Primitivo, selvaggio.

ab origine /*lat.* ab o'ridʒine/ *loc. avv.* Originariamente, fin da principio.

aborriménto *s. m.* Sentimento di ripugnanza.

aborrire A *v. tr.* (*io aborrisco o abòrro, tu aborrisci o abòrri*) Avere in orrore, in avversione; SIN. Detestare, odiare. **B** *v. intr.* (*aus. avere*) Rifuggire con orrore: — *dalla menzogna.*

abortire *v. intr.* (*io abortisco, tu abortisci; aus. avere* nel sign. proprio; *essere* nei sign. fig.) **1** (*med.*) Espellere il feto prima che sia vitale. **2** (*fig.*) Non svilupparsi. **3** (*fig.*) Non giungere a conclusione.

abortivo A *agg.* Che provoca l'aborto | Dell'aborto. **B** *s. m.* Sostanza atta a provocare l'aborto.

abòrto *s. m.* **1** (*med.*) Interruzione spontanea o provoca-

abitazione

ta della gravidanza prima che il feto sia in grado di sopravvivere. **2** Feto nato prematuro e morto. **3** (*fig.*) Persona o cosa mal conformata. **4** (*fig.*) Opera mal riuscita; SIN. Fallimento.

ab ovo /*lat.* a'b ɔvo/ *loc. avv.* Dai più remoti antefatti.

abracadàbra *s. m. inv.* **1** Parola misteriosa cui si attribuivano virtù magiche. **2** (*fig.*) Gioco di parole di significato volutamente oscuro.

abràdere *v. tr.* (*part. pass. abràso*) **1** Provocare abrasione. **2** (*lett.*) Togliere via raschiando.

abrasióne *s. f.* **1** Raschiatura, cancellatura fatta radendo. **2** Azione demolitrice esercitata dalle onde del mare che si frangono su una costa. **3** (*med.*) Lesione superficiale, non sanguinante, della cute.

abrasività *s. f.* Qualità di ciò che è abrasivo.

abrasìvo **A** *agg.* Detto di sostanza durissima, di solito granulare, usata per rifinire superfici metalliche mediante attrito. **B** *anche s. m.* [→ ill. *meccanica*]

abrogàbile *agg.* Che si può abrogare.

abrogàre *v. tr.* (*io àbrogo, tu àbroghi*) Annullare, revocare una legge o un decreto.

abrogativo *agg.* Che abroga, che è atto ad abrogare: *referendum* —.

abrogatòrio *agg.* Che serve ad abrogare.

abrogazióne *s. f.* Annullamento di una legge, di un decreto e sim.

abròstine *s. m.* Arbusto rampicante delle Ramnali, simile alla vite selvatica, originario dell'America | Uva di questo arbusto; SIN. Lambrusca.

abròtano *s. m.* Pianta erbacea perenne delle Sinandrali con foglie frastagliate e odore fortemente aromatico.

abruzzése *agg.; anche s. m. e f.* Dell'Abruzzo.

absidàle *agg.* Relativo all'abside.

absidàto *agg.* A forma di abside | Dotato di abside.

àbside *s. f.* Costruzione rotonda o poligonale, fornita di volta, posta spec. nelle chiese cristiane al termine della navata maggiore e talvolta di quelle laterali. [→ ill. *basilica cristiana, religione*]

absintìna *s. f.* (*chim.*) Principio amaro dell'assenzio.

abulìa *s. f.* **1** (*med.*) Indebolimento e insufficienza della volontà. **2** Inerzia della volontà.

abùlico *agg.; anche s. m.* (*f. -a; pl. m. -ci*) **1** (*med.*) Detto di chi è affetto da abulia. **2** (*est.*) Indolente.

abusàre *v. intr.* (*aus. avere*) Fare uso cattivo, illecito, smodato di q.c.: — *dei cibi*; — *della buona fede altrui* | — *di una donna*, usarle violenza.

abusàto *part. pass. di abusare; anche agg.* Troppo usato: *parola abusata.*

abusivaménte *avv.* Con abuso | In modo ingiusto, illecito.

abusivismo *s. m.* Tendenza a compiere attività non autorizzate: — *edilizio.*

abusìvo **A** *agg.* Fatto senza averne diritto, contro il disposto della legge: *pascolo* —. **B** *agg.; anche s. m.* (*f. -a*) Detto di chi esercita un'attività senza la necessaria autorizzazione: *posteggiatore* —.

abùso *s. m.* **1** Uso cattivo, illecito, smodato di q.c.: *fare* — *del fumo.* **2** Esercizio arbitrario di un diritto; SIN. Prevaricazione.

acàcia *s. f.* (*pl. -cie*) Pianta spinosa arborea o arbustiva delle Rosali con foglie alterne, composte, fiori riuniti in spighe o in capolini, frutti a legume. [→ ill. *piante* 9]

acagiù *s. m.* (*bot.*) Mogano.

Acantàcee *s. f. pl.* Famiglia di piante delle Tubiflorali con foglie opposte e frutto a capsula. [→ ill. *piante* 12]

acànto *s. m.* **1** Pianta erbacea perenne delle Tubiflorali con grandi foglie e fiori bianchi, rosei o porporini disposti in lunghe spighe. [→ ill. *piante* 12] **2** *Foglie di* —, motivo di decorazione architettonica tipico del capitello corinzio. [→ ill. *architettura, elemento ornamentale*]

a càpo V. *accapo.*

acarìasi *s. f.* **1** (*med.*) Dermatosi prodotta da acari. **2** Malattia delle api.

acaricìda *s. m.* (*pl. -i*) Prodotto che distrugge gli acari, spec. quello della scabbia.

acarìosi *s. f.* Malattia delle piante causata dagli acari.

àcaro *s. m.* Animale degli Aracnidi, parassita di animali e piante, con corpo non segmentato | — *della scabbia*, parassita che provoca questa malattia nell'uomo. [→ ill. *animali* 4]

acàrpo *agg.* Di vegetale mancante di frutto.

acatalèttico *agg.* (*pl. m. -ci*) Detto di verso greco e latino a cui non manca alcuna sillaba finale.

acattòlico **A** *agg.* (*pl. m. -ci*) Non cattolico. **B** *s. m.* (*f. -a*) Chi professa una religione cristiana ma non cattolica.

acàule *agg.* Detto di pianta che sembra priva di fusto per lo scarso sviluppo di questo.

àcca *s. f.* (*pl. -che*) *o m. inv.* Nome della lettera *h* | (*fam.*) *Non capire un'*—, non capire niente.

accadèmia *s. f.* **1** Scuola filosofica fondata da Platone in Atene nel IV sec. a. C. **2** Associazione permanente di studiosi formata al fine di attendere agli studi letterari, scientifici, artistici e di promuoverne l'incremento: — *dei Lincei, della Crusca.* **3** Scuola a livello universitario | — *di Belle Arti*, destinata all'insegnamento delle arti figurative | Istituto di formazione degli ufficiali: — *militare.* **4** Trattenimento di musica, canto o sim. spec. in collegi, scuole e sim. **5** (*fig.*) Vacua esercitazione retorica: *fare dell'*—.

accademicaménte *avv.* **1** Secondo il costume dell'accademia. **2** (*fig.*) In modo astratto e retorico.

accadèmico **A** *agg.* (*pl. m. -ci*) **1** (*filos.*) Che concerne l'Accademia platonica. **2** Che si riferisce a un'accademia: *socio* —. **3** Che si riferisce all'università: *anno* —; *corpo* —. **4** (*fig.*) Retorico, astratto, inconcludente: *chiacchiere accademiche.* **B** *s. m.* **1** (*filos.*) Chi segue le dottrine dell'Accademia. **2** Membro di un'accademia.

accademismo *s. m.* Fedeltà pedantesca e priva di originalità alle norme tradizionali spec. artistiche.

accademista *s. m.* (*pl. -i*) Chi frequenta un'accademia, spec. militare.

accadére *v. intr.* (*coniug. come cadere; aus. essere; anche impers.*) Succedere, spec. per caso: *questo accade ai buoni*; *accadono cose strane*; SIN. Avvenire, capitare.

accadiménto *s. m.* (*lett.*) Avvenimento.

accadùto **A** *part. pass. di accadere; anche agg.* Successo. **B** *s. m.* Avvenimento, caso.

accagliàre **A** *v. tr.* (*io accàglio*) Far coagulare il latte e altre sostanze. **B** *v. intr. e intr. pron.* Rapprendersi, coagularsi.

accagliatùra *s. f.* Coagulazione del latte.

accalappiacàni *s. m.* Addetto al servizio comunale di cattura per le strade dei cani randagi o privi di museruola.

accalappiaménto *s. m.* **1** Cattura col laccio. **2** (*fig.*) Lusinga, inganno.

accalappiàre *v. tr.* (*io accalàppio*) **1** Prendere col laccio: — *i cani randagi.* **2** (*fig.*) Ingannare; SIN. Abbindolare.

accalappiatóre *s. m.* (*f. -trice*) Chi accalappia.

accalcàre **A** *v. tr.* (*io accàlco, tu accàlchi*) Stipare. **B** *v. intr. pron.* Affollarsi, stiparsi, fare calca; SIN. Gremire.

accaldàrsi *v. intr. pron.* Riscaldarsi e diventare rosso in volto.

accaldàto *part. pass. di accaldarsi; anche agg.* Riscaldato, sudato.

accaloràre **A** *v. tr.* (*io accalóro*) Rendere caldo (*spec. fig.*). **B** *v. rifl.* Infervorarsi: *accalorarsi nel parlare.*

accampaménto *s. m.* **1** Stanziamento di truppe sotto tenda. **2** Complesso di tende montate in luogo adatto: *piantare l'*—. **3** (*est.*) Complesso di alloggiamenti provvisori: *un* — *di profughi.*

accampàre **A** *v. tr.* **1** Sistemare le truppe in un accampamento. **2** (*fig.*) Mettere avanti: — *diritti, ragioni*; SIN. Addurre. **B** *v. rifl.* **1** (*mil.*) Sistemarsi in un accampamento. **2** (*est., fig.*) Sistemarsi in alloggiamenti provvisori.

accanàre *v. tr.* Inseguire grossa selvaggina, spec. cinghiali, detto del cane.

accaniménto *s. m.* **1** Odio tenace contro qc. **2** Tenacia, ostinazione: *lavorare con* —.

accanìrsi *v. intr. pron.* (*io mi accanisco, tu ti accanisci*) **1** Infierire con ostinazione contro qc. **2** Proseguire fermamente, perseverare: — *a parlare.*

accanitaménte *avv.* Con accanimento, con ostinazione.

accanìto *part. pass. di accanire; anche agg.* Ostinato, tenace | Furioso.

accannellàre *v. tr.* (*io accannèllo*) In tessitura, avvolgere il filo sui cannelli.

accànto **A** *avv.* Vicino, a lato, di fianco: *abito qui* —. **B** *nella loc. prep.* — *a.* Vicino a: — *alla finestra.*

accantonaménto (1) *s. m.* L'accantonare (*anche fig.*):

l'— *di una proposta.*

accantonaménto (2) *s. m.* Stazionamento di truppe in fabbricati, baracche e sim.

accantonàre (1) *v. tr.* (*io accantóno*) Mettere, lasciare, da parte: — *una pratica*; (*fig.*) — *una questione.*

accantonàre (2) *v. tr. e rifl.* (*mil.*) Alloggiare, sistemare in fabbricati coperti.

accaparraménto *s. m.* Incetta di merci, spec. a fini speculativi | (*fig.*) Conseguimento di un bene o di un vantaggio.

accaparràre *v. tr.* **1** Fissare un acquisto dando o ricevendo caparra. **2** Fare incetta di beni in previsione di aumento di prezzi o di diminuzione della quantità disponibile. **3** (*fig.*) Assicurarsi, procurarsi: *accaparrarsi la simpatia di qc.*

accaparratóre A *s. m.* (*f.* *-trìce*) Chi accaparra | (*fig.*) Chi pretende di avere tutto (*anche scherz.*): *un — di incarichi.* **B** *anche agg.*

accapezzàre *v. tr.* (*io accapézzo*) Ridurre in forma regolare col martello le pietre per lastrichi.

accapigliàrsi *v. rifl. rec.* (*io mi accapiglio*) **1** Pigliarsi per i capelli | Azzuffarsi. **2** (*fig.*) Litigare a parole.

accàpo o *a càpo* **A** *avv.* (*raro*) Al principio di una riga, di uno scritto: *andare —.* **B** *s. m. inv.* Capoverso.

accappatóio *s. m.* Indumento di spugna da indossare dopo il bagno. [→ ill. *abbigliamento*]

accappiàre *v. tr.* (*io accàppio*) Fermare con cappio.

accapponàre A *v. tr.* (*io accappóno*) Castrare un gallo. **B** *v. intr. pron.* Detto della pelle umana, diventare ruvida e increspata come quella del cappone, per sensazioni di freddo, paura, orrore e sim.

accarezzaménto *s. m.* Atto dell'accarezzare (*anche fig.*).

accarezzàre *v. tr.* (*io accarézzo*) **1** Sfiorare con mano leggera in segno d'affetto | *Accarezzarsi la barba, i baffi*, lisciarseli | (*fig.*) — *con gli occhi, con lo sguardo*, guardare con compiacimento o desiderio | (*iron.*) — *le spalle a qc.*, bastonarlo. **2** (*est.*) Sfiorare, lambire, detto del vento, dell'acqua e sim. **3** (*fig.*) Desiderare intensamente: — *un progetto.*

accartocciaménto *s. m.* **1** Piegamento a forma di cartoccio. **2** (*bot.*) Virosi di alcune piante che si manifesta spec. con l'arrotolamento dei lembi fogliari. **3** (*arch.*) Fregio ricurvo a forma di cartoccio.

accartocciàre A *v. tr.* (*io accartòccio*) Piegare a forma di cartoccio. **B** *intr. pron.* **1** Ripiegarsi a forma di cartoccio. **2** (*est.*) Incurvarsi, raggrinzirsi.

accartocciàto *part. pass. di accartocciare; anche agg.* **1** Piegato a forma di cartoccio. **2** (*arald.*) Detto di scudo con i lembi arricciati.

accasàre A *v. tr.* Collocare in matrimonio: — *un figlio, una nipote*; SIN. Sposare. **B** *v. rifl.* Metter su casa e famiglia.

accasàto *part. pass. di accasare; anche agg.* **1** Che ha messo su casa | Sposato. **2** Detto di corridore ciclista, automobilista o motociclista, che gareggia per i colori di una società o di una casa industriale.

accasciaménto *s. m.* Crollo | (*fig.*) Profonda demoralizzazione; SIN. Avvilimento, prostrazione.

accasciàre A *v. tr.* (*io accàscio*) Togliere a qc. la forza fisica e spirituale; SIN. Indebolire, prostrare. **B** *v. intr. pron.* **1** Lasciarsi cadere, crollare: *accasciarsi su una sedia.* **2** (*fig.*) Demoralizzarsi, perdersi d'animo; SIN. Abbattersi, avvilirsi.

accasciàto *part. pass. di accasciare; anche agg.* Abbattuto, demoralizzato.

accasermàre o *accaşermàre v. tr.* (*io accasèrmo o accaşèrmo*) Sistemare le truppe in caserme.

accastellàre *v. tr.* (*io accastèllo*) Sistemare uno sull'altro, a castello, vari oggetti.

accatastàbile *agg.* Che si può accatastare, detto spec. di imballaggi.

accatastaménto *s. m.* **1** Modo e atto dell'accatastare. **2** Mucchio di cose accatastate.

accatastàre *v. tr.* Disporre a catasta | (*est.*) Ammucchiare disordinatamente (*anche fig.*): — *idee.*

accattabrighe *s. m. e f. inv.* Attaccabrighe.

accattafièno *s. m. inv.* Macchina agricola a forma di rastrello con denti ricurvi, usata per raccogliere e ammucchiare il fieno.

accattàre *v. tr.* **1** Cercare di ottenere, in dono o in prestito, chiedendo con insistenza. **2** Chiedere in elemosina: — *il pane* | ass. Chiedere l'elemosina: *accatta di porta in porta*; SIN. Elemosinare, mendicare.

accattivànte *part. pres. di accattivare; anche agg.* Che tende ad ottenere il favore, la simpatia e sim. degli altri: *un sorriso —.*

accattivàre *v. tr.* Cattivare.

accàtto *s. m.* L'accattare | Elemosina, questua | *Vivere d'—*, di elemosina | *Andare all'—*, chiedere l'elemosina | *D'—*, di seconda mano.

accattonàggio *s. m.* Pratica dell'accattone.

accattóne *s. m.* (*f.* *-a*) Chi vive mendicando abitualmente per le strade; SIN. Mendicante.

accavalcàre *v. tr.* (*io accavàlco, tu accavàlchi*) Porre due cose una sull'altra in modo che si sormontino.

accavalcatùra *s. f.* In tipografia, mancato allineamento delle lettere d'una stessa riga.

accavallaménto *s. m.* Sovrapposizione | (*fig.*) Accumulo.

accavallàre A *v. tr.* Porre due o più cose una sull'altra: — *le gambe* | — *una maglia*, nel lavoro ai ferri, incrociarla. **B** *v. intr. pron.* Sovrapporsi in modo violento e disordinato (*anche fig.*).

accecaménto *s. m.* **1** Privazione o menomazione della vista. **2** (*fig.*) Offuscamento o perdita del raziocinio. **3** (*est.*) Chiusura, ostruzione: — *di una finestra.*

accecàre A *v. tr.* (*io accièco o accèco, tu acciè chi o accèchi;* la *e* dittonga in *ie* solo se tonica) **1** Privare della vista. **2** (*est.*) Appannare, oscurare | — *una lampada*, schermarla con un panno scuro. **3** (*fig.*) Privare dell'uso del giudizio, della ragione: *l'odio lo acceca.* **4** (*est.*) Chiudere, ostruire | — *una finestra*, murarla. **B** *v. intr.* (*aus. essere*) Divenire cieco.

accecatóio *s. m.* Saetta da trapano, atta a incavare un foro in modo che possa ricevere la capocchia di un chiodo o di una vite.

accecatùra *s. f.* **1** (*raro*) Accecamento. **2** Incavo praticato con l'accecatoio. **3** In tipografia e dattilografia, difetto per cui l'occhio di una lettera risulta completamente nero.

accèdere *v. intr.* (*pass. rem. io accedètti o accedéi, poet. accèssi; aus. essere* nel sign. 1*; avere* nei sign. 2 e 3) **1** Portarsi verso un luogo | (*est.*) Entrare: — *a un palazzo.* **2** Entrare a far parte di un complesso ordinato di organi o uffici: — *alla magistratura.* **3** Divenire consenziente: — *a una richiesta*; SIN. Acconsentire, aderire.

acceleraménto *s. m.* Modo e atto dell'accelerare.

acceleràre A *v. tr.* (*io accèlero*) Rendere più rapido: — *l'andatura*; SIN. Affrettare; CONTR. Rallentare. **B** *v. intr.* (*aus. avere*) Aumentare la velocità: *l'automobile accelerò.*

accelerativo *agg.* Atto ad accelerare.

acceleràto A *part. pass. di accelerare; anche agg.* Affrettato. **B** *s. m.* Treno per viaggiatori che ferma a tutte le stazioni (oggi denominato 'treno locale').

acceleratóre A *agg.* Che accelera. **B** *s. m.* **1** (*mecc.*) Dispositivo di un motore che, regolando la mandata del combustibile, ne fa variare la potenza e di conseguenza la velocità | Pedale o manopola per manovrarlo: *premere l'—*; — *a mano.* [→ ill. *automobile*] **2** (*fis. nucl.*) Macchina usata per portare particelle cariche, come ioni o elettroni, ad altissime velocità mediante azioni elettriche e magnetiche. [→ ill. *nucleare*]

accelerazióne *s. f.* **1** Aumento di velocità o di rapidità. **2** (*fis.*) Variazione della velocità, in intensità e direzione, nell'unità di tempo | — *di gravità*, aumento di velocità, a ogni secondo, di un corpo che cade per effetto dell'attrazione terrestre.

acceleròmetro *s. m.* (*fis.*) Strumento per misurare l'accelerazione.

accèndere A *v. tr.* (*pass. rem. io accési, tu accendésti; part. pass. accéso*) **1** Mettere, appiccare il fuoco | — *il fuoco*, farlo divampare; CONTR. Spegnere. **2** (*fig.*) Suscitare, infiammare: — *gli odi, le rivalità.* **3** Mettere in funzione un dispositivo elettrico mediante somministrazione di corrente: — *la lampada, la radio*; CONTR. Spegnere. **4** Porre in essere: — *un debito, un'ipoteca.* **B** *v. intr. pron.* **1** Prendere fuoco | (*est.*) Arrossire: *accendersi in volto.* **2** Divenir luminoso. **3** (*fig.*) Infiammarsi, eccitarsi: *accender-*

si d'amore.

accendigàs *s. m. inv.* Utensile elettrico o a pietra focaia, per accendere con una scintilla i fornelli a gas. [→ ill. *elettrodomestici*]

accendiménto *s. m.* (*raro*) Accensione.

accendino *s. m.* (*fam.*) Accendisigaro.

accendisìgaro *s. m.* Accenditore a scintilla, spec. tascabile, per fumatori. [→ ill. *fumatore*]

accenditóio *s. m.* Asta recante a un'estremità uno stoppino atto ad accendere lumi.

accenditóre *s. m.* (*f. -trìce*, nel sign. 1) **1** Chi accende. **2** Dispositivo atto ad accendere.

accennàre ***A*** *v. tr.* (*io accénno*) **1** Segnare col dito, con la mano, indicare: — *un oggetto* | (*est.*) Fare l'atto di dare o fare q.c.: — *un calcio.* **2** Disegnare leggermente e incompiutamente. **3** (*mus.*) Dare il motivo di una melodia. ***B*** *v. intr.* (*aus. avere*) **1** Esprimersi mediante cenni: *mi accennò di tacere* | Fare l'atto di: *accennò a darmi un bacio.* **2** (*fig.*) Parlare brevemente e superficialmente: *vorrei — alla questione* | Alludere: *a cosa intendi —?* | Dare indizio di: *il tempo accenna a farsi piovoso.* **3** Segnare col dito: — *a qc.*

accénno *s. m.* **1** Avvertimento, cenno | Abbozzo. **2** Allusione, vago indizio.

accensióne *s. f.* **1** L'accendere, l'accendersi | (*fig.*) Fiammata: — *di gioia.* **2** Attivazione di un dispositivo elettrico | Nei motori a scoppio, circuito elettrico che fa scoccare le scintille fra gli elettrodi delle candele per accendere la miscela combustibile nei cilindri. [→ ill. *automobile*] **3** (*dir.*) Atto della costituzione di un debito.

accentàre *v. tr.* (*io accènto*) Segnare o pronunziare con l'accento una lettera o una parola | Pronunziare in modo scandito.

accentàto *part. pass. di accentare; anche agg.* Che ha l'accento, scritto o pronunziato.

accentatùra *s. f.* Atto, modo di accentare nella scrittura.

accentazióne *s. f.* Modo di pronunziare o segnare gli accenti.

accènto *s. m.* **1** Elevazione della voce nella pronuncia di una sillaba: — *tonico* | — *metrico, ritmico*, quello che cade sulla sillaba di determinate sedi di un verso. **2** Segno che si può trovare sulla vocale della sillaba tonica: — *grafico* | — *acuto*, quello che, inclinato verso destra, indica il timbro chiuso della vocale | — *grave*, quello che, inclinato verso sinistra, indica il timbro aperto della vocale | — *circonflesso*, quello, di forma angolare, che indica una vocale lunga o aperta ed è di uso facoltativo in italiano | (*fig.*) *Mettere, porre l'— su una questione*, metterla in evidenza. **3** Particolare cadenza del discorso: — *straniero.* **4** (*fig.*) Inflessione della voce che esprime uno stato d'animo: — *doloroso* | (*fig.*) Espressione vaga, appena accennata: *un — di tristezza.*

ACCENTO

L'accento cade su quella sillaba di una parola dove l'intonazione della voce è più marcata, più intensa. In *parola*, ad es., l'accento cade sulla sillaba *-rò-*; in *sillaba*, cade su *sil-*. La sillaba su cui cade l'accento si dice **tonica** (dal greco *tónos*, che significa 'tensione, pressione, forza'), le altre si dicono **atone** (cioè 'senza tono').

A seconda di dove cade l'accento, le parole si dicono: **tronche**, se l'accento cade sulla vocale dell'ultima sillaba, come in *Perù, perché, caffè, andò*; **piane**, se cade sulla vocale della penultima, come in *pregàre, avànti, accànto, misùra*; **sdrucciole**, se cade sulla terzultima, come in *cìrcolo, Gènova, fantàstico, època*; **bisdrucciole**, se cade sulla quartultima, come in *lìberaci, dàtemelo, scìvolano*; **trisdrucciole**, nei rari casi in cui cade sulla quintultima, come in *èvitamelo, recàpitamelo, rècitamelo.*

Ad eccezione di alcuni monosillabi (articoli, pronomi, particelle pron. o avv. come *mi, ti, si, ci, vi, ne*) che si appoggiano nella pronuncia alla parola che segue o che precede (tali particelle sono chiamate 'proclitiche' o 'enclitiche'), tutte le parole hanno un accento, che si chiama **accento tonico**. Quando l'accento è indicato con un segno, prende il nome di **accento grafico**. In questo caso l'accento può essere **acuto** (sulla *é* e sulla *ó* chiuse: *affinché, perché, cóppa, vólgo*) oppure **grave** (sulla *è* e sulla *ò* aperte e sulle altre tre vocali: *cioè, caffè, perciò, àncora, così, virtù*).

L'accento grafico deve essere usato:

- sulle parole tronche con due o più sillabe: *lunedì, andò, città*;
- sui seguenti monosillabi: *ciò, può, già, più, giù, piè*;
- su alcuni altri monosillabi per non confonderli con altre parole uguali nella pronuncia (i cosiddetti 'omofoni') ma che hanno diversa qualifica grammaticale e diverso significato. Sono:
  - **dà** (verbo *dare*): *ti dà la matita*; **da** (prep.): *vieni da me*;
  - **dì** (nome): *notte e dì*; **di** (prep.): *città di Milano.* Attenzione: **di'** (imperativo del verbo *dire*) è un troncamento e vuole l'apostrofo, non l'accento: *di' quel che ti pare!*;
  - **è** (verbo): *chi è?*; **e** (cong.): *marito e moglie*;
  - **ché** (= *perché*, cong.): *taci, ché non conosci i fatti!*; **che** (pron. rel. o cong.): *can che abbaia non morde*; *ti ripeto che non lo so*;
  - **là** (avv.): *rimani là!*; **la** (art. e pron.): *apri la finestra*; *non la conosco*;
  - **lì** (avv.): *la chiave è lì sul tavolo*; **li** (pron.): *non li ho mai visti*;
  - **né** (cong.): *né caldo né freddo*; **ne** (pron. o avv.): *me ne dai una?*; *me ne vado*;
  - **sé** (pron.): *fa tutto da sé*; *da sé stesso* (in questo secondo caso, quando *sé* è seguito da *stesso*, si può anche scrivere senza l'accento; è tuttavia consueta anche la forma accentata, per evitare equivoci che, nel caso di *se stessi* o *se stesse*, potrebbero verificarsi); **se** (cong.): *se soltanto lo volesse...*;
  - **sì** (avv.): *sì, lo conosco*; **si** (pron.): *si alza sempre tardi*;
  - **tè** (nome): *gradisci un tè?*; **te** (pron.): *vengo con te*;
- sulle voci verbali *do, dai, danno* si può segnare l'accento: *dò, dài, dànno* per non confonderle con *do* (nota musicale), *dai* (prep. art.) e *danno* (nome). Non è sbagliato ma non è necessario, in quanto la differenza di significato rende pressoché impossibile ogni confusione.

L'accento grafico non si usa:

- sulle note musicali: *do, re, mi, fa, sol, la, si*;
- sui monosillabi (con l'eccezione di quelli indicati in precedenza). In particolare non si mette l'accento su *do* (verbo), *qui, qua, so, sa, sto, sta, va, tra, fra, fu, fa, tre, blu, no, re.* Attenzione: i composti vanno sempre accentati. Perciò: *re*, ma *viceré*; *tre*, ma *ventitré, trentatré*, ecc.; *blu*, ma *rossoblù, gialloblù*; *su*, ma *lassù, quassù*; *sto* e *sta*, ma *ristò, ristà*; *fa*, ma *rifà, strafà.*
- ATTENZIONE: come *di'* (imperativo di *dire*, di cui abbiamo parlato sopra), anche *da', sta', va'* e *fa'* (imperativi di *dare, stare, andare* e *fare*) vogliono non l'accento ma l'apostrofo, così come *po'* (= poco) e *mo'* (= modo: *a mo' di*), in quanto si tratta di particolari forme di troncamento (v. nota d'uso ELISIONE e TRONCAMENTO).

Normalmente l'accento grafico non si segna all'interno di parola. Esiste però il caso di alcuni vocaboli formati da due o più sillabe, che si scrivono nello stesso modo ma si distinguono per come vengono pronunciati, in quanto l'accento cade su sillabe differenti (tali parole sono dette 'omografi'). In questi casi si possono verificare degli equivoci. Un titolo di giornale che dica, ad es., *presidi davanti alle fabbriche*, può ingenerare qualche perplessità, sino a quando i sottotitoli e il contenuto stesso dell'articolo, oltre che il buon senso, fanno scartare l'improbabile presenza davanti alle fabbriche di *prèsidi* in cerca di un contatto col mondo del lavoro, a favore di più realistici *presìdi* sindacali. Generalmente il contesto in cui il vocabolo è inserito è sufficiente a chiarire i dubbi (forse proprio un titolo è, per sua natura, più 'rischioso'). Il consiglio è perciò di segnare l'accento solo in quei casi che ragionevolmente si presentano ambigui.

Tra questi 'omografi', ricordiamo i più comuni: *àncora* (nome) e *ancóra* (avv.); *cómpito* (nome) e *compìto* (ag-

gettivo); *princìpi* (nome, da *principe*) e *princìpi* (nome, da *princìpio*); *condòmini* (nome, da *condòmino*) e *condomìni* (nome, da *condominio*); *desideri* (verbo) e *desidèri* (nome); *férmati* (verbo, imperativo) e *fermàti* (verbo, participio); *indìce* (nome) e *indìce* (verbo); *òccupati* (verbo, imperativo) e *occupàti* (verbo, participio); *pèrdono* (verbo) e *perdóno* (nome); *regìa* (nome) e *règia* (aggettivo); *sùbito* (avverbio) e *subìto* (verbo, participio); *tèndine* (nome m.) e *tendìne* (nome f.); *vìola* (verbo) e *viòla* (nome).
È bene ricordare che in caso di dubbio si preferisce segnare l'accento sulla parola sdrucciola piuttosto che su quella piana. Aveva quindi ragione il titolista del giornale, almeno sul piano teorico: *presìdi*, così com'è, andrebbe letto con l'accento sulla penultima, mentre andrebbe accentata in caso di dubbio la parola sdrucciola: *prèsidi dal Provveditore*.
L'accento si può indicare graficamente anche quando si usano parole difficili o rare che si ritiene non siano conosciute da chi legge, oppure di cui si vuol ribadire l'accento esatto. Si può quindi scrivere: *àfono, nèmesi, glicosùria; leccornìa, callìfugo, svalùto, zaffìro*.
Rimane ancora da dire di quelle parole che si scrivono nello stesso modo ma differiscono nella pronuncia, non perché l'accento cada su una sillaba diversa, ma per la presenza di una *e* o di una *o* chiuse o aperte: *accètta* (verbo) e *accétta* (nome); *collèga* (nome) e *colléga* (verbo); *lègge* (verbo) e *légge* (nome); *mènte* (verbo) e *ménte* (nome); *pésca* (nome, dal verbo *pescare*) e *pèsca* (nome di frutto); *vènti* (nome) e *vénti* (aggettivo numerale); oppure, con la *o*, *còlto* (aggettivo o participio, da *cogliere*) e *cólto* (aggettivo, = istruito); *fòsse* (nome) e *fósse* (verbo); *vòlto* (verbo) e *vólto* (nome). Va detto che nella maggior parte dei casi l'accento non è necessario in quanto è ben difficile in un normale contesto linguistico confondere tali omografi. L'accento si segna soltanto se c'è poca chiarezza oppure se si vuol intenzionalmente precisare il suono aperto o chiuso della *e* o della *o*.
L'**accento circonflesso (ˆ)**, infine, indica, nel plurale di alcuni nomi o aggettivi in *-io*, la contrazione di due *i* in una sola (ad esempio nel plurale *princìpî* di *principio*) specialmente allo scopo di evitare possibili confusioni con altri plurali di egual grafia (in questo caso con *prìncipi*, plurale di *principe*). L'accento circonflesso è oggi poco usato. Si tende a trovare altre soluzioni, in particolare a segnare l'accento sulla sillaba tonica dell'uno o dell'altro termine (quindi *princìpi* e *prìncipi*), oppure a mantenere la doppia *i* finale (quindi *principii*). Altri casi simili sono ad es. *arbitrio* e *arbitro*, *assassinio* e *assassino*, *omicidio* e *omicida*, *osservatorio* e *osservatore*, *condominio* e *condomino*. Quindi: *gli assassinii* (o *assassinî*) *costano caro agli assassini*; *anche gli àrbitri* (o *arbitri*) *commettono degli arbìtri* (o *arbitrii* o *arbitrî*). È bene ricordare che sulla *i*, quando vi è segnato l'accento circonflesso (e l'accento in genere), **non** si deve segnare il puntino, che va invece regolarmente segnato in presenza di un apostrofo. Quindi *matrimonî, così*, ma *di'* (imperativo di *dire*).

accentraménto *s. m.* **1** Riunione in un unico punto o luogo. **2** Concentrazione di funzioni amministrative, politiche o legislative negli organi centrali dello Stato; CONTR. Decentramento.
accentràre **A** *v. tr.* (*io accèntro*) **1** Riunire in un solo punto, in un solo luogo. **2** Raggruppare intorno a uno solo o a pochi organi varie funzioni. **3** (*fig.*) Attirare: – *gli sguardi*. **B** *v. intr. pron.* **1** Radunarsi stabilmente. **2** (*fig.*) Accumularsi.
accentratóre **A** *s. m.* (*f.* *-trice*) Chi accentra | Chi vuole accumulare in sé tutte le mansioni. **B** *anche agg.*
accentuàre **A** *v. tr.* (*io accèntuo*) **1** Pronunziare spiccatamente, con enfasi: – *una parola*. **2** (*raro*) Accentare. **3** (*fig.*) Rendere più rilevato: – *la linea del disegno*. **4** (*est.*) Porre in evidenza: – *alcuni aspetti di un programma*. **B** *v. intr. pron.* Divenire più evidente | Aggravarsi: *la crisi si accentua*.
accentuàto *part. pass. di accentuare; anche agg.* Messo in evidenza.
accentuazióne *s. f.* Attribuzione di un particolare rilievo | Crescita, aggravamento.
accerchiaménto *s. m.* **1** Chiusura in un cerchio. **2** (*mil.*) Manovra svolta sui fianchi e sul tergo dello schieramento nemico per rinserrarlo completamente.
accerchiàre **A** *v. tr.* (*io accérchio*) Cingere in cerchio | Circondare. **B** *v. rifl.* (*fig.*) Circondarsi.
accertàbile *agg.* Che si può accertare.
accertabilità *s. f.* Possibilità di essere accertato.
accertaménto *s. m.* **1** Modo e atto dell'accertare; SIN. Constatazione, verifica. **2** (*dir.*) Attività diretta a eliminare una situazione giuridica incerta.
accertàre **A** *v. tr.* (*io accèrto*) **1** Rendere certo, dare per certo; SIN. Assicurare. **2** Appurare con certezza: – *la natura di un fatto*; SIN. Verificare. **B** *v. rifl.* Farsi certo, assicurarsi: *mi accerterò della cosa*.
accéso *part. pass. di accendere; anche agg.* **1** Reso ardente, luminoso. **2** Messo in azione: *motore* –. **3** (*fig.*) Infervorato, entusiasmato. **4** Vivo, intenso, detto di colore.
accessìbile *agg.* **1** Di facile accesso; SIN. Raggiungibile; CONTR. Inaccessibile. **2** (*fig.*) Detto di persona, affabile, cordiale. **3** (*fig.*) Di facile comprensione: *concetto* –. **4** (*fig.*) Modico: *prezzo* –.
accessibilità *s. f.* Qualità di accessibile.
accessióne *s. f.* **1** Aggiunta, accrescimento | Ciò che si aggiunge: *catalogo delle nuove accessioni*, dei libri e sim. di recente acquisizione nelle biblioteche. **2** (*dir.*) Adesione di uno Stato a un trattato già concluso tra altri Stati.
accèsso *s. m.* **1** Atto dell'accedere (*anche fig.*): – *alla magistratura*. **2** (*est.*) Luogo per il quale si accede: *scala d'*–. **3** Facoltà di accedere: *permettere, vietare l'*–; *avere libero* – *presso qc.* **4** (*med.*) Insorgenza improvvisa o manifestazione episodica di una malattia: – *epilettico* | (*est., fig.*) Impulso improvviso e violento: *un* – *d'ira*.
accessorietà *s. f.* (*raro*) Condizione di ciò che è accessorio.
accessòrio **A** *agg.* Che si aggiunge o si accompagna ad altro elemento principale e necessario; SIN. Complementare, secondario. **B** *s. m.* Ciò che completa q.c. migliorandone l'aspetto o il funzionamento: *accessori per auto*; *accessori da bagno*.
accessorista *s. m.* (*pl. -i*) Chi fabbrica o vende accessori per autoveicoli.
accestiménto *s. m.* (*bot.*) Fase di sviluppo di una pianta in cui essa forma cesto.
accestire *v. intr.* (*io accestìsco, tu accestìsci; aus. essere*) Far cesto, detto di piante erbacee che mettono rami e foglie nella parte basale del fusto.
accétta *s. f.* Arnese e arma tagliente atta a fendere legna; simile alla scure ma più piccola | *Lavoro fatto con l'*–, (*fig.*) in modo grossolano. [→ ill. *falegname*]
accettàbile *agg.* Che si può accettare; CONTR. Inaccettabile.
accettànte **A** *part. pres. di accettare; anche agg.* Che accetta. **B** *s. m. e f.* **1** Chi accetta. **2** (*dir.*) Chi compie un atto di accettazione.
accettàre *v. tr.* (*io accètto*) **1** Ricevere di buon grado ciò che viene offerto: – *un regalo* | – *una battaglia, una sfida, una scommessa*, acconsentirvi | (*est.*) Accogliere, detto di persona: – *qc. come amico*; CONTR. Rifiutare. **2** Ammettere, approvare: – *un parere, una proposta*. **3** (*dir.*) Manifestare il proprio consenso alla costituzione, modificazione o estinzione di rapporti giuridici: – *una tratta*.
accettazióne *s. f.* **1** Atto dell'accettare: – *di un'eredità* | Accoglimento, approvazione: – *di una proposta* | Acconsentimento. **2** Serena sopportazione: – *della sorte*. **3** Locale in cui si accettano domande di prestazione di vari servizi. **4** (*dir.*) Consenso dato alla costituzione, modificazione o estinzione di rapporti giuridici.
accètto *agg.* Che si riceve con piacere, che risulta caro, gradito: *augurio ben* –; *uomo* – *a tutti*.
accezióne *s. f.* Significato di un vocabolo.
acchetàre **A** *v. tr.* (*io acchéto*) (*lett.*) Calmare, acquietare. **B** *v. rifl.* Chetarsi.
acchiappacàni *s. m. e f.* Accalappiacani.
acchiappafarfàlle *s. m. inv.* Retino per catturare farfalle.
acchiappamósche *s. m. inv.* **1** Strumento atto a catturare mosche. **2** (*fig.*) Chi perde il proprio tempo senza far

niente.

acchiappàre *v. tr.* **1** Afferrare rapidamente, spec. attaccandosi a qualche sporgenza; SIN. Acciuffare, agguantare. **2** Riuscire a cogliere con astuzia: – *un ladro in flagrante.*

acchiappino *s. m.* (*tosc.*) Chiapparello.

acchiocciolàre A *v. tr.* (*io acchiòcciolo*) Avvolgere a guisa di chiocciola: – *una molla.* **B** *v. rifl.* Ripiegarsi su se stesso.

acchitàre *v. tr.* Nel gioco del biliardo, mandare la propria palla o il pallino, all'inizio di una partita, in un punto sfavorevole per l'avversario.

acchìto *s. m.* Nel gioco del biliardo, posizione d'inizio della palla o del pallino | *D'*–, *di primo* –, (*fig.*) alla prima, subito.

àccia *s. f.* (*pl. -ce*) Filo greggio, spec. di lino o canapa, in matassa.

acciabattàre A *v. intr.* (*aus. avere*) Camminare trascinando le ciabatte. **B** *v. tr.* (*fig.*) Lavorare in modo frettoloso e disordinato, anche ass.

acciabattóne *s. m.* (*f. -a*) Chi esegue il proprio lavoro in modo trascurato e disordinato.

acciaccaménto *s. m.* Modo e atto dell'acciaccare.

acciaccàre *v. tr.* (*io acciàcco, tu acciàcchi*) **1** Deformare un oggetto comprimendolo | Schiacciare; SIN. Ammaccare. **2** (*fig., fam.*) Indebolire: *la malattia l'ha molto acciaccato.*

acciaccatùra *s. f.* **1** Deformazione, ammaccatura. **2** (*mus.*) Appoggiatura rapida su una nota per passare a legarsi alla nota principale successiva.

acciàcco *s. m.* (*pl. -chi*) Disturbo fisico non grave ma fastidioso, dovuto a infermità o vecchiaia.

acciaiàre *v. tr.* (*io acciàio*) Ricoprire metalli con ferro | Trasformare il ferro in acciaio.

acciaiatùra *s. f.* Processo con cui si ricoprono elettroliticamente altri metalli con ferro.

acciaierìa *s. f.* Stabilimento per la produzione e la lavorazione dell'acciaio.

acciaìno *s. m.* Strumento d'acciaio per affilare ferri da taglio.

acciàio *s. m.* Lega formata da ferro e da carbonio, prodotta per affinazione dalla ghisa, con eventuale aggiunta di altri elementi, dotata di alta resistenza meccanica, elasticità, durezza | (*fig.*) *Nervi d'*–, forti, saldi.

acciambellàre A *v. tr.* (*io acciambèllo*) Avvolgere a guisa di ciambella. **B** *v. rifl.* Ripiegarsi su se stesso avvolgendosi a guisa di ciambella.

acciarìno *s. m.* **1** Arnese d'acciaio col quale, battendo la pietra focaia, si traevano scintille per accendere l'esca. **2** Nelle antiche armi da fuoco portatili, meccanismo a molla che accendeva la carica di lancio. [→ ill. *armi*] **3** Nei siluri, congegno collocato nella testa, atto a far scoppiare il detonante al momento dell'urto contro l'obiettivo. [→ ill. *armi*] **4** Cuneo d'acciaio infilato nel mozzo della ruota di un carro per impedirle di sfilarsi.

acciàro *s. m.* **1** (*lett.*) Acciaio. **2** (*poet.*) Spada, arma.

acciarpàre *v. tr.* Lavorare senza diligenza.

accidèmpoli *inter.* (*euf.*) Accidenti.

accidentàle *agg.* **1** Dovuto al caso, alla sorte; SIN. Casuale, fortuito. **2** (*filos.*) Contingente | Non necessario; CONTR. Sostanziale.

accidentalità *s. f.* Qualità di ciò che è accidentale.

accidentalménte *avv.* Per caso.

accidentàto *agg.* **1** Colpito da paralisi e sim.: *braccio* –. **2** Detto di terreno ineguale e ricco di asperità. **3** (*fig.*) Movimentato: *un viaggio* –.

accidènte *s. m.* **1** Evento, caso | Fatto fortuito, inaspettato | *Per* –, accidentalmente, casualmente. **2** Evento infausto, caso doloroso | Sciagura, disgrazia. **3** Colpo apoplettico, malanno | *Mandare un* – *a qc.*, augurargli del male. **4** (*fig.*) Persona fastidiosa, spec. per eccesso di vivacità | *Correre come un* –, all'impazzata. **5** Ineguaglianza del terreno. **6** Niente, con valore raff., in varie loc. negative: *non capire, non sentire, non vedere un* –. **7** (*filos.*) Ciò che può appartenere o non appartenere all'essenza di una cosa e che può mutare senza che muti l'essenza stessa della cosa in cui si manifesta; CONTR. Essenza, sostanza. **8** (*mus.*) Segno d'alterazione di una nota, che s'incontra nel corso d'una composizione e non posto in chiave.

accidènti *inter.* Esprime rabbia, meraviglia, stupore, contrarietà e sim.; SIN. Accidempoli, acciderba, accipicchia.

accidèrba *inter.* Accidenti.

accìdia *s. f.* **1** Malinconica e inerte indifferenza verso ogni forma di azione; SIN. Ignavia, indolenza. **2** Nella morale cattolica, uno dei sette peccati capitali, consistente nell'indolenza verso la pratica virtuosa del bene.

accidióso *agg.* Che pecca di accidia | (*est.*) Pieno di tedio e di tristezza; SIN. Ignavo, indolente.

accigliàrsi *v. intr. pron.* Corrugare le sopracciglia per sdegno, ira, meditazione e sim.

accigliàto *part. pass. di accigliare; anche agg.* Che ha le sopracciglia o la fronte increspate | Crucciato, scuro in volto.

accìngere A *v. tr.* (*coniug. come cingere*) (*lett.*) Cingere stretto attorno. **B** *v. rifl.* Mettersi sul punto di fare q.c.: *accingersi a partire*; SIN. Apprestarsi, prepararsi.

-àccio *suff.* **1** Forma sost. o agg. alterati, con valore peggiorativo o spregiativo: *libraccio, fattaccio, pigraccio.* **2** Assume valore derivativo in sost. indicanti oggetti che hanno una determinata funzione: *legaccio, strofinaccio, tavolaccio.*

acciocché *cong.* Affinché, perché (introduce una prop. finale con il v. al congv.): *te lo ripeto – tu mi capisca bene.*

acciottolàre *v. tr.* (*io acciòttolo*) **1** Lastricare con ciottoli. **2** Fare risuonare, battendoli uno contro l'altro, piatti, vasellame e sim.

acciottolàto A *part. pass. di acciottolare; anche agg.* Pavimentato con ciottoli. **B** *s. m.* Pavimentazione urbana fatta con ciottoli.

acciottolìo *s. m.* Suono prodotto da piatti, stoviglie e sim. sbattute tra di loro.

accipìcchia *inter.* (*euf.*) Accidenti.

accipìtridi *s. m. pl.* (*sing. -e*) Famiglia di uccelli rapaci diurni caratterizzati dal becco uncinato e dalle forti unghie adunche; vi appartengono i falchi e gli avvoltoi.

acciuffàre A *v. tr.* Prendere con forza per i capelli | (*est.*) Afferrare chi cerca di fuggire; SIN. Acchiappare, agguantare. **B** *rifl. rec.* Prendersi l'un l'altro per il ciuffo | Azzuffarsi.

acciùga *s. f.* **1** Pesce teleosteo commestibile dal dorso azzurrognolo e il ventre argenteo che vive in branchi nei mari temperati; SIN. Alice. [→ ill. *animali* 9] **2** (*fig.*) Donna molto magra.

acciugàta *s. f.* Salsa d'acciughe.

acciughìna *s. f.* Piccolo insetto senza ali con il corpo appiattito e coperto di squamette, che divora la carta dei libri; SIN. Lepisma, pesciolino d'argento. [→ ill. *animali* 2]

acclamàre A *v. tr.* **1** Manifestare a gran voce il proprio consenso: *l'eroe fu acclamato.* **2** Eleggere d'accordo, con applausi, senza votazione: *lo acclamarono imperatore.* **3** (*fig.*) Celebrare, lodare: *la critica lo acclama come genio.* **B** *v. intr.* (*aus. avere*) Gridare in segno di plauso: *tutti acclamarono alla proposta.*

acclamazióne *s. f.* **1** Rumorosa ed entusiastica manifestazione di consenso; SIN. Ovazione, plauso. **2** Modo di deliberare di un organo collegiale senza procedere a votazione: *accettare una proposta per* –.

acclimàre *v. tr. e rifl.* Acclimatare.

acclimatàre A *v. tr.* (*io acclìmato*) **1** Adattare a un clima diverso da quello nativo. **2** (*est.*) Abituare a q.c. **B** *v. rifl.* **1** Adattarsi a un clima diverso da quello nativo. **2** (*est.*) Abituarsi a q.c.

acclimatazióne *s. f.* Adattamento di esseri viventi a condizioni climatiche diverse da quelle di origine.

acclimazióne *s. f.* Acclimatazione.

acclìne *agg.* **1** Inclinato. **2** (*fig., lett.*) Disposto.

acclìve *agg.* (*lett.*) Ripido, erto, in salita.

acclività *s. f.* L'essere acclive.

acclùdere *v. tr.* (*pass. rem. io acclụ̀si, tu accludésti; part. pass. acclụ̀so*) **1** Chiudere q.c. insieme ad altro: – *una lettera a un pacco.* **2** Unire, includere. • SIN. Allegare.

acclụ̀so *part. pass. di accludere; anche agg.* Chiuso insieme | Allegato.

accoccàre *v. tr.* (*io accòcco, tu accòcchi*) **1** Adattare la cocca della freccia alla corda dell'arco. **2** Assestare con forza. **3** Riunire le cocche di un fazzoletto e sim. **4** Fermare il filo alla cocca del fuso.

accoccolàrsi *v. rifl.* (*io mi accòccolo*) Porsi a sedere sui calcagni, abbassato sulle ginocchia.

accodàre ***A*** *v. tr.* (*io accódo*) Legare le bestie da soma in modo che la testa di una sia vicina alla coda dell'altra | (*est.*) Mettere dietro, di persone. ***B*** *v. rifl.* Mettersi in fila o in coda | (*fig.*) Seguire le decisioni o le iniziative altrui.

accogliènte *agg.* Ospitale, piacevole.

accoglièṅza *s. f.* Modo e atto dell'accogliere | *Fare buona, cattiva — a qc.*, accogliere bene o male | *Fare —*, accogliere bene.

accògliere *v. tr.* (*coniug. come cogliere*) ***1*** Ricevere: *— un amico, un dono, una brutta notizia* | Ospitare: *m'ha accolto in casa sua come un figlio.* ***2*** Approvare, accettare: *— una proposta.* ***3*** Contenere, ospitare: *il nuovo stadio può — centomila spettatori.*

accogliménto *s. m.* ***1*** (*lett.*) Accoglienza. ***2*** Accettazione.

accolitàto *s. m.* Un tempo, quarto degli ordini minori dei sacerdoti cattolici.

accòlito *s. m.* ***1*** Chierico che ha ricevuto l'ordine dell'accolitato | Chi serve il sacerdote all'altare. ***2*** (*fig.*) Seguace, accompagnatore.

accollacciàto *agg.* ***1*** Ben chiuso attorno al collo: *abito —.* ***2*** (*est.*) Detto di persona, che indossa un abito accollato.

accollàre ***A*** *v. tr.* (*io accòllo*) ***1*** (*lett.*) Mettere sul collo | Abituare al giogo gli animali: *— i buoi.* ***2*** (*fig.*) Caricare di impegni, oneri, responsabilità: *accollarsi una spesa*; SIN. Addossare. ***3*** Porre il maggior carico sulla parte anteriore del carro, in modo che il peso gravi sul collo della bestia che lo tira. ***B*** *v. intr.* (*aus. avere*) Chiudere bene al collo.

accollàta *s. f.* Colpo simbolico col piatto della spada sulla spalla del cavaliere medievale durante la cerimonia d'investitura.

accollatàrio *s. m.* (*dir.*) Creditore a vantaggio del quale opera l'accollo.

accollàto ***A*** *part. pass. di accollare; anche agg.* Detto di abito e sim. chiusi fino al collo; CONTR. Scollato. ***B*** *s. m.* (*dir.*) Debitore il cui obbligo viene assunto mediante accollo.

accollatùra *s. f.* ***1*** Parte dell'abito accollato che segue la base del collo. ***2*** Segno del giogo sul collo degli animali da tiro.

accòllo *s. m.* ***1*** (*dir.*) Accordo per l'assunzione di un debito altrui. ***2*** Parte sporgente, sostenuta da mensole, di un muro o di una costruzione. ***3*** Parte del carico di un carro gravante sul collo dell'animale.

accòlta *s. f.* (*lett.*) Adunata di persone.

accoltellàre ***A*** *v. tr.* (*io accoltèllo*) Ferire, uccidere a colpi di coltello. ***B*** *v. rifl. rec.* Ferirsi a colpi di coltello.

accoltellàto ***A*** *part. pass. di accoltellare; anche agg.* Ferito a colpi di coltello. ***B*** *s. m.* (*arch.*) Corso o pavimento di mattoni messi di costa.

accoltellatóre *s. m.* (*f. -trìce*) Chi accoltella.

accomandànte ***A*** *part. pres. di accomandare; anche agg.* Che accomanda | (*dir.*) *Socio —*, socio di un'accomandita la cui responsabilità per le obbligazioni sociali è limitata a una somma determinata. ***B*** *s. m.* (*dir.*) Socio accomandante.

accomandàre ***A*** *v. tr.* Affidare in custodia | Raccomandare. ***B*** *v. rifl.* (*lett.*) Mettersi sotto la protezione altrui | Raccomandarsi.

accomandatàrio *s. m.* (*dir.*) Socio dell'accomandita, amministratore e illimitatamente responsabile delle obbligazioni sociali.

accomàndita *s. f.* (*dir.*) Forma di società commerciale caratterizzata dalla diversa responsabilità, verso i terzi, dei soci che vi partecipano: *società in —.*

accomiatàre ***A*** *v. tr.* Dare commiato; SIN. Congedare, licenziare. ***B*** *v. rifl.* Prendere commiato, congedarsi: *accomiatarsi da qc.*

accomodàbile *agg.* Che si può accomodare.

accomodaménto *s. m.* ***1*** (*raro*) Aggiustamento | Adattamento, sistemazione. ***2*** Conciliazione, accordo fra parti in lite: *giungere, venire, a un —.*

accomodànte *agg.* Conciliante, remissivo, adattabile, con gli uomini e con le circostanze.

accomodàre ***A*** *v. tr.* (*io accòmodo*) ***1*** Riattare, aggiustare, riparare: *— una vecchia casa* | Assestare, sistemare, addobbare. ***2*** (*iron.*) Conciare: *se non la smettete, vi accomodo io!* ***3*** Comporre, conciliare: *col tempo tutto si accomoda.* ***4*** Regolare l'occhio o un sistema ottico rispetto alla distanza o alla luminosità. ***B*** *v. intr.* (*aus. avere*) Tornare comodo, utile: *prendi ciò che ti accomoda.* ***C*** *v. rifl.* ***1*** Mettersi a proprio agio in casa d'altri. ***2*** Adattarsi: *si sono accomodati in due stanzette.* ***3*** Giungere a un'accordo: *ci accomoderemo tra noi.*

accomodatóre *s. m.* (*f. -trìce*) Chi accomoda.

accomodatùra *s. f.* Riparazione.

accomodazióne *s. f.* ***1*** (*raro*) Accomodamento. ***2*** Proprietà dell'occhio di variare il potere di rifrazione del cristallino, adattandosi alla distanza dell'oggetto guardato.

accompagnaménto *s. m.* ***1*** Atto dell'accompagnare: *lettera d'—* | (*est.*) Corteggio, seguito. ***2*** (*mus.*) Insieme di melodie o parti secondarie che sostengono la melodia principale.

accompagnàre ***A*** *v. tr.* ***1*** Andare insieme con qc. per fargli compagnia, per onorarlo, proteggerlo e sim.: *— un bambino a casa* | Scortare | Seguire in corteo: *— un feretro.* ***2*** (*fig.*) Seguire: *— con gli occhi, con lo sguardo.* ***3*** (*mus.*) Suonare o cantare come sostegno al suono o al canto altrui: *— un cantante al, con il, pianoforte.* ***4*** Accoppiare | (*est.*) Abbinare, unire: *— un dono con un biglietto.* ***B*** *v. rifl.* ***1*** Prendere qc. come compagno: *accompagnarsi a, con, qc.* ***2*** (*mus.*) Sostenere il proprio canto con accompagnamento strumentale: *accompagnarsi alla, con la, chitarra.* [→ tav. *proverbi* 266]

accompagnatóre *s. m.* (*f. -trìce*) ***1*** Chi accompagna | Guida di gruppi turistici. ***2*** (*mus.*) Chi esegue un accompagnamento.

accomunàbile *agg.* Che si può accomunare.

accomunaménto *s. m.* Il mettere in comune o alla pari | Avvicinamento a una medesima condizione.

accomunàre ***A*** *v. tr.* ***1*** Far comune, mettere in comune. ***2*** Mettere alla pari, avvicinare: *il dolore accomuna gli uomini.* ***B*** *v. rifl. rec.* Rendersi uguali.

acconciàbile *agg.* Che si può acconciare.

acconciaménto *s. m.* Sistemazione, preparazione, adattamento.

acconciàre ***A*** *v. tr.* (*io accóncio*) ***1*** Preparare, disporre in modo conveniente: *— l'animo alla prova.* ***2*** Abbigliare, adornare con cura: *— una ragazza per il ballo* | Pettinare: *acconciarsi i capelli.* ***B*** *v. rifl.* ***1*** Disporsi, prepararsi a q.c.: *acconciarsi a dormire.* ***2*** Comporsi, spec. i capelli | Abbigliarsi, abbellirsi. ***3*** Adattarsi, conformarsi.

acconciatóre *s. m.* (*f. -trice*) Chi acconcia, spec. i capelli.

acconciatùra *s. f.* ***1*** Sistemazione, disposizione conveniente. ***2*** Modo di pettinare i capelli | Ornamento della pettinatura femminile. [→ ill. *acconciatura*]

accóncio *agg.* (*pl. f. -ce*) Idoneo, conveniente.

accondiscéndere *v. intr.* (*coniug. come scendere; aus. avere*) Condiscendere, consentire: *— ai valori di qc.*

acconsentiménto *s. m.* (*raro*) Consenso.

acconsentire *v. intr.* (*pres. io acconsènto; part. pres. acconsenziènte; aus. avere*) ***1*** Dare il proprio consenso, la propria approvazione: *— a una proposta*; SIN. Accedere, aderire. ***2*** Cedere, con riferimento a oggetti che possiedono un certo grado di elasticità: *— alla pressione.* [→ tav. *proverbi* 100]

accontentàre *v. tr. e intr. pron.* (*io accontènto*) Contentare.

accónto *s. m.* Anticipazione di parte di una prestazione in denaro: *versare, chiedere un —.*

accoppàre ***A*** *v. tr.* (*io accòppo o accóppo*) Uccidere dando un colpo sulla nuca | (*est., pop.*) Uccidere in modo brutale. ***B*** *v. intr. pron.* Rimanere ucciso.

accoppiàbile *agg.* Che si può accoppiare.

accoppiaménto *s. m.* ***1*** Unione sessuale, spec. di animali. ***2*** Collegamento tra due organi meccanici o tra due circuiti elettrici.

accoppiàre ***A*** *v. tr.* (*io accòppio o accóppio*) ***1*** Mettere insieme due persone o due cose; SIN. Abbinare. ***2*** (*raro*) Unire in matrimonio | (*gener.*) Unire sessualmente: *— due animali a scopo riproduttivo.* ***B*** *v. rifl. e rifl. rec.* ***1*** Mettersi in coppia con qc.: *accoppiarsi a, con, qc.* ***2*** Unirsi sessualmente. [→ tav. *proverbi* 140]

accoppiàta *s. f.* Nell'ippica, tipo di scommessa che richiede l'indicazione esatta dei primi due cavalli classificati.

accoraménto *s. m.* Stato di profonda tristezza, afflizione e sim.
accoràre ***A*** *v. tr.* (*io accòro*) ***1*** Affliggere, contristare; SIN. Addolorare. ***2*** Uccidere trafiggendo il cuore, riferito spec. ai suini. ***B*** *v. intr. pron.* Affliggersi profondamente.
accorataménte *avv.* Con grande tristezza.
accoràto *part. pass. di accorare; anche agg.* Afflitto, triste.
accoratóio *s. m.* Pugnale o coltello per accorare i suini.
accorciàbile *agg.* Che si può accorciare.
accorciaménto *s. m.* Riduzione, abbreviazione; CONTR. Allungamento.
accorciàre ***A*** *v. tr.* (*io accórcio*) ***1*** Diminuire di lunghezza; SIN. Abbreviare, raccorciare; CONTR. Allungare. ***2*** Abbreviare una parola, una frase. ***B*** *v. intr. e intr. pron.* (*aus. essere*) Diventare più corto.
accorciatìvo ***A*** *agg.* Atto ad accorciare. ***B*** *s. m.* Forma abbreviata di una parola: *bici è l'– di bicicletta.*
accorciatùra *s. f.* Atto, effetto dell'accorciare.
accordàbile *agg.* Che si può accordare.
accordàre ***A*** *v. tr.* (*io accòrdo*) ***1*** Mettere d'accordo, in armonia: *– le opposte tendenze*; SIN. Conciliare. ***2*** (*mus.*) Dare il giusto tono a uno strumento musicale: *– la chitarra, il pianoforte* | Armonizzare tra loro strumenti musicali e voci. ***3*** Concordare: *– il verbo col soggetto.* ***4*** Concedere: *– l'amnistia.* ***B*** *v. rifl. rec.* Mettersi d'accordo. ***C*** *v. intr. pron.* Conformarsi.
accordàta *s. f.* (*mus.*) Rapida accordatura.
accordàto *part. pass. di accordare; anche agg.* ***1*** Che ha avuto la giusta intonazione. ***2*** Concordato | Concesso.
accordatóre ***A*** *s. m.* (*f. -trice*) Chi accorda strumenti musicali. ***B*** *anche agg.*
accordatùra *s. f.* (*mus.*) Operazione dell'accordare strumenti musicali | Giusta intonazione.
accòrdo *s. m.* ***1*** Unione armonica di sentimenti, opinioni, idee e sim. | *Essere, trovarsi, andare d'– con qc.*, pensare e sentire in modo conforme; CONTR. Disaccordo. ***2*** (*dir.*) Incontro di più volontà per costituire o estinguere un rapporto giuridico | Patto, trattato. ***3*** (*est.*) Intesa: *giungere a un –*; SIN. Conciliazione. ***4*** (*mus.*) Unione simultanea di più suoni aventi differente altezza. ***5*** (*ling.*) Concordanza.
accòrgersi *v. intr. pron.* (*pres. io mi accòrgo, tu ti accòrgi; pass. rem. io mi accòrsi, tu ti accorgésti; part. pass. accòrto*) Vedere, conoscere, comprendere a un tratto q.c. che prima non si era osservato, o che si ignorava: *– di q.c.*; SIN. Avvedersi.
accorgiménto *s. m.* ***1*** Facoltà di accorgersi con prontezza e intuito. ***2*** Accortezza, astuzia | Provvedimento accorto e ingegnoso.
accorpaménto *s. m.* Riunione, unificazione.
accorpàre *v. tr.* (*io accòrpo*) Mettere insieme, riunire in un'unica struttura.
accórrere *v. intr.* (*coniug. come correre; aus. essere*) Correre verso o presso un luogo: *accorsero tutti a vedere* | Correre in aiuto.
accórso ***A*** *part. pass. di accorrere; anche agg.* Corso in un luogo | Corso in aiuto. ***B*** *s. m.* Chi è convenuto in un luogo.
accortézza *s. f.* Avvedutezza, prontezza, sagacia; SIN. Oculatezza.
accòrto *part. pass. di accorgersi; anche agg.* ***1*** Avveduto; SIN. Cauto, oculato. ***2*** Che unisce in sé la prudenza e l'astuzia | *Essere, stare –*, fare attenzione | *Fare – qc.*, mettere qc. sull'avviso | *Male –, mal' –*, sprovveduto; SIN. Astuto, sagace.
accosciàrsi *v. rifl.* (*io mi accòscio*) Porsi giù con le ginocchia flesse e le cosce appoggiate sui polpacci.
accostàbile *agg.* ***1*** Che si può accostare. ***2*** (*fig.*) Affabile, alla mano.
accostaménto *s. m.* ***1*** Avvicinamento di una cosa ad un'altra: *– di colori.* ***2*** Avvicinamento a q.c. o a qc. | (*fig.*) *– a un'arte*, interessamento.
accostàre ***A*** *v. tr.* (*io accòsto*) Porre accanto | *– una persona*, avvicinarla | *– l'uscio*, socchiuderlo; SIN. Appressare, avvicinare. ***B*** *v. intr.* (*aus. avere*) (*mar.*) Dirigere su una nuova rotta | Manovrare avvicinando il fianco della nave ad altra nave o alla banchina. ***C*** *v. rifl.* ***1*** Mettersi vicino a q.c. o a qc.: *accostarsi al fuoco* | (*fig.*) *Accostarsi a un'idea*, aderirvi | (*fig.*) *Accostarsi ai Sacramenti*, confessarsi e comunicarsi. ***2*** Somigliare.
accostàta *s. f.* (*mar.*) Deviazione dalla rotta.
accostévole *agg.* (*lett.*) Accostabile.
accòsto ***A*** *avv.* Accanto, a lato, vicino: *stare –.* ***B*** *nella loc. prep. – a.* Vicino a: *– al muro.* ***C*** *s. m.* ***1*** (*raro*) Accostamento. ***2*** (*mar.*) Attracco, approdo.
accostumàre ***A*** *v. tr.* Avvezzare, assuefare: *– qc. a q.c.* ***B*** *v. rifl.* Abituarsi.
accotonàre *v. tr.* (*io accotóno*) ***1*** Nell'industria tessile, arricciare il pelo ai pannilani. ***2*** Cotonare i capelli.
accotonatóre *s. m.* Operaio tessile addetto all'accotonatura.
accotonatùra *s. f.* ***1*** Nell'industria tessile, operazione dell'accotonare. ***2*** Cotonatura dei capelli.
accovacciàrsi *v. rifl.* (*io mi accovàccio*) Rannicchiarsi, acquattarsi.
accovonàre *v. tr.* (*io accovóno*) Riunire e legare in covoni piante tagliate di cereali.
accozzàbile *agg.* Che si può accozzare.
accozzàglia *s. f.* Raccolta disordinata di cose o persone; SIN. Congerie, miscuglio.
accozzaménto *s. m.* Unione disordinata e senza un criterio preciso di cose o persone.
accozzàre ***A*** *v. tr.* (*io accòzzo*) Mettere insieme cose e persone | Mettere insieme due o più colori intonati l'uno con l'altro. ***B*** *v. rifl. e rifl. rec.* (*lett.*) Riunirsi, adunarsi.
accòzzo *s. m.* Accozzamento | (*est.*) Complesso delle cose accozzate.
accreditàbile *agg.* Che si può accreditare.
accreditaménto *s. m.* ***1*** Attribuzione di credibilità. ***2*** (*banc.*) Operazione del segnare a credito; SIN. Accredi-

acconciatura

1 virgola 2 ciuffo 3 trecce 4 chignon 5 toupet 6 coda di cavallo 7 crocchia 8 bandeau 9 riccioli 10 boccoli 11 scriminatura 12 sfumatura 13 attaccatura 14 basetta

to. *3* Procedimento col quale un agente diplomatico, dietro presentazione delle lettere credenziali, è autorizzato a svolgere il suo ufficio.

accreditàre *A* v. tr. (*io accrédito*) *1* Rendere credibile: – *un fatto*. *2* Provvedere un agente diplomatico delle lettere credenziali. *3* Segnare a credito: – *una somma in conto corrente*. *B* v. rifl. Acquistare credito.

accreditàto *A* part. pass. di *accreditare*; anche agg. *1* Che ha credito. *2* Che è provvisto di lettere credenziali. *B* s. m. Persona a favore della quale è fatta una apertura di credito.

accrédito s. m. Accreditamento, nel sign. 2.

accréscere *A* v. tr. (coniug. come *crescere*) Rendere più vaste le dimensioni di q.c. (*anche fig.*); SIN. Aumentare, centuplicare. *B* v. intr. e intr. pron. (aus. *essere*) Aumentare.

accresciménto s. m. *1* Aumento delle dimensioni di q.c. (*anche fig.*). *2* (*biol.*) Insieme dei processi attraverso i quali l'organismo vivente o un suo organo aumentano di massa e di volume.

accrescitivo *A* agg. Atto ad accrescere. *B* s. m. Sostantivo o aggettivo alterato formato con l'aggiunta di un suffisso indicante accrescimento: *cattivone è l'– di cattivo*.

accrochage /fr. akrɔ'ʃaʒ/ s. m. inv. (pl. fr. *accrochages* /akrɔ'ʃaʒ/) Collisione fra due imbarcazioni durante una gara.

accùbito s. m. *1* Posizione di chi si pone a giacere appoggiandosi su un gomito. *2* Triclinio.

accucciàrsi v. rifl. (*io mi accùccio*) *1* Rincantucciarsi dei cani dentro la cuccia | (*est.*) Accovacciarsi. *2* Detto di persona, rannicchiarsi.

accudìre *A* v. intr. (*io accudìsco, tu accudìsci*; aus. *avere*) Attendere con cura a lavori, spec. domestici: – *alle faccende* | (*raro*) Aver cura di: – *a una persona*. *B* v. tr. Assistere: – *un infermo*.

acculàre *A* v. tr. *1* Far indietreggiare un animale. *2* (*est.*) Collocare un veicolo, spec. un carro, con le stanghe alzate e la parte posteriore a terra. *B* v. rifl. Detto dei quadrupedi, sedersi sulla parte posteriore del corpo poggiando sulle zampe davanti.

acculturazióne s. f. Fenomeno per cui un popolo riceve da un altro elementi di cultura e vi si adatta.

accumulàbile agg. Che si può accumulare.

accumulaménto s. m. Accumulazione.

accumulàre *A* v. tr. (*io accùmulo*) *1* Ammassare, far cumulo | ass. Risparmiare denaro; SIN. Ammucchiare. *2* Mettere più cose una sull'altra. *B* v. intr. pron. Fare cumulo, ammassarsi.

accumulatóre s. m. (f. *-trìce*) *1* Chi accumula. *2* Apparecchio capace di assorbire energia elettrica, meccanica o termica, per erogarla poi quando occorre: – *elettrico*. [→ ill. *elettricità*]

accumulazióne s. f. Ammassamento (*anche fig.*) | Accantonamento di denaro | – *primitiva*, per il marxismo, fase di formazione del capitale.

accùmulo s. m. Accumulazione.

accuratézza s. f. Attenzione, diligenza, esattezza; SIN. Cura; CONTR. Trascuratezza.

accuràto agg. *1* Fatto con cura. *2* Diligente.

accụ̀sa s. f. *1* Atto con cui si attribuisce una colpa a qc. *2* (*dir.*) Attribuzione a una persona di un illecito penale o civile da parte di un organo pubblico o di un privato: *atto d'–*; *pubblica* – | *Capo d'–*, elenco dei fatti attribuiti all'imputato nell'atto d'accusa | *Stato d'–*, condizione di chi è accusato in giudizio di un reato; SIN. Imputazione. *3* Nel gioco delle carte, atto dell'accusare.

accuṣàbile agg. Che si può accusare.

accuṣàre v. tr. *1* Incolpare, ritenere colpevole: – *qc. di pigrizia*. *2* (*dir.*) Chiamare a rispondere di un illecito penale o civile davanti all'autorità giudiziaria: – *qc. di furto*. *3* Manifestare, palesare: – *un male* | – *una lettera*, dichiarare di averla ricevuta | – *il colpo*, risentire di un colpo ricevuto senza riuscire a nasconderlo (*spec. fig.*). *4* Nel gioco delle carte, dichiarare una combinazione e il relativo punteggio. [→ tav. *proverbi* 99]

accuṣatìvo *A* s. m. Caso della declinazione indoeuropea indicante il complemento oggetto, l'estensione nello spazio e nel tempo, la direzione, la relazione. *B* anche agg.: *caso* –.

accuṣàto part. pass. di *accusare*; anche agg. e s. m. (f. *-a*) Che (o chi) è in stato di accusa.

accuṣatóre s. m. (f. *-trice*) Chi accusa | Chi denuncia e sostiene un'accusa.

accuṣatòrio agg. *1* Che contiene un'accusa o che a essa si riferisce. *2* Che serve ad accusare.

-àce suff. di aggettivi di origine spec. latina che esprimono facoltà, attitudine, tendenza e sim.: *audace, capace, loquace, rapace*.

-àcee suff.: nella classificazione delle piante, viene aggiunto al nome di uno dei generi più importanti per indicare la famiglia: *Euforbiacee, Mirtacee, Rosacee*.

acèfali s. m. pl. (*zool.*) Classe dei Lamellibranchi in cui non è distinta la regione cefalica.

acefalìa s. f. Mancanza congenita del capo.

acèfalo *A* agg. *1* Che è senza capo: *animale* – | *Manoscritto, libro* –, privo dell'intestazione o delle prime pagine. *2* Nella metrica latina e greca, detto di verso che manca della prima sillaba. *B* s. m. (*zool.*) Ogni appartenente alla classe degli Acefali.

acellulàre agg. (*biol.*) Privo di cellule o di struttura cellulare.

-àceo suff. di aggettivi di origine spec. latina che esprimono qualità, somiglianza: *cartaceo, erbaceo, perlaceo, violaceo*.

Aceràcee s. f. pl. Famiglia di piante delle Terebintali, arboree, con frutto secco a samara, foglie opposte semplici e fiori verdastri in grappoli. [→ ill. *piante* 7]

acerbaménte avv. In modo acerbo | (*fig.*) Innanzi tempo, prematuramente.

acerbità s. f. *1* Qualità di acerbo. *2* (*fig.*) Asprezza, durezza d'animo.

acèrbo agg. *1* Che non è cresciuto o sviluppato sufficientemente, spec. con riferimento a frutta; CONTR. Maturo. *2* (*fig.*) Molto giovane, immaturo. *3* Aspro (*anche fig.*) | Doloroso, crudele.

aceréta s. f. Bosco di aceri.

àcero s. m. *1* Pianta arborea delle Terebintali a chioma larga e densa, foglie palmato-lobate, fiori verde-giallognoli in corimbi, e frutti a samara. [→ ill. *piante* 7] *2* Legno di tale pianta.

acèrrimo agg. (sup. di *acre*) (*fig.*) Molto fiero, irriducibile, veemente: – *nemico*.

acèrvo s. m. (*lett.*) Mucchio di cose adunate insieme.

acescènte agg. Che tende a inacidire.

acescènza s. f. Malattia dei vini prodotta da batteri che ossidano l'alcol ad acido acetico.

acetàbolo s. m. *1* (*anat.*) Cavità articolare emisferica dell'osso iliaco che accoglie la testa del femore. *2* Ampolla per l'aceto in uso presso i Romani.

acetabulària s. f. Alga verde marina, a forma di fungo, con cappello a disco curvato verso l'alto, che vive fissata agli scogli. [→ ill. *alga*]

acetaldèide s. f. (*chim.*) Aldeide liquida, incolore, di odore pungente, prodotta dall'ossidazione dell'alcol etilico.

acetàto s. m. *1* Sale dell'acido acetico. *2* Materia plastica e fibra tessile artificiale.

acètico agg. (pl. m. *-ci*) *1* Detto di composto che contiene il radicale acetile | *Acido* –, acido liquido, incolore, di odore pungente, che si forma nella fermentazione di bevande alcoliche; è usato nella fabbricazione di materie plastiche, solventi e medicinali. *2* Che produce acido acetico: *fermentazione acetica*.

acetificàre v. tr. (*io acetìfico, tu acetìfichi*) Trasformare alcol in acido acetico.

acetilcellulósa s. f. Estere acetico della cellulosa usato nella produzione di sete artificiali, lacche, vernici, materie plastiche.

acetìle s. m. (*chim.*) Residuo monovalente, ottenuto dall'acido acetico per perdita del gruppo ossidrile.

acetilène s. m. Idrocarburo gassoso, incoloro, ottenuto facendo reagire carburo di calcio con acqua; impiegato per la fiamma ossiacetilenica, per illuminazione e nella produzione di solventi e materie plastiche. [→ ill. *illuminazione*]

acetilsalicìlico agg. (pl. m. *-ci*) *Acido* –, acido solido, bianco, cristallino, che idrolizza dando acido acetico e salicilico; impiegato per usi farmaceutici; CFR. Aspirina.

acetìmetro s. m. Apparecchio atto a determinare il contenuto in acido acetico dell'aceto.

acetire *v. intr.* (*io acetìsco, tu acetìsci; aus. essere*) Divenire aceto.

acéto *s. m.* **1** Liquido prodotto dalla fermentazione acetica dei vini e di altri liquidi alcolici; usato come condimento | – *aromatico*, aromatizzato con droghe o essenze | *Sott'*–, immerso nell'aceto: *cipolline sott'*–. **2** (*fig., lett.*) Mordacità.

acetóne *s. m.* **1** Liquido incolore, di odore etereo, infiammabile, impiegato come solvente e nella produzione di vernici e materie plastiche. **2** (*med.*) Correntemente, acetonemia, acetonuria.

acetonemìa *s. f.* (*med.*) Presenza di eccessiva quantità di acetone nel sangue.

acetònico *agg.* (*pl. m. -ci*) Di acetone.

acetonùria *s. f.* (*med.*) Presenza di eccessiva quantità di acetone nelle urine.

acetósa *s. f.* Pianta erbacea delle Poligonali con fusti eretti e foglie a forma di saetta di sapore acidulo.

acetosèlla *s. f.* **1** Pianta erbacea delle Geraniali con rizoma perenne e foglie composte di sapore acidulo; comune nei luoghi ombrosi e umidi. [→ ill. *piante* 6] **2** *Sale di* –, solvente usato per togliere le macchie di ruggine o di inchiostro.

acetosità *s. f.* Sapore acido, d'aceto.

acetóso *agg.* Che contiene aceto o sa di aceto.

achènio *s. m.* Frutto secco indeiscente con un solo seme non aderente al pericarpo. [→ ill. *botanica*]

achèo *s. m.* **1** In epoca storica, ogni appartenente alle popolazioni stanziate nell'antica Acaia. **2** *spec. al pl.* (*lett.*) Greco.

acherónte *s. m.* (*fig., lett.*) L'oltretomba, dal nome di un fiume infernale della mitologia classica.

acherònzia *s. f.* (*zool.*) Atropo.

achillèa *s. f.* Pianta erbacea delle Sinandrali, con foglie pennate e fiori bianco-rosati; SIN. Millefoglio.

aciclico *agg.* (*pl. m. -ci*) **1** Detto di fenomeno privo di carattere di periodicità. **2** (*bot.*) Detto di fiore che ha gli elementi disposti a spirale. **3** (*chim.*) Detto di composto che non contiene alcuna catena chiusa di atomi.

acidàro o *acidàrio s. m.* Berretto conico tipico dei dogi veneziani. [→ ill. *copricapo*]

acidificàre **A** *v. tr.* (*io acidìfico, tu acidìfichi*) Rendere acido. **B** *v. intr.* (*aus. essere*) Diventare acido.

acidificazióne *s. f.* Operazione dell'acidificare.

acidimetrìa *s. f.* (*chim.*) Determinazione del contenuto di acidi in una soluzione.

acidità *s. f.* **1** (*chim.,*) Proprietà degli acidi | Concentrazione di ioni di idrogeno in una soluzione. **2** L'essere acido (*anche fig.*) | – *di stomaco*, eccessiva formazione di acidi nello stomaco e conseguente senso di bruciore.

àcido **A** *agg.* **1** (*chim.*) Che presenta le proprietà degli acidi: *reazione acida*. **2** Di sapore acre, agro, aspro. **3** (*fig.*) Mordace, maligno. **B** *s. m.* **1** (*chim.*) Composto che, disciolto in acqua, libera ioni di idrogeno, sostituibili nella molecola da metalli che li trasformano in sali. **2** Sapore aspro.

acidòṣi *s. f.* (*med.*) Accumulo eccessivo, nel sangue, di prodotti acidi.

acìdulo *agg.* Leggermente acido.

acinellatùra *s. f.* Presenza contemporanea in un grappolo d'uva di acini di grossezza normale e di acini molto piccoli.

àcino *s. m.* **1** Correntemente, frutto a bacca: – *d'uva*; SIN. Chicco. **2** (*anat.*) Piccola formazione sferica internamente cava.

acinóso *agg.* Che è pieno di acini.

acirologìa *s. f.* (*pl. -gie*) (*ling.*) Uso di termini impropri.

aclassiṣmo *s. m.* Teoria o tendenza politica che non considera determinanti le opposizioni fra le classi sociali.

acloridrìa *s. f.* (*med.*) Mancanza di acido cloridrico nel succo gastrico.

àcme *s. f.* **1** Stadio della maggior gravità di una malattia. **2** (*fig.*) Punto o periodo culminante.

acmònital o *acmonitàl s. m.* Lega formata di acciaio, cromo, nichel e limitate percentuali di vanadio; usato per monete in Italia.

àcne *s. f.* (*med.*) Infezione suppurativa delle ghiandole sebacee.

acnèico *agg.* (*pl. m. -ci*) Affetto da acne.

aconfessionàle *agg.* Che non è legato ad alcuna delle varie chiese e confessioni.

aconfessionalità *s. f.* L'essere aconfessionale.

aconitìna *s. f.* Alcaloide velenoso ricavato dai tuberi dell'aconito con azione antidolorifica e sedativa.

acònito *s. m.* Pianta erbacea perenne delle Policarpali, velenosa e medicinale, con fiori di color azzurro intenso raccolti a grappolo.

àcoro *s. m.* Pianta erbacea rizomatosa delle Spadiciflore con foglie verdi a sciabola e piccoli fiori giallognoli in spiga | – *falso*, pianta erbacea palustre delle Liliflore con fiori gialli.

acotilèdone **A** *agg.* Di pianta priva di cotiledoni. **B** *s. f.* Pianta priva di cotiledone.

àcqua *s. f.* **1** Composto liquido, la cui molecola è formata di due atomi di idrogeno e uno di ossigeno, indispensabile a molti processi chimici nel mondo organico e minerale | – *dolce*, di fiume, di lago, di fonte | – *salata, salmastra*, di mare | – *morta*, stagnante | – *termale*, acqua sorgiva che supera di almeno 5° la temperatura media annua del luogo | – *cheta*, (*fig.*) persona mite solo in apparenza | *A fior d'*–, alla superficie | *Filo dell'*–, corrente | *Pelo dell'*–, superficie dell'acqua | *Lavorare sott'*–, (*fig.*) agire di nascosto | *Mettere a pane e* –, punire qc. costringendolo a una dieta limitata a questi alimenti e (*per est.*) sottoporre qc., in carcere, a un regime particolarmente duro | *Fare* –, di nave in cui penetra acqua attraverso falle; (*fig.*) essere in crisi, non reggere: *un'azienda, un ragionamento, che fa – da tutte le parti* | (*fig.*) *Fare un buco nell'*–, fallire in un tentativo | *Aver l'– alla gola*, (*fig.*) essere in difficoltà | *Essere come un pesce fuor d'*–, essere a disagio. [→ ill. *fisica*] **2** *spec. al pl.* Distesa o raccolta di acque | (*fig.*) *Specchio d'*–, distesa di acqua di mare, lago o fiume, che costituisce un'insenatura, un porto e sim. | *Acque territoriali*, mare territoriale. **3** Pioggia | *Rovescio d'*–, pioggia improvvisa e abbondante | – *a dirotto, a catinelle*, in grande quantità. **4** *spec. al pl.* Acque termali. **5** (*est.*) Miscuglio liquido, di uso cosmetico o medicinale | – *di rose*, essenza di rose mista a poco alcol | *All'– di rose*, (*fig.*) in modo blando: *rivoluzionario all'– di rose* | – *di Colonia*, essenza mista ad alta percentuale di alcol | – *ossigenata*, composto liquido incolore la cui molecola contiene due atomi di idrogeno e due di ossigeno | – *pesante*, in cui l'idrogeno è sostituito dal deuterio | – *regia*, miscela di acido cloridrico e nitrico, che intacca i metalli nobili. **6** (*pop.*) Liquido organico di varia natura | *Fare* –, orinare. **7** *spec. al pl.* Liquido amniotico, *spec. nelle loc. rompersi le acque, rottura delle acque*. **8** (*fig.*) Limpidezza, intensità luminosa: *un brillante d'– purissima*. [→ tav. *proverbi* 4, 5, 112, 128, 132, 185, 193, 216, 231, 315, 356; → tav. *locuzioni* 1, 34]

acquafòrte *s. f.* **1** Anticamente, acido nitrico. **2** Tecnica di incisione su metallo in cui la lastra, spec. di rame, preventivamente ricoperta da una vernice antiacido, viene incisa con una punta d'acciaio e sottoposta all'azione dell'acido nitrico in corrispondenza dei segni tracciati. **3** (*est.*) Stampa così ottenuta.

acquafortìsta *s. m. e f.* (*pl. m. -i*) Chi incide all'acquaforte.

acquàio *s. m.* **1** Bacino a vasca con scarico dell'acqua, in cui si lavano le stoviglie; SIN. Lavandino, lavello. **2** Solco nei campi seminati per allontanare l'acqua piovana.

acquaiòlo **A** *s. m.* (*f. -a* nel sign. 1) **1** Chi vende acqua fresca da bere. **2** Portaborracce, portaacqua. **B** *agg.* Che vive nell'acqua: *serpente* –.

acquamarìna *s. f.* (*pl. acquemarìne*) **1** Varietà di berillo di colore verde azzurrino. **2** Colore azzurro chiaro, caratteristico dell'acqua del mare.

acquaplàno *s. m.* Tavola galleggiante su cui ci si tiene in piedi mentre viene trascinata velocemente da un motoscafo.

acquaràgia *s. f.* Essenza di trementina, naturale o sintetica, usata come solvente.

acquàrio *s. m.* **1** Vasca o insieme di vasche con acqua dolce o salata in cui si mantengono in vita animali acquatici o piante. **2** (*est.*) Edificio in cui si trovano tali vasche. **3** *Acquario*, undicesimo segno dello zodiaco, che domina il periodo tra il 21 gennaio e il 18 febbraio. [→ ill. *zodiaco*]

acquartieraménto *s. m.* Sistemazione delle truppe in

quartieri.
acquartieràre **A** *v. tr.* (*io acquartièro*) (*mil.*) Sistemare truppe alloggiandole in quartieri. **B** *v. rifl.* Prendere sistemazione in quartieri.
acquasànta *s. f.* Acqua benedetta per uso liturgico | (*fig.*) *Essere come il diavolo e l'–*, non andare d'accordo.
acquasantièra *s. f.* Conca per l'acqua benedetta. [→ ill. *religione*]
acquàta *s. f.* **1** Pioggia improvvisa e breve. **2** (*mar.*) Rifornimento di acqua dolce a bordo della nave.
acquàtico *agg.* (*pl. m.* -*ci*) Che nasce o vive nell'acqua e nelle sue vicinanze.
acquatinta *s. f.* (*pl. acquetinte*) **1** Tecnica di incisione su lastra di metallo, analoga all'acquaforte, in cui l'acido agisce attraverso una polvere, conferendo alla stampa così ottenuta un delicato effetto di chiaroscuro. **2** (*est.*) Stampa così ottenuta.
acquattàre **A** *v. tr.* (*raro*) Nascondere. **B** *v. rifl.* Stare quatto, rannicchiarsi, per non farsi vedere.
acquavite *s. f.* Bevanda alcolica di alta gradazione ottenuta per distillazione di vino, vinacce, cereali, frutti.
acquazzóne *s. m.* Pioggia violenta e breve.
acquedótto *s. m.* **1** Conduttura d'acqua. **2** Complesso di opere per la raccolta, il trasporto e la distribuzione di acqua potabile.
àcqueo *agg.* Di acqua: *vapore –.*
acquerellàre *v. tr.* (*io acquerèllo*) (*raro*) Dipingere all'acquerello.
acquerellista *s. m. e f.* (*pl. m.* -*i*) Artista che dipinge all'acquerello.
acquerèllo *s. m.* **1** Tecnica di pittura su carta o seta con colori trasparenti stemperati in acqua con gomma arabica. **2** (*est.*) Dipinto così eseguito. [→ ill. *pittore*]
acquerùgiola *s. f.* Pioggia leggera e uniforme, a gocce molto minute.
acquidóccio *s. m.* Fossa principale che raccoglie le acque dei fossi trasversali dei campi.
acquiescènte *agg.* Che non si oppone alla volontà altrui | Consenziente; SIN. Arrendevole, docile, remissivo.
acquiescènza *s. f.* Qualità di acquiescente; SIN. Arrendevolezza, docilità, remissività | Consenso.
acquietàre **A** *v. tr.* (*io acquièto*) Rendere quieto, calmare. **B** *v. intr. pron.* Calmarsi.
acquifero *agg.* Che porta l'acqua o ne consente il passaggio: *falda acquifera.* [→ ill. *geografia*]
acquirènte **A** *s. m. e f.* Chi acquista. • SIN. Compratore. **B** *anche agg.*
acquiṣire *v. tr.* (*io acquiṣisco, tu acquiṣisci*) **1** Divenire titolare di un diritto: *– la proprietà di un bene.* **2** (*fig.*) Apprendere, far proprio sul piano intellettuale: *– cognizioni filosofiche.*
acquiṣitivo *agg.* Atto ad acquisire.
acquiṣito *agg.* Che è stato acquistato, che non è congenito: *vizio –.*
acquiṣitóre *s. m.* (*f.* -*trice*) Chi acquista | Chi procaccia affari.
acquiṣizióne *s. f.* Conseguimento del possesso, della disponibilità di q.c.: *– di un diritto.*
acquistàre **A** *v. tr.* **1** Ottenere in proprietà: *– una casa*; SIN. Comprare. **2** Procurare a sé o ad altri: *– merito* | *– terreno*, (*fig.*) affermarsi, diffondersi. **B** *v. intr.* (*aus. avere*) Migliorare, fare progressi: *– in bellezza.*
acquisto *s. m.* **1** Atto dell'acquistare. **2** La cosa acquistata. • SIN. Compra.
acquitrino *s. m.* Ristagno d'acqua, spesso coperto d'erbe palustri | Luogo in cui l'acqua ristagna.
acquitrinóso *agg.* Di acquitrino.
acquolina *s. f.* **1** (*raro*) Acquerugiola. **2** Salivazione che avviene per desiderio di cosa appetitosa | *Avere, sentire, farsi venire, l'– in bocca*, per desiderio di cosa appetitosa (*anche fig.*).
acquosità *s. f.* Qualità di ciò che è acquoso | Umore.
acquóso *agg.* **1** Che contiene acqua | Che è simile all'acqua. **2** Acquitrinoso, paludoso.
àcre *agg.* (*sup. acèrrimo*) **1** Detto di sapore, pungente, agro, piccante | (*est.*) Detto di odore, pungente, penetrante. **2** (*fig.*) Malevolo, mordace: *critica –.*
acrèdine *s. f.* **1** L'essere acre. **2** (*fig.*) Acrimonia, astio: *criticare con –.*
acreménte *avv.* In modo aspro, astioso.
acribia *s. f.* Scrupolosa osservanza delle norme proprie di uno studio, una ricerca e sim.
acrile *s. m.* (*chim.*) Radicale monovalente, ottenuto dall'acido acrilico per perdita del gruppo ossidrile.
acrilico **A** *agg.* (*pl. m.* -*ci*) (*chim.*) Detto di composto che contiene il radicale acrile | *Acido –*, acido liquido, ottenuto industrialmente per sintesi, usato nella fabbricazione di materie plastiche. [→ ill. *pittore*] **B** *s. m.* Tessuto acrilico: *un vestito in –.*
acrimònia *s. f.* Asprezza, livore astioso.
acrimonióso *agg.* Pieno di acrimonia.
acriṣia *s. f.* L'essere acritico.
acriticaménte *avv.* In modo acritico.
acritico *agg.* (*pl. m.* -*ci*) Privo di critica | Non sottoposto a una critica razionale.
àcro *s. m.* Misura anglosassone di superficie, pari a 4046,856 m².
acro- *primo elemento*: in parole composte dotte o scientifiche significa 'punto più alto, estremo' o si riferisce a estremità del corpo: *acrocoro, acropoli, acromegalia.*
acròbata *s. m. e f.* (*pl. m.* -*i*) Chi compie giochi d'equilibrio in circhi e varietà.
acrobàtica *s. f.* Arte di fare acrobazie | Nella ginnastica, complesso degli esercizi di particolare difficoltà e spettacolarità.
acrobàtico *agg.* (*pl. m.* -*ci*) Di, da acrobata.
acrobatiṣmo *s. m.* **1** Arte e professione dell'acrobata. **2** (*fig.*) Argomentazione sofisticata.
acrobazìa *s. f.* **1** Esercizio, movimento dell'acrobata. **2** *– aerea*, manovra di particolare difficoltà, eseguita con aerei spec. per spettacolo. **3** (*fig.*) Soluzione ingegnosa per superare difficili situazioni: *fare acrobazie per vivere.*
acrocianòṣi *s. f.* (*med.*) Cianosi delle parti estreme degli arti, spec. delle dita.
acrocòro o *acròcoro* *s. m.* Vasto altipiano più o meno accidentato, circondato da versanti scoscesi.
acromaṣia *s. f.* (*fis.*) In un sistema ottico, assenza di aberrazione cromatica.
acromàtico *agg.* (*pl. m.* -*ci*) (*fis.*) Privo di aberrazione cromatica.
acromegalia *s. f.* (*med.*) Accrescimento abnorme delle ossa, spec. delle estremità.
acròpoli *s. f.* Rocca, o parte elevata in genere, delle antiche città greche.
acròstico *s. m.* (*pl.* -*ci*) **1** Componimento poetico che forma un nome o una parola determinata con le lettere iniziali dei versi lette dall'alto al basso. **2** Gioco enigmistico consistente nel trovare parole le cui iniziali danno, se lette di seguito, un nome o un'intera frase.
acrotèrio *s. m.* Negli edifici antichi, elemento ornamentale posto sull'apice e sulle estremità laterali del frontone. [→ ill. *architettura*]
acufène *s. m.* (*med.*) Sensazione di ronzio o fischio per irritazione del nervo acustico.
acuire *v. tr.* (*io acuisco, tu acuisci*) Aguzzare, rendere acuto, penetrante (*spec. fig.*).
acuità *s. f.* **1** Acutezza. **2** (*fig.*) Sensibilità, perspicacia.
aculeàto *agg.* Fornito di aculeo | Appuntito.
acùleo *s. m.* **1** Pungiglione posto all'estremità dell'addome di vespe, api e sim. **2** Appendice lignificata dei fusti di alcune piante. **3** (*fig.*) Tormento.
acùme *s. m.* (*lett.*) Acutezza | Ingegno pronto.
acuminàre *v. tr.* (*io acùmino*) Appuntire.
acuminàto *part. pass. di acuminare; anche agg.* Appuntito, aguzzo.
acùstica *s. f.* **1** Parte della fisica che studia i processi di generazione, propagazione e ricezione del suono. **2** Proprietà per cui un ambiente chiuso consente o meno l'audizione chiara dei suoni: *quel teatro ha una buona –.*
acùstico *agg.* (*pl. m.* -*ci*) **1** Dell'acustica. **2** Che riguarda il suono e il senso dell'udito: *cornetto, nervo –.* [→ ill. *anatomia umana, suono*]
acutaménte *avv.* In modo acuto | Con acume.
acutàngolo *agg.* Di triangolo che ha tre angoli acuti. [→ ill. *geometria*]
acutézza *s. f.* **1** Qualità di acuto. **2** (*fig.*) Acume, perspicacia: *– di mente.*

acutizzàre ***A*** *v. tr.* Rendere acuto. ***B*** *intr. pron.* ***1*** Passare allo stato acuto, detto di malattia. ***2*** (*fig.*) Diventare acuto, grave: *la crisi si acutizza.*

acutizzazióne *s. f.* Intensificazione, aggravamento.

acùto ***A*** *agg.* ***1*** Che termina a punta: *spina acuta*; SIN. Aguzzo. ***2*** (*mat.*) Detto di angolo minore d'un angolo retto. ***3*** Detto di accento costituito da una lineetta inclinata da destra a sinistra, che indica il timbro chiuso delle vocali. ***4*** (*fig.*) Penetrante, pungente, detto delle sensazioni e dei sensi. ***5*** (*fig.*) Perspicace, sottile: *ingegno* —. ***6*** (*arch.*) Detto di arco costituito dall'intersezione di due archi di cerchio formanti un vertice. [→ ill. *architettura*] ***7*** (*med.*) Detto di malattia a decorso rapido, violento; CFR. Cronico. ***8*** Detto di fenomeno politico, sociale e sim. in una fase di grave tensione. (V. nota d'uso ACCENTO) ***B*** *s. m.* (*mus.*) Nota più alta di un canto: *sbagliare l'*—.

acùzie *s. f. inv.* ***1*** (*lett.*) Acutezza. ***2*** Stadio di massima gravità o intensità di una malattia.

ad V. *a* (2).

adagiàre ***A*** *v. tr.* (*io adàgio*) Deporre, posare con cautela. ***B*** *v. rifl.* ***1*** Mettersi comodo, sdraiarsi: *adagiarsi sul letto*; SIN. Distendersi. ***2*** (*fig.*) Abbandonarsi pigramente: *adagiarsi nell'ozio.*

adàgio (1) ***A*** *avv.* ***1*** Piano, con lentezza, senza fretta: *andare, parlare, leggere* — | — —, piano piano, a poco a poco. ***2*** Con cautela, con prudenza: *certe decisioni vanno prese* —. ***B*** *s. m.* (*mus.*) Movimento in tempo moderatamente lento.

adàgio (2) *s. m.* Sentenza antica, proverbio.

adamantino o (*poet.*) *adamàntino agg.* ***1*** Che ha le proprietà del diamante. ***2*** (*est.*) Duro, saldo, inalterabile: *coscienza adamantina.*

adamìtico *agg.* (*pl. m. -ci*) Di Adamo | *In costume* —, (*scherz.*) nudo.

adattàbile *agg.* Che si può adattare | (*fig.*) Facile ad adattarsi; CONTR. Inadattabile.

adattabilità *s. f.* Qualità di adattabile.

adattaménto *s. m.* ***1*** Modificazione di q.c. per renderla adatta a un determinato scopo: — *di un vestito* | Trasposizione di un'opera da una forma di spettacolo ad un'altra. ***2*** (*fig.*) Adeguamento | (*fig.*) *Spirito d'*—, capacità di adeguarsi a ogni situazione. ***3*** Complesso di trasformazioni che attraverso le generazioni hanno portato un organismo animale o vegetale ad adattarsi alle condizioni ambientali. ***4*** (*ling.*) Procedimento per cui parole di origine straniera si modificano in conformità al sistema della lingua che le riceve.

adattàre ***A*** *v. tr.* ***1*** Rendere adatto a un determinato scopo: — *una soffitta ad abitazione.* ***2*** Disporre, applicare in modo opportuno: — *il pezzo all'incastro.* ***B*** *v. rifl.* Adeguarsi a una situazione: *adattarsi ai tempi.* ***C*** *v. intr. pron.* Convenire, essere opportuno: *la cura si adatta al suo fisico*; SIN. Addirsi.

adàtto *agg.* Che risponde a un dato scopo: *un luogo* — *per parlare*; *lo studio non è* — *a lui*; SIN. Adeguato, conveniente, opportuno.

addebitaménto *s. m.* Attribuzione a debito; CONTR. Accreditamento.

addebitàre *v. tr.* (*io addébito*) ***1*** Segnare a debito; SIN. Ascrivere, computare. ***2*** (*fig.*) Incolpare: — *q.c. a qc.*

addébito *s. m.* ***1*** Attribuzione a debito. ***2*** (*fig.*) Attribuzione di colpa: *muovere un* — *a qc. di q.c.*

addèndo *s. m.* (*mat.*) Termine di un'addizione | Numero o quantità da sommare.

addensaménto *s. m.* Ammassamento, infittimento.

addensàre ***A*** *v. tr.* (*io addènso*) Rendere denso, fitto. ***B*** *v. intr. pron. e rifl.* Infittirsi.

addentàre *v. tr.* (*io addènto*) Afferrare con i denti: — *una mela* | (*est.*) Afferrare, detto di utensili a ganasce; SIN. Mordere.

addentatùra *s. f.* ***1*** Atto dell'addentare | Segno che i denti lasciano sulla parte addentata. ***2*** Parte lavorata di un legno che si incastra nell'intaccatura di un altro.

addentellàre *v. tr.* (*io addentèllo*) ***1*** (*raro*) Dentellare. ***2*** Fare l'addentellato.

addentellàto ***A*** *part. pass. di* addentellare; *anche agg.* Fornito di dentelli. ***B*** *s. m.* ***1*** (*arch.*) Insieme delle pietre o mattoni che si lasciano sporgenti nelle testate dei muri per poterli collegare con successive costruzioni. ***2*** (*fig.*) Ciò che in una discussione dà appiglio a connessioni, a nuovi sviluppi: *il tuo discorso non ha alcun* — *col mio.*

addentràre ***A*** *v. tr.* (*io addéntro*) Far penetrare dentro. ***B*** *v. intr. pron.* Introdursi, inoltrarsi (*anche fig.*): *addentrarsi in un luogo.*

addèntro ***A*** *avv.* Nell'interno, a fondo | (*fig.*) Profondamente. ***B*** *Nelle loc. prep.* — *a*, — *in*, nell'interno di, dentro a; (*anche fig.*): *vedere* — *alle cose* | *Essere* — *in una questione*, esserne perfettamente a conoscenza.

addestràbile *agg.* Che si può addestrare.

addestraménto *s. m.* Esercitazione atta a fornire destrezza, abilità o qualità necessarie a svolgere una determinata attività; SIN. Allenamento.

addestràre ***A*** *v. tr.* (*io addèstro*) Rendere destro, abile: — *il cane alla caccia*; SIN. Allenare, esercitare. ***B*** *v. rifl.* Esercitarsi allo scopo di divenire abile e destro: *addestrarsi nell'uso delle armi.*

addestratóre *s. m.* (*f. -trice*) Chi addestra.

addétto ***A*** *agg.* ***1*** Assegnato a un particolare compito o ufficio: *operaio* — *alla caldaia.* ***2*** Destinato, detto spec. di cose: *vagone* — *al trasporto.* ***B*** *s. m.* (*f. -a*; V. nota d'uso FEMMINILE) ***1*** Chi è assegnato a un particolare compito o ufficio. ***2*** Funzionario facente parte di una legazione diplomatica all'estero in qualità di consigliere tecnico in materia di propria competenza: — *stampa*; SIN. Attaché.

addì *avv.* Nel giorno, il giorno, per indicare la data nel linguaggio burocratico: — *5 maggio 1986.*

addiàccio *s. m.* ***1*** Recinto all'aperto dove sosta il bestiame durante la notte. ***2*** (*mil.*) Stazionamento di truppe all'aperto e allo scoperto | *Dormire all'*—, all'aperto.

addiètro *avv.* ***1*** A tergo, dietro, indietro (*anche fig.*): *tre passi* — | *Restare* —, lasciarsi superare | *Lasciare* — *q.c.*, trascurarla | *Farsi, tirarsi* —, indietreggiare e (*fig.*) ricusare di fare q.c. ***2*** Nel passato, prima: *anni* — | *Per l'*—, in passato.

addio ***A*** *inter.* Si usa come saluto affettuoso e confidenziale spec. nel prendere commiato, o per esprimere disappunto, contrarietà e sim.: — *Carlo!*; — *pace!* ***B*** *s. m.* Saluto, separazione, distacco: *scambiarsi gli addii* | *Dare l'*— *a un luogo*, allontanarsene per sempre | *Dare l'*— *alle scene*, abbandonare la carriera d'attore.

addirittùra *avv.* ***1*** Assolutamente, completamente, perfino: *è* — *mostruoso quello che dici* | (*enf.*) Nientemeno: *ti sei messo* — *due maglioni!* ***2*** Direttamente, senza indugio: *vediamoci* — *al ristorante.*

addirizzàre *v. tr. e intr. pron.* Raddrizzare.

addìrsi *v. intr. pron.* (*dif. coniug. come* dire, *usato solo nelle terze pers. sing. e pl. del pres., imperf. e fut. indic., del pres. e imperf. congv. e del condiz.*) Confarsi, essere conveniente: *questo incarico non mi si addice*; SIN. Convenire.

additàre *v. tr.* Mostrare col dito accennando | (*fig.*) Indicare, esporre: — *qc. alla pubblica riprovazione.*

additìvo ***A*** *agg.* Relativo a un'addizione. ***B*** *s. m.* (*chim.*) Composto che si aggiunge a una sostanza per esaltare o attenuare alcune sue proprietà.

addivenire *v. intr.* (*coniug. come* venire; *aus.* essere) Giungere, pervenire: — *a un accordo.*

addizionàle ***A*** *agg.* Che si aggiunge a q.c.: *imposta* —; *lente* —. [→ ill. *fotografo*] ***B*** *s. f.* Imposta applicata in misura percentuale ad altra per finanziare esigenze di carattere straordinario o di enti locali.

addizionàre *v. tr.* (*io addizióno*) ***1*** (*mat.*) Eseguire un'addizione; SIN. Sommare. ***2*** (*est.*) Aggiungere | Unire.

addizionatrìce *s. f.* Macchina calcolatrice da tavolo che permette l'esecuzione automatica di addizioni e sottrazioni.

addizióne *s. f.* ***1*** Una delle operazioni fondamentali dell'aritmetica, che permette di calcolare la somma di due o più numeri; CONTR. Sottrazione. ***2*** Aggiunta.

addobbaménto *s. m.* Addobbo, ornamento, paramento.

addobbàre ***A*** *v. tr.* (*io addòbbo*) ***1*** Ornare, parare a festa: — *la chiesa.* ***2*** (*fig., scherz.*) Vestire con abiti di circostanza. ***B*** *v. rifl.* Vestirsi con abiti di circostanza: *addobbarsi per la festa.*

addobbatóre *s. m.* (*f. -trìce*) Chi addobba.

addòbbo *s. m.* ***1*** Atto dell'addobbare. ***2*** Drappo, arazzo e sim., usato come ornamento.

addolciménto *s. m.* ***1*** (*raro*) L'addolcire. ***2*** (*fig.*) Attenuazione, mitigazione: — *del carattere.*

addolcìre ***A*** *v. tr.* (*io addolcìsco, tu addolcìsci*) ***1*** Rendere dolce: — *il caffè.* ***2*** (*fig.*) Rendere meno aspro e duro; SIN. Attenuare, lenire, mitigare | — *l'acqua,* privarla dei sali che la rendono dura. ***B*** *v. intr. pron.* Divenire più dolce (*spec. fig.*).

addolcitóre *s. m.* (*chim.*) Apparecchio usato per eliminare la durezza delle acque.

addoloràre ***A*** *v. tr.* (*io addolóro*) Arrecare dolore, spec. spirituale; SIN. Accorare, affliggere, rattristare. ***B*** *v. intr. pron.* Affliggersi, provar dolore: *addolorarsi per q.c.*

Addoloràta *s. f.* ***1*** La Madonna, come Madre partecipe dei dolori della Passione di Gesù. ***2*** Immagine di tale Madonna.

addoloràto *part. pass. di addolorare; anche agg.* Afflitto, dolente.

addòme *s. m.* Nell'uomo, parte inferiore del tronco compresa tra il torace e il bacino | Negli insetti, ultimi undici segmenti del corpo. [→ ill. *anatomia umana, zoologia*]

addomesticàbile *agg.* Che si può addomesticare.

addomesticaménto *s. m.* Conferimento o acquisizione di un carattere domestico o, (*est.*) docile e ubbidiente.

addomesticàre *v. tr.* (*io addomèstico, tu addomèstichi*) ***1*** Rendere domestico, togliendo da uno stato di selvatichezza | Ammaestrare un animale: — *un cane.* ***2*** Abituare, assuefare, rendere familiare: — *qc. alle proprie abitudini.*

addomesticàto *part. pass. di addomesticare; anche agg.* ***1*** Divenuto domestico. ***2*** (*fig.*) Modificato con artificio in vista di un fine particolare: *elezioni addomesticate.*

addominàle *agg.* Relativo all'addome.

addoppiàre *v. tr.* (*io addóppio*) ***1*** Mettere in doppio | Riunire due o più fili semplici. ***2*** (*lett.*) Raddoppiare, aumentare.

addormentaménto *s. m.* L'addormentare, l'addormentarsi (*anche fig.*): *l'— delle coscienze.*

addormentàre ***A*** *v. tr.* (*io addorménto*) Far dormire, indurre al sonno: — *un bambino* | — *i sensi,* assopirli | — *i bollenti spiriti,* calmarli; CONTR. Svegliare. ***B*** *v. intr. pron.* Prendere sonno, mettersi a dormire | (*fig.*) *Addormentarsi in piedi,* avere molto sonno | (*fig.*) *Addormentarsi nel Signore,* morire cristianamente.

addormentàto *part. pass. di addormentare; anche agg.* ***1*** Che ha preso sonno: CONTR. Sveglio. ***2*** (*fig.*) Tardo d'ingegno | ass. *Far l'—,* fingersi tardo; CONTR. Attivo, pronto.

addormìre *v. tr. e intr. pron.* (*io addòrmo*) (*lett., dial.*) Addormentare.

addossaménto *s. m.* ***1*** Atto dell'addossare o dell'addossarsi. ***2*** (*fig.*) Attribuzione, imputazione | Assunzione.

addossàre ***A*** *v. tr.* (*io addòsso*) ***1*** Porre addosso, appoggiare col dorso: — *il banco al muro.* ***2*** (*fig.*) Attribuire, imputare, porre a carico: — *una colpa* | *Addossarsi una responsabilità,* assumersela; SIN. Accollare. ***B*** *v. rifl.* Appoggiarsi, ammassarsi, accalcarsi.

addossàto *part. pass. di addossare; anche agg.* ***1*** Appoggiato col dorso a q.c. ***2*** (*arald.*) Detto di due figure che si volgono il dorso.

addòsso ***A*** *avv.* ***1*** Sulle spalle, sul dorso, sulla persona: *porta — tutti i gioielli che ha* | *Portare, mettersi — q.c.,* indossarla | *Levarsi q.c. d'—,* togliersela | *Levarsi qc. d'—,* (*fig.*) liberarsene | (*fig.*) *Tirarsi — le disgrazie,* procurarsele | (*fig.*) *Avere la maledizione —,* essere molto sfortunato | (*fig.*) *Avere molti anni —,* essere vecchio. ***2*** In corpo, dentro di sé: *avere una forte febbre —* | *Avere il diavolo —,* (*fig.*) essere irrequieto, agitato. ***B*** *Nella loc. prep.* — *a.* ***1*** Sopra, su: *cadere — a qc.* | *Mettere le mani — a qc.,* prenderlo, catturarlo, percuoterlo | *Stare — a qc.,* (*fig.*) opprimerlo | *Mettere gli occhi — a qc.,* farne oggetto di desiderio. ***2*** Molto vicino: *quelle case sono una — all'altra.* ***3*** Contro | *Dare — a qc.,* (*fig.*) dargli torto in tono aspro.

addótto *part. pass. di addurre; anche agg.* Arrecato | Citato.

addottoraménto *s. m.* Conferimento o conseguimento della laurea | (*est.*) Cerimonia della laurea.

addottoràre ***A*** *v. tr.* (*io addottóro*) Dare la laurea di dottore: — *qc. in legge* | (*fig.*) Istruire, ammaestrare. ***B*** *v. intr. pron.* Laurearsi.

addottrinaménto *s. m.* Istruzione in una determinata dottrina.

addottrinàre ***A*** *v. tr.* Istruire in una determinata arte o dottrina. ***B*** *v. rifl.* (*raro*) Istruirsi | (*scherz.*) Scaltrirsi.

adducìbile *agg.* Che si può addurre.

addùrre *v. tr.* (*pres. io addùco, tu addùci; pass. rem. io addùssi, tu adducésti; fut. io addurrò; condiz. pres. io addurrèi; part. pass. addótto; le altre forme dal tema addùcere*) ***1*** Allegare, apportare: — *fatti, ragioni.* ***2*** (*est.*) Citare, recare in appoggio: — *un argomento a sostegno di una tesi.* ***3*** Avvicinare un arto all'asse mediano del corpo; CONTR. Abdurre. ***4*** (*lett.*) Arrecare | Condurre.

adduttóre ***A*** *agg.* (*f. -trice*) ***1*** Che adduce, che porta verso q.c.: *canale —.* ***2*** (*anat.*) Che provoca adduzione: *muscolo —.* ***B*** *s. m.* ***1*** Chi (o ciò che) adduce. ***2*** Muscolo adduttore.

adduzióne *s. f.* ***1*** Moto di avvicinamento di un arto all'asse mediano del corpo. ***2*** (*fis.*) Passaggio di calore da un fluido a una parete solida, o viceversa.

adeguàbile *agg.* Che si può adeguare.

adeguaménto *s. m.* Pareggiamento, adattamento: — *delle pensioni al mutato costo della vita.*

adeguàre ***A*** *v. tr.* (*io adéguo*) Pareggiare, rendere proporzionato. ***B*** *v. rifl.* Adattarsi, conformarsi: *adeguarsi alle circostanze.*

adeguàto *part. pass. di adeguare; anche agg.* Giusto, proporzionato: *stipendio — alla capacità*; SIN. Adatto; CONTR. Inadeguato.

adeguazióne *s. f.* Adeguamento.

adempìbile *agg.* Che si può adempire.

adémpiere ***A*** *v. tr.* (*io adémpio, tu adémpi; part. pass. adempiùto; le altre forme più com. da adempire*) Eseguire completamente, mandare a effetto, compiere: — *un comando* | — *un desiderio, una preghiera,* esaudirli | Realizzare, mantenere: — *una promessa.* ***B*** *v. intr. pron.* Avverarsi, verificarsi: *la profezia si adempì.*

adempiménto *s. m.* ***1*** Compiuta esecuzione: *l'— del proprio dovere* | Appagamento: — *di una preghiera* | Mantenimento: — *di una promessa*; SIN. Compimento. ***2*** (*dir.*) Attività diretta all'esecuzione di una prestazione.

adempìre *v. tr. e intr. pron.* (*io adempìsco, tu adempìsci*) Adempiere.

adempìto *part. pass. di adempire; anche agg.* Adempiuto.

adempiùto *part. pass. di adempiere; anche agg.* Eseguito, compiuto.

adenìte *s. f.* (*med.*) Infiammazione di una ghiandola linfatica.

àdeno- *primo elemento*: in parole composte della terminologia scientifica significa 'ghiandola': *adenite, adenotomia.*

adenòide ***A*** *agg.* Detto della ipertrofia della tonsilla faringea. ***B*** *anche s. f. pl.: asportazione delle adenoidi.*

adenoidìsmo *s. m.* Complesso dei disturbi e delle malformazioni dovuti alla presenza di adenoidi.

adenòma *s. f.* (*med.*) Tumore benigno di una ghiandola.

adenotomìa *s. f.* Incisione di ghiandola linfatica | Asportazione delle adenoidi.

adèpto *s. m.* (*f. -a*) Affiliato, iscritto a una società segreta, a una setta religiosa e sim.

aderènte ***A*** *part. pres. di aderire; anche agg.* Che aderisce: *smalto — all'unghia* | Detto di abito, stretto, fasciante: *pantaloni aderenti.* ***B*** *s. m. e f.* Seguace, partigiano: *gli aderenti a una setta.*

aderènza *s. f.* ***1*** Qualità di ciò che aderisce. ***2*** (*mecc.*) Attrito fra la superficie di appoggio e la ruota, per cui questa non striscia ma rotola. ***3*** (*med.*) Connessione anormale tra superfici o mucose contigue, spesso per processi infiammatori. ***4*** *spec. al pl.* (*fig.*) Conoscenze, relazioni, appoggi: *avere molte aderenze.*

adèrgere ***A*** *v. tr.* (*coniug. come ergere*) (*poet.*) Elevare, innalzare. ***B*** *v. intr. pron.* (*poet.*) Elevarsi, innalzarsi.

aderìre *v. intr.* (*io aderìsco, tu aderìsci; aus. avere*) ***1*** Essere attaccato, combaciare: *lo smalto aderisce all'unghia.* ***2*** (*fig.*) Parteggiare, seguire: — *a un partito.* ***3*** (*fig.*) Acconsentire, accogliere: — *a una richiesta.*

adescàbile *agg.* Che si può adescare.

adescaménto *s. m.* ***1*** (*raro*) Uso dell'esca per attirare pesci, uccelli e sim. | (*fig.*) Lusinga, allettamento. ***2*** (*dir.*) Invito al libertinaggio in luogo pubblico che costituisce illecito penale. ***3*** (*idr.*) L'operazione di adescare.

adescàre *v. tr.* (*io adésco, tu adéschi*) ***1*** Attirare con l'esca. ***2*** (*fig.*) Allettare, attrarre con lusinghe. ***3*** Riempire di liquido una pompa o un sifone per ottenerne il fun-

zionamento.
adescatóre **A** s. m. (f. -trìce) Chi adesca. **B** anche agg.
adesióne s. f. **1** (*fis.*) Forza molecolare di attrazione che si manifesta fra due corpi in contatto. **2** (*dir.*) Assenso alla volontà da altri manifestata, produttivo di vari effetti giuridici. **3** Appoggio, consenso, assentimento: — *a una proposta*.
adesivo **A** agg. Che aderisce: *nastro* — | Collante: *sostanza adesiva*. [→ ill. *ufficio*] **B** s. m. **1** Sostanza che, interposta tra le superfici di separazione di due o più corpi solidi, tende a unirli. **2** Etichetta di varia forma, spec. a carattere pubblicitario, che si può incollare su vetro e sim.
adèspoto agg. **1** (*lett.*) Senza padrone. **2** Detto di libro o scritto di cui non si conosce l'autore.
adèsso avv. **1** Ora, in questo momento, presentemente | *Per* —, per ora, per il momento | *Da* — *in poi*, da questo momento in avanti | *Fin da* —, fin d'ora | *La gioventù d'*—, di oggi. **2** Poco fa, or ora: *l'ho incontrato proprio* —. **3** In un futuro immediato: *dovrebbe telefonare* —.
ad hoc /*lat.* a'd ɔk/ loc. avv. e agg. Apposta per questo scopo, appositamente predisposto per uno scopo: *parlare* —; *discorso* —.
ad hominem /*lat.* a'd ɔminem/ loc. agg. e avv. Appositamente predisposto per una data persona; apposta per una persona: *discorso* —; *parlare* —.
ad honorem /*lat.* ad o'nɔrem/ loc. agg. e avv. Di carica, titolo accademico e sim. conferiti come riconoscimento onorifico: *medaglia, laurea* —; *laureare* —.
adiabàtico agg. (pl. m. -ci) (*fis.*) Detto della trasformazione di un aeriforme, che avviene senza scambi di calore con l'esterno.
adiacènte agg. **1** Che sta vicino, che è limitrofo, contiguo: — *al giardino*. **2** (*mat.*) Detto di ciascuno dei due angoli consecutivi, i cui lati non coincidenti appartengono a una stessa retta.
adiacènza s. f. spec. al pl. Luogo adiacente.
adiatermàno agg. (*fis.*) Opaco alle radiazioni calorifiche.
adibìre v. tr. (io adibìsco, tu adibìsci) Destinare a un certo uso: — *una chiesa a ospedale*.
àdipe s. m. Grasso del corpo.
adiposità s. f. Pinguedine, spec. del ventre.
adipóso agg. Grasso, pieno di adipe.
adiràrsi v. intr. pron. Farsi prendere dall'ira, montare in collera | Sdegnarsi, turbarsi: *adirarsi con, contro, qc.*; SIN. Arrabbiarsi.
adiràto part. pass. di adirare; anche agg. Irato | Sdegnato.
adìre v. tr. (io adìsco, tu adìsci) Rivolgersi all'autorità giudiziaria perché provveda alla tutela di un diritto o di un interesse: — *il tribunale*; — *le vie legali*.
àdito s. m. **1** Entrata, passaggio, accesso (*anche fig.*): *il corridoio dà* — *alla stanza*; *diploma che dà* — *all'università* | (*fig.*) *Dare* — *a sospetti*, far sospettare. **2** Facoltà di entrare, di accedere (*anche fig.*): *avere libero* — *presso qc.*
a divinis /*lat.* a di'vinis/ loc. agg. e avv. Detto di pena ecclesiastica consistente nell'interdire al chierico colpevole l'esercizio degli uffici divini: *sospensione* —; *sospendere* —.
ad libitum /*lat.* ad 'libitum/ loc. avv. A piacere, a volontà.
adocchiàre v. tr. (io adòcchio) **1** Fissare con gli occhi. **2** Guardare con compiacenza e desiderio.
adolescènte **A** agg. Che ha i caratteri dell'adolescenza. **B** s. m. e f. Chi è adolescente; SIN. Giovanetto, ragazzo.
adolescènza s. f. Età della vita tra la fanciullezza e l'età adulta, caratterizzata dalla maturazione sessuale.
adombràbile agg. Facile ad adombrarsi.
adombraménto s. m. **1** Atto dell'adombrare | (*fig.*) Accenno, allusione. **2** Atto dell'adombrarsi, detto spec. di cavalli | (*fig.*) Turbamento.
adombràre **A** v. tr. (io adómbro) **1** Coprire d'ombra: *gli alberi adombrano la piazza*. **2** (*fig.*) Celare, nascondere: *spesso la favola adombra il vero*. **B** v. intr. e intr. pron. **1** Spaventarsi, davanti a un'ombra o per altro motivo, detto di animali, spec. cavalli. **2** (*fig.*) Essere suscettibile, turbarsi, detto di persona: *si adombrò al ricordo*.
adóne s. m. Giovane molto bello (dal nome di un bellissimo pastore amato da Venere).
adònide s. f. Pianta erbacea delle Ranuncolacee, con fusto eretto e fiori terminali gialli.
adònio s. m. Verso greco e latino di cinque sillabe.
adontàrsi v. intr. pron. (io mi adónto) Sdegnarsi, risentirsi: *non adontarti per così poco*.
adoperàbile o *adopràbile* agg. Che si può adoperare.
adoperàre o *adopràre* **A** v. tr. (io adòpero) Mettere in opera, usare; SIN. Impiegare, utilizzare. **B** v. rifl. Occuparsi, darsi da fare: — *in favore di qc.*
adopràre e deriv. v. *adoperare* e deriv.
adoràbile agg. Che è degno di essere adorato | (*est.*) Di persona o cosa particolarmente cara; CONTR. Detestabile.
adoràre v. tr. (io adóro) **1** Prestar culto di adorazione alla divinità: — *Dio*. **2** (*est.*) Fare oggetto di devozione, amare con trasporto: — *la propria madre*; CONTR. Detestare.
adoratóre s. m. (f. -trìce) **1** Chi adora. **2** (*scherz.*) Corteggiatore, ammiratore.
adorazióne s. f. **1** Atto dell'adorare. **2** (*est.*) Amore sviscerato.
adornàbile agg. Che si può adornare.
adornaménto s. m. Abbellimento, ornamento.
adornàre **A** v. tr. (io adórno) Fare più bello. **B** v. rifl. Farsi bello, vestirsi con cura.
adórno agg. Ornato, decorato, abbellito (*anche fig.*): *palazzo* — *di fregi*.
adottàbile agg. Che si può adottare.
adottaménto s. m. (*raro, lett.*) Adozione.
adottàndo s. m. (f. -a) (*dir.*) La persona che si vuole adottare.
adottànte **A** part. pres. di adottare; anche agg. Che adotta. **B** s. m. e f. (*dir.*) Colui che, mediante adozione, attribuisce la posizione di figlio a chi è stato generato da altri.
adottàre v. tr. (io adòtto) **1** Attribuire, nei limiti e nelle forme di legge, la posizione di figlio a chi è stato procreato da altri. **2** (*fig.*) Accettare, fare proprio: — *una regola di vita* | Prendere, attuare: — *provvedimenti*.
adottàto part. pass. di adottare; anche agg. e s. m. (f. -a) Colui al quale viene attribuita la posizione di figlio mediante adozione.
adottivo agg. **1** Che è divenuto tale mediante adozione: *padre* —. **2** (*fig.*) Di elezione: *patria adottiva*.
adozióne s. f. **1** Complesso degli atti legali per l'attribuzione della posizione simile a quella di figlio a chi è stato procreato da altri. **2** Scelta: *l'*— *dei libri di testo*.
adragànte o *dràgante* **A** agg. Nella loc. *gomma* —, mucillagine che trasuda dai fusti e dai rami di piante del genere Astragalo, usata nell'industria farmaceutica e conciaria. **B** s. f. Gomma adragante.
adrenalìna s. f. Ormone secreto dalla parte midollare della ghiandola surrenale, attivo sulla pressione arteriosa; usata come farmaco.
adriàtico **A** agg. (pl. m. -ci) Detto del mare racchiuso fra le coste centro-settentrionali dell'Italia e della penisola balcanica | Proprio di questo mare: *coste adriatiche*. **B** anche s. m.
adsorbènte **A** part. pres. di adsorbire; anche agg. Che adsorbe. **B** s. m. Sostanza non digeribile usata come protettivo in affezioni gastro-intestinali.
adsorbìre v. tr. (io adsorbìsco, tu adsorbìsci) (*fis., chim.*) Fissare le molecole di un fluido sullo strato superficiale di un solido o di un liquido con cui è in contatto.
aduggiàre **A** v. tr. (io adùggio) **1** (*lett.*) Coprire d'ombra. **2** (*fig., lett.*) Nuocere, opprimere. **B** v. intr. pron. (*lett.*) Inaridirsi (*anche fig.*).
adulàre **A** v. tr. (io adùlo o evit. àdulo) Lodare eccessivamente per interesse, bassezza d'animo e sim.; SIN. Blandire, incensare, lusingare. **B** v. rifl. Tenersi in maggiore considerazione del dovuto.
adulatóre s. m.; anche agg. (f. -trìce) Chi (o che) adula o lusinga; SIN. Piaggiatore.
adulatòrio agg. Che serve ad adulare; SIN. Servile.
adulazióne s. f. Esaltazione eccessiva di qc., per interesse, servilismo e sim. | Espediente che serve ad adulare; SIN. Incensamento, piaggeria.
adulteràbile agg. Che si può adulterare.
adulteraménto s. m. Adulterazione.
adulterànte **A** part. pres. di adulterare; anche agg. Che adultera. **B** s. m. Sostanza che, aggiunta ad altre, ne adultera la composizione.
adulteràre v. tr. (io adùltero) **1** Alterare una sostanza

con l'aggiunta di sostanze simili, spec. di minor pregio e sovente nocive: – *il burro*; SIN. Sofisticare. **2** (*fig.*) Corrompere, guastare.
adulterazióne *s. f.* **1** Alterazione di una sostanza; SIN. Sofisticazione. **2** (*fig.*) Corruzione.
adulterìno *agg.* Che deriva da adulterio.
adultèrio *s. m.* Violazione dell'obbligo di fedeltà coniugale.
adùltero **A** *s. m.* (*f.* -*a*) Chi compie adulterio. **B** *anche agg.*
adùlto **A** *agg.* **1** Di persona che è nella piena maturità fisica, psichica e sessuale. **2** Di pianta o animale giunto allo stadio definitivo dello sviluppo e capace di riprodursi. **3** (*fig.*) Sviluppato, maturo. **B** *s. m.* (*f.* -*a*) Persona adulta.
adunàbile *agg.* Che si può adunare.
adunànza *s. f.* Riunione, assemblea.
adunàre **A** *v. tr.* Raccogliere, mettere insieme, radunare | Contenere, comprendere. **B** *v. intr. pron.* Riunirsi, raccogliersi (*anche fig.*).
adunàta *s. f.* **1** (*mil.*) Riunione ordinata dei militari, con comando a voce o segnale di tromba. **2** (*est.*) Riunione di molte persone.
adùnco *agg.* (*pl. m.* -*chi*) Piegato in punta.
adunghiàre *v. tr.* (*io adùnghio*) Afferrare con le unghie o con gli artigli | (*est.*) Afferrare saldamente.
adùnque *cong.* (*lett.*) Dunque.
adusàre **A** *v. tr.* (*lett.*) Assuefare, abituare, avvezzare. **B** *v. rifl.* (*raro, lett.*) Abituarsi.
adusàto *part. pass. di adusare; anche agg.* Consueto, solito.
adùso *agg.* (*lett.*) Abituato.
adustióne *s. f.* Bruciatura, aridità.
adùsto *agg.* **1** Arso dal sole o dal fuoco: *pianta adusta.* **2** Magro, asciutto, detto spec. della persona.
ad usum Delphini /*lat.* a'd uzum del'fini/ *loc. agg. inv.* Detto d'ogni libro espurgato e gener. di qualsiasi cosa modificata secondo interessi di parte (dalla loc. 'ad uso del Delfino', cioè del primogenito del re di Francia i cui libri scolastici erano espurgati e adattati).
ad valorem /*lat.* ad va'lɔrem/ *loc. agg. inv.* Di tributo computato in base al valore del bene considerato: *dazio* –.
aèdo *s. m.* **1** Cantore epico della Grecia antica. **2** (*est.*) Poeta, vate.
aeràre *v. tr.* (*io àero*) Dare aria, ventilare.
aeràto *part. pass. di aerare; anche agg.* Ventilato | Impregnato d'aria, di gas.
aeratóre *s. m.* Dispositivo che dà aria ad ambienti o apparecchi.
aerazióne *s. f.* **1** Arieggiamento, ventilazione. [→ ill. *miniera*] **2** In varie tecnologie, immissione di aria in altre sostanze, spec. liquidi.
àere *s. m.* (*poet.*) Aria, atmosfera.
aèreo (1) *agg.* **1** Di aria, composto di aria: *spazi aerei* | (*est.*) Lieve, leggero: *veli aerei* | (*fig.*) Inconsistente, senza fondamento: *discorsi aerei.* **2** (*est.*) Che vive e si sviluppa al di fuori del terreno: *radici aeree.* [→ ill. *agricoltura, botanica*] **3** Che si leva nell'aria: *apparecchio* –; *scala aerea.* [→ ill. *scala*]
aèreo (2) *s. m. Acrt. di aeromobile,* spec. aeroplano, idrovolante e sim. [→ ill. *aeronautica, armi*]
aerifórme **A** *agg.* Che è allo stato gassoso o di vapore: *sostanza* –. **B** *s. m.* Gas, vapore.
àero- (1) *primo elemento*: in parole composte della terminologia scientifica significa 'aria': *aerofagia, aerobiosi.*
àero- (2) *primo elemento*: in parole composte fa riferimento alla navigazione aerea: *aeroporto, aeronavale.*
aeròbico *agg.* (*pl. m.* -*ci*) Relativo ad aerobiosi | *Ginnastica aerobica* (anche ass. *aerobica*), ginnastica basata su movimenti compiuti a tempo di musica e coordinati col ritmo respiratorio.
aeròbio *s. m.* (*biol.*) Organismo che ha bisogno di ossigeno per vivere.
aerobiòsi *s. f.* (*biol.*) Vita in presenza di aria.
aerobrigàta *s. f.* Unità organica dell'aeronautica militare comprendente più stormi.
aerodìna *s. f.* Aeromobile che si solleva nell'aria per la reazione dell'aria su superfici in moto, quali le ali di un aeroplano o le pale di un elicottero.
aerodinàmica *s. f.* Scienza che studia il moto dei fluidi gassosi e le azioni reciproche fra i corpi e tali fluidi.
aerodinamicità *s. f.* Insieme delle qualità aerodinamiche di un corpo.
aerodinàmico **A** *agg.* (*pl. m.* -*ci*) **1** Pertinente all'aerodinamica | *Corpo* –, di forma tale da muoversi veloce nell'aria incontrando il minimo di resistenza. **2** (*est.*) Di foggia slanciata. **B** *s. m.* Chi si occupa di aerodinamica.
aeròdromo *s. m.* Aeroporto.
aerofagìa *s. f.* (*pl.* -*gie*) (*med.*) Ingestione eccessiva di aria nell'atto della deglutizione.
aerofàro *s. m.* Sistema di segnalazioni luminose per indicare un particolare punto al suolo.
aeròfito *agg.* Detto di pianta che vive al di sopra del terreno e ha radici aeree.
aeròfono *s. m.* Apparecchio per determinare la provenienza di un suono o rumore.
aerofotografìa *s. f.* Tecnica dei fotogrammi aerei da ottenere con apparecchi fotografici installati a bordo di velivoli | Fotografia così ottenuta.
aerofotogràmma *s. m.* (*pl.* -*i*) Fotografia ripresa da un aereo, a scopo di ricognizione o per rilievi topografici.
aerofotogrammetrìa *s. f.* Rilevamento topografico con fotografie prese da aerei.
aerogètto *s. m.* (*aer.*) Aeroreattore.
aerògrafo *s. m.* Apparecchio ad aria compressa per spruzzare vernice su una superficie. [→ ill. *disegnatore*]
aerolìnea *s. f.* (*aer.*) Linea aerea.
aeròlito o (*evit.*) *aerolìto s. m.* Meteorite costituito prevalentemente di materiale pietroso.
aerologìa *s. f.* (*pl.* -*gie*) Studio delle condizioni dell'atmosfera, a tutte le altezze.
aeromarittimo *agg.* Detto di attività aerea che si svolge sul mare.
aeromòbile *s. m.* Veicolo capace di sostenersi e circolare nell'atmosfera.
aeromodellismo *s. m.* Tecnica e attività riguardanti gli aeromodelli.
aeromodellista *s. m. e f.* (*pl. m.* -*i*) Chi si occupa di aeromodellismo.
aeromodellistica *s. f.* Aeromodellismo.
aeromodèllo *s. m.* Piccolo modello di aereo costruito spec. per diletto, capace di volare.
aeromòto *s. m.* Violento spostamento d'aria per ripercussione di un terremoto o di un'esplosione.
aeronàuta *s. m. e f.* (*pl. m.* -*i*) Navigatore aereo con aerostato | (*est.*) Addetto alla condotta o ai servizi di bordo di un aeromobile.
aeronàutica *s. f.* **1** Scienza, tecnica e attività relative alla costruzione e all'impiego degli aeromobili. [→ ill. *aeronautica*] **2** Aviazione.
aeronàutico *agg.* (*pl. m.* -*ci*) Dell'aeronautica.
aeronavàle *agg.* Detto di attività a cui partecipano mezzi aerei e navali.
aeronàve *s. f.* Dirigibile.
aeronavigazióne *s. f.* Navigazione aerea.
aeroplàno *s. m.* Velivolo a motore capace di sostenersi e circolare nell'atmosfera, dopo essere partito ed essersi alzato in velocità su idonee superfici solide, mediante ruote, pattini, sci e sim. [→ ill. *aeronautica*]
aeropòrto *s. m.* Superficie predisposta e attrezzata in modo che vi possano partire o arrivare aerei | Campo d'aviazione. [→ ill. *aeroporto*]
aeroportuàle *agg.* Di aeroporto.
aeropòsta *s. f.* Posta aerea.
aeropostàle **A** *agg.* Di aeroposta. **B** *s. m.* Aereo adibito al trasporto della posta.
aeroreattóre *s. m.* Reattore che accelera le masse d'aria che lo attraversano; SIN. Aerogetto.
aerorimèssa *s. f.* Locale chiuso adibito al ricovero di aerei; SIN. Hangar, aviorimessa. [→ ill. *aeroporto*]
aerosbàrco *s. m.* (*pl.* -*chi*) Operazione militare di sbarco da aerei da trasporto.
aeroscàlo *s. m.* Aeroporto per dirigibili | In un aeroporto, scalo per aerei.
aerosilurànte *s. m.* Aereo che colpisce dall'aria mediante siluri.
aerosilùro *s. m.* Siluro lanciato da un aereo.
aerosòl *s. m.* (*pl. aerosòl o aerosòli*) Sospensione di particelle solide o liquide in un gas, usata come farmaco, insetticida e sim. [→ ill. *contenitore, medicina e chirurgia*]
aerosolterapìa *s. f.* Cura mediante aerosol.

aeronautica

1
2
3
4
5
6
aereo da trasporto passeggeri subsonico

12
7
13
14
15
8
9
10
11
16
aereo da turismo

1 impennaggi 2 portello 3 cabina per passeggeri 4 gondola motore 5 fusoliera 6 cabina di pilotaggio 7 timone di direzione 8 timone di profondità 9 centina 10 ala 11 carrello 12 fanalino 13 deriva 14 alettone 15 motore 16 elica

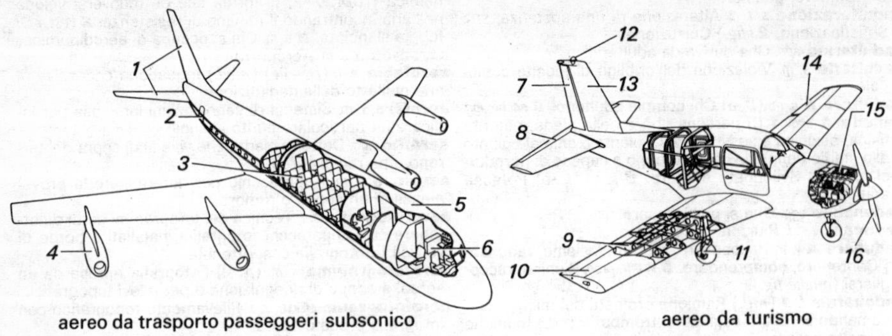

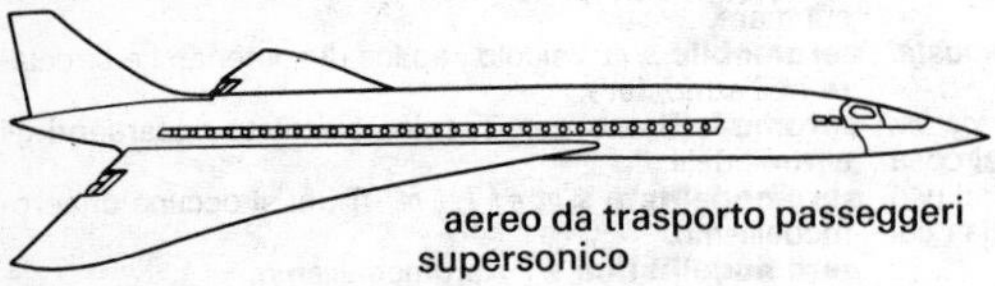

aereo da trasporto passeggeri supersonico

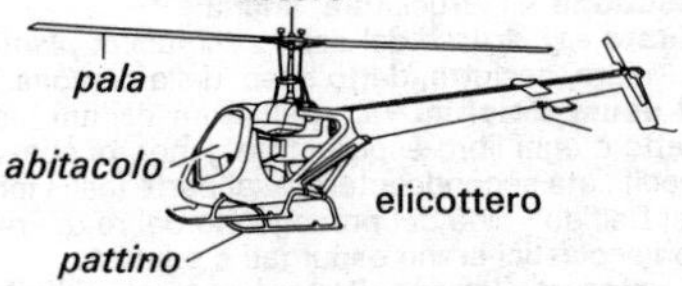

rotore
pala
abitacolo
pattino
elicottero

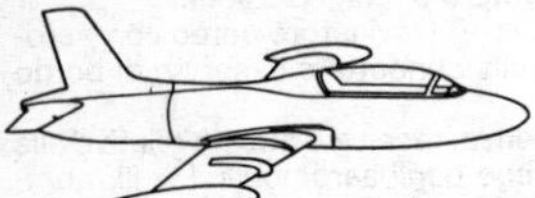

caccia

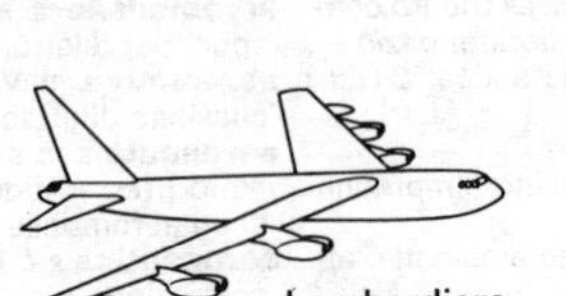

bombardiere

cacciabombardiere

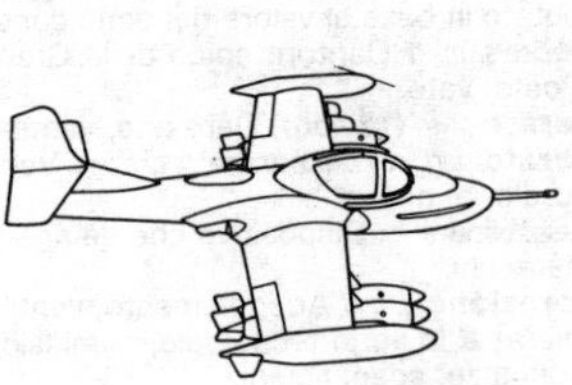

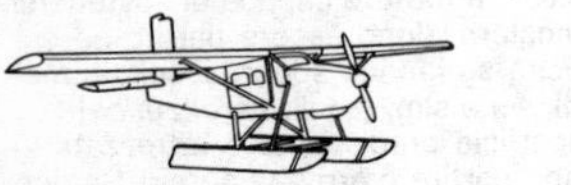

idrovolante

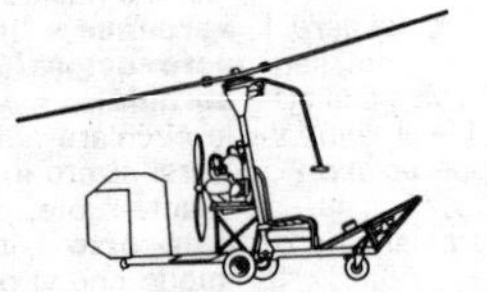

autogiro

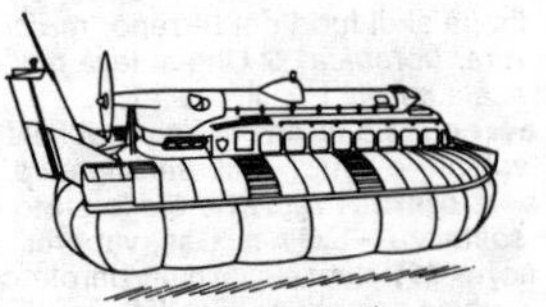

hovercraft

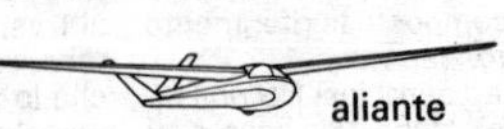

aliante

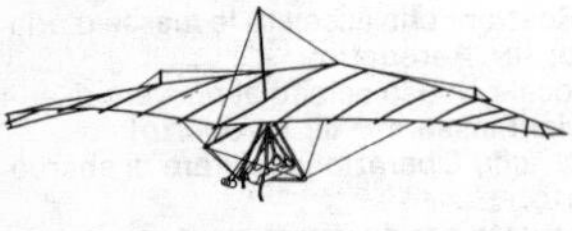

deltaplano

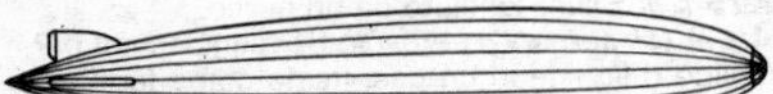

dirigibile

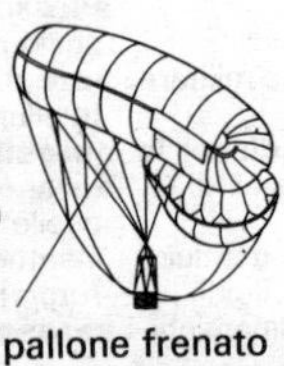

pallone frenato

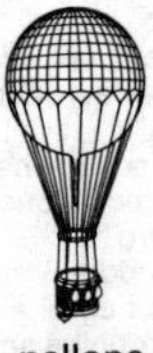

pallone

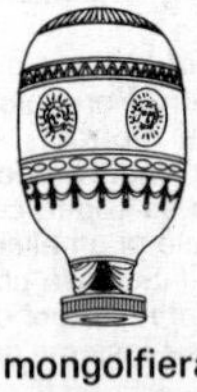

mongolfiera

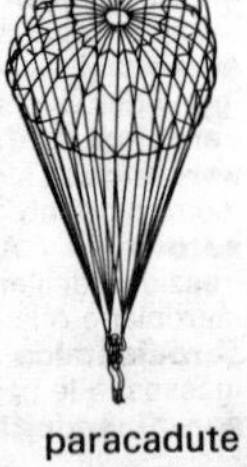

paracadute

aerospaziàle *agg.* Relativo allo spazio atmosferico e a quello extratmosferico.

aerostàtica *s. f.* Scienza che studia l'equilibrio degli aeriformi.

aerostàtico *agg.* (*pl. m. -ci*) Dell'aerostatica o degli aerostati | Di corpo che si libra nell'aria: *pallone* —.

aeròstato *s. m.* Aeromobile più leggero dell'aria sostenuto da un involucro pieno di gas, non munito di motori.

aerostazióne *s. f.* Luogo appositamente attrezzato dove si smistano passeggeri, posta, merci, trasportati con mezzi aerei. [→ ill. *aeroporto*]

aerostière *s. m.* Addetto alla condotta o al servizio di aerostati.

aerotassì o *aerotàxi s. m.* Aereo impiegato come tassì.

aerotècnica *s. f.* Tecnica concernente lo studio, la costruzione e l'impiego di ogni mezzo atto al volo in conformità dei principi aerodinamici.

aeroterapìa *s. f.* Cura d'aria, anche mediante apparecchi ad aria compressa o rarefatta.

aerotèrmo *s. m.* Apparecchio di riscaldamento ad aria calda.

aerotrasportàre *v. tr.* (*io aerotraspòrto*) Trasportare con mezzi aerei.

aerovìa *s. f.* Via aerea limitata in altezza e larghezza, e servita da particolari radioassistenze da terra per facilitare l'aeronavigazione.

àfa *s. f.* Aria greve, calda, soffocante.

afagìa *s. f.* (*pl. -gìe*) (*med.*) Incapacità di deglutire.

afașìa *s. f.* (*med.*) Perdita parziale o totale della capacità di esprimere o comprendere le parole.

afèlio *s. m.* Il punto più lontano dal Sole nell'orbita che un corpo descrive intorno a esso; CONTR. Perielio. [→ ill. *astronomia*]

afèreși *s. f.* **1** (*ling.*) Caduta di un suono o gruppo di suoni all'inizio di parola. **2** Gioco di enigmistica consistente nel trovare due parole di cui la seconda è ottenuta dalla prima per aferesi.

affàbile *agg.* Che parla o ascolta o si comporta in modo amabile e cordiale | (*est.*) Cortese, gentile.

affabilità *s. f.* Piacevolezza e cortesia nel parlare e nel trattare; SIN. Amabilità, cordialità, gentilezza.

affaccendàre ***A*** *v. tr.* (*io affaccèndo*) (*raro*) Dare da fare, impegnare in un'attività. ***B*** *v. rifl.* Occuparsi con premura di q.c. | Muoversi in faccende.

affaccendàto *part. pass. di affaccendare; anche agg.* Che ha molto da fare.

affacciàre ***A*** *v. tr.* (*io affàccio*) **1** Mostrare, far vedere, spec. da una finestra o da una porta. **2** (*fig.*) Mettere avanti, presentare: — *un sospetto.* ***B*** *v. rifl.* **1** Farsi avanti con la faccia o una parte della persona: *affacciarsi alla porta.* **2** (*fig.*) Presentarsi | Venire in mente: *le si affacciò un'idea.*

affaire /*fr.* a'fɛr/ *s. m. inv.* (*pl. fr. affaires* /a'fɛr/) Avvenimento di notevole risonanza, spec. politica.

affamàre *v. tr.* Far patire la fame, ridurre alla fame: — *una città.*

affamàto ***A*** *part. pass. di affamare; anche agg.* **1** Che ha fame. **2** Avido, bramoso. ***B*** *s. m.* (*f. -a*) Chi ha fame.

affamatóre *s. m.* (*f. -trice*) Chi affama.

affannàre ***A*** *v. tr.* Dare affanno. ***B*** *v. intr. e rifl.* (*aus. essere*) **1** Patire affanno, difficoltà di respiro: *nel salire le scale affanna*; SIN. Ansimare. **2** (*fig.*) Agitarsi, preoccuparsi: *si affanna per niente.*

affànno *s. m.* **1** Difficoltà e concitata frequenza di respiro; SIN. Dispnea. **2** (*fig.*) Stato ansioso, pena, preoccupazione: *stare in* —; *prendersi* — *per q.c.*; SIN. Angoscia, ansia.

affannóso *agg.* **1** Che ha affanno | Che rivela affanno: *respiro* —. **2** Che dà affanno, pena, ansia; SIN. Angoscioso.

affardellàre *v. tr.* (*io affardèllo*) **1** Riunire e legare tra di loro più oggetti. **2** (*mil.*) Disporre ordinatamente ciò che il soldato porta al seguito durante i trasferimenti: — *lo zaino.*

affàre *s. m.* **1** Cosa da fare, faccenda, incombenza: *sbrigare un* —; *affari pubblici, privati, di Stato* | *Affari esteri*, relazioni di uno Stato con gli altri Stati. **2** Operazione commerciale o finanziaria condotta a scopo di lucro: *un grosso* — | (*per anton.*) *È un* —, una buona occasione di guadagno o risparmio. **3** Questione di cui si tratta in giudizio: *affari contenziosi* | Avvenimento di vasta risonanza: *l'— Dreyfus.* **4** (*fam.*) Cosa, faccenda, che non si sa o non si vuole precisare | *È affar mio, tuo, ecc.*, è cosa riguardante solo me, te, ecc. **5** (*fam.*) Aggeggio, oggetto non ben identificato: *a che ti serve quell'—?* **6** Condizione sociale, importanza: *essere di alto, di basso, di grande* — | *Gente di mal* —, che conduce vita disonesta. [→ tav. *locuzioni* 13]

affarișmo *s. m.* Mentalità, attività dell'affarista.

affarista *s. m. e f.* (*pl. m. -i*) Chi fa affari per guadagnare in tutti i modi, anche senza scrupoli.

affarìstico *agg.* (*pl. m. -ci*) Relativo agli affari o all'affarista.

affàrsi *v. intr. pron.* (*oggi dif. coniug. come fare, usato solo nelle terze pers. sing. del pres. e imperf. indic. e dell'imperf. congv.*) (*lett.*) Addirsi, confarsi: *s'affà alla sua natura.*

affascinànte *part. pres. di affascinare* (1)*; anche agg.* Che affascina, seduce; SIN. Attraente.

affascinàre (1) *v. tr.* (*io affàscino*) Attrarre, incantare col fascino | (*fig.*) Sedurre; SIN. Ammaliare.

affascinàre (2) *v. tr.* (*io affascìno*) Raccogliere, legare in fascine.

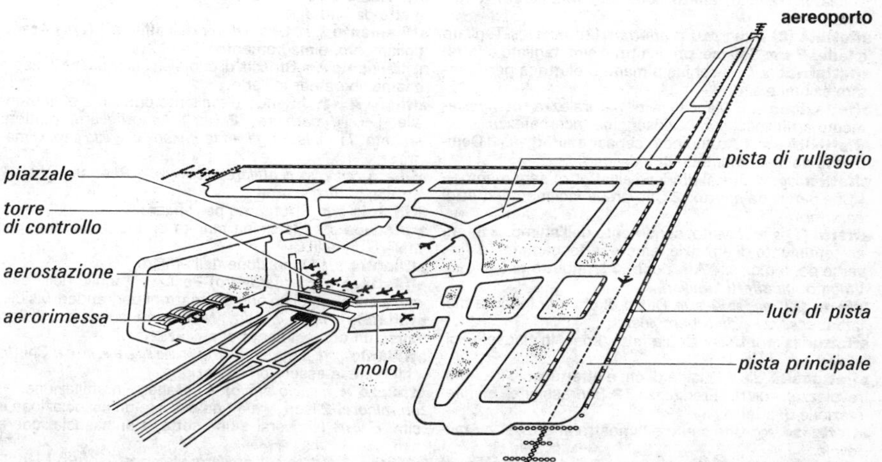

affastellaménto *s. m.* **1** Atto dell'affastellare. **2** Mucchio, ammasso confuso (*anche fig.*): *un — di parole sconnesse.*

affastellàre *v. tr.* (*io affastèllo*) **1** Raccogliere, legare in fastelli. **2** Mettere insieme alla rinfusa (*anche fig.*).

affaticaménto *s. m.* L'affaticare, l'affaticarsi | Stanchezza, spossatezza.

affaticàre **A** *v. tr.* (*io affatico, tu affatichi*) Procurare fatica, stanchezza; SIN. Stancare. **B** *v. rifl.* **1** Darsi pena, briga: *affaticarsi per qc.* **2** Sottoporsi a fatica, stancarsi: *affaticarsi a lavorare.*

affàtto *avv.* **1** Interamente, del tutto, in tutto per tutto: *punti di vista — diversi.* **2** raff. di una negazione: *non ho — sonno; niente —* | ass. Per nulla, no, mai, nelle risposte negative: *'hai freddo?' '—!'.*

affatturàre *v. tr.* (*io affattùro*) **1** Sottoporre a una fattura, a una stregoneria. **2** (*est.*) Manipolare, adulterare cibi e bevande.

affé *inter.* In fede, in verità (con affermazione energica): *— di Dio* | Oggi usato in tono scherz.

afferènte *agg.* **1** (*anat.*) Di vaso o nervo che conduce verso una parte centrale del corpo. **2** (*raro*) Che concerne q.c., spec. usato nel linguaggio giuridico.

affermàbile *agg.* Che si può affermare.

affermàre **A** *v. tr.* (*io afférmo*) **1** Dare per certo, dichiarare esplicitamente: *— la propria innocenza*; SIN. Asserire, sostenere. **2** ass. Dire di sì, confermare: *— con un cenno*; CONTR. Negare. **3** (*lett.*) Sostenere: *— un diritto.* **B** *v. rifl.* **1** Imporsi, conquistare un successo: *affermarsi in una gara.* **2** Acquistare credito e notorietà: *è una moda che si affermerà.*

affermativaménte *avv.* In modo affermativo.

affermativo *agg.* Che serve ad affermare; CONTR. Negativo.

affermàto *part. pass. di affermare; anche agg.* Dichiarato, confermato | Che ha raggiunto la notorietà, il successo: *un cantante —.*

affermazióne *s. f.* **1** Atto dell'affermare | Proposizione affermativa; SIN. Asserzione, dichiarazione. **2** Successo, vittoria.

afferràbile *agg.* Che si può afferrare; CONTR. Inafferrabile.

afferràre **A** *v. tr.* (*io affèrro*) **1** Prendere e tenere stretto con forza. **2** (*fig.*) Saper profittare di una circostanza favorevole: *— l'occasione.* **3** (*fig.*) Comprendere bene il significato di q.c.: *— un'idea*; SIN. Capire. **B** *v. rifl.* Attaccarsi con forza: *afferrarsi a un cespuglio* | Appigliarsi (*anche fig.*): *afferrarsi a una scusa.*

affettàre (1) *v. tr.* (*io affètto*) Ostentare qualità che non si possiedono.

affettàre (2) *v. tr.* (*io affétto*) Tagliare a fette: *— il pane.* [→ ill. *coltello, cucina, macelleria*]

affettàto (1) *part. pass. di affettare (1); anche agg.* Lezioso, studiato, pieno di affettazione; SIN. Manierato, ricercato.

affettàto (2) **A** *part. pass. di affettare (2); anche agg.* Tagliato a fette. **B** *s. m.* Salame, prosciutto e sim. tagliato a fette.

affettatrìce *s. f.* Macchina a mano o elettrica per affettare salumi e sim.

affettazióne *s. f.* Mancanza di naturalezza, comportamento artificioso; SIN. Leziosaggine, ricercatezza.

affettività *s. f.* **1** Attitudine e capacità affettiva. **2** Complesso dei sentimenti di un individuo.

affettivo *agg.* **1** Che si riferisce all'affetto: *sentimento —* | Che deriva da affetto. **2** Che prova facilmente affetto: *carattere —.*

affètto (1) *s. m.* **1** Moto, sentimento dell'animo. **2** Intenso sentimento di amicizia, amore, attaccamento e sim. verso qc. o q.c.; SIN. Affezione. **3** L'oggetto di tale sentimento: *gli affetti familiari.*

affètto (2) *agg.; anche s. m.* Detto di chi è colpito da malattia: *essere — da tubercolosi.*

affettuosaménte *avv.* Con affetto, spec. in clausole epistolari.

affettuosità *s. f.* **1** Qualità di chi è affettuoso; SIN. Amorevolezza; CONTR. Freddezza. **2** Espressione, manifestazione di affetto.

affettuóso *agg.* Che sente e dimostra affetto; SIN. Amorevole.

affezionàre **A** *v. tr.* (*io affezióno*) Rendere affezionato: *— qc. allo studio.* **B** *v. intr. pron.* Legarsi a qc. per affetto: *affezionarsi agli amici.*

affezionataménte *avv.* Con affezione, spec. in clausole epistolari.

affezionàto *part. pass. di affezionare; anche agg.* Che prova affezione | Appassionato: *— alle scienze.*

affezióne *s. f.* **1** Disposizione affettuosa dell'animo: *nutrire — per qc.*; SIN. Affetto (1). **2** Malattia.

affiancàre **A** *v. tr.* (*io affiànco, tu affiànchi*) **1** Mettere a fianco: *— i cavalli ai buoi.* **2** (*fig.*) Sostenere, aiutare. **B** *v. rifl.* Mettersi al fianco.

affiataménto *s. m.* Accordo | Comprensione reciproca.

affiatàre **A** *v. tr.* Mettere d'accordo, in accordo. **B** *v. rifl. e rifl. rec.* Accordarsi | Intendersi, entrare in familiarità: *affiatarsi con qc.*; SIN. Familiarizzare.

affibbiàre *v. tr.* (*io affibbio*) **1** Congiungere insieme con fibbia o altro fermaglio: *— gli stivali.* **2** (*fig.*) Dare | Attribuire: *— una colpa* | Appioppare: *— un nomignolo, monete false* | Dare con forza: *— un ceffone.*

affibbiatùra *s. f.* **1** Atto dell'affibbiare. **2** Fibbia | Parte dove si affibbia.

affiche /*fr.* a'fiʃ/ *s. f. inv.* (*pl. fr. affiches* /a'fiʃ/) Manifesto, cartellone.

affidàbile *agg.* Detto di persona o cosa in cui si può riporre fiducia.

affidabilità *s. f.* **1** In varie tecnologie, il grado di rispondenza di un meccanismo complesso, di un apparato elettronico e sim., alla funzione per cui è stato progettato e prodotto. **2** (*fig.*) Grado di fiducia che si può riporre in q.c. o qc.: *l'— di un'azienda.*

affidaménto *s. m.* **1** Atto dell'affidare | (*fig.*) Fiducioso abbandono. **2** Fiducia, garanzia | *Fare — su qc. o su q.c.*, contarci; SIN. Assegnamento.

affidàre **A** *v. tr.* Consegnare alla cura, alla custodia e sim., di una persona fidata. **B** *v. rifl.* Abbandonarsi fiduciosamente: *affidarsi a un medico.*

affienàre **A** *v. tr.* (*io affièno*) **1** Mettere a fieno, pascere di fieno: *— i buoi.* **2** Coltivare a fieno: *— un podere.* **B** *v. intr.* (*aus. essere*) Affienire.

affienire *v. intr.* (*io affienisco, tu affienisci*) Diventare fieno, detto di cereale che si secca.

affievoliménto *s. m.* Indebolimento | Attenuazione.

affievolire **A** *v. tr.* (*io affievolisco, tu affievolisci*) Rendere fievole. **B** *v. intr. e intr. pron.* (*aus. essere*) Diventare fievole | Venire meno.

affiggere **A** *v. tr.* (*coniug. come figgere; part. pass. affisso*) **1** Attaccare saldamente | Attaccare in luogo pubblico: *— avvisi*; CONTR. Defiggere. **2** (*est.*) Conficcare, fissare | (*fig.*) *— gli occhi*, guardare con insistenza. **3** (*lett.*) Imprimere con forza: *— baci.* **B** *v. rifl.* (*lett.*) Guardare fissamente.

affilacoltèlli *s. m.* Barra d'acciaio per affilare i coltelli, spec. di macelleria. [→ ill. *macelleria*]

affilalàme *s. m. inv.* Macchinetta per rifare il filo alle lamette da barba.

affilaménto *s. m.* Operazione dell'affilare | (*est.*) Assottigliamento, dimagramento.

affilarasóio *s. m.* Striscia di cuoio su cui si passa il rasoio a lama libera per affilarlo.

affilàre **A** *v. tr.* **1** Rendere tagliente una lama o un utensile. [→ ill. *barbiere*] **2** (*est.*) Assottigliare, rendere smunto: *la malattia gli affila il viso.* **B** *v. intr. pron.* Dimagrire.

affilàto *part. pass. di affilare; anche agg.* **1** Reso tagliente. **2** Sottile, patito, scarno.

affilatóio *s. m.* Strumento per affilare.

affilatrìce *s. f.* Macchina munita di una o più mole per affilare utensili.

affilatùra *s. f.* Operazione dell'affilare.

affilettàre *v. tr.* (*io affilétto*) Passare il taglio della cazzuola sui punti di unione dei mattoni per renderli visibili.

affiliàndo *s. m.* (*f. -a*) (*dir.*) Minore nei cui confronti è in corso un procedimento di affiliazione.

affiliànte *part. pres. di affiliare; anche agg. e s. m. e f.* Che (o chi) pone in essere un'affiliazione.

affiliàre **A** *v. tr.* (*io affilio*) **1** Ottenere in affiliazione: *— un minore.* **2** Iscrivere a una setta, a un'associazione e sim. **B** *v. rifl.* Iscriversi a una setta, a un'associazione e sim.

affiliàto **A** *part. pass. di affiliare; anche agg.* Ascritto | Iscritto. ***B*** *s. m.* (*f. -a*) ***1*** Minore che è stato assunto nella famiglia mediante affiliazione. ***2*** Chi è iscritto a una setta, a un'associazione e sim.

affiliazióne *s. f.* ***1*** Atto dell'affiliare qc. a una società, a un gruppo politico e sim. ***2*** (*dir.*) Affidamento di un minore abbandonato o indigente a un privato perché sia allevato come un figlio, ma senza attribuirgliene lo stato giuridico.

affinaménto *s. m.* ***1*** (*raro*) Operazione dell'affinare. ***2*** (*fig.*) Perfezionamento, miglioramento.

affinàre ***A*** *v. tr.* ***1*** Rendere fine e sottile. ***2*** (*fig.*) Aguzzare: – *la vista, l'ingegno.* ***3*** Rendere puro l'oro, l'argento o altro metallo | (*fig.*) Perfezionare: – *lo stile.* ***B*** *v. intr. pron.* ***1*** Assottigliarsi. ***2*** (*fig.*) Acquistare perfezione, sensibilità e sim.; SIN. Migliorare, perfezionarsi.

affinazióne *s. f.* ***1*** Processo per cui una sostanza viene liberata dalle impurità. ***2*** Conversione della ghisa in acciaio.

affinché *cong.* Al fine di, con lo scopo che, perché (introduce una prop. fin. con il v. sempre al congv.): *lo dico – si sappia.*

affìne ***A*** *agg.* Che ha somiglianza: *teoria – a un'altra*; SIN. Analogo, simile. ***B*** *s. m.* Ciascuno dei parenti di un coniuge rispetto all'altro coniuge e viceversa.

affinità *s. f.* ***1*** Somiglianza, conformità; SIN. Analogia. ***2*** Simpatia | – *elettiva*, attrazione reciproca che si stabilisce fra persone di idee e sentimenti affini. ***3*** Vincolo che unisce un coniuge ai parenti dell'altro coniuge. ***4*** Tendenza di una sostanza a combinarsi con un'altra: – *chimica.*

affiochiménto *s. m.* Indebolimento, abbassamento della voce o di un suono.

affiochìre ***A*** *v. tr.* (*io affiochìsco o affiòco, tu affiochìsci o affiòchi; aus. intr. essere*) Rendere fioco. ***B*** *v. intr. e intr. pron.* (*aus. essere*) Diventare fioco.

affioraménto *s. m.* ***1*** Apparizione in superficie | Emersione. ***2*** Esposizione di una roccia sulla superficie topografica.

affioràre *v. intr.* (*io affióro; aus. essere*) ***1*** Apparire a fior di terra o a fior d'acqua, mostrarsi alla superficie; SIN. Emergere. ***2*** (*fig.*) Mostrarsi.

affissàre o *affisàre* ***A*** *v. tr.* (*lett.*) Guardare fissamente: – *una persona*; – *gli occhi in q.c.* ***B*** *v. rifl.* (*lett.*) Guardare con attenzione.

affissióne *s. f.* Atto dell'affiggere spec. cartelli o manifesti pubblicitari.

affisso ***A*** *part. pass. di affiggere; anche agg.* Attaccato, fissato. ***B*** *s. m.* ***1*** Avviso, manifesto. ***2*** Elemento di un edificio che divide i vani: *le imposte, gli usci e i telai sono affissi.* ***3*** (*ling.*) Elemento che può essere incorporato in una parola per modificarla: *extra-, -ismo* e sim. sono affissi; CFR. Prefisso, suffisso.

affittàbile *agg.* Che si può affittare.

affittacàmere *s. m. e f. inv.* Chi dà camere ammobiliate in affitto.

affittàre *v. tr.* ***1*** Concedere in godimento, dietro corrispettivo, una cosa produttiva: – *un podere.* ***2*** Prendere in affitto: – *una villa.*

affittìre ***A*** *v. tr.* (*io affittìsco, tu affittìsci*) Rendere fitto (*anche fig.*). ***B*** *v. intr. e intr. pron.* (*aus. essere*) Diventare fitto.

affitto *s. m.* ***1*** Locazione avente a oggetto una cosa produttiva: *dare, prendere in* – | Locazione: *prendere in – un appartamento.* ***2*** Complesso dovuto a chi dà in affitto o in locazione: *pagare l'–*; SIN. Fitto, pigione.

affittuàrio *s. m.* Chi ha preso q.c. in affitto.

afflàto *s. m.* (*lett.*) Soffio | Soffio ispiratore, ispirazione poetica.

affliggere ***A*** *v. tr.* (*pres. io afflìggo, tu afflìggi; pass. rem. io afflissi, tu affliggésti; part. pass. afflitto*) Deprimere con dolore morale o fisico; SIN. Addolorare, rattristare. ***B*** *v. intr. pron.* Addolorarsi, tormentarsi; SIN. Crucciarsi. [→ tav. *proverbi* 70]

afflitto *part. pass. di affliggere; anche agg. e s. m.* (*f. -a*) Addolorato, tormentato.

afflizióne *s. f.* ***1*** Stato di tristezza e di abbattimento spirituale; SIN. Dolore, tristezza. ***2*** Sventura, flagello.

afflosciàre ***A*** *v. tr.* (*io afflòscio*) Rendere floscio (*anche fig.*). ***B*** *v. intr. e intr. pron.* (*aus. essere*) Diventare floscio.

affluènte ***A*** *part. pres. di affluire; anche agg.* Che affluisce. ***B*** *s. m.* Corso d'acqua secondario che sbocca in un altro principale. [→ ill. *geografia*]

affluènza *s. f.* ***1*** Atto dell'affluire. ***2*** Concorso di gente: *grande – di pubblico.*

affluìre *v. intr.* (*io affluìsco, tu affluìsci; aus. essere*) ***1*** Scorrere di acque o sim., verso qualche luogo: *il fiume affluisce al mare* | (*est.*) Giungere, spec. in quantità notevole: *le merci affluiscono nei magazzini.* ***2*** Accorrere in folla verso uno stesso luogo: *molta gente affluiva alla festa.*

afflùsso *s. m.* L'affluire di liquidi, di cose o persone.

affocàre ***A*** *v. tr.* (*io affuòco o affòco, tu affuòchi o affòchi; la o dittonga in uo se tonica*) ***1*** (*lett.*) Appiccare il fuoco. ***2*** Arroventare, infuocare (*anche fig.*): *la canicola affoca la strada.* ***B*** *v. intr. pron.* Accendersi, infiammarsi.

affogàre ***A*** *v. tr.* (*io affógo, tu affóghi*) ***1*** (*raro, lett.*) Soffocare | Far morire qc. immergendolo in acqua o altro liquido | (*fig.*) – *un dispiacere nell'alcol*, cercare di dimenticarlo; SIN. Annegare. ***2*** (*fig.*) Mandare in rovina: – *qc. nei debiti.* ***3*** Far cuocere in acqua bollente, spec. uova private del guscio. ***B*** *v. intr.* (*aus. essere*) ***1*** Morire per soffocamento in acqua o altro liquido | (*fig.*) – *in un bicchiere d'acqua*, smarrirsi per una piccola difficoltà | (*fig.*) *Bere o –*, dover scegliere fra due mali inevitabili. ***2*** Essere sovraccarico di q.c.: – *nei debiti.* ***C*** *v. intr. pron.* Perdere la vita annegando. ***D*** *v. rifl.* Togliersi la vita annegandosi.

affogàto ***A*** *part. pass. di affogare; anche agg.* ***1*** Annegato. ***2*** (*est.*) Detto di gelato e sim. su cui sia versato liquore, sciroppo e sim. ***B*** *s. m.* Gelato affogato.

affollaménto *s. m.* Atto dell'affollare o dell'affollarsi | Folla, ressa.

affollàre ***A*** *v. tr.* (*io affóllo o affòllo*) ***1*** Riempire di gente un luogo. ***2*** (*lett.*) Fare ressa intorno a qc. ***B*** *v. intr. pron.* Raccogliersi in folla; SIN. Accalcarsi.

affollàto *part. pass. di affollare; anche agg.* Pieno di folla.

affondaménto *s. m.* Il mandare o l'andare a fondo.

affondàre ***A*** *v. tr.* (*io affóndo*) ***1*** Mandare a fondo | Colare a fondo: – *l'ancora.* ***2*** Fare penetrare a fondo: – *le radici nel terreno.* ***B*** *v. intr. e intr. pron.* (*aus. essere*) ***1*** Andare a fondo. ***2*** Penetrare profondamente (*anche fig.*).

affondàta *s. f.* Picchiata rapida, veloce e prolungata di un aereo.

affondatóre *s. m.* (*f. -trice*) Chi affonda.

affóndo *s. m.* Nella scherma, movimento con cui lo schermidore conclude un'azione d'offesa | (*est.*) In altri sport, azione d'attacco.

affossaménto *s. m.* Scavo di fossi | Avvallamento | (*fig.*) Accantonamento definitivo.

affossàre ***A*** *v. tr.* (*io affòsso*) ***1*** Provvedere di fossi un terreno coltivato. ***2*** Incavare. ***3*** (*fig.*) Accantonare definitivamente q.c.: – *una proposta di legge.* ***B*** *v. intr. pron.* Incavarsi.

affossatóre *s. m.* ***1*** Chi scava fosse | Becchino (*anche fig.*). ***2*** Attrezzo agricolo per scavare fossi.

affossatùra *s. f.* ***1*** Atto dell'affossare | Fossa. ***2*** Insieme dei fossi di un terreno.

affrancàbile *agg.* Che si può affrancare.

affrancaménto *s. m.* Liberazione da uno stato di servitù o da un'obbligazione, un onere e sim.

affrancàre ***A*** *v. tr.* (*io affrànco, tu affrànchi*) ***1*** Rendere franco, liberare: – *un popolo dalla schiavitù.* ***2*** Liberare un bene da obbligazioni e oneri. ***3*** Applicare il francobollo sulla corrispondenza. ***B*** *v. rifl.* Rendersi libero (*anche fig.*): *affrancarsi dalla schiavitù, dai debiti.*

affrancatrice *s. f.* Macchina per l'affrancatura della corrispondenza. [→ ill. *posta, ufficio*]

affrancatùra *s. f.* Applicazione dei francobolli sulla corrispondenza | L'insieme dei francobolli così applicati. [→ ill. *posta*]

affrancazióne *s. f.* Liberazione da una servitù o da un'obbligazione.

affrànto *agg.* ***1*** Rotto dalla fatica; SIN. Spossato. ***2*** Prostrato dal dolore.

affratellaménto *s. m.* Unione basata su un rapporto fraterno.

affratellàre ***A*** *v. tr.* (*io affratèllo*) Rendere fratelli. ***B*** *v. rifl. rec.* Stringersi in fraterna unione | Fraternizzare.

affrescàre *v. tr.* (*io affrésco, tu affréschi*) Dipingere con la tecnica dell'affresco.

affreschista *s. m. e f.* (*pl. m. -i*) Pittore che dipinge con la tecnica dell'affresco.

affrésco *s. m.* (*pl. -schi*) **1** Tecnica di pittura murale eseguita sull'intonaco fresco con colori diluiti in acqua pura | (*est.*) Dipinto eseguito con tale tecnica. **2** (*fig.*) Vasta composizione letteraria descrittiva di tutta un'epoca.

affrettàre A *v. tr.* (*io affrétto*) **1** Aumentare la velocità, il movimento e sim.; SIN. Accelerare; CONTR. Rallentare. **2** Rendere più sollecito il compimento di q.c.: *– la partenza.* **B** *v. intr. e rifl.* (*aus. essere*) Andare rapidamente | Preoccuparsi di fare presto: *si affrettarono a rispondere.*

affrettàto *part. pass. di affrettare; anche agg.* Fatto in fretta.

affrontàbile *agg.* Che si può affrontare.

affrontàre A *v. tr.* (*io affrónto*) **1** Mettersi di fronte, andare incontro con audacia e risolutezza: *– la morte.* **2** Farsi incontro con intenzioni ostili: *– un ladro.* **3** Prendere in esame, trattare: *– una questione.* **B** *v. rifl. rec.* Scontrarsi, azzuffarsi.

affrontàto *part. pass. di affrontare; anche agg.* **1** Messo di fronte | Assalito. **2** (*arald.*) Detto di due figure che si volgono la faccia. [→ ill. *araldica*]

affrónto *s. m.* Atto o parola che offende; SIN. Ingiuria, offesa.

affumicàre *v. tr.* (*io affùmico, tu affùmichi*) **1** Riempire di fumo | Annerire col fumo. **2** Esporre alimenti di origine animale all'azione prolungata del fumo, a scopo di conservazione.

affumicàto *part. pass. di affumicare; anche agg.* **1** Annerito dal fumo. **2** Sottoposto ad affumicatura: *pesce –.* **3** Scuro: *lenti affumicate.*

affumicatóio *s. m.* Luogo in cui si affumicano carni o altri commestibili.

affumicatóre *s. m.* **1** Chi è addetto all'affumicatura di carni o pesci. **2** Attrezzo per gettare fumo negli alveari, allo scopo di ammansire le api. [→ ill. *apicoltore*]

affumicatùra *s. f.* Processo di conservazione degli alimenti di origine animale mediante esposizione al fumo.

affusolàre *v. tr.* (*io affùsolo*) Dare forma di fuso, assottigliare delicatamente.

affusolàto *part. pass. di affusolare; anche agg.* **1** Che ha forma di fuso. **2** Detto di abito femminile di linea allungata e aderente.

affùsto *s. m.* Sostegno della bocca da fuoco in un pezzo d'artiglieria. [→ ill. *armi*]

afgàno *agg.; anche s. m.* (*f. -a*) Dell'Afghanistan.

aficionado /*sp.* afiθjo'nado/ *s. m. inv.* (*pl. sp. aficionados* /afiθjo'nados/) Acceso ammiratore, tifoso accanito.

àfide *s. m.* Insetto, talvolta privo di ali, dannoso parassita dei vegetali; SIN. Gorgoglione, pidocchio delle piante.

afillo *agg.* Detto di pianta priva di foglie.

àfnio *s. m.* Elemento chimico, metallo che nei minerali si accompagna con lo zirconio. SIMB. Hf.

afonìa *s. f.* (*med.*) Perdita della voce.

àfono *agg.* (*med.*) Affetto da afonia.

aforișma *s. m.* (*pl. -i*) Breve massima che esprime una norma di vita o una sentenza filosofica.

aforìstico *agg.* (*pl. m. -ci*) Che ha forma di aforisma.

afosità *s. f.* L'essere afoso.

afóso *agg.* Pieno di afa, soffocante per l'afa.

africanìstica *s. f.* Disciplina che studia le lingue e la cultura africane.

africàno A *agg.; anche s. m.* (*f. -a*) Dell'Africa. **B** *s. m.* Pasticcino di pasta margherita coperto di cioccolato. [→ ill. *dolciumi*]

àfrico A *agg.* (*pl. m. -ci*) (*lett.*) Africano. **B** *s. m.* Vento che spira da sud-ovest | Vento caldo.

àfro *agg.* (*lett.*) Africano.

afrodișìaco *s. m.* (*pl. -ci*) Sostanza che favorisce lo stimolo sessuale.

afróre *s. m.* Odore sgradevole che emana dall'uva in fermentazione, dal sudore e altro.

àfta *s. f.* Infezione ulcerativa della mucosa del cavo orale | *– epizootica*, malattia infettiva, contagiosa, virale di buoi, pecore, maiali e sim.

agamìa *s. f.* (*biol.*) Tipo di riproduzione asessuata frequente negli animali inferiori e nei vegetali che avviene per divisione diretta o per frammentazione.

agàmico o *àgamo agg.* (*pl. m. -ci*) (*biol.*) Detto di riproduzione che avviene per agamia.

agapànto *s. m.* Pianta erbacea perenne delle Liliflore con foglie radicali, nastriformi, e fiori azzurri riuniti in una grande ombrella.

àgape o *agàpe s. f.* **1** Banchetto collettivo e fraterno dei cristiani dei primi tempi. **2** (*est.*) Convito di amici.

àgar-àgar *s. m. inv.* Sostanza gelatinosa estratta da alghe marine dell'Oceano Indiano e Pacifico; usato nell'industria alimentare e farmaceutica e per approntare terreni di coltura per batteri.

agàrico *s. m.* (*pl. -ci*) Fungo carnoso con cappello a lamelle, di varie specie commestibili e velenose. [→ ill. *fungo*]

àgata *s. f.* (*miner.*) Varietà di calcedonio con struttura a strati concentrici di vari colori.

àgave *s. f.* Pianta rizomatosa delle Liliflore con foglie carnose radicali disposte a rosetta, scapo alto simile a un candelabro e infiorescenze a pannocchia. [→ ill. *piante* 17]

agèmina *s. f.* Incastro di piccole parti di uno o più metalli di vario colore su un oggetto di metallo diverso, per ottenere una decorazione policroma.

agènda *s. f.* **1** Libriccino con calendario in cui si segnano giorno per giorno le cose da fare. [→ ill. *ufficio*] **2** Lista di argomenti da discutere in una riunione.

agènte A *part. pres. di agire; anche agg.* Che agisce. **B** *s. m.* **1** Chi, ciò che, agisce | *Complemento di –*, indica l'essere animato da cui è fatta l'azione espressa con verbo passivo (es. *è stato morso dal cane*; *sarà accompagnato dai genitori*). **2** Chi è incaricato di svolgere dati servizi per conto di altri | *– di cambio*, mediatore autorizzato alla negoziazione di valori mobiliari in borsa | *– di commercio*, chi tratta affari in una zona determinata, per conto del proponente | *– di vendita*, collaboratore esterno di un'azienda che realizza vendite per conto dell'azienda | *– delle tasse*, persona a cui è affidata la riscossione delle tasse | *– di polizia, di pubblica sicurezza*, poliziotto, guardia | *– di custodia*, guardia che sorveglia i detenuti | *– segreto*, di spionaggio | *– provocatore*, chi, fingendo di essere d'accordo con altre persone, ne provoca un'azione delittuosa per farle cadere nelle mani della polizia. **3** Sostanza che provoca una reazione o che ne modifica l'andamento: *– chimico* | *Agenti atmosferici*, il vento, la pioggia, la neve e sim., in quanto provocano modificazioni sulla superficie terrestre.

agenzìa *s. f.* **1** Impresa intermediaria d'affari | *– immobiliare*, che si occupa della compravendita e dell'affitto di immobili. **2** Impresa che fornisce a terzi determinati servizi | *– pubblicitaria*, organizzazione che fornisce servizi di pubblicità, marketing, pubbliche relazioni alle aziende | *– di informazioni*, organizzazione che fornisce notizie di carattere vario | *– d'investigazione*, che svolge indagini per conto terzi. **3** Succursale di una sede centrale.

agèrato *s. m.* Pianta erbacea delle Sinandrali con piccoli fiori azzurri all'apice dei rami e foglie lanceolate.

ageușìa *s. f.* (*med.*) Incapacità di sentire i sapori.

agevolàre *v. tr.* (*io agévolo*) **1** Rendere agevole, facilitare. **2** Aiutare, favorire.

agevolazióne *s. f.* Facilitazione, aiuto, spec. in campo economico: *– di pagamento*; *fare, concedere, ricevere agevolazioni.*

agévole *agg.* Che non presenta difficoltà, comodo, facile: *impresa – da compiere.*

agevolézza *s. f.* Facilità, comodità | Agevolazione.

aggallàre *v. intr.* (*aus. essere*) Venire a galla, detto spec. dei palombari.

agganciaménto *s. m.* Atto dell'agganciare | Dispositivo che serve ad agganciare. • SIN. Aggancio.

agganciàre *v. tr.* (*io aggàncio*) **1** Prendere e fermare con gancio o aggancio: *– carri ferroviari.* **2** (*fig., fam.*) Fermare qc. per parlargli: *– una ragazza.*

aggàncio *s. m.* **1** (*raro*) Agganciamento. **2** Complesso degli organi per collegare due veicoli contigui.

aggéggio *s. m.* Oggetto di poco conto | (*est.*) Oggetto di cui si ignora il nome o la funzione.

aggettàre *v. intr.* (*io aggètto*) Sporgere, fare aggetto, detto di parti architettoniche.

aggettivàle *agg.* Di aggettivo.

aggettivàre *v. tr.* **1** Rendere aggettivo, usare in funzione di aggettivo: – *un avverbio.* **2** ass. Usare aggettivi in un discorso e sim.

aggettivazióne *s. f.* Atto dell'aggettivare | Uso di aggettivi.

aggettìvo *s. m.* **1** Categoria del nome che si aggiunge a un sostantivo per qualificarlo e specificarlo: *aggettivi qualificativi, dimostrativi, possessivi, indefiniti.* **2** (*est.*) Attributo, epiteto: *qualificare qc. di aggettivi poco simpatici.*

aggètto *s. m.* Elemento architettonico sporgente dal corpo della costruzione, come cornice, balcone, mensola e sim. | *Fare* –, sporgere.

agghiacciànte *part. pres. di* agghiacciare; *anche agg.* (*fig.*) Che fa inorridire, che causa grande spavento: *una scena* –.

agghiacciàre A *v. tr.* (*io agghiàccio*) **1** Ridurre in ghiaccio. **2** (*fig.*) Attenuare, frenare. **3** (*fig.*) Raggelare per lo spavento: *un grido ci agghiacciò.* **B** *v. intr. e intr. pron.* (*aus.* essere) Divenire ghiaccio.

agghiaiàre *v. tr.* (*io agghiàio*) Ricoprire di ghiaia: – *strade.*

agghindàre A *v. tr.* Vestire, ornare, con particolare cura e ricercatezza. **B** *v. rifl.* Ornarsi con eleganza leziosa; SIN. Abbigliarsi.

-àggine *suff.* di sostantivi indicanti condizione, qualità negativa e sim.: *balordaggine, stupidaggine, testardaggine.*

àggio *s. m.* **1** Compenso spettante a chi è incaricato di riscossioni. **2** Maggior valore, rispetto a quello legale o nominale, ottenuto nel cambio di moneta.

aggiogàre *v. tr.* (*io aggiógo, tu aggióghi*) **1** Mettere sotto il giogo: – *i buoi.* **2** (*fig.*) Soggiogare.

aggiornaménto *s. m.* **1** Revisione, rinnovamento | Riqualificazione culturale e professionale: *corso di* –. **2** Dilazione, rinvio: *l'– della seduta.*

aggiornàre (1) *v. intr. impers.* (*aggiórna, aus.* essere) Farsi giorno.

aggiornàre (2) A *v. tr.* (*io aggiórno*) **1** Rimandare ad altra data: – *una discussione*; SIN. Differire, rinviare. **2** Mettere al corrente: – *la propria cultura* | Rivedere un'opera per adeguarla ai tempi e alle esigenze attuali: – *un trattato.* **B** *v. rifl.* Tenersi al corrente, spec. per quanto riguarda la propria preparazione culturale e professionale.

aggiotàggio *s. m.* Manovra illecita di chi provoca variazioni artificiali nei prezzi di merci o valori mobiliari allo scopo di trarne profitto.

aggiraménto *s. m.* Atto dell'aggirare.

aggiràre A *v. tr.* **1** Muovere in giro | Circondare: – *le posizioni del nemico* | (*fig.*) – *un ostacolo*, tentare di superarlo senza affrontarlo direttamente. **2** (*fig.*) Raggirare, ingannare. **B** *v. intr. pron.* **1** Muoversi, andare attorno (*anche fig.*): *aggirarsi per le strade.* **2** Approssimarsi, arrivare all'incirca: *la spesa si aggira sul milione.*

aggiudicàre *v. tr.* (*io aggiùdico, tu aggiùdichi*) **1** Assegnare q.c. a qc. in seguito a espropriazione, asta, concorso e sim.: – *un appalto.* **2** (*est.*) Attribuire: – *un merito a qc.* **3** Conquistare: *aggiudicarsi la vittoria.*

aggiudicatàrio *s. m.* (*f.* -a) Colui al quale è aggiudicato un bene.

aggiudicatìvo *agg.* Atto ad aggiudicare.

aggiudicazióne *s. f.* Assegnazione, attribuzione | Conquista.

aggiùngere A *v. tr.* (*coniug. come* giungere) **1** Mettere in più, unire una cosa a un'altra: – *acqua al vino*; CONTR. Togliere. **2** Soggiungere, nel discorso. **B** *v. rifl.* Congiungersi, unirsi. **C** *v. intr. pron.* Aggregarsi.

aggiùnta *s. f.* Cosa che si aggiunge | *In, per* –, in più, per di più.

aggiuntàre *v. tr.* **1** Attaccare insieme, unire varie parti. **2** Aggiungere.

aggiuntatùra *s. f.* Unione di varie parti | Punto in cui due cose vengono unite.

aggiuntìvo *agg.* **1** Che serve ad aggiungere | *Congiunzione aggiuntiva*, che congiunge un termine con un altro mettendolo in rilievo (es. *anche, inoltre*). **2** Che viene aggiunto: *norme aggiuntive.*

aggiùnto A *part. pass. di* aggiungere; *anche agg.* **1** Unito. **2** Detto di chi sostituisce o cadiuva altri nell'esercizio di date funzioni: *sindaco* –. **B** *s. m.* Funzionario aggiunto.

aggiustàbile *agg.* Che si può aggiustare.

aggiustàggio *s. m.* **1** Nella tecnologia meccanica, operazione di finitura su pezzi metallici, prima del montaggio. **2** Preparazione degli attrezzi.

aggiustaménto *s. m.* **1** Regolazione. **2** (*fig.*) Accordo, accomodamento. **3** Correzione del tiro dell'artiglieria.

aggiustàre A *v. tr.* Rimettere in funzione, in ordine, in regola: – *un orologio* | (*fig.*) – *una lite*, comporla | (*fig.*) – *i conti*, pareggiarli | (*fig.*) – *qc. per le feste*, ridurlo male; SIN. Accomodare, riparare. **B** *v. rifl.* Adattarsi: *possiamo aggiustarci in questo albergo.* **C** *v. rifl. rec.* Mettersi d'accordo: *ci aggiusteremo sul pagamento.*

aggiustatóre *s. m.* (*f.* -*trice*) **1** Chi aggiusta. **2** Operaio che esegue lavori di aggiustaggio.

aggiustatùra *s. f.* Operazione dell'aggiustare | Punto in cui si è aggiustato q.c. e segno che ne resta; SIN. Riparazione.

agglomeraménto *s. m.* Raggruppamento di persone o cose di diversa origine e provenienza | Massa di persone o di cose.

agglomerànte *s. m.* Sostanza che provoca la coesione tra parti incoerenti.

agglomeràre A *v. tr.* (*io agglòmero*) Mettere insieme cose e persone di diversa origine e provenienza. **B** *v. rifl.* Ammassarsi, riunirsi insieme.

agglomeràto A *part. pass. di* agglomerare; *anche agg.* Ammassato. **B** *s. m.* **1** Conglomerato: *un* – *di rocce.* **2** Materiale formato dall'unione di particelle incoerenti: *agglomerati di legno.* **3** Insieme, massa | – *urbano*, insieme di edifici costituenti un centro abitato.

agglomerazióne *s. f.* **1** Agglomeramento. **2** Processo di formazione degli agglomerati.

agglutinaménto *s. m.* Unione con glutine o altre sostanze adesive | Unione, agglomerazione.

agglutinànte *part. pres. di* agglutinare; *anche agg.* **1** Che agglutina. **2** Detto di lingue che esprimono i rapporti grammaticali giustapponendo elementi diversi in una sola parola. **3** Detto di sostanze che provocano o subiscono l'agglutinazione.

agglutinàre A *v. tr.* (*io agglùtino*) Unire con glutine o altre sostanze adesive. **B** *v. intr. pron.* Saldarsi, far presa.

agglutinazióne *s. f.* **1** Agglutinamento. **2** (*biol.*) Agglomeramento di cellule o batteri in piccoli grumi che tendono a sedimentare. **3** (*ling.*) Formazione di parole tramite giustapposizione di elementi diversi (es. *sottoscala*, formato da *sotto* e *scala*).

agglutinìna *s. f.* Anticorpo specifico che, nel sangue, produce l'agglutinazione dei microbi patogeni.

aggobbìre A *v. tr.* (*io aggobbìsco, tu aggobbìsci*) Far diventare gobbo. **B** *v. intr.* (*aus.* essere) Divenir gobbo.

aggomitolàre A *v. tr.* (*io aggomitolo*) Avvolgere in gomitoli. **B** *v. rifl.* Avvolgersi su se stesso | Rannicchiarsi: *aggomitolarsi nel letto.*

aggottàre *v. tr.* (*io aggòtto*) **1** (*mar.*) Liberare una imbarcazione dall'acqua che vi è entrata. **2** Prosciugare uno scavo di fondazione per poter costruire le fondamenta all'asciutto.

aggradàre *v. intr.* (*oggi dif. usato solo nella terza pers. sing. dell'indic. pres.* aggràda) (*lett.*) Riuscire gradito | *Come vi aggrada*, come volete.

aggraffàre *v. tr.* **1** Agganciare con graffe. **2** Unire mediante aggraffatura.

aggraffatrìce *s. f.* Macchina che esegue l'aggraffatura.

aggraffatùra *s. f.* Collegamento di lamierini mediante ripiegamento congiunto dei loro bordi sovrapposti, usato spec. nella fabbricazione di barattoli e sim.

aggranchìre A *v. tr.* (*io aggranchìsco, tu aggranchìsci*) Intirizzire. **B** *v. intr.* (*aus.* essere) Intirizzirsi.

aggranfiàre *v. tr.* (*io aggrànfio*) Afferrare con le unghie o gli artigli | (*fig.*) Rubare.

aggrappàre A *v. tr.* (*raro*) Pigliare forte, afferrare. **B** *v. rifl.* **1** Tenersi forte con le mani: *aggrapparsi a q.c.* **2** (*fig.*) Afferrarsi, attaccarsi: *aggrapparsi a un'illusione.*

aggravaménto *s. m.* Aumento della gravità di q.c.; SIN. Peggioramento | Inasprimento: – *della pena.*

aggravànte A *part. pres. di* aggravare; *anche agg.* Che aggrava | (*dir.*) *Circostanza* –, elemento del reato che determina un aggravamento della pena. **B** *s. f.* Circostanza aggravante. • CONTR. Attenuante.

aggravàre *A* *v. tr.* *1* Rendere più grave, pesante, fastidioso o doloroso ciò che è già tale (*anche fig.*). *2* Appesantire, opprimere (*anche fig.*): *l'afa aggrava l'aria.* *B* *v. intr. e intr. pron.* (*aus. essere*) Diventare più grave, più pesante.

aggràvio *s. m.* *1* Aggravamento | – *fiscale*, inasprimento del peso tributario gravante sui contribuenti. *2* (*lett.*) Molestia, incomodo.

aggraziàre *v. tr.* (*io aggràzio*) Rendere grazioso.

aggraziàto *part. pass. di aggraziare; anche agg.* *1* Pieno di grazia e garbo; SIN. Grazioso; CONTR. Sgraziato. *2* Di belle maniere: *frasi aggraziate.*

aggredìre *v. tr.* (*io aggredìsco, tu aggredìsci*) *1* Assalire con violenza e all'improvviso. *2* (*fig.*) Investire con offese e minacce: *li aggredì con voce dura.*

aggregàbile *agg.* Che si può aggregare.

aggregaménto *s. m.* Aggregazione.

aggregàre *A* *v. tr.* (*io aggrègo, tu aggrèghi*) Aggiungere, mettere insieme | Associare: – *qc. a una società.* *B* *v. rifl.* Associarsi. *C* *v. intr. pron.* Unirsi, ammassarsi.

aggregàto *A* *part. pass. di aggregare; anche agg.* *1* Unito ad altri. *2* Detto di impiegato statale e sim. in servizio temporaneo presso un ente diverso dal proprio. *B* *s. m.* *1* Complesso. *2* (*mat.*) Insieme. *3* (*miner.*) Insieme di più individui cristallini.

aggregazióne *s. f.* *1* Associazione, unione | Condizione di chi è aggregato. *2* Stato della materia, aeriforme o liquido o solido, dipendente dal modo in cui sono riunite le molecole che la costituiscono.

aggressióne *s. f.* Assalto, azione violenta ed improvvisa contro qc.: *subire un'*– | Improvviso attacco armato a uno Stato da parte di un altro Stato.

aggressività *s. f.* L'essere aggressivo; SIN. Irruenza, violenza.

aggressìvo *A* *agg.* *1* Che tende ad aggredire: *carattere* –; SIN. Irruento, violento. *2* Che si distingue per aggressività: *pugile* –. *B* *s. m.* – *chimico*, sostanza tossica, costituente mezzo offensivo di guerra.

aggressóre *s. m.* (*f. aggreditrice*) Chi aggredisce.

aggricciàre *A* *v. tr.* (*io aggrìccio*) (*dial.*) Aggrinzare, increspare. *B* *v. intr. pron.* Agghiacciarsi, rattrappirsi per lo spavento.

aggrinzàre *A* *v. tr.* (*io aggrìnzo, tu aggrìnzi*) Ridurre in grinze, increspare: – *la fronte.* *B* *v. intr. e intr. pron.* Diventare grinzoso.

aggrinzìre *v. tr. e intr. pron.* (*io aggrinzìsco, tu aggrinzìsci; aus. intr. essere*) Diventare grinzoso.

aggrondàre *v. tr. e intr. pron.* (*io aggróndo*) (*raro*) Aggrottare le ciglia, la fronte, per sdegno o cruccio; SIN. Corrugare.

aggrottàre *v. tr.* (*io aggròtto*) Contrarre le sopracciglia per inquietudine, minaccia, ira; SIN. Corrugare.

aggrovigliàre *A* *v. tr.* (*io aggrovìglio*) Fare groviglio, avviluppare. *B* *v. intr. pron.* Formare un groviglio, avvilupparsi (*anche fig.*).

aggrumàre *A* *v. tr.* Rapprendere in grumi. *B* *v. intr. pron.* Coagularsi.

aggruppaménto *s. m.* Raggruppamento | Riunione.

aggruppàre *v. tr. e rifl.* Raggruppare.

agguagliàre *A* *v. tr.* (*io agguàglio*) *1* Spianare, pareggiare: – *una siepe.* *2* Rendere uguale | Mostrarsi uguale: – *qc.* *3* Paragonare, mettere alla pari. *B* *v. rifl.* Paragonarsi | Rendersi pari: *agguagliarsi agli uomini.*

agguàglio *s. m.* Paragone, confronto; SIN. Ragguaglio.

agguantàre *A* *v. tr.* Afferrare con forza; SIN. Acchiappare, acciuffare. *B* *v. intr. pron.* Afferrarsi saldamente a q.c.

agguàto *s. m.* Insidia che si tende a un nemico per coglierlo alla sprovvista; SIN. Imboscata.

agguerrìre *A* *v. tr.* (*io agguerrìsco, tu agguerrìsci*) *1* Preparare e rendere abile alla guerra. *2* (*est.*) Fortificare moralmente. *B* *v. rifl.* Temprarsi nella guerra e (*est.*) nella lotta della vita.

agguerrìto *part. pass. di agguerrire; anche agg.* *1* Temprato, fortificato. *2* Valoroso | Forte | Preparato: *uno storico* –.

aghétto *s. m.* *1* *Dim. di ago.* *2* (*tosc.*) Stringa, cordoncino, terminante alle estremità con puntale di metallo, per allacciare scarpe, stivaletti, busti.

aghifòglia *s. f.* Pianta arborea con foglie lineari e aghiformi.

aghifórme *agg.* Che è sottile e pungente, detto spec. delle foglie delle Conifere. [→ ill. *botanica*]

agiatézza *s. f.* Condizione di chi vive negli agi; SIN. Benessere, prosperità.

agiàto *agg.* *1* Pieno di agi: *vita agiata.* *2* Ricco a sufficienza, benestante. ● CONTR. Disagiato.

agìbile *agg.* *1* (*lett.*) Che si può fare. *2* Detto di teatro, attrezzatura sportiva e sim. forniti dei requisiti di legge per ospitare spettacoli e gare.

agibilità *s. f.* Qualità di ciò che è agibile.

àgile *agg.* *1* Che si muove con facilità e disinvoltura; SIN. Disinvolto, sciolto. *2* (*fig.*) Svelto, pronto, vivace | – *di mente*, che comprende facilmente e rapidamente. *3* (*fig.*) Snello.

agilità *s. f.* *1* Scioltezza nell'uso delle membra; SIN. Sveltezza. *2* (*fig.*) Prontezza, vivacità.

àgio *s. m.* *1* Comodità | *Essere, sentirsi a proprio* –, in piena tranquillità e naturalezza. *2* Ampiezza di tempo, spazio e sim.: *avere* – *di pensare, di fare q.c.* | Opportunità: *dare* – *di fare q.c.* *3* *al pl.* Ricchezze: *vivere negli, in mezzo agli, agi.*

agiografìa *s. f.* Letteratura che tratta la vita dei santi, dei beati e dei venerabili.

agiogràfico *agg.* (*pl. m. -ci*) *1* Dell'agiografia. *2* (*est.*) Elogiativo, celebrativo.

agiògrafo *s. m.* Autore di agiografie.

agìre *v. intr.* (*io agìsco, tu agìsci; aus. avere*) *1* Fare, procedere: – *da persona onesta.* *2* Funzionare, compiere un'azione, detto del corpo umano, di una macchina, una medicina e sim. *3* Esercitare un'azione legale: – *contro qc.* [→ tav. *locuzioni* 2]

agitàbile *agg.* Che si può agitare.

agitaménto *s. m.* Atto dell'agitare.

agitàre *A* *v. tr.* (*io àgito*) *1* Muovere qua e là, scuotere con forza. *2* (*fig.*) Commuovere, eccitare, turbare: – *la fantasia* | Spingere all'azione e alla lotta: – *il popolo contro il governo.* *3* (*fig.*) Dibattere, trattare: – *una questione.* *B* *v. rifl.* *1* Muoversi con forza e irrequietezza. *2* (*fig.*) Emozionarsi, inquietarsi. *3* Manifestarsi con vivacità, detto spec. di idee e sentimenti. *4* Assumere un atteggiamento di rivendicazione politica o sociale: *gli operai si agitano.*

agitàto *A* *part. pass. di agitare; anche agg.* Mosso fortemente | Turbato, inquieto; SIN. Scosso; CONTR. Calmo. *B* *s. m.* (*f. -a*) Alienato mentale in stato di grande agitazione.

agitatóre *A* *agg.* Che agita. *B* *s. m.* (*f. -trice*) *1* Chi agita, spec. chi spinge le masse all'azione. *2* Apparecchio per mantenere in agitazione liquidi.

agitazióne *s. f.* *1* Atto dell'agitare | Movimento in qua e in là, scuotimento | (*fig.*) Stato di inquietudine o di turbamento: *essere, mettersi in* –; CONTR. Calma. *2* Azione politica o sindacale diretta al raggiungimento di determinati fini mediante scioperi e pubbliche manifestazioni.

agit-prop /'adʒit'prɔp; *russo* a'git 'prɔp/ *s. m. inv.* Agitatore politico, spec. del partito comunista.

àgli *prep. art.* V. *gli* per gli usi ortografici.

-àglia *suff.* di sost. con valore collettivo e per lo più spregiativo: *boscaglia, gentaglia.*

agliàceo *agg.* Che ha odore o sapore simili a quelli dell'aglio.

àglio *s. m.* Pianta erbacea delle Liliflore con bulbo commestibile a spicchi, foglie cilindriche e infiorescenza a ombrella; usato anche a scopi terapeutici. [→ ill. *piante* 16, *verdura*]

agnatìzio *agg.* Degli agnati o dell'agnazione.

agnàto *s. m.* Nel diritto romano, parente in linea maschile.

agnazióne *s. f.* Nel diritto romano, rapporto di parentela in linea maschile.

agnellatùra *s. f.* Figliatura delle pecore.

agnellìno *s. m.* *1* *Dim. di agnello.* *2* – *di Persia*, pelliccia pregiata fornita da una razza di agnello asiatico. *3* (*fig.*) Persona mansueta.

agnèllo *s. m.* *1* Il nato della pecora al di sotto di un anno di età | Carne di agnello lattante macellato | Pelle conciata di questo animale, usata per guarnizioni e pellicce. [→ ill. *pecora*] *2* *L'Agnello di Dio*, Gesù Cristo, di cui l'agnello è simbolo. *3* (*fig.*) Persona d'animo mite e tenero.

agnizióne *s. f.* Riconoscimento improvviso di un personaggio, tale da determinare un cambiamento nell'azione scenica o romanzesca.
agnocàsto *s. m.* Pianta arbustiva delle Tubiflorali con foglie vellutate nella parte inferiore e fiori violacei raccolti in spighe.
agnolòtto *s. m.* Involucro di pasta all'uovo rotondo o rettangolare ripieno di vari ingredienti, spec. carne cotta e tritata. [→ ill. *pasta*]
agnoṣia *s. f.* (*med.*) Incapacità di riconoscere gli oggetti con l'aiuto dei sensi.
agnosticiṣmo *s. m.* ***1*** (*filos.*) Atteggiamento che considera inconoscibile tutto ciò che non è sottoponibile ai metodi delle scienze positive. ***2*** Atteggiamento di persona o di partito che non prende posizione su un determinato problema.
agnòstico ***A*** *agg.* (*pl. m. -ci*) ***1*** Che concerne l'agnosticismo. ***2*** Che mostra indifferenza, spec. riguardo ai problemi religiosi, politici, sociali. ***B*** *s. m.* Chi fa professione di agnosticismo.
agnus dei /*lat.* 'aɲɲus'dɛi/ *loc. sost. m. inv.* ***1*** Appellativo che S. Giovanni Battista diede a Gesù. ***2*** Invocazione che si recitava per tre volte durante la Messa e, per est., la parte della Messa comprendente tale invocazione, sostituita da Agnello di Dio, dopo il Concilio Ecumenico Vaticano Secondo.
àgo *s. m.* (*pl. àghi*) ***1*** Piccolo strumento di acciaio a forma di barretta appuntita, con un foro ovale a un'estremità, in cui si inserisce il filo per cucire. [→ ill. *tessuto*] ***2*** (*est.*) Strumento di forma allungata, sottile e aguzza, variamente usato | — *da calza*, lungo e sottile, cilindrico, usato per lavori a maglia | — *torto*, uncinetto | — *da siringa, per iniezioni*, internamente cavo | — *della stadera, della bilancia*, asticciola metallica atta a mostrare la posizione di equilibrio | — *della bussola*, elemento sensibile della bussola magnetica | — *del deviatoio*, pezzo mobile di rotaia, assottigliato a un'estremità che, a seconda della sua posizione, guida la ruota sul binario diritto o deviato. [→ ill. *ferrovia, fisica, medicina e chirurgia*] ***3*** Pungiglione di api, vespe e sim. ***4*** Foglia delle Conifere.
agognàre ***A*** *v. tr.* (*io agógno*) Bramare ardentemente: — *il potere*. ***B*** *v. intr.* (*aus. avere*) Ambire, anelare: — *a una meta*.
agóne (1) *s. m.* ***1*** Luogo di contesa e gara, e la gara stessa, sportiva o poetica, presso greci e romani in occasione di feste. ***2*** (*est., lett.*) Gara, lotta.
agóne (2) *s. m.* Pesce osseo di lago, commestibile, con dorso verde-oliva argentato e fianchi dorati con macchie scure.
agonia *s. f.* ***1*** (*med.*) Periodo che precede immediatamente la morte, con perdita continua delle funzioni vitali. ***2*** (*fig.*) Stato di angoscia e di tormento.
agònico *agg.* (*pl. m. -ci*) Di agonia.
agoniṣmo *s. m.* Deciso impegno di un atleta o di una squadra nello svolgimento di una gara.
agonista ***A*** *s. m. e f.* (*pl. m. -i*) Chi combatte nell'agone | (*est.*) Competitore sportivo. ***B*** *agg.* (*anat.*) Detto di muscolo che partecipa a un certo movimento.
agonistica *s. f.* Arte e tecnica sportiva.
agonistico *agg.* (*pl. m. -ci*) ***1*** Relativo all'agonismo o allo sport in genere. ***2*** (*fig.*) Battagliero, combattivo: *spirito, istinto* —.
agoniẓẓànte *part. pres. di* agonizzare; *anche agg. e s. m. e f.* Che (o chi) è in agonia.
agoniẓẓàre *v. intr.* (*aus. avere*) ***1*** Essere in stato di agonia. ***2*** (*fig.*) Essere in declino.
agopuntùra *s. f.* Pratica terapeutica di antica origine orientale, basata sull'infissione di aghi in punti prestabiliti della cute.
àgora o *agorà s. f.* Nell'antica Grecia, piazza in cui avevano luogo mercati e pubbliche assemblee.
agorafobia *s. f.* Paura morbosa degli spazi aperti, quali piazze, strade larghe e sim.
agoràio *s. m.* Astuccio per gli aghi.
agostàno *agg.* Che è proprio del mese di agosto | Che matura in agosto: *frutti agostani*.
agostiniàno ***A*** *agg.* ***1*** Di S. Agostino. ***2*** Che appartiene a uno degli ordini monastici che seguono la regola di S. Agostino. ***B*** *s. m.* (*f. -a*) Religioso di tale ordine.
agósto *s. m.* Ottavo mese dell'anno nel calendario gregoriano, di 31 giorni. [→ tav. *proverbi* 8]
agrària *s. f.* Complesso delle scienze e delle tecniche relative all'agricoltura.
agràrio ***A*** *agg.* Relativo all'agricoltura. ***B*** *s. m.* Proprietario terriero.
agrèste *agg.* Relativo a campo, campagna; SIN. Campagnolo, campestre.
agrèsto ***A*** *agg.* Di sapore agro. ***B*** *s. m.* Specie di uva che non matura mai perfettamente | Succo agro che se ne ricava.
agrétto ***A*** *agg.* Che è alquanto agro. ***B*** *s. m.* Sapore agro non spiacevole.
agrézza *s. f.* Sapore pungente | (*fig.*) Acredine.
agrìcolo *agg.* Dell'agricoltura.
agricoltóre *s. m.* ***1*** Imprenditore agricolo. ***2*** Coltivatore agricolo; SIN. Contadino.
agricoltùra *s. f.* Coltivazione della terra, dei campi | Complesso dei lavori cui viene sottoposto il suolo per ricavarne piante utili all'uomo. [→ ill. *agricoltura*]
agrifòglio *s. m.* Piccolo albero sempreverde delle Celastrali con foglie coriacee lucide, dentate e spinose ai margini, e drupe rosse, bianche o rosate. [→ ill. *piante* 7]
agrimensóre *s. m.* Chi esercita professionalmente l'agrimensura.
agrimensùra *s. f.* Disciplina che ha per oggetto la rilevazione, la rappresentazione cartografica e la determinazione della superficie agraria dei terreni.
agrippìna *s. f.* Divano da riposo munito solitamente di una spalliera e di un unico bracciolo.
agrituriṣmo *s. m.* Particolare tipo di vacanza in un'azienda agricola che offre vitto e alloggio, a volte in cambio di una prestazione lavorativa nell'azienda stessa.
àgro (1) ***A*** *agg.* ***1*** Di sapore pungente e acido; SIN. Acre, aspro. ***2*** (*fig.*) Severo, aspro: *rimprovero* — | Malagevole, difficile da sopportare. ***B*** *s. m.* ***1*** Sapore agro | Succo di limone o d'altri agrumi. ***2*** (*fig.*) Amarezza, tristezza.
àgro (2) *s. m.* Campagna, spec. attorno a una città: *Agro Campano, Romano, Pontino*.
agrodólce ***A*** *agg.* Che ha sapore agro e dolce insieme | (*fig.*) Cortese e dolce in apparenza, in realtà, aspro, insincero: *sorriso* —. ***B*** *s. m.* Salsa di sapore agrodolce.
agrologia *s. f.* (*pl. -gie*) Studio dei fenomeni inerenti all'agricoltura, e dei terreni agricoli.
agronomia *s. f.* Scienza che studia l'applicazione di norme e principi razionali all'agricoltura.
agronòmico *agg.* (*pl. m. -ci*) Dell'agronomia.
agrònomo *s. m.* (*f. -a*) Chi professa l'agronomia.
agróre *s. m.* (*lett.*) Sapore agro.
agròstide *s. f.* Pianta erbacea delle Glumiflore con foglie piatte e strette e infiorescenza a pannocchia.
agrumàrio *agg.* Relativo agli agrumi.
agrùme *s. m. spec. al pl.* Albero o arbusto delle Terebintali, sempreverde, con fiori bianchi e profumati e frutti succosi | Frutto di tale pianta, quale arancia, limone e sim.
agruméto *s. m.* Terreno coltivato ad agrumi.
agrumìcolo *agg.* Dell'agrumicoltura.
agrumicoltóre *s. m.* Coltivatore di agrumi.
agrumicoltùra *s. f.* Coltivazione degli agrumi.
agucchiàre *v. tr. e intr.* (*io agùcchio; aus. avere*) Lavorare con l'ago, stancamente.
agùglia *s. f.* Pesce osseo commestibile dal corpo stretto e allungato con mascella e mandibola sottili che formano un caratteristico rostro. [→ ill. *animali* 8]
agugliàta *s. f.* Gugliata.
agugliòtto *s. m.* Il maschio dei cardini con i quali il timone di una imbarcazione è collegato alla poppa. [→ ill. *marina*]
agùti *s. m.* Roditore notturno americano con carni commestibili.
aguzzàre ***A*** *v. tr.* ***1*** Rendere acuto, appuntire; SIN. Acuminare. ***2*** (*fig.*) Acuire, stimolare, eccitare | — *gli occhi, lo sguardo*, sforzarsi di vedere meglio | — *le orecchie*, ascoltare con attenzione | — *la mente, l'ingegno*, renderli sottili, perspicaci. ***B*** *v. intr. pron.* ***1*** Farsi più acuto. ***2*** (*fig.*) Acuirsi | Ingegnarsi.
aguẓẓino *s. m.* ***1*** Sulle antiche galee, chi era incaricato della custodia e sorveglianza dei rematori. ***2*** (*fig.*) Per-

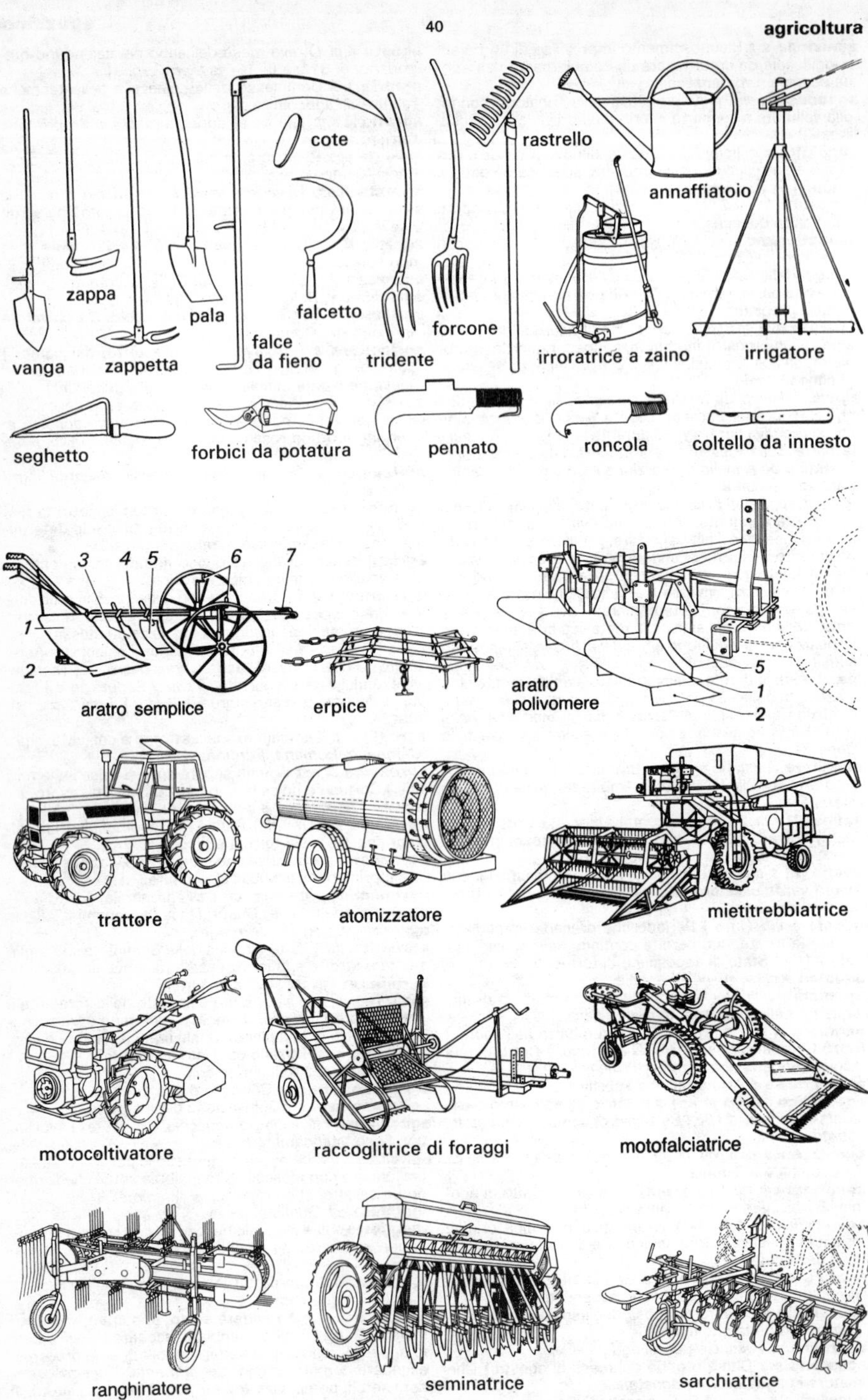

1 versoio 2 vomere 3 coltro 4 bure 5 avanvomere 6 regolatori di profondità 7 attacco

sona molto crudele | Tormentatore, persecutore.

agùzzo *agg.* **1** Acuto, appuntito; SIN. Acuminato. **2** (*fig.*) Penetrante, intenso: *sguardo* –.

ah *inter.* Esprime diversi sentimenti, quali meraviglia, gioia, sollievo, dolore e sim.

ahi *inter.* Esprime dolore fisico o morale: *–! mi sono punto!*; *–, povero me!*

ahimè *inter.* Esprime un sentimento di compasssione, dolore, rammarico.

ài *prep. art.* v. *i* per gli usi ortografici.

àia *s. f.* Area di terreno sodo o pavimentato, contigua ai fabbricati rurali, destinata ad accogliere i prodotti da essicare, trebbiare, cernere e sim. | *Menare il can per l'–*, mandare q.c., per le lunghe. [→ tav. *locuzioni* 63]

aierino *s. m.* (*poet.*) Spiritello dell'aria.

aigrette /fr. e'grɛt/ *s. f. inv.* (*pl. fr. aigrettes* /e'grɛt/) **1** Ciuffo di penne che alcuni uccelli, spec. l'airone, hanno sul dorso. **2** Piuma di airone bianco usata come ornamento di modisteria.

ailànto *s. m.* Albero d'alto fusto delle Simarubacee con foglie pennate e fiori dall'odore sgradevole.

ailurofobìa *s. f.* Paura morbosa dei gatti.

-àio (1) *suff.* di sostantivi indicanti spec. ambienti destinati a contenere determinate cose: *granaio, letamaio,*

agricoltura

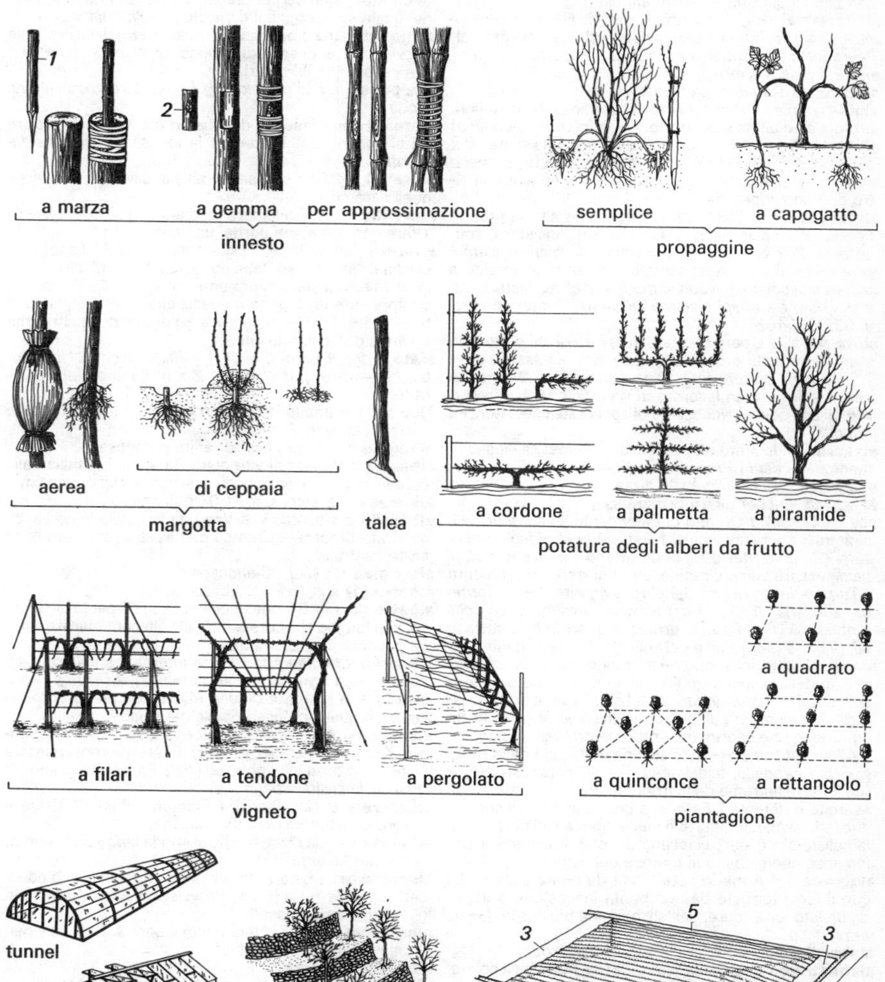

1 marza 2 gemma 3 capezzagna 4 solco 5 canale di scolo 6 strada campestre

pagliaio.
-àio (2) o *-aro suff.* di sostantivi indicanti chi esercita un mestiere: *cartolaio, orologiaio.*
àio *s. m.* (*f. -a*) Educatore, istitutore.
aiòla V. *aiuola.*
-aiòlo *suff.* di sostantivi indicanti chi esercita un mestiere: *armaiolo, barcaiolo, vignaiolo.*
aìre *s. m.* Spinta | *Dare l'–*, imprimere il movimento | *Prendere l'–*, prendere slancio.
airedale terrier /*ingl.* 'ɛədeil 'terjə/ *s. m. inv.* Cane inglese da difesa e da caccia molto robusto, con pelo corto e ruvido. [→ ill. *cane*]
airóne *s. m.* Uccello acquatico con gambe sottili, becco lungo e diritto e ali larghe e molto lunghe | *– cinerino*, con piumaggio grigio. [→ ill. *animali* 11]
air-terminal /*ingl.* 'ɛə 'tə:minl/ *s. m. inv.* (*pl. ingl. air-terminals* /'ɛə 'tə:minlz/) Aerostazione urbana collegata all'aeroporto con opportuni mezzi di trasporto.
aìta *s. f.* (*poet.*) Aiuto.
aitànte *agg.* Robusto, gagliardo.
aiuòla o *aiòla s. f.* Piccola area di terreno coltivata a fiori, ortaggi o adibita a semenzaio. [→ ill. *giardino pubblico*]
aiutànte ***A*** *part. pres. di aiutare; anche agg.* Che aiuta. ***B*** *s. m.* (*anche f.* nel sign. 1) ***1*** Chi aiuta o assiste qc. nello svolgimento di un lavoro. ***2*** Ufficiale che ne aiuta un altro di grado superiore.
aiutàre ***A*** *v. tr.* ***1*** Dare aiuto, porgere ad altri la propria opera: *– un prigioniero a fuggire*; SIN. Assistere, soccorrere. ***2*** (*est.*) Favorire, agevolare: *la tecnica aiuta il progresso.* ***B*** *v. rifl.* Ingegnarsi, sforzarsi: *si arrampicava aiutandosi coi piedi e con le mani.* ***C*** *v. rifl. rec.* Darsi aiuto a vicenda: *tra amici bisogna aiutarsi.* [→ tav. *proverbi* 9, 93, 125, 162]
aiùto ***A*** *s. m.* ***1*** Opera prestata in favore di chi si trova in stato di pericolo o di bisogno: *portare –*; *essere di –* | Soccorso: *correre in –*; SIN. Assistenza. ***2*** Persona che coadiuva in un lavoro o in un ufficio. ***B*** *in funzione di inter.* Si usa come invocazione di soccorso, spec. iter. *–! affogo!*
aizzàre *v. tr.* Incitare alla violenza, all'offesa, all'inseguimento: *– i cani* | Provocare, istigare.
aizzatóre *s. m.* (*f. -trice*) Chi aizza.
al *prep. art.* V. *il* per gli usi ortografici.
àla *s. f.* (*pl. àli*) ***1*** Organo che consente il volo a uccelli, pipistrelli e a taluni insetti | *Battere le ali*, volare, sollevarsi | *In un batter d'ali*, in un attimo | *Mettere le ali ai piedi*, essere veloce, rapido; (*fig.*) correre velocemente | *Tarpare le ali*, (*fig.*) indebolire, svigorire. [→ ill. *formica, zoologia*] ***2*** (*fig., lett.*) Slancio, anelito: *le ali della fantasia.* ***3*** (*fig.*) Favore, protezione: *sotto l'–*, *sotto le ali, di qc.* ***4*** (*aer.*) Parte del velivolo, intera o in più parti gener. simmetriche, che ne sorregge il peso in volo per effetto delle azioni aerodinamiche sviluppate dal moto dell'aria. [→ ill. *aeronautica*] ***5*** (*est.*) Prolungamento laterale: *le ali di un edificio, di un castello.* ***6*** (*est.*) Parte od organo che sporge dal corpo centrale di un oggetto | *Ali del mulino a vento*, ciascuna delle pale della ruota | *– del cappello*, falda, tesa. [→ ill. *porta, strada*] ***7*** (*est.*) Parte estrema della fronte di uno schieramento di esercito o di unità | *Fare – a qc.*, di gente, disporsi ai due lati, lasciando aperto il passaggio. ***8*** Nel calcio, nella pallanuoto e sim., ciascuno dei due attaccanti di prima linea che giocano ai margini del campo.
alabàrda *s. f.* Arma in asta lunga da punta e da taglio con il ferro formato da una punta lanceolata, e sotto, da un lato, una scure, dall'altro, una o più punte. [→ ill. *armi*]
alabardière *s. m.* Soldato armato d'alabarda.
alabastrìno *agg.* ***1*** Di alabastro. ***2*** (*fig.*) Che ha il colore, la trasparenza e sim. dell'alabastro.
alabàstro *s. m.* ***1*** (*miner.*) Concrezione cristallina calcarea a struttura fibroso-raggiata con caratteristiche zonature variegate. ***2*** (*est.*) Oggetto di alabastro.
à la coque /*fr.* a la 'kɔk/ *loc. agg. e avv. inv.* Detto di uovo bollito col guscio per due o tre minuti.
àlacre o *alàcre agg.* ***1*** Pronto, svelto, sollecito nell'operare; SIN. Solerte. ***2*** (*fig.*) Fervido, vivace: *ingegno –.*
alacrità *s. f.* Sveltezza, prontezza nel lavoro e nel movimento; SIN. Solerzia, sollecitudine.
alàggio *s. m.* ***1*** Traino di un natante lungo canali, fiumi, laghi e sim., mediante funi tirate dalla riva o dall'alzaia | (*est.*) Manovra per portare un natante all'asciutto. ***2*** (*gener.*) Sforzo di trazione su una fune.
alalà *inter.* (*lett.*) Grido guerresco di esultanza che ha il sign. di 'evviva', 'vittoria' e che fu usato come incitamento o come ovazione nel periodo fascista: *eia! eia! eia! –!*
alamàro *s. m.* ***1*** Allacciatura in cordoncini e sim. di seta o di fili metallici, ripiegati a forma di cappio entro cui è fatto passare un bottone. [→ ill. *abbigliamento, passamaneria*] ***2*** Mostrina speciale di carabinieri, granatieri e sim.
alambìcco o *lambìcco s. m.* (*pl. -chi*) Apparecchio di distillazione consistente in una caldaia collegata, mediante un tubo, a un serpentino di raffreddamento, al fondo del quale si raccoglie il distillato. [→ ill. *chimico*]
alàno *s. m.* Cane a pelo raso e muso tozzo, dalle orecchie corte e diritte, di statura imponente, atto alla guardia e alla caccia. [→ ill. *cane*]
à la page /*fr.* a la'paʒ/ *loc. agg. inv.* Aggiornato, all'ultima moda.
alàre (1) *s. m.* Ciascuno dei due arnesi usati nel focolare o nel camino per sostenere la legna. [→ ill. *riscaldamento*]
alàre (2) *agg.* Che si riferisce all'ala, sia degli uccelli sia degli aeromobili.
alàre (3) *v. tr.* ***1*** Trascinare mediante alaggio. ***2*** (*gener.*) Tirare con forza una corda, una catena e sim.
a latere /*lat.* a 'latere/ *loc. agg. inv.* ***1*** (*relig.*) *Legato –*, cardinale inviato dal Papa come legato pontificio a svolgere missioni particolarmente delicate. ***2*** *Giudice –*, componente un organo giurisdizionale non in qualità di presidente. ***3*** (*est.*) Di persona al seguito di un'altra, che affianca o di cui fa le veci.
alàto ***A*** *agg.* ***1*** Fornito di ali. [→ ill. *formica*] ***2*** (*fig.*) Sublime, elevato: *parole alate.* ***B*** *s. m.* Essere alato | Uccello.
àlba *s. f.* ***1*** Prima luce del giorno in cielo tra la fine della notte e l'aurora. ***2*** (*fig.*) Principio.
albagìa *s. f.* (*pl. -gìe*) Boria, vanità pomposa.
albàna *s. f.* Varietà di vite coltivata spec. in Emilia dalla cui uva, di colore giallo dorato, si ricava il vino omonimo.
albanése *agg.; anche s. m. e f.* Dell'Albania.
albarèllo o *alberèllo s. m.* Vaso da farmacia in ceramica decorata di forma cilindrica con lieve strozzatura nella parte centrale.
albaspìna *s. f.* (*lett.*) Biancospino.
àlbatro (1) *s. m.* (*bot.*) Corbezzolo.
àlbatro (2) *s. m.* Grande uccello oceanico per lo più bianco, con lunghe ali scure adatte al volo continuato e zampe palmate; SIN. Diomedea. [→ ill. *animali* 14]
albèdo o *albèdine s. f.* ***1*** Parte interna biancastra della buccia degli agrumi. [→ ill. *botanica*] ***2*** (*astron.*) Rapporto tra la quantità di luce riflessa da un corpo nello spazio e quella ch'esso riceve dal sole.
albeggiàre ***A*** *v. intr. impers.* (*albéggia; aus. essere*) Spuntare l'alba. ***B*** *v. intr.* (*aus. essere*) ***1*** Farsi giorno, spuntare l'alba: *il giorno albeggia.* ***2*** (*fig.*) Essere ai primordi: *quando la civiltà albeggiava.*
alberàre *v. tr.* (*io àlbero*) ***1*** Piantare alberi. ***2*** Alzare e fissare gli alberi di un'imbarcazione.
alberàta *s. f.* Fila di alberi che si snoda lungo un sentiero, una strada e sim.
alberàto *part. pass. di alberare; anche agg.* ***1*** Piantato ad alberi: *un viale –.* ***2*** (*mar.*) Provvisto di alberatura | Con gli alberi alzati e fissati.
alberatùra *s. f.* ***1*** Piantagione di alberi. ***2*** Tutti gli alberi di una nave. [→ ill. *marina*]
alberèllo V. *albarello.*
alberése *s. m.* (*miner.*) Varietà di calcare compatto a grana finissima.
alberéto *s. m.* Luogo piantato ad alberi.
albergàre ***A*** *v. tr.* (*io albèrgo, tu albèrghi*) ***1*** Dare alloggio; SIN. Ospitare. ***2*** (*fig., lett.*) Nutrire, racchiudere, nel proprio animo: *alberga nobili sentimenti.* ***B*** *v. intr.* (*aus. avere*) Alloggiare, abitare (*anche fig.*).
albergatóre *s. m.* (*f. -trice*) Chi possiede un albergo | Chi dà albergo (*anche fig.*).
alberghièro *agg.* Relativo agli alberghi.
albèrgo ***A*** *s. m.* (*pl. -ghi*) ***1*** Edificio adibito all'abitazione

e al soggiorno di persone generalmente in transito | – *per la gioventù*, ostello | – *diurno*, diurno. [→ ill. *spiaggia*] **2** (*lett.*) Ricovero, rifugio, ricetto (*anche fig.*): *chiedere, dare* –. **B** *in funzione di agg. inv.* (*posposto al s.*) *Nella loc.* *casa* –, albergo dove si può soggiornare a lungo e stabilmente.

àlbero *s. m.* **1** Ogni pianta perenne con fusto eretto e legnoso che nella parte superiore si ramifica | – *del pane*, artocarpo | – *di Natale*, abete o pino che a Natale si addobba con lumi e ornamenti e al quale si appendono doni. [→ ill. *agricoltura, botanica*] **2** (*mar.*) Fusto di legno o metallo, verticale o inclinato, fisso allo scafo, per sostenere pennoni, coffe, vele, fanali, segnali e sim. [→ ill. *marina*] **3** Formazione anatomica ricca di diramazioni e ramificazioni: – *respiratorio, arterioso*. **4** – *genealogico*, descrizione in linea ascendente o discendente dei nomi degli individui d'una o più famiglie di un ceppo comune. **5** (*mecc.*) Parte di macchina, di forma generalmente cilindrica, rotante su cuscinetti, atta a trasmettere forza motrice | – *di trasmissione*, quello che in un autoveicolo trasmette il moto dal cambio di velocità al differenziale | – *a gomiti*, munito di manovelle, atto a trasformare, nei motori a combustione interna, il moto alterno degli stantuffi in moto rotatorio. [→ ill. *automobile, meccanica, motore*] [→ tav. *proverbi* 131]

albicòcca *s. f.* Frutto a drupa dell'albicocco. [→ ill. *frutta*]

albicòcco *s. m.* (*pl. -chi*) Pianta arborea delle Rosali con fiori bianchi o rosei e frutti rotondi e vellutati di color arancio. [→ ill. *piante* 8]

albinismo *s. m.* **1** (*biol.*) Nell'uomo e negli animali superiori, assenza totale o parziale di pigmentazione nella pelle, negli annessi cutanei e nell'iride. **2** Assenza di clorofilla in organi delle piante.

albino *agg.; anche s. m.* (*f. -a*) Affetto da albinismo.

albite *s. f.* (*chim.*) Silicato di alluminio o sodio, di color bianco o chiaro.

àlbo o *àlbum* nei sign. 4 e 5 *s. m.* **1** Tavola esposta al pubblico su cui vengono affissi avvisi o documenti ufficiali: – *comunale*. **2** Pubblico registro in cui sono iscritti gli abilitati all'esercizio di una data professione: – *dei procuratori*. **3** (*fig.*) – *d'onore, d'oro*, elenco dei nomi di persone che si distinguono o qualificano per meriti o titoli vari. **4** Specie di libro di varia forma e struttura destinato a contenere fotografie, dischi, francobolli e sim., spec. con intento collezionistico. [→ ill. *scuola*] **5** Fascicolo contenente storie illustrate con disegni, fumetti e sim. [→ ill. *scuola*]

albóre *s. m.* **1** (*lett.*) Chiarore del cielo, alba. **2** *spec. al pl.* (*fig.*) Inizi, prime manifestazioni di q.c., spec. di un movimento culturale o politico o di un periodo storico.

alborèlla *s. f.* Piccolo pesce osseo, d'acqua dolce, con corpo compresso, verdastro nella parte superiore e argenteo in quella inferiore.

albùgine *s. f.* (*med.*) Macchia biancastra sulla cornea.

àlbum v. *albo* nei sign. 4 e 5.

albùme *s. m.* **1** Nell'uovo degli uccelli e dei rettili, membrana protettiva e nutritiva secreta dalle pareti dell'ovidotto; SIN. (*pop.*) Bianco, chiara. [→ ill. *gallo*] **2** Parte del seme che contiene sostanze di riserva.

albumina *s. f.* Proteina semplice, solubile in acqua, presente spec. nelle cellule di animali, nel latte, nel sangue, nel bianco d'uovo.

albuminòide *s. m.* Sostanza simile all'albumina.

albuminùria *s. f.* (*med.*) Presenza di albumina nelle urine.

albùrno *s. m.* Strato chiaro e giovane dei tronchi degli alberi, sotto la corteccia. [→ ill. *botanica*]

alcàico *agg.* (*pl. m. -ci*) Detto di verso della poesia greca e latina con un numero fisso di sillabe.

àlcali *s. m. inv.* **1** (*chim.*) Base. **2** Idrossido di un metallo alcalino.

alcalinità *s. f.* (*chim.*) Qualità degli alcali | Capacità di neutralizzare l'azione degli acidi.

alcalino o evit. *alcàlino agg.* (*chim.*) Che ha le proprietà di un alcali | Che contiene alcali.

alcalòide *s. m.* (*chim.*) Base organica azotata, di origine prevalentemente vegetale, con azione curativa o tossica, quale la cocaina e sim.

alcalòsi *s. f.* (*med.*) Eccessiva presenza di sostanze basiche nel sangue.

alcànna *s. f.* (*bot.*) Henna.

alcázar /*sp.* al'kaθar/ *s. m. inv.* (*pl. sp. alcázares* /al'kaθares/) In Spagna, fortezza di origine araba.

àlce *s. m.* Grosso mammifero ruminante degli Ungulati con labbro superiore prominente, corna palmate e pelame bruno-nero; caratteristico delle regioni fredde. [→ ill. *animali* 18]

alchechèngi *s. m.* Pianta erbacea delle Tubiflorali, con foglie ovali, fiori piccoli e bacche di color rosso-arancio avvolte dal calice.

alchèrmes *s. m.* Liquore di colore rosso vivo, di sapore dolce.

alchìle *s. m.* (*chim.*) Residuo ottenuto da un idrocarburo della paraffina per sottrazione di un atomo di idrogeno.

alchìlico *agg.* (*pl. m. -ci*) Di alchile | Che contiene un alchile.

alchìmia o *alchimìa s. f.* Scienza empirica del passato che tentò, tra l'altro, di trasformare i metalli meno pregiati in oro e di creare l'elisir di lunga vita mediante la pietra filosofale; da essa, per lenta evoluzione, è derivata la chimica.

alchimìsta *s. m.* (*pl. -i*) Cultore di alchimia.

alchimìstico *agg.* (*pl. m. -ci*) Dell'alchimia o degli alchimisti.

alcióne *s. m.* (*lett.*) Gabbiano | Martin pescatore.

àlcol o *alcool*, (*raro*) *alcole* (inv. nelle prime due grafie; nell'uso scient. prevale il pl. *àlcoli*) *s. m.* **1** Composto organico derivante dalla sostituzione di uno o più atomi di idrogeno, dei gruppi alchilici degli idrocarburi, con altrettanti gruppi ossidrili | – *etilico*, ottenuto per fermentazione e successiva distillazione di sostanze contenenti zucchero; impiegato spec. nella fabbricazione dei liquori | – *denaturato*, alcol etilico cui sono aggiunte sostanze colorate di sapore e odore repellenti, per impedirne l'uso in bevande o profumi. **2** (*anton.*) Alcol etilico.

àlcole v. *alcol*.

alcolicità o *alcoolicità s. f.* Grado alcolico di un liquido.

alcòlico o *alcoòlico* **A** *agg.* (*pl. m. -ci*) **1** Che contiene alcol. **2** Che produce alcol etilico: *fermentazione alcolica*. **B** *s. m.* Bevanda contenente alcol; CONTR. Analcolico.

alcolìmetro o *alcoolìmetro, alcolòmetro s. m.* Densimetro per misurare la percentuale di alcol in un liquido.

alcolismo o *alcoolismo s. m.* Abuso di bevande alcoliche | Intossicazione da ciò derivante; SIN. Etilismo.

alcolìsta o *alcoolista* **A** *s. m. e f.* (*pl. m. -i*) Chi presenta i sintomi dell'alcolismo. **B** *anche agg.*

alcolizzàre o *alcoolizzàre* **A** *v. tr.* **1** Aggiungere alcol a una sostanza. **2** Causare uno stato patologico per abuso di bevande alcoliche. **B** *v. intr. pron.* Divenire alcolizzato.

alcolizzato o *alcoolizzàto* **A** *part. pass. di alcolizzare; anche agg.* **1** Combinato con alcol. **2** Intossicato dall'alcol. **B** *s. m.* (*f. -a*) Chi è affetto da alcolismo cronico.

alcolòmetro v. *alcolìmetro*.

àlcool v. *alcol*.

alcoolicità v. *alcolicità*.

alcoòlico v. *alcolico*.

alcoolìmetro v. *alcolimetro*.

alcoolismo v. *alcolismo*.

alcoolìsta v. *alcolista*.

alcoolizzàre v. *alcolizzare*.

alcoolizzàto v. *alcolizzato*.

alcòva *s. f.* Luogo ove si poneva il letto, separato dalla camera con arco o tramezzo e chiuso da cortine | (*fig., lett.*) Camera da letto, intesa come luogo di tenera intimità.

alcunché *pron. indef.* **1** (*lett.*) Qualche cosa: *c'è – di misterioso*. **2** Nulla, niente, nessuna cosa, in frasi negative: *non temere* –.

alcùno **A** *agg. indef.* (*al sing. m. si tronca sempre in alcun davanti a parole che cominciano per vocale, per u semiconsonante, per consonante semplice, per consonante muta seguita da una liquida. Al sing. f. si apostrofa davanti a parole che cominciano per vocale: alcun'anima*) **1** *al pl.* Indica quantità indeterminata ma limitata di persone o cose: *sono venuti alcuni amici*. **2** *al sing.* (*raro*) Qualche, in frasi positive: *mi fermerò per alcun tempo*. **3** *al sing.* Nessuno, in proposizioni negative: *non ho alcun*

bisogno di aiuto. **B** *pron. indef.* **1** *al pl.: alcune di voi verranno con me.* **2** *al sing.* (*raro*): *non vi trovarono —.* (V. nota d'uso UNO)
aldèide *s. f.* (*chim.*) Composto organico ottenuto sottraendo idrogeno ad alcoli primari; usata per la produzione di profumi, farmaci, coloranti, materie plastiche.
aldilà *s. m.* L'altro mondo, l'oltretomba, la vita ultraterrena.
aldino *agg.* Detto di carattere tipografico impiegato da Aldo Manuzio il Vecchio, famoso tipografo.
-àle o *-iale, -nale suff.* di aggettivi o sostantivi che indicano 'stato', 'condizione', 'appartenenza': *autunnale, domenicale, liceale, patrimoniale, stradale* | Ha anche valore derivativo: *viale, casale, portale.*
àlea *s. f.* **1** Rischio eventuale | *Correr l'—*, affrontare il rischio, tentare la sorte. **2** Normale grado di incertezza economica insito in un negozio giuridico.
aleàtico *s. m.* (*pl. -ci*) **1** Varietà di uva nera a grossi acini. **2** Vino toscano liquoroso e pastoso.
aleatòrio *agg.* **1** Che dipende dalla sorte, dal caso; SIN. Incerto. **2** Soggetto ad alea | *Contratto —*, contratto in cui le parti, accettando l'eventualità di un rischio, si espongono reciprocamente alla perdita dei vantaggi che dal contratto derivano.
aleggiàre *v. intr.* (*io aléggio; aus. avere*) **1** Volgere, scuotere leggermente le ali. **2** (*fig.*) Spirare, alitare: *aleggia un lieve profumo.*
alemànno *agg.; anche s. m.* **1** Che (o chi) appartiene a un'antica popolazione germanica. **2** (*poet.*) Tedesco.
aleșàggio *s. m.* (*mecc.*) Diametro interno di una cavità cilindrica.
aleșàre *v. tr.* (*io alèșo*) (*mecc.*) Eseguire con alesatore un foro cilindrico di diametro voluto.
aleșatóre *s. m.* **1** Utensile metallico di forma cilindrica allungata con taglienti, impiegato per alesare. **2** Operaio addetto all'alesatura.
aleșatrice *s. f.* Macchina utensile che esegue l'alesatura facendo avanzare lentamente nel foro l'alesatore dotato di moto rotatorio. [→ ill. *meccanica*]
aleșatùra *s. f.* Operazione dell'alesare.
alessandrinișmo *s. m.* Carattere dell'arte e della poesia dell'età ellenistica | (*est.*) Ogni forma artistica raffinata, preziosa e decadente.
alessandrino (1) *agg.* **1** Di Alessandria d'Egitto. **2** Che è proprio della cultura greca fiorita dal IV al I sec. a.C.
alessandrino (2) *s. m.* Verso dodecasillabo della poesia classica francese.
alétta *s. f.* **1** *Dim. di ala.* **2** Espansione esterna che si aggiunge a parti di macchina o altri oggetti, aumentandone la superficie per vari scopi: *le alette di un cilindro, di una freccia, di una bomba* | *— parasole*, nelle automobili, piccolo rettangolo rigido posto sopra il parabrezza, abbassabile in caso di luce solare troppo intensa. [→ ill. *armi, automobile, tessuto*] **3** (*aer.*) Ala isolata o connessa a un piano aerodinamico, usata spec. per deflettere una corrente e trarne reazioni utili. **4** Porzione della sopraccoperta di un libro ripiegata all'interno; SIN. Risvolto.
alettàre *v. tr.* (*io alétto*) Fornire di alette o lavorare ad alette un pezzo meccanico.
alettàto *part. pass. di alettare; anche agg.* Fornito di alette.
alettatùra *s. f.* **1** Operazione dell'alettare. **2** Insieme delle alette.
alettóne *s. m.* **1** (*aer.*) Parte mobile della zona posteriore di una semiala, usata per regolare l'assetto trasversale del velivolo. [→ ill. *aeronautica*] **2** (*mar.*) Piano stabilizzatore, sistemato a poppa delle imbarcazioni veloci a motore, destinato a migliorarne l'assetto.
aleuróne *s. m.* (*chim.*) Sostanza formata di granuli arrotondati di natura proteica, che forma un materiale di riserva in molti semi, spec. oleosi.
àlfa (1) **A** *s. m. e f. inv.* Nome della prima lettera dell'alfabeto greco | *— privativo*, il prefisso greco *a* usato come primo elemento di composto per dare alla parola un valore negativo (es. *apolide*). **B** *in funzione di agg. inv.* (*posposto al s.*) (*fis.*) *Nella loc. raggi, particelle —*, radiazioni costituite da nuclei di elio, emesse da sostanze radioattive.
àlfa (2) *s. f.* **1** Pianta erbacea spontanea delle Graminacee con lunghe foglie a lamina. **2** Fibra tessile ricavata dalla pianta omonima.
alfabèta *agg.; anche s. m. e f.* (*pl. m. -i*) (*raro*) Che (o chi) sa leggere e scrivere; CONTR. Analfabeta.
alfabeticaménte *avv.* In ordine alfabetico.
alfabètico *agg.* (*pl. m. -ci*) Dell'alfabeto | Che segue l'ordine dell'alfabeto: *indice —.*
alfabetișmo *s. m.* (*raro*) Il saper leggere e scrivere.
alfabetiẓẓàre *v. tr.* Mettere qc. in grado di leggere e scrivere la propria lingua.
alfabèto *s. m.* **1** Sistema di segni grafici usati per rappresentare i suoni di una lingua: *— latino, arabo, ebraico* | *— fonetico*, sistema convenzionale di simboli caratterizzati da una precisa corrispondenza tra grafia e suono | *— Morse*, codice telegrafico in cui ogni lettera è data da un insieme di punti e linee. **2** (*fig.*) I primi rudimenti di una disciplina.
alfière (1) *s. m.* **1** In alcune gerarchie militari, sottotenente. **2** Portabandiera | (*fig.*) Chi per primo propugna e difende una dottrina: *l'— dell'europeismo.*
alfière (2) *s. m.* Pezzo del gioco degli scacchi movibile in senso diagonale lungo le caselle di uno stesso colore. [→ ill. *giochi*]
alfine *avv.* Finalmente, alla fine.
àlga *s. f.* Pianta inferiore formata di una o più cellule, di dimensioni variabili, fornita di clorofilla, vivente in genere nell'acqua: *— bruna, verde, rossa.* [→ ill. *alga*]
àlgebra *s. f.* **1** Ramo della matematica che studia il calcolo letterale, le operazioni e gli insiemi dotati di operazioni. **2** (*fig., fam.*) Cosa complicata, difficile da capire.
algebricaménte *avv.* Secondo le regole dell'algebra.
algèbrico *agg.* (*pl. m. -ci*) Dell'algebra.
algènte *agg.* (*poet.*) Freddo, gelato.
algerino *agg.; anche s. m.* (*f. -a*) Dell'Algeria o di Algeri.
-algìa *secondo elemento*: in parole composte della terminologia medica significa 'dolore': *gastralgia, mialgia, nevralgia.*
àlgido *agg.* (*lett.*) Freddo, algente.
algologìa *s. f.* (*pl. -gie*) Parte della botanica che studia le alghe.
algorìtmo *s. m.* (*mat.*) Procedimento di calcolo.
algóso *agg.* Che è pieno o coperto di alghe.
aliànte o *aliànte s. m.* Velivolo senza motore, rimorchiato o lanciato in volo, capace di librarsi e veleggiare nell'aria grazie alle correnti ascendenti dell'atmosfera. [→ ill. *aeronautica*]
alias /*lat.* 'aljas/ *avv.* Altrimenti detto: *Angelo Brunetti, — Ciceruacchio.*
àlibi *s. m. inv.* **1** (*dir.*) Mezzo di difesa con cui una persona prova che, al momento della consumazione del reato di cui è sospettata, si trovava in luogo diverso da quello in cui il reato stesso fu commesso. **2** (*fig.*) Scusa, giustificazione.
alice *s. f.* Acciuga.
alidàda *s. f.* In molti strumenti di misura, parte del goniometro solidale col collimatore, che porta uno o due indici diametralmente opposti per la lettura sul cerchio graduato. [→ ill. *marina, ottica*]
àlido *agg.* (*tosc.*) Arido, secco, asciutto.
alienàbile *agg.* Vendibile.
alienàre **A** *v. tr.* (*io alièno*) **1** Trasferire ad altri un diritto spec. di proprietà su q.c. **2** (*fig.*) Allontanare, rendere ostile: *alienarsi qc.* **3** Portare qc. a uno stato di alienazione, nel sign. 3. **B** *v. rifl.* Allontanarsi, straniarsi.
alienàto **A** *part. pass. di alienare; anche agg.* **1** Venduto. **2** Distaccato. **3** Affetto da malattia mentale. **B** *s. m.* (*f. -a*) **1** Chi è affetto da malattia mentale. **2** Chi vive un processo di alienazione.
alienazióne *s. f.* **1** (*dir.*) Trasferimento di un diritto spec. di proprietà. **2** (*psicol.*) *— mentale*, ogni malattia mentale cronica di natura tale da rendere il malato soggetto a provvedimenti medico-legali. **3** (*filos.*) Processo per cui l'uomo si estrania da se stesso, identificandosi con gli oggetti e le realtà materiali da lui prodotti fino a divenirne lo strumento passivo.
alienista *s. m. e f.* (*pl. m. -i*) Chi studia le malattie mentali.
alièno **A** *agg.* **1** (*lett.*) Che è d'altri. **2** Contrario, avverso: *essere — dalle discussioni.* **3** Nella letteratura di fantascienza, extraterrestre. **B** *s. m.* (*f. -a*) Nella letteratura di fantascienza, essere che abita mondi extraterrestri.
alièutica *s. f.* (*lett.*) Pesca (dei pesci).

alifàtico *agg.* (*pl. m. -ci*) (*chim.*) Detto di composto organico in cui gli atomi di carbonio sono legati fra loro in catena aperta.

alighièro *s. m.* (*mar.*) Asta di legno terminante con una ghiera munita di due ganci, per accostare o scostare le imbarcazioni dai moli; SIN. Gaffa.

alimentàre (1) **A** *agg.* Che serve al nutrimento: *generi alimentari.* **B** *s. m. al pl.* Generi commestibili.

alimentàre (2) **A** *v. tr.* (*io aliménto*) **1** Dare alimento, nutrire | (*fig.*) Mantenere vivo: — *un sentimento.* **2** Fornire a una macchina il combustibile o l'energia necessari al suo funzionamento. **B** *v. rifl.* Nutrirsi, sostentarsi (*anche fig.*): *alimentarsi di carne.*

alimentàrio *agg.* Relativo agli alimenti.

alimentarìsta *s. m. e f.* (*pl. m. -i*) **1** Commerciante al dettaglio di generi alimentari. **2** Lavoratore dell'industria alimentare.

alimentatóre *s. m.* (*f. -trìce*) **1** Chi alimenta. **2** Dispositivo che fornisce in modo continuo o intermittente l'alimentazione a una macchina. [→ ill. *elettronica*]

alimentazióne *s. f.* **1** Somministrazione o assunzione delle sostanze contenenti i principi nutritivi necessari agli organismi viventi | Quantità, qualità e modalità di assunzione degli alimenti: *un'— scarsa, eccessiva, equilibrata, povera di grassi.* **2** Somministrazione di materiali o energia destinati a far funzionare macchine o apparecchi. [→ ill. *astronautica*] **3** (*mil.*) Complesso di operazioni necessarie per il caricamento di un'arma.

aliménto *s. m.* **1** Sostanza contenente vari principi nutritivi suscettibili di essere utilizzati dagli organismi viventi; SIN. Cibo, nutrimento. **2** *al pl.* Mezzi necessari per vivere, la cui corresponsione spetta a determinate persone nei casi previsti dalla legge.

alimònia *s. f.* (*raro*) Sussidio dovuto alla moglie separata per colpa del marito.

alìnea *s. m. inv.* (*gener.*) Capoverso.

aliòtide *s. f.* Mollusco marino dei Gasteropodi con conchiglia piatta e rugosa, di forma simile a un orecchio, e largo piede muscoloso. [→ ill. *animali* 4]

alìquota *s. f.* **1** Ciascuna delle parti uguali in cui è divisa una quantità. **2** Percentuale da applicarsi alla base imponibile per determinare l'imposta o la tassa dovuta.

aliscàfo *s. m.* Battello veloce a propulsione a motore, munito di due ali poste sotto la carena, le quali in velocità lo sollevano dall'acqua. [→ ill. *marina*]

alişèo *s. m.* Vento regolare e costante che spira per tutto l'anno tra i tropici e l'equatore.

alitàre *v. intr.* (*io àlito; aus. avere*) **1** Mandar fuor il fiato, l'alito | (*est.*) Respirare. **2** (*fig.*) Soffiare leggermente.

àlite *s. m.* (*zool.*) — *ostetrico*, anfibio il cui maschio trattiene le uova, riunite in cordoni, attorno alle proprie cosce, fino alla nascita dei girini. [→ ill. *animali* 6]

àlito *s. m.* **1** Insieme dei prodotti gassosi emessi dalla bocca con il respiro; SIN. Fiato. **2** (*est.*) Respiro. **3** (*fig.*) Leggero soffio: *un — di vento.*

alitòşi *s. f.* (*med.*) Cattivo odore dell'alito.

àlla *prep. art.* V. *la* per gli usi ortografici.

allacciaménto *s. m.* **1** L'operazione di allacciare. **2** Collegamento, raccordo: — *telefonico.*

allacciàre **A** *v. tr.* (*io allàccio*) **1** Stringere con lacci | (*est.*) Legare insieme, affibbiare: — *la cintura.* **2** (*tecnol.*) Realizzare un collegamento. **3** (*fig.*) Stringere relazioni, rapporti e sim.: — *contatti, relazioni.* **B** *v. rifl.* Legarsi attorno le vesti.

allacciatùra *s. f.* **1** Allacciamento. **2** Chiusura di abito con lacci o fibbie.

allagaménto *s. m.* Inondazione | Fenomeno gener. accidentale per cui una superficie si ricopre d'acqua o (*est.*) di liquidi: — *della cantina.*

allagàre **A** *v. tr.* (*io allàgo, tu allàghi*) Inondare, coprire d'acqua | (*est.*) Spandersi in abbondanza, detto di liquidi. **B** *v. intr. e intr. pron.* (*aus. essere*) Coprirsi d'acqua, a guisa di lago.

allampanàto *agg.* Magro e secco.

allappàre *v. tr.* Allegare, spec. le varie parti della bocca.

allargaménto *s. m.* Aumento della larghezza (*anche fig.*); SIN. Ampliamento, dilatazione, estensione.

allargàre **A** *v. tr.* (*io allàrgo, tu allàrghi*) **1** Rendere più largo, più ampio; CONTR. Stringere. **2** (*est.*) Aprire: — *le braccia* | (*fig.*), — *il cuore*, confortare, consolare. **3** (*fig.*) Dilatare, estendere: — *le ricerche.* **B** *v. intr.* Nel linguaggio sportivo: — *in curva*, portarsi all'esterno della pista o della strada. **C** *v. rifl.* Estendersi, ampliarsi: *allargarsi nel proprio lavoro.* **D** *v. intr. pron.* Diventare più largo, più ampio.

allargatóio *s. m.* Strumento di acciaio per allargare i fori. [→ ill. *orafo e argentiere*]

allargatóre *s. m.* (*f. -trìce*) **1** (*raro*) Chi allarga. **2** Utensile

alga

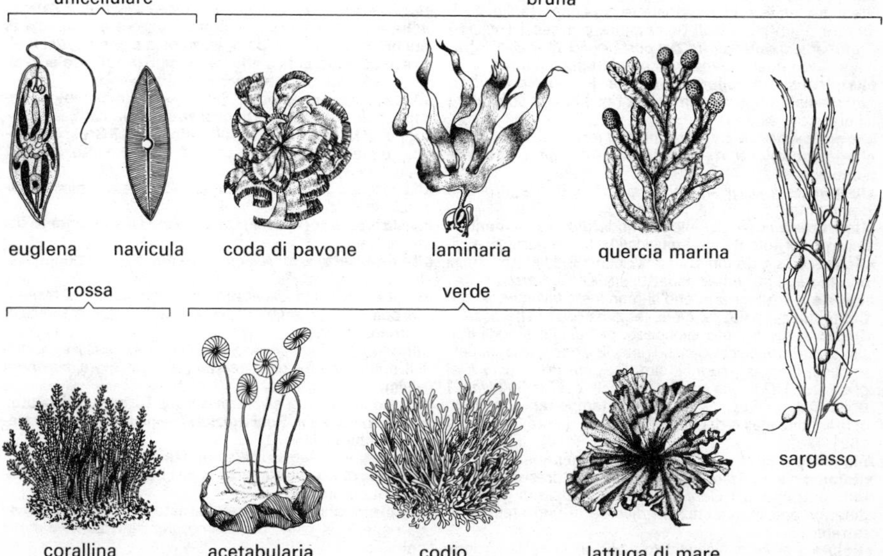

per allargare fori.
allargatùra *s. f.* Allargamento | Punto in cui una cosa è allargata.
allarmàre ***A*** *v. tr.* Mettere in agitazione, in trepidazione: *la notizia lo ha allarmato.* ***B*** *v. intr. pron.* Spaventarsi, mettersi in agitazione.
allàrme *s. m.* ***1*** Grido o segnale di chiamata improvvisa dei militari a prendere le armi. ***2*** Segnalazione di pericolo imminente | *Falso* —, timore infondato, notizia falsa e sim. ***3*** (*fig.*) Timore, apprensione: *mettere, stare, in* —.
allarmismo *s. m.* ***1*** Tendenza ad allarmarsi o ad allarmare. ***2*** Stato di allarme provocato dalla diffusione di notizie e previsioni preoccupanti.
allarmista *s. m. e f.* (*pl. m. -i*) Chi diffonde notizie allarmanti.
allarmìstico *agg.* (*pl. m. -ci*) Che allarma o vuole allarmare.
allàto *avv.* (*lett.*) Accanto, vicino, di fianco.
allattaménto *s. m.* Alimentazione dei neonati a base di latte | Periodo in cui ciò avviene.
allattàre *v. tr.* Nutrire un neonato col proprio latte o artificialmente.
àlle *prep. art.* V. *le* per gli usi ortografici.
alleànza *s. f.* ***1*** (*dir.*) Accordo con cui due o più Stati si impegnano a un reciproco aiuto. ***2*** (*est.*) Unione fra partiti, enti, persone e sim.
alleàre ***A*** *v. tr.* (*io allèo*) Unire, collegare con vincolo di alleanza. ***B*** *v. rifl.* Unirsi per agire concordemente: *allearsi a, con qc.*
alleàto *part. pass. di alleare; anche agg. e s. m.* (*f. -a*) Che (o chi) è unito ad altri da un vincolo di alleanza.
allegàbile *agg.* Che si può allegare.
allegaménto *s. m.* ***1*** (*raro*) Fastidiosa sensazione provocata sui denti da sapori aspri o rumori stridenti. ***2*** (*bot.*) Trasformazione dell'ovario in frutto.
allegàre ***A*** *v. tr.* (*io allégo, tu alléghi*) ***1*** Accludere: — *un documento* | Unire, connettere. ***2*** Provocare sui denti una fastidiosa sensazione di ruvidezza, detto di sapori agri o aspri e di rumori stridenti. ***B*** *v. intr.* ***1*** Passare dallo stato di fiore a quello di frutto. ***2*** Formare una lega, detto di metalli.
allegàto ***A*** *part. pass. di allegare; anche agg.* Accluso | Unito. ***B*** *s. m.* Documento unito ad altri.
allegazióne *s. f.* ***1*** Atto dell'allegare | (*est.*) Documento che si allega. ***2*** Allegamento.
alleggeriménto *s. m.* Modo e atto dell'alleggerire | — *fiscale*, sgravio fiscale | Sollievo, ristoro.
alleggerìre ***A*** *v. tr.* (*io alleggerisco, tu alleggerisci*) ***1*** Rendere leggero | (*fig.*) Rendere più sopportabile. ***2*** Liberare da un peso o di un compito gravoso | (*scherz.*) Derubare: *fu alleggerito del portafoglio.* ***B*** *v. rifl.* ***1*** Sgravarsi di un peso. ***2*** Vestirsi con abiti più leggeri.
allegorìa *s. f.* ***1*** Rappresentazione di idee e concetti o atti mediante figure e simboli. ***2*** (*est.*) Figura con valore simbolico e allusivo.
allegoricaménte *avv.* In forma allegorica.
allegòrico *agg.* (*pl. m. -ci*) Relativo all'allegoria, che contiene allegoria.
allegorista *s. m.* (*pl. -i*) Chi si compiace di allegorie o le commenta.
allegrétto *s. m.* (*mus.*) Allegro moderato, tra l'andante e l'allegro | Titolo di brani musicali o di una parte di essi.
allegrézza *s. f.* Sentimento dell'animo soddisfatto che si riflette negli atti e nell'aspetto; SIN. Gioia, letizia.
allegrìa *s. f.* Allegrezza che si manifesta vivamente; SIN. Contentezza, gaiezza, gioia, letizia; CONTR. Tristezza.
allégro ***A*** *agg.* ***1*** Lieto, giocondo, nell'animo e negli atti; SIN. Contento, gaio; CONTR. Triste. ***2*** Vivace, brioso, detto spec. di colori, suoni e sim. ***3*** Spensierato: *vita allegra* | (*euf.*) *Donnina allegra*, di facili costumi. ***4*** (*fam.*) Brillo. ***B*** *s. m.* (*mus.*) Movimento in tempo rapido | Titolo di brani musicali o di una parte di essi. [→ tav. *proverbi* 162]
allegróne *s. m.* (*f. -a*) Persona abitualmente allegra.
allelomòrfo *agg.* (*biol.*) Che determina o presenta caratteri contrastanti | *Geni allelomorfi*, coppia di geni che determinano manifestazioni diverse di uno stesso carattere.
allelùia *s. m. inv.* ***1*** Nella liturgia cattolica, esclamazione di giubilo e lode di Dio. ***2*** (*fig.*) Espressione di gioia.
allenaménto *s. m.* ***1*** Addestramento del corpo o della mente mediante esercizi appropriati | *Tenersi in* —, svolgere una determinata attività in modo continuo, senza interruzioni; SIN. Esercitazione. ***2*** (*sport*) Preparazione metodica e graduale destinata a mantenere l'atleta nelle condizioni tali da permettergli di conseguire le massime prestazioni.
allenàre ***A*** *v. tr.* (*io alléno*) ***1*** Abituare il corpo o la mente, mediante esercizi appropriati, allo sforzo, all'applicazione e sim.; SIN. Addestrare, esercitare. ***2*** (*sport*) Preparare a una competizione. ***B*** *v. rifl.* Abituarsi, esercitarsi.
allenatóre ***A*** *agg.* Che allena. ***B*** *s. m.* (*f. -trice*) Tecnico sportivo che ha l'incarico di allenare gli atleti o gli animali da competizione.
allentaménto *s. m.* Modo e atto dell'allentare e dell'allentarsi.
allentàre ***A*** *v. tr.* (*io allènto*) ***1*** Rendere lento, diminuire di tensione. ***2*** Rendere meno rigido, mitigare (*anche fig.*): — *la disciplina.* ***3*** Ritardare, rallentare. ***B*** *v. intr. pron.* ***1*** Divenire lento. ***2*** (*fig.*) Diminuire d'intensità.
allergène *s. m.* (*biol.*) Sostanza che dà allergia.
allergìa *s. f.* (*pl. -gìe*) ***1*** (*med.*) Alterata reattività dell'organismo a particolari sostanze. ***2*** (*est., scherz.*) Insofferenza: *avere l'— allo studio.*
allèrgico ***A*** *agg.* (*pl. m. -ci*) ***1*** Di allergia. ***2*** (*scherz.*) Che reagisce in modo negativo a q.c. ***B*** *agg.; anche s. m.* (*f. -a*) Affetto da allergia.
allésso ***A*** *avv.* A lesso: *cuocere la carne* —. ***B*** *agg.* Lessato: *patate allesse; pollo* —.
allestiménto *s. m.* Preparazione, messa a punto | Complesso delle scene o delle costruzioni per uno spettacolo teatrale o per un film.
allestìre *v. tr.* (*io allestisco, tu allestisci*) Preparare, mettere a punto: — *una festa* | — *una nave*, dopo il varo, attrezzarla per la navigazione; SIN. Apprestare, approntare.
allettaménto *s. m.* Piacevole attrazione | Lusinga.
allettànte *part. pres. di allettare* (1); *anche agg.* Che alletta | Lusinghiero, invitante: *proposta* —.
allettàre (1) *v. tr.* (*io allètto*) Attirare, invitare con prospettive piacevoli, lusinghe e sim.
allettàre (2) ***A*** *v. tr.* ***1*** (*raro*) Costringere a stare a letto: *la paralisi lo alletta.* ***2*** Abbattere, prostrare le biade: *il vento alletta il grano.* ***B*** *v. rifl.* Mettersi a letto per malattia. ***C*** *v. intr. pron.* Piegarsi a terra, detto delle piante erbacee.
allettatóre *s. m.; anche agg.* (*f. -trice*) Chi (o che) alletta, lusinga.
allevaménto *s. m.* ***1*** Modo e atto dell'allevare. ***2*** Attività volta a far crescere, riprodurre, migliorare le specie di animali domestici. ***3*** Complesso di impianti destinati allo svolgimento di tale attività | Luogo in cui essa si svolge. ***4*** Insieme degli animali che si allevano.
allevàre *v. tr.* (*io allèvo*) ***1*** Far crescere un bambino prestandogli tutte le cure necessarie per un completo sviluppo. ***2*** Educare: *è stato allevato male.* ***3*** Crescere animali e piante, spesso a scopo di sfruttamento. [→ tav. *locuzioni* 3]
allevàta *s. f.* ***1*** L'allevare animali. ***2*** Nidiata di piccoli animali: *un'— di pulcini.*
allevatóre *s. m.* (*f. -trice*) Chi è dedito all'allevamento del bestiame.
alleviaménto *s. m.* Alleggerimento, attenuazione, sollievo.
alleviàre *v. tr.* (*io allèvio*) Rendere più lieve, liberare da un peso, da un affanno: — *una fatica*; SIN. Attenuare, calmare, mitigare.
allibìre *v. intr.* (*io allibisco, tu allibisci; aus. essere*) Impallidire, turbarsi fortemente, per paura, stupore, sorpresa e sim.
allibìto *part. pass. di allibire; anche agg.* Turbato, sbigottito.
allibraménto *s. m.* Registrazione su di un libro di un'operazione finanziaria.
allibràre *v. tr.* Registrare su un libro di conti.
allibratóre *s. m.* Nell'ippica, colui che accetta scommesse a quota fissa.
allicciatùra *s. f.* Piegatura alternata dei denti di una sega rispetto al piano della lama, per agevolarne il moto nel solco.

allietàre **A** *v. tr.* (*io allièto*) Rendere lieto; SIN. Rallegrare; CONTR. Rattristare. **B** *v. intr. pron.* Farsi lieto.

allièvo *s. m.* Chi viene educato, istruito, dall'insegnamento di un maestro.

alligatóre *s. m.* Grande rettile di color scuro o nerastro, con muso lungo e arrotondato per cui si distingue dal coccodrillo; caratteristico dei grandi fiumi americani. [→ ill. *animali* 6]

allignàre *v. intr.* (*aus. avere*) **1** Mettere radici, attecchire. **2** (*fig.*) Trovarsi, esistere.

allineaménto *s. m.* **1** Disposizione di persone o cose su una stessa linea | Schieramento. **2** (*fig.*) Adeguamento alle idee altrui | – *dei prezzi, dei salari*, adeguamento di questi al costo della vita. **3** (*edit.*) Linea orizzontale ideale su cui poggia il limite inferiore dell'occhio medio del carattere tipografico. **4** (*mar.*) Visuale che passa per due punti fissi in mare o su di una costa, indicati da segnali.

allineàre **A** *v. tr.* (*io allineo*) Collocare e disporre persone o cose sulla stessa linea. **B** *v. rifl.* **1** Mettersi in dirittura, in linea. **2** Adeguarsi, conformarsi a idee altrui, prevalenti o imposte, spec. in politica.

allineàto *part. pass. di allineare; anche agg.* Collocato sulla stessa linea | *Paesi non allineati*, non schierati con alcun blocco militare.

allitterazióne *s. f.* (*ling.*) Successione di parole che cominciano o terminano con lo stesso suono o sillaba (es. *sono sognatori solitari*).

àllo *prep. art.* v. *lo* per gli usi ortografici.

allô /*fr.* a'lo/ *inter.* Si usa, a volte, nelle conversazioni telefoniche in luogo di 'pronto'.

allo- *primo elemento:* in parole composte dotte significa 'diverso': *allogeno, alloglotto*.

allòbrogo *agg.* (*pl. m. -gi*) **1** Di un'antica popolazione della Gallia. **2** (*est., lett.*) Piemontese.

allòcco *s. m.* (*pl. -chi; f. -a*, nel sign. 2) **1** Uccello rapace notturno, affine al gufo ma privo di ciuffi sul capo, di colore grigio bruno macchiato di bianco. [→ ill. *animali* 14] **2** (*fig.*) Persona goffa e balorda.

allocròico *agg.* (*pl. m. -ci*) Di colore che varia secondo il punto da cui si guarda.

allocromàtico *agg.* (*pl. m. -ci*) Detto di minerale il cui colore è dato da qualche sostanza estranea al reticolo cristallino.

allòctono *agg.* Detto di roccia o minerale rinvenuto lontano dal luogo in cui si formò.

allocutóre *s. m.* (*f. -trìce*) Chi pronuncia un'allocuzione.

allocuzióne *s. f.* Discorso solenne tenuto in pubblico.

allodiàle *agg.* Che appartiene all'allodio.

allòdio *s. m.* In antichi ordinamenti giuridici, patrimonio, generalmente fondiario, in piena proprietà e non sottoposto a oneri e vincoli feudali.

allòdola o *lòdola* *s. f.* Piccolo uccello con piumaggio grigio bruno e bianco sul ventre, becco acuto, lunga unghia posteriore; durante il volo emette un trillo armonioso | *Specchietto per le allodole*, (*fig.*) inganno per incantare gli ingenui. [→ ill. *animali* 13, *cacciatore*]

allogàre **A** *v. tr.* (*io allògo, tu allòghi*) **1** Porre, accomodare in luogo appropriato: – *i libri negli scaffali* | (*est.*) Accogliere, ospitare: *lo allogarono in casa di un amico.* **2** Mettere al servizio altrui, impiegare: – *qc. come meccanico.* **B** *v. rifl.* **1** Trovare luogo, sistemarsi: *allogarsi in città.* **2** Mettersi a servizio: *allogarsi presso qc.*

allògeno **A** *agg.* Che appartiene a un'altra stirpe, nazionalità e sim. **B** *s. m.* (*f. -a*) Chi, in uno Stato nazionale, appartiene a un gruppo etnico minoritario rispetto alla massa dei cittadini.

alloggiaménto *s. m.* **1** Modo e atto dell'alloggiare | (*mil.*) Stazionamento di truppe sotto forma di accampamento, accantonamento o sim. **2** Luogo in cui si alloggia. **3** (*mecc.*) Sede in cui va montato un dato organo meccanico.

alloggiàre **A** *v. tr.* (*io allòggio*) Accogliere e ospitare, spec. nella propria casa. **B** *v. intr.* (*aus. avere*) Abitare, dimorare: *alloggia in una vecchia casa.* [→ tav. *proverbi* 102]

allòggio *s. m.* **1** Luogo nel quale si alloggia, spec. per breve tempo. **2** Appartamento.

alloglòtto **A** *s. m.* (*f. -a*) Chi parla una lingua diversa da quella della maggioranza degli abitanti di un Paese. **B** *anche agg.*

allontanaménto *s. m.* L'allontanare, l'allontanarsi; CONTR. Avvicinamento | (*fig.*) Licenziamento, esonero: – *da una carica.*

allontanàre **A** *v. tr.* **1** Mettere, collocare lontano (*anche fig.*); SIN. Scostare, separare; CONTR. Avvicinare. **2** Mandare via: – *qc. dalla propria casa.* **3** Suscitare sentimenti sgradevoli: *ha un modo di fare che allontana.* **B** *v. rifl. e intr. pron.* Andare lontano: *allontanarsi dalla riva.*

allopatìa *s. f.* (*med.*) Sistema di cura che sfrutta l'azione dei principi contrari a quelli che hanno provocato la malattia.

allóra **A** *avv.* **1** In quell'istante, in quel momento | – *come* –, sul momento, in quella circostanza: – *come* –, *non avrei saputo cosa rispondere* | *Da* – *in poi*, da quel momento in poi | *Fino* –, fino a quel momento. **2** (*est.*) In quel tempo: *fu* – *che lo conobbi* | *Fin da* –, fin da quel tempo | *Per* –, per quel giorno, per quel tempo | *D'*–, di quei tempi. **B** *in funzione di cong.* **1** In tale caso, con valore concl.: *se mi dici così* – *vengo senz'altro.* **2** Ebbene, dunque, usato spec. per sollecitare: – *decidiamoci!*

allorché *cong.* (*lett.*) Quando, nel momento in cui, non appena (introduce una prop. temp. con il v. all'indic.) – *mi vide, mi venne incontro.*

allòro *s. m.* **1** Pianta arborea sempreverde delle Policarpali, con foglie coriacee, lanceolate e aromatiche, infiorescenze giallognole a ombrella e frutti neri a drupa. [→ ill. *piante* 4, *verdura*] **2** (*fig.*) Vittoria, trionfo, gloria: *gli allori di Cesare* | *Riposare, dormire sugli allori*, accontentarsi dei successi ottenuti. [→ tav. *locuzioni* 32]

allorquàndo *cong.* (*lett.*) Quando, nel momento in cui, allorché (introduce una prop. temp. con il v. all'indic.): *stavo passeggiando* – *lo vidi.*

allotropìa *s. f.* **1** (*chim.*) Fenomeno presentato dagli allotropi. **2** (*ling.*) Esistenza di parole aventi la stessa origine, ma diverso significato o forma.

allotròpico *agg.* (*pl. m. -ci*) (*chim., ling.*) Relativo ad allotropia.

allòtropo *s. m.* **1** (*chim.*) Elemento che esiste in forme molecolari diverse, quali ossigeno e ozono. **2** (*ling.*) Parola che ha la stessa origine di un'altra ma diverso significato o forma (es. *succo* e *sugo*; *strada* e *strato*, che derivano entrambi dalla voce latina *stratus*).

all right /*ingl.* 'ɔːl 'rait/ *loc. avv.* Bene, d'accordo, spec. in esclamazioni, risposte e sim.

àlluce *s. m.* Dito grosso del piede.

allucinànte *part. pres. di allucinare; anche agg.* Che impressiona profondamente.

allucinàre *v. tr.* (*io allùcino*) **1** Abbagliare, confondere la vista. **2** (*fig.*) Impressionare fortemente, tanto da far vedere o credere ciò che non è.

allucinàto **A** *part. pass. di allucinare; anche agg.* Fortemente impressionato. **B** *s. m.* (*f. -a*) Chi soffre di allucinazioni | Visionario, esaltato.

allucinatòrio *agg.* Che si riferisce all'allucinazione.

allucinazióne *s. f.* Fenomeno per cui si vede come reale ciò che è inesistente.

allucinògeno **A** *s. m.* Sostanza naturale o sintetica che provoca allucinazioni. **B** *anche agg.*: *sostanze allucinogene.*

allùdere *v. intr.* (*pass. rem. io allùṣi, tu alludésti; part. pass. allùṣo; aus. avere*) Accennare in modo indiretto a q.c. o a qc. che non si vuole nominare apertamente: *a cosa vuoi* –?

allumàre *v. tr.* Dare l'allume ai panni prima della tintura.

allùme *s. m.* Solfato doppio idrato di un metallo monovalente o di uno trivalente; usato in conceria, medicina e sim.

allùmina *s. f.* Sesquiossido di alluminio, costituente delle argille.

alluminàre *v. tr.* Nella terminologia artistica medievale, aggiungere oro e argento ai colori di una miniatura per farla brillare | (*est.*) Miniare.

allumìnico *agg.* (*pl. m. -ci*) Di alluminio.

allumìnifero *agg.* Che contiene alluminio.

allumìnio *s. m.* Elemento chimico, metallo, bianco argenteo, leggero, duttile e malleabile, presente in moltissimi silicati, prodotto industrialmente dalla bauxite; impiegato nella fabbricazione di leghe leggere, conduttori elet-

trici e utensili da cucina. SIMB. Al.
alluminotermìa *s. f.* Produzione di alte temperature per la saldatura, facendo reagire alluminio con ossidi metallici.
allunàggio *s. m.* Discesa sul suolo della Luna.
allunàre *v. intr.* (*aus. essere*) Posarsi sulla Luna.
allungàbile *agg.* Che si può allungare.
allungaménto *s. m.* Incremento della lunghezza o della durata | Diluizione di un liquido spec. con acqua; CONTR. Accorciamento.
allungàre ***A*** *v. tr.* (*io allùngo, tu allùnghi*) ***1*** Accrescere la lunghezza o la durata di q.c. | *– la strada*, seguire la via più lunga | *– il passo*, camminare più speditamente | *– la mano*, stenderla per chiedere q.c. | *– le mani*, protenderle per rubare minacciare e sim. | *– il collo*, protenderlo in attesa di q.c. molto desiderato | *– le orecchie*, ascoltare attentamente | *– le gambe*, distenderle; CONTR. Accorciare. ***2*** (*fam.*) Porgere: *per favore, mi allunghi il pane?* | *– la palla*, nel calcio, passarla a un compagno che si trova in posizione avanzata. ***3*** Diluire: *– lo smalto col sovente* | Annacquare: *– il vino*. ***B*** *v. intr. pron.* Accrescersi in lunghezza, durata e sim. ***C*** *v. rifl.* Distendersi, sdraiarsi: *allungarsi sul letto.* ***D*** *v. intr.* (*aus. avere*) Nel ciclismo e nel podismo, compiere un allungo.
allungatùra *s. f.* ***1*** L'operazione di allungare. ***2*** Ciò che è servito ad allungare.
allùngo *s. m.* (*pl. -ghi*) Nel ciclismo e nel podismo, progressiva accelerazione compiuta da un atleta in gara | Nel calcio, passaggio lungo della palla in avanti | Nel pugilato, distanza determinata dalla lunghezza del braccio disteso e (*est.*) il pugno vibrato direttamente tendendo il braccio.
allusióne *s. f.* Velato accenno a chi o a ciò che non si vuole nominare apertamente.
allusìvo *agg.* Che contiene allusioni.
allùso *part. pass. di alludere; anche agg.* Riferito, accennato.
alluvionàle *agg.* Detto di terreno formato per deposito di materiali trasportati dai corsi d'acqua.
alluvionàto *agg.; anche s. m.* (*f. -a*) Che (o chi) è colpito, danneggiato da un'alluvione.
alluvióne *s. f.* ***1*** Straripamento dei fiumi con allagamento dei terreni circostanti; SIN. Inondazione. ***2*** (*fig., spreg.*) Enorme quantità: *un'– di romanzi gialli.* ***3*** (*geol.*) Ogni sedimento di elementi trasportati e depositati da corsi d'acqua superficiali.
àlma *s. f.* (*poet.*) Anima.
almagèsto *s. m.* Libro di astronomia | Raccolta di osservazioni astronomiche.
almanaccàre *v. tr. e intr.* (*io almanàcco, tu almanàcchi; aus. avere*) Lambiccarsi il cervello | Fantasticare, congetturare; SIN. Arzigogolare.
almanàcco *s. m.* (*pl. -chi*) ***1*** Calendario con l'indicazione delle festività e delle fasi lunari. ***2*** (*est.*) Pubblicazione annuale simile al calendario con varie notizie complementari: *– letterario* | *– di Gotha*, annuario genealogico dell'alta nobiltà europea.
almèa *s. f.* Danzatrice e cantante araba.
alméno *avv.* Se non altro, se non di più, a dir poco, come minimo: *potevi – scrivermi.*
àlmo *agg.* (*lett.*) Che dà e alimenta la vita | Ricco, benefico, fertile.
àlno *s. m.* (*bot.*) Ontano.
àloe o *aloè s. m. o f. inv.* Pianta grassa delle Liliflore con foglie carnose con spine sui margini, che circondano l'infiorescenza a pannocchia rossa, gialla o striata; usata in medicina per il succo amaro estratto dalle foglie. [→ ill. *piante* 17]
alòfita *s. f.* Pianta che vive in terreni molto salini.
alogenàto *s. m.* (*chim.*) Composto nella cui molecola sono uno o più atomi di alogeni.
alògeno *s. m.* (*chim.*) Ciascuno dei cinque elementi (fluoro, cloro, bromo, iodio e astato) che, uniti con metalli, producono sali.
alóne *s. m.* ***1*** Corona luminosa che talvolta appare attorno al Sole e alla Luna, a causa di particolari condizioni fisiche dell'atmosfera terrestre. ***2*** Zona di chiarore sfumato che si forma attorno a una sorgente luminosa diretta o riflessa: *l'– della fiamma* | (*fig.*) Aureola: *un – di simpatia.* ***3*** Traccia sfumata che resta su un tessuto, o altro materiale, intorno a un punto trattato con uno smacchiatore.
alopecìa o *alopècia s. f.* (*pl. -cìe*) Mancanza totale o parziale dei capelli o dei peli.
alòsa *s. f.* Pesce osseo commestibile, argenteo, con dorso verde-azzurro; SIN. Cheppia, laccia.
àlpaca *s. m. inv.* ***1*** Mammifero domestico degli Ungulati, tipico delle Ande, pregiato per il pelo morbido e lungo. [→ ill. *animali* 18] ***2*** Tessuto o filato di lana fatto col pelo dell'animale omonimo.
alpàcca *s. f.* Lega formata da rame, nichel e zinco; usata spec. per oggetti ornamentali e posate; SIN. Argentana, argentone.
àlpe *s. f.* ***1*** (*lett.*) Montagna alta. ***2*** Zona di alta montagna adibita a pascolo.
alpéggio *s. m.* Pascolo estivo in montagna.
alpenstock /*ted.* 'alpən 'ʃtɔk/ *s. m. inv.* (*pl. ted. alpenstöcke* /'alpən 'ʃtøkə/) Specie di bastone ferrato per alpinisti ed escursionisti.
alpèstre ***A*** *agg.* ***1*** Tipico dell'alpe. ***2*** (*est.*) Montuoso, scosceso. ***B*** *s. m.* Liquore a base di erbe alpine.
alpigiàno ***A*** *agg.* Tipico di chi vive in montagna | (*est.*) Rustico, grezzo. ***B*** *s. m.; anche agg.* (*f. -a*) Abitante delle Alpi.
alpinìsmo *s. m.* (*sport*) Tecnica e pratica di scalare le montagne.
alpinista *s. m. e f.* (*pl. m. -i*) Chi pratica l'alpinismo. [→ ill. *alpinista*]
alpìno ***A*** *agg.* ***1*** Delle Alpi | *Truppe alpine*, addestrate per la guerra in alta montagna. ***2*** (*est.*) Dell'alta montagna. ***B*** *s. m.* Appartenente alle truppe alpine italiane. [→ ill. *copricapo*]
alquànto ***A*** *agg. indef.* Indica una quantità indeterminata, ma non relativamente grande: *aveva bevuto – vino; c'erano alquanti partecipanti.* ***B*** *pron. indef. al pl.* Alcuni, parecchi: *ne ho visti alquanti.* ***C*** *avv.* Parecchio, un poco: *ho passeggiato –.*
alt ***A*** *inter.* Si usa come comando per sospendere o arrestare un'azione. ***B*** *s. m.* ***1*** L'ordine stesso di arresto o sospensione: *dare l'–.* ***2*** Sospensione, interruzione: *fare un –.*
altaléna *s. f.* ***1*** Gioco infantile consistente nel far oscillare avanti e indietro, standovi seduti, un sedile appeso a due funi, o nel far alzare e abbassare ritmicamente un asse in bilico su un fulcro, sedendosi alle sue estremità. [→ ill. *circo, giochi*] ***2*** (*fig.*) Vicenda alterna, mutevole: *un'– di speranze e delusioni.*
altalenàre *v. tr.* (*io altaléno; aus. avere*) Giocare con l'altalena.
altaménte *avv.* ***1*** Grandemente: *infischiarsene –.* ***2*** In modo nobile: *sentire –.*
altàna *s. f.* Costruzione a loggia sul tetto di un fabbricato. [→ ill. *casa*]
altàre *s. m.* Ara sulla quale si celebravano sacrifici alle divinità | Nella chiesa cattolica, tavola sulla quale il sacerdote celebra la Messa | *– maggiore*, quello principale, collocato spec. nell'abside | *Il sacrificio dell'–*, la Messa | *Andare all'–*, sposarsi | *Condurre all'– una donna*, sposarla | *Porre, levare sugli altari, innalzare all'onore degli altari*, beatificare, santificare e (*fig.*) magnificare con grandi lodi. [→ ill. *basilica cristiana, religione*]
altarìno *s. m.* ***1*** *Dim. di altare.* ***2*** (*fig.*) *Scoprire gli altarini*, scoprire i segreti, le marachelle di qc. (*spec. scherz.*). ***3*** Inginocchiatoio da camera.
altèa *s. f.* Pianta erbacea perenne delle Malvali con foglie lobate e coperte di peluria, fiori a grappolo di color rosa chiaro. [→ ill. *piante* 6]
alteràbile *agg.* Che si può alterare; CONTR. Inalterabile.
alteràre ***A*** *v. tr.* (*io àltero*) Modificare l'essenza, l'aspetto o la funzionalità di q.c. spec. peggiorandola; SIN. Corrompere, guastare. ***B*** *v. intr. pron.* ***1*** Modificarsi, deteriorarsi. ***2*** Irritarsi, sdegnarsi.
alterativo *agg.* Che provoca alterazione | *Suffisso –*, che serve a formare nomi alterati (es. *-accio, -etto, -ino*, ecc.).
alteràto ***A*** *part. pass. di alterare; anche agg.* ***1*** Modificato | *Nome –*, derivato da un nome primitivo per mezzo di suffisso (es. *libraccio* da *libro*). ***2*** (*fig.*) Turbato, indignato. ***B*** *s. m.* Nome alterato.

alterazióne *s. f.* **1** Modificazione, spec. in peggio, dell'essenza, aspetto o funzionalità di q.c. | Anormale mutamento di alcune funzioni dell'organismo: — *febbrile*, (*fam.*, anche ass., —) febbre. **2** Disgregazione delle rocce per effetto di azioni meccaniche e chimiche. **3** Modificazione dei caratteri originali di un alimento. **4** (*mus.*) Modificazione ascendente o discendente di una nota ottenuta per mezzo del diesis o del bemolle.

altercàre *v. intr.* (*io altèrco, tu altèrchi; aus. avere*) Litigare in modo animato e violento.

altèrco *s. m.* (*pl. -chi*) Violento scambio di parole, ingiurie e sim.; SIN. Diverbio, litigio.

alter ego */lat.* alte'rɛgo/ *loc. sost. m.* Persona che ne sostituisce un'altra.

alterézza *s. f.* Qualità di chi è altero; SIN. Fierezza.

alterìgia *s. f.* (*pl. -gie*) Presunzione di sé orgogliosamente ostentata; SIN. Arroganza, boria.

alternànza *s. f.* **1** Successione in modo alterno; SIN. Avvicendamento. **2** Successione di coltivazioni diverse su uno stesso terreno durante un dato numero di anni.

alternàre **A** *v. tr.* (*io altèrno*) Far sì che due o più elementi diversi si susseguano l'uno all'altro: — *il pianto al riso*; SIN. Avvicendare. **B** *v. intr. e rifl.* Succedersi in modo alterno.

alternataménte *avv.* Alternamente.

alternativa *s. f.* **1** Avvicendamento. **2** Condizione o facoltà per cui si può o si deve scegliere fra due soluzioni | Dilemma: *una difficile —*. **3** Scelta, soluzione: *è l'unica —*.

alternativaménte *avv.* In modo alternativo.

alternativo *agg.* **1** Che alterna | Che funziona in modo alternato. **2** Contrapposto al sistema di vita dominante, detto di varie attività: *cinema —*, *cucina alternativa*.

alternàto *part. pass. di alternare; anche agg.* **1** Avvicendato. **2** Detto di corrente elettrica che inverte periodicamente la propria direzione e la cui intensità è funzione periodica del tempo; CONTR. Continuo. **3** Detto di rima in cui i versi dispari rimano con i dispari e i pari con i pari.

alternatóre *s. m.* Macchina elettrica rotante che genera corrente alternata. [→ ill. *diga, elettricità*]

altèrno *agg.* **1** Che si ripete a intervalli uguali o quasi uguali nel tempo o nello spazio | (*est.*) Mutevole: *fortuna alterna*. **2** (*bot.*) Detto di rami e foglie che si succedono, uno per nodo, sui due lati del fusto. **3** (*mat.*) Detto di due coppie di angoli formati da due rette tagliate da una trasversale, interni entrambi od esterni entrambi alle due rette.

altèro *agg.* Che sente altamente di sé, che ha coscienza della propria superiorità; SIN. Fiero.

altézza *s. f.* **1** Qualità di chi (o di ciò che) è alto: *un edificio di notevole —* | Statura | (*fig.*) Nobiltà, sublimità: *— d'ingegno*. **2** (*mat.*) In un solido, dimensione determinata dalla distanza esistente fra l'estremità inferiore e quella superiore del solido stesso | In un triangolo, distanza fra il vertice e il lato opposto; in un parallelogramma, distanza fra le due basi | Misura di tale dimensione. **3** Punto, quota a livello alto | *Essere all'— di*, (*fig.*) essere in grado, degno di. **4** (*geogr.*) Latitudine: *all'— del capo di Buona Speranza* | (*fig.*) Prossimità: *all'— del km 10*. **5** (*mus.*) Acutezza di suono. **6** Distanza fra la superficie superiore dell'occhio e quella inferiore del fusto di un carattere tipografico. [→ ill. *stampa*] **7** Larghezza della pezza di stoffa data dalla distanza in centimetri tra le cimose. **8** Titolo di principi di stirpe reale.

altezzosità *s. f.* Qualità di altezzoso.

altezzóso *agg.* Che è pieno di alterigia; SIN. Arrogante, borioso.

àltica *s. f.* Insetto con arti posteriori atti al salto, parassita di vegetali.

alticcio *agg.* (*pl. f. -ce*) Brillo.

altimetria *s. f.* Parte della topografia che studia gli strumenti e i metodi di osservazione atti a determinare le altitudini dei punti della superficie terrestre.

equipaggiamento dell'alpinista

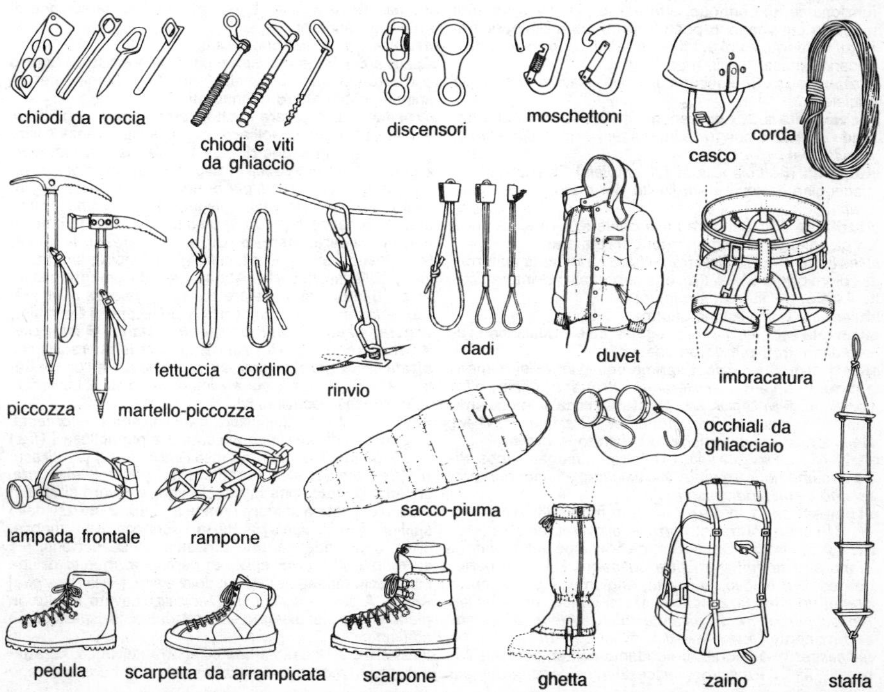

altimètrico *agg.* (*pl. m. -ci*) Che si riferisce all'altimetria o all'altimetro.

altìmetro *s. m.* Strumento che permette di determinare le altitudini, dotato di scala graduata in quote. [→ ill. *meccanica, misure*]

altipiàno V. *altopiano.*

altisonànte *agg.* Sonoro, risonante | Ridondante, tronfio: *frasi altisonanti.*

altitùdine *s. f.* Distanza verticale di un punto dal livello medio del mare; SIN. Quota.

àlto A *agg.* (*compar. di maggioranza: più alto o superióre; sup. altissimo o suprèmo*) **1** Che ha una determinata altezza: *il palazzo è — venti metri* | Che si eleva verticalmente rispetto a un piano, in misura notevole in confronto a strutture analoghe: *alta statura* | *Andare a testa alta,* (*fig.*) essere orgoglioso, sicuro di sé; CONTR. Basso. **2** Che ha tono elevato, forte, sonoro: *parlare ad alta voce.* **3** Profondo (*anche fig.*): *acque alte* | *— mare,* lontano dalla costa | *Essere in — mare,* (*fig.*) ancora lontano dalla soluzione, dalla conclusione | *Notte alta,* avanzata. **4** Largo: *un tessuto — 70 cm.* **5** (*est.*) Settentrionale: *l'alta Italia* | Vicino alla sorgente, detto di corsi d'acqua: *l'— Po* | (*est.*) Relativo alla fase iniziale di un'epoca storica: *— Medioevo.* **6** (*est.*) Che occupa un posto elevato per importanza, meriti, abilità e sim.: *alte cariche*; *alta società* | *Alta moda,* la moda creata dal complesso delle grandi sartorie | *Alta stagione,* il periodo più frequentato di una stagione turistica. **7** (*est., lett.*) Nobile, impegnativo: *alti sentimenti.* **8** (*est.*) Grande: *percentuale alta.* **B** *s. m.* La parte più elevata di q.c. | *Gli alti e bassi,* le vicende favorevoli e sfavorevoli | *Guardare dall'— in basso,* in modo sprezzante | *Fare cadere una cosa dall'—,* (*fig.*) esagerarne l'importanza. **C** *avv.* **1** In luogo alto, verso l'alto (*anche fig.*): *tirare, volare —.* **2** Con voce sonora: *parlare —.* **3** *Nella loc. avv. in —,* in luogo alto, a grande altezza: *arrivare in —; guardare in —.* [→ ill. *sport*] [→ tav. *locuzioni* 4, 25]

altoatesino *agg.; anche s. m.* (*f. -a*) Dell'Alto Adige.

altocùmulo *s. m.* (*pl. altocùmuli*) Nube stratificata chiara, costituita di masse globulari più o meno saldate insieme e disposte in gruppi. [→ ill. *meteorologia*]

altofórno *s. m.* (*pl. altifórni*) Forno a struttura verticale e funzionamento continuo, alto per lo più una ventina di metri, in cui vengono posti a strati alterni minerale di ferro, fondente e coke, affinché reagiscano tra loro producendo ghisa. [→ ill. *metallurgia*]

altolocàto *agg.* Che occupa un grado elevato nella scala sociale.

altoparlànte *s. m.* Apparecchio elettroacustico che diffonde un suono con forte intensità. [→ ill. *radio, suono, televisione*]

altopiàno o *altipiàno s. m.* (*pl. altipiàni*) Estesa regione pianeggiante elevata sul livello del mare. [→ ill. *geografia*]

altorilièvo *s. m.* Scultura nella quale le forme, legate a un piano di fondo, ne sporgono fortemente.

altostràto *s. m.* (*pl. altostràti*) Nube stratificata uniforme di colore grigio o bluastro, che copre talvolta interamente il cielo. [→ ill. *meteorologia*]

altresì *avv.* (*lett.*) Anche, inoltre.

altrettàle *agg.* (*lett.*) Simile, uguale, tale e quale (con valore dimostrativo e determinativo).

altrettànto A *agg. indef.* Esprime uguaglianza di numero e misura con altro: *arriveranno altrettanti ragazzi oltre i presenti.* **B** *anche pron. indef.* La stessa cosa, la medesima quantità o misura: *'Buon appetito!' 'Grazie e —'.* **C** *avv.* Nello stesso modo: *anche tu sei stato — bravo.*

àltri *pron. indef. inv. solo sing.* **1** Un'altra persona: *— potrebbe dire che ho fatto male.* **2** Qualcuno, alcuno: *non vorrei che — mi giudicasse male.*

altriménti *avv.* **1** In altro modo, in modo diverso: *agire —.* **2** In caso contrario: *corri, — arriverai tardi.*

àltro A *agg. indef.* **1** Differente, diverso, con valore indet.: *erano altri tempi*; *è un'altra questione* | *D'altra parte,* del resto. **2** Nuovo, secondo, aggiunto al precedente: *prendi un'altra tazza di tè* | Un secondo, novello: *nel Rinascimento Firenze divenne un'altra Atene.* **3** Restante, rimanente (*sempre preceduto dall'art.*): *metti l'altra roba nel cassetto.* **4** Scorso, precedente nel tempo: *l'altr'anno*; *l'— ieri.* **5** Prossimo, successivo nel tempo: *domani l'—; quest'altr'anno.* **B** *pron. indef.* **1** Persona o cosa diversa o distinta: *se non lo fai tu, lo farà un —*; rec. *aiutatevi l'un l'—.* **2** *al pl. m.* La gente, gli estranei, il prossimo: *ti interessi troppo degli affari degli altri.* **C** *in funzione di s.* Altra cosa: *non dirmi —; può fare questo e —!*; raff.: *bugiardo che non sei —!* | *Se non —,* almeno | *Senz'—,* certamente | *Tra l'—,* per giunta, in sovrappiù | *Più che —,* soprattutto | *Tutt'—,* all'opposto: *è tutt'— che buono.* [→ tav. *proverbi* 273, 378, 379, 381, 383]

altroché *inter.* Certamente, sì (come risposta energicamente affermativa): *'ti sei divertito?' '—!'.*

altrónde *avv.* (*lett.*) Da altro luogo | *D'—,* d'altra parte, del resto: *d'— non puoi dargli torto.*

altróve *avv.* In altro luogo: *sono diretto —.*

altrùi A *agg. poss. inv.* Di altri, degli altri, in contrapposizione a 'proprio': *bisogna rispettare le opinioni —.* **B** *in funzione di s.* Ciò che è di altri: *lascia stare l'—.* **C** *pron. indef. inv.* (*lett.*) Altra persona, altri, gli altri: *come — piace*; *come ad — piace.* [→ tav. *locuzioni* 115]

altruismo *s. m.* Amore verso il prossimo; CONTR. Egoismo.

altruìsta *s. m. e f.; anche agg.* (*pl. m. -i*) Chi (o che) dimostra amore verso il prossimo; CONTR. Egoista.

altruìstico *agg.* (*pl. m. -ci*) Che è proprio dell'altruista.

altùra *s. f.* **1** Luogo elevato; SIN. Colle, monte. **2** Alto mare: *pesca d'—.*

alturière *s. m.* Pilota capace di governare una imbarcazione in alto mare.

alùnno *s. m.* (*f. -a*) Allievo, scolaro.

alveàre *s. m.* **1** Cassetta ove si tengono le api affinché nidifichino; SIN. Arnia | Luogo ove si tengono le arnie. [→ ill. *apicoltore*] **2** (*fig.*) Grande caseggiato popolato densamente.

àlveo *s. m.* Solco del terreno entro cui scorre normalmente un fiume o un torrente.

alveolàre *agg.* Relativo agli alveoli.

alvèolo *s. m.* **1** Piccola cavità. **2** (*anat.*) *Alveoli dentari,* della mandibola e della mascella, in cui sono impiantati i denti | *Alveoli polmonari,* dove avvengono gli scambi gassosi tra aria e sangue. [→ ill. *anatomia umana, zoologia*]

àlvo *s. m.* Il transito intestinale nel suo complesso.

alzabandièra *s. m. inv.* L'atto o la cerimonia solenne di alzare la bandiera.

alzàbile *agg.* Che si può alzare.

alzàia *s. f.* **1** Fune che serve per trainare battelli contro corrente per fiumi o canali. **2** Strada sull'argine per gli animali adibiti al tiro dei natanti.

alzàre A *v. tr.* **1** Levare in alto, verso l'alto | *— gli occhi al cielo,* in segno di sollievo, supplica, sofferenza e sim. | *— le mani,* in segno di resa | *— le mani su qc.,* percuoterlo | *— le spalle,* in segno di disinteresse o disprezzo | *— i bicchieri,* per brindare | *— le carte,* tagliare il mazzo | *— le vele,* spiegarle | *— il gomito,* (*fig.*) eccedere nel bere | *Non — un dito,* (*fig.*) non fare nulla, non intervenire, stare in ozio | *— la cresta, le corna,* (*fig.*) insuperbire | *— i tacchi,* (*fig.*) fuggire; SIN. Innalzare, sollevare; CONTR. Abbassare. **2** Aumentare d'altezza, d'intensità, di valore e sim.: *— la casa di un piano*; *— la voce, i prezzi*; CONTR. Abbassare. **3** Costruire, erigere: *alzeremo un monumento a Dante.* **B** *v. intr. pron.* **1** Crescere in altezza | Aumentare: *la temperatura si è alzata.* **2** Sorgere, levarsi: *s'è alzata la luna*; CONTR. Calare. **C** *v. rifl.* **1** Tirarsi su: *alzarsi dalla sedia.* **2** Levarsi in volo. [→ tav. *locuzioni* 5]

alzàta *s. f.* **1** Atto dell'alzare e dell'alzarsi | *— di testa,* (*fig.*) presa di posizione avventata e puntigliosa | (*fig.*) *— d'ingegno,* trovata maliziosa (*anche iron.*) | *— di scudi,* (*fig.*) dimostrazione ostile a qc. | *Per — e seduta,* sistema di votazione in cui chi vota a favore si alza in piedi e chi vota a sfavore rimane seduto. **2** Altezza dello scalino. [→ ill. *scala*] **3** Parte superiore di un mobile, spec. una credenza, una scrivania, un cassettone. [→ ill. *mobili*] **4** Piatto, spec. di ceramica, munito di una base a più ripiani, per frutta, dolci e sim. [→ ill. *stoviglie*]

alzàto A *part. pass. di alzare; anche agg.* Levato in alto, in piedi. **B** *s. m.* Nel disegno architettonico, prospetto di un edificio.

alzàvola *s. f.* Uccello affine all'anatra selvatica, caratterizzato dalla grande macchia verde che adorna il capo

del maschio. [→ ill. *animali* 12]
àlzo *s. m.* Congegno applicato alle armi da fuoco per regolare l'elevazione della bocca nell'atto di puntare e, nelle artiglierie, anche il puntamento in direzione. [→ ill. *armi*]
amàbile *agg.* **1** Degno di essere amato | (*est.*) Che ispira amore, simpatia; SIN. Affabile, simpatico. **2** Detto di vino in cui si percepisce un gusto dolce.
amabilità *s. f.* Qualità di chi sa farsi amare | (*est.*) Cortesia, gentilezza, affabilità.
amàca *s. f.* Specie di letto pensile costituito da una rete o da un telo sospesi per i quattro vertici a sostegni. [→ ill. *campeggiatore*]
amadrìade (1) *s. f.* Ninfa boschereccia della mitologia greca.
amadrìade (2) *s. f.* Grossa scimmia africana con muso canino, il cui maschio adulto ha una folta criniera argentata. [→ ill. *animali* 21]
amàlgama *s. m.* (*pl.* -*i*) **1** Lega, generalmente solida, del mercurio con altri metalli. **2** Mescolanza di cose diverse (*anche fig.*).
amalgamàre **A** *v. tr.* (*io amàlgamo*) **1** Legare il mercurio con altri metalli. **2** Mettere insieme cose diverse (*anche fig.*). **B** *v. rifl.* Fondersi, unirsi.
Amamelidàli *s. f. pl.* (*sing.* -*e*) Ordine di piante legnose affine alle Rosali. [→ ill. *piante* 4]
amamèlide *s. f.* Pianta arbustiva delle Amamelidali dalle foglie ovali contenenti sostanze con proprietà emostatiche e fiori gialli.
amanìta *s. f.* Genere di funghi con lamelle disposte a raggera sotto il cappello e un anello nella parte superiore del gambo, comprendente varie specie sia commestibili sia velenose.
amànte **A** *part. pres. di amare; anche agg.* Che ama. **B** *s. m. e f.* Chi è legato a un'altra persona da una relazione amorosa, spec. considerata illecita.
amanuènse *s. m.* **1** Scrivano che, prima dell'invenzione della stampa, curava la trascrizione e la trasmissione di testi. **2** Oggi, copista, scrivano.
amaraménte *avv.* In modo sconsolato.
Amarantàcee *s. f. pl.* Famiglia di piante erbacee e arbustive delle Centrospermali, con foglie alterne e opposte e fiori piccoli in infiorescenze a grappolo o a spiga. [→ ill. *piante* 3]
amarànto *s. m.* **1** Pianta erbacea delle Centrospermali a fusto eretto, foglie di color verde brillante e fiori piccoli riuniti in spighe. [→ ill. *piante* 3] **2** Color rosso intenso con sfumature violacee.
amaràsca e deriv. V. *marasca* e deriv.
amàre **A** *v. tr.* **1** Sentire e dimostrare un profondo affetto per qc.: – *i genitori*; CONTR. Odiare. **2** Sentire solidarietà, affetto e sim. verso qc. o q.c.: – *il prossimo*; – *la propria città* | Interessarsi a, prediligere: – *la musica* | (*est.*) Reagire positivamente a certe condizioni naturali o sociali: *le piante tropicali amano il clima umido.* **3** Sentire e dimostrare un'attrazione sia affettiva che fisica verso qc.: *ama follemente quella donna.* **4** Essere attaccato a q.c.: – *la ricchezza.* **B** *v. rifl. rec.* Provare reciproco affetto: *quei due giovani si amano.* [→ tav. *proverbi* 313]
amareggiàre **A** *v. tr.* (*io amaréggio*) **1** (*raro*) Rendere amaro. **2** (*fig.*) Affliggere, addolorare. **B** *v. rifl.* Crucciarsi, addolorarsi.
amarèna *s. f.* **1** Frutto dell'amareno. **2** Bevanda preparata con sciroppo di amarena.
amarèno *s. m.* Varietà coltivata del visciolo, pianta delle Rosali con frutti di sapore amarognolo.
amarétto *s. m.* **1** Pasticcino a base di pasta di mandorle. [→ ill. *dolciumi*] **2** Liquore dal sapore simile a quello dell'omonimo biscotto.
amarézza *s. f.* **1** Sapore di ciò che è amaro; CONTR. Dolcezza. **2** (*fig.*) Dolore, spec. misto a rancore.
amarìlli o *amarillide s. f.* Pianta erbacea delle Liliflore con foglie allungate a nastro, fiori a calice dai colori intensi.
Amarillidàcee *s. f. pl.* Famiglia di piante erbacee, bulbose delle Liliflore, con foglie lineari o cilindriche e fiori in infiorescenze. [→ ill. *piante* 17]
amarìllide V. *amarilli.*
amàro **A** *agg.* **1** Che ha sapore contrario al dolce, caratteristico della china, dell'assenzio e sim.; CONTR. Dolce. **2** (*fig.*) Che procura scoramento e dolore | *Avere la bocca amara*, sentire un sapore amaro e (*fig.*) rimanere delusi | *Mandare giù un boccone* –, (*fig.*) sopportare un'offesa ingiusta | (*fig.*) *Riso* –, triste. **B** *s. m.* **1** Sapore amaro. **2** Liquore di sapore amaro. **3** (*fig.*) Amarezza, dolore, rancore | *Inghiottire, masticare* –, subire un torto | *Avere dell'– in corpo*, provare astio, rancore.
amarógnolo o *amarò="gnolo"* **A** *agg.* Di sapore amaro, ma non sgradito. **B** *s. m.* Sapore amarognolo.
amàrra *s. f.* Corda di ormeggio.
amàto *part. pass. di amare; anche agg. e s. m.* (*f.* -*a*) Che (o chi) è oggetto d'amore; SIN. Caro, diletto.
amatóre *s. m.* (*f.* -*trìce*) **1** Chi ama. **2** Appassionato: – *di musica* | Intenditore | Collezionista.
amatòrio *agg.* (*lett.*) Dell'amore.
amauròsi *s. f.* (*med.*) Perdita o indebolimento della vista da uno o da entrambi gli occhi.
amàzzone *s. f.* **1** Donna con atteggiamenti virili. **2** Donna che va a cavallo | *Cavalcare all'*–, con tutte e due le gambe da un lato della sella. **3** Abito femminile per cavalcare.
amazzònico *agg.* (*pl. m.* -*ci*) Del Rio delle Amazzoni e dei territori ad esso limitrofi: *foresta amazzonica.*
amazzonite *s. f.* (*miner.*) Minerale in cristalli molto grossi dal colore verde smeraldo.
ambàge *s. f.* **1** (*lett.*) Cammino, giro tortuoso. **2** *spec. al pl.* (*fig.*) Discorso involuto, ambiguo | *Parlare senza ambagi*, chiaramente.
ambascerìa *s. f.* Gruppo di persone mandato con incarichi particolari da uno Stato a un altro.
ambàscia *s. f.* (*pl.* -*sce*) **1** Difficoltà di respiro e conseguente senso di oppressione. **2** (*fig.*) Angoscia, travaglio.
ambasciàta *s. f.* **1** Insieme delle persone inviate da uno Stato nel territorio di un altro allo scopo di intrattenere con lo stesso relazioni internazionali | (*est.*) Ufficio o sede dell'ambasciatore. **2** Ciò che si manda a dire a un altro: *fare, ricevere un'*–.
ambasciatóre *s. m.* (*f.* -*trìce*; V. nota d'uso FEMMINILE) **1** Agente diplomatico di grado più elevato. **2** Chi fa o porta un'ambasciata. [→ tav. *proverbi* 16]
ambàta *s. f.* Nel gioco del lotto, combinazione di due numeri uno dei quali, fisso, può accoppiarsi con uno qualsiasi degli altri ottantanove.
ambedùe **A** *agg. num. inv.* Tutti e due, l'uno e l'altro (seguito dall'art. det.): – *gli amici.* **B** *anche pron. Verremo* –; SIN. Entrambi.
ambi- *primo elemento*: in parole composte dotte significa 'due' o 'di due': *ambidestro, ambivalenza.*
ambiàre *v. intr.* (*io àmbio*) In equitazione e in ippica, andare d'ambio.
ambidèstro *agg.* Che si serve con uguale abilità dell'una e dell'altra mano | Nel calcio, che usa con uguale capacità l'uno o l'altro piede.
ambientàle *agg.* **1** Che si riferisce all'ambiente. **2** Che è tipico di un ambiente.
ambientaménto *s. m.* **1** Collocazione in un certo ambiente, periodo e sim. **2** Adattamento a un ambiente e alla vita che vi si svolge.
ambientàre **A** *v. tr.* (*io ambiènto*) Adattare o porre in un dato ambiente: – *l'azione nel secolo precedente.* **B** *v. rifl.* Abituarsi a un ambiente e alla vita che vi si svolge.
ambientazióne *s. f.* **1** Ambientamento. **2** Nel cinema e nel teatro, ricostruzione delle caratteristiche di un ambiente ottenuta con l'allestimento scenico.
ambiènte *s. m.* **1** Complesso delle condizioni esterne all'organismo e in cui si svolge la vita vegetale e animale. **2** (*est., fig.*) Complesso delle condizioni esterne materiali, sociali, culturali e sim., nell'ambito delle quali si sviluppa, vive e opera un essere umano: *essere, trovarsi nel, fuori dal, proprio* – | Insieme di persone, circolo: *ambienti bene informati*; *gli ambienti politici.* **3** Vano, locale, di un edificio.
ambigènere *agg.* Di sostantivo usato tanto al maschile che al femminile senza che vi sia un mutamento di desinenza (es. *il nipote, la nipote*).
ambiguità *s. f.* Qualità di ambiguo; SIN. Equivocità.
ambìguo *agg.* **1** Che è suscettibile di varie interpretazioni: *discorso* –. **2** Equivoco, spec. moralmente.

àmbio *s. m.* Andatura dei quadrupedi, naturale nel cammello, dromedario, giraffa, ecc., acquisita nel cavallo, per cui vengono portate avanti contemporaneamente le due gambe dello stesso lato, alternativamente all'elevazione di quelle del lato opposto.

ambìre *v. tr. e intr.* (*io ambìsco, tu ambìsci; aus. intr. avere*) Desiderare vivamente: *— un privilegio*; *— a un incarico.*

àmbito (1) *s. m.* Spazio circostante e limitato entro cui ci si muove e si agisce (*anche fig.*); SIN. Campo, cerchia.

ambìto (2) *part. pass. del v. ambire; anche agg.* Desiderato vivamente.

ambivalènte *agg.* Che presenta ambivalenza.

ambivalènza *s. f.* ***1*** Presenza simultanea di sentimenti opposti. ***2*** Carattere di ciò che si presenta sotto due aspetti diversi.

ambizióne *s. f.* ***1*** Desiderio ardente di raggiungere od ottenere q.c. ***2*** Brama sfrenata di successo.

ambizióso ***A*** *agg.* Che nutre o manifesta ambizione; SIN. Vanitoso. ***B*** *s. m.* (*f. -a*) Persona ambiziosa.

ambliopìa *s. f.* (*med.*) Diminuzione dell'acutezza visiva.

àmbo ***A*** *agg. num.* (*m. àmbo, àmbi; f. àmbo, àmbe*) (*lett.*) Entrambi, tutti e due, l'uno e l'altro: *d'— i lati.* ***B*** *s. m.* Nel gioco del lotto, estrazione sulla stessa ruota di due numeri | Nel gioco della tombola, estrazione di due numeri sulla stessa fila della cartella.

ambóne *s. m.* Tribuna provvista di balaustra e leggio, in uso già nelle chiese paleocristiane, adibita alla lettura dell'omelia e alla preghiera universale dei fedeli, durante le celebrazioni liturgiche. [→ ill. *basilica cristiana*]

àmbra *s. f.* Resina fossile di conifera, più o meno trasparente, di colore dal giallo miele al rosso granato; usata come gemma | *— grigia*, prodotto di secrezione dell'intestino del capodoglio; usata in profumeria.

ambràto *agg.* Che ha il profumo o il colore dell'ambra.

ambrétta *s. f.* (*bot.*) Abelmosco.

ambròsia (1) *s. f.* ***1*** Cibo che dava l'immortalità agli dei. ***2*** (*est.*) Cibo, bevanda di sapore squisito.

ambròsia (2) *s. f.* Pianta delle Composite con fiori in grappoli composti di vari capolini.

ambrosiàno ***A*** *agg.* ***1*** Di S. Ambrogio, vescovo di Milano e spec. della riforma liturgica da lui introdotta | *Carnevale —*, che dura fino al sabato seguente al mercoledì delle ceneri. ***2*** (*est.*) Di Milano. ***B*** *s. m.* Milanese.

ambulacràle *agg.* (*zool.*) Che consente il movimento.

ambulàcro *s. m.* ***1*** (*archeol.*) Sala o corridoio per passeggiarvi, in teatri ed edifici pubblici. ***2*** (*zool.*) Ognuno dei cinque settori in cui è divisibile un echinoderma, dal quale sporgono i pedicelli ambulacrali.

ambulànte ***A*** *agg.* Che non ha sede fissa: *suonatore, venditore —.* ***B*** *s. m. e f.* Venditore ambulante.

ambulànza *s. f.* ***1*** Veicolo adibito al trasporto di malati o feriti. ***2*** Formazione sanitaria al seguito dei reparti militari per la prima cura dei feriti.

ambulatoriàle *agg.* Di ambulatorio, che si effettua in ambulatorio: *visita —.*

ambulatòrio ***A*** *agg.* ***1*** Che permette di camminare: *apparato —.* ***2*** Ambulatoriale. ***B*** *s. m.* Locale, o complesso di locali, adibito a prestazioni mediche preventive o curative che non richiedono la degenza.

-àme *suff.*: è derivativo di sost. con valore collettivo (*talora spreg.*): *legname, pietrame, scatolame, vasellame.*

amèba *s. f.* Animale unicellulare dei Protozoi che muta continuamente di forma, per emissione di pseudopodi. [→ ill. *animali* 1, *zoologia*]

amebèo *agg.* Detto di canto eseguito da due personaggi che si rispondono vicendevolmente, tipico del genere pastorale.

amebìasi *s. f.* Malattia infettiva provocata dall'ameba, che colpisce prevalentemente l'intestino.

ameboìde *agg.* Detto di movimento di cellule analogo a quello dell'ameba.

àmen ***A*** *inter.* Formula che, nelle liturgie cristiane, conclude la preghiera. ***B*** *in funzione di s. m. Nelle loc. in un —, in meno di un —*, in un attimo | *Essere, giungere all'—*, alla fine.

amenità *s. f.* ***1*** Dolcezza, piacevolezza. ***2*** Facezia, bizzarria.

amèno *agg.* ***1*** Piacente, ridente, gaio. ***2*** Allegro, divertente | Faceto, bizzarro: *tipo —.*

amenorrèa *s. f.* Assenza del flusso mestruale.

amènto *s. m.* ***1*** Infiorescenza formata da fiori unisessuati disposti a spiga pendente; SIN. Gattino. [→ ill. *botanica*] ***2*** Striscia di cuoio che gli antichi romani fissavano all'impugnatura del giavellotto per meglio maneggiarlo e lanciarlo.

amènza *s. f.* (*med.*) Forma acuta e grave di confusione mentale.

americàna *s. f.* Gara ciclistica a coppie disputata da corridori che si alternano in pista.

americanàta *s. f.* (*scherz.*) Impresa grandiosa, straordinaria, spesso incredibile | Avvenimento grandioso e di gusto eccentrico, quale si è soliti attribuire agli americani.

americanìsmo *s. m.* ***1*** Parola o forma propria dell'uso americano, spec. dell'America del Nord. ***2*** Uso o costume proprio degli americani del Nord. ***3*** Eccessiva ammirazione per il modo di vivere degli abitanti degli Stati Uniti.

americanìsta *s. m. e f.* (*pl. m. -i*) ***1*** Studioso di americanistica. ***2*** Nel ciclismo, corridore che partecipa a un'americana.

americanìstica *s. f.* Disciplina che studia la storia e l'etnologia delle Americhe.

americanizzàre *v. tr.* Adattare ai costumi e alle idee americane, spec. degli Stati Uniti.

americàno ***A*** *agg.; anche s. m.* (*f. -a*) Dell'America | Degli Stati Uniti d'America. ***B*** *s. m.* Aperitivo preparato con vermut e qualche amaro.

amerìcio *s. m.* Elemento chimico artificiale, transuranico, fortemente radioattivo. SIMB. Am.

ametìsta *s. f.* Varietà pregiata di quarzo dal colore violetto.

ametropìa *s. f.* Anormalità dell'occhio, per difetto di rifrazione nel bulbo.

amfetamìna o *anfetamìna s. f.* (*chim.*) Benzedrina.

amiànto *s. m.* Minerale fibroso, varietà di serpentino, usato per rivestimenti o per filati e tessuti non combustibili.

amicàre ***A*** *v. tr.* (*io amìco, tu amìchi*) Rendere amico: *amicarsi qc.* ***B*** *v. rifl. e rifl. rec.* Farsi amico: *amicarsi con, a, qc.*

amichévole *agg.* ***1*** Da amico | *In via —*, come si usa fra amici; SIN. Confidenziale. ***2*** (*sport*) Detto di competizione che si svolge soltanto per allenamento o esibizione.

amichevolménte *avv.* Con amicizia.

amicìzia *s. f.* ***1*** Affetto vivo e reciproco tra due o più persone; SIN. Familiarità; CONTR. Inimicizia. ***2*** Persona con cui si intrattengono rapporti amichevoli. [→ tav. *proverbi* 328]

amìco ***A*** *agg.* (*pl. m. -ci*) Benevolo, favorevole | Amichevole. ***B*** *s. m.* (*pl. -ci; f. -a*) ***1*** Chi è legato da sentimenti di amicizia; CONTR. Nemico. ***2*** (*euf.*) Amante. ***3*** Chi ha particolare interesse o sente particolare attrazione per q.c.: *— della musica.* [→ tav. *proverbi* 10, 105, 128, 279, 328]

amidàceo *agg.* Che contiene amido; SIN. Amilaceo.

amidatùra *s. f.* Nell'industria tessile, operazione di appretto dei tessuti di cotone con una pasta amidacea.

àmido *s. m.* Polisaccaride di riserva dei vegetali, ottenuto industrialmente da cereali; usato per colle, appretti e cosmetici nell'industria alimentare e farmaceutica.

amìgdala *s. f.* ***1*** (*anat.*) Qualsiasi formazione del corpo umano a forma di mandorla. ***2*** Pietra scheggiata a forma di grossa mandorla usata come arma e utensile nell'età della pietra. [→ ill. *armi*]

amigdalìna *s. f.* Glucoside delle mandorle amare che, per idrolisi, sviluppa acido cianidrico.

amilàceo *agg.* Amidaceo.

amilàsi *s. f.* Enzima presente nell'organismo animale e vegetale, che idrolizza parzialmente l'amido a maltosio.

aminoàcido V. *amminoacido.*

amistà *s. f.* (*lett.*) Amicizia.

amìtto *s. m.* Nella liturgia cattolica, quadrato di tela di lino che il celebrante indossa prima del camice, coprendo le spalle e parte del petto. [→ ill. *religione*]

amlètico *agg.* (*pl. m. -ci*) ***1*** Caratteristico di Amleto, personaggio di una tragedia shakespeariana | *Dubbio —*, (*fig.*) che rode l'animo e impedisce l'azione. ***2*** (*est.*) Ambiguo, contradditorio.

amlìra *s. f.* Banconota circolante in Italia nel periodo

1943-1950, emessa dal governo militare alleato di occupazione.

ammaccàre **A** *v. tr.* (*io ammàcco, tu ammàcchi*) Deformare leggermente una superficie mediante urti, pressioni e sim.; SIN. Acciaccare. **B** *v. intr. pron.* Deformarsi, schiacciarsi.

ammaccatùra *s. f.* Deformazione di una superficie, per urti, pressioni e sim. | Segno che resta su corpi e superfici ammaccati; SIN. Contusione.

ammaestràbile *agg.* Che si può ammaestrare.

ammaestraménto *s. m.* Atto dell'ammaestrare | (*est.*) Insegnamento | Norma.

ammaestràre *v. tr.* (*io ammaèstro* o *ammaéstro*) **1** Istruire | Rendere esperto, abile. **2** Addestrare a un lavoro, a esercizi di bravura e sim., detto spec. di animali.

ammaestratóre *s. m.* (*f.* *-trìce*) Chi ammaestra, spec. animali.

ammagliàre *v. tr.* (*io ammàglio*) Legare balle o casse con corde intrecciate a forma di rete.

ammainabandièra *s. m. inv.* Atto e cerimonia dell'ammainare la bandiera.

ammainàre *v. tr.* (*io ammàino* o *raro ammaìno*) Far venire giù filando il canapo, con cui erano sospesi in alto, pennoni, vele, bandiere e sim. | *— la vela*, (*fig.*) rinunciare a un'impresa.

ammalàre **A** *v. tr.* **1** (*raro*) Provocare malattie: *l'acqua infetta ammala chi la beve.* **2** (*fig.*) Corrompere, guastare. **B** *v. intr.* e *intr. pron.* (*aus. essere*) Divenire infermo, essere colpito da malattia.

ammalàto *agg.*; anche *s. m.* (*f.* *-a*) Che (o chi) è colpito da malattia | Malato; SIN. Infermo.

ammaliaménto *s. m.* Incantesimo, malìa | (*fig.*) Seduzione.

ammaliàre *v. tr.* (*io ammàlio*) **1** Affatturare, legare a sé con malie o incantesimi. **2** (*fig.*) Incantare | Affascinare.

ammaliatóre *s. m.*; anche *agg.* (*f.* *-trìce*) Chi (o che) ammalia.

ammaliziàre *v. tr.* e *intr. pron.* Ammalizzire.

ammalizzìre **A** *v. tr.* (*io ammalizzìsco, tu ammalizzìsci*) Rendere malizioso. **B** *v. intr.* (*aus. essere*) Diventare malizioso.

ammànco *s. m.* (*pl.* *-chi*) Somma di denaro che risulta mancante: *— di casa.*

ammanettàre *v. tr.* (*io ammanétto*) **1** Stringere ai polsi con le manette. **2** (*est.*) Arrestare.

ammanicàto *agg.* Legato ad altri da rapporti di omertà, clientelismo e sim.

ammanieràre *v. tr.* (*io ammanièro*) Acconciare, abbellire con artifici.

ammanigliàre *v. tr.* (*io ammanìglio*) (*mar.*) Unire una catena con un'altra per mezzo di una maniglia.

ammanigliàto *part. pass.* di *ammanigliàre*; anche *agg.* **1** Unito con maniglie. **2** (*fig.*) Che si vale di raccomandazioni, che dispone di protezioni influenti.

ammannìre *v. tr.* (*io ammannìsco, tu ammannìsci*) Preparare, allestire, apparecchiare.

ammansìre **A** *v. tr.* (*io ammansìsco, tu ammansìsci*) **1** Rendere mansueto. **2** (*fig.*) Rabbonire. **B** *v. intr.* e *intr. pron.* (*aus. essere*) Divenire mansueto.

ammantàre **A** *v. tr.* **1** Avvolgere con manto. **2** (*fig.*) Coprire. **B** *v. rifl.* **1** Avvolgersi in un manto | (*est.*) Vestirsi. **2** (*fig.*) Ostentare qualità che non si hanno: *ammantarsi di virtù.* **C** *v. intr. pron.* Ricoprirsi: *il prato si ammanta di fiori.*

ammànto *s. m.* (*lett.*) Manto, vestimento.

ammaràggio *s. m.* Atto o manovra dell'ammarare.

ammaràre *v. intr.* Scendere fino a posarsi sull'acqua, detto di idrovolante o di veicolo spaziale.

ammarezzàre *v. tr.* Dare al panno, alla carta o alla latta un effetto d'ondeggiamento nelle tinte.

ammassaménto *s. m.* Modo, atto dell'ammassare o dell'ammassarsi | Accumulo, mucchio.

ammassàre **A** *v. tr.* Mettere insieme, raccogliere in massa | Ammucchiare, accumulare, risparmiare: *— ricchezze.* **B** *v. intr. pron.* **1** Far massa, affollarsi. **2** Accumularsi.

ammassicciàre **A** *v. tr.* (*io ammassìccio*) **1** Riunire in massa compatta. **2** Massicciare: *— una strada.* **B** *v. intr. pron.* Divenire massiccio.

ammàsso *s. m.* **1** Mucchio, quantità di oggetti ammassati; SIN. Congerie, cumulo. **2** Raccolta di generi, spec. alimentari, ordinata e amministrata dallo Stato | (*est.*) Locale di deposito di tali generi: *portare il grano all'—.* **3** (*astron.*) *— stellare*, agglomeramento di stelle che appare di elevata densità.

ammatassàre *v. tr.* Ridurre in matassa.

ammattiménto *s. m.* L'ammattire (*spec. fig.*) | (*est.*) Ciò che fa ammattire.

ammattìre *v. intr.* (*io ammattìsco, tu ammattìsci*; *aus. essere*) **1** Diventare matto: *— per il dolore*; SIN. Impazzire. **2** (*fig.*) Perdere la calma | Perdere la testa, scervellarsi.

ammattonàre *v. tr.* (*io ammattóno*) Pavimentare con mattoni.

ammattonàto **A** *part. pass.* di *ammattonare*; anche *agg.* Pavimentato con mattoni. **B** *s. m.* Pavimento di mattoni.

ammazzaménto *s. m.* **1** Uccisione. **2** (*fig.*) Lavoro molto gravoso.

ammazzàre **A** *v. tr.* **1** Dare la morte in modo violento: *l'ammazzò come un cane*; SIN. Uccidere. **2** (*fig.*) Affaticare gravemente: *questo lavoro ci ammazza* | *— il tempo*, occuparlo in qualche modo per vincere la noia. **B** *v. rifl.* **1** Darsi la morte: *per il dispiacere si è ammazzato.* **2** (*fig.*) Affaticarsi gravemente: *ammazzarsi di lavoro.* **C** *v. intr. pron.* Trovare involontariamente la morte: *si è ammazzato in un incidente automobilistico.* [→ tav. *proverbi* 211, 275]

ammazzasètte *s. m. inv.* Chi si vanta di forza o bravura inesistenti; SIN. Smargiasso, spaccone.

ammazzatóio *s. m.* Mattatoio, macello.

ammencìre **A** *v. tr.* (*io ammencìsco, tu ammencìsci*) Rendere floscio, vizzo. **B** *v. intr.* (*aus. essere*) Divenir floscio | Avvizzire.

ammènda *s. f.* **1** (*dir.*) Pena pecuniaria prevista per le contravvenzioni; CFR. Multa. **2** (*fig.*) Riconoscimento e riparazione di una colpa, di un errore: *fare —.*

ammendaménto *s. m.* **1** Emendamento. **2** Qualsiasi accorgimento atto a migliorare un terreno agrario.

ammendàre **A** *v. tr.* (*io ammèndo*) **1** (*lett.*) Emendare | Correggere. **2** Sottoporre un terreno ad ammendamento. **B** *v. rifl.* (*lett.*) Correggersi | Emendarsi.

ammennìcolo *s. m.* **1** Appoggio, prova | (*est.*) Pretesto, cavillo. **2** (*fig.*) Elemento accessorio e di poco conto.

ammésso **A** *part. pass.* di *ammettere*; anche *agg.* **1** Ricevuto, accolto. **2** Concesso, supposto | *— che*, dato che, posto che. **B** *s. m.* (*f.* *-a*) Chi può accedere: *gli ammessi al concorso.*

ammettènza *s. f.* Grandezza elettrica usata per il calcolo dei circuiti a corrente alternata: è reciproca dell'impedenza.

ammèttere *v. tr.* (*coniug. come mettere*) **1** Lasciar entrare: *— all'udienza* | Accogliere, ricevere: *— nella propria famiglia* | Accettare: *— qc. agli esami.* **2** Permettere, consentire: *non ammettiamo discussioni* | Riconoscere valido: *— l'esistenza di Dio* | Supporre: *ammettiamo pure la sua innocenza*; SIN. Concedere.

ammezzàre *v. tr.* (*io ammèzzo*) **1** Dividere a metà. **2** Fare o dire a metà: *— un lavoro, un discorso.*

ammezzàto **A** *part. pass.* di *ammezzare*; anche *agg.* Dimezzato | *Piano —*, posto fra il pianterreno e il primo piano. **B** *s. m.* Piano ammezzato.

ammiccaménto *s. m.* **1** Cenno d'intesa. **2** (*med.*) Rapida e istantanea chiusura di entrambe le palpebre, dovuta a un riflesso fisiologico; SIN. Nittitazione.

ammiccàre *v. intr.* (*io ammìcco, tu ammìcchi*; *aus. avere*) Fare cenni d'intesa, spec. con gli occhi e di nascosto: *ammiccò al ragazzo* | Strizzare l'occhio.

ammìde *s. f.* Composto organico che deriva dall'ammoniaca per sostituzione di uno o più atomi di idrogeno con radicali acidi.

ammìdico *agg.* (*pl. m.* *-ci*) Di ammide.

ammìna *s. f.* Composto organico basico che deriva dall'ammoniaca per sostituzione di uno o più atomi di idrogeno con radicali organici.

ammìnico *agg.* (*pl. m.* *-ci*) Di ammina.

amministràre *v. tr.* **1** Prendersi cura dei beni pubblici o privati | *— lo Stato*, governarlo | *— la giustizia*, esplicare le attività idonee a garantire l'esatta applicazione del diritto. **2** (*raro*) Porgere, somministrare: *— i sacramenti.*

amministrativaménte *avv.* Per quanto concerne l'amministrazione | Per via amministrativa.

amministrativo *agg.* Che si riferisce all'amministrazione

pubblica o privata.
amministratóre **A** *agg.* (*f.* *-trice*) Che amministra q.c. **B** *s. m.* (v. nota d'uso FEMMINILE) Chi amministra | — *delegato*, nelle società di capitale, componente del consiglio di amministrazione che su delega di questo ne esplica alcune funzioni.
amministrazióne *s. f.* **1** Atto e modo dell'amministrare. **2** Attività che gli organi di un'azienda svolgono per il raggiungimento del fine aziendale | *Consiglio d'—*, l'insieme degli amministratori di una società. **3** Concreta attività dello Stato svolta per provvedere ai pubblici bisogni: — *pubblica*. **4** Sede delle attività amministrative di un'azienda.
amminoàcido o *aminoàcido* *s. m.* (*chim.*) Ciascuno dei composti organici contenenti gruppi amminici e gruppi carbossilici; costituente delle proteine, di vitale importanza nel metabolismo animale.
amminoplàsto *s. m.* Materia plastica ottenuta per condensazione di ammine o ammidi con formaldeide, usato spec. come collante e vernice.
ammiràbile *agg.* Che è degno di ammirazione; SIN. Ammirevole.
ammiràglia *s. f.* Nave da guerra su cui è imbarcato l'ammiraglio | Nella marina mercantile, la nave maggiore di una compagnia di navigazione.
ammiragliàto *s. m.* **1** Dignità e ufficio dell'ammiraglio. **2** Consesso superiore della Marina militare. **3** Edificio sede dell'ammiragliato.
ammiràglio *s. m.* Comandante di un complesso rilevante di navi da guerra.
ammiràre *v. tr.* **1** Osservare, contemplare con ammirazione e meraviglia. **2** (*est.*) Provare stima, rispetto, considerazione.
ammiratìvo *agg.* Che denota ammirazione.
ammiratóre *s. m.* (*f.* *-trice*) **1** Chi ammira. **2** Corteggiatore.
ammirazióne *s. f.* **1** Atto dell'ammirare. **2** Sentimento di grande stima, considerazione | (*est.*) Persona o cosa che suscita tale sentimento.
ammirévole *agg.* Che è degno di ammirazione; SIN. Ammirabile.
ammissìbile *agg.* Che si può ammettere; CONTR. Inammissibile.
ammissióne *s. f.* **1** Accoglimento, accettazione | *Esame d'—*, quello che consente il passaggio a una classe superiore. **2** Approvazione, riconoscimento: *per sua —*.
ammobiliaménto *s. m.* Atto dell'ammobiliare | (*est.*) Insieme dei mobili che arredano una casa, una stanza e sim.
ammobiliàre *v. tr.* (*io ammobilio*) Fornire di mobili: — *un appartamento*.
ammodernaménto *s. m.* L'ammodernare.
ammodernàre *v. tr.* (*io ammodèrno*) Dare un aspetto moderno, nuovo.
ammòdo **A** *avv.* Con cura, con garbo, come si conviene: *fare le cose —*; *comportati —*. **B** *agg. inv.* Detto spec. di persona, saggio, bene educato e sim.
ammogliàre **A** *v. tr.* (*io ammóglio*) Dare moglie. **B** *v. rifl.* Prendere moglie.
ammogliàto *part. pass. di ammogliare; anche agg. e s. m.* Che (o chi) ha moglie.
ammollàre (1) **A** *v. tr.* (*io ammòllo*) Rendere molle, spec. bagnando nell'acqua: — *il pane nel vino*. **B** *v. intr. e intr. pron.* (*aus. essere*) Diventare molle | Impregnarsi di umidità.
ammollàre (2) *v. tr.* (*io ammòllo*) **1** Allentare, mollare: — *un cavo*. **2** (*fig.*) Affibbiare, appioppare.
ammolliménto *s. m.* **1** Ammorbidimento. **2** (*fig.*) Intenerimento | Infiacchimento.
ammollìre **A** *v. tr.* (*io ammollisco, tu ammollisci*) **1** Rendere molle, ammorbidire. **2** (*fig., lett.*) Raddolcire, intenerire. **B** *v. intr. pron.* **1** Diventare molle. **2** (*fig.*) Ammansirsi | Intenerirsi.
ammoniaca *s. f.* Gas incoloro, irritante, che in acqua ha reazione alcalina, ottenuto spec. per sintesi da azoto e idrogeno; utilizzato in farmacia e in varie lavorazioni industriali.
ammoniacàle *agg.* Di ammoniaca.
ammoniménto *s. m.* **1** Esortazione, avvertimento. **2** Rimprovero, correzione.
ammònio *s. m.* (*chim.*) Gruppo monovalente positivo presente nelle soluzioni acquose dell'ammoniaca e dei suoi sali.
ammonìre *v. tr.* (*io ammonisco, tu ammonisci*) **1** Mettere in guardia con energia e autorevolezza, contro errori, pericoli e sim.: — *i giovani contro le tentazioni*. **2** Rimproverare, riprendere, correggere: — *qc. per una mancanza*. **3** (*dir., sport*) Rivolgere a qc. un'ammonizione.
ammonìti *s. f. pl.* (*sing.* *-e*) Molluschi fossili della classe dei Cefalopodi, dell'era secondaria, con guscio piano e a forma di spirale. [→ ill. *paleontologia*]
ammonìto **A** *part. pass. di ammonire; anche agg.* Messo in guardia | Rimproverato. **B** *s. m.* (*f.* *-a*) Chi ha ricevuto un'ammonizione.
ammonitóre *s. m.; anche agg.* (*f.* *-trice*) Chi (o che) ammonisce.
ammonizióne *s. f.* **1** Esortazione, avvertimento: *i passati dolori ti siano di — per il futuro*; SIN. Monito. **2** Riprensione, correzione; SIN. Rimprovero. **3** (*dir.*) Sanzione amministrativa, irrogabile ai dipendenti, consistente in un formale rimprovero | Provvedimento con cui l'autorità di pubblica sicurezza impone alle persone socialmente pericolose l'osservanza di date norme. **4** (*sport*) Avvertimento che l'arbitro dà al giocatore che abbia commesso una scorrettezza.
ammonizzazióne *s. f.* (*biol., chim.*) Processo microbico di trasformazione dell'azoto organico del terreno in azoto ammoniacale.
ammontàre **A** *v. tr.* (*io ammónto*) Ammassare oggetti uno sull'altro. **B** *v. intr.* (*aus. essere*) Assommare: *i debiti ammontano a un milione*; SIN. Ascendere. **C** *in funzione di s. m.* Totale complessivo: *l'— delle spese*.
ammonticchiàre **A** *v. tr.* (*io ammonticchio*) Ammucchiare, spec. in modo disordinato: — *libri, stoviglie, abiti*. **B** *v. rifl.* (*raro*) Accalcarsi.
ammorbàre *v. tr.* (*io ammòrbo*) Rendere malsano e infetto, trasmettere una malattia | Appestare, detto di pessimi odori; SIN. Infettare.
ammorbidènte **A** *part. pres. di ammorbidire; anche agg.* Che ammorbidisce. **B** *s. m.* Additivo usato nel lavaggio dei tessuti per attenuarne la rigidità.
ammorbidiménto *s. m.* L'ammorbidire, l'ammorbidirsi | (*fig.*) Attenuazione | (*fig.*) Atteggiamento più conciliante.
ammorbidìre **A** *v. tr.* (*io ammorbidisco, tu ammorbidisci*) **1** Rendere morbido; SIN. Ammollire; CONTR. Indurire. **2** (*fig.*) Addolcire. **B** *v. intr. e intr. pron.* (*aus. essere*) **1** Diventare morbido, molle. **2** (*fig.*) Addolcirsi.
ammortaménto *s. m.* **1** Estinzione graduale di un debito con gli interessi passivi. **2** Reintegrazione entro un periodo stabilito di spese, capitali per impianti, ammodernamenti e sim. mediante pagamenti periodici e accantonamenti di quote, calcolati in base a un piano finanziario.
ammortàre *v. tr.* (*io ammòrto*) Estinguere, entro un certo periodo di tempo, un debito | Reintegrare in un periodo determinato le spese d'impianto.
ammortìre *v. tr.* (*io ammortisco, tu ammortisci*) **1** Rendere inerte, torpido. **2** (*fig.*) Affievolire.
ammortizzàbile *agg.* Che si può ammortizzare.
ammortizzaménto *s. m.* **1** Ammortamento. **2** Assorbimento di urti e vibrazioni.
ammortizzàre *v. tr.* **1** Ammortare. **2** Attutire urti e vibrazioni mediante ammortizzatori.
ammortizzatóre *s. m.* Dispositivo per attutire urti e vibrazioni, che nei veicoli attenua i sobbalzi causati dalle irregolarità della strada.
ammorzàre *v. tr.* (*io ammòrzo*) Spegnere, estinguere, smorzare (*anche fig.*).
ammosciàre *v. tr., intr. e intr. pron.* (*io ammóscio; aus. intr. essere*) (*dial.*) Ammoscire.
ammoscìre **A** *v. tr.* (*io ammoscisco, tu ammoscisci*) Rendere moscio. **B** *v. intr. e intr. pron.* (*aus. essere*) Diventare moscio.
ammostàre **A** *v. tr.* (*io ammósto*) Pigiare l'uva per farne mosto. **B** *v. intr.* (*aus. avere*) Produrre mosto.
ammostatóio *s. m.* Strumento di legno per ammostare e muovere la vinaccia.
ammostatùra *s. f.* Preparazione del mosto atto a essere fermentato.

ammucchiaménto *s. m.* Ammassamento, cumulo.
ammucchiàre **A** *v. tr.* (*io ammùcchio*) Mettere in mucchio | Accumulare. **B** *v. intr. pron.* Affollarsi, ammassarsi.
ammuffire *v. intr.* (*io ammuffisco, tu ammuffisci; aus. essere*) **1** Fare la muffa. **2** (*fig.*) Invecchiare o sciuparsi tenendosi appartato dalla vita attiva: — *sui libri, in casa.*
ammuffito *part. pass. di ammuffire; anche agg.* **1** Muffo. **2** (*fig.*) Vecchio, superato, retrivo.
ammusàre **A** *v. intr.* (*aus. essere*) Star vicino col muso, detto di animali. **B** *v. tr.* (*raro*) Toccare col muso. **C** *v. rifl. rec.* (*lett.*) Toccarsi muso con muso.
ammutinaménto *s. m.* Rifiuto di obbedire a un ordine superiore da parte di appartenenti alle forze armate, di membri di un equipaggio, di carcerati.
ammutinàre **A** *v. tr.* (*io ammùtino o ammutìno*) (*raro*) Indurre all'ammutinamento. **B** *v. intr. pron.* Rendersi colpevole di ammutinamento.
ammutinàto *part. pass. di ammutinare; anche agg. e s. m.* Colpevole di ammutinamento.
ammutolire **A** *v. intr.* (*io ammutolisco, tu ammutolisci; aus. essere*) Divenire silenzioso | (*est.*) Tacere improvvisamente per paura, vergogna e sim. **B** *v. tr.* (*raro*) Rendere muto.
amnesìa *s. f.* Perdita totale o parziale della memoria.
àmnio *s. m.* (*biol.*) Membrana che forma un sacco ripieno di liquido in cui è sospeso l'embrione dei Vertebrati superiori.
amniòtico *agg.* (*pl. m. -ci*) Dell'amnio | *Liquido* —, secreto della membrana amniotica e in essa contenuto.
amnistìa *s. f.* Provvedimento generale con cui lo Stato rinuncia ad applicare la pena a certi reati che si considerano estinti.
amnistiàre *v. tr.* (*io amnìstio o amnistìo*) Applicare l'amnistia.
amnistiàto *part. pass. di amnistiare; anche agg. e s. m.* (*f. -a*) Che (o chi) ha beneficiato di un'amnistia.
àmo *s. m.* **1** Uncino di acciaio o ferro che, con l'esca, serve per la cattura del pesce. [→ ill. *pesca*] **2** (*fig.*) Lusinga, insidia | *Abboccare all'*—, cadere in un inganno.
amòmo *s. m.* (*bot.*) Cardamomo.
amoràle *agg.* Che risulta estraneo e indifferente a qualsiasi valutazione morale; CFR. Immorale.
amoralità *s. f.* L'essere amorale.
amoràzzo *s. m.* Tresca.
amóre *s. m.* **1** Moto affettuoso, inclinazione profonda verso qc. o q.c.: — *paterno, materno, fraterno* | *D'— e d'accordo,* senza contrasti | *Per — o per forza,* in ogni modo | — *di sé,* egocentrismo | *Amor proprio,* senso del proprio valore, della propria dignità, che può confinare con l'ambizione, la vanità e sim.; CONTR. Odio. **2** Attrazione sessuale verso un'altra persona: — *corrisposto, tormentato, infelice* | *Fare all'—, fare l'— con qc.,* fare la corte a qc., essere fidanzati, amoreggiare con qc.; congiungersi sessualmente con qc. | *Patire, soffrire il mal d'—,* amare con intensità dolorosa. **3** Aspirazione ardente e continuata alla realizzazione di un ideale etico, politico, religioso e sim.: — *della patria* | Interesse appassionato, predilezione: — *per le arti.* **4** Forte desiderio di q.c.: — *del denaro;* — *per la vita.* **5** (*fig.*) Dio: *il Sommo, Eterno, Divino* —. **6** Chi è (o ciò che è) oggetto di amore (*anche scherz.*): *la musica è il suo unico —; è venuto il tuo —?* | Molto attraente: *la tua bambina è proprio un* —. **7** (*per est.*) *spec. al pl.* Avventure amorose: *non fa che parlare dei suoi amori!* **8** Dio dell'amore. [→ tav. *proverbi* 156, 337]
amoreggiaménto *s. m.* L'amoreggiare | Relazione amorosa, spec. frivola e superficiale.
amoreggiàre *v. intr.* (*io amoréggio; aus. avere*) Intrattenere rapporti amorosi, spec. frivoli e superficiali.
amorétto *s. m.* Amore superficiale e di breve durata.
amorévole *agg.* Che sente e dimostra amore; SIN. Affettuoso, tenero.
amorevolézza *s. f.* **1** Sollecitudine, premura affettuosa; SIN. Affettuosità, tenerezza. **2** (*est.*) Atto che dimostra affetto.
amorevolménte *avv.* Con amore | Con le buone.
amòrfo *agg.* **1** Che è privo di forma: *materia amorfa* | (*fig.*) Che è privo di personalità: *individuo* —. **2** (*fis., chim.*) Detto di sostanza che non ha costituzione cristallina.
amorino *s. m.* **1** Puttino, dipinto o scolpito, raffigurante il dio Amore. **2** (*fig.*) Fanciullo delicato e leggiadro. **3** Divano ottocentesco fatto in forma di S sdraiata. **4** (*bot.; pop.*) Reseda.
amoróso **A** *agg.* **1** Pertinente all'amore: *passione amorosa.* **2** Che possiede, dimostra, ispira amore: *sguardo* —. **B** *s. m.* (*f. -a*) Innamorato, amante.
amovibile *agg.* Che si può spostare, rimuovere.
ampeloterapìa *s. f.* Cura a base di uva.
amperàggio *s. m.* Intensità di una corrente elettrica espressa in ampere.
ampere /fr. ɑ̃'pɛr/ *s. m. inv.* (*pl. fr. ampères* /ɑ̃'pɛr/) Unità d'intensità della corrente elettrica. SIMB. A.
amperòmetro *s. m.* Strumento che misura in ampere l'intensità di una corrente elettrica. [→ ill. *elettricità, misure*]
amperóra *s. m. inv.* Unità di quantità di elettricità, corrispondente a quella trasportata da una corrente di un ampere durante un'ora.
amperspira *s. f.* Unità di misura della forza magnetomotrice dovuta alla corrente elettrica.
àmpex *s. m.* Macchina per la registrazione magnetica delle immagini | (*per anton.*) Registrazione videomagnetica. [→ ill. *televisione*]
ampiézza *s. f.* **1** Qualità di ciò che è ampio; SIN. Estensione, spaziosità. **2** Grandezza | (*fig.*) Vastità di pensiero, dottrina e sim.: *mente di grande* —. **3** (*fis.*) Massima deviazione di una grandezza, periodicamente variabile, dal suo valore medio. **4** (*mat.*) Grandezza, larghezza: *l'— di un angolo.*
àmpio *agg.* (*sup. amplissimo*) **1** Che ha grande estensione; SIN. Capace, esteso, spazioso. **2** (*est.*) Abbondante: *ampie garanzie.*
amplèsso *s. m.* (*lett.*) Abbraccio | (*euf.*) Coito.
ampliaménto o *ampliaménto s. m.* Ingrandimento, allargamento, estensione.
ampliàre o *ampliàre* **A** *v. tr.* (*io àmplio*) Rendere più ampio | (*fig.*) Accrescere, aumentare; SIN. Estendere. **B** *v. intr. pron.* Allargarsi, ingrandirsi.
amplificàre *v. tr.* (*io amplìfico, tu amplìfichi*) **1** Dare maggiore ampiezza. **2** Presentare con esagerazione retorica | (*fig.*) Magnificare, esagerare. **3** Moltiplicare il valore di una grandezza fisica, mediante adeguati dispositivi.
amplificatóre **A** *agg.* (*f. -trice*) Che amplifica: *impianto* —. **B** *s. m.* **1** Chi amplifica. **2** Dispositivo avente lo scopo di moltiplicare in un dato rapporto una grandezza fisica, spec. un segnale elettrico. **3** Apparecchiatura atta ad aumentare l'intensità di un segnale elettroacustico per renderne possibile la trasmissione e la ricezione. [→ ill. *strumenti musicali, suono*]
amplificazióne *s. f.* **1** (*raro*) Ampliamento | Aumento. **2** Esagerazione retorica. **3** Moltiplicazione del valore di una grandezza fisica | Effetto ottenuto mediante l'amplificatore. [→ ill. *radio*]
amplìssimo *agg.* **1** *Sup. di ampio.* **2** (*lett.*) Grande, magnifico.
ampólla *s. f.* **1** Piccolo contenitore di vetro o di ceramica, a base larga e panciuta e a imboccatura stretta: *le ampolle dell'olio, dell'aceto.* **2** (*est.*) Involucro, spec. di vetro, in cui viene praticato il vuoto o vengono introdotti gas inerti per consentire particolari effetti elettrici o elettronici: — *del tubo a raggi catodici, a raggi x.* [→ ill. *elettronica, nucleare*]
ampollièra *s. f.* Sostegno per ampolle.
ampollina *s. f.* **1** *Dim. di ampolla.* **2** Ciascuna delle due piccole ampolle che contengono vino e acqua, usate nella celebrazione della Messa. [→ ill. *religione*]
ampollosità *s. f.* Eccessiva gonfiezza nel parlare o nello scrivere.
ampollóso *agg.* Gonfio, ridondante, magniloquente.
amputàbile *agg.* Che si può amputare.
amputàre *v. tr.* (*io àmputo*) **1** Asportare un organo del corpo umano o una parte di esso. **2** (*fig.*) Eliminare una parte di un discorso, uno scritto e sim.
amputazióne *s. f.* **1** Asportazione di organo (o parte di esso) del corpo umano. **2** (*fig.*) Eliminazione di parti di un discorso e sim.
amulèto o *amuléto s. m.* Oggetto che si ritiene preservi

da mali, pericoli e sim.
àna *avv.* Termine che, nella ricettazione farmaceutica, significa che delle sostanze prescritte si devono prendere parti uguali o fare uguale distribuzione.
ana- (1) *pref.*: in parole composte dotte, significa 'sopra': *anagogia, anagrafe.*
ana- (2) *pref.*: in parole composte dotte, significa 'indietro', 'contro': *anabiosi, anabattista.*
anabàtico *agg.* (*pl. m. -ci*) Detto di vento locale dovuto al movimento ascendente di masse d'aria.
anabattista *s. m. e f.* (*pl. m. -i*) Seguace di una setta protestante tedesca che sosteneva l'invalidità del battesimo impartito ai neonati e la necessità di rinnovarlo in età di ragione.
anabbagliànte ***A*** *agg.* Che non abbaglia: *luce* – | Detto del fascio di luce emesso dai proiettori degli autoveicoli e deviato verso il basso per non abbagliare chi giunge in senso opposto. ***B*** *s. m.* Negli autoveicoli, proiettore che emette tale fascio di luce; CFR. Abbagliante.
anabiòsi *s. f.* (*biol.*) Vita latente provocata dalla disidratazione o dal raffreddamento, che si può osservare in alcuni invertebrati e protozoi.
anabolismo *s. m.* (*biol.*) Fase attiva del metabolismo, in cui le sostanze introdotte nell'organismo si trasformano in materiale energetico o di accumulo.
anabolizzànte *s. m.* Sostanza che favorisce nell'organismo l'insieme dei processi costruttivi che portano alla formazione di nuovi tessuti.
Anacardiàcee *s. f. pl.* Famiglia di piante legnose delle Terebintali, resinose, odorose, con foglie alterne pennate e frutto a capsula. [→ ill. *piante* 7]
anacàrdio *s. m.* Pianta arborea tropicale delle Terebintali con fiori in pannocchie e frutti oleosi commestibili ('noci di acagiù') sorretti da peduncoli molto ingrossati anch'essi commestibili ('pomi di acagiù').
anaciclico *agg.* (*pl. m. -ci*) Detto di verso leggibile anche a ritroso senza variazione di senso.
anacolùto *s. m.* (*ling.*) Costrutto con mancanza o incongruenza di nessi sintattici (es. *è un'automobile che ci si sta bene dentro*).
anacònda *s. m. inv.* Grosso serpente tropicale non velenoso, che conduce vita semi-acquatica. [→ ill. *animali* 7]
anacorèta *s. m.* (*pl. -i*) Chi si ritirava a vivere nel deserto per raggiungere, in mortificazione e in preghiera, la perfezione cristiana | *Vita da* –, semplice e solitaria; SIN. Eremita.
anacorètico *agg.* (*pl. m. -ci*) Di, da anacoreta.
anacreòntica *s. f.* Breve poesia, nello stile del poeta greco Anacreonte, d'argomento amoroso o bacchico.
anacronismo *s. m.* ***1*** Errore di cronologia per cui si attribuiscono cose o fatti caratteristici di un'epoca a un'altra diversa. ***2*** (*est.*) Persona, idea, atteggiamento e sim. in contrasto col suo tempo.
anacronìstico *agg.* (*pl. m. -ci*) Che pecca di anacronismo.
anacrùsi *s. f.* ***1*** (*ling.*) Nella metrica classica, sillaba iniziale di un verso considerata fuori tempo. ***2*** (*mus.*) Nota o gruppo di note che talvolta precedono il primo tempo forte di una battuta.
anaeròbio *s. m.* Microrganismo che vive in assenza di ossigeno libero.
anaerobiòsi *s. f.* Vita in assenza di ossigeno libero.
anafilàssi *s. f.* (*med.*) Aumentata reattività dell'organismo a sostanze già in passato inoculate in esso.
anàfora *s. f.* Figura retorica che consiste nel ripetere una o più parole all'inizio di periodi o frasi successive (es. *secondo me tu sbagli, secondo me tu fai male*) | Procedimento linguistico che consiste nel riprendere con un termine, spec. un pronome, una frase precedente o parte di essa (es. *ha fatto tutto da solo, questo è ammirevole*).
anaforèsi *s. f.* (*fis.*) Migrazione verso l'anodo di particelle cariche negativamente.
anàglifo *s. m.* Oggetto ornamentale scolpito in bassorilievo.
anaglìttica *s. f.* Arte di intagliare o incidere pietre dure o preziose.
anagogìa *s. f.* (*pl. -gìe*) Forma di interpretazione mistica delle Scritture Sacre.
anagògico *agg.* (*pl. m. -ci*) Dell'anagogia.
anàgrafe *s. f.* ***1*** Registro in cui sono indicati i mutamenti numerici e lo stato giuridico della popolazione di un comune. ***2*** Ufficio comunale in cui è custodito tale registro.
anagràfico *agg.* (*pl. m. -ci*) Dell'anagrafe.
anagràmma *s. m.* (*pl. -i*) Gioco enigmistico consistente nella trasposizione delle lettere di una parola in modo da formarne un'altra.
anagrammàre ***A*** *v. tr.* Fare l'anagramma di una parola o d'una frase. ***B*** *v. intr. pron.* Formare anagramma del proprio nome: *Renato Fucini si anagrammò in Neri Tanfucio.*
anagrammàtico *agg.* (*pl. m. -ci*) Di anagramma.
anagrammista *s. m. e f.* (*pl. m. -i*) Chi compone o risolve anagrammi.
analcòlico ***A*** *agg.* (*pl. m. -ci*) Che non contiene alcol. ***B*** *s. m.* Bevanda priva di alcol. • CONTR. Alcolico.
anàle *agg.* Relativo all'ano. [→ ill. *zoologia*]
analèttico *s. m.* (*pl. -ci*) Medicamento capace di eccitare transitoriamente l'attività cardiaca, circolatoria e respiratoria.
analfabèta *agg.; anche s. m. e f.* (*pl. m. -i*) Che (o chi) non sa leggere e scrivere; CONTR. Alfabeta.
analfabètico *agg.* (*pl. m. -ci*) Che non si fonda sulle lettere dell'alfabeto.
analfabetismo *s. m.* ***1*** Condizione dell'analfabeta | – *di ritorno*, condizione di chi ha perso per lunga desuetudine la capacità di leggere e scrivere. ***2*** Fenomeno sociale per cui una determinata percentuale di persone è incapace di leggere e scrivere: *la piaga dell'*–.
analgesìa *s. f.* Riduzione o soppressione della sensibilità al dolore.
analgèsico ***A*** *agg.* (*pl. m. -ci*) Relativo ad analgesia | Che produce analgesia: *farmaco* –. ***B*** *s. m.* Medicamento analgesico.
anàlisi *s. f.* ***1*** Metodo di studio consistente nello scomporre un tutto nelle sue componenti per esaminarle una per una, traendone le debite conclusioni; CONTR. Sintesi | – *grammaticale*, che identifica le parti del discorso in un testo | – *logica*, che mira all'identificazione della funzione sintattica di singole parole o gruppi di parole in un testo | (*est.*) Indagine, studio approfondito | *In ultima* –, in conclusione. ***2*** In varie discipline scientifiche, insieme delle operazioni aventi lo scopo di determinare la natura, le caratteristiche e sim. di una sostanza: – *del sangue*. [→ ill. *misure*] ***3*** – *matematica*, ramo della matematica che studia il calcolo infinitesimale. ***4*** Trattamento psicanalitico: *essere in* –.
analista *s. m. e f.* (*pl. m. -i*) ***1*** Chi esegue analisi, spec. chimiche, mediche e sim. ***2*** Chi studia e prepara la programmazione per l'impiego degli elaboratori elettronici. ***3*** Psicanalista.
analitica *s. f.* Qualsiasi disciplina che si fonda sul procedimento dell'analisi.
analiticaménte *avv.* Per via di analisi.
analitico *agg.* (*pl. m. -ci*) ***1*** Proprio dell'analisi: *metodo* –; CONTR. Sintetico. ***2*** Atto all'analisi: *intelligenza analitica*; *bilancia analitica* | *Indice* –, nei libri, quello che indica le pagine in cui si parla di un dato autore o di un dato argomento. [→ ill. *chimico*]
analizzàbile *agg.* Che si può analizzare.
analizzàre *v. tr.* ***1*** Sottoporre q.c. ad analisi. ***2*** (*est.*) Esaminare punto per punto.
analizzatóre *s. m.* (*f. -trìce*) ***1*** Chi fa un'analisi, spec. chimica. ***2*** Strumento per fare analisi.
anallèrgico *agg.* (*pl. m. -ci*) Che non produce allergia.
analogaménte *avv.* In modo simile o adeguato.
analogìa *s. f.* (*pl. -gìe*) ***1*** Relazione e affinità di due o più cose tra loro | Somiglianza. ***2*** Influenza assimilatrice che una forma linguistica esercita su un'altra.
analogicaménte *avv.* Per via di analogia.
analògico *agg.* (*pl. m. -ci*) ***1*** Che è tipico dell'analogia | Che si basa sull'analogia. ***2*** *Orologio* –, orologio tradizionale, con indicazione delle ore mediante lancette; CFR. Digitale.
anàlogo *agg.* (*pl. m. -ghi*) Che ha analogia con q.c.: *una situazione analoga alla tua*; SIN. Affine, simile.
anamnèsi o *anàmnesi* *s. f.* (*med.*) Raccolta dei dati riguardanti i precedenti fisiologici e patologici personali ed ereditari dei pazienti, compiuta a scopo diagnostico.

anamorfòṣi *s. f.* Artifizio pittorico per inserire in una composizione immagini non percepibili se non osservate di scorcio o da un dato punto di vista.
ànanas o *ananàs, ananàsso s. m.* **1** Pianta delle Farinose con lunghe foglie spinose ai margini, disposte a rosetta, dal cui centro si alza uno scapo portante una spiga di fiori violacei. [→ ill. *piante* 15] **2** Frutto di tale pianta, simile a una grossa pigna contenente una polpa succosa. [→ ill. *botanica, frutta*]
anapèsto *s. m.* Piede metrico della poesia greca e latina formato di due sillabe brevi e una lunga.
anarchìa *s. f.* **1** Mancanza di governo | Stato di disordine politico dovuto a mancanza o debolezza di governo | (*est.*) Disordine, indisciplina: *in questa casa vige l'—.* **2** Dottrina e movimento politico sociale che intende sostituire a un ordine sociale basato sulla forza dello Stato un ordine fondato sull'autonomia e la libertà degli individui.
anàrchico A *agg.* (*pl. m. -ci*) Proprio dell'anarchia | (*est.*) Disordinato, caotico. **B** *s. m.* (*f. -a*) Fautore dell'anarchia.
anarchiṣmo *s. m.* **1** Atteggiamento anarchico. **2** L'organizzazione della vita sociale teorizzata dagli anarchici.
anarcòide *agg.; anche s. m.* **1** Che (o chi) è propenso all'anarchia. **2** (*est., spreg.*) Che (o chi) è insofferente di ogni disciplina e sim.
anasàrca *s. m.* (*pl. -chi*) (*med.*) Edema generalizzato al tessuto sottocutaneo di tutto il corpo; SIN. Idropisia.
anastàtico *agg.* (*pl. m. -ci*) Detto di riproduzione litografica che si fa con il trasporto diretto dello stampato alla pietra per ottenere una nuova matrice | (*est.*) Di ogni procedimento che permetta di ristampare fedelmente l'originale.
anastigmàtico *agg.* (*pl. m. -ci*) Di lente od obiettivo in cui sia eliminato l'astigmatismo.
anastomiẓẓàre *v. tr.* (*chir.*) Unire in anastomosi.
anastomòṣi o *anastòmoṣi s. f.* **1** (*chir.*) Collegamento tra due organi cavi. **2** (*anat.*) Ramo di comunicazione fra tronchi vasali o nervosi principali.
anàstrofe *s. f.* Inversione nell'ordine normale di due parole successive (es. *con rispetto parlando* in luogo di *parlando con rispetto*).
anatèma o (*raro*) *anàtema s. m.* (*pl. -i*) **1** Scomunica solenne. **2** (*est.*) Maledizione.
anatematiẓẓàre *v. tr.* Colpire con anatema.
anatociṣmo *s. m.* Capitalizzazione degli interessi di una somma dovuta mediante aggiunta al capitale degli interessi maturati.
anatomìa *s. f.* **1** Scienza che studia la forma e la struttura del corpo umano e degli organismi animali e vegetali nelle singole parti che li compongono. [→ ill. *anatomia umana*] **2** Dissezione: *fare l'— di un cadavere.* **3** (*fig.*) Analisi minuziosa.
anatomicaménte *avv.* Mediante l'anatomia | Per quanto concerne l'anatomia.
anatòmico A *agg.* (*pl. m. -ci*) **1** Dell'anatomia. [→ ill. *medicina e chirurgia, scuola*] **2** Modellato secondo la forma del corpo umano o di una sua parte: *sedia anatomica.* **B** *s. m.* Anatomista.
anatomista *s. m. e f.* (*pl. m. -i*) Studioso di anatomia.
anatomiẓẓàre *v. tr.* **1** Sezionare un corpo animale studiandone l'anatomia. **2** (*fig.*) Esaminare in modo sottile e minuzioso.
anatossina *s. f.* Tossina batterica privata artificialmente del suo potere tossico ma che conserva le proprietà vaccinanti.
ànatra o *ànitra s. f.* Uccello acquatico commestibile con piedi palmati, becco largo e piatto, piumaggio variopinto su fondo grigio: *— domestica* | *— selvatica*, germano reale. [→ ill. *animali* 12]
anatrèlla *s. f.* (*arald.*) Piccola anatra priva del becco e delle zampe, posta nello scudo sempre di profilo e con le ali chiuse. [→ ill. *araldica*]
anatròccolo *s. m.* Pulcino dell'anatra.
ànca *s. f.* Regione anatomica del corpo umano che comprende la parte laterale e posteriore del bacino e la parte laterale e superiore della coscia | Fianco.
ancèlla *s. f.* (*lett.*) Schiava, serva.
ancestràle *agg.* **1** Avito, atavico: *terrori ancestrali.* **2** (*biol.*) Detto di organo che si riscontra in animali fossili e che nelle specie viventi è atrofizzato.
ànche o (*poet.*) *ànco cong. e avv.* **1** Pure, con riferimento a quanto precedentemente espresso e sottinteso: *ho studiato storia e — geografia; — oggi non potrò venire.* **2** Persino: *l'hai trattato — troppo bene* | Oltre a ciò, inoltre: *c'è da considerare — questo fatto.* **3** Introduce una prop. concessiva col v. al ger., all'inf., al congv. e all'indic.: *— a volere, non si può fare nulla; — se volesse non potrebbe farcela* | Sebbene: *si mostra scontroso, — se lo tratto con riguardo* | *Quand'—*, ammesso pure che. [→ tav. *proverbi* 280]
ancheggiàre *v. intr.* (*io anchéggio; aus. avere*) Muoversi facendo ondeggiare i fianchi.
anchiloṣàre *v. tr. e intr. pron.* (*io anchilòṣo o anchìloṣo*) Irrigidire per anchilosi.
anchiloṣàto *part. pass. di anchilosare; anche agg.* **1** Colpito da anchilosi. **2** Rigido, incapace di movimento.
anchilòṣi o *anchìloṣi s. f.* (*med.*) Diminuzione o perdita dei normali movimenti di un'articolazione.
anchilòstoma *s. m.* (*pl. -i*) Verme dei Nematodi, parassita intestinale, con bocca fornita di uncini e laminette taglienti.
anchìna *s. f.* Tela di cotone di color giallo, originaria di Nanchino.
ància *s. f.* (*pl. -ce*) Laminetta che, situata presso l'imboccatura di strumenti a fiato, vibra al passaggio dell'aria, producendo il suono.
ancile *s. m.* Piccolo scudo antico di forma ovale. [→ ill. *araldica*]
ancillàre *agg.* Proprio delle ancelle | (*scherz.*) *Amore —*, con una cameriera.
ancipite *agg.* **1** (*poet.*) A doppio taglio, detto di lama. **2** Detto di sillaba o vocale che, nella metrica classica, si può considerare breve o lunga. **3** (*lett.*) Duplice, ambiguo.
ànco V. *anche.*
ancóna *s. f.* Tavola posta sull'altare, dipinta o scolpita.
anconetàno *agg.; anche s. m.* (*f. -a*) Di Ancona.
àncora (1) *s. f.* **1** (*mar.*) Pesante strumento di ferro che, gettato a mare da bordo, mantiene la nave solidamente ormeggiata al fondale mediante una catena | *Gettare l'—*, (*fig.*) fermarsi, indugiare | *— di salvezza*, (*fig.*) ultima possibilità di salvezza. [→ ill. *marina*] **2** Organo mobile di un relè, che, attirato dall'elettromagnete, produce un effetto meccanico al passaggio della corrente. [→ ill. *campana e campanello*] **3** Pezzo metallico a forma di ancora dello scappamento degli orologi. [→ ill. *orologio*] (V. nota d'uso ACCENTO)
ancóra (2) A *avv.* (troncato in *ancór*) **1** Indica continuità di un'azione o di un fatto nel passato, nel presente, nel futuro: *stava — dormendo.* **2** Fino ad ora: *non è — pronto.* **3** A quel tempo: *io ero — bambino.* **4** Di nuovo, un'altra volta: *proverò —.* **5** Indica aggiunta: *resta — dieci minuti.* **B** *cong.* Persino, spec. come raff. di un compar.: *tu sei — più bello di me.* (V. nota d'uso ACCENTO)
ancoràggio *s. m.* **1** (*mar.*) Luogo ove si può gettare l'ancora | (*est.*) L'azione del gettare l'ancora | *Tassa d'—*, o *all'—*, tassa dovuta da una nave all'autorità del porto ove getta l'ancora. **2** Collegamento di strutture, o parti di esse, fra loro o al suolo: *l'— di un ponte.* [→ ill. *ponte*]
ancoràre A *v. tr.* (*io àncoro*) **1** Ormeggiare una nave calando l'ancora sul fondo. **2** (*est.*) Agganciare, attaccare solidamente (*anche fig.*): *— q.c. al suolo.* **B** *v. rifl.* **1** Gettare l'ancora: *ci ancorammo al largo.* **2** (*est.*) Aggrapparsi, attaccarsi, stabilirsi con forza (*anche fig.*).
ancorché *cong.* (*lett.*) Benché, quantunque, sebbene (introduce una prop. conc. col v. al congv.): *— fosse molto affaticato, continuò a lavorare.*
ancorétta *s. f.* **1** *Dim. di ancora.* **2** Grappino. **3** Amo per pesche speciali, a tre o quattro punte. [→ ill. *pesca*]
andaluṣite *s. f.* (*miner.*) Silicato d'alluminio, in prismi opachi con inclusioni di carbone, diffuso in alcune rocce metamorfiche.
andaménto *s. m.* Svolgimento, movimento di q.c. nel tempo: *la situazione ha un — oscillante.*
andàna *s. f.* **1** Spazio libero tra due filari d'alberi. **2** (*mar.*) Fila di bastimenti ormeggiati perpendicolarmente alla banchina, l'uno a fianco dell'altro.
andànte A *part. pres. di andare; anche agg.* **1** Che va. **2** Continuo, continuato: *muro —* | Corrente: *anno, mese —.* **3** (*fig.*) Che si vende a poco prezzo | (*est.*) Che ha qua-

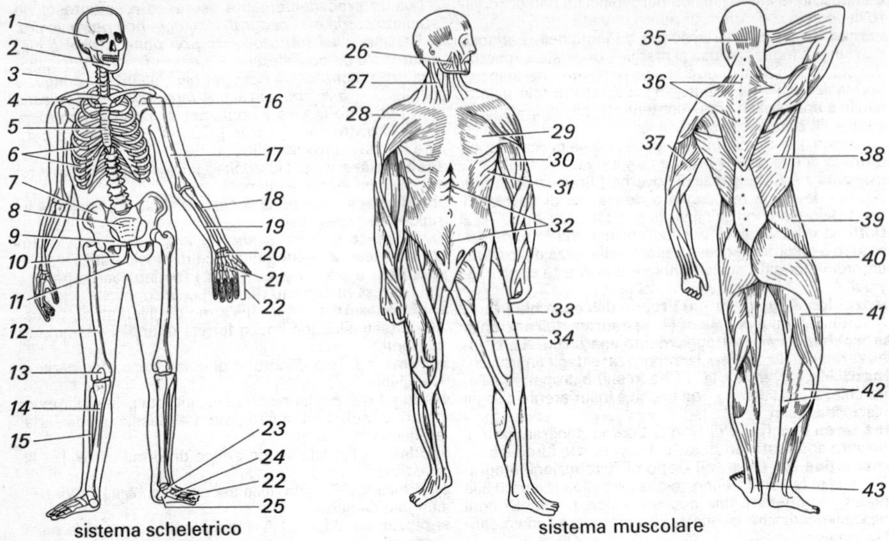

1 cranio 2 mandibola 3 colonna vertebrale 4 clavicola 5 sterno 6 coste 7 ileo 8 sacro 9 pube 10 ischio 11 coccige 12 femore 13 rotula 14 tibia 15 perone 16 scapola 17 omero 18 radio 19 ulna 20 carpo 21 metacarpo 22 falangi 23 tarso 24 metatarso 25 calcagno 26 massetere 27 sternocleidomastoideo 28 deltoide 29 gran pettorale 30 bicipite 31 dentato 32 retto dell'addome 33 retto del femore 34 sartorio 35 occipitali 36 trapezio 37 tricipite 38 gran dorsale 39 grande obliquo 40 grande gluteo 41 bicipite femorale 42 gemelli 43 tendine d'Achille

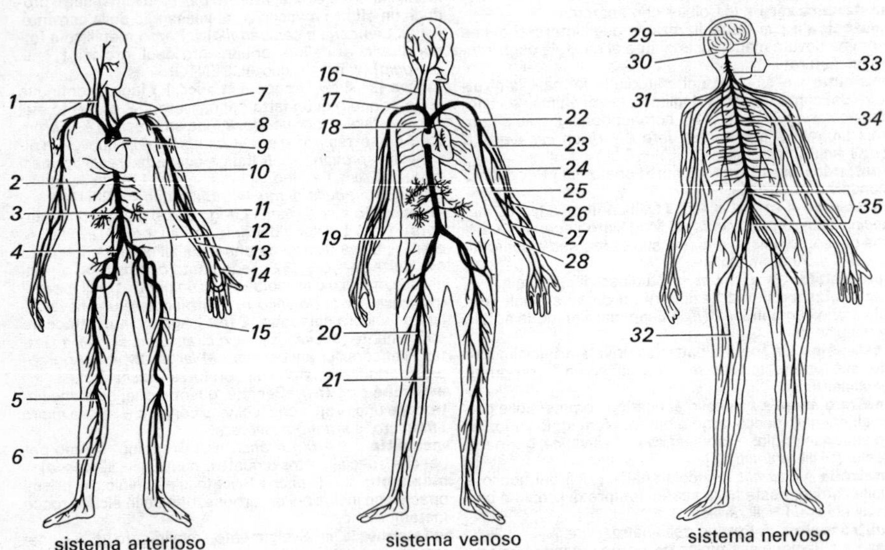

1 carotide 2 celiaca 3 aorta 4 iliaca 5 poplitea 6 tibiale 7 succlavia 8 ascellare 9 polmonare 10 brachiale 11 renale 12 mesenterica 13 ulnare 14 radiale 15 femorale 16 giugulare 17 succlavia 18 cava 19 iliaca 20 femorale 21 grande safena 22 ascellare 23 cefalica 24 brachiale 25 basilica 26 radiale 27 ulnare 28 porta 29 cervello 30 cervelletto 31 plesso brachiale 32 nervo sciatico 33 plesso cervicale 34 midollo spinale 35 plesso lombosacrale

anatomia umana

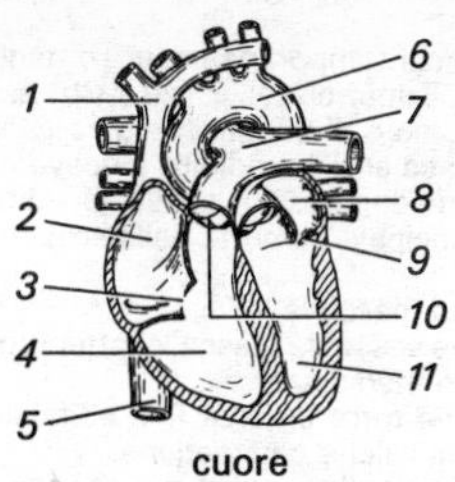

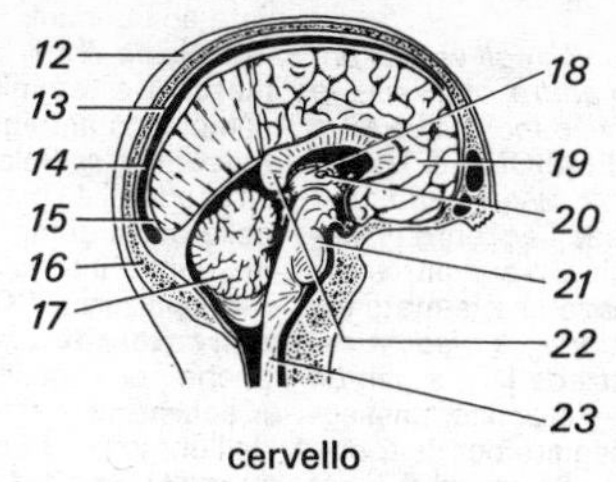

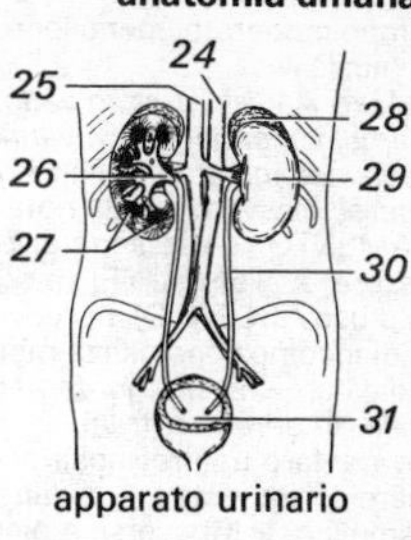

1 vena cava superiore 2 atrio destro 3 valvola tricuspide 4 ventricolo destro 5 vena cava inferiore 6 aorta 7 arterie polmonari 8 atrio sinistro 9 valvola mitrale 10 valvole semilunari 11 ventricolo sinistro 12 cuoio capelluto 13 duramadre 14 aracnoide 15 piamadre 16 osso del cranio 17 cervelletto 18 talamo 19 circonvoluzioni 20 foro di Monro 21 ponte di Varolio 22 corpo calloso 23 midollo allungato 24 aorta 25 vena cava inferiore 26 pelvi 27 piramidi di Malpighi 28 ghiandola surrenale 29 rene 30 uretere 31 vescica

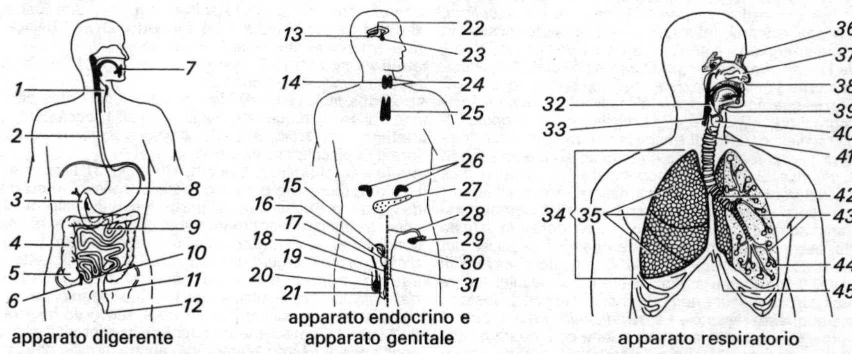

1 faringe 2 esofago 3 duodeno 4 colon 5 cieco 6 appendice 7 cavità boccale 8 stomaco 9 digiuno 10 ileo 11 retto 12 ano 13 epifisi 14 tiroide 15 vescicola seminale 16 prostata 17 deferente 18 uretra 19 scroto 20 testicolo 21 pene 22 ipotalamo 23 ipofisi 24 paratiroidi 25 timo 26 surrenali 27 pancreas 28 tuba uterina 29 ovaia 30 utero 31 vagina 32 epiglottide 33 esofago 34 polmone 35 lobi 36 seno frontale 37 cavità nasale 38 narice 39 osso ioide 40 laringe 41 trachea 42 bronco 43 bronchioli 44 alveolo 45 mediastino

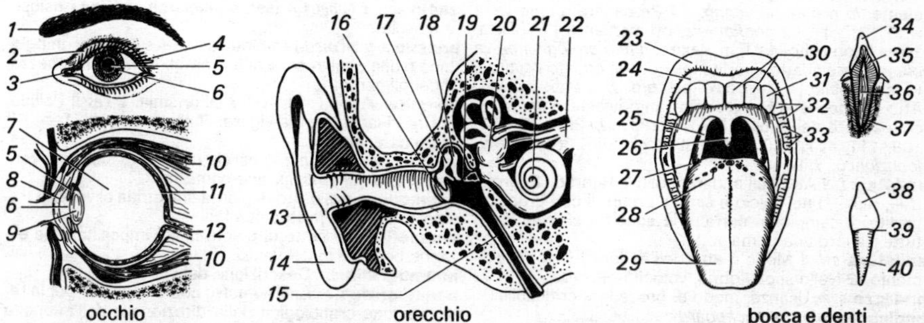

1 sopracciglio 2 palpebra 3 caruncola lacrimale 4 ciglio 5 pupilla 6 iride 7 corpo vitreo 8 cornea 9 cristallino 10 muscolo oculomotore 11 retina 12 nervo ottico 13 padiglione auricolare 14 lobo 15 tromba d'Eustachio 16 timpano 17 martello 18 incudine 19 staffa 20 labirinto 21 coclea 22 nervo acustico 23 labbro 24 gengiva 25 palato molle 26 ugola 27 tonsilla 28 papille gustative 29 lingua 30 incisivi 31 canino 32 premolari 33 molari 34 smalto 35 avorio 36 polpa 37 alveolo 38 corona 39 colletto 40 radice

lità scadente: *tessuto* —. ***B*** *s. m.* (*mus.*) Movimento in tempo moderato, meno lento dell'adagio | Titolo di brani musicali.

andàre ***A*** *v. intr.* (*pres. io vàdo o vò, tu vài, egli va, noi andiàmo, voi andàte, essi vànno; fut. io andrò; congv. pres. io vàda, noi andiàmo, voi andiàte, essi vàdano; cond. pres. io andrèi; imp. va o va'* (V. nota d'uso ELISIONE e TRONCAMENTO) *o vài, andàte; le altre forme dal tema and-; aus. essere*) ATTENZIONE! *va* non richiede l'accento (V. nota d'uso ACCENTO) ***1*** Muoversi, a piedi o con altri mezzi di locomozione senza meta, o senza che la meta sia indicata: — *svelto, lentamente, di corsa, a piedi, a cavallo, in aereo, in tram*; — *per la strada* | — *a gambe levate*, fare una rovinosa caduta | — *a zonzo*, passeggiare senza meta | — *di lungo*, proseguire per il proprio cammino. ***2*** Muoversi, a piedi o con altri mezzi di locomozione, verso una meta definita: — *a casa, a teatro, in chiesa*; — *a caccia, a pesca, in villeggiatura*; — *a fragole, a funghi, a legna* | — *per mare*, navigare | — *per i sei anni*, essere in procinto di compierli | — *sulla bocca di tutti*, (*fig.*) essere molto noto | — *a nozze*, (*fig.*) essere felice | — *a fondo, a picco*, di nave, inabissarsi; (*fig.*) rovinarsi | — *a Canossa*, (*fig.*) riconoscere umilmente i propri errori. ***3*** (*est.*) Essere collocato, essere destinato a essere messo in un dato posto: *questo quadro va nel salotto* | — *su, sopra*, salire (*anche fig.*) | — *addosso*, investire | — *dentro*, in carcere | — *in collera, in bestia*, adirarsi, infuriarsi | — *d'accordo*, essere in buona armonia | — *soldato*, a fare il servizio militare | (*fig.*) — *all'altro mondo, al Creatore, in cielo, in paradiso*, morire | — *a monte, alla malora, al diavolo, a rotoli, a carte quarantotto*, perdersi, fallire | — *avanti*, (*fig.*) progredire | — *indietro*, (*fig.*) regredire | — *in onda*, venir trasmesso, detto di trasmissione radiofonica o televisiva | — *al fondo di una questione*, sviscerarla | *Non — giù*, non piacere, non sopportare | — *a buon fine*, concludersi bene | — *a ruba*, essere molto richiesto | — *a riporsi, a nascondersi*, vergognarsi. ***4*** Comportarsi in un dato modo: — *fiero di q.c.* | — *a fronte alta, a testa alta*, essere sicuro della propria onestà | — *pazzo per q.c.* o *qc.*, prediligere | — *per la maggiore*, essere di moda. ***5*** Di moneta e sim., avere corso legale: *fra tre mesi questa moneta non andrà più* | (*per est.*) Costare, valere: *questo tessuto va a quindicimila lire al metro.* ***6*** Unito a un gerundio, esprime azione continuata o ripetuta: — *dicendo.* ***7*** Unito a un participio, può essere sinonimo di *dover essere*: *questa tassa va pagata* | — *errato*, essere in errore | — *perduto, smarrito*, perdersi. ***8*** Unito alla partcl. pron. *ne*, significa essere in pericolo, in gioco: *ne va della nostra vita.* ***9*** Cambiare di stato, svilupparsi da una data condizione a una diversa: — *in fumo, in fiamme* | — *in pezzi, in briciole, in frantumi*, rompersi | (*fig.*) — *in brodo di giuggiole*, bearsi | — *in visibilio*, trasecolare, strabiliare | *Andarci di mezzo*, essere coinvolto in q.c. ***10*** (*est.*) Dileguare, scomparire: *la memoria se ne va* | Finire, morire | Trascorrere velocemente: *le ore se ne vanno.* ***11*** Procedere: *come va la vita?* | (*fig.*) — *a gonfie vele*, ottimamente | — *liscia*, avere buon esito. ***12*** Funzionare: *il mio orologio non va più* | Essere adatto, gradito, piacevole: *questo vestito ti va a pennello* | — *a genio*, piacere. ***B*** *in funzione di s. m.* Atto del muoversi | — *e venire*, andirivieni | *A lungo* —, col passare del tempo. [→ tav. *proverbi* 25, 106, 107, 108, 111, 167, 170, 220, 235, 321, 355, 361; → tav. *locuzioni* 6, 7, 8]

andàta *s. f.* ***1*** Atto dell'andare; CONTR. Ritorno. ***2*** *Girone d'*—, (*ell.* —) nel calcio e sim., il primo di due gruppi di partite di campionato, in cui le squadre si incontrano tutte fra loro una prima volta.

andatùra *s. f.* ***1*** Modo e atto dell'andare | (*lett.*) Portamento. ***2*** Nello sport, ritmo, velocità di corsa.

andàzzo *s. m.* Usanza, modo di procedere criticabile.

andicappàre V. *handicappàre.*

andirivièni *s. m.* Movimento dell'andare e venire di gente nello stesso luogo.

àndito *s. m.* Corridoio breve e stretto | Ingresso.

-àndo *suff.* (*f. -a*) di aggettivi implicanti un'idea di dovere, necessità e sim.: *esecrando, venerando, educanda.*

andro-, -àndro *primo e secondo elemento*: in parole composte dotte significa 'uomo': *androgino, ginandro.*

androcèo *s. m.* ***1*** Il complesso degli organi maschili del fiore. [→ ill. *botanica*] ***2*** Nella casa greca, parte riservata agli uomini.

andrògino ***A*** *s. m.* ***1*** Chi ha contemporaneamente organi maschili e femminili; SIN. Ermafrodito. ***2*** (*est.*) Chi ha sembianza ambigua, di uomo e di donna. ***B*** *anche agg.*

andróne *s. m.* Sala delle case antiche adibita a ricevere i forestieri | Al piano terreno degli edifici, passaggio che dalla porta di ingresso principale immette nella scala o nel cortile interno.

andropàuṣa *s. f.* Climaterio maschile.

androsteróne *s. m.* Ormone sessuale maschile, ottenuto anche per sintesi; usato in medicina.

anecumène *s. f.* Parte delle terre emerse non abitabili dall'uomo per le condizioni fisiche o climatiche.

aneddòtica *s. f.* ***1*** Arte di raccogliere e scrivere aneddoti. ***2*** Insieme degli aneddoti relativi a un personaggio, a un'epoca e sim.

aneddòtico *agg.* (*pl. m. -ci*) Di aneddoto.

aneddotìsta *s. m. e f.* (*pl. m. -i*) Chi raccoglie, scrive o narra aneddoti.

anèddoto *s. m.* Episodio poco noto di carattere storico o relativo alla vita privata di un personaggio.

anelànte *part. pres. di anelare; anche agg.* Affannato, ansante.

anelàre ***A*** *v. intr.* (*io anèlo; aus. avere*) ***1*** (*lett.*) Respirare affannosamente. ***2*** (*fig.*) Aspirare a q.c.: — *alla libertà.* ***B*** *v. tr.* ***1*** (*poet.*) Mandar fuori dal petto. ***2*** (*fig.*) Desiderare ardentemente: — *la liberazione.*

anèlito *s. m.* ***1*** (*lett.*) Respiro ansante. ***2*** (*fig.*) Desiderio ardente: *un — di grandezza.*

Anellidi *s. m. pl.* (*sing. -e*) Tipo di animali dal corpo cilindrico diviso in metameri. [→ ill. *animali* 1, *zoologia*]

anellìno *s. m.* ***1*** *Dim. di anello.* ***2*** *spec. al pl.* Pasta avente forma di piccolo anello. [→ ill. *pasta*]

anèllo *s. m.* (*pl. anèlli, lett. anèlla, f.* nel sign. 3) ***1*** Cerchietto d'oro, d'argento o d'altro metallo, spesso arricchito da pietre preziose, che si porta alle dita delle mani, spec. all'anulare, per ornamento o come simbolo di una condizione: — *di matrimonio, di fidanzamento.* [→ ill. *gioielli, orafo e argentiere, religione*] ***2*** (*est.*) Oggetto o struttura a forma di cerchio: *gli anelli della tenda* | — *delle forbici*, ove si infila il dito | — *d'ormeggio*, per ormeggiare imbarcazioni | — *stradale*, raccordo fra strade | (*zool.*) Ogni segmento circolare che forma il corpo degli anellidi | (*bot.*) Membrana, anche mobile, che circonda lo stipite di alcuni funghi | Ciascuno degli strati concentrici di accrescimento, visibili nella sezione di un tronco d'albero | (*astron.*) — *di Saturno*, insieme di corpuscoli, di piccoli meteoriti e di pulviscolo, dislocati secondo una fascia concentrica col pianeta. [→ ill. *ferramenta, forbici, meccanica, nucleare, sport*] ***3*** (*poet.*) *al pl.* Riccioli di capelli. ***4*** *al pl.* In ginnastica, attrezzo gemellare oscillante, composto di due piccoli cerchi di legno che si impugnano, tenuti sospesi mediante corde e ganci. [→ ill. *sport*]

anèlo *agg.* ***1*** (*poet.*) Ansante, anelante. ***2*** (*fig.*) Ansioso, angosciato.

anemìa *s. f.* ***1*** (*med.*) Diminuzione nel sangue di emoglobina o di globuli rossi o di entrambi. ***2*** (*fig.*) Fiacchezza, indebolimento.

anèmico ***A*** *agg.* (*pl. m. -ci*) ***1*** Di anemia. ***2*** (*est.*) Pallido. ***3*** (*fig.*) Fiacco, senza vigore. ***B*** *agg.; anche s. m.* (*f. -a*) Affetto da anemia.

anemo- *primo elemento*: in parole composte significa 'vento' o 'aria': *anemofilo, anemometro.*

anemocòro *agg.* Detto di pianta che affida al vento il trasporto dei suoi frutti o semi.

anemòfilo *agg.* Detto di pianta la cui impollinazione avviene per mezzo del vento.

anemografìa *s. f.* Descrizione dei venti.

anemògrafo *s. m.* Anemometro con dispositivo per la registrazione cronologica della direzione e dell'intensità del vento.

anemometrìa *s. f.* Parte della meteorologia che studia i venti e spec. la loro velocità.

anemòmetro *s. m.* Strumento che misura l'intensità del vento. [→ ill. *meteorologia, misure*]

anèmone *s. m.* Pianta erbacea rizomatosa delle Policarpali con foglie lobate e fiori solitari con pochi o molti sepali di colore blu o porpora o bianco. [→ ill. *piante* 4]

anemoscòpio *s. m.* Strumento che indica la direzione del vento: costituito da una banderuola girevole attorno a un asse verticale e collegata ad apposito indice mobile su una scala.

aneròide *agg.* Detto di barometro metallico, senza mercurio.

anestesìa *s. f.* Abolizione della sensibilità dolorifica, indotta artificialmente con farmaci a scopo chirurgico. [→ ill. *maschera, medicina e chirurgia*]

anestesìsta *s. m. e f.* (*pl. m. -i*) Medico specialista in anestesia.

anestètico ***A*** *agg.* (*pl. m. -ci*) ***1*** Di anestesia. ***2*** Che produce anestesia. ***B*** *s. m.* (*pl. -ci*) Sostanza che produce anestesia.

anestetizzàre *v. tr.* Sottoporre ad anestesia.

anèto o *anéto s. m.* Pianta erbacea aromatica delle Umbellali simile al finocchio, con fusto eretto, infiorescenze gialle a ombrella e frutto ovoidale.

aneurìsma *s. m.* (*pl. -smi*) Dilatazione abnorme di un tratto di arteria.

anfanàre *v. intr.* (*io ànfano o anfàno; aus. avere*) ***1*** Parlare a vuoto, a sproposito, senza venire alla conclusione. ***2*** Affaccendarsi inutilmente.

anfetamìna V. *amfetamina.*

anfi- *primo elemento:* in parole composte dotte significa 'intorno' o 'doppio': *anfiteatro, anfibio.*

Anfìbi *s. m. pl.* Classe di Vertebrati con pelle nuda e viscida, scheletro osseo, larve acquatiche branchiate e adulti terrestri polmonati. [→ ill. *animali* 6]

anfìbio ***A*** *agg.* ***1*** Di animale che può vivere o di veicolo e sim. che si può usare sia sulla terra sia in acqua. [→ ill. *vigili del fuoco*] ***2*** (*fig.*) Che presenta aspetti ambigui o contraddittori. ***B*** *s. m.* ***1*** Veicolo che può muoversi sia sulla terra sia in acqua. [→ ill. *autoveicoli*] ***2*** Aereo munito di galleggianti che gli consentono di partire e posarsi su superfici solide e liquide.

anfìbolo ***A*** *agg.* Ambiguo, incerto. ***B*** *s. m.* Componente di un gruppo di minerali, silicati di calcio, ferro, magnesio, mescolati a formare rocce.

anfibologìa *s. f.* (*pl. -gìe*) Discorso ambiguo interpretabile in due modi.

anfiòsso *s. m.* Animale del fango marino, dei Cordati, con corpo allungato e trasparente, privo di occhi. [→ ill. *animali* 5]

anfiteàtro *s. m.* ***1*** Edificio romano a pianta ovale o circolare con più ordini concentrici di gradinate e un'arena al centro per combattimenti di gladiatori, lotte di bestie feroci e sim. [→ ill. *monumenti archeologici*] ***2*** Aula, spec. universitaria, a pianta ellittica e gradinate: — *anatomico.* ***3*** (*geogr.*) — *morenico,* complesso dei materiali morenici, deposti in cordoni concentrici, alla fronte di un ghiacciaio ritirato o scomparso. [→ ill. *geografia*]

anfitrióne *s. m.* Padrone di casa ospitale e generoso (dal nome del protagonista dell'omonima commedia di Molière, derivata da Plauto).

ànfora *s. f.* Vaso a corpo globulare allungato con strozzatura al piede e al collo e due anse verticali.

anfòtero *agg.* (*chim.*) Detto di composto che può comportarsi come acido o come base, a seconda della sostanza con cui reagisce.

anfràtto *s. m.* Avvallamento stretto | Recesso sinuoso.

anfrattuosità *s. f.* ***1*** Irregolarità del terreno. ***2*** Cavità piccola e stretta.

anfrattuóso *agg.* Pieno di anfratti.

angariàre *v. tr.* (*io angàrio*) Trattare duramente, opprimere con angherie.

angèlica *s. f.* Pianta erbacea perenne e aromatica delle Umbellali, con foglie seghettate e infiorescenze a ombrella di colore bianco. [→ ill. *piante* 10]

angèlico *agg.* (*pl. m. -ci*) ***1*** Di angelo. ***2*** Simile ad angelo per natura, aspetto e sim.

àngelo o *àngiolo* ***A*** *s. m.* (*f. -a*) ***1*** Creatura celeste puramente spirituale, rappresentata in forma di giovanile bellezza, con ali, e circonfusa da raggi di luce | — *custode, tutelare,* dato da Dio a ciascuna anima; (*fig.*) chi accompagna costantemente una persona | — *caduto, infernale, delle tenebre,* Lucifero, il Demonio | *Pane degli angeli,* l'Eucarestia. ***2*** (*fig.*) Persona di straordinaria bellezza o bontà. ***B*** *in funzione di agg. inv.* (*posposto al s.*) *Pesce* —, squadro.

angelus /*lat.* 'andʒelus/ *s. m. inv.* Preghiera alla Madonna recitata al mattino, a mezzodì, alla sera.

angherìa *s. f.* Atto di prepotenza, sopruso.

angìna *s. f.* (*med.*) Infiammazione della tonsilla palatina e di una parte della faringe.

angina pectoris /*lat.* an'dʒina 'pektoris/ *loc. sost. f. inv.* (*med.*) Dolore precordiale, talvolta diffuso al braccio sinistro, causato da spasmo delle arterie coronarie.

anginóso ***A*** *agg.* Di angina. ***B*** *agg.; anche s. m.* (*f. -a*) Affetto da angina pectoris.

angiografìa *s. f.* Tecnica d'indagine radiologica dei vasi sanguigni e linfatici.

àngiolo V. *angelo.*

angiologìa *s. f.* (*pl. -gìe*) Scienza che studia la morfologia e le malattie dei vasi sanguigni e linfatici.

angiòma *s. m.* (*pl. -i*) Affezione spec. tumorale dei vasi sanguigni.

Angiospèrme *s. f. pl.* Divisione di piante con fiore, nelle quali gli ovuli sono racchiusi nell'ovario e i semi nel frutto. [→ ill. *piante* 2]

angipòrto *s. m.* Vicolo senza uscita | Strada angusta.

anglicanésimo o *anglicanìsmo s. m.* Dottrina della chiesa anglicana.

anglicàno ***A*** *agg.* Detto della chiesa nazionale d'Inghilterra che ha dottrine fondamentali calviniste, con a capo il re. ***B*** *agg.; anche s. m.* (*f. -a*) Appartenente alla chiesa anglicana.

anglicìsmo o *anglìsmo s. m.* Parola o locuzione propria dell'inglese entrata in un'altra lingua.

anglicizzàre *v. tr. e rifl.* Adattare, adattarsi ai costumi, ai gusti e alle idee inglesi.

anglìsmo V. *anglicismo.*

anglìsta *s. m. e f.* (*pl. m. -i*) Chi studia la lingua e la letteratura inglese.

ànglo *s. m.* ***1*** Appartenente a un'antica popolazione germanica stanziatasi in Britannia a partire dal IV sec. d. C. ***2*** (*lett.*) Inglese.

anglo- *primo elemento:* in parole composte fa riferimento agli antichi Angli o ai moderni Inglesi: *angloamericano, anglosassone.*

anglòfilo *agg.; anche s. m.* (*f. -a*) Che (o chi) prova simpatia per l'Inghilterra.

anglòfobo *agg.; anche s. m.* (*f. -a*) Che (o chi) prova antipatia per l'Inghilterra.

anglòfono *agg.; anche s. m.* (*f. -a*) Che (o chi) parla inglese.

anglòmane *s. m. e f.* Chi ammira esageratamente tutto ciò che è inglese.

anglosàssone *agg.; anche s. m. e f.* ***1*** Appartenente, alle tribù germaniche degli Angli e dei Sassoni che emigrarono in Britannia. ***2*** Appartenente ai popoli di cultura inglese.

angolàre (1) ***A*** *agg.* ***1*** Che ha angoli. ***2*** Di angolo | *Velocità — di un punto,* variazione dell'angolo descritto nell'unità di tempo dal raggio che unisce un punto fisso a un punto mobile. ***3*** Che è posto in angolo | *Pietra —,* (*fig.*) fondamento di q.c. ***B*** *s. m.* Elemento metallico di lamiera ripiegata, usato nelle costruzioni.

angolàre (2) *v. tr.* (*io àngolo*) ***1*** Disporre a forma d'angolo. ***2*** Riprendere un soggetto, una scena cinematografica, fotografica, televisiva e sim. secondo una determinata angolazione.

angolarménte *avv.* Ad angolo.

angolazióne *s. f.* ***1*** (*fot., cine, tv.*) Angolo o punto di vista da cui si riprende una scena. ***2*** (*fig.*) Prospettiva da cui si considera un problema.

angolièra *s. f.* Cantoniera.

àngolo *s. m.* ***1*** (*mat.*) Porzione di piano compresa fra due semirette (dette *lati*) uscenti da un medesimo punto (detto *vertice*) | Misura di tale porzione. ***2*** Ciò che ha forma d'angolo | Canto, cantonata: *il caffè all'— della strada.* [→ ill. *ferramenta*] ***3*** Luogo appartato: *un — tranquillo* | *In ogni —, in tutti gli angoli,* dovunque. ***4*** Nel calcio, ciascuno dei quattro vertici del campo di gioco delimitato da un arco di cerchio tracciato in bianco e contrassegnato da una bandierina, da dove si batte il calcio d'angolo. [→ ill. *sport*]

angolòide *s. m.* Porzione di spazio compresa fra tre o più piani passanti per uno stesso punto.

angolosità *s. f.* L'essere angoloso | (*fig.*) Asprezza di

carattere.
angolóso *agg.* **1** Che ha angoli | (*est.*) Ossuto, scarno. **2** (*fig.*) Poco affabile, intrattabile.
àngora *s. f. Solo nella loc. d'*—, che indica alcune razze di animali caratterizzati da pelo lunghissimo e molto morbido: *gatto, coniglio d'*—; *capra d'*— | *Lana d'*—, filato prodotto con il pelo delle capre e dei conigli d'angora. [→ ill. *capra, gatto*]
angòscia *s. f.* (*pl. -sce*) **1** Stato di ansia accompagnato da incertezza o paura; SIN. Affanno. **2** (*psicol.*) Senso oppressivo di malessere e di agitazione.
angosciàre A *v. tr.* (*io angòscio*) Dare angoscia. **B** *v. intr. pron.* Provare angoscia, cadere in uno stato d'angoscia; SIN. Affannarsi.
angoscióso *agg.* **1** D'angoscia: *grido* —. **2** Che genera angoscia: *attesa angosciosa*; SIN. Affannoso.
angostùra *s. f.* **1** Piccola pianta arborea delle Terebintali, con foglie palmate e coriacee, fiori bianchi o rosa, corteccia aromatica di sapore amaro da cui si estrae un'essenza per liquori. **2** (*est.*) L'essenza tratta dalla corteccia dell'albero omonimo.
anguicrinìto *agg.* (*lett.*) Che ha serpenti in luogo dei capelli.
anguìlla *s. f.* **1** Pesce osseo commestibile dal corpo lungo e cilindrico, di colore verdastro sul dorso e gialliccio sul ventre: vive nelle acque dolci, ma al momento della riproduzione si porta nelle acque marine. [→ ill. *animali* 9] **2** (*fig.*) Persona molto agile | (*fig.*) Persona che, di fronte alle responsabilità, tergiversa o cerca scappatoie.
anguìllula *s. f.* Piccolo verme dei Nematodi, parassita di animali e di vegetali. [→ ill. *animali* 2]
angùria *s. f.* (*sett.*) Cocomero.
angùstia *s. f.* **1** Mancanza o scarsità di spazio. **2** (*fig.*) Ristrettezza, povertà: *angustie materali.* **3** (*fig.*) Angoscia, affanno: *stare in* — *per q.c.*
angustiàre A *v. tr.* (*io angùstio*) Angosciare, affliggere. **B** *v. intr. pron.* Angosciarsi, affliggersi.
angùsto *agg.* **1** Stretto, incomodo, disagevole. **2** (*fig.*) Limitato, ristretto, meschino: *persona angusta, dalle idee anguste.*
ànice *s. m.* **1** Pianta erbacea delle Umbellali con foglie inferiori arrotondate e superiori pennate e fiori bianchi in ombrelle | — *stellato*, pianta arbustiva delle Policarpali, con frutti composti a forma di stella a otto raggi, di sapore gradevole e molto aromatici. [→ ill. *piante* 4, 10] **2** Frutto aromatico di tale pianta | Liquore da esso estratto. [→ ill. *frutta*]
anidrìde *s. f.* (*chim.*) Composto formato da un metalloide e da ossigeno | — *carbonica*, gas incolore, inodoro, insaporo, soffocante, che si svolge nelle fermentazioni organiche e nelle combustioni; usata per bibite gassate.
ànidro *agg.* Privo di acqua.
anilìna *s. f.* (*chim.*) Ammina liquida, oleosa, aromatica, ottenuta industrialmente; usata nell'industria chimica (per coloranti, vernice e sim.) e farmaceutica.
ànima *s. f.* **1** Parte spirituale e immortale dell'uomo | *Salute dell'*—, beatitudine eterna | *Amare con tutta l'*—, appassionatamente | *Volere un bene dell'— a qc.*, essere profondamente affezionato a qc. | *Giurare sull'— propria, di qc.*, giurare solennemente | *Tenere, reggere l'— coi denti*, essere in pessime condizioni di salute | *Rendere l'— a Dio*, morire | *Vendere l'— al diavolo*, scendere a gravi compromessi con la propria coscienza | (*fig.*) *Darsi — e corpo a qc., a q.c.*, dedicarvisi completamente | (*fig.*) *Toccare l'*—, commuovere. **2** In molte filosofie, principio vitale di tutti gli esseri viventi. **3** Persona: *un paesino di cinquanta anime* | *Non c'è — viva*, non c'è nessuno | *Un'— dannata*, persona malvagia | — *nera*, persona senza coscienza | *La buon'*—, persona defunta. **4** (*est.*) Nucleo, elemento centrale: *l'— del dente.* [→ ill. *scala*] **5** Cavità interna dell'arma da fuoco. [→ tav. *proverbi* 121]
animadversióne o *animavversione s. f.* Riprensione, castigo.
animàle (1) *s. m.* **1** Ogni organismo vivente capace di vita sensitiva e di movimenti spontanei. [→ ill. *animali*] **2** Bestia. **3** (*fig.*) Persona in cui l'istinto ha il sopravvento sulle facoltà propriamente umane | (*spreg.*) Rozzo, ignorante: *taci,* —*!*
animàle (2) *agg.* **1** Che si riferisce o appartiene a corpo animato: *sostanze animali.* **2** Degli animali | *Regno* —, gli animali ordinati secondo classi, ordini, specie. **3** Corporeo: *gli istinti animali.*
animalerìa *s. f.* (*raro*) Azione degna di un animale.
animalésco *agg.* (*pl. m. -schi*) Di animale, degno di animale (*spec. spreg.*).
animàre A *v. tr.* (*io ànimo*) **1** Dare, infondere l'anima: — *la creta.* **2** Dare vita, vivacità, energia, calore e sim. **3** Incitare, esortare: — *qc. a un'impresa* | Promuovere: — *i commerci.* **B** *v. intr. pron.* Prendere animo | Acquistare vita, vivacità e sim. | Accalorarsi: *animarsi nel parlare.*
animataménte *avv.* Con vivacità, fervore.
animàto A *part. pass. di animare; anche agg.* **1** Dotato di anima. **2** Dotato di movimento, vivacità: *scena animata*; *cartoni animati.* **B** *s. m.* (*mus.*) Didascalia che prescrive di eseguire un brano con movimento celere e per lo più allegro.
animatóre A *agg.* (*f. -trice*) Che anima. **B** *s. m.* Chi anima e ravviva: *fu lui l'— della serata* | — *di gruppo*, chi in un gruppo di lavoro, studio e sim. ha la funzione di agevolare lo svolgimento del compito e il raggiungimento degli obbiettivi.
animazióne *s. f.* **1** Atto dell'animare. **2** Vivacità, calore: *discutere con* — | Movimento, affollamento. **3** (*est.*) Ogni attività che favorisce e stimola la partecipazione di cittadini, allievi e sim. a iniziative culturali o ricreative.
animèlla *s. f.* In culinaria, il timo e il pancreas dell'agnello e del vitello.
animìșmo *s. m.* **1** In alcune religioni primitive, tendenza a credere tutte le cose animate da spiriti superiori all'uomo. **2** Concezione filosofica in base alla quale l'anima rappresenta il fondamento sia delle funzioni vegetative sia di quelle intellettuali.
animìsta *s. m. e f.* (*pl. m. -i*) Seguace dell'animismo.
animìstico *agg.* (*pl. m. -ci*) Dell'animismo.
ànimo A *s. m.* **1** Principio attivo della personalità, delle facoltà intellettive, della volontà, e sede degli affetti | *Mettere l'— in pace*, rassegnarsi | *Andare all'*—, commuovere | *Di buon* —, ben disposto. **2** Proponimento, inclinazione | *Avere in — di fare q.c.*, avere l'intenzione di farla. **3** Coraggio | *Prendere* —, ardire | *Perdersi d'*—, scoraggiarsi. **B** *in funzione di inter.* Coraggio!
animosità *s. f.* Animo mal disposto; SIN. Malanimo, ostilità.
animóso *agg.* **1** Ardito, coraggioso | Detto di animale, focoso. **2** Ostile, sdegnoso.
anióne *s. m.* (*fis.*) Ione di carica negativa; CONTR. Catione.
anișètta *s. f.* Liquore all'anice, aromatico e dolce.
anișofillìa *s. f.* Presenza di foglie disegualі sul medesimo tratto di fusto.
anișotropìa *s. f.* Proprietà dei corpi cristallini di presentare proprietà diverse nelle diverse direzioni.
anișòtropo *agg.* Detto di corpo che presenta anisotropia.
ànitra V. *anatra.*
annacquàre *v. tr.* (*io annàcquo*) **1** Diluire un liquido aggiungendovi acqua. **2** (*fig.*) Moderare, temperare: — *la realtà.*
annacquàta *s. f.* Atto dell'annacquare leggermente | (*est.*) Pioggerella.
annaffiàre o *innaffiàre v. tr.* (*io annàffio*) Aspergere di acqua, a modo di pioggia | (*fig., scherz.*) — *il vino*, annacquarlo. [→ ill. *giardiniere*]
annaffiàta *s. f.* Leggera annaffiatura | (*est.*) Pioggerella.
annaffiatóio *s. m.* Recipiente provvisto di manico e lungo becco con all'estremità una bocchetta traforata; usato per annaffiare. [→ ill. *agricoltura, giardiniere*]
annaffiatùra *s. f.* Operazione dell'annaffiare.
annàli *s. m. pl.* **1** Narrazione degli avvenimenti storici ordinata e distinta anno per anno. **2** (*est.*) Storia, memorie storiche: *un fatto destinato a rimanere negli* —.
annalìsta *s. m.* (*pl. -i*) Scrittore di annali.
annalìstica *s. f.* Genere storiografico in cui gli avvenimenti sono esposti in ordine cronologico anno per anno.
annalìstico *agg.* (*pl. m. -ci*) Che si riferisce agli annalisti o all'annalistica.
annaspàre A *v. tr.* Avvolgere il filato sull'aspo per forma-

Tipo: PROTOZOI

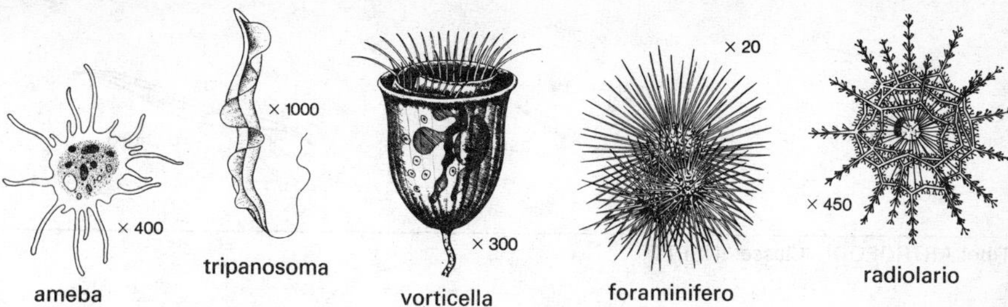

ameba tripanosoma vorticella foraminifero radiolario

Tipo: SPUGNE

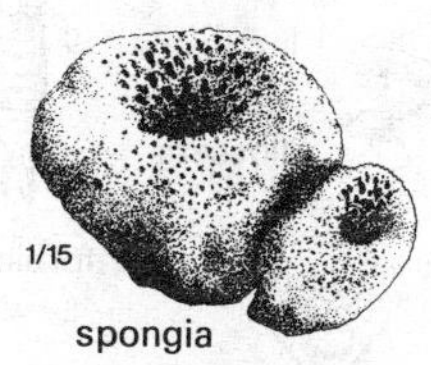

spongia

verongia

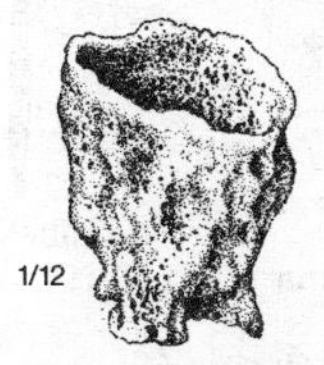

coppa di Nettuno

Tipo: CELENTERATI

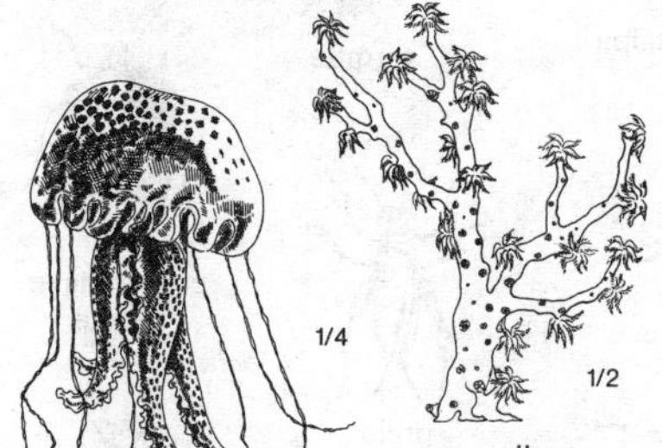

medusa corallo

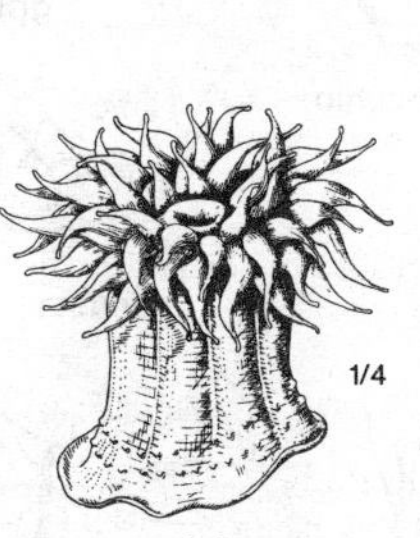

attinia

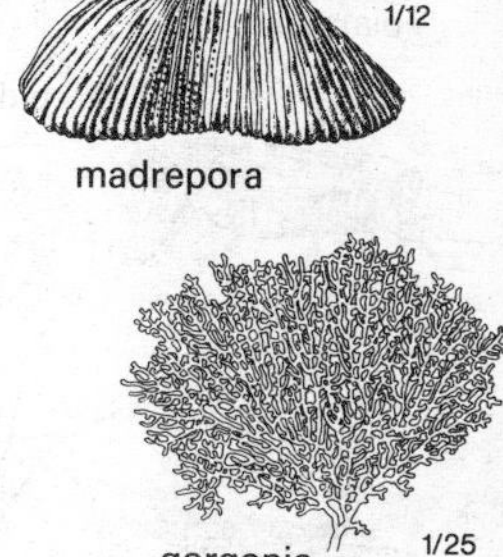

madrepora gorgonia

Tipo: ANELLIDI

lombrico

sanguisuga

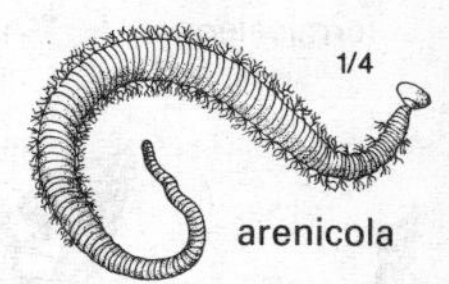

arenicola

Tipo: PLATELMINTI

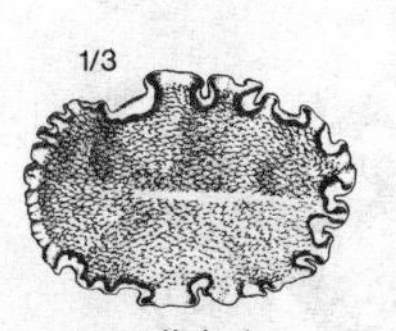

policlade

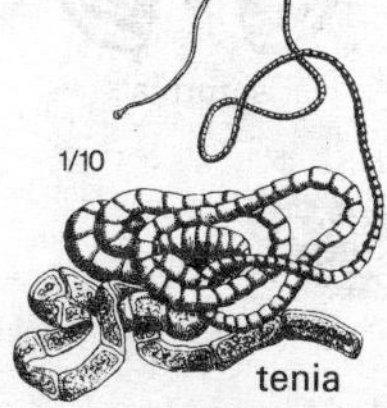

tenia

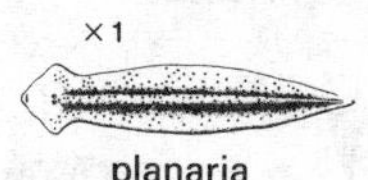

planaria

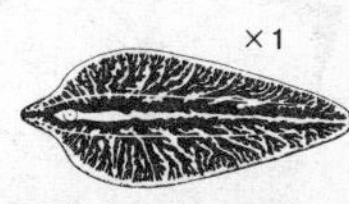

fasciola epatica

Tipo: NEMATODI

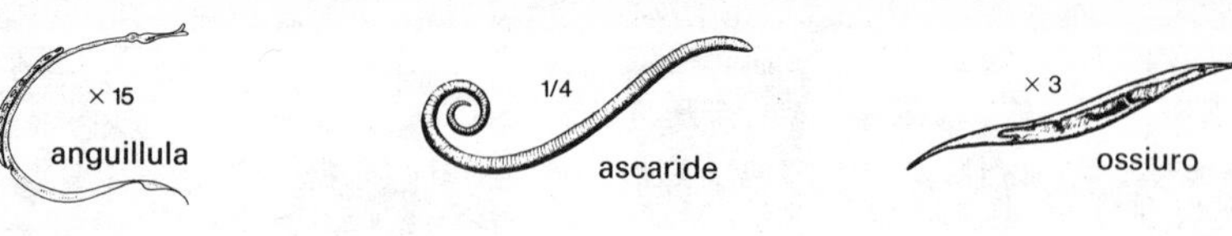

Tipo: ARTROPODI Classe: INSETTI

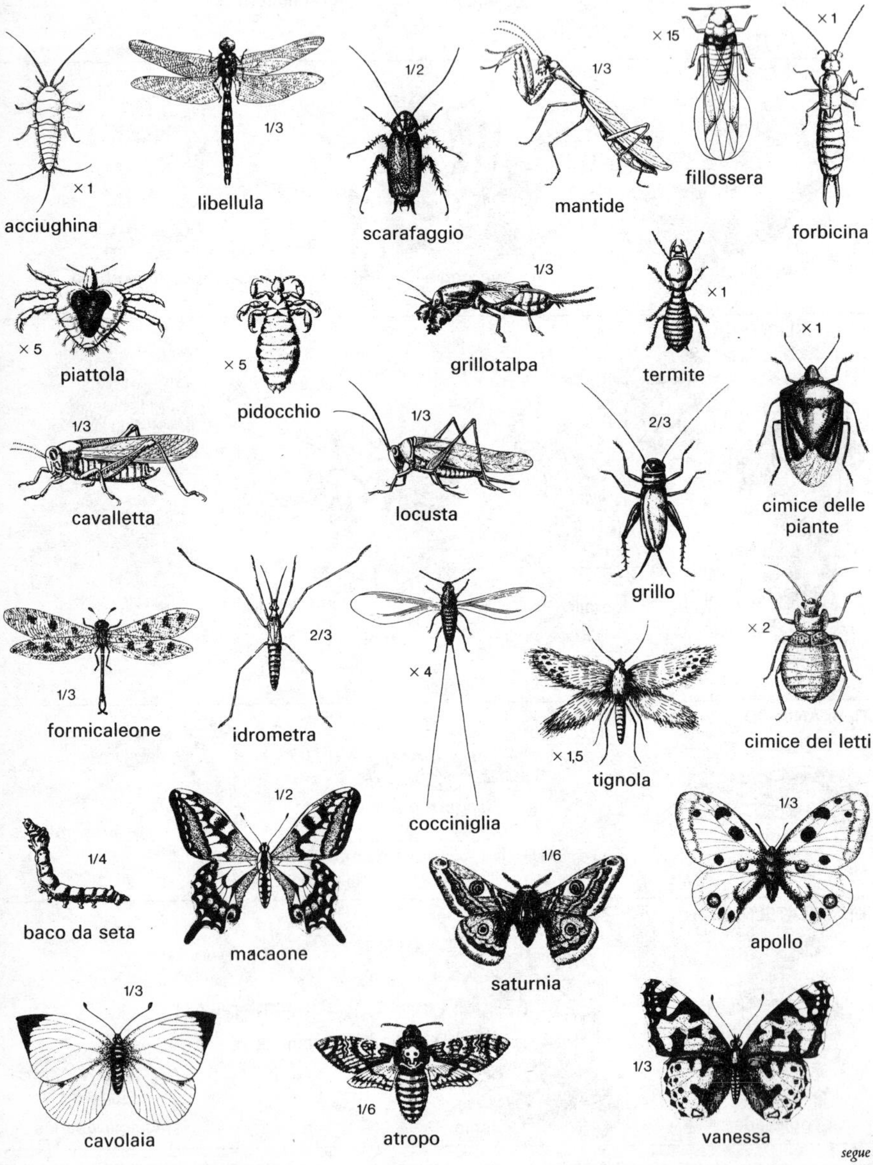

× 1
acciughina

1/3
libellula

1/2
scarafaggio

1/3
mantide

× 15
fillossera

× 1
forbicina

× 5
piattola

× 5
pidocchio

1/3
grillotalpa

× 1
termite

× 1
cimice delle piante

1/3
cavalletta

1/3
locusta

2/3
grillo

1/3
formicaleone

2/3
idrometra

× 4
cocciniglia

× 1,5
tignola

× 2
cimice dei letti

1/4
baco da seta

1/2
macaone

1/6
saturnia

1/3
apollo

1/3
cavolaia

1/6
atropo

1/3
vanessa

segue

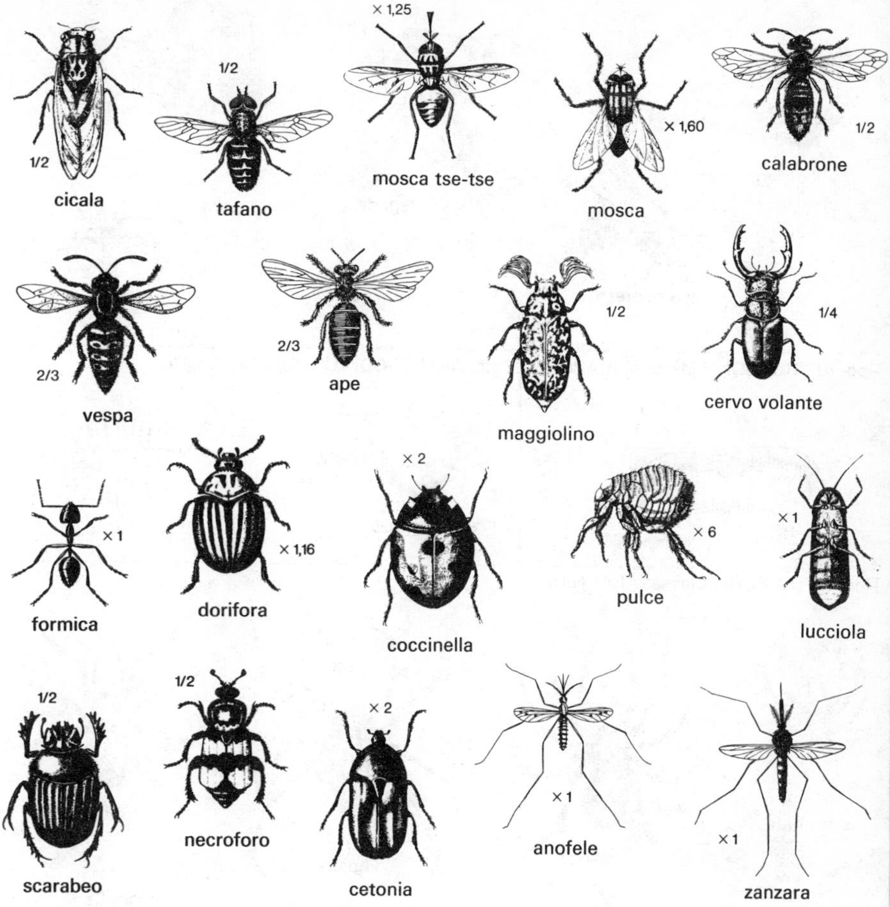

1/2 cicala

1/2 tafano

× 1,25 mosca tse-tse

× 1,60 mosca

1/2 calabrone

2/3 vespa

2/3 ape

1/2 maggiolino

1/4 cervo volante

× 1 formica

× 1,16 dorifora

× 2 coccinella

× 6 pulce

× 1 lucciola

1/2 scarabeo

1/2 necroforo

× 2 cetonia

× 1 anofele

× 1 zanzara

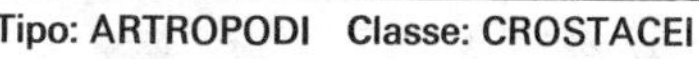

Tipo: ARTROPODI Classe: CROSTACEI

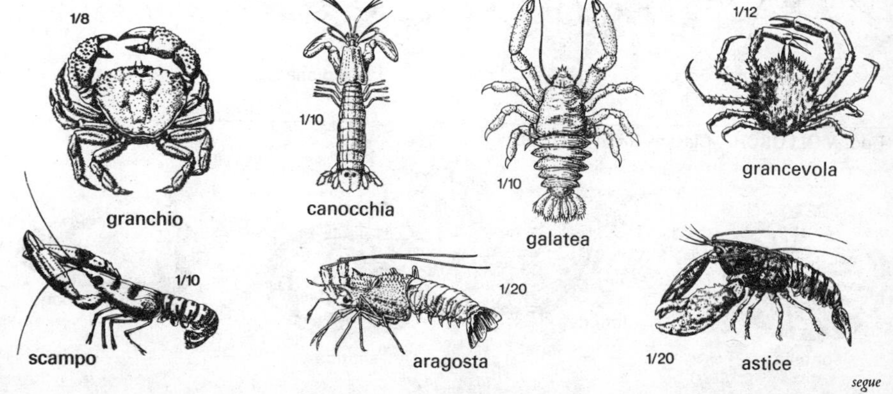

segue

segue *Tipo: ARTROPODI Classe: CROSTACEI*

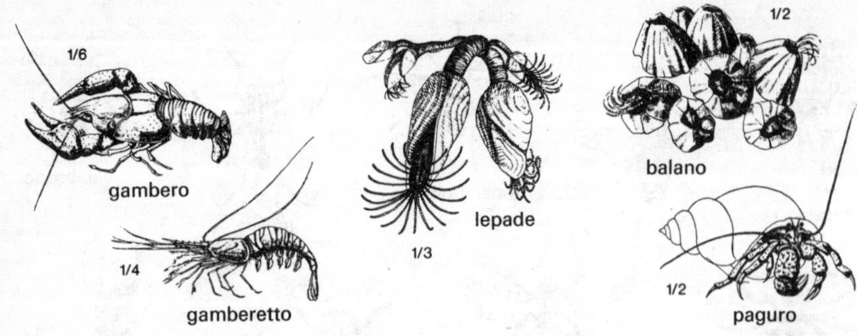

Tipo: ARTROPODI Classe: MIRIAPODI

×1
millepiedi

Tipo: ARTROPODI Classe: CHILOPODI

1/3
scolopendra
1/2
centopiedi

Tipo: ARTROPODI Classe: ARACNIDI

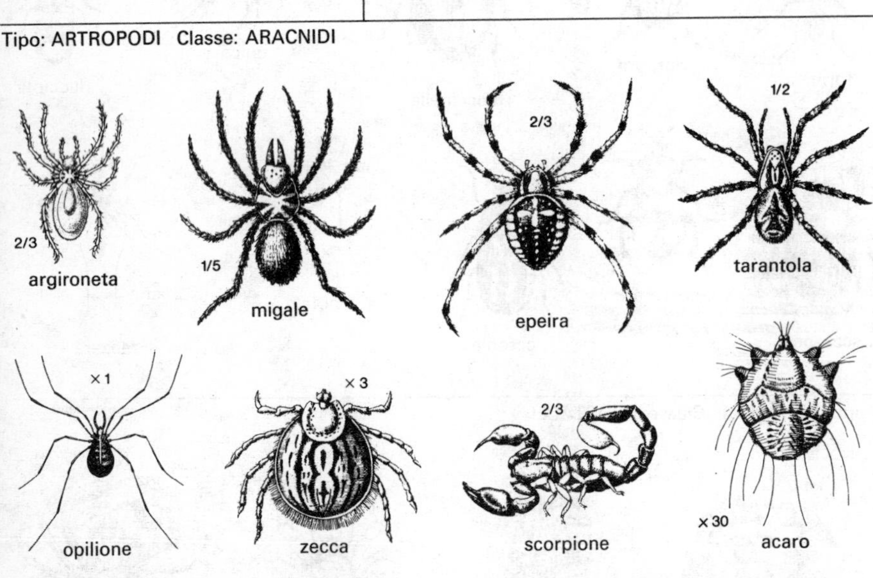

Tipo: MOLLUSCHI Classe: GASTEROPODI

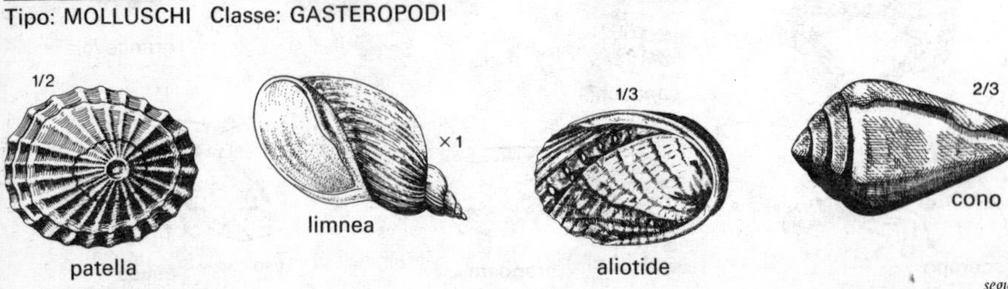

segue

segue Tipo: MOLLUSCHI Classe: GASTEROPODI

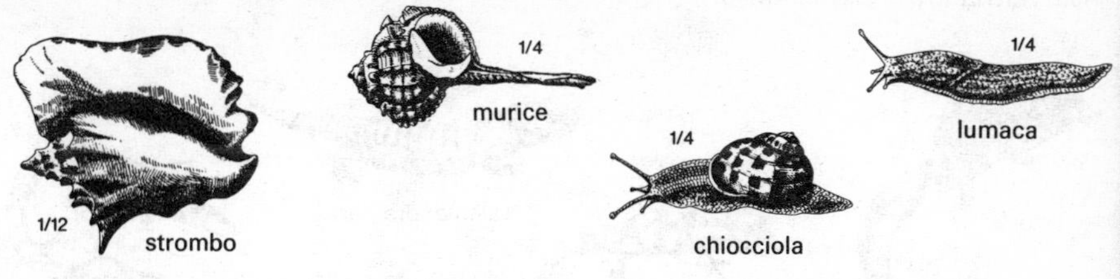

Tipo: MOLLUSCHI Classe: BIVALVI

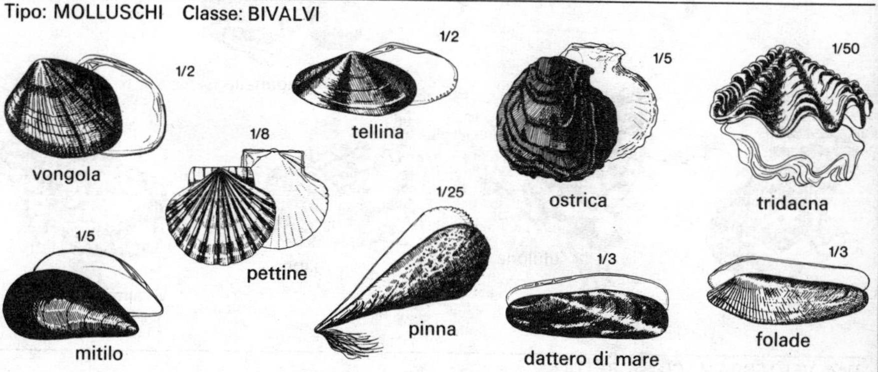

Tipo: MOLLUSCHI Classe: CEFALOPODI

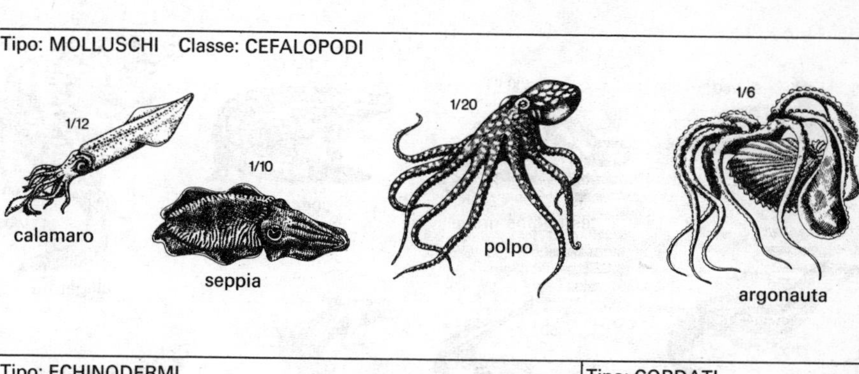

Tipo: ECHINODERMI

Tipo: CORDATI

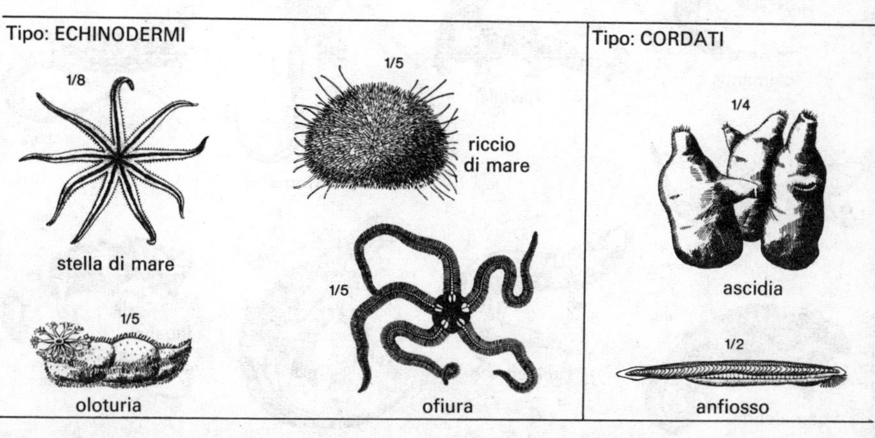

Tipo: VERTEBRATI Classe: ANFIBI

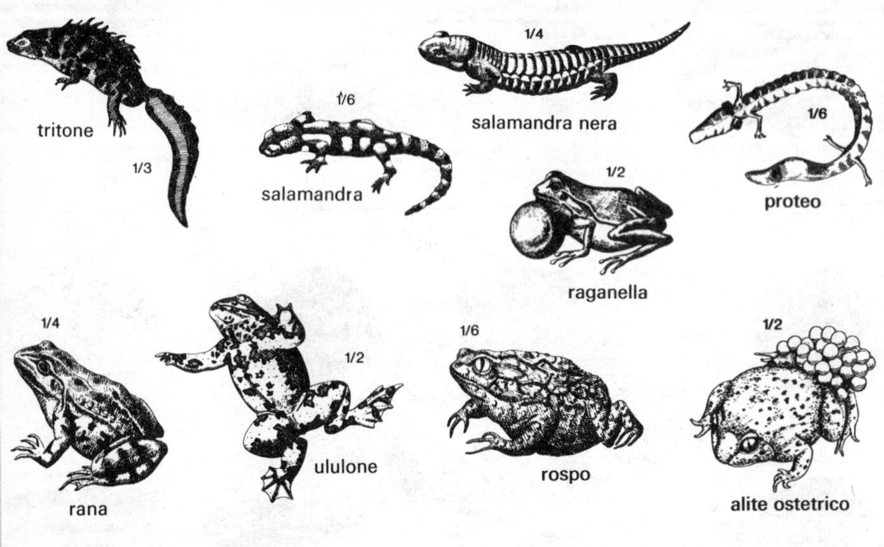

tritone
1/3
1/6
salamandra
1/4
salamandra nera
1/6
proteo
1/2
raganella
1/4
rana
1/2
ululone
1/6
rospo
1/2
alite ostetrico

Tipo: VERTEBRATI Classe: RETTILI

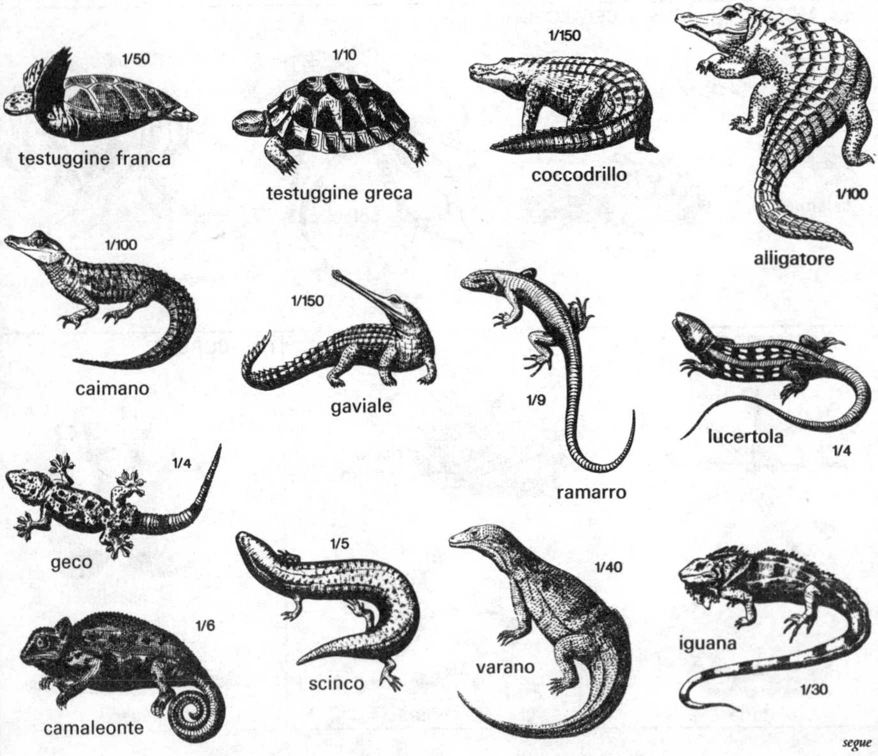

1/50
testuggine franca
1/10
testuggine greca
1/150
coccodrillo
1/100
alligatore
1/100
caimano
1/150
gaviale
1/9
ramarro
lucertola
1/4
1/4
geco
1/5
scinco
1/40
varano
iguana
1/30
1/6
camaleonte

segue

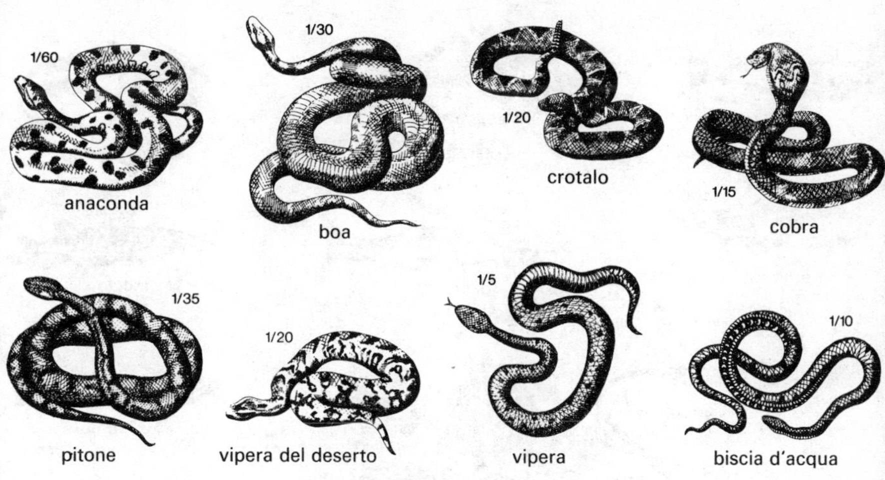

Tipo: VERTEBRATI Classe: CICLOSTOMI

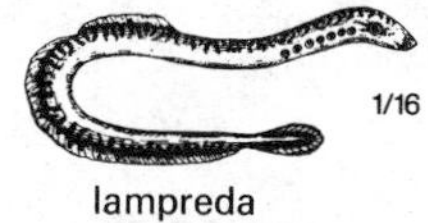

Tipo: VERTEBRATI Classe: PESCI CARTILAGINEI

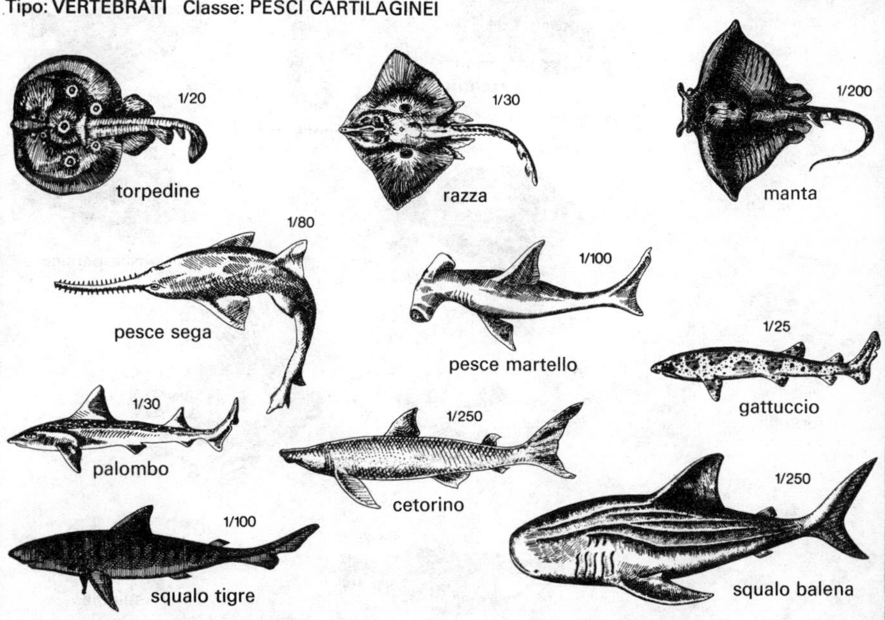

Tipo: VERTEBRATI Classe: PESCI OSSEI

segue

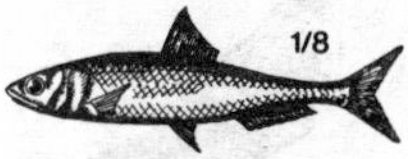

sardina 1/8

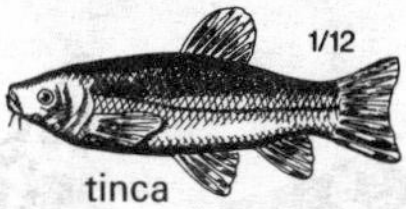

tinca 1/12

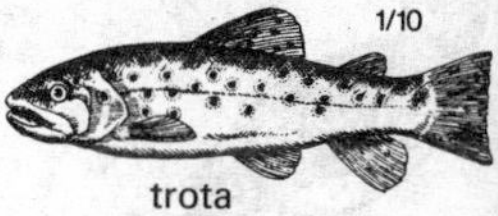

trota 1/10

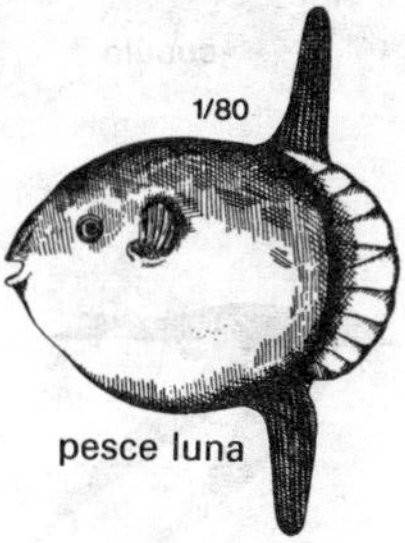

pesce luna 1/80

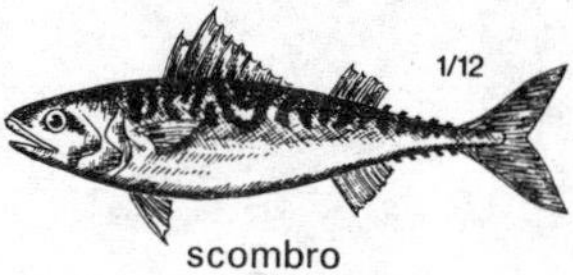

scombro 1/12

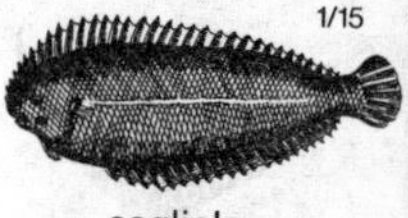

sogliola 1/15

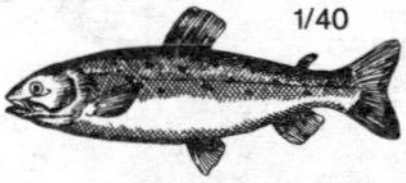

salmone 1/40

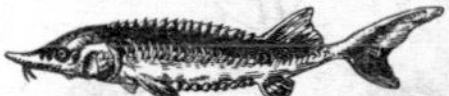

storione 1/70

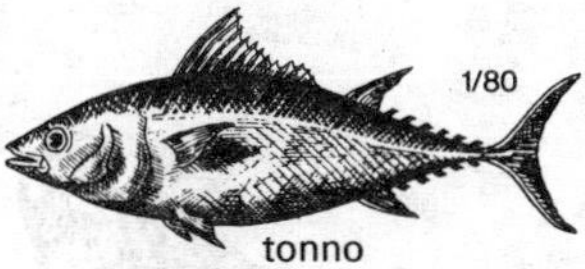

tonno 1/80

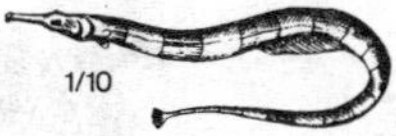

pesce ago 1/10

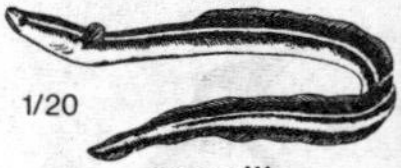

anguilla 1/20

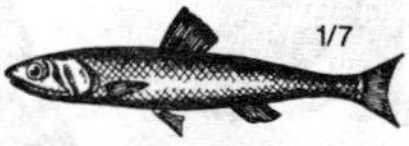

acciuga 1/7

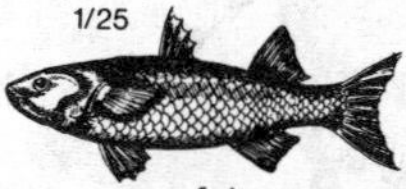

cefalo 1/25

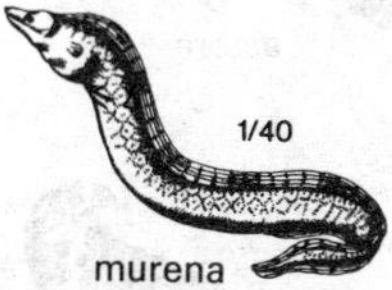

murena 1/40

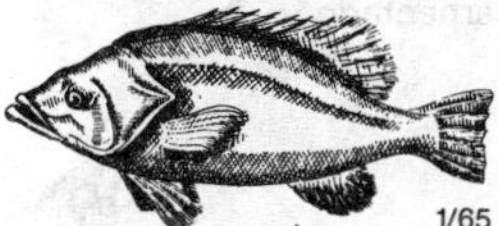

cernia 1/65

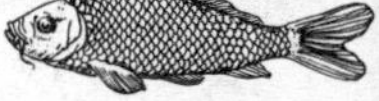

carpa 1/20

Tipo: VERTEBRATI Classe: UCCELLI

cormorano 1/20

pellicano 1/35

tucano 1/12

fregata 1/30

picchio 1/10

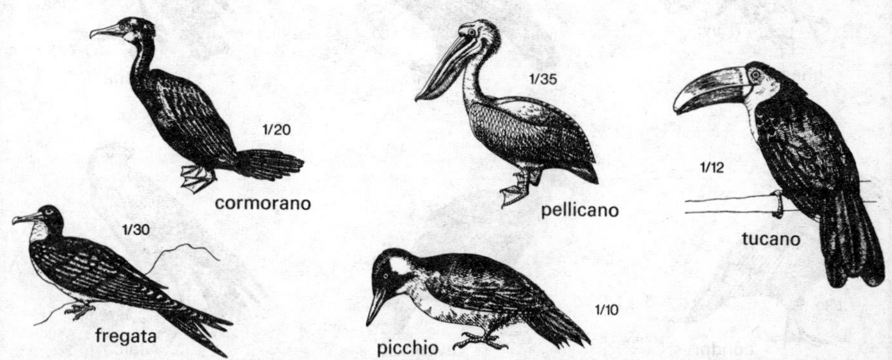

segue

1/5
torcicollo
1/12
colombo
1/10
tortora
1/10
cuculo
1/3
colibrì
1/15
gabbiano
1/16
rondine di mare
1/10
rondone
1/30
pinguino
1/35
serpentario
1/30
grifone
1/12
astore
1/10
gheppio
1/30
aquila
1/12
poiana
1/30
condor
1/30
avvoltoio
1/10
falco

segue

1/10
sparviero
1/20
nibbio
1/15
gallina
1/20
faraona
1/12
fagiano
1/30
gallo cedrone
1/10
starna
1/50
pavone
1/10
pernice
1/30
tacchino
1/5
quaglia
1/10
folaga
1/30
cicogna
1/25
airone
1/25
ibis sacro
1/40
marabù

segue

1/40
fenicottero
1/15
alzavola
1/18
fischione
1/40
cigno reale
1/25
oca selvatica
1/25
oca
1/20
anatra
selvatica
1/20
anatra
1/5
beccafico
1/4
lucherino
1/15
cornacchia
1/5
cutrettola
1/5
capinera
1/5
pispola
1/5
verzellino
1/5
verdone
1/4
luì
1/12
ghiandaia
1/15
gazza
1/15
corvo

segue

1/5
fringuello
1/8
merlo
1/5
pettirosso
1/5
cinciallegra
1/6
averla
1/5
canarino
1/6
passero
1/5
pigliamosche
1/6
rondine
1/6
ciuffolotto
1/4
cardellino
1/7
storno
1/12
tordo
1/3
scricciolo
1/5
zigolo
paradisea
1/15
1/40
uccello lira
1/6
allodola
1/5
usignolo

segue

1/30
otarda
1/30
gru
1/5
assiolo
1/10
barbagianni
1/10
gufo
1/10
allocco
1/7
civetta
1/100
albatro
1/10
procellaria
1/90
struzzo
1/60
emù
1/20
ara
1/5
parrocchetto
1/10
cacatua
1/10
pavoncella

segue

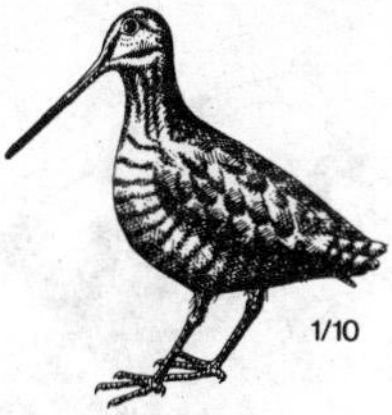

segue Tipo: VERTEBRATI Classe: UCCELLI

1/10 beccaccino

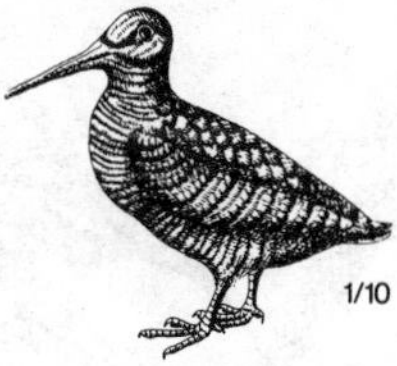

1/10 beccaccia

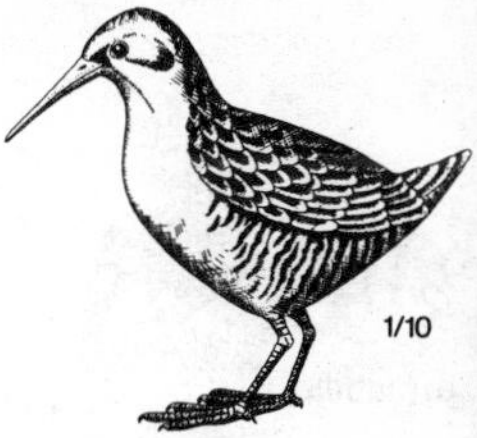

1/10 porciglione

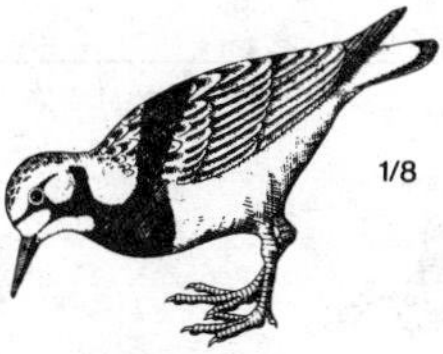

1/8 voltapietre

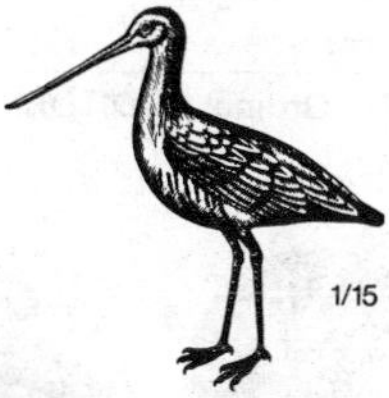

1/15 pittima

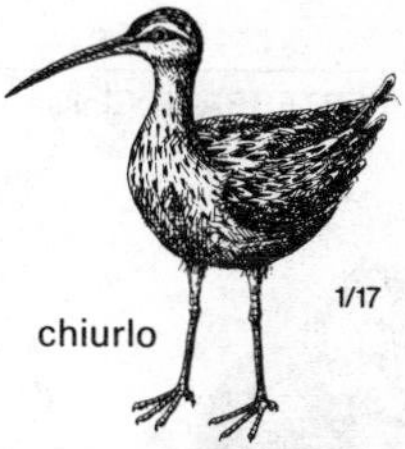

1/17 chiurlo

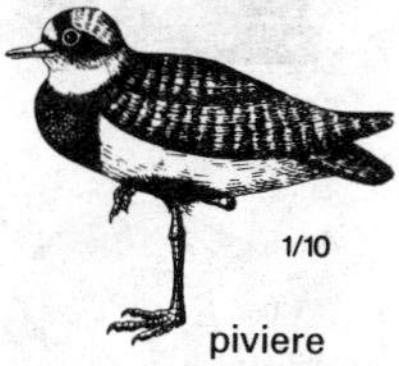

1/10 piviere

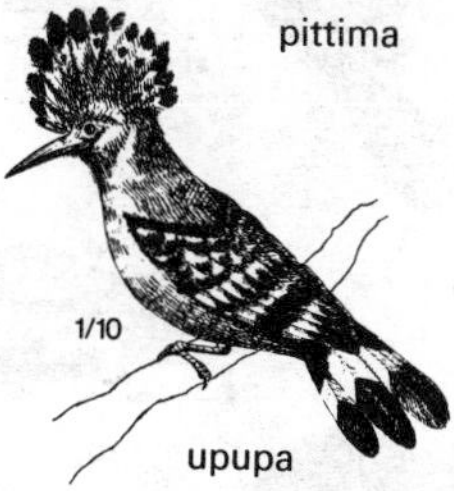

1/10 upupa

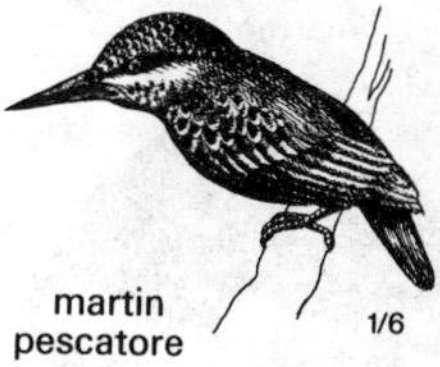

1/6 martin pescatore

Tipo: VERTEBRATI classe: MAMMIFERI Ordine: MARSUPIALI

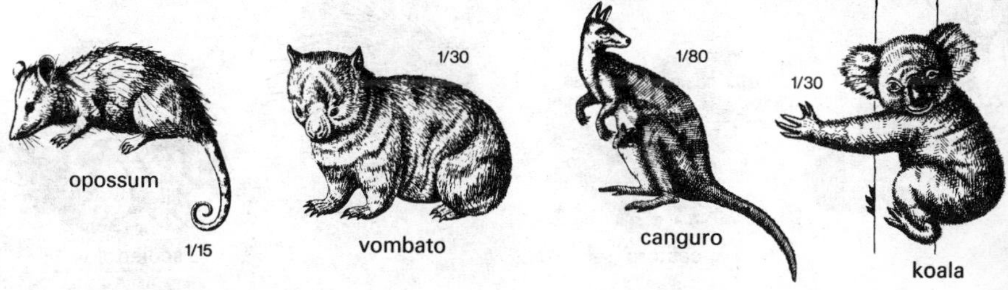

Tipo: VERTEBRATI Classe: MAMMIFERI Ordine: MONOTREMI

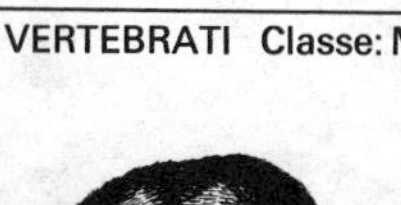

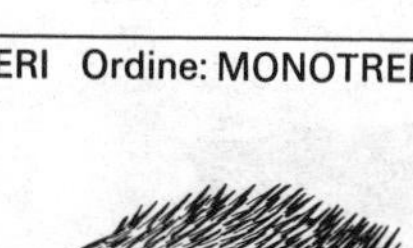

Tipo: VERTEBRATI Classe: MAMMIFERI Ordine: MALDENTATI

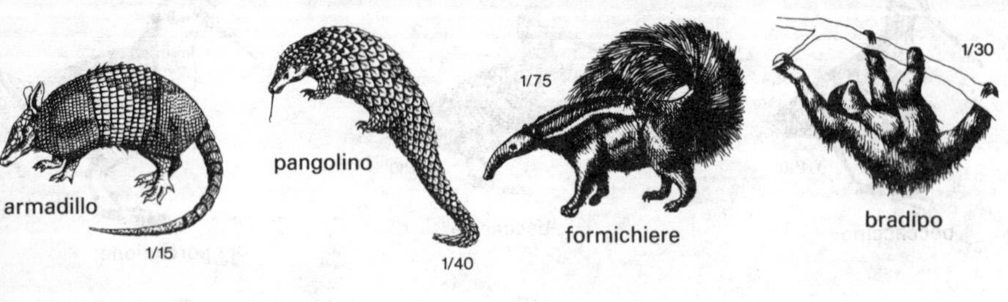

armadillo
1/15
pangolino
1/40
1/75
formichiere
1/30
bradipo

Tipo: VERTEBRATI Classe: MAMMIFERI Ordine: RODITORI

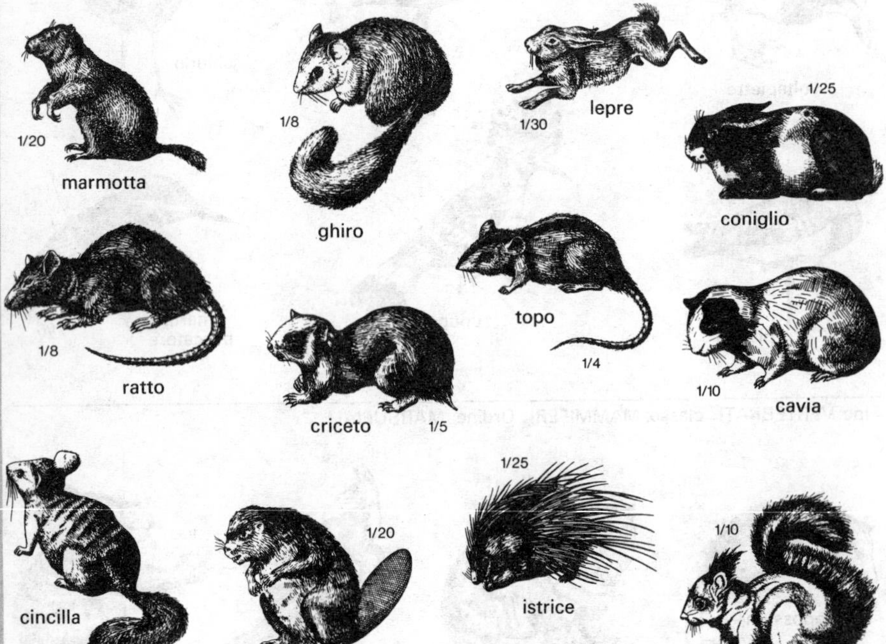

1/20
marmotta
1/8
ghiro
1/30
lepre
1/25
coniglio
1/8
ratto
criceto
1/5
topo
1/4
1/10
cavia
cincilla
1/10
1/20
castoro
1/25
istrice
1/10
scoiattolo

Tipo: VERTEBRATI Classe: MAMMIFERI Ordine: CETACEI

1/600
balenottera
1/200
orca
1/180
narvalo
1/600
balena

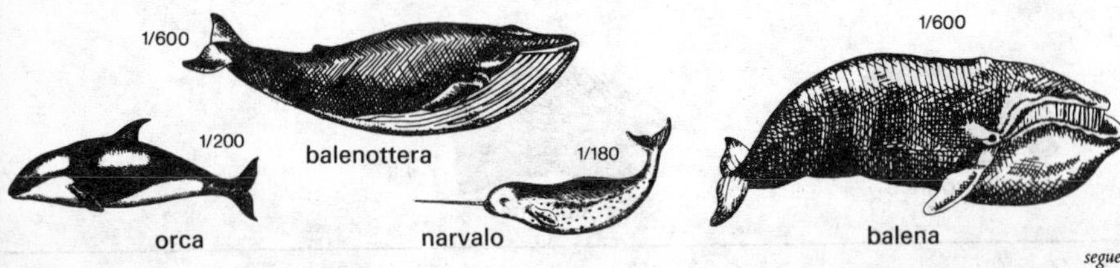

segue

segue Tipo: VERTEBRATI Classe: MAMMIFERI Ordine: CETACEI

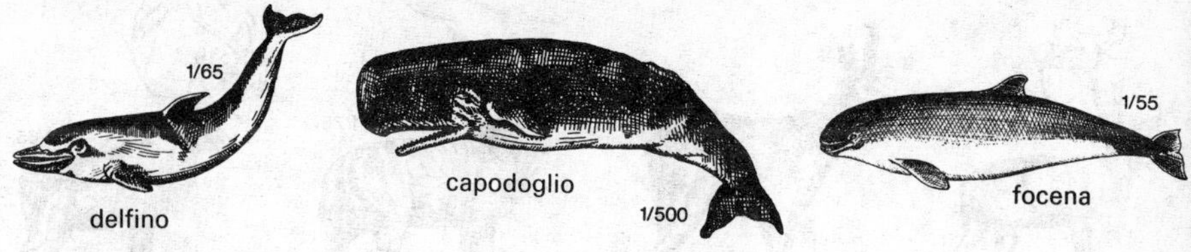

1/65
delfino
capodoglio
1/500
1/55
focena

Tipo: VERTEBRATI Classe: MAMMIFERI Ordine: INSETTIVORI

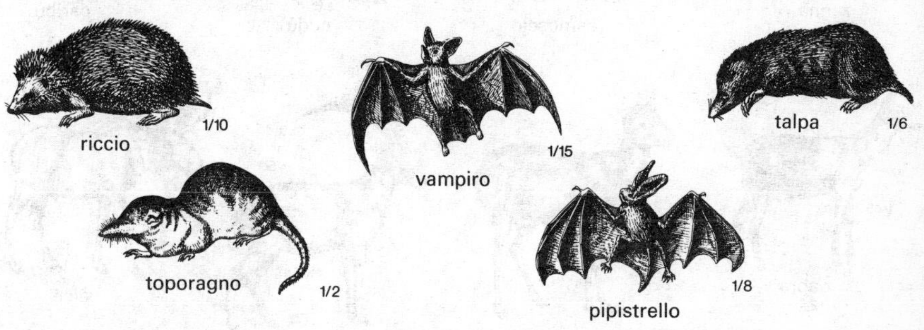

riccio
1/10
vampiro
1/15
talpa
1/6
toporagno
1/2
pipistrello
1/8

Tipo: VERTEBRATI Classe: MAMMIFERI Ordine: UNGULATI

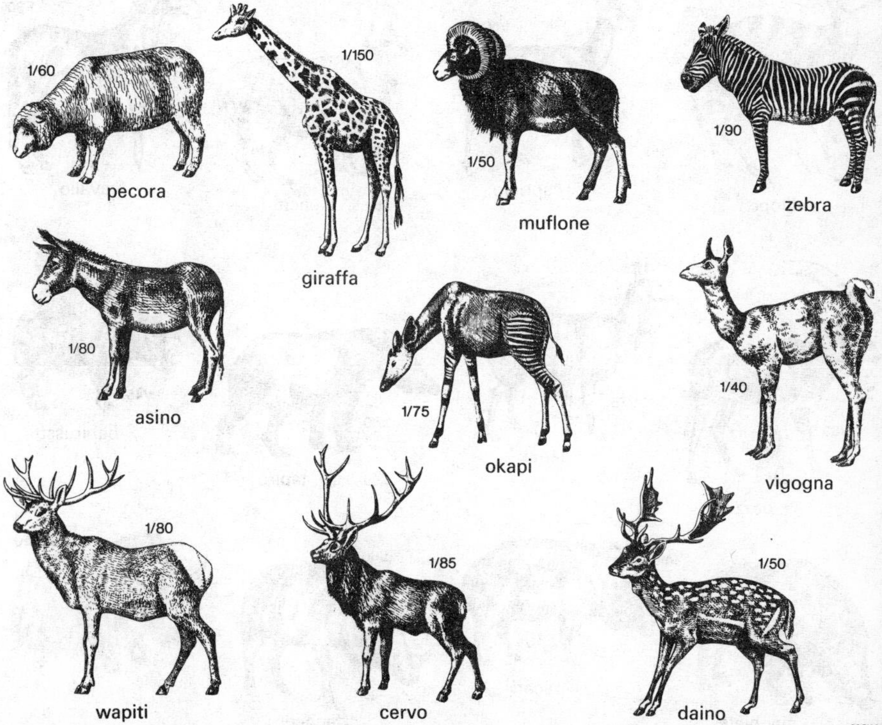

1/60
pecora
1/150
giraffa
1/50
muflone
1/90
zebra
1/80
asino
1/75
okapi
1/40
vigogna
1/80
wapiti
1/85
cervo
1/50
daino

segue

segue *Tipo: VERTEBRATI Classe: MAMMIFERI Ordine: UNGULATI*

segue

segue *Tipo: VERTEBRATI Classe: MAMMIFERI Ordine: UNGULATI*

1/100 toro

1/65 gnu

1/100 dromedario

1/70 zebù

1/100 cammello

1/100 bisonte

1/100 bufalo

1/50 maiale

1/130 ippopotamo

1/120 rinoceronte

1/140 elefante

× 1/100 lamantino

1/100 dugongo

Tipo: VERTEBRATI classe: MAMMIFERI Ordine: CARNIVORI

segue

1/100
tigre
1/70
leopardo
1/35
gattopardo
1/55
lince
1/80
leone
1/35
ozelot
1/55
puma
1/65
ghepardo
1/80
orso
procione
1/30
1/40
panda
faina
1/20
lontra
1/40
puzzola
1/20
1/10
martora
1/8
donnola
1/25
tasso
1/50
volpe
1/18
visone
mangosta
1/30
zibellino
1/30
1/40
zibetto
1/20
furetto
1/15
ermellino

segue

segue *Tipo: VERTEBRATI Classe: MAMMIFERI Ordine: CARNIVORI*

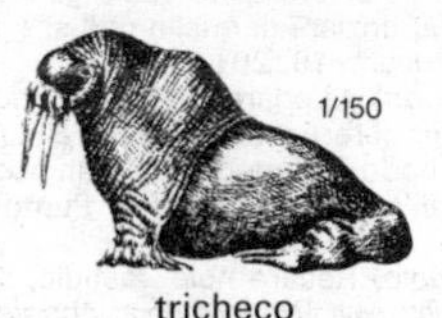

1/150
tricheco

1/60
foca

1/80
otaria

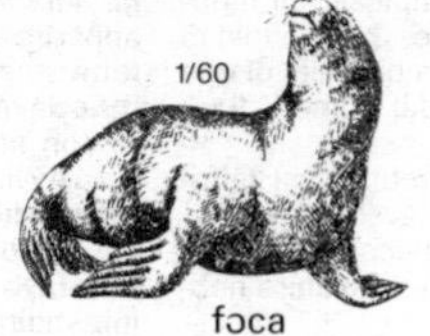

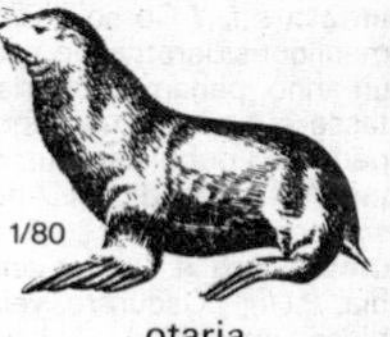

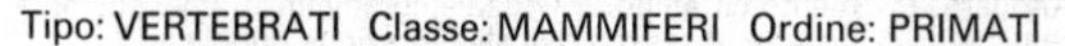

Tipo: VERTEBRATI Classe: MAMMIFERI Ordine: PRIMATI

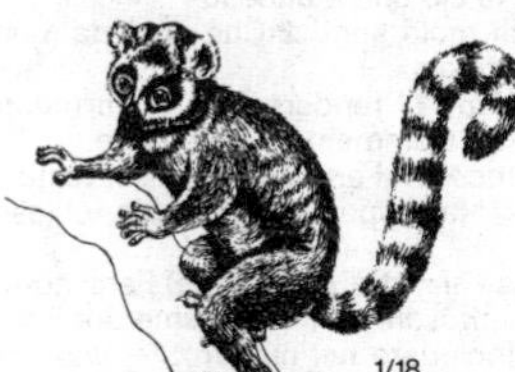
1/18
lemuride

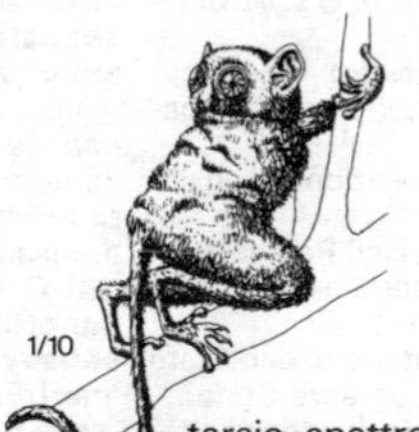
1/10
tarsio spettro

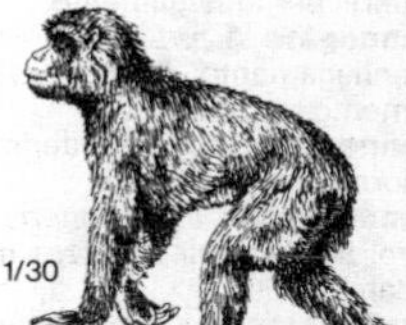
1/30
bertuccia

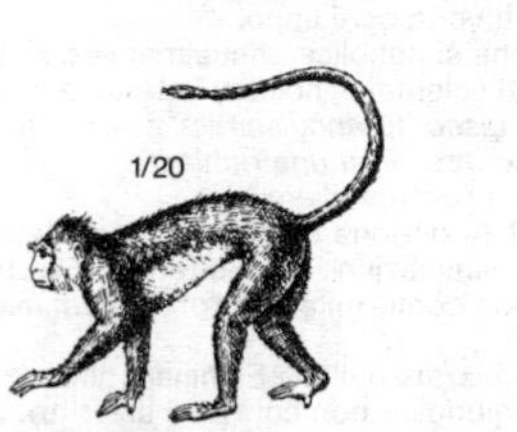
1/20
cercopiteco

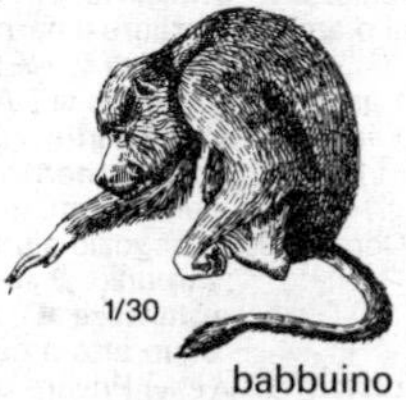
1/30
babbuino

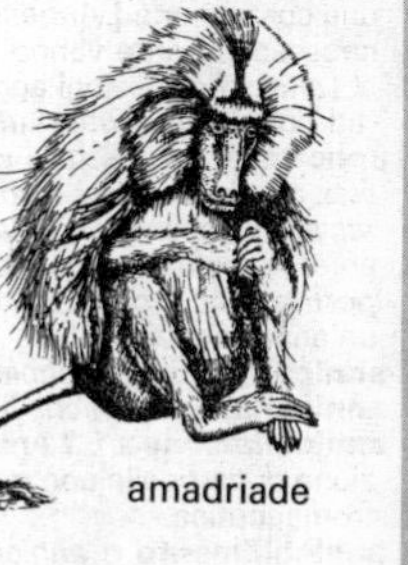
1/25
amadriade

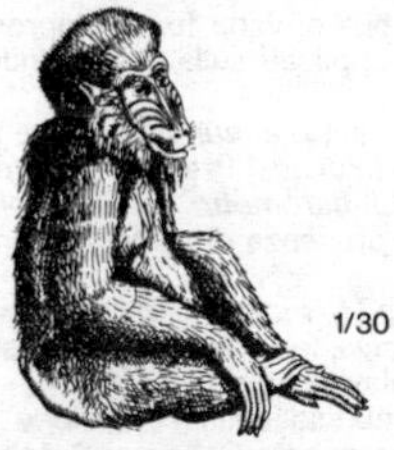
1/30
mandrillo

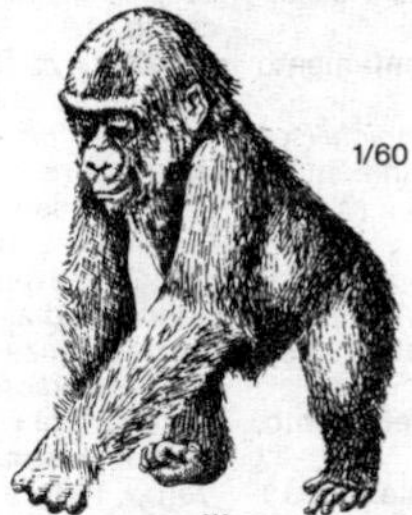
1/60
gorilla

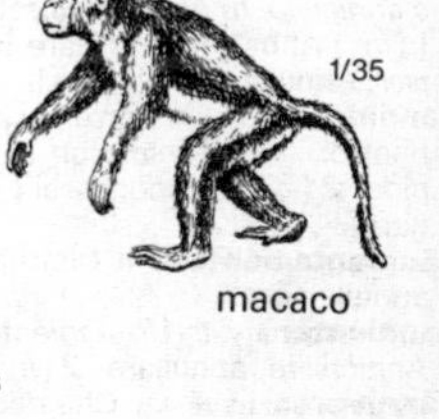
1/35
macaco

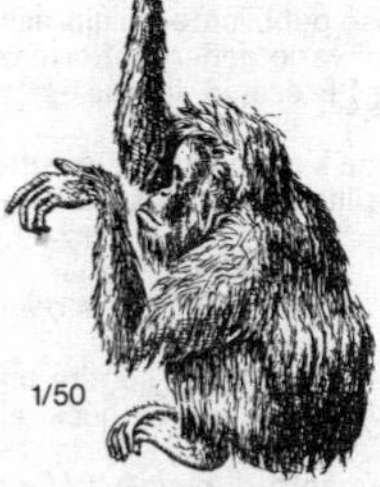
1/50
orango

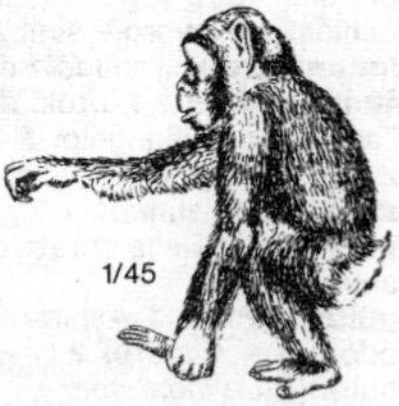
1/45
scimpanzé

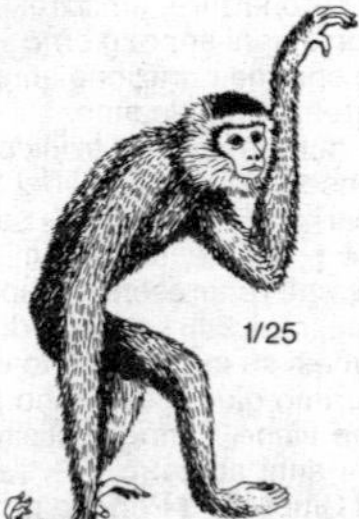
1/25
gibbone

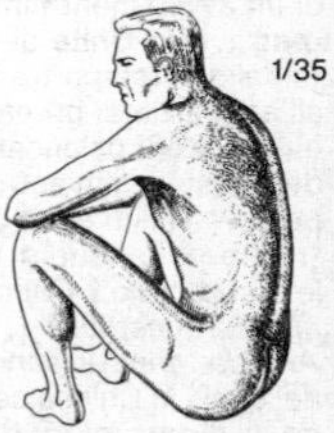
1/35
uomo

re la matassa. **B** *v. intr.* (*aus. avere*) **1** Agitare confusamente le braccia o le gambe. **2** Affaccendarsi intorno a q.c. senza concludere: *annaspa fra i libri.* **3** (*fig.*) Confondersi, imbrogliarsi: – *nel parlare.*

annàta *s. f.* **1** Corso di un anno. **2** Complesso di fenomeni considerati nello spazio di un anno. **3** Stipendio di un anno, pagamento o riscossione della pigione, di una tassa e sim. per un anno. **4** Insieme dei numeri di un periodico pubblicati durante un anno.

annebbiaménto *s. m.* Addensamento nebbioso | Offuscamento (*anche fig.*).

annebbiàre **A** *v. tr.* (*io annébbio*) **1** Offuscare con nebbia. **2** (*fig.*) Oscurare, velare. **B** *v. intr. pron.* Divenire nebbioso (*anche fig.*).

annegaménto *s. m.* Morte per asfissia a causa di un'immersione in un liquido, spec. acqua.

annegàre **A** *v. tr.* (*io annégo, tu annéghi*) Far morire per annegamento: *i gatti furono annegati*; SIN. Affogare. **B** *v. intr. e intr. pron.* (*aus. essere*) **1** Morire per annegamento. **2** (*fig.*) Perdersi, sprofondare: – *nell'oro.* **C** *v. rifl.* Uccidersi per annegamento.

annegàto **A** *part. pass. di annegare; anche agg.* Morto per annegamento. **B** *s. m.* (*f. -a*) Persona morta per annegamento.

anneriménto *s. m.* Conferimento o acquisizione di un colore nero.

annerire **A** *v. tr.* (*io annerìsco, tu annerìsci*) Rendere nero. **B** *v. intr. e intr. pron.* (*aus. essere*) Divenire nero | Oscurarsi.

annessióne *s. f.* Ampliamento del territorio di uno Stato a spese di parte o tutto il territorio di un altro Stato.

annessite *s. f.* (*med.*) Infiammazione degli annessi uterini.

annèsso o *annésso* **A** *part. pass. di annettere; anche agg.* Unito, congiunto. **B** *s. m.* **1** *spec. al p.* Parti accessorie di una costruzione | *Annessi e connessi*, tutte le cose che necessariamente vanno unite con altra principale. **2** *al pl.* (*anat.*) Formazioni aggiunte ad alcuni organi o apparati principali: *annessi uterini.*

annèttere o *annéttere* *v. tr.* (*pres. io annètto o annétto; pass. rem. io annettéi, raro annèssi o annéssi, tu annettésti; part. pass. annèsso o annésso*) **1** Attaccare insieme, unire, congiungere | Allegare, accludere | (*fig.*) – *importanza a q.c.*, attribuirle importanza. **2** Compiere un'annessione.

annichilaménto V. *annichilimento.*

annichilàre V. *annichilire.*

annichilazióne *s. f.* **1** Annichilimento. **2** (*fis.*) Trasformazione di particelle con massa propria in radiazione elettromagnetica.

annichilimento o *annichilaménto* *s. m.* Annientamento (*anche fig.*).

annichilire o *annichilàre* **A** *v. tr. e intr. pron.* (*io annichilìsco o annìchilo, tu annichilìsci*) Ridurre al niente, annientare | (*fig.*) Abbattere, umiliare profondamente. **B** *v. rifl. e intr. pron.* Annullarsi | Umiliarsi.

annidàre **A** *v. tr.* **1** Porre nel nido. **2** (*fig.*) Accogliere, dar ricetto: – *nell'anima un sentimento.* **B** *v. rifl.* **1** Farsi il nido. **2** (*est.*) Nascondersi | (*fig.*) Trovare ricetto, albergare.

annientaménto *s. m.* Distruzione | (*fig.*) Abbattimento, annullamento.

annientàre *v. tr.* (*io anniènto*) **1** Ridurre al niente; SIN. Annichilire, annullare. **2** (*fig.*) Abbattere, umiliare.

anniversàrio **A** *agg.* Che ricorre ogni anno: *giorno* –. **B** *s. m.* **1** Giorno di ricorrenza e commemorazione annuale di un avvenimento importante. **2** Compleanno.

ànno *s. m.* **1** Unità di misura del tempo | – *tropico*, intervallo di tempo tra due consecutivi passaggi del Sole all'equinozio di primavera, pari a $365^d\ 5^h\ 48^m\ 46^s$ su cui è regolato il calendario civile | – *luce*, unità di misura della distanza in astronomia, che rappresenta lo spazio percorso in un anno dalla luce, cioè 9461 miliardi di km. SIMB. a. **2** Periodo di dodici mesi su cui è regolato il calendario civile | *Capo d'*–, primo giorno dell'anno | *Un altr'*–, *quest'altr'*–, *l'– che viene*, l'anno prossimo | *Anni fa, anni or sono*, alcuni anni addietro | – *santo*, nel quale la Chiesa celebra il Giubileo. **3** Periodo di tempo, di durata inferiore a un anno, considerato in relazione alle attività che in esso trovano svolgimento | – *accademico, scolastico*, che va dall'apertura delle Università, delle scuole, fino alle vacanze estive | (*est.*) Corso di studi: *iscriversi al primo – d'università.* **4** *spec. al pl.* Età dell'uomo | *Verdi anni*, giovinezza | *Essere in là con gli anni*, in età avanzata | *Portare bene, male gli anni*, apparire più giovani o più anziani di quello che si è effettivamente. [→ tav. *proverbi* 19, 20]

annodàre **A** *v. tr.* (*io annòdo*) **1** Legare insieme, stringere con nodo. **2** (*fig.*) Stringere: – *un'amicizia.* **B** *v. intr. pron.* Avvilupparsi | Fare nodo, stringersi come un nodo.

annodatùra *s. f.* Atto dell'annodare | Nodo | Punto in cui il nodo è stato fatto.

annoiàre **A** *v. tr.* (*io annòio*) Recare noia, fastidio; SIN. Infastidire, tediare. **B** *v. intr. pron.* Provare noia: *annoiarsi di q.c.*

annòna *s. f.* **1** Nell'antica Roma, insieme delle derrate distribuite periodicamente al popolo | Approvvigionamento cittadino. **2** Organismo amministrativo che soddisfa le necessità dell'alimentazione pubblica.

annonàrio *agg.* Che concerne l'annona.

annosità *s. f.* Qualità di ciò che è annoso.

annóso *agg.* **1** Che ha molti anni. **2** Che dura da molti anni: *un'annosa questione.*

annotàre *v. tr.* (*io annòto*) **1** Prendere nota. **2** Corredare di note uno scritto; SIN. Commentare, postillare.

annotatóre *s. m.* (*f. -trìce*) Chi annota, spec. un testo.

annotazióne *s. f.* **1** Nota, appunto. **2** Postilla, chiosa; SIN. Commento.

annottàre *v. intr. impers.* (*annòtta; aus. essere*) Farsi notte.

annoveràre *v. tr.* (*io annòvero*) **1** (*lett.*) Numerare insieme | Enumerare. **2** Includere nel numero: – *una persona fra i benpensanti.*

annuàle **A** *agg.* **1** Che ricorre ogni anno: *festa* –. **2** Che dura un anno: *contratto* –. **B** *s. m.* Anniversario.

annualità *s. f.* Somma pagata annualmente.

annualménte *avv.* Una volta ogni anno.

annuàrio *s. m.* Libro che si pubblica annualmente per ricordare o narrare fatti scientifici, politici, letterari e sim.

annuire *v. intr.* (*io annuìsco, tu annuìsci; aus. avere*) Fare cenno di sì | Acconsentire: – *a una richiesta.*

annullàbile *agg.* Che si può annullare.

annullaménto *s. m.* **1** Abolizione della validità, dell'efficacia e sim. di q.c. **2** Eliminazione degli effetti di un atto o negozio giuridico non conformi al diritto: – *di un matrimonio.* **3** Annullo.

annullàre **A** *v. tr.* **1** Dichiarare nullo. **2** Eliminare gli effetti di un atto o negozio giuridico non conformi al diritto. **3** (*est.*) Privare di efficacia. **4** Annientare, estinguere. **B** *v. intr. pron.* Svanire, confondersi. **C** *v. rifl. rec.* Eliminarsi a vicenda.

annùllo *s. m.* Segno indelebile di varia forma impresso con timbro sui francobolli applicati sulla corrispondenza. [→ ill. *posta*]

annunciàre o *annunziàre* *v. tr.* (*io annùncio*) **1** Dare notizia, fare sapere: – *la morte di qc.* | Predire. **2** Promettere, dare segni rivelatori: *il barometro annuncia pioggia.* **3** Informare qc. della presenza di visitatori: *lo annunciarono al direttore.*

annunciatóre *s. m.; anche agg.* (*f. -trìce*) Chi (o che) annuncia | – *radiofonico, televisivo*, lettore di notizie, testi e annunci alla radio e alla televisione.

annunciazióne *s. f.* **1** Annuncio dell'incarnazione del Verbo, fatto a Maria dall'arcangelo Gabriele. **2** *Annunciazione*, festa liturgica di tale evento (25 marzo).

annùncio o (*lett.*) *annùnzio* *s. m.* **1** Comunicazione, notizia | – *economico*, breve avviso pubblicato sui giornali per acquisti o vendite di beni di vario genere, offerte o richieste di lavoro e sim. **2** (*fig.*) Presagio, indizio.

annunziàre V. *annunciare.*

Annunziàta *s. f.* **1** Titolo di Maria Vergine che ricevette l'annuncio dell'angelo. **2** Festa liturgica dell'Annunciazione (25 marzo).

annùnzio V. *annuncio.*

ànnuo *agg.* **1** Della durata di un anno. **2** Che ricorre ogni anno.

annusàre *v. tr.* **1** Aspirare aria col naso per sentire un odore; SIN. Fiutare. **2** (*fig.*) Accorgersi, intuire quasi al fiuto: – *un inganno.*

annuvolaménto *s. m.* Addensamento di nuvole | (*fig.*) Turbamento.

annuvolàre ***A*** *v. tr.* (*io annùvolo*) ***1*** Coprire, oscurare di nuvole. ***2*** (*fig.*) Offuscare, turbare. ***B*** *v. intr. pron.* ***1*** Coprirsi di nuvole. ***2*** (*fig.*) Turbarsi.

àno *s. m.* (*anat.*) Orifizio all'estremità terminale dell'intestino retto. [→ ill. *anatomia umana*]

-àno *suff.* di sost. e agg. che indicano mestiere, categoria e sim. oppure che designano gli abitanti di paesi, città, regioni ecc.: *africano, emiliano, montano, ortolano, scrivano*; CFR. *-igiano, -etano.*

anòbio *s. m.* Insetto coleottero le cui larve scavano gallerie nel legno.

anòdico *agg.* (*pl. m. -ci*) Relativo all'anodo.

anòdino o (*evit.*) *anodìno agg.* ***1*** Detto di medicamento che fa diminuire il dolore. ***2*** (*est.*) Di scarsa efficacia, valore e sim. ***3*** (*fig.*) Impersonale, senza energia, senza carattere: *personalità anodina.*

anodizzàre *v. tr.* (*io anodìzzo*) Sottoporre a ossidazione anodica una sostanza, spec. un metallo, al fine di ottenere una superficie di elevata durezza e resistenza alla corrosione.

ànodo o (*evit.*) *anòdo s. m.* Elettrodo positivo dei voltametri, dei bagni galvanici, dei tubi a vuoto; CONTR. Catodo. [→ ill. *elettronica, fisica, nucleare*]

anòfele *s. m.* Zanzara trasmettitrice della malaria. [→ ill. *animali* 3]

anolino *s. m.* Specie di agnolotto, specialità della cucina parmigiana.

anomalìa *s. f.* ***1*** Deviazione da una norma, da una struttura tipica considerata normale; SIN. Anormalità, irregolarità. ***2*** (*med.*) Anormalità.

anòmalo *agg.* Che presenta anomalia; SIN. Anormale, irregolare.

anòna *s. f.* Piccola pianta arborea delle Policarpali con foglie ovali, fiori solitari penduli verdi all'esterno e bianchi all'interno, e frutti commestibili.

anonimàto *s. m.* L'essere anonimo.

anonimìa *s. f.* L'essere senza nome.

anònimo ***A*** *agg.* ***1*** Senza nome, di nome ignoto: *libro* – | (*fig.*) Privo di personalità: *un pittore –, dallo stile –.* ***2*** (*dir.*) *Società anonima*, nell'abrogato codice di commercio, società per azioni o a responsabilità limitata. ***B*** *s. m.* ***1*** Autore di nome ignoto. ***2*** Scritto di autore sconosciuto.

anoressànte *s. m.* Sostanza che attenua gli stimoli della fame agendo sui centri nervosi preposti alla loro regolazione.

anoressìa *s. f.* (*med.*) Mancanza di appetito.

anormàle ***A*** *agg.* ***1*** Non conforme alla norma; SIN. Anomalo, irregolare; CONTR. Normale. ***2*** Che presenta anomalie, squilibri e sim. ***B*** *s. m. e f.* Persona anormale.

anormalità *s. f.* ***1*** Qualità di anormale; SIN. Anomalia, irregolarità; CONTR. Normalità. ***2*** (*med.*) Irregolarità di un organo o di una sua funzione.

anortite *s. f.* Minerale, silicato di alluminio e calcio.

anosmìa *s. f.* (*med.*) Mancanza o diminuzione del senso dell'odorato.

anossìa *s. f.* (*med.*) Diminuzione di ossigeno nei tessuti o nel sangue.

ànsa *s. f.* ***1*** Manico, orecchio, maniglia che serve a prendere e a maneggiare certi utensili. ***2*** (*est.*) Sporgenza, rientranza ricurva. ***3*** Qualsiasi formazione anatomica incurvata su se stessa. ***4*** Forte sinuosità nell'andamento di un corso d'acqua; SIN. Meandro. [→ ill. *geografia*]

ansànte *part. pres. di ansare; anche agg.* Affannato.

ansàre *v. intr.* (*aus. avere*) Respirare con affanno; SIN. Ansimare.

anserifórmi *s. m. pl.* (*sing. -e*) Ordine di uccelli acquatici atti al nuoto, con zampe brevi dotate di quattro dita palmate, e becco depresso.

ànsia *s. f.* Stato d'animo di preoccupazione, apprensione, timore; SIN. Affanno, angoscia.

ansietà *s. f.* Apprensione angosciosa prodotta da timorosa incertezza di qualche evento o dal vivo desiderio di q.c. | Ansia.

ansimàre *v. intr.* (*io ànsimo; aus. avere*) ***1*** Respirare con affanno; SIN. Affannare, ansare. ***2*** (*fig.*) Sbuffare, spec. della locomotiva.

ansiolitico *s. m.* (*pl. -ci*) Farmaco atto ad attenuare e curare stati di ansia e di angoscia.

ansióso ***A*** *agg.* ***1*** Proprio dell'ansia: *stato –.* ***2*** Pieno di ansia, agitato dall'ansia. ***3*** Impaziente: *sono – di vederti.* ***B*** *s. m.* (*f. -a*) Chi è affetto da ansia.

ànta *s. f.* ***1*** Tavola dipinta di un dittico | Parte laterale di un trittico o di un polittico. ***2*** Scuretto, imposta, sportello: *le ante della finestra, dell'armadio.* [→ ill. *mobili*]

antagonismo *s. m.* Azione contrastante di due forze, o di due persone, in contesa fra loro; SIN. Contrasto, opposizione.

antagonista *agg.; anche s. m. e f.* (*pl. m. -i*) Che (o chi) compete con altri.

antagonistico *agg.* (*pl. m. -ci*) Di antagonismo | Che è in antagonismo.

antàlgico *s. m.* (*pl. -ci*) Medicamento antidolorifico; SIN. Antinevralgico.

antàrtico ***A*** *agg.* (*pl. m. -ci*) Che si riferisce al polo opposto a quello artico. [→ ill. *geografia*] ***B*** *s. m.* Il polo sud e la zona geografica attorno a esso.

ànte- *pref.*: in parole composte, indica anteriorità nel tempo o nello spazio: *anteguerra, anteprima.*

-ànte *suff.* dei part. pres. dei verbi in *-are* e dei sost. indicanti mestiere, condizione, qualità: *abbagliante, bracciante, galleggiante, villeggiante.*

antebèllico *agg.* (*pl. m. -ci*) Anteriore a una guerra.

antecedènte ***A*** *agg.* Che viene prima, che precede; CONTR. Conseguente. ***B*** *s. m.* ***1*** Fenomeno che precede un altro. ***2*** (*filos., mat.*) Primo termine di una conseguenza; CONTR. Conseguente.

antecedènza *s. f.* L'essere antecedente.

antecessóre *s. m.* Chi ha preceduto qc. nella stessa carica, dignità, ufficio.

antefàtto *s. m.* ***1*** Fatto avvenuto prima. ***2*** La vicenda precedente il punto in cui comincia un'opera narrativa, drammatica e sim.

antefissa *s. f.* In un edificio, insieme degli elementi decorativi verticali ricorrenti lungo la linea di gronda.

anteguèrra *s. m. inv.* Periodo precedente una guerra; CONTR. Dopoguerra.

antèlio *s. m.* Alone solare.

ante litteram /*lat.* 'ante 'litteram/ *loc. agg. inv.* Di manifestazione di pensiero o atteggiamento che ha i caratteri di un fenomeno posteriore.

antelucàno *agg.* Che precede la luce diurna.

antemuràle *s. m.* ***1*** Muro di difesa. ***2*** (*mar.*) Molo esterno, separato dalle altre opere portuali, che difende il bacino interno. [→ ill. *porto*]

antenàto *s. m.* (*f. -a*) Chi è nato e vissuto prima, nella medesima famiglia.

anténna *s. f.* ***1*** Palo o asta verticale. [→ ill. *circo*] ***2*** Dispositivo atto a irradiare o a captare onde elettromagnetiche. [→ ill. *astronomia, marina, radio, telefonia, televisione*] ***3*** (*zool.*) Appendice articolata e mobile, sede delle funzioni sensoriali, soprattutto tattile e olfattiva, presente sul capo di molti Artropodi. [→ ill. *zoologia*]

antennista *s. m.* (*pl. -i*) Operaio che installa o ripara antenne televisive.

antepórre *v. tr.* (*coniug. come porre*) Mettere innanzi | Preferire, preporre; CONTR. Posporre.

anteprima *s. f.* Proiezione cinematografica, o rappresentazione teatrale, dedicata a un gruppo di invitati, prima della presentazione pubblica.

antèra *s. f.* (*bot.*) Parte fertile dello stame dei fiori in cui si formano i granuli pollinici.

anteridio *s. m.* Organo riproduttore maschile di alcuni vegetali inferiori.

anterióre *agg.* Che si trova davanti nel tempo o nello spazio; CONTR. Posteriore.

anteriorità *s. f.* L'essere anteriore in ordine di tempo.

anteriorménte *avv.* Dalla parte anteriore, davanti | Prima.

anterozòo *s. m.* Gamete maschile delle Crittogame.

antesignàno *s. m.* (*f. -a* nel sign. 2) ***1*** Nell'antica Roma, legionario scelto, posto a guardia delle insegne. ***2*** (*fig.*) Chi precede gli altri nel propugnare una dottrina e sim.; SIN. Precursore.

ànti- (1) *pref.* in parole composte, indica anteriorità nel tempo o nello spazio: *anticamera, antidiluviano.*

ànti- (2) *pref.*: in parole composte, indica avversione, antagonismo: *antidemocratico, antinevralgico, antiabbagliante, antipolio.*

antiabbagliànte ***A*** *agg.* Che impedisce l'abbagliamento;

CONTR. Abbagliante. ***B*** *s. m.* (*autom.*) Anabbagliante. [→ ill. *strada*]

antiàcido ***A*** *s. m.* Medicamento che riduce l'acidità del succo gastrico. ***B*** *anche agg. inv.*

antiàcne *s. m. inv.* Sostanza che cura l'acne.

antiaèreo *agg.* Di mezzo usato per contrastare l'azione di aerei avversari. [→ ill. *armi*]

antialisèo *s. m.* Vento in quota al di sopra dell'aliseo e in direzione contraria.

antiallèrgico *s. m.* (*pl. -ci*) Medicamento usato nella cura delle allergie.

antiastènico *s. m.* (*pl. -ci*) Farmaco contro la debolezza fisica o psichica.

antiatòmico *agg.* (*pl. m. -ci*) Che serve a difendere contro le armi atomiche: *rifugio* —.

antibàgno *s. m.* Locale anteriore alla stanza da bagno.

antibattèrico *s. m.* (*pl. -ci*) Sostanza capace di arrestare lo sviluppo e la moltiplicazione di microrganismi patogeni o di provocarne la morte.

antibiòtico *s. m.* (*pl. -ci*) Sostanza prodotta da microrganismi, muffe e batteri, con potere battericida sui principali germi patogeni; usato nelle malattie infettive.

anticàglia *s. f.* Oggetto fuori moda e antiquato | Uso, costume antiquato (*spec. spreg.*).

anticaménte *avv.* Nel tempo antico.

anticàmera *s. f.* Prima stanza di un appartamento o di un ufficio, di solito attigua a quella di ricevimento | *Fare* —, aspettare di essere ricevuti | (*fam.*) *Non passare neppure per l'— del cervello*, di idea che non viene neppure in mente.

anticanceróso *agg.* Detto di rimedio contro il cancro.

anticàrie *agg. inv.* Detto di mezzo farmacologico atto a prevenire la carie dentaria.

anticàrro *agg. inv.* (*mil.*) Detto di mezzo atto a impedire l'azione dei carri armati. [→ ill. *armi*]

anticàtodo *s. m.* Elemento di metallo pesante che riceve gli elettroni emessi dal catodo usato nei tubi per la produzione di raggi X.

antichità *s. f.* ***1*** Qualità di ciò che è antico. ***2*** L'età antica. ***3*** *spec. al pl.* Oggetti antichi.

anticiclóne *s. m.* Insieme di correnti aeree che muovono da un centro comune di alta pressione.

anticipàre *v. tr.* (*io anticipo*) ***1*** Fare una cosa prima del tempo fissato in precedenza | — *i tempi*, rendere più celere l'esecuzione di q.c.; CONTR. Posticipare. ***2*** Dare, pagare, prima della scadenza: — *un pagamento*. ***3*** ass. Essere in anticipo: *quest'anno il freddo ha anticipato*. ***4*** Fornire informazioni in anticipo: *ha anticipato i risultati della ricerca*.

anticipataménte *avv.* Con anticipazione.

anticipàto *part. pass. di anticipare; anche agg.* Dato, fatto e sim. prima del tempo dovuto.

anticipazióne *s. f.* ***1*** Atto dell'anticipare. ***2*** Notizia, informazione e sim. fornita prima del tempo. ***3*** (*mus.*) Nota o serie di note dell'accordo che deve seguire, suonata mentre l'accordo precedente dura ancora. ***4*** (*banca*) Somma di denaro che una banca consegna a un cliente, in base a garanzia in titoli o merci della restituzione dello stesso.

anticipo *s. m.* ***1*** Anticipazione | Somma di denaro anticipata: *dare, chiedere, ottenere un* — | *In* —, prima del tempo convenuto. ***2*** (*mecc.*) In un motore a scoppio, l'intervallo di tempo che intercorre tra lo scoccare della scintilla e il raggiungimento da parte dello stantuffo del punto morto superiore. ***3*** (*sport*) Abilità di un atleta nel precedere gli avversari.

anticlericàle *agg.; anche s. m. e f.* Che (o chi) è contrario all'intervento del potere ecclesiastico nella vita politica.

anticlericalìsmo *s. m.* L'atteggiamento e le idee degli anticlericali.

anticlinàle *s. f.* Piega della crosta terrestre convessa verso l'alto. [→ ill. *geografia*]

antico ***A*** *agg.* (*pl. m. -chi*) ***1*** Che risale a tempi molto remoti. ***2*** Che risale a tempi anteriori, anche di poco, al presente: *un — dolore*. ***3*** Caratteristico degli uomini vissuti in epoche remote | *Storia antica*, che comprende il periodo anteriore alla caduta dell'impero romano di Occidente | *All'antica*, (*ell.*) secondo il costume antico, sobrio e semplice; (*spreg.*) in maniera vecchia, superata. • CONTR. Moderno. ***B*** *s. m. solo sing.* Ciò che appartiene a tempi remoti o ne esprime i gusti; CONTR. Moderno. ***C*** *s. m. spec. al pl.* Gli uomini vissuti in tempi remoti.

anticoagulànte *s. m.* Farmaco che contrasta la coagulazione del sangue.

anticomunìsmo *s. m.* Atteggiamento di anticomunista.

anticomunista *s. m. e f.; anche agg.* (*pl. m. -i*) Chi (o che) è ostile al comunismo.

anticoncezionàle *s. m.; anche agg.* Antifecondativo.

anticonformìsmo *s. m.* Atteggiamento di opposizione verso le idee e le abitudini predominanti in un dato ambiente sociale.

anticonformista *s. m. e f.; anche agg.* (*pl. m. -i*) Chi (o che) mostra anticonformismo.

anticongelànte ***A*** *agg.* Atto a impedire il congelamento di un liquido. ***B*** *s. m.* Sostanza anticongelante; SIN. Antigelo.

anticongiunturàle *agg.* (*econ.*) Volto a modificare o limitare gli effetti della congiuntura: *politica* —.

anticòrpo *s. m.* (*biol.*) Sostanza proteica prodotta dall'organismo per reazione all'introduzione di antigeni.

anticostituzionàle *agg.* Che è contrario alla Costituzione.

anticrèsi *s. f.* Contratto con cui il debitore o un terzo consegnano al creditore, a garanzia del credito, un immobile i cui frutti serviranno per il pagamento degli interessi e del capitale.

anticristo *s. m.* ***1*** (*relig.*) Essere diabolico che, secondo l'Apocalisse, alla fine dei secoli si leverà contro Cristo e la sua Chiesa. ***2*** (*fig.*) Individuo malvagio e diabolico.

anticrittogàmico ***A*** *agg.* (*pl. m. -ci*) Detto di sostanza o di trattamento usato per evitare alle piante le malattie causate dalla flora crittogamica. ***B*** *s. m.* Sostanza anticrittogamica.

antidatàre *v. tr.* Apporre ad atti, documenti e sim. una data anteriore a quella reale.

antidemocràtico *agg.; anche s. m.* (*f. -a; pl. m. -ci*) Contrario all'istituzione e ai principi della democrazia.

antidetonànte *s. m.* Composto che, addizionato in piccole quantità a un carburante, ne evita la detonazione.

antidiftèrico *agg.* (*f. -a; pl. m. -ci*) Di rimedio contro la difterite.

antidiluviàno *agg.* ***1*** Che risale al tempo anteriore al diluvio universale. ***2*** (*fig.*) Estremamente antiquato (*anche scherz.*).

antidivorzìsmo *s. m.* Teoria, opinione di chi è contrario a una legislazione che consenta il divorzio; CONTR. Divorzismo.

antidivorzista *s. m. e f.* (*pl. m. -i*) Chi è contrario a una legislazione che consenta il divorzio; CONTR. Divorzista.

antidolorifico *s. m.* (*pl. -ci*) Medicamento capace di attutire il dolore.

anti-doping /*semi-ingl.* 'anti 'doupiŋ/ *s. m. inv.* Azione svolta dalle autorità sportive ai fini di impedire l'uso di preparati eccitanti da parte di atleti.

antìdoto *s. m.* ***1*** Sostanza che impedisce o annulla l'effetto di un veleno; SIN. Contravveleno. ***2*** (*fig.*) Rimedio, conforto.

antidròga *agg. inv.* Che si oppone all'uso e alla diffusione della droga.

antieconòmico *agg.* (*pl. m. -ci*) Contrario ai principi e alle leggi dell'economia.

antielmìntico *s. m.* (*pl. -ci*) Medicamento che determina l'espulsione dei vermi parassiti; SIN. Vermifugo.

antiemètico *s. m.* (*pl. -ci*) Rimedio contro il vomito.

antiemorràgico *s. m.; anche agg.* (*pl. m. -ci*) Emostatico.

antiestètico *agg.* (*pl. m. -ci*) Che offende l'estetica perché sproporzionato, malfatto, brutto.

antifascìsmo *s. m.* Dottrina e attività politica contraria al fascismo.

antifascista *s. m. e f.; anche agg.* (*pl. m. -i*) Chi (o che) si è opposto e si oppone al fascismo.

antifebbrile *s. m.* Rimedio contro la febbre; SIN. Antipiretico, febbrifugo.

antifecondativo ***A*** *s. m.* Sostanza, mezzo o procedimento atto a impedire la fecondazione; SIN. Anticoncezionale, contraccettivo. ***B*** *anche agg.*

antifemminista *s. m. e f.; anche agg.* (*pl. m. -i*) Contrario al femminismo.

antiflogìstico *s. m.; anche agg.* (*pl. m. -ci*) Rimedio contro le infiammazioni.

antifona *s. f.* ***1*** Nella musica greco-romana, canto eseguito da due voci in ottava fra loro. ***2*** (*relig.*) Nella liturgia cattolica, versetto recitato o cantato, che precede o segue il salmo. ***3*** (*fig.*) Discorso allusivo: *capire l'–* **|** (*est.*) Discorso noioso.

antifonàrio *s. m.* Libro che raccoglie le antifone di tutto l'anno **|** (*est.*) Libro che contiene le parti cantate della liturgia della Messa.

antìfraṣi *s. f.* Figura retorica con la quale ironicamente si usa una parola in luogo del suo contrario (es. *che delizia sgobbare tutto il giorno!*).

antifràstico *agg.* (*pl. m. -ci*) Usato per antifrasi.

antifrizióne *agg. inv.* Detto di lega metallica dotata di buona resistenza all'attrito strisciante.

antifùrto ***A*** *s. m. inv.* Dispositivo atto a prevenire i furti. ***B*** *anche agg.*

antigàs *agg.* Di ogni mezzo usato per difendersi dai gas venefici. [→ ill. *maschera, vigili del fuoco*]

antigèlo *s. m.; anche agg.* Anticongelante.

antigene *s. m.* Sostanza che, introdotta nell'organismo, provoca la formazione di anticorpi.

antighiàccio *s. m.* Dispositivo per impedire la formazione di ghiaccio su superfici esterne di aerei.

antigiènico *agg.* (*pl. m. -ci*) Che è contrario alle norme dell'igiene **|** Che è nocivo alla salute.

antigràndine *agg. inv.* Detto di ogni mezzo atto a evitare o a limitare la caduta della grandine.

antilope *s. f.* ***1*** Mammifero ruminante degli Ungulati dei paesi caldi, snello e veloce, con corna cave e occhi molto vivi. ***2*** Pelle conciata dell'antilope.

antimàfia *agg. inv.* Di ciò che è volto a prevenire o reprimere la mafia.

antimatèria *s. f.* (*fis.*) Insieme di atomi, molecole, corpi, costituiti solo da antiparticelle.

antimeridiàno (1) *agg.* Che precede il mezzogiorno.

antimeridiàno (2) *s. m.* Semicirconferenza passante per i poli e per gli antipodi di un luogo. [→ ill. *geografia*]

antimilitariṣmo *s. m.* Tendenza, dottrina, contraria al militarismo.

antimilitarista *s. m. e f.* (*pl. m. -i*) Chi è contrario al militarismo.

antimissile *agg. inv.* Che può far deviare o distruggere un missile.

antimònio *s. m.* Elemento chimico semimetallo, fragile, argenteo, usato per leghe. SIMB. Sb.

antimonite *s. f.* Principale minerale dell'antimonio.

antimperialista *agg.; anche s. m. e f.* (*pl. m. -i*) Contrario all'imperialismo.

antinazionàle *agg.* Che si oppone al gusto, allo spirito e all'indole nazionale.

antincèndio *agg. inv.* Atto a impedire o a spegnere gli incendi: *legislazione, dispositivo –*. [→ ill. *teatro*]

antinébbia *s. m. inv.; anche agg.* Fendinebbia. [→ ill. *automobile*]

antinevràlgico *s. m.; anche agg.* (*pl. m. -ci*) Antalgico.

antinfluenzàle *s. m.* Medicamento contro le forme influenzali.

antinfortunìstico *agg.* (*pl. m. -ci*) Atto alla prevenzione degli infortuni.

antinomìa *s. f.* Situazione di conflitto in cui vengono a trovarsi due proposizioni contraddittorie che possono essere separatamente giustificabili con argomenti di uguale forza **|** (*est.*) Aperta contraddizione.

antinquinaménto *agg. inv.* Di ciò che è inteso a prevenire e a combattere l'inquinamento.

antinucleàre *agg.* ***1*** Che si oppone all'uso bellico dell'energia nucleare: *trattato –*. ***2*** Che si oppone all'installazione di centrali elettriche nucleari.

antiopa *s. f.* Farfalla nostrana di colore bruno scuro, con una larga fascia gialla lungo il margine delle ali.

antioràrio *agg.* Detto di movimento che avviene nel senso opposto a quello in cui ruotano le lancette di un orologio.

antipàpa *s. m.* (*pl. -i*) Papa eletto illegittimamente contro quello eletto secondo le regole.

antiparassitàrio *s. m.* Prodotto ad azione anticrittogamica o insetticida.

antiparticèlla *s. f.* (*fis.*) Particella di massa uguale, carica elettrica e proprietà magnetiche opposte a quelle della corrispondente particella.

antipastièra *s. f.* Vassoio a diversi scomparti, per antipasti. [→ ill. *stoviglie*]

antipàsto *s. m.* Vivanda, servita a tavola per prima, per stuzzicare l'appetito.

antipatìa *s. f.* Avversione istintiva, anche senza ragione apparente, verso persone o cose; CONTR. Simpatia.

antipàtico ***A*** *agg.* (*pl. m. -ci*) Che desta antipatia; SIN. Inviso. ***B*** *s. m.* (*f. -a*) Persona antipatica. ● CONTR. Simpatico.

antipièga *agg. inv.* Detto di processo di rifinitura dei tessuti avente lo scopo di impedire la formazione di pieghe durante l'uso.

antipirètico *s. m.; anche agg.* (*pl. m. -ci*) Antifebbrile.

antipode *s. m. spec. al pl.* Punto della Terra diametralmente opposto al luogo dell'osservatore **|** *Essere agli antipodi*, (*fig.*) avere opinioni diametralmente opposte.

antipòlio ***A*** *agg. inv.* Detto di medicamento e relativo trattamento che immunizza dalla poliomielite. ***B*** *s. f. inv.* Vaccinazione antipolio.

antipopolàre *agg.* Che va contro i desideri, le necessità e sim. del popolo.

antipòrta *s. f.* Porta che sta innanzi ad altra **|** Spazio tra due porte.

antiproièttile *agg. inv.* Che ha lo scopo di proteggere dai proiettili d'arma da fuoco.

antiquària *s. f.* ***1*** Scienza relativa allo studio dell'antichità. ***2*** Commercio di oggetti antichi.

antiquariàto *s. m.* Commercio o raccolta di oggetti antichi.

antiquàrio ***A*** *s. m.* Commerciante d'antichità. ***B*** *agg.* Che si riferisce alle antichità.

antiquàto *agg.* Caduto in disuso.

antiràbbico *agg.* (*pl. m. -ci*) Di rimedio contro la rabbia o idrofobia.

antirachìtico *agg.* (*pl. m. -ci*) Che previene e cura il rachitismo **|** *Vitamina antirachitica*, vitamina D.

antireligióso *agg.* Che è contrario alla religione e ai suoi principi.

antireumàtico *s. m.* (*pl. -ci*) Rimedio contro le affezioni reumatiche.

antirrìno *s. m.* (*bot.*) Bocca di leone.

antirùggine *agg. inv.* Di ciò che serve ad impedire l'ossidazione dei materiali ferrosi.

antirùghe *agg. inv.* Di prodotto cosmetico che previene la formazione delle rughe.

antischiaviṣmo *s. m.* Movimento per l'abolizione della schiavitù.

antisemita *s. m.; anche agg.* (*pl. m. -i*) Chi (o che) è ostile nei confronti degli Ebrei.

antisemitiṣmo *s. m.* Atteggiamento, politica ostile nei confronti degli Ebrei.

antisèttico ***A*** *agg.* (*pl. m. -ci*) Che distrugge i germi. ***B*** *s. m.* (*pl. m. -ci*) Sostanza antisettica.

antisiṣmico *agg.* (*pl. m. -ci*) Detto di costruzione resistente ai terremoti.

antiṣmòg *agg. inv.* Atto a prevenire lo smog o ad attenuarne gli effetti.

antisociàle *agg.; anche s. m.* Che (o chi) è pericoloso alla società.

antisocialiṣmo *s. m.* Opposizione al socialismo.

antisolàre *agg.* Detto di sostanza che protegge la pelle dalla lunga esposizione ai raggi del sole.

antisommergibile *s. m.* Mezzo, o unità, atto a combattere sommergibili nemici.

antispàstico *s. m.* (*pl. -ci*) Medicamento che calma gli spasmi decontraendo i muscoli.

antisportìvo *agg.* Che è contrario allo sport e alle regole di onestà sportiva.

antistamìnico *s. m.* (*pl. -ci*) Farmaco che si oppone all'azione dell'istamina.

antistànte *agg.* Che sta davanti: *il giardino – alla villa.*

antistèrico *s. m.* (*pl. -ci*) Rimedio contro l'isterismo.

antistoriciṣmo *s. m.* Atteggiamento del pensiero che misconosce l'importanza dello sviluppo storico nelle strutture civili.

antistòrico *agg.* (*pl. m. -ci*) Che è contrario alla storia, alle sue leggi e alle sue esigenze.

antistrofe *s. f.* Nella tragedia greca, gruppo di versi che presenta un'esatta corrispondenza con la precedente strofa.

antitești *s. f.* **1** Figura retorica che consiste in una contrapposizione di parole e concetti in cui talvolta si nega l'uno affermando il contrario (es. *non vi era buio, ma una luce viva*). **2** (*filos.*) Proposizione che si contrappone a un'altra assunta come tesi; CFR. Sintesi. **3** (*est.*) Contrasto.

antitetànico *agg.* (*pl. m. -ci*) Di medicamento contro il tetano e le convulsioni tetaniche.

antitètico *agg.* (*pl. m. -ci*) Che è in antitesi.

antitossìna *s. f.* Anticorpo capace di neutralizzare una specifica tossina.

anti-trust /*semi-ingl.* 'anti 'trʌst/ *agg. inv.* Detto di provvedimento che impedisce il formarsi di monopoli.

antitubercolàre *agg.* Detto di rimedio o cura atti a combattere o prevenire la tubercolosi.

antiuòmo *agg. inv.* (*mil.*) Detto di ogni mezzo atto a contrastare l'azione della fanteria: *mina* —. [→ ill. *armi*]

antiùrico *agg.* (*pl. m. -ci*) Che favorisce l'eliminazione dell'acido urico.

antivigìlia *s. f.* Giorno precedente una vigilia.

antivìpera *agg. inv.* Detto di siero che neutralizza il veleno della vipera.

antiviràle *agg.* Di rimedio atto a combattere o prevenire le malattie da virus.

ànto- *primo elemento*: in parole composte significa 'fiore': *antologia.*

antologìa *s. f.* (*pl. -gìe*) Raccolta di varie composizioni, o parti di composizioni, di un solo o più autori; SIN. Crestomazia, florilegio.

antològico *agg.* (*pl. m. -ci*) Di, da antologia.

antònimo **A** *agg.* Detto di parola che abbia significato opposto a un'altra. **B** *anche s. m.*

antonomàșia *s. f.* Figura retorica che consiste nell'adoperare un nome comune o una perifrasi invece di un nome proprio e viceversa (es. *l'eroe dei due mondi* per *Garibaldi*; *un ercole* per *una persona molto forte*).

antonomàstico *agg.* (*pl. m. -ci*) Usato per antonomasia.

antràce *s. m.* (*med.*) Agglomerato di foruncoli.

antracène *s. m.* Idrocarburo aromatico, ottenuto dal catrame di carbon fossile; usato spec. nell'industria dei coloranti.

antrachinóne *s. m.* Composto organico, giallo, cristallino, impiegato spec. nella preparazione di coloranti.

antracìte *s. f.* Carbone fossile, nero, lucente, di alto potere calorifico, molto ricco di carbonio.

àntro *s. m.* **1** Caverna, spelonca. **2** (*fig.*) Abitazione misera e tetra.

antròpico *agg.* (*pl. m. -ci*) Relativo all'uomo.

àntropo-, -àntropo *primo e secondo elemento*: in parole composte dotte significa 'uomo': *antropofago, antropologia, filantropo.*

antropocèntrico *agg.* (*pl. m. -ci*) Che considera l'uomo al centro di ogni cosa: *teoria antropocentrica.*

antropofagìa *s. f.* (*pl. -gìe*) Consumo di carne umana a scopo rituale, magico, profano; SIN. Cannibalismo.

antropòfago *agg.; anche s. m.* (*pl. m. -gi*) Che (o chi) pratica l'antropofagia; SIN. Cannibale.

antropòide *agg.* Che somiglia all'uomo nell'aspetto: *animale* —.

antropologìa *s. f.* (*pl. -gìe*) Insieme delle conoscenze che si hanno sull'uomo, la sua storia remota, le sue origini, le razze.

antropològico *agg.* (*pl. m. -ci*) Dell'antropologia.

antropòlogo *s. m.* (*pl. -gi*) Studioso di antropologia.

antropometrìa *s. f.* Scienza che misura il corpo umano e le sue parti.

antropomètrico *agg.* (*pl. m. -ci*) Che riguarda l'antropometria.

antropomòrfico *agg.* (*pl. m. -ci*) Relativo all'antropomorfismo.

antropomorfișmo *s. m.* Attribuzione di forme fisiche e sentimenti umani alle figure divine.

antropomòrfo **A** *agg.* **1** Che ha forma umana. **2** Detto di scimmia che ha caratteri morfologici affini a quelli dell'uomo, come lo scimpanzè e il gorilla. **B** *s. m.* Forma intermedia fra scimmia e uomo.

anulàre **A** *agg.* Che ha forma di anello: *raccordo* —. **B** *s. m.* Quarto dito della mano dove, di solito, si porta l'anello.

anurèși *s. f.* (*med.*) Anuria.

Anùri *s. m. pl.* Ordine di Anfibi privi di coda, con zampe posteriori atte al salto.

anùria *s. f.* Mancanza patologica della secrezione di urina.

-ànza *suff.* di sost. che indicano condizione, modo d'essere, stato: *abbondanza, cittadinanza, lontananza, temperanza, vacanza.*

ànzi **A** *cong.* **1** (Con valore avvers.) Invece, all'opposto, al contrario: *non mi dispiace, — mi fa piacere* | *— che no*, piuttosto che no, alquanto. **2** Con valore raff.: *verrò presto, — prestissimo.* **B** *prep.* (*lett.*) Avanti di, prima di: *— sera; — notte; — tempo; — tutto; — detto.* **C** *avv.* (*lett.*) Prima | *Poc'anzi*, poco fa.

anzianità *s. f.* **1** Qualità di anziano. **2** Tempo di titolarità di una carica o di un ufficio.

anziàno **A** *agg.* **1** Che è piuttosto avanti negli anni, anche in confronto ad altri. **2** Che è titolare di una carica o di un ufficio da un lungo periodo di tempo. **B** *s. m.* (*f. -a*) **1** Persona anziana. **2** Chi esercita una professione da molto tempo. **3** (*gerg.*) Studente universitario dal terzo anno in poi.

anziché *cong.* Invece di, piuttosto che: *ha preferito rimanere in casa, — venire al cinema.*

anzidétto *agg.* Suddetto, predetto.

anzitèmpo *avv.* Prima del tempo, con anticipo | *Invecchiare, morire* —, prematuramente.

anzitùtto *avv.* Prima di tutto.

aoristo *s. m.* Tempo del verbo greco e di altre lingue indoeuropee che esprime l'aspetto momentaneo di un'azione.

aòrta *s. f.* (*anat.*) Arteria principale del corpo umano che si origina dal ventricolo sinistro del cuore e distribuisce il sangue a tutti gli organi. [→ ill. *anatomia umana*]

aostàno *agg.; anche s. m.* (*f. -a*) Di Aosta.

apache /*sp.* a'patʃe, *fr.* a'paʃ/ *s. m. e f. inv.* (*pl. sp.* *apaches* /a'patʃes/, *pl. fr.* *apaches* /a'paʃ/) **1** Appartenente a una tribù di pellerossa nomadi e guerrieri stanziati spec. nell'Arizona e nel Nuovo Messico. **2** Teppista parigino.

apartheid /*ol.* a'partheit/ *s. f. inv.* Politica di segregazione razziale praticata dalla popolazione bianca del Sud Africa per impedire che la maggioranza negra acquisti influenza sul governo del paese | (*est.*, *gener.*) Discriminazione razziale.

apartiticità *s. f.* Qualità di apartitico.

apartìtico *agg.* (*pl. m. -ci*) Indipendente dai partiti politici.

apatìa *s. f.* Stato di insensibilità di fronte alla vita e ai sentimenti; SIN. Indifferenza, indolenza.

apàtico *agg.; anche s. m.* (*f. -a; pl. m. -ci*) Che (o chi) sente e dimostra apatia; SIN. Indifferente, indolente.

apatìte *s. f.* (*miner.*) Minerale, fosfato di fluoro e calcio, in cristalli generalmente incolori.

apatùra *s. f.* Farfalla la cui larva cresce sui pioppi e sui salici.

àpe *s. f.* Insetto sociale che produce miele e cera, con corpo bruno, peloso e di dimensioni diverse all'interno delle caste sociali, addome fornito di pungiglione, apparato boccale atto a lambire e antenne brevi. [→ ill. *animali* 3, *ape*]

aperitìvo *s. m.* Bevanda per lo più lievemente alcolica che eccita l'appetito.

apertaménte *avv.* In modo schietto, sincero.

apèrto **A** *part. pass. di aprire; anche agg.* **1** Dischiuso, non chiuso: *porta aperta*; CONTR. Chiuso. **2** Ampio, spazioso, libero: *mare* —; *in aperta campagna* | *Accogliere a braccia aperte*, (*fig.*) con affetto, cordialità | *Rimanere a bocca aperta*, (*fig.*) stupirsi fortemente | *Tenere gli occhi aperti*, (*fig.*) stare attenti, stare sul chi vive | *Sognare a occhi aperti*, fantasticare. **3** (*ling.*) Detto di vocale con grado di apertura maggiore della vocale chiusa. **4** (*fig.*) Non definito, che può avere esiti diversi: *una situazione ancora aperta.* **5** (*fig.*) Franco, schietto | *A viso, a cuore* —, con franchezza e coraggio | (*est.*) Chiaro, manifesto. **6** (*fig.*) Disponibile a nuove idee ed esperienze: *sono persone molto aperte.* **B** *s. m.* Luogo scoperto | *All'*—, all'aria aperta.

apertùra *s. f.* **1** L'aprire, l'aprirsi: *l'— di una porta*; CONTR. Chiusura. **2** Fenditura, spaccatura: *un'— nella parete.* [→ ill. *zoologia*] **3** Ampiezza | *— alare*, ingombro massimo trasversale di un aereo | *— visiva*, ampiezza del campo visivo | (*fig.*) *— di intelletto, di mente,*

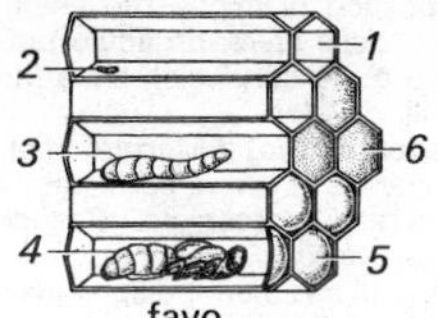

favo

a. operaia

a. regina

fuco

1 cella 2 uovo 3 larva 4 pupa 5 opercolo 6 miele

mancanza di pregiudizi. **4** Inizio, inaugurazione: – *della caccia.* **5** (*fig.*) Disposizione a forme di accordo o collaborazione con avversari ideologici o politici: – *a sinistra.* **6** (*fis.*) In ottica, diametro utile dell'obbiettivo di un telescopio. **7** Titolo o articolo con il quale comincia una pagina di giornale.

apètalo *agg.* Detto di fiore privo di petali.

apicàle *agg.* Detto di organo vegetale che si sviluppa alla sommità di un altro. [→ ill. *botanica*]

àpice *s. m.* **1** Cima, vertice | (*fig.*) Culmine: *essere all'– della gloria.* **2** Nella terminologia scientifica, parte di un organo, di un corpo, di una struttura, opposta alla base. **3** (*ling.*) Segno diacritico posto in alto a destra di alcune lettere per designare varie funzioni nei sistemi di trascrizione fonetica.

apicoltóre *s. m.* (*f. -trice*) Chi si dedica all'apicoltura. [→ ill. *apicoltore*]

apicoltùra *s. f.* Allevamento organizzato delle api.

apirèno **A** *agg.* Detto di frutto senza seme. **B** *anche s. m.*

apiressìa *s. f.* (*med.*) Mancanza di febbre durante una malattia.

apirètico *agg.* (*pl. m. -ci*) Che è temporaneamente privo di febbre.

aplaṣìa *s. f.* (*med.*) Mancanza o sviluppo incompleto di un organo o tessuto.

apnèa *s. f.* Sospensione dei movimenti respiratori | *Immergersi in* –, senza respirare.

àpo- *pref.*: indica allontanamento, perdita: *apocope, apofonia.*

apocalìsse *s. f.* **1** Ultimo libro del Nuovo Testamento, scritto da S. Giovanni Evangelista | Rivelazione degli avvenimenti finali del secondo avvento di Cristo, contenuta in tale libro. **2** (*fig.*) Catastrofe.

apocalìttico *agg.* (*pl. m. -ci*) **1** Attinente all'apocalisse. **2** (*fig.*) Catastrofico, funesto | (*est.*) Esageratamente pessimista.

Apocinàcee *s. f. pl.* Famiglia di piante erbacee o legnose delle Genzianali, talvolta rampicanti, con caule succulento e vasi latticiferi ben sviluppati. [→ ill. *piante* 11]

apocopàre *v. tr.* (*io apòcopo*) Troncare con apocope.

apòcope *s. f.* (*ling.*) Troncamento in fine di parola per soppressione di sillaba o vocale.

apòcrifo *agg.* Detto di testo, spec. letterario, falsamente attribuito a un'epoca o a un autore.

apodìttico *agg.* (*pl. m. -ci*) **1** (*filos.*) Che è evidente di per sé e non necessita di dimostrazione. **2** (*est.*) Evidente, irrefutabile.

àpodo *agg.* Che non ha piedi: *animale* –.

apòdoṣi *s. f.* (*ling.*) Proposizione condizionata dalla protasi in un periodo ipotetico (es. *se studierai*, protasi, *avrai un regalo*, apodosi).

apòfiṣi *s. f.* (*anat.*) Parte prominente di un osso.

apofonìa *s. f.* (*ling.*) Alternanza della qualità o della quantità nel vocalismo di una stessa radice o di uno stesso suffisso.

apoftègma *s. m.* (*pl. -i*) Detto, massima memorabile | Motto breve e arguto.

apogèo *s. m.* **1** (*astron.*) Il punto più lontano dalla Terra dell'orbita che un corpo le descrive intorno; CONTR. Perigeo. **2** (*fig.*) Culmine: *essere all'– della potenza.*

apògrafo *agg.* Che è copia diretta dell'originale: *manoscritto, testo* –.

apòlide *agg.; anche s. m. e f.* Privo di ogni cittadinanza.

apoliticità *s. f.* Qualità di apolitico.

apolìtico *agg.; anche s. m.* (*pl. m. -ci*) Indifferente verso la politica.

apollìneo *agg.* **1** (*lett.*) Di Apollo. **2** (*fig.*) Perfetto, quanto a bellezza classica di forme.

apòllo *s. m.* **1** Uomo di straordinaria bellezza (dal nome del bellissimo dio mitologico). **2** Grossa farfalla diurna, tipica delle zone montane, con ali bianche arrotondate, le anteriori con macchie nere, le posteriori con macchie rosse. [→ ill. *animali* 2]

apologèta *s. m.* (*pl. -i*) Difensore di una fede, spec. religiosa.

apologètica *s. f.* Insieme di dottrine teologiche intese a giustificare e difendere tutto ciò che si riferisce alla religione.

apologètico *agg.* (*pl. m. -ci*) **1** Dell'apologetica. **2** (*est.*) Esaltatorio, elogiativo.

apologìa *s. f.* (*pl. -gie*) **1** Discorso in difesa di sé | Discorso in difesa ed esaltazione di una persona o una dottrina. **2** Esaltazione, elogio.

apologìsta *s. m. e f.* (*pl. m. -i*) **1** Chi fa un'apologia. **2** Apologeta.

apologiẓẓàre **A** *v. tr.* Fare l'apologia. **B** *v. intr.* (*aus. avere*) Intessere lodi: – *su un fatto.*

apòlogo *s. m.* (*pl. -ghi*) Breve racconto con fini educativi, in cui vengono introdotti a parlare animali o cose inanimate: *l'– di Menenio Agrippa.*

attrezzi dell'apicoltore

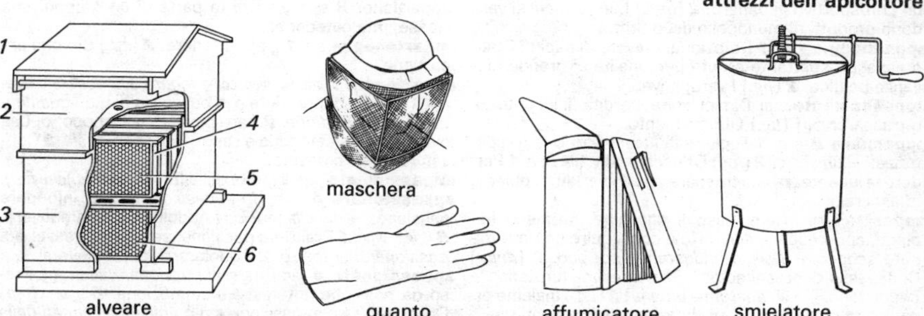

alveare maschera guanto affumicatore smielatore

1 coperchio 2 melario 3 nido 4 telaio 5 foglio cereo 6 favo

aponeuròsi *s. f.* Membrana fibrosa che riveste i muscoli.
apoplessìa *s. f.* (*med.*) Emorragia a carico di organi interni, spec. del cervello: — *cerebrale.*
apoplèttico *agg.* (*pl. m. -ci*) Di apoplessia.
aporìa *s. f.* Difficoltà insolubile di un ragionamento.
apostaşìa *s. f.* Abbandono totale e pubblico della propria religione o dottrina.
apòstata *s. m. e f.* (*pl. m. -i*) Chi commette apostasia.
apostatàre *v. intr.* Rinnegare pubblicamente la propria fede.
a posteriori /*lat.* a poste'rjɔri/ **A** *loc. agg. e avv.* (*filos.*) Detto di dimostrazione che procede dagli effetti alle cause. **B** *loc. sost. m.* (*filos.*) Complesso delle conoscenze o dei giudizi derivanti dall'esperienza. ● CONTR. A priori.
apostolàto *s. m.* **1** Missione degli apostoli. **2** (*est.*) Opera di propagazione di una religione o di una fede filosofica, morale o sociale.
apostòlico *agg.* (*pl. m. -ci*) **1** Che è proprio degli Apostoli. **2** (*est.*) Che si riferisce agli atti e agli organi della S. Sede: *nunzio* —.
apòstolo *s. m.* **1** Ognuno dei dodici discepoli inviati da Gesù Cristo a predicare l'Evangelo. **2** (*est.*) Chi propugna con ardore una dottrina o una fede: *un — del socialismo.*
apostrofàre (1) *v. tr.* (*io apòstrofo*) Rivolgersi vivamente e aggressivamente a qc.: *apostrofandolo gli gridò: 'Ma che fai?'.*
apostrofàre (2) *v. tr.* Mettere l'apostrofo: — *una parola.*
apòstrofe *s. f.* Figura retorica che consiste nel rivolgere improvvisamente e vivamente il discorso a persona anche non presente (es. *Padre mio, se ci fossi tu!*).
apòstrofo *s. m.* Segno (') della elisione (es. *l'ora*) e qualche volta del troncamento (es. *po'*). (v. note d'uso SILLABA ed ELISIONE e TRONCAMENTO)
apotèma *s. m.* (*pl. -i*) (*mat.*) In un poligono regolare, raggio della circonferenza inscritta | In una piramide a base regolare, distanza del vertice da uno dei lati della base | In un cono circolare retto, distanza del vertice da un punto della circonferenza di base.
apoteòşi *s. f.* **1** Cerimonia solenne con la quale si deificavano gli eroi defunti e gli imperatori romani ancora viventi. **2** (*fig.*) Celebrazione, esaltazione.
apotropàico *agg.* (*pl. m. -ci*) Detto di oggetto ritenuto atto ad allontanare malefici.
appagàbile *agg.* Che si può appagare.
appagaménto *s. m.* Soddisfazione.
appagàre **A** *v. tr.* (*io appàgo, tu appàghi*) Rendere pago, soddisfare | (*est.*) Saziare: — *la fame.* **B** *v. rifl.* Essere, ritenersi pago: *appagarsi di poco*; SIN. Contentarsi.
appagàto *part. pass. di appagare; anche agg.* Pago, soddisfatto | Quieto, placato.
appaiàre **A** *v. tr.* (*io appàio*) Accoppiare, fare un paio. **B** *v. rifl.* Accoppiarsi, unirsi. [→ tav. *proverbi* 140]
appallottolàre **A** *v. tr.* (*io appallòttolo*) Ridurre in forma di pallottola. **B** *v. intr. pron.* Rapprendersi in pallottole.
appaltàre *v. tr.* Dare, assumere in appalto: — *a una impresa la costruzione di un ponte.*
appaltatóre *s. m.* (*f. -trìce*) Chi assume un appalto | (*raro*) Chi dà un appalto.
appàlto *s. m.* **1** Contratto con cui si assume a proprio rischio l'esecuzione di un'opera o di un servizio contro un corrispettivo in danaro. **2** (*tosc.*) Luogo in cui si vendono prodotti di monopolio dello Stato.
appannàggio *s. m.* **1** Dotazione a favore di capi di Stato o assegno spettante a date personalità di grande rilevanza politica. **2** (*fig.*) Prerogativa.
appannaménto *s. m.* Diminuzione, perdita di lucentezza o trasparenza | (*fig.*) Offuscamento.
appannàre **A** *v. tr.* **1** Togliere la lucentezza o la trasparenza: — *un vetro.* **2** (*fig.*) Offuscare. **B** *v. intr. pron.* **1** Perdere la lucentezza o la trasparenza. **2** (*fig.*) Annebbiarsi, offuscarsi.
apparàto *s. m.* **1** Complesso di macchine, strumenti, impianti, apparecchi e sim. atto a conseguire un determinato scopo: — *bellico, industriale, scenico.* **2** (*anat.*) Complesso di organi adibiti alla medesima funzione: — *circolatorio.* [→ ill. *anatomia umana*] **3** (*est.*) Insieme organico di nozioni, dati, informazioni, concernenti una o più opere o discipline: — *culturale* | — *critico,* insieme delle varianti trovate nei codici e in antiche edizioni di un'opera letteraria. **4** Complesso dei quadri dirigenti e dei funzionari di un partito politico, di un governo e sim.: *l'— burocratico.* **5** (*biol.*) — *della sfera,* organulo presente nella cellula, con uno o più corpiccioli situati in prossimità del nucleo. [→ ill. *cellula*]
apparecchiàre **A** *v. tr.* (*io apparécchio*) **1** Mettere in ordine, preparare. **2** ass. Preparare la tavola per il pasto: *apparecchiò in fretta*; CONTR. Sparecchiare. **B** *v. rifl.* (*lett.*) Prepararsi, disporsi: *apparecchiarsi a q.c.*
apparecchiatùra *s. f.* **1** Serie di strumenti, dispositivi e sim. **2** Insieme delle operazioni di finimento cui si sottopone un tessuto greggio.
apparécchio *s. m.* **1** Dispositivo semplice o complesso per specifiche realizzazioni: — *radiofonico.* [→ ill. *automobile, fisica, medicina e chirurgia, telefonia*] **2** Aeroplano. **3** Taglio e disposizione dei conci di pietra nelle costruzioni.
apparentaménto *s. m.* Accordo fra partiti politici per la presentazione di liste elettorali comuni per evitare dispersione di voti.
apparentàre **A** *v. tr.* (*io apparènto*) Unire con vincoli di parentela. **B** *v. rifl.* **1** Imparentarsi. **2** Concordare un apparentamento.
apparènte *part. pres. di apparire; anche agg.* **1** Che appare | Visibile: *senza — motivo.* **2** Che pare, ma in realtà non è: *il moto — del sole*; *regnava una calma* — | Illusorio: *ricchezza* —; CONTR. Reale.
apparenteménte *avv.* In apparenza.
apparènza *s. f.* **1** Modo di apparire, aspetto esteriore, sembianza. **2** Manifestazione esteriore priva di reale sostanza | *In —, all'—,* a giudicare da quel che si vede | *Salvare le apparenze,* agire rispettando la forma e le convenzioni. [→ tav. *proverbi* 229]
apparìre *v. intr.* (*pres. io appàio o apparìsco, tu appàri o apparìsci, egli appàre o apparìsce, noi appariàmo, voi apparìte, essi appàiono o apparìscono; pass. rem. io appàrvi o apparìi o appàrsi, tu apparìsti, egli appàrve o apparì o appàrse, noi apparìmmo, voi apparìste, essi appàrvero o apparìrono o appàrsero; fut. io apparirò, lett. apparrò; congv. pres. io appàia o apparìsca, noi appariàmo, voi appariàte, essi appàiano o apparìscano; part. pass. appàrso; aus. essere*) **1** Presentarsi alla vista, spec. all'improvviso o causando sorpresa o meraviglia; CONTR. Sparire. **2** Spuntare, sorgere: *nel cielo appare la luna.* **3** Mostrarsi chiaramente | Risultare: *la sua colpevolezza appare chiara.* **4** Parere, mostrare di essere: — *triste.*
appariscènte *agg.* Che dà nell'occhio, che attira gli sguardi; SIN. Vistoso.
appariscènza *s. f.* Qualità di appariscente.
apparizióne *s. f.* **1** Atto dell'apparire, spec. di esseri soprannaturali, visioni, fenomeni celesti e sim.; SIN. Comparsa. **2** Fantasma, spettro.
appàrso *part. pass. di apparire; anche agg.* Venuto alla vista | Comparso.
appartaménto *s. m.* Insieme dei locali che costituiscono un'abitazione.
appartàre **A** *v. tr.* (*raro*) Mettere in disparte, da parte. **B** *v. rifl.* Mettersi in disparte | Allontanarsi, isolarsi.
appartàto *part. pass. di appartare; anche agg.* In disparte | Isolato.
appartenènte **A** *part. pres. di appartenere; anche agg.* Che appartiene. **B** *s. m. e f.* Chi fa parte di un gruppo, una classe, una categoria.
appartenènza *s. f.* **1** L'appartenere. **2** (*est.*) Ciò che appartiene.
appartenére *v. intr.* (*coniug. come tenere; aus. essere o avere*) **1** Essere di proprietà o in possesso di q.c.: *quell'oggetto mi appartiene.* **2** Fare parte di un gruppo, di una classe, di una categoria e sim.: — *alla borghesia.* **3** Convenire, essere dovuto.
appassiménto *s. m.* Perdita della freschezza (*anche fig.*).
appassionàre **A** *v. tr.* (*io appassióno*) Dare, infondere passione: — *qc. alla musica* | Addolorare, commuovere. **B** *v. intr. pron.* **1** Prendere passione, sentire interesse: *appassionarsi al teatro.* **2** Addolorarsi, commuoversi.
appassionàto **A** *part. pass. di appassionare; anche agg.* Preso da passione, interesse, commozione. **B** *s. m.* (*f. -a*) Chi si dedica con passione a q.c.: *gli appassionati della lirica.*
appassìre *v. intr. e intr. pron.* (*io appassìsco, tu appassìsci;*

aus. essere) **1** Divenire secco, vizzo, detto di fiori, piante e sim. **2** (*fig.*) Illanguidire, sfiorire.

appellàbile *agg.* Che si può appellare.

appellànte *part. pres. di appellare; anche agg. e s. m. e f.* (*dir.*) Che (o chi) ricorre in appello.

appellàre A *v. tr.* (*io appèllo*) (*raro, lett.*) Chiamare, spec. per nome. **B** *v. tr., intr. e intr. pron.* (*aus. essere*) (*dir.*) Ricorrere a un giudice di grado superiore affinché ripari presunti vizi o errori della procedura svoltasi davanti a un giudice di grado inferiore: — *una sentenza*; —, *appellarsi, contro una sentenza.* **C** *v. intr. pron.* Fare appello, rivolgersi a qc.: *appellarsi alla generosità di qc.*

appellativo *s. m.* Epiteto, soprannome.

appèllo *s. m.* **1** Chiamata per nome di persone, spec. in ordine alfabetico e per controllarne la presenza. **2** Ciascuna delle convocazioni che l'ordinamento universitario prevede per ogni sessione ordinaria d'esame. **3** (*est.*) Richiamo, implorazione | *Fare — a*, invocare: *faccio — al vostro buon cuore.* **4** (*dir.*) Mezzo d'impugnazione contro le sentenze di primo grado.

appéna A *avv.* **1** A fatica, a stento, con difficoltà: *ci sente —.* **2** Soltanto, non di più: *sono — le sei.* **3** Da poco: *sono — arrivato* | Correl. di 'che' e 'quando': *era — uscito quando arrivai.* **B** *cong.* Subito dopo che, tosto che (introduce una prop. temp. con il v. al part. pass., all'indic. o al congv.): — *arrivai* (anche — *arrivato*), *mi corse incontro* | Con il 'non' pleon.: *non — mi ha visto, è fuggito.*

appèndere A *v. tr.* (*pres. io appèndo; pass. rem. io appési, tu appendésti; part. pass. appéso*) **1** Attaccare una cosa a un sostegno più o meno elevato da terra in modo che vi resti sospesa: — *un quadro al muro.* **2** (*lett.*) Impiccare. **B** *v. rifl.* Attaccarsi.

appendiàbiti *s. m.* Attaccapanni.

appendìce *s. f.* **1** Parte aggiunta a un'altra con lo scopo di spiegare, approfondire o aggiornare. **2** Parte di un quotidiano, dove, a piè di pagina, si pubblicavano articoli di varietà, di critica, puntate di romanzi e sim.: *romanzo d'—.* **3** (*anat.*) Piccola porzione cilindrica dell'intestino cieco. [→ ill. *anatomia umana*]

appendicectomìa *s. f.* (*chir.*) Asportazione chirurgica dell'appendice.

appendicìte *s. f.* (*med.*) Infiammazione dell'appendice.

appendicolàre *agg.* (*anat.*) Dell'appendice.

appendigónna *s. m. inv.* Speciale tipo di attaccapanni per gonne.

appenninico *agg.* (*pl. m. -ci*) Degli Appennini.

appercezióne *s. f.* (*filos.*) Atto del prendere chiara consapevolezza delle proprie percezioni.

appesantiménto *s. m.* Atto dell'appesantire e dell'appesantirsi | Pesantezza (*anche fig.*).

appesantìre A *v. tr.* (*io appesantisco, tu appesantisci*) **1** Rendere pesante o più pesante (*anche fig.*); SIN. Caricare. **2** Rendere greve: — *lo stomaco.* **B** *v. intr. pron.* Diventare pesante, più pesante, torpido.

appéso *part. pass. di appendere; anche agg.* Attaccato.

appestàre *v. tr.* (*io appèsto*) **1** Contagiare con la peste, o con altra malattia infettiva. **2** Riempire di odori nauseabondi: *un puzzo insopportabile appesta l'aria.* **3** (*fig.*) Corrompere moralmente.

appestàto *part. pass. di appestare; anche agg. e s. m.* (*f. -a*) Malato di peste.

appestatóre *s. m.; anche agg.* (*f. -trice*) Chi (o che) appesta.

appetènza *s. f.* (*lett.*) Appetito.

appetìbile *agg.* Desiderabile.

appetibilità *s. f.* Qualità di appetibile.

appetìre A *v. tr.* (*io appetisco, tu appetisci*) (*lett.*) Desiderare vivamente. **B** *v. intr.* Suscitare l'appetito | Piacere.

appetìto *s. m.* **1** Tendenza istintiva verso ciò che soddisfa bisogni e desideri. **2** Desiderio di mangiare. [→ tav. *proverbi* 230]

appetitóso *agg.* **1** Che muove l'appetito; SIN. Gustoso. **2** (*fig.*) Che desta desiderio.

appètto *avv. Nella loc. prep.* — *a* (*lett.*) Dirimpetto: — *alla chiesa* | (*fig.*) In confronto, rispetto: — *a lui tutti gli altri valgono poco.*

appezzaménto *s. m.* Campo.

appezzàre *v. tr.* (*io appèzzo*) **1** Dividere in pezzi. **2** Congiungere insieme vari pezzi.

appianàbile *agg.* Che si può appianare.

appianaménto *s. m.* Atto dell'appianare | (*fig.*) Soluzione, superamento, chiarimento.

appianàre A *v. tr.* **1** Rendere piano, spianare. **2** (*fig.*) Rimuovere difficoltà, ostacoli e sim.: — *un dissidio* | Rendere facile. **B** *v. intr. pron.* Risolversi, chiarirsi: *col tempo ogni cosa si appiana.*

appianatùra *s. f.* Operazione dell'appianare | Punto ove una superficie è stata appianata.

appiattàre A *v. tr.* (*raro*) Nascondere. **B** *v. rifl.* Nascondersi.

appiattiménto *s. m.* **1** Schiacciamento | (*fig.*) Riduzione della differenza fra valori diversi: — *dei salari*; SIN. Livellamento. **2** (*astron.*) In un corpo celeste, scarto dalla forma sferica, per schiacciamento ai poli.

appiattìre A *v. tr.* (*io appiattisco, tu appiattisci*) Rendere piatto. **B** *v. rifl.* Farsi piatto. **C** *v. intr. pron.* Divenire piatto.

appiccàgnolo *s. m.* **1** Oggetto a cui si può afferrare o si può appendere q.c. **2** (*fig.*) Cavillo, pretesto.

appiccàre A *v. tr.* (*io appicco, tu appicchi*) **1** Appendere, sospendere | (*est.*) Impiccare: *lo appiccarono a un albero.* **2** (*raro*) Cominciare, attaccare: — *zuffa* | — *il fuoco a q.c.*, incendiarla. **B** *v. rifl.* Attaccarsi, aggrapparsi: *appiccarsi a un sostegno* | (*est.*) Appendersi | Impiccarsi.

appiccicàre A *v. tr.* (*io appiccico, tu appiccichi*) **1** Attaccare con sostanze vischiose: — *un francobollo.* **2** (*fig.*) Appioppare | Attribuire: — *un soprannome.* **B** *v. rifl.* Attaccarsi (*anche fig.*).

appiccicatìccio *agg.* (*pl. f. -ce*) **1** Che si appiccica: *liquido —.* **2** (*fig.*) Detto di persona, importuno, molesto.

appiccicatùra *s. f.* Operazione dell'appiccicare | (*fig.*) Cosa male appiccicata.

appiccicóso *agg.* **1** Che appiccica o si appiccica. **2** (*fig.*) Detto di persona, importuno, noioso.

appìcco *s. m.* (*pl. -chi*) **1** (*raro*) Appiglio. **2** (*fig.*) Pretesto, occasione, opportunità.

appiè *avv. Nella loc. prep.* — *di* Ai piedi, sotto, nella parte inferiore: — *del monte.*

appiedàre *v. tr.* (*io appiédo*) **1** Fare smontare soldati o reparti dai relativi mezzi di trasporto. **2** (*est.*) Costringere qc. ad abbandonare un mezzo di trasporto.

appièno *avv.* (*lett.*) Pienamente, del tutto.

appigionàre *v. tr.* (*io appigióno*) Dare a pigione.

appigiónasi *s. m.* Cartello che si espone all'esterno di un locale da affittare.

appigliàrsi A *v. rifl.* (*io mi appiglio*) Afferrarsi, attaccarsi. **B** *v. intr. pron.* **1** Appiccarsi, estendersi: *l'incendio si appigliò all'edificio.* **2** (*fig.*) Rivolgersi, ricorrere: *appigliarsi a un partito, a un pretesto.*

appìglio *s. m.* **1** Punto di appoggio o di sostegno | Nell'alpinismo, asperità della roccia su cui si esercita con le mani uno sforzo di trazione. **2** (*fig.*) Pretesto, occasione: *cercare un — per giustificarsi.*

appiombàre *v. tr.* (*io appiómbo*) Mettere a piombo.

appiómbo A *avv.* Perpendicolarmente, secondo la direzione del filo a piombo. **B** *s. m.* Direzione verticale.

appioppàre *v. tr.* (*io appiòppo*) **1** Legare le viti al tronco di un pioppo. **2** Piantare un terreno a pioppi. **3** (*fig., fam.*) Affibbiare: — *un pugno* | Attribuire: — *un nomignolo* | Rifilare: — *denaro falso.*

appisolàrsi *v. intr. pron.* (*io mi appìsolo*) Addormentarsi d'un sonno breve e leggero.

applaudìre *v. tr. e intr.* (*io applàudo o applaudisco, tu applàudi o applaudisci*) **1** Manifestare approvazione, entusiasmo e sim. battendo le mani: — *una cantante*; *il pubblico applaude all'oratore.* **2** (*est.*) Approvare, mostrarsi compiacente, favorevole; SIN. Lodare.

applauditóre A *s. m.* (*f. -trice*) Chi applaude. **B** *anche agg.*

applàuso *s. m.* **1** Atto dell'applaudire; SIN. Battimano. **2** (*est.*) Approvazione, consenso; SIN. Elogio, lode.

applausòmetro *s. m.* Apparecchio per misurare la durata e l'intensità degli applausi, spec. in spettacoli televisivi.

applicàbile *agg.* Che si può applicare; CONTR. Inapplicabile.

applicabilità *s. f.* Qualità di ciò che è applicabile.

applicàre A *v. tr.* (*io àpplico, tu àpplichi*) **1** Mettere una cosa sopra un'altra in modo che combacino: — *un'etichetta.* **2** (*fig.*) Dare, attribuire | — *una pena*, infliggerla. **3** (*fig.*) Impiegare, destinare | — *la mente a q.c.*, dedicarvisi. **4** (*fig.*) Mettere in atto, far valere: – *una legge.* **B** v. rifl. Dedicarsi a q.c. con grande attenzione e diligenza: *applicarsi allo studio.*

applicàto A part. pass. di applicare; anche agg. **1** Attaccato. **2** Attribuito, destinato. **3** Detto di scienza volta a fini pratici: *chimica applicata.* **B** s. m. Lavoratore subordinato della categoria impiegatizia.

applicazióne s. f. **1** Collocazione di una cosa sopra l'altra in modo che combacino: – *di un cerotto* | (*fig.*) Attuazione operativa: – *di una legge* | (*fig.*) Imposizione: – *di una pena.* **2** Elemento decorativo cucito o ricamato su abiti, applicato su mobili, strutture e sim. **3** (*fig.*) Adattamento, riferimento: – *di un criterio generale al caso pratico.* **4** (*fig.*) Attenzione costante, concentrazione mentale: *l'– allo studio.*

applique /fr. a'plik/ s. f. inv. (pl. fr. *appliques* /a'plik/) Lampada da parete. [→ ill. *illuminazione*]

appoderaménto s. m. Atto dell'appoderare.

appoderàre v. tr. (*io appodéro*) Ridurre in uno o più poderi un terreno.

appoggiacàpo s. m. inv. Sostegno per il capo nelle poltrone dei barbieri e dei dentisti; SIN. Appoggiatesta.

appoggiàre A v. tr. (*io appòggio*) **1** Accostare, sovrapporre una cosa a un'altra perché la sostenga: – *la scala all'albero.* **2** (*est.*) Posare, deporre con delicatezza: – *i bicchieri sul tavolo.* **3** (*fig.*) Sostenere | Favorire: – *un partito politico*; SIN. Caldeggiare. **B** v. intr. (aus. *avere*) Poggiare, reggersi (*anche fig.*). **C** v. rifl. **1** Sostenersi, reggersi | (*fig.*) Ricorrere: *appoggiarsi a un amico.* **2** (*fig.*) Fondarsi, basarsi: *le mie teorie si appoggiano ai fatti.* [→ tav. *proverbi* 17]

appoggiatèsta s. m. inv. Appoggiacapo | Negli autoveicoli, accessorio applicabile alla spalliera del sedile per sostenere il capo.

appoggiatùra s. f. (*mus.*) Nota di abbellimento che si esegue in battere, precedendo alla seconda superiore o inferiore la nota reale.

appòggio A s. m. **1** Sostegno. **2** (*fig.*) Aiuto, favore, protezione | (*est.*) Persona in grado di dare aiuto o favori: *non avere appoggi.* **3** Attrezzo ginnico costituito da blocchetti rettangolari di legno con impugnatura; usato in genere per esercizi collettivi. [→ ill. *sport*] **4** Nelle costruzioni, il poggiar d'una trave sul suo sostegno. **B** In funzione di agg. inv. (posposto al s.) Nella loc. *nave* –, unità della marina militare destinata all'assistenza tecnica e al rifornimento delle unità minori.

appollaiàrsi v. rifl. (*io mi appollàio*) **1** Collocarsi su rami o altri sostegni, spec. con riferimento a uccelli. **2** (*fig.*) Rannicchiarsi, spec. in alto.

appontàggio s. m. Atterraggio di un aereo o di un elicottero su un ponte di volo.

appontàre v. intr. (*io appónto; aus. essere*) Compiere la manovra di appontaggio.

appórre v. tr. (coniug. come *porre*) Porre presso o sopra | – *una firma*, firmare.

apportàre v. tr. (*io appòrto*) **1** Portare verso o presso qc. (*anche fig.*): *il vento apporta i suoni.* **2** Cagionare, produrre: – *benessere.* **3** (*dir.*) Addurre, allegare, produrre: – *fatti, prove.* **4** Citare: – *un motto.*

appòrto s. m. **1** Contributo: *dare un valido – a una ricerca.* **2** Somma in denaro o complesso di beni che un socio conferisce per entrare in una società.

appositaménte avv. In modo adatto a un determinato fine.

appòsito agg. Ordinato apposta, adatto; SIN. Appropriato, conveniente.

apposizióne s. f. **1** Atto dell'apporre | (*est.*) Ciò che è apposto. **2** (*ling.*) Sostantivo che si unisce a un altro per meglio determinarlo (es. *'il poeta' Dante*).

appòsta A avv. Con intenzione, di proposito: *l'ho detto –; è venuto – per te.* **B** in funzione di agg. inv. Fatto appositamente: *una stanza – per i bambini.*

appostaménto s. m. **1** Atto dell'appostare e dell'appostarsi | Agguato, insidia: *preparare un –.* **2** Luogo in cui ci si apposta.

appostàre A v. tr. (*io appòsto*) Tenere d'occhio stando nascosto per spiare i movimenti di qc., per tendere un agguato e sim. **B** v. rifl. Mettersi in agguato.

apprèndere A v. tr. (coniug. come *prendere*) **1** Comprendere, afferrare con la mente | Imparare. **2** Venire a conoscere: *ho appreso la notizia dal giornale.* **B** v. rifl. Afferrarsi, attaccarsi: *apprendersi a una corda.* **C** v. intr. pron. (*fig., lett.*) Propagarsi, detto spec. di incendio, passione e sim.

apprendìbile agg. Che si può apprendere.

apprendiménto s. m. Atto dell'apprendere | Processo di acquisizione di nuove conoscenze.

apprendìsta s. m. e f. (pl. m. *-i*) Chi si avvia all'apprendimento di un mestiere: – *sarto.*

apprendistàto s. m. **1** Condizione di apprendista | Periodo di tempo in cui un soggetto lavora in qualità di apprendista. **2** Insieme, categoria, degli apprendisti.

apprensióne s. f. Stato di inquietudine derivante dal timore di eventi dolorosi, pericoli e sim.; SIN. Ansia, timore.

apprensivo agg. Che è facile all'apprensione.

appressaménto s. m. (*raro*) Avvicinamento.

appressàre A v. tr. (*io apprèsso*) (*lett.*) Avvicinare; SIN. Accostare. **B** v. intr. e rifl. (aus. *essere*) (*raro*) Avvicinarsi.

apprèsso A avv. **1** Accanto, vicino. **2** Dopo, nel tempo, in seguito, più tardi: *come dice* – (o *in* –) *l'autore.* **3** Dietro. **B** prep. **1** Vicino: *stammi –.* **2** Dietro, nella loc. prep. – *a*: *andare – a qc.* **C** in funzione di agg. inv. Che segue, successivo: *il mese, il giorno –.*

apprestàre A v. tr. (*io apprèsto*) **1** Approntare, mettere a punto: – *le armi per una rivolta*; SIN. Allestire. **2** Offrire, somministrare. **B** v. rifl. Prepararsi: *apprestarsi a sbarcare*; SIN. Accingersi.

apprettàre v. tr. (*io apprètto*) Trattare con appretto tessuti, pelli e sim.

apprettatrìce s. f. Macchina per apprettare.

apprettatùra s. f. Operazione dell'apprettare.

apprètto s. m. Prodotto chimico con cui vengono trattati tessuti o pellami per conferire loro consistenza, morbidezza, impermeabilità, lucentezza.

apprezzàbile agg. Degno di nota, di pregio.

apprezzaménto s. m. Atto dell'apprezzare | Valutazione, stima, giudizio.

apprezzàre v. tr. (*io apprèzzo*) **1** (*fig.*) Stimare | (*est.*) Gradire. **2** (*raro*) Fissare, valutare un prezzo. [→ tav. *proverbi* 47]

appròccio s. m. **1** Avvicinamento. **2** (*est.*) Atto di chi si accosta a qc. per conoscerne le intenzioni, disporlo ad ascoltare proposte o istanze e sim.

approdàre (1) v. intr. (*io appròdo; aus. essere o avere*) **1** (*mar.*) Avvicinarsi alla costa in modo da poter stabilire facile comunicazione con la terraferma. **2** (*fig.*) Riuscire: *non – a nulla.*

approdàre (2) v. intr. Giovare.

appròdo s. m. **1** Atto dell'avvicinarsi a una costa. **2** Luogo ove si approda.

approfittàre A v. intr. (aus. *avere*) Trarre profitto, utilità: – *dell'esperienza.* **B** v. intr. pron. Avvantaggiarsi sconvenientemente: *approfittarsi della buona fede di qc.*

approfondiménto s. m. (*raro*) L'approfondire | (*fig.*) Esame, studio più attento ed accurato.

approfondìre A v. tr. (*io approfondìsco, tu approfondìsci*) **1** Rendere profondo o più profondo. **2** (*fig., lett.*) Rendere più intenso: – *un dolore.* **3** (*fig.*) Studiare a fondo: – *un argomento.* **B** v. intr. pron. Divenire profondo o più profondo (*anche fig.*).

approntàre v. tr. (*io appronto*) Apprestare; SIN. Allestire, preparare.

appropinquàre A v. tr. Avvicinare. **B** v. intr. e intr. pron. Avvicinarsi.

appropriàbile agg. (*raro*) Detto di cosa di cui ci si può appropriare.

appropriàre A v. tr. (*io appròprio*) (*raro*) Rendere adatto, adeguato: – *le parole a un pensiero.* **B** v. intr. pron. e (*raro*) tr. Fare proprio spec. con arbitrio o inganno: *appropriarsi delle cose di altri.*

appropriàto part. pass. di appropriare; anche agg. **1** Reso proprio. **2** Adeguato, preciso, calzante: *parlare usando i termini appropriati.*

appropriazióne s. f. Impossessamento, spec. con arbitrio e inganno, di una cosa altrui | (*dir.*) – *indebita*, il disporre arbitrariamente di cosa altrui da parte di chi l'ha in consegna.

approssimàre A v. tr. (*io appròssimo*) Mettere molto vicino; SIN. Avvicinare. **B** v. rifl. e intr. pron. Farsi vicino (*anche*

fig.): *approssimarsi alla riva.*
approssimativo *agg.* **1** Che si avvicina al vero: *conto* —. **2** (*est.*) Non esatto, vago, impreciso: *avere una conoscenza approssimativa di q.c.*
approssimazióne *s. f.* **1** Avvicinamento, accostamento | *Per* —, in modo approssimativo, all'incirca. [→ ill. *agricoltura*] **2** (*mat.*) Avvicinamento a un numero, o quantità, mediante numeri, o quantità, più semplici da rappresentare o da calcolare.
approvàbile *agg.* Che si può o si deve approvare.
approvàre *v. tr.* (*io appròvo*) **1** Giudicare buono, giusto; CONTR. Disapprovare. **2** Ritenere idoneo: *la commissione approvò il candidato.* **3** (*dir.*) Ratificare, sanzionare: — *un progetto di legge.*
approvazióne *s. f.* **1** Consenso; CONTR. Disapprovazione. **2** (*dir.*) Manifestazione di assenso a un atto compiuto da altri.
approvvigionaménto *s. m.* **1** Rifornimento di provviste, materiali e sim. **2** *al pl.* Insieme di mezzi e materiali necessari spec. al mantenimento e all'attività di un esercito.
approvvigionàre A *v. tr.* (*io approvvigióno*) **1** Fornire di provviste: — *una casa.* **2** Provvedere i materiali e i mezzi necessari per le esigenze dell'esercito. **B** *v. rifl.* **1** Fornirsi di provviste. **2** Rifornirsi delle materie prime per la produzione.
appruàre A *v. tr.* (*io apprùo*) Spostare verso la prua: — *un carico.* **B** *v. intr. e intr. pron.* (*aus. essere*) Abbassare più del normale la prua.
appuntaménto *s. m.* Intesa, promessa, fra due o più persone di trovarsi in un dato luogo a un'ora determinata: *darsi* —; *dare un* — | — *spaziale, in orbita,* manovra astronautica nella quale un veicolo spaziale insegue e raggiunge un altro.
appuntàre (1) A *v. tr.* **1** Fissare mediante oggetti appuntiti: — *un fiore.* **2** Fare la punta: — *una matita.* **3** Dirigere la punta verso una determinata direzione (*anche fig.*): — *l'indice accusatore.* **B** *v. intr. pron.* **1** (*raro*) Divenire aguzzo. **2** Rivolgersi, dirigersi (*anche fig.*): *su ciò s'appunta il nostro interesse.*
appuntàre (2) *v. tr.* Prendere appunti, segnare, notare: — *q.c. su un taccuino.*
appuntàto *s. m.* Nelle armi dei carabinieri, delle guardie di finanza e delle guardie carcerarie, primo grado della gerarchia.
appuntino *avv.* Con grande cura e precisione, con meticolosità: *fare tutto* —.
appuntire *v. tr.* (*io appuntisco, tu appuntisci*) Rendere aguzzo.
appùnto (1) *s. m.* **1** Annotazione scritta, rapida e concisa, fatta per aiuto della memoria: *prendere appunti.* **2** (*fig.*) Rimprovero.
appùnto (2) *avv.* **1** Proprio: *le cose stanno* — *così.* **2** Si usa nelle risposte, come affermazione energica: *'intendevi parlare di questo?' '—!' 'Per l'—!'.*
appuràre *v. tr.* Controllare la verità di q.c.: — *i fatti;* SIN. Constatare, verificare.
appuzzàre *v. tr.* Rendere puzzolente.
aprassìa *s. f.* (*med.*) Incapacità di eseguire i movimenti voluti.
apribile *agg.* Che si può aprire.
apribócca *s. m. inv.* (*med.*) Strumento per aprire le mascelle del paziente durante ispezioni diagnostiche o interventi chirurgici.
apribottiglie *s. m. inv.* Arnese per togliere la capsula delle bottiglie a chiusura ermetica. [→ ill. *bar, coltello, cucina*]
aprìco *agg.* (*pl. m. -chi*) **1** (*lett.*) Aperto, esposto al sole e all'aria. **2** (*lett.*) Luminoso, sereno.
aprile *s. m.* Quarto mese dell'anno nel calendario gregoriano, di 30 giorni. [→ tav. *proverbi* 24]
a priori /*lat.* a pri'ɔri/ **A** *loc. agg. e avv.* Detto di opinioni, giudizi e sim. espressi in base a un principio, senza averne fatto esperienza. **B** *loc. sost. m.* (*filos.*) Complesso delle conoscenze o dei giudizi cui si perviene con la pura ragione prescindendo dall'esperienza. • CONTR. A posteriori.
aprioristico *agg.* (*pl. m. -ci*) Che si fonda su un ragionamento a priori | Non verificato, preconcetto.
apripista *s. m.* (*e f.* nel sign. 1) *inv.* **1** Chi è incaricato di aprire ufficialmente una pista sciistica prima di una gara di discesa. **2** Bulldozer.
aprìre A *v. tr.* (*pass. rem. io aprìi o apèrsi, tu aprìsti, egli apèrse o aprì, noi aprìmmo, voi aprìste, essi apèrsero o aprìrono; part. pass. apèrto*) **1** Disserrare, schiudere: — *una finestra, una casa* | (*est.*) Scavare: — *un fossato;* CONTR. Chiudere. **2** Allargare, distendere: — *il compasso* | — *la bocca,* parlare | *Non* — *bocca,* (*fig.*) mantenere un completo silenzio. **3** Dichiarare, spiegare | Manifestare, rivelare: — *l'animo a qc.* | — *gli occhi a qc.*, fargli conoscere la realtà | (*fig.*) — *la mente,* allargare il campo delle proprie cognizioni | — *gli orecchi,* prestare attenzione. **4** (*fig.*) Fondare, istituire, avviare: — *una scuola, un negozio.* **5** Cominciare, iniziare: — *il corteo,* guidarlo | — *il fuoco,* cominciare a sparare | — *la luce,* (*fig.*) accenderla | — *l'acqua,* (*fig.*) farla scorrere dal rubinetto. **6** ass. Nel gioco delle carte, iniziare la partita. **B** *v. intr. e intr. pron.* (*aus. essere*) **1** Fendersi, spaccarsi. **2** (*est.*) Allargarsi. **3** Cominciare: *una nuova giornata si apre davanti a noi* | Iniziare un'attività: *la sessione si apre in autunno.* **C** *v. rifl.* (*fig.*) Confidarsi: *aprirsi a un amico.*
apriscàtole *s. m. inv.* Arnese tagliente per aprire le scatole di latta dei cibi conservati. [→ ill. *coltello, cucina*]
àpro *s. m.* (*lett.*) Cinghiale.
àptero o *àttero agg.* Che è privo di ali.
aquaplaning /*ingl.* 'aekwəpleiniŋ/ *s. m. inv.* (*pl. ingl. aquaplanings* /'aekwəpleiniŋs/) (*autom.*) Fenomeno per cui, sull'asfalto bagnato e a una certa velocità, gli pneumatici di un veicolo perdono l'aderenza al terreno.
àquila *s. f.* **1** Uccello rapace di grande statura con zampe piumate fino alle dita, forti artigli e becco robusto ricurvo | *Occhio, sguardo d'*—, (*fig.*) acutissimo. [→ ill. *animali* 10] **2** Effigie dell'uccello omonimo, spec. come emblema o vessillo. [→ ill. *bandiera*] **3** (*fig.*) Persona dotata di intelligenza non comune.
aquilàno *agg.; anche s. m.* (*f. -a*) Dell'Aquila.
aquilìno *agg.* Proprio dell'aquila | (*est.*) Adunco: *naso* —.
aquilóne (1) *s. m.* **1** Vento di tramontana. **2** (*lett.*) Settentrione.
aquilóne (2) *s. m.* Gioco infantile consistente in un foglio di carta montato su un'ossatura di cannucce, che, tirato contro vento per mezzo d'un filo, può innalzarsi e sostenersi in aria. [→ ill. *giochi*]
aquilòtto *s. m.* Aquila giovane.
àra (1) *s. f.* **1** Presso gli antichi romani, altare sul quale si offrivano i sacrifici. **2** (*lett.*) Altare.
àra (2) *s. f.* Pappagallo di grosse dimensioni e piumaggio di color rosso vivo, giallo, blu o verde. [→ ill. *animali* 14]
àra (3) *s. f.* Unità di misura di superficie corrispondente a 100 m^2. SIMB. a.
arabescàre *v. tr.* (*io arabésco, tu arabéschi*) **1** Decorare con arabeschi. **2** (*est.*) Decorare con disegni bizzarri: — *una parete.*
arabésco A *agg.* (*pl. m. -schi*) Arabo | Fatto a foggia araba. **B** *s. m.* (*pl. -schi*) Decorazione a motivi stilizzati con linee incrociate, senza figura umana. [→ ill. *elemento ornamentale*]
aràbico *agg.* (*pl. m. -ci*) Dell'Arabia | *Cifre arabiche,* cifre usate nella numerazione decimale (0, 1, 2...) | *Gomma arabica,* resina ricavata da alcune specie di acacie.
aràbile *agg.* Che si può arare.
arabismo *s. m.* Parola o locuzione propria dell'arabo, entrata in un'altra lingua.
àrabo *agg.; anche s. m.* (*f. -a*) Dell'Arabia | *Parlare* —, (*fig.*) parlare in modo incomprensibile. [→ tav. *locuzioni* 9]
Aràcee *s. f. pl.* Famiglia di piante erbacee perenni, a tubero, delle Spadiciflore. [→ ill. *piante* 15]
aràchide *s. f.* **1** Pianta erbacea delle Rosali, con fiori gialli e frutti a sviluppo sotterraneo con semi commestibili oblunghi, giallastri e spugnosi. **2** Il frutto di tale pianta; SIN. (*pop.*) Nocciolina americana. [→ ill. *frutta, piante* 10]
aracnèo *agg.* (*lett.*) Di ragno.
Aràcnidi *s. m. pl.* (*sing. -e*) Classe di Artropodi privi di antenne, con sei paia di arti, capo saldato al torace, cui appartengono i ragni, gli scorpioni e gli acari. [→ ill. *animali* 4, *zoologia*]
aracnòide *s. f.* (*anat.*) Una delle membrane meningee che avvolgono l'encefalo. [→ ill. *anatomia umana*]

aragósta o *aragòsta* **A** *s. f.* Grosso crostaceo marino commestibile, privo di chele, con lunghe antenne e corazza spinosa di color rosso violaceo. [→ ill. *animali* 3] **B** *in funzione di agg. inv.* Che ha colore rosso violaceo.

aràldica *s. f.* Scienza che studia gli stemmi e le insegne araldiche. [→ ill. *araldica*]

aràldico *agg.* (*pl. m. -ci*) Dell'araldica.

araldista *s. m.* (*pl. -i*) Studioso di araldica.

aràldo *s. m.* **1** Nel Medioevo, ufficiale della corte reale o feudale o del comune, incaricato di rendere pubbliche le decisioni e le leggi del signore o delle autorità comunali, di compiere missioni e sim. **2** Messaggero, banditore.

aràlia *s. f.* Pianta delle Umbellali con foglie palmate sempreverdi.

Araliàcee *s. f. pl.* Famiglia di piante legnose, a volte rampicanti, con grandi foglie, fiori riuniti in capolini o spighe. [→ ill. *piante* 10]

arancéto *s. m.* Terreno piantato ad aranci.

arància *s. f.* (*pl. -ce*) Frutto dell'arancio. [→ ill. *frutta*]

aranciàta *s. f.* Bevanda preparata con succo di arancia.

aranciàto *agg.* Che ha il colore dell'arancia.

arancièra *s. f.* Serra ove si collocano nei mesi freddi le piante di agrumi in vaso.

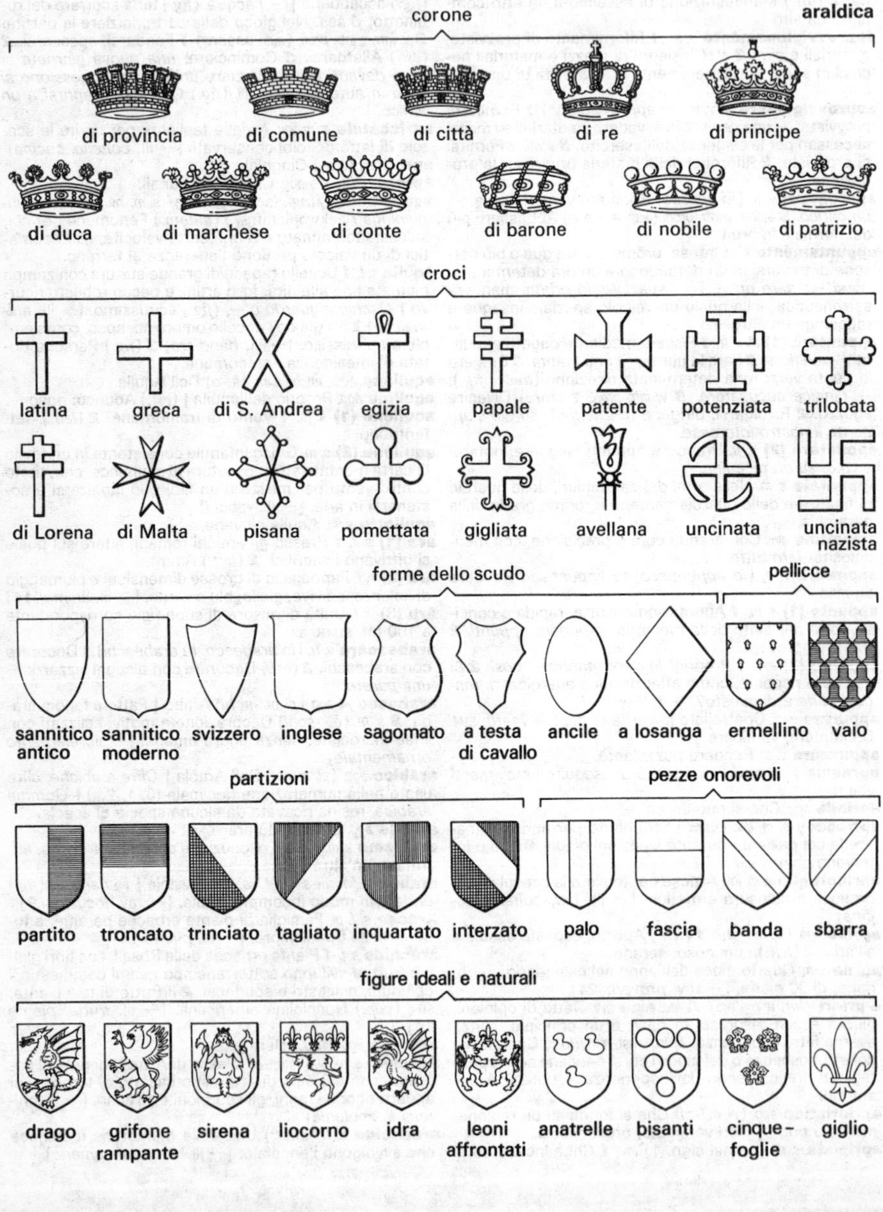

araldica
corone
di provincia
di comune
di città
di re
di principe
di duca
di marchese
di conte
di barone
di nobile
di patrizio
croci
latina
greca
di S. Andrea
egizia
papale
patente
potenziata
trilobata
di Lorena
di Malta
pisana
pomettata
gigliata
avellana
uncinata
uncinata nazista
forme dello scudo
sannitico antico
sannitico moderno
svizzero
inglese
sagomato
a testa di cavallo
ancile
a losanga
pellicce
ermellino
vaio
partizioni
partito
troncato
trinciato
tagliato
inquartato
interzato
pezze onorevoli
palo
fascia
banda
sbarra
figure ideali e naturali
drago
grifone rampante
sirena
liocorno
idra
leoni affrontati
anatrelle
bisanti
cinque-foglie
giglio

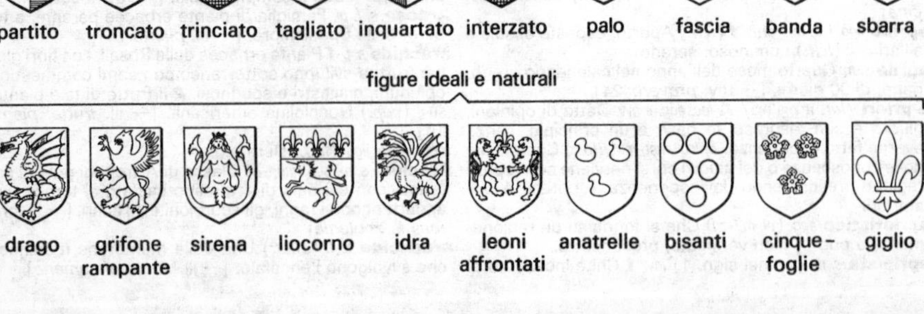

arancino (1) *agg.* **1** Di arancia: *profumo —*. **2** Simile a un'arancia.
arancino (2) *s. m.* **1** *Dim. di arancia.* **2** Frutto dell'arancio che, non ancora maturo, cade al suolo. **3** Crocchetta di riso a forma di arancia.
aràncio *s. m.* **1** Pianta arborea delle Terebintali, con foglie coriacee ovali, fiori bianchi e profumati, frutto sferico dal colore caratteristico | *Fiori d'—*, quelli portati tradizionalmente dalla sposa il giorno delle nozze, come simbolo di purezza. [→ ill. *piante* 7] **2** Colore intermedio fra il giallo e il rosso.
arancióne ***A*** *agg.* Che ha il colore acceso dell'arancia matura. ***B*** *s. m.* Il colore arancione.
aràre *v. tr.* **1** Assolcare e rivoltare la terra con l'aratro. **2** (*mar.*) Strascicare sul fondo del mare senza farvi buona presa, detto dell'ancora.
aratìvo *agg.* Seminativo.
aratóre ***A*** *s. m.* (*f. -trìce*) Chi ara. ***B*** *anche agg.*
aràtro *s. m.* Attrezzo agricolo, a traino animale o meccanico, atto a rompere, frammentare, dissodare il terreno: *— semplice*; *— polivomere*. [→ ill. *agricoltura*]
aratùra *s. f.* **1** Operazione dell'arare. **2** Terreno arato. **3** Stagione in cui si ara.
araucària *s. f.* Pianta arborea delle Conifere, molto ramificata, con foglie aculeate e fitte. [→ ill. *piante* 1]
arazzerìa *s. f.* **1** Arte del tessere arazzi. **2** Manifattura di arazzi. **3** Insieme di arazzi.
arazzière *s. m.* Chi tesse o vende arazzi.
aràzzo *s. m.* Tessuto eseguito a mano su telai, con figure a motivi ornamentali.
arbitràggio *s. m.* **1** (*sport*) Azione di direzione e di controllo svolta da un arbitro in una competizione sportiva. **2** Scelta della via o del mezzo più conveniente per condurre a compimento un'operazione di compravendita, cambio o speculazione.
arbitràle *agg.* Di arbitro.
arbitràre *v. tr.* (*io àrbitro*) Decidere una controversia e sim., dirigere una gara, in qualità di arbitro: *— una partita di calcio.*
arbitrariaménte *avv.* Secondo il proprio arbitrio | Abusivamente.
arbitràrio *agg.* Fatto, scelto ad arbitrio | Abusivo.
arbitràto ***A*** *part. pass. di arbitrare; anche agg.* Deciso da arbitri. ***B*** *s. m.* **1** Ufficio, o giudizio, dell'arbitro. **2** Procedimento civile con cui uno o più privati definiscono una contesa.
arbìtrio *s. m.* **1** Facoltà di giudicare e operare liberamente le proprie scelte e la propria volontà | *Ad — di qc.*, a sua volontà | *Libero —*, la possibilità da parte dell'uomo di scegliere liberamente. **2** Atto abusivo, illegale: *commettere un —*; SIN. Sopruso. (V. nota d'uso ACCENTO)
àrbitro *s. m.* (*f. -a*) **1** Chi può volere e disporre a piacer suo: *essere — della propria vita* | *— dell'eleganza, della moda*, chi detta legge in tali campi. **2** (*dir.*) Privato cittadino investito, dalle parti di una controversia, del compito di decidere la stessa. **3** Chi è incaricato di far osservare il regolamento durante lo svolgimento di una competizione sportiva.
arbòreo *agg.* Che ha qualità o forma d'albero.
arborescènte *agg.* Detto di arbusto che raggiunge quasi la dimensione di un albero.
arborescènza *s. f.* Sviluppo di una pianta.
arborìcolo *agg.* Detto di animale o vegetale che vive sugli alberi.
arboricoltùra *s. f.* Coltivazione delle piante arboree | Scienza relativa a tale coltivazione.
arborifórme *agg.* (*raro*) Arboreo.
arboscèllo *s. m.* Piccolo albero.
arbustìvo *agg.* Che ha forma di arbusto.
arbùsto *s. m.* Pianta legnosa con fusto perenne ramificato fin dalla base; SIN. Frutice
àrca *s. f.* **1** Sarcofago monumentale. **2** Cassa di legno usata per riporvi tessuti, oggetti preziosi, reliquie e sim. | (*fig.*) *— di scienza*, persona molto dotta | Madia. **3** *— di Noè*, imbarcazione con la quale il patriarca biblico Noè si salvò dal diluvio insieme con una coppia di ciascun genere di animali; (*fig.*) luogo in cui sono molti animali.
-àrca *secondo elemento*: in parole composte dotte significa 'capo': *monarca, patriarca.*
àrcade ***A*** *agg.* (*lett.*) Dell'antica Arcadia. ***B*** *s. m.* **1** Socio dell'Accademia dell'Arcadia. **2** (*est.*) Scrittore vuoto e retorico.
arcàdia *s. f.* **1** Accademia letteraria sorta nel 1690 il cui scopo era rievocare una poesia vicina ai modelli bucolici greci e all'elegia latina (dall'omonima regione della Grecia, mitica patria della poesia bucolica). **2** (*fig.*) Riunione di persone che tratta di cose futili.
arcàdico *agg.* (*pl. m. -ci*) **1** Dell'antica Arcadia. **2** Proprio degli accademici dell'Arcadia. **3** (*fig.*) Languido, svenevole, pastorale.
arcaicità *s. f.* Qualità di ciò che è arcaico.
arcaicizzàre V. *arcaizzare.*
arcàico *agg.* (*pl. m. -ci*) Che è molto antico, che risale alla prima antichità.
arcaìsmo *s. m.* Forma linguistica antiquata.
arcaìsta *s. m.* (*pl. -i*) Scrittore che riprende frasi e locuzioni arcaiche.
arcaizzàre o *arcaicizzàre v. intr.* (*aus. avere*) Usare forme e modi arcaici.
arcàngelo *s. m.* Spirito celeste di grado superiore a quello dell'angelo.
arcàno ***A*** *agg.* Misterioso, nascosto, segreto. ***B*** *s. m.* Mistero.
arcàta *s. f.* **1** Parte di un ponte ad archi, compresa tra due pile successive. **2** Qualunque formazione disposta ad arco: *— sopraccigliare.*
arcàvolo *s. m.* (*f. -a*) Genitore del bisavolo | (*est.*) Lontano antenato.
archeggiàre *v. tr. e intr.* (*io archéggio; aus. avere*) (*mus.*) Suonare uno strumento a corde per mezzo dell'arco.
archéggio *s. m.* (*mus.*) Movimento dell'arco sulle corde di uno strumento per trarne suoni | Tecnica di tale movimento.
archèo- *primo elemento*: in parole composte dotte significa 'antico', 'primitivo': *archeografia, archeozoico.*
archeografìa *s. f.* Descrizione dei monumenti antichi.
archeologìa *s. f.* (*pl. -gìe*) Scienza che si occupa delle antichità sotto il profilo storico e artistico.
archeològico *agg.* (*pl. m. -ci*) Dell'archeologia. [→ ill. *monumenti archeologici*]
archeòlogo *s. m.* (*f. -a; pl. m. -gi, pop. -ghi*) Studioso di archeologia.
archeottèrige *s. m.* Animale fossile risalente al Giurassico, fra rettile e uccello, con bocca provvista di denti e coda sostenuta da vertebre. [→ ill. *paleontologia*]
archeozòico *s. m.* (*pl. m. -ci*) La più antica era geologica, che si chiude con la comparsa dei primi fossili; SIN. Protozoico.
archètipo *s. m.* Primo esemplare e modello.
archétto *s. m.* **1** *Dim. di arco* | Ogni arco in una successione di archi pensili decorativi. **2** (*mus.*) Arco di legno su cui sono tesi crini di cavallo per suonare strumenti a corda: *l'— del violino.* [→ ill. *strumenti musicali*]
àrchi- *primo elemento*: in parole composte dotte o scientifiche significa 'primo', indica primato e sim.: *archiatra, archidiocesi, archimandrita* | Anche con elisione: *arcangelo.*
-archìa *secondo elemento*: in parole composte dotte significa 'governo' o 'dominio': *monarchia, oligarchia.*
archiacùto *agg.* Che ha forma di arco acuto.
archiàtra *s. m.* (*pl. -i*) Medico primario di clinica o di corte: *— pontificio.*
archibugiàta *s. f.* Colpo d'archibugio | (*est.*) Ferita prodotta da un colpo d'archibugio.
archibugière *s. m.* Soldato armato di archibugio.
archibùgio *s. m.* Antico schioppo per uso militare. [→ ill. *armi*]
archidiòcesi *s. m.* Diocesi dell'arcivescovo.
archiepìscopo *s. m.* Arcivescovo.
archiginnàsio *s. m.* Titolo attribuito in passato alle Università di Roma e di Bologna | Sede dell'Università di Bologna, fino agli inizi del XIX sec.
archilochèo ***A*** *agg.* Del poeta greco Archiloco. ***B*** *s. m.* Verso della poesia greca e latina.
archimandrìta *s. m.* (*pl. -i*) Nelle chiese cristiane orientali, superiore di monastero importante o di congregazione monastica.
archipèndolo *s. m.* Strumento a forma di squadra dal cui

vertice pende un filo a piombo: è utilizzato per verificare se un piano è orizzontale. [→ ill. *edilizia*]

architettàre *v. tr.* (*io architétto o architètto*) **1** Ideare il progetto di una costruzione dal punto di vista architettonico. **2** (*fig.*) Ideare: – *un nuovo sistema* | Macchinare.

architétto o *architètto s. m.* (*f. -a*; v. nota d'uso FEMMINILE) **1** Che esercita l'architettura. **2** (*fig.*) Ideatore, artefice | *Il divino, l'eterno* –, Dio.

architettònico *agg.* (*pl. m. -ci*) Dell'architettura. [→ ill. *elemento architettonico*]

architettùra *s. f.* **1** Arte e tecnica di progettare e costruire edifici o altre opere. **2** L'opera realizzata secondo tale arte e tecnica e l'insieme dei suoi caratteri: *le architetture del Foro Romano* | (*est.*) Struttura: *l'– di un romanzo.*

architràve *s. m.* Trave principale | Elemento della trabeazione che poggia sopra i capitelli delle colonne, i pilastri o gli stipiti. [→ ill. *elemento architettonico, casa*]

archiviàre *v. tr.* (*io archivio*) Registrare e collocare in archivio | (*est.*) Tralasciare di occuparsi di q.c.: – *una questione.*

archìvio *s. m.* **1** Complesso dei documenti ricevuti o prodotti, per il raggiungimento dei propri fini, da una persona o da una società. **2** Luogo in cui tali documenti vengono conservati. **3** Titolo di riviste spec. scientifiche: – *storico italiano.*

archivista *s. m. e f.* (*pl. m. -i*) Chi è addetto a un archivio.

archivìstica *s. f.* Complesso di norme e nozioni concernenti la tenuta degli archivi.

archivìstico *agg.* (*pl. m. -ci*) Di archivio, dell'archivistica.

archivòlto *s. m.* Elemento di decorazione architettonica costituito da una fascia che si svolge sulla fronte di un arco.

àrci- **A** *primo elemento*: corrisponde ad 'archi-' (v.): *arcidiavolo, arciprete, arciduca.* **B** *pref.* usato nella formazione di superlativi: *arcicontento, arcinoto.*

arcidiàcono *s. m.* Capo dei diaconi | Dignità onorifica del primo canonico del capitolo di una chiesa cattedrale.

arcidiàvolo *s. m.* Capo dei diavoli.

arcidùca *s. m.* (*pl. -chi*) **1** Duca di maggior potere e prestigio. **2** Principe della casa regnante degli Asburgo.

arciducàto *s. m.* Titolo e dignità di arciduca | Territorio sotto il dominio di un arciduca.

arciduchéssa *s. f.* **1** Moglie di arciduca. **2** Principessa della casa regnante degli Asburgo.

arcière *s. m.* (*f. -a*) **1** Milite a piedi o a cavallo, armato d'arco. **2** Tiratore d'arco.

arcigno *agg.* Severo e piuttosto scostante.

arcióne *s. m.* Ossatura arcuata della sella | (*est.*) Sella | *Stare bene in* –, andare bene a cavallo. [→ ill. *finimenti*]

arcipèlago *s. m.* (*pl. -ghi*) Gruppo di isole vicine. [→ ill. *geografia*]

arciprète *s. m.* Titolo di parroco o canonico.

arcispedàle *s. m.* (*raro*) Ospedale principale.

arcivescovàdo *s. m.* **1** Titolo, ufficio e dignità di arcivescovo. **2** Sede dell'arcivescovo.

arcivescovile *agg.* Di arcivescovo.

arcivéscovo *s. m.* Vescovo di diocesi metropolitana, con giurisdizione speciale sulle diocesi minori, formanti la provincia ecclesiastica.

àrco *s. m.* (*pl. archi*) **1** Arma da lancio costituita da un'asta elastica di legno, corno o acciaio che, curvata tendendo una corda fissata alle estremità, scaglia una freccia. [→ ill. *armi*] **2** (*mat.*) Porzione di curva. **3** (*arch.*) Struttura ad asse curvilineo, posta a copertura di una luce di porta, finestra, ponte. [→ ill. *monumenti archeologici, architettura, basilica cristiana, ponte, religione*] **4** (*est.*) Struttura, formazione, linea e sim., arcuata: *l'– delle sopracciglia* | *Ad* –, a forma di arco, piegato ad arco. [→ ill. *sega*] **5** – *voltaico,* – *elettrico,* arco luminoso e caldissimo che si forma al passaggio della corrente tra due elettrodi poco distanziati, collegati a una sorgente elettrica. [→ ill. *illuminazione, meccanica*] **6** (*fig.*) Serie di avvenimenti che dura nel tempo: *l'– degli anni, della vita.* **7** (*mus.*) Oggetto costituito da crini di cavallo tesi su una bacchetta, atto a far vibrare le corde di determinati strumenti musicali | *Gli archi,* gli strumenti musicali che si suonano con l'arco. [→ ill. *strumenti musicali*]

arcobaléno *s. m.* Fenomeno ottico dovuto alla rifrazione dei raggi solari nelle gocce di pioggia: appare come una fascia arcuata e iridata. [→ tav. *proverbi* 232]

arcolàio *s. m.* Utensile composto di stecche o cannucce usato per dipanare o incannare matasse; SIN. Bindolo.

arcónte *s. m.* Nell'antica Atene, magistrato cui erano affidati i compiti più importanti.

arcoscènico *s. m.* (*pl. -ci*) Arco di varia profondità, che collega la sala teatrale con il palcoscenico.

arcosòlio *s. m.* Nicchia sepolcrale ad arco, nelle catacombe.

arcuàre **A** *v. tr.* (*io àrcuo*) Piegare ad arco. **B** *v. rifl.* Piegarsi ad arco.

arcuàto *part. pass. di arcuare; anche agg.* Piegato ad arco.

ardènte *part. pres. di ardere; anche agg.* **1** Che arde | *Sole* –, cocente | *Sabbia* –, infuocata | *Febbre* –, alta; SIN. Infuocato, rovente. **2** (*fig.*) Impetuoso, animoso: *cuore* – | Appassionato: *amore* –.

àrdere **A** *v. tr.* (*pass. rem. io àrsi, tu ardésti; part. pass. àrso*) **1** Bruciare. **2** Inaridire, seccare: *il solleone ha arso la campagna.* **3** (*fig.*) Infiammare, struggere: *lo arde il desiderio di affermarsi.* **B** *v. intr.* (*aus. essere*) **1** Essere acceso: *il fuoco arde.* **2** Essere intenso, detto di sentimenti: *l'ira gli arde in petto* | Provare intensamente un sentimento: – *d'ira, d'amore.* **3** Essere molto caldo: – *di febbre.* **4** (*fig., lett.*) Infierire, imperversare: *arde la mischia.*

ardèsia *s. f.* **1** Roccia argillosa facilmente divisibile in lastre sottili di colore grigio o verdastro usate per lavagne e copertura di tetti. **2** Colore grigio bluastro.

ardiglióne *s. m.* **1** Ferretto acuminato per la chiusura della fibbia. **2** Piccola punta acuminata all'interno dell'amo, per impedire lo sganciamento del pesce.

ardiménto *s. m.* Coraggio, audacia.

ardimentóso *agg.* Audace, coraggioso.

ardìre **A** *v. intr. e intr. pron.* (*io ardìsco, tu ardìsci; dif. per le forme coincidenti con quelle di àrdere* (*ardiàmo, ardiàte, ardènte*), *sostituite nell'uso con quelle di osàre; aus. intr. avere*) Avere forza d'animo, audacia, coraggio, per compiere q.c.: *non ardì di presentarsi al padre*; SIN. Attentarsi, osare. **B** *in funzione di s. m.* Audacia, coraggio, spec. eccessivo e temerario.

arditézza *s. f.* Qualità di ardito.

ardìto **A** *part. pass. di ardire; anche agg.* **1** Coraggioso | Temerario, spavaldo, avventato | Impertinente, insolente, sfacciato: *complimento* – | *Farsi* –, prendere coraggio. **2** (*fig.*) Nuovo, originale: *concetto* –. **B** *s. m.* Durante la guerra 1915-18, soldato dei reparti addestrati per azioni rischiose.

-àrdo *suff.* di agg. e sost. di valore spregiativo o che indicano una qualità negativa: *beffardo, bugiardo, codardo, testardo, vegliardo.*

ardóre *s. m.* **1** Calore veemente e intenso. **2** (*fig.*) Passione, sentimento intenso: *desiderare con* –. **3** Alacrità, fervore: *lavorare con* –.

arduità *s. f.* (*lett.*) Qualità di ciò che è arduo.

àrduo *agg.* **1** Difficile a salire. **2** (*fig.*) Difficile a compiersi, a comprendersi, a risolversi e sim.

-àre (1) *suff.* dei verbi della prima coniugazione: *mangiare, parlare, studiare.*

-àre (2) *suff.* di agg. che indicano 'qualità', 'relazione': *crepuscolare, esemplare, polmonare, titolare.*

àrea *s. f.* **1** Spazio delimitato di terreno | – *fabbricabile,* destinata alla costruzione di edifici | – *di servizio,* spiazzo munito di attrezzature per assistenza ad automobilisti, riparazioni ad autoveicoli e sim. | (*sport*) Nei giochi della palla, zona del campo opportunamente delimitata: – *di rigore.* [→ ill. *sport, strada*] **2** (*mat.*) Misura dell'estensione d'una superficie. **3** (*est.*) Parte, zona o regione interessata da particolari avvenimenti o fenomeni: – *ciclonica, anticiclonica*; – *linguistica.*

arèca *s. f.* Palma con foglie pennate e frutto a drupa.

àrem V. *harem.*

aréna (1) o *réna s. f.* Sabbia del mare, dei fiumi, del deserto.

arèna (2) *s. f.* **1** Spazio pianeggiante nel mezzo degli antichi anfiteatri, nel quale si svolgevano i giochi dei gladiatori | – *del circo,* pista. [→ ill. *circo*] **2** Anfiteatro | Resti di un anfiteatro classico: *l'– di Verona.* **3** (*est.*) Campo di gara | Luogo adibito allo svolgimento delle

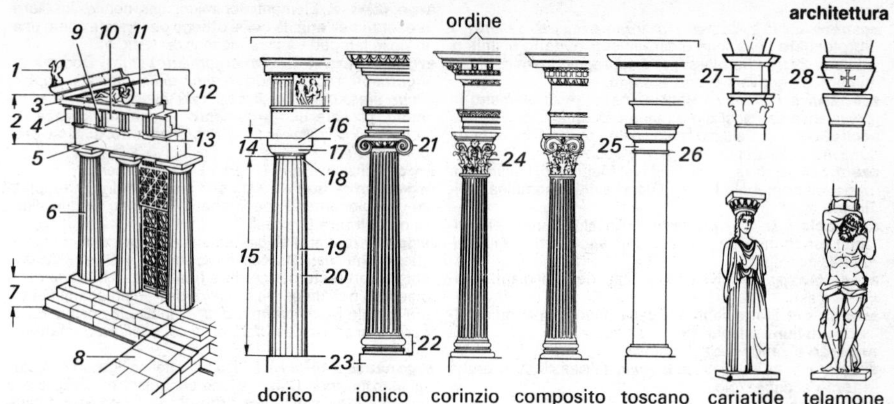

1 acroterio 2 trabeazione 3 cornice 4 fregio 5 architrave 6 colonna 7 basamento 8 rampa 9 triglifo 10 metopa 11 timpano 12 frontone 13 tenia 14 capitello 15 fusto 16 abaco 17 echino 18 collarino 19 scanalatura 20 cresta 21 voluta 22 base 23 plinto 24 acanto 25 collare 26 astragalo 27 dado 28 pulvino

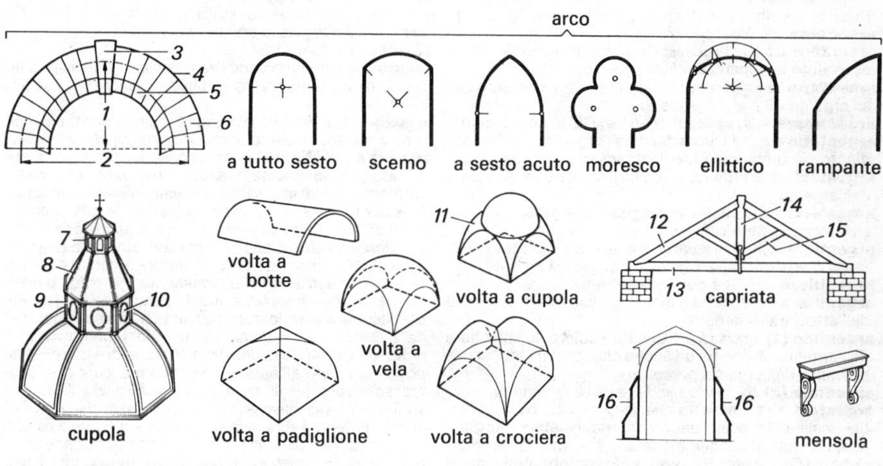

1 freccia 2 luce 3 chiave 4 estradosso 5 intradosso 6 concio 7 lanterna 8 costolone 9 tamburo 10 occhio 11 pennacchio 12 puntone 13 catena 14 monaco 15 saettone 16 contrafforte

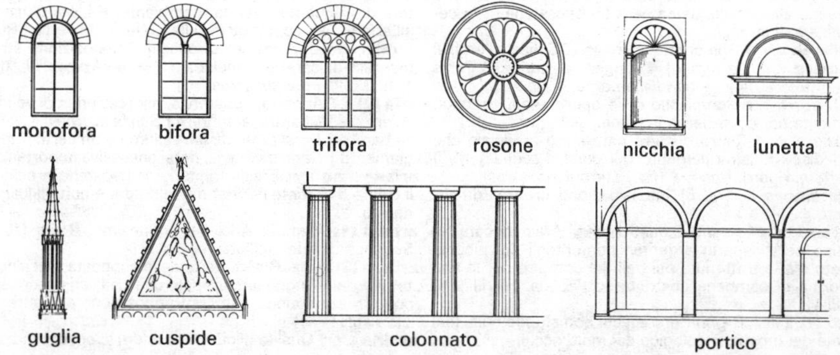

corride.

arenàre *v. intr. e intr. pron.* (*io aréno* ecc.; *aus. essere*) **1** Sprofondare nella rena o dare in secco, detto di imbarcazioni. **2** (*fig.*) Fermarsi per il sopraggiungere di impedimenti: *la conversazione si arena.*

arenària *s. f.* (*miner.*) Roccia costituita di elementi in prevalenza sabbiosi più o meno cementati.

arengàrio *s. m.* Palazzo municipale caratterizzato da un balcone esterno per arringare il popolo.

aréngo o *arèngo s. m.* (*pl. -ghi*) Nel Medioevo, assemblea popolare comunale | (*est.*) Luogo ove l'assemblea si riuniva.

arenìcola *s. m.* (*pl. -i*) Genere di Anellidi marini dei Policheti con branchie a forma di ciuffi sporgenti. [→ ill. *animali* 1, *zoologia*]

arenìcolo *agg.* Che vive nella sabbia, detto di pianta, animale e sim.

arenile *s. m.* Tratto sabbioso della spiaggia marina o della riva di fiumi e laghi. [→ ill. *spiaggia*]

arenóso o *renóso agg.* Sabbioso.

arèola *s. f.* **1** *Dim. di area.* **2** (*anat.*) Area di cute bruna attorno al capezzolo.

areòmetro *s. m.* Densimetro.

areòpago o *areopàgo s. m.* (*pl. -ghi*) **1** Nell'antica Atene, il supremo tribunale con competenze anche politiche. **2** (*fig.*) Alto e importante consesso.

arganìsta *s. m.* (*pl. -i*) Addetto alla manovra di un argano.

àrgano *s. m.* Apparecchio di sollevamento costituito da un cilindro su cui si avvolge la fune portante, trascinato in rotazione da un motore, o mosso con manovella; SIN. Palanco. [→ ill. *cava, miniera, petrolio, sollevamento*]

argentàna *s. f.* Alpacca.

argentàre *v. tr.* (*io argènto*) Rivestire di un sottile strato di argento la superficie di un oggetto.

argentàrio A *agg.* Che contiene argento | Che somiglia all'argento. **B** *s. m.* Argentiere.

argentatóre *s. m.; anche agg.* (*f. -trìce*) Chi (o che) argenta.

argentatùra *s. f.* **1** Operazione dell'argentare. **2** Rivestimento più o meno sottile di argento.

argènteo *agg.* D'argento | Che ha il colore o lo splendore dell'argento.

argenterìa *s. f.* Complesso di oggetti d'argento, quali vasellame, posate e sim.

argentière *s. m.* **1** Artigiano che lavora l'argento. [→ ill. *orafo e argentiere*] **2** Chi vende oggetti d'argento.

argentìfero *agg.* Che contiene argento.

argentìna *s. f.* Maglietta a giro collo, con maniche lunghe dall'attaccatura larga.

argentìno (1) *agg.* **1** (*lett.*) Che ha il colore, lo splendore dell'argento. **2** Che ha un suono chiaro e limpido, simile al timbro dell'argento percosso.

argentìno (2) *agg.; anche s. m.* (*f. -a*) Dell'Argentina.

argènto *s. m.* **1** Elemento chimico, metallo, bianco, duttile, malleabile; usato per argenteria, gelatine fotografiche, conduttori e leghe monetarie | — *vivo*, (*pop.*) mercurio | (*fig.*) *Avere l'— vivo addosso*, non poter stare fermo. SIMB. Ag. **2** Oggetto d'argento | *Gli argenti*, argenteria. [→ tav. *proverbi* 194]

argentóne *s. m.* Alpacca.

argilla *s. f.* Roccia sedimentaria comprendente prodotti di alterazione di silicati, formatasi con il consolidamento di fango alluvionale; usata nella fabbricazione della ceramica e di laterizi.

argillóso *agg.* **1** Che contiene argilla. **2** Simile all'argilla.

arginàre *v. tr.* (*io àrgino*) **1** Cingere di argini. **2** Porre freno (*anche fig.*): — *un allagamento.*

arginatùra *s. f.* Complesso delle opere eseguite lungo un fiume per contenerne le piene.

àrgine *s. m.* **1** Rialzo di terra naturale o artificiale che impedisce lo straripamento dei corsi d'acqua | (*fig.*) Barriera, riparo, freno. **2** (*est.*) Terrapieno.

argirìsmo *s. m.* (*med.*) Intossicazione cronica da argento.

argironèta *s. f.* Ragno acquatico degli Aracnidi caratteristico per l'aspetto argenteo conferitogli dal piccolo strato d'aria trattenuta dai peli del corpo, e per la tela a forma di campana costruita sott'acqua. [→ ill. *animali* 4]

àrgo (1) *s. m.* (*pl. -ghi*) Persona cui non sfugge nulla (dal nome del mostro mitologico dai molti occhi).

àrgo (2) *s. m.* Elemento chimico, gas nobile, incoloro, presente nell'aria da cui si ottiene per liquefazione; usato nelle lampade a incandescenza. SIMB. A.

argomentàre A *v. tr.* (*io argoménto*) (*raro*) Dedurre da argomenti, ragioni, indizi e sim.: *dalla lettera si poté — il suo stato d'animo.* **B** *v. intr.* (*aus. avere*) Addurre argomenti, provare con argomenti: — *con sottigliezza*; — *contro qc.* **C** *in funzione di s. m.* Ragionamento, discussione: *un — sottile.*

argomentatóre *s. m.* (*f. -trìce*) Chi argomenta.

argomentazióne *s. f.* Atto dell'argomentare | Complesso di ragionamenti concatenati allo scopo di convalidare o confutare una tesi.

argoménto *s. m.* **1** Ragionamento e prova con cui si sostiene una tesi. **2** Occasione, motivo | *Dare — a qc.*, dargli il pretesto per credere o fare q.c. **3** Materia di un discorso o di un'opera | *Uscire dall'—*, staccarsi dal tema iniziale | *Complemento di —*, indica la cosa di cui si parla o si scrive (es. *parlare di calcio, libro di matematica*).

argonàuta *s. m.* (*pl. -i*) **1** Ciascuno dei navigatori che parteciparono, con Giasone, alla conquista del vello d'oro imbarcandosi sulla nave Argo. **2** (*lett., fig.*) Ardito navigatore. **3** (*zool.*) Mollusco cefalopode munito di otto tentacoli, con due dei quali la femmina sostiene una fragile conchiglia bianca contenente le uova. [→ ill. *animali* 5]

argot /*fr.* ar'go/ *s. m. inv.* (*pl. fr. argots* /ar'go/) Gergo, spec. quello dei malviventi parigini.

arguire *v. tr.* (*io arguisco, tu arguisci*) Giungere a una conclusione attraverso indizi o premesse: *dalla sua espressione arguisco che mente.*

argutézza *s. f.* Arguzia.

argùto *agg.* Che ha o dimostra prontezza e vivacità d'ingegno miste a uno spirito sottile e mordace; SIN. Faceto, spiritoso.

argùzia *s. f.* **1** Vivacità d'ingegno mista a finezza di spirito. **2** Motto, pensiero, concetto arguto; SIN. Facezia.

ària (1) *s. f.* **1** Miscuglio gassoso inodoro, insaporo, costituito principalmente di azoto e ossigeno, che forma l'atmosfera: indispensabile alla vita animale e vegetale | — *compressa*, a pressione superiore a quella atmosferica la cui forza espansiva è utilizzata in varie forme | — *condizionata*, artificialmente trattata fino a raggiungere condizioni volute di temperatura, umidità e purezza | *Corrente d'—*, aria in movimento | — *fritta*, pesante, greve: (*fig.*) frasi fatte, luoghi comuni e sim. | *Colpo d'—*, leggera infreddatura causata da una corrente d'aria | *Dare — a un ambiente*, aerarlo | *Cambiare l'—*, rinnovarla aprendo le finestre | *Pigliare, prendere —, un po' d'—*, uscire all'aperto | *Sentirsi mancare l'—*, sentirsi soffocare. [→ ill. *cava, motore*] **2** Spazio libero verso il cielo | *Col naso all'aria, con la testa per —*, (*fig.*) distrattamente | *A pancia all'—*, supino | *Finire a gambe all'—*, cadere, spec. all'indietro | *Andare, buttare in —, per —, all'—*, sossopra, a soqquadro (*anche fig.*) | *Saltare in —*, esplodere | *Per —, nell'—, in —*, sospeso in alto, nel vuoto | *Progetto campato in —*, (*fig.*) incerto, irrealizzabile | *C'è q.c. per —, nell'—*, (*fig.*) q.c. sta per accadere | *A mezz'—*, né in alto né in basso. **3** (*est.*) Clima: *l'— di montagna* | *Cambiare —*, trasferirsi, smettere di frequentare un dato ambiente. **4** L'ora d'uscita all'aperto, per i detenuti in cella. **5** (*mus.*) Melodia | Brano d'opera di carattere strofico | Composizione strumentale di carattere melodico. [→ tav. *proverbi* 167, 170, 335; → tav. *locuzioni* 10]

ària (2) *s. f.* Aspetto, apparenza, espressione del volto | *Avere l'— di*, parere, sembrare | *Senza averne l'—*, senza parere | *Darsi un'— di, da*, assumere un certo atteggiamento | *Darsi delle arie*, darsi eccessiva importanza.

arianésimo *s. m.* Eresia trinitaria che sosteneva essere il Cristo differente per natura dal Padre e non da lui generato.

ariàno (1) A *agg.* Di Ario, dell'arianesimo. **B** *s. m.* (*f. -a*) Seguace di Ario, dell'arianesimo.

ariàno (2) A *agg.* Che fa parte della supposta razza portatrice delle lingue indeuropee, che i nazisti assunsero come razza superiore in contrapposizione alle altre. **B** *anche s. m.* (*f. -a*).

aridità *s. f.* **1** Qualità di ciò che è arido, spec. detto di un terreno. **2** (*fig.*) Povertà o mancanza di sentimenti, di sensibilità.

àrido A *agg.* **1** Che è privo di umidità, secco | *Clima* —, con scarsissime precipitazioni; SIN. Asciutto, riarso. **2** (*est.*) Sterile, infecondo: *gli aridi campi del Vesuvio.* **3** (*fig.*) Povero di idee, sensibilità e sim.: *cuore* —. **B** *s. m. pl.* Sostanze secche granulose, come grano, sabbia e sim. [→ ill. *magazzinaggio*]

aridocoltùra *s. f.* Coltivazione di piante in clima quasi arido o arido.

arieggiaménto *s. m.* Il dare aria a un ambiente o immettere aria in un liquido per arricchirlo di ossigeno.

arieggiàre A *v. tr.* (*io ariéggio*) **1** Dare aria: — *le stanze* | (*est.*) Esporre all'aria: — *gli abiti.* **2** Somigliare | Imitare: — *gli atteggiamenti di qc.* **B** *v. intr.* (*aus. avere*) Affettare un atteggiamento: *quella giovane arieggia a gran dama.*

ariète o *arìete,* (*raro*) *ariete s. m.* **1** Maschio della pecora. **2** Antica macchina da guerra costituita da una trave armata di testa di ferro, usata per demolire porte e muraglie. [→ ill. *armi*] **3** *Ariete,* primo segno dello zodiaco, che domina il periodo tra il 21 marzo e il 20 aprile. [→ ill. *zodiaco*]

ariétta *s. f.* **1** Brezza fresca e leggera. **2** Breve aria musicale, di carattere leggero. **3** Componimento poetico in versi brevi, di tono elegante e lezioso: *le ariette del Metastasio.*

arimànno *s. m.* Nell'antico diritto germanico e longobardo, l'uomo libero compreso nell'ordine degli armati e con diritto all'assegnazione di terre.

arìnga *s. f.* Pesce osseo commestibile, tipico dei mari freddi, argenteo sul ventre e blu-verdastro sul dorso. [→ ill. *animali* 8]

arìngo V. *arringo.*

arióso A *agg.* Ricco d'aria e di luce. **B** *agg.; anche s. m.* (*mus.*) Forma intermedia fra l'aria e il recitativo, con andamento declamatorio e accompagnamento strumentale.

arìsta (1) *s. f.* Filamento rigido situato all'apice delle glume e glumette del fiore di alcune graminacee; SIN. Resta.

àrista (2) *s. f.* (*tosc.*) Schiena del maiale macellato cotta al forno. [→ ill. *macelleria*]

aristocràtico *agg.; anche s. m.* (*f. -a; pl. m. -ci*) **1** Appartenente all'aristocrazia. **2** (*est.*) Raffinato, elegante, anche con ostentazione.

aristocrazìa *s. f.* **1** Forma di governo in cui il potere è detenuto dai nobili. **2** Classe dei nobili che detengono il potere. **3** (*est.*) Ceto nobile. **4** (*fig.*) Complesso delle persone meglio qualificate per svolgere un'attività: *l'— dei poeti.*

aristolòchia *s. f.* Pianta erbacea delle Policarpali con foglie alterne a forma di cuore e fiori giallo-verdastri.

aristotèlico A *agg.* (*pl. m. -ci*) Che è proprio del filosofo Aristotele. **B** *s. m.* (*pl. -ci*) Chi segue o si ispira alla filosofia di Aristotele.

aristotelìsmo *s. m.* Corrente di pensiero propria del mondo classico medievale e moderno che si ispira alla filosofia di Aristotele.

aritmètica *s. f.* Ramo della matematica che studia le proprietà dei numeri e le operazioni con essi.

aritmètico A *agg.* (*pl. m. -ci*) Relativo all'aritmetica. **B** *s. m.* Studioso di aritmetica.

aritmìa *s. f.* **1** Mancanza di ritmo. **2** (*med.*) Irregolarità di qualsiasi fenomeno ritmico dell'organismo umano: — *cardiaca.*

arìtmico *agg.* (*pl. m. -ci*) Che presenta aritmia.

arlecchinàta *s. f.* Azione, comportamento da Arlecchino | Buffonata.

arlecchinésco *agg.* (*pl. m. -schi*) Tipico di Arlecchino, buffonesco.

arlecchino A *s. m.* **1** Persona mascherata da Arlecchino (dal nome della famosa maschera di Bergamo dal caratteristico abito a losanghe multicolori). **2** (*fig.*) Buffone. **B** *in funzione di agg. inv.* (*posposto al s.*) Che ha colori vivaci e diversi fra loro: *tovaglia* —.

àrma *s. f.* (*pl. àrmi, àrme*) **1** Tutto ciò che serve all'uomo quale strumento di offesa o di difesa | — *bianca,* che ferisce di punta o di taglio, come il pugnale, la spada e sim. | — *da fuoco,* che lancia a distanza proiettili e sim. mediante sostanze esplosive | — *atomica, nucleare,* bombe che distruggono con l'esplosione di reazioni nucleari | *Presentare le armi,* rendere gli onori militari | *Venire alle armi,* scontrarsi in battaglia | *Prendere le armi,* prepararsi alla guerra | *Deporre, abbassare, posare le armi,* (*fig.*) cessare le ostilità, arrendersi | *Uomo d'armi,* esperto in arte militare | *Piazza d'armi,* ove si svolgono esercizi militari e (*fig.*) casa o stanza molto vasta | *Porto d'armi,* licenza di tenerle | *Fatto d'armi,* combattimento | *Affilare le armi,* prepararsi a una lotta, (*anche fig.*) | *Essere alle prime armi,* partecipare per la prima volta a un'attività militare; (*est.*) essere agli inizi di un'attività. [→ ill. *armi*] **2** (*fig.*) Mezzo, anche non materiale, usato a propria difesa o a danno altrui: *il pianto è una tipica — femminile* | — *a doppio taglio,* (*fig.*) argomento che, sebbene sembri comportare solo vantaggi, può facilmente volgersi in danno. **3** (*est.*) Esercito, milizia | Parte dell'esercito specializzata per un particolare impiego. **4** Servizio militare: *chiamare alle armi; andare sotto le armi.*

armacòllo *s. m. Nella loc. avv. ad* —, detto del modo di portare un oggetto, spec. un'arma, con una cinghia attaccata che, attraversando il petto o la schiena, scende da una spalla al fianco opposto: *portare il fucile ad* —.

armadìllo *s. m.* Mammifero americano dei Maldentati con testa e tronco protetti da un'armatura articolata formata di placche ossee rivestite da squame cornee disposte in modo da permettere l'avvolgimento a palla dell'animale in caso di pericolo. [→ ill. *animali* 16]

armàdio *s. m.* Grande mobile a uno o più battenti e a uno o più corpi: usato per conservare indumenti, cibi, stoviglie o oggetti vari | — *a muro,* vano nella parete chiuso da uno o più sportelli. [→ ill. *mobili, ufficio*]

armaiòlo *s. m.* Chi fabbrica o vende armi.

armamentàrio *s. m.* Complesso di strumenti necessari allo svolgimento di un'attività.

armaménto *s. m.* **1** Atto dell'armare e dell'armarsi: *provvedere all'— di un reparto, di una nave.* **2** Insieme delle armi che costituiscono dotazione di un organismo militare | (*est.*) Complesso delle armi e dei mezzi di guerra che determinano il potenziale bellico di una nazione: *corsa agli armamenti.* **3** (*mar.*) Situazione in cui si trova una nave pronta a intraprendere l'attività cui è destinata. **4** Insieme di congegni, materiali e servizi atti a far funzionare uno strumento, una macchina e sim.: — *ferroviario.*

armàre A *v. tr.* **1** Fornire di armi: — *l'esercito.* **2** Chiamare alle armi | ass. Potenziarsi militarmente: *in quell'epoca la Francia stava armando.* **3** Provvedere un'arma del proiettile: — *il fucile.* **4** Provvedere un bastimento di tutto ciò che occorre per la navigazione. **5** Provvedere di strutture di sostegno costruzioni, scavi e sim.: — *una galleria.* **B** *v. rifl.* **1** Prendere le armi. **2** (*fig.*) Provvedersi, spec. di qualità morali: *armarsi di pazienza.*

armàta *s. f.* (*mil.*) **1** Unità militare articolata in corpi e dotata di propria organizzazione | (*est.*) Esercito. **2** La maggiore unità operativa navale o aerea da guerra.

armàto A *part. pass. di armare; anche agg.* **1** Fornito di armi | *A mano armata,* con le armi in mano. **2** Rafforzato, corazzato: *carro* —. **B** *s. m.* Soldato.

armatóre A *s. m.* Chi allestisce navi per conto proprio o d'altri | Chi esercita l'impresa di navigazione. **B** *anche agg.* (*f. -trice*): *compagnia armatrice.*

armatùra *s. f.* **1** Indumento per la difesa individuale fatto di materiale resistente, adattabile alla persona senza impedirne i movimenti. [→ ill. *armi*] **2** (*est.*) Insieme di strutture che proteggono dall'esterno piante, animali o manufatti: *l'— del granchio, di un cavo sottomarino.* [→ ill. *elettricità*] **3** Ossatura metallica delle strutture in calcestruzzo. **4** (*est.*) Tutto ciò che sostiene o rinforza. **5** (*elettr.*) Uno dei due elementi conduttori che, separati dal dielettrico, costituiscono un condensatore elettrico. **6** Rappresentazione del modo in cui i fili dell'ordito s'intrecciano con quelli della trama di un tessuto. [→ ill. *tessuto*]

àrme *s. f.* (*arald.*) Complesso dello scudo, degli ornamenti e dei contrassegni onorifici propri di una famiglia o di un ente.

armeggiàre *v. intr.* (*io arméggio; aus. avere*) **1** Maneggiare le armi. **2** Darsi attorno, affaccendarsi senza concludere nulla. **3** (*fig.*) Intrigare, tramare: — *per essere eletto.*

armeggìo *s. m.* Un continuo e frequente armeggiare.

armeggióne *s. m.* (*f.* -*a*) Chi si dà da fare senza costrutto.

armellino V. *ermellino.*

arménto *s. m.* Branco di grossi quadrupedi domestici: *un — di buoi, di cavalli.*

armeria *s. f.* **1** (*mil.*) Locale dove si custodiscono le armi di un reparto. **2** Collezione di armi spec. antiche.

armière *s. m.* **1** Armaiolo. **2** In artiglieria e in aviazione, soldato addetto al materiale di armamento.

armigero ***A*** *agg.* (*lett.*) Che porta e usa le armi. ***B*** *s. m.* Uomo d'armi.

armilla *s. f.* Cerchio portato dai soldati romani al braccio sinistro come distintivo di ricompensa al valor militare | (*est.*) Bracciale per ornamento. [→ ill. *gioielli*]

armillàre *agg.* Di armilla | *Sfera* —, strumento astronomico per rappresentare i moti dei pianeti.

armistizio *s. m.* Sospensione, totale o parziale, delle ostilità fra belligeranti.

àrmo *s. m.* Nel canottaggio e nella vela, equipaggio di un'imbarcazione.

armoire /fr. ar'mwar/ *s. f. o m. inv.* (*pl. fr. armoires* /ar'mwar/) Armadio, spec. con specchio.

armi

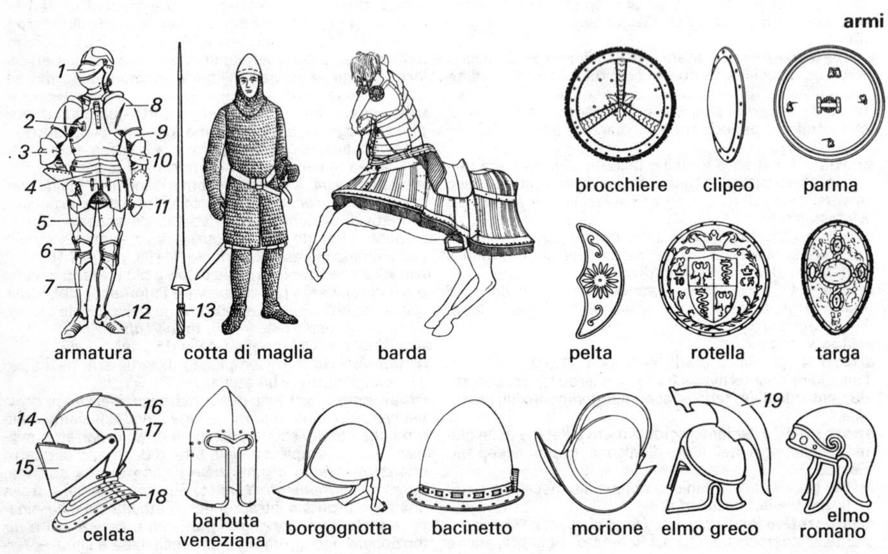

1 celata 2 resta 3 cubitiera 4 panciera 5 cosciale 6 ginocchiera 7 gambiera 8 spallaccio 9 bracciale 10 petto 11 manopola 12 scarpa 13 lancia da torneo 14 vista 15 ventaglia 16 cresta 17 coppo 18 gorgiera 19 cimiero

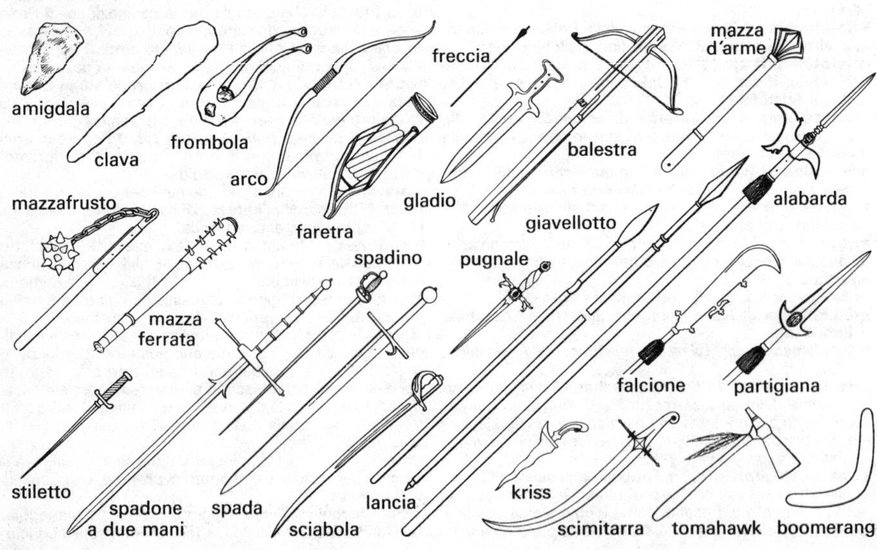

armonìa *s. f.* **1** (*mus.*) Concordanza di suoni e di voci | Scienza degli accordi. **2** (*est.*) Disposizione delle parole che rende un suono gradevole. **3** (*est.*) Insieme gradevole di suoni, di voci, di rumori e sim. **4** (*fig.*) Combinazione di elementi diversi che produce effetti piacevoli ai sensi: *l'– del creato.* **5** (*fig.*) Concordia di idee, sentimenti e sim.: *vivere in buona –* | Conformità: *agire in – con le leggi.*

armònica *s. f.* Strumento formato di globi o lame di vetro, di bicchieri o sottocoppe, di verghe di legno o metalliche, in voga spec. nel XVIII sec. | *– a bocca*, strumento popolare formato da una scatola forata, fornita di piccole lamine (ance) vibranti, che si suona facendola scorrere sulle labbra e soffiando negli appositi fori. [→ ill. *strumenti musicali*]

armonicaménte *avv.* In modo armonico.

armònico *agg.* (*pl. m. -ci*) **1** Che ha o produce armonia: *cassa armonica.* **2** (*fig.*) Ben proporzionato.

armònio V. *armonium.*

armonióso *agg.* **1** Che produce armonia. **2** (*fig.*) Che è ben proporzionato.

armònium o *armònio, harmònium s. m.* (*mus.*) Strumento fornito di tasti, pedali e mantice, con voce simile a quella dell'organo.

armi

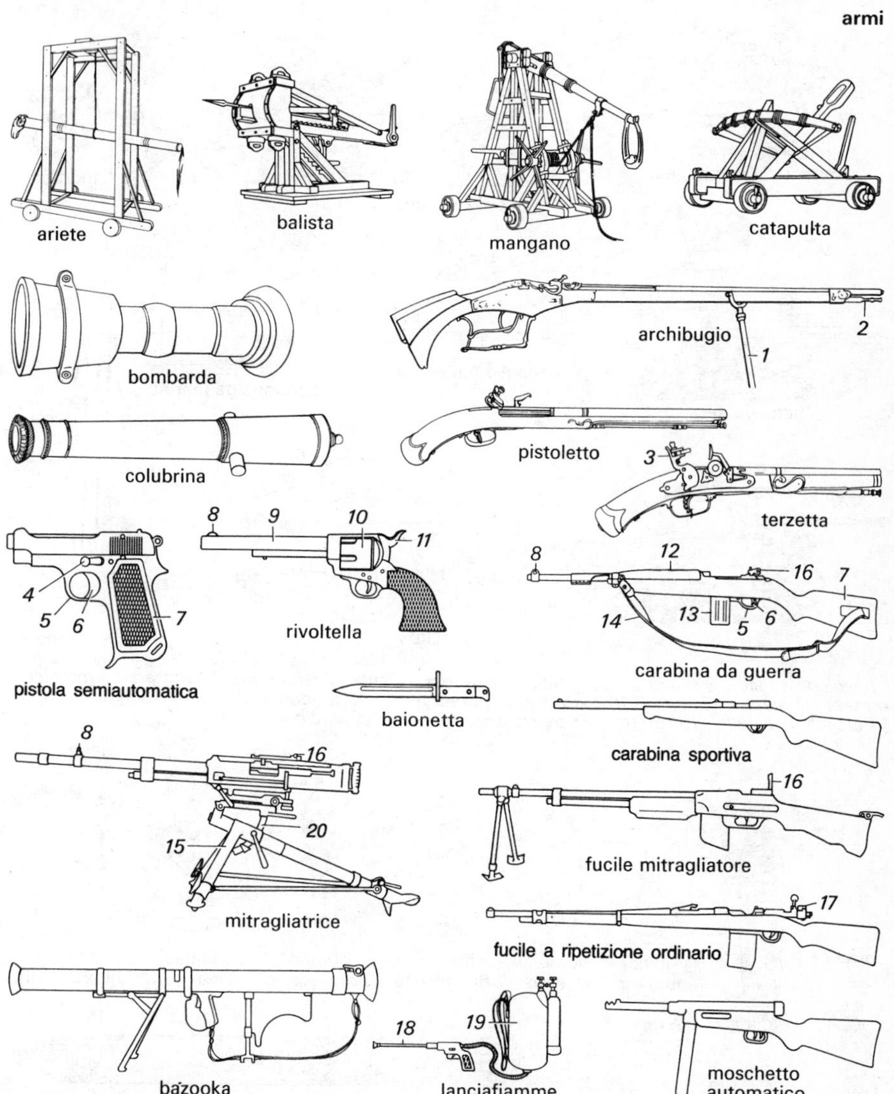

1 forcella 2 bacchetta 3 acciarino 4 sicura 5 ponticello 6 grilletto 7 calcio 8 mirino 9 canna 10 tamburo 11 cane 12 copricanna 13 caricatore 14 cinghia 15 treppiede 16 alzo 17 otturatore 18 lancia 19 serbatoio 20 congegno di puntamento

➡

armonizzàre *A* *v. tr.* **1** Mettere in armonia, musicare secondo l'armonia. **2** Rendere armonioso. *B* *v. intr.* (*aus. avere*) Essere in armonia.

arnése *s. m.* **1** Attrezzo da lavoro. **2** (*est., fam.*) Oggetto, strumento di cui non si conosce o non si vuole dire il nome. **3** Modo di abbigliarsi. **4** Condizioni economiche o fisiche: *essere bene, male in* –.

àrnia *s. f.* Struttura in legno a forma di casetta, destinata a costituire l'alveare di una colonia di api domestiche.

àrnica *s. f.* Pianta erbacea rizomatosa delle Sinandrali con foglie basali a rosetta e capolini arancione.

arnióne *s. m.* Rognone.

-àro v. *-aio* (2).

aròma *s. m.* (*pl. -i*) **1** Composto chimico che determina la gradevole azione olfattiva o gustativa di una sostanza. **2** *spec. al pl.* Sostanze odorose usate per profumare o insaporire. **3** Odore penetrante e gradevole emanato dalle sostanze aromatiche.

aromaticità *s. f.* Qualità di ciò che è aromatico.

aromàtico *agg.* (*pl. m. -ci*) **1** Che ha odore e sapore d'aroma | *Piante aromatiche*, dalle quali si ricavano aromi. [→ ill. *verdura*] **2** (*chim.*) Detto di composto organico derivato dal benzolo.

aromatizzàre *v. tr.* Rendere aromatico.

armi

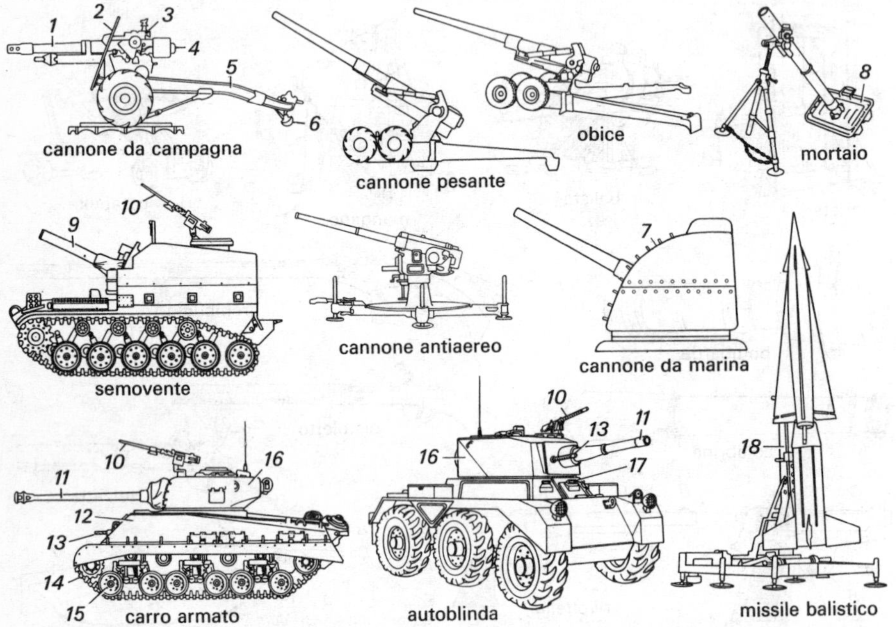

cannone da campagna — cannone pesante — obice — mortaio — semovente — cannone antiaereo — cannone da marina — carro armato — autoblinda — missile balistico

1 bocca da fuoco 2 scudo 3 congegni di punteria 4 culatta 5 affusto 6 vomere 7 torre corazzata 8 piastra 9 obice 10 mitragliatrice contraerea 11 cannone 12 scafo 13 mitragliatrice 14 cingolo 15 rullo 16 torretta 17 periscopio 18 rampa di lancio

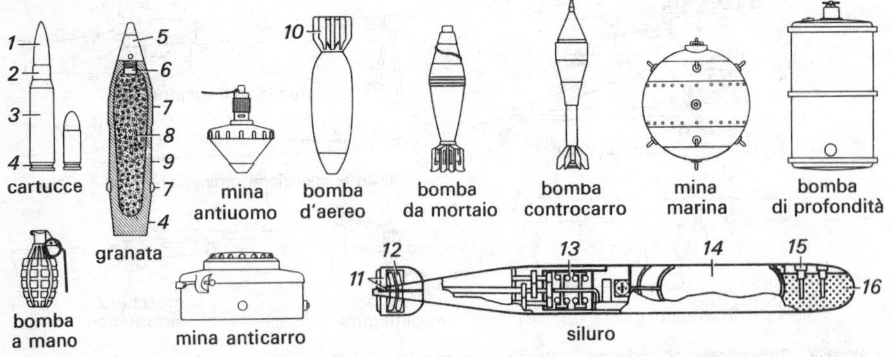

1 proiettile 2 colletto 3 bossolo 4 fondello 5 ogiva 6 spoletta 7 corona 8 carica 9 bicchiere 10 alette 11 timoni 12 eliche 13 motore 14 serbatoio 15 acciarino 16 testa esplosiva

àrpa *s. f.* Grande strumento a corde, di forma triangolare, che si suona pizzicando con le dita. [→ ill. *strumenti musicali*]
arpagóne *s. m.* Persona estremamente avara (dal nome del protagonista di una commedia di Molière).
arpeggiàre *v. intr.* (*io arpéggio; aus. avere*) **1** Suonare l'arpa o altri strumenti a corda. **2** (*veter.*) Presentare il difetto dell'arpeggio.
arpéggio *s. m.* **1** Esecuzione successiva anziché simultanea delle note costituenti un accordo. **2** (*veter.*) Andatura difettosa del quadrupede che flette di scatto il garretto sollevando esageratamente il piede posteriore.
arpése o *arpéṣe s. m.* Perno di ferro a doppia grappa per collegare verticalmente i conci di pietra.
arpìa *s. f.* **1** Mostro mitologico, rappresentato con volto di donna, corpo di vari animali e ali di uccello. **2** (*est., fig.*) Persona avara e rapace | Donna d'aspetto sgradevole e di carattere astioso.
arpicòrdo *s. m.* Spinetta | Clavicembalo, simile nel suono a un'arpa, col fondo di legno.
arpionàre *v. tr.* (*io arpióno*) Colpire con l'arpione.
arpióne *s. m.* **1** Ferramento di persiana a ventola e di porta, che permette la rotazione del battente. **2** Ferro uncinato infisso spec. in muro, per appendere q.c. **3** (*pesca*) Arpone.
arpioniṣmo *s. m.* (*mecc.*) Meccanismo costituito da una ruota dentata e da un nottolino che consente alla ruota di girare in un solo senso. [→ ill. *meccanica*]
arpista *s. m. e f.* (*pl. m. -i*) Chi suona l'arpa.
arpóne *s. m.* Ferro in forma di lancia a due o più denti, semplici o con una piccola punta acuminata, normalmente snodati: fissato a un'asta o freccia, viene lanciato contro grossi pesci e cetacei; SIN. Arpione. [→ ill. *pesca*]
àrra *s. f.* **1** Nel diritto romano anticipo sul prezzo della compravendita | Caparra. **2** (*fig.*) Pegno.
arrabattàrsi *v. intr. pron.* Affaticarsi, sforzarsi, agitarsi per riuscire in q.c.
arrabbiàre **A** *v. intr.* (*io arràbbio; aus. essere*) Prendere la rabbia, diventare idrofobo: *il cane arrabbiò.* **B** *v. intr. e intr. pron.* (*io arràbbio; aus. essere*) Essere preso dall'ira, dalla collera; SIN. Adirarsi.
arrabbiàto *part. pass. di arrabbiare; anche agg.* **1** Affetto da rabbia; SIN. Idrofobo, rabbioso. **2** Incollerito, infuriato. **3** Che pratica q.c. con accanimento: *giocatore* —.
arrabbiatùra *s. f.* L'arrabbiarsi | Stato d'ira e di collera.
arraffàre *v. tr.* Afferrare, strappare con violenza | (*est.*) Rubare con sveltezza.
arrampicàre **A** *v. intr.* (*io mi arràmpico, tu ti arràmpichi; aus. essere*) Nell'alpinismo, procedere facendo uso delle mani | Nel ciclismo, andare in salita. **B** *v. intr. pron.* Salire attaccandosi a q.c.: *arrampicarsi sugli alberi* | (*est.*) Crescere in altezza appoggiandosi a q.c., detto di piante | Salire a fatica: *la corriera si arrampicava lungo i tornanti* | (*fig.*) *Arrampicarsi sui vetri, sugli specchi,* tentare di sostenere tesi inaccettabili o di realizzare imprese impossibili.
arrampicàta *s. f.* **1** Atto dell'arrampicarsi. **2** Nell'alpinismo, ascensione su roccia o su ghiaccio | — *libera,* in cui si sfruttano soltanto gli appigli naturali offerti dalla parete | — *artificiale,* in cui si ricorre a chiodi, staffe e sim.; SIN. Scalata.
arrampicatóre *s. m.* (*f. -trìce*) **1** Chi si arrampica | (*fig.*) — *sociale,* persona ambiziosa che tenta con ogni mezzo di raggiungere un'elevata posizione sociale. **2** Nell'alpinismo, chi arrampica | Nel ciclismo, scalatore.
arrancàre *v. intr.* (*io arrànco, tu arrànchi; aus. avere*) **1** Camminare dimenandosi come gli zoppi o gli sciancati | (*est.*) Avanzare a fatica. **2** Vogare di forza.
arrancàta *s. f.* Successione di colpi di remi dati vogando con forza.
arrangiaménto *s. m.* **1** Accordo, accomodamento. **2** Nella musica leggera, armonizzazione e strumentazione di una melodia.
arrangiàre **A** *v. tr.* (*io arràngio*) **1** Sistemare, accomodare alla meglio. **2** Nella musica leggera, effettuare un arrangiamento. **B** *v. intr. pron.* Addivenire a un accordo: *tra noi ci arrangeremo* | (*est.*) Risolvere i propri problemi con espedienti.
arrangiatóre *s. m.* Nella musica leggera, chi cura l'arrangiamento di una melodia.
arrecàre *v. tr.* (*io arrèco, tu arrèchi*) **1** Recare, portare. **2** (*fig.*) Cagionare: — *noia, disturbo.*
arredaménto *s. m.* **1** Studio della disposizione di mobili e arredi in abitazioni, uffici, negozi e sim. **2** (*est.*) Complesso di mobili, arredi e decorazioni presenti in un'abitazione e sim.
arredàre *v. tr.* (*io arrèdo*) Fornire un locale di arredi.
arredatóre *s. m.* (*f. -trìce*) Chi progetta e realizza un arredamento.
arrèdo *s. m.* Oggetto o complesso di oggetti che servono a guarnire uno o più ambienti | *Arredi sacri,* oggetti usati per il culto.
arrembàggio *s. m.* **1** (*mar.*) Assalto a un bastimento dopo averlo abbordato. **2** (*fig.*) Attacco, tentativo disperato.
arrembàre *v. tr.* (*io arrèmbo*) Dare l'assalto a un bastimento dopo averlo abbordato.
arrèndersi *v. intr. pron.* (*coniug. come rendere*) **1** Darsi in mano al nemico. **2** (*fig.*) Abbandonarsi, darsi per vinto: *arrendersi all'evidenza*; SIN. Cedere.
arrendévole *agg.* Che cede facilmente; SIN. Acquiescente, condiscendente, docile.
arrendevolézza *s. f.* Qualità di arrendevole; SIN. Acquiescenza, condiscendenza, docilità.
arrestàre **A** *v. tr.* (*io arrèsto*) **1** Fermare, impedire la continuazione di un movimento (*anche fig.*). **2** Trattenere una persona per assicurarla alla giustizia. **B** *v. rifl.* Fermarsi, indugiare.
arrestàto **A** *part. pass. di arrestare; anche agg.* **1** Sottoposto ad arresto. **2** (*arald.*) Detto delle navi raffigurate senza alberatura e dei quadrupedi fermi sulle quattro zampe. **B** *s. m.* (*f. -a*) Persona sottoposta ad arresto.
arrèsto *s. m.* **1** Fermata: *l'— di un'auto* | Indugio, ritardo | *Battuta d'—,* interruzione. **2** Dispositivo tendente a limitare la corsa o a impedire il movimento di un organo meccanico. **3** (*dir.*) Limitazione della libertà personale prevista dalla legge come pena detentiva. **4** *spec. al pl.* Punizione disciplinare esclusiva per ufficiali e marescialli delle forze armate.
arretraménto *s. m.* Spostamento all'indietro | (*fig.*) Rinuncia; SIN. Indietreggiamento.
arretràre **A** *v. tr.* (*io arrètro*) Mandare indietro: *il comandante arretrò le truppe.* **B** *v. intr.* (*aus. essere*) Retrocedere, ritirarsi: — *di fronte al pericolo* | Rinunciare, venir meno: — *da una decisione*; SIN. Indietreggiare. **C** *v. rifl. e intr. pron.* Tirarsi indietro: *mi arretrai in fretta.*
arretratézza *s. f.* L'essere arretrato | Ritardo, sottosviluppo.
arretràto **A** *part. pass. di arretrare; anche agg.* **1** Che è rimasto o è indietro | *Numero, fascicolo* —, di un giornale, di una rivista e sim., pubblicato precedentemente, al quale altri sono seguiti | *Lavoro* —, non sbrigato a suo tempo. **2** Che non ha avuto un normale sviluppo | *Area arretrata,* di accentuato sottosviluppo | *Paese* —, sottosviluppato | Sorpassato: *mentalità arretrata.* **B** *s. m.* **1** Debito scaduto e non pagato a suo tempo | Somma non incassata e rimasta da esigere. **2** (*fig.*) Faccenda in sospeso: *avere degli arretrati con qc.*
àrri *inter.* Si usa come voce d'incitamento agli animali da soma e da tiro.
arricchiménto *s. m.* **1** Modo, atto dell'arricchire e dell'arricchirsi. **2** Complesso di processi cui viene sottoposto un miscuglio o un minerale grezzo per aumentare la concentrazione di uno dei suoi componenti. [→ ill. *miniera*]
arricchire **A** *v. tr.* (*io arricchisco, tu arricchisci*) Rendere ricco | (*fig.*) Apportare nuovi elementi: — *la propria cultura* | Adornare. **B** *v. intr., rifl. e intr. pron.* (*aus. intr. essere*) Diventare ricco.
arricchito **A** *part. pass. di arricchire; anche agg.* Diventato ricco | Detto di minerale grezzo e sim. che ha subìto l'arricchimento. **B** *s. m.* (*f. -a*) Chi è riuscito a diventare ricco in poco tempo (*anche spreg.*).
arricciabùrro *s. m. inv.* Utensile di cucina atto a ridurre il burro in ricci. [→ ill. *cucina*]
arricciacapélli *s. m.* Arnese di ferro usato per arricciare e ondulare i capelli.
arricciaménto *s. m.* Avvolgimento in forma di riccio | (*est.*) Accartocciamento.

arricciàre **A** *v. tr.* (*io arrìccio*) **1** Avvolgere in forma di riccio: *arricciarsi i baffi* | (*est.*) Accartocciare. **2** Increspare, corrugare | — *il naso, le labbra*, in segno di riprovazione o disgusto. **3** Incalcinare il muro prima di dare l'intonaco definitivo. **B** *v. intr. pron.* (*aus. essere*) Diventare riccio | (*est.*) Accartocciarsi.

arricciatùra *s. f.* **1** Operazione dell'arricciare. **2** Ondulazione caratteristica delle lane fini.

arricciolàre **A** *v. tr.* (*io arrìcciolo*) Modellare a forma di ricciolo. **B** *v. intr. pron.* (*raro*) Prendere forma di ricciolo.

arrìdere *v. intr.* (*coniug. come ridere; aus. avere*) Essere favorevole, propizio: *la fortuna gli arride*; *il successo ha arriso all'impresa.*

arrìnga *s. f.* **1** Discorso solenne, pronunciato in pubblico. **2** (*dir.*) Perorazione del difensore o del pubblico ministero nel processo penale.

arringàre *v. tr. e intr.* (*io arrìngo, tu arrìnghi*) Pronunciare un'arringa: *i tribuni arringavano la folla*; *il deputato arringa dal podio.*

arrìngo o *arìngo* *s. m.* (*pl. -ghi*) **1** Anticamente, campo, recinto per gareggiare nei tornei: *scendere nell'*—. **2** (*fig.*) Gara, lotta, disputa.

arrischiàre **A** *v. tr.* (*io arrìschio*) **1** Mettere a rischio, in pericolo. **2** Osare. **B** *v. rifl.* **1** Esporsi a un rischio. **2** Osare: *perché ti arrischi a tanto?*

arrischiàto *part. pass. di arrischiare; anche agg.* **1** Pieno di rischi. **2** Audace, temerario.

arrivàre *v. intr.* (*aus. essere*) **1** Raggiungere un dato punto, nello spazio o nel tempo: — *a casa, in chiesa*; — *al cuore di qc.* | — *a q.c.*, giungere a toccare o a prendere un oggetto | (*est.*) Raggiungere lo stesso livello: *chi può — alla tua bontà?* **2** Riuscire a procurarsi q.c.: — *a lavorare* | (*fig.*) Riuscire a capire q.c.: *non ci arrivi?* **3** Toccare un determinato livello di lunghezza, altezza, prezzo, tempo e sim.: *le vette dei monti arrivano al cielo*; *è arrivato felicemente a 80 anni* | (*est.*) Essere della misura giusta, detto di abiti: *la giacca non gli arriva* | (*fig.*) Giungere a un limite estremo: *se continua così arriveremo a odiarci.* **4** Affermarsi nella vita: *tu desideri solo* —. [→ tav. *proverbi* 83, 102]

arrivàto *part. pass. di arrivare; anche agg.* **1** Giunto in un luogo | *Nuovo* —, che è giunto da poco. **2** Che ha raggiunto una solida posizione sociale.

arrivedérci **A** *inter.* Si usa come saluto nell'accomiatarsi da persona che si desidera rivedere o come espressione di augurio: — *a stasera.* **B** *s. m.* La formula stessa del saluto.

arrivedérla *inter.* Si usa come saluto nell'accomiatarsi da persona di rispetto che si desidera rivedere.

arrivismo *s. m.* Smania di raggiungere presto e a ogni costo un'elevata condizione sociale.

arrivista *s. m. e f.* (*pl. m. -i*) Chi dà prova di arrivismo.

arrìvo *s. m.* **1** Atto dell'arrivare | *Essere in* —, stare per arrivare; CONTR. Partenza. **2** Luogo in cui si arriva. [→ ill. *ferrovia, sport*]

arroccàre **A** *v. tr.* (*io arròcco, tu arròcchi*) **1** Nel gioco degli scacchi, coprire il re con la torre, muovendoli simultaneamente. **2** (*fig.*) Mettere al riparo, al sicuro. **3** Muovere le truppe, per linee coperte, interne al fronte. **B** *v. rifl.* **1** Nel gioco degli scacchi, coprire il proprio re con la torre. **2** (*fig.*) Mettersi al sicuro: *si arroccarono sui colli.*

arròcco *s. m.* (*pl. -chi*) Nel gioco degli scacchi, movimento simultaneo del re e della torre.

arrochìre **A** *v. tr.* (*io arrochìsco, tu arrochìsci*) Rendere roco, rauco: *il freddo ha arrochito le nostre voci.* **B** *v. intr. e intr. pron.* (*aus. essere*) Divenire roco, rauco.

arrogànte *agg.; anche s. m. e f.* Che (o chi) dimostra presunzione e superbia; SIN. Altezzoso, tracotante.

arrogànza *s. f.* L'essere arrogante; SIN. Alterigia, tracotanza.

arrogàre *v. tr.* (*io arrògo, tu arròghi*) Attribuirsi q.c. senza averne il diritto: — *a se stesso ogni privilegio*; *arrogarsi un diritto.*

arrossaménto *s. m.* Atto dell'arrossare e dell'arrossarsi | Parte del corpo arrossata.

arrossàre **A** *v. tr.* (*io arrósso*) Far divenire rosso. **B** *v. intr. e intr. pron.* (*aus. essere*) Diventare rosso.

arrossìre **A** *v. intr.* (*io arrossìsco, tu arrossìsci; aus. essere*) (*raro*) Diventare rosso. **B** *v. intr. e intr. pron.* Diventare rosso in viso, per vergogna, emozione, gioia e sim.

arrostiménto *s. m.* **1** Atto dell'arrostire e dell'arrostirsi. **2** Trattamento termico di un minerale, consistente in un riscaldamento in corrente d'aria, per prepararlo a operazioni metallurgiche.

arrostìre **A** *v. tr.* (*io arrostìsco, tu arrostìsci*) **1** Cuocere per azione diretta del calore, allo spiedo, sulla brace e sim. **2** Sottoporre certi minerali ad arrostimento. **B** *v. intr. e intr. pron.* (*aus. essere*) Abbronzarsi troppo e in fretta: — *al sole.*

arrostìta *s. f.* Caldarrosta.

arròsto **A** *s. m.* Carne arrostita | *Più fumo che* —, (*fig.*) più apparenza che sostanza. **B** *agg.* Detto di vivanda arrostita: *pollo* —. **C** *avv.* A modo di arrosto: *cuocere* —. [→ tav. *proverbi* 272, 284]

arrotàre *v. tr.* (*io arròto*) **1** Ridare il taglio a una lama. **2** Levigare il pavimento con l'arrotatrice. **3** Stropicciare, sfregare insieme | — *i denti*, farli scricchiolare, in segno di rabbia, minaccia e sim. **4** Investire, urtare con le ruote: *poco mancò che l'automobile ci arrotasse.*

arrotatrìce *s. f.* Macchina per levigare i pavimenti.

arrotatùra *s. f.* Operazione dell'arrotare.

arrotìno *s. m.* Chi per mestiere arrota lame, coltelli, forbici e sim.

arrotolàre *v. tr.* (*io arròtolo*) Ridurre in forma di rotolo.

arrotondaménto *s. m.* **1** Conferimento o assunzione di una forma rotonda o più rotonda. **2** (*mat.*) Sostituzione di un numero comunque complesso con altro prossimo ma più semplice | Integrazione, aumento.

arrotondàre **A** *v. tr.* (*io arrotóndo*) **1** Dare forma rotonda o più rotonda. **2** (*mat.*) Sostituire a un numero spec. con troppe o infinite cifre decimali, un altro numero a esso prossimo ma più semplice | — *lo stipendio*, integrarlo con altri guadagni. **B** *v. intr. pron.* Diventare rotondo | (*est.*) Ingrassare.

arrovellàre **A** *v. tr.* (*io arrovèllo*) (*raro*) Tormentare | (*fig.*) *Arrovellarsi il cervello*, pensare intensamente per trovare la soluzione di q.c. **B** *v. rifl.* **1** Provare stizza rabbiosa. **2** Accalorarsi per riuscire in q.c.: *arrovellarsi per convincere qc.*

arroventàre **A** *v. tr.* (*io arrovènto*) Rendere rovente (*anche fig.*). **B** *v. intr. pron.* Diventare rovente (*anche fig.*).

arroventàto *part. pass. di arroventare; anche agg.* Rovente, infuocato | (*fig.*) *Atmosfera arroventata*, molto tesa.

arroventatùra *s. f.* Effetto dell'arroventare e dell'arroventarsi.

arrovesciàre **A** *v. tr.* (*io arrovèscio*) **1** Mettere a rovescio. **2** Piegare all'indietro. **B** *v. rifl.* Lasciarsi cadere all'indietro: *si arrovesciò al suolo.*

arrovesciatùra *s. f.* Operazione dell'arrovesciare.

arruffapòpoli o *arruffapòpolo* *s. m. e f. inv.* Chi, intrigando, spinge il popolo alla rivolta.

arruffàre **A** *v. tr.* **1** Scompigliare, mettere in disordine, detto spec. di capelli, fili e sim. | — *la matassa*, scompigliarne i fili e (*fig.*) complicare le cose. **2** (*fig.*) Confondere, turbare. **B** *v. rifl.* Scarmigliarsi. **C** *v. intr. pron.* Diventare arruffato.

arruffàto *part. pass. di arruffare; anche agg.* Disordinato | Confuso.

arruffìo *s. m.* Disordine, scompiglio.

arruffóne *s. m.* (*f. -a*) Persona disordinata e confusionaria.

arrugginìre **A** *v. tr.* (*io arrugginìsco, tu arrugginìsci*) Rendere rugginoso | (*fig.*) Indebolire, rendere inabile: *l'inattività arrugginisce i muscoli.* **B** *v. intr. e intr. pron.* (*aus. essere*) **1** Ricoprirsi di ruggine. **2** (*fig.*) Perdere forma fisica, agilità intellettuale e sim.

arruolaménto *s. m.* Reclutamento, chiamata alle armi | Adesione volontaria alle forze armate.

arruolàre **A** *v. tr.* (*io arruòlo*) Reclutare, chiamare alle armi. **B** *v. rifl.* Entrare volontariamente a far parte delle forze armate.

ars dictandi /*lat.* 'ars dik'tandi/ *loc. sost. f. inv.* Nel Medioevo, complesso di regole ed esempi per scrivere lettere in latino.

arsèlla *s. f.* (*dial.*) Vongola.

arsenàle *s. m.* **1** Luogo dove si costruiscono, riparano e armano navi da guerra; SIN. Cantiere, darsena. **2** Stabilimento militare dove vengono costruiti e riparati armamenti ed equipaggiamenti per l'esercito. **3** (*est.*) Luogo in cui sono raccolti oggetti diversi | Insieme di oggetti diversi.

arsenalòtto *s. m.* Operaio di un arsenale.

arsenicàto *agg.* Detto di sostanza trattata con, o contenente, arsenico.

arsènico *s. m.* Elemento chimico, semimetallo, fragile, di colore grigio, presente in natura in parecchi minerali da cui si ricava; usato per farmaceutici, leghe, insetticidi e in zootecnia. SIMB. As.

arsenopirite *s. f.* (*miner.*) Solfuro di ferro e arsenico spec. in masse granulari o in cristalli prismatici.

àrsi *s. f.* **1** (*mus.*) Il levare della battuta. **2** Nella metrica greca, il tempo debole del piede; nella metrica latina, il tempo forte.

arsiccio *agg.* (*pl. f. -ce*) Alquanto arso.

arsina *s. f.* Gas, composto di arsenico e idrogeno, da cui si ricavano composti, alcuni dei quali aggressivi e vescicanti di guerra.

arsióne *s. f.* (*lett.*) Sensazione di bruciore, di calore, per febbre, sete e sim.

àrso *part. pass. di ardere; anche agg.* Bruciato, riarso.

arsùra *s. f.* **1** Calore eccessivo. **2** Secchezza, spec. della gola, dovuta a sete, febbre e sim.

artataménte *avv.* (*lett.*) Con inganno.

art director /*ingl.* 'a:t di'rektə/ *s. m. e f. inv.* (*pl. ingl. art directors* /'a:t di'rektəz/) Responsabile dell'indirizzo artistico di un'agenzia pubblicitaria.

àrte *s. f.* **1** Attività umana regolata da accorgimenti tecnici e fondata sullo studio e sull'esperienza | *Arti meccaniche*, manuali | *Arti liberali*, intellettuali | *A regola d'–*, in modo eccellente | (*fig.*) *Essere senz'– né parte*, non sapere fare niente. **2** L'attività, individuale o collettiva, da cui nascono prodotti culturali che sono oggetto di giudizi di valore, reazioni di gusto e sim.: *una grande opera d'–* | *Arti belle, belle arti, arti figurative*, scultura, pittura, architettura | *Figlio d'–*, discendente da una famiglia di attori | *Nome d'–*, nuovo nome che un attore o autore usa nella sua carriera professionale | *In –*, secondo il nome d'arte: *Henri Beyle, in – Stendhal.* **3** Complesso delle opere artistiche, spec. di arte figurativa, di un dato paese o epoca: *l'– del Medioevo.* **4** (*est.*) Abilità, accorgimento: *l'– di farsi benvolere* | *Ad –*, con artificio. **5** Dall'antichità alla Rivoluzione francese, organizzazione di artigiani, mercanti e lavoratori in genere, per tutelare i propri interessi. [→ tav. *proverbi* 199]

artefàtto *agg.* **1** Alterato, modificato | Non genuino: *vino –.* **2** (*fig.*) Falso, innaturale: *maniere artefatte.*

artéfice *s. m.* **1** Chi realizza opere per le quali è richiesta una specifica capacità. **2** (*est.*) Autore.

artemìṣia *s. f.* Pianta erbacea delle Sinandrali con foglie lobate inferiormente lanose e superiormente di color verde scuro, e capolini gialli in grappoli.

artèria *s. f.* **1** (*anat.*) Ciascuna delle formazioni tubolari elastiche che portano il sangue dal cuore a tutte le parti del corpo. [→ ill. *anatomia umana*] **2** (*est., fig.*) Importante via di comunicazione: *arterie stradali.*

arteriografia *s. f.* Tecnica radiologica di visualizzazione delle arterie.

arteriosclerò̀ṣi o *arterioscleròṣi* *s. f.* Alterazione degenerativa delle arterie che ne indurisce le pareti.

arterioscleròtico **A** *agg.* (*pl. m. -ci*) Di arteriosclerosi. **B** *agg.; anche s. m.* (*f. -a*) Affetto da arteriosclerosi.

arterióso *agg.* Relativo alle arterie. [→ ill. *anatomia umana*]

arterite *s. f.* Infiammazione delle pareti delle arterie.

arteṣiàno *agg.* Detto di pozzo scavato per mezzo di trivelle e rivestito di tubi, dal quale l'acqua zampilla elevandosi sopra la superficie del suolo.

àrtico **A** *agg.* (*pl. m. -ci*) Che si riferisce al polo nord. [→ ill. *geografia*] **B** *s. m.* Il polo nord e la zona geografica attorno a esso.

articolàre (1) **A** *v. tr.* (*io articolo*) **1** Muovere le parti del corpo attorno alle articolazioni: *– un braccio.* **2** Pronunciare le parole distintamente, quasi sillabandole. **3** (*est.*) Scindere, suddividere: *articolò la relazione in più sezioni.* **B** *v. rifl.* **1** In anatomia, lo stare insieme di parti del corpo che si possono muovere l'una rispetto all'altra. **2** Scindersi, suddividersi.

articolàre (2) *agg.* Di articolazione del corpo: *dolore –.*

Articolàte *s. f. pl.* Classe di piante delle Pteridofite con foglie a scaglie, fusti articolati e rami verticillati. [→ ill. *piante* 1]

articolàto (1) *part. pass. di articolare* (1); *anche agg.* **1** Che si muove liberamente, detto di parte del corpo. **2** Detto di meccanismo snodato. **3** (*fig.*) Chiaro, scorrevole: *discorso, scritto, bene –.*

articolàto (2) *agg.* Di preposizione congiunta con l'articolo.

articolazióne *s. f.* **1** Atto dell'articolare e dell'articolarsi. **2** (*anat.*) Mezzo di unione fra due ossa, fisso o mobile; SIN. Giuntura. **3** (*mecc.*) Collegamento mobile tra due organi che permette la rotazione dell'uno rispetto all'altro.

articolista *s. m. e f.* (*pl. m. -i*) Chi scrive articoli di giornale.

artìcolo *s. m.* **1** Particella premessa al nome per determinarlo: *– determinativo, indeterminativo.* **2** Punto essenziale di una dottrina religiosa | *– di fede*, verità di fede contenuta nel Credo. **3** Una delle proposizioni in cui sono suddivise le leggi, i regolamenti e sim. **4** Scritto piuttosto ampio, che in un giornale o in una rivista tratta un determinato argomento | *– di fondo*, commento ai fatti di maggiore attualità, firmato dal direttore o da autorevoli collaboratori, pubblicato gener. in apertura di prima pagina | *– di spalla*, pubblicato in alto a destra nella prima pagina del giornale. **5** Capo di mercanzia posto in vendita.

artière *s. m.* **1** (*raro*) Chi esercita un'arte | Artigiano. **2** Soldato dell'arma del genio.

artificiàle *agg.* **1** Prodotto, ottenuto con artificio: *allattamento, lago –*; CONTR. Naturale. **2** (*fig.*) Artificioso, non spontaneo.

artificière *s. m.* **1** Soldato specializzato per il maneggio degli esplosivi e degli artifici. **2** Pirotecnico.

artificio o (*lett.*) *artifizio* *s. m.* **1** Espediente abile e ingegnoso diretto a supplire alle deficienze della natura o a migliorare l'apparenza, il risultato, l'effetto di q.c.: *gli artifici della moda; gli artifici della magia.* **2** Eccessiva ricerca di effetto, mancanza di naturalezza: *parlare con –.* **3** *Fuochi d'–*, pirotecnici, con girandole, razzi e figure.

artificiosità *s. f.* L'essere artificioso.

artificióso *agg.* **1** Fatto con arte. **2** Non spontaneo, artefatto.

artifìzio v. *artificio.*

artigianàle *agg.* Degli artigiani.

artigianàto *s. m.* **1** Attività produttiva degli artigiani. **2** La categoria, l'insieme degli artigiani.

artigiàno **A** *s. m.* (*f. -a*) Chi esercita un'attività produttiva senza lavorazioni in serie, con strumenti di sua proprietà e utilizzando mano d'opera poco numerosa. **B** *agg.* Relativo all'artigiano o all'artigianato.

artigliàre *v. tr.* (*io artìglio*) Afferrare con gli artigli.

artiglière *s. m.* Appartenente all'arma di artiglieria.

artiglieria *s. f.* Complesso di tutte le armi da fuoco non portatili, suddivise in cannoni, obici e mortai | *Arma d'–*, aliquota dell'esercito specializzata nell'impiego delle artiglierie.

artiglio *s. m.* **1** Unghia adunca e pungente d'animali rapaci, volatili o terrestri. [→ ill. *zoologia*] **2** (*fig.*) Mano di persona avida, feroce, spietata.

artiodàttilo **A** *agg.* Detto di animale mammifero il cui arto è costituito da un numero pari di dita munite di zoccolo. **B** *anche s. m.* [→ ill. *zoologia*]

artista *s. m. e f.* (*pl. m. -i*) Chi opera nel campo dell'arte | (*est.*) Chi eccelle nel proprio lavoro, spec. manuale: *quel falegname è un vero –.*

artisticaménte *avv.* In modo artistico.

artìstico *agg.* (*pl. m. -ci*) **1** Pertinente all'arte e agli artisti: *ambiente –.* **2** Che è fatto secondo i canoni dell'arte.

àrto *s. m.* Parte del corpo applicata al tronco, formata da vari segmenti mobili. [→ ill. *medicina e chirurgia, zoologia*]

artocàrpo *s. m.* Pianta arborea tropicale delle Urticali, con grosse infruttescenze sferiche commestibili; SIN. Albero del pane. [→ ill. *piante* 3]

artrite *s. f.* (*med.*) Infiammazione di una o più articolazioni.

artrìtico **A** *agg.* (*pl. m. -ci*) Di artrite. **B** *agg.; anche s. m.* (*f. -a*) Affetto da artrite.

Artròpodi *s. m. pl.* (*sing. -e*) Tipo di Invertebrati con zampe articolate, corpo suddiviso in capo, torace e addome rivestito di chitina. [→ ill. *animali* 2]

artròṣi *s. f.* Malattia degenerativa delle articolazioni.

arùspice *s. m.* Sacerdote divinatore etrusco e romano che prediceva il futuro esaminando le viscere delle vittime.

arvènse *agg.* Detto di vegetale che cresce nei campi coltivati.

arvìcola *s. f.* Piccolo mammifero dei Roditori simile a un topo, con corpo più tarchiato e coda breve, che arreca danni alle coltivazioni.

arẓènte *s. m.* (*raro*) Acquavite.

arẓigogolàre *v. intr.* (*io arẓigògolo; aus. avere*) Fare arzigogoli, perdersi in ragionamenti tortuosi e complicati; SIN. Almanaccare, fantasticare.

arẓigogolàto *part. pass. di arzigogolare; anche agg.* Complicato, artificioso.

arẓigògolo *s. m.* **1** Congettura troppo ingegnosa e strana. **2** Trovata sottile e fantasiosa.

arẓillo *agg.* Agile, vispo, vivace.

aṣbèsto *s. m.* (*miner.*) Amianto.

aṣbestòṣi *s. f.* Malattia dei polmoni causata dall'inalazione di polveri di amianto.

ascàride *s. m.* Verme dei Nematodi parassita intestinale dei Mammiferi, con corpo cilindrico di color rosa-avorio, appuntito alle due estremità. [→ ill. *animali* 2]

àscaro o *àscari s. m.* Soldato indigeno delle vecchie truppe coloniali europee, spec. quelle italiane in Eritrea e Somalia.

ascèlla *s. f.* Regione del corpo compresa fra la radice del braccio e il torace.

ascellàre *agg.* **1** Di ascella. [→ ill. *anatomia umana*] **2** (*bot.*) Di organo situato nell'angolo compreso tra la foglia e il ramo a cui essa si attacca. [→ ill. *botanica*]

ascendentàle *agg.* **1** Che ascende. **2** Che si riferisce agli antenati.

ascendènte *A part. pres. di ascendere; anche agg.* Che va verso l'alto | *Linea* –, rapporto intercorrente tra un soggetto e i parenti da cui esso discende. **B** *s. m.* **1** Parente in linea ascendente. **2** (*fig.*) Autorità morale, influsso: *avere – su qc.*

ascendènza *s. f.* **1** (*raro*) Qualità di ascendente. **2** Complesso degli antenati di una famiglia.

ascéndere o *ascèndere* **A** *v. intr.* (*coniug. come scendere; aus. essere*) **1** Andare verso l'alto | (*fig.*) Innalzarsi: – *al trono.* **2** Ammontare: *gli utili ascendono a qualche milione.* **B** *v. tr.* (*raro, lett.*) Salire: *– il monte.*

ascensionàle *agg.* **1** Che tende a salire: *andamento –.* **2** Detto di velocità, forza, spinta aerostatica verso l'alto.

ascensióne *s. f.* **1** Innalzamento, salita | Nell'alpinismo, salita, scalata di una vetta. **2** (*relig.*) *Ascensione*, salita di Gesù Cristo al cielo, dopo la Resurrezione | Festa liturgica di tale evento.

ascensóre *s. m.* Apparecchio per il trasporto di persone o cose in senso verticale, da un piano all'altro degli edifici o fra punti a diverso livello di una miniera e sim. [→ ill. *sollevamento*]

ascensorista *s. m. e f.* (*pl. m. -i*) Persona addetta alla manovra di un ascensore.

ascésa *s. f.* Atto dell'ascendere (*spec. fig.*): *– al potere.*

ascèṣi *s. f.* Tirocinio spirituale e fisico che, attraverso digiuno, isolamento, meditazioni e preghiera, procura la perfezione interiore e il distacco dal mondo e dagli istinti.

ascèsso *s. m.* (*med.*) Raccolta circoscritta di pus in una parte del corpo.

ascèta *s. m.* (*pl. -i*) **1** Chi è dedito a esercizi di perfezione spirituale. **2** (*est.*) Chi è dedito a vita austera e contemplativa.

ascètico *agg.* (*pl. m. -i*) **1** Di, da asceta. **2** (*est.*) Contemplativo, mistico.

ascetiṣmo *s. m.* **1** Regola di vita fondata sull'ascesi. **2** (*est.*) Modo di vivere austero.

àscia *s. f.* (*pl. àsce*) Utensile per smussare e abbozzare il legname, avente il taglio perpendicolare al manico di legno | *– di guerra*, tomahawk | *Dissotterrare l'– di guerra*, (*fig.*) avere intenzioni bellicose, dare inizio a una controversia; CFR. Scure, accetta. [→ ill. *falegname, vigili del fuoco*]

ascidia *s. f.* Animale acquatico dei Cordati, con corpo a forma di sacchetto provvisto di due aperture, che vive fisso sul fondo marino. [→ ill. *animali* 5]

ascìdio *s. m.* Organo caratteristico di alcune piante carnivore che serve per la cattura di piccoli animali.

asciòlvere *s. m.* (*lett.*) Colazione, merenda.

ascisc V. *hascisc.*

ascìssa *s. f.* (*mat.*) Misura del segmento avente per estremi un punto fisso, e l'origine di una retta o di una curva orientata | La prima delle coordinate cartesiane di un punto.

ascìte *s. f.* (*med.*) Raccolta patologica di liquido trasudatizio nella cavità addominale.

asciugacapélli *s. m.* Apparecchio elettrico che emette un getto d'aria calda per asciugare i capelli; SIN. Föhn. [→ ill. *barbiere, parrucchiere*]

asciugamàno *s. m.* Pezzo di tela o di spugna di varie dimensioni per asciugarsi.

asciugaménto *s. m.* Modo e atto dell'asciugare o dell'asciugarsi.

asciugàre **A** *v. tr.* (*io asciùgo, tu asciùghi*) **1** Privare dell'acqua o dell'umidità; CONTR. Bagnare. **2** (*fig.*) Svuotare, privare, spec. di denaro: *– le tasche a qc.* **B** *v. rifl.* Detergersi da un liquido. **C** *v. intr. e intr. pron.* (*aus. essere*) Diventare asciutto.

asciugatóio *s. m.* Panno per asciugare.

asciugatrice *s. f.* Macchina per l'asciugatura della biancheria.

asciugatùra *s. f.* Operazione dell'asciugare.

asciuttaménte *avv.* Seccamente, senza complimenti.

asciuttézza *s. f.* Condizione di ciò che è asciutto | (*fig.*) Mancanza di cordialità, di calore e sim. | (*est.*) Brevità, concisione.

asciùtto **A** *agg.* **1** Che è privo di acqua, di umidità | *Tempo –*, senza pioggia o umidità | *A piedi asciutti*, senza bagnarli | *Pasta asciutta*, (*fig.*) senza brodo | *Pane –*, (*fig.*) senza companatico; CONTR. Bagnato. **2** (*est.*) Assetato, inaridito: *labbra asciutte* | *Restare a bocca asciutta*, (*fig.*) rimanere deluso | *Rimanere a denti asciutti*, (*fig.*) restare a digiuno; SIN. Arido, secco. **3** (*fig.*) Privo di lacrime: *occhi asciutti.* **4** (*fig.*) Magro, snello: *corpo –.* **5** (*fig.*) Privo, spec. di denaro: *avere le tasche asciutte.* **6** (*fig.*) Sobrio e misurato, privo di calore e di cordialità: *un uomo – di parole e di gesti* | (*est.*) Breve, conciso: *mi congelò con parole asciutte.* **B** *s. m.* Luogo, terreno, asciutto | *Restare, rimanere all'–*, (*fig.*) Senza soldi.

asclepiadèo **A** *agg.* Che è proprio del poeta greco Asclepiade e del sistema metrico da lui introdotto. **B** *s. m.* Verso asclepiadeo.

àsco *s. m.* (*pl. -schi*) Organo dei funghi e dei licheni contenente le spore.

ascocàrpo *s. m.* Ricettacolo che nei funghi ascomiceti contiene gli aschi.

ascoltàre *v. tr.* (*io ascólto*) **1** Stare a sentire attentamente. **2** Dare retta | Esaudire.

ascoltatóre *s. m.* (*f. -trice*) Chi ascolta.

ascoltazióne *s. f.* Ascolto.

ascólto *s. m.* Atto dell'ascoltare | *Essere, stare, mettersi in –*, porsi ad ascoltare | *Dare, porgere, prestare –*, prestare attenzione, dare retta.

Ascomicèti *s. m. pl.* (*sing. -e*) Classe di funghi parassiti che formano le spore entro gli aschi.

ascóndere *v. tr.* (*pass. rem. io ascósi, tu ascondésti; part. pass. ascóso*) (*lett.*) Nascondere.

ascòrbico *agg.* (*pl. m. -ci*) Detto di acido organico che si trova nei succhi della frutta, spec. degli agrumi, e nelle verdure; usato nella cura dello scorbuto, delle astenie, degli stati emorragici; SIN. Vitamina C.

ascóso *part. pass. di ascondere; anche agg.* (*lett.*) Nascosto.

ascrìvere *v. tr.* (*coniug. come scrivere*) **1** Annoverare, scrivere nel numero. **2** Attribuire, imputare, addebitare: *– q.c. a lode di qc.*

asdic /ˈazdik; *ingl.* ˈæzdik/ *s. m. inv.* (sigla dall'ingl. (*A*)*llied* (*S*)*ubmarine* (*D*)*etection* (*I*)*nvestigation* (*C*)*ommittee* 'Comitato alleato di ricerche per l'individuazione dei sommergibili') Strumento a ultrasuoni per individuare sottomarini in immersione; SIN. Ecogoniometro, sonar.

aseità *s. f.* (*filos.*) Qualità dell'essere che ha in se stesso la ragione della propria esistenza.

asèpsi *s. f.* Assenza di microrganismi e perciò di infezio-

ni in ferite e strumenti chirurgici | L'insieme dei metodi per ottenerla.
asessuàle *agg.* (*biol.*) Detto di riproduzione che avviene senza il concorso di organi di sesso.
asessuàto *agg.* **1** Privo di organi sessuali differenziati. **2** Asessuale. **3** (*fig.*) Neutro, indifferenziato.
asèttico *agg.* (*pl. m. -ci*) **1** Detto di ciò che è in condizioni di asepsi. **2** (*fig.*) Che è privo di passionalità: *carattere —*.
asfaltàre *v. tr.* Pavimentare con asfalto.
asfaltatóre *s. m.* Chi è addetto alla asfaltatura di strade e sim.
asfaltatùra *s. f.* Operazione dell'asfaltare.
asfaltìsta *s. m.* (*pl. -i*) Asfaltatore.
asfàlto *s. m.* **1** Miscela, naturale o artificiale, di bitumi con materiale calcareo, usata spec. per pavimentazioni stradali. **2** (*est.*) Strada asfaltata: *— insanguinato dagli incidenti*.
asfissìa *s. f.* (*med.*) Impedimento alla penetrazione o al rinnovamento dell'aria nell'alveolo polmonare.
asfissiànte *part. pres. di asfissiare; anche agg.* **1** Che asfissia: *gas —*. **2** (*fig.*) Noioso, opprimente: *persona —*.
asfissiàre **A** *v. tr.* (*io asfissio*) **1** (*med.*) Provocare asfissia. **2** (*est.*) Dare l'impressione che il respiro venga a mancare. **3** (*fig., fam.*) Opprimere, molestare. **B** *v. intr.* (*aus. essere*) **1** Essere colpito da asfissia. **2** (*est.*) Sentirsi mancare il respiro. **C** *v. rifl.* Uccidersi mediante asfissia.
asfìttico *agg.* (*pl. m. -ci*) **1** Che è in stato di asfissia. **2** (*fig.*) Privo di vitalità.
asfodèlo o (*raro*) *asfòdelo s. m.* Pianta erbacea delle Liliflore con lunghe foglie, scapo alto terminante con fiori bianchi in grappolo, e radici a tubero. [→ ill. *piante* 16]
asiàgo *s. m.* Formaggio a pasta dura, prodotto nell'altopiano di Asiago. [→ ill. *formaggi*]
asiàtica *s. f.* Morbo asiatico.
asiàtico *agg.; anche s. m.* (*f. a-; pl. m. -ci*) Dell'Asia | *Morbo —*, epidemia influenzale originaria di regioni orientali.
asìlo *s. m.* **1** Rifugio, ricovero, ricetto | *Diritto di —*, nell'antichità e secondo il vigente diritto canonico, inviolabilità accordata al rifugiato in una chiesa | *— politico*, inviolabilità accordata allo straniero rifugiato per motivi politici in territorio estero. **2** Luogo in cui si raccolgono persone bisognose di assistenza e aiuto: *— di mendicità*. **3** Scuola materna | *— nido*, quello che custodisce i bambini da zero a tre anni, spec. quando entrambi i genitori lavorano.
asimmetrìa *s. f.* Mancanza di simmetria tra le parti di un oggetto.
asimmètrico *agg.* (*pl. m. -ci*) Privo di simmetria.
asinàio *s. m.* Chi guida l'asino.
asinàta *s. f.* Atto, discorso ignorante e villano.
asincronìa *s. f.* Mancanza di sincronia.
asìncrono *agg.* **1** (*fis.*) Detto di processo non coincidente nel tempo con altri processi. **2** Detto di motore elettrico a corrente alternata la cui velocità non dipende rigidamente dalla frequenza della corrente.
asindeto *s. m.* (*ling.*) Mancanza di congiunzioni coordinative fra parole e frasi; CONTR. Polisindeto.
asinerìa *s. f.* Discorso, comportamento da ignorante, da sciocco.
asinésco *agg.* (*pl. m. -schi*) Da persona ignorante e zotica.
asinìno *agg.* Di, da asino | *Tosse asinina*, pertosse.
asinità *s. f.* Ignoranza grossolana | Azione, discorso che dimostra ignoranza.
àsino *s. m.* (*f. -a*) **1** Mammifero degli Ungulati, più piccolo del cavallo e con orecchie più lunghe, grigio e biancastro sul ventre con lunghi crini all'estremità della coda | *Legare l'— dove vuole il padrone*, (*fig.*) obbedire docilmente | *A schiena d'—*, (*fig.*) detto di superficie convessa | *Essere, fare come l'— di Buridano*, rimanere incerto nella scelta fra due possibilità. [→ ill. *animali* 17] **2** (*fig.*) Persona ignorante, zotica | *— risalito*, ignorante divenuto ricco. [→ tav. *proverbi* 27, 269; → tav. *locuzioni* 37, 41]
asintòtico *agg.* (*pl. m. -ci*) (*mat.*) Detto di funzione il cui valore tende ad avvicinarsi a un altro senza mai raggiungerlo.
asìntoto *s. m.* (*mat.*) Retta cui una curva data si avvicina indefinitamente senza mai toccarla.
asìsmico *agg.* (*pl. m. -ci*) **1** Che non è soggetto al terremoto. **2** Antisismico.
àsma *s. f. o m.* Condizione morbosa caratterizzata da intensa difficoltà respiratoria.
asmàtico **A** *agg.* (*pl. m. -ci*) Di asma. **B** *agg.; anche s. m.* (*f. -a, pl. m. -ci*) Affetto da asma.
asociàle **A** *agg.* **1** Che è privo di coscienza sociale. **2** Detto di persona chiusa e introversa. **B** *s. m. e f.* Persona asociale.
asocialità *s. f.* Qualità di asociale.
àsola *s. f.* Piccolo taglio nel tessuto di un abito, destinato ad accogliere il bottone; SIN. Occhiello.
asolàia *s. f.* Lavorante specializzata nell'esecuzione delle asole.
asparagiàia o (*dial.*) *sparagiàia s. f.* Terreno coltivato ad asparagi.
asparagìna *s. f.* Amminoacido, con azione diuretica, che si trova spec. nei germogli di asparago.
aspàrago o (*tosc.*) *aspàragio*, (*dial.*) *spàragio s. m.* (*pl. -gi*) Pianta erbacea delle Liliflore con rizoma corto e grosso dal quale spuntano germogli commestibili. [→ ill. *piante* 16, *verdura*]
aspatùra *s. f.* Operazione che consiste nell'avvolgere un filato su aspi e formare matasse.
aspèrgere *v. tr.* (*pres. io aspèrgo, tu aspèrgi; pass. rem. io aspèrsi, tu aspergésti; part. pass. aspèrso*) **1** Bagnare, spruzzare leggermente. **2** Spruzzare ritualmente d'acqua benedetta i fedeli o l'altare.
asperità *s. f.* Asprezza, scabrosità: *l'— del terreno* | (*fig.*) Difficoltà.
aspèrrimo *agg.* (*sup. di àspro*) Che è estremamente aspro (*spec. fig.*).
aspersióne *s. f.* **1** Leggera spruzzata. **2** Rito dell'aspergere con acqua benedetta.
aspèrso *part. pass. di aspergere; anche agg.* Bagnato, spruzzato.
aspersòrio *s. m.* Strumento per aspergere con l'acqua benedetta. [→ ill. *religione*]
aspettàre *v. tr.* (*io aspètto*) **1** Stare con l'animo e la mente, spec. improntati di desiderio, ansia o timore, rivolti a ciò che sta per accadere, spesso all'arrivo di qc. | *— un bambino*, (*fig.*) essere in stato di gravidanza | *— la manna, la Provvidenza*, (*fig.*) non fare nulla per togliersi dagli impicci | *— qc. a braccia aperte*, (*fig.*) con vivo desiderio. **2** (nella forma di v. rifl. apparente, unito alla partcl. pron. *mi, ti*, ecc.) Prevedere per se stesso: *non m'aspetto nulla di buono*; *me l'aspettavo* | *C'era da aspettarselo*, era prevedibile. [→ tav. *proverbi* 45, 63, 65, 197; → tav. *locuzioni* 11]
aspettatìva *s. f.* Attesa | (*est.*) Ciò che si aspetta: *essere inferiore, superiore all'—* | *Essere in —*, condizione di un lavoratore dipendente esentato per un certo tempo dal servizio talvolta senza stipendio o con stipendio ridotto.
aspètto (1) *s. m.* Atto dell'aspettare: *sala d'—*.
aspètto (2) *s. m.* **1** (*lett.*) Vista | *A primo —*, a prima vista. **2** (*est.*) Sembianza, spec. umana. **3** Punto di vista: *sotto certi aspetti sono d'accordo*.
àspide *s. m.* **1** (*lett.*) Serpente velenoso. **2** *— di Cleopatra*, serpente velenoso bruno a macchie nere capace, in stato di agitazione, di dilatare il collo. **3** (*fig.*) Persona malvagia e irosa.
aspidìstra *s. f.* Pianta rizomatosa ornamentale delle Liliflore con larghe foglie coriacee, molto resistente. [→ ill. *piante* 17]
aspirànte **A** *part. pres. di aspirare; anche agg.* Che aspira: *pompa —*; *un — attore*. **B** *s. m. e f.* Chi aspira a ottenere q.c.: *— a un ufficio*.
aspirapólvere *s. m. inv.* Elettrodomestico per la pulizia dei locali che aspira polvere e rifiuti depositandoli in un piccolo sacco. [→ ill. *elettrodomestici*]
aspiràre **A** *v. tr.* **1** Attrarre aria, o sim. attraverso la bocca o il naso mandandola nei polmoni; SIN. Inspirare. **2** (*est.*) Trarre a sé, detto di apparecchi che servono a estrarre da un ambiente, gas, liquidi, solidi. **3** Articolare, pronunziare con aspirazione: *— la consonante c*. **B** *v. intr.* (*aus. avere*) Anelare a q.c.: *— al successo*.
aspiratóre *s. m.* Apparecchio per aspirare aria, gas, liquidi e sim. [→ ill. *elettrodomestici*]

aspirazióne *s. f.* **1** Operazione dell'aspirare gas, liquidi, solidi e sim.: *macchina, tubo di* –. [→ ill. *fisica, miniera*] **2** (*ling.*) Soffio espiratorio che accompagna la pronuncia di certi suoni. **3** (*fig.*) Fervente desiderio, spec. verso cose alte e nobili. **4** In un motore a combustione, fase in cui lo stantuffo aspira la miscela.

aspirìna *s. f.* Nome commerciale dell'acido acetilsalicilico usato come antipiretico, analgesico e antireumatico.

àspo *s. m.* (*tess.*) Attrezzo formato da un alberello girevole da cui si dipartono a raggiera dei supporti per ricevere la matassa.

asportàbile *agg.* Che si può asportare.

asportàre *v. tr.* (*io aspòrto*) **1** Portare via da un luogo. **2** Eliminare chirurgicamente una parte del corpo.

asportazióne *s. f.* **1** Trasferimento, talvolta furtivo, di q.c. lontano dal luogo dove si trova. **2** Eliminazione di una parte del corpo per via chirurgica.

asprétto *s. m.* Sapore leggermente aspro del vino.

asprézza *s. f.* **1** Qualità di ciò che è aspro al gusto, al tatto, all'udito. **2** Ruvidezza, scabrosità. **3** (*fig.*) Alterezza, severità: *riprendere qc. con* – | (*est.*) Durezza: *mitigare l'– del proprio carattere.*

asprì *s. m.* Pennacchio formato da numerosi fili di penne di airone, usato come ornamento di copricapi militari o di cappelli femminili.

asprigno *agg.* Che ha sapore alquanto aspro.

àspro *agg.* (*sup. aspèrrimo o asprìssimo*) **1** Che ha sapore agro e irritante per la gola, caratteristico della frutta acerba | (*est.*) Pungente, acre, detto di odore | Stridulo, detto di suono. **2** (*ling.*) Detto di suono la cui pronuncia è relativamente intensa. **3** Ruvido al tatto, scabro: *superficie aspra.* **4** (*est.*) Malagevole, scosceso | Brullo, selvaggio: *l'– paesaggio montano.* **5** (*fig.*) Che mostra severità, alterezza: – *rimprovero.*

assafètida *s. f.* Pianta delle Ombrellifere dalla cui radice si estrae una gomma resinosa di odore sgradevole usata in medicina.

assaggiàre *v. tr.* (*io assàggio*) Provare il sapore di un cibo, di una bevanda | (*est.*) Mangiare poco.

assaggiatóre *s. m.* (*f. -trìce*) Chi assaggia vini o cibi per definirne le caratteristiche.

assàggio *s. m.* **1** Consumo di una piccola quantità di cibo o bevanda per provarne il sapore | (*est.*) Piccola quantità di cibo o bevanda: *un – di dolce.* **2** (*fig.*) Campione | Prova.

assài **A** *avv.* **1** Abbastanza, sufficientemente | *Averne – di q.c.*, non volerne più sapere. **2** Molto: *bere* – | Spesso in luogo di *molto*, per formare il sup. ass.: – *contento*; – *meno*; – *più* | Con valore antifrastico: *sapere, importare* –, non sapere, non importare, nulla. **B** *in funzione di agg.* Parecchio: *c'era – gente.* [→ tav. *proverbi* 233]

assàle *s. m.* Parte d'un veicolo che ne trasmette il carico alle ruote.

assalire *v. tr.* (*pres. io assàlgo o assalisco, tu assàli o assalìsci; pass. rem. io assalìi, tu assalìsti, essi assalìrono*) **1** Investire con impeto, attaccare con violenza (*anche fig.*): *assalì l'avversario.* **2** (*fig.*) Impadronirsi dell'animo o del corpo di qc., detto di sentimenti, passioni, malattie: *un ricordo doloroso lo assale.*

assalitóre *s. m.* (*f. -trìce*) Chi assale.

assaltàre *v. tr.* Dare l'assalto.

assaltatóre *s. m.* (*f. -trìce*) Chi assalta.

assàlto *s. m.* **1** (*mil.*) Atto tattico con cui le truppe più avanzate nel combattimento concludono la fase decisiva dell'attacco. **2** (*est.*) Azione violenta atta a danneggiare qc. o q.c.: *dare l'– a una banca.* **3** (*sport*) Scontro tra due schermitori. **4** (*fig.*) Manifestazione brusca e improvvisa: *l'– del male.*

assaporàre *v. tr.* (*io assapóro*) **1** Gustare un cibo o una vivanda con lentezza per prolungare la piacevole sensazione che ne deriva. **2** (*fig.*) Godere spiritualmente: – *la libertà.*

assassinàre *v. tr.* **1** Uccidere per odio, vendetta, rapina. **2** (*fig.*) Danneggiare gravemente.

assassinio *s. m.* Uccisione di un essere umano, spec. in modo efferato; SIN. Omicidio. (v. nota d'uso ACCENTO)

assassino **A** *s. m.* (*f. -a*) Chi commette un assassinio; SIN. Omicida. **B** *agg.* **1** Malvagio, criminale: *tendenze assassine.* **2** (*fig.*) Che conquista, seduce: *sguardo* –.

àsse (1) *s. f.* (*pl. àssi*) Tavola di legno, stretta, lunga e poco spessa | – *da stiro*, tavola oblunga ricoperta, sulla quale si stirano gli indumenti | – *di equilibrio*, attrezzo per esercizi costituito da una barra di legno orizzontale, sollevata dal suolo. [→ ill. *lavatura e stiratura, panettiere, sport*]

àsse (2) *s. m.* **1** (*tecnol.*) Organo di macchina a forma di cilindro allungato, che sostiene gli elementi rotanti | – *ferroviario*, che collega due ruote di un vagone. **2** (*mat.*) Retta o segmento di retta i cui punti godono di particolari proprietà: – *polare* | – *di un segmento*, retta tale che i suoi punti siano equidistanti dagli estremi del segmento | – *di simmetria*, retta che divide una figura piana in due parti uguali. [→ ill. *ottica*] **3** (*est.*) Retta immaginaria dotata di particolari proprietà, con specifici significati nelle varie discipline | – *ottico*, retta congiungente i centri di curvatura di tutte le superfici riflettenti o rifrangenti di un sistema ottico | – *stradale*, linea mediana della carreggiata di una strada | – *terrestre*, linea immaginaria che passando per il centro della Terra unisce i due poli, e attorno alla quale la Terra compie il movimento di rotazione | – *di rotazione*, retta intorno a cui ruota un corpo. [→ ill. *astronomia, geografia*] **4** (*fig.*) Alleanza politica fra due Stati gener. indicati dal nome delle loro capitali: – *Roma-Berlino*; – *Parigi-Bonn.*

àsse (3) *s. m.* **1** Unità della moneta romana di bronzo antica, divisibile in 12 once. **2** (*dir.*) – *ereditario*, complesso del patrimonio lasciato dal defunto.

assecondàre *v. tr.* (*io assecóndo*) Favorire: – *le ricerche di qc.* | Soddisfare | Seguire: – *col corpo il ritmo della musica*; CONTR. Avversare.

assediànte *part. pres. di assediare; anche agg. e s. m.* Che (o chi) assedia.

assediàre *v. tr.* (*io assèdio*) **1** Circondare con un esercito un luogo fortificato per impadronirsene con la forza. **2** (*est.*) Chiudere tutt'attorno, bloccare: *il villaggio era assediato dalla neve* | Attorniare: *la folla lo assedia.* **3** (*fig.*) Importunare, infastidire: *lo assediano con richieste insistenti.*

assediàto *part. pass. di assediare; anche agg. e s. m.* Che (o chi) subisce un assedio.

assèdio *s. m.* Complesso delle operazioni svolte da un esercito attorno a un luogo fortificato per impadronirsene con la forza | *Stato d'–*, insieme di provvedimenti che limitano la libertà personale dei cittadini, in occasione di rivolte o gravi sommosse.

assegnàbile *agg.* Che si può assegnare.

assegnaménto *s. m.* **1** Assegnazione. **2** Rendita, provento. **3** (*fig.*) Fiducia, speranza | *Fare – su qc., su q.c.*, fondarvi le proprie speranze; SIN. Affidamento.

assegnàre *v. tr.* (*io asségno*) **1** Destinare a favore, dare in proprietà: – *una dote alla figlia.* **2** Affidare | Destinare: *fu assegnato al reparto vendite.* **3** Stabilire, prescrivere: – *un termine.*

assegnatàrio *s. m.* (*f. -a*) Persona cui è assegnato q.c.

assegnàto *part. pass. di assegnare; anche agg.* **1** Attribuito. **2** Destinato | Da pagare: *porto* –.

assegnazióne *s. f.* **1** Attribuzione | Conferimento. **2** Destinazione: – *ad un ufficio.* **3** Aggiudicazione: – *di un terreno.*

asségno *s. m.* **1** Attribuzione patrimoniale data in corrispettivo di prestazioni di lavoro o altro | *Assegni familiari*, integrazioni salariali versate da enti previdenziali ai lavoratori con carico di famiglia | – *di studio*, sussidio versato dallo Stato a studenti universitari meritevoli e di modeste condizioni economiche, perché possano proseguire negli studi; SIN. Presalario. **2** – *bancario*, mezzo di pagamento consistente nell'ordine scritto a una banca di pagare una somma determinata alla persona ivi indicata | – *circolare*, titolo di credito emesso da una banca e contenente la promessa di pagare una somma determinata già depositata presso la stessa | – *a vuoto*, emesso nonostante la mancanza di copertura in banca. **3** Somma da pagare all'atto del ritiro di una merce, *spec. nella loc. contro* –.

assemblàggio *s. m.* In varie tecnologie, operazione costituita dall'accoppiamento di due o più parti del prodotto per ottenere il prodotto finito.

assemblàre *v. tr.* (*io assémblo*) Sottoporre ad assemblaggio.

assemblèa *s. f.* **1** Riunione degli appartenenti a una collettività per discutere problemi di interesse comune: – *studentesca, di quartiere.* **2** (*dir.*) Collettività degli appartenenti a un gruppo organizzato cui sono affidate funzioni deliberative: – *dei soci*; – *generale delle Nazioni Unite* | – *legislativa*, Parlamento | – *regionale*, organo legislativo delle regioni. **3** (*est.*) Adunanza.

assembraménto *s. m.* Adunanza di persone, spec. in luogo aperto.

assembràre A *v. tr.* (*io assémbro*) (*raro*) Mettere insieme | Radunare. **B** *v. intr. e intr. pron.* (*aus. intr. essere*) Affollarsi.

assennatézza *s. f.* Qualità di chi (o di ciò che) dimostra senno, giudizio.

assennàto *agg.* Che ha o rivela senno, giudizio; SIN. Giudizioso, prudente; CONTR. Dissennato.

assènso *s. m.* Consenso, approvazione; CONTR. Dissenso.

assentàrsi *v. intr. pron.* (*io mi assènto*) Rimanere assente da un luogo: *assentarsi da casa.*

assènte A *agg.* **1** Che non è presente nel luogo in cui dovrebbe essere o in cui ci si aspetterebbe che fosse: *essere – da casa*; *essere – dalle lezioni*; CONTR. Presente. **2** (*fig.*) Distratto: *sguardo –.* **B** *s. m. e f.* **1** Persona assente. **2** (*fig.*) Persona defunta.

assenteìsmo *s. m.* **1** Assenza dal proprio posto di lavoro di un lavoratore dipendente. **2** (*fig.*) Disinteresse, spec. politico.

assenteìsta A *s. m. e f.* (*pl. m. -i*) **1** Chi è spesso assente dal proprio posto di lavoro. **2** (*fig.*) Chi è indifferente dinanzi ai problemi politici e sociali. **B** *anche agg.*

assentiménto *s. m.* Assenso.

assentìre *v. intr.* (*pres. io assènto; part. pres. assenziènte; aus. avere*) Dare il proprio assenso: – *a una proposta.*

assènza *s. f.* **1** Lontananza di una persona dal luogo in cui dovrebbe essere o in cui ci si aspetterebbe che fosse; CONTR. Frequenza, presenza. **2** Mancanza: – *di luce*; SIN. Carenza.

assènzio *s. m.* **1** Pianta erbacea perenne delle Sinandrali, aromatica, con foglie pelose e fiori gialli in capolini. [→ ill. *piante* 14] **2** Liquore amaro ottenuto da tali fiori e foglie.

asserìre *v. tr.* (*io asserìsco, tu asserìsci; part. pass. asserìto*) Affermare, sostenere con vigore: *asserisce di avere ragione.*

asserragliàre A *v. tr.* (*io asserràglio*) Chiudere con serragli, con barre | (*est.*) Barricare, sbarrare. **B** *v. rifl.* Rifugiarsi, spec. in luogo chiuso, per mettersi al sicuro: *asserragliarsi in casa.*

assertìvo *agg.* (*lett.*) Che asserisce.

assèrto *s. m.* (*lett.*) Asserzione, affermazione.

assertóre *s. m.* (*f. -trìce*) Chi asserisce, sostiene, un principio, una dottrina e sim.

asserviménto *s. m.* **1** Assoggettamento, sottomissione. **2** (*mecc.*) Collegamento fra due elementi di un meccanismo, che obbliga uno di essi a seguire l'azione comandata dall'altro.

asservìre A *v. tr.* (*io asservìsco, tu asservìsci*) Rendere servo. **B** *v. rifl.* Rendersi servo, sottomettersi: *asservirsi al nemico.*

asserzióne *s. f.* **1** Atto dell'asserire; SIN. Affermazione, asserto. **2** Giudizio positivo o negativo con cui si esprime una semplice verità di fatto.

assessoràto *s. m.* Carica di assessore | Durata di tale carica.

assessóre *s. m.* (v. nota d'uso FEMMINILE) Membro della Giunta regionale, provinciale o comunale.

assestaménto *s. m.* **1** Adattamento, sistemazione | (*geol.*) Movimento del suolo o delle rocce che si dispongono in modo da conseguire un migliore equilibrio: *scosse di –.* **2** (*edil., costr.*) Piccolo abbassamento delle murature, dovuto a cedimento delle malte o a graduale aumento del peso sovrastante durante la costruzione; SIN. Calo.

assestàre A *v. tr.* (*io assèsto*) **1** Mettere in ordine. **2** (*est.*) Sistemare, regolare con cura | – *un colpo*, colpire con abilità nel punto voluto. **B** *v. rifl.* Mettersi a posto, adattarsi.

assestàto *part. pass. di assestare; anche agg.* **1** Ordinato | Sistemato. **2** Assennato, avveduto.

assetàre *v. tr.* (*io asséto*) **1** Portare, ridurre alla sete. **2** (*fig.*) Rendere bramoso.

assetàto A *part. pass. di assetare; anche agg.* **1** Che ha sete | Riarso. **2** (*fig.*) Bramoso. **B** *s. m.* (*f. -a*) Chi ha molta sete.

assettàre A *v. tr.* (*io assètto*) Mettere in ordine, sistemare | (*est.*) Acconciare, adornare: *assettarsi il vestito.* **B** *v. rifl.* Abbigliarsi, adornarsi.

assètto *s. m.* **1** Ordine, sistemazione | *Dare –*, sistemare | *Mettere in –*, mettere in ordine. **2** (*est.*) Modo di vestire, tenuta, equipaggiamento: *essere in – di guerra.* **3** Disposizione, positura, di un aereo o natante rispetto a riferimenti fissi o mobili.

asseveràre *v. tr.* (*io assèvero*) Affermare con certezza ed energia.

asseveratìvo *agg.* (*lett.*) Affermativo.

asseverazióne *s. f.* Affermazione sicura ed energica.

assiàle *agg.* (*tecnol.*) Relativo all'asse.

assibilazióne *s. f.* (*ling.*) Trasformazione per la quale un suono diventa sibilante.

assicuràbile *agg.* Che si può assicurare.

assicuràre A *v. tr.* **1** Rendere certo, accertare | Proteggere, preservare. **2** Dare certezza, incoraggiando e tranquillizzando: *ti assicuro che non accadrà nulla.* **3** Fermare, legare saldamente | (*fig.*) – *qc. alla giustizia*, farlo arrestare. **4** Concludere un contratto di assicurazione: – *un bene contro i furti.* **B** *v. rifl.* **1** Acquistare certezza; SIN. Accertarsi. **2** Mettersi al sicuro. **3** Garantirsi la copertura di un rischio, mediante un contratto di assicurazione: *assicurarsi contro i furti, contro gli incidenti.*

assicuràta *s. f.* Lettera o plico di particolare importanza, spediti con misure di sicurezza.

assicuratìvo *agg.* **1** Che serve ad assicurare. **2** Che concerne un'assicurazione.

assicuràto A *part. pass. di assicurare; anche agg.* Reso sicuro, fiducioso | Protetto da un contratto di assicurazione. **B** *s. m.* (*f. -a*) Colui a favore del quale è stata conclusa un'assicurazione.

assicuratóre *s. m.* Chi stipula contratti di assicurazione.

assicurazióne *s. f.* **1** Conferma, garanzia | Parola, discorso e sim., tranquillizzanti, che danno certezza. **2** Contratto con cui un assicuratore, dietro pagamento di un premio, si impegna a risarcire l'assicurato in caso di eventi avversi: – *contro l'incendio*; – *sulla vita.* **3** Nell'alpinismo, l'insieme delle tecniche e dei procedimenti che si attuano durante un'ascensione allo scopo di arrestare un'eventuale caduta: – *a spalla, diretta, indiretta.*

assideraménto *s. m.* (*med.*) Complesso degli effetti dannosi causati dal freddo quando ne è colpito l'intero organismo.

assideràre A *v. tr.* (*io assìdero*) **1** Esporre al freddo | Gelare. **2** (*med.*) Sottoporre ad assideramento. **B** *v. intr. e intr. pron.* (*aus. essere*) **1** Intorpidire per il freddo. **2** (*med.*) Rimanere colpito da assideramento.

assìdere A *v. tr.* (*pass. rem. io assìsi, tu assidésti; part. pass. assìso*) Far sedere. **B** *v. intr. pron.* (*lett.*) Porsi a sedere: *assidersi sul trono.*

assiduità *s. f.* Qualità di assiduo; SIN. Continuità, costanza.

assìduo *agg.* **1** Che attende a q.c. con cura costante e continua: *lettore –.* **2** Che è fatto con costanza e continuità: *studio –*; CONTR. Saltuario. **3** Che si reca con frequenza e regolarità in un luogo: *essere – alle lezioni.*

assième A *avv.* Insieme: *stare –.* **B** *Nelle loc. prep.* – **a** In compagnia di: *verrò – a te.* **C** *s. m.* Complesso di persone o cose in cui ci sia coesione tra le singole parti: *l'– orchestrale.*

assiepaménto *s. m.* Atto dell'assieparsi | Affollamento.

assiepàre A *v. tr.* (*io assièpo*) (*lett.*) Far siepe | (*fig.*) Circondare. **B** *v. intr. pron.* Affollarsi.

assìle *agg.* Detto di organo animale o vegetale situato lungo o verso l'asse longitudinale di un altro organo.

assillànte *part. pres. di assillare; anche agg.* Che assilla | Fastidioso, noioso.

assillàre A *v. tr.* Molestare, tormentare | (*est.*) Incitare. **B** *v. intr.* (*aus. avere*) (*lett.*) Smaniare.

assìllo *s. m.* **1** Correntemente, insetto fornito di una pro-

boscide con la quale punge gli animali domestici. **2** (*fig.*) Pensiero tormentoso e continuo | *Avere l'–*, essere inquieto, smaniare.
assimilàbile *agg.* Che si può assimilare.
assimilàre **A** *v. tr.* (*io assìmilo*) **1** (*lett.*) Rendere simile. **2** (*biol.*) Assorbire sostanze nutritive dal tubo digerente trasformandole in parte integrante dell'organismo vivente. **3** (*fig.*) Far proprio: *– idee.* **B** *v. intr. pron.* **1** Diventare simile. **2** (*ling.*) Diventare uguale per assimilazione.
assimilatìvo *agg.* Atto ad assimilare.
assimilatóre *agg.* (*f. -trìce*) Che assimila.
assimilazióne *s. f.* **1** Assorbimento di sostanze nutritive. **2** (*fig.*) Processo di apprendimento. **3** Parificazione. **4** (*ling.*) Fenomeno fonetico per cui una consonante diventa uguale a quella vicina.
assiòlo *s. m.* Piccolo uccello rapace notturno con livrea grigia venata di nero e due ciuffetti di penne auricolari ai lati del capo; SIN. Chiù. [→ ill. *animali* 14]
assiologìa *s. f.* (*pl. -gìe*) **1** Scienza che studia l'origine dei titoli e dei gradi nobiliari. **2** (*filos.*) Teoria dei valori.
assiòma *s. m.* (*pl. -i*) Affermazione che è superfluo dimostrare perché è, o si ritiene, palesemente vera.
assiomàtico *agg.* (*pl. m. -ci*) Indiscutibile, irrefutabile: *verità assiomatica.*
assisa *s. f.* Foggia di vestiario propria di un determinato ordine di persone; SIN. Livrea, uniforme.
assise *s. f. pl.* **1** Nel Medioevo, assemblee con poteri giudiziali e talvolta legislativi. **2** (*dir.*) Corte d'Assise. **3** (*spec. al sing.*) (*est.*) Congresso, riunione plenaria.
assiso *part. pass. di assidere; anche agg.* Seduto.
assist /*ingl.* ə'sist/ *s. m. inv.* (*pl. ingl. assists* /ə'sists/) (*sport*) Nel basket e nel calcio, ultimo passaggio che dà, a chi lo riceve, buone possibilità di segnare.
assistentàto *s. m.* Ufficio di assistente | Durata di tale ufficio.
assistènte **A** *part. pres. di assistere; anche agg.* Che assiste. **B** *s. m. e f.* **1** Chi collabora con qc. in una determinata attività | *– di volo, di bordo*, ausiliare di bordo addetto al conforto dei passeggeri e dell'equipaggio | *– universitario*, ausiliare del professore titolare di cattedra o di corsi di insegnamento. **2** Chi presta la propria opera a fini assistenziali, spec. nell'ambito sociale, culturale e religioso.
assistènza *s. f.* **1** Presenza, partecipazione | Vigilanza. **2** Complesso delle attività prestate al fine di aiutare materialmente o moralmente qc. **3** Aiuto, soccorso: *prestare – ai feriti.*
assistenziàle *agg.* Che concerne l'assistenza, spec. quella pubblica o sociale.
assistenziàrio *s. m.* Istituto che assiste chi sia stato escluso dalla società aiutandolo a reinserirsi.
assistere **A** *v. intr.* (*pass. rem. io assistéi o assistètti, tu assistésti; part. pass. assistito; aus. avere*) Essere presente: *– a uno spettacolo.* **B** *v. tr.* Curare, aiutare, soccorrere: *un ferito* | Coadiuvare: *– qc. nel proprio lavoro.*
assistito *part. pass. di assistere; anche agg. e s. m.* (*f. -a*) Che (o chi) beneficia di un'assistenza.
assito *s. m.* Tramezzo di assi connesse per dividere una stanza.
àsso *s. m.* **1** Faccia di dado o di tavoletta di domino segnata con un sol punto | Carta da gioco che porta un solo segno: *– di picche* | *Avere l'– nella manica*, (*fig.*) avere ottime possibilità di successo | (*fig.*) *Lasciare, piantare in –*, abbandonare qc. sul più bello, in cattivo stato e sim. **2** (*fig.*) Chi eccelle in una particolare attività per speciali doti e bravura. [→ tav. *locuzioni* 58]
associàbile *agg.* Che si può associare.
associàre **A** *v. tr.* (*io assòcio*) **1** Rendere partecipe di un'attività: *associò il figlio negli affari.* **2** Mettere insieme, unire (*anche fig.*): *– immagini e idee.* **3** Trasferire: *– qc. alle carceri.* **B** *v. rifl.* **1** Partecipare agli utili di un'impresa dietro il corrispettivo di un apporto. **2** Unirsi in società: *associarsi a qc.* | (*est.*) Aggregarsi a un'associazione. **3** (*fig.*) Unirsi ai sentimenti di qc.: *associarsi al lutto.*
associativo *agg.* Atto ad associare.
associazióne *s. f.* **1** Partecipazione, aggregazione | Unione. **2** Unione di due o più individui allo scopo di esercitare in comune una medesima attività | *– a, per, delinquere*, accordo tra più persone allo scopo di commettere reati. **3** (*psicol.*) Relazione tra idee o ricordi tale che uno tende a evocare l'altro: *– di idee.*
assodaménto *s. m.* Consolidamento (*anche fig.*) | (*fig.*) Accertamento.
assodàre **A** *v. tr.* (*io assòdo*) **1** Rendere sodo, duro | (*est.*) Consolidare (*anche fig.*). **2** (*fig.*) Accertare: *– la verità.* **B** *v. intr. pron.* **1** Divenire sodo. **2** (*fig.*) Consolidarsi, rafforzarsi.
assoggettaménto *s. m.* Riduzione in uno stato di dipendenza, ubbidienza, servitù e sim.; SIN. Sottomissione.
assoggettàre **A** *v. tr.* (*io assoggètto*) Rendere soggetto, sottomettere. **B** *v. rifl.* Adattarsi, sottomettersi: *assoggettarsi a qc.*
assolàto *agg.* Esposto al sole | Soleggiato; CONTR. Ombroso.
assolcàre *v. tr.* (*io assólco, tu assólchi*) Lavorare facendo solchi: *– un campo.*
assoldàre *v. tr.* (*io assòldo*) **1** Prendere uomini a soldo, arruolare mercenari. **2** (*est.*) Prendere al proprio servizio.
assólo *s. m. inv.* Brano musicale affidato a un solo esecutore, in un complesso di strumenti o voci | (*est.*) Brillante azione individuale, spec. di un atleta.
assòlto *part. pass. di assolvere; anche agg.* Liberato da un obbligo, un'accusa e sim.
assolutaménte *avv.* In modo assoluto | In ogni caso | In tutto e per tutto.
assolutézza *s. f.* Qualità di ciò che è assoluto.
assolutismo *s. m.* Sistema politico in cui il potere del sovrano è senza limiti e controlli.
assolutista *s. m. e f.* (*pl. m. -i*) Fautore dell'assolutismo | (*fam.*) Chi impone agli altri la sua volontà.
assolutistico *agg.* (*pl. m. -ci*) Dell'assolutismo.
assolùto **A** *agg.* **1** (*lett.*) Libero da relazioni, limiti | *Stato –*, in cui tutta l'autorità politica è accentrata in un capo. **2** Generale, universale: *verità assoluta*; CONTR. Relativo. **3** Totale, intero | *Bisogno –*, urgente | *Fede assoluta*, cieca | (*mat.*) *Valore – d'un numero*, il numero stesso se esso è positivo, o il corrispondente positivo d'un numero negativo. **B** *s. m. solo sing.* (*filos.*) Ciò che ha in se stesso la propria ragione di essere e costituisce il fondamento primo di tutte le cose.
assolutóre *s. m.* (*f. -trìce*) Chi assolve.
assolutòrio *agg.* Che assolve: *decreto –.*
assoluzióne *s. f.* **1** (*dir.*) Dichiarazione dell'innocenza dell'accusato o imputato. **2** Remissione dei peccati concessa dal sacerdote cattolico al penitente che si è confessato.
assòlvere *v. tr.* (*pres. io assòlvo; pass. rem. io assolvéi o assolvètti o assòlsi, tu assolvésti; part. pass. assòlto*) **1** Liberare da un obbligo, da un impegno, da una promessa e sim.: *il principe assolse i sudditi dal giuramento.* **2** (*dir.*) Dichiarare innocente. **3** Rimettere al penitente la colpa dei suoi peccati. **4** Condurre a termine: *– il proprio dovere.*
assolviménto *s. m.* Adempimento.
assomigliàre **A** *v. tr.* (*io assomìglio*) **1** Paragonare: *– la gioventù alla primavera.* **2** Rendere simile. **B** *v. intr. e intr. pron.* (*aus. intr. essere o avere*) Essere simile. **C** *v. rifl. rec.* Essere somigliante. [→ tav. *proverbi* 94]
assommàre **A** *v. tr.* (*io assómmo*) Riunire, raccogliere insieme (*spec. fig.*). **B** *v. intr.* (*aus. essere*) Ammontare: *i danni assommano a milioni.*
assonànza *s. f.* (*ling.*) Specie di rima imperfetta, con la rispondenza dei soli suoni vocalici, dalla vocale accentata fino alla fine della parola (es. *bèllo – mèrlo*).
assonnàre **A** *v. tr.* (*io assónno*) (*lett.*) Far addormentare. **B** *v. intr.* (*aus. essere*) (*lett.*) Essere preso dal sonno.
assonnàto *part. pass. di assonnare; anche agg.* Che ha sonno.
assonometrìa *s. f.* Rappresentazione prospettica di un oggetto secondo tre assi corrispondenti alle tre dimensioni, in proiezione obliqua.
assopiménto *s. m.* L'assopirsi | Stato di sopore.
assopìre **A** *v. tr.* (*io assopisco, tu assopisci*) **1** Indurre sopore, rendere sonnolento. **2** (*fig.*) Calmare. **B** *v. intr. pron.* **1** Essere preso da sopore. **2** (*fig.*) Calmarsi.
assorbènte **A** *part. pres. di assorbire; anche agg.* Che assorbe: *carta –.* **B** *s. m.* **1** Sostanza atta ad assorbire. **2** Pannolino usato dalle donne per l'igiene intima durante il

periodo mestruale.

assorbiménto *s. m.* **1** (*biol.*) Processo mediante il quale i prodotti ultimi della digestione vengono assunti dalle cellule. **2** Fenomeno per cui certi solidi o liquidi vengono impregnati di sostanze liquide o gassose. **3** Fenomeno fisico per cui una parte dell'energia di una radiazione che penetra in un corpo non viene trasmessa ma si trasforma in calore o altre forme. **4** (*fig.*) Acquisizione | Annessione: – *di un'azienda.*

assorbìre *v. tr.* (*pres. io assorbisco o assòrbo, tu assorbisci o assòrbi; part. pass. assorbito*) **1** Attrarre q.c. a sé e penetrarsene, attraverso pori, meati, interstizi, detto spec. di corpi porosi: *le spugne assorbono l'acqua.* **2** (*fig.*) Rendere proprio: *quell'autore assorbì la cultura del suo tempo* | Inglobare | Consumare | Impegnare: *il lavoro assorbe tutto il suo tempo.*

assordaménto *s. m.* L'assordare | Diminuzione dell'udito per troppo rumore.

assordànte *part. pres. di assordare; anche agg.* Che disturba l'udito | Molto forte.

assordàre A *v. tr.* (*io assórdo*) Rendere sordo | (*est.*) Far quasi perdere l'udito col troppo rumore: *il frastuono della città ci assorda.* **B** *v. intr.* (*aus. essere*) Divenire sordo.

assordiménto *s. m.* (*raro*) Assordamento.

assordìre *v. tr., intr. e intr. pron.* (*io assordìsco, tu assordìsci; aus. intr. essere*) (*raro*) Assordare.

assórgere v. *assurgere.*

assortiménto *s. m.* Disponibilità e varietà di merci destinate alla vendita: *un vasto – di articoli sportivi.*

assortìre *v. tr.* (*io assortìsco, tu assortìsci*) **1** Accordare oggetti diversi secondo criteri estetici. **2** (*raro*) Rifornire negozi e sim. di molti articoli.

assortìto *part. pass. di assortire; anche agg.* Di varie qualità: *caramelle assortite* | Accordato con gusto, con armonia: *colori ben assortiti.*

assòrto *agg.* Che è profondamente intento a q.c.: *essere – in pensieri.*

assottigliaménto *s. m.* **1** Atto dell'assottigliare. **2** Dimagrimento | (*fig.*) Riduzione, diminuzione.

assottigliàre A *v. tr.* (*io assottiglio*) **1** Far sottile. **2** Ridurre: – *le rendite.* **3** (*fig.*) Rendere perspicace: – *la mente* | Acuire: – *la sensibilità.* **B** *v. intr. pron.* Divenire sottile | (*fig.*) Ridursi.

assuefàre A *v. tr.* (*coniug. come fare*) Avvezzare, far prendere un'abitudine: – *il palato a nuovi sapori*; SIN. Abituare. **B** *v. rifl.* Avvezzarsi, abituarsi.

assuefazióne *s. f.* **1** Adattamento: – *ad un clima.* **2** (*med.*) Abitudine a certe sostanze, tossiche o curative, da parte dell'organismo, per cui ne occorrono dosi sempre crescenti per ottenere l'effetto voluto: – *al fumo, agli stupefacenti, a un farmaco*; CFR. Dipendenza.

assùmere *v. tr.* (*pass. rem. io assùnsi, tu assuméstì; part. pass. assùnto*) **1** Prendere su di sé: –, *assumersi un onere.* **2** Fare proprio: – *un contegno distaccato.* **3** (*gener.*) Prendere | (*est.*) Ingerire, consumare: – *una sostanza.* **4** Prendere alle proprie dipendenze: – *un segretario.* **5** Innalzare a un onore: – *al trono.*

Assùnta *s. f.* **1** Maria Vergine sollevata al cielo. **2** Festa dell'Assunzione.

assùnto (1) *part. pass. di assumere; anche agg.* **1** Reso proprio. **2** Preso alle dipendenze.

assùnto (2) *s. m.* Ciò che si deve dimostrare; SIN. Tesi.

assuntóre A *s. m.* Chi assume un obbligo mediante regolare contratto. **B** *anche agg.*

assunzióne *s. f.* **1** Attribuzione a se stesso di un impegno, una responsabilità, un onere, un merito e sim. | Elevazione a una dignità: – *alla corona.* **2** Acquisizione ad un'azienda del personale necessario | (*est.*) Acquisizione alle proprie dipendenze: *l'– di una cameriera.* **3** *Assunzione*, elevazione di Maria Vergine in cielo | Festa liturgica di tale evento (15 agosto).

assurdità *s. f.* L'essere assurdo | (*est.*) Ciò che è assurdo; SIN. Controsenso, paradosso.

assùrdo A *agg.* Che è contrario alla ragione, al senso comune e all'evidenza; SIN. Illogico, paradossale. **B** *s. m.* Ciò che contrasta con la ragione e con la logica | *Dimostrazione per* –, procedimento logico consistente nel supporre la verità di una proposizione falsa, traendone conseguenze tali da rendere palese la verità della proposizione opposta.

assùrgere o *assórgere v. intr.* (*pres. io assùrgo, tu assùrgi; pass. rem. io assùrsi, tu assurgésti; part. pass. assùrto; aus. essere*) (*lett.*) Levarsi in piedi | (*fig.*) Levarsi in alto, elevarsi.

assùrto *part. pass. di assurgere; anche agg.* Elevato, innalzato.

àsta *s. f.* **1** Bastone sottile, lungo, liscio e diritto, di legno o di altro materiale, per usi diversi. [→ ill. *bandiera, marina, pesca, sport*] **2** Nell'atletica, attrezzo sul quale l'atleta fa leva, per innalzarsi ed eseguire un tipo di salto. [→ ill. *sport*] **3** Lancia. **4** Tratto verticale di molte lettere dell'alfabeto latino: *l'– della b.* [→ ill. *stampa*] **5** *spec. al pl.* Linea diritta e verticale che il bambino traccia come primo esercizio di scrittura. **6** Ciascuno degli elementi rettilinei d'una travatura reticolare. **7** Procedimento di vendita al migliore offerente fatta secondo determinate formalità.

àstaco *s. m.* (*pl. -ci*) Crostaceo simile al gambero, ma d'acqua dolce; SIN. Gambero di fiume.

astànte *s. m.* Chi è presente.

astanterìa *s. f.* Locale ospedaliero dove si prestano le prime cure agli ammalati.

astàto (1) A *agg.* **1** Armato di asta. **2** Detto di foglia a forma di punta di lancia. **B** *s. m.* Soldato armato d'asta, nella legione romana.

àstato (2) *s. m.* Elemento chimico non metallo artificiale del gruppo degli alogeni. SIMB. At.

astèmio *agg.; anche s. m.* (*f. -a*) Che (o chi) non beve vino o altri alcolici.

astenére A *v. tr.* (*coniug. come tenere*) (*lett.*) Tenere lontano. **B** *v. rifl.* **1** Tenersi lontano: *astenersi dal fumo* | Trattenersi dal fare o dal dire q.c.: *astenersi dalla maldicenza.* **2** Non votare. [→ tav. *proverbi* 278]

astenìa *s. f.* Senso di debolezza; CONTR. Stenia.

astensióne *s. f.* (*raro*) Rinuncia a fare o dire q.c. | Mancata partecipazione al voto.

astensionismo *s. m.* Tendenza a non partecipare alla vita politica o ad atti politici.

astensionista A *s. m. e f.* (*pl. m. -i*) Chi dà prova di astensionismo. **B** *anche agg.*

astenùto *part. pass. di astenere; anche agg. e s. m.* (*f. -a*) Che (o chi) si astiene dal dare il proprio voto.

àster *s. m.* (*bot.*) Astro della Cina.

astèrgere *v. tr.* (*coniug. come tergere*) Lavare delicatamente | Pulire.

asterìsco *s. m.* (*pl. -schi*) **1** Segno tipografico a forma di stelletta. **2** Ciascuno dei brevi articoli in cui sono divise certe rubriche giornalistiche; SIN. Stelloncino.

asteròide *s. m.* (*astron.*) Pianetino.

astersióne *s. f.* Leggera pulitura.

asticciòla *s. f.* **1** *Dim. di asta.* **2** Penna per scrivere, a un'estremità della quale si inserisce il pennino.

àstice *s. m.* Grosso gambero di mare commestibile, con corpo color turchino scuro a chiazze e forti chele; SIN. Lupicante. [→ ill. *animali* 3]

asticèlla *s. f.* **1** *Dim. di asta.* **2** Regolo di metallo o di legno, appoggiato orizzontale sui ritti, da superare nel salto in alto o nel salto con l'asta.

astigmàtico A *agg.* (*pl. m. -ci*) Relativo all'astigmatismo. **B** *agg.; anche s. m.* (*f. -a; pl. m. -ci*) Affetto da astigmatismo.

astigmatismo *s. m.* **1** Difetto di rifrazione dell'occhio, per cui un punto viene percepito allungato. **2** Aberrazione delle lenti per cui l'immagine di un punto è costituita da due linee focali perpendicolari fra loro, e situate a diversa distanza dalla lente.

àstilo *agg.* Che è sprovvisto di colonne: *tempio* –.

astinènte *agg.* Che si astiene: *essere – dai piaceri*; *essere – nel bere.*

astinènza *s. f.* Astensione dai piaceri dei sensi, da determinati cibi e sim., spesso per motivi religiosi.

àstio *s. m.* Rancore, malanimo.

astiosità *s. f.* L'essere astioso.

astióso *agg.* Che è pieno di astio.

astista *s. m.* (*pl. -i*) Specialista del salto con l'asta.

astóre *s. m.* Uccello rapace dei Falconiformi, simile allo sparviero ma di maggiori dimensioni. [→ ill. *animali* 10]

astràgalo *s. m.* **1** (*anat.*) Osso del piede posto fra il calcagno e i due ossi della gamba. **2** Dado per giocare ricavato dall'omonimo osso della capra o del montone, usato dagli antichi. **3** Pianta delle Rosali, con foglie imparipennate e fiori di vari colori in grappoli. **4** Modanatura che separa il fusto della colonna dal capitello e dalla base. [→ ill. *architettura*]

àstrakan o *astrakàn* *s. m. inv.* Pelliccia ottenuta dal vello nero e ricciuto dell'agnellino di razza karakul.

astràle *agg.* Proprio degli astri.

astràrre ***A*** *v. tr.* (*coniug. come trarre*) **1** Separare mentalmente: — *l'universale dal particolare.* **2** (*lett.*) Allontanare, distogliere: — *la mente dallo studio.* ***B*** *v. intr.* (*aus. avere*) Prescindere: *giudicare astraendo dai fatti.* ***C*** *v. rifl.* Concentrarsi in q.c. distogliendosi da ogni elemento circostante.

astrattézza *s. f.* Qualità di ciò che è astratto; SIN. Indeterminatezza; CONTR. Concretezza.

astrattismo *s. m.* Corrente artistica del Novecento che tende ad astrarre da ogni rappresentazione delle forme della realtà sensibile.

astrattista *s. m. e f.* (*pl. m. -i*) Seguace dell'astrattismo.

astràtto ***A*** *part. pass. di astrarre; anche agg.* **1** Che deriva da astrazione: *concetto* — | *Nome* —, che indica qualità non percepibili dai sensi: *'bontà' è un nome* — | Che non ha rapporti con la realtà empirica: *scienza astratta* | *In* —, senza rapporti con la realtà; CONTR. Concreto. **2** Che segue l'astrattismo: *scultore* —; CONTR. Figurativo. ***B*** *s. m. solo sing.* Ciò che deriva da astrazione: *l'— e il concreto.*

astrazióne *s. f.* **1** Atto dell'astrarre | Ragionamento, ipotesi e sim., astratti, che non hanno rapporto con la realtà: *questo progetto è un'—* | *Fare — da q.c.*, prescindere da q.c. **2** (*filos.*) Operazione consistente nel trarre da enti fra loro distinti i loro caratteri comuni, in modo da istituire una teoria generale.

astringènte ***A*** *part. pres. di astringere; anche agg.* Che astringe. ***B*** *s. m.* Sostanza che tende a diminuire o arrestare una secrezione.

astringere *v. tr.* (*coniug. come stringere*) **1** (*lett.*) Costringere. **2** Ridurre la secrezione dei tessuti | Rendere stitico.

àstro *s. m.* **1** Corpo celeste, spec. stella o pianeta o satellite. **2** (*fig.*) Chi occupa una posizione di primo piano in determinati settori. **3** (*bot.*) — *della Cina*, pianta arborea perenne delle Composite con fiori di vario colore il cui capolino è circondato da brattee disposte a raggiera; SIN. Aster.

àstro- *primo elemento*: in parole composte dotte significa 'astro' o indica relazione con la navigazione spaziale: *astrofisica, astrolabio, astronave.*

-àstro *suff.* Altera sostantivi con valore spregiativo: *giovinastro, medicastro* | Unendosi agli aggettivi di colore fa loro assumere anche un senso di approssimazione: *biancastro, verdastro.*

astrodinàmica *s. f.* Parte dell'astronomia che studia il moto degli astri.

astrofisica *s. f.* Parte dell'astronomia che studia la costituzione fisica e chimica degli astri.

astrògrafo *s. m.* Strumento astronomico adatto per la fotografia del cielo.

astrolàbio *s. m.* Antico strumento usato dai naviganti per determinare l'altezza di un astro sull'orizzonte.

astrologàre *v. intr.* (*io astròlogo, tu astròloghi; aus. avere*) **1** Esercitare l'astrologia. **2** (*fig.*) Congetturare, fantasticare.

astrologia *s. f.* (*pl. -gie*) Arte di antica origine che, studiando gli effetti dei corpi celesti sui destini umani, pretende di predire il futuro.

astrològico *agg.* (*pl. m. -ci*) Dell'astrologia.

astròlogo *s. m.* (*pl. -gi o -ghi*) Chi pratica l'astrologia | *Crepi l'—*, (*escl. scherz.*) rivolta a chi predice sciagure.

astronàuta *s. m. e f.* (*pl. m. -i*) Chi viaggia in veicoli spaziali. [→ ill. *copricapo*]

astronàutica *s. f.* Scienza relativa alla costruzione e all'impiego dei mezzi che vanno e portano uomini oltre l'atmosfera terrestre. [→ ill. *astronautica*]

astronàutico *agg.* (*pl. m. -ci*) Dell'astronautica.

astronàve *s. f.* Veicolo spaziale.

astronomia *s. f.* Scienza che studia gli astri e i fenomeni celesti. [→ ill. *astronomia*]

astronòmico *agg.* (*pl. m. -ci*) **1** Attinente all'astronomia. [→ ill. *geografia*] **2** (*fig.*) Esagerato, eccessivo: *prezzo* —.

astrònomo *s. m.* (*f. -a*) Cultore di astronomia.

astruserìa *s. f.* Qualità di astruso | (*est.*) Idea, discorso incomprensibile.

astrusità *s. f.* Astruseria.

astrùso *agg.* Che è difficile da capire perché oscuro, complicato, troppo sottile e sim.; SIN. Enigmatico, oscuro.

astùccio *s. m.* Scatola foderata e modellata, spec. all'interno, secondo la forma dell'oggetto da contenere: *l'— della colonna, del fucile.* [→ ill. *contenitore*]

astutézza *s. f.* (*raro*) Astuzia.

astùto *agg.* Che ha o dimostra la capacità di escogitare e di usare i mezzi più opportuni al raggiungimento di un dato scopo, anche non buono; SIN. Accorto, furbo, scaltro.

astùzia *s. f.* **1** Qualità di astuto; SIN. Furberia, scaltrezza. **2** Idea, azione astuta | Accorgimento: *le astuzie di Ulisse*; SIN. Stratagemma.

-àta *suff.* di sostantivi che indicano azione, effetto o hanno valore collettivo: *cavalcata, nevicata, pedata, manciata.*

atarassìa *s. f.* (*filos.*) Ideale etico degli scettici e degli epicurei consistente nel raggiungimento dell'imperturbabilità.

atassìa *s. f.* (*med.*) Mancanza di coordinazione dei movimenti muscolari volontari.

atàvico *agg.* (*pl. m. -ci*) **1** Che deriva da remoti antenati. **2** (*med.*) Di atavismo.

atavismo *s. m.* (*med.*) Ricomparsa in un individuo di caratteri anatomici o funzionali esistenti in lontanissimi antenati.

ateìsmo *s. m.* Negazione di Dio | Dottrina fondata su tale negazione.

ateìsta *s. m. e f.* (*pl. m. -i*) Chi professa l'ateismo.

ateìstico *agg.* (*pl. m. -ci*) Relativo all'ateismo e all'ateista.

atelier /*fr.* atə'lje/ *s. m. inv.* (*pl. fr. ateliers* /atə'lje/) **1** Luogo di lavoro per operai e artigiani. **2** Sartoria per signora.

atellàna *s. f.* (*letter.*) Farsa campana diffusasi nell'antica Roma.

atenèo *s. m.* Istituto di insegnamento superiore | Università.

ateniése *agg.; anche s. m. e f.* Di Atene.

àteo *agg.; anche s. m.* (*f. -a*) Che (o chi) nega l'esistenza di Dio.

atermàno *agg.* Detto di corpo trasparente alla luce ma non al calore.

atesino *agg.* Dell'Adige | Della Val d'Adige.

atetèsi *s. f.* Nell'edizione critica di un testo letterario, eliminazione di un passo ritenuto, dal punto di vista filologico, spurio o interpolato.

atipicità *s. f.* Qualità di ciò che è atipico.

atìpico *agg.* (*pl. m. -ci*) Che è diverso dal tipo normale.

atlànte (1) *s. m.* **1** (*anat.*) Prima vertebra cervicale, sulla quale si articola il cranio. **2** (*arch.*) Telamone.

atlànte (2) *s. m.* Raccolta di carte geografiche rilegate in volume | (*est.*) Raccolta di tavole figurate relative a una disciplina: — *anatomico.* [→ ill. *scuola*]

atlàntico *agg.* (*pl. m. -ci*) **1** Dell'Oceano Atlantico. **2** Detto del patto di reciproca assistenza politica, economica e militare, stipulato fra gli Stati Uniti e alcuni paesi d'Europa.

atlantismo *s. m.* Linea di politica estera basata sul Patto Atlantico.

atlèta *s. m. e f.* (*f. raro -éssa; pl. m. -i*) **1** Chi pratica uno sport con speciale addestramento e agonismo | Chi pratica una specialità dell'atletica leggera. [→ ill. *sport*] **2** Persona forte e armonicamente sviluppata. **3** (*fig., lett.*) Chi difende con forza un nobile ideale.

atlètica *s. f.* Complesso degli esercizi, delle tecniche e delle discipline agonistiche praticate senza l'impiego di mezzi meccanici | — *leggera*, comprendente le gare di corsa e di marcia, i lanci e i salti | — *pesante*, comprendente le specialità della lotta e del sollevamento pesi.

atlètico *agg.* (*pl. m. -ci*) **1** Che si riferisce all'atletica. [→ ill. *sport*] **2** Di, da atleta.

atletismo *s. m.* Attività degli atleti | Insieme delle gare atletiche.

atmosfèra *s. f.* **1** Involucro gassoso che circonda un corpo celeste | — *terrestre*, quella, costituita di aria, che circonda la Terra. **2** (*fig.*) Complesso di situazioni e condizioni ambientali in cui si vive. **3** Unità di misura della pressione di un gas o di un vapore, pari a 10,132 newton/m². SIMB. atm.

atmosfèrico *agg.* (*pl. m. -ci*) Dell'atmosfera.

-àto **1** *suff.* di nomi indicanti ufficio, carica o condizione: *artigianato, bracciantato, papato.* **2** *suff.* di aggettivi che significano 'provvisto di q.c.': *alato, costumato, pepato, stellato.* **3** *suff.* dei part. pass. dei verbi in *-are*: *parlare-parlato, amare-amato.*

atòllo *s. m.* Isola corallina formata da un anello nel cui centro sta una laguna comunicante col mare. [→ ill. *geografia*]

atomicità *s. f.* Proprietà di ciò che è costituito da un insieme di atomi.

atòmico *agg.* (*pl. m. -ci*) **1** (*fis., chim.*) Di, relativo all'atomo: *peso* —. **2** Nucleare: *bomba atomica.* **3** (*fig.*) Eccezionale, travolgente: *bellezza atomica.*

atomìsmo *s. m.* (*filos.*) Dottrina filosofica secondo cui la realtà è il frutto di un aggregarsi spontaneo e casuale di atomi in continuo movimento.

atomìsta *s. m. e f.* (*pl. m. -i*) (*filos.*) Chi segue e sostiene le teorie dell'atomismo.

atomìstica *s. f.* (*chim.*) Teoria atomica della materia.

atomìstico *agg.* (*pl. m. -ci*) (*filos.*) Che interessa l'atomismo.

atomizzàre *v. tr.* **1** Nebulizzare. **2** Distruggere con un bombardamento atomico.

atomizzatóre *s. m.* **1** Apparecchio per nebulizzare. **2** (*agr.*) Apparecchio usato per diffondere antiparassitari o liquidi su alberi o altre coltivazioni. [→ ill. *agricoltura*]

àtomo *s. m.* **1** (*fis., chim.*) Minima parte di un elemento chimico, costituita da un nucleo positivo intorno al quale ruotano cariche negative dette elettroni. [→ ill. *nucleare*] **2** (*fig.*) Quantità minima: *un — di vita.*

atonàle *agg.* Detto di musica che non segue i principi classici della tonalità.

atonìa *s. f.* **1** (*med.*) Mancanza o diminuzione del tono muscolare. **2** (*ling.*) Mancanza di accento tonico.

àtono *agg.* Detto di sillaba o vocale non accentata. (V. nota d'uso ACCENTO)

atòssico *agg.* (*pl. m. -ci*) Privo di tossicità; CONTR. Tossico.

atout /*fr.* a'tu/ *s. m. inv.* (*pl. fr. atouts* /a'tu/) **1** Nei giochi di carte, seme che, predominando sugli altri, è avvantaggiato sulle prese. **2** (*fig.*) Possibilità di vittoria, di successo.

àtrio *s. m.* **1** Vestibolo della casa romana e greca. **2** Prima entrata, esterna o interna, di un edificio. [→ ill. *basilica cristiana*] **3** (*anat.*) Ciascuna delle due cavità superiori del cuore dove giunge il sangue venoso; SIN. Orecchietta. [→ ill. *anatomia umana*]

àtro *agg.* **1** (*lett.*) Nero, oscuro. **2** (*fig.*) Atroce, crudele.

atróce *agg.* Che suscita terrore, spavento, raccapriccio | (*est.*) Terribile, crudele.

atrocità *s. f.* **1** L'essere atroce. **2** (*est.*) Azione atroce. ● SIN. Efferatezza.

atrofìa *s. f.* (*med.*) Diminuzione di volume di un organo o di un tessuto per riduzione degli elementi costituenti.

atròfico *agg.* (*pl. m. -ci*) Di atrofia | Che è affetto da atrofia.

atrofizzàre **A** *v. tr.* **1** Rendere atrofico. **2** (*fig.*) Consumare. **B** *v. intr. pron.* **1** Essere colpito da atrofia. **2** (*fig.*) Consumarsi.

astronautica

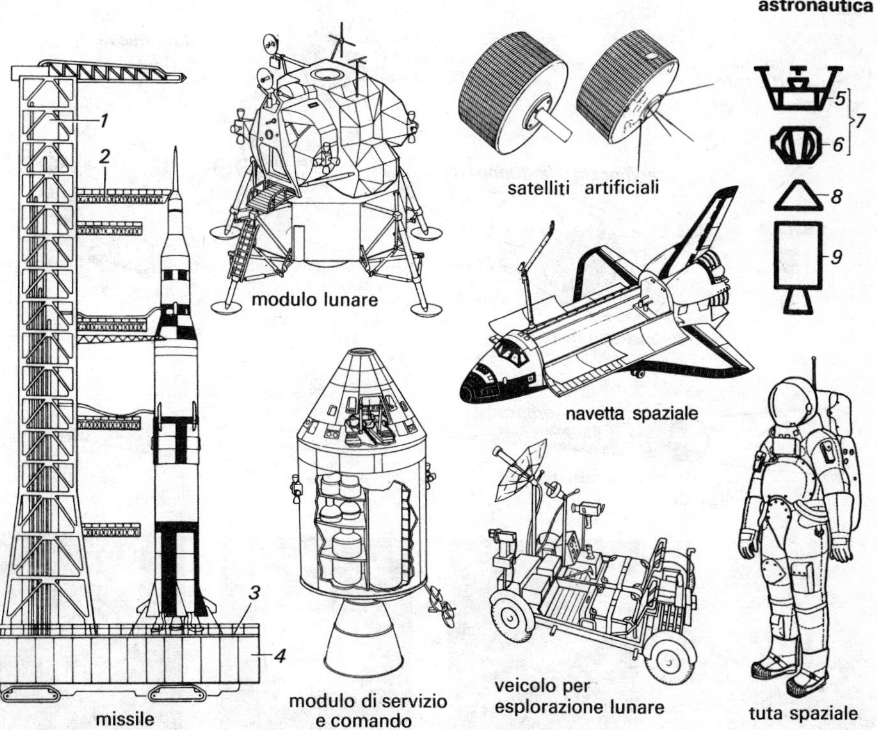

1 torre di servizio e di alimentazione 2 braccio di servizio 3 piattaforma di lancio 4 veicolo trasportatore cingolato 5 stadio di discesa 6 stadio di risalita 7 modulo lunare 8 modulo di comando 9 modulo di servizio

astronomia

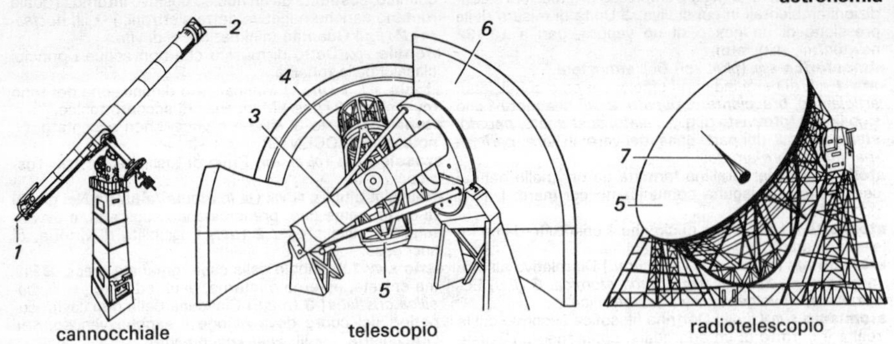

cannocchiale telescopio radiotelescopio

1 oculare 2 obiettivo 3 asse polare 4 tubo 5 specchio 6 cupola 7 antenna

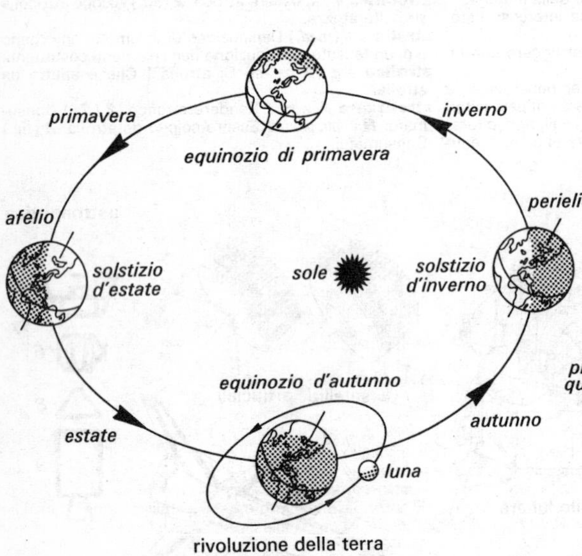

primavera
inverno
equinozio di primavera
raggi solari
afelio
perielio
solstizio d'estate
sole
solstizio d'inverno
luna nuova
primo quarto
ultimo quarto
terra
equinozio d'autunno
estate
autunno
luna
luna piena

rivoluzione della terra

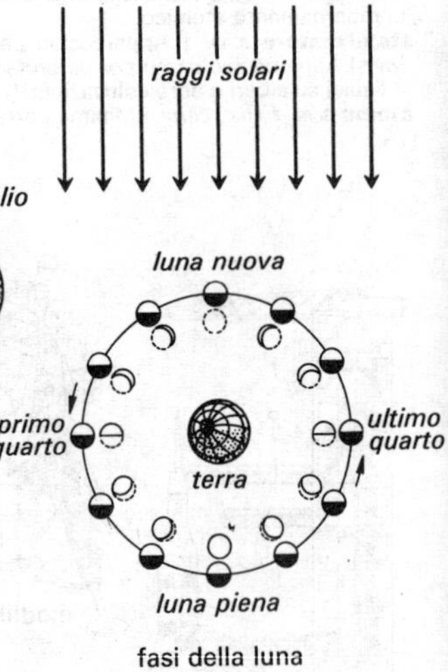

fasi della luna

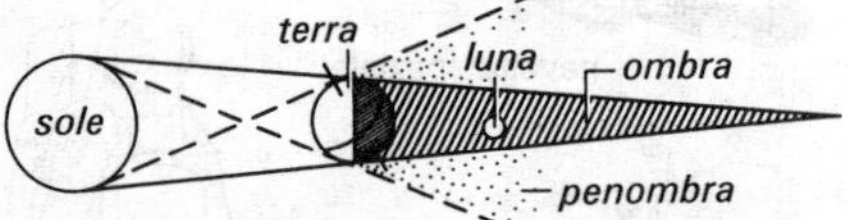

terra
luna
ombra
sole
penombra

eclissi di luna

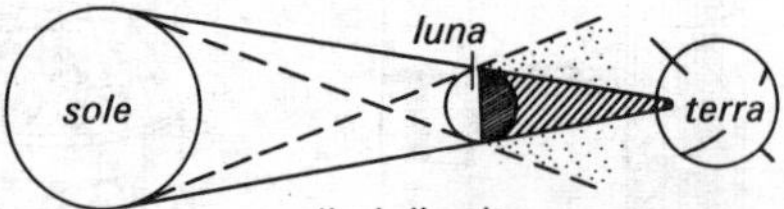

luna
sole
terra

eclissi di sole

1
2
3
4
5
6
7

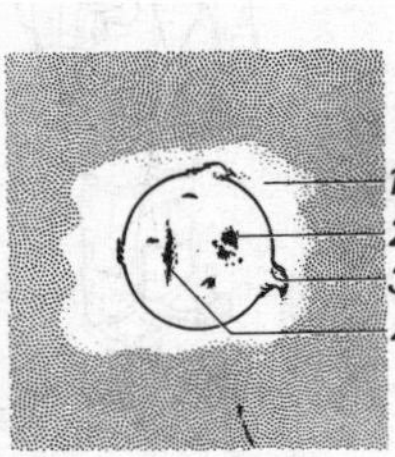

sole 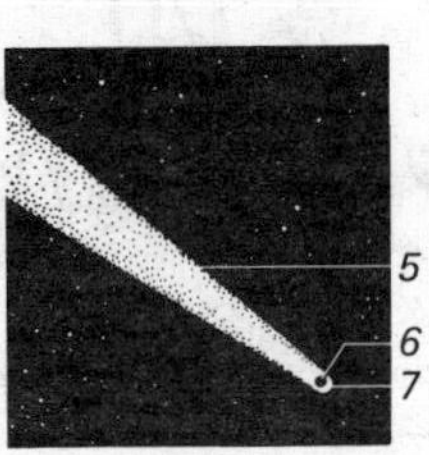 cometa 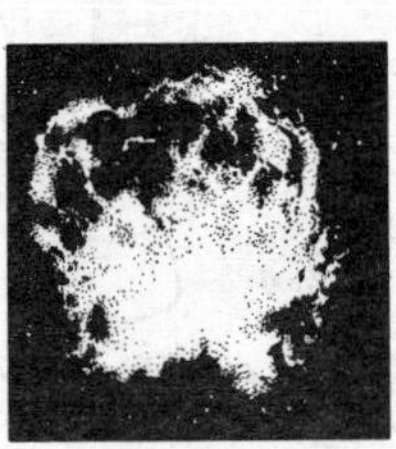 nebulosa  galassia

1 corona 2 macchie 3 protuberanza 4 facola 5 coda 6 nucleo 7 chioma

atropina *s. f.* Alcaloide velenoso contenuto in diverse Solanacee; usato in medicina.
àtropo *s. m.* Farfalla con abitudini crepuscolari e notturne, caratterizzata da una macchia a forma di teschio sul torace; SIN. Acheronzia. [→ ill. *animali* 2]
attaccabottóni *s. m. e f.* (*fam.*) Chiacchierone importuno e noioso.
attaccabrìghe *s. m. e f. inv.* Chi si comporta in modo litigioso e provocatorio.
attaccaménto *s. m.* Legame affettivo; SIN. Affezione.
attaccànte **A** *part. pres. di attaccare; anche agg.* Che attacca. **B** *s. m.* **1** Chi attacca. **2** Nel calcio e sim., chi gioca in prima linea, con il compito di segnare punti.
attaccapànni *s. m.* Arnese di varia forma, a cui si appendono cappotti, cappelli e sim. [→ ill. *mobili*]
attaccàre **A** *v. tr.* (*io attàcco, tu attàcchi*) **1** Unire strettamente, mediante adesivi, cuciture e sim.: *— la fodera a un vestito*; *— un francobollo*; *— un cerotto* | *— un bottone*, (*fig., fam.*) molestare con discorsi e chiacchiere interminabili | (*est.*) Appendere: *— un quadro*; CONTR. Staccare. **2** (*fig.*) Trasmettere, spec. per contagio, *— l'influenza*. **3** Assalire con violenza: *— il nemico* | (*fig.*) Osteggiare, criticare: *— la politica del governo*. **4** ass. Nel calcio, sviluppare azioni offensive. **5** Cominciare: *— lite, discorso* | *— il fuoco*, appiccarlo. **B** *v. intr.* (*aus. avere*) **1** Aderire: *questa vernice non attacca*. **2** Attecchire (*anche fig.*) | *Non attacca!*, non c'è niente da fare, non ci casco. **3** Andare all'assalto: *i soldati attaccarono allo scoperto*. **4** Cominciare: *la recita attaccò con il prologo*. **C** *v. intr. pron.* **1** Farsi aderente: *le pagine si sono attaccate*. **2** Trasmettersi per contagio. **3** Appigliarsi, aggrapparsi (*anche fig.*) **4** Affezionarsi. [→ tav. *proverbi* 27]
attaccatìccio **A** *agg.* (*pl. f. -ce*) **1** Che si attacca facilmente (*anche fig.*). **2** (*fig.*) Di persona molesta della cui compagnia è difficile liberarsi. **B** *s. m.* Parte di vivanda che si attacca al fondo del tegame.
attaccatùra *s. f.* Operazione dell'attaccare | Punto dove una cosa si attacca a un'altra: *— della manica, dei capelli*. [→ ill. *acconciatura*]
attacchìno *s. m.* Chi per mestiere attacca manifesti murali.
attàcco *s. m.* (*pl. -chi*) **1** Unione, giunzione: *l'— delle maniche; punto di —* | (*est.*) Dispositivo che serve a fissare, congiungere e sim. | Nello sci, dispositivo per garantire il bloccaggio dello scarpone. [→ ill. *agricoltura*] **2** Organo atto all'inserzione di apparecchi elettrici sulle linee di distribuzione di energia elettrica: *— a spina*. **3** Insieme di bestie da tiro necessario per un veicolo, un aratro e sim.: *— a quattro*. **4** Azione offensiva, nella tecnica militare o sportiva: *muovere all'—* | (*est.*) Nel calcio, l'insieme dei giocatori della linea più avanzata della squadra. **5** (*med.*) Accesso: *— isterico*. **6** (*fig.*) Critica, spec. ostile: *muovere un — a qc.* **7** Avvio, inizio: *l'— di una ballata*. [→ tav. *proverbi* 226]
attaché /fr. ata'ʃe/ *s. m. inv.* (*pl. fr. attachés* /ata'ʃe/) *s. m.* Nel linguaggio diplomatico, addetto.
attagliàrsi *v. intr. pron.* (*io mi attàglio*) Adattarsi, confarsi: *questo ruolo ti si attaglia*.
attanagliàre *v. tr.* (*io attanàglio*) **1** Afferrare con tenaglie. **2** (*est.*) Stringere forte. **3** (*fig.*) Assillare, travagliare.
attardàre **A** *v. tr.* (*lett.*) Rallentare. **B** *v. intr. pron.* Fermarsi, trattenersi.
attecchiménto *s. m.* L'attecchire | (*fig.*) Diffusione.
attecchìre *v. intr.* (*io attecchisco, tu attecchisci; aus. avere*) **1** Mettere radici, crescere; SIN. Allignare, barbicare. **2** (*fig.*) Prendere vigore, diffondersi.
atteggiaménto *s. m.* **1** Modo di atteggiare il corpo o parti di esso. **2** (*est.*) Contegno, comportamento.
atteggiàre **A** *v. tr.* (*io attéggio*) Imporre al corpo o a sue parti determinate posizioni: *— le mani a preghiera*. **B** *v. rifl.* Assumere ostentatamente una certa apparenza: *atteggiarsi a martire*.
attempàto *agg.* Che è avanti negli anni.
attendaménto *s. m.* Accampamento di tende.
attendàrsi *v. intr. pron.* (*io mi attèndo*) Piantare, drizzare le tende.
attendènte *s. m.* Soldato che attende al servizio personale d'un ufficiale (mansione ora abolita).
attèndere **A** *v. tr.* (*coniug. come tendere*) Aspettare. **B** *v. intr.* (*aus. avere*) Dedicarsi con impegno a qc. o q.c.: *— ai propri affari*.
attendìbile *agg.* Che si può prendere in considerazione | Che è degno di fede: *informazione —*; SIN. Credibile; CONTR. Inattendibile.
attendibilità *s. f.* Qualità di ciò che è attendibile.
attendìsmo *s. m.* Posizione di attesa politica, in vista del maturarsi di determinati eventi.
attenére **A** *v. tr.* (*coniug. come tenere*) (*lett.*) Mantenere. **B** *v. intr.* (*aus. essere*) Spettare, concernere: *simili obiezioni non attengono al problema*. **C** *v. rifl.* **1** (*raro*) Tenersi, attaccarsi. **2** (*fig.*) Conformarsi strettamente: *attenersi alle istruzioni*.
attentaménte *avv.* Con molta attenzione.
attentàre **A** *v. intr.* (*io attènto; aus. avere*) Tentare di arrecare danno ad altri nella persona o negli interessi: *— alla vita di qc.*; *— al sovrano*. **B** *v. intr. pron.* Osare, ardire: *non s'attentò di tornare*.
attentàto *s. m.* Criminoso tentativo di recare danno a qc.
attentatóre *s. m.* (*f. -trìce*) Chi compie un attentato.
attènti **A** *inter.* Si usa come comando a militari, ginnasti, alunni, perché assumano una posizione eretta del corpo, con le braccia tese lungo i fianchi, i talloni uniti e le punte dei piedi divaricate. **B** *in funzione di s. m.* La posizione di attenti: *mettersi sull'—*.
attènto *agg.* **1** Che dedica ogni facoltà dell'animo e dei sensi a quello che fa, agendo con cautela al fine di evitare inesattezze ed errori | In tono escl., per richiamare l'attenzione su un pericolo: *attenti, ragazzi!* | Che dimostra attenzione: *occhi attenti* | Sollecito: *essere — ai propri doveri*. **2** Eseguito con diligenza, impegno e sim.: *un'attenta analisi dei fatti*.
attenuaménto *s. m.* Modo e atto dell'attenuare o dell'attenuarsi.
attenuànte **A** *part. pres. di attenuare; anche agg.* Che attenua | (*dir.*) *Circostanza —*, elemento del reato che determina una diminuzione della pena. **B** *s. f.* (*dir.*) Circostanza attenuante. • CONTR. Aggravante.
attenuàre **A** *v. tr.* (*io attènuo*) **1** Rendere tenue, meno grave e meno forte: *— l'urto*; SIN. Addolcire, alleviare. **2** Alleggerire, diminuire. **B** *v. intr. pron.* Divenire tenue, perdere forza, intensità e sim.
attenuazióne *s. f.* Diminuzione di intensità, gravità, grandezza e sim.
attenzióne *s. f.* **1** Intensa concentrazione dei sensi e della mente intorno a un determinato oggetto | *Fare, prestare —*, stare attento. **2** *spec. al pl.* Atto gentile, affettuoso: *colmare qc. di attenzioni*.
àttero V. *aptero*.
atterràggio *s. m.* **1** Atto o manovra per cui un aereo atterra. **2** (*mar.*) Punto della costa atto a costituire punto di riferimento nella determinazione della posizione della nave.
atterraménto *s. m.* Abbattimento | Nel pugilato e sim., il finire sul tappeto.
atterràre **A** *v. tr.* (*io attèrro*) **1** Gettare a terra, abbattere: *— un muro*. **2** (*fig., lett.*) Umiliare, avvilire. **B** *v. intr. e intr. pron.* (*aus. intr. avere*) **1** Scendere con un aeromobile fino a posarsi sul terreno. **2** (*sport*) Toccare terra: *il saltatore atterrò malamente*.
atterrìre **A** *v. tr.* (*io atterrìsco, tu atterrìsci*); dif. per le forme coincidenti con quelle di *atterrare* (*atterriamo, atterriate*) sostituite nell'uso con quelle di *spaventare, impaurire* e sim. Incutere spavento, terrore. **B** *v. intr. pron.* Provare terrore.
attésa *s. f.* Atto dell'attendere | Periodo di tempo che trascorre nell'attendere | Stato d'animo di chi attende.
attéso *part. pass. di attendere; anche agg.* **1** Aspettato. **2** Dato, considerato, spec. in frasi con valore avverbiale | *— che*, considerato che.
attestàre (1) *v. tr.* (*io attèsto*) Affermare per diretta conoscenza o esperienza: *— la verità*.
attestàre (2) **A** *v. tr.* (*io attèsto*) Porre due cose testa a testa: *— mattoni*. **B** *v. rifl.* (*mil.*) Schierarsi ricomponendo le forze, dopo il superamento di un ostacolo sito in zona nemica.
attestàto **A** *part. pass. di attestare* (1); *anche agg.* Affermato. **B** *s. m.* Dichiarazione scritta | (*est.*) Certificato.
attestazióne *s. f.* **1** Affermazione, testimonianza | (*est.*)

Attestato: *rilasciare una falsa* —. **2** (*fig.*) Dimostrazione di un sentimento: — *di affetto.*

atticciàto *agg.* Che ha corporatura robusta e tarchiata.

àttico *s. m.* (*pl.* -*ci*) **1** (*arch.*) Parte di un edificio sovrapposta al cornicione, con funzioni decorative. **2** Ultimo piano abitabile di un edificio.

attiguità *s. f.* L'essere attiguo.

attiguo *agg.* Contiguo, vicino.

attillàre A *v. tr.* **1** (*raro*) Abbigliare. **2** Rendere aderente al corpo: — *una gonna.* **B** *v. rifl.* Vestirsi con cura e ricercatezza: *attillarsi per una festa.*

attillàto *part. pass. di attillare; anche agg.* **1** Vestito con cura. **2** Aderente, detto di abito.

attillatùra *s. f.* **1** (*raro*) Aderenza al corpo | (*est.*) Eleganza. **2** Parte in cui l'abito aderisce al corpo.

àttimo *s. m.* Brevissima frazione di tempo | *In un* —, in un istante, in un baleno.

attinènte *agg.* Che riguarda: *questione* — *alla ricerca.*

attinènza *s. f.* **1** Connessione, rapporto. **2** Legame di parentela o amicizia. **3** *al pl.* Annessi, accessori.

attìngere A *v. tr.* (*pres. io attìngo, tu attìngi; pass. rem. io attìnsi, tu attingésti; part. pass. attìnto*) **1** (*lett.*) Toccare, raggiungere (*anche fig.*). **2** Prendere, tirar su acqua: — *acqua a una sorgente.* **3** (*fig.*) Trarre, derivare, ricavare: — *denaro dalle rendite* | Venire a sapere: *a quali fonti hai attinto queste notizie?* **B** *v. intr.* (*aus. avere*) (*lett.*) Pervenire (*anche fig.*): — *alla beatitudine.*

attìnia *s. f.* Animale marino dei Celenterati di aspetto simile a un fiore. [→ ill. *animali* 1]

attìnico *agg.* (*pl. m.* -*ci*) Detto di radiazione elettromagnetica, spec. di quella ultravioletta, capace di svolgere un'azione chimica.

attìnide *s. m.* Ogni elemento chimico che segue l'attinio nel sistema periodico degli elementi.

attìnio *s. m.* Elemento chimico radioattivo, di proprietà chimiche simili a quelle del lantanio, reperibile in natura nei minerali uraniferi. SIMB. Ac.

attinomicèti *s. m. pl.* (*sing.* -*e*) Ordine di batteri, patogeni per l'uomo, come agenti della difterite, tubercolosi, lebbra.

attìnto *part. pass. di attingere; anche agg.* **1** Tirato su. **2** (*fig.*) Tratto, ricavato.

attiràre *v. tr.* Attrarre, tirare a sé (*anche fig.*): *il Nord attira l'ago della bussola*; SIN. Cattivare.

attitudinàle *agg.* Di attitudine, nel sign. di *attitudine* (1).

attitùdine (1) *s. f.* Capacità di divenire esperto in un'attività dopo un certo addestramento o insegnamento: *avere* — *per lo scrivere*; SIN. Disposizione.

attitùdine (2) *s. f.* Posizione, atteggiamento del corpo: *stare in* — *di penitente.*

attivàre *v. tr.* Mettere in azione, rendere operante, attivo: — *un dispositivo.*

attivazióne *s. f.* **1** L'attivare, il mettere in funzione. **2** L'accelerare una reazione chimica con l'aggiunta di speciali sostanze.

attivismo *s. m.* Tendenza ad accentuare il momento dell'azione della vita umana | Dottrina pedagogica che esalta l'importanza dell'attività spontanea del fanciullo.

attivista *s. m. e f.* (*pl. m.* -*i*) Militante di base che partecipa attivamente a creare consensi a un'organizzazione politica o sindacale.

attivìstico *agg.* (*pl. m.* -*ci*) **1** Che concerne l'attivismo. **2** Dinamico.

attività *s. f.* **1** L'essere attivo, l'agire in modo attivo | *Essere in* —, in movimento, in azione; essere in servizio, in funzione; SIN. Operosità; CONTR. Inattività. **2** (*geol.*) Fase di effettiva eruzione da parte di un vulcano. **3** Insieme di operazioni proprie di un individuo o di una categoria di individui, tesi alla realizzazione di uno scopo. **4** Insieme di valori inscritti nell'attivo di un bilancio; CONTR. Passività.

attivizzàre *v. tr.* Rendere attivo.

attìvo A *agg.* **1** Che è caratterizzato dall'azione anziché dalla contemplazione: *vita attiva*; CONTR. Contemplativo. **2** Che agisce con alacrità ottenendo notevoli risultati pratici: *è un uomo* —, *non un sognatore*; SIN. Laborioso, operoso. **3** Detto di forma verbale in cui il soggetto grammaticale compie l'azione o si trova in un determinato stato (es. *io leggo un libro*); CONTR. Passivo. **4** Detto di operazione contabile che attesta l'andamento positivo di operazioni finanziarie; CONTR. Passivo. **B** *s. m.* **1** Forma verbale attiva. **2** Complesso delle componenti positive del patrimonio di un'azienda. **3** Insieme dei dirigenti e attivisti di un partito o sindacato.

attizzàre *v. tr.* **1** Ravvivare il fuoco accostando i tizzoni, favorendo la combustione. **2** (*fig.*) Rendere più intenso, più ardente: — *l'odio.*

attizzatóio *s. m.* Arnese atto ad attizzare il fuoco.

àtto (1) *s. m.* **1** (*filos.*) Ciò che si realizza | *Essere in* —, in corso di realizzazione. **2** Comportamento, azione: — *gentile, onesto* | Atteggiamento, movimento fisico | *Fare l'*— *di*, accennare un'azione senza compierla | (*est.*) Dimostrazione, prova di un sentimento: — *d'affetto* | *Mettere in* —, realizzare | *All'*— *pratico*, in pratica, in realtà. **3** (*dir.*) Documento avente rilevanza giuridica: — *pubblico* | — *legislativo*, legge | *Prendere* — *di q.c.*, rilevarla, tenerne conto | *Dare* — *di q.c.*, riconoscerla: *ti dò* — *della tua lealtà.* **4** *al pl.* Raccolta di relazioni e interventi di congressi, accademie, assemblee. **5** Dichiarazione, manifestazione orale: — *di fede.* **6** Ognuna delle parti di cui si compone un'opera teatrale.

àtto (2) *agg.* Che ha attitudine, idoneità per q.c.: — *agli studi*; SIN. Idoneo.

àtto- *primo elemento*: anteposto a un'unità di misura, la divide per un miliardo di miliardi, cioè la moltiplica per 10^{-18}.

attònito *agg.* Fortemente impressionato: *rimanere* — *per la sorpresa.*

attòrcere *v. tr.* (*coniug. come torcere*) Torcere all'intorno.

attorcigliàre A *v. tr.* (*io attorciglio*) Attorcere su se stesso | Avvolgere attorno. **B** *v. rifl. e intr. pron.* Avvolgersi più volte su se stesso o intorno a q.c.

attóre *s. m.* (*f.* -*trìce*) **1** Chi recita, interpreta una parte in uno spettacolo. **2** (*fig.*) Chi partecipa attivamente a una vicenda reale. **3** (*dir.*) Colui che agisce in giudizio promuovendo un'azione privata.

attorniàre A *v. tr.* (*io attórnio*) **1** Circondare. **2** (*fig.*) Circuire, stare attorno per scopi non buoni. **B** *v. rifl.* Circondarsi di persone, spec. non buone.

attórno A *avv.* In giro, all'intorno | *Levarsi qc. o q.c. d'*—, (*fig.*) liberarsene, sbrigarsene | *Darsi* — (o *d'*—), darsi da fare. **B** *nella loc. prep.* — *a* Intorno a | *Stare* — *a q.c.*, (*fig.*) attendere ad essa con assiduità | *Stare* — *a qc.*, non abbandonarlo mai e (*fig.*) importunarlo per ottenere q.c.

attossicàre *v. tr.* (*io attòssico, tu attòssichi*) **1** (*lett.*) Avvelenare. **2** (*fig., lett.*) Amareggiare.

attraccàggio *s. m.* Manovra per attraccare.

attraccàre *v. tr. e intr.* (*aus. intr. essere e avere; io attràcco, tu attràcchi*) (*mar.*) Manovrare per approdare alla banchina, o accostarsi ad altra nave.

attràcco *s. m.* (*pl.* -*chi*) (*mar.*) Manovra dell'attraccare | Punto in cui si attracca.

attraènte *part. pres. di attrarre; anche agg.* Seducente, gradevole; SIN. Affascinante.

attràrre *v. tr.* (*coniug. come trarre*) **1** Tirare a sé con forza: *la calamita attrae il ferro*; SIN. Attirare. **2** (*fig.*) Allettare, lusingare.

attrattiva *s. f.* **1** Facoltà, capacità di attrarre (*spec. fig.*); SIN. Fascino. **2** *al pl.* Qualità che attraggono.

attrattivo *agg.* Che attrae.

attraversaménto *s. m.* **1** Atto dell'attraversare | (*est.*) Zona in cui si può attraversare. **2** Incrocio di due strade.

attraversàre *v. tr.* (*io attravèrso*) **1** Passare attraverso (*anche fig.*): — *la strada* | — *la strada, il passo, a qc.*, attraversare una strada mentre un altro sta sopraggiungendo; (*fig.*) ostacolare qc. **2** (*raro*) Mettere per traverso. **3** (*fig.*) Vivere, sperimentare: *sta attraversando un momento difficile.* **4** (*fig., lett.*) Ostacolare: *mi attraversa tutti i progetti.*

attravèrso A *avv.* (*lett.*) Trasversalmente, obliquamente. **B** *prep.* **1** Da parte a parte, da una parte all'altra: *passare* — *la siepe*; *siamo passati* — *grandi dolori* | *Anche nella loc. prep.* — *a*: *mettere uno sbarramento* — *alla strada.* **2** Mediante, per mezzo di: *è stato appurato* — *lunghe indagini.*

attrazióne *s. f.* **1** Potere dell'attirare a sé con forza: *l'*— *del polo magnetico.* **2** (*fig.*) Facoltà di richiamare o risvegliare l'interesse di qc.: *esercitare una forte* — *sulle masse* | (*est.*) Vivo interesse: *provare* — *per qc.* **3** Numero sensazionale in spettacoli di varietà o rivista. [→ ill. *luna park*] **4** Forza, gravitazionale o elettrica o magnetica, per cui due corpi sono mutualmente attratti.

attrezzaménto *s. m.* **1** Modo e atto dell'attrezzare. **2** (*est.*) Insieme di attrezzi.

attrezzàre **A** *v. tr.* (*io attrézzo*) **1** Fornire di attrezzi: — *una nave.* **2** (*est.*) Fornire di tutto il materiale necessario alla realizzazione di q.c.: — *una spedizione scientifica.* **B** *v. rifl.* Fornirsi del necessario.

attrezzatùra *s. f.* **1** Fornitura, dotazione di attrezzi. **2** Complesso di attrezzi, strumenti e congegni necessari allo sviluppo di un'attività. [→ ill. *cinematografia*]

attrezzerìa *s. f.* **1** Insieme degli oggetti necessari al completamento della scena teatrale e sim. **2** Reparto di un opificio dove si preparano gli attrezzi per le macchine utensili.

attrezzista *s. m. e f.* (*pl. m. -i*) **1** Atleta specialista della ginnastica con attrezzi. **2** Nei teatri, trovarobe. **3** Operaio addetto all'attrezzeria o all'attrezzatura meccanica.

attrezzìstica *s. f.* Ginnastica eseguita con l'impiego di attrezzi.

attrézzo **A** *s. m.* **1** Arnese necessario allo svolgimento di un'attività. **2** Ogni oggetto usato per gare sportive | Nella ginnastica, strumento di varia forma per eseguire esercizi e assumere posizioni diverse. [→ ill. *sport*] **B** *al pl. in funzione di agg. Nella loc. Carro attrezzi*, autoveicolo attrezzato per l'assistenza agli autoveicoli.

attribuìbile *agg.* Che si può attribuire.

attribuìre *v. tr.* (*io attribuìsco, tu attribuìsci*) **1** Assegnare, dare in proprietà: — *a qc. una ricompensa.* **2** Rilevare o stabilire una connessione fra una causa e un effetto, un'opera e un autore e sim.: — *un quadro al Mantegna.*

attributìvo *agg.* Che ha funzione di attributo.

attribùto *s. m.* **1** Qualità caratteristica di una persona o di una cosa. **2** (*est.*) Elemento distintivo: *le bilance sono l'— della giustizia.* **3** (*ling.*) Aggettivo che attribuisce una qualità o una circostanza al sostantivo cui si riferisce (es. *'bella' giornata*).

attribuzióne *s. f.* **1** Atto dell'attribuire | Assegnazione. **2** *al pl.* Facoltà e poteri spettanti a chi svolge una determinata attività.

attristàre *v. tr. e intr. pron.* Rattristare.

attrito *s. m.* **1** (*fis.*) Resistenza che incontra un corpo nel suo moto rispetto a un altro corpo, con cui è a contatto. **2** (*fig.*) Contrasto, dissidio.

attrizióne *s. f.* Nella teologia cattolica, il dolore per i peccati commessi ispirato dal timore dei castighi.

attruppàre **A** *v. tr.* (*lett.*) Radunare confusamente. **B** *v. intr. pron.* Riunirsi in modo confuso.

attuàbile *agg.* Che si può attuare; SIN. Realizzabile; CONTR. Inattuabile.

attuàle *agg.* **1** Che avviene nel momento presente: *esistenza* — | Che appartiene o si riferisce al presente: *le attuali circostanze.* **2** Che è in atto, che è passato dalla potenzialità alla realtà effettiva | *Peccato* —, commesso dalla persona, imputabile alla sua volontà.

attualìsmo *s. m.* Dottrina filosofica secondo cui tutta la realtà è il prodotto dell'attività spontanea del pensiero.

attualità *s. f.* **1** Qualità di ciò che è attuale | *Essere d'*—, suscitare interesse nel momento presente. **2** Avvenimento, fatto, del presente o del recentissimo passato: *notizia d'*— | *Film d'*—, composto di brevi servizi giornalistici su fatti e notizie d'attualità.

attualizzàre *v. tr.* Rendere attuale un problema, una questione.

attualménte *avv.* Nel momento presente.

attuàre **A** *v. tr.* (*io àttuo*) Mettere in atto; SIN. Realizzare. **B** *v. intr. pron.* Venire in atto.

attuariàle *agg.* Detto di un ramo della matematica che studia le tariffe delle assicurazioni, spec. sulla base delle statistiche di mortalità.

attuazióne *s. f.* Realizzazione, effettuazione.

attutire **A** *v. tr.* (*io attutìsco, tu attutìsci*) Rendere meno violento, meno intenso. **B** *v. intr. pron.* Diminuire d'intensità (*anche fig.*); SIN. Calmarsi.

aucùba *s. f.* Arbusto ornamentale sempreverde delle Umbellali con larghe foglie punteggiate di bianco.

audàce **A** *agg.* **1** Che non teme il pericolo e lo dimostra affrontando ogni difficoltà e sfidando il rischio che ne deriva; SIN. Ardimentoso, coraggioso, intrepido. **2** Che è detto o fatto in modo arrischiato | (*est.*) Provocante: *indossare abiti audaci* | (*est.*) Insolente: *risposta* —. **3** Che è in posizione innovatrice rispetto alla tradizione: *idea* —. **B** *s. m. e f.* Persona audace.

audàcia *s. f.* (*pl. -cie*) **1** Qualità di chi (o di ciò che) è audace; SIN. Ardimento, coraggio. **2** Temerità, sfacciataggine.

àudio **A** *s. m. inv.* (*tv.*) Tutto ciò che riguarda la trasmissione e la ricezione del suono | Il suono stesso. **B** *anche agg.*: *segnale* —.

àudio- *primo elemento*: in parole composte indica relazione con l'udito: *audiometro, audiovisivo.*

audiofrequènza *s. f.* In radiofonia e telefonia, frequenza di vibrazioni compresa nella gamma delle frequenze udibili.

audiòmetro *s. m.* Strumento per la determinazione della sensibilità degli organi dell'udito.

audiovisìvo **A** *agg.* Che consente di udire e di vedere nello stesso tempo: *la televisione è un mezzo* —. **B** *s. m. spec. al pl.* Ogni strumento che si basa sul rapporto fra immagine e parola, come film, televisione, diapositive e sim.

auditivo V. *uditivo.*

auditóre V. *uditore.*

auditòrio o *auditòrium* *s. m.* Edificio con una o più sale per l'audizione di musica, conferenze e sim.

audizióne *s. f.* Atto dell'udire | Prova di ascolto, spec. radiofonica o discografica.

aùf V. *uff.*

aùffa V. *uff.*

àuge *s. f. solo sing.* Apice, culmine, massimo grado e sim. | *Essere in* —, trovarsi al vertice della notorietà, del successo | *Venire in* —, acquistare credito, fama, gloria.

augèllo *s. m.* (*f. -a*) (*poet.*) Uccello.

augite *s. f.* (*miner.*) Silicato di calcio, ferro e magnesio, di colore verde scuro.

auguràle *agg.* Che reca o esprime augurio.

auguràre **A** *v. tr.* (*io àuguro*) Esprimere un augurio per sé o per altri | *Augurarsi q.c.*, sperarlo. **B** *v. intr.* (*aus. avere*) Pronosticare secondo la tecnica divinatoria degli auguri.

àugure *s. m.* Sacerdote divinatore che, presso i Romani e gli Etruschi, prediceva il futuro attraverso l'osservazione del volo degli uccelli e l'interpretazione dei sogni e dei fenomeni naturali.

augùrio *s. m.* **1** Responso reso dagli auguri. **2** Presagio: *essere di buono, di cattivo* —. **3** Speranza, voto di felicità, salute, benessere. **4** *spec. al pl.* Formula di cortesia in particolari ricorrenze: *fare gli auguri a qc.*

auguróso *agg.* Che è di augurio.

augùsto (1) **A** *agg.* Sacro, maestoso, venerabile. **B** *s. m.* (*lett.*) Imperatore.

augùsto (2) *s. m.* Pagliaccio del circo equestre, che indossa un abito da sera molto largo.

àula *s. f.* **1** Locale adibito a lezioni scolastiche. [→ ill. *scuola*] **2** In edifici pubblici, vasto locale destinato ad assemblee e sim.: *le aule del Tribunale.* [→ ill. *giustizia, parlamento*]

àulico *agg.* (*pl. m. -ci*) **1** Di corte. **2** Nobile, colto, raffinato, detto di lingua, stile e sim.

aulire *v. intr.* (*io aulisco, tu aulisci; dif. usato solo nelle forme del pres. e imperf. indic. e del part. pres.*) (*lett.*) Olezzare, odorare.

aulòs *s. m.* Antico strumento musicale greco. [→ ill. *strumenti musicali*]

aumentàbile *agg.* Che si può aumentare.

aumentàre **A** *v. tr.* (*io auménto*) **1** Incrementare, ingrandire: — *lo stipendio*; SIN. Accrescere; CONTR. Diminuire. **2** Nei lavori a maglia, aggiungere punti; CONTR. Calare. **B** *v. intr.* (*aus. essere*) Crescere in quantità, estensione, potenza e sim. | Crescere di prezzo, rincarare: *la carne aumenta.*

auménto *s. m.* **1** Atto dell'aumentare | Incremento, crescita, aggiunta. **2** Rincaro: *ulteriore — della benzina.*

au pair /*fr.* o 'pɛr/ *loc. agg. e avv.* Detto di governante, istitutrice e sim. cui si offre vitto e alloggio ma non una regolare retribuzione.

àura *s. f.* **1** (*lett.*) Venticello leggero e piacevole. **2** (*fig., lett.*) Atmosfera, ambiente morale o sentimentale: *un'*—

di sventura. ***3*** (*fig.*) Credito, favore, *spec. nella loc.*: *— popolare.*

àureo *agg.* ***1*** D'oro | *Sistema —*, sistema monetario fondato sull'oro. ***2*** Che ha il colore, lo splendore dell'oro | (*est.*) Luminoso, splendente. ***2*** (*lett., fig.*) Nobile, pregevole, prezioso: *— libretto* | *Periodo, secolo —*, epoca di massimo splendore.

aurèola *s. f.* ***1*** Nell'iconografia cattolica, corona splendente attorno al capo dei Santi. ***2*** (*fig.*) Splendore di gloria che si acquista per particolari virtù: *— di bontà.*

aureolàre *v. tr.* (*io aurèolo*) (*lett.*) Cingere con una aureola.

aureomicìna *s. f.* Antibiotico del gruppo delle tetracicline, usato nella terapia di molte malattie infettive.

àuri- o *auro- primo elemento*: in parole composte dotte significa 'oro': *aurifero.*

àurica ***A*** *agg. solo f.* (*mar.*) Detto di vela trapezoidale inferita sul picco, sull'albero e sul boma. [→ ill. *marina*] ***B*** *s. f.* Vela aurica. [→ ill. *marina*]

àurico *agg.* (*pl. m. -ci*) (*chim.*) Detto di sale in cui l'oro è trivalente: *cloruro —.*

auricolàre ***A*** *agg.* Dell'orecchio. [→ ill. *anatomia umana*] ***B*** *s. m.* Accessorio degli apparecchi radioriceventi che, applicato all'orecchio, ne consente l'ascolto individuale. [→ ill. *telefonia*]

aurifero *agg.* Che contiene oro.

auriga *s. m.* (*pl. -ghi*) (*raro, lett.*) Cocchiere.

auròra o *auróra s. f.* ***1*** Chiarore dell'atmosfera terrestre che precede il sorgere del Sole | *— polare*, luminosità del cielo notturno che compare sulle regioni polari, altissima e contemporanea su entrambe, in concomitanza col prodursi di grandi macchie solari: *— boreale, australe.* ***2*** (*fig.*) Prima manifestazione, inizio: *l'— della civiltà.* • CFR. Alba.

auroràle *agg.* ***1*** Dell'aurora. ***2*** (*fig.*) Iniziale.

auscultàre *v. tr.* (*med.*) Riconoscere con l'orecchio o con particolari strumenti i suoni che provengono dagli organi interni.

auscultazióne *s. f.* L'auscultare.

auşiliàre ***A*** *agg.* Che aiuta | *Verbo —*, che serve a formare i tempi composti e il passivo. ***B*** *s. m. e f.* Chi presta aiuto, collaborazione. ***C*** *s. m.* Verbo ausiliare.

auşiliària *s. f.* Donna impiegata in servizi assistenziali al seguito dell'esercito operante.

auşiliàrio ***A*** *agg.* Che aiuta. ***B*** *s. m.* (*f. -a*) Aiutante.

auşiliatrice *agg.; anche s. f.* Titolo della Madonna, come soccorritrice dei cristiani.

auşilio *s. m.* (*lett.*) Aiuto.

auspicàbile *agg.* Che si può auspicare.

auspicàre *v. tr.* (*io àuspico, tu àuspichi*) ***1*** (*lett.*) Prendere gli auspici | (*est.*) Pronosticare. ***2*** (*est.*) Augurare.

àuspice *s. m.* ***1*** Presso i Romani, sacerdote divinatore che traeva l'auspicio. ***2*** (*lett.*) Chi promuove un'impresa, spec. in frasi con valore assoluto: *l'accordo fu firmato — il ministro.*

auspìcio *s. m.* ***1*** Presso gli antichi Romani, presagio tratto dall'osservazione del volo, del pasto e dei movimenti degli uccelli. ***2*** (*est.*) Pronostico | *Essere di buon —*, favorevole | *Essere di cattivo —*, sfavorevole. ***3*** (*fig.*) Protezione, favore: *sotto gli auspici delle autorità.*

austerità *s. f.* ***1*** Qualità di austero; SIN. Rigore, severità. ***2*** (*econ.*) Il complesso delle decisioni adottate dal governo per limitare la spesa pubblica e i consumi privati allo scopo di risanare l'economia.

austerity /*ingl.* ɔs'teriti/ *s. f. inv.* (*econ.*) Austerità.

austèro *agg.* Che ha o dimostra una rigida e severa norma di vita; SIN. Severo.

austòrio *s. m.* (*pl. -i*) Organo di assorbimento di piante parassite, come il vischio.

australe *agg.* Che si riferisce all'emisfero compreso tra l'equatore e il polo sud; CONTR. Boreale. [→ ill. *geografia*]

australiàno *agg.; anche s. m.* (*f. -a*) Dell'Australia.

austrìaco *agg.; anche s. m.* (*f. -a; pl. m. -ci*) Dell'Austria.

àustro *s. m.* ***1*** Vento umido e caldo che soffia da mezzogiorno; SIN. Ostro. [→ ill. *geografia*] ***2*** (*lett.*) Mezzogiorno.

autarchìa (1) *s. f.* Autosufficienza economica tale che un Paese possa produrre all'interno tutto ciò di cui necessita.

autarchìa (2) *s. f.* Padronanza, dominio di sé | (*est.*) Potere assoluto.

autàrchico *agg.* (*pl. m. -ci*) Che si riferisce all'autarchia economica | Di merce prodotta con materie prime o procedimenti non importati dall'estero.

aut aut /*lat.* 'aut 'aut/ *s. m. inv.* Alternativa, scelta a cui non ci si può sottrarre: *porre l'—.*

autenticàre *v. tr.* (*io autèntico, tu autèntichi*) ***1*** (*dir.*) Accertare autografo un documento da parte di pubblico ufficiale | *— una fotografia*, dichiarare che la persona in essa ritratta è la stessa che vi ha apposto la propria firma. ***2*** (*est.*) Confermare, convalidare q.c. con autorità: *— un'opera d'arte.*

autenticazióne *s. f.* Attestazione dell'autenticità di un documento, una firma e sim.

autenticità *s. f.* Qualità di ciò che è autentico.

autèntico *agg.* (*pl. m. -ci*) ***1*** Che proviene con certezza da chi ne è indicato quale autore: *firma autentica*; CONTR. Falso. ***2*** Che è vero, reale: *un fatto —* | (*est.*) Originale: *un mobile — del '700* | (*fig.*) Genuino: *è un — gentiluomo.*

autentificàre *v. tr.* (*io autentìfico, tu autentìfichi*) (*raro*) Autenticare.

autière *s. m.* Soldato del Corpo automobilistico.

autişmo *s. m.* (*psicol.*) Tendenza a essere regolati dai desideri o bisogni personali piuttosto che dalla realtà oggettiva.

autista *s. m. e f.* (*pl. m. -i*) Chi guida, per mestiere, autoveicoli; SIN. Conducente.

àuto- (1) *primo elemento*: in parole composte dotte significa 'di se stesso', 'da sé': *autobiografia, autodifesa, autodidatta.*

àuto- (2) *primo elemento*: in parole composte è accorciamento di 'automobile': *autoambulanza, autodromo, autotrasporto.*

àuto *s. f. inv. Acrt. di automobile.*

autoabbronzànte *s. m.* Prodotto che abbronza senza esporre il corpo al sole.

autoaccensióne *s. f.* Accensione spontanea di materiali combustibili, spec. della miscela nei motori a scoppio surriscaldati.

autoadesivo *agg.* Che aderisce senza l'intervento di colla o sim.: *nastro —.*

autoambulànza *s. f.* Autoveicolo attrezzato per il trasporto di ammalati e feriti. [→ ill. *autoveicoli*]

autoarticolàto *s. m.* Autoveicolo costituito da una motrice e da un semirimorchio. [→ ill. *autoveicoli*]

autobetonièra *s. f.* Autoveicolo munito di betoniera in grado di funzionare anche durante il tragitto. [→ ill. *autoveicoli*]

autobiografia *s. f.* Narrazione della propria vita | Biografia di se stesso.

autobiogràfico *agg.* (*pl. m. -ci*) Che concerne l'autobiografia | Che si riferisce a casi ed esperienze della propria vita.

autobiografişmo *s. m.* Tendenza di uno scrittore a porsi come protagonista della propria opera.

autoblinda *s. f. inv.* Automezzo protetto da una blindatura a prova di proiettile e variamente armato. [→ ill. *armi*]

autobótte *s. f.* Autoveicolo per il trasporto di liquidi, il cui serbatoio è internamente diviso in scomparti indipendenti fra loro.

autobrùco *s. m.* (*pl. -chi*) Autoveicolo le cui ruote sono sostituite da cingoli in grado di procedere su ogni terreno.

àutobus o *autobùs s. m.* Grande autoveicolo pubblico per trasporto spec. urbano di persone. [→ ill. *autoveicoli, strada*]

autocàrro *s. m.* Grande autoveicolo comprendente una cabina di guida e un cassone per il trasporto di cose. [→ ill. *autoveicoli*]

autocentrànte ***A*** *agg.* (*tecnol.*) Che centra automaticamente. ***B*** *s. m.* Mandrino munito di tre ganasce che centra e sopporta il pezzo sul tornio o su altre macchine utensili.

autocingolàto *s. m.* Autoveicolo munito di cingoli al posto delle ruote.

autocistèrna *s. f.* Autoveicolo per il trasporto di liquidi il cui serbatoio non è internamente diviso in scomparti. [→ ill. *autoveicoli, petrolio*]

autoclàve *s. f.* **1** Chiusura ermetica per recipienti nei quali la pressione interna è maggiore di quella esterna. **2** Recipiente a chiusura ermetica con coperchio applicato dall'interno, a tenuta di pressione: usata spec. per sterilizzare a temperature superiori a 100°.
autocolónna *s. f.* Gruppo di automezzi che viaggiano in colonna.
autocombustióne *s. f.* Incendio spontaneo spec. per eccesso di calore estivo.
autocommiṣerazióne *s. f.* Il sentire pietà per se stessi.
autocompiaciménto *s. m.* Il compiacersi di se stessi, dei propri successi e sim.
autocontròllo *s. m.* Dominio, padronanza delle proprie azioni e reazioni.
autoconvòglio *s. m.* Convoglio di automezzi.
autocorrièra *s. f.* Autoveicolo che compie un servizio pubblico di trasporto.
autocosciènza *s. f.* **1** Coscienza dell'io personale. **2** Forma di analisi collettiva e di confronto delle proprie esperienze di vita.
autòcrate *s. m.* Sovrano assoluto | (*est.*) Despota.
autocràtico *agg.* (*pl. m. -ci*) Di, da autocrate.
autocrazia *s. f.* Governo dispotico.
autocritica *s. f.* Capacità di giudicare e criticare direttamente se stessi, le proprie azioni e sim.
autocritico *agg.* (*pl. m. -ci*) Di autocritica.
autoctonia *s. f.* Qualità di autoctono.
autòctono ***A*** *agg.* Detto di roccia o corpo geologico formatosi nel luogo in cui si trova. ***B*** *agg.; anche s. m.* (*f. -a*) Nato nel luogo ove risiede.
autodafé *s. m.* In Spagna, proclamazione solenne della sentenza dell'inquisitore ed esecuzione della stessa | Il bruciare eretici sul rogo.
autodeciṣióne *s. f.* Capacità di prendere decisioni autonome | Diritto di un popolo di decidere liberamente del suo destino.
autodeterminazióne *s. f.* Autodecisione.
autodidàtta *s. m. e f.* (*pl. m. -i*) Chi si è istruito o ha ampliato la propria cultura senza frequentare scuole e senza l'aiuto di insegnanti.
autodidàttico *agg.* (*pl. m. -ci*) Proprio dell'autodidatta: *metodo* —.
autodifésa *s. f.* **1** Attività difensiva esplicata personalmente. **2** Autotutela.
autòdromo o (*evit.*) *autodròmo* *s. m.* Pista per gare automobilistiche e motociclistiche. [→ ill. *sport*]
autoemotèca *s. f.* Autoveicolo attrezzato a emoteca.
autoferrotranviàrio o *autoferrotranvịàrio* *agg.* Relativo ai trasporti pubblici automobilistici, ferroviari e tranviari.
autofilettànte *agg.* Detto di vite di acciaio che filetta direttamente il foro mentre viene avvitata. [→ ill. *ferramenta*]
autofilotranviàrio o *autofilotranvịàrio* *agg.* Relativo agli autobus, ai filobus e ai tram.
autofurgóne *s. m.* Autocarro chiuso.
autogamia *s. f.* Fecondazione di un fiore da parte del polline del fiore stesso.
autògeno *agg.* **1** Che si genera da sé. **2** Detto di saldatura di parti metalliche ottenuta per fusione del metallo stesso, senza aggiunta di metallo di apporto.
autogestióne *s. f.* Gestione di un'azienda da parte dei lavoratori della stessa | (*est.*) Gestione di un organismo, attività e sim. da parte di coloro che vi operano.
autogiro *s. m.* Aeromobile che è sostentato da uno o più rotori ad asse pressoché verticale, i quali, trascinati in rotazione dal vento, fanno le veci di un'ala. [→ ill. *aeronautica*]
autogòl *s. m. inv.* Nel calcio, punto a vantaggio della squadra avversaria segnato da un calciatore che invia erroneamente il pallone nella propria porta; SIN. Autorete.
autogovèrno *s. m.* Facoltà concessa a un gruppo sociale di amministrarsi da solo | — *dei popoli*, concesso ai popoli che raggiungono l'indipendenza, spec. alle popolazioni coloniali.
autografia *s. f.* Qualità di ciò che è autografo.
autògrafo ***A*** *agg.* Scritto di pugno dall'autore: *manoscritto* —. ***B*** *s. m.* **1** (*letter.*) Manoscritto di opera letteraria vergato di mano propria dall'autore. **2** Documento scritto di pugno da una persona, spec. celebre | (*est.*) Firma.
autogrill /auto'gril/ *s. m. inv.* Nome commerciale di posto di ristoro per automobilisti situato nelle aree di servizio delle autostrade.
autogrù *s. f.* Autoveicolo munito di gru. [→ ill. *autoveicoli, vigili del fuoco*]
autoguida *s. f.* Sistema per cui un missile in volo si dirige da sé contro l'obiettivo.
autoimmondizie *s. m. inv.* Autoveicolo dotato di una parte ribaltabile per il carico e lo scarico delle immondizie. [→ ill. *autoveicoli, nettezza urbana*]
autoincèndio *s. m.* Autoveicolo dotato di attrezzatura per domare gli incendi. [→ ill. *autoveicoli, vigili del fuoco*]
autoinduzióne *s. f.* (*fis.*) Fenomeno per cui la variazione del campo magnetico generato da una corrente elettrica crea una corrente indotta che si sovrappone alla principale.
autoinnaffiatrice *s. f.* Autobotte attrezzata per innaffiare le strade. [→ ill. *nettezza urbana*]
autoleṣioniṣmo *s. m.* Comportamento di chi cagiona il proprio danno (*anche fig.*).
autoleṣionista *s. m. e f.* (*pl. m. -i*) Chi commette autolesionismo (*anche fig.*).
autolettiga *s. f.* Autoambulanza.
autolinea *s. f.* Linea percorsa regolarmente da autoveicoli pubblici.
autòma *s. m.* (*pl. -i*) **1** Dispositivo meccanico che riproduce i movimenti e l'aspetto dell'uomo e degli animali. **2** (*est.*) Chi si muove in modo meccanico. • SIN. Robot.
automaticità *s. f.* Qualità di ciò che è automatico.
automaticiẓẓàre *v. tr.* (*io automaticiẓẓo*) Automatizzare.
automàtico ***A*** *agg.* (*pl. m. -ci*) **1** (*tecnol.*) Detto di operazione che si compie da sé: *scatto* —. **2** (*est.*) Detto di meccanismo che, regolato opportunamente, compie determinate operazioni, senza il diretto intervento dell'uomo: *lavatrice automatica* | *Bottone* —, bottone metallico in due parti che si incastrano a pressione mediante una molla | *Arma automatica*, in cui appositi congegni provvedono all'estrazione del bossolo scarico e al ricaricamento | *Pilota* —, autopilota. [→ ill. *armi, bilancia, cacciatore, elettricità, magazzinaggio, suono, telefonia, tessuto*] **3** (*fig.*) Di movimento eseguito senza la diretta partecipazione della coscienza e della volontà: *cenno — del capo* | Di ciò che si verifica come diretta conseguenza di q.c.: *il rincaro della benzina provoca l'— aumento degli altri prezzi.* ***B*** *s. m.* **1** Bottone automatico. **2** Fucile automatico. [→ ill. *cacciatore*]
automatiṣmo *s. m.* **1** Qualità di ciò che è automatico. **2** Attrezzatura automatica. **3** (*psicol.*) Carattere degli atti del comportamento umano compiuti meccanicamente.
automatiẓẓàre *v. tr.* Rendere automatico; SIN. Automaticizzare.
automazióne *s. f.* Ogni tecnica che prevede la sostituzione della macchina all'uomo nell'esecuzione e/o nel controllo di un'attività.
automedónte *s. m.* (*scherz.*) Cocchiere (dal nome del cocchiere di Achille).
automèẓẓo *s. m.* Autoveicolo.
automòbile ***A*** *agg.* Che si muove per forza propria: *congegno* —. ***B*** *s. f.* Veicolo generalmente a quattro ruote, mosso da un proprio motore per lo più a combustione interna, e destinato al trasporto su strada di un numero limitato di passeggeri. [→ ill. *automobile*]
automobilina *s. f.* **1** *Dim. di automobile.* **2** Giocattolo a forma di automobile mosso da pedali o da piccoli motori elettrici. [→ ill. *giochi*]
automobiliṣmo *s. m.* Tutto ciò che riguarda gli autoveicoli e il loro impiego | Sport delle corse in automobile.
automobilista *s. m. e f.* (*pl. m. -i*) Chi guida un'automobile | Chi pratica l'automobilismo.
automobilistico *agg.* (*pl. m. -ci*) Che si riferisce all'automobile o all'automobilismo.
automontàto *agg.* Montato su automezzi: *reparti automontati.*
automóstra *s. m.* Autoveicolo attrezzato internamente per la mostra di una data merce, gener. libri. [→ ill. *autoveicoli*]
automotrice *s. f.* Veicolo ferroviario provvisto di motore, per il trasporto di persone e cose. [→ ill. *ferrovia*]
automutilazióne *s. f.* Il mutilare se stessi | Il procurarsi diminuzioni nell'integrità fisica per fini illeciti.

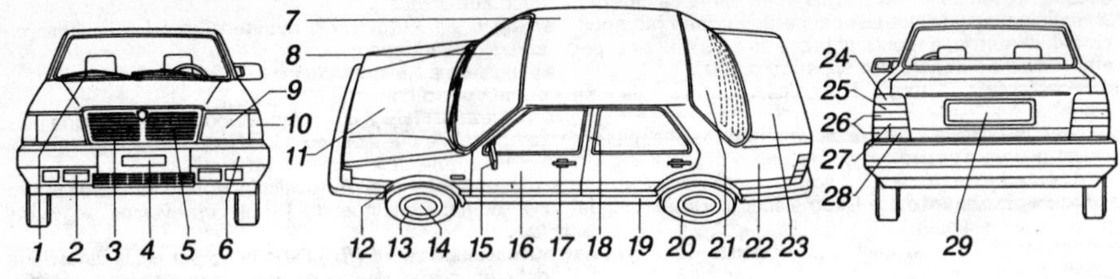

carrozzeria d'automobile

1 tergicristallo 2 faro antinebbia 3 griglia 4 targa anteriore 5 calandra 6 paraurti 7 padiglione 8 parabrezza 9 proiettore e luci di posizione 10 luce e indicatore di direzione 11 cofano 12 parafango 13 cerchione 14 coppa 15 retrovisore 16 portiera 17 maniglia 18 montante 19 scocca 20 pneumatico 21 lunotto termico 22 fiancata 23 baule 24 luce e indicatore di direzione 25 luci di posizione e arresto 26 catarifrangente 27 faro di retromarcia 28 faro antinebbia posteriore 29 targa posteriore

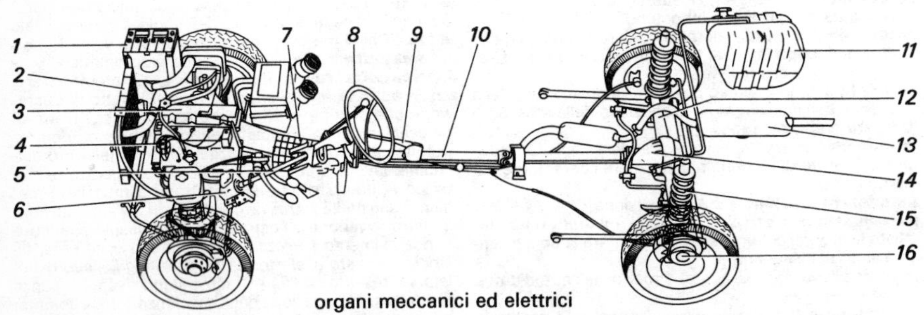

organi meccanici ed elettrici

1 batteria 2 radiatore 3 motore 4 spinterogeno 5 piantone 6 scatola dello sterzo 7 scatola del cambio 8 volante 9 freno di stazionamento 10 albero di trasmissione 11 serbatoio 12 semiasse 13 marmitta 14 scatola del differenziale 15 sospensione 16 freno a disco

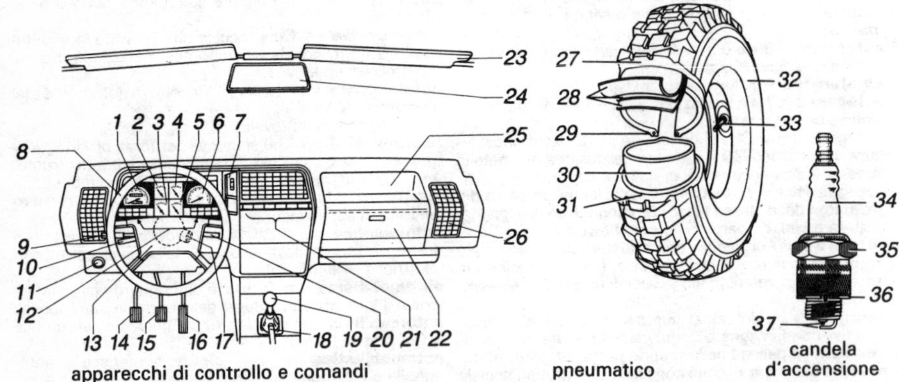

apparecchi di controllo e comandi

pneumatico

candela d'accensione

1 tachimetro 2 indicatore della temperatura del liquido di raffreddamento 3 indicatore del livello della benzina 4 indicatore della temperatura dell'olio 5 manometro dell'olio 6 contagiri 7 dispositivi di controllo luminosi 8 volante 9 commutazioni delle luci 10 indicatore di direzione 11 lavacristallo 12 interruttori e comandi 13 avvisatore acustico 14 frizione 15 freno 16 acceleratore 17 accensione 18 freno di stazionamento 19 cambio 20 interruttore del tergicristallo 21 spie di funzionamento e controllo 22 ripostiglio 23 aletta parasole 24 specchietto retrovisore 25 portaoggetti 26 diffusore d'aria 27 battistrada 28 tele 29 tallone 30 camera d'aria 31 copertone 32 fianco 33 valvola 34 nucleo isolante 35 corpo 36 guarnizione 37 elettrodi

autonoleggiatóre *s. m.* Proprietario o gerente di un autonoleggio.
autonoléggio *s. m.* Noleggio di automobili | Azienda che esercita tale attività.
autonomìa *s. f.* **1** Capacità di governarsi con proprie leggi. **2** (*est.*) Indipendenza: *l'— dell'ordine giudiziario.* **3** (*est.*) Capacità di pensare e di agire liberamente. **4** In impianti, macchinari e sim., capacità di funzionare per un certo periodo senza rifornimento di energia | Distanza che un mezzo di trasporto può percorrere con un dato quantitativo di combustibile.
autonomìsmo *s. m.* Tendenza all'autonomia politica o amministrativa.
autonomìsta *s. m. e f.* (*pl. m. -i*) Chi sostiene l'autonomia politica o amministrativa.
autònomo *agg.* **1** Dotato di autonomia: *ente —.* **2** (*est.*) Libero, indipendente.
autoparchéggio *s. m.* Parcheggio per autoveicoli.
autopàrco *s. m.* (*pl. -chi*) **1** Autoparcheggio. **2** Insieme degli autoveicoli addetti a un servizio.
autopiàno *s. m.* Pianoforte i cui tasti sono mossi da un congegno elettrico o a pedali.
autopilòta *s. m.* (*pl. -i*) Meccanismo usato, spec. a bordo di aerei o natanti, per sostituire in tutto o in parte il pilota umano; SIN. Pilota automatico.
autopìsta *s. f.* Nei parchi di divertimento, pista su cui corrono piccole automobili elettriche. [→ ill. *luna park*]
autopómpa *s. f.* Autocarro attrezzato con pompe antincendio e prese d'acqua.
autopropulsióne *s. f.* Propulsione di un corpo qualsiasi dovuta a sviluppo o trasformazione d'energia all'interno del corpo stesso.
autopsìa *s. f.* Sezione del cadavere per ricercarne la causa di morte.
autopùbblica *s. f.* Taxi.
autopùllmann /auto 'pulman; *semi-ingl.* 'auto 'pulmən/ *s. m. inv.* Torpedone dotato di particolari comodità per lunghi percorsi. [→ ill. *autoveicoli*]
autoràdio *s. f. inv.* **1** Apparecchio radioricevente per autoveicoli. [→ ill. *radio*] **2** Autoveicolo munito di apparecchio radio ricevente e trasmittente.
autoradùno *s. m.* Raduno di automobili, spec. a scopo sportivo o pubblicitario.
autóre *s. m.* (*f. -trìce*) **1** Chi dà origine, genera, muove, promuove e sim.: *l'— di un danno* | *Il sommo —,* (*per anton.*) Dio. **2** Chi ha creato un'opera letteraria, artistica, scientifica | *Diritto d'—*, diritto morale e patrimoniale spettante all'autore sulle opere dell'ingegno letterarie e artistiche di carattere creativo; compenso derivante | *Quadro d'—*, di artista noto e valente | *Fuori l'—*, espressione spec. entusiastica del pubblico a teatro.
autoreattóre *s. m.* Statoreattore.
autoregolamentazióne *s. f.* Emanazione di norme atte a regolamentare la propria condotta, spec. nell'ambito sindacale.
autoregolazióne *s. f.* Regolazione automatica di impianti e sim.
autorepàrto *s. m.* (*mil.*) Reparto del servizio automobilistico.
autorespiratóre *s. m.* Dispositivo alimentato da ossigeno che serve per la respirazione subacquea o in ambienti mefitici. [→ ill. *pesca, vigili del fuoco*]
autoréte *s. f.* Autogol.
autorévole *agg.* Che ha autorità | (*est.*) Che proviene da persona tenuta in molta considerazione.
autorevolézza *s. f.* Qualità di autorevole.
autoriméssa *s. f.* Locale o gruppo di locali adibiti alla custodia di autoveicoli; SIN. Garage.
autorità *s. f.* **1** (*dir.*) Potere, tutelato dalla legge, di emanare atti vincolanti l'attività dei destinatari: *l'— della legge, dello Stato.* **2** Complesso di organi dotati di tale potere: *— legislativa, giudiziaria, governativa* | *L'— costituita*, riconosciuta dallo Stato. **3** (*est.*) Insieme degli individui titolari di pubblici uffici: *— civili, militari, ecclesiastiche.* **4** Ascendente che una persona esercita sulle altre. **5** (*est.*) Credito, stima | Prestigio. **6** (*est.*) Chi, per grande esperienza e competenza, gode di un'alta stima nell'ambito dei suoi interessi: *è un'— nel campo matematico.*
autoritàrio *agg.* Che fa valere la propria autorità | (*est.*) Prepotente | *Stato —*, a forte accentramento, senza un reale controllo basato su elezioni popolari.
autoritarìsmo *s. m.* Caratteristica di persona, partito o Stato autoritario.
autoritràtto *s. m.* **1** Ritratto di sé eseguito dal soggetto stesso. **2** (*est.*) Descrizione dei propri caratteri fisici e morali.
autorizzàre *v. tr.* **1** Permettere di compiere una determinata azione: *le autorità hanno autorizzato l'apertura del locale.* **2** Giustificare, legittimare.
autorizzazióne *s. f.* **1** Permesso di compiere una data azione. **2** (*dir.*) Atto che conferisce la capacità di esercitare un diritto | Documento contenente tale atto.
autosalóne *s. m.* Locale adibito all'esposizione di automobili per la vendita.
autoscàla *s. f.* Autoveicolo munito di scala estensibile | Scala montata su tale veicolo. [→ ill. *autoveicoli, vigili del fuoco*]
autoscàtto *s. m.* (*fot.*) Dispositivo che permette di far scattare l'otturatore dopo un numero di secondi prestabilito. [→ ill. *fotografo*]
autoscóntro *s. m.* Nei parchi di divertimento, piccola vettura elettrica che, su apposita pista, si porta allo scontro con altre simili. [→ ill. *luna park*]
autoscuòla *s. f.* Scuola per l'insegnamento teorico e pratico della guida degli autoveicoli.
autoservìzio *s. m.* **1** Complesso dei rifornimenti e servizi che un'autorimessa può offrire all'automobilista. **2** *al pl.* Rete di autolinee.
autosnodàto *s. m.* Veicolo stradale composto di più elementi atti al carico e collegati permanentemente, ma non rigidamente. [→ ill. *autoveicoli*]
autosoccórso *s. m.* Autoveicolo adeguatamente attrezzato per il soccorso ai veicoli. [→ ill. *autoveicoli*]
autospazzatrice *s. f.* Autoveicolo attrezzato per la pulizia delle strade, per lo più munito di spazzolone rotante. [→ ill. *nettezza urbana*]
autospurgatóre *s. m.* Automezzo attrezzato per lo spurgo delle fognature stradali. [→ ill. *nettezza urbana*]
autostazióne *s. f.* **1** Stazione di servizio per gli autoveicoli. **2** Stazione ove fanno capo più autolinee.
autostèllo *s. m.* Posto di ristoro per automobilisti dotato di attrezzatura alberghiera e di servizio di assistenza per gli autoveicoli; SIN. Motel.
autostòp *s. m. inv.* Il fermare autoveicoli in transito per chiedere il trasporto gratuito in qualche località | Il trasporto stesso.
autostoppìsta *s. m. e f.* (*pl. m. -i*) Chi pratica l'autostop.
autostràda *s. f.* Strada riservata agli autoveicoli e ai motocicli, priva di attraversamenti e sovente a due carreggiate divise da uno spartitraffico. [→ ill. *strada*]
autostradàle *agg.* Di autostrada. [→ ill. *strada*]
autosufficiènte *agg.* Che basta a se stesso.
autosufficiènza *s. f.* Qualità di autosufficiente.
autosuggestióne *s. f.* (*psicol.*) Suggestione esercitata su se stesso.
autotelàio *s. m.* Telaio dell'autoveicolo, privo di carrozzeria ma fornito degli organi meccanici.
autotomìa *s. f.* Negli animali, amputazione spontanea di una parte del corpo, a scopo di difesa.
autotrasformatóre *s. m.* (*elettr.*) Trasformatore il cui avvolgimento secondario è collegato in serie con l'avvolgimento primario.
autotraspòrto *s. m.* Trasporto di persone o di merci per mezzo di autoveicoli.
autotrenìsta *s. m.* (*pl. -i*) Guidatore di autotreni.
autotrèno *s. m.* Insieme di un autocarro atto al traino, e di uno o più rimorchi. [→ ill. *autoveicoli*]
autotrofìa *s. f.* Proprietà delle piante verdi di costruire sostanze organiche dalle inorganiche per il proprio nutrimento.
autòtrofo *agg.* Dotato di autotrofia.
autoveìcolo *s. m.* Veicolo stradale per il trasporto di persone o cose, per lo più a quattro ruote, mosso dal motore proprio; SIN. Automezzo. [→ ill. *autoveicoli*]
autovettùra *s. f.* Automobile per il solo trasporto di persone.
autunite *s. f.* Minerale dell'uranio.
autunnàle *agg.* Di autunno | Che si svolge in autunno.
autùnno *s. m.* Stagione dell'anno che dura dal 23 set-

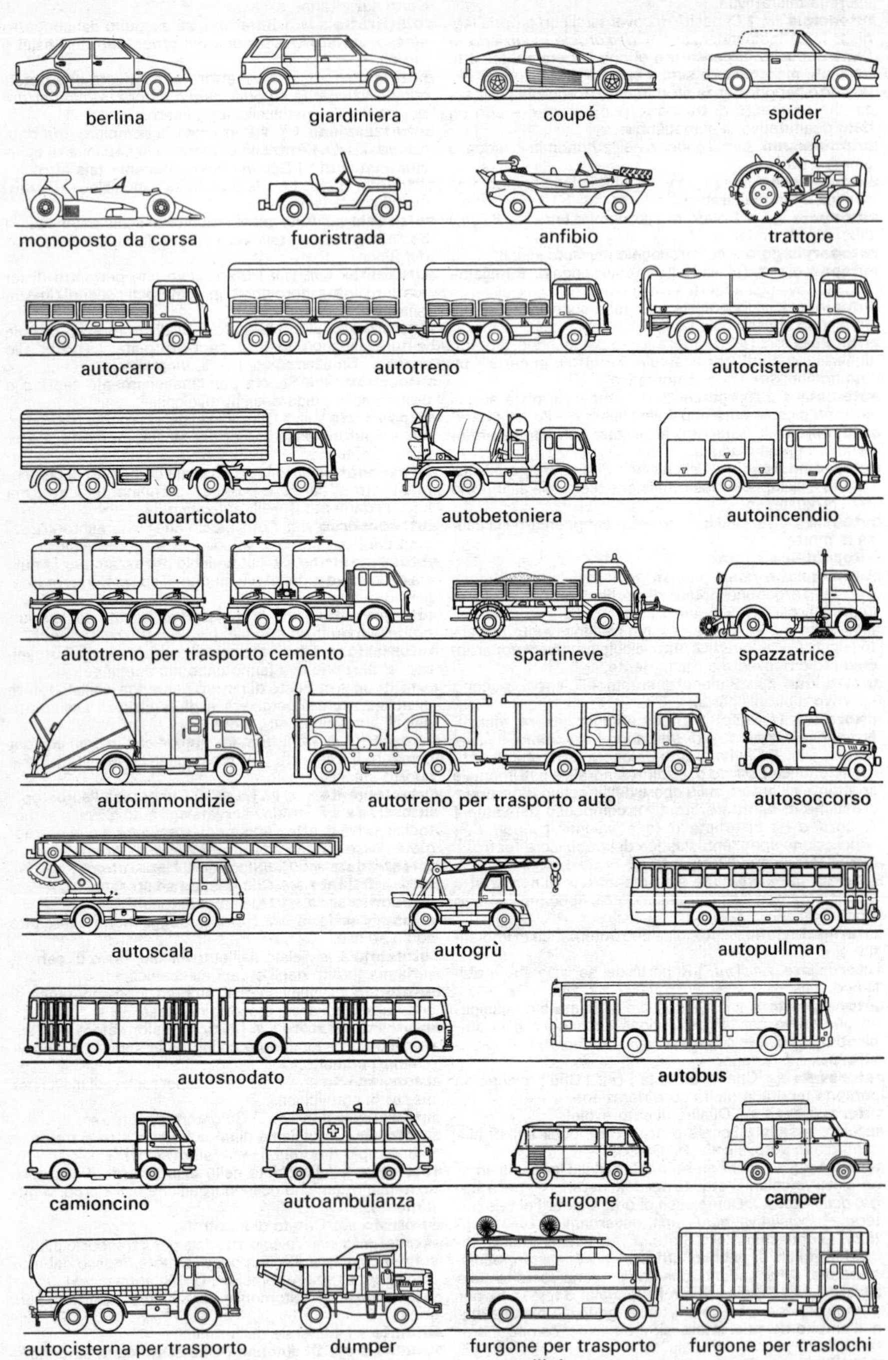
berlina
giardiniera
coupé
spider
monoposto da corsa
fuoristrada
anfibio
trattore
autocarro
autotreno
autocisterna
autoarticolato
autobetoniera
autoincendio
autotreno per trasporto cemento
spartineve
spazzatrice
autoimmondizie
autotreno per trasporto auto
autosoccorso
autoscala
autogrù
autopullman
autosnodato
autobus
camioncino
autoambulanza
furgone
camper
autocisterna per trasporto gas liquidi
dumper
furgone per trasporto cavalli da corsa
furgone per traslochi

tembre al 21 dicembre. [→ ill. *astronomia*]
auxina *s. f.* (*chim.*) Ormone di accrescimento delle piante.
avallàre *v. tr.* **1** Garantire con avallo: – *una cambiale.* **2** (*fig.*) Sostenere, confermare.
avàllo *s. m.* Garanzia di pagamento di un titolo cambiario altrui mediante dichiarazione apposta sul medesimo | (*fig.*) Garanzia, conferma.
avambràccio *s. m.* Parte dell'arto superiore compresa tra il gomito e la mano, nell'uomo e in altri mammiferi. [→ ill. *zoologia*]
avampósto *s. m.* Ogni nucleo di forze che un'unità in sosta schiera e intercettazione del nemico.
avan- (o *avam-* davanti a *p* e *b*) *primo elemento*: in parole composte indica anteriorità di tempo o di luogo: *avanguardia, avamposto, avanspettacolo.*
avàna *s. m. inv.* **1** Tipo di tabacco coltivato nell'America centrale, spec. a Cuba | Sigaro fatto con tale tabacco. [→ ill. *fumatore*] **2** Colore marrone chiaro.
avancàrica *s. f. Solo nella loc. ad* –, detto di arma da fuoco che si carica dalla bocca.
avance /*fr.* a'vãs/ *s. f. inv.* (*pl. fr. avances* /a'vãs/) Approccio, proposta.
avancòrpo *s. m.* Tutto ciò che in un edificio sporge dal corpo principale.
avanguàrdia *s. f.* **1** Aliquota di forze che un'unità in movimento spinge innanzi a sé per garantirsi da sorprese; CONTR. Retroguardia | *Essere all'*–, (*fig.*) sostenere idee molto avanzate. **2** Movimento artistico e letterario caratterizzato da atteggiamenti polemici e innovatori nei confronti della tradizione.
avanguardismo *s. m.* In arte e letteratura, tendenza all'avanguardia.
avanguardista *s. m. e f.* (*pl. m. -i*) **1** In arte e letteratura, chi partecipa a correnti d'avanguardia. **2** Giovane componente di organizzazioni paramilitari fasciste.
avannòtto *s. m.* Animale appena nato di alcuni pesci d'acqua dolce.
avanscopèrta *s. f.* Ricognizione intesa a esplorare il terreno e scoprire il nemico per conoscerne i movimenti o la posizione: *andare in* –.
avanspettàcolo *s. m.* Spettacolo di varietà rappresentato a volte prima della proiezione del film.
avànti **A** *avv.* **1** Indica antecedenza nello spazio: *fare due passi* – | *Andare* –, procedere e (*fig.*) fare progressi | (*fig.*) *Tirare* –, vivere alla meno peggio | *Mettersi, farsi* –, (*fig.*) mettersi in vista | *Mandare* – *la famiglia*, mantenerla | (*fig.*) *Essere* – *negli studi, in una impresa* e sim., essere a buon punto; SIN. Innanzi; CONTR. Indietro. **2** Prima: *perché non hai provveduto* –? **3** Poi: *d'ora in* –, *di qui in* –, d'ora in poi. **B** *Nelle loc. cong.* – *di*, – *che*, prima di (introduce una prop. temp. con il v. all'inf. o al congv.): – *di decidersi chiede consigli.* **C** *inter.* Si usa come comando di avanzare o come invito a entrare. **D** *prep.* **1** Davanti: *ti aspetto* – *casa* | *Nella loc. prep.* – *a*, davanti a, alla presenza di: *camminava* – *a tutti.* **2** Prima di: – *Cristo.* **E** *in funzione di agg.* (*posposto a un s.*) Prima, precedente: *il giorno* –. **F** *s. m. inv.* (*sport*) Nel calcio, attaccante.
avant'ieri o *avantièri avv.* Il giorno prima di ieri.
avantrèno *s. m.* Gruppo anteriore dell'autoveicolo comprendente le ruote, le sospensioni, i freni e gli organi dello sterzo.
avanvòmere *s. m.* Piccolo corpo dell'aratro, che si applica sulla bure davanti al coltello per tagliare e rovesciare una fetta superficiale di terreno. [→ ill. *agricoltura*]
avanzaménto *s. m.* **1** Movimento, spostamento in avanti | Progressione. [→ ill. *miniera*] **2** Promozione: *ottenere un* – *di grado.* **3** (*fig.*) Progresso: *l'*– *della tecnica.* **4** (*mecc.*) Spostamento relativo del pezzo in lavorazione, perpendicolarmente al taglio dell'utensile.
avanzàre (1) **A** *v. intr.* (*aus. essere*) **1** Andare o venire avanti | (*fig.*) Progredire: – *nella conoscenza.* **2** Sporgere in fuori: *la siepe avanza dallo steccato.* **B** *v. tr.* **1** Portare in avanti: – *le trincee* | (*est.*) Portare davanti a qc. (*anche fig.*): – *una domanda.* **2** (*fig.*) Superare, vincere: – *qc. in astuzia.* **3** (*fig.*) Elevare, promuovere: *spero che mi avanzino di grado.* **C** *v. intr. pron.* **1** Farsi innanzi: *si avanzò timidamente*; SIN. Camminare. **2** (*fig.*) Approssimarsi.
avanzàre (2) **A** *v. tr.* **1** Dovere avere q.c. da qc.: – *una somma da qc.* **2** Risparmiare. **B** *v. intr.* (*aus. essere*) Rimanere: *non mi è avanzato un soldo* | (*est.*) Essere sovrabbondante.
avanzàta *s. f.* Progressione di truppe vittoriose | (*est.*, *fig.*) Progresso; CONTR. Ritirata.
avanzàto *part. pass. di avanzare* (1); *anche agg.* **1** Collocato avanti. **2** Audace, innovatore. **3** Inoltrato, detto di tempo, ora, età.
avànzo *s. m.* **1** Ciò che resta di q.c. | (*fig.*) – *di galera, di forca*, delinquente | *Averne d'*–, in abbondanza | *Gli avanzi di un'antica città*, le rovine. **2** In contabilità, eccedenza delle entrate sulle uscite. **3** In aritmetica, resto.
avaria *s. f.* **1** Danno o guasto subito durante il viaggio da una nave o dal suo carico. **2** (*est.*) Guasto di merce durante il viaggio, anche per terra. **3** Guasto meccanico: *un'*– *al motore.*
avariàre **A** *v. tr.* (*io avàrio*) Guastare. **B** *v. intr. e intr. pron.* (*aus. essere*) Guastarsi.
avariàto *part. pass. di avariare; anche agg.* Che ha patito avaria | Detto di cibo guasto.
avarizia *s. f.* Caratteristica di chi è avaro; SIN. Spilorceria, taccagneria, tirchieria; CONTR. Prodigalità.
avàro **A** *agg.* **1** Di persona che spende a malincuore, o non spende affatto | (*est.*) Di ciò che non dà o produce quanto si vorrebbe: *terreno* –. **2** (*fig.*) Che si trattiene dal dire, dal fare: *essere* – *di parole.* **B** *s. m.* (*f. -a*) Persona avara; SIN. Spilorcio, taccagno, tirchio; CONTR. Prodigo. [→ tav. *proverbi* 22]
avellàna *s. f.* **1** Nocciola. **2** (*arald.*) Croce avellana. [→ ill. *araldica*]
avellàno **A** *s. m.* Nocciolo. **B** *agg.* (*arald.*) *Croce avellana*, composta di quattro avellane, racchiuse nei loro involucri e congiunte per le estremità rotonde. [→ ill. *araldica*]
avèllere *v. tr.* (*pres. io avèllo; pass. rem. io avùlsi; part. pass. avùlso*) (*lett.*) Svellere.
avèllo *s. m.* (*lett.*) Tomba, sarcofago.
avemaria o *avemmaria, Ave Maria* nel sign. 1 *s. f.* **1** Preghiera alla Madonna. **2** Squilla dell'ora della sera | L'ora stessa. **3** Ciascuno dei grani del rosario.
avéna *s. f.* Pianta erbacea delle Glumiflore con fusti alti, vuoti ed erbosi, infiorescenze a pannocchie terminali; usata per l'alimentazione animale e umana: *fiocchi d'*–. [→ ill. *piante* 15]
avére **A** *v. tr.* (*pres. io hò, tu hài, egli ha, noi abbiàmo, voi avéte, essi hànno; imperf. io avévo, tu avévi; pass. rem. io èbbi, tu avésti, egli èbbe, noi avémmo, voi avéste, essi èbbero; fut. io avrò, tu avrài; cond. io avrèi, tu avrésti, egli avrèbbe; congv. pres. io àbbia, noi abbiàmo, voi abbiàte, essi àbbiano; imp. àbbi, abbiàte; part. pass. avùto; le altre forme sono regolari. È v. aus. nella formazione dei tempi composti di tutti i v. intr. e dei v. servili quando il v. che segue all'infinito richiede l'aus. avere*) **1** Possedere, come risultato di un atto di appropriazione o come caratteristica fisica o psicologica: – *molto denaro*; – *i capelli bianchi*; – *fiducia in sé* | *Averne fin sopra i capelli, fin sopra gli occhi, di qc. o q.c.*, (*fig.*) esserne stanco | – *da mangiare, da bere* e sim., avere di che mangiare, bere e sim. a sufficienza | – *le mani bucate*, (*fig.*) essere molto prodigo | *Avercela con qc.*, provare antipatia, rancore per qc. | – *un po' dell'incosciente*, essere un po' incosciente | – *molto del padre*, assomigliargli. **2** Tenere: – *un pacco in mano* | Indossare: – *il cappello in testa.* **3** Ottenere: – *una forte gratifica* | Ricevere: – *una lettera* | *Dover* –, essere creditore. **4** Sentire, provare: – *sonno, freddo* | Essere affetto da: – *la febbre.* **5** Seguito dalle prep. *a* o *da* e da un v. all'inf., indica obbligazione: – *da finire il lavoro* | – *altro da fare*, fare cose più importanti | – (*a*) *che fare*, (*a*) *che vedere con qc. o q.c.*, avere rapporti con qc. o q.c. **6** Con gli avverbi *sotto, sopra, accanto, dietro, davanti* e sim., indica un rapporto di spazio: – *davanti un ostacolo.* **7** Seguito da un agg. o s., qualche volta con le prep. *a* o *in* in posizione intermedia, trasferisce il suo valore verbale all'agg. o s. | – (*a*) *caro*, gradire | – *a sdegno*, sdegnare | – *in odio, disprezzo, orrore*, odiare | – *a mente*, ricordarsi | – *in animo*, avere intenzione | *Aversene a male*, offendersi. **B** *v. intr.* (*aus. avere*) (*raro*) Esserci: *non v'ha dubbio.* **C** *in funzione di s.*

m. **1** spec. al pl. Ricchezza, denaro: *consumare i propri averi.* **2** Denominazione della sezione destra di un conto, nella quale si registrano i crediti | *Il dare e l'–*, i debiti e i crediti. [→ tav. *locuzioni* 13, 14]

avèrla o *vèrla* s. f. Uccello predatore di media grandezza, con becco uncinato, gambe lunghe e unghie robuste, coda larga a ventaglio; SIN. Velia. [→ ill. *animali* 13]

averroiṣmo s. m. Indirizzo della filosofia scolastica che si ispira alla dottrina del filosofo arabo Averroè.

avi- primo elemento: in parole composte significa 'uccello' o 'volatile': *avicoltura.*

aviàrio agg. Degli uccelli.

aviatóre s. m. (f. *-trice*) Addetto alla guida o ai servizi di bordo dei velivoli.

aviatòrio agg. Che concerne l'aviazione.

aviazióne s. f. **1** Scienza, tecnica e attività relative alla costruzione e all'impiego degli aeromobili; SIN. Aeronautica. **2** (*est.*) Insieme degli aviatori e dei velivoli.

avìcolo agg. Che si riferisce all'avicoltura.

avicoltóre s. m. Chi esercita l'avicoltura.

avicoltùra o *avicultùra* s. f. Scienza dell'allevamento degli uccelli, spec. di quelli da cortile.

avicunìcolo agg. Relativo all'allevamento di volatili, spec. da cortile, e di conigli.

avidità s. f. Qualità di chi è avido; SIN. Brama, cupidigia.

àvido agg. Che sente e manifesta uno smodato desiderio di q.c.: *– di gloria*; SIN. Bramoso, cupido.

avière s. m. Militare di truppa dell'Arma Aeronautica. [→ ill. *uniforme militare*]

avifàuna s. f. Insieme degli uccelli di una data località.

avio- primo elemento: in parole composte significa 'aereo' o indica relazione con l'aeronautica: *aviolinea, avioraduno, aviorimessa.*

aviogètto s. m. Velivolo con uno o più motori a reazione.

aviolìnea s. f. (*raro*) Aerolinea con servizio di velivoli, elicotteri e sim.

aviorimèssa s. f. Locale chiuso per il ricovero di aeroplani; SIN. Hangar.

avitaminòṣi s. f. (*med.*) Stato morboso prodotto da mancanza di vitamine.

avito agg. Degli avi.

àvo s. m. (f. *-a*) **1** (*lett.*) Padre del padre o della madre. **2** spec. al pl. Antenato.

avocàdo s. m. inv. Pianta arborea delle Policarpali, sempreverde, molto alta, con frutti a forma di pera | Frutto di tale pianta, di color verde, con polpa giallìccia profumata e commestibile. [→ ill. *frutta*]

avocàre v. tr. (*io àvoco, tu àvochi*) Esercitare il potere di avocazione: *– a sé l'emanazione di un provvedimento.*

avocazióne s. f. (*dir.*) Potere legislativamente riconosciuto a organi o enti di sostituirsi ad altri nella prosecuzione di una data attività.

avòrio s. m. **1** Sostanza bianca, dura e compatta, di cui sono costituiti i denti dei Vertebrati | Correntemente, zanna di elefante. [→ ill. *anatomia umana, zoologia*] **2** Colore bianco tendente al giallo. **3** spec. al pl. Oggetto d'arte in avorio. [→ tav. *locuzioni* 22]

avulsivo agg. Che si può staccare, svellere.

avùlso part. pass. di *avellere*; anche agg. Staccato: *un individuo – dalla società.*

avvalérsi v. intr. pron. (coniug. come *valere*) (*lett.*) Valersi: *– dei consigli di qc.*

avvallaménto s. m. Depressione del terreno rispetto alle zone circostanti.

avvallàre **A** v. tr. (*raro, lett.*) Mandare a valle | (*est.*) Spingere verso il basso. **B** v. intr. pron. Abbassarsi, affondarsi.

avvaloràre **A** v. tr. (*io avvalóro*) Dare valore, convalidare: *la risposta avvalora la mia tesi.* **B** v. intr. pron. Prendere forza, vigore.

avvampàre v. tr. (aus. *essere*) **1** Ardere divampando | (*est.*) Divenire rosso e luminoso come fiamma. **2** (*fig.*) Lasciarsi trasportare da sentimenti violenti: *– di sdegno.*

avvantaggiàre **A** v. tr. (*io avvantàggio*) Dare vantaggio. **B** v. rifl. **1** Procurarsi un vantaggio: *avvantaggiarsi negli affari.* **2** (*est.*) Approfittare di q.c. **3** (*est.*) Prevalere su q.c.: *avvantaggiarsi sugli altri.*

avvedérsi v. intr. pron. (coniug. come *vedere*) Rendersi conto: *sbagliò senza avvedersene*; SIN. Accorgersi.

avvedutézza s. f. Qualità di chi è avveduto.

avvedùto part. pass. di *avvedersi*; anche agg. Sagace, giudizioso | *Fare – qc.*, avvertirlo.

avvelenaménto s. m. **1** Contaminazione, inquinamento mediante veleno. **2** Intossicazione causata da ingestione di veleno | Uccisione, suicidio, mediante veleno. **3** (*fig.*) Turbamento, astiosità.

avvelenàre **A** v. tr. (*io avveléno*) **1** Rendere velenoso, mettere veleno in q.c. **2** Intossicare con veleno | Uccidere mediante veleno. **3** (*fig.*) Turbare, amareggiare: *i dispiaceri gli avvelenano l'esistenza.* **B** v. rifl. Prendere il veleno | Uccidersi col veleno.

avvelenàto part. pass. di *avvelenare*; anche agg. **1** Ucciso mediante veleno. **2** (*fig.*) Irato, rabbioso | *Avere il dente – con qc.*, nutrire profondo rancore verso di lui.

avvelenatóre s. m.; anche agg. (f. *-trice*) Che (o chi) avvelena.

avvenènte agg. Bello, leggiadro.

avvenènza s. f. Qualità di chi è avvenente.

avveniménto s. m. Fatto importante, pubblico o privato; SIN. Evento.

avvenire (1) v. intr. (coniug. come *venire*; aus. *essere*) Accadere, capitare, succedere.

avvenire (2) **A** agg. inv. Che deve venire, futuro: *il tempo, la vita –.* **B** s. m. inv. **1** Ciò che deve venire, tempo futuro. **2** (*est.*) Sorte futura | Benessere, grandezza futuri: *popolo di grande –.*

avveniriṣmo s. m. Fiducia in idee e progetti nuovi che si credono destinati ad aver fortuna in avvenire.

avvenirista s. m. e f. (pl. m. *-i*) Chi crede entusiasticamente nel futuro.

avveniristico agg. (pl. m. *-ci*) Pertinente all'avvenirismo.

avventàre **A** v. tr. (*io avvènto*) **1** Scagliare con forza: *– un sasso contro qc.* **2** (*fig.*) Dire inconsideratamente: *– giudizi.* **B** v. rifl. Lanciarsi con impeto contro qc. o q.c.: *avventarsi sul nemico.*

avventatézza s. f. Qualità di avventato; SIN. Imprudenza, sconsideratezza.

avventàto part. pass. di *avventare*; anche agg. Fatto, detto e sim. con eccessiva impulsività: *giudizio –* | (*est.*) Di persona che agisce con precipitazione, senza riflettere; SIN. Imprudente, sconsiderato.

avventista s. m. e f. (pl. m. *-i*) Seguace di una delle sette cristiane evangeliche che predicano l'imminenza del ritorno del Cristo trionfante.

avventizio **A** agg. **1** Temporaneo, provvisorio, detto spec. di impiego, lavoro e sim. **2** (*bot.*) Detto di organo che si forma su parti già adulte della pianta. [→ ill. *botanica*] **B** s. m. (f. *-a*) Chi è stato assunto per sopperire a necessità transitorie.

avvènto s. m. **1** Venuta. **2** (*est.*) Il pervenire a una carica, a un grado: *l'– al trono.* **3** (*relig.*) Venuta di Gesù nel mondo e sua incarnazione | Tempo liturgico dedicato alla preparazione del Natale.

avventóre s. m. (f. *-trice*) Chi compera in un negozio o frequenta un locale pubblico.

avventùra s. f. **1** Avvenimento di solito strano, unico o singolare | *Per –*, per caso | (*est.*) Impresa che attrae anche se rischiosa. **2** Relazione amorosa breve e non impegnativa.

avventuràre **A** v. tr. Affidare alla sorte, esporre a un rischio. **B** v. rifl. Mettersi in pericolo, dedicarsi a un'impresa incerta o difficile: *avventurarsi in mare* | (*fig.*) Arrischiarsi.

avventurièro s. m. (f. *-a*) Chi va in giro per il mondo cercando con ogni mezzo di fare fortuna | (*est.*) Imbroglione.

avventurìna s. f. (*miner.*) Varietà di quarzo contenente lamelle di mica e altri minerali.

avventuriṣmo s. m. Atteggiamento di chi propone o fa delle scelte avventate.

avventuróso agg. Che è attratto dall'avventura | (*est.*) Ricco di avventure.

avveràbile agg. Che si può avverare.

avveràre **A** v. tr. (*io avvéro*) Rendere vero, reale, effettivo. **B** v. intr. pron. Realizzarsi.

avverbiàle agg. Che ha funzione o forma d'avverbio.

avvèrbio s. m. Parte invariabile del discorso che modifica il senso del verbo o dell'aggettivo o di un altro avverbio: *avverbi di tempo, di maniera.*

avversàre **A** v. tr. (*io avvèrso*) Contrariare, perseguitare;

SIN. Contrastare; CONTR. Assecondare. ***B*** *v. rifl. rec.* Contrastarsi.
avversàrio ***A*** *s. m.* (*f.* *-a*) Chi sta dalla parte avversa in una lotta, una gara, un concorso e sim. ***B*** *agg.* Contrario, avverso: *squadra avversaria.*
avversativo *agg.* Detto spec. di congiunzione che coordina due parole o due frasi, opponendole.
avversatóre ***A*** *s. m.* (*f.* *-trìce*) Chi avversa, contrasta. ***B*** *anche agg.*
avversióne *s. f.* Viva ostilità, antipatia | (*est.*) Ripugnanza, nausea: *ha — a certi cibi.*
avversità *s. f.* ***1*** L'essere avverso. ***2*** *spec. al pl.* Calamità, disgrazia.
avvèrso *agg.* Contrario, sfavorevole.
avvertènza *s. f.* ***1*** Qualità di chi possiede attenzione e riflessione; SIN. Cautela. ***2*** Ammonimento, avviso. ***3*** *spec. al pl.* Istruzioni per l'uso di q.c.
avvertìbile *agg.* Che si può percepire, spec. con l'udito.
avvertiménto *s. m.* Ammonimento, consiglio, avviso.
avvertìre *v. tr.* (*io avvèrto*) ***1*** Percepire. ***2*** Rendere consapevole qc. di una circostanza a lui ignota: *— un amico di un pericolo.* ***3*** (*est.*) Avvisare, ammonire.
avvezióne *s. f.* (*meteor.*) Movimento, trasporto orizzontale d'aria.
avvezzàre ***A*** *v. tr.* (*io avvézzo*) Dare un'abitudine, una consuetudine: *— il popolo all'ubbidienza*; SIN. Abituare, assuefare. ***B*** *v. rifl.* Abituarsi: *avvezzarsi alle fatiche.*
avvézzo *agg.* Abituato: *uomo — al sacrificio.*
avviaménto *s. m.* ***1*** L'avviare, l'avviarsi verso un dato luogo o un'attività | *Scuola d'—*, scuola triennale che, nell'ordinamento precedente all'istituzione della scuola media unica, forniva un primo insegnamento per la preparazione ai vari mestieri. ***2*** Valore riconosciuto a un'azienda economica. ***3*** Attivazione, inizio di un lavoro, attività e sim. | (*mecc.*) Messa in moto di un motore. [→ ill. *motore*]
avviàre ***A*** *v. tr.* (*io avvìo*) ***1*** Mettere in via, mettere sul cammino da percorrere | Indirizzare (*spec. fig.*): *— qc. agli studi giuridici.* ***2*** Dare principio, cominciare a eseguire: *— un'impresa.* ***3*** Mettere in moto: *— il motore.* ***B*** *v. intr. pron.* ***1*** Mettersi in via, incamminarsi: *si avviarono verso l'uscita*; *avviarsi alla catastrofe.* ***2*** (*fig.*) Essere sul punto di: *si avvia a diventare chirurgo.*
avviàto *part. pass. di avviare; anche agg.* Che è messo o si è messo in via, in cammino, in moto (*spec. fig.*): *un ragazzo bene — negli studi* | (*fig.*) Sul punto di, destinato a: *— a diventare un ottimo chirurgo* | Di impresa commerciale solida: *un negozio bene —.*
avvicendaménto *s. m.* Alternanza, successione, spec. sistematica.
avvicendàre ***A*** *v. tr.* (*io avvicèndo*) Alternare, spec. con metodo e sistematicità: *— il lavoro allo svago.* ***B*** *v. rifl. rec.* Succedersi.
avvicinàbile *agg.* Che si può avvicinare.
avvicinaménto *s. m.* L'avvicinare, l'avvicinarsi; CONTR. Allontanamento.
avvicinàre ***A*** *v. tr.* ***1*** Mettere vicino o più vicino: *— la sedia al tavolo*; SIN. Accostare, approssimare; CONTR. Allontanare. ***2*** Trattare con una persona per parlarle, entrare in rapporti con lei, conoscerla: *avvicinò il ministro.* ***B*** *v. intr. pron.* ***1*** Farsi vicino o più vicino. ***2*** (*fig.*) Essere simile. [→ tav. *proverbi* 345]
avvilènte *part. pres. di avvilire; anche agg.* Che avvilisce.
avviliménto *s. m.* ***1*** L'avvilire, l'avvilirsi | Stato di profondo abbattimento, scoraggiamento, sfiducia; SIN. Accasciamento, prostrazione. ***2*** Umiliazione | (*est.*) Degradazione morale.
avvilìre ***A*** *v. tr.* (*io avvilìsco, tu avvilìsci*) ***1*** Rendere vile, disprezzabile: *la menzogna avvilisce le tue qualità.* ***2*** Deprimere, umiliare. ***B*** *v. intr. pron.* ***1*** Perdersi d'animo; SIN. Abbattersi, accasciarsi. ***2*** (*raro*) Rendersi vile, abbietto.
avviluppàre ***A*** *v. tr.* (*io avvilùppo*) ***1*** Avvolgere in modo disordinato e confuso. ***2*** Avvolgere con cura. ***B*** *v. rifl.* Ravvolgersi in q.c. ***C*** *v. intr. pron.* Ingarbugliarsi.
avvinazzàto ***A*** *part. pass. di avvinazzare; anche agg.* Che è ubriaco | Alterato dal vino. ***B*** *s. m.* (*f.* *-a*) Ubriaco.
avvincènte *part. pres. di avvincere; anche agg.* Che avvince: *film, romanzo, —*; SIN. Attraente, affascinante.
avvìncere *v. tr.* (*coniug. come vincere*) ***1*** (*lett.*) Legare, stringere. ***2*** (*fig.*) Attrarre fortemente.
avvinghiàre ***A*** *v. tr.* (*io avvìnghio*) Cingere con forza. ***B*** *v. rifl. e rifl. rec.* Stringersi con forza; SIN. Abbarbicarsi.
avvìo *s. m.* Avviamento, principio.
avvisàglia *s. f.* ***1*** Indizio, sintomo, presentimento. ***2*** (*mil.*) Breve combattimento tumultuoso.
avvisàre *v. tr.* ***1*** Dare avviso, avvertire | Far sapere: *ti avviso che sono iniziati i lavori.* ***2*** Ammonire, consigliare: *lo avvisammo che non doveva mentire.* [→ tav. *proverbi* 388]
avvisatóre *s. m.* (*f.* *-trìce* nel sign. 1) ***1*** Che avvisa. ***2*** Apparecchio per segnalazione o allarme: *— d'incendio*; *— acustico.* [→ ill. *automobile*]
avvìso *s. m.* ***1*** Avvertimento, anche a carattere ufficiale | (*dir.*) Avvertenza, spec. scritta, di fatti o atti o intenzioni, che si dà all'interessato: *— di sfratto*; *— d'asta* | (*est.*) Scritto recante tale avvertenza. ***2*** Notizia, annuncio: *dare — di q.c.* | Inserzione pubblicitaria in giornali e riviste. ***3*** Consiglio, ammonimento | *Stare sull'—*, stare attento. ***4*** Parere, opinione: *a mio —*; *secondo il mio —.*
avvistaménto *s. m.* Individuazione, riconoscimento effettuato da lontano.
avvistàre *v. tr.* Scorgere, riconoscere da lontano.
avvitaménto *s. m.* ***1*** Operazione dell'avvitare. ***2*** (*aer.*) Discesa in vite. ***3*** In taluni sport, movimento rotatorio del corpo sul suo asse longitudinale.
avvitàre *v. tr.* (*io avvìto*) ***1*** Fermare con viti. ***2*** Inserire, in un supporto o in una cavità apposita, un oggetto filettato come una vite, girandolo su se stesso: *— una lampadina.* • CONTR. Svitare.
avviticchiàre ***A*** *v. tr.* (*io avviticchio*) Cingere intorno con movimento avvolgente. ***B*** *v. intr. pron. e rifl.* Afferrarsi, avvolgersi | (*fig.*) Stringersi: *avviticchiarsi al collo della madre.*
avvivàre ***A*** *v. tr.* ***1*** (*lett.*) Rendere vivo, dare la vita. ***2*** (*fig.*) Animare, rendere vivace, allegro. ***B*** *v. intr. pron.* Acquistare vita, vigore, vivacità.
avvizziménto *s. m.* Perdita della freschezza, spec. d'una pianta.
avvizzìre ***A*** *v. tr.* (*io avvizzìsco, tu avvizzìsci*) Rendere vizzo | (*fig.*) Privare di freschezza, giovinezza e sim. ***B*** *v. intr.* (*aus. essere*) Diventare vizzo | (*fig.*) Perdere freschezza.
avvocàta *s. f.* Patrona, titolo della Madonna.
avvocatésco *agg.* (*pl. m.* *-schi*) Di, da avvocato (*spec. spreg.*).
avvocatéssa *s. f.* ***1*** Donna che esercita l'avvocatura. ***2*** (*scherz.*) Moglie dell'avvocato | Donna che ama la polemica.
avvocàto *s. m.* (*f.* *-a, -éssa*; V. nota d'uso FEMMINILE) ***1*** Dottore in diritto abilitato ad assistere una parte, davanti a tutte le corti d'appello, in processi civili e penali | (*fam.*) *Parlare come un —*, avere facilità di parola | (*scherz.*) *— delle cause perse*, chi difende opinioni insostenibili | *— del diavolo*, chi sostiene opinioni contrarie a quelle generalmente affermate. [→ ill. *borsa*] ***2*** (*est.*) Protettore, patrocinatore: *farsi — delle opinioni correnti.*
avvocatùra *s. f.* ***1*** Professione dell'avvocato. ***2*** Complesso di avvocati | *— dello Stato*, complesso di avvocati cui è demandata la funzione di difendere lo Stato in giudizio.
avvolgènte *part. pres. di avvolgere; anche agg.* Che avvolge | (*fig.*) Che circonda: *manovra —.*
avvòlgere ***A*** *v. tr.* (*coniug. come volgere*) ***1*** Volgere intorno, piegare attorno o su se stesso; CONTR. Svolgere. ***2*** (*raro, fig.*) Aggirare, ingannare. ***B*** *v. intr. pron.* Girarsi intorno | (*est.*) Aggrovigliarsi, attorcigliarsi. ***C*** *v. rifl.* Avvilupparsi: *avvolgersi in una coperta.*
avvolgìbile ***A*** *agg.* Che si può avvolgere. [→ ill. *finestra, tenda*] ***B*** *s. m.* Persiana formata di listelli di legno o plastica collegati trasversalmente, che si avvolgono su di un rullo. [→ ill. *finestra*]
avvolgiménto *s. m.* ***1*** Piegatura ripetuta di q.c. attorno o su se stessa: *— di una corda* | Copertura tutto intorno: *— di un pacco.* ***2*** (*mil.*) Manovra per superare un'ala dello schieramento nemico e investirne il tergo. ***3*** (*elettr.*) Complesso dei conduttori di un motore o generatore o trasformatore elettrico. [→ ill. *motore, nu-*

cleare]

avvoltóio *s. m.* **1** Uccello rapace, con testa nuda e becco uncinato, collo dalla pelle rugosa, grande apertura alare e forti zampe ricoperte da un ciuffo di piume. [→ ill. *animali* 10] **2** (*fig.*) Persona avida e rapace.

avvoltolàre **A** *v. tr.* (*io avvòltolo*) Avvolgere più volte e disordinatamente. **B** *v. rifl.* Avvolgersi più volte.

ayatollah /*ar.* ajatol'la*/ *s. m. inv.* Nell'Islam sciita, la massima autorità religiosa cui si riconoscono particolari doti.

azalèa *s. f.* Pianta arbustiva delle Ericali, molto ramificata, con piccole foglie persistenti coriacee e grandi fiori di vari colori. [→ ill. *piante* 11]

aziènda *s. f.* Complesso di beni organizzato per la produzione di altri beni o servizi.

aziendàle *agg.* Di un'azienda.

àzimut *s. m.* (*astron.*) Angolo tra il circolo verticale di un astro e il meridiano del luogo di osservazione.

azionàre *v. tr.* (*io azióno*) Muovere, mettere in azione.

azionàrio *agg.* Costituito di azioni: *capitale –*.

azióne (1) *s. f.* **1** L'agire, l'operare | *Uomo d'–*, attivo, energico | *Entrare in –*, cominciare ad agire. **2** Atto del funzionare, del produrre determinati effetti e sim.: *la macchina è entrata in –*. **3** Operato individuale che implica una valutazione morale: *commettere un'– buona, cattiva*. **4** Manifestazione di un'energia, di una forza fisica o spirituale: *l'– dei gas tossici*. **5** Soggetto di un'opera letteraria, drammatica o narrativa: *l'– del romanzo*. **6** (*dir.*) Attività di un privato o del Pubblico Ministero atta a provocare una decisione del giudice. **7** (*sport*) Modo in cui si svolge o viene condotta una gara o una fase di essa.

azióne (2) *s. f.* Quota del capitale di una società commerciale.

azionista *s. m. e f.* (*pl. m. -i*) Chi possiede azioni di una società.

azòico *agg.* (*geol.*) Arcaico.

azotàto *agg.* Detto di composto che contiene azoto.

azotemia *s. f.* (*med.*) Quantità di azoto non proteico presente nel sangue.

azòto *s. m.* Elemento chimico, non metallo, gassoso, incolore, inodoro, costituente principale dell'aria, da cui si ottiene per liquefazione; usato per la produzione di ammoniaca e di fertilizzanti. SIMB. N.

àzza *s. f.* Antica arma di tre braccia, con ferro a foggia di martello con penna a punta da una parte, e a bocca dall'altra.

azzannàre *v. tr.* Afferrare e stringere con le zanne.

azzardàre **A** *v. tr.* **1** Arrischiare, avventurare | Fare, dire, con esitazione o incertezza: *– un intervento*. **2** ass. Esporsi a un rischio, agire avventatamente: *ha azzardato troppo*. **B** *v. intr. pron.* Arrischiarsi.

azzardàto *part. pass. di azzardare; anche agg.* Audace, temerario, arrischiato.

azzàrdo *s. m.* Complesso di circostanze casuali che implica, fra gli esiti possibili, rischi e pericoli | *Giochi d'–*, quelli in cui la vincita dipende dalla sorte anziché dalla bravura del giocatore.

azzardóso *agg.* **1** Che rivela o implica azzardo. **2** Che ama esporsi al rischio, detto spec. di persona.

-azzàre *suff.* di verbi, con valore frequentativo, affermativo o peggiorativo: *sbevazzare, scopiazzare, sghignazzare, svolazzare*; CFR. *-uzzare*.

azzeccagarbùgli *s. m.* Avvocato da strapazzo (dal nome di un personaggio dei 'Promessi Sposi') | Intrigante.

azzeccàre *v. tr.* (*io azzécco, tu azzécchi*) **1** Colpire nel segno. **2** (*fig.*) Indovinare.

azzeràre *v. tr.* (*io azzèro*) **1** In vari strumenti di misurazione o di calcolo, ridurre, portare a zero. **2** (*est.*) Annullare, ripartire da zero: *– le conclusioni di un dibattito*.

àzzima *s. f.* Pane non lievitato.

azzimàre **A** *v. tr.* (*io àzzimo*) Ornare, agghindare. **B** *v. rifl.* Ornarsi con ricercatezza.

azzimàto *part. pass. di azzimare; anche agg.* Vestito con molta ricercatezza (*spec. iron.*).

àzzimo **A** *agg.* Non lievitato, detto spec. del pane. **B** *s. m.* Pane non lievitato che gli Ebrei consumano nella settimana pasquale.

azzittire **A** *v. tr.* (*io azzittisco, tu azzittisci*) Fare star zitto. **B** *v. intr. e intr. pron.* (*aus. essere*) Tacere.

-àzzo *suff.* di sost., con valore per lo più spregiativo: *andazzo, codazzo, pupazzo*.

azzoppàre **A** *v. tr.* (*io azzòppo*) Far diventare zoppo. **B** *v. intr. e intr. pron.* (*aus. essere*) Diventare zoppo.

azzoppire *v. intr. e intr. pron.* (*io azzoppisco, tu azzoppìsci; aus. essere*) Diventare zoppo.

azzuffàre **A** *v. tr.* (*raro*) Far venire a zuffa. **B** *v. rifl. e rifl. rec.* Venire alle mani, picchiarsi.

azzurràbile *agg.* Detto di atleta che potrà essere scelto quale componente di una squadra nazionale italiana.

azzurràggio *s. m.* Operazione consistente nell'aggiungere a sostanze giallicce un prodotto azzurro, per renderle bianche.

azzurràre **A** *v. tr.* Tingere d'azzurro. **B** *v. intr. pron.* Tingersi d'azzurro.

azzurrìno **A** *agg.* Che ha un colore azzurro tenue e delicato. **B** *s. m.* **1** Il colore azzurrino. **2** Atleta che fa parte di una squadra nazionale italiana di categoria junior.

azzurrità *s. f.* Qualità di ciò che è azzurro.

azzurrite *s. f.* (*miner.*) Carbonato basico di rame in cristalli o in concrezioni azzurre.

azzùrro **A** *agg.* **1** Che ha un colore variabile tra il celeste e il turchino. **2** Detto di atleta chiamato a far parte di una formazione rappresentativa italiana, contrassegnata dalla maglia di colore azzurro. **B** *s. m.* (*f. -a* nel sign. 2) **1** Il colore azzurro. **2** Atleta che fa parte di una squadra nazionale italiana. **3** Composto chimico di colore azzurro | Sostanza che colora in azzurro.

azzurrógnolo o *azzurrògnolo agg.* Che ha un colore azzurro pallido e sbiadito.

b *s. f. o m. inv.* Seconda lettera dell'alfabeto italiano | *Di serie* –, (*fig.*) di qualità inferiore.

babà *s. m.* Dolce di pasta lievitata, intriso di rum, talvolta con uva passa. [→ ill. *dolciumi*]

babàu *s. m.* Mostro immaginario, spauracchio per bambini | (*est.*) Persona che è o sembra terribile.

babbèo *agg.; anche s. m.* Sciocco, semplicione.

bàbbo *s. m.* (*fam.*) Padre.

babbomòrto *s. m.* (*pl. babbimòrti*) Debito fatto dal figlio e pagabile alla morte del padre con l'eredità.

babbùccia *s. f.* (*pl. -ce*) **1** Calzatura di tipo orientale, con punta rivolta all'insù. [→ ill. *calzatura*] **2** Pantofola | Calzatura di lana a maglia per neonati.

babbuino *s. m.* (*f. -a*) **1** (*zool.*) Scimmia africana cinocefala, con pelo liscio di color bruno olivastro, onnivora. [→ ill. *animali* 21] **2** (*fig.*) Persona sciocca.

babèle *s. f.* Confusione, disordine, trambusto.

babèlico *agg.* (*pl. m. -ci*) **1** (*lett.*) Dell'antica città di Babele. **2** (*fig.*) Chiassoso | Disordinato.

babilonése *agg.* Dell'Antica città di Babilonia.

babilònia *s. f.* Babele.

babirùssa *s. m. inv.* (*zool.*) Mammifero artiodattilo degli Ungulati, simile a un piccolo maiale, con quattro grandi zanne arcuate verso l'alto nel maschio; caratteristico delle isole Molucche. [→ ill. *animali* 18]

babórdo *s. m.* Parte sinistra della nave, per chi guarda da poppa a prua | In marineria, sinistra.

baby /*ingl.* 'beibi/ **A** *s. m. e f. inv.* (*pl. ingl. babies* /'beibiz/) Neonato. **B** *s. f. inv.* (*fam.*) Ragazza. **C** *in funzione di agg.* Infantile: *moda* –.

baby-doll /*ingl.* 'beibi 'dɔl/ *s. m. inv.* (*pl. ingl. baby-dolls* /'beibi 'dɔlz/) Camicia da notte femminile corta, completata o no da mutandine. [→ ill. *abbigliamento*]

baby-sitter /*ingl.* 'beibi 'sitə/ *s. f. e m. inv.* (*pl. ingl. baby-sitters* /'beibi 'sitəz/) Chi custodisce i bambini durante l'assenza dei genitori.

bacàre **A** *v. tr.* (*io bàco, tu bàchi*) (*raro*) Guastare, spec. moralmente. **B** *v. intr. e intr. pron.* (*aus. essere*) Fare vermi, guastarsi.

bacàto *part. pass. di bacare; anche agg.* **1** Guastato dai bachi. **2** (*fig.*) Malato, corrotto: *mente bacata*.

bàcca *s. f.* **1** (*bot.*) Frutto carnoso indeiscente con epicarpo sottile, mesocarpo polposo, endocarpo non legnoso con numerosi semi. [→ ill. *botanica*] **2** Grano di collana.

baccagliàre *v. intr.* (*dial., pop.*) Vociare, spec. litigando.

baccalà *s. m.* **1** Merluzzo salato ed essiccato all'aria. **2** (*fig.*) Persona stupida. **3** (*fig.*) Persona magra e asciutta.

baccalaureàto *s. m.* In Francia, titolo di licenza media superiore | Nei paesi anglosassoni, laurea di grado inferiore al dottorato.

baccanàle *s. m.* **1** *spec. al pl.* Nell'antica Roma, festa orgiastica in onore di Bacco. **2** (*fig.*) Festa chiassosa e orgiastica; SIN. Baldoria, gozzoviglia.

baccàno *s. m.* Forte rumore provocato da persone che parlano a voce alta; SIN. Fracasso, strepito.

baccànte *s. f.* **1** Nell'antichità classica, donna che partecipava ai sacrifici orgiastici in onore di Bacco. **2** (*est.*) Donna dominata da una forte passione, spec. sensuale.

baccarà *s. m.* Specie di gioco d'azzardo fatto con le carte. [→ ill. *giochi*]

baccarat /*fr.* baka'ra/ *s. m. inv.* Specie di cristallo finissimo.

baccellière *s. m.* **1** Nella cavalleria medievale, aspirante cavaliere. **2** Nell'ordinamento universitario medievale, e in alcuni ordinamenti universitari moderni, grado accademico che precede la laurea e il dottorato. **3** (*fig.*) Saccente, sapientone.

baccèllo *s. m.* **1** (*bot.*) Frutto deiscente delle Papilionacee con pericarpo a forma di due valve in cui sono contenuti i semi | (*tosc.*) Frutto della fava fresca. **2** Elemento decorativo a forma di baccello.

bacchétta *s. f.* **1** Verga di qualsiasi materia | – *magica*, quella dei maghi e delle fate | – *divinatoria*, quella a forma di V, che usano i rabdomanti. [→ ill. *fisica*] **2** Bastone di comando | *Comandare a* –, (*fig.*) con piena autorità | *Dare, rendere, gettare la* –, il comando, la potestà. **3** Verghetta usata dai direttori d'orchestra per battere il tempo e dare gli attacchi agli strumenti | Asticciola con punta a forma di bottone per battere il tamburo | Verga di legno o ferro per caricare le armi da fuoco ad avancarica | Asticciola metallica per pulire l'anima del fucile | – *del pittore*, asticciola di legno usata dai pittori, per appoggiarvi la mano. [→ ill. *armi, pittore, strumenti musicali*]

bacchettàre *v. tr.* (*io bacchétto*) **1** Percuotere tessuti con una bacchetta per liberarli dalla polvere. **2** (*tosc., fig.*) Vendere a bassissimo prezzo.

bacchettàta *s. f.* Colpo di bacchetta.

bacchétto *s. m.* Bastoncino tondo, leggermente più grosso della bacchetta.

bacchettóne *s. m.* (*f. -a*) **1** Chi è eccessivamente zelante nelle pratiche religiose; SIN. Baciapile, bigotto. **2** (*est.*) Persona solo apparentemente devota o dabbene.

bacchiàre *v. tr.* (*io bàcchio*) **1** Percuotere col bacchio un albero d'alto fusto per farne cascare i frutti; SIN. Abbacchiare. **2** (*fam., tosc.*) Vendere a poco prezzo.

bacchiatùra *s. f.* Operazione del bacchiare.

bàcchico *agg.* (*pl. m. -ci*) Caratteristico di Bacco | Fatto in onore di Bacco.

bàcchio *s. m.* Pertica per bacchiare.

bachèca *s. f.* Cassetta con coperchio di cristallo, per esporre oggetti preziosi, libri rari e sim. | Riquadro, appeso al muro, ove si espongono documenti, avvisi, circolari e sim. [→ ill. *ufficio*]

bachelite o *bakelite* *s. f.* (*chim.*) Resina sintetica insolubile, usata per fabbricare vernici, materiali isolanti e oggetti vari.

bacheròzzo *s. m.* **1** Bruco | Insetto. **2** (*dial.*) Scarafaggio.

bachicoltóre *s. m.* (*f. -trice*) Chi alleva bachi da seta.

bachicoltùra *s. f.* Allevamento dei bachi da seta.

baciamàno *s. m.* (*pl. baciamàno e baciamàni*) Atto del baciare la mano in segno di rispetto.

baciapile *s. m. e f. inv.* Bacchettone, bigotto.

baciàre **A** *v. tr.* (*io bàcio*) **1** Premere le labbra su qc. o q.c. in segno di affetto, amore, rispetto: – *qc. in fronte, sulle guance*; – *la mano a qc.* **2** (*fig.*) Sfiorare, toccare. **B** *v. rifl. rec.* Darsi scambievolmente dei baci. **C** *v. intr. pron.* (*raro*) Combaciare.

bacile *s. m.* Grande piatto con cavo centrale molto profondo, usato per lavarsi; SIN. Catino.

bacillàre *agg.* Relativo a bacillo | Causato da bacilli.

bacillo *s. m.* **1** (*biol.*) Organismo microscopico unicellulare dei Batteri, a forma di bastoncello dritto o curvo, agente di molte fermentazioni o pericoloso portatore di malattie. [→ ill. *batteri*] **2** (*zool.*) – *di Rossi*, insetto privo di ali, con lunghe zampe e mimetismo spiccato; SIN. Insetto stecco.

bacinèlla *s. f.* Recipiente di forma tondeggiante e vario materiale; SIN. Catino. [→ ill. *medicina e chirurgia*]

bacinétto *s. m.* **1** *Dim. di bacino.* **2** (*mil.*) Leggera armatura del capo, col coppo generalmente appuntito. [→ ill. *armi*]

bacino *s. m.* **1** Recipiente di forma tonda, un tempo spec. metallico, atto a contenere acqua e altri liquidi. [→ ill. *meccanica*] **2** (*anat.*) Parte del corpo compresa tra l'addome e gli arti inferiori, formata da uno scheletro osseo imbutiforme e dalle parti molli circostanti. **3** (*geol., miner.*) Area depressa, continentale o marina, in cui si accumulano i sedimenti | Regione ricca di giacimenti minerali: – *aurifero* | (*geogr.*) – *idrografico*, tratto di superficie terrestre sulla quale scorrono le acque che affluiscono a uno stesso corso d'acqua | – *imbrifero*, territorio che raccoglie le acque piovane che alimentano un fiume o un torrente | (*idraul.*) Depressione del terreno in cui ha luogo una raccolta naturale o artificiale di acqua: – *idroelettrico*. [→ ill. *geografia, diga*] **4** (*mar.*) Specchio d'acqua riparato naturalmente o artificialmente | – *di carenaggio, di raddobbo*, in un porto, grande vasca, che si può chiudere e svuotare, per portare in

secco una nave. [→ ill. *porto, sollevamento*]
bàcio (1) *s. m.* Atto del baciare | *Coprire, mangiare di baci*, baciare ripetutamente, con effusione | – *di Giuda*, lusinga di traditore.
bacìo (2) ***A*** *agg.* (*raro*) Volto a tramontana | Ombroso; CONTR. Solatio. ***B*** *s. m.* Luogo esposto a tramontana.
baciucchiàre *v. tr.* (*io baciùcchio*) (*raro*) Sbaciucchiare.
background /*ingl.* 'bækgraund/ *s. m. inv.* (*pl. ingl. backgrounds* /'bækgraundz/) Complesso di condizioni, circostanze, idee e sim. che fanno da sfondo alla realizzazione di un evento, alla formazione psicologica e culturale di un individuo e sim.
bàco *s. m.* (*pl. -chi*) ***1*** (*zool.*) Larva di insetto, che passerà per i successivi stadi di crisalide e farfalla; SIN. Bruco | – *da seta*, larva del bombice del gelso, di colore bianchiccio, che dopo quattro mute produce la seta con la quale forma un bozzolo da cui uscirà la farfalla. [→ ill. *animali* 2, *baco da seta*] ***2*** (*pop.*) Verme della farina e dei frutti | *spec. al pl.* Vermi degli intestini, spec. dei bambini. ***3*** (*fig.*) Pensiero fisso e continuo.
bàcolo *s. m.* (*lett.*) Bastone, spec. vescovile.
bacon /*ingl.* 'beikən/ *s. m. inv.* Pancetta di maiale affumicata.
bacùcco *agg.; anche s. m.* (*f. -a; pl. m. -chi*) Detto di persona vecchia e rimbecillita.
bàda *s. f.* Attesa, indugio, *spec. nella loc. tenere a – qc.*, trattenere qc. sorvegliandolo.
badàre ***A*** *v. intr.* (*aus. avere*) ***1*** Prendersi cura, occuparsi di qc. o q.c.: – *ai bambini*. ***2*** Fare attenzione: *bada di non cadere*; *bada a quello che fai* | Dare importanza: – *alle chiacchiere della gente* | Interessarsi: – *ai fatti propri*. ***B*** *v. tr.* Sorvegliare, custodire: – *le pecore* | Fare oggetto di attenzione.
badéssa *s. f.* ***1*** Superiora di un monastero di religiose. ***2*** (*fig.*) Donna grassa, o piena di gravità.
badìa v. *abbazia*. [→ tav. *proverbi* 21]
badiàle *agg.* ***1*** v. *abbaziale*. ***2*** (*est.*) Spazioso, enorme. ***3*** (*fig.*) Prosperoso, gioviale.
badiàna *s. f.* (*bot.*) Piccolo albero delle Magnoliacee con frutti odorosi disposti a stella.
badilànte *s. m.* Manovale addetto a lavori col badile.
badilàta *s. f.* Colpo dato col badile | Quantità di materiale che si raccoglie in una volta sola con un badile.
badìle *s. m.* Strumento con manico di legno e lama di ferro ampia, un po' concava, usato per rimuovere sabbia o terra. [→ ill. *edilizia, miniera*]
baedeker /*ted.* 'bɛ:dɛkər, 'bɛ:dəkər/ *s. m. inv.* Denominazione di guide turistiche redatte in varie lingue.
bàffo *s. m.* ***1*** *spec. al pl.* Ciuffi di peli che crescono sul labbro superiore dell'uomo o sul muso di alcuni animali | *Ridere sotto i baffi*, di nascosto, con malizia o compiacenza | *Da leccarsi i baffi*, detto di cosa particolarmente gustosa | *Coi baffi*, (*fig.*) di persona o cosa valente, buona. [→ ill. *barba*] ***2*** (*fig., est.*) Macchia, sgorbio. ***3*** *spec. al pl.* (*fig.*) Ciascuna delle due onde spumose che si formano ai lati della prua di una nave in moto.
baffóne *s. m.* (*f. -a* nel sign. 2) ***1*** *Accr. di baffo*. ***2*** (*scherz.*) Persona con baffi folti e lunghi.
baffùto *agg.* Provvisto di baffi.
bagagliàio *s. m.* ***1*** Veicolo ferroviario per il trasporto di merci spedite a bagaglio. ***2*** Vano adibito al trasporto dei bagagli nelle automobili; SIN. Baule. [→ ill. *ferrovia*]
bagaglièra *s. f.* Bagagliaio.
bagàglio *s. m.* ***1*** Tutto quanto si porta con sé in viaggio | Salmerie della truppa | *Con armi e bagagli*, (*fig.*) con tutto ciò che si possiede: *andarsene, partire, con armi e bagagli*. ***2*** (*fig.*) Ciò che una persona ha appreso con lo studio, la ricerca, l'esperienza: – *culturale*.
bagarinàggio *s. m.* Attività di bagarino.
bagarìno *s. m.* Chi incetta cose molto richieste per rivenderle a un prezzo più elevato.
bagarre /*fr.* ba'gar/ *s. f. inv.* (*pl. fr. bagarres* /ba'gar/) ***1*** (*sport*) Nel ciclismo, fase di gara tumultuosa e veloce, disputata in gruppo. ***2*** (*fig.*) Trambusto, tumulto.
bagàscia *s. f.* (*pl. -sce*) (*spreg.*) Sgualdrina.
bagattèlla *s. f.* ***1*** Cosa frivola, senza troppa importanza; SIN. Bazzecola, inezia. ***2*** (*mus.*) Breve composizione musicale.
baggianàta *s. f.* Stupidaggine, sciocchezza.
baggiàno *agg.; anche s. m.* (*f. -a*) ***1*** Sciocco, grullo. ***2*** (*lett.*) Contadino.
bàghero o *bàgher s. m.* Carrozza leggera a quattro ruote, senza cassetta.
baghétta *s. f.* Guarnizione laterale, su calze e guanti.
bàglio *s. m.* (*mar.*) Grossa trave di legno, acciaio o ferro, posta a traverso della nave nel senso della larghezza, per sostenere i ponti.
baglióre *s. m.* ***1*** Luce subitanea, che abbaglia. ***2*** (*fig.*) Splendida manifestazione di q.c. | (*fig.*) Apparizione improvvisa.
bagnànte ***A*** *part. pres. di bagnare; anche agg.* Che bagna. ***B*** *s. m. e f.* Chi fa il bagno, spec. in mare.
bagnàre ***A*** *v. tr.* ***1*** Spargere liquido su q.c. o qc. | *Bagnarsi la bocca, le labbra, la lingua e sim.*, bere; CONTR. Asciugare. ***2*** (*fig.*) Festeggiare bevendo: – *una laurea*. ***3*** Toccare, lambire, detto di mari e corsi d'acqua: *il Po bagna Torino*. ***B*** *v. rifl.* Fare il bagno. ***C*** *v. intr. pron.* Ammollarsi. [→ tav. *proverbi* 231]
bagnaròla *s. f.* ***1*** (*dial.*) Tinozza per il bagno. ***2*** (*scherz.*) Mezzo di trasporto in cattive condizioni.
bagnasciùga *s. m. inv.* ***1*** (*mar.*) Zona compresa tra la linea di immersione massima e quella di immersione minima d'una nave. ***2*** (*pop.*) Zona di una spiaggia di costa bassa ove si rompone le onde.
bagnàta *s. f.* Atto del bagnare o del bagnarsi.
bagnàto ***A*** *part. pass. di bagnare; anche agg.* Cosparso di acqua o altro liquido | *Parere, essere come, un pulcino* –, (*fig.*) starsene umile, mortificato; CONTR. Asciutto. ***B*** *s. m.* Terreno, luogo bagnato | *Piovere sul* –, (*fig.*) aggiungersi di disgrazie a disgrazie o di fortune a fortune. [→ tav. *proverbi* 351]
bagnatùra *s. f.* ***1*** Aspersione o immersione in un liquido | Il bagnarsi, spec. per esposizione all'acqua piovana. ***2*** *spec. al pl.* (*raro*) Stagione dei bagni | Serie di bagni.
bagnìno *s. m.* (*f. -a*) Chi sorveglia e assiste i bagnanti sulle spiagge. [→ ill. *spiaggia*]
bàgno *s. m.* ***1*** Immersione di qc. o q.c. nell'acqua o in altro liquido: *bagni di mare*; – *di fanghi* | *Essere in un – di sudore*, grondare di sudore | (*fig.*) – *di sangue*, strage, massacro | Esposizione del corpo a vari agenti fisici: – *di sole* | *Bagno di folla*, il prolungato contatto con una folla entusiasta, da parte spec. di una personalità. [→ ill. *abbigliamento, toilette e cosmesi*] ***2*** Acqua o altro liquido in cui avviene l'immersione | – *fotografico*, soluzione che permette il trattamento chimico del materiale sensibile negativo o positivo. ***3*** Locale in cui sono situati gli apparecchi igienici nell'abitazione | Vasca in cui si fa il bagno. [→ ill. *bagno, casa, puericul-*

baco da seta

larva

uovo

bozzolo

crisalide

farfalla maschio

farfalla femmina

tura] **4** *spec. al pl.* (*fig.*) Specchio d'acqua dove si possono fare i bagni, spec. di mare | (*est.*) Stabilimento per bagni di mare o di acque e fanghi termali. [→ ill. *spiaggia*] **5** Luogo in cui si scontava la pena dei lavori forzati: – *penale*.

bagnòlo *s. m.* (*med.*) Applicazione di pezzuole bagnate sulla parte lesa.

bagnomarìa *s. m.* Sistema indiretto di riscaldamento di un recipiente mediante un liquido, in genere acqua, che viene direttamente scaldato | Apparecchio contenente il liquido scaldato direttamente. [→ ill. *chimico*]

bagnoschiùma *s. m.* Prodotto spec. profumato che, sciolto nell'acqua del bagno, produce una schiuma saponosa.

bagolàro *s. m.* (*bot.*) Pianta arborea delle Urticali con fusto liscio, corteccia grigiastra e rami flessibili.

bagordàre *v. intr.* (*io bagórdo; aus. avere*) (*raro*) Fare bagordi; SIN. Gozzovigliare.

bagórdo *s. m. spec. al pl.* Stravizi, gozzoviglie; SIN. Baldoria.

baguette /*fr.* ba'gɛt/ *s. f. inv.* (*pl. fr. baguettes* /ba'gɛt/) **1** (*abbigl.*) Baghetta. **2** Brillante tagliato a forma di rettangolo allungato. **3** Filone di pane piuttosto lungo.

bah *inter.* Esprime incertezza, incredulità.

bàia (1) *s. f.* **1** Burla, canzonatura | *Dare la – a qc.*, schernirlo. **2** Bagattella, inezia.

bàia (2) *s. f.* Insenatura della costa, meno ampia di un golfo, con imboccatura relativamente stretta. [→ ill. *geografia*]

baiadèra **A** *s. f.* Danzatrice indù. **B** *in funzione di agg. inv.* Detto di tessuto rigato a tinte vivaci.

baìcolo *s. m.* Biscottino secco, tipico di Venezia. [→ ill. *dolciumi*]

bailàmme *s. m. inv.* Confusione, baraonda.

bàio **A** *agg.* Detto di un tipo di mantello equino rosso, con le estremità degli arti, la coda e la criniera nere. **B** *s. m.* Cavallo con mantello baio.

baiòcco *s. m.* (*pl. -chi*) **1** Moneta di rame in uso negli stati pontifici fino al 1866. [→ ill. *moneta*] **2** *spec. al pl.* Soldi, quattrini | *Non valere un –*, essere di poco o di nessun valore.

baionétta *s. f.* Arma bianca, corta, con lama d'acciaio di varia forma da inastare all'estremità del fucile. [→ ill. *armi, uniforme militare*]

baionettàta *s. f.* Colpo di baionetta.

bàita *s. f.* Piccola costruzione di sassi o di legname, comune in alta montagna, usata spec. come deposito o ricovero dei pastori. [→ ill. *abitazione*]

bakelite V. *bachelite*.

balalàica o *balalàika s. f.* Strumento musicale simile alla chitarra, con cassa armonica dalla caratteristica forma triangolare, tipico della Russia Meridionale. [→ ill. *strumenti musicali*]

balanìno *s. m.* (*zool.*) Piccolo insetto con lunghissimo rostro, le cui larve sono parassite di nocciole, ghiande e sim.

bàlano *s. m.* (*zool.*) Crostaceo marino con sei paia di zampe a forma di cirro che sporgono da una nicchia calcarea conica. [→ ill. *animali* 4]

balàscio *s. m.* (*miner.*) Varietà preziosa di spinello trasparente e di colore rosso.

balaùsta *s. f.* (*bot.*) Frutto del melograno.

balaùstra *s. f.* Balaustrata.

balaustràta *s. f.* Struttura a colonnette, collegate da un basamento e una cimasa, che serve da parapetto o divisorio. [→ ill. *casa, religione*]

balaustrìno *s. m.* Piccolo compasso di precisione. [→ ill. *disegnatore*]

balaùstro *s. m.* Colonnetta ornamentale di balaustrate e parapetti, ballatoi e terrazze, mobili.

balbettaménto *s. m.* Il balbettare | Ciò che è detto balbettando.

balbettàre **A** *v. intr.* (*io balbétto; aus. avere*) **1** Parlare con titubanza, ripetizione di sillabe o arresti di parole per malformazione anatomica o per cause psicologiche; SIN. Tartagliare. **2** Cominciare a parlare; SIN. Ciangottare. **B** *v. tr.* Pronunciare in modo confuso e spezzato: – *una parola*.

balbettìo *s. m.* Balbettamento continuo.

bàlbo *agg.* (*lett.*) Balbuziente.

balbutìre *v. intr. e tr.* (*pres. io balbutìsco, tu balbutìsci; part. pres. balbuziènte; aus. intr. avere*) (*lett.*) Balbettare.

balbùzie *s. f.* (*med.*) Ripetizione parziale di sillabe, causata da spasmo intermittente dell'apparato fonatorio.

balbuziènte *part. pres. di balbutire; anche agg. e s. m. e f.* Affetto da balbuzie.

balconàta *s. f.* **1** Lungo balcone sul quale si aprono diverse finestre. **2** Nei teatri, parte sovrastante la platea, con diverse file digradanti di posti.

balcóne *s. m.* Struttura sporgente dal muro esterno di un edificio, contornata da balaustra o ringhiera | Finestra grande, aperta fino al pavimento, con balaustra o ringhiera. [→ ill. *casa*]

bagno

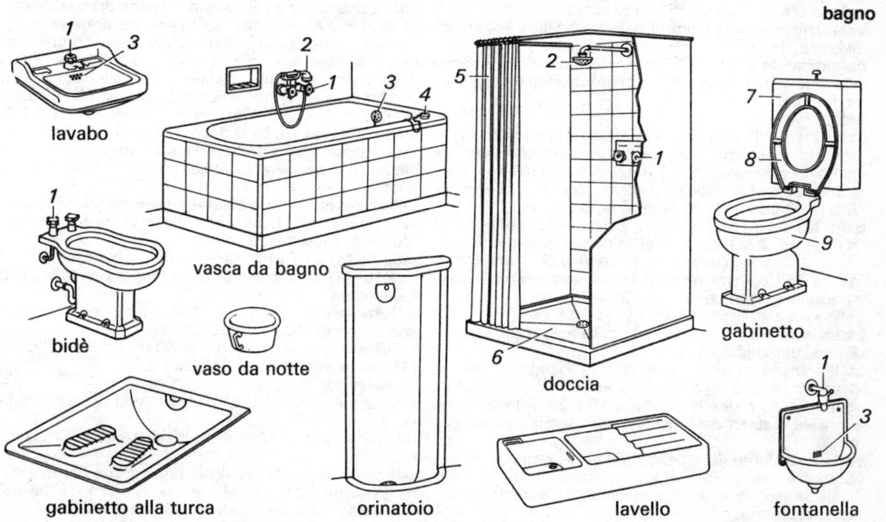

1 rubinetto 2 doccia 3 troppopieno 4 tappo 5 tenda 6 vaschetta 7 serbatoio 8 sedile 9 vaso

baldacchino *s. m.* **1** Copertura mobile a forma di padiglione retta da aste, sotto la quale si porta in processione il SS. Sacramento. **2** Ricco drappo sorretto da aste che sta a coronamento di altari, troni, seggi, letti signorili. [→ ill. *mobili*] **3** Coronamento in marmo o pietra usato per nicchie, edicole, tombe medievali.

baldànza *s. f.* Esuberante sicurezza nelle proprie forze che si manifesta nelle parole e nei fatti; SIN. Sicurezza, spavalderia.

baldanzóso *agg.* Che mostra baldanza; SIN. Spavaldo.

bàldo *agg.* Che mostra disinvoltura e sicurezza.

baldòria *s. f.* **1** Allegria rumorosa | Festa allegra | (*spreg.*) Gozzoviglia; SIN. Baccanale, bagordo. **2** (*tosc.*) Fuoco acceso in occasione di feste.

baldràcca *s. f.* (*spreg.*) Sgualdrina.

baléna *s. f.* (*zool.*) Enorme mammifero cetaceo dei mari freddi, con corpo pisciforme, pelle liscia e nera, arti anteriori a forma di pinna, pinna codale orizzontale e fanoni in luogo dei denti. [→ ill. *animali* 16, *zoologia*]

balenàre *v. intr.* (*impers.* *baléna; anche pers.; aus. essere*) **1** Lampeggiare. **2** (*est.*) Splendere all'improvviso. **3** (*fig.*) Apparire subitamente: *mi balena un sospetto.*

baleneria *s. f.* (*lett.*) Tecnica e maniera di vita dei balenieri.

balenièra *s. f.* Nave da caccia alle balene | Imbarcazione a remi usata al tempo della marina velica per uso personale dei comandanti e ammiragli.

balenière *s. m.* Marinaio di una baleniera | Cacciatore di balene.

balenièro *agg.* Attinente alle balene e alla loro caccia.

balenìo *s. m.* Un balenare continuo.

baléno *s. m.* Folgorio prodotto dalla luce su una superficie lucida | (*fig.*) *In un* —, in un attimo.

balenòttera *s. f.* (*zool.*) Gigantesco mammifero cetaceo simile alla balena, da cui si distingue per il corpo più snello, la testa più piccola, la presenza della pinna dorsale e delle tipiche pieghe longitudinali sulla gola e sul petto. [→ ill. *animali* 16]

balenòtto *s. m.* **1** *Dim. di balena.* **2** Balena giovane.

balèra *s. f.* Locale da ballo di modeste pretese | Pista da ballo, spec. all'aperto.

balèstra *s. f.* **1** Antica arma composta da un fusto di legno con un arco fissato a croce a un'estremità per lanciare saette e grossi dardi. [→ ill. *armi*] **2** (*mecc.*) *spec. al pl.* Molla ad arco per la sospensione dei veicoli, fatta con più lamine sovrapposte. [→ ill. *meccanica*]

balestràre **A** *v. tr.* (*io balèstro*) **1** Tirare con la balestra. **2** (*raro*) Sbalestrare, scaraventare. **B** *v. intr.* (*aus. avere*) Tirare con la balestra.

balestràta *s. f.* Tiro o colpo di balestra.

balestrière *s. m.* Tiratore di balestra | Milite armato di balestra.

balestrùccio *s. m.* (*zool.*) Uccello dei Passeriformi simile alla rondine ma più piccolo, con gola bianca e coda meno forcuta.

balì *s. m.* Balivo.

bàlia (1) *s. f.* Donna che allatta dietro compenso i figli altrui | — *asciutta*, donna a pagamento che cura un bambino senza allattarlo | *Avere bisogno della* —, non essere capace di togliersi dagli impicci | (*fig.*) *Tenere a — q.c.*, ritardarne la realizzazione; SIN. Nutrice.

balìa (2) *s. f.* **1** (*lett.*) Autorità, potere assoluto, potestà di governo. **2** *Nella loc. in — di*, in potere, alla mercé (*anche fig.*): *essere, cadere, darsi, sentirsi in — di qc. o di q.c.* **3** Nei comuni medievali, magistratura collegiale straordinaria con poteri eccezionali.

baliàggio *s. m.* Grado di balì | Ufficio del balì.

baliàtico *s. m.* (*pl. -ci*) **1** Compito della balia e suo salario. **2** Bambino affidato a balia.

balilla **A** *s. m. inv.* Al tempo del fascismo, ognuno dei ragazzi tra gli otto e i quattordici anni organizzati in formazioni a carattere paramilitare. **B** *s. f. inv.* Nome commerciale di automobile utilitaria italiana diffusa negli anni '30.

bàlio *s. m.* Marito della balia | Chi alleva ragazzi.

balipèdio *s. m.* (*mil.*) Campo sperimentale di tiro, nel quale si eseguono prove e collaudi per armi da fuoco, spec. artiglierie.

balista *s. f.* (*mil.*) Specie di balestra atta a lanciare sassi o grossi dardi. [→ ill. *armi*]

balìstica *s. f.* Scienza che studia le traiettorie dei proiettili da armi da fuoco.

balìstico *agg.* (*pl. m. -ci*) Della balistica. [→ ill. *armi*]

balistite *s. f.* Esplosivo da lancio formato da nitroglicerina e nitrocellulosa.

balìvo *s. m.* Nell'ordinamento feudale, funzionario di nomina regia a capo di una circoscrizione territoriale | Cavaliere di grado superiore in alcuni ordini cavallereschi; SIN. Balì.

bàlla *s. f.* **1** Qualità di merci messe insieme e avvolte per essere trasportate. **2** (*tosc., est.*) Sacco di tessuto grossolano. **3** (*fig.*) Frottola, fandonia, bugia.

ballàbile **A** *agg.* Detto di musica adatta alla danza. **B** *s. m.* Canzone o motivo per ballo.

ballàre **A** *v. intr.* (*aus. avere*) **1** Muovere i piedi andando o saltando a tempo misurato di suono o di voce: — *con qc.*; SIN. Danzare. **2** (*est.*) Saltare, saltellare: — *per la gioia* | Agitarsi: — *dal nervoso* | Oscillare, tentennare, sobbalzare. **3** (*fig.*) Essere largo, sproporzionato, detto di capi di vestiario: *la giacca gli balla addosso.* **B** *v. tr.* Eseguire, con riferimento a una danza: — *un valzer.* [→ tav. *proverbi* 117, 334, 338]

ballàta *s. f.* **1** (*letter.*) Componimento poetico popolare, sorto in rapporto con la musica e la danza; SIN. Canzone a ballo | — *romantica*, componimento lirico narrativo della poesia romantica, accompagnato talora dal ritornello; SIN. Romanza. **2** (*mus.*) Composizione vocale o strumentale a sfondo narrativo, del periodo romantico.

ballatóio *s. m.* Balcone che gira intorno a un edificio o a parte di esso, esternamente o internamente.

ballerina *s. f.* **1** Donna che balla per professione o per diletto. **2** Scarpa scollata femminile con tacco basso, molto flessibile; SIN. Paperina. **3** (*zool.*) Uccello insettivoro, simile alla cutrettola, che cammina sul terreno non saltellando, ma battendo ritmicamente la lunga coda; SIN. Batticoda.

ballerino **A** *s. m.* (*f. -a*, V.) Chi balla per professione o per diletto. **B** *agg.* **1** Che balla | *Cavalli ballerini*, quelli del circo. **2** (*est.*) Instabile: *pressione ballerina* | *Terre ballerine*, soggette a frequenti terremoti.

ballétto *s. m.* **1** *Dim. di ballo.* **2** Componimento musicale a ritmo di danza | Azione pantomimica con musica e danza. **3** Compagnia di ballerini professionisti.

ballista *s. m. e f.* (*pl. m. -i*) (*scherz.*) Chi racconta fandonie.

bàllo *s. m.* **1** Movimento ordinato del corpo e spec. dei piedi, secondo il tempo musicale segnato dal canto o dagli strumenti | *Corpo di* —, l'insieme dei ballerini stabili di un teatro o di una compagnia | (*fig.*) *Essere in* —, detto di persona, aver parte in un impegno cui non ci si può sottrarre | (*fig.*) *Essere in* —, detto di cosa, andare di mezzo: *è in — la mia vita* | *Mettere, tirare in — qc.*, renderlo partecipe di una faccenda, spec. complessa | *Mettere, tirare in — q.c.*, discuterla; SIN. Danza. **2** Giro di danza, durata di un ballabile. **3** Tipo di ballabile: *il valzer è un — a tre tempi.* **4** Festa danzante: — *in maschera.* **5** (*med.*) — *di S. Vito*, corea. [→ tav. *proverbi* 338]

ballon d'essai /*fr.* ba'lɔ̃ d e'sɛ/ *loc. sost. m. inv.* (*pl. fr. ballons d'essai* /ba'lɔ̃ d e'sɛ/) Notizia spec. giornalistica diffusa per saggiare eventuali reazioni della opinione pubblica.

ballonzolàre *v. intr.* (*io ballónzolo; aus. avere*) **1** Ballare a salti | Ballare alla buona, in famiglia. **2** (*est.*) Saltellare | Muoversi sussultando.

ballòtta (1) *s. f.* Castagna lessa con la buccia.

ballòtta (2) *s. f.* Piccolo oggetto a forma di palla usato nel Medio Evo per votare.

ballottàggio *s. m.* Scrutinio decisivo fra i due candidati che in precedenza abbiano riportato più voti.

ballottàre *v. tr.* (*io ballòtto*) **1** Votare con le ballotte | Mettere ai voti. **2** (*lett.*) Sballottare.

balneàre *agg.* Dei bagni, spec. di mare.

bàlneo *s. m.* Nell'antichità classica, edificio in cui si faceva il bagno.

balneoterapìa *s. f.* Idroterapia mediante bagni, impacchi o docce.

baloccàre **A** *v. tr.* (*io balòcco, tu balòcchi*) Far divertire qc. | (*raro*) Tenere a bada con arte. **B** *v. rifl.* **1** Trastullarsi, gingillarsi. **2** Passare il tempo in cose da nulla.

balòcco *s. m.* (*pl. -chi*) Trastullo, giocattolo per bambini | (*fig.*) Passatempo.

baloccóne *s. m.* (*f. -a*) (*fam., tosc.*) Chi perde il tempo in trastulli.
balordàggine *s. f.* Storditaggine, stolidezza | Atto o detto balordo; SIN. Sciocchezza.
balórdo ***A*** *agg.* ***1*** Sciocco, tonto, che ha poco senno o giudizio | Privo di senso, strampalato: *idea balorda*; SIN. Grullo. ***2*** Stordito, intontito, per stanchezza, sonno, stupore e sim. ***3*** Mal riuscito, mal fatto | Strano, infido: *tempo —*. ***B*** *s. m.* (*f. -a*) Persona sciocca, strana, poco raccomandabile.
bàlsa *s. f.* Legno più leggero del sughero, fornito da un albero dell'America meridionale; usata nell'aeromodellismo e per salvagenti.
balsàmico *agg.* (*pl. m. -ci*) ***1*** Di balsamo | Che ha le proprietà di un balsamo. ***2*** (*fig.*) Odoroso, salubre.
balsamìna *s. f.* (*bot.*) Pianta erbacea delle Terebintali con fusto traslucido e fiori di vario colore; SIN. Begliuomini.
bàlsamo *s. m.* ***1*** Ciascuna delle sostanze medicamentose contenenti resine, acidi aromatici e oli essenziali, estretta dal tronco di molte piante. ***2*** Lenimento efficace per un dolore | (*fig.*) Cibo, bevanda con proprietà ristoratrici o squisito sapore. ***3*** (*fig.*) Conforto, sollievo.
bàlta *s. f.* Sbalzo, rovesciamento | *Dare la —, dare di —*, andare, mandare sottosopra.
bàlteo *s. m.* Cintura di cuoio che il soldato romano portava dalla spalla destra al fianco sinistro per appendervi la spada o altro.
baluàrdo *s. m.* ***1*** (*mil.*) Gran bastione di una fortificazione. [→ ill. *castello*] ***2*** (*fig.*) Difesa, sostegno.
balùba ***A*** *agg. inv.* Detto di popolazione di lingua bantu del Congo meridionale e del Katanga. ***B*** *s. m. e f. inv.* Persona appartenente a tale popolazione.
baluginàre *v. intr.* (*io balùgino; aus. essere*) ***1*** Apparire e sparire velocemente di cosa o persona. ***2*** (*fig.*) Presentarsi alla mente in modo rapido e confuso.
bàlza *s. f.* ***1*** Luogo scosceso e dirupato. ***2*** Breve tratto pianeggiante che interrompe un dirupo. ***3*** Striscia di stoffa posta per ornamento in fondo a vesti femminili, tende e sim. ***4*** Balzana di cavallo.
balzàna *s. f.* ***1*** Guarnizione all'orlo di vesti, tende e sim. ***2*** Striscia di pelo biancastro sopra gli zoccoli dei cavalli.
balzàno *agg.* ***1*** Detto di cavallo che ha le balzane in uno o più arti. ***2*** (*fig.*) Stravagante, bizzarro.
balzàre ***A*** *v. intr.* (*aus. essere e avere*) ***1*** Saltare su, alla maniera dei corpi elastici | (*est.*) Lanciarsi: *— sul tram* | Muoversi repentinamente: *— dalla poltrona* | Sussultare. ***2*** (*fig.*) Risaltare con assoluta evidenza | *— agli occhi*, apparire evidente. ***B*** *v. tr.* (*raro*) Sbalzare.
balzellàre ***A*** *v. intr.* (*io balzèllo; aus. essere e avere*) Andare a piccoli balzi, saltellare. ***B*** *v. tr.* (*tosc.*) Appostare: *— la lepre*.
balzèllo *s. m.* Imposta molto gravosa.
balzellóni *avv.* A piccoli balzi, a saltelli, saltellando.
bàlzo (1) *s. m.* ***1*** Salto di un corpo elastico dopo aver picchiato in terra | *Prendere la palla al —*, (*fig.*) cogliere l'occasione. ***2*** Movimento improvviso. ***3*** (*fig.*) Rapido avanzamento.
bàlzo (2) *s. m.* ***1*** Sporgenza del terreno | Luogo scosceso. ***2*** Striscia, guarnizione.
bambàgia *s. f.* (*pl. -gie*) Pelosità di cui è rivestito il seme del cotone | Cascame della filatura del cotone | Cotone non filato, in fiocchi | *Vivere, stare, allevare, tenere nella —*, (*fig.*) con ogni riguardo | *Essere di —*, (*fig.*) essere molto delicato.
bambagìna *s. f.* Tela di bambagia.
bambagìno *agg.* Di bambagia.
bamberòttolo *s. m.* (*f. -a*) (*raro, spreg.*) Bambino grassoccio e sproporzionato | (*fig.*) Persona rimasta bambina.
bambinàggine *s. f.* (*raro, spreg.*) Azione, comportamento da bambino.
bambinàia *s. f.* Donna stipendiata per prendersi cura dei bambini.
bambinàta *s. f.* Atto, discorso da bambino; SIN. Ragazzata.
bambineggiàre *v. intr.* (*io bambinéggio; aus. avere*) Comportarsi ingenuamente, da bambino.
bambinésco *agg.* (*pl. m. -schi*) (*spreg.*) Ingenuo, puerile.
bambìno ***A*** *s. m.* (*f. -a*) ***1*** L'essere umano dalla nascita alla fanciullezza; SIN. Bimbo, piccino, marmocchio. [→ ill. *copricapo*] ***2*** (*est.*) *spec. al pl.* Figlio, di sesso maschile o femminile: *ha due bambini*. ***3*** (*fig., iron.*) Persona adulta che si comporta ingenuamente o scioccamente. ***B*** *agg.* ***1*** Molto giovane: *sposa bambina*. ***2*** Inesperto, semplice: *mente bambina*.
bambinóne *s. m.* (*f. -a*) ***1*** *Accr. di bambino.* ***2*** (*fig., scherz.*) Persona adulta che si comporta puerilmente.
bambocciàta *s. f.* ***1*** Cosa o azione da bamboccio. ***2*** Genere di composizione pittorica ispirato a scene quotidiane di vita popolare.
bambòccio *s. m.* (*f. -a*) ***1*** Bambino grassoccio. ***2*** (*fig.*) Persona semplice e inesperta. ***3*** Fantoccio fatto spec. con cenci | (*est.*) Rozzo disegno di figura umana.
bàmbola *s. f.* ***1*** Fantoccio di vario materiale vestito da bambina o da donna; SIN. Pupa, pupattola. [→ ill. *giochi*] ***2*** (*fig.*) Giovane donna con viso bello ma inespressivo | Giovane donna vistosamente bella.
bamboleggiàre *v. intr.* (*io bamboléggio; aus. avere*) Comportarsi in modo puerile | Assumere un atteggiamento lezioso, detto spec. di donne.
bàmbolo *s. m.* (*lett.*) Bambino.
bambolóna *s. f.* ***1*** *Accr. di bambola.* ***2*** Donna anziana che affetta atteggiamenti di donna giovane | Giovane donna vistosamente bella.
bambolóne *s. m.* (*f. -a*) ***1*** *Accr. di bambolo.* ***2*** (*fig.*) Uomo che si comporta in modo goffo.
bambolòtto *s. m.* ***1*** *Dim. di bambolo.* ***2*** Pupazzo.
bambù *s. m.* ***1*** Pianta delle Glumiflore con fusto lignificato a volte molto alto, foglie strette e infiorescenze in pannocchie. ***2*** Fusto nodoso, cilindrico, cavo e flessibile della pianta omonima; usato per bastoni da passeggio, canne da pesca, mobili, scatole e sim.
bambusàia *s. f.* Terreno piantato a bambù.
banàle *agg.* Convenzionale, insignificante.
banalità *s. f.* ***1*** L'essere banale; SIN. Mediocrità. ***2*** Cosa banale.
banalizzàre *v. tr.* (*io banalìzzo*) (*raro*) Rendere banale.
banàna *s. f.* ***1*** Frutto del banano. [→ ill. *frutta*] ***2*** (*est.*) Panino a forma di banana. [→ ill. *pane*]
bananéto *s. m.* Piantagione di banani.
bananièra *s. f.* Nave attrezzata per il trasporto di banane.
bananièro ***A*** *agg.* Delle banane e del loro commercio. ***B*** *s. m.* Coltivatore, commerciante, di banane.
banàno *s. m.* Pianta arborea tropicale delle Scitaminee, molto alta con grandi foglie aprentisi in una corona nel cui mezzo si formano i fiori e poi i frutti, riuniti in una infruttescenza detta casco. [→ ill. *piante* 15]
bànca *s. f.* ***1*** Impresa avente funzione intermediaria tra risparmiatori e produttori, attuata con la raccolta e l'impiego di capitali forniti dai primi e richiesti dai secondi | Edificio in cui ha sede una banca. ***2*** Deposito di organi del corpo umano a scopo di trapianto o intervento: *— degli occhi*. ***3*** (*elab.*) *— dei dati*, insieme di informazioni raccolte e conservate per mezzo di elaborazione elettronica.
bancàbile *agg.* Detto di titolo di credito che può essere presentato a una banca per lo sconto.
bancàle *s. m.* Incastellatura fissa d'una macchina utensile; SIN. Banco.
bancarèlla *s. f.* Carretto o banco di vendita all'aperto di oggetti nuovi o usati.
bancarellista *s. m. e f.* (*pl. m. -i*) Chi vende oggetti su bancarelle.
bancàrio ***A*** *agg.* Di banca: *assegno —*. ***B*** *s. m.* (*f. -a*) Chi è impiegato presso una banca.
bancarótta *s. f.* (*dir.*) Mancato pagamento dei propri debiti, con colpa o dolo, dell'imprenditore commerciale dichiarato fallito.
bancarottière *s. m.* Chi fa bancarotta.
banchettàre *v. intr.* (*io banchétto; aus. avere*) Partecipare a banchetti | (*est.*) Mangiare e bere lietamente.
banchétto *s. m.* ***1*** *Dim. di banco.* ***2*** (*est.*) Bancarella. ***3*** Lauto pranzo con molti convitati.
banchière *s. m.* ***1*** Chi esercita l'attività bancaria | Proprietario di una banca. ***2*** Chi tiene il banco nei giochi d'azzardo.
banchìna *s. f.* ***1*** Costruzione lungo il molo o alla proda del porto, ove approdano le navi e si possono traspor-

tare le merci. *2* Marciapiede rialzato delle stazioni ferroviarie. *3* Parte marginale della strada percorsa spec. da ciclisti e pedoni | — *spartitraffico*, striscia di sede stradale posta tra due carreggiate a traffico opposto. [→ ill. *strada*] *4* (*edil.*) Struttura orizzontale, sotto o sopra un muro, di spessore poco differente dal muro stesso. *5* Nei circhi, punto di appoggio sospeso, da cui si lanciano i trapezisti. [→ ill. *circo*]

banchinàggio *s. m.* (*edil.*) In un'armatura provvisoria, complesso di banchine.

banchìṣa *s. f.* Distesa glaciale sui mari delle regioni polari, costituita da lastroni di ghiaccio.

banchìsta *s. m. e f.* (*pl. m. -i*) Banconiere.

bànco *s. m.* (*pl. -chi*) *1* Sedile lungo e stretto con o senza schienale: — *di scuola*; *banchi dei rematori.* [→ ill. *giustizia, marina, parlamento, religione, scuola*] *2* Mobile a forma di lungo tavolo che, nei negozi, divide acquirenti e venditori | *Sotto* —, (*fig.*) di nascosto: *vendere sotto* —. [→ ill. *bar, supermercato*] *3* Grande tavolo sul quale tengono i loro attrezzi fabbri, falegnami, scultori e sim. | — *di prova*, attrezzatura sulla quale si fissa un motore per determinarne le caratteristiche; (*fig.*) situazione che mette alla prova le capacità di qc. o l'efficacia di q.c. | — *ottico*, apparecchio didattico del laboratorio di fisica col quale si studiano i fenomeni ottici | (*mecc.*) Bancale. [→ ill. *falegname, fisica, meccanica, orafo e argentiere, scultore, tornio*] *4* Banca: — *di Napoli.* *5* Locale dove si vendono o si scambiano particolari beni o servizi | — *del lotto*, botteghino dove si ricevono le giocate. *6* Nei giochi d'azzardo, posta che mette chi tiene il gioco per pagare le vincite dei giocatori. *7* (*geol.*) Strato roccioso di notevole spessore | Spesso strato di minerale. *8* Ammasso di elementi vari con notevole estensione orizzontale | — *corallino, madreporico*, costituito da coralli e madrepore viventi in colonie | — *di nebbia*, spessa coltre di nebbia di estensione limitata.

bancogiro *s. m.* Operazione bancaria con cui si trasferisce una somma da un conto a un altro.

bàncomat *s. m. inv.* (*banca*) Nome commerciale di un sistema nazionale di sportelli automatici che permette il prelievo di contanti dal proprio conto presso qualsiasi banca che aderisca a questo sistema | Tessera magnetica che permette l'utilizzo di tali sportelli.

bancóne *s. m.* *1* *Accr. di banco.* [→ ill. *panettiere*] *2* Lungo tavolo, da un lato chiuso sino a terra, che in uffici e negozi separa gli impiegati o i venditori dal pubblico.

banconière *s. m.* (*f. -a*) Chi serve i clienti al banco di vendita; SIN. Banchista, banconista.

banconìsta *s. m. e f.* (*pl. m. -i*) Banconiere.

banconòta *s. f.* Biglietto di banca.

band /*ingl.* bænd/ *s. f. inv.* (*pl. ingl. bands* /bændz/) Orchestra jazz o da ballo in cui prevalgono gli strumenti a fiato e a percussione.

bànda (1) *s. f.* *1* (*raro*) Lato, parte | *Da — a* —, da una parte all'altra. *2* (*mar.*) Ciascuno dei lati della nave a dritta e a sinistra.

bànda (2) *s. f.* *1* Striscia di colore contrastante col fondo | Striscia di tessuto, spesso di tinta contrastante, applicata a un abito, alla cucitura laterale dei calzoni di un'uniforme e sim. [→ ill. *passamaneria*] *2* (*arald.*) Striscia che attraversa diagonalmente il campo di uno scudo. [→ ill. *araldica*] *3* (*fis.*) Insieme delle righe dello spettro di un gas | — *di frequenza*, serie completa di onde elettromagnetiche di frequenze comprese fra un minimo e un massimo. *4* (*elab.*) — *perforata*, nastro perforato. [→ ill. *elaborazione dati*]

bànda (3) *s. f.* *1* Striscia di drappo di determinato colore che distingueva le milizie d'uno Stato da quelle d'un altro: *Giovanni dalle Bande Nere.* *2* Reparto di volontari che opera la guerriglia. *3* Gruppo organizzato di malviventi | (*est., scherz.*) Brigata, compagnia di amici: *uscire in* —. *4* Complesso di musicanti con strumenti a fiato e a percussione.

bandàto **A** *s. m.* (*arald.*) Scudo col campo diviso diagonalmente in un numero pari di bande. **B** *agg.* Attraversato da banda.

bandeau /*fr.* bã'do/ *s. m. inv.* (*pl. fr. bandeaux* /bã'do/) Ciascuna delle due strisce di capelli lisci che in acconciature femminili inquadrano il volto raccogliendosi poi sulla nuca. [→ ill. *acconciatura*]

bandèlla *s. f.* *1* Piastra metallica infissa su imposte, sportelli e sim. recante all'estremità un anello che li fissa nei cardini. *2* (*edit.*) Risvolto.

banderilla /bande'rilla; *sp.* bande'riʎas/ *s. f. inv.* (*pl. sp. banderillas* /bande'riʎas/) Asticciola lignea, a punta metallica, ornata di nastri, che i toreri piantano nel collo del toro durante la corrida.

banderillèro /banderil'lɛro; *sp.* banderi'ʎero/ *s. m. inv.* (*pl. sp. banderilleros* /banderi'ʎeros/) Torero che conficca le banderilla nel collo del toro.

banderuòla *s. f.* *1* *Dim. di bandiera.* *2* Insegna metallica girevole posta sulla sommità di edifici per indicare la direzione del vento. *3* (*fig.*) Persona volubile, che cambia facilmente opinione.

bandièra *s. f.* *1* Drappo di stoffa attaccato a un'asta, di uno o più colori e disegni, simboleggiante uno Stato, una città, un'associazione, un corpo militare e sim. | — *abbrunata*, con un drappo di panno nero legato all'asta in segno di lutto | — *a mezz'asta*, abbassata fino a metà dell'asta, in segno di lutto | — *bianca*, in segno di resa e per parlamentare | — *rossa*, simbolo del socialismo e del comunismo | *Battere* —, appartenere, da parte di nave o aeromobile, a un dato Stato, e manifestarlo mediante esposizione della relativa bandiera | *Portare alta la* —, (*fig.*) fare onore al proprio paese, partito e sim. | *Il punto, il goal della* —, (*fig.*) l'unico conseguito da chi ha subito una grave sconfitta | *Voltare, cambiare* —, (*fig.*) cambiare opinione, idea, partito e sim.; SIN. Stendardo, vessillo. [→ ill. *bandiera, spiaggia, sport*] *2* Gioco tra due gruppi di ragazzi, che gareggiano per impos-

bandiera e insegna

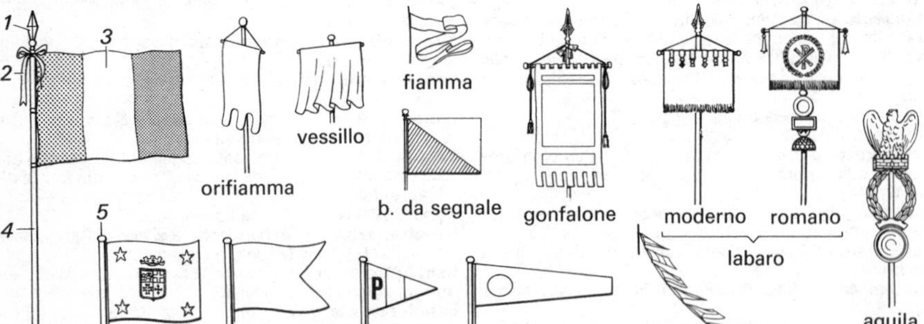

sessarsi di una bandiera. [→ tav. *proverbi* 30]

bandieràio *s. m.* Chi fabbrica o vende bandiere.

bandierìna *s. f.* **1** *Dim. di bandiera.* **2** (*sport*) Nel calcio, drappo fissato a un'asta posta agli angoli del campo | *Tiro dalla* –, calcio d'angolo.

bandinèlla *s. f.* **1** Tessuto rado e leggero molto apprettato usato per imballare tessuti e per modelli di sartoria. **2** Drappo per coprire il leggio nelle chiese. **3** Asciugamano in rotoli, girante sopra due rulli fissi al muro.

bandìre *v. tr.* (*io bandisco, tu bandìsci*) **1** Annunziare con pubblico avviso o bando. **2** Esiliare, mettere al bando | (*fig.*) Mettere da parte: – *i complimenti.*

bandìsta *s. m. e f.* (*pl. m. -i*) Suonatore in una banda musicale.

bandìstico *agg.* (*pl. m. -ci*) Di banda musicale.

bandìta *s. f.* Zona di protezione e ripopolamento dove sono proibiti caccia, pesca, pascolo.

banditismo *s. m.* Attività di banditi.

bandìto A *part. pass. di bandire; anche agg.* Che è messo al bando. **B** *s. m.* Chi commette rapine, assassinii e sim.; SIN. Fuorilegge, malvivente.

banditóre *s. m.* (*f. -trice*) **1** Chi legge ad alta voce nelle strade notizie d'interesse pubblico | (*fig.*) Promotore di un'idea, di una dottrina e sim. **2** Chi nelle vendite all'incanto grida gli oggetti, i prezzi e le offerte.

bàndo *s. m.* **1** Pubblico annuncio, un tempo dato verbalmente a suon di tromba o di tamburo, e oggi notificato con affissi, fogli ufficiali e sim. | Ordine dell'autorità: – *di concorso.* **2** Condanna, spec. di esilio, proclamata in pubblico | *Porre in* –, *mettere al* –, (*fig.*) mettere da parte, anche ass.: – *alle chiacchiere!*

bandolièra *s. f.* **1** (*mil.*) Striscia di cuoio o tessuto con tasche o giberne per le munizioni portata ad armacollo dai soldati o per ornamento. **2** *Nella loc. avv. a* –, ad armacollo, a tracolla.

bàndolo *s. m.* Capo della matassa | (*fig.*) *Trovare il* –, trovare la soluzione di un problema | *Perdere il* –, confondersi.

bandóne *s. m.* **1** Grossa lastra di metallo. **2** Saracinesca metallica.

bang A *inter.* Riproduce il rumore di uno sparo, di un urto. **B** *s. m.* – *sonico*, effetto acustico molto intenso determinato dal passaggio di un aereo a velocità prossima o superiore a quella del suono.

bàngio *s. m.* Adattamento di *banjo.*

banjo /*ingl.* 'bændʒou/ *s. m. inv.* (*pl. ingl. banjos* /'bændʒouz/) (*mus.*) Strumento musicale simile alla chitarra, con cassa armonica rotonda a fondo piatto. [→ ill. *strumenti musicali*]

bàntu o (*evit.*) *bantù agg.; anche s. m. inv.* Appartenente alla famiglia linguistica di popoli dell'Africa nera stanziati in molte zone al disotto del 5° parallelo Nord.

baobàb *s. m. inv.* (*bot.*) Enorme albero tropicale delle Malvali, con grosso tronco, grandi fiori e frutti a forma di zucca. [→ ill. *piante* 6]

bar (1) *s. m. inv.* **1** Locale pubblico in cui si consumano caffè, liquori, bibite, spec. al banco; SIN. Caffè. [→ ill. *bar, spiaggia, strada*] **2** Mobile per tenervi liquori e bevande.

bar (2) *s. m. inv.* (*fis.*) Unità di misura di pressione corrispondente a 0,9868 atm.

bàra *s. f.* **1** Feretro, cassa da morto | *Avere un piede nella* –, (*fig.*) essere vicino alla morte. **2** (*raro*) Lettuccio per portare a spalla i morti al cimitero.

baràbba *s. m. inv.* Vagabondo, briccone (dal nome del malfattore liberato al posto di Gesù Cristo).

baràcca *s. f.* **1** Costruzione di legno o metallo per ricovero provvisorio di persone, animali, materiali e attrezzi | *Piantare* – *e burattini*, (*fig.*) abbandonare ogni cosa. [→ ill. *teatro*] **2** (*fam.*) Complesso di una famiglia, di un'impresa e sim., e dei problemi a queste connessi: *mandare avanti la* –. **3** (*spreg.*) Ciò che è in cattive condizioni | *Andare, mandare in* –, (*fig.*) a catafascio. **4** Baldoria, bisboccia e sim. *spec. nella loc. far* –. [→ tav. *locuzioni* 81]

baraccaménto *s. m.* Insieme di baracche.

baraccàto *s. m.* (*f. -a*) Chi abita in una baracca.

baracchìno *s. m.* **1** *Dim. di baracca.* **2** Piccolo ricovero provvisorio per militari o alpinisti; CFR. Bivacco. **3** (*pop.*) Edicola, chiosco di bibite e sim.

baraccóne *s. m.* **1** *Accr. di baracca.* **2** Costruzione provvisoria spec. per spettacoli popolari. [→ ill. *luna park*]

baracconìsta *s. m. e f.* (*pl. m. -i*) Proprietario o lavorante di baraccone da fiera.

baràggia *s. f.* (*pl. -ge*) Terreno argilloso e compatto pressoché sterile.

baraónda *s. f.* Confuso e tumultuoso movimento di gente | Disordine; SIN. Confusione.

baràre *v. intr.* (*aus. avere*) **1** Ingannare al gioco di carte o dadi. **2** (*est.*) Comportarsi in modo disonesto e sleale.

bàratro *s. m.* Luogo profondo, cavernoso e buio | (*fig.*) Abisso, rovina; SIN. Precipizio.

barattàre *v. tr.* Scambiare una cosa con un'altra: – *un libro con un disco* | (*fig.*) – *parola*, chiacchierare; SIN. Cambiare, permutare.

baratterìa *s. f.* Inganno, frode.

barattière *s. m.* Chi commette baratteria.

baràtto *s. m.* **1** Scambio diretto di un bene o di un servizio con un altro: *fare un* – *con qc.* **2** (*dir.*) Permuta.

baràttolo *s. m.* Piccolo contenitore in banda stagnata, vetro, alluminio o plastica, di forma cilindrica, con coperchio. [→ ill. *contenitore*]

bàrba (1) *s. f.* **1** Insieme dei peli che spuntano sulle guance e sul mento dell'uomo e che, se lasciati crescere, costituiscono un'appendice del viso | *Farsi la* –, radersela | *Fare la* – *a qc.*, radergliela e (*fig.*) essergli superiore | (*fig.*) – *d'uomo*, uomo di valore | *Avere la* – *di qc., di q.c.*, esserne annoiato | *Che* – *d'un uomo!*, che persona noiosa! | *Che* –!, (*fig.*) Che noia! | *Farla in* – *a qc.*, ingannarlo | *Servire qc. di* – *e capelli*, (*fig.*) trattarlo duramente. [→ ill. *barba, barbiere, toilette e cosmesi*] **2** (*fig.*) Uomo che porta la barba | (*est.*) Uomo fornito di esperienza, autorità. **3** (*est.*) Ciuffo di peli nel mento di alcuni animali: *la* – *del capro.* **4** (*bot.*) *spec. al pl.* Radici sottili e filamentose dei vegetali | *Mettere le barbe*, attecchire (*anche fig.*) | – *di bosco*, lichene grigiastro e molto ramoso. [→ ill. *lichene*] **5** (*zool.*) Ciascuno degli elementi rigidi o flessibili che nelle penne degli uccelli si staccano a spina di pesce dall'asse principale. [→ ill. *zoologia*]

bàrba (2) *s. m. inv.* (*sett.*) Zio | Uomo anziano.

barbabiètola *s. f.* **1** Pianta erbacea delle Centrospermali con grandi foglie e grossa radice carnosa commestibile | – *da zucchero*, barbabietola dalla cui radice si estrae lo zucchero. **2** La radice commestibile della barbabietola da orto, di colore rosso cupo e sapore dolciastro. [→ ill. *piante* 3, *verdura*]

barbablù *s. m.* Marito violento e geloso | (*est.*; *spec. scherz.*) Persona che incute paura (dal nome del protagonista di una fiaba di Perrault).

barbacàne *s. m.* (*mil.*) Opera dell'antica fortificazione fatta per rinforzo di altre opere | Muro con feritoie che s'innalzava davanti alla porta della fortezza per accrescerne la difesa. [→ ill. *castello*]

barbafòrte *s. m.* Pianta erbacea delle Papaverali con piccoli fiori e grosse radici dal sapore piccante.

barba

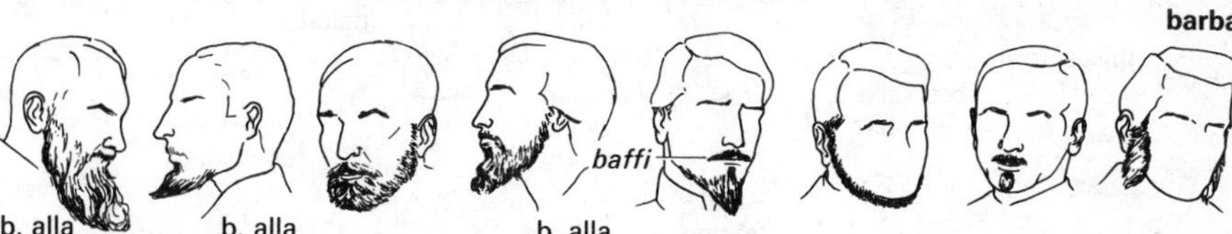

attrezzatura per bar

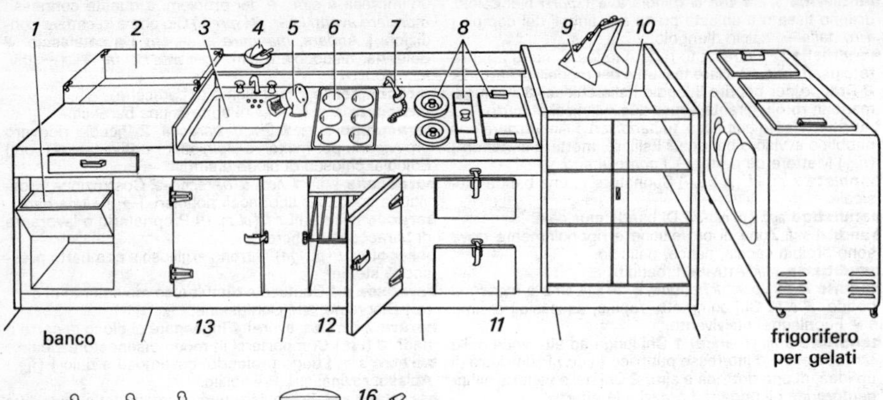

1 2 3 4 5 6 7 8 9 10

banco 13 12 11

frigorifero per gelati

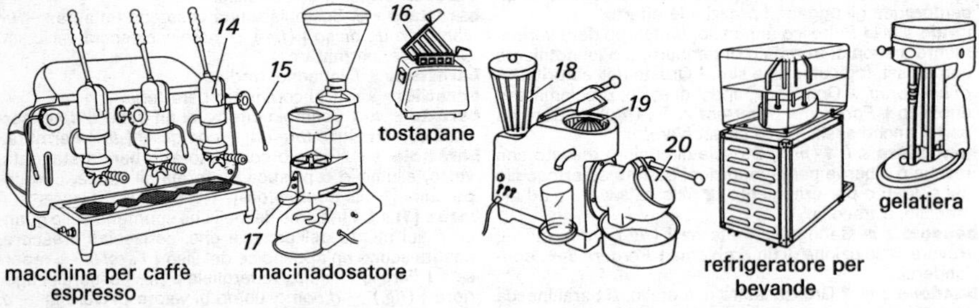

14 15 16 18 19 20

tostapane

gelatiera

17

macchina per caffè espresso

macinadosatore

refrigeratore per bevande

1 raccoglitore per fondi di caffè 2 vetrinetta per paste 3 vaschetta 4 zuccheriera 5 lavabicchieri 6 bottigliera 7 erogatore di seltz 8 vasche per gelato 9 espositore 10 vetrina refrigerata 11 cassetto frigorifero 12 cella frigorifera 13 pedana 14 gruppo erogatore del caffè 15 vaporizzatore 16 pinza 17 pressino 18 frullatore 19 spremiagrumi 20 tritaghiaccio

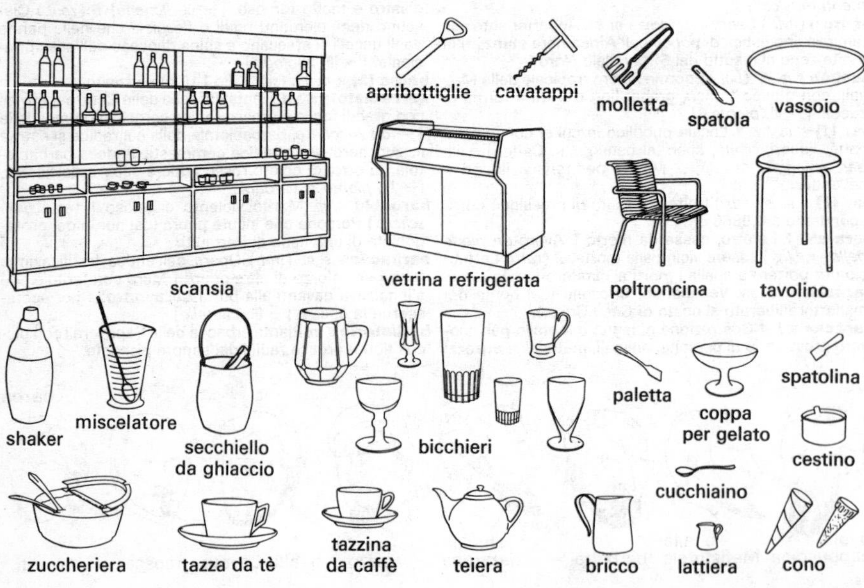

barbagiànni *s. m.* **1** (*zool.*) Uccello rapace notturno degli Strigiformi con piumaggio abbondante giallo rossiccio macchiettato di grigio. [→ ill. *animali* 14] **2** (*fig.*) Uomo sciocco e balordo.

barbàglio (1) *s. m.* Abbagliamento prodotto da luce intensa | Lampo improvviso di luce.

barbaglìo (2) *s. m.* Bagliore intenso e ripetuto.

barbanéra *s. m. inv.* Calendario popolare diffuso spec. fra gli agricoltori, contenente previsioni, consigli e aneddoti.

barbarésco (1) *agg.* (*pl. m. -schi*) Barbarico.

barbarésco (2) *s. m.* Vino rosso tipico piemontese, asciutto, di vitigno Nebiolo.

barbàrico *agg.* (*pl. m. -ci*) Dei barbari | (*est.*) Degno di barbari.

barbàrie *s. f. inv.* **1** Condizione di popolo barbaro e arretrato; SIN. Inciviltà; CONTR. Civiltà. **2** (*est.*) Atto crudele.

barbarìṣmo *s. m.* **1** Forma linguistica presa da una lingua straniera, considerata inelegante. **2** (*raro*) Ciò che è contrario al buon gusto, nelle arti.

bàrbaro A *s. m.* **1** Per i Greci dell'antichità e per i Romani, chi non apparteneva alla loro stirpe e civiltà. **2** (*est.*) Chi appartiene a una nazione considerata arretrata e incivile. **3** *al pl.* Popoli, di diversa stirpe, che occuparono con la forza i territori dell'Impero Romano. **B** *agg.* **1** Che è proprio di una popolazione straniera | *Poesia, metrica barbara*, che si propone di riprodurre in italiano il suono e la misura dei metri classici, senza tener conto della quantità delle sillabe. **2** Dei barbari | (*est.*) Primitivo, selvaggio, strano | (*fig.*) Rozzo, incolto: *gusti barbari.* **3** (*fig.*) Crudele, inumano.

barbassòro o *barbassóre s. m.* **1** Persona autorevole. **2** (*lett., scherz.*) Uomo che si dà arie di dotto.

barbàta *s. f.* **1** Barbatella. **2** Insieme delle barbe di una pianta.

barbatèlla *s. f.* **1** *Dim. di barbata.* **2** Talea di vite o di albero che ha messo le barbe.

barbàto *agg.* Detto di organo vegetale circondato di peli paralleli fra loro.

barbazzàle *s. m.* Catenella metallica che gira attorno alla barbozza degli equini e si unisce alle stanghette del morso della briglia.

barbecue /*ingl.* 'ba:bikju:/ *s. m. inv.* (*pl. ingl. barbecues* /'ba:bikju:z/) Cottura delle carni all'aria aperta, su braci o alla griglia | Griglia per tale cottura.

barbèra *s. m. e f.* Vino del Piemonte, di color rosso rubino intenso.

bàrbero *s. m.* Cavallo berbero | Cavallo veloce impiegato per correre il palio.

barbétta A *s. f.* **1** *Dim. di barba* (1). [→ ill. *barba*] **2** Corda che le imbarcazioni usano per ormeggio e rimorchio. **3** Ciuffo di peli situato nella parte posteriore dello stinco dei cavalli. [→ ill. *cavallo*] **B** *s. m.* (*pl. -i*) (*fig.*) Uomo con la barbetta.

barbicàre *v. intr.* (*io bàrbico, tu bàrbichi; aus. avere*) Mettere radici | Attecchire, allignare.

barbière *s. m.* (*f. -a*) Chi taglia e rade per mestiere la barba e i capelli. [→ ill. *barbiere, forbici*]

barbierìa *s. f.* Negozio di barbiere.

barbificàre *v. intr.* (*io barbifico, tu barbifichi; aus. avere*) Moltiplicare ed estendere le radici nel terreno.

barbìglio *s. m.* **1** Appendice con funzioni sensoriali che in alcuni pesci è situata all'angolo della bocca. **2** Bargiglio.

barbìno A *s. m.* **1** *Dim. di barba* (1). **2** (*tosc.*) Nettatoio per rasoio. **B** *agg.* **1** Gretto, meschino. **2** Fatto male, senza grazia o qualità | *Fare una figura barbina*, una gran brutta figura.

barbitonsóre *s. m.* (*scherz.*) Barbiere.

barbitùrico *s. m.* (*pl. -ci*) Farmaco usato, in piccole dosi, come sedativo e ipnotico.

barbiturìṣmo *s. m.* Intossicazione da barbiturici.

bàrbo *s. m.* Pesce d'acqua dolce con quattro barbigli.

barbògio A *agg.* (*pl. f. -gie o -ge*) **1** Che è vecchio e rimbambito. **2** (*est.*) Che brontola spesso | Che desta antipatia. **B** *anche s. m.*

barbóne *s. m.* **1** *Accr. di barba* (1). **2** Cane con pelame arricciato, di colori diversi. [→ ill. *cane*] **3** Chi ha la barba lunga | (*sett.*) Vagabondo che vive di espedienti.

barbóso *agg.* Noioso.

barbòzza *s. f.* Regione della testa del cavallo tra le ganasce e il mento.

barbugliàre A *v. tr.* (*io barbùglio*) Balbettare, borbottare. **B** *v. intr.* (*aus. avere*) Gorgogliare, borbottare, detto di liquidi in ebollizione.

bàrbula *s. f.* **1** Ciascuno degli elementi che tengono unite le barbe delle penne degli uccelli. **2** (*bot.*) Barbusa.

barbùṣa *s. f.* Muschio comune sui muri, sui tetti e sui terreni calcarei: di color verde in ambiente umido, grigio-biancastro in ambiente secco; SIN. Barbula. [→ ill. *piante* 1]

barbùta *s. f.* Foggia di celata aperta, con o senza visiera. [→ ill. *armi*]

barbùto *agg.* Che è provvisto di barba.

bàrca (1) *s. f.* **1** Cumulo di covoni di grano o altri cereali, accatastati all'aperto; SIN. Bica. **2** (*fig.*) Mucchio: *una — di soldi.*

bàrca (2) *s. f.* **1** Imbarcazione di dimensioni modeste, per trasporto di persone e cose | (*est., scherz.*) Imbarcazione da diporto, anche di grosse dimensioni. [→ ill. *marina, spiaggia, vigili del fuoco*] **2** (*fig.*) Insieme della famiglia, del lavoro, degli affari: *mandare avanti la —*; SIN. Baracca. [→ tav. *locuzioni* 108]

barcàccia *s. f.* (*pl. -ce*) **1** *Pegg. di barca* (2). **2** Grande palco laterale nei teatri.

barcaiòlo *s. m.* Chi per mestiere governa la barca | Traghettatore | Chi noleggia barche.

barcamenàrsi *v. intr. pron.* (*io mi barcaméno*) Agire con accortezza in situazioni difficili.

barcaréccio *s. m.* Insieme delle imbarcazioni adibite nelle stesse acque al medesimo lavoro.

barcarizzo *s. m.* Apertura sul fianco della nave cui viene applicata la scala esterna per scendere e salire a bordo.

barcaròla *s. f.* **1** Tipica canzone dei gondolieri di Venezia. **2** Composizione musicale ispirata a suggestioni marinaresche o a cantilene di barcaioli.

barcàta *s. f.* **1** Quantità di carico portata da una barca. **2** (*fig.*) Grande quantità.

arnesi del barbiere

barchéggio *s. m.* Andata e ritorno delle barche dalla nave alla spiaggia, o tra due sponde.
barchétta *s. f.* **1** *Dim. di barca* (2). **2** Contenitore impiegato nei supermercati per la distribuzione di frutta, carni fresche, salumi.
barchìno *s. m.* **1** *Dim. di barca* (2). **2** Piccola imbarcazione a fondo piatto per cacciare in palude. [→ ill. *marina*]
barcollaménto *s. m.* Modo e atto di barcollare; SIN. Vacillamento, ondeggiamento.
barcollàre *v. intr.* (*io barcòllo; aus. avere*) **1** Stare malfermo, piegando ora da un lato ora dall'altro: – *sotto i colpi*; SIN. Ondeggiare, traballare, vacillare. **2** (*fig.*) Perdere autorità, stabilità.
barcollìo *s. m.* Barcollamento continuato.
barcollóni *avv.* Barcollando.
barcóne *s. m.* **1** *Accr. di barca* (2). **2** Barca a fondo piatto per ponti di barche.
bàrda *s. f.* **1** Armatura del cavallo d'arme, a difesa della testa, del collo, del petto e della groppa. [→ ill. *armi*] **2** Sella senza arcioni.
bardàna *s. f.* (*bot.*) Lappa.
bardàre **A** *v. tr.* **1** Munire della barda il cavallo d'arme | Munire dei finimenti. **2** (*fig.*) Caricare di abiti e accessori vistosi. **B** *v. rifl.* (*scherz.*) Adornarsi in modo eccessivo.
bardatùra *s. f.* **1** Operazione del bardare un cavallo. **2** Insieme dei finimenti del cavallo. **3** (*scherz.*) Abbigliamento ricco di accessori inutili.
bardìglio *s. m.* Varietà di marmo di colore bigio o azzurro cinereo.
bàrdo *s. m.* **1** Poeta vate dei popoli celtici, che celebrava le imprese dei capi illustri. **2** (*est.*) Cantore, poeta patriottico.
bardolino *s. m.* Vino di color rubino, dall'aroma fino e sottile, tipico della provincia di Verona.
bardòtto *s. m.* **1** Animale ibrido non fecondo che si ottiene dall'incrocio di un'asina con un cavallo. **2** (*fig.*) Garzone, apprendista. **3** Chi è addetto al tiro di natanti dall'alzaia.
barèlla *s. f.* **1** Lettuccio per il trasporto di ammalati o feriti; SIN. Lettiga. [→ ill. *medicina e chirurgia*] **2** Tavola rettangolare con due stanghe, per il trasporto a mano di sassi, terra e sim. **3** Arnese per portare in processione statue o immagini sacre.
barellàre **A** *v. tr.* (*io barèllo*) Portare con la barella: – *un ammalato*. **B** *v. intr.* (*aus. avere*) Vacillare.
baréna *s. f.* Terreno che, nei periodi di bassa marea, emerge dalle acque lagunari.
barèno *s. m.* Barra porta-utensili innestata al mandrino dell'alesatrice.
barése *agg.; anche s. m. e f.* Di Bari.
bargèllo *s. m.* **1** Nei comuni medievali, magistrato incaricato del servizio di polizia | (*est.*) Capo degli sbirri | Sbirro, poliziotto. **2** Palazzo, con adiacente prigione, in cui risiedeva tale magistrato.
bargìglio *s. m.* Escrescenza carnosa che pende sotto il becco di alcuni uccelli, spec. gallinacei; SIN. Barbiglio.
bàri- *primo elemento*: in parole composte della terminologia scientifica significa 'pesante': *baricentro, barisfera*.
barìa *s. f.* (*fis.*) Unità di pressione corrispondente alla pressione di 1 dina per cm^2.
bàribal *s. m. inv.* Orso americano di forma tozza, onnivoro, con pelame bruno.
baricèntro *s. m.* (*fis.*) Punto di applicazione della risultante della forza peso di un corpo; SIN. Centro di gravità.
bàrico *agg.* (*pl. m. -ci*) **1** Della pressione atmosferica. **2** Del peso.
barile *s. m.* **1** Piccola botte in legno, destinata a contenere prodotti liquidi e in polvere | (*est.*) Ciò che è contenuto in un barile. [→ ill. *contenitore, vino*] **2** Unità di misura dei liquidi, di valore variabile | (*per anton.*) Unità di misura del petrolio, pari a 1,5898 hl.
barilétto *s. m.* **1** *Dim. di barile.* **2** Nell'orologio, ruota dentata contenente la molla. [→ ill. *orologio*]
barilòtto o *barilòzzo* *s. m.* **1** *Dim. di barile.* [→ ill. *contenitore*] **2** (*fig.*) Persona piccola e tozza.
bàrio *s. m.* Elemento chimico, metallo alcalino-terroso, bianco-argenteo, malleabile, diffuso in natura nei suoi minerali; SIMB. Ba | *Solfato di* –, usato come mezzo di contrasto nelle indagini radiologiche del tubo digerente.
barióne *s. m.* (*fis.*) Ogni particella pesante, come nucleoni e iperoni.
barisfèra *s. f.* Nucleo centrale della terra, formato da materiale ad alta densità. [→ ill. *geografia*]
barìsta *s. m. e f.* (*pl. m. -i*) Chi, in un bar, serve al banco | Chi possiede un bar.
baritonàle *agg.* Tipico di baritono.
baritono **A** *s. m.* Voce virile intermedia tra tenore e basso | (*est.*) Cantante che ha tale voce. **B** *agg.* Di parola greca con l'accento grave sull'ultima sillaba | Di parola con l'ultima sillaba atona.
barlùme *s. m.* **1** Luce incerta che non permette di vedere con chiarezza. **2** (*fig.*) Indizio debole e confuso.
barman /*ingl.* 'ba:mən/ *s. m. inv.* (*pl. ingl. barmen* /'ba:mən/) Chi prepara cocktail in un bar | Barista.
barnabìta *s. m.* (*pl. -i*) Chierico regolare dell'ordine di San Paolo, fondato da S. Antonio Maria Zaccaria.
bàro *s. m.* (*f. -a*) Chi truffa al gioco, spec. delle carte | (*est.*) Imbroglione.
bàro-, -baro *primo e secondo elemento*: in parole composte della terminologia scientifica significa 'pressione' o 'gravità': *barometro, isobaro*.
barocchétto *s. m.* Aspetto tardo del barocco, caratterizzato da un alleggerimento delle forme.
barocchìsmo *s. m.* Tendenza a un gusto barocco (*anche spreg.*).
baròcco **A** *s. m.* (*pl. -chi*) Gusto, affermatosi nell'arte e nella letteratura del Seicento, tendente a effetti bizzarri, inconsueti, scenografici. **B** *agg.* (*pl. m. -chi*). **1** Che si riferisce o si ispira al gusto del barocco. **2** (*fig.*) Fastoso, enfatico, pesante.
baroccùme *s. m.* **1** (*spreg.*) Qualità di barocco nei suoi aspetti deteriori. **2** (*est., spreg.*) Opera che presenta tale qualità.
barògrafo *s. m.* Barometro con dispositivo per la registrazione delle variazioni della pressione atmosferica. [→ ill. *meteorologia*]
baròlo *s. m.* Vino rosso piemontese, asciutto, di vitigno Nebiolo.
barometrìa *s. f.* (*fis.*) Misurazione delle variazioni della pressione atmosferica col barometro.
baromètrico *agg.* (*pl. m. -ci*) Del barometro | Che è misurato dal barometro.
baròmetro *s. m.* **1** Strumento, usato in altimetria e meteorologia, per la misurazione della pressione atmosferica. [→ ill. *fisica, meteorologia, misure*] **2** (*fig.*) Ciò che è sensibile alle variazioni di un determinato ambiente.
baronàggio *s. m.* Titolo di barone.
baronàle *agg.* Di barone o baronia.
baronàta *s. f.* Bricconata, prepotenza.
baronàto *s. m.* Baronia.
baróne *s. m.* (*f. -éssa*) **1** Titolo feudale dato dapprima a tutti i grandi di un regno, poi ai maggiori feudatari. **2** Titolo nobiliare immediatamente inferiore a visconte | (*est.*) La persona che ha tale titolo. [→ ill. *araldica*] **3** (*est.*) Personaggio nobile e molto potente | Signore, capo. **4** (*fig.*) Chi esercita e amministra un grande potere economico: *i baroni dell'industria* | (*est.*) Chi, in un ambiente professionale, è fornito di un certo potere o autorità e ne dispone con abuso e senza controllo, per tornaconto personale.
baronésco *agg.* (*pl. m. -schi*) Di barone.
baronéssa *s. f.* **1** Moglie di barone. **2** Signora di nobili condizioni.
baronétto *s. m.* Titolo nobiliare inglese.
baronìa *s. f.* **1** Titolo, dignità di barone. **2** Dominio del barone. **3** Potere economico o politico di ambito molto esteso e dispoticamente esercitato.
bàrra *s. f.* **1** Asta di legno o metallo, che funge spec. da leva di comando: – *del timone*. [→ ill. *marina*] **2** Asta metallica piena, spec. a sezione cilindrica: – *di rame* | Nel tornio, lungo albero di trasmissione che sposta il carrello | – *di torsione*, barra elastica di acciaio che, nella sospensione degli autoveicoli, sostituisce le molle o le balestre. [→ ill. *ferramenta, nucleare, metallurgia, meccanica, tornio*] **3** Verghetta del morso del cavallo | Spazio dove questa poggia. **4** Tramezzo che nell'aula giudiziaria divide lo spazio riservato a giudici e avvocati da quello per il pubblico | *Andare, stare alla* –, (*fig.*) difendere in giudizio. **5** Lineetta che funge da segno grafico di separazione. [→ ill. *ufficio*] La barra si usa per

separare i versi di una poesia, quando non si va a capo; per indicare un'alternativa o un'opposizione fra due termini: *un'attesa dolce/amara*; per descrizioni scientifiche: *125/220 V*. Frequente è l'uso della congiunzione *e/o*, di valore aggiuntivo e disgiuntivo: *cercansi tecnici e/o disegnatori*.

barracàno *s. m.* Pesante veste di lana o di tela, usata dai popoli dell'Africa settentrionale. [→ ill. *vesti*]

barracèllo *s. m.* In Sardegna, guardia privata per la repressione della delinquenza rurale.

barracùda *s. m. inv.* Pesce osseo tropicale feroce e aggressivo, con corpo allungato e compresso e robusti denti.

barrage /*fr.* ba'raʒ/ *s. m. inv.* (*pl. fr. barrages* /ba'raʒ/) Spareggio, spec. in competizioni ippiche.

barramìna *s. f.* Attrezzo per la perforazione delle rocce, costituito da una pesante asta di acciaio terminante in una punta tagliente.

barràre *v. tr.* Delimitare con barre.

barricadièro *agg.* Rivoluzionario, estremista.

barricàre ***A*** *v. tr.* (*io bàrrico, tu bàrrichi*) ***1*** Ostruire un passaggio con barricate. ***2*** (*est.*) Chiudere ogni via d'uscita. ***B*** *v. rifl.* Rinchiudersi, ripararsi in luogo ben protetto (*anche fig.*): *barricarsi in casa.*

barricàta *s. f.* Riparo occasionale di pietre, legname, automobili, apprestato attraverso vie o passaggi per impedire il transito | *Fare le barricate*, (*fig.*) insorgere | *Essere dall'altra parte della* –, (*fig.*) essere in una posizione di radicale dissenso, spec. politico e ideologico.

barrièra *s. f.* ***1*** Sbarramento che chiude un passo, segna un posto, un confine: – *daziaria*; – *doganale* | Elemento di chiusura di un passaggio a livello. [→ ill. *ferrovia*] ***2*** (*est.*) Linea di elevazione del terreno: *una – di montagne* | – *corallina*, formazione madreporica che emerge a breve distanza dalla costa. ***3*** (*fig.*) Impedimento, difficoltà, divisione. ***4*** (*aer.*) Nel progressivo aumento della velocità degli aerei, punto critico di natura fisica: – *sonica, del suono*; – *termica, del calore.* ***5*** Nel gioco del calcio, schieramento di alcuni giocatori a stretto contatto di fronte all'avversario che esegue il tiro di punizione.

barrìre *v. intr.* (*io barrisco, tu barrìsci; aus. avere*) Emettere barriti.

barrìto *s. m.* ***1*** Urlo acuto e potente caratteristico dell'elefante e (*est.*) di altri animali. ***2*** (*est.*) Urlo forte e sgraziato, spec. umano.

barrocciàio *s. m.* ***1*** Chi conduce un barroccio. ***2*** (*est.*) Uomo di modi rudi.

barroccìno *s. m.* ***1*** *Dim. di barroccio.* ***2*** Veicolo leggero, a due ruote, per il trasporto di persone. [→ ill. *carro e carrozza*]

barròccio *s. m.* Carro piano a due o quattro ruote per il trasporto di materiali vari.

barùffa *s. f.* Litigio più o meno violento, spec. verbale.

baruffàre *v. intr.* (*aus. avere*) Far baruffa.

barzellétta *s. f.* ***1*** Breve e rapida canzone a ballo popolare. ***2*** Storiella spiritosa e divertente.

basàle *agg.* ***1*** Relativo alla base | Fondamentale. ***2*** Che è essenziale per il mantenimento delle attività fondamentali di un organismo: *metabolismo* –.

basàltico *agg.* (*pl. m. -ci*) Di roccia che possiede la composizione e la struttura del basalto.

basàlto *s. m.* Roccia effusiva nerastra, verdastra o rosso cupo.

basaménto *s. m.* ***1*** Parte inferiore di un monumento o di un edificio | Striscia di colore diverso che termina in basso le pareti interne di un locale | Zoccolo di armadi e librerie. [→ ill. *architettura*] ***2*** Struttura sulla quale appoggia una macchina: – *in cemento armato* | Incastellatura dei motori a combustione interna.

basàre ***A*** *v. tr.* ***1*** Collocare su una base: – *un edificio.* ***2*** (*fig.*) Fondare. ***B*** *v. rifl.* Fondarsi su determinati elementi: *basarsi sulle apparenze, su dati di fatto.*

bàsca *s. f.* Baschina.

baschìna *s. f.* Parte della giacca femminile dalla vita al fianco; SIN. Basca.

bàsco ***A*** *agg.; anche s. m.* (*f. -a; pl. m. -chi*) Appartenente a una popolazione stanziata nella regione litoranea del golfo di Biscaglia, presso i Pirenei. ***B*** *s. m.* Copricapo di panno senza tesa e aderente. [→ ill. *copricapo, uniforme militare*]

bascùlla o *bàscula s. f.* Bilancia a bracci disuguali, per corpi di grandi dimensioni e peso. [→ ill. *bilancia, magazzinaggio*]

bàse ***A*** *s. f.* ***1*** Parte inferiore di una costruzione o di una membratura che funge da sostegno alle parti sovrastanti. [→ ill. *architettura, mobili, religione*] ***2*** (*est.*) Sostegno, parte inferiore di q.c. [→ ill. *barbiere, elettronica*] ***3*** (*fig.*) Principio, fondamento | *Gettare, porre le basi di una dottrina*, formularne i principi | *Avere buone basi*, essere preparato per un lavoro | *Mancare di basi*, essere impreparato | *In – a*, sul fondamento di: *in – alle ultime notizie* | *A – di*, costituito specialmente da: *alimentazione a – di carne.* ***4*** Zona appositamente attrezzata ove stazionano forze militari: – *aerea, navale*; – *spaziale.* ***5*** (*mat.*) – *di una potenza*, numero da elevare a potenza | Lato orizzontale di un poligono | Faccia su cui poggia un solido. [→ ill. *cristalli, geometria*] ***6*** Insieme degli iscritti a un partito, sindacato e sim. ***7*** (*chim.*) Composto che, combinato con acidi, forma i sali. ***8*** Crema che si applica sul volto per prepararlo al trucco. ***9*** Nel baseball, ciascuno dei vertici che i giocatori in attacco tentano di occupare per fare punti. [→ ill. *sport*] ***B*** *in funzione di agg. inv.* (*posposto a un s.*) Fondamentale, principale: *problema* –.

baseball /*ingl.* 'beisbɔ:l/ *s. m. inv.* Gioco di palla tra due squadre di nove giocatori, che si svolge su un campo dove è tracciato un quadrato ai cui vertici sono segnate le basi; SIN. Palla a base. [→ ill. *sport*]

basétta *s. f.* Parte dei capelli che scende lungo la guancia, congiungendosi coi peli della barba. [→ ill. *acconciatura*]

basettóne *s. m.* ***1*** *Accr. di basetta.* ***2*** (*est.*) Chi porta grandi basette.

basicità *s. f.* (*chim.*) Proprietà delle basi | In un acido, numero di atomi di idrogeno sostituibili dai metalli per formare un sale.

bàsico *agg.* (*pl. m. -ci*) ***1*** Basilare (*spec. fig.*). ***2*** (*chim.*) Che presenta le proprietà delle basi. ***3*** Detto di roccia eruttiva povera di silicio.

basificàre *v. tr.* (*io basìfico, tu basìfichi*) Aggiungere una base a un liquido per renderlo basico o per neutralizzarne l'acidità.

basilàre *agg.* ***1*** (*raro*) Che fa da base. ***2*** (*fig.*) Fondamentale, essenziale.

basìlica *s. f.* ***1*** (*archeol.*) Edificio pubblico romano con grandi sale per adunanze, comizi, letture e sim. ***2*** Edificio dell'antica architettura cristiana, derivato dalla basilica romana e destinato al culto. [→ ill. *basilica cristiana*] ***3*** Titolo di chiesa con annessi privilegi liturgici.

basilicàle *agg.* Di basilica.

basìlico (1) *s. m.* Pianta erbacea delle Tubiflorali con foglie ovali molto aromatiche e fiori chiari raccolti in spighe. [→ ill. *piante* 12, *verdura*]

basìlico (2) *agg.* (*pl. m. -ci*) ***1*** (*lett.*) Regio. ***2*** (*raro*) Principale | (*anat.*) *Vena basilica*, superficiale del braccio. [→ ill. *anatomia umana*]

basilìsco *s. m.* (*pl. -schi*) ***1*** Rettile tropicale con caratteristiche creste laminari erettili sul capo e sul dorso, di colore verdastro con fasce nere. ***2*** Nella mitologia greco-romana, mostro fantastico, con poteri malefici e terribili | *Fare gli occhi di* –, incutere spavento con lo sguardo. [→ tav. *locuzioni* 43]

basìre *v. intr.* (*io basisco, tu basìsci; aus. essere*) Cadere in deliquio, svenire | (*est.*) Allibire, sbalordire per forte o improvvisa emozione.

basìsta *s. m. e f.* (*pl. m. -i*) ***1*** Chi sostiene e segue l'orientamento politico della base di un partito in contrasto con le direttive della direzione centrale. ***2*** (*gerg.*) Chi organizza imprese delittuose, dopo aver raccolto informazioni e stabilito un piano d'azione.

basket /*ingl.* 'ba:skit/ *s. m. inv. Acrt. di basket-ball.*

basket-ball /*ingl.* 'ba:skit bɔ:l/ *loc. sost. m. inv.* (*sport*) Pallacanestro.

bàssa *s. f.* Parte pianeggiante e di minore altitudine in una regione geografica: *la – padana.*

bassacórte *s. f.* Spazio attiguo al fabbricato colonico ove si alleva il pollame.

bassétta *s. f.* Antico gioco d'azzardo con le carte.

bassézza *s. f.* ***1*** L'essere basso | (*fig.*) Miseria spirituale, viltà. *2* (*fig.*) Azione vile.

bàsso ***A*** *agg.* (*compar. di maggioranza: più bàsso o inferiòre; sup. bassìssimo o ìnfimo*) ***1*** Che non si eleva molto rispetto a un piano, in confronto a strutture analoghe: *montagna bassa* | *Statura bassa*, inferiore alla normale | (*est.*) Che occupa una posizione poco elevata: *la parte bassa della città* | (*fig.*) *Fare man bassa di q.c.*, prenderne più che si può | (*fig.*) *Avere il morale* –, essere triste, abbattuto; CONTR. Alto. ***2*** Poco profondo: *l'acqua del fiume è bassa* | (*fig.*) *Essere in basse acque*, passarsela male; CONTR. Alto. ***3*** Grave, profondo | Sommesso: *tono* –. ***4*** (*est.*) Pertinente alla parte più tarda di un'epoca storica: – *Impero* | *Bassa stagione*, il periodo meno frequentato di una stagione turistica; CONTR. Alto. ***5*** (*est.*) Meridionale: *bassa Italia* | Che è situato a valle, verso il mare: – *Polesine* | Vicino alla foce, riferito a un corso d'acqua: *il – Po.* ***6*** (*est.*) Che occupa un posto non elevato in una graduatoria di importanza: *i ceti più bassi* | *Messa bassa*, non cantata. ***7*** (*est.*) Volgare, meschino, immorale: *bassi istinti.* ***8*** (*est.*) Piccolo, scarso: – *prezzo.* ***B*** *avv.* ***1*** In giù, verso il basso | *Volare* –, a bassa quota. ***2*** Con voce sommessa: *parlare* –. ***C*** *s. m.* ***1*** La parte inferiore di q.c. | *Scendere a –, da –*, giù | (*fig.*) *Gli alti e bassi della vita*, i momenti favorevoli e quelli sfavorevoli | *Cadere in* –, (*fig.*) in una condizione misera o spregevole. ***2*** (*mus.*) Ogni strumento che esegue la parte più grave dell'armonia | La voce virile di registro più grave | (*est.*) Cantante che ha tale voce. ***3*** A Napoli, locale d'abitazione seminterrato, con ingresso a livello stradale. [→ tav. *proverbi* 17]

bassofóndo *s. m.* (*pl. bassifóndi*) ***1*** Zona del mare poco profonda, con banchi o secche pericolose per la navigazione. ***2*** *al pl.* (*fig.*) Strati sociali inferiori viventi al margine della legge | (*est.*) Luoghi frequentati dalla malavita.

bassopiàno *s. m.* (*pl. bassopiàni o bassipiàni*) Estesa regione pianeggiante poco elevata sul livello del mare.

bassorilièvo *s. m.* (*pl. bassorilièvi*) Rappresentazione scultorea a rilievo; CFR. Altorilievo, tuttotondo.

bassòtto ***A*** *agg. Dim. di basso.* ***B*** *s. m.* Cane da tana con pelo raso, arti cortissimi, corpo molto allungato, forte e muscoloso. [→ ill. *cane*]

bassotùba *s. m.* Strumento a fiato dai suoni poderosi che serve di base agli strumenti metallici. [→ ill. *strumenti musicali*]

bassovèntre o *bàsso vèntre s. m.* Parte inferiore dell'addome | (*euf.*) Genitali esterni.

bassùra *s. f.* Zona pianeggiante.

bàsta (1) *s. f.* Piega in dentro, fatta a una veste per accorciarla o per poterla poi allungare.

bàsta (2) ***A*** *inter.* Si usa per imporre silenzio o per porre termine a q.c.: – *con le lamentele!* | Niente altro: *ho mangiato un panino e* –. ***B*** *cong.* Purché (introduce una prop. conc. con il v. al congv. o all'inf.): *otterrete il permesso, – non insistiate.*

bastànte *part. pres. di bastare; anche agg.* Che basta; SIN. Bastevole.

bastardèlla *s. f.* Recipiente di terracotta o di rame più fondo del tegame, per cuocervi carne.

bastàrdo ***A*** *agg.* ***1*** Nato da genitori non legittimamente coniugati. ***2*** Detto di animale o vegetale nato da incrocio fra due razze diverse. ***3*** (*fig.*) Spurio, corrotto | Irregolare, eterogeneo. ***B*** *s. m.* (*f. -a*) Figlio nato da un'unione illegittima (*anche spreg.*).

bastardùme *s. m.* ***1*** (*spreg.*) Progenie bastarda. ***2*** Insieme di persone o cose spregevoli.

bastàre ***A*** *v. intr.* (*aus. essere*) Essere sufficiente: *gli basta poco per vivere* | *–, non –, l'animo*, avere, non avere il coraggio | (*est.*) Durare: *questa somma mi basterà per un mese.* ***B*** *v. intr. impers.* Essere sufficiente: *basta riposarsi per stare bene* | *Basta che*, purché. [→ tav. *proverbi* 233]

bastévole *agg.* (*lett.*) Bastante.

bastìa *s. f.* Piccola fortezza di forma quadra, chiusa intorno da un fossato e da un terrapieno.

bastiménto *s. m.* Naviglio di mare o di fiume, di dimensioni e materiali vari.

bastionàta *s. f.* ***1*** Complesso di bastioni. ***2*** (*est.*) Grande muraglia rocciosa.

bastióne *s. m.* Opera di fortificazione costituita da una massa di terra rivestita di mattoni o di pietre, disposta agli angoli del recinto delle fortezze, con profilo sporgente verso la campagna.

bàsto *s. m.* ***1*** Rozza sella imbottita per muli e asini | Bardatura delle bestie da soma, per assicurarvi il carico. ***2*** (*fig.*) Peso eccessivo: *portare il* – | *Mettere il* –, (*fig.*) ridurre in soggezione.

bastonàre ***A*** *v. tr.* (*io bastóno*) ***1*** Percuotere con un bastone; SIN. Legnare. ***2*** (*fig.*) Attaccare con critiche violente | – *l'organo*, suonarlo male. ***B*** *v. rifl. rec.* Percuotersi l'un l'altro con bastoni.

bastonàta *s. f.* ***1*** Colpo dato con un bastone; SIN. Legnata, randellata. ***2*** (*fig.*) Batosta.

basilica cristiana

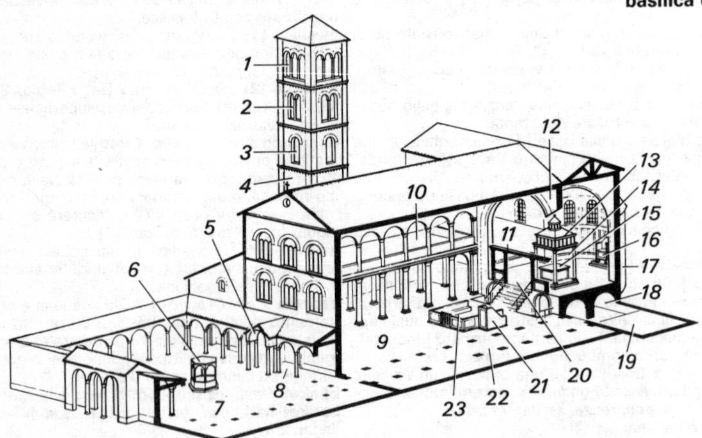

1 trifora 2 bifora 3 monofora 4 campanile 5 protiro 6 cantaro 7 atrio 8 nartece 9 navata centrale 10 matroneo 11 pergola 12 arco trionfale 13 ciborio 14 bema 15 altare 16 cattedra 17 abside 18 cripta 19 transetto 20 presbiterio 21 ambone 22 navate laterali 23 schola cantorum

bastonatùra *s. f.* **1** Serie di bastonate date, ricevute o scambiate con qc. **2** (*fig.*) Danno.

bastoncino *s. m.* **1** *Dim. di bastone.* **2** (*sport*) Ciascuno dei due sottili bastoni con una racchetta circolare a un'estremità, usati dagli sciatori | Nelle corse a staffetta, testimone. **3** (*edil.*) Tondino.

bastóne *s. m.* **1** Ramo d'albero arrotondato e lavorato usato per appoggiarsi camminando e come arma | – *animato*, cavo e contenente una lama. **2** Insegna di autorità, spec. militare | *Avere il – del comando*, (*fig.*) essere la massima autorità. **3** Attrezzo sportivo di forme diverse usato per tirare, colpire, respingere palle, palline, dischi e sim.; SIN. Mazza. [→ ill. *sport*] **4** *spec. al pl.* Uno dei quattro semi delle carte da gioco italiane e dei tarocchi. [→ ill. *giochi*] **5** (*fig.*) Aiuto, sostegno: *essere il – della vecchiaia di qc.* **6** Pane di forma allungata. **7** *spec. al pl.* Caratteri tipografici con aste di spessore costante.

batàcchio *s. m.* **1** Bastone usato per bacchiare. **2** Battaglio di campana. **3** Anello di ferro infisso sulle antiche porte per bussare o per ornamento; SIN. Battente, battiporta, picchiotto.

bàtalo o *bàtolo* *s. m.* Lista di panno che, apposta alla toga, indicava la dignità dei dottori.

batàta *s. f.* Pianta erbacea delle Tubiflorali con radici dai tuberi eduli, farinosi e zuccherini | Il tubero di tale pianta; SIN. Patata americana. [→ ill. *piante* 12, *verdura*]

batigrafia *s. f.* Scienza che studia la profondità dei mari e dei laghi.

batik *s. m. inv.* Procedimento di colorazione a disegni delle stoffe tipico dell'Indonesia | La stoffa così colorata.

batimetria *s. f.* Parte dell'oceanografia che studia la misurazione della profondità delle acque marine e lacustri.

batìmetro *s. m.* Scandaglio per misurare le profondità delle acque.

batiscàfo *s. m.* Piccolo sommergibile per esplorare le massime profondità marine.

batisfèra *s. f.* Cabina metallica sferica per esplorare le profondità marine; SIN. Batosfera.

batìsta *s. f. inv.* Tessuto con armatura a tela, assai fino.

batòcchio *s. m.* **1** Grosso bastone a forma di spatola | Canna per i ciechi. **2** Batacchio di campana.

batolite *s. f.* (*geol.*) Massa granitica di grandi dimensioni che, in profondità, si collega al Sial.

bàtolo V. *batalo.*

batoscòpico *agg.* (*pl. m. -ci*) Atto a esplorare le profondità dei mari e dei laghi.

batosfèra *s. f.* Batisfera.

batòsta *s. f.* **1** Percossa. **2** (*fig.*) Sconfitta | Grave disgrazia o danno.

bàtrace *s. m.* (*pl. -ci*) (*lett.*) Rana, rospo.

batracomiomachia *s. f.* (*lett.*) Contesa futile e ridicola.

battage /fr. ba'taʒ/ *s. m. inv.* Campagna pubblicitaria di vaste dimensioni | (*est.*) Pubblicità chiassosa, esagerata attorno a qc. o q.c.

battàglia *s. f.* **1** Scontro tra eserciti o grandi unità nemiche. **2** (*fig.*) Contrasto, lotta | – *elettorale*, campagna di propaganda per la vittoria nelle elezioni. **3** Grande campagna propagandistica: *la – per il disarmo.* [→ tav. *locuzioni* 20]

battaglièro *agg.* Che ama combattere ed è valente in battaglia | (*fig.*) Bellicoso, combattivo.

battàglio *s. m.* **1** Ferro che pende dentro la campana per farla suonare, quando è mossa. [→ ill. *campana e campanello*] **2** Batacchio, battiporta.

battagliòla *s. f.* Ringhiera di catenella che corre sul bordo dei ponti scoperti delle navi.

battaglióne *s. m.* Unità tattica fondamentale della fanteria formata da più compagnie che costituisce una frazione del reggimento.

battàna *s. f.* Piccolo battello a fondo piatto.

battellière *s. m.* Chi pilota un battello.

battèllo *s. m.* Piccola imbarcazione per vari usi | – *a vapore*, usato spec. in laguna o lago, per passeggeri | – *pneumatico*, canotto pneumatico. [→ ill. *spiaggia, vigili del fuoco*]

battènte **A** *part. pres. di battere; anche agg.* Che batte | *Pioggia –*, insistente e violenta | *Procedere a tamburo –*, (*fig.*) con grande rapidità e decisione. **B** *s. m.* **1** Imposta d'uscio o di finestra | Parte dello stipite su cui battono l'uscio o la finestra quando si chiudono. [→ ill. *casa, porta*] **2** Batacchio, battiporta. **3** Parte del telaio per tessitura, che serve da appoggio alla navetta nel suo moto e serra la trama dopo il suo passaggio. **4** Pezzo mobile che batte le ore sulla campana, negli orologi a soneria. **5** Altezza d'acqua sopra una luce o bocca idraulica.

bàttere **A** *v. tr.* (*pass. rem. battéi; part. pass. battùto*) **1** Effettuare una serie di colpi su qc. o q.c., con vari mezzi e per vari fini | – *i panni, i tappeti*, spolverarli | – *la porta*, bussare | – *un colpo*, nelle sedute spiritiche, detto di spirito evocato che segnala la sua presenza: *se ci sei batti un colpo* | – *moneta*, coniarla | – *a macchina*, o ass. –, dattilografare | – *cassa*, (*fig.*) chiedere soldi | – *il ferro finché è caldo*, (*fig.*) insistere approfittando del momento favorevole | *Battersela*, andarsene di nascosto o in fretta | – *i denti*, per freddo, paura e sim. | – *le mani*, applaudire | – *i piedi*, di bambino bizzoso e (*fig.*) di adulto caparbio, ostinato | – *il capo*, (*fig.*) ostinarsi in q.c. senza riuscirci | *Non sapere dove – il capo*, (*fig.*) essere disperato, non sapere che fare | *Battersi il petto*, (*fig.*) pentirsi | *Non batter ciglio*, (*fig.*) prestare un'intensa attenzione; rimanere imperturbabile | *Senza batter ciglio*, (*fig.*) senza scomporsi | *In un batter d'occhio, di ciglio, di palpebre, d'ali*, (*fig.*) in un attimo | – *bandiera*, inalberarla | – *il tempo*, in musica, dirigerlo | – *le ore*, scandirle con rintocchi | – *il marciapiede*, o ass. –, esercitare la prostituzione. **2** (*fig.*) Vincere: – *qc. in velocità.* **B** *v. intr.* (*aus. avere*) **1** Cadere con insistenza, con violenza: *la pioggia batte sui vetri* | Bussare: – *alla porta* | Pulsare, palpitare: *il cuore batte per l'emozione.* **2** Urtare contro q.c. | – *in testa*, detto del rumore caratteristico prodotto, nei motori a scoppio, da una combustione irregolare. **3** Rintoccare: *all'orologio battono le quattro.* **4** (*fig.*) Insistere | – *sullo stesso tasto*, (*fig.*) insistere sulla stessa questione. **5** Fuggire, svignarsela, *nella loc.* – *in ritirata.* **C** *v. intr. pron.* Lottare, combattere: *battersi per un'idea.* **D** *v. rifl. rec.* Combattere, duellare. [→ tav. *proverbi* 31, 223]

batterìa *s. f.* **1** Unità fondamentale d'artiglieria costituita dall'insieme di quattro o sei pezzi | *Scoprire le proprie batterie*, (*fig.*) rivelare le proprie intenzioni. **2** Insieme di vari elementi riuniti preordinatamente per uno scopo comune: – *da cucina* | – *elettrica*, unione di pile, accumulatori e sim., per ottenere elevate tensioni, correnti, capacità o potenze. [→ ill. *automobile, fisica, miniera*] **3** Insieme di strumenti ritmici a percussione nelle orchestre, spec. di jazz e di musica leggera. [→ ill. *strumenti musicali*] **4** Speciale gabbia per l'allevamento industriale del pollame. **5** Nello sport, turno eliminatorio per la qualificazione a prove successive.

battericida *agg.; anche s. m.* (*pl. -i*) Detto di sostanza in grado di distruggere i batteri.

battèrico *agg.* (*pl. m. -ci*) Dei batteri.

battèrio *s. m.* Microrganismo unicellulare senza nucleo distinto | – *patogeno*, che produce malattie; SIN. Schizomicete. [→ ill. *batteri*]

batteriologia *s. f.* (*pl. f. -gie*) Branca della biologia che

batteri

bacilli

cocchi

spirilli

studia i batteri.

batteriològico *agg.* (*pl. m. -ci*) Che si riferisce alla batteriologia o ai batteri.

batteriòlogo *s. m.* (*pl. -gi*) Studioso di batteriologia.

batterioterapìa *s. f.* Cura di alcune malattie per mezzo di batteri.

batterìsta *s. m. e f.* (*pl. m. -i*) Chi suona la batteria.

battesimàle *agg.* Relativo al battesimo. [→ ill. *religione*]

battésimo *s. m.* **1** Primo Sacramento della chiesa cristiana, amministrato per versamento dell'acqua sulla testa o per immersione | *Tenere qc. a —*, fare da padrino o da madrina a un neonato. **2** (*fig.*) Cerimonia inaugurale | *Ricevere il — del fuoco*, partecipare per la prima volta a un combattimento | *Ricevere il — dell'aria*, volare per la prima volta.

battezzàndo **A** *s. m.* (*f. -a*) Chi deve ricevere il battesimo. **B** *anche agg.*

battezzàre **A** *v. tr.* (*io battézzo*) **1** Amministrare il battesimo. **2** Dare il nome per mezzo del battesimo: *lo hanno battezzato Giuseppe.* **3** (*est.*) Bagnare | (*scherz.*) — *il vino*, annacquarlo. **B** *v. intr. pron.* **1** Ricevere il battesimo. **2** (*fig.*) Assumere abusivamente un titolo: *battezzarsi principe.*

battibaléno *s. m.* Attimo, momento brevissimo, *spec. nella loc.: in un —.*

battibécco *s. m.* (*pl. -chi*) Breve disputa verbale; SIN. Diverbio.

batticàrne *s. m. inv.* Arnese da cucina per battere e ammorbidire le fette di carne. [→ ill. *cucina*]

batticóda *s. f.* (*zool.*) Ballerina, cutrettola.

batticuòre *s. m.* Palpitazione di cuore per fatica, timore o altro | *Avere il —*, (*fig.*) essere ansioso | *Far venire il —*, (*fig.*) provocare ansia.

battifàlce *s. m. inv.* Piccola incudine su cui si batte la lama della falce quando ha perso il filo.

battifiànco *s. m.* (*pl. -chi*) Parete o asse mobile che separa i cavalli nella stalla.

battifóndo *s. m.* Gioco d'azzardo al biliardo | Partita di carte in cui un solo sfidante si cimenta successivamente con più avversari.

battìgia *s. f.* (*pl. -gie*) Parte della spiaggia battuta dalle onde; SIN. Battima.

battilàrdo *s. m. inv.* Tagliere in legno su cui si battono carne, lardo, verdure e sim.

battilòro *s. m. inv.* Artigiano che batte l'oro e l'argento, riducendoli in sottili lamine.

bàttima *s. f.* Battigia.

battimàno *s. m.* Applauso fatto battendo le mani.

battimàre *s. m. inv.* Riparo delle navi a poppa.

battiménto *s. m.* **1** (*raro*) Modo e atto del battere. **2** (*fis.*) Alternativo aumentare e diminuire dell'ampiezza delle oscillazioni dovuto alla sovrapposizione di due onde di frequenze vicine.

battipàlo *s. m.* **1** Macchina che serve a infiggere pali nel terreno mediante caduta di un maglio. [→ ill. *edilizia*] **2** Operaio addetto alla manovra di tale macchina.

battipànni *s. m.* Arnese di giunco intrecciato o di plastica per battere e spolverare i panni.

battipista *s. m. inv.* Chi rende percorribile una pista sciistica battendo la neve con gli sci | Mezzo semovente cingolato che svolge la stessa funzione.

battipòrta *s. m.* **1** Batacchio, picchiotto. **2** Seconda porta, di rinforzo alla prima.

battiscópa *s. m. inv.* Fascia di legno o altro materiale che corre in basso lungo le pareti di una stanza a protezione del muro.

battìsta *agg.; anche s. m. e f.* (*pl. m. -i*) Appartenente a una delle confessioni cristiane riformate che ritengono efficace soltanto il battesimo amministrato al fedele adulto.

battistèro *s. m.* Costruzione a pianta centrale situata un tempo vicino alla chiesa e contenente il fonte battesimale; venne successivamente incorporato alla chiesa stessa, spec. come cappella.

battistràda *s. m. inv.* **1** Chi apre la strada a cortei, processioni e sim. **2** (*scherz.*) Chi precede o annunzia altri. **3** Chi, in una gara di corsa, fa l'andatura in testa a tutti. **4** Parte esterna sagomata del pneumatico, che viene a contatto con la strada. [→ ill. *automobile*]

battitàcco *s. m.* (*pl. -chi*) Nastro rinforzato per proteggere l'orlo interno dei calzoni.

battitappéto *s. m.* Aspirapolvere per pulire tappeti, moquette e sim.

bàttito *s. m.* **1** Atto di battere, palpitare | (*est.*) Serie di colpi continui e regolari. **2** — *cardiaco*, fenomeno acustico provocato dalla contrazione del cuore e dalla pulsazione arteriosa.

battitóre *s. m.* (*f. -trìce*) **1** Chi batte. **2** Nei giochi di palla, chi effettua la battuta | — *libero*, nel calcio, difensore privo di compiti di marcatura fissa. **3** Chi batte un tratto di campagna per stanare la selvaggina.

battitrice *s. f.* Trebbiatrice.

battitùra *s. f.* **1** Operazione del battere. **2** Trebbiatura del grano e di altri cereali sull'aia | Periodo in cui si compie tale operazione. **3** Percossa, colpo | (*est.*) Impronta lasciata da un colpo.

bàttola *s. f.* **1** Tabella | Arnese di caccia che, agitato, produce rumore per fare alzare la selvaggina. **2** Utensile per spianare.

battóna *s. f.* (*pop., centr.*) Prostituta che batte il marciapiede.

battùta *s. f.* **1** Colpo, urto, percussione | Percossa o serie di percosse. **2** Colpo o serie di colpi dati sulla superficie di un corpo | Nella macchina da scrivere, ogni colpo dato sui tasti o sulla barra spaziatrice. **3** Nel dialogo teatrale, ciò che dice ogni volta ciascun attore | *Non perdere una —*, (*fig.*) prestare molta attenzione a ciò che vien detto | (*est.*) Frase spiritosa e mordace. **4** Misura di tempo musicale, raffigurata graficamente da una porzione del rigo delimitata da due stanghette verticali | — *d'arresto*, quella in cui tace una voce o uno strumento; (*fig.*) interruzione | *Alle prime battute*, (*fig.*) agli inizi di q.c. **5** Caccia fatta con battitori | (*est.*) Partita di caccia in comitiva | (*fig.*) Vasta operazione di polizia per la cattura di malviventi. **6** Nei giochi di palla, azione di mettere o rimettere in gioco la palla o di rinviarla | Nel salto, colpo di stacco battuto col piede | Nel tennis o nel ping-pong, servizio. **7** Parte dello stipite su cui si arresta il battente.

battùto **A** *part. pass. di battere; anche agg.* **1** Percosso, colpito | *Ferro, rame —*, lavorato al martello | *A spron —*, (*fig.*) a tutta velocità | *Strada battuta*, (*fig.*) frequentata. **2** Sconfitto. **B** *s. m.* **1** Trito di verdura e carni per condimento. **2** Pavimento costruito con terra compressa o calcestruzzo di cemento.

batùffolo *s. m.* **1** Piccolo e soffice ammasso di bambagia, lana e sim. **2** (*fig.*) Bambino o animale piccolo e grasso.

bàu *inter.* Riproduce l'abbaiare del cane.

baùle o (*evit.*) *bàule s. m.* **1** Cofano da viaggio in legno o cuoio, spesso rinforzato da bandelle o borchie metalliche, munito di coperchio ricurvo e di grosse maniglie | *Fare il —*, riempirlo | *Disfare il —*, vuotarlo | *Fare i bauli*, (*fig.*) andarsene. [→ ill. *valigeria*] **2** Bagagliaio. [→ ill. *automobile*]

baulétto *s. m.* **1** *Dim. di baule.* **2** Cofanetto per oggetti femminili, spec. per gioielli | (*est.*) Borsetta da signora a forma di baule.

baùtta *s. f.* **1** Mantellina nera con cappuccio e maschera usata dai veneziani durante il carnevale nel Settecento. **2** Mascherina di seta o velluto per coprire la parte superiore del volto.

bauxite /bauk'site/ *s. f.* Minerale di alluminio, essenzialmente costituito da ossido idrato di alluminio.

bàva *s. f.* **1** Liquido schiumoso che esce dalla bocca di certi animali e da quella di persone in un particolare stato fisico e psicologico | *Avere la — alla bocca*, (*fig.*) essere furibondo. **2** Filo di materia serica avvolto attorno al bozzolo, prodotto dal baco. **3** Soffio leggero di vento, spec. sul mare tranquillo. **4** Bavetta nel sign. 1.

bavaglino *s. m.* Tovagliolino che si allaccia al collo di bambini piccoli. [→ ill. *puericultura*]

bavàglio *s. m.* Panno o fazzoletto che, strettamente avvolto attorno alla bocca, impedisce di parlare | *Mettere il — a qc.*, (*fig.*) impedirgli di esprimere le sue idee.

bavarése **A** *agg.; anche s. m. e f.* Della Baviera. **B** *s. f.* **1** Bevanda calda a base di latte, cioccolata, uova e liquore preparata frullando tutti gli ingredienti. **2** Semifreddo a base di latte, uova e panna. [→ ill. *dolciumi*]

bavèlla *s. f.* **1** Insieme delle bave esterne del bozzolo del filugello. **2** (*est.*) Tessuto ricavato dal filo omonimo.

bàvera *s. f.* Collo ampio increspato o pieghettato attorno a una scollatura | Scialletto femminile.
bàvero *s. m.* Colletto della giacca, del soprabito, del cappotto e sim. | *Prendere qc. per il –*, (*fig.*) prenderlo in giro. [→ ill. *abbigliamento, religione*]
bavétta *s. f.* **1** Sbavatura del metallo fuso; SIN. Bava. **2** Riparo sospeso dietro le ruote dei veicoli contro gli spruzzi e la polvere. **3** *al pl.* Pasta alimentare a forma di strisce strette e sottili.
bavóso *agg.* Cosparso di bava | Che cola bava.
bazàr *s. m. inv.* **1** Mercato tipico dell'Oriente. **2** (*est.*) Emporio di merci d'ogni genere.
bazooka /*ingl.* bə'zu:kə/ *s. m. inv.* (*pl. ingl. bazookas* /bə'zu:kəz/) **1** (*mil.*) Lanciarazzi anticarro portatile. [→ ill. *armi*] **2** (*cine.*) Cavalletto a un solo piede per sostenere la cinepresa.
bàzza (1) *s. f.* **1** Ognuna delle carte vinte all'avversario. **2** Colpo di fortuna, affare vantaggioso, guadagno.
bàzza (2) *s. f.* Mento molto sporgente.
bazzàna *s. f.* Pelle assai morbida di pecora, usata per rilegare libri.
bazzècola *s. f.* Cosa di poco conto; SIN. Bagattella, inezia.
bàzzica *s. f.* **1** Gioco alle carte, simile alla briscola. **2** Gioco al biliardo.
bazzicàre A *v. tr.* (*io bàzzico, tu bàzzichi*) Frequentare abitualmente: *– la casa di qc.* **B** *v. intr.* (*aus. avere*) Intrattenersi sistematicamente: *– in casa di qc.*
bazzòtto *agg.* Detto di uovo cotto in acqua bollente ma non completamente sodo.
be' V. *beh.*
bè o *bèe inter.* Riproduce il belato delle pecore.
beàre A *v. tr.* (*io bèo*) Far beato, felice. **B** *v. rifl.* Dilettarsi, estasiarsi: *bearsi di q.c.*
beat /*ingl.* bi:t/ **A** *s. m. e f. inv.* (*pl. ingl. beats* /bi:tz/) **1** Appartenente a un movimento letterario e culturale di protesta sorto negli Stati Uniti d'America negli anni '50. **2** (*est.*) Negli anni '60, giovane protestatario verso il costume di vita contemporaneo. **B** *agg.* Dei beat: *moda –.*
beatificàre *v. tr.* (*io beatìfico, tu beatìfichi*) **1** (*raro*) Colmare di beatitudine. **2** Dichiarare beato, per autorità ecclesiastica.
beatificazióne *s. f.* Atto con il quale la chiesa cattolica permette che un servo di Dio sia onorato con culto pubblico e con titolo di beato.
beatìfico *agg.* (*pl. m. -ci*) Che fa beato.
beatitùdine *s. f.* **1** Condizione perfetta dell'anima, che, nel Paradiso, gode della contemplazione di Dio. **2** Stato di felicità completa.
beàto A *part. pass. di beare; anche agg.* **1** Che è completamente felice | *– te! – lui!* e sim., escl. di ammirazione, invidia benevola o leggero rammarico. **2** Che gode della visione beatifica di Dio | *Beatissimo Padre*, titolo reverenziale con cui ci si rivolge al Papa. **B** *s. m.* (*f. -a*) **1** Chi gode della perfetta felicità nella contemplazione di Dio | *Il Regno dei Beati*, il Paradiso. **2** Chi, in seguito a processo di beatificazione, è elevato agli altari. [→ tav. *proverbi* 330]
beauty-case /*ingl.* 'bju:ti 'keis/ *loc. sost. m. inv.* (*pl. ingl. beauty-case* /'bju:ti 'keizəz/) Bauletto atto ad accogliere gli oggetti di toeletta e i prodotti per il trucco. [→ ill. *valigeria*]
bebè *s. m. inv.* **1** Bambino molto piccolo. **2** *Nella loc. alla –*, destinato ai bambini o tipico dei bambini.
be-bop /*ingl.* bi'bɔp/ *loc. sost. m. inv.* **1** Stile di jazz caratterizzato da libertà degli strumenti ritmici e dall'uso di tempi speciali e salti di note. **2** Ballo moderno a ritmo veloce.
beccàccia *s. f.* (*pl. -ce*) Uccello commestibile migratore con zampe brevi, becco lungo e diritto, piumaggio molto mimetico col terreno. [→ ill. *animali* 15]
beccaccino *s. m.* **1** Uccello commestibile, migratore, più piccolo della beccaccia, con zampe più lunghe e ventre quasi bianco. [→ ill. *animali* 15] **2** Piccola imbarcazione da regata con scafo in legno.
beccafico *s. m.* (*pl. -chi*) Uccello canoro, bigio, simile alla capinera ma privo di calotta nera sul capo; si nutre di frutta. [→ ill. *animali* 12]
beccàio *s. m.* Macellaio | (*est., spreg.*) Carnefice | (*iron., spreg.*) Cattivo chirurgo.
beccamòrti *s. m.* (*spreg.*) Becchino.
beccamòrto *s. m.* **1** Beccamorti. **2** (*fig., scherz.*) Corteggiatore, spasimante.
beccapésci *s. m.* Uccello marino con becco nero slanciato dalla punta gialla, coda sviluppata e forcuta, piedi palmati neri; si nutre di pesci.
beccàre A *v. tr.* (*io bécco, tu bécchi*) **1** Prendere col becco | Colpire, ferire col becco. **2** (*fam.*) Ottenere con fortuna o astuzia: *beccarsi un premio* | Pigliare, prendere q.c. di sgradito: *–, beccarsi un malanno, un ceffone* | Sorprendere, cogliere spec. in fallo. **3** In teatro, disapprovare con vivace prontezza battute o sbagli di attori. **B** *v. rifl. rec.* Colpirsi reciprocamente col becco | (*fig.*) Bisticciarsi.
beccastrino *s. m.* Zappa grossa e stretta per lavorare terreni sassosi.
beccàta *s. f.* **1** Colpo di becco | (*est.*) Quantità di cibo che un uccello prende col becco. **2** In teatro, commento derisorio del pubblico.
beccatèllo *s. m.* **1** Mensoletta di legno per sostenere parti in aggetto di un edificio. [→ ill. *castello*] **2** Piolo dell'attaccapanni.
beccatóio *s. m.* Recipiente che contiene il becchime nella gabbia per uccelli.
beccatùra *s. f.* Atto del beccare | (*est.*) Segno lasciato da un colpo di becco.
beccheggiàre *v. intr.* (*io becchéggio, tu becchéggi; aus. avere*) Compiere movimenti di beccheggio, detto di nave e di aeromobile.
beccheggiàta *s. f.* Movimento di beccheggio.
becchéggio *s. m.* Serie di oscillazioni ripetute della nave da poppa a prua, o dell'aereo nel verso longitudinale; CFR. Rollio.
beccherìa *s. f.* Macelleria.
becchettàre A *v. tr.* (*io becchétto*) Beccare con frequenza e rapidità. **B** *v. rifl. rec.* Beccarsi a piccoli colpi | (*fig.*) Bisticciarsi.
becchettìo *s. m.* Il becchettare | Rumore insistente che ne deriva.
becchìme *s. m.* Cibo che si dà a volatili domestici.
becchìno *s. m.* Chi seppellisce i morti; SIN. Beccamorti, necroforo.
bécco (1) *s. m.* (*pl. -chi*) **1** Caratteristica formazione cornea formata da due pezzi che rivestono la mascella e la mandibola degli uccelli | (*fig.*) *Non avere il – d'un quattrino*, essere senza un soldo. [→ ill. *zoologia*] **2** (*fig., scherz.*) Bocca umana | *Aprire, chiudere il –*, parlare, cessare di parlare | *Tenere il – chiuso*, tacere | *Mettere il – in q.c.*, (*fig.*) intromettersi, spec. a sproposito | *Restare a – asciutto*, essere escluso da q.c. | *Bagnarsi il –*, (*fig.*) bere. **3** (*est.*) Sporgenza appuntita di vari oggetti: *il – della caffettiera.* **4** Bruciatore per gas o vapori provvisto di parti atte a regolare la dimensione e la luminosità della fiamma: *– Bunsen.* [→ ill. *chimica, illuminazione*]
bécco (2) *s. m.* (*pl. -chi*) **1** Maschio della capra. [→ ill. *capra*] **2** (*pop., fig.*) Marito di donna infedele; SIN. Cornuto.
beccùccio *s. m.* **1** *Dim. di becco* (1). **2** Piccolo prolungamento sporgente di ampolle, anfore, storte e sim. da cui si versa il liquido. **3** Pinzetta per conservare l'arricciatura ai capelli. [→ ill. *parrucchiere*]
beccùto *agg.* (*raro*) Fornito di becco.
bécero A *s. m.* (*f. -a*) (*tosc.*) Persona volgare, rozza e ineducata. **B** *agg.* Volgare, insolente.
becerùme *s. m.* (*tosc.*) Marmaglia, gentaglia.
bechamel /*fr.* beʃa'mɛl/ *s. f. inv.* Besciamella.
becher /*ted.* 'bɛxər/ *s. m. inv.* Recipiente cilindrico, spec. di vetro, munito di beccuccio, resistente al fuoco; usato per compiervi reazioni chimiche. [→ ill. *chimico*]
bèchico *agg.* (*pl. m. -ci*) (*med.*) Detto di medicamento che agisce contro la tosse.
beduìna *s. f.* Lungo mantello femminile con cappuccio, usato un tempo per la sera.
beduìno *s. m.* (*f. -a*) **1** Nomade arabo dei deserti del Medio Oriente e dell'Africa settentrionale. [→ ill. *copricapo*] **2** (*fig.*) Persona di apparenza rozza o strana.
bèe V. *bè.*
befàna *s. f.* **1** (*pop.*) Epifania. **2** La vecchia che i bambini credono venga per la cappa del camino e porti loro doni

nella notte dell'Epifania. **3** (*est.*) Donna vecchia e brutta.

bèffa *s. f.* Burla | Gesto o parola di scherno | *Farsi beffe di qc.*, prendersi gioco di qc.; SIN. Canzonatura, celia.

beffàrdo *agg.* **1** Che si compiace di deridere e beffare. **2** Che rivela scherno o ironia. ● SIN. Canzonatorio, ironico.

beffàre **A** *v. tr.* (*io bèffo*) Dileggiare, deridere; SIN. Burlare, canzonare. **B** *v. intr. pron.* Prendersi gioco di qc. o q.c.: *beffarsi di tutto.*

beffeggiàre *v. tr.* (*io befféggio*) Beffare con particolare accanimento.

beffeggiatóre **A** *s. m.* (*f. -trìce*) (*lett.*) Chi fa beffe. **B** *anche agg.*

bèga *s. f.* Litigio | Affare noioso e molesto.

beghìna *s. f.* **1** Religiosa di comunità cattoliche fondate nel XII sec. **2** Donna che vive in una comunità religiosa osservando i voti temporanei di castità e ubbidienza. **3** (*spreg.*) Bigotta.

beghinàggio *s. m.* **1** Comunità delle beghine. **2** (*spreg.*) Devozione esagerata e ostentata.

begliuòmini *s. m. pl.* (*bot.*) Balsamina.

begònia *s. f.* Pianta erbacea ornamentale delle Parietali con fiori e foglie variamente colorate. [→ ill. *piante* 5]

Begoniàcee *s. f. pl.* Famiglia di piante erbacee delle Parietali con fusti e foglie succose e a volte rampicanti: proprie dell'America tropicale e da noi coltivate a scopo ornamentale. [→ ill. *piante* 5]

béguine /*fr.* be'gin/ *s. f. inv.* (*pl. fr.* **béguines** /be'gin/) Ballo originario dei Caraibi, a ritmo lento.

begum /'bɛgum, be'gum; *ingl.* 'beigəm, 'bi:gəm, bi'gu:m/ *s. f. inv.* (*pl. ingl.* **begums** /'beigəmz, bi:gəmz, bi'gu:mz/) Principessa, signora di rango elevato nel mondo musulmano.

bèh o *be' inter.* (*fam.*) Con valore concl., bene, proprio così | Con valore conc. o interr., ebbene, dunque: —, *cosa vuoi?*

behaviorìsmo *s. m.* (*psicol.*) Comportamentismo.

beige /*fr.* bɛʒ/ **A** *agg. inv.* (*pl. fr.* **beiges** /bɛʒ/) Detto di sfumatura di grigio tendente al nocciola più o meno chiaro. **B** *s. m. inv.* Il colore beige.

beilicàle *agg.* Relativo al bey.

bèl *s. m. inv.* (*elettr.*) Unità di misura dell'attenuazione acustica ed elettroacustica.

belàre *v. intr.* (*io bèlo; aus. avere*) **1** Emettere belati. **2** (*fig., fam.*) Piagnucolare, lamentarsi.

belàto *s. m.* Verso flebile e lamentoso caratteristico della pecora, dell'agnello e della capra.

belemnìta *s. m.* (*pl. -i*) Mollusco fossile dei Cefalopodi, affine alle attuali seppie, rinvenibile in sedimenti mesozoici.

bèlga *agg.; anche s. m. e f.* (*pl. m. -gi; pl. f. -ghe*) Del Belgio.

bèlla *s. f.* **1** Donna bella, avvenente. **2** Donna amata. **3** Bella copia. **4** In vari giochi e sport, l'ultima partita decisiva tra avversari alla pari; SIN. Spareggio. **5** (*bot.*) — *di giorno*, pianta erbacea delle Tubiflorali con fusti più o meno volubili e corolla imbutiforme variamente colorata | — *di notte*, pianta erbacea delle Centrospermali con foglie ovali e fiori gialli, rossi o bianchi. [→ ill. *piante* 3]

belladònna *s. f.* (*pl. belledònne*) **1** Pianta erbacea medicinale delle Tubiflorali, con fiori violacei a campana, bacche brune velenose. [→ ill. *piante* 12] **2** (*est.*) Estratto ottenuto dalle foglie e dalle radici della pianta omonima.

bellaménte *avv.* In modo garbato ma deciso.

bellavìsta *s. f.* (*pl. bellevìste*) **1** Bella veduta. **2** *Nella loc. in* —, relativo a vivande servite in gelatina, con bordure di verdure e sim.

belle époque /*fr.* bɛl e'pɔk/ *loc. sost. f. inv.* Periodo che va dalla fine dell'Ottocento all'inizio della 1ª Guerra Mondiale: caratterizzata, nell'ambito della borghesia, da benessere economico e vita spensierata.

bellétta *s. f.* (*lett.*) Fanghiglia, melma.

bellétto *s. m.* **1** Crema o cosmetico per il trucco del viso. **2** (*fig.*) Artifizio stilistico.

bellézza *s. f.* **1** Qualità di bello | *Istituto di* —, per il trattamento estetico della persona | *Chiudere, finire in* —, concludere un'attività con un gesto che lascia buona memoria; SIN. Avvenenza; CONTR. Bruttezza. **2** Cosa, persona bella. **3** (*fig.*) Grande quantità, lunga durata, *nella loc. la* — *di*: *durò la* — *di dieci anni.*

bellicìsmo *s. m.* Atteggiamento di chi crede di risolvere i problemi internazionali con la forza.

bellicìsta **A** *s. m. e f.* (*pl. m. -i*) Chi sostiene il bellicismo. **B** *anche agg.*

bèllico (1) *agg.* (*pl. m. -ci*) Di guerra.

bellico (2) V. *ombelico.*

bellicóso *agg.* **1** Dedito e pronto alla guerra. **2** (*est.*) Indocile, battagliero.

belligerànte *agg.; anche s. m.* Che (o chi) è in stato di guerra.

belligerànza *s. f.* Condizione di uno Stato in guerra implicante un complesso di diritti o di obblighi imposti dal diritto internazionale | *Non* —, condizione di uno Stato non neutrale che ha dichiarato di non voler assumere la qualità di belligerante.

bellimbùsto *s. m.* (*pl. bellimbùsti*) Uomo ricercato nel vestire, fatuo e galante; SIN. Damerino, ganimede, vagheggino.

bèllo **A** *agg.* Bello si tronca in *bel* davanti a consonante: *un bel gatto, bel tempo, che bel tipo*; rimane però *bello* davanti a *s impura, z, x, gn, ps* e (ma non sempre) *pn*: *bello scrittoio, bello stivale, bello zaino*; si elide in *bell'* davanti a vocale: *bell'aspetto, bell'e fatto, bell'operaio, bell'uomo.* Al plurale, *belli* diventa *bei* davanti a consonante: *bei pomodori, bei fiori, bei libri*; diventa però *begli* davanti a vocale o a *s impura, z, x, gn, ps* e (ma non sempre) *pn*: *begli atleti, begli uomini, begli stupidi.* Al femminile, la forma del singolare *bella* si può elidere davanti a vocale: *bell'attrice*; invece il plurale *belle* si elide raramente: *belle immagini* (meglio di *bell'immagini*). (V. nota d'uso ELISIONE e TRONCAMENTO) **1** Che per aspetto esteriore o per qualità intrinseche provoca impressioni gradevoli | (*est.*) *Belle lettere*, letteratura | *Belle arti, arti belle*, arti figurative | *Belle maniere*, maniere, modi affabili | *Bel mondo*, società ricca ed elegante | *Bell'ingegno*, persona di intelligenza vivace | — *spirito*, (*iron.*) persona superficialmente spiritosa | *Begli anni*, la gioventù | *Bella stagione*, la primavera | *Bella vita*, (*spreg.*) scioperata, galante | *Farsi* —, adornarsi | *Farsi* — *di q.c.*, attribuirsene i meriti quando non sono propri | *Darsi bel tempo*, (*fig.*) dedicarsi all'ozio e ai piaceri; SIN. Avvenente; CONTR. Brutto. **2** Vistoso, cospicuo: *un bel patrimonio* | Con valore ints. (*preposto a un s.*): *un bel nulla; è bell'e morto; nel bel mezzo; a bell'agio* | *A* — *studio, a bella posta*, con tutta l'intenzione | *Bell'e buono*, vero e proprio | *Questa è bella, l'hai fatta bella*, (*iron.*) questa è grossa, l'hai fatta grossa | *Oh bella!*, (*ell., iron.*) esprime sorpresa, disappunto e sim. | *Dirne delle belle*, (*iron.*) dire delle assurdità | *Bella figura!*, (*antifr.*) brutta figura | Con valore pleon.: *un bel giorno.* **3** Buono | *Fare una bella riuscita*, riuscire bene. **B** *in funzione di avv.* **1** *Nella loc. bel* —, adagio adagio, lemme lemme. **2** *Nella loc. alla bell'e meglio*, in modo approssimato. **C** *s. m. solo sing.* **1** Ciò che per aspetto esteriore o per qualità intrinseche provoca impressioni gradevoli: *il gusto, l'amore del* —. **2** Tempo bello, sereno. **3** Con valore neutro e raff.: *ha di* — *che*, il suo lato positivo è che | *Sul più* —, nel momento culminante | *Ci vuole del* — *e del buono*, molta fatica | (*scherz.*) *Adesso viene, comincia il* —, il difficile, il singolare, il clamoroso e sim. **D** *s. m.* (*f. -a*) Uomo avvenente | Uomo amato. [→ tav. *proverbi* 21, 32, 35, 71, 182, 308; → tav. *locuzioni* 48]

bellòccio *agg.* (*pl. f. -ce*) Che ha un tipo di bellezza semplice e non particolarmente raffinata.

belluìno *agg.* (*raro, lett.*) Pertinente a belva | (*est.*) Feroce, selvaggiamente brutale.

bellumóre *s. m.* (*pl. bègli umóri*) Persona di carattere allegro e bizzarro.

bellùria *s. f.* (*tosc.*) Bellezza apparente.

beltà *s. f.* **1** (*lett.*) Bellezza. **2** (*lett.*) Donna di grande bellezza.

bélva *s. f.* **1** Animale feroce; SIN. Fiera. **2** (*fig.*) Persona violenta e crudele.

belvedére *s. m. inv.* **1** Luogo elevato da cui si gode una bella veduta. **2** (*mar.*) Terzultima vela quadra dell'albero di mezzana. [→ ill. *marina*]

bèma *s. m.* (*arch.*) Nelle basiliche cristiane, banco situato lungo la curva dell'abside. [→ ill. *basilica cristiana*]

bemòlle *s. m.* (*mus.*) Alterazione che abbassa di un semitono le note cui si applica.

benaccètto *agg.* (*lett.*) Gradito.
benamàto *agg.* (*lett.*) Che è molto amato.
benarrivàto *agg.; anche s. m.* Benvenuto.
benché *cong.* **1** Sebbene, quantunque (introduce una prop. conc. di preferenza con il v. al congv.): *– sia tardi, verrò a prenderti*; *– ammalato, volle uscire.* **2** *Nella loc. il – minimo,* nemmeno il più piccolo: *non fa il – minimo sforzo.*
bènda *s. f.* **1** Striscia di tela o garza per la fasciatura di ferite, fratture e sim. [→ ill. *medicina e chirurgia*] **2** Striscia di tessuto avvolta intorno al capo in segno di sovranità, dignità, o per ornamento. **3** Fascia che impedisce la vista: *la – nera dei condannati a morte* | *Avere la – agli occhi,* (*fig.*) non rendersi conto della realtà.
bendàggio *s. m.* **1** Atto del bendare | Insieme delle bende con cui si effettua una medicazione. **2** Fasciatura che protegge le mani e i polsi del pugile sotto i guantoni.
bendàre *v. tr.* (*io bèndo o béndo*) **1** Fasciare con bende. **2** Coprire gli occhi a qc. con una benda.
bendatùra *s. f.* Operazione del bendare | Fasciatura.
bendispósto *agg.* Favorevole a qc. o q.c.: *essere – verso qc.*; CONTR. Maldisposto.
bène **A** *avv.* (troncato in *bèn*, spec. se in posizione proclitica; *compar. di maggioranza, mèglio; sup. benìssimo o ottimaménte*) **1** In modo buono, giusto, retto: *fare q.c. –*; *agire –.* **2** In modo soddisfacente: *stare, sentirsi –* | *Stare, sentirsi poco –*, essere indisposto | *Gli sta –!, ben gli sta!*, se lo merita | *Va –!*, d'accordo | *Passarsela –*, vivere con agiatezza | *Nascere –*, da famiglia socialmente elevata | *– o male*, in un modo o nell'altro | *Di – in meglio*, sempre meglio | *Stare – a quattrini*, possederne molti; CONTR. Male. **3** Con valore raff. e ints.: *pesa ben cento chili.* **4** (*antifr.*) *si è conciato –!* **B** *in funzione di agg. inv.* Che appartiene ai ceti socialmente più elevati: *gente –.* **C** *in funzione di inter.* **1** Esprime soddisfazione, ammirazione, entusiasmo: *bravo!, –!, – bis!* **2** Si usa per introdurre o concludere un discorso: *–, basta così.* **D** *s. m. solo sing.* **1** Ciò che è buono, giusto, onesto, utile, piacevole: *tendere al –*; *fare q.c. per il – di qc.* | *A fin di –*, con buone intenzioni | *Opere di –*, opere di carità; CONTR. Male. **2** Affetto, amore | *Voler –*, amare | *Un – dell'anima*, un grandissimo affetto. **E** *s. m.* (*pl. -i*) **1** Persona verso cui si nutre affetto: *l'amato –.* **2** (*econ.*) Tutto quanto serve a soddisfare i bisogni dell'uomo | *Beni di consumo*, destinati a un consumo immediato. **3** *spec. al pl.* Ricchezze, averi: *beni mobili, immobili* | *Ben di Dio*, grande abbondanza di cose materiali, spec. cibi e sim. [→ tav. *proverbi* 44, 150, 154, 181, 292, 342, 376]
benedettìno **A** *agg.* Di S. Benedetto da Norcia | Che si riferisce a un ordine monastico di S. Benedetto. **B** *s. m.* (*f. -a*) **1** Appartenente a un ordine benedettino. **2** (*fig.*) Persona molto erudita e paziente.
benedétto *part. pass. di benedire; anche agg.* **1** Che ha ricevuto la benedizione | Beato, santo. **2** (*est.*) Colmo di ogni bene | *Terra benedetta*, assai fertile. **3** Fausto: *in quel giorno – l'ho conosciuto*; CONTR. Maledetto. **4** Si usa in escl. per esprimere ammirazione, impazienza, o sim.: *benedetti ragazzi!*
benedìre *v. tr.* (*imperf. indic. io benedicévo, pop. benedìvo; pass. rem. io benedìssi, pop. benedìi; imp. benedìci; per le altre forme coniug. come dire*) **1** Invocare la protezione divina su qc. o su q.c. | Consacrare un rito religioso, spec. con la benedizione: *– una chiesa* | (*fam.*) *Mandare qc. a farsi –*, mandarlo alla malora | (*fam.*) *È andato tutto a farsi –*, è andato tutto perduto; CONTR. Maledire. **2** Esprimere gratitudine: *benedico la sua bontà.* **3** Accordare protezione, grazie e sim., detto spec. di Dio: *Dio benedica la tua casa* | *Dio ti benedica!*, escl. di gratitudine; CONTR. Maledire. **4** Lodare, esaltare: *– la memoria di qc.*
benedizionàle *s. m.* Libro liturgico contenente le formule rituali della benedizione.
benedizióne *s. f.* **1** Nella teologia cattolica, uno dei sacramenti che, compiuti ritualmente, attribuisce santità e attrae grazie: *dare, impartire la –*; *– delle palme.* **2** Funzione religiosa cattolica nella quale si benedicono i fedeli con il SS. Sacramento. **3** Invocazione di bene per qc. o q.c.: *ecco la mia paterna –* | (*est.*) Chi o ciò che è fonte di bene o di gioia: *l'acqua è una – per la terra*; CONTR. Maledizione.
beneducàto *agg.* Che ha ricevuto una buona educazione e ha maniere garbate; CONTR. Maleducato.
benefattóre **A** *s. m.* (*f. -trìce*) Chi fa del bene. **B** *anche agg.*
beneficàre *v. tr.* (*io benèfico, tu benèfichi*) Fare del bene, aiutare.
beneficènte *agg.* (*lett.*) Benefico.
beneficènza *s. f.* Opera di aiuto agli indigenti: *fare della –*; *elargire denaro in –*; SIN. Carità.
beneficiàre **A** *v. intr.* (*aus. avere*) Trarre utile o vantaggio da q.c.: *– di una rendita.* **B** *v. tr.* (*io benefìcio*) Fare del bene, aiutare: *– qc. di una rendita.*
beneficiàrio **A** *agg.* Che fruisce di un beneficio. **B** *s. m.* (*f. -a*) Persona in favore della quale si compie un atto o si rilascia un titolo.
beneficiàta *s. f.* **1** Rappresentazione teatrale il cui introito va a profitto di uno o più attori. **2** (*fig.*) Periodo di tempo durante il quale la sorte favorisce più volte la stessa persona.
benefìcio o *benefìzio* *s. m.* **1** Azione che reca ad altri un vantaggio, un bene. **2** (*est.*) Utilità, giovamento: *trarre – da q.c.* | (*dir.*) *– d'inventario*, facoltà dell'erede di accettare un'eredità limitando la propria responsabilità, per i debiti ereditari, all'ammontare dei beni ereditati | *Con – d'inventario*, (*fig.*) con riserva | *– ecclesiastico*, complesso di beni destinati al mantenimento del titolare di un ufficio sacro.
benèfico *agg.* (*pl. m. -ci; dif. del sup., sostituito, nell'uso, da molto benefico o da beneficentissimo, sup. di beneficente*) Che è utile, vantaggioso | Che fa del bene; CONTR. Malefico.
benefìzio V. *beneficio.*
benemerènte *agg.* (*lett.*) Benemerito.
benemerènza *s. f.* Merito acquisito nei confronti di istituzioni, comunità e sim.
benemèrito *agg.; anche s. m.* (*f. -a; dif. del sup. sostituito da molto benemerito o da benemerentissimo, sup. di benemerente*) Che (o chi) ha acquisito merito nei confronti di istituzioni, comunità e sim.: *– della cultura* | *L'arma benemerita* o (*ell.*) *la Benemerita*, l'arma dei carabinieri.
beneplàcito *s. m.* **1** Approvazione, consenso: *ottenere il – da qc.*; *con il – di qc.*; SIN. Benestare. **2** Volontà, arbitrio.
benèssere *s. m. solo sing.* **1** Buono stato di salute | (*est.*) Stato di soddisfazione interiore, risultato di un equilibrio psico-fisico. **2** Agiatezza.
benestànte *s. m. e f.; anche agg.* Chi (o che) possiede mezzi finanziari sufficienti per vivere con una certa larghezza; SIN. Abbiente, agiato.
benestàre *s. m. inv.* **1** Benessere. **2** Esplicita e formale approvazione: *dare il proprio – a q.c.*; SIN. Beneplacito, consenso.
benevolènte *agg.* (*lett.*) Benevolo.
benevolènza *s. f.* **1** Buona disposizione d'animo verso qc.; CONTR. Malevolenza. **2** Indulgenza, favore, spec. in rapporti gerarchici.
benèvolo *agg.* (*dif. del sup., sostituito da molto benevolo o da benevolentissimo, sup. di benevolente*) Che è ben disposto, indulgente, amichevole, affettuoso: *essere – verso qc.* | Benigno, affabile: *essere – con qc.*; CONTR. Malevolo.
benfàtto *agg.* **1** Ben formato fisicamente. **2** Compiuto bene.
bengàla *s. m.* (*pl. -a e -i*) Fuoco d'artificio variamente colorato.
bengalìno *s. m.* Piccolo uccello canoro, con piumaggio a colori vivaci, allevato in gabbia.
bengòdi *s. m.* Paese immaginario di abbondanza | (*est.*) Luogo ove si mangia e beve a sbafo; SIN. Cuccagna.
beniamìno *s. m.* (*f. -a*) **1** Figlio prediletto. **2** Chi gode di particolare predilezione. ● SIN. Favorito, preferito.
benignità *s. f.* **1** Qualità di benigno. **2** Indulgenza, clemenza.
benigno *agg.* **1** Che è ben disposto, affettuoso, cortese. **2** Indulgente, favorevole. **3** Di malattia non pericolosa per la vita: *tumore –*; CONTR. Maligno.
benintenzionàto *agg.* Che ha buoni propositi: *essere – verso qc.*; CONTR. Malintenzionato.
benintéso *avv.* Certamente, naturalmente, come risposta affermativa o come raff.: *ci saranno, –, anche i rischi* | *– che*, purché.

bènna *s. f.* Recipiente rovesciabile o apribile, retto da una gru, per il sollevamento, il trasporto e lo scarico di materiale sciolto. [→ ill. *edilizia*]

bennàto *agg.* (*lett.*) Gentile, beneducato.

benpensànte *s. m. e f.; anche agg.* Chi (o che) segue le idee dominanti, spec. in senso conservatore.

benportànte *agg.* Che ha aspetto sano e giovanile, nonostante l'età.

benservito *s. m.* Dichiarazione relativa alle capacità di un lavoratore rilasciata dal datore di lavoro al momento della cessazione del rapporto di lavoro | *Dare il — a qc.*, (*iron.*) licenziarlo.

bensì *cong.* Con valore avvers., però, ma, invece, anzi (in correlazione con una espressione negativa): *non bisogna indugiare, — agire.*

bènthos *s. m.* Il complesso degli organismi che vivono sui fondi marini o delle acque interne.

bentonite *s. f.* Tipo di argilla di origine vulcanica, con alte proprietà di assorbimento.

bentornàto ***A*** *agg. in funzione di inter.* Si usa come saluto a chi torna dopo un'assenza: *— fra noi!* ***B*** *s. m.* (*f. -a*) ***1*** Persona bene accolta al suo ritorno. ***2*** Formula del saluto.

bentrovàto *agg. spec. in funzione di inter.* Si usa come saluto, anche come risposta a 'bentornato'.

benvenùto ***A*** *agg. spec. in funzione di inter.* Si usa come saluto per esprimere buona accoglienza a chi arriva: *— a Roma!* ***B*** *s. m.* (*f. -a*) ***1*** Persona o cosa ben accolta. ***2*** Formula del saluto.

benvisto *agg.* Che gode stima e rispetto; CONTR. Malvisto.

benvolére ***A*** *v. tr.* (*dif., usato solo all'inf. pres. e al part. pass.*) Voler bene, stimare: *farsi — da qc.*; *prendere qc. a —.* ***B*** *in funzione di s. m. solo sing.* Affetto, benevolenza.

benvolùto *part. pass. di benvolere; anche agg.* Che è stimato: *essere — da tutti.*

benzaldèide *s. f.* Aldeide liquida, con odore di mandorle amare, usata in vari processi industriali.

benzedrìna *s. f.* (*chim.*) Composto organico stimolante del sistema nervoso centrale; SIN. Amfetamina.

benzène *s. m.* (*chim.*) Benzolo.

benzile *s. m.* (*chim.*) Radicale aromatico, derivato dal toluolo.

benzìna *s. f.* Liquido volatile e infiammabile ottenuto dal petrolio, formato da idrocarburi leggeri; è usata come carburante e solvente.

benzinàio o (*pop.*) *benzinàro s. m.* Persona addetta a un distributore di benzina.

benzòico *agg.* (*pl. m. -ci*) (*chim.*) Detto di composto che deriva dal benzoile.

benzoile *s. m.* (*chim.*) Radicale dell'acido benzoico.

benzoìno *s. m.* ***1*** Pianta arborea o arbustiva, odorosa, delle Policarpali, con fiori a ombrella o capolino e frutto a drupa; da esso si estrae un olio odoroso usato in profumeria. ***2*** Sostanza balsamica ottenuta da varie specie della pianta omonima; usato in medicina.

benzòlo *s. m.* Idrocarburo aromatico liquido, con caratteristica molecola esagonale; usato come solvente e nell'industria chimica; SIN. Benzene.

benzopirène *s. m.* Idrocarburo aromatico contenuto nel catrame del carbon fossile.

bèola *s. f.* (*miner.*) Varietà di gneiss non troppo scistosa riducibile in lastre; usata in edilizia.

beóne *s. m.* (*f. -a*) Chi beve abitualmente molto vino; SIN. Ubriacone.

beòta ***A*** *s. m. e f.* (*pl. m. -i*) ***1*** Abitante della Beozia. ***2*** (*fig.*) Persona stupida. ***B*** *agg.* Stupido, idiota.

bequàdro *s. m.* (*mus.*) Segno che, posto davanti a una nota precedentemente alterata, la riporta al suo stato naturale.

Berberidàcee *s. f. pl.* Famiglia di piante arbustive o erbacee delle Policarpali, con foglie semplici o composte, frutti a bacca. [→ ill. *piante* 4]

bèrbero ***A*** *agg.* Di popolazione diffusa nell'interno della Cirenaica e della Tripolitania | *Cavallo —*, appartenente alla razza purosangue araba. ***B*** *s. m.* (*f. -a*) ***1*** Chi appartiene alla popolazione berbera. ***2*** Cavallo berbero.

berceuse /*fr.* bɛr'søz/ *s. f. inv.* (*pl. fr. berceuses* /bɛr'søz/) Composizione musicale ispirata alla ninna-nanna.

berchèlio o *berkèlio s. m.* Elemento chimico, metallo artificiale transuranico, ottenuto per bombardamento dell'americio con particelle alfa. SIMB. Bk.

berciàre *v. intr.* (*io bèrcio; aus. avere*) (*tosc.*) Gridare in modo sguaiato.

bèrcio *s. m.* (*tosc.*) Grido sguaiato.

bére ***A*** *v. tr.* (*pres. io bévo; pass. rem. io bévvi o bevèsti, tu bevésti; fut. io berrò; condiz. io berrèi; le altre forme dal tema bev*) ***1*** Inghiottire un liquido | *— a garganella*, farsi cadere il liquido in bocca senza toccare il recipiente | *— a centellini*, a piccoli sorsi | *— a collo, a fiasco*, senza servirsi del bicchiere | *— come una spugna*, molto | *— alla salute*, brindare | *O — o affogare*, (*fig.*) non avere alternative. ***2*** ass. Ingerire bevande alcoliche, spec. abitualmente: *gli piace —.* ***3*** (*fig.*) Credere ingenuamente: *darla a — a qc.* | *— le parole di qc.*, ascoltarlo con attenzione. ***4*** Assorbire | Consumare benzina o sim. in quantità eccessiva, anche ass.: *il motore beve olio.* ***B*** *in funzione di s. m. solo sing.* Atto del bere | Ciò che si beve: *il vizio del —.* [→ tav. *proverbi* 72]

bergamòtta *s. f.* Varietà di pera dal profumo di cedro.

bergamòtto *s. m.* ***1*** Pregiata varietà di pero. ***2*** Pianta delle Terebintali simile all'arancio ma con frutto non commestibile | Il frutto di tale pianta | *Essenza di —*; olio ricavato dall'epicarpo dei frutti del bergamotto, usato in profumeria. [→ ill. *piante* 7]

bergère /*fr.* bɛr'ʒɛr/ *s. f. inv.* (*pl. fr. bergères* /bɛr'ʒɛr/) Poltrona ampia e profonda, imbottita e munita di cuscino sopra il sedile. [→ ill. *mobili*]

beribèri *s. m.* Malattia da carenza di vitamina B_1, caratterizzata da polineurite.

berillio *s. m.* Elemento chimico, metallo raro, leggero, grigiastro; usato come componente di acciai e altre leghe, nonché nella tecnologia nucleare. SIMB. Be.

berillo *s. m.* Principale minerale del berillio, di color verde brillante, che a volte si presenta come gemma.

berkèlio V. *berchelio.*

berlìna (1) *s. f.* ***1*** Antica pena inflitta a certi condannati esponendoli in pubblico e rendendo nota, con bando o per iscritto, la loro colpa. ***2*** Scherno, derisione | *Mettere in, alla —*, esporre al ridicolo.

berlìna (2) *s. f.* ***1*** Carrozza di gala a quattro ruote. ***2*** Automobile chiusa a due o quattro porte. [→ ill. *autoveicoli*]

berlinése *agg.; anche s. m. e f.* Di Berlino.

berlingòzzo *s. m.* Sorta di ciambella tipica della Toscana.

bermùda *s. m. pl.* Tipo di calzoni che scendono fino a sopra il ginocchio. [→ ill. *abbigliamento*]

bermudiàna *s. f.* ***1*** Albero delle Cupressacee con fiori turchini e legno bianco. ***2*** Vela triangolare per imbarcazione da diporto.

bernésco *agg.* (*pl. m. -schi*) ***1*** Che è proprio del poeta satirico F. Berni. ***2*** (*est.*) Giocoso, satirico.

bernòccolo *s. m.* ***1*** Piccola protuberanza cranica naturale o dovuta a contusione. ***2*** (*fig.*) Naturale disposizione a certi studi: *ha il — della matematica.* [→ tav. *locuzioni* 13]

bernoccolùto *agg.* Che ha bernoccoli.

berrétta *s. f.* Copricapo di foggia varia | *— vescovile, prelatizia*, di color rosso. [→ ill. *copricapo, religione*]

berrétto *s. m.* Copricapo maschile aderente al capo e per lo più con visiera. [→ ill. *abbigliamento, copricapo, medicina e chirurgia, religione, uniforme militare*]

bersagliàre *v. tr.* (*io bersàglio*) ***1*** Tirare contro qc. o q.c. individuati come bersaglio: *— il nemico, una postazione nemica.* ***2*** Colpire ripetutamente: *— qc. di pugni* | (*fig.*) Perseguitare: *— qc. di scherzi.*

bersaglièra *s. f.* ***1*** (*scherz.*) Donna molto pronta e decisa. ***2*** *Nella loc. avv. alla —*, alla maniera dei bersaglieri; (*fig.*) con disinvoltura.

bersaglière *s. m.* (*f. -a* nel sign. 2) ***1*** Soldato addestrato ed esperto nel tiro | Soldato dello speciale corpo di fanteria leggera. [→ ill. *copricapo*] ***2*** (*fig.*) Persona molto energica e decisa.

bersaglierésco *agg.* (*pl. m. -schi*) Tipico di bersagliere | (*est.*) Pronto, spavaldo.

bersàglio *s. m.* ***1*** Luogo, oggetto, da colpire spec. in competizioni sportive e sim.: *mirare al —*; *colpire, mancare il —*; *tiro al —* | *Colpire il —*, (*fig.*) raggiungere lo scopo. ***2*** (*fig.*) Persona o cosa perseguitata da scherzi, sfortuna e sim.

bersò *s. m.* Pergolato costituito di strutture di legno o metallo ricoperte da rampicanti. [→ ill. *giardino pubblico*]

bèrta (1) *s. f.* (*lett.*) Burla, beffa | *Dar la* –, deridere.

bèrta (2) *s. f.* Nell'abbigliamento femminile ottocentesco, scialle o bordura di merletto.

bèrta (3) *s. f.* Maglio, battipalo. [→ ill. *edilizia*]

bèrta (4) *s. f.* Genere di uccelli oceanici con ali lunghe e becco ricurvo in basso sulla punta.

bèrta (5) *s. f. Nella loc.* (*pop.*) *Grossa, gran* –, cannone di grande potenza usato dai tedeschi nella prima guerra mondiale.

berteggiàre *v. tr.* (*io bertéggio*) (*lett.*) Burlare, beffeggiare.

bertésca *s. f.* **1** Riparo mobile posto tra i merli di una fortezza a protezione dei difensori | Torretta guarnita di feritoie posta sulla sommità di antiche fortificazioni. [→ ill. *castello*] **2** Impalcatura per pittori, muratori e sim.

bertùccia *s. f.* (*pl.* -*ce*) **1** Piccola scimmia, priva di coda, con pelame folto di colore grigio-bruno, muso molto espressivo. [→ ill. *animali* 21] **2** (*fig.*) Persona brutta e goffa, spec. donna.

bertuèllo *s. m.* **1** Specie di nassa con più ritrosi per la pesca di orate, saraghi e sim. [→ ill. *pesca*] **2** Rete a imbuto per la cattura di uccelli.

bès *s. m.* (*fis.*) Unità di misura proposta per il chilogrammo-massa.

besciamèlla *s. f.* Salsa a base di farina cotta in latte e burro.

bestémmia *s. f.* **1** Parola oltraggiosa contro la divinità e i Santi. **2** (*est.*) Espressione, giudizio e sim. offensivi, irriverenti | Sproposito, assurdità.

bestemmiàre *v. tr.* (*io bestémmio*) **1** Offendere la divinità con espressioni ingiuriose | ass. Pronunziare bestemmie. **2** Maledire | Parlare una lingua stentatamente.

bestemmiatóre *s. m.* (*f.* -*trìce*) Chi bestemmia abitualmente.

béstia *s. f.* **1** Animale in senso generico | *Bestie feroci*, fiere | *Bestie da soma*, che portano carichi | *Bestie da tiro*, che trainano veicoli | (*fig.*) *Lavorare, sudare, faticare come una* –, in modo molto faticoso | *Andare in* –, infuriarsi | – *rara*, fuori dal comune | – *nera*, (*fig.*) cosa o persona che ossessiona fino all'odio | *Brutta* –, (*fig.*) cosa o persona che si teme. **2** (*fig.*) Persona rozza, ignorante o violenta.

bestiàle *agg.* **1** Di bestia. **2** Simile a bestia | Crudele, disumano; SIN. Brutale. **3** (*fam.*) Molto intenso, insopportabile: *un freddo* –; *una fame* –.

bestialità *s. f.* **1** L'essere bestiale; SIN. Brutalità. **2** (*fig.*) Grosso sproposito.

bestiàme *s. m.* Insieme degli animali domestici | – *grosso*, buoi e vacche | – *minuto*, capre e pecore.

bestiàrio (1) *s. m.* **1** Nell'antica Roma, chi aveva cura delle fiere, o combatteva con le fiere nel circo. **2** (*est.*) Chi custodisce bestie feroci.

bestiàrio (2) *s. m.* **1** Trattato medievale sulle qualità degli animali. **2** Decorazione scultorea con mostri e bestie in edifici medievali.

bestìno *s. m.* (*raro*) Odore o tanfo di bestia.

best-seller /*ingl.* best 'selə/ *loc. sost. m. inv.* (*pl. ingl. best-sellers* /best 'seləz/) Libro, disco e sim. di cui si vende un grande numero di copie.

bèta ***A*** *s. m. o f. inv.* Nome della seconda lettera dell'alfabeto greco. ***B*** *in funzione di agg. inv.* (*posposto al s.*) (*fis.*) *Nelle loc. raggi, particelle* –, elettroni emessi dal nucleo durante alcune disintegrazioni radioattive.

betatróne *s. m.* (*nucl.*) Acceleratore di elettroni.

bètel *s. m.* **1** Pianta arbustiva rampicante delle Piperali, con foglie acuminate e aromatiche. **2** Bolo da masticare costituito da noce di areca, calce viva, aromi avvolti in una foglia di betel: in uso nel mondo indo-malese.

betòn *s. m.* Calcestruzzo.

betonàggio *s. m.* Complesso di operazioni occorrenti alla preparazione del calcestruzzo.

betònica v. *bettonica*.

betonièra *s. f.* Impastatrice per calcestruzzo. [→ ill. *edilizia*]

betonìsta *s. m.* (*pl.* -*i*) Operaio edile addetto alla preparazione del calcestruzzo.

bétta *s. f.* Piccola nave ausiliaria, per trasporto.

béttola *s. f.* Osteria di basso livello.

bettolière *s. m.* (*f.* -*a*) Chi gestisce una bettola.

bettolìna *s. f.* Grossa chiatta per trasporto di materiali e di merci. [→ ill. *petrolio, marina*]

bettolìno *s. m.* **1** *Dim. di bettola.* **2** Spaccio di bevande e cibi nelle stazioni, caserme, carceri.

bettònica o *betònica* *s. f.* Pianta erbacea perenne con fiori rosa e foglie dalle nervature molto marcate | (*fig.*, *scherz.*) *Essere conosciuto come, più della* –, essere conosciutissimo.

Betulàcee *s. f. pl.* Famiglia di piante delle Fagali, con foglie semplici, caduche, fiori in amenti, frutti talvolta alati. [→ ill. *piante* 2]

betùlla *s. f.* Pianta arborea delle Fagali, con corteccia biancastra che si sfoglia facilmente e da cui si estrae il tannino, foglie romboidali dal lungo picciolo e frutti alati. [→ ill. *piante* 2]

bèuta *s. f.* Recipiente conico di vetro resistente al calore, usato per analisi chimiche. [→ ill. *chimico*]

BèV *s. m.* (*fis.*) Unità di misura di energia, pari a un miliardo di elettronvolt; SIN. GeV.

béva *s. f.* **1** (*raro*) Bevanda. **2** Gusto di un vino. **3** Momento in cui un vino è nelle migliori condizioni per essere bevuto.

bevànda *s. f.* Liquido che si può bere. [→ ill. *bar*]

bevànte *s. m.* Parte del bicchiere dove si appoggiano le labbra per bere.

bevatróne *s. m.* (*fis.*) Sincrotrone per protoni che produce energie dell'ordine del BeV.

beveràggio *s. m.* Beverone | (*est.*) Pozione avvelenata, intruglio | (*scherz.*, *fam.*) Bevanda in genere.

beverìno *s. m.* Abbeveratoio nelle gabbie degli uccelli.

beveróne *s. m.* **1** Bevanda per le bestie, composta d'acqua e farina o crusca. **2** Bevanda abbondante e insipida o disgustosa | (*est.*) Bevanda medicamentosa.

bevìbile *agg.* Che si può bere.

bevicchiàre *v. tr.* (*io bevicchio*) Bere poco, di tanto in tanto.

bevitóre *s. m.* (*f.* -*trice*) Chi beve | Chi beve abitualmente, spec. bevande alcoliche.

bevùta *s. f.* **1** Atto del bere | Ciò che si beve in una volta. **2** Bicchierata, rinfresco.

bèy *s. m. inv.* Dignità politica e amministrativa del mondo islamico.

bèzzo *s. m.* **1** Moneta veneziana da mezzo soldo. **2** *spec. al pl.* Soldi, quattrini.

bi *s. m. o f. inv.* Nome della lettera *b*.

bi- *primo elemento*: in parole composte significa 'due', 'due volte', 'doppio' e sim.: *bilinguismo, bisettimanale, bimensile*.

biàcca *s. f.* Sostanza colorante bianca | – *di piombo*, carbonato basico di piombo, tossico, usato per vernici.

biàcco *s. m.* (*pl.* -*chi*) Rettile non velenoso degli Ofidi con corpo agilissimo e snello di color giallo verdastro macchiettato di nero; SIN. Saettone.

biàda *s. f.* **1** Qualunque cereale usato per l'alimentazione del bestiame. **2** (*lett.*) *al pl.* Messi.

biànca *s. f.* **1** Primo sonno dei bachi da seta. **2** (*tip.*) Facciata del foglio stampata per prima.

biancàstro *agg.* Che tende al bianco.

biancheggiàre ***A*** *v. intr.* (*io bianchéggio; aus. avere*) **1** Apparire bianco. **2** (*est.*) Divenire bianco di capelli. ***B*** *v. tr.* Imbiancare.

biancherìa *s. f.* Complesso degli indumenti intimi o dei panni di uso domestico.

biancherìsta *s. f.* Operaia addetta alla confezione della biancheria | Cucitrice di biancheria.

bianchétto ***A*** *agg. Dim. di bianco.* ***B*** *s. m.* **1** Sostanza, in polvere o liquida, a base di biacca, usata per imbiancare | Belletto imbiancante. **2** *al pl.* Sardine e acciughe neonate, trasparenti, incolori, che lessate prendono color bianco.

bianchézza *s. f.* Qualità di ciò che è bianco.

bianchiccio *agg.* (*pl. f.* -*ce*); *anche s. m.* Di colore tendente al bianco.

bianchiménto *s. m.* **1** Operazione del bianchire. **2** Soluzione per pulire i metalli preziosi.

bianchìre *v. tr.* (*io bianchisco, tu bianchisci*) **1** Far diventare bianco. **2** Pulire i metalli preziosi. **3** Scottare, per rapida immersione in acqua bollente: — *la carne.*

biànco A *agg.* (*pl. m. -chi*) **1** Detto di tutto ciò che ha colore chiaro in antitesi a un equivalente scuro: *razza bianca; vino —; uva bianca; carni bianche; pane —; — come la neve* | *Diventar — per la paura,* pallidissimo | *Mosca bianca,* (*fig.*) cosa o persona di rare qualità | *Carbone —,* (*fig.*) forza idraulica per produrre elettricità | *Notte bianca,* (*fig.*) insonne | *Bandiera bianca,* segno di resa (*anche fig.*). **2** Immacolato, pulito (*anche fig.*) | Canuto | *Far venire i capelli bianchi a qc.*, per le preoccupazioni | Non scritto, privo di segni di scrittura | *Dare, avere carta bianca,* piena libertà d'azione | *Libro —,* raccolta di documenti divulgati da un governo, da un partito e sim. | *Matrimonio —,* non consumato | *Voce bianca,* quella di bambino o di cantore evirato | Invernale, nevoso: *sport —.* **3** Detto di molte fazioni cittadine durante l'età comunale: *guelfo di parte bianca.* **B** *s. m.* **1** Il colore bianco | *Non distinguere — da nero,* (*fig.*) non capire nulla | *Far vedere nero per —,* (*fig.*) dare a intendere una cosa per un'altra | *Di punto in —,* all'improvviso. **2** Parte bianca di q.c. | (*pop.*) *Il — dell'occhio,* la sclerotica | (*pop.*) *Il — dell'uovo,* l'albume, spec. cotto | *Foglio in —,* documento già firmato che dovrà essere riempito secondo l'accordo intervenuto tra le parti | *Firmare in —,* (*fig.*) prendere un impegno senza conoscerne le condizioni | *Cambiale, assegno in —,* privi dell'indicazione dell'importo | *Mettere nero su —,* mettere per iscritto un accordo. **3** Uomo di pelle bianca. **4** Giocatore di dama o scacchi che manovra i pezzi bianchi contro quelli neri; CONTR. Nero. **5** *Nella loc.* (*fig.*) *in —,* privo di sughi e droghe, con riferimento a vivande lessate e poco condite: *mangiare in —* | *Pesce in —,* lesso. **6** *Nella loc.* (*fig.*) *in —,* relativo a scopi non conseguiti: *notte in —; matrimonio in —* | *Andare in —,* non riuscire in un'impresa. [→ tav. *locuzioni* 29, 78]

biancóne *s. m.* Uccello rapace diurno dei Falconiformi, con becco breve e uncinato, piumaggio bruno sul dorso e bianco nella parte inferiore del tronco.

biancóre *s. m.* (*lett.*) Candore, bianchezza | Lucore, luce diffusa.

biancospino *s. m.* (*pl. biancospini*) Pianta arbustiva delle Rosali con rami spinosi, foglie ovali e divise e piccoli fiori bianchi in corimbi. [→ ill. *piante* 8]

biancostàto *s. m.* (*sett.*) Spuntatura di maiale e di bue. [→ ill. *macelleria*]

biasciàre *v. tr.* (*io biàscio*) Biascicare.

biascicaménto *s. m.* Il biascicare | Il rumore che si fa biascicando.

biascicàre *v. tr.* (*io biàscico, tu biàscichi*) **1** Mangiare lentamente masticando male e facendo rumore. **2** (*fig.*) Parlare lentamente, pronunciando male le parole.

biaṣimàre *v. tr.* (*io biàṣimo*) Esprimere un giudizio negativo su qc. o q.c.; SIN. Criticare, disapprovare, riprendere, riprovare; CONTR. Lodare.

biaṣimévole *agg.* Degno di biasimo; SIN. Riprovevole; CONTR. Lodevole.

biàṣimo *s. m.* Dura critica, rimprovero; SIN. Disapprovazione.

biathlon *s. m.* (*sport*) Nei giochi olimpici invernali, gara comprendente lo sci da fondo e il tiro alla carabina.

biatòmico *agg.* (*pl. m. -ci*) (*fis.*) Detto di molecola costituita da due atomi.

bibbia *s. f.* **1** Collezione delle Sacre Scritture (Antico e Nuovo Testamento). **2** (*est.*) Manoscritto o stampa contenente il testo della Bibbia.

bibelot /*fr.* bi'blo/ *s. m. inv.* (*pl. ingl. bibelots* /bi'blo/) Soprammobile di poco pregio, anche se grazioso | Oggettino decorativo.

biberòn /*fr.* bi'brɔ̃/ *s. m. inv.* (*pl. fr. biberons* /bi'brɔ̃/) Poppatoio.

bibita *s. f.* Bevanda dissetante, spec. analcolica.

bibitàro *s. m.* (*centr.*) Venditore di bibite.

biblico *agg.* (*pl. m. -ci*) **1** Della Bibbia | Proprio dell'epoca e della civiltà dell'Antico Testamento. **2** (*fig.*) Solenne, grandioso: *impresa biblica.*

biblio- *primo elemento:* in parole dotte significa 'libro': *bibliofilo, biblioteca.*

bibliobus *s. m.* Autoveicolo adibito a biblioteca o libreria.

bibliofilia *s. f.* Amore per i libri, spec. pregevoli e rari.

bibliòfilo *s. m.* (*f. -a*) Amatore, conoscitore, ricercatore e collezionista di libri, spec. rari.

bibliografia *s. f.* **1** Tecnica della descrizione sistematica e catalogazione di libri. **2** Elenco dei libri scritti intorno a un argomento, un autore, o consultati per la compilazione di un'opera. **3** Complesso delle opere pubblicate in un dato periodo.

bibliogràfico *agg.* (*pl. m. -ci*) Della bibliografia.

bibliògrafo *s. m.* (*f. -a*) Esperto di bibliografia.

biblioiàtrica *s. f.* Arte del restauro e manutenzione dei libri.

bibliòmane *s. m. e f.* (*iron.*) Chi dimostra bibliomania.

bibliomania *s. f.* (*iron.*) Mania di ricercare e collezionare libri, spec. rari e antichi.

bibliotèca *s. f.* **1** Luogo ove sono raccolti e conservati i libri | Edificio, sala, con grandi raccolte di libri a disposizione del pubblico. **2** Collezione di libri, similari per formato, argomento, editore. **3** Mobile munito di scaffali per contenere libri. [→ ill. *scuola*]

bibliotecàrio *s. m.* (*f. -a*) Chi dirige una biblioteca o è addetto al suo funzionamento.

biblioteconomia *s. f.* Scienza che studia l'amministrazione e il funzionamento delle biblioteche.

biblioteconomista *s. m. e f.* (*pl. m. -i*) Chi è esperto di biblioteconomia.

bibulo *agg.* (*raro, lett.*) Che assorbe.

bìca *s. f.* **1** Cumulo, sul campo, di covoni di grano; SIN. Barca. **2** (*est.*) Ingombrante ammasso di cose.

bicameràle *agg.* Detto di sistema parlamentare costituito da due camere legislative.

bicameraliṣmo *s. m.* Sistema parlamentare ove il potere legislativo è affidato a due Camere.

bicarbonàto *s. m.* Sale dell'acido carbonico | *— di sodio,* (*ell.* —) sostanza cristallina, bianca, impiegata per bevande effervescenti, come antiacido e in vari usi domestici.

bicchieràta *s. f.* **1** Quantità di liquido che può essere contenuta in un bicchiere. **2** (*est.*) Bevuta, fatta in compagnia, spec. per festeggiare qc.

bicchière *s. m.* **1** Piccolo recipiente, spec. di vetro, di varie forme e misure, in cui si versa il liquido da bere | *Il — della staffa,* l'ultimo prima di congedarsi | *Affogare in un — d'acqua,* (*fig.*) confondersi davanti a piccole difficoltà | *Facile come bere un bicchier d'acqua,* molto facile | *Fondo di —,* (*fig.*) diamante falso | Bussolotto spec. di cuoio in cui si agitano i dadi prima di gettarli. [→ ill. *bar, giochi, stoviglie*] **2** (*fig.*) Quantità di liquido contenuta in un bicchiere. **3** Involucro esterno di una granata esplosiva. [→ ill. *armi*]

bicèfalo *agg.* (*raro, lett.*) Che ha due teste.

bicentenàrio *s. m.* Secondo centenario di un avvenimento memorabile.

bichìni V. *bikini.*

bici *s. f.* (*fam.*) *Acrt. di bicicletta.*

biciclétta *s. f.* Veicolo leggero a due ruote, mosso per mezzo di pedali. [→ ill. *ciclo e motociclo, circo*]

biciclo *s. m.* Veicolo a due ruote di differente diametro.

bicilìndrico *agg.* (*pl. m. -ci*) (*mecc.*) Dotato di due cilindri: *motore —.*

bicipite A *agg.* **1** Detto di muscolo a due capi confluenti in una massa comune. [→ ill. *anatomia umana*] **2** Detto dell'animale, spec. araldico, raffigurato con due teste: *aquila —.* **B** *s. m.* (*anat.*) Ogni muscolo a due capi confluenti in una massa comune: *— brachiale.* [→ ill. *anatomia umana*]

biclorùro *s. m.* (*chim.*) Composto la cui molecola contiene due atomi di cloro.

bicòcca *s. f.* **1** (*lett.*) Piccola rocca o castello alla sommità di un monte. **2** (*spreg.*) Catapecchia.

bicolóre A *agg.* **1** Che ha due colori. **2** (*fig.*) Di governo formato da due partiti. **B** *s. m.* (*fig.*) Governo bicolore.

bicòncavo *agg.* Concavo da ambedue le parti, detto spec. di lente.

biconvèsso *agg.* Convesso da ambedue le parti, detto spec. di lente.

bicòrna o *bicòrnia s. f.* Piccola incudine a due corni.

bicòrne *agg.* Che ha due corna o punte.

bicòrnia V. bicorna.

bicòrno *s. m.* Cappello a due punte.

bicromia *s. f.* Procedimento per ottenere una riproduzione colorata utilizzando due colori | (*est.*) Riproduzione

così ottenuta.
bicròmico *agg.* (*pl. m. -ci*) (*chim.*) Detto di composto chimico contenente due atomi di cromo.
bicùspide *agg.* **1** Che è formato di due cuspidi. **2** (*anat.*) *Valvola* –, valvola mitrale.
bidè *s. m.* Vaschetta bassa di forma allungata, per lavaggi intimi del corpo. [→ ill. *bagno*]
bidèllo *s. m.* (*f. -a*) **1** Chi è addetto alle pulizie e alla custodia di una scuola. **2** (*est.*) Inserviente presso un ufficio.
bidènte *s. m.* **1** Zappa a due punte. **2** Presso gli antichi Romani, pecora di due anni adatta al sacrificio.
bidimensionàle *agg.* Che ha due dimensioni.
bidonàre *v. tr.* (*io bidóno*) (*pop.*) Imbrogliare, truffare.
bidonàta *s. f.* (*pop.*) Imbroglio, truffa.
bidóne *s. m.* **1** Recipiente metallico o in materia plastica, di media capacità, di forma cilindrica, atto al trasporto di prodotti spec. liquidi. [→ ill. *contenitore, nettezza urbana*] **2** (*pop., spreg.*) Truffa, imbroglio: *fare un – a qc.* | Appuntamento a vuoto. **3** (*pop., spreg.*) Apparecchiatura, macchina, che non funziona o funziona male | Persona, spec. atleta, di scarsa abilità o che si rivela inferiore all'attesa: *quel portiere è un –.*
bidonista *s. m. e f.* (*pl. m. -i*) Truffatore.
bidonvìa *s. f.* Cabinovia. [→ ill. *funivia*]
bidonville /*fr.* bidɔ̃'vil/ *s. f. inv.* (*pl. fr. bindonvilles* /bidɔ̃'vil/) Quartiere di baracche costruite con materiali vari, spec. lamiere, nella periferia di una grande città.
bièco *agg.* (*pl. m. -chi*) **1** Obliquo, torvo, spec. dello sguardo. **2** Sinistro, minaccioso.
bièlla *s. f.* Asta che, unendo una manovella a un pattino, trasforma il movimento rotatorio in rettilineo alternativo e viceversa. [→ ill. *ferrovia, motore, meccanica*]
biennàle **A** *agg.* **1** Che dura due anni. **2** Che si svolge ogni due anni. **B** *s. f.* Manifestazione che si fa ogni due anni: *la – di Venezia.*
biènne *agg.* Che ha due anni: *pianta –.*
biènnio *s. m.* Periodo di due anni | Corso di studi di due anni.
bieticoltóre *s. m.* (*f. -trìce*) Chi coltiva barbabietole da zucchero.
bieticoltùra *s. f.* Coltivazione delle barbabietole da zucchero.
biètola *s. f.* **1** Varietà di barbabietola da orto, le cui foglie hanno coste fogliari bianche larghe e carnose, commestibili. [→ ill. *verdura*] **2** Barbabietola.
bietolóne *s. m.* (*f. -a* nel sign. 2) **1** *Accr. di bietola.* **2** (*fig.*) Persona insulsa e sciocca. **3** – *rosso*, pianta delle Centrospermali, con foglie commestibili triangolari e fiori verdastri in infiorescenze a grappolo.
biétta *s. f.* **1** Pezzo di legno o di metallo, di forma troncoconica, per rendere solidali legni o organi meccanici. **2** (*edil.*) Pezzo di legno di forma parallelepipeda inserito trasversalmente in due travi fra loro collegate.
bifàse *agg.* **1** Che ha due fasi. **2** (*fis.*) Di sistema di due correnti o tensioni elettriche alternate di ugual periodo, sfasate tra loro di un quarto di periodo.
bìffa *s. f.* **1** Asta usata in operazioni di livellamento. **2** Piastra in legno o gesso a X posta alle fenditure di muro per verificare se si allargano.
biffàre *v. tr.* **1** Marcare un terreno con biffe. **2** Apporre biffe alle fenditure di un muro.
bìfido *agg.* Diviso in due parti.
bifilàre *agg.* Composto di due fili.
bifocàle *agg.* (*fis.*) Di lente che serve per vedere lontano o vicino, a seconda che si guardi attraverso la parte superiore o inferiore.
bifólco *s. m.* (*f. -a; pl. m. -chi*) **1** Salariato che accudisce al bestiame e lo impiega nei lavori agricoli. **2** (*fig.*) Uomo villano.
bìfora *s. f.* Finestra suddivisa in due aperture per mezzo di un pilastrino o di una colonnina. [→ ill. *basilica cristiana, architettura*]
biforcàre **A** *v. tr.* (*io bifórco, tu bifórchi*) Dividere in due a guisa di forca. **B** *v. intr. pron.* Diramarsi a guisa di forca.
biforcazióne *s. f.* **1** Diramazione a guisa di forca. **2** Separazione o divergenza di due linee ferroviarie, strade e sim.; SIN. Bivio.
biforcùto *agg.* Diviso in due, a modo di forca | *Lingua biforcuta*, quella di alcuni rettili e (*fig.*) di persona maligna.
bifórme *agg.* Che ha due forme: *mostro –.*
bifrónte *agg.* **1** Che ha due fronti o due facce. **2** (*fig.*) Che muta i suoi atteggiamenti in modo opportunistico | Che presenta due aspetti contrastanti: *politica –.* **3** Detto di parola, che, letta alla rovescia, riproduce la parola stessa (p. es. *anilina*) o dà luogo a una nuova parola (p. es. *Roma-amor*).
big /*ingl.* big/ *s. m. inv.* (*pl. ingl. bigs* /bigz/) Personaggio importante, autorevole.
bìga *s. f.* Nell'antichità classica, cocchio a due ruote tirato da due cavalli, usato anche nelle corse.
bigamìa *s. f.* **1** Reato commesso dal bigamo. **2** Condizione di chi è bigamo.
bìgamo **A** *s. m.* (*f. -a*) Chi, coniugato, contrae un altro matrimonio. **B** *anche agg.*
bigattièra *s. f.* Locale per l'allevamento dei bachi da seta | Tavolo su cui si allevano i bachi.
bigàtto *s. m.* (*sett.*) Baco da seta | Verme.
bigèllo *s. m.* Panno grossolano a pelo lungo di color bigio.
bigèmino *agg.* Gemellare: *parto –.*
bighellonàre *v. intr.* (*io bighellóno; aus. avere*) Perdere il tempo senza concludere nulla | Girellare senza scopo: *– per le strade.*
bighellóne *s. m.* (*f. -a*) Individuo perditempo e ozioso; SIN. Ciondolone, fannullone.
bigiàre *v. tr.* (*io bìgio*) (*sett.*) Marinare la scuola.
bigìno *s. m.* (*sett., pop.*) Libretto contenente la traduzione letterale, spec. interlineare, di testi di autori greci e latini.
bìgio *agg.* (*pl. f. -gie o -ge*) **1** Che ha un colore grigio spento. **2** (*fig.*) Indeciso. [→ tav. *proverbi* 11, 139]
bigiotterìa *s. f.* Assortimento di collane, spille, bracciali e sim. realizzati con materiali non preziosi | (*est.*) Negozio ove si vendono.
biglia v. *bilia*.
bigliàrdo e deriv. v. *biliardo* e deriv.
bigliettàio *s. m.* (*f. -a*) Chi vende biglietti su tram, treni e sim. o in locali pubblici.
biglietterìa *s. f.* Luogo in cui si vendono biglietti d'ingresso a locali pubblici, per uso di pubblici mezzi di trasporto e sim. [→ ill. *circo, sport*]
bigliétto *s. m.* **1** Piccolo foglio di carta contenente comunicazioni private scritte a mano o a macchina. **2** Piccolo ed elegante foglio o cartoncino | – *da, di visita*, cartoncino a stampa contenente il nome e il cognome di qc., e talvolta l'indirizzo, i titoli professionali e sim. **3** Pezzetto di cartone o carta stampata che dà diritto, dietro pagamento o no, ad assistere a spettacoli o a usufruire di pubblici servizi. **4** – *di banca*, carta-moneta emessa da una banca, a ciò autorizzata dallo Stato.
bignamìno *s. m.* (*pop.*) Volumetto che riassume in forma piana le nozioni basilari delle varie materie di insegnamento scolastico.
bignè *s. m.* **1** Specie di pasta dolce, cotta in forno e farcita di crema, zabaione e sim. [→ ill. *dolciumi*] **2** (*centr.*) Panino a forma di grossa rosetta.
bigodìno *s. m.* Piccolo cilindro di materiale vario per avvolgere e arricciare ciocche di capelli; SIN. Diavoletto. [→ ill. *parrucchiere*]
bigóncia *s. f.* (*pl. -ce*) **1** Recipiente di legno e doghe, privo di coperchio e di manici, per trasportare l'uva durante la vendemmia. **2** Pulpito, cattedra da cui si parlava nelle accademie e nelle università.
bigóncio *s. m.* **1** Recipiente più largo e più basso della bigoncia. [→ ill. *vino*] **2** All'ingresso dei teatri e dei cinema, cassetta in cui l'addetto introduce il tagliando del biglietto presentato dallo spettatore.
bigotterìa *s. f.* Bigottismo | Azione da bigotto.
bigottìsmo *s. m.* L'essere bigotto.
bigòtto *s. m.; anche agg.* (*f. -a*) Chi (o che) ostenta una grande religiosità dedicandosi spec. alle pratiche minute ed esteriori del proprio culto; SIN. Bacchettone, baciapile.
bijou /*fr.* bi'ʒu/ *s. m. inv.* (*pl. fr. bijoux* /bi'ʒu/) **1** Gioiello. **2** (*fig.*) Persona o cosa elegante e raffinata.
bikìni o *bichini s. m.* Nome commerciale di un tipo di costume da bagno femminile a due pezzi, assai ridotto. [→ ill. *abbigliamento*]
bilabiàle *agg.* Detto di suono articolato per mezzo delle due labbra.
bilancèlla *s. f.* Piccola barca da pesca.

bilància *s. f.* (*pl.* *-ce*) **1** Strumento a due bracci uguali con due piatti o coppe, che serve a misurare l'uguaglianza o la differenza di peso dei corpi posti sui piatti: *– per analisi chimiche* | *– automatica*, quella munita di una lancetta che indica su un quadrante il peso dell'oggetto posto sul piatto | *– romana*, stadera | *Porre sulla –*, (*fig.*) valutare con cura minuziosa. [→ ill. *bilancia, chimico, fisica, misure, orafo e argentiere, posta, puericultura, ufficio*] **2** (*fig.*) *– commerciale*, rilevazione dell'andamento delle importazioni e delle esportazioni di un Paese in un dato tempo | *– dei pagamenti*, delle uscite e delle entrate di un Paese in un dato periodo. **3** Simbolo e attributo della giustizia. **4** *Bilancia*, settimo segno dello zodiaco, che domina il periodo tra il 24 settembre e il 23 ottobre. [→ ill. *zodiaco*] **5** Rete da pesca quadra, appesa a un'asta e sollevata con un argano. [→ ill. *pesca*]

bilanciàre **A** *v. tr.* (*io bilàncio*) **1** Pesare con la bilancia | (*fig.*) Considerare attentamente più cose confrontandole. **2** Pareggiare (*anche fig.*): *– le entrare e le uscite.* **3** Mantenere in equilibrio. **B** *v. intr.* (*aus. avere*) Essere esatto, corrispondere. **C** *v. rifl. e rifl. rec.* Equilibrarsi.

bilancière *s. m.* **1** Organo meccanico costituito da un braccio oscillante, e animato da moto alternativo: *– dell'orologio.* [→ ill. *meccanica, motore, orologio*] **2** In alcune imbarcazioni, elemento che bilancia i movimenti di rollio. [→ ill. *marina*] **3** Lunga pertica per trasportare pesi, appoggiandola alle spalle | Lunga e sottile asta degli equilibristi | (*sport*) Nel sollevamento pesi, sbarra di acciaio su cui si assicurano dischi di vario peso.

bilancìno *s. m.* **1** Parte del calesse cui si attaccano le tirelle del cavallo. **2** Cavallo da tiro aggiunto di rinforzo a fianco di quello che è tra le stanghe. **3** Impugnatura a forma di croce cui sono collegati i fili che muovono le marionette. [→ ill. *teatro*]

bilàncio *s. m.* **1** Pareggiamento delle entrate e delle uscite in un'azienda | Prospetto che illustra la composizione del capitale e il correlativo reddito di un'azienda alla fine dell'esercizio | *– preventivo*, compilato prima che si verifichino i fatti | *– consuntivo*, redatto alla fine dell'esercizio. **2** (*fig.*) Valutazione riassuntiva di una situazione in ogni suo aspetto: *fare il – delle proprie azioni.*

bilateràle *agg.* **1** Che concerne due lati. **2** Che concerne due parti.

bilàtero *agg.* Che ha due lati.

bile *s. f.* **1** Liquido giallo-verdastro, secreto dal fegato, che si raccoglie nella cistifellea; SIN. Fiele. **2** (*fig.*) Collera, stizza.

bilia o *bìglia* *s. f.* **1** Palla d'avorio del biliardo | Buca del biliardo. **2** Pallina di vetro, terracotta o plastica con cui giocano i ragazzi.

biliardàio o *bigliardàio s. m.* Chi fabbrica o vende biliardi.

biliardière o *bigliardière s. m.* Gestore o custode d'una sala da biliardo.

biliardino o, *bigliardino s. m.* Piccolo biliardo | *– elettrico*, flipper.

biliàrdo o *bigliàrdo s. m.* **1** Gioco in cui bilie d'avorio vengono mosse con le mani o con una stecca secondo regole particolari su un tavolo apposito. **2** Speciale tavolo per il gioco omonimo. [→ ill. *giochi*]

biliàre *agg.* (*anat.*) Che concerne la bile.

bìlico *s. m.* (*pl.* *-chi*) **1** Posizione di un corpo in equilibrio instabile: *porre in –*; *essere, stare in –*. [→ ill. *finestra, giochi*] **2** (*fig.*) Stato di dubbio, di incertezza.

bilìngue **A** *agg.* Che usa o parla correntemente e normalmente due lingue | Scritto in due lingue. **B** *s. m. e f.* Persona bilingue. • CONTR. Monolingue.

bilinguìșmo *s. m.* **1** Qualità di chi è bilingue. **2** Divisione di una regione o di uno Stato in due diversi gruppi linguistici | Situazione linguistica in cui si usano due lingue diverse.

bilióne *s. m.* **1** Miliardo, secondo l'uso contemporaneo italiano, francese e statunitense. **2** Milione di milioni, mille miliardi, secondo l'uso italiano antico e quello contemporaneo tedesco e inglese.

bilióso *agg.* **1** (*raro*) Biliare. **2** Collerico; SIN. Iracondo, irascibile, iroso, stizzoso.

bilirubìna *s. f.* Pigmento biliare giallo-rosso derivante dalla trasformazione dell'emoglobina.

biliverdìna *s. f.* Pigmento biliare verde derivante dalla trasformazione dell'emoglobina.

bilùce *agg.* Detto di lampada a due luci.

bilùstre *agg.* (*lett.*) Che ha due lustri.

bìmano *agg.* Provvisto di due mani, detto spec. dell'uomo in contrapposizione ai quadrumani.

bìmbo *s. m.* (*f.* *-a*) Bambino.

bimensìle *agg.* Che ha luogo, si pubblica e sim. due volte al mese; SIN. Quindicinale.

bimestràle *agg.* Che dura due mesi.

bimèstre *s. m.* Periodo di due mesi.

bimetallìșmo *s. m.* Sistema monetario in cui le monete a corso legale sono coniate in due metalli, di solito oro e argento.

bimotóre **A** *agg.* Fornito di due motori. **B** *s. m.* Aeroplano bimotore.

binària *s. f.* (*astron.*) Stella doppia, cioè formata da due corpi che ruotano uno intorno all'altro.

binàrio **A** *agg.* Costituito di due parti. **B** *s. m.* Complesso delle due rotaie su cui rotolano le ruote dei veicoli ferroviari e tranviari | *– morto, tronco*, che non prosegue. [→ ill. *ferrovia*]

binàto *agg.* Accoppiato, duplicato.

bilancia

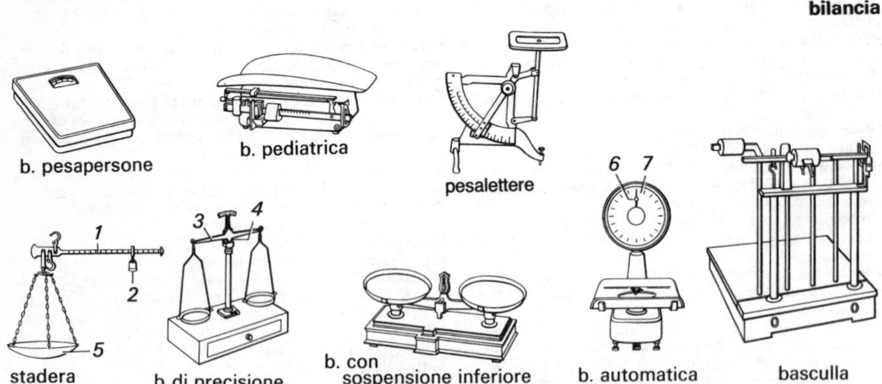

1 stilo 2 romano 3 giogo 4 coltello 5 piatto 6 indice 7 scala

binda *s. f.* Macchina per il sollevamento di carichi a piccola altezza, azionata a manovella; SIN. Cricco. [→ ill. *sollevamento*]
bindèlla *s. f.* **1** Fettuccia, nastro. **2** Striscia di acciaio che unisce le canne di una doppietta.
bindèllo *s. m.* Nastrino di latta impiegato per la chiusura ermetica di scatolette di generi alimentari.
bìndolo *s. m.* **1** Macchina idrovora per prosciugare, irrigare e sim. **2** Arcolaio, aspo. **3** (*fig.*) Inganno.
binòcolo *s. m.* Strumento costituito da due cannocchiali gemelli, usato per osservare con ambedue gli occhi oggetti lontani, e per vederli ingranditi. [→ ill. *ottica*]
binoculàre *agg.* Detto di visione di un oggetto fatta con i due occhi contemporaneamente.
binòmio **A** *s. m.* **1** (*mat.*) Polinomio costituito da due monomi. **2** (*est.*) Insieme di due cose o persone. **B** *agg.* Che si compone di due nomi o termini.
bio-, -bio *primo e secondo elemento:* in parole composte scientifiche significa 'vita' o 'essere vivente': *biografia, biologia, anaerobio.*
biòccolo *s. m.* Ciuffo di cotone o di lana non ancora filati | (*est.*) Batuffolo di materiale soffice.
biocenòṣi *s. f.* Complesso di individui di diverse specie animali o vegetali che coabitano in un determinato ambiente.
biochìmica *s. f.* Disciplina che studia i processi chimici che avvengono negli esseri viventi.
biochìmico **A** *agg.* (*pl. m.* -*ci*) Della biochimica. **B** *s. m.* (*f.* -*a*) Studioso di biochimica.
bioclimatologìa *s. f.* (*pl.* -*gie*) Scienza che studia le relazioni tra organismi viventi e clima.
bioculàre *agg.* Detto di microscopio con due oculari per utilizzare la visione con i due occhi.
biodegradàbile *agg.* Detto di composto chimico, spec. detersivo, scomponibile in composti meno (o non) inquinanti.
biodo o *biòdo s. m.* Pianta palustre delle Liliflore, con rizoma strisciante e infiorescenze a spiga di color ruggine. [→ ill. *piante* 17]
biofìṣica *s. f.* Scienza che applica le leggi fisiche allo studio degli organismi viventi.
biofìṣico **A** *agg.* (*pl. m.* -*ci*) Della biofisica. **B** *s. m.* Studioso di biofisica.
biogèneṣi *s. f.* Dottrina dell'origine della sostanza vivente, fondata sul principio che ogni essere vivente deriva da altro essere vivente preesistente.
biogenètico *agg.* (*pl. m.* -*ci*) Concernente la biogenesi | Che riguarda l'origine e lo sviluppo degli esseri viventi.
biogeografìa *s. f.* Parte della geografia che studia la distribuzione delle forme di vita sulla Terra in rapporto con le condizioni ambientali.
biografìa *s. f.* Storia della vita di una persona, spec. famosa | Opera letteraria in cui tale storia è narrata.
biogràfico *agg.* (*pl. m.* -*ci*) Concernente la biografia | Che costituisce o contiene una biografia.
biògrafo *s. m.* (*f.* -*a*) Autore di biografie.
bioingegnerìa *s. f.* Disciplina che applica alla medicina e alla biologia le nozioni più avanzate di matematica, fisica e chimica.
biólca *s. f.* Antica misura agraria di superficie, tuttora in uso nell'Emilia e nel Veneto.
biologìa *s. f.* (*pl.* -*gìe*) Scienza che tratta di tutte le manifestazioni della vita.
biològico *agg.* (*pl. m.* -*ci*) Della biologia.
biòlogo *s. m.* (*f.* -*a*; *pl.* -*gi*) Studioso di biologia.
bioluminescènza *s. f.* Produzione di energia luminosa da parte di organismi viventi: *la — della lucciola.*
biometeorologìa *s. f.* (*pl.* -*gie*) Scienza che studia gli effetti delle condizioni meteorologiche sugli esseri viventi.
biometrìa *s. f.* Ramo della biologia che studia l'evoluzione valendosi di metodi matematici e statistici.
biondàstro *agg.* Che tende al biondo.
biondeggiàre *v. intr.* (*io biondéggio; aus. avere*) Essere o apparire biondo.
biondézza *s. f.* Qualità di ciò che è biondo.
biondìccio *agg.* (*pl. f.* -*ce*) Che ha un colore biondo pallido.
bióndo **A** *agg.* Che ha un colore intermedio fra il giallo e il castano chiaro, con gradazioni diverse: detto spec. di capelli, barba e sim. **B** *s. m.* (*f.* -*a* nel sign. 2) **1** Il colore biondo. **2** Persona che ha i capelli biondi.
biònica *s. f.* Studio di fenomeni biologici, allo scopo di trarne invenzioni tecnologiche.
biopsìa *s. f.* (*med.*) Asportazione di un frammento di tessuto vivente ed esame di esso al microscopio a scopo diagnostico.
biosfèra *s. f.* Insieme delle parti della Terra, idrosfera e atmosfera comprese, abitate da organismi viventi.
biosìnteṣi *s. f.* Sintesi chimica attuata da organismi viventi.
biòssido *s. m.* (*chim.*) Ossido la cui molecola contiene due atomi di ossigeno.
biostratigrafìa *s. f.* Branca della geologia che classifica le rocce dal loro contenuto in fossili.
bioterapìa *s. f.* Terapia basata sull'impiego di sieri, vaccini e sim.
biotìna *s. f.* Principio vitaminico indispensabile per gli animali e per l'uomo.
biotipo o *biòtipo s. m.* (*biol.*) Insieme di individui che hanno la medesima costituzione genetica.
biotite *s. f.* (*miner.*) Mica di colore bronzeo.
biòtopo *s. m.* (*biol.*) Unità dell'ambiente fisico in cui si svolge la vita di una singola popolazione di organismi o di un'associazione biologica.
bipartire **A** *v. tr.* (*io bipartisco, tu bipartisci*) Dividere in due parti (*anche fig.*). **B** *v. intr. pron.* Biforcarsi.
bipartìtico *agg.* (*pl. m.* -*ci*) Composto o attuato da due partiti: *governo —.*
bipartitiṣmo *s. m.* Sistema politico caratterizzato dall'esistenza di due soli partiti.
bipartito **A** *agg.* Pertinente a due partiti o parti politiche. **B** *s. m.* Alleanza di due partiti o parti politiche.
bipartizióne *s. f.* Divisione in due parti.
bìpede **A** *agg.* Che ha due piedi. **B** *s. m.* **1** Animale con due piedi. **2** (*scherz.*) Uomo.
bipennàto *agg.* Detto di foglia formata da foglioline disposte su peduncoli secondari attaccati su un peduncolo principale.
bipènne o *bipénne s. f.* Scure a due tagli.
bipiràmide *s. f.* Figura geometrica solida formata da due piramidi opposte, con base comune. [→ ill. *cristalli*]
biplàno **A** *agg.* Detto di velivolo munito di due piani aerodinamici. **B** *anche s. m.*
bipolàre *agg.* (*fis.*) Che ha due poli.
bipolarità *s. f.* (*fis.*) L'essere bipolare.
bipósto *agg. inv.* Munito di due posti, detto di automobile, aereo e sim.
bìrba *s. f.* **1** (*raro*) Persona scaltra e malvagia. **2** (*scherz.*) Ragazzo furbo e impertinente; SIN. Monello.
birbantàggine *s. f.* Comportamento di, da birbante.
birbànte *s. m.* **1** Persona astuta e disonesta; SIN. Birbone, briccone. **2** (*scherz.*) Monello.
birbanterìa *s. f.* **1** L'essere birbante. **2** Azione da birbante; SIN. Birbonata, birboneria, bricconata.
birbantésco *agg.* (*pl. m.* -*schi*) Di birbante.
bìrbo *s. m.* (*raro*) Birba.
birbonàggine *s. f.* Birboneria.
birbonàta *s. f.* Azione da birbone; SIN. Birbanteria, bricconata.
birbóne **A** *s. m.* (*f.* -*a*) **1** Furfante, persona scaltra e malvagia; SIN. Birbante, briccone. **2** (*scherz.*) Monello. **B** *agg.* **1** Cattivo, maligno: *un tiro —.* **2** *raff.* (*scherz.*) Molto forte e intenso: *freddo —.*
birbonerìa *s. f.* Birbanteria, bricconata.
birbonésco *agg.* (*pl. m.* -*schi*) Birbantesco.
bireattóre **A** *agg.* Detto di aeroplano munito di due reattori: *aereo —.* **B** *anche s. m.*
birème *s. f.* Nave a due ordini di remi. [→ ill. *marina*]
birichinàta *s. f.* Atto da birichino.
birichìno **A** *s. m.* (*f.* -*a*) Ragazzo vivace, monello. **B** *agg.* Vispo e irrequieto.
birifrangènte *agg.* (*fis.*) Detto di corpo dotato di birifrangenza.
birifrangènza *s. f.* (*fis.*) Proprietà di certi corpi cristallini di scindere il raggio luminoso che li attraversa in due raggi diversamente polarizzati e rifratti: *la — dello spato d'Islanda.*
birignào *s. m.* Pronuncia artificiosa e ridicola ostentata spec. da attori o da cantanti.
birillo *s. m.* **1** Cilindretto di legno o di avorio che, in alcuni

giochi, si tenta di far cadere mediante palle o bocce. [→ ill. *giochi*] **2** *al pl.* Gioco infantile, consistente nell'abbattere con palle cilindri di legno.
birmàno *agg.; anche s. m.* (*f.* -*a*) Della Birmania.
biro *s. f. inv.* Nome commerciale di penna a sfera.
birotóre *agg.* Munito di due rotori.
birra *s. f.* Bevanda ottenuta per fermentazione di malto, orzo e altri cereali, mescolati al luppolo e contenente anidride carbonica | (*fig.*) *A tutta* —, a grande velocità | *Dare la* — *a qc.*, (*fig.*) superarlo nettamente, spec. in gare sportive. [→ ill. *stoviglie*] [→ tav. *locuzioni* 12]
birràio *s. m.* Chi fabbrica o vende birra.
birràrio *agg.* Attinente alla fabbricazione della birra.
birrerìa *s. f.* **1** Locale pubblico ove si vende birra. **2** (*raro*) Fabbrica di birra.
birro V. *sbirro* (1).
bis A *inter.* Si usa come acclamazione nei teatri per chiedere la replica di un brano. **B** *in funzione di s. m.* **1** Ripetizione, richiesta dal pubblico, di un brano dello spettacolo in corso: *concedere, fare il* —. **2** (*est.*) Replica, ripetizione. **C** *in funzione di agg.* (*posposto a un s.*) Supplementare: *treno* —.
bis- (1) *pref.* di verbi e agg. cui fa assumere significato peggiorativo: *bistrattare, bislungo.*
bis- (2) *primo elemento*: in parole composte significa 'due volte' e sim.: *biscotto, bisulco*; CFR. *bi-* | Indica anche un grado successivo o, in nomi di parentela, più remoto: *biscroma, bisdrucciola, bisnonno.*
bisàccia *s. f.* (*pl.* -*ce*) Grossa borsa floscia a due tasche, da appendere alla sella di una cavalcatura o da portare a tracolla.
bisànte *s. m.* **1** Moneta d'oro dell'impero bizantino. [→ ill. *moneta*] **2** (*arald.*) Figura simile a una moneta non impressa. [→ ill. *araldica*]
bisàvo *s. m.* (*f.* -*a*) **1** Bisnonno. **2** *spec. al pl.* (*est.*) Gli antenati.
bisàvolo *s. m.* (*f.* -*a*) Bisavo.
bisbètico A *agg.* (*pl. m.* -*ci*) Che ha carattere stravagante e litigioso. **B** *anche s. m.* (*f.* -*a*).
bisbigliàre A *v. intr.* (*io bisbiglio; aus. avere*) **1** Parlare sottovoce; SIN. Mormorare, sussurrare. **2** Far pettegolezzi. **B** *v. tr.* **1** Dire sottovoce: *bisbigliò alcune parole*; SIN. Mormorare, sussurrare. **2** Dire male di qc. o di q.c.
bisbìglio (1) *s. m.* Il parlare sommessamente | (*est.*) Notizia che si diffonde nascostamente; SIN. Mormorio, sussurro.
bisbiglìo (2) *s. m.* Un bisbigliare frequente e continuato; SIN. Brusio.
bisbòccia *s. f.* (*pl.* -*ce*) Allegra riunione per mangiare e bere abbondantemente.
bisbocciàre *v. intr.* (*io bisbòccio; aus. avere*) Fare bisboccia.
bisca *s. f.* Locale ove si gioca d'azzardo.
biscaglìna *s. f.* (*mar.*) Scaletta volante di corda. [→ ill. *scala*]
biscazzàre *v. intr.* (*aus. avere*) Giocare nelle bische.
biscazzière *s. m.* Gestore di bische | Chi segna i punti fatti dai giocatori al biliardo.
bischero *s. m.* (*f.* -*a* nel sign. 3) **1** Legnetto per tendere le corde negli strumenti musicali a corda. [→ ill. *strumenti musicali*] **2** (*pop., tosc.*) Membro virile. **3** (*pop., tosc., fig.*) Uomo sciocco.
bischétto *s. m.* Deschetto da lavoro dei calzolai e ciabattini.
biscia *s. f.* (*pl.* -*sce*) Serpe non velenosa | — *d'acqua*, rettile non velenoso, con corpo coperto di grandi squame lucide di color verde grigiastro con macchie nere; vive presso i corsi d'acqua. [→ ill. *animali* 7]
biscottàre *v. tr.* (*io biscòtto*) Cuocere due volte o a lungo, togliendo ogni umidità.
biscotterìa *s. f.* **1** Fabbrica, negozio di biscotti. **2** Assortimento di biscotti e sim.
biscottièra *s. f.* Recipiente per biscotti.
biscottière *s. m.* Fabbricante di biscotti.
biscottificio *s. m.* Fabbrica di biscotti.
biscòtto *s. m.* **1** Pasta dolce, di varia forma, a base di farina, zucchero e grassi, cotta a lungo al forno. [→ ill. *dolciumi*] **2** Pane cotto due volte per renderlo più conservabile. **3** Terracotta destinata a ricevere il rivestimento vetroso.
biscròma *s. f.* (*mus.*) Nota che vale la metà della semicroma, e quindi 1/32 di semibreve.
biscugìno *s. m.* (*f.* -*a*) Cugino in secondo o terzo grado.
biscuit /*fr.* bis'kɥi/ *s. m. inv.* (*pl. fr. biscuits* /bis'kɥi/) **1** Porcellana bianca, opaca, senza smalto, usata per oggetto ornamentali | Oggetto fabbricato con tale porcellana. **2** Gelato semifreddo.
bisdrùcciolo *agg.* Detto di parola accentata sulla quart'ultima sillaba. (v. nota d'uso ACCENTO)
bisecànte A *agg.* Che biseca. **B** *s. f.* Retta o semiretta bisecante.
bisecàre *v. tr.* (*io bìseco, tu bìsechi*) (*mat.*) Dividere a metà un angolo.
bisecolàre *agg.* Che dura due secoli.
biségolo *s. m.* Arnese usato dal calzolaio, per levigare suole e tacchi. [→ ill. *calzolaio*]
bisènso *s. m.* **1** Parola di doppio significato. **2** Gioco enigmistico consistente nel trovare una parola di doppio significato.
bisessuàle *agg.* Che ha i caratteri dei due sessi.
bisessualità *s. f.* L'essere bisessuale.
bisessuàto *agg.* Bisessuale.
bisestìle *agg.* Detto dell'anno di 366 giorni e che perciò ha il bisesto.
bisèsto *s. m.* Giorno che ogni quattro anni si aggiunge al mese di febbraio.
bisettimanàle A *agg.* Che avviene, ricorre, si manifesta, si stampa e sim., due volte ogni settimana. **B** *s. m.* Pubblicazione bisettimanale.
bisettrìce *s. f.* (*geom.*) Semiretta uscente dal vertice di un angolo che divide l'angolo stesso in due angoli uguali.
bisezióne *s. f.* (*geom.*) Divisione in due parti uguali di un angolo piano o di un diedro.
bisillabo A *agg.* Che è formato da due sillabe. **B** *s. m.* Parola di due sillabe.
bislàcco *agg.* (*pl. m.* -*chi*) Stravagante; SIN. Bizzarro.
bislùngo *agg.* (*pl. m.* -*ghi*) Che ha forma allungata | Che ha forma allungata e irregolare.
bismùto *s. m.* Elemento chimico, metallo bianco rosato, fragile, usato spec. per leghe e farmaci. SIMB. Bi.
bisnipóte *s. m. e f.* Pronipote.
bisnònno *s. m.* (*f.* -*a*) Padre del nonno o della nonna.
bisógna *s. f.* (*lett.*) Affare, faccenda.
bisognàre A *v. intr.* (*dif. usato solo nelle terze pers. sing. e pl.: bisógna, bisógnano; aus. essere*) Essere utile, necessario: *ti bisognano altri denari?* **B** *v. intr. impers.* Essere necessario: *bisogna decidersi.* [→ tav. *proverbi* 33, 336, 338]
bisognatàrio *s. m.* (*f.* -*a*) Persona indicata sulla cambiale tratta per l'accettazione o per il pagamento, in vece di uno dei coobbligati inadempiente.
bisognévole A *agg.* **1** (*raro*) Che è necessario, opportuno. **2** Bisognoso: *un ragazzo* — *di cure.* **B** *s. m.* Ciò che è necessario.
bisógno *s. m.* **1** Necessità di procurarsi q.c. che manca: *avere* — *di q.c.*; *esserci* — *di q.c.* | Necessità: *al* —; *in caso di* —; *secondo il* —. **2** (*est.*) Mancanza di mezzi, povertà: *vivere in estremo* —. **3** Forte stimolo a compiere un'azione: *sento il* — *di sfogarmi* | *spec. al pl.* Necessità corporali: *fare i propri bisogni.* [→ tav. *proverbi* 10]
bisognóso *agg.; anche s. m.* (*f.* -*a*) Che (o chi) ha bisogno: — *di guida* | Povero. [→ tav. *proverbi* 164]
bisolfàto *s. m.* Sale dell'acido solforico.
bisolfìto *s. m.* Sale dell'acido solforoso.
bisolfùro *s. m.* Sale dell'acido solfidrico.
bisónte *s. m.* Grosso mammifero selvatico degli Ungulati, ruminante, con la parte anteriore del tronco molto più sviluppata di quella posteriore, gibbosità dorsale, fronte convessa e larga, corna brevi e lunghi peli sul corpo. [→ ill. *animali* 19]
bissàre *v. tr.* Replicare un pezzo, un'esecuzione | (*est.*) Ripetere, rifare.
bisso *s. m.* **1** Tessuto di lino, rado e sostenuto, per ricamo | Antica tela finissima. **2** (*zool.*) Sostanza secreta da molluschi bivalvi, che solidifica formando un fascio di filamenti con i quali l'animale si fissa a un sostegno.
bissóna *s. f.* Imbarcazione veneziana da parata a otto remi, per feste e regate.

bistécca *s. f.* Fetta di carne di manzo o di vitello tagliata sulla costola, cotta alla graticola o nel tegame | – *al sangue*, poco cotta. [→ ill. *macelleria*]
bistecchièra *s. f.* Piastra o graticola per cuocere le bistecche. [→ ill. *cucina*]
bisticciàre A *v. intr.* (*io bisticcio; aus. avere*) Altercare con particolare vivacità; SIN. Litigare. **B** *v. rifl. rec.* Litigarsi.
bisticcio *s. m.* **1** Litigio, spec. passeggero e per cause non gravi. **2** (*letter.*) Gioco di parole ottenuto con l'accostamento di vocaboli di suono simile e significato diverso (es. *chi dice donna dice danno*).
bistràre *v. tr.* Colorire col bistro.
bistràto *part. pass. di bistrare; anche agg.* Truccato col bistro.
bistrattàre *v. tr.* Maltrattare.
bistro *s. m.* Materia colorante nero-blu, usata in pittura e come cosmetico.
bistrò *s. m.* Adattamento di *bistrot*.
bistrot /*fr.* bis'tro/ *s. m. inv.* (*pl. fr. bistrots* /bis'tro/) Caffè, spec. a Parigi.
bisturi *s. m.* **1** (*med.*) Coltello operatorio. [→ ill. *medicina e chirurgia*] **2** Piccolo strumento usato da grafici e disegnatori per tagliare la carta e sim. seguendo linee o profili. [→ ill. *disegnatore*]
bisùlco *agg.* (*pl. m. -chi*) (*lett.*) Diviso in due, detto spec. dei piedi dei ruminanti.
bisùnto *agg.* Molto unto | *raff. Unto e* –, estremamente sudicio di grasso.
bit /*ingl.* bit/ *s. m. inv.* (*pl. ingl. bits* /bits/) (*elab.*) Unità di misura della quantità di informazione (abbr. dell'ingl. *bi(nary) (digi)t*, cifra binaria).
bitematismo *s. m.* In una composizione musicale, impiego di due temi principali.
bitonàle *agg.* Che presenta bitonalità.
bitonalità *s. f.* Impiego simultaneo, nel corso di un pezzo musicale, di due tonalità diverse.
bitórzolo *s. m.* Piccola sporgenza irregolare sulla pelle o su altre superfici.
bitorzolùto *agg.* Pieno di bitorzoli.
bitta *s. f.* Colonna di legno o metallo, sul ponte della nave o sulle banchine dei porti, per avvolgervi le gomene e le catene delle ancore. [→ ill. *porto*]
bitter *s. m. inv.* Aperitivo amaro.
bitumàre *v. tr.* Rivestire con bitume.
bitumatrìce *s. f.* Macchina per spargere il bitume sul fondo stradale.
bitumatùra *s. f.* Operazione del bitumare | Strato di bitume.
bitùme *s. m.* Miscela di idrocarburi solidi o semisolidi usata spec. per rivestimenti stradali. [→ ill. *strada*]
bituminóso *agg.* Che contiene bitume.
biunivocità *s. f.* (*mat.*) Corrispondenza per cui a un elemento di un insieme corrisponde un solo elemento di un secondo insieme e viceversa.
biunivoco *agg.* (*pl. m. -ci*) (*mat.*) Univoco in entrambi i sensi.
bivaccàre *v. intr.* (*io bivàcco, tu bivàcchi; aus. avere*) **1** Stare a bivacco: – *al campo*; – *in parete*. **2** (*fig.*) Sistemarsi provvisoriamente, alla meglio.
bivàcco *s. m.* (*pl. -chi*) **1** Stazionamento di truppe allo scoperto | (*est.*) Sosta, sistemazione di fortuna all'aperto, spec. notturna. [→ ill. *alpinista*] **2** Luogo del bivacco.
bivalènte *agg.* **1** (*chim.*) Di atomo o raggruppamento atomico che può combinarsi con due atomi d'idrogeno. **2** (*est.*) Che ammette due possibilità di applicazione, interpretazione, soluzione.
bivalènza *s. f.* **1** Proprietà di atomi e raggruppamenti atomici bivalenti. **2** Qualità di bivalente.
bivàlve *agg.* **1** Detto di conchiglia di mollusco costituita da due valve unite da una specie di cerniera. **2** Detto di frutto che, mediante due fenditure longitudinali, può essere diviso in valve.
Bivàlvi *s. m. pl.* (*zool.*) Classe di molluschi con la conchiglia formata da due valve e le branchie a lamelle; SIN. Lamellibranchi. [→ ill. *animali* 5]
bivio *s. m.* **1** Punto in cui una via di comunicazione si biforca; SIN. Biforcazione. [→ ill. *strada*] **2** (*fig.*) Punto, momento, in cui due o più soluzioni determinano incertezza nella scelta.
bizantinismo *s. m.* **1** Nelle arti figurative, tendenza a uno stile affine a quello bizantino. **2** Atteggiamento di sottigliezza inutile e pedante.
bizantinista *s. m. e f.* (*pl. m. -i*) Chi studia l'arte e la civiltà bizantina.
bizantìno *agg.* **1** Di Bisanzio, dell'impero d'Oriente. **2** (*est.*) Eccessivamente raffinato. **3** (*fig.*) Cavilloso, pedante: *dispute bizantine*.
bizza *s. f.* Accesso momentaneo di collera; SIN. Capriccio.
bizzarrìa *s. f.* **1** Qualità di bizzarro; SIN. Stramberia, stranezza, stravaganza. **2** Azione o idea bizzarra.
bizzàrro *agg.* **1** Che non segue i comportamenti considerati comuni e abituali; SIN. Bislacco, originale, strano. **2** Focoso, detto di cavallo.
bizzèffe *vc. Solo nella loc. avv. a* –, in grande quantità, a iosa: *avere quattrini a* –.
bizzòco *s. m.; anche agg.* (*f. -a; pl. m. -chi*) **1** Appartenente a un'antica setta eretica italiana. **2** (*fig., spreg.*) Bigotto.
bizzóso *agg.* Che fa le bizze, i capricci: *bambino* – | Che si irrita facilmente, detto spec. di cavallo; SIN. Capriccioso.
black-out /*ingl.* blæk 'aut/ *s. m. inv.* **1** Oscurità totale, e paralisi di vari congegni, conseguenti a improvvisa interruzione dell'energia elettrica | (*est.*) Interruzione di comunicazioni. **2** (*fig.*) Mancanza di notizie.
blandìre *v. tr.* (*io blandìsco, tu blandìsci*) **1** (*lett.*) Carezzare | (*fig.*) Lenire. **2** (*fig.*) Lusingare; SIN. Adulare.
blandìzia o *blandìzie s. f. spec. al pl.* Allettamento, lusinga.
blàndo *agg.* Che si manifesta o che agisce con delicatezza | (*est.*) Dolce, delicato.
blasé /*fr.* bla'ze/ *agg. inv.* (*pl. fr. blasés* /bla'ze/) Scettico, indifferente.
blasfèmo A *agg.* Empio | Irriverente. **B** *s. m.* Bestemmiatore.
blasonàre *v. tr.* (*io blasóno*) Descrivere un blasone secondo le regole araldiche.
blasonàrio *s. m.* Raccolta di blasoni.
blasonàto A *agg.* Fornito di blasone; SIN. Nobile. **B** *s. m.* Persona appartenente alla nobiltà.
blasóne *s. m.* **1** Stemma gentilizio, insegna araldica. **2** Arte di comporre e descrivere le insegne araldiche.
blastòma *s. m.* (*pl. -i*) (*med.*) Tumore.
blastòmero *s. m.* (*biol.*) Ciascuna delle cellule derivate dalle prime segmentazioni dell'uovo fecondato.
blastomicète *s. m.* Saccaromicete.
blàstula *s. f.* (*biol.*) Stato della segmentazione dell'uovo in cui i blastomeri sono disposti a delimitare una cavità centrale.
blateràre A *v. intr.* (*io blàtero; aus. avere*) (*spreg.*) Chiacchierare rumorosamente e a vanvera; SIN. Cianciare. **B** *v. tr.* Dire q.c. blaterando.
blàtta *s. f.* Scarafaggio.
blazer /*ingl.* 'bleizə/ *s. m. inv.* (*pl. ingl. blazers* /'bleizəz/) Giacca sportiva di maglia, con bottoni metallici e, spesso, stemma sul taschino.
blefarite *s. f.* (*med.*) Infiammazione del margine delle palpebre.
blefaròstato *s. m.* Strumento per tenere aperte le palpebre durante interventi sull'occhio.
blènda *s. f.* Minerale costituito da solfuro di zinco in cristalli lucenti.
blenorragìa *s. f.* (*pl. -gie*) Malattia infettiva contagiosa, trasmessa di solito con i rapporti sessuali; SIN. Gonorrea, scolo.
blesità *s. f.* Disturbo della parola caratterizzato da deformazione, sostituzione o soppressione di una o più consonanti.
blèso *agg.; anche s. m.* Affetto da blesità.
blìnda *s. f.* Copertura o rivestimento per proteggere da esplosioni o tiri di armi da fuoco.
blindàggio *s. m.* Rafforzamento di una struttura per renderla più resistente alle esplosioni.
blindàre *v. tr.* Proteggere con blinda.
blindàto A *part. pass. di blindare; anche agg.* Protetto con blinda o blindatura. **B** *s. m.* (*mil.*) Veicolo blindato.
blindatùra *s. f.* Corazzatura leggera.
blitz /*ingl.* blits/ *s. m. inv.* (*pl. ingl. blitzes* /blitsiz/) Operazione militare o di polizia, imprevedibile e di rapida esecuzione.
bloccàggio *s. m.* Atto del bloccare.

bloccàre **A** *v. tr.* (*io blòcco, tu blòcchi*) **1** Assediare territori nemici occupando tutti gli accessi, per impedire rifornimenti e comunicazioni. **2** Impedire l'accesso, il transito. **3** Arrestare un movimento: – *un corteo.* **4** Nello sport, arrestare l'azione dell'avversario | Fermare con le mani e tenere il pallone, detto del portiere. **5** Limitare per legge la variazione di taluni fenomeni economici: – *i prezzi.* **6** Fissare un organo meccanico mobile in una posizione voluta. **B** *v. intr. pron.* Arrestarsi.

bloccastèrzo *s. m.* Antifurto a serratura che blocca il volante di guida o il manubrio.

blocchetto *s. m.* **1** *Dim. di blocco* (1): – *per appunti.* **2** Piccoli parallelepipedi di acciaio con coppie di facce perfettamente parallele, usati per misure di precisione nelle lavorazioni meccaniche. [→ ill. *meccanica*]

blòcco (1) *s. m.* (*pl. -chi*) **1** Massa compatta di considerevoli dimensioni | Notevole quantità di merce: *un – di tessuti* | *In –*, in massa | *Vendere, comprare in –*, in una sola volta un'intera partita di merce | (*fig.*) *Considerare q.c. in –*, nell'insieme. [→ ill. *cava*] **2** (*sport*) *Blocchi di partenza*, in atletica, nuoto e sim., attrezzi cui l'atleta si appoggia, spec. con i piedi, per prendere maggior slancio alla partenza. [→ ill. *sport*] **3** (*fig.*) Unione, alleanza | – *politico*, alleanza di più forze politiche per uno scopo definito. **4** Insieme di fogli staccabili riuniti a formare un quaderno. [→ ill. *ufficio*]

blòcco (2) *s. m.* (*pl. -chi*) **1** Interruzione, arresto totale: – *di un congegno.* [→ ill. *ferramenta, tessuto*] **2** Sbarramento di forze militari destinato a chiudere le vie di accesso e di comunicazione con un luogo | *Posto di –*, sbarramento posto lungo le vie di comunicazione da forze militari o di polizia per effettuare operazioni di controllo. **3** Vincolo legislativamente imposto al mutamento di una situazione, spec. per regolare un fenomeno economico: – *dei fitti.* **4** (*med.*) Interruzione di una funzione organica: – *cardiaco.*

bloc-notes /*fr.* blɔk'nɔt/ *s. m. inv.* (*pl. fr. blocs-notes* /blɔk-'nɔt/) Taccuino per appunti formato da fogli staccabili. [→ ill. *ufficio*]

blu **A** *agg.* Che un colore azzurro cupo, in varie sfumature | *Avere il sangue –, essere di sangue –*, essere nobile. **B** *s. m.* **1** Il colore blu. **2** Ogni sostanza o composto chimico che colora di blu: – *di metilene.* (V. nota d'uso ACCENTO)

bluàstro *agg.* Che tende al blu.

blue-jeans /*ingl.* 'blu: dʒeinz, 'blu: dʒi:nz/ *s. m. pl.* Tipo di pantaloni di tela ruvida e resistente, con larghe cuciture, di colore blu. [→ ill. *abbigliamento*]

blues /*ingl.* blu:z/ *s. m. inv.* **1** Forma di canto popolare negro-americano. **2** Ballo moderno, derivato dal canto omonimo.

bluff /*ingl.* blʌf/ *s. m. inv.* (*pl. ingl. bluffs* /blʌfs/) **1** In alcuni giochi di carte, atto del bluffare. **2** (*est., fig.*) Montatura atta a far credere ciò che non è.

bluffàre *v. intr.* (*aus. avere*) **1** In alcuni giochi di carte, comportarsi come se si avessero in mano ottime carte, per disorientare l'avversario. **2** (*fig., est.*) Ingannare gli altri con false apparenze.

bluffatóre *s. m.* (*f. -trìce*) Chi bluffa.

blùṣa *s. f.* **1** Camicetta da donna non aderente. **2** Camiciotto da lavoro.

bluṣànte *agg.* Detto di indumento non aderente e piuttosto sbuffante in vita.

bluṣòtto *s. m.* Corto camiciotto da uomo.

bòa (1) *s. m. inv.* **1** Grosso rettile strisciante, con tronco poderoso, dorso bruno chiaro con macchie scure sui fianchi e ventre giallo punteggiato di nero. [→ ill. *animali* 7] **2** Sciarpa di piume di struzzo a forma di serpente, portata dalle donne attorno al collo.

bòa (2) *s. f.* Galleggiante stagno, gener. metallico, solidamente ancorato, per l'ormeggio delle navi, segnalazione di secche e sim. [→ ill. *pesca, porto*]

boarìa *s. f.* **1** Tipica azienda agricola con stalla centralizzata affidata a un salariato fisso. **2** Contratto di lavoro per aziende zootecniche.

boàrio *agg.* Relativo ai buoi, *spec. nella loc. foro –*, luogo in cui si tiene un mercato di bovini.

boàro V. *bovaro.*

boàto *s. m.* Rombo forte e cupo.

bób /*ingl.* bɔb/ *s. m. inv.* (*pl. ingl. bobs* /bɔbz/) Slitta da corsa, montata su quattro pattini, di cui gli anteriori girevoli; SIN. Guidoslitta. [→ ill. *slitta*]

bobbìsta *s. m.* (*pl. -i*) Chi pratica lo sport del bob.

bobìna *s. f.* **1** Conduttore elettrico isolato, avvolto in spire su un isolante o su un nucleo di ferro | – *d'accensione*, negli autoveicoli, quella che trasforma la bassa tensione del generatore in alta tensione per le candele. [→ ill. *elettricità, fisica, televisione*] **2** Lungo nastro di carta avvolto intorno a un'anima per la stampa di giornali e sim. **3** Insieme formato da due dischi distanziati da un'anima centrale su cui si avvolge pellicola cinematografica, nastro magnetico e sim. [→ ill. *cinematografia, suono*] **4** Supporto su cui si avvolge filo, nastro e sim. di materiali vari | (*est.*) Insieme del supporto e del materiale avvolto. [→ ill. *tessitura e confezione*]

bócca *s. f.* **1** Cavità nella parte inferiore del capo, limitata dalle labbra, che è sede del senso del gusto e, nell'uomo, della parola | *Restare a – aperta*, per stupore, sbalordimento e sim. | *Avere, sentirsi il cuore in –*, sentirlo battere molto forte per spavento o emozione | *Restare a – asciutta*, rimanere digiuno e (*fig.*) deluso | *Essere di – buona*, mangiare di tutto e (*fig.*) contentarsi facilmente | *Fare la – a q.c.*, abituarsi a q.c. | *Togliersi il pane di –*, (*fig.*) fare grandi sacrifici | *Non aprir –*, non dir niente | *Chiudere, cucire, tappare la – a qc.*, (*fig.*) farlo tacere | *Tenere la – chiusa, cucita*, tacere ostinatamente | *Parlare a mezza –*, con scarsa convinzione | *Dire per – di qc.*, per mezzo di altra persona | *Mettere in – a qc.*, (*fig.*) suggerire e attribuire q.c. a qc. | *Parole che riempiono la –*, (*fig.*) altisonanti | *Avere qc., q.c. in, sulla –*, (*fig.*) parlarne sempre | *Essere, andare sulla – di tutti*, (*fig.*) dare adito a molte chiacchiere | *Togliere la parola di – a qc.*, anticiparlo mentre sta per parlare | *Acqua in –!*, silenzio! | *Essere la – della verità*, (*fig.*) essere sincero | (*est., fig.*) Persona a carico: *avere quattro bocche da sfamare.* [→ ill. *anatomia umana*] **2** (*fig.*) Labbra: *baciare sulla –.* **3** (*fig.*) Apertura di recipiente, di un tubo, di un canale, di una cavità e sim.: – *del sacco, di un vaso, del forno, della campana* | – *del martello*, parte piana leggermente convessa con cui si batte. [→ ill. *campana e campanello, geografia, martello, metallurgia, panettiere, riscaldamento*] **4** Parte anteriore dell'anima di un'arma da fuoco | – *da fuoco*, pezzo d'artiglieria. [→ ill. *armi*] **5** Foce di fiume: – *di Magra* | *al pl.* Stretto passo di mare fra due terre: *bocche di Bonifacio* | Stretto passo di montagna fra rocce a picco: – *di Brenta.* **6** (*bot.*) – *di leone*, pianta erbacea delle Tubiflorali con foglie piccole lanceolate e grappoli di fiori rossi con bocca gialla; SIN. Antirrino | – *di lupo*, piccola pianta erbacea delle Labiate con grandi fiori rosei o bianchi. [→ ill. *piante* 12] **7** (*mar.*) – *di lupo*, nodo scorsoio. [→ ill. *nodo*] [→ tav. *proverbi* 3, 244; → tav. *locuzioni* 1, 41]

boccaccésco *agg.* (*pl. m. -schi*) **1** Che è proprio di G. Boccaccio. **2** (*est.*) Licenzioso: *film –.*

boccàccia *s. f.* (*pl. -ce*) **1** *Pegg. di bocca.* **2** Smorfia fatta colla bocca. **3** Bocca amara, spec. per cattiva digestione. **4** (*fig.*) Persona maldicente o sboccata.

boccàglio *s. m.* **1** (*idraul.*) Apparecchio per la misurazione della portata di una corrente fluida in pressione. **2** Imboccatura di vari strumenti. [→ ill. *pesca*]

boccàle (1) *s. m.* Recipiente panciuto con manico e, talvolta, con beccuccio. [→ ill. *stoviglie*]

boccàle (2) o *buccàle agg.* Della bocca. [→ ill. *anatomia umana*]

boccalerìa *s. f.* Arte della maiolica.

boccapòrto *s. m.* Apertura quadrangolare sul ponte delle navi che immette nei locali sottostanti e nelle stive. [→ ill. *marina*]

boccascèna *s. m.* (*pl. -e*) Apertura del palcoscenico verso la platea. [→ ill. *teatro*]

boccàta *s. f.* Ciò che si può tenere o prendere in bocca in una sola volta | *Prendere una – d'aria*, fare una breve passeggiata.

boccétta *s. f.* **1** Bottiglietta. **2** Bilia di avorio più piccola di quelle usate negli altri giochi da biliardo. **3** *al pl.* Gioco analogo alle bocce ma praticato sul biliardo.

boccheggiànte *part. pres. di boccheggiare; anche agg.* Che boccheggia | Agonizzante, moribondo.

boccheggiàre *v. intr.* (*io bocchéggio; aus. avere*) Aprire e

chiudere la bocca, respirando affannosamente e movendo le labbra senza emettere suoni.
bocchétta *s. f.* **1** *Dim. di bocca.* **2** Piccola apertura o imboccatura di vasi, canali, tubi, strumenti a fiato e sim. [→ ill. *cucina*] **3** Borchia metallica che protegge la toppa della serratura. [→ ill. *ferramenta*] **4** – *stradale*, coperchio traforato che copre i tombini.
bocchettóne *s. m.* Imboccatura di un tubo o serbatoio gener. munita di raccordo per valvola, tappo o sim. a chiusura ermetica.
bocchìno *s. m.* **1** *Dim. di bocca.* **2** Piccola imboccatura di alcuni strumenti a fiato. [→ ill. *strumenti musicali*] **3** Cannellino in cui si infila la sigaretta o il sigaro da fumare | Parte della sigaretta che si pone tra le labbra, di solito costituita dal filtro | Imboccatura della pipa. [→ ill. *fumatore*]
bòccia *s. f.* (*pl. -ce*) **1** (*scherz.*) Capo, testa. **2** Vaso tondeggiante. **3** Palla di legno duro o di materiale sintetico usata in alcuni giochi | *al pl.* Gioco tra due giocatori o due squadre, in cui vince chi manda le proprie bocce più vicino al boccino. [→ ill. *giochi*]
bocciàre **A** *v. tr.* (*io bòccio*) **1** Respingere: – *una legge.* **2** (*fam.*) Respingere agli esami o agli scrutini. **3** Nel gioco delle bocce, colpire una boccia o il boccino con la propria boccia. **B** *v. intr.* (*raro*) Essere respinto agli esami o agli scrutini: *se non studi, bocci.*
bocciàta *s. f.* Colpo di boccia.
bocciatùra *s. f.* **1** Giudizio negativo, di disapprovazione, nei confronti di un provvedimento, una proposta e sim. | (*fam.*) Decisione che sancisce la mancata promozione di un alunno o un candidato a un esame o a uno scrutinio. **2** (*fam.*) Urto con l'automobile | Ammaccatura.
boccìno *s. m.* Nel gioco delle bocce, la palla più piccola alla quale si devono accostare le proprie bocce per realizzare punti; SIN. Pallino. [→ ill. *giochi*]
bòccio *s. m.* Bocciolo, *spec. nella loc. in* –: *fiore in* –.
bocciòdromo *s. m.* Impianto attrezzato per il gioco delle bocce.
bocciòfilo **A** *agg.* Relativo al gioco delle bocce. **B** *s. m.* Chi pratica il gioco delle bocce.
bocciòlo o (*raro*) *bòcciolo* *s. m.* Fiore non ancora sbocciato.
bóccola *s. f.* **1** Borchia da affibbiare, per ornamento | Orecchino pendente. **2** (*mecc.*) Corpo cilindrico cavo usato come supporto, cuscinetto e sim. **3** Anello di ferro che fascia la testata di un legno soggetto a notevole pressione.
bóccolo *s. m.* Ciocca di capelli avvolti a spirale. [→ ill. *acconciatura*]
bocconcìno *s. m.* **1** *Dim. di boccone.* **2** Boccone molto saporito. **3** *al pl.* Spezzatino.
boccóne *s. m.* **1** Quantità di cibo che si mette in bocca in una sola volta | *Mangiare, prendere, mandar giù un* –, mangiare poco o in fretta | *Guadagnarsi un – di pane*, (*fig.*) tanto da vivere | *Levarsi il – dalla bocca*, (*fig.*) privarsi del necessario per darlo ad altri | *Bocconi amari*, (*fig.*) umiliazioni, rimproveri. **2** (*est.*, *fig.*) Piccola quantità di q.c. | *A pezzi e bocconi*, poco per volta. **3** (*est.*) Cibo, pasto | *Fra un – e l'altro*, durante il pasto | (*fig.*) Cosa che piace, che si desidera.
boccóni *avv.* Disteso sul ventre con la faccia in giù: *giacere, dormire*, –; CONTR. Supino.
bòcia *s. m. inv.* (*sett.*) Ragazzo | (*est.*) Recluta degli alpini.
bodóni *s. m.* Carattere tipografico moderno (dal n. del tipografo *Bodoni*).
bodoniàno *agg.* Che è proprio del tipografo Bodoni | Che imita lo stile di Bodoni.
body /*ingl.* 'bɔdi/ *s. m. inv.* (*pl. ingl. bodies* /'bɔdiz/) Guaina femminile molto leggera.
boèro **A** *agg.* Dei coloni olandesi trapiantatisi nel Sud Africa nel XVII secolo. **B** *s. m.* (*f. -a* nel sign. 1) **1** Chi appartiene alla popolazione boera. **2** Grosso cioccolatino contenente una ciliegia sotto spirito. [→ ill. *dolciumi*]
bofonchiàre *v. intr.* (*io bofónchio; aus. avere*) Brontolare, borbottare.
bòga *s. f.* Pesce commestibile dei Perciformi, dal corpo allungato ricoperto di squame sottili, grigie dorsalmente e bianche sul ventre.
bogàra *s. f.* Rete da pesca per le boghe.
bohème /*fr.* bo'ɛm/ *s. f. inv.* Vita libera, disordinata e anticonformista, tipica di giovani artisti poveri | (*est.*) Persone che conducono tale vita.
bohémien /*fr.* boe'mjɛ̃/ *s. m. inv.* (*pl. fr. bohémiens* /boe'mjɛ̃/) Chi conduce una vita di bohème.
bohémienne /*fr.* boe'mjɛn/ *s. f. inv.* (*pl. fr. bohémiennes* /boe'mjɛn/) Danza popolare simile alla mazurca.
bòia *s. m. inv.* **1** Chi deve eseguire una sentenza capitale; SIN. Carnefice. **2** (*est.*) Delinquente.
boiàta *s. f.* (*pop.*) Azione cattiva, brutale | Cosa fatta o riuscita molto male.
boicottàggio *s. m.* Attività rivolta a boicottare sul piano economico | (*est.*) Attività rivolta a ostacolare q.c. o qc.; SIN. Ostruzionismo.
boicottàre *v. tr.* (*io boicòtto*) **1** Danneggiare economicamente qc. sottraendogli elementi indispensabili alla produzione o impedendo la vendita delle merci prodotte. **2** (*est.*) Ostacolare la riuscita di q.c. | Escludere qc. da un gruppo e sim.
bòiler /*ingl.* 'bɔilə/ *s. m. inv.* (*pl. ingl. boilers* /'bɔiləz/) Scaldacqua ad accumulazione. [→ ill. *riscaldamento*]
boiserie /*fr.* bwaz'ri/ *s. f. inv.* (*pl. fr. boiseries* /bwaz'ri/) Rivestimento ligneo di pareti variamente decorato.
boîte /*fr.* bwat/ *s. f. inv.* (*pl. fr. boîtes* /bwat/) Piccolo locale notturno.
bolentìno *s. m.* Lenza a mano per pesca sul fondo, spec. in mare, con grosso piombo terminale e più ami. [→ ill. *pesca*]
bolèro *s. m.* **1** Musica e danza popolare spagnola, in ritmo ternario. **2** Corpetto femminile che si arresta sopra alla vita | Giacchetto maschile caratteristico del costume spagnolo. [→ ill. *abbigliamento*]
bolèto *s. m.* Fungo con grande cappello carnoso di colore bruno, giallastro o rossiccio, nella cui parte inferiore si trovano numerosi tubuli rivestiti dall'imenio, e gambo con o senza anello; comprende specie mangerecce e velenose.
bòlgia *s. f.* (*pl. -ge*) **1** Ciascuna delle dieci fosse dell'ottavo cerchio dell'Inferno dantesco. **2** (*fig.*) Luogo in cui vi è agitazione, confusione.
bòlide *s. m.* **1** Meteorite assai luminosa e durevole; SIN. Meteora, stella cadente. **2** (*est.*) Oggetto dotato di grande velocità | Automobile da corsa. **3** (*fam.*, *scherz.*) Persona corpulenta.
bolìna *s. f.* (*mar.*) Fune per tesare la vela quadra contro il vento, affinché la vela prenda più vento | *Navigare di* –, stringendo al massimo il vento.
bolivìano *agg.; anche s. m.* (*f. -a*) Della Bolivia.
bólla (1) *s. f.* **1** Sferetta di vapore o gas formantesi nei liquidi per ebollizione o depressione | – *di sapone*, che si ottiene soffiando aria nell'acqua saponata | *Finire in una – di sapone*, (*fig.*) nel nulla. **2** (*med.*) Raccolta di liquido sieroso negli strati superficiali della cute. **3** Occlusione gassosa che rimane nel vetro o nel metallo fuso. **4** Rigonfiamento sferoidale in vetro in alcuni apparecchi chimici.
bólla (2) *s. f.* **1** Sigillo pendente di metallo recante un'impronta su ciascuna faccia | Lettera papale o episcopale munita di sigillo pendente. [→ ill. *gioielli*] **2** Polizza di ricevuta, rilasciata a prova dell'avvenuta consegna di merce o dell'avvenuto pagamento di diritti.
bollàre *v. tr.* (*io bóllo*) **1** Contrassegnare con un bollo: – *una lettera, la patente.* **2** (*fig.*) Segnare con marchio disonorevole.
bollàrio *s. m.* Raccolta di bolle pontificie.
bollàto *part. pass. di bollare; anche agg.* Contrassegnato con un bollo: *carta bollata* | (*fig.*) Marchiato, tacciato: – *d'infamia.*
bollatùra *s. f.* Operazione del bollare.
bollènte *part. pres. di bollire; anche agg.* **1** Che bolle | Caldissimo. **2** (*fig.*) Ardente, focoso.
bollétta (1) *s. f.* Polizza rilasciata a prova dell'avvenuta consegna di merce o dell'avvenuto pagamento di denaro | – *del gas, del telefono*, indicante il consumo effettuato e l'importo relativo.
bollétta (2) *s. f. Nella loc. essere, stare in* –, senza denaro. [→ tav. *locuzioni* 38]
bollettàrio *s. m.* Blocco a madre e figlia, da cui si staccano bolle o ricevute.
bollettìno *s. m.* **1** Polizza. **2** Foglio periodico contenente notizie relative a un dato argomento: – *di guerra* | –

medico, contenente notizie della malattia di qc. | – *bibliografico*, con annunci di libri nuovi, recensioni e sim.

bollilàtte *s. m. inv.* Bollitore per latte con coperchio fornito da fori per impedire l'uscita della schiuma al momento dell'ebollizione. [→ ill. *cucina*]

bollìre ***A*** *v. intr.* (*io bóllo; aus. avere*) ***1*** Formare bolle di gas, detto dei liquidi durante il loro passaggio dallo stato liquido allo stato di vapore | *Avere il sangue che bolle*, (*fig.*) essere di temperamento passionale. ***2*** (*est.*) Cuocere in un liquido che bolle | *Quel che bolle in pentola*, ciò che si tratta in segreto, un avvenimento che sta maturando | *Lasciar – qc. nel suo brodo*, (*fig.*) non curarsene. ***3*** (*fig.*) Essere in grande agitazione: – *di rabbia*. ***B*** *v. tr.* Far cuocere in liquido bollente; SIN. Lessare.

bollìto ***A*** *part. pass. di bollire; anche agg.* Che è entrato in ebollizione. ***B*** *s. m.* Vivanda di carne, spec. bovina, bollita; SIN. Lesso.

bollitóre *s. m.* Ogni recipiente che serve a portare un liquido all'ebollizione. [→ ill. *cucina, riscaldamento*]

bollitùra *s. f.* ***1*** Operazione, fenomeno del bollire | Durata del bollire | Acqua o altro liquido in cui sia stato bollito q.c. ***2*** (*metall.*) – *a fuoco*, saldatura a fuoco di pezzi metallici.

bóllo *s. m.* ***1*** Impronta su atti, documenti, bestiame, generi alimentari, contenitori, apposta per autentificazione, identificazione, tassa di registrazione o garanzia. ***2*** Strumento che serve per bollare.

bollóre *s. m.* ***1*** Atto, stato di ebollizione di un liquido. ***2*** (*est.*) Caldo eccessivo. ***3*** (*fig.*) Stato di agitazione, di eccitazione.

bòlo *s. m.* Piccola massa di cibo masticato e insalivato pronto per la deglutizione.

-bolo *secondo elemento*: in parole composte dotte o scientifiche significa 'che lancia': *discobolo*.

bolognése *agg.; anche s. m. e f.* Di Bologna.

bolognìno *s. m.* Denaro coniato a Bologna nei secc. XIII-XVII. [→ ill. *moneta*]

bolsàggine *s. f.* ***1*** Grave difficoltà respiratoria del cavallo. ***2*** (*fig.*) Debolezza, spossatezza.

bolscevìco *agg.; anche s. m.* (*pl. m. -chi*) Appartenente alla tendenza maggioritaria dell'antico partito socialdemocratico russo | (*est.*) Comunista.

bolscevìşmo *s. m.* Teoria e prassi del partito bolscevico | (*est.*) Comunismo.

bolscevizzàre *v. tr.* Rendere bolscevico.

bólso *agg.* ***1*** Detto di animale, spec. cavallo, affetto da bolsaggine. ***2*** Che respira male, asmatico.

bòma o *bòme s. m. o f.* (*mar.*) Trave orizzontale fissata con una estremità in basso all'albero poppiero, in servizio della vela di randa. [→ ill. *marina*]

bómba ***A*** *s. f.* ***1*** Qualunque ordigno costituito da un involucro racchiudente materia esplosiva e munito di congegno di accensione | – *asfissiante, incendiaria, fumogena, lacrimogena, dirompente, illuminante*, con riferimento alle materie contenute e agli effetti corrispondenti | – *a orologeria*, con dispositivo che provoca l'accensione al momento voluto | – *Molotov*, ordigno esplosivo consistente in una bottiglia che contiene benzina e sabbia; SIN. Bottiglia Molotov | – *carta*, costituita da polvere nera avvolta in molti fogli di carta legati strettamente, che esplodendo produce effetti più acustici che distruttivi | – *A, atomica*, fondata sui processi di disintegrazione o fusione di nuclei atomici di uranio, plutonio e idrogeno | – *H, all'idrogeno, termonucleare, nucleare*, che sfrutta la energia liberata nella trasformazione dell'idrogeno in elio | – *di profondità*, che scaricata da una nave in corsa esplode a una certa profondità: usata per la lotta ai sommergibili | *A prova di* –, detto di ciò che è particolarmente solido (*anche fig.*): *amicizia a prova di* –. [→ ill. *armi*] ***2*** – *vulcanica*, frammento di lava fusa eruttato da un vulcano. ***3*** (*fig., dial.*) Fandonia, balla | (*est.*) Notizia esplosiva, evento clamoroso. ***4*** (*pop., fig.*) Sostanza eccitante, usata dagli atleti per accrescere il loro rendimento in gara. ***5*** Pasta dolce soffice, ripiena di marmellata o crema, a forma di palla. ***6*** Pallottola di gomma da masticare che produce bolle colorate. ***7*** (*med.*) Apparecchiatura metallica di forma sferica usata in radioterapia. [→ ill. *medicina e chirurgia*] ***8*** Nei giochi infantili, luogo o punto che deve essere raggiunto prima di essere individuato dall'antagonista | (*fig.*) *Tornare a* –, dopo una divagazione, tornare all'argomento principale. ***B*** *in funzione di agg. inv.* (*posposto a un s.*) (*fig.*) Esplosivo, sensazionale: *notizia* –. [→ tav. *locuzioni* 109]

Bombacàcee *s. f. pl.* Famiglia di piante arboree delle Malvali, tropicali, con tronco di grandi dimensioni, fiori grandi e frutti polposi. [→ ill. *piante* 6]

bombàggio *s. m.* Rigonfiamento delle scatole di conserve alimentari, dovuto ad alterazione del prodotto in esse contenuto.

bombàrda *s. f.* ***1*** Rudimentale tipo di bocca da fuoco dei sec. XIII e XIV. [→ ill. *armi*] ***2*** Strumento a fiato dal suono profondo.

bombardaménto *s. m.* ***1*** Lancio sistematico di bombe. ***2*** (*fig.*) Serie insistente di domande, notizie e sim. ***3*** (*fis. nucl.*) Invio contro un bersaglio di un fascio di particelle.

bombardàre *v. tr.* ***1*** Colpire sistematicamente con bombe. ***2*** (*fig.*) Sottoporre qc. a un'azione intensa: – *qc. di domande*. ***3*** (*fis. nucl.*) Inviare contro un bersaglio un fascio di particelle.

bombardière *s. m.* Aereo da bombardamento | Pilota o membro dell'equipaggio di tale aereo. [→ ill. *aeronautica*]

bombardìno *s. m.* Specie di strumento a fiato.

bombardóne *s. m.* Specie di strumento a fiato.

bombàre *v. tr.* Rendere convesse superfici metalliche battendole dal rovescio.

bombé /*fr.* bɔ̃'be/ *agg. inv.* (*pl. fr. bombés* /bɔ̃'be/) Che è, o è diventato, convesso.

bombétta *s. f.* Cappello maschile di feltro rigido e piccola tesa rialzata ai lati. [→ ill. *copricapo*]

bómbice *s. m.* (*zool.*) Baco da seta.

bómbola *s. f.* Recipiente di metallo a forma cilindrica, destinato a contenere fluidi compressi. [→ ill. *contenitore, petrolio, meccanica, pesca*]

bómbolo *s. f.* (*scherz.*) Persona piccola e tozza.

bombolóne *s. m.* ***1*** *Accr. di bombola.* ***2*** Piccolo dolce fritto, di forma tondeggiante, ripieno di crema o marmellata e spolverato di zucchero.

bombonièra *s. f.* Vasetta o scatoletta contenente dolciumi, spec. confetti nuziali, di prima comunione o sim.

bòme V. *boma*.

bomprèsso *s. m.* (*mar.*) Albero quasi orizzontale sistemato sulla prora d'un veliero. [→ ill. *marina*]

bonàccia *s. f.* (*pl. -ce*) ***1*** Stato del mare in calma e privo di vento. ***2*** (*fig.*) Calma, pace.

bonaccióne *agg.; anche s. m.* (*f. -a*) Detto di chi ha indole semplice, buona e affabile; SIN. Pacioccone.

bonarietà *s. f.* Qualità di bonario; SIN. Bonomia.

bonàrio *agg.* Mite, indulgente e affabile.

bonbon /*fr.* bɔ̃'bɔ̃/ *s. m. inv.* (*pl. fr. bonbons* /bɔ̃'bɔ̃/) Confetto, piccolo dolce.

bondiòla *s. f.* Specie di cotechino sferico.

bongós /*sp.* bon'gos/ *s. m. pl.* Strumento a percussione di origine africana formato da due piccoli tamburi che si battono con le dita. [→ ill. *strumenti musicali*]

bonìfica *s. f.* ***1*** Complesso di lavori per risanare i terreni paludosi e renderli atti alla coltura. ***2*** (*est.*) Terreno reso coltivabile con la bonifica. ***3*** (*fig.*) Risanamento, miglioramento.

bonificàbile *agg.* Che si può bonificare.

bonificàre *v. tr.* (*io bonìfico, tu bonìfichi*) ***1*** Mettere a coltura un terreno rimovendo le cause che ne impediscono la coltivazione. ***2*** Rimuovere mine o proiettili inesplosi. ***3*** Eseguire un bonifico bancario. ***4*** (*fig.*) Risanare, migliorare.

bonificatóre *s. m.* (*f. -trice*) Chi fa lavori di bonifica.

bonìfico *s. m.* (*pl. -ci*) ***1*** Riduzione di prezzo, abbuono. ***2*** In banca, ordine di versamento di una somma a favore di terzi.

bonne /*fr.* bɔn/ *s. f. inv.* (*pl. fr. bonnes* /bɔn/) Bambinaia, spec. francese.

bonomìa *s. f.* Qualità di chi o di ciò che è mite e semplice; SIN. Bonarietà.

bontà *s. f.* ***1*** Disposizione naturale a fare del bene | (*est.*) Sentimento benevolo, benevolenza: *abbiate la – di parlare*; CONTR. Cattiveria. ***2*** Qualità di ciò che è buono in se stesso o in relazione alla sua funzione: *la – di una merce; la – del clima*.

bontempóne V. *buontempone*.

bónza *s. f.* Macchina per lavori stradali, atta a trasportare e mantenere fluido il bitume. [→ ill. *strada*]

bónzo *s. m.* **1** Monaco buddista. **2** (*fig.*) Persona che si dà aria di importanza.

boogie-woogie /*ingl.* 'bu:gi 'wu:gi/ *loc. sost. m. inv.* **1** Stile di jazz con cui si eseguono tempi di blues, spesso ripetendone ossessivamente le frasi o le note. **2** Ballo derivato dall'omonimo stile di jazz.

bookmaker /*ingl.* 'bukmeikə/ *s. m. inv.* (*pl. ingl. bookmakers* /'bukmeikəz/) Allibratore.

boom /*ingl.* bu:m/ *s. m. inv.* (*pl. ingl. booms* /bu:mz/) **1** Periodo di intenso sviluppo economico. **2** (*fig.*) Rapido fiorire di un'industria, di un'azienda | Popolarità di un'invenzione e di un prodotto improvvisamente conseguita.

boomerang /*ingl.* 'bu:mərӕŋ/ *s. m. inv.* (*pl. ingl. boomerangs* /'bu:mərӕŋz/) **1** Arma da getto australiana costituita da un legno piatto e ricurvo che può ritornare nei pressi del lanciatore. [→ ill. *armi*] **2** (*fig.*) Atto ostile che si ritorce contro l'autore.

bop /*ingl.* bɔp/ *s. m. inv. Acrt. di be bop.*

bòra *s. f.* Vento di est-nord-est freddo, secco, violento, che scende dalle Alpi orientali sul golfo di Trieste. [→ ill. *meteorologia*]

boràce *s. m.* (*chim.*) Borato sodico, bianco, solubile, cristallino; usato in farmacia, per saldature e nella fabbricazione di vetri e smalti.

boracìfero *agg.* Che contiene o produce borace | *Soffione* —, getto di vapore acqueo ricco di acido borico che sgorga violento dal terreno.

boràto *s. m.* Sale o estere dell'acido borico.

borbogliàre *v. intr.* (*io borbóglio; aus. avere*) (*raro, lett.*) Mormorare, borbottare.

borbònico **A** *agg.* (*pl. m. -ci*) **1** Dei Borboni. **2** (*fig.*) Retrivo, retrogrado. **B** *s. m.* Fautore, seguace dei Borboni.

borborìgmo *s. m.* Gorgoglio spontaneo nell'addome per spostamento di gas e liquidi intestinali.

borbottaménto *s. m.* Un borbottare continuato.

borbottàre **A** *v. intr.* (*io borbòtto; aus. avere*) **1** Parlare in modo confuso, indistinto, o sottovoce; SIN. Bofonchiare, brontolare. **2** Produrre rumori confusi e sordi. **B** *v. tr.* Pronunciare in modo indistinto.

borbottìo *s. m.* Rumore sommesso e continuato, spec. di parole umane.

borbottóne **A** *s. m.* (*f. -a*) Chi abitualmente borbotta. **B** *anche agg.* • SIN. Brontolone.

bòrchia *s. f.* **1** Capocchia ornamentale di chiodi usati per fissare cuoi e tessuti su mobili, oggetti di arredamento e sim. [→ ill. *ferramenta*] **2** Piccolo disco in metallo, avorio, plastica e sim. usato per chiusura e ornamento in cinture, borse, abiti, antiche armature. **3** Guarnizione circolare convessa in metallo, legno, plastica, usata come rifinitura per attacchi o allacciamenti. [→ ill. *telefonia*]

bordàme *s. m.* Lato inferiore di una vela.

bordàre *v. tr.* (*io bórdo*) **1** Fare un bordo a q.c. **2** Distendere una vela per prendere il vento.

bordàta *s. f.* **1** Tratto di percorso di un veliero che va controvento a zigzag. **2** Sparo simultaneo dei cannoni di una nave sullo stesso bordo. **3** (*fig.*) Successione rapida di q.c.

bordatìno *s. m.* Tessuto di cotone forte, a righe sottili, adatto spec. per grembiulini.

bordatùra *s. f.* **1** Operazione consistente nel sagomare o bordare le estremità delle lamiere. **2** Orlatura di vesti, tende e sim.

bordeaux /*fr.* bɔr'do/ **A** *s. m. inv.* **1** Vino francese prodotto nella regione di Bordeaux. **2** Colore rosso tendente al bruno. **B** *anche agg. inv.* (*posposto a un s.*) nel sign. 2: *scarpe* —.

bordeggiàre *v. intr.* (*io bordéggio; aus. avere*) **1** (*mar.*) Veleggiare con vento obliquo per diagonali, cambiando di volta in volta di bordo. **2** (*est.*) Camminare a sghimbescio.

bordéggio *s. m.* Navigazione compiuta bordeggiando.

bordèllo *s. m.* **1** Postribolo | (*fig.*) Ambiente corrotto. **2** (*fig.*) Luogo pieno di confusione | Schiamazzo.

borderò *s. m.* **1** Distinta di documenti, titoli di credito, o monete, che si producono o versano in pagamento. **2** Lista degli incassi e delle spese compilata sera per sera dall'amministratore di un teatro o di un cinema. **3** Nota dei compensi ai collaboratori di un giornale o di un periodico.

bordìno *s. m.* **1** Piccola orlatura. [→ ill. *passamaneria*] **2** Parte del cerchione dei veicoli ferroviari e tranviari che guida il veicolo nel binario.

bórdo *s. m.* **1** Contorno estremo del bastimento | Fianco della nave | *Gente d'alto* —, (*fig.*) d'elevata posizione sociale | (*est.*) Nave | *Virare di* —, volgere il bastimento dall'altro lato; (*fig.*) cambiare opinione | *Andare, salire a* —, sulla nave. **2** Spazio interno di un mezzo di trasporto, *spec. nella loc. a — di*: *a — di un'automobile.* **3** Orlo, margine: *il — della campana.* [→ ill. *abbigliamento, campana e campanello*] **4** Guarnizione di stoffa. [→ ill. *passamaneria*] [→ tav. *locuzioni* 25]

bordolése *agg.* **1** Di Bordeaux. **2** *Poltiglia* —, miscela di latte, calce e solfato di rame, per combattere malattie crittogamiche della vite | *Bottiglia* —, da vino, di forma cilindrica e capacità di circa 3/4 di litro. [→ ill. *vino*]

bordóne (1) *s. m.* Lungo bastone da pellegrino con manico ricurvo.

bordóne (2) *s. m.* Penna di uccello che comincia a spuntare.

bordóne (3) *s. m.* **1** (*mus.*) Basso persistente di un solo suono usato come accompagnamento. **2** Registro d'organo dal suono cupo e grave | (*fig.*) *Tener — a qc.*, aiutarlo a raggiungere un risultato riprovevole.

bordùra *s. f.* **1** Bordatura. **2** Margine di aiole o spazi erbosi. [→ ill. *giardino pubblico*] **3** Decorazione che circonda la parte centrale di un arazzo. **4** Gallone che gira intorno al campo dello scudo. **5** Guarnizione intorno a una pietanza.

bòrea *s. m.* **1** Vento gelido di tramontana. **2** (*lett.*) Settentrione.

boreàle *agg.* Attinente all'emisfero compreso tra l'equatore e il polo nord; CONTR. Australe. [→ ill. *geografia*]

borgàta *s. f.* **1** Piccolo raggruppamento di case in campagna. **2** A Roma, quartiere a sé stante sito all'estrema periferia.

borghése o *borghése* **A** *agg.* **1** Pertinente alla classe della borghesia. **2** (*est.*) Incline al quieto vivere, amante dell'ordine costituito. **3** Civile, in contrapposizione a militare, ecclesiastico: *abito* — | *In* —, in abito civile, senza uniforme. **B** *s. m. e f.* Chi appartiene alla classe della borghesia | *Piccolo* —, appartenente alla piccola borghesia; (*est.*) persona di opinioni meschine, di comportamenti banali. **C** *s. m.* Chi non veste in uniforme.

borghesìa *s. f.* Nell'età comunale, ceto medio cittadino dedito alle libere professioni | Classe sociale composta dai proprietari dei mezzi di produzione e da commercianti, artigiani, liberi professionisti, dirigenti industriali e sim. | *Alta* —, lo strato superiore composto dai grandi proprietari | *Media* —, il ceto formato dai liberi professionisti, dai dirigenti industriali e sim. | *Piccola* —, il ceto composto dai piccoli artigiani e dagli impiegati.

bórgo *s. m.* (*pl. -ghi*) **1** Piccolo centro abitato. **2** Quartiere, sobborgo cittadino che si trova, o si trovava originariamente, in periferia.

borgognóne *agg.* **1** Della Borgogna. **2** *Bottiglia borgognona*, da vino, di forma cilindrica e capacità di circa 3/4 di litro. [→ ill. *vino*]

borgognòtta *s. f.* Nelle antiche armature, celata aperta e leggera, con tesa frontale e guanciali a cerniera. [→ ill. *armi*]

borgomàstro *s. m.* (*pl. -i*) Capo dell'amministrazione comunale, spec. in Germania.

bòria *s. f.* Vanitosa ostentazione di sé e dei propri meriti reali o immaginari; SIN. Alterigia, burbanza, vanagloria.

boriàre *v. intr. e intr. pron.* (*io bòrio; aus. essere*) Montare in superbia, vantarsi di q.c.: *boriarsi dei propri voti.*

bòrico *agg.* (*pl. m. -ci*) Di composto del boro | *Acqua borica*, soluzione acquosa di acido borico.

boriosità *s. f.* Boria.

borióso *agg.* Pieno di boria, vanaglorioso; SIN. Altezzoso, burbanzoso.

borlòtto *s. m.* Varietà di fagiolo da sgranare, con semi ovali, di color rosso variegato. [→ ill. *verdura*]

bòro *s. m.* Elemento chimico, semimetallo, bruno, duro; usato come disossidante in metallurgia. SIMB. B.

borotàlco *s. m.* (*pl. -chi*) Nome commerciale di una miscela di talco e acido borico, in polvere bianca finissima, per l'igiene della pelle.

bórra *s. f.* **1** Cimature di pannilani o mescolanze di peli e crini animali per fare imbottiture e feltri di qualità scadente. **2** (*fig.*) Materiale di scarto. **3** Nelle cartucce da caccia, specie di stoppaccio per separare il piombo dalla polvere. [→ ill. *cacciatore*]

borràccia *s. f.* (*pl. -ce*) Recipiente di alluminio o altro materiale atto a contenere acqua e altre bevande; usata spec. da soldati, ciclisti e sim.

borraccìna *s. f.* Muschio con fusticini ricchi di foglie a margini dentellati.

Borraginàcee *s. f. pl.* Famiglia di piante delle Tubiflorali, per lo più erbacee, ispide e pelose, fiori in infiorescenze cimose. [→ ill. *piante* 12]

borràgine *s. f.* Pianta erbacea annuale delle Tubiflorali con grosso fusto succoso, grandi foglie rugose e fiori turchini.

borràre *v. tr.* (*io bórro*) (*min.*) Occludere il foro da mina con tampone di materiale inerte perché l'esplosivo possa agire con la massima efficacia.

bórro *s. m.* **1** (*lett.*) Burrone. **2** Fossa scavata dalle acque in luogo scosceso.

bórsa (1) *s. f.* **1** Sacchetto o busta di pelle, stoffa, plastica e sim. di varia forma e dimensione per tenervi o trasportare denaro, documenti, piccoli pacchi od oggetti d'uso e sim.: – *da signora, da avvocato, della spesa, del tabacco* | – *del ghiaccio*, involucro impermeabile che, riempito di ghiaccio, viene applicato su parti del corpo malate. [→ ill. *borsa, fumatore, posta, religione, valigeria*] **2** (*est.*) Denaro | *Aprire, sciogliere la* –, spendere con larghezza | *Chiudere, stringere la* –, fare economia | *Mettere mano alla* –, cominciare a pagare | *Toccar qc. nella* –, chiedergli denaro | *Pagare di – propria*, col proprio denaro | Sussidio finanziario dato a studenti, ricercatori scientifici e sim.: – *di studio* | Nel pugilato, la somma pattuita per un incontro per ciascun contendente. **3** Busta di seta o di lino in cui si ripone il corporale, nella liturgia cattolica. [→ ill. *religione*] **4** (*bot.*) – *di pastore*, pianta erbacea delle Crucifere a fusto eretto, di forma simile alla borsa in cui il pastore tiene il sale per gli animali. **5** (*anat.*) Qualsiasi formazione a sacca | *Avere le borse sotto gli occhi*, le occhiaie gonfie | – *del canguro*, marsupio.

bórsa (2) *s. f.* **1** Istituzione controllata dallo Stato, ove si riuniscono coloro che trattano affari commerciali | – *merci*, ove si contrattano merci di largo mercato | – *valori*, ove si trattano titoli o divise estere. **2** (*est.*) Luogo, edificio, ove avvengono le contrattazioni di borsa.

borsaiòlo *s. m.* Ladro che con abilità e destrezza ruba da tasche o borse; SIN. Borseggiatore.

borsanéra o *borsa nera s. f.* Traffico illegale di merci razionate o rare, a prezzi maggiorati, spec. in periodo bellico.

borsanerista *s. m. e f.* (*pl. m. -i*) Chi pratica la borsa nera.

borsàta *s. f.* **1** Quantità di roba che può essere contenuta in una borsa. **2** Colpo dato con una borsa.

borseggiàre *v. tr.* (*io borséggio*) Derubare una persona con abilità e sveltezza di q.c. che porta addosso o con sé.

borseggiatóre *s. m.* (*f. -trìce*) Borsaiolo.

borséggio *s. m.* Furto commesso con grande abilità e sveltezza sulla persona che detiene la cosa.

borsellìno *s. m.* Portamonete.

borsèllo *s. m.* Borsa per uomo, gener. non grande, atta a contenere documenti, denaro e sim. [→ ill. *abbigliamento, borsa*]

borsétta *s. f.* Borsa da signora. [→ ill. *abbigliamento, borsa*]

borsétto *s. m.* Borsello.

borsìno *s. m.* (*econ.*) Mercatino.

borsìsta (1) *s. m. e f.* (*pl. m. -i*) Chi usufruisce di una borsa di studio.

borsìsta (2) *s. m. e f.* (*pl. m. -i*) Chi specula in borsa.

boscàglia *s. f.* Selva boscosa e inçolta.

boscaiòlo *s. m.* (*f. -a*) **1** Chi taglia legna nei boschi. **2** Chi provvede alla conservazione dei boschi.

boscheréccio *agg.* (*pl. f. -ce*) **1** Di bosco, che proviene dal bosco. **2** (*fig.*) Semplice, rozzo.

boschìvo *agg.* **1** Coltivato, tenuto a bosco | Ricco di boschi. **2** Pertinente a bosco.

bòsco *s. m.* (*pl. -chi*) **1** Estensione di terreno coperta di alberi, spec. di alto fusto, e di arbusti selvatici | Complesso di tali organismi vegetali | *Andare al* –, a far legna | *Essere, diventare, uccel di* –, (*fig.*) rendersi irreperibile | *Portar legna al* –, (*fig.*) fare una cosa inutile | *Essere da – e da riviera*, (*fig.*) detto di chi si adegua a ogni situazione. [→ ill. *giardino pubblico*] **2** (*fig.*) Insieme di cose fitte, intricate. **3** Fascetti di rami usati per sostenere i bachi da seta durante la tessitura del bozzolo. [→ tav. *proverbi* 218]

boscosità *s. f.* Densità dei boschi di una data zona in relazione alla sua superficie.

boscóso *agg.* Coperto di boschi.

boss /*ingl.* bɔs/ *s. m. inv.* (*pl. ingl. bosses* /ˈbɔsiz/) Capo, padrone.

bòssa nòva /*port.* ˈbɔsa ˈnɔva/ *s. f. inv.* Ballo brasiliano derivante dal samba.

bòsso *s. m.* **1** Pianta arbustiva perenne sempreverde delle Euforbiali con piccole foglie coriacee e lucenti e legno durissimo. [→ ill. *piante* 4] **2** Legno di bosso.

bòssolo *s. m.* **1** Urna per elezioni e votazioni | Bussolotto per il gioco dei dadi. **2** Involucro cilindrico contenente la carica di lancio dei proiettili delle armi da fuoco e munito dell'innesco per la deflagrazione della carica. [→ ill. *armi*]

bòston /*ingl.* ˈbɔstən/ *s. m. inv.* Ballo americano simile al valzer ma di ritmo più lento (dal nome della città americana ove ebbe origine).

bòstrico *s. m.* (*pl. -chi*) Piccolo insetto coleottero con apparato boccale robustissimo mediante il quale scava gallerie nel legno.

botànica *s. f.* Scienza che ha come oggetto lo studio e la classificazione dei vegetali. [→ ill. *botanica, piante*]

botànico **A** *agg.* (*pl. m. -ci*) Che si riferisce alla botanica | *Orto, giardino* –, in cui si coltivano piante a scopo di ricerca e di studio. **B** *s. m.* (*f. -a*) Studioso di botanica.

bòtola *s. f.* Apertura dotata di un'imposta ribaltabile che mette in comunicazione un vano soprastante e uno sottostante.

bòtolo *s. m.* **1** Cane piccolo e ringhioso. **2** (*fig.*) Uomo privo di forza, ma stizzoso e pronto alla lite.

bótro *s. m.* Fossato dalle pareti scoscese in cui l'acqua scorre o stagna.

bòtta (1) *s. f.* **1** Percossa data con un corpo contundente | *Botte da orbi*, colpi violenti e disordinati | Colpo provocato da un urto contro q.c. | (*est.*) Segno che resta sul corpo dopo un urto | *Tenere* –, (*fig.*) resistere, perseverare | *A – calda*, (*fig.*) sotto l'impressione di un

borsa

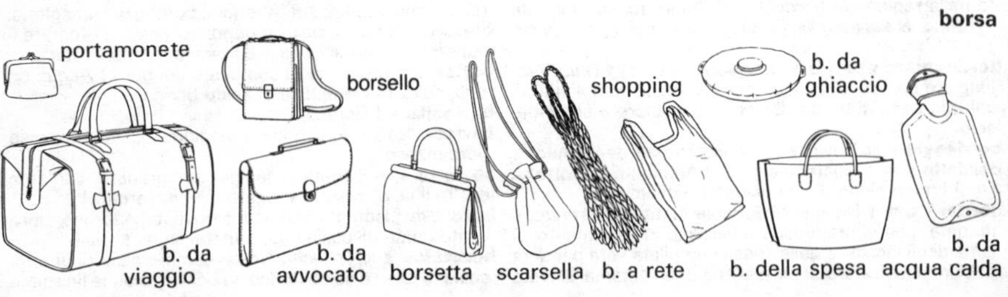

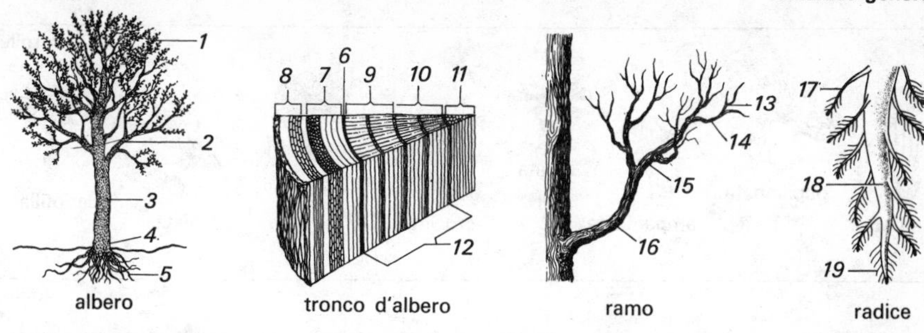

albero tronco d'albero ramo radice

1 chioma 2 ramo 3 tronco 4 colletto 5 radici 6 cambio 7 libro 8 corteccia 9 alburno 10 durame 11 midollo 12 legno 13 ramoscello 14 rametto 15 ramo di secondo ordine 16 ramo primario 17 radice laterale 18 radice principale 19 pelo radicale

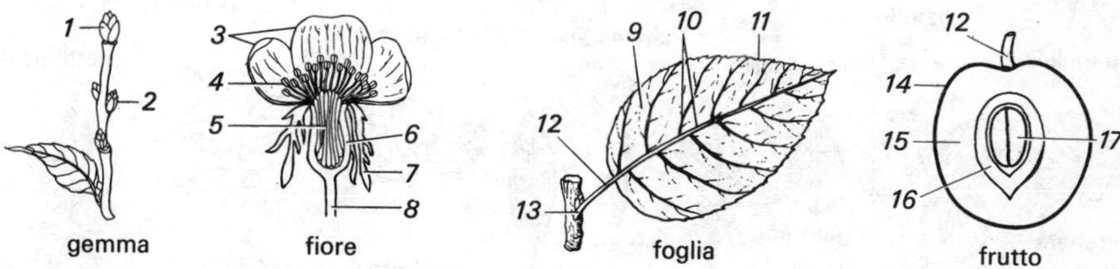

gemma fiore foglia frutto

1 gemma apicale 2 gemma ascellare 3 petali (corolla) 4 stami (androceo) 5 pistilli (gineceo) 6 ricettacolo 7 sepali (calice) 8 peduncolo 9 lembo fogliare 10 nervatura 11 margine 12 picciolo 13 guaina 14 buccia (epicarpo) 15 polpa (mesocarpo) 16 nocciolo (endocarpo) 17 seme

---

fusto

f. eretto  spina  cladodio  viticcio  f. rampicante  bulbo

stolone  rizoma  f. strisciante 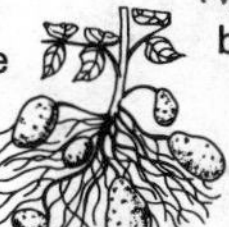 tubero

---

ramificazione

monopodica  dicotomica

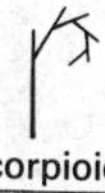

scorpioide 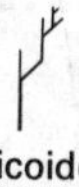 elicoide

simpodica impari

radice

a fittone  a tubero  fascicolata  aerea  avventizia

➡

corolla

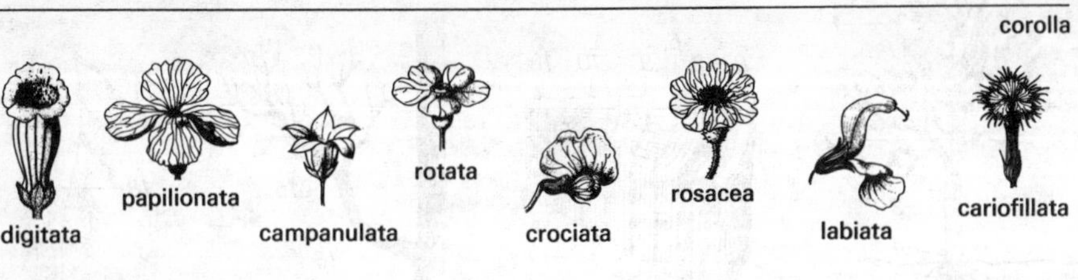

foglia

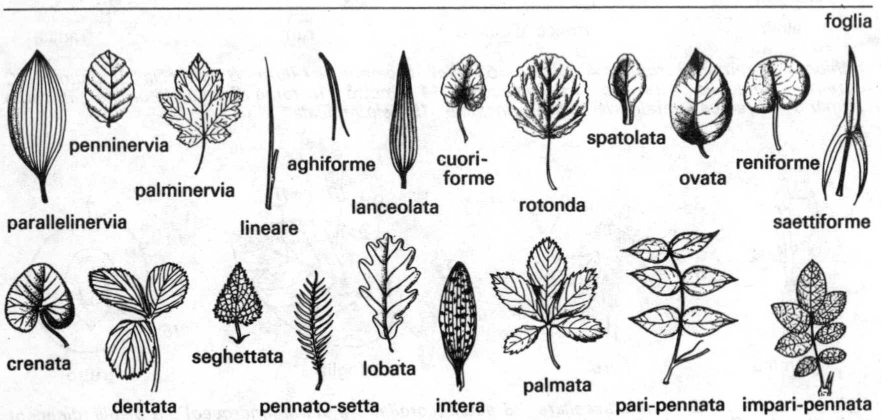

frutto

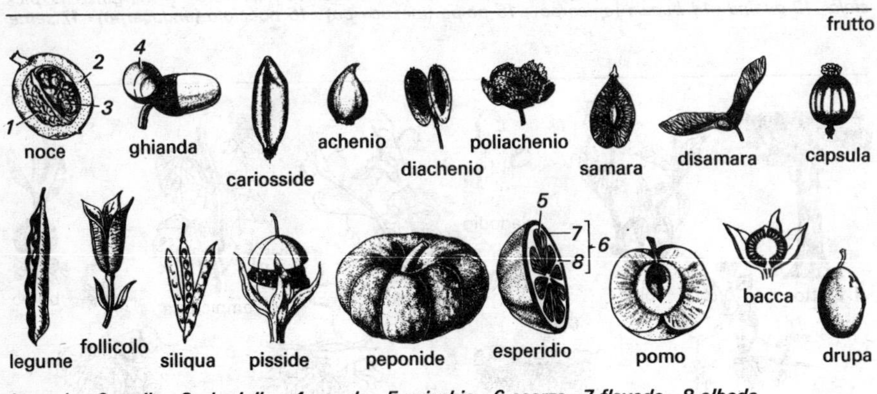

1 guscio 2 mallo 3 gheriglio 4 cupola 5 spicchio 6 scorza 7 flavedo 8 albedo

infiorescenza | infruttescenza

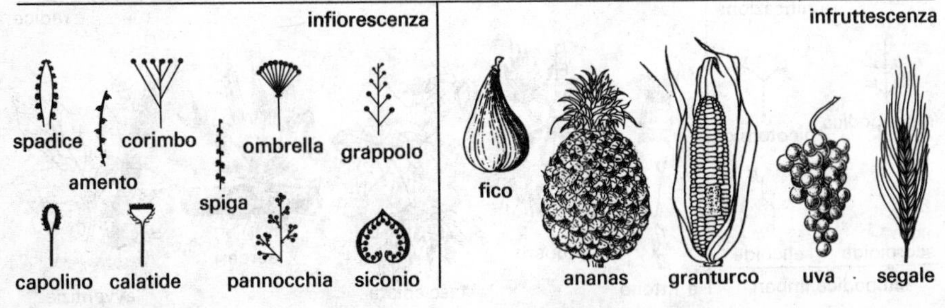

fatto spiacevole appena avvenuto. **2** (*fig.*) Danno grave. **3** Rumore prodotto da oggetti che si urtano con violenza o da un'esplosione. **4** (*fig.*) Motto pungente, frase offensiva | *– e risposta*, (*fig.*) rapido scambio di battute. **5** Nella scherma, colpo.

bòtta (2) *s. f.* **1** (*tosc.*) Rospo. **2** (*est., lett., tosc.*) Persona bassa e sgraziata.

bottàccio (1) *s. m.* Bacino di raccolta delle acque che alimentano un mulino.

bottàccio (2) *s. m.; anche agg.* (*centr.*) Varietà di tordo.

bottàio *s. m.* Chi fabbrica, ripara o vende botti.

bottàme *s. m.* Insieme delle botti, dei tini e dei fusti di una cantina.

bottàta *s. f.* (*lett.*) Frase pungente, spesso allusiva | Richiesta di un prezzo assai alto.

bótte *s. f.* **1** Recipiente in legno, di forma bombata, costituito da un insieme di doghe trattenute da cerchi di metallo, destinato a contenere prodotti liquidi, pesce e sim. | *La – piena e la moglie ubriaca*, due vantaggi che si escludono | *Essere in una – di ferro*, al sicuro. [→ ill. *contenitore, vino*] **2** (*edil.*) *Volta a –*, a superficie semicilindrica. [→ ill. *architettura*] [→ tav. *proverbi* 34, 299; → tav. *locuzioni* 27]

bottéga *s. f.* **1** Stanza a piano terreno gener. aperta sulla strada, in cui si espongono o vendono merci | *Mettere su –, aprire –*, iniziare un'attività commerciale | *Essere uscio e –, casa e –*, detto di case o luoghi molto vicini fra loro | *Scarto di –*, (*fig.*) cosa o persona di nessun pregio | (*scherz.*) *Avere la – aperta*, i calzoni sbottonati; SIN. Negozio. **2** Laboratorio, officina di artigiano | *Andare, stare a – da qc.*, per farvi l'apprendista. **3** Studio di artista affermato, frequentato da allievi, durante il Medioevo fino al XVII sec.

bottegàio *s. m.* (*f. -a*) Chi gestisce una bottega, spec. di generi alimentari; SIN. Negoziante.

botteghìno *s. m.* **1** *Dim. di bottega.* **2** Biglietteria. **3** Banco del lotto | Nell'ippodromo, sportello ove si scommette sui cavalli. [→ ill. *sport*]

botticelliàno *agg.* **1** Proprio del pittore Botticelli. **2** (*est., lett.*) Che ha forme esili e raffinate.

bottìglia *s. f.* Recipiente, spec. cilindrico, gener. di vetro, con collo di diametro più ridotto del corpo, atto a contenere liquidi vari | *– Molotov*, bomba Molotov. [→ ill. *contenitore, disegnatore, spazzola, stoviglie, vino*]

bottigliàta *s. f.* Colpo dato con una bottiglia.

bottiglièra *s. f.* Settore del banco del bar che contiene bottiglie. [→ ill. *bar*]

bottiglierìa *s. f.* **1** Negozio dove si vendono vini e liquori spec. in bottiglia. **2** Locale ove si conservano bottiglie di vini pregiati.

bottiglióne *s. m.* Grossa bottiglia della capacità di circa due litri. [→ ill. *vino*]

bottinàio *s. m.* Chi è addetto alla vuotatura di pozzi neri.

bottìno (1) *s. m.* Preda di guerra | Preda.

bottìno (2) *s. m.* Pozzo nero.

bòtto *s. m.* **1** Percossa, colpo. **2** Rumore forte e improvviso spec. di spari, oggetti infranti o sim. | *Di –*, all'improvviso | *In un –*, in un attimo. **3** *spec. al pl.* (*dial.*) Fuochi d'artificio.

bottonàio *s. m.* (*f. -a*) Chi fabbrica o vende bottoni.

bottóne *s. m.* **1** Piccolo disco di materiale vario, talvolta ricoperto di tessuto: infilato nell'occhiello, serve per allacciare le parti di un indumento o di una scarpa, o per ornare | *Attaccare un – a qc.*, (*fig.*) obbligarlo ad ascoltare un discorso lungo e noioso. [→ ill. *tessitura e confezione*] **2** (*est.*) Oggetto di forma simile al bottone | *– di manovella*, perno dell'albero a gomito dove si articola la biella | Dispositivo di comando, di piccole dimensioni e sporgente, in molte apparecchiature spec. elettriche, fotografiche e sim. | *Stanza dei bottoni*, (*fig.*) centro direzionale da cui si diramano ordini e direttive. [→ ill. *cinematografia, fotografo*] **3** (*bot.*) Bocciolo | *– d'argento*, pianta erbacea delle Composite con larghi cespi di fiori in capolini bianchi | *Botton d'oro*, pianta erbacea delle Ranuncolacee con fiori gialli.

bottonièra *s. f.* **1** Ordine di bottoni su indumenti e scarpe. **2** Quadro con pulsanti elettrici.

bottonifìcio *s. m.* Fabbrica di bottoni.

botulìsmo *s. m.* Intossicazione causata da ingestione di alimenti avariati, spec. in scatola o insaccati.

bouclé /*fr.* bu'kle/ *agg. inv.* (*pl. fr. bouclés* /bu'kle/) Detto di tessuto o filato a pelo lungo, con molti ricci e anelli.

boudoir /*fr.* bu'dwar/ *s. m. inv.* (*pl. fr. boudoirs* /bu'dwar/) Salottino privato di signora per conversazione o toilette.

bouillabaisse /*fr.* buja'bɛs/ *s. f. inv.* Brodetto di pesce cucinato alla maniera di Marsiglia.

bouquet /*fr.* bu'kɛ/ *s. m. inv.* (*pl. fr. bouquets* /bu'kɛ/) **1** Mazzo di fiori. **2** Complesso delle sensazioni odorose di un vino spec. pregiato; SIN. Aroma.

bourbon /*ingl.* 'bə:bən/ *s. m. inv.* Whisky di origine americana.

boutade /*fr.* bu'tad/ *s. f. inv.* (*pl. fr. boutades* /bu'tad/) Battuta, motto di spirito.

boutique /*fr.* bu'tik/ *s. f. inv.* (*pl. fr. boutiques* /bu'tik/) Negozio elegante di abiti e accessori di abbigliamento spec. femminile.

bovarìsmo *s. m.* Desiderio, spec. femminile, di evasione dal conformismo della vita borghese con vaghe aspirazioni mondane e letterarie.

bovàro o **boàro** *s. m.* Salariato addetto alla custodia del bestiame bovino.

bòve V. *bue*.

bovindo *s. m.* Adattamento di *bow-window*.

bovini *s. m. pl.* (*zool.*) Mammiferi di mole notevole degli Ungulati, con due corna cave e lisce, giogaia e coda terminante in un ciuffo di peli.

bovino **A** *agg.* **1** Proprio del bue e dei bovini. [→ ill. *macelleria*] **2** (*fig.*) Che è torpido e ottuso. **B** *s. m.* Ogni appartenente alla sottofamiglia dei bovini (V.).

bowling /*ingl.* 'bouliŋ/ *s. m. inv.* Gioco di birilli di origine americana, praticato con bocce su pista di legno | (*est.*) Luogo ove si pratica tale gioco. [→ ill. *giochi*]

bow-window /*ingl.* 'bou 'windou/ *s. m. inv.* (*pl. ingl. bow-windows* /'bou 'windouz/) In un edificio, parte di un ambiente sporgente verso l'esterno a guisa di balcone chiuso da vetrate.

box /*ingl.* bɔks/ *s. m. inv.* (*pl. ingl. boxes* /'bɔksiz/) **1** Spazio delimitato da tramezze, in un grande locale. **2** Recinto in cui gli animali vengono allevati | Nelle scuderie degli ippodromi, recinto riservato a un cavallo da corsa. [→ ill. *sport*] **3** Negli autodromi, posto di rifornimento per le vetture in corsa | Piccolo garage, situato al piano terreno o seminterrato di edifici di abitazione. [→ ill. *sport*] **4** Recinto pieghevole in cui si pongono i bambini prima che sappiano camminare. [→ ill. *puericultura*]

boxàre /bok'sa-/ *v intr.* (*io bòxo; aus. avere*) Praticare il pugilato.

boxe /*fr.* bɔks/ *s. f. inv.* Pugilato.

bòxer /*ingl.* 'bɔksə/ *s. m. inv.* (*pl. ingl. boxers* /'bɔksəz/) Cane da guardia e da difesa, con mantello fulvo e testa tozza. [→ ill. *cane*]

boxeur /*fr.* bok'sœr/ *s. m. inv.* (*pl. fr. boxeurs* /bok'sœr/) Pugile.

boy /*ingl.* 'bɔi/ *s. m. inv.* (*pl. ingl. boys* /'bɔiz/) **1** Ballerino di uno spettacolo di rivista. **2** Giovane inserviente d'albergo.

boy-friend /*ingl.* 'bɔi 'frend/ *loc. sost. m. inv.* (*pl. ingl. boy-friends* /'bɔi 'frendz/) Amico o fidanzato di ragazza spec. molto giovane.

boy-scout /*ingl.* 'bɔi 'skauts/ *loc. sost. m. inv.* (*pl. ingl. boy-scouts* /'bɔi 'skauts/) Giovane esploratore.

bòzza (1) *s. f.* **1** Pietra lavorata rozzamente, sporgente da un muro; SIN. Bugna. **2** Protuberanza, bernoccolo | *Bozze frontali*, parti sporgenti del cranio, sulla fronte.

bòzza (2) *s. f.* **1** Prima stesura di un lavoro, spec. letterario o artistico. **2** Prova di stampa di una composizione tipografica usata dall'autore o dal correttore per correggere gli eventuali errori.

bozzàcchio *s. m.* Susina priva di nocciolo, allungata e flaccida, deformata a opera di un fungo parassita.

bozzèllo *s. m.* (*mar.*) Carrucola di specie e funzioni diverse.

bozzettìsmo *s. m.* Tendenza di uno scrittore a preferire il bozzetto o a limitarsi a esso.

bozzettìsta *s. m. e f.* (*pl. m. -i*) **1** Chi scrive bozzetti letterari. **2** Chi idea o disegna cartelloni pubblicitari.

bozzettìstica *s. f.* Arte di scrivere bozzetti.

bozzétto *s. m.* **1** Modello o disegno preliminare in scala ridotta di un'opera | Piccola, vivace composizione figurativa. **2** Novella breve che ritrae situazioni o personag-

gi della vita quotidiana.
bòzzima *s. f.* **1** Soluzione più o meno densa di sostanze che vengono assorbite dai filati, rendendoli lisci, flessibili e resistenti. **2** Intruglio di crusca e acqua, per i polli.
bòzzo *s. m.* Bernoccolo, protuberanza.
bozzolàia *s. f.* Grande stanza in cui si tengono i bozzoli.
bòzzolo *s. m.* Involucro ovale fabbricato dalla larva di certe farfalle, spec. dal baco da seta, mediante una bava coagulata emessa da apparato secretore | *Uscire dal* —, detto del baco che diventa farfalla, e (*fig.*) di chi si apre a nuove esperienze | *Chiudersi nel proprio* —, (*fig.*) isolarsi. [→ ill. *baco da seta*]
bozzolóso *agg.* Pieno di bozzoli, bitorzoli.
bràca *s. f.* (*pl.* *-che*) **1** Ognuna delle due parti che costituiscono i calzoni. **2** *spec. al pl.* Ampi calzoni, lunghi fino ai ginocchi, indossati un tempo dai barbari | (*pop.*) Pantaloni, calzoni | *Calare le brache,* (*fig.*) cedere | *Portare le brache,* (*fig.*) detto di donna che vuole comandare. [→ ill. *vesti*] **3** Pezza che si pone tra le cosce ai bambini, a scopo igienico. **4** Allacciatura di cuoio che imbraca un operaio sospeso nel vuoto.
bracalóne **A** *s. m.* (*f.* *-a*) (*fam.*) Chi ha i pantaloni sempre cascanti | (*fig.*) Trasandato. **B** *anche agg.*
bracalóni *avv.* Si dice di calze, pantaloni o abiti in genere, cascanti.
braccàre *v. tr.* (*io bràcco, tu bràcchi*) **1** Inseguire la selvaggina. **2** (*fig.*) Inseguire, cercando dappertutto, con ostinazione: — *un fuggitivo.*
braccétto *s. m.* **1** *Dim. di braccio.* **2** *Nella loc. a* —, sottobraccio | *Prendere qc. a* —, intrecciare il proprio braccio con quello di un altro.
bracciàle *s. m.* **1** Braccialetto massiccio. [→ ill. *gioielli*] **2** Striscia di cuoio o di metallo che assicura l'orologio al polso. [→ ill. *orologio*] **3** Fascia che si porta a un braccio, per contrassegno, distintivo e sim. **4** Nel gioco del pallone a bracciale, attrezzo di legno che copre la mano e il polso del giocatore. **5** Parte dell'armatura antica che protegge il braccio. [→ ill. *armi*]
braccialétto *s. m.* Ornamento, per lo più prezioso e in forma di cerchio, che si porta al polso. [→ ill. *gioielli*]
bracciantàle *agg.* Bracciantile.
bracciantàto *s. m.* Condizione e categoria dei braccianti.
bracciànte *s. m.* Lavorante agricolo, non specializzato, solitamente a giornata.
bracciantile *agg.* Dei braccianti.
bracciàta *s. f.* **1** Quantità di materiale che si può portare in una volta sulle braccia. **2** Nel nuoto, ciclo completo e regolare del movimento delle braccia eseguito per avanzare.
bràccio *s. m.* (*pl.* *bràccia f.* nei sign. 1, 2, 3, 8; *bracci m.* nei sign. 4, 5, 6, 7; più in generale: *f.* in senso proprio e come unità di misura; *m.* in tutti gli altri casi) **1** Ciascuno dei due arti superiori del corpo umano, dalla spalla alla mano | *Allargare le braccia,* (*fig.*) esprimere rassegnazione, impotenza | *Alzare le braccia,* (*fig.*) arrendersi | *Incrociare le braccia,* (*fig.*) rifiutarsi di eseguire il proprio lavoro; (*est.*) scioperare | *Tenere, portare q.c. sotto* —, fra il braccio e il fianco | *A braccia aperte,* (*fig.*) con molta cordialità e affetto | *Sentirsi cascare le braccia,* (*fig.*) avvilirsi, scoraggiarsi | *Discorso, versi a* —, (*fig.*) improvvisati | — *di ferro,* gara di forza in cui si cerca di piegare il braccio dell'avversario su di un tavolo e sim.; (*fig.*) Prova di forza a oltranza: — *di ferro fra governo e opposizione.* [→ ill. *zoologia*] **2** (*fig.*) Facoltà, forza, potere | *Essere il* — *destro, il* — *forte, di qc.,* (*fig.*) l'aiuto, il principale collaboratore, la persona di cui non si può fare a meno | *Dare* —, (*fig.*) concedere un'esagerata autorità | *Prendere* —, (*fig.*) arrogarsi un'eccessiva libertà. **3** *al pl.* (*fig.*) La mano d'opera impiegata in un certo settore dell'agricoltura, dell'industria e sim. | Lavoro | *Avere buone braccia,* essere abili e tenaci lavoratori | *Avere sulle braccia qc.,* mantenere qc. col proprio lavoro | *Vivere sulle proprie braccia,* col proprio lavoro. **4** Oggetto fisso o mobile che sporge, si protende o si dirama rispetto a un piano verticale o a un asse centrale: *il* — *della lampada, della gru; i bracci della croce.* [→ ill. *astronautica, edilizia, illuminazione, marina, pesca, religione*] **5** Ala di una costruzione, di un edificio. **6** — *di fiume,* ramo, diramazione | — *di mare,* canale, stretto | — *di terra,* istmo. [→ ill. *suono*] **7** (*fis.*) — *di una coppia di forze,* distanza fra le rette d'azione delle due forze costituenti la coppia | — *di una forza rispetto a un punto,* distanza del punto dalla retta d'azione della forza. **8** Antica unità di misura lineare, spec. per stoffe | Unità di misura delle profondità marine, pari a m 1,83.
bracciòlo *s. m.* Sostegno laterale di poltrona o sedia, per riposo dell'avambraccio di chi siede. [→ ill. *mobili*]
bràcco *s. m.* (*pl.* *-chi*) Cane da ferma e da riporto, con pelo generalmente corto e fitto, bianco, talora a macchie di vario colore. [→ ill. *cane*]
bracconière *s. m.* Cacciatore di frodo.
bràce *s. f.* Fuoco senza fiamma che resta da legna o carbone bruciati | (*fig.*) *Sguardo di* —, ardente | *Farsi di* —, (*fig.*) arrossire violentemente | *Cadere dalla padella nella* —, (*fig.*) capitare di male in peggio | *Essere sulle braci,* in attesa impaziente. [→ tav. *proverbi* 272; → tav. *locuzioni* 16]
brachétta *s. f.* **1** *Dim. di braca.* **2** Parte dei calzoni che copre lo sparato. **3** *spec. al pl.* Mutandine | Calzoncini.
brachi- *primo elemento:* in parole composte scientifiche significa 'corto': *brachicefalia, brachilogia.*
brachiàle *agg.* (*med.*) Del braccio. [→ ill. *anatomia umana*]
brachiblàsto *s. m.* (*bot.*) Ramo poco sviluppato e fittamente ricoperto di foglie.
brachicardìa *s. f.* (*med.*) Bradicardia.
brachicefalìa *s. f.* Prevalenza della larghezza sulla lunghezza, nel cranio.
brachicèfalo **A** *agg.* Che presenta i caratteri della brachicefalia. **B** *anche s. m.* (*f.* *-a*).
brachigrafìa *s. f.* Scrittura abbreviata.
brachilogìa *s. f.* (*pl.* *-gìe*) Concisione nel discorso.
brachilògico *agg.* (*pl. m.* *-ci*) Che è detto o scritto con brevità.
brachiòpodi *s. m. pl.* (*sing.* *-e*) Gruppo di animali marini con corpo racchiuso fra due valve che, a differenza di quelle dei Molluschi bivalvi, sono una dorsale e l'altra ventrale.
brachipnèa *s. f.* Respirazione affannosa per riduzione d'ampiezza degli atti respiratori.
brachitìpo o *brachìtipo s. m.* Tipo costituzionale umano caratterizzato da prevalenza dei diametri trasversali su quelli longitudinali.
bracière *s. m.* Recipiente di rame o altro metallo, da tenervi le braci per riscaldarsi; SIN. Caldano. [→ ill. *riscaldamento*]
braciòla *s. f.* Fetta di carne da cuocere sulle brace con la graticola. [→ ill. *macelleria*]
bràdi- *primo elemento:* in parole composte scientifiche significa 'lento': *bradicardia, bradisismo.*
bradicardìa *s. f.* Riduzione di frequenza del battito cardiaco; SIN. Brachicardia.
bradifrasìa *s. f.* Lentezza nel formulare frasi.
bràdipo *s. m.* Mammifero brasiliano dei Maldentati, privo di coda, con corpo peloso, testa piccola, lunghi arti con formidabili unghie ricurve, arboricolo. [→ ill. *animali* 16]
bradisìsmo *s. m.* Movimento lento e regolare di innalzamento o di abbassamento del suolo.
bràdo *agg.* **1** Non addomesticato, vivente allo stato libero, detto spec. di bovini ed equini. **2** Detto di allevamento di animali all'aperto. **3** (*fig., est.*) Brutale, primitivo.
bràgia *s. f.* (*raro*) Brace.
bràgo *s. m.* (*pl.* *-ghi*) **1** (*lett.*) Fango, melma, spec. di porcile. **2** (*fig., lett.*) Estrema abiezione morale.
bragòzzo *s. m.* Grande barca da pesca, caratterizzata dalla colorazione delle vele; SIN. Trabaccolo. [→ ill. *marina, pesca*]
braille /*fr.* 'braj/ **A** *s. m. inv.* Sistema di scrittura per ciechi formato da punti in rilievo simboleggianti le lettere dell'alfabeto, da leggere passando i polpastrelli sul foglio (dal nome dell'inventore Louis Braille). **B** *anche agg. inv.*
brain-trust /*ingl.* 'brein trʌst/ *loc. sost. m.* (*pl. ingl.* *brain-trusts* /'brein trusts/) Gruppo di consulenti dotati di particolari competenze specifiche.
bràma *s. f.* Desiderio ardente e intenso; SIN. Avidità, bramosia, smania.
bramanésimo o *bramanìsmo s. m.* Sistema di pensiero religioso-filosofico che costituisce il fondamento della religione induista.

bramàno o *bramìno s. m.* Sacerdote della religione induistica, appartenente alla casta più elevata della comunità indù.

bramàre *v. tr.* (*lett.*) Desiderare intensamente.

bramìno V. *bramano.*

bramìre *v. intr.* (*io bramìsco, tu bramìsci; aus. avere*) **1** Emettere bramiti. **2** (*est., lett.*) Gridare selvaggiamente.

bramìto *s. m.* **1** Grido alto e lamentoso caratteristico di animali selvatici, spec. del cervo e dell'orso. **2** (*est.*) Grido umano quasi selvaggio.

bramosìa *s. f.* (*lett.*) Brama.

bramóso *agg.* (*lett.*) Che ha e dimostra brama, avidità: *essere — di q.c.*; SIN. Avido, smanioso.

brànca *s. f.* **1** Zampa di animale armata di artigli. **2** (*fig.*) Mano protesa ad afferrare q.c. **3** Estremità di alcuni arnesi che servono ad afferrare o a stringere: *le branche delle pinze, del compasso, delle forbici.* [→ ill. *forbici*] **4** Ramo di albero o arbusto. **5** (*fig.*) Ramo della scienza, dello scibile, di un'attività e sim.; SIN. Parte, settore.

brànchia *s. f.* (*zool.*) Struttura respiratoria grazie alla quale gli animali acquatici possono respirare l'ossigeno disciolto nell'acqua.

branchiàle *agg.* Pertinente alle branchie. [→ ill. *zoologia*]

branchiàti *s. m. pl.* (*sing. -o*) Animali acquatici che respirano mediante branchie.

branchiosàuro *s. m.* Anfibio fossile del Paleozoico.

brancicàre **A** *v. intr.* (*io bràncico, tu bràncichi; aus. avere*) Andare a tentoni, annaspando con le mani per cercare la direzione giusta: *— nel buio.* **B** *v. tr.* Toccare, palpare insistentemente.

brànco *s. m.* (*pl. -chi*) **1** Raggruppamento di animali della medesima specie. **2** (*est., spreg.*) Insieme di persone | *Mettersi in —, entrare in —,* (*fig.*) seguire conformisticamente la via della maggioranza.

brancolaménto *s. m.* Modo e atto del brancolare.

brancolàre *v. intr.* (*io bràncolo; aus. avere*) **1** Andare a tentoni, spec. al buio: *— nell'oscurità.* **2** (*fig.*) Agire, muoversi con incertezza.

brànda *s. f.* **1** Letto a telaio metallico pieghevole o smontabile, usato da militari, campeggiatori e sim. [→ ill. *campeggiatore, spiaggia*] **2** Amaca di tela usata dai marinai come letto.

brandeggiàre *v. tr.* (*io brandéggio*) (*mil.*) Ruotare su un piano orizzontale un'arma montata su nave o carro armato | (*gener.*) Ruotare su un piano orizzontale strumenti, congegni e sim.

brandèllo *s. m.* **1** Frammento strappato di tessuto o di altro materiale; SIN. Brano, pezzo. **2** (*fig.*) Piccola quantità.

brandìre *v. tr.* (*io brandìsco, tu brandìsci*) Impugnare saldamente o agitare con forza un'arma o un corpo contundente | (*est.*) Agitare q.c. con violenza.

bràndo *s. m.* (*poet.*) Spada.

brandy /*ingl.* 'brændi/ *s. m. inv.* Acquavite che si ottiene in Italia dalla distillazione del vino, poi maturata e invecchiata in fusti di rovere.

bràno *s. m.* **1** Pezzo, parte strappata con violenza; SIN. Brandello. **2** Frammento di opera musicale o letteraria.

branzìno *s. m.* (*zool.*) Spigola.

braṣàre *v. tr.* **1** Cuocere a fuoco lento in teglia chiusa, con poca acqua. **2** Sottoporre a brasatura, in varie tecnologie.

braṣàto **A** *part. pass. di brasare; anche agg.* Che è cotto a fuoco lento, detto spec. di carne. **B** *s. m.* Carne di bue cotta a fuoco lento.

braṣatùra *s. f.* Saldatura di pezzi metallici mediante materiale di apporto che funge da adesivo tra le facce dei metalli.

bràṣile *s. m.* Legno di color rosso vivo, proprio dell'America centrale e meridionale.

braṣiliàno *agg.; anche s. m.* (*f. -a*) Del Brasile.

bràttea *s. f.* Foglia modificata che accompagna fiori o infiorescenze con funzione spec. protettiva.

bravàccio *s. m.* Sgherro | Uomo prepotente e millantatore.

bravaménte *avv.* **1** Con forza, efficacia. **2** Bene. **3** Risolutamente.

bravàta *s. f.* **1** Azione provocatrice; SIN. Spacconata. **2** Azione rischiosa compiuta per spavalderia.

bràvo **A** *agg.* **1** Che compie la propria opera con buona volontà e abilità: *un — tecnico*; SIN. Abile, valente. **2** Buono, onesto, dabbene | In formule di cortesia (*spesso iron.*): *ascoltate, brav'uomo!* | Per esortazione, incoraggiamento: *su, da —!* **3** (*lett.*) Animoso, coraggioso, prode | *Notte brava*, in cui si compiono bravate teppistiche. **4** (*pleon., fam.*) Preposto a un s. con valore ints.: *ogni giorno fa la sua brava passeggiata.* **B** *in funzione di inter.* Esprime consenso, ammirazione: *—, bis!* | (*anche iron.*): *— furbo!* **C** *s. m.* Nell'Italia secentesca, bandito che, servendo un signorotto, ne riceveva impunità e sostentamento | Guardia armata assoldata da un potente.

bravùra *s. f.* Qualità di chi è bravo; SIN. Abilità, valentia.

break /*ingl.* 'breik/ **A** *s. m. inv.* Interruzione, pausa | Breve annuncio pubblicitario che interrompe un programma radiotelevisivo. **B** *inter.* Nel pugilato, ordine di separarsi dato dall'arbitro ai contendenti.

bréccia (1) *s. f.* (*pl. -ce*) Apertura fatta in un'opera di fortificazione mediante tiro di artiglieria o lavoro di mina, per penetrarvi a viva forza | *Rimanere sulla —,* (*fig.*) mantenere le proprie posizioni | *Morire, cadere sulla —,* (*fig.*) *Far — nell'animo, nel cuore, nei pensieri, di qc.*, farvi impressione favorevole.

bréccia (2) *s. f.* (*pl. -ce*) Insieme di sassi spezzati, usati un tempo per pavimentare le strade | Roccia costituita da detriti ricementati.

brefotròfio *s. m.* Ospizio dove si raccolgono e allevano bambini abbandonati.

breitschwanz /*ted.* 'braitʃvants/ *s. m. inv.* (*pl. ted. Breitschwänze* /'braitʃvɛntsə/) Pelliccia di agnellini persiani nati prematuri: ha pelo lucente e cuoio sottile.

brénna *s. f.* Cavallo di poco valore; SIN. Ronzino, rozza.

brènta *s. f.* **1** Recipiente di legno per il trasporto a spalla del vino. **2** Antica misura di capacità per liquidi, spec. vino.

bréntolo *s. m.* (*bot.*) Brugo.

breṣàola *s. f.* Carne di manzo, salata ed essiccata, specialità della Valtellina. [→ ill. *salumi*]

bretèlla *s. f.* **1** Ciascuna delle due strisce di vario materiale che passano sopra le spalle e si allacciano ai calzoni per sostenerli. [→ ill. *abbigliamento*] **2** Ciascuna delle due liste di tessuto che, passando sopra le spalle, sostengono sottovesti e altri indumenti femminili. **3** (*fig.*) Raccordo, collegamento tra due strade di grande comunicazione o autostrade: *la — Torino-Ivrea* | *— di rullaggio*, in un aeroporto, raccordo tra le piste principali.

bréva *s. f.* (*sett.*) Vento periodico serotino dei laghi lombardi, che spira da libeccio a mezzodì.

brève **A** *agg.* **1** Che ha scarsa durata temporale: *— incontro* | *Tra —*, tra poco tempo; SIN. Effimero, rapido. **2** (*est.*) Conciso, stringato | *Essere —,* (*fig.*) non dilungarsi su q.c. | *In —*, in modo conciso | *A farla, a dirla —*, in poche parole. **3** Che si estende poco nello spazio; SIN. Corto; CONTR. Lungo. **4** (*letter.*) In prosodia, detto di vocale o sillaba che presenti una quantità minore della lunga. **B** *s. m.* **1** Lettera pontificia concernente per lo più affari del dominio temporale. **2** Lettera di un principe.

brevettàre *v. tr.* (*io brevétto*) **1** Munire q.c. di brevetto. **2** Fornire qc. di brevetto.

brevétto *s. m.* **1** Accertamento amministrativo della paternità di un'invenzione. **2** Attestato ufficiale della capacità di esercitare determinate funzioni | *— da pilota, di pilotaggio*, attestante idoneità alla guida di navi, aeromobili e sim. | *— sportivo*, certificato di abilità per giovani atleti.

breviàrio *s. m.* **1** Libro contenente l'ufficio divino che gli ecclesiastici devono recitare a varie ore del giorno. **2** Compendio, sommario, usato spec. nei titoli di opere letterarie: *— di estetica.*

brevilìneo *agg.* Detto di tipo costituzionale in cui prevale lo sviluppo del tronco su quello degli arti; CONTR. Longilineo.

brevi manu /*lat.* 'brɛvi 'manu/ *loc. avv.* Direttamente, personalmente: detto spec. di consegna di lettera, oggetti e sim. fatta a mano.

brevità *s. f.* Qualità di ciò che è breve | (*est.*) Concisione.

brézza *s. f.* Vento debole o moderato | *— di mare*, che spira dal mare verso terra, di giorno | *— di terra*, che spira da terra verso il mare, di notte. [→ ill. *meteorologia*]

briàco e deriv. v. *ubriaco* e deriv.

bric à brac /fr. brik a 'brak/ *loc. sost. m. inv.* **1** Cianfrusaglia | Insieme di anticaglie variamente mescolate. **2** (*est.*) Negozio ove si vendono tali anticaglie.

bríccica *s. f.* Oggetto, lavoro, di poca importanza | Inezia, minuzia.

bricco *s. m.* (*pl. -chi*) Recipiente di ceramica o metallo, più largo in fondo e con beccuccio, per caffè o latte. [→ ill. *bar*]

bríccola *s. f.* **1** Antica macchina da guerra per lanciare grosse pietre e sim. nella città assediata o sulle mura. **2** Ciascuno dei pali o dei gruppi di pali che nella laguna veneta servono da ormeggio o delimitazione di passaggi navigabili.

bricconàta *s. f.* Azione da briccone; SIN. Birbanteria, birbonata, birboneria.

briccóne A *s. m.* (*f. -a*) **1** Persona malvagia, disonesta; SIN. Birbante, birbone. **2** (*est., fam.*) Persona, ragazzo vivace e astuto. **B** *agg.* Malvagio, disonesto. [→ tav. *proverbi* 201]

bricconerìa *s. f.* **1** L'essere briccone. **2** Azione, comportamento da briccone.

briciola *s. f.* **1** Minuto frammento di cibo, spec. di pane. **2** (*est.*) Quantità minima di materiale (*anche fig.*) | *Andare in briciole*, frantumarsi | *Ridurre in briciole*, distruggere.

bríciolo *s. m.* Briciola (*spec. fig.*).

bricolage /fr. briko'laʒ/ *s. m. inv.* (*pl. fr. bricolages* /briko'laʒ/) Attività consistente nel far da sé piccoli lavori, piccole riparazioni in casa e sim.; SIN. Fai da te.

bricòlla *s. f.* Specie di cesta usata dai contrabbandieri per il trasporto a spalla della merce.

bridge /ingl. bridʒ/ *s. m. inv.* Gioco di carte, fatto da quattro persone associate a due a due, in cui vince chi realizza il numero di prese per il quale si è impegnato nella dichiarazione iniziale.

bridgìsta *s. m. e f.* (*pl. m. -i*) Chi gioca a bridge.

briga *s. f.* **1** Molestia, fastidio, problema difficile | *Darsi, prendersi la — di*, prendersi pensiero. **2** Controversia, lite.

brigadière *s. m.* Sottufficiale dell'Arma dei Carabinieri e della Guardia di Finanza che ha grado corrispondente a quello di sergente maggiore delle altre Armi | Nelle guardie di Pubblica Sicurezza, grado oggi sostituito da quello di sovrintendente.

brigantàggio *s. m.* Attività di brigante | Complesso di bande di briganti.

brigànte *s. m.* (*f. -éssa*) **1** Malvivente che vive di rapina, stando alla macchia; SIN. Malandrino, masnadiere. **2** Chi ha una cattiva condotta | (*fam., scherz.*) Briccone, birbone. [→ tav. *proverbi* 1]

brigantésco *agg.* (*pl. m. -chi*) Di brigante.

brigantìno *s. m.* Veliero a due alberi a vele quadre. [→ ill. *marina*]

brigàre *v. intr.* (*io brìgo, tu brighi; aus. intr. avere*) Intrigare: *— per avere q.c.*

brigàta *s. f.* **1** Gruppo, adunanza di persone | Gruppo, comitiva di amici. **2** Grande unità tattica militare, composta da due reggimenti nell'attuale esercito italiano. **3** (*est.*) Grande gruppo organizzato di combattenti, anche irregolari, in vari conflitti. [→ tav. *proverbi* 330]

brighèlla *s. m. inv.* **1** Persona mascherata da Brighella. **2** (*raro, fig.*) Intrigante | Buffone.

brigidìno *s. m.* Biscottino di forma tondeggiante, molto sottile, con anice, tipico della Toscana. [→ ill. *dolciumi*]

brìglia *s. f.* **1** Ciascuna delle due strisce di cuoio, attaccate al morso del cavallo, per reggerlo e guidarlo | (*est.*) *spec. al pl.* Insieme dei finimenti con cui si guida il cavallo; SIN. Redine. [→ ill. *finimenti*] **2** (*fig.*) Freno, guida | *A — sciolta*, (*fig.*) sfrenatamente | *Tirar la —*, (*fig.*) usare rigore. **3** *spec. al pl.* Ciascuna delle strisce di cuoio con cui si sorreggono i bambini che muovono i primi passi. **4** (*dir.*) Manufatto costruito di traverso sull'alveo di un torrente per limitare l'asportazione di materiale dal fondo dovuta alla sua forte pendenza.

brillaménto *s. m.* **1** Il brillare. **2** Operazione con cui si fanno esplodere le mine. **3** *— solare*, breve e repentino aumento della luminosità di un punto del disco solare.

brillantàre *v. tr.* **1** Sfaccettare. **2** Adornare con brillanti spec. piccoli, lustrini e sim.

brillànte A *part. pres. di brillare* (1); *anche agg.* **1** Che brilla | (*est.*) Vivace. **2** (*fig.*) Che suscita ammirazione, ha successo, per spirito, vivacità e sim. | Ben riuscito. **B** *s. m.* **1** Diamante tagliato a forma di due piramidi, di cui la superiore tronca, unite per la base. **2** (*est.*) Anello con brillante.

brillantìna *s. f.* Cosmetico a base di olio, alcol e sostanze aromatiche, per ungere i capelli e renderli lucenti.

brillantìno *s. m.* Tessuto operato in lucido di seta o fibra artificiale.

brillànza *s. f.* (*fis.*) Rapporto fra l'intensità luminosa emessa in una data direzione da una sorgente e l'area di essa.

brillàre (1) A *v. intr.* (*aus. avere*) **1** Risplendere di luce viva e tremula: *— come una stella.* **2** (*fig.*) Spiccare per ingegno, vivacità e sim.: *— per il proprio fascino.* **3** Accendersi ed esplodere, detto di mine. **B** *v. tr.* Far esplodere una mina.

brillàre (2) *v. tr.* Eseguire la lucidatura di riso, orzo, miglio e sim., con rimescolamento e additivi.

brillatóio *s. m.* Apparecchio per la brillatura del riso | Locale in cui avviene la brillatura.

brillatùra *s. f.* Operazione del brillare i cereali e spec. il riso.

brillìo *s. m.* Modo e atto del brillare, del risplendere.

brillo *agg.* Che è leggermente inebriato da bevande alcoliche; SIN. Alticcio.

brìna *s. f.* **1** Rugiada congelata o cristallizzata che si forma d'inverno su oggetti con temperatura inferiore a zero gradi. **2** (*fig.*) Canizie incipiente.

brinàre *v. intr. impers.* (*aus. essere*) Formarsi e depositarsi, detto della brina.

brinàta *s. f.* Formazione e deposito di brina | (*est.*) Brina.

brindàre *v. intr.* (*aus. avere*) Fare brindisi: *— al successo di qc.*

brindèllo *s. m.* Brandello.

brindellóne *s. m.* (*f. -a*) Persona trasandata e sciatta nel vestire | Fannullone.

brìndiṣi *s. m.* **1** Saluto, augurio per onorare o festeggiare qc. o q.c., pronunciato in un gruppo di persone levando il bicchiere, e talvolta toccando reciprocamente i bicchieri prima di bere. **2** Componimento poetico da recitarsi a tavola.

brio *s. m. sing.* Lieta vivacità di spirito manifestata con parole e atteggiamenti allegramente irrequieti | *Con —*, detto di esecuzione musicale vivace e brillante.

brioche /fr. bri'ɔʃ/ *s. f. inv.* (*pl. fr. brioches* /bri'ɔʃ/) Dolce a base di pasta soffice e lievitata. [→ ill. *dolciumi*]

Briòfite *s. f. pl.* (*sing. -a*) Divisione di piante con organizzazione complessa, cui appartengono i Muschi e le Epatiche. [→ ill. *piante* 1]

briologìa *s. f.* (*pl. -gie*) Parte della botanica che studia le briofite.

briosità *s. f.* Qualità di brioso.

brióso *agg.* Che ha brio, che è pieno di brio; SIN. Vivace.

briozòi *s. m. pl.* Gruppo di piccoli animali marini o d'acqua dolce, che vivono fissi in colonie polimorfiche.

briscola *s. f.* **1** Gioco di carte a due o a quattro giocatori, con tre carte per uno e una carta, la briscola, in tavola. **2** Carta del seme di briscola, di valore superiore alle carte degli altri tre semi | *Contare quanto il due di —*, (*fig.*) non contare niente | *Essere l'asso di —*, (*fig.*) avere molta importanza. **3** *al pl.* (*fig., fam.*) Botte, percosse.

brìstol /ingl. bristl/ *s. m. inv.* Cartoncino semilucido (dal nome della città inglese celebre per le sue cartiere).

britànnico *agg.* (*pl. m. -ci*) **1** Dell'antica Britannia. **2** Inglese.

britànno *agg.; anche s. m.* **1** Della popolazione abitante l'antica Britannia. **2** (*est., lett.*) Inglese.

brìvido *s. m.* **1** Tremore involontario, convulsivo, con sensazione di freddo. **2** (*fig.*) Forte emozione.

brizzolàto *agg.* Macchiato di colore differente da quello di fondo | Che comincia a incanutire.

brizzolatùra *s. f.* Aspetto brizzolato: *la — del marmo.*

bròcca (1) *s. f.* Vaso di terracotta, metallo o vetro, fornito di manico e beccuccio, per contenere liquidi | (*est.*) Quantità di liquido contenuto in una brocca.

bròcca (2) *s. f.* Ramo spoglio | Germoglio.

broccàme *s. m.* Tipo di piccoli chiodi per calzoleria e tappezzeria. [→ ill. *ferramenta*]
broccatèllo *s. m.* **1** Specie di tessuto damasco a disegni satinati. **2** Marmo giallo o rossiccio con macchie nere e violacee.
broccàto *s. m.* **1** Drappo di seta pesante, tessuto a ricci o brocchi, talvolta con fili d'oro e d'argento. **2** (*est.*) Veste di broccato.
brocchière *s. m.* Piccolo scudo circolare, munito al centro di brocco. [→ ill. *armi*]
bròccia *s. f.* (*pl.* *-ce*) Utensile metallico allungato, con taglienti laterali. [→ ill. *meccanica*]
brocciatrice *s. f.* Macchina utensile che, mediante una broccia opportunamente sagomata, pratica rapidamente scanalature, fori di sezione complessa e sim. [→ ill. *meccanica*]
bròccio *s. m.* **1** Spiedo, stocco. **2** Fuso di legno usato nella lavorazione degli arazzi.
bròcco *s. m.* (*pl.* *-chi*) **1** Ramo secco, stecco, spino. **2** Punta metallica conica al centro dello scudo. **3** Cavallo di poco pregio. **4** (*est.*, *fig.*) Atleta poco abile | (*est.*) Persona che vale poco.
bròccolo *s. m.* (*f.* *-a* nel sign. 3) **1** Varietà di cavolo con fiori raccolti in un'infiorescenza verde meno compatta di quella del cavolfiore. [→ ill. *verdura*] **2** Grappolo fiorale allungato del cavolo, della rapa, della verza. **3** (*fig.*) Persona stupida e goffa.
broche /*fr.* brɔʃ/ *s. f. inv.* (*pl. fr.* *broches* /brɔʃ/) Spilla, ornamento prezioso da fissarsi sull'abito.
brochure /*fr.* bro'ʃyr/ *s. f. inv.* (*pl. fr.* *brochures* /bro'ʃyr/) Brossura.
bròda *s. f.* **1** Liquido che resta dopo la cottura di legumi, pasta e sim. | (*est.*, *spreg.*) Cibo lungo, brodoso e insipido. **2** Acqua fangosa, sporca.
brodàglia *s. f.* Broda.
brodétto *s. m.* Intingolo di pesce alla marinara, spec. delle coste adriatiche.
bròdo *s. m.* **1** Alimento liquido ottenuto facendo bollire in acqua salata carni, verdure o altro | *Lasciare cuocere qc.*, *q.c.*, *nel suo* –, (*fig.*) non curarsene | (*fig.*) *Tutto fa* –, tutto serve. **2** Quantità di brodo contenuta in una tazza, scodella e sim. [→ tav. *proverbi* 160]
brodolóne *s. m.* (*f.* *-a*) Chi si insudicia mangiando | (*est.*) Persona sporca.
brodóso *agg.* Con molto brodo.
brogiòtto *s. m.* Varietà di fico a frutto grosso con polpa bianca o rossa che matura in agosto.
brogliàccio *s. m.* **1** Registro di prima nota delle entrate e delle uscite di un'amministrazione. **2** Scartafaccio | Diario.
brogliàre *v. intr.* (*io bròglio; aus. avere*) Far brogli.
bròglio *s. m.* Falsificazione, intrigo, per ottenere uffici, cariche e sim.
brolétto *s. m.* **1** Arengo. **2** Palazzo municipale di alcune città lombarde, nel Medioevo.
bròlo *s. m.* (*raro*, *lett.*) Orto, giardino.
bromàto **A** *s. m.* (*chim.*) Sale di un acido del bromo. **B** *agg.* Che contiene bromo.
bromatologìa *s. f.* (*pl.* *-gìe*) Branca della chimica che studia la composizione, le alterazioni e la conservabilità delle sostanze alimentari.
bromatòlogo *s. m.* (*pl.* *-gi*) Studioso o esperto di bromatologia.
Bromeliàcee *s. f. pl.* Famiglia di piante esotiche delle Farinose, epifite, con foglie a rosetta su brevi fusti, e infiorescenze in spighe o grappoli. [→ ill. *piante* 15]
bromìdrico *agg.* (*pl. m.* *-ci*) (*chim.*) Detto di acido risultante dalla combinazione di bromo e idrogeno.
bromidròsi *s. f.* Sudorazione accompagnata da cattivo odore.
bròmo *s. m.* Elemento chimico alogeno liquido rosso-bruno, non metallo, tossico, di odore sgradevole e irritante, ottenuto dalle acque marine; usato in lavorazioni industriali e farmaceutiche. SIMB. Br.
bromofòrmio *s. m.* Composto organico liquido, incolore, di sapore dolciastro, analogo al cloroformio; usato in medicina come sedativo.
bromùro *s. m.* Sale dell'acido bromidrico.
bronchiàle *agg.* (*anat.*) Dei bronchi.
bronchiolo *s. m.* **1** *Dim. di bronco* (1). **2** (*anat.*) Parte terminale sottilmente ramificata dell'albero bronchiale. [→ ill. *anatomia umana*]
bronchite *s. f.* Infiammazione dei bronchi.
bronchìtico **A** *agg.* (*pl. m.* *-ci*) Proprio della bronchite. **B** *s. m.* (*f.* *-a*) Chi è affetto da bronchite.
bróncio *s. m.* Segno di malumore o cruccio che appare nell'atteggiamento del volto.
brónco (1) *s. m.* (*pl.* *-chi*) (*anat.*) *spec. al pl.* Ciascuna delle ramificazioni delle vie respiratorie dalla trachea fino alle ultime diramazioni. [→ ill. *anatomia umana*]
brónco (2) *s. m.* (*pl.* *-chi*) (*lett.*) Ramo nodoso e spoglio.
broncografìa *s. f.* Tecnica radiologica di visualizzazione dei bronchi.
broncóne *s. m.* Grosso ramo irto di monconi delle ramificazioni minori.
broncopleurite *s. f.* Infiammazione dei bronchi e di una o di ambedue le pleure.
broncopolmonàre *agg.* Che concerne i bronchi e i polmoni.
broncopolmonite *s. f.* Infiammazione dei bronchi e dei polmoni.
broncoscopìa *s. f.* Esame ottico diretto dei bronchi.
brontofobìa *s. f.* Paura dei temporali.
brontolaménto *s. m.* Il brontolare.
brontolàre **A** *v. intr.* (*io bróntolo; aus. avere*) **1** Lagnarsi a voce più o meno bassa proferendo parole di risentimento; SIN. Bofonchiare, borbottare. **2** Rumoreggiare, di tuono, tempesta e sim. **B** *v. tr.* Dire tra i denti, borbottare: – *insulti*.
brontolìo *s. m.* Brontolamento continuo.
brontolóne **A** *s. m.* (*f.* *-a*) Chi brontola spesso e noiosamente. **B** *anche agg.* ● SIN. Borbottone.
brontosàuro *s. m.* Rettile terrestre erbivoro del Giurassico, di grandi dimensioni. [→ ill. *paleontologia*]
bronzàre *v. tr.* (*io brónzo*) Rivestire di bronzo | Dare colore di bronzo.
bronzatùra *s. f.* Rivestimento di superfici metalliche con uno strato di bronzo.
brónzeo *agg.* **1** Che è fatto di bronzo. **2** Che ha il colore del bronzo | Abbronzato.
bronzétto *s. m.* Piccola scultura in bronzo.
bronzìna *s. f.* (*mecc.*) Cuscinetto di bronzo che sostiene perni di alberi rotanti. [→ ill. *meccanica*]
bronzista *s. m.* (*pl.* *-i*) **1** Chi esegue lavori di bronzo. **2** Chi vende oggetti artistici di bronzo.
brónzo *s. m.* **1** Lega di rame e stagno in varie proporzioni in cui possono entrare piccole quantità di altri elementi | *Età del* –, età preistorica caratterizzata dall'invenzione e dall'uso del bronzo | *Faccia di* –, (*fig.*) sfrontato | *Incidere q.c. nel* –, lasciarne tracce imperiture. **2** Oggetto in bronzo. **3** (*lett.*) Campana.
bròscia *s. f.* (*pl.* *-sce*) **1** Residuo del mosto. **2** Minestra o bevanda scipita o disgustosa. **3** (*fig.*) Scritto o discorso lungo e noioso.
brossùra *s. f.* Tipo di legatura in cui la copertina è di semplice carta pesante.
brr *inter.* Riproduce il tremolio di chi ha freddo, paura e sim.
brucàre *v. tr.* (*io brùco, tu brùchi*) **1** Rodere foglie e fronde, come fanno i bruchi | Strappare a piccoli morsi erba, foglie e sim., mangiandoli come fanno le pecore. **2** Sfogliare una frasca scorrendola con la mano | – *le olive*, spiccarle a mano dai rami.
brucatùra *s. f.* **1** Atto, effetto del brucare. **2** Raccolta delle foglie di gelso | Raccolta a mano delle olive.
brucèlla *s. f.* (*biol.*) Batterio responsabile di infezioni intestinali.
brucellòsi *s. f.* Infezione intestinale da brucelle; SIN. Febbre maltese.
bruciacchiàre *v. tr.* (*io bruciàcchio*) Bruciare superficialmente.
bruciacchiatùra *s. f.* Bruciatura superficiale.
bruciaménto *s. m.* Il bruciare | Incendio.
bruciapélo *vc. Nella loc. avv. a* –, da molto vicino, con riferimento a colpo di fucile o pistola: *sparare, tirare a* – | (*fig.*) Alla sprovvista, all'improvviso: *fare una domanda a* –.
bruciàre **A** *v. tr.* (*io brùcio*) **1** Consumare, distruggere, per azione del fuoco o di altra sorgente di calore | – *la carne*, cuocerla troppo | – *le cervella*, (*fig.*) uccidere

sparando alla testa | (*fig.*) – *le tappe*, accelerare, affrettarsi | *Bruciarsi le ali*, (*fig.*) danneggiarsi; (*est.*) compromettere le proprie possibilità di riuscita. **2** (*est.*) Corrodere, intaccare | Inaridire, seccare. **3** (*fig.*) Consumare rapidamente | – *la carriera di qc.*, comprometterla definitivamente | (*fig.*) – *gli avversari*, vincerli. **B** *v. intr.* (*aus. essere*) **1** Essere acceso. **2** Essere molto caldo, emanare calore intenso: – *di febbre*; SIN. Scottare. **3** Produrre bruciore, infiammazione. **4** (*fig.*) Essere intenso, detto di sentimenti: *mi brucia in petto una voglia* | Provare intensamente un sentimento: – *di amore*. **C** *v. intr. pron. e rifl.* **1** Scottarsi: *bruciarsi col fuoco*. **2** Andare distrutto a causa di qualsiasi fonte di calore: *l'arrosto s'è bruciato*. **3** (*fig.*) Sprecarsi: *bruciarsi in attività inutili* | Fallire. [→ tav. *locuzioni* 15]

bruciàta *s. f.* Caldarrosta.

bruciatìccio A *agg.* (*pl. f. -ce*) Alquanto bruciato. **B** *s. m.* **1** Rimasuglio di cosa bruciata. **2** Odore, sapore di cose bruciate.

bruciàto A *part. pass. di bruciare; anche agg.* **1** Che è consumato dal fuoco. **2** *Gioventù bruciata*, quella turbolenta e priva di basi morali cresciuta nei primi anni che seguirono la seconda guerra mondiale. **B** *s. m.* Gusto, odore, di cose bruciate.

bruciatóre *s. m.* (*gener.*) Dispositivo per bruciare combustibili liquidi o gassosi. [→ ill. *motore, riscaldamento*]

bruciatorìsta *s. m.* (*pl. -i*) Operaio addetto a un bruciatore.

bruciatùra *s. f.* Atto del bruciare | Segno che rimane su ciò che è bruciato | Scottatura, ustione.

brucio *s. m.* Bruciore.

bruciòre *s. m.* **1** Sensazione di dolore dovuta a punture, scottature, infiammazioni e sim. **2** (*fig.*) Umiliazione cocente.

brùco *s. m.* (*pl. -chi*) (*zool.*) Larva di farfalla o, (*est.*) di qualsiasi insetto.

brùfolo o *brùffolo s. m.* Piccolo foruncolo.

brughièra *s. f.* Terreno alluvionale permeabile, incolto, ricoperto di cespugli e arbusti.

brughièro *agg.* Detto di terreno che ha i caratteri della brughiera.

brùgo *s. m.* Pianta arbustiva sempreverde delle Ericali, con fiori rosei in lunghi grappoli, tipica delle brughiere; SIN. Brentolo.

bruire *v. intr.* (*io bruìsco, tu bruìsci; aus. avere*) (*lett.*) Frusciare, emettere leggeri rumori, detto di pioggia, vento e sim.

brûlé /*fr.* bry'le/ *agg. inv.* (*pl. fr. brûlés* /bry'le/) Detto di vino bollito con spezie e zucchero, che si beve caldo.

brulicàme *s. m.* Moltitudine di insetti brulicanti | (*est.*) Moltitudine di esseri viventi.

brulicànte *part. pres. di brulicare; anche agg.* Che brulica.

brulicàre *v. intr.* (*io brùlico, tu brùlichi; aus. avere*) **1** Muoversi confusamente, detto di molti insetti o, (*gener.*) di esseri viventi; SIN. Formicolare. **2** (*fig.*) Sorgere, pullulare: *la mia mente brulica di idee*.

brulichìo *s. m.* Intenso brulicare.

brùllo *agg.* Privo di vegetazione | Arido.

brulòtto *s. m.* Galleggiante carico di esplosivo destinato a far esplodere o incendiare le navi nemiche.

brùma *s. f.* Foschia, nebbia.

brumàio *s. m.* Secondo mese del calendario repubblicano francese.

brumàle *agg.* (*raro, lett.*) Invernale | Nebbioso.

bruméggio *s. m.* Miscela che si getta in mare per attrarre il pesce nella zona di pesca.

brumóso *agg.* (*lett.*) Fosco di bruma.

brunàstro *agg.* Che tende al bruno.

bruneggiàre *v. intr.* (*io brunéggio; aus. avere*) (*raro*) Tendere al bruno.

brunìccio *agg.* Che tende al bruno.

brunire *v. tr.* (*io brunìsco; tu brunìsci*) **1** Lucidare i metalli col brunitoio. **2** Scurire i metalli con trattamento chimico. **3** Levigare oggetti metallici.

brunitóio *s. m.* **1** Arnese per lucidare i metalli mediante sfregamento. [→ ill. *orafo e argentiere*] **2** Ruota di legno usata dagli arrotini per lucidare le lame dopo averle affilate.

brunitóre *s. m.* Operaio addetto alla brunitura.

brunitùra *s. f.* **1** Lucidatura e levigatura di metalli. **2** Trattamento chimico per scurire i metalli.

brùno A *agg.* **1** Che ha un colore scuro, quasi nero. **2** Di persona, che ha carnagione, capelli, occhi bruni. **B** *s. m.* (*f. -a*, nel sign. 3) **1** Il colore bruno. **2** (*est.*) Oscurità, tenebre | *Far* –, imbrunire. **3** Persona con carnagione e capelli bruni. **4** Abito nero che si porta in segno di lutto | *Parare a* –, abbrunare.

brùsca *s. f.* Spazzola dura, adatta a vari usi. [→ ill. *lavatura e stiratura, spazzola*]

bruschétta *s. f.* Fetta di pane abbrustolita, strofinata con aglio e condita con sale e olio di frantoio, tipica della cucina dell'Italia centrale.

bruschézza *s. f.* **1** Asprezza di sapore. **2** Maniera aspra.

bruschinàre *v. tr.* Ripulire col bruschino | (*est.*) Strofinare con energia.

bruschìno *s. m.* Spazzola molto dura, anche metallica, per vari usi.

brùsco A *agg.* (*pl. m. -schi*) **1** Che ha sapore tendente all'aspro. **2** Che è sgarbato, burbero | *Con le brusche*, con modi o parole aspre. **3** Improvviso, inatteso | Rapido. **B** *s. m.* Sapore aspro.

brùscolo *s. m.* Particella di materiale, spec. polvere e sim.

brușìo *s. m.* Rumore confuso e sommesso prodotto da molte persone che parlano o si muovono, oppure da animali o cose in movimento; SIN. Mormorio.

brușire *v. intr.* (*io brușìsco, tu brușìsci; aus. avere*) (*lett.*) Produrre brusio.

brușóne *s. m.* (*pop.*) Malattia del riso o di altre piante che provoca una colorazione rosso-bruna sulle parti colpite.

brustolìno *s. m.* Seme di zucca salato e tostato.

brut /*fr.* bryt/ *agg. inv.* (*pl. fr. bruts* /bryt/) Detto di champagne molto secco, privo di zucchero.

brutàle *agg.* Di bruto | (*est.*) Feroce, violento; SIN. Bestiale.

brutalità *s. f.* L'essere brutale | Atto o espressione brutale; SIN. Bestialità, ferocia, violenza.

brutalizzàre *v. tr.* (*io brutalìzzo*) Fare oggetto di brutalità.

brùto A *agg.* **1** Caratteristico di esseri viventi privi della ragione umana: *forza bruta*. **2** Brutale, animalesco. **B** *s. m.* **1** (*lett.*) Essere vivente privo della ragione umana. **2** (*est.*) Persona rozzamente violenta.

brùtta *s. f.* (*fam.*) Brutta copia.

bruttàre *v. tr.* (*lett.*) Imbrattare, sporcare.

bruttézza *s. f.* **1** L'essere brutto; CONTR. Bellezza. **2** Cosa brutta.

brùtto A *agg.* **1** Che per aspetto esteriore o per qualità intrinseche suscita impressioni sgradevoli | Con valore ints. (*preposto a un s.*): – *cattivo!* | – *tempo*, piovoso, nuvoloso | – *male*, (*euf.*) tumore maligno | *Brutta copia*, minuta | (*fig.*) *Fare una brutta figura*, apparire inadeguato, ridicolo | (*fig.*) *Avere una brutta cera*, un aspetto malato | *Con le brutte*, in modo sbrigativo e rude | *Vedersela brutta*, trovarsi in difficoltà | *Passarne delle brutte*, attraversare periodi duri, difficili; CONTR. Bello. **2** Moralmente riprovevole. **B** *in funzione di avv. Nella loc. guardare* –, *di* –, con espressione ostile. **C** *s. m. solo sing.* **1** Ciò che per aspetto esteriore o per qualità intrinseche suscita impressioni sgradevoli. **2** Tempo brutto, nuvolo: *la stagione volge al* –; *fa* –. **3** Con valore neutro e raff.: *il* – *è che*, la difficoltà sta nel fatto che | *Ha di* – *che*, il suo lato negativo, il suo difetto, è che. **D** *s. m.* (*f. -a*) Persona brutta. [→ tav. *proverbi* 32, 35, 176]

bruttùra *s. f.* **1** Cosa brutta | Sudiciume, sozzura. **2** (*lett.*) Azione moralmente riprovevole.

bu *inter.* Riproduce l'abbaiare del cane.

bùa *s. f.* (*infant.*, *fam.*) Dolore fisico.

buàggine *s. f.* Balordaggine.

buàna *s. m. e f.* Adattamento di *bwana*.

bùbbola (1) *s. f.* **1** Menzogna, fandonia, bugia. **2** Cosa di poca importanza. **3** – *maggiore*, fungo commestibile, con gambo alto e largo cappello coperto di squame.

bùbbola (2) *s. f.* (*zool.*; *tosc.*) Upupa.

bubbolàre *v. intr.* (*io bùbbolo; aus. avere*) Risuonare, rumoreggiare, del mare, del tuono e sim. | (*est.*) Brontolare.

bubbolìo *s. m.* (*lett.*) Rumore, mormorio sordo e confuso.

bùbbolo *s. m.* Sonaglio tondo, contenente una pallottolina mobile di ferro; usato spec. per la sonagliera degli equini. [→ ill. *campana e campanello*]

bubbóne *s. m.* **1** Qualsiasi tumefazione tondeggiante, spec. delle ghiandole linfatiche. **2** (*fig.*) Infezione morale intollerabile; SIN. Piaga.

bubbònico *agg.* (*pl. m. -ci*) Detto di malattia che si manifesta con bubboni: *peste bubbonica.*

bùca *s. f.* **1** Cavità o apertura, naturale o artificiale, gener. più profonda che estesa, nel suolo o in altra superficie | – *sepolcrale,* tomba | – *del suggeritore,* sorta di botola posta al centro del palcoscenico vicino alla ribalta, nella quale sta il suggeritore durante la rappresentazione | – *delle lettere,* per l'impostazione della corrispondenza | – *del golf,* ciascuna delle piccole cavità praticate nel terreno nelle quali i giocatori devono mandare la pallina | – *del biliardo,* in cui cadono le bilie. [→ ill. *giochi, posta, sport, teatro*] **2** Depressione del terreno | Valle stretta fra due monti. **3** Ristorante posto sotto il livello stradale. **4** (*fig.*) Debito, dissesto patrimoniale | *Andare, mettere in* –, (*fig.*) in difficoltà, in stato di inferiorità.

bucanéve *s. m. inv.* Pianta erbacea delle Liliflore dal cui bulbo sorgono due foglie in mezzo alle quali è lo stelo portante un fiore bianco e pendulo a fioritura molto precoce. [→ ill. *piante* 17]

bucanière *s. m.* Pirata, gener. francese, inglese od olandese, che spec. nel sec. XVII si dedicava alla guerra corsara.

bucàre ***A*** *v. tr.* (*io bùco, tu bùchi*) **1** Fare buchi (*anche fig.*) | – *una gomma, uno pneumatico,* subire accidentalmente la bucatura di uno pneumatico; SIN. Forare. **2** Pungere, ferire, detto di oggetti appuntiti | – *il corpo, il ventre, la pancia a qc., di qc.,* ferirlo con un'arma bianca. ***B*** *v. intr. pron.* Subire una bucatura, detto di cose: *la gomma si è bucata.* ***C*** *v. intr. pron. e rifl.* Pungersi, ferirsi: *bucarsi con una spina* | (*gerg.*) Drogarsi iniettandosi spec. eroina.

bucatìno *s. m. spec. al pl.* Sorta di spaghetti, più grossi dei comuni e bucati. [→ ill. *pasta*]

bucàto *s. m.* **1** Lavatura e imbiancatura dei panni con acqua bollente, sapone, liscivia o altro detersivo | *Lenzuola di* –, pulitissime perché appena lavate | *Fare il* – *in famiglia,* (*fig.*) risolvere un problema delicato senza dargli pubblicità. **2** Quantità di panni lavati in una volta.

bucatùra *s. f.* **1** Atto del bucare | (*est.*) Segno lasciato da arnesi appuntiti. **2** Foratura di una gomma, di uno pneumatico.

buccàle V. *boccale* (2).

bùcchero *s. m.* **1** Terra odorosa, argillosa e nera, con cui si facevano vasi e pastiglie per profumare le stanze. **2** Vaso fatto con tale terra: – *etrusco.*

bùccia *s. f.* (*pl. -ce*) **1** Strato esterno (*esocarpo*) membranoso di frutti, tuberi e sim.: *la* – *della mela* | Pellicola che riveste il seme di taluni frutti indeiscenti: *la* – *della noce* | Sottile corteccia delle piante. [→ ill. *botanica*] **2** (*est.*) Pellicola, crosta: – *del salame.* **3** (*fam.*) Pelle umana | *Lasciarci, rimetterci la* –, morire.

bùccina *s. f.* Strumento ricurvo da fiato, adoperato nelle antiche milizie romane. [→ ill. *strumenti musicali*]

bùccola *s. f.* **1** Orecchino. **2** Ricciolo di capelli.

bucèfalo *s. m.* (*scherz.*) Cavallo, spec. di poco valore.

bùcero *s. m.* Uccello con becco enorme, ricurvo, sormontato da una protuberanza ossea a forma di elmo.

bucherellàre *v. tr.* (*io bucherèllo*) Forare con molti piccoli buchi.

buchétta *s. f.* **1** *Dim. di buca.* **2** Nelle corse atletiche di velocità, ciascuna delle due piccole buche scavate nel terreno con la stessa funzione dei blocchi di partenza.

bùcine *s. m.* Rete per pescare o per uccellare.

bucintòro *s. m.* Nave con quaranta remi ornata di fregi, ori e pitture, usata a Venezia dal doge.

bùco *s. m.* (*pl. -chi*) **1** Cavità o apertura profonda e stretta, tondeggiante, nel terreno o in altra superficie | *Non cavare un ragno dal* –, (*fig.*) non raggiungere alcun risultato | *Fare un* – *nell'acqua,* fallire | Orifizio corporale: *buchi delle orecchie*; SIN. Foro. **2** Ambiente angusto, spec. squallido | Luogo nascosto. **3** (*fig., gener.*) Mancanza, lacuna | Debito | *Tappare, turare un* –, pagare un debito | Mancata pubblicazione, in un giornale, di una notizia importante data da altri | Nel gioco del calcio e sim., fallito intervento sulla palla. [→ tav. *proverbi* 207, 301]

bucòlica *s. f.* Poesia pastorale in forma di egloga: *le bucoliche di Virgilio.*

bucòlico *agg.* (*pl. m. -ci*) **1** Pastorale. **2** (*est.*) Che evoca l'ambiente dei campi e la vita campestre.

bucrànio *s. m.* Motivo ornamentale architettonico riproducente un cranio di bue. [→ ill. *elemento ornamentale*]

buddismo *s. m.* Dottrina etica e filosofica predicata da Budda e forma religiosa che essa ha assunto in molti paesi orientali.

buddista *s. m. e f.; anche agg.* (*pl. m. -i*) Seguace del buddismo.

buddìstico *agg.* (*pl. m. -ci*) Del buddismo.

budèllo *s. m.* (*pl. budèlla f.,* (*raro*) *budèlle f.* nel sign. proprio; *pl. budèlli m.* nel sign. fig.) **1** (*pop.*) Intestino. **2** (*fig.*) Tubo. **3** Vicolo lungo e stretto, spec. maleodorante. [→ tav. *proverbi* 214]

budget /*ingl.* ˈbʌdʒit, *fr.* bydˈʒɛ/ *s. m. inv.* (*pl. ingl. budgets* /ˈbʌdʒits/, *pl. fr. budgets* /bydˈʒɛ/) Bilancio di previsione.

budgetàrio /buddʒeˈtarjo / *agg.* Pertinente al budget.

budìno *s. m.* Dolce a base di semolino, latte, uova e zucchero, cotto al forno o a bagnomaria. [→ ill. *dolciumi*]

bùe o *bòve s. m.* (*pl. buòi*) **1** Maschio adulto castrato dei bovini addomesticati | – *muschiato,* grosso mammifero ruminante degli Ungulati con vello lunghissimo e ondulato, corna larghe e appiattite alla base. [→ ill. *bue*] **2** Carne di bue macellata o cucinata. **3** (*fig.*) Uomo stolido, ignorante. [→ tav. *proverbi* 256, 270; → tav. *locuzioni* 65]

bùfalo *s. m.* (*f. -a*) **1** Mammifero ruminante degli Ungulati con arti robusti, pelame duro e setoloso, corna larghe assai sviluppate e fronte convessa. [→ ill. *animali* 19] **2** (*fig.*) Uomo goffo e grossolano.

bufèra *s. f.* **1** Fortunale, tempesta, tormenta. **2** (*fig.*) Sconvolgimento psicologico, sociale e sim.

bùffa *s. f.* **1** (*lett.*) Forte e improvviso soffio di vento. **2** Berretto che copre gli orecchi e parte del viso | Cappuccio delle cappe di alcune confraternite.

buffàre ***A*** *v. intr.* (*aus. avere*) **1** (*raro*) Sbuffare. **2** Emettere un caratteristico soffio, detto di anatre in volo. ***B*** *v. tr.* Nel gioco della dama, portar via all'avversario il pezzo con cui ha omesso di mangiare.

buffàta *s. f.* Soffio di vento, fumo e sim.

buffè *s. m.* Adattamento di *buffet.*

bue

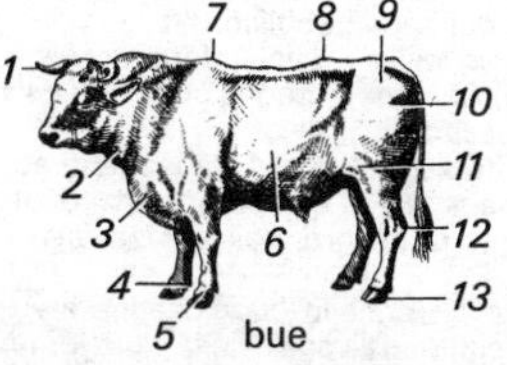

bue

toro

vacca

vitello

1 corna 2 giugolo 3 giogaia 4 nodello 5 pastoia 6 costato 7 garrese 8 lombi 9 groppa 10 noce 11 grassella 12 garretto 13 unghia

buffet /*fr.* by'fɛ/ *s. m. inv.* (*pl. fr. buffets* /by'fɛ/) **1** Credenza a uno o due corpi per conservare o esporre argenterie e stoviglie. **2** Tavola ove in ricevimenti sono esposti o serviti cibi, bibite e sim. **3** Caffè ristorante in luoghi di transito o sosta.

buffetterìa (1) *s. f.* Servizio di buffet.

buffetterìa (2) *s. f. spec. al pl.* Accessori in cuoio del cacciatore e del soldato.

buffétto *s. m.* Schiocco di due dita, gener. pollice e medio | Colpo sulla gota.

bùffo (1) *s. m.* Soffio, impetuoso e improvviso | Sbuffo di fumo e sim.

bùffo (2) **A** *agg.* **1** Che provoca ilarità | Che è ridicolo e bizzarro insieme. **2** Comico: *opera buffa.* **B** *s. m.* Attore cui sono affidate parti comiche. **C** *s. m. solo sing.* Cosa buffa, elemento o particolare ridicolo.

buffonàggine *s. f.* Comportamento privo di serietà, dignità e sim.

buffonàta *s. f.* Azione, discorso privi di serietà, dignità e sim. | Azione, discorso di nessuna importanza; SIN. Carnevalata, pagliacciata.

buffóne *s. m.* (*f. -a*) **1** Colui che nel Medio Evo e nel Rinascimento esercitava il mestiere di divertire gli altri; SIN. Giullare. **2** Chi volge in ridicolo le cose serie e intrattiene gli altri divertendoli; SIN. Burlone. **3** (*est.*) Persona priva di serietà e dignità.

buffoneggiàre *v. intr.* (*io buffonéggio; aus. avere*) Fare il buffone.

buffonerìa *s. f.* **1** Azione, discorso da buffone; SIN. Buffonata. **2** Atteggiamento, comportamento da buffone; SIN. Buffonaggine.

buffonésco *agg.* (*pl. m. -schi*) Ridicolo.

buganvìllea *s. f.* Pianta arbustiva delle Centrospermali con rami spinosi e fiori piccoli di colore variabile dal rosa al porpora.

buggeràre *v. tr.* (*io bùggero*) (*fam.*) Ingannare.

buggeratùra *s. f.* Raggiro, imbroglio.

bugìa (1) *s. f.* (*pl. -gìe*) Sorta di basso candeliere la cui base è un piattellino con manico. [→ ill. *illuminazione*]

bugìa (2) *s. f.* (*pl. -gìe*) Asserzione coscientemente contraria alla verità | – *pietosa*, che dissimula la verità per evitare conseguenze dolorose; SIN. Fandonia, frottola, menzogna. [→ tav. *proverbi* 238]

bugiardàggine *s. f.* L'essere bugiardo.

bugiarderìa *s. f.* **1** Menzogna. **2** (*raro*) Bugiardaggine.

bugiàrdo **A** *agg.* **1** Che dice bugie; SIN. Mendace, mentitore, menzognero; CONTR. Sincero. **2** (*lett.*) Falso, menzognero. **B** *s. m.* (*f. -a*) Persona bugiarda.

bugigàttolo *s. m.* Stanzino oscuro, spec. usato come ripostiglio | Abitazione squallida.

bugliòlo *s. m.* **1** Secchio per attingere acqua dal mare e lavare i ponti. **2** Vaso per escrementi, in uso, spec. in passato, nelle carceri.

bùgna *s. f.* Pietra lavorata o sbozzata sporgente da un muro; SIN. Bozza.

bugnàre *v. tr.* Lavorare a bugne una facciata o un muro.

bugnàto **A** *part. pass. di bugnare; anche agg.* Lavorato a bugne. **B** *s. m.* Paramento murario formato da bugne, in uso spec. nei palazzi del Rinascimento. [→ ill. *edilizia*]

bùgno *s. m.* Arnia rustica per api.

bùio **A** *agg.* **1** Che è privo di luce, che non è illuminato; SIN. Oscuro. **2** (*fig.*) Corrucciato, triste: – *in viso.* **B** *s. m.* Mancanza di luce | *Essere al* –, (*fig.*) ignorare | *Tenere al* –, (*fig.*) nascondere | *Fare un salto nel* –, (*fig.*) affrontare q.c. senza poterne prevedere le conseguenze; SIN. Oscurità. [→ tav. *proverbi* 11, 139]

bulbàre *agg.* Relativo a bulbo.

bulbicoltùra *s. f.* Branca della floricultura relativa alla coltivazione delle piante bulbose.

bùlbo *s. m.* **1** Grossa gemma sotterranea formata da un breve fusto circondato da foglie a forma di squame. [→ ill. *botanica*] **2** (*anat.*) Formazione globosa o fusiforme | – *pilifero*, radice germinale del pelo | – *oculare*, globo dell'occhio. [→ ill. *zoologia*] **3** Oggetto o recipiente a forma di bulbo. **4** Involucro di vetro contenente gas vari, in vari tipi di lampade. [→ ill. *illuminazione*]

bulbóso *agg.* Fornito di bulbo.

bùlgaro **A** *agg.; anche s. m.* (*f. -a*) Della Bulgaria. **B** *s. m.* **1** Cuoio pregiato, rosso cupo e odoroso, usato in pelletteria e in legatoria. **2** Ricamo vivacemente variopinto.

bulicàme *s. m.* **1** (*raro*) Sorgente da cui l'acqua sgorga bollendo e gorgliando | Gorgoglio d'acque correnti. **2** (*geol.*) Vulcanetto di fango.

bulicàre *v. intr.* (*io bùlico, tu bùlichi; aus. avere*) Bollire, ribollire, spec. dell'acqua.

bulimìa *s. f.* (*med.*) Senso morboso di fame.

bulinàre *v. tr.* Incidere col bulino.

bulinatóre *s. m.* Chi incide col bulino.

bulinatùra *s. f.* Incisione col bulino.

bulìno *s. m.* Piccolo arnese di acciaio con punta tagliente per incidere metalli, cuoio e pelli. [→ ill. *orafo e argentiere*]

bulldog /*ingl.* 'buldɔg/ *s. m. inv.* (*pl. ingl. bulldogs* /'buldɔgz/) Cane tozzo e massiccio, a pelo raso e con accentuato prognatismo della mandibola. [→ ill. *cane*]

bulldozer /*ingl.* 'buldouzə/ *s. m. inv.* (*pl. ingl. bulldozers* /'buldouzəz/) Macchina semovente cingolata, munita anteriormente di una grande lama per spianare terreni, sgomberare macerie e sim. [→ ill. *edilizia, strada, vigili del fuoco*]

bullétta *s. f.* Chiodo corto a larga capocchia. [→ ill. *ferramenta*]

bullettàme *s. m.* Insieme di bullette, o chiodi, di forma e grandezza varia.

bùllo *s. m.* Giovane prepotente, bellimbusto | Teppista.

bullonàre *v. tr.* (*io bullóno*) Unire con bulloni.

bullonatùra *s. f.* Applicazione di bulloni.

bullóne *s. m.* Organo di collegamento di parti di macchine, composto da una vite di unione e da un dado avvitato all'estremità filettata della vite. [→ ill. *ferramenta, meccanica*]

bullonerìa *s. f.* **1** Fabbrica di bulloni. **2** Insieme di vari tipi di bulloni.

bum *inter.* **1** Riproduce un rumore rimbombante, spec. quello di un'esplosione. **2** (*fig.*) Esprime incredulità.

bùmerang *s. m.* Adattamento di *boomerang.*

bùna *s. f.* Gomma sintetica ricavata dal butadiene.

bungalow /*ingl.* 'bʌngəlou/ *s. m. inv.* (*pl. ingl. bungalows* /'bʌngəlouz/) Villino a un piano con grandi verande. [→ ill. *abitazione*]

bùnker /*ingl.* 'bʌnkə, *ted.* 'buŋkər/ *s. m. inv.* (*pl. ingl. bunkers* /'bʌŋkəz/, *pl. ted. Bunker* /'buŋkər/) Ricovero militare sotterraneo in cemento armato; SIN. Casamatta.

buonaféde o *buòna féde s. f. solo sing.* Convinzione di pensare o agire onestamente, giustamente e senza arrecar danno a nessuno: *essere in* – | Fiducia, ingenuità.

buonagràzia *s. f.* (*pl. buonegràzie*) Cortesia, gentilezza.

buonalàna *s. f.* (*pl. buonelàne* o *buòne làne*) Birbante (*spec. iron.*).

buonànima *s. f.* (*pl. buonànime*) Persona defunta degna di memoria affettuosa e rispettosa.

buonanòtte o *buòna nòtte* **A** *inter.* Si usa come saluto augurale o di commiato lasciandosi a tarda ora o prima di andare a letto. **B** *anche s. f. inv.* La formula stessa del saluto.

buonaséra o *buòna séra* **A** *inter.* Si usa come saluto augurale nel pomeriggio o la sera. **B** *anche s. f. inv.* La formula stessa del saluto.

buoncostùme o *buòn costùme s. m. inv.* Modo di comportarsi conforme alla morale comune | *Squadra del* –, speciale reparto di polizia per la tutela della pubblica moralità.

buondì *inter.* Buon giorno.

buongiórno o *buòn giórno* **A** *inter.* Si usa come saluto augurale spec. al mattino o nel corso della mattinata. **B** *anche s. m. inv.* La formula stessa del saluto.

buongovèrno o *buòn govèrno s. m. inv.* Modo di governare giusto e sollecito del bene pubblico.

buongràdo *vc. Solo nella loc. avv. di* –, volentieri.

buongustàio *s. m.* (*f. -a*) Chi ama la buona cucina | (*est.*) Intenditore, buon conoscitore.

buongùsto o *buòn gùsto s. m. solo sing.* **1** Capacità di apprezzamento e di scelta, spec. in campo artistico e letterario. **2** Atteggiamento di decoro, delicatezza: *avere il* – *di tacere.*

buòno (1) **A** *agg.* *Buono* si tronca in *buon* davanti a vocale o a consonante seguita da vocale o da *l* e *r*: *buon affare, buon anno, buon diavolo, buon carattere, buon profumo.* Attenzione: la forma femminile singolare *buona*, che non muta davanti a consonante, si elide davanti a vocale e richiede perciò l'uso dell'apostrofo: *buona madre, buona macchina, buon'amica. Buono* rimane tale davanti a *s impura, z, x, gn, ps* e *pn*: *buono scultore* (nell'uso è tuttavia frequente il mantenimento della forma tronca: *un buon pneumatico, un buon stipendio*). Al plurale, *buoni* e *buone* normalmente non si elidono: *buoni ottici, buone amicizie*. Il comparativo di maggioranza è *più buòno* o *miglióre*; il superlativo è *buonissimo* o *òttimo*. (V. nota d'uso ELISIONE e TRONCAMENTO) ***1*** Che si considera conforme ai principi morali; CONTR. Cattivo. ***2*** Docile, mansueto, pacifico | (*fig.*) *Un buon diavolo, un buon uomo*, una persona semplice | *– come il pane*, buonissimo | *Essere in buona*, (*ell.*) di buon umore | *Alla buona*, (*ell.*) in modo semplice | Quieto, tranquillo | *Mare –*, calmo. ***3*** Cortese, affabile | *Fare buon viso, buona cera a qc.*, far accoglienza favorevole | *Con le buone*, (*ell.*) senza asprezza, con modi cortesi | *Con le buone o con le cattive*, (*ell.*) in tutti i modi possibili | Benevolo: *essere – con qc.* | *Una buona parola*, una raccomandazione | *Di buona voglia, di buon grado, di buon animo*, volentieri | *Di buon occhio*, con benevolenza. ***4*** Abile e idoneo ad adempiere la propria funzione | *– a nulla*, incapace | *Essere in buone mani*, al sicuro | *Essere in – stato*, ben conservato. ***5*** Utile, vantaggioso | *A buon mercato*, a poco prezzo | *Buon pro ti faccia*, ti giovi | Propizio, favorevole | *Dio ce la mandi buona!* (*ell.*) ci protegga | *Nascere sotto una buona stella*, (*fig.*) sotto auspici favorevoli. ***6*** Giusto, valido, accettabile | *A buon diritto*, con ragione | *A buon conto*, per buona regola | *Moneta buona*, in corso. ***7*** Grande, abbondante | *Una buona dose*, una grande quantità | *Un buon voto*, alto | Con valore gener., ints. *di buona ora, di buon mattino*, presto | *Di buon passo*, velocemente | *Di buona lena*, con energia. ***8*** Che è in una posizione considerata socialmente elevata: *buona società*. ***9*** Gradevole, piacevole | *Fare una buona vita*, (*fig.*) vivere negli agi | (*fig.*) *Darsi buon tempo*, divertirsi. ***B*** *s. m. solo sing.* ***1*** Ciò che è buono | *Essere un poco di –*, un briccone | *Buon per me*, per mia fortuna. ***2*** Bel tempo. ***3*** Con valore neutro e raff.: *ci vuole del bello e del –*, molta fatica. ***C*** *s. m.* (*f. -a*) Persona buona. [→ tav. *proverbi* 2, 12, 33, 34, 36, 37, 38, 71, 74, 160, 172, 173, 192, 237, 281, 345, 380; → tav. *locuzioni* 48]

buòno (2) *s. m.* Documento che legittima il possessore a pretendere una determinata prestazione | *– di consegna*, che dà diritto al prelievo da un magazzino della quantità di merce indicata dalla polizza di carico | *– del tesoro*, titolo dello Stato a breve o media scadenza, fruttifero di interessi.

buonóra *s. f. solo sing.* ***1*** *Nella loc. avv. di –*, di buon mattino, per tempo: *partire di –*. ***2*** *Nella loc. inter. alla –*, finalmente: *sei arrivato, alla –!*

buonsènso o *buòn sènso* *s. m. solo sing.* Capacità di giudicare o comportarsi con saggezza.

buontempóne o *bontempóne* *s. m.* (*f. -a*) Chi ama vivere allegramente.

buonumóre o *buòn umóre* *s. m.* Disposizione d'animo gioiosa, serena: *essere di –*.

buonuòmo o *buòn uòmo* *s. m.* (*pl. buonuòmini*) Uomo onesto, mite, ingenuo | Appellativo usato un tempo da persone di alto ceto verso i popolani: *ehi, –!*

buonuscita o *buòna uscita* *s. f.* ***1*** Somma di danaro data dal locatore o da un terzo all'inquilino perché lasci libero l'immobile prima dello scadere del contratto. ***2*** Indennità data dal datore al prestatore di lavoro alla cessazione del rapporto.

burattàre *v. tr.* Abburattare.

burattinàio *s. m.* Chi muove sulla scena i burattini.

burattinàta *s. f.* ***1*** Commedia di burattini. ***2*** (*est.*) Spettacolo teatrale molto scadente. ***3*** (*fig.*) Azione leggera, priva di dignità.

burattinésco *agg.* (*pl. m. -schi*) Di burattino.

burattìno *s. m.* ***1*** Fantoccio di cenci o di legno, manovrato dal basso dalla mano del burattinaio infilata nella veste, per rappresentare farse e commedie popolari o infantili; CFR. Marionetta. [→ ill. *teatro*] ***2*** (*fig.*) Persona priva di volontà propria che agisce per impulso altrui | Persona superficiale; SIN. Marionetta. [→ tav. *locuzioni* 81]

buràtto *s. m.* Macchina munita di setacci usata per separare impurezze o per classificare le varie parti di un materiale solido, in grani o in polvere, di diversa pezzatura.

burbànza *s. f.* Alterigia sprezzante e piena di arroganza; SIN. Boria.

burbanzóso *agg.* Pieno di burbanza; SIN. Borioso.

bùrbera *s. f.* Arganello costituito da un cilindro orizzontale cui si avvolge una fune, azionato, manualmente.

bùrbero ***A*** *agg.* Che ha maniere scortesi e aspre. ***B*** *anche s. m.*

burchièllo *s. m.* Piccola barca da trasporto di passeggeri e merci sui fiumi.

bùrchio *s. m.* Barca a fondo piatto a remi, a vela o ad alzaia per navigare sui fiumi, canali e sim.

bùre *s. f.* Asse o fusto centrale dell'aratro. [→ ill. *agricoltura*]

bureau /*fr.* by'ro/ *s. m. inv.* (*pl. fr. bureaux* /by'ro/) ***1*** Grande scrittoio francese del XVIII sec. ***2*** Ufficio di direzione e contabilità in un albergo.

burétta *s. f.* Tubo di vetro cilindrico tarato e graduato, per misurare piccole quantità di liquidi. [→ ill. *chimico*]

burgràvio *s. m.* Titolo feudale tedesco.

burgùndo *s. m.; anche agg.* Appartenente a una antica popolazione di origine scandinava.

buriàna *s. f.* ***1*** (*dial.*) Temporale di estensione e intensità limitata. ***2*** (*fig., pop.*) Trambusto, chiasso.

burìno *s. m.; anche agg.* (*f. -a*) (*spreg.*) Contadino | (*est.*) Zotico, grossolano; SIN. Buzzurro.

bùrla *s. f.* ***1*** Scherzo, spec. non maligno e offensivo; SIN. Beffa, celia. ***2*** Cosa facile: *risolvere questo problema è una –*; SIN. Inezia.

burlàre ***A*** *v. tr.* Beffare, canzonare. ***B*** *v. intr.* (*aus. avere*) Scherzare. ***C*** *v. intr. pron.* Farsi beffe: *burlarsi di qc.*

burlésca *s. f.* Brano musicale di intonazione scherzosa e capricciosa.

burlésco ***A*** *agg.* (*pl. m. -schi*) ***1*** Fatto per burla. ***2*** Di stile realistico caricaturale: *poesia burlesca*. ***B*** *s. m. solo sing.* Lato, elemento o caratteristica burlesca.

burlétta *s. f.* Celia, avvenimento ridicolo | *Mettere in –*, in ridicolo.

burlóne ***A*** *s. m.* (*f. -a*) Chi fa spesso burle; SIN. Mattacchione. ***B*** *anche agg.*

burnùs *s. m. inv.* Ampio mantello tagliato in un solo pezzo, gener. con cappuccio, usato dalle popolazioni arabo-berbere. [→ ill. *vesti*]

buròcrate *s. m.* ***1*** Impiegato, spec. di alto grado e spec. delle pubbliche amministrazioni. ***2*** (*fig.*) Chi si comporta in modo schematico e formalistico.

burocraticaménte *avv.* In modo burocratico | Da un punto di vista burocratico.

burocràtico *agg.* (*pl. m. -ci*) ***1*** Caratteristico della burocrazia. ***2*** (*fig.*) Metodico e formalistico fino alla pedanteria.

burocratismo *s. m.* Eccessivo sviluppo della burocrazia.

burocratizzàre *v. tr.* Rendere burocratico.

burocratizzazióne *s. f.* Trasformazione in senso burocratico.

burocrazìa *s. f.* ***1*** Potere amministrativo, spec. quello degli enti pubblici. ***2*** (*spreg.*) Pedanteria, lungaggine, spec. nel disbrigo di pratiche amministrative. ***3*** Complesso degli impiegati, spec. pubblici.

burràsca *s. f.* ***1*** Tempesta, spec. marina, con forte vento | *– magnetica*, perturbazione repentina del campo magnetico terrestre. ***2*** (*fig.*) Sconvolgimento psicologico, sociale e sim.

burrascóso *agg.* ***1*** Che è in burrasca. ***2*** (*fig.*) Molto agitato.

burrièra *s. f.* Piccolo recipiente per il burro da cucina o da tavola. [→ ill. *stoviglie*]

burrificàre *v. tr.* (*io burrìfico, tu burrìfichi*) Trasformare in burro la crema del latte.

burrificazióne *s. f.* Operazione del burrificare.

burrifìcio *s. m.* Fabbrica di burro.

bùrro *s. m.* ***1*** Alimento costituito dalla materia grassa del latte di vacca. ***2*** (*chim.*) Sostanza di aspetto simile al burro: *– di arsenico, di stagno* | *– di cacao*, grasso bianco che si ricava dai semi di cacao, usato in medicina e in cosmesi.

burróna *agg. solo f.* Detto di pera a polpa molto tenera.

burróne *s. m.* Profondo scoscendimento nel terreno fra

pareti dirupate.
burróso *agg.* **1** Ricco di burro. **2** (*fig.*) Che ha il colore o la consistenza del burro: *formaggio* –.
bursàle *s. m.* (*anat.*) Muscolo del femore.
bus /*ingl.* bʌs/ *s. m. inv.* (*pl. ingl. buses* /'bʌsiz/) *Acrt. di autobus,* spec. nella segnaletica stradale.
buscàre *v. tr.* (*io bùsco, tu bùschi*) Procacciarsi q.c. cercando: – *da vivere* | Ottenere: *buscarsi un premio* | *Buscarle,* (*fam.*) ricevere percosse.
buscheràre *v. tr.* (*io bùschero*) (*pop.*) Buggerare, ingannare.
buscherìo *s. m.* (*fam.*) Chiasso, frastuono di molte persone insieme.
bushel /*ingl.* bʊʃl/ *s. m. inv.* (*pl. ingl. bushels* /'bʊʃlz/) Unità di misura di capacità, usata in Inghilterra e negli Stati Uniti d'America per fluidi e aridi, pari a circa 36 litri.
bușillis *s. m.* Difficoltà, punto difficile, *nelle loc.: qui sta il* –; *questo è il* –.
business /*ingl.* 'biznis/ *s. m. inv.* Affare, transazione commerciale.
businessman /*ingl.* 'biznismən/ *loc. sost. m. inv.* (*pl. ingl. businessmen* /'biznismən/) Uomo d'affari.
bùssa *s. f. spec. al pl.* Colpo, percossa.
bussàre A *v. intr.* (*aus. avere*) Battere a una porta per farsi aprire | (*fig.*) – *a quattrini,* chiederne in prestito. **B** *v. tr.* Percuotere.
bussàta *s. f.* Colpo dato a una porta.
bussétto *s. m.* Arnese di bosso o acciaio usato dal calzolaio per lucidare suole e tacchi. [→ ill. *calzolaio*]
bùsso *s. m.* Colpo | Forte rumore che ne deriva.
bùssola *s. f.* **1** Strumento per individuare il Nord | – *giroscopica,* che indica la direzione del Nord geografico mediante un sistema giroscopico | – *magnetica,* che utilizza la proprietà dell'ago magnetico di orientarsi verso il polo Nord magnetico | *Perdere la* –, (*fig.*) perdere il controllo dei nervi. [→ ill. *marina*] **2** Specie di portantina chiusa. **3** Seconda porta d'ingresso di chiese, caffè e sim. per riparo dal freddo e dal vento | Porta girevole all'ingresso di alberghi, locali pubblici e sim. [→ ill. *porta*] **4** Recinto di legno ove il Papa ascolta le prediche, senza essere visto. **5** Cassetta per raccogliere le elemosine, le schede di una votazione, i biglietti di una lotteria e sim.
bussolànte *s. m.* **1** Addetto al trasporto di persone con la portantina. **2** Titolo dei familiari del papa ammessi nella bussola.
bussolòtto *s. m.* Bicchiere, di vario materiale, per scuotervi i dadi, o usato dai prestigiatori nei loro giochi.
bùsta *s. f.* **1** Involucro formato da un foglio di carta piegato in quattro e chiuso su tre lati, per spedire lettere e sim. [→ ill. *contenitore, posta, ufficio*] **2** Custodia per riporvi strumenti di lavoro, documenti e sim.
bustàia *s. f.* Donna che fa o vende busti e sim.
bustarèlla *s. f.* **1** *Dim. di busta.* **2** (*fig.*) Compenso illecito dato sottomano per ottenere favori, sollecito disbrigo di pratiche amministrative e sim.
bustìna *s. f.* **1** *Dim. di busta.* **2** Foglietto di carta piegato a forma di busta contenente la razione per una persona, spec. di farmaci in polvere. **3** Berretto militare pieghevole. [→ ill. *copricapo, uniforme militare*]
bustìno *s. m.* **1** *Dim. di busto.* [→ ill. *abbigliamento*] **2** Corpetto femminile con stecche, spec. negli abiti da sera | Parte superiore di un abito da donna.
bùsto *s. m.* **1** Parte superiore del tronco umano, dal collo ai fianchi. **2** Scultura rappresentante una figura umana dalla testa alla vita, senza le braccia. **3** Indumento intimo in tessuto elastico o compatto, usato dalle donne per modellare la persona. **4** (*med.*) Protesi ortopedica per malformazioni del tronco e della colonna vertebrale.
bustrofèdico *agg.* (*pl. m. -ci*) Detto di antiche scritture le cui righe andavano alternativamente da sinistra a destra e da destra a sinistra, come i solchi tracciati da un aratro.
butadiène *s. m.* Idrocarburo gassoso che, polimerizzato, fornisce gomme sintetiche.
butàno *s. m.* Idrocarburo gassoso che si usa, liquefatto e posto in bombole, come combustibile per usi domestici.
butìrrico *agg.* (*pl. m. -ci*) Detto di un acido che si trova nel burro rancido.
butirròmetro *s. m.* Strumento per misurare la quantità di grasso nel latte.
butirróso *agg.* Burroso.
buttafuòri *s. m.* **1** Chi dà agli attori il segnale per entrare in scena. **2** (*mar.*) Ogni asta o pertica che si fa sporgere dall'imbarcazione per tenere tesa una vela, un cavo e sim.
buttàre A *v. tr.* **1** Gettare, lanciare vicino o lontano | – *fuori qc.,* cacciarlo via | – *giù il cibo, un boccone, un sorso d'acqua,* inghiottirlo in fretta | – *giù un edificio,* abbatterlo | – *giù la pasta, la verdura,* metterla nell'acqua che bolle | – *giù una carta,* giocarla | – *giù qc.,* (*fig.*) parlarne male | (*fig.*) – *giù,* prostrare nel fisico e nel morale | – *là,* dire con indifferenza: – *là una proposta* | – *giù uno scritto, una lettera* e sim., scriverli affrettatamente | – *all'aria,* mettere sottosopra. **2** Disfarsi di q.c.: *butta* (*via*) *quella sigaretta!* | Sprecare, sciupare: – (*via*) *il tempo, il denaro.* **3** Emettere, mandar fuori: *la ferita butta sangue* | Generare, germogliare. **B** *v. intr.* **1** Volgere, tendere. **2** (*fam.*) Prendere una certa piega, di situazione e sim.: *la faccenda butta male.* **C** *v. rifl.* **1** Volgersi in una direzione, gettarsi verso o contro q.c. o qc. | *Buttarsi nel fuoco per qc.,* (*fig.*) aiutarlo molto | *Buttarsi alla campagna,* darsi alla macchia | (*fig.*) *Buttarsi via,* sprecarsi | (*fig.*) *Buttarsi giù,* perdersi d'animo. **2** (*fig.*) Dedicarsi: *s'è buttato a dipingere* | ass. Cogliere un'occasione: *è il tuo momento, buttati!*
buttasèlla *s. m. inv.* (*mil.*) Nei reparti a cavallo, comando di insellare.
buttàta *s. f.* **1** Nei giochi di carte, la carta calata in tavola. **2** (*bot.*) Generazione di nuove foglie o germogli.
butteràto *agg.* Coperto di cicatrici lasciate dal vaiolo.
butteratùra *s. f.* Insieme di cicatrici o butteri lasciati dal vaiolo sulla pelle.
bùttero (1) *s. m.* Cicatrice residua alla pustola vaiolosa.
bùttero (2) *s. m.* Guardiano a cavallo delle mandrie di bufali, tori, cavalli.
buvette /*fr.* by'vɛt/ *s. f. inv.* (*pl. fr. buvettes* /by'vɛt/) Piccola mescita di bibite e liquori, in ritrovi pubblici.
bùẓẓo *s. m.* (*pop.*) Pancia | (*fig.*) *Di* – *buono,* con impegno.
buẓẓóne *s. m.* (*f. -a*) **1** *Accr. di buzzo.* **2** Persona panciuta. **3** Mangione. **4** Gabbia di fascine, riempita di pietre, a difesa di argini.
buẓẓùrro *s. m.* (*f. -a*) **1** Venditore ambulante di castagne, castagnacci e sim. **2** Persona giunta da poco in una data città. **3** Persona rozza, ignorante.
bwàna /*swahili.* 'bwana/ *s. m. inv.* Padrone, capo.
bye bye /*ingl.* 'bai 'bai/ *inter.* Addio, arrivederci.
by night /*ingl.* bai 'nait/ *loc. agg. e avv.* Notturno, di notte: *Roma* –.
by-pass /*ingl.* 'bai 'pa:s/ *s. m. inv.* (*pl. ingl. by-passes* /'bai 'pa:siz/) **1** (*idraul.*) Diramazione che collega due parti di un condotto. **2** (*med.*) Innesto di vena o vaso che congiunge due punti di un'arteria. **3** (*urban.*) Percorso alternativo, raccordo; SIN. Bretella.
byte /*ingl.* 'bait/ *s. m. inv.* (*pl. ingl. bytes* /'baits/) (*elab.*) Carattere costituito da otto bit.

c *s. f. o m. inv.* Terza lettera dell'alfabeto italiano.
ca' o (*raro*) *cà s. f.* Antico troncamento di *casa*, ancora oggi usato in nomi spec. sett. di luoghi e palazzi storici: *Ca' Venier, Ca' d'oro.* (v. nota d'uso ELISIONE e TRONCAMENTO)
cab /*ingl.* kæb/ *s. m. inv.* (*pl. ingl. cabs* /kæbz/) Antica carrozzella inglese di piazza, a due ruote, in cui il cocchiere stava dietro in alto. [→ ill. *carro e carrozza*]
càbala *s. f.* **1** Antica dottrina segreta ebraica, mirante a cercare corrispondenza tra verità e segni mistici. **2** Divinazione del futuro a mezzo di lettere, numeri, figure o sogni | — *del lotto,* il predire, dai sogni, i numeri del lotto. **3** (*est.*) Intrigo, imbroglio.
cabalétta *s. f.* (*mus.*) Breve aria d'opera, molto orecchiabile e ritmicamente semplice.
cabalìsta *s. m. e f.* (*pl. m. -i*) Chi pretende di indovinare con la cabala il futuro e spec. i numeri del lotto.
cabalìstico *agg.* (*pl. m. -ci*) **1** Di cabala. **2** (*est.*) Oscuro, misterioso: *segni cabalistici.*
cabaret /*fr.* kaba'rɛ/ *s. m. inv.* (*pl. fr. cabarets* /kaba'rɛ/) Locale notturno con spettacoli di varietà.
cabìla *s. f.* La tribù dei Beduini in Arabia e (*est.*) le popolazioni islamizzate.
cabìna *s. f.* **1** Cameretta a bordo delle navi per viaggiatori e ufficiali | Piccolo vano per passeggeri in aerei, funivie, ascensori. [→ ill. *aeronautica, funivia, marina*] **2** Piccolo vano per chi guida, manovra o pilota autocarri, locomotive, aerei | — *spaziale,* quella delle navicelle spaziali. [→ ill. *aeronautica, ciclo e motociclo, ferrovia, funivia, sollevamento*] **3** Vano di dimensioni variabili, adibito a usi diversi | — *telefonica,* contenente un telefono pubblico | — *elettrica,* contenente impianti per la trasformazione e la distribuzione dell'energia | — *di manovra, di blocco,* contenente i congegni per la manovra dei segnali ferroviari, deviatoi e sim. | — *di proiezione,* nelle sale cinematografiche, quella contenente la macchina da proiezione. [→ ill. *diga, parlamento, radio, sport, strada, telefonia*] **4** Sulle spiagge, piccola costruzione adibita a spogliatoio. [→ ill. *spiaggia*]
cabinàto **A** *agg.* Detto di imbarcazione da diporto fornita di cabina. [→ ill. *marina*] **B** *anche s. m.*
cabinìsta *s. m.* (*pl. -i*) **1** Operaio addetto alla sorveglianza di una cabina elettrica. **2** Nei cinema, l'addetto alla proiezione dei film.
cabinovìa *s. f.* Funivia continua comprendente numerose piccole cabine a due o più posti.
cablàggio *s. m.* Insieme dei conduttori che collegano le parti di apparecchiature e impianti elettrici o elettronici | Montaggio di tali conduttori.
càblo *s. m. Acrt. di cablogramma.*
cablogràmma *s. m.* (*pl. -i*) Telegramma trasmesso mediante cavi sottomarini.
cabotàggio *s. m.* Navigazione costiera, di porto in porto | *Piccolo* —, se è breve la distanza fra i porti toccati.
cabotàre *v. intr.* (*io cabòto*) Praticare il cabotaggio.
cabràre *v. intr.* (*aus. avere*) Mettere un aereo in assetto di ascesa, con la prora all'insù; CONTR. Picchiare.
cabràta *s. f.* Manovra aerea consistente nel cabrare.
cabriolè *s. m.* Adattamento di *cabriolet.*
cabriolet /*fr.* kabriɔ'lɛ/ *s. m. inv.* (*pl. fr. cabriolets* /kabriɔ'lɛ/) **1** Carrozzina a due ruote. **2** Automobile scoperta, a due o quattro posti, con capote.
cacào *s. m.* **1** Pianta arborea tropicale sempreverde delle Malvali, molto alta, con fiori bianchi o rossi e frutti di forma allungata dai semi simili a mandorle. [→ ill. *piante* 6] **2** Sostanza alimentare aromatica che si ottiene dai semi di cacao; principale ingrediente della cioccolata.
cacàre o (*dial.*) *cagàre* **A** *v. intr.* (*io càco, tu càchi; aus. avere*) (*volg.*) Defecare, andare di corpo. **B** *v. tr.* (*volg.*) Espellere dal corpo (*anche fig.*).
cacarèlla *s. f.* (*volg.*) Dissenteria | *Avere, fare venire la* —, (*fig.*) una gran paura.
cacasénno *s. m. e f. inv.* (*spreg.*) Sputasentenze.
cacàta o (*dial.*) *cagàta s. f.* (*volg.*) Atto del cacare | Escrementi.
cacatòa v. *cacatua.*
cacatòio *s. m.* (*raro, volg.*) Latrina.
cacatùa o *cacatòa s. m. inv.* Genere di pappagalli con grande becco robusto e testa sormontata da un ciuffo erettile di penne variopinte. [→ ill. *animali* 14]
càcca *s. f.* **1** (*infт., pop.*) Escrementi, spec. umani. **2** (*est., infт.*) Cosa sudicia | Cosa da non toccare. **3** (*fig., pop.*) Cosa fatta male, o di nessuna importanza.
càcchio *s. m.* **1** Getto non fruttifero di piante coltivate. **2** (*euf.*) Cazzo.
cacchióne *s. m.* **1** Uovo di mosca o di altri insetti | Larva vermiforme dell'ape. **2** *spec. al pl.* Punta delle prime penne dei gallinacei e di altri uccelli.
càccia (1) *s. f.* (*pl. -ce*) **1** Arte di catturare o uccidere animali selvatici con trappole, armi e sim. | — *grossa,* alle bestie feroci | Cattura e uccisione della selvaggina nelle condizioni stabilite dalla legge: *apertura della* —; *riserva di* —; *battuta di* —. [→ ill. *cane*] **2** (*est.*) Selvaggina presa a caccia e uccisa | (*est.*) Cacciagione: *mangiare la* —. **3** (*est.*) Inseguimento, anche come azione militare: *aereo da* — | — *all'uomo,* ricerca affannosa di un fuggiasco | *Dare la* — *a qc.,* inseguirlo. **4** (*fig.*) Ricerca avida e ostinata di qc. o q.c.: *un giornalista a* — *di notizie.* **5** Ogni gioco caratterizzato dalla ricerca di q.c.: — *al tesoro.* **6** Componimento poetico, spesso musicato, in cui è scritta o rappresentata una scena di caccia.
càccia (2) *s. m. inv. Acrt. di aereo da caccia* e di *cacciatorpediniere.* [→ ill. *aeronautica*]
cacciabombardièrе *s. m.* Aereo atto alla caccia e al bombardamento leggero. [→ ill. *aeronautica*]
cacciagióne *s. f. solo sing.* **1** Selvaggina. **2** Carne della selvaggina commestibile.
cacciàre **A** *v. tr.* (*io càccio*) **1** Inseguire per catturare o uccidere: — *le lepri.* **2** Allontanare a forza o con comandi decisi (*anche fig.*) — *qc. a pugni;* — *la malinconia;* SIN. Espellere, scacciare. **3** Spingere, mettere dentro, spec. con violenza, o posare sbadatamente: — *qc. in prigione; dove hai cacciato gli occhiali?;* SIN. Ficcare. **4** Estrarre, spec. con forza: — *fuori il coltello.* **B** *v. intr.* (*aus. avere*) Andare a caccia. **C** *v. rifl.* Introdursi, ficcarsi (*anche fig.*): *cacciarsi tra la folla, nei pasticci* | (*est.*) Nascondersi: *dove ti sei cacciato?* [→ tav. *proverbi* 218]
cacciasommergìbili *s. m.* Unità navale leggera ad alta velocità, per la lotta ai sottomarini.
cacciàta *s. f.* **1** Allontanamento con la forza, espulsione: *la* — *degli Angioini.* **2** Uscita a caccia | (*raro*) Partita di caccia.
cacciatóra *s. f.* **1** *Nella loc. avv. e agg. alla* —, alla maniera dei cacciatori | *Giacca alla* —, in velluto a coste, con ampie tasche | *Pollo, coniglio alla* —, cucinato in umido, con cipolla, pomodoro e vino. **2** (*ell.*) Giacca alla cacciatora. [→ ill. *cacciatore*]
cacciatóre *s. m.* (*f. -trice*) **1** Chi esercita la caccia, spec. col fucile. [→ ill. *cacciatore*] **2** (*fig.*) Chi va alla ricerca ostinata di q.c.: — *di guadagni.* **3** *spec. al pl.* Soldati a piedi o a cavallo, armati e addestrati per la milizia leggera: *Cacciatori delle Alpi.*
cacciatorìno *s. m.* Piccolo salame di pasta dura. [→ ill. *salumi*]
cacciatorpedinière *s. m. inv.* Nave da guerra armata di cannoni, siluri e missili, oggi usata per la scorta del naviglio maggiore. [→ ill. *marina*]
cacciavìte *s. m. inv.* Attrezzo, simile a uno scalpello, terminante in un tagliente che, introdotto nella capocchia delle viti, serve per stringerle o allentarle. [→ ill. *coltello, falegname, meccanica, orologiaio*]
cacciù *s. m.* (*bot.*) Catecù.
cacciùcco *s. m.* (*pl. -chi*) Zuppa di pesce, tipica di Livorno e Viareggio.
càccola *s. f.* **1** *spec. al pl.* Sterco a pallottole di alcuni animali | Sudiciume appallottolato tra la lana di capre, pecore e sim. **2** (*pop.*) Muco del naso | Cispa degli occhi.
cachemire /*fr.* kaʃ'mir/ *s. m. inv.* (*pl. fr. cachemires* /kaʃ'mir/) Tipo di lana a pelo lungo ottenuta da una razza di capre del Kashmir | Tessuto leggero e morbido di lana omonima.

cachessia *s. f.* (*med.*) Stato di grave deperimento organico.

cachet /*fr.* ka'ʃɛ/ *s. m. inv.* (*pl. fr. cachets* /ka'ʃɛ/) **1** Involucro di ostia che racchiude farmaci in polvere. **2** Contratto temporaneo per singola prestazione nei vari rami dello spettacolo | Compenso pattuito per tale prestazione. **3** Prodotto colorante per capelli.

càchi (1) o *kàki* (1) **A** *agg.* Che ha un colore giallo sabbia, caratteristico degli abiti coloniali. **B** *s. m.* Il colore cachi.

càchi (2) o (*pop.*) *caco*, (*raro*) *kàki* (2) *s. m.* Albero delle Ebenali con foglie coriacee ovate e frutti a bacca, commestibili, dolci, di colore aranciato | Frutto di tale albero. [→ ill. *frutta, piante* 11]

caciàra *s. f.* (*centr.*) Gazzarra, confusione.

cacicco *s. m.* (*pl. -chi*) Capo indiano nell'America centrale e meridionale.

càcio *s. m.* Formaggio | *Alto come un soldo di* —, (*fig.*) molto basso di statura | *Il — sui maccheroni*, (*fig.*) ciò che viene a proposito.

caciocavàllo *s. m.* (*pl. cacicavàlli*) Formaggio duro dell'Italia meridionale, a forma allungata e strozzata in alto, preparato con latte intero di vacca. [→ ill. *formaggi*]

caciòtta o *caciòla s. f.* Formaggio tenero, in forma schiacciata e rotondeggiante, dell'Italia centrale. [→ ill. *formaggi*]

càco V. *cachi* (2).

càco- *primo elemento*: in parole composte dotte, significa 'cattivo', 'sgradevole' e sim.: *cacofonia, cacologia*.

cacofonìa *s. f.* Suono sgradevole prodotto spec. dalla ripetizione di sillabe uguali o, in musica, da strumenti non accordati fra loro; CONTR. Eufonia.

cacofònico *agg.* (*pl. m. -ci*) Di suono sgradevole | Relativo a cacofonia; CONTR. Eufonico.

cacologìa *s. f.* (*pl. -gìe*) Espressione difettosa, o in contrasto con l'abituale logica del discorso.

Cactàcee *s. f. pl.* Famiglia di piante tropicali delle Centrospermali con fusti verdi e carnosi spesso di forma strana, fornite di aculei o peli a ciuffi e di foglie trasformate in spine. [→ ill. *piante* 3]

cactus /*lat.* 'kaktus/ *s. m. inv.* Correntemente, pianta tropicale delle Centrospermali con fusto carnoso sempreverde, foglie trasformate in spine e fiori vivacemente colorati.

cacùme *s. m.* (*raro, lett.*) Sommità di un monte.

cadaùno *agg. e pron. indef.* Ciascuno, ognuno, spec. nel linguaggio burocratico commerciale: *saponette a lire mille cadauna*.

cadàvere *s. m.* Corpo umano dopo la morte | — *ambulante*, persona dall'aspetto sofferente; SIN. Morto, salma, spoglia.

cadavèrico *agg.* (*pl. m. -ci*) **1** Proprio del cadavere: *rigidità cadaverica*. **2** (*fig.*) Che ha l'aspetto di un cadavere.

cadaverìna *s. f.* (*chim.*) Sostanza, con odore di ammoniaca, che si forma nella putrefazione di organismi animali.

cadènte *part. pres. di cadere; anche agg.* **1** Che cade o sta per cadere: *palazzo* — | *Vecchio* —, decrepito | *Stella* —, meteorite che, cadendo, lascia in cielo una scia luminosa, subito spenta. **2** Che sta per terminare: *anno, mese* —.

cadènza *s. f.* **1** Modulazione della voce o di un suono prima della pausa | (*est.*) Inflessione tipica di una lingua o di un dialetto: *la — veneziana*. **2** Ritmo di un passo, di una marcia, di un ballo, di una macchina utensile che lavori in serie. **3** (*mus.*) Passaggio di abilità eseguito nel corso di un pezzo da un solista mentre le altre parti tacciono.

cadenzàre *v. tr.* (*io cadènzo*) Imprimere a q.c. una cadenza: — *la voce*; SIN. Ritmare, scandire.

cadére *v. intr.* (*pass. rem. io càddi, tu cadésti, egli càdde; fut. io cadrò, tu cadrài; congv. pres. io càda; cond. pres. io cadrèi, tu cadrésti; part. pass. cadùto; ger. cadèndo; aus. essere*) **1** Muoversi per gravità, senza sostegni, dall'alto verso il basso (*anche fig.*): *è caduto dall'albero* | — *dalle nuvole*, meravigliarsi | — *in piedi, ritti*, uscire bene da una stiuazione pericolosa | Venir via, staccarsi: *gli cadono i capelli; cadono le foglie* | Scendere: *cade una pioggia sottile* | Pendere: *i capelli le cadono fino alla vita*; SIN. Cascare. **2** Crollare (*anche fig.*): *il soffitto cadde; la fortezza è caduta; il regime cadde dopo anni di lotta*; SIN. Crollare, precipitare, rovinare. **3** (*fig.*) Venire a trovarsi in una situazione difficile: — *ammalato, in miseria, in rovina* | — *dalla padella nella brace*, da una situazione sfavorevole a una ancora peggiore | (*fig.*) Fallire: — *agli esami* | (*fig.*) Rimanere ucciso: — *in battaglia, sulla breccia* | Peccare. **4** (*fig.*) Calare, finire: *il vento cadde improvvisamente* | (*fig.*) *Lasciar — il discorso*, abbandonarlo | *Far — q.c. dall'alto*, (*fig.*) concedere q.c. con difficoltà. **5** (*fig.*) Capitare, apparire improvvisamente: — *in animo, a proposito, sotto gli occhi* | (*fig.*) *Lasciar — una parola, una frase e sim.*, presentarle con falsa noncuranza per ottenere un effetto | Ricorrere con regolarità, periodicità: *oggi cade il mio compleanno*. **6** Uscire, terminare, detto di desinenza: *gli aggettivi che cadono in -e*. [→ tav. *proverbi* 282; → tav. *locuzioni* 16]

cadétto A *agg.* **1** Detto di figlio maschio non primogenito di una famiglia nobile, senza diritto di successione. **2** (*sport*) Di serie B: *squadra cadetta*. **B** *s. m.* **1** Figlio maschio non primogenito senza diritto di successione. **2** Allievo di un'accademia militare. **3** (*sport*) Componente di una squadra cadetta.

cadì *s. m.* Magistrato mussulmano che amministra la giustizia applicando le norme del diritto islamico.

caditóia *s. f.* **1** Apertura fatta negli sporti e nei ballatoi delle antiche fortificazioni, da cui si scagliavano sassi per colpire il nemico. [→ ill. *castello*] **2** Apertura nella cunetta della strada per l'immissione dell'acqua nella fognatura.

càdmio *s. m.* Elemento chimico, metallo bianco argenteo, duttile, malleabile; usato spec. in galvanostegia e come assorbente di neutroni nei reattori nucleari. SIMB. Cd.

caducèo o *cadùceo s. m.* Verga alata con due serpenti attorcigliati, con cui Mercurio componeva le liti: assurto a simbolo di pace e ad attributo dei messaggeri.

caducità *s. f.* **1** Condizione di ciò che è caduco | (*est.*) Fragilità, transitorietà: *la — della bellezza fisica*; SIN. Fugacità, labilità. **2** Inefficacia di un atto o negozio giuridico.

cadùco *agg.* (*pl. m. -chi*) **1** Che cade presto | (*fig.*) Di bre-

equipaggiamento del cacciatore

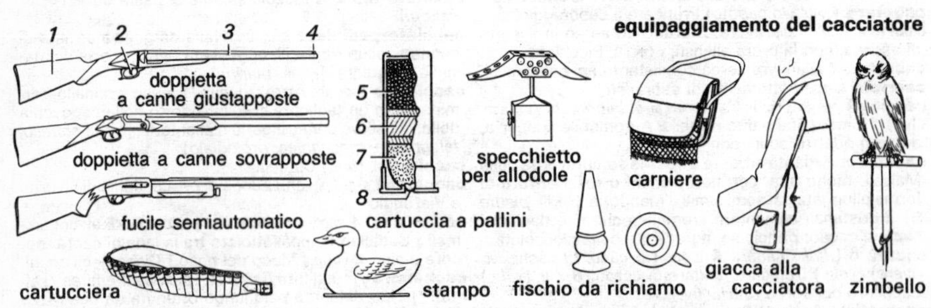

1 calcio 2 grilletto 3 canna 4 mirino 5 pallini 6 borra 7 carica di lancio 8 capsula

ve durata: *caduche speranze* | *Mal* –, (*pop.*) epilessia; SIN. Effimero, fugace, labile, passeggero. **2** (*biol.*) Detto di organo animale o vegetale destinato a cadere: *foglie caduche; denti caduchi.*

cadùta *s. f.* **1** Spostamento senza sostegni dall'alto verso il basso: *la – delle foglie, della neve* | Capitombolo, ruzzolone | Perdita: *– dei capelli* | Discesa: *– di un fulmine*; *– di un grave*, discesa spontanea di un corpo per l'azione della gravità | *– di tensione*, differenza di potenziale fra due punti di un circuito percorso da corrente. **2** (*fig.*) Capitolazione | (*fig.*) Rovina: *la – dell'Impero Romano* | Diminuzione: *–dei prezzi, dell'occupazione*; SIN. Crollo. **3** (*fig.*) Cessazione di un potere politico.

cadùto **A** *part. pass. di cadere; anche agg.* Cascato, precipitato. **B** Chi è morto in combattimento: *monumento ai caduti.*

café-chantant /*fr.* ka'fe ʃɑ̃tɑ̃/ *loc. sost. m. inv.* Caffè concerto.

café-society /*ingl.* 'kæfei sə'saiəti/ *loc. sost. f. inv.* Il bel mondo, le persone che frequentano i luoghi alla moda.

caffè *s. m.* **1** Pianta arbustiva tropicale sempreverde delle Rubiali con foglie ovate e glabre, fiori bianchi, frutti in drupa rossa con nocciolo contenente uno o due semi. [→ ill. *piante* 13] **2** Sostanza aromatica ottenuta per torrefazione e macinazione dei semi contenuti nei frutti della pianta del caffè. **3** Bevanda preparata per decozione a caldo di caffè torrefatto e macinato | *– espresso*, espressamente preparato per chi lo desidera, con apposite macchine | Bevanda succedanea del caffè: *– d'orzo.* [→ ill. *bar, stoviglie*] **4** Locale pubblico dove si servono, oltre al caffè, gelati, bevande alcoliche e analcoliche, pasticceria; SIN. Bar | *Chiacchiere, politica da –*, oziose, astratte dalla realtà | *– concerto*, locale dove si ascolta musica e si balla.

caffeàrio *agg.* Del caffè: *industria caffearia.*

caffeicolo *agg.* Che concerne la coltivazione del caffè.

caffeina *s. f.* Alcaloide contenuto nel caffè avente azione stimolante spec. sul cuore.

caffeismo *s. m.* Intossicazione prodotta da abuso di caffè.

caffellàtte o *caffelàtte s. m. inv.* Miscela di latte e caffè.

caffettàno *s. m.* Ampia e lunga veste con maniche svasate, tipica dei paesi mussulmani. [→ ill. *vesti*]

caffetteria *s. f.* Complesso di bevande e paste offerte nei caffè | Reparto di un esercizio alberghiero che si occupa della prima colazione.

caffettièra *s. f.* **1** Bricco in cui si fa bollire il caffè tostato e macinato per ottenerne la bevanda omonima | Bricco col quale si serve il caffè. [→ ill. *cucina, stoviglie*] **2** (*scherz.*) Autoveicolo sgangherato | Locomotiva vecchia.

caffettière *s. m.* (*f. -a*) Gerente di una bottega di caffè.

càffo **A** *s. m.* (*dial., tosc.*) Numero dispari. **B** *agg.* (*tosc.*) Dispari: *il tre è un numero –.*

cafonàggine *s. f.* L'essere cafone | Cafonata.

cafonàta *s. f.* Azione, frase da cafone.

cafóne **A** *s. m.* (*f. -a*) **1** (*dial., merid.*) Contadino. **2** (*est., spreg.*) Persona rozza, villana o maleducata; SIN. Zotico. **B** *agg.* Zotico, villano.

cafonésco *agg.* (*pl. m. -schi*) Da cafone.

cagàre e deriv. V. *cacare* e deriv.

cagionàre *v. tr.* (*io cagióno*) Causare, provocare: *– danno.*

cagióne *s. f.* Causa determinante di q.c.; SIN. Motivo, movente, origine, perché, ragione.

cagionévole *agg.* Di debole costituzione, facile ad ammalarsi.

cagliàre **A** *v. intr.* (*io càglio; aus. essere*) Coagularsi del latte a causa dell'acidità del caglio aggiunto ad esso. **B** *v. tr.* Far rapprendere.

cagliaritàno *agg.; anche s. m.* (*f. -a*) Di Cagliari.

cagliàta *s. f.* Massa gelatinosa ottenuta per coagulazione della caseina del latte.

cagliatùra *s. f.* Processo di coagulazione del latte.

càglio *s. m.* **1** Sostanza acida, ricavata spec. dall'abomaso di ruminanti lattanti, che aggiunta al latte lo fa cagliare. **2** (*zool.*) Abomaso. **3** Pianta erbacea delle Rubinacee con fiori gialli in pannocchie, un tempo usata per far cagliare il latte.

càgna *s. f.* **1** Femmina del cane. **2** (*fig.*) Donna di facili costumi. **3** (*fig.*) Cattiva attrice o cantante.

cagnàra *s. f.* **1** (*raro*) Latrato di molti cani. **2** (*fig., fam.*) Chiasso di gente che litiga o si diverte.

cagnésco *agg.* (*pl. m. -schi*) **1** Del cane. **2** (*fig.*) Ostile, minaccioso | *Guardare in –*, guardare torvo | (*lett.*) *Stare, essere in –*, essere sdegnato.

cagnóne *vc. Nella loc. riso in –*, in bianco, cotto in acqua e condito con burro fuso e parmigiano.

cagnòtto *s. m.* **1** *Dim. di cane.* **2** Sicario, persona prezzolata al servizio di un signore, per compiere prepotenza o vendetta.

caìcco *s. m.* (*pl. -chi*) Imbarcazione a remi, lancia.

càid *s. m.* Funzionario mussulmano nell'Africa del Nord.

caimàno *s. m.* Grande rettile fluviale simile al coccodrillo da cui si differenzia per le dimensioni inferiori e per il muso meno appuntito. [→ ill. *animali* 6]

cairòta *agg.; anche s. m. e f.* (*pl. m. -i*) Del Cairo.

càla (1) *s. f.* Calanca.

càla (2) *s. f.* Fondo della stiva della nave | Locale di bordo destinato a magazzino.

calabràche **A** *s. m. e f. inv.* (*volg.*) Persona remissiva e pusillanime. **B** *s. m.* Gioco di carte a due, nel quale vince chi riesce a raccogliere più carte.

calabrése *agg.; anche s. m. e f.* Della Calabria. [→ ill. *copricapo*]

calabresèlla *s. f.* Terziglio.

càlabro *agg.* (*f. -a*) **1** Di un'antica popolazione stanziata nella penisola salentina. **2** Calabrese.

calabróne *s. m.* **1** Insetto affine alla vespa, ma più grosso, con corpo bruno rossiccio e addome variegato di giallo, la cui femmina è fornita di pungiglione. [→ ill. *animali* 3] **2** (*fig.*) Corteggiatore insistente | Persona importuna.

calabrósa *s. f.* Brinata densa e compatta.

calafatàggio *s. m.* Operazione del calafatare.

calafatàre *v. tr.* (*io calafàto*) **1** Stoppare e rincatramare le fessure di una nave per renderla impenetrabile all'acqua. **2** Rendere stagna una giunzione tra lamiere o tubi.

calafàto *s. m.* Operaio specializzato nel calafataggio delle navi.

calamàio *s. m.* Vasetto di varia forma e materia in cui si tiene l'inchiostro e si intinge la penna per scrivere.

calamàro *s. m.* **1** Mollusco marino dei Cefalopodi, commestibile, con corpo bianco roseo punteggiato di scuro e prolungato in dieci tentacoli; in caso di pericolo, emette un liquido nero che intorbida l'acqua; SIN. Totano. [→ ill. *animali* 5] **2** *spec. al pl.* (*fig.*) Occhiaie livide.

calamina *s. f.* Minerale, silicato di zinco in masse cristalline grigio-giallastre o verdi.

calamistro *s. m.* **1** Organo formato da setole ricurve, situato sul quarto paio di zampe dei ragni. **2** Ferro usato un tempo per arricciare i capelli.

calamita *s. f.* **1** Magnete. **2** (*fig.*) Persona o cosa che possiede una forte attrattiva.

calamità *s. f.* Sventura o disgrazia che, di solito, colpisce molte persone: *la guerra è una –*; SIN. Catastrofe, disastro, sciagura.

calamitàre *v. tr.* (*io calamito*) **1** Magnetizzare un pezzo di ferro o acciaio. **2** (*est.*) Attirare.

calamitàto *part. pass. di calamitare; anche agg.* Magnetizzato | *Ago –*, quello della bussola.

calamitóso *agg.* (*lett.*) Pieno di sventure.

càlamo *s. m.* **1** Palma con fusto flessuoso lungo e sottile, munito di aculei coi quali si attacca alle piante vicine. **2** Fusto sottile di alcune piante | Parte del fusto della canna situata fra un nodo e l'altro. **3** (*lett.*) Stelo. **4** Parte basale del rachide della penna degli uccelli impiantato nella cute. [→ ill. *zoologia*] **5** Cannuccia o penna di volatile appuntita usata per scrivere | (*est., lett.*) Penna.

calànca *s. f.* Piccola insenatura marina in costa alta di sommersione; SIN. Cala.

calànco *s. m.* (*pl. -chi*) Solco di erosione inciso dalle acque dilavanti nei pendii argillosi. [→ ill. *geografia*]

calàndra (1) *s. f.* Uccello con piumaggio bruno chiazzato di nero, simile all'allodola, ma più grosso; è caratterizzata dal canto melodioso e dalla capacità di imitare quello degli altri uccelli.

calàndra (2) *s. f.* *– del grano*, insetto con corpo lungo e stretto, bruno, privo di ali e con capo prolungato in un rostro; le sue larve si nutrono delle cariossidi del frumento; SIN. (*pop.*) Punteruolo.

calàndra (3) *s. f.* ***1*** Macchina costituita da pesanti cilindri a contatto, per distendere in fogli sottili varie sostanze o per spianare, levigare e lucidare tessuti, carta e sim. ***2*** Parte anteriore della carrozzeria delle automobili. [→ ill. *automobile*]

calandràre *v. tr.* (*io calàndro*) Passare, lavorare alla calandra.

calandratùra *s. f.* Lavorazione di un materiale con la calandra.

calandrèlla *s. f.* Uccello affine all'allodola ma più piccolo e più chiaro.

calandrino *s. m.* Persona sciocca, credulona (dal nome di un personaggio del Decamerone).

calàndro *s. m.* Piccolo uccello di aspetto slanciato e piumaggio grigio con macchie scure superiormente e bianco-gialliccio inferiormente.

calànte *part. pres. di calare; anche agg.* Che cala, diminuisce | *Luna* —, in fase decrescente; CONTR. Crescente.

calàppio *s. m.* ***1*** Laccio, per prendere o tener ferma la selvaggina. ***2*** (*fig.*) Agguato, insidia.

calaprànẓi *s. m.* Piccolo montacarichi per far salire e scendere pietanze e stoviglie tra la cucina e la sala da pranzo, se situate su piani diversi.

calàre ***A*** *v. tr.* (*io càlo*) ***1*** Far muovere lentamente dall'alto verso il basso: — *un secchio nel pozzo* | — *le vele*, ammainarle | — *il sipario*, (*fig.*) concludere un'attività; SIN. Abbassare; CONTR. Alzare. ***2*** Lavorando a maglia, diminuire progressivamente il numero delle maglie; CONTR. Aumentare. ***B*** *v. intr.* (*aus. essere*) ***1*** Estendersi verso il basso | Discendere: *i lupi calano al piano.* ***2*** Diminuire: — *di peso* | Diminuire di prezzo; SIN. Decrescere, scemare. ***3*** Diminuire, detto della luminosità o della fase di un astro | Tramontare, declinare. ***C*** *v. rifl.* Muoversi dall'alto verso il basso, usando punti d'appoggio: *si calarono dalle mura.* [→ tav. *proverbi* 168]

calàstra *s. f.* ***1*** Trave di sostegno per la filiera delle botti. ***2*** Sostegno su cui poggiano le imbarcazioni sistemate sui ponti delle navi.

calàta *s. f.* ***1*** Atto del calare o del calarsi | Invasione: *la — dei barbari*; SIN. Discesa. ***2*** Luogo per cui ci si cala. ***3*** Cadenza dialettale: *la — romana.* ***4*** Banchina per il carico e lo scarico delle navi. [→ ill. *porto*]

calàtide *s. f.* Tipo di infiorescenza con il capolino allargato a forma di disco. [→ ill. *botanica*]

calàẓa *s. f.* Ciascuno degli ispessimenti di albume che nelle uova degli uccelli tengono sospeso il tuorlo. [→ ill. *gallo*]

càlca *s. f.* Moltitudine di gente stretta insieme; SIN. Folla, ressa.

calcàgno *s. m.* (*pl. calcàgni m.*, nel sign. proprio; *calcàgna f.* in alcuni usi fig.) ***1*** Parte posteriore del piede | *Avere qc. alle calcagna*, (*fig.*) averlo sempre dietro | *Mostrare, voltare le calcagna*, (*scherz.*) fuggire; SIN. Tallone. [→ ill. *anatomia umana, zoologia*] ***2*** (*est.*) Parte della calza o della scarpa che ricopre il calcagno. [→ ill. *abbigliamento*] ***3*** Parte inferiore dei cerchietti delle forbici, nei quali si infilano le dita. [→ ill. *forbici*]

calcàra *s. f.* Fornace da calce.

calcàre (1) *v. tr.* (*io càlco, tu càlchi*) ***1*** Premere coi piedi: — *la terra smossa* | — *le scene*, fare l'attore | (*est.*) Percorrere: — *una strada* | — *le orme di qc.*, (*fig.*) imitarlo. ***2*** Premere con forza dall'alto verso il basso: — *i vestiti in una valigia* | — *la mano*, (*fig.*) eccedere in rigore; SIN. Comprimere, pigiare. ***3*** Mettere in rilievo: — *le parole.* ***4*** Copiare un disegno passando una punta sui contorni, per imprimerli su un foglio sottostante.

calcàre (2) *s. m.* Roccia sedimentaria costituita prevalentemente da calcite.

calcàre (3) *s. m.* (*lett.*) Sperone.

calcàreo *agg.* Che ha natura di calcare: *roccia calcarea* | Che è ricco di calcare: *terreno* —.

calcaróne *s. m.* Forno ove, in Sicilia, si accumulano i materiali zolfiferi per fonderli ed estrarne lo zolfo.

calcatóio *s. m.* ***1*** Arnese atto a introdurre nel foro da mina la carica esplosiva. ***2*** Strumento a punta che serve a calcare i disegni.

càlce (1) *s. f.* Composto solido, bianco, poroso, avidissimo di acqua, ottenuto per decomposizione del calcare in appositi forni; usato per formare malte da costruzione e per imbiancare | — *viva*, ossido di calcio puro, senz'acqua | — *spenta*, idrossido di calcio, ottenuto trattando con acqua la calce viva. [→ ill. *edilizia*]

càlce (2) *s. m. solo sing.* Parte bassa di q.c. | *In* —, a piè di pagina: *firma in* —.

calcedònio *s. m.* ***1*** (*miner.*) Varietà di quarzo a struttura fibroso-raggiata. ***2*** Tipo di vetro più o meno venato.

calcestrùzzo *s. m.* Materiale da costruzioni costituito da un impasto di sabbia, ghiaia e pietrisco con cemento e acqua; SIN. Beton. [→ ill. *nucleare*]

calciàre ***A*** *v. intr.* (*io càlcio; aus. avere*) Tirar calci. ***B*** *v. tr.* ***1*** Spingere col piede q.c. — *i sassi per strada.* ***2*** Nel calcio e nel rugby, colpire il pallone col piede per eseguire un tiro.

calciatóre *s. m.* (*f. -trìce*) ***1*** (*raro*) Chi calcia. ***2*** Giocatore di una squadra di calcio. [→ ill. *sport*]

calciatùra *s. f.* Parte inferiore in legno della cassa da fucile.

càlcico *agg.* (*pl. m. -ci*) Di calce o calcio | Che contiene calcio.

calcificàre ***A*** *v. tr.* (*io calcìfico, tu calcìfichi*) Incrostare di sali di calcio. ***B*** *v. intr. pron.* Indurirsi per eccessivo deposito di sali di calcio, detto dei tessuti di organismi viventi.

calcificazióne *s. f.* Deposizione di sali di calcio nei tessuti di organismi viventi.

calcìna *s. f.* Malta ottenuta mescolando a sabbia e pietrisco la calce spenta | *Muro a* —, fatto con mattoni a calcina. [→ ill. *edilizia*]

calcinàccio *s. m.* Pezzo di calcina secca che si stacca dal muro intonacato.

calcinàio *s. m.* Vasca per spegnervi con acqua la calce viva.

calcinàre *v. tr.* (*io calcìno*) ***1*** (*chim.*) Portare una sostanza ad alta temperatura per decomporla o per eliminarne acqua di cristallizzazione o parti volatili. ***2*** Trasformare il calcare in calce viva.

calcinàto *agg.* ***1*** Trasformato in calce. ***2*** Detto del baco da seta affetto da calcino.

calcinatùra *s. f.* Immersione delle pelli da conciare in un bagno di calce.

calcinazióne *s. f.* L'operazione di calcinare.

calcìno *s. m.* Malattia del baco da seta dovuta a un fungo parassita che rende bianche le larve.

calcinóso *agg.* Che ha apparenza di calcina.

càlcio (1) *s. m.* ***1*** Colpo che si dà col piede: *prendere qc. a calci* | *Dare un — a q.c.*, (*fig.*) rifiutarla | *Dare un — a qc., trattare qc. a calci*, (*fig.*) trattarlo villanamente; SIN. Pedata. ***2*** Percossa data con la zampa da animali forniti di zoccolo | *Il — dell'asino*, (*fig.*) azione dell'ingrato o del vigliacco. ***3*** Gioco che oppone due squadre, ciascuna di undici giocatori, che si contendono un pallone cercando di farlo entrare nella porta avversaria il maggior numero di volte possibile e colpendolo con il piede o con la testa; SIN. Football. [→ ill. *sport*]

càlcio (2) *s. m.* Piede delle armi da fuoco portatili. [→ ill. *armi, cacciatore*]

càlcio (3) *s. m.* Elemento chimico, diffusissimo nelle rocce, spec. calcari, metallo alcalino-terroso tenero, bianco-argenteo, indispensabile alla vita; usato come disossidante, ricostituente e in diverse leghe. SIMB. Ca.

càlcio-balilla *loc. sost. m.* Tavolo fornito di piccole sagome riproducenti i giocatori di due squadre calcistiche con le quali, manovrando le apposite barre trasversali a cui sono fissate, è possibile disputare una specie di partita di calcio. [→ ill. *giochi*]

calciocianammìde *s. f.* Sostanza ottenuta per azione dell'azoto sul carburo di calcio a elevata temperatura; usata spec. come concime.

calciòlo *s. m.* Guarnizione metallica posta per protezione alla base del calcio del fucile e sim.

calcìstico *agg.* (*pl. m. -ci*) Relativo al gioco del calcio.

calcìte *s. f.* (*miner.*) Carbonato di calcio che cristallizza in cristalli romboedrici; principale costituente dei calcari.

calcitràre *v. intr.* (*io càlcitro; aus. avere*) (*raro*) Recalcitrare.

càlco *s. m.* (*pl. -chi*) ***1*** Impronta di una scultura ricavata in materia molle allo scopo di trarne copia dell'originale

| Copia così ottenuta. **2** Copia di un disegno ottenuta calcandone i contorni. **3** (*ling.*) Trasposizione di modelli lessicali e sintattici da una lingua ad un'altra.

calcografìa *s. f.* **1** Procedimento di stampa a mezzo di matrici in rame incise in incavo. **2** Complesso delle tecniche manuali d'incisione in incavo. **3** Luogo ove si stampa e si conserva il rame inciso.

calcogràfico *agg.* (*pl. m. -ci*) Della calcografia.

calcògrafo *s. m.* Chi esercita la calcografia.

càlcola *s. f. spec. al pl.* Nei telai a mano, ognuno dei pedali che, uniti con funicelle ai licci del pattino e mossi dai piedi del tessitore, servono per aprire e serrare le file dell'ordito mentre passa la spola.

calcolàbile *agg.* Che si può calcolare.

calcolàre *v. tr.* (*io càlcolo*) **1** Determinare q.c. per mezzo di un calcolo: *— l'ammontare di una somma* | ass. Fare calcoli; SIN. Contare. **2** (*est.*) Considerare in un calcolo: *ti ho calcolato come assente.* **3** Prevedere con un esame attento: *— i pro e i contro*; SIN. Ponderare, valutare.

calcolatóre ***A*** *agg.* (*f. -trìce*) **1** Che esegue calcoli | Atto a eseguire calcoli: *regolo —.* **2** (*fig.*) Che, prima di agire, valuta gli elementi di una situazione pensando solo al proprio interesse. ***B*** *s. m.* (*f. -trìce*) **1** Chi esegue calcoli. **2** (*fig.*) Persona calcolatrice. **3** Macchina per l'elaborazione dei dati | *— elettronico,* (*fam.*) elaboratore elettronico. [→ ill. *ufficio*]

calcolatrìce ***A*** *agg.* **1** Che calcola. **2** Che esegue o è atta a eseguire calcoli: *macchina calcolatrice.* ***B*** *s. f.* Macchina da calcolo da tavolo che permette l'esecuzione automatica delle quattro operazioni aritmetiche ed anche di altre operazioni | *— tascabile,* di minuscole dimensioni. [→ ill. *ufficio*]

càlcolo *s. m.* **1** (*mat.*) Insieme di operazioni matematiche eseguite su dati noti per ottenere i dati richiesti: *— algebrico, numerico, infinitesimale.* **2** (*anton.*) Matematica, arimetica. **3** (*fig.*) Valutazione, conto | (*fig.*) *Far — su qc. o q.c.*, farvi assegnamento | (*est.*) Congettura, previsione: *i tuoi calcoli sono assurdi* | *Agire con, per, —*, considerando solo il proprio utile. **4** (*med.*) Concrezione anomala di sali inorganici presente lungo le vie di eliminazione degli escreti e dei secreti.

calcolòsi *s. f.* (*med.*) Affezione prodotta dalla presenza di calcoli; SIN. Litiasi.

calcolóso *agg.* **1** (*med.*) Di calcolo. **2** (*raro*) Sofferente di calcoli.

calcomanìa *s. f.* Decalcomania.

calcopirìte *s. f.* (*miner.*) Solfuro di rame e ferro in masse compatte minutamente cristalline, di color giallo ottone e lucentezza metallica, da cui si ricava il rame.

calcotipìa *s. f.* Processo di stampa con matrici in rilievo di rame.

caldàia *s. f.* **1** Recipiente metallico, grande e rotondo, per farvi bollire q.c. **2** Apparecchio di forme e dimensioni diverse, resistente alla pressione interna, destinato alla vaporizzazione di liquidi, spec. acqua, o al loro riscaldamento. [→ ill. *casa, ferrovia, riscaldamento*]

caldallèssa *s. f.* (*pl. caldallèsse o càlde allèsso*) Ballotta.

caldaménte *avv.* Con calore, con entusiasmo.

caldàna *s. f.* **1** Ora calda del giorno. **2** Improvviso e molesto calore al viso o al capo | (*fig.*) Improvviso scatto d'ira o di rabbia.

caldàno *s. m.* Recipiente per tenervi braci o carboni accesi, per scaldarsi; SIN. Braciere, scaldino.

caldarròsta *s. f.* (*pl. caldarròste o càlde arròsto*) Castagna cotta con la sua scorza in una padella bucherellata; SIN. Bruciata.

caldeggiàre *v. tr.* (*io caldéggio*) Raccomandare con calore: *— una proposta*; SIN. Appoggiare, sostenere.

caldèra *s. f.* Sorta di cratere a pareti ripide e fondo pianeggiante, formatosi in seguito all'esplosione o allo sprofondamento di un apparato vulcanico.

calderàio *s. m.* Chi fabbrica caldaie, paioli, casseruole e sim.

calderóne *s. m.* **1** Grosso recipiente per farvi bollire q.c. **2** (*fig.*) Quantità disordinata di cose.

càldo ***A*** *agg.* **1** Che produce una sensazione di calore: *clima —*; CONTR. Freddo. **2** (*fig.*) Che si entusiasma, si sdegna, si appassiona, rapidamente e con facilità | *Essere una testa calda,* (*fig.*) avere idee avventate e balzane | *A sangue —,* (*fig.*) con impeto ed eccitazione | Affettuoso, cordiale: *calda simpatia* | *Piangere a calde lacrime,* dirottamente | (*fig.*) *Pigliarsela calda,* preoccuparsi, agitarsi; SIN. Fervido, focoso, impetuoso. **3** Che ha appena finito di cuocersi: *pane —* | (*fig.*) Appena eseguito, molto recente: *notizie calde.* **4** (*est.*) Che ha un colore intenso e luminoso: *un giallo —* | (*est.*) Che ha un suono profondo e gradevole: *una voce calda.* ***B*** *s. m.* **1** Calore intenso | Temperatura elevata. **2** (*fig.*) Ardore, desiderio, entusiasmo intenso | *Non fare né — né freddo,* lasciare indifferente. **3** *Nella loc. a —*, detto di lavorazione di metalli e sim. resi malleabili col fuoco; (*fig.*) nel vivo di una situazione, con immediatezza: *impressioni a —*; CONTR. A freddo. [→ tav. *proverbi* 31]

caldùra *s. f.* Caldo estivo intenso e afoso; SIN. Calura, canicola.

calefazióne *s. f.* Fenomeno per cui un liquido, versato su una superficie molto calda, forma gocce che corrono su di questa senza toccarla, per l'interposto strato di vapore.

caleidoscòpio *s. m.* **1** Gioco ottico costituito da un tubo opaco terminante con alcuni specchietti, i quali, riflettendo piccoli oggetti colorati e mobili nel fondo, danno luogo a immagini colorate e simmetriche. **2** (*fig.*) Insieme di cose o persone varie e mutevoli.

calembour /fr. kalã'bur/ *s. m. inv.* (*pl. fr. calembours* /kalã'bur/) Freddura basata su un gioco di parole.

calendàrio *s. m.* **1** Sistema di computo, divisione e distribuzione del tempo in vari periodi, basato sul moto apparente del Sole o della Luna. **2** Libretto o tabella in cui sono notati per ordine tutti i giorni dell'anno distinguendo i festivi (civili e religiosi) e suddividendoli in settimane e mesi | *— civile,* con l'indicazione delle feste riconosciute dallo Stato | *— scolastico,* con indicazione dei giorni di lezione e delle festività; SIN. Almanacco, lunario. [→ ill. *ufficio*] **3** Programma di manifestazioni cronologicamente ordinate: *— venatorio.*

calènde *s. f. pl.* Primo giorno del mese secondo il calendario romano antico | (*scherz.*) *Rimandare q.c. alle — greche,* a tempo indeterminato, poiché le calende non esistevano nel calendario greco. [→ tav. *locuzioni* 90]

calendimàggio *s. m.* Primo giorno di maggio | (*est.*) Antica festa della primavera, celebrata a Firenze in tale giorno.

calèndola o *calèndula s. f.* Pianta erbacea delle Sinandrali, pelosa e dall'odore sgradevole, con foglie alterne e fiori di color giallo-aranciato.

calepino *s. m.* **1** Grosso vocabolario, spec. latino | Volume di gran mole. **2** Registro, taccuino.

calére *v. intr. impers.* (*dif. usato solo in alcune forme dei tempi semplici: pres. càle; imperf. caléva; pass. rem. càlse; congv. pres. càglia; congv. imperf. calésse; ger. calèndo*) (*raro, lett.*) Stare a cuore, interessare: *di ciò non mi cale* | *Mettere, porre, in non cale,* trascurare.

calèsse *s. m.* Vettura leggera a due ruote, con o senza mantice, trainata da un solo cavallo. [→ ill. *carro e carrozza*]

calettaménto *s. m.* Collegamento fisso tra due organi meccanici, quali un mozzo su un albero e sim.

calettàre ***A*** *v. tr.* Unire due pezzi in modo che la sporgenza dell'uno si inserisca nella rientranza dell'altro. ***B*** *v. intr.* (*io calétto; aus. avere*) Combaciare perfettamente.

calettatùra *s. f.* Calettamento.

calìa *s. f.* **1** Quel che si stacca, si perde, nella lavorazione di oggetti preziosi. **2** (*fig.*) Persona malaticcia o fastidiosa. **3** Anticaglia.

calibràre *v. tr.* (*io càlibro*) **1** Portare un pezzo cilindrico o una cavità cilindrica a un determinato diametro. **2** Misurare il calibro. **3** Tarare | (*fig.*) Misurare con esattezza.

calibratóio *s. m.* Strumento per verificare l'esatto calibro di un'arma da fuoco.

calibratóre *s. m.* **1** Calibratoio. **2** In varie tecnologie, chi misura e ispeziona pezzi e prodotti.

càlibro *s. m.* **1** Nelle armi da fuoco moderne, diametro interno della bocca misurato tra i pieni della rigatura, espresso in mm o centesimi di pollice. **2** (*est.*) Bocca da fuoco, *nella loc. piccolo, medio, grosso —* | *Grosso —*, (*fig.*) persona molto valente o importante. **3** Strumento per misurare con precisione le dimensioni di pezzi meccanici e sim. [→ ill. *meccanica, misure*] **4** (*fig.*) Qualità, carattere, portata.

Calicantàcee *s. f. pl.* Famiglia di piante arbustive delle Policarpali, con fiori odorosi. [→ ill. *piante* 4]

calicànto *s. m.* Genere di piante delle Policarpali con fiori molto profumati | – *d'estate*, con fiori rossi | – *d'inverno*, con fiori gialli che sbocciano in gennaio. [→ ill. *piante* 4]

càlice (1) *s. m.* **1** Bicchiere che dalla bocca va restringendosi verso il fondo, sostenuto da un piede a base rotonda. [→ ill. *stoviglie*] **2** (*lett., gener.*) Bicchiere | *Levare i calici*, brindare. **3** Vaso sacro, di metallo prezioso, con cui il sacerdote consacra il vino nella messa. [→ ill. *religione*]

càlice (2) *s. m.* Involucro esterno del fiore costituito da sepali liberi o saldati tra loro. [→ ill. *botanica*]

calicétto *s. m.* Complesso di brattee all'esterno del calice.

calidàrio *s. m.* Nelle antiche terme, stanza per i bagni d'acqua calda o di vapor acqueo.

califfàto *s. m.* **1** Autorità e titolo di califfo. **2** Territorio sottoposto a un califfo.

califfo *s. m.* Titolo attribuito ai successori di Maometto nella guida della comunità mussulmana.

califòrnio *s. m.* Elemento chimico radioattivo, metallo artificiale transuranico. SIMB. Cf.

càliga *s. f.* Sorta di scarpa dei soldati romani con una suola di cuoio, chiodi di ferro, e strisce. [→ ill. *calzatura*]

calìgine *s. f.* **1** Sospensione nell'aria di particelle materiali secche microscopiche che conferiscono al paesaggio un aspetto offuscato | (*gener.*) Nebbia, fumo; CFR. Smog. **2** (*fig., est.*) Diminuzione o perdita delle facoltà intellettuali.

caliginóso *agg.* Offuscato da caligine.

càlla *s. f.* Pianta erbacea, palustre delle Spadiciflore con foglie lucide di color verde scuro | Correntemente, pianta delle Spadiciflore, con infiorescenza a spadice circondata da una grande brattea bianca. [→ ill. *piante* 15]

callàia *s. f.* Apertura che si fa nelle siepi per poter entrare nei campi.

càlle A *s. m.* (*poet.*) Sentiero campestre, strada stretta. **B** *s. f.* **1** Strada di Venezia. **2** (*est.*) Strada stretta.

call-girl /*ingl.* 'kɔ:lgə:l/ *loc. sost. f. inv.* (*pl. ingl. call-girls* /'kɔ:lgə:lz/) Ragazza squillo.

càlli- *primo elemento*: in parole composte dotte significa 'bello': *calligrafia*.

callidità *s. f.* (*lett.*) Astuzia, furberia.

càllido *agg.* (*lett.*) Astuto, accorto.

callìfugo *s. m.* (*pl. -ghi*) Rimedio contro i calli dei piedi.

calligrafìa *s. f.* **1** Scrittura a mano, bene eseguita. **2** (*est.*) Scrittura: *avere una – brutta*.

calligràfico *agg.* (*pl. m. -ci*) **1** Di calligrafia. **2** Che si riferisce alla scrittura: *esame, perito –*. **3** (*fig.*) Di artista che cura eccessivamente la forma e di opera d'arte corrispondente.

calligrafìṣmo *s. m.* Tendenza artistica caratterizzata da eccessiva preoccupazione formale.

callìgrafo *s. m.* (*f. -a*) **1** Chi esercita o insegna l'arte della calligrafia | *Perito –*, chi giudica sull'autenticità di una scrittura. **2** (*est.*) Chi ha una bella scrittura. **3** (*fig.*) Artista che cura eccessivamente la forma.

callìsta *s. m. e f.* (*pl. m. -i*) Chi cura o estirpa i calli.

càllo *s. m.* **1** (*med.*) Ispessimento superficiale e circoscritto della cute, spec. delle mani e dei piedi | *Fare il – a q.c.*, (*fig.*) abituarvisi | *Pestare i calli a qc.*, (*fig.*) causargli grave molestia. **2** (*med.*) – *osseo*, tessuto di cicatrice tra i monconi di frattura di un osso, che si trasforma in tessuto osseo. **3** Protuberanza callosa delle gambe del cavallo, presso le articolazioni.

callosità *s. f.* **1** Formazione callosa. **2** Qualità e aspetto di ciò che è calloso.

callóso *agg.* **1** Pieno di calli. **2** (*est.*) Indurito | (*fig.*) *Coscienza callosa*, che non prova rimorsi. **3** (*anat.*) *Corpo –*, lamina di sostanza bianca tra i due emisferi cerebrali. [→ ill. *anatomia umana*]

càlma A *s. f.* **1** Mancanza di vento | – *equatoriale*, bonaccia di vento che regna nella fascia di convergenza dei due alisei | – *tropicale*, zona di venti deboli che si stende sugli oceani intorno a 35° di latitudine nord e sud; SIN. Bonaccia. **2** (*est.*) Silenzio, tranquillità: *amare, cercare la –*. **3** (*fig.*) Stato di serenità, di assenza di sconvolgimenti naturali o spirituali: *conservare la –* | *Prendersela con –*, non preoccuparsi di fronte alle difficoltà; SIN. Quiete, tranquillità; CONTR. Agitazione. **4** Flemma: *lavorare con –*; CONTR. Fretta. **B** *in funzione di inter.* Si usa come esortazione a non impaurirsi: –, *ragazzi!*

calmànte A *part. pres. di calmare; anche agg.* Che calma. **B** *s. m.* Rimedio che calma il dolore.

calmàre A *v. tr.* (*io càlmo*) **1** Ridurre alla calma; SIN. Placare, sedare. **2** Ridurre o eliminare una sofferenza fisica: – *il mal di testa*; SIN. Alleviare, lenire. **B** *v. intr. pron.* **1** Diventare calmo. **2** Diminuire d'intensità, detto di sofferenze; SIN. Attutirsi.

calmieràre *v. tr.* (*io calmièro*) Sottoporre a calmiere.

calmière *s. m.* Il prezzo più alto stabilito dall'autorità per il commercio, spec. al minuto, di determinate merci, al fine di impedirne il rincaro per manovre speculatorie.

càlmo *agg.* **1** Che si trova in uno stato di calma: *mare –*; CONTR. Agitato. **2** (*est.*) Quieto, tranquillo.

càlo *s. m.* **1** Calata, discesa. **2** (*fig.*) Perdita di prestigio o forza fisica: – *della vista*. **3** Diminuzione di altezza, peso, prezzo, volume.

calomelàno *s. m.* Composto chimico, cloruro mercuroso, bianco, polverulento, usato in medicina con azione purgativa e vermifuga.

calóre *s. m.* **1** (*fis.*) Energia del moto disordinato delle particelle che costituiscono la materia, avvertita come sensazione di caldo: – *solare, terrestre* | – *specifico*, numero di calorie necessarie a portare un grammo di una certa sostanza da 14,5 °C a 15,5 °C. [→ ill. *metallurgia*] **2** Sensazione prodotta dall'energia termica insita in un corpo: *il benefico – della fiamma*. [→ ill. *vigili del fuoco*] **3** Canicola, calura: *il – estivo*. **4** (*fig.*) Intensità di emozioni | Fervore, entusiasmo: *parlare con –*; SIN. Ardore; CONTR. Freddezza. **5** (*pop.*) Estro, nelle femmine degli animali: *andare in –*.

calorìa *s. f.* (*fis.*) **1** Quantità di calore necessario per portare 1 gr di acqua distillata da 14,5 °C a 15,5 °C alla pressione di un'atmosfera. SIMB. cal. **2** (*biol.*) Unità di misura dell'energia necessaria a un organismo umano per soddisfare le proprie necessità vitali | (*est.*) Unità di misura del valore energetico degli alimenti.

calòrico *agg.* (*pl. m. -ci*) Che si riferisce al calore o alle calorie.

calorìfero *s. m.* Qualunque impianto centralizzato di riscaldamento dei locali.

calorìfico *agg.* (*pl. m. -ci*) Che produce calore.

calorimetrìa *s. f.* Parte della fisica che si occupa della misura delle quantità di calore.

calorìmetro *s. m.* Strumento per la determinazione del calore specifico: – *ad acqua, a ghiaccio*. [→ ill. *fisica*]

calorosaménte *avv.* Con calore | Con grande fervore, cordialità.

calorosità *s. f.* Qualità di caloroso.

calorόso *agg.* **1** Che produce calore | Che riscalda: *spezie calorose*. **2** Che non teme il freddo, detto di persona; CONTR. Freddoloso. **3** (*fig.*) Fatto con entusiasmo e calore: *accoglienza calorosa*; SIN. Cordiale.

calòscia o (*raro*) **galòscia** *s. f.* (*pl. -sce*) *spec. al pl.* Soprascarpa.

calòtta *s. f.* **1** Ognuna delle due parti di una superficie sferica tagliata da un piano secante: – *sferica*. **2** (*est.*) Struttura od oggetto di forma analoga a una calotta sferica: *le calotte polari* | Coperchio convesso. [→ ill. *geografia*] **3** (*anat.*) Insieme delle ossa che formano la volta cranica. **4** Cupola del cappello maschile o femminile. [→ ill. *religione*]

calpestàre *v. tr.* (*io calpésto*) **1** Schiacciare forte e ripetutamente coi piedi. **2** (*fig.*) Disprezzare, offendere: – *i diritti di qc.*

calpestatóre *s. m.* (*f. -trice*) (*raro*) Chi calpesta.

calpestìo *s. m.* Il calpestare prolungato | Rumore prodotto dal passaggio di molte persone.

calùgine *s. f.* **1** Lanugine bianca che ricopre foglie, frutti e sim. **2** La prima peluria degli uccelli e (*est.*) degli adolescenti.

calumet /*fr.* kaly'mɛ/ *s. m. inv.* (*pl. fr. calumets* /kaly'mɛ/) Pipa sacra dei Pellirosse | *Fumare il – della pace*, (*fig.*) rappacificarsi con qc.

calùnnia *s. f.* **1** (*dir.*) L'incolpare di un reato taluno che si sa innocente. **2** Accusa inventata per diffamare o screditare qc.; SIN. Diffamazione, maldicenza.

calunniàre *v. tr.* (*io calùnnio*) Accusare falsamente; SIN. Denigrare, diffamare.

calunniatóre **A** *s. m.* (*f. -trìce*) Chi sparge calunnie. **B** *anche agg.* ● SIN. Diffamatore, maldicente.

calunnióso *agg.* Che ha carattere o scopo di calunnia: *voci calunniose*; SIN. Diffamatorio.

calùra *s. f.* (*lett.*) Caldo intenso e afoso; SIN. Caldura.

calvàrio *s. m.* Patimento e dolore prolungato (dal nome del luogo ove fu crocefisso Gesù Cristo).

calvinismo *s. m.* Dottrina religiosa di Calvino.

calvinista *s. m. e f.* (*pl. m. -i*) Chi segue la dottrina di Calvino.

calvìzie *s. f. inv.* Perdita progressiva e definitiva dei capelli | Mancanza dei capelli.

càlvo **A** *agg.* **1** Privo di capelli; SIN. Pelato. **2** (*raro, fig.*) Privo di vegetazione: *la cima calva di un monte.* **B** *s. m.* (*f. -a*) Chi è affetto da calvizie.

càlza *s. f.* **1** Indumento a maglia che riveste il piede e parte della gamba | *Ferri da –*, atti a eseguire a mano lavori a maglia | *Far la –*, lavorare ai ferri. [→ ill. *abbigliamento, tessuto, vesti*] **2** Rivestimento in tessuto a maglia di cavi e sim.

calzamàglia *s. f.* (*pl. calzamàglie*) **1** Indumento di maglia che fascia tutta la persona dal collo fino ai piedi, o dalla vita in giù. [→ ill. *abbigliamento*] **2** Nel Medioevo italiano, calzoni molto aderenti del costume maschile.

calzànte **A** *part. pres. di calzare; anche agg.* **1** Che calza. **2** (*fig.*) Appropriato, opportuno: *esempio –.* **B** *s. m.* Calzatoio.

calzàre (1) **A** *v. tr.* **1** Introdurre il piede, la gamba, la mano in un indumento particolarmente aderente: *– stivali, guanti.* **2** Fornire di calzature: *quel negozio calza una clientela scelta.* **3** Puntellare con biette, botti, mobili e sim. **B** *v. intr.* (*aus. avere* nel sign. proprio*; essere* nel sign. fig.) Essere bene aderente, adatto: *queste scarpe calzano benissimo* | (*fig.*) Essere conveniente e adatto: *– a pennello.*

calzàre (2) *s. m.* (*lett.*) Stivale, scarpa.

calzascàrpe *s. m. inv.* Calzatoio.

calzatóia *s. f.* **1** Cuneo di legno o ferro che si pone davanti alle ruote dei veicoli per assicurarne l'immobilità. **2** Sgabello per appoggiarvi i piedi, quando si puliscono o si infilano le scarpe.

calzatóio *s. m.* Arnese di corno o metallo ricurvo che aiuta a calzare le scarpe; SIN. Calzante, calzascarpe.

calzatùra *s. f.* Ogni tipo o forma di scarpa. [→ ill. *calzatura*]

calzaturière *s. m.* Industriale della calzatura.

calzaturièro **A** *agg.* Concernente le calzature. **B** *s. m.* (*f. -a*) Operaio di un calzaturificio.

calzaturifìcio *s. m.* Fabbrica di calzature.

calzeròtto *s. m.* Calzino.

calzétta *s. f.* **1** Calzino. **2** *Mezza –*, (*fig.*) persona di modeste possibilità che pretende di vivere nell'agiatezza; individuo mediocre.

calzettàio *s. m.* (*f. -a*) Chi vende calze o le fabbrica.

calzetterìa *s. f.* Fabbrica di calze | Negozio in cui si vendono calze.

calzettóne *s. m.* **1** *spec. al pl.* Calze spesse, per lo più di lana, lunghe fin sotto il ginocchio. **2** *al pl.* Stivaloni a coscia, di gomma o tela gommata, usati dai cacciatori palustri.

calzifìcio *s. m.* Opificio tessile adibito alla fabbricazione delle calze.

calzìno *s. m.* Calza corta, spec. da uomo o da bambino, di lana o di cotone; SIN. Calzerotto. [→ ill. *abbigliamento*]

calzolàio *s. m.* (*f. -a*) Artigiano che fa o aggiusta calzature. [→ ill. *calzolaio, martello*]

calzolerìa *s. f.* **1** Bottega in cui si fabbricano o vendono scarpe. **2** Arte del calzolaio.

calzoncìni *s. m. pl.* Calzoni corti.

calzóne *s. m.* **1** Ognuna delle due parti dei calzoni che ricoprono le gambe. **2** *spec. al pl.* Indumento spec. maschile che copre la persona dalla cintola in giù; SIN. Pantaloni. [→ ill. *abbigliamento, alpinista*] **3** Disco di pasta da pizza, ripiegato e variamente farcito, cotto in forno.

camaldolése **A** *agg.* Che si riferisce all'ordine dei benedettini eremiti fondato a Camaldoli da S. Romualdo. **B** *s. m.* Monaco di tale ordine.

camaleónte *s. m.* **1** Rettile simile a una lucertola, ma più corto e tozzo, con tronco compresso, coda prensile, occhi grandi e sporgenti, lingua protrattile; è capace di variare il colore della pelle. [→ ill. *animali* 6] **2** (*fig.*) Persona volubile e opportunista che, spec. in campo politico, cambia spesso opinione.

camaleòntico *agg.* (*pl. m. -ci*) Di, da camaleonte.

camaleontismo *s. m.* Atteggiamento di chi muta spesso opinione per opportunismo.

camarilla /kama'rilla, *sp.* kama'riʎa/ *s. f. inv.* (*pl. sp. camarillas* /kama'riʎas/) Consiglio privato della Corona, nelle monarchie spagnole | (*est.*) Consorteria, combriccola che ordisce inganni, intrighi e sim., per il proprio tornaconto; SIN. Camorra, cricca.

camàuro *s. m.* Berretto, tipico del papa, di velluto o raso rosso. [→ ill. *copricapo, religione*]

cambiadischi *s. m.* Nei grammofoni, dispositivo che consente il cambio automatico dei dischi.

calzatura

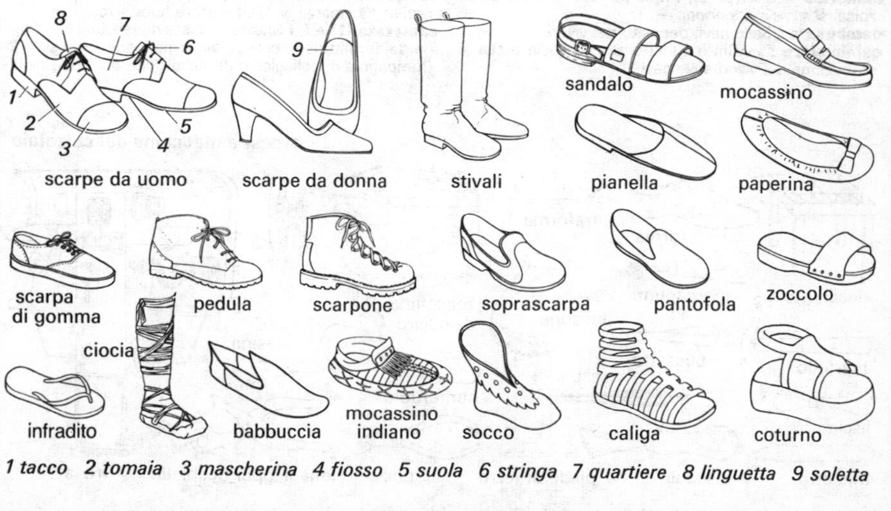

scarpe da uomo — scarpe da donna — stivali — sandalo — mocassino — pianella — paperina — scarpa di gomma — pedula — scarpone — soprascarpa — pantofola — zoccolo — ciocia — infradito — babbuccia — mocassino indiano — socco — caliga — coturno

1 tacco 2 tomaia 3 mascherina 4 fiosso 5 suola 6 stringa 7 quartiere 8 linguetta 9 soletta

cambiàle *s. f.* **1** Titolo di credito contenente la promessa di una persona di pagare o far pagare a un'altra una determinata somma di danaro. **2** (*fig.*) Promessa: *la — di matrimonio.*
cambiaménto *s. m.* Mutamento, trasformazione.
cambiamonéte *s. m. inv.* Cambiavalute.
cambiàre **A** *v. tr.* (*io càmbio*) **1** Mettere una persona, una cosa e sim. al posto di un'altra dello stesso tipo: — *casa, vestito*; — *idea* | — *aria*, cercare un clima diverso per ragioni di salute e (*fig.*) trasferirsi in un luogo meno pericoloso | — *le carte in mano, in tavola*, (*fig.*) negare o alterare discorsi o atteggiamenti precedenti | — *colore, espressione, sguardo*, alterarsi in viso per un'improvvisa emozione | — *vita*, passare da uno stile di vita a un altro, spec. con un'idea di miglioramento; SIN. Mutare. **2** Scambiare, permutare, barattare: — *un orologio con denaro*; SIN. Convertire. **3** Dare l'equivalente in moneta di altra specie: — *le lire in franchi* | Spicciolare: — *un biglietto da centomila.* **4** Manovrare il cambio di velocità per passare da una marcia all'altra negli autoveicoli, anche ass.: — *la marcia*; — *in curva.* **5** Trasformare; SIN. Correggere, modificare, mutare, riformare. **B** *v. intr.* (*aus. essere*) Passare da uno stato a un altro: *il tempo cambia.* **C** *v. rifl.* Mutarsi d'abito o di biancheria: *cambiarsi per la cena.* **D** *v. intr. pron.* Diventare diverso; SIN. Convertirsi, mutarsi, trasformarsi. [→ tav. *proverbi* 39; → tav. *locuzioni* 17]
cambiàrio *agg.* Relativo a cambiale.
cambiatensióne *s. m. inv.* Dispositivo applicato a un apparecchio elettrico che consente di utilizzarlo alle varie tensioni a cui viene distribuita l'energia elettrica. [→ ill. *radio*]
cambiavalùte *s. m. e f. inv.* Persona o ente che esercita professionalmente l'attività di compera e vendita delle monete estere; SIN. Cambiamonete.
càmbio *s. m.* **1** Sostituzione di qc. o q.c. con altro dello stesso tipo | *Dare il — a qc.*, sostituirlo | *Fare a —*, barattare. **2** Operazione di scambio di una moneta con un'altra o di un titolo con un altro | (*est.*) Valore di una moneta espresso in moneta di altro Stato: *listino dei cambi.* **3** (*mecc.*) Dispositivo atto a cambiare i rapporti di trasmissione tra due organi rotanti: — *di velocità* | (*est.*) Manovra, compiuta con tale dispositivo. [→ ill. *automobile, ciclo e motociclo*] **4** (*bot.*) Tessuto vegetale situato fra legno e libro che prolifera permettendo alla radice e al fusto di accrescersi in spessore. [→ ill. *botanica*]
cambogiàno *agg.; anche s. m.* (*f. -a*) Della Cambogia.
cambrétta *s. f.* Piccolo chiodo a forma di U, per fissare reti metalliche, fili di ferro e sim. [→ ill. *ferramenta*]
cambrì *s. m. inv.* Tela di cotone finissima, per biancheria, analoga alla batista.
càmbrico **A** *s. m.* (*pl. -ci*) Primo periodo dell'era paleozoica. **B** *anche agg.*: *periodo —.*
cambùşa *s. f.* Sulle navi, deposito dei viveri.
cambuşière *s. m.* Chi è addetto alla custodia e alla distribuzione dei viveri sulle navi.
camèlia *s. f.* Piccolo albero delle Guttiferali con foglie lucide e coriacee, fiori doppi dai colori variabili dal bianco al rosso. [→ ill. *piante* 6]
camembert /*fr.* kamã'bɛr/ *s. m. inv.* (*pl. fr. camemberts* /kamã'bɛr/) Formaggio francese, di sapore piccante e dolce insieme.
càmera (1) o (*gener.*) *Càmera* nel sign. 6 *s. f.* **1** Locale d'abitazione in un edificio: — *da pranzo, da letto*; SIN. Stanza. [→ ill. *casa*] **2** (*per anton.*) Camera da letto | *Fare la —*, metterla in ordine | *Veste da —*, indumento che si indossa sul pigiama o sulla camicia da notte. **3** (*est.*) Complesso dei mobili che costituiscono l'arredamento di un dato locale d'abitazione: *la sua — è di noce.* **4** (*est.*) Locale chiuso adibito a usi diversi | — *a gas*, locale nei lager nazisti ove venivano sterminati i prigionieri mediante l'immissione di gas tossici; nei penitenziari di alcuni Stati degli USA, quello ove si eseguono le condanne a morte | — *ardente*, quella ove si espone al pubblico omaggio una salma | — *blindata*, quella attrezzata con pareti d'acciaio, in cui vengono depositati i valori | — *oscura*, quella ove si manipola il materiale sensibile fotografico. **5** In varie tecnologie, spazio cavo destinato a usi diversi | — *d'aria*, intercapedine lasciata nelle murature delle costruzioni a scopo di isolamento termico; involucro di gomma che si riempie d'aria, costituente la parte interna dei palloni o dei pneumatici; nell'uovo di gallina, intercapedine che rimane, nel polo più stretto, fra la membrana e il guscio | — *di combustione, di scoppio*, sommità del cilindro sopra lo stantuffo, ove avviene la compressione e la combustione della miscela nei motori a combustione interna | — *di decompressione*, locale destinato ad accogliere per un certo tempo palombari o lavoranti in ambienti pressurizzati, per riportarli gradualmente alla pressione atmosferica | — *oscura*, l'interno della macchina fotografica, entro cui si forma l'immagine ottica dell'oggetto fotografato | — *a bolle*, apparato per lo studio delle particelle ionizzate, di cui si fotografano le scie di bollicine lasciate in un liquido trasparente surriscaldato. [→ ill. *automobile, gallo, motore, nucleare, panettiere*] **6** Organo legislativo di uno Stato a sistema rappresentativo | *Le Camere*, quella dei deputati e il Senato, che insieme formano il Parlamento: *la Camera dei deputati.* **7** (*est.*) Ente che tutela particolari interessi e diritti | — *del lavoro*, associazione di lavoratori su base territoriale | — *di commercio, industria, e agricoltura*, ente istituito per coordinare e promuovere le attività economiche di una zona.
càmera (2) *s. f.* Macchina da presa fotografica, cinematografica o televisiva.
cameràle *agg.* Della camera, spec. come ente, associazione e sim.
cameraman /*ingl.* 'kæmərəmən/ *s. m. inv.* (*pl. ingl. cameramen* /'kæmərəmən/) Operatore televisivo.
cameràta (1) *s. f.* **1** Stanza di vaste dimensioni che funge da dormitorio in collegi, caserme, ospedali e sim. **2** Compagnia di collegiali o di militari che dormono nella

arnesi e macchine del calzolaio

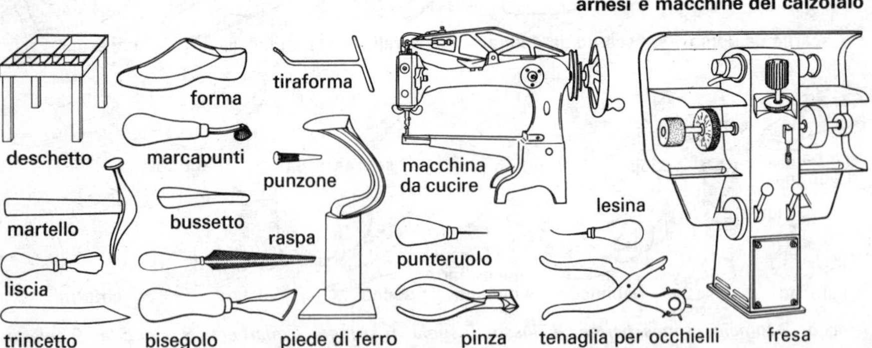

stessa stanza.

cameràta (2) *s. m. e f.* (*pl. m. -i*) Compagno, di studi e sim. | Amico, compagno di fiducia.

cameratésco *agg.* (*pl. m. -chi*) Di, da camerata, da amico: *saluto —*.

cameratişmo *s. m.* Spirito amichevole che impronta i rapporti tra compagni d'arme, di studi, di fede politica e sim.

camerière *s. m.* (*f. -a* nei sign. 1 e 2) **1** Nelle case con più persone di servizio, domestico che serve in tavola | (*gener.*) Persona di servizio. **2** In ristoranti, bar e sim. chi serve i clienti al tavolo. **3** Titolo dato al gentiluomo di corte addetto alle stanze del sovrano.

camerìno *s. m.* **1** *Dim. di camera* (1). **2** Nei teatri e sim., piccola stanza adibita al trucco o al riposo dell'attore. **3** (*fam.*) Luogo di decenza; SIN. Cesso, gabinetto, latrina. **4** Nelle navi da guerra, stanzetta riservata agli ufficiali.

camerìsta *s. f.* Cameriera di corte o di famiglie signorili.

camerìstico *agg.* (*pl. m. -ci*) Della musica da camera: *società cameristica.*

camerléngo o *camerlèngo s. m.* (*pl. -ghi*) Titolo del cardinale che amministra la Camera apostolica e che rappresenta la S. Sede nella vacanza conseguente a morte del pontefice.

camerunése *agg.; anche s. m. e f.* Del Camerun.

càmice *s. m.* **1** Lunga casacca spec. bianca usata dal personale sanitario e da alcune categorie di tecnici. [→ ill. *abbigliamento, medicina e chirurgia*] **2** Veste di lino bianco o di tela portata dai sacerdoti sotto i paramenti, nella celebrazione degli uffici divini. [→ ill. *religione*]

camicerìa *s. f.* Fabbrica di camicie | Negozio in cui si vendono camicie.

camicétta *s. f.* **1** *Dim. di camicia.* **2** Indumento femminile di foggia, tessuto e colori vari, da portarsi dentro o fuori dalla gonna o dai pantaloni. [→ ill. *abbigliamento*]

camìcia *s. f.* (*pl. -cie*) **1** Indumento di stoffa gener. leggera, con maniche lunghe o corte e abbottonatura sul davanti, che copre la parte superiore del corpo | *— da notte*, indumento spec. femminile che si indossa andando a letto | *— di forza*, specie di corpetto di tela molto robusta con maniche chiuse, che si allaccia dietro, per frenare i pazzi agitati | *In maniche di —, in —*, senza giacca | *Rimanere, ridursi in —*, (*fig.*) diventare povero | *Nato con la —*, (*fig.*) fortunato | *Sudare sette camicie*, (*fig.*) faticare molto | *Giocarsi la —*, (*fig.*) perdere tutto al gioco | (*fig.*) *Uova in —*, sgusciate e cotte in acqua bollente. [→ ill. *abbigliamento*] **2** Simbolo esteriore delle organizzazioni paramilitari di un movimento, di un partito e sim. e (*est.*) i membri di tali organizzazioni | *Camicie rosse*, i volontari di Garibaldi | *Camicie nere*, gli aderenti al fascismo, spec. i militi volontari. **3** Involucro che fodera motori e altro per creare un'intercapedine in cui far scorrere fluidi: *la — dei cilindri.* **4** (*bur.*) Foglio di cartoncino piegato in due per contenere documenti. [→ tav. *locuzioni* 69]

camiciàio *s. m.* (*f. -a*) Fabbricante o venditore di camicie.

camiciòla *s. f.* **1** Indumento di maglia che si porta sulla pelle. **2** Camicetta estiva con maniche corte e aperta al collo.

camiciòtto *s. m.* **1** Camicia di tela, con collo aperto e tasche, da indossare sopra i pantaloni. **2** Blusa di tela resistente, per operai.

caminétto *s. m.* **1** *Dim. di camino* spec. nel sign. 3. **2** Impianto di riscaldamento di un ambiente, con fuoco visibile di legna o carbone, usato nelle abitazioni anche a scopo decorativo. [→ ill. *riscaldamento*]

caminièra *s. f.* **1** Parafuoco metallico posto davanti al caminetto. **2** Specchio sopra il caminetto a scopo ornamentale. **3** Mensola che sporge superiormente dal caminetto.

camìno *s. m.* **1** Impianto domestico ove si accende il fuoco, per cucinare o riscaldare, ricavato nello spessore del muro o posto a ridosso del muro stesso. **2** Alto condotto di metallo o muratura per smaltire gas e fumi, con tiraggio naturale o forzato. [→ ill. *panettiere*] **3** Nell'alpinismo, solco fra due pareti rocciose di larghezza tale da consentire all'arrampicatore di penetrarvi con tutto il corpo. **4** Condotto naturale di un vulcano a forma di pozzo che mette in comunicazione il focolaio col cratere. [→ ill. *geografia*]

càmion *s. m. inv.* Autocarro.

camionàbile **A** *agg.* Detto di strada che può essere percorsa da camion. **B** *anche s. f.*

camionàle **A** *agg.* Detto di strada adatta al transito di mezzi pesanti. **B** *anche s. f.*

camioncìno *s. m.* Piccolo autocarro per trasportare merci su brevi percorsi. [→ ill. *autoveicoli*]

camionétta *s. f.* Piccolo autocarro veloce, spec. in dotazione alle forze armate e di polizia.

camionìsta *s. m. e f.* (*pl. m. -i*) Guidatore di camion.

camişàccio *s. m.* Casacca corta usata dai marinai militari. [→ ill. *uniforme militare*]

camìta *s. m. e f.* (*pl. m. -i*) Chi appartiene alla razza camitica.

camìtico *agg.* (*pl. m. -ci*) Dei Camiti | *Razza camitica*, che comprende popolazioni non negridi stanziate nell'Africa nord-orientale.

càmma *s. f.* (*mecc.*) Piccolo disco metallico sagomato che si monta su assi rotanti di certe macchine per trasformare un moto rotatorio uniforme in moto rettilineo alternativo. [→ ill. *meccanica, motore*]

cammellière *s. m.* Conduttore di cammelli.

cammèllo *s. m.* **1** Mammifero ruminante degli Ungulati con due gobbe dorsali, pelo lanoso e abbondante e testa piccola. [→ ill. *animali* 19] **2** Tessuto morbido di lana un tempo lavorato con pelo di cammello, oggi con pelo di capre pregiate: *una giacca di —*.

cammèo *s. m.* Pietra dura con intagliate a bassorilievo una o più figure a uno o più strati di colore | (*fig.*) *Avere un profilo da —*, perfetto. [→ ill. *gioielli*]

camminaménto *s. m.* (*mil.*) Passaggio scavato che immette nelle trincee al riparo dalle offese nemiche.

camminàre *v. intr.* (*aus. avere*) **1** Spostarsi a piedi | *— molto, poco*, fare molto, poco moto | *— sui trampoli*, (*fig.*) procedere in modo malsicuro | *— sul sicuro*, comportarsi in modo da evitare delusioni. **2** (*est.*) Muoversi, di veicoli e sim. | Funzionare, di meccanismi e congegni: *l'orologio non cammina.* **3** (*fig.*) Svilupparsi nel tempo, progredire: *la scienza cammina* | Svolgersi ordinatamente: *un discorso che cammina.* • SIN. Avanzare, procedere.

camminàta *s. f.* **1** Passeggiata, spec. prolungata e faticosa; SIN. Scarpinata. **2** Modo di camminare.

camminatóre *s. m.* (*f. -trice*) Chi cammina molto e volentieri.

cammìno *s. m.* **1** Atto del camminare | *Essere in —*, in viaggio. **2** Luogo per dove si cammina, direzione: *un — accidentato* | *Cammin facendo*, lungo la strada | *Aprirsi il —*, progredire superando le difficoltà | *Tagliare il — a qc.*, ostacolarlo | (*est.*) Luogo in cui si cammina; SIN. Percorso, strada. **3** (*est.*) Moto degli astri: *il — della luna* | Corso di un fiume: *il — del Po.* **4** Modo di comportarsi, condotta: *il — della virtù.*

càmola *s. f.* **1** (*dial.*) Tarma. **2** Larva di insetto.

camomìlla *s. f.* **1** Pianta erbacea medicinale delle Sinandrali con foglie finemente lobate e fiori a capolino gialli e bianchi. **2** Infuso di fiori di camomilla. [→ ill. *piante* 14]

camomillièra *s. f.* Recipiente in cui si prepara l'infuso di camomilla. [→ ill. *cucina*]

camòrra *s. f.* **1** Associazione della malavita napoletana, che procaccia favori e guadagni a coloro che ne fanno parte con mezzi illeciti e talora violenti; CFR. Mafia. **2** (*est.*) Insieme di persone disoneste, unite per ottenere illeciti guadagni; SIN. Camarilla, cricca.

camorrìsta *s. m. e f.* (*pl. m. -i*) **1** Chi fa parte della camorra. **2** (*est.*) Chi cerca di raggiungere illecitamente guadagni o cariche, mediante favoritismi.

camòscio *s. m.* **1** Mammifero ruminante degli Ungulati, agilissimo, con corna brevi, erette e ricurve a uncino e pelo fitto bruno o grigio. [→ ill. *animali* 18] **2** Pelle conciata dell'animale omonimo.

camòzza *s. f.* (*sett.*) Camoscio, spec. femmina.

campàgna *s. f.* **1** Ampia distesa di terreno aperto e pianeggiante, coltivato o coltivabile, lontano dai grossi centri abitati: *la quiete, il silenzio della —* | *Buttarsi alla —*, a fare il bandito o alla latitanza | Zona coltivata, con piccoli paesi abitati spec. da popolazioni agricole, e case sparse: *una villa in —.* **2** (*est.*) Periodo in cui si svolge un'attività agricola: *la — delle barbabietole.* **3** Terreno adatto alla rapida manovra delle truppe. **4** Ciclo di operazioni militari, caratterizzato da compiutezza d'insieme nel tempo e nello spazio: *le campagne d'Africa.* **5** (*est.*) Complesso di iniziative tese al raggiungimento di uno scopo: – *elettorale, pubblicitaria, di stampa.*

campagnòlo ***A*** *agg.* Di campagna; SIN. Agreste, campestre, rustico. ***B*** *s. m.* (*f.* *-a*) Chi vive in campagna, o lavora la terra; SIN. Contadino.

campàle *agg.* **1** Che avviene o si svolge in campo aperto: *battaglia, scontro* –. **2** Del campo di battaglia | *Giornata* –, in cui due eserciti nemici combattono in campo aperto lo scontro decisivo; (*fig.*) giornata molto faticosa o decisiva.

campàna *s. f.* **1** Strumento di metallo, gener. in bronzo, a forma di grande bicchiere rovesciato, suonato mediante percussione di un battaglio appeso all'interno o di un martello esterno | *Suonare le campane a martello,* a rintocchi veloci, per annunciare un pericolo | *Legare le campane,* non suonarle, in segno di lutto, dal giovedì al Sabato Santo | *Sciogliere, slegare le campane,* riprendere a suonarle, dopo la Resurrezione, in segno di gioia | *Sentire tutte e due le campane,* (*fig.*) ascoltare le ragioni di tutte e due le parti | *Sordo come una* –, completamente sordo | *A* –, scampanato. [→ ill. *campana e campanello, religione*] **2** Vaso o calotta spec. di vetro, a forma di campana, utilizzata per vari scopi | – *di vetro,* usata per proteggere soprammobili o oggetti delicati | *Tenere q.c. sotto una* – *di vetro,* (*fig.*) custodirla con gran cura | – *pneumatica,* parte superiore dell'impianto per fondazioni subacquee, atto a immettere nel cassone affondato l'aria compressa, gli operai e i materiali, necessari a eseguire i lavori. [→ ill. *fisica, orologiaio*] **3** Parte interna del capitello corinzio.

campanàccio *s. m.* Campana appesa al collo dei bovini per facilitarne il ritrovamento durante il pascolo. [→ ill. *campana e campanello*]

campanàrio *agg.* Della campana | *Torre campanaria,* campanile. [→ ill. *religione*]

campanàro *s. m.* Chi ha il compito di suonare le campane.

campanèlla *s. f.* **1** *Dim. di campana.* **2** Campanello. **3** Anello di ottone o di ferro appeso al portone per bussare, o infisso nei muri di palazzi antichi, rimesse, stalle e sim. per attaccarvi i cavalli. **4** (*pop.*) Pianta che ha fiori a forma di campana.

campanèllo *s. m.* Oggetto, a forma di piccola campana, che si suona agitandolo per il manico o, se sospeso, tirando un cordone | – *elettrico,* avvisatore costituito da un'elettrocalamita, che provoca suono con la rapida percussione di un martelletto su una calotta metallica | – *della bicicletta,* dispositivo montato sul manubrio che suona se azionato da una levetta | – *d'allarme,* dispositivo per segnalare tentativi di effrazione, furto e sim.; (*fig.*) elemento anticipatore di avvenimenti spiacevoli. [→ ill. *campana e campanello, ciclo e motociclo*]

campanìle *s. m.* **1** Costruzione a torre, attigua alla chiesa o facente corpo con essa, destinata a contenere le campane nella sua parte terminale. [→ ill. *basilica cristiana, religione*] **2** (*fig.*) Paese natio | *Questione di* –, gretta, meschina | *Partita di* –, incontro sportivo fra squadre di città appartenenti alla stessa regione, o vicine. **3** Nell'alpinismo, formazione dolomitica di forma snella con pareti verticali e punta aguzza.

campanilìșmo *s. m.* Eccessivo attaccamento al luogo natale.

campanilìsta *s. m. e f.* (*pl. m.* *-i*) Chi dà prova di campanilismo.

campanilìstico *agg.* (*pl. m.* *-ci*) Di campanilista.

campàno (1) *agg.; anche s. m.* (*f.* *-a*) Della Campania.

campàno (2) *s. m.* Campana appesa al collo degli animali da pascolo.

campànula *s. f.* Pianta erbacea delle Sinandrali a fiori penduli violetti riuniti in grappoli. [→ ill. *piante* 13]

Campanulàcee *s. f. pl.* Famiglia di piante erbacee delle Sinandrali, con fiori a campana e frutto a capsula. [→ ill. *piante* 13]

campanulàto *agg.* A forma di campana: *corolla campanulata.* [→ ill. *botanica*]

campàre (1) ***A*** *v. intr.* (*aus. essere*) Provvedere alla propria esistenza: – *di rendita* | (*pop.*) Vivere, sia pure con difficoltà | – *di aria,* (*fig.*) non avere mezzi per vivere | – *sulla bottega,* traendo da questa i mezzi per vivere | – *alla giornata,* mantenersi con varie attività, senza un lavoro sistematico; SIN. Vivere. ***B*** *v. tr.* Liberare, salvare. [→ tav. *proverbi* 40, 387]

campàre (2) *v. tr.* Far risaltare: – *una figura sullo sfondo.*

campàta *s. f.* Parte di un ponte o di una linea elettrica compresa tra due sostegni o piedritti consecutivi.

campàto *part. pass. di campare* (2); *anche agg.* Collocato | – *in aria,* infondato.

campeggiàre *v. intr.* (*io campéggio; aus. avere*) **1** (*mil.*) Fronteggiare il nemico in campo o dal campo. **2** Stare in un campeggio, attendarsi all'aria aperta: *campeggiarono in Brianza.* **3** Risaltare su uno sfondo: *nell'affresco campeggiano due figure*; SIN. Spiccare.

campeggiatóre *s. m.* (*f.* *-trice*) Chi pratica il campeggio. [→ ill. *campeggiatore*]

campéggio (1) *s. m.* Forma di turismo o di vacanza all'aria aperta consistente nel vivere in una tenda, in una roulotte e sim. | Terreno custodito e dotato di attrezzature igieniche, ove si può soggiornare in tenda, roulotte e sim.; SIN. Camping. [→ ill. *spiaggia*]

campéggio (2) *s. m.* **1** Albero delle Rosali con foglie persistenti composte, fiori piccoli gialli e legno rosso molto duro. **2** Legno del campeggio.

campeggìsta *s. m. e f.* (*pl. m.* *-i*) Campeggiatore.

camper /*ingl.* 'kæmpə/ *s. m. inv.* (*pl. ingl.* *campers* /'kæmpəz/) Furgone o pulmino la cui parte interna è attrezzata per essere abitabile. [→ ill. *autoveicoli*]

campèstre *agg.* Del campo | Della campagna | *Guardia* –, addetta alla sorveglianza dei campi; SIN. Agreste, campagnolo. [→ ill. *agricoltura*]

campicchiàre *v. intr.* (*io campìcchio; aus. essere*) Campare alla meglio, stentatamente.

campidàno *s. m.* In Sardegna, zona pianeggiante: *il* – *di Cagliari.*

campidòglio *s. m.* Rocca di una città.

campièllo *s. m.* Piazzetta di Venezia in cui sboccano le calli.

càmping /*ingl.* 'kæmpiŋ/ *s. m. inv.* (*pl. ingl.* *campings* /'kæmpiŋz/) Campeggio.

campionaménto *s. m.* L'operazione di campionare.

campionàre *v. tr.* (*io campióno*) Scegliere, prelevare, campioni, spec. da un insieme di merci.

campionàrio ***A*** *s. m.* Raccolta di campioni, spec. per saggio di merci. ***B*** *agg.* Formato da campioni | *Fiera campionaria,* esposizione di merci e prodotti tipici di una na-

campana e campanello

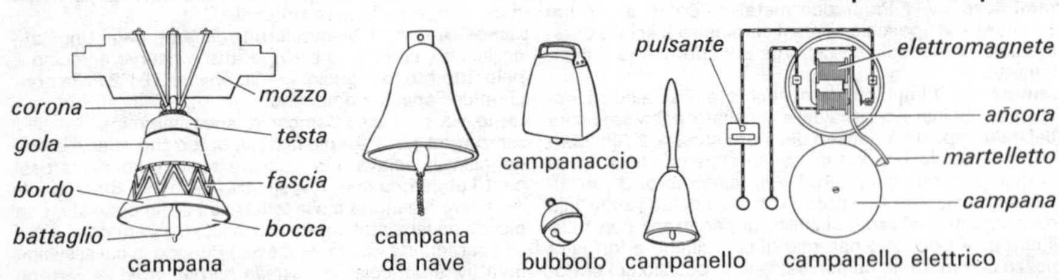

zione o di un ramo dell'industria, a scopo commerciale.

campionarista *s. m. e f.* (*pl. m. -i*) Chi è addetto alla scelta dei campioni e alla preparazione dei campionari.

campionàto *s. m.* Gara periodica, unica o in più prove, per l'assegnazione del titolo di campione a un atleta o a una squadra.

campionatùra *s. f.* Prelievo di uno o più oggetti da una numerosa serie, per verificarne le caratteristiche.

campióne **A** *s. m.* (*f. -éssa* nel sign. 1 e 2) **1** Nel Medioevo, chi scendeva in campo e combatteva in duello per sostenere le ragioni di un terzo | (*fig.*) Chi difende una causa: *– della libertà*; SIN. Paladino. **2** Atleta o squadra che ha vinto un campionato o un torneo: *– del mondo* | (*est.*) Atleta eccellente e di grande fama | (*fig.*) Chi eccelle in un'attività: *è un – della matematica.* **3** Piccolo saggio tratto da un insieme, atto a indicarne le caratteristiche e le qualità: *un – di stoffa.* **4** (*stat.*) Parte di una totalità di unità che compongono un fenomeno: *– rappresentativo.* **5** (*fis.*) Prototipo di riferimento delle unità di misura fondamentali: *il – internazionale del metro.* [→ ill. *metro*] **B** *in funzione di agg. inv.* (*posposto a un s.*) **1** Vittorioso, *spec. nella loc. squadra –.* **2** Relativo a una parte rappresentativa di un tutto: *analisi –.*

campionissimo *s. m.* Atleta notevolmente superiore agli altri per capacità agonistica, numero di vittorie e notorietà.

campire *v. tr.* (*io campisco, tu campisci*) In pittura, dipingere il campo o fondo | Stendere il colore in maniera uniforme in una zona delimitata.

càmpo *s. m.* (*pl. càmpi*) **1** Superficie agraria coltivata o coltivabile: *un – di grano* | (*est.*) *spec. al pl.* Campagna: *la pace dei campi.* [→ ill. *agricoltura*] **2** Area attrezzata per lo sfruttamento dei giacimenti minerari sottostanti: *– petrolifero.* **3** Area opportunamente delimitata e adattata per usi particolari: *– da tennis* | *– da gioco*, su cui si svolge una competizione sportiva | *– d'aviazione*, per il decollo e l'atterraggio di velivoli spec. leggeri. [→ ill. *sport*] **4** Accampamento: *ospedale da –* | Vasta area destinata ad accogliere un ingente numero di persone: *– di raccolta per gli alluvionati*; *– profughi* | *– di concentramento*, per prigionieri di guerra o internati civili | *– di annientamento, di eliminazione, di sterminio*, durante la seconda guerra mondiale, quelli attrezzati dai nazisti per la soppressione in massa dei deportati [→ ill. *radio*]. **5** Luogo dove si combatte, si compiono esercizi militari e sim.: *– di battaglia* | *Scendere in –*, venire a battaglia e (*fig.*) aprire una discussione, una polemica | *Rimanere padrone del –*, vincere (*anche fig.*) | *Mettere in –*, schierare in combattimento e (*fig.*) addurre, presentare | *– di Marte*, piazza d'armi. **6** (*fis.*) Regione dello spazio di ogni punto della quale è definita una grandezza fisica misurabile | *– vettoriale*, in ogni punto del quale è definito un vettore | *– di forze*, campo vettoriale in cui il vettore è una forza | *– elettrico*, campo di forze circostanti un corpo elettrizzato | *– elettromagnetico*, regione di spazio dove esistono forze elettriche e magnetiche collegate | *– magnetico*, campo di forze circostante un magnete o un conduttore percorso da corrente | *– magnetico rotante*, campo simile a quello prodotto da una calamita che ruoti, in realtà prodotto da circuiti di correnti alternate, e usato nei motori a induzione. **7** *– visivo, di visione*, tratto d'orizzonte abbracciato dall'occhio immobile | *– d'immagine*, in cinematografia e televisione, spazio abbracciato dall'obiettivo e riprodotto sulla pellicola | *– lungo*, comprendente figure distanti oltre 30 metri dalla macchina da presa. [→ ill. *cinematografia*] **8** Superficie sulla quale sono distribuite le immagini di un dipinto o di un rilievo; SIN. Sfondo. [→ ill. *moneta*] **9** (*arald.*) Superficie dello scudo: *gigli d'oro in – azzurro.* **10** Branca specifica di un'attività culturale, studio, discussione: *nel – della matematica*; SIN. Ambito, ramo. **11** (*ling.*) *– semantico*, settore del lessico i cui elementi sono tra loro legati per rapporti di significato.

campobassàno *agg.; anche s. m.* (*f. -a*) Di Campobasso.

composànto *s. m.* (*pl. campisànti o camposànti*) Cimitero.

càmpus /*ingl.* 'kæmpəs/ *s. m. inv.* (*pl. ingl. campuses* /'kæmpəziz/) Insieme dei terreni e degli edifici che fanno parte di un'università spec. negli Stati Uniti | (*est.*) L'università stessa.

camuffàre **A** *v. tr.* (*io camùffo*) Vestire in maniera da assumere un aspetto diverso: *lo camuffarono da brigante*; SIN. Mascherare, travestire. **B** *v. rifl.* Travestirsi, mascherarsi.

camùṣo *agg.* Di naso, schiacciato | (*est.*) Di persona, che ha il naso schiacciato.

can *s. m.* Adattamento di *khan*.

canadése **A** *agg.; anche s. m. e f.* Del Canada. **B** *agg.* *Tenda –*, e, ass., *–*, tenda da campeggio di piccole dimensioni con tetto a due spioventi. [→ ill. *campeggiatore*]

canàglia **A** *s. f. solo sing.* (*lett.*, *spreg.*) Ciurmaglia; SIN. Gentaglia, marmaglia, plebaglia. **B** *s. f.* Persona malvagia, spregevole.

canagliàta *s. f.* Azione da canaglia.

canagliésco *agg.* (*pl. m. -schi*) Da canaglia.

canàle *s. m.* **1** Manufatto destinato a convogliare un corso d'acqua a superficie libera: *– di bonifica*; *– navigabile*; *– di drenaggio.* [→ ill. *agricoltura, diga*] **2** In alpinismo, solco erosivo su pendii rocciosi. **3** (*est.*) Tubo, condutture per liquidi; SIN. Condotto. **4** Tratto di mare, più vasto di uno stretto, compreso fra due terre: *– d'O-*

equipaggiamento del campeggiatore

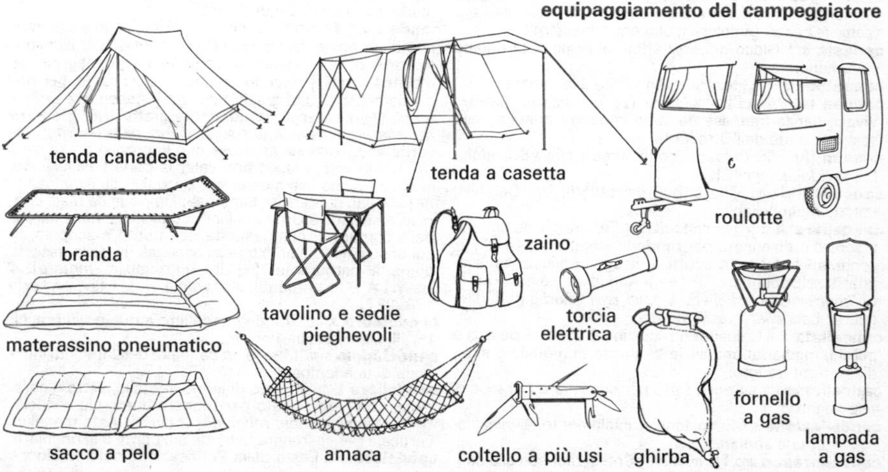

tranto. [→ ill. *geografia*] ***5*** (*anat.*) Formazione allungata delimitata da pareti proprie: – *inguinale.* ***6*** (*elettr.*) Unità elementare di apparecchiatura in alta o bassa frequenza, utilizzata come mezzo di trasmissione di segnali telefonici o telegrafici | – *televisivo*, gamma di frequenza delle onde radioelettriche utilizzata da un impianto trasmittente televisivo. ***7*** (*elab.*) Organo per il trasferimento di informazioni spec. fra unità centrale e periferiche. ***8*** (*fig.*) Via, tramite, mezzo di comunicazione: – *gerarchico, burocratico.*

canalicolàre *agg.* Di canalicolo | A forma di canalicolo.

canalìcolo *s. m.* (*biol.*) Sottile canale che si forma nelle pareti delle cellule e le fa comunicare fra loro.

canalizzàre *v. tr.* Solcare un terreno, una regione e sim. con una rete di canali per la bonifica, l'irrigazione, la navigazione.

canalizzazióne *s. f.* ***1*** Operazione del canalizzare. ***2*** Insieme dei canali e delle condutture di un comprensorio. ***3*** (*est.*) Rete di condutture per distribuire acqua, gas, energia elettrica.

canalóne *s. m.* Profondo solco di erosione in una parete rocciosa di montagna. [→ ill. *geografia*]

cànapa *s. f.* ***1*** Pianta erbacea delle Urticali con radice a fittone, fusto diritto e ricoperto di peli, foglie strette, lunghe e dentate. [→ ill. *piante* 3] ***2*** Fibra tessile tratta dal fusto della pianta omonima. ***3*** Tessuto ruvido ottenuto con la fibra omonima. ***4*** – *indiana*, pianta erbacea delle Urticali dalla quale si estrae la droga omonima usata come analgesico, narcotico e stupefacente | – *di Manila*, abacà.

canapàia *s. f.* Campo coltivato a canapa.

canapàio *s. m.* Chi tratta o vende la canapa.

canapè *s. m. inv.* ***1*** Divanetto imbottito e fornito di spalliera e braccioli. [→ ill. *mobili*] ***2*** Fettina di pane abbrustolita, sulla quale si spalma burro o altro.

canapìcolo *agg.* Della canapicoltura.

canapicoltùra *s. f.* Coltivazione della canapa.

canapièro *agg.* Relativo alla lavorazione della canapa.

canapifìcio *s. m.* Stabilimento per la lavorazione della canapa.

canapìno ***A*** *agg.* ***1*** Di canapa: *panno* –. ***2*** Che ha un colore biondo molto chiaro: *capelli canapini.* ***B*** *s. m.* Chi lavora la canapa.

cànapo *s. m.* Grossa fune fatta di canapa.

canapóne *s. m.* ***1*** Pianta femminile della canapa. ***2*** Canapa grossa per far cavi.

canapùccia *s. f.* (*pl.* -*ce*) Seme di canapa.

canapùle *s. m.* Fusto legnoso della canapa, spogliata delle sue fibre, usato come combustibile.

canard /*fr.* ka'nar/ *s. m. inv.* (*pl. fr. canards* /ka'nar/) Notizia giornalistica falsa o montata per determinati scopi.

canarìno ***A*** *s. m.* (*f.* -*a*) ***1*** Uccello con piumaggio verde screziato di grigio e giallo chiaro e interamente giallo in talune specie di allevamento. [→ ill. *animali* 13] ***2*** (*fig.*) Persona dall'aspetto fragile e delicato. ***B*** *in funzione di agg.* (*posposto a un s.*) Di colore giallo chiaro: *sciarpa* –.

canàsta *s. f.* Gioco di carte affine al ramino, di origine sudamericana.

canastóne *s. m.* Gioco di carte simile alla canasta.

cancàn (1) /*fr.* kɑ̃'kɑ̃/ *s. m. inv.* (*pl. fr. cancans* /kɑ̃'kɑ̃/) Vivace danza francese da caffè concerto in auge nella seconda metà dell'Ottocento.

cancàn (2) *s. m.* Chiasso, confusione | (*fig.*) Scandalo. [→ tav. *locuzioni* 46]

cancellàbile *agg.* Che si può cancellare; SIN. Delebile; CONTR. Incancellabile.

cancellàre ***A*** *v. tr.* (*io cancèllo*) ***1*** Fare segni su ciò che è scritto o disegnato per renderlo illeggibile | (*est.*) Far scomparire del tutto scritti o disegni, spec. sulla lavagna; SIN. Depennare. ***2*** (*fig.*) Annullare, eliminare: – *un'impressione sbagliata.* ***B*** *v. intr. pron.* Scomparire, dileguarsi: *cancellarsi dalla mente.*

cancellàta *s. f.* Chiusura o recinzione, spec. di palazzi o parchi, mediante una serie di sbarre di metallo e sim., distanziate fra loro.

cancellatùra *s. f.* Segno fatto per cancellare | Tracce di tale segno.

cancellazióne *s. f.* Estinzione, annullamento, eliminazione: – *di una sentenza.*

cancellerésco *agg.* (*pl. m.* -*schi*) Che si riferisce alla cancelleria o ai cancellieri | *Stile* –, burocratico e pedante.

cancellerìa *s. f.* ***1*** Sede del cancelliere presso un organo giudiziario. ***2*** Ufficio competente alla redazione, registrazione e spedizione degli atti di pubbliche autorità: – *apostolica.* ***3*** Tutto quanto serve per scrivere, come penne, matite, carta, inchiostri, gomme e sim.

cancellieràto *s. m.* Ufficio di cancelliere | Periodo di durata in carica del cancelliere.

cancellière *s. m.* ***1*** Capo dell'Ufficio della cancelleria. ***2*** Ministro della giustizia | In Germania, primo ministro | – *dello Scacchiere*, ministro delle finanze inglese. [→ ill. *giustizia*]

cancellìno *s. m.* Girella di cimosa, per cancellare gli scritti sulla lavagna. [→ ill. *scuola*]

cancèllo *s. m.* Chiusura di porta o ingresso, in ferro o legno, costituita di stecche o aste verticali variamente distanziate e tenute ferme tra loro da traverse | (*est.*) Apertura chiusa da un cancello: *fermarsi sul* –. [→ ill. *giardino pubblico*]

cancerizzàrsi *v. intr. pron.* Divenire canceroso.

cancerògeno ***A*** *agg.* Che è capace di provocare l'insorgenza del cancro: *sostanza cancerogena.* ***B*** *s. m.* Sostanza cancerogena: *il benzopirene è un* –.

cancerologìa *s. f.* (*pl.* -*gìe*) Scienza che studia i tumori maligni e i relativi metodi di cura.

canceròlogo *s. m.* (*f.* -*a*; *pl.* -*gi*, *pop.* -*ghi*) Studioso di cancerologia.

canceróso ***A*** *agg.* Di cancro. ***B*** *s. m.* (*f.* -*a*); *anche agg.* Affetto da cancro.

cànchero *s. m.* ***1*** V. *cancro* (2). ***2*** (*pop.*) Malattia, malanno. ***3*** (*pop., fig.*) Persona molesta, importuna.

cancrèna *s. f.* ***1*** V. *gangrena.* ***2*** (*fig.*) Vizio insanabile, incallito | Corruzione.

cancrenàre ***A*** *v. intr. e intr. pron.* (*io cancrèno; aus. essere*) ***1*** V. *gangrenare.* ***2*** (*fig.*) Corrompersi moralmente. ***B*** *v. tr.* (*fig.*) Guastare, corrompere.

càncro (1) *s. m.* ***1*** Granchio. ***2*** *Cancro*, quarto segno dello zodiaco, che domina il periodo tra il 22 giugno e il 22 luglio. [→ ill. *zodiaco*]

càncro (2) o (*pop.*) *cànchero s. m.* ***1*** (*med.*) Tumore maligno di origine epiteliale | (*gener.*) Tumore maligno. ***2*** (*est., fig.*) Male incurabile, insanabile: – *morale* | Corrosione inarrestabile: *il* – *della vecchiaia.* ***3*** (*fig.*) Idea fissa. ***4*** (*bot.*) Malattia di organi periferici legnosi ed erbacei delle piante.

candeggiànte ***A*** *part. pres. di candeggiare; anche agg.* Che candeggia. ***B*** *s. m.* Sostanza atta ad aumentare il grado di bianco di fibre, filati, tessuti, carte e sim.

candeggiàre *v. tr.* (*io candéggio*) Sottoporre a candeggio.

candeggìna *s. f.* Soluzione diluita di ipoclorito sodico.

candéggio *s. m.* ***1*** Operazione di decolorazione cui vengono sottoposti spec. i filati o i tessuti. ***2*** Nel bucato domestico, eliminazione di macchie dalla biancheria mediante l'uso di candeggianti.

candéla *s. f.* ***1*** Cilindro di cera, stearina, sego e sim. munito di stoppino nel mezzo che si accende per illuminare: *lume di* – | *Struggersi come una* –, dimagrire per malattia e sim. | *Accendere una* – *a un santo*, per ringraziamento di una grazia ricevuta | *Accendere una* – *a qc.*, (*fig.*) essergli infinitamente grato | (*fig.*) *Ridurre qc. alla* –, in completa rovina | *Tenere la* –, (*fig.*) favorire una relazione amorosa con la propria presenza | (*fig.*) *Non valere la* –, non valer la pena | *Essere alla* –, (*fig.*) vicino alla morte; SIN. Cero. [→ ill. *illuminazione*] ***2*** Unità d'intensità luminosa: *lampada da dieci candele.* SIMB. cd. ***3*** Organo cilindrico avvitato nella parete della camera di combustione dei motori a scoppio, in cui scoccano le scintille per l'accensione della miscela d'aria e carburante. [→ ill. *automobile, motore*] ***4*** (*sport*) *A* –, a perpendicolo: *volo a* –. [→ tav. *proverbi* 178, 277]

candelàbro *s. m.* Grande candeliere a due o più bracci. [→ ill. *illuminazione*]

candelàggio *s. m.* Misura, in candele, dell'intensità luminosa di una lampada.

candelière *s. m.* ***1*** Fusto di legno, metallo, vetro o ceramica, con piede, usato per reggere una o più candele. [→ ill. *illuminazione, religione*] ***2*** (*mar.*) Asta metallica verticale per sostenere le tende sul ponte o le ringhiere.

candelòra *s. f.* Festa della Purificazione della Madonna

(2 febbraio), nella quale si benedicono le candele.

candelòtto *s. m.* **1** Candela piuttosto corta e grossa. **2** – *fumogeno*, dispositivo che produce grande quantità di nebbia artificiale.

candidaménte *avv.* Con candore, ingenuità.

candidàre **A** *v. tr.* (*io càndido*) Proporre come candidato a una carica o a un ufficio, spec. elettivi. **B** *v. rifl.* Proporsi come candidato.

candidàto *s. m.* (*f.* *-a*) **1** Persona che ha posto, o di cui è stata posta, la candidatura a una carica o a un ufficio. **2** Chi si presenta a un concorso o a un esame; SIN. Concorrente, esaminando.

candidatùra *s. f.* Presentazione, proposta di una persona perché sia scelta a coprire una carica o un ufficio, spec. elettivi.

candidézza *s. f.* Qualità di ciò che è candido.

càndido *agg.* **1** Che ha un colore bianco puro e luminoso. **2** (*fig.*) Innocente, sincero: *cuore* – | Che ha un animo puro, semplice, ingenuo.

candìre *v. tr.* (*io candìsco, tu candìsci*) Preparare frutta per immersione e cottura in successivi sciroppi concentrati in modo da rivestirla di zucchero.

candìto **A** *part. pass. di candire; anche agg.* Rivestito di zucchero, detto di frutta. **B** *s. m.* Frutto candito. [→ ill. *dolciumi*]

candóre *s. m.* **1** Bianchezza intensa e splendente. **2** (*fig.*) Innocenza, semplicità; SIN. Ingenuità, purezza.

càne (1) *s. m.* (*f. càgna*) **1** Mammifero domestico dei Carnivori, onnivoro, con odorato eccellente, pelame di vario colore, pupilla rotonda; ha dimensioni, forma del muso e attitudini variabili secondo la razza: – *da guardia, di lusso, da pastore* | – *da pagliaio*, di poco valore e bastardo; (*fig.*) persona che si dimostra più coraggiosa a parole che a fatti | *Essere come – e gatto*, (*fig.*) sempre in disaccordo | *Trattare qc. come un* –, in modo brutale | *Mangiare, dormire come un* –, male | *Non trovare un* –, nessuno | *Sentirsi come un – bastonato*, avvilito, umiliato | *Raro come i cani gialli*, (*fig.*) insolito, difficile a trovarsi | *Voler drizzare le gambe ai cani*, (*fig.*) tentare l'impossibile | *Essere solo come un* –, *morire solo come un* –, solo, e in circostanze tristi e drammatiche | *Nella loc. avv. da* –, in modo duro, pesante, cattivo e sim.: *lavorare da* –; *comportarsi da* – | *Nella loc. agg. da* –, *da cani*, indica situazione penosa, insopportabile: *vita da* –; *tempo da* –; *cose da cani.* [→ ill. *animali* 19, *cane, zoologia*] **2** (*fig.*) Persona crudele, malvagia: *taci, figlio di un* –*!* | Attore, cantante e sim. di nessuna abilità. **3** Parte del meccanismo di un'arma da fuoco che, scattando, provoca l'accensione della carica di lancio. [→ ill. *armi*] **4** (*arch.*) – *corrente*, motivo ornamentale costituito da una serie continua di elementi a forma di S inclinata. [→ ill. *elemento ornamentale*] [→ tav. *proverbi* 41, 174, 289, 300, 364, 385; → tav. *locuzioni* 63, 89]

càne (2) *s. m.* Adattamento di *khan* (V.).

canèa *s. f.* **1** Urlo rabbioso insistente dei cani da seguito dietro al selvatico in fuga | (*est.*) Gruppo di persone che gridano, schiamazzano e sim. **2** (*fig.*) Critica rabbiosa e polemica | Schiamazzo, chiasso.

canèfora *s. f.* (*archeol.*) Cariatide che reca un cesto sul capo.

canèstra *s. f.* Paniere di vimini con sponde basse, di solito a due manici.

canestràio *s. m.* Chi fa o vende canestri.

canèstro *s. m.* **1** Recipiente con o senza manico, realizzato con listelli di legno sfogliato, vimini intrecciati, fili o nastri di materia plastica | Il contenuto di tale recipiente; SIN. Cesta. [→ ill. *cesta*] **2** Nella pallacanestro,

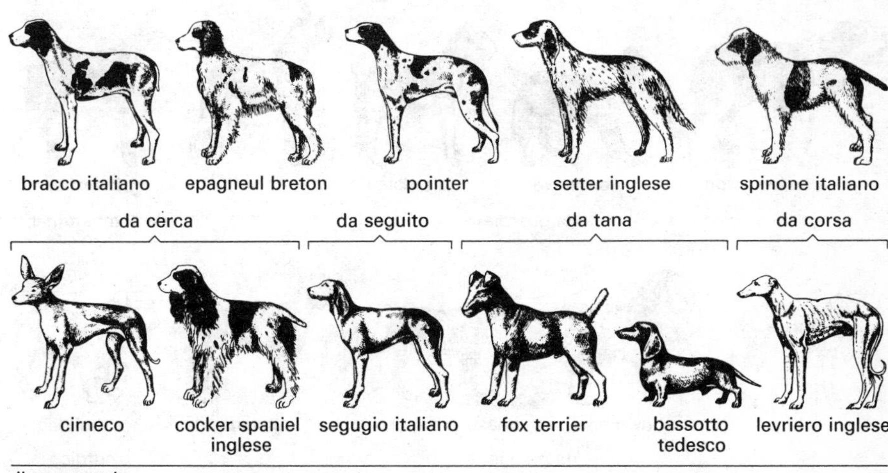

di compagnia

barbone

chihuahua

maltese

pechinese

volpino italiano

yorkshire terrier

cerchio di ferro con reticella tronco-conica fissato a un tabellone, attraverso cui si deve far passare la palla per segnare un punto | Il punto segnato. [→ ill. *sport*]

cànfora *s. f.* Sostanza bianca, lucida, volatile, di odore penetrante, ottenuta dal canforo o per sintesi; usata in medicina e come plastificante.

canforàto *agg.* Che contiene canfora.

cànforo *s. m.* Pianta arborea delle Policarpali da cui si estrae la canfora. [→ ill. *piante* 4]

cangiàbile *agg.* (*lett.*) Che cambia facilmente.

cangiànte ***A*** *part. pres. di cangiare; anche agg.* Detto di colore che cambia a seconda della luce e dell'angolo da cui è osservato. ***B*** *s. m.* Colore cangiante | Tessuto di colore cangiante.

cangiàre ***A*** *v. tr.* (*io càngio*) (*lett.*) Cambiare. ***B*** *v. intr.* (*aus. avere* e *essere*) (*lett.*) Mutare. ***C*** *v. intr. pron.* (*lett.*) Trasformarsi.

cangùro *s. m.* Mammifero australiano dei Marsupiali, con arti posteriori sviluppatissimi atti al salto, la cui femmina è dotata di un marsupio ventrale o borsa in cui la prole completa il suo sviluppo. [→ ill. *animali* 15]

canìcola *s. f.* Periodo più caldo dell'estate | (*est.*) Grande caldo; SIN. Calura, caldura.

canicolàre *agg.* Di canicola | (*est.*) Estremamente caldo.

canìle *s. m.* ***1*** Casotto con cuccia per cani. ***2*** Luogo dove si custodiscono o allevano cani. ***3*** (*fig.*) Stanza o letto sporco e miserabile.

canìno ***A*** *agg.* Di, da cane | (*fig.*) *Tosse canina*, pertosse | *Rosa canina*, di bosco | *Dente* –, terzo dente superiore e inferiore, subito a lato degli incisivi | (*bot.*) *Lichene* –, di color grigio bruno, molto comune. [→ ill. *anatomia umana, lichene*] ***B*** *s. m.* Dente canino. [→ ill. *anatomia umana*]

canìzie *s. f. inv.* ***1*** Progressivo scolorimento dei peli per scomparsa del pigmento melanico | Imbiancamento dei capelli. ***2*** (*est.*) Chioma bianca. ***3*** (*fig.*) Età avanzata e degna di rispetto.

canìzza *s. f.* ***1*** L'abbaiare rabbioso di una muta di cani che insegue la preda. ***2*** (*fig.*) Rumore, gazzarra.

cànna *s. f.* ***1*** Pianta erbacea delle Glumiflore con fusto alto e robusto, silicizzato e resistente, e rizoma sotterraneo perenne | – *d'India*, pianta delle Spadiciflore, i cui fusti lunghi e sottili servono per produrre stuoie, intrecci, bastoni da passeggio | – *da zucchero*, pianta erbacea delle Glumiflore con rizoma perenne e fusto internamente ripieno di un midollo zuccherino | – *indica*, pianta erbacea ornamentale delle Scitaminee, con foglie inguainanti lunghe e larghe a volte rosse, fiori rossi o gialli | (*est.*) Fusto robusto e flessibile, internamente vuoto | *Tremare come una* –, violentemente | (*fig.*) *Povero in* –, molto povero. [→ ill. *piante* 15, 16] ***2*** (*est.*) Bastone, pertica, fatta di canna, che serve a vari usi | – *da pesca*, di vari materiali flessibili, composta da una impugnatura, un fusto e un cimino. [→ ill. *pesca*] ***3*** (*est., fig.*) Oggetto che per forma assomiglia a una canna: *la* – *della bicicletta*; – *fumaria*. [→ ill. *casa, ciclo e motociclo, riscaldamento*] ***4*** Nome di antiche misure di lunghezza e di superficie agraria, con valore compreso fra i due e i tre metri. ***5*** Parte essenziale delle armi da fuoco, ove è posta la carica per lanciare il proiettile nella direzione voluta. [→ ill. *armi, cacciatore*] ***6*** Tubo di varie misure, negli strumenti a fiato o negli organi | (*fig., poet.*) Zampogna. [→ ill. *strumenti musicali*] [→ tav. *locuzioni* 40]

Cannabàcee *s. f. pl.* Famiglia di piante erbacee delle Urticali con fusto eretto, foglie alterne o opposte, fiori ascellari. [→ ill. *piante* 3]

cannabismo *s. m.* (*med.*) Intossicazione cronica da ca-

alano chow chow mastino inglese schnauzer bulldog

da gregge nordico

collie

pastore bergamasco

pastore tedesco

pastore belga

husky

napa indiana.

Cannàcee *s. f. pl.* Famiglia di piante erbacee delle Scitaminee, con foglie lunghe e fiori in grappoli o pannocchie terminali. [→ ill. *piante* 15]

cannèlla (1) *s. f.* **1** *Dim. di canna.* **2** Parte finale di una conduttura d'acqua a cui spesso è collegato un rubinetto. **3** Corto tubo di legno che si innesta nel foro della botte per spillare il vino. [→ ill. *vino*]

cannèlla (2) **A** *s. f.* **1** Piccolo albero delle Policarpali dalla corteccia aromatica. [→ ill. *piante* 4] **2** Scorza essiccata, assai aromatica, della pianta omonima, usata come droga in cucina. [→ ill. *spezie*] **B** *in funzione di agg. inv.* (*posposto a un s.*) Che ha colore giallo-bruno.

cannellino *s. m.* Varietà di fagiolo da sgranare, piccolo e bianco. [→ ill. *verdura*]

cannèllo *s. m.* **1** Pezzo di canna aperto ai due lati e tagliato fra un nodo e l'altro. **2** (*est.*) Cilindretto forato di vario materiale e per vari usi: *– di vetro; il – della pipa.* [→ ill. *fumatore*] **3** Dispositivo costituito da due tubi concentrici, alla cui estremità avviene un miscuglio di due gas, combustibile e comburente, che produce fiamma molto calda; usato per scaldare e tagliare i metalli: *– ossidrico, ossiacetilenico.* [→ ill. *meccanica, orafo e argentiere*] **4** Frammento di materiale, di forma cilindrica e non forato: *un – di zucchero.* **5** (*zool.*) Mollusco bivalve commestibile con conchiglia rettangolare e allungata giallo-bruna infissa verticalmente nella sabbia; SIN. Cannolicchio.

cannellóne *s. m.* **1** *Accr. di cannello.* **2** *spec. al pl.* Involto cilindrico di pasta all'uovo farcito con un ripieno e cotto al forno. [→ ill. *pasta*]

canneté /*fr.* kanə'te/ *s. m. inv.* (*pl. fr. cannetés* /kanə'te/) Tessuto con sottili coste in rilievo.

cannéto *s. m.* Terreno in cui crescono canne.

cannétta *s. f.* **1** *Dim. di canna.* **2** (*sett.*) Asticciola della penna. [→ ill. *penna da scrivere*] **3** Bastoncino da passeggio.

cannibale *s. m. e f.* **1** Antropofago. **2** (*fig.*) Uomo crudele, feroce.

cannibalésco *agg.* (*pl. m. -schi*) Di, da cannibale (*anche fig.*).

cannibalismo *s. m.* **1** Antropofagia. **2** (*fig.*) Crudeltà disumana.

canniccìàta *s. f.* Palizzata di cannicci usata come difesa dal vento in orti, giardini e sim.

cannìccio *s. m.* **1** Stuoia di canne palustri usata per proteggere colture o come riparo. **2** Graticcio su cui si allevano i bachi da seta o si secca la frutta.

cannocchiàle *s. m.* Strumento ottico, composto essenzialmente da un obiettivo e da un oculare, che serve per osservare oggetti lontani e per vederli ingranditi | *– astronomico*, con oculare convergente, dà immagini rovesciate | *– di Galileo*, con oculare divergente, dà immagini diritte. [→ ill. *astronomia, fisica, marina, ottica*]

cannolicchio *s. m.* **1** (*zool.*) Cannello. **2** *spec. al pl.* Pasta da minestra, corta e forata.

cannòlo *s. m.* Pasta dolce a forma cilindrica cotta al forno e farcita con un composto di ricotta, zucchero, canditi e cioccolato; specialità siciliana | Pasta di forma analoga, farcita di crema. [→ ill. *dolciumi*]

cannonàta *s. f.* **1** Colpo di cannone | (*est.*) Rimbombo dello sparo di cannone. **2** (*fig.*) Fandonia, vanteria. **3** (*fig.*) Avvenimento o spettacolo eccezionale: *quel film è una –!*

cannoncino *s. m.* **1** Cannone leggero, di piccolo calibro. **2** Piccola piega a rilievo in vestiti femminili. **3** Pasta dolce a forma cilindrica, ripiena di crema all'uovo o di panna.

cannóne **A** *s. m.* **1** Pezzo di artiglieria con canna di lunghezza superiore ai 23 calibri, grande velocità del proietto e lunga gittata | *Carne da –*, la massa dei soldati in quanto manovrati dall'alto ed esposti cinicamente alla morte. [→ ill. *armi*] **2** (*fig.*) Persona eccezionalmente abile: *è un – in latino.* **3** Grosso tubo. **4** Piega tondeggiante che può essere stirata o fissata solo in alto e lasciata sciolta. **5** *– elettronico*, struttura essenziale di molti dispositivi elettronici che produce un fascio regolabile di elettroni. [→ ill. *fisica*] **B** *in funzione di agg. inv.* (*posposto a un s.*) Abnormemente, enormemente grasso, *spec. nella loc. donna –.*

cannoneggiaménto *s. m.* Tiro, bombardamento regolare e insistente con l'artiglieria.

cannoneggiàre **A** *v. tr.* (*io cannonéggio*) Colpire con regolarità e a lungo col fuoco dell'artiglieria. **B** *v. intr.* (*aus. avere*) Sparare col cannone.

cannonièra *s. f.* **1** Apertura praticata nei parapetti o nei muri delle opere di fortificazione, per farvi passare la volata dei pezzi d'artiglieria. **2** Nave da guerra di piccolo tonnellaggio, armata con cannoni di piccolo calibro.

cannonière *s. m.* **1** Marinaio addetto ai cannoni di bordo. **2** (*fig.*) Nel calcio, attaccante che segna molti goal: *classifica dei cannonieri*; SIN. Goleador.

cannòtto *s. m.* Elemento di tubo metallico usato in particolari applicazioni.

cannùccia *s. f.* (*pl. -ce*) **1** *Dim. di canna.* **2** Piccolo tubo in paglia, plastica o vetro per sorbire bibite.

cànnula *s. f.* Strumento allungato, tubolare, usato in medicina per vari scopi.

canòa *s. f.* **1** Imbarcazione leggera a pagaia, gener. costruita con scorza d'albero o scavata in un tronco, tipica dei popoli primitivi. [→ ill. *marina*] **2** Imbarcazione veloce, lunga e stretta, a uno, due, quattro vogatori, mossa da pagaie, per competizioni sportive. [→ ill. *spiaggia, sport*]

canòcchia *s. f.* Piccolo crostaceo marino commestibile, di forma allungata e un po' appiattita con due arti terminanti in una chela spinosa; SIN. Cicala di mare, squilla. [→ ill. *animali* 3]

canoismo *s. m.* Sport del canottaggio su canoa.

canoista *s. m. e f.* (*pl. m. -i*) Chi pratica il canoismo.

cañón /*sp.* ka'ɲon/ *s. m. inv.* (*pl. sp. cañones* /ka'ɲones/) Valle stretta e profonda originata dall'erosione fluviale su rocce relativamente tenere in regioni aride. [→ ill. *geografia*]

cànone *s. m.* **1** Criterio normativo per un qualsiasi campo di conoscenze o di azioni: *i canoni della ricerca scientifica*; SIN. Norma, principio, regola. **2** Controprestazione in denaro o in derrate pagata periodicamente: *– d'affitto.* **3** Norma giuridica posta o fatta valere dalla Chiesa. **4** Parte della Messa dal Prefazio alla Comunione. **5** Elenco di autori e di opere considerate come modelli di un periodo culturale, una scuola e sim. **6** (*mus.*) Forma di composizione in cui due o più parti vocali o strumentali procedono in stretta imitazione.

canònica *s. f.* Abitazione del parroco, gener. attigua alla chiesa.

canonicàto *s. m.* Ufficio di canonico, con annessa prebenda.

canonicità *s. f.* Qualità di ciò che è canonico.

canònico **A** *agg.* (*pl. m. -ci*) **1** Che è conforme a un canone prestabilito. **2** Attinente o conforme alle leggi della Chiesa | *Diritto –*, complesso delle norme giuridiche poste dalla Chiesa nel governo dei fedeli. **B** *s. m.* Chierico che fa parte di un capitolo regolare o secolare.

canonista *s. m.* (*pl. -i*) Esperto di diritto canonico.

canonizzàre *v. tr.* (*io canonìzzo*) **1** Includere un beato nel catalogo dei santi. **2** (*fig.*) Approvare con solennità, spec. in campo culturale.

canonizzazióne *s. f.* Solenne cerimonia religiosa con cui il Papa dichiara santo un beato.

canòpo *s. m.* Vaso funerario in uso nell'antico Egitto e in Etruria.

canorità *s. f.* Qualità di canoro.

canòro *agg.* Che canta bene, o spesso: *uccello –* | (*est.*) Che diffonde suoni gradevoli: *gola canora*; SIN. Melodioso.

canottàggio *s. m.* Attività sportiva del remare, praticata in gare di velocità su imbarcazioni leggere condotte da singoli atleti o da equipaggi.

canottièra *s. f.* **1** Maglietta di lana, cotone o altre fibre, scollata e senza maniche, simile a quelle portate dai canottieri. [→ ill. *abbigliamento*] **2** Cappello di paglia pesante, con nastro annodato a un lato.

canottière *s. m.* (*f. -a*) **1** Chi pratica lo sport del canottaggio. **2** Guidatore o rematore di canotto.

canòtto *s. m.* Piccola imbarcazione | Sulle navi, la minore imbarcazione disponibile: *– di salvataggio.* [→ ill. *spiaggia*]

canovàccio *s. m.* **1** Grossa tela di canapa usata di solito per strofinacci | (*est.*) Strofinaccio. **2** Tela rada usata come sostegno di ricami. ***3*** Traccia schematica dell'azione scenica | (*est.*) Schema, abbozzo di un'opera letteraria.

cantàbile ***A*** *agg.* ***1*** Che si può cantare. ***2*** (*lett.*) Molto melodico, spec. di versi: *le ariette cantabili del Metastasio.* ***B*** *s. m.* Composizione melodica.

cantafàvola *s. f.* Racconto lungo, inverosimile e noioso.

cantànte ***A*** *part. pres. di cantare; anche agg.* Che canta. ***B*** *s. m. e f.* Chi esercita l'arte del canto: *— d'opera, di musica leggera.*

cantàre (1) ***A*** *v. intr.* (*aus. avere*) ***1*** Modulare musicalmente la voce: *cantiamo insieme.* ***2*** (*est.*) Emettere, diffondere suoni, spec. gradevoli, detto di esseri animati o inanimati: *gli uccelli cantano.* ***3*** Fare il cantante, come professione: *— da tenore.* ***4*** (*fig.*) Fare la spia, riferire segreti. ***B*** *v. tr.* ***1*** Recitare con il canto: *— una canzone.* ***2*** (*est.*) Pronunciare a voce alta, con enfasi | (*fig.*) *— vittoria*, rallegrarsi per un successo. ***3*** (*fig.*) Celebrare in opere letterarie, spec. in versi. [→ tav. *proverbi* 42, 117, 158, 333, 352, 360, 369]

cantàre (2) *s. m.* Nella letteratura italiana dei sec. XIV e XV, poemetto, spec. in ottave, con intonazione popolare di materia epica e cavalleresca, recitato anche nelle piazze.

cantàride *s. f.* ***1*** Insetto verde metallico dall'odore sgradevole che vive su alcune piante. ***2*** Droga ricavata dall'insetto omonimo, con proprietà revulsive e afrodisiache.

cantaridìna *s. f.* Principio attivo della droga cantaride.

càntaro *s. m.* ***1*** Vaso greco con corpo a calice su alto piede e due anse alte verticali a nastro. ***2*** Nelle basiliche paleocristiane, vasca per le abluzioni, situata nell'atrio. [→ ill. *basilica cristiana*]

cantastòrie *s. m. e f. inv.* Chi per mestiere canta sulle piazze storie in versi.

cantàta *s. f.* ***1*** Canto prolungato. ***2*** Genere di composizione musicale per voci e orchestra.

cantatóre *s. m.; anche agg.* (*f. -trìce*) (*raro*) Chi canta | Cantante.

cantautóre *s. m.* (*f. -trìce*) Chi canta canzoni scritte o musicate da lui stesso.

canteràno *s. m.* Cassettone a quattro o più cassetti sovrapposti.

canterellàre *v. tr. e intr.* (*io canterèllo; aus. avere*) Cantare sommessamente, distrattamente; SIN. Canticchiare.

canterellìo *s. m.* Il canterellare continuo.

canterìno ***A*** *agg.* Che canta bene o a lungo: *grillo —.* ***B*** *s. m.* (*f. -a*) Chi canta volentieri e spesso.

càntero *s. m.* Grosso vaso di terra per bisogni corporali.

càntica *s. f.* Componimento narrativo o religioso in più canti in terza rima | Ciascuna delle tre parti della Divina Commedia.

canticchiàre *v. tr. e intr.* (*io cantìcchio; aus. avere*) Canterellare.

càntico *s. m.* (*pl. -ci*) Componimento poetico lirico di contenuto religioso o civile.

cantière *s. m.* ***1*** Stabilimento dove si costruiscono, varano e riparano le navi. [→ ill. *porto*] ***2*** Luogo dove si stanno costruendo edifici, ponti, strade. ***3*** *— di abbattimento, di coltivazione*, settore di una miniera o di una cava ove si asporta il materiale utile.

cantierìstico *agg.* (*pl. m. -ci*) Che riguarda il cantiere, spec. navale.

cantilèna *s. f.* ***1*** Composizione semplice, dal ritmo uniforme. ***2*** (*est.*) Filastrocca, ninna nanna: *la — della balia* | Canto che produce un'impressione di monotonia | (*est.*) Tono della voce che produce un'impressione di monotonia. ***3*** (*fig.*) Discorso noioso, lamentoso.

cantilenàre *v. tr. e intr.* (*io cantilèno; aus. avere*) Cantare con voce lenta e noiosa.

cantìna *s. f.* ***1*** Locale, interrato o seminterrato, fresco, adibito alla conservazione del vino o di derrate alimentari | (*est.*) Ripostiglio o stanza interrata o seminterrata, di un edificio | *Andare in —*, (*fig.*) calare di tono mentre si parla o si canta. ***2*** (*fig.*) Luogo umido e oscuro. ***3*** Insieme dei locali per la preparazione e conservazione industriale del vino | *— sociale*, dove i produttori associati portano le loro uve. ***4*** Bottega ove si vende il vino al minuto.

cantinière *s. m.* (*f. -a*) Chi ha cura della cantina.

cantìno *s. m.* La corda più sottile del violino e d'altri strumenti, di suono acuto.

cànto (1) *s. m.* ***1*** Melodia vocale in successione di note formante un'espressione, con o senza accompagnamento musicale. ***2*** Arte, stile e tecnica del cantare: *lezione di —.* ***3*** Emissione di voce degli uccelli, spec. se melodiosa: *il — dell'usignolo* | *Il — del cigno*, quello dolce e melodioso che, secondo la leggenda, fa il cigno morente; (*fig.*) l'ultima opera pregevole di un artista. ***4*** Suono di uno strumento musicale: *il — di un violino.* ***5*** Componimento lirico: *i canti del Leopardi* | Ognuna delle parti di un poema. [→ tav. *locuzioni* 18]

cànto (2) *s. m.* ***1*** Angolo esterno o interno formato da due muri che si incontrano: *il — della strada.* ***2*** Parte, lato | *In un —, da —*, (*fig.*) in disparte | *D'altro —*, d'altronde | *Dal — mio, suo*, per quanto mi riguarda, lo riguarda | *Per ogni —*, dovunque.

cantonàle (1) *agg.* Che riguarda i cantoni svizzeri.

cantonàle (2) *s. m.* Armadietto di forma triangolare, destinato a occupare l'angolo di una stanza; SIN. Cantoniera.

cantonàta *s. f.* ***1*** Angolo o spigolo di un edificio che coincide con l'angolo di una strada. ***2*** (*fig.*) Errore, equivoco | *Prendere una —*, prendere un abbaglio, commettere un grosso errore; SIN. Granchio, sbaglio.

cantóne (1) *s. m.* ***1*** Angolo, canto | *In un —*, in disparte. ***2*** (*arald.*) Pezza quadrata posta in angolo nello scudo. ***3*** Ogni striscia di vario colore in cui può essere suddivisa una bandiera.

cantóne (2) *s. m.* ***1*** In vari stati, regione, distretto. ***2*** Ogni unità politico-amministrativa di cui è formata la Svizzera.

cantonièra (1) ***A*** *agg. solo f. Nella loc. casa —*, nella quale abita il cantoniere stradale o ferroviario. ***B*** *s. f.* Casa cantoniera.

cantonièra (2) *s. f.* Mobile a ripiani digradanti destinato a occupare l'angolo di una stanza | Cantonale. [→ ill. *mobili*]

cantonière *s. m.* Chi sta a guardia e ha cura d'un tratto di strada o di ferrovia; SIN. Casellante.

cantóre ***A*** *s. m.* (*f. -tóra*) ***1*** Chi canta nel coro di una chiesa. ***2*** (*fig.*) Poeta. ***B*** *agg.* ***1*** Che dirige il coro dei canonici: *canonico —.* ***2*** *Maestri cantori*, fino al secolo scorso, in Germania, componenti di corporazioni artigiane di musicisti e poeti.

cantorìa *s. f.* Parte della chiesa in cui stanno i cantori | Complesso dei cantori.

cantorìno *s. m.* Libro con le note musicali che si posa sul leggio per cantare in chiesa.

cantùccio *s. m.* ***1*** Angolo interno di una stanza, di un mobile e sim. | (*est.*) Luogo riposto e nascosto, nascondiglio | *Stare in un —*, (*fig.*) stare da parte. ***2*** Pezzetto di pane o sim.

canutìglia *s. f.* ***1*** Ricamo a fili d'oro o d'argento, usato spec. per paramenti. ***2*** Strisciolina attorcigliata d'oro o d'argento per ricami. ***3*** Cannellino di vetro colorato per ornare cappelli e vestiti.

canùto *agg.* ***1*** Bianco, detto di capelli, barba, baffi e sim. ***2*** Di persona, che ha capelli, barba, baffi e sim. bianchi.

canvassing /*ingl.* 'kænvəsiŋ/ *s. m. inv.* Moderna tecnica di persuasione di massa consistente nel sollecitare adesioni e voti svolgendo una propaganda capillare, casa per casa.

canyon /*ingl.* 'kænjən/ *s. m. inv.* (*pl. ingl. canyons* /'kænjənz/) Cañón.

canzonàre ***A*** *v. tr.* (*io canzóno*) Burlare, deridere, prendere in giro; SIN. Beffare. ***B*** *v. intr.* (*aus. avere*) (*raro*) Parlare e agire per scherzo.

canzonatóre ***A*** *s. m.* (*f. -trìce, pop. -tóra*) Chi suole canzonare; SIN. Burlone. ***B*** *anche agg.*

canzonatòrio *agg.* Di chi canzona | Che deride e prende in giro; SIN. Beffardo.

canzonatùra *s. f.* Burla, presa in giro; SIN. Beffa.

canzóne *s. f.* ***1*** Componimento lirico in versi variamente disposti e rimati, formato da più stanze e da un commiato: *— dantesca, petrarchesca* | *— a ballo*, ballata | *— di gesta*, poema epico medievale che canta le imprese dei cavalieri. ***2*** (*mus.*) Composizione per canto e strumenti, orecchiabile, solitamente con ritornello: *festival della —.* ***3*** (*fig.*) Azione o discorso che si ripete

con monotona frequenza, irritando o causando noia.
canzonétta *s. f.* **1** Canzone tenue o leggera o popolare composta da versi brevi e strofe: – *anacreontica, araldica.* **2** (*mus.*) Breve composizione per canto e strumenti facilmente orecchiabile e di soggetto popolare.
canzonettista *s. f. e m.* (*pl. m. -i*) Cantante di caffè-concerto.
canzonière *s. m.* **1** Raccolta di poesie liriche di uno o più autori. **2** Raccolta di canzoni o canzonette musicali.
caolinite *s. f.* (*miner.*) Silicato idrato di alluminio, principale componente del caolino.
caolino *s. m.* (*miner.*) Argilla di solito bianca, usata spec. nella fabbricazione della porcellana.
càos *s. m.* **1** Originario stato di disordine della materia nel periodo antecedente alla formazione del mondo. **2** (*fig.*) Grande confusione, disordine.
caòtico *agg.* (*pl. m. -ci*) Del caos | (*fig.*) Disordinato, confuso.
capàce *agg.* **1** Che può contenere molte persone o cose; SIN. Ampio. **2** Che è atto, idoneo a fare q.c.: *ormai è – di leggere* | (*est.*) Che è particolarmente abile: *è un disegnatore –*; SIN. Abile, esperto; CONTR. Incapace. **3** (*est.*) Intelligente, dotato: *un giovane serio e –.*
capacimetro *s. m.* Strumento per misurare capacità elettriche.
capacità *s. f.* **1** Attitudine a contenere | – *di un recipiente,* volume di sostanze liquide o polverizzate che esso può contenere, misurato in metri cubi o multipli o sottomultipli; SIN. Capienza. **2** Idoneità, abilità a fare q.c., a comportarsi in un dato modo: *ha buone capacità organizzative; persona di – limitate.* **3** (*dir.*) – *giuridica,* attitudine alla titolarità di rapporti giuridici | – *d'agire,* idoneità a compiere atti giuridici relativi ai propri interessi | – *d'intendere e di volere,* attitudine a valutare il valore sociale dei propri atti. **4** (*fis.*) – *elettrica,* carica che bisogna dare a un conduttore per elevarne il potenziale di un volt | – *termica,* quantità di calore necessaria a elevare di 1 °C la temperatura di un corpo, misurata in calorie. [→ ill. *fisica*]
capacitànza *s. f.* (*fis.*) Reattanza capacitiva.
capacitàre **A** *v. tr.* (*io capàcito*) Convincere, persuadere: *questa scusa non mi capacita.* **B** *v. intr. pron.* Credere, rendersi conto: *non mi capacito del disastro.*
capacitivo *agg.* (*fis.*) Che si riferisce alla capacità elettrica, o che la possiede.
capànna *s. f.* Piccolo ricovero o costruzione, spec. di frasche, paglia o legno | (*est.*) Casa misera, tugurio. [→ ill. *abitazione*]
capannèllo *s. m.* Crocchio di persone accostatesi a discorrere o discutere.
capannìna *s. f.* **1** *Dim. di capanna.* **2** – *meteorologica,* riparo con pareti e persiane che contiene strumenti meteorologici. [→ ill. *meteorologia*]
capànno *s. m.* **1** Costruzione più piccola della capanna, di frasche o paglia, dove si cela il cacciatore o alloggia il contadino di guardia ai campi. **2** Piccola costruzione, spec. di legno, adibita a spogliatoio nelle spiagge.
capannóne *s. m.* **1** Vasta costruzione rustica utilizzata come fienile o magazzino. [→ ill. *stalla*] **2** Fabbricato a un solo piano, per magazzino, laboratorio, officina, che riceve luce dalla copertura a falde vetrate.
caparbierìa *s. f.* **1** L'essere ostinatamente caparbio. **2** Azione da persona caparbia.
caparbietà *s. f.* Testardaggine; SIN. Cocciutaggine, ostinazione.
capàrbio *agg.* Che agisce di testa propria senza tener conto di pareri, critiche, difficoltà; SIN. Cocciuto, ostinato.
capàrra *s. f.* Somma di danaro data da una parte all'altra in occasione della conclusione di un contratto, a garanzia dell'esecuzione dello stesso.
capàta *s. f.* Colpo dato con la testa: *dare una – nel muro* | *Dare, fare una – in un luogo,* farvi un'apparizione fugace.
capatina *s. f. Dim. di capata* | Brevissima visita: *dare, fare una – in un luogo.*
capécchio *s. m.* Materia grezza tratta dalla prima pettinatura del lino e della canapa.
capeggiàre *v. tr.* (*io capéggio*) Essere a capo di q.c.
capeggiatóre *s. m.* (*f. -trìce*) Chi capeggia.
capellatùra *s. f.* (*lett.*) Capigliatura.
capellino *s. m.* **1** *Dim. di capello.* **2** *spec. al pl.* Pasta alimentare lunga e sottile. [→ ill. *pasta*]
capéllo *s. m.* (*pl. poet. capégli, capéi*) Annesso cutaneo filiforme del cuoio capelluto | *Perdere i capelli,* diventare calvo | (*fig.*) *Avere un diavolo per –,* essere molto irritato | *Essere a un – da q.c.,* essere vicinissimo | *Tirare qc. per i capelli,* costringerlo | *Spaccare un – in quattro,* (*fig.*) fare un'analisi molto sottile | *Un –,* (*fig.*) nulla: *non rischiare un –* | *Non torcere un –,* non fare alcun male | *Mettersi le mani nei capelli,* (*fig.*) essere disperato | *Averne fin sopra i capelli,* essere stanco di q.c. | *Sentire drizzarsi, arricciarsi, i capelli,* (*fig.*) sentire paura, ribrezzo e sim. | *Prendersi per i capelli,* (*fig.*) litigare | *Capelli d'angelo,* capellini. [→ ill. *spazzola*]
capellóne **A** *s. m.* (*f. -a*) **1** Chi ha molti o lunghi capelli. **2** Persona, spec. giovane, che porta i capelli lunghi oltre la norma come segno di differenziazione o di protesta verso il costume di vita contemporaneo. **B** *agg.* **1** Che ha molti o lunghi capelli. **2** Dei capelloni: *moda capellona.*
capellùto *agg.* Che ha molti capelli.
capelvènere *s. m.* Felce con grandi foglie composte da foglioline triangolari, coltivata come pianta ornamentale. [→ ill. *piante* 1]
capére *v. tr. e intr.* (*oggi dif. usato solo nella terza persona sing. e pl. di alcuni tempi semplici: pres. ind. càpe, càpono; imperf. capéva, capévano; cond. pres. caperèbbe*) (*raro, lett.*) Capire | *Non mi cape,* non mi persuade, non mi convince (*oggi scherz.*).
capèstro *s. m.* **1** Fune dotata di cappio scorsoio, usata per impiccare | (*est.*) Forca | *Persona da –,* (*fig.*) delinquente | *Mandare qc. al –,* condannarlo all'impiccagione. **2** Fune o cavezza con cui si legano le bestie. **3** Cordone dei frati francescani.
capezzàgna *s. f.* Strada di accesso in terra battuta lungo le testate dei campi. [→ ill. *agricoltura*]
capezzàle *s. m.* Stretto guanciale della larghezza del materasso che viene posto sotto il lenzuolo inferiore a capo del letto per rialzare il cuscino | (*est.*) Letto, spec. di malato o moribondo: *accorrere al – di qc.*
capézzolo *s. m.* (*anat.*) Parte centrale, pigmentata, a forma di sferula, della mammella.
capicòllo V. *capocollo.*
capidòglio V. *capodoglio.*
capiènte *agg.* Che ha capacità di contenere.
capiènza *s. f.* Capacità di contenere.
capigliatùra *s. f.* Massa dei capelli, chioma.
capillàre **A** *agg.* **1** Sottile come capello | (*anat.*) *Vaso –,* di calibro ridottissimo e a pareti sottili. **2** (*fig.*) Diffuso dappertutto: *organizzazione –.* **B** *s. m.* Vaso capillare | Parte estrema, sottilissima, della ramificazione dei vasi sanguigni e linfatici. [→ ill. *zoologia*]
capillarità *s. f.* **1** Qualità di ciò che è capillare (*anche fig.*). **2** (*fis.*) Insieme dei fenomeni, dovuti alle interazioni fra le molecole di un liquido e di un solido sulla loro superficie di separazione, per cui nei tubi capillari i liquidi che bagnano le pareti subiscono un'ascensione capillare, mentre i liquidi che non bagnano le pareti subiscono una depressione capillare.
capinéra *s. f.* Piccolo uccello canoro con zampette esili, capo nerissimo nel maschio e color ruggine nella femmina. [→ ill. *animali* 12]
capìre **A** *v. tr.* (*io capisco, tu capisci*) **1** Intendere, afferrare, penetrare con la mente | (*fig.*) – *l'antifona,* intendere il senso nascosto di q.c. | – *a volo,* subito | – *una persona,* penetrarne il carattere | *Non volerla –,* (*fig.*) non volersi persuadere di q.c. | *Si capisce,* certamente: *verrai? Sì, si capisce*; SIN. Comprendere. **2** Considerare con simpatia o indulgenza, scusare, giustificare: – *i giovani.* **B** *v. intr.* (*aus. avere nel sign.* 1; *essere nel sign.* 2) **1** Essere intelligente: *è un ragazzo che capisce.* **2** (*lett.*) Entrare, essere contenuto | (*fig.*) *Non – in sé dalla gioia,* non riuscire a nascondere la gioia. **C** *v. rifl. rec.* Intendersi, trovarsi d'accordo: *ci siamo subito capiti.*
capirósso o *caporósso* *s. m.* (*zool.*; *pop.*) Cardellino.
capitàle **A** *agg.* **1** Mortale: *pena, sentenza –* | *Peccato –,* che comporta la morte spirituale. **2** Che ha estrema importanza: *argomento –*; SIN. Principale. **B** *s. f.* Città principale di uno Stato in cui hanno sede il capo dello

Stato e gli organi centrali del governo: *Roma è la — d'Italia.* **C** *s. m.* **1** Somma da cui frutta un reddito: *— investito in titoli.* **2** Parte della ricchezza prodotta in epoca anteriore, e impiegata nella produzione di nuovi beni | *— sociale*, in una società, complesso dei conferimenti dei soci valutato in denaro. **3** Valore in denaro, dei beni posseduti | (*est.*) Ricchezza, patrimonio individuale. **4** (*fig.*) La classe dei proprietari dei mezzi di produzione | *Lotta tra — e lavoro*, fra classe padronale e classe lavoratrice.

capitalismo *s. m.* Sistema economico-sociale caratterizzato dalla proprietà privata dei mezzi di produzione, e dalla conseguente separazione tra classe dei capitalisti e classe dei lavoratori.

capitalista **A** *s. m. e f.* (*pl. m. -i*) **1** Possessore di capitali. **2** (*est., fam.*) Persona ricca. **B** *agg.* Capitalistico: *società —.*

capitalistico *agg.* (*pl. m. -ci*) Del capitalismo o dei capitalisti.

capitalizzàre *v. tr.* **1** Mettere a frutto interessi o redditi trasformandoli in capitale. **2** Determinare il capitale che, in base a un certo tasso, ha fruttato un dato reddito.

capitalizzazióne *s. f.* Trasformazione in capitale di interessi o redditi.

capitàna *s. f.* **1** (*scherz.*) Moglie del capitano | Donna che comanda ad altre. **2** Nave che porta lo stendardo sotto il quale vanno le altre della stessa squadra.

capitanàre *v. tr.* (*io capitàno*) **1** (*raro*) Guidare un esercito come capitano. **2** (*est.*) Dirigere come capo; SIN. Comandare, guidare.

capitanerìa *s. f.* Compartimento del litorale su cui ha giurisdizione un'autorità amministrativa marittima | *— di porto*, ufficio nel quale risiede l'autorità amministrativa marittima che ha giurisdizione in quella zona.

capitàno *s. m.* (*f. -a, -éssa*) **1** Titolo dato in antico ai vassalli di importanti località rurali | *— del popolo*, nell'ordinamento comunale, magistrato di parte popolare che rappresentava gli esclusi dal potere | *Capitani reggenti*, i due capi dello Stato della Repubblica di San Marino. **2** Grado della gerarchia militare, corrispondente al comando di una compagnia di fanteria o di uno squadrone di cavalleria o di una batteria di artiglieria | *— di ventura*, condottiero di una compagnia di ventura. **3** (*mar.*) Comandante di una nave | *— di corvetta, di vascello, di fregata*, nella marina militare, gradi corrispondenti rispettivamente a maggiore, colonnello, tenente colonnello dell'esercito. **4** Comandante di una squadriglia di aerei. **5** (*est.*) Chi occupa una posizione di comando: *il — dei rivoltosi* | *— d'industria*, grande industriale; SIN. Capo, comandante. **6** Nel calcio e sim., il giocatore responsabile della disciplina dei compagni in campo. [→ tav. *proverbi* 30]

capitàre **A** *v. intr.* (*io càpito; aus. essere*) **1** Arrivare, giungere casualmente, improvvisamente | *— bene, male*, venirsi a trovare in una buona, cattiva situazione. **2** Accadere, presentarsi: *mi è capitato un guaio* | *— tra capo e collo*, all'improvviso. **B** *v. intr. impers.* Succedere, accadere: *capita che ci vediamo.*

capitèllo *s. m.* **1** Parte superiore della colonna, o del pilastro, su cui posa l'architrave o l'arco; ha anche funzione decorativa. [→ ill. *architettura*] **2** Bordatura di tessuto o pelle applicata al dorso d'un volume rilegato. [→ ill. *stampa*]

capitolàre (1) *v. intr.* (*io capìtolo; aus. avere*) **1** Stabilire la convenzione militare che sanziona la resa al nemico. **2** (*est.*) Cedere, arrendersi.

capitolàre (2) *agg.* Relativo a un capitolo di canonici o di religiosi: *archivio —.*

capitolàre (3) *s. m.* **1** Nel diritto franco, testo di legge promulgato dal re e diviso in articoli o paragrafi. **2** Raccolta delle deliberazioni di un'adunanza ecclesiastica o civile.

capitolàto *s. m.* (*dir.*) Complesso delle modalità relative all'esercizio di una concessione fatta dalla pubblica amministrazione a un privato o all'esecuzione di un contratto, spec. d'appalto.

capitolazióne *s. f.* **1** Accordo tra belligeranti con il quale si stipula la resa a condizioni specificamente pattuite di un'entità militare | Complesso dei patti in cui l'accordo si concreta. **2** (*est.*) Resa, caduta.

capitolino *agg.* **1** Del Campidoglio: *archivio, museo —.* **2** (*est.*) Romano.

capìtolo (1) *s. m.* **1** Suddivisione del testo di un'opera. **2** Componimento giocoso in terza rima: *i capitoli del Berni.* **3** *al pl.* Patti stabiliti in un trattato.

capìtolo (2) *s. m.* Corpo e adunanza dei canonici di una cattedrale o di una collegiata | *Avere voce in —*, (*fig.*) godere di notevole prestigio. [→ tav. *locuzioni* 14]

capitombolàre *v. intr.* (*io capitómbolo; aus. essere*) Ruzzolare: *— per le scale*; SIN. Cadere, cascare.

capitómbolo *s. m.* **1** Caduta col capo all'ingiù; SIN. Ruzzolone. **2** (*fig.*) Improvviso e violento rovescio di fortuna.

capitóne *s. m.* Correntemente, anguilla femmina che non torna in mare per riprodursi, ma rimane in acque interne ingrassando.

capitonné /*fr.* kapitɔ'ne/ *s. m. inv.* (*pl. fr. capitonnés* /kapitɔ'ne/) Imbottitura di mobili, trapunta a losanghe.

capitòzza *s. f.* Taglio di un albero a una certa altezza dal suolo, tale che il tronco rimasto emetta nuovi rami.

capitozzàre *v. tr.* (*io capitòzzo*) Tagliare tronchi a capitozza.

càpo **A** *s. m.* (*f. scherz. -a; pl. m. càpi*) **1** Parte superiore del corpo umano, congiunta al tronco per mezzo del collo: sede degli organi che regolano la vita sensitiva e intellettuale | *Non sapere dove battere il —*, (*fig.*) non sapere dove andare o a chi rivolgersi | *Chinare, abbassare, piegare il —*, (*fig.*) obbedire, rassegnarsi | *Alzare il —*, (*fig.*) ribellarsi | *Fra — e collo*, (*fig.*) di cosa spiacevole che accade all'improvviso | *Mangiare la minestra in — a qc.*, superarlo in statura e (*fig.*) sopraffarlo | *Lavata di —*, rimprovero | *Non avere né — né coda*, di cosa disordinata e inconcludente; SIN. Testa. **2** (*fig.*) Intelletto, mente | *Rompersi il —*, lambiccarsi il cervello | *Mettersi in — q.c.*, convincersi di un'idea e mantenerla ostinatamente | *Passare per il —*, di idee che vengono all'improvviso in mente | *— scarico*, persona che non si pone preoccupazioni. **3** Persona investita di specifiche funzioni di comando: *— dello Stato.* **4** (*est.*) Chi comanda, dirige, guida: *il — dei rivoltosi* | *Essere a — di q.c.*, dirigerla; SIN. Capitano, capoccia, comandante. **5** Parte anteriore del corpo degli animali in cui sono situati l'apparato boccale e i centri nervosi più importanti. [→ ill. *zoologia*] **6** (*est.*) *spec. al pl.* Individuo di una determinata specie animale: *capi di bestiame.* **7** Parte più alta di un oggetto: *il — della scala* | *In — a*, sopra | *A — di*, vicino alla parte superiore di q.c.: *a — del letto* | (*est.*) Parte estrema, iniziale o finale di q.c.: *il — di un fiume, di una strada* | (*fig.*) *In — al mondo*, molto lontano; SIN. Cima, estremità. **8** (*fig.*) Principio: *cominciare da —* | *Andare a —*, riprendere a scrivere dal principio della riga seguente | (*fig.*) Fine, conclusione | *In — a un mese*, tra un mese | *Venire a — di q.c.*, concluderla, risolverla. **9** Parte di un corpo che si allarga quasi simulando una testa: *— di uno spillo.* **10** Singolo oggetto di una serie: *— di biancheria, di vestiario* | *Per sommi capi*, sommariamente. **11** (*geogr.*) Sporgenza di una costa in mare | Promontorio. [→ ill. *geografia*] **12** (*arald.*) Fascia che occupa il terzo superiore dello scudo. **B** *in funzione di agg. inv.* (*posposto a un s.*) Che dirige, comanda: *redattore —.* [→ tav. *proverbi* 123, 130]

càpo- *primo elemento*: in parole composte significa 'dirigente' (*capostazione*) o indica preminenza (*capolavoro*) o inizio (*capofila*).

capobànda *s. m. e f.* (*pl. m. capibànda; pl. f. inv.*) **1** Chi dirige una banda musicale. **2** Capo di una banda di furfanti.

capòc V. *kapok.*

capocannonière *s. m.* (*pl. capicannonièri*) **1** Il sottufficiale più anziano su una nave da guerra. **2** Calciatore che guida la classifica dei cannonieri.

capòcchia *s. f.* **1** Estremità arrotondata di spilli, fiammiferi, chiodi, viti. [→ ill. *fumatore*] **2** (*scherz., pop.*) Testa | *Fare, dire q.c. a —*, a vanvera.

capòccia **A** *s. m.* (*pl. capòccia*) **1** Capo della famiglia colonica. **2** Chi sorveglia una squadra di lavoranti, di pastori o di vaccari. **3** (*spreg.*) Caporione: *il — di una banda di ladri.* **B** *s. f.* (*pl. -ce*) **1** (*dial.*) La moglie del capo della famiglia colonica. **2** (*dial.*) Testa: *battere la —.*

capocciàta *s. f.* (*dial., scherz.*) Colpo dato con la testa.

capocciòne *s. m.* **1** (*dial.*) Grossa testa. **2** (*dial.*, *est.*) Persona con la testa grossa | (*fig.*, *scherz.*) Persona di grande intelligenza. **3** (*dial.*, *fig.*, *spreg.*) Persona che ha una carica importante.

capocèllula *s. m. e f.* (*pl. m. capicèllula; pl. f. inv.*) Chi dirige una cellula di un partito.

capocèntro *s. m. e f.* (*pl. m. capicèntro; pl. f. inv.*) Persona che dirige un centro meccanografico o elettronico.

capoclàsse *s. m. e f.* (*pl. m. capiclàsse; pl. f. inv.*) Alunno incaricato di particolari funzioni organizzative.

capocòllo o *capicòllo s. m.* (*pl. capicòlli*) **1** Parte carnosa intorno al collo di bestia da macello. **2** Salume fatto con tale parte del maiale. [→ ill. *salumi*]

capocòmico *s. m.* (*f. -a; pl. m. capocòmici o capicòmici*) Un tempo, chi era a capo di una compagnia teatrale.

capocòrda *s. m.* (*pl. capicòrda*) Elemento terminale di un conduttore elettrico, atto a collegarlo con altri conduttori.

capocordàta *s. m. e f.* (*pl. m. capicordàta; pl. f. inv.*) Chi guida la cordata durante un'ascensione alpinistica.

capocrònaca *s. m. e f.* (*pl. m. capicrònaca; pl. f. inv.*) In un giornale, articolo dedicato ad avvenimenti o problemi di rilevante interesse locale.

capocronista *s. m. e f.* (*pl. m. capicronisti; pl. f. capocroniste*) Redattore che presiede ai servizi di cronaca di un giornale.

capocuòco *s. m.* (*f. -a; pl. m. capocuòchi o capicuòchi; pl. f. capocuòche*) Nella cucina di ristorante o grande albergo, cuoco che dirige l'attività degli altri cuochi.

capodànno o *càpo d'ànno s. m.* (*pl., raro, capodànni o càpi d'ànno*) Primo giorno dell'anno.

capodivisióne *s. m. e f.* (*pl. m. capidivisióne; pl. f. inv.*) Chi dirige una divisione della pubblica amministrazione.

capodòglio o *capidòglio s. m.* Grosso mammifero dei Cetacei, tozzo, con capo enorme. [→ ill. *animali* 17]

capofàbbrica *s. m. e f.* (*pl. m. capifàbbrica; pl. f. inv.*) Chi, in una fabbrica, sovrintende ai lavori.

capofamiglia *s. m. e f.* (*pl. m. capifamiglia; pl. f. inv.*) Chi è a capo di un nucleo familiare.

capofila *s. m. e f.* (*pl. m. capifila; pl. f. inv.*) **1** Primo di una fila di persone, animali, veicoli, navi. **2** Testa di una fila. **3** (*fig.*) Principale esponente di una corrente politica, letteraria e sim.

capofitto *agg.* **1** Col capo all'ingiù: *cadere capofitti.* **2** *Nella loc. avv.* a —: *gettarsi a — nell'acqua.*

capofòsso *s. m.* (*pl. capifòsso*) (*idr.*) Canale di scolo ai bordi di un campo.

capogàtto *s. m.* Tipo di propaggine ottenuta piegando ad arco un ramo per interrarne l'estremità affinché metta radici. [→ ill. *agricoltura*]

capogiro *s. m.* (*pl. capogiri*) Vertigine.

capogrùppo *s. m. e f.* (*pl. m. capigrùppo; pl. f. inv.*) Chi dirige un gruppo di persone.

capolavóro *s. m.* (*pl. capolavóri*) **1** La migliore opera di un artista, di una scuola, di una corrente letteraria e sim. | (*est.*) Opera eccellente. **2** Manufatto e opera eseguita da un operaio o da un artigiano per dimostrare il grado di abilità raggiunto, a conclusione del periodo di istruzione professionale.

capolìnea *s. m.* (*pl. capilìnea*) Stazione iniziale o terminale di una linea di trasporto pubblico.

capolino *s. m.* **1** *Dim. di capo* | *Far —*, sporgere il capo da un riparo cautamente, furtivamente. **2** (*bot.*) Infiorescenza di fiori piccoli, impiantati sul ricettacolo, tanto fitti da simulare un fiore unico. [→ ill. *botanica*]

capolista **A** *s. m. e f.* (*pl. m. capilista; pl. f. inv.*) **1** Il primo segnato in una lista | (*est.*) Chi ha ottenuto il maggior numero di voti in una competizione elettorale. **2** Principio della lista: *essere in, a, —.* **B** *s. f.* Nel calcio e sim., la squadra che nel corso del campionato è in testa alla classifica. **C** *in funzione di agg. inv.* (*posposto a un s.*) Che sta al primo posto in una lista o graduatoria: *candidato —.*

capoluògo *s. m.* (*pl. capoluòghi*) Località principale di un territorio sede dell'autorità preposta all'amministrazione dello stesso.

capomàstro *s. m.* (*pl. capomàstri o capimàstri*) Muratore al quale è affidata la sorveglianza di un gruppo di muratori.

capomovimènto *s. m. e f.* (*pl. m. capimovimènto; pl. f. inv.*) Dirigente che presiede alla circolazione dei treni.

caponàggine *s. f.* Caponeria.

caponàta o *capponàta s. f.* Pietanza siciliana a base di melanzane fritte, capperi, olive e sedano, in agrodolce.

caponerìa *s. f.* (*raro*) Testardaggine.

capoofficìna *s. m. e f.* (*pl. m. capiofficìna; pl. f. inv.*) Chi sovrintende ai lavori di un'officina.

capopàgina *s. m.* (*pl. capipàgina*) **1** Fregio a stampa posto in cima alle pagine con cui cominciano le principali divisioni di un'opera. **2** Inizio di una pagina: *andare a —.*

capopàrte *s. m.* (*pl. m. capipàrte; pl. f. inv.*) Chi capeggia una fazione politica.

capopòpolo *s. m.* (*pl. m. capipòpolo; pl. f. inv.*) Chi dirige e guida il popolo, spec. in rivolte o sommosse.

capopósto *s. m.* (*pl. capipósto*) Graduato di truppa comandante di un posto di guardia.

caporàle *s. m.* **1** Primo graduato della gerarchia militare, comandante una squadra. **2** (*est.*) Persona autoritaria e sgarbata.

caporalésco *agg.* (*pl. m. -schi*) (*fig.*) Di modi sgarbati e imperiosi.

caporalmaggióre o *caporàl maggióre s. m.* Graduato immediatamente superiore al caporale.

caporedattóre *s. m.* (*f. caporedattrìce; pl. m. capiredattóri; pl. f. caporedattrìci*) Chi è a capo di una redazione.

caporepàrto o *càpo repàrto s. m. e f.* (*pl. m. capirepàrto; pl. f. inv.*) Chi è a capo di un reparto.

caporióne o *caporióne s. m.* (*pl. caporióni o caporióni*) Chi è a capo di un gruppo di persone disoneste, facinorose e sim.; SIN. Capoccia.

caporósso V. *capirosso.*

caposàla *s. m. e f.* (*pl. m. capisàla; pl. f. inv.*) Persona addetta alla sorveglianza del personale di una sala o di un reparto in un ufficio pubblico, stazione ferroviaria, ospedale e sim.

caposàldo *s. m.* (*pl. capisàldi*) **1** Punto stabile del quale è nota la posizione planimetrica e altimetrica, usato nelle operazioni di topografia. **2** Ognuno dei punti più fortificati e strategicamente più importanti di uno schieramento o complesso difensivo | (*fig.*) Elemento essenziale: *i capisaldi del vivere civile*; SIN. Base, fondamento.

caposcàrico o *càpo scàrico s. m.* (*pl. capiscàrichi o càpi scàrichi*) Buontempone.

caposcuòla *s. m. e f.* (*pl. m. capiscuòla; pl. f. inv.*) Chi, nelle arti, nelle lettere e nelle scienze, si pone come innovatore.

caposervìzio *s. m. e f.* (*pl. m. capiservìzio; pl. f. inv.*) **1** In imprese pubbliche o private, impiegato preposto a un settore organizzativo. **2** Redattore preposto alla sezione di un giornale.

caposezióne *s. m. e f.* (*pl. m. capisezióne; pl. f. inv.*) Chi, in un ufficio pubblico, è preposto a una sezione.

caposquàdra *s. m. e f.* (*pl. m. capisquàdra; pl. f. inv.*) Chi dirige e coordina una squadra di persone.

caposquadriglia *s. m.* (*pl. capisquadrìglia*) Comandante di una squadriglia di navi siluranti, o di aereomobili.

capostazióne *s. m. e f.* (*pl. m. capistazióne; pl. f. inv.*) Chi dirige una stazione ferroviaria.

capostipite *s. m. e f.* (*pl. m. capostipiti; pl. f. inv.*) **1** Il primo antenato di una progenie o famiglia. **2** (*est.*) Il primo esemplare di una serie di cose più o meno simili.

capostórno *s. m.* Malattia degli animali domestici che si manifesta spec. con vertigini.

capotàre V. *cappottare.*

capotàsto *s. m.* (*pl. capotàsti*) Pezzetto d'ebano o avorio posto a capo della tastiera degli strumenti a corda.

capotàvola *s. m. e f.* (*pl. m. capitàvola; pl. f. inv.*) Chi siede a mensa al posto d'onore | (*est.*) Il posto stesso.

capote /*fr.* ka'pɔt/ *s. f. inv.* (*pl. fr. capotes* /ka'pɔt/) Tettuccio apribile, di automobili, carrozze, piccoli aerei.

capotoràce *s. m.* (*pl. capitoràce*) (*zool.*) Parte anteriore del corpo di alcuni Artropodi formata dalla fusione dei segmenti del capo e del torace; SIN. Cefalotorace. [→ ill. *zoologia*]

capotrèno *s. m.* (*pl. capitrèno o capotrèni*) Capo del personale di scorta al treno.

capotribù *s. m. e f.* (*pl. m. capitribù; pl. f. inv.*) Chi è a capo di una tribù.

capòtta *s. f.* Adattamento di *capote.*

capottàre V. *cappottare.*

capotùrno *s. m. e f.* (*pl. m. capitùrno; pl. f. inv.*) Chi è responsabile di un gruppo di lavoro che esegue turni.
capoufficio o *càpo ufficio, capufficio s. m. e f.* (*pl. m. càpi ufficio; pl. f. inv.*) Chi dirige un ufficio.
capovèrso *s. m.* (*pl. capovèrsi*) **1** Principio di verso o di periodo | Rientranza della prima linea di un paragrafo | (*est.*) Parte di scritto compresa fra due capoversi. **2** (*dir.*) Comma di un articolo di provvedimento normativo.
capovóga *s. m.* (*pl. capivóga*) Marinaio al remo che dirige la vogata in un'imbarcazione.
capovòlgere **A** *v. tr.* (*io capovòlgo; coniug. come volgere*) **1** Voltare di sotto in su: — *un bicchiere.* **2** (*fig.*) Mutare completamente: — *la situazione*; SIN. Invertire, rovesciare. **B** *v. intr. pron.* Rovesciarsi | (*fig.*) Cambiare radicalmente.
capovolgiménto *s. m.* Il capovolgere, il capovolgersi | (*fig.*) Radicale cambiamento, trasformazione; SIN. Inversione, rovesciamento.
càppa (1) *s. f.* **1** Un tempo, mantello corto con cappuccio usato da gentiluomini e cavalieri | Oggi, mantello di varia lunghezza e foggia | (*fig.*) *Essere, trovarsi, sotto una — di piombo,* oppresso da un peso grave e soffocante | *Film, racconti, di — e spada,* che rappresentano avventure amorose e guerresche in epoca medievale o rinascimentale. [→ ill. *vesti*] **2** Struttura di materiale vario murata sul focolare o fissata su fornelli e sim., per raccogliere, filtrare, espellere fumi e vapori | (*fig.*) *La — del cielo,* la volta del cielo. [→ ill. *riscaldamento*] **3** (*mar.*) Copertura di tela per proteggere oggetti di bordo dalle intemperie | Andatura che una nave prende per affrontare con il minimo danno una tempesta: *navigare alla —.*
càppa (2) *s. f.* Ogni mollusco commestibile dei Veneridi con conchiglia a due valve.
càppa (3) *s. m. o f. inv.* Nome della lettera *k.*
cappalùnga *s. f.* (*pl. cappelùnghe*) (*zool.*) Cannello, cappa, manicaio.
Capparidàcee *s. f. pl.* Famiglia di piante erbacee o arbustive delle Papaverali con fiori vistosi. [→ ill. *piante* 5]
cappèlla (1) *s. f.* **1** Piccola chiesa, isolata o incorporata in altro edificio sacro o profano | Edicola con altare, posta lateralmente nelle navate delle chiese. [→ ill. *religione*] **2** — *papale,* solenne ufficiatura divina celebrata alla presenza del Papa. **3** Tabernacolo con immagine sacra. **4** Corpo dei musici e cantori addetti a una chiesa | *A —,* locuzione designante dal XVIII sec. la musica vocale polifonica senza accompagnamento di strumenti.
cappèlla (2) *s. f.* Grossa capocchia di chiodi, funghi e sim.
cappellàccio *s. m.* **1** *Pegg. di cappello.* **2** Parte, affiorante al suolo, di un giacimento metallifero.
cappellàio *s. m.* (*f. -a*) Chi fabbrica o vende cappelli da uomo.
cappellanìa *s. f.* Ente ecclesiastico costituito per un fine di culto.
cappellàno *s. m.* **1** (*gener.*) Sacerdote cui è affidata l'ufficiatura di una cappella o di un oratorio. **2** (*dir.*) Titolare di una cappellania | Sacerdote addetto al servizio religioso presso determinati enti: — *militare.*
cappellàta *s. f.* **1** Colpo dato col cappello. **2** Quantità di roba che può essere contenuta in un cappello.
cappellerìa *s. f.* Negozio dove si vendono cappelli maschili.
cappellétto *s. m.* **1** *Dim. di cappello.* **2** Difesa del capo, di acciaio o cuoio, anticamente usata come casco | Cavalleggero dalmata o albanese al servizio della Repubblica di Venezia. **3** Negli ombrelli, cerchietto di tela incerata collocato nel punto in cui convergono le stecche. **4** Rinforzo sulla punta della calza. [→ ill. *abbigliamento*] **5** (*zool.*) Tumefazione molle, deformante, al tarso del cavallo. **6** *spec. al pl.* Involucro circolare di pasta all'uovo con ripieno. [→ ill. *pasta*]
cappellièra *s. f.* Custodia per cappelli. [→ ill. *mobili, valigeria*]
cappellifìcio *s. m.* Fabbrica di cappelli.
cappellìno *s. m.* **1** *Dim. di cappello.* **2** Cappello femminile.
cappèllo *s. m.* **1** Copricapo maschile o femminile di materia varia e foggia diversa secondo la moda: — *di paglia;* — *a cilindro* | *Tenere il — sulle ventitrè,* inclinato su un orecchio | *Far di —,* salutare togliendosi il cappello | (*fig.*) *Cavarsi il —, fare tanto di —,* riconoscere il merito e l'abilità di qc. | *Prendere —,* (*fig.*) impermalirsi. [→ ill. *abbigliamento, copricapo, gioielli, religione*] **2** (*est.*) Oggetto che per forma ricorda un cappello: *il — di un chiodo.* **3** (*bot.*) Parte superiore del corpo fruttifero di molti funghi. [→ ill. *fungo*] **4** (*fig.*) La parte iniziale di uno scritto, spec. di un articolo di giornale.
càppero **A** *s. m.* Pianta arbustiva delle Papaverali con foglie ovali, alterne e fiori grandi di color bianco o rosa | Boccio fiorale di tale pianta conservato in salamoia, usato come condimento. [→ ill. *piante* 5, *verdura*] **B** *al pl. in funzione di inter.* (*euf.*) Esprime meraviglia, ammirazione.
càppio *s. m.* **1** Nodo fatto in modo che tirato per uno dei capi si scioglie. **2** Capestro.
capponàre *v. tr. e intr. pron.* (*io cappóno*) (*raro*) Accapponare.
cappóne *s. m.* Gallo castrato da giovane, più tenero e grasso.
cappòtta *s. f.* Adattamento di *capote.*
cappottàre o *capotàre, capottàre* **A** *v. intr.* (*io cappòtto; aus. avere*) Detto di aereo, cadere riverso mentre corre al suolo dopo aver puntato a terra la parte prodiera | Detto di autoveicolo, ribaltarsi, capovolgersi. **B** *v. tr.* Applicare una cappotta.
cappòtto (1) *s. m.* Pastrano da uomo e da donna di pesante tessuto di lana; SIN. Mantello, paltò. [→ ill. *abbigliamento*]
cappòtto (2) *s. m. Spec. nella loc. fare, dare —,* concludere una partita alle carte, al biliardo, alle bocce, o altra gara o incontro sportivo, senza dar modo all'avversario di segnare nemmeno un punto.
cappuccìna *s. f.* **1** (*bot.*) Varietà di lattuga a foglie larghe, tondeggianti, riunite a cespo. **2** Pianta erbacea ornamentale delle Geraniali con foglie rotonde e fiori di colore giallo-aranciato o rosso. [→ ill. *piante* 6]
cappuccìno (1) **A** *s. m.* Frate della famiglia autonoma dei Minori Francescani. [→ ill. *barba*] **B** *anche agg.: frate —.*
cappuccìno (2) *s. m.* Bevanda di caffè nero con poco latte.
cappùccio (1) *s. m.* **1** Copricapo a forma spec. conica fissato al bavero del cappotto, del mantello o dell'impermeabile. [→ ill. *copricapo, religione, vesti*] **2** (*est.*) Copricapo per cavalli. **3** (*est.*) Nome di vari rivestimenti a forma conica o piramidale: *il — della biro.* [→ ill. *penna da scrivere, scuola*]
cappùccio (2) *agg.* Detto di varietà di cavolo con le foglie avvolte strettamente in modo da assumere l'aspetto di una palla: *cavolo —.* [→ ill. *verdura*]
càpra (1) *s. f.* **1** Mammifero ruminante domestico degli Ungulati, con gambe brevi e robuste, testa corta e larga alla fronte con barba sul mento, corna curvate all'indietro e pelo liscio e lungo | *Salvare — e cavoli,* (*fig.*) risolvere positivamente due opposte esigenze. [→ ill. *animali* 18, *capra*] **2** Pelle conciata o grezza dell'animale omonimo. [→ tav. *locuzioni* 96]
càpra (2) *s. f.* Cavalletto di legno a tre gambe, con carrucola e fune, atto a sollevare pesi. [→ ill. *sollevamento*]
capràio *s. m.* (*f. -a*) Custode di capre.
caprése *agg.; anche s. m. e f.* Di Capri.
caprétto *s. m.* **1** Il nato della capra, di età inferiore a un anno. [→ ill. *capra*] **2** Pelle grezza o conciata di capra giovane.
capriàta *s. f.* Struttura triangolare di sostegno per tetti a spioventi, costituita di travi di legno, ferro o cemento armato: *soffitto a capriate.* [→ ill. *architettura*]
caprìccio *s. m.* **1** Desiderio, idea, progetto, improvvisi, spec. bizzarri | *Fare i capricci,* detto spec. di bambini, lamentarsi, comportarsi in modo bizzarro; SIN. Bizza, ghiribizzo, grillo. **2** (*est.*) Infatuazione amorosa, superficiale e passeggera. **3** Avvenimento o fenomeno strano: *un — della sorte.* **4** Composizione strumentale di schema libero e di carattere estroso. **5** Mantovana drappeggiata.
capriccióso *agg.* **1** Pieno di capricci, che fa capricci; SIN. Bizzoso. **2** Estroso, originale: *un pittore —* | Bizzarro, stravagante. **3** Mutevole, instabile: *tempo —.*
capricòrno *s. m.* **1** Mammifero ruminante degli Ungulati simile alla capra con corna leggermente incurvate. **2** *Capricorno,* decimo segno dello zodiaco, che domina il

periodo tra il 22 dicembre e il 20 gennaio. [→ ill. *zodiaco*]

caprifico *s. m.* (*pl.* -*chi*) Fico selvatico.

Caprifogliàcee *s. f. pl.* Famiglia di piante arbustive, lianose o a piccoli alberelli delle Rubiali, con fiori a infiorescenza a falsa ombrella, frutto a drupa o bacca. [→ ill. *piante* 13]

caprifòglio *s. m.* (*bot.*) Arbusto rampicante delle Rubiali, spontaneo nei boschi di montagna, con fiori profumati di color porpora o biancastri sfumati di giallo. [→ ill. *piante* 13]

caprimùlgo *s. m.* (*pl.* -*gi*) Uccello con piumaggio grigio-bruno e ali lunghe, testa grande e occhi molto sviluppati, becco corto con estremità ricurva, con abitudini crepuscolari, insettivoro; SIN. Nottolone, succiacapre.

caprìnico *agg.* (*pl. m.* -*ci*) (*chim.*) Detto di acido che si trova nel latte e nel burro di capra.

caprìno **A** *agg.* Proprio della capra | (*fig.*) *Questione di lana caprina*, futile, vana. **B** *s. m.* **1** Puzzo di capra. **2** Sterco di capra usato come concime. **3** Formaggio di latte di capra. [→ ill. *formaggi*] [→ tav. *locuzioni* 87]

capriòla *s. f.* **1** Salto che si fa appoggiando le mani o il capo a terra e lanciando le gambe in aria per voltarsi sul dorso. **2** Salto dei ballerini, eseguito sollevandosi da terra e scambiando la posizione dei piedi. **3** Nell'equitazione, salto di un cavallo con zampe anteriori piegate e posteriori tese all'indietro.

capriòlo *s. m.* Mammifero ruminante degli Ungulati di statura breve, con zampe lunghe e portamento elegante, pelame bruno-rossiccio, corna corte e poco ramificate presenti nel maschio. [→ ill. *animali* 18]

càpro *s. m.* Maschio della capra | — *espiatorio*, che veniva sacrificato perché liberasse l'offerente dalle colpe; (*fig.*) chi paga per gli errori altrui.

capróne *s. m.* **1** Maschio della capra. **2** (*fig.*, *spreg.*) Persona d'aspetto sudicio, rozzo, incolto.

caprùggine *s. f.* Intaccatura delle doghe, entro la quale si commettono i fondi della botte.

càpsula *s. f.* **1** (*bot.*) Frutto secco deiscente che si divide in valve nelle quali sono inseriti i semi. [→ ill. *botanica*] **2** (*anat.*) Involucro per lo più di tessuto connettivo con funzioni di copertura | — *surrenale*, ghiandola surrenale. **3** (*mil.*) Piccolo cilindro metallico che provoca l'accensione di una cartuccia o l'esplosione di mine e sim. [→ ill. *cacciatore*] **4** (*farm.*) Involucro solubile di cheratina, gelatina e sim. usato per racchiudere farmaci da ingerire. [→ ill. *medicina e chirurgia*] **5** Recipiente di porcellana a forma semisferica usato spec. nei laboratori chimici | Recipiente trasparente di forma speciale per lo studio della rifrazione della luce nei liquidi. [→ ill. *chimico, fisica*] **6** (*aer.*) Contenitore per strumenti, esseri viventi e sim., trasportato da un missile nello spazio: — *orbitale, spaziale*. **7** Tipo di chiusura di metallo o plastica applicabile esternamente sull'apertura di bottiglie e sim.

capsulismo *s. m.* Meccanismo a elementi rotanti ad alta velocità, entro una camera o capsula, che serve per l'aspirazione o compressione di fluidi, liquidi o aeriformi.

captàre *v. tr.* (*io càpto*) **1** Cercare di ottenere: — *l'appoggio di qc.* **2** Riuscire a prendere. **3** Cogliere, per mezzo di apposite apparecchiature, trasmissioni telegrafiche, radiofoniche o televisive.

captìvo *agg.; anche s. m.* (*lett.*) Prigioniero.

capùt *agg.* Adattamento di *kaputt*.

capziosità *s. f.* Qualità di capzioso.

capzióso *agg.* Insidioso, ingannevole.

carabàttola o *scarabàttola s. f.* **1** Masserizia, oggetto di poco pregio. **2** (*fig.*) Bazzecola, bagattella.

carabìna *s. f.* Fucile di precisione a una canna, ad anima rigata, per caccia e tiro. [→ ill. *armi, sport*]

carabinière *s. m.* Soldato dello speciale corpo che ha compiti di polizia militare e di tutela dell'ordine pubblico. [→ ill. *copricapo*]

càrabo *s. m.* **1** Coleottero dei Carabidi, dai colori metallici e brillanti, divoratore di insetti nocivi. **2** Barca a vela in uso nel Medioevo.

caràcca *s. f.* Grossa nave mercantile e da guerra in uso dal XIV al XVII sec.

carachìri *s. m.* Adattamento di *harakiri*.

caracollàre *v. intr.* (*io caracòllo; aus. avere*) **1** Volteggiare col cavallo a destra e a sinistra, a piccoli salti, cambiando di mano. **2** (*fam.*) Trotterellare.

caracòllo *s. m.* Movimento del cavallo in tondo o a mezzo tondo.

caracùl *s. m.* Adattamento di *karakul*.

caràffa *s. f.* Recipiente per liquidi, di vetro o altro materiale, panciuto, con collo stretto e una larga bocca, provvisto di manico. [→ ill. *stoviglie*]

caràmbola (1) *s. f.* (*bot.*) Alberetto delle Oxalidacee con frutti commestibili gialli, carnosi e aciduli | Frutto di tale pianta.

caràmbola (2) *s. f.* **1** Nel gioco del biliardo, colpo con cui si manda la propria palla a colpire quella dell'avversario e il pallino | Nel calcio, colpo di rimbalzo del pallone che assume una traiettoria deviata. **2** (*fig.*) Urto, spinta, scontro.

carambolàre *v. intr.* (*io caràmbolo; aus. avere*) Far carambola.

carambolàta *s. f.* Tiro di carambola.

caramèlla *s. f.* **1** Piccolo dolce di zucchero cotto, variamente aromatizzato e colorato, gener. a pasta dura, a volte ripieno di gelatina di frutta, liquore e sim. [→ ill. *dolciumi*] **2** (*fig.*, *fam.*) Monocolo.

caramellàio *s. m.* (*f.* -*a*) Chi fabbrica o vende caramelle.

caramellàre *v. tr.* (*io caramèllo*) **1** Portare lo zucchero allo stato di caramello. **2** Ricoprire di caramello.

caramèllo *s. m.* **1** Massa brunastra ottenuta dallo zucchero per forte riscaldamento. **2** Colore tipico dello zucchero caramellato.

caramellóso *agg.* **1** Che ha le qualità delle caramelle. **2** (*fig.*) Sdolcinato, lezioso.

caraménte *avv.* Affettuosamente.

carampàna *s. f.* **1** Donna sguaiata, volgare. **2** Donna brutta, trasandata.

carapàce *s. m.* Duplicatura dell'esoscheletro che ricopre il cefalotorace e l'addome di alcuni Crostacei | Dermascheletro dorsale che protegge il tronco dei Cheloni. [→ ill. *zoologia*]

caràssio *s. m.* Pesce Teleosteo d'acqua dolce, di color bruno argenteo; SIN. Pesce dorato, pesce rosso.

caratàre *v. tr.* Pesare a carati.

caratèllo *s. m.* Botticella per vini pregiati e liquori.

caratista *s. m. e f.* (*pl. m.* -*i*) Chi ha la proprietà di una caratura di nave.

caràto *s. m.* **1** Unità di misura del titolo dell'oro, equivalente alla ventiquattresima parte di contenuto in oro pu-

capra

capra — becco — capretto — c. d'Angora

ro | *Oro a 24 carati*, purissimo. **2** Unità di peso per le pietre preziose e le perle, equivalente a quattro grani o a un quinto di grammo. **3** (*fig.*) Grado di perfezione, bontà, valore. **4** Ognuna delle 24 quote di comproprietà di una nave | (*est.*) Quota di partecipazione in una società commerciale.

caràttere *s. m.* **1** Ciascuna delle rappresentazioni grafiche delle lettere dell'alfabeto, disegnate secondo le stesse regole in un determinato stile: – *Garamond* | – *mobile tipografico*, blocchetto in speciale lega metallica che reca su una faccia una lettera o un segno a rovescio per la stampa. [→ ill. *stampa*] **2** (*est.*) Sistema di scrittura: *caratteri ebraici*. **3** Insieme dei tratti fisici, morali, comportamentali di una persona, che la distingue dalle altre | Indole, modo di essere: *avere un ottimo* –; *essere di – forte* | Personalità forte, decisa, volitiva: *un uomo di* –; *non aver* –; SIN. Natura, temperamento. **4** Caratteristica: *i caratteri salienti di qc.* | *Essere in* –, in armonia con q.c. | (*biol.*) – *ereditario*, caratteristica somatica, trasmissibile da una generazione alla successiva | – *dominante*, che compare in tutti i discendenti della prima generazione in un incrocio | – *recessivo*, che non compare nei discendenti della prima generazione. **5** Insieme delle qualità essenziali di un personaggio trasferite nella recitazione di un attore. **6** (*relig.*) Qualità indelebile impressa dai sacramenti del battesimo, cresima e ordine.

caratteriàle A *agg.* **1** Relativo al carattere: *indagine* –. **2** Di bambino o adolescente affetto da disturbi del comportamento. **B** *s. m. e f.* Bambino o adolescente caratteriale: *scuola per caratteriali*.

caratterino *s. m.* (*iron.*) Indole difficile, bisbetica, o aggressiva.

caratterista *s. m. e f.* (*pl. m. -i*) Attore non protagonista che impersona con vivacità realistica e spesso con arguzia un tipo umano.

caratteristica *s. f.* **1** Qualità peculiare e distintiva. **2** (*mat.*) – *di un logaritmo*, parte intera di un logaritmo decimale.

caratteristico *agg.* (*pl. m. -ci*) Che qualifica e fa conoscere il carattere, la qualità | Tipico; SIN. Peculiare, particolare.

caratterizzàre *v. tr.* (*io caratterizzo*) **1** Costituire la caratteristica di una persona o di una cosa; SIN. Distinguere, qualificare. **2** Rappresentare, descrivere qc. o q.c. secondo il suo peculiare carattere.

caratterizzazióne *s. f.* Rappresentazione, descrizione di qc. o q.c. secondo il suo peculiare carattere.

caratterologia *s. f.* (*pl. -gie*) Ramo della psicologia che studia i caratteri umani.

caratterològico *agg.* (*pl. m. -ci*) Della caratterologia: *test* –.

caratùra *s. f.* **1** Misurazione di un prezioso in carati. **2** Porzione di proprietà di una nave espressa in carati | (*est.*, *raro*) Quota di partecipazione in una società.

caravan /*ingl.* kærəˈvæn/ *s. m. inv.* (*pl. ingl. caravans* /kærəˈvænz/) Roulotte.

caravanning /*ingl.* kærəˈvæniŋ/ *s. m. inv.* (*pl. ingl. caravannings* /kærəˈvæniŋz/) Forma di turismo praticata utilizzando il caravan.

caravanserràglio *s. m.* **1** Nel mondo islamico e nell'Asia occidentale, luogo recintato dove si ricoverano le carovane per la notte. **2** (*fig.*) Luogo pieno di chiasso, confusione e disordine.

caravèlla *s. f.* Nave a vela, veloce e leggera, a un solo ponte, con tre o quattro alberi, usata spec. da Portoghesi e Spagnoli nel XV-XVI sec. [→ ill. *marina*]

càrbo- *primo elemento*: in parole composte scientifiche indica presenza di carbonio o carbone: *carboidrato*, *carbonifero*.

carboidràto *s. m.* (*chim.*) Idrato di carbonio, presente nelle sostanze di organismi animali e vegetali, cui appartengono zuccheri, cellulosa, amidi; SIN. Glucide.

carbonàia *s. f.* **1** Catasta conica di legna coperta di terra battuta che, per lenta combustione, si trasforma in carbone. **2** Luogo dove si conserva il carbone. **3** (*fig.*) Luogo sudicio e buio.

carbonàio *s. m.* (*f. -a*) **1** Chi prepara la carbonaia. **2** Chi vende al minuto carbone e legna.

carbonàro A *s. m.* Membro della carboneria. **B** *agg.* Dei carbonari, della carboneria.

carbonàto *s. m.* Sale o estere dell'acido carbonico.

carboncèllo *s. m.* **1** *Dim. di carbone.* **2** Pustola del carbonchio.

carbónchio *s. m.* **1** Rubino. **2** Malattia del grano dovuta a un fungo. **3** Malattia infettiva degli erbivori, contagiosa e trasmissibile all'uomo.

carbonchióso *agg.; anche s. m.* Affetto da carbonchio.

carboncìno *s. m.* Bastoncino di carbone morbido usato per disegnare | (*est.*) Disegno così eseguito.

carbóne *s. m.* **1** Sostanza solida, nera, costituita principalmente di carbonio, prodotta per riscaldamento, fuori del contatto con l'aria, di sostanze organiche o vegetali | – *di legna*, che è ottenuto nelle carbonaie; usato come combustibile | – *fossile*, che si è originato per trasformazioni di resti vegetali nel sottosuolo; usato come combustibile e materia prima nell'industria chimica e siderurgica | (*fig.*) – *bianco*, energia elettrica | *Nero come il* –, molto nero | *Carta* –, V. *cartacarbone*. [→ ill. *riscaldamento*] **2** Pezzo di carbone acceso: *avere gli occhi brillanti come carboni* | *Essere, stare sui carboni accesi*, (*fig.*) provare un acuto disagio. **3** (*raro*, *est.*) Colore nero intenso: *il – dei capelli*. **4** Malattia fungina di diverse piante. **5** Nelle lampade ad arco, ognuno degli elettrodi | L'elettrodo positivo della pila a secco. [→ ill. *elettricità*, *illuminazione*]

carbonèlla *s. f.* Carbone di legna minuta.

carboneria *s. f.* Setta segreta sorta a Napoli agli inizi del sec. XIX, con un programma di opposizione ai governi assoluti.

carbònico A *agg.* (*pl. m. -ci*) Detto di composto del carbonio tetravalente | *Acido* –, acido inorganico, conosciuto solo in soluzione acquosa | *Anidride carbonica*, gas incolore, inodoro, insaporo, che si libera nelle combustioni e nella respirazione; usato per bibite gassate e, allo stato solido, sotto forma di ghiaccio secco, nella conservazione di sostanze deperibili. **B** *s. m.; anche agg.* (*geol.*) Carbonifero.

carbonièro *agg.* Del carbon fossile.

carbonìfero A *agg.* Che è ricco di carbon fossile. **B** *s. m.; anche agg.* (*geol.*) Periodo dell'era paleozoica durante il quale sedimentò il carbon fossile.

carbònio *s. m.* Elemento chimico non metallo, insaporo, inodoro, solubile solo nei metalli fusi; diffuso in natura sia allo stato libero, come diamante e grafite, sia come composto, principale costituente delle sostanze organiche; SIMB. C | *Chimica del* –, chimica organica | – *14*, isotopo radioattivo del carbonio, usato spec. per la datazione di reperti archeologici. [→ ill. *nucleare*]

carbonizzàre A *v. tr.* (*io carbonizzo*) **1** Trasformare in tutto o in parte una sostanza organica in carbone. **2** Bruciare riducendo a carbone. **B** *v. intr. pron.* Ridursi in carbone.

carbonizzazióne *s. f.* **1** Trasformazione in carbone di una sostanza organica. **2** Trattamento chimico per sbarazzare la lana dalle impurità.

carborùndo *s. m.* Adattamento di *carborundum*.

carborùndum *s. m.* Nome commerciale del carburo di silicio, usato, per la sua durezza, per fabbricare mole e smerigli.

carbosiderùrgico *agg.* (*pl. m. -ci*) Che concerne l'industria siderurgica e del carbone.

carbossiemoglobìna *s. f.* Composto stabile, derivante dalla combinazione dell'emoglobina con l'ossido di carbonio, che determina la morte per asfissia.

carbossìle *s. m.* (*chim.*) Gruppo funzionale, monovalente, caratteristico degli acidi organici, contenente un atomo di carbonio, due di ossigeno e uno di idrogeno.

carbossìlico *agg.* (*pl. m. -ci*) Di carbossile.

carburànte *s. m.* Ogni combustibile capace di formare con l'aria o un gas comburente una miscela capace di bruciare in un fornello o in un motore a combustione interna. [→ ill. *petrolio*]

carburàre A *v. tr.* Sottoporre a carburazione. **B** *v. intr.* (*aus. avere*) **1** Compiere il processo di carburazione: *un motore che non carbura*. **2** (*fig.*, *gerg.*) Essere in forma: *oggi non carburo*.

carburatóre *s. m.* Dispositivo in cui si forma la miscela d'aria e carburante per l'alimentazione dei motori a scoppio. [→ ill. *ciclo e motociclo*]

carburazióne *s. f.* Formazione nel carburatore di una miscela di vapori di carburante con la quantità di aria sufficiente per la combustione, prima della fase di aspirazione nei cilindri del motore a scoppio.
carbùro *s. m.* Composto del carbonio con un metallo o metalloide | – *di calcio*, composto grigio, duro, prodotto trattando in forno elettrico calce viva e carbone; usato per la preparazione dell'acetilene.
carcadè *s. m.* **1** Pianta erbacea delle Malvacee con fiori a calice rosso, carnoso, corolla gialla e frutti a capsula. **2** Bevanda ottenuta per infusione dei petali di tale pianta.
carcàme *s. m.* (*lett.*) Carcassa.
carcàssa *s. f.* **1** Complesso delle ossa che racchiudono la cavità toracica di un animale | (*est.*) Scheletro di un animale morto; SIN. Carcame. **2** (*fig.*) Corpo umano o animale malridotto. **3** Ossatura di un natante | (*est.*) Struttura portante di vari oggetti. [→ ill. *elettricità*] **4** (*fig.*) Mobile, costruzione, macchina e sim. vecchio e sconquassato.
carceràre *v. tr.* (*io càrcero*) Mettere in carcere; SIN. Imprigionare; CONTR. Scarcerare.
carceràrio *agg.* Relativo alle carceri.
carceràto *part. pass. di carcerare; anche agg. e s. m.* (*f. -a*) Detenuto in un carcere.
carcerazióne *s. f.* **1** Reclusione in carcere | Condizione di chi è detenuto in carcere | – *preventiva*, sofferta dall'imputato prima della sentenza definitiva. **2** Permanenza in carcere. • SIN. Detenzione, incarcerazione, prigionia. • CONTR. Scarcerazione.
càrcere *s. m. e f.* (*pl. càrceri f.*) **1** Stabilimento in cui vengono scontate le pene detentive; SIN. Prigione. **2** Carcerazione: *scontare tre anni di* –. **3** (*fig.*) Luogo in cui si gode scarsissima libertà.
carcerière *s. m.* (*f. -a*) **1** Custode del carcere; SIN. Secondino. **2** (*fig., spreg.*) Chi esercita con eccessivo rigore funzioni di sorveglianza e sim.
carcinòma *s. m.* (*pl. -i*) (*med.*) Tumore maligno di origine epiteliale.
carcinòṣi *s. f.* Cancro diffuso.
carciòfo *s. m.* **1** Pianta erbacea perenne coltivata delle Sinandrali, con foglie oblunghe, fiori azzurri e capolini commestibili avvolti da grosse brattee di color verde-violaceo | Capolino fiorale commestibile di tale pianta. [→ ill. *piante* 14, *verdura*] **2** (*fig.*) Uomo sciocco, incapace.
càrco *agg.; anche s. m.* (*pl. -chi*) (*poet.*) Carico.
càrda *s. f.* (*tess.*) Macchina per la cardatura, formata da un insieme di cilindri rotanti coperti di punte metalliche. [→ ill. *tessuto*]
cardamòmo *s. m.* Pianta erbacea perenne delle Scitaminee con lungo rizoma e fiori biancastri in spighe | Frutto di tale pianta; SIN. Amomo.
cardànico *agg.* (*pl. m. -ci*) (*mecc.*) Detto di giunto che trasmette il moto rotatorio fra due alberi anche con assi geometrici non coincidenti | Detto di sospensione che permette di sorreggere un corpo lasciandone libero l'orientamento. [→ ill. *meccanica*]
cardàno *s. m.* Giunto cardanico.
cardàre *v. tr.* Sottoporre a cardatura.
cardatóre *s. m.* (*f. -trice*) Chi carda lana, canapa, lino.
cardatrice *s. f.* **1** Operaia addetta alla cardatura. **2** Carda.
cardatùra *s. f.* Operazione che ha lo scopo di districare la fibra in fiocco, eliminando le materie eterogenee.
cardellino *s. m.* Piccolo uccello canoro, dal piumaggio variamente colorato di nero, giallo, rosso e bianco; si ciba di semi, specialmente di cardo; SIN. Capirosso. [→ ill. *animali* 13]
càrdia o **càrdias** *s. m. inv.* (*anat.*) Apertura superiore dello stomaco, dove sbocca l'esofago.
-cardìa *secondo elemento*: in parole composte della terminologia medica significa 'cuore': *bradicardia, tachicardia.*
cardìaco A *agg.* (*pl. m. -ci*) Del cuore: *collasso* –. **B** *s. m.* (*f. -a*); *anche agg.* (*raro*) Cardiopatico.
cardialgia *s. f.* (*pl. -gie*) Dolore di origine cardiaca.
càrdias V. *cardia.*
càrdigan /*ingl.* 'ka:digən/ *s. m. inv.* (*pl. ingl. cardigans* /'ka:digənz/) Giacca di maglia senza collo né risvolti. [→ ill. *abbigliamento*]
cardinàle A *agg.* Che funge da cardine, che è fondamentale: *i principi cardinali* | *Numero* –, numero intero | *Punti cardinali*, che indicano i punti principali dell'orizzonte, cioè est, sud, ovest e nord | *Venti cardinali*, che spirano dai quattro punti cardinali. **B** *s. m.* Principe della Chiesa, nominato dal Papa, suo collaboratore e avente diritto di eleggere il nuovo papa.
cardinalésco *agg.* (*pl. m. -schi*) Di, da cardinale (*spec. spreg.*).
cardinalìzio *agg.* Che è proprio dei cardinali.
càrdine *s. m.* **1** Ferro su cui si inseriscono e girano i battenti delle porte, le imposte delle finestre e sim. [→ ill. *ferramenta, porta*] **2** (*fig.*) Fondamento, sostegno.
càrdio-, -càrdio *primo e secondo elemento*: in parole composte della terminologia medica significa 'cuore': *cardiogramma, cardiologia, miocardio.*
cardiochirurgìa *s. f.* (*pl. -gie*) Chirurgia del cuore.
cardiocinètico *s. m.* (*pl. -ci*) Farmaco che stimola il lavoro e il rendimento del muscolo cardiaco aumentandone la forza delle contrazioni.
cardiocircolatòrio *agg.* Che si riferisce al cuore e ai vasi sanguigni: *apparato* –.
cardiodilatazióne *s. f.* Anomalo dilatamento delle cavità cardiache.
cardiografìa *s. f.* Tecnica di registrazione grafica dei movimenti cardiaci.
cardiògrafo *s. m.* Apparecchio per la cardiografia.
cardiogràmma *s. m.* (*pl. -i*) Tracciato ottenuto con il cardiografo.
cardiologìa *s. f.* (*pl. -gie*) Scienza che studia la struttura e la patologia del cuore.
cardiòlogo *s. m.* (*f. -a; pl. m. -gi, pop. -ghi*) Medico specializzato in cardiologia.
cardiopàlmo *s. m.* (*pl. -i*) Sensazione molesta provocata da aumentata frequenza del battito cardiaco.
cardiopatìa *s. f.* (*gener.*) Malattia del cuore.
cardiopàtico *agg.; anche s. m.* (*f. -a; pl. m. -ci*) Affetto da cardiopatia.
cardiostenòṣi *s. f.* Stenosi cardiaca.
cardiotònico *s. m.* (*pl. -ci*) Farmaco che aumenta le contrazioni del cuore.
cardiovascolàre *agg.* Del cuore e dei vasi sanguigni.
càrdo *s. m.* **1** Pianta erbacea, coltivata, delle Sinandrali, affine al carciofo, con foglie biancastre lunghe e carnose dai peduncoli commestibili | – *dei lanaioli*, pianta erbacea delle Rubiali con capolini terminali che, seccati, venivano usati per cardare la lana. [→ ill. *piante* 13, 14, *verdura*] **2** Strumento per cardare.
carèna *s. f.* **1** Parte inferiore di una nave, che rimane immersa nell'acqua. [→ ill. *marina*] **2** (*zool.*) Lamina ossea prominente dello sterno degli uccelli volatori.
carenàggio *s. m.* Lavoro del carenare: *bacino di* –. [→ ill. *porto*]
carenàre *v. tr.* (*io carèno*) **1** Scoprire la parte immersa del bastimento per poterla riparare. **2** Fornire di carenatura.
carenàti *s. m. pl.* Gruppo di uccelli muniti di sterno carenato.
carenàto *agg.* **1** Detto di organo animale o vegetale fornito di carena: *sterno* –. **2** Detto di veicolo provvisto di carenatura.
carenatùra *s. f.* Rivestimento di un veicolo o di una sua parte, la cui forma offre la minima resistenza all'avanzamento nell'aria.
carènte *agg.* Mancante di elementi pur necessari: *discorso* – *di logica.*
carènza *s. f.* Mancanza, penuria di elementi pur necessari; SIN. Assenza, insufficienza.
carestìa *s. f.* **1** Grande scarsezza di cose necessarie alla vita, spec. prodotti alimentari. **2** (*est.*) Penuria; SIN. Mancanza, scarsità. [→ tav. *proverbi* 205]
carézza *s. f.* Dimostrazione di affetto, amicizia, benevolenza, fatta spec. lisciando il volto e i capelli con la mano.
carezzàre *v. tr.* (*io carézzo*) Accarezzare.
carezzévole *agg.* Che accarezza | Piacevole, amorevole: *gesto* –.
càrgo /'kargo, *ingl.* 'ka:gou/ *s. m.* (*pl. -go o -ghi; pl. ingl. cargoes o cargos* /'ka:gouz/) **1** Nave da carico. **2** Aereo

da carico.

carïàre *A* *v. tr.* (*io càrio*) Produrre la carie: *i dolci cariano i denti* | (*est.*) Corrodere. *B* *v. intr. pron.* Essere colpito dalla carie.

cariàtide *s. f.* **1** Statua in forma di donna usata come elemento architettonico portante, per sostenere trabeazioni, mensole, cornicioni, balconi, logge e sim. [→ ill. *architettura*] **2** (*est.*) Persona che sta immobile e in silenzio | Persona vecchia e brutta.

caribù *s. m.* Mammifero ruminante degli Ungulati, delle regioni artiche, simile alla renna ma più robusto e con corna più ampie. [→ ill. *animali* 18]

càrica *s. f.* **1** Atto del caricare. [→ ill. *cinematografia*] **2** Ufficio piuttosto elevato o impegnativo: – *di sindaco* | *Essere in* –, nell'esercizio di qualche funzione. **3** Congegno o quantità di energia atta a far funzionare un meccanismo | *Dare la* –, caricare. **4** (*chim.*) Materiale inerte che non modifica la qualità di un prodotto ma ne aumenta il peso o il volume. **5** (*fis.*) – *elettrica*, quantità di energia elettrica contenuta in un corpo. **6** Quantità di esplosivo contenuta nei bossoli delle armi da fuoco, nell'ogiva di proietti e bombe, nella camera di scoppio delle mine | – *di lancio*, per lanciare proietti | – *di scoppio*, per far esplodere proietti. [→ ill. *armi, cacciatore*] **7** (*fig.*) Cumulo di energie fisiologiche o psicologiche che caratterizzano una data personalità: – *affettiva, psichica, erotica.* **8** Azione risolutiva del combattimento | – *di cavalleria*, urto portato dalla cavalleria sul nemico, per colpirlo con l'arma bianca e travolgerlo | *Tornare alla* –, (*fig.*) insistere in qualche richiesta | *Passo di* –, molto svelto e deciso | Segnale di tromba per dare l'ordine dell'azione. **9** Nel calcio e sim., azione del giocatore che tenta di ostacolare l'avversario in possesso del pallone, spingendolo di spalla.

Caricàcee *s. f. pl.* Famiglia di piante arboree o arbustive delle Parietali con foglie grandi lobate e fiori riuniti in racemi. [→ ill. *piante* 5]

caricaménto *s. m.* Operazione del caricare spec. armi da fuoco, mezzi di trasporto e sim. [→ ill. *fotografo, metallurgia*]

caricàre *A* *v. tr.* (*io càrico, tu càrichi*) **1** Porre qc. o q.c. sopra un sostegno o un mezzo di trasporto: – *i bagagli sul treno.* **2** Aggravare con un peso eccessivo (*anche fig.*): – *la nave oltre la sua portata*; – *qc. di debiti* | – *lo stomaco*, riempirlo troppo di cibo; SIN. Appesantire. **3** (*fig.*) Esagerare: – *le dosi* | – *la mano*, eccedere in violenza | – *le tinte*, dare eccessivo risalto a un colore e (*fig.*) esagerare i particolari della descrizione di q.c. **4** Disporre q.c. a scattare, funzionare, agire: – *la molla di un orologio* | – *la macchina fotografica*, introdurvi la pellicola | – *il fucile*, introdurvi il proiettile. **5** Attaccare con impeto, a piedi o a cavallo, il nemico. **6** Nel calcio, e in altri sport, compiere una carica su un avversario. *B* *v. rifl.* **1** Gravarsi eccessivamente di q.c.: *caricarsi di cibo.* **2** (*fig.*) Raccogliere in se stesso le energie fisiologiche o psicologiche in vista di un'azione: *caricarsi per la gara.*

caricàto *part. pass. di caricare; anche agg.* **1** Affettato, nelle parole e negli atti; SIN. Esagerato. **2** (*arald.*) Detto del campo e delle figure di uno scudo che ne hanno altre sovrapposte.

caricatóre *A* *s. m.* **1** Chi carica e scarica merci | Operaio che carica forni, caldaie e sim. **2** Serbatoio, nastro, piastrina, di metallo, contenenti un certo numero di cartucce per alimentare il fuoco delle armi a ripetizione. [→ ill. *armi*] **3** Attrezzatura atta al carico e allo scarico di vari materiali. **4** Contenitore a tenuta di luce per il materiale sensibile negativo o la pellicola cinematografica vergine | Cassetta nel sign. 2. [→ ill. *suono*] *B* *agg.* Che serve per caricare: *piano, ponte,* –. [→ ill. *ferrovia*]

caricatùra *s. f.* Ritratto o scritto che, con intenti comici o satirici, accentua fino alla deformazione i tratti caratteristici del modello | *Mettere in* –, ridicolizzare.

caricaturàle *agg.* Di caricatura.

caricaturista *s. m. e f.* (*pl. m. -i*) Chi fa caricature.

càrico *A* *s. m.* (*pl. -chi*) **1** Atto del caricare: *polizza di* –. **2** Ciò che si carica addosso a una persona o a un animale, o sopra un mezzo di trasporto. [→ ill. *petrolio*] **3** Aggravio, onere, peso (*anche fig.*): – *di lavoro* | *Persona a* –, che si provvede a mantenere | *A* – *di qc.*, nei confronti di qc. | (*est.*) Accusa, colpa: *segnare q.c. a* – *di qc.* | *Deporre a* –, contro qc. **4** In varie tecnologie, forza o peso che sollecita una struttura. **5** Nelle macchine elettriche, potenza attiva o apparente erogata, trasformata o assorbita. **6** Nel gioco della briscola, l'asso e il tre. *B* *agg.* **1** Che porta un peso: *carro* – *di sassi* | Sovraccarico | (*fig.*) Oppresso, gravato: – *di tasse.* **2** (*fig.*) Colmo, ricco: – *di onori.* **3** Intenso: *colore* – | (*est.*) Concentrato, forte: *caffè* –. **4** Pronto, atto a funzionare: *orologio* –; CONTR. Scarico.

càrie *s. f. inv.* **1** Processo distruttivo della sostanza ossea | – *dentaria*, che attacca il dente. **2** – *del frumento*, malattia dovuta a un fungo che colpisce le cariossidi del grano.

carillon /*fr.* kari'jɔ̃/ *s. m. inv.* (*pl. fr. carillons* /kari'jɔ̃/) Serie di campane graduate e accordate, che, suonate da uno speciale meccanismo, producono semplici e festose melodie | Congegno inserito in scatole, soprammobili e sim. che produce semplici motivi musicali mediante vibrazioni di lamelle metalliche contro sporgenze di un cilindro rotante.

carìno *agg.* Leggiadro, piacevole | (*est.*) Gentile, garbato.

cariocinèṣi o *cariocineṣi* *s. f.* (*biol.*) Forma di riproduzione cellulare in cui intervengono trasformazioni del nucleo mediante le quali una cellula madre si trasforma in due cellule figlie con uguale numero di cromosomi; SIN. Mitosi.

Cariofillàcee *s. f. pl.* Famiglia di piante erbacee delle Centrospermali, con fusto articolato, foglie opposte intere e fiori in genere a cinque petali. [→ ill. *piante* 3]

cariofillàto *agg.* Detto di corolla a cinque petali separati, la cui porzione posteriore è stretta e molto allungata. [→ ill. *botanica*]

carioplàṣma *s. m.* (*pl. -i*) Parte del protoplasma contenuto nel nucleo delle cellule.

cariòsside *s. f.* Frutto secco indeiscente con un unico seme che aderisce al pericarpo. [→ ill. *botanica*]

carìṣma *s. m.* (*pl. -i*) **1** Dono dello Spirito | Grazia concessa in forma soprannaturale. **2** Prestigio personale dovuto a innate capacità.

cariṣmàtico *agg.* (*pl. m. -ci*) **1** Che è proprio del carisma. **2** (*fig.*) Che fonda la legittimità del suo potere in un'innata capacità di comando: *capo* –.

carità *s. f.* **1** Amore di Dio e del prossimo, una delle tre virtù teologali. **2** Disposizione caratteristica di chi tende a comprendere e ad aiutare ogni persona; SIN. Filantropia, umanità. **3** Beneficenza, elemosina: *chiedere, fare, ricevere la* – | (*fig.*) – *pelosa*, non disinteressata. **4** (*est.*) Cortesia, favore: *usami la* – *di andartene* | *Per* –! escl. esprimente preghiera, invocazione, o rifiuto ironico o impaziente.

caritatévole *agg.* Che ha o dimostra amore per gli altri; SIN. Pietoso.

carlìna *s. f.* Pianta erbacea perenne delle Composite con capolino molto sviluppato e brattee bianche e lucenti disposte a raggera.

carlìnga *s. f.* Parte di un aereo per alloggiare il motore, o l'equipaggio e il carico | Fusoliera.

carlìno *s. m.* Antica moneta, spec. nel Regno di Napoli, d'oro o d'argento, con tipi e valori diversi fino al sec. XIX | *Il resto del* –, (*fig.*) il compimento dell'opera. [→ ill. *moneta*]

carlóna *vc. Solo nella loc. avv. alla* –, alla buona, in fretta: *fare le cose alla* –. [→ tav. *locuzioni* 49]

càrme *s. m.* **1** Nella poesia greca e latina, componimento poetico lirico: *i carmi di Orazio.* **2** Componimento lirico, tipico della letteratura italiana, di argomento elevato o tono solenne.

carmelitàno *A* *agg.* Che appartiene all'ordine eremitico fondato nel XII sec. sul Monte Carmelo. *B* *s. m.* (*f. -a*) Religioso di tale ordine.

carminatìvo *s. m.* Medicamento atto a favorire l'espulsione dei gas dall'apparato digerente.

carmìnio *s. m.* **1** Sostanza rossa, estratta dalla cocciniglia, usata nella fabbricazione di colori per pittura, belletti e dolci. **2** Colore rosso vivo.

carnagióne *s. f.* Qualità e aspetto della pelle umana, spec. dei colori del volto; SIN. Colorito, incarnato.

carnàio *s. m.* **1** Luogo di sepoltura comune. **2** Ammasso di cadaveri. **3** (*spreg.*) Moltitudine di corpi addensati | Luogo dove si addensano molti corpi.

carnàle *agg.* **1** Che riguarda il corpo umano, la materia. **2** Lussurioso, sensuale. **3** Congiunto strettamente da parentela | *Fratello* –, figlio degli stessi genitori.
carnalità *s. f.* **1** Qualità di ciò che è carnale. **2** Lussuria.
carnallite *s. f.* Minerale, cloruro doppio di potassio e magnesio.
carnàme *s. m.* Massa di carne putrefatta.
carnascialésco *agg.* (*pl. m. -schi*) (*lett.*) Carnevalesco | *Canto* –, poesia che si cantava a Firenze nelle mascherate di carnevale.
carnàto *s. m.* (*tosc.*) Bella carnagione.
carnaùba *s. f. inv.* Cera fragile, untuosa, che essuda dalle foglie di una palma brasiliana; usata per creme, candele e sim.
càrne *s. f.* **1** Insieme dei tessuti molli, dell'uomo e degli animali vertebrati, formati prevalentemente dai muscoli scheletrici | *Aver molta, poca – addosso*, essere grasso, magro | *Essere bene in* –, essere florido | *In – e ossa*, in persona | *– viva*, i tessuti non cutanei. **2** (*est.*) Natura umana, spec. in contrapposizione a spirito: *le tentazioni della* – | Consanguineo, spec. figlio o figlia: *è – della mia* – | Corpo umano: *la resurrezione della* –. **3** Parte degli animali da macello costituita prevalentemente dal tessuto muscolare e adiposo e da quantità variabile di tendini: *– bovina, ovina, suina, equina* | *– bianca*, di pollo o vitello | *– rossa*, di manzo, cavallo, maiale | *Mettere molta – al fuoco*, (*fig.*) cominciare più cose contemporaneamente | (*fig.*) *Non essere né – né pesce*, essere privo di caratteristiche definite. [→ ill. *macelleria*] **4** *spec. al pl.* Costituzione fisica: *essere di carni sode.*
carnéfice *s. m.* **1** Chi esegue le sentenze di morte; SIN. Boia, giustiziere. **2** (*fig., lett.*) Tormentatore, tiranno.
carneficina *s. f.* Uccisione crudele di molte persone | Distruzione, massacro; SIN. Strage.
càrneo *agg.* Di carne: *massa carnea.*
carnèra *s. m. inv.* (*fam.*) Persona straordinariamente grande e forte (dal nome di Primo Carnera, pugilatore italiano).
carnesécca *s. f.* Carne suina salata.
carnet /*fr.* kar'nɛ/ *s. m. inv.* (*pl. fr. carnets* /kar'nɛ/) Libretto: *– d'assegni bancari* | *– di ballo*, su cui le dame annotavano il nome dei cavalieri.
carnevalàta *s. f.* **1** Divertimento di carnevale. **2** (*est., fig.*) Azione, gesto poco serio; SIN. Buffonata.
carnevàle *s. m.* **1** Periodo festivo fra il Natale e la Quaresima, culminante nei balli e nelle mascherate dell'ultima settimana. [→ ill. *maschera*] **2** (*fig.*) Tempo di baldorie, godimenti, spensieratezze. [→ tav. *proverbi* 136]
carnevalésco *agg.* (*pl. m. -schi*) **1** Di carnevale. **2** (*fig.*) Privo di serietà.
carnìccio *s. m.* Insieme dei brandelli di carne che restano attaccati alla pelle degli animali scuoiati.
carnicìno *agg.* Che ha un colore rosa sano e fresco simile a quello della carnagione umana.
carnière *s. m.* Borsa con lunga tracolla in cui il cacciatore mette la selvaggina. [→ ill. *cacciatore*]
Carnìvori *s. m. pl.* Ordine di mammiferi le cui specie hanno dentatura completa con grandi canini atti a lacerare e molari cuspidati e taglienti. [→ ill. *animali* 19]
carnìvoro *agg.* Che si alimenta di carne | Che mangia molta carne.
carnosità *s. f.* **1** Qualità di ciò che è carnoso. **2** Escrescenza carnosa.
carnóso *agg.* **1** Che è bene in carne | *Labbra carnose*, tumide. **2** Carneo. **3** (*est.*) Che ha colore, spessore, morbidezza di carne, detto spec. di vegetali: *frutta carnosa.*
carnotite *s. f.* Minerale di color giallo, da cui si ricava uranio.
càro (1) A *agg.* **1** Che suscita sentimenti di affetto: *avere cara la famiglia* | *Cara, mio* –, modo confidenziale di rivolgere la parola a qc. o di cominciare una lettera | *Cari saluti, tanti cari saluti*, formula di cortesia usata per concludere una lettera | *Cara te, – lei, – signore!*, escl. iron. o di impazienza | Gradevole, gradito, simpatico: *è una cara donna*; SIN. Amato, diletto. **2** Che è pregiato, importante, prezioso | *Tenersi – qc.*, conservare la sua amicizia | *Avere –, avere a* –, gradire, stimare | *Tenere* –, conservare, custodire con cura affettuosa. **3** Che costa molto: *oggetto* – | *Vendere la pella a – prezzo, vendere cara la pelle*, (*fig.*) difendersi con tutti i mezzi prima di soccombere | *Pagarla cara*, scontare duramente q.c. | Che vende a caro prezzo: *il macellaio sta diventando* –; SIN. Costoso, dispendioso. **B** *in funzione di avv.* A prezzo elevato, *spec. nelle loc. vendere, pagare, costare, comprare* – | *Costare caro*, (*fig.*) riuscire di sacrificio. **C** *s. m.* (*f. -a*) Persona per cui si prova affetto | *I miei, i tuoi cari*, genitori, parenti o amici. [→ tav. *proverbi* 319, 328]
càro (2) *s. m.* Grave rialzo sui prezzi di beni o servizi di prima necessità: *– viveri, – vita.*
carógna *s. f.* **1** Corpo di animale morto, spec. in decomposizione. **2** (*fig.*) Persona vile, perfida.
carognàta *s. f.* (*fam.*) Azione vile e perfida.
caròla *s. f.* Antica danza ballata da più persone in cerchio, solitamente accompagnata dal canto.
carosèllo *s. m.* **1** (*st.*) Sorta di torneo spettacolare di cavalieri, con esercizi di bravura, evoluzioni e sim. **2** (*est.*) Movimento rapido e circolare spec. di autoveicoli | (*fig.*) Massa confusa: *un – d'idee.* **3** Piattaforma con animali di legno, barche o vetture, che gira in tondo a suon di musica, per divertimento dei bambini che vi stanno sopra; SIN. Giostra | (*est.*) Trasmissione televisiva serale, ora soppressa, costituita da sketch pubblicitari. [→ ill. *luna park*]
caròta *s. f.* **1** Pianta erbacea delle Umbellali con fiori composti bianchi e violetti e grossa radice a fittone, carnosa e commestibile | Radice di tale pianta, di colore rosso-aranciato | (*fig.*) *Pel di* –, persona dai capelli rossi. [→ ill. *piante* 10, *verdura*] **2** (*min.*) Campione cilindrico di roccia prelevato con apposito attrezzo di perforazione durante il sondaggio.
carotàggio *s. m.* (*min.*) Prelievo di cilindretti di roccia per lo studio del sottosuolo.
carotàre *v. tr.* Sottoporre a carotaggio.
carotène *s. m.* Idrocarburo giallo contenuto spec. nelle carote, che viene trasformato dal fegato in vitamina A.
caròtide *s. f.* (*anat.*) Arteria che, attraverso il collo, porta il sangue al capo. [→ ill. *anatomia umana*]
carotière *s. m.* Organo della sonda che compie il prelievo di campioni cilindrici, o carote, dal sottosuolo.
carovàna *s. f.* **1** Gruppo di persone che attraversano insieme, con carri e bestie da soma, luoghi deserti o pericolosi. **2** Complesso di persone e veicoli incolonnati | (*est.*) Gruppo numeroso e chiassoso di persone; SIN. Brigata, comitiva.
carovanièra *s. f.* Pista per carovane.
carovanière *s. m.* Chi guida gli animali di una carovana.
carovanièro *agg.* Di carovana.
carovita *s. m. solo sing.* Forte rialzo dei prezzi, spec. sui generi di primo consumo | *Indennità di* –, aggiunta allo stipendio di operai e impiegati in periodi di prezzi crescenti.
caroviveri *s. m. solo sing.* Carovita.
càrpa *s. f.* Pesce osseo commestibile d'acqua dolce con quattro barbigli e il primo raggio della pinna dorsale a forma di spina. [→ ill. *animali* 9]
carpèllo *s. m.* (*bot.*) Foglia modificata che partecipa alla formazione del pistillo.
carpenterìa *s. f.* **1** Arte di preparare e congiungere elementi di legname o profilati di ferro e formare le varie membrature di una costruzione. **2** Reparto di un cantiere riservato ai carpentieri.
carpentière *s. m.* Operaio esperto nell'arte di carpenteria. [→ ill. *sega*]
carpétta *s. f.* Cartella per documenti.
carpiàto *agg.* Di salto in alto o tuffo eseguito con il corpo in posizione di carpio.
càrpine *s. m.* Albero delle Betulacee con corteccia liscia e grigia, foglie doppiamente seghettate e legno duro.
càrpio *s. m.* **1** (*zool.*) Carpione. **2** Nei tuffi e nel salto in alto, posizione del corpo flesso ad angolo retto rispetto alle anche, con gambe e braccia tese.
carpióne *s. m.* Pesce osseo di lago, commestibile, con squame bruno-rossastre sul dorso e argentee sui fianchi e sul ventre.
carpire *v. tr.* (*io carpisco, tu carpisci*) Riuscire a ottenere, portar via e sim. con violenza e astuzia: *– un segreto a qc.*; SIN. Estorcere, ghermire.

càrpo *s. m.* (*anat.*) Parte ossea compresa fra avambraccio e metacarpo, a formare il polso. [→ ill. *anatomia umana*]

càrpo-, -càrpo *primo e secondo elemento*: in parole composte scientifiche, significa 'frutto': *carpologia, endocarpo*.

carpologìa *s. f.* Branca della botanica che studia scientificamente i frutti.

carpóni *avv.* Nella posizione di chi sta o procede con le ginocchia e le mani per terra: *stare —*.

carràbile *agg.* Che è percorribile con carri e (*est.*) con autoveicoli: *strada —* | *Passo —*, tratto di marciapiede antistante un ingresso, inclinato sul bordo per facilitare il passaggio dei veicoli.

carradóre *s. m.* Artigiano che costruisce o ripara carri, barrocci e sim.

carràia *s. f.* **1** Strada carrabile. **2** Porta dei palazzi riservata all'entrata e all'uscita dei carri.

carràio **A** *agg.* Che permette o è destinato al transito di carri, autoveicoli e sim.: *passo —*. **B** *s. m.* Costruttore di carri.

carraréccia *s. f.* (*pl. -ce*) **1** Strada di campagna percorribile dai carri. [→ ill. *strada*] **2** Traccia delle ruote dei veicoli sulla strada.

carràta *s. f.* Quantità di materiale che si può portare in un carro.

carré /*fr.* ka're/ *s. m. inv.* (*pl. fr. carrés* /ka're/) **1** (*abbigl.*) Sprone. **2** Lombata di maiale. **3** *Pan —*, pane in cassetta.

carreggiàbile *agg.* Di strada ove si può passare con carri.

carreggiàre *v. tr.* (*io carréggio*) Trasportare con il carro.

carreggiàta *s. f.* **1** Parte della strada percorribile dai veicoli. **2** (*fig.*) Retta via, giusto cammino | *Mettersi in —*, cominciare ad agire bene, a funzionare e (*est.*) entrare in argomento | *Uscire di —*, deviare dal giusto cammino, e (*est.*) cambiare bruscamente argomento | *Rimettersi in —*, ritornare sulla giusta via, e (*est.*) rientrare in argomento. **3** Distanza fra le ruote di un veicolo situate sullo stesso asse. **4** Traccia delle ruote dei veicoli sulla strada.

carréggio *s. m.* **1** Trasporto di cose con il carro | Trasporto su vagonetti del minerale estratto nelle miniere. [→ ill. *miniera*] **2** Transito intenso di veicoli. **3** Complesso dei veicoli al seguito delle truppe per il trasporto dei materiali di reparto.

carrellàre *v. intr.* (*io carrèllo; aus. avere*) Riprendere una scena mediante carrellata.

carrellàta *s. f.* Spostamento sul piano orizzontale della cinepresa o della telecamera in qualsiasi direzione.

carrèllo *s. m.* **1** Telaio o supporto metallico montato su ruote o guide con forma e disposizione varia secondo l'uso e il carico: *— per veicoli ferroviari*. [→ ill. *cava, edilizia, funivia, magazzinaggio, miniera, stalla, supermercato, tornio*] **2** Mezzo di trasporto interno ausiliario per le lavorazioni di produzione: *— trasportatore*. [→ ill. *carrello, sollevamento*] **3** Complesso delle ruote e loro supporti in un aereo terrestre. [→ ill. *aeronautica*] **4** Piattaforma che scorre talvolta su rotaie, sulla quale viene montata la cinepresa per riprese in movimento. [→ ill. *cinematografia, televisione*] **5** Specie di tavolino montato su quattro rotelle e solitamente a ripiani, per trasportare e servire cibi e bevande. [→ ill. *carrello, sollevamento*] **6** Nelle macchine per scrivere, organo sul quale vengono montati i fogli di carta. [→ ill. *ufficio*]

carrétta *s. f.* **1** Piccolo carro a due ruote e con sponde alte per il trasporto di roba | *Tirare la —*, (*fig.*) fare lavori umili e faticosi. [→ ill. *carro e carrozza*] **2** (*spreg.*) Veicolo vecchio e malridotto.

carrettàta *s. f.* Quantità di roba che si può trasportare su una carretta o su un carretto.

carrettière *s. m.* (*f. -a*) **1** Chi guida la carretta o il carro. **2** (*fig.*) Uomo volgare e sboccato.

carrétto *s. m.* Piccolo carro a due ruote.

carrettóne *s. m.* Grosso carro a sponde alte.

carriàggio *s. m. spec. al pl.* Insieme dei trasporti a ruote e del materiale di un esercito. [→ ill. *carro e carrozza*]

carrièra *s. f.* **1** Professione, impiego, corso di studi: *la — militare, medica* | Successione di promozioni all'interno di una data professione: *prospettive di —* | *Far —*, procedere bene nella professione prescelta. **2** (*est.*) Corsa: *andare di —, di gran —*. [→ tav. *proverbi* 25]

carrierismo *s. m.* Grande ambizione di fare carriera.

carrierista *s. m. e f.* (*pl. m. -i*) Chi cerca con ogni mezzo di far carriera.

carriòla *s. f.* **1** Piccola carretta a mano, con una ruota e due stanghe. [→ ill. *edilizia*] **2** Quantità di materiale che può entrare in una carriola.

carrìsta *s. m.* (*pl. -i*) Soldato appartenente alla specialità di fanteria montata su carri armati.

càrro *s. m.* (*pl. càrri, m.; raro càrra, f.*) **1** Veicolo a trazione animale o meccanica, usato per il trasporto di materiali da costruzioni o di merci in genere | *Mettere il — davanti ai buoi*, (*fig.*) parlare, agire in modo prematuro | *L'ultima ruota del —*, chi conta meno di tutti | *— merci, bestiame*, vagone per trasporto di merci o animali | *— funebre*, per il trasporto dei cadaveri | *— botte*, cisterna per spargere liquami o trattamenti antiparassitari | *— attrezzi, — di soccorso*, attrezzato per soccorrere e rimorchiare automezzi in avaria. [→ ill. *carro e carrozza, ferrovia*] **2** Quantità di materiale contenuto in un carro | Antica misura di capacità o di peso. **3** *— armato*, autoveicolo da combattimento, interamente chiuso, corazzato, che si muove su cingoli ed è armato di cannone e di mitragliatrici di vario calibro. [→ ill. *armi*] **4** (*astron., pop.*) Denominazione delle costellazioni dell'Orsa Maggiore e dell'Orsa Minore: *Gran —; Piccolo —*. [→ tav. *locuzioni* 65]

carròccio *s. m.* Carro da guerra degli antichi comuni italiani, di cui simboleggiava la libertà: a quattro ruote, trainato da buoi, pavesato con insegne e stendardi, con un altare e una campana.

carropónte *s. m.* Apparecchio di sollevamento costituito da una trave orizzontale metallica, mobile su due rotaie, su cui scorre un carrello con argano. [→ ill. *sollevamento*]

carròzza *s. f.* **1** Vettura per persone, a quattro ruote con o senza mantice, trainata da cavalli. [→ ill. *carro e carrozza*] **2** Veicolo ferroviario destinato al trasporto di persone. [→ ill. *ferrovia*]

carrozzàbile **A** *agg.* Detto di strada percorribile dalle carrozze e dagli autoveicoli. **B** *s. f.* Strada carrozzabile.

carrozzàio *s. m.* Chi fa o ripara carrozze.

carrozzàre *v. tr.* (*io carròzzo*) Fornire un veicolo di carrozzeria.

carrozzèlla *s. f.* **1** *Dim. di carrozza*. **2** (*dial.*) Vettura pub-

carrello

blica a cavalli, a Roma e a Napoli. [→ ill. *carro e carrozza*] **3** Piccolo veicolo per invalidi costituito da un sedile che poggia su tre o quattro ruote e che può essere spinto o mosso a mano o da un motore.

carrozzerìa *s. f.* Parte dell'autoveicolo che ricopre le parti meccaniche e ospita i passeggeri o le merci | – *portante*, che ha anche funzioni di telaio. [→ ill. *automobile*]

carrozzière *s. m.* **1** Carrozzaio. **2** Chi costruisce o ripara carrozzerie.

carrozzìna *s. f.* Specie di lettino, montato su ruote e spinto a mano, per neonati. [→ ill. *puericultura*]

carrozzìno *s. m.* **1** Carrozzina. **2** Piccola carrozza elegante. **3** Piccolo veicolo a una ruota fissato a un lato di una motocicletta; SIN. Sidecar.

carrozzóne *s. m.* **1** *Accr. di carrozza.* **2** Mezzo di trasporto abituale dei circhi nomadi. [→ ill. *circo*] **3** (*fig., gerg.*) Ente, spec. pubblico, pletorico e inefficiente.

carrùba *s. f.* Frutto del carrubo, a baccello, con semi da cui si ricavano farine. [→ ill. *frutta*]

carrùbo *s. m.* Albero sempreverde delle Rosali con tronco grosso, foglie composte di foglioline tondeggianti, coriacee e di color verde scuro, chioma densa e frutti a grosso legume indeiscente. [→ ill. *piante* 10]

carrùcola *s. f.* Macchina semplice, adoperata per sollevare pesi, costituita da un disco con gola di guida della fune, girevole intorno al suo asse, sorretto da una staffa. [→ ill. *edilizia, ferramenta, fisica, sollevamento*]

carrucolàre *v. tr.* (*io carrùcolo*) Sollevare q.c. con la carrucola.

carrùggio *s. m.* (*dial.*) Vicolo, a Genova.

càrsico *agg.* (*pl. m. -ci*) **1** Del Carso. **2** Detto di rilievi calcarei solcati da fenditure tali da permettere un rapido assorbimento delle acque e uno sviluppo della loro circolazione sotterranea.

carsìsmo *s. m.* Complesso dei fenomeni dovuti all'azione chimica delle acque su rocce calcaree, tipici della regione del Carso.

càrta *s. f.* **1** Foglio sottile, ottenuto per feltrazione da una sospensione in acqua di fibre cellulosiche, opportunamente trattate, con successiva disidratazione ed essiccamento: – *di legno, di seta*; – *da lettere, da pacchi* | – *assorbente*, per asciugare l'inchiostro subito dopo avere scritto | – *igienica*, sottile, per l'igiene intima del corpo | – *oleata*, impregnata con olio | – *patinata*, con la superficie ricoperta da una patina che ne aumenta la stampabilità | – *pergamena*, avente aspetto e consistenza di pergamena | – *vetrata*, con superficie ruvida per granuli e polvere di vetro, usata per levigare. [→ ill. *telegrafia, ufficio*] **2** (*est.*) Foglio, pagina | *Affidare alla* –, scrivere | *Dare – bianca*, (*fig.*) dare pieni poteri | – *bollata, da bollo, legale*, foglio richiesto per il compimento di alcuni atti, gravato da bollo ordinario | (*fig.*) *Mandare q.c. a carte quarantotto*, mandarla all'aria. **3** (*est.*) Lista delle vivande e dei vini | *Mangiare alla* –, secondo la lista delle vivande, non a prezzo fisso. **4** Documento: – *notarile*; – *d'identità* | *Mettere in* –, *sulla* –, stendere per iscritto dichiarazioni e impegni | *Avere le carte in regola*, disporre dei documenti richiesti e (*fig.*) essere qualificato per svolgere un'attività | *Fare carte false*, (*fig.*) fare di tutto per riuscire in q.c. | *Carte di bordo*, documenti che i comandanti di navi debbono tenere a bordo. **5** Costituzione, statuto, di uno Stato o di enti o organi internazionali: – *costituzionale*; – *delle Nazioni Unite.* **6** *spec. al pl.* Scritti di vario genere | *Le sacre carte*, la Bibbia. **7** – *geografica*, rappresentazione grafica piana, simbolica, ridotta e approssimata di una parte o di tutta la superficie terrestre. [→ ill. *geografia, scuola*] **8** *spec. al pl.* Cartoncini figurati riuniti in mazzo, per vari giochi di abilità o di azzardo | *Carte francesi*, aventi per semi cuori, quadri, fiori, picche | *Carte italiane*, aventi per semi spade, bastoni, denari e coppe | *Cambiare le carte in tavola*, (*fig.*) esprimersi o agire in modo intenzionalmente ingannevole | *Mettere le carte in tavola*, (*fig.*) esprimersi o agire con franchezza | *Giocare l'ultima* –, (*fig.*) fare l'estremo tentativo | *Avere buone carte in mano*, (*fig.*) disporre di elementi favorevoli al successo | *A carte scoperte*, (*fig.*) senza nascondere nulla | *Leggere le carte*, predire il futuro, per mezzo delle carte. [→ ill. *giochi*] [→ tav. *proverbi* 42, 156]

cartacarbóne *s. f.* (*pl. cartecarbóne*) Carta leggera con patina colorata o nera a base di cera, oli vegetali e colori all'anilina, che si interpone tra fogli per ottenere più copie di uno scritto.

cartàceo *agg.* Di carta.

cartaglòria *s. f.* (*pl. carteglòrie*) Ciascuna delle tabelle poste al centro e ai lati dell'altare portanti scritti testi della liturgia della Messa. [→ ill. *religione*]

cartàio *s. m.* **1** Chi fabbrica o vende carta. **2** Chi distribuisce le carte giocando.

càrtamo *s. m.* Pianta erbacea delle Sinandrali con foglie a margine spinoso e fiori gialli usati anche per sofisticare lo zafferano.

cartamodèllo *s. m.* (*pl. cartamodèlli*) Modello tagliato in

carro e carrozza

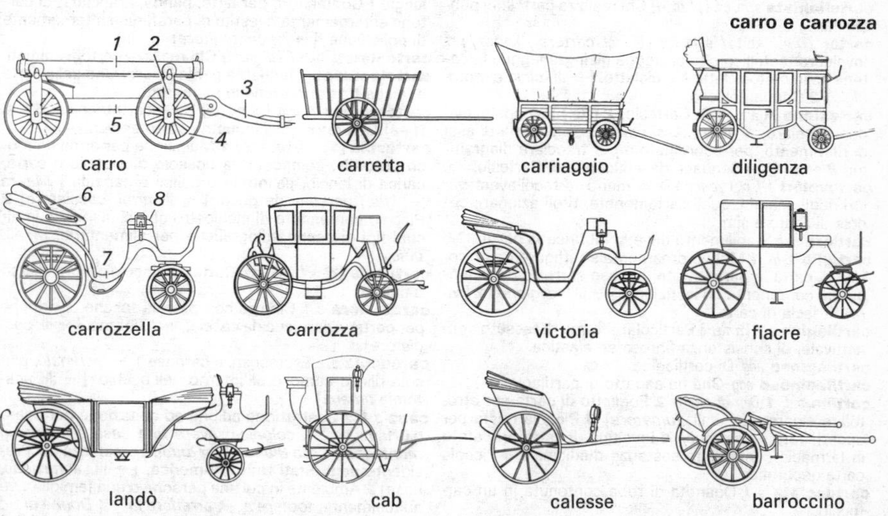

1 pianale 2 sbarra 3 timone 4 ruota 5 freccia 6 mantice 7 pedana 8 cassetta

carta, per l'esecuzione di un indumento.
cartamonéta *s. f. solo sing.* Biglietto di Stato o di banca, sostitutivo di moneta metallica.
cartapècora *s. f.* (*pl. cartapècore*) Pergamena animale.
cartapésta *s. f.* (*pl. cartapéste*) Mistura di carta macerata, argilla e altro per statuine, fantocci, bambole e sim.
cartàrio *agg.* Che riguarda la fabbricazione della carta: *industria cartaria.*
cartastràccia *s. f.* (*pl. cartestràcce*) ***1*** Carta già usata. ***2*** Carta scadente per pacchi.
cartàta *s. f.* Quantità di roba che si può avvolgere in un foglio di carta.
cartéggio *s. m.* ***1*** Frequente corrispondenza epistolare. ***2*** (*est.*) Raccolta delle lettere inviate e ricevute: *il — Cavour-Nigra.*
cartel /*fr.* kar'tɛl/ *s. m. inv.* (*pl. fr. cartels* /kar'tɛl/) Pendola da muro. [→ ill. *orologio*]
cartèlla *s. f.* ***1*** Foglio recante scritte, spec. a stampa, con varie funzioni | *— della lotteria,* biglietto numerato di una lotteria | *— della tombola,* cartoncino recante una serie di numeri per il gioco della tombola | *— clinica,* contenente dati clinici, diagnosi e terapia di una persona durante la sua degenza in ospedale o in casa di cura. [→ ill. *giochi*] ***2*** Foglio dattiloscritto su una sola facciata, da mandare in tipografia per la composizione: *un racconto di 10 cartelle.* ***3*** Documento, certificato di credito: *— fondiaria, esattoriale.* ***4*** Tabella variamente incorniciata, inserita in un'opera di architettura, scultura o pittura. ***5*** Custodia di vario materiale per fogli, libri, fascicoli e sim. [→ ill. *scuola, ufficio*]
cartellìno *s. m.* ***1*** Foglietto, cartoncino e sim. applicato su vari oggetti, recante indicazioni relative a essi: *esporre le merci col — del prezzo.* [→ ill. *supermercato*] ***2*** Modulo contenente indicazioni di vario tipo: *— segnaletico, bibliografico.*
cartèllo (1) *s. m.* ***1*** Avviso, scritto o stampato su vari materiali, spec. per comunicazioni pubbliche: *— stradale.* [→ ill. *strada*] ***2*** Insegna posta sulle botteghe.
cartèllo (2) *s. m.* Accordo tra imprese diretto a disciplinare la concorrenza.
cartellóne *s. m.* ***1*** *Accr. di cartello* (1). ***2*** Grande e vistoso manifesto pubblicitario. [→ ill. *strada*] ***3*** Tabella coi 90 numeri del gioco della tombola, per riscontro dei numeri usciti. [→ ill. *giochi*] ***4*** Programma degli spettacoli rappresentati da una compagnia teatrale o da un teatro durante una stagione | *Tenere il —,* (*fig.*) detto di spettacolo che esercita un forte richiamo sul pubblico e che si rappresenta da tempo.
cartellonista *s. m. e f.* (*pl. m. -i*) Chi realizza cartelloni pubblicitari.
càrter /*ingl.* 'kaːtə/ *s. m. inv.* (*pl. ingl. carters* /'kaːtəz/) ***1*** Involucro metallico che protegge gli ingranaggi e la catena nelle motociclette e biciclette. [→ ill. *ciclo e motociclo*] ***2*** Coppa dell'olio.
cartesiàno ***A*** *agg.* ***1*** Di Cartesio. ***2*** (*fig.*) Razionale, evidente, chiaro. ***3*** (*mat.*) *Assi cartesiani,* sistema di assi di riferimento, per coordinate e per tracciare diagrammi. ***B*** *s. m.* (*f. -a*) Seguace della filosofia di Cartesio.
cartevalóri *s. f. pl.* (*gener.*) Documenti cartacei aventi valori negli scambi, quali cartamoneta, titoli azionari, cedole di Stato e sim.
cartièra *s. f.* Stabilimento dove si fabbrica la carta.
cartìglio *s. m.* ***1*** Motivo ornamentale raffigurante un rotolo di carta in parte svolto, spesso sorretto da una figura e contenente un'iscrizione. [→ ill. *religione*] ***2*** (*raro*) Striscia di carta.
cartilàgine *s. f.* (*anat.*) Particolare forma di tessuto connettivale, di consistenza fibrosa ed elastica.
cartilagineo *agg.* Di cartilagine.
cartilaginóso *agg.* Che ha aspetto di cartilagine.
cartina *s. f.* ***1*** *Dim. di carta.* ***2*** Foglietto di carta per arrotolare sigarette. [→ ill. *fumatore*] ***3*** Piccola busta per oggetti vari: *— per aghi.* ***4*** Involtino di carta preparato in farmacia contenente sostanze medicinali. ***5*** Piccola carta geografica.
cartocciàta *s. f.* Quantità di roba contenuta in un cartoccio.
cartòccio *s. m.* ***1*** Foglio di carta ravvolto per mettervi dentro q.c. | (*est.*) Ciò che è contenuto in un cartoccio: *un — di zucchero.* ***2*** Carica di lancio per artiglieria. ***3*** Complesso delle brattee che avvolgono la pannocchia di granturco. ***4*** Motivo ornamentale caratteristico dell'arte barocca. [→ ill. *elemento ornamentale*] ***5*** *Nella loc. al —,* detto di cibo, spec. pesce o volatili, che viene cotto avvolto in carta oleata o in foglio d'alluminio.
cartografìa *s. f.* Parte della geografia che si occupa della compilazione di carte geografiche.
cartogràfico *agg.* (*pl. m. -ci*) Che si riferisce alla cartografia.
cartògrafo *s. m.* (*f. -a*) Chi disegna carte geografiche.
cartogràmma *s. m.* (*pl. -i*) (*geogr.*) Rappresentazione cartografica che mostra la distribuzione di un dato fenomeno, preso a oggetto di studio.
cartolàio *s. m.* (*f. -a*) Chi vende carta e oggetti per scrivere.
cartolàre *agg.* Relativo a un diritto incorporato in un documento così da non poter essere esercitato senza la presentazione di questo: *ogni diritto relativo all'assegno bancario è —.*
cartolerìa *s. f.* Bottega del cartolaio.
cartolibràrio *agg.* Relativo al commercio dei libri e degli oggetti da cancelleria.
cartolibrerìa *s. f.* Cartoleria autorizzata alla vendita di libri.
cartolìna *s. f.* Cartoncino di forma rettangolare su cui si scrive, che si invia per posta non chiuso in busta | *— postale,* posta in vendita già affrancata | *— illustrata,* che reca su una faccia disegni o fotografie | *— precetto,* o (*pop.*) *— rosa,* contenente l'ordine di chiamata alle armi delle reclute o di richiamo dei militari in congedo. [→ ill. *posta*]
cartomànte *s. m. e f.* Chi pratica la cartomanzia.
cartomanzìa *s. f.* Pretesa divinazione del futuro per mezzo delle carte.
cartonàggio *s. m.* Tecnica dell'utilizzazione e della lavorazione del cartone.
cartonàre *v. tr.* (*io cartóno*) Incollare su cartone | Rinforzare o rilegare con cartone.
cartoncìno *s. m.* ***1*** Cartone di tipo leggero. [→ ill. *pittore*] ***2*** Biglietto in cartoncino.
cartóne *s. m.* ***1*** Carta di forte spessore e consistenza rigida, ottenibile sovrapponendo più fogli di carta allo stato umido. ***2*** Disegno preparatorio per dipinti, mosaici, arazzi, eseguito su carta pesante, per poter essere riportato sulla superficie da decorare. ***3*** *Cartoni animati,* film in cui il movimento delle figure è ottenuto fotografando i disegni rappresentanti le successive fasi del movimento stesso. ***4*** Grossa scatola di cartone per imballaggio | Contenitore per latte, panna, aranciata, di cartone esternamente rivestito di paraffina e internamente di polietilene. [→ ill. *contenitore*]
cartonista *s. m. e f.* (*pl. m. -i*) Chi realizza cartoni animati.
cartotècnica *s. f.* Industria per la lavorazione della carta e la sua trasformazione in manufatti.
cartotècnico ***A*** *agg.* (*pl. m. -ci*) Della cartotecnica. ***B*** *s. m.* (*f. -a*) Lavoratore dell'industria cartotecnica.
cartùccia (1) *s. f.* (*pl. -ce*) ***1*** Munizione per arma da fuoco portatile, composta da bossolo di metallo o carta, carica di lancio, pallottola o pallini e capsula | *Mezza —,* (*fig.*) persona da poco. [→ ill. *armi, cacciatore*] ***2*** Piccolo contenitore di inchiostro che si inserisce in alcuni tipi di penne stilografiche per alimentarle. [→ ill. *ufficio*]
cartùccia (2) *s. f.* (*pl. -ce*) Carta da gioco di valore scarso o nullo.
cartuccièra *s. f.* Cintura con piccole tasche cilindriche per portarvi cartucce da caccia; SIN. Giberna. [→ ill. *cacciatore*]
carùncola *s. f.* Escrescenza carnosa | *— lacrimale,* piccolo rilievo carnoso all'interno dell'occhio. [→ ill. *anatomia umana*]
càsa *s. f.* ***1*** Costruzione adibita ad abitazione per una o più famiglie: *— colonica; avere una casa al mare, in montagna* | *Casa Bianca,* (*per anton.*) residenza del Presidente degli Stati Uniti d'America. [→ ill. *abitazione, casa*] ***2*** Ambiente in cui una persona o una famiglia vive abitualmente: *tornare a —; arredare la —* | *Donna di —,* casalinga | *Fatto in —,* di produzione casalinga | (*fig.*) *Abitare a — del diavolo,* molto lontano | *Non sapere*

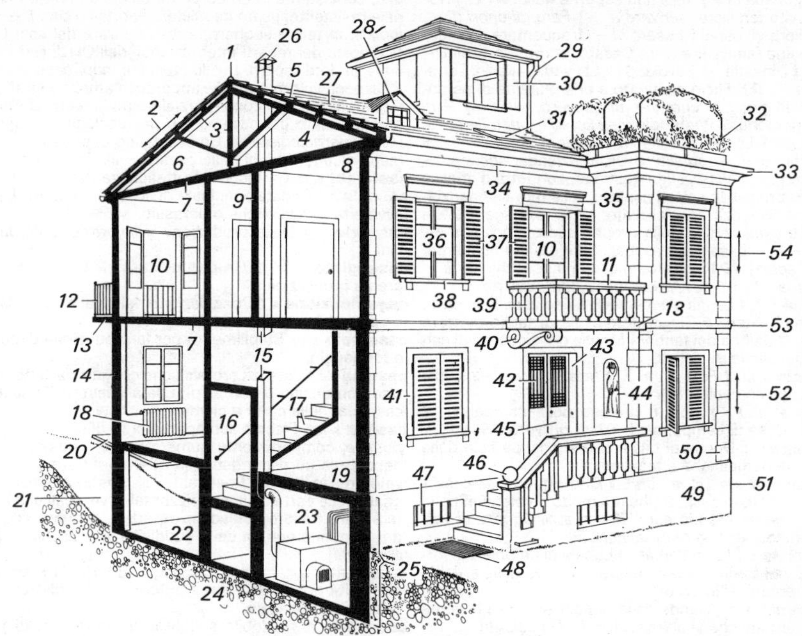

1 colmo 2 tetto 3 capriata 4 corrente 5 tegola 6 sottotetto 7 solaio 8 soffitto 9 muro divisorio 10 portafinestra 11 parapetto 12 ringhiera 13 balcone 14 muro maestro 15 canna fumaria 16 corrimano 17 scala 18 radiatore 19 pavimento 20 porta del garage 21 rampa 22 garage 23 caldaia per riscaldamento centrale 24 fondamenta 25 seminterrato 26 comignolo 27 falda 28 abbaino 29 doccia 30 altana 31 lucernario 32 giardino pensile 33 gronda 34 cornicione 35 architrave 36 finestra 37 persiana 38 davanzale 39 balaustrata 40 mensola 41 riquadro 42 porta 43 stipite 44 nicchia 45 battente 46 pomo 47 finestrella 48 stoino 49 zoccolo 50 concio 51 spigolo 52 piano rialzato 53 marcapiano 54 primo piano

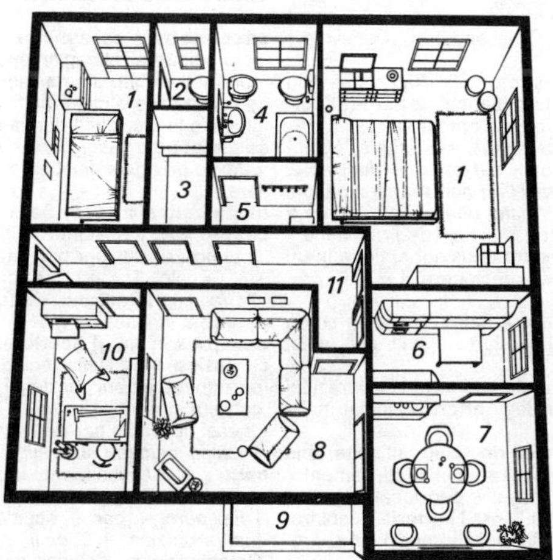

1 camera da letto 2 gabinetto 3 ripostiglio 4 bagno 5 spogliatoio 6 cucina 7 camera da pranzo 8 soggiorno 9 balcone 10 studio 11 corridoio

dove q.c. stia di —, (*fig.*) non saperne nulla. ***3*** (*fig.*) Nucleo e vita familiare: *scrivere a —* | *Fare gli onori di —*, accogliere gli ospiti | *Essere di —*, frequentare assiduamente una famiglia. ***4*** (*est.*) Casato, stirpe: *essere di — nobile* | Dinastia: *— Savoia.* ***5*** (*fig.*) Patria: *avere gli stranieri in —*. ***6*** Edificio destinato a una pluralità di persone: *— da gioco, di cura* | *— di ricovero*, ospizio | *— di pena*, prigione. ***7*** Postribolo, *nelle loc. euf. — di tolleranza, — chiusa* | Locale per illeciti convegni amorosi: *— di appuntamenti, — squillo.* ***8*** Ditta, azienda, società: *— editrice* | *— di vetro*, (*fig.*) gestione, condotta d'affari e sim. irreprensibile sotto l'aspetto della morale finanziaria | (*est.*) Negozio specializzato: *— del formaggio.* ***9*** Nel calcio e sim., campo della propria sede: *giocare in —, fuori —* | *— base*, nel baseball, l'angolo del diamante. [→ ill. *sport*] ***10*** Riquadro, in giochi a scacchiera: *la — degli scacchi.* [→ tav. *proverbi* 43, 293, 298]

casàcca *s. f.* ***1*** Lunga giacca chiusa fino al collo in certe uniformi militari. ***2*** Giacca femminile di taglio diritto e ampio. ***3*** Giubba dei fantini | Maglia dei giocatori di calcio e dei corridori ciclisti.

casàccio *s. m.* ***1*** *Pegg. di caso.* ***2*** *Nella loc. avv. a —*, senza ordine, come capita: *agire a —.*

casàle *s. m.* ***1*** Gruppetto di case nella campagna. ***2*** (*centr.*) Casa di campagna. [→ tav. *proverbi* 390]

casalinga *s. f.* Donna di casa, che si occupa solo delle faccende domestiche e familiari.

casalingo ***A*** *agg.* (*pl. m. -ghi*) ***1*** Che riguarda la casa | *Pane —*, fatto in casa. ***2*** Che sta molto o volentieri nella casa, e se ne prende cura. ***B*** *s. m. al pl.* Oggetti di uso domestico: *negozio di casalinghi.*

casamàtta *s. f.* (*pl. casemàtte*) Locale di un'opera di fortificazione, fornito di cannoniere per il tiro delle artiglierie sistemate all'interno.

casaménto *s. m.* Grande casa popolare | (*est.*) Insieme delle persone che vi abitano. [→ ill. *abitazione*]

casanòva *s. m. inv.* Grande seduttore (dal nome di Giacomo Casanova, avventuriero veneziano).

casàro *s. m.* Addetto alla trasformazione del latte in burro e formaggi.

casàta *s. f.* Tutta la famiglia discendente dallo stesso stipite; SIN. Lignaggio, stirpe.

casàto *s. m.* ***1*** Cognome di una famiglia o di una persona. ***2*** Famiglia, lignaggio; SIN. Stirpe.

càsba o *càsbah s. f.* ***1*** Vecchio quartiere arabo nelle città dell'Africa settentrionale o della Spagna moresca. ***2*** (*est.*) Quartiere malfamato.

cascàme *s. m. spec. al pl.* Residuo, scarto della lavorazione di prodotti industriali, spec. di fibre tessili.

cascamòrto *s. m.* Chi ostenta svenevolmente una passione amorosa.

cascànte *part. pres. di cascare; anche agg.* ***1*** Che casca | Flaccido; SIN. Cadente. ***2*** (*fig.*) Languido, svenevole | Fiacco.

càscara sagràda *s. f.* ***1*** Arbusto delle Ramnacee con foglie seghettate e piccoli fiori bianchi. ***2*** Estratto purgativo della corteccia della pianta omonima.

cascàre *v. intr.* (*io càsco, tu càschi; aus. essere*) (*fam.*) Cadere, spec. all'improvviso: *— dal letto* | *— dal sonno, dalla fame, dalla stanchezza*, (*fig.*) non reggersi più dal sonno, dalla fame ecc. | *— male, bene*, (*fig.*) andare a finire male, bene | *Qui casca l'asino!*, (*fig.*) qui viene il difficile | *Cascarci*, (*fig.*) cedere a lusinghe, finire in un tranello; SIN. Capitombolare, precipitare. [→ tav. *proverbi* 336]

cascàta *s. f.* ***1*** (*fam.*) Caduta. ***2*** Salto che fa un corso d'acqua per un gradino del suo letto. [→ ill. *geografia, giardino pubblico*]

cascatóre *s. m.* Controfigura che, durante le lavorazioni di un film, sostituisce uno degli attori principali nelle azioni rischiose.

cascina (1) *s. f.* Casa colonica destinata all'abitazione degli agricoltori, al ricovero degli animali di allevamento, al deposito di mangime e attrezzi, con locali in cui si producono burro e formaggio | (*sett.*) Fattoria, casolare.

cascina (2) *s. f.* (*tosc.*) Cerchio di legno entro cui si preme il latte rappreso per fare il cacio.

cascinàio *s. m.* Proprietario o sovrintendente di cascina.

cascinàle *s. m.* ***1*** Gruppo di case coloniche. ***2*** Cascina.

càsco (1) *s. m.* (*pl. -schi*) ***1*** Copricapo difensivo o protettivo, consistente in un corpo metallico o di altro materiale resistente, usato da militari, sportivi e sim. | *— coloniale*, in tela e sughero, atto a riparare dal sole | *— blu*, tipico dei reparti internazionali dell'ONU; (*est.*) militare di detti reparti. [→ ill. *alpinista, copricapo, sport*] ***2*** Dispositivo proprio delle apparecchiature telegrafiche e telefoniche, che copre parzialmente la testa. ***3*** Apparecchio usato dai parrucchieri per asciugare i capelli. [→ ill. *parrucchiere*] ***4*** Caratteristico copricapo di piume di alcune tribù di pellerossa. [→ ill. *copricapo*]

càsco (2) *s. m.* (*pl. -schi*) Infruttescenza del banano.

càscola *s. f.* Caduta anticipata di fiori, gemme, frutti, per avversità atmosferiche o parassiti.

caseàrio *agg.* Della produzione e lavorazione dei latticini.

caseggiàto *s. m.* ***1*** Gruppo di case. ***2*** Casamento di grandi proporzioni.

caseificazióne *s. f.* Coagulazione della caseina del latte a opera del caglio.

caseificio *s. m.* Stabilimento per la produzione di burro e formaggio.

caseina *s. f.* Sostanza proteica che coagula dal latte trattato con enzimi o con acidi; usata spec. nell'industria casearia, della carta e chimica.

casèlla *s. f.* ***1*** Piccolo scompartimento di un mobile | *— postale*, compartimento numerato ove è direttamente deposta la corrispondenza in arrivo, affittato a un privato presso l'Ufficio Postale. [→ ill. *posta*] ***2*** Spazio segnato sulla carta da linee orizzontali e verticali che s'intersecano fra loro | Ciascuno dei sessantaquattro riquadri, bianchi o neri, in cui è suddivisa la scacchiera. [→ ill. *giochi*]

casellànte *s. m. e f.* ***1*** Sorvegliante di ferrovia o strada, che abita nel casello; SIN. Cantoniere. ***2*** Addetto a un casello autostradale.

casellàrio *s. m.* Mobile suddiviso in tante caselle | *— giudiziale*, registro esistente presso ogni Tribunale, in cui sono annotati i provvedimenti emanati a carico delle persone nate nel circondario; SIN. Schedario.

casellista *s. m. e f.* (*pl. m. -i*) Chi tiene in affitto una casella postale.

casèllo *s. m.* Casa cantoniera | Stazione terminale o intermedia di un'autostrada. [→ ill. *ferrovia, strada*]

casentino *s. m.* Tessuto di lana ruvida e pesante.

casèra *s. f.* Magazzino del caseificio adibito alla stagionatura dei formaggi.

caseréccio *agg.* (*pl. f. -ce*) Casalingo: *pane —.*

casèrma o *casèrma s. f.* Edificio ove dimorano i soldati.

casermàggio o *casermàggio s. m.* Tutto il materiale mobile occorrente per l'arredo di caserme e uffici.

caserméscο o *caserméscο agg.* (*pl. m. -schi*) (*spreg.*) Casermistico.

casermétta o *casermétta s. f.* ***1*** *Dim. di caserma.* ***2*** Edificio adibito all'alloggiamento di un singolo reparto minore nell'ambito di una caserma.

casermìstico o *casermìstico agg.* (*pl. m. -ci*) Che ricorda gli usi e la disciplina di una caserma.

casermóne o *casermóne s. m.* ***1*** *Accr. di caserma.* ***2*** (*fig.*) Edificio grande e disadorno, spec. per abitazione popolare.

casigliàno *s. m.* (*f. -a*) Coinquilino.

casino *s. m.* ***1*** Residenza signorile rustica: *— di caccia.* ***2*** Luogo di riunioni per lettura, gioco, conversazione; SIN. Circolo. ***3*** (*pop.*) Casa di prostituzione; SIN. Casotto. ***4*** (*fig., pop.*) Baccano, confusione | (*est.*) Pasticcio.

casinò *s. m.* Casa da gioco.

casista *s. m.* (*pl. -i*) Scrittore o studioso di casistica.

casistica *s. f.* ***1*** Nella teologia cattolica, esame di comportamenti umani per definire la norma di morale applicabile a ciascuno di essi. ***2*** Elencazione di una pluralità di casi specifici, per derivarne un principio generale: *la — degli incidenti stradali.*

càso *s. m.* ***1*** Avvenimento imprevisto, circostanza fortuita: *il vederti oggi è stato un —* | *A —*, per combinazione | *Per puro —, per —*, accidentalmente | *Fare — a q.c.*, farvi attenzione | *Si dà il — che*, accade, succede; SIN. Combinazione. ***2*** Causa misteriosa e remota degli avvenimenti umani: *il — ci ha fatto incontrare* | Mancanza di cause prevedibili: *il — fa uscire i numeri del lotto*; SIN. Fatalità, sorte. ***3*** Fatto, vicenda, spec. dolorosa o di vasta risonanza: *il — Dreyfus* | *Mi ha parlato dei casi suoi,* delle sue vicende private | *— di Stato,* (*fig.*) di grande importanza | *— limite,* che presenta certe caratteristiche accentuate in modo estremo | *— di coscienza,* che pone un problema morale; SIN. Circostanza, evento. ***4*** (*med.*) Malattia considerata come argomento di indagine o di controllo: *i medici stanno ancora studiando il —* | Ogni manifestazione di una malattia spec. infettiva o epidemica; (*est.*) ogni individuo che ne è affetto: *un — di colera* | *— patologico,* soggetto portatore di affezioni morbose; (*fig.*) persona che manifesta tendenze eccessive o anormali. ***5*** Ipotesi, possibilità | *In ogni —, in tutti i casi,* comunque, sempre | *In nessun —,* mai | *Nel — che,* qualora | *In — contrario,* altrimenti; SIN. Evenienza. ***6*** Opportunità: *regolati secondo il —* | *Fare al —,* essere opportuno | *Non è il —,* non conviene | *Al —,* se venisse l'opportunità. ***7*** (*ling.*) Aspetto assunto da una parola flessa, in relazione a una determinata funzione grammaticale: *— genitivo.*

casolàre *s. m.* Casa di campagna.

caṣomài o *càṣo mài cong.* Nel caso che (introduce una prop. condiz. con il v. al congv.): *— venisse, salutamelo.*

casòtto *s. m.* ***1*** Costruzione di piccole dimensioni, per lo più a un solo vano, in legno, adibita a vari usi. ***2*** Casino.

càspita *inter.* (*euf.*) Esprime meraviglia, impazienza, contrarietà e sim.

casquette /*fr.* kas'kɛt/ *s. f. inv.* (*pl. fr. casquettes* /kas'kɛt/) Berretto con visiera.

càssa *s. f.* ***1*** Contenitore parallelepipedo, realizzato in vario materiale, impiegato per la spedizione e il trasporto di merce: *— di legno* | *— da morto,* feretro. [→ ill. *contenitore, magazzinaggio*] ***2*** (*est.*) Quantità di roba contenuta in una cassa: *una — di frutta.* ***3*** Mobile parallelepipedo con coperchio e serratura, per conservare spec. denaro e preziosi: *una — di monete* | (*est.*) Dispositivo elettrico o a mano, atto a registrare i pagamenti effettuati e a contenere le somme relative: *la — di un bar; stare alla —.* [→ ill. *supermercato*] ***4*** (*est.*) Sportello di una banca o settore di un pubblico esercizio dove si eseguono o si ricevono i pagamenti: *presentare un assegno alla —* | *— continua,* impianto collocato all'esterno di una banca che permette, mediante un sistema simile alla posta pneumatica, di effettuare operazioni di versamento anche dopo l'ora di chiusura. ***5*** (*est.*) Somma di denaro contenuta in una cassa: *fuggire con la —* | *Libro di —,* di cui vengono annotate le entrate e le uscite di denaro | (*fig.*) *A pronta —,* in contanti: *pagare a pronta —.* ***6*** (*dir.*) Istituzione con fini spec. previdenziali: *— depositi e prestiti* | Istituto bancario: *— rurale* | *— integrazione* (*salari*), organismo che, in caso di riduzione temporanea del lavoro in un'azienda, fornisce agli operai una parte del salario. ***7*** Involucro che serve a proteggere e a contenere meccanismi, quali il movimento dell'orologio e sim. [→ ill. *ferramenta, orologio, telefonia*] ***8*** Cassetto del banco di composizione contenente caratteri tipografici. [→ ill. *stampa*] ***9*** Affusto di legno della balestra e delle antiche artiglierie | Nel fucile da caccia, parte in legno comprendente impugnatura e calcio. ***10*** Formazione anatomica cava, delimitata da pareti ossee | *— toracica,* scheletro e parti molli che delimitano il torace. ***11*** (*mus.*) *— armonica, di risonanza,* corpo cavo sonoro di alcuni strumenti, quali archi e chitarre | *— rullante,* tamburo di forma cilindrica allungata e con cassa di risonanza in legno | *— acustica,* (*ell.*) —, contenente uno o più altoparlanti per impianti stereofonici. [→ ill. *fisica, strumenti musicali, suono*]

cassafórma *s. f.* (*pl. casseförme*) Forma di legno o di metallo in cui viene gettato il calcestruzzo; SIN. Cassero. [→ ill. *edilizia*]

cassafòrte *s. f.* (*pl. cassefòrti*) Cassa o armadio metallico, spec. in acciaio, chiuso con serrature di sicurezza per salvaguardare denaro, preziosi e altro. [→ ill. *ufficio*]

cassaintegràto o *cassintegrato s. m.* Lavoratore dipendente posto in cassa integrazione.

cassàndra *s. f.* Chi fa previsioni catastrofiche senza essere creduto (dal nome della figlia di Priamo che, non creduta, predisse la distruzione di Troia).

cassapànca *s. f.* (*pl. cassapànche o cassepànche*) Mobile rinascimentale italiano costituito da un cassone munito di dorsale e talvolta di braccioli. [→ ill. *mobili*]

cassàre *v. tr.* ***1*** Cancellare da carta, lavagna o sim. ciò che vi è scritto o disegnato, sfregando o raschiando. ***2*** Annullare un provvedimento giudiziario, una legge e sim.

cassàta *s. f.* ***1*** Torta siciliana a base di ricotta e guarnita di dadini di cioccolato e di frutta candita. [→ ill. *dolciumi*] ***2*** Gelato di panna con frutta candita. [→ ill. *dolciumi*]

cassazióne *s. f.* Annullamento di provvedimento giudiziario, legge e sim. | *Corte di —,* (*ell.*) —, supremo organo giurisdizionale.

càssero *s. m.* ***1*** Parte superiore della poppa di una nave. [→ ill. *marina*] ***2*** Cassaforma. ***3*** Struttura per costruire fondazioni subacquee.

casseruòla *s. f.* Recipiente di metallo, più fondo del tegame, usato per cucinare. [→ ill. *cucina*]

cassétta *s. f.* ***1*** *Dim. di cassa: una — di frutta* | *— per le api,* arnia | *— per le lettere,* sistemata lungo le strade e fornita di una fessura in cui si introducono le lettere da impostare, o nell'ingresso di case, per ricevere le lettere in arrivo | *— delle elemosine,* nelle chiese, serve per raccogliere elemosine | *Pane a, in, —,* a forma di parallelepipedo, usato spec. tostato per tramezzini. [→ ill. *contenitore, ferrovia, pane, pittore, posta, sport, strada, ufficio*] ***2*** Nei banchi dei negozi, ripostiglio per gli incassi giornalieri | (*fig.*) *Fare buona —,* guadagnare bene | (*est.*) Incasso di un negozio | (*fig.*) Nel gergo teatrale e cinematografico, incasso complessivo di un'opera | (*fig.*) *Lavoro, film di —,* con finalità commerciali e non artistiche. ***3*** Sedile per il cocchiere, nella parte anteriore della carrozza: *sedere a —.* [→ ill. *carro e carrozza*] ***4*** Caricatore per registratori; CFR. Musicassetta.

cassettièra *s. f.* Mobile costituito da più cassetti sovrapposti. [→ ill. *mobili, ufficio*]

cassétto *s. m.* ***1*** Cassetta quadrata o rettangolare fornita di maniglia e incastrata in un mobile ove scorre orizzontalmente. [→ ill. *bar, mobili, ufficio*] ***2*** (*mecc.*) *— di distribuzione,* organo di forma simile a quella di un cassetto, caratteristico di un tipo di distribuzione nelle motrici a vapore alternative. [→ ill. *ferrovia, motore*] ***3*** Piccola cassetta con maniglia ove il muratore tiene la calcina. [→ ill. *edilizia*]

cassettóne *s. m.* ***1*** Mobile a cassetti di forma abitualmente quadrangolare | Comò; SIN. Canterano. [→ ill. *mobili*] ***2*** Motivo di decorazione architettonica consistente in un riquadro incavato, usato per rivestire spec. soffitti.

càssia *s. f.* Pianta arbustiva o arborea delle Rosali a foglie composte, fiori gialli riuniti in grappoli, frutto a legume, con proprietà medicinali.

cassière *s. m.* (*f. -a*) Chi in un negozio, in un pubblico esercizio e sim., è addetto alla cassa.

cassino *s. m.* Cancellino.

cassintegràto V. *cassaintegrato.*

cassóne *s. m.* ***1*** *Accr. di cassa.* [→ ill. *magazzinaggio, nettezza urbana*] ***2*** Mobile a forma di cassa spesso riccamente decorato, assai diffuso nel Medioevo e nel Rinascimento. [→ ill. *mobili*] ***3*** Telaio in legno o muratura per semenzai o letti caldi. ***4*** Particolare cassero impiegato nella costruzione di fondazioni subacquee o in terreni acquitrinosi. ***5*** Vano aperto dell'autocarro, destinato al carico: *— ribaltabile.* [→ ill. *ciclo e motociclo*]

cassonétto *s. m.* ***1*** Scatola parallelepipeda, sotto l'architrave delle finestre, per contenere le persiane avvolgibili o celare il meccanismo di scorrimento di una tenda. [→ ill. *finestra, tenda*] ***2*** Contenitore mobile di grande capienza, collocato nelle strade per la raccolta dei rifiuti.

cast /*ingl.* ka:st/ *s. m. inv.* (*pl. ingl. casts* /ka:sts/) Complesso degli attori partecipanti a un film o a uno spettacolo.

càsta *s. f.* ***1*** Ciascuno dei gruppi sociali che, rigidamente separati tra loro, inquadrano in un sistema sociale fisso i vari strati della popolazione. ***2*** (*est.*) Gruppo di persone che hanno o pretendono il godimento esclusivo di determinati diritti.

castàgna *s. f.* ***1*** Frutto del castagno | (*fig.*) *Prendere qc. in —,* coglierlo in fallo | *Cavare le castagne dal fuoco a, per, qc.,* (*fig.*) liberarlo a proprio rischio da un pericolo,

un impaccio e sim. [→ ill. *frutta*] **2** Produzione cornea rugosa situata nella parte inferiore interna del garretto dei cavalli; SIN. Castagnetta. [→ ill. *cavallo*] [→ tav. *locuzioni* 21]
castagnàccio *s. m.* Schiacciata di farina di castagne al forno, spesso con uva passa, pinoli, ecc.
castagnéto *s. m.* Luogo piantato a castagni | Bosco di castagni.
castagnétta (1) *s. f.* **1** Petardo. **2** (*zool.*) Castagna.
castagnétta (2) *s. f. spec. al pl.* **1** Nacchere. **2** (*est.*) Schiocco prodotto stropicciando il medio con il pollice.
castàgno *s. m.* **1** Albero delle Fagali con corteccia grigia, grandi foglie lanceolate e seghettate e frutti ad achenio commestibili. [→ ill. *piante* 2] **2** Legno di tale albero.
castagnòla *s. f.* **1** Petardo di carta con polvere pirica, per fuoco artificiale. **2** Pallottola di pasta dolce fritta, specialità romagnola.
castàlda *s. f.* Moglie del castaldo.
castàldo o *gastàldo s. m.* (*f. -a*) **1** In epoca longobarda, dignitario con funzioni di amministratore per conto del re. **2** Fattore | Lavoratore agricolo.
castanicoltùra *s. f.* Coltivazione del castagno.
castàno ***A*** *agg.* Che ha un colore marrone rossiccio simile a quello della buccia della castagna matura. ***B*** *s. m.* Il colore castano.
castellàno ***A*** *s. m.* (*f. -a*) **1** Nell'ordinamento feudale e comunale, signore di un castello. **2** (*raro*) Abitante di un castello. ***B*** *agg.* Che si riferisce al castello.
castellatùra *s. f.* Ossatura in legno posta a rinforzo dei mobili.
castellétto *s. m.* **1** *Dim. di castello.* **2** Torre, spec. in traliccio metallico, eretta alla bocca dei pozzi di miniera per sorreggere i rinvii delle funi di estrazione. [→ ill. *miniera*] **3** Impalcatura di legno o metallo usata dai muratori per lavorare a una certa altezza. **4** Registro in cui le banche inscrivono l'ammontare del fido concesso a ogni cliente.
castellièrе *s. m.* Villaggio preistorico, fortificato, costruito in luogo elevato.
castèllo *s. m.* (*pl. castèlli m.; raro, poet. castèlla f.*) **1** Costruzione medievale adibita a residenza del signore, munita di torri e mura a scopo difensivo; SIN. Maniero. [→ ill. *castello*] **2** (*est.*) Dimora signorile che imita nella struttura il castello medievale, senza funzione difensiva | (*fig.*) *Castelli in aria*, progetti fantastici e irrealizzabili. **3** Paese in origine circondato da mura e fortificazioni: *i castelli romani.* **4** Parte più elevata della nave verso prora. [→ ill. *marina*] **5** Macchina da assedio, di legno, a forma di torre che, carica di armati, veniva accostata alle mura per abbatterle o superarle. **6** Impalcatura in legno o metallo adibita a diversi usi: *il — di una gru* | *— motore*, struttura di un aereo che sostiene uno o più motori propulsori | *— dei bachi da seta*, telaio per il loro allevamento | *Letto a —*, a due o più posti uno sopra all'altro. **7** Impalcatura che sostiene i trampolini e le piattaforme per i tuffi | Impalcatura di tubi metallici, posta spec. nei parchi, su cui i bambini possono arrampicarsi. [→ ill. *giochi*]
castigàbile *agg.* Che si può castigare.
castigamàtti *s. m.* **1** Bastone con cui, anticamente, si tenevano a bada i pazzi nei manicomi. **2** (*fig., scherz.*) Arnese per punire chi si ribella alla ragione | Persona capace di ridurre alla ragione gli individui più turbolenti.
castigàre *v. tr.* (*io castìgo, tu castìghi*) **1** Infliggere una punizione a scopo disciplinare; SIN. Punire. **2** (*lett.*) Emendare, perfezionare: *— il proprio stile.*
castigatézza *s. f.* Irreprensibilità e sobrietà di vita, costumi, comportamento.
castigàto *part. pass. di castigare; anche agg.* **1** Punito. **2** Corretto, detto di stile, linguaggio e sim. **3** (*fig.*) Morale, pudico.
castigatóre ***A*** *s. m.* (*f. -trice*) Chi castiga. ***B*** *anche agg.*
castigo *s. m.* (*pl. -ghi*) **1** Punizione inflitta a scopo correttivo | (*fam.*) *Mettere in —*, sottoporre a una punizione | *Essere in —*, scontare una punizione; SIN. Pena. **2** (*fig.*) Cosa dannosa, persona molesta.
castimònia *s. f.* (*lett.*) Astinenza, castità.
castità *s. f.* Il mantenersi casto moralmente e fisicamente; SIN. Purezza.
càsto *agg.* **1** Puro, continente, sobrio, spec. in senso sessuale. **2** (*lett.*) Semplice, castigato: *stile —.*
castóne *s. m.* Sede per pietra preziosa costituita da una incavatura e da un contorno di metallo. [→ ill. *gioielli*]
castorino *s. m.* **1** (*zool.*) Nutria. **2** Pelliccia fornita da questo animale.
castòro *s. m.* **1** Mammifero dei Roditori, vivente lungo i fiumi e costruttore di dighe di tronchi: con folto pelame bruno, coda piatta squamosa, zampe posteriori palmate e grossi denti incisivi con smalto color rosso-arancione. [→ ill. *animali* 16] **2** Pelliccia fornita da questo animale. **3** Pelo di castoro, utilizzato per feltri.
castrametazióne *s. f.* Arte di disporre accampamenti

castello medievale

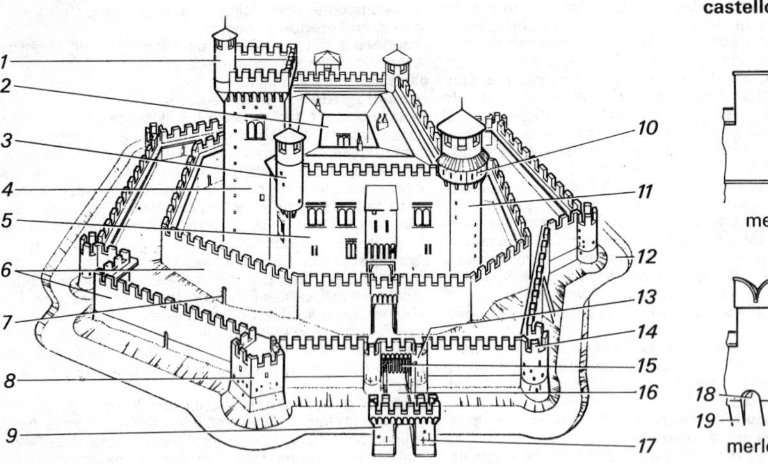

1 vedetta 2 corte 3 torretta 4 maschio 5 palazzo 6 prima e seconda cinta 7 postierla 8 baluardo 9 barbacane 10 bertesca 11 torrione 12 fossato 13 corpo di guardia 14 merlo 15 saracinesca 16 ponte levatoio 17 feritoia 18 caditoia 19 beccatello

militari.

castràre *v. tr.* **1** Rendere un animale o un essere umano incapace di riprodursi asportando le ghiandole genitali; SIN. Evirare. **2** — *le castagne*, inciderle prima di arrostirle perché non scoppino. **3** (*fig.*) Togliere vitalità | Eliminare da uno scritto e sim. gli elementi più originali o polemici.

castràto ***A*** *part. pass. di castrare; anche agg.* Sottoposto a castrazione | (*fig.*) Devitalizzato, censurato. ***B*** *s. m.* **1** Animale o persona incapace di riprodursi perché privo di ghiandole genitali. **2** Cantante evirato. **3** Agnello castrato, spec. macellato.

castratóio *s. m.* Ferro per castrare.

castratóre *s. m.* **1** Chi castra animali. **2** (*fig.*) Censore.

castraziόne *s. f.* Operazione del castrare.

castrènse *agg.* Che si riferisce al campo militare e all'esercito | *Vescovo* —, che ha giurisdizione sui cappellani militari.

castrismo *s. m.* Ideologia politica di tipo comunista che si ispira a Fidel Castro.

castrista *s. m. e f.* (*pl. m. -i*) Fautore del castrismo.

càstro *s. m.* (*raro*) Accampamento militare romano.

castronàggine *s. f.* Balordaggine.

castróne *s. m.* **1** Agnello o puledro castrato. **2** (*fig., volg.*) Persona sciocca | Persona vile.

castronerìa *s. f.* (*pop.*) Balordaggine, sciocchezza | Sbaglio grossolano.

casual /*ingl.* 'kæʒuəl/ *s. m. inv.; anche agg. inv.* (*pl. ingl. casuals* /'kæʒuəlz/) Detto di genere di abbigliamento disinvolto e di taglio piuttosto sportivo.

casuàle *agg.* Dovuto al caso; SIN. Accidentale, fortuito, occasionale.

casualismo *s. m.* Concezione filosofica secondo cui l'ordinamento della materia è dovuto al fortuito incontro di forze naturali.

casualità *s. f.* **1** Qualità di ciò che è casuale. **2** Caso: *avvenire per* —.

casualménte *avv.* Per caso.

casuàrio *s. m.* Uccello australiano dei Casuariformi, nero, con il capo sormontato da una sporgenza a elmo e barbigli colorati.

càsula *s. f.* (*relig.*) Pianeta sacerdotale. [→ ill. *religione*]

casùpola *s. f.* Casa piccola e modesta.

casus belli /*lat.* 'kazus 'bɛlli/ *loc. sost. m. inv.* **1** Atto tale da provocare l'inizio di una guerra fra due Stati. **2** (*fig., scherz.*) Motivo di contrasto, litigio.

càta- *primo elemento*: in parole composte dotte significa 'verso il basso' o 'relativo a': *catacomba, catafascio.*

catabàtico *agg.* (*pl. m. -ci*) Detto di vento locale provocato dalla discesa di masse d'aria fredda.

catabolismo *s. m.* Complesso dei fenomeni attraverso i quali gli organismi disintegrano gli alimenti espellendone le parti residue; CONTR. Anabolismo; CFR. Metabolismo.

catàclasi *s. f.* (*geol.*) Intensa azione di fratturamento di rocce.

cataclisma *s. m.* (*pl. -i*) **1** Inondazione, diluvio, catastrofe naturale. **2** (*fig.*) Grave sconvolgimento. ● SIN. Calamità, catastrofe, disastro.

catacómba *s. f.* **1** Complesso cimiteriale sotterraneo ove i primi cristiani seppellivano i morti e celebravano il loro culto. **2** (*fig.*) Luogo chiuso e cupo.

catacombàle *agg.* Di catacomba.

catacrèsi o *catàcresi s. f.* Uso metaforico di una parola per designare un'idea o un oggetto per i quali la lingua non possiede un termine proprio (es. *le gambe del tavolo*).

catafàlco *s. m.* (*pl. -chi*) Palco di legno, ornato con drappi, sul quale si pone la bara nelle funzioni funebri.

catafàscio *vc. Solo nella loc. avv. a* —, sottosopra, alla rinfusa | *Andare a* —, in rovina.

catafillo *s. m.* Foglia metamorfosata priva di clorofilla con funzione protettiva o di riserva.

catafràtta *s. f.* Armatura pesante e completa per l'uomo e per il cavallo.

catafràtto ***A*** *agg.* **1** Difeso da armatura pesante e completa. **2** (*fig., lett.*) Ben difeso. ***B*** *s. m.* Guerriero antico coperto d'armatura intera.

catalèssi (1) *s. f.* Mancanza della sillaba o del piede finale di verso greco o latino.

catalèssi (2) V. *catalessia.*

catalessìa o *catalessi* (2) *s. f.* Stato di rigidità dei muscoli senza temporaneo movimento attivo.

catalèttico (1) *agg.* (*pl. m. -ci*) Di catalessia | Che provoca la catalessia.

catalèttico (2) *agg.* (*pl. m. -ci*) Detto di verso che presenta catalessi.

catalètto *s. m.* Feretro, bara.

catàlisi *s. f.* Fenomeno in cui si varia la velocità di una reazione chimica mediante l'azione di un catalizzatore.

catalìtico *agg.* (*pl. m. -ci*) Relativo alla catalisi.

catalizzàre *v. tr.* (*io catalizzo*) **1** Provocare la catalisi. **2** (*fig.*) Affrettare un processo.

catalizzatóre *s. m.* (*f. -trice*) **1** Sostanza che varia, spec. accelerandola, la velocità di una reazione chimica senza prendervi apparentemente parte. **2** (*fig.*) Ciò che produce mutamenti e reazioni dell'opinione pubblica.

catalogàre *v. tr.* (*io catàlogo, tu catàloghi*) **1** Registrare in un catalogo: — *i libri.* **2** (*est.*) Elencare, enumerare.

catalogatóre *s. m.* (*f. -trice*) Chi cataloga.

cataloghista *s. m. e f.* (*pl. m. -i*) Chi compila cataloghi.

catalógna *s. f.* (*dial.*) Varietà di cicoria dalle foglie molto sviluppate. [→ ill. *verdura*]

catàlogo *s. m.* (*pl. -ghi*) **1** Elenco ordinato di nomi od oggetti dello stesso genere accompagnato o no da una descrizione | (*est.*) Volume, fascicolo e sim. costituente un catalogo. **2** (*fig.*) Lunga enumerazione; SIN. Elenco.

catàlpa *s. f.* Pianta arborea delle Tubiflorali a foglie opposte e fiori vistosi bianchi o rosei campanulati in pannocchie.

catamaràno *s. m.* **1** Imbarcazione rudimentale in uso sulle coste sud-orientali dell'India. **2** Imbarcazione basata su due scafi paralleli collegati da un'ampia coperta orizzontale. [→ ill. *marina*]

catanzarése *agg.; anche s. m. e f.* Di Catanzaro.

catapècchia *s. f.* Casa molto misera.

cataplàsma *s. m.* (*pl. -i*) **1** Medicamento pastoso da applicarsi su una parte del corpo, con azione emolliente o revulsiva; SIN. Impiastro. **2** (*fig.*) Persona inutile e molesta.

cataplessìa *s. f.* (*med.*) Improvviso arresto dei movimenti muscolari, senza perdita di coscienza.

catapùlta *s. f.* **1** Antica macchina da guerra per lanciare grosse pietre. [→ ill. *armi*] **2** Dispositivo per imprimere a un aereo, da bordo di una nave, la velocità occorrente alla partenza.

catapultàbile *agg.* Che può essere lanciato per mezzo di una catapulta.

catapultàre *v. tr.* **1** Lanciare con la catapulta. **2** (*est.*) Spingere, mandare con forza (*anche fig.*).

cataràtta V. *cateratta.*

catarifrangènte ***A*** *agg.* Che produce catarifrangenza. [→ ill. *strada*] ***B*** *s. m.* Dispositivo per inviare la luce ricevuta verso la sorgente, impiegato nel traffico notturno, per segnalazione di ostacoli e sim. [→ ill. *automobile, ciclo e motociclo*]

catarifrangènza *s. f.* Fenomeno per cui un raggio luminoso, colpendo attraverso una lente tagliata a gemma una superficie speculare, viene riflesso da questa e rifratto da quella.

catarismo *s. m.* Dottrina eretica che predicava una rigida pratica ascetica.

càtaro ***A*** *agg.* Che si riferisce al catarismo. ***B*** *s. m.* Seguace del catarismo.

catarràle *agg.* Di catarro.

catarrìne *s. f. pl.* Gruppo di scimmie asiatiche e africane con setto nasale stretto, prive di coda prensile e bocca con trentadue denti.

catàrro *s. m.* Prodotto di secrezione di una mucosa infiammata o congestionata: — *bronchiale*; SIN. Espettorato, muco.

catarróso *agg.; anche s. m.* (*f. -a*) Affetto da catarro.

catàrsi *s. f.* Purificazione o rasserenamento delle passioni prodotto dalla poesia e specialmente dalla tragedia, secondo l'estetica di Aristotele.

catàrtico *agg.* (*pl. m. -ci*) Della catarsi | Che opera la catarsi.

catàsta *s. f.* Mucchio di oggetti posti uno sull'altro alla rinfusa: — *di legname.*

catastàle *agg.* Relativo al catasto: *mappa* —.

catàsto *s. m.* Complesso delle operazioni dirette a stabilire l'ubicazione, la planimetria, la consistenza e la rendita dei beni immobili, per applicarvi la relativa imposta | Sede in cui si compiono tali attività.

catàstrofe *s. f.* **1** Parte della tragedia classica in cui avviene lo scioglimento dell'intreccio. **2** Sciagura gravissima | Evento disastroso; SIN. Calamità, cataclisma, disastro.

catastròfico *agg.* (*pl. m. -ci*) **1** Che è causa di catastrofi. **2** (*fig.*) Che prevede sempre il peggio.

catatonìa *s. f.* (*med.*) Stato patologico caratterizzato da notevoli anomalie motorie.

catatònico *s. m.; anche agg.* (*f. -a; pl. m. -ci*) Affetto da catatonia.

catch /*ingl.* kætʃ/ *s. m. inv.* Variante della lotta libera americana nella quale sono ammessi tutti i colpi possibili.

catechèṣi *s. f.* Istruzione nelle dottrine elementari del Cristianesimo.

catechèta *s. m.* (*pl. -i*) Chi insegna la dottrina cristiana.

catechìṣmo *s. m.* **1** Esposizione delle dottrine fondamentali cristiane in forma di domande e risposte | Libretto che contiene tale esposizione. **2** (*est.*) Gli elementi fondamentali di una dottrina, spec. politica.

catechìsta *s. m. e f.* (*pl. m. -i*) Chi insegna il catechismo.

catechìstico *agg.* (*pl. m. -ci*) **1** Di catechismo. **2** (*est.*) Di insegnamento o ammaestramento che si impernia su formule fisse.

catechiẓẓàre *v. tr.* (*io catechiẓẓo*) **1** Istruire nel catechismo. **2** (*est.*) Cercare di far accettare un'opinione.

catechiẓẓatóre *s. m.* (*f. -trice*) Chi catechizza.

catecù *s. m.* **1** Albero delle Rosali, con corteccia rosso-bruna, rami un po' pelosi o con spine, fiori giallognoli riuniti in spighe; SIN. Cacciù. **2** Sostanza estratta dalla pianta omonima, usata in medicina e in tintoria.

catecùmeno *s. m.* Chi sta ricevendo l'istruzione per essere ammesso al battesimo.

categorìa *s. f.* **1** (*filos.*) Concetto che indica le diverse relazioni che possiamo stabilire tra le nostre idee. **2** (*est.*) Complesso di cose o persone, raggruppate secondo un criterio di appartenenza a uno stesso genere | Tipo, classe: *cose della stessa —*.

categòrico *agg.* (*pl. m. -ci*) **1** Di proposizione o ragionamento non condizionato da altro. **2** (*est.*) Che non lascia dubbi e non ammette discussioni: *tono, discorso —*; SIN. Reciso. **3** Che si riferisce a una determinata categoria di cose o persone.

caténa *s. f.* **1** Serie di elementi, spec. anulari e metallici, connessi l'uno nell'altro e mobili: *portare una — d'oro al collo; la — dell'orologio, del cane, dell'ancora, della bicicletta*. [→ ill. *ciclo e motociclo, ferramenta, meccanica, strada*] **2** (*fig.*) Legame, vincolo: *le catene dell'amore* | (*est.*) Stato di servitù o soggezione | *Tenere qc. in catene*, (*fig.*) in completa schiavitù | *Spezzare le catene*, (*fig.*) riacquistare, spec. con la forza, la libertà. **3** Serie, successione (*anche fig.*): *una — di sventure* | *— di montagne, montuosa*, successione continua di montagne più o meno allineate tra loro | *— di montaggio, di lavorazione*, metodo usato nelle lavorazioni in serie, consistente nel fare scorrere lentamente davanti ai montatori le macchine, in modo che ognuno aggiunga il particolare stabilito | *A —*, detto di eventi che si susseguono ininterrottamente | *— di giornali, di negozi e sim.*, che dipendono da uno stesso proprietario | *— del freddo*, continuità di impiego delle basse temperature nella conservazione di alimenti, dalla produzione al consumo. [→ ill. *geografia*] **4** (*chim.*) Insieme di atomi legati l'un l'altro. **5** (*arch.*) L'asta inferiore orizzontale, soggetta a tensione, di una capriata | Asta tesa destinata a sopportare la spinta orizzontale dell'arco. [→ ill. *architettura*]

catenàccio **A** *s. m.* **1** Sbarra di ferro che scorre in anelli infitti nei battenti di porte e sim. per chiuderli; SIN. Chiavistello. [→ ill. *ferramenta*] **2** Nel calcio, tattica rigidamente difensiva. **3** (*fig., scherz.*) Automobile vecchia e malandata | Oggetto in pessime condizioni. **B** *in funzione di agg. inv.* (*posposto al s.*) (*fig.*) Che blocca, chiude | *Decreto —*, quello relativo a materie fiscali che, per impedire evasioni, entra in vigore appena emanato.

catenària *s. f.* Curva secondo cui si dispone una fune appesa ai due capi, come le tesate delle linee elettriche.

catenèlla *s. f.* **1** *Dim. di catena* | Catena sottile di metallo prezioso. [→ ill. *gioielli*] **2** *Punto a —*, punto di ricamo che imita il disegno della catena. [→ ill. *tessuto*]

cateràtta o *cataràtta* *s. f.* **1** Serie di piccole cascate che si succedono lungo il corso di un fiume: *le cateratte del Nilo*. **2** Chiusura a saracinesca in canali e serbatoi, per regolare il decorso delle acque. **3** (*med.*) Perdita di trasparenza del cristallino.

caterinétta *s. f.* Sartina o modista molto giovane.

caterpillar /*ingl.* 'kætəpilə/ *s. m. inv.* (*pl. ingl. caterpillars* /'kætəpiləz/) Nome commerciale di veicolo cingolato, impiegato su terreni accidentati.

catèrva *s. f.* Moltitudine di persone, animali o cose | Quantità disordinata di cose (*anche fig.*).

catetère *s. m.* Cannula di gomma o altro materiale che si introduce in una cavità per favorire lo scolo del contenuto e introdurre medicamenti.

cateterìṣmo *s. m.* Introduzione del catetere.

cateteriẓẓàre *v. tr.* (*io cateterìẓẓo*) Trattare con il catetere.

catèto *s. m.* (*mat.*) In un triangolo rettangolo, ciascuno dei lati adiacenti all'angolo retto.

catgut /*ingl.* 'kætgʌt/ *s. m. inv.* (*pl. ingl. catguts* /'kætgʌts/) Filo speciale per suture chirurgiche, fatto con budello di gatto o di pecora.

catilinària *s. f.* **1** Ciascuna delle quattro orazioni scritte da Cicerone contro Catilina. **2** (*est., fig.*) Violenta invettiva contro qc.

catinèlla *s. f. Dim. di catino* | *A catinelle*, (*fig.*) in abbondanza | *Piovere a catinelle*, diluviare. [→ tav. *proverbi* 112]

catino *s. m.* **1** Recipiente rotondo e concavo per uso domestico | (*est.*) Quantità di materiale contenuta in un catino; SIN. Bacile, bacinella. **2** (*arch.*) Semicalotta che termina superiormente un'abside o una nicchia semicircolare. [→ ill. *religione*]

catióne *s. m.* (*fis.*) Ione positivo che per elettrolisi si dirige al catodo; CONTR. Anione.

catòdico *agg.* (*pl. m. -ci*) Del catodo, emesso dal catodo: *tubo —* | *Raggi catodici*, formati dagli elettroni emessi dal catodo in un tubo a vuoto. [→ ill. *elettronica, fisica, nucleare*]

càtodo *s. m.* Elettrodo collegato al polo negativo di una sorgente di corrente; CONTR. Anodo. [→ ill. *elettronica*]

catóne *s. m.* Persona dotata di rigido senso morale (dal nome di Catone il Censore e Catone l'Uticense, famosi per la loro austerità).

catòrcio *s. m.* **1** (*raro, tosc.*) Chiavistello. **2** (*fig., fam.*) Oggetto vecchio e sconquassato.

catòrzo *s. m.* Tralcio secco delle viti.

catòrzolo *s. m.* Catorzo.

catòttrica *s. f.* (*fis.*) Parte dell'ottica che si occupa della riflessione della luce.

catòttrico *agg.* (*pl. m. -ci*) Detto di sistema ottico che utilizza solo superfici riflettenti.

catramàre *v. tr.* Spruzzare con catrame, per consolidamento e impermeabilizzazione.

catramatùra *s. f.* **1** Operazione del catramare. **2** Strato di catrame spalmato su una superficie.

catràme *s. m.* Sostanza nera, vischiosa, prodotta nella distillazione secca dei carboni fossili o del legno, atta a vari usi, quali la catramatura stradale e sim.

catramóso *agg.* Che contiene catrame | Che è simile al catrame.

càttedra *s. f.* **1** Antico sedile destinato a personaggi importanti. [→ ill. *mobili*] **2** Complesso di sedile e di tavolo sopraelevati dove siede l'insegnante, nelle aule scolastiche | (*fig., scherz.*) *Stare, montare, parlare in —*, atteggiarsi a persona autorevole. [→ ill. *scuola*] **3** (*est.*) Campo d'insegnamento ufficialmente riconosciuto, spec. in un'università: *— di diritto romano*. **4** Trono coperto da baldacchino, occupato dal pontefice o dal vescovo durante le funzioni | *— di San Pietro*, dignità e autorità del papato. [→ ill. *basilica cristiana, religione*]

cattedràle **A** *agg.* Di una cattedrale. **B** *s. f.* Chiesa principale di una diocesi, in cui ha sede la cattedra vescovile e dove il vescovo solitamente presiede le celebrazioni liturgiche.

cattedràtico **A** *agg.* (*pl. m. -ci*) Di, da cattedra | (*iron.*) *Tono —*, pedantesco. **B** *s. m.* Professore universitario titolare di cattedra.

cattivàre *v. tr.* **1** (*lett.*) Prendere prigioniero. **2** Acquistarsi l'amicizia, la benevolenza e sim. di qc.; SIN. Attirarsi, propiziarsi.

cattivèria *s. f.* **1** Disposizione al male; CONTR. Bontà. **2** Azione cattiva.

cattività *s. f.* (*lett.*) Schiavitù, prigionia.

cattivo **A** *agg.* (*compar. di maggioranza: più cattivo o peggióre; sup. cattivissimo o pèssimo*) **1** Che si considera contrario a principi morali: *persona cattiva*; *consigli cattivi* | *— soggetto*, persona di costumi riprovevoli; SIN. Malvagio; CONTR. Buono. **2** Inquieto, turbolento, sgarbato: *cattive maniere* | *Essere di — umore*, nervoso, arrabbiato | *Con le cattive*, (*ell.*) con modi bruschi | *Mare —*, burrascoso; CONTR. Buono. **3** Che non è abile e idoneo ad adempiere la propria funzione: *— metodo*; *— impiegato* | *Essere in — stato*, mal conservato | Che è di qualità scadente: *legname —* | Negativo, sfavorevole: *affari cattivi* | (*fig.*) *Nascere sotto cattiva stella*, in condizioni sfavorevoli | *Essere, navigare, trovarsi in cattive acque*, (*fig.*) attraversare momenti difficili; SIN. Inabile, incapace, inefficiente. **4** Nocivo, pericoloso, svantaggioso | *Male —*, (*euf.*) tumore maligno. **5** Brutto, non pregevole esteticamente o tecnicamente: *un — libro*. **6** Sgradevole, spiacevole: *odore, sapore —* | Guasto: *una mela cattiva* | (*fig.*) *Farsi il sangue —*, accorarsi, arrabbiarsi; SIN. Disgustoso. **B** *s. m. solo sing.* **1** Ciò che è cattivo. **2** Parte guasta di q.c. **3** Brutto tempo. **C** *s. m.* (*f. -a*) Persona cattiva. [→ tav. *proverbi* 33, 219, 239; → tav. *locuzioni* 48]

cattolicaménte *avv.* Secondo il rito cattolico.

cattolicésimo *s. m.* **1** Religione e dottrina cattolica. **2** Insieme dei cattolici.

cattolicità *s. f.* **1** Qualità di cattolico. **2** Aderenza e conformità alla dottrina della chiesa cattolica. **3** Complesso dei cattolici.

cattòlico **A** *agg.* (*pl. m. -ci*) **1** Universale, con riferimento alla chiesa cristiana di Roma. **2** Che è proprio della chiesa di Roma: *dottrina cattolica*. **3** Che si ispira ai principi religiosi, morali e sociali propugnati dalla chiesa cattolica: *partito —*. **B** *s. m.* (*f. -a*) Chi professa la religione cattolica.

cattùra *s. f.* **1** Il catturare: *la — di un evaso*. **2** (*dir.*) *Mandato, ordine di —*, limitazione della libertà personale, decisa dall'autorità giudiziaria, con carattere non provvisorio; SIN. Arresto; CFR. Fermo. **3** *— fluviale*, fenomeno per cui un fiume modificando il suo corso raggiunge il corso di un altro, rendendolo suo tributario. **4** (*fis.*) Assorbimento di una particella da parte di un nucleo atomico.

catturàre *v. tr.* **1** Far prigioniero. **2** Accrescere il proprio bacino erodendo il bacino di altro corso d'acqua, detto di fiume.

caucciù *s. m. inv.* Gomma elastica naturale, idrocarburo contenuto nel latice di piante equatoriali, spec. dell'Hevea.

caudàle *agg.* Della coda. [→ ill. *zoologia*]

caudàto *agg.* Fornito di coda.

caudillo /*sp.* kau'diʎo/ *s. m. inv.* (*pl. sp. caudillos* /kau'diʎos/) Titolo attribuito a capi politici e militari in Spagna e nell'America latina.

caudìno *agg.* Della valle di Caudio | *Forche Caudine*, quelle dove gli antichi Romani, vinti dai Sanniti, subirono l'onta di passare sotto una specie di giogo; (*fig.*) situazione molto umiliante.

càule *s. m.* (*bot.*) Fusto, spec. di pianta erbacea.

càusa *s. f.* **1** Ciò che è origine, motivo, ragione determinante di q.c.: *la superbia è — di molti mali* | *A, per, — di*, a motivo di, per colpa di | *— di forza maggiore*, evento che non dipende e non può essere controllato dalla volontà umana | *Complemento di —*, indica il motivo per cui q.c. avviene o si fa (es. *tremare dal freddo*); SIN. Fonte, movente, occasione, principio. **2** (*dir.*) Materia sostanziale del contendere, e quindi materia del provvedere per il giudice: *— del processo* | (*est.*) Processo: *— civile, penale* | *Fare, muovere —*, compiere le attività necessarie a instaurare un processo | *Essere parte in —*, (*fig.*) essere direttamente interessato a q.c. | *— persa*, conclusasi sfavorevolmente. **3** Complesso di progetti e ideali politici, sociali, religiosi e sim. connessi all'azione di una organizzazione o gruppo sociale: *la — della libertà*. [→ tav. *proverbi* 54]

causàle **A** *agg.* **1** Che ha forza di causa: *principio —*. **2** Che indica la causa: *proposizione, complemento, congiunzione —*. **3** Che costituisce la causa di q.c.: *elemento —*. **B** *s. f.* **1** Proposizione subordinata indicante la causa per la quale si compie l'azione espressa dalla reggente (es. *tremo perché ho paura*). **2** Motivo, movente: *la — di un pagamento*.

causalità *s. f.* Rapporto di causa ed effetto.

causàre *v. tr.* (*io càuso*) Fare accadere q.c.: *— danni*; SIN. Cagionare, procurare, provocare.

causatìvo *agg.* Atto a causare q.c.

causìdico *s. m.* (*pl. -ci*) Anticamente, chi agiva in giudizio in rappresentanza di un litigante senza essere avvocato | (*spreg.*) Avvocato di poco valore.

causticità *s. f.* Qualità di ciò che è caustico.

càustico **A** *agg.* (*pl. m. -ci*) **1** Detto di composto altamente corrosivo per i tessuti organici: *soda caustica*. **2** (*fig.*) Aspro e mordace: *discorso —*. **B** *s. m.* Composto o sostanza caustica.

caustificàre *v. tr.* (*io caustìfico*) Trasformare un carbonato alcalino nell'idrossido corrispondente.

cautèla *s. f.* Prudenza e accortezza che mira a evitare danni a sé e agli altri | Precauzione; SIN. Avvertenza, circospezione.

cautelàre (1) *agg.* Che tende a evitare un danno: *provvedimento —*.

cautelàre (2) **A** *v. tr.* (*io cautèlo*) Assicurare prendendo la dovuta cautela: *— i propri interessi*; SIN. Difendere. **B** *v. rifl.* Difendersi da q.c. premunendosi: *cautelarsi dal freddo*.

cautèrio *s. m.* Strumento per eseguire bruciature terapeutiche.

cauterizzàre *v. tr.* Bruciare con cauterio.

cauterizzazióne *s. f.* L'operazione di cauterizzare.

càuto *agg.* Che agisce con cautela | *Andar —*, agire con circospezione | Che mostra cautela; SIN. Accorto, circospetto, prudente; CONTR. Incauto.

cauzionàle *agg.* Relativo a cauzione.

cauzionàre *v. tr.* (*io cauzióno*) Garantire con cauzione.

cauzióne *s. f.* (*dir.*) Deposito di una somma di denaro, di titoli e sim. a garanzia di un determinato comportamento | (*est.*) La somma depositata.

càva *s. f.* Scavo da cui si estraggono minerali o torba: *— di marmo* | (*est.*) Il luogo dello scavo. [→ ill. *cava, miniera*]

cavadènti *s. m.* **1** Chi un tempo esercitava il mestiere di estrarre e curare i denti. **2** (*spreg.*) Dentista di scarso valore.

cavalcàre **A** *v. tr.* (*io cavàlco, tu cavàlchi*) **1** Montare un cavallo o un altro animale: *— un mulo* | (*est.*) Stare a cavalcioni: *— un muretto*. **2** Passar sopra avvallamenti, strade, corsi d'acqua e sim., detto di arcate o ponti: *il viadotto cavalca la valle*. **B** *v. intr.* (*aus. avere*) Andare a cavallo.

cavalcàta *s. f.* **1** Passeggiata, viaggio a cavallo. **2** Gruppo di persone a cavallo.

cavalcatóre *s. m.* (*f. -trìce*) Chi cavalca, spec. con abilità.

cavalcatùra *s. f.* Bestia che si cavalca.

cavalcavia *s. m. inv.* Ponte che passa al di sopra di una via attraversandola. [→ ill. *strada*]

cavalcióni *avv.* Nella posizione di chi va a cavallo, *spec. nella loc. avv. a —*: *stare a — di una panca*.

cavalieràto *s. m.* Grado iniziale di ordini cavallereschi.

cavalière *s. m.* **1** Chi va a cavallo. **2** Soldato dell'arma di cavalleria. **3** Membro della cavalleria medievale: *i cavalieri della tavola rotonda*. **4** (*est.*) L'uomo che accompagna una donna, spec. a manifestazioni mondane o balli | (*est.*) L'uomo che si comporta abitualmente con raffinata cortesia, spec. verso le donne. **5** Chi è stato decorato di un'insegna cavalleresca: *— di Malta*; *— del lavoro*. **6** Elemento dell'antica fortificazione costituito da una sopraelevazione di terra o di muro | *A —*, in posizione dominante.

cavàlla *s. f.* Femmina del cavallo.

cavallàio *s. m.* **1** Guardiano di un branco di cavalli. **2** Chi commercia in cavalli.

cavalleggèro *s. m.* **1** Anticamente, soldato a cavallo armato alla leggera. **2** Oggi, soldato di cavalleria.

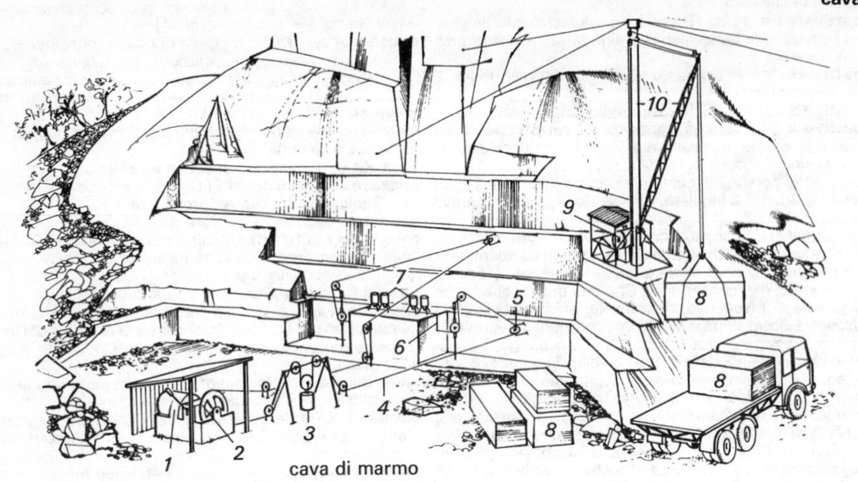

cava di marmo

1 motore 2 puleggia del filo elicoidale 3 contrappeso 4 filo elicoidale 5 puleggia 6 taglio 7 serbatoio di sabbia e acqua 8 blocco di marmo 9 argano della gru 10 gru

cava di pietrisco

1 deposito degli esplosivi 2 fronte di scavo 3 perforatrice 4 impianti di produzione dell'aria compressa 5 piazzale 6 dumper 7 pala caricatrice 8 impianto di frantumazione e selezione del pietrisco 9 silo del pietrisco

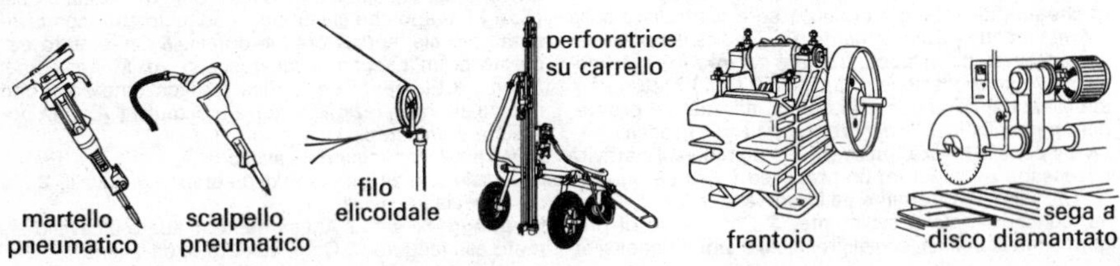

cavalleresco *agg.* (*pl. m.* -*schi*) **1** Che si riferisce alla cavalleria medievale | *Letteratura cavalleresca*, ispirata alla cavalleria e ai suoi eroi. **2** Da cavaliere. **3** (*est.*) Nobile, generoso: *animo* —.
cavalleria *s. f.* **1** Milizia a cavallo | *Passare in* —, (*fig.*) di accordo non mantenuto, di cosa prestata e non più restituita o inspiegabilmente scomparsa. **2** Una delle armi costitutive dell'attuale esercito italiano, montata su mezzi corazzati: — *blindata*. **3** Istituzione medievale che si prefiggeva la lotta in difesa dei deboli, della donna e della Chiesa cristiana. **4** (*est.*) Lealtà, generosità | (*fig.*) Comportamento maschile di raffinata cortesia: *usare* — *verso le donne*. [→ tav. *locuzioni* 77]
cavallerizza *s. f.* Maneggio, scuola di equitazione.
cavallerizzo *s. m.* (*f.* -*a*) **1** Chi abitualmente cavalca. **2** Chi insegna a cavalcare. **3** Chi presenta i cavalli ammaestrati in un circo.
cavallétta *s. f.* **1** Correntemente, insetto con arti atti al salto, che emette un caratteristico suono stridulo, ed è molto dannoso alle colture quando migra in sciami foltissimi. [→ ill. *animali* 2] **2** (*fig.*) Persona avida e vorace.
cavallétto *s. m.* **1** Arnese di legno, con tre o quattro gambe e traverse, adoperato per sostenere pesi o apparecchi: — *da pittore*. [→ ill. *cinematografia, pittore*] **2** Antico strumento di tortura. **3** Struttura in ferro, legno o cemento armato, atta a reggere gru, teleferiche e sim. **4** Supporto in funzione di affusto per armi da getto e da fuoco.
cavallina *s. f.* **1** *Dim. di cavalla*. **2** (*fig.*) Donna giovane e graziosa | (*fig.*) *Correre la* —, condurre una vita sbrigliata, spec. in campo amoroso. **3** Attrezzo per esercizi di salto e volteggio. [→ ill. *sport*] **4** Gioco infantile consistente nel saltare un ragazzo chinato.
cavallino *agg.* (*raro*) Equino | Da cavallo: *muso* — | *Mosca cavallina*, che punge cavalli e buoi per succhiarne il sangue.
cavàllo *s. m.* (*f.* -*a* nel sign. 1) **1** Mammifero domestico degli Ungulati, erbivoro, con collo eretto ornato di criniera, piede fornito di un solo dito protetto dallo zoccolo, variamente denominato secondo il colore del mantello: — *baio, bianco, morello, sauro* | — *a dondolo*, giocattolo di legno, cartapesta e sim., riproducente un piccolo cavallo montato su due assicelle ricurve che gli permettono di dondolare | *Stare a* — *di q.c.*, a cavalcioni | *Essere a* —, (*fig.*) in posizione o situazione favorevole | — *di battaglia*, (*fig.*) parte in cui un attore mostra le sue migliori qualità; (*est.*) materia o lavoro in cui si eccelle | *Montare sul* — *di Orlando*, assumere atteggiamenti bellicosi | (*fig.*) *Il* — *di S. Francesco*, le proprie gambe | (*fig.*) *Andare col* — *di S. Francesco*, a piedi | — *di ritorno*, cavallo di vettura che ritorna nel luogo da cui era partito e (*fig.*) notizia che torna, dopo un lungo giro, al punto di origine. [→ ill. *animali* 18, *autoveicoli, cavallo, giochi*] **2** Cavallo vapore: *motore da venti cavalli*. **3** — *di Frisia*, ostacolo della fortificazione campale, costituito da un telaio di filo spinato. **4** Nella ginnastica, attrezzo per esercizi di volteggio. [→ ill. *sport*] **5** Pezzo del gioco degli scacchi, a forma di testa di cavallo | Figura delle carte da gioco italiane. [→ ill. *giochi*] **6** Inforcatura dei pantaloni o delle mutande. [→ ill. *abbigliamento*] [→ tav. *proverbi* 3, 40, 235, 249; → tav. *locuzioni* 19, 20]
cavallóne *s. m.* (*f.* -*a* nei sign. 1, 2) **1** *Accr. di cavallo*. **2** (*fig.*) Persona dinamica e scomposta nei movimenti. **3** Grande ondata marina.
cavàllo vapóre *loc. sost. m.* (*pl.* *cavàlli vapóre*) Unità di misura dinamica, equivalente alla potenza necessaria per sollevare 75 kg all'altezza di un metro in un minuto secondo. SIMB. CV.
cavallùccio *s. m.* **1** *Dim. di cavallo*. **2** Posizione di chi sta seduto sulle spalle di un altro, con le gambe appoggiate una sulla sua spalla destra e una sulla sinistra, *spec. nella loc. a* —: *portare un bimbo a* —. **3** (*zool.*) — *marino*, (*pop.*) ippocampo. **4** Pasticcino duro, ovale e leggermente schiacciato, con miele, specialità di Siena.
cavalòcchio o *cavalòcchi* *s. m.* **1** (*tosc.*) Libellula. **2** Chi faceva il legale in piccole cause senza averne il titolo.
cavapiètre *s. m. inv.* Operaio delle cave di pietra.
cavàre *v. tr.* **1** Trarre fuori in modo più o meno rapido e violento (*anche fig.*): — *marmi, pietre, metalli*; — *un dente* | *Non* — *un ragno dal buco*, (*fig.*) non raggiungere alcun risultato; SIN. Estrarre. **2** Togliere (*anche fig.*): *cavarsi la giacca*; — *un vizio* | *Cavarsela*, uscire più o meno bene da una situazione difficile. [→ tav. *proverbi* 133; → tav. *locuzioni* 21]
cavàta *s. f.* **1** (*raro*) Estrazione. **2** (*mus.*) — *di voce*, forza e limpidezza di suoni, che l'esecutore trae spec. da uno strumento.
cavatàppi *s. m.* Arnese metallico con asta a succhiello per sturare bottiglie; SIN. Cavaturaccioli. [→ ill. *bar, cucina*]
cavatina *s. f.* **1** In un melodramma, brano solistico scritto per la voce. **2** (*fig.*) Espediente ingegnoso per togliersi d'impiccio.
cavatóre *s. m.* (*f.* -*trice*) Chi è addetto a lavori di scavo.
cavatùra *s. f.* **1** (*raro*) Cavata. **2** (*est.*) Scavo.
cavaturàccioli *s. m.* Cavatappi.
cavazióne *s. f.* Nella scherma, azione che serve a svincolare la lama del proprio ferro da un legamento dell'avversario.
cave /*fr.* kav/ *s. f. inv.* (*pl. fr.* *caves* /kav/) Cabaret, spec. parigino, situato in uno scantinato.
càvea *s. f.* Nei teatri e anfiteatri antichi, insieme delle gradinate riservate agli spettatori. [→ ill. *teatro*]
cavédano *s. m.* Pesce osseo di colore grigio-olivastro, commestibile, di acqua dolce, privo di barbigli.
cavèdio *s. m.* **1** Cortile scoperto della casa romana, con logge. **2** Cortile piccolo, atto a dare aria e luce a locali secondari.
cavèrna *s. f.* **1** Grotta formata da una grande cavità sotterranea | Vasto allargamento entro un sistema di grotte; SIN. Antro, spelonca. [→ ill. *abitazione*] **2** (*fig.*) Casa sudicia e malsana. **3** (*med.*) Cavità formata in un organo da un processo morboso.
cavernicolo A *s. m.* (*f.* -*a*) **1** Abitante delle caverne; SIN. Troglodita. **2** (*fig.*) Persona rozza e intrattabile. **B** *agg.* Che abita nelle caverne: *fauna cavernicola*.
cavernosità *s. f.* (*raro*) L'essere cavernoso | (*est.*) Parte cavernosa.
cavernóso *agg.* **1** Pieno di caverne: *luogo* —. **2** (*fig.*) Cu-

cavallo

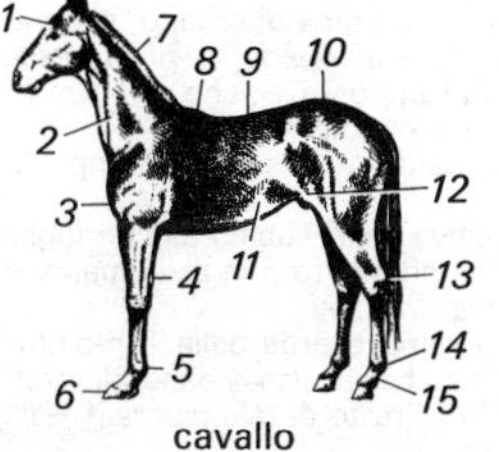

cavallo

giumenta

stallone

puledro

1 fossetta 2 collo 3 pettorale 4 castagna 5 nodello 6 zoccolo 7 criniera 8 garrese 9 dorso 10 groppa 11 ventre 12 grassella 13 garretto 14 barbetta 15 pastoia

po, roco, profondo: *voce cavernosa.*
cavétto *s. m.* **1** *Dim. di cavo.* **2** Conduttore elettrico, di solito formato da due fili metallici isolati tra loro e con involucro comune.
cavézza *s. f.* **1** Finimento per la testa degli equini e dei bovini, per condurli a mano o tenerli legati alla greppia. [→ ill. *finimenti*] **2** (*fig.*) Freno.
càvia **A** *s. f.* **1** Piccolo mammifero dei Roditori con orecchie brevi, privo di coda; usata per esperimenti nei laboratori scientifici; SIN. Porcellino d'India. [→ ill. *animali* 16] **2** (*fig.*) Persona o animale sottoposti a esperimenti scientifici, indagini sociologiche, imprese rischiose e sim. **B** *in funzione di agg. inv.* (*posposto a un s.*) Sperimentale: *città —.*
caviàle *s. m.* Alimento pregiato costituito da uova di storione sottoposte a particolare lavorazione.
cavìcchia *s. f.* **1** Chiavarda. **2** Grosso cavicchio.
cavìcchio *s. m.* **1** (*agr.*) Foraterra. **2** Piolo delle scale di legno. **3** Legnetto appuntito per sostenere le corde delle reti da uccelli.
cavicòrno *agg.* Detto di corno costituito da un rivestimento che copre come un astuccio la base scheletrica; caratteristico di alcuni mammiferi ruminanti. [→ ill. *zoologia*]
cavìglia *s. f.* **1** Regione compresa fra gamba e piede. **2** (*mar.*) Ognuna delle estremità dei raggi della ruota del timone | Cavicchio di legno o di ferro con capocchia. [→ ill. *marina*] **3** Asticciola leggermente conica, di legno duro, che si infigge a forza nel legno. **4** Vite a legno per assicurare le rotaie alle traverse.
caviglièra *s. f.* **1** Fascia elastica protettiva delle caviglie. **2** (*mar.*) Rastrelliera di caviglie a piè degli alberi.
caviglière *s. m.* Estremità superiore degli strumenti ad arco con i piroli che tendono le corde.
cavillàre *v. intr.* (*aus. avere*) Sottilizzare con argomentazioni speciose e complicate.
cavillatóre *s. m.* (*f. -trice*) Chi è solito cavillare.
cavillatùra *s. f.* Screpolatura nella vernice o nello smalto di un oggetto di ceramica.
cavillo *s. m.* Argomento sottile, falso ma con qualche apparenza di validità; SIN. Sofisma.
cavillosità *s. f.* Qualità di cavilloso.
cavillóso *agg.* Che usa cavilli | Che contiene o si fonda su cavilli.
cavità *s. f.* **1** Parte incavata di q.c. | Grotta, caverna; SIN. Buca, incavo. **2** (*anat.*) Spazio cavo: *— toracica, nasale.* [→ ill. *anatomia umana*]
cavitazióne *s. f.* (*mar.*) Vuoto che si crea nell'acqua, con formazione di bolle gassose, quando l'elica supera una determinata velocità limite.
càvo (1) **A** *agg.* **1** Incavato, vuoto. **2** (*anat.*) *Vena cava,* che porta il sangue all'atrio destro del cuore. [→ ill. *anatomia umana*] **B** *s. m.* **1** Incavatura, concavità: *— della mano.* **2** Cavità anatomica: *— orale.* **3** Scavo.
càvo (2) *s. m.* **1** Grossa corda di fibra vegetale o fili metallici intrecciati. [→ ill. *circo, ferramenta, pesca, ponte, sollevamento*] **2** Grosso conduttore, o insieme di conduttori isolati ma in un involucro comune, per il trasporto dell'energia elettrica, per comunicazioni telefoniche, telegrafiche e sim. [→ ill. *elettronica, telefonia*]
cavolàia *s. f.* Farfalla con corpo esile e ali bianche macchiate di nero, le cui larve divorano le foglie dei cavoli. [→ ill. *animali* 2]
cavolfióre *s. m.* Varietà coltivata di cavolo a fusto eretto, foglie con grossa nervatura mediana e infiorescenze giallicce. [→ ill. *verdura*]
càvolo *s. m.* **1** Pianta erbacea spontanea delle Papaverali con fusto eretto, foglie glauche lobate e fiori gialli riuniti in grappoli; se ne coltivano per uso alimentare diverse varietà: *— cappuccio; — rapa* | *— di Bruxelles,* varietà a fusto alto su cui si sviluppano germogli commestibili simile a piccole palle. [→ ill. *piante* 5, *verdura*] **2** (*euf., pop.*) Cazzo: *Testa di —; Non capire un —; che — vuoi!* [→ tav. *locuzioni* 96]
càzzo *s. m.* (*volg.*) Pene | *Testa di —,* persona stupida | (*fig., pop.*) Niente, *nelle loc. negative non capire, non importare, non sapere, non valere un —.*
cazzottàre **A** *v. tr.* (*io cazzòtto*) (*pop.*) Colpire con pugni. **B** *v. rifl. rec.* Prendersi a pugni.
cazzottàta *s. f.* (*pop.*) Cazzottatura.
cazzottatùra *s. f.* (*pop.*) Scambio violento di cazzotti.
cazzòtto *s. m.* (*pop.*) Forte pugno.
cazzuòla *s. f.* Arnese del muratore, di forma triangolare, per distendere e costipare la calcina | Analogo arnese, usato dal fonditore per sistemare la terra da fonderia. [→ ill. *edilizia, metallurgia*]
ce **A** *pron. pers. atono di prima pers. pl.* (*forma che il pron. e avv. ci assume davanti ai pron. atoni la, le, li, lo e alla particella ne*) A noi (come compl. di termine): *— ne ha parlato a lungo: raccontacelo subito.* **B** *in funzione di pron. dimostr.* Su ciò, sull'argomento: *— n'è tanto da dire.* **C** *avv.* In questo luogo, in quel luogo e sim. (con verbi di stato e di moto): *— l'ho mandato io.*
cèbo *s. m.* (*zool.*) Scimmia americana | *— cappuccino,* scimmia americana grossa come un gatto, bruna, con una macchia nera sul capo e coda prensile.
cèca o *cièca* *s. f.* **1** Giovane anguilla di aspetto filiforme e trasparente. **2** Incavo per adattarvi il capo di un chiodo o d'una vite.
cecàggine *s. f.* **1** Abbassamento della vista. **2** (*fig.*) Mancanza di discernimento.
cecchìno *s. m.* Tiratore scelto che, appostato, spara di sorpresa.
céce *s. m.* **1** (*bot.*) Pianta erbacea leguminosa delle Rosali con fusto peloso, foglie composte da foglioline dentate e semi commestibili racchiusi in baccelli | Seme di tale pianta. [→ ill. *piante* 9, *verdura*] **2** Piccola escrescenza carnosa.
cecìdio *s. m.* Formazione abnorme che si sviluppa sul fusto, sulle radici o sulle foglie delle piante come reazione alla puntura di insetti; SIN. Galla.
cecìlia *s. f.* Anfibio tropicale con corpo serpentiforme, privo di arti.
cecità *s. f.* **1** Perdita completa della capacità visiva. **2** (*fig.*) Ignoranza, incapacità di comprendere.
cèco *agg.; anche s. m.* (*f. -a; pl. m. -chi*) Della Boemia.
cecoslovàcco *agg.; anche s. m.* (*f. -a; pl. m. -chi*) Della Cecoslovacchia.
cècubo *s. m.* Vino rosso acceso, delicato, asciutto, prodotto in provincia di Latina.
cèdere **A** *v. intr.* (*pass. rem. io cedéi o cedètti, tu cedésti; part. pass. cedùto; aus. avere*) **1** Arretrare, non resistere, non opporsi (*anche fig.*): *— all'impeto dell'offensiva nemica* | (*est.*) Rassegnarsi, darsi per vinto: *— al destino avverso;* SIN. Arrendersi; CONTR. Resistere. **2** Crollare, rompersi, abbassarsi, per assestamenti del terreno o collasso degli elementi costruttivi: detto spec. di fondazioni, pilastri o sim. **3** (*fig.*) Dare luogo, lasciare il posto: *il dolore cede alla rassegnazione.* **B** *v. tr.* **1** Mettere q.c. a disposizione di qc., spec. temporaneamente: *— il turno* | *— il passo,* dare la precedenza | *— le armi,* (*fig.*) arrendersi; SIN. Concedere. **2** Trasferire a qc. diritti, azioni, titoli e sim. mediante negozi giuridici.
cedévole *agg.* **1** Che cede facilmente; SIN. Duttile, malleabile. **2** (*fig.*) Arrendevole, docile.
cedevolézza *s. f.* **1** Qualità di ciò che è cedevole; SIN. Duttilità. **2** (*fig.*) Docilità.
cedìbile *agg.* Che si può cedere.
cedìglia *s. f.* Segno grafico che in alcune lingue si pone sotto la lettera *c* per indicarne il suono sibilante anziché gutturale.
cediménto *s. m.* Crollo, rottura, abbassamento di terreno o di elementi costruttivi e sim. | (*fig.*) Capitolazione, perdita della capacità di reagire.
cèdola *s. f.* Appendice di alcuni titoli di credito, separabile per l'esercizio di diritti: *— azionaria; — di interessi.*
cedolàre **A** *agg.* Di cedola | *Imposta —,* che colpisce gli utili dei titoli. **B** *s. f.* Imposta cedolare.
cedràta *s. f.* Bibita dissetante a base di sciroppo di cedro.
cedrìna *s. f.* Pianta arbustiva delle Tubiflorali con foglie lanceolate, usate come condimento o in profumeria, e fiori azzurri in pannocchie.
cédro (1) *s. m.* Alberetto sempreverde delle Terebintali con foglie grandi, fiori bianchi e frutto a esperidio tondeggiante di colore giallo | Frutto di tale pianta. [→ ill. *frutta*]
cédro (2) o *cèdro* *s. m.* Pianta sempreverde delle Conifere con strobili eretti di forma ovoidale | *— del Libano,* grande pianta arborea delle Conifere con chioma lar-

ghissima e legno pregiato. [→ ill. *piante* 1, 7]
cedronèlla *s. f.* (*bot.*; *pop.*) Melissa.
ceduazióne *s. f.* Modo di eseguire il taglio del bosco ceduo | Epoca in cui ciò avviene.
cèduo **A** *agg.* Detto di bosco o albero che si taglia periodicamente, in modo che le ceppaie rigenerino. **B** *s. m.* Bosco ceduo.
cefalèa *s. f.* Mal di capo.
cefàlico *agg.* (*pl. m. -ci*) Del capo: *vena cefalica.* [→ ill. *anatomia umana, zoologia*]
cèfalo *s. m.* Pesce osseo commestibile, con grosso corpo rivestito da grandi squame argentee. [→ ill. *animali* 9]
cèfalo-, -cèfalo *primo e secondo elemento*: in parole composte scientifiche, significa 'capo': *cefalorachideo, microcefalo.*
Cefalòpodi *s. m. pl.* (*sing. -e*) Classe di molluschi marini con tentacoli di numero variabile che circondano il capo, occhi molto sviluppati e corpo simmetrico foggiato a sacco. [→ ill. *animali* 5]
cefalorachidèo *agg.* (*anat.*) Del capo e della colonna vertebrale | *Liquido* –, contenuto negli spazi meningei del capo e della colonna vertebrale.
cefalorachidiàno *agg.* Cefalorachideo.
cefalotoràce *s. m.* (*zool.*) Capotorace.
ceffàta *s. f.* Colpo dato a mano aperta sul viso; SIN. Schiaffo.
cèffo *s. m.* **1** Muso d'animale. **2** (*est.*, *spreg.*) Volto umano brutto e deforme; SIN. Grugno, muso. **3** (*est.*) Persona dall'espressione sinistra: *un brutto* –.
ceffóne *s. m.* Colpo violento a mano aperta sul viso; SIN. Schiaffo.
cèfo *s. m.* Piccolo insetto, le cui larve rodono le spighe del grano e della segale.
celàre **A** *v. tr.* (*io cèlo*) (*lett.*) Tenere nascosto o segreto; SIN. Nascondere, occultare. **B** *v. rifl.* Nascondersi.
Celastràcee *s. f. pl.* Famiglia di piante arbustive o qualche volta arboree delle Celastrali, con fiori in cime e frutti a bacca o drupa. [→ ill. *piante* 7]
Celastràli *s. f. pl.* Ordine di piante dicotiledoni delle regioni temperate e calde, che presenta le stesse caratteristiche dell'unica famiglia Celastracee. [→ ill. *piante* 7]
celàta *s. f.* Parte dell'armatura che protegge il capo, meno pesante dell'elmo. [→ ill. *armi*]
celebèrrimo *agg.* (*sup. di cèlebre*) Universalmente noto.
celebrànte **A** *part. pres. di celebrare; anche agg.* Che celebra. **B** *s. m.* Sacerdote che celebra la Messa o altra funzione sacra.
celebràre *v. tr.* (*io cèlebro*) **1** (*lett.*) Lodare pubblicamente con parole o scritti; SIN. Esaltare. **2** Festeggiare con solennità anniversari, ricorrenze civili o religiose e sim. **3** Eseguire una funzione sacra conformemente alla liturgia. **4** Compiere un atto secondo le regole di rito: – *un processo.*
celebrativo *agg.* Atto a celebrare.
celebratóre *s. m.* (*f. -trìce*) Chi celebra.
celebrazióne *s. f.* **1** Lode, esaltazione. **2** Solenne cerimonia commemorativa o svolgimento di funzione, rito, procedimento e sim.
cèlebre *agg.* (*sup. celebèrrimo*) Che è molto conosciuto, rinomato: *un – artista* | (*est.*) Che è molto ascoltato, autorevole; SIN. Famoso, illustre, noto.
celebrità *s. f.* **1** Fama, rinomanza. **2** Persona celebre: *è una – nel suo settore.* • SIN. Gloria.
Celenteràti *s. m. pl.* Tipo di invertebrati acquatici a simmetria raggiata, con corpo provvisto di tentacoli e cellule urticanti, che possono avere forma di medusa o di polipo. [→ ill. *animali* 1, *zoologia*]
cèlere **A** *agg.* (*sup. celerìssimo o celèrrimo*) **1** Rapido, svelto, veloce, immediato: *spedizione* –. **2** Che ha breve durata: *corsi celeri di istruzione.* **B** *s. f. solo sing.* Nome dei reparti celeri autotrasportati del corpo delle guardie di pubblica sicurezza.
celerimensùra *s. f.* Tacheometria.
celerìmetro *s. m.* Tacheometro.
celerino *s. m.* (*pop.*) Agente della Celere.
celerità *s. f.* Qualità di celere.
celèsta *s. f.* Strumento costituito da una serie di diapason, che vengono fatti vibrare da un meccanismo simile a quello del pianoforte.
celèste **A** *agg.* **1** Pertinente al cielo come entità naturale: *volta* –. **2** Pertinente al cielo considerato come sede di esseri soprannaturali: *misericordia* – | (*est.*) Divino, soprannaturale: *spirito* –. **3** (*est.*) Che ha il colore del cielo sgombro dalle nuvole: *occhi celesti*; SIN. Azzurro, ceruleo. **B** *s. m.* **1** Il colore celeste. **2** *al pl.* Spiriti che abitano il cielo.
celestiàle *agg.* Degno del cielo | Sovrumano, ineffabile: *musica, voce* –; SIN. Divino, paradisiaco.
celestino (1) **A** *agg.* Celeste tenue. **B** *s. m.* Il colore celestino.
celestino (2) *s. m.* Monaco benedettino della regola di Pietro di Isernia, poi Celestino V.
cèlia *s. f.* Scherzo, spec. verbale; SIN. Beffa, burla.
celiaco *agg.* (*pl. m. -ci*) (*anat.*) Dell'intestino: *arteria celiaca.* [→ ill. *anatomia umana*]
celiàre *v. intr.* (*io cèlio; aus. avere*) Scherzare, spec. con parole.
celibàto *s. m.* Condizione dell'uomo celibe.
cèlibe *s. m.; anche agg.* Detto di uomo non congiunto in matrimonio; SIN. Scapolo.
celidònia *s. f.* Pianta erbacea delle Papaverali con fiori gialli in ombrelle.
cèlla *s. f.* **1** Camera dei frati o delle suore in un convento | (*est.*) Stanza piccola e modesta. **2** Stanza di segregazione in carceri, collegi, accademie militari. **3** Parte interna e centrale del tempio antico col simulacro del dio. **4** Vano ristretto adibito a vari usi | – *frigorifera*, ambiente mantenuto a temperatura sufficientemente bassa per conservarvi derrate alimentari | – *campanaria*, vano con grandi aperture in cima al campanile, dove sono poste le campane. [→ ill. *bar, panettiere, religione*] **5** Ognuno dei piccoli buchi ove le api depongono il miele. [→ ill. *ape*] **6** (*elab.*) – *di memoria*, il più piccolo elemento fisico componente una memoria. **7** – *elettrolitica*, recipiente contenente l'elettrolito e i due elettrodi. [→ ill. *fisica*]
celleràio o *cellerario s. m.* (*f. -a*) Frate che, nei conventi, ha cura della dispensa.
cellofanatrìce *s. f.* Macchina che avvolge prodotti vari in una pellicola di cellophane, spec. per motivi igienici. [→ ill. *magazzinaggio*]
cellophane /*fr.* sɛlɔ'fan/ o *cèllofan, cellòfane s. m. inv.* Materiale incolore o colorato, trasparente, ottenuto per laminazione dalla viscosa; usato per involucri.
cèllula *s. f.* **1** Piccola cavità di corpi, sostanze minerali e sim. **2** (*biol.*) Unità fondamentale degli organismi viventi, che consta di una membrana cellulare contenente il citoplasma e il nucleo. [→ ill. *cellula*] **3** – *fotoelettrica*, apparecchio che sfrutta l'effetto fotoelettrico, erogando corrente quando è illuminato. [→ ill. *cinematografia, fisica*] **4** Elemento di base su cui si articola l'organizzazione di un partito, spec. rivoluzionario.
cellulàre **A** *agg.* **1** Formato da cellule: *tessuto* – | Che riguarda le cellule: *patologia* –. [→ ill. *cellula*] **2** Diviso in celle | *Furgone* –, appositamente attrezzato per il trasporto dei detenuti. **B** *s. m.* Furgone cellulare | Carcere in cui i detenuti sono segregati in celle.
cellulite *s. f.* Infiammazione del tessuto cellulare lasso sottocutaneo | (*com.*) Deposito di adipe.
cellulòide *s. f.* **1** Materia plastica incolore, trasparente, infiammabile, ottenuta gelatinizzando nitrocellulosa con alcol e canfora; usata per pellicole fotografiche e oggetti vari. **2** (*est.*, *fig.*) Cinematografo, *nelle loc. il mondo, i divi, della* –.
cellulósa *s. f.* Polisaccaride bianco, fibroso, componente della parte di sostegno dei vegetali; usata per carta, fibre artificiali, vernici.
cellulòsico *agg.* (*pl. m. -ci*) Di cellulosa.
cellulòsio *s. m.* Cellulosa.
cellulóso *agg.* Formato di cellule.
celòma *s. m.* (*pl. -i*) (*biol.*) Cavità del mesoderma dell'embrione di vari animali.
celòstata o *celòstato s. m.* (*pl. -i*) (*astron.*) Sistema di due specchi piani, di cui uno mobile, per seguire il moto apparente del cielo, utilizzato per riflettere sempre in una stessa direzione la luce proveniente dagli astri.
cèltico *agg.* (*pl. m. -ci*) **1** Dei Celti, abitanti dell'antica Gallia. **2** Venereo: *malattie celtiche.*

cembalista *s. m. e f.* (*pl. m.* -i) Chi suona il cembalo.
cémbalo *s. m.* **1** Clavicembalo. **2** *spec. al pl.* Antico strumento a percussione, composto da due piccoli piatti cavi da battere insieme.
cémbro *s. m.* Grande albero delle Conifere con foglie riunite in fascetti e strobili ovali.
cementàre *v. tr.* (*io ceménto*) **1** Unire saldamente con cemento | Rivestire di cemento. **2** (*fig.*) Consolidare, rinforzare.
cementazióne *s. f.* **1** L'operazione di cementare | Unione, rivestimento con cemento. **2** Riscaldamento di un metallo, messo a contatto con sostanze atte a modificarne utilmente, per diffusione, le proprietà superficiali, spec. la durezza.
cementière *s. m.* Industriale del cemento.
cementièro **A** *agg.* Del cemento. **B** *s. m.* Operaio addetto alla produzione del cemento.
cementifero *agg.* Che produce cemento.
cementificio *s. m.* Fabbrica di cemento.
cementite *s. f.* **1** Carburo di ferro, presente nelle ferroleghe e spec. nelle ghise bianche. **2** Vernice opaca adatta per muri, legno, metalli.
ceménto *s. m.* **1** Polvere grigia ottenuta per cottura, in speciali forni, di miscele naturali o artificiali di calcare e argille; bagnato, fa presa sia all'aria che in acqua | — *idraulico*, che fa presa e indurisce anche sott'acqua | — *armato*, struttura mista costituita di calcestruzzo di cemento e barre di ferro in esso incorporate, disposte in modo da resistere agli sforzi di trazione. [→ ill. *edilizia, ponte*] **2** (*fig.*) Ciò che consolida un vincolo, rafforza un'unione e sim.
céna *s. f.* **1** Pasto che si fa la sera o la notte, ultimo pasto della giornata. **2** *Ultima cena*, quella consumata da Gesù con gli Apostoli, durante la quale Egli istituì l'Eucarestia | (*est.*) Quadro che rappresenta l'ultima cena.
cenàcolo *s. m.* **1** Anticamente, sala in cui si cenava | Luogo nel quale Gesù e gli Apostoli consumarono l'ultima cena. **2** Dipinto che rappresenta l'ultima cena: *il — di Leonardo.* **3** (*fig.*) Luogo di riunione di artisti e letterati. **4** (*est.*) Circolo ristretto di amici e artisti, letterati e sim. di un dato indirizzo culturale.
cenàre *v. tr.* (*io céno; aus. avere*) Consumare la cena.
cenciàio *s. m.* (*f.* -a) Chi compra o rivende cenci.
cenciaiòlo *s. m.* (*f.* -a) Cenciaio.
céncio *s. m.* **1** Pezzo di stoffa logora o sporca | (*est.*) Vestito logoro o molto scadente: *coperto di cenci* | *Cappello a* —, floscio; SIN. Straccio. [→ ill. *copricapo*] **2** (*fig.*) Cosa di poco valore | (*est.*) Chi è in uno stato di grande debolezza fisica o psicologica. **3** *al pl.* Dolci di pasta all'uovo, tagliati in vario modo e fritti; SIN. Frappa. [→ tav. *proverbi* 170]
cencióso *agg.* **1** Rattoppato, lacero. **2** Che indossa vesti logore, stracciate.
cenciùme *s. m.* Insieme di cenci.
-cène *secondo elemento*: in parole composte della cronologia geologica significa 'recente': *eocene, oligocene.*
ceneràccio *s. m.* **1** Cenere per il bucato, sulla quale si versa il ranno. **2** Grosso panno sul quale si pone la cenere per il bucato.
ceneràio *s. m.* Ceneratoio.
ceneràta *s. f.* Cenere mescolata e bollita con acqua, per usi vari.
ceneratóio *s. m.* Nel focolare delle caldaie, vano sottostante alla griglia, in cui si raccoglie la cenere; SIN. Ceneraio.
cénere *s. f.*, (*raro*) *m.* **1** Residuo polveroso, grigio, della combustione di legna e carbone | — *vulcanica*, minutissimi granuli piroclastici emessi da un vulcano | *Andare, ridursi in* —, restare completamente distrutto | *Ridurre q.c. in* —, (*fig.*) distruggerla | *Covare sotto la* —, (*fig.*) detto di sentimento o passione che non si manifesta apertamente. [→ ill. *riscaldamento*] **2** *al pl. f.* Residui dell'olivo benedetto arso che il sacerdote pone sulla testa dei fedeli nel primo giorno di Quaresima | *Le Sacre Ceneri*, festa liturgica che dà inizio alla Quaresima. **3** *spec. al pl.* Resti mortali. [→ tav. *proverbi* 29]
cenerèntola *s. f.* Ragazza ingiustamente maltrattata e umiliata (dal nome della protagonista della fiaba omonima) | (*est.*) Persona o cosa a torto trascurata.
cenerino o *cinerino agg.* Che ha un colore grigio chiaro simile a quello della cenere.
ceneróğnolo o *cenerògnolo agg.* Che ha un colore cenerino con sfumature giallastre.
cenerùme *s. m.* Residui di cenere.
céngia *s. f.* (*pl.* -ge) Risalto con andamento quasi orizzontale, su una parete di roccia.
cennamèlla o *ciaramèlla s. f.* Antico strumento con due canne di legno, una per suonare, l'altra per gonfiare un otre.
cénno *s. m.* **1** Segno che si fa con gli occhi, la mano, il capo per fare intendere, indicare o comandare q.c.; SIN. Accenno, gesto. **2** (*lett.*) Gesto, atto, comportamento. **3** Traccia, spiegazione sommaria: *mi ha dato qualche — del tema che tratterà.* **4** (*est., fig.*) Indizio, avviso, manifestazione: *i primi cenni di stanchezza.*
cèno- (1) *primo elemento*: in parole composte dotte significa 'recente': *cenozoico.*
cèno- (2) *primo elemento*: in parole composte dotte significa 'vuoto': *cenotafio.*
cèno- (3) *primo elemento*: in parole composte dotte significa 'comune': *cenobio.*
cenòbio *s. m.* **1** Riunione in colonie di organismi vegetali o animali unicellulari. **2** Comunità di religiosi.
cenobita *s. m.* (*pl.* -i) **1** Monaco che vive in una comunità religiosa riconosciuta dalla Chiesa e retta da proprie regole. **2** (*fig.*) Persona che vive isolata da tutti; SIN. Eremita.
cenobitico *agg.* (*pl. m.* -ci) **1** Che si riferisce al cenobio o al cenobita. **2** (*fig.*) Austero.
cenóne *s. m.* Ricca cena, spec. quella di Natale o della notte di Capodanno.
cenotàfio *s. m.* Monumento funerario a ricordo di un per-

cellula

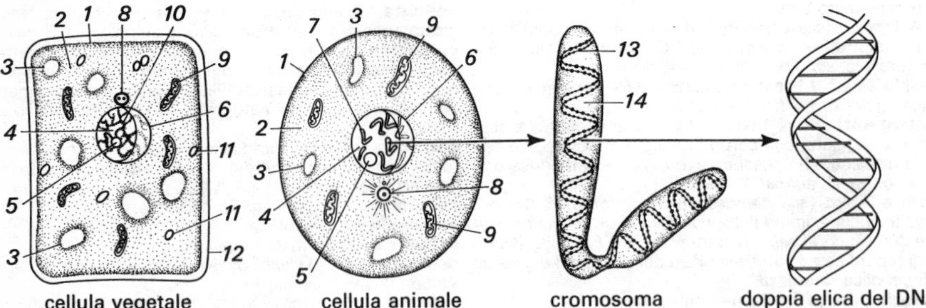

1 membrana cellulare 2 citoplasma 3 vacuoli 4 nucleo 5 nucleolo 6 membrana nucleare 7 cromosomi 8 apparato della sfera 9 mitocondri 10 cromatina 11 plastidi 12 parete cellulare 13 gene 14 matrice

sonaggio sepolto altrove.
cenozòico ***A*** *s. m.* (*pl.* *-ci*) Era geologica caratterizzata da un grande sviluppo dei Mammiferi e dal declino dei Rettili. ***B*** *agg.* Che appartiene al Cenozoico.
censiménto *s. m.* Rilevazione di dati intesa ad accertare in un certo momento lo stato di una collettività: *— della popolazione, dell'industria.*
censìre *v. tr.* (*io censìsco, tu censìsci*) Sottoporre a censimento | Iscrivere nei registri del censo.
censìto ***A*** *part. pass. di censire; anche agg.* Soggetto a censo. ***B*** *s. m.* Persona ricca.
cènso *s. m.* ***1*** Nell'antica Roma, elenco dei cittadini e dei loro averi. ***2*** (*raro*) Patrimonio del cittadino sottoponibile a tributi. ***3*** (*est.*) Ricchezza.
censoràto *s. m.* Ufficio, carica di censore in convitti e sim.
censóre *s. m.* ***1*** Nell'antica Roma, magistrato preposto alla censura. ***2*** Chi, per incarico dell'autorità, accerta che le opere da pubblicare o da rappresentare non offendano lo Stato, la religione, la morale. ***3*** Nei convitti, sorvegliante della disciplina dei convittori. ***4*** (*fig.*) Critico abituale e severo.
censòrio *agg.* (*raro*) Di, da censore.
censuàle *agg.* Che riguarda il censo.
censuàrio ***A*** *agg.* Del censo. ***B*** *s. m.* Persona gravata della corresponsione di un censo.
censùra *s. f.* ***1*** Nell'antica Roma, magistratura con funzioni di censimento. ***2*** Controllo compiuto dall'autorità su opere da pubblicare o da rappresentare per accertare che non offendano lo Stato, la religione, la morale | Ufficio che compie detto controllo. ***3*** (*est., fig.*) Critica severa, biasimo, riprensione.
censuràbile *agg.* Che si può o si deve censurare.
censuràre *v. tr.* ***1*** Sottoporre a censura. ***2*** Biasimare, criticare.
cent /*ingl.* sent/ *s. m. inv.* (*pl. ingl.* *cents* /sents/) Moneta divisionale equivalente alla centesima parte del dollaro.
centaurèa o *centàurea s. f.* Pianta erbacea delle Sinandrali con fiori bianchi, gialli o azzurri in capolini.
centàuro *s. m.* (*f.* *-a, -éssa*) ***1*** Mostro mitologico con testa e busto umani e con corpo di cavallo. ***2*** (*fig.*) Corridore motociclista.
centellinàre *v. tr.* (*io centellino*) ***1*** Bere a piccoli sorsi. ***2*** (*fig.*) Gustare q.c. con intenzionale lentezza.
centellìno *s. m.* Piccolo sorso di una bevanda.
centenàrio ***A*** *agg.* ***1*** Che ha cento anni. ***2*** Che ricorre ogni cento anni. ***B*** *s. m.* (*f.* *-a* nel sign. 1). ***1*** Chi ha cento anni. ***2*** Centesimo anniversario di un avvenimento memorabile | (*est.*) Cerimonia che si celebra in tale occasione.
centennàle *agg.* ***1*** Che dura cento anni. ***2*** Che ricorre ogni cento anni.
centènne ***A*** *agg.* ***1*** (*raro*) Che ha cento anni. ***2*** Che dura cent'anni. ***B*** *s. m. e f.* Persona che ha cento anni.
centènnio *s. m.* Periodo di cento anni.
centèrbe *s. m. inv.* Liquore distillato da varie erbe aromatiche.
centesimàle *agg.* ***1*** Che costituisce la centesima parte. ***2*** Che è diviso in cento parti.
centèsimo ***A*** *agg. num. ord.* Corrispondente al numero cento in una sequenza. ***B*** *s. m.* ***1*** Ciascuna delle cento parti uguali di una stessa quantità. ***2*** Moneta che vale la centesima parte della lira o di altra unità monetaria. ***3*** Denaro | *Contare, lesinare il —*, spendere con parsimonia.
cènti- *primo elemento*: in parole composte significa 'cento' o 'che ha cento': *centimano* | Anteposto a un'unità di misura, la divide per cento: *centigrammo, centilitro.*
centiàra *s. f.* Centesima parte dell'ara, pari a 1 mq.
centigrado *agg.* Diviso in cento gradi, detto spec. del termometro Celsius, dove lo zero corrisponde alla temperatura del ghiaccio fondente e il 100 a quella dell'acqua pura bollente | *Grado —*, grado Celsius.
centigràmmo *s. m.* Unità di massa o di peso equivalente a 1/100 di grammo massa o di grammo peso.
centilitro *s. m.* Unità di capacità equivalente a 1/100 di litro.
centimetràre *v. tr.* (*io centimetro*) Suddividere in centimetri.
centìmetro *s. m.* Unità di lunghezza equivalente a 1/100 di metro.
cèntina *s. f.* ***1*** Ossatura resistente provvisoria di legno o acciaio, destinata a sostenere un arco, una volta o una cupola durante la costruzione. [→ ill. *edilizia*] ***2*** Struttura metallica permanente che sostiene la copertura di tettoie, stazioni ferroviarie, rimesse e sim. ***3*** Elemento della struttura interna di un'ala di aereo | Armatura analoga di fusoliera. [→ ill. *aeronautica*]
centinàio *s. m.* (*pl.* *centinàia f.*) Complesso, serie di cento, o circa cento, unità.
centinàre *v. tr.* (*io cèntino*) ***1*** Armare o sostenere con centine. ***2*** Sagomare ad arco.
centinatùra *s. f.* ***1*** Sagomatura ad arco. ***2*** Struttura provvisoria di centine.
centìsta *s. m. e f.* (*pl. m.* *-i*) Centometrista.
cènto [100 nella numerazione araba, C in quella romana] ***A*** *agg. num. card. inv.* ***1*** Indica una quantità composta di dieci decine. ***2*** (*est.*) Molti, parecchi: *te l'ho detto — volte.* ***B*** *s. m. inv.* Il numero cento e il segno che lo rappresenta | (*sport*; *ell. al pl.*) Nell'atletica e nel nuoto, gara sulla distanza di cento metri. [→ tav. *proverbi* 45, 268, 382, 387]
centochilòmetri *s. f.* Classica gara di marcia, o ciclistica, di 100 km.
centodièci [110 nella numerazione araba, CX in quella romana] ***A*** *agg. num. card.* Indica una quantità composta di dieci decine più dieci unità. ***B*** *s. m.* ***1*** Il numero centodieci e il segno che lo rappresenta. ***2*** Voto massimo nella valutazione dell'esame di laurea di alcune facoltà universitarie.
centofòglie *s. m. inv.* (*bot.*; *pop.*) Achillea.
centogàmbe *s. m. inv.* (*zool.*; *pop.*) Centopiedi.
centometrìsta *s. m. e f.* (*pl. m.* *-i*) Atleta specialista della corsa dei cento metri piani | Nuotatore dei cento metri stile libero; SIN. Centista.
centomìla [100.000 nella numerazione araba, C̄ in quella romana] ***A*** *agg. num. card. inv.* ***1*** Indica una quantità composta di cento migliaia. ***2*** (*est.*) Molti, parecchi: *fa — telefonate al giorno.* ***B*** *s. m. inv.* Il numero centomila e il segno che lo rappresenta.
centomillèsimo *agg. num. ord.* Corrispondente al numero centomila in una sequenza.
centóne *s. m.* ***1*** Componimento letterario, o musicale, composto di brani presi da vari autori. ***2*** (*est.*) Scritto, discorso privo di idee originali.
centopièdi *s. m.* (*zool.*) Correntemente, animale dei Chilopodi, con corpo lungo e appiattito diviso in numerosi segmenti ognuno dei quali porta un paio di arti. [→ ill. *animali* 4]
centotrèdici o *113 s. m.* Numero telefonico con cui, in tutta Italia, si comunica con una squadra di polizia di pronto intervento | La squadra stessa.
centràggio *s. m.* (*mecc.*) Operazione con cui si dispone un pezzo cilindrico con l'asse di rotazione in una data posizione rispetto a un altro.
centràle ***A*** *agg.* ***1*** Che si riferisce al centro, è situato in esso o lo costituisce (*anche fig.*): *problema —*; *punto — di un territorio.* ***2*** Detto della parte mediana di un territorio: *Italia —.* ***B*** *s. f.* Centro direttoriale da cui dipendono organismi periferici: *la — e le filiali* | Centro di produzione di beni e servizi che vengono distribuiti capillarmente: *— del latte*; *— elettrica*; *— telefonica*; *— nucleare.* [→ ill. *diga, miniera*]
centralinista *s. m. e f.* (*pl. m.* *-i*) Chi è addetto a un centralino telefonico.
centralìno *s. m.* Apparecchiatura per i collegamenti dei telefoni interni con l'esterno. [→ ill. *telefonia*]
centralìsmo *s. m.* Sistema di governo che tende all'accentramento dei poteri negli organi centrali dello Stato.
centralità *s. f.* Qualità di ciò che è centrale (*anche fig.*).
centralizzàre *v. tr.* (*io centralìzzo*) ***1*** Accentrare, spec. in un unico potere centrale; CONTR. Decentrare. ***2*** Rendere centrale, unificare al centro: *— l'impianto di riscaldamento.*
centralizzazióne *s. f.* Accentramento in un unico potere centrale; CONTR. Decentramento.
centràre ***A*** *v. tr.* (*io cèntro*) ***1*** Colpire nel centro: *— il bersaglio* | (*fig.*) Mettere a fuoco con sicurezza il nucleo di un problema o di una questione. ***2*** Fissare nel centro: *— l'asse dell'elica.* ***B*** *v. intr.* (*aus. avere*) Nel calcio, tra-

versare, crossare al centro.

centrattàcco *s. m.* (*pl.* -*chi*) Nel calcio, giocatore che si trova al centro della linea degli avanti, generalmente con il compito di tirare a rete; SIN. Centravanti.

centratùra *s. f.* Operazione con la quale, nel piazzamento di un pezzo cilindrico da lavorare, si fa coincidere il suo asse con l'asse della macchina utensile, spec. tornio.

centravànti *s. m.* Centrattacco.

cèntrico *agg.* (*pl. m.* -*ci*) Che è posto simmetricamente rispetto al centro.

centrifuga *s. f.* (*mecc.*) Macchina costituita principalmente da un organo in rapida rotazione per produrre, su sospensioni liquide o altro, forti azioni centrifughe in genere superiori a quella della gravità e separarne le parti secondo il peso.

centrifugàre *v. tr.* (*io centrìfugo, tu centrìfughi*) Sottoporre all'azione di una centrifuga.

centrifugàto ***A*** *part. pass. di centrifugare; anche agg.* Sottoposto a centrifugazione. ***B*** *s. m.* Bibita ottenuta centrifugando la frutta: – *di mela.*

centrifugazióne *s. f.* Operazione del centrifugare.

centrifugo *agg.* (*pl. m.* -*ghi*) Diretto radialmente verso l'esterno | *Forza centrifuga,* in un sistema in moto rotatorio, quella che tende ad allontanarne le singole parti dal centro; CONTR. Centripeto. [→ ill. *fisica*]

centrìna *s. f.* Pesce cartilagineo, con corpo simile a quello di uno squalo rivestito di placchette, e con bocca fornita di zanne inferiori triangolari.

centrino *s. m.* Tessuto ricamato, di varia forma, che si pone su mobili per appoggiarvi vasi o soprammobili.

centrìpeto *agg.* Diretto verso il centro | *Forza centripeta,* in un sistema in moto rotatorio, quella che si manifesta come reazione alla forza centrifuga e mantiene unito il sistema; CONTR. Centrifugo.

centrismo *s. m.* Tendenza di gruppi politici a formare una coalizione di centro.

centrista ***A*** *agg.* Caratterizzato da centrismo: *governo* –. ***B*** *agg.; anche s. m. e f.* (*pl. m.* -*i*) Appartenente al centro in senso politico.

cèntro *s. m.* ***1*** (*mat.*) Centro di simmetria d'una figura | – *di simmetria,* punto tale che i punti della figura si possano accoppiare in modo che il punto medio di due punti associati cada in esso | – *di un cerchio,* punto equidistante da ogni punto della circonferenza. ***2*** Zona considerata come il punto mediano o più interno di q.c. (*anche fig.*): *il* – *della Terra* | *Fare* –, colpire esattamente e (*fig.*) risolvere q.c. | *Essere al* – *dei desideri di qc.,* costituirne l'oggetto principale | *Essere nel proprio* –, (*fig.*) trovarsi a proprio agio | (*est.*) Punto equidistante dalla periferia di una città. ***3*** (*est.*) Settore di mezzo in un emiciclo assembleare | (*est., fig.*) Aggruppamento politico di tendenza moderata. ***4*** (*fis.*) – *di gravità,* baricentro. ***5*** (*anat.*) Organo o parte di organo che svolge una specifica funzione: – *del linguaggio* | – *nervoso,* nucleo di cellule nervose che presiede a determinate funzioni dell'organismo. ***6*** Polo che attrae o punto dal quale si irradiano attività e iniziative: – *d'attrazione* | – *sismico,* punto di origine di un terremoto. ***7*** Raggruppamento, in un determinato luogo, di edifici e attrezzature utili alla vita e all'attività umana: – *industriale* | – *abitato,* o (*ell.*) –, città o paese. ***8*** Istituzione, organo direttivo da cui dipendono organismi periferici | (*est.*) Istituzione che organizza e promuove una determinata attività: – *raccolta profughi.* ***9*** Complesso organizzato di uomini e mezzi per la produzione e la distribuzione di beni o di servizi: – *elettronico.* ***10*** Nel calcio, gruppo di giocatori, composto dal centrattacco e dalle mezze ali, che si trova nella posizione centrale della linea d'attacco.

cèntro- *primo elemento:* in parole composte significa 'centrale': *centrocampista, centroeuropeo.*

centrocampista *s. m.* (*pl.* -*i*) Nel calcio, giocatore che svolge la sua azione a centrocampo.

centrocàmpo *s. m.* Nel calcio, fascia centrale del campo di gioco.

centromediàno *s. m.* Nel calcio, giocatore un tempo schierato al centro della linea dei mediani con compiti prevalentemente difensivi; SIN. Centrosostegno; CFR. Libero.

centrosinistra *s. m. inv.* Alleanza politica tra partiti di centro e di sinistra.

centrosostégno *s. m.* Nel calcio, centromediano.

Centrospermàli *s. f. pl.* Ordine di piante dicotiledoni quasi sempre erbacee. [→ ill. *piante* 3]

centrotàvola *s. m.* (*pl. centritàvola*) Oggetto o composizione d'oggetti d'argento, cristallo, porcellana, collocato al centro di una tavola.

centroterzino *s. m.* Nel calcio, il centromediano arretrato all'altezza dei terzini.

centumviràto *s. m.* Dignità, ufficio, collegio dei centumviri.

centùmviro *s. m.* Nell'antica Roma, membro di un collegio composto di cento magistrati.

centuplicàre *v. tr.* (*io centùplico, tu centùplichi*) ***1*** Moltiplicare per cento. ***2*** (*fig.*) Rendere molto più grande; SIN. Accrescere.

cèntuplo ***A*** *agg.* Che è cento volte maggiore, relativamente ad altra cosa analoga. ***B*** *s. m.* Quantità, misura, cento volte maggiore.

centùria *s. f.* ***1*** Nell'antica costituzione romana repubblicana, unità base del comizio centuriato. ***2*** Unità della legione romana costituita da cento soldati.

centuriàto *agg.* Nell'antica Roma, ordinato per centurie.

centurióne *s. m.* Nell'esercito romano, comandante di una centuria.

céppa *s. f.* Parte interrata dell'albero da cui si dipartono le radici.

ceppàia *s. f.* Parte della pianta che rimane nel terreno dopo il taglio del tronco vicino a terra. [→ ill. *agricoltura*]

céppo *s. m.* ***1*** Parte inferiore di una pianta legnosa da cui si diramano le radici e si alza il tronco. ***2*** (*fig.*) Capostipite di una famiglia o di una popolazione | (*est.*) La famiglia stessa | (*biol.*) Coltura di batteri avente un capostipite comune. ***3*** (*est.*) Grosso pezzo di legno da ardere | (*est.*) Ciocco che si brucia la notte di Natale | *Il* –, (*est.*) il Natale. ***4*** Massiccio blocco di legno adatto a vari usi, spec. quello su cui si decapitavano i condannati a morte. [→ ill. *macelleria*] ***5*** (*est.*) Pesante parte di legno di certi congegni | – *dell'aratro,* organo di sostegno e di guida all'estremità posteriore della bure. ***6*** Affusto delle antiche artiglierie. ***7*** (*mecc.*) Elemento del freno a espansione che, premuto contro un organo di rotazione, ne determina l'arresto. ***8*** Base della croce. ***9*** *al pl.* Blocchi di legno per immobilizzare i piedi dei prigionieri | (*fig.*) Schiavitù, asservimento | *Spezzare i ceppi,* (*fig.*) liberarsi. ***10*** *al pl.* Attrezzi ginnici.

céra (1) *s. f.* ***1*** Sostanza di origine vegetale o animale, simile ai grassi | Miscela di esteri di acidi grassi superiori con alcoli | – *d'api,* quella che costituisce le celle esagonali dei favi degli alveari, usata spec. per candele | – *vergine,* ottenuta da quella d'api per fusione e separazione delle sostanze estranee. ***2*** (*per anton.*) Cera d'api: *una candela di* – | Cera da pavimenti: *lucidare a* –. ***3*** (*est.*) Candela | Oggetto o statua di cera: *museo delle cere.*

céra (2) *s. f.* Apparenza o espressione del viso | *Avere buona, cattiva* –, apparire in buona, cattiva salute | *Fare buona* –, bella accoglienza; SIN. Aspetto.

ceraiòlo *s. m.* ***1*** Chi produce o vende candele, ceri e sim. ***2*** Modellatore in cera.

ceralàcca *s. f.* (*pl. ceralàcche*) Miscuglio di resine, di sostanze minerali e coloranti, usato spec. per sigillare. [→ ill. *ufficio*]

ceràmbice *s. m.* Insetto comune, abbastanza grande, nero, con corpo allungato e antenne sviluppatissime, le cui larve vivono in gallerie che si scavano nei tronchi delle quercie e degli olmi.

ceràmica *s. f.* ***1*** Impasto con acqua di sostanze plastiche minerali, in genere argilla, usato per la fabbricazione di terrecotte, abrasivi, terraglie, porcellane. ***2*** Arte e tecnica di manipolare e cuocere tali impasti | (*est.*) Ogni prodotto ottenuto con tale tecnica.

ceràmico *agg.* (*pl. m.* -*ci*) Della ceramica.

ceramista *s. m. e f.* (*pl. m.* -*i*) Artigiano o artista che esegue lavori in ceramica.

ceramògrafo *s. m.* Artista che decora con pitture oggetti in ceramica.

ceràre *v. tr.* (*io céro*) (*raro*) Spalmare o impregnare di

cera.
ceràșa *s. f.* (*dial.*) Ciliegia.
ceràșo *s. m.* (*dial.*) Ciliegio.
ceràste *s. m.* Rettile tropicale degli Ofidi, velenoso, simile a una vipera, caratterizzato da due cornetti posti sopra gli occhi.
ceràta *s. f.* Giaccone, talora con pantaloni, in tessuto impermeabile; usata spec. da naviganti.
ceràto A *part. pass. di cerare; anche agg.* Coperto di cera | *Tela cerata*, impermeabile. **B** *s. m.* Tessuto apprettato con sostanze cerose.
cèrbero *s. m.* Arcigno custode o guardiano (dal nome di un mostro canino con tre teste, custode dell'ingresso dell'Inferno pagano) | (*fig.*) Persona intrattabile e facile all'ira.
cerbiàtto *s. m.* (*f.* *-a*) Giovane cervo.
cerbottàna *s. f.* Arma da getto consistente in un lungo tubo di bambù, legno o metallo, mediante il quale, soffiando, si possono lanciare piccole frecce | Giocattolo simile a tale arma primitiva.
cérca *s. f.* **1** Attività diretta a trovare qc. o q.c.: *andare, mettersi, essere in — di qc.* **2** Questua dei frati degli ordini mendicanti. **3** Azione del cane da caccia diretta a scovare la selvaggina. [→ ill. *cane*]
cercàbile *agg.* Che si può cercare.
cercàre A *v. tr.* (*io cérco, tu cérchi*) **1** Svolgere una attività, fisica o psicologica, diretta a trovare qc. o q.c.: *— la pagina*; *— un impiego.* **2** Desiderare, sforzarsi di ottenere: *— la gloria.* **B** *v. intr.* (*aus. avere*) Tentare, sforzarsi: *— di fuggire.* [→ tav. *proverbi* 46; → tav. *locuzioni* 41]
cercatóre A *agg.* (*f.* *-trice*) Che cerca. **B** *s. m.* **1** Chi va alla ricerca di q.c.: *— d'oro.* **2** Frate che fa la cerca. **3** Telescopio ausiliario montato su un telescopio grande, per puntare l'oggetto in studio.
cérchia *s. f.* **1** Struttura di forma circolare, naturale o artificiale, spec. di notevoli dimensioni: *una — di mura.* **2** (*geogr.*) *— morenica*, rilievo a forma di ferro di cavallo, deposto alla fronte di un ghiacciaio vallivo. **3** (*fig.*) Insieme di persone con le quali un individuo o un nucleo familiare stabilisce una serie di relazioni; SIN. Ambito, circolo.
cerchiàre *v. tr.* (*io cérchio*) **1** Serrare con uno o più cerchi: *— una botte.* **2** Cingere, circondare.
cerchiàto *part. pass. di cerchiare; anche agg.* Circondato da cerchi | *Occhi cerchiati*, con occhiaie.
cerchiatùra *s. f.* **1** L'operazione di serrare con cerchi. **2** Insieme dei cerchi di una botte.
cerchiétto *s. m.* **1** *Dim. di cerchio.* **2** Braccialetto, anello. [→ ill. *gioielli*] **3** *spec. al pl.* Gioco infantile, in cui si lancia e si riprende al volo un piccolo cerchio con due bacchette. [→ ill. *giochi*]
cérchio *s. m.* (*pl. cérchi m.; cérchia f.*) **1** Insieme dei punti del piano la cui distanza da un punto dato è minore o uguale a un numero assegnato | Circonferenza | *— massimo*, per una sfera, circonferenza avente lo stesso centro della sfera. [→ ill. *geometria*] **2** Attrezzo, struttura, figura a forma di cerchio | *— della morte*, acrobazia spettacolare di motociclisti o ciclisti che percorrono una pista circolare elevata verticalmente. [→ ill. *circo, giochi, sport*] **3** Ciò che ha forma circolare e cinge q.c.: *— della botte.* [→ ill. *vino*] **4** Gruppo di cose o persone disposte in circolo | *Fare — attorno a qc.*, circondarlo. [→ tav. *locuzioni* 27]
cerchióne *s. m.* **1** *Accr. di cerchio.* **2** Cerchio metallico su cui si adatta lo pneumatico in biciclette, autoveicoli e motocicli. [→ ill. *automobile*] **3** Parte esterna della ruota di un veicolo ferroviario.
cèrci *s. m. pl.* (*zool.*) Appendici presenti talvolta nell'ultimo segmento addominale degli insetti. [→ ill. *zoologia*]
cercinatùra *s. f.* Asportazione di un anello di corteccia dall'albero prima di abbatterlo per migliorare la qualità del legno.
cércine *s. m.* **1** Involto di panno a foggia di cerchio, usato da chi porta pesi sul capo. **2** (*bot.*) Neoformazione di tessuti disposti ad anello a ricoprire lesioni sul fusto e sui rami.
cercopitèco *s. m.* (*pl. -chi o -ci*) Scimmia africana erbivora con corpo agile, coda lunga, mantello generalmente grigio. [→ ill. *animali* 21]
cereàle A *s. m. spec. al pl.* Denominazione di piante erbacee quali grano, riso, granturco, orzo ecc., che forniscono frutti e semi usati, spec. come farina, nell'alimentazione umana e animale | (*est.*) I frutti e i semi di tali piante. **B** *anche agg.*
cerealìcolo *agg.* Che si riferisce ai cereali e alla loro coltivazione.
cerealicoltùra *s. f.* Coltivazione dei cereali.
cerebellàre *agg.* (*anat.*) Del cervelletto.
cerebellìte *s. f.* Infiammazione del cervelletto.
cerebèllo *s. m.* (*anat.*) Cervelletto.
cerebràle *agg.* **1** Del cervello. **2** (*fig.*) Di persona, artista o opera in cui il raziocinio prevale sul sentimento e sulla spontaneità.
cerebralìșmo *s. m.* Dominio eccessivo della ragione sul sentimento.
cèrebro *s. m.* Cervello.
cerebropatìa *s. f.* Qualsiasi malattia celebrale.
cerebrospinàle *agg.* Relativo al cervello e al midollo spinale.
cèreo (1) *agg.* **1** Di cera. [→ ill. *apicoltore*] **2** Che è pallido come la cera.
cèreo (2) *s. m.* Pianta grassa delle Centrospermali, spinosa, a forma di colonna scanalata, alta e ramificata, con vistosi fiori notturni e frutti a bacca carnosa.
cererìa *s. f.* Luogo dove si fabbricano e si vendono candele e sim.
cerétta *s. f.* **1** *Dim. di cera* (1). **2** Preparato adesivo per depilazione.
cerfòglio *s. m.* Pianta erbacea aromatica delle Umbellali, simile al prezzemolo, con foglie composte e fiori bianchi. [→ ill. *piante* 10]
cèrilo *s. m.* (*lett.*) Favoloso uccello marino identificabile forse con l'alcione.
cerimònia *s. f.* **1** Azione rituale o solenne dei culti religiosi; SIN. Funzione. **2** Complesso di atti che si compiono per celebrare avvenimenti e ricorrenze: *la — dell'inaugurazione*; SIN. Rito. **3** *al pl.* Dimostrazione eccessiva di rispetto | *Senza cerimonie*, con semplicità.
cerimoniàle A *s. m.* **1** Complesso degli atti e delle regole prescritti per una particolare cerimonia: *— di corte*; SIN. Rituale. **2** Libro che contiene tali regole. **B** *agg.* (*lett.*) Di cerimonia.
cerimonière *s. m.* Chi ha la funzione di regolare le cerimonie in chiesa e nelle corti.
cerimoniosità *s. f.* Qualità di cerimonioso.
cerimonióso *agg.* Di persona troppo formalista e complimentosa | Di atto, scritto e sim. manierato e affettato.
cerino *s. m.* **1** Fiammifero di cera. [→ ill. *fumatore*] **2** Stoppino incerato per accendere candele.
cèrio *s. m.* Elemento chimico, metallo, tenero, duttile, malleabile, grigio, appartenente al gruppo delle terre rare; con il ferro forma una lega piroforica usata come pietrina per accenditori automatici. SIMB. Ce.
cernécchio *s. m.* Ciocca di capelli arruffati o posticci.
cèrnere *v. tr.* (*pres. io cèrno; pass. rem. io cernéi o cernètti, tu cernésti; raro nei tempi composti*) **1** (*lett.*) Scegliere, separare. **2** Discernere, vedere.
cèrnia *s. f.* Grosso pesce osseo, commestibile, con mandibola prominente. [→ ill. *animali* 9]
cernièra *s. f.* **1** Unione di due elementi di cui almeno uno è mobile, attorno a un asse. [→ ill. *ferramenta, finestra*] **2** Specie di serratura a incastro | *— lampo*, dispositivo di chiusura per vestiti e borse, consistente in una doppia fila di dentini metallici che si incastrano azionando un cursore. [→ ill. *abbigliamento, tessuto*] **3** (*geol.*) Luogo di maggior curvatura di una roccia piegata.
cèrnita *s. f.* Scelta, selezione.
céro o *cèro s. m.* Grossa candela di cera | Candela votiva | *— pasquale*, benedetto il Sabato Santo e collocato accanto all'altare, si accende nelle funzioni fino all'Ascensione.
cerόne *s. m.* Pasta colorata usata nel trucco degli attori per cambiare il colore della pelle.
ceróso *agg.* Che contiene cera | Di aspetto simile alla cera.
ceròtto *s. m.* **1** Medicamento a base di resine o corpi grassi a notevole potere adesivo, cui sono incorporate sostanze medicinali. [→ ill. *medicina e chirurgia*] **2** (*fig.*)

Persona malaticcia.
cerretàno *s. m.* (*f.* -*a*) (*lett.*) Ciarlatano.
cèrro *s. m.* **1** Albero ad alto fusto delle Fagali con foglie oblunghe e lobate, frutto a ghianda con cupola a squame libere e lineari. **2** Legno di color rossastro di tale albero.
certàme *s. m.* **1** (*lett.*) Combattimento, contesa, duello. **2** Gara letteraria e poetica.
certaménte *avv.* Senza dubbio.
certézza *s. f.* **1** Condizione di ciò che è certo, sicuro; SIN. Verità. **2** Persuasione ferma e sicura; SIN. Sicurezza.
certificàre A *v. tr.* (*io certìfico, tu certìfichi*) Attestare, affermare, precisare, spec. in documenti pubblici: *io sottoscritto certifico che...* **B** *v. rifl.* (*raro*) Convincersi, accertarsi.
certificàto *s. m.* Attestazione scritta da pubblico ufficiale in cui si attesta la sussistenza di date condizioni: *– di nascita.*
certificazióne *s. f.* Attestazione della veridicità di q.c. mediante un certificato | *– di un documento*, sua autenticazione.
cèrto A *agg.* **1** Che appare sicuro, indubitabile: *vittoria certa; tenere qc. per –*; SIN. Indiscutibile, indubbio; CONTR. Incerto. **2** Chiaro, evidente: *è un dato – della malattia.* **3** Che è fermamente persuaso di q.c.: *sono – della sua venuta* | *Fare – qc.*, assicurarlo; SIN. Convinto, sicuro; CONTR. Incerto. **B** *s. m.* Cosa certa. **C** *agg. indef.* **1** Alcuno, qualche, alquanto (sempre preposto al s.; indica una qualità o quantità indeterminata): *devo finire certi lavori* | Con valore accrescitivo: *ha certi nervi oggi* | Con valore spreg. o euf.: *fa certi discorsi...; ha commesso certi atti.* **2** Indica qualcosa di indefinito e ha valore neutro nelle espressioni: *un – non so che, un – che, quel – che.* **3** Tale: *ha telefonato un – signor Rossi.* **D** *pron. indef. al pl.* Alcuni, taluni, certuni: *certi dicono così.* **E** *avv.* Certamente, sicuramente: *lo troverai – a casa sua* | Nelle risposte con valore affermativo e raff.: *'verrai anche tu?' '–!', 'ma –!'.*
certóṣa o *certósa s. f.* **1** Monastero di Certosini | (*est.*) Ordine dei Certosini. **2** (*dial.*) Cimitero, spec. nell'Italia settentrionale: *la – di Bologna.* **3** (*raro, fig.*) Luogo silenzioso che invita al raccoglimento.
certoṣino o *certosino* **A** *agg.* **1** Che si riferisce all'ordine religioso fondato da S. Brunone de Chartres: *monaco –.* **2** (*fig.*) Detto di vita dura, ritirata, solitaria. **B** *s. m.* **1** Monaco certosino | (*est.*) Chi conduce una vita di solitudine e astinenza | *Lavoro da –*, che richiede grande pazienza e precisione | *Pazienza da –*, infinita. **2** Chartreuse.
certùno *pron. indef. spec. al pl.* Alcuno, taluno, certe persone (*spesso spreg.*): *certuni parlano sempre; a certuni la fortuna sorride.*
cerùleo *agg.* (*lett.*) Di colore azzurro chiaro; SIN. Celeste.
cèrulo *agg.* (*lett.*) Ceruleo.
cerùme *s. m.* Prodotto di secrezione delle ghiandole sebacee del condotto auditivo.
cerùṣico *s. m.* (*pl. -ci*) Chirurgo.
cerùssa *s. f.* Biacca di piombo.
cerussite *s. f.* Minerale, carbonato di piombo, da cui si estrae piombo.
cervàto *agg.* Detto del colore di mantello equino intermedio fra il rosso e il bianco.
cervellétto *s. m.* **1** *Dim. di cervello.* **2** (*anat.*) Organo dell'encefalo formato da due lobi, situato sotto il cervello, nella fossa cranica posteriore. [→ ill. *anatomia umana*]
cervellièra *s. f.* Calotta leggera di acciaio liscio, aderente, a protezione del capo, senza visiera, indossata sotto l'elmo o il casco.
cervèllo *s. m.* (*pl. cervèlli m.* nei sign. fig.*; cervèlla f. e cervèlle f.* nel sign. proprio di materia cerebrale) **1** (*anat.*) Parte principale dell'encefalo, posta nella cavità cranica, comprendente i due emisferi cerebrali, il mesencefalo, il diencefalo | *Bruciarsi, farsi saltare le cervella*, uccidersi sparandosi alla testa. [→ ill. *anatomia umana*] **2** (*est.*) Senno, intelletto, intelligenza: *avere molto, poco –* | *Avere il – di una gallina, di una formica*, (*fig.*) avere poca intelligenza | *Uscire di, dare di volta il –*, (*fig.*) impazzire (*anche scherz.*) | *Arrovellarsi, lambiccarsi, stillarsi, struggersi il –*, (*fig.*) aguzzare l'ingegno. **3** (*fig.*) Mente direttiva di un'organizzazione: *il – della banda.* **4** L'uomo, in quanto essere ragionevole. **5** *– elettronico*, elaboratore elettronico. [→ tav. *proverbi* 119]
cervellòtico *agg.* (*pl. m. -ci*) Bizzarro, strano, illogico.
cervicàle *agg.* Della cervice: *artrosi –.* [→ ill. *anatomia umana*]
cervìce *s. f.* (*lett.*) Parte posteriore del collo | *Piegare la –*, (*fig.*) sottomettersi; SIN. Nuca.
cervière *s. m.* (*lett.*) Lince.
cervìno *agg.* **1** Del cervo. **2** Di colore simile a quello del mantello del cervo.
cèrvo *s. m.* (*f. -a* nel sign. 1) **1** Mammifero ruminante degli Ungulati con coda corta, pelame bruno rossiccio e nel maschio corna ossee caduche, che ricrescono in primavera con un palco in più. [→ ill. *animali* 17] **2** *– volante*, insetto di color nero lucido con testa quadrata e larga, munita nel maschio di grandi mandibole ramificate simili alle corna di un cervo. [→ ill. *animali* 3] **3** (*fig.*) *– volante*, aquilone.
cervògia *s. f.* (*pl. -ge*) (*raro*) Specie di birra.
cerzioràre A *v. tr.* (usato solo all'inf. e nei tempi composti) Nel linguaggio giuridico, informare, rendere consapevole. **B** *v. rifl.* Accertarsi.
céṣare o *cèṣare s. m.* (*lett.*) Imperatore, sovrano (dal nome di Giulio Cesare, per errata tradizione considerato il primo imperatore romano).
ceṣàreo (1) *agg.* **1** Di Cesare. **2** (*est., lett.*) Dell'imperatore | *Poeta –*, poeta di corte.
ceṣàreo (2) *agg.* Detto del parto che avviene mediante incisione dell'addome e dell'utero.
ceṣariṣmo *s. m.* Dittatura politica personale legittimata da un plebiscito.
ceṣaropapiṣmo *s. m.* Sistema di relazioni fra potere politico e potere religioso nel quale il primo estende la sua giurisdizione anche su terreni tradizionalmente riservati al secondo.
ceṣellàre *v. tr.* (*io ceṣèllo*) **1** Lavorare, con mazzetta e ceselli, oro, argento e altri metalli. **2** (*est., fig.*) Eseguire un'opera d'arte con cura minuziosa.
ceṣellatóre *s. m.* (*f. -trìce*) **1** Artista o artefice del cesello. **2** (*est., fig.*) Chi esegue il proprio lavoro, spec. artistico, con minuziosa cura.
ceṣellatùra *s. f.* Lavoro eseguito col cesello.
ceṣèllo *s. m.* **1** Specie di punzone con la punta forgiata in varie forme, che serve a sbalzare o cesellare metalli | *Lavorare di –*, cesellare (*anche fig.*). [→ ill. *orafo e argentiere*] **2** Arte del rifinire o impreziosire con i ceselli figure e ornamentazioni modellate.
ceṣèna *s. f.* Uccello simile al tordo, con piumaggio grigio-bluastro sul capo e sul collo, marrone scuro sul dorso.
cèṣio *s. m.* Elemento chimico, metallo alcalino, tenero, duttile, bianco argenteo, ottenuto per riduzione dell'ossido; usato per formare leghe. SIMB. Cs.
cesóia *s. f.* **1** *spec. al pl.* Grosse forbici da giardiniere o da sarto. **2** Utensile a due lame per tagliare lamiere, profilati e sim. [→ ill. *meccanica*]
cèspite o *céspite s. m.* **1** (*lett.*) Cespo. **2** Fonte di guadagno, di reddito.
céspo *s. m.* Insieme di rami o foglie che si sviluppano dalla base di un fusto formando una specie di ciuffo.
cespùglio *s. m.* Insieme dei rami che si dipartono da una sola radice.
cespugliόso *agg.* **1** Pieno di cespugli. **2** (*fig.*) A ciuffi molto folti.
cessàre A *v. intr.* (*io cèsso; aus. essere* nel sign. 1*; avere* nel sign. 2) **1** Avere fine, termine; SIN. Finire, terminare. **2** Interrompere un'attività commerciale. **3** Smettere, tralasciare di fare q.c.: *– di parlare.* **B** *v. tr.* Porre fine, sospendere | *– il fuoco*, smettere di sparare.
cessazióne *s. f.* Il cessare; SIN. Fine, termine | Interruzione di cosa avviata.
cessionàrio *s. m.* (*f. -a*) Colui a favore del quale si compie una cessione.
cessióne *s. f.* Trasferimento | Negozio giuridico di trasferimento ad altri di diritti, azioni e sim.: *– dei crediti, del contratto.*
cèsso *s. m.* (*pop.*) Latrina, ritirata.
césta *s. f.* **1** Sorta di canestro o paniere a sponde alte, intessuto di vimini, canne, salici e sim. [→ ill. *cesta, contenitore*] **2** Corredo di scena di un attore.
cestàio *s. m.* (*f. -a*) Chi fabbrica o vende ceste.

cestèllo *s. m.* **1** Contenitore metallico, di plastica o sim. per bottiglie di birra, vino e sim. | Cestino per rifiuti. [→ ill. *contenitore, giardino pubblico, medicina e chirurgia, nettezza urbana, vino*] **2** Nella lavabiancheria, parte metallica, a chiusura ermetica, destinata a contenere la biancheria durante il lavaggio | Recipiente metallico usato per sterilizzare materiale medico e chirurgico.

cestinàre *v. tr.* (*io cestìno*) **1** Gettare q.c. nell'apposito cestino: – *la corrispondenza.* **2** (*fig.*) Non pubblicare, detto di manoscritti inviati a una casa editrice | Non prendere in considerazione lettere, documenti e sim.: – *una domanda.*

cestìno *s. m.* **1** *Dim. di cesto* | – *da lavoro*, contenente tutto ciò che occorre per cucire o ricamare. [→ ill. *cesta, pesca*] **2** Sacchetto di grossa carta, plastica o sim., per chi viaggia, contenente cibi e bevande: – *da viaggio.* **3** Recipiente, spec. piccolo, in cui si getta la carta straccia. [→ ill. *cesta, strada, ufficio*]

cestìre *v. intr.* (*io cestìsco, tu cestìsci; aus. avere*) Di piante, accestire, far cesto.

cestìșmo *s. m.* (*raro*) Attività sportiva della pallacanestro.

cestìsta *s. m. e f.* (*pl. m. -i*) Chi gioca a pallacanestro. [→ ill. *sport*]

césto (1) *s. m.* **1** Cesta, paniere. **2** Nella pallacanestro, canestro.

césto (2) *s. m.* Insieme di fusticini e di foglie in una pianta erbacea.

césto (3) *s. m.* Specie di armatura fatta di strisce di cuoio e di metallo, che nell'antichità i pugilatori si avvolgevano attorno alle mani.

Cestòdi *s. m. pl.* Classe di Platelminti parassiti intestinali, quali le tenie, con corpo nastriforme diviso in segmenti.

cestóso *agg.* Di pianta che ha un cesto rigoglioso.

ceșùra *s. f.* **1** Pausa ritmica che, nel verso greco o latino, si trova in fine di parola ma all'interno di un piede. **2** (*fig.*) Pausa, sospensione.

Cetàcei *s. m. pl.* (*sing. -o*) Ordine di mammiferi acquatici con corpo pisciforme a pinna caudale orizzontale, pelle nuda, arti posteriori mancanti e arti anteriori trasformati in pinne. [→ ill. *animali* 16]

cèto *s. m.* Gruppo di persone identificato da un complesso di tratti sociali e interessi comuni.

cetologìa *s. f.* (*pl. -gìe*) Parte della zoologia che studia i cetacei.

cetònia *s. f.* Insetto simile allo scarabeo, di colore verde a riflessi metallici, che si nutre di nettare e polline. [→ ill. *animali* 3]

cetorìno *s. m.* Grosso pesce cartilagineo lungo fino a 15 metri, inoffensivo. [→ ill. *animali* 7]

cètra *s. f.* **1** Antico strumento musicale a corde | Strumento musicale popolare spec. tedesco, costituito da corde tese sopra una piatta cassa orizzontale. [→ ill. *strumenti musicali*] **2** (*fig., poet.*) Facoltà o ispirazione poetica.

cetràngolo *s. m.* (*bot.*) Arancio amaro.

cetrìolo *s. m.* Pianta erbacea delle Cucurbitali con fusto sdraiato, peloso, foglie cuoriformi e ruvide e frutti commestibili oblunghi, gialli a maturità | Il frutto di tale pianta. [→ ill. *piante* 14, *verdura*]

cha cha cha /*sp.* tʃatʃa'tʃa/ *s. m. inv.* Ballo di origine cubana a ritmo molto veloce, derivato dal mambo.

chaise-longue /*fr.* ʃɛz lɔ̃g/ *s. f. inv.* (*pl. fr. chaises-longues* /ʃɛz lɔ̃g/) Sedia o poltrona allungata | Sedia a sdraio. [→ ill. *mobili*]

chalet /*fr.* ʃa'lɛ/ *s. m. inv.* (*pl. fr. chalets* /ʃa'lɛ/) Piccola villa in legno o pietra, con tetto acuminato. [→ ill. *abitazione*]

champagne /*fr.* ʃɑ̃'paɲ/ *s. m. inv.* Vino francese bianco e spumante, prodotto nella omonima regione. [→ ill. *stoviglie*]

chance /*fr.* ʃɑ̃s/ *s. f. inv.* (*pl. fr. chances* /ʃɑ̃s/) **1** Probabilità di successo in una gara. **2** (*est.*) Occasione favorevole.

chansonnier /*fr.* ʃɑ̃sɔ'nje/ *s. m. inv.* (*pl. fr. chansonniers* /ʃɑ̃sɔ'nje/) **1** Raccolta di canzoni. **2** Chi scrive canzoni e ne è l'interprete; SIN. Cantautore.

chanteuse /*fr.* ʃɑ̃'tøz/ *s. f. inv.* (*pl. fr. chanteuses* /ʃɑ̃'tøz/) Canzonettista di cabaret.

chantilly /*fr.* ʃɑ̃ti'ji/ *s. m. inv.* **1** Dolce o crema a base di panna montata. **2** Pregiato merletto francese in seta. **3** Tipo di stivali di pelle lucida alti fino al ginocchio.

chaperon /*fr.* ʃapə'rɔ̃/ *s. m. inv.* (*pl. fr. chaperons* /ʃapə'rɔ̃/) Donna, spec. attempata, che un tempo accompagnava giovani donne in società.

charleston /*ingl.* 'tʃa:lstən/ *s. m. inv.* (*pl. ingl. charlestons* /'tʃa:lstənz/) Ballo d'origine nordamericana a ritmo vivace.

charlotte /*fr.* ʃar'lɔt/ *s. f. inv.* (*pl. fr. charlottes* /ʃar'lɔt/) **1** Torta semifredda a base di latte, uova, panna, biscotti e frutta. [→ ill. *dolciumi*] **2** Cuffia femminile di batista ornata di nastri.

charme /*fr.* ʃarm/ *s. m. inv.* (*pl. fr. charmes* /ʃarm/) Grazia, fascino.

charter /*ingl.* 'tʃa:tə/ **A** *s. m. inv.* (*pl. ingl. charters* /'tʃa:təz/) **1** (*mar.*) Noleggio di una nave. **2** (*aer.*) Aereo noleggiato per i percorsi desiderati. **B** *anche agg.* nel sign. 2: *volo* –.

chartreuse /*fr.* ʃar'trøz/ *s. f. inv.* Liquore di erbe aromatiche, in origine fabbricato dai monaci certosini.

châssis /*fr.* ʃa'si/ *s. m. inv.* (*pl. fr. châssis* /ʃa'si/) Telaio per autoveicoli.

chauffeur /*fr.* ʃo'fœr/ *s. m. inv.* (*pl. fr. chauffeurs* /ʃo'fœr/) (*raro*) Autista.

ché (1) **A** *pron. rel. m. e f. inv.* (si può elidere davanti a vocale: *il libro ch'egli legge*) **1** Il quale, la quale, i quali, le quali (con funzione di sogg. e compl. ogg.): *il libro – è sul tavolo; è la città – preferisco.* **2** (*fam.*) In cui (con valore di luogo o di tempo): *paese – vai, usanza che trovi.* **3** La qual cosa (con valore neutro): *ho provato a farlo ragionare, il – è impossibile; non ho accettato, del – ora mi pento.* **B** *pron. interr. solo sing.* Quale cosa (in prop. interr. dirette e indirette): *– ne dici?; – vuoi?; di – ti offendi?; a – stai pensando?; non sa – fare.* **C** *agg. interr. m. e f. inv.* Quale, quali: *– ora è?; – intenzioni hai?* **D** *pron. escl. solo sing.* Quale cosa, quali cose (in frasi escl. esprimenti meraviglia, disappunto, rifiuto e sim.): *– vedo!; – sento!; ma – dite!* **E** *agg. interr. ed escl. m. e f. inv.* Quale, quali: *– tipi sono i tuoi amici?; – bella idea!* **F** *in funzione di pron. indef. m. solo sing.* Indica qualche cosa di indeterminato nella loc.: *un –, un certo –, un non so –, un certo non so –* | (*fam.*) *Gran –*, persona o cosa di qualche importanza o valore: *si crede di essere un gran –.* (v. nota d'uso ACCENTO)

ché (2) *cong.* **I** Introduce varie specie di proposizioni su-

cesta

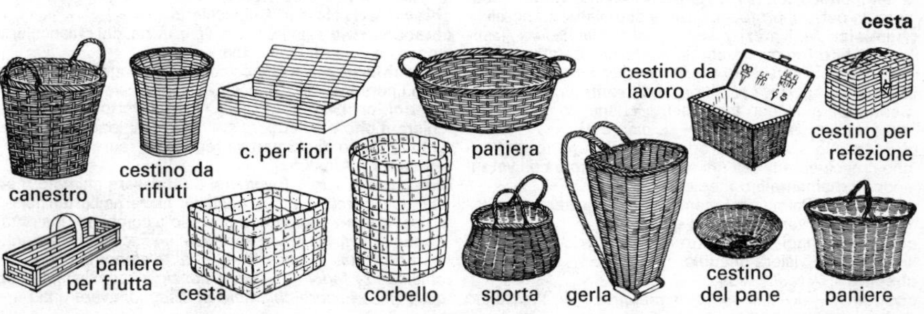

bordinate. **1** Prop. dichiarativa (soggettiva o oggettiva) con il v. al congv. o all'indic.: *è giusto — tu lo sappia*; *credo — imparerai.* **2** Prop. causale con il v. all'indic. o al congv.: *sono contento — tu abbia vinto.* **3** Prop. consecutiva con il v. all'indic. o al congv.: *parla forte, — ti senta*; *era in preda a un tale spavento — non capiva più niente.* **4** Prop. finale con il v. al congv.: *guarda — non faccia sciocchezze.* **5** Prop. temporale con il v. all'indic.: *arrivai — era ancora presto* | Con ell. di 'dopo' e posposto a un part. pass.: *giunto — fu.* **6** Prop. imperativa o ottativa con il v. al congv.: *— tu sia benedetto!* **7** Prop. condizionale con il v. al congv.: *ammesso — tu lo desideri*; *posto — te lo mandino.* **8** Prop. limitativa con il v. al congv.: *— io sappia non è successo niente.* **9** Prop. comparativa: *è stato più veloce — non credessi.* **II** Ricorre con diverso valore in molte espressioni. **1** Con valore compar. introduce il secondo termine di paragone ed è di rigore quando il paragone viene fatto tra due agg., o part., o inf., o s. e pron. preceduti da prep.: *corre più veloce — il vento*; *è più furbo — intelligente* | In correl. con 'tanto': *vale tanto questo — quello* | In espressioni che hanno quasi valore superlativo: *è più bella — mai*; *è più — logico.* **2** Con valore eccettuativo: *non pensa — a sé.* **3** Con valore coordinativo in espressioni correl.: *sia — sia —, o — o —* e sim.: *sia — tu lo voglia, sia — tu non voglia.* **III** Ricorre nella formazione di molte cong. composte e loc. cong.: *allorché*; *affinché*; *benché*; *perché*; *giacché*; *appena —*; *in modo —*; *sempre —*; *nonostante —* e sim. (v. nota d'uso ACCENTO)

ché *cong.* Perché. (v. nota d'uso ACCENTO)

chécca *s. f.* (*gerg.*, *dial.*) Omosessuale maschile.

checché *pron. rel. indef.* Qualunque cosa (con il v. sempre al congv.): *— avvenga, ho deciso.*

checchessìa *pron. indef. solo sing.* **1** (*lett.*) Qualsiasi cosa: *a lui va sempre bene —.* **2** Nulla, niente (in frasi negative).

check-in /*ingl.* tʃek 'in/ *s. m. inv.* Controllo del biglietto e ritiro dei bagagli dei passeggeri, prima di un viaggio aereo.

check-up /*ingl.* 'tʃek ʌp/ *s. m. inv.* Serie di analisi ed esami clinici miranti a dare l'immagine più completa delle condizioni di salute di una persona.

chef /*fr.* ʃɛf/ *s. m. inv.* (*pl. fr.* *chefs* /ʃɛf/) Capocuoco.

cheilodièreși *s. f.* (*med.*) Labbro leporino.

chèla *s. f. spec. al pl.* Appendice foggiata a pinza di molti crostacei e di alcuni aracnidi. [→ ill. *zoologia*]

chelìceri *s. m. pl.* Il primo paio di arti della testa dei ragni e degli scorpioni, simili a piccole pinze. [→ ill. *zoologia*]

chelìdra *s. f.* Testuggine americana che vive nei fiumi o nelle paludi.

chelìdro *s. m.* Nome di un antico serpente anfibio non identificato.

chellerìna o (*raro*) *kellerìna* *s. f.* Cameriera di birreria o caffè, spec. nei paesi tedeschi.

chelóne *s. m.* (*zool.*) Testuggine.

Chelòni *s. m. pl.* (*sing. -e, -io*) Ordine di rettili con corpo depresso, protetto da una corazza in cui sono retraibili il capo, gli arti e la coda.

chemin-de-fer /*fr.* ʃə'mɛ̃ də 'fɛr/ *s. m. inv.* Gioco di carte d'azzardo, variante del baccarà.

chemioterapìa *s. f.* Scienza che studia l'impiego di sostanze chimiche per scopi terapeutici | (*est.*) Trattamento terapeutico con tali sostanze di malattie infettive causate da batteri, protozoi, virus e di malattie tumorali.

chemisier /*fr.* ʃəmi'zje/ *s. m. inv.* (*pl. fr.* *chemisiers* /ʃəmi'zje/) Abito femminile che si ispira alle caratteristiche della camicia maschile. [→ ill. *abbigliamento*]

Chenopodiàcee *s. f. pl.* Famiglia di piante erbacee delle Centrospermali, con foglie semplici spesso succulente e piccoli fiori verdognoli. [→ ill. *piante* 3]

chenopòdio *s. m.* Pianta erbacea delle Centrospermali che cresce spontanea nei suoli rocciosi, o è coltivata a scopo ornamentale o medicinale.

chènzia *s. f.* Palma ornamentale per appartamenti a foglie pennate verde chiaro o giallastre.

chepì *s. m.* Foggia di berretto militare rigido, a forma cilindrica, con visiera di cuoio.

chéppia *s. f.* (*zool.*) Alosa.

chèque /*fr.* ʃɛk/ *s. m. inv.* (*pl. fr.* *chèques* /ʃɛk/) Assegno bancario.

cheratìna *s. f.* Sostanza proteica, diffusa spec. nelle parti di rivestimento e di protezione degli animali e degli uomini, come peli, unghie e sim.

cheratinizẓàre *v. tr.* (*io cheratinizẓo*) Sottoporre farmaci a cheratinizzazione.

cheratinizẓazióne *s. f.* (*fam.*) Rivestimento con cheratina di farmaci che debbano passare inalterati attraverso il succo gastrico e agire solo nell'intestino.

cheratìte *s. f.* (*med.*) Infiammazione della cornea.

cheratoplàstica *s. f.* Trapianto corneale.

chèrmes o *chèrmiși*, *kèrmes* *s. m.* **1** Insetto degli Omotteri. **2** Colorante naturale rosso vivo, ricavato da cocciniglie, usato in passato per tingere i tessuti.

cheroșène o *kerosène* *s. m.* Prodotto della distillazione del petrolio, nelle frazioni intermedie fra benzina e gasolio; usato come carburante di motori a reazione e come combustibile. [→ ill. *riscaldamento*]

cherry-brandy /*ingl.* 'tʃeri 'brændi/ *s. m. inv.* Acquavite di ciliegie.

cherubìno *s. m.* **1** Nella teologia cristiana, angelo del secondo ordine o coro della prima gerarchia. **2** Immagine dipinta o scolpita raffigurante un angelo. **3** (*est.*) Bambino o fanciulla di delicata bellezza.

chetàre **A** *v. tr.* (*io chéto*) Calmare, far stare tranquillo; SIN. Placare, quietare. **B** *v. intr. pron.* Calmarsi.

chetichèlla *vc. Solo nella loc. avv.* *alla —*, di nascosto, senza farsi vedere: *uscire alla —.*

chéto *agg.* Silenzioso, quieto, tranquillo | *Acqua cheta*, (*fig.*) persona apparentemente buona e tranquilla ma in realtà volitiva o subdola. [→ tav. *proverbi* 4, 128, 132]

chetóne *s. m.* (*chim.*) Composto organico ottenuto per ossidazione di alcuni alcoli secondari.

chewing-gum /*ingl.* 'tʃu:iŋ gʌm/ *s. m. inv.* Gomma da masticare, in tavolette o palline.

chi **A** *pron. rel. m. e f. sing.* **1** Colui il quale, colei la quale (con funzione di sogg. e di compl.): *— studia è promosso*; *ammiro — è generoso*; *dillo a — vuoi.* **2** Uno che, qualcuno che: *si salvi — può!*; *non trovo — mi aiuti* | Se qualcuno (con valore ipotetico): *— me l'avesse giurato, non ci avrei creduto.* **3** Chiunque: *può entrare — vuole*; *esco con — mi pare.* **B** *pron. indef. m. e f. sing. correl.* L'uno, l'altro; alcuni, altri: *— dice una cosa, — un'altra.* **C** *pron. interr. m. e f.* Quale persona, quali persone (in funzione di sogg. e di compl., riferito sia al sing. sia al pl., in prop. interr. dirette e indirette): *— siete?*; *— è venuto?*; *dimmi — dei due preferisci* | *Non so —*, una persona sconosciuta o che non si vuole nominare.

chiàcchiera *s. f.* **1** *spec. al pl.* Discorso, conversazione, spec. futile o su argomenti di scarsa importanza: *perdersi in chiacchiere* | *Fare due, quattro chiacchiere*, (*fig.*, *fam.*) parlare del più e del meno; SIN. Ciancia, ciarla. **2** *spec. al pl.* Discorso ambiguo, allusivo, ingannevole | Invenzione maligna, notizia falsa: *corrono chiacchiere sul suo conto*; SIN. Diceria, pettegolezzo. **3** Loquacità, parlantina: *ha molta —.* **4** *al pl.* Dolci di pasta fritta a forma di nastro dentellato; SIN. Frappa. [→ ill. *dolciumi*] [→ tav. *proverbi* 241]

chiacchieràre *v. intr.* (*io chiàcchiero*; *aus. avere*) **1** Discorrere, parlare | Conversare futilmente; SIN. Cianciare, ciarlare. **2** Fare maldicenze, diffondere pettegolezzi; SIN. Spettegolare.

chiacchieràta *s. f.* **1** Lunga conversazione amichevole. **2** Discorso lungo e noioso.

chiacchierìccio *s. m.* Chiacchierio.

chiacchierìno *agg.*; *anche s. m.* (*f. -a*) Che, chi chiacchiera spesso e volentieri; SIN. Ciarliero.

chiacchierìo *s. m.* Il chiacchierare prolungato e confuso di più persone; SIN. Chiacchiericcio, cicaleccio.

chiacchieróne *s. m.*; *anche agg.* (*f. -a*) **1** Detto di chi chiacchiera molto e volentieri; SIN. Ciarliero, loquace, pettegolo. **2** Detto di chi non sa tenere un segreto.

chiàma *s. f.* Appello.

chiamàre **A** *v. tr.* **1** Rivolgersi a un essere animato mediante la parola o altri segnali per attirarne l'attenzione, o ricevere una risposta, o portarlo a compiere una data azione (*anche fig.*): *— a voce, con un fischio, per lettera*; *— a raccolta*; *— per nome*; *— al telefono*; *le campane chiamano i fedeli* | *— qc. a consiglio*, consigliarsi con qc. | (*fig.*) *Essere chiamato al disegno*, avere una particolare predisposizione per il disegno | – *alle armi, sotto le armi*, convocare la classe di leva o i congedati a compiere il servizio militare. **2** Mettere nome, soprannome: *la chiamano Cicci* | – *le cose con il loro nome*, parlare francamente, senza finzioni | (*est.*) Designare, nominare. **3** Invocare, sollecitare, richiedere: – *aiuto, giustizia* | Evocare: – *l'anima di qc.* **4** Trarre a sé, attirare (*anche fig.*): *la ricchezza chiama l'invidia.* **B** *v. intr. pron.* Aver nome, cognome, soprannome: *si chiama Giuseppe.* **C** *v. rifl.* (*lett.*) Dichiararsi, riconoscersi: *chiamarsi vinto* | *Chiamarsi in colpa*, dichiararsi colpevole.

chiamàta *s. f.* **1** Invito, richiesta, ordine, mediante la parola o altri segnali, di fare q.c., di presentarsi in un dato luogo e sim.: – *interurbana* | – *alla polizia*; – *alle armi* | – *in causa, in giudizio*, atto con cui una parte invita un terzo a intervenire in un processo | Chiama, appello. **2** Lungo applauso del pubblico per chiamare attori e sim. alla ribalta. **3** In una scrittura, segno con cui si richiama l'attenzione.

chiàna *s. f.* Pianura sulla quale stagnano le acque | Ristagno paludoso.

chiànti *s. m.* Vino rosso, asciutto, prodotto nella zona omonima della Toscana.

chiàppa *s. f.* Natica.

chiappacàni *s. m.* Accalappiacani.

chiappanùvole *s. m. e f. inv.* Persona che si perde in fantasticherie.

chiappàre *v. tr.* Acchiappare.

chiapparèllo o *chiapperèllo s. m.* **1** Discorso traditore, a trabocchetto. **2** Gioco infantile consistente nel rincorrersi per acchiapparsi.

chiàra *s. f.* (*pop.*) Albume dell'uovo crudo.

chiaraménte *avv.* Con chiarezza.

chiaràta *s. f.* Chiara d'uovo sbattuta, usata in cucina o come rimedio empirico per contusioni, scottature e sim.

chiarétto *agg.* Detto di vino limpido e chiaro.

chiarézza *s. f.* **1** Qualità di ciò che è chiaro, limpido; SIN. Limpidezza. **2** Dote del discorso per la quale esso è comprensibile | Modo di esprimersi semplice e chiaro; SIN. Comprensibilità, evidenza.

chiarificànte *s. m.* Sostanza che, aggiunta a un liquido torbido, lo rende limpido.

chiarificàre *v. tr.* (*io chiarìfico, tu chiarìfichi*) **1** Rendere chiaro, limpido, spec. un liquido. **2** (*fig.*) Chiarire, spiegare.

chiarificatóre A *agg.* (*f. -trice*) Che fa chiarezza. **B** *s. m.* Strumento per la chiarificazione di liquidi.

chiarificazióne *s. f.* **1** L'operazione di chiarificare un liquido. **2** (*fig.*) Chiarimento, spiegazione.

chiariménto *s. m.* Spiegazione.

chiarìre A *v. tr.* (*io chiarìsco, tu chiarìsci*) **1** Rendere chiaro, limpido. **2** (*fig.*) Rendere intelligibile: – *un concetto* | Appurare, risolvere: – *un dubbio*; SIN. Delucidare, spiegare. **B** *v. intr. e intr. pron.* (*aus. essere*) Diventare chiaro, limpido: *il tempo non è ancora chiarito.* **C** *v. rifl.* Acquistare certezza: *chiarirsi di q.c.*

chiarìssimo *agg.* **1** *Sup. di chiaro.* **2** Titolo dato attualmente ai docenti universitari.

chiarità *s. f.* (*raro*) Chiarezza.

chiaritóio *s. m.* **1** Filtro per chiarificare l'olio di oliva. **2** Locale dell'oleificio dove l'olio si libera delle sostanze estranee.

chiàro A *agg.* **1** Luminoso | *Giorno* –, mattino avanzato. **2** Pallido, tenue, poco intenso, detto di colore: *blu, rosso* – | Che ha un colore tenue e pallido, detto di cosa: *mobili chiari*; CONTR. Scuro. **3** Che ha una certa trasparenza: *acqua chiara*; SIN. Limpido. **4** (*fig.*) Onesto, sincero, schietto: *propositi chiari.* **5** Che si percepisce, si ode, si vede distintamente: *voce, immagine chiara* | (*fig.*) Netto, deciso: *un no – e tondo.* **6** Facilmente comprensibile: *un linguaggio* – | – *come la luce del sole*, evidentissimo | *Avere idee chiare*, decise su ciò che si vuole; SIN. Esplicito, intellegibile. **7** Di carattere tipografico la cui asta ha spessore molto piccolo. **8** Illustre, insigne. **B** *s. m.* **1** Chiarezza, luminosità: – *di luna* | (*fig.*) *Mettere in – una questione*, definirla con precisione. **2** Colore chiaro: *preferire il – allo scuro.* **C** *in funzione di avv.* Apertamente, francamente, senza reticenze: *parlar* –; *parlare – e tondo.* [→ tav. *proverbi* 328]

chiaróre *s. m.* Luce più o meno viva che appare nel buio | Luminosità diffusa nell'aria.

chiaroscuràle *agg.* Che è ottenuto per mezzo del chiaroscuro.

chiaroscuràre *v. tr. e intr.* (*aus. intr. avere*) Disegnare, dipingere a chiaroscuro.

chiaroscùro *s. m.* (*pl. chiaroscùri*) **1** Procedimento pittorico che, usando il bianco, il nero e le gradazioni intermedie, serve a riprodurre il passaggio graduale dalla luce all'ombra. **2** (*est.*) Alternanza di luci e di ombre: *il – della sera.*

chiaroveggènte *agg.* (*pl. chiaroveggènti*) Che dimostra chiaroveggenza.

chiaroveggènza *s. f.* (*pl. chiaroveggènze*) **1** Il veder chiaro nelle cose avvenire. **2** (*fig.*) Grande perspicacia.

chiàṣmo *s. m.* Figura retorica per la quale si dispongono in ordine inverso i membri corrispondenti di una frase (es. *l'uno rideva, piangeva l'altro*).

chiassàta *s. f.* **1** Strepito, divertimento rumoroso. **2** Lite clamorosa e violenta.

chiàsso (1) *s. m.* **1** Forte rumore, o complesso di rumori diversi, prodotto da cose o persone; SIN. Fracasso, frastuono. **2** (*est.*) Manifestazione di allegria rumorosa, spec. di ragazzi; SIN. Schiamazzo. **3** (*est.*) Vivace interesse | *Far* –, far parlare di sé; SIN. Clamore, scalpore.

chiàsso (2) *s. m.* Viuzza stretta.

chiassóne A *s. m.* (*f. -a*) Chi è solito fare molto chiasso. **B** *anche agg.*

chiassosità *s. f.* L'essere chiassoso.

chiassóso *agg.* **1** Rumoroso | Che ama l'allegria rumorosa. **2** (*est.*) Che attira l'attenzione per la vivacità della forma, dei colori e sim.; SIN. Sgargiante, vistoso.

chiàtta *s. f.* Grossa barca a fondo piatto da canali o fiumi.

chiavàccio *s. m.* Grosso chiavistello.

chiavàio *s. m.* Chi fabbrica chiavi.

chiavàrda *s. f.* **1** Grosso bullone per fissare i basamenti delle macchine alle rispettive fondazioni; SIN. Cavicchia. **2** Nelle costruzioni, tirante posto a contenere la spinta di un arco o di una volta.

chiavàre *v. tr.* (*volg.*) Possedere carnalmente | ass. Avere rapporti sessuali.

chiàve A *s. f.* **1** Arnese metallico per aprire e chiudere serrature e lucchetti | *Chiudere a* –, con la chiave | *Tenere q.c. o qc. sotto* –, (*fig.*) ben custodito | *Avere le chiavi di q.c.*, (*fig.*) esserne il possessore, il padrone | *Chiavi apostoliche, chiavi di S. Pietro*, insegne della Chiesa. [→ ill. *ferramenta*] **2** (*fig.*) Elemento, dato o persona di importanza vitale per comprendere, interpretare o risolvere q.c.: *la – di un problema*; *quel personaggio è la – di tutta la vicenda* | *Avere le chiavi del cuore di qc.*, dominarne la volontà e i sentimenti. **3** Numero, parola o serie di numeri o parole, indispensabile per decifrare uno scritto in codice. **4** In varie tecnologie, attrezzo metallico atto a provocare contatti, a mettere in moto meccanismi, ad allentare e stringere viti o dadi | – *inglese*, adattabile alle viti e ai dadi di vari diametri. [→ ill. *meccanica, telefonia*] **5** Strumento per l'estrazione dei denti. **6** (*arch.*) – *di volta*, pietra a cuneo posta alla sommità di un arco per completarne la struttura; (*fig.*) elemento centrale: *i Promessi Sposi sono la – di volta della prosa italiana moderna.* [→ ill. *architettura*] **7** (*mus.*) Segno che, posto all'inizio del rigo musicale, consente l'identificazione delle note musicali ivi comprese | Ciascuna delle mollette che, in alcuni strumenti a fiato, turano o aprono i fori. **8** Piccola zeppa di legno che agisce sul telaio di un quadro per tenere tesa la tela. [→ ill. *pittore*] **9** (*fig.*) Tono, carattere, *spec. nella loc. in* –: *commentare un avvenimento in – politica.* **B** *in funzione di agg. inv.* (*posposto a un s.*) Risolutivo, decisivo, determinante: *teste* –.

chiavétta *s. f.* **1** *Dim. di chiave.* **2** Chiave d'accensione | Strumento simile a una chiave, per caricare orologi, giocattoli, cineprese e sim. | Strumento girevole per aprire e chiudere condutture di acqua, gas e sim. [→ ill. *cinematografia*] **3** (*mecc.*) Bietta.

chiàvica *s. f.* **1** Fogna. **2** Opera in muratura per regolare il deflusso delle acque.

chiavistèllo *s. m.* Sbarra di ferro che, mediante una maniglia, si fa scorrere negli anelli delle imposte di usci o finestre, per tenerle serrate; SIN. Catenaccio, paletto.

chiàzza *s. f.* Larga macchia, spec. tondeggiante.

chiazzàre *v. tr.* Spargere di chiazze.
chiazzatúra *s. f.* Atto del chiazzare | Insieme di chiazze.
chic /*fr.* ʃik/ ***A*** *agg. inv.* Fine, elegante. ***B*** *s. m. inv.* Raffinata eleganza.
chìcca *s. f.* (*infant.*, *fam.*) Confetto, caramella.
chìcchera *s. f.* ***1*** Piccola tazza con manico laterale, per bevande calde. ***2*** Contenuto di una chicchera.
chicchessìa *pron. indef. m. e f. solo sing.* ***1*** Chiunque, qualunque, qualsivoglia persona. ***2*** Nessuno (in frasi negative): *non lasciar entrare* —.
chicchiriàre *v. intr.* (*io chicchirio; aus. avere*) Emettere il caratteristico canto acuto, sonoro e prolungato, detto del gallo.
chicchirichì ***A*** *inter.* Riproduce il canto del gallo. ***B*** *s. m.* ***1*** Il canto stesso. ***2*** Crestina delle cameriere.
chicco *s. m.* (*pl. -chi*) ***1*** Seme di cereale o di altra pianta; SIN. Acino. ***2*** (*est.*) Piccolo oggetto, spec. sferico.
chièdere ***A*** *v. tr.* (*pres. io chièdo, raro chièggo, essi chièdono, raro chièggono; pass. rem. io chièsi, tu chiedésti; congv. pres. io chièda, raro chiègga, essi chièdano, raro chièggano; part. pass. chièsto*) ***1*** Avanzare una pretesa, prospettare o esprimere un desiderio, un'esigenza e sim. per ottenerne il soddisfacimento: — *a qc. un prestito*; — *q.c. in prestito* | — *scusa*, scusarsi | — *la mano di una donna*, chiederla in moglie | Esigere la corresponsione di una somma per q.c. che si vende: *chiedere un prezzo elevato*; SIN. Domandare. ***2*** Proporre un quesito, per venire a conoscenza di ciò che non si sa: — *un'informazione*. ***B*** *v. intr.* (*aus. avere*) Informarsi circa la salute, la situazione e sim. di una persona: *mi chiede sempre di te* | (*fam.*) Chiamare: *chiedono di te*.
chiedìbile *agg.* Che si può chiedere.
chiérica o *chièrica s. f.* Rasatura tonda che i chierici hanno al sommo della testa; SIN. Tonsura.
chiericàto *s. m.* ***1*** Stato o condizione di chierico. ***2*** La classe sacerdotale.
chierichétto *s. m.* ***1*** *Dim. di chierico.* ***2*** Bambinetto, giovane che serve la messa.
chiérico o *chièrico s. m.* (*pl. -ci*) ***1*** Ecclesiastico | (*est.*) Giovane che, avviato al sacerdozio, non ha ancora ricevuto gli ordini | (*est.*) Chi serve la messa e fa da sagrestano. ***2*** (*lett.*) Uomo dotto e istruito.
chièṣa *s. f.* ***1*** Società di uomini che accettano la medesima fede religiosa: — *cattolica romana, greca, ortodossa, luterana, anglicana, calvinista, armena, etiopica.* ***2*** *La Chiesa*, chiesa cattolica romana. ***3*** (*est.*) Edificio consacrato, dedicato all'esercizio pubblico di atti di culto religioso, spec. cristiano | Clero che sta al servizio di una chiesa. [→ ill. *religione*] ***4*** Parrocchia. [→ tav. *proverbi* 201]
chieṣàstico *agg.* (*pl. m. -ci*) Di chiesa.
chièsta *s. f.* (*raro*) Richiesta, domanda.
chièsto *part. pass. di chiedere; anche agg.* Domandato | Preteso.
chieṣuòla *s. f.* ***1*** *Dim. di chiesa.* ***2*** (*fig.*, *spreg.*) Gruppo di persone che professano una stessa ideologia; SIN. Conventicola. ***3*** (*mar.*) Custodia a forma di colonnina che contiene la bussola magnetica; SIN. Abitacolo.
chifel *s. m.* Panino a mezzaluna. [→ ill. *pane*]
chìffero *s. m. spec. al pl.* Pasta di media pezzatura avente forma cilindrica ricurva. [→ ill. *pasta*]
chiffon /*fr.* ʃi'fɔ̃/ *s. m. inv.* (*pl. fr. chiffons* /ʃi'fɔ̃/) Tessuto leggerissimo e trasparente, di seta o di fibre sintetiche.
chiffonnier /*fr.* ʃifo'nje/ *s. m. inv.* (*pl. fr. chiffonniers* /ʃifo'nje/) Cassettone alto e stretto a cinque e più cassetti usato soprattutto dalle signore per riporre cianfrusaglie. [→ ill. *mobili*]
chiffonnière /*fr.* ʃifɔ'njɛr/ *s. f. inv.* (*pl. fr. chiffonnières* /ʃifɔ'njɛr/) Tavolino con cassetti, per lavori femminili. [→ ill. *mobili*]
chìglia *s. f.* Nelle navi in legno, grossa trave longitudinale sul fondo dello scafo | Nelle navi in ferro, lamiera centrale del fondo dello scafo. [→ ill. *marina*]
chignon /*fr.* ʃi'ɲɔ̃/ *s. m. inv.* (*pl. fr. chignons* /ʃi'ɲɔ̃/) Crocchia di capelli raccolti e annodati sul capo. [→ ill. *acconciatura*]
chihuahua /*sp.* tʃi'wawa/ *s. m. inv.* Cane di lusso messicano, di taglia piccolissima, con occhi grandi e larghe orecchie. [→ ill. *cane*]
chilìfero *agg.* (*med.*) Relativo a chilo.
chilificàre *v. tr. e intr.* (*io chilìfico, tu chilìfichi; aus. intr. avere*) (*med.*) Trasformare in chilo.
chilificazióne *s. f.* Trasformazione degli alimenti in chilo.
chìlo (1) *s. m.* (*med.*) Fluido lattiginoso formato dagli alimenti parzialmente digeriti nell'intestino tenue | (*fam.*) *Fare il* —, riposare dopo aver mangiato.
chìlo (2) *s. m. Acrt. di chilogrammo.*
chilo- *primo elemento*: anteposto a un'unità di misura la moltiplica per mille: *chilogrammo, chilociclo.*
chilocìclo *s. m.* Unità di frequenza pari a 1000 cicli | — *al secondo*, chilohertz. SIMB. kc.
chilogràmmetro *s. m.* Unità tecnica di lavoro equivalente al lavoro meccanico per innalzare un chilogrammo all'altezza di un metro.
chilogràmmo *s. m.* Unità di misura di peso equivalente a 1000 grammi. SIMB. kg.
chilòlitro *s. m.* Unità di capacità equivalente a 1000 litri.
chilometràggio *s. m.* Percorso misurato in chilometri.
chilomètrico *agg.* (*pl. m. -ci*) ***1*** Di chilometro | *Percorso* —, misurato in chilometri. ***2*** (*fig.*) Interminabile: *discorso* —.
chilòmetro *s. m.* Unità di lunghezza pari a 1000 metri. SIMB. km.
chilòpodi *s. m. pl.* (*sing. -e*) Classe di Artropodi con corpo lungo e appiattito, un unico paio di arti per ogni segmento, lunghe antenne, e ghiandole velenose connesse con l'apparato boccale. [→ ill. *animali* 4]
chiloton *s. m.* Unità di energia, usata per le bombe nucleari, equivalente a 1000 tonnellate di tritolo. SIMB. kt.
chilovòlt *s. m.* Unità di potenziale pari a 1000 volt. SIMB. kV.
chilovoltampère /kilovoltam'pɛr, *semi-fr.* kilovoltã'pɛr/ *s. m. inv.* Unità di misura di potenza elettrica pari a 1000 voltampere. SIMB. kVA.
chilowatt /'kilovat/ o *chilowàtt* /kilo'vat/ *s. m.* Unità di potenza pari a 1000 watt. SIMB. kW.
chilowattóra *s. m.* Unità di energia corrispondente a quella svolta da 1000 watt in un'ora. SIMB. kWh.
chimàṣi *s. f.* Enzima della mucosa gastrica che determina la coagulazione del latte.
chimèra *s. f.* ***1*** Nella mitologia greco-romana, mostro favoloso, con corpo e testa di leone, una seconda testa di capra sorgente dalla schiena e coda di serpente. ***2*** (*fig.*) Idea, fantasia inverosimile, speranza irrealizzabile; SIN. Fantasticheria, illusione.
chimèrico *agg.* (*pl. m. -ci*) ***1*** Relativo alla chimera. ***2*** (*fig.*) Stravagante, fantastico, illusorio.
chìmica *s. f.* Scienza che studia le proprietà, la composizione, la preparazione, la capacità e il modo di reagire delle sostanze naturali e artificiali del regno inorganico e di quello organico | — *fisica*, studio dei fenomeni comuni alla chimica e alla fisica | — *industriale*, applicata all'industria.
chìmico ***A*** *agg.* (*pl. m. -ci*) Relativo alla chimica | Detto di sostanza ottenuta in laboratorio da altre sostanze. ***B*** *s. m.* (*f. -a;* V. nota d'uso FEMMINILE) Studioso di chimica | Chi si dedica a ricerche di chimica. [→ ill. *chimico*]
chimificàre *v. tr.* (*io chimìfico, tu chimìfichi*) Trasformare gli alimenti in chimo.
chimificazióne *s. f.* Trasformazione degli alimenti in chimo.
chimiṣmo *s. m.* Insieme dei fenomeni prodotti da azioni chimiche, spec. di natura organica.
chìmo *s. m.* Materiale alimentare contenuto nello stomaco durante la digestione.
chimòno o *kimòno s. m.* (*pl. -no; raro -ni*) Abito tradizionale giapponese costituito da una lunga veste con ampie maniche, stretta alla vita da un'alta cintura | *A* —, detto di manica ampia, non cucita alla spalla, ma tagliata unitamente a questa. [→ ill. *vesti*]
chimoṣìna *s. f.* Fermento digestivo gastrico che può far coagulare il latte.
chìna (1) *s. f.* Terreno scosceso | Pendice, declivio | *Prendere una brutta* —, (*fig.*) una strada pericolosa.
chìna (2) *s. f.* Pianta tropicale delle Rubiali con fusto poderoso dalla cui corteccia si ricava la sostanza omonima avente proprietà medicamentose. [→ ill. *piante* 13]
chìna (3) *s. f. inv.* Inchiostro di china. [→ ill. *disegnatore, penna da scrivere*]
chinàre ***A*** *v. tr.* Piegare in basso, verso terra | — *lo*

sguardo, il capo, il volto, in segno di umiliazione, vergogna, imbarazzo | – *il capo, la schiena*, (*fig.*) sottomettersi; SIN. Curvare, reclinare. **B** *v. rifl.* Piegarsi in basso con la persona.

chinàto (1) *part. pass. di chinare; anche agg.* Piegato verso il basso.

chinàto (2) *agg.* Che contiene china: *vermut* –.

chincàglia *s. f. spec. al pl.* Chincaglierie.

chincaglière *s. m.* (*f.* -*a*) Venditore di chincaglie.

chincaglierìa *s. f.* **1** *spec. al pl.* Oggetti minuti e di poco valore, per ornamento domestico o personale; SIN. Chincaglia, cianfrusaglia. **2** Negozio in cui si vendono tali oggetti.

chinèa *s. f.* **1** (*lett.*) Cavallo che tiene l'ambio. **2** Cavallo bianco che i re di Napoli offrivano ogni anno al Papa, come feudatari della chiesa.

chinetòṣi *s. f.* (*med.*) Complesso di disturbi, come nausea e vomito, causati da un movimento non uniforme, spec. su mezzi di trasporto come automobile, barca, aereoplano, treno.

chinìna *s. f.* Alcaloide della corteccia della china, usato come tonico, febbrifugo e antimalarico.

chinìno *s. m.* Sale acido o neutro di chinina, usato come antipiretico e analgesico.

chino *agg.* Chinato, inclinato, curvo, piegato.

chinòtto *s. m.* **1** Piccolo albero delle Terebintali, facente parte degli agrumi, con frutti amari più piccoli dell'arancia | Frutto di tale albero. [→ ill. *piante* 7] **2** Bibita analcolica a base di estratto di chinotto.

chintz /*ingl.* tʃints/ o *cintz s. m. inv.* (*pl. ingl. chintzes* /'ʃintsiz/) Tessuto reso lucido da uno speciale finissaggio.

chiòccia *s. f.* (*pl.* -*ce*) Gallina che cova le uova o alleva i pulcini.

chiocciàre *v. intr.* (*io chòccio; aus. avere*) **1** Emettere un verso rauco e stridulo, detto della chioccia quando cova e (*est.*) di altri uccelli. **2** (*raro*) Covare.

chiocciàta *s. f.* Covata.

chiòccio *agg.* (*pl. f.* -*ce*) Che ha un suono rauco e stridulo, simile al verso della chioccia.

chiòcciola *s. f.* **1** Mollusco gasteropode terrestre con conchiglia a forma di globo per la cui presenza si distingue dalla lumaca. [→ ill. *animali* 5, *zoologia*] **2** *Scala a* –, scala a forma elicoidale. [→ ill. *scala*] **3** (*tecnol.*) Madrevite. **4** (*anat.*) Coclea. **5** Estremità del manico del violino, violoncello e sim.; SIN. Riccio. [→ ill. *strumenti musicali*]

chioccolàre *v. intr.* (*io chiòccolo; aus. avere*) **1** Emettere fischi brevi e leggeri, detto dei fringuelli e dei merli. **2** Imitare il fischio del merlo o del fringuello. **3** (*est.*) Gorgogliare.

chioccolìo *s. m.* **1** Il chioccolare degli uccelli. **2** (*est.*) Gorgoglio continuo e sommesso.

chiòccolo *s. m.* **1** Richiamo caratteristico del merlo e del fringuello. **2** Fischio di ottone con cui si richiama il merlo o il fringuello.

chiodàio *s. m.* Chi fabbrica chiodi.

chiodàme *s. m.* (*raro*) Insieme di chiodi di qualità e forma diverse.

chiodàre *v. tr.* (*io chiòdo*) (*raro*) Inchiodare.

chiodàto *part. pass. di chiodare; anche agg.* Fornito di chiodi | *Bastone* –, che finisce con una punta metallica | *Scarpe chiodate*, usate spec. un tempo per escursioni in montagna.

chiodatrìce *s. f.* Macchina per ribadire chiodi in chiodature metalliche.

chiodatùra *s. f.* **1** Operazione dell'inchiodare | Insieme di chiodi infissi spec. nelle calzature. **2** (*mecc.*) Tipo di giunzione fissa usata nel collegamento di lamiere, le quali vengono fissate tra di loro mediante chiodi ribaditi.

chioderìa *s. f.* Officina nella quale si fabbricano chiodi.

chiodìno *s. m.* **1** *Dim. di chiodo.* **2** Piccolo fungo mangereccio che cresce in gruppetti alla base delle piante legnose: dal cappello giallastro con lamelle nella parte inferiore e anello persistente. [→ ill. *fungo*]

chiòdo *s. m.* **1** Asticciola metallica, aguzza da una parte e con capocchia dall'altra, da conficcare, spec. in legno o metallo, per unire tra loro due parti | – *da ribadire*, usato in carpenteria metallica, con gambo senza punta | *Magro come un* –, (*fig.*) molto magro | *Attaccare la racchetta, i guantoni e sim. al* –, ritirarsi da uno sport | *Roba da chiodi*, (*fig.*) azioni o parole biasimevoli, assurde. [→ ill. *falegname, ferramenta*] **2** Nell'alpinismo, attrezzo in metallo che si infigge nella roccia o nel ghiaccio e reca, all'estremo libero, un occhio cui collegare, mediante anello o moschettone, corda e staffa per sicurezza e appiglio. [→ ill. *alpinista*] **3** Nel podismo, ciascuna delle puntine metalliche applicate sotto le scarpe. [→ ill. *sport*] **4** (*pop.*) Fitta dolorosa. **5** (*fig.*) Idea fissa, quasi ossessiva: *non si riesce a togliergli quel – dalla testa*. **6** (*fig., fam.*) Debito. **7** (*bot.*) – *di garofano*, gemma fiorale di una pianta tropicale delle Mirtali raccolta prima che si sviluppi il fiore ed essiccata; usato

apparecchi e strumenti del chimico

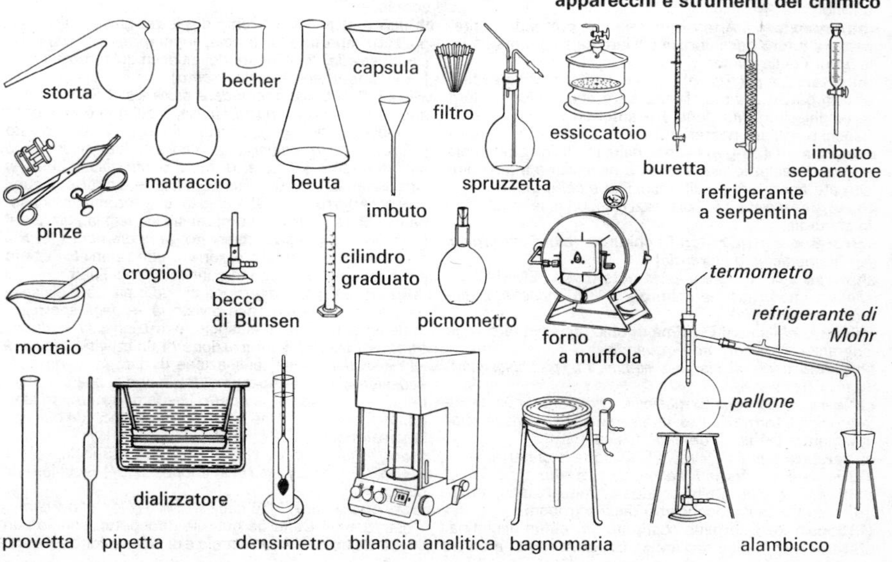

come spezie e come droga. [→ ill. *piante* 8, *spezie*] [→ tav. *proverbi* 78]

chiòma *s. f.* **1** Insieme dei capelli; SIN. Capigliatura. **2** (*est.*) Criniera: *la – del cavallo.* **3** (*fig.*) Insieme di rami, fronde e foglie che formano la parte superiore di un albero. [→ ill. *botanica*] **4** (*astron.*) Estesa formazione di gas che avvolge il nucleo delle comete. [→ ill. *astronomia*]

chiomàto *agg.* Che ha lunga e vistosa chioma.

chiòṣa *s. f.* Spiegazione di parola o passo di significato difficile aggiunta a un testo | (*est.*, *fig.*) Commento; SIN. Glossa, postilla.

chioṣàre *v. tr.* (*io chiòṣo*) **1** Interpretare ed esporre un testo o un passo difficile con chiose. **2** (*est.*, *lett.*) Commentare, spiegare. ● SIN. Postillare.

chioṣatóre *s. m.* (*f. -trìce*) (*raro*) Chi fa chiose.

chiòsco *s. m.* (*pl. -schi*) **1** Piccola costruzione in muratura o altro materiale, adibita a vari usi: *il – del giornalaio, del gelataio*; SIN. Casotto, edicola. **2** Piccola costruzione per sosta, riparo e sim., in parchi e giardini. [→ ill. *giardino pubblico*]

chiòstra *s. f.* (*lett.*) Recinto, cerchia.

chiòstro *s. m.* **1** Cortile di monastero, circondato da porticati. **2** (*est.*) Convento | (*fig.*) Vita monastica: *la solitudine del –.*

chiòtto *agg.* Che sta quieto, silenzioso, ritirato, per prudenza, paura, ipocrisia e sim.

chiòvolo *s. m.* Anello di ferro, legno e sim., in cui si infila la stanga dell'aratro o il timone del giogo.

chioẓẓòtta *s. f.* Barcone a vela da trasporto, in uso a Chioggia e nelle lagune venete.

chip /*ingl.* tʃip/ *s. m. inv.* (*pl. ingl. chips* /tʃips/) (*elab.*) Circuito integrato costituito da elementi miniaturizzati, capace di svolgere un elevato numero di funzioni.

chippendale /*ingl.* 'tʃipəndeil/ **A** *s. m. inv.* (*pl. ingl. chippendales* /'tʃipəndeilz/) Stile di mobilia inglese caratterizzato da elementi ripresi dalla tradizione gotica, dall'arredamento francese e anche dall'Oriente. **B** *anche agg. inv.*: *stile –*; *mobili –.*

chiràgra *s. f.* Gotta delle mani.

chiro- *primo elemento*: in parole composte dotte significa gener. 'mano': *chirografo, chiromanzia.*

chirografàrio *agg.* Di chirografo | Detto di debito o di credito basato su una semplice scrittura privata.

chirògrafo *s. m.* Scrittura privata relativa a obbligazioni patrimoniali.

chirologìa *s. f.* (*pl. -gìe*) Studio della mano e delle sue linee, a scopo divinatorio.

chiromànte *s. m. e f.* Chi esercita la chiromanzia; SIN. Indovino.

chiromanzìa *s. f.* Arte divinatoria che pretende di presagire il futuro degli uomini e il loro carattere mediante la lettura della mano.

chiròtteri *s. m. pl.* (*sing. -o*) Sottordine di mammiferi adatti al volo grazie alla membrana alare che unisce tra loro le lunghissime dita degli arti anteriori collegandosi ai fianchi e agli arti posteriori.

chirurgìa *s. f.* (*pl. -gìe*) Branca della medicina che studia e cura le malattie per le quali è necessario intervenire con atti operatori. [→ ill. *medicina e chirurgia*]

chirurgicaménte *avv.* Coi mezzi e secondo le regole della chirurgia.

chirùrgico *agg.* (*pl. m. -ci*) Di chirurgia: *pinza chirurgica.* [→ ill. *medicina e chirurgia*]

chirùrgo *s. m.* (*pl. -ghi o -gi*; V. nota d'uso FEMMINILE) Medico che pratica la chirurgia. [→ ill. *maschera, medicina e chirurgia*]

chissà o *chi sa avv.* Esprime dubbio, incertezza o vaga speranza: *ci rivedremo – quando.*

chissisia o *chi si sìa pron. indef. m. e f.* (*pl. chissisìano*) (*lett.*) Chicchessia.

chitàrra *s. f.* Strumento musicale a sei corde, con cassa armonica a forma di otto, che serve spec. da accompagnamento. [→ ill. *strumenti musicali*]

chitarrista *s. m. e f.* (*pl. m. -i*) Chi suona la chitarra.

chitarróne *s. m.* Varietà secentesca di liuto.

chitìna *s. f.* (*chim.*) Polisaccaride azotato, bianco, amorfo, costituente l'esoscheletro degli artropodi.

chitinóso *agg.* Di organo costituito o rivestito di chitina.

chitóne *s. m.* Tunica dell'antica Grecia, costituita da un telo che si avvolgeva attorno al corpo in modo da lasciare un'apertura per il braccio. [→ ill. *vesti*]

chiù A *inter.* Riproduce il grido dell'assiolo. **B** *s. m.* **1** (*zool.*; *tosc.*) Assiolo. **2** Il grido dell'assiolo.

chiudènda *s. f.* **1** Recinzione di orti, campi e sim. **2** Serranda, saracinesca.

chiùdere A *v. tr.* (*pass. rem. io chiùsi, tu chiudésti; part. pass. chiùso*) **1** Far combaciare due o più parti divise di q.c.: *– la porta, l'ombrello, il libro, la bocca* | *– un occhio*, (*fig.*) lasciar correre | *Non – occhio*, (*fig.*) non riuscire a dormire | *– gli occhi*, (*fig.*) morire | *– la bocca a qc.*, (*fig.*) impedirgli di parlare con minacce e violenze | *– la porta in faccia a qc.*, (*fig.*) scacciarlo; CONTR. Aprire. **2** Serrare, costringere in uno spazio ristretto: *– un pezzo metallico in una morsa*; *– l'esercito fra due montagne* | Cingere intorno: *– q.c. con un muro.* **3** Impedire un passaggio con ostacoli, sbarrare, ostruire (*anche fig.*): *– la strada, il cammino a q.c.* | *– la luce, l'acqua* e sim., interromperne l'erogazione | (*fig.*) *– il cuore alla pietà*, non lasciarsi commuovere. **4** Riporre, richiudere (*anche fig.*): *– il denaro in cassaforte*; *– qc., q.c., sotto chiave.* **5** Terminare, ultimare, concludere: *– le scuole, le lezioni* | (*fig.*) *– i giorni, l'esistenza*, morire | *– una schiera, una processione, un elenco*, venire per ultimo. **B** *v. intr.* (*aus. avere*) **1** Combaciare: *la porta non chiude bene.* **2** Interrompere l'attività: *le scuole chiudono i giorni festivi.* **C** *v. intr. pron.* **1** Serrarsi | Rimarginarsi: *la ferita non si è chiusa.* **2** Oscurarsi: *il tempo si è chiuso.* **D** *v. rifl.* **1** Avvolgersi strettamente in q.c.: *chiudersi in uno scialle.* **2** Nascondersi, ritirarsi: *chiudersi in casa* | (*fig.*) Raccogliersi: *chiudersi nel dolore.* [→ tav. *locuzioni* 22]

chiudilèttera *s. m. inv.* Vignetta simile a un francobollo venduta per beneficenza o a scopo pubblicitario; usato per sigillare le buste.

chiụ̀nque A *pron. indef. solo sing.* **1** Qualunque persona: *– al tuo posto avrebbe fatto così.* **2** Chicchessia, tutti: *non andarlo a raccontare a –.* **B** *pron. rel. indef. solo sing.* Qualunque persona che: *aiutava – ne avesse bisogno.*

chiurlàre *v. intr.* (*aus. avere*) Emettere un verso sonoro e inarticolato, detto del chiurlo, dell'assiolo e di altri uccelli notturni.

chiùrlo *s. m.* **1** Uccello dei Caradriformi con becco lunghissimo e sottile curvato in basso e zampe alte. [→ ill. *animali* 15] **2** Verso di tale uccello.

chiùsa *s. f.* **1** Riparo posto attorno a q.c. | Terreno così circondato. **2** Opera in muratura, sbarramento artificiale che serve a trattenere le acque di un bacino, fiume o canale. **3** Restringimento di una valle fluviale: *le chiuse di Susa.* **4** Conclusione di un componimento, di un discorso.

chiusino *s. m.* **1** Coperchio di pietra, ghisa e sim. per pozzetti, apertura di botole, fognature; SIN. Tombino. [→ ill. *strada*] **2** Chiusura della bocca del forno a legna. [→ ill. *panettiere, riscaldamento*]

chiùso A *part. pass. di chiudere; anche agg.* **1** Serrato, non aperto | *Udienza a porte chiuse*, a cui non è ammesso il pubblico | *Circolo –*, aperto solo a chi vi è conosciuto | *Agire a occhi chiusi*, (*fig.*) con assoluta sicurezza o sbadatamente | *Fidarsi di qc. a occhi chiusi*, affidarsi completamente a lui | *Tempo, cielo –*, coperto di nubi; CONTR. Aperto. **2** *Sillaba chiusa*, che termina in consonante. **3** (*fig.*) Poco comprensibile: *linguaggio –.* **4** (*fig.*) Poco espansivo, riservato: *temperamento –.* **B** *s. m.* **1** Luogo circondato e serrato con ripari. **2** Recinto per bestiame. **3** Luogo in cui non circola l'aria.

chiusùra *s. f.* **1** Congiunzione di due o più parti divise di q.c., o di due o più cose divise: *la – degli sportelli* | Impedimento di un passaggio, ostruzione: *la – di una strada al traffico* | Interruzione di un'attività: *orario di –*; *– estiva* | Fine, cessazione di q.c.: *la – della discussione*; CONTR. Apertura. **2** Ciò che si usa per chiudere: *– automatica, a scatto* | *– lampo*, cerniera lampo. **3** (*fig.*) Preclusione a ogni forma di accordo o di collaborazione.

choc /*fr.* ʃɔk/ *s. m. inv.* (*pl. fr. chocs* /ʃɔk/) Shock.

chope /*fr.* ʃɔp/ *s. f. inv.* (*pl. fr. chopes* /ʃɔp/) Bicchiere da birra.

chow chow /*ingl.* 'tʃau'tʃau/ *s. m. inv.* (*pl. ingl. chow chows* /'tʃau 'tʃauz/) Cane da guardia di aspetto leonino con lingua violacea, di media mole e di pelame folto e ruvido.

[→ ill. *cane*]

ci (1) **A** *pron. pers. atono di prima pers. pl.* (*formando gruppo con altri pron. atoni si premette a si e a se ne: con lui non — si intende proprio; non — se ne tira fuori. Si pospone ai pron. mi, ti, gli, le: gli — raccomandammo. Assume la forma ce davanti ai pron. atoni lo, la, le, li e alla particella ne*) **1** Noi (come compl. ogg. encl. e procl.): *— hanno visto*; *lasciaci!* | Si usa, encl. e procl., nella coniugazione dei verbi rifl., intr. pron., rifl. rec. e nella forma impers.: *noi — vestiamo*; *— siamo annoiati*; *amiamoci l'un l'altro*; *— si veste.* **2** A noi (come compl. di termine, encl. e procl.): *— dia da bere*; *fateci questo favore.* **B** *in funzione di pron. dimostr.* Di ciò, in ciò, su ciò e sim. (con valore neutro): *— puoi contare.* **C** *avv.* **1** Qui, lì (con verbi di stato e di moto): *— siamo e — resteremo* | Con il v. 'essere': *non c'è nessuno.* **2** Da questo o quel luogo, per questo o quel luogo (con verbi di moto): *— passa sopra un ponte.* (V. nota d'uso ELISIONE e TRONCAMENTO)

ci (2) *s. m. o f. inv.* Nome della lettera *c.*

ciabàtta *s. f.* **1** Pantofola, pianella | (*est.*) Calzatura vecchia e logora usata per casa | (*fig.*) *Trattare qc. come una —*, malissimo. **2** (*fig., est.*) Cosa logora e sciupata, di poco valore | Persona non più giovane, o in cattive condizioni di salute.

ciabattàio *s. m.* (*f. -a*) Chi fabbrica o vende ciabatte.

ciabattàre *v. intr.* (*aus. avere*) Camminare strascicando le scarpe o le ciabatte.

ciabattìno *s. m.* (*f. -a*) **1** Chi ripara le scarpe. **2** (*fig.*) Chi esegue male il proprio lavoro.

ciabattóne *s. m.* (*f. -a*) **1** Chi cammina strascicando le ciabatte o le scarpe. **2** (*fig.*) Chi esegue male il proprio lavoro. **3** (*fig.*) Chi mostra trascuratezza e sciatteria nel vestire.

ciàc o *ciàck, ciàk* **A** *inter.* **1** Riproduce lo sciacquio delle onde del mare. **2** Riproduce il suono che si determina schiacciando o battendo q.c. di molle. **3** Riproduce il secco rumore dell'assicella che batte contro la tavoletta per segnare l'inizio di una ripresa cinematografica: *—! si gira!* **B** *s. m.* (*cine.*) Tavoletta di legno munita inferiormente di un'asticciola battente, su cui sono segnati i dati relativi al film in lavorazione, che si fotografa all'inizio di ogni nuova scena. [→ ill. *cinematografia*]

ciacchista *s. m.* (*pl. -i*) (*cine.*) Tecnico incaricato di battere il ciac.

ciaccóna *s. f.* Danza secentesca fatta al suono delle nacchere | Aria di ballo di movimento moderato, a tre o due tempi.

ciàck V. *ciac.*

ciàk V. *ciac.*

ciàlda *s. f.* **1** Sottile pasta a base di fior di farina, burro e zucchero, cotta entro particolari stampi arroventati. **2** Cachet.

cialdìno *s. m.* **1** *Dim. di cialda.* **2** Cachet.

cialdóne *s. m.* Cialda sottile e accartocciata, da farcire con panna.

cialtronàta *s. f.* Azione da cialtrone.

cialtróne *s. m.* (*f. -a*) **1** Individuo spregevole, volgare negli atti e nelle parole. **2** Persona pigra e trasandata, o priva di serietà e impegno.

cialtronerìa *s. f.* **1** Comportamento da cialtrone. **2** Cialtronata.

ciambèlla *s. f.* **1** Pasta dolce fatta con farina, uova e zucchero, a forma di anello. [→ ill. *dolciumi*] **2** Oggetto a forma di ciambella. **3** Tubo circolare di gomma e sim., riempito d'aria, usato per restare a galla: *— di salvataggio.* [→ ill. *marina*] **4** Cerchietto d'osso o avorio che si dava da mordere ai bambini durante la dentizione. **5** Cercine. [→ tav. *proverbi* 301]

ciambellàno *s. m.* Ufficiale di corte, addetto agli appartamenti e al tesoro di un sovrano.

ciampicàre *v. intr.* (*io ciàmpico, tu ciàmpichi; aus. avere*) **1** Camminare strascicando i piedi o inciampando continuamente. **2** (*fig.*) Agire con lentezza.

ciàna *s. f.* (*tosc.*) Donna del popolo, sguaiata.

cianammide *s. f.* (*chim.*) Ammide dell'acido cianico.

ciànca *s. f.* (*scherz.*) Gamba, spec. difettosa.

ciància *s. f.* (*pl. -ce*) Discorso futile o sconclusionato, o non rispondente a verità; SIN. Chiacchiera, ciarla.

cianciafrùscola *s. f. spec. al pl.* Inezia, bagattella.

cianciàre *v. intr.* (*io ciàncio; aus. avere*) Dire ciance; SIN. Blaterare, chiacchierare, ciarlare.

ciancicàre **A** *v. intr.* (*io ciàncico, tu ciàncichi; aus. avere*) **1** Pronunciare male e a stento le parole. **2** Mangiare lentamente e con difficoltà. **3** (*est.*) Agire con lentezza. **B** *v. tr.* (*dial.*) Gualcire.

cianfrinàre *v. tr.* Ricalcare i bordi di lamiere chiodate, per migliorarne la tenuta.

cianfrugliàre *v. tr. e intr.* (*io cianfrùglio; aus. avere*) Fare un lavoro in modo confuso.

cianfruşàglia *s. f.* Oggetto di poco pregio | Insieme di oggetti di poco pregio; SIN. Chincaglieria.

ciangottàre *v. intr.* (*io ciangòtto; aus. avere*) **1** Esprimersi in modo stentato, pronunciando male le parole, detto spec. dei bambini che cominciano a parlare; SIN. Balbettare. **2** (*est.*) Detto di acqua corrente, produrre uno sciacquio lieve e discontinuo.

ciangottìo *s. m.* Il ciangottare.

ciànico *agg.* (*pl. m. -ci*) (*chim.*) Derivato dal cianogeno | Contenente cianogeno | *Acido —*, acido instabile, liquido, incolore, velenoso, la cui molecola contiene un atomo di ciascuno degli elementi idrogeno, carbonio, azoto, ossigeno.

cianìdrico *agg.* (*pl. m. -ci*) Detto di acido formato da idrogeno e cianogeno, liquido, con odore di mandorle amare, tossico.

ciano *s. m.* **1** (*lett.*) Fiordaliso. **2** (*lett.*) Colore azzurro.

ciàno- *primo elemento*: in parole composte scientifiche significa 'azzurro': *cianogeno.*

cianògeno *s. m.* Gas incoloro, velenoso, composto di atomi di carbonio e di azoto in numero uguale.

cianografìa *s. f.* Riproduzione di disegni fatti su carta trasparente, usando carte sensibili a base di sali di ferro.

cianogràfico *agg.* (*pl. m. -ci*) Che si riferisce alla cianografia.

cianògrafo *s. m.* Tecnico specializzato in riproduzioni mediante cianografia.

cianòşi *s. f.* Diffusa colorazione bluastra della cute per disturbi circolari o respiratori.

cianòtico *agg.* (*pl. m. -ci*) Di cianosi | Che presenta cianosi.

cianurazióne *s. f.* Operazione metallurgica fatta per mezzo di bagni contenenti cianuri: *— dell'oro, dell'acciaio.*

cianùro *s. m.* Ciascuno dei sali velenosi dell'acido cianidrico: *— di potassio.*

ciào *inter.* Si usa come saluto amichevole e confidenziale incontrando o lasciando qc.

ciàppola *s. f.* Piccolo arnese da incisori simile al bulino.

ciappolatùra *s. f.* Segno inciso a zig-zag nelle antiche argenterie, fatto dal saggiatore per il controllo del titolo.

ciaramèlla V. *cennamella.*

ciàrda o *czàrda s. f.* Vivace danza popolare ungherese preceduta da un'introduzione patetica.

ciàrla *s. f.* **1** Notizia non vera, pettegolezzo. **2** Chiacchiera, ciancia. **3** (*fam., scherz.*) Loquacità.

ciarlàre *v. intr.* (*aus. avere*) **1** Chiacchierare; SIN. Cianciare. **2** Fare pettegolezzi.

ciarlatanàta *s. f.* Azione, discorso da ciarlatano.

ciarlatanerìa *s. f.* **1** Abilità del ciarlatano. **2** Ciarlatanata.

ciarlatanésco *agg.* (*pl. m. -schi*) Di, da ciarlatano.

ciarlatàno *s. m.* **1** Venditore ambulante spec. in fiere di paese | (*est.*) Chi smercia prodotti scadenti. **2** (*est.*) Chi sfrutta la buona fede e la credulità altrui | (*est.*) Chi è vanitoso e solo apparentemente abile, spec. nel proprio lavoro.

ciarlièro *agg.* Di persona molto loquace e che ciarla volentieri; SIN. Chiacchierino, chiacchierone.

ciarlóne *agg.; anche s. m.* (*f. -a*) Detto di chi ciarla troppo.

ciàrpa *s. f.* **1** *spec. al pl.* Oggetto vecchio, privo di valore. **2** *spec. al pl.* (*fig.*) Parole vane.

ciarpàme *s. m.* Quantità di oggetti vecchi, inutili e privi di valore.

ciaschedùno *pron. indef.* (*raro*) Ciascuno.

ciascùno **A** *agg. indef. solo sing.* (troncato in *ciascun* davanti a s. m. che cominciano per vocale o consonante che non sia *s impura, gn, ps, sc, z*: si apostrofa davanti ai s. f. che cominciano per vocale) Ogni, ognuno (precede sempre il s.): *ciascun uomo*; *ciascuna proposta verrà esaminata.* **B** *pron. indef. solo sing.* Ogni persona, tutti: —

avrà la sua parte; – *a suo modo* | Seguito dal compl. partitivo: – *di voi provvederà alle sue cose* | Con valore distributivo: *un foglio per* –. (V. nota d'uso UNO)

cibàre **A** *v. tr.* Alimentare, nutrire, imboccare: – *i neonati*. **B** *v. rifl.* Nutrirsi (*anche fig.*): *cibarsi di carne*; *cibarsi di illusioni*.

cibària *s. f. spec. al pl.* Insieme di generi commestibili.

cibernètica *s. f.* Teoria dei sistemi di controllo che si serve in particolare di analogie fra le macchine e il sistema nervoso degli animali e dell'uomo.

cibo *s. m.* **1** Ciò che serve all'alimentazione umana o animale (*anche fig.*) | *Non toccare* –, digiunare | – *eucaristico*, l'Eucaristia; SIN. Alimento. **2** Vivanda, pietanza.

cibòrio *s. m.* Edicola di marmo, sostenuta da quattro colonne, contenente l'altare nelle antiche chiese cristiane | (*est.*) Tabernacolo contenente la pisside con le ostie | (*est.*) Pisside. [→ ill. *basilica cristiana, religione*]

cicàla *s. f.* **1** Grosso insetto nero-giallastro, con capo grosso e largo, antenne brevissime, ali grandi e trasparenti, maschi dotati di uno speciale apparato sonoro grazie al quale friniscono. [→ ill. *animali* 3] **2** – *di mare*, canocchia, scillaro. **3** (*fig.*) Persona chiacchierona e spesso pettegola. **4** Grosso anello di ferro in testa al fuso dell'ancora. [→ ill. *marina*]

cicalàre *v. intr.* (*aus. avere*) Parlare troppo e di argomenti frivoli.

cicalàta *s. f.* **1** Discorso lungo, frivolo e inutile. **2** Discorso elegante sopra un tema bizzarro e futile, in uso presso certe accademie letterarie italiane dal XVI al XVIII sec.

cicaléccio *s. m.* **1** Chiacchiericcio di più persone su argomenti futili; SIN. Chiacchierio, cicalio. **2** (*est.*) Cinguettio.

cicalìno *s. m.* **1** *Dim. di cicala*. **2** Piccolo avvisatore acustico che emette un suono stridulo.

cicalio *s. m.* Il parlare inutile, confuso e molesto di una o più persone.

cicatrice *s. f.* **1** (*med.*) Tessuto che colma le ferite e le perdite di sostanza dei vari organi e tessuti. **2** Segno che rimane sulla pelle in seguito a una ferita. **3** (*fig.*) Traccia di un'esperienza dolorosa.

cicatrìcola *s. f.* **1** Segno che rimane sul seme a indicare il punto di attacco al frutto. **2** Macchia biancastra nel tuorlo dell'uovo, ove è il germe. [→ ill. *gallo*]

cicatriziàle *agg.* Di cicatrice.

cicatrizzàre **A** *v. tr.* Rimarginare, formando cicatrice. **B** *v. intr. e intr. pron.* (*aus. avere*) Formare cicatrice, detto di ferite, piaghe e sim.

cicatrizzazióne *s. f.* Processo di formazione della cicatrice.

cìcca *s. f.* **1** Ciò che rimane di un sigaro o di una sigaretta fumata; SIN. Mozzicone. **2** (*fig.*) Cosa di nessun valore | *Non valere una* –, non valere nulla.

ciccaiòlo *s. m.* Chi raccoglie cicche.

ciccàre *v. intr.* (*io cìcco, tu cìcchi; aus. avere*) Masticare una cicca di sigaro, un trancio di tabacco e sim.

cicchétto *s. m.* **1** Bicchierino di liquore o vino. **2** (*gerg.*) Piccola dose d'olio che si versa nel serbatoio della benzina per migliorare la lubrificazione dei motori in rodaggio. **3** Rabbuffo, rimprovero.

cìccia *s. f.* (*pl. -ce*) (*fam.*) Carne commestibile | (*scherz.*) Carne umana | *Avere molta, poca* –, essere grasso, magro.

cìcciolo *s. m.* **1** Pezzetto di carne di maiale, dopo che per fusione al fuoco se ne è tratto lo strutto. [→ ill. *salumi*] **2** (*pop.*) Escrescenza carnosa cutanea.

ciccióne *s. m.* (*f. -a*) (*fam.*) Persona molto grassa.

cicciòtto *s. m.* Escrescenza carnosa.

cicciùto *agg.* Chi ha molta ciccia.

cicérchia *s. f.* Pianta erbacea rampicante delle Rosali simile al pisello con fiori rosei o rossi, coltivata spec. come foraggio. [→ ill. *piante* 10]

ciceróne *s. m.* **1** Guida turistica. **2** (*est., fam., scherz.*) Persona eloquente e saccente (dal nome del famoso oratore latino).

cicindèla *s. f.* Insetto con corpo snello di color verde metallico, occhi grandi, mandibole a forma di falce, distruttore di insetti dannosi.

cicisbèo *s. m.* **1** Nel sec. XVIII, cavalier servente di dama di alto lignaggio. **2** (*est.*) Damerino.

ciclàbile *agg.* Percorribile dalle biciclette | *Pista* –, ciclopista.

ciclamìno **A** *s. m.* Pianta erbacea delle Primulali con foglie cuoriformi e fiori di color rosa-violaceo | Il fiore di tale pianta. [→ ill. *piante* 11] **B** *in funzione di agg. inv.* (*posposto a un s.*) Che ha color rosa-violaceo.

ciclicità *s. f.* Proprietà di ciò che si svolge con andamento ciclico.

cìclico *agg.* (*pl. m. -ci*) **1** Detto di fenomeno che nel suo svolgimento compie uno o più cicli successivi. **2** Pertinente a un ciclo letterario: *romanzo* –. **3** (*chim.*) Detto di composto contenente una catena chiusa di atomi.

ciclismo *s. m.* Sport delle corse praticate con la bicicletta.

ciclìsta *s. m. e f.* (*pl. m. -i*) **1** Chi va in bicicletta. **2** Chi pratica lo sport della bicicletta. [→ ill. *copricapo*]

ciclìstico *agg.* (*pl. m. -ci*) Della bicicletta | Del ciclismo.

cìclo (1) *s. m.* **1** Periodo di tempo alla fine del quale un fenomeno si riproduce nella stessa sequenza: – *lunare, solare* | – *economico*, susseguirsi delle fluttuazioni ricorrenti delle principali componenti il sistema economico. **2** Serie di fenomeni spec. naturali che si ripetono secondo uno schema immutabile: *il* – *del carbonio*; – *di lavorazione* | – *di una malattia*, decorso. **3** (*fis.*) Insieme di trasformazioni che riportano un corpo allo stato iniziale | – *dei motori a scoppio*, successione delle fasi. **4** (*letter.*) Serie di tradizioni, poemi, leggende che si riferiscono a un grande avvenimento o personaggio: – *bretone, cavalleresco*. **5** Serie di manifestazioni o attività realizzate intorno a un tema: – *di conferenze*. **6** (*fis.*) – *al secondo*, hertz.

ciclo (2) *s. m. Acrt. di bicicletta*. [→ ill. *ciclo e motociclo*]

ciclo-, -cìclo *primo e secondo elemento*: in parole composte scientifiche significa 'cerchio' o 'che ha forma circolare, cilindrica': *ciclometria, chilociclo*.

ciclocampèstre *agg.* Di gara ciclistica disputata su un percorso accidentato di campagna.

ciclocròss *s. m. inv.* Corsa ciclocampestre.

ciclocrossìsta *s. m.* (*pl. -i*) Chi pratica il ciclocross.

cicloidàle *agg.* Che ha forma di cicloide.

ciclòide *s. f.* (*mat.*) Curva piana descritta da un punto rigidamente collegato a un cerchio che rotola senza strisciare lungo una retta.

ciclometrìa *s. f.* Parte della geometria che studia le circonferenze.

ciclomotóre *s. m.* Bicicletta munita di un motorino a scoppio. [→ ill. *ciclo e motociclo*]

ciclomotorìsta *s. m. e f.* (*pl. m. -i*) Chi va in ciclomotore.

ciclóne *s. m.* **1** (*meteor.*) Complesso dei fenomeni atmosferici associati a una zona di bassa pressione | Vento vorticoso, uragano | (*fig.*) *essere nell'occhio del* –, nel momento più critico di una situazione. [→ ill. *meteorologia*] **2** (*fig.*) Persona eccessivamente vivace o disordinata.

ciclònico *agg.* (*pl. m. -ci*) Di ciclone.

ciclòpe *s. m.* **1** Nella mitologia greca e romana, mostro gigantesco con un solo occhio in mezzo alla fronte. **2** (*est.*) Persona grande, goffa e violenta.

ciclòpico *agg.* (*pl. m. -ci*) **1** Di ciclope. **2** (*est.*) Colossale, enorme: *sassi ciclopici*.

ciclopìsta *s. f.* Parte marginale della strada riservata ai ciclisti.

ciclostilàre *v. tr.* (*io ciclostìlo*) Riprodurre col ciclostile.

ciclostile *s. m.* Macchina che riproduce in un certo numero di copie testi dattilografici o disegni, incisi su carta paraffinata. [→ ill. *ufficio*]

Ciclòstomi *s. m. pl.* (*sing. -a*) Classe di vertebrati acquatici con corpo cilindrico, viscido, privo di arti, con scheletro cartilagineo e bocca circolare a ventosa. [→ ill. *animali* 7]

ciclotimia *s. f.* (*psicol.*) Tipo di temperamento caratterizzato da periodi alterni di euforia e di tristezza.

ciclotróne *s. m.* Macchina acceleratrice di particelle cariche, costituita da un campo magnetico costante e da un campo elettrico alternato applicato a due camere semicircolari in cui le particelle aumentano gradatamente di velocità, con traiettoria a spirale.

cicógna *s. f.* **1** Uccello migratore con lunghe zampe rosse e becco rosso | – *bianca*, con penne bianche e grandi ali dalle estremità nere | – *nera*, con penne nere verdastre sul dorso e bianche sul ventre. [→ ill. *animali* 11] **2** Tipo di velivolo monomotore, in grado di volare a velocità bassissime. **3** Autotreno a due piani con rimorchio, per il trasporto di automobili.

cicòria *s. f.* **1** Pianta erbacea perenne delle Sinandrali con foglie lanceolate, commestibili, radice a fittone di sapore amaro e fiori azzurri in capolini. [→ ill. *piante* 13, *verdura*] **2** Polvere bruna ottenuta facendo abbrustolire la radice di tale pianta, usata come surrogato del caffè.

cicùta *s. f.* **1** Pianta erbacea delle Umbellali, con infiorescenza a ombrella, il cui rizoma contiene un latice giallo. [→ ill. *piante* 10] **2** (*est.*) Veleno che si estrae dalla cicuta.

-cida *secondo elemento*: in parole composte significa 'uccisore': *omicida, tirannicida.*

-cidio *secondo elemento*: in parole composte significa 'uccisione': *omicidio, parricidio.*

cièca V. *ceca.*

cièco **A** *agg.* (*pl. m.* -*chi*) **1** Privo della vista | *Mosca cieca*, (*fig.*) gioco in cui uno dei partecipanti, bendato, deve cercare di afferrare e riconoscere gli altri | *Fare q.c. alla cieca*, senza vedere e (*fig.*) senza considerazione. **2** (*est.*) Che è privo di chiara consapevolezza, del lume della ragione: *– d'odio*; *sottomissione cieca* | Che priva del lume della ragione: *passione cieca.* **3** (*est.*) Che non permette la visibilità | *Finestra cieca, arco –*, profilati sul muro pieno, senza apertura | *Lanterna cieca*, che nasconde chi la regge | *Vicolo –*, (*fig.*) situazione senza vie d'uscita. **4** (*anat.*) Detto della prima parte dell'intestino crasso. [→ ill. *anatomia umana*] **B** *s. m.* (*f.* -*a* nei sign. 1 e 2) **1** Chi è privo della vista. **2** (*est.*) Chi ha la mente offuscata da passione o emozione. **3** (*anat.*; *ell.*) Intestino cieco. [→ tav. *proverbi* 222, 280, 352]

cièlo *s. m.* **1** Spazio al di sopra della superficie della terra con apparente forma di cupola, che appare turchino quando non è ingombro di vapori e di nuvole | *Toccare il – con un dito*, (*fig.*) essere estremamente felice | *Innalzare, portare qc. al –*, (*fig.*) coprirlo di lodi | *Vivere sotto un altro –*, (*fig.*) in un altro paese | *Apriti –!*, escl. di stupore | *A – aperto*, allo scoperto. **2** (*est.*) Zona aerea al di sopra di un dato luogo, con riferimento anche al clima: *il – di Lombardia* | Aria: *gli uccelli del –.* **3** (*est.*) Parte superiore interna di ambienti o recipienti chiusi: *– della camera.* **4** (*est.*) (talvolta, *Cielo*) Sede di esseri divini e di esseri umani che hanno vissuto rettamente, secondo varie dottrine religiose: *meritare il –* | *Salire al –*, (*fig.*) morire | (*est.*) Potenza divina: *i voleri del Cielo* | *Santo –! Giusto –!*, escl. di meraviglia, disappunto e sim. | *Per amor del –!*, escl. di preghiera, invocazione (*anche iron.*) e sim. **5** Nel sistema tolemaico, ciascuna delle sette sfere celesti | *Essere al settimo –*, (*fig.*) al colmo della felicità. [→ tav. *proverbi* 19, 112, 125, 162; → tav. *locuzioni* 11, 95]

cifòsi *s. f.* Curvatura a concavità anteriore della colonna vertebrale.

cifra *s. f.* **1** Segno che, da solo, o congiunto con altri, rappresenta un numero naturale | *Cifre arabiche*, i segni 0, 1, 2, 3, 4, 5, 6, 7, 8, 9. **2** (*est.*, *gener.*) Numero | Som-

ciclo e motociclo

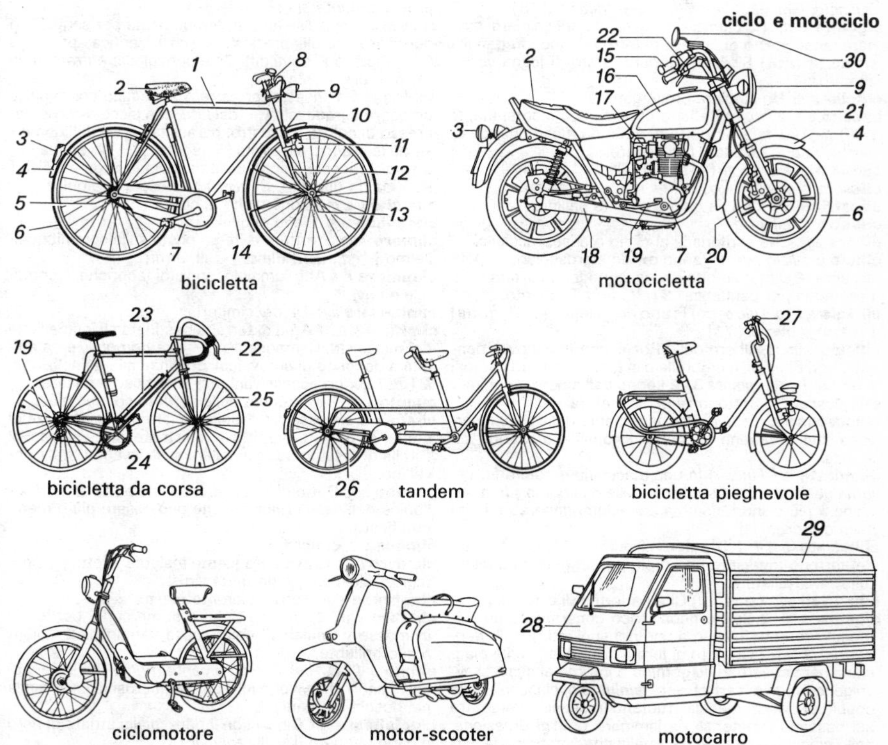

1 canna 2 sellino 3 catarifrangente 4 parafango 5 rocchetto a ruota libera 6 pneumatico 7 carter 8 manubrio 9 fanale 10 freno 11 dinamo 12 forcella 13 mozzo 14 pedale 15 manopola del gas 16 serbatoio 17 carburatore 18 marmitta 19 cambio 20 freno a disco 21 forcella telescopica 22 leva del freno 23 pompa 24 moltiplica 25 raggio 26 catena 27 campanello 28 cabina 29 cassone 30 retrovisore

ma di denaro: *sborsare una bella* –. **3** Abbreviazione di un nome, costituita spec. dalle lettere iniziali: *un fazzoletto con le cifre ricamate*; SIN. Monogramma. **4** Codice segreto utilizzato per rendere un messaggio inintelligibile agli estranei.

cifràre *v. tr.* (*io cìfro*) **1** Ricamare in cifra: – *le lenzuola*. **2** Trascrivere un messaggio e sim. secondo un codice: – *un dispaccio*.

cifràrio *s. m.* Formulario per tradurre in chiaro una scrittura cifrata e viceversa.

cifràto *part. pass. di cifrare; anche agg.* **1** Fornito di cifre ricamate. **2** Scritto in cifra.

cigliàto *agg.* Fornito di ciglia.

ciglio *s. m.* (*pl. cìgli m.* nei sign. 3, 4; *pl. cìglia f.* nei sign. 1, 2, 5) **1** Pelo delle palpebre | (*est.*) Orlo delle palpebre, provviste di tali peli | *Non battere* –, (*fig.*) rimanere impassibili | *In un batter di* –, in un attimo. [→ ill. *anatomia umana, toilette e cosmesi*] **2** (*est.*) Sopracciglio | *Abbassare le ciglia*, in segno d'imbarazzo, pudore e sim. | *Aggrottare le ciglia*, incresparle in segno di perplessità, irritazione e sim. | *Alzare, inarcare le ciglia*, in segno di stupore, irritazione e sim. **3** (*poet.*) Occhio, sguardo. **4** Margine, sponda: *il – della strada*. **5** *spec. al pl.* Finissime appendici vibratili presenti in alcuni metazoi e protozoi.

ciglióne *s. m.* Sponda della strada, d'un precipizio, di uno spalto.

cigna V. *cinghia*.

cignàle V. *cinghiale*.

cigno *s. m.* **1** Uccello acquatico con collo lungo e flessuoso e piumaggio generalmente candido: – *reale*. [→ ill. *animali* 12] **2** (*fig., lett.*) Poeta, musicista | *Il – di Busseto*, Giuseppe Verdi. [→ tav. *locuzioni* 18]

cigolàre *v. intr.* (*io cìgolo; aus. avere*) **1** Scricchiolare, stridere, spec. detto di oggetti di ferro o legno sfregati insieme. **2** (*lett.*) Sibilare, stridere, detto di legna verde che arde.

cigolìo *s. m.* Un cigolare prolungato.

cilécca *s. f.* **1** (*tosc.*) Beffa, promessa non mantenuta. **2** (*est.*) *Nella loc. fare* –, detto di arma da fuoco quando la cartuccia non esplode; (*fig.*) fallire.

cilèno *agg.; anche s. m.* (*f.* -*a*) Del Cile.

cilèstre o *cilèstro agg.; anche s. m.* (*lett.*) Celeste.

cilestrino *agg.* Che ha colore celeste pallido.

cilèstro V. *cilestre*.

ciliàre *agg.* Che si riferisce al ciglio o al sopracciglio.

cilìcio o *cilìzio s. m.* **1** Panno ruvido e grossolano di pelo di capra. **2** Cintura molto ruvida, annodata, portata sulla pelle nuda per penitenza. **3** (*est., fig.*) Tormento.

cilièɡia *s. f.* (*pl.* -*gie o* -*ge*) Frutto del ciliegio. [→ ill. *frutta*] [→ tav. *proverbi* 378]

cilièɡio *s. m.* **1** Albero delle Rosali con foglie ovali dentate, fiori bianchi in ombrelle o in fascetti e frutti carnosi a drupa. [→ ill. *piante* 8] **2** Legno dell'albero omonimo.

cilindràre *v. tr.* Sottoporre a cilindratura.

cilindràsse *s. m.* (*biol.*) Prolungamento della cellula nervosa che mantiene la sua individualità a grande distanza.

cilindràta *s. f.* (*mecc.*) In una macchina a stantuffo, volume generato dallo stantuffo nella sua corsa | In macchine a più cilindri, somma dei volumi generati da ciascun cilindro.

cilindratùra *s. f.* **1** Tornitura cilindrica. **2** Costipamento del terreno mediante uno o più passaggi con apposito rullo; SIN. Rullatura.

cilìndrico *agg.* (*pl. m.* -*ci*) Che ha forma di cilindro.

cilindro *s. m.* **1** Solido geometrico generato da un rettangolo rotante intorno a uno dei suoi lati. [→ ill. *geometria*] **2** (*est.*) Oggetto di forma cilindrica | Nelle macchine per scrivere, rullo gommato intorno al quale si avvolgono i fogli di carta | – *di laminatoio*, ciascuna delle coppie di cilindri metallici ruotanti in senso inverso, tra cui passano i materiali da laminare | – *di pressione*, nelle macchine da stampa, quello che comprime la carta contro la matrice. [→ ill. *chimico, ferramenta, metallurgia, misure, panettiere, sport*] **3** Copricapo da cerimonia; SIN. Tuba. [→ ill. *copricapo, vesti*] **4** Cavità e involucro di forma cilindrica in cui scorre lo stantuffo di un motore o di una pompa. [→ ill. *ferrovia, fisica, motore*]

cilìzio V. *cilicio*.

cìma *s. f.* **1** Parte più alta, vertice, sommità di q.c. | *In* –, sopra, alla sommità: *in – a una torre* | (*fig.*) *Essere in – ai pensieri di qc.*, occuparvi il posto più importante | *Mettere in* –, (*fig.*) anteporre. **2** Vetta, rilievo montuoso: *le cime dei Pirenei*. **3** Estremità di un oggetto: *la – di un'asta, di una corda* | *Da – a fondo*, da un'estremità all'altra e (*fig.*) interamente. **4** (*est., lett.*) Il più alto grado. **5** (*fam.*) Chi eccelle in q.c.: *essere una – in matematica*. **6** (*mar.*) Corda di canapa. **7** (*bot.*) *A* –, cimoso | *Cime di rapa*, broccoli di rapa. [→ ill. *verdura*] **8** Ventre o petto di bue, variamente farcito.

cimàre *v. tr.* **1** Privare q.c. della cima | Recidere l'apice dei fusti o dei rami; SIN. Spuntare. **2** Radere allo stesso livello il pelo del panno garzato.

cimàṣa *s. f.* Complesso di modanature che serve a coronare un elemento architettonico | Cornice di un mobile. [→ ill. *mobili*]

cimatóre *s. m.* Chi compie la cimatura.

cimatrice *s. f.* Macchina tessile che rende uniforme il pelo dei tessuti rasati.

cimatùra *s. f.* Atto del cimare | Cima recisa della pianta | Peluria tolta al panno cimandolo.

cìmbalo *s. m.* **1** Clavicembalo. **2** *spec. al pl.* Cembalo nel sign. 2 | (*fig.*) *Andare, essere, dare in cimbali*, essere smodatamente allegro; essere ubriaco.

cimèlio *s. m.* **1** Oggetto antico e prezioso. **2** (*est., scherz.*) Oggetto vecchio e privo di valore.

cimentàre **A** *v. tr.* (*io ciménto*) **1** Purificare l'oro per mezzo del cimento. **2** (*est.*) Mettere alla prova, a repentaglio: – *l'onore di qc.* **B** *v. rifl.* Esporsi a un pericolo: *cimentarsi in un'impresa disperata* | (*fig.*) Mettersi alla prova: *cimentarsi con un lavoro*.

ciménto *s. m.* **1** Mistura un tempo usata per saggiare o purificare metalli preziosi. **2** (*est.*) Verifica, prova. **3** (*fig.*) Rischio | Prova difficile e pericolosa: *entrare in un –; mettersi a* –.

cìmice *s. f.* **1** Insetto terrestre o acquatico che emette un odore sgradevole | – *dei letti*, con piccolo corpo depresso di colore rossastro, parassita anche dell'uomo | – *delle piante*, parassita di vegetali. [→ ill. *animali* 2] **2** (*dial.*) Piccolo chiodo dalla capocchia larga e piatta | Puntina da disegno. **3** (*gerg.*) Microspia telefonica.

cimiciàio *s. m.* Luogo pieno di cimici.

cimicióso *agg.* Pieno di cimici.

cimièro *s. m.* Struttura o fregio posto sulla sommità dell'elmo | (*est., lett.*) Elmo. [→ ill. *armi*]

ciminièra *s. f.* Alto fumaiolo, spec. di fabbriche, locomotive e navi.

cimiteriàle *agg.* Di, dei cimiteri.

cimitèro *s. m.* **1** Area di terreno destinata all'inumazione dei morti; SIN. Camposanto | – *di automobili*, area adibita a deposito di autoveicoli destinati alla demolizione. **2** (*fig.*) Luogo eccessivamente silenzioso e deserto.

cimolo *s. m.* Cima tenera delle verdure commestibili.

cimósa o *cimóssa s. f.* **1** Bordura laterale delle pezze di stoffa, di tessuto più fitto e resistente; SIN. Vivagno. **2** Girella di tessuto per cancellare sulla lavagna; SIN. Cancellino.

cimóso *agg.* Detto di infiorescenza che porta un fiore all'apice dell'asse principale che può essere più o meno ramificato.

cimóssa V. *cimosa*.

cimùrro *s. m.* Grave e frequente malattia infettiva e contagiosa dei cani prodotta da virus.

cinabrése *s. m.* Terra colorante rossa.

cinàbro *s. m.* **1** (*miner.*) Solfuro di mercurio, per lo più in masse granulari di color rosso vermiglio. **2** Colore rosso brillante.

cìncia *s. f.* (*pl.* -*ce*) Correntemente, nome di piccoli uccelli canori che vivono in gruppi numerosi di preferenza nei boschi montani.

cinciallégra *s. f.* Cincia con il petto giallo striato di nero e capo blu-nero. [→ ill. *animali* 13]

cincilla o *cincillà s. m. e f.* **1** Mammifero dei Roditori originario delle Ande, con lunga e folta coda, allevato per la sua pregiata pelliccia color grigio. [→ ill. *animali* 16] **2** Pelliccia fornita dall'animale omonimo.

cincìn o *cin cin inter.* Si usa come espressione augurale nei brindisi mentre si accostano i bicchieri, con lo stes-

so sign. di 'alla salute'.
cincinno *s. m.* (*poet.*) Ricciolo.
cincischiàre ***A*** *v. tr.* (*io cincischio*) ***1*** Tagliuzzare in modo irregolare. ***2*** Sgualcire. ***3*** ass. Perdere il tempo senza concludere nulla. ***B*** *v. intr. pron.* Sgualcirsi, rovinarsi.
cincischio *s. m.* Taglio mal fatto | Ritaglio.
cinconiṣmo *s. m.* Avvelenamento da chinino.
cine *s. m. inv.* (*pop.*) *Acrt. di cinematografo.*
cine- *primo elemento*: in parole composte è accorciamento di *cinematografo*: *cineamatore, cinecamera, cinelandia.*
cineamatóre *s. m.* (*f. -trice*) Che si dedica per diletto alla realizzazione di opere cinematografiche; SIN. Cinedilettante.
cineàsta *s. m. e f.* (*pl. m. -i*) Professionista del cinematografo.
cinebòx /tʃine'bɔks/ *s. m. inv.* Apparecchio funzionante per lo più a moneta nei locali pubblici, che accompagna col suono la proiezione delle immagini.
cinecàmera *s. f.* Macchina da presa cinematografica.
cineclùb /*semi-ingl.* 'tʃine klʌb/ *s. m. inv.* Associazione che promuove la diffusione della cultura cinematografica.
cinedilettànte *s. m. e f.* Cineamatore.
cinefòrum *s. m. inv.* Dibattito su argomento cinematografico, di solito riguardante un film appositamente proiettato.
cinegètica *s. f.* Anticamente, l'arte di cacciare coi cani.
cinegètico *agg.* (*pl. m. -ci*) Della cinegetica | (*est.*) Venatorio.
cinegiornàle *s. m.* Breve serie di servizi filmati di attualità realizzata per la proiezione nelle sale cinematografiche.
cinelàndia *s. f.* Il complesso delle persone, degli avvenimenti e degli interessi che ruotano attorno al cinematografo.
cinema *s. m. inv.* ***1*** *Acrt. di cinematografo: andare al —.* ***2*** Cinematografia: *i divi del —.*
cinéma d'essai /*fr.* sine'ma d ɛ'sɛ/ *loc. sost. m. inv.* ***1*** Cinema sperimentale, che si prefigge ricerche formali e strutturali. ***2*** Locale cinematografico per film di particolare valore artistico.
cinemascope /*ingl.* 'siniməskoup/ *s. m. inv.* Sistema di proiezione cinematografica su vasto schermo, fondato sull'uso di speciali obiettivi, con effetti sonori stereofonici.
cinemàtica *s. f.* (*fis.*) Parte della meccanica che studia i moti nei corpi indipendentemente dalle cause che li producono.
cinematiṣmo *s. m.* Qualsiasi complesso di leve, ruote, manovelle e sim., impiegato nella trasmissione del moto.
cinematografàre *v. tr.* (*io cinematògrafo*) Riprendere con la macchina da presa.
cinematografàro *s. m.* Chi si occupa professionalmente di cinema (*spec. iron. o spreg.*).
cinematografia *s. f.* ***1*** Arte e tecnica del riprendere e proiettare, mediante appositi apparecchi, persone e cose in movimento. [→ ill. *cinematografia*] ***2*** Industria cinematografica.
cinematogràfico *agg.* (*pl. m. -ci*) ***1*** Di cinematografo | (*est.*) Di cinematografia. [→ ill. *scuola*] ***2*** (*est.*) Rapido, vivace: *stile —* | (*est.*) Inverosimile, fantastico: *un furto —.*
cinematògrafo *s. m.* ***1*** Sistema di proiezione su schermo di immagini in movimento | Spettacolo che ne deriva. ***2*** (*est.*) Arte e industria di tale forma di spettacolo | (*est.*) Sala cinematografica. ***3*** (*fig.*) Rapido avvicendarsi di episodi e cose diverse: *la vita è un —.*
cinepàrco *s. m.* (*pl. -chi*) Cinematografo all'aperto per spettatori in automobile.
cineprésa *s. f.* Macchina per la ripresa di immagini cinematografiche. [→ ill. *cinematografia*]
cineràma *s. m. inv.* Sistema di proiezione su schermo panoramico consistente nella triplice ripresa e triplice proiezione contemporanea di un film, con effetto tridimensionale.
cinerària *s. f.* Pianta erbacea delle Sinandrali con foglie ricoperte di peluria cinerea nella pagina inferiore e fiori rossi, azzurri o viola.
cineràrio ***A*** *agg.* Di cenere | Che serve a raccogliere o contenere cenere | *Urna cineraria*, in cui si raccolgono i resti della cremazione di un cadavere. ***B*** *s. m.* Parte di una caldaia ove si raccolgono le ceneri.
cinèreo *agg.* ***1*** Che ha un colore grigio simile a quello della cenere | Livido. ***2*** *Luce cinerea*, tenue grigiore visibile, a volte, sulla parte del disco lunare non illuminata dal sole.
cinerino V. *cenerino.*
cineromànẓo *s. m.* Vicenda narrata su riviste, periodici e sim. mediante una serie di fotogrammi completati da fumetti e didascalie.
cinescòpio *s. m.* Tubo a raggi catodici, di forma svasata, la cui parte anteriore forma lo schermo televisivo. [→ ill. *televisione*]
cinése *agg.; anche s. m. e f.* Della Cina. [→ ill. *copricapo*]
cineseria *s. f.* ***1*** *spec. al pl.* Oggetto o motivo ornamentale ispirato al gusto cinese. ***2*** (*spreg.*) Cianfrusaglia. ***3*** (*raro, fig.*) Eccessiva cerimoniosità.
cinèsi-, -cinèsi *primo e secondo elemento*: in parole composte significa 'movimento': *cinesiterapia, cariocinesi.*
cinèṣica *s. f.* Scienza che studia i gesti e gli atteggiamenti del corpo umano.
cineṣiterapìa o *kinesiterapia s. f.* (*med.*) Metodo di cura consistente in ginnastica e massaggi.
cinetèca *s. f.* Raccolta sistematica e organica di pellicole cinematografiche | Locale in cui si trova tale raccolta.
cinètica *s. f.* Studio del meccanismo e della velocità delle reazioni chimiche.
cinètico *agg.* (*pl. m. -ci*) Che riguarda il moto: *energia cinetica* | *Teoria cinetica*, interpretazione delle proprietà di un gas, come effetto del moto delle sue molecole.
cingalése *agg.; anche s. m. e f.* Di Ceylon.
cingere ***A*** *v. tr.* (*pres. io cingo, tu cingi; pass. rem. io cinsi, tu cingésti; part. pass. cinto*) ***1*** Attorniare, circondare, stare o girare intorno a qc. o q.c.: *— una città di mura* | *— d'assedio*, (*fig.*) assediare. ***2*** Avvolgere intorno al corpo, spec. intorno alla testa o alla vita: *— la vita con una fascia* | *— la spada, le armi*, (*fig.*) armarsi | *— la corona*, (*fig.*) diventare re. ***B*** *v. rifl.* Stringersi intorno al corpo, spec. intorno alla testa o alla vita: *cingersi col cordone francescano.*
cinghia o (*tosc.*) *cigna s. f.* ***1*** Striscia o fascia lunga e sottile di pelle, corda o tessuto, per cingere, legare, sostenere e sim. | *Tirare, stringere la —*, (*fig.*) campare a stento, esser costretto a fare economie. [→ ill. *armi, finestra*] ***2*** (*mecc.*) Nastro spec. di cuoio, chiuso ad anello, che collega due pulegge trasmettendo il moto di rotazione dall'una all'altra. [→ ill. *meccanica*]
cinghiàle o (*tosc.*) *cignàle s. m.* ***1*** Mammifero degli Ungulati con zanne formate dai canini inferiori che sporgono dalle labbra ripiegati verso l'alto, pelo ruvido, occhi piccoli, coda corta e attorcigliata. [→ ill. *animali* 18] ***2*** Pelle conciata dell'animale omonimo.
cinghiàre *v. tr.* (*io cìnghio*) ***1*** (*raro*) Stringere con cinghia. ***2*** (*lett.*) Cingere.
cinghiàta *s. f.* Colpo dato con una cinghia.
cinghiatùra *s. f.* ***1*** (*raro*) Operazione del cinghiare. ***2*** (*bot.*) Comparsa di uno strato sugheroso su alcuni frutti.
cingolàto *agg.* Detto di veicolo munito di cingoli: *trattore —.* [→ ill. *astronautica*]
cingolétta *s. f.* Automezzo militare leggero cingolato.
cìngolo *s. m.* ***1*** Cintura, cinto, fascia. ***2*** Cordiglio con cui il sacerdote, nelle funzioni religiose, si cinge il camice. ***3*** Nastro formato da segmenti collegati da ganci, che si applica e si avvolge su due o più ruote di autoveicoli per aumentare l'aderenza e facilitarne la marcia, spec. su terreni difficili. [→ ill. *armi*]
cinguettàre *v. intr.* (*io cinguétto; aus. avere*) ***1*** Emettere un canto lieve e ripetuto, detto dei passeri e di altri uccelli. ***2*** (*est.*) Parlare balbettando | (*est.*) Chiacchierare sommessamente di cose futili.
cinguettio *s. m.* Un cinguettare continuo.
cìnico ***A*** *agg.* (*pl. m. -ci*) ***1*** Che ha i caratteri della filosofia cinica. ***2*** (*fig.*) Che manifesta indifferenza nei confronti di qualsiasi ideale umano e disprezza ogni tradizione o consuetudine. ***3*** (*fig.*) Beffardo: *ciniche risate.* ***B*** *s. m.* (*f. -a* nel sign. 2) ***1*** Chi segue la filosofia cinica. ***2*** (*fig.*) Persona cinica.
ciniglia *s. f.* ***1*** Filato costituito da cordoncino peloso, usato come trama per tessuti morbidi. ***2*** Tessuto fatto

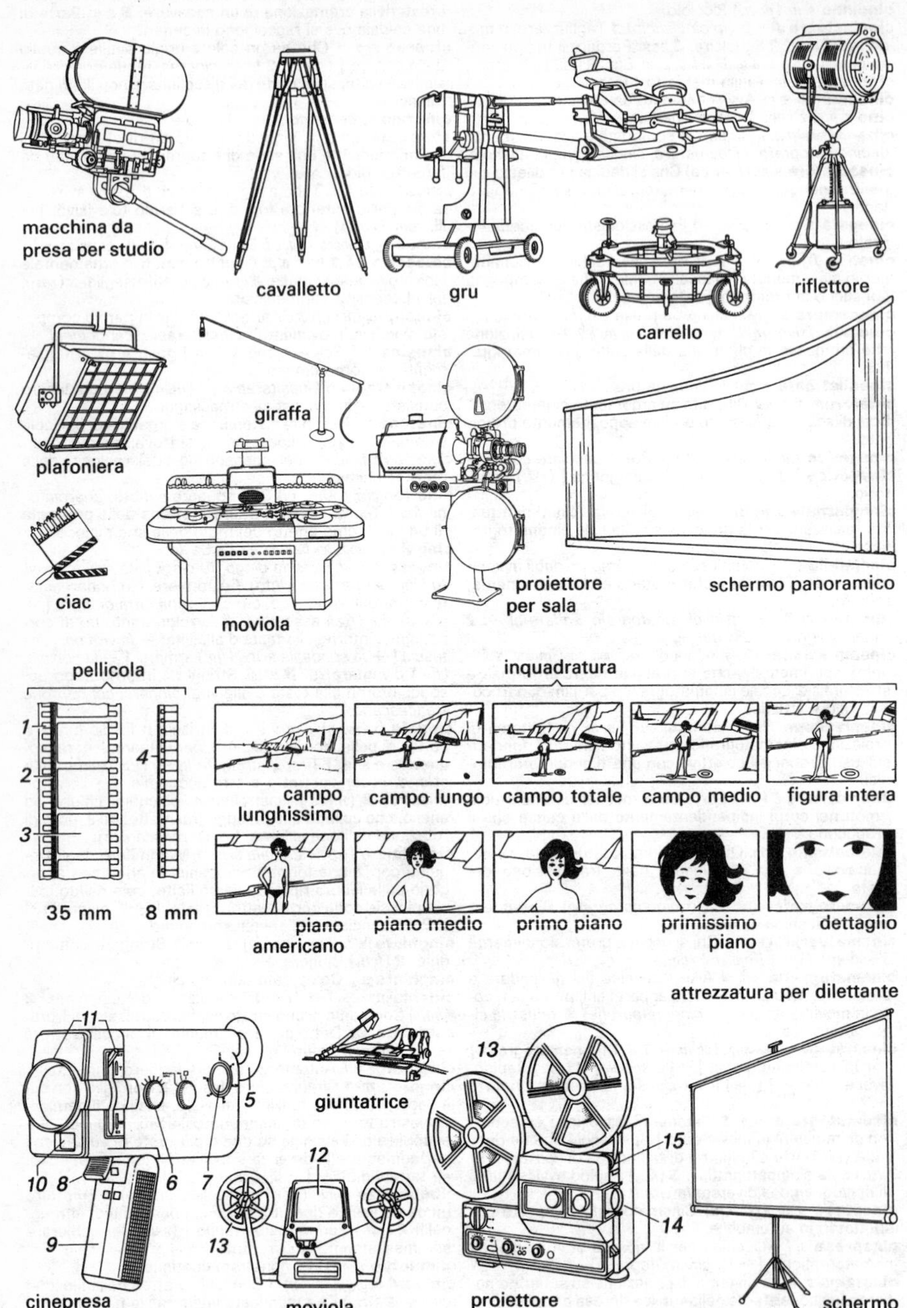

1 perforazione 2 pista ottica 3 fotogramma 4 pista magnetica 5 oculare del mirino 6 regolatore di velocità di ripresa 7 misuratore di pellicola 8 bottone di comando dell'otturatore 9 impugnatura 10 cellula fotoelettrica 11 zoom 12 schermo 13 bobina 14 obiettivo 15 rocchetto trasportatore

con tale filato.

cìnipe *s. m.* Insetto di piccole dimensioni, le cui femmine, introducendo le uova nei tessuti vegetali, determinano la formazione di galle.

cinìşmo *s. m.* ***1*** La filosofia di una scuola socratica fondata ad Atene nel IV sec. a.C., affermatasi come disprezzo delle convenzioni sociali. ***2*** Modo di sentire, di comportarsi e sim., tipico del cinico.

cinnamòmo *s. m.* Pianta delle Lauracee cui appartengono specie che forniscono la cannella e la canfora.

cìno- *primo elemento:* in parole composte dotte significa 'cane': *cinodromo, cinofilo.*

cinocèfalo ***A*** *agg.* (*lett.*) Dalla testa di cane. ***B*** *s. m.* Qualunque grossa scimmia con muso allungato simile a quello del cane.

cinòdromo *s. m.* Impianto per le gare di corsa dei cani.

cinofilìa *s. f.* Affezione per i cani e interesse per i problemi del loro allevamento.

cinòfilo ***A*** *s. m.* (*f. -a*) Chi ama, cura e protegge i cani. ***B*** *agg.* Che è proprio della cinofilia | Che utilizza i cani: *pattuglia cinofila.*

cinquànta [50 nella numerazione araba, L in quella romana] ***A*** *agg. num. card. inv.* Indica una quantità composta di cinque decine. ***B*** *s. m. inv.* Il numero cinquanta e il segno che lo rappresenta.

cinquantenàrio ***A*** *agg.* ***1*** (*raro*) Che ha cinquanta anni. ***2*** (*raro*) Che ricorre ogni cinquant'anni. ***B*** *s. m.* Ricorrenza del cinquantesimo anno da un avvenimento memorabile.

cinquantènne *agg.; anche s. m. e f.* Detto di chi ha cinquant'anni d'età.

cinquantènnio *s. m.* Spazio di tempo di cinquanta anni.

cinquantèşimo ***A*** *agg. num. ord.* Corrispondente al numero cinquanta in una sequenza. ***B*** *s. m.* Ciascuna delle cinquanta parti uguali di una stessa quantità.

cinquantìna *s. f.* ***1*** Serie di cinquanta, o circa cinquanta, unità. ***2*** I cinquant'anni nell'età dell'uomo.

cìnque [5 nella numerazione araba, V in quella romana] ***A*** *agg. num. card. inv.* Indica una quantità composta di quattro unità più una. ***B*** *s. m.* Il numero cinque e il segno che lo rappresenta.

cinquecentésco *agg.* (*pl. m. -schi*) Del sedicesimo secolo.

cinquecentista *s. m.* (*pl. -i*) Scrittore o artista del sedicesimo secolo.

cinquecentìstico *agg.* (*pl. m. -ci*) Del Cinquecento o dei cinquecentisti.

cinquecènto [500 nella numerazione araba, D in quella romana] ***A*** *agg. num. card. inv.* Indica una quantità composta di cinque volte cento unità. ***B*** *s. m.* Il numero cinquecento e il segno che lo rappresenta | *Il Cinquecento*, il secolo XVI. ***C*** *s. f. inv.* Autovettura utilitaria di circa cinquecento cm^3 di cilindrata.

cinquefòglie *s. m. inv.* ***1*** Pianta erbacea perenne delle Rosali con fiori gialli e foglie composte da cinque foglioline dentate. ***2*** (*arald.*) Fiore a cinque petali forato al centro che lascia vedere lo smalto del campo. [→ ill. *araldica*]

cinquènne *agg.* Che ha cinque anni.

cinquìna *s. f.* ***1*** Complesso di cinque cose. ***2*** Cinque numeri estratti sulla stessa ruota nel lotto, sulla stessa fila nella tombola | Giocata di cinque numeri al lotto. ***3*** Paga dei soldati e di compagnie teatrali, ogni cinque giorni.

cìnta *s. f.* ***1*** Cerchia di mura e sim. intorno a un centro abitato | (*est.*) Recinto intorno ad abitazioni, giardini, appezzamenti di terreno: *muro di* — | — *daziaria*, entro la quale si pagavano i dazi di consumo. [→ ill. *castello, giardino pubblico, sport*] ***2*** Cintola.

cintàre *v. tr.* Chiudere intorno con una cinta: — *un giardino.*

cìnto ***A*** *part. pass. di cingere; anche agg.* Circondato | Avvolto intorno. ***B*** *s. m.* Cintura, cintola | — *erniario*, apparecchio per contenere l'ernia.

cìntola *s. f.* ***1*** Cintura | *Tenere q.c. alla* —, appesa alla cintura. ***2*** Parte della vita dove solitamente la cintura stringe le vesti.

cintùra *s. f.* ***1*** Striscia spec. di cuoio o di tessuto che si porta per stringere gli abiti alla vita | (*est.*) Parte in cui un abito si stringe alla vita. [→ ill. *abbigliamento*] ***2*** (*est.*) Punto della vita in cui si è soliti stringere la cintura. ***3*** Nel judo, cintura che, a seconda del colore, indica il grado di preparazione e abilità: *essere una — nera.* ***4*** (*est.*) Oggetto, atto a cingere, adibitò a funzioni di sostegno e sim. | — *di salvataggio*, tipo di salvagente in sughero o gomma gonfiabile, a forma di busto o giubbotto | — *di sicurezza*, che assicura il passeggero al sedile negli aerei e nelle automobili per proteggerlo in caso d'incidente. ***5*** (*fig.*) Zona dotata di particolari caratteristiche, che circonda spec. un centro abitato: *una — di verde; la — industriale di Torino.* ***6*** In vari sport, presa che si fa cingendo l'avversario con entrambe le braccia.

cinturìno *s. m.* Piccola striscia di vari materiali che serve per trattenere o sostenere.

cinturóne *s. m.* Grossa cintura di cuoio o tela, per appendervi la fondina con la pistola o le giberne. [→ ill. *vigili del fuoco*]

cintz V. *chintz.*

ciò *pron. dimostr.* Questa cosa, codesta cosa, quella cosa: — *è vero; non mi importa di tutto* — | *A* —, a questo fine | *Con tutto* —, tuttavia.

ciòcca *s. f.* ***1*** Mucchietto, mazzetto, spec. di capelli. ***2*** (*tosc.*) Ciuffo di foglie, fiori o frutti, attaccati allo stesso ramo.

ciòcco *s. m.* (*pl. -chi*) Grosso pezzo di legno, ceppo da ardere.

cioccolàta *s. f.* ***1*** Cioccolato. ***2*** Bevanda preparata con cacao bollito in acqua o latte.

cioccolatàio *s. m.* (*f. -a*) Cioccolatiere.

cioccolatièra *s. f.* Bricco in cui si prepara la cioccolata.

cioccolatière *s. m.* (*f. -a*) Chi fabbrica o vende cioccolato.

cioccolatìno *s. m.* Piccolo dolce di cioccolato, anche ripieno. [→ ill. *dolciumi*]

cioccolàto *s. m.* Prodotto alimentare costituito da un miscuglio solido di zucchero, cacao e altre sostanze. [→ ill. *dolciumi*]

ciòcia *s. f.* (*pl. -cie*) Calzatura tipica della Ciociaria, tenuta ferma da due legacci intrecciati. [→ ill. *calzatura*]

cioè *avv.* ***1*** Intendo dire, vale a dire, in altre parole (con funzione dichiarativa ed esplicativa): *il treno parte fra quattro minuti, — alle dodici.* ***2*** Ossia, piuttosto (con funzione correttiva): *vengo anch'io, — no, rimango.*

ciómpo *s. m.* A Firenze, nel sec. XIV, lavoratore, salariato, sottoposto a un'Arte, spec. quella della lana: *il tumulto dei ciompi.*

cioncàre *v. tr. e intr.* (*io cióncо, tu ciónchi; aus. avere*) Bere smodatamente.

ciónco *agg.* (*pl. m. -chi*) ***1*** Monco, tronco. ***2*** Di aspetto cadente, per stanchezza.

ciondolàre ***A*** *v. intr.* (*io cióndolo; aus. avere*) ***1*** Penzolare oscillando; SIN. Dondolare, oscillare. ***2*** Reggersi a malapena sulle gambe. ***3*** (*est., fig.*) Perdere tempo, bighellonare. ***B*** *v. tr.* Far penzolare e oscillare q.c.: *ciondolava le gambe.*

cióndolo *s. m.* Ninnolo da appendersi | Parte pendente di un gioiello.

ciondolóne *s. m.* (*f. -a*) ***1*** Persona che bighellona; SIN. Bighellone. ***2*** Individuo sciatto, trasandato.

ciondolóni *avv.* Penzolante verso il basso: *tenere le braccia* —.

ciononostànte *avv.* Malgrado ciò.

ciòtola *s. f.* ***1*** Piccolo recipiente a forma di tazza di legno o terracotta, destinato a vari usi. ***2*** Ciò che è contenuto in una ciotola.

ciottolàta *s. f.* Sassata.

ciòttolo *s. m.* Piccolo sasso tondeggiante, liscio per l'azione levigatrice dell'acqua fluente di fiumi o torrenti | (*est.*) Sasso.

cip (1) *inter.* Riproduce il cinguettio del passero.

cip (2) *s. m. inv.* Nel gioco del poker, la puntata minima.

Ciperàcee *s. f. pl.* Famiglia di piante erbacee delle Liliflore, con fusto triangolare, fiori in spiga, frutto ad achenio. [→ ill. *piante* 17]

cipìglio *s. m.* Increspamento della fronte, con contrazione delle ciglia, in segno di turbamento, irritazione e sim.: *fare* — | (*est.*) Occhiata, espressione adirata, arrogante e sim.: *guardare con* —.

cipólla *s. f.* ***1*** Pianta erbacea delle Liliflore con bulbo a squame carnose, concentriche, dall'odore acuto | (*est.*) Bulbo commestibile di tale pianta. [→ ill. *piante* 16, *verdura*] ***2*** (*est.*) Bulbo di alcune piante, simile a quello della cipolla: *la — dei giacinti.* **3** Oggetto di forma simile alla cipolla: *la — dell'annaffiatoio.* **4** (*fig., scherz.*) Orologio da tasca, grosso e antiquato.

cipollàio *s. m.* (*f. -a* nel sign. 2) **1** Luogo ove si piantano le cipolle. **2** Chi vende cipolle.

cipollàto *agg.* **1** (*raro*) Fatto a sfoglie sottili. **2** Detto di legno che presenta cipollatura.

cipollatùra *s. f.* Difetto del legname consistente nel distacco degli anelli di accrescimento.

cipollìno *s. m.* (*miner.*) Calcare metamorfico usato come pietra ornamentale.

cippo *s. m.* **1** Tronco di colonna o di pilastro, eretto a scopo celebrativo. **2** Pietra un tempo usata per segnare i confini.

cipresséto *s. m.* Luogo ricco di cipressi o piantato a cipressi.

ciprèsso *s. m.* **1** Albero delle Conifere con foglie squamiformi sempreverdi, rami eretti e chioma disposta a piramide. [→ ill. *piante* 1] **2** Legno di tale albero.

cipria *s. f.* Polvere finissima di riso e amido, usata per la cosmesi della pelle. [→ ill. *toilette e cosmesi*]

cipriòta *agg.; anche s. m. e f.* (*pl. m. -i*) Di Cipro.

circa **A** *prep.* A proposito di, intorno a, per quanto riguarda (con il compl. d'argomento): *voglio discutere — quell'affare*; *— la partenza decideremo.* **B** *avv.* Quasi, pressappoco: *— dieci minuti*; *lungo venti metri —.*

circe *s. f.* Seduttrice, lusingatrice (dal nome della famosa maga che coi suoi incanti trasformava gli uomini in bestie).

circènse **A** *agg.* (*lett.*) Dell'antico circo romano. **B** *s. m. al pl.* Spettacoli pubblici dati nell'antico circo romano.

circo *s. m.* (*pl. -chi*) **1** Edificio romano con due lati paralleli e due ricurvi destinati ai giochi pubblici. [→ ill. *monumenti archeologici*] **2** *— equestre*, arena viaggiante, smontabile, ove si danno spettacoli con animali ammaestrati e giochi vari. [→ ill. *circo*] **3** *— glaciale*, conca tondeggiante a fondo ampio e pareti ripide situata alla testata delle valli glaciali.

circo

1 generatore di corrente 2 carrozzone 3 zoo 4 tendone 5 cavi 6 traliccio 7 cupola 8 saettoni 9 fune 10 trapezio volante 11 banchina 12 scaletta 13 antenna 14 palo di giro 15 riflettori 16 orchestra 17 controporta 18 rete 19 gradinate 20 primi posti 21 maneggio 22 pista o arena 23 biglietteria 24 contropalo 25 entrata del pubblico

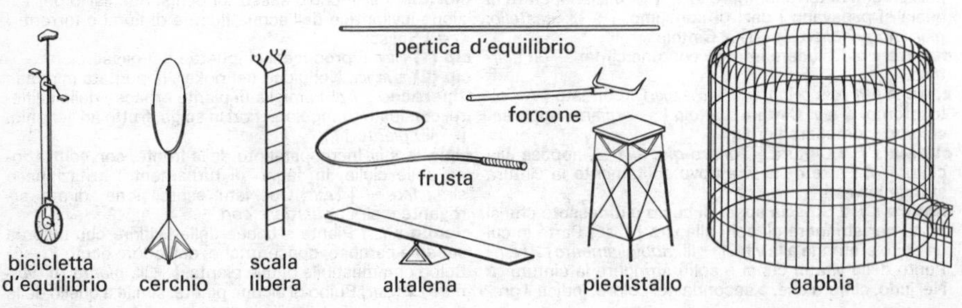

circolànte **A** *part. pres. di circolare; anche agg.* Che circola | *Biblioteca* —, che dà libri in prestito. **B** *s. m.* Complesso dei mezzi di pagamento in circolazione a un dato momento in uno Stato.

circolàre (1) *v. intr.* (*io circolo; aus. avere e essere*) **1** Muoversi circolarmente, girare attorno | (*est.*) Muoversi da un luogo all'altro, spec. nel traffico stradale: *i veicoli circolano lentamente* | (*gerg.*) Allontanarsi. **2** Fluire del sangue dal cuore nelle arterie e nelle vene. **3** (*est.*) Passare dall'una all'altra persona, di mano in mano: *il volume circolò per tutta la classe.* **4** (*est.*) Diffondersi, detto di notizie e idee.

circolàre (2) **A** *agg.* **1** Che ha forma di circolo: *tracciato — di una pista.* **2** (*geom.*) Che riguarda il cerchio: *corona, segmento, settore —.* **3** *Lettera* —, inviata a più persone, e contenente le medesime istruzioni. **B** *s. f.* **1** Lettera circolare. **2** Linea di autobus con percorso ad anello.

circolarménte *avv.* In senso circolare.

circolatòrio *agg.* Che si riferisce alla circolazione, spec. del sangue: *apparato —.*

circolazióne *s. f.* **1** Movimento, spec. in senso circolare | Spostamento da un luogo all'altro | — *stradale*, complesso dei fenomeni relativi al traffico dei mezzi di trasporto | *Tassa di* —, dovuta dai proprietari dei veicoli circolanti su strade o acque pubbliche | *Carta di* —, documento che autorizza la circolazione di uno specifico veicolo a motore | (*est.*) Diffusione di notizie, idee e sim. **2** Movimento dei beni e dei mezzi monetari che avviene nelle diverse fasi dei processi economici, per effetto dello scambio | *Mettere in* —, dare corso legale alla moneta e (*fig.*) propagare una notizia o un'idea | *Togliere dalla* —, togliere dal corso legale la moneta e (*fig.*) fare scomparire q.c. o qc. **3** (*anat.*) Flusso del sangue e della linfa nei vasi: — *sanguigna.*

circolo *s. m.* **1** Cerchio, circonferenza. **2** *spec. al pl.* Ciascuna delle circonferenze che si immaginano sulla superficie della sfera celeste e terrestre, per determinare posizioni di astri o punti sulla terra | — *equatoriale*, l'equatore | — *massimo*, l'equatore e ciascuno dei meridiani | *Circoli polari*, paralleli che limitano le due calotte polari. [→ ill. *geografia*] **3** Ufficio circoscrizionale: — *di una corte d'assise.* **4** (*filos.*) — *vizioso*, tipo di ragionamento che consiste nel dimostrare un argomento con l'argomento stesso che deve essere dimostrato; (*fig.*) situazione irresolubile. **5** Associazione costituita con precisi scopi, e luogo in cui essa ha sede: — *di cultura.* **6** *al pl.* Insieme di persone che vivono e operano abitualmente in uno stesso ambito: *i circoli letterari della capitale*; SIN. Cenacolo, cerchia, club.

circoncìdere *v. tr.* (*coniug. come incidere*) Sottoporre a circoncisione.

circoncisióne *s. f.* Escissione chirurgica totale o parziale del prepuzio, spec. praticata a scopo rituale da Israeliti, Musulmani e popoli allo stato di natura | *Festa della* —, commemorazione liturgica della Circoncisione di Gesù (1° gennaio).

circondàbile *agg.* Che si può circondare.

circondàre **A** *v. tr.* (*io circóndo*) Cingere da ogni parte, chiudere tutt'intorno (*anche fig.*): — *l'orto con uno steccato*; *lo circondarono di gentilezze*; SIN. Accerchiare. **B** *v. rifl.* Attorniarsi: *circondarsi di amici.*

circondàrio *s. m.* **1** (*gener.*) Circoscrizione amministrativa | (*dir.*) Circoscrizione giudiziaria di un tribunale. **2** Territorio circostante q.c.

circondùrre *v. tr.* (*coniug. come condurre*) **1** (*raro*) Condurre, girare intorno. **2** (*fig., raro*) Raggirare, circuire.

circonduzióne *s. f.* Nella ginnastica, movimento di rotazione degli arti, del busto o del capo.

circonferènza *s. f.* **1** Curva, perimetro del cerchio, i cui punti sono tutti equidistanti da un punto fisso, detto *centro.* **2** (*est.*) Linea che delimita i confini di un luogo: *la — delle aree fabbricabili.*

circonflessióne *s. f.* Piegatura ad arco.

circonflèsso *part. pass. di circonflettere; anche agg.* **1** Piegato a cerchio. **2** *Accento* —, accento di forma angolare, usato in italiano per indicare la contrazione di vocali: es. *sazî, pl. di sazio.* (V. nota d'uso ACCENTO)

circonflèttere *v. tr.* (*coniug. come flettere*) **1** Flettere a cerchio. **2** Munire di accento circonflesso.

circonfóndere *v. tr.* (*coniug. come fondere*) (*lett.*) Circondare, pervadere d'aria, luce e sim.

circonlocuzióne *s. f.* Giro di parole | Perifrasi.

circonvallazióne *s. f.* **1** Linea continua di fortificazioni campali posta intorno alla zona assediata. **2** Strada che gira attorno a una città. [→ ill. *strada*]

circonvenire *v. tr.* (*coniug. come venire*) Insidiare, raggirare: — *un incapace.*

circonvenzióne *s. f.* Atto del circonvenire | Raggiro.

circonvicino *agg.* Che è nelle vicinanze.

circonvoluzióne *s. f.* **1** Avvolgimento attorno a un centro comune. **2** (*anat.*) Piega della corteccia cerebrale. [→ ill. *anatomia umana*]

circoscritto *part. pass. di circoscrivere; anche agg.* **1** Di poligono i cui lati siano tutti tangenti a una circonferenza interna | *Cerchio* —, la cui circonferenza tocchi tutti i vertici di un poligono interno. **2** (*fig.*) Contenuto, limitato: *ambiente —.*

circoscrivere *v. tr.* (*coniug. come scrivere*) **1** (*mat.*) Tracciare una figura geometrica, che, rispetto a un'altra data, la contenga toccandola: — *un poligono a un cerchio.* **2** (*est.*) Contenere entro determinati limiti (*anche fig.*): — *un territorio*; SIN. Delimitare.

circoscrizionàle *agg.* Di circoscrizione.

circoscrizióne *s. f.* **1** (*raro*) Operazione del circoscrivere. **2** Ripartizione del territorio statale per fini amministrativi.

circospètto *agg.* Che agisce con cautela, con prudenza | Che dimostra cautela, prudenza: *parole circospette*; SIN. Cauto, guardingo, prudente.

circospezióne *s. f.* Cautela, prudenza.

circostànte **A** *agg.* Che sta intorno, vicino. **B** *s. m. al pl.* Persone che stanno intorno.

circostànza *s. f.* **1** Insieme di condizioni oggettive che concorrono a determinare azioni, decisioni e sim. | — *del reato*, elemento eventuale del reato che aggrava o attenua la pena prevista dalla legge: — *aggravante*; — *attenuante*; SIN. Condizione, contingenza. **2** Caso, occasione: *una — favorevole.*

circostanziàre *v. tr.* (*io circostànzio*) Riferire tutte le circostanze di un fatto; SIN. Precisare.

circuire *v. tr.* (*io circuisco, tu circuisci*) **1** (*raro, lett.*) Girare intorno. **2** (*fig.*) Trarre in inganno qc. circondandolo di lusinghe, raggiri e sim.; SIN. Raggirare.

circùito o (*evit.*) *circuito s. m.* **1** Linea chiusa su se stessa. **2** Tracciato nel quale il punto di partenza e il punto di arrivo coincidono: — *di gara* | (*est.*) Gara che si svolge su tale tipo di percorso. **3** Sistema di conduttori e di apparecchi predisposto per essere percorso da corrente elettrica | — *chiuso*, qualsiasi percorso o anello lungo il quale la corrente può circolare senza interruzione; (*est.*) in varie tecnologie, impianto senza soluzione di continuità: *televisione a — chiuso* | — *magnetico*, via seguita dalle linee di un campo magnetico che si chiude su se stesso. [→ ill. *elettronica*] **4** Gruppo di sale cinematografiche gestite da un medesimo proprietario.

circuizióne *s. f.* **1** (*raro*) Raggiro, inganno. **2** Perifrasi, circonlocuzione.

circum- *prefisso*: significa 'intorno': *circumnavigazione, circumvesuviano.*

circumnavigàre *v. tr.* (*io circumnàvigo, tu circumnàvighi*) Compiere il periplo di un continente o della Terra: — *l'Africa.*

circumnavigatóre *s. m.* Chi compie una circumnavigazione.

circumnavigazióne *s. f.* Viaggio marittimo attorno a un continente o a un'isola; SIN. Periplo.

circumpadàno *agg.* Che sta attorno al Po.

circumpolàre *agg.* Che sta attorno al polo artico o all'antartico.

circumveșuviàno *agg.* Di via che si snoda, di territorio che sta, tutt'attorno al Vesuvio.

ciré /*fr.* si're/ *s. m. inv.* (*pl. fr. cirés* /si're/) Tessuto trattato con sostanze cerose lucido e liscio solo su una faccia.

cirenèo *s. m.* **1** Abitante di Cirene. **2** (*fig.*) Chi si assume un incarico particolarmente gravoso (dal nome di *Il Cireneo*, per anton. Simone da Cirene, che aiutò Cristo a portare la croce).

cirillico *agg.* (*pl. m. -ci*) Detto dei caratteri di scrittura propri di alcune lingue slave.

ciripà *s. m.* Pezza di tessuto morbido, triangolare, che viene avvolto attorno ai fianchi del neonato a scopo protettivo e assorbente. [→ ill. *puericultura*]
cirnèco *s. m.* (*pl.* *-chi*) Cane siciliano di piccola taglia, adatto alla caccia, con pelo raso sulla testa e sugli arti, semilungo sul tronco e sulla coda. [→ ill. *cane*]
cirro *s. m.* **1** Nube isolata a forma di filamenti, bianca, d'aspetto fibroso e lucentezza serica. [→ ill. *meteorologia*] **2** Organo tattile e di movimento presente in alcuni animali marini. **3** Viticcio. **4** (*lett.*) Ricciolo.
cirrocùmulo *s. m.* Nube stratificata composta di piccoli fiocchi bianchi disposti in gruppi. [→ ill. *meteorologia*]
cirròṣi *s. f.* (*med.*) Indurimento, sclerosi di un organo, spec. del fegato: — *epatica*.
cirrostràto *s. m.* Nube stratificata costituita di cristalli di ghiaccio, simile a un velo sottile. [→ ill. *meteorologia*]
cirròtico *agg.; anche s. m.* (*f.* *-a; pl. m. -ci*) Affetto da cirrosi.
cis- *pref.*: indica 'di qua da' rispetto a un dato punto di riferimento: *cislunare, cispadano*.
ciṣalpino *agg.* Situato al di qua delle Alpi, rispetto a Roma: *Gallia cisalpina*; CONTR. Transalpino.
ciṣmarino *agg.* Che sta al di qua del mare.
ciṣmontàno *agg.* Che sta al di qua dei monti; SIN. Citramontano.
cìspa *s. f.* Prodotto viscoso di secrezione delle ghiandole palpebrali, che si deposita fra le palpebre, spec. durante il sonno.
cispadàno *agg.* Che sta al di qua del Po, rispetto a Roma; CONTR. Transpadano.
cispositā *s. f.* L'essere cisposo.
cispóso *agg.* Pieno di cispa.
cista *s. f.* Antico vaso con coperchio, spec. cilindrico, per custodire capi di biancheria o da toeletta.
ciste V. *cisti*.
cistectomìa *s. f.* Asportazione chirurgica della vescica urinaria.
cistercènse *agg.* Dell'ordine fondato a Citeaux da Roberto di Molesme.
cistèrna ***A*** *s. f.* Serbatoio, di solito interrato, nel quale si raccoglie e conserva l'acqua piovana | (*est.*) Grande serbatoio per vari liquidi: *una — di nafta*. ***B*** *in funzione di agg. inv.* (*posposto a un s.*) Detto di mezzo adibito al trasporto di liquidi vari: *aereo, auto, carro, nave —*. [→ ill. *ferrovia, marina, petrolio*]
cìsti o *ciste s. f.* (*med.*) Cavità a pareti proprie contenente varie sostanze.
cisticèrco *s. m.* (*pl.* *-chi*) Stadio larvale di alcuni platelminti parassiti, che si trova nel tessuto muscolare, nel fegato o in altri organi di animali infettati.
cisticercòṣi *s. f.* Infestazione da cisticerco, che può annidarsi in svariati organi.
cìstico *agg.* (*pl. m.* *-ci*) Di cisti.
cistifèllea *s. f.* (*anat.*) Vescichetta a forma di pera allungata applicata alla faccia inferiore del fegato, in cui si raccoglie la bile; SIN. Colecisti.
cistite *s. f.* Infiammazione della vescica urinaria.
cistoscopìa *s. f.* Esame ottico diretto della vescica urinaria.
citàbile *agg.* Che si può citare.
citànte *part. pres. di citare; anche agg. e s. m. e f.* Detto di chi cita qc. in tribunale.
citàre *v. tr.* **1** Chiamare a intervenire in un giudizio civile: — *un debitore moroso davanti al Tribunale*. **2** (*est.*) Riferire testualmente q.c., a sostegno delle proprie ragioni, per fini esemplificativi e sim.: — *un passo di Dante, il testo di una legge*; SIN. Riportare. **3** (*est.*) Indicare: — *a modello*.
citarèdo *s. m.* (*f.* *-a*) (*lett.*) Cantore che accompagnava il suo canto col suono della cetra.
citarista *s. m. e f.* (*pl. m.* *-i*) (*lett.*) Suonatore di cetra.
citaristica *s. f.* Arte di suonare la cetra.
citazióne *s. f.* **1** Atto processuale di parte con cui si intima a qc. di presentarsi in giudizio a una determinata udienza: *decreto di —*. **2** Riproduzione testuale di parole altrui | Riferimento o richiamo a documenti, testi e sim. **3** Menzione di una persona per motivi particolari: — *al merito*.
citerèa *s. f.* Nella mitologia classica, appellativo di Afrodite.
citerióre *agg.* Posto di qua da un determinato limite o confine; CONTR. Ulteriore.
citiṣo *s. m.* Piccolo albero delle Papilionacee con fiori gialli in grappoli; SIN. Maggiociondolo.
cito-, -cito o *-cita primo e secondo elemento*: in parole composte scientifiche significa 'cellula': *citoplasma, leucocita, linfocito*.
citochìmica *s. f.* Parte della biologia cellulare che studia la sostanza vivente con analisi chimiche e fisico-chimiche.
citocròmo o *citòcromo s. m.* Enzima presente nelle cellule e nei batteri.
citofonàre *v. intr.* (*aus. avere*) Comunicare per citofono con qc.
citòfono *s. m.* Apparecchio telefonico interno che mette in comunicazione spec. un appartamento con la portineria o con il portone d'ingresso. [→ ill. *telefonia*]
citogèneṣi *s. f.* Origine e sviluppo della cellula.
citogenètica *s. f.* Branca della genetica che studia i geni e i cromosomi, componenti cellulari dell'eredità.
citologìa *s. f.* (*pl.* *-gie*) Branca della biologia che studia la struttura e le funzioni delle cellule.
citològico *agg.* (*pl. m.* *-ci*) Che si riferisce alla cellula | Che riguarda la citologia.
citòlogo *s. m.* (*pl.* *-gi*) Studioso di citologia.
citoplàṣma *s. m.* (*pl.* *-i*) Protoplasma contenuto nella cellula, escluso il nucleo. [→ ill. *cellula*]
citramontàno *agg.* (*raro*) Cismontano.
citràto *s. m.* Sale dell'acido citrico | — *di magnesia effervescente*, miscela purgativa formata usualmente da carbonato di magnesio, dagli acidi citrico e tartarico, da saccarosio e da oli essenziali.
citrico *agg.* (*pl. m.* *-ci*) Detto di composto ricavato spec. dal sugo degli agrumi | *Acido* —, usato in medicina e nella preparazione di bibite.
citrino *agg.* (*lett.*) Che ha un colore giallo verdastro simile a quello del cedro.
citrullàggine *s. f.* **1** Stupidità. **2** Azione o discorso da citrullo.
citrullerìa *s. f.* Citrullaggine.
citrùllo *agg.; anche s. m.* (*f.* *-a*) Sciocco, grullo.
città *s. f.* **1** Centro di vita sociale, notevole sia per il numero degli abitanti sia per la capacità di adempiere molteplici funzioni economiche, politiche, culturali, religiose e sim.: *le strade, i monumenti della —*; *il centro della —*; — *industriale, agricola* | — *capitale*, in cui ha sede il governo dello Stato | — *della Lanterna*, Genova | — *della Mole* (*Antonelliana*), Torino | — *delle Cinque Giornate, della Madonnina*, Milano | — *del Santo*, Padova | — *della Laguna*, Venezia | — *delle Due Torri*, Bologna | — *del Fiore, del Giglio*, Firenze | — *dei Cesari, eterna, dei sette colli*, Roma | — *del Vespro, dei Vespri*, Palermo | — *aperta*, in un conflitto, quella, priva di fortificazioni e attrezzature militari, che i belligeranti convengono di mantenere indenne da azioni belliche. [→ ill. *araldica*] **2** Parte, quartiere della città | — *degli studi, universitaria*, insieme di edifici e attrezzature universitarie riuniti in un solo quartiere | — *giardino*, quartiere residenziale in cui gli edifici sono circondati da giardini e viali alberati | — *satellite*, quartiere periferico residenziale. **3** (*est.*) Gli abitanti della città: *una — allegra*; SIN. Cittadinanza, popolazione. **4** Convivenza civile, collettività, comunità (*anche fig.*) | — *dei ragazzi*, istituzione assistenziale per giovani orfani o traviati.
cittadèlla *s. f.* **1** Fortezza dove si trovano le principali opere di difesa della città rinascimentale. **2** (*fig.*) Baluardo, sostegno.
cittadinànza *s. f.* **1** Insieme degli abitanti di una città; SIN. Città. **2** (*dir.*) Appartenenza del singolo a uno Stato: *certificato di —*.
cittadino ***A*** *agg.* Pertinente alla città: *vie cittadine*; SIN. Civico. ***B*** *s. m.* (*f.* *-a*) **1** Chi appartiene alla collettività di uno Stato e come tale è titolare dei diritti e soggetto ai doveri stabiliti dalla legge. **2** Abitante di una città: — *di Bologna*; — *bolognese* | *Primo* —, in un comune, il Sindaco.
city /*ingl.* 'siti/ *s. f. inv.* (*pl. ingl. cities* /'sitiz/) Centro politico e finanziario di una metropoli.
ciùcca *s. f.* (*pop.*) Sbornia, ubriacatura.
ciucciàre *v. tr. e intr.* (*io ciùccio; aus. avere*) (*fam., pop.*) Succhiare.

ciùccio (1) *s. m.* Tettarella di gomma per lattanti.

ciùccio (2) *s. m.* (*merid.*) Asino.

ciuchésco *agg.* (*pl. m. -schi*) Da ciuco.

ciùco *s. m.* (*f. -a, pl. m. -chi*) **1** Asino. **2** (*fig.*) Persona ignorante, poco intelligente o maleducata.

ciùffo *s. m.* **1** Ciocca di capelli | (*est.*) Ciocca di peli o penne che crescono sul capo di vari animali. [→ ill. *acconciatura*] **2** (*est.*) Cespuglio, gruppo di piante: *un — d'erba.*

ciuffolòtto *s. m.* Piccolo uccello dal piumaggio denso, soffice, rigonfio, variamente colorato. [→ ill. *animali* 13]

ciurlàre *v. intr.* (*aus. avere*) Tentennare, vacillare, *nella loc.* (*fam., fig.*) *— nel manico*, sottrarsi a una promessa con raggiri o rinvii. [→ tav. *locuzioni* 23]

ciùrma *s. f.* **1** Insieme dei rematori delle antiche galee | (*est.*) Basso personale di una nave. **2** (*fig.*) Marmaglia, gentaglia.

ciurmàglia *s. f.* Gruppo di persone spregevoli, che si comportano in modo riprovevole; SIN. Gentaglia, marmaglia.

ciurmàre *v. tr.* Ingannare con frottole e imposture.

ciurmatóre *s. m.* (*raro*) Imbroglione.

ciurmerìa *s. f.* (*raro*) Inganno, raggiro.

civàia *s. f.* (*raro*) *spec. al pl.* Ogni specie di legume secco commestibile.

civet /*fr.* si'vɛ/ *s. m. inv.* (*pl. fr. civets* /si'vɛ/) Intingolo a base di vino, sangue, verdure varie e spezie, per selvaggina.

civétta *s. f.* **1** Uccello rapace notturno, con capo grosso, becco adunco, occhi gialli, piumaggio bruno-grigio macchiato di bianco: si ammaestra e si usa come richiamo per attirare uccelli | *Far —*, abbassare il capo per schivare un colpo. [→ ill. *animali* 14] **2** (*fig.*) Donna fatua e vanitosa che vuole attrarre l'attenzione degli uomini. **3** Manifesto di formato ridotto che le edicole espongono per attirare l'attenzione su articoli e notizie di un giornale; SIN. Locandina.

civettàre *v. intr.* (*io civétto; aus. avere*) Attirare gli uomini facendo la civetta.

civetterìa *s. f.* Modo lezioso di comportarsi per attrarre l'attenzione e l'ammirazione altrui.

civettóne *s. m.* (*f. -a*) **1** *Accr. di civetta.* **2** (*fig.*) Uomo vanesio e donnaiolo.

civettuòlo *agg.* **1** Che manifesta civetteria. **2** Di chi (o di ciò che) è grazioso, ma con civetteria.

cìvico *agg.* (*pl. m. -ci*) **1** Pertinente alla città, alla cittadinanza, al cittadino in quanto abitante di una città: *banda civica*; *museo —*; SIN. Cittadino, comunale, municipale. [→ ill. *strada*] **2** Pertinente al cittadino in quanto membro di uno Stato o di una comunità politica: *dovere, senso —*.

civìle A *agg.* **1** Pertinente al cittadino in quanto membro di uno Stato o di una comunità politica: *istituzioni civili* | *Vita —, vivere —, convivenza —*, complesso dei rapporti fra cittadini, e delle norme che li regolano | *Valore —*, quello di cui si dà prova affrontando un grave pericolo per fini altruistici | *Diritto —*, complesso degli atti legislativi disciplinanti lo stato delle persone e dei loro beni | *Diritti civili*, che tutelano il cittadino in quanto tale | *Stato —*, condizione personale del cittadino; (*est.*) ufficio in cui sono conservati i registri attestanti lo stato civile dei cittadini di ogni comune | *Guerra —*, tra cittadini, all'interno di uno stesso Stato. **2** In contrapposizione a *ecclesiastico, militare, religioso*: *autorità —* | *Abito —*, borghese. **3** Che ha raggiunto un elevato grado di sviluppo sociale, politico, economico, tecnologico: *nazione, popolo —*. **4** Che ha modi educati, cortesi: *famiglia —*; *persona —*. **B** *s. m.* Privato cittadino, borghese.

civilìsta *s. m. e f.* (*pl. m. -i*) Giurista che si occupa di diritto civile.

civilizzàre A *v. tr.* Incivilire. **B** *v. rifl.* Perdere rozzezza e rusticità.

civilizzatóre A *s. m.* (*f. -trice*) Chi civilizza. **B** *anche agg.*

civilizzazióne *s. f.* **1** Incivilimento. **2** Civiltà | Costume, vita civile.

civilménte *avv.* Secondo le consuetudini e le norme civili | In modo educato.

civiltà *s. f.* **1** Complesso delle strutture e degli sviluppi sociali, politici, economici, culturali che caratterizzano la società umana | Strutture culturali che caratterizzano una data società o un dato periodo nella storia della società: *— antica, moderna*; CONTR. Barbarie. **2** Progresso: *grado di —*. **3** Gentilezza, buona educazione.

civismo *s. m.* Complesso delle virtù caratteristiche del buon cittadino.

clacchìsta *s. m. e f.* (*pl. m. -i*) Chi fa parte di una claque.

clàcson o *clàxon s. m. inv.* Negli autoveicoli, avvisatore acustico.

cladòceri *s. m. pl.* Ordine di Crostacei d'acqua dolce, di piccole dimensioni.

cladòdio *s. m.* Fusto o ramo modificato con funzione di foglia. [→ ill. *botanica*]

clamidàto *agg.* **1** Che indossa la clamide. **2** (*bot.*) *Fiore —*, provvisto di perianzio.

clàmide *s. f.* **1** Corto mantello spec. militare affibbiato sulla spalla destra, indossato sulla tunica dai Greci e dai Romani. [→ ill. *vesti*] **2** (*lett.*) Manto.

clamóre *s. m.* **1** Forte rumore, o complesso di rumori diversi, prodotto da persone o cose; SIN. Frastuono, strepito. **2** (*est.*) Vivo interesse, diffusa curiosità: *destare, suscitare —*; SIN. Chiasso, scalpore.

clamoróso *agg.* **1** Che è caratterizzato da clamore: *alterco —*; SIN. Chiassoso. **2** Che desta scalpore, che fa parlare di sé: *processo —*.

clan *s. m. inv.* **1** Fra alcuni popoli della Scozia, raggruppamento formato dai discendenti in linea maschile da un unico progenitore | (*etn.*) Gruppo che deriva da discendenza comune. **2** (*est.*) Gruppo di persone legate da interessi comuni.

clandestinità *s. f.* Stato di clandestino.

clandestìno A *agg.* Che si fa in segreto: *matrimonio —* | Che si fa in segreto e contro precisi divieti: *pubblicazione clandestina.* **B** *s. m.* (*f. -a*) Passeggero imbarcato nascostamente su nave o aereo.

clangóre *s. m.* (*lett.*) Strepito, suono squillante, spec. di trombe.

claque /*fr.* klak/ *s. f. inv.* (*pl. fr. claques* /klak/) In un teatro, gruppo di spettatori che applaude a comando in cambio dell'ingresso gratuito.

clarinettìsta *s. m. e f.* (*pl. m. -i*) Chi suona il clarinetto.

clarinétto *s. m.* Strumento a fiato costituito da un tubo cilindrico di legno, munito di un bocchino ad ancia semplice nella parte superiore, e di una campana al termine del tubo. [→ ill. *strumenti musicali*]

clarinìsta *s. m. e f.* (*pl. m. -i*) Chi suona il clarino.

clarìno *s. m.* **1** Tipo di tromba del XVII e XVIII sec. **2** Clarinetto.

clarìssa *s. f.* Suora dell'ordine francescano di clausura.

clàsse *s. f.* **1** Gruppo umano caratterizzato da una stessa situazione economica e sociale: *— capitalistica, borghese, operaia* | *Lotta di —*, per il marxismo, conflitto fra le classi sociali provocato da un contrasto di interessi pratici | (*est.*) Insieme di persone esercitanti la medesima professione: *la — medica, degli artisti.* **2** Gruppo di entità di varia natura con caratteristiche comuni: *la — dei sostantivi, dei verbi irregolari in italiano* | (*biol.*) Nella tassonomia animale e vegetale, gruppo formato da uno o più ordini: *la — dei Vertebrati*; *la — delle Dicotiledoni.* **3** Insieme dei soldati di una stessa leva: *la — del '99* | *— di leva*, insieme dei cittadini che a una certa età diventano soggetti agli obblighi militari. **4** (*est.*) Raggruppamento degli alunni di una scuola secondo il grado di studio o la materia: *la quinta —*; *la — di francese* | (*est.*) Tutti gli alunni dello stesso corso: *— mista* | (*est.*) Aula in cui gli alunni ascoltano le lezioni: *entrare in —*. [→ ill. *scuola*] **5** (*est.*) Ripartizione fondata su differenze nelle attrezzature e nei servizi, valida sui mezzi di trasporto aerei, terrestri, marittimi e sim.: *carrozza di seconda —*; SIN. Categoria. **6** (*fig.*) Ottima qualità, eccellenza di doti | *Di gran —*, di notevole pregio | *Fuori —*, dotato di qualità eccezionali. **7** Insieme di enti matematici aventi proprietà comuni: *la — dei numeri interi* | *— di grandezze*, insieme di grandezze omogenee.

classiàrio *s. m.* Soldato della flotta romana.

classicheggiàre *v. intr.* (*io classicheggio; aus. avere*) Imitare i classici in arte o in letteratura.

classicismo *s. m.* **1** Qualità di classico. **2** Teoria artistica che pone come regola fondamentale dell'arte l'imitazione dei classici.

classicista *s. m. e f.* (*pl. m. -i*) **1** Chi segue il classicismo. **2** Chi studia l'antichità classica.
classicìstico *agg.* (*pl. m. -ci*) Che è proprio del classicismo o dei classicisti.
classicità *s. f.* **1** Canoni estetici o gusto artistico ispirati al mondo classico. **2** Il mondo dell'antichità greca e latina.
clàssico **A** *agg.* (*pl. m. -ci*) **1** Che è pertinente alla civiltà greca e latina: *arte classica.* **2** Che è considerato modello di stile, detto di opera o di artista. **3** (*fis.*) Non quantistico, non relativistico: *meccanica classica.* **4** Tipico: *è la classica gaffe* | Tradizionale: *linea, moda classica.* **B** *s. m.* **1** Opera o artista di alto valore artistico e culturale: *i classici russi dell'Ottocento.* **2** *al pl.* (*per anton.*) Gli scrittori greci e latini.
classìfica *s. f.* **1** Graduatoria per ordine di merito dei partecipanti a una competizione sportiva. **2** Graduatoria dei partecipanti a una gara o a un concorso, secondo l'esito: *la — degli abilitati.*
classificàbile *agg.* Che si può classificare; CONTR. Inclassificabile.
classificàre **A** *v. tr.* (*io classìfico, tu classìfichi*) **1** Ordinare per classi: *— libri.* **2** (*est.*) Valutare mediante un voto o un parere il merito di uno scolaro o di un compito. **B** *v. intr. pron.* Ottenere un certo posto in una classifica: *classificarsi primo.*
classificatóre *s. m.* **1** Chi classifica. **2** Cartella o mobile per contenere fogli e documenti. [→ ill. *ufficio*]
classificazióne *s. f.* **1** Ordinamento, ripartizione, in classi, gruppi, categorie e sim. **2** (*est.*) Valutazione di persone o cose.
classismo *s. m.* Teoria secondo cui la storia delle civiltà appare come il risultato della lotta fra le classi sociali.
classista **A** *agg.* (*pl. m. -i*) Classistico. **B** *s. m. e f.* (*pl. m. -i*) Chi accetta il classismo.
classìstico *agg.* (*pl. m. -ci*) Relativo al classismo.
clàstico *agg.* (*pl. m. -ci*) Detto di roccia costituita di frammenti di rocce preesistenti.
claudicànte *part. pres. di claudicare; anche agg.* **1** Che zoppica. **2** (*fig.*) Difettoso, imperfetto.
claudicàre *v. intr.* (*io clàudico, tu clàudichi; aus. avere*) (*lett.*) Zoppicare.
claudicazióne *s. f.* Passo zoppicante.
claunésco o *clownésco* *agg.* (*pl. m. -schi*) Che ricorda la mimica e l'arte del clown.
clàusola *s. f.* **1** Proposizione inserita per volontà delle parti o della legge in contratti, testamenti, atti legali e sim. per definirli o completarli in qualche loro parte. **2** (*est.*) Inciso.
claustràle *agg.* Del chiostro.
claustrofobìa *s. f.* Timore morboso degli spazi chiusi.
clausùra *s. f.* Regola che vieta a monaci e a monache di alcuni ordini di uscire dal chiostro | Divieto imposto agli uomini di entrare in monasteri femminili e alle donne di entrare in conventi maschili | Parte del convento sottoposta a questi divieti.
clàva *s. f.* **1** Bastone grosso e corto, arrotondato verso l'estremità, usato come arma dai primitivi | (*est.*) Grosso bastone. [→ ill. *armi*] **2** Mazza di guerra con testa di ferro munita di borchie. **3** Nella ginnastica, attrezzo in legno a forma di bottiglia. [→ ill. *sport*]
clavària *s. f.* Fungo con corpo fruttifero ramificato, commestibile quando non è ancora maturo; SIN. (*pop.*) Ditola, manina. [→ ill. *fungo*]
clavicembalìsta *s. m. e f.* (*pl. m. -i*) **1** Chi suona il clavicembalo. **2** Chi compone musica per clavicembalo.
clavicembalìstica *s. f.* Arte di suonare il clavicembalo o di comporre musiche per esso.
clavicémbalo *s. m.* Strumento a corde pizzicate con plettri azionati da una tastiera. [→ ill. *strumenti musicali*]
clavìcola *s. f.* (*anat.*) Osso della cintura toracica che va dallo sterno alla scapola. [→ ill. *anatomia umana*]
clavicòrdo *s. m.* Strumento a tastiera, progenitore del pianoforte.
clàxon V. *clacson.*
clearing /*ingl.* 'kliəriŋ/ *s. m. inv.* (*econ.*) Compensazione dei debiti per le importazioni coi crediti per le esportazioni, pattuita fra due Stati.
cleistògamo *agg.* Detto di fiore che rimane chiuso.
clemàtide *s. f.* Pianta erbacea rampicante delle Policarpali con fiori privi di corolla, ma con calice vistosamente colorato.
clemènte *agg.* **1** Che perdona con facilità; SIN. Indulgente, mite. **2** Mite, detto di stagione o di clima. ● CONTR. Inclemente.
clemènza *s. f.* Qualità di chi è clemente; SIN. Indulgenza | Mitezza del tempo.
cleptòmane *agg.; anche s. m. e f.* Affetto da cleptomania.
cleptomanìa *s. f.* Impulso ossessivo e irrefrenabile a rubare.
clergyman /*ingl.* 'klə:dʒimən/ *s. m. inv.* Abito sacerdotale composto di giacca e pantaloni neri con collare bianco; è usato gener. fuori della chiesa. [→ ill. *religione*]
clericàle **A** *agg.* Del clero. **B** *agg.; anche s. m. e f.* Che (o chi) è favorevole all'intervento del potere ecclesiastico nella vita politica.
clericalismo *s. m.* Posizione di chi si propone spec. la tutela dei diritti della Chiesa e l'applicazione dei suoi principi nella società civile.
clèro *s. m.* Insieme dei sacerdoti cui è affidato il culto divino.
clèssidra *s. f.* Particolare orologio costituito da due piccoli recipienti di vetro sovrapposti, comunicanti tra loro mediante uno stretto passaggio attraverso il quale scorrono lentamente sabbia o acqua, dando così la misura del tempo trascorso. [→ ill. *orologio*]
cliché /*fr.* kli'ʃe/ *s. m. inv.* (*pl. fr. clichés* /kli'ʃe/) **1** Lastra metallica incisa con processi fotochimici per la riproduzione tipografica di disegni e fotografie. **2** (*fig.*) Modello, tipo convenzionale o banale di discorso, giudizio, attività e sim.
cliènte *s. m. e f.* **1** Chi frequenta abitualmente un negozio, un bar, un ristorante, un albergo e sim. | Chi si serve abitualmente dell'opera di un professionista o artigiano. **2** Nei diritti antichi, colui che si è posto sotto la protezione di un patrono. **3** (*est., spreg.*) Chi è asservito a un potente personaggio, spec. politico.
clientèla *s. f.* **1** Complesso dei clienti di un negoziante, di un professionista, di un artigiano e sim. **2** (*est.*) Insieme dei sostenitori di potenti personaggi in cambio di favori e protezione.
clientelàre *agg.* Fondato sul clientelismo: *pratiche, sistemi clientelari.*
clientelismo *s. m.* Complesso di relazioni tra persone legate da motivi di interesse o che cercano di ottenere favoritismi | (*spreg.*) Politica basata su tali relazioni.
clima *s. m.* (*pl. -i*) **1** Insieme delle condizioni atmosferiche che caratterizzano una regione | Andamento abituale del tempo in una regione. **2** (*fig.*) Complesso di condizioni e situazioni politiche, culturali e sim. di un ambiente o periodo: *il — teso del dopoguerra.*
climatèrico *agg.* (*pl. m. -ci*) **1** Del climaterio maschile o femminile. **2** Di ogni settimo anno della vita umana che, secondo gli antichi, era reputato pericoloso. **3** (*fig.*) Infausto, pericoloso.
climatèrio *s. m.* Periodo di involuzione con disturbi fisici e psichici derivati dall'esaurimento dell'attività delle ghiandole sessuali.
climàtico *agg.* (*pl. m. -ci*) Relativo al clima | *Stazione climatica*, luogo con clima adatto a cure particolari.
climatizzàre *v. tr.* Condizionare l'aria in locali chiusi.
climatizzazióne *s. f.* Condizionamento dell'aria in locali chiusi.
climatologìa *s. f.* (*pl. -gie*) Studio generale del clima nei suoi vari aspetti.
climatoterapìa *s. f.* Terapia ottenuta sfruttando l'azione del clima più idoneo su date malattie.
climax o *klìmax* *s. m. inv.* Crescendo graduale degli effetti stilistici o retorici in un discorso o in un componimento.
cline *s. f.* Letto del triclinio. [→ ill. *mobili*]
clìnica *s. f.* **1** Parte della medicina che studia le manifestazioni delle malattie, mediante l'osservazione diretta dei pazienti. **2** Settore ospedaliero diretto da un clinico. **3** Casa di cura privata.
clìnico **A** *agg.* (*pl. m. -ci*) Relativo alla clinica | *Occhio, sguardo —*, (*fig.*) che sa riconoscere subito la natura o le cause di q.c. [→ ill. *medicina e chirurgia*] **B** *s. m.* Medico che esercita attività clinica | Docente universitario di clinica.

clinker /*ingl.* 'kliŋkə/ *s. m. inv.* (*pl. ingl. clinkers* /'kliŋkəz/) **1** Prodotto della cottura di miscele di calcare e argille, che, per polverizzazione, dà il cemento. **2** Tipo di mattoni cotti ad altissima temperatura, usati per rivestimento.
clinòmetro *s. m.* Apparecchio per misurare l'inclinazione di un corpo rispetto a un piano orizzontale.
clip *s. f. inv.* **1** Fermaglio, spec. per fogli di carta. [→ ill. *ufficio*] **2** Fermaglio a molla che si applica agli orecchini per tenerli stretti al lobo dell'orecchio | (*est.*) Orecchino, spilla, dotati di tale fermaglio.
clipeàto *agg.* (*lett.*) Armato di clipeo.
clìpeo *s. m.* Scudo di rame grande e rotondo. [→ ill. *armi*]
clìpper /*ingl.* 'klipə/ *s. m. inv.* (*pl. ingl. clippers* /'klipəz/) **1** Veliero mercantile grande e veloce degli Americani del Nord, usato nel secolo scorso. **2** Aereo transoceanico.
clistère *s. m.* **1** Introduzione di liquidi medicamentosi nel retto mediante apposito apparecchio; SIN. Enteroclisma. **2** Soluzione di farmaci che viene così introdotta | (*est.*) Apparecchio per tale introduzione.
clitòride *s. f. o m.* (*anat.*) Organo erettile dell'apparato genitale esterno femminile.
clivàggio *s. m.* Tendenza che hanno i cristalli a fendersi secondo determinati piani.
clìvia *s. f.* Pianta erbacea delle Liliflore con foglie nastriformi, spesse, in rosetta basale e grandi fiori arancioni. [→ ill. *piante* 17]
clìvo *s. m.* (*lett.*) Piccolo colle.
cloàca *s. f.* **1** Grande fogna destinata a ricevere e scaricare altrove le acque luride di una città. **2** (*est.*) Luogo dove regnano la corruzione e il vizio. **3** (*zool.*) Tratto terminale dell'intestino degli Anfibi, dei Rettili, degli Uccelli, dei Monotremi, in cui sboccano i condotti degli apparati urinario e genitale.
cloacàle *agg.* Relativo alle cloache.
cloche /*fr.* klɔʃ/ *s. f. inv.* (*pl. fr. cloches* /klɔʃ/) **1** (*aer.*) Barra con cui il pilota manovra in tutto o in parte l'aereo. **2** Negli autoveicoli, leva di comando del cambio sul pavimento. **3** Cappello a tesa più o meno ampia. [→ ill. *copricapo*]
clóne *s. m.* (*biol.*) Insieme di cellule o di organismi omogenei derivati senza fecondazione da una sola cellula o un solo organismo capostipite.
clóno *s. m.* Rapida successione involontaria di contrazioni e rilassamenti di un muscolo.
cloràlio *s. m.* Aldeide liquida, oleosa, di odore pungente, prodotta per azione del cloro sull'alcol; usato come anestetico.
cloramfenicòlo *s. m.* Antibiotico usato spec. contro febbri tifoidi e altre infezioni.
cloràto *s. m.* Sale dell'acido clorico | — *di potassio*, usato in soluzione per collutori.
clorazióne *s. f.* Sterilizzazione di acqua mediante cloro.
clorèlla *s. f.* Alga verde unicellulare diffusa nell'acqua e nei luoghi umidi.
clòrico *agg.* (*pl. m. -ci*) Detto di un acido, composto di idrogeno, cloro e ossigeno, forte ossidante, i cui sali sono i clorati.
cloridràto *s. m.* Prodotto di addizione dell'acido cloridrico a basi organiche.
cloridrico *agg.* (*pl. m. -ci*) Detto di acido ottenuto da volumi uguali di idrogeno e cloro: gas solubile in acqua, i cui sali sono i cloruri.
clorite *s. f.* (*miner.*) Gruppo di silicati di magnesio, alluminio e ferro, in cristalli lamellari o in aggregati scagliosi di color verde, facilmente sfaldabili.
clòro *s. m.* Elemento chimico metalloide, gassoso, giallo-verdastro, tossico, presente in natura spec. come cloruro; usato per la sbianca di fibre tessili vegetali e per la fabbricazione di solventi, insetticidi e prodotti farmaceutici. SIMB. Cl.
clòro- *primo elemento*: in parole composte scientifiche indica gener. colorazione verde o presenza del cloro: *cloroformio, cloroplasto.*
Cloroficee *s. f. pl.* Alghe verdi.
clorofilla *s. f.* Pigmento verde presente nel regno vegetale.
clorofilliàno *agg.* Della clorofilla: *fotosintesi clorofilliana.*
clorofòrmio *s. m.* Composto organico, liquido, incolore, di sapore dolciastro, usato spec. come anestetico e solvente.
cloroformizzàre *v. tr.* (*io cloroformizzo*) Narcotizzare con cloroformio.
cloroformizzazióne *s. f.* Il narcotizzare mediante cloroformio.
cloromicetina *s. f.* Cloramfenicolo.
cloroplàsto *s. m. spec. al pl.* Plastidi contenenti clorofilla presenti nelle parti del vegetale esposte alla luce.
cloròsi *s. f.* **1** Particolare forma di anemia, con colorito verdastro della cute. **2** Ingiallimento di organi verdi della pianta per mancanza di clorofilla.
cloròtico *agg.* (*pl. m. -ci*) Di clorosi | Affetto da clorosi.
cloruràre *v. tr.* Trattare una sostanza con cloro o con un composto capace di cedere cloro.
clorùro *s. m.* **1** Sale dell'acido cloridrico | — *d'argento*, usato in fotografia. **2** Estere dell'acido cloridrico | — *di polivinile*, materia plastica.
clou /*fr.* klu/ *s. m. inv.* (*pl. fr. clous* /klu/) **1** Ciò che attrae, attira l'attenzione: *il — della serata.* **2** Gara di maggior interesse in una riunione sportiva.
clown /*ingl.* 'klaun/ *s. m. inv.* (*pl. ingl. clowns* /'klaunz/) Pagliaccio di circo equestre.
clownésco /klau'nesko/ V. *claunesco.*
club /klub; *ingl.* klʌb/ *s. m. inv.* (*pl. ingl. clubs* /klʌbz/) Sodalizio di persone che perseguono scopi comuni; SIN. Circolo | Gruppo di enti o Stati che, in riunioni periodiche dei loro rappresentanti, prendono decisioni di comune intesa e per reciproco interesse: *il — dei dieci.*
coabitàre *v. intr.* (*io coàbito; aus. avere*) Abitare insieme.
coabitazióne *s. f.* Il coabitare.
coacèrvo *s. m.* (*lett.*) Accozzaglia, cumulo.
coadiutóre *s. m.* (*f. -trice*) **1** Che aiuta qc. o ne fa le veci in una determinata attività. **2** Sacerdote che aiuta o supplisce il parroco o il vescovo.
coadiuvànte A *part. pres. di coadiuvare; anche agg.* Che coadiuva | *Farmaco* —, il cui scopo è di accrescere l'azione di altri. **B** *s. m. e f.* Chi coadiuva. **C** *s. m.* Farmaco coadiuvante.
coadiuvàre *v. tr.* (*io coàdiuvo*) Prestare aiuto a qc.; SIN. Collaborare, cooperare.
coagulàbile *agg.* Che si può coagulare.
coagulaménto *s. m.* Coagulazione.
coagulànte A *part. pres. di coagulare; anche agg.* Detto di sostanza, o farmaco, che produce una coagulazione. **B** *s. m.* Sostanza coagulante.
coagulàre A *v. tr.* (*io coàgulo*) **1** Raggrumare, rapprendere, detto spec. di sostanza liquida che assume consistenza gelatinosa o solida. **2** Cagliare. **B** *v. intr. e intr. pron.* (*aus. essere*) **1** Rapprendersi. **2** Cagliarsi.
coagulazióne *s. f.* Processo per cui spec. una sostanza liquida assume consistenza gelatinosa o solida: — *del sangue, del latte.*
coàgulo *s. m.* **1** Grumo solido o rappreso in un liquido coagulato. **2** Cagliata.
coalescènza *s. f.* Fenomeno per cui le particelle disperse di una soluzione o le goccioline di un'emulsione si uniscono tra loro diventando più grandi.
coalizióne *s. f.* Alleanza di persone, enti o partiti, per la realizzazione di scopi comuni; SIN. Lega.
coalizzàre A *v. tr.* Unire in una coalizione. **B** *v. rifl. rec.* Unirsi in una coalizione: *coalizzarsi contro qc.*
coàna *s. f.* (*anat.*) Ognuna delle due aperture interne della fossa nasale.
coartàre *v. tr.* Forzare qc. a operare contro la propria volontà; SIN. Costringere.
coartazióne *s. f.* Imposizione ad agire contro la propria volontà; SIN. Costrizione.
coassiàle *agg.* Che ha lo stesso asse di rotazione | *Cavo* —, nella tecnica delle comunicazioni, linea di trasmissione formata da due conduttori cilindrici, il primo dei quali è nell'interno del secondo che ha forma di tubo. [→ ill. *elettronica*]
coattività *s. f.* Carattere della legge la cui osservanza può essere imposta dallo Stato con la forza.
coattìvo *agg.* **1** Che costringe a forza. **2** Imposto per legge: *passaggio* —.
coàtto *agg.* Forzato, obbligatorio | *Domicilio* —, un tempo, provvedimento di polizia consistente nell'obbligo di risiedere in un dato luogo.

coautóre *s. m.* (*f.* *-trice*) Autore, con altri, di q.c.
coazióne *s. f.* Violenza esercitata sulla volontà altrui.
cobàlto *s. m.* **1** Elemento chimico, metallo, debolmente magnetico, bianco-argento, malleabile; impiegato nella fabbricazione di leghe e rivestimenti di altri metalli. SIMB. Co | (*med.*) *Bomba al* –, apparecchiatura con materiale radioattivo usata spec. nella terapia dei tumori. [→ ill. *medicina e chirurgia*] **2** Colore azzurro puro e intenso: *cielo di* –.
cobaltoterapìa *s. f.* Terapia di formazioni tumorali eseguita con bomba al cobalto.
cobelligerànte **A** *agg.* **1** Che combatte insieme con altri. **2** Che è in stato di cobelligeranza. **B** *anche s. m. e f.*
cobelligerànza *s. f.* Condizione di Stato che partecipa a una guerra al fianco di uno o più altri senza essere vincolato da alcun patto.
cobòldo *s. m.* Nella mitologia germanica, spirito o genio della categoria degli Elfi.
còbra *s. m. inv.* Serpente molto velenoso, che gonfia il collo se irritato e che, sul dorso, ha una macchia chiara a forma di occhiali; SIN. Naia, serpente dagli occhiali. [→ ill. *animali* 7]
còca *s. f.* Arbusto delle Geraniali con fiori biancastri, frutto a drupa rossa allungata e foglie da cui si estrae la cocaina. [→ ill. *piante* 6]
cocaìna *s. f.* Alcaloide contenuto nelle foglie di coca, usato come anestetico locale e come stupefacente.
cocainiṣmo *s. m.* Intossicazione e assuefazione da cocaina; SIN. Cocainomania.
cocainòmane *s. m. e f.; anche agg.* Affetto da cocainomania.
cocainomanìa *s. f.* Cocainiṣmo.
còcca *s. f.* **1** Tacca della freccia per dare presa alla corda dell'arco. **2** Angolo di fazzoletto, grembiule, scialle e sim. | Nodo che si fa alle estremità di fazzoletti e sim.
coccàrda *s. f.* Rosetta di nastro pieghettato di uno o più colori, portata come emblema o distintivo di partito, squadra sportiva e sim.
cocchière *s. m.* (*f.* *-a*) Chi esercita il mestiere di guidatore di cocchio o di carrozze a cavalli.
còcchio *s. m.* **1** Carrozza signorile trainata da due o quattro cavalli. **2** Antico carro a due ruote.
cocchiùme *s. m.* **1** Foro, apertura della botte. **2** Tappo in legno o sughero.
còccia *s. f.* (*pl.* *-ce*) **1** Nella spada, nella sciabola e nel fioretto, lamina a forma di calotta che protegge la mano. **2** Testa, cranio. **3** Cuffia usata dagli attori per fingere le calvizie.
còccidi *s. m. pl.* (*sing.* *-e*) Famiglia di insetti Omotteri, cui appartengono le cocciniglie.
coccige o *còccige* *s. m.* (*anat.*) Piccolo osso che forma la parte terminale della colonna vertebrale. [→ ill. *anatomia umana*]
coccìgeo *agg.* Del coccige.
coccinèlla *s. f.* Insetto dal corpo emisferico con elitre rosse macchiate da sette punti neri. [→ ill. *animali* 3]
cocciniglia *s. f.* **1** *spec. al pl.* Correntemente, insetto dannoso alle piante, con maschi alati e femmine prive di ali ma dotate di ghiandole secernenti cera o lacca. [→ ill. *animali* 2] **2** (*lett.*) Colore rosso intenso, simile al carminio, ottenuto per essiccamento di una cocciniglia.
còccio *s. m.* **1** Terracotta di scarso valore | Oggetto di coccio. **2** Frammento di vaso o oggetto rotto. **3** (*fig.*) Persona malaticcia. [→ tav. *locuzioni* 35]
cocciutàggine *s. f.* Qualità di chi è cocciuto; SIN. Caparbietà, ostinazione, testardaggine.
cocciùto *agg.; anche s. m.* (*f.* *-a*) Detto di chi si ostina nell'agire, pensare, esprimersi a modo suo; SIN. Caparbio, ostinato, testardo.
còcco (1) *s. m.* (*pl.* *-chi*) Pianta tropicale delle Spadiciflore, molto alta, con grosso ciuffo di foglie pennate all'apice | *Noce di* –, frutto del cocco. [→ ill. *piante* 15]
còcco (2) *s. m.* (*pl.* *-chi*) (*fam.*) Uovo di gallina.
còcco (3) *s. m.* (*pl.* *-chi*) (*bot.*) Ovolo buono.
còcco (4) *s. m.* (*pl.* *-chi*) Batterio di forma rotondeggiante. [→ ill. *batteri*]
còcco (5) *s. m.* (*f.* *-a; pl.* *-chi*) (*fam., scherz.*) Persona prediletta, spec. bambino; SIN. Coccolo.
-còcco *secondo elemento*: in parole composte scientifiche significa 'batterio di forma rotondeggiante': *gonococco, stafilococco.*
coccodè *inter.* Riproduce il verso della gallina quando ha fatto l'uovo.
coccodrillo *s. m.* **1** Grosso rettile tropicale con corpo lungo e poderoso coperto da una salda corazza di scudi ossei, fornito di coda lunga e robusta, testa depressa e ampia bocca armata di denti | *Lacrime di* –, (*fig.*) pentimento simulato o tardivo. [→ ill. *animali* 6] **2** Pelle conciata dell'animale omonimo. **3** (*gerg.*) Biografia di personaggio vivente, aggiornata di continuo e disponibile nell'archivio di un giornale per una improvvisa pubblicazione, spec. in caso di morte. **4** (*gerg.*) Carrello stradale per trasporto di carri ferroviari. [→ ill. *ferrovia*] **5** Pinzetta per collegamenti elettrici provvisori. [→ ill. *fisica*] [→ tav. *locuzioni* 57]
coccoìna *s. f.* Nome commerciale di un tipo di colla per ufficio.
còccola *s. f.* Pseudofrutto del ginepro | (*est.*) Frutto simile a quello del ginepro.
coccolàre *v. tr.* (*io còccolo*) Usare modi teneri e dolci verso qc.
còccolo *s. m.* (*f.* *-a*) (*fam.*) Bambino paffuto | Cocco.
coccolóni o *coccólone* *avv.* Seduto sulle calcagna.
cocènte *part. pres. di cuocere; anche agg.* **1** Che scotta | Molto caldo. **2** (*fig.*) Violento, veemente: *passione* – | (*fig.*) Pungente: *rimorsi cocenti.*
cocincìna *s. f.* Gioco di carte simile alla scopa, ma praticato con numero doppio di carte.
cocitóre o *cuocitóre* *s. m.* (*f.* *-trice*) **1** Chi cuoce. **2** Operaio addetto alla cottura di minerali o altro.
cocker /*ingl.* 'kɔkə/ *s. m. inv.* (*pl. ingl.* *cockers* /'kɔkəz/) Cane da cerca e da riporto di piccola taglia, forte, vivace, con lunghe orecchie pendenti. [→ ill. *cane*]
cocktail /*ingl.* 'kɔkteil/ *s. m. inv.* (*pl. ingl.* *cocktails* /'kɔkteilz/) **1** Miscela di bevande a base alcolica. [→ ill. *stoviglie*] **2** Cocktail-party.
cocktail-party /*ingl.* 'kɔkteil 'pa:ti/ *s. m. inv.* (*pl. ingl.* *cocktail-parties* /'kɔkteil 'pa:tiz/) Ricevimento in cui si servono bevande alcoliche, sandwich e sim.
còclea *s. f.* **1** Apparecchio trasportatore ed elevatore costituito da un cilindro in cui ruota una superficie elicoidale. **2** (*anat.*) Parte dell'orecchio interno; SIN. Chiocciola. [→ ill. *anatomia umana*] **3** (*raro*) Scala a chiocciola.
cocleàrla *s. f.* Pianta erbacea spontanea delle Crocifere, con proprietà medicinali.
cocólla *s. f.* Sopravveste con cappuccio che portano i monaci. [→ ill. *religione*]
cocomeràio *s. m.* (*f.* *-a*) Chi vende o coltiva cocomeri.
cocómero *s. m.* **1** Pianta erbacea delle Cucurbitali con fusto sdraiato, foglie grandi e frutti a peponide commestibili, a polpa rossa con semi neri. [→ ill. *piante* 14] **2** Frutto della pianta omonima. [→ ill. *frutta*]
cocorita *s. f.* (*fam.*) Pappagallo addomesticato.
cocùzza *s. f.* **1** (*dial.*) Zucca | (*fig., scherz.*) Testa. **2** *spec. al pl.* (*dial.*) Denari, soldi.
cocùzzolo o *cucùzzolo* *s. m.* **1** Parte più alta del capo | (*est.*) Parte più alta del cappello e sim. **2** (*est.*) Sommità di q.c., spec. monte.
códa *s. f.* **1** In molti animali, prolungamento posteriore della colonna vertebrale con diversa formazione e funzione: *la – di un cane, di un cavallo* | *Andarsene con la – tra le gambe*, (*fig.*) rimanere umiliato | (*fig.*) *Avere la – di paglia*, sapere di essere in difetto | *– di cavallo*, (*fig.*) acconciatura femminile con i capelli legati alti sulla nuca e lasciati ricadere sciolti | Sottile prolungamento di organi vegetali: *– dell'aglio.* [→ ill. *acconciatura, zoologia*] **2** (*est.*) Parte posteriore o estremità terminale di q.c.: *la – di un aereo, di un missile* | *– della cometa*, esteso pennacchio luminoso formato da gas quando la cometa si trova in vicinanza del sole | *Vettura di* –, l'ultima di un treno | *– dell'occhio*, l'angolo esterno dell'occhio | *Guardare con la – dell'occhio*, di nascosto | (*fig.*) *Non avere né capo né* –, di ragionamento o discorso sconclusionato | *– di rospo*, (*fig., pop.*) parte posteriore commestibile della rana pescatrice. [→ ill. *abbigliamento, astronomia*] **3** (*est.*) Appendice, prolungamento, parte aggiunta o conclusiva e sim. (*anche fig.*) | *Pianoforte a* –, con cassa armonica allungata orizzontalmente | *Sonetto con la* –, caudato | Strascico di abi-

to o mantello femminile da sera o da sposa | *A – di rondine*, detto di cosa che termina a trapezio o a divergenza: *incastro a – di rondine.* [→ ill. *strumenti musicali*] **4** Fila ordinata di persone che aspettano il loro turno: *fare la –*; *mettersi in –.* **5** (*bot.*) *– di cavallo*, pianta erbacea dal fusto articolato con numerosi rametti sottili sì da somigliare alla coda di un cavallo | *– di pavone*, alga delle Feoficee dei mari caldi. [→ ill. *alga*] [→ tav. *proverbi* 213]

codardia *s. f.* (*lett.*) Viltà, pusillanimità; SIN. Vigliaccheria.

codàrdo **A** *agg.* Che, per vigliaccheria, si ritira di fronte a rischi, pericoli e doveri; SIN. Vigliacco, vile. **B** *s. m.* (*f. -a*) Persona codarda.

codàzzo *s. m.* Corteo disordinato di persone; SIN. Seguito.

codeina *s. f.* Uno degli alcaloidi contenuti nell'oppio; usata come calmante della tosse.

codésto o *cotésto* **A** *agg. dimostr.* (*tosc.*, *lett.*) Indica persona o cosa vicina alla persona a cui ci si rivolge, o discorso, ragionamento e sim. dell'interlocutore: *mostrami – libro* | (*bur.*) Indica l'ufficio, l'ente e sim. cui ci si rivolge: *codesta spettabile ditta.* **B** *pron. dimostr.* **1** Indica persona o cosa vicina alla persona cui ci si rivolge, o discorso, ragionamento e sim., dell'interlocutore: *codesta è una scusa.* **2** Codesta cosa, con valore neutro: *– che dici è sbagliato.*

codibùgnolo *s. m.* Uccello agile con lunga coda e piumaggio folto e morbido.

còdice *s. m.* **1** Anticamente, libro manoscritto. **2** Corpo organico delle leggi fondamentali disciplinanti un dato ramo del diritto: *– civile, penale* | Raccolta delle leggi relative a una data materia: *– della strada* | (*est.*) Insieme delle norme informali accettate quali regole proprie della convivenza umana: *– morale*; *– sportivo.* [→ ill. *giustizia*] **3** Sistema di segni destinato convenzionalmente a rappresentare e trasmettere l'informazione tra l'emittente e il ricevente: *comunicare in –.* **4** (*elab.*) Rappresentazione di dati o istruzioni in forma simbolica.

codicillàre *agg.* Relativo al codicillo.

codicillo *s. m.* **1** Nel diritto romano, disposizione di ultima volontà redatta al di fuori del testamento. **2** Aggiunta che si fa a uno scritto; SIN. Postilla.

codifica *s. f.* Codificazione.

codificàre *v. tr.* (*io codìfico, tu codìfichi*) **1** Raggruppare norme secondo un ordine sistematico: *– il diritto penale.* **2** Trascrivere o tradurre in codice: *– un messaggio.*

codificatóre *s. m.* (*f. -trìce*) Chi codifica.

codificazióne *s. f.* Atto del codificare | Insieme di norme codificate; SIN. Codifica.

codinìsmo *s. m.* L'essere o il comportarsi da codino.

codìno (1) *s. m.* **1** *Dim. di coda.* **2** Treccia di capelli stretta da un nastro dietro la nuca, usata dai gentiluomini europei nel XVIII sec. e dai cinesi fino agli inizi del XIX sec.

codìno (2) *agg.*; *anche s. m.* (*f. -a*) Reazionario, retrogrado: *stampa codina.*

còdio *s. m.* Genere di alghe verdi tropicali, con tallo irregolarmente ramificato. [→ ill. *alga*]

codirósso *s. m.* Uccelletto canoro con dorso grigio e coda rossa.

códolo *s. m.* Estremità assottigliata di lama, da inserire nel manico o nell'impugnatura.

codrióne *s. m.* **1** Ultime vertebre degli uccelli. [→ ill. *zoologia*] **2** (*est.*, *scherz.*) Coccige.

coeditóre *s. m.* Chi pubblica una o più opere in collaborazione con uno o più editori.

coefficiènte *s. m.* **1** (*mat.*) Numero che moltiplica una quantità incognita o indeterminata. **2** (*fis.*) Quantità numerica che definisce proprietà e relazioni meccaniche, fisiche e sim. dei corpi: *– di elasticità.* **3** (*fig.*) Fattore che, insieme con altri, contribuisce al verificarsi di un effetto.

coefficiènza *s. f.* Presenza di cause che si accompagnano con altre nel produrre un effetto.

coèfora *s. f.* Nell'antica Grecia, donna che recava libagioni ai sepolcri.

coercìbile *agg.* Che si può costringere; CONTR. Incoercibile.

coercibilità *s. f.* Qualità di coercibile.

coercitìvo *agg.* Che ha forza di costringere; SIN. Costrittivo.

coercizióne *s. f.* Il costringere qc. ad agire come non vorrebbe, usando la forza, facendo minacce e sim.

coerède *s. m. e f.* Chi è erede insieme ad altri.

coerènte *agg.* **1** Detto di roccia cementata e compatta. **2** Che è saldamente connesso in ogni sua parte. **3** (*fig.*) Che è privo di contraddizioni | *Essere – con se stesso*, essere conseguente rispetto alle proprie idee; CONTR. Incoerente. **4** (*fis.*) Detto di fenomeni periodici che hanno uguale frequenza e fasi coincidenti: *il laser dà luce –.*

coerènza *s. f.* Qualità di coerente; CONTR. Incoerenza.

coesióne *s. f.* **1** Forza di attrazione fra le molecole di un corpo. **2** (*fig.*) Accordo, unione.

coesistènte *part. pres. di coesistere; anche agg.* Che esiste insieme con altri.

coesistènza *s. f.* L'esistere insieme | *– pacifica*, fra Stati con ideologie e regimi politici differenti.

coesìstere *v. intr.* (*coniug. come esistere; aus. essere*) Esistere contemporaneamente, detto di più cose.

coesìvo *agg.* Che produce coesione.

coetàneo *agg.*; *anche s. m.* (*f. -a*) Detto di chi ha la medesima età.

coèvo *agg.* Della stessa epoca, secolo, periodo; SIN. Contemporaneo.

cofanétto *s. m.* **1** Cassetta in legno, avorio o argento spesso riccamente ornata, usata per custodire preziosi | Cassetta per contenere cosmetici, dolciumi e sim. **2** In editoria, custodia contenente due o più volumi che compongono un'opera.

còfano *s. m.* **1** Grande cassa con coperchio bombato. **2** (*est.*) Cassa. **3** Copertura di lamiera apribile che protegge il motore e altre parti di un autoveicolo. [→ ill. *automobile*]

còffa *s. f.* Piattaforma semicircolare a mezz'altezza sugli alberi delle navi per vedetta e, nei velieri, anche per manovra delle vele. [→ ill. *marina*]

cofirmatàrio **A** *s. m.* (*f. -a*) Chi firma q.c. insieme con altri. **B** *anche agg.*

cogerènte *s. m. e f.* Chi gestisce q.c. assieme ad altri.

cogestióne *s. f.* Gestione in comune con altri | Partecipazione dei lavoratori alla direzione di un'impresa.

cogitabóndo *agg.* (*lett.*) Pensieroso.

cogitatìvo *agg.* Atto a, relativo al, pensare.

cogitazióne *s. f.* (*lett.*) Meditazione.

cógli *prep. art.* V. *gli* per gli usi ortografici.

cògliere o (*lett.*) *còrre v. tr.* (*pres. io còlgo, tu cògli; fut. io coglierò; pass. rem. io còlsi; tu cogliésti; congv. pres. io còlga; part. pass. còlto*) **1** Prendere, staccare dal terreno o da una pianta: *– un fiore* | (*est.*) Raccogliere (*anche fig.*): *– il frutto del proprio lavoro.* **2** Afferrare, prendere (*anche fig.*): *– l'occasione favorevole* | *– la palla al balzo*, (*fig.*) approfittare immediatamente di un'occasione buona | Prendere di sorpresa: *– alla sprovvista.* **3** Colpire (*anche fig.*): *– il bersaglio*; *– nel giusto.* **4** (*fig.*) Intendere, capire, indovinare: *– il significato nascosto di una frase.* [→ tav. *locuzioni* 84]

coglióne **A** *s. m.* (*volg.*) Testicolo. **B** *s. m.; anche agg.* (*f. -a*) (*volg.*) Sciocco, minchione.

coglitóre *s. m.* (*f. -trìce*) Chi coglie.

coglitùra *s. f.* Raccolta.

cognàc /*fr.* kɔ'ɲak/ o (*evit.*) *cògnac s. m. inv.* **1** Acquavite che si ottiene dalla distillazione del vino della Charente, poi corretta e invecchiata in fusti di rovere. **2** Bicchiere di cognac. • CFR. Brandy.

cognàta *s. f.* Moglie del fratello | Sorella della moglie o del marito.

cognàto *s. m.* (*f. -a*) **1** Marito della sorella | Fratello della moglie o del marito. **2** (*lett.*) Congiunto.

cognitìvo *agg.* Conoscitivo.

cògnito *agg.* (*lett.*) Conosciuto, noto.

cognizióne *s. f.* **1** (*lett.*) Conoscenza: *avere, prendere – di q.c.* **2** *spec. al pl.* Nozioni: *avere estese cognizioni scientifiche.* **3** Esame che un organo giudiziario compie dei problemi che gli vengono sottoposti | *Con – di causa*, dopo approfondito esame di tutti gli elementi.

cognóme *s. m.* **1** Nome di famiglia: *nome e –*; SIN. Casato. **2** Nella Roma repubblicana, terzo elemento del nome atto a designare i membri di una stessa famiglia.

coguàro *s. m.* (*zool.*) Puma.

coherer /*ingl.* kou'hiərə/ *s. m. inv.* (*pl. ingl. coherers* /kou'hiərəz/) Apparecchio costituito da un piccolo tubo contenente due conduttori separati da una polvere metallica, atto a rivelare onde elettromagnetiche.
cói *prep. art.* V. *i* per gli usi ortografici.
coibentàre *v. tr.* (*io coibènto*) Rivestire con materiale coibente.
coibènte ***A*** *s. m.* Materiale con proprietà di isolante termico, elettrico o acustico. ***B*** *anche agg.*
coibènza *s. f.* Proprietà dei coibenti.
coiffeur /*fr.* kwa'fœr/ *s. m. inv.* (*pl. fr. coiffeurs* /kwa'fœr/) Parrucchiere per signora.
coincidènza *s. f.* ***1*** Avvenimento simultaneo, spec. casuale, di due o più fatti. ***2*** (*fig.*) Uguaglianza, identità: *— di opinioni.* ***3*** Nei servizi ferroviari, automobilistici o aerei, ora di arrivo e di partenza di due o più mezzi di trasporto, stabilita in modo da permettere ai viaggiatori provenienti con l'uno di passare all'altro.
coincìdere *v. intr.* (*coniug. come incidere; aus. avere*) ***1*** Corrispondere esattamente, collimare (*anche fig.*). ***2*** Accadere contemporaneamente: *la tua partenza coincide col mio arrivo.*
coinquilìno *s. m.* (*f. -a*) Chi abita in una casa, nei confronti degli altri inquilini.
cointeressàre *v. tr.* (*io cointerèsso*) Fare partecipare qc. agli utili e alle perdite di una impresa.
cointeressàto *part. pass. di cointeressare; anche agg. e s. m.* (*f. -a*) Che (o chi) partecipa agli utili e alle perdite di un'impresa.
cointeressènza *s. f.* Partecipazione agli utili e alle perdite di un'impresa.
coinvòlgere *v. tr.* (*coniug. come volgere*) Implicare, trascinare in una data situazione, spec. gravosa, sgradevole, o pericolosa: *— qc. in una lite.*
còito *s. m.* Accoppiamento sessuale, spec. con riferimento alla specie umana; SIN. Copula.
coke /*ingl.* 'kouk/ *s. m. inv.* Carbone poroso, grigio, ottenuto dalla distillazione del litantrace e come residuo della fabbricazione del gas illuminante; usato per il riscaldamento domestico e in siderurgia. [→ ill. *metallurgia*]
cokerìa *s. f.* Stabilimento per la produzione del carbone coke.
cól *prep. art.* V. *il* per gli usi ortografici.
còla (1) *s. f.* Pianta arborea delle Malvali con foglie oblunghe coriacee e frutti dotati di proprietà medicinali.
cóla (2) *s. f.* Tipo di setaccio col quale si cola spec. la calcina spenta.
colà *avv.* Là, in quel luogo.
colabròdo *s. m. inv.* Arnese di cucina, col fondo bucherellato, per filtrare spec. il brodo. [→ ill. *cucina*]
colaggiù *avv.* (*lett.*) Laggiù.
colagògo *s. m.* (*pl. -ghi*) Medicamento che eccita la secrezione biliare del fegato.
colangìte *s. f.* Infiammazione delle vie biliari.
colapàsta o *scolapàsta s. m. inv.* Utensile da cucina, bucherellato, per scolare l'acqua dalla pasta. [→ ill. *cucina*]
colàre ***A*** *v. tr.* (*io cólo*) ***1*** Far passare un liquido attraverso un filtro perché ne esca chiaro e privo di materie eterogenee: *— il brodo, l'olio, il caffè*; SIN. Filtrare. ***2*** Versare una sostanza fluida | Ridurre allo stato fluido o liquido. ***3*** *Nella loc. — a fondo, a picco*, far affondare: *la tempesta colò a picco la nave.* ***B*** *v. intr.* (*aus. essere* nei sign. 1, 3 e 4; *avere* nel sign. 2) ***1*** Cadere, fluire, gocciolare, detto spec. di liquidi: *l'olio cola dalle fessure.* ***2*** Avere una imperfetta tenuta: *questa botte cola.* ***3*** Struggersi al fuoco: *la cera cola.* ***4*** *Nella loc. — a fondo, a picco*, andare a fondo.
colascionàta *s. f.* Sorta di poesia triviale.
colascióne *s. m.* Strumento a forma di liuto, a tre corde, usato spec. nel Napoletano.
colassù *avv.* (*lett.*) Lassù.
colàta *s. f.* ***1*** Flusso di lava che, emesso da un vulcano, si spande sul terreno circostante. ***2*** In fonderia, massa di metallo fuso che si getta nelle forme. [→ ill. *metallurgia*]
colaticcio *s. m.* ***1*** Materia colata e raffreddata. ***2*** In fonderia, metallo fuso traboccato dalla forma.
colàto *part. pass. di colare; anche agg.* Raffinato, purificato: *oro —* | (*fig.*) *Prendere q.c., tutto per oro —*, credere a tutto con totale fiducia.
colatóio *s. m.* Arnese col quale si cola un liquido.
colatóre *s. m.* (*f. -trice*) In fonderia, operaio addetto alla colata.
colatùra *s. f.* L'operazione del colare | Materia colata o depositata.
colazióne *s. f.* ***1*** Pasto leggero del mattino | (*est.*) Cibo consumato durante questo pasto. ***2*** Pasto del mezzogiorno, secondo pasto della giornata | (*est.*) Cibo consumato durante questo pasto | *— al sacco*, consumata spec. all'aperto, con cibi portati con sé.
colbàcco *s. m.* (*pl. -chi*) Copricapo di pelo caratteristico di Turchi, Armeni, Russi | Voluminoso cappello di pelliccia per signora. [→ ill. *copricapo*]
colchicìna *s. f.* Alcaloide tossico, contenuto nei semi e altre parti del colchico, usato in farmacia.
còlchico *s. m.* (*pl. -ci*) Pianta erbacea tuberosa delle Liliflore con foglie lineari e fiori rosa-lilla che fioriscono in autunno. [→ ill. *piante* 17]
còlcos *s. m. inv.* Adattamento di *kolchoz.*
colcoșiàno ***A*** *agg.* Concernente i kolchoz. ***B*** *s. m.* (*f. -a*) Lavoratore di un kolchoz.
cold cream /*ingl.* 'kould kri:m/ *loc. sost. f. inv.* Crema per cosmesi, emolliente e protettiva.
colecìsti *s. f.* Cistifellea.
colecistìte *s. f.* Infiammazione della colecisti.
coledocìte *s. f.* Infiammazione del coledoco.
colèdoco *s. m.* (*pl. -chi*) (*anat.*) Tratto terminale delle vie biliari che immette nel duodeno.
colèi *pron. dimostr.* Forma femminile sing. di *colui.*
colelitìași *s. f.* Calcolosi delle vie biliari.
colendìssimo *agg.* Onorabilissimo, degno di molta riverenza.
Coleòtteri *s. m. pl.* (*sing. -o*) Ordine di insetti col corpo rivestito da una spessa cuticola, quattro ali, di cui le due anteriori trasformate in elitre.
colèra *s. m. inv.* Grave infezione intestinale epidemica, causata da un vibrione presente nell'acqua e negli alimenti: caratterizzata da diarrea, vomiti, crampi, collasso terminale.
còlere *v. tr.* (*oggi dif. usato solo nella prima e terza pers. sing. del pres. indic. còlo, còle*) (*lett.*) Ossequiare, onorare.
colerètico *s. m.* (*pl. -ci*) Farmaco che aumenta la secrezione biliare.
colèrico *agg.* (*pl. m. -ci*) Di colera.
coleróso *agg.; anche s. m.* (*f. -a*) Affetto da colera.
colesterìna *s. f.* Colesterolo.
colesteròlo *s. m.* Steroide presente in tutti gli organismi animali, che, quando si deposita sulle pareti delle arterie, produce arteriosclerosi.
còlf *s. f.* (*fam.*) Collaboratrice familiare.
colibacillo *s. m.* Batterio parassita dell'intestino, che, in certi casi, produce infezioni.
colibrì *s. m.* Uccello americano molto piccolo, dallo splendido piumaggio variopinto e dal becco sottile atto a suggere il nettare dai fiori. [→ ill. *animali* 10]
còlica *s. f.* Dolore acuto, accompagnato da crampi, per contrazione di organi dotati di muscolatura liscia: *— epatica, intestinale.*
còlico *agg.* (*pl. m. -ci*) ***1*** Di colica: *dolore —.* ***2*** Del colon: *disturbo —.*
colimbo *s. m.* Uccello acquatico delle zone artiche con testa rotonda, becco diritto e aguzzo, corpo allungato, zampe corte e arretrate.
colina *s. f.* Sostanza presente nel regno animale e vegetale, spec. nelle lecitine.
colino *s. m.* Utensile da cucina, a buchi fitti, per colare brodo, camomilla, tè e sim. [→ ill. *cucina*]
colite *s. f.* Infiammazione del colon.
colitico ***A*** *agg.* (*pl. m. -ci*) Della colite. ***B*** *agg.; anche s. m.* (*f. -a*) Affetto da colite.
còlla (1) *s. f.* ***1*** Ogni sostanza a forte potere adesivo | *— forte*, da falegname, ottenuta da ossa di animali. [→ ill. *ufficio*] ***2*** (*est.*) Materia attaccaticcia. ***3*** *— di pesce*, gelatina di pesce ricavata spec. dalla vescica natatoria degli storioni.
cólla (2) *prep. art.* V. *la* per gli usi ortografici.
collaboràre *v. intr.* (*io collàboro; aus. avere*) ***1*** Lavorare insieme con altri: *— alla riuscita di un'impresa*; SIN. Coadiuvare, cooperare. ***2*** Dare un contributo di lavoro fre-

quente o sistematico, spec. a un'attività culturale: — *a un giornale.* **3** Praticare il collaborazionismo.
collaboratóre *s. m.* (*f. -trice*) Chi collabora | Chi collabora periodicamente a un giornale, a una casa editrice e sim., senza essere legato da rapporti di dipendenza | — *scientifico*, chi svolge azione di propaganda informativa presso medici e sim. nel settore farmaceutico.
collaboratrice *s. f.* Donna che collabora | — *familiare*, donna che, regolarmente stipendiata, presta servizio domestico presso una o più famiglie; SIN. Colf.
collaborazióne *s. f.* **1** Effettuazione di un lavoro insieme con altri; SIN. Cooperazione. **2** Contributo dato da chi collabora: *la sua — è preziosa* | Lavoro periodico, più o meno frequente, spec. nell'ambito culturale: — *ad una rivista.*
collaborazionismo *s. m.* Qualunque forma spontanea di collaborazione col nemico invasore, spec. durante l'occupazione nazista in Italia.
collaborazionista **A** *s. m. e f.* (*pl. m. -i*) Chi pratica il collaborazionismo. **B** *anche agg.*
collage /*fr.* kɔ'laʒ/ *s. m. inv.* (*pl. fr. collages* /kɔ'laʒ/) Tecnica pittorica consistente nell'incollare su di un piano frammenti di materiali diversi | (*est.*) La composizione così ottenuta.
collàgeno *s. m.* (*biol.*) Sostanza proteica costituente della pelle, dei tendini, delle ossa e dei tessuti connettivi in genere.
collàna *s. f.* **1** Monile da portarsi al collo. [→ ill. *gioielli*] **2** Collare distintivo d'ordine cavalleresco. **3** Serie di opere con caratteristiche comuni, pubblicate con la medesima veste tipografica dello stesso editore; SIN. Collezione.
collant /*fr.* kɔ'lã/ **A** *agg. inv.* (*pl. fr. collants* /kɔ'lã/) Detto di abito, manica e sim. attillato, aderente. **B** *s. m. inv.* (*pl. fr. collants* /kɔ'lã/) Indumento femminile in un unico pezzo, formato da due calze unite da una mutandina. [→ ill. *abbigliamento*]
collànte *s. m.; anche agg.* Adesivo, spec. del legno.
collàre *s. m.* **1** Anello di peli, piume o squame di colore diverso da quello del corpo, che si trova attorno al collo di alcuni animali. **2** Striscia di cuoio o d'altro che si mette attorno al collo delle bestie e spec. ai cani. [→ ill. *finimenti*] **3** Ornamento femminile da portarsi intorno al collo. [→ ill. *gioielli*] **4** (*relig.*) Striscia di stoffa, con ricami, per le funzioni | Striscia di cartoncino coperta di tela bianca inamidata che i preti portano come colletto. **5** (*arald.*) Catena d'oro, d'argento, di smalto, variamente intrecciata, a cui si appende l'insegna di un ordine. **6** (*arch.*) Collarino.
collarétto *s. m.* **1** *Dim. di collare.* **2** Parte di camicia o veste femminile intorno al collo. **3** Colletto di abito abbottonato dietro.
collarino *s. m.* **1** *Dim. di collare.* [→ ill. *gioielli*] **2** Piccola modanatura, lievemente sporgente, interposta tra il fusto d'una colonna e il capitello. [→ ill. *elemento architettonico*]
collàsso *s. m.* Improvviso malore caratterizzato da abbassamento della pressione arteriosa e depressione generale: — *cardiaco.*
collateràle **A** *agg.* **1** Che sta a lato | (*est.*) Secondario, parallelo, rispetto a ciò che è principale: *le attività collaterali di un'impresa agricola.* **2** (*dir.*) *Linea* —, rapporto genealogico che intercorre tra persone discendenti da un capostipite comune ma non l'una dall'altra. **B** *agg.; anche s. m. e f.* Che (o chi) è parente in linea collaterale.
collaudàre *v. tr.* (*io collàudo*) Sottoporre q.c. a collaudo: — *un aereo* | (*fig.*) Verificare; SIN. Provare.
collaudatóre *s. m.* (*f. -trìce*) Chi esegue collaudi.
collàudo *s. m.* Verifica sperimentale, conforme a determinate norme, di un'opera, di un veicolo, di una macchina, per stabilirne l'idoneità all'uso.
collazionàre *v. tr.* (*io collazióno*) Sottoporre a collazione.
collazionatóre *s. m.* (*f. -trìce*) Correttore di bozze.
collazióne *s. f.* **1** Confronto compiuto fra le diverse copie di testi letterari o documenti, o fra queste e l'originale, per giungere a una stesura definitiva. **2** (*dir.*) Conferimento al patrimonio ereditario, prima della divisione, delle donazioni fatte dall'ereditando ai discendenti.
còlle (1) *s. m.* Valico in una catena montuosa: *Col di Tenda.*
còlle (2) *s. m.* Piccola elevazione di terreno, per lo più coperta di vegetazione; SIN. Altura, collina.
cólle (3) *prep. art.* V. *le* per gli usi ortografici.
collèga *s. m. e f.* (*pl. m. -ghi*) **1** Compagno di lavoro, spec. in attività impiegatizie o professionali. **2** Chi collabora con qc. o si trova nelle sue stesse condizioni sociali, lavorative e sim.
collegaménto *s. m.* **1** Congiunzione, comunicazione | (*fig.*) Connessione, rapporto. **2** (*mil.*) Contatto tra comandi, unità e reparti per la trasmissione di ordini o informazioni: *ufficiale di* —. **3** (*elettr.*) Congiunzione fra vari apparecchi, quali pile, accumulatori, condensatori | — *in serie*, se il polo positivo dell'uno è collegato con quello negativo dell'altro | — *in parallelo*, con i poli omonimi collegati.
collegànza *s. f.* **1** (*raro*) Stretta connessione fra più cose o persone. **2** (*raro*) L'essere colleghi.
collegàre **A** *v. tr.* (*io collégo, tu colléghi*) **1** Legare insieme, congiungere: — *due fili* | Mettere in comunicazione: — *due stanze.* **2** (*fig.*) Porre in connessione: — *idee.* **B** *v. rifl. rec.* **1** Far lega con qc.; SIN. Unirsi. **2** Mettersi in comunicazione: *collegarsi col centralino.* **C** *v. intr. pron.* Essere unito.
college /*ingl.* 'kɔlidʒ/ *s. m. inv.* (*pl. ingl. colleges* /'kɔlidʒez/) In Inghilterra, scuola secondaria o istituto d'istruzione superiore annesso all'Università | Negli Stati Uniti d'America, facoltà universitaria con corsi di quattro anni.
collegiàle **A** *agg.* **1** Di collegio | Collettivo: *visita medica* —. **2** Di collegio, convitto: *disciplina* —. **B** *s. m. e f.* **1** Allievo di un collegio; SIN. Convittore. **2** (*fig.*) Giovane inesperto e impacciato.
collegialità *s. f.* Qualità di ciò che è collegiale.
collegialménte *avv.* In forma collegiale, collettiva.
collegiàta *s. f.* Chiesa collegiata.
collegiàto *agg.* **1** (*raro*) Appartenente a un collegio. **2** *Chiesa collegiata*, chiesa con capitolo di canonici ma senza vescovo.
collègio *s. m.* **1** Corpo di persone di ugual titolo e dignità, che hanno comuni funzioni o interessi: — *dei medici, degli avvocati.* [→ ill. *giustizia*] **2** — *elettorale*, circoscrizione elettorale | Gli elettori in esso compresi. **3** Istituto di educazione e istruzione ove i giovani convivono sotto una disciplina comune | (*est.*) Edificio ove ha sede un collegio | Gli alunni e gli insegnanti del collegio; SIN. Convitto.
collènchima *s. m.* (*pl. -i*) (*bot.*) Tessuto vegetale di sostegno che si trova negli organi in fase di accrescimento.
còllera *s. f.* Ira, sdegno, rabbia, furore.
collèrico *agg.* (*pl. m. -ci*) Detto di chi monta in collera facilmente; SIN. Irascibile, rabbioso | Dettato dalla collera, bilioso: *comportamento* —.
collètta *s. f.* **1** Raccolta di denaro o altro fra più persone spec. a scopo di beneficenza; SIN. Questua. **2** (*relig.*) Ciascuna delle orazioni per invocare la grazia divina sulla comunità.
collettàme *s. m.* Insieme di merci in colli viaggianti su uno stesso veicolo e con destinatari diversi.
collettivaménte *avv.* In modo collettivo.
collettivismo *s. m.* Sistema economico fondato sull'attribuzione alla collettività della proprietà e dell'amministrazione dei beni di produzione.
collettivista **A** *s. m. e f.* (*pl. m. -i*) Sostenitore del collettivismo. **B** *agg.* Collettivistico.
collettivistico *agg.* (*pl. m. -ci*) Conforme al collettivismo.
collettività *s. f.* Comunità sociale.
collettivizzàre *v. tr.* (*io collettivizzo*) Trasformare una proprietà da privata a collettiva.
collettivizzazióne *s. f.* Trasformazione della proprietà da privata a collettiva.
collettivo **A** *agg.* **1** Che è comune a un numero indeterminato di individui; CONTR. Individuale. **2** Di una collettività: *contratto* —. **3** *Nome* —, che indica un gruppo di esseri o di cose (es. *nazione, selvaggina, centinaio*). **B** *s. m.* Insieme di persone aderenti ad uno stesso organismo, spec. politico, sindacale e sim.
collétto *s. m.* **1** Particolare della camicia o dell'abito, che sta attorno al collo | — *bianco*, (*fig.*) impiegato | — *blu*,

(*fig.*) operaio. [→ ill. *abbigliamento*] **2** (*anat.*) Solco tra la corona e la radice del dente. [→ ill. *anatomia umana, zoologia*] **3** (*bot.*) Regione di passaggio fra radice e fusto. [→ ill. *botanica*] **4** Parte superiore del bossolo che stringe il proiettile. [→ ill. *armi*]

collettóre A *agg.* (*f. -trìce*) Che raccoglie | *Canale* –, che raccoglie le acque di un terreno convogliandole al fiume o al mare | *Bacino* –, parte superiore di un ghiacciaio, in cui si accumula la neve che si trasforma in ghiaccio. [→ ill. *geografia*] **B** *s. m.* **1** Chi raccoglie o riscuote denaro o altro. **2** Fiume, torrente che raccoglie le acque da un bacino imbrifero. **3** (*mecc.*) Condotto atto a raccogliere e distribuire fluidi. [→ ill. *meteorologia*] **4** (*elettr.*) Organo, solidale con il rotore, di una macchina elettrica su cui strisciano le spazzole di adduzione o di prelievo della corrente continua | (*elettron.*) Uno degli elettrodi del transistor. [→ ill. *elettricità, elettronica*]

collettorìa *s. f.* Ufficio del collettore.

collezionàre *v. tr.* (*io collezióno*) Riunire vari oggetti in una collezione.

collezióne *s. f.* **1** Raccolta di oggetti della stessa specie, interessanti anche solo soggettivamente. **2** Collana editoriale. **3** Insieme dei modelli presentati a ogni stagione dalle grandi sartorie.

collezionişmo *s. m.* Tendenza a collezionare.

collezionìsta *s. m. e f.* (*pl. m. -i*) Chi fa collezione di q.c.

collìdere *v. intr. e intr. pron.* (*pass. rem. io collìşi, tu collidésti; part. pass. collìşo; aus. intr. avere*) (*raro*) Urtare contro q.c.

collie /*ingl.* 'kɔli/ *s. m. inv.* (*pl. ingl. collies* /'kɔliz/) Cane da pastore scozzese, dal portamento elegante, con pelo lungo variamente colorato e coda lunga. [→ ill. *cane*]

collier /*fr.* kɔ'lje/ *s. m. inv.* (*pl. fr. colliers* /kɔ'lje/) Collana.

colligiàno *agg.* Tipico dei colli.

collimàre A *v. tr.* (*io collìmo*) Orientare uno strumento gener. ottico in modo da determinare una linea di mira. **B** *v. intr.* (*aus. avere*) **1** Coincidere. **2** (*fig.*) Essere d'accordo.

collimatóre *s. m.* **1** Strumento topografico che permette di stabilire un allineamento fra lo strumento stesso e un punto del terreno. **2** Dispositivo che, in alcuni strumenti ottici, trasforma i raggi provenienti da una sorgente luminosa in un fascio di raggi paralleli. [→ ill. *strumenti ottici*]

collimazióne *s. f.* Allineamento fra il collimatore e un punto prefissato.

collìna *s. f.* **1** Forma di rilievo gener. tondeggiante che non supera i 600 m di altezza. [→ ill. *geografia*] **2** (*est.*) Zona collinosa. ● SIN. Colle, poggio.

collinàre *agg.* Di collina: *agricoltura* –.

collinóso *agg.* Sparso di colline: *territorio* –.

collìrio *s. m.* Medicamento per la cura degli occhi, spec. della congiuntiva.

collişióne *s. f.* **1** Urto di due o più corpi solidi in movimento: – *di due auto.* **2** (*fig.*) Contrasto. ● SIN. Scontro.

collìşo *part. pass. di collidere; anche agg.* Urtato.

còllo (1) *s. m.* **1** Parte del corpo che nell'uomo e in alcuni altri vertebrati unisce il capo al torace | *Gettare le braccia al* –, abbracciare | *Tirare il* – *ai polli*, ucciderli | *Torcere il* –, uccidere | *Prendere qc. per il* –, esigere da lui prezzi esosi | *Capitare, piombare tra capo e* –, (*fig.*) all'improvviso | *Rompersi, fiaccarsi il* –, *l'osso del* –, *il nodo del* –, fare una caduta rovinosa; (*fig.*) rovinarsi | *Rompere il* – *a qc.*, (*fig.*) mandarlo in rovina | *Correre a rotta di* –, a precipizio | *Mettere il piede sul* – *a qc.*, (*fig.*) sopraffarlo | *Tenere un bambino in* –, in braccio | *Essere nei guai fino al* –, (*fig.*) fino al limite massimo di sopportabilità. [→ ill. *cavallo, macelleria*] **2** (*est.*) Parte dell'abito che sta attorno al collo | (*est.*) Colletto. **3** (*est.*) Parte superiore assottigliata di bottiglie, anfore e sim.: *bere a* –, direttamente dalla bottiglia. [→ ill. *vino*] **4** (*anat.*) Parte ristretta di un organo | – *dell'utero*, la parte inferiore | – *del piede*, parte superiore del piede, presso il malleolo. **5** (*mecc.*) – *d'oca*, albero a gomiti. [→ tav. *proverbi* 27]

còllo (2) *s. m.* Balla, involto di merce.

cóllo (3) *prep. art.* V. *lo* per gli usi ortografici.

collocàbile *agg.* Che si può collocare.

collocaménto *s. m.* **1** Sistemazione in un dato luogo (*anche fig.*): – *a riposo di un impiegato.* **2** Impiego, lavoro | *Agenzia di* –, che procura impieghi, servizi e sim. | *Ufficio di* –, organo che assiste i lavoratori trovando loro un'occupazione.

collocàre A *v. tr.* (*io còlloco, tu còllochi*) **1** Porre q.c. o qc. in un dato luogo: – *i mobili in una stanza* | Porre qc. o q.c. in modo adeguato, nella posizione che gli compete: – *i libri in ordine sullo scaffale* | (*fig.*) Considerare, inquadrare in un contesto: – *storicamente un avvenimento*; SIN. Mettere, sistemare. **2** (*est.*) Mettere qc. in un ufficio, impiego o sim.: – *un amico.* **3** (*est.*) Vendere: – *bene la propria merce.* **B** *v. rifl.* Mettersi in una data posizione.

collocazióne *s. f.* **1** Atto del collocare | Luogo in cui una cosa è collocata | (*fig.*) Posizione politica, culturale e sim., di qc. o q.c. **2** In una biblioteca, posto assegnato a ogni libro negli scaffali e l'insieme dei dati necessari a reperirlo. **3** Lavoro, occupazione: *una* – *redditizia.*

collòdio *s. m.* Soluzione densa e vischiosa di nitrocellulosa in alcol ed etere, usata per lacche, vernici, pellicole, e in farmacia.

colloidàle *agg.* Di sostanza che ha la consistenza gelatinosa di una colla: *stato* –.

collòide *s. m.* Sostanza allo stato colloidale, che si diffonde in acqua con grande lentezza, ma non passa attraverso una membrana.

colloquiàle *agg.* Di, da colloquio | *Stile* –, non letterariamente ricercato.

colloquiàre *v. intr.* (*io collòquio; aus. avere*) **1** Essere a colloquio con qc. **2** (*fig.*) Cercare un'intesa con l'avversario.

collòquio *s. m.* **1** Conversazione piuttosto importante, fra due o più persone. **2** Esame universitario preliminare, limitato ad alcune parti del programma.

colloróssso *s. m.* (*zool.*) Moriglione.

collosità *s. f.* L'essere colloso.

collóso *agg.* Appiccicoso e viscoso come la colla.

collotòrto *s. m.* (*pl. collitòrti o còlli tòrti*) Ipocrita, bacchettone, bigotto.

collòttola *s. f.* Parte posteriore del collo | Collo grasso.

collùdere *v. intr.* (*pass. rem. io collùşi, tu colludésti; part. pass. collùşo; aus. avere*) (*dir.*; *raro*) Concludere un accordo collusivo.

collușióne *s. f.* **1** (*dir.*) Accordo fraudolento concluso tra due o più parti per un fine illecito. **2** (*polit.*) Intesa di partiti in contrasto fra loro.

collușìvo *agg.* (*dir.*) *Nella loc. accordo* –, collusione.

collutòrio *s. m.* Medicamento liquido per sciacqui curativi della bocca.

colluttàre *v. intr.* (*aus. avere*) (*lett.*) Venire alle mani e combattere corpo a corpo.

colluttazióne *s. f.* Rissa violenta, lotta corpo a corpo.

colluviàle *agg.* (*geol.*) Detto di deposito continentale di cui parte è stata trasportata dalle acque, il rimanente essendo residui del substrato e detriti di falda.

collùvie *s. f. inv.* **1** (*lett.*) Ammasso di materia putrida. **2** (*fig.*) Congerie di cose o persone spregevoli.

cólma *s. f.* Livello massimo raggiunto dall'acqua durante l'alta marea.

colmàre *v. tr.* (*io cólmo*) **1** Riempire un recipiente fino all'orlo: – *un bicchiere di vino* | – *la misura*, (*fig.*) esagerare. **2** (*fig.*) Dare in abbondanza: – *qc. di favori* | Riempire l'animo di un sentimento: – *di gioia.* **3** Portare al livello voluto terreni, campagne e sim. | (*fig.*) – *una lacuna*, completare q.c. specialmente in campo culturale.

colmàta *s. f.* **1** Atto del colmare | – *artificiale*, bonifica che si pratica innalzando il livello del terreno, con immissione di acque torbide che vi lasciano depositi. **2** Accumulo di rena trasportata dalle correnti, che ostacola la navigazione.

colmatóre *s. m.* **1** Chi colma. **2** (*idraul.*) Canale che porta acqua torbida a una colmata di bonifica.

colmatùra *s. f.* **1** Operazione del colmare. **2** Parte di contenuto che supera l'orlo di un recipiente colmo. **3** Aggiunta di vino alle botti per integrarne la perdita avvenuta durante la fermentazione.

cólmo (1) *agg.* Pieno, traboccante (*anche fig.*): *un piatto* – *di leccornie.*

cólmo (2) *s. m.* **1** Cima, sommità, culmine | Prominenza. [→ ill. *casa*] **2** Piena: *il* – *del fiume.* **3** Gioco di parole basato sul doppio significato. **4** (*fig.*) Apice, grado mas-

simo di q.c.: *il — della felicità* | *È il —!*, è troppo, è una vergogna.
-colo *secondo elemento*: in parole composte significa 'che abita' o 'relativo alla coltura di': *cavernicolo, cerealicolo.*
colocàsia *s. f.* Pianta erbacea delle Spadiciflore con foglie grandi, infiorescenza a spadice giallognola e rizoma tuberoso commestibile.
colofònia *s. f.* Residuo solido giallastro della distillazione delle oleoresine per la produzione di trementina; usata per vernici e adesivi.
cologaritmo *s. m.* (*mat.*) Logaritmo cambiato di segno, tale che, aggiunto a un altro logaritmo, dà la differenza tra i due.
colómba *s. f.* **1** Femmina del colombo. **2** Dolce pasquale, a forma di colomba con le ali piegate. **3** (*fig.*) Simbolo di innocenza e di pace. **4** (*fig.*) Chi sostiene le soluzioni pacifiche spec. nelle controversie di politica internazionale; CONTR. Falco.
colombàccio *s. m.* Grosso uccello commestibile affine al colombo, ma più grosso.
colombàia *s. f.* Nella casa colonica, torretta per i colombi.
colombàrio *s. m.* Costruzione funeraria che comprende gruppi di loculi affiancati e sovrapposti nei quali si pongono le bare o le cassette con le ossa di salme esumate.
colombèlla *s. f.* Uccello selvatico con collo verde lucente | *A —*, (*fig.*) a perpendicolo.
colombiàno *agg.; anche s. m.* (*f. -a*) Della Colombia.
colombicoltóre *s. m.* Allevatore di colombi.
colombicoltùra *s. f.* Allevamento dei colombi.
colombìna *s. f.* Razzo a forma di colomba che scorrendo lungo un filo va a incendiare i fuochi artificiali, spec. a Firenze il Sabato Santo.
colómbo *s. m.* (*f. -a*) **1** Uccello la cui specie più comune presenta piumaggio grigio-azzurro, iridescenze sul collo, due fasce nere sulle ali e una macchia bianca sulla parte posteriore del dorso; SIN. Piccione. [→ ill. *animali* 10] **2** *spec. al pl.* (*fig., fam.*) Coppia di innamorati.
còlon (1) *s. m.* (*anat.*) Parte dell'intestino crasso, tra cieco e retto. [→ ill. *anatomia umana*]
còlon (2) *s. m.* (*pl. còla*) Nell'antica interpunzione, segno equivalente ai moderni punto e virgola o due punti.
colònia (1) *s. f.* **1** Nei diritti antichi, agglomerato di cittadini lontano dalla madrepatria | Territorio distinto dalla madrepatria e alla stessa assoggettato da vincoli militari, politici, giuridici ed economici: *le colonie britanniche.* **2** (*est.*) Insieme delle persone di uno stesso paese stabilite in un paese straniero: *la — italiana a Parigi.* **3** (*est.*) Istituto che ospita bambini in un luogo adatto per cura e riposo | (*est.*) Luogo dove si trova questo istituto | (*est.*) Insieme dei bambini membri della colonia. **4** *— agricola*, misura di sicurezza applicabile ai delinquenti; (*est.*) stabilimento penitenziario per l'esecuzione di detta misura di sicurezza. **5** (*biol.*) Insieme di individui animali o vegetali della medesima specie aggregati a formare un tutto unico: *— di coralli.*
colònia (2) *s. f.* Acqua di colonia.
colonìa (3) *s. f.* Contratto agrario.
coloniàle **A** *agg.* Di, da colonia. **B** *s. m.* **1** Chi abita una colonia. **2** *spec. al pl.* Derrate e spezie, come caffè, cacao, pepe, provenienti dalle colonie.
colonialìsmo *s. m.* Politica che tende ad assicurare colonie a una nazione.
colonialìsta **A** *s. m. e f.* (*pl. m. -i*) **1** Assertore della politica del colonialismo. **2** Competente in questioni coloniali. **B** *agg.* Colonialistico.
colonialìstico *agg.* (*pl. m. -ci*) Del colonialismo.
colònico *agg.* (*pl. m. -ci*) Del colono: *casa colonica.*
colonizzàre *v. tr.* (*io colonìzzo*) **1** Ridurre a colonia. **2** Operare, da parte di enti pubblici o di privati, per la bonifica di terre incolte.
colonizzatóre **A** *s. m.* (*f. -trìce*) Chi svolge opera di colonizzazione. **B** *anche agg.*
colonizzazióne *s. f.* **1** Assoggettamento di un territorio distinto dalla madrepatria. **2** Bonifica e messa a coltura di terre incolte.
colónna *s. f.* **1** Elemento portante verticale a sezione circolare, atto a sostenere il peso delle strutture sovrastanti o usato in funzione decorativa: *— dorica, ionica, corinzia* | *— d'infamia, — infame*, gogna, berlina per i condannati | (*est.*) Monumento commemorativo: *la — traiana* | (*est.*) Elemento dal notevole sviluppo verticale, con funzioni spec. di sostegno. [→ ill. *architettura, strumenti musicali, religione*] **2** (*fig.*) Appoggio, sostegno: *è una — dell'azienda.* **3** (*est.*) Quantità di materia fluida o gassosa disposta verticalmente: *una — d'acqua, di fuoco.* **4** Tubazione o insieme di tubazioni verticali usato per far passare, raccogliere o contenere materiali o fluidi vari: *— idraulica.* [→ ill. *ferrovia*] **5** Serie di elementi disposti verticalmente, spec. ordinatamente l'uno sotto l'altro: *— di numeri; mettere in — le cifre* | *— vertebrale*, asse dello scheletro costituito dall'insieme delle vertebre. [→ ill. *anatomia umana*] **6** Suddivisione verticale, spec. della pagina di giornale o di un libro: *titolo a cinque colonne.* **7** (*est.*) Insieme di cose o persone disposte l'una dietro l'altra: *una — di auto, di dimostranti* | *Quinta —*, complesso di elementi che, in territorio tenuto da uno dei contendenti, operano clandestinamente a favore dell'altro. [→ tav. *locuzioni* 88]
colonnàre *agg.* Che ha forma di colonna.
colonnàto *s. m.* Serie di colonne collegate fra loro da architravi o da arcate. [→ ill. *architettura*]
colonnèllo *s. m.* Ufficiale superiore che ha il comando di un reggimento.
colonnìna *s. f.* **1** *Dim. di colonna.* **2** Segnale colorato e luminoso a forma di piccola colonna, posto all'estremità di isole pedonali, salvagente e sim. [→ ill. *strada*]
colòno *s. m.* (*f. -a*) **1** Coltivatore del fondo che ha concluso con un concedente un contratto di colonia | (*est.*) Contadino. **2** Abitante di una colonia.
coloquìntide *s. f.* Pianta erbacea delle Cucurbitali, con fusto sottile prostrato che dà frutti amari, usati un tempo come medicinale.
colorànte **A** *part. pres. di colorare; anche agg.* Che colora. **B** *s. m.* Sostanza che conferisce colore, spec. a fibre tessili | *Coloranti alimentari*, sostanze aggiunte a cibi o bevande per conferire loro aspetto gradevole all'occhio.
coloràre **A** *v. tr.* (*io colóro*) **1** Coprire, cospargere, di colore; SIN. Tingere. **2** (*fig.*) Mascherare, camuffare: *— l'egoismo con l'avvedutezza.* **B** *v. intr. pron.* **1** Tingersi. **2** (*fig.*) Camuffarsi, mascherarsi.
colorazióne *s. f.* Atto del colorare e del colorarsi | (*est.*) Colore.
colóre *s. m.* **1** Impressione che la luce, variamente riflessa dalla superficie dei corpi, produce sull'occhio, dipendente dalla lunghezza d'onda della luce riflessa | *— semplice*, avente una sola, determinata lunghezza d'onda | *Colori complementari*, detto di una coppia di colori che combinandosi danno il bianco | *Senza —*, incolore, opaco | *A colori*, variamente colorato | (*fig.*) *Vedere tutto — di rosa*, essere ottimista | (*fig.*) *Dirne di tutti i colori*, sfogarsi verbalmente in modo violento | (*fig.*) *Farne di tutti i colori*, compiere varie azioni, spec. riprovevoli | *Pezzo di —*, (*fig.*) articolo di giornale che completa e arricchisce i fatti con note caratteristiche di ambiente | (*fig.*) *— locale*, insieme delle caratteristiche più pittoresche di un ambiente geografico o culturale. **2** Sostanza usata per dipingere, tingere, verniciare e sim.: *— a olio, ad acquerello, a tempera.* [→ ill. *pittore*] **3** Colorazione della pelle di animali, o di esseri umani, anche come indicazione razziale | *Gente, popoli di —*, non appartenenti alla cosiddetta razza bianca | Colorazione del viso umano: *— scuro, olivastro* | (*fig.*) *Farsi, diventare di tutti i colori*, mostrare, nell'espressione del viso, il turbamento dovuto a una emozione improvvisa. **4** (*fig.*) Aspetto, apparenza: *quell'affare ha un — poco convincente* | (*lett.*) *Sotto — di*, col pretesto di. **5** Tinta distintiva di una bandiera, stemma e sim. | (*est.*) *al pl.* Bandiera: *i colori d'Italia* | (*est.*) *spec. al pl.* Squadra, società sportiva: *corre da anni per gli stessi colori.* **6** Complesso di tendenze e opinioni, spec. politiche. **7** Ciascuno dei quattro semi delle carte da gioco | Nel poker, combinazione di cinque carte dello stesso seme.
colorerìa *s. f.* Bottega di colori.
colorifìcio *s. m.* Fabbrica di coloranti.
colorìmetro *s. m.* Apparecchio che analizza le sostanze in base all'intensità del colore delle loro soluzioni.
colorìre *v. tr.* (*io colorìsco, tu colorìsci*) **1** Colorare. **2** (*fig.*) Descrivere con vivezza: *— un racconto.*
colorìsmo *s. m.* Tendenza artistica, spec. pittorica, ad

accentuare l'uso e l'importanza espressiva del colore.

colorista *s. m. e f.* (*pl. m. -i*) **1** Operaio addetto alla preparazione dei colori. **2** Pittore molto esperto nell'uso del colore. **3** (*est.*) Scrittore o musicista dotato di stile particolarmente espressivo.

coloristico *agg.* (*pl. m. -ci*) Che si riferisce al colorismo e ai coloristi.

colorito ***A*** *part. pass. di colorire; anche agg.* **1** Carico di colore: *viso —*. **2** (*fig.*) Espressivo: *linguaggio —*. ***B*** *s. m.* **1** Colore, tinta | Carnagione: *— roseo.* **2** Maniera di colorire, di dipingere.

coloritóre *s. m.; anche agg.* (*f. -trice*) Chi (o che) colorisce (*anche fig.*).

coloritùra *s. f.* Atto del colorire | Vivezza descrittiva, espressività.

colóro *pron. dimostr. m. e f. pl.* Forma pl. di *colui* e *colei.*

colossàle *agg.* Di colosso | Smisuratamente grande; SIN. Enorme, gigantesco.

colòsso *s. m.* **1** Statua di dimensioni gigantesche. **2** (*est.*) Persona di statura e corporatura eccezionali | (*est.*) Personalità eccezionale, di grande talento.

colòstro *s. m.* Liquido secreto dalla mammella subito dopo il parto.

cólpa *s. f.* **1** Imprudenza, negligenza, imperizia o inosservanza di leggi, da cui discende la violazione di un dovere giuridico; CFR. Dolo. **2** Azione che contravviene alla norma etica e religiosa; SIN. Peccato. **3** Responsabilità conseguente a un'azione colpevole: *avere —*; *essere in —*. **4** Azione che produce un effetto negativo: *per — di qc.*

colpévole ***A*** *agg.* **1** Che è in colpa. **2** Che costituisce una colpa. • CONTR. Incolpevole. ***B*** *s. m. e f.* Chi ha commesso una colpa.

colpevolézza *s. f.* L'essere colpevole; CONTR. Innocenza.

colpevolismo *s. m.* Atteggiamento di chi è colpevolista; CONTR. Innocentismo.

colpevolista *s. m. e f.* (*pl. m. -i*) Chi, riguardo a un processo, sostiene prima della sentenza la colpevolezza dell'imputato; CONTR. Innocentista.

colpevolizzàre *v. tr.* Far sentire qc. responsabile di una colpa.

colpire *v. tr.* (*io colpisco, tu colpisci*) **1** Assestare uno o più colpi: *— qc. con un pugno* | *— il bersaglio*, centrarlo | Danneggiare o ferire con arma da lancio o da fuoco: *la freccia lo colpì alla gamba* | *— nel segno*, (*fig.*) essere nel giusto | *— nel vivo*, (*fig.*) toccare nella suscettibilità. **2** (*fig.*) Provocare una profonda impressione. **3** (*est.*) Danneggiare: *un'ondata di rapine ha colpito la zona.*

cólpo *s. m.* **1** Movimento rapido e violento per cui un corpo viene a contatto con un altro: *dare un — in testa a qc.* | *Dare un — al cerchio e uno alla botte*, (*fig.*) barcamenarsi fra due o più alternative diverse | Con riferimento ad armi da fuoco: *un — di pistola, di cannone* | *— di grazia*, colpo mortale dato per abbreviare l'agonia e (*est.*) ciò che determina il crollo di una situazione già compromessa | *A — sicuro*, senza pericolo di sbagliare. **2** (*est.*) Rumore prodotto da colpo o sparo: *sentire un — alla porta.* **3** Pugno | *— basso*, sotto la cintura; (*fig.*) azione sleale | Nel tennis, lancio. **4** Spostamento di congegni, attrezzi e sim.: *— di pedale*; *— di remi*, palata | *— di telefono*, telefonata rapida. **5** Manifestazione improvvisa e violenta di fatti o fenomeni: *— di vento*, raffica | *— d'occhio*, vista d'insieme; (*est.*) capacità di capire al primo sguardo | *— di fulmine*, fatto improvviso, spec. innamoramento a prima vista | *— di scena*, improvviso mutamento di situazione | *— di testa*, decisione precipitosa | *Di —*, all'improvviso | *Sul —*, all'istante. **6** Stato morboso improvviso, spesso con perdita di coscienza | *— apoplettico*, o (*ell.*) *—*, apoplessia cerebrale | *— di sole*, insolazione | *— d'aria*, infreddatura causata da corrente d'aria. **7** Avvenimento improvviso che comporta forti emozioni: *è stato un duro — per tutti* | *Far —*, suscitare interesse, ammirazione e sim. | *— giornalistico*, notizia sensazionale pubblicata da un solo giornale. **8** Impresa audace e decisa, per un fine non lecito: *un — da un miliardo* | *— di Stato*, sovvertimento illegittimo dell'organizzazione costituzionale di uno Stato da parte di un organismo dello Stato stesso. [→ tav. *locuzioni* 24, 27]

colpóso *agg.* Commesso con colpa: *delitto —*.

còlta *s. f.* (*raro*) Raccolta.

coltèlla *s. f.* Grosso coltello a lama larga.

coltellàccio *s. m.* **1** *Pegg. di coltello.* **2** Grosso coltello da punta e da taglio. **3** Leggera vela che si può attrezzare a fianco delle vele quadre o sotto per aumentarne la superficie e prendere più vento. [→ ill. *marina*]

coltellàta *s. f.* **1** Colpo, ferita di coltello. **2** (*fig.*) Impressione che provoca dolore e sofferenza.

coltelleria *s. f.* **1** Assortimento, insieme di coltelli. **2** Fabbrica o negozio di coltelli.

coltellinàio *s. m.* Chi fabbrica o vende coltelli, forbici, lame in genere.

coltèllo *s. m.* (*pl. coltèlli*) **1** Strumento per tagliare, con lama d'acciaio immanicata, tagliente da una parte sola, gener. con la punta acuminata | *— a serramanico*, a lama mobile, che può, cioè, rientrare nel manico | *— dell'aratro*, coltro | *— anatomico*, per sezionare cadaveri | *— chirurgico, operatorio*, bisturi | *Avere il — per il manico*, (*fig.*) essere in posizione di vantaggio | *Lotta a —*, (*fig.*) accanita, furiosa | *A —, in —, per —*, dicesi di mattone messo di taglio, e di muro fatto con mattoni posti in tale modo. [→ ill. *coltello, agricoltura, campeggiatore, cucina, disegnatore, giardiniere, macelleria, orologiaio, pesca, stoviglie*] **2** Prisma di acciaio attorno al cui asse oscilla il giogo della bilancia. [→ ill. *bilancia*] [→ tav. *proverbi* 157]

coltellóne *s. m.* **1** *Accr. di coltello.* **2** Grossa posata, di forma analoga al coltello, per tagliare e servire dolci. [→ ill. *stoviglie*]

coltivàbile *agg.* Che si può coltivare.

coltivàre *v. tr.* **1** Lavorare il terreno affinché produca piante e frutti. **2** Sfruttare un giacimento minerario. **3** (*est.*) Esercitare, educare, rendere produttivo: *— la mente, l'ingegno* | *— un'amicizia*, darsi cura di conservarla. **4** (*est.*) Nutrire un pensiero, fomentare una passione: *— una speranza.*

coltivàto ***A*** *part. pass. di coltivare; anche agg.* **1** Sottoposto a coltura. **2** Non spontaneo: *perle coltivate.* ***B*** *s. m.* Luogo a coltura.

coltivatóre *s. m.* (*f. -trice*) Chi coltiva | *— diretto*, chi coltiva un fondo di sua proprietà.

coltello

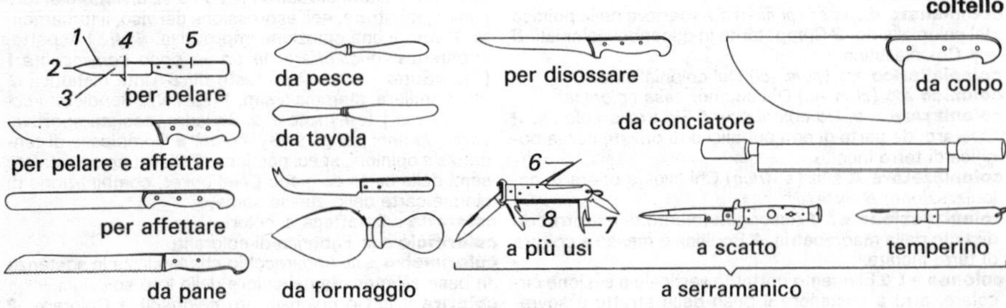

1 costa 2 punta 3 lama 4 taglio 5 manico 6 punta 7 apriscatole 8 cacciavite e apribottiglie

coltivazióne *s. f.* **1** Attività del coltivare. **2** Coltura di piante erbacee e arboree | Luogo coltivato. **3** Complesso dei lavori per l'utilizzazione dei minerali e delle rocce, in cave e miniere. [→ ill. *tecnica mineraria*]

coltìvo *agg.* Detto di terreno coltivato o coltivabile.

cólto (1) o *cùlto agg.* **1** (*raro*) Coltivato. **2** Che possiede cultura; CFR. Erudito. • CONTR. Incolto.

cólto (2) *part. pass. di colere; anche agg.* Onorato, venerato.

còlto (3) *part. pass. di cogliere* Afferrato | Colpito | Spiccato.

-coltóre o (*raro*) *-cultore secondo elemento*: in parole composte significa 'coltivatore' o 'allevatore': *agricoltore, viticoltore, apicoltore.*

cóltre *s. f.* **1** Coperta da letto. **2** Panno o drappo nero, con cui si usa coprire la bara. **3** (*est.*) Strato di materiale che copre una superficie: *una — di neve.*

cóltrice *s. f.* Materasso imbottito di lana o piume | (*est., lett.*) Giaciglio.

cóltro *s. m.* Organo dell'aratro che apre verticalmente il solco. [→ ill. *agricoltura*]

coltróne *s. m.* **1** Coperta imbottita da letto. **2** Portiera imbottita posta agli usci delle chiese per riparare dal freddo.

coltùra *s. f.* **1** Coltivazione del terreno agrario. **2** Specie coltivata: *nuove colture di grano.* **3** Allevamento: *la — del baco da seta.*

-coltùra o (*raro*) *-cultura secondo elemento*: in parole composte significa 'coltivazione' o 'allevamento': *agricoltura, apicoltura.*

colturàle *agg.* Di coltura.

colturaménto *s. m.* Complesso dei lavori periodici a cui viene sottoposto il terreno agrario.

colubrìna *s. f.* Antica bocca da fuoco, di piccolo calibro, con forte portata. [→ ill. *armi*]

colùbro *s. m.* **1** Serpente non velenoso, con corpo agile e coperto di squame. **2** (*lett.*) Serpente.

colùi *pron. dimostr.* (*f. colèi; pl. m. e f. colóro*) Quello, quegli (con funzione sia di sogg. sia di compl., per lo più seguito dal pron. rel.): *— che parla; — che amo.*

columnist /*ingl.* 'kɔləmnist/ *s. m. e f. inv.* (*pl. ingl. columnists* /'kɔləmnists/) Giornalista che cura una rubrica fissa: *— mondano.*

colùro *s. m.* Circolo massimo della sfera celeste passante per i poli e per i punti equinoziali.

còlza *s. f.* Pianta erbacea delle Papaverali con fiori gialli, frutto a siliqua, dai cui semi si estrae un olio usato industrialmente. [→ ill. *piante* 5]

còma *s. m. inv.* Condizione morbosa comune a gravi malattie, caratterizzata da perdita della coscienza.

comandaménto *s. m.* **1** Comando. **2** Precetto imposto da Dio nella rivelazione e divenuto legge per i fedeli.

comandànte A *part. pres. di comandare; anche agg.* Che comanda. **B** *s. m.* **1** Chi comanda. **2** (*gener.*) Chi regge un comando militare; SIN. Capo. **3** Ufficiale superiore di vascello | Capitano d'un piroscafo.

comandàre A *v. intr.* (*aus. avere*) Imporre autorevolmente la propria volontà. **B** *v. tr.* **1** Chiedere con autorità esigendo obbedienza: *vi comando il silenzio; gli comandarono di partire* | *— un esercito, una nave e sim.*, reggerne il comando; SIN. Capitanare, ingiungere, intimare, ordinare. **2** Destinare un impiegato e sim. a un nuovo incarico o in una nuova località. **3** Determinare il funzionamento di una macchina o di un meccanismo. **4** Dominare. [→ tav. *proverbi* 13]

comandàta *s. f.* Lavoro straordinario che sono chiamati a fare i marinai.

comandàto *part. pass. di comandare; anche agg.* **1** Che ha ricevuto un comando | Ordinato, imposto | *Feste comandate*, prescritte dalla Chiesa. **2** Detto di militare destinato a prestare servizio fuori del corpo di appartenenza o di impiegato e sim. assegnato a ufficio diverso da quello abituale.

comàndo *s. m.* **1** Imposizione autorevole, intimazione che esige obbedienza: *ubbidire a un —*; SIN. Ingiunzione, ordine. **2** Autorità di comandare: *dare, prendere il —*; SIN. Guida, potere. **3** (*sport*) Primo posto: *il — della classifica.* **4** Organo che esercita azione direttiva su unità militari: *— di corpo d'armata* | Luogo in cui ha sede. **5** Congegno che regola il funzionamento di un organo o di un meccanismo: *— a leva, elettrico.* [→ ill. *astronautica, automobile, cinematografia, elaborazione dati, elettronica, marina, radio, televisione, tornio*]

comàre *s. f.* **1** Donna che tiene a battesimo o a cresima un bambino. **2** Madre del battezzato o del cresimato rispetto al padrino o alla madrina. **3** (*est.*) Vecchia amica, spec. vicina di casa | (*spreg.*) Donna pettegola. [→ tav. *proverbi* 117]

comatóso *agg.* Di coma: *stato —* | Che è in coma: *malato —.*

combaciàre *v. intr.* (*io combàcio; aus. avere*) Essere congiunto e aderire completamente: *i due fogli combaciano* | (*fig.*) Coincidere: *i nostri punti di vista combaciano.*

combattènte A *part. pres. di combattere; anche agg.* Che combatte. **B** *s. m. e f.* Chi combatte | *Ex —*, reduce.

combattentìsmo *s. m.* Nel primo dopoguerra, stato d'animo che presiedeva alla costituzione di associazioni di reduci.

combattentìstico *agg.* (*pl. m. -ci*) Di combattenti o ex-combattenti | Del combattentismo.

combàttere A *v. intr.* (*aus. avere*) **1** Prendere parte a uno scontro, spec. armato, a una battaglia | *— corpo a corpo*, uomo contro uomo, in contatto diretto; SIN. Battersi, guerreggiare. **2** (*fig.*) Opporsi attivamente, contrastare: *— contro la miseria*; SIN. Lottare. **3** (*fig.*) Lottare per il raggiungimento di q.c.: *— per una causa.* **B** *v. tr.* **1** Affrontare, attaccare in battaglia: *— l'invasore.* **2** (*fig.*) Contrastare, attaccare: *— una tesi.* **C** *v. rifl. rec.* Affrontarsi.

combattiménto *s. m.* **1** Scontro spec. armato, battaglia limitata nel tempo, nello spazio e nell'entità delle forze contrapposte | (*est., gener.*) Lotta (*anche fig.*). [→ ill. *cane, uniforme militare*] **2** Incontro di pugilato o di lotta | *Mettere fuori —*, mandare al tappeto l'avversario; (*fig.*) indebolire, fiaccare. **3** (*fig.*) Travaglio spirituale.

combattività *s. f.* Qualità di chi è combattivo.

combattìvo *agg.* Che è pronto a lottare per le proprie idee e sim.; SIN. Battagliero.

combattùto *part. pass. di combattere; anche agg.* Agitato, travagliato | Confuso, incerto: *essere — fra l'agire e il non agire.*

combinàbile *agg.* Che si può combinare.

combinàre A *v. tr.* **1** Mettere insieme più cose: *— i colori di un vestito* | (*est.*) Mettere d'accordo. **2** (*chim.*) Unire due o più sostanze fra loro in modo che reagiscano. **3** Organizzare: *— una riunione.* **4** (*fam., scherz.*) Fare: *— un guaio* | *Non — nulla*, perdere inutilmente il proprio tempo. **B** *v. intr.* (*aus. avere*) Corrispondere (*anche fig.*): *questa copia combina con l'originale.* **C** *v. intr. pron.* **1** Reagire insieme: *l'idrogeno e l'ossigeno si combinano.* **2** Mettersi d'accordo.

combinàta *s. f.* Nello sci, competizione che comprende diverse specie di prove.

combinatóre A *agg.* (*f. -trice*) Che combina: *disco —.* [→ ill. *telefonia*] **B** *s. m.* **1** Chi combina. **2** Apparecchio per mezzo del quale si possono effettuare collegamenti di varie specie.

combinatòrio *agg.* Fondato sulla combinazione di vari elementi | *Calcolo —*, che studia i possibili modi di combinazione di un insieme di enti.

combinazióne (1) *s. f.* **1** Unione di due o più cose fra loro simili. **2** (*chim.*) Reazione, sintesi. **3** (*mat.*) Ciascuno dei gruppi minori che si possono fare con un certo numero di oggetti. **4** Caso fortuito: *si incontrarono per —.*

combinazióne (2) *s. f.* **1** (*raro*) Tipo di sottoveste femminile. **2** Tuta a chiusura lampo, indossata da aviatori e operai.

combine /*fr.* kõ'bin, *ingl.* kɔmbain/ *s. f. inv.* (*pl. combines* /*fr.* kõ'bin, *ingl.* 'kɔmbainz/) Accordo illecito con il quale viene stabilito in anticipo il risultato di un incontro sportivo.

combrìccola *s. f.* **1** Gruppo, compagnia di persone che si riuniscono per compiere azioni equivoche, illecite. **2** Gruppo di amici, spec. allegri. • SIN. Compagnia, cricca.

comburènte A *s. m.* Sostanza che facilita o mantiene la combustione. [→ ill. *motore*] **B** *anche agg.*: *l'ossigeno è una sostanza —.*

combùrere *v. tr.* (*pass. rem. io combùssi raro; part. pass. combùsto*) (*lett.*) Bruciare, ardere.

combustìbile A *s. m.* Sostanza che, in presenza di com-

burente, può bruciare con sviluppo di calore e di fiamme. [→ ill. *motore, riscaldamento*] **B** *anche agg.*: *il legno è una sostanza* –; *gas* –. [→ ill. *metallurgia*]
combustibilità *s. f.* Attitudine di un corpo a bruciare.
combustióne *s. f.* Reazione chimica tra un combustibile e un comburente accompagnata da sviluppo di calore e spesso di luce. [→ ill. *motore*]
combùsto *part. pass. di comburere; anche agg.* (*lett.*) Bruciato.
combustóre *s. m.* (*aer.*) Vano dove avviene la combustione negli endoreattori.
combùtta *s. f.* Gruppo di persone aventi gli stessi scopi, spec. equivoci o illeciti: *mettersi, entrare in – con qc.*
come A *avv.* **1** Alla maniera di, nel modo che (in una comparazione esprime somiglianza o identità): *coraggioso – un leone*; *rosso – il fuoco*; *dorme – un ghiro* | Con i pronomi pers. usati nella forma tonica: – *lui*; – *me*; – *loro* | Esprime uguaglianza in correl. con 'così', 'tale', 'tanto': *così nel bene – nel male.* **2** In qualche modo (in prop. interr. dirette o indirette): – *stai?*; *non so proprio – fare* | – *mai?*, perché | – *no?*, certamente | Il modo in cui (in prop. enunciative): *ecco – è successo.* **3** In qualità di (introducendo un'apposizione o un compl. predicativo): *ti parlo – amico.* **4** Quanto (in prop. interr. ed escl.); – *è bello!*; – *sei cresciuto!* **B** *cong.* **1** Che, in quale modo (introduce una prop. dichiarativa con il v. all'indic., al congv. o al condiz.): *ti ho raccontato – la conobbi*; *gli spiegò – ormai non ci fosse niente da fare.* **2** Introduce una prop. comparativa (spesso in correl. con 'così' e 'tanto'): *facemmo così – avevamo deciso*; *non è poi tanto bravo – credevo.* **3** Appena che, quando (introduce una prop. temp. con il v. all'indic. rar. al congv.): – *venne la primavera, riprese a uscire.* **4** Quasi, quasi che (introduce una prep. modale con il v. al congv.): *fai – se fossi a casa tua.* **5** Introduce una prop. incidentale: *l'ho visto, – tu sai, proprio quella sera.* **C** *in funzione di s. m. inv.* Il modo, la maniera, il mezzo: *il – e il perché di q.c.* [→ tav. *proverbi* 117, 176; → tav. *locuzioni* 34, 35, 37, 41]
comecché *cong.* (*lett.*) Benché, sebbene (introduce una prop. conc. con il v. al congv.).
comedóne *s. m.* Rilievo puntiforme nerastro che si forma sulla cute spec. del viso per l'ostruzione dell'orifizio di una ghiandola sebacea.
cométa *s. f.* **1** Corpo del sistema solare, con traiettoria ellittica allungata intorno al Sole, in vicinanza del quale manifesta una vasta atmosfera fluorescente spesso prolungata in una o più code in direzione opposta al Sole stesso. [→ ill. *astronomia*] **2** (*dial.*) Aquilone.
comfort /*ingl.* 'kʌmfət/ *s. m. inv.* (*pl. ingl. comforts* /'kʌmfəts/) L'insieme delle comodità offerte agli occupanti di un'abitazione o di un mezzo di trasporto.
còmica *s. f.* Breve film di carattere comico o farsesco tipico del cinema muto.
comicità *s. f.* Qualità di comico.
comicizzàre *v. tr.* Rendere comico.
còmico A *agg.* (*pl. m. -ci*) **1** Che è proprio della commedia: *attore, scrittore* –. **2** Che provoca divertimento, ilarità: *scena comica*; SIN. Buffo. **B** *s. m.* **1** Attore della commedia | (*est.*) Interprete di parti comiche nel teatro, cinema e televisione. **2** Scrittore di commedie. **C** *s. m. solo sing.* Comicità: *il gusto del* –.
comìgnolo *s. m.* **1** Parte della canna fumaria che esce dallo spiovente del tetto. [→ ill. *casa*] **2** Linea più alta del tetto, spiovente da due o più parti.
cominciaménto *s. m.* (*lett.*) Inizio.
cominciàre A *v. tr.* (*io comìncio*) Dare principio, inizio: – *un lavoro*; SIN. Incominciare, iniziare. **B** *v. intr.* (*aus. essere, se usato ass.; aus. avere se è seguito da un compl. o da un avv.*) Avere inizio: *la conferenza comincia alle quattro*; *una parola che comincia per vocale*; *comincia a far caldo*; SIN. Iniziare; CONTR. Terminare. [→ tav. *proverbi* 44, 73]
comino V. *cumino.*
-còmio *secondo elemento*: in parole composte significa 'ospedale' e sim.: *manicomio, nosocomio.*
comitàle *agg.* Di conte.
comitàto *s. m.* Gruppo ristretto di persone organizzato per la tutela di determinati interessi.
comitìva *s. f.* Gruppo di persone che si riuniscono per una festa, una gita e sim.; SIN. Carovana, compagnia.
comiziàle *agg.* (*lett.*) Di, da comizio.
comiziànte *s. m. e f.* Chi partecipa o pronunzia un discorso a un comizio.
comìzio *s. m.* **1** Nell'antica Roma, assemblea popolare convocata dai supremi magistrati. **2** Riunione pubblica spec. all'aperto, in cui uno o più oratori espongono i programmi di un partito, sindacato e sim.
còmma *s. m.* (*pl. -i*) **1** Parte di un articolo di legge. **2** Parte di periodo compresa tra due virgole. **3** (*mus.*) Piccolissimo intervallo in eccesso che si ottiene nella sovrapposizione di dodici quinte naturali.
commando /*ingl.* kə'ma:ndou/ *s. m. inv.* (*pl. ingl. commandos* /kə'ma:ndouz/) Reparto di pochi soldati incaricato di missioni speciali e di sorpresa.
commèdia *s. f.* **1** Componimento in versi o in prosa, scritto per la rappresentazione scenica, di origine classica, che ritrae personaggi e fatti comuni, con esito spesso lieto e destando il riso | – *dell'arte, a soggetto*, con maschere e tipi fissi | – *di carattere*, che si propone la rappresentazione di un carattere umano | – *d'intreccio*, con complicazione dell'azione scenica e psicologica | – *musicale*, spettacolo brillante, misto di recitazione, canto, danza; CFR. Dramma, tragedia. [→ ill. *teatro*] **2** (*est., scherz.*) Finzione: *fare la* – | Azione, situazione, ridicola. **3** Opera poetica medievale di stile intermedio tra l'umile e il sublime: *la Commedia di Dante.*
commediànte *s. m. e f.* **1** Attore di commedie o di drammi (*spec. spreg.*). **2** (*fig.*) Persona simulatrice.
commediògrafo *s. m.* (*f. -a*) Chi scrive commedie.
commelinàcee *s. f. pl.* Famiglia di piante erbacee delle Farinose, con fusti articolati, foglie intere guainanti, fiori bianchi o azzurri in infiorescenze cimose. [→ ill. *piante* 15]
commemoràbile *agg.* Degno di commemorazione.
commemoràre *v. tr.* (*io commèmoro*) Ricordare in pubblico e con solennità: – *i caduti.*
commemorativo *agg.* Fatto per commemorare: *cerimonia commemorativa.*
commemorazióne *s. f.* **1** Cerimonia con cui si commemora qc. o q.c.; SIN. Celebrazione. **2** (*raro*) Discorso commemorativo. **3** Orazione della Messa in onore di un santo.
commènda *s. f.* **1** Donazione dell'uso di un beneficio ecclesiastico vacante a sacerdote o a laico, che non ne divengono titolari e lo conservano a vita. **2** Grado intermedio di ordini cavallereschi.
commendàbile *agg.* (*lett.*) Degno di lode.
commendàre *v. tr.* (*io commèndo*) **1** (*lett.*) Lodare, approvare. **2** Raccomandare.
commendatàrio *s. m.* (*f. -a*) Colui al quale è stata attribuita una commenda.
commendatìzia *s. f.* (*raro*) Lettera di raccomandazione.
commendatìzio *agg.* Che raccomanda.
commendatóre *s. m.* Grado degli ordini cavallereschi | (*est.*) Persona insignita di tale titolo.
commendévole *agg.* (*lett.*) Degno di lode.
commensàle *s. m. e f.* Chi siede con altri alla medesima mensa, spec. in pranzi ufficiali; SIN. Convitato.
commensuràbile *agg.* (*mat.*) Detto di due grandezze omogenee, tali che esista un sottomultiplo dell'una che sia sottomultiplo anche dell'altra; CONTR. Incommensurabile.
commensurabilità *s. f.* Qualità di ciò che è commensurabile.
commensuràre *v. tr.* (*lett.*) Commisurare.
commentàre *v. tr.* (*io comménto*) **1** Spiegare con commento: – *un classico*; SIN. Annotare, chiosare. **2** Esprimere giudizi, opinioni: – *gli avvenimenti politici* | Fare osservazioni, spec. malevole, su fatti altrui.
commentàrio *s. m.* **1** Commento erudito a opera letteraria. **2** Memoria storica o letteraria scritta da persona che ebbe parte negli avvenimenti narrati.
commentatóre *s. m.* (*f. -trice*) **1** Chi fa un commento a un testo letterario, filosofico e sim. **2** Chi commenta fatti d'attualità alla radio, alla televisione e sim.
comménto *s. m.* **1** Esposizione riassuntiva, corredata di giudizi critici, di un avvenimento: *il – a un discorso politico.* **2** Insieme delle note esegetiche che spesso corredano un testo: *un – ad Aristotele*; SIN. Annotazione,

chiosa, glossa. ***3*** Nota di lunghezza variabile nella quale un giornale esprime la propria opinione su certi fatti | Osservazione spec. allusiva su fatti altrui | Protesta: *è meglio non fare commenti.*

commerciàbile *agg.* Che si può commerciare.

commerciàle *agg.* Del commercio.

commercialista *s. m. e f.* (*pl. m. -i*) Dottore in economia e commercio | Avvocato specialista in diritto commerciale.

commercializzàre *v. tr.* (*io commercializzo*) Rendere più facilmente vendibile una merce anche rischiando di diminuirne il valore | (*fig.*) Fare oggetto di commercio: *— l'arte.*

commerciànte *s. m. e f.* Chi professionalmente esercita il commercio.

commerciàre ***A*** *v. intr.* (*io commèrcio; aus. avere*) Esercitare il commercio: *— in tessuti.* ***B*** *v. tr.* (*raro*) Mettere in commercio: *— olio.*

commèrcio *s. m.* ***1*** Attività economica fondata sullo scambio di merce con altra merce di valore equivalente o con denaro | *Essere nel —*, in un'attività commerciale | *Essere in —*, di prodotto che è in vendita | *Fuori —*, di prodotto non destinato alla vendita o non più reperibile sul mercato | *— all'ingrosso*, tra il produttore e il commerciante | *— al minuto*, fra il commerciante e l'acquirente | *Fare — del proprio corpo, delle proprie idee, e sim.*, (*fig., spreg.*) trattarle come merci. ***2*** (*est., lett.*) Relazione, rapporto | *Avere — con qc.*, essere in corrispondenza continua.

commèssa *s. f.* ***1*** Addetta a una bottega, a un negozio. ***2*** Ordinazione di merce.

commèsso ***A*** *part. pass. di commettere; anche agg.* Fatto, operato | Ordinato. ***B*** *s. m.* (*f. -a* nel sign. 1) ***1*** Addetto a una bottega, a un negozio | *— viaggiatore*, chi porta a domicilio del cliente campioni o cataloghi di merci e provvede alle vendite. ***2*** Impiegato subalterno di amministrazione pubblica o privata, spec. avente mansioni di fiducia: *— di banca.*

commessùra *s. f.* Punto di unione di più parti: *— delle labbra.*

commestìbile ***A*** *agg.* Che si può mangiare; SIN. Mangereccio, mangiabile. ***B*** *s. m. al pl.* Generi alimentari.

commèttere ***A*** *v. tr.* (*coniug. come mettere*) ***1*** (*lett.*) Congiungere due o più cose, incastrarle insieme: *— mattoni.* ***2*** Compiere, spec. azioni considerate riprovevoli: *— imprudenze*; SIN. Fare. ***3*** Ordinare, richiedere per acquistare: *— una merce*; SIN. Commissionare. ***B*** *v. intr.* (*aus. avere*) Combaciare: *questa porta commette bene.* ***C*** *v. rifl.* Affidarsi | Esporsi.

commettitùra *s. f.* Congiungimento di due o più cose | Punto di congiungimento.

commiàto *s. m.* ***1*** Permesso di allontanarsi, partire (*anche fig.*): *prendere — da qc.*; *dare — a qc.* | Separazione, congedo. ***2*** Parte finale della canzone nella quale il poeta presenta o manda il suo componimento.

commilitóne *s. m.* Compagno d'armi.

comminàre *v. tr.* (*io commìno*) Prevedere da parte della legge una sanzione da irrogarsi ai trasgressori della stessa: *— una multa.*

comminatòria *s. f.* Minaccia di una pena.

comminatòrio *agg.* Che minaccia una pena.

comminazióne *s. f.* Applicazione di una sanzione.

comminùto *agg.* Detto di frattura con più di due frammenti ossei.

comminuzióne *s. f.* ***1*** Frattura di un osso in più frammenti. ***2*** Frantumazione del minerale grezzo per arricchirlo della parte utile.

commiseràbile *agg.* Che si può o si deve commiserare.

commiseràndo *agg.* (*lett.*) Che merita commiserazione.

commiseràre *v. tr.* (*io commìsero*) Sentire o manifestare compassione; SIN. Compassionare, compatire, compiangere.

commiserazióne *s. f.* Sentimento di chi commisera; SIN. Compassione, compatimento, pietà.

commiserévole *agg.* (*lett.*) Commiserabile.

commissariàle *agg.* Di commissario | Retto da un commissario.

commissariàto *s. m.* ***1*** Ufficio, coscrizione e sede del commissario. ***2*** Complesso di commissari istituito per contingenze particolari: *— per il turismo.*

commissàrio *s. m.* (*f. -a*) ***1*** Individuo preposto a una branca speciale della pubblica amministrazione o alla gestione straordinaria di aziende private, enti e sim. ***2*** *— di pubblica sicurezza, di polizia*, (*ell.*) —, funzionario di polizia. ***3*** (*est.*) Incaricato di specifiche funzioni | (*sport*) *— tecnico, — unico*, l'incaricato dagli organi federali di formare una squadra rappresentativa nazionale. ***4*** Membro di una commissione: *— d'esame.*

commissionàre *v. tr.* (*io commissióno*) Commettere, ordinare.

commissionàrio *s. m.* (*f. -a*) ***1*** Chi riceve una commissione. ***2*** Chi, per conto del committente, compie operazioni di acquisto o vendita di merci.

commissióne *s. f.* ***1*** Incarico da svolgere per conto di terzi: *affidare a qc. una —* | *Su —*, dietro specifico ordine | (*est.*) Somma spettante a un intermediario per le sue prestazioni. ***2*** Ordinazione di merce | Foglio su cui è scritta tale ordinazione. ***3*** *spec. al pl.* Acquisti, incombenze varie: *uscire per commissioni.* ***4*** Gruppo di persone qualificate alle quali è affidato, spec. temporaneamente, un incarico pubblico: *— d'inchiesta*; *— d'esame* | *— interna*, organo collegiale eletto dai lavoratori dipendenti di una impresa per la tutela dei loro interessi (oggi gener. sostituita da altri organismi).

commissòrio *agg.* Detto del patto, vietato dalla legge, con cui si stabilisce che il creditore, in caso di inadempienza del debitore, divenga proprietario dei beni dati da quest'ultimo a garanzia del suo debito.

commistióne *s. f.* (*raro*) Mescolanza, unione.

commìsto *agg.* (*lett.*) Mescolato insieme.

commisuràre *v. tr.* (*io commisùro*) Misurare q.c. in base a un'altra: *— la spesa all'utile.*

commisurazióne *s. f.* Determinazione della misura, dell'entità, di q.c. in base a un'altra; SIN. Adeguamento.

committènte *s. m. e f.* ***1*** Chi commissiona o affida q.c. a qc. ***2*** Chi incarica il commissionario di comprare o vendere.

commodòro *s. m.* In Inghilterra, ufficiale che, senza avere il grado di ammiraglio, era il comandante indipendente di una piccola squadra.

commòsso *part. pass. di commuovere; anche agg.* Preso da commozione | Che esprime commozione: *sguardo —.*

commovènte *part. pres. di commuovere; anche agg.* Che commuove.

commozióne *s. f.* ***1*** Turbamento psicologico, spec. provocato da sentimento di affetto, dolore, agitazione, entusiasmo; SIN. Agitazione, emozione. ***2*** (*med.*) Arresto dell'attività di un organo per cause traumatiche | *— cerebrale*, con perdita della coscienza.

commuòvere ***A*** *v. tr.* (*coniug. come muovere*) Produrre sentimenti di affetto, dolore, pietà e sim., o di agitazione, entusiasmo e sim.; SIN. Agitare, impietosire, turbare. ***B*** *v. intr. pron.* Essere preso da commozione.

commutàbile *agg.* Che si può commutare.

commutabilità *s. f.* Qualità di ciò che è commutabile.

commutàre *v. tr.* ***1*** Scambiare una cosa con un'altra. ***2*** Cambiare il verso di una corrente elettrica.

commutativo *agg.* ***1*** Che serve a commutare. ***2*** (*mat.*) Detto della proprietà di un'operazione il cui risultato non dipende dall'ordine dei termini: *proprietà commutativa dell'addizione.*

commutatóre ***A*** *agg.* (*f. -trìce*) (*lett.*) Che muta, trasforma. ***B*** *s. m.* ***1*** Dispositivo che cambia i collegamenti tra più circuiti elettrici. ***2*** Apparecchiatura di una centrale telefonica, che collega un apparecchio con un altro, in base al numero fatto dal chiamante.

commutatrìce *s. f.* Convertitore elettrico rotante.

commutazióne *s. f.* ***1*** Scambio, sostituzione. ***2*** Operazione eseguita dal commutatore. [→ ill. *automobile, telefonia*] ***3*** In elettrotecnica, l'operazione eseguita dal collettore, che manda nel circuito esterno corrente unidirezionale, mentre nelle spire della dinamo si genera corrente alternata.

comò *s. m.* Cassettone a due o tre cassetti sovrapposti. [→ ill. *mobili*]

comodànte *part. pres. di comodare* (1); *anche agg. e s. m. e f.* Che (o chi) dà un bene in comodato.

comodàre (1) *v. tr.* (*io còmodo*) Dare in comodato.

comodàre (2) *v. intr.* (*usato spec. nella forma impers. còmoda; aus. essere*) ***1*** Fare comodo. ***2*** (*fam.*) Fare piacere: *fate* *come vi comoda.*

comodatàrio *s. m.* (*f.* *-a*) Chi riceve beni in comodato.

comodàto *s. m.* (*dir.*) Consegna gratuita di una cosa da una persona a un'altra perché se ne serva per un certo periodo e per un uso determinato, e infine la restituisca.

comodino (1) *s. m.* Mobiletto a cassettini e talora munito di sportello che sta accanto al letto. [→ ill. *mobili*]

comodino (2) *s. m.* **1** (*gerg.*) Chi sostituisce un attore all'ultimo momento | *Fare da — a qc.*, fare i comodi altrui in modo umiliante. **2** Piccolo sipario di tela dipinta.

comodità *s. f.* **1** Qualità di ciò che è comodo: *la — di un'abitazione, di un'automobile* | Agio, occasione favorevole: *abbiamo la — di farlo.* **2** Ciò che è comodo: *le — della vita moderna.*

còmodo (1) *agg.* **1** Che dà agio, benessere: *vita comoda* | Che si fa senza sforzo, che non offre difficoltà: *scala comoda*; SIN. Agevole, facile. **2** Che si trova a suo agio, indisturbato: *stare — in poltrona* | *State comodi*, restate seduti | *Essere — a fare q.c.*, (*fig.*) essere disposto | Che non ama le fatiche: *gente comoda.*

còmodo (2) *s. m.* Ciò che dà agio, benessere: *i comodi della vita* | Opportunità, vantaggio, utilità: *trovare il proprio — in q.c.* | *Tornare, fare —*, riuscire utile o vantaggioso | *A suo —*, a suo piacere | *Far —*, servire, essere utile | *Di —*, di ciò che risulta opportuno, vantaggioso: *soluzione di —.*

compact disc /*ingl.* kəm'pækt,disk/ *s. m. inv.* (*pl. ingl. compact discs* /kəm'pækt,disks/) Disco per la riproduzione del suono, inciso su una sola faccia, per la cui utilizzazione viene impiegato un lettore a raggio laser.

compadróne *s. m.* (*f.* *-a*) Chi è padrone di q.c. insieme con altri.

compaeṣàno *s. m.* (*f.* *-a*) Chi è dello stesso paese o della stessa regione di altri.

compaginàre *v. tr.* (*io compàgino*) (*lett.*) Concatenare strettamente più parti formando un tutto.

compàgine *s. f.* **1** Congiungimento di più parti strettamente connesse tra loro. **2** Squadra sportiva.

compagnìa *s. f.* (*pl.* *-gnìe*) **1** Condizione dello stare abitualmente insieme con altri: *amare la —.* [→ ill. *cane*] **2** Complesso di persone riunite insieme per divertimento o altre attività comuni: *una — affiatata*; SIN. Combriccola, comitiva. **3** Reparto organico di truppa, suddiviso in plotoni | *— di ventura*, schiera di mercenari guidata da un condottiero, operante in Europa fra i secc. XII e XV. **4** Società: *— di assicurazione.* **5** Confraternita, congregazione di religiosi | *— di Gesù*, ordine dei Gesuiti. **6** Società di attori teatrali legata da contratto di scrittura per eseguire spettacoli. [→ tav. *proverbi* 72, 202]

compàgno A *s. m.* (*f.* *-a*, *pl. f.* *-gne*) **1** Chi sta abitualmente insieme con altri, svolgendo un'attività comune, partecipando a divertimenti e sim. **2** Chi ha familiarità, pratica di convivenza con qc.: *il — della vita* | La persona con la quale si convive, al di fuori di un rapporto matrimoniale: *il mio —.* **3** Nome con cui si chiamano gli aderenti a un partito e sim. di ispirazione marxista. **4** (*sport*) Chi gioca o corre nella stessa squadra | Colui col quale si gareggia in coppia. **5** Socio in un'azienda: *Società Neri e Compagni.* **B** *agg.* (*fam.*) Simile, corrispondente: *un vestito — al mio.*

compagnóne *s. m.* (*f.* *-a*) Persona gioviale, che sta volentieri in compagnia.

companàtico *s. m.* (*pl.* *-ci*, *raro*) Ciò che si mangia col pane.

comparàbile *agg.* Che si può comparare; SIN. Confrontabile, paragonabile; CONTR. Incomparabile.

comparabilità *s. f.* (*raro*) Qualità di ciò che è comparabile.

comparàggio *s. m.* Illecito accordo fra medici e aziende farmaceutiche per cui i primi si impegnano dietro compenso ad agevolare la diffusione dei medicinali da queste prodotti.

comparàre *v. tr.* (*io compàro o còmparo*) Mettere a confronto, paragonare; SIN. Confrontare.

comparàtico *s. m.* (*pl.* *-ci*) Ufficio e condizione di compare o di comare.

comparativo A *agg.* **1** Atto a comparare: *studio —.* **2** Che esprime comparazione: *grado — dell'aggettivo.* **B** *s. m.* Grado dell'aggettivo e dell'avverbio che esprime la gradazione di una qualità rispetto a un termine di paragone: *— di eguaglianza, di maggioranza, di minoranza.*

comparàto *part. pass. di comparare; anche agg.* Paragonato | *Letteratura comparata*, che studia rapporti di derivazione, imitazione e sim. tra le letterature di vari popoli.

comparatóre *s. m.* Strumento per verificare l'esatta dimensione di pezzi meccanici.

comparazióne *s. f.* **1** Paragone, raffronto. **2** (*ling.*) Similitudine.

compàre *s. m.* **1** Colui che tiene a battesimo o a cresima un bambino; SIN. Padrino. **2** Il padre del battezzato o del cresimato rispetto al padrino o alla madrina, e il padrino rispetto ai genitori del battezzato o del cresimato. **3** *— d'anello*, chi fa da testimone alle nozze. **4** (*est.*) Compagno, amico | (*spreg.*) Chi tiene mano a qc. in azioni illecite.

comparire *v. intr.* (*pres. io comparisco o compàio, tu comparisci o compàri; pass. rem. io compàrvi o comparìi, raro compàrsi, tu comparisti; part. pass. compàrso, raro comparito; aus. essere*) **1** Mostrarsi, presentarsi, divenire visibile: *è comparso all'improvviso.* **2** (*dir.*) Presentarsi in giudizio. **3** Uscire, apparire: *questa rivista compare a intervalli.* **4** (*raro*) Sembrare. **5** Fare bella mostra di sé: *una persona che vuol —.*

comparizióne *s. f.* (*dir.*) Atto del comparire in giudizio | *Mandato di —*, ordine di presentarsi davanti al pretore, al giudice e sim. per essere interrogato.

compàrsa *s. f.* **1** Atto dell'apparire o del comparire | *Far —*, presentarsi bene; SIN. Apparizione. **2** Persona che compare sulla scena teatrale o in un film senza mai parlare | *Fare da —*, (*fig.*) intervenire in un luogo senza partecipare all'azione che vi si sta svolgendo. **3** Nel processo civile, atto scritto di parte contenente l'esposizione di fatti, ragioni e sim.: *presentare una —.*

compàrso *part. pass. di comparire; anche agg.* Apparso.

compartecipàre *v. intr.* (*io compartécipo; aus. avere*) Partecipare a q.c. insieme con altri.

compartecipazióne *s. f.* **1** Partecipazione a q.c. insieme con altri. **2** Quota spettante a chi compartecipa a q.c.

compartécipe *agg.* Partecipe con altri.

compartimentàle *agg.* Di compartimento.

compartimentazióne *s. f.* Suddivisione in compartimenti.

compartiménto *s. m.* **1** Ognuna delle parti in cui è diviso un locale, uno spazio e sim. | *— stagno*, porzione di una nave separata dalle altre mediante paratie | *Compartimenti stagni*, (*fig.*) ambienti, attività e sim., nei quali e fra i quali regna l'incomunicabilità più assoluta, spec. in campo spirituale. **2** Ognuna delle parti in cui è divisa una carrozza ferroviaria; SIN. Scompartimento. **3** Circoscrizione in cui viene diviso il territorio di uno Stato per fini amministrativi o tecnici.

compartire *v. tr.* (*io compartisco o compàrto, tu compartìsci o compàrti*) (*lett.*) Dividere.

compartizióne *s. f.* **1** Atto del compartire. **2** Suddivisione, ripartizione.

compàrto *s. m.* **1** Compartizione. **2** Settore circoscritto e specializzato di un'attività.

compàscolo *s. m.* Diritto di far pascolare il proprio bestiame nel fondo di un altro riconoscendo a questi il diritto di fare altrettanto.

compassàre *v. tr.* (*raro, fig.*) Misurare con precisione.

compassàto *agg.* Detto di persona assai controllata nell'agire; SIN. Misurato.

compassionàre *v. tr.* (*io compassióno; aus. avere*) Sentire o manifestare compassione; SIN. Commiserare, compatire, compiangere.

compassióne *s. f.* **1** Sentimento o atteggiamento di sofferenza per i mali e i dolori altrui, spec. connesso al desiderio di lenirli: *avere — di, per, verso, qc. o q.c.* | *Far —*, destare pietà; SIN. Commiserazione, compatimento, pietà. **2** Sentimento di insofferenza mista a disprezzo: *quel libro fa —.*

compassionévole *agg.* **1** Che sente, esprime compassione; SIN. Misericordioso. **2** Che desta compassione. ● SIN. Pietoso.

compàsso *s. m.* Strumento costituito da due aste collegate da uno snodo, una delle quali porta una punta mentre l'altra porta un mezzo scrivente: usato spec. per tracciare circonferenze | *— di proporzione*, strumento costituito da due aste appuntite uguali incernierabili in un qualsiasi punto intermedio, che serve per ridurre o ingrandire segmenti in una proporzione stabilita. [→ ill. *disegnatore, meccanica, scultore*]

compatibile *agg.* **1** Che si può compatire. **2** Conciliabile: *studio – con altri interessi*; CONTR. Incompatibile.

compatibilità *s. f.* **1** (*raro*) Qualità di ciò che è compatibile. **2** Possibilità di conciliare due o più cose fra di loro.

compatibilménte *avv.* Per quanto si può conciliare con q.c.: *– coi miei impegni, verrò.*

compatiménto *s. m.* **1** Compassione, commiserazione. **2** Indulgenza più o meno benevola.

compatire A *v. tr.* (*io compatisco, tu compatisci*) **1** Sentire o manifestare compassione; SIN. Commiserare, compassionare, compiangere. **2** Considerare con indulgenza, scusare: *è necessario – l'inesperienza.* **3** Considerare con compassione sprezzante | *Farsi –*, esporsi alle critiche o al sarcasmo altrui. **B** *v. intr.* (*aus. avere*) (*raro, lett.*) Provare compassione: *– al dolore.* [→ tav. *proverbi* 263]

compatriòta *s. m. e f.* (*pl. m. -i*) Chi è della medesima patria di altri.

compatròno *s. m.* Santo patrono insieme con un altro.

compattézza *s. f.* Qualità di ciò che è compatto | (*fig.*) Concordia di idee e di sentimenti.

compàtto *agg.* **1** Unito strettamente nelle sue parti. **2** (*fig.*) Concorde nelle idee e nei sentimenti.

compendiàre A *v. tr.* (*io compèndio*) Ridurre in compendio | Riassumere (*anche fig.*). **B** *v. intr. pron.* Riassumersi (*spec. fig.*).

compendiatóre *s. m.* (*f. -trice*) Chi fa un compendio, spec. di un'opera letteraria.

compèndio *s. m.* Riduzione che fornisce in breve tutta la materia di uno scritto, di un discorso e sim. | *In –*, (*fig.*) in breve, in succinto; SIN. Riassunto, sommario.

compendiosità *s. f.* Qualità di ciò che è compendioso.

compendióso *agg.* Breve, conciso.

compenetràbile *agg.* Che si può compenetrare.

compenetrabilità *s. f.* Qualità di ciò che è compenetrabile.

compenetràre A *v. tr.* (*io compènetro*) **1** Occupare q.c. penetrandovi profondamente, fino a fondersi e a formare un tutto unico. **2** (*fig.*) Pervadere, colmare. **B** *v. intr. pron.* (*fig.*) Essere pervaso da un sentimento: *compenetrarsi di dolore.* **C** *v. rifl. rec.* Penetrarsi a vicenda.

compenetrazióne *s. f.* **1** Formazione di un tutto unico fra due sostanze che penetrano profondamente una nell'altra (*anche fig.*). **2** (*fig.*) Immedesimazione.

compensàbile *agg.* Che si può compensare.

compensàre *v. tr.* (*io compènso*) **1** Dare un compenso per un lavoro compiuto, un servizio reso e sim.; SIN. Pagare, retribuire | (*est.*) Risarcire, ripagare (*anche fig.*): *– qc. dei suoi dolori.* **2** Stabilire una situazione di equilibrio.

compensàto A *part. pass. di compensare; anche agg.* **1** Rimunerato | Ripagato. **2** *Legno –*, materiale costituito da fogli sottili di legno sovrapposti, incollati sotto forte pressione con le fibre perpendicolari. **B** *s. m.* Legno compensato.

compensatóre A *agg.* (*f. -trice*) Che compensa. **B** *s. m.* **1** Chi compensa. **2** (*elettr.*) Condensatore variabile di piccola capacità, spec. associato a un condensatore di grande capacità per affinare il valore di quest'ultimo. **3** (*fis.*) Dispositivo che annulla l'effetto di una grandezza fisica mediante una grandezza opposta.

compensazióne *s. f.* **1** Determinazione di una situazione di equilibrio, spec. fra elementi contrastanti; SIN. Pareggiamento. **2** (*dir.*) Estinzione di crediti e debiti reciproci.

compènso *s. m.* **1** (*dir.*) Corrispettivo del lavoro svolto, di un servizio reso e sim.; SIN. Paga, retribuzione. **2** Risarcimento, riparazione (*anche fig.*) | *In, per –*, d'altra parte.

cómpera V. *compra.*

comperàre V. *comprare.*

competènte *agg.* **1** (*dir.*) Che ha competenza. **2** Che ha la capacità di compiere una data attività o di svolgere un dato compito: *persona – a svolgere una ricerca*; SIN. Esperto. **3** (*lett.*) Adeguato, adatto: *mancia –.*

competènza *s. f.* **1** Qualità di chi è competente. **2** (*dir.*) Misura della potestà d'azione spettante per legge a ciascun organo giurisdizionale o amministrativo. **3** Attinenza, spettanza: *l'argomento è di sua –.* **4** *spec. al pl.* Compenso, onorario: *le competenze del medico.*

compètere *v. intr.* (*dif. del part. pass. e di tutti i tempi composti*) **1** Gareggiare, misurarsi con qc.: *– con qc.*; SIN. Contendere, rivaleggiare. **2** Rientrare nella competenza: *la cognizione di questo reato compete alla Corte d'Assise* | (*est.*) Riguardare, spettare: *questo non ti compete.*

competitività *s. f.* L'essere competitivo | Capacità di un'impresa o di un prodotto di competere con la concorrenza.

competitivo *agg.* **1** Che riguarda, o è impostato su una competizione. **2** Capace di competere con la concorrenza: *prezzo –.*

competitóre *s. m.* (*f. -trice*) Chi compete con altri.

competizióne *s. f.* **1** Il competere; SIN. Contesa. **2** Gara, incontro.

compiacènte *part. pres. di compiacere; anche agg.* **1** Che compiace. **2** Accomodante, cortese; SIN. Condiscendente. **3** Che accorda facilmente favori di carattere equivoco.

compiacènza *s. f.* **1** Soddisfazione, piacere. **2** Desiderio di fare cosa grata agli altri | Cortesia, degnazione: *abbi la – di parlare lentamente.*

compiacére A *v. intr.* (*coniug. come piacere; aus. avere*) Fare piacere, fare cosa grata: *– a qc.*; SIN. Assecondare, condiscendere. **B** *v. intr. pron.* **1** Provare soddisfazione, piacere, per q.c.: *compiacersi di, per, q.c.* | Rallegrarsi, congratularsi con qc. **2** Degnarsi: *si compiacque di ricevermi.* **C** *v. tr.* Fare piacere: *– i genitori.*

compiaciménto *s. m.* **1** Sentimento di soddisfazione: *esprime il proprio – a qc.* **2** Rallegramento.

compiàngere A *v. tr.* (*coniug. come piangere*) Sentire o manifestare compassione; SIN. Commiserare, compassionare, compatire. **B** *v. intr. pron.* (*raro, lett.*) Rammaricarsi.

compiànto A *part. pass. di compiangere; anche agg.* **1** Pianto, commiserato. **2** Detto di persona defunta: *il mio – maestro.* **B** *s. m.* Dolore, cordoglio, spec. di più persone: *il – della cittadinanza.*

cómpiere A *v. tr.* (*pres. io cómpio; pass. rem. io compiéi più com. io compìi, da compìre; ger. compièndo; part. pass. compiùto; le altre forme sono dal v. compìre*) **1** Portare a fine, realizzare, concludere q.c., spec. in modo positivo: *– gli studi, l'opera* | *– gli anni*, arrivare al giorno anniversario della propria nascita; SIN. Terminare, ultimare. **2** Fare, eseguire: *– il proprio dovere*; *– un delitto.* **B** *v. intr. e intr. pron.* (*aus. essere*) Arrivare a una conclusione | Avverarsi: *tutte le tue previsioni si sono compiute.*

compièta *s. f.* (*relig.*) Ultima delle ore canoniche nell'ufficio.

compilàre *v. tr.* (*io compìlo*) Comporre uno scritto raccogliendo e ordinando materiale tratto da fonti diverse.

compilation /*ingl.* kɔmpiˈleiʃən/ *s. f. inv.* (*pl. ingl. compilations* /ˈkɔmpiˈleiʃənz/) Raccolta spec. di brani musicali di successo in un unico disco o musicassetta.

compilatóre *s. m.* (*f. -trice*) Chi compila.

compilazióne *s. f.* **1** Atto del compilare. **2** Opera compilata.

compiménto *s. m.* Adempimento, conclusione, realizzazione.

compìre *v. tr., intr. e intr. pron.* (*io compìsco, tu compìsci; aus. intr. essere*) Compiere.

compitàre *v. tr.* (*io cómpito*) Pronunciare le parole lentamente separando le sillabe; SIN. Sillabare.

compitazióne *s. f.* Atto, effetto del compitare.

compitézza *s. f.* Cortesia, urbanità.

cómpito (1) *s. m.* **1** Lavoro assegnato | Incarico, mansione. **2** Esercizio scolastico, spec. scritto. (V. nota d'uso ACCENTO)

compito (2) *part. pass. di compire; anche agg.* **1** (*lett.*) Portato a compimento. **2** Pieno di garbo, ben educato. (V. nota d'uso ACCENTO)

compiutaménte *avv.* In modo completo.

compiutézza *s. f.* Qualità di ciò che è compiuto.

compiùto *part. pass. di compiere; anche agg.* Giunto a compimento | (*raro*) Perfetto.

complanàre *agg.* **1** (*mat.*) Detto di figure geometriche giacenti su un medesimo piano. **2** Detto di strada di grande comunicazione che, costruita accanto a un'altra della stessa specie, ne segue lo stesso percorso con

funzioni complementari di svincolo, raccordo e sim.
compleànno *s. m.* Giorno anniversario della nascita; SIN. Genetliaco.
complementàre **A** *agg.* **1** Che serve di complemento; SIN. Accessorio. **2** (*fis.*) *Colori complementari*, coppia di colori che, opportunamente miscelati, danno il bianco. **3** (*mat.*) *Angoli complementari*, coppia di angoli la cui somma dà un angolo retto. **4** *Imposta* –, imposta progressiva sul reddito globale del contribuente, attualmente abolita. **B** *s. f.* Imposta complementare.
complementarità *s. f.* Qualità di ciò che è complementare.
compleménto *s. m.* **1** Elemento che, aggiunto ad altri, serve a completare un tutto. **2** (*mat.*) Ciò che manca per avere il tutto | – *di un angolo*, angolo adiacente al dato e tale che la somma di esso e dell'angolo dato sia un angolo retto. **3** Insieme dei militari che servono a completare le unità dell'esercito. **4** Parte della proposizione che completa il senso delle altre parti determinandone le relazioni: – *di termine*.
complessàto *s. m.; anche agg.* (*f.* -*a*) Detto di chi è affetto da complessi.
complessióne *s. f.* Costituzione fisica; SIN. Corporatura.
complessità *s. f.* L'essere complesso.
complessivaménte *avv.* Nell'insieme.
complessìvo *agg.* Che riguarda q.c. considerata nel suo insieme: *giudizio* –; SIN. Generale, totale.
complèsso (1) *agg.* **1** Che risulta dall'unione di varie parti: *organismo* –. **2** (*est.*) Che si manifesta sotto molteplici e contrastanti aspetti: *l'uomo è una creatura complessa* | (*est.*) Difficile da comprendere: *ragionamento* –; SIN. Complicato; CONTR. Semplice. **3** (*mat.*) *Numero* –, costituito da una parte reale e da una immaginaria.
complèsso (2) *s. m.* **1** Insieme di più parti o elementi | *In, nel* –, nell'insieme, in generale. [→ ill. *suono*] **2** Grande organizzazione industriale: – *metallurgico*. **3** Gruppo di cantanti o di musicisti: – *corale, strumentale*.
complèsso (3) *s. m.* **1** (*psicol.*) Insieme di desideri, sentimenti e idee, che, repressi nell'inconscio, danno luogo a un comportamento morboso: – *di inferiorità*. **2** (*est.*) Ossessione, idea fissa.
completaménto *s. m.* Il completare; SIN. Compimento, ultimazione.
completàre *v. tr.* (*io complèto*) Aggiungere ciò che manca a q.c., portare a termine.
completézza *s. f.* L'essere completo.
complèto **A** *agg.* **1** Che ha tutti gli elementi considerati necessari: *elenco* –. **2** Dotato di tutte le qualità, di tutte le virtù: *artista, atleta* –. **3** Detto di luogo, o mezzo, pubblico che non dispone più di posti liberi: *teatro* –; *autobus* –. **4** Assoluto, totale: *una fiducia completa*. **B** *s. m.* **1** Condizione di essere occupato in ogni posto | *Al* –, *ai gran* –, con tutti i posti occupati, o con la presenza di tutti i partecipanti. **2** Insieme di capi di vestiario coordinati | Abito maschile composto di giacca, gilè e pantaloni | – *a giacca*, abito femminile composto di un abito e di una giacca | Gruppo di indumenti per svolgere una data attività sportiva: – *da sci*. [→ ill. *abbigliamento*] **3** Insieme di oggetti per un uso determinato: – *da toeletta*.
complicànza *s. f.* Complicazione.
complicàre **A** *v. tr.* (*io còmplico o cómplico, tu còmplichi o cómplichi*) Rendere difficile, confuso; SIN. Intricare; CONTR. Semplificare. **B** *v. intr. pron.* Divenire difficile e problematico.
complicàto *part. pass. di complicare; anche agg.* Complesso, difficile; CONTR. Semplice.
complicazióne *s. f.* **1** Atto del complicare | Difficoltà, spec. imprevista. **2** L'essere complicato | *spec. al pl.* Contrasto interiore che rende più difficile il comportarsi, il vivere: *è una ragazza senza tante complicazioni*. **3** Evento aggravante di una malattia.
còmplice o *cómplice* *s. m. e f.* **1** Chi prende parte con altri ad azioni disoneste o illecite; SIN. Connivente, correo. **2** (*est.*) Compagno in una burla, in uno scherzo e sim.
complicità *s. f.* L'essere complice.
complimentàre **A** *v. tr.* (*io compliménto*) Fare dei complimenti a qc. **B** *v. intr. pron.* Congratularsi: *tutti si complimentano con lui*.
compliménto *s. m.* **1** Atto, parola, di ammirazione, rispetto, congratulazione, cortesia e sim.: *fare un* – *a qc.* **2** *al pl.* Parole, atti, improntati a una cortesia convenzionale e affettata | *Fare complimenti*, fare cerimonie, ostentare ritegno, timidezza | *Senza complimenti, senza tanti complimenti*, in modo sbrigativo.
complimentóso *agg.* **1** Che fa molti complimenti; SIN. Cerimonioso. **2** Che si fa, si dice, per complimento.
complottàre *v. intr.* (*io complòtto; aus. avere*) **1** Fare un complotto; SIN. Congiurare, cospirare. **2** Parlare con qc. a voce bassa e concitata.
complòtto *s. m.* Congiura, intrigo ai danni di qc.: – *contro lo Stato*.
complùvio *s. m.* **1** Linea di incontro di due falde del tetto, in cui confluiscono le acque piovane. **2** (*archeol.*) Nella casa romana, apertura nel soffitto dell'atrio, per la quale entrava la luce.
componèndo *s. m.* (*mat.*) Proprietà delle proporzioni secondo la quale la somma dei due primi termini sta al secondo, come la somma degli ultimi due sta all'ultimo.
componènte **A** *part. pres. di comporre; anche agg.* Che fa parte di un insieme o di un miscuglio. **B** *s. m. e f.* Chi fa parte di un gruppo di persone: *i componenti la commissione*; SIN. Membro. **C** *s. m.* **1** Sostanza che entra a far parte di un miscuglio. **2** (*mat.*) Ciascuna delle grandezze che, insieme, danno luogo a una risultante: – *vettoriale*. **3** Elemento con una particolare funzione in un circuito elettrico e elettronico.
componìbile *agg.* Che si può comporre | *Mobile* –, che si può unire o accostare a un altro simile così da ottenerne uno di dimensioni maggiori. [→ ill. *mobili*]
componiménto *s. m.* **1** (*raro*) Disposizione di varie parti in un tutto organico | Accordo, conciliazione. **2** Testo scritto, spec. letterario o artistico. **3** Composizione letteraria per esercizio scolastico; SIN. Tema.
componitóre *s. m.* (*f.* -*trice*) (*lett.*) Chi compone | Autore, spec. di opera letteraria.
compórre **A** *v. tr.* (*coniug. come porre*) **1** Porre insieme varie parti perché costituiscano un tutto organico: – *un motore*. **2** Produrre un'opera, spec. letteraria o artistica: – *un poema*. **3** Mettere in ordine: – *la persona*. **4** Atteggiare: – *il viso a meraviglia*. **5** Mettere d'accordo due o più persone in contrasto fra loro | Conciliare: – *una lite*. **6** Mettere insieme i caratteri tipografici, sì da formare parole e righe. **B** *v. intr. pron.* Essere formato: *l'opera si compone di tre volumi*. **C** *v. rifl.* (*raro*) Assumere un atteggiamento composto.
comportamentàle *agg.* Relativo al comportamento.
comportamentìsmo *s. m.* Teoria psicologica che si limita all'esame dei dati osservabili del comportamento esterno; SIN. Behaviorismo.
comportaménto *s. m.* Modo di comportarsi; SIN. Condotta.
comportàre **A** *v. tr.* (*io compòrto*) **1** Consentire, permettere: *un lavoro che non comporta vacanze*. **2** Portare con sé come conseguenza: *quest'avventura comporta pericoli*. **B** *v. intr. pron.* Procedere in un certo modo: *comportarsi bene verso, con qc.*
compòrto *s. m.* **1** Lasso di tempo che il creditore tollera d'indugio verso il debitore. **2** Periodo di tempo che un treno ha l'obbligo di rispettare per l'attesa di un treno coincidente.
Compòṣite *s. f.* Famiglia di piante delle Sinandrali, erbacee arbustive, talvolta arboree e rampicanti, comprendente moltissime specie con infiorescenza a capolino e frutto ad achenio. [→ ill. *piante* 13, 14]
compòṣito *agg.* Composto di diversi elementi. [→ ill. *architettura*]
compoṣitóio *s. m.* Lamina metallica con sezione a L su cui il tipografo compositore allinea i caratteri per formare le linee. [→ ill. *stampa*]
compoṣitóre *s. m.* (*f.* -*trice*) **1** Chi compone, spec. musica. **2** Operaio tipografo addetto alla composizione.
compoṣitrìce *s. f.* Macchina a tastiera per eseguire la composizione tipografica con formazione diretta, mediante lega fusa colata in matrici apposite, di righe e di caratteri; CFR. Linotype, monotype. [→ ill. *stampa*]
compoṣizióne *s. f.* **1** Formazione, costituzione, creazione, di un insieme organico | (*mus.*) Arte e scienza del comporre | Pezzo di musica. **2** In tipografia, operazione

di accostare lettere e segni per formare parole e linee | (*est.*) Risultato di tale operazione. **3** Testo scritto, spec. letterario, per esercizio scolastico: – *in classe*; SIN. Componimento, tema. **4** Struttura caratteristica di q.c.: *la – del comitato* | Natura e quantità dei singoli componenti di un miscuglio o di un composto chimico. **5** Accordo, conciliazione di due o più persone, tesi e sim. in contrasto fra di loro: *la – della lite*.

compossèsso *s. m.* Possesso in comune di una cosa da parte di più persone.

compossessóre *s. m.* (*f. composseditrìce*) Chi possiede q.c. insieme ad altri.

compósta *s. f.* **1** Conserva o marmellata di frutta cotta, con zucchero. **2** Materiale fertilizzante.

compostézza *s. f.* L'essere composto | Contegno pieno di grazia, dignità e correttezza.

compostièra *s. f.* Coppa in ceramica, vetro e sim. per composte o sim.

compósto **A** *part. pass. di comporre; anche agg.* **1** Formato da varie parti | *Parola composta*, contenente due o più morfemi lessicali (es. *capostazione*). **2** Che ha un atteggiamento ordinato, corretto, esteticamente gradevole e sim. **B** *s. m.* **1** Ciò che risulta dall'unione di due o più elementi | Parola composta. **2** Prodotto della combinazione di due o più elementi chimici: *l'acqua è un – di ossigeno e idrogeno*.

cómpra o *cómpera s. f.* **1** Atto del comprare; SIN. Acquisto; CONTR. Vendita. **2** Cosa comprata.

compràbile *agg.* Che si può comprare.

compràre o *comperàre v. tr.* (*io cómpro* o *cómpero*) **1** Acquistare una merce o sim. pagandone il prezzo: – *una casa*; CONTR. Vendere. **2** Corrompere con denaro: *ha comprato il giudice*. [→ tav. *proverbi* 47, 52]

compratóre *s. m.* (*f. -trice*) Chi compra; SIN. Acquirente; CONTR. Venditore.

compravéndere *v. tr.* (*coniug. come vendere*) Trasferire mediante compravendita.

compravéndita *s. f.* (*dir.*) Contratto con cui si trasferisce la proprietà di una cosa in cambio di una somma di denaro.

comprèndere *v. tr.* (*coniug. come prendere*) **1** Contenere, racchiudere, includere: *il libro comprende molti capitoli*. **2** Intendere, penetrare con la mente: *non comprese le sue parole*; SIN. Capire. **3** Giustificare. **4** (*lett.*) Colpire, invadere: *il fatto lo comprese di orrore*.

comprendònio *s. m.* (*fam.*, *scherz.*) Capacità di comprendere, intelligenza: *essere privo di –*.

comprensìbile *agg.* Che si può comprendere; CONTR. Incomprensibile.

comprensibilità *s. f.* Qualità di ciò che è comprensibile; SIN. Chiarezza.

comprensióne *s. f.* **1** (*raro*) Il comprendere. **2** Capacità di intendere, di penetrare con la mente; SIN. Intelligenza. **3** Capacità di considerare con indulgenza opinioni e azioni altrui; SIN. Condiscendenza.

comprensìvo *agg.* **1** Che comprende, raccoglie in sé più cose: *prezzo – del servizio*. **2** Che possiede comprensione: *è – nel giudicare gli altri*.

comprensoriàle *agg.* Di comprensorio.

comprensòrio *s. m.* **1** Territorio soggetto a bonifica. **2** (*est.*) Regione, zona.

comprèssa *s. f.* **1** Pezza di garza ripiegata, usata per ricoprire le ferite. **2** Pastiglia di medicamento polverizzato e pressato. [→ ill. *medicina e chirurgia*]

compressìbile *agg.* Detto di corpo il cui volume varia al variare della pressione.

compressibilità *s. f.* Proprietà dei corpi compressibili.

compressióne *s. f.* **1** Operazione del comprimere. **2** Nei motori a combustione interna, fase in cui lo stantuffo, risalendo nel cilindro, comprime la miscela d'aria e carburante.

comprèsso *part. pass. di comprimere; anche agg.* Premuto, stretto | Di motore a scoppio i cui cilindri sono stati modificati per sopportare una pressione maggiore del normale.

compressóre **A** *agg.* Che comprime: *rullo –*. **B** *s. m.* **1** Macchina a stantuffo o centrifuga o rotativa, per comprimere gas. [→ ill. *motore*] **2** – *stradale*, rullo pesante che esercita una pressione su terra e pietrisco nella costruzione delle massicciate stradali. [→ ill. *strada*]

comprimàrio *s. m.* (*f. -a*) **1** Medico primario insieme con un altro. **2** Ruolo teatrale comprendente le parti che vengono per importanza subito dopo quelle dei protagonisti.

comprìmere *v. tr.* (*pass. rem. io comprèssi, tu comprimésti; part. pass. comprèsso*) **1** Sottoporre a pressione; SIN. Calcare, premere, schiacciare. **2** (*fis.*) Ridurre le dimensioni di un corpo sotto l'azione di una forza: – *un gas, un liquido*. **3** (*fig.*) Contenere, reprimere: – *una passione*.

comprimìbile *agg.* Che si può comprimere.

compromésso (1) *part. pass. di compromettere; anche agg.* Che è messo in una situazione difficile, che è danneggiato | Che è reso difficile, rischioso: *avvenire –*.

compromésso (2) *s. m.* **1** Accordo, accomodamento fra due o più persone o tesi in contrasto fra loro: *soluzione di –*. **2** (*est.*, *spreg.*) Deviazione nel comportamento pratico rispetto ai principi morali | *Vivere di compromessi*, di espedienti equivoci. **3** (*dir.*) Negozio con cui le parti rimettono ad arbitri la decisione della controversia | Correntemente, contratto preliminare.

compromettènte *part. pres. di compromettere; anche agg.* Che compromette.

comprométtere **A** *v. tr.* (*coniug. come mettere*) **1** Rischiare, mettere a repentaglio: – *la riuscita di un'impresa*. **2** Coinvolgere qc. in situazioni che lo danneggiano. **3** (*dir.*) Rimettere al giudizio di arbitri, conferendo loro l'incarico di decidere: – *una lite*. **B** *v. rifl.* Entrare in una situazione, partecipare a un'azione, difficile o rischiosa.

compromissòrio *agg.* Relativo a compromesso | *Clausola compromissoria*, patto inserito in un contratto in cui le parti stabiliscono di demandare ad arbitri la decisione di eventuali controversie.

comproprietà *s. f.* Proprietà di una cosa da parte di più soggetti; SIN. Condominio.

comproprietàrio *s. m.* (*f. -a*) Contitolare di un diritto di proprietà.

compròva *s. f.* Ratifica, conferma, *spec. nella loc. in –*.

comprovàbile *agg.* Che si può comprovare.

comprovàre *v. tr.* (*io compròvo*) Provare, confermare, in modo chiaro e deciso.

comptometer /*ingl.* kɔmp'tɔmitə/ *s. m. inv.* (*pl. ingl. comptometers* /kɔmp'tɔmitəz/) Nome commerciale di un'addizionatrice a pressione di tasti.

comptometrìsta *s. m. e f.* (*pl. m. -i*) Chi opera col comptometer.

compulsàre *v. tr.* Leggere, consultare libri, documenti e sim., spec. a scopo di studio.

compùngere *v. tr.* (*coniug. come pungere*) (*raro*, *lett.*) Accorare, affliggere, rattristare vivamente: *mi compunse il cuore di pena*.

compùnto *part. pass. di compungere; anche agg.* Che mostra afflizione, mortificazione | Che mostra, talora ipocritamente, umiltà o reverenza, spec. a sfondo religioso.

compunzióne *s. f.* Atteggiamento di chi è compunto.

computàbile *agg.* Che si può computare.

computàre *v. tr.* (*io cómputo*) **1** Comprendere in un calcolo; SIN. Calcolare. **2** Mettere in conto: – *una spesa a qc.*; SIN. Addebitare.

computazióne *s. f.* (*raro*) Computo.

computer /*ingl.* kəm'pju:tə/ *s. m. inv.* (*pl. ingl. computers* /kəm'pju:təz/) Elaboratore elettronico.

computerizzàre *v. tr.* Effettuare mediante l'uso del computer: – *le operazioni di banca*.

computìsta *s. m. e f.* (*pl. m. -i*) Chi si occupa di tenere i conti.

computisterìa *s. f.* Applicazione dell'aritmetica a calcoli di natura commerciale.

computìstico *agg.* (*pl. m. -ci*) Della computisteria e del computista.

cómputo *s. m.* Calcolo, spec. complicato.

comunàle *agg.* Del Comune; SIN. Civico.

comunànza *s. f.* **1** (*lett.*) Condizione dell'essere comune a più cose o persone: – *di beni*. **2** (*lett.*) Comunità: – *civile*.

comunàrdo **A** *s. m.* Chi partecipò alla Comune di Parigi nella rivolta del 1871. **B** *anche agg.*

comùne (1) **A** *agg.* **1** Che si riferisce a due o più persone o cose: *casa, pascolo –* | *Far causa – con qc.*, agire in accordo con qc. | Che si riferisce a tutta l'umanità: *il* *bene* –. **2** Che è usuale, molto diffuso: *opinione, uso* – | Che non supera i limiti consueti, che è considerato normale: *statura, capacità* – | *Non* –, distinto, eccellente | Ordinario: *sale* – | Che è considerato volgare, non raffinato: *gente, roba* – | *Luogo* –, frase fatta, banale. **3** (*gramm.*) Detto di nome che indica persona, animale o cosa, in senso generico (es. *donna, cane, casa*); CFR. Proprio. **B** *s. m. solo sing.* Ciò che è considerato medio, normale | *Uscire dal* –, distinguersi | *Fuori del* –, detto di persona o cosa eccezionale | *Mettersi in* –, accomunare. **C** *s. f.* Porta che mette in comunicazione con il presunto ingresso dell'appartamento la stanza raffigurata nella scena del teatro borghese | *Uscire dalla* –, (*fig.*) andarsene. [→ tav. *proverbi* 260]

comùne (2) *s. m.* **1** Ente autarchico territoriale, retto da una Giunta e da un Sindaco, eletti dal Consiglio Comunale | (*est.*) Sede dell'amministrazione comunale; SIN. Municipio. [→ ill. *araldica*] **2** Nel Medioevo spec. italiano, tipo di governo cittadino.

comùne (3) *s. f.* **1** *La Comune*, governo rivoluzionario instauratosi a Parigi durante il Terrore e nel 1871. **2** Organizzazione economica di base nelle campagne cinesi.

comunèlla *s. f.* **1** Accordo tra persone aventi gli stessi scopi | *Fare* –, accordarsi per il raggiungimento di un fine comune, spec. illecito. **2** Chiave che apre tutte le camere di un albergo; SIN. Passe-partout.

comuneménte *avv.* Generalmente, per lo più.

comunicàbile *agg.* Che si può comunicare; CONTR. Incomunicabile.

comunicabilità *s. f.* Qualità di ciò che è comunicabile; CONTR. Incomunicabilità.

comunicàndo *s. m.* (*f.* -*a*) Chi sta per ricevere l'Eucarestia.

comunicànte **A** *part. pres. di comunicare; anche agg.* Che comunica: *vasi comunicanti.* [→ ill. *fisica*] **B** *s. m.* Chi amministra l'Eucarestia. **C** *s. m. e f.* Chi si comunica.

comunicàre **A** *v. tr.* (*io comùnico, tu comùnichi*) **1** Rendere comune, trasmettere: – *la propria gioia*; – *una notizia*; SIN. Diffondere, partecipare. **2** Amministrare il sacramento dell'Eucaristia: – *i fedeli.* **B** *v. intr.* (*aus. avere*) **1** Essere in comunicazione: *la porta comunica con l'esterno*; *comunicano per lettera*; *comunica a segni.* **2** Condividere o trasmettere pensieri, sentimenti e sim., a livello profondo e in modo sincero: *ho parlato con lui, ma non siamo riusciti a* –. **C** *v. intr. pron.* **1** Propagarsi, trasmettersi: *l'entusiasmo si comunicò ai presenti.* **2** Ricevere l'Eucarestia.

comunicatìva *s. f.* Facoltà di comunicare e di partecipare agli altri i propri sentimenti.

comunicativo *agg.* **1** Atto a comunicarsi, a diffondersi: *sentimento* –. **2** Che ha o dimostra comunicativa: *temperamento* –.

comunicàto **A** *part. pass. di comunicare; anche agg.* Reso comune | Propagato. **B** *s. m.* (*f.* -*a* nel sign. 2) **1** Comunicazione ufficiale di notizia e sim.: – *di guerra*; – (*di*) *stampa.* **2** Chi ha ricevuto l'Eucarestia.

comunicazióne *s. f.* **1** (*raro*) Trasmissione: – *di calore* | Il portare q.c. a conoscenza di altri: – *di notizie* | *Mezzi di* – *di massa*, il complesso della stampa e dei mezzi audiovisivi | (*est.*) Ciò che si porta a conoscenza, annuncio: *fare una* – | Relazione a congresso, accademia e sim. **2** Condizione di chi comunica con altri: *essere in* – *con qc.* | Mezzo con cui si comunica: *comunicazioni telegrafiche, telefoniche*; *la* – (*telefonica*) *è stata interrotta.* **3** Collegamento materiale, passaggio e sim.: *corridoio di* – *fra due stanze* | *spec. al pl.* Collegamento attuato con mezzi di trasporto: *comunicazioni terrestri, marittime, aeree.*

comunióne *s. f.* **1** Comunanza: – *di interessi, di sentimenti.* **2** Sacramento dell'Eucaristia: *fare, ricevere la* –. **3** Il dividere con altri il diritto di proprietà su un medesimo bene: – *di beni.*

comunismo *s. m.* Sistema politico, economico e sociale fondato sull'abolizione di ogni forma di proprietà privata mediante la collettivizzazione dei beni e la distribuzione dei prodotti secondo i bisogni di ciascuno.

comunista **A** *agg.* (*pl. m.* -*i*) Proprio del comunismo. **B** *s. m. e f.* **1** Seguace del comunismo. **2** Chi è iscritto al partito comunista.

comunìstico *agg.* (*pl. m.* -*ci*) Del comunismo.

comunistizzàre *v. tr.* (*io comunistìzzo*) Conquistare o ridurre al comunismo.

comunità *s. f.* **1** Pluralità di persone unite da relazioni e vincoli comuni, in modo da costituire un organismo unico: *la* – *cittadina* | – *familiare*, la famiglia. **2** Insieme di soggetti di diritto internazionale uniti da particolari accordi o trattati: *la* – *europea del carbone e dell'acciaio.* **3** Comune, municipio.

comunitàrio *agg.* Della comunità: *interessi comunitari* | (*per anton.*) Relativo alla Comunità europea.

comùnque **A** *avv.* In ogni modo, in ogni caso: *devi farlo* –. **B** *cong.* **1** In qualunque, in qualsiasi modo (introduce una prop. modale con valore rel. e il v. al congv.): – *stiano le cose, bisogna agire.* **2** Tuttavia (con valore avvers.): *è stata una cosa improvvisa,* – *potevi avvisarmi.*

cón *prep. propria semplice. Fondendosi con gli art. det., dà origine alle prep. art. m. sing. cól* (*o cón il*), *cóllo* (*più com. cón lo*); *m. pl. cói* (*o cón i*); *cógli* (*più com. cón gli*); *f. sing. cólla* (*più com. cón la*); *f. pl. cólle* (*più com. cón le*) **I** Stabilisce diverse relazioni dando luogo a molti complementi. **1** Compl. di compagnia: *passeggiare* – *gli amici* | Compl. di unione: *è fuori* – *il cane*; *uscire* – *l'ombrello.* **2** Compl. di relazione: *ha litigato* – *suo padre*; *è buono* – *gli umili.* **3** Compl. di mezzo o strumento: *arrivare col treno*; *pasta condita col burro.* **4** Compl. di modo o maniera: – *tutto il cuore* | Seguito da un s. ha anche valore avverbiale: – *garbo*, garbatamente; – *attenzione*, attentamente. **5** Compl. di qualità: *un uomo* – *i baffi*; *villa* – *piscina.* **6** Compl. di limitazione in espressioni fam.: *come va* – *lo studio?* **7** Compl. di causa: – *questo freddo gelerà tutto.* **8** Compl. di paragone: *non vorrai confrontare il tuo lavoro* – *il mio!* **9** Compl. di circostanza: *viaggiare col maltempo*; *alzarsi col sole.* **II** Ricorre con diverso valore in molte espressioni. **1** Con valore concessivo, limitativo, avversativo col sign. di 'malgrado', 'nonostante': – *tutti i suoi difetti, è una buona ragazza.* **2** Con valore di gerundio (quando è seguito dall'inf.): *col fargli continui dispetti finirai per farlo arrabbiare.*

cón- (*anche co-, eccetto che davanti a s impura; anche com- davanti a m, p e b; anche col-, cor- davanti a l e r per assimilazione*) *pref.*: indica unione, compagnia e sim.: *connazionale, compatriota, coabitazione, cogestione, coscritto.*

conàto *s. m.* Tentativo | Impulso: – *di vomito.*

cónca *s. f.* **1** Capace vaso di terracotta, di bocca larga, usato, spec. un tempo, per fare il bucato. **2** Bacino, luogo basso fra i monti | – *di navigazione*, bacino in muratura, nei canali o fiumi, per far passare i natanti da un tronco a un altro di diversa altitudine.

concatenaménto *s. m.* Stretto collegamento | (*fig.*) Connessione.

concatenàre **A** *v. tr.* (*io concaténo*) **1** (*raro, lett.*) Collegare strettamente, a catena. **2** (*fig.*) Collegare secondo un certo ordine intellettuale. **B** *v. rifl. rec.* Collegarsi secondo un certo ordine: *i suoi ragionamenti si concatenano bene.*

concatenazióne *s. f.* Connessione che fatti, cose o pensieri hanno reciprocamente fra di loro: – *di eventi, di idee.*

concàusa *s. f.* Causa che concorre con altre a produrre un dato effetto.

concavità *s. f.* Condizione di ciò che è concavo: *la* – *apparente della volta celeste*; CONTR. Convessità | Cavità.

còncavo *agg.* Che si presenta incavato verso chi guarda, detto di superficie, corpo e sim.; SIN. Cavo; CONTR. Convesso | *Lente concava*, avente due superfici concave o una superficie piana e una concava. [→ ill. *geometria*]

concèdere **A** *v. tr.* (*pass. rem. io concèssi o concedéi o concedètti, tu concedésti; part. pass. concèsso, raro concedùto*) **1** Dare, largire, permettere spec. con degnazione indulgente: – *grazia*; – *favori* | Accordare, consentire: – *facoltà, potere*; SIN. Cedere | *Non* – *requie*, incalzare, perseguitare. **2** Accettare per vero in una discussione: *questo non te lo concedo*; SIN. Ammettere. **B** *v. rifl.* Detto di donna, darsi a un uomo.

concènto *s. m.* Armonia risultante dal concorde suono di voci e di strumenti.

concentràbile *agg.* Detto di sostanza suscettibile di concentrazione.

concentraménto *s. m.* Ammassamento, confluenza in un unico luogo | *Campo di* —, residenza coatta per prigionieri di guerra o internati civili: — *di truppe.*

concentràre ***A*** *v. tr.* (*io concèntro*) ***1*** Ammassare, raccogliere, far convergere in o verso un dato luogo (*anche fig.*): — *il fuoco, le truppe*; — *i propri pensieri.* ***2*** Aumentare la quantità di una sostanza in un miscuglio eliminando gli altri componenti. ***B*** *v. rifl.* Raccogliersi: *concentrarsi negli studi.*

concentràto ***A*** *part. pass. di concentrare; anche agg.* ***1*** Raccolto in un punto | Condensato. ***2*** (*fig.*) Intenso e profondo: *ira concentrata.* ***B*** *s. m.* ***1*** Prodotto di una concentrazione. ***2*** Conserva alimentare ottenuta per parziale eliminazione dell'acqua: — *di pomodoro.*

concentrazióne *s. f.* ***1*** Concentramento | Convergenza. ***2*** (*chim.*) Quantità relativa di una sostanza in un miscuglio. ***3*** Raggruppamento di imprese spec. industriali | Organismo unitario di più gruppi politici. ***4*** (*fig.*) Intenso raccoglimento mentale.

concentricità *s. f.* Qualità di ciò che è concentrico.

concèntrico *agg.* (*pl. m. -ci*) (*mat.*) Di ciascuno di due o più enti geometrici aventi un centro comune: *due circonferenze concentriche delimitano una corona circolare.*

concepìbile *agg.* Che si può immaginare, concepire; SIN. Immaginabile; CONTR. Inconcepibile.

concepibilità *s. f.* Possibilità di essere concepito con l'intelletto.

concepiménto *s. m.* Atto del concepire.

concepìre *v. tr.* (*pres. io concepisco, tu concepisci; part. pass. concepito, lett. concètto*) ***1*** Formare in seguito a fecondazione e portare dentro di sé, spec. detto di donna: *ha concepito un figlio.* ***2*** (*est.*) Cominciare a provare un sentimento: — *stima, affetto.* ***3*** Ideare, formare, detto di attività intellettuale, psicologica e sim.: — *un'idea.*

concerìa *s. f.* ***1*** Laboratorio o stabilimento dove si conciano le pelli. ***2*** Tecnica della concia.

concèrnere *v. tr.* (*pass. rem. raro io concernéi, o concernètti, tu concernésti; dif. del part. pass. e dei tempi composti*) Essere attinente, relativo a: *è un lavoro che non ti concerne*; SIN. Riguardare.

concertàre ***A*** *v. tr.* (*io concèrto*) ***1*** Accordare insieme l'armonia delle voci e degli strumenti: — *uno spartito* | Preparare l'esecuzione di un pezzo musicale. ***2*** Organizzare, stabilire in accordo con altri, spec. in segreto: — *una truffa*; SIN. Combinare, ordire. ***B*** *v. rifl.* Accordarsi.

concertàto ***A*** *part. pass. di concertare; anche agg.* Detto di musica accompagnata dall'orchestra. ***B*** *s. m.* Nel melodramma ottocentesco, pezzo d'assieme di solisti, orchestra e coro.

concertatóre *s. m.; anche agg.* (*f. -trice*) Detto di chi ha l'incarico di concertare | Maestro che dirige le prove di un'opera.

concertazióne *s. f.* Atto e modo del concertare un pezzo musicale.

concertista *s. m. e f.* (*pl. m. -i*) Musicista o cantante che esegue parti solistiche | Chi professionalmente suona in concerti.

concertìstico *agg.* (*pl. m. -ci*) Relativo a concerto musicale | Di, da concertista: *abilità concertistica.*

concèrto *s. m.* ***1*** (*raro*) Accordo, intesa | *Di* —, d'accordo | Collaborazione, consesso. ***2*** Trattenimento consistente nell'esecuzione di brani musicali: *andare a un* —. ***3*** (*mus.*) Composizione strumentale in più tempi | Complesso di esecutori musicali. ***4*** (*scherz.*) Complesso di suoni disarmonici: *un* — *di ragli.*

concessionàrio ***A*** *s. m.* (*f. -a*) ***1*** Chi è destinatario di un atto di concessione. ***2*** Chi è autorizzato a svolgere un'attività di vendita per conto di una casa produttrice. ***B*** *anche agg.*

concessióne *s. f.* ***1*** Atto con cui si accorda, si concede e sim.: *chiedere la* — *di un prestito*; SIN. Assegnazione. ***2*** Provvedimento amministrativo che amplia la sfera giuridica dei privati conferendo loro vantaggi giuridici in modo diretto: — *di una miniera* | *Territorio in* —, rispetto a cui vi è una limitazione all'esercizio effettivo della sovranità dello Stato a favore di altro Stato. ***3*** (*raro*) Ammissione.

concessìva *s. f.* Congiunzione o proposizione concessiva.

concessìvo *agg.* Che esprime concessione | *Congiunzione concessiva*, che introduce una proposizione concessiva | *Proposizione concessiva*, subordinata indicante una circostanza nonostante la quale ciò che è detto nella reggente conserva la sua validità.

concèsso *part. pass. di concedere; anche agg.* Accordato | Ammesso | *Dato e non* — *che*, ammesso solo per ipotesi che.

concessóre *s. m.* (*f. conceditrice*) Chi concede.

concettìsmo *s. m.* ***1*** Tendenza artistica del Seicento che predilige espressioni letterarie ricche di metafore ardite e stravaganti. ***2*** (*fig.*) Modo di scrivere elaborato e sentenzioso.

concètto *s. m.* ***1*** Ciò che la mente intende e comprende per mezzo dell'osservazione, riflessione e induzione: *avere il* — *di libertà.* ***2*** (*est.*) Pensiero, idea: *esprimere, spiegare, un* —. ***3*** Opinione, giudizio: *formarsi, farsi, un* — *di q.c.* | Stima: *avere un cattivo, un buon* — *di qc.* | *Essere in* — *di*, avere fama di | *Essere in* — *di santità*, avere fama di santo | *Impiegato di* —, con maggiori responsabilità e perciò maggiori requisiti.

concettosità *s. f.* Qualità di concettoso.

concettóso *agg.* Pieno, denso di concetti | (*est.*) Involuto, difficile.

concettuàle *agg.* Relativo al concetto.

concezionàle *agg.* Di concezione.

concezióne *s. f.* ***1*** Il concepire intellettuale o fantastico: — *di un piano, di un poema*; SIN. Ideazione. ***2*** Complesso delle idee e delle teorie relative a un argomento: *la moderna* — *del matrimonio.* ***3*** Concepimento | — *di Maria Vergine, Immacolata* —, quella della Madonna che fu concepita esente da peccato originale.

conchìfero ***A*** *agg.* Detto di mollusco fornito di conchiglia. ***B*** *anche s. m.*

conchìglia *s. f.* ***1*** Guscio protettivo che avvolge il corpo di alcuni molluschi: *la* — *della chiocciola.* [→ ill. *zoologia*] ***2*** Motivo di ornato architettonico a forma di conchiglia. [→ ill. *elemento ornamentale*] ***3*** *spec. al pl.* Pasta corta da minestra. [→ ill. *pasta*] ***4*** Forma di metallo o altra materia per fusioni in serie, composta generalmente di due pezzi apribili. [→ ill. *metallurgia*] ***5*** (*sport*) Elemento di protezione del basso ventre. [→ ill. *sport*]

conchiliologìa *s. f.* (*pl. -gie*) Ramo della zoologia che studia le conchiglie.

conchino *s. m.* Gioco di carte affine al ramino.

conchiùdere V. *concludere.*

cóncia *s. f.* (*pl. -ce*) ***1*** Trasformazione, con trattamenti chimici e meccanici, della pelle in cuoio. ***2*** Trattamento cui vengono sottoposti tabacco, olio e vino per evitarne l'alterazione e migliorarne la qualità. ***3*** Sostanza con cui si concia.

conciànte *s. m.* Ciascuna delle sostanze vegetali, minerali, animali, che servono per la concia.

conciàre ***A*** *v. tr.* (*io cóncio*) ***1*** Sottoporre a concia: — *le pelli* | — *il lino, la canapa*, renderli filabili | — *il tabacco*, preparare le foglie per farne sigari e sim. o polvere da fiuto. ***2*** Ridurre in cattivo stato, maltrattare (*anche fig.*) | — *qc. per le feste*, ridurlo in condizioni pessime. ***3*** Lavorare pietre da costruzione, squadrandole per ottenere conci. ***B*** *v. rifl.* Ridursi male | Abbigliarsi senza gusto.

conciàrio *s. m.* Tecnico specializzato nella concia delle pelli.

conciatóre *s. m.* (*f. -trice*) Chi svolge l'operazione del conciare. [→ ill. *coltello*]

conciatùra *s. f.* Operazione del conciare | Residui di tale operazione.

conciliàbile *agg.* Che si può conciliare; CONTR. Inconciliabile.

conciliabilità *s. f.* Possibilità di raggiungere un accordo.

conciliàbolo *s. m.* Adunanza segreta o appartata, spec. per fini non buoni: *un* — *di congiurati.*

conciliànte *part. pres. di conciliare* (1); *anche agg.* Accomodante, arrendevole.

conciliàre (1) ***A*** *v. tr.* (*io concìlio*) ***1*** Mettere d'accordo, in pace: — *due avversari*; SIN. Accordare, pacificare. ***2*** Fare venire meno la materia di una controversia | — *una contravvenzione*, pagarla immediatamente. ***3*** Procacciare, favorire: *il vino concilia il sonno* | Cattivarsi: *conciliarsi la simpatia di qc.* | Cattivare: — *la simpatia.* ***B*** *v.*

intr. pron. e rifl. rec. **1** Andare d'accordo: *umiltà e superbia non si conciliano.* **2** Trovare un accordo con qc.: *conciliarsi con i nemici.*
conciliàre (2) A *agg.* Che si riferisce a un concilio: *padri conciliari.* **B** *s. m.* Ciascuno dei partecipanti a un concilio.
conciliativo *agg.* Atto a conciliare.
conciliatóre A *agg.* (*f. -trice*) Che concilia: *giudice* —. **B** *s. m.* **1** Chi concilia. **2** Magistrato che risolve cause di limitata entità economica.
conciliatòrio *agg.* Che tende a un accordo, a una pacificazione.
conciliazióne *s. f.* **1** Raggiungimento di un accordo; SIN. Pacificazione. **2** Accordo concluso tra la Chiesa cattolica e lo Stato italiano, determinante la stipulazione dei Patti Lateranensi.
concilio *s. m.* **1** Assemblea dei vescovi per discutere e definire questioni in materia di fede, di costumi e di disciplina. **2** (*est.*) Adunanza o riunione, anche segreta (*spec. scherz.*).
concimàia *s. f.* Deposito per la trasformazione di stallatico in letame utilizzato come fertilizzante.
concimàre *v. tr.* (*io concìmo*) Spargere il concime sul terreno per aumentarne la fertilità.
concimatùra *s. f.* (*raro*) Concimazione | Epoca in cui ciò avviene.
concimazióne *s. f.* Distribuzione del concime.
concime *s. m.* Qualsiasi prodotto che, somministrato al terreno, ne aumenta la fertilità: — *organico, chimico*; SIN. Fertilizzante.
concinnità *s. f.* (*lett.*) Eleganza, simmetria, armonia nel discorso e nello stile letterario.
cóncio (1) *agg.* (*pl. f. -ce*) **1** Che è stato sottoposto a concia: *pelli conce.* **2** Acconcio.
cóncio (2) *s. m.* Pietra squadrata usata nelle costruzioni, spec. nei paramenti esterni; SIN. Pietra concia. [→ ill. *casa, architettura*]
cóncio (3) *s. m.* (*tosc.*) Letame.
concionàre *v. intr. e tr.* (*io concióno; aus. avere*) Tenere una concione | (*iron.*) Fare discorsi ampollosi e retorici.
concionatóre *s. m.* (*f. -trice*) Chi tiene concione.
concióne *s. f.* Discorso pubblico, solenne | (*iron.*) Discorso prolisso e pomposo.
conciossiaché *cong.* **1** (*lett.*) Poiché. **2** Benché.
conciossiacosaché *cong.* (*lett.*) Conciossiaché.
concisióne *s. f.* Brevità ed essenzialità nello scrivere e nel parlare; SIN. Stringatezza; CONTR. Prolissità.
concìso *agg.* Che esprime le idee con stringatezza ed efficacia: *autore* —; SIN. Breve, stringato; CONTR. Prolisso.
concistoriàle *agg.* Di concistoro.
concistòro *s. m.* Assemblea dei cardinali convocata dal Papa per definire questioni importanti | (*est.*) Luogo in cui si tiene tale assemblea.
concitàre *v. tr.* (*io còncito*) (*lett.*) Incitare, agitare | (*fig., lett.*) Suscitare, stimolare, riferito a sentimenti, emozioni e sim.
concitataménte *avv.* Con concitazione.
concitàto *part. pass. di concitare; anche agg.* Che manifesta eccitazione, emozione e sim.: *mostrarsi* —; *discorso* —.
concitazióne *s. f.* Intensa agitazione.
concittadino *s. m.* (*f. -a*) Chi è cittadino del medesimo Stato o della medesima città di altri.
conclamàre *v. tr.* (*io conclàmo*) (*lett.*) Gridare insieme, a gran voce | Proclamare.
conclàve *s. m.* Luogo chiuso in cui si riuniscono i cardinali per eleggere il Papa | Assemblea dei cardinali per l'elezione del Papa.
conclavista *s. m.* (*pl. -i*) Prelato o laico al servizio del cardinale in conclave.
concludènte *part. pres. di concludere; anche agg.* Che conclude | Convincente; CONTR. Inconcludente.
conclùdere o *conchiùdere* **A** *v. tr.* (*pass. rem. io conclùsi, tu concludésti; part. pass. conclùso*) **1** Portare a compimento, anche ass.: — *un patto, un affare*; *ci manca poco a* —. **2** Finire, terminare: — *un discorso.* **3** Argomentare, dedurre: *da ciò si conclude che abbiamo ragione.* **B** *v. intr.* (*aus. avere*) Essere valido, convincente e sim.: *obiezioni che non concludono.* **C** *v. intr. pron.* Aver termine: *lo spettacolo si concluse con successo.*
conclusionàle *agg.* (*dir.*) Nella loc. *comparsa* —, nel processo civile, atto con cui una parte conclude la propria difesa riassumendo le proprie precedenti comparse.
conclusióne *s. f.* **1** Compimento di ciò che era già iniziato: *la — di un processo* | *In* —, per concludere; SIN. Esito, fine. **2** Deduzione, argomentazione logica: *venire alla* — | *Trarre le conclusioni*, farsi un concetto finale.
conclusivo *agg.* Atto a concludere, decisivo.
conclùso *part. pass. di concludere; anche agg.* **1** Finito, terminato. **2** Dedotto.
concòide A *agg.* Detto di frattura a forma di conchiglia o bulbo che si forma in un ciottolo nel punto di percussione. **B** *s. f.* **1** (*mat.*) — *d'una curva piana*, tipo di curva algebrica. **2** Frattura concoide.
concomitànte *agg.* Che accompagna e favorisce.
concomitànza *s. f.* L'essere concomitante.
concordàbile *agg.* Che si può concordare.
concordànza *s. f.* **1** Relazione fra due fenomeni per cui al variare delle modalità d'uno variano nello stesso senso le modalità dell'altro | (*est.*) Esatta corrispondenza: — *tra fatti e idee*; SIN. Conformità. **2** (*ling.*) Accordo delle parti della proposizione in genere, numero, caso, persona. **3** *al pl.* Elenco sistematico delle parole di un'opera letteraria e dei passi diversi in cui s'incontrano.
concordàre A *v. tr.* (*io concòrdo*) **1** (*lett.*) Mettere d'accordo: — *opinioni, testimonianze.* **2** Preparare di comune accordo: — *una tregua.* **3** Combinare le varie parti del discorso, rispettando le loro relazioni di genere, numero, caso e persona: *concordare l'articolo col nome.* **B** *v. intr.* (*aus. avere*) **1** Essere d'accordo: — *con qc. per opinioni.* **2** Corrispondere, detto delle parti della proposizione, nelle loro relazioni di genere, numero, caso, persona.
concordatàrio *agg.* **1** Che si riferisce a un concordato. **2** Che è disciplinato dal concordato tra la S. Sede e l'Italia: *matrimonio* —.
concordàto A *part. pass. di concordare; anche agg.* Stabilito d'accordo. **B** *s. m.* **1** Accordo, patto. **2** (*dir.*) Contratto con cui le parti rinunciano a far valere un diritto. **3** (*dir.*) Convenzione con la quale la S. Sede e uno Stato si impegnano a un dato comportamento relativamente a materia di comune interesse.
concòrde *agg.* **1** Che è d'accordo: *opinioni concordi*; CONTR. Discorde. **2** Simultaneo: *movimento* —.
concòrdia *s. f.* Accordo, armonia di sentimenti, idee, progetti e sim. fra due o più persone; CONTR. Discordia.
concorrènte A *part. pres. di concorrere; anche agg.* Che concorre | (*geom.*) *Rette concorrenti*, che passano per un medesimo punto. **B** *s. m. e f.* **1** Chi partecipa a un concorso, a una gara; SIN. Candidato. **2** Operatore economico che agisce in concorrenza.
concorrènza *s. f.* **1** Gara, competizione fra persone che, aspirando a uno stesso scopo, cercano di sopraffarsi a vicenda. **2** Situazione di competitività tra produttori di beni o servizi. **3** Insieme dei concorrenti economici.
concorrenziàle *agg.* Proprio della concorrenza.
concórrere *v. intr.* (*coniug. come correre; aus. avere*) **1** (*lett.*) Accorrere insieme, affluire in un solo punto (*anche fig.*). **2** Cooperare, partecipare: — *a una spesa* | Contribuire: — *alla rovina di q.c.* **3** Competere, gareggiare con altri: — *a una cattedra.* **4** Essere d'accordo: — *in un'opinione.*
concórso *s. m.* **1** Affluenza di più persone o cose in un solo punto (*anche fig.*): — *di spettatori.* **2** (*dir.*) Partecipazione con altri | — *di cause*, coesistenza di cause. **3** Collaborazione, partecipazione: *il nostro — alle spese.* **4** Selezione indetta per scegliere, fra più aspiranti, i più idonei a vincere un premio, ricoprire un ruolo e sim.: *bandire, vincere un* —; *avviso di* —. **5** Competizione sportiva con classifica in base a tempi, misure, punteggi e sim.: — *ippico*; SIN. Gara.
concreàre *v. tr.* (*io concrèo*) (*raro*) Creare insieme | Originare.
concretàre A *v. tr.* (*io concrèto*) Ridurre in concreto q.c. di astratto: — *un'idea* | Attuare, realizzare: — *un progetto*; SIN. Concretizzare. **B** *v. intr. pron.* Prendere consistenza, divenire reale: *il piano si concreta.*
concretézza *s. f.* Qualità o condizione di concreto; CONTR. Astrattezza.
concretizzàre *v. tr. e intr. pron.* (*io concretizzo*) Concretare.

concrèto ***A*** *agg.* ***1*** (*raro*) Denso, compatto, solido. ***2*** Che è considerato come avente un legame particolarmente stretto con la realtà, così come essa è percepita nella vita di ogni giorno: *passare dalle astrazioni ai fatti concreti* | Preciso, determinato: *progetto* — | *In* —, (*ell.*) in modo concreto, da un punto di vista concreto. ***3*** *Nome* —, in grammatica, quello che indica entità materiali, cioè persone, animali e cose: *'libro' è un nome* —. • CONTR. Astratto per sign. 2, 3. ***B*** *s. m.* Nome concreto. ***C*** *s. m. solo sing.* Ciò che è concreto: *il — e l'astratto.*

concreziòne *s. f.* ***1*** (*med.*) Formazione organica o inorganica sorta per sedimentazioni successive. ***2*** (*geol.*) Incrostazione minerale depositata da acque superficiali.

concubìna *s. f.* Donna che vive con un uomo cui non è legata dal vincolo matrimoniale.

concubinàrio *agg.; anche s. m.* (*f.* *-a*) Detto di chi vive in concubinato.

concubinàto *s. m.* Relazione stabile tra un uomo e una donna non uniti in matrimonio tra loro.

concubìno *s. m.* Uomo che vive con una donna cui non è legato dal vincolo matrimoniale.

conculcàbile *agg.* (*lett.*) Che si può conculcare.

conculcàre *v. tr.* (*io concùlco, tu concùlchi*) ***1*** (*raro, lett.*) Calpestare violentemente. ***2*** (*fig., lett.*) Opprimere | Violare, vilipendere: — *le leggi.*

concupìre *v. tr.* (*io concupisco, tu concupisci*) (*lett.*) Desiderare ardentemente, spec. in senso erotico.

concupiscènza *s. f.* Desiderio bramoso, spec. sessuale.

concussionàrio *s. m.* Reo di concussione.

concussiòne *s. f.* (*dir.*) Abuso della sua posizione da parte di un pubblico ufficiale per costringere taluno a dare o promettere a sé o ad altri denaro o altra utilità.

condànna *s. f.* ***1*** (*dir.*) Sentenza con la quale i giudici infliggono una pena | Pena inflitta: *scontare una — all'ergastolo.* ***2*** (*est.*) Disapprovazione, biasimo; SIN. Riprovazione.

condannàbile *agg.* Che si può o si deve condannare.

condannàre *v. tr.* ***1*** Comminare una pena all'imputato riconosciuto responsabile: — *qc. all'ergastolo*; — *qc. al risarcimento del danno.* ***2*** Disapprovare, biasimare: *condanno il suo comportamento*; SIN. Riprovare. ***3*** (*est.*) Dichiarare inguaribile, detto di diagnosi o pareri medici.

condannàto *part. pass. di condannare; anche agg. e s. m.* (*f.* *-a*) Detto di chi ha subito una condanna.

condebitóre ***A*** *s. m.* (*f.* *-trice*) Chi è debitore con altri. ***B*** *anche agg.*

condènsa *s. f.* Acqua che si forma per condensazione in impianti termici.

condensàbile *agg.* ***1*** Che si può condensare. ***2*** (*fig.*) Che si può riassumere.

condensabilità *s. f.* Proprietà di ciò che è condensabile.

condensaménto *s. m.* Condensazione.

condensàre ***A*** *v. tr.* (*io condènso*) ***1*** Costringere q.c., in particolari condizioni, spec. di pressione o temperatura, in un luogo più ristretto: — *un gas.* ***2*** Concentrare. ***3*** Portare un vapore o un gas allo stato liquido. ***4*** (*fig.*) Esprimere in modo significativo e conciso: — *le idee*; SIN. Riassumere. ***B*** *v. intr. pron.* Diventare denso.

condensàto ***A*** *part. pass. di condensare; anche agg.* ***1*** Reso denso | *Latte* —, ottenuto evaporando i due terzi di acqua. ***2*** Riassunto: *libro* —. ***B*** *s. m.* ***1*** Liquido ottenuto mediante condensazione di vapori. ***2*** Compendio (*anche scherz.*): *un — di errori.*

condensatóre *s. m.* (*f.* *-trice* nel sign. 1) ***1*** Chi condensa. ***2*** Apparecchio connesso a una macchina a vapore, nel quale ha luogo la condensazione del vapore. ***3*** Apparecchio destinato a condensare sostanze, energie e sim. | — *elettrico*, che accumula cariche elettriche di segno contrario | — *ottico*, lente o sistema di lenti che permette di concentrare i raggi emessi da una sorgente di luce. [→ ill. *elettricità, elettronica, fisica, petrolio*]

condensaziòne *s. f.* ***1*** Atto del condensare. ***2*** Reazione chimica di unione tra molecole uguali o diverse in cui si ha eliminazione di acqua. ***3*** Passaggio del vapore allo stato liquido, per compressione o raffreddamento.

condeterminàre *v. tr.* (*io condetèrmino*) (*raro*) Determinare q.c. insieme con altri fatti.

còndilo *s. m.* (*anat.*) Estremità articolare tondeggiante di un osso.

condiménto *s. m.* ***1*** Atto del condire. ***2*** Ciò che migliora il sapore delle vivande.

condìre *v. tr.* (*io condisco, tu condisci*) ***1*** Rendere più saporito un cibo con l'aggiunta di varie sostanze alimentari: — *l'insalata con olio.* ***2*** (*est.*) Abbellire, rendere più accettabile: *condiva le sue critiche con una bonaria ironia.* ***3*** (*tosc., antifr.*) Ridurre in cattivo stato: *ora ti condisco io!*

condirettóre *s. m.* (*f.* *-trice*) Chi divide con altri la carica di direttore.

condiscendènte *part. pres. di condiscendere; anche agg.* Arrendevole, compiacente.

condiscendènza *s. f.* Disposizione ad accondiscendere alla volontà, ai desideri altrui; SIN. Arrendevolezza, comprensione.

condiscéndere *v. intr.* (*coniug. come scendere; aus. avere*) Acconsentire, cedere, spec. dietro insistenze ma senza costrizioni, alla volontà altrui: — *a una richiesta*; SIN. Compiacere.

condiscépolo *s. m.* (*f.* *-a*) Chi è, o è stato, discepolo con altri dello stesso maestro.

condivìdere *v. tr.* (*coniug. come dividere*) ***1*** (*raro, lett.*) Dividere con altri. ***2*** Partecipare a idee e sentimenti altrui: *condivido il tuo dolore.*

condizionàle ***A*** *agg.* ***1*** Che esprime una condizione: *modo — del verbo* | *Proposizione* —, proposizione subordinata indicante una circostanza che condiziona l'azione espressa dalla reggente. ***2*** Che dipende da una condizione: *liberazione* — | (*dir.*) *Sospensione — della pena*, sospensione della pena per chi, in precedenza, non ha mai commesso reati, a condizione che il colpevole non ne commetta altri | *Condanna* —, sospensione condizionale della pena. ***B*** *agg.; anche s. m.* Modo finito del verbo che esprime un'azione condizionata. ***C*** *s. f.* ***1*** Proposizione condizionale. ***2*** Sospensione condizionale della pena.

condizionaménto *s. m.* ***1*** Trattamento di una sostanza per conferirle talune proprietà, a vari scopi: — *dell'aria* | Preparazione, confezione di merci e sim. ***2*** Subordinazione a fatti o circostanze che condizionano, limitano e sim. | (*est.*) Limitazione, imposizione di restrizioni psicologiche: *giudicare senza condizionamenti esterni.*

condizionàre *v. tr.* (*io condizióno*) ***1*** Sottoporre all'azione di fattori che limitano, controllano e sim.: *le necessità economiche condizionano la politica* | (*est.*) Limitare, porre delle restrizioni spec. in senso psicologico. ***2*** Trattare una determinata sostanza in modo da conferirle talune proprietà | — *l'aria*, in ambienti chiusi, mantenerla alla temperatura e umidità volute, nonché purificata mediante speciali apparecchiature | — *una merce*, prepararla all'imballo e alla confezione.

condizionataménte *avv.* Sotto condizione | Con riserva.

condizionàto *part. pass. di condizionare; anche agg.* ***1*** Sottoposto a date condizioni: *la partenza è condizionata alla sua approvazione.* ***2*** Che è dovuto a un processo di condizionamento: *aria condizionata.*

condizionatóre *s. m.* Apparecchio fornito in genere di organo refrigerante, calorifero, umidificatore e ventilatore: usato per condizionare l'aria. [→ ill. *elettrodomestici*]

condizionatùra *s. f.* Operazione del condizionare.

condiziòne *s. f.* ***1*** Fatto, circostanza cui è subordinato il verificarsi di un altro fatto o circostanza: *verrò a — che tu mi accompagni* | Elemento di una pattuizione, riserva: *sotto* —; *a nessuna* —; *buone condizioni di vendita.* ***2*** Situazione psicologica, fisica, sociale e sim., in cui si trovano persone o cose: *quel vestito è in una pessima* —; *la — umana* | (*est.*) Posizione economica o sociale: *famiglia di — elevata*; SIN. Stato. ***3*** Qualità necessaria a un determinato scopo: *non ho le condizioni richieste per quell'ufficio*; SIN. Requisito.

condogliànza *s. f. al pl.* Espressione verbale di partecipazione al dolore altrui, spec. in occasione di un lutto.

condolérsi *v. intr. pron.* (*coniug. come dolersi*) Partecipare al dolore degli altri: — *con qc. di, per, q.c.*

condominiàle *agg.* Di condominio.

condomìnio *s. m.* ***1*** Comunione nella proprietà: *avere q.c. in — con altri.* ***2*** Edificio oggetto di un diritto di comproprietà | Insieme dei comproprietari di un immobile, spec. di un edificio. (V. nota d'uso ACCENTO)

condòmino *s. m.* (*f.* *-a, raro*) Comproprietario in un con-

dominio, spec. di un edificio. (V. nota d'uso ACCENTO)
condonàbile *agg.* Che si può condonare.
condonàre *v. tr.* (*io condóno*) Liberare qc. dall'obbligo di scontare una pena o una parte di essa: *gli hanno condonato tre anni.*
condonazióne *s. f.* Condono.
condóno *s. m.* (*dir.*) Liberazione dall'obbligo di scontare tutta o parte della pena; CFR. Indulto, amnistia.
còndor *s. m. inv.* Grosso uccello rapace americano. [→ ill. *animali* 10]
condótta *s. f.* **1** Modo di comportarsi, di vivere: *una chiara linea di —* | *Senza —*, sregolato | Comportamento di un alunno durante le ore di scuola: *voto di —*; SIN. Comportamento, contegno. **2** Modo di condurre un lavoro o un'azione: *— di gioco.* **3** Azione direttiva di un comandante nello svolgimento di operazioni belliche. **4** Zona affidata alle cure di un sanitario nominato da un Comune | (*est.*) Incarico che ne consegue. **5** Treno specializzato per trasporto merci: *— derrate.* **6** Complesso di tubi metallici per convogliare fluidi e liquidi | *— forzata*, nella quale l'acqua in pressione viene mandata sulle turbine idrauliche. [→ ill. *diga*]
condottièro *s. m.* (*f. -a*) **1** Chi conduce, guida. **2** Capo di compagnia di ventura.
condótto **A** *part. pass. di condurre; anche agg.* **1** Portato, recato | *— a termine*, compiuto. **2** Detto di medico di nomina comunale, cui è affidata la cura della popolazione di una condotta. **B** *s. m.* **1** Conduttura per fluidi e liquidi. [→ ill. *strada*] **2** (*anat.*) Qualsiasi formazione a forma canalicolare: *— lacrimale.*
condrìna *s. f.* (*anat.*) Sostanza fondamentale della cartilagine.
condriòma *s. m.* (*pl. -i*) Costituente cellulare formato dall'insieme dei mitocondri.
conducènte **A** *part. pres. di condurre; anche agg.* (*lett.*) Che conduce. **B** *s. m.* **1** Chi guida un veicolo, spec. pubblico; SIN. Autista, conduttore. **2** Chi guida animali da tiro o da soma. **3** Soldato addetto al servizio dei quadrupedi da soma e da tiro.
conducìbile *agg.* Che si può condurre.
conducibilità *s. f.* (*fis.*) Attitudine di una sostanza a trasmettere il calore e l'elettricità; SIN. Conduttività.
condùrre **A** *v. tr.* (*pres. io condùco, tu condùci; imperf. io conducévo; pass. rem. io condùssi, tu conducésti; congv. pres. io condùca; imp. condùci; ger. conducèndo; part. pres. conducènte; part. pass. condótto*) **1** Portare avanti un'iniziativa, un'attività: *— la guerra*; *— una azienda* | (*est.*) Svolgere, realizzare. **2** Accompagnare fungendo da guida: *— i bambini a scuola* | Guidare, pilotare: *— la nave, l'automobile* | (*est.*) Trasportare, detto spec. di cavi, condutture e sim.: *— l'acqua* | *— il calore, l'elettricità*, di corpi o sostanze che hanno la capacità di trasmetterli. **3** (*fig.*) Ridurre in una determinata condizione: *— qc. in miseria, alla rovina*; *— q.c. a fine, a termine.* **4** (*fig.*) Passare, trascorrere: *— un'esistenza grama.* **B** *v. intr.* (*aus. avere*) **1** (*sport*) Nelle corse, essere in testa | Nel calcio e sim., essere in vantaggio sull'avversario: *— per due reti a zero.* **2** (*fig.*) Terminare in un luogo, spec. con riferimento a vie e sim.: *la strada conduce a casa mia.* **C** *v. rifl.* Comportarsi: *condursi bene.*
conduttànza *s. f.* (*elettr.*) Inverso della resistenza elettrica.
conduttività *s. f.* (*fis.*) Conducibilità.
conduttivo *agg.* Atto a condurre il calore, l'elettricità.
conduttóre **A** *agg.* (*f. -trìce*) Che conduce | (*fig.*) *Filo —*, guida in una ricerca, elemento costante di un ragionamento e sim. [→ ill. *fisica*] **B** *s. m.* **1** Conducente, guidatore | Nei trasporti ferroviari, personale addetto alla sorveglianza del servizio viaggiatori. **2** (*fis.*) Corpo nel quale può aversi passaggio di calore, di elettricità: *i metalli sono buoni conduttori.* [→ ill. *elettricità, elettronica*] **3** (*dir.*) Affittuario, locatario.
conduttùra *s. f.* Complesso di conduttori o tubi per il trasporto e la distribuzione di liquidi, gas, o di fili e cavi per l'energia elettrica. [→ ill. *strada*]
conduzióne *s. f.* **1** Guida, direzione, gestione: *la — della guerra*; *la — di un'azienda.* **2** (*fis.*) Propagazione del calore o dell'elettricità attraverso un corpo. **3** Locazione: *dare una casa in —.*
conestàbile o *connestàbile s. m.* Gran scudiero di corte, poi ufficiale della corona, con alto comando militare e importanti incombenze civili.
confabulàre *v. intr.* (*io confàbulo; aus. avere*) Conversare, spec. a bassa voce, in segreto.
confabulazióne *s. f.* Conversazione, spec. a bassa voce e in segreto.
confacènte *part. pres. di confarsi; anche agg.* Adatto, appropriato.
confagrìcolo *agg.* Della Confederazione Generale dell'Agricoltura (Confagricoltura).
confarreazióne *s. f.* Nel diritto romano, rito con cui in occasione del matrimonio la donna passava sotto nuova potestà.
confàrsi *v. intr. pron.* (*pres. io mi confàccio, tu ti confài, egli si confà; coniug. come fare; raro il part. pass. confàtto e i tempi composti*) **1** Essere adatto, appropriato: *la risposta non si confà alla domanda*; SIN. Addirsi, convenire. **2** Giovare: *l'aria del mare mi si confà.*
confederàle *agg.* Di confederazione.
confederàre **A** *v. tr.* (*io confèdero*) Unire in confederazione. **B** *v. rifl.* **1** Unirsi in confederazione. **2** (*raro, fig.*) Allearsi politicamente.
confederativo *agg.* Di confederazione.
confederàto **A** *part. pass. di confederare; anche agg.* Che è unito da legame confederativo. **B** *anche s. m.*
confederazióne *s. f.* **1** Unione tra più Stati che, pur mantenendo la propria individualità, si impegnano a perseguire scopi comuni attraverso l'attività di organi confederali. **2** Associazione tra più enti od organizzazioni | *— sindacale*, unione nazionale di sindacati di tutte le categorie.
conferènte *part. pres. di conferire; anche agg. e s. m. e f.* Che (o chi) apporta dati beni nello stesso luogo di altri.
conferènza *s. f.* **1** Riunione di più persone per discutere problemi politici, culturali e sim. **2** Discorso o lettura in pubblico su argomenti scientifici, letterari e sim. | *— stampa*, intervista concessa a un gruppo di giornalisti da persone molto note.
conferenzièré *s. m.* (*f. -a*) Chi tiene una conferenza | Chi fa spesso conferenze.
conferiménto *s. m.* Attribuzione | Consegna.
conferìre **A** *v. tr.* (*io conferìsco, tu conferìsci*) **1** Portare dati beni nello stesso luogo: *— una quota di grano all'ammasso.* **2** (*est.*) Aggiungere, infondere: *il vestito nuovo gli conferisce un'aria elegante.* **3** Accordare, attribuire, concedere: *— un incarico.* **B** *v. intr.* (*aus. avere*) **1** Avere un colloquio, spec. su argomenti di notevole importanza: *conferì con il capo della polizia.* **2** Contribuire a un effetto: *quella pettinatura le conferisce* | Giovare: *— alla salute.*
confèrma *s. f.* **1** Assicurazione, convalida | Dichiarazione che ribadisce una decisione, nomina, impegno e sim. **2** Ciò che prova la fondatezza di q.c.: *i tuoi sospetti non trovano — nella realtà.*
confermàre **A** *v. tr.* (*io conférmo*) **1** Rendere fermo, saldo: *— le speranze di qc.*; SIN. Rafforzare. **2** Ribadire in forma esplicita o solenne: *— la promessa* | Ribadire, approvare: *— una nomina* | Mantenere in carica: *è stato confermato nel suo ufficio.* **3** Provare la fondatezza di una previsione: *i fatti confermeranno quello che ho detto*; SIN. Convalidare, dimostrare. **4** Ripetere q.c. già detto, riconoscendone la veridicità; SIN. Riaffermare, ribadire. **5** Cresimare. **B** *v. rifl.* Rafforzarsi in un dato atteggiamento o opinione: *si è confermato nei suoi sentimenti.* **C** *v. intr. pron.* Acquistare credito: *la sua opinione si conferma col tempo.* [→ tav. *proverbi* 240]
confermativo *agg.* Che serve a confermare.
confermazióne *s. f.* **1** (*lett.*) Il confermare. **2** Cresima.
confessàbile *agg.* Che si può confessare; CONTR. Inconfessabile.
confessàre **A** *v. tr.* (*io confèsso*) **1** Dichiarare apertamente azioni considerate moralmente negative: *— i propri errori*; *— una colpa.* **2** Rivelare, spec. a una persona amica, segreti, problemi personali e sim. **3** Ascoltare i peccati del penitente e amministrare il sacramento della confessione. **B** *v. rifl.* **1** Rivelarsi o dichiararsi esplicitamente: *confessarsi colpevole.* **2** Rendere noti i propri peccati, nel sacramento della confessione. [→ tav. *proverbi* 329]
confessionàle **A** *agg.* **1** Che si riferisce alla confessione

sacramentale: *segreto* –. **2** Che è proprio di una confessione religiosa o di una professione di fede: *scuola* –. **B** *s. m.* Piccola costruzione in legno nella quale il sacerdote, attraverso una grata, ascolta la confessione. [→ ill. *religione*]

confessióne *s. f.* **1** Riconoscimento di una colpa, di un errore e sim. | Rivelazione di un segreto, di un problema personale e sim. **2** Parte essenziale del sacramento della penitenza, consistente nell'accusare i propri peccati dinanzi al sacerdote. **3** Comunità di cristiani distinta da tutte le altre per il suo credo: – *cattolica, protestante*. **4** Luogo sotto l'altare in cui si conservano le spoglie di un santo. **5** *al pl.* Titolo di varie opere autobiografiche: *le Confessioni di S. Agostino.*

confèsso *agg.* Che riconosce e confessa i propri errori, peccati e sim.: *reo* –; CONTR. Inconfesso.

confessoràto *s. m.* Facoltà e ministero di confessore.

confessóre *s. m.* **1** Sacerdote che ascolta la confessione e amministra il sacramento della penitenza. **2** Cristiano che è santificato per la sua eroica professione di fede.

confettàre *v. tr.* (*io confètto*) Candire.

confetterìa *s. f.* **1** Fabbrica, bottega di confetti o dolci. **2** Assortimento di confetti e sim.

confettièra *s. f.* Vaso o scatola in cui si tengono i confetti.

confettière *s. m.* (*f.* *-a*) Chi fa o vende confetti, dolci e sim.

confètto *s. m.* **1** Piccolo dolce di zucchero cotto contenente mandorle, pistacchi e sim., tradizionalmente offerto in occasione di battesimi, cresime e matrimoni | *Mangiare i confetti di qc.*, (*fig.*) festeggiarne le nozze. [→ ill. *dolciumi*] **2** Preparato medicamentoso formato di sostanze impastate e rivestite di zucchero.

confettùra *s. f.* Miscuglio di frutta, intera o a pezzi, e zucchero cotto.

confezionàre *v. tr.* (*io confezióno*) **1** Realizzare una confezione: – *un pacco.* **2** Cucire un capo d'abbigliamento.

confezionatóre *s. m.* (*f.* *-trice*) **1** Chi confeziona scatole e pacchi. **2** Confezionista.

confezionatrice *s. f.* Macchina che prepara confezioni pronte per la vendita.

confezióne (1) *s. f.* **1** Operazione del confezionare. [→ ill. *tessitura e confezione*] **2** Involucro, imballaggio che avvolge un prodotto | (*est.*) Il prodotto stesso così preparato per la vendita: – *regalo.*

confezióne (2) *s. f. spec. al pl.* Indumenti che si acquistano già confezionati.

confezionista *s. m. e f.* (*pl. m.* *-i*) Chi confeziona in serie capi di abbigliamento.

conficcàre A *v. tr.* (*io conficco, tu conficchi*) **1** Ficcare, far entrare con forza, spec. chiodi. **2** (*est.*) Imprimere, in senso psicologico: – *q.c. nella mente.* **B** *v. intr. pron.* Penetrare con forza.

confidàre A *v. intr.* (*aus. avere*) Avere fiducia: – *in Dio*; SIN. Contare, sperare. **B** *v. intr. pron.* Rivelare i propri segreti: *confidarsi con qc.* **C** *v. tr.* **1** Rivelare: – *un segreto a qc.* | Affidare: – *un importante documento.* **2** (*lett.*) Sperare, presumere: *confido che verrà.*

confidènte A *agg.* Che ha fiducia: *animo* –; SIN. Fiducioso. **B** *s. m. e f.* **1** Persona amica a cui si possono rivelare segreti e problemi personali. **2** Spia, informatore, spec. della polizia.

confidènza *s. f.* **1** Familiarità, dimestichezza: *essere in – con qc.* | *Prendere* –, acquistare familiarità con qc. o q.c. | *Prendersi una – con qc.*, agire con un'esagerata familiarità. **2** Fiducia, sicurezza: *aver – in se stessi.* **3** Rivelazione: *fare una – a qc.*

confidenziàle *agg.* **1** Che dimostra confidenza, familiarità: *parole confidenziali*; SIN. Amichevole. **2** Cordiale, libero da formalismi: *maniere confidenziali.* **3** Detto o fatto con segretezza e discrezione: *notizia* –.

confidenzialménte *avv.* In modo confidenziale.

configgere *v. tr. e intr. pron.* (*coniug. come figgere*) Conficcare, inchiodare.

configuràre A *v. tr.* (*raro*) Rappresentare q.c. in una data forma. **B** *v. intr. pron.* Assumere una data forma, immagine e sim.

configurazióne *s. f.* **1** Rappresentazione in una data forma | Figura, forma, aspetto. **2** (*geogr.*) Aspetto morfologico di una porzione di superficie terrestre. **3** Ciascuna delle posizioni che i pianeti possono assumere nella sfera celeste.

confinànte A *part. pres. di confinare; anche agg.* Che confina; SIN. Limitrofo. **B** *s. m. e f.* Chi possiede luoghi adiacenti a quelli di un altro.

confinàre A *v. intr.* (*aus. avere*) Essere vicino, contiguo (*anche fig.*): *il suo podere confina col mio.* **B** *v. tr.* **1** Condannare al confino. **2** (*fig.*) Relegare. **C** *v. rifl.* Ritirarsi a vivere in un luogo isolato: *si è confinato in campagna.*

confinàrio *agg.* **1** Che riguarda il confine. **2** Che è situato presso un confine: *città confinaria.*

confinàto *part. pass. di confinare; anche agg. e s. m.* (*f.* *-a*) Detto di chi è stato condannato al confino.

confindustriàle *agg.* Della Confederazione Generale dell'Industria Italiana (Confindustria).

confine *s. m.* **1** Linea che circoscrive una proprietà immobiliare o il territorio di uno stato o di una regione. **2** (*est.*) Termine, fine, limite: *i confini del mondo* | *Senza confini*, illimitato. **3** Pietra, sbarra, cippo usati per segnare un confine.

confino *s. m.* Provvedimento di polizia che impone a un condannato di dimorare per un certo tempo in un luogo lontano dalla propria residenza.

confisca *s. f.* Misura di sicurezza consistente nell'avocazione allo Stato di cose usate per commettere un reato o provenienti dallo stesso.

confiscàbile *agg.* Che si può confiscare.

confiscàre *v. tr.* (*io confisco, tu confischi*) Colpire un bene con confisca: – *le merci di contrabbando.*

confiteor /*lat.* kon'fiteor/ *s. m. inv.* Formula liturgica di confessione generica, che si recita nella Messa e nella confessione | *Dire, recitare il* –, (*fig.*) riconoscere le proprie colpe.

conflagràre *v. intr.* (*aus. essere*) **1** (*lett.*) Prendere fuoco all'improvviso. **2** (*fig.*) Scoppiare all'improvviso, detto di guerre e sim.

conflagrazióne *s. f.* **1** (*lett.*) Incendio improvviso. **2** (*fig.*) Improvviso scoppio di ostilità fra due o più Stati.

conflitto *s. m.* **1** Scontro di armati | Guerra: *secondo – mondiale.* **2** Contrasto, spec. aspro e prolungato, di idee e opinioni: – *di gusti*; SIN. Scontro, urto. **3** Nella psicanalisi, opposizione tra desideri consci e inconsci.

conflittuàle *agg.* Pertinente a un rapporto di contraddizione e lotta fra classi sociali, individui, teorie e sim.

conflittualità *s. f.* Stato di agitazione intensa e continua, spec. in campo sindacale: – *permanente.*

confluènte A *part. pres. di confluire; anche agg.* Che confluisce. **B** *s. m.* **1** (*raro*) Confluenza: – *di fiumi, di strade.* **2** Affluente.

confluènza *s. f.* **1** Convergenza (*anche fig.*): – *di idee.* **2** Punto in cui due corsi d'acqua o due strade si incontrano.

confluìre *v. intr.* (*io confluisco, tu confluisci; aus. essere e avere*) **1** Congiungersi, detto di corsi d'acqua, valli, strade e sim. **2** Congiungersi o convergere, detto di idee, azioni sociali e politiche, temi letterari, motivi musicali e sim.: *nell'opera di questo scrittore confluiscono diverse tradizioni di pensiero.* • SIN. Convergere.

confóndere A *v. tr.* (*coniug. come fondere*) **1** Mescolare senza distinzione e senza ordine: *ha confuso tutti i libri.* **2** (*est.*) Scambiare una persona o cosa per un'altra. **3** (*est.*) Turbare in modo da togliere la chiarezza del pensiero: *la tua presenza lo ha confuso* | (*est.*) Imbarazzare con eccessivi complimenti: *tutte queste attenzioni mi confondono*; SIN. Disorientare, imbarazzare. **B** *v. intr. pron.* **1** Mescolarsi: *si confuse tra la folla.* **2** Turbarsi.

confondibile *agg.* Che si può confondere; CONTR. Inconfondibile.

conformàbile *agg.* Che si può conformare.

conformàre A *v. tr.* (*io confórmo*) **1** Formare, spec. in modo proporzionato o gradevole. **2** Adeguare, adattare: – *la propria vita a un ideale.* **B** *v. rifl.* Adeguarsi, adattarsi: *conformarsi alle abitudini di qc.* **C** *v. intr. pron.* Essere proporzionato.

conformazióne *s. f.* Figura, forma | Modo di strutturarsi di un organismo: *vizi di* –.

confórme A *agg.* Simile per forma, indole, qualità e sim.: *un carattere – al mio*; SIN. Corrispondente. **B** *avv.* In modo corrispondente: *agire – alle leggi.*

conformiṣmo *s. m.* Condotta tipica del conformista.

conformìsta *s. m. e f.* (*pl. m. -i*) Chi accetta gli usi, le opinioni, spec. politiche, prevalenti in un determinato gruppo o periodo, e vi si adegua in modo passivo.
conformìstico *agg.* (*pl. m. -ci*) Tipico del conformismo o del conformista.
conformità *s. f.* L'essere conforme | *In* –, in modo conforme; SIN. Concordanza.
confortàbile *agg.* Che si può confortare.
confortànte *part. pres. di confortare; anche agg.* Che conforta, incoraggia; SIN. Consolante.
confortàre ***A*** *v. tr.* (*io confòrto*) ***1*** (*raro*) Rendere forte, vigoroso: – *lo stomaco* | (*lett.*) Confermare: – *una tesi.* ***2*** Consolare e sollevare qc. da un dolore fisico o psicologico: – *gli afflitti* | Colmare di speranza: *la notizia lo confortò*; SIN. Incoraggiare, rincuorare. ***B*** *v. intr. pron.* (*raro*) Prendere forza | Provare sollievo. ***C*** *v. rifl. rec.* Consolarsi a vicenda.
confortatóre ***A*** *s. m.* (*f. -trice*) Chi conforta. ***B*** *anche agg.*
confortatòrio *s. m.* Cappella in cui i condannati a morte ricevevano i conforti religiosi.
confortévole *agg.* ***1*** Che reca conforto. ***2*** Comodo: *casa* –.
confòrto (1) *s. m.* ***1*** Consolazione, sollievo: *recare* – | (*est.*) Chi, o ciò che, serve a confortare: *la musica è il mio unico* – | *Conforti religiosi, estremi conforti*, sacramenti amministrati in punto di morte. ***2*** Sostegno, appoggio. ***3*** (*raro*) Ristoro materiale.
confòrto (2) *s. m.* Agio, comodità; SIN. Comfort.
confratèllo *s. m.* ***1*** Frate dello stesso ordine religioso | Appartenente alla stessa confraternita. ***2*** (*lett.*) Collega.
confratèrnita *s. f.* Associazione di laici avente per fine pratiche di carità e culto.
confricàre *v. tr.* (*io confrìco o cònfrico, tu confrìchi o cònfrichi*) (*lett.*) Strofinare con forza.
confrontàbile *agg.* Che si può confrontare; SIN. Comparabile, paragonabile.
confrontàre ***A*** *v. tr.* (*io confrónto*) Considerare due o più cose insieme, valutando le somiglianze e le differenze che esistono fra di esse; SIN. Comparare, paragonare. ***B*** *v. rifl. e rifl. rec.* Misurarsi, discutere con qc.
confrónto *s. m.* ***1*** Comparazione | *Senza* –, incomparabilmente | *Stare a* –, *reggere al* –, essere pari, essere allo stesso livello | *In, a* – *di*, a paragone di, rispetto a | *Nei miei, tuoi confronti*, rispetto a me, te; SIN. Paragone. ***2*** Discussione, contesa | Incontro sportivo. ***3*** (*dir.*) Contraddittorio tra soggetti già interrogati onde chiarire la verità delle divergenti dichiarazioni da loro rilasciate.
confucianèṣimo *s. m.* Dottrina morale, politica e religiosa di Confucio e dei suoi maggiori discepoli | Religione confuciana.
confuṣionàle *agg.* Di confusione mentale: *stato* –.
confuṣionàrio *agg.; anche s. m.* (*f. -a*) Detto di chi fa confusione o ha la mente confusa.
confuṣióne *s. f.* ***1*** Mescolanza di più persone o cose senza distinzione e senza ordine (*anche fig.*) | (*est.*) Chiasso, baccano; SIN. Baraonda, caos, disordine. ***2*** Atto intellettuale per cui si scambia una persona o cosa per un'altra: – *di date, di cifre.* ***3*** – *mentale*, stato mentale caratterizzato da smarrimento, disturbi emotivi e disorientamento. ***4*** (*est.*) Forte turbamento; SIN. Disorientamento, imbarazzo.
confusionìṣmo *s. m.* ***1*** Stato di estrema confusione. ***2*** (*psicol.*) Attitudine a parlare o a comportarsi in modo confuso.
confuṣionista *s. m. e f.* (*pl. m. -i*) Chi è solito fare confusione.
confùṣo *part. pass. di confondere; anche agg.* ***1*** Mescolato, senza ordine. ***2*** Mancante di chiarezza, lucidità e sim.: *avere le idee confuse.* ***3*** Indistinto: *mormorio* –. ***4*** Turbato, imbarazzato.
confutàbile *agg.* Che si può confutare; CONTR. Inconfutabile.
confutàre *v. tr.* (*io cònfuto o confùto*) Controbattere un'argomentazione dimostrandone l'erroneità o l'infondatezza; SIN. Contraddire, ribattere.
confutatìvo *agg.* Che vale a confutare.
confutatóre ***A*** *s. m.* (*f. -trice*) Chi confuta. ***B*** *anche agg.*
confutatòrio *agg.* Atto a confutare.
confutazióne *s. f.* Argomentazione orale o scritta con la quale si confuta.
cònga *s. f.* Danza cubana, di origine africana.
congedàndo *agg.; anche s. m.* Che (o chi) dev'essere congedato.
congedàre ***A*** *v. tr.* (*io congèdo*) ***1*** Invitare qc. ad andarsene, a partire: *ci congedò bruscamente*; SIN. Accomiatare, licenziare. ***2*** Mettere in congedo i militari per fine del servizio. ***B*** *v. rifl.* Andarsene salutando; SIN. Accomiatarsi.
congedàto *part. pass. di congedare; anche agg. e s. m.* Che (o chi) è stato collocato in congedo.
congèdo *s. m.* ***1*** Permesso, ordine, invito ad andarsene, a partire: *chiedere, dare, prendere* –; SIN. Commiato, licenza. ***2*** Cessazione del servizio militare | Stato del militare che ha cessato di prestare servizio. ***3*** Licenza ordinaria e straordinaria che si dà agli impiegati. ***4*** In poesia, commiato.
congegnàre *v. tr.* (*io congégno*) Mettere insieme vari elementi per costruire una struttura unitaria (*anche fig.*): – *un motore, un piano infallibile.*
congégno *s. m.* (*mecc.*) Apparecchio, strumento, formato di diverse parti messe insieme: – *di punteria.* [→ ill. *armi*]
congelaménto *s. m.* ***1*** Solidificazione di un liquido per temperature inferiori a 0 °C | Mantenimento di alimenti a temperature tra −7 °C e −12 °C | (*fig.*) Rinvio, sospensione: – *di un credito* | (*fig.*) Irrigidimento. ***2*** (*med.*) Lesione prodotta dalle basse temperature sui tessuti dell'organismo.
congelàre ***A*** *v. tr.* (*io congèlo*) ***1*** Raffreddare un liquido fino a solidificarlo: – *l'acqua.* ***2*** Conservare alimenti per trattamento a temperature tra −7 °C e −12 °C. ***3*** (*fig.*) – *di un credito*, sospenderlo temporaneamente. ***4*** (*fig.*) Rinviare o sospendere una trattativa, un programma e sim. ***B*** *v. intr. pron.* ***1*** Subire l'effetto di temperature inferiori a 0 °C. ***2*** (*fig.*) Soffrire per il freddo.
congelatóre *s. m.* ***1*** Dispositivo che mantiene una temperatura inferiore a quella di congelamento | Freezer. ***2*** Elettrodomestico atto a congelare e conservare derrate alimentari.
congelazióne *s. f.* Congelamento.
congènere *agg.* Che è dello stesso genere: *articoli congeneri.*
congeniàle *agg.* Di individui o cose che per natura si accordano bene insieme: *questo studio non mi è* –.
congenialità *s. f.* L'essere congeniale.
congènito *agg.* Che esiste già alla nascita: *vizio* –; SIN. Innato, nativo.
congèrie *s. f. inv.* Massa di cose confuse; SIN. Accozzaglia, ammasso.
congestionàre ***A*** *v. tr.* (*io congestióno*) ***1*** (*med.*) Causare congestione: – *il fegato.* ***2*** Ingombrare con eccessivo afflusso di cose o persone: *la chiusura di quella via congestiona il centro.* ***B*** *v. intr. pron.* ***1*** Subire congestione. ***2*** (*fig.*) Divenire caotico.
congestióne *s. f.* ***1*** Aumento patologico di sangue in un tessuto od organo. ***2*** Ingombro eccessivo causato dalla presenza contemporanea di veicoli e persone: *la* – *del traffico.*
congettùra *s. f.* Opinione, ipotesi, fondata su indizi, apparenze, deduzioni personali; SIN. Supposizione.
congetturàbile *agg.* Che si può congetturare.
congetturàle *agg.* Fondato su congetture.
congetturàre ***A*** *v. tr.* (*io congettùro*) Supporre fondandosi su indizi; SIN. Ipotizzare. ***B*** *v. intr.* (*aus. avere*) Fare congetture.
congiùngere ***A*** *v. tr.* (*coniug. come giungere*) Unire, mettere insieme, detto di due o più persone o cose (*anche fig.*): – *le mani* | – *qc. in matrimonio*, sposare. ***B*** *v. intr. pron.* Unirsi (*anche fig.*): *congiungersi in matrimonio* | *Congiungersi in cielo*, riunirsi dopo la morte.
congiungiménto *s. m.* Unione, collegamento.
congiuntaménte *avv.* Unitamente, insieme.
congiuntìva *s. f.* (*anat.*) Mucosa che riveste, congiungendole, la parte interna delle palpebre e la parte esterna della sclera.
congiuntivìte *s. f.* Infiammazione della congiuntiva.
congiuntìvo ***A*** *agg.* Che congiunge. ***B*** *s. m.* Modo finito del verbo che presenta soggettivamente l'idea verbale esprimendo il dubbio, la possibilità, il desiderio, l'esortazione.

congiùnto *A* *part. pass. di congiungere; anche agg.* Unito | Legato da parentela, amicizia e sim. *B* *s. m.* (*f.* -*a*) Parente.
congiuntùra *s. f.* *1* Punto d'unione di due cose tra loro: *la — delle travi.* *2* Occasione, circostanza: *una — favorevole.* *3* Complesso degli elementi che in un dato periodo caratterizzano la situazione economica di un Paese | Periodo difficile, spec. economico.
congiunturàle *agg.* Pertinente alla congiuntura economica.
congiunzióne *s. f.* *1* Congiungimento. *2* (*astron.*) Il trovarsi di due astri alla medesima longitudine. *3* Parte invariabile del discorso che mette in rapporto due parole, due gruppi di parole o due proposizioni | — *coordinativa*, che unisce due parole o due proposizioni fra di loro (es. *e, sia... sia, anche, o, ma*) | — *subordinativa*, che istituisce un rapporto di dipendenza fra due proposizioni (es. *affinché, cosicché, se, sebbene*).
congiùra *s. f.* Accordo segreto diretto al rovesciamento improvviso e violento dell'organizzazione politica dominante: *la — di Catilina* | (*est.*) Complotto ai danni di una o più persone (*anche scherz.*); SIN. Intrigo, macchinazione.
congiuràre *v. intr.* (*aus. avere*) *1* Organizzare una congiura: — *contro il governo*; — *ai danni di qc.*; SIN. Complottare, cospirare. *2* (*est.*) Concorrere a creare una situazione negativa: *il caso congiura contro di noi.*
congiuràto *A* *part. pass. di congiurare* (*raro*) Cospirato. *B* *s. m.* (*f.* -*a*) Chi partecipa a una congiura.
conglobaménto *s. m.* Riunione in un tutto unico, spec. di elementi contabili.
conglobàre *v. tr.* (*io conglòbo o cònglobo*) Riunire, raccogliere in un complesso unitario, più persone o cose, spec. eterogenee; SIN. Conglomerare.
conglobazióne *s. f.* Conglobamento.
conglomeràre *A* *v. tr.* (*io conglòmero*) Conglobare, riunire. *B* *v. intr. pron.* Riunirsi.
conglomeràto *A* *part. pass. di conglomerare; anche agg.* Agglomerato. *B* *s. m.* *1* Riunione di elementi eterogenei: *un — di idee.* *2* Roccia formata di detriti arrotondati uniti da abbondante cemento naturale. *3* Calcestruzzo.
conglomerazióne *s. f.* Riunione di elementi eterogenei.
congolése *agg.; anche s. m. e f.* Del Congo.
congratulàrsi *v. intr. pron.* Manifestare la propria partecipazione alla gioia di una persona, per un avvenimento favorevole, un successo conseguito e sim.: *si congratulano con lui per la vittoria*; SIN. Complimentarsi, felicitarsi, rallegrarsi.
congratulazióne *s. f.* Atto del congratularsi | *spec. al pl.* Parole che si dicono o si scrivono per congratularsi; SIN. Complimento, felicitazione, rallegramento.
congrèga *s. f.* Gruppo di persone riunite, spec. con metodi e per fini negativi.
congregàre *A* *v. tr.* (*io congrègo o cóngrego, tu congrèghi o cóngreghi*) Adunare persone per uno scopo determinato, spec. per fini religiosi: — *i fedeli.* *B* *v. intr. pron.* Riunirsi in gruppo.
congregazióne *s. f.* *1* (*raro*) Adunanza, riunione | (*est.*) Gruppo di persone congregate. *2* Associazione di laici che si dedicano a opere religiose: — *mariana* | *Sacre congregazioni*, commissioni di cardinali e prelati, nominate dal Pontefice per trattare determinate materie. *3* In molte chiese evangeliche protestanti, comunità dei fedeli.
congregazionìsta *agg.; anche s. m. e f.* (*pl. m.* -*i*) Membro di una congregazione religiosa.
congressìsta *s. m. e f.* (*pl. m.* -*i*) Chi partecipa a un congresso.
congrèsso *s. m.* *1* Solenne riunione di rappresentanti di più Stati per deliberare su rilevanti questioni internazionali: — *di Vienna.* *2* Convegno ufficiale di persone autorizzate a discutere problemi di interesse comune: *un — di medici* | Riunione nazionale di partito, sindacato e sim. per definire gli organismi dirigenti e la linea politica.
congressuàle *agg.* Di congresso.
còngrua *s. f.* Assegno che lo Stato paga ai beneficiari di un ufficio ecclesiastico a integrazione delle rendite ricavate dal beneficio stesso.
congruènte *agg.* Che si accorda, che ha coerenza: *conclusione — con le premesse*; CONTR. Incongruente.
congruènza *s. f.* *1* L'essere congruente; CONTR. Incongruenza. *2* (*mat.*) Proprietà di ciascuno di due numeri che, divisi per un terzo numero, danno resti uguali.
congruità *s. f.* L'essere congruo.
còngruo *agg.* *1* Conveniente, adeguato, proporzionato: *un — prezzo.* *2* (*mat.*) Di coppie di numeri che presentano congruenza.
conguagliaménto *s. m.* (*raro*) Conguaglio.
conguagliàre *v. tr.* (*io conguàglio*) Pareggiare due partite contabili mediante conguaglio.
conguàglio *s. m.* Calcolo della parte mancante o eccedente rispetto al dovuto | Somma di denaro che pareggia tali situazioni di credito e debito.
coniàre *v. tr.* (*io cònio*) *1* Battere col conio per imprimere un determinato tipo su monete, medaglie e sim. *2* (*fig.*) Creare, spec. vocaboli o locuzioni.
coniatóre *s. m.* (*f.* -*trice*) *1* Chi è addetto alla coniazione di monete, medaglie e sim. *2* (*raro*) Chi inventa q.c. di nuovo: — *di parole.*
coniazióne *s. f.* Operazione del coniare monete e sim. | (*fig.*) Invenzione spec. di nuove parole, locuzioni e sim.
cònica *s. f.* (*mat.*) Curva piana algebrica che si genera nell'intersezione di un cono con un piano.
conicità *s. f.* L'essere conico | Forma conica.
cònico *agg.* (*pl. m.* -*ci*) Che ha forma di cono.
conìdio *s. m.* Elemento simile a una spora, che in molti funghi costituisce l'organulo della riproduzione.
Conìfere *s. f. pl.* (*sing.* -*a*) Classe delle Gimnosperme cui appartengono piante quasi tutte di notevoli dimensioni e resinose, con fusto ramificato, foglie aghiformi o squamiformi e frutto a cono. [→ ill. *piante* 1]
coniglièra *s. f.* Recinto o gabbia ove si allevano i conigli.
conìglio *s. m.* (*f.* -*a*) *1* Mammifero dei Roditori, con pelame di vario colore, lunghe orecchie, occhi grandi e sporgenti e incisivi ben sviluppati. [→ ill. *animali* 16] *2* (*fig.*) Persona vile e paurosa.
cònio *s. m.* *1* Operazione del coniare. *2* Pezzo di acciaio su cui è inciso il tipo che si vuole riprodurre sulla moneta o medaglia | Impronta fatta col conio | *Fior di* —, di moneta che non ha mai circolato | *Nuovo di* —, nuovissimo | *Di nuovo* —, strano, mai visto | *Di basso* —, di cattiva qualità, natura e sim. | *Dello stesso* —, dello stesso tipo.
coniròstri *s. m. pl.* Gruppo di uccelletti dal becco conico e non adunco, comprendente il passero e il canarino.
coniugàbile *agg.* Che si può coniugare.
coniugàle *agg.* Di, da coniuge: *amore* —.
coniugalménte *avv.* A guisa di coniugi.
coniugàre *A* *v. tr.* (*io còniugo, tu còniughi*) *1* Ordinare le voci del verbo secondo i modi, i tempi, le persone e i numeri. *2* (*raro*) Congiungere in matrimonio. *3* (*fig.*) Attuare congiuntamente: — *rigore ed equità.* *B* *v. intr. pron.* (*ling.*) Avere una determinata flessione. *C* *v. rifl.* Congiungersi in matrimonio; SIN. Sposarsi.
coniugàto *A* *part. pass. di coniugare; anche agg.* *1* Detto di verbo, ordinato secondo la coniugazione. *2* Che è congiunto in matrimonio. *3* Detto di coppie di angoli, formati da due rette tagliate da una trasversale, che si trovano dalla stessa parte di questa, entrambi interni o entrambi esterni alle rette date. *4* Detto di coppie di numeri complessi uguali, salvo che le parti immaginarie hanno segni opposti. *5* Detto di coppie di punti dell'asse di una lente o sistema ottico, nei quali si trovano rispettivamente l'oggetto e l'immagine. *B* *s. m.* (*f.* -*a*) Persona coniugata.
coniugazióne *s. f.* Flessione del verbo, secondo i modi, i tempi, le persone e i numeri.
còniuge *s. m.,* (*raro*) *f.* Ciascuna delle due persone unite fra loro in matrimonio; SIN. Consorte.
coniùgio *s. m.* Rapporto fra un uomo e una donna in conseguenza del vincolo matrimoniale.
connaturàle *agg.* Che ha la stessa natura | Che è conforme alla natura di qc. o di q.c.
connaturàre *A* *v. tr.* (*io connatùro*) Rendere q.c. naturale in qc.: — *un vizio.* *B* *v. intr. pron.* Diventare parte integrante di q.c.: *le abitudini si connaturano nell'uomo.*
connaturàto *part. pass. di connaturare; anche agg.* Congenito: *difetto* —.
connazionàle *agg.; anche s. m. e f.* Detto di chi è della stessa nazione di altri.
connessióne *s. f.* *1* Atto del connettere | Unione stretta

fra due o più cose. ***2*** (*fig.*) Legame di interdipendenza fra fatti, idee e sim. ***3*** Collegamento tra circuiti elettrici.

connèsso ***A*** *part. pass. di connettere; anche agg.* Attaccato insieme | Collegato. ***B*** *s. m. al pl. Solo nella loc. annessi e connessi*, tutto ciò che abitualmente accompagna q.c.

connestàbile V. *conestabile*.

connèttere ***A*** *v. tr.* (*pass. rem. io connettéi, tu connettésti; part. pass. connèsso*) ***1*** Unire, mettere insieme: *— due fili*; SIN. Collegare. ***2*** (*est.*) ass. Collegare razionalmente i propri pensieri, i concetti da esprimere: *non riesce a —*. ***B*** *v. intr. pron.* Ricollegarsi.

connettivàle *agg.* (*anat.*) Del tessuto connettivo.

connettìvo ***A*** *agg.* Atto a connettere | (*anat.*) *Tessuto —*, che unisce e sostiene i tessuti propri di un organo; (*fig.*) l'insieme degli elementi fondamentali in un contesto. ***B*** *s. m.* ***1*** Elemento atto a congiungere. ***2*** (*anat.*) Tessuto connettivo.

connivènte *agg.* Che dimostra connivenza; SIN. Complice.

connivènza *s. f.* L'assistere passivamente, o dando il proprio consenso, a un atto disonesto che si potrebbe impedire.

connotàto *s. m. spec. al pl.* Ciascuno dei segni esteriori caratteristici di una persona | *Cambiare i connotati a qc.*, (*scherz.*) percuoterlo fino a renderlo irriconoscibile.

connùbio *s. m.* ***1*** (*lett.*) Matrimonio. ***2*** (*fig.*) Accordo armonico: *— di arte e di scienza* | (*est.*) Alleanza politica.

còno *s. m.* ***1*** Solido formato dalla rotazione di un triangolo rettangolo intorno a un suo cateto. [→ ill. *geometria*] ***2*** (*est.*) Qualsiasi oggetto che ha forma di cono | *A —*, conico | *— gelato*, gelato contenuto in una cialda conica | *— vulcanico*, apparato a forma conica, costruito attorno al cratere e al camino vulcanico | (*astron.*) *— d'ombra*, parte di spazio in ombra di forma conica che si forma dietro a un corpo opaco illuminato dal sole | *— di deiezione*, conoide di deiezione. [→ ill. *bar, dolciumi, geografia*] ***3*** (*bot.*) Falso frutto delle piante conifere; SIN. Strobilo, (*pop.*) pigna. ***4*** (*zool.*) Mollusco dei Gasteropodi carnivoro con conchiglia conica ad apertura lunga e stretta. [→ ill. *animali* 4]

conòcchia *s. f.* Pennecchio di canapa, lino, lana e sim. che si pone attorno alla parte superiore della rocca per filare | (*est.*) La rocca stessa.

conòide *s. m.* ***1*** Solido geometrico simile al cono. ***2*** *— di deiezione*, accumulo di depositi a forma conica, là dove un corso d'acqua diminuisce rapidamente di pendenza.

conopèo *s. m.* Velo che nelle chiese copre il tabernacolo e la pisside. [→ ill. *religione*]

conoscènte ***A*** *part. pres. di conoscere; anche agg.* (*raro*) Che conosce. ***B*** *s. m. e f.* ***1*** Chi conosce. ***2*** Persona conosciuta con la quale si hanno rapporti cordiali ma non di amicizia.

conoscènza *s. f.* ***1*** Facoltà del conoscere | Acquisizione intellettuale o psicologica di qualunque aspetto della realtà | Cognizione, nozione: *ha un'ottima — della matematica.* ***2*** Cultura, istruzione: *uomo di grande —* | Ciò che si conosce: *conoscenze in campo tecnico.* ***3*** Controllo delle proprie facoltà sensoriali e intellettuali: *essere privo di —.* ***4*** (*est.*) Persona conosciuta.

conóscere ***A*** *v. tr.* (*pres. io conósco, tu conósci; pass. rem. io conóbbi, tu conoscésti; part. pass. conosciùto*) ***1*** Prendere possesso intellettualmente o psicologicamente di qualunque aspetto della realtà: *tutti gli uomini desiderano —* | Sapere, spec. come risultato di una sistematica attività di apprendimento: *— una lingua* | Sapere, per aver esperimentato: *— il bene, il male*; *— il mondo.* ***2*** Avere rapporti di familiarità, di amicizia e sim., con qc., o averne in mente la fisionomia, il nome, l'attività: *— qc. di vista, personalmente, per lettera* | *— i propri polli*, (*fig.*) sapere con chi si ha a che fare | Riconoscere, ravvisare: *— qc. alla voce.* ***B*** *v. rifl.* ***1*** Avere coscienza del proprio carattere. ***2*** (*lett.*) Dichiararsi: *conoscersi colpevole.* ***C*** *v. rifl. rec.* Avere rapporti di familiarità e amicizia con qc.: *si conoscono fin dalle elementari.* ***D*** *v. intr.* (*aus. avere*) (*raro*) Essere in sé, controllare le proprie facoltà sensoriali e intellettuali: *malgrado le gravi ferite conosce perfettamente.* [→ tav. *proverbi* 10, 131, 172, 188, 228, 279]

conoscìbile *agg.* Che si può conoscere.

conosciménto *s. m.* ***1*** Conoscenza, comprensione. ***2*** Coscienza.

conoscitìvo *agg.* Atto a conoscere | Proprio del conoscere.

conoscitóre *s. m.* (*f. -trice*) Chi conosce, ha esperienza di q.c.; SIN. Esperto, intenditore.

conosciùto ***A*** *part. pass. di conoscere; anche agg.* Noto | Provato, sperimentato; CONTR. Sconosciuto. ***B*** *s. m. solo sing.* Ciò che si conosce.

conquassàre *v. tr.* ***1*** (*lett.*) Scuotere violentemente. ***2*** (*est.*) Devastare, rovinare.

conquìbus *s. m. inv.* (*scherz.*) Denaro.

conquìdere *v. tr.* (*pass. rem. io conquìṣi, tu conquidésti; part. pass. conquìṣo*) (*lett.*) Conquistare, vincere.

conquìṣo *part. pass. di conquidere; anche agg.* Conquistato.

conquista *s. f.* ***1*** Riduzione in proprio potere, occupazione, mediante l'uso della forza | Ottenimento, raggiungimento: *la — della libertà* | (*est.*) Territorio conquistato: *le conquiste dell'Impero Romano.* ***2*** Progresso raggiunto attraverso lotte, sacrifici, difficoltà: *le conquiste della matematica.* ***3*** (*est.*) Successo nei rapporti amorosi | (*est.*) Persona oggetto di una conquista amorosa.

conquistàbile *agg.* Che si può conquistare.

conquistador /*sp.* konkista'dor/ *s. m. inv.* (*pl. sp. conquistadores* /konkista'dores/) Ciascuno degli avventurieri che, dopo la scoperta del nuovo mondo, ne intrapresero la conquista a capo di spedizioni finanziate dai sovrani spagnoli.

conquistàre *v. tr.* ***1*** Ottenere con la forza, spec. con azioni militari: *— una fortezza*; SIN. Impadronirsi. ***2*** Raggiungere con lotte e sacrifici: *— la ricchezza*; SIN. Ottenere. ***3*** (*est.*) Cattivarsi: *— l'amicizia di qc.* | Far innamorare: *— una ragazza.*

conquistatóre *s. m.* (*f. -trice*) ***1*** Chi conquista, spec. con azioni militari. ***2*** (*est.*) Chi fa conquiste amorose; SIN. Casanova, seduttore.

consacràre ***A*** *v. tr.* ***1*** Investire degli ordini sacri: *— un sacerdote.* ***2*** Confermare solennemente con riti religiosi: *— re, imperatore* | (*est.*) Riconoscere in modo solenne e ufficiale: *fu consacrato poeta in Campidoglio* | (*est.*) Rendere valido, sancire: *l'uso consacra le parole.* ***3*** Fare sacro, liberare dalla condizione profana, offrendo alla divinità: *— l'ostia.* ***4*** (*est.*) Dedicare, in modo appassionato e solenne: *— a qc. le proprie opere.* ***B*** *v. rifl.* Dedicarsi, votarsi a qc. o a q.c.: *consacrarsi a Dio.*

consacratóre *s. m.; anche agg.* (*f. -trice*) Chi (o che) consacra.

consacraziόne *s. f.* ***1*** L'atto del consacrare e le cerimonie proprie di tale atto. ***2*** Parte principale della Messa, nella quale si consacrano le specie eucaristiche.

consanguineità *s. f.* Legame naturale tra le persone di una medesima discendenza.

consanguìneo *agg.; anche s. m.* (*f. -a*) Detto di chi è dello stesso sangue, della stessa stirpe di altri.

consapévole *agg.* ***1*** Che sa, che è informato di q.c.: *fu reso — del tradimento*; SIN. Edotto. ***2*** Che si rende conto di un fatto: *è — della gravità del momento*; SIN. Conscio, cosciente. • CONTR. Inconsapevole.

consapevolézza *s. f.* L'essere consapevole; SIN. Coscienza.

cònscio ***A*** *agg.* (*pl. f. -sce*) Che ha coscienza o conoscenza di q.c.: *essere consci dei propri limiti*; SIN. Consapevole, cosciente. ***B*** *s. m. solo sing.* Nella psicoanalisi, divisione della psiche che comprende quelle parti della vita mentale di cui la persona è momentaneamente consapevole.

consecutio temporum /*lat.* konse'kuttsjo 'temporum/ *loc. sost. f.* Nella sintassi latina, dipendenza del tempo del verbo nella proposizione subordinata rispetto a quello della principale.

consecutiva *s. f.* Congiunzione o proposizione consecutiva.

consecutivaménte *avv.* In modo consecutivo, di seguito.

consecutivo *agg.* ***1*** Che viene dopo, che segue: *il giorno —*; SIN. Seguente, successivo. [→ ill. *geometria*] ***2*** *Proposizione consecutiva*, proposizione subordinata indicante la conseguenza di ciò che è detto nella reggente | *Congiunzione consecutiva*, che introduce una proposizione consecutiva.

consecuzióne *s. f.* **1** (*raro*) Conseguimento. **2** Successione immediata di due fatti.
conségna *s. f.* **1** Trasferimento della custodia o del possesso di q.c. | Custodia: *lasciare, prendere, ricevere q.c. in —.* **2** Prescrizione tassativa e vincolante stabilita per i servizi di guardia e di sentinella | *Passare le consegne*, trasmettere ad altra persona, che succede nell'incarico, i documenti e le informazioni necessari allo svolgimento dell'incarico stesso | (*est., gener.*) Ordine: *c'è la — di non parlare.* **3** Punizione lieve per militari e graduati di truppa, consistente nella privazione della libera uscita.
consegnàre *v. tr.* (*io conségno*) **1** Dare in custodia o in possesso, temporaneamente o stabilmente (*anche fig.*): *— una lettera* | (*lett.*) *— q.c. alla memoria*, affidarla alla memoria; SIN. Affidare. **2** Punire i militari con la consegna.
consegnatàrio *s. m.* (*f. -a*) Chi riceve q.c. in consegna.
conseguènte A *part. pres. di conseguire; anche agg.* **1** Che viene dopo, che segue; CONTR. Antecedente. **2** Coerente. **B** *s. m.* (*filos., mat.*) Secondo termine di una conseguenza; CONTR. Antecedente.
conseguenteménte *avv.* In modo conseguente | Per conseguenza.
conseguènza *s. f.* **1** (*filos., mat.*) Principio logico in base al quale, date due proposizioni in rapporto di antecedente - conseguente, se è vero l'antecedente risulta vero anche il conseguente. **2** Ciò che discende direttamente o indirettamente da certe premesse: *il tuo errore è la — della tua ignoranza* | *In — di, per — di*, per effetto di | *Di —*, quindi.
conseguìbile *agg.* Che si può conseguire.
conseguiménto *s. m.* Ottenimento, raggiungimento.
conseguìre A *v. tr.* (*io conséguo*) Riuscire a ottenere q.c.: *— una vittoria, uno scopo*; SIN. Ottenere, raggiungere. **B** *v. intr.* (*aus. essere*) Venire dopo, come conseguenza: *l'utilità che ne consegue è nulla*; SIN. Derivare, risultare.
consensìvo *agg.* Che manifesta consenso.
consènso *s. m.* **1** Approvazione al compimento di un atto: *dare il proprio — alle nozze*; SIN. Assenso, benestare. **2** Conformità di volontà, giudizi, opinioni e sim., su un punto specifico, fra due o più persone: *— generale, comune* | *— matrimoniale*, reciproca dichiarazione di voler contrarre matrimonio. **3** Assenso: *il — del popolo.*
consensuàle *agg.* Che si fa con il consenso della o delle altre parti: *separazione —.*
consentaneità *s. f.* Qualità di ciò che è consentaneo.
consentàneo *agg.* Che è conforme, corrispondente, conveniente: *leggi consentanee ai bisogni.*
consentiménto *s. m.* (*lett.*) Consenso.
consentìre A *v. intr.* (*pres. io consènto; part. pres. consenziènte; aus. avere*) **1** Essere d'accordo su un determinato punto con una o più persone: *— con qc. su q.c.*; SIN. Concordare, convenire. **2** Accondiscendere: *— alle richieste di qc.* **B** *v. tr.* Concedere, permettere: *un lavoro che non consente interruzioni.*
consenziènte *part. pres. di consentire; anche agg.* Che dà il proprio consenso.
consequenziàle *agg.* Che deriva per conseguenza | Che si riferisce a un rapporto di conseguenza.
consequenziàrio A *agg.* Che deduce dai principi con troppa rigidezza. **B** *anche s. m.* (*f. -a*).
consertàre *v. tr.* (*io consèrto*) (*lett.*) Intrecciare.
consèrto *agg.* Congiunto, intrecciato | *Braccia conserte*, incrociate sul petto.
consèrva (1) *s. f. Nelle loc. navigare, andare, procedere, agire di —*, (*fig.*) insieme.
consèrva (2) *s. f.* **1** Procedimento di conservazione di alimenti. **2** Alimento vegetale preparato per essere conservato a lungo mantenendo le proprie caratteristiche: *— di pomodoro, di frutta.* **3** Luogo in cui si conservano le cose: *tenere la frutta in —.*
conservàbile *agg.* Che si può conservare.
conservànte A *part. pres. di conservare; anche agg.* Che conserva. **B** *s. m.* Additivo chimico che si aggiunge spec. agli alimenti perché conservino più a lungo le loro caratteristiche, evitandone l'alterazione.
conservàre A *v. tr.* (*io consèrvo*) **1** Serbare, spec. un alimento, nello stato originario, evitando alterazioni o deterioramenti: *— sotto olio; — sotto, nello, spirito; — in ghiaccio.* **2** Custodire (*anche fig.*): *— un documento* | (*est.*) Mantenere (*anche fig.*): *— l'innocenza*; SIN. Serbare. **B** *v. intr. pron.* **1** Rimanere nello stato originario, senza deterioramenti: *certi cibi si conservano bene.* **2** Mantenersi in un determinato stato: *conservarsi sano.*
conservatìvo A *agg.* **1** Atto a conservare. **2** (*dir.*) Detto di atto tendente ad assicurare il mantenimento di un diritto | *Sequestro —*, atto a impedire la dispersione o la sottrazione di dati beni. **B** *s. m.* Conservante.
conservatóre A *agg.* (*f. -trìce*) Che conserva: *liquido —.* **B** *agg.; anche s. m.* Che (o chi), spec. in campo politico e sociale, è legato alla tradizione e si oppone a tutti i mutamenti. **C** *s. m.* Funzionario preposto a archivi, musei, biblioteche e sim.
conservatorìa *s. f.* (*raro*) Ufficio di conservatore | Sede di tale ufficio.
conservatòrio *s. m.* **1** Pubblico istituto ove si insegna la musica, l'arte di suonare gli strumenti e il canto. **2** Istituto religioso per fanciulle.
conservatorìsmo *s. m.* Tendenza, spec. politica, dei conservatori.
conservazióne *s. f.* **1** Mantenimento in un determinato stato | *Istinto di —*, tendenza naturale a mantenere la propria incolumità. **2** Complesso degli atteggiamenti propri dei conservatori | (*est.*) Complesso dei conservatori. **3** Principio secondo cui un ente fisico si conserva nel tempo: *— dell'energia, della massa, della quantità di moto.*
conservière *s. m.* (*f. -a*) **1** Industriale che si dedica al settore delle conserve alimentari. **2** Operaio addetto alla produzione di conserve alimentari.
conservièro A *agg.* Relativo alle conserve alimentari. **B** *s. m.* (*f. -a*) Lavoratore specializzato nella produzione di conserve alimentari.
conservifìcio *s. m.* Fabbrica di conserve.
consèsso *s. m.* Adunanza di persone autorevoli.
consideràbile *agg.* **1** Degno di considerazione. **2** (*raro*) Considerevole.
consideràre A *v. tr.* (*io considero*) **1** Esaminare attentamente in tutte le possibili relazioni e conseguenze: *bisogna — tutte le probabilità.* **2** Pensare, tenere presente: *considera che ciò avvenne in tempi lontani.* **3** Contemplare, prevedere: *la legge non considera questo caso.* **4** Giudicare, reputare: *tutti lo considerano un amico* | Stimare: *— qc. molto.* **5** ass. Essere caduto, avveduto: *una persona che non considera.* **B** *v. rifl.* Reputarsi, credersi.
consideratézza *s. f.* Cautela.
consideràto *part. pass. di considerare; anche agg.* **1** Esaminato, ponderato | *Tutto —*, tutto sommato, in complesso | *— che*, tenuto conto che. **2** Che pensa o agisce con prudenza, avvedutezza; CONTR. Sconsiderato.
considerazióne *s. f.* **1** Esame attento, accurato | *Degno di —*, notevole, importante | *Prendere in —*, considerare, spec. favorevolmente. **2** Buona reputazione: *godere di molta —* | *Avere in — qc.*, stimarlo; SIN. Credito, stima. **3** Osservazione, spec. fondata su esami, riflessioni, letture e sim.
considerévole *agg.* Degno di considerazione | Grande, notevole: *un uomo di — importanza.*
consigliàbile *agg.* Che si può consigliare.
consigliàre (1) A *v. tr.* (*io consiglio*) **1** Dare suggerimenti, avvertimenti e sim.: *vi consiglio di non partire; gli consigliò un negozio molto fornito*; SIN. Avvertire, suggerire. **2** Raccomandare, prescrivere: *ti consiglio la prudenza; il medico gli consiglia di non fumare* | Ordinare: *gli consigliò di smetterla.* **B** *v. intr. pron.* Chiedere suggerimenti e sim., consultarsi: *si consigliò con l'avvocato.*
consigliàre (2) V. *consiliare.*
consiglière *s. m.* (*f. -a* nel sign. 1) **1** Chi dà suggerimenti, consigli. **2** Membro di un consiglio | *— d'amministrazione*, membro del consiglio d'amministrazione di una società | *— delegato*, consigliere d'amministrazione a cui sono delegate funzioni relative all'amministrazione della società. [→ tav. *proverbi* 219]
consìglio *s. m.* **1** Suggerimento, esortazione, avvertimento, che si dà a qc. per aiutarlo in q.c.: *domandare, dare, seguire un —* | *Consigli evangelici*, ubbidienza, povertà, castità; SIN. Parere. **2** Avvedutezza, senno | *Ri-*

durre a miglior –, far cambiare idea | *Venire a più miti consigli*, ridurre le proprie pretese. **3** (*raro*) Decisione, risoluzione | *Prender* –, decidere. **4** Riunione collegiale tra più persone per discutere e deliberare su date questioni: *sala del* –. **5** (*dir.*) Organo o ente collegiale, con funzioni varie: – *nazionale delle ricerche* | – *d'amministrazione*, organo amministrativo di una società, cui spettano le maggiori decisioni | – *di fabbrica, d'azienda*, organo sindacale di base, all'interno di una fabbrica o azienda, composto di solito dai delegati di reparto e dai rappresentanti sindacali aziendali | *Consiglio dei Ministri*, insieme di tutti i ministri costituenti il Governo | *Consiglio di Gabinetto*, organo composto dal presidente e vicepresidente del consiglio e dai ministri dei dicasteri più importanti, avente il compito di esaminare, su richiesta del presidente del consiglio, le questioni politiche più importanti | *Consiglio di Stato*, organo dell'Amministrazione dello Stato con funzioni consultive e di giurisdizione amministrativa | *Consiglio Superiore della Magistratura*, organo statale che sovraintende alla carriera dei magistrati e ai provvedimenti disciplinari che li riguardano. [→ tav. *proverbi* 227]

consiliàre o *consigliare* agg. Di consiglio: *riunione* –.

consìmile agg. (*lett.*) Simile, analogo.

consistènte part. pres. di *consistere*; anche agg. Solido, tenace: *materiale* – | (*fig.*) Valido, degno di considerazione: *ricerca* –; CONTR. Inconsistente.

consistènza s. f. Qualità di consistente.

consìstere v. intr. (pass. rem. *io consistéi* o *consistètti, tu consistésti*; part. pass. *consistito*; aus. *essere*) **1** Avere il proprio fondamento in q.c.: *il nostro lavoro consiste nel coltivare i campi.* **2** Essere costituito, composto di q.c.: *il libro consiste di due parti.*

consociàre v. tr. (*io consòcio*) Unire in società, associare.

consociàto part. pass. di *consociare*; anche agg. e s. m. (f. *-a*) Che (o chi) fa parte di una società, di un'associazione e sim.

consociazióne s. f. **1** Unione, spec. di due società, associazioni e sim., in un unico ente. **2** Coltivazione contemporanea nello stesso terreno di più piante diverse.

consòcio s. m. (f. *-a*) Chi è socio insieme con altri in una società o sim.

consolàbile agg. Che si può consolare; CONTR. Inconsolabile.

consolànte part. pres. di *consolare* (1); anche agg. Che dà consolazione; SIN. Confortante.

consolàre (1) **A** v. tr. (*io consólo*) **1** Sollevare psicologicamente da uno stato di afflizione; SIN. Confortare, incoraggiare. **2** Rallegrare, allietare: *una notizia che consola.* **B** v. intr. pron. **1** Darsi conforto, pace. **2** Rallegrarsi, allietarsi: *mi consolai appena seppi del suo arrivo.* [→ tav. *proverbi* 121]

consolàre (2) agg. Che è pertinente al console: *visto* –.

consolàto s. m. Carica, ufficio e dignità di console | Durata di tale carica | Sede del console.

consolatóre **A** s. m. (f. *-trìce*) Chi consola. **B** anche agg.

consolatòrio agg. Atto a consolare.

consolazióne s. f. Atto del consolare | Sollievo, conforto: *dare, recare* – | (*est.*) Persona, cosa, atto, parola, che reca conforto: *il figlio è la sua unica* –; *ha trovato* – *nel lavoro* | *Premio di* –, quello che in una lotteria e sim. viene assegnato a chi non ha vinto i premi maggiori.

cònsole s. m. (v. nota d'uso FEMMINILE) **1** Nella Roma antica e imperiale, ciascuno dei due supremi magistrati con potere annuale. **2** Nei comuni medievali, nome di sommi magistrati. **3** Persona cui uno Stato affida funzioni da esplicare all'estero.

console /fr. kɔ̃'ʃɔl/ s. f. inv. (pl. fr. *consoles* /kɔ̃'sɔl/) **1** Tavolo da parete retto anteriormente da gambe gener. lavorate. [→ ill. *mobili*] **2** Quadro di comando di varie apparecchiature: – *dell'organo musicale, dell'elaboratore elettronico.* [→ ill. *elaborazione dati, radio, televisione*]

consolidaménto s. m. **1** Assodamento | Rinforzamento. **2** (*fig.*) Rafforzamento: *il* – *delle istituzioni.*

consolidàre **A** v. tr. (*io consòlido*) **1** Rendere saldo, compatto, stabile | (*mil.*) – *le posizioni*, rendere atte alla difesa le posizioni conquistate | – *la propria posizione*, (*fig.*) rafforzarla. **2** Migliorare le caratteristiche di elementi naturali o di manufatti con prosciugamenti, rivestimenti, opere di sostegno e sim. **3** (*fig.*) Accrescere la forza, l'efficacia: – *le istituzioni democratiche.* **B** v. intr. pron. Divenire saldo, consistente: *il terreno si è consolidato per la semina.*

consolidatìvo agg. Atto a consolidare.

consolidàto **A** part. pass. di *consolidare*; anche agg. Divenuto stabile, solido | *Debito* –, debito pubblico a lunga o indeterminata scadenza. **B** s. m. Debito consolidato: – *redimibile, irredimibile.*

consolidazióne s. f. **1** Consolidamento. **2** Operazione finanziaria con cui un debito pubblico a breve scadenza viene convertito in un debito a lunga o indeterminata scadenza.

consòlle s. f. inv. Adattamento di *console.*

consommé /fr. kɔ̃sɔ'me/ s. m. inv. Brodo ristretto di carne. [→ ill. *stoviglie*]

consonànte **A** part. pres. di *consonare*; anche agg. (*raro, lett.*) Che è in armonia. **B** s. f. Suono nella cui articolazione l'aria espirata incontra un ostacolo | Segno grafico corrispondente; CFR. Vocale.

consonàntico agg. (pl. m. *-ci*) Di consonante.

consonantìsmo s. m. (*ling.*) Il sistema consonantico di una lingua.

consonànza s. f. **1** (*mus.*) Combinazione gradevole all'orecchio di accordi e intervalli. **2** Armonia di voci e suoni. **3** (*ling.*) Somiglianza nella terminazione di parole vicine | Accordo delle sillabe finali di versi basato sulle sole consonanti (es. *mare, core*).

consonàre v. intr. (*io consuòno*; la o dittonga preferibilmente in uo se tonica; aus. *avere*) **1** (*raro*) Suonare insieme, detto di voci, strumenti e sim. **2** (*fig., lett.*) Essere in accordo.

cònsono agg. Corrispondente, conforme, concordante: *risultato* – *alle premesse.*

consorèlla **A** s. f. Donna appartenente allo stesso ordine religioso o confraternita, rispetto ad altra sorella. **B** agg. solo f. Affine: *nazione* – | (*est.*) Consociata: *società* –.

consòrte **A** agg. (*lett.*) Che divide con altri la stessa sorte. **B** s. m. e f. Coniuge. **C** s. m. (*dir.*) Soggetto avente la medesima posizione processuale in un processo civile: – *di lite, di causa.*

consorterìa s. f. **1** Nel mondo medievale, associazione per la tutela di interessi comuni. **2** (*spreg.*) Parte politica accusata di curare troppo gli interessi dei propri aderenti; SIN. Camarilla, cricca.

consortìle agg. Consorziale: *fondo* –.

consorziàle agg. Di consorzio.

consorziàre **A** v. tr. (*io consòrzio*) Raggruppare in consorzio: – *gli imprenditori.* **B** v. rifl. e intr. pron. Unirsi in consorzio.

consorziàto part. pass. di *consorziare*; anche agg. Unito in consorzio con altri.

consòrzio s. m. **1** (*lett.*) Società: – *civile, umano.* **2** (*dir.*) Accordo fra imprenditori per la regolamentazione della medesima attività economica mediante un'apposita organizzazione.

constàre **A** v. intr. (*io cònsto*; aus. *essere*) Essere costituito, composto di q.c.: *l'opera consta di tre volumi.* **B** v. intr. impers. (aus. *essere*) Risultare, essere noto: *mi consta che si siano fatti rimproverare.*

constatàre o *costatàre* v. tr. (*io constàto* o *cònstato*) Accertare la verità di q.c.; SIN. Appurare, verificare.

constatazióne s. f. Accertamento della verità, dell'esistenza o dell'entità di q.c sulla base di prove, dimostrazioni e sim.: *fare una* –.

consuèto **A** agg. Che avviene secondo un uso costante: *lavoro* –; SIN. Abituale, solito; CONTR. Inconsueto. **B** s. m. solo sing. Maniera solita: *secondo il* – | *Di, per* –, abitualmente.

consuetudinàrio **A** agg. **1** Che si attiene alla consuetudine: *linguaggio* –; SIN. Abitudinario. **2** Che ha origine nella consuetudine: *diritto* –. **B** s. m. (f. *-a*) Abitudinario.

consuetùdine s. f. **1** Abitudine, uso costante di fare q.c.: *è sua* – *arrivare in anticipo.* **2** Usanza, costume: *secondo la* –. **3** Fonte di diritto consistente nella ripetizione di dati comportamenti col convincimento chè essi rispondano a un obbligo giuridico. **4** (*lett.*) Dimestichezza: *avere* – *coi classici.*

consulènte **A** agg. Che dà pareri, consigli: *avvocato* –. **B** s. m. e f. Professionista a cui ci si rivolge per avere in-

formazioni e consigli.
consulènza *s. f.* Prestazione professionale di un consulente.
consùlta *s. f.* **1** Consiglio di persone riunite allo scopo di decidere su date questioni. **2** Assemblea popolare con funzioni legislative o consultive.
consultàbile *agg.* Che si può consultare.
consultàre A *v. tr.* **1** Interrogare per avere un consiglio o un'informazione, spec. con riferimento a questioni importanti o a problemi complessi: *– un medico, un avvocato.* **2** (*est.*) Esaminare con cura, spec. scritti: *– un vocabolario.* **B** *v. intr. pron.* Chiedere consigli o informazioni: *consultarsi con un amico*; SIN. Consigliarsi. **C** *v. rifl. rec.* Scambiarsi consigli, informazioni: *i giurati si consultarono a lungo.*
consultatóre *s. m.* (*f. -trìce*) Chi consulta.
consultazióne *s. f.* **1** Richiesta o scambio di consigli, pareri o informazioni, spec. su problemi importanti | Esame accurato di q.c., spec. di scritti | *– popolare*, chiamata del popolo a esprimere la proprietà volontà su questioni di rilevante interesse pubblico. **2** *spec. al pl.* Colloqui tra personalità politiche e il Capo dello Stato o chi da lui incaricato di formare un nuovo Governo per risolvere una crisi governativa.
consultìvo *agg.* Che esprime pareri, consigli e sim. ma non ha la facoltà di decidere; CFR. Deliberativo.
consùlto *s. m.* Visita collegiale di più medici per definire la diagnosi e la terapia nei casi di malattie complesse: *chiedere un –; riunirsi a –.*
consultóre *s. m.* (*f. -trice*) **1** Chi è chiamato a dare pareri su argomenti di sua competenza. **2** Chi fa parte di una consulta.
consultòrio A *agg.* (*raro*) Di consultore. **B** *s. m.* Ente o associazione che fornisce consulenze su problemi medico-sociali: *– antitubercolare.*
consumàre (1) A *v. tr.* **1** Ridurre in cattivo stato con l'uso continuo: *– gli abiti* | (*est.*) Sprecare, sciupare (*anche fig.*): *– il tempo inutilmente.* **2** Adoperare, usare, esaurendo in tutto o in parte: *– l'acqua, la luce* | Mangiare o bere: *– la colazione.* **B** *v. intr. pron.* Logorarsi, struggersi (*anche fig.*): *la brace si consuma*; *consumarsi di dolore per qc.*
consumàre (2) *v. tr.* (*lett.*) Compiere, portare a fine: *– il sacrificio della Messa* | *– il matrimonio*, detto di sposi, congiungersi carnalmente per la prima volta.
consumàto (1) *part. pass. di consumare* (2); *anche agg.* Usato | Logorato | (*fig.*) Esperto, pratico: *è – negli affari.*
consumàto (2) *s. m.* (*raro*) Brodo ristretto; SIN. Consommé.
consumatóre A *agg.* (*f. -trice*) (*raro*) Che consuma. **B** *s. m.* Chi usufruisce di beni o servizi per soddisfare i propri bisogni.
consumazióne (1) *s. f.* **1** Consumo. **2** Ciò che si mangia o si beve in un pubblico esercizio.
consumazióne (2) *s. f.* Compimento, esecuzione | Esaurimento | (*raro*) *La – del mondo, dei secoli*, la fine del mondo.
consùmere A *v. tr.* (*dif. usato solo nella prima e terza pers. sing. e nella terza pers. pl. del pass. rem.* consùnsi, consùnse, consùnsero; *nel part. pass.* consùnto *e nei tempi composti*) (*raro, lett.*) Consumare, logorare (*anche fig.*). **B** *v. intr. pron.* (*raro, lett.*) Consumarsi, logorarsi.
consumismo *s. m.* Tendenza, rafforzata dalla pubblicità e dalle moderne tecniche pubblicitarie, a un uso accelerato di beni e servizi, proposti e assunti come simbolo di prestigio sociale.
consumìstico *agg.* (*pl. m. -ci*) Del consumismo.
consùmo *s. m.* **1** Uso, utilizzo, impiego di q.c., spec. in riferimento ai bisogni ordinari della vita: *ridurre il – di grassi* | *A uso e – di qc.*, a favore di qc.. **2** Destinazione finale, al termine del processo produttivo, di beni o servizi al soddisfacimento dei bisogni umani | *Società economica dei consumi*, basata sul consumismo. **3** Quantitativo di fluido motore che genera l'unità di potenza in una macchina termica | *– di un autoveicolo*, quantità di carburante, in litri, consumata per percorrere 100 km.
consuntìvo (1) *agg.* Che consuma.
consuntìvo (2) A *agg.* (*econ.*) Che si riferisce a cicli od operazioni già concluse: *bilancio –.* **B** *s. m.* Rendiconto di un'attività alla fine della stessa.
consùnto *part. pass. di consumere; anche agg.* Consumato | In cattive condizioni.
consunzióne *s. f.* Lento deperimento, con affievolimento di tutte le funzioni organiche.
consustanziàle *agg.* Che ha un'identica natura e sostanza, detto delle tre persone della Trinità.
consustanzialità *s. f.* Nella teologia cristiana antica, unità della natura e della sostanza delle tre persone della Trinità, le quali si mantengono, tuttavia, sempre distinte.
cónta *s. f.* Conteggio per stabilire le varie parti o per assegnare i punti nei giochi dei bambini.
contàbile A *agg.* Che si riferisce alla contabilità. **B** *s. m. e f.* Chi tiene i conti.
contabilità *s. f.* **1** Parte dell'economia che si interessa della tenuta dei conti. **2** Insieme delle operazioni contabili riguardanti una determinata attività. **3** (*est.*) Insieme dei libri e dei documenti su cui vengono annotate le operazioni e i dati contabili | (*est.*) Ufficio che cura la tenuta dei conti.
contabilizzàre *v. tr.* Registrare in apposite scritture contabili.
contachilòmetri *s. m.* Congegno per contare i chilometri percorsi da un veicolo.
contadinàme *s. m.* (*spreg.*) Insieme di contadini.
contadinésco *agg.* (*pl. m. -schi*) **1** Di, da contadino; SIN. Campagnolo. **2** (*spreg.*) Grossolano, villano.
contadino A *s. m.* (*f. -a*) **1** Lavoratore della terra; SIN. Agricoltore. **2** (*spreg.*) Persona dai modi rozzi e villani. **B** *agg.* **1** Che proviene dal contado o vi abita: *famiglia contadina;* SIN. Campagnolo. **2** Contadinesco: *maniere contadine.* [→ tav. *proverbi* 12, 119]
contàdo *s. m.* **1** Campagna circostante una città. **2** Popolazione del contado.
contafili *s. m.* Strumento ottico usato spec. per contare i fili di un tessuto e, in tipografia o filatelia, per il controllo del retino delle illustrazioni. [→ ill. *ottica*]
contafotogràmmi *s. m.* Nelle macchine fotografiche, dispositivo che indica il numero delle foto scattate. [→ ill. *fotografo*]
contagiàre A *v. tr.* (*io contàgio*) **1** Infettare per contagio: *– qc. di morbillo.* **2** (*fig.*) Contaminare, corrompere. **B** *v. intr. pron.* Prendere una malattia infettiva.
contàgio *s. m.* **1** Trasmissione di malattia infettiva per contatto o vicinanza col malato. **2** Malattia infettiva, spec. di carattere epidemico. **3** (*fig.*) Corruzione, contaminazione.
contagiosità *s. f.* Capacità di una malattia infettiva di trasmettersi.
contagióso *agg.* **1** Che si trasmette per contagio: *malattia contagiosa*; SIN. Infettivo. **2** (*fig.*) Che si trasmette facilmente agli altri: *risate contagiose.*
contagìri *s. m. inv.* (*mecc.*) Strumento che registra il numero di giri compiuto da un organo rotante nell'unità di tempo. [→ ill. *automobile*]
contagócce *s. m. inv.* Dispositivo per somministrare medicamenti liquidi a gocce.
container /*ingl.* kən'teinə/ *s. m. inv.* (*pl. ingl.* containers /kən'teinəz/) Grande cassone metallico di misure unificate, adatto al trasporto combinato di merci in mezzi di trasporto terrestri, aerei e marittimi. [→ ill. *contenitore, magazzinaggio, porto*]
contaminàre *v. tr.* (*io contàmino*) **1** Insudiciare, introducendo sostanze nocive, producendo guasti e sim.: *– con rifiuti le acque di un fiume*; SIN. Inquinare. **2** Infettare. **3** (*fig.*) Corrompere moralmente: *– la mente di qc.*
contaminatóre A *s. m.* (*f. -trìce*) Chi contamina. **B** *anche agg.*
contaminazióne *s. f.* **1** Inquinamento | Infezione | *– radioattiva*, insieme degli effetti nocivi provocati dalla radioattività sugli esseri viventi. **2** (*fig.*) Corruzione, offesa: *la – dell'innocenza altrui.* **3** (*letter.*) Composizione di un'opera letteraria, fondendo elementi tratti da una o più altre.
contànte A *agg.* Detto di denaro in monete o biglietti bancari. **B** *s. m.* Somma composta di monete o biglietti di banca.
contàre A *v. tr.* (*io cónto*) **1** Disporre secondo un sistema di numerazione: *– gli alunni presenti* | *– i giorni, le ore*, (*fig.*) attendere q.c. con impazienza | *Si contano*

sulle dita, sulla punta delle dita, (*fig.*) detto di persone o cose numericamente scarse; SIN. Calcolare. **2** (*fig.*) Concedere con eccessiva parsimonia: *– il pane in bocca a qc.* **3** Mettere in conto, considerare: *senza – quelli che debbono arrivare.* **4** Riproporsi, prevedere: *conto di venire.* **5** Annoverare, avere: *– molti medici in famiglia.* **6** (*lett., dial.*) Raccontare, riferire: *ci ha contato una lunga storia.* **7** (*raro*) Reputare, stimare, valutare: *– qc. una persona onesta.* **B** *v. intr.* (*aus. avere*) **1** Disporre numeri secondo un sistema di numerazione: *– fino a dieci.* **2** Valere, avere importanza: *ragioni che non contano nulla.* **3** Fare assegnamento: *– su qc. per un aiuto*; SIN. Confidare. [→ tav. *proverbi* 14]

contasecóndi *s. m. inv.* Tipo di orologio destinato alla numerazione di intervalli di tempo anche molto piccoli.

contàta *s. f.* Atto del contare, spec. rapido.

contàto *part. pass. di contare; anche agg.* Che è in quantità minima o in numero limitato: *denaro –* | *Avere le ore, i giorni contati*, avere poco tempo a disposizione, oppure poco tempo da vivere.

contatóre *s. m.* (*f. -trice*) **1** (*raro*) Chi conta. **2** Apparecchio atto a contare movimenti, operazioni, quantità e sim.: *il – della luce, del gas* | *– di particelle*, strumento che rileva e conta le particelle emesse da una sostanza radioattiva o altro. [→ ill. *elettricità, misure, nucleare, strada*] **3** Orologio di precisione usato per misurare tempi molto brevi.

contattàre *v. tr.* Prendere contatto con qc.

contàtto *s. m.* **1** Stato di due elementi, corpi e sim. che si toccano: *essere, venire a –; mettere un foglio a – con un altro.* **2** (*fig.*) Relazione, rapporto | *Stare a – col pubblico*, trattare direttamente con la gente, per lavoro e sim. | (*est.*) Rapporto con persone influenti e importanti, utile in campo politico, sociale e sim. **3** (*elettr.*) Elemento conduttore che stabilisce o interrompe la continuità di un circuito elettrico | Continuità elettrica che si stabilisce alla riunione degli elementi conduttori: *aprire, chiudere il –.*

contattóre *s. m.* (*elettr.*) Interruttore la cui posizione di riposo corrisponde all'apertura del circuito adatto spec. per effettuare un numero elevato di manovre all'ora.

cónte *s. m.* (*f. contéssa*) Titolo nobiliare dapprima pari e in seguito immediatamente inferiore a quello di marchese | (*est.*) La persona insignita di tale titolo. [→ ill. *araldica*]

contèa *s. f.* **1** Territorio retto da un conte. **2** Titolo di conte. **3** Divisione amministrativa del territorio, spec. in Inghilterra e negli Stati Uniti.

conteggiàre A *v. tr.* (*io contéggio*) Mettere nel conto: *– le spese.* **B** *v. intr.* (*aus. avere*) Fare di conto: *– con abilità.*

contéggio *s. m.* **1** Computo, calcolo, conto, spec. per un fine determinato: *– delle entrate e delle uscite* | *– alla rovescia*, particolare procedura, spec. per il lancio di missili spaziali, nella quale si designa con tempo zero l'istante dell'avviamento del congegno e con numeri negativi decrescenti, in valore assoluto, la serie delle operazioni preparatorie; SIN. Count down. **2** Nella lotta e nel pugilato, controllo di dieci secondi fatto dall'arbitro nei confronti dell'atleta abbattuto.

contégno *s. m.* **1** Atteggiamento, modo di comportarsi; SIN. Comportamento, condotta. **2** (*est.*) Atteggiamento dignitoso, serio, o altero | *Assumere un –*, (*fig.*) cercare di nascondere la timidezza o l'imbarazzo ostentando disinvoltura.

contegnóso *agg.* Che ha o mostra contegno; SIN. Riservato.

contemperaménto *s. m.* Adattamento | Moderazione.

contemperàre *v. tr.* (*io contèmpero o contémpero*) **1** Adattare, conformare: *– il rimedio al danno.* **2** Mitigare, moderare: *– la durezza del proprio carattere.*

contemplàbile *agg.* Che si può contemplare.

contemplàre *v. tr.* (*io contèmplo o contémplo*) **1** Guardare attentamente, spec. con ammirazione, raccoglimento e sim.: *– il panorama.* **2** Considerare, prendere in esame: *la legge non contempla questo caso.* **3** Meditare problemi di natura filosofica o religiosa.

contemplativo A *agg.* **1** Di chi è dedito alla contemplazione religiosa, naturale o filosofica. **2** (*est.*) Alieno dalla vita pratica; CONTR. Attivo. **B** *s. m.* (*f. -a*) Chi fa vita contemplativa.

contemplatóre *s. m.; anche agg.* (*f. -trice*) Chi (o che) contempla.

contemplazióne *s. f.* **1** Prolungata, attenta osservazione di q.c. o qc., spec. con ammirazione, raccoglimento e sim.: *stare in – del tramonto* | Meditazione. **2** Nel Cristianesimo, supremo grado dell'esperienza mistica, consistente nella visione beatifica di Dio e della verità.

contèmpo *s. m.* Solo nella loc. avv. *nel –*, nello stesso tempo, frattanto: *parlava e nel – leggeva.*

contemporaneaménte *avv.* Nel medesimo tempo.

contemporaneità *s. f.* Qualità di ciò che è contemporaneo.

contempràneo A *agg.* **1** Che si verifica nello stesso tempo | Che appartiene alla stessa epoca: *scrittore – di Dante*; SIN. Coevo. **2** Che appartiene all'epoca attuale: *mostra di pittori contemporanei.* **B** *s. m.* (*f. -a*) Chi vive nello stesso tempo di un altro | Chi vive nell'epoca attuale.

contendènte A *part. pres. di contendere; anche agg.* Che contrasta. **B** *s. m. e f.* Avversario in una contesa, in una lotta e sim.

contèndere A *v. tr.* (*coniug. come tendere*) Contrastare per ottenere, o sottrarre: *– un impiego a qc.* | Cercare di ottenere a spese altrui: *contendersi un primato.* **B** *v. intr.* (*aus. avere*) Competere, gareggiare: *– in abilità con qc.* | Litigare: *– per futili motivi con qc.*

contenènza *s. f.* Capacità di contenere.

contenére A *v. tr.* (*coniug. come tenere*) **1** Racchiudere, accogliere, comprendere (*anche fig.*): *la stanza conteneva mobili di valore.* **2** Reprimere, trattenere: *– l'ira.* **B** *v. rifl.* Padroneggiarsi, dominarsi: *contenersi a stento.* **C** *v. intr. pron.* Comportarsi: *contenersi da persona civile.*

contenitóre *s. m.* **1** Nell'imballaggio, recipiente usato per confezionare, rivestire e sim. [→ ill. *contenitore*] **2** Container.

contentàbile *agg.* Che si può contentare; CONTR. Incontentabile.

contentàre A *v. tr.* (*io contènto*) Soddisfare, appagare: *– i desideri di qc.* **B** *v. intr. pron.* Essere soddisfatto: *contentarsi di quel che si ha* | Limitarsi nei desideri: *è un ragazzo che si contenta*; SIN. Appagarsi. [→ tav. *proverbi* 98]

contentatùra *s. f.* Disposizione a contentarsi.

contentézza *s. f.* Stato d'animo di chi è contento | (*est.*) Ciò che rende contento; SIN. Allegria, felicità, letizia. [→ tav. *proverbi* 214]

contentino *s. m.* Cosa che si concede oltre il convenuto per fare contento qc.

contènto *agg.* **1** Pago, soddisfatto: *– di q.c.; fare – qc.* | *Tenersi –*, accontentarsi. **2** Lieto, allegro: *espressione contenta* | *– come una Pasqua*, contentissimo; SIN. Felice, giocondo. [→ tav. *proverbi* 124, 125, 126, 162]

contenutismo *s. m.* Teoria estetica che attribuisce importanza prevalente al contenuto dell'opera d'arte; CFR. Formalismo.

contenutista *s. m. e f.; anche agg.* (*pl. m. -i*) Detto di chi aderisce ai canoni del contenutismo.

contenutistico *agg.* (*pl. m. -ci*) Proprio del contenutismo | Relativo al contenuto.

contenùto (1) A *part. pass. di contenere; anche agg.* Racchiuso | Trattenuto. **B** *s. m.* **1** Ciò che si trova dentro q.c.: *il – di un recipiente.* **2** Argomento, materia trattata | In un'opera d'arte, l'idea, la situazione che l'artista rappresenta; CFR. Forma.

contenùto (2) *agg.* Controllato | Sobrio, moderato: *stile –.*

contenzióne *s. f.* (*med.*) Il contenere o comprimere un organo | *Mezzo di –*, negli ospedali psichiatrici, ogni mezzo usato per immobilizzare degenti molto agitati: *camicia di –.*

contenzióso A *agg.* Che concerne una controversia giuridica. **B** *s. m.* Complesso di organi e procedimenti relativi a controversie su date materie tra cittadini e Stato: *– amministrativo; – tributario.*

conterie *s. f. pl.* Perle di vetro, di vari colori e grossezze, usate per corone del rosario, collane, ricami e sim.

contèrmine *agg.* (*raro*) Confinante, contiguo: *il giardino – alla casa.*

conterràneo *agg.; anche s. m.* (*f. -a*) Detto di chi è della

stessa terra, paese o regione di altri.
contèsa *s. f.* Atto del contendere | Controversia, polemica; SIN. Disputa, lite.
contéssa *s. f.* **1** Sovrana di contea. **2** Moglie o figlia di un conte.
contèssere *v. tr.* (*part. pass. contèsto, raro contessùto*) (*lett.*) Intrecciare, intessere.
contessina *s. f.* Figlia spec. giovane di un conte.
contestàbile *agg.* Che si può contestare.
contestàre *v. tr.* (*io contèsto*) **1** (*dir.*) Procedere alla comunicazione all'imputato di un fatto costituente reato: – *una contravvenzione.* **2** (*fig.*) Negare, contrastare: – *una prova, un'affermazione* | Sottoporre a critica radicale le istituzioni culturali e sociali di un dato sistema politico, anche ass.
contestatàrio *agg.; anche s. m.* (*f. -a*) Contestatore.
contestatóre A *s. m.* (*f. -trice*) Chi contesta. **B** *anche agg.*
contestazióne *s. f.* **1** Atto del contestare | Atteggiamento di critica e protesta nei confronti di istituzioni, persone e sim. o di tutto il sistema sociale e politico esistente. **2** Contrasto | Contesa, lite.
contèste *s. m. e f.; anche agg.* Contestimone.
contestimòne *s. m. e f.* Chi testimonia con altri in tribunale.
contèsto A *part. pass. di contessere; anche agg.* (*raro*) Tessuto insieme. **B** *s. m.* **1** Tessitura, intreccio. **2** Insieme delle idee e dei fatti contenuti in un testo, che consente di determinare il senso di un brano o di una parola che in tale testo compaiono | (*est.*) Il complesso delle circostanze in cui nasce e si sviluppa un determinato fatto: – *familiare.*
contestuàle *agg.* **1** Che si riferisce al contesto. **2** Di fatto che si è verificato contemporaneamente a un altro: *avvenimenti contestuali.*
contézza *s. f.* (*lett.*) Cognizione, notizia | *Aver* –, essere informato di q.c.
contiguità *s. f.* L'essere contiguo.
contiguo *agg.* Che è così vicino a q.c. da toccarla: *camera contigua al corridoio*; SIN. Adiacente, attiguo, limitrofo.
continentàle A *agg.* Del continente, che si riferisce al continente: *clima* –. **B** *s. m. e f.* Chi abita il continente | Chi abita la penisola italiana rispetto agli abitanti delle isole di Sardegna e Sicilia.
continentalità *s. f.* Qualità di ciò che è continentale.
continènte (1) *s. m.* **1** Grande estensione di terraferma. **2** (*gener.*) Terraferma.
continènte (2) *agg.* Che sa tenere a freno i propri desideri: *essere* – *nel bere*; SIN. Morigerato, temperante.
continènza *s. f.* Moderazione dei desideri e dei piaceri, spec. sensuali | Astinenza, temperanza.
contingentaménto *s. m.* Fissazione di quantità o valore

contenitore

limite di merci ammesse all'importazione o all'esportazione.
contingentàre *v. tr.* (*io contingènto*) Sottoporre a contingentamento: – *le importazioni.*
contingènte ***A*** *agg.* Accidentale, casuale | Che è legato a un determinato momento. ***B*** *s. m.* ***1*** (*filos.*) Tutto ciò che può essere o non essere; CONTR. Necessario. ***2*** Quantità limite di merce ammessa all'importazione o all'esportazione. ***3*** – *di leva,* insieme dei cittadini da chiamare alle armi per ciascuna classe.
contingènza *s. f.* ***1*** (*filos.*) Carattere di ciò che è contingente. ***2*** Circostanza, congiuntura, occasione: *le contingenze della vita.* ***3*** *Indennità di* –, o (*ell.*) –, parte della retribuzione il cui ammontare varia in proporzione al mutare del costo della vita.
contino *s. m.* Figlio spec. giovane di un conte.
continuàbile *agg.* Che si può continuare.
continuaménte *avv.* Senza interruzione.
continuàre ***A*** *v. tr.* (*io contìnuo*) Seguitare, proseguire q.c., senza interruzioni o dopo un'interruzione: – *il viaggio.* ***B*** *v. intr.* (*aus. avere,* riferito a persona; *aus. essere o avere* riferito a cosa) Non cessare, riferito allo svolgimento di un'attività, all'esistenza di un fenomeno e sim.: *il bel tempo continua*; *continua a dormire*; SIN. Durare, perseverare. ***C*** *v. intr. impers.* (*aus. essere e avere*) Non cessare: *continua a piovere.*
continuativo *agg.* Che continua o è destinato a continuare.
continuatóre *s. m.* (*f. -trìce*) Chi continua.
continuazióne *s. f.* Atto del continuare | (*est.*) Ciò che continua: *la* – *della strada*; SIN. Prosecuzione, proseguimento, seguito.
continuità *s. f.* L'essere continuo.
contìnuo (1) *agg.* ***1*** Che si svolge o si ripete senza interruzione, nel tempo o nello spazio: *pioggia continua* | *Di* –, continuamente; SIN. Incessante. ***2*** (*raro*) Ininterrotto, perenne: *pianto* –. ***3*** Detto di corrente elettrica avente direzione e intensità costanti; CONTR. Alternato. ***4*** Detto di variabile o funzione o linea che può passare da un valore a un altro, toccando tutti i punti intermedi.
contìnuo (2) *s. m.* (*fis.*) Ciò che non si può dividere in sottoparti indivisibili.
contitolàre *agg.; anche s. m. e f.* Titolare di q.c. insieme con altri.
cónto *s. m.* ***1*** Il contare | Operazione aritmetica | *Il* – *torna,* è privo di errori, e (*fig.*) la situazione è chiara | *Far di* –, eseguire operazioni aritmetiche, spec. elementari; SIN. Calcolo, computo, conteggio. ***2*** Partita di dare e avere: *libro dei conti*; *mettere in* – | – *corrente,* contratto con cui due parti convengono di regolare i rapporti di debito e credito sorgenti fra loro a un'unica scadenza: – *corrente bancario* | *Fare i conti,* calcolare ciò che si guadagna e si spende | (*fig.*) *Fare i conti addosso a qc.,* cercare di sapere quello che guadagna e spende | *Saldare, chiudere il* –, pagare ciò che si deve e (*fig.*) regolare una questione | (*est.*) Nota contenente indicazioni di somme da pagare: *il* – *della sarta.* [→ ill. *posta*] ***3*** Valutazione, previsione, analisi: *tener* – *di q.c.*; *fare bene, male i propri conti*; *fare* – *su qc., su q.c.* | *Far* – *di,* ripromettersi di | *A conti fatti, in fin dei conti,* in conclusione | *Sul* – *di qc.,* nei confronti di qc. | *A buon* –, *ad ogni buon* –, frattanto, in ogni caso, a ogni modo. ***4*** Oggetto di analisi, ricerca, dibattito e sim.: *chiedere, dare* – *di q.c.* | *Rendere* –, presentare una relazione e (*fig.*) giustificarsi | *Non dover render* – *a nessuno,* essere indipendente | *Rendersi* – *di q.c.,* spiegarsela, capirla | *Dare a qc. il suo* –, ciò che gli spetta | *Fare i conti con qc.,* ottenere spiegazioni, riparazioni e sim. ***5*** Considerazione, stima | *Tenere q.c. da, di* –, conservarla con cura, darle importanza | *Persona da, di* –, degna di stima | *Avere in buon, in gran* –, stimare molto. ***6*** (*fig.*) Vantaggio, tornaconto | *Tornare, meritare* –, essere utile, conveniente | *Mette* –, vale la pena | *Per* – *di qc.,* da parte di qc. | *Per* – *mio,* per quel che riguarda me.
contòrcere ***A*** *v. tr.* (*coniug. come torcere*) Torcere ripetutamente. ***B*** *v. rifl.* Torcersi, ripiegarsi su se stesso: *contorcersi dalle risa.*
contorciménto *s. m.* Movimento di chi si torce su se stesso.
contornàre ***A*** *v. tr.* (*io contórno*) ***1*** Circondare, cingere, spec. con ornamenti: *una siepe contorna lo stagno.* ***2*** (*est.*) Stare attorno: *è contornato da amici.* ***B*** *v. rifl.* Tenere attorno a sé.
contórno *s. m.* ***1*** Linea che circoscrive esternamente una figura o un'immagine. ***2*** Ciò che guarnisce una vivanda di carne o pesce: – *di patatine.* ***3*** Leggenda o serie di segni impressa al margine di monete e sim. [→ ill. *moneta*] ***4*** *spec. al pl.* Dintorno, vicinanze: *i contorni del convento.*
contorsióne *s. f.* ***1*** Ripetuta torsione | Movimento forzato e innaturale del corpo. ***2*** (*fig.*) Difficoltà, arzigogolo.
contorsionismo *s. m.* Esercizio consistente nell'assumere atteggiamenti forzati e innaturali del busto e degli arti.
contorsionista *s. m. e f.* (*pl. m. -i*) Artista specializzato in contorsionismo.
contòrte *s. f. pl.* (*bot.*) Genzianali.
contòrto *part. pass. di contorcere; anche agg.* ***1*** Storto, attorcigliato. ***2*** (*fig.*) Involuto, astruso: *discorso* –.
còntra- *pref.*: ha i significati di *contro-,* ma a differenza del quale raddoppia la consonante iniziale del secondo componente: *contrabbando, contraccolpo, contraggenio.*
contrabbandàre *v. tr.* (*io contrabbàndo*) Introdurre una merce di contrabbando | (*fig.*) Fare apparire qc. o q.c. diverso da ciò che è.
contrabbandière ***A*** *s. m.* (*f. -a*) Chi esercita il contrabbando. ***B*** *agg.* Di contrabbandieri: *nave contrabbandiera.*
contrabbàndo *s. m.* Importazione o esportazione di merci eludendo il pagamento dei tributi dovuti | *Di* –, (*fig.*) furtivamente, di nascosto.
contrabbassista *s. m. e f.* (*pl. m. -i*) Chi suona il contrabbasso.
contrabbàsso *s. m.* Strumento a tre o quattro corde, il più grande della famiglia delle viole. [→ ill. *strumenti musicali*]
contraccambiàre *v. tr.* (*io contraccàmbio*) ***1*** Dare q.c. in cambio di un'altra già ricevuta: – *un favore*; SIN. Ricambiare. ***2*** Ricompensare.
contraccàmbio *s. m.* Atto del contraccambiare | (*est.*) Ciò con cui si contraccambia | *In* –, per contraccambiare.
contraccettivo *agg.; anche s. m.* Antifecondativo.
contraccezióne *s. f.* Il complesso delle tecniche e delle pratiche utili a evitare la procreazione.
contraccólpo *s. m.* Urto, colpo di rimando che dà un corpo urtato o percosso.
contraccùsa *s. f.* Accusa mossa dall'accusato nei confronti dell'accusatore.
contràda *s. f.* ***1*** Strada di luogo abitato. ***2*** Anticamente, rione, quartiere | Oggi, a Siena, ognuno dei quartieri in cui si divide la città per la disputa del palio. ***3*** (*poet.*) Paese, regione.
contraddànza *s. f.* Antico ballo figurato, danzato da coppie schierate su due file contrapposte.
contraddìre ***A*** *v. tr. e intr.* (*imp. contraddìci; coniug. come dire; aus. avere*) ***1*** Dire il contrario di quello che dice un altro: *contraddice tutto e tutti*; *contraddice a chiunque*; SIN. Confutare. ***2*** Essere in contrasto: *lo sguardo contraddiceva le parole*; *il suo comportamento contraddice ai suoi principi*; SIN. Contrastare, smentire. ***B*** *v. rifl.* Dire, fare cose contrarie a quante precedentemente dette o fatte.
contraddistinguere *v. tr.* (*coniug. come distinguere*) Distinguere una cosa o una persona da un'altra simile mediante l'apposizione di un segno particolare (*anche fig.*).
contraddittóre *s. m.* (*f. -trìce*) Chi contraddice.
contraddittòrio ***A*** *agg.* ***1*** Che implica contraddizione. ***2*** (*fig.*) Pieno di contrasti, ambiguo: *personaggio* –. ***B*** *s. m.* Discussione tra due persone che sostengono e difendono opinioni contrarie.
contraddizióne *s. f.* ***1*** Contrasto, opposizione | *Spirito di* –, abitudine ostinata a contraddire sempre gli altri. ***2*** (*filos.*) Opposizione che di per sé esclude una via di mezzo. ***3*** (*fig.*) Stato d'incoerenza e di contrasto.
contraènte ***A*** *part. pres. di contrarre; anche agg.* Che contrae. ***B*** *s. m. e f.* Chi conclude o ha concluso un negozio giuridico, spec. un contratto.

contraèrea *s. f.* Artiglieria usata contro gli attacchi aerei.

contraèreo *agg.* Che impedisce l'azione offensiva di aeromobili in volo: *difesa contraerea.* [→ ill. *armi*]

contraffàre A *v. tr.* (*coniug. come fare*) **1** Imitare qc. riproducendone la voce, i gesti, gli atteggiamenti, spec. con intenzioni scherzose o caricaturali; SIN. Scimmiottare. **2** Alterare la voce, l'aspetto e sim., spec. per trarre in inganno. **3** Falsificare: — *una firma.* **B** *v. rifl.* Travestirsi in modo da apparire diversi.

contraffattóre *s. m.* (*f. -trìce*) Chi contraffà.

contraffazióne *s. f.* Falsificazione | Alterazione, imitazione della voce o dell'aspetto di qc.

contraffòrte *s. m.* **1** (*arch.*) Rinforzo in muratura sporgente a scarpa da una costruzione o da un muro di sostegno. [→ ill. *architettura*] **2** Ramificazione laterale di una catena montuosa. **3** Spranga di ferro per serrare più saldamente usci o finestre.

contraggènio *s. m.* Avversione naturale, antipatia verso qc. o q.c. | *Di, a* —, di mala voglia.

contràlto A *s. m.* (*mus.*) Voce femminile di registro più grave | Cantante dotata di tale voce. **B** *in funzione di agg. inv.* (*posposto al s.*) Detto di strumento che ha funzione intermedia tra il soprano e il tenore: *trombone* —.

contrammiràglio *s. m.* Primo grado della gerarchia degli ammiragli, corrispondente a quello di generale di brigata nell'esercito.

contrappàsso *s. m.* **1** Pena del taglione. **2** Nella Divina Commedia di Dante Alighieri, corrispondenza, per contrasto o somiglianza, delle pene dei vari peccatori con le colpe commesse.

contrappèllo *s. m.* Secondo appello che si effettua per verificare quello precedente.

contrappesàre A *v. tr.* (*io contrappéso*) **1** Bilanciare il peso di una cosa con quello di un'altra. **2** (*fig.*) Esaminare con cura una questione: — *i lati negativi e positivi in un problema.* **B** *v. rifl. rec.* Equilibrarsi, pareggiarsi (*anche fig.*).

contrappéso *s. m.* **1** In alcune macchine o costruzioni, carico che controbilancia un altro peso o forza: *il — del montacarichi.* [→ ill. *cava, edilizia, ferrovia, sollevamento*] **2** (*fig.*) Cosa, persona, atta a uguagliarne un'altra simile: *la tua volontà fa da — alla sua.*

contrapponìbile *agg.* Che si può contrapporre.

contrappórre A *v. tr.* (*coniug. come porre*) Mettere contro: — *un ostacolo all'avanzata* | Opporre a una forza un'altra a essa contraria (*anche fig.*): — *la realtà ai sogni.* **B** *v. rifl.* Mettersi contro: *contrapporsi a qc.*

contrapposizióne *s. f.* Atto del contrapporre o del contrapporsi | Contrasto, opposizione.

contrappósto A *part. pass. di contrapporre; anche agg.* Contrario: *concetti contrapposti.* **B** *s. m.* Cosa, persona che si contrappone a un'altra: *il tuo amico è il — del mio.*

contrappuntìsta *s. m. e f.* (*pl. m. -i*) Studioso, esperto di contrappunto.

contrappùnto *s. m.* **1** Arte del comporre sovrapponendo più linee melodiche simultanee. **2** (*est.*) Alternanza di motivi diversi in una sola composizione artistica. **3** (*fig., scherz.*) Accompagnamento.

contràrgine *s. m.* Argine parallelo a un altro, di rinforzo all'argine principale.

contrariaménte *avv.* In modo contrario.

contrariàre *v. tr.* (*io contràrio*) **1** Contrastare, avversare; SIN. Ostacolare. **2** Provocare fastidio, dispiacere; SIN. Infastidire, irritare.

contrariàto *part. pass. di contrariare; anche agg.* Irritato, infastidito.

contrarietà *s. f.* **1** (*lett.*) L'essere contrario. **2** L'essere avverso, sfavorevole: *la — del tempo.* **3** Impedimento, avversità: *le — della vita.* **4** Sentimento di fastidio, di antipatia.

contràrio A *agg.* **1** Che è in opposizione, in contrasto: *incarico — alle aspirazioni* | *In caso* —, altrimenti, nell'eventualità opposta; SIN. Contrapposto, opposto. **2** Che agisce in senso opposto: *mare — alla navigazione.* **3** Che ostacola la realizzazione di q.c.: *stagione contraria*; SIN. Avverso, sfavorevole; CONTR. Favorevole. **B** *s. m.* Cosa contraria, opposta: *fa il — di quel che dice* | *Al —, in* —, all'opposto | *Avere q.c. in* —, avere delle obiezioni da muovere.

contràrre A *v. tr.* (*coniug. come trarre*) **1** Restringere, corrugare: — *le sopracciglia, il volto.* **2** Accogliere, prendere in sé: — *un vizio* | Assumere: — *un debito* | Stringere: — *familiarità con qc.* **3** Stabilire concordemente: — *un patto* | — *matrimonio*, sposarsi. **B** *v. intr. pron.* **1** Restringersi, raggrinzarsi, corrugarsi. **2** (*ling.*) Fondersi insieme, di due o più suoni vocalici, in un'altra vocale o in un dittongo.

contrassegnàre *v. tr.* (*io contrasségno*) Distinguere mediante contrassegno.

contrasségno (1) *s. m.* **1** Segno particolare che serve per riconoscere una cosa o una persona: *portava un fiore per* —. **2** (*fig.*) Attestato, testimonianza: — *di stima.*

contrasségno (2) o *contr'assegno loc. avv.* Con pagamento all'atto del ritiro della merce: *spedire un libro* —.

contrastàre A *v. tr.* **1** Impedire la realizzazione o il raggiungimento di q.c.: — *una vittoria*; SIN. Avversare, ostacolare. **2** Negare, contestare: *nessuno ti contrasta il diritto di uscire.* **B** *v. intr.* (*aus. avere*) **1** Contendere, discutere: *contrastò col venditore*; SIN. Contraddire. **2** Essere in disaccordo: *i loro giudizi contrastano.* **C** *v. rifl.* Contendersi, disputarsi.

contrastàto *part. pass. di contrastare; anche agg.* Che è, o è stato, oggetto di contrasto.

contràsto *s. m.* **1** (*raro*) Impedimento, ostacolo all'attuazione di q.c. **2** Discordia, diverbio: *venire in, a — con qc.*; *mettere in — due persone* | *Senza* —, senza resistenza, senza opposizione; SIN. Conflitto, disputa. **3** (*fig.*) Conflitto interiore: *un'anima turbata da contrasti.* **4** Contrapposizione di cose diverse fra loro: *il — delle luci e delle ombre.* **5** In fotografia o in televisione, spicco più o meno marcato tra le parti scure e chiare dell'immagine.

contrattaccàre *v. tr.* (*io contrattàcco, tu contrattàcchi*) Rispondere a un attacco con un altro attacco.

contrattàcco *s. m.* (*pl. -chi*) **1** (*mil.*) Reazione per stroncare un attacco nemico | *Passare al* —, (*fig.*) replicare violentemente. **2** (*fig.*) In una discussione, vivace reazione fondata su nuovi elementi.

contrattàre *v. tr.* Trattare insieme con qc. una vendita, un acquisto: — *un terreno* | ass. Trattare, mercanteggiare: *accettò senza* —.

contrattazióne *s. f.* Trattativa per giungere a un contratto.

contrattèmpo *s. m.* **1** Ciò che avviene in un momento inopportuno, ritardando o impedendo la realizzazione di q.c.; SIN. Impedimento, inciampo. **2** Tempo contrario a quello ordinario, nel ballo o nella musica.

contràttile *agg.* Che può contrarsi.

contrattilità *s. f.* Capacità di alcuni elementi di ridurre le proprie dimensioni sotto stimoli appropriati.

contràtto *s. m.* Accordo fra due o più persone per costituire, modificare o estinguere un rapporto giuridico patrimoniale | (*est.*) Documento su cui è scritto tale accordo: *firmare il* — | (*gener.*) Patto, accordo.

contrattuàle *agg.* Di contratto.

contrattùra *s. f.* Stato di contrazione, persistente e anomalo, di un muscolo.

contravveléno *s. m.* **1** Antidoto. **2** (*fig.*) Rimedio.

contravvenìre *v. intr.* (*coniug. come venire; aus. avere*) Andar contro, operare contro: — *a un obbligo*; SIN. Trasgredire.

contravventóre *s. m.* (*f. -trìce*) Chi contravviene al disposto di una norma; SIN. Trasgressore.

contravvenzióne *s. f.* **1** (*dir.*) Violazione della legge. **2** Contestazione della stessa e ammenda che, in dati casi, consente di estinguerla: *pagare una* —.

contrazióne *s. f.* **1** Restringimento, ritrazione | (*med.*) — *muscolare*, capacità degli elementi muscolari non rilasciati di ridurre la propria lunghezza. **2** (*ling.*) Fusione di due vocali che si incontrano. **3** Diminuzione, calo: *la — dei prezzi.* **4** Diminuzione della sezione trasversale di un solido longilineo per effetto della trazione. **5** Restringimento di una vena liquida affluente da una luce.

contribuènte A *part. pres. di contribuire* Che contribuisce. **B** *s. m. e f.* Il cittadino che paga imposte e tasse.

contribuìre *v. intr.* (*io contribuìsco, tu contribuìsci; aus. avere*) Cooperare, prendere parte: — *a un'impresa*; SIN. Collaborare, concorrere.

contributìvo *agg.* Di contributo.

contribùto *s. m.* **1** Ciò che ciascuno dà per partecipare al raggiungimento di un fine comune: — *finanziario*; — *in denaro*. **2** (*dir.*) Somma dovuta a un ente pubblico da chi si avvantaggia di un'attività di pubblica utilità dallo stesso ente compiuta: — *di miglioria* | — *previdenziale*, nel rapporto di assicurazione sociale, somma addebitata al datore di lavoro e dovuta all'istituto assicuratore.

contribuzióne *s. f.* Cooperazione, concorso | Contributo.

contristàre ***A*** *v. tr.* Rendere triste, affliggere. ***B*** *v. intr. pron.* Diventare triste, malinconico: *contristarsi per una notizia*.

contrito *agg.* Che è pentito dei propri peccati | Che esprime pentimento: *atteggiamento* —; SIN. Compunto.

contrizióne *s. f.* **1** Sentimento di amaro pentimento per una colpa commessa. **2** Nel sacramento della penitenza, dolore dell'animo e detestazione del peccato commesso, con il proposito di non peccare più.

cóntro ***A*** *prep.* (*unito ai pron. pers. atoni, si pospone al v., e allora assume valore avverbiale: gli andò* —) **1** Indica opposizione, contrasto, ostilità: *ha agito — il mio parere*; *la nostra squadra giocherà — la vostra*; *è una cosa — natura* | *Fare q.c. — voglia*, malvolentieri | *Anche nelle loc. prep.* — *di*: — *di me*. **2** Indica movimento o azione diretta verso o addosso a qc. o q.c.: *l'attacco — il nemico*; *puntò l'arma — la belva* | Indica movimento in direzione contraria: *procedere — vento*. **3** Di fronte, davanti: *teneva la faccia volta — il muro*. **4** *Nelle loc. del linguaggio commerciale:* — *pagamento*, — *ricevuta*, — *assegno*, cioè pagando, rilasciando ricevuta, rilasciando assegno. ***B*** *avv.* **1** (*raro*) In modo contrario: *votare* —. **2** *Nella loc. di* —, dirimpetto, di fronte: *la casa di* —. ***C*** *s. m. inv. Nella loc. il pro e il* —, ciò che è in favore e ciò che è contrario: *considerare il pro e il — di q.c.* [→ tav. *proverbi* 120]

cóntro- (*contr-* davanti a vocale) *pref.*: indica: opposizione, replica (*contrattacco, controquerela, controsenso*); movimento, direzione contraria (*contropelo, controvento*); contrapposizione (*contrordine*); sostituzione (*controfigura*); controllo, verifica (*contrappello, contromarca, controprova*).

controalisèo *s. m.* Vento delle alte regioni dell'atmosfera che spira al di sopra dell'aliseo, dall'equatore a ciascuno dei tropici.

controbàttere *v. tr.* (*coniug. come battere*) **1** (*mil.*) Svolgere azione di controbatteria. **2** (*fig.*) Replicare prontamente ad argomentazioni altrui.

controbatterìa *s. f.* (*mil.*) Azione di fuoco dell'artiglieria diretta contro l'artiglieria del nemico.

controbilanciàre ***A*** *v. tr.* (*io controbilàncio*) **1** Fare equilibrio con due pesi bilanciati. **2** (*fig.*) Pareggiare, compensare: *lo svantaggio controbilancia l'utile*. ***B*** *v. rifl. rec.* Bilanciarsi.

controbuffet /*semi-fr.* 'kontro by'fɛ/ *s. m. inv.* Mobile posto dirimpetto al buffet, di cui ripete la forma.

controcàmpo *s. m.* (*cine.*) Inquadratura ripresa da un punto di vista opposto a quello precedente.

controcàrro *agg. inv.* Anticarro. [→ ill. *armi*]

controchiàve *s. f.* **1** Seconda chiave di una stessa serratura | Chiave di una seconda serratura. **2** Chiave falsa.

controcorrènte ***A*** *s. f.* Corrente che si muove in direzione opposta a un'altra vicina e parallela. ***B*** *avv.* In direzione contraria a quella di una corrente: *nuotare* — | *Andare* —, (*fig.*) seguire opinioni contrarie a quelle generalmente diffuse.

controdàdo *s. m.* (*mecc.*) Dado sovrapposto a un altro per evitare l'allentamento di una vite.

controdàta *s. f.* **1** Data aggiunta a uno scritto e posteriore alla prima data. **2** Data di registrazione di lettere, plichi e sim.

controfagòtto *s. m.* Strumento a fiato con canna conica ripiegata e ancia doppia che suona un'ottava sotto il fagotto. [→ ill. *strumenti musicali*]

controfàscia *s. f.* (*pl. -sce*) Parte degli strumenti ad arco che unisce il fondo al coperchio | Fascia di rinforzo.

controffensiva *s. f.* **1** Azione offensiva susseguente a una situazione difensiva temporanea. **2** (*fig.*) Violenta reazione ad attacchi, polemiche e sim. altrui: *iniziare la* —; *passare alla* —.

controffensivo *agg.* Di controffensiva.

controfigùra *s. f.* (*cine.*) Attore che esegue scene acrobatiche o pericolose in sostituzione di un attore principale.

controfilétto *s. m.* Taglio di carne bovina tra il filetto e il girello. [→ ill. *macelleria*]

controfilo *s. m.* Posizione trasversale delle fibre di un legno rispetto alla direzione del taglio o della piallatura.

controfinèstra *s. f.* Intelaiatura a vetri sovrapposta alla finestra, spec. dalla parte esterna, per riparare dal freddo.

controfirma *s. f.* Seconda firma apposta su un documento a controllo o convalida della prima.

controfirmàre *v. tr.* (*coniug. come firmare*) Apporre una controfirma.

controfòrza *s. f.* (*mecc.*) Forza che agisce in senso contrario a un'altra.

controfùne *s. f.* Nelle funivie, corda di acciaio che agisce in senso opposto a quella traente. [→ ill. *funivia*]

controfuòco *s. m.* Incendio appiccato volontariamente per distruggere materiale combustibile che alimenta un incendio, spec. boschivo.

controgirèllo *s. m.* Taglio di carne della coscia del bue; SIN. Scannello. [→ ill. *macelleria*]

controindicàre *v. tr.* (*io controìndico, tu controìndichi*) **1** Indicare come nocivo o pericoloso alla salute: — *una medicina*. **2** In un testo scritto, indicare a margine.

controindicazióne *s. f.* **1** Circostanza che sconsiglia un intervento o l'uso di un farmaco. **2** In un testo scritto, notazione a margine.

controllàre ***A*** *v. tr.* (*io contròllo*) **1** Esaminare accuratamente q.c. per verificarne l'esattezza, la validità: — *l'ora, un documento*; SIN. Rivedere, verificare. **2** Sottoporre a sorveglianza: — *l'ordine pubblico*. **3** Tenere in proprio potere: — *un settore commerciale* | (*fig.*) Dominare: — *i propri gesti* | (*fig.*) — *i propri nervi*, sapersi mantenere calmo vincendo di propri impulsi. ***B*** *v. rifl.* (*fig.*) Possedere la capacità di vincere i propri impulsi; SIN. Dominarsi.

contròllo *s. m.* **1** Esame accurato, verifica: *sottoporre q.c. a* — | Sorveglianza: *il — dell'ordine pubblico*. [→ ill. *orologio, ufficio*] **2** Persona o gruppo di persone cui spetta l'incarico di sorvegliare un'attività: — *sanitario* | Luogo in cui avviene un controllo: — *doganale*. **3** Potere, padronanza, dominio: *il — delle vie marittime* | (*fig.*) Capacità di dominare i propri impulsi: *conservare, perdere il* —. **4** Ogni mezzo tecnico idoneo a verificare, comandare o regolare il funzionamento di un meccanismo: *leva di* — | — *automatico*, dispositivo che interviene, senza intervento umano, a regolare le operazioni di una macchina o di un sistema. [→ ill. *automobile, nucleare, radio, riscaldamento, televisione*]

controllóre *s. m.* Chi controlla | Chi verifica i biglietti sui veicoli di trasporto pubblico.

controlùce ***A*** *s. f. inv.* **1** Luce che, per contrasto, attenua o impedisce l'effetto di un'altra luce. **2** In fotografia, ripresa effettuata con la camera rivolta verso la sorgente luminosa. ***B*** *avv.* In posizione rivolta a quella da cui proviene la luce | *Guardare, osservare q.c.* —, in trasparenza, ponendo l'oggetto tra sé e la fonte luminosa.

contromàno *avv.* In direzione opposta a quella normale per il traffico stradale: *circolare* —.

contromanòvra *s. f.* Reazione a un atto ostile.

contromàrca *s. f.* Gettone e sim. che serve come segno di riconoscimento, usato spec. nei locali pubblici per permettere il rientro di chi si allontana temporaneamente.

contromezzàna *s. f.* Vela corrispondente alla vela di gabbia volante, all'albero di mezzana. [→ ill. *marina*]

contromisùra *s. f.* Azione con cui si intende controbatterne o prevenirne un'altra.

contropàlo *s. m.* Palo usato come puntello di un altro palo di sostegno. [→ ill. *circo*]

contropàrte *s. f.* In un giudizio civile e (*est.*) in una trattativa spec. sindacale, la parte avversaria.

contropartita *s. f.* **1** Partita segnata in conto a riscontro di un'altra. **2** (*fig.*) Contraccambio.

contropélo ***A*** *avv.* Nel senso contrario a quello della piegatura del pelo | (*fig.*) *Prendere qc.* —, irritarlo. ***B*** *s. m.* Verso contrario alla piegatura del pelo: *radere il* — | *Dare il* —, (*fig.*) dir male di qc. | *Fare il pelo e il* —, (*fig.*) criticare malignamente.

contropiède *s. m.* Nel gioco del calcio e sim., azione rapida di contrattacco con rovesciamento di fronte: *segnare un goal in —* | *Prendere, cogliere qc. in —*, (*fig.*) alla sprovvista. [→ tav. *locuzioni* 84]
contropòrta *s. f.* Seconda porta in aggiunta a un'altra per maggior sicurezza o riparo. [→ ill. *circo*]
controprestazióne *s. f.* Corrispettivo.
controproducènte *agg.* Che produce un effetto contrario a quello voluto; SIN. Dannoso.
contropropósta *s. f.* Proposta che ne modifica o ne annulla una precedente.
contropròva *s. f.* Prova fatta per verificarne una precedente.
contropùnta *s. f.* (*mecc.*) Punta posta di fronte al mandrino delle macchine utensili, spec. torni, impiegata nel centraggio del pezzo da lavorare. [→ ill. *tornio*]
controquerèla *s. f.* Querela data dal querelato al querelante.
contróra *s. f.* (*merid.*) Le prime ore pomeridiane della stagione estiva, gener. destinate al riposo.
contrórdine *s. m.* Ordine che ne modifica o ne annulla uno precedente.
controrifórma *s. f.* Movimento riformatore della vita religiosa e della disciplina ecclesiastica con cui la Chiesa cattolica reagì, nel XVI e XVII sec., alla Riforma protestante; SIN. Riforma cattolica.
controriformìsta *s. m.* (*pl. -i*) Seguace della controriforma.
controrìpa o *controrìva s. f.* **1** Riva opposta a un'altra. **2** *Muro di —*, che si applica contro pareti di terreno, quando lo richiedono il forte dislivello o le condizioni del terreno stesso. [→ ill. *strada*]
controrivoluzióne *s. f.* Reazione politica, sociale e anche militare a una rivoluzione.
controrotàia *s. f.* Rotaia disposta nell'interno del binario, in un incrocio o passaggio a livello o curva, in modo che la rotaia presenti una gola, per rinforzo o per assicurare la continuità della massicciata stradale. [→ ill. *ferrovia*]
controscàrpa *s. f.* (*pl. controscàrpe*) Muro di sostegno a scarpate e sim.
controscèna *s. f.* Gesto o atto di reazione che un attore fa dopo una battuta del suo partner.
controsènso *s. m.* Idea, affermazione e sim. contenente una contraddizione in se stessa o col senso comune; SIN. Assurdità.
controspallina *s. f.* Lista di panno, con applicati o ricamati i distintivi di grado, sovrapposta a ciascuna spalla della giubba militare. [→ ill. *uniforme militare*]
controspionàggio *s. m.* Organizzazione segreta di cui uno Stato si avvale per scoprire e sventare l'azione spionistica di un altro Stato.
controstàmpa *s. f.* **1** Macchia che una stampa fresca essiccata lascia sulla pagina seguente. **2** Nell'arte incisoria, impressione ottenuta su un foglio posto sotto la pressa a contatto con una stampa originale fresca.
controstòmaco **A** *avv.* Con ripugnanza, nausea: *mangiare —* | (*fig.*) Di mala voglia: *fare q.c. —*. **B** *s. m.* (*pl. -chi*) Nausea, voltastomaco.
controtagliòlo *s. m.* Attrezzo del fabbro ferraio costituito da un tagliolo munito di codolo. [→ ill. *meccanica*]
controtèsta *s. f.* Parte mobile del tornio che si contrappone alla testa. [→ ill. *tornio*]
controvalóre *s. m.* Equivalenza di una somma di danaro in moneta estera.
controvapóre *s. m.* Invio del vapore nei cilindri della locomotiva nel senso contrario alla marcia della medesima, a scopo di frenatura.
controvènto **A** *s. m.* Membratura che assicura la resistenza di una costruzione alla pressione del vento. **B** *avv.* In posizione o direzione contraria a quella verso cui spira il vento: *navigare —*.
controvèrsia *s. f.* **1** Differenza di opinioni, atteggiamenti e sim. che può dare luogo a dispute, discussioni e sim.; SIN. Contesa, dissidio. **2** (*dir.*) Contrasto di interessi oggetto di un processo | (*est.*) Lite, giudizio.
controvèrso *agg.* Che è oggetto di controversia: *caso —* | Che è soggetto a diverse interpretazioni: *brano, passo —*; CONTR. Incontroverso.
controvèrtere **A** *v. tr.* (*io controvèrto, dif. usato quasi esclusivamente all'inf. pres., all'indic. pres. e all'imperf. congv.*) (*raro*) Mettere in dubbio, in discussione. **B** *v. intr.* (*aus. avere*) Discutere, spec. in un processo.
controvertìbile *agg.* Che può essere oggetto di controversia; CONTR. Incontrovertibile.
controvòglia *avv.* Contro la propria volontà, il proprio desiderio: *mangiare —*.
contumàce *agg.; anche s. m. e f.* Detto di chi è parte di un processo in stato di contumacia.
contumàcia *s. f.* **1** Situazione processuale di una parte di un processo civile non costituitasi in giudizio o dell'imputato non presentatosi al dibattimento senza addurre un legittimo impedimento. **2** Segregazione di persone per sospetta infezione epidemica, per un tempo indeterminato.
contumaciàle *agg.* **1** Di processo o giudizio che si svolge in contumacia di una parte o dell'imputato. **2** Di ospedale o campo in cui si ricoverano persone sospette di malattie contagiose.
contumèlia *s. f.* (*lett.*) Ingiuria, villania.
contundènte *part. pres. di contundere; anche agg.* Che provoca contusioni | *Corpo —*, qualunque mezzo usato per percuotere.
contùndere *v. tr.* (*pass. rem. io contùṣi, tu contundésti; part. pass. contùṣo*) Provocare contusioni.
conturbaménto *s. m.* Profondo turbamento.
conturbànte *part. pres. di conturbare; anche agg.* Che suscita turbamento, spec. di tipo sensuale.
conturbàre **A** *v. tr.* (*coniug. come turbare*) Turbare, alterare profondamente. **B** *v. intr. pron.* Turbarsi, alterarsi.
contuṣióne *s. f.* (*med.*) Lesione di un organo o di un tessuto per trauma da oggetto o strumento non tagliente, con strappo dei piccoli vasi; SIN. Ammaccatura, ecchimosi.
contùṣo *part. pass. di contundere; anche agg. e s. m.* (*f. -a*) Che (o chi) ha subito una contusione.
contuttoché *cong.* Benché, sebbene, per quanto (introduce una prop. conc. con il v. al congv.).
contuttociò *cong.* Tuttavia, nonostante ciò, malgrado tutto ciò.
conurbazióne *s. f.* Agglomerazione urbana costituita da una grande città e dai centri minori.
convalescènte *agg.; anche s. m. e f.* Detto di chi è in convalescenza.
convalescènza *s. f.* Stato di chi, guarito da una malattia, non è ancora in perfetta salute | (*est.*) Periodo di tempo trascorso in tale stato.
convalescenziàrio *s. m.* Casa di riposo e cura per convalescenti.
convàlida *s. f.* Conferma, ratifica della validità e dell'efficacia di un atto, documento e sim. | (*est.*) Riconferma, riprova.
convalidàre *v. tr.* (*io convàlido*) **1** (*dir.*) Rendere definitivamente valido ed efficace da parte del soggetto competente: *— un negozio giuridico*. **2** (*est.*) Rafforzare, avvalorare: *— un dubbio*. • SIN. Confermare.
convalidazióne *s. f.* (*raro*) Convalida.
convegnìsta *s. m. e f.* (*pl. m. -i*) Chi prende parte a un convegno.
convégno *s. m.* **1** Incontro fra due o più persone a ora e in luogo stabiliti | *Darsi —*, darsi appuntamento | Riunione per discutere, fra esperti, problemi culturali, scientifici e sim. **2** Luogo in cui avviene un convegno.
convenévole **A** *agg.* (*lett.*) Conveniente, adeguato. **B** *s. m.* **1** Giustezza, convenienza, decoro. **2** *al pl.* Frasi, atti convenzionali di cortesia, ossequio e sim.
convenevolézza *s. f.* L'essere convenevole.
conveniènte *part. pres. di convenire; anche agg.* **1** Opportuno, appropriato; CONTR. Sconveniente. **2** Vantaggioso; CONTR. Svantaggioso.
conveniènza *s. f.* **1** Corrispondenza di elementi, simmetria: *— delle parti col tutto*. **2** *spec. al pl.* Norme di comportamento sociale: *conoscere le convenienze* | Rispetto delle convenzioni sociali: *lodare qc. per —*. **3** Utilità, vantaggio | *Matrimonio di —*, fatto solo per interesse; SIN. Interesse, tornaconto.
convenire **A** *v. intr.* (*coniug. come venire; aus. essere nei sign. 1, 3, 4; aus. avere nel sign. 2*) **1** Riunirsi in uno stesso luogo, detto di più persone provenienti da parti diverse: *i partecipanti al raduno convenivano da varie cit-*

tà. **2** Concordare, consentire: – *sul prezzo di q.c.*; – *nelle opinioni.* **3** Essere appropriato: *atteggiamento che conviene con la situazione*; SIN. Adattarsi, confarsi. **4** Tornare vantaggioso: *questo affare non mi conviene.* **B** *v. intr. impers.* (*aus. essere*) Essere doveroso, necessario: *conviene andarsene.* **C** *v. intr. pron.* Essere appropriato: *queste maniere non si convengono alle persone educate*; SIN. Confarsi. **D** *v. tr.* **1** Pattuire di comune accordo: – *una spesa*; SIN. Fissare, stabilire. **2** (*dir.*) Citare.

conventicola *s. f.* (*lett.*) Riunione segreta di poche persone, spec. per fini disonesti.

convènto *s. m.* Edificio in cui convive una famiglia di religiosi | (*est.*) Insieme di religiosi soggetti alla medesima regola e viventi nello stesso edificio | (*fig., scherz.*) *Contentarsi di quel che passa il* –, contentarsi di ciò che si ha; SIN. Monastero.

conventuàle *agg.* **1** Di convento, appartenente a convento. **2** (*est.*) Spoglio, severo: *austerità* –.

convenùto **A** *part. pass. di convenire; anche agg.* Pattuito, stabilito. **B** *s. m.* (*f. -a* nei sign. 2 e 3) **1** Ciò che è stato stabilito di comune accordo | *Secondo il* –, secondo i patti. **2** (*dir.*) Persona citata in giudizio: *l'attore e il* –. **3** *spec. al pl.* Chi partecipa a una riunione insieme con altri.

convenzionàle *agg.* **1** Stabilito per accordo tra le parti: *interessi convenzionali.* **2** Che è conforme a un uso comune a un gruppo di persone: *codice* –; *saluto* – | *Linguaggio* –, nel quale gli uomini hanno convenuto di associare a un dato significante un dato significato. **3** (*spreg.*) Che segue con acquiescenza gli usi più tradizionali o più correnti: *discorso* –; SIN. Banale. **4** Usuale, tradizionale: *armi convenzionali e armi atomiche.*

convenzionalismo *s. m.* Atteggiamento o complesso di atteggiamenti conformistici.

convenzionalità *s. f.* L'essere convenzionale.

convenzionàre **A** *v. tr.* (*io convenzióno*) Stabilire q.c. mediante convenzione. **B** *v. rifl.* Accordarsi mediante convenzione spec. su prestazioni mediche, assistenziali e sim.: *l'ospedale si è convenzionato con la mutua.*

convenzióne *s. f.* **1** Nel diritto interno, contratto, accordo | Nel diritto internazionale, incontro di volontà tra più soggetti su questioni di comune interesse: *convenzioni di Ginevra*; SIN. Patto, trattato. **2** Intesa generale per la quale si stabilisce di attribuire a un dato fenomeno determinate caratteristiche: *i sistemi di misurazione si fondano su una* –. **3** Assemblea, spec. politica o legislativa: *la Convenzione nazionale francese*, ass. *la* –, durata dal 1792 al 1795. **4** *spec. al pl.* Schemi tradizionali: *infrangere le convenzioni.*

convergènte *part. pres. di convergere; anche agg.* **1** Che tende, si dirige, a uno stesso punto (*anche fig.*): *rette convergenti*; *idee convergenti.* **2** (*fis.*) Detto di lente che converge i raggi verso l'asse ottico. ● CONTR. Divergente.

convergènza *s. f.* **1** Tendenza verso uno stesso punto (*anche fig.*); – *di linee*; – *di propositi*; CONTR. Divergenza. **2** (*mat.*) Qualità di ciò che converge. **3** (*geogr.*) Fenomeno che si presenta dove masse d'aria si incontrano. **4** (*mecc.*) Disposizione data alle ruote di un'automobile che convergono verso il senso di marcia.

convèrgere **A** *v. intr.* (*pres. io convèrgo, tu convèrgi; pass. rem. io convèrsi, tu convergésti; part. pass. convèrso, raro nei tempi comp.; aus. essere*) **1** Dirigersi verso uno stesso punto, partendo da punti diversi: *le due strade convergono*; SIN. Confluire; CONTR. Divergere. **2** (*mat.*) Dirigersi, di più rette o segmenti, verso uno stesso punto. **3** (*fig.*) Tendere, mirare a q.c.: *le nostre idee convergono.* **B** *v. tr.* (*lett.*) Indirizzare verso un punto.

convèrsa (1) *s. f.* Donna che provvede a lavori manuali in un convento senza aver preso i voti.

convèrsa (2) *s. f.* Canale di scolo per l'acqua piovana, di lamiera o di embrici, su una linea di compluvio del tetto.

conversàre **A** *v. intr.* (*io convèrso; aus. avere*) Discorrere con una o più persone, trattando argomenti vari, in un'atmosfera garbata: – *di argomenti piacevoli*; – *con qc.*; SIN. Chiacchierare, discorrere. **B** *in funzione di s. m.* (*lett.*) Conversazione.

conversatóre *s. m.* (*f. -trice*) Chi conversa in modo piacevole e garbato.

conversazióne *s. f.* **1** Atto del conversare | Scambio di idee, opinioni, notizie e sim.; SIN. Chiacchierata, colloquio. **2** Comunicazione telefonica. **3** (*raro*) Compagnia di persone che si riuniscono abitualmente: – *di intellettuali.* **4** Breve discorso.

conversévole *agg.* **1** (*lett.*) Che si diletta di conversazione. **2** Che ha le qualità o lo stile del buon conversatore.

conversióne *s. f.* **1** Trasformazione, cambiamento di stato: – *di un decreto in legge* | – *del debito pubblico*, operazione finanziaria di modifica delle caratteristiche di un debito pubblico. **2** (*fig.*) Passaggio da un'opinione a un'altra considerata migliore, spec. per quanto riguarda la politica, la religione e sim. **3** (*mar.*) Complesso dei calcoli necessari per convertire la rotta vera in rotta alla bussola. **4** Movimento rotatorio che uno schieramento di soldati, atleti e sim. compie per cambiare direzione di marcia senza mutare formazione.

convèrso (1) *part. pass. di convergere; anche agg.* (*raro*) Volto.

convèrso (2) **A** *part. pass. di convertire; anche agg.* Convertito. **B** *s. m.* (*f. -a*) Laico che provvede a lavori manuali in un convento.

convertìbile **A** *agg.* Che si può convertire | *Automobile* –, munita di capote. **B** *s. f.* Automobile convertibile.

convertibilità *s. f.* **1** L'essere convertibile. **2** Possibilità di convertire in oro i biglietti circolanti in un paese | Possibilità di trasformare liberamente una moneta in un'altra.

convertìre **A** *v. tr.* (*pres. io convèrto; pass. rem. io convertii o convèrsi; part. pass. convertito, lett. convèrso*) **1** Trasformare, tramutare, far passare da uno stato a un altro (*anche fig.*): – *un decreto in legge*; – *il pianto in riso* | – *una moneta*, scambiarla con altra estera; SIN. Cambiare. **2** (*fig.*) Indurre a passare da una condizione di vita a un'altra considerata migliore, a cambiare idea, fede religiosa e sim. **B** *v. rifl.* Passare da una religione a un'altra: *convertirsi al cristianesimo* | Passare dal peccato a vita morale e religiosa | (*est.*) Mutare vita, idee. **C** *v. intr. pron.* Trasformarsi, passare da uno stato a un altro (*anche fig.*): *le nuvole si convertirono in pioggia.*

convertìto *part. pass. di convertire; anche agg. e s. m.* (*f. -a*) Detto di chi ha cambiato idee, convinzioni politiche, fede religiosa e sim.

convertitóre *s. m.* (*f. -trice* nel sign. 1) **1** Chi converte. **2** Ogni apparecchio in cui avvengono reazioni di conversione o trasformazioni di composti | – *Bessemer*, in cui si affina la ghisa, ottenendone acciaio. [→ ill. *metallurgia*] **3** Apparato che converte energia elettrica in energia elettrica sotto forma diversa: – *di frequenza.* **4** (*mecc.*) – *di coppia*, dispositivo che trasmette una coppia motrice da un albero a un altro rotante con velocità.

convertitrìce *s. f.* Macchina rotante che riceve corrente alternata, trasformandola in corrente elettrica continua.

convessità *s. f.* **1** L'essere convesso; CONTR. Concavità. **2** Parte convessa.

convèsso *agg.* Che è piegato ad arco verso l'esterno, detto di linea, superficie, corpo e sim.: *specchio* –; *fronte convessa*; CONTR. Concavo. [→ ill. *geometria*]

convettìvo *agg.* Della convezione: *moto* –.

convettóre *s. m.* Apparecchio per il riscaldamento ad aria calda.

convezióne *s. f.* (*fis.*) Modo di propagazione del calore nei fluidi per spostamenti nella massa stessa del fluido riscaldato.

convìncere **A** *v. tr.* (*coniug. come vincere*) **1** Indurre con la forza del ragionamento o la validità degli argomenti ad ammettere q.c.: – *qc. dei propri errori* | Persuadere a fare o non fare q.c.: *lo convinsero a partire.* **2** Dimostrare con prove inoppugnabili la colpevolezza di qc.: *fu convinto di aver corrotto il giudice.* **B** *v. intr. pron.* Acquistare certezza, liberandosi da dubbi o da precedenti opinioni: *convincersi della sincerità di qc.*; *convincersi di aver torto.*

convinciménto *s. m.* Atto del convincere o del convincersi | Convinzione, opinione accettata.

convìnto *part. pass. di convincere; anche agg.* Persuaso | *Reo* – *ma non confesso*, che non vuole ammettere la propria colpevolezza già dimostrata; SIN. Certo.

convinzióne *s. f.* **1** Il convincere, l'essere convinto; SIN. Certezza, persuasione. **2** *spec. al pl.* Opinioni, principi e

sim., acquisiti dopo maturo esame: *convinzioni politiche.*
convitàre *v. tr.* (*lett.*) Chiamare a convito.
convitàto *part. pass. di convitare; anche agg. e s. m.* (*f.* *-a*) Detto di chi è invitato e interviene a un convito; SIN. Commensale.
convito *s. m.* (*lett.*) Pasto lauto e solenne a cui sono invitate più persone.
convitto *s. m.* Istituto d'istruzione e di educazione per giovani in cui si provvede anche al loro mantenimento e alloggio | Insieme dei convittori; SIN. Collegio.
convittóre *s. m.* (*f.* *-trice*) Chi vive in un convitto; SIN. Collegiale.
convivènte *part. pres. di convivere; anche agg. e s. m. e f.* Detto di chi vive insieme con altri.
convivènza *s. f.* **1** Il convivere in uno stesso luogo. **2** Complesso di persone conviventi.
convivere *v. intr.* (*coniug. come vivere; aus. essere e avere*) Vivere abitualmente insieme con altri: *i figli convivono con la famiglia* | Far vita comune, detto spec. di uomo e donna non uniti fra loro in matrimonio.
conviviàle *agg.* Di convito.
convivio *s. m.* (*lett.*) Convito, banchetto.
convocàre *v. tr.* (*io cònvoco, tu cònvochi*) **1** Invitare a riunirsi due o più persone, spec. gli appartenenti a un corpo legislativo, politico, amministrativo e sim.: *— il parlamento, un'assemblea*; SIN. Radunare, riunire. **2** (*est.*) Chiamare a una riunione.
convocazióne *s. f.* Atto del convocare | Invito a un'adunanza | L'adunanza stessa.
convogliàre *v. tr.* (*io convòglio*) **1** (*raro*) Accompagnare a scopo protettivo o d'onore. **2** Dirigere verso un dato luogo: *le navi furono convogliate al porto.* **3** Trasportare con sé: *il fiume convoglia le acque di molti torrenti.*
convogliatóre *s. m.* Trasportatore di pezzi da lavorare e materiali vari.
convòglio *s. m.* **1** Gruppo di veicoli, natanti o mezzi di trasporto che procedono insieme, spec. incolonnati, verso lo stesso luogo. **2** (*est.*) Gruppo di persone che vengono condotte verso un dato luogo: *un — di ufficiali.*
convolàre *v. intr.* (*io convólo; aus. essere*) *Nella loc. — a nozze, — a giuste nozze*, sposarsi.
convòlvolo *s. m.* Pianta erbacea delle Tubiflorali con fusto rampicante e fiori campanulati di colore variabile bianco, rosso o blu.
Convolvulàcee *s. f. pl.* Famiglia di piante erbacee o legnose delle Tubiflorali, con fusto quasi sempre rampicante, fiori vistosi solitari o in cime. [→ ill. *piante* 12]
convulsióne *s. f.* **1** *spec. al pl.* Contrazione violenta, involontaria, dei muscoli scheletrici: *— epilettica.* **2** (*est.*) Scoppio irrefrenabile: *— di riso.* **3** (*fig.*) Cataclisma violento e improvviso.
convulsivànte *agg.* Che produce convulsioni: *farmaco —.*
convulsivo *agg.* Di convulsione.
convùlso **A** *agg.* **1** Che si manifesta con convulsioni | *Tosse convulsa*, pertosse. **2** Violentemente scosso, agitato: *labbra convulse.* **3** (*fig.*) Pieno di scatti, agitazione: *movimento, pianto —* | Intenso, febbrile: *ritmo — di lavoro.* **B** *s. m.* (*pop.*) Convulsione | (*est.*) Scoppio nervoso e prolungato: *un — di riso.*
coobbligàto *s. m.* (*f.* *-a*) Chi è tenuto, insieme con altri, all'adempimento di un'obbligazione.
coolie /*ingl.* 'ku:li/ *s. m. inv.* (*pl. ingl. coolies* /'ku:liz/) Servitore, spec. portatore, indigeno nell'Estremo Oriente.
cool jazz /*ingl.* 'ku:l dʒæz/ *loc. sost. m.* Moderna forma di jazz, più ricercata dal punto di vista armonico.
coonestàre *v. tr.* (*io coonèsto*) (*lett.*) Fare apparire volutamente onesto ciò che in realtà non è tale | Giustificare: *— un'ingiustizia.*
cooperàre *v. intr.* (*io coòpero; aus. avere*) Operare insieme con altri per il raggiungimento di un fine comune: *— alla riuscita di un'impresa*; SIN. Coadiuvare, collaborare, concorrere.
cooperativa *s. f.* Impresa collettiva che svolge attività economica senza fine lucrativo | *— di consumo*, che compra merci da rivendere ai cooperatori a prezzo di costo | *— di lavoro*, che assume appalti da terzi per impiegarvi i propri soci a condizioni migliori di quanto offrirebbe il mercato.
cooperativìsmo *s. m.* Movimento che favorisce la diffusione delle cooperative.
cooperativìstico *agg.* (*pl. m.* *-ci*) Del cooperativismo o delle cooperative.
cooperativo *agg.* Atto a cooperare.
cooperatóre **A** *s. m.* (*f.* *-trìce*) **1** Chi coopera. **2** Chi è socio di una cooperativa. **B** *anche agg.*
cooperazióne *s. f.* **1** Collaborazione. **2** Movimento delle cooperative.
cooptàre *v. tr.* (*io coòpto*) Chiamare qc. a far parte di un collegio o di una corporazione, da parte di chi già compone il collegio.
coordinaménto *s. m.* Collegamento, disposizione ordinata e funzionale.
coordinàre *v. tr.* (*io coòrdino*) Ordinare insieme vari elementi in modo da costituire un tutto organico conforme al fine che si intende raggiungere | (*gramm.*) Collegare due o più proposizioni che sono in rapporto di reciproca autonomia.
coordinàta *s. f.* **1** (*mat.*) *spec. al pl.* Uno dei numeri che permettono di determinare la posizione d'un elemento in un sistema, spec. un punto d'una retta, d'un piano o dello spazio: *coordinate cartesiane.* **2** (*geogr.*) *spec. al pl.* Ciascuno dei numeri che servono a individuare un punto sulla superficie terrestre | *Coordinate geografiche*, latitudine, longitudine e altitudine di un punto sulla superficie terrestre. [→ ill. *geografia*]
coordinativo *agg.* Atto a coordinare.
coordinàto **A** *part. pass. di coordinare; anche agg.* Ordinato insieme per un dato fine | (*gramm.*) *Proposizione coordinata*, collegata per coordinazione. **B** *s. m. al pl.* Insieme formato di capi di vestiario, di biancheria personale e sim., diversi tra loro per funzione ma coi medesimi disegni e colori.
coordinatóre *s. m.; anche agg.* (*f.* *-trìce*) Chi (o che) coordina.
coordinazióne *s. f.* **1** Coordinamento | Ordine, armonia funzionale. **2** (*gramm.*) Paratassi; CONTR. Ipotassi, subordinazione.
coòrte *s. f.* **1** Unità costitutiva della legione romana | *— legionaria*, decima parte di una legione. **2** (*est., lett.*) Schiera di armati | (*est.*) Moltitudine.
copàle o *coppàle* *s. m. e f.* **1** Resina esistente sia in piante esotiche sia allo stato fossile, gialla o rossiccia; usata per vernici, lacche e per oggetti d'ornamento. **2** Pelle verniciata per scarpe o altri accessori.
copèco *s. m.* (*pl.* *-chi*) Moneta divisionale russa corrispondente alla centesima parte del rublo.
copèrchio *s. m.* Arnese, spec. di forma circolare, che serve per chiudere o coprire vasi, pentole, casse e sim. [→ ill. *apicoltore, mobili*] [→ tav. *proverbi* 175]
copernicàno *agg.* Di Copernico, astronomo polacco vissuto nel '500 | *Sistema —*, quello che colloca il sole al centro del sistema planetario.
copèrta *s. f.* **1** Panno, drappo per coprire: *— da cavallo, da viaggio* | Panno o drappo che copre il letto | *Sotto le coperte*, a letto. **2** Fodera con cui si copre un oggetto per preservarlo dalla polvere, dalla luce, dall'umidità e sim. **3** Palco che chiude e copre la parte superiore di un bastimento | *Sotto —*, nella parte interna del bastimento | *In, sopra, —*, sul palco o sui ponti della nave. [→ ill. *marina*]
copertaménte *avv.* **1** Di nascosto. **2** In modo poco chiaro.
copertìna *s. f.* **1** *Dim. di coperta.* **2** Involucro di carta o cartoncino contenente un gruppo di fogli | Insieme di due cartoni ricoperti di tela o altro materiale avvolto intorno a un volume. [→ ill. *stampa*]
copèrto (1) **A** *part. pass. di coprire; anche agg.* **1** Chiuso, riparato, protetto, spec. da un tetto: *piscina coperta.* **2** Detto di persona che indossa abiti che riparano dal freddo: *essere ben —.* **3** Occultato, nascosto | Oscuro, nuvoloso: *cielo, tempo —.* **4** Interamente cosparso: *un viso — di sudore.* **5** (*fig.*) Ambiguo. **6** (*fig.*) Adeguatamente garantito: *rischio —.* **B** *s. m. solo sing.* Luogo protetto, riparato: *dormire al —* | *Essere al —*, (*fig.*) essere al sicuro.
copèrto (2) *s. m.* Insieme di piatti, posate, bicchieri e sim. necessario per una persona a tavola | (*est.*) Posto a tavola.

copertóne *s. m.* **1** Ampio telo impermeabile che si stende su automezzi, baracche e sim. per ripararli dalle intemperie. **2** Involucro di gomma montato sul cerchio delle ruote degli autoveicoli, che racchiude la camera d'aria; SIN. Pneumatico. [→ ill. *automobile*]

copertùra *s. f.* **1** Atto del coprire. **2** Ciò che copre: *la – del tetto* | (*fig.*) Falsa apparenza. **3** Qualsiasi materiale o terreno o detrito vegetale che nasconda gli affioramenti rocciosi. **4** (*econ.*) Insieme di valori a garanzia dei rischi cui vanno incontro le operazioni finanziarie | *– aurea*, oro depositato presso le casse dello Stato a garanzia di moneta cartacea in circolazione | *– bancaria*, somma depositata in banca a garanzia di un assegno emesso. **5** Difesa: *gioco di –*; *fuoco di –* | Protezione.

còpia (1) *s. f. solo sing.* (*lett.*) Abbondanza.

còpia (2) *s. f.* **1** Trascrizione fedele di uno scritto originale: *la – di una lettera* | *Brutta –*, la prima stesura di uno scritto | *Bella –*, la stesura finale | (*est.*) Riproduzione fedele di un atto giuridico: *– conforme all'originale.* **2** (*est.*) Esatta riproduzione | (*est.*) Oggetto d'arte che ripete un originale fatto da un autore diverso. **3** Esemplare di opera stampata: *una – del libro.* **4** Riproduzione positiva di una fotografia o di un film.

copialèttere *s. m. inv.* **1** Registro in cui si tengono le copie delle lettere scritte. **2** Piccolo torchio per imprimere nel registro la lettera originale.

copiàre *v. tr.* (*io còpio*) **1** Trascrivere fedelmente. **2** Riprodurre fedelmente un modello: *– un'antica pittura.* **3** (*est.*) Imitare, ripetere parole, atteggiamenti e sim. altrui: *– il compito da un compagno*; *non fa che – il padre* | Ripetere i concetti, lo stile e sim. di un autore.

copiativo *agg.* Che serve a copiare | *Inchiostro –*, per riprodurre lo scritto su altra carta col copialettere | *Matita copiativa*, la cui mina è impastata con inchiostro copiativo | *Carta copiativa*, carta carbone.

copiatóre *s. m.* (*f. -trice*) Chi copia.

copiatrice *s. f.* Apparecchio per la riproduzione di documenti.

copiatúra *s. f.* Trascrizione | Riproduzione in copia | (*est.*) Imitazione | (*est.*) Cosa, brano, passo copiati.

copiglia o *coppiglia s. f.* (*mecc.*) Asticciola metallica che si conficca in un foro trasversale di una vite, situato dietro il dado, per impedire lo svitamento. [→ ill. *ferramenta, meccanica*]

copióne *s. m.* Fascicolo contenente il testo dello spettacolo da rappresentare o del film da realizzare.

copiosità *s. f.* (*lett.*) Abbondanza, ricchezza.

copióso *agg.* (*lett.*) Che è in grande quantità; SIN. Abbondante.

copista *s. m. e f.* (*pl. m. -i*) **1** Amanuense. **2** (*est.*) Chi per mestiere copia documenti, scritture e sim.

copisterìa *s. f.* Impresa che esegue, spec. con la macchina da scrivere, copie di manoscritti.

còppa (1) o *cóppa s. f.* **1** Bicchiere a forma emisferica con stelo. [→ ill. *bar, dolciumi, stoviglie*] **2** (*est.*) Oggetto, spec. recipiente, di forma più o meno concava e tondeggiante | *– dell'olio*, vasca montata sotto il basamento dei motori a scoppio, per raccogliere e contenere l'olio lubrificante | *– della ruota*, disco metallico concavo che, nell'automobile, nasconde il mozzo e abbellisce la ruota | *Le coppe della bilancia*, i due piattelli. [→ ill. *automobile, motore*] **3** Trofeo costituito da un vaso spec. di metallo, dato come premio ai vincitori di competizioni sportive: *– Davis* | (*est.*) La gara stessa: *la – Italia.* **4** Nell'abbigliamento, ognuna delle due parti concave del reggiseno. [→ ill. *abbigliamento*] **5** *al pl.* Uno dei quattro semi delle carte da gioco italiane e dei tarocchi. **6** (*zool.*) *– di Nettuno*, spugna di dimensioni eccezionali, a forma di calice, vivente nell'Oceano Pacifico. [→ ill. *animali* 1]

còppa (2) o *cóppa s. f.* **1** (*lett.*) Parte posteriore del capo. **2** In macelleria, taglio di carne costituito dalla parte posteriore del collo. [→ ill. *macelleria*] **3** (*sett.*) Salume fatto con la parte dorsale del collo di maiale, salato, aromatizzato e avvolto con budello | (*sett., centr.*) *– di testa*, salume fatto con carne, cartilagini e cotiche ricavate dalla testa del maiale, bollite, tritate e insaccate. [→ ill. *salumi*]

coppàle V. *copale.*

coppatùra *s. f.* Trucco commerciale consistente nel coprire merce scadente con uno strato di merce buona.

coppèlla *s. f.* Anticamente, crogiolo a forma di vaso o coppa usato per raffinare metalli preziosi | *Argento, oro di –*, purissimo | *Prendere per oro di –*, (*fig.*) per cosa vera.

coppellàre *v. tr.* (*io coppèllo*) Depurare l'oro e l'argento nella coppella | Affinare.

coppétta *s. f.* **1** *Dim. di coppa* (1). **2** Piccolo vaso di vetro per salasso. **3** Piccolo recipiente a fondo tondeggiante, per macedonie, gelati e sim. [→ ill. *bar, dolciumi, stoviglie*]

còppia *s. f.* **1** Due elementi della stessa specie considerati nel loro complesso: *una – di fratelli, di sposi*; *una – di cavalli* | *A, in, di –*, a due a due, insieme; SIN. Paio. **2** ass. Due persone di sesso diverso unite fra loro da un rapporto matrimoniale o amoroso | *Essere, fare, formare una bella –*, di uomo e donna che figurano bene insieme. **3** (*sport*) Nel tennis e sim., i giocatori del doppio | *Gara a coppie*, nel ciclismo su pista, quella che impegna alternativamente due corridori di una stessa formazione contro una analoga | *Due di –, quattro di –*, nel canottaggio, equipaggi in cui ciascun vogatore impiega due remi. **4** In alcuni giochi di carte, due carte dello stesso valore: *– d'assi.* **5** (*fis.*) *– di forze*, sistema di due forze di uguale intensità che agiscono secondo la stessa direzione lungo rette di azione distinte e in senso inverso, provocando rotazione. **6** (*mecc.*) Insieme di due organi che si mantengono a contatto nel moto: *– di ruote dentate.*

coppière *s. m.* (*lett.*) Chi versa da bere ai commensali.

coppiglia V. *copiglia.*

cóppo *s. m.* **1** Grande recipiente panciuto di terracotta. **2** Laterizio a forma di mezzo tronco di cono, poggiante su listelli, per la copertura di edifici in genere. [→ ill. *edilizia*] **3** Parte di armatura del capo, in metallo o cuoio opportunamente foggiato. [→ ill. *armi*]

còppola *s. f.* Berretto di panno con visiera usato spec. in Sicilia.

còpra *s. f.* Albume essiccato della noce di cocco da cui si estrae un olio.

copribùsto *s. m. inv.* Corpetto guarnito di pizzi che le donne portavano sopra il busto.

copricànna *s. m. inv.* Copertura parziale, di legno, della canna del fucile. [→ ill. *armi*]

copricàpo *s. m. inv.* Cappello, berretto, o sim., con cui ci si ripara il capo. [→ ill. *copricapo*]

copricostùme *s. m. inv.* Indumento femminile che si indossa sopra il costume da bagno.

coprifiàmma *s. m. inv.* Specie d'imbuto d'acciaio applicato alle armi da fuoco per proteggere dalla vampa del colpo.

coprifuòco *s. m.* (*pl. -chi*) Anticamente, avviso che si dava la sera con una campana o una tromba perché si rincasasse e si spegnessero i fuochi | Proibizione della circolazione per determinate ore del giorno, in situazioni di guerra o disordini.

coprigiùnto *s. m.* Lamiera di rinforzo inchiodata su lamiere da collegare nelle giunzioni.

coprilètto *s. m. inv.* Coperta superficiale del letto, usata spec. a scopo ornamentale.

copriradiatóre *s. m.* Mascherina che si applica d'inverno sulla calandra dell'automobile.

coprìre **A** *v. tr.* (*pres. io còpro; pass. rem. io coprìi o copèrsi, tu copristi; part. pass. copèrto*) **1** Mettere una cosa sopra o attorno a un'altra per proteggere, nascondere, chiudere, ornare, riparare e sim.: *– il pavimento con un tappeto* | *– una pentola*, mettervi sopra un coperchio | *– una casa*, costruire il tetto | (*est.*) Ammantare, avvolgere: *le colline erano coperte di neve.* **2** (*fig.*) Proteggere, difendere: *– qc. alle spalle.* **3** (*fig.*) Occultare, dissimulare: *– un difetto* | (*fig.*) Superare in intensità un suono: *il fragore copre le nostre voci.* **4** (*fig.*) Soddisfare, garantire: *– un debito.* **5** (*fig.*) Occupare, tenere: *– una carica.* **6** (*fig.*) Percorrere: *ha coperto la distanza in un'ora.* **7** (*fig.*) Colmare, riempire: *– qc. di baci.* **B** *v. rifl.* **1** Riparare il proprio corpo con indumenti: *coprirsi con abiti di lana*; *coprirsi di gioielli.* **2** Difendersi: *coprirsi dai colpi dell'avversario.* **3** Premunirsi dai rischi connessi a operazioni bancarie. **4** (*fig.*) Colmarsi, riempirsi: *si coprì di gloria.* **C** *v. intr. pron.* Diventare pieno: *coprirsi di muffa.*

coproduzióne *s. f.* Produzione, spec. di un film, finanziata da due o più case cinematografiche.
coprofagìa *s. f.* (*pl. -gie*) Forma di alienazione mentale che induce alla manipolazione e all'ingestione di escrementi.
coprolalìa *s. f.* Impulso morboso a usare espressioni oscene.
còpula *s. f.* ***1*** (*lett.*) Accoppiamento, congiungimento. ***2*** Coito. ***3*** Congiunzione copulativa **|** Legamento verbale del nome del predicato al soggetto (es. *la vita è bella*).
copulatìvo *agg.* Che serve a congiungere **|** *Congiunzione copulativa*, che coordina due parole o frasi **|** *Verbo* —, che funge da copula.
copulazióne *s. f.* (*raro, lett.*) Unione **|** Congiungimento sessuale.
copyright /*ingl.* 'kɔpirait/ *s. m. inv.* Diritto d'autore su opere letterarie e artistiche.
copywriter /*ingl.* 'kɔpiraitə/ *s. m. e f. inv.* (*pl. ingl. copywriters* /'kɔpiraitəz/) Redattore di testi pubblicitari.
coque /*fr.* kɔk/ *s. f. inv. Nella loc. à la* —, *alla* —, detto di uovo cotto col guscio, nell'acqua.
coràggio ***A*** *s. m.* ***1*** Forza morale che mette in grado di intraprendere grandi cose e di affrontare difficoltà e pericoli con piena responsabilità: *combattere con* —; *avere il* — *di fare q.c.*; *mancare, perdersi di* —; SIN. Animo, ardimento, audacia; CONTR. Paura. ***2*** Impudenza, sfacciataggine: *ci vuole un bel* — *a trattarlo così!* ***B*** *in funzione di inter.* Si usa come esortazione a non lasciarsi abbattere o ad affrontare q.c. con forza d'animo.
coraggióso *agg.* ***1*** Che ha coraggio: *gente coraggiosa*; SIN. Ardimentoso, audace. ***2*** Che dimostra coraggio: *atto* —.
coràle ***A*** *agg.* ***1*** Che si riferisce al coro: *musica, canto* —. ***2*** (*est.*) Concorde, unanime: *approvazione* —. ***B*** *s. m.* ***1*** Composizione religiosa per coro, di origine germanica **|** Componimento strumentale ispirato a tale composizione. ***2*** Libro liturgico contenente gli uffici del coro.

copricapo

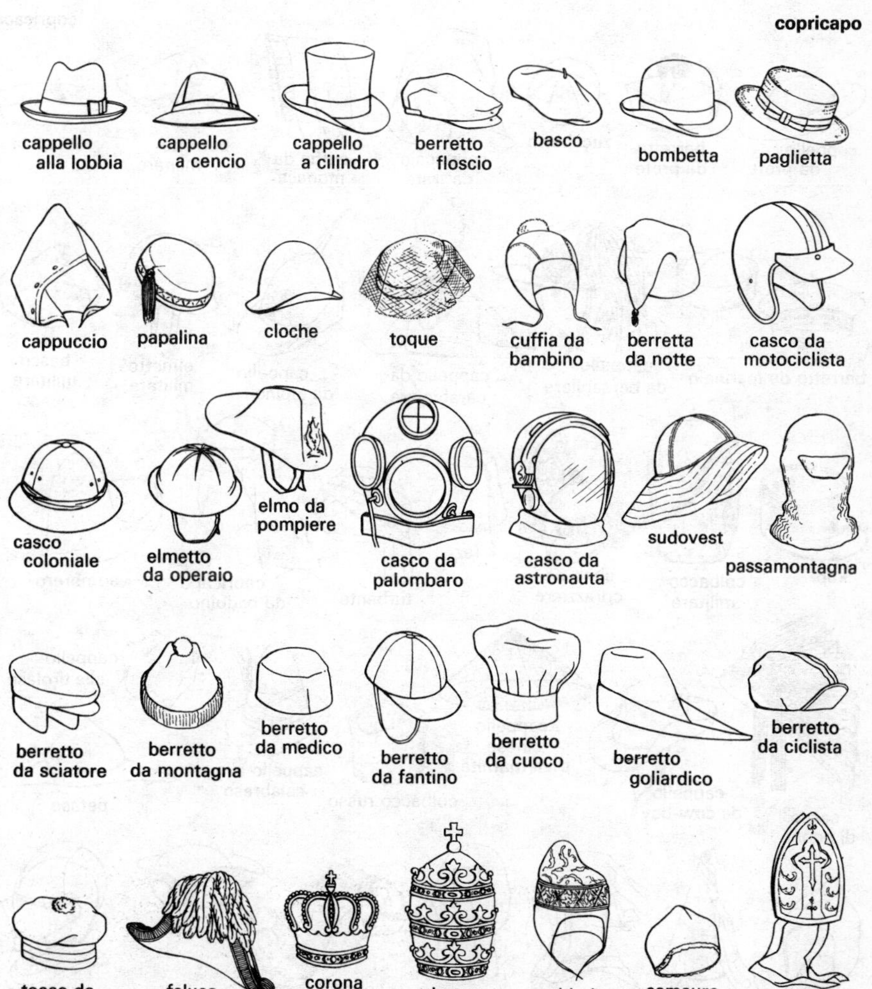

coralità *s. f.* (*lett.*) L'essere corale.

corallàio *s. m.* (*f. -a*) Artigiano che taglia e pulisce il corallo greggio.

corallifero *agg.* Che è formato di coralli: *banco —*.

corallina *s. f.* ***1*** Alga rossa con tallo breve e ramificato incrostato di calcare che forma fitti cespuglietti a fior d'acqua. [→ ill. *alga*] ***2*** (*miner.*) Varietà di pietra dura. ***3*** Barca usata dai pescatori di corallo.

corallino ***A*** *agg.* ***1*** Di corallo: *banco —*. ***2*** (*est.*) Che ha il colore del corallo: *labbra coralline*. ***B*** *s. m.* Marmo rosso screziato.

coràllo ***A*** *s. m.* ***1*** Denominazione di varie specie di Celenterati, di piccolissime dimensioni, a forma di polipo, che formano vaste scogliere con i loro scheletri calcarei arborescenti **|** Scheletro ramificato di questi animali, duro, compatto e variamente colorato, dal rosso al rosa pallido; usato per farne ornamenti. [→ ill. *animali* 1] ***2*** (*est., fig., lett.*) Colore rosso acceso: *labbra di —*. ***B*** *in funzione di agg. inv.* Che ha il colore del corallo rosso: *un vestito rosso —*.

coràme *s. m.* Cuoio lavorato.

coramèlla *s. f.* Striscia di cuoio usata dai barbieri per affilare i rasoi. [→ ill. *barbiere*]

coramina *s. f.* Nome commerciale di farmaco stimolante del cuore e dei centri respiratori.

coram populo */lat.* 'kɔram 'pɔpulo/ *loc. avv.* Pubblicamente: *ammettere — il proprio sbaglio*.

coràno *s. m.* Libro sacro dei Musulmani, base della religione e del diritto islamici.

coràta *s. f.* Cuore, fegato, polmoni e milza di animali macellati.

coratèlla *s. f.* Corata di agnello, lepre o coniglio.

coràzza *s. f.* ***1*** Armatura del busto, di cuoio o metallo, composta di due pezzi. [→ ill. *sport*] ***2*** Rivestimento protettivo, calcareo, osseo, corneo e sim. del corpo di molti animali. ***3*** Guscio protettivo applicato a vari oggetti, spec. di uso militare: *— di un bossolo* **|** (*mar.*) Insieme di piastroni d'acciaio con cui si rivestono i fian-

chi di una nave da guerra a scopo di difesa. **4** (*fig.*) Difesa, protezione: *l'indifferenza è la sua —*.

corazzàre **A** *v. tr.* **1** Armare di corazza. **2** (*fig.*) Proteggere. **B** *v. rifl.* **1** Munirsi di corazza. **2** (*fig.*) Proteggersi: *corazzarsi contro le calunnie*.

corazzàta *s. f.* Grande nave da battaglia, fornita di spessa corazza e di potenti artiglierie. [→ ill. *marina*]

corazzàto *part. pass. di corazzare; anche agg.* Armato di corazza | *Reparti corazzati, divisione corazzata*, che dispongono di mezzi corazzati.

corazzatùra *s. f.* **1** Operazione del corazzare. **2** Insieme dei materiali che corazzano.

corazzière *s. m.* **1** Anticamente, soldato a cavallo armato di corazza e di spadone | Attualmente, in Italia, carabiniere scelto, guardia del Presidente della Repubblica. [→ ill. *copricapo*] **2** (*fig.*) Persona molto alta e solenne.

còrba *s. f.* Grossa cesta bislunga intrecciata di vimini.

corbàme *s. m.* Ossatura del bastimento nella sua integrità.

corbeille /*fr.* kɔr'bɛj/ *s. f. inv.* (*pl. fr. corbeilles* /kɔr'bɛj/) **1** Cesto di fiori. **2** Nelle borse valori, recinto dal quale gli agenti di cambio gridano i prezzi con cui intendono comprare o vendere i titoli.

corbellàre **A** *v. tr.* (*io corbèllo*) (*pop.*) Canzonare, schernire. **B** *v. intr.* (*aus. avere*) Scherzare, non fare sul serio.

corbellatùra *s. f.* (*pop.*) Canzonatura.

corbellerìa *s. f.* (*pop.*) Balordaggine, sciocchezza | Sproposito, sbaglio grossolano.

corbèllo *s. m.* Specie di corba di forma arrotondata, usata spec. per ortaggi o frutta. [→ ill. *cesta*]

corbèzzola *s. f.* Frutto del corbezzolo.

corbèzzoli *inter.* (*pop.*) Esprime meraviglia, stupore, sorpresa, o affermazione decisa.

corbèzzolo *s. m.* Pianta arbustiva o arborea sempreverde delle Ericali con foglie coriacee, ovate, seghettate e frutto commestibile a bacca rossa, verrucosa; SIN. Albatro. [→ ill. *piante* 11]

corcontènto o *cuòr contènto* *s. m.* Persona allegra e spensierata, priva di complicazioni o preoccupazioni.

còrcoro *s. m.* Pianta erbacea delle Malvali con fusto cilindrico sottile da cui si ricava la iuta. [→ ill. *piante* 6]

còrda *s. f.* **1** Treccia di fili attorcigliati, usata per legare, tirare, sostenere: *— di canapa, di nylon, di acciaio* | *Dar — all'orologio*, caricarlo | *Ballare, camminare sulla —*, eseguire esercizi funamboleschi | *Tenere, lasciare, qc. sulla —*, (*fig.*) mantenerlo in uno stato di incertezza e ansietà | *Dare, lasciare — a qc.*, (*fig.*) lasciargli libertà di azione | *Tagliare la —*, (*fig.*) scappare | *Parlare di — in casa dell'impiccato*, (*fig.*) alludere anche involontariamente a q.c. che sia motivo di cruccio per il proprio interlocutore | *Essere con la — al collo*, (*fig.*) in una situazione molto difficile o pericolosa | *La — della vanità, dell'interesse e sim.*, (*fig.*) il lato del carattere più sensibile alla vanità, all'interesse e sim.; SIN. Fune. [→ ill. *scala*] **2** (*sport*) Nell'alpinismo, attrezzo per lo più di fibra sintetica, usato nelle ascensioni | Nella ginnastica, attrezzo terminante ai due capi con due prese | Nel pugilato, ciascuna delle funi tese tra i quattro pali posti agli angoli del quadrato | *Chiudere, mettere, stringere l'avversario alle corde*, imporgli la propria iniziativa e (*fig.*) mettere qc. alle strette, in difficoltà | Nell'atletica, bordo che delimita la pista dalla parte interna | *Correre alla —*, per compiere il percorso più breve. [→ ill. *alpinista, giochi, sport*] **3** (*mus.*) Filo di minugia, metallo, nylon e sim. che, fatto opportunamente vibrare, produce un suono: *strumenti a —* | *Essere teso come le corde del violino*, essere molto nervoso | *Toccare una — sensibile*, un argomento delicato. [→ ill. *strumenti musicali*] **4** Nervo per tendere e curvare l'arco e lanciare la freccia. **5** (*zool.*) *— dorsale*, struttura assile a funzione di sostegno, formata da tessuto di aspetto gelatinoso, che caratterizza i Cordati; SIN. Notocorda | (*anat.*) *— del collo*, ciascuno dei due muscoli sternocleidomastoidei | *Corde vocali*, formazioni della laringe dalla cui vibrazione si originano la voce e i suoni. **6** Trama di un tessuto a coste rilevate: *l'abito mostra la —* | *Mostrare la —*, (*fig.*) dare segni di invecchiamento, di stanchezza. **7** Anticamente, tormento consistente nel tenere il torturato appeso a una corda che gli legava le mani dietro la schiena, talora lasciandolo poi cadere di colpo. **8** (*mat.*) Segmento che ha per estremi due punti d'una figura data: *la — d'una circonferenza*. [→ tav. *proverbi* 215, 293, 298; → tav. *locuzioni* 26, 68]

cordàio *s. m.* **1** Operaio addetto alla fabbricazione di corde. **2** Chi vende corde e sim.

cordàme *s. m.* **1** Assortimento di corde. **2** Insieme delle corde a bordo delle navi.

cordàta *s. f.* In alpinismo, complesso degli alpinisti legati a una stessa corda durante una scalata.

Cordàti *s. m. pl.* (*sing. -o*) Tipo di animali che presentano, almeno allo stadio embrionale, la corda dorsale. [→ ill. *animali* 5]

corderìa *s. f.* **1** Fabbrica di corde. **2** Nei cantieri e negli arsenali, officina per la fabbricazione di cavi e sim.

cordiàle **A** *agg.* **1** Che fa bene al cuore: *rimedio —* | (*est.*) Tonico, corroborante: *bevanda —*. **2** Detto di sentimento che viene dal cuore, affettuoso, sincero; SIN. Caloroso | Detto di persona affabile, gentile, aperta. **B** *s. m.* **1** Bevanda, liquore e sim. che corrobora. **2** Brodo con uova stemperate e succo di limone.

cordialità *s. f.* **1** Qualità di cordiale; SIN. Affabilità, cortesia. **2** Saluto affettuoso, sincero.

cordialménte *avv.* In modo cordiale, spec. nelle chiuse epistolari.

cordièra *s. f.* Stecca di legno, d'avorio e sim. su cui si annodano le corde del violino e sim.

cordiglièra *s. f.* Catena montuosa dell'America meridionale e di quella centrale.

cordìglio *s. m.* Cordone con nodi che i frati e le monache portano sopra l'abito. [→ ill. *religione*]

cordìno *s. m.* **1** Corda sottile. **2** Segmento di corda di cui gli alpinisti si servono nella manovra su roccia o per formare anelli a cui fissare la corda nella discesa | *— da valanga*, di colore rosso, agganciato alla vita di uno sciatore o alpinista, che, affiorando in superficie, ne facilita il ritrovamento in caso di valanga. [→ ill. *alpinista, vigili del fuoco*]

cordìte *s. f.* Infiammazione delle corde vocali.

cordòfono *s. m.* Strumento musicale il cui suono è prodotto dalla vibrazione di una o più corde tese su una cassa armonica.

cordòglio *s. m.* Profondo dolore, spec. provocato da un lutto.

cordonàle *agg.* Di cordone, simile a cordone.

cordonàta *s. f.* **1** Bordo a cordone che cinge una aiuola. [→ ill. *giardino pubblico*] **2** Scalinata o rampa dai gradini bordati di cordoni di pietra.

cordóne *s. m.* **1** Corda di media grossezza e di materiale vario, destinata a usi diversi | *— del sacerdote*, cordiglio | *— detonante*, miccia detonante | (*est.*) Cavetto flessibile per collegare alla presa un apparecchio: *— elettrico, telefonico*. [→ ill. *passamaneria, telefonia, tenda*] **2** Collana o collare di ordine cavalleresco, come supremo grado dell'ordine. **3** (*anat.*) Organo o formazione che per struttura, flessibilità e sim. richiama l'immagine di un cordone: *— ombelicale*. **4** (*arch.*) Modanatura architettonica di forma cilindrica liscia o decorata | Serie di pietre usate per bordare marciapiedi o gradini. **5** (*geogr.*) *— litoraneo*, banco sabbioso di detriti fluviali parallelo a una costa | *— morenico*, rilievo formato per accumulo dei detriti di un ghiacciaio. **6** (*est.*) Linea di persone affiancate lungo una strada per misure di ordine pubblico, per servizio d'onore e sim.: *i cordoni della polizia* | (*fig.*) *— sanitario*, sistema di sorveglianza inteso a circoscrivere una zona colpita da malattia infettiva. **7** Ciò che nella forma ricorda un cordone. [→ ill. *agricoltura*]

còre V. *cuore*.

corèa (1) o *còrea* *s. f.* Malattia del sistema nervoso caratterizzata da contrazioni muscolari e movimenti involontari; SIN. Ballo di S. Vito.

corèa (2) *s. f.* Quartiere popolare, con notevole densità di abitanti.

coreàno *agg.; anche s. m.* (*f. -a*) Della Corea.

corègono o (*pop.*) *coregóne* *s. m.* Pesce osseo dei Clupeiformi, lacustre, presente in Italia spec. nei laghi alpini.

corèico *agg.* (*pl. m. -ci*) **1** Della danza: *spettacolo —*. **2** (*med.*) Della corea.

coreografìa *s. f.* Arte di comporre danze per rappresentazioni sceniche con accompagnamento di musica.
coreogràfico *agg.* (*pl. m. -ci*) **1** Che si riferisce alla coreografia. **2** (*fig.*) Che si svolge in modo fastoso e appariscente: *matrimonio —*.
coreògrafo *s. m.* (*f. -a*) Ideatore di coreografie | Direttore di balletto.
corétto *s. m.* **1** *Dim. di coro.* **2** Stanza con finestrino munito di grata, da cui si può assistere, non visti, alle funzioni in chiesa.
corèuta *s. m.* (*pl. -i*) Ciascuno dei cantori e danzatori componenti l'antico coro greco.
corèutica *s. f.* (*lett.*) Arte della danza.
coriàceo *agg.* **1** Che ha la natura, l'aspetto o la consistenza del cuoio: *sostanza coriacea.* **2** (*fig.*) Detto di persona, privo di sensibilità.
coriàmbo *s. m.* Piede metrico della poesia greca e latina.
coriàndolo *s. m.* **1** Pianta erbacea delle Umbellali con fusto eretto, fiori piccoli e bianchi in infiorescenze ad ombrella, frutti globosi e aromatici. [→ ill. *spezie*] **2** *spec. al pl.* Dischetto di carta variamente colorato, che i partecipanti alle feste carnevalesche si gettano addosso per gioco.
coricàre **A** *v. tr.* (*io còrico, tu còrichi*) **1** Mettere a giacere nel letto: *— i bambini.* **2** Adagiare, distendere: *— una trave.* **B** *v. intr. pron.* **1** Andare a letto, porsi a giacere nel letto. **2** Tramontare.
corifèo *s. m.* (*f. -a* nel sign. 2) **1** Capo dell'antico coro greco. **2** (*fig.*) Capo, promotore, di un partito, di una corrente culturale, artistica e sim.
corìmbo *s. m.* Infiorescenza in cui i fiori sono allineati alla medesima altezza mentre i peduncoli fiorali partono dall'asse principale ad altezze diverse. [→ ill. *botanica*]
corindóne *s. m.* Ossido di alluminio in cristalli estremamente duri di colore vario e lucentezza adamantina, di cui si distinguono diverse varietà, alcune delle quali usate come gemme; polverizzato, si usa come abrasivo.
corìnzio *agg.* **1** Di Corinto. **2** *Ordine —*, ordine architettonico classico la cui colonna ha il capitello ornato di foglie d'acanto. [→ ill. *architettura*]
còrion *s. m.* **1** (*biol.*) Membrana che riveste esternamente l'embrione dei vertebrati superiori. **2** (*anat.*) Strato di connettivo che sostiene una membrana epiteliale.
corista **A** *s. m. e f.* Chi canta in un coro. **B** *s. m.* **1** Strumento per accordare voci e strumenti musicali a un tono determinato; SIN. Diapason. **2** Suono invariabile e convenuto da cui voci e strumenti prendono il tono.
còrizza o *còriza s. f.* Raffreddore, rinite.
còrmo *s. m.* Struttura tipica delle piante superiori distinta in radice, fusto e foglie.
cormòfita *s. f.* Pianta fornita di cormo.
cormoràno *s. m.* Grosso uccello acquatico che si nutre di pesci, con corpo allungato, zampe brevi e palmate, collo lungo e becco robusto; SIN. Marangone. [→ ill. *animali* 9]
cornàcchia *s. f.* **1** Uccello dei Passeriformi simile al corvo ma con becco più grosso e più incurvato, coda arrotondata e piumaggio completamente nero | *— grigia*, con piumaggio in parte grigio. [→ ill. *animali* 12] **2** (*fig.*) Persona ciarliera e importuna.
cornalìna *s. f.* Varietà di agata translucida di color rossastro; SIN. Corniola.
cornamùsa *s. f.* Strumento a fiato composto da un otre nel quale imboccano tre o quattro canne. [→ ill. *strumenti musicali*]
cornàta *s. f.* Colpo dato con le corna.
cornatùra *s. f.* Disposizione delle corna di un animale.
còrnea *s. f.* (*anat.*) Parte trasparente della sclera nella sezione anteriore dell'occhio. [→ ill. *anatomia umana*]
corneàle *agg.* Della cornea.
còrneo *agg.* Che presenta natura, qualità o aspetto di corno | *Strato —*, superficiale della cute, costituito da cellule di particolare consistenza. [→ ill. *zoologia*]
còrner /*ingl.* 'kɔːnə/ *s. m. inv.* (*pl. ingl. corners* /'kɔːnəz/) (*sport*) Calcio d'angolo | *Salvarsi in —*, nel gioco del calcio, mandare il pallone oltre la propria linea di fondo; (*fig.*) cavarsela alla meglio, all'ultimo momento. [→ ill. *sport*; → tav. *locuzioni* 97]
cornétta (1) **A** *s. f.* **1** Piccola insegna quadra, a due punte, degli antichi reparti di cavalleria. **2** Cuffia inamidata delle suore di S. Vincenzo. **B** *s. m. e f.* (*pl. m. -i*) Chi portava la cornetta.
cornétta (2) *s. f.* **1** Strumento d'ottone a fiato, di suono acuto da soprano. **2** (*sett., centr.*) Ricevitore del telefono.
cornettista *s. m.* (*pl. -i*) Suonatore di cornetta.
cornétto *s. m.* **1** *Dim. di corno.* **2** Amuleto a forma di piccolo corno. **3** (*med.*) *— acustico*, strumento a forma di imbuto applicato all'orecchio per raccogliere meglio i suoni. **4** (*anat.*) Turbinato. **5** Tipo di strumento a fiato in legno del XVI sec. **6** Forma di pane o di brioche. **7** (*sett.*) *spec. al pl.* Fagiolino verde.
cornìce *s. f.* **1** Telaio di legno o altro materiale, variamente sagomato e decorato, dove s'incastrano quadri, specchi e sim. | In architettura, parte più alta della trabeazione degli ordini classici. [→ ill. *architettura, mobili, porta*] **2** (*est.*) Ciò che delimita, abbellisce o mette in risalto q.c. (*anche fig.*): *i monti fanno da — al lago.* **3** Orlo di roccia o di neve sporgente da dirupi.
corniciàio *s. m.* Fabbricante o venditore di cornici.
cornicióne *s. m.* Cornice fortemente sporgente usata a coronamento di un edificio. [→ ill. *casa*]
cornificàre *v. tr.* (*io cornifico, tu cornifichi*) (*pop.*) Tradire il proprio coniuge.
corniòla (1) *s. f.* (*miner.*) Cornalina.
còrniola (2) *s. f.* Frutto del corniolo.
còrniolo o *corniòlo s. m.* Piccolo albero delle Umbellali con foglie ovali, legno durissimo, fiori piccoli e gialli in infiorescenze a ombrella e frutti a drupa rossi e commestibili.
cornista *s. m.* (*pl. -i*) Suonatore di corno.
còrno *s. m.* (*pl. còrna, f.* nei sign. 1, 2, 3; *pl. còrni, m.* nei sign. 4, 5, 6, 7) **1** Caratteristica appendice del capo di molti mammiferi, ossea, cornea o tegumentale: *le corna del bove, del cervo; il — del rinoceronte* | (*fig.*) *Rompere, spezzare le corna a qc.*, picchiare o umiliare qc. | *Rompersi le corna*, (*fig.*) restare sconfitto | *Avere qc., q.c., sulle corna*, a noia | *Dire corna, dire peste e corna, di qc.*, sparlarne | *Fare le corna*, compiere un gesto di scherno o di scongiuro, drizzando l'indice e il mignolo della mano chiusa | *Fare le corna al proprio coniuge*, tradirlo | *Portare le corna*, subire l'infedeltà del coniuge. [→ ill. *bue, zoologia*] **2** (*euf., pop.*) Niente, nulla: *non me ne importa un —* | (*volg.*) *Un —!*, nient'affatto. **3** (*est.*) Ognuna delle appendici situate sul capo di alcuni tipi di animali: *le corna delle lumache.* **4** (*est.*) Sostanza costituente le corna dei mammiferi, usata per fabbricare oggetti vari: *pettine di —.* **5** (*est.*) Oggetto a forma di corno: *— dogale* | *— delle scarpe*, calzatoio | *— dell'abbondanza*, cornucopia | In una catena di monti, vetta di forma conica. **6** (*mus.*) Antico strumento a fiato ottenuto da un corno di bue opportunamente lavorato | Strumento a fiato in ottone, rivoltato su se stesso in due o tre giri circolari | *— inglese*, oboe basso. [→ ill. *strumenti musicali*] **7** (*fig.*) Estremità, spec. appuntita, di q.c.: *— polare; il — dell'incudine; i corni della luna* | *I corni dell'altare*, gli angoli | *— dell'epistola, del vangelo*, rispettivamente a destra e a sinistra del sacerdote | (*fig.*) *I corni del dilemma*, le due possibili alternative. [→ ill. *meccanica*] [→ tav. *proverbi* 256]
cornucòpia *s. f.* Vaso in forma di corno, coronato d'erbe e di fiori e riempito di frutta, simbolo dell'abbondanza.
cornùto **A** *agg.* **1** Fornito di corna. **2** Che termina a forma di corno. **B** *agg.; anche s. m.* (*f. -a*) (*pop.*) Detto di chi è tradito dal proprio coniuge.
còro *s. m.* **1** Nell'antico teatro greco, canto e danza con accompagnamento musicale che interrompeva l'azione tragica | (*est.*) Gruppo degli attori che eseguivano il coro | (*est.*) Luogo dove veniva eseguito il coro. **2** (*mus.*) Canto eseguito da più persone, a diverse voci e all'unisono, con o senza accompagnamento musicale | (*est.*) Gruppo di persone che cantano insieme: *un — di alpini* | (*est.*) Composizione musicale da cantarsi in coro. **3** (*arch.*) Nelle chiese cristiane, spazio riservato ai cantori, situato nella parte terminale della navata centrale. [→ ill. *religione*] **4** Insieme di parole, grida, lamenti e sim., emessi da più persone contemporaneamente: *un — di pianti* | *Tutti in, a —*, tutti insieme, a una voce. **5** (*est.*) Verso, canto di più animali raccolti insieme. **6** Ordine di angeli o di beati.

corografìa *s. f.* Descrizione di una regione nei suoi particolari fisici, storici e umani.

corogràfico *agg.* (*pl. m.* -ci) (*geogr.*) Che si riferisce alla corografia: *dizionario* –; *mappa corografica* | *Carta corografica*, che rappresenta regioni abbastanza estese della superficie terrestre, in scala da 1:200.000 a 1:1.000.000. [→ ill. *geografia*]

coròide *s. f.* (*anat.*) Membrana vascolare dell'occhio, di colore nerastro, al di sotto della sclera.

coroidèo *agg.* Della coroide.

coròlla *s. f.* Involucro interno al calice del fiore, costituito da petali liberi o riuniti. [→ ill. *botanica*]

corollàrio *s. m.* **1** Proposizione che si deduce facilmente da un'altra già dimostrata. **2** Aggiunta.

coróna *s. f.* **1** Ornamento del capo a forma di cerchio, costituito spec. di fiori, fronde e sim., portato anticamente in segno di letizia, onore o come premio per vincitori di gare | – *di spine*, quella posta per scherno sul capo di Gesù | (*est.*) Nello sport, titolo di campione, spec. del pugilato: *la – dei medi*; SIN. Diadema, ghirlanda, serto. **2** Cerchio di metallo prezioso, finemente lavorato e incastonato di gemme, simbolo di sovranità, signoria, dominio: – *ducale, imperiale* | (*fig.*) Autorità del sovrano | *Cingere la* –, (*fig.*) salire al trono. [→ ill. *araldica, copricapo*] **3** Cerchio di fiori o fronde, spesso con nastri, scritte e sim., da appendere davanti a edifici o monumenti, come simbolo di festività, di voti, come ricordo e sim. | – *funebre, mortuaria*, posta sui feretri o sulle tombe per onorare la memoria dei defunti. **4** (*est.*) Oggetto o formazione che per struttura, posizione e sim. ricorda una corona | – *della campana*, anello che la fissa nel mezzo | – *di forzamento*, anello di rame che, in prossimità del fondello, fascia i proiettili d'artiglieria | Anello costituente la parte periferica di un organo meccanico rotante: – *dentata*. [→ ill. *armi, astronomia, campana e campanello, orologio, vino*] **5** (*geom.*) – *circolare*, porzione di piano compresa tra due circonferenze concentriche. **6** (*astron.*) Parte più esterna dell'atmosfera di una stella: – *solare*. **7** (*anat.*) Parte superiore del dente fuori dell'alveolo. [→ ill. *anatomia umana, zoologia*] **8** (*est.*) Serie di elementi disposti in cerchio: *una – di capelli*; *una – di monti* | *A* –, circolarmente | *Far – a qc.*, circondarlo | (*bot.*) Insieme di appendici disposte in cerchio e sovrastanti un organo | *La – dell'albero*, la parte più alta, ove i rami si allargano. **9** (*est.*) Serie di oggetti attaccati l'uno all'altro, di parole o frasi dette o scritte di seguito e sim.: *una – di aggettivi*; *la – del rosario*. **10** Nome di antiche monete d'oro e d'argento con impressa la figura di una corona | Unità monetaria di alcuni paesi europei: – *danese, norvegese, svedese*. **11** (*mus.*) Segno convenzionale che serve a prolungare la nota o la pausa su cui è posto.

coronàle *agg.* **1** Che si riferisce alla corona di una stella. **2** (*anat.*) Detto di zona del capo su cui viene a posare la corona | *Osso* –, osso frontale.

coronaménto *s. m.* **1** Compimento, degna conclusione: *il – della vita*. **2** Struttura con cui termina superiormente una costruzione. **3** Orlo superiore della poppa delle navi.

coronàre **A** *v. tr.* (*io coróno*) **1** Cingere di corona, di ghirlanda e sim.: – *di fiori il capo di qc.* **2** (*est.*) Cingere, circondare: *le montagne coronano la regione*. **3** (*est., fig.*) Dare un riconoscimento: *il successo ha coronato i suoi sforzi*. **4** (*fig.*) Portare a compimento: – *un desiderio*. **B** *v. rifl.* **1** Cingersi di corona, di ghirlanda e sim.: *coronarsi vincitore*; *coronarsi di alloro*. **2** (*lett., fig.*) Fregiarsi, adornarsi.

coronària *s. f.* (*anat.*) *spec. al pl.* Arterie coronarie.

coronàrio *agg.* **1** Di corona | *Certame* –, gara poetica che aveva come premio una corona d'alloro lavorata in argento. **2** (*anat.*) Coronale | *Arterie coronarie*, che nascono dall'aorta ascendente e servono alla nutrizione del cuore.

corònide *s. f.* **1** Segno diacritico della crasi in greco. **2** In manoscritti e codici greci, simbolo grafico della partizione di capitolo, paragrafo e sim.

corpacciùto *agg.* Grasso, corpulento.

corpétto *s. m.* **1** Camiciola per neonati e bimbi piccoli. **2** Panciotto, gilè. **3** Corpino. [→ ill. *vesti*]

corpino *s. m.* Parte superiore dell'abito femminile.

còrpo *s. m.* (*pl. còrpi; pl. lett. còrpora f.*) **1** Parte di materia che occupa uno spazio e presenta una forma determinata: – *liquido, solido, gassoso* | *Corpi celesti*, stelle e pianeti | (*est.*) Oggetto: *un – contundente*; – *del reato* | (*est.*) Ogni sostanza individuata da formula chimica e da proprietà fisiche caratteristiche | – *semplice*, la cui molecola è costituita da atomi di uno stesso elemento | – *composto*, la cui molecola è costituita da atomi differenti | – *nero*, che assorbe tutte le radiazioni, e portato all'incandescenza le emette tutte. [→ ill. *fisica*] **2** Complesso degli organi che costituiscono la parte materiale e organica dell'uomo e degli animali | *I piaceri del* –, dei sensi | *A – a* –, a stretto contatto | *A – morto*, (*fig.*) con impeto, con ardore | *Anima e* –, (*fig.*) completamente, totalmente | *In anima e* –, (*fig.*) in persona | *Avere q.c. in* –, (*fig.*) essere preoccupato | *Avere il diavolo in* –, essere inquieto | (*est.*) Cadavere, salma: *il – dell'impiccato*. **3** (*anat.*) Parte dell'organismo dotata di caratteristiche morfologiche e funzionali proprie: – *calloso*; – *cavernoso*. [→ ill. *anatomia umana*] **4** Pancia, basso ventre: *dolori di* – | *A – pieno*, dopo aver mangiato | *Mettere in* –, mangiare e bere | *Andare di* –, (*fam., euf.*) defecare. **5** La parte sostanziale e più consistente di q.c.: *il – di un palazzo* | *Il – del discorso*, la parte centrale | Massa, volume: *il – della costruzione era enorme*. **6** Consistenza, solidità: *il – del terreno* | *Dar, prender* –, dare, assumere consistenza | *Aver* –, avere forza, consistenza. **7** Persone che costituiscono un gruppo, una classe, un organismo sociale e sim.: – *insegnante, accademico, di ballo* | *Spirito di* –, sentimento di solidarietà fra membri della stessa categoria. **8** Specialità militare: – *degli alpini* | Unità militare | – *di guardia*, insieme di soldati che partecipano allo stesso turno di vigilanza; locale che li accoglie durante il turno | – *d'armata*, unità in cui si articola un'armata, composta da due a quattro divisioni. [→ ill. *castello*] **9** Raccolta completa e ordinata di più opere: *il – delle opere di Dante*. **10** (*mar.*) Scafo, fusto della nave. **11** (*mus.*) Cassa di strumenti a corda in cui si fa la risonanza | Mole esteriore degli strumenti a fiato. **12** Parte verticale del torchio da stampa | Altezza del carattere tipografico, come appare alla lettura. **13** Parte centrale di una candela d'accensione. [→ ill. *automobile*] [→ tav. *proverbi* 121, 122]

corporàle (1) *agg.* Pertinente al corpo umano: *esercizi corporali*; SIN. Corporeo.

corporàle (2) *s. m.* Panno quadrato di lino bianco, sul quale il sacerdote, nella messa, depone il calice e l'ostia consacrata. [→ ill. *religione*]

corporalménte *avv.* Col corpo | Materialmente.

corporativismo *s. m.* **1** Teoria politico-sociale che mira a superare i conflitti di classe tramite l'azione autoritaria dello Stato e la costituzione di corporazioni delle varie categorie economiche. **2** Tendenza a difendere interessi particolari di un settore o categoria senza curarsi dell'interesse generale.

corporatìvo *agg.* **1** Di corporazione. **2** Improntato a corporativismo, nel sign. 2.

corporatùra *s. f.* Forma, aspetto, dimensione del corpo, spec. umano; SIN. Complessione, figura.

corporazióne *s. f.* Associazione professionale volta alla tutela degli interessi degli associati e alla regolamentazione della professione in tutti i suoi aspetti: *corporazioni di arti e mestieri*.

corporeità *s. f.* L'essere corporeo.

corpòreo *agg.* **1** Pertinente al corpo umano; SIN. Corporale. **2** Che ha corpo: *sostanze corporee e incorporee*.

corpóso *agg.* Denso, compatto, consistente.

corpulènto *agg.* **1** Che ha corpo grande e robusto. **2** (*fig.*) Solido, ma privo di finezza.

corpulènza *s. f.* Qualità di corpulento.

corpus /*lat.* 'kɔrpus/ *s. m. inv.* (*pl. lat. corpora* /'kɔrpora/) Raccolta completa e ordinata di opere letterarie, giuridiche e sim.

corpuscolàre *agg.* Di corpuscolo.

corpùscolo *s. m.* **1** Corpo di piccole dimensioni. **2** (*fis.*) Ente, dotato di una sua individualità, di dimensioni microscopiche o submicroscopiche, costituito da una o più particelle.

Corpus Domini /*lat.* 'kɔrpus 'dɔmini/ *loc. sost. m.* Solennità che celebra la presenza del Corpo e del Sangue di Cristo nel Sacramento dell'Eucaristia, e che ricorre tre settimane dopo l'Ascensione.

corrasióne *s. f.* (*geol.*) Disgregazione ed erosione delle rocce, a opera del vento e dei materiali da esso trasportati.

còrre V. *cogliere.*

corredàre ***A*** *v. tr.* (*io corrèdo*) Fornire di tutto ciò che è necessario o utile: *— un laboratorio di strumenti*; SIN. Dotare, munire, provvedere. ***B*** *v. rifl.* Rifornirsi, provvedersi.

corrèdo *s. m.* ***1*** Complesso di attrezzi necessari per determinate attività: *un — da falegname.* ***2*** Insieme dei capi di vestiario e della biancheria personale e domestica che portano con sé una sposa, una novizia, un collegiale, un soldato e sim. ***3*** (*fig.*) Indicazioni di vario genere aggiunte a un testo: *— di citazioni.* ***4*** (*fig.*) Possesso di qualità, nozioni e sim.

corrèggere ***A*** *v. tr.* (*coniug. come reggere*) ***1*** Eliminare difetti ed errori da q.c. in modo da portarla a una condizione migliore: *— un compito, uno scritto* | Curare, guarire: *— un difetto fisico*; SIN. Cambiare, emendare, rettificare. ***2*** Ammonire, consigliare: *se sbaglio correggimi* | (*est.*) Riprendere, rimproverare: *devi — tuo figlio.* ***3*** (*est.*) Aggiungere a bevande, carburanti e sim. una sostanza tale da modificarne la concentrazione o le proprietà. ***B*** *v. intr. pron.* Liberarsi da un difetto; SIN. Cambiarsi.

corréggia *s. f.* (*pl. -ge*) Cinghia di cuoio.

correggiàto *s. m.* Antico strumento formato da due bastoni uniti da una striscia di cuoio, usato per la trebbiatura a mano dei cereali.

correggìbile *agg.* Che si può correggere; CONTR. Incorreggibile.

corregionàle ***A*** *s. m. e f.* Chi è della stessa regione di altri. ***B*** *anche agg.*

correità *s. f.* Condizione di correo.

correlàre *v. tr.* (*io corrèlo*) Mettere in correlazione.

correlatìvo *agg.* ***1*** Che è in correlazione. ***2*** Detto di due termini che sono tra loro in un rapporto di dipendenza: *congiunzioni correlative.*

correlazióne *s. f.* ***1*** Reciproca relazione esistente fra due o più elementi. ***2*** (*ling.*) *— dei tempi*, consecuzione.

correligionàrio ***A*** *s. m.* (*f. -a*) Chi professa la stessa religione | Chi divide la stessa opinione politica, filosofica e sim. ***B*** *anche agg.*

corrènte (1) ***A*** *part. pres. di correre; anche agg.* ***1*** Che corre: *acqua —.* ***2*** Fluente, scorrevole: *stile —* | (*fig.*) Che non ha interruzioni: *bassorilievo — lungo l'edificio.* ***3*** Che è in uso, in circolazione: *moneta —* | *Prezzo —*, di mercato | Che è in corso: *mese, anno —.* ***4*** Comune, molto diffuso: *modo di dire —* | *Merce —*, ordinaria. ***B*** *s. m. solo sing. Nella loc. essere al — di q.c., essere informato* | *Mettere al —*, tenere informato.

corrènte (2) *s. f.* ***1*** Movimento di masse liquide o aeriformi in una data direzione: *— del fiume* | *Correnti marine*, movimenti di una parte delle acque marine dovuti a cause di carattere fisico e geofisico | *Correnti a getto*, masse d'aria, ad altissime quote, che si muovono velocissime a guisa di correnti. ***2*** Massa di materia in movimento: *una — di lava* | (*est.*) Insieme di persone, veicoli, merci e sim. che si spostano insieme. ***3*** Flusso di cariche elettriche in un conduttore | *— alternata*, che inverte periodicamente la propria direzione in un conduttore | *— continua*, avente direzione e intensità costanti | *— pulsante*, che ha senso uniforme ma intensità periodicamente variabile | Energia elettrica: *presa di —.* [→ ill. *circo*] ***4*** (*fig.*) Uso, moda, tendenza, generalmente diffusa: *andare secondo, contro —*; *le correnti politiche dominanti* | *Seguire la —*, fare ciò che fanno gli altri. ***5*** Insieme di persone che professano le stesse idee: *— di pensiero* | Gruppo organizzato all'interno di un partito politico: *— di destra, di sinistra.* [→ tav. *proverbi* 128]

corrènte (3) *s. m.* Travicello quadrangolare impiegato nell'orditura dei tetti. [→ ill. *casa*]

correnteménte *avv.* Con scioltezza: *parla — due lingue* | Normalmente.

correntìsta *s. m. e f.* (*pl. m. -i*) Chi è parte di un contratto di conto corrente.

còrreo o *raro* *corrèo* *s. m.* (*f. -a*) Chi è imputato di un reato insieme ad altri; SIN. Complice.

córrere ***A*** *v. intr.* (*pass. rem. io córsi, tu corrésti; part. pass. córso; aus. essere* quando si esprime o sottintende una meta*; aus. avere* quando si esprime l'azione in sé e nel sign. di partecipare a una corsa) ***1*** Andare, muoversi velocemente, usando il proprio corpo o un mezzo di locomozione, riferito a esseri animati: *— a spron battuto, a precipizio*; *— come il vento*; *— a piedi* | *— dietro a qc.*, inseguirlo | (*fig.*) *— ai ripari*, cercare rimedi rapidi o immediati | Partecipare a gare sportive: *— per una scuderia.* ***2*** Muoversi velocemente, riferito a parti del corpo, a movimenti non fisiologici e a esseri inanimati: *i suoi occhi corsero alla fotografia*; *le onde corrono alla riva.* ***3*** (*fig.*) Agire, pensare con precipitazione: *— per finire un lavoro*; *non — alle conclusioni.* ***4*** (*est.*) Trascorrere: *il tempo corre*; *correva l'anno 1300* | Decorrere: *lo stipendio corre da oggi.* ***5*** (*fig.*) Presentarsi alla vista come una serie di oggetti in movimento: *attraverso quei monti corrono molti sentieri* | *Ci corre!*, c'è differenza. ***6*** (*fig.*) Circolare, diffondersi: *corre una cattiva voce su di lui* | *Lasciar —*, non intervenire, sorvolare | Essere in corso: *banconota che non corre più.* ***B*** *v. tr.* ***1*** Percorrere: *un fregio corre l'edificio* | (*fig.*) *— un rischio, un pericolo*, esporvisi | (*fig.*) *— la cavallina*, divertirsi, spec. in campo amoroso. ***2*** Disputare una gara di velocità: *— il palio*; *— i cento metri.* [→ tav. *proverbi* 216, 385]

corresponsàbile *agg.* Che è responsabile di q.c. insieme con altri.

corresponsabilità *s. f.* L'essere corresponsabile.

corresponsióne *s. f.* Pagamento, versamento, di una data somma: *— dello stipendio.*

correttézza *s. f.* ***1*** Qualità di corretto; SIN. Irreprensibilità. ***2*** Urbanità, educazione.

correttìvo ***A*** *agg.* Atto a temperare, a correggere. ***B*** *s. m.* Ciò che serve a correggere.

corrètto *part. pass. di correggere; anche agg.* ***1*** Privo di errori, difetti e sim. ***2*** Conforme alle regole del vivere civile: *comportamento —*; SIN. Irreprensibile. ***3*** Che rispetta le norme morali, sociali e sim., proprie dell'ambiente in cui vive. ***4*** Detto di bevanda il cui sapore è stato modificato dall'aggiunta di altre sostanze: *caffè —.*

correttóre *s. m.; anche agg.* (*f. -trìce*) Chi (o che) corregge.

correzionàle *s. m.* (*raro*) Riformatorio per minori traviati.

correzióne *s. f.* ***1*** Atto del correggere: *la — dei compiti* | Segno grafico che indica un errore in uno scritto: *una — a penna.* ***2*** Ammonimento, riprensione, rimprovero: *ricevere una —* | (*est.*) Punizione, castigo: *casa di —.* ***3*** Modifica, miglioramento. ***4*** Aggiunta che si fa a una sostanza liquida o miscela o lega fusa per migliorarne la qualità: *— del vino.*

corrìda /*sp.* kor'rida/ *s. f.* Combattimento tra uomo e toro in un'arena cintata.

corridóio *s. m.* ***1*** Nelle abitazioni, ambiente di forma allungata che permette l'accesso indipendente alle varie camere. [→ ill. *casa, parlamento*] ***2*** Passaggio centrale o laterale di una carrozza ferroviaria sul quale si affacciano i compartimenti. ***3*** Stretta porzione di territorio di uno Stato inclusa in un altro Stato: *— polacco* | *— aereo*, passaggio aereo stabilito con particolari accordi.

corridóre ***A*** *agg.* (*f. -trìce*) Che è atto alla corsa: *cavallo, uccello —.* ***B*** *s. m.* Chi disputa, per passione o come professionista, gare di corsa.

corrièra *s. f.* Autocorriera, autobus di linea.

corrière *s. m.* ***1*** Incaricato del recapito di lettere, oggetti, dispacci e sim.: *— di guerra*; *— a cavallo.* ***2*** Chi esercita servizio regolare di trasporto per conto di terzi tra località diverse. ***3*** Servizio postale | Corrispondenza. ***4*** Titolo di vari quotidiani.

corrigèndo ***A*** *agg.* Da correggere. ***B*** *s. m.* (*f. -a*) Minorenne chiuso in casa di correzione.

corrimàno *s. m.* Sbarra di materiale vario infissa a lato di una scala o sul soffitto di autobus, tram e sim., per appoggiarvisi o per sostenersi. [→ ill. *casa, scala*]

corrispettìvo ***A*** *agg.* ***1*** Che è in rapporto reciproco con q.c.: *obblighi corrispettivi.* ***2*** (*dir.*) Che si dà in cambio di ciò che si riceve. ***B*** *s. m.* Equivalente in denaro o natura di altra prestazione; SIN. Controprestazione.

corrispondènte ***A*** *part. pres. di corrispondere; anche agg.* ***1***

Che corrisponde; SIN. Conforme, somigliante. ***2*** Adeguato: *salario — al lavoro.* ***B*** *s. m. e f.* Chi è in corrispondenza epistolare con qc. | Chi è incaricato da un giornale di mandare articoli concernenti la località in cui egli risiede | — *di guerra,* inviato speciale al fronte.

corrispondènza *s. f.* ***1*** Relazione di uguaglianza, somiglianza, proporzione, equivalenza e sim. ***2*** Scambio di lettere, spec. regolare e prolungato: — *commerciale, amorosa* | *Essere in — con qc.*, in rapporto epistolare | Insieme di lettere e sim. ricevute o da spedire: *firmare la —.* ***3*** Scritto o servizio di un corrispondente o inviato speciale. ***4*** Contraccambio, reciprocità, spec. di sentimenti. ***5*** In due classi di oggetti, la possibilità di associare a ciascun oggetto uno dell'altra: — *tra i numeri positivi e negativi.*

corrispóndere ***A*** *v. tr.* (*coniug. come rispondere*) ***1*** Contraccambiare un sentimento spec. amoroso. ***2*** Pagare, versare: — *uno stipendio.* ***B*** *v. intr.* (*aus. avere*) ***1*** Essere in una relazione di uguaglianza, somiglianza, simmetria e sim.: *un metro corrisponde a tre piedi circa*; SIN. Equivalere. ***2*** Essere all'altezza, essere degno, di: — *ai desideri.* ***3*** Essere in connessione con: *le finestre corrispondono col corridoio.* ***4*** Contraccambiare. ***5*** Essere in rapporto epistolare: — *con qc.*

corrivàre *v. tr.* Far affluire acque a uno stesso corso o bacino.

corrivo *agg.* ***1*** Che agisce in modo avventato: *essere — a credere* | (*est.*) Facile a cedere, tollerante; SIN. Avventato, sconsiderato. ***2*** Credulone, sempliciotto.

corroborànte ***A*** *part. pres. di corroborare; anche agg.* Che corrobora. ***B*** *s. m.* ***1*** Sostanza che corrobora. ***2*** Liquore tonico.

corroboràre ***A*** *v. tr.* (*io corròboro*) ***1*** Fortificare, rinvigorire (*anche fig.*). ***2*** (*fig.*) Avvalorare, convalidare: *argomento che corrobora un'ipotesi.* ***B*** *v. rifl.* Fortificarsi, ritemprarsi.

corroborazióne *s. f.* ***1*** Rinvigorimento. ***2*** (*fig.*) Conferma.

corródere ***A*** *v. tr.* (*coniug. come rodere*) Consumare a poco a poco con azione incessante: *la carie corrode i denti* | Sgretolare, scavare, detto dell'azione dell'acqua e degli agenti atmosferici su terreno, rocce, costruzioni. ***B*** *v. intr. pron.* Consumarsi, sgretolarsi poco a poco.

corrodibilità *s. f.* Proprietà di materiali o sostanze suscettibili di corrosione.

corrómpere ***A*** *v. tr.* (*coniug. come rompere*) ***1*** Esercitare un'azione di disfacimento, deterioramento e sim.; SIN. Alterare, guastare. ***2*** (*fig.*) Depravare: *queste abitudini corrompono la gioventù*; SIN. Guastare, traviare. ***3*** (*fig.*) Indurre con doni, promesse e sim. a fare cosa contraria al dovere: — *un giudice, un testimone*; SIN. Comprare. ***B*** *v. intr. pron.* ***1*** Alterarsi, guastarsi. ***2*** Putrefarsi, decomporsi.

corrompìbile *agg.* Che si può corrompere.

corroṣióne *s. f.* Lenta ma incessante distruzione, deterioramento (*anche fig.*).

corroṣività *s. f.* Proprietà di materiale che subisce o produce la corrosione.

corroṣivo ***A*** *agg.* ***1*** Che corrode: *liquido —.* ***2*** (*fig.*) Caustico, mordace: *ingegno, spirito —.* ***B*** *s. m.* Sostanza che corrode.

corrótto *part. pass. di corrompere; anche agg.* Deteriorato, guastato | (*fig.*) Depravato.

corrucciàre ***A*** *v. tr.* (*io corrùccio*) (*raro*) Far adirare, contristare: *la notizia lo corruccia.* ***B*** *v. intr. pron.* ***1*** Provare un sentimento di dolore misto a ira, pena; SIN. Sdegnarsi. ***2*** Assumere un'espressione triste e risentita, detto di lineamenti del viso: *la fronte della donna si corrucciò.*

corrùccio *s. m.* Sentimento di dolore misto a sdegno, ira e sim.; SIN. Sdegno.

corrugaménto *s. m.* ***1*** Atto del corrugare o del corrugarsi. ***2*** (*geol.*) Complesso di fenomeni tettonici il cui effetto è la formazione di grandi pieghe degli strati della crosta terrestre.

corrugàre ***A*** *v. tr.* (*io corrùgo, tu corrùghi*) Aggrinzare la pelle in segno di sdegno, malumore, collera e sim.: — *la fronte*; SIN. Aggrondare, aggrottare. ***B*** *v. intr. pron.* Aggrinzarsi in segno di sdegno, malumore, collera e sim.

corruscàre *v. intr.* (*io corrùsco, tu corrùschi, raro nei tempi comp.; aus. avere*) (*lett.*) Balenare, risplendere vivamente: *le spade corruscano al sole.*

corrùsco *agg.* (*pl. m. -schi*) ***1*** (*lett.*) Risplendente di luce vivissima. ***2*** (*est.*) Rilucente, fiammeggiante.

corruttèla *s. f.* Depravazione dei costumi.

corruttìbile *agg.* Che è facile a corrompersi o a essere corrotto; CONTR. Incorruttibile.

corruttóre *s. m.; anche agg.* (*f. -trice*) Chi (o che) corrompe (*spec. fig.*).

corruzióne *s. f.* ***1*** Il corrompere, il corrompersi, materialmente o moralmente; SIN. Putrefazione, decomposizione, depravazione, dissolutezza. ***2*** Attività illecita in vari reati: — *di pubblico ufficiale.* ***3*** Alterazione di lingua, stile, e sim.

córsa *s. f.* ***1*** Movimento veloce compiuto usando il proprio corpo o un mezzo di locomozione | *A passo di —*, con passi rapidi | *Di —*, prontamente, in fretta | *Pigliare la —*, mettersi a correre | *Fare una — in qualche luogo*, farvi una visita rapida e sim. ***2*** Competizione sportiva di velocità tra uomini, animali o mezzi meccanici: — *su strada, su pista*; *corse piane, a ostacoli*; *corse di cani, di cavalli.* [→ ill. *autoveicoli, cane, ciclo e motociclo, marina, sport*] ***3*** (*fig.*) Tentativo frenetico di superare altri nell'impossessarsi di q.c.: — *all'oro*; — *agli armamenti.* ***4*** Ciascuno dei viaggi di un mezzo di trasporto pubblico fra due stazioni terminali. ***5*** (*est.*) Spazio percorso da un mezzo di locomozione pubblico o privato. ***6*** Percorso ripetuto e uguale delle oscillazioni del pendolo, dello stantuffo e di qualsiasi elemento a moto alterno. ***7*** Insieme di azioni belliche con navi per danneggiare il commercio marittimo dei nemici e impedire quello dei neutrali: *guerra di —.*

corsalétto *s. m.* ***1*** Corazza composta del solo petto e schiena di ferro; SIN. Corsetto. ***2*** (*zool.*) Primo segmento del torace di alcuni insetti.

corsàro ***A*** *s. m.* Capitano di nave privata autorizzato dal proprio Stato a condurre la guerra di corsa. ***B*** *agg.* Di corsaro: *nave corsara.*

corsetterìa *s. f.* ***1*** Insieme dei capi e degli accessori relativi alla confezione di reggiseni, guaine, busti e sim. ***2*** (*est.*) Negozio di busti e sim.

corsétto *s. m.* ***1*** Bustino di tessuto resistente, con parti elastiche e stecche. ***2*** Corsaletto.

corsìa *s. f.* ***1*** Corridoio che permette il passaggio tra le poltrone di un teatro o di un cinematografo, i letti di un ospedale e sim. ***2*** Tappeto lungo e stretto. ***3*** Camerone di ospedale con più letti allineati. ***4*** Ciascuna delle zone longitudinali, delimitate da strisce bianche, in cui è divisa una carreggiata stradale. [→ ill. *strada*] ***5*** Settore di una pista o di una piscina entro cui ciascun concorrente deve procedere. [→ ill. *sport*]

corsièro *s. m.* (*f. -a*) (*lett.*) Cavallo da corsa e da battaglia.

corsista *s. m. e f.* (*pl. m. -i*) Chi frequenta un corso di studi, professionale e sim.

corsivista *s. m. e f.* (*pl. m. -i*) Redattore, autore di corsivi.

corsivo ***A*** *agg.* Detto della scrittura a mano o a stampa inclinata verso destra. ***B*** *s. m.* ***1*** Alfabeto latino la cui caratteristica sono le lettere inclinate normalmente verso destra. ***2*** Breve nota, spesso di carattere polemico, che i giornali compongono in corsivo.

córso (1) *part. pass. di correre; anche agg.* Percorso.

córso (2) *s. m.* ***1*** Flusso continuo di masse liquide: *il — di un fiume* | *Il — del sangue*, circolazione sanguigna | (*est.*) Massa liquida che scorre con continuità: *un — d'acqua.* ***2*** Viaggio compiuto per mare | *Capitano di lungo —*, patentato per comandare mercantili di qualunque stazza per qualunque destinazione. ***3*** Moto reale o apparente degli astri. ***4*** Movimento di persone, veicoli, animali lungo le strade di un centro urbano, in certe ricorrenze | — *mascherato*, sfilata di carri con persone in maschera per Carnevale. ***5*** (*est.*) Strada cittadina ampia e molto frequentata | Strada ove è consuetudine sociale andare a passeggiare in certe ore del giorno. ***6*** Svolgimento, sviluppo nel tempo: *il — della vita*; *il nuovo — della chiesa cattolica* | *Dar — ai lavori*, iniziarli | *La malattia fa il suo —*, segue l'andamento previsto | *Lavori in —*, in svolgimento | *Opera in — di stampa*, che si sta stampando. ***7*** Ciclo di studi, lezioni, esercitazioni: — *di filosofia*; — *per meccanici.* ***8*** (*est.*) Anno di studio, spec. nel programma di studi di una facoltà universitaria

| (*est.*) Complesso di classi considerate nella loro successione nel tempo: *il — B è composto di tre classi.* **9** (*fig.*) Trattato che descrive una specifica materia di studi: *— di anatomia.* **10** Condizione di unità monetaria in rapporto al suo uso | *Moneta fuori —*, che non ha più valore legale. **11** In borsa, valore corrente, prezzo dei titoli.

còrso (3) *agg.; anche s. m.* (*f. -a*) Della Corsica.

corsóio ***A*** *agg.* (*raro*) Scorsoio. ***B*** *s. m.* **1** Guida entro cui scorre un organo meccanico, con moto alterno. **2** Nel regolo calcolatore, telaietto mobile trasparente con linee di fede | Parte scorrevole di un tipo di calibro.

córte *s. f.* **1** Spazio scoperto circondato totalmente da un edificio. [→ ill. *castello*] **2** Organizzazione dell'età feudale formata dall'insieme degli edifici e dei territori sottoposti al signore feudale. **3** Reggia: *ballo a —.* **4** (*est.*) Insieme dei cortigiani: *la — del Re Sole* | Insieme del sovrano, dei suoi ministri e del suo governo: *la — di Vienna.* **5** (*est.*) Gruppo di persone che accompagna un personaggio importante o ricco | *Fare la — a qc.*, corteggiarlo, adularlo, cercare di suscitare i suoi sentimenti affettuosi, spec. riferito alle premure di un uomo nei confronti di una donna. **6** Collegio di giudici: *— marziale, militare* | *— d'appello*, organo giudiziario che esplica prevalentemente la funzione di giudice di secondo grado in materia civile e penale | *— d'assise*, collegio giudiziario investito della potestà di decidere sui delitti più gravi | *— di Cassazione*, organo giurisdizionale di ultima istanza in materia civile e penale | *— dei Conti*, organo statale di amministrazione diretta esplicante funzione di controllo sulla gestione finanziaria statale.

cortéccia *s. f.* (*pl. -ce*) **1** Strato che nelle piante arboree forma la parte protettiva esterna della radice e del fusto. [→ ill. *botanica*] **2** Parte esterna, rivestimento superficiale di q.c. | *— del pane, del formaggio*, crosta | (*fig.*) Aspetto esteriore delle cose. **3** (*anat.*) Parte esterna di un organo | *— cerebrale*, parte esterna del cervello e del cervelletto formata da sostanza grigia.

corteggiaménto *s. m.* Attività rivolta a corteggiare spec. una donna.

corteggiàre *v. tr.* (*io cortéggio*) **1** (*raro, lett.*) Accompagnare un personaggio potente rendendogli ossequi e servigi. **2** Fare la corte | Cercare di suscitare i sentimenti affettuosi, l'amore di qc., spec. riferito a un uomo nei confronti di una donna.

corteggiatóre *s. m.* (*f. -trice*) Chi corteggia.

cortéggio *s. m.* Seguito di persone che accompagnano qc. per cerimonia o per ossequio.

cortèo *s. m.* **1** Seguito di persone che accompagna qc. per rendergli onore, ossequio e sim. **2** Insieme di persone che prende parte a una dimostrazione pubblica, portandosi da un luogo a un altro | Fila di veicoli.

cortése *agg.* **1** Di corte: *poesia —.* **2** Gentile, garbato | Che manifesta cortesia: *accoglienza —*; SIN. Affabile; CONTR. Scortese. **3** (*lett.*) Generoso, prodigo: *essere — di consigli.*

cortesìa *s. f.* **1** Qualità di chi è cortese | *Usar —*, essere gentile | *Per —*, per favore; SIN. Affabilità, cordialità, gentilezza; CONTR. Scortesia. **2** Atto cortese: *mi hai fatto una gran —.*

cortézza *s. f.* (*raro*) L'essere corto.

corticàle *agg.* Che forma la corteccia, che si riferisce alla corteccia.

cortigiàna *s. f.* Donna di corte | (*fig.*) Prostituta.

cortigianerìa *s. f.* Atto, comportamento da cortigiano | (*est.*) Adulazione; SIN. Servilismo.

cortigianésco *agg.* (*pl. m. -schi*) **1** Di, da cortigiano; SIN. Adulatorio. **2** (*est., spreg.*) Cerimonioso, simulato.

cortigiàno ***A*** *agg.* Pertinente alla corte | (*fig.*) Adulatorio, servile. ***B*** *s. m.* (*f. -a*) Uomo di corte | (*est.*) Adulatore.

cortile *s. m.* **1** Area libera scoperta, interna a uno o più edifici, per illuminare e ventilare gli ambienti interni. **2** Corte della casa colonica | *Animali da —*, pollame e sim.

cortina *s. f.* **1** Tenda destinata a chiudere, proteggere un ambiente | Ciascuna delle tende che parano il letto a baldacchino. **2** (*est.*) Tutto ciò che si frappone fra due elementi impedendo la vista e la comunicazione: *una — di fumo, di nebbia* | *— di ferro*, in Europa, linea di separazione ideologica, politica e militare fra i paesi comunisti e quelli non comunisti. **3** Nelle antiche fortificazioni, tratto di una cinta muraria compreso fra le torri o i bastioni.

cortinàggio *s. m.* Tendaggio | Baldacchino.

cortinàrio *s. m.* Fungo il cui cappello ha il margine unito al gambo da una cortina a ragnatela. [→ ill. *fungo*]

cortisóne *s. m.* Ormone della corteccia surrenale, ad azione sulla pressione arteriosa e sull'equilibrio glucidico dell'organismo.

cortisònico ***A*** *agg.* (*pl. m. -ci*) Del cortisone. ***B*** *s. m.* (*pl. -ci*) Preparato farmaceutico di sintesi dotato delle proprietà del cortisone.

còrto ***A*** *agg.* **1** Che ha scarsa lunghezza, o lunghezza inferiore al normale o al necessario: *strada corta; gambe corte* | *Calzoni corti*, sino al ginocchio o a mezza gamba | Basso di statura; CONTR. Lungo. **2** Che ha breve durata: *commedia corta* | *Settimana corta*, settimana lavorativa di cinque giorni; SIN. Breve; CONTR. Lungo. **3** (*fig.*) Scarso, insufficiente | *— di vista*, miope | *— di mente*, ottuso | *Essere a — di q.c.*, averne poco | *Essere — a quattrini*, averne pochi. **4** (*fig.*) *Nelle loc.* *prendere la via corta*, scegliere la soluzione più sbrigativa | *Alle corte*, invito brusco a non tergiversare | *Andare per le corte*, essere sbrigativo | *Per farla corta*, riassumendo, in conclusione. ***B*** *in funzione di avv.* *Tagliar —*, concludere, troncare un discorso. [→ tav. *proverbi* 238]

cortocircùito *s. m.* (*pl. cortocircùiti*) (*elettr.*) Connessione a bassa resistenza, gener. accidentale, fra due elementi di un circuito elettrico, in genere accompagnata da anormale aumento della corrente.

cortometràggio *s. m.* (*pl. cortometràggi*) Film di durata non superiore ai 15 minuti, spec. di contenuto documentario o pubblicitario.

corvè *s. f. inv.* **1** Lavoro di fatica assegnato a una squadra di soldati. **2** Prestazione d'opera gratuita che i coltivatori dipendenti erano tenuti a compiere nella parte delle signorie fondiarie che il signore riservava a sé. **3** (*fig.*) Lavoro ingrato e gravoso.

corvétta (1) *s. f.* Nei sec. XVIII e XIX, nave da guerra a vela, più piccola della fregata | Attualmente, nave da guerra di tonnellaggio non superiore alle 1000 tonnellate. [→ ill. *marina*]

corvétta (2) *s. f.* Nell'equitazione, figura in cui il cavallo esegue una serie di piccoli salti, formando con la zampa anteriore un angolo acuto col terreno.

corvìno *agg.* Che ha il colore nero lucido caratteristico delle penne del corvo.

còrvo *s. m.* **1** Uccello con corpo massiccio, robuste zampe, piumaggio nero a riflessi violacei e un'area nuda e biancastra alla base del becco, per la quale si distingue dalla cornacchia. [→ ill. *animali* 12] **2** Pesce commestibile, dal corpo scuro dorsalmente. **3** Antica macchina da guerra, per uncinare navi o macchine nemiche.

còsa *s. f.* **1** Parte, aspetto della realtà, materiale o ideale, concreta o astratta e sim.: *le cose corporee, materiali, spirituali; cose da mangiare* | *Per prima —*, prima di tutto | *Sopra ogni —*, più di tutto | *Credersi chissà che —*, darsi importanza | *Essere tutt'una —*, essere uguale, simile | *Essere tutt'altra —*, completamente diverso | *La — pubblica*, lo Stato. **2** Oggetto, spec. che non si sa o non si vuole descrivere o nominare: *riordinare le proprie cose.* **3** (*fam.*) Qualsiasi persona di sesso femminile di cui non si ricordi o non si voglia dire il nome: *ho incontrato la —.* **4** Opera, o parte di opera: *le cose più belle della nostra letteratura.* **5** Situazione: *le cose si complicano* | *Arrivare a cose fatte*, quando una situazione è già chiarita | *È — fatta*, è concluso, è sistemato | *Da — nasce —*, fatto il primo passo, la situazione si svilupperà. **6** Fatto, avvenimento, azione; *è accaduta una — terribile; cose da matti* | *Cose che capitano*, escl. di rassegnazione e consolazione, di fronte a incidenti, insuccessi e sim. **7** Causa, motivo, scopo: *si agita per cose di nessun conto.* **8** Parola, discorso | *Buone cose!, tante cose!*, tanti auguri, molti complimenti. **9** Problema, lavoro, affare e sim.: *interessarsi alle cose della politica; non è — di mia competenza; non sono cose da ragazzi.* **10** In unione con agg. qual. dimostr. indef., assume il valore del corrispondente sost. astratto e del. pron. nella forma neutra: *una — nuova; è una gran bella —; è — sicura* | *È poca —*, è poco | *Questa, codesta, quella, la qual, —*, ciò | *Nessuna —*, nulla | *Qualunque*

—, checché | *Per la qual* —, perciò | Usato nelle interr. dirette o indirette e nelle escl. precedute o no dall'agg. interr. *che*: *che — credi?*; *— fai?*; *a — pensi?*; *— mi dici!* [→ tav. *proverbi* 123, 127, 242, 379, 392; → tav. *locuzioni* 49]

coṣàcco ***A*** *s. m.* (*pl.* *-chi*; *f.* *-a*) Membro dell'antica popolazione di stirpe tartara stanziatasi nelle steppe della Russia meridionale | Soldato dell'esercito russo reclutato fra tale popolazione. ***B*** *agg.* Relativo ai cosacchi.

còsca *s. f.* Nucleo di mafiosi.

còscia *s. f.* (*pl.* *-sce*) ***1*** (*anat.*) Parte dell'arto inferiore compresa fra l'anca e la gamba, il cui scheletro è il femore | (*est.*, *fam.*) Analoga parte del corpo di animali: *una — di pollo.* [→ ill. *macelleria, zoologia*] ***2*** (*est.*) Parte dei calzoni che ricopre la coscia. ***3*** Ciascuno dei due pilastri che fanno da sostegno al torchio da stampa. ***4*** Parte di un ponte fondata sulla riva.

cosciàle *s. m.* ***1*** Indumento o parte di indumento che copre le cosce, spec. con funzioni protettive. ***2*** Antica armatura metallica a difesa delle cosce. [→ ill. *armi*] ***3*** Protesi che supplisce la coscia amputata.

cosciènte *agg.* Che ha coscienza, che è presente a se stesso; SIN. Consapevole; CONTR. Incosciente.

cosciènza *s. f.* ***1*** Consapevolezza che l'uomo ha di sé, del proprio corpo e delle proprie sensazioni, delle proprie idee e dei fini delle proprie azioni: *hanno la piena — di ciò che fanno* | *Perdere, riacquistare la —*, i sensi. ***2*** Sistema dei valori morali di una persona, che le permette di approvare o disapprovare i propri atti: *esame di —*; *— diritta, austera, sporca, immacolata, limpida*; *rimorso, scrupolo di —*; *caso di —*; *crisi di —* | *Contro —*, contro le proprie convinzioni morali | *Senza —*, di persona priva di scrupoli | *Avere q.c. sulla —*, *avere un peso sulla —*, *avere una cattiva —*, sentirsi colpevole, avere rimorso di q.c. | (*fig.*) *Ascoltare la voce della —*, agire secondo i propri principi morali | (*fig.*) *Mettersi una mano sulla —*, valutare le proprie responsabilità | *Mettersi la — in pace*, far tacere i rimorsi | *Avere, sentirsi la — tranquilla, a posto*, essere convinto di essersi comportato secondo i propri principi morali. ***3*** Lealtà, onestà | *Uomo di —*, onesto | *In —*, onestamente. ***4*** Senso del dovere: *è una persona che ha — del proprio lavoro.* ***5*** Sensibilità e interesse per un complesso di problemi, spec. sociali: *avere una — politica.*

coscienziosità *s. f.* Qualità di coscienzioso; SIN. Diligenza, scrupolosità.

coscienzióso *agg.* ***1*** Che opera con senso della giustizia, dell'onestà: *insegnante —*; SIN. Diligente, scrupoloso. ***2*** Che è fatto con diligenza, impegno: *lavoro —*.

còscio *s. m.* Coscia di bestia grossa macellata.

cosciòtto *s. m.* ***1*** *Dim. di coscio.* ***2*** Coscia di montone, agnello e sim. macellato. [→ ill. *macelleria*]

coscrìtto ***A*** *agg.* *Padri coscritti*, senatori romani. ***B*** *s. m.* Soldato di leva appena arruolato; SIN. Recluta.

coscrìvere *v. tr.* (*coniug. come scrivere*) Arruolare.

coscrizióne *s. f.* Arruolamento.

cosecànte *s. f.* In trigonometria, inverso del seno.

coséno *s. m.* In trigonometria, misura con segno della proiezione ortogonale, su un lato dell'angolo, d'un segmento unitario giacente sull'altro lato.

così ***A*** *avv.* ***1*** In questo modo: *non devi comportati —*; *— va il mondo!* | Raff. di un'affermazione o di una negazione: *è proprio —*; *non è —* | *E —?*, e allora? | *E — via*; *e — via dicendo*, eccetera | (*iter.*) *— e —*, *— —*, indica cosa, stato o persona mediocre: *'come stai?' '— —!'*. ***2*** Talmente, tanto: *vai — lontano?*; *sei ancora — giovane!* | Tanto (in correl. con 'come', 'quanto'): *— gli uni come gli altri.* ***B*** *in funzione di agg.* Tale, siffatto: *non avevo mai visto uno spettacolo —.* ***C*** *cong.* ***1*** In correl. con 'come' introduce una prop. compar. o modale: *non è poi — furbo come sembra.* ***2*** Perciò, pertanto (con valore concl. introduce una prop. coordinata): *abitano lontano e — si vedono raramente.* ***3*** Nonostante, sebbene (con valore avvers. conc.): *— povero, cerca di aiutare tutti.* ***4*** A tal punto (in correl. con 'che' introduce una prop. consec. esplicita con il v. all'indic., al condiz. o al congv.; in correl. con 'da' introduce una prop. consec. implicita con il v. all'inf.): *sono — infreddolito che non riesco a scaldarmi*; *spero che tu non sia — sciocco da cedere.* ***5*** Magari, volesse il cielo che (con v. al congv.): *— fosse vero!* | *— sia*, amen. ***6*** Indica successione immediata in correl. con 'come', 'appena che', dopo una prop. temp.: *come lo vide, — si mise a correre.* [→ tav. *proverbi* 176]

cosicché *cong.* Di modo che, in conseguenza di ciò (introduce una prop. consec. con il v. all'indic.): *ero impreparato, — non seppi cosa rispondere.*

cosiddétto *agg.* Detto, denominato in questo modo (*spesso spreg.*): *la cosiddetta letteratura d'avanguardia.*

cosiffàtto *agg.* Tale, simile.

cosinuṣòide *s. f.* (*mat.*) In un sistema di coordinate cartesiane ortogonali, curva che rappresenta il coseno dell'angolo in funzione dell'angolo stesso.

coṣmèṣi *s. f.* Arte che cura la conservazione della freschezza della pelle e della bellezza. [→ ill. *toilette e cosmesi*]

coṣmètica *s. f.* Cosmesi.

coṣmètico ***A*** *agg.* (*pl. m.* *-ci*) Che è atto a conservare o ad accrescere la bellezza del corpo, spec. del volto: *prodotto —.* ***B*** *s. m.* Prodotto cosmetico.

coṣmetologìa *s. f.* (*pl.* *-gie*) Scienza della cosmesi.

còṣmico *agg.* (*pl. m.* *-ci*) ***1*** Che si riferisce al cosmo: *fenomeni cosmici* | *Raggi cosmici*, insieme di particelle e di radiazioni molto energetiche provenienti spec. dagli spazi interstellari. ***2*** Di tutti, universale: *dolore —.*

còṣmo *s. m.* ***1*** L'insieme di tutti i corpi celesti fisicamente esistenti. ***2*** (*filos.*) Il mondo inteso come sistema ordinato in un certo modo.

còṣmo-, -còṣmo *Primo e secondo elemento*: in parole composte dotte, significa 'mondo', 'universo' o fa riferimento agli astri e alla navigazione spaziale: *cosmologia, cosmonauta, cosmopolita, microcosmo.*

coṣmòdromo *s. m.* Stazione spaziale; SIN. Astroporto.

coṣmogonìa *s. f.* Complesso delle teorie scientifiche sull'origine dell'universo.

coṣmografìa *s. f.* ***1*** Descrizione dell'universo. ***2*** Geografia astronomica.

coṣmògrafo *s. m.* Studioso di geografia astronomica e terrestre.

coṣmologìa *s. f.* (*pl.* *-gie*) Complesso delle dottrine che studiano l'ordine, i fenomeni, le leggi dell'universo.

coṣmològico *agg.* (*pl. m.* *-ci*) ***1*** Attinente alla cosmologia. ***2*** Della filosofia della natura | *Prova cosmologica*, quella che inferisce l'esistenza di Dio dall'esistenza del mondo.

coṣmòlogo *s. m.* (*pl.* *-gi*) Studioso di cosmologia.

coṣmonàuta *s. m. e f.* (*pl. m.* *-i*) Navigatore spaziale; SIN. Astronauta.

coṣmonàutica *s. f.* Navigazione spaziale.

coṣmonàutico *agg.* (*pl. m.* *-ci*) Della navigazione spaziale.

coṣmonàve *s. f.* Veicolo spaziale; SIN. Astronave.

coṣmopolita ***A*** *s. m. e f.* (*pl. m.* *-i*) Chi ha per patria il mondo | (*est.*) Chi ha viaggiato e soggiornato in molti paesi. ***B*** *agg.* ***1*** Detto di luogo, frequentato da gente d'ogni nazione: *Venezia è una città —.* ***2*** (*est.*) Detto di persona, che considera e giudica secondo una prospettiva vasta e universale: *mentalità —.*

coṣmopolitiṣmo *s. m.* Dottrina che respinge ogni distinzione di nazioni e razze, considerando tutti gli uomini come cittadini di una sola patria.

còso *s. m.* (*fam.*) Qualsiasi oggetto o individuo di cui non si ricordi o non si voglia dire il nome.

cospàrgere *v. tr.* (*coniug. come spargere*) Disseminare, spargere qua e là: *— una vivanda di sale.*

cospèrgere *v. tr.* (*pres. io cospèrgo, tu cospèrgi; pass. rem. io cospèrsi, tu cospergésti; part. pass. cospèrso*) ***1*** (*lett.*) Aspergere, bagnare. ***2*** Cospargere, coprire.

cospètto ***A*** *s. m.* Presenza, vista: *togliti dal mio —* | *In, al — di*, dinanzi a, alla presenza di: *giuro al — di Dio.* ***B*** *in funzione di inter.* Esprime meraviglia, sorpresa, disappunto.

cospicuità *s. f.* L'essere cospicuo.

cospicuo *agg.* Che merita considerazione per le sue qualità: *la cospicua fama* | Ingente, considerevole: *ricchezza cospicua.*

cospiràre *v. intr.* (*aus. avere*) ***1*** Accordarsi segretamente per conseguire un fine, spec. politico: *— contro il governo*; SIN. Complottare, congiurare. ***2*** (*est.*) Tentare di nuocere a qc. o a q.c.: *tutto sembra — contro di lui.* ***3*** (*fig.*) Concorrere: *— alla gloria del paese.*

cospiratóre *s. m.* (*f.* *-trìce*) **1** Chi cospira. **2** (*est.*) Persona sospettosa: *occhiata da —.*

cospirazióne *s. f.* **1** Accordo di più persone civili o militari diretto a commettere delitti contro lo Stato; SIN. Complotto, congiura. **2** (*fig.*) Concorso di più persone o elementi per il raggiungimento di un medesimo fine.

còsta *s. f.* **1** (*anat.*) Osso piatto, curvo, della cassa toracica; SIN. Costola. [→ ill. *anatomia umana*] **2** (*est.*) Fianco, lato | *Di —*, di lato | *Di — a*, di fianco a. **3** Pezzo di costruzione ricurvo, che forma l'ossatura dello scafo di una nave. **4** Parte laterale, opposta al taglio, di coltelli, spade e sim. | Dorso di un libro. [→ ill. *coltello*] **5** Elemento che sporge e forma un rilievo su di una superficie | *Velluto a coste*, con righe salienti. [→ ill. *tessuto*] **6** (*bot.*) Nervatura mediana di una foglia assai sviluppata. **7** Zona limite tra la terra e il mare: *— alta, bassa, frastagliata* | Fianco di montagna | *A mezza —*, alla metà di una pendice montuosa. [→ ill. *geografia*]

costà *avv.* In codesto luogo (vicino alla persona cui ci si rivolge) | *Di —*, di codesto luogo.

costaggiù *avv.* (*tosc.*, *lett.*) In codesto luogo (in basso rispetto a chi parla).

costàle *agg.* (*anat.*) Di costa: *arteria —.*

costantàna *s. f.* Lega di rame e nichel, che non si dilata con l'aumento di temperatura; usata per resistenze elettriche.

costànte **A** *agg.* **1** Che non subisce variazioni: *amore —* | Durevole, stabile: *temperatura —*; CONTR. Incostante. **2** (*mat.*) Detto di grandezza o funzione il cui valore sia sempre lo stesso. **3** Detto di persona, saldo nei suoi propositi, perseverante: *uomo — negli affetti*; CONTR. Volubile. **B** *s. f.* **1** (*mat.*) Quantità non variabile: *la — di un integrale.* **2** (*fis.*) Numero puro o dimensionale che entra nelle relazioni tra grandezze fisiche ed è immutabile al variare delle grandezze stesse: *la — dei gas.* **3** (*fig.*) Elemento fisso e caratteristico: *la — della filosofia kantiana.*

costànza *s. f.* **1** Qualità di costante | Forza d'animo; SIN. Fermezza, perseveranza; CONTR. Incostanza. **2** Nel linguaggio scientifico, invariabilità di una grandezza al variare dei parametri a essa relativi.

costàre **A** *v. intr.* (*io còsto; aus. essere*) Avere un determinato prezzo: *il libro costa diecimila lire* | (*pop.*) *— caro, salato, un occhio, l'osso del collo*, moltissimo | *Costi quel che costi*, di cosa che si vuole avere a qualsiasi prezzo | ass. Richiedere forti spese: *è una città in cui la vita costa.* **B** *v. intr. e tr.* (*aus. intr. essere*) (*fig.*) Esigere fatica, pena e sim.: *quel saggio gli è costato molto studio.*

costaricàno *agg.; anche s. m.* (*f.* *-a*) Della Costarica.

costassù *avv.* (*tosc.*, *lett.*) In codesto luogo (posto in alto, rispetto a chi parla).

costàta *s. f.* Taglio di carne bovina o suina prelevata fra le costole o le vertebre dorsali. [→ ill. *macelleria*]

costatàre *v.* *constatare.*

costàto *s. m.* Parete toracica. [→ ill. *bue, maiale*]

costeggiàre *v. tr.* (*io costéggio*) **1** Navigare senza allontanarsi dalle coste, anche ass.: *— una spiaggia.* **2** (*est.*) Camminare lungo la riva di un fiume, il fianco di una montagna, il lato di una strada. **3** (*fig.*) Fiancheggiare: *il sentiero costeggia il bosco.*

costèi *pron. dimostr.* Forma femminile sing. di *costui.*

costellàre *v. tr.* (*io costèllo*) **1** (*lett.*) Ornare di stelle. **2** (*est.*) Cospargere in modo disuguale.

costellazióne *s. f.* Insieme di stelle che occupano una medesima zona della sfera celeste.

costernàre *v. tr.* (*io costèrno*) Avvilire, affliggere profondamente.

costernàto *part. pass. di costernare; anche agg.* Profondamente afflitto | Che manifesta costernazione.

costernazióne *s. f.* Smarrimento, abbattimento dell'animo; SIN. Disperazione, dolore.

costì *avv.* In codesto luogo (vicino alla persona cui ci si rivolge).

costièra *s. f.* **1** Tratto di costa | Regione a esso contigua. **2** Pendio montano poco accidentato.

costièro *agg.* Di costa | *Navigazione costiera*, che si svolge a poca distanza dalla costa. [→ ill. *geografia*]

costìna *s. f.* **1** *Dim. di costa.* **2** Taglio di carne suina costituito dalle coste e dalla carne che le circonda. [→ ill. *macelleria*]

costipaménto *s. m.* **1** *— del terreno*, operazione con cui si aumenta la resistenza di un terreno comprimendolo con vari mezzi. **2** Ammassamento | (*raro*) Costipazione intestinale.

costipàre **A** *v. tr.* **1** Comprimere il terreno per diminuirne la sofficità. **2** Astringere, rendere stitico: *— il ventre.* **B** *v. intr. pron.* **1** Divenire stitico. **2** (*fam.*) Prendersi un forte raffreddore.

costipazióne *s. f.* **1** Compressione naturale di un terreno. **2** Stitichezza. **3** (*fam.*) Forte raffreddore.

costituèndo *agg.* Che deve essere costituito.

costituènte **A** *part. pres. di costituire; anche agg.* Che costituisce | *Assemblea —*, congresso di persone, elette dal popolo, cui spetta di preparare una nuova costituzione. **B** *s. m.* **1** Elemento presente in un composto chimico. **2** Membro dell'assemblea costituente. **C** *s. f.* Assemblea costituente.

costituire **A** *v. tr.* (*io costituìsco, tu costituìsci*) **1** Organizzare, fondare: *— una società.* **2** Mettere insieme: *— una raccolta di quadri.* **3** Formare, comporre: *la commissione è costituita di tre medici* | Dare luogo a q.c. di più complesso: *più province costituiscono una regione.* **4** Essere, rappresentare: *il lavoro costituisce la sua ragion di vita.* **5** (*dir.*) Dichiarare: *— in mora qc.* **6** Eleggere, nominare: *— qc. erede.* **B** *v. intr. pron.* **1** Formarsi, comporsi | *Costituirsi in regione*, organizzarsi come regione. **2** Presentarsi spontaneamente al magistrato o alla polizia giudiziaria dichiarandosi reo: *si è costituito ai carabinieri.*

costituito *part. pass. di costituire; anche agg.* Istituito per legge: *autorità costituita.*

costitutàrio *s. m.* Chi provvede alla costituzione di società o alle loro modifiche.

costitutìvo *agg.* Che costituisce.

costitùto **A** *agg.* (*raro, lett.*) Costituito. **B** *s. m.* **1** (*dir.*) Pattuizione, accordo: *— possessorio.* **2** Dichiarazione sullo stato sanitario della nave resa dal comandante al porto d'arrivo.

costitutóre *s. m.; anche agg.* (*f.* *-trìce*) Chi (o che) costituisce.

costituzionàle *agg.* **1** Relativo alla Costituzione | *Carta —*, la Costituzione | *Stato —*, che poggia tutta la sua organizzazione su una base giuridica | *Corte —*, organo che giudica sulla legittimità costituzionale di atti normativi, sui conflitti di competenza tra gli organi statuali e sulle accuse contro il Presidente della Repubblica e i Ministri; CONTR. Incostituzionale. **2** Della costituzione fisica dell'individuo: *malattia —.*

costituzionalismo *s. m.* Insieme dei principi ispiratori dell'ordinamento supremo dello Stato costituzionale.

costituzionalista *s. m. e f.* (*pl. m.* *-i*) Studioso di diritto costituzionale.

costituzionalità *s. f.* Conformità alle norme della Costituzione.

costituzionalménte *avv.* Secondo la Costituzione | Dal punto di vista della costituzione fisica.

costituzióne *s. f.* **1** Atto del costituire o del costituirsi | Fondazione, formazione: *— del nuovo governo* | Composizione. **2** Struttura, complesso delle caratteristiche formali e sostanziali di qc. o q.c.: *— geologica del terreno*; *individuo di buona, forte, gracile —.* **3** Complesso delle leggi che stanno a base dell'ordinamento giuridico di uno Stato: *la Costituzione della Repubblica.*

còsto *s. m.* **1** Spesa che bisogna sostenere per acquistare q.c. | (*fig.*) Rischio, fatica, sacrificio | *A — di*, a rischio di | *A ogni, a qualunque —, a tutti i costi*, in qualunque modo | *A nessun —*, in nessun modo. **2** (*econ.*) Sacrificio sostenuto per la produzione di beni o servizi: *— di produzione* | *A prezzo di —*, senza guadagno. **3** (*fam.*) Prezzo, valore: *il — della villeggiatura* | *Il — della vita*, l'insieme delle spese necessarie per vivere.

còstola *s. f.* **1** Costa | *Mostra le costole, gli si vedono, gli si contano le costole*, è magrissimo | *Essere, stare alle costole di qc.*, stargli sempre vicino | *Avere qc. alle costole*, (*fig.*) averlo sempre vicino | *Rompere le costole a qc.*, (*fig.*) bastonarlo forte. **2** Dorso di un oggetto. **3** Parte di coltello, spada e sim. opposta al taglio. **4** Nervatura mediana di una foglia.

costolétta *s. f.* **1** *Dim. di costola.* **2** Pezzo piano di carne di vitello, maiale, agnello, comprendente la rosetta e l'osso.

costolóne *s. m.* **1** *Accr. di costola.* **2** (*arch.*) Nervatura sporgente di cupole e volte. [→ ill. *architettura, religione*]

costóne *s. m.* Cresta spigolosa frequente in montagna costituita di rocce dure.

costóro *pron. dimostr.* Forma pl. *di costui* e *costei.*

costóso *agg.* **1** Che costa molto: *viaggio* –; SIN. Caro, dispendioso. **2** (*fig.*) Che richiede fatica, sforzo e sim.: *impegno* –.

costringere *v. tr.* (*coniug. come stringere*) **1** Obbligare qc. con la forza, le minacce e sim. ad agire come non vorrebbe: – *qc. a mentire*; SIN. Coartare, forzare. **2** (*lett.*) Stringere, comprimere: – *una ruota nel cerchio.*

costrittiva *s. f.* Consonante costrittiva; SIN. Spirante.

costrittivo *agg.* **1** Che costringe; SIN. Coercitivo. **2** (*ling.*) *Consonante costrittiva,* la cui articolazione comporta una parziale occlusione del canale vocale.

costrittóre *agg.* Detto di muscolo che, contraendosi, diminuisce l'apertura di un orifizio.

costrizióne *s. f.* Imposizione, mediante la forza, le minacce e sim., ad agire come non si vorrebbe; SIN. Coartazione, coercizione.

costruibile *agg.* Che si può costruire.

costruire *v. tr.* (*pres. io costruisco, tu costruisci; pass. rem. io costruii o costrùssi, tu costruisti; part. pass. costruito, raro costrùtto*) **1** Fabbricare, mettendo insieme le varie parti opportunamente disposte: – *una casa, un motore* | ass. Edificare: *in quella strada si costruisce.* **2** (*fig.*) Consegnare, comporre: – *una teoria.* **3** (*ling.*) Ordinare secondo le dipendenze logiche o le concordanze grammaticali: – *il periodo.*

costruttivo *agg.* **1** Che è atto a costruire: *scienza costruttiva.* **2** (*fig.*) Che mira a rendere positiva e operante q.c.: *spirito* –.

costrùtto *s. m.* **1** Ordine e disposizione delle parole | Frase, espressione | Unione delle parole che dà un senso logico; SIN. Costruzione. **2** (*est.*) Senso, significato: *chiacchiere senza* –. **3** (*fig.*) Risultato, utilità | *Lavoro senza* –, inutile.

costruttóre *s. m.; anche agg.* (*f. -trice*) Chi (o che) costruisce.

costruzióne *s. f.* **1** Atto del costruire: – *di un ponte* | *Opera in* –, *in via di* –, che si sta costruendo | *Scienza delle costruzioni,* insieme di norme e calcoli di cui si avvale l'ingegnere per progettare; SIN. Edificazione, fabbricazione. **2** Modo in cui una cosa è costruita: – *delicata, robusta.* **3** Opera costruita: – *di, in pietra*; – *meccanica* | Edificio. **4** (*ling.*) Costrutto. **5** – *geometrica,* determinazione di una grandezza eseguita con il disegno e non con il calcolo numerico. **6** *al pl.* Gioco costituito da pezzi di materiale vario che si incastrano o si sovrappongono per realizzare edifici in miniatura e sim. [→ ill. *giochi*]

costùi *pron. dimostr.* (*f. costèi; pl. m. e f. costóro*) Questa persona, codesta persona (vicina a chi parla o a chi ascolta, oppure da poco nominata con funzione di sogg. e compl., in genere con valore spreg.): *che cosa vuole* –?

costumànza *s. f.* Usanza, consuetudine tradizionale seguita da una persona, un gruppo e sim.

costumàre *v. intr.* (*anche impers.; aus. essere*) Avere come abitudine, essere consueto: *le donne anziane costumano portare lunghe gonne.*

costumatézza *s. f.* Qualità di chi è costumato.

costumàto *part. pass. di costumare; anche agg.* Cortese, ben educato, di buoni costumi; CONTR. Scostumato.

costùme *s. m.* **1** Comportamento abituale di una persona: *è suo* – *alzarsi presto* | *Avere per* –, essere solito; SIN. Abitudine, consuetudine. **2** Complesso delle usanze, credenze e sim. che caratterizzano la vita sociale e culturale di una collettività in una data epoca: *i costumi dei popoli meridionali.* **3** Condotta morale: *il buon* –; *il mal* –. **4** (*est.*) Foggia di vestire propria di una determinata località, epoca, gruppo sociale e sim.: – *regionale.* **5** (*est.*) Indumento che si indossa per un determinato scopo o attività: – *da bagno.* [→ ill. *abbigliamento*]

costumista *s. m. e f.* (*pl. m. -i*) Chi si occupa della manutenzione e dell'ideazione dei costumi teatrali, cinematografici o televisivi.

costùra *s. f.* Cucitura che unisce due pezzi di stoffa, di pelle e sim.

cotàle **A** *agg. indef. m. e f.* (*lett.*) Tale, siffatto: *in* – *luogo.* **B** *pron. indef. m. e f.* Un tale, una certa persona (*spec. iron.* o *spreg.*).

cotangènte *s. f.* (*mat.*) Funzione trigonometrica reciproca della tangente.

cotànto **A** *agg. indef.* (*lett.*) Tanto, così grande (*talora enf.*). **B** *pron. indef.* Questa cosa soltanto. **C** *avv.* Tanto, talmente.

cóte o **còte** *s. f.* Pietra dura di calcari ricchi di silice per affilare ferri da taglio. [→ ill. *agricoltura*]

cotechìno *s. m.* Specie di salame da cuocere composto di cotenne e di carne di maiale pestate insieme. [→ ill. *salumi*]

coténna *s. f.* **1** Pelle grossa e dura del maiale, del cinghiale e sim. **2** (*scherz., spreg.*) Pelle dell'uomo | *Mettere su* –, (*fig.*) ingrassare | *Avere cara la* –, tenere alla propria vita. **3** (*est.*) Superficie, parte esterna: – *erbosa.*

cotennóso *agg.* Fornito di grossa cotenna.

cotésto V. *codesto.*

cótica *s. f.* **1** (*dial.*) Cotenna di maiale. **2** Strato superficiale del terreno erboso fornito di radici.

còtile o **còtila** *s. f.* (*anat.*) Cavità articolare emisferica di un osso.

cotilèdone *s. m.* Foglia embrionale che si trova nell'interno del seme per svolgere una funzione di riserva, di assorbimento, o di protezione.

cotillon /*fr.* kɔti'jɔ̃/ *s. m. inv.* (*pl. fr. cotillons* /kɔti'jɔ̃/) **1** Regalo distribuito durante una festa da ballo o uno spettacolo. **2** In passato, sorta di ballo a figure, concluso da distribuzione di regali.

cotógna *s. f.* Mela cotogna. [→ ill. *frutta*]

cotognàta *s. f.* Marmellata di cotogne.

cotógno *s. m.* Albero delle Rosali, con fusto contorto e nodoso e frutti commestibili aspri e profumati. [→ ill. *piante* 9]

cotolétta *s. f.* Fetta di carne, con o senza osso, passata nell'uovo, impanata e fritta.

cotonàceo *agg.* Simile a cotone.

cotonàre *v. tr.* (*io cotóno*) **1** Trattare un tessuto in modo da renderlo simile al cotone. **2** Eseguire la cotonatura ai capelli.

cotonatùra *s. f.* Tecnica di acconciatura femminile, consistente nell'increspare i capelli in modo da ottenere un insieme compatto e vaporoso. [→ ill. *acconciatura*]

cotóne *s. m.* **1** Pianta erbacea tropicale delle Malvali, con fiori giallo-chiari e frutto a capsula che si apre liberando i semi avvolti da una peluria bianca e lucente impiegata come fibra tessile. [→ ill. *piante* 6] **2** Tessuto di tale fibra | Filo di cotone usato per cucire, ricamare, rammendare. **3** Peli dei semi del cotone, trattati in modo particolare per essere impiegati spec. in medicazioni e fasciature: – *grezzo*; – *idrofilo.* [→ ill. *medicina e chirurgia, toilette e cosmesi*] **4** (*chim.*) – *fulminante,* fulmicotone.

cotonerìa *s. f. spec. al pl.* Quantità di tessuti, filati e sim. di cotone.

cotonicoltóre *s. m.* Chi coltiva il cotone.

cotonièro *agg.* Del cotone.

cotonificio *s. m.* Fabbrica in cui si fila o tesse il cotone.

cotonina *s. f.* Tela leggera di cotone.

cotonóso *agg.* Che ha l'aspetto del cotone.

còtta (1) *s. f.* **1** Cottura | (*fig.*) *Furbo, furfante di tre, di sette, cotte,* in sommo grado. **2** Quantità di roba che si cuoce in una volta. **3** (*fig., pop.*) Ubriacatura, sbornia. **4** (*fig., scherz.*) Passione amorosa improvvisa e violenta. **5** (*fig.*) Stato di prostrazione in cui cade un atleta nel corso di una gara per abuso di eccitanti o per eccessivo sforzo. [→ tav. *locuzioni* 52]

còtta (2) *s. f.* **1** Antica tunica | – *di maglia,* armatura completa composta di anelli metallici concatenati fra loro. [→ ill. *armi*] **2** Indumento liturgico a forma di tunica scendente fino ai ginocchi, di lino o cotone, bianca, indossata dal sacerdote in tutte le funzioni, tranne la Messa. [→ ill. *religione*]

cottage /*ingl.* 'kɔtidʒ/ *s. m. inv.* (*pl. ingl. cottages* /'kɔtidʒiz/) Casetta di campagna, elegante, di stile rustico.

cottimìsta *s. m. e f.* (*pl. m. -i*) Lavoratore retribuito a cottimo.
còttimo *s. m.* Forma di retribuzione commisurata al risultato che il prestatore di lavoro consegue: *lavoro a —*.
còtto ***A*** *part. pass. di cuocere; anche agg.* **1** Che è stato sottoposto a cottura | (*fig.*) *Farne di cotte e di crude*, farne di tutti i colori | *Né — né crudo*, (*fig.*) indeciso e irresoluto | *Innamorato —*, molto innamorato. **2** (*est.*) Danneggiato dal fuoco: *il fondo della pentola è —*. **3** (*fig.*) Detto di atleta prostrato dalla gara e gener. di persona molto stanca. ***B*** *s. m.* **1** Cosa o vivanda cotta o che si fa cuocere. **2** Mattone, terracotta.
cottùra *s. f.* Preparazione spec. di generi alimentari per mezzo di una fonte di calore | *Essere a punto di —*, nel momento migliore di cottura per essere consumato.
coturnìce *s. f.* Uccello commestibile simile alla pernice ma più grande, con zampe e becco rossi, che nidifica a terra.
cotùrno *s. m.* Calzatura dalla suola assai alta, fermata con strisce di cuoio, usata dagli attori tragici greci e latini. [→ ill. *calzatura*]
coulisse /*fr.* ku'lis/ *s. f. inv.* (*pl. fr. coulisses* /ku'lis/) **1** Incastro, scanalatura | *Porta a —*, che scorre sopra una guida scanalata. **2** (*fig.*) Quinta di teatro. **3** Sistema applicato ad alcuni strumenti a fiato per allungare il tubo.
coulomb /*fr.* ku'lɔ̃/ *s. m. inv.* (*pl. fr. coulombs* /ku'lɔ̃/) Unità di carica elettrica definibile come quantità di elettricità convogliata al secondo dalla corrente di 1 ampere. SIMB. C.
count down /*ingl.* 'kaunt'daun/ *loc. sost. m. inv.* Conto alla rovescia.
coupé /*fr.* ku'pe/ *s. m. inv.* (*pl. fr. coupés* /ku'pe/) **1** Carrozza chiusa a quattro ruote. **2** Automobile chiusa di tipo sportivo, a due porte e a due o quattro posti. [→ ill. *autoveicoli*]
couplet /*fr.* ku'plɛ/ *s. m. inv.* (*pl. fr. couplets* /ku'plɛ/) Parte della strofa immediatamente precedente al ritornello.
coupon /*fr.* ku'pɔ̃/ *s. m. inv.* (*pl. fr. coupons* /ku'pɔ̃/) Tagliando, cedola.
coutènte *s. m. e f.* Chi ha diritto insieme ad altri di usare un bene o godere di un servizio.
cóva *s. f.* Atto del covare degli uccelli | Tempo in cui ciò avviene.
covalènte *agg.* Relativo alla covalenza; SIN. Omeopolare.
covalènza *s. f.* Legame chimico in cui atomi uguali o diversi mettono in comune uno o più elettroni ciascuno, in modo da formare una o più coppie comuni di elettroni.
covàre ***A*** *v. tr.* (*io cóvo*) **1** Detto di uccelli, stare sulle uova per riscaldarle, e permettere così lo sviluppo dell'embrione. **2** (*fig.*) Curare, custodire gelosamente: *l'avaro cova il suo denaro* | *— qc. con gli occhi*, guardarlo con amore o desiderio | *— q.c. con gli occhi*, guardarla con avidità | *— la cenere, il fuoco*, stare continuamente vicino al fuoco per scaldarsi. **3** (*fig.*) Nutrire in segreto dentro di sé: *— un sospetto*; *— rancore, per, contro qc.* | *— una malattia*, averla in incubazione. ***B*** *v. intr.* (*aus. avere*) (*fig.*) Stare celato, dissimularsi | *— sotto la cenere*, detto di fuoco non ancora spento, sebbene non mandi fiamme e (*fig.*) di una passione pronta ad esplodere pur sembrando estinta | (*scherz.*) *Qui gatta ci cova!*, qui c'è sotto un inganno.
covàta *s. f.* **1** Quantità di uova che un volatile cova in una volta | (*est.*) I pulcini che ne nascono. **2** (*fig., scherz.*) Figliolanza numerosa.
cover girl /*ingl.* 'kʌvə gəːl/ *loc. sost. f. inv.* (*pl. ingl. cover girls* /'kʌvə gəːlz/) Ragazza, gener. molto bella, che appare fotografata sulla copertina di riviste e sim.
covìle *s. m.* **1** Luogo dove si nascondono e riposano gli animali selvatici | Cuccia del cane. **2** (*fig.*) Stanza o letto miserabile.
cóvo *s. m.* **1** Tana di animali selvatici | *Cogliere qc. al, nel, —*, nel luogo che frequenta abitualmente. **2** (*est.*) Giaciglio, letto (*anche scherz.*). **3** (*fig.*) Luogo segreto di riunione di persone che svolgono la loro attività appartate dagli altri: *— di ladri*.
covolùme *s. m.* (*fis.*) Limite al quale tende il volume di un gas reale, al crescere indefinito della pressione.
covóne *s. m.* Fascio di piante di cereali mietute e legate insieme.
cow-boy /*ingl.* 'kaubɔi/ *loc. sost. m. inv.* (*pl. ingl. cow-boys* /'kaubɔiz/) Mandriano delle praterie, nell'ovest degli Stati Uniti. [→ ill. *copricapo*]
coxìte *s. f.* (*med.*) Infiammazione dell'articolazione dell'anca.
coyote /*sp.* ko'jote/ *s. m. inv.* (*pl. sp. coyotes* /ko'jotes/) Mammifero carnivoro americano simile al lupo, dal folto pelo grigio, che emette un caratteristico latrato lamentoso. [→ ill. *animali* 19]
còzza *s. f.* (*pop.*) Mitilo.
cozzàre ***A*** *v. intr.* (*io còzzo; aus. avere*) **1** Colpire con le corna. **2** (*est.*) Urtare con violenza: *la macchina cozzò contro il muro*. **3** (*fig.*) Mettersi in lite | Essere in contraddizione: *i nostri giudizi cozzano fra loro*. ***B*** *v. tr.* Urtare con violenza (*anche fig.*) | *— il capo contro il muro*, ostinarsi a voler fare cose impossibili. ***C*** *v. rifl. rec.* Urtarsi con violenza.
cozzàta *s. f.* Colpo dato cozzando.
còzzo *s. m.* **1** Colpo dato cozzando, spec. con le corna. **2** (*est.*) Urto violento, scontro. **3** (*fig.*) Contrasto.
cozzóne *s. m.* (*tosc.*) Sensale di cavalli.
crac ***A*** *inter.* Riproduce il rumore di una cosa che si sfascia, che si rompe, che crolla. ***B*** *s. m.* **1** Il rumore stesso. **2** (*fig.*) Rovina, fallimento, spec. improvviso: *— finanziario*.
cracker /*ingl.* 'krækə/ *s. m. inv.* (*pl. ingl. crackers* /'krækəz/) Sottile galletta croccante, spesso salata.
cracking /*ingl.* 'krækiŋ/ *s. m. inv.* Piroscissione.
cràfen *s. m.* Adattamento di *krapfen*.
cràmpo *s. m.* Contrazione violenta, dolorosa, involontaria, di un muscolo o di un gruppo di muscoli.
craniàle *agg.* Relativo al cranio.
crànico *agg.* (*pl. m. -ci*) Del cranio.
crànio *s. m.* **1** Scheletro della testa, formato dalle ossa della volta e della base cranica e da quelle della faccia. [→ ill. *anatomia umana*] **2** (*fig., fam.*) Testa, mente, cervello.
craniografìa *s. f.* Studio della conformazione del cranio per indagini antropologiche.
craniologìa *s. f.* (*pl. -gie*) Branca dell'antropologia che si occupa spec. della craniografia.
craniometrìa *s. f.* Scienza che si occupa della misurazione del cranio.
craniòmetro *s. m.* Strumento per la craniometria.
cranioscopìa *s. f.* Esame del cranio a scopo scientifico.
craniotomìa *s. f.* Apertura chirurgica del cranio.
cràpula *s. f.* Il mangiare e il bere smodatamente e disordinatamente; SIN. Bagordo.
crapulóne *s. m.* (*f. -a*) Chi si dà abitualmente alla crapula.
cràşi *s. f.* **1** (*ling.*) Fusione di vocale finale e iniziale di due parole in contatto. **2** Nell'antica medicina, mescolanza di umori o di medicamenti.
cràsso *agg.* **1** (*lett.*) Fitto, denso: *fumo —*. **2** (*fig.*) Grossolano: *errore —*. **3** (*anat.*) Detto dell'ultimo tratto del canale intestinale: *intestino —*.
-crate *secondo elemento di nomi di persona che corrispondono ai termini astratti in -crazia*: *burocrate, plutocrate*.
cratère *s. m.* **1** Vaso a bocca larga e due anse, in cui gli antichi mescolavano l'acqua e il vino. **2** (*geol.*) Orlo, generalmente circolare, che circonda il camino di un vulcano e dal quale escono i prodotti vulcanici. [→ ill. *geografia*] **3** Formazione montuosa di forma circolare: *i crateri della Luna*.
cratèrico *agg.* (*pl. m. -ci*) Che si riferisce al cratere di un vulcano.
-cràtico (*pl. m. -ci*) *secondo elemento di aggettivi corrispondenti ai nomi in -crazia*: *aristocratico, burocratico*.
cràuti *s. m. pl.* Foglie di cavolo tagliate a liste sottili, condite con sale e fatte fermentare.
cravàtta *s. f.* **1** Accessorio dell'abbigliamento spec. maschile formato da una striscia di seta o altri tessuti con lembi più o meno larghi da annodare sotto al colletto a completamento della camicia. [→ ill. *abbigliamento, vesti*] **2** (*est.*) Sciarpa, laccio, anello e sim. posto attorno al collo di persone o animali | Nastro annodato all'asta della bandiera. [→ ill. *bandiera*] **3** In vari sport, presa al collo dell'avversario per fermarne o impedirne l'azione.
cravattàio *s. m.* (*f. -a*) Fabbricante o venditore di cravatte.
cravattìno *s. m.* Piccola cravatta a lembi corti annodata

a farfalla.
crawl /*ingl.* 'krɔ:l/ *s. m. inv.* Stile di nuoto veloce.
crawlista /kro'lista/ *s. m. e f.* (*pl. m. -i*) Nuotatore specialista dello stile crawl.
-crazìa *secondo elemento*: in parole composte significa 'potere', 'dominio': *burocrazia, democrazia, teocrazia.*
creàbile *agg.* (*raro*) Che si può creare.
creànza *s. f.* **1** Buone maniere, comportamento educato | *Senza* –, maleducato | *Buona* –, buona educazione; SIN. Educazione. **2** (*est.*) Cortesia, gentilezza.
creàre *v. tr.* (*io crèo*) **1** Produrre dal nulla, spec. riferito a esseri divini: *Dio creò il mondo* | (*est.*) Far nascere q.c. di nuovo, inventare, ideare: – *una nuova teoria*; – *una moda.* **2** Suscitare: – *scandali.* **3** Eleggere, nominare: – *qc. papa.*
creatìna *s. f.* Acido organico che si trova nel tessuto muscolare, nel sangue e spesso nell'urina.
creatività *s. f.* Capacità creativa, facoltà inventiva.
creatìvo **A** *agg.* **1** Pertinente alla creazione. **2** Che può creare: *potenza creativa.* **B** *s. m.* Chi propone le idee per una campagna pubblicitaria.
creàto **A** *part. pass. di creare; anche agg.* Formato | Fondato. **B** *s. m.* Insieme delle cose create da Dio.
creatóre **A** *agg.* (*f. -trice*) Che crea: *genio* –. **B** *s. m.* **1** Chi crea | *Il Creatore,* (*per anton.*) Dio | *Andare, andarsene al Creatore,* morire; SIN. Artefice, autore. **2** Utensile, fresa a vite per il taglio di ruote dentate.
creatùra *s. f.* **1** Ogni essere creato. **2** Bambino, figlio | Essere umano che suscita compassione o ammirazione: *povera* –! **3** Persona protetta da un personaggio influente: *una* – *del ministro.*
creazióne *s. f.* **1** Modo, atto del creare | Insieme delle cose create. **2** Invenzione. **3** Oggetto di un'invenzione creativa: *una* – *architettonica* | Capo di vestiario e sim. di foggia nuova.
credènte **A** *part. pres. di credere; anche agg.* Che crede. **B** *s. m. e f.* Chi professa una religione, spec. quella cattolica.
credènza (1) *s. f.* **1** Fede, spec. religiosa: – *in Dio* | Cosa in cui si crede. **2** Opinione, convinzione: *è generale* – *che...* **3** Fiducia, attendibilità: *acquistare* –. **4** *Consiglio di* –, nel Comune medievale, collegio di esperti destinato ad assistere i consoli nel disbrigo di pratiche delicate.
credènza (2) *s. f.* Mobile da cucina basso e lungo ove si ripongono i cibi, le stoviglie, gli arredi da tavola. [→ ill. *mobili*]
credenziàle **A** *agg.* Che accredita | *Lettere credenziali,* documenti necessari per l'accreditamento di un agente diplomatico. **B** *s. f. pl.* Lettere credenziali.
credenzière *s. m.* (*f. -a*) **1** Chi ha la cura della credenza. **2** Anticamente, persona addetta alla preparazione dei dolci nelle case signorili.
crédere **A** *v. tr.* (*pass. rem. io credéi o credètti, tu credésti*) **1** Ritenere vero quanto affermato da altri: *posso crederlo* | *Dare a* –, (*fig.*) illudere. **2** Stimare, giudicare, reputare: *ti credo onesto.* **3** Ritenere probabile o opportuno: *credo che sia ora di decidere.* **B** *v. intr.* (*aus. avere*) **1** Avere certezza che qc. o q.c. esiste veramente: – *in Dio*; – *nella giustizia degli uomini* | Prestar fede a: – *ai propri sensi.* **2** ass. Avere fede nella divinità. **C** *v. rifl.* Pensare di essere: *credersi un grand'uomo.* **D** *in funzione di s. m. solo sing.* Opinione | *A mio* –, secondo la mia opinione. [→ tav. *proverbi* 86, 122, 323, 394]
credìbile *agg.* **1** Che si può credere; SIN. Attendibile; CONTR. Incredibile. **2** (*est.*) Che è degno di fiducia: *una persona poco* –.
credibilità *s. f.* L'essere credibile.
creditìzio *agg.* Del credito.
crédito *s. m.* **1** Il credere, l'essere creduto: *dare* – *alla parola di qc.* | *Avere, trovare* –, essere creduto | *Meritare* –, meritare di essere creduto. **2** Buona reputazione, pubblica stima e fiducia: *aver* –; *godere di molto* –; SIN. Considerazione. **3** (*dir.*) Diritto a una prestazione pecuniaria | Diritto a ottenere l'adempimento di una prestazione: *avere un* – *verso qc.* | (*est.*) Somma di denaro alla quale si ha diritto: *incassare un* – | *Comprare, vendere a* –, con pagamento dilazionato nel futuro; CONTR. Debito. **4** Attività spec. bancaria consistente nel dare denaro a mutuo: *istituto di* –. **5** Istituto bancario: *Credito Italiano.*
creditóre **A** *s. m.* (*f. -trice*) Chi è titolare di un diritto di credito; CONTR. Debitore. **B** *agg.* Che ha un diritto di credito: *società creditrice.*
crèdo *s. m. inv.* **1** Insieme delle dottrine fondamentali di una religione. **2** Simbolo apostolico che riassume le verità dogmatiche delle chiese cristiane: *il* – *cattolico romano, ortodosso.* **3** (*fig.*) Complesso di idee, principi, convinzioni politiche, morali, artistiche e sim. di una persona o di un gruppo.
credulità *s. f.* L'essere credulo; SIN. Ingenuità.
crèdulo *agg.* Che crede con facilità; CONTR. Incredulo.
credulóne **A** *s. m.* (*f. -a*) Chi possiede un'eccessiva facilità a credere a tutto. **B** *anche agg.* • SIN. Ingenuo, sciocco.
crèma *s. f.* **1** Grasso del latte che si addensa alla superficie in strato bianco-giallognolo; SIN. Panna. **2** (*fig.*) Parte eletta: *la* – *dei cittadini*; CONTR. Schiuma. **3** Dolce a base di latte, tuorli d'uovo, farina e zucchero, sbattuti assieme e rappresi al fuoco. **4** Passato di riso, verdure o altro: – *di piselli.* **5** Liquore molto ricco di zucchero: – *cacao.* **6** Composto denso, usato spec. come cosmetico: – *antirughe.* [→ ill. *toilette e cosmesi*] **7** Colore crema.
cremaglièra *s. f.* Ingranaggio con dentatura rettilinea che ingrana con una ruota dentata | *Ferrovia a* –, per forti pendenze, con una rotaia a cremagliera che ingrana con una ruota motrice dentata. [→ ill. *ferrovia, meccanica*]
cremàre *v. tr.* (*io crèmo*) Bruciare un cadavere.
crematóio *s. m.* Parte del forno crematorio in cui si pone il cadavere da bruciare.
crematòrio **A** *agg.* Che si riferisce alla cremazione. **B** *s. m.* Edificio destinato all'incenerazione dei cadaveri umani.
cremazióne *s. f.* Procedimento con cui un cadavere viene ridotto in cenere.
crème /*fr.* 'krɛm/ *s. f. inv.* (*pl. fr. crèmes* /'krɛm/) Crema (*spec. fig.*): *la* – *della società.*
crème caramel /*fr.* 'krɛm kara'mɛl/ *loc. sost. m. e f. inv.* Dolce a base di uova e latte, cotto in uno stampo sul cui fondo si fa caramellare dello zucchero.
cremerìa *s. f.* (*centr.*) Latteria in cui si vendono anche gelati, dolci e sim.
crèmiṣi **A** *s. m.* Sfumatura di rosso molto acceso. **B** *agg.* Che ha colore rosso vivo.
cremiṣìno *agg.* Che ha colore cremisi.
cremlinòlogo *s. m.* (*pl. -gi*) Esperto della politica del governo sovietico, il quale ha sede nel Cremlino.
cremonése **A** *agg.; anche s. m. e f.* Di Cremona. **B** *s. f.* Chiusura di battenti, formata da aste verticali i cui estremi entrano in fori degli infissi. [→ ill. *ferramenta*]
cremóre *s. m.* La parte più densa di una sostanza | – *di tartaro,* ricavato dalle fecce dei vini e dalla gruma di botte, usato in tintoria, per fare lieviti e polveri effervescenti, come diuretico e lassativo.
cremortàrtaro *s. m.* Cremore di tartaro.
cremóso *agg.* Ricco di crema: *latte* – | Che ha la consistenza della crema.
crèn o *crènno s. m.* **1** (*bot.*) Barbaforte. **2** Salsa piccante che si ricava macinando la radice di tale pianta con aggiunte di aceto e pangrattato.
crenàto *agg.* (*bot.*) Che presenta crenature. [→ ill. *botanica*]
crenatùra *s. f.* (*bot.*) Dentello ad apice arrotondato dei margini delle foglie.
crènno V. *cren.*
crenoterapìa *s. f.* Cura mediante acque minerali termali, vapori, fanghi e sim.
creolìna *s. f.* Liquido saponoso, denso, derivato dal catrame di carbon fossile, usato in soluzione acquosa come disinfettante.
creoṣòto *s. m.* Liquido oleoso, ottenuto per distillazione dal legno di faggio; usato spec. in medicina.
crèpa *s. f.* **1** Fessura che si produce in un muro o un terreno; SIN. Fenditura. **2** (*fig.*) Guasto in un rapporto personale | Dissidio, contrasto.
crepàccio *s. m.* **1** Profonda fenditura nei terreni o nelle rocce. **2** (*geogr.*) Grande fenditura nei ghiacciai. [→ ill. *geografia*]
crepacuòre *s. m.* Profondo dolore morale: *morire di* –.
crepapèlle *vc. Solo nella loc. avv. a* –, tanto da sentirsi quasi

scoppiare: *mangiare a* –.

crepàre ***A*** *v. intr. e intr. pron.* (*io crèpo; aus. essere*) Spaccarsi aprendosi in crepe: *la terra crepa per la siccità* | Screpolarsi: *la pelle si crepa*; SIN. Fendersi. ***B*** *v. intr.* ***1*** (*fig., fam.*) Essere pieno fino quasi a scoppiare: *mangiare tanto da* – | – *dalle risa, dal ridere*, ridere smodatamente | – *di fatica*, faticare in modo eccessivo | – *di sdegno, di rabbia, di invidia, di paura*, e sim., provare un grande sdegno, una gran rabbia e sim. | (*antifr.*) – *di salute*, godere ottima salute. ***2*** Morire (*spec. spreg.*): – *come un cane*. [→ tav. *proverbi* 392]

crepatùra *s. f.* Spacco, fessura.

crêpe (1) /*fr.* krɛp/ *s. f. inv.* (*pl. fr. crêpes* /krɛp/) Specie di sottile frittata o frittella dolce o salata.

crêpe (2) /*fr.* krɛp/ *s. m. inv.* Crespo.

crepèlla *s. f.* Tessuto di lana, leggero e morbido, con lieve increspatura, per vesti femminili.

crepitàre *v. intr.* (*io crèpito; aus. avere*) ***1*** Scoppiettare, fare un rumore secco e continuo, detto del fuoco, della pioggia e sim. ***2*** (*lett.*) Frusciare, stormire.

crepitazióne *s. f.* (*med.*) Rumore prodotto dalle ossa fratturate.

crepitìo *s. m.* Il crepitare frequente e continuo.

crèpito *s. m.* (*lett.*) Scoppiettio.

crepuscolàre ***A*** *agg.* ***1*** Del crepuscolo. ***2*** (*fig., lett.*) Vago, evanescente. ***3*** Che si riferisce al crepuscolarismo: *poeta* –. ***B*** *s. m.* Poeta del crepuscolarismo.

crepuscolarìṣmo *s. m.* Corrente poetica del primo Novecento italiano caratterizzata da una lirica di tono sommesso e di pacata malinconia.

crepùscolo *s. m.* ***1*** Luce diffusa dalle particelle degli alti strati dell'atmosfera prima del sorgere e dopo il tramonto del sole. ***2*** (*per anton.*) Tramonto | (*fig.*) Fase declinante: *il – degli dèi*.

crescèndo *s. m.* ***1*** Notazione musicale per avvertire di passare gradualmente dal piano al forte. ***2*** (*fig.*) Aumento progressivo: *un – di applausi*.

crescènte ***A*** *part. pres. di crescere; anche agg.* Che cresce | *Luna* –, nel periodo che va dal novilunio al plenilunio; CONTR. Calante. ***B*** *s. m.* ***1*** (*lett.*) Falce di luna. ***2*** (*arald.*) Simbolo che rappresenta una mezzaluna.

crescènza *s. f.* ***1*** Crescita | *Febbri di* –, che si accompagnano allo sviluppo di un bambino o di un adolescente. ***2*** Focaccia di pasta lievitata. ***3*** Formaggio lombardo molle e butirroso.

créscere ***A*** *v. tr.* (*pres. io crésco, tu crésci; pass. rem. io crébbi, tu crescésti; part. pass. cresciùto*) ***1*** Accrescere, aumentare: – *i prezzi*. ***2*** Allevare, educare | Coltivare: – *i fiori*. ***B*** *v. intr.* (*aus. essere*) ***1*** Svilupparsi come organismo naturale: *quell'albero non cresce più* | (*est.*) Avanzare negli anni: *è già cresciuto* | (*est.*) Essere educato, allevato: *è cresciuto nella casa dei nonni*. ***2*** Aumentare di massa, volume, livello, forza, intensità, prezzo e sim.: *la popolazione cresce* | Detto di astri, aumentare quanto a luminosità o a fase: *la luna cresce*. ***3*** Salire di grado, fare progressi: – *in fama, nella stima di qc.*; SIN. Progredire. ***4*** Essere in più, sovrabbondare: *mi darete ciò che cresce*. [→ tav. *proverbi* 40, 168]

crescióne *s. m.* Pianta erbacea medicinale delle Papaverali con foglie commestibili. [→ ill. *piante* 5]

créscita *s. f.* Sviluppo di un organismo naturale: – *dei capelli, di un bambino* | Aumento: – *della popolazione*.

crèṣima *s. f.* (*relig.*) Nella Chiesa cattolica, sacramento che impartisce ai battezzati lo Spirito Santo e li conferma nella fede; SIN. Confermazione.

creṣimàndo *agg.; anche s. m.* (*f. -a*) Detto di chi si appresta a ricevere la cresima.

creṣimàre ***A*** *v. tr.* (*io crèṣimo*) Amministrare il sacramento della cresima. ***B*** *v. intr. pron.* Ricevere il sacramento della cresima.

crèṣo *s. m.* Persona enormemente ricca (dal nome di un antico re della Lidia).

creṣòlo *s. m.* Fenolo monovalente, velenoso, ottenuto dal catrame di carbon fossile; usato nella fabbricazione di resine fenoliche e come disinfettante.

créspa *s. f.* Grinza, ruga.

crespàto *agg.* Pieno di crespe.

crespatùra *s. f.* Increspatura.

crespèlla *s. f.* Specie di sottile frittata o frittella, dolce o salata.

crespìno *s. m.* Pianta arbustiva cespugliosa delle Policarpali con rami spinosi, foglie seghettate, fiori gialli in grappoli e frutti rossi a bacca. [→ ill. *piante* 4]

créspo ***A*** *agg.* ***1*** Che presenta piccole e fitte ondulazioni: *capelli crespi*. ***2*** Ripreso in piccole pieghe: *tessuto* –; SIN. Increspato. ***B*** *s. m.* Tessuto fino di seta, lana e sim. ondulato e granuloso; SIN. Crêpe. [→ tav. *proverbi* 393]

crésta (1) *s. f.* ***1*** Escrescenza carnosa rossa e dentellata sul capo di polli e di altri uccelli | (*est.*) Ciuffo di piume sul capo degli uccelli | Formazione laminare sul capo e sul dorso di rettili e pesci. ***2*** (*est.*) Testa, capo | *Alzare la* –, mettere superbia | *Abbassare la* –, umiliarsi. ***3*** Antica cuffia femminile con guarnizioni di trine e nastri. ***4*** Rilievo sul casco medievale per rinforzo e ornamento. [→ ill. *armi*] ***5*** Linea di congiungimento di due versanti montuosi opposti che si uniscono a tetto. [→ ill. *architettura, geografia*] ***6*** (*est.*) Sommità, cima | *Essere sulla – dell'onda*, (*fig.*) attraversare un momento eccezionalmente felice; riscuotere il favore generale.

crésta (2) *s. f. Solo nella loc. fare la* – (*sulla spesa*), rubare sulla spesa fatta per altri, maggiorando, a proprio vantaggio, i prezzi d'acquisto.

crestàia *s. f.* Modista.

crestàto *agg.* Che ha la cresta.

crestìna *s. f.* Cuffietta o acconciatura bianca che completa l'uniforme delle cameriere.

crestomazìa *s. f.* Antologia.

créta *s. f.* ***1*** (*miner.*) Varietà di calcare farinoso, di color bianco, non cementato, formato da sedimenti di minutissimi organismi marini. ***2*** Oggetto di creta.

cretàceo ***A*** *agg.* ***1*** Che ha la natura, l'aspetto, della creta. ***2*** (*geol.*) Che si riferisce al Cretaceo. ***B*** *s. m.* Ultimo periodo dell'era Mesozoica.

cretinàta *s. f.* Azione, frase da cretino.

cretinerìa *s. f.* ***1*** L'essere cretino; SIN. Stupidità. ***2*** Azione, discorso da cretino.

cretinìṣmo *s. m.* ***1*** Ritardo dello sviluppo mentale e fisico con note di insufficienza tiroidea. ***2*** (*est.*) Imbecillità, balordaggine.

cretìno *agg.; anche s. m.* (*f. -a*) ***1*** Affetto da cretinismo. ***2*** (*est.*) Che (o chi) manifesta o rivela stupidità; SIN. Imbecille, stupido.

cretonne /*fr.* krə'tɔn/ *s. f. inv.* Tessuto di cotone, stampato a colori vivaci, usato spec. per tappezzerie.

cretóso *agg.* Detto di terreno ricco di creta.

crètto *s. m.* (*raro, tosc.*) Crepatura non molto larga in muri, lamiere e sim.

cri o *cri cri inter.* Riproduce il verso del grillo.

cribràre *v. tr.* ***1*** (*lett.*) Passare al cribro. ***2*** (*fig.*) Esaminare con cura.

crìbro *s. m.* (*raro, lett.*) Vaglio, crivello.

cribróso *agg.* ***1*** Bucherellato. ***2*** Detto di formazione animale o vegetale attraversata da canalicoli.

cric (1) *inter.* Riproduce lo scricchiolio del ghiaccio, del vetro o sim. che si rompe o si incrina, il rumore di un congegno metallico che scatta e sim.

cric (2) V. *cricco*.

crìcca *s. f.* Gruppo di persone che si favoriscono a vicenda a danno degli altri; SIN. Camarilla, combriccola, consorteria.

cricchiàre *v. intr.* (*io cricchio; aus. avere*) Fare cric, scricchiolare.

crìcchio *s. m.* Rumore secco di cosa che si rompe, si incrina e sim.

crìcco o *cric* (2) *s. m.* (*pl. -chi*) Attrezzo che, a mezzo di un'asta di ferro e di un ingranaggio, solleva grandi pesi a piccola altezza | Martinetto.

cricèto *s. m.* Piccolo mammifero dei Roditori con corpo tozzo, coda breve, pelame rosso-giallastro e nero e caratteristiche tasche sulle guance. [→ ill. *animali* 16]

cricket /*ingl.* 'krikit/ *s. m. inv.* Gioco inglese, praticato all'aria aperta, in cui ciascuna di due squadre antagoniste cerca di lanciare la palla, con una mazza, per colpire la porta avversaria e farla cadere.

cricòide *s. f.* (*anat.*) Cartilagine laringea ad anello, al di sopra della trachea.

cri cri V. *cri*.

criminàle ***A*** *agg.* ***1*** Che riguarda il crimine: *indagine* –. ***2*** Criminoso: *atto* –. ***B*** *s. m. e f.* Individuo con forte tendenza a un comportamento antisociale; SIN. Delin-

quente.
criminalista *s. m. e f.* (*pl. m. -i*) Penalista.
criminalità *s. f.* **1** Condizione di criminale. **2** Complesso di attività criminali; SIN. Delinquenza.
crìmine *s. m.* Delitto particolarmente efferato.
criminologìa *s. f.* (*pl. -gie*) Scienza che studia i crimini e i criminali.
criminòlogo *s. m.* (*f. -a; pl. m. -gi*) Studioso di criminologia.
criminosità *s. f.* L'essere criminoso.
criminóso *agg.* Che ha i caratteri di delitto.
crinàle *s. m.* Linea che si snoda sui punti culminanti di una catena montuosa. [→ ill. *geografia*]
crìne *s. m.* **1** Pelo della criniera e della coda di vari animali, spec. del cavallo. **2** — *vegetale*, fibra fornita dalle foglie di alcune piante. **3** Materia formata da crini animali o vegetali, usata per imbottiture. **4** (*lett., est.*) Chioma, capigliatura.
crinièra *s. f.* **1** Insieme dei crini ricadenti dalla parte superiore del collo del cavallo, del leone e sim. [→ ill. *cavallo, zoologia*] **2** (*est.*) Capigliatura umana ricca e folta.
crinìto *agg.* (*lett.*) Fornito di criniera.
crinòidi *s. m. pl.* (*sing. -e*) Classe di Echinodermi marini dal corpo a forma di calice delicatamente colorato da cui si dipartono bracci ramificati.
crinolìna *s. f.* Sottogonna di tessuto resistente, tenuta allargata per mezzo di cerchi, portata con le gonne degli abiti ottocenteschi. [→ ill. *vesti*]
crìo- *primo elemento*: in parole composte scientifiche significa 'freddo' o 'ghiaccio': *crioscopia, crioterapia.*
criobiologìa *s. f.* Scienza che studia l'uso delle bassissime temperature per la conservazione delle cellule viventi.
criogenìa *s. f.* Produzione di temperature bassissime.
crioidràto *s. m.* Soluzione di un sale in acqua in proporzioni tali da dare il più basso punto di congelamento.
criolìte *s. f.* (*miner.*) Minerale composto di fluoro, alluminio e sodio.
crioscopìa *s. f.* Parte della chimica fisica che studia l'abbassamento del punto di congelamento di un determinato solvente per dissoluzione in esso di una data sostanza.
crioterapìa *s. f.* Procedimento terapeutico fondato sull'impiego delle basse temperature.
crìpta *s. f.* Sotterraneo di una chiesa, spesso adibito a sepoltura e talora con funzione di cappella. [→ ill. *basilica cristiana*]
crìptico *agg.* (*pl. m. -ci*) (*lett.*) Misterioso.
crìpto o *krypton s. m.* Elemento chimico, gas nobile, incolore, inodoro, presente nell'aria; si ottiene per distillazione frazionata dell'aria liquida. SIMB. Kr.
crìpto- o *crìtto- primo elemento*: in parole composte significa 'nascosto' oppure 'simulato': *criptoportico, crittogramma.*
criptopòrtico *s. m.* (*pl. -ci*) Portico semisotterraneo, illuminato da ampie finestre, che in età romana collegava due edifici.
crisàlide *s. f.* Stadio di sviluppo delle farfalle intermedio fra il bruco e la forma adulta, determinato dal richiudersi della larva all'interno del bozzolo. [→ ill. *baco da seta*]
crisantèmo *s. m.* Pianta erbacea delle Sinandrali con fiori grandi in capolini di vario colore. [→ ill. *piante* 14]
criselefantìno o *crisoelefantino agg.* Composto di oro e avorio: *statue criselefantine.*
crìsi *s. f.* **1** (*med.*) Rapido mutamento del decorso di una malattia. **2** Accesso: — *epilettica*; — *di nervi.* **3** Fase della vita individuale o collettiva, particolarmente difficile da superare e suscettibile di sviluppi più o meno gravi: — *morale, religiosa*; — *dinastica* | — *di coscienza*, profondo turbamento spirituale, morale, religioso e sim., che comporta scelte e decisioni spesso definitive | — *economica*, rallentamento nell'attività economica | — *governativa, ministeriale, di gabinetto, di governo*, cambiamento nel governo di uno Stato, con le dimissioni del ministero in carica e le trattative per la composizione del nuovo | *Essere, mettere in* —, in difficoltà.
crìsma *s. m.* (*pl. -i*) **1** Olio consacrato dal vescovo il Giovedì Santo che, con aggiunta di balsamo, serve nell'amministrare i sacramenti del battesimo, della cresima, dell'ordine e dell'estrema unzione. **2** (*fig.*) Approvazione, convalida data da un superiore, da un'autorità e sim. | *Con tutti i crismi*, con l'osservanza di tutte le norme richieste.
crismàle **A** *agg.* Relativo al crisma. **B** *s. m.* Panno con il quale si copre la mensa degli altari consacrati con crisma.
crisoberìllo *s. m.* Ossido di berillio e alluminio, di colore gialliccio e di grande durezza.
crisocàlco *s. m.* (*pl. -chi*) Oricalco.
crisoelefantìno V. *criselefantino.*
crisòlito *s. m.* (*miner.*) Varietà di olivina in cristalli limpidi e di color verde, usati come pietra ornamentale.
crisopràsio *s. m.* (*miner.*) Varietà di calcedonio di color verde.
cristallerìa *s. f.* **1** Insieme degli oggetti di cristallo da tavola. **2** Fabbrica di cristalli.
cristallièra *s. f.* Mobile a ripiani, con parte delle pareti in vetro o cristallo.
cristallìno o (*raro*) *cristàllino* nel sign. B. **A** *agg.* **1** Di cristallo: *vaso* —. **2** Che ha la luminosità, la limpidezza del cristallo: *acqua cristallina.* **3** (*fig.*) Limpido, puro: *carattere* — | *Voce cristallina*, chiara, sonora. **4** (*miner.*) Detto di minerale che si presenta sotto forma di cristalli. **B** *s. m.* (*anat.*) Struttura a forma di lente biconvessa nella parte anteriore dell'occhio, con funzioni di accomodamento dell'immagine. [→ ill. *anatomia umana*]
cristallizzàre **A** *v. intr. e intr. pron.* (*aus. essere*) **1** (*miner.*) Passare dallo stato liquido, di soluzione o di vapore, allo stato cristallino. **2** (*fig.*) Rimanere legato a idee ben definite, rifiutando qualsiasi progresso: *cristallizzarsi in un'idea.* **B** *v. tr.* Sottoporre a cristallizzazione: — *un sale.*
cristallizzatóre *s. m.* **1** Apparecchio in cui si opera una cristallizzazione. **2** Operaio addetto a tale apparecchio.
cristallizzazióne *s. f.* **1** Fenomeno chimico-fisico per cui una sostanza passa da altro stato allo stato cristallino. **2** (*fig.*) Il fissare idee, convinzioni e sim. senza più mutarle: *la — della cultura.*
cristàllo *s. m.* **1** (*miner.*) Corpo solido, di forma poliedrica, omogeneo e anisotropo, di origine naturale: *un — di pirite, di calcite* | — *di rocca*, varietà di quarzo incolore e trasparente. **2** Vetro trasparente, incolore, a elevata rifrangenza, usato nella vetreria di lusso e in applicazioni tecnico-scientifiche: preparato con silice, ossido di piombo e carbonato potassico | (*est.*) Lastra di vetro di dimensioni varie: *il — della finestra.*
cristallochìmica *s. f.* Disciplina che studia i rapporti esistenti tra struttura e composizione chimica di un cristallo.
cristallografìa *s. f.* Parte della mineralogia che studia la struttura dei cristalli.
cristallogràfico *agg.* (*pl. m. -ci*) Della cristallografia. [→ ill. *cristalli*]
cristallògrafo *s. m.* (*f. -a*) Studioso di cristallografia.
cristallòide **A** *agg.* Detto di sostanza che può assumere la struttura cristallina. **B** *s. m.* (*anat.*) Membrana della camera anteriore dell'occhio.
cristianaménte *avv.* Da cristiano | In modo amorevole | In modo decente.
cristianésimo *s. m.* Religione predicata da Gesù Cristo | Complesso di istituzioni e forme di civiltà che derivano dalla religione del Cristo.
cristiània *s. m. inv.* Nello sci, sistema per effettuare un cambiamento di direzione a sci generalmente uniti e paralleli.
cristianità *s. f.* **1** Condizione di cristiano. **2** Universalità dei cristiani | Insieme dei paesi abitati dai cristiani.
cristianizzàre *v. tr.* Convertire al cristianesimo.
cristiàno **A** *agg.* **1** Relativo a Gesù Cristo: *religione cristiana* | *Era cristiana*, che inizia con la nascita di Cristo. **2** Che professa la fede di Cristo | Che appartiene al cristianesimo. **3** (*est.*) Buono, caritatevole: *parole cristiane* | (*est., fam.*) Decoroso, conveniente. **B** *s. m.* (*f. -a*) **1** Chi accetta la fede nel Cristo o segue la religione cristiana in una delle sue confessioni. **2** (*fam.*) Essere umano | *Buon* —, *povero* —, brav'uomo.
Cristo (*cristo* nel sign. 3) *s. m.* **1** Appellativo di Gesù (dal gr. *Christós*, che significa l'Unto, il Consacrato): — *in croce*; — *re* | *Anni dopo* —, che si contano dalla nascita di Cristo. **2** (*est.*) Immagine di Cristo, spec. crocifisso, dipinta o scolpita: — *di Leonardo.* **3** *Nella loc. Un povero cristo*, persona malridotta, maltrattata e sim.

cristologia *s. f.* (*pl. -gie*) Parte della teologia che tratta la natura del Cristo | Scienza storica che riguarda la figura del Cristo.

critèrio *s. m.* **1** Norma, fondamento per giudicare, distinguere, valutare e sim.; SIN. Regola. **2** Facoltà di giudicare rettamente | Buon senso, senno: *quel ragazzo non ha* —; SIN. Discernimento, senno.

critèrium *s. m. inv.* Competizione sportiva riservata a determinate categorie di concorrenti: — *ciclistico, ippico.*

critica *s. f.* **1** Esame a cui la ragione sottopone fatti e teorie per determinare in modo rigoroso certe loro caratteristiche. **2** Esame di opere artistiche, spec. a fini di valutazione estetica: — *letteraria*; — *d'arte.* **3** Scritto di critica letteraria, cinematografica, teatrale e sim. **4** L'insieme dei critici e dei loro scritti. **5** (*fam.*) Giudizio negativo, biasimo.

criticàbile *agg.* Che si può criticare; SIN. Discutibile.

criticaménte *avv.* Con intento o metodo critico.

criticàre *v. tr.* (*io crìtico, tu crìtichi*) **1** Sottoporre a esame critico: — *un'opera d'arte.* **2** Giudicare biasimando e disapprovando; SIN. Biasimare, disapprovare.

criticismo *s. m.* Qualsiasi dottrina filosofica che intenda mostrare i limiti e le possibilità della ragione | (*per anton.*) La filosofia di Kant.

criticità *s. f.* **1** Qualità di ciò che è critico. **2** Stato di un reattore nucleare, nel quale si è innescata e si mantiene la reazione a catena delle fissioni.

critico A *agg.* (*pl. m. -ci*) **1** Che è pertinente alla critica | *Saggio* —, monografia di argomento letterario, filosofico e sim. **2** Che biasima, condanna: *spirito* —. **3** Che è proprio di una crisi: *circostanza critica* | *Età critica*, pubertà, menopausa, climaterio. **B** *s. m.* (*pl. -ci;* V. nota d'uso FEMMINILE) Chi esercita professionalmente la critica artistica.

criticóne *s. m.* (*f. -a*) (*fam.*) Chi trova da ridire su tutti e su tutto.

critto- V. *cripto-*.

crittògama *s. f.* Pianta che non ha organi di riproduzione visibili | Pianta non fanerogama | — *della vite*, malattia della vite provocata da un fungo parassita.

crittogàmico *agg.* (*pl. m. -ci*) Di crittogama.

crittografia *s. f.* **1** Sistema segreto di scrittura in codice. **2** Gioco enigmistico consistente in una specie di rebus letterale molto oscuro.

crittogràmma *s. m.* (*pl. -i*) **1** Testo redatto in cifra. **2** In enigmistica, crittografia.

crivellàre *v. tr.* (*io crivèllo*) **1** Passare al crivello, al setaccio. **2** Bucare come un crivello: *gli crivellarono il corpo di pallottole.*

crivellatùra *s. f.* Operazione del crivellare | Ciò che resta nel crivello.

crivèllo *s. m.* Buratto, vaglio.

croccànte A *agg.* Detto di pane, dolce e sim. ben cotto che scricchiola sotto i denti. **B** *s. m.* Dolce di mandorle tostate e zucchero cotto. [→ ill. *dolciumi*]

crocchétta *s. f.* Polpettina bislunga di riso, carne, patate o altro, passata nell'uovo e fritta.

cròcchia *s. f.* Acconciatura femminile dei capelli, raccolti a spirale sul capo. [→ ill. *acconciatura*]

crocchiàre *v. intr.* (*io cròcchio; aus. avere*) **1** (*raro*) Scricchiolare. **2** Produrre un suono sordo, detto di oggetti rotti o incrinati, spec. vasi di terracotta, o dei ferri di cavallo non fermati bene allo zoccolo. **3** Chiocciare, detto spec. della gallina.

cròcchio *s. m.* Gruppo di persone che discutono o chiacchierano.

cróce *s. f.* **1** Antico strumento di tortura, composto da due tronchi fissati trasversalmente, cui veniva inchiodato il condannato e lasciato morire | *Mettere in* —, (*fig.*) tormentare. **2** (*per anton.*) Patibolo di Gesù: *Cristo in* — | Riproduzione della croce, come simbolo del cristianesimo | *Segno della* —, gesto rituale che santifica il fedele, e consistente nel portare la mano destra successivamente alla fronte, al petto, alla spalla sinistra e alla spalla destra | *Essere come il diavolo e la* —, (*fig.*) essere del tutto in contrasto. [→ ill. *religione*] **3** Oggetto, segno, simbolo a forma di croce | *La — degli analfabeti*, segno sostitutivo della firma | *Punto in, a* —, punto di ricamo con passate di filo disposte a croce obliqua | *Fare a testa e* —, *fare a testa o* —, *fare testa e* —, gettare una moneta in aria, tentando di indovinare quale delle due facce, una volta ricaduta la moneta, resterà visibile | *In* —, riferito a due oggetti posti trasversalmente l'uno all'altro | *A occhio e* —, pressappoco, all'incirca | *Fare una — sopra a q.c.*, (*fig.*) non pensarci più. [→ ill. *teatro, tessuto*] **4** (*fig.*) Tormento, pena | *Gettare, mettere, gridare la— addosso a qc.*, biasimarlo, addossargli la responsabilità di q.c. | (*lett.*) — *e delizia*, riferito a qc. o q.c. che è insieme fonte di sofferenza e di piacere. **5** Emblema e nome di vari enti per il soccorso urgente a malati e feriti: *Croce Rossa*; *Croce Verde.* **6** (*arald.*) Fregio a forma di croce usato come insegna di un ordine cavalleresco o come decorazione | — *di Sant'Andrea*, a forma di X. [→ ill. *araldica*] [→ tav. *proverbi* 6, 314; → tav. *locuzioni* 34]

crocefiggere e deriv. V. *crocifiggere* e deriv.

cròceo *agg.* (*lett.*) Che ha il colore del croco.

crocerista *s. m. e f.* (*pl. m. -i*) Chi partecipa a una crociera.

crocerossina *s. f.* Infermiera della Croce Rossa.

crocesegnàre *v. tr.* (*io croceségno*) Sottoscrivere un documento o sim. con una croce.

crocevìa *s. m. inv.* Incrocio di più vie; SIN. Crocicchio.

crochet /fr. krɔ'ʃɛ/ *s. m. inv.* (*pl. fr. crochets* /krɔ'ʃɛ/) **1** Uncinetto. **2** Nel pugilato, gancio.

crociàta *s. f.* **1** Ciascuna delle spedizioni militari che i paesi cristiani effettuarono nei sec. XI-XII in Palestina con lo scopo dichiarato di liberare il Santo Sepolcro dai Musulmani. **2** (*fig.*) Azione pubblica promossa per scopi sociali, politici, religiosi, morali e sim.: — *contro l'analfabetismo.*

crociàto A *agg.* A forma di croce | *Parole crociate*, cruciverba. [→ ill. *botanica*] **B** *s. m.* **1** Soldato di una crociata. **2** (*fig., raro*) Chi lotta per un ideale.

crocicchio *s. m.* Luogo in cui si incrociano più strade;

cristalli

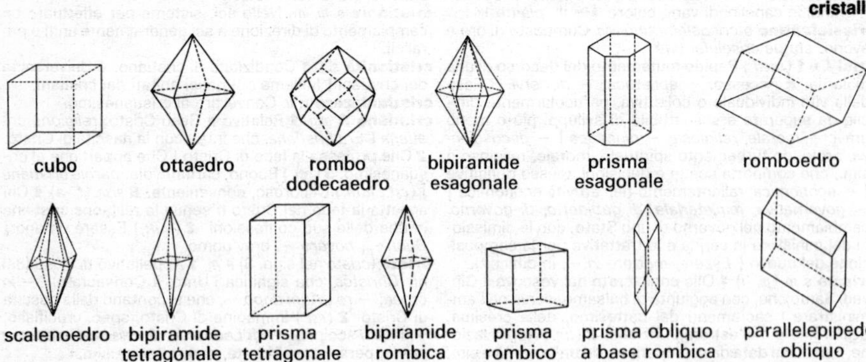

SIN. Crocevia, incrocio.
crocidàre *v. intr.* (*io cròcido; aus. avere*) (*lett.*) Emettere un verso rauco e breve, detto spec. del corvo e della cornacchia.
crocièra (1) *s. f.* **1** Disposizione di linee, liste, barre e sim. che si intersecano a forma di croce. [→ ill. *architettura*] **2** Nelle chiese a pianta cruciforme, incrocio fra la navata principale e il transetto. **3** Volta risultante dall'intersezione di due intradossi a botte: *volta a* –.
crocièra (2) *s. f.* **1** Navigazione lungo un tratto di mare determinato, a scopo di sorveglianza o ricerca o guerra. **2** Volo a quota e velocità regolare per il miglior impiego dell'aereo | *Velocità di* –, la velocità a cui può viaggiare costantemente un mezzo di trasporto. **3** Viaggio per mare, spec. per diporto, con soste intermedie.
Crocifere *s. f. pl.* Famiglia di piante erbacee delle Papaverali con fiori formati da quattro petali e quattro sepali disposti diagonalmente gli uni rispetto agli altri a formare una croce, e frutti a siliqua. [→ ill. *piante* 5]
crocifero *agg.* (*lett.*) Che porta la croce.
crocifiggere o *crocefiggere* **A** *v. tr.* (*coniug. come figgere; part. pass. crocifisso*) **1** Sottoporre al supplizio della croce. **2** (*fig.*) Tormentare. **B** *v. rifl.* (*fig.*) Mortificarsi.
crocifissióne o *crocefissióne s. f.* **1** Il supplizio della croce | (*per anton.*) Il supplizio di Gesù. **2** Rappresentazione, spec. pittorica, del supplizio di Cristo.
crocifisso o *crocefisso* **A** *part. pass. di crocifiggere*; *anche agg.* Messo in croce. **B** *s. m.* **1** Gesù crocifisso. **2** (*fig.*) Rappresentazione, spec. scultoria, di Gesù in croce. [→ ill. *religione*]
cròco *s. m.* (*pl. -chi*) **1** Pianta erbacea delle Liliflore, bulbosa, spontanea, con foglie lineari a ciuffo e fiori di vari colori | Zafferano. **2** (*lett.*) Colore giallo aranciato tipico dello zafferano.
cròda *s. f.* Tipica struttura rocciosa dolomitica con pareti nette e spigoli vivi.
crodaiòlo *s. m.* Nell'alpinismo, arrampicatore che pratica spec. scalate nelle cime dolomitiche.
crogiolàre **A** *v. tr.* (*io crògiolo*) **1** Cuocere a fuoco lento. **2** Mettere oggetti di vetro appena lavorati e ancora caldi nella camera di ricottura. **B** *v. intr. pron.* (*fig.*) Bearsi, compiacersi di una situazione particolarmente piacevole: *crogiolarsi al sole*; SIN. Deliziarsi, dilettarsi.
crogiòlo *s. m.* **1** Recipiente di terra refrattaria dove si fondono i metalli. [→ ill. *chimico, orafo e argentiere, metallurgia*] **2** (*fig.*) Ambiente, esperienza e sim. che permette la fusione di elementi diversi: *un* – *di usanze, di razze.*
croissant /*fr.* krwa'sã/ *s. m. inv.* (*pl. fr. croissants* /krwa'sã/) Panino dolce a forma di mezzaluna; SIN. Cornetto. [→ ill. *dolciumi*]
crollàre **A** *v. tr.* (*io cròllo*) Muovere dimenando in qua e in là | – *il capo*, in segno di diniego; SIN. Scuotere, tentennare. **B** *v. intr.* (*aus. essere*) **1** Cadere, rovinare al suolo: *il pone sta crollando*; SIN. Precipitare. **2** (*est.*) Lasciarsi cadere di schianto, per improvviso dolore e sim.: *alla notizia crollò sulla sedia.* **3** (*fig.*) Essere distrutto.
cròllo *s. m.* **1** Scuotimento, forte scossa | *Dare un* –, scuotere. **2** Caduta improvvisa: *il* – *di un ponte.* **3** (*fig.*) Caduta definitiva: *il* – *delle nostre speranze* | Forte, improvvisa diminuzione: – *dei prezzi.*
cròma *s. f.* (*mus.*) Figura di nota, il cui valore corrisponde a 1/8 di semibreve.
cromàre *v. tr.* (*io cròmo*) Ricoprire un metallo con un rivestimento di cromo.
cromàtico **A** *agg.* (*pl. m. -ci*) **1** Che concerne i colori. **2** (*mus.*) Che procede per semitoni. **B** *s. m.* Suono o canto cromatico.
cromatina *s. f.* Sostanza presente nel nucleo delle cellule, composta spec. di acido desossiribonucleico, che dà origine ai cromosomi. [→ ill. *cellula*]
cromatismo *s. m.* **1** In pittura, tendenza a usare con molto spicco i colori. **2** Procedimento musicale basato sull'inserzione nella scala diatonica dei suoni alterati di un semitono. **3** Imperfezione d'una lente o di un sistema ottico, che dà immagini con bordi colorati.
cromàto (1) *part. pass. di cromare; anche agg.* Rivestito di cromo.
cromàto (2) *s. m.* (*chim.*) Sale o estere dell'acido cromico.
cromatografia *s. f.* Metodo per identificare, separare, analizzare i componenti di un miscuglio in soluzione, basato sulle diverse velocità di percolazione dei componenti su un supporto poroso.
cromatóre *s. m.* (*f. -trice*) Chi esegue cromature.
cromatùra *s. f.* Operazione del cromare | Rivestimento di cromo.
cròmico *agg.* (*pl. m. -ci*) Detto di composto del cromo trivalente | *Acido* –, acido inorganico di uso industriale.
cromite *s. f.* Minerale, ossido di cromo e ferro, da cui si estrae il cromo.
cròmo *s. m.* Elemento chimico, metallo, grigio-bianco, lucente, duro, fragile, usato per ricoprire metalli e nella produzione di numerose leghe. SIMB. Cr.
cròmo-, -cròmo *primo e secondo elemento*: in parole composte di origine dotta o scientifiche significa 'colore', 'pigmento' e sim.: *cromofotografia, policromo.*
cromofotografia *s. f.* Fotografia a colori.
cromolitografia *s. f.* Litografia a colori.
cromoplàsto *s. m.* Corpuscolo delle cellule vegetali, contenente i pigmenti.
cromosfèra *s. f.* La parte più bassa dell'atmosfera solare o di una stella.
cromosòma *s. m.* (*pl. -i*) Ciascuno degli organuli presenti nel nucleo delle cellule, in cui hanno sede i geni portatori dei caratteri ereditari. [→ ill. *cellula*]
cromotipia *s. f.* Stampa a colori.
crònaca *s. f.* **1** Narrazione, per lo più con intento storico, di fatti registrati secondo l'ordine della loro successione. **2** Narrazione, descrizione particolareggiata: *ci ha fatto la* – *della serata.* **3** Informazione scritta su eventi nazionali e internazionali di maggior interesse, fornita dai giornali: – *teatrale, giudiziaria* | – *nera*, su delitti, sciagure e sim. | – *bianca*, su eventi cittadini di interesse generale.
cronachista *s. m.* (*pl. -i*) Autore di cronache.
cronicàrio *s. m.* Ospedale per malati cronici.
cronicità *s. f.* Stato di cronico.
cronicizzazióne *s. f.* L'assumere il carattere di cronicità, detto spec. di malattie.
crònico **A** *agg.* (*pl. m. -ci*) **1** Di malattia ad andamento prolungato; CFR. Acuto. **2** (*est.*) Persistente, radicato: *mania cronica.* **B** *agg.; anche s. m.* (*f. -a*) Affetto da malattia cronica.
cronista *s. m. e f.* (*pl. m. -i*) **1** Antico scrittore di cronache. **2** In un giornale, redattore addetto ai servizi di cronaca.
cronistòria *s. f.* **1** Storia che segue strettamente il puro ordine cronologico. **2** (*est.*) Racconto particolareggiato.
cròno-, -crono *primo e secondo elemento*: in parole composte di origine dotta o scientifiche significa 'tempo': *cronologia, cronometro, sincrono.*
cronògrafo *s. m.* Cronometro che, oltre a misurare intervalli di tempo con la necessaria precisione, permette di registrarli. [→ ill. *fisica, orologio, sport, misure*]
cronologia *s. f.* (*pl. -gìe*) **1** Ordinamento in successione nel tempo di determinati fatti. **2** Scienza che studia l'esatta misurazione del tempo.
cronològico *agg.* (*pl. m. -ci*) Che riguarda la cronologia.
cronologista *s. m. e f.* (*pl. m. -i*) Studioso di cronologia.
cronometràggio *s. m.* Operazione del cronometrare.
cronometràre *v. tr.* (*io cronòmetro*) Misurare con precisione il tempo impiegato nello svolgimento di un'azione, una prova sportiva e sim.
cronometria *s. f.* Disciplina che si occupa della misura del tempo.
cronomètrico *agg.* (*pl. m. -ci*) **1** Relativo alla cronometria. **2** Relativo a un cronometro. **3** (*fig.*) Puntuale come un cronometro: *precisione cronometrica.*
cronometrista *s. m. e f.* (*pl. m. -i*) Persona incaricata di misurare i tempi.
cronòmetro *s. m.* **1** Apparecchio per la misurazione del tempo | Orologio di alta precisione. **2** (*pop.*) Cronografo da polso.
croquet /*ingl.* 'kroukei/ *s. m. inv.* Gioco analogo al golf a percorso obbligato.
crosciàre *v. intr.* (*io cròscio; aus. avere e essere*) **1** (*lett.*) Produrre un rumore forte e continuato cadendo con violenza, detto della pioggia, dell'acqua e sim. **2** (*lett.*) Frusciare.
cròscio *s. m.* (*lett.*) Il crosciare.

cross /*ingl.* krɔs/ *s. m. inv.* (*pl. ingl. crosses* /'krɔsiz/) Nel calcio, traversone | Nel pugilato, diretto.
crossàre *v. intr.* (*io cròsso; aus. avere*) Nel calcio, centrare.
cross-country /*ingl.* krɔs 'kʌntri/ *loc. sost. m. inv.* Nell'ippica, nel ciclismo e nel motociclismo, corsa campestre.
crossopterìgi *s. m. pl.* (*sing. -e*) Sottoclasse di pesci ossei, rappresentata dal solo genere vivente Latimeria.
cròsta *s. f.* ***1*** Strato esterno indurito che ricopre la superficie di alcuni corpi, cibi e sim.: *una — di ghiaccio; la — del pane.* ***2*** (*fig.*) Aspetto superficiale che nasconde la realtà: *la sua disinvoltura è una —.* ***3*** *— terrestre*, strato superficiale solido della Terra. [→ ill. *geografia*] ***4*** Sangue e siero disseccato sopra una ferita | *— lattea*, eczema sul capo e sul viso del lattante. ***5*** Guscio dei crostacei. ***6*** *— di un dipinto*, squama di colore che si stacca da un dipinto antico | (*fig., spreg.*) Dipinto privo di valore artistico.
Crostàcei *s. m. pl.* (*sing. -o*) Classe di artropodi per lo più acquatici, con il corpo diviso in cefalotorace e addome, generalmente rivestito dal carapace, due paia di antenne, respirazione branchiale, arti in numero variabile, di cui il primo paio è trasformato in chele. [→ ill. *animali* 3, *zoologia*]
crostàta *s. f.* Dolce di pasta frolla cotta al forno e ricoperta di marmellata. [→ ill. *dolciumi*]
crostìno *s. m.* Fettina o dadino di mollica di pane dorato in burro o olio.
crostóne *s. m.* ***1*** Formazione calcarea che si oppone alla penetrazione delle radici nel terreno. ***2*** Grosso crostino di pane abbrustolito.
crostóso *agg.* Ricoperto di croste.
cròtalo *s. m.* ***1*** Serpente con apparato velenoso sviluppatissimo e l'estremità della coda munita di un sonaglio formato di anelli cornei articolati l'uno con l'altro | Correntemente, serpente a sonagli. [→ ill. *animali* 7] ***2*** *spec. al pl.* Nacchere.
cròton *s. m.* Nel linguaggio dei giardinieri, pianta ornamentale delle Euforbiali con foglie spesse, verdi, screziate di bianco o rosso. [→ ill. *piante* 4]
croupier /*fr.* kru'pje/ *s. m. inv.* (*pl. fr. croupiers* /kru'pje/) Banchiere, nelle case o sale da gioco.
crown /*ingl.* 'kraun/ *s. m. inv.* Vetro d'ottica di basso potere dispersivo.
crucciàre ***A*** *v. tr.* (*io crùccio*) Tormentare, addolorare. ***B*** *v. intr. pron.* Darsi pena; SIN. Affliggersi, tormentarsi.
crucciàto *part. pass. di crucciare; anche agg.* Addolorato, afflitto.
crùccio *s. m.* Dolore morale, corruccio; SIN. Afflizione, pena, tormento.
cruciàle *agg.* Che richiede inevitabilmente una decisione; SIN. Decisivo, critico.
crucifige /*lat.* krutʃi'fidʒe/ *s. m. inv.* ***1*** Grido di coloro che vollero il supplizio di Gesù. ***2*** (*fig.*) Persecuzione, condanna faziosa.
crucifórme *agg.* Fatto a forma di croce.
cruciverba *s. m. inv.* Gioco enigmistico consistente nel trovare, sulla scorta del senso indicato, parole le cui lettere si allogano in caselle disposte in colonne che si incrociano tra loro.
crudèle *agg.* ***1*** Che non prova pietà o rimorso nel procurare sofferenza agli altri: *tiranno, principe —* | Insensibile, senza pietà: *cuore —*; SIN. Disumano, spietato. ***2*** Che reca afflizione, dolore, sofferenza: *morte —*; SIN. Doloroso, tormentoso.
crudeltà *s. f.* ***1*** Qualità di crudele; SIN. Disumanità, ferocia. ***2*** Atto crudele; SIN. Barbarie.
crudézza *s. f.* ***1*** (*lett.*) Qualità di crudo. ***2*** Rigidezza, inclemenza del clima. ***3*** (*fig.*) Asprezza, durezza.
crùdo *agg.* ***1*** Non sottoposto all'azione del fuoco o del calore: *carne cruda* | Non cotto a sufficienza: *minestra cruda* | *Seta cruda*, non tinta | *Ferro —*, non raffinato. ***2*** Rigido, inclemente: *clima, inverno —.* ***3*** (*fig.*) Brusco, reciso, aspro: *parole crude* | (*lett.*) Spietato, crudele: *una cruda condanna.*
cruènto *agg.* (*lett.*) Che comporta spargimento di sangue: *battaglia cruenta*; CONTR. Incruento.
cruiser /*ingl.* 'kru:zə/ *s. m. inv.* (*pl. ingl. cruisers* /'kru:zəz/) Imbarcazione a motore attrezzata da crociera.
crumiràggio *s. m.* Atto, comportamento da crumiro.
crumìro *s. m.* (*f. -a*) (*spreg.*) Lavoratore che rifiuta di scioperare o accetta di lavorare in luogo degli scioperanti.
crùna *s. f.* Piccolo foro, all'estremità di un ago da cucire, attraverso il quale passa il filo. [→ ill. *tessuto*]
cruóre *s. m.* (*lett.*) Sangue che sta per coagularsi | (*est., poet.*) Sangue.
cruràle *agg.* Relativo alla gamba o alla coscia.
crùsca *s. f.* ***1*** Bucce di semi di grano o di biada macinata separate da quasi tutta la farina. ***2*** Titolo e sede dell'Accademia sorta a Firenze nel XVI sec. col proposito di salvaguardare la purezza della lingua | *Vocabolario della Crusca*, compilato dagli Accademici. ***3*** (*pop.*) Lentiggini. [→ tav. *proverbi* 220]
cruscànte ***A*** *s. m.* Accademico della Crusca. ***B*** *agg.; anche s. m.* ***1*** Che (o chi) è ligio alle norme di purità linguistica. ***2*** (*scherz.*) Che (o chi) è pedante nel parlare e nello scrivere.
cruscheggiàre *v. intr.* (*io cruschéggio; aus. avere*) Parlare o scrivere con modi linguistici approvati dalla Crusca.
cruschèllo *s. m.* Tritello.
cruscóso *agg.* Pieno di crusca.
cruscòtto *s. m.* Pannello recante gli strumenti di guida e di comando di un veicolo.
ctenòfori *s. m. pl.* (*sing. -o*) Tipo di animali invertebrati marini, dotati di cellule secernenti sostanze adesive, e con corpo gelatinoso provvisto di otto lamelle con cui si muovono galleggiando sulla superficie marina.
cubàno *agg.; anche s. m.* (*f. -a*) Di Cuba.
cubàre *v. tr.* (*mat.*) Calcolare la terza potenza d'un numero | Calcolare il volume d'un solido.
cubatùra *s. f.* Misura e calcolo di un volume.
cubèbe *s. m.* Arbusto rampicante delle Piperacee i cui frutti immaturi sono simili ai grani del pepe.
cubétto *s. m.* ***1*** *Dim. di cubo.* ***2*** Piccolo oggetto a forma di cubo.
cubìa *s. f.* Ciascuno dei due fori a prora delle navi, dai quali passa la catena dell'ancora.
cubicità *s. f.* L'essere cubico.
cùbico *agg.* (*pl. m. -ci*) ***1*** Che ha forma di cubo. ***2*** (*mat.*) Di terzo grado, relativo alla terza potenza o radice: *radice cubica.*
cubìcolo *s. m.* Nell'antica casa romana, stanza da letto.
cubifórme *agg.* A forma di cubo.
cubilòtto *s. m.* Forno cilindrico, verticale, usato per fondere metalli, spec. ghisa. [→ ill. *metallurgia*]
cubìsmo *s. m.* Movimento affermatosi nelle arti figurative all'inizio del Novecento: caratterizzato da un'esasperata scomposizione delle figure umane e degli oggetti in forme geometriche.
cubista ***A*** *agg.* (*pl. m. -i*) Del cubismo. ***B*** *s. m. e f.* Artista che segue il cubismo.
cubitàle *agg.* ***1*** (*anat.*) Del cubito; SIN. Ulnare. ***2*** Di grandi dimensioni: *lettere cubitali.*
cubitièra *s. f.* Armatura del gomito. [→ ill. *armi*]
cùbito *s. m.* ***1*** (*lett.*) Gomito. ***2*** (*anat.*) Ulna. ***3*** Antica unità di misura di lunghezza.
cùbo ***A*** *s. m.* ***1*** (*mat.*) Poliedro regolare con sei facce quadrate uguali. [→ ill. *cristalli, geometria*] ***2*** (*est.*) Qualsiasi oggetto a forma di cubo. [→ ill. *giochi*] ***3*** (*mat.*) Terza potenza: *elevare al —.* ***B*** *agg.* Cubico: *metro —.*
cubòide ***A*** *agg.* Che ha all'incirca forma di cubo. ***B*** *s. m.* (*anat.*) Osso del tarso.
cucaracha /*sp.* kuka'ratʃa/ *s. f. inv.* (*pl. sp. cucarachas* /kuka'ratʃas/) Danza messicana e musica che la accompagna.
cuccàgna *s. f.* ***1*** Paese favoloso | (*est.*) Luogo in cui ognuno vive lietamente e senza pensieri. ***2*** Evento fortunato, occasione favorevole | *Albero della —*, nelle feste paesane, palo unto di sego o insaponato, alla cui sommità sono appesi premi vari destinati a chi, arrampicandosi, riesce a impadronirsene.
cuccàre *v. tr.* (*io cùcco, tu cùcchi*) (*fam.*) Ingannare, abbindolare.
cuccétta *s. f.* ***1*** *Dim. di cuccia.* ***2*** Lettino isolato, o sovrapposto ad altro uguale, nelle cabine delle navi, sui treni e sim.
cucchiàia *s. f.* ***1*** Grosso cucchiaio usato di solito per schiumare olio, brodo e sim. ***2*** Nelle draghe, secchione che, mosso da ruote e guide, morde il fondo, piglia e solleva fango, sassi e sim. ***3*** Attrezzo con cui si estrag-

gono i detriti di roccia dal fondo dei fori di sonda.

cucchiaiàta *s. f.* Quantità di cibo o di liquido contenuta in un cucchiaio.

cucchiaìno *s. m.* ***1*** *Dim. di cucchiaio.* [→ ill. *bar, stoviglie*] ***2*** Piccola cazzuola. ***3*** Esca metallica usata per la pesca al lancio.

cucchiàio *s. m.* ***1*** Utensile da tavola formato da una paletta ovale e concava con manico, con cui si porta alla bocca il cibo più o meno liquido. [→ ill. *cucina, stoviglie*] ***2*** Cucchiaiata: *un — di brodo.* ***3*** In varie tecnologie, utensile di dimensioni varie e di forma analoga a quella del cucchiaio: *il — del dentista, dell'escavatore.* [→ ill. *edilizia, medicina e chirurgia, pesca*]

cucchiaióne *s. m.* ***1*** *Accr. di cucchiaio.* ***2*** Grande cucchiaio usato per versare la minestra nei piatti. [→ ill. *stoviglie*]

cùccia *s. f.* (*pl. -ce*) ***1*** Giaciglio del cane. ***2*** (*fig., fam.*) Lettuccio, giaciglio.

cucciàre *v. intr. e intr. pron.* (*io cùccio; aus. essere*) Stare a cuccia, detto di cane.

cucciolàta *s. f.* Tutti i cuccioli nati in un parto da un animale | (*fig., fam.*) Figliolanza, prole.

cùcciolo ***A*** *s. m.* (*f. -a*) ***1*** Cane piccolo, nato da poco | Piccolo di animale. ***2*** (*fig.*) Persona giovane e inesperta. ***B*** *in funzione di agg.: cani cuccioli.*

cùcco (1) *s. m.* (*pl. -chi*) ***1*** Cuculo. ***2*** Persona sciocca, rimbambita: *vecchio —.*

cùcco (2) *s. m.* (*pl. -chi*) (*fig.*) Persona prediletta in una famiglia: *il — della mamma.*

cuccù v. *cucù.*

cùccuma *s. f.* Bricco.

cucina *s. f.* ***1*** Locale attrezzato per la preparazione e la cottura delle vivande: *utensili da —* | Complesso dei mobili e sim. con cui la cucina è arredata: *cambiare la —* | *— all'americana, componibile,* arredata con mobili componibili, di cui alcuni pensili. [→ ill. *casa, cucina, mobili*] ***2*** Atto del cucinare | *Fare la, da, —,* cucinare |

utensili da cucina

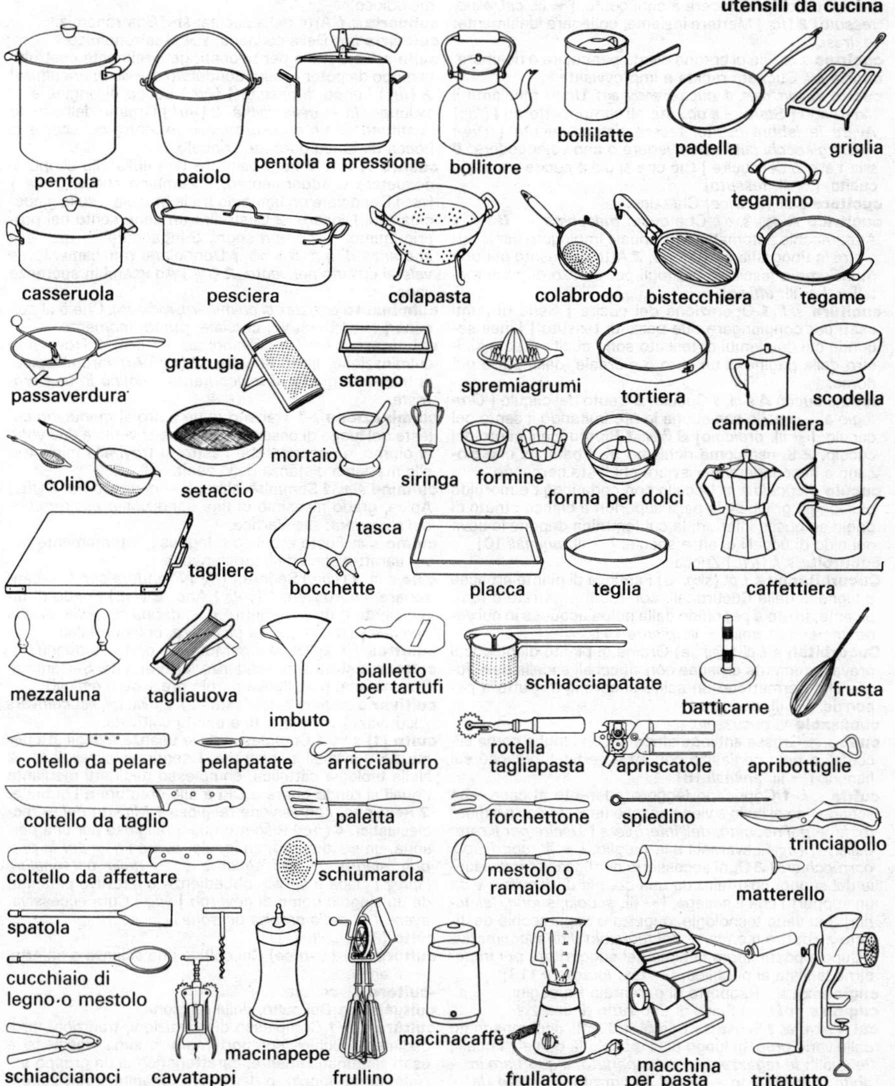

Modo in cui le vivande vengono preparate: — *bolognese*. **3** (*est.*) Le vivande stesse: — *elaborata, semplice*. **4** Apparecchio a fornelli per la cottura dei cibi: — *a legna, a gas* | — *economica*, (*fam.*) utilizzabile anche per il riscaldamento di ambienti. [→ ill. *elettrodomestici, riscaldamento*] [→ tav. *proverbi* 368]

cucinàre *v. tr.* **1** Preparare, cuocere le vivande. **2** (*fig.*, *fam.*) Accomodare, assestare: — *un compito* | (*scherz.*) Trattare in un dato modo | — *qc. per le feste*, ridurlo male.

cucinière *s. m.* (*f.* -*a*) Chi fa da mangiare, spec. in una comunità.

cucinino *s. m.* Piccolo vano adibito a cucina, comunicante col tinello.

cucinòtto *s. m.* Cucinino.

cucire *v. tr.* (*io cùcio*) **1** Congiungere pezzi di tessuto, pelle e sim. passando per essi un filo con l'ago | *Macchina da* o *per* —, apparecchio meccanico per la cucitura | (*fig.*) — *la bocca a qc.*, farlo tacere | *Cucirsi la bocca*, proporsi di tacere a ogni costo. [→ ill. *calzolaio, tessuto*] **2** (*fig.*) Mettere insieme, collegare idealmente: — *frasi*.

cucirìno *s. m.* Filo di cotone o seta per cucire o ricamare.

cucita *s. f.* Cucitura rapida e improvvisata.

cucito **A** *part. pass. di cucire; anche agg.* Unito mediante il filo e l'ago | *Stare — a qc.*, stargli sempre attorno | (*fig.*) *Avere le labbra cucite*, tacere ostinatamente | (*fig.*) *Avere gli occhi cuciti*, non vedere o non voler vedere. **B** *s. m.* Lavoro del cucire | Ciò che si deve cucire o si è già cucito. [→ ill. *tessuto*]

cucitóre *s. m.* (*f.* -*trice*) Chi cuce.

cucitrìce **A** *agg. solo f.* Che cuce: *macchina* —. **B** *s. f.* **1** Apparecchio automatico o manuale impiegato per la cucitura in tipografia e legatoria. **2** Attrezzo usato per unire insieme a fascicolo più fogli per mezzo di punti metallici. [→ ill. *ufficio*]

cucitùra *s. f.* **1** Operazione del cucire | Serie di punti usati per congiungere due pezzi di tessuto | Linea secondo cui due lembi di tessuto sono cuciti. **2** Lato sinistro della pagina di un libro o giornale, dalla parte del dorso.

cucù o *cuccù* **A** *s. m.* **1** Cuculo. **2** Canto del cuculo | *Orologio a* —, quello che suona le ore imitando il canto del cuculo. [→ ill. *orologio*] **B** *inter.* **1** Riproduce il canto del cuculo. **2** Si usa come richiamo fra i bambini che giocano a nascondersi per sviare chi li sta cercando.

cucùlo o *cùculo s. m.* Uccello con coda lunga e morbido piumaggio grigio sulle parti superiori e bianco striato di grigio su quelle inferiori, la cui femmina depone le uova nel nido di uccelli di altre specie. [→ ill. *animali* 10]

cucùrbita *s. f.* (*lett.*) Zucca.

Cucurbitàcee *s. f. pl.* (*sing.* -*a*) Famiglia di piante erbacee o legnose delle Cucurbitali, con fusto prostrato o rampicante, frutto a peponide dalla polpa acquosa in cui sono immersi i semi. [→ ill. *piante* 14]

Cucurbitàli *s. f. pl.* (*sing.* -*e*) Ordine di piante dicotiledoni prevalentemente erbacee con viticci all'ascella delle foglie che permettono un saldo ancoraggio, frutto a peponide. [→ ill. *piante* 14]

cucùzzolo V. *cocuzzolo*.

cudù *s. m.* Grossa antilope africana con lunghe corna elicoidali e pelo grigiastro con strie verticali bianche sui fianchi. [→ ill. *animali* 18]

cùffia *s. f.* **1** Copricapo leggero aderente al capo, che scende fino al collo e viene spesso fermato sotto il mento: *la — del neonato, dell'infermiera* | *Uscire per il rotto della* —, (*fig.*) cavarsela alla meglio. [→ ill. *copricapo, parrucchiere*] **2** Ogni accessorio per l'ascolto individuale del suono, costituito da una coppia di ricevitori e da un supporto che li collega. [→ ill. *scuola, suono, telefonia*] **3** In varie tecnologie, oggetto o apparecchio destinato a coprire q.c.: *la — del fumaiolo d'una locomotiva* | Cupola posta sopra la buca del suggeritore per impedirne la vista al pubblico. [→ tav. *locuzioni* 113]

cuginànza *s. f.* Rapporto di parentela fra cugini.

cugino *s. m.* (*f.* -*a*) Figlio di uno zio o di una zia.

cùi **A** *pron. rel.* **1** Si usa nei compl. indiretti, accompagnato dalle varie prep. in luogo di 'il quale', 'la quale', 'i quali', 'le quali': *le ragazze di — ti ho parlato; il quartiere in — abito; l'amico con — ti sei incontrato; il paese da — proviene*. **2** (*lett.*) Al quale, alla quale, ai quali, alle quali (come compl. di termine senza prep.): *l'amico — mi sono rivolto*. **3** (*lett.*) Che (come compl. ogg.). **4** Del quale, della quale, dei quali, delle quali (come compl. di specificazione, posta fra art. e s. con valore aggettivale): *un uomo il — coraggio è noto*. **B** *Nella loc. cong. per* —, perciò, per la qual cosa (con valore concl.): *queste cose non so giudicarle per — preferisco tacere*.

culàccio *s. m.* Taglio di carne dei bovini macellati.

culàta *s. f.* (*pop.*) Colpo dato col culo, spec. cadendo in terra.

culatèllo *s. m.* Salume fatto con coscia di maiale. [→ ill. *salumi*]

culàtta *s. f.* **1** Parte posteriore estrema della bocca da fuoco. [→ ill. *armi*] **2** Parte della pelle di bovini ed equini situata vicino alla coda. **3** Rigonfio dei calzoni troppo larghi e cascanti sul dietro.

culbiànco *s. m.* (*pl.* -*chi*) Uccelletto insettivoro con dorso grigio, coda nera e zona bianca intermedia, dal canto melodioso.

culinària *s. f.* Arte della cucina; SIN. Gastronomia.

culinàrio *agg.* Della culinaria; SIN. Gastronomico.

cùlla *s. f.* **1** Lettino per neonati, generalmente costruito in modo da poter essere dondolato. [→ ill. *puericultura*] **2** (*fig.*) Luogo di nascita | (*est.*) Luogo di origine e di sviluppo: *la — della civiltà*. **3** (*mil.*) Organo dell'affusto costituito da un grosso manicotto, entro cui scorre la bocca da fuoco durante il rinculo.

cullàre **A** *v. tr.* **1** Fare oscillare una culla allo scopo di acquetare o addormentare il bambino che vi giace | (*est.*) Dondolare un bambino fra le braccia o sulle ginocchia; SIN. Ninnare. **2** Custodire un sentimento nel proprio intimo: — *i propri sogni*. **3** Ingannare: — *qc. nella speranza di q.c.* **B** *v. rifl.* **1** Dondolarsi ritmicamente: *le vele si cullano nel vento*. **2** (*fig.*) Adagiarsi in speranze vane.

culminànte *part. pres. di culminare; anche agg.* Che è al culmine | (*fig.*) Decisivo, cruciale: *punto, momento* —.

culminàre *v. intr.* (*io cùlmino; aus. essere*) **1** Trovarsi in culminazione, detto di astro. **2** (*fig.*) Arrivare all'apice, al massimo grado: *il malcontento culminò in una protesta*.

culminazióne *s. f.* Transito di un astro al meridiano celeste del luogo di osservazione, che si verifica due volte al giorno, a seconda che l'astro si trovi alla minima o alla massima distanza dallo zenit.

cùlmine *s. m.* **1** Sommità, cima: *il — di un monte*. **2** (*fig.*) Apice, grado massimo di una condizione: *essere al — della carriera*; SIN. Vertice.

cùlmo *s. m.* Fusto erbaceo o legnoso, internamente cavo, caratteristico delle graminacee.

cùlo *s. m.* **1** (*pop.*) Sedere | (*fig.*) *Prendere per il* —, canzonare, imbrogliare | (*volg.*) Ano. **2** (*est.*) Fondo di un recipiente o di un oggetto: *il — di una bottiglia, di una candela* | (*scherz.*) — *di bicchiere*, brillante falso.

culottes /*fr.* ky'lɔt/ *s. f. pl.* Mutande corte da donna.

culteranèṣimo *s. m.* Tendenza letteraria del Seicento in Spagna, che prediligeva parole preziose e difficili.

cùltivar o *cultivàr* /*ingl.* 'kʌltiva:/ *s. f. inv.* (*pl. ingl. cultivars* /'kʌltivaz/) Varietà di una pianta coltivata.

cùlto (1) *s. m.* **1** Complesso delle usanze e degli atti per mezzo dei quali si esprime il sentimento religioso. **2** Nella teologia cattolica, complesso degli atti mediante i quali si rende onore a Dio e alle creature a Lui unite. **3** Religione, confessione religiosa | *Ministri del* —, ecclesiastici. **4** (*fig.*) Rispetto quasi religioso per una persona, un sentimento, un ideale: *avere un — per la propria madre*; — *dell'amicizia* | — *della personalità*, (*spreg.*) cieca e servile obbedienza a direttive emanate da un singolo uomo di governo | (*fig.*) Cura eccessiva: *avere il — della propria persona*.

cùlto (2) V. *colto* (1).

cultóre *s. m.* (*f.* -*trice*) Chi coltiva una scienza o un'arte: — *di archeologia*.

-cultóre V. *-coltore*.

cultuàle *agg.* Del culto, della religione.

cultùra *s. f.* **1** Complesso di cognizioni, tradizioni, procedimenti tecnici, comportamenti e sim., trasmessi e usati sistematicamente, caratteristico di un gruppo sociale, di un popolo, o dell'intera umanità: *i vari aspetti* *della — moderna* | (*per anton.*) Complesso delle tradizioni scientifiche, storiche, filosofiche, artistiche, letterarie di un popolo o di un gruppo di popoli: *la — orientale, francese.* **2** Qualità di chi è colto: *erudizione non è sinonimo di —.* **3** Coltivazione.

-cultùra v. *-coltura.*

culturàle *agg.* **1** Pertinente alla cultura: *prova —.* **2** Che favorisce la diffusione della cultura: *associazione —.*

culturalismo *s. m.* Vacua ostentazione di cultura.

culturismo *s. m.* Pratica sistematica di esercizi ginnici, per lo sviluppo muscolare o la preparazione atletica dell'uomo.

culturista *s. m.* (*pl. -i*) Chi pratica il culturismo.

cumino o *comino s. m.* Pianta erbacea delle Umbellali con fusto sottile e ramoso, fiori in ombrelle e frutto allungato dai semi aromatici e medicinali. [→ ill. *piante* 10, *verdura*]

cumulàre *v. tr.* (*io cùmulo*) Mettere insieme, ammassare (*anche fig.*).

cumulativaménte *avv.* In modo cumulativo.

cumulativo *agg.* Che cumula | Collettivo: *servizio —* | *Biglietto —*, unico, per due o più persone.

cumulatóre *s. m.; anche agg.* (*f. -trìce*) (*raro*) Chi (o che) cumula.

cùmulo *s. m.* **1** Mucchio di cose della stessa qualità ammassate senza ordine (*anche fig.*): *un — di giornali*; *un — di bugie*; SIN. Ammasso. **2** Nube isolata, densa, con sommità a forma di cupola. [→ ill. *meteorologia*]

cumulonémbo *s. m.* Nube densa, scura, a forte sviluppo verticale, portatrice di pioggia. [→ ill. *meteorologia*]

cùna *s. f.* **1** (*lett.*) Culla. **2** (*raro*) Cunetta.

cuneàto *agg.* Munito di cunei.

cuneifórme *agg.* Che ha forma di cuneo: *ossa cuneiformi*, (*anat.*) le tre ossa del tarso | *Scrittura —*, con caratteri cuneiformi, usata dai Sumeri, dagli Assiro-Babilonesi e altri antichi popoli asiatici.

cùneo *s. m.* Prisma a base triangolare con un angolo molto acuto che ne permette la penetrazione in un corpo da spaccare o tra due da distaccare.

cunétta *s. f.* **1** *Dim. di cuna.* **2** Canaletto di scolo per acque spec. piovane, posto ai lati delle strade. **3** (*est.*) Avvallamento, spec. del fondo stradale.

cunicolo (1) *s. m.* Stretta galleria sotterranea, variamente utilizzata in fortificazioni, scavi di gallerie, collocazione di tubi, cavi e sim. [→ ill. *diga*]

cunicolo (2) *agg.* Che si riferisce all'allevamento dei conigli.

cunicoltóre *s. m.* (*f. -trice*) Chi alleva conigli.

cunicoltùra *s. f.* Allevamento dei conigli.

cuòcere ***A*** *v. tr.* (*pres. io cuòcio, noi cociàmo; pass. rem. io còssi, tu cocésti; part. pass. còtto, raro cociùto* spec. nel sign. A 3, B 3 e C 2; in tutta la coniug. la *o* dittonga in *uo* se tonica) **1** Sottoporre all'azione del calore: *— mattoni, calcina* | Cucinare: *— carne, pasta*; *— a fuoco vivo, in padella.* **2** Bruciare, inaridire: *il sole cuoce la pelle.* **3** (*fig.*) Tormentare, affliggere. ***B*** *v. intr.* (*aus. essere*) **1** Essere sottoposto a cottura: *l'arrosto cuoce nel forno.* **2** Bruciare, inaridire: *la vegetazione cuoce col calore.* **3** (*fig.*) Essere umiliante, offensivo: *un affronto che cuoce.* ***C*** *v. intr. pron.* **1** Scottarsi. **2** (*fig.*) Affliggersi: *cuocersi per un dolore.*

cuòco *s. m.* (*pl. -chi; f. -a*) Chi per mestiere è addetto a preparare e cuocere i cibi in alberghi, ristoranti e sim. [→ ill. *copricapo*; → tav. *proverbi* 368]

cuoiàio *s. m.* Chi concia o vende il cuoio.

cuoiàme *s. m.* Assortimento di oggetti di cuoio.

cuòio *s. m.* (*pl. cuòi, m.* nel sign. 1, 2, *cuòia f.* nel sign. 3) **1** Pelle degli animali resa inalterabile e non più putrescibile con la concia. **2** *— capelluto*, strato della cute che riveste la volta cranica, coperto dai capelli. [→ ill. *anatomia umana*] **3** (*fig., scherz.*) Pelle del corpo umano | *Avere le cuoia dure*, avere molta resistenza fisica | *Distendere le cuoia*, allungare le membra, stirandole | *Tirare le cuoia*, morire.

cuòr contènto v. *corcontento.*

cuòre o (*dial., poet.*) *còre s. m.* **1** (*anat.*) Muscolo cavo, contrattile, posto nel torace, centro della circolazione sanguigna | *— artificiale*, (*pop.*) stimolatore cardiaco | (*chir.*) *A, su — aperto*, detto di interventi di cardiochirurgia che, richiedendo la sospensione dell'attività cardiaca e polmonare, sono resi possibili dall'impiego di apposite attrezzature per la circolazione extracorporea | (*chir.*) *Macchina — polmonare*, apparecchiatura per la circolazione extracorporea del sangue del paziente durante un intervento a cuore aperto. [→ ill. *anatomia umana, medicina e chirurgia*] **2** (*fig.*) Sede dei sentimenti, delle emozioni, dei pensieri, dei desideri e sim.: *la voce, i palpiti del —* | *Amico del —*, amico prediletto | *Donna del —*, donna amata | *Persona di buon —*, generosa | *Di buon —, di —, di tutto —, con tutto il —*, volentieri, sinceramente, generosamente e sim. | *In cuor suo*, dentro di sé | (*sett.*) *Col — in mano*, sinceramente | *A — aperto*, sinceramente | *Avere un — di tigre, avere il — di ferro, di pietra*, essere spietato, insensibile | *Avere una spina nel —*, avere una grave preoccupazione | *Avere il — sulle labbra*, essere sincero | *Avere qc. nel —*, amarlo | *Avere in — di fare*, avere l'intenzione | *Dare, donare il — a qc.*, offrirgli il proprio amore | *Rubare, prendere il — a qc.*, conquistare il suo amore | *Stare a — a qc.*, importargli | *Sentirsi stringere il —*, provare un dolore e sim. | *Sentirsi allargare il —*, provare sollievo | *Ridere di —, a — aperto*, in modo particolarmente vivace | *Sentire un tuffo al —*, provare un'emozione improvvisa | *Struggersi il —*, soffrire, spec. per amore | *Mangiarsi, rodersi il —*, consumarsi di rabbia | *Mettersi il — in pace*, rassegnarsi | *Mettersi una mano sul —*, fare appello alla propria coscienza | *Prendersi a — q.c.*, occuparsene con particolare zelo | *Toccare il — di qc.*, commuoverlo | *Arrivare al — di qc.*, conoscerlo intimamente, e fare profonda impressione su di lui | *Aprire il proprio —*, manifestare sinceramente i propri sentimenti | *Spezzare il — a qc.*, farlo soffrire profondamente. **3** (*fig.*) Ardimento, coraggio: *prendere, dare —* | *Di poco —*, pusillanime | *Non gli regge, non gli basta il —*, non ha il coraggio. **4** (*est.*) La persona, considerata nei suoi sentimenti, nei suoi affetti | *Cuor di leone*, persona coraggiosa | *Cuor di coniglio*, persona vile, paurosa | *— solitario*, scapolo, zitella. **5** (*fig.*) Sentimenti, rapporti amorosi: *affari, pene di —.* **6** (*est.*) Zona del petto dove risiede il cuore: *si strinse il figlio al —.* **7** (*est.*) Oggetto a forma di cuore: *un — d'argento.* **8** *al pl.* Uno dei quattro semi delle carte da gioco francesi. [→ ill. *giochi*] **9** Punto centrale di q.c.: *il — della città* | *Nel — della notte*, a notte alta | (*arald.*) Punto centrale dello scudo | (*est.*) Parte più interna di q.c.: *il — della pera.* [→ ill. *ferrovia*] [→ tav. *proverbi* 13, 124, 125, 126, 162, 250, 305, 306]

cuorifórme *agg.* Che ha forma di cuore. [→ ill. *botanica*]

cupézza *s. f.* Qualità di ciò che è cupo.

cupidigia *s. f.* (*pl. -gie*) Sfrenato e intenso desiderio di beni e piaceri materiali: *— di denaro*; SIN. Avidità.

cùpido *agg.* (*lett.*) Desideroso, bramoso, avido.

cùpo *agg.* **1** Profondo: *abisso —* | Privo di luce, non illuminato: *notte cupa.* **2** (*est.*) Di tonalità scura, detto di colore: *verde —.* **3** Basso, indistinto: *voce cupa.* **4** (*fig.*) Pensieroso, taciturno: *carattere —.*

cùpola *s. f.* **1** (*arch.*) Volta molto rialzata a pianta circolare, ellittica o poligonale per copertura di vasti ambienti. [→ ill. *architettura, religione*] **2** Tetto generalmente emisferico, girevole e apribile: *la — di un osservatorio astronomico.* [→ ill. *astronomia*] **3** (*est.*) Sommità convessa di vari oggetti: *la — di un elmo.* [→ ill. *circo*] **4** Involucro coriaceo o legnoso che avvolge i frutti di alcune piante: *la — delle ghiande.* [→ ill. *botanica*]

cupolóne *s. m.* **1** *Accr. di cupola.* **2** (*fam.*) La cupola di S. Pietro a Roma e di S. Maria del Fiore a Firenze, *spec. nelle loc. all'ombra del —; sotto il —.*

cuprallumìnio *s. m.* Lega del rame con alluminio.

cùpreo *agg.* (*pl. m. -ci*) Del rame | Detto di sostanza che contiene rame.

cuprismo *s. m.* Intossicazione cronica da rame.

cuprite *s. f.* (*miner.*) Ossido di rame.

cuproléga *s. f.* Lega in cui il componente principale è il rame.

cùra *s. f.* **1** Interessamento sollecito e costante per qc. o q.c. | Premura, sollecitudine: *— della famiglia*; *— del corpo* | *Prendere, avere — di qc.*, occuparsene. **2** Oggetto di costante interesse: *l'automobile è la sua unica —.* **3** (*lett.*) Preoccupazione, affanno. **4** Grande impegno o attenzione nel fare q.c.: *lavoro eseguito con —*;

SIN. Accuratezza, diligenza. **5** Direzione, amministrazione: *la — del patrimonio.* **6** Nel diritto romano, complesso delle funzioni amministrative attribuite ai singoli magistrati. **7** Ufficio e ministero del sacerdote cattolico. **8** Insieme di medicamenti e rimedi per il trattamento di una malattia: *— termale; — dimagrante* | *Casa di —*, clinica privata.

curàbile *agg.* Che si può curare.

curaçao /*neerl.* ky:ra:'sou, *fr.* kyra'so/ *s. m. inv.* Liquore dolce a base di scorza di arancia amara, originario dell'isola di Curaçao.

curànte *part. pres. di curare; anche agg.* Che cura | *Medico —*, cui è affidata la cura continuativa di un paziente.

curapìpe *s. m. inv.* Piccolo arnese metallico atto a pulire il fornello della pipa e a comprimervi il tabacco. [→ ill. *fumatore*]

curàre A *v. tr.* **1** Sottoporre un malato ai trattamenti necessari per guarirlo | Trattare una malattia, una ferita e sim. per guarirla. **2** Fare oggetto di cura: *— gli interessi di qc.* | *— le anime*, esercitare il ministero sacerdotale. **3** Fare in modo, procurare: *tu cura che non se ne accorga.* **B** *v. rifl.* Prendersi cura della propria salute o farsi assistere da un medico. **C** *v. intr. pron.* Preoccuparsi di q.c.: *non curarsi delle voci maligne.*

curarìna *s. f.* Principale alcaloide del curaro.

curàro *s. m.* Sostanza velenosa estratta da alcune piante del genere Stricno, che esercita azione paralizzante; usato in medicina.

curatèla *s. f.* Ufficio, funzione del curatore.

curativo *agg.* Che ha la funzione di curare una malattia.

curàto *s. m.* Sacerdote che esercita la cura delle anime; SIN. Parroco.

curàtolo *s. m.* In Sicilia, sorvegliante di azienda agricola, a contratto annuo.

curatóre *s. m.* (*f.* *-trìce*) **1** Persona incaricata dell'amministrazione degli interessi di chi non è in grado di provvedervi da sé. **2** Chi cura, provvede a q.c.: *il — di un'antologia.*

curbàscio *s. m.* Specie di frusta o scudiscio di pelle durissima, un tempo in uso nelle galere a remi della marineria ottomana per incitare o punire i rematori | (*est.*) Staffile orientale per punizione.

curculióne *s. m.* Insetto con corpo tozzo rivestito da tegumento resistentissimo, capo stretto prolungato in un lungo e sottile rostro, dannoso a diverse piante.

cùria *s. f.* **1** Nel diritto romano, ripartizione territoriale e amministrativa della tribù | Luogo di riunione del senato. **2** Nel mondo medievale, organo amministrativo con funzioni giudiziarie. **3** Complesso dei procuratori e avvocati di un luogo. **4** *— romana*, complesso dei dicasteri di cui si vale il Papa per trattare gli affari che riguardano la Chiesa. **5** Corte.

curiàle A *agg.* **1** (*raro*) Della curia. **2** (*est.*) Aulico, solenne: *stile —.* **3** (*lett.*) Cortigiano, nobile. **B** *s. m.* (*raro, lett.*) Chi fa parte della curia.

curialésco *agg.* (*pl. m. -schi*) Da curiale | (*spreg.*) Cavilloso, pedante.

curiàto *agg.* (*dir.*) Della curia della Roma antica | *Comizio —*, assemblea del popolo durante l'età più antica del diritto romano.

curie /*fr.* ky'ri/ *s. m. inv.* (*pl. fr.* *curies* /ky'ri/) Unità di misura della radioattività, corrispondente a 37 miliardi di disintegrazioni al secondo. SIMB. Ci.

cùrio *s. m.* Elemento chimico, metallo radioattivo artificiale, ottenuto per bombardamento del plutonio. SIMB. Cm.

curiosàggine *s. f.* Curiosità abituale e fastidiosa.

curiosaménte *avv.* In modo curioso | In modo strano.

curiosàre *v. intr.* (*io curióso; aus. avere*) Osservare per curiosità: *— tra i vecchi giornali* | Dimostrare riprovevole curiosità per cose o fatti altrui: *— nella vita di qc.*

curiosità *s. f.* **1** L'essere curioso | Desiderio di sapere, conoscere: *la — è la madre della scienza* | Desiderio di sapere i fatti altrui: *mostra — per le mie faccende*; SIN. Indiscrezione. **2** Cosa rara, insolita: *negozio di —*; SIN. Rarità.

curióso A *agg.* **1** Che vuole sapere, indagare, conoscere: *— di scienze naturali.* **2** Che si dimostra interessato ai fatti altrui; SIN. Ficcanaso, indiscreto. **3** Che suscita curiosità per la sua stranezza: *un tipo —*; SIN. Insolito. **B** *s. m.* (*f. -a*) Chi si dimostra interessato ai fatti altrui.

curling /*ingl.* 'kə:liŋ/ *s. m. inv.* Gioco simile a quello delle bocce, che si svolge sul ghiaccio facendo scivolare pietre piatte rotonde, munite di impugnatura.

currìcolo *s. m.* **1** Carriera scientifica, burocratica o accademica di una persona | Resoconto sommario delle successive fasi di tale carriera; SIN. Curriculum vitae. **2** Attività di programmazione degli operatori scolastici mediante l'integrazione flessibile di obiettivi, contenuti, metodi, tecniche di valutazione e sim.

currìculum /*lat.* kur'rikulum/ *s. m. inv.* Curricolo nel sign. 1.

curriculum vitae /*lat.* kur'rikulum 'vite/ *loc. sost. m. inv.* Curricolo nel sign. 1.

curry /*ingl.* 'kʌri/ *s. m. inv.* Polvere piccante composta di varie droghe, originaria dell'estremo Oriente; è usato come condimento.

cursóre *s. m.* **1** (*raro*) Chi porta ambasciate. **2** Indice mobile lungo la scala graduata d'uno strumento di misura | Organo mobile di contatto in apparati elettrici | (*elab.*) Segnale luminoso mobile che, sullo schermo di un videoterminale, indica il punto in cui l'operatore inserisce o modifica un carattere | Parte scorrevole di una cerniera lampo. [→ ill. *elettricità*] **3** (*fis.*) Vettore supposto scorrevole sulla sua retta.

curtènse *agg.* Detto del sistema economico medievale in cui il castello del feudatario e le terre circostanti costituivano l'unità economica fondamentale e autosufficiente.

curùle *agg.* Detto del sedile d'avorio spettante di diritto ai magistrati romani di grado più elevato: *sedia —.*

cùrva *s. f.* **1** (*mat.*) Linea generata da un punto che si muove nello spazio. **2** Rappresentazione grafica di un fenomeno in un diagramma, costituita da una linea. **3** *— di livello, altimetrica*, linea che unisce i punti aventi la stessa altezza sul livello medio del mare; SIN. Isoipsa. **4** Luogo geometrico rappresentabile in coordinate. **5** *spec. al pl.* (*fig., fam.*) Rotondità accentuata del seno e dei fianchi, nel corpo femminile. **6** Punto, tratto in cui una cosa è curva o viene curvata: *le curve stradali.* [→ ill. *sport, strada*]

curvàbile *agg.* Che si può curvare.

curvadòrsi *s. m.* Forma di legno o di lamiera metallica con cui si incurvano i dorsi delle rilegature.

curvàre A *v. tr.* Piegare ad arco: *— una sbarra* | *— la fronte, il capo*, (*fig.*) ubbidire | *— la schiena*, (*fig.*) sottomettersi. **B** *v. intr.* (*aus. avere*) **1** Svoltare, detto spec. di veicoli. **2** Formare una curva, detto spec. di strade: *la strada curva a sinistra.* **C** *v. rifl.* Piegarsi, flettersi: *si curvò per entrare.* **D** *v. intr. pron.* Diventare curvo.

curvatrice *s. f.* Macchina per curvare lamiere, tubi e sim.

curvatùra *s. f.* **1** Piegatura ad arco. **2** Punto in cui una cosa è curva. **3** Misura di quanto una linea sia curva | Reciproco del raggio di curvatura.

curvilìneo A *agg.* **1** Di figura costituita di linee non rette: *triangolo —.* **2** Che segue un andamento a curva: *moto —*; CONTR. Rettilineo. **B** *s. m.* Strumento usato per disegnare le curve. [→ ill. *disegnatore*]

curvìmetro *s. m.* Strumento atto a determinare la lunghezza dell'arco di curva.

cùrvo *agg.* Piegato ad arco, arcuato: *linea curva* | Piegato verso il basso: *spalle curve.*

cuscinétto A *s. m.* **1** *Dim. di cuscino.* **2** Oggetto simile a un piccolo cuscino, o imbottito a un'estremità, adibito a vari usi: *— per timbri.* [→ ill. *tessuto*] **3** Organo meccanico sul quale trova appoggio ed entro il quale ruota un albero | *— a rotolamento*, caratterizzato dalla interposizione di rulli o sfere rotolanti fra due piste: *— a sfere, a rulli.* [→ ill. *meccanica*] **B** *in funzione di agg. inv.* (*posposto a un s.*) (*fig.*) Interposto fra due o più enti, persone, cose, per mitigarne i contrasti: *Stato —.*

cuscino *s. m.* **1** Sacchetto di stoffa o pelle, imbottito di piume, lana, gommapiuma e sim. per appoggiarvi il capo o sedervi sopra; SIN. Guanciale. [→ ill. *mobili*] **2** (*aer.*) *— d'aria*, spessore di aria compressa che tiene sollevato un veicolo a gettosostentazione.

cuscùs *s. m. inv.* Vivanda araba a base di semola in pallottoline, carne, verdure e salsa piccante.

cùscuta *s. f.* Pianta erbacea delle Tubiflorali, con fusto filiforme privo di foglie e radici, che si avvolge in strette spire intorno alle piante di cui è parassita. [→ ill. *piante* 12]

cuspidàle *agg.* Che ha forma di cuspide.

cuspidàto *agg.* ***1*** Che termina con una cuspide. ***2*** Detto di organo vegetale che termina con una punta lunga e rigida.

cùspide *s. f.* ***1*** Vertice, punta, spec. di una lancia, una freccia e sim. ***2*** (*mat.*) Punto da cui si dipartono due rami di una curva e per cui passa la tangente a entrambe. ***3*** Coronamento a forma triangolare di un edificio, o di parte di esso | (*est.*) Vetta di montagna. [→ ill. *architettura, religione*]

custòde ***A*** *s. m. e f.* Chi custodisce o sorveglia qc. o q.c. ***B*** *in funzione di agg.* Che custodisce: *angelo* –.

custòdia *s. f.* ***1*** Conservazione, cura, tutela: *avere qc. in* –; *dare q.c. in* – *a qc.*; *affidare q.c. alla* – *di qc.* | Assistenza | Sorveglianza: *agente di* –. ***2*** Astuccio usato per custodire vari oggetti: *una* – *di pelle.*

custodìre ***A*** *v. tr.* (*io custodisco, tu custodisci*) ***1*** Conservare con cura preservando da pericoli e danni (*anche fig.*): – *la casa*; SIN. Serbare, tutelare. ***2*** Assistere persone o animali provvedendo alle loro necessità: – *un malato.* ***3*** Sorvegliare: – *i prigionieri.* ***B*** *v. rifl.* Badare alla propria salute.

cutàneo *agg.* Della cute.

cùte *s. f.* Lamina epitelio-connettivale, formata da quattro strati fondamentali, che riveste il corpo dei Vertebrati | (*per anton.*) La pelle dell'uomo. [→ ill. *zoologia*]

cuticàgna *s. f.* (*scherz.*) Collottola, nuca.

cutìcola *s. f.* Strato ispessito di varie sostanze, che riveste cellule e organi animali o vegetali: – *delle unghie.*

cutìna *s. f.* Sostanza organica secreta dai vegetali.

cutireazióne *s. f.* Prova biologica di reazione allergica controllata sulla cute.

cutréttola o *cutrèttola s. f.* Uccello con corpo slanciato, zampe lunghe, coda mobilissima, becco sottile e acuto, piumaggio variopinto prevalentemente giallo, simile alla ballerina; SIN. Batticoda. [→ ill. *animali* 12]

cùtter /*ingl.* 'kʌtə/ *s. m. inv.* (*pl. ingl. cutters* /'kʌtəz/) Yacht a un solo albero, dotato di più fiocchi. [→ ill. *marina*]

cutting /*ingl.* 'kʌtiŋ/ *s. m. inv.* Insieme dei frammenti di roccia che si formano nella perforazione dei pozzi petroliferi.

czar V. *zar.*

czàrda /'tʃarda/ V. *ciarda.*

d *s. f. o m. inv.* Quarta lettera dell'alfabeto italiano.

da *prep. propria semplice.* (*Fondendosi con gli art. det. dà origine alle prep. art. m. sing. dal, dallo; m. pl. dai, dagli; f. sing. dalla; f. pl. dalle. Subisce l'elisione solo nelle loc. d'altro canto, d'altronde, d'ora in poi e sim.*) ***I*** Stabilisce diverse relazioni dando luogo a molti complementi. ***1*** Compl. d'agente e di causa efficiente: *lodato da tutti.* ***2*** Compl. di causa: *saltare dalla gioia.* ***3*** Compl. di stato in luogo: *sono* – *Luigi*; *abito dagli zii.* ***4*** Compl. di moto da luogo (*anche fig.*): *arrivare* – *Milano*; *riprendere dal principio* | Indica anche il punto, la condizione da cui ha origine un movimento, spec. in correl. con la prep. 'a': *trasferirsi* – *Palermo a Torino.* ***5*** Compl. di moto a luogo: *domani andrò* – *Carlo.* ***6*** Compl. di moto attraverso luogo: *passare dalla finestra.* ***7*** Compl. di origine o di provenienza: *discendere* – *famiglia nobile*; *il Po nasce dal Monviso*; *ricevere una lettera* – *un amico.* ***8*** Compl. di separazione o di allontanamento: *levare un chiodo dal muro.* ***9*** Compl. di distanza: *essere a duecento metri dal traguardo.* ***10*** Compl. di tempo: *aspettare* – *giorni* | In correl. con la prep. 'a': *dalla mattina alla sera.* ***11*** Compl. di mezzo: *riconoscere qc. dal passo.* ***12*** Compl. di fine o scopo: *cavallo* – *corsa*; *cane* – *caccia*; *abito* – *sera.* ***13*** Compl. di qualità: *una ragazza dai capelli biondi.* ***14*** Compl. di limitazione: *sordo* – *un orecchio.* ***15*** Compl. di stima e di prezzo: *un quaderno* – *cento lire*; *una cosa* – *poco.* ***16*** Compl. predicativo: – *giovane si è divertito*; *tuo zio,* – *bambino, ti assomigliava.* ***17*** Compl. di modo o maniera: *comportarsi* – *galantuomo*; *trattare* – *amico.* ***II*** Introduce varie specie di proposizioni con il v. all'inf. ***1*** Prop. consecutiva: *ero così stanco* – *non stare in piedi.* ***2*** Prop. finale: *dammi q.c.* – *mangiare.* (V. note d'uso ACCENTO ed ELISIONE e TRONCAMENTO)

dabbàsso *avv.* Giù, in basso.

dabbenàggine *s. f.* ***1*** (*raro, lett.*) L'essere dabbene. ***2*** Balordaggine, semplicioneria.

dabbène *agg. inv.* Probo, onesto: *uomo* – | *Dabben uomo*, semplicione, credulone.

daccànto *avv.* Presso, vicino, a fianco: *sedere* –.

daccàpo ***A*** *avv.* Dal principio, di nuovo: *bisogna ricominciare* – | *Punto e* –, *andare* –, in uno scritto, continuare da una riga nuova. ***B*** *s. m.* (*mus.*) Didascalia che prescrive la ripetizione di un brano.

dacché *cong.* ***1*** Da quando (introduce una prop. temp. con il v. all'indic.): – *è ritornato, non ha fatto che lamentarsi.* ***2*** (*lett.*) Poiché, dal momento che (introduce una prop. caus. con il v. all'indic.): – *lo vuoi, andrò.*

dàcia *s. f.* (*pl. -cie o -ce*) Piccola villa russa di campagna. [→ ill. *abitazione*]

dada /*fr.* da'da/ *s. m. inv.* (*pl. fr. dadas* /da'da/) ***1*** Dadaismo. ***2*** Chi segue il dadaismo.

dadaìsmo *s. m.* Movimento artistico e letterario affermatosi dopo il 1916 in Svizzera, Francia e Germania, che escludeva dal fatto artistico ogni razionalità in nome di un'espressione spontanea e incontrollata.

dadaìsta ***A*** *s. m. e f.* (*pl. m. -i*) Seguace del dadaismo. ***B*** *agg.* Proprio del dadaismo.

dàdo *s. m.* ***1*** Piccolo cubo d'avorio, legno e sim. che reca impressi sulle sei facce i punti da uno a sei; usato fin dall'antichità per giochi spec. d'azzardo | *Gettare il* –, (*fig.*) tentare la sorte. [→ ill. *giochi*] ***2*** Oggetto di forma cubica | *A dadi*, a cubetti: *tagliare la carne a dadi* | Dado di estratto di carne. ***3*** (*arch.*) In un piedistallo di colonna, pilastro e sim., blocco parallelepipedo | Parallelepipedo talora sovrapposto a un capitello. [→ ill. *architettura*] ***4*** (*mecc.*) Prisma solitamente esagonale con foro filettato che si avvita sull'estremità della vite serrandola a fondo. [→ ill. *ferramenta, meccanica*] ***5*** Nell'arrampicata su roccia, blocchetto di metallo munito di cordino che viene incastrato nelle fessure della roccia e utilizzato come ancoraggio nelle manovre di assicurazione.

[→ ill. *alpinista*]
daffàre *s. m. inv.* Insieme di occupazioni varie che comporta un'attività costante.
dàga *s. f.* Spada corta e larga, a due fili.
dagherrotipìa *s. f.* Primo sistema di presa fotografica.
dagherròtipo *s. m.* **1** Piastra metallica di argento o argentata che porta un'immagine impressavi dalla luce entro una camera oscura, e rivelata dall'azione di sali di mercurio. **2** Apparecchio usato per ottenere tale immagine. **3** L'immagine stessa.
dàgli *prep. art.* V. *gli* per gli usi ortografici.
dài *prep. art.* V. *i* per gli usi ortografici.
dàino *s. m.* **1** Mammifero ruminante degli Ungulati il cui maschio ha corna allargate e appiattite alle estremità, per cui si distingue dal cervo. [→ ill. *animali* 17] **2** Pelle scamosciata dell'animale omonimo.
dal *prep. art.* V. *il* per gli usi ortografici.
dàlia *s. f.* Pianta erbacea delle Sinandrali con radice tuberosa e capolini formati da fiori centrali tubulosi. [→ ill. *piante* 14]
dàlla *prep. art.* V. *la* per gli usi ortografici.
dallàto *avv.* Da una parte, da un lato, di fianco: *mettersi, stare —.*
dàlle *prep. art.* V. *le* per gli usi ortografici.
dàllo *prep. art.* V. *lo* per gli usi ortografici.
dàlmata *agg. e s. m. e f.* (*pl. m. -i*) Della Dalmazia.
dalmàtica *s. f.* **1** Tunica bianca, corta, portata dai Romani. **2** Indumento liturgico indossato dal diacono e dal vescovo nella messa. [→ ill. *religione*]
daltònico *agg.; anche s. m.* (*f. -a; pl. m. -ci*) Affetto da daltonismo.
daltonismo *s. m.* (*med.*) Incapacità a distinguere certi colori; SIN. Discromatopsia.
dàma (1) *s. f.* **1** Titolo accordato un tempo solo alle donne di altissimo rango, poi esteso a tutte le nobildonne | Donna di elevata condizione | *— di compagnia*, donna stipendiata per tenere compagnia a persone anziane. **2** Nelle coppie di danza, la compagna del ballerino. **3** (*fam., tosc.*) Fidanzata.
dàma (2) *s. f.* **1** Gioco che si fa su una scacchiera con dodici pedine per parte. **2** Scacchiera su cui si gioca. [→ ill. *giochi*] **3** La pedina giunta all'ultima fila dello schieramento opposto, che, sovrapposta a un'altra, si sposta in entrambe le direzioni | *Andare a —, far —*, raggiungere tale posizione. **4** Stampo per fare la capocchia a chiodi e sim. [→ ill. *meccanica*]
damascàre *v. tr.* (*io damàsco, tu damàschi*) **1** Lavorare il panno a damasco. **2** Incastrare, nelle parti d'acciaio delle armi, fili d'oro o d'argento; SIN. Damaschinare.
damascatùra *s. f.* Lavorazione a damasco.
damaschinàre *v. tr.* Damascare.
damàsco *s. m.* (*pl. -chi*) Drappo di seta lavorato solitamente a fiorami che risaltano sul fondo raso.
damerino *s. m.* **1** Chi fa il bellimbusto con le donne; SIN. Vagheggino. **2** Chi è lezioso e ricercato nel vestire; SIN. Zerbinotto.
damigèlla *s. f.* Titolo dato anticamente a tutte le fanciulle nobili | Fanciulla di condizione elevata | *— d'onore*, che accompagna la sposa nel corteo nuziale.
damigiàna *s. f.* Recipiente di vetro, di forma circa sferica, con collo corto e largo, rivestito gener. di fibre vegetali. [→ ill. *contenitore, vino*]
damista *s. m. e f.* (*pl. m. -i*) Chi gioca a dama.
damméno *agg. inv.* Inferiore: *non è — di noi.*
dàmo *s. m.* (*tosc.*) Giovane amato | Fidanzato.
danàro V. *denaro.*
danaróso *agg.* Che ha molto denaro; SIN. Facoltoso, ricco.
dancing /*ingl.* 'da:nsiŋ/ *s. m. inv.* Sala da ballo.
dànda *s. f.* Ciascuna delle due strisce che sorreggono i bambini quando imparano a camminare.
dandismo *s. m.* Ostentazione di eleganza e raffinatezza estetizzante.
dandy /*ingl.* 'dændi/ *s. m. inv.* (*pl. ingl. dandies* /'dændiz/) Chi segue, nell'abbigliamento e negli atteggiamenti, i dettami della moda, con compiaciuta raffinatezza.
danése **A** *agg.; anche s. m. e f.* Della Danimarca. **B** *s. m.* (*zool.*) Alano tedesco.
dannàbile *agg.* (*lett.*) Degno di riprovazione.
dannàre **A** *v. tr.* (*lett.*) Condannare: *— qc. a morte* | Condannare alle pene dell'inferno | *Far — qc.*, portarlo alla disperazione | *Dannarsi l'anima per q.c.*, volere q.c. a qualunque costo. **B** *v. rifl.* **1** Perdere l'anima: *dannarsi per i propri peccati.* **2** Tormentarsi.
dannàto **A** *part. pass. di dannare; anche agg.* Condannato alle pene dell'inferno | *Anima dannata*, (*fig.*) persona malvagia | (*fig.*) *Essere l'anima dannata di qc.*, l'istigatore o l'esecutore delle sue infamie | *In, per, nella dannata ipotesi*, nel peggiore dei casi. **B** *s. m.* (*f. -a*) Chi è condannato alle pene dell'inferno.
dannazióne **A** *s. f.* **1** Perdita dell'anima per il peccato e condanna alla pena infernale. **2** (*fig.*) Tormento, pena: *essere la — di qc.* **B** *in funzione di inter.* Esprime disappunto, rabbia e sim.
danneggiaménto *s. m.* Atto del danneggiare | Danno.
danneggiàre **A** *v. tr.* (*io dannéggio*) **1** Far danno | Sciupare, guastare. **2** (*fig.*) Offendere, nuocere. **B** *v. rifl.* Essere causa del proprio danno.
danneggiàto *part. pass. di danneggiare; anche agg. e s. m.* (*f. -a*) Che (o chi) ha subito un danno: *i danneggiati di guerra.*
dànno *s. m.* Ogni fatto, circostanza, azione, che nuoce a persone o cose sia materialmente sia immaterialmente: *i danni del maltempo; procurare, subire, un —* | *Chiedere i danni*, esigerne il risarcimento | Scapito, svantaggio: *a mio, tuo, nostro —.* [→ tav. *proverbi* 27, 48, 142]
dannosaménte *avv.* Con danno.
dannosità *s. f.* L'essere dannoso.
dannóso *agg.* Che apporta danno: *la grandine è dannosa per i raccolti; uno strapazzo — al fisico*; SIN. Controproducente, nocivo, pernicioso.
dannunzianésimo *s. m.* **1** Maniera tipica dell'arte dannunziana. **2** Movimento letterario, stile di vita che riconobbe in D'Annunzio la propria guida.
dannunziàno **A** *agg.* Che si riferisce a Gabriele D'Annunzio. **B** *s. m.* (*f. -a*) Seguace di D'Annunzio.
dànte *s. m.* (*raro*) Daino.
dantésca *s. f.* Sedia cinquecentesca con braccioli, che nella forma ricorda una X. [→ ill. *mobili*]
dantésco *agg.* (*pl. m. -schi*) Relativo a Dante Alighieri e alla sua opera | *Letture dantesche*, commenti di canti della Divina Commedia.
dantismo *s. m.* **1** Studio di Dante. **2** Parola o locuzione coniata da Dante.
dantista *s. m. e f.* (*pl. m. -i*) Studioso di Dante.
dantìstica *s. f.* Studio di Dante e delle sue opere.
dànza *s. f.* **1** Complesso di movimenti ritmici del corpo, per lo più in accordo con accompagnamento musicale | Ballo. **2** Musica scritta per essere danzata: *le danze ungheresi di Brahms.*
danzànte *part. pres. di danzare; anche agg.* Che danza | *Serata, festa —*, durante la quale si balla.
danzàre **A** *v. intr.* (*aus. avere*) **1** Muoversi seguendo un ritmo musicale | Ballare. **2** (*fig.*) Agitarsi, volteggiare: *le ombre danzano sulla parete.* **B** *v. tr.* Eseguire danzando: *— il valzer.*
danzatóre *s. m.* (*f. -trìce*) Chi danza.
da pòco V. *dappoco.*
dappertùtto *avv.* In ogni parte, in tutti i luoghi.
dappiè o *dappiède avv.* Ai piedi, nella parte inferiore.
dappiù *agg.* Che è migliore, superiore per grado o per capacità: *essere — di qc.*
dappocàggine *s. f.* L'essere dappoco; SIN. Inettitudine.
dappòco o *da pòco agg. inv.* **1** Che ha scarsa intelligenza, abilità e sim.: *un professore —*; SIN. Inetto. **2** Che ha poca importanza, scarso valore: *questioni —.*
dapprèsso **A** *avv.* Vicino, accanto. **B** *nella loc. prep. — a*, (*lett.*) Vicino, accanto.
dapprima *avv.* Prima, in un primo momento.
dapprincipio *avv.* In principio.
dardeggiàre **A** *v. tr.* (*io dardéggio*) (*lett.*) Colpire con dardi (*spec. fig.*): *il sole dardeggia la pianura.* **B** *v. intr.* (*aus. avere*) Lanciare dardi | (*fig.*) Lanciare occhiate ardenti: *gli occhi dardeggiano.*
dàrdo *s. m.* **1** Asta di legno con punta di ferro, da scagliare a mano | Freccia. **2** (*fig., poet.*) Sguardo, gesto, parola, che colpisce e accende una passione. **3** *spec. al pl.* (*fig., lett.*) Fulmine, saetta: *i dardi di Giove* | Raggio infuocato: *i dardi del sole.* **4** Lingua caldissima di fiamma.

dàre ***A*** *v. tr.* (*pres. io do, tu dài, egli dà, noi diàmo, voi dàte, essi dànno; imperf. io dàvo; pass. rem. io dièdi o dètti, tu dèsti, egli dière o dètte, noi démmo, voi déste, essi dièdero o dèttero; fut. io darò; congv. pres. io dìa, noi diàmo, voi diàte, essi dìano; congv. imperf. io déssi, tu déssi, egli désse, noi déssimo, voi déste, essi déssero; condiz. pres. io darèi; imper. dà o da'* (v. nota d'uso ELISIONE e TRONCAMENTO) *o fam. dài; ger. dàndo; part. pass. dàto*). ATTENZIONE! *do, dai, danno* non richiedono l'accento; *dà* (terza pers. sing.) invece va sempre accentato (v. nota d'uso ACCENTO); *da'* (seconda pers. imper.) vuole l'apostrofo (v. nota d'uso ELISIONE e TRONCAMENTO) ***1*** Genericamente indica trasferimento da una cosa o persona a un'altra | Porgere: – *una sigaretta*; – *il buon esempio* | Offrire, regalare: – *q.c. in regalo* | – *a Cesare quel che è di Cesare*, a ciascuno il dovuto | Consegnare, affidare: – *una lettera al fattorino* | *Darsi pace*, rassegnarsi | *Darsi delle arie*, vantarsi; CONTR. Ricevere. ***2*** Attribuire, assegnare, conferire: – *eccessiva importanza a q.c.*; – *un lavoro a qc.* | Fornire, procurare: *ti darò il denaro di cui hai bisogno.* ***3*** Impartire: – *un ordine, una lezione* | Infliggere: – *il carcere a vita.* ***4*** Somministrare, prescrivere: – *una medicina, i sacramenti.* ***5*** Pagare, sborsare: – *un forte compenso* | *Dover – q.c. a qc.*, essere debitore. ***6*** Concedere: – *il passo a qc.*; – *i propri favori a qc.* ***7*** Dedicare: – *tutto se stesso agli studi.* ***8*** Imprimere: – *forza.* ***9*** Produrre, rendere: – *un suono stridulo*; Comunicare: – *molti frutti* | Causare: – *il vomito, la febbre.* ***10*** Comunicare: – *una buona notizia.* ***11*** Offrire: – *una festa* | *Eseguire*: – *un concerto.* ***12*** Augurare: – *il benvenuto.* ***13*** Volgere: – *le spalle a qc.* ***14*** Attribuire una qualità gener. negativa (seguito dal partitivo *del, dello, della*): – *a qc. del cretino, dell'asino.* ***15*** Quando precede un sostantivo, dà origine a una costruzione equivalente al verbo il cui significato è rappresentato dal sostantivo stesso | – *consigli*, consigliare | – *spiegazioni*, spiegare | – *agio, occasione*, permettere di | – *un grido, una voce*, gridare, chiamare | – *animo, coraggio*, incoraggiare | – *fuoco*, incendiare | – *il lucido*, lucidare | – *gusto, sapore*, insaporire | – *uno schiaffo*, schiaffeggiare | – *la vita*, generare | – *inizio*, iniziare | – *il latte*, allattare. ***16*** Seguito dalle prep. *a, da, in, per*, dà origine ad alcune loc. particolari: – *a frutto*, prestare con interesse | – *a intendere, a bere q.c.*, far credere q.c. | – *a, da, pensare, da fare*, procurare pensieri, fastidi | – *in moglie, in sposa, in dono, in omaggio, in pegno, in prova*, offrire, assegnare | – *per scontato, per certo, per buono, per morto*, dichiarare scontato, certo e sim. ***B*** *v. intr.* (*aus. avere*) ***1*** Guardare: *il balcone dà sul mare* | Volgere, tendere: *un colore che dà al verde* | Sboccare, detto di corsi d'acqua, strade e sim. ***2*** Urtare, battere in qc. o in q.c.: – *in un muro*; – *in un amico.* ***3*** Prorompere: – *in lacrime.* ***4*** Seguito da prep. in molte loc.: – *nel segno*, (*fig.*) colpire giusto | – *alla testa*, stordire | – *ai, sui, nervi*, innervosire | – *nell'occhio*, attirare l'attenzione. ***C*** *v. rifl.* Applicarsi, dedicarsi: *darsi all'arte* | Abbandonarsi: *darsi al gioco* | Sottomettersi, consegnarsi: *darsi al nemico* | *Darsi per vinto*, arrendersi (*anche fig.*) | *Darsi alla macchia*, rendersi irreperibile. ***D*** *v. intr. pron.* Cominciare: *darsi a correre.* ***E*** *v. intr. impers. e intr. pron.* Avvenire, accadere: *può darsi; si dà il caso che.* ***F*** *in funzione di s. m. solo sing.* Ciò che si deve o è dovuto | *Il – e l'avere*, i debiti e i crediti di un'azienda. [→ tav. *proverbi* 59, 69, 129; → tav. *locuzioni* 26, 27, 28]

dàrsena *s. f.* ***1*** Parte più interna del porto, nella quale stanno le navi disarmate. [→ ill. *porto*] ***2*** Arsenale marittimo per la costruzione e riparazione delle navi.

darvinismo o *darwinismo s. m.* Teoria evoluzionistica del naturalista inglese C. Darwin, secondo cui le modificazioni delle specie avvengono per selezione naturale e concorrenza vitale.

darvinìsta o *darwinista s. m. e f.* (*pl. m. -i*) Seguace del darvinismo.

dasiùro *s. m.* Mammifero marsupiale con pellame marrone macchiato di bianco, feroce predatore, vivente in Australia e in Tasmania.

dàta *s. f.* ***1*** Indicazione del tempo e del luogo in cui fu scritta una lettera, redatto un documento, pubblicato un volume e sim. ***2*** Tempo in cui è accaduto o deve accadere un determinato fatto: – *di nascita*; *rimandare q.c. a – da destinarsi.* (v. nota d'uso NUMERO)

datàbile *agg.* Che si può datare.

datàre ***A*** *v. tr.* ***1*** Corredare di data: – *una lettera.* ***2*** Collocare un avvenimento nel tempo in cui si è verificato: *non è possibile – l'inizio della guerra.* ***B*** *v. intr.* Avere inizio: *la disposizione data dal mese scorso* | *A – da oggi*, a decorrere da oggi.

datàrio *s. m.* ***1*** Timbro composto di cilindri mobili in gomma, recanti in rilievo l'indicazione di giorni, mesi e anni, che, fatti rotare, consentono di imprimere la data voluta. [→ ill. *ufficio*] ***2*** Indicatore di data, in un orologio. [→ ill. *orologio*]

datàto *part. pass. di datare; anche agg.* Corredato di data | Superato, non più attuale: *film –.*

datazióne *s. f.* Assegnazione di una data | La data assegnata.

dativo ***A*** *s. m.* Caso della declinazione indeuropea indicante il termine a cui si rivolge l'azione verbale. ***B*** *anche agg.: caso –.*

dàto ***A*** *part. pass. di dare; anche agg.* ***1*** Certo, determinato, stabilito: *in date occasioni.* ***2*** In espressioni ass. con valore ipotetico e causale: *date le circostanze, ho accettato* | – *che*, ammesso, supposto che | – *e non concesso*, ammesso come ipotesi ma non verificato. ***3*** Dedito, votato: – *al vizio.* ***B*** *s. m.* Elemento o serie di elementi accertati e verificati che possono servire di base a ulteriori ricerche, indagini e sim. o che comunque consentono di giungere a determinate conclusioni: *un – di fatto; dati statistici.* [→ ill. *elaborazione dati*]

datóre *s. m.* (*f. -trice*) Chi dà, concede | – *di lavoro*, chi ha alle proprie dipendenze lavoratori retribuiti.

dàttero *s. m.* ***1*** Frutto a bacca riunito a grappoli della palma da datteri, commestibile, con polpa zuccherina | *Palma da datteri*, (*ell.*) –, pianta arborea delle Spadiciflore che produce tale frutto. [→ ill. *frutta, piante* 15] ***2*** (*zool.*) – *di mare*, litofaga. [→ ill. *animali* 5]

dattìlico *agg.* (*pl. m. -ci*) Costituito di dattili: *verso –.*

dàttilo *s. m.* Piede metrico della poesia greca e latina formato da una sillaba lunga e da due sillabe brevi.

dàttilo-, -dàttilo *primo e secondo elemento*: in parole composte significa 'dito': *dattiloscritto, dattilografo, perissodattilo.*

dattilografàre *v. tr.* (*io dattilògrafo*) Scrivere a macchina.

dattilografìa *s. f.* Ogni forma di scrittura per mezzo di macchina per scrivere.

dattilogràfico *agg.* (*pl. m. -ci*) Della dattilografia.

dattilògrafo *s. m.* (*f. -a*) Chi per professione scrive a macchina, spec. negli uffici.

dattiloscopìa *s. f.* Esame e raccolta delle impronte digitali ai fini giudiziari.

dattiloscritto ***A*** *agg.* Che è scritto a macchina. ***B*** *s. m.* Testo scritto a macchina.

dattórno ***A*** *avv.* Intorno, vicino | *Levarsi, togliersi qc. –*, liberarsene. ***B*** *nella loc. prep.* – a Intorno a, vicino a: *un recinto corre – alla casa.* ***C*** *in funzione di agg. inv.* Circostante: *luoghi –.*

datùra *s. f.* Pianta delle Tubiflorali con fiori grandi, solitari, generalmente bianchi, e frutto a capsula spinosa.

davànti ***A*** *avv.* Di fronte: *trovarsi –* | Nella parte anteriore: *una macchina danneggiata –.* ***B*** *nella loc. prep.* – a ***1*** Di fronte a, dirimpetto a: – *alla casa.* ***2*** Alla presenza, al cospetto di: *lo ha affermato – ai giudici.* ***C*** *in funzione di agg.* Anteriore: *le zampe –.* ***D*** *in funzione di s. m.* La parte anteriore: *il – della giacca.* • CONTR. Dietro (tranne che nel sign. B 2).

davantino *s. m.* Pettorina applicata su abiti femminili a scopo decorativo.

davanzàle *s. m.* Soglia della finestra su cui posano gli stipiti. [→ ill. *casa, finestra*]

davànzo o *d'avànzo avv.* Più del necessario, molto: *ne abbiamo –.*

da vicino v. *davvicino.*

davvéro *avv.* ***1*** In verità, effettivamente: *decise di mettersi – a studiare* | *Dire, fare –*, parlare, agire sul serio | *Per –*, sul serio. ***2*** Molto, veramente (raff. di un agg.): *è una cosa – bella.* ***3*** Esprime incredulità, meraviglia: *–? me lo assicuri?*

davvicìno o *da vicino avv.* Da una distanza ravvicinata.

daziàre *v. tr.* (*io dàzio*) Gravare di dazio: *– una merce.*
daziàrio *agg.* Del dazio: *ufficio –.*
dazière *s. m.* Guardia incaricata del controllo e della riscossione dei dazi.
dàzio *s. m.* ***1*** Somma dovuta allo stato o al comune per l'entrata o l'uscita di merce dal suo territorio. ***2*** Luogo dove si paga il dazio | Ufficio daziario.
de- *pref.* ***1*** Anteposto a verbi o sost. indica allontanamento (*deviare, deportare*), abbassamento (*degradare, declinare*) o privazione (*dedurre, decaffeinare, decalcificare*). ***2*** Forma verbi tratti da sost. o agg., o con valore intensivo: *decurtare, designare* | Corrisponde a *dis-* o *s-* in verbi di formazione recente (*demoralizzare, denaturare*) o in voci costituenti doppione (*defogliare - sfogliare*).
dèa *s. f.* (*pl. -dèe*) ***1*** Divinità femminile nelle religioni politeistiche. ***2*** (*fig.*) Donna molto bella | (*fig., lett.*) Donna amata.
deambulàre *v. intr.* (*io deàmbulo; aus. avere*) (*lett.*) Passeggiare (*anche scherz.*).
deambulatòrio ***A*** *agg.* (*lett.*) Che si riferisce alla deambulazione. ***B*** *s. m.* (*arch.*) Ambiente di passaggio che si affianca al vano principale di un edificio | Corridoio che gira attorno all'abside in alcune chiese spec. gotiche.
deambulazióne *s. f.* Facoltà dell'uomo e dei vertebrati superiori di spostarsi da un luogo a un altro, per mezzo delle gambe.
deamicisiàno o *deamicisiàno agg.* ***1*** Che è proprio dello scrittore E. De Amicis. ***2*** (*fig.*) Che presenta caratteri di pateticità e moralismo.
débâcle /*fr.* de'bakl/ *s. f. inv.* (*pl. fr. débâcles* /de'bakl/) Sconfitta strepitosa e inaspettata.
debbiàre *v. tr.* (*io débbio*) Trattare un terreno mediante il debbio.
débbio *s. m.* Pratica agricola consistente nel bruciare le stoppie dei cereali dopo la mietitura, per migliorare un terreno.
debellàre *v. tr.* (*io debèllo*) (*lett.*) Vincere in modo decisivo (*anche fig.*).
debellatóre *s. m.; anche agg.* (*f. -trìce*) (*lett.*) Chi (o che) debella (*anche fig.*).
debilitàre ***A*** *v. tr.* (*io debìlito*) Indebolire, privare delle forze fisiche, mentali, morali. ***B*** *v. intr. pron.* Diventare debole.
debilitazióne *s. f.* Atto del debilitare | L'essere debilitato.
debitaménte *avv.* Nel modo dovuto.
débito (1) *agg.* Che è dovuto, richiesto, da particolari obblighi, dalle circostanze, dalle convenienze: *agire con le debite forme; la reverenza debita ai grandi* | *A tempo –*, al momento opportuno; SIN. Doveroso.
débito (2) *s. m.* ***1*** (*dir.*) Ciò che è dovuto ad altri per adempiere a un'obbligazione avente per oggetto spec. denaro: *contrarre un –; pagare un –;* CONTR. Credito. ***2*** Dovere, spec. morale: *– di gratitudine.* [→ tav. *proverbi* 312]
debitóre *s. m.* (*f. -trice*) ***1*** Chi deve denaro ad altri. ***2*** (*fig.*) Chi è moralmente obbligato verso qc.: *l'uomo è – a Dio della vita.* • CONTR. Creditore.
débole ***A*** *agg.* ***1*** Che manca di forza fisica: *è molto – per la febbre* | Che non sopporta la fatica | *Essere – di vista,* non vederci bene | *Essere – di stomaco,* non digerire bene | *Essere – di memoria,* dimenticare facilmente; SIN. Fragile, gracile; CONTR. Forte. ***2*** Che manca di forza morale: *carattere, volontà –* | *Essere – in q.c.*, mancare dell'abilità necessaria per fare q.c. | *Punto, lato –*, quello che mostra le lacune di qc. o di q.c.; CONTR. Forte. ***3*** Che non convince: *scuse deboli.* ***4*** Fievole, fioco: *luce, voce –.* ***B*** *s. m. e f.* Chi manca di forza fisica o morale: *opprimere i deboli.* ***C*** *s. m.* ***1*** Argomento, materia, in cui si è meno abili: *il suo – è la matematica* | Il lato più suscettibile del carattere: *colpire qc. nel suo –.* ***2*** Inclinazione particolare: *avere un – per qc. o q.c.; ha il – del fumo.*
debolézza *s. f.* ***1*** Qualità di debole; SIN. Fragilità, gracilità; CONTR. Forza. ***2*** Mancanza di solidità (*anche fig.*) | (*fig.*) Difetto abituale: *avere molte debolezze.* ***3*** Azione da debole.
debordàre ***A*** *v. intr.* (*io debórdo, aus. avere*) Straripare, traboccare (*anche fig.*). ***B*** *v. tr.* (*mar.*) Allontanare q.c. dal bordo della nave.
debòscia *s. f.* (*pl. -sce*) Modo di vivere sregolato e corrotto.
deboscìato ***A*** *agg.* Che è in uno stato di fiacchezza morale e fisica a causa del vizio e della sregolatezza dei costumi. ***B*** *anche s. m.* (*f. -a*).
debuttànte *part. pres. di debuttare; anche agg. e s. m. e f.* Esordiente, principiante | *Ballo delle debuttanti,* delle ragazze, spec. diciottenni, che vengono presentate in società.
debuttàre *v. intr.* (*aus. avere*) Esordire sulle scene: *debuttò con l'Amleto* | (*est.*) Iniziare un'attività, una professione: *– come scrittore* | *– in società,* apparirvi per la prima volta.
debùtto *s. m.* Prima apparizione sulle scene di un artista o una compagnia | (*est.*) Inizio di un'attività; SIN. Esordio.
dèca- *primo elemento*: in parole composte scientifiche significa 'dieci' o, anteposto a un'unità di misura, la moltiplica per 10: *decalogo, decaedro, decagrammo.*
dècade *s. f.* ***1*** (*raro*) Complesso, serie di dieci unità. ***2*** Periodo di tempo di dieci giorni.
decadènte ***A*** *part. pres. di decadere; anche agg.* ***1*** Che si trova in stato di decadenza. ***2*** Relativo, appartenente al decadentismo. ***B*** *s. m. e f.* Decadentista.
decadentismo *s. m.* Corrente artistica europea della fine dell'800 e dei primi decenni del '900, caratterizzata da un acuto senso dell'individuale e dall'esigenza di creazioni nuove e suggestive.
decadentìsta *s. m. e f.* (*pl. m. -i*) Seguace del decadentismo.
decadentìstico *agg.* (*pl. m. -ci*) Del decadentismo e dei decadentisti.
decadènza *s. f.* ***1*** Declino, scadimento materiale o morale. ***2*** (*dir.*) Estinzione di un diritto per mancato esercizio dello stesso entro il termine stabilito dalla legge.
decadére *v. intr.* (*coniug. come cadere; aus. essere*) ***1*** Passare da uno stato di prosperità, forza e sim. a uno di miseria, debolezza: *– dall'antica grandezza* | Perdere importanza: *una teoria che decade.* ***2*** (*dir.*) Incorrere in decadenza: *– da un diritto.*
decadiménto *s. m.* ***1*** Decadenza. ***2*** (*fis. nucl.*) Disintegrazione radioattiva | *– beta,* trasformazione di un neutrone in protone, con emissione di un elettrone e di un neutrino.
decadùto *part. pass. di decadere; anche agg.* Detto di persona che, da una condizione di prosperità o ricchezza, si ritrova in misero stato: *nobili decaduti.*
decaèdro *s. m.* (*geom.*) Poliedro con dieci facce.
decaffeinàre *v. tr.* (*io decaffeìno*) Eliminare la caffeina da caffè, tè e sim.
decaffeinazióne *s. f.* Operazione del decaffeinare.
decaffeinizzàre *v. tr.* Decaffeinare.
decàgono *s. m.* (*geom.*) Poligono con dieci vertici. [→ ill. *geometria*]
decagràmmo o *decagràmma s. m.* Unità di peso equivalente a 10 grammi.
decalcàre *v. tr.* (*io decàlco, tu decàlchi*) Passare con una punta sui contorni di un disegno per lasciarne l'impronta su un foglio sottostante.
decalcificàre *v. tr.* (*coniug. come calcificare*) Privare del calcio.
decalcificazióne *s. f.* ***1*** Dilavamento del calcio del terreno o delle rocce per l'azione di acque ricche di anidride carbonica. ***2*** Diminuzione del calcio nei vari organi del corpo, spec. nelle ossa.
decalcomanìa *s. f.* Procedimento che consente di trasportare immagini colorate da un foglio di carta ad altro supporto | (*est.*) L'immagine così trasportata; SIN. Calcomania.
decàlitro *s. m.* Unità di capacità equivalente a 10 litri.
decàlogo *s. m.* (*pl. -ghi*) ***1*** I dieci comandamenti dati da Dio a Mosè sul monte Sinai. ***2*** (*est.*) Insieme delle norme fondamentali di un'attività, di una professione e sim.: *il – dello studente.*
decàmetro *s. m.* Unità di lunghezza equivalente a 10 metri.
decampàre *v. intr.* (*aus. avere*) ***1*** (*mil.; raro*) Levare il campo, ritirarsi. ***2*** (*fig.*) Recedere dalle proprie opinioni: *non decampa dai suoi diritti.*

decanàto *s. m.* Grado, ufficio di decano.
decàno *s. m.* (*f. -a* nel sign. 2) **1** Cardinale anziano con particolari funzioni nel Sacro Collegio. **2** Chi, per età o anzianità, occupa il primo posto tra coloro che esercitano certe professioni o ricoprono certe dignità: *il — del corpo diplomatico.*
decantàre (1) *v. tr.* Lodare, celebrare.
decantàre (2) **A** *v. tr.* (*chim.*) Sottoporre a decantazione. **B** *v. intr.* (*aus. essere*) (*chim.*) Subire la decantazione.
decantazióne *s. f.* **1** Sedimentazione e conseguente separazione di un solido da un liquido o di due liquidi in tutto o in parte non miscibili. **2** (*fig.*) Liberazione da elementi estranei.
decapàggio *s. m.* Pulitura di superfici metalliche mediante immersione in soluzioni acide o basiche per eliminare incrostazioni e ossidazioni superficiali.
decapàre *v. tr.* Sottoporre a decapaggio.
decapitàre *v. tr.* (*io decàpito*) **1** Uccidere tagliando il capo, spec. per condanna; SIN. Decollare. **2** (*est.*) Recidere alla sommità, detto di cose: *i contadini decapitano i tralci delle viti.*
decapitazióne *s. f.* Taglio della testa | (*est.*) Troncamento dell'estremità, della sommità di q.c.
decàpodi *s. m. pl.* (*sing. -e*) **1** Ordine di crostacei marini o di acqua dolce con cinque paia di arti toracici di cui il primo può essere trasformato in chele. **2** Ordine di molluschi Cefalopodi con otto braccia uguali e due tentacolari provviste di ventose.
decappottàbile *agg.* Che si può decappottare.
decappottàre *v. tr.* (*coniug. come cappottare*) Aprire o togliere la cappotta a un'automobile.
decarburàre *v. tr.* Ridurre il contenuto di carbonio alla superficie di un metallo, per riscaldamento entro un mezzo adatto.
decarburazióne *s. f.* Riduzione del contenuto di carbonio spec. nella ghisa.
decasìllabo **A** *s. m.* Verso di dieci sillabe. **B** *anche agg.*: *verso —.*
decàstico *s. m.* (*pl. -ci*) Componimento di dieci versi.
decàstilo *agg.* Detto di edificio classico con dieci colonne sulla fronte.
dècathlon o *dècatlon* *s. m.* Gara atletica maschile in dieci prove: quattro di corsa, tre di salto e tre di lancio.
decatissàggio *s. m.* Trattamento dei tessuti che toglie loro il lustro e li rende irrestringibili.
decatiẓẓàre *v. tr.* Sottoporre un tessuto al decatissaggio.
decatlèta *s. m.* (*pl. -i*) Atleta specialista del decathlon.
dècatlon V. *decathlon.*
decauville /*fr.* dəko'vil/ *s. f. inv.* (*pl. fr. decauvilles* /dəko'vil/) Ferrovia a piccolo scartamento usata in miniere, cantieri e stabilimenti.
decèdere *v. intr.* (*coniug. come cedere; aus. essere*) Morire.
deceleràre *v. tr. e intr.* (*io decèlero; aus. avere*) Diminuire la velocità, rallentare.
deceleratóre *agg.* Che produce decelerazione.
decelerazióne *s. f.* **1** Diminuzione della velocità spec. di veicoli terrestri e aerei. **2** (*fis.*) Accelerazione negativa.
decemviràto *s. m.* **1** Titolo, ufficio e dignità di decemviro | Durata di tale ufficio. **2** Insieme dei decemviri.
decèmviro *s. m.* (*pl. -viri*) Nella Roma repubblicana, ognuno degli appartenenti a un collegio di magistrati composto di dieci membri.
decennàle **A** *agg.* **1** Che dura dieci anni. **2** Che ricorre ogni dieci anni: *celebrazione —.* **B** *s. m.* Decimo anniversario di un avvenimento memorabile.
decènne *agg.* Che ha dieci anni di età.
decènnio *s. m.* Periodo di dieci anni.
decènte *agg.* Che è conforme a decoro, pudore, dignità, convenienza e sim. | Adeguato: *uno stipendio appena —*; SIN. Conveniente, decoroso, dignitoso; CONTR. Indecente.
decentraménto *s. m.* Allontanamento dal centro cittadino | Trasferimento di funzioni a organi periferici; CONTR. Centralizzazione, accentramento.
decentràre *v. tr.* (*io decèntro*) **1** Allontanare dal centro. **2** Delegare a organi o uffici periferici compiti prima spettanti a organi centrali. • CONTR. Centralizzare.
decènza *s. f.* **1** Qualità di decente; SIN. Convenienza, decoro, dignità; CONTR. Indecenza. **2** Rispetto delle norme di decoro, dignità, pudore e sim. richiesto dalle necessità del vivere civile.
decèsso *s. m.* (*bur.*) Morte.
dèci- *primo elemento*: anteposto a un'unità di misura la divide per dieci: *decilitro, decimetro.*
decibèl *s. m. inv.* (*fis.*) Unità di attenuazione pari a un decimo di bel | *— acustico*, unità di intensità sonora. SIMB. db.
decìdere **A** *v. tr.* (*pass. rem. io decisi, tu decidésti; part. pass. deciso*) **1** Pervenire a un giudizio definitivo: *decise di chiudersi in convento* | Stabilire | Scegliere; SIN. Deliberare. **2** (*dir.*) Emanare una sentenza conclusiva: *— una lite.* **3** Risolvere, definire: *— una controversia* | Fissare: *hanno deciso la data del matrimonio.* **B** *v. tr. e intr.* (*aus. intr. avere*) Avere valore determinante: *quell'incontro decise il nostro destino: il suo intervento può — della nostra vita.* **C** *v. intr. pron.* Prendere una risoluzione: *mi sono deciso a cambiar casa.*
decìduo *agg.* Detto di organo animale o vegetale che è destinato a cadere: *foglie decidue.*
decifràbile *agg.* Che si può decifrare; CONTR. Indecifrabile.
decifràre *v. tr.* **1** Interpretare una scrittura in cifra: *— un messaggio* | (*est.*) Riuscire a intendere uno scritto oscuro: *— un enigma.* **2** (*fig.*) Interpretare ciò che è poco chiaro: *— le intenzioni di qc.*
decifratóre *s. m.* (*f. -trìce*) Chi decifra.
decifrazióne *s. f.* Operazione del decifrare.
decigràmmo o *decigràmma* *s. m.* (*pl. -i*) Unità di peso equivalente a un decimo di grammo.
decilitro *s. m.* Unità di capacità corrispondente a un decimo di litro.
dècima *s. f.* **1** Nel Medioevo, decima parte delle rendite, dovuta alla Chiesa in forma di imposta. **2** (*mus.*) Intervallo comprendente dieci gradi della scala musicale.
decimàle **A** *agg.* Che ha per base dieci, e quindi procede per decimi e per decupli: *sistema metrico —.* **B** *s. m.* Cifra che, in un numero decimale, è posta dopo la virgola.
decimàre *v. tr.* (*io dècimo*) **1** Punire un corpo di soldati con la decimazione. **2** (*est.*) Ridurre grandemente di numero: *il colera decimava le popolazioni.*
decimazióne *s. f.* **1** Punizione consistente nel mandare a morte una persona ogni dieci, estraendola a sorte. **2** (*est.*) Forte diminuzione, grave danno.
decimetro *s. m.* Unità di lunghezza corrispondente a un decimo di metro | *Doppio —*, asticciola graduata per 20 centimetri | *— cubo*, unità di capacità costituita da un cubo avente per spigolo un decimetro, equivalente a un litro. [→ ill. *disegnatore, misure*]
dècimo **A** *agg. num. ord.* Corrispondente al numero dieci in una sequenza | *La decima musa*, la cinematografia. **B** *s. m.* Ciascuna delle dieci parti uguali di una stessa quantità.
decina o *diecina* *s. f.* Complesso, serie di dieci, o circa dieci unità.
deciṣionàle *agg.* Che può decidere.
deciṣióne *s. f.* **1** Deliberazione, risoluzione, scelta. **2** (*dir.*) Determinazione di volontà giudiziaria che definisce la materia oggetto di un processo: *— del Tribunale.* **3** Risolutezza, energia: *agire, parlare, con —.*
deciṣìvo *agg.* Risolutivo, determinante: *argomento —* | Cruciale: *momento —.*
deciṣo *part. pass. di decidere; anche agg.* **1** Definito, deliberato. **2** Risoluto, energico | *Essere — a tutto*, pronto a ogni evento pur di raggiungere uno scopo.
deciṣóre *s. m.* Chi decide.
declamàre **A** *v. tr.* Recitare con voce solenne, spesso accompagnata da gesti appropriati: *— un'orazione.* **B** *v. intr.* (*aus. avere*) Parlare con affettazione.
declamatóre *s. m.* (*f. -trìce*) Chi declama | (*est.*) Chi parla in modo pomposo e retorico.
declamatòrio *agg.* Di, da declamazione.
declamazióne *s. f.* **1** Atto del declamare. **2** (*est.*) Discorso enfatico e vuoto di significato.
declaratòria *s. f.* (*dir.*) Provvedimento avente carattere dichiarativo.
declaratòrio *agg.* (*dir.*) Che dichiara, rendendo pubblico: *sentenza declaratoria.*
declassaménto *s. m.* Assegnazione a una classe inferiore (*anche fig.*).

declassàre *v. tr.* Degradare da una classe superiore a quella inferiore (*anche fig.*): — *una vettura ferroviaria.*
declinàbile *agg.* Detto di parola che si può declinare; CONTR. Indeclinabile.
declinàre A *v. intr.* (*io declìno; aus. avere*) **1** Abbassarsi gradatamente | Volgere verso il basso: *il paese declina verso il mare* | Tramontare: *il sole declina all'orizzonte.* **2** (*fig.*) Volgere alla fine: *il giorno declina* | Diminuire di intensità, potenza, valore e sim.: *la febbre declina.* **3** Deviare (*anche fig.*): — *dalla propria dirittura di vita.* **B** *v. tr.* **1** (*lett.*) Abbassare, piegare in giù: — *il capo.* **2** Rifiutare, evitare: — *un invito.* **3** Dichiarare, rendere noto: — *le proprie generalità.* **4** Flettere un sostantivo, un aggettivo o un pronome nelle forme proprie della declinazione. **C** *in funzione di s. m. solo sing.* Ultima fase: *essere al, sul* —; *il — del giorno.*
declinatòrio *agg.* (*raro*) Che declina | (*dir.*) *Eccezione declinatoria,* con cui una parte nega la competenza territoriale del giudice.
declinazióne *s. f.* **1** (*raro*) Abbassamento. **2** (*astron.*) Distanza angolare di un astro dall'equatore celeste | — *magnetica,* angolo compreso tra la direzione del Nord geografico e la direzione del polo magnetico, indicato dall'ago della bussola. **3** Flessione del sostantivo o dell'aggettivo o del pronome secondo il genere, il numero e il caso.
declìno *s. m.* **1** (*lett.*) Pendenza, declivio. **2** (*fig.*) Decadenza: *società in* — | Fine, tramonto: *il — della bellezza.*
declinòmetro *s. m.* (*fis.*) Strumento per misurare la declinazione magnetica.
declìve *agg.* (*lett.*) Che è in pendio.
declìvio *s. m.* Terreno in pendio; SIN. China.
decodificàre *v. tr.* (*io decodìfico, tu decodìfichi*) **1** Nell'elaborazione automatica dei dati, riottenere l'informazione originaria dal codice in cui era stata trasformata. **2** (*est.*) Decifrare, interpretare.
decollàggio *s. m.* Decollo.
decollàre (1) *v. tr.* (*io decòllo*) (*raro*) Decapitare.
decollàre (2) *v. intr.* (*io decòllo; aus. avere*) **1** (*aer.*) Sollevarsi in volo. **2** (*fig.*) Avviarsi verso un felice sviluppo.
decollazióne *s. f.* (*raro*) Decapitazione.
décolleté /*fr.* dekɔl'te/ **A** *agg. inv.* (*pl. fr. décolletés* /dekɔl'te/) Scollato: *abito* —. **B** *s. m. inv.* Scollatura: *il — di un abito.*
decòllo *s. m.* **1** Atto o manovra del decollare. **2** (*fig.*) Fase di avvio di un processo di sviluppo industriale: *il — di un paese ad economia arretrata.*
decolonizzàre *v. tr.* Rendere una colonia stato sovrano.
decolonizzazióne *s. f.* Processo di liberazione dal colonialismo nei paesi sotto il controllo straniero.
decoloránte A *part. pres. di decolorare; anche agg.* Che decolora. **B** *s. m.* Sostanza atta a decolorare.
decoloràre *v. tr.* (*io decolóro*) Privare del colore, scolorire.
decolorazióne *s. f.* **1** Operazione del decolorare. **2** In varie tecnologie, operazione atta a eliminare o ad attenuare il colore di determinate sostanze: — *dei vini, dei tessuti.*
decombènte *agg.* Che pende verso il basso: *rami decombenti.*
decomponìbile *agg.* Che si può decomporre.
decompórre A *v. tr.* (*coniug. come porre*) **1** (*chim.*) Scindere un composto in altri più semplici o nei suoi elementi. **2** (*mat.*) Scomporre, dividere in parti | — *un numero naturale,* trovare i suoi fattori primi. **B** *v. intr. pron.* (*aus. essere*) **1** (*chim.*) Scindersi di un composto in altri più semplici o nei suoi elementi. **2** Corrompersi, putrefarsi.
decomposizióne *s. f.* **1** Scomposizione. **2** (*biol.*) Processo di degradazione delle sostanze biologiche in altre meno complesse | Putrefazione.
decompressìmetro *s. m.* Apparecchio per il calcolo automatico dei dati di decompressione, usato nel nuoto subacqueo.
decompressióne *s. f.* Passaggio da uno stato di pressione elevata a uno minore.
decomprìmere *v. tr.* (*coniug. come comprimere*) Rendere meno compresso.
deconcentràre A *v. tr.* (*io deconcèntro*) Fare uscire da uno stato di raccoglimento mentale o psicofisico. **B** *v. rifl.* Uscire da uno stato di concentrazione.
decongelaménto *s. m.* Decongelazione.
decongelàre *v. tr.* (*io decongèlo*) Riportare lentamente un prodotto alimentare surgelato alla temperatura ambiente.
decongelazióne *s. f.* Operazione del decongelare.
decongestionaménto *s. m.* Eliminazione, riduzione, di uno stato di congestione | — *del traffico,* eliminazione degli eccessivi ingorghi.
decongestionàre *v. tr.* (*io decongestióno*) **1** (*med.*) Eliminare o diminuire la congestione. **2** (*fig.*) Liberare da ingombri eccessivi, ingorghi e sim.: — *il traffico.*
decontaminàre *v. tr.* (*io decontàmino*) Eliminare la contaminazione, spec. radioattiva, di q.c.
decontrazióne *s. f.* Rilasciamento dei muscoli.
decoràre *v. tr.* (*io decòro*) **1** Adornare, abbellire. **2** Insignire di una decorazione, di una onorificenza: *è stato decorato della croce di guerra.*
decorativo *agg.* **1** Atto a decorare. **2** (*iron.*) Detto di persona, che, sebbene intrinsecamente priva di valore, possiede notevoli qualità esteriori: *una moglie decorativa.*
decoràto A *part. pass. di decorare; anche agg.* Ornato | Abbellito. **B** *s. m.* Chi ha ricevuto una decorazione.
decoratóre *s. m.* (*f. -trice*) Chi esegue lavori di decorazione.
decorazióne *s. f.* **1** Lavoro di abbellimento con elementi decorativi | Ciò che serve per decorare. **2** Medaglia, croce | Onorificenza.
decòro *s. m.* **1** Coscienza della propria dignità, che si riflette nell'aspetto, negli atteggiamenti e sim.: *vivere con* —; *ciò che il — impone*; SIN. Decenza, dignità. **2** Onore, prestigio: *il — della famiglia.* **3** (*fig.*) Lustro, splendore: *essere il — della patria.*
decoróso *agg.* **1** Che possiede decoro. **2** Che è conforme alle circostanze, alla posizione sociale; SIN. Decente, dignitoso.
decorrènza *s. f.* Atto del decorrere | Termine da cui comincia ad avere effetto un impegno, un obbligo e sim.
decórrere *v. intr.* (*coniug. come correre; aus. essere*) **1** Passare, trascorrere, detto di tempo. **2** Cominciare ad avere effetto, a essere calcolato: *l'assicurazione decorre da domani.*
decórso *s. m.* **1** Corso del tempo. **2** Svolgimento, evoluzione: *il — della malattia.*
decòtto *s. m.* Preparato farmaceutico ottenuto facendo bollire per un certo tempo determinate sostanze nell'acqua e filtrandole dopo il raffreddamento; CFR. Infuso.
decozióne *s. f.* Ebollizione di liquido contenente sostanze medicamentose, sì da estrarne i principi attivi.
decreménto *s. m.* (*raro*) Diminuzione.
decrepitézza *s. f.* L'essere decrepito.
decrèpito *agg.* **1** Che è nell'estrema vecchiaia e ne reca tutti i segni di disfacimento. **2** (*fig.*) Che è privo di vitalità: *istituzioni decrepite.*
decrescèndo *s. m.* (*mus.*) Indicazione dinamica che prescrive, nell'esecuzione, una progressiva diminuzione d'intensità del suono.
decréscere *v. intr.* (*coniug. come crescere; aus. essere*) Diminuire di massa, quantità, prezzo e sim.; SIN. Calare.
decretàle A *agg.* Detto di costituzione pontificia redatta in forma di lettera. **B** *s. f.* Bolla o lettera papale concernente il governo della Chiesa.
decretàre *v. tr.* (*io decréto*) **1** Statuire con decreto. **2** (*est.*) Stabilire d'autorità: *gli hanno decretato solenni onoranze*; SIN. Deliberare.
decretazióne *s. f.* Deliberazione mediante decreto.
decréto *s. m.* **1** (*dir.*) Provvedimento giurisprudenziale, di solito non motivato: — *di citazione* | Atto amministrativo tipico del potere esecutivo | — *legge,* atto avente forza di legge emanato dal potere esecutivo senza previa delegazione dell'autorità legislativa. **2** (*fig.*) Ciò che è stabilito da una volontà o forza superiore all'uomo: *gli imperscrutabili decreti della Provvidenza.*
decùbito *s. m.* Posizione assunta dal malato in letto | *Piaga da* —, quella che, durante una lunga degenza a letto, compare nelle parti della cute compresse contro il materasso.
de cuius /*lat.* de 'kujus/ *loc. sost. m. e f.* (*dir.*) Persona defunta della cui eredità si tratta.

decumàno *s. m.* **1** Nell'ordinamento militare dell'antica Roma, ogni soldato della decima legione. **2** Ciascuna delle vie che attraversano la città o l'accampamento dei Romani da oriente a occidente.

decuplicàre *v. tr.* (*io decùplico, tu decùplichi*) Moltiplicare per dieci, accrescere di dieci.

dècuplo **A** *agg.* Che è dieci volte maggiore, relativamente ad altra cosa analoga. **B** *s. m.* Quantità dieci volte maggiore.

decùria *s. f.* **1** Nell'antica Roma, ciascuna delle dieci divisioni della Curia o del Senato. **2** Squadra di dieci soldati di cavalleria.

decurióne *s. m.* **1** Nell'antica Roma, capo di una decuria. **2** Membro dell'amministrazione comunale, spec. nell'Italia dominata dagli Spagnoli.

decurtàre *v. tr.* (*io decùrto*) Ridurre, diminuire.

decurtazióne *s. f.* Riduzione, diminuzione | Detrazione.

decussàto *agg.* Fatto, disposto, a forma di decusse.

decùsse *s. f.* **1** Lettera X rappresentante il numero dieci. **2** Moneta romana del valore di dieci assi, segnata con una X. **3** (*arald.*) Croce di S. Andrea.

dedàleo *agg.* **1** Degno di Dedalo. **2** (*fig., lett.*) Ingegnoso, fatto con arte.

dèdalo *s. m.* Labirinto, intrico di vie e passaggi (dal nome del costruttore del labirinto nell'isola di Creta).

dèdica *s. f.* Atto del dedicare | Frase scritta con cui si offre espressamente a qc. un'opera, un ritratto, una fotografia e sim.

dedicàre **A** *v. tr.* (*io dèdico, tu dèdichi*) **1** Attribuire a q.c. il nome di qc. in segno di onore, riconoscenza e sim.: — *la piazza ai caduti* | (*est.*) Offrire a qc. il risultato della propria attività, spec. artistica o letteraria, in segno di omaggio. **2** Consacrare alla divinità. **3** Volgere tutte le proprie cure verso un determinato fine: *ha dedicato la sua vita alla scienza*; SIN. Consacrare. **B** *v. rifl.* Votarsi completamente: *dedicarsi alla famiglia*.

dedicatàrio *s. m.* (*f. -a*) Persona cui si dedica un'opera, spec. letteraria.

dedicatòria *s. f.* Lettera di dedica.

dedicatòrio *agg.* Detto di lettera o sim. scritta per dedicare q.c. a qc.

dedicazióne *s. f.* Atto e cerimonia con cui si consacra una chiesa o un altare.

dèdito *agg.* Che si dedica con cura costante a q.c.: — *allo studio*.

dedizióne *s. f.* Completa consacrazione di sé a un'attività, un ideale, una persona; SIN. Abnegazione.

dedótto *part. pass. di dedurre; anche agg.* Desunto, derivato | Detratto.

deducìbile *agg.* Che si può dedurre.

dedùrre *v. tr.* (*pres. io dedùco, tu dedùci; pass. rem. io dedùssi, tu deducésti; fut. io dedurrò; condiz. pres. io dedurrèi, tu dedurrésti; part. pass. dedótto; le altre forme dal tema di deducere*) **1** (*filos.*) Pervenire da un principio generale a una soluzione particolare; CONTR. Indurre. **2** (*est.*) Ricavare razionalmente da fatti, indizi, sintomi e sim.: *dall'addensarsi delle nubi dedussi che il temporale si avvicinava*; SIN. Arguire, concludere, desumere. **3** Derivare, trarre: — *la trama di un'opera da una leggenda*. **4** Defalcare, detrarre: — *le spese dagli incassi*. **5** Trasportare da un luogo a un altro | — *una colonia*, nell'antica Roma, portare i coloni da un luogo in un altro per abitarvi e coltivarlo.

deduttìvo *agg.* Che concerne e interessa la deduzione | *Metodo* —, quello della matematica; CONTR. Induttivo.

deduzióne *s. f.* **1** (*filos.*) Procedimento logico consistente nel derivare da una premessa una conclusione che ne rappresenta la conseguenza necessaria; CONTR. Induzione. **2** (*est.*) Conclusione | Ipotesi, supposizione. **3** Detrazione.

de facto /*lat.* de 'fakto/ *loc. avv.* Di fatto, concretamente.

défaillance /*fr.* defa'jãs/ *s. f. inv.* (*pl. fr. défaillances* /defa'jãs/) Improvvisa debolezza o crisi, spec. nel linguaggio sportivo.

defalcàre *v. tr.* (*io defàlco, tu defàlchi*) Detrarre una somma da un'altra maggiore: *gli defalcarono ventimila lire dalla spesa*; SIN. Dedurre, sottrarre.

defàlco *s. m.* (*pl. -chi*) Detrazione | (*est.*) Quantità defalcata: *un — del dieci per cento*.

defaticàrsi *v. rifl.* Nello sport, compiere esercizi atti a eliminare l'eccesso di acido lattico formatosi nei muscoli in seguito a sforzi prolungati.

defatigànte *part. pres. di defatigare; anche agg.* (*lett.*) Che stanca | (*est.*) Che fiacca la resistenza psicologica e lo spirito combattivo: *ostruzionismo* —.

defatigàre *v. tr.* (*io defatigo, tu defatighi*) (*lett.*) Affaticare, stancare.

defecàre **A** *v. intr.* (*io defèco, tu defèchi; aus. avere*) Espellere le feci. **B** *v. tr.* Purificare un liquido precipitandone le impurezze.

defecazióne *s. f.* **1** Espulsione delle feci. **2** Purificazione di un liquido.

defenestràre *v. tr.* (*io defenèstro*) **1** Gettare dalla finestra. **2** (*fig.*) Privare qc. di un ufficio, di una carica e sim., spec. in modo brusco e inatteso: *il ministro è stato defenestrato*.

defenestrazióne *s. f.* **1** Uccisione di qc. conseguita gettandolo fuori da una finestra. **2** (*fig.*) Brusco allontanamento da una carica.

defensionàle *agg.* Relativo alla difesa.

deferènte *part. pres. di deferire; anche agg.* **1** Che permette il deflusso di q.c.: *canale* —. [→ ill. *anatomia umana*] **2** Che è conforme o si conforma al giudizio, all'autorità, alla volontà altrui: *mostrarsi — verso qc.*; SIN. Ossequioso, rispettoso.

deferènza *s. f.* L'essere deferente; SIN. Ossequio, rispetto.

deferiménto *s. m.* Atto del deferire.

deferire *v. tr.* (*io deferisco, tu deferisci*) (*dir.*) Rimettere all'esame, al giudizio di altri: — *una questione all'autorità giudiziaria* | — *qc. all'autorità giudiziaria*, denunziarlo, accusarlo o citarlo in giudizio.

defettìbile *agg.* (*lett.*) Che può mancare | Che può venir meno.

defezionàre *v. intr.* (*io defezióno; aus. avere*) Compiere una defezione; SIN. Disertare, tradire.

defezióne *s. f.* Mancamento di fede, di parola e sim. | Abbandono di un'organizzazione, di un partito politico e sim. cui si aderiva; SIN. Diserzione, tradimento.

deficiènte **A** *agg.* Mancante: *stanza — di illuminazione* | Insufficiente. **B** *agg.; anche s. m. e f.* Individuo socialmente incapace, per le sue limitazioni mentali | (*spreg.*) Cretino, imbecille.

deficiènza *s. f.* **1** Scarsezza, insufficienza | — *mentale*, oligofrenia. **2** Lacuna, mancanza: *ha delle gravi deficienze in matematica*.

deficit /*lat.* 'dɛfitʃit/ *s. m. inv.* **1** (*econ.*) Eccedenza del passivo sull'attivo: *bilancio in* — | (*gener.*) Disavanzo, perdita (*anche fig.*). **2** (*est.*) Difetto, insufficienza.

deficitàrio *agg.* **1** Che è in perdita, in passivo: *bilancio* —. **2** Insufficiente: *alimentazione deficitaria*.

defiggere *v. tr.* (*pres. io defiggo, tu defiggi; pass. rem. io defissi, tu defiggésti; part. pass. defisso*) Staccare ciò che è affisso: — *un manifesto*; CONTR. Affiggere.

defilàre **A** *v. tr.* (*io defilo*) (*mil.*) Sottrarre al tiro o alla vista del nemico utilizzando un ostacolo frapposto. **B** *v. rifl.* (*fig.*) Sottrarsi alla vista altrui | Sottrarsi a un obbligo, a un impegno.

defilàto *part. pass. di defilare; anche agg.* (*raro*) Sottratto alla vista | *Essere, stare in posizione defilata*, essere al riparo dal tiro nemico; (*fig.*) agire in modo da eludere le proprie responsabilità.

défilé /*fr.* defi'le/ *s. m. inv.* (*pl. fr. défilés* /defi'le/) Sfilata di moda.

definìbile *agg.* Che si può definire; CONTR. Indefinibile.

definire *v. tr.* (*io definisco, tu definisci*) **1** Precisare, fissare, i limiti: *la Costituzione definisce il potere degli organi legislativi*. **2** Determinare un concetto mediante la formulazione in termini appropriati: *è difficile — che cosa è la bellezza* | Spiegare il significato di una parola: — *un vocabolo*. **3** Risolvere, terminare: — *una faccenda*.

definitézza *s. f.* Qualità di definito.

definitivaménte *avv.* In modo definitivo.

definitivo *agg.* Che risolve, conclude, pone fine: *discussione definitiva* | *In definitiva*, in conclusione; SIN. Decisivo.

definito *part. pass. di definire; anche agg.* Determinato, preciso: *assumere una posizione ben definita*.

definitóre *s. m.* (*f. -trice*) Chi definisce.

definizióne *s. f.* **1** Atto del definire | Formula con cui si definisce: *dare una* —. **2** Determinazione precisa del significato di un vocabolo. **3** Risoluzione, decisione: — *di una lite.*

deflagrànte *part. pres. di deflagrare; anche agg.* Detto di sostanza che deflagra.

deflagràre *v. intr.* (*aus. avere*) **1** (*chim.*) Bruciare molto rapidamente, detto degli esplosivi da lancio. **2** (*fig.*) Manifestarsi all'improvviso e con violenza: *il conflitto deflagrò in poche ore.* • SIN. Scoppiare.

deflagrazióne *s. f.* **1** Esplosione progressiva | Scoppio; CFR. Detonazione. **2** (*fig.*) Manifestazione improvvisa e violenta di conflitti, guerre e sim.

deflativo o evit. *deflattivo agg.* Relativo alla deflazione economica.

deflazionàre *v. tr.* (*io deflazióno*) Portare alla deflazione economica.

deflazióne (1) *s. f.* Condizione del sistema economico caratterizzata dalla riduzione della circolazione monetaria e dalla conseguente diminuzione del livello generale dei prezzi; CONTR. Inflazione.

deflazióne (2) *s. f.* Asportazione, da parte del vento, di granuli sabbiosi formatisi per disgregazione di rocce.

deflemmàre *v. tr.* (*io deflèmmo*) (*chim.*) Separare da un miscuglio una parte di acqua in esso contenuta.

deflessióne *s. f.* Deviazione | (*fis.*) Deviazione di un fascio di particelle o fotoni. [→ ill. *elettronica, televisione*]

deflèttere *v. intr.* (*pres. io deflètto; pass. rem. io deflèssi o deflettéi, tu deflettésti; part. pass. deflèsso o deflettùto; aus. avere*) **1** Piegare da un lato | (*est.*) Deviare da una direzione: *gli elettroni sono deflessi nell'oscilloscopio.* **2** (*fig.*) Deviare da propositi, opinioni, posizioni e sim.: *non intende — dalla sua intransigenza.*

deflettóre *s. m.* **1** Organo che devia una corrente di gas o di liquido o la traiettoria di particelle. **2** Parte orientabile del finestrino anteriore di un'autovettura.

defloràre *v. tr.* (*io deflòro*) Privare una donna della verginità.

deflorazióne *s. f.* Atto del deflorare.

defluìre *v. intr.* (*io defluìsco, tu defluìsci; aus. essere*) **1** Scorrere in giù, detto di liquidi: *l'acqua defluisce dalle condutture.* **2** (*fig.*) Uscire da un luogo con movimento che dia l'idea dello scorrere: *il pubblico defluisce dal teatro*; CONTR. Affluire.

deflùsso *s. m.* **1** Scorrimento di un liquido verso il basso: *il — della marea* | (*fig.*) Uscita: *il — del pubblico.* **2** Quantità d'acqua che è passata attraverso la sezione di un fiume o canale in un certo tempo.

defogliànte o *defoliànte* **A** *agg.* Detto di composto chimico, che, irrorato sulle piante, provoca artificialmente la caduta delle foglie; usato spec. in guerra come aggressivo chimico. **B** *anche s. m.*

deformàbile *agg.* Che si può deformare; CONTR. Indeformabile.

deformabilità *s. f.* Qualità di deformabile.

deformànte *part. pres. di deformare; anche agg.* Che deforma | *Artrite* —, malattia degenerativa delle articolazioni con deformazione dei capi articolari.

deformàre *v. tr.* (*io defórmo*) **1** Alterare nella forma | Rendere deforme, brutto: *un ghigno gli deforma la bocca*; SIN. Deturpare. **2** (*fig.*) Alterare nel significato: — *il senso di una parola.*

deformazióne *s. f.* Alterazione nella forma o nel significato | — *professionale*, alterazione del proprio modo di agire e di pensare, acquisita per la costante ripetizione di gesti, atteggiamenti e pensieri, ricorrenti nell'esercizio del proprio lavoro o professione.

defórme *agg.* Che non ha o ha perduto la sua forma naturale ed è perciò sgradevole a vedersi; SIN. Malfatto, sformato.

deformità *s. f.* **1** L'essere deforme. **2** (*med.*) Anomalia permanente.

defraudàre *v. tr.* (*io defràudo*) Privare qc. di ciò che gli spetta, spec. con inganno o frode: — *un cittadino dei suoi diritti.*

defraudatóre *s. m.* (*f. -trice*) Chi defrauda.

defùnto A *agg.* **1** Che è morto. **2** (*fig.*) Finito, scomparso: *amore* —. **B** *s. m.* (*f. -a*) Persona defunta.

degeneràre *v. intr.* (*io degènero; aus. avere*) **1** Allontanarsi dalle qualità tipiche della propria famiglia, stirpe e sim.: — *dalle virtù dei padri*; SIN. Tralignare. **2** Mutare in peggio: *lo scherzo degenerò in rissa.* **3** Trasformarsi, perdere le caratteristiche originarie, detto di individui, specie, organi e sim.

degenerativo *agg.* Di degenerazione | Causato da degenerazione: *fenomeno* —.

degeneràto A *part. pass. di degenerare; anche agg.* Alterato, modificato. **B** *agg. e s. m.* (*f. -a*) Detto di chi è moralmente pervertito.

degenerazióne *s. f.* Degradazione, decadenza | Alterazione, modificazione.

degènere *agg.* Che degenera, che ha perduto le qualità originarie: *figlio* —.

degènte *agg.; anche s. m. e f.* Detto di chi per malattia è costretto a letto | (*gener.*) Ricoverato in ospedale.

degènza *s. f.* Periodo di permanenza di un ammalato in letto o di ricovero in ospedale.

dégli *prep. art.* V. *gli* per gli usi ortografici. (v. nota d'uso ELISIONE e TRONCAMENTO)

deglutìre *v. tr.* (*io deglutìsco, tu deglutìsci*) Far passare gli alimenti dalla bocca nell'esofago; SIN. Inghiottire.

deglutizióne *s. f.* L'atto fisiologico mediante il quale gli alimenti vengono fatti passare dalla bocca nell'esofago.

degnàre A *v. tr.* (*io dégno*) Giudicare degno: — *qc. di una risposta.* **B** *v. intr. e intr. pron.* (*aus. intr. avere e essere*) Acconsentire a compiere un atto, spec. ritenuto inferiore alla propria dignità: *degnarsi di rispondere a qc.*

degnazióne *s. f.* Atteggiamento di comprensione e favore nei confronti di chi è, o è considerato, inferiore | (*iron.*) *Quanta —!*; SIN. Condiscendenza.

dégno *agg.* **1** Che per le sue qualità è meritevole di onore, stima e sim. ovvero di biasimo, critica e sim.: *mostrarsi — di lode*; *è — solo del nostro disprezzo*; CONTR. Indegno. **2** Che è adatto a un ufficio: *non è un uomo — di governare uno Stato.* **3** Conveniente, adeguato: *parole degne della sua cultura* | Proporzionato: — *compenso.* **4** (*lett.*) Eccellente | *Persona degna*, insigne, assai stimabile.

degradàbile *agg.* Detto di composto chimico che si decompone per mezzo di un determinato agente.

degradaménto *s. m.* Atto del degradare o del degradarsi.

degradànte *part. pres. di degradare; anche agg.* Che degrada (*spec. fig.*).

degradàre A *v. tr.* (*io degràdo*) **1** Punire con la degradazione: — *un ufficiale.* **2** (*fig.*) Privare della dignità, avvilire moralmente. **B** *v. rifl.* Umiliarsi, avvilirsi: *non possono degradarsi a fare ciò.*

degradazióne *s. f.* **1** Pena per ufficiali o sacerdoti consistente nella perdita ignominiosa del grado militare o dell'abito ecclesiastico. **2** Avvilimento morale. **3** (*geogr.*) — *meteorica*, lento processo di alterazione delle rocce a opera degli agenti atmosferici.

degràdo *s. m.* Deterioramento, spec. in riferimento a fattori sociali, urbanistici, ecologici e sim.

degustàre *v. tr.* Assaggiare q.c. per riconoscerne la qualità o giudicarne il sapore.

degustatóre *s. m.* (*f. -trice*) Chi, per professione, assaggia i cibi.

degustazióne *s. f.* **1** Assaggio di cibi, vini e sim., per valutarne le caratteristiche. **2** Pubblico esercizio con mescita spec. di vini.

dèh *inter.* (*lett., poet.*) Esprime desiderio, esortazione, preghiera, meraviglia, sdegno e sim.

déi *prep. art.* V. *i* per gli usi ortografici.

deicida A *s. m.* (*pl. -i*) Chi è colpevole di deicidio. **B** *anche agg.*

deicidio *s. m.* Uccisione di un dio, in particolare di Gesù come Uomo-Dio.

deidratàre *v. tr.* (*io deidràto*) Disidratare.

deiezióne *s. f.* **1** Deposito di materiali detritici fatto dalle acque di una corrente per diminuita pendenza del terreno. **2** Pericolo di attività vulcanica durevole e moderata. **3** (*fisiol.*) Eliminazione dei rifiuti organici. **4** *al pl.* Feci.

deificàre *v. tr.* (*io deìfico, tu deìfichi*) **1** Divinizzare. **2** (*fig.*) Esaltare una persona in modo esagerato.

deificazióne *s. f.* **1** Divinizzazione. **2** (*fig.*) Glorificazione, apoteosi.

deifórme *agg.* Simile a Dio o a dèi.

deiscènte *agg.* Detto di frutto che a maturità si apre spontaneamente per lasciar uscire i semi; CONTR. Indeiscente.

deiscènza *s. f.* L'aprirsi spontaneo di certi organi vegetali per lasciar uscire il contenuto.

deìṣmo *s. m.* Dottrina religiosa che nega la validità della rivelazione storica e di qualsiasi forma di Provvidenza, ma ammette l'esistenza di Dio come garante dell'ordine naturale.

deìsta *s. m. e f.* (*pl. m. -i*) Chi segue il deismo.

deità *s. f.* Divinità.

de iure /*lat.* de 'jure/ *loc. avv.* Secondo la legge, il diritto.

dél *prep. art.* v. *il* per gli usi ortografici.

delatóre *s. m.* (*f. -trice*) Chi, per motivi personali, denunzia all'autorità un fatto delittuoso e l'autore di esso; SIN. Spia.

delazióne *s. f.* Accusa, denuncia segreta; SIN. Spiata.

delèbile *agg.* Che si può cancellare (*anche fig.*): *inchiostro* —; SIN. Cancellabile; CONTR. Indelebile.

dèlega *s. f.* Atto con cui si conferisce ad altri la capacità di agire in vece propria.

delegàre *v. tr.* (*io dèlego, tu dèleghi*) **1** Commettere ad altri il potere di esplicare una data attività in nome proprio. **2** Incaricare altri di compiere un atto in vece propria: *ha delegato l'amico a rappresentarlo.*

delegàto A *part. pass. di delegare; anche agg.* Che ha ricevuto una delega. **B** *s. m.* (*f. -a*) Persona delegata a un ufficio | — *di reparto*, in un'azienda, chi è eletto dai lavoratori di un reparto per rappresentarli nei rapporti con la direzione.

delegazióne *s. f.* **1** Atto del delegare. **2** Gruppo di persone incaricate di esplicare funzioni di rappresentanza: *una — all'estero.* **3** Sede di un delegato e circoscrizione territoriale su cui lo stesso esplica i propri poteri: — *apostolica.*

deletèrio *agg.* Che è estremamente dannoso per il corpo e per lo spirito; SIN. Nocivo, pernicioso.

delfìnio *s. m.* Pianta erbacea delle Policarpali, con foglie palmate molto divise, fiori in pannocchie o grappoli di colore azzurro, bianco o lilla.

delfinista *s. m. e f.* (*pl. m. -i*) Nuotatore specialista dello stile delfino.

delfino (1) *s. m.* **1** Mammifero marino dei Cetacei con corpo pisciforme con pinna dorsale triangolare, capo piccolo con muso stretto che si prolunga in un rostro, di colore bruno-verde sul dorso e biancastro sul ventre. [→ ill. *animali* 17] **2** Stile di nuoto con conduzione circolare simultanea delle braccia mentre le gambe unite si flettono battendo l'acqua: *nuotare a* —.

delfino (2) *s. m.* (*f. -a*) **1** Titolo dato al primogenito dei re di Francia. **2** (*est.*) Chi è considerato il probabile successore di un personaggio di rilievo, spec. politico.

delibàre *v. tr.* **1** (*lett.*) Prendere un piccolo assaggio di cibo o bevanda assaporandolo con gusto. **2** (*lett.*) Esaminare una questione in modo superficiale. **3** (*dir.*) Riconoscere efficace un provvedimento giurisdizionale straniero: — *una sentenza.*

delibazióne *s. f.* **1** (*lett.*) Assaggio. **2** (*dir.*) *Giudizio di* —, esame che l'autorità giudiziaria italiana compie di provvedimenti giurisdizionali stranieri.

delìbera *s. f.* Deliberazione.

deliberànte *part. pr. di deliberare; anche agg.* Che delibera | Atto a deliberare: *commissione* —.

deliberàre A *v. tr.* (*io delìbero*) **1** Determinare, stabilire, dopo un ponderato esame, spec. da parte di più persone raccolte insieme: *il comitato deliberò di ridurre i prezzi* | (*est.*) Decidere. **2** Aggiudicare, in una vendita all'asta: *il quadro è deliberato al miglior offerente.* **B** *v. intr.* (*aus. avere*) Provvedere su q.c.: *la Corte ha deliberato sul ricorso.*

deliberataménte *avv.* Di proposito.

deliberativo *agg.* Atto a deliberare: *voto* —; CFR. Consultivo.

deliberàto A *part. pass. di deliberare; anche agg.* Deciso, stabilito | (*est.*) Fermo, risoluto | Intenzionale: *agire con — proposito di nuocere.* **B** *s. m.* Decisione, deliberazione.

deliberazióne *s. f.* **1** Ponderata decisione presa da persona o organismo competente. **2** (*est.*) Fermo proposito, intenzione. • SIN. Decisione, risoluzione.

delicatézza *s. f.* **1** Qualità di delicato. **2** Gentilezza di sentimenti, di maniere: — *d'animo* | Discrezione: *abbila — di non dirglielo* | (*est.*) Atto gentile. **3** Cibo delicato e squisito. **4** *spec. al pl.* Comodità.

delicàto *agg.* **1** Che procura gradevoli sensazioni perché morbido, liscio, squisito e sim.: *tessuto* —; *sapore, odore, profumo* — | *Tinta delicata*, non troppo carica | Di facile digestione: *cibo* —. **2** Che è facile a guastarsi, a rompersi e sim.: *meccanismo* — | (*est.*) Gracile, detto di persona o di organi del corpo umano: *bambino* —; *stomaco* —. **3** (*fig.*) Che dev'essere trattato con tatto e prudenza: *argomento* — | *Momento* —, difficile. **4** (*fig.*) Che denota sentimenti gentili, nobiltà d'animo: *pensiero* —; SIN. Fine, gentile.

delimitàre *v. tr.* (*io delìmito*) Segnare il limite, il confine; SIN. Circoscrivere.

delimitazióne *s. f.* Istituzione di un limite | (*fig.*) Definizione.

delineaménto *s. m.* Atto del delineare | Abbozzo.

delineàre A *v. tr.* (*io delìneo*) **1** Rappresentare con linee essenziali in modo da cogliere i contorni: — *il profilo delle montagne*; SIN. Abbozzare, schizzare. **2** (*fig.*) Descrivere per sommi capi: — *la situazione politica.* **B** *v. intr. pron.* (*aus. essere*) **1** Essere visibile nelle linee essenziali. **2** (*fig.*) Presentarsi in forma ancora non ben definita.

delinquènte A *part. pres. di delinquere; anche agg.* (*raro*) Colpevole. **B** *s. m. e f.* **1** Chi ha commesso azioni illecite o malvagie. **2** Persona capace di disonestà, abiezione e sim. • SIN. Criminale.

delinquènza *s. f.* **1** (*raro*) Atto del delinquere. **2** Criminalità: *relazione sulla — minorile.*

delinquenziàle *agg.* Della delinquenza.

delìnquere *v. intr.* (*aus. avere;* usato per lo più solo nel pres. ind., nel part. pres. e nell'inf.) Commettere uno o più delitti: *associazione per, a,* —; *capacità a* —; *istigazione a* —.

deliquescènte *agg.* Detto di sostanza che presenta il fenomeno della deliquescenza: *il carburo di calcio è* —.

deliquescènza *s. f.* Proprietà di certi sali di assorbire l'umidità dell'ambiente sciogliendosi in essa.

deliquio *s. m.* Svenimento | *Cadere in* —, svenire.

deliràre *v. intr.* (*aus. avere*) **1** (*med.*) Essere soggetto a delirio. **2** (*est.*) Dire o fare cose assurde, insensate: — *d'amore* | Entusiasmarsi; SIN. Farneticare, vaneggiare.

delirio *s. m.* **1** (*med.*) Stato di confusione mentale dovuto ad accessi febbrili acuti, alcolismo, malattia mentale e sim. **2** (*est.*) Stato di profondo turbamento che induce a cose assurde e insensate: *il — della passione.* **3** (*fig.*) Esaltazione della fantasia | Fanatico entusiasmo: *mandare, andare, in* —.

delirium tremens /*lat.* de'lirjum 'trɛmens/ *loc. sost. m. inv.* (*med.*) Crisi di agitazione psicomotoria negli alcolizzati cronici.

delitto *s. m.* **1** (*dir.*) Violazione della legge penale per la quale sono comminate le pene della reclusione e della multa. **2** (*est., gener.*) Omicidio, assassinio. **3** (*est.*) Misfatto, scellerataggine: *macchiarsi di un grave* — | Colpa, errore, fallo (*anche scherz.*).

delittuóso *agg.* Che ha natura di delitto | Che è volto al delitto: *intenzioni delittuose.*

delivery order /*ingl.* di'livəri 'ɔ:də/ *loc. sost. m.* Nella pratica commerciale, ordine di consegna emesso dal vettore | Nel trasporto marittimo, titolo di credito trasferibile mediante girata.

delizia *s. f.* Intenso piacere fisico o spirituale | *Luogo di* —, che offre ogni sorta di piaceri | (*est.*) Chi, ciò che procura delizia | (*antifr.*) Cosa sgradevole: *è una vera — uscire con questo tempaccio*; SIN. Gioia, godimento.

deliziàre A *v. tr.* (*io delìzio*) Procurare delizia | (*antifr.*) Annoiare, molestare; SIN. Dilettare. **B** *v. intr. pron.* (*aus. avere*) Bearsi, ricrearsi: *deliziarsi di una musica*; SIN. Crogiolarsi.

deliziósо *agg.* Che arreca delizia | Ricco di grazia ed attrattiva: *una ragazza deliziosa* | Gradevole, simpatico: *una deliziosa serata.*

délla *prep. art.* v. *la* per gli usi ortografici.

délle *prep. art.* v. *le* per gli usi ortografici.

déllo *prep. art.* v. *lo* per gli usi ortografici.

dèlta (1) *s. m. e f. inv.* **1** Nome della quarta lettera dell'alfabeto greco. **2** (*aer.*) *Ala a* —, a pianta triangolare.

dèlta (2) *s. m. inv.* Pianura approssimativamente triangolare formata dai materiali alluvionali deposti da un corso d'acqua alla sua foce. [→ ill. *geografia*]

deltaplàno *s. m.* Specie di grande aquilone triangolare con intelaiatura di metallo ricoperta di stoffa che permette, lanciati da un'altura, di librarsi in aria. [→ ill. *aeronautica*]

deltazióne *s. f.* Processo di deposito di materiali alla foce di un corso d'acqua, risultante dall'azione associata della corrente e del mare in cui questa si versa.

deltòide ***A*** *agg.* Che ha forma triangolare: *muscolo* —. ***B*** *s. m.* (*anat.*) Muscolo della spalla. [→ ill. *anatomia umana*]

delucidàre o *dilucidàre v. tr.* (*io delùcido*) Rendere comprensibile, con spiegazioni o illustrazioni; SIN. Chiarire.

delucidazióne o *dilucidazióne s. f.* Spiegazione, chiarimento.

delùdere *v. tr.* (*pass. rem. io delùṣi, tu deludésti; part. pass. delùṣo*) Tradire nelle aspettative, nelle speranze, suscitando un sentimento di sconforto e amarezza: *la realtà mi ha deluso.*

deluṣióne *s. f.* Perdita, vanificazione di speranze, aspettative e sim. e sentimento di sconforto e amarezza che ne deriva: *subire una* —; *provare una profonda* —; SIN. Disinganno, disillusione | Chi (o ciò che) delude: *Che* —, *quel film!*

delùṣo *part. pass. di deludere; anche agg.* Che ha subito una delusione.

demagnetiẓẓàre *v. tr.* Smagnetizzare.

demagogìa *s. f.* (*pl. -gìe*) ***1*** Degenerazione della democrazia. ***2*** Arte di accattivarsi il favore delle masse popolari con promesse di miglioramenti economici e sociali difficilmente realizzabili.

demagògico *agg.* (*pl. m. -ci*) Proprio della demagogia.

demagògo *s. m.* (*pl. -ghi*) Chi si ispira ai metodi e ai fini della demagogia.

demandàre *v. tr.* (*io demàndo*) Affidare, rimettere: — *una controversia all'autorità giudiziaria.*

demaniàle *agg.* Del demanio: *beni demaniali.*

demanialità *s. f.* (*dir.*) Qualità di demaniale.

demànio *s. m.* Complesso dei beni appartenenti allo Stato o ad altro ente pubblico territoriale, destinati all'esplicazione di una funzione pubblica.

demarcàre *v. tr.* (*io demàrco, tu demàrchi*) Segnare, tracciare: — *i confini.*

demarcazióne *s. f.* Tracciamento, spec. di un confine | *Linea di* —, confine.

demènte *agg.; anche s. m. e f.* Affetto da demenza.

demènza *s. f.* (*med.*) Deterioramento mentale permanente, con declino delle capacità intellettuali e del controllo dell'emotività.

demenziàle *agg.* ***1*** Di demente, di demenza. ***2*** (*est.*) Incoerente, sconsiderato.

demeritàre ***A*** *v. tr.* (*io demèrito*) (*lett.*) Non meritare più: — *la stima di qc.* ***B*** *v. intr.* (*aus. avere*) Essere o rendersi immeritevole di q.c. o di qc.: — *della patria*; *ha demeritato coi propri genitori.*

demèrito *s. m.* Azione che merita biasimo.

demilitariẓẓàre *v. tr.* Smilitarizzare.

demilitariẓẓazióne *s. f.* Smilitarizzazione.

demineraliẓẓàre *v. tr.* Eliminare da un liquido o un materiale sostanze minerali.

demi-sec /fr. dəˈmi ˈsɛk/ *agg. inv.* (*pl. fr. demi-secs* /dəˈmi ˈsɛk/) Semisecco, detto di vino o liquore.

demistificàre *v. tr.* (*io demistìfico, tu demistìfichi*) Criticare radicalmente qc. o q.c. così come si presenta nelle sue immagini ufficiali mettendone in evidenza le caratteristiche reali; SIN. Demitizzare.

demistificazióne *s. f.* Critica radicale dell'aspetto mistificatorio di q.c.

demitiẓẓàre *v. tr.* Demistificare.

demiùrgico *agg.* (*pl. m. -ci*) Di demiurgo.

demiùrgo *s. m.* (*pl. -gi o -ghi*) ***1*** In molte religioni superiori e primitive, l'ordinatore, e talvolta il creatore, dell'universo. ***2*** Nella filosofia di Platone, l'artefice del mondo. ***3*** (*fig.*) Chi assurge a una posizione di predominio grazie alle eccezionali capacità di cui è dotato | (*iron.*) Capo supremo: *atteggiarsi a* —.

dèmo- *primo elemento*: in parole dotte composte significa 'popolo' (*democrazia, demografia*) e anche 'folla' (*demofobia*) | In parole composte della moderna terminologia politica, significa 'democratico': *democristiano, demoplutocrazia.*

democraticaménte *avv.* In modo o con forme democratiche.

democraticità *s. f.* Qualità di democratico.

democràtico ***A*** *agg.* (*pl. m. -ci*) ***1*** Della democrazia | Che si ispira ai principi della democrazia: *regime* —. ***2*** (*est.*) Affabile, alla mano. ***B*** *s. m.* (*f. -a; pl. m. -ci*) Chi segue la democrazia.

democratiṣmo *s. m.* Falsa professione di democrazia.

democratiẓẓàre *v. tr.* Rendere democratico.

democrazìa *s. f.* ***1*** Forma di governo in cui la sovranità risiede nel popolo che la esercita per mezzo delle persone e degli organi che elegge a rappresentarlo. ***2*** (*est.*) Paese retto secondo tale forma di governo. ***3*** *Democrazia Cristiana*, partito politico il cui programma si ispira al pensiero sociale cattolico.

democristiàno ***A*** *agg.* Della Democrazia Cristiana. ***B*** *s. m.* (*f. -a*) Chi è iscritto al partito della Democrazia Cristiana o ne condivide l'ideologia.

démodé /fr. demɔˈde/ *agg. inv.* (*pl. fr. démodés* /demɔˈde/) Passato di moda, disusato.

demodossologìa *s. f.* Disciplina che studia gli elementi psicologici, sociali e tecnici che intervengono nella formazione dell'opinione pubblica.

demodulazióne *s. f.* Nelle telecomunicazioni, il separare da una corrente portante ad alta frequenza il segnale a bassa frequenza.

demografìa *s. f.* Scienza che studia quantitativamente i fenomeni che concernono lo stato e il movimento della popolazione.

demogràfico *agg.* (*pl. m. -ci*) Della demografia | Relativo alla popolazione: *incremento* —.

demògrafo *s. m.* (*f. -a*) Studioso di demografia.

demolìre *v. tr.* (*io demolisco, tu demolisci*) ***1*** Abbattere un edificio o una costruzione pezzo per pezzo. ***2*** (*fig.*) Rovesciare dalle basi: — *una teoria.*

demolitóre *s. m.; anche agg.* (*f. -trice*) Chi (o che) demolisce (*anche fig.*).

demolizióne *s. f.* Abbattimento (*anche fig.*).

demologìa *s. f.* Disciplina che studia le tradizioni folcloristiche.

demoltiplicàre *v. tr.* (*io demoltìplico, tu demoltìplichi*) In varie tecnologie, ridurre una grandezza secondo un determinato rapporto.

demoltiplicazióne *s. f.* Operazione del demoltiplicare.

dèmone *s. m.* ***1*** Nelle antiche religioni politeiste, essere in forma umana, animale o mista, di natura quasi divina. ***2*** Genio soprannaturale e ispiratore della coscienza: *il — di Socrate.* ***3*** (*fig.*) Passione sfrenata: *il — del gioco.* ***4*** (*lett.*) Demonio.

demonetiẓẓàre *v. tr.* Rendere privo di valore monetario, spec. un metallo.

demonìaco *agg.* (*pl. m. -ci*) ***1*** Del demonio. ***2*** (*est.*) Diabolico, infernale.

demònico *agg.* (*pl. m. -ci*) Di demone, di demonio.

demònio *s. m.* (*pl. demòni*) ***1*** Spirito maligno che incita l'uomo al male | *Il* —, (*per anton.*) il diavolo | (*est.*) Tentazione, istigazione al male: *il — delle passioni.* ***2*** (*fig.*) Persona abbietta, capace d'ogni infamia | Persona furente d'ira, d'odio e sim. | *Fare il* —, combinare il finimondo. ***3*** (*fig.*) Ragazzo molto vivace. ***4*** (*fig.*) Persona attiva e infaticabile.

demoniṣmo *s. m.* Tendenza di alcune religioni primitive e superiori a spiegare i fenomeni naturali come manifestazioni di forze demoniache.

demonologìa *s. f.* (*pl. -gìe*) Studio delle credenze religiose sui demoni e sul demonio.

demoplutocrazìa *s. f.* Regime politico apparentemente democratico, in cui il potere economico è nelle mani di pochi.

demopsicologìa *s. f.* Scienza che studia la psicologia di un popolo, spec. primitivo, attraverso le sue tradizioni, i suoi usi e sim.

demoraliẓẓàre ***A*** *v. tr.* (*io demoraliẓẓo*) Privare una persona della propria forza morale, intaccandone la fiducia in se stessa e nelle proprie capacità; SIN. Deprimere, scoraggiare. ***B*** *v. intr. pron.* (*aus. essere*) Avvilirsi.

demoraliẓẓazióne *s. f.* Scoraggiamento | Stato d'animo

di chi è demoralizzato; SIN. Depressione.
demòrdere *v. intr.* (*coniug. come mordere, raro nei tempi composti; aus. avere*) Lasciare la presa, cedere (gener. preceduto dalla negazione): *è un tipo che non demorde.*
demoscopìa *s. f.* Tecnica di indagine, rilevazione e studio degli orientamenti e dei pareri della pubblica opinione su date questioni.
demòtico *agg.* (*pl. m. -ci*) Popolare.
demotismo *s. m.* Locuzione o parola popolare.
demotivàre *v. tr. e rifl.* Privare o privarsi di motivazione.
demulcènte *agg.; anche s. m.* Emolliente.
demuscazióne *s. f.* Disinfestazione dalle mosche.
denàro o *danàro s. m.* **1** Unità monetaria d'argento romana | Moneta d'argento medievale. [→ ill. *moneta*] **2** Insieme di monete metalliche o cartacee: — *contante.* **3** Soldi, ricchezza | *Essere a corto di* —, *di denari,* averne poco | *Far* —, *far denari a palate,* accumulare ingenti ricchezze. **4** *al pl.* Uno dei semi delle carte da gioco italiane e dei tarocchi. [→ ill. *giochi*] **5** Misura di peso per la titolazione dei filati di seta e di altre fibre del valore di 1/20 di grammo. [→ tav. *proverbi* 352]
denatalità *s. f.* Tendenza delle nascite a diminuire nel tempo.
denaturàre *v. tr.* (*io denatùro*) Trattare sostanze, destinate a usi per i quali godono di sgravi fiscali, con additivi che ne impediscano altri impieghi più nobili: — *l'alcol.*
denazionalizzàre *v. tr.* Restituire all'iniziativa privata industrie che erano state nazionalizzate.
dendrocronologìa *s. f.* (*pl. -gie*) Studio di fenomeni meteorologici antichi dall'esame degli anelli di accrescimento dei tronchi d'albero.
dendrologìa *s. f.* (*pl. -gie*) Parte della botanica che studia gli alberi.
denegàre *v. tr.* (*io denégo o denègo, raro dènego, tu denéghi o denèghi, raro dèneghi*) (*lett.*) Negare risolutamente.
denicotinizzàre *v. tr.* Sottrarre nicotina al tabacco.
denigràre *v. tr.* (*io denigro*) Screditare una persona o una cosa, offuscandone con critiche il valore, l'onore, il prestigio e sim.; SIN. Calunniare, diffamare.
denigratóre *s. m.; anche agg.* (*f. -trice*) Chi (o che) denigra; SIN. Calunniatore, diffamatore.
denigratòrio *agg.* Atto a denigrare; SIN. Diffamatorio.
denigrazióne *s. f.* Atto del denigrare | Discredito; SIN. Calunnia, diffamazione.
denitrificazióne *s. f.* Decomposizione operata dai batteri presenti nel terreno per cui i nitrati e i nitriti vengono ridotti a ossidi di azoto e azoto libero.
denocciolàre *v. tr.* (*io denòcciolo*) Nell'industria alimentare, privare la frutta del nocciolo.
denominàle **A** *s. m.* Parola, spec. verbo, che deriva da un nome; SIN. Denominativo. **B** *anche agg.: verbo* —.
denominàre **A** *v. tr.* (*io denòmino*) Designare con un nome. **B** *v. intr. pron.* (*aus. essere*) Prendere nome | Avere per nome: *la casa si denomina 'villa Serena'.*
denominatìvo *agg.* **1** Atto a denominare. **2** Denominale.
denominatóre *s. m.* (*f. -trìce*) **1** (*lett.*) Che denomina. **2** (*mat.*) In una frazione, termine che indica in quante parti è divisa l'unità: *nella frazione 5/12 il — è 12.* (V. nota d'uso FRAZIONE)
denominazióne *s. f.* Designazione per mezzo di un nome | (*est.*) Nome | *Complemento di* —, nome proprio che determina un nome di significato generico.
denotàre *v. tr.* (*io denòto*) Dare a vedere, a conoscere: *queste parole denotano un nobile animo*; SIN. Indicare.
denotazióne *s. f.* Indicazione, indizio.
densìmetro *s. m.* Strumento per determinare la densità di gas o liquidi. [→ ill. *chimico, fisica*]
densità *s. f.* **1** Qualità di ciò che è denso (*anche fig.*) | — *di popolazione,* rapporto fra il numero di abitanti e la superficie di un dato territorio. **2** (*fis.*) — *assoluta,* massa dell'unità di volume di una sostanza | — *elettrica,* quantità di carica elettrica presente sull'unità di superficie di un corpo | — *relativa,* peso specifico.
dènso *agg.* **1** Che ha grande massa in piccolo volume: *colla densa* | Fitto, spesso: *fumo* —. **2** Cupo, oscuro: *dense tenebre.* **3** Ricco, pieno (*anche fig.*): *un discorso* — *di pensieri.*
dentàle *agg.* **1** Dentario. **2** (*ling.*) Detto di suono nella cui articolazione la punta della lingua batte contro la superficie interna dei denti superiori: *la 't' è una consonante* —.
dentàrio *agg.* Che concerne i denti.
dentaruòlo *s. m.* Oggetto che si dà da mordere ai bambini all'epoca della dentizione.
dentàta *s. f.* Colpo di dente | Segno che lascia il dente quando si morde q.c.
dentàto *agg.* **1** Fornito di denti | (*est.*) Che ha sporgenze a forma di dente: *ruota dentata.* [→ ill. *botanica, meccanica*] **2** (*anat.*) *Muscolo* —, che presenta prolungamenti. [→ ill. *anatomia umana*]
dentatrice *s. f.* Macchina utensile che serve a intagliare i denti di una ruota dentata. [→ ill. *meccanica*]
dentatùra *s. f.* **1** Insieme dei denti di persone o animali. **2** Complesso delle sporgenze di uno strumento dentato: *la* — *di un pettine, di un ingranaggio.*
dènte *s. m.* **1** Ognuno degli organi duri e biancastri sporgenti nel cavo orale che, nell'uomo e in alcuni Vertebrati, sono destinati alla masticazione | *Denti da latte,* che compaiono dal sesto al trentesimo mese e vengono sostituiti fra il sesto e il dodicesimo anno di vita | *Denti del giudizio,* terzi molari che si sviluppano a volte e solo negli adulti | *Al* —, si dice di cibo moderatamente cotto in modo da conservare una gradevole consistenza | (*fig.*) *Avere il — avvelenato con, contro, qc.,* nutrire profondo rancore verso qc. | *A denti asciutti, a denti secchi,* senza mangiare e (*fig.*) senza ottenere quel che si voleva: *rimanere a denti asciutti* | *A denti stretti,* (*fig.*) controvoglia, con rabbia; (*fig.*) col massimo impegno: *rispondere a denti stretti*; *lottare a denti stretti* | *Fuori dai denti,* (*fig.*) con assoluta franchezza | *Mettere q.c. sotto i denti,* mangiare | *Non è pane per i tuoi denti,* è troppo difficile per te | *Tirata coi denti,* di spiegazione, giustificazione e sim. che non convincono | *Battere i denti,* (*fig.*) tremare dal freddo o dalla paura | *Difendere q.c. coi denti,* (*fig.*) strenuamente | (*fig.*) *Essere armato fino ai denti,* essere armato di tutto punto | *Mostrare i denti,* (*fig.*) assumere un'espressione minacciosa | *Stringere i denti,* irrigidirsi per sostenere uno sforzo violento | (*fig.*) *Tenere il fiato, l'anima coi denti,* essere malandato in salute. [→ ill. *anatomia umana, spazzola, toilette e cosmesi, zoologia*] **2** (*fig.*) Assalto, morso: *il* — *dell'invidia, della calunnia.* **3** Sporgenza o risalto su ingranaggi, utensili e sim.: *i denti della cremagliera, del pettine, della sega.* **4** (*geogr.*) Cima aguzza di un monte | — *del Gigante,* cima del gruppo del Monte Bianco. **5** (*bot.*) — *di cane,* piccola pianta erbacea bulbosa delle Liliflore con foglie macchiate di rosso cupo e fiore solitario, pendulo, di colore rosa | — *di leone,* pianta erbacea perenne delle Sinandrali con fiori gialli in capolini, foglie a rosetta commestibili e frutti sormontati da un pappo bianco; SIN. Tarassaco. [→ ill. *piante* 13, 16] [→ tav. *proverbi* 60, 223]
dentellàre *v. tr.* (*io dentèllo*) Intagliare a dentelli, spec. ai margini.
dentellàto *part. pass. di dentellare; anche agg.* Fornito di dentellatura.
dentellatùra *s. f.* **1** Operazione del dentellare. **2** Insieme, quantità di dentelli. [→ ill. *posta*]
dentèllo *s. m.* **1** Sporgenza a forma di piccolo dente. **2** (*arch.*) Piccolo parallelepipedo sporgente che, in fila con altri, orna modanature o cornici. [→ ill. *ornamenti*]
dèntice *s. m.* Pesce osseo carnivoro, voracissimo con denti robusti e carni pregiate. [→ ill. *animali* 8]
dentièra *s. f.* **1** Dentatura artificiale. [→ ill. *medicina e chirurgia*] **2** Cremagliera.
dentifrìcio **A** *agg.* Atto a pulire i denti: *pasta dentifricia.* **B** *s. m.* Sostanza usata per la pulizia dei denti. [→ ill. *toilette e cosmesi*]
dentìna *s. f.* (*anat.*) Tessuto duro del dente sotto lo smalto e il cemento.
dentìsta *s. m. e f.* (*pl. m. -i*) Medico specialista nella cura delle malattie dentarie. [→ ill. *medicina e chirurgia*]
dentìstico *agg.* (*pl. m. -ci*) Di dentista.
dentizióne *s. f.* Processo di comparsa dei denti e periodo in cui ciò avviene.
déntro **A** *avv.* **1** Nell'interno, nella parte interna: *entrare, spingere* — | *Andare, mettere, essere* —, (*fig.*) andare, mettere, essere in carcere | *O — o fuori,* (*fig.*) invito a prendere una decisione | *In* —, verso la parte interna;

CONTR. Fuori. **2** (*fig.*) Nell'intimo, nell'animo, nel cuore: *fremere, rodersi* — | *Tenere tutto* —, essere chiuso di carattere. ***B*** *prep.* **1** Nella parte interna (*anche fig.*): *il cortile — il palazzo* | (*fig., fam.*) *Darci* —, impegnarsi a fondo | *Anche nella loc. prep.* — *a,* — *in; è — al palazzo; è — nel cassetto* | *Essere — a q.c.,* (*fig.*) parteciparvi attivamente | *Anche nella loc. prep.* — *di,* con i pron. pers.: *l'ho pensato — di me.* **2** Entro: — *il mese.* ***C*** *in funzione di s. m. solo sing.* Il lato interno di q.c. e (*fig.*) l'intimo, l'anima.

denudaménto *s. m.* Il denudare, il denudarsi.

denudàre ***A*** *v. tr.* (*io denùdo*) Privare degli indumenti che ricoprono tutto il corpo o una parte di esso | (*est.*) Rendere nudo, spoglio: — *una chiesa degli arredi.* ***B*** *v. rifl.* Togliersi di dosso tutte le vesti o una parte di esse.

denudazióne *s. f.* **1** Denudamento | (*est.*) Asportazione del fogliame, della vegetazione e sim. | (*relig.*) Rimozione dei paramenti dagli altari, il Giovedì Santo. **2** (*geol.*) Erosione della superficie terrestre dovuta ad agenti atmosferici.

denùncia V. *denunzia.*

denunciàre (1) V. *denunziare.*

denunciàre (2) *v. tr.* (*io denùncio*) Disdire: — *un'alleanza.*

denùnzia o *denùncia s. f.* **1** Atto, effetto del denunziare. **2** (*dir.*) Dichiarazione richiesta o imposta dalla legge: — *del reddito, delle nascite* | Notizia di reato fornita all'autorità giudiziaria: *sporgere — contro qc.*

denunziàre o *denunciàre* (1) *v. tr.* (*io denùnzio*) **1** Dichiarare, riferire alla competente autorità: — *una nascita* | Sporgere denuncia contro qc. **2** Rendere evidente: — *un pericolo.*

denunziatóre *s. m.* (*f. -trìce*) Chi denunzia.

denutrìto *agg.* Macilento per scarsa e insufficiente nutrizione.

denutrizióne *s. f.* Nutrizione insufficiente e deperimento che ne deriva.

deodorànte *part. pres. di deodorare; anche agg. e s. m.* Sostanza capace di correggere o di eliminare odori non desiderati o sgradevoli. [→ ill. *toilette e cosmesi*]

deodoràre *v. tr.* (*io deodóro*) Privare degli odori sgradevoli.

deo gratias /*lat.* 'dɛo 'grattsjas/ *loc. inter.* **1** Formula liturgica di ringraziamento ricorrente nella conclusione di alcune parti della Messa. **2** (*est.*) Esclamazione di sollievo e di gioia.

deontologìa *s. f.* (*pl. -gìe*) Complesso dei doveri inerenti a particolari categorie, spec. professionali, di persone: — *medica.*

deossiribonuclèico o *desossiribonuclèico agg.* (*pl. m. -ci*) (*biol.*) *Nella loc. acido* —, acido che si trova quasi esclusivamente nel nucleo delle cellule ed è portatore dei fattori ereditari. SIMB. DNA; CFR. RNA.

deostruìre *v. tr.* (*io deostruìsco, tu deostruìsci*) Liberare dalle ostruzioni.

depauperaménto *s. m.* Impoverimento.

depauperàre *v. tr.* (*io depàupero*) Impoverire, stremare.

dépendance /*fr.* depã'dãs/ *s. f. inv.* (*pl. fr. dépendances* /depã'dãs/) Edificio minore, separato, in un complesso alberghiero o in una villa.

depennàre *v. tr.* (*io depénno*) Cancellare con un segno di penna: — *una cifra da un conto* | (*fig.*) Eliminare, togliere.

deperìbile *agg.* Che si deteriora facilmente: *merci deperibili.*

deperibilità *s. f.* Qualità di ciò che è deperibile.

deperiménto *s. m.* **1** Perdita di forza, energia e sim. **2** Deterioramento di varie sostanze, spec. alimentari.

deperìre *v. intr.* (*io deperìsco, tu deperìsci; aus. essere*) **1** Perdere in forza, salute, bellezza e sim.: — *per una malattia.* **2** Deteriorarsi, guastarsi.

depilàre *v. tr.* Rendere privo di peli: — *le gambe.*

depilatóre *s. m.* (*f. -trìce*); *anche agg.* Chi (o che) provvede alla depilazione.

depilatòrio ***A*** *agg.* Atto a depilare: *crema depilatoria.* ***B*** *s. m.* Sostanza depilatoria.

depilazióne *s. f.* Eliminazione dei peli | In conceria, asportazione dei peli dalle pelli.

depistàre *v. tr.* Portare su una falsa strada (*spec. fig.*).

dépliant /*fr.* depli'ã/ *s. m. inv.* (*pl. fr. dépliants* /depli'ã'/) Pieghevole pubblicitario.

deploràbile *agg.* Degno d'essere deplorato.

deploràre *v. tr.* (*io deplòro*) **1** Lamentare q.c. di spiacevole: — *un avvenimento luttuoso.* **2** Biasimare, condannare: — *la condotta di qc.*

deplorazióne *s. f.* **1** Riprovazione, biasimo: *la — generale.* **2** (*lett.*) Compianto.

deplorévole *agg.* **1** Da deplorare. **2** (*raro*) Che muove a pietà.

depolarizzànte *agg.* Detto di miscela che, spec. nella pila, ostacola la polarizzazione di un elettrodo. [→ ill. *elettricità*]

depolarizzazióne *s. f.* Il contrastare con opportune aggiunte l'alterazione chimica che si produce agli elettrodi di una pila o cella elettrolitica.

depolimerizzàre *v. tr.* (*chim.*) Scindere polimeri in sostanze più semplici.

depolimerizzazióne *s. f.* Scissione di polimeri in sostanze più semplici.

depoliticizzàre *v. tr.* Sottrarre qc. o q.c. da ogni influenza politica.

depolverizzàre *v. tr.* Ridurre o eliminare le polveri da un gas con opportuni procedimenti.

deponènte ***A*** *agg.* Detto di verbo latino che ha forma passiva e significato attivo. ***B*** *s. m.* **1** Verbo deponente. **2** In espressioni matematiche, formule chimiche e sim., numero, lettera o simbolo che viene aggiunto ad altro in basso, gener. a destra.

depórre ***A*** *v. tr.* (*coniug. come porre*) **1** Mettere giù: — *un pacco, un peso.* **2** Togliersi q.c. di dosso: — *il cappello* | — *le armi,* (*est.*) cessare le ostilità. **3** (*fig.*) Rimuovere qc. da un ufficio, incarico e sim.: *lo deposero dalla carica di presidente.* **4** (*fig.*) Lasciare, abbandonare: — *l'ira* | — *un'idea,* non pensarci più | — *l'abito talare,* abbandonare il sacerdozio. ***B*** *v. tr. e intr.* Testimoniare, emettere dichiarazioni in giudizio: — *il vero, il falso.* ***C*** *v. intr.* (*aus. avere*) Fornire elementi utili alla formazione di un giudizio nei confronti di una persona, di una situazione e sim.: *ciò depone a suo favore; ciò depone male di voi.*

deportàre *v. tr.* (*io depòrto*) Sottoporre a deportazione.

deportàto *part. pass. di deportare; anche agg. e s. m.* (*f. -a*) Che (o chi) ha subito la deportazione.

deportazióne *s. f.* Pena consistente nel trasferire qc. lontano dalla madrepatria per motivi politici, per i reati commessi o per altri motivi.

depositànte *part. pres. di depositare; anche s. m. e f.* Chi deposita o dà q.c. in deposito.

depositàre ***A*** *v. tr.* (*io depòsito*) **1** Affidare q.c. in deposito a una persona, a un ente e sim.: — *in banca il proprio denaro;* CONTR. Prelevare. **2** Mettere giù, collocare: — *la valigia a terra.* **3** Lasciar cadere sul fondo i materiali solidi in sospensione, detto di liquidi, corsi d'acqua e sim., anche ass.: *ogni anno il fiume deposita molto fango.* ***B*** *v. intr. pron.* Raccogliersi sul fondo, detto di sedimenti e sim.

depositàrio *s. m.* (*f. -a*) **1** Chi riceve una cosa in deposito. **2** (*fig.*) Persona che riceve e custodisce con riservatezza confessioni, confidenze e sim.

depòsito *s. m.* **1** Atto del depositare: — *della merce in magazzino.* **2** Contratto col quale una parte riceve dall'altra una cosa con l'obbligo di custodirla e di restituirla a richiesta o nel termine convenuto | — *bancario,* affidamento a una banca di denaro o di titoli in amministrazione. **3** Oggetto o somma depositata: *ritirare un* —. **4** Quantità di oggetti o materiali dello stesso genere riuniti insieme: *un — di bottiglie* | (*est.*) Luogo adibito alla raccolta di oggetti, merci e sim.: *un — di vini* | Ricovero per locomotive, autobus, tram e sim. [→ ill. *cava, ferrovia, miniera, petrolio*] **5** (*chim.*) Sedimento. **6** (*geol.*) Accumulo di materiale dovuto al vento, ai ghiacciai, ai fiumi, ai mari e sim.

deposizióne *s. f.* **1** Il deporre | Rimozione dalla croce del corpo di Gesù, e rappresentazione iconografica di essa. **2** (*fig.*) Rimozione di una persona dall'ufficio che essa ricopre: *la — dal trono.* **3** Complesso delle dichiarazioni emesse da un testimone nel deporre: — *falsa.* **4** (*raro*) Sedimento.

depravàre *v. tr.* (*io depràvo*) Volgere al male, al vizio: — *una persona onesta;* SIN. Corrompere, pervertire.

depravàto ***A*** *part. pass. di depravare; anche agg.* Corrotto, pervertito. ***B*** *s. m.* (*f.* *-a*) Persona viziosa e corrotta.

depravazióne *s. f.* Stato, condizione di depravato; SIN. Corruzione, pervertimento.

deprecàbile *agg.* ***1*** (*lett.*) Che si può deprecare. ***2*** Che è degno di biasimo.

deprecàre *v. tr.* (*io deprèco o raro dèpreco, tu deprèchi o raro dèprechi*) ***1*** (*lett.*) Pregare che un male, un danno, un pericolo e sim. abbiano termine, o non si verifichino: *– le sventure.* ***2*** Biasimare, disapprovare: *– il peccato.*

deprecatìvo *agg.* Atto a deprecare | Che esprime deprecazione: *esclamazione deprecativa.*

deprecazióne *s. f.* ***1*** (*lett.*) Scongiuro, preghiera. ***2*** Biasimo, disapprovazione.

depredàre *v. tr.* (*io deprèdo*) ***1*** Mettere a sacco; SIN. Saccheggiare. ***2*** Sottrarre q.c. con la violenza o con l'inganno: *l'hanno depredato d'ogni avere.*

depredatóre *s. m.; anche agg.* (*f.* *-trìce*) (*lett.*) Chi (o che) depreda.

depredazióne *s. f.* (*raro*) Saccheggio, rapina.

depressióne *s. f.* ***1*** (*geogr.*) Regione che ha altitudine minore delle regioni circostanti, o un livello inferiore a quello del mare. ***2*** (*est.*) Avvallamento di una superficie. ***3*** (*fig.*) Fase economica caratterizzata da rallentamento della produzione, riduzione dei prezzi, aumento della disoccupazione. ***4*** (*fig.*) Stato d'animo di avvilimento e di tristezza; SIN. Abbattimento, demoralizzazione. ***5*** *– barometrica,* su una regione, pressione atmosferica inferiore a quella delle regioni circostanti, in genere segno di brutto tempo.

depressìvo *agg.* ***1*** Atto a deprimere. ***2*** Di depressione: *stato –.*

deprèsso *part. pass. di deprimere; anche agg.* ***1*** Abbassato. ***2*** (*fig.*) Economicamente e socialmente arretrato: *zona depressa.* ***3*** (*fig.*) Avvilito, demoralizzato.

depressóre *agg.* (*med.*) Che deprime | *Nervo –,* la cui stimolazione determina abbassamento della pressione arteriosa | *Muscolo –,* atto ad abbassare l'organo a cui è unito.

deprezzaménto *s. m.* Diminuzione di prezzo, di valore.

deprezzàre *v. tr.* (*io deprèzzo*) Far diminuire di prezzo, di valore.

deprimènte *part. pres. di deprimere; anche agg.* ***1*** Che deprime. ***2*** Detto di farmaco, sostanza e sim. che abbassa il tono fisico o nervoso. ***3*** (*fig.*) Detto di chi provoca un effetto di tristezza: *che persona –!*

deprìmere ***A*** *v. tr.* (*pass. rem. io deprèssi, tu depriméstí; part. pass. deprèsso*) ***1*** Spingere verso il basso: *il vento deprime le nubi.* ***2*** (*fig.*) Opprimere, umiliare. ***3*** (*fig.*) Indebolire nel corpo e nello spirito: *questo caldo ci deprime;* SIN. Abbattere, demoralizzare. ***B*** *v. intr. pron.* (*aus. essere*) ***1*** Diventare basso: *l'avvallamento si è depresso.* ***2*** (*fig.*) Avvilirsi.

deprivàre *v. tr.* Sottoporre a deprivazione.

deprivazióne *s. f.* ***1*** (*med.*) Perdita o carenza di sostanze o principi essenziali all'organismo: *– vitaminica.* ***2*** (*psicol.*) Carenza, temporanea o congenita, di alcune stimolazioni ambientali, che può produrre alterazioni nelle funzioni psichiche o nel loro sviluppo: *– sensoriale, culturale.*

de profundis /*lat.* de pro'fundis/ *loc. sost. m. inv.* Salmo penitenziale che si recita per i defunti.

depuràre ***A*** *v. tr.* (*io depùro*) ***1*** Privare delle impurità: *– un liquido filtrandolo;* SIN. Purificare. ***2*** (*fig.*) Rendere puro, rimovendo errori, imperfezioni e sim.: *– lo stile* | (*raro*) Liberare da elementi corrotti: *– la società.* ***B*** *v. intr. pron.* (*aus. essere*) Diventare puro.

depurativo ***A*** *agg.* Atto a depurare. ***B*** *s. m.* Medicamento idoneo a depurare l'organismo.

depuratóre ***A*** *agg.* (*f.* *-trice*) Che depura: *filtro –.* ***B*** *s. m.* ***1*** Chi depura. ***2*** Apparecchio atto a depurare. [→ ill. *miniera*]

depuratòrio ***A*** *agg.* Atto a depurare. ***B*** *s. m.* Serbatoio dove si raccolgono le acque per depurarle.

depurazióne *s. f.* Eliminazione delle impurità.

deputàre *v. tr.* (*io dèputo*) Scegliere e destinare qc. allo svolgimento di un compito: *lo deputarono a rappresentare la cittadinanza;* SIN. Incaricare.

deputàto *s. m.* (*f.* *-a, -éssa;* V. nota d'uso FEMMINILE) ***1*** Chi è stato eletto dai cittadini a rappresentarli nel Parlamento. ***2*** Chi è stato destinato allo svolgimento di particolari compiti.

deputazióne *s. f.* ***1*** (*lett.*) Assegnazione a un incarico | Incarico di chi è scelto per svolgere missioni particolari: *accettare una –.* ***2*** Complesso di persone incaricate di svolgere funzioni proprie di un dato organo: *una – di cittadini.*

dequalificàre *v. tr.* (*io dequalìfico, tu dequalìfichi*) Abbassare il valore di q.c.

deragliaménto *s. m.* Uscita dalle rotaie.

deragliàre *v. intr.* (*aus. essere* se si esprime una meta; *aus. avere* se si esprime l'azione in sé; *pres. ind. io deràglio*) Sviare, uscire dalle rotaie.

dérapage /*fr.* dera'paʒ/ *s. m. inv.* (*pl. fr. dérapages* /dera'paʒ/) Derapata.

derapàre *v. intr.* (*io deràpo; aus. avere*) Detto di aereo, spostarsi lateralmente per l'azione di un forte vento o per effetto della forza centrifuga durante una virata eseguita in modo non corretto | Detto di veicoli e sciatori, slittare lateralmente.

derapàta *s. f.* Slittata laterale di aerei, veicoli e sciatori; SIN. Dérapage.

derattizzàre *v. tr.* Liberare un ambiente dai topi.

derattizzazióne *s. f.* Operazione del derattizzare.

dèrby /*ingl.* 'da:bi, 'də:bi/ *s. m. inv.* (*pl. ingl. derbies* /'də:biz/) ***1*** Corsa al galoppo riservata ai puledri di tre anni: *il – di Epsom.* ***2*** (*est.*) Competizione tra due squadre di calcio della stessa città o regione.

derelìtto ***A*** *agg.* Che è lasciato in totale abbandono materiale e morale: *infanzia derelitta; casa derelitta.* ***B*** *s. m.* (*f.* *-a*) Chi versa in uno stato di estrema miseria e solitudine.

derequisìre *v. tr.* (*io derequisìsco, tu derequisìsci*) Restituire al proprietario i beni requisiti.

derequisizióne *s. f.* Atto, effetto del derequisire.

deretàno *s. m.* Sedere, posteriore.

derìdere *v. tr.* (*pass. rem. io derìsi, tu deridésti; part. pass. derìso*) Schernire, dileggiare.

derisióne *s. f.* Scherno, beffa, dileggio.

derìso *part. pass. di deridere; anche agg.* Schernito, beffato.

derisóre *s. m.* (*f.* *-sora, raro*) Chi deride.

derisòrio *agg.* Atto a deridere: *discorso –* | Di derisione.

derìva *s. f.* ***1*** (*mar.*) Trascinamento di un natante, rispetto al fondo del mare, per effetto delle correnti marine | *Andare alla –,* essere trascinato dalle correnti e dai venti e (*fig.*) subire passivamente le avversità | *Chiglia di –,* (*ell.*) *–,* piano longitudinale che prolunga la chiglia di piccoli velieri per aumentarne la stabilità | (*est.*) Imbarcazione a vela. [→ ill. *marina*] ***2*** (*aer.*) Moto laterale di aereo, causato dalla componente laterale di correnti dell'aria | (*est.*) Parte fissa dell'impennaggio verticale. [→ ill. *aeronautica*]

derivàre (1) ***A*** *v. tr.* ***1*** Ottenere mediante deviazioni, diramazioni e sim.: *– da un lago le acque per l'irrigazione.* ***2*** (*fig.*) Trarre, dedurre: *da pochi indizi non puoi – alcuna certezza.* ***B*** *v. intr.* (*aus. essere*) ***1*** Scaturire, sgorgare, detto di fiumi e sim.: *molti corsi d'acqua derivano dai ghiacciai.* ***2*** (*fig.*) Avere origine: *la sua scoperta deriva da lunghi studi; questa parola deriva dal greco;* SIN. Conseguire. ***3*** Essere prodotto (*anche fig.*): *materiali che derivano dal carbone.*

derivàre (2) *v. intr.* (*aus. essere*) Subire il moto di deriva.

derivàta *s. f.* (*mat.*) Rapporto fra l'incremento di una funzione e quello della variabile, al tendere a zero di quest'ultima: *la – del seno è il coseno.*

derivatìvo *agg.* ***1*** Di derivazione. ***2*** (*ling.*) *Affissi derivativi,* che contribuiscono alla formazione dei derivati.

derivàto ***A*** *part. pass. di derivare* (1); *anche agg.* Originato | Causato. ***B*** *s. m.* ***1*** Sostanza derivata da un'altra per trasformazioni chimiche: *le materie plastiche sono derivati del petrolio.* ***2*** (*ling.*) Nome formato per derivazione.

derivatóre ***A*** *agg.* (*f.* *-trìce*) Che serve a derivare. ***B*** *s. m.* ***1*** Canale per derivare le acque. ***2*** Circuito per derivare da un conduttore elettrico una porzione di corrente.

derivazióne *s. f.* ***1*** Prelevamento mediante deviazioni e sim. | *Opera di –,* la diga e le varie opere per derivare l'acqua da un fiume o torrente | (*raro*) Origine, provenienza. ***2*** (*ling.*) Procedimento per il quale si forma una parola nuova partendo da un elemento preesistente. ***3*** Collegamento fra due punti di un circuito elettrico chiuso, allo scopo di derivare parte della corrente che lo per-

corre. [→ ill. *elettricità*]
dèrma *s. m.* (*anat.*) Strato connettivale della cute, sotto l'epidermide. [→ ill. *zoologia*]
dèrma-, -dèrma *primo e secondo elemento:* in parole composte scientifiche, significa 'pelle': *dermatite, dermascheletro, pachiderma.*
dermaschèletro *s. m.* Scheletro calcareo di origine dermica ricoperto dall'epidermide, presente negli Invertebrati e nei Vertebrati.
dermatite *s. f.* (*med.*) Infiammazione della pelle.
dermatologia *s. f.* (*pl. -gie*) Ramo della medicina che studia le malattie della pelle.
dermatològico *agg.* (*pl. m. -ci*) Della dermatologia.
dermatòlogo *s. m.* (*f. -a; pl. m. -gi o -ghi*) Specialista in dermatologia.
dermatòṣi *s. f.* (*med.*) Ciascuna delle affezioni non infiammatorie della cute.
dèrmico *agg.* (*pl. m. -ci*) Del derma.
dermografiṣmo *s. m.* Particolare reazione della cute a uno stimolo meccanico.
dermòide *s. f.* Surrogato del cuoio, formato da un supporto su cui si applicano materie plastiche.
dermopatia *s. f.* (*pl. -ie*) Malattia della pelle.
dermosifilopatia *s. f.* Ramo della medicina che studia le malattie della pelle e veneree.
dermosifilopàtico *agg.* (*pl. m. -i*) Relativo alla dermosifilopatia.
dernier cri /*fr.* dɛr'nje 'kri/ ***A*** *loc. sost. m. inv.* Creazione recentissima dell'alta moda. ***B*** *anche agg. inv.: abito, modello —.*
dèroga *s. f.* Eccezione rispetto a una regola stabilita.
derogàbile *agg.* Detto di norma, clausola e sim. a cui si può derogare.
derogàre *v. intr.* (*io dèrogo, tu dèroghi; aus. avere*) ***1*** Porre con un provvedimento legislativo una eccezione rispetto alla regola contenuta in altra norma giuridica: *— a una legge.* ***2*** (*fig.*) Togliere valore, rinunciare: *la nazione non intende — alla sua dignità* | Contravvenire: *— a un patto.*
derogatòrio *agg.* ***1*** Atto a derogare. ***2*** Che costituisce una deroga.
derogazióne *s. f.* Deroga.
derràta *s. f. spec. al pl.* Prodotto della terra spec. di uso alimentare | (*est.*) Merce: *derrate deperibili.*
derrick /*ingl.* 'derik/ *s. m. inv.* (*pl. ingl. derricks* /'deriks/) Torre per la trivellazione di pozzi petroliferi o per sondaggi geologico-minerari.
derubàre *v. tr.* (*io derùbo*) Privare qc. di ciò che gli appartiene o gli spetta, spec. in modo subdolo.
deruralizzazióne *s. f.* Abbandono dei paesi di campagna per la città.
dervìscio o *dervis s. m.* ***1*** Monaco musulmano di vita austera. ***2*** Mahdista.
desacralizẓàre *v. tr.* (*io desacralizẓo*) Ridurre un tempio, una persona o una cosa alla condizione profana, attraverso apposito rito | (*est.*) Smitizzare.
deschétto *s. m.* Tavolino da lavoro per artigiani, spec. calzolai. [→ ill. *calzolaio*]
désco *s. m.* (*pl. -schi*) (*lett.*) Tavola per mangiare: *il — familiare.*
descrittivo *agg.* Che descrive: *cenno —.*
descrittóre *s. m.* (*f. -trice*) Chi descrive.
descrìvere *v. tr.* (*coniug. come scrivere*) ***1*** Rappresentare cose o persone con parole o scritti: *— un paesaggio* | (*est.*) Esporre o spiegare minutamente: *— un avvenimento.* ***2*** (*lett.*) Disegnare | (*est.*) Tracciare una linea o figura, detto spec. di corpi in movimento: *un punto che si muove descrive una retta.*
descrivìbile *agg.* Che si può descrivere.
descrizióne *s. f.* Rappresentazione con parole o scritti | Spiegazione, esposizione particolareggiata.
deṣèrtico *agg.* (*pl. m. -ci*) Che ha la natura del deserto: *paesaggio —* | Tipico del deserto: *clima —.*
deṣertificazióne *s. f.* Fenomeno per cui una vasta estensione di terreno assume le caratteristiche di un deserto.
deṣèrto (1) *agg.* ***1*** Disabitato: *città deserta.* ***2*** Incolto o privo di vegetazione: *campi deserti.*
deṣèrto (2) *s. m.* ***1*** (*geogr.*) Vasto tratto di superficie terrestre con scarsissime precipitazioni, spoglia di vegetazione e disabitata | (*fig.*) *Parlare, predicare al —*, sprecare parole, consigli e sim., con chi non vuole ascoltare. ***2*** (*est.*) Campo, luogo, sterile e disabitato.
déshabillé /*fr.* dezabi'je/ *s. m. inv.* (*pl. fr. déshabillés* /dezabi'je/) Vestaglia da donna | *Essere in —*, non ancora vestita.
deṣiàre *v. tr.* (*io deṣio*) (*lett.*) Desiderare.
desideràbile *agg.* Che si può desiderare, che è degno d'essere desiderato; CONTR. Indesiderabile.
desideràre *v. tr.* (*io desìdero*) ***1*** Sentire la mancanza di ciò che è piacevole, buono, necessario e sim. e tendere a ottenerne il godimento, il possesso e sim.: *— la ricchezza; desiderano una casa* | *Fare — q.c.*, non soddisfare le richieste di qc. in modo da stimolarne al massimo il desiderio | *Farsi —*, far sentire e pesare agli altri la propria mancanza | *Lasciare a —*, non soddisfare; SIN. Ambire. ***2*** Volere: *— la pace.*
desiderata /*lat.* deside'rata/ *s. m. pl.* Cose che si desiderano, si esigono e sim.
desiderativo *agg.* Che manifesta o esprime desiderio.
desidèrio *s. m.* ***1*** Moto dell'animo verso chi o ciò che procura piacere, o che è buono, necessario e sim.: *— di gloria.* ***2*** Senso di mancanza, di bisogno: *un — d'affetto.* ***3*** Ciò che si desidera. (V. nota d'uso ACCENTO)
desideróso *agg.* Che desidera | Che è pieno di desiderio: *— di libertà.*
design /*ingl.* di'zain/ *s. m. inv. Acrt. di industrial design* (V.).
designàbile *agg.* Che si può designare.
designàre o *deṣignàre v. tr.* (*io desìgno o deṣigno*) ***1*** Proporre una persona a un incarico: *lo ha designato come suo successore*; SIN. Indicare. ***2*** Indicare con esattezza: *— l'ora dell'incontro.*
designazióne o *deṣignazióne s. f.* Destinazione di qc. a un incarico, ufficio e sim. | Indicazione.
designer /*ingl.* di'zainə/ *s. m. e f. inv.* (*pl. ingl. designers* /di'zainəz/) Chi si occupa professionalmente di design.
deṣinàre ***A*** *v. intr.* (*io déṣino; aus. avere*) Fare il pasto più sostanzioso della giornata, alla mattina o alla sera. ***B*** *s. m.* Pasto principale della giornata | *Dopo —*, nelle prime ore del pomeriggio.
deṣinènza *s. f.* (*ling.*) Elemento mobile che si aggiunge alla radice della parola per formare una forma flessa: *are è la — di amare.*
deṣinenziàle *agg.* Di desinenza.
deṣìo *s. m.* (*lett.*) Desiderio.
deṣióso *agg.* (*lett.*) Desideroso.
desìstere *v. intr.* (*pass. rem. io desistéi o desistètti, tu desistésti; part. pass. desistito; aus. avere*) Ritirarsi da un'attività: *non desisterà dall'azione* | Recedere da un proposito.
deṣolànte *part. pres. di desolare; anche agg.* Che mostra o provoca tristezza, sconforto e sim.
deṣolàre *v. tr.* (*io deṣòlo*) ***1*** Devastare: *i barbari desolarono l'Italia.* ***2*** Colmare il dolore, di sconforto: *— qc. con la propria condotta.*
deṣolàto *part. pass. di desolare; anche agg.* Afflitto, addolorato, dispiaciuto | Che provoca sensazioni di pena, sconforto, solitudine: *un paesaggio —.*
deṣolazióne *s. f.* ***1*** Devastazione, rovina. ***2*** Squallore. ***3*** Dolore angoscioso.
desossiribonuclèico V. *deossiribonucleico.*
dèspota *s. m.* (*pl. -i*) ***1*** Sovrano assoluto; SIN. Tiranno. ***2*** (*est.*) Chi esercita la propria autorità in modo eccessivamente rigoroso.
desquamativo *agg.* Che presenta desquamazione.
desquamazióne *s. f.* Distacco in forma di squame delle parti superficiali di un organo: *— cutanea.*
dessert /*fr.* de'sɛr/ *s. m. inv.* (*pl. fr. desserts* /de'sɛr/) Ciò che viene offerto alla fine del pasto, spec. frutta e dolce.
dessiografia *s. f.* Scrittura che procede da sinistra a destra.
désso *pron. dimostr.* (*f. -a*) (*lett.*) Quello stesso, proprio quello, proprio lui | (*raff.*) Accompagnato da un altro pron. o da un s.
dessous /*fr.* də'su/ *s. m. pl. inv.* Biancheria intima femminile.
destabilizẓàre *v. tr.* Rendere instabile.
destalinizẓàre *v. tr.* Togliere il carattere staliniano a un partito, a uno Stato, a una politica.

destàre *A v. tr.* (*io désto*) *1* Scuotere dal sonno (*anche fig.*): – *chi dorme*; SIN. Svegliare. *2* (*fig.*) Scuotere dall'inerzia, dal torpore: – *la curiosità dei presenti*. *3* (*fig.*) Suscitare sentimenti, sensazioni e sim.: *la scena destò in lui dolorosi ricordi*. *B v. intr. pron.* *1* Scuotersi dal sonno (*anche fig.*). *2* Scuotersi dall'inerzia. *3* Nascere: *nuovi ideali si destano in noi*. [→ tav. *proverbi* 289]

destinàre *A v. tr.* (*io destìno*) *1* Dare in sorte, stabilire in modo irrevocabile: *Dio destina un fine a ogni creatura* | (*est.*) Decidere, deliberare: – *una data*. *2* Assegnare qc. a una carica, un ufficio e sim.: *lo hanno destinato alla nuova filiale*. *3* Indirizzare: *il pacco è destinato a Roma*. *B v. intr.* (*aus. avere*) Deliberare.

destinatàrio *s. m.* (*f. -a*) Colui al quale si indirizza q.c.: *il – di una lettera*.

destinazióne *s. f.* *1* Assegnazione. *2* Residenza assegnata a funzionari | Ufficio cui si è destinati. *3* Uso o fine stabilito per una cosa: *la – della somma*. *4* Meta di un viaggio: *giungere a –* | Luogo in cui viene spedito q.c.: *la – di un pacco*.

destino *s. m.* *1* Il corso degli eventi considerato come predeterminato, immutabile e indipendente dalla volontà umana: *rassegnarsi al –*; *subire il –*; SIN. Fato. *2* (*gener.*) Sorte: *predire, leggere, il – a qc.*

destituire *v. tr.* (*pres. io destituisco, tu destituisci; part. pass. destituito*) *1* Rimuovere da un ufficio, spec. per punizione: *fu destituito dall'impiego*. *2* (*lett.*) Privare.

destituito *part. pass. di destituire; anche agg.* Rimosso da un incarico | Mancante, privo: *frasi destituite di significato*.

destituzióne *s. f.* Rimozione da un ufficio spec. in seguito a reati o mancanze.

désto *agg.* *1* Che non dorme, sveglio | (*est., lett.*) Vigilante, cauto: *stare – all'erta*. *2* (*lett., fig.*) Attivo, vivace: *ingegno –*.

dèstra *s. f.* *1* Mano destra che, nella maggior parte degli uomini, è più agile e vigorosa dell'altra. *2* Parte destra, lato destro: *siediti alla mia –* | *Dare la –*, far camminare qc. alla propria destra in segno di rispetto | *Tenere la –*, mantenersi sul lato destro di una strada. *3* Insieme delle forze politiche conservatrici i cui rappresentanti, in Parlamento, siedono a destra del Presidente. [→ ill. *parlamento*]

destraménte *avv.* In modo destro, abile.

destreggiàre *v. intr. e intr. pron.* (*io destréggio; aus. intr. avere*) Procedere con accortezza, in modo da superare situazioni difficili e raggiungere i propri scopi: *destreggiarsi con qc.*

destrézza *s. f.* *1* Agilità, prontezza nell'operare: – *di mano* | Abilità: *cavalcare con –*. *2* (*fig.*) Accortezza, sagacia: *comportarsi con –*.

destrièro o (*poet.*) *destrière s. m.* (*lett.*) Cavallo da battaglia | Cavallo da sella di buona qualità.

destrina *s. f.* (*chim.*) Sostanza bianca, polisaccaride, ottenuta dall'amido; usata in pasticceria, per l'appretto di tessuti, come eccipiente e collante.

destrismo *s. m.* *1* (*med.*) Disposizione a usare di preferenza gli arti della parte destra del corpo; CONTR. Mancinismo. *2* Tendenza politica e culturale a portarsi verso posizioni ideologiche di destra.

déstro *A agg.* *1* Che, in una persona, è dalla parte del fegato: *braccio, piede –*; *mano destra*. *2* Che è a destra rispetto a un punto di riferimento: *tasca destra*. *3* (*fig.*) Attivo, abile: – *di mano*. *B s. m.* Opportunità, occasione, favorevole: *cogliere il –*; *offrire, presentare, porgere il –*.

destrogiro *agg.* *1* Destrorso. *2* Di sistema fisico o chimico capace di far ruotare a destra il piano di polarizzazione di un fascio di luce polarizzata che l'attraversa.

destròrso *agg.* *1* Che è volto o può volgere da sinistra verso destra. *2* (*fis.*) Detto del verso di rotazione che all'osservatore appare concorde col verso del moto delle lancette dell'orologio. *3* (*fig., scherz.*) Che ha idee politiche conservatrici.

destròsio *s. m.* (*chim.*) Glucosio.

desuèto *agg.* (*lett.*) Non più avvezzo | Disusato.

desuetùdine *s. f.* *1* (*lett.*) Mancanza di consuetudine. *2* (*dir.*) Cessazione di validità di una norma a causa dell'inosservanza continua da parte dei cittadini.

desùmere o *desùmere v. tr.* (*pass. rem. io desùnsi o desùnsi, tu desuméstì o desuméstì; part. pass. desùnto o desùnto*) *1* Trarre, ricavare: *desumo la notizia dai giornali*. *2* Arguire, dedurre: – *da un fatto elementi di prova*.

desumìbile o *desumìbile part. pass. di desumere; anche agg.* Che si può desumere.

detective /*ingl.* di'tektiv/ *s. m. inv.* (*pl. ingl. detectives* /di'tektivz/) Investigatore, poliziotto privato.

detector /*ingl.* di'tektə/ *s. m. inv.* (*pl. ingl. detectors* /di'tektəz/) Rivelatore.

detenére *v. tr.* (*coniug. come tenere*) *1* Tenere in proprio possesso: – *un primato*. *2* Avere q.c. in detenzione: – *un immobile*. *3* Tenere in prigione.

detentivo *agg.* Restrittivo della libertà personale: *pena detentiva*.

detentóre *A s. m.* (*f. -trìce*) Chi detiene. *B anche agg.*

detenùto *part. pass. di detenere; anche agg. e s. m.* (*f. -a*) Che (o chi) sconta una pena o una misura di sicurezza detentiva; SIN. Carcerato. [→ ill. *giustizia*]

detenzióne *s. f.* *1* (*dir.*) Godimento di un bene di cui non si ha la proprietà. *2* Stato di chi è sottoposto all'esecuzione di una pena o di una misura di sicurezza detentiva; SIN. Carcerazione.

detergènte *A part. pres. di detergere; anche agg.* Che deterge. *B s. m.* Sostanza detergente | Detersivo.

detèrgere *v. tr.* (*coniug. come tergere*) Pulire | Asciugare, togliere: – *il sudore*.

deterioràbile *agg.* Che si può deteriorare.

deterioraménto *s. m.* Alterazione, guasto | Peggioramento.

deterioràre *A v. tr.* (*io deterióro*) Ridurre in cattivo stato: *la ruggine deteriora il ferro*; SIN. Guastare. *B v. intr. e intr. pron.* Diventare peggiore | Alterarsi.

deterióre *agg.* Meno buono, scadente.

determinàbile *agg.* Che si può determinare; CONTR. Indeterminabile.

determinànte *A part. pres. di determinare; anche agg.* Che determina | *Elemento –*, decisivo, fondamentale. *B s. m. e f.* Elemento determinante.

determinàre *A v. tr.* (*io detèrmino*) *1* Indicare con precisione i termini di q.c.: – *i confini di un territorio*. *2* Stabilire, fissare: – *un prezzo*. *3* Produrre un determinato fenomeno: *la denutrizione determina un progressivo indebolimento*; SIN. Causare, provocare. *4* Indurre ad agire in un determinato modo: *la pioggia lo determinò a rimanere in casa*. *5* (*lett.*) Deliberare, decidere: *la commissione determinò di iniziare i lavori*. *B v. intr. pron.* Risolversi, decidersi: *determinarsi ad agire*.

determinatézza *s. f.* Qualità di determinato.

determinativo *agg.* Che serve a determinare | *Articolo –*, che dà al nome un'indicazione definita: *'il' è un articolo –*; CONTR. Indeterminativo.

determinàto *part. pass. di determinare; anche agg.* *1* Stabilito, definito: *un giorno –*; CONTR. Indeterminato. *2* Deciso, risoluto: *essere – nell'agire*.

determinazióne *s. f.* *1* Esatta indicazione dei termini di q.c. | – *di un concetto*, definizione. *2* Decisione, deliberazione: *venire a una –* | Risolutezza: *agire con –*.

determinismo *s. m.* Dottrina filosofica secondo la quale tutti i fenomeni dell'universo sono il risultato necessario di condizioni antecedenti o concomitanti.

determinista *s. m. e f.* (*pl. m. -i*) Chi segue la dottrina del determinismo.

deterrènte *A s. m.* Ogni mezzo di offesa bellica, posseduto da uno Stato, il timore del cui impiego distoglie gli altri Stati da propositi o atti di aggressione: – *atomico*. *B anche agg.*: *armi deterrenti*.

detersivo *A agg.* (*lett.*) Atto a detergere. *B s. m.* Ciascuna delle sostanze, gener. derivate da idrocarburi, che, sciolta in acqua in luogo del sapone, serve per pulire corpi solidi. [→ ill. *lavatura e stiratura*]

detestàbile *agg.* Degno di essere detestato; CONTR. Adorabile.

detestàre *A v. tr.* (*io detèsto*) Avere in orrore, in odio: – *il male*; SIN. Aborrire, esecrare, odiare; CONTR. Adorare. *B v. rifl. rec.* Provare reciproca avversione: *quei due si detestano*.

detestazióne *s. f.* (*lett.*) Odio, esecrazione.

detonànte *A part. pres. di detonare; anche agg.* Detto di esplosivo nel quale la velocità di propagazione dell'esplosione è molto grande. *B s. m.* Esplosivo detonante.

detonàre *v. intr.* (*io detòno; aus. avere*) Esplodere fragorosamente.

detonatóre *s. m.* Dispositivo che serve a provocare lo scoppio di sostanze esplosive. [→ ill. *cava*]

detonazióne *s. f.* **1** Esplosione fragorosa, scoppio; CFR. Deflagrazione. **2** Nei motori a scoppio, rumore metallico dovuto a combustione anormale della miscela.

detràrre *v. tr. e intr.* (*coniug. come trarre*) **1** Togliere via, levare, sottrarre (*anche fig.*): *— le spese dall'incasso.* **2** (*raro, lett.*) Nuocere al buon nome di qc. o di q.c. sparlandone: *— l'onore di qc.*

detrattóre *s. m.* (*f. -trìce*) Chi nuoce al buon nome di qc. o di q.c.

detrazióne *s. f.* **1** Sottrazione. **2** (*lett.*) Diffamazione.

detriménto *s. m.* Danno morale o materiale.

detrìtico *agg.* (*pl. m. -ci*) Di detrito.

detrìto *s. m.* **1** (*geol.*) Materiale incoerente che si forma per il disfacimento delle rocce esposte agli agenti meteorici. **2** (*est.*) Frammento | (*fig.*) Residuo.

detronizzàre *v. tr.* **1** Deporre dal trono: *— un monarca.* **2** (*est.*) Privare di un ufficio, un incarico.

detronizzazióne *s. f.* Deposizione dal trono | (*est.*) Allontanamento da una carica.

détta *s. f. Nella loc. a —*, secondo quel che dice | *A — sua*, secondo ciò che egli dice.

dettagliànte *s. m. e f.* Chi vende al dettaglio; CFR. Grossista.

dettagliàre *v. tr.* (*io dettàglio*) **1** Descrivere con abbondanza di particolari: *dettagliò la sua storia.* **2** Vendere al minuto.

dettagliataménte *avv.* Con abbondanza di particolari.

dettagliàto *part. pass. di dettagliare; anche agg.* Corredato di particolari.

dettàglio *s. m.* **1** Circostanza, elemento, dato, particolare: *i dettagli di una questione* | *Entrare nei dettagli*, nei minimi particolari. [→ ill. *cinematografia*] **2** Piccola quantità, *spec. nella loc. al —* | *Vendere, vendita al —*, in piccola quantità, al minuto; CFR. Ingrosso.

dettàme *s. m.* **1** Precetto, norma: *i dettami del cuore.* **2** Consiglio, suggerimento: *i dettami della moda.*

dettàre *v. tr.* (*io détto*) **1** Dire parola per parola quello che un altro deve scrivere: *— una lettera.* **2** Prescrivere, imporre: *— i patti della resa* | *— legge, sentenze*, imporre la propria volontà. **3** Suggerire, consigliare: *come il cuore gli detta.*

dettàto **A** *part. pass. di dettare; anche agg.* Detto perché sia messo per iscritto. **B** *s. m.* **1** Ciò che viene scritto sotto dettatura. **2** (*lett.*) Modo di scrivere per quanto riguarda lingua e stile.

dettatùra *s. f.* Atto del dettare.

détto **A** *part. pass. di dire; anche agg.* **1** Enunciato per mezzo di parole | *— fatto*, subito. **2** Soprannominato: *Michelangelo Merisi — il Caravaggio.* **3** Che è già stato nominato: *ci fermammo nel — luogo.* **B** *s. m.* Parola, discorso | Motto, sentenza | Facezia, arguzia: *i detti del pievano Arlotto.*

detumescènza *s. f.* Riduzione o scomparsa di una tumefazione.

deturpàre *v. tr.* (*io detùrpo*) **1** Rendere brutto: *una cicatrice le deturpa il viso*; SIN. Deformare, sfigurare. **2** (*fig.*) Rovinare, corrompere.

deturpatóre **A** *s. m.* (*f. -trìce*) Chi deturpa. **B** *anche agg.*

deturpazióne *s. f.* Deformazione, alterazione | (*fig.*) Rovina.

deus ex machina /*lat.* 'dɛus ɛks 'makina/ *loc. sost. m.* **1** Nel teatro antico, divinità che, scesa dall'alto mediante apposito meccanismo, scioglie l'intrico della trama. **2** (*fig.*) Persona in grado di risolvere situazioni complesse.

deuteragonista *s. m.* (*pl. -i*) Nella tragedia antica, attore che ha il secondo ruolo; CFR. Protagonista.

deutèrio *s. m.* (*fis.*) Isotopo dell'idrogeno di cui ha peso atomico doppio e dal quale è estratto | *Ossido di —*, acqua pesante.

deutóne *s. m.* (*fis.*) Nucleo dell'atomo di deuterio, costituito da un neutrone e da un protone.

devalutazióne *s. f.* Svalutazione.

devastàre *v. tr.* (*io devàsto*) **1** Guastare, rovinare, con azione selvaggia e violenta: *l'esercito in fuga devastò interi paesi.* **2** (*fig.*) Deturpare: *la malattia gli devasta il viso.*

devastatóre **A** *s. m.* (*f. -trìce*) Chi devasta. **B** *anche agg.*

devastazióne *s. f.* Rovina, distruzione.

deverbàle **A** *agg.* Detto di nome che deriva da un verbo. **B** *anche s. m.*

deviaménto *s. m.* Atto del deviare.

deviànte **A** *part. pres. di deviare; anche agg.* Che va o porta fuori strada (*spec. fig.*): *ragionamento —* | Che manifesta devianza: *comportamento —.* **B** *s. m. e f.* Chi manifesta devianza | (*est., euf.*) Malato di mente.

deviànza *s. f.* (*psicol.*) Difficoltà dell'individuo ad adattarsi alle norme comportamentali ed etiche dell'ambiente in cui vive, con conseguente sua emarginazione.

deviàre **A** *v. intr.* (*io devìo; aus. avere*) **1** Uscire dalla via diritta, per dirigersi altrove: *il viottolo devia dalla strada.* **2** (*fig.*) Allontanarsi dalla norma, dal giusto e sim.: *— dal proprio dovere* | Divagare: *— da un tema fissato.* **B** *v. tr.* **1** Piegare verso un'altra direzione: *— un corso d'acqua.* **2** (*raro, fig.*) Allontanare qc. dalla norma, dal giusto e sim.

deviatóio *s. m.* (*ferr.*) Scambio.

deviatóre *s. m.* Ferroviere che manovra gli scambi e i segnali.

deviazióne *s. f.* **1** Cambiamento di direzione. **2** Spostamento di q.c. rispetto a una linea, a una traiettoria: *— della colonna vertebrale.* **3** (*fig.*) Allontanamento dalla norma, dal giusto: *— da una fede religiosa.* **4** (*fis.*) Angolo che il raggio luminoso incidente su un sistema ottico fa con il raggio che ne emerge.

deviazionismo *s. m.* Tendenza ad allontanarsi dai principi di un determinato partito.

deviazionista *s. m. e f.* (*pl. m. -i*) Chi è colpevole di deviazionismo.

de visu /*lat.* de 'vizu/ *loc. avv.* In modo diretto, di persona: *constatare —.*

devitalizzàre *v. tr.* (*med.*) Togliere l'attività vitale di un organo e le funzioni a essa connesse: *— un nervo.*

devoluzióne *s. f.* **1** Destinazione di una somma a un determinato uso. **2** Trapasso di beni o diritti.

devòlvere *v. tr.* (*pres. io devòlvo; pass. rem. io devolvéi o devolvétti, tu devolvésti; part. pass. devolùto*) Trasmettere a qc. un bene o un diritto: *— una somma in beneficenza.*

devoniàno (*geol.*) **A** *s. m.* Quarto periodo del Paleozoico, con grande sviluppo dei pesci e comparsa degli anfibi. **B** *anche agg.*

devòto o *divòto* **A** *agg.* **1** Che è interamente consacrato a un ideale, a un principio e sim.: *— alla patria.* **2** Che mostra devozione: *— alla Madonna* | Che ispira o incita a devozione: *luogo —.* **3** Affezionato, sincero: *servitore, animo —* | Fedele: *essere — al proprio coniuge.* **B** *s. m.* (*f. -a*) **1** Chi ispira la sua vita a devozione religiosa | Chi pratica un culto particolare: *i devoti della Vergine* | (*est.*) Chi assiste con regolarità alle funzioni religiose. **2** Persona affezionata.

devozióne o *divozióne* *s. f.* **1** Sentimento di intensa religiosità | Pratica religiosa. **2** Ossequio, affetto reverente: *— a un benefattore* | Dedizione: *— alla famiglia.* **3** *al pl.* Preghiere che si recitano al mattino e alla sera.

di (1) *prep.* (*una delle prep. proprie semplici. Fondendosi con gli art. det. dà origine alle prep. art. m. sing. del, dello; m. pl. dei, degli; f. sing. della; f. pl. delle. Si elide davanti a parole che cominciano per vocale: un giorno d'estate*) **I** Stabilisce diverse relazioni dando luogo a molti complementi. **1** Compl. di specificazione, soggettiva e oggettiva: *il diametro della terra*; *i tesori dei Faraoni*; *l'amore della gloria.* **2** Compl. partitivo: *alcuni — noi*; *non vedo niente — meglio*; *il più diligente — tutti*; *il Re dei re.* **3** Compl. di paragone: *Luigi è più forte — Carlo.* **4** Compl. di moto da luogo: *partii — casa alle otto* | Indica anche il luogo, la condizione da cui ha origine un movimento, spec. in correl. con la prep. 'in': *andarono — città in città.* **5** (*raro*) Compl. di separazione e allontanamento: *si è allontanato — città.* **6** Compl. di origine o provenienza: *uomo — modeste origini*; *nativo della Campania* | Indica la paternità, onde la formazione di molti cognomi: *Carlo — Giuseppe*; *Di Stefano.* **7** Compl. di denominazione: *la città — Bologna.* **8** Compl. di argomento: *discutere del tempo* | In titoli di opere: *Dei delitti e delle pene.* **9** Compl. di abbondanza: *una botte piena — vino.* **10** Compl. di privazione o difetto: *una regione priva — acqua*; *mancanza — idee.* **11** Compl. di mezzo o strumento: *lavorare —*

lima; spalmare — marmellata. **12** Compl. di modo o maniera: *camminare — buon passo.* **13** Compl. di causa: *gridare — gioia.* **14** Compl. di fine o scopo: *siepe — confine; cintura — salvataggio.* **15** Compl. di tempo determinato: *— mattina; — sera; — giorno in giorno.* **16** Compl. di colpa: *colpevole — furto.* **17** Compl. di pena: *è stato multato — mille lire.* **18** Compl. di limitazione: *cappotto corto — maniche.* **19** Compl. di materia: *una statua — marmo.* **20** Compl. di qualità: *una persona — grande bontà.* **21** Compl. di età: *un bambino — quattro anni.* **22** Compl. di peso o misura: *un campanile — trenta metri; un pane — un chilo.* **23** Compl. di stima o prezzo: *un vestito — poche lire.* **24** Compl. distributivo: *— dieci in dieci.* **25** Compl. predicativo: *diamoci del tu!* **II** Introduce varie specie di proposizioni con il v. all'inf. **1** Prop. soggettiva: *mi sembra — aver fatto bene* | Quando il v. ha valore di sostantivo la prep. 'di' viene omessa; *è vietato (—) fumare; vietato entrare.* **2** Prop. oggettiva: *ammetto — aver sbagliato.* **3** Prop. finale: *procura — fare il tuo dovere.* **4** Prop. consecutiva: *non sono degni — essere trattati bene.* **III** Ricorre con diverso valore in molte espressioni. **1** Con valore attributivo, in espressioni enfatiche o esclamative: *che splendore — bambino; che razza d'asino!* **2** Con valore raff. in espressioni esclamative, per lo più pleon.: *ne ha dovuti sborsare — quattrini!; — queste parole, a me!* **IV** Ricorre nella formazione di molte loc. **1** Loc. prep. e prep. composte: *prima —; fuori —; sotto —; a causa —; per mezzo —; a fianco —; in luogo —,* e sim. **2** Loc. avv.: *— qua; — là; — fronte; d'intorno; — quando in quando,* e sim. **3** Loc. cong.: *— modo che; — guisa che; dopo — che* e sim. (V. note d'uso ACCENTO ed ELISIONE e TRONCAMENTO)

di (2) *s. f. o m. inv.* Nome della lettera *d*.

dì *s. m.* **1** Giorno. **2** Periodo di illuminazione durante il giorno. [→ tav. *proverbi* 251] (V. nota d'uso ACCENTO)

di- (1) *pref. di voci verbali:* indica movimento dall'alto verso il basso (*discendere*) o ha valore negativo o intensivo (*disperare, divorare*) | È usato inoltre per formare verbi derivati da agg. e sost.: *dimagrire, divampare.*

di- (2) *pref.:* in parole composte dotte significa 'due', 'doppio': *diagramma, dimorfo.*

dia- *pref.:* in parole dotte significa 'attraverso', 'mediante', oppure indica differenza, separazione: *diacronia, diamagnetico, diascopio, diafonia.*

diabàșe *s. m.* (*miner.*) Roccia vulcanica di color verdastro.

diabète *s. m.* Malattia del ricambio con presenza di glucosio nelle urine e aumento del tasso di glucosio nel sangue.

diabètico A *agg.* (*pl. m. -ci*) Del diabete. **B** *agg.; anche s. m.* (*f. -a; pl. m. -ci*) Affetto da diabete.

diabòlico *agg.* (*pl. m. -ci*) **1** Di, da diavolo: *potenza diabolica.* **2** (*fig.*) Maligno, perfido: *animo —.*

diachènio *s. m.* Frutto secco indeiscente costituito da due acheni che si separano a maturità: caratteristico delle Umbellali. [→ ill. *botanica*]

diàclași *s. f.* Grande frattura di rocce, non accompagnata da forte spostamento.

diaconàto o *diaconàto* *s. m.* Secondo degli ordini maggiori, che attribuisce al chierico la facoltà di assistere il sacerdote nelle funzioni liturgiche.

diaconéssa o *diaconéssa* *s. f.* **1** Nella chiesa cristiana primitiva, donna addetta a determinati riti. **2** In varie chiese protestanti, donna cui sono affidate funzioni assistenziali.

diaconìa o *diaconìa* *s. f.* **1** Ufficio di diacono nelle comunità cristiane primitive. **2** Titolo attribuito a cardinali.

diacònio o *diacònico* *s. m.* Ognuna delle due absidi minori posta ai lati dell'abside principale.

diàcono o *diàcono* *s. m.* Chierico che ha ricevuto l'ordine del diaconato.

diacrìtico *agg.* (*pl. m. -ci*) (*ling.*) Detto di segno grafico che modifica un altro segno.

diacronìa *s. f.* Mutamento spec. dei fatti linguistici osservati dal punto di vista della loro evoluzione nel tempo; CFR. Sincronia.

diacrònico *agg.* (*pl. m. -ci*) Della diacronia | Basato sulla diacronia; CFR. Sincronico.

diadèma *s. m.* (*pl. -i*) **1** Cerchio metallico portato come corona dagli imperatori romani durante il basso impero. **2** Corona reale. **3** Ricco ornamento del capo per signore. [→ ill. *gioielli*]

diàdoco *s. m.* (*pl. -chi*) **1** Ciascuno dei successori di Alessandro Magno. **2** In Grecia, titolo del principe ereditario.

diafanità *s. f.* Qualità di diafano.

diàfano *agg.* **1** Che lascia passare la luce: *corpo —*; SIN. Trasparente. **2** (*fig.*) Delicato, gracile: *mani diafane.*

diafonìa *s. f.* **1** (*mus.*) Forma originaria di contrappunto. **2** Disturbo di natura elettrica che può verificarsi nelle conversazioni telefoniche e nelle trasmissioni radiofoniche.

diaforèși *s. f.* (*med.*) Sudorazione.

diaforètico A *agg.* (*pl. m. -ci*) Detto di medicamento che provoca sudorazione. **B** *anche s. m.*

diaframma *s. m.* (*pl. -i*) **1** Elemento di separazione: *un — divide in due parti la cavità.* **2** (*anat.*) Muscolo piatto che separa la cavità toracica da quella addominale. **3** Dispositivo a chiusura progressiva per regolare il passaggio della luce attraverso una lente o un sistema ottico. [→ ill. *fisica, fotografo*] **4** Disco gommoso che si applica in corrispondenza del collo dell'utero a scopo contraccettivo. **5** Dispositivo che vibrando dà suono in un apparecchio acustico, quale un altoparlante.

diaframmàre *v. tr.* (*io diaframmo*) Regolare il diaframma di una macchina fotografica o da presa.

diagèneși *s. f.* (*geol.*) Processo di costipamento e cementazione naturali per cui un sedimento si trasforma in roccia sedimentaria compatta.

diàgnoși *s. f.* **1** Definizione di una malattia attraverso i sintomi. **2** (*est.*) Giudizio di un fenomeno dopo averne considerato ogni aspetto: *la — dei fatti.*

diagnòstica *s. f.* Tecnica e metodo della diagnosi.

diagnosticàre *v. tr.* (*io diagnòstico, tu diagnòstichi*) Riconoscere mediante diagnosi (*anche fig.*).

diagnòstico A *agg.* (*pl. m. -ci*) Di diagnosi. **B** *s. m.* (*pl. -ci*) Medico che fa la diagnosi.

diagonàle o *diagonàle* **A** *s. f.* In un poligono semplice, segmento o retta congiungente due vertici non consecutivi o, in un poliedro, due vertici che non appartengono alla stessa faccia | Linea obliqua. **B** *s. m.* Stoffa tessuta obliquamente rispetto all'ordito. **C** *agg.* Trasversale, obliquo.

diagonalménte o *diagonalménte* *avv.* In senso diagonale.

diagràmma *s. m.* (*pl. -i*) **1** (*mat.*) Rappresentazione grafica d'una funzione o d'un fenomeno. **2** (*stat.*) Rappresentazione grafica dell'andamento di un fenomeno. [→ ill. *ufficio*] **3** (*elab.*) Ogni presentazione grafica usata come mezzo per l'analisi e la risoluzione di un problema | *— a blocchi,* in cui le singole unità logiche sono disegnate sotto forma di caselle.

diagrammàre *v. tr.* Rappresentare mediante un diagramma.

dialèfe *s. f.* In metrica, iato fra due vocali consecutive, l'una in fine di parola l'altra all'inizio della parola seguente (es. *fede ed innocenza*); CONTR. Sinalefe.

dialettàle *agg.* **1** Che concerne i dialetti. **2** Che è scritto in dialetto: *poesia —.*

dialettalișmo *s. m.* Vocabolo o costrutto di derivazione dialettale.

dialèttica *s. f.* **1** Arte del ragionare | Logica. **2** (*est.*) Abilità nel discutere.

dialèttico A *agg.* (*pl. m. -ci*) **1** Che concerne la dialettica | Proprio della dialettica: *procedimento —.* **2** (*est.*) Logico, convincente: *abilità dialettica.* **B** *s. m.* (*pl. -ci*) **1** Logico, filosofo. **2** Chi è abile nel discutere, nel ragionare e sim.

dialètto *s. m.* Sistema linguistico particolare, usato in una zona geograficamente limitata; SIN. Vernacolo.

dialettologìa *s. f.* (*pl. -gie*) Disciplina che studia i dialetti.

dialettòlogo *s. m.* (*f. -a, pl. m. -gi o -ghi*) Studioso di dialettologia.

dialipètalo *agg.* (*bot.*) Detto di corolla i cui petali sono separati l'uno dall'altro.

dialisèpalo *agg.* (*bot.*) Detto di calice i cui sepali sono separati l'uno dall'altro.

diàliși *s. f.* **1** (*chim.*) Separazione di una sostanza colloide da una cristallizzata per mezzo di membrane semimpermeabili. **2** (*fisiol.*) Processo di depurazione del sangue dalle sue scorie e impurità. ***3*** (*ling.*) Figura retorica per cui si interrompe l'ordine del discorso inserendovi un inciso (es. *Dalla porta usciva, e tutti la guardavano, una donna*).

dialìtico *agg.* (*pl. m. -ci*) Della dialisi.

dializzàre *v. tr.* (*chim.*) Sottoporre a dialisi.

dializzatóre ***A*** *agg.* (*f. -trice*) Che consente la dialisi. ***B*** *s. m.* Apparecchio con cui si compie la dialisi. [→ ill. *chimico*]

diàllage *s. f.* Figura retorica per cui molti argomenti convergono a una stessa conclusione.

diallàgio *s. m.* (*miner.*) Varietà grigio-verde di pirosseno, ricca in calcio, magnesio e ferro.

dialogàre ***A*** *v. tr.* (*io diàlogo, tu diàloghi*) Scrivere, ridurre, in dialogo: *— un dramma.* ***B*** *v. intr.* (*aus. avere*) ***1*** Aprire un dialogo: *— con gli avversari.* ***2*** (*raro*) Conversare: *— con qc.*

dialògico *agg.* (*pl. m. -ci*) Di dialogo | Che ha forma di dialogo: *poesia dialogica.*

dialogismo *s. m.* Figura retorica che consiste nel fare dialogare due persone.

dialogista *s. m. e f.* (*pl. m. -i*) Chi scrive dialoghi.

dialogizzàre ***A*** *v. tr.* Ridurre in forma di dialogo. ***B*** *v. intr.* (*aus. avere*) Conversare | Disputare dialogando: *— con qc.*

diàlogo *s. m.* (*pl. -ghi*) ***1*** Discorso alternativo fra due o più persone | Recitazione a battute alterne di un testo drammatico. ***2*** Incontro, confronto, spec. fra Stati o partiti diversi dopo un periodo di avversione | Comprensione reciproca: *— fra genitori e figli.* ***3*** Componimento dottrinale in cui la materia è esposta e discussa da due o più persone.

diamagnètico *agg.* (*pl. m. -ci*) (*fis.*) Detto di sostanza che viene debolmente respinta da una calamita.

diamagnetismo *s. m.* Proprietà delle sostanze diamagnetiche.

diamantàto *agg.* Detto di utensile da taglio per materiali duri con la superficie tagliente rivestita di diamanti. [→ ill. *cava*]

diamànte *s. m.* ***1*** (*miner.*) Carbonio cristallizzato nel sistema monometrico, durissimo, trasparente, per lo più incolore, usato per farne gemme e, come abrasivo, in lavorazioni industriali. ***2*** Arnese con punta di diamante, per tagliare il vetro. ***3*** Nel baseball, tracciato interno del campo di gioco, che ha agli angoli le quattro basi. ***4*** (*mar.*) Estremità del fuso dell'ancora a ceppo, dove si aprono i due bracci. [→ ill. *marina*] ***5*** Antico carattere tipografico molto minuto.

diamantìfero *agg.* Detto di roccia che contiene diamanti.

diamantìno *agg.* ***1*** (*raro*) Che si riferisce al diamante. ***2*** (*raro, est.*) Che è simile al diamante. ***3*** (*raro, fig.*) Adamantino: *carattere —.*

diametràle *agg.* Che si riferisce a un diametro.

diametralménte *avv.* (*fig.*) In totale opposizione: *concetti — opposti.*

diàmetro *s. m.* (*geom.*) Segmento che unisce due punti di una conferenza o di una sfera passando per il centro.

diàmine *inter.* Esprime meraviglia, impazienza, disapprovazione e sim.

diammìna *s. f.* (*chim.*) Composto che contiene due gruppi amminici.

diàna o **diàna** *s. f.* ***1*** Stella che appare in cielo all'alba. ***2*** (*est.*) Segnale della sveglia in caserme e sim.: *battere, suonare la —.*

diànzi *avv.* (*tosc.*) Poco fa: *l'ho incontrato —.*

diàpason *s. m.* ***1*** Registro di una voce o di uno strumento | (*fig.*) Culmine: *giungere, arrivare, al —.* ***2*** Strumento metallico a due bracci che, percosso, vibra emettendo la nota 'la', ed è così utilizzato per accordare strumenti; SIN. Corista. [→ ill. *fisica*]

diapositiva *s. f.* Immagine fotografica da guardarsi in trasparenza o da proiettarsi su schermo, ottenuta per stampa o per inversione su lastra di vetro o su pellicola. [→ ill. *fotografo, scuola*]

diarchia *s. f.* Sistema di governo caratterizzato dalla divisione del potere fra due persone.

diària *s. f.* Somma spettante al prestatore di lavoro quale rimborso spese per ogni giorno di lavoro svolto fuori sede.

diàrio *s. m.* ***1*** Quaderno, taccuino e sim. in cui vengono annotati giorno per giorno avvenimenti considerati di rilievo: *— intimo; — di viaggio* | Opera in cui si notano gli

diagramma

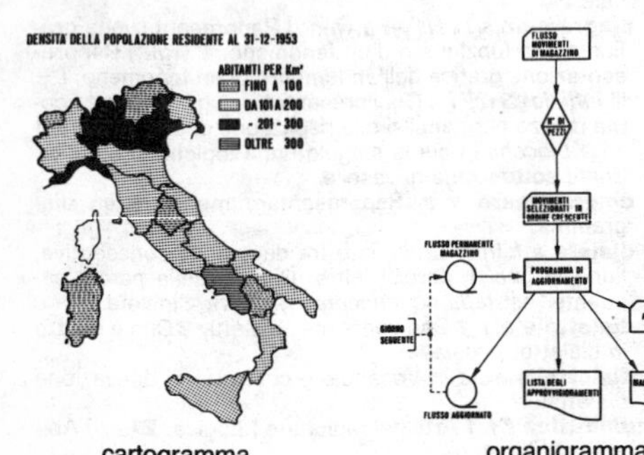

cartogramma organigramma

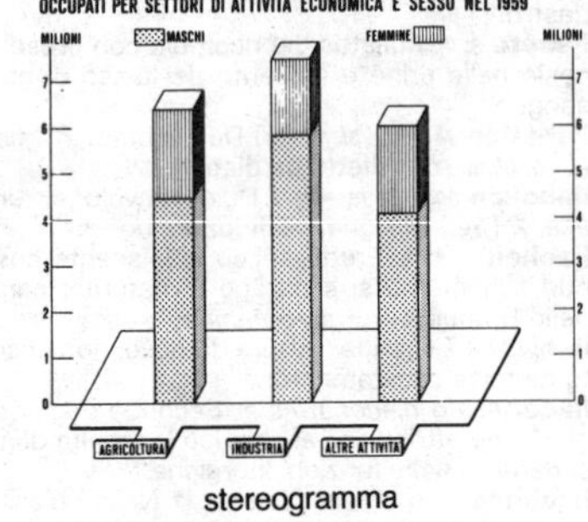

stereogramma

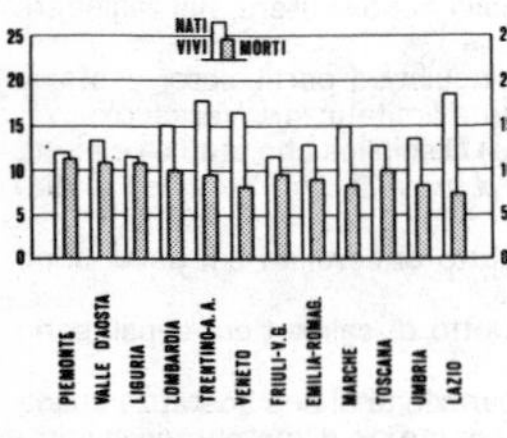

istogramma

ideogramma

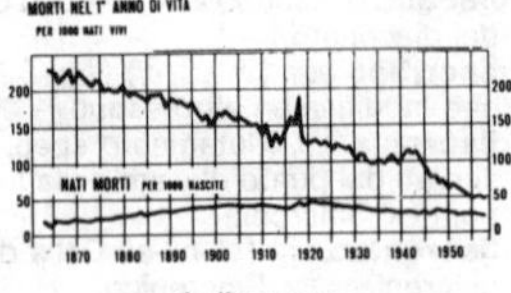

d. lineare

avvenimenti ordinandoli secondo la successione cronologica. **2** Registro giornaliero: – *di classe.*

diarrèa *s. f.* (*med.*) Emissione frequente di feci liquide o semiliquide.

diarròico *agg.* (*pl. m. -ci*) Di diarrea.

diartròṣi *s. f.* (*med.*) Articolazione mobile tra due ossa.

diascòpio *s. m.* Apparecchio per la proiezione di immagini illuminate in trasparenza. [→ ill. *ottica*]

diàspora *s. f.* Dispersione di un popolo che lascia la terra avita migrando in varie direzioni: *la – ebraica.*

diàspro *s. m.* (*miner.*) Roccia silicea ricca in calcedonio, a colori molto vivaci.

diàstaṣi *s. f.* **1** (*med.*) Allontanamento di organi normalmente vicini: – *articolare.* **2** (*biol.*) Enzima che idrolizza l'amido.

diàstole *s. f.* **1** (*med.*) Fase di distensione della muscolatura cardiaca; CONTR. Sistole. **2** Nella metrica italiana, spostamento dell'accento per ragioni ritmiche verso la fine della parola (es. *umile*).

diatermanità *s. f.* (*fis.*) Trasparenza alla radiazione termica.

diatermàno *agg.* (*fis.*) Detto di corpo trasparente alla radiazione termica.

diatermìa *s. f.* (*med.*) Metodo di terapia con il calore prodotto da correnti elettriche ad alta frequenza.

diàteṣi *s. f.* Predisposizione dell'organismo verso particolari malattie.

Diatomèe *s. f. pl.* (*sing. -a*) Classe di alghe unicellulari, di acqua dolce o marine, con membrana silicizzata composta di due valve chiuse come una scatola.

diatonìa *s. f.* (*mus.*) Passaggio del suono da un grado all'altro della scala senza alterazioni di note.

diatònico *agg.* (*pl. m. -ci*) Che si riferisce alla diatonia | *Scala diatonica*, scala formata dai cinque toni naturali e da due semitoni.

diàtriba o *diatriba s. f.* **1** Discussione su temi morali propria delle filosofie popolari greche. **2** Discorso violento pieno di accuse, rimproveri e sim.

diavolerìa *s. f.* **1** Azione diabolica, perfida. **2** Stranezza, stravaganza.

diavoléto *s. m.* Fracasso, scompiglio.

diavolétto *s. m.* (*f. -a*) **1** *Dim. di diavolo.* **2** (*fis.*) – *di Cartesio*, ludione. **3** (*scherz.*) Fanciullo vispo e vivace. **4** Bigodino.

diavolìo *s. m.* Confusione, strepito, baccano.

diàvolo **A** *s. m.* (*f. -a, -éssa*) **1** Spirito del male e causa del disordine morale e cosmico: *le tentazioni del* – | *Sapere dove il – tiene la coda*, conoscere ogni sorta di inganno | *Venire a patti col* –, raggiungere uno scopo a forza di compromessi | *Andare al* –, andare in rovina, in malora e (*est.*) togliersi di torno | *Mandare al* –, mandare in malora e (*est.*) levarsi qc. di torno in malo modo | *Del* –, molto forte, intenso, insopportabile: *fa un freddo del* –; *avere una fame del* –; SIN. Demonio. **2** Si usa in escl. per esprimere meraviglia, impazienza, ira e sim.: *corpo del* –; *corpo di mille diavoli!* **3** (*pleon.*) Si usa in frasi esclamative e interrogative: *che – vuole costui?*; *dove – ti eri cacciato?* **4** (*fig.*) Persona vivace, irrequieta | *Fare il* –, *fare il – a quattro*, fare disordine, baccano, confusione. **5** (*fig.*, *antifr.*) Persona mite e bonaria: *un buon* – | *Un povero* –, persona perseguitata dalla sfortuna. **B** *in funzione di inter.* Esprime meraviglia, impazienza, dispetto, ira e sim.: –, *che confusione!* **C** *Nella loc. agg. e avv. alla diavola* **1** Alla peggio, alla disperata: *lavoro fatto alla diavola.* **2** *Pollo alla diavola*, tagliato a pezzi e arrostito. [→ tav. *proverbi* 175, 176, 220, 337; → tav. *locuzioni* 34, 45]

dibàttere **A** *v. tr.* (*coniug. come battere*) **1** Agitare velocemente: *l'uccello dibatte le ali.* **2** (*fig.*) Discutere una questione, un problema e sim. vagliandone ogni aspetto. **B** *v. rifl.* Agitarsi fortemente per opporre resistenza (*anche fig.*): *dibattersi nelle maglie di una rete, nel dubbio.*

dibattimentàle *agg.* Di dibattimento.

dibattiménto *s. m.* **1** Atto del dibattere (*spec. fig.*). **2** (*dir.*) Momento del processo penale in cui si discutono pubblicamente le prove.

dibàttito *s. m.* Discussione spec. pubblica su un determinato argomento.

diboscaménto o *diṣboscaménto s. m.* Taglio degli alberi di un bosco o di una zona boscosa.

diboscàre o *diṣboscàre v. tr.* (*io dibòsco, tu dibòschi*) Tagliare e diradare gli alberi di una zona boscosa.

dicàce *agg.* (*lett.*) Mordace, satirico.

dicàre *v. tr.* (*lett.*) Consacrare.

dicàṣio *s. m.* (*bot.*) Infiorescenza in cui al di sotto del fiore o dell'asse principale si formano due fiori o due rami che sopravanzano l'asse, disposti simmetricamente.

dicastèro *s. m.* Ministero: – *della difesa.*

dicco *s. m.* (*pl. -chi*) (*geol.*) Corpo magmatico intrusivo stratiforme discordante con le rocce in cui è iniettato.

dicèmbre *s. m.* Dodicesimo e ultimo mese dell'anno, nel calendario gregoriano, di 31 giorni. [→ tav. *proverbi* 137]

dicembrìno *agg.* Di dicembre.

dicerìa *s. f.* Voce priva di fondamento, spesso maligna, ingiuriosa o calunniosa; SIN. Chiacchiera, pettegolezzo.

dichiarànte *part. pres. di dichiarare; anche agg. e s. m. e f.* Che, chi fa una dichiarazione.

dichiaràre **A** *v. tr.* **1** (*lett.*) Rendere chiaro | (*est.*) Spiegare: – *un brano.* **2** Rendere manifesto: – *le proprie intenzioni*; SIN. Manifestare, svelare. **3** Affermare con solennità, spec. pubblicamente: *io sottoscritto dichiaro che...* | – *guerra a qc.*, intimarla. **4** Sentenziare, giudicare: *fu dichiarato innocente* | Proclamare. **B** *v. rifl.* **1** Mostrarsi, affermare di essere: *il nemico si dichiarò vinto.* **2** Manifestare le proprie opinioni, tendenze e sim.: *tutti si dichiararono contro il tiranno.* **3** Confessare il proprio amore alla persona che ne è oggetto.

dichiarataménte *avv.* In modo esplicito, evidente.

dichiarativo *agg.* Atto a dichiarare, a spiegare: *note dichiarative.*

dichiaràto *part. pass. di dichiarare; anche agg.* Manifesto, evidente.

dichiarazióne *s. f.* **1** Affermazione gener. solenne e in forma ufficiale: – *di principi, di diritti*; – *d'amore*; – *di guerra* | *Fare la* –, confessare il proprio amore alla persona amata. **2** (*dir.*) Contenuto di un provvedimento dichiarativo e il provvedimento stesso: – *di fallimento.*

diciannòve [19 nella numerazione araba, XIX in quella romana] **A** *agg. num. card. inv.* Indica una quantità composta di dieci unità più nove. **B** *s. m. inv.* Il numero diciannove e il segno che lo rappresenta.

diciannovènne *agg.; anche s. m. e f.* Detto di chi ha diciannove anni di età.

diciannovèṣimo **A** *agg. num. ord.* Corrispondente al numero diciannove in una sequenza | *Il secolo XIX*, gli anni dal 1801 al 1900. **B** *s. m.* Ciascuna delle diciannove parti uguali di una stessa quantità.

diciassètte [17 nella numerazione araba, XVII in quella romana] **A** *agg. num. card. inv.* Indica una quantità composta di dieci unità più sette. **B** *s. m. inv.* Il numero diciassette e il segno che lo rappresenta.

diciassettènne *agg.; anche s. m. e f.* Detto di chi ha diciassette anni di età.

diciassettèṣimo **A** *agg. num. ord.* Corrispondente al numero diciassette in una sequenza | *Il secolo XVII*, gli anni dal 1601 al 1700. **B** *s. m.* Ciascuna delle diciassette parti uguali di una stessa quantità.

dicìbile *agg.* (*raro*) Che si può dire.

diciottènne *agg.; anche s. m. e f.* Detto di chi ha diciotto anni di età.

diciottèṣimo **A** *agg. num. ord.* Corrispondente al numero diciotto in una sequenza | *Il secolo XVIII*, gli anni dal 1701 al 1800. **B** *s. m.* Ciascuna delle diciotto parti uguali di una stessa quantità.

diciòtto [18 nella numerazione araba, XVIII in quella romana] **A** *agg. num. card. inv.* Indica una quantità composta di dieci unità più otto. **B** *s. m. inv.* **1** Il numero diciotto e il segno che lo rappresenta. **2** Voto equivalente alla sufficienza nella valutazione universitaria.

dicitóre *s. m.* (*f. -trìce*) Interprete di canzonette recitate nel teatro di varietà | *Fine* –, (*iron.*) chi si compiace di virtuosismi oratori.

dicitùra *s. f.* **1** (*lett.*) Forma con cui è detta o scritta una frase. **2** Frase scritta breve e concisa, avente senso compiuto. **3** Didascalia. [→ ill. *posta*]

dicotilèdone *agg.* Detto di pianta o dell'embrione con due cotiledoni.

Dicotilèdoni *s. f. pl.* (*sing. -e*) Classe di piante delle Angiosperme che hanno due cotiledoni nell'embrione. [→ ill. *piante* 2]

dicotomìa *s. f.* **1** Divisione in due parti. **2** (*filos.*) Divisione di un concetto in due concetti contrari. **3** (*bot.*) Successiva biforcazione di un fusto in cui la gemma apicale si divide in due. **4** (*astron.*) Aspetto della Luna quando è illuminata per metà esatta.

dicotòmico *agg.* (*pl. m. -ci*) Che si riferisce alla dicotomia. [→ ill. *botanica*]

dicòtomo *agg.* Che si divide in due, che si biforca | *Luna dicotoma*, al primo o all'ultimo quarto.

dicroismo *s. m.* Proprietà di alcuni cristalli di presentarsi variamente colorati a seconda della direzione di provenienza della luce.

didascalìa *s. f.* **1** Indicazione aggiunta al testo di un'opera teatrale | Dicitura sovrapposta alle immagini di un film per tradurre il parlato in un'altra lingua o per chiarire l'azione. **2** Dicitura informativa che accompagna una illustrazione. [→ ill. *stampa*]

didascàlico *agg.* (*pl. m. -ci*) Fatto per ammaestrare | *Poesia didascalica*, che mira a istruire.

didàtta *s. m. e f.* (*pl. m. -i*) Insegnante, docente.

didàttica *s. f.* Settore della pedagogia che studia i metodi per l'insegnamento.

didàttico *agg.* (*pl. m. -ci*) **1** Che concerne l'insegnamento: *metodo —*. **2** (*est.*) Istruttivo, moraleggiante.

didéntro **A** *avv.* Nell'interno, dalla parte interna. **B** *in funzione di s. m. inv.* (*fam.*) La parte interna: *il — dell'automobile*.

didiètro **A** *avv.* Dietro. **B** *in funzione di agg. inv.* Posteriore: *la ruota —*. **C** *in funzione di s. m.* La parte posteriore: *il — della casa* | (*pop.*) Deretano.

dièci [10 nella numerazione araba, X in quella romana] **A** *agg. num. card.* Indica una quantità composta di nove unità più una. **B** *s. m. inv.* Il numero dieci e il segno che lo rappresenta.

diecina v. *decina*.

dièdro *s. m.* **1** (*mat.*) Porzione di spazio compresa fra due semipiani aventi origine dalla stessa retta. **2** Nell'alpinismo, struttura della roccia formata dall'incontro ad angolo di due pareti.

dielettricità *s. f.* Caratteristica dei corpi dielettrici.

dielèttrico **A** *agg.* (*pl. m. -ci*) Detto di corpo cattivo conduttore dell'elettricità; SIN. Isolante. **B** *anche s. m.*

diencèfalo *s. m.* (*anat.*) Parte dell'encefalo tra telencefalo e mesencefalo.

dièresi *s. f.* **1** (*ling.*) Separazione di due articolazioni vocaliche in due sillabe distinte (es. *qüiete*) | Segno della dieresi, rappresentato da due puntini. **2** (*med.*) Taglio chirurgico: *— dei tessuti*.

diesel /*ted.* 'di:zəl/ **A** *agg. inv.* (*mecc.*) Detto di motore a combustione interna, a iniezione di nafta o olio pesante, la cui accensione è provocata dall'elevata compressione dell'aria nella camera di scoppio. **B** *s. m. inv.* **1** Motore diesel. **2** (*est.*) Autoveicolo fornito di motore diesel. [→ ill. *ferrovia, motore*]

dies irae /*lat.* 'dies 'ire/ *loc. sost. m.* **1** (*relig.*) Sequenza latina cantata nell'ufficio funebre cattolico | (*est.*) Giorno dell'ira di Dio e del Giudizio Universale. **2** (*est.*) Momento della resa dei conti: *verrà il suo —!*

dièsis *s. m.* (*mus.*) Alterazione ascendente di un semitono rispetto a una nota della scala diatonica.

dièta (1) *s. f.* **1** (*med.*) Regola di alimentazione. **2** (*est.*) Astinenza più o meno prolungata dal cibo o da certi cibi: *mettersi, stare a —*; SIN. Regime.

dièta (2) *s. f.* **1** Assemblea del Sacro Romano Impero. **2** Assemblea politica o parlamentare in alcuni Stati, spec. federativi.

dietètica *s. f.* Settore della medicina che studia la composizione dei cibi in relazione a una razionale alimentazione.

dietètico *agg.* (*pl. m. -ci*) Che riguarda la dieta alimentare.

dietim /*lat.* di'ɛtim/ *s. m. inv.* (*banca*) Rata giornaliera di interesse.

dietista *s. m. e f.* (*pl. m. -i*) Medico specialista in dietetica.

dietòlogo *s. m.* (*pl. -gi o -ghi*) Dietista.

dietoterapìa *s. f.* Terapia basata su diete particolari relativamente alle diverse malattie.

diètro **A** *avv.* **1** Nella parte posteriore: *mettiti —*; *non stare di —* | Appresso: *io mi muovo, e lui —*; CONTR. Davanti. **2** (*fig.*) Alle spalle: *tutti gli ridono —*. **B** *prep.* **1** Nella parte posteriore, nella parte retrostante: *tenere le mani — la schiena*; *l'orto è — la casa*. **2** Di là da: *sta sempre — il banco*. **3** Al seguito, appresso (*anche fig.*): *procedere uno — l'altro* | *Andare, tenere — a qc.*, (*fig.*) seguirne l'esempio, imitarlo | *Stare — a qc.*, (*fig.*) sorvegliarlo, insistere per ottenere q.c. | *Correre — a q.c.*, (*fig.*) desiderarla molto. **4** Dopo: *le cattive notizie vengono sempre una — l'altra* | *— domanda*, in seguito a domanda | *— consegna*, alla consegna | *Libertà — cauzione*, mediante cauzione | *Consegna — ricetta medica*, soltanto presentando una ricetta medica. **C** *in funzione di s. m.* La parte posteriore: *il — della giacca*; CONTR. Davanti. [→ tav. *locuzioni* 2]

dietro frónt **A** *loc. inter.* Si usa come comando a militari, ginnasti, alunni perché si volgano, da fermi o in movimento, in direzione opposta. **B** *in funzione di s. m.* L'atto del dietro front | (*fig.*) Cambiamento repentino di idee, voltafaccia.

difàtti *cong.* Infatti.

difèndere **A** *v. tr.* (*pass. rem. io diféSi, tu difendésti; part. pass. diféso*) **1** Preservare persone o cose da pericoli, danni, violenze: *difesero la città dal nemico*; *— il buon nome di qc. dalle calunnie*; SIN. Cautelare, proteggere, salvaguardare. **2** Prendere le parti di qc.: *— i deboli contro i soprusi*. **3** (*dir.*) Ribattere con prove e argomentazioni giuridiche le accuse o imputazioni: *— in giudizio le proprie pretese*. **4** Sostenere: *difenderemo i vostri diritti*. **B** *v. rifl.* **1** Cercare di preservarsi o proteggersi da pericoli, danni, violenze: *difendersi dal freddo*. **2** Sostenere e far valere le proprie ragioni: *difendersi contro tutti* | (*dir.*) *Difendersi in giudizio*, sostenere le proprie pretese ribattendo le accuse o imputazioni.

difendìbile *agg.* Che si può difendere.

difensìva *s. f.* Difesa | *Stare, tenersi sulla —*, lasciare all'avversario l'iniziativa dell'attacco (*anche fig.*).

difensìvo *agg.* **1** (*mil.*) Atto a difendere: *guerra difensiva*. **2** Di difesa: *atteggiamento —*.

difensóre **A** *s. m.; anche agg.* (*f. -sóra*; v. nota d'uso FEMMINILE) Chi (o che) difende. **B** *s. m.* (*dir.*) Rappresentante e assistente processuale di una parte che esplica in giudizio una attività di contestazione e deduzione nell'interesse della stessa.

diféSa *s. f.* **1** Protezione o sostegno offerto a qc. o q.c. nei confronti di pericoli, danni e sim. | *Prendere le difese di qc.*, tentare di giustificarlo, scagionarlo e sim. | (*est.*) Chi (o ciò che) difende: *sei la mia unica —*; *un'ottima — contro il freddo*. [→ ill. *cane*] **2** (*dir.*) Complesso degli atti processuali e argomentazioni giuridiche presentate o svolte in giudizio a favore dell'imputato | (*est.*) Avvocato difensore: *la parola alla —!* [→ ill. *giustizia*] **3** (*mil.*) Complesso di mezzi e di organi destinati a proteggere da particolari offese: *— antiaerea*. **4** (*sport*) Azione di contrasto contro gli attacchi avversari | Nel calcio e sim., complesso dei giocatori cui spetta tale azione. [→ tav. *proverbi* 226]

diféso *part. pass. di difendere; anche agg.* Preservato, guardato | Fortificato: *linea difesa*.

difettàre *v. intr.* (*io difètto; aus. avere*) **1** Mancare o scarseggiare di q.c.: *— di vettovaglie*. **2** Essere difettoso: *difetta nei particolari*.

difettìvo *agg.* **1** Che difetta di q.c. o in q.c. **2** (*ling.*) Detto di parola che non presenta il paradigma completo delle forme.

difètto *s. m.* **1** Mancanza, insufficienza: *— di memoria* | *Essere in — di q.c.*, mancare di q.c. | *In —*, qualora manchi o venga meno q.c. **2** Imperfezione: *— di fabbricazione*. **3** Tendenza negativa: *ha il — di parlare troppo* | Vizio. **4** Colpa, peccato: *essere in —*. [→ tav. *proverbi* 55, 177]

difettosità *s. f.* L'essere difettoso.

difettóso *agg.* **1** Che è manchevole, incompleto. **2** Che presenta difetti fisici: *udito —* | Che funziona in modo imperfetto: *motore —*.

diffamàre *v. tr.* Intaccare la buona fama di qc. diffondendo maldicenze sul suo conto; SIN. Calunniare, denigrare, screditare.

diffamatóre *s. m.; anche agg.* (*f. -trìce*) Chi (o che) diffama; SIN. Calunniatore, denigratore.

diffamatòrio *agg.* Che è atto a diffamare | Che diffama:

scritto —; SIN. Calunnioso, denigratorio.
diffamazióne *s. f.* **1** Atto del diffamare | Calunnia, denigrazione. **2** (*dir.*) Offesa arrecata all'altrui reputazione.
differènte *agg.* Che ha caratteristiche diverse da quelle di altra persona o cosa, con le quali si è stabilito un confronto: *uomo — da tutti*; SIN. Dissimile, diverso.
differenteménte *avv.* In modo differente | Altrimenti.
differènza *s. f.* **1** Qualità di differente | Elemento che differenzia due o più persone o cose: — *di stato, di peso* | *Fare* —, trattare in modo diverso | *A — di*, diversamente da; SIN. Disparità, disuguaglianza, diversità. **2** (*mat.*) Risultato della sottrazione | Quantità che aggiunta al sottraendo dà il minuendo.
differenziàbile *agg.* Che si può differenziare.
differenziàle **A** *agg.* **1** Che stabilisce una differenza | Che si fonda su una o più differenze | *Classi differenziali*, nelle scuole elementari e medie del passato, quelle per alunni subnormali | *Tariffa* —, tariffa dei mezzi di trasporto, spec. ferroviari, che con l'aumentare della distanza cresce in ragione sempre minore. **2** (*mat.*) *Calcolo* —, parte della matematica che studia le operazioni sui differenziali e le derivate | *Equazione* —, equazione funzionale in cui la funzione incognita compare insieme alle sue derivate. **B** *s. m.* **1** (*mecc.*) Particolare rotismo applicato agli autoveicoli, che consente di differenziare la velocità di rotazione delle ruote motrici in curva. [→ ill. *automobile*] **2** (*mat.*) Incremento infinitesimo di una funzione.
differenziaménto *s. m.* Differenziazione | (*biol.*) Processo graduale di mutamento degli organi sino a una specializzazione definitiva nell'organismo adulto.
differenziàre **A** *v. tr.* (*io differènzio*) **1** Rendere differente; SIN. Diversificare. **2** (*mat.*) Calcolare il differenziale. **B** *v. intr. pron.* Essere o diventare differente: *il suo carattere si differenzia dal tuo.*
differenziazióne *s. f.* Diversificazione, distinzione | Progressiva manifestazione di differenze.
differìbile *agg.* Che si può differire.
differiménto *s. m.* Rinvio, aggiornamento.
differìre **A** *v. tr.* (*io differìsco, tu differìsci*) Rinviare q.c. a un tempo successivo: — *la partenza*; *hanno differito di un mese le nozze*; SIN. Aggiornare, rimandare. **B** *v. intr.* (*aus. avere, essere*) Essere diverso, distinguersi: — *da qc.*; — *nelle opinioni*; — *per grandezza.*
difficile **A** *agg.* **1** Che non si può fare senza fatica o abilità: *problema — da risolvere* | (*est.*) Arduo da capire, spiegare e sim.: *musica, autore* —; SIN. Difficoltoso. **2** Pieno di ostacoli, disagi: *strada — da percorrere.* **3** Pieno di ansie, preoccupazioni, complicazioni e sim.: *attraversare un periodo* —. **4** Intrattabile, bisbetico, permaloso: *carattere* — | (*est.*) Di non facile contentatura: *pubblico* —. **5** Poco probabile: *è — che sia in casa.* • CONTR. Facile. **B** *s. m. e f.* Persona intrattabile, incontentabile e sim. **C** *s. m. solo sing.* Tratto o momento difficile: *il — è superato*; *qui sta il* —.
difficilménte *avv.* **1** Con difficoltà. **2** Con poche probabilità.
difficoltà *s. f.* **1** Qualità di ciò che è difficile; CONTR. Facilità. **2** Complicazione, disagio, ostacolo: *vincere la* —. **3** Impedimento: *trovo — nel piegare il braccio* | — *di pronuncia*, difetto di pronuncia. **4** Obiezione: *fare delle* —. **5** *spec. al pl.* Penuria di mezzi, scarsità di denaro: — *finanziarie.*
difficoltóso *agg.* **1** Pieno di difficoltà: *compito* —; SIN. Difficile. **2** Scontroso, suscettibile.
diffida *s. f.* (*dir.*) Atto di intimazione a una persona affinché si astenga da un dato comportamento.
diffidàre **A** *v. intr.* (*aus. avere*) Non avere fiducia, non fidarsi: — *di tutti*; SIN. Dubitare, sospettare. **B** *v. tr.* (*dir.*) Intimare a qc. una diffida.
diffidènte *agg.* Che non si fida | Che mostra sfiducia, sospetto e sim.; SIN. Sospettoso; CONTR. Fiducioso.
diffidènza *s. f.* Mancanza di fiducia.
diffluènte *s. m.* (*geogr.*) Corso d'acqua secondario che si stacca dal fiume principale e sbocca separatamente nel mare; CFR. Affluente.
diffóndere **A** *v. tr.* (*coniug. come fondere*) **1** Spandere tutt'attorno: — *luce.* **2** (*fig.*) Divulgare, propagare: — *voci, scritti*; SIN. Comunicare. **B** *v. intr. pron.* **1** Spargersi intorno: *il suono si diffonde nell'aria.* **2** (*fig.*) Propagarsi: *tra noi si diffuse la gioia.* **3** Dilungarsi a parlare o a scrivere: *diffondersi su un argomento.*
diffórme *agg.* Differente, diverso, discordante: *copia — dall'originale*; CONTR. Uniforme.
difformità *s. f.* Qualità di ciò che è difforme; SIN. Diversità.
diffràngersi *v. intr. pron.* (*coniug. come frangere*) (*fis.*) Subire il fenomeno della diffrazione.
diffrazióne *s. f.* (*fis.*) Fenomeno ottico per cui un fascio di luce nel passare attraverso una sottile fenditura o un foro non si propaga in direzione rettilinea: — *della luce.*
diffuṣaménte *avv.* In modo diffuso | Ampiamente.
diffuṣìbile *agg.* Che si può facilmente diffondere.
diffuṣibilità *s. f.* L'essere diffusibile.
diffuṣióne *s. f.* **1** Il diffondere | Fenomeno per cui q.c. si spande tutt'attorno: *la — del calore* | — *della luce*, fenomeno per cui un fascio luminoso giungendo a una superficie scabra, non trasparente né assorbente, viene rinviato in tutte le direzioni | — *atmosferica*, dispersione che la luce subisce nell'attraversare l'atmosfera, la quale perciò diventa luminosa. **2** (*fis.*) Compenetrazione reciproca di due sostanze a contatto. **3** (*fig.*) Propagazione, divulgazione: *la — di un'idea* | *Ente di* —, ente radiofonico.
diffuṣivo *agg.* (*raro*) Atto a diffondere o a diffondersi | Che diffonde o tende a diffondersi.
diffùṣo *part. pass. di diffondere; anche agg.* **1** Sparso, propagato, esteso largamente. **2** (*bot.*) Di pianta che allarga i suoi rami disordinatamente. **3** Prolisso: *stile* —.
diffuṣóre **A** *s. m.* **1** Chi diffonde: *i diffusori della fede.* **2** In ottica, apparecchio che distribuisce con una certa uniformità la luce di una sorgente luminosa | In varie tecnologie, apparecchio dove si compiono processi di diffusione: — *di scena*; *il — dei motori a getto* | (*per anton.*) L'apparecchiatura che irradia il suono nell'ambiente circostante. [→ ill. *automobile*] **B** *agg.* Che diffonde: *elemento* — | *Filtro* —, in fotografia, vetro ottico con incisioni su una superficie che si antepone all'obbiettivo per ottenere immagini sfumate.
difilàto **A** *agg.* Dritto, rapido: *venivano difilati per la via.* **B** *in funzione di avv.* Direttamente e rapidamente | Di seguito: *ha parlato per due ore* —.
diftèrico *agg.* (*pl. m. -ci*) Della difterite.
difterite *s. f.* Malattia infettiva causata da un bacillo che colpisce il tratto laringo-faringeo.
difteròide *agg.* Che è simile alla difterite o ne presenta i caratteri: *sintomi difteroidi.*
diga *s. f.* **1** Costruzione atta a sbarrare un corso di acqua, al fine di creare un invaso per la produzione di energia elettrica o per irrigazione, ovvero elevata per riparare dalle onde il bacino interno dei porti. [→ ill. *diga, porto*] **2** (*fig.*) Barriera, riparo.
digerènte *part. pres. di digerire; anche agg.* Che digerisce | (*anat.*) *Apparato, sistema* —, insieme degli organi che concorrono alla digestione. [→ ill. *anatomia umana*]
digerìbile *agg.* **1** Che si può digerire. **2** (*fig.*) Tollerabile: *simili insulti non sono digeribili.*
digeribilità *s. f.* Qualità di ciò che è digeribile.
digerìre *v. tr.* (*pres. io digerìsco, tu digerìsci; part. pass. digerìto*) **1** (*med.*) Trasformare i cibi ingeriti in elementi assimilabili. **2** (*fig.*) Riuscire a dominare: *non ha ancora digerito la rabbia.* **3** (*fig.*) Tollerare, sopportare: *non posso — quell'uomo.* **4** (*fig.*) Assimilare una materia, un concetto e sim.: *non ha digerito quello che ha studiato.*
digestióne *s. f.* (*raro*) Assimilazione | (*med.*) Processo di trasformazione degli alimenti in sostanze semplici assimilabili, capaci di liberare l'energia necessaria all'organismo.
digestivo **A** *agg.* Che serve alla digestione: *apparato* — | Che aiuta la digestione: *liquore* —. [→ ill. *zoologia*] **B** *s. m.* Bevanda atta ad aiutare la digestione.
digèsto *s. m.* Raccolta delle leggi dei più autorevoli giureconsulti romani, compilata per comando dell'imperatore Giustiniano.
digitàle (1) *agg.* Proprio di un dito o delle dita; *impronta* —.
digitàle (2) *s. f.* Pianta erbacea delle Tubiflorali, con grandi foglie a rosetta e fiori rosa-violetto con corolla a forma di ditale, dai cui semi e foglie si ricava la digitalina. [→ ill. *piante* 12]

digitàle (3) *agg.* **1** (*elab.*) Che rappresenta dati in forma di numeri o lettere alfabetiche. **2** (*gener.*) Numerico.

digitalina *s. f.* Preparato estratto dalla digitale, usato nella cura delle affezioni cardiache.

digitàre *v. tr. e intr.* (*aus. intr. avere*) Usare le dita nel suonare uno strumento | (*elab.*) Agire con le dita sulla tastiera di macchina per scrivere, telescrivente, elaboratore e sim.

digitàto *agg.* Detto di organo vegetale disposto come le dita allargate di una mano: *infiorescenza, foglia digitata.* [→ ill. *botanica*]

digitazióne *s. f.* **1** (*anat.*) Prolungamento di un organo con forma simile a quella delle dita di una mano. **2** (*mus.*) Portamento della mano sulla tastiera | Maniera di applicare le dita alla tastiera.

digitìgrado *agg.* Di animale che poggia sul suolo soltanto con le dita. [→ ill. *zoologia*]

digiunàre *v. intr.* (*aus. avere*) Astenersi dal cibo o da determinati cibi per un limitato periodo di tempo, intenzionalmente o per necessità.

digiunatóre *s. m.* (*f. -trìce*) Chi digiuna, spec. a lungo.

digiùno (1) *s. m.* **1** Astensione dal cibo, intenzionale o per necessità | *A —*, senza aver mangiato nulla | *Rompere il —*, interrompere o concludere l'astensione dal cibo. **2** (*fig.*) Privazione di q.c. che si desidera. [→ tav. *proverbi* 122, 323, 394]

digiùno (2) **A** *agg.* **1** Che non ha preso cibo da tempo più o meno lungo: *essere — da tre giorni*; *stomaco —*. **2** (*fig.*) Privo: *essere — di notizie.* **3** (*anat.*) *Intestino —*, parte mediana dell'intestino tenue tra duodeno e ileo. **B** *s. m.* (*anat.*) Intestino digiuno. [→ ill. *anatomia umana*]

dignità *s. f.* **1** Stato o condizione di chi (o di ciò che) è o si rende meritevole del massimo rispetto: *la — della persona umana*; *la — della famiglia.* **2** Rispetto di se stesso: *un uomo pieno di —*; SIN. Decenza, decoro. **3** Ogni carica che comporta onori, preminenze, autorità: *— senatoriale, papale.* **4** *spec. al pl.* Persona investita di una carica autorevole.

dignitàrio *s. m.* Chi è investito di una dignità laica o ecclesiastica.

dignitóso *agg.* **1** Che è pieno di dignità: *un — rifiuto.* **2** Che è adeguato alla propria posizione, adatto all'occasione, alla circostanza e sim.; SIN. Decente, decoroso.

digradàre *v. intr.* (*aus. avere, essere*) **1** (*raro, lett.*) Scendere a poco a poco, da un grado superiore a uno inferiore | (*est.*) Essere in declivio: *la strada digrada a valle.* **2** (*fig., lett.*) Diminuire d'intensità, importanza e sim. | Sfumare: *arancione che digrada nel bianco.*

digradazióne *s. f.* Abbassamento | (*fig.*) Graduale attenuazione.

digràmma *s. m.* (*pl. -i*) (*ling.*) Successione di due lettere indicanti un suono unico (per es. *sc, gn, gl*).

digrassàre *v. tr.* Privare del grasso.

digredire *v. intr.* (*pres. io digredisco, tu digredisci; part. pass. digredito; aus. avere*) Fare digressioni.

digressióne *s. f.* **1** Deviazione dal proprio cammino: *una — sulla destra.* **2** Deviazione dall'argomento principale o dall'ordine di un discorso; SIN. Divagazione.

digressivo *agg.* Che costituisce una digressione: *argomento —*.

digrignàre *v. tr.* (*io digrìgno*) Mostrare i denti facendoli stridere con ferocia, minacciando di mordere, detto dei cani: *— i denti* | (*est.*) Ritrarre le labbra scoprendo i denti in una smorfia feroce, detto dell'uomo: *— i denti per una contrazione nervosa.*

digrossaménto *s. m.* Operazione del digrossare | (*fig.*) Affinamento.

digrossàre **A** *v. tr.* (*io digrósso*) **1** Rendere meno grosso. **2** (*fig.*) Cominciare a istruire qc.: *— un fanciullo in grammatica.* **3** (*fig.*) Cominciare ad affinare: *— la lingua.*

diga

1 bacino artificiale 2 cabina di manovra delle paratoie 3 pozzo piezometrico 4 livello d'invaso 5 griglia e paratoia 6 galleria forzata 7 sfioratore 8 strada 9 scarico di superficie 10 scarico di fondo 11 valvole 12 condotte forzate 13 alternatore 14 turbina 15 scarico delle turbine 16 centrale idroelettrica 17 trasformatore 18 traliccio 19 linea elettrica 20 livello di massimo invaso 21 paramento a monte 22 cunicolo d'ispezione 23 livello di minimo invaso 24 canale di drenaggio 25 paramento a valle 26 taglione

B *v. rifl.* Farsi meno rozzo.
digrumàre *v. tr.* (*raro, tosc.*) Ruminare | (*est., scherz.*) Mangiare molto, avidamente.
diguazzàre ***A*** *v. tr.* (*raro*) Agitare l'acqua o un altro liquido in un recipiente. ***B*** *v. intr.* (*aus. avere*) Agitarsi nell'acqua o in un altro liquido.
diktat /*ted.* dik 'ta:t/ *s. m. inv.* ***1*** Trattato di pace imposto a condizioni sfavorevoli. ***2*** (*est., fig.*) Imposizione dura e perentoria: *subire un* –.
dilaceràre *v. tr.* (*io dilàcero*) (*lett.*) Lacerare con violenza | (*fig.*) Tormentare.
dilacerazióne *s. f.* Lacerazione.
dilagànte *part. pres. di dilagare; anche agg.* Che dilaga | (*fig.*) Che si diffonde largamente: *criminalità* –.
dilagàre *v. intr.* (*io dilàgo, tu dilàghi; aus. essere*) ***1*** Distendersi come un lago, dopo aver superato argini, barriere e sim.: *il fiume dilaga per la campagna* | (*est., fig.*) Invadere una regione: *le truppe nemiche dilagarono nella pianura.* ***2*** (*fig.*) Diffondersi largamente: *la corruzione dilaga.*
dilaniàre ***A*** *v. tr.* (*io dilànio*) ***1*** Fare a pezzi, smembrare: *la belva dilaniò la preda*; SIN. Sbranare. ***2*** (*fig.*) Straziare, tormentare: *il rimorso dilania il suo cuore.* ***B*** *v. rifl.* (*lett.*) Straziarsi lacerando le proprie carni, strappandosi le vesti e sim. ***C*** *v. rifl. rec.* Ferirsi, straziarsi, l'un l'altro.
dilapidàre *v. tr.* (*io dilàpido*) Sperperare il denaro proprio o altrui; SIN. Dissipare, scialacquare.
dilapidatóre *s. m.* (*f. -trice*) Chi dilapida; SIN. Dissipatore, scialacquatore.
dilapidazióne *s. f.* Sperpero.
dilatàbile *agg.* Che si può dilatare.
dilatabilità *s. f.* Qualità di ciò che è dilatabile.
dilataménto *s. m.* Dilatazione.
dilatàre ***A*** *v. tr.* ***1*** Rendere più largo, aprire maggiormente: – *una cavità, un passaggio.* ***2*** (*fis.*) Aumentare il volume di un corpo: – *un gas.* ***B*** *v. intr. pron.* ***1*** Diventare più largo. ***2*** Aumentare di volume.
dilatatòrio *agg.* Che serve a dilatare.
dilatazióne *s. f.* Atto del dilatare | Aumento della superficie o del volume di un corpo.
dilatòmetro *s. m.* Strumento di misura del coefficiente di dilatazione termica dei liquidi e dei solidi. [→ ill. *fisica*]
dilatòrio *agg.* Che tende a differire, a dilazionare.
dilavaménto *s. m.* Atto del dilavare | (*geogr.*) Azione erosiva delle acque che scorrono sul terreno.
dilavàre *v. tr.* Sottoporre a dilavamento: – *il terreno.*
dilazionàbile *agg.* Che si può dilazionare.
dilazionàre *v. tr.* (*io dilazióno*) (*bur.*) Rimandare nel tempo: – *un pagamento* | Differire, procrastinare: – *una decisione.*
dilazionatòrio *agg.* Che tende a dilazionare.
dilazióne *s. f.* Differimento, proroga | Durata della proroga.
dileggiàre *v. tr.* (*io diléggio*) Prendersi gioco di q.c. o di qc. con atti o parole beffarde; SIN. Deridere, schernire.
dileggiatóre ***A*** *s. m.* (*f. -trice*) Chi dileggia. ***B*** *anche agg.*
diléggio *s. m.* Derisione sprezzante, scherno oltraggioso.
dileguàre ***A*** *v. tr.* (*io diléguo*) Fare scomparire, disperdere: *il sole dilegua la neve.* ***B*** *v. intr. e intr. pron.* (*aus. essere*) Svanire, scomparire.
dilèmma *s. m.* (*pl. -i*) ***1*** Alternativa tra due possibilità, tra le quali si propone la scelta. ***2*** (*fig.*) Problema insolubile: *questo esercizio è un vero* –.
dilettànte ***A*** *s. m. e f.* ***1*** Chi coltiva un'arte, una scienza o si dedica a un'attività sportiva non per lucro ma per diletto: *ciclista* –; – *di musica*; CONTR. Professionista. ***2*** (*est.*) Chi manca di esperienza, perizia | (*spreg.*) Chi si occupa di q.c. con grande faciloneria e impreparazione: *in politica è un* –. ***B*** *anche agg.*
dilettantésco *agg.* (*pl. m. -schi*) (*spreg.*) Dilettantistico.
dilettantismo *s. m.* ***1*** Pratica dell'attività sportiva da dilettante; CONTR. Professionismo. ***2*** Atteggiamento da dilettante (*anche spreg.*).
dilettantìstico *agg.* (*pl. m. -ci*) ***1*** Praticato da dilettanti: *sport dilettantistici.* ***2*** Da dilettante: *cultura dilettantistica.*
dilettàre ***A*** *v. tr.* (*io dilètto*) Dare piacere, diletto, divertimento: *una visione che diletta gli occhi*; SIN. Deliziare, divertire. ***B*** *v. intr. pron.* ***1*** Provare piacere, diletto: *si diletta a leggere avventure.* ***2*** Svolgere un'attività solo per trarne svago: *dilettarsi di pittura.*
dilettévole ***A*** *agg.* Che procura diletto; SIN. Piacevole. ***B*** *s. m. solo sing.* Ciò che procura piacere, diletto.
dilètto (1) *part. pass. di diligere; anche agg.* Che è particolarmente caro e amato.
dilètto (2) *s. m.* (*f. -a*) (*lett.*) Persona amata.
dilètto (3) *s. m.* ***1*** Sensazione gradevole derivante dal soddisfacimento di una tendenza, di un desiderio e sim.: *procurare* – *al corpo, all'anima*; *provare* – *nella musica*; *trarre* – *dallo studio*; SIN. Godimento, piacere. ***2*** Divertimento, svago: *praticare uno sport per* –.
dilettóso *agg.* (*lett.*) Che dà diletto.
dilezióne *s. f.* (*lett.*) Affetto per un'altra persona | (*lett.*) Amore costante per Dio.
diligènte *agg.* ***1*** Che agisce od opera con cura assidua e scrupolosa: *scolaro* –; SIN. Coscienzioso, scrupoloso; CONTR. Negligente. ***2*** Che è fatto con scrupolosa attenzione e accuratezza; SIN. Preciso.
diligènza (1) *s. f.* Qualità di diligente; SIN. Coscienziosità, scrupolosità; CONTR. Negligenza.
diligènza (2) *s. f.* Grande carrozza a più cavalli, che un tempo faceva regolare servizio di trasporto di persone tra un luogo e un altro. [→ ill. *carro e carrozza*]
diligere *v. tr.* (*pres. io diligo, tu diligi; pass. rem. io dilèssi, tu diligésti; part. pass. dilètto*) (*lett.*) Avere particolarmente caro, prediligere.
diliscàre *v. tr.* (*io dilisco, tu dilischi*) Pulire dalle lische: – *un pesce.*
dilombàrsi *v. intr. pron.* (*io mi dilómbo*) (*raro*) Sfiancarsi, affaticando i muscoli lombari.
dilucidàre e deriv. V. *delucidare* e deriv.
diluire *v. tr.* (*pres. io diluisco, tu diluisci; part. pass. diluito*) ***1*** Sciogliere in un liquido una sostanza solida. ***2*** Rendere meno concentrato: – *una vernice* | (*est.*) Rendere meno densa una sostanza con l'aggiunta di un liquido: *l'inchiostro con acqua.* ***3*** (*fig.*) Esprimere q.c. con eccessiva abbondanza di parole: – *un pensiero.*
diluizióne *s. f.* Operazione del diluire.
dilungàre ***A*** *v. tr.* (*io dilùngo, tu dilùnghi*) (*lett.*) Allontanare, rimuovere. ***B*** *v. intr. pron.* ***1*** Diventare più lungo. ***2*** (*lett.*) Allontanarsi. ***3*** (*fig.*) Soffermarsi troppo a lungo: *dilungarsi in spiegazioni*; SIN. Diffondersi.
diluviàle *agg.* Del diluvio universale | (*est.*) Torrenziale: *pioggia* –.
diluviàre *v. intr.* (*impers. dilùvia; aus. essere o avere*) ***1*** Piovere dirottamente. ***2*** (*fig.*) Venire giù in abbondanza: *le sassate diluviavano.*
dilùvio *s. m.* ***1*** Pioggia dirotta e torrenziale | – *universale*, quello descritto nell'antico testamento, secondo il quale le acque sommersero tutte le terre. ***2*** (*fig.*) Grande quantità di q.c.: – *di parole.*
dimagraménto *s. m.* Dimagrimento.
dimagrànte *part. pres. di dimagrare; anche agg.* Che fa dimagrire.
dimagràre ***A*** *v. tr.* Rendere magro o più magro: *le astinenze lo hanno dimagrato.* ***B*** *v. intr.* (*aus. essere*) Dimagrire.
dimagriménto *s. m.* Diminuzione del peso corporeo.
dimagrire *v. intr.* (*io dimagrisco, tu dimagrisci; aus. essere*) Diventare magro o meno grasso; CONTR. Ingrassare.
dimàne ***A*** *avv.* V. *domani.* ***B*** *s. f. inv.* ***1*** (*lett.*) Il giorno seguente a quello del quale si parla. ***2*** (*poet.*) Mattino.
dimenaménto *s. m.* Agitazione in qua e in là spec. di parti del corpo.
dimenàre ***A*** *v. tr.* (*io diméno*) Agitare in qua e in là: – *le braccia, le gambe.* ***B*** *v. rifl.* ***1*** Agitarsi, dibattersi. ***2*** (*fig.*) Adoperarsi per fare o per dire q.c.: *si dimena per uscire dai guai.*
dimensionàle *agg.* Di dimensione.
dimensióne *s. f.* ***1*** Estensione di un corpo quanto a larghezza, altezza, lunghezza: *i solidi hanno tre dimensioni; un punto non ha dimensioni* | *La quarta* –, il tempo nella teoria della relatività. ***2*** Misura, valore (*anche fig.*): *un impianto di ampie dimensioni.*
dimenticàbile *agg.* Che si può dimenticare; CONTR. Indimenticabile.
dimenticànza *s. f.* ***1*** Omissione di un dovere, un impegno e sim. per disattenzione o trascuratezza | *Cadere in* –, essere dimenticato. ***2*** Mancanza di memoria, di-

strazione: *uno sbaglio commesso per* — | Negligenza: *una — imperdonabile.*

dimenticàre ***A*** *v. tr.* (*io diméntico, tu diméntichi*) ***1*** Perdere la memoria delle cose, togliersi di mente q.c. o qc.: — *i nomi, le date*; SIN. Scordare; CONTR. Ricordare. ***2*** (*est.*) Trascurare: — *i doveri di padre.* ***3*** Considerare con indulgenza, perdonare: — *le offese.* ***4*** Lasciare un oggetto in un luogo: — *i libri a scuola.* ***B*** *v. intr. pron.* Non ricordarsi: *si è dimenticato di noi* | Tralasciare di fare q.c. per mancanza di memoria e sim.: *mi sono dimenticato di telefonarti.*

dimenticatóio *s. m.* (*scherz.*) Immaginario luogo dove andrebbero a finire le cose dimenticate, *spec. nelle loc. andare, cadere, cascare, mettere, porre nel* —.

diméntico *agg.* (*pl. m. -chi*) ***1*** Che non ricorda: *uomo — del proprio passato.* ***2*** Trascurato, incurante: *scolaro — dei propri doveri.*

dimésso *part. pass. di dimettere; anche agg.* Umile, modesto: *contegno* — | Trasandato: *persona dimessa nel vestire.*

dimestichézza o (*raro*) *domestichézza s. f.* ***1*** Familiarità, intimità: *avere, prendere — con qc.*; *entrare in — con q.c.* ***2*** (*fig.*) Esperienza, pratica | *Avere — con q.c.*, essere pratico di q.c.

dìmetro *s. m.* Serie di due metri nella poesia classica.

diméttere ***A*** *v. tr.* (*coniug. come mettere*) ***1*** Far uscire: — *un infermo dall'ospedale.* ***2*** Esonerare da una carica. ***B*** *v. rifl.* Recedere da un lavoro, un impiego, una carica: *dimettersi dalla carica di sindaco.*

dimezzaménto *s. m.* Divisione, riduzione, a metà.

dimezzàre *v. tr.* (*io dimèzzo*) Dividere q.c. a metà.

diminuèndo *s. m.* ***1*** (*mat.*) Minuendo. ***2*** (*mus.*) Notazione musicale che indica la diminuzione graduale di un suono nell'esecuzione.

diminuìbile *agg.* Che si può diminuire.

diminuìre ***A*** *v. tr.* (*pres. io diminuisco, tu diminuìsci; part. pass. diminuito*) Rendere minore, ridurre: — *la quantità, il prezzo*; CONTR. Aumentare. ***B*** *v. intr.* (*aus. essere*) Ridursi di numero, quantità, dimensione, peso, intensità forza o sim.; SIN. Calare, decrescere; CONTR. Aumentare.

diminutìvo ***A*** *agg.* Atto a diminuire: *suffisso* —. ***B*** *s. m.* Alterazione di un sostantivo o di un aggettivo mediante un suffisso indicante diminuzione o sfumatura vezzeggiativa: *'libriccino' è il — di libro.*

diminutóre *s. m.* (*mat.*) Secondo termine di una sottrazione.

diminuzióne *s. f.* Riduzione di numero, quantità, dimensione, peso, intensità, forza e sim.

dimissionàre *v. tr.* (*io dimissióno*) (*bur.*) Licenziare, esonerare da un incarico.

dimissionàrio *agg.* Che si è dimesso da un ufficio, da un incarico e sim.

dimissióne *s. f. spec. al pl.* Recesso da un contratto di lavoro, da un impiego, da una carica e sim.: *dare, rassegnare, le dimissioni.*

dimoiàre ***A*** *v. intr.* (*io dimòio; aus. essere*) (*raro, tosc.*) Liquefarsi, sciogliersi, detto del ghiaccio e della neve. ***B*** *v. tr.* (*raro, tosc.*) Fare diventare molle q.c.

dimòra *s. f.* ***1*** (*lett.*) Permanenza in un luogo. ***2*** Luogo in cui si abita | *Prendere —, stare a — in un luogo*, stabilirsi, risiedere | *Ultima, estrema* —, la tomba, il cimitero; SIN. Abitazione, casa; CFR. Domicilio, residenza. ***3*** *Mettere, porre a — una pianta*, collocarla nel luogo in cui dovrà rimanere per sempre.

dimoràre *v. intr.* (*io dimòro; aus. avere*) Trattenersi più o meno durevolmente in un luogo; SIN. Abitare.

dimorfismo *s. m.* (*biol.*) Fenomeno per cui una specie animale o vegetale presenta due tipi di individui con caratteristiche diverse | — *sessuale*, quando in una stessa specie i due sessi sono molto diversi.

dimòrfo *agg.* Che presenta due forme distinte.

dimostràbile *agg.* Che si può dimostrare.

dimostrànte ***A*** *part. pres. di dimostrare; anche agg.* Che dimostra. ***B*** *s. m. e f.* Chi partecipa a una dimostrazione pubblica.

dimostràre ***A*** *v. tr.* (*io dimóstro*) ***1*** Mostrare apertamente uno stato, una qualità, un sentimento e sim.: *gli dimostrò affetto e simpatia*; *dimostra poco più di trenta anni.* ***2*** Provare la verità di un enunciato, di una tesi, di una dottrina: — *un teorema*; SIN. Confermare. ***3*** Spiegare, insegnare: — *il funzionamento di una macchina.* ***4*** ass. Prendere parte a una dimostrazione pubblica: — *per la pace.* ***B*** *v. rifl.* Manifestarsi, rivelarsi: *ti sei dimostrato cattivo.*

dimostratìvo *agg.* ***1*** Che serve a dimostrare: *metodo* —. ***2*** (*gramm.*) Che indica la posizione, nel tempo e nello spazio, di una persona o di una cosa: *aggettivo, pronome* —.

dimostratóre ***A*** *s. m.* (*f. -trice*) ***1*** (*raro*) Chi dimostra. ***2*** Chi per professione illustra agli acquirenti le caratteristiche di un prodotto, di una macchina e sim. ***B*** *agg.* Che dimostra.

dimostrazióne *s. f.* ***1*** Attestazione, prova: — *d'affetto, di simpatia.* ***2*** Argomentazione con cui si prova la verità di un assunto: *la — di un teorema* | Ragionamento che tende a dimostrare q.c.: *la — della propria innocenza.* ***3*** Manifestazione collettiva di popolo, spec. a scopo di protesta: — *politica.* ***4*** Illustrazione ai compratori delle proprietà di un prodotto o del funzionamento di una macchina. ***5*** Esibizione intimidatoria di forze militari.

dìna *s. f.* Unità di forza nel sistema CGS, definita come forza capace di imprimere a 1 grammo-massa l'accelerazione di 1 cm/s².

dinàmica *s. f.* ***1*** (*fis.*) Parte della meccanica che studia i moti dei corpi, in relazione alle forze che li provocano. ***2*** (*est.*) Successione di eventi che si evolvono nel tempo e nello spazio: *la — della storia* | Modalità di svolgimento: *la — di un incidente*; SIN. Meccanica.

dinamicaménte *avv.* In modo dinamico, alacre.

dinamicità *s. f.* Qualità di dinamico.

dinàmico *agg.* (*pl. m. -ci*) ***1*** Che riguarda la dinamica; CONTR. Statico. ***2*** Che è dotato di grande energia e vitalità: *vita dinamica.*

dinamismo *s. m.* ***1*** Dottrina filosofica che concepisce la forza o l'energia come l'essenza stessa della materia. ***2*** (*est.*) Vitalità | Attività costante e fervida.

dinamitàrdo ***A*** *agg.* Che viene attuato usando esplosivo: *attentato* —. ***B*** *s. m.* (*f. -a*) Chi organizza e compie attentati con esplosivo, spec. a scopo politico.

dinamite *s. f.* Potente esplosivo costituito da nitroglicerina stabilizzata con adatte sostanze assorbenti, quali farina fossile, e che esplode per innesco con detonatori.

dinamo *s. f. inv.* Macchina elettrica rotante che trasforma in energia elettrica a tensione continua l'energia meccanica. [→ ill. *ciclo e motociclo, elettricità, meccanica, motore*]

dinamometria *s. f.* (*med.*) Studio della forza e del lavoro muscolare.

dinamòmetro *s. m.* (*fis.*) Strumento atto a misurare le forze in base alle deformazioni di un corpo elastico. [→ ill. *fisica, misure*]

dinànzi ***A*** *avv.* ***1*** Di fronte: *guarda* —. ***2*** Prima | *Vedere, guardare* —, prevedere. ***B*** *nelle loc. prep.* — *a* ***1*** Davanti a, di fronte a. ***2*** Alla presenza di: — *a me non dire certe cose.* ***C*** *in funzione di agg.* ***1*** Che si trova nella parte anteriore: *l'edificio* —. ***2*** Precedente: *il mese* —.

dinaro *s. m.* Unità monetaria della Jugoslavia e di altri paesi.

dinàsta *s. m.* (*pl. -i*) Principe della dinastia con diritto di successione al trono.

dinastìa *s. f.* ***1*** Serie di re o di principi di una stessa famiglia che si succedono al governo di uno o più paesi: *la — dei Borboni.* ***2*** Serie di appartenenti a una medesima famiglia che si succedono in una stessa attività: *la — dei Krupp.*

dinàstico *agg.* (*pl. m. -ci*) Della dinastia.

dindìn o *din din inter.* Riproduce il suono di un campanello.

dindòn o *din dòn inter.* Riproduce il suono delle campane.

dinghy /*ingl.* 'diŋgi/ *s. m. inv.* (*pl. ingl. dinghies* /'diŋgiz/) Piccola imbarcazione da regata e da diporto a un albero smontabile. [→ ill. *marina*]

diniègo *s. m.* (*pl. -ghi*) Negazione, rifiuto: *opporre un* —.

dinoccolàre *v. tr.* (*io dinòccolo*) (*raro*) Rompere le giunture, spec. della nuca.

dinoccolàto *part. pass. di dinoccolare; anche agg.* Sciolto e un po' cascante nei movimenti.

dinosàuro o *dinosàuro s. m.* Ogni rettile estinto, di proporzioni a volte gigantesche, carnivoro o erbivoro, con cranio piccolo, cintura scapolare senza clavicola, arti posteriori quasi sempre più grandi degli anteriori.

dintórno ***A*** *avv.* Intorno, tutto in giro: *i curiosi che stavano —.* ***B*** *nella loc. prep.* — *a* Intorno a: *— alla casa.* ***C*** *s. m. spec. al pl.* Luoghi circostanti, vicinanze: *i dintorni di Roma.*

Dio *s. m.* (*dio* nei sign. 2 e 3*; pl. dèi,* nei sign. 2 e 3*; art. sing. il, pl. gli*) ***1*** Nelle religioni monoteistiche, essere supremo concepito come creatore, ordinatore e conservatore di tutta la realtà: *credere, non credere in Dio* | *Figlio di Dio,* Gesù Cristo | *Dio padre,* la prima persona della Trinità | *La Sposa di Dio,* la Chiesa Cattolica | *La mano di Dio,* (*fig.*) aiuto insperato | *Ira, castigo di Dio,* rovina, sciagura | *Bene, grazia di Dio,* abbondanza | (*lett.*) *Casa di Dio,* chiesa, convento e sim. | *Essere in grazia di Dio,* libero da peccati mortali | *Timore di Dio,* sentimento di religiosità | *Uomo senza Dio, un senza Dio,* ateo | (*lett.*) *Uomo di Dio, servo di Dio,* devoto, buon cristiano | *Dio sa quando,* forse, chissà | *Viene giù che Dio la manda,* riferito a precipitazione atmosferica molto intensa | *Essere ancora nella mente di Dio,* dover ancora nascere | *In nome di Dio, per l'amor di Dio!,* escl., che dà più vigore a una preghiera, a una richiesta e sim. | *Se Dio vuole!,* escl. di speranza, rassegnazione | *Lo volesse Dio, voglia Dio, se piace a Dio, a Dio piacendo,* espressioni di desiderio, rassegnazione, speranza | *Come Dio volle,* infine, finalmente | *Dio ce ne guardi, Dio ce ne scampi e liberi, Dio ce la mandi buona,* espressioni di scongiuro. ***2*** Nelle religioni politeistiche, ognuno degli esseri immortali, dotati di attributi soprannaturali, che formano la famiglia delle divinità di livello più elevato: *il — dell'amore, della guerra*; *gli dei della mitologia*; SIN. Divinità. ***3*** (*est.*) Persona dotata di eccellenti qualità: *cantare come un —* | (*est.*) Cosa tenuta in altissima considerazione: *i divertimenti sono il suo —.* [→ tav. *proverbi* 9, 128, 132, 140, 141, 257, 282, 316]

diocesàno o *diocesàno agg.* Della diocesi.

diòcesi o *diòcesi s. f.* ***1*** Circoscrizione amministrativa dell'impero romano. ***2*** Circoscrizione soggetta alla giurisdizione spirituale e al governo ecclesiastico di un vescovo.

diodo *s. m.* Tubo elettronico costituito da un filamento con funzione di catodo che emette elettroni, e da una placca che funziona da anodo e li riceve. [→ ill. *elettronica*]

diòico *agg.* (*pl. m. -ci*) Detto di pianta che porta fiori maschili con i soli stami su un individuo e fiori femminili con i soli pistilli su un altro della stessa specie.

diomedèa *s. f.* (*zool.*) Albatro.

dionèa *s. f.* Pianta erbacea, carnivora, delle Parietali, con foglie dentate con le quali cattura gli insetti. [→ ill. *piante* 5]

dionisìaco *agg.* (*pl. m. -ci*) ***1*** Di Dioniso, dio greco dell'entusiasmo e del vino: *culto —.* ***2*** (*est.*) Che esalta, dà ebbrezza: *delirio —.*

diòpside *s. f.* (*miner.*) Pirosseno contenente calcio e magnesio, in cristalli bianchi o verdastri.

dioràma *s. m.* (*pl. -i*) Nell'Ottocento, forma di spettacolo costituita da vedute di grandi dimensioni che, illuminate con vari artifici, davano agli spettatori, nell'oscurità, l'illusione di trovarsi di fronte a un panorama reale.

diorite *s. f.* (*miner.*) Roccia endogena composta di oligoclasio, orneblenda e altri minerali, di colore tra il verdastro e il nero.

diossina *s. f.* Preparato chimico organico azotato, pericoloso per l'organismo umano.

diòttra *s. f.* Riga metallica, con due traguardi alle estremità, usata spec. per rilevamenti grafici sul terreno.

diottrìa *s. f.* (*fis.*) Unità di misura della convergenza delle lenti, equivalente all'inverso di 1 metro | In oculistica, il numero di diottrie di una lente correttiva di un difetto, considerato indicativo dell'entità del difetto stesso. SIMB. D.

diòttrica *s. f.* (*fis.*) Parte dell'ottica che studia la rifrazione della luce.

diòttrico *agg.* (*pl. m. -ci*) Che si riferisce alla diottrica.

diòttro *s. m.* (*fis.*) Superficie curva che separa due mezzi ottici aventi indice di rifrazione diversi.

dipanaménto *s. m.* (*raro*) Il dipanare | (*fig.*) Chiarimento, soluzione.

dipanàre *v. tr.* ***1*** Raccogliere ordinatamente il filo in un gomitolo, svolgendolo dalla matassa: *— la lana.* ***2*** (*fig.*) Chiarire, districare.

dipanatóio *s. m.* Arnese per dipanare.

dipanatùra *s. f.* (*raro*) Operazione del dipanare.

dipartimentàle *agg.* Di dipartimento.

dipartiménto *s. m.* ***1*** Ministero, in alcuni paesi | Circoscrizione territoriale e amministrativa, spec. in Francia. ***2*** Zona costiera dello Stato italiano dipendente da un comando militare marittimo. ***3*** *— universitario,* struttura universitaria che comprende cattedre di materie affini, anche se di facoltà diverse.

dipartìre *v. intr. e intr. pron.* (*aus. essere*) ***1*** (*lett.*) Partire, allontanarsi: *dipartirsi da casa* | (*euf.*) Morire. ***2*** (*fig., lett.*) Sviarsi, discostarsi: *dipartirsi dal vero.*

dipartìta *s. f.* ***1*** (*lett.*) Partenza, separazione. ***2*** (*euf.*) Morte.

dipendènte ***A*** *part. pres. di dipendere; anche agg.* Che dipende | *Proposizione —,* subordinata. ***B*** *s. m. e f.* Chi, in un lavoro, dipende dal potere direttivo di un datore di lavoro. ***C*** *s. f.* Proposizione dipendente; CONTR. Reggente.

dipendènza *s. f.* ***1*** Condizione di dipendente | *In — di ciò,* in conseguenza di ciò | *Avere qc. alle proprie dipendenze,* essere datore di lavoro | *Essere alle dipendenze di qc.,* lavorare in posizione subordinata. ***2*** Assenza di autonomia nei confronti di persona o gruppo. ***3*** Invincibile bisogno psicofisico di assumere una determinata sostanza, spec. droga; CFR. Assuefazione.

dipèndere *v. intr.* (*pass. rem. io dipési, tu dipendésti; part. pass. dipéso; aus. essere*) ***1*** Trarre origine: *la tua ignoranza dipende dalla pigrizia* | Costituire la conseguenza di determinate premesse: *spesso il vizio dipende dalla povertà* | Essere legato al verificarsi di una condizione: *la nostra vittoria dipende dal tempo* | *Dipende,* si vedrà; SIN. Originarsi. ***2*** Essere sottoposto all'autorità di altri: *— dai genitori* | Essere subordinato alle decisioni di qc.: *tutto dipende da te* | Essere subordinato, per il proprio mantenimento, al contributo economico di qc.: *— dalla famiglia.* ***3*** In sintassi, essere retto.

dipìngere ***A*** *v. tr.* (*pres. io dipingo, tu dipingi; pass. rem. io dipinsi, tu dipingésti; part. pass. dipinto*) ***1*** Rappresentare q.c. per mezzo della pittura: *— un soggetto dal vero*; *— a olio, a tempera* | ass. Dedicarsi alla pittura. ***2*** Ornare con pitture: *— una sala* | Truccare, imbellettare: *dipingersi le labbra.* ***3*** (*fig.*) Descrivere q.c. in modo convincente e realistico, spec. scrivendo o parlando: *— in una poesia la bellezza di un panorama.* ***B*** *v. intr. pron.* ***1*** Colorirsi. ***2*** Mostrarsi, detto di sentimenti e sim. ***C*** *v. rifl.* Tingersi, truccarsi. [→ tav. *proverbi* 176]

dipinto ***A*** *part. pass. di dipingere; anche agg.* ***1*** Ornato di vari colori: *tessuto —.* ***2*** Imbellettato, truccato: *viso —.* ***B*** *s. m.* Opera di pittura.

dipintóre *s. m.* (*f. -trice*) (*lett.*) Pittore.

dipintùra *s. f.* (*raro, lett.*) Pittura.

diplegìa *s. f.* (*pl. -gie*) (*med.*) Paralisi di due nervi o gruppi nervosi omologhi.

diplocòcco *s. m.* (*pl. -chi*) Batterio fornito di capsula che si trova comunemente in coppia con un altro, talvolta patogeno.

diplòma *s. m.* (*pl. -i*) ***1*** Attestazione del conseguimento di un titolo di studio: *— di scuola superiore.* ***2*** Attestazione ufficiale rilasciata da un'accademia, un ente e sim. che conferisce un grado, un diritto o un privilegio: *— di socio.* ***3*** Atto solenne di una cancelleria imperiale o reale.

diplomàre ***A*** *v. tr.* (*io diplòmo*) Conferire un diploma scolastico. ***B*** *v. intr. pron.* Ottenere un diploma scolastico: *diplomarsi in elettrotecnica.*

diplomàtica (1) *s. f.* Scienza che studia gli antichi documenti.

diplomàtica (2) *s. f.* Piccola valigia rigida e stretta di spessore, usata per documenti e sim. [→ ill. *valigeria, ufficio*]

diplomaticaménte *avv.* In modo abile, accorto.

diplomàtico ***A*** *agg.* (*pl. m. -ci*) ***1*** Che si riferisce agli antichi documenti: *archivio —* | *Scrittura diplomatica,* cancelleresca | *Edizione diplomatica,* fedele riproduzione di un antico manoscritto. ***2*** Che concerne la diplomazia: *corpo —.* ***3*** (*est.*) Abile, accorto: *contegno, discorso —.* ***B*** *s. m.* (v. nota d'uso FEMMINILE) ***1*** Agente diplomatico. ***2*** (*fig.*) Persona particolarmente avveduta e abile. ***3*** Dolce di pasta sfoglia con crema e liquore. [→ ill. *dol-*

ciumi]

diplomatìsta *s. m. e f.* (*pl. m. -i*) Chi è esperto di diplomatica.

diplomàto *part. pass. di diplomare; anche agg. e s. m.* (*f. -a*) Che (o chi) ha ottenuto un diploma scolastico.

diplomazìa *s. f.* **1** Insieme delle procedure che regolano i rapporti tra i vari Stati | Complesso delle persone e degli organi che ogni Stato prepone al mantenimento dei rapporti con gli altri Stati. **2** (*est.*) Accortezza e abilità nel condurre faccende delicate.

diplopìa *s. f.* (*med.*) Difetto visivo per cui si vedono gli oggetti sdoppiati.

dipòi **A** *avv.* Poi, più tardi, in seguito. **B** *in funzione di agg.* Seguente: *l'anno —*.

dipolàre *agg.* (*fis.*) Che ha due poli | Relativo a dipolo.

dipòlo *s. m.* (*fis.*) Sistema di due poli elettrici o magnetici di uguale carica e di segno contrario, a distanza data | *Antenna a —*, di lunghezza uguale a mezza lunghezza d'onda. [→ ill. *televisione*]

dipòrto *s. m.* Svago, divertimento, ricreazione: *fare q.c. per —* | *Imbarcazioni da —*, imbarcazioni sportive a vela, a motore o a remi.

diprèsso *avv. Solo nella loc. avv. a un —*, all'incirca: *saremo da voi a un — fra un'ora.*

dipsacàcee *s. f. pl.* (*sing. -a*) Famiglia di piante erbacee delle Rubiali con foglie opposte e fiori raccolti in capolini o in spighe. [→ ill. *piante* 13]

dipsòmane *agg.; anche s. m. e f.* Affetto da dipsomania.

dipsomanìa *s. f.* Abuso periodico di bevande alcoliche per forte desiderio incontrollabile.

dìptero o *dìttero agg.* Detto di tempio classico con doppia fila di colonne.

diradaménto *s. m.* **1** Attenuazione di ciò che è fitto, spesso, frequente e sim.: *— della nebbia.* **2** Taglio di una parte degli alberi di un bosco per favorire lo sviluppo dei rimanenti.

diradàre **A** *v. tr.* **1** Rendere meno fitto: *— la vegetazione.* **2** Rendere meno frequente: *— le visite.* **B** *v. intr. e intr. pron.* (*aus. essere*) Diventare rado: *la nebbia dirada*; *le nubi si diradano.*

diradicàre *v. tr.* (*io diràdico, tu diràdichi*) (*lett.*) Sradicare, divellere.

diramàre **A** *v. tr.* **1** (*raro*) Dividere in rami. **2** (*fig.*) Diffondere in varie parti, tra più persone: *— una notizia.* **B** *v. intr. e intr. pron.* **1** (*raro*) Dividersi in rami | (*est.*) Suddividersi in due o più derivazioni: *le vene si diramano per tutto il corpo.* **2** (*fig.*) Discendere, derivare.

diramazióne *s. f.* **1** Suddivisione in due o più derivazioni: *la — di un corso d'acqua* | Punto in cui una pianta, un fiume, una via si diramano | (*fig.*) Diffusione: *curare la — di un ordine.* **2** Ramo (*spec. fig.*): *le diramazioni del fiume* | Strada secondaria che si diparte dalla principale.

dire **A** *v. tr.* (*pres. io dico, tu dìci, egli dìce, noi diciàmo, voi dìte, essi dìcono; imperf. io dicévo; pass. rem. io dissi, tu dicésti, egli dìsse, noi dicémmo, voi dicéste, essi dissero; fut. io dirò, tu dirài; congv. pres. io dìca, tu dica, egli dìca, noi diciàmo, voi diciàte, essi dìcano; congv. imperf. io dicéssi; imp. dì o di'*, (V. nota d'uso ELISIONE e TRONCAMENTO) *dite; ger. dicéndo; part. pres. dicènte; part. pass. détto*) **1** Proferire, enunciare, per mezzo di parole: *— ciò che si pensa*; *— la propria opinione* | *— addio a qc.*, (*fig.*) abbandonarlo | *Dirle grosse*, dire spropositi | *Dirne un sacco e una sporta*, dire una grande quantità di ingiurie | *— q.c. chiaro e tondo*, esprimersi con franchezza | *— di no*, negare | *— di sì*, accettare | *Voler sempre — l'ultima*, (*fig.*) essere ostinato | *— q.c. fra i denti*, a mezza bocca | *Non c'è che —*, è proprio così | *È tutto —!*, non occorre aggiungere altro | *Per meglio —*, più esattamente, precisamente | *È una cosa da non —*, indescrivibile | *— pane al pane e vino al vino*, parlare chiaramente. **2** Dichiarare, rendere manifesto: *non avere nulla da —* | Raccontare: *dimmi come si sono svolti i fatti* | Affermare, sostenere: *tu dici che io sbaglio* | Riferire: *un segreto da non — a nessuno* | Consigliare, suggerire: *dimmi cosa debbo fare.* **3** ass. Parlare, esprimersi: *poter — liberamente male di qc.*; *lasciar —* | *Avere a che — con qc.*, (*fig.*) avere motivo di diverbio | *Stare per —*, essere sul punto di parlare | *Dirsela con q.c.*, (*fig.*) intendersela | *Non faccio per —*, non me ne vanto | *Tanto per —*, tanto per parlare del più e del meno, senza impegno. **4** Recitare: *— una poesia a memoria*; *— le preghiere* | *— la Messa*, officiarla. **5** Presentare, considerare come: *tutti lo dicono uomo di cultura* | Esprimere in una determinata lingua: *'ma' in francese si dice 'mais'.* **6** Indicare, simboleggiare: *l'esperienza mi dice che sbagli* | *Uno sguardo che non dice nulla*, inespressivo, opaco. **B** *v. intr. impers.* Correr voce, esser fama: *si dice che sia stato trasferito.* **C** *in funzione di s. m.* Atto e modo del dire: *il — è più facile del fare* | *Stando al tuo —*, ascoltando ciò che tu dici | *Hai un bel —*, per quanto tu dica. [→ tav. *proverbi* 48, 49, 151, 290, 366]

direttaménte *avv.* **1** Per via diretta: *vado — a casa.* **2** Senza intermediari: *trattare — con qc.*

direttìssima *s. f.* **1** Strada che segue il percorso più breve fra le due località che collega | Linea ferroviaria che unisce nel modo più breve località già collegate da altre linee. **2** Nel linguaggio alpinistico, via di salita più diretta alla vetta.

direttìssimo **A** *agg.* *Treno —*, denominazione disusata del treno espresso. **B** *s. m.* Treno direttissimo.

direttìva *s. f.* Disposizione generale che fissa gli obiettivi di fondo dell'attività privata o pubblica | (*est.*) Linea di condotta.

direttìvo **A** *agg.* **1** Che dirige: *comitato —.* **2** Che si riferisce al direttore o a chi dirige: *ufficio —.* **B** *s. m.* Gruppo di persone investite di funzioni direttive: *il — di un partito.*

dirètto **A** *part. pass. di dirigere; anche agg.* **1** Indirizzato, rivolto: *lettera diretta a voi.* **2** Che non presenta deviazioni: *via diretta* | *Luce diretta*, che arriva immediatamente dalla sorgente luminosa. **3** Immediato: *conseguenza diretta.* **4** (*ling.*) *Discorso —*, che si riporta rispettando le forme originarie; CFR. Indiretto. **5** *Nella loc.* (*ell.*) *in diretta*, dal vivo, senza registrazione preventiva: *trasmissione in diretta.* **B** *s. m.* **1** Treno viaggiante a velocità inferiore a quella dell'espresso. **2** Nel pugilato, colpo a traiettoria diritta e rapidissima; SIN. Cross.

direttóre **A** *s. m.* (*f. -trìce*) **1** Chi dirige imprese, scuole, enti, associazioni e sim., o è comunque investito di funzioni direttive nell'ambito di determinate attività | *— responsabile*, chi risponde giuridicamente di quanto viene pubblicato in un giornale | *— artistico*, dirigente responsabile delle scelte artistiche in un ente teatrale o musicale | *— spirituale*, sacerdote preposto alla vita spirituale, all'istruzione religiosa e alle pratiche di culto di una comunità o di una singola persona. [→ ill. *strumenti musicali*] **2** In una antenna televisiva, dispositivo per aumentare l'efficienza in una particolare direzione. [→ ill. *televisione*] **B** *agg.* (*raro*) Che fornisce le direttive: *principio —.*

direttoriàle *agg.* Di, da direttore | (*iron.*) *Tono, atteggiamento —*, sussiegoso.

direttòrio *s. m.* Collegio direttivo.

direttrìce **A** *s. f.* **1** Donna che dirige un ufficio, una scuola, un'azienda e sim. **2** Impostazione di principio che si segue nello svolgimento di una azione politica o militare: *la costante — dell'europeismo.* **3** (*mat.*) Curva di una superficie rigata che incontra tutte le generatrici. **B** *agg.* Che indica la direzione: *linea —* | Che fornisce una direttiva: *norma —.*

direzionàle **A** *agg.* **1** Che si riferisce alla direzione, che indica una direzione: *freccia —.* **2** Che si riferisce alla direzione di imprese, aziende e sim. | *Centro —*, quartiere della città dove sono raggruppati gli uffici direttivi dei più importanti servizi. **B** *s. m.* Strumento che indica l'orientamento di un aereo.

direzióne *s. f.* **1** Senso in cui persone o cose si muovono, punto verso il quale si dirigono: *prendere la — giusta*; *seguire la — del vento* | *In — di*, verso. [→ ill. *aeronautica, automobile, ferrovia, strada*] **2** (*fig.*) Indirizzo, corso, tendenza: *mutare —.* **3** Attività direttiva, guida: *occuparsi della — di un'impresa.* **4** Organo di guida o di coordinamento nell'ambito di un'attività: *gli ordini della —* | Sede di tale organo: *chiamare qc. in —.* **5** (*mat.*) Carattere comune di un insieme di rette parallele.

dirigènte **A** *part. pres. di dirigere; anche agg.* Che dirige. **B** *s. m. e f.* Chi svolge mansioni direttive | *— d'azienda*, chi collabora con l'imprenditore seguendone le direttive generali.

dirigènza *s. f.* Attività e ruolo del dirigere | Complesso dei dirigenti di un'azienda, di un partito e sim.
dirigenziàle *agg.* Che si riferisce alla dirigenza, ai dirigenti, spec. di un'azienda.
dirìgere ***A*** *v. tr.* (*pres. io dirìgo, tu dirìgi; pass. rem. io dirèssi, tu dirigésti; part. pass. dirètto*) ***1*** Volgere verso un punto determinato: – *il cammino verso casa*; – *l'attenzione su qc.* ***2*** Indirizzare: – *una lettera* | Rivolgere: – *la parola a qc.* ***3*** Guidare e disciplinare attività, enti, persone e sim.: – *una ditta* | Guidare un complesso musicale. ***B*** *v. rifl.* ***1*** Andare verso un luogo determinato: *dirigersi verso le montagne.* ***2*** Rivolgersi: *mi dirigo a voi per consiglio.*
dirigìbile (1) *agg.* Che si può dirigere.
dirigìbile (2) *s. m.* Aeromobile a sostentazione statica grazie a un involucro contenente elio o idrogeno: affusolato, munito di organi di propulsione, stabilità e governo. [→ ill. *aeronautica*]
dirigibilìsta *s. m.* (*pl. -i*) Addetto a un dirigibile.
dirigìsmo *s. m.* Intervento statale nella direzione della vita economica, in modo da influire sulla produzione e la distribuzione dei beni.
dirigìsta ***A*** *s. m. e f.* (*pl. m. -i*) Propugnatore del dirigismo. ***B*** *agg.* Dirigistico.
dirigìstico *agg.* (*pl. m. -ci*) Del dirigismo.
dirimènte *part. pres. di dirimere; anche agg.* Che dirime | *Impedimento matrimoniale* –, che rende nullo il matrimonio.
dirìmere *v. tr.* (*dif. del part. pass. e dei tempi comp.; pass. rem., raro io diriméi o dirimètti, tu dirimésti*) (*lett.*) Risolvere definitivamente: – *una lite.*
dirimpettàio *s. m.* (*f. -a*) (*fam.*) Chi sta nell'appartamento o nell'edificio dirimpetto.
dirimpètto ***A*** *avv.* Di contro, di faccia, di fronte: *il negozio qui* –. ***B*** *nella loc. prep.* – *a* Di fronte a, di faccia a: *due uomini stavano l'uno* – *all'altro.* ***C*** *in funzione di agg. inv.* Che sta di fronte: *la casa* –.
diritta *s. f.* (*lett.*) Mano destra.
dirittézza o *drittézza s. f.* (*raro*) L'essere diritto.
diritto (1) o *dritto* ***A*** *agg.* ***1*** Che segue una linea retta: *sentiero* – | (*est.*) Che non si interrompe, non devia, non pende e sim.: *tracciato* –; *orlo* –; CONTR. Storto. ***2*** Che si erge verticalmente: *albero* – | Ritto in piedi: *tenersi* – | *Stare* –, stare in piedi | Eretto nel portamento | – *come un fuso*, quasi rigido. ***3*** Destro: *braccio, piede* –. ***4*** (*fig.*) Retto, onesto | *La diritta via,* (*fig.*) quella del bene e della virtù. ***B*** *avv.* ***1*** In linea retta | *Andare, tirare* – *per la propria strada,* (*fig.*) tendere al proprio scopo senza curarsi d'altro. ***2*** Direttamente (*anche fig.*): *andare* – *allo scopo.* ***C*** *s. m.* ***1*** La faccia principale o migliore, posta dalla parte esterna, di un oggetto con due facce: – *di una medaglia* | *Per* – *e per traverso,* (*fig.*) in ogni direzione e (*est.*) in un modo e nell'altro; CONTR. Rovescio. [→ ill. *moneta*] ***2*** Nel tennis, tiro fondamentale che si fa colpendo la palla con la faccia interna della racchetta. ***3*** Punto base nei lavori a maglia. [→ ill. *tessuto*]
diritto (2) *s. m.* ***1*** Complesso di norme legislative o consuetudinarie che disciplinano i rapporti sociali. ***2*** Scienza giuridica: *scuola di* –. ***3*** Interesse tutelato dalla legge mediante la garanzia di una diretta utilità sostanziale: – *di proprietà*; – *di sciopero*; – *d'autore.* ***4*** (*est., gener.*) Pretesa che deriva da una consuetudine o da una norma morale: *i diritti della ragione* | – *divino*, quello dei sovrani che lo facevano discendere da Dio | *Di* –, in forza del diritto | *A buon* –, con legittima ragione.
dirittùra *s. f.* ***1*** Andamento in linea retta: *essere nella* – *di qc.* | – *d'arrivo*, tratto terminale rettilineo di una pista o di una strada, ove si conclude una gara di velocità. ***2*** (*fig.*) Coscienza di ciò che è giusto e onesto: – *morale*; SIN. Onestà, rettitudine.
dirizzàre V. *drizzare.*
dirizzóne *s. m.* Impulso irrefrenabile ad agire con sconsideratezza | (*est.*) *Prendere un* –, una cantonata.
diro *agg.* (*lett.*) Crudele, spietato.
diroccaménto *s. m.* Demolizione | (*lett.*) Crollo.
diroccàre *v. tr.* (*io diròcco, tu diròcchi*) Abbattere, demolire: – *una fortezza.*
diroccàto *part. pass. di diroccare; anche agg.* Semidistrutto, cadente: *costruzione diroccata.*
dirompènte *part. pres. di dirompere; anche agg.* Che dirompe | *Esplosivo* –, dotato di altissima velocità di esplosione.
dirómpere ***A*** *v. tr.* (*coniug. come rompere*) (*raro, lett.*) Spezzare, rompere con violenza | (*fig.*) Fiaccare. ***B*** *v. intr.* (*aus. essere*) (*raro, lett.*) Cadere in gran quantità e rovinosamente.
dirottaménte *avv.* A dirotto: *piangere, piovere* –.
dirottaménto *s. m.* Cambiamento di rotta spec. imposto con la forza.
dirottàre ***A*** *v. tr.* (*io dirótto*) ***1*** Far deviare dalla rotta prestabilita: – *un aereo.* ***2*** (*est.*) Deviare: – *il traffico.* ***B*** *v. intr.* (*aus. avere*) ***1*** Deviare dalla rotta prestabilita: *la nave ha dirottato.* ***2*** (*est.*) Cambiare direzione.
dirottatóre *s. m.* (*f. -trice*) Chi, spec. per motivi politici, obbliga l'equipaggio di un aereo o di una nave a cambiare rotta.
dirótto *part. pass. di dirompere; anche agg.* Violento, irrefrenabile: *pianto* – | *A* –, in modo irrefrenabile.
dirozzaménto *s. m.* Operazione del dirozzare | (*fig.*) Affinamento, incivilimento | (*fig.*) Ammaestramento.
dirozzàre ***A*** *v. tr.* (*io dirózzo*) ***1*** Rendere meno ruvido: – *un legno.* ***2*** (*fig.*) Rendere meno rozzo; SIN. Ingentilire, raffinare. ***B*** *v. intr. pron.* Diventare meno rozzo, ingentilirsi.
diruggìnio *s. m.* Suono stridulo prodotto dirugginendo un ferro o sfregando due ferri fra loro.
diruggìnire *v. tr.* (*io dirugginìsco, tu dirugginìsci*) Pulire dalla ruggine: – *il ferro* | (*est.*) Rendere nuovamente agile, elastico: – *le membra.*
dirupàre *v. intr. e intr. pron.* (*aus. essere*) ***1*** (*raro, lett.*) Precipitarsi con impeto: *diruparsi giù per un monte.* ***2*** (*raro*) Cadere precipitando rovinosamente.
dirupàto *part. pass. di dirupare; anche agg.* Pieno di dirupi, scosceso: *pendio* –.
dirùpo *s. m.* Luogo roccioso o scosceso | Precipizio. [→ ill. *geografia*]
dirùto *agg.* (*lett.*) Abbattuto, in rovina.
dis- (1) *pref.*: esprime valore negativo (*disamore, disattento, discontinuo, diseducare, disonore*) o indica separazione (*disgiungere, distrarre*).
dis- (2) *pref.*: indica in parole composte spec. della terminologia medica, anomalia, malformazione e sim.: *disfunzione, dispepsia, distrofia.*
dis̩abbellire ***A*** *v. tr.* (*io dis̩abbellisco, tu dis̩abbellisci*) (*lett.*) Privare della bellezza. ***B*** *v. intr. pron.* (*lett.*) Diventare meno bello.
dis̩abitàto *agg.* Privo di abitanti, non abitato.
dis̩abituàre ***A*** *v. tr.* (*io dis̩abìtuo*) Privare di un'abitudine: – *qc. al vino*; CONTR. Abituare. ***B*** *v. intr. pron.* Perdere l'abitudine a q.c.
disaccàride *s. m.* (*chim.*) Glucide, solubile in acqua, di solito dolce, formato dalla condensazione di due molecole di monosaccaride.
dis̩accòrdo *s. m.* ***1*** In musica, mancanza di accordo. ***2*** (*fig.*) Dissenso, discordanza: – *di idee.* • CONTR. Accordo.
dis̩acerbàre ***A*** *v. tr.* (*io dis̩acèrbo*) (*fig., lett.*) Addolcire, lenire, mitigare. ***B*** *v. intr. pron.* (*fig., lett.*) Divenire meno aspro, meno tormentoso: *il dolore si disacerba.*
dis̩adattaménto *s. m.* (*psicol.*) Incapacità, più o meno durevole, di adattamento | Incapacità di risolvere i problemi posti dall'ambiente quotidiano.
dis̩adattàto *agg.; anche s. m.* (*f. -a*) Detto di chi è caratterizzato da disadattamento.
dis̩adàtto *agg.* ***1*** Che non è adatto per un certo uso: *abito* – *a, per una cerimonia.* ***2*** Che è privo delle attitudini necessarie: *fisico* – *allo sport.*
dis̩adórno *agg.* ***1*** Privo d'ornamenti, sobrio: *stile* –. ***2*** (*est.*) Nudo: *linguaggio* –.
dis̩affezionàre ***A*** *v. tr.* (*io dis̩affezióno*) (*lett.*) Privare dell'interesse, dell'affetto, per qc. o per q.c.: – *qc. dai propri ideali.* ***B*** *v. intr. pron.* Cessare di essere interessato, affezionato: *disaffezionarsi da un'attività*; *disaffezionarsi ai propri genitori.*
dis̩affezióne *s. f.* Diminuzione o mancanza di affetto, interesse e sim.: – *allo studio, al lavoro.*
dis̩agévole *agg.* ***1*** Che è privo di comodità; SIN. Scomodo. ***2*** Che presenta difficoltà, ostacoli e sim.: *sentiero* –; SIN. Difficoltoso.
dis̩agevolézza *s. f.* (*raro*) L'essere disagevole.

diṣàggio *s. m.* Deprezzamento della moneta in seguito a cambio di moneta cartacea con moneta metallica e viceversa.
diṣagiàre ***A*** *v. tr.* (*io diṣàgio*) (*raro, lett.*) Mettere o tenere a disagio. ***B*** *v. rifl.* (*lett.*) Scomodarsi.
diṣagiàto *part. pass. di disagiare; anche agg.* ***1*** Privo di comodità. ***2*** Che versa in gravi ristrettezze economiche; SIN. Povero. ● CONTR. Agiato.
diṣàgio *s. m.* ***1*** Mancanza di agi e comodità. ***2*** (*fig.*) Difficoltà, imbarazzo: *trovarsi a — in un luogo.*
diṣalberàre *v. tr.* (*io diṣàlbero*) Privare una nave dell'alberatura.
diṣamàra *s. f.* (*bot.*) Frutto secco indeiscente formato da due samare affiancate, come il frutto dell'acero. [→ ill. *botanica*]
diṣambientàto *agg.* Che è o si sente estraneo all'ambiente in cui vive o lavora.
diṣàmina *s. f.* Esame attento e approfondito delle caratteristiche di qc. o di q.c.
diṣaminàre *v. tr.* (*io diṣàmino*) Sottoporre a disamina.
diṣamoràre ***A*** *v. tr.* (*io diṣamóro*) Spegnere l'amore, l'interesse per qc. o q.c.: *— qc. da q.c.* ***B*** *v. intr. pron.* Perdere l'amore, l'interesse per qc. o q.c.: *disamorarsi del lavoro.*
diṣamoràto *part. pass. di disamorare; anche agg. e s. m.* (*f. -a*) (*raro*) Detto di chi non sente più amore o interesse per qc. e q.c.
diṣamóre *s. m.* Mancanza di amore.
diṣancoràre ***A*** *v. tr.* (*io diṣàncoro*) Lasciar libero, salpando l'ancora: *— la nave.* ***B*** *v. intr. pron. e rifl.* ***1*** Liberarsi dell'ancora. ***2*** (*fig.*) Rendersi autonomo da qc. o q.c.: *disancorarsi dalla famiglia.*
diṣanimàre ***A*** *v. tr.* (*io diṣànimo*) Far perdere d'animo, togliere coraggio: *lo disanimò dall'insistere.* ***B*** *v. intr. pron.* Perdersi d'animo.
diṣappetènza *s. f.* Mancanza di appetito.
diṣapprovàre *v. tr.* (*io diṣappròvo*) Non approvare, biasimare; SIN. Condannare, criticare; CONTR. Approvare.
diṣapprovazióne *s. f.* Atto del disapprovare | Riprovazione, biasimo; CONTR. Approvazione.
diṣappùnto *s. m.* Senso di delusione, molestia e sim. dovuto all'improvviso verificarsi di circostanze che contrariano.
diṣarcionàre *v. tr.* (*io diṣarcióno*) Far cadere dall'arcione: *il cavallo lo disarcionò.*
diṣarmàre ***A*** *v. tr.* ***1*** Privare delle armi | Sguarnire: *— una fortezza.* ***2*** (*fig.*) Privare di forza: *— gli antagonisti.* ***3*** Sbarcare uomini e materiali da una nave per sospenderne il servizio. ***4*** Togliere le impalcature da una costruzione: *— un edificio.* ***5*** Smontare le scene staccando le tele dai telai. ***B*** *v. intr.* (*aus. avere*) ***1*** Diminuire gli armamenti. ***2*** (*fig.*) Darsi per vinto: *è un tipo che non disarma.*
diṣarmàto *part. pass. di disarmare; anche agg.* ***1*** Privato delle armi. ***2*** (*fig.*) Senza difese, inerme.
diṣàrmo *s. m.* ***1*** Atto del disarmare: *il — dei prigionieri* | Rimozione di scene teatrali, impalcature e sim. | Operazione del disarmare una nave e condizione di una nave fuori servizio: *mettere una nave in —.* ***2*** Riduzione o soppressione delle forze militari o degli armamenti.
diṣarmonìa *s. f.* Discordanza di suoni | (*est.*) Disaccordo, contrasto.
diṣarmònico *agg.* (*pl. m. -ci*) ***1*** Che non è armonico: *toni disarmonici.* ***2*** Che non avverte l'armonia: *orecchio —.*
diṣarticolàre ***A*** *v. tr.* (*io diṣarticolo*) ***1*** (*med.*) Separare un arto o un segmento di esso dal resto del corpo a livello di un'articolazione. ***2*** (*fig.*) Scomporre, privare dei nessi. ***B*** *v. intr. pron.* Slogarsi.
diṣarticolazióne *s. f.* ***1*** Il disarticolare | (*fig.*) Mancanza di nessi, coerenza e sim. ***2*** (*med.*) Amputazione di un arto a livello di un'articolazione.
diṣassortito *agg.* Che non fa parte di un assortimento: *camicie disassortite.*
diṣassuefàre ***A*** *v. tr.* (*coniug. come fare*) Togliere l'assuefazione: *— qc. dall'alcol.* ***B*** *v. intr. pron.* (*raro*) Perdere l'assuefazione.
diṣassuefazióne *s. f.* (*raro*) Atto, effetto del disassuefare.
diṣastràre *v. tr.* Danneggiare grandemente.
diṣastràto ***A*** *part. pass. di disastrare; anche agg.* Danneggiato gravemente. ***B*** *s. m.* (*f. -a*) Chi ha subito un disastro.
diṣàstro *s. m.* ***1*** Disgrazia di notevoli proporzioni; SIN. Calamità, cataclisma, catastrofe, sciagura. ***2*** (*est.*) Danno rilevante e irrimediabile: *la crisi economica fu un — per tutti.* ***3*** (*est., fig.*) Persona inadatta, incapace | Persona, spec. bambino, eccessivamente vivace.
diṣastróso *agg.* ***1*** Che causa disastri, disgrazie, rovine. ***2*** Che è pieno di disastri: *anno —.*
diṣattèndere *v. tr.* (*coniug. come attendere*) Non applicare: *— una norma* | (*est.*) Non seguire: *— i consigli di qc.*
diṣattènto *agg.* Che non sta attento; SIN. Distratto, sbadato.
diṣattenzióne *s. f.* L'essere disattento | Svista, errore | Mancanza di gentilezza, riguardo; SIN. Distrazione, sbadataggine.
diṣattivàre *v. tr.* Rendere inoffensivo, spec. un ordigno esplosivo, privandolo di innesco, spoletta e sim.: *— bombe inesplose.*
diṣattrezzàre *v. tr.* (*io diṣattrézzo*) (*mar.*) Spogliare una nave della sua attrezzatura.
diṣavànzo *s. m.* Deficit.
diṣavvedutézza *s. f.* L'essere disavveduto | (*est.*) Azione disavveduta.
diṣavvedùto *agg.* Inconsiderato, incauto.
diṣavventùra *s. f.* Avvenimento sfavorevole, contrarietà.
diṣavvertènza *s. f.* Mancanza di attenzione.
diṣavvezzàre ***A*** *v. tr.* (*io diṣavvézzo*) Far perdere un'abitudine. ***B*** *v. rifl.* Liberarsi da un vizio, da un'abitudine.
diṣavvézzo *agg.* Che ha perso, o non ha mai avuto, un'abitudine: *essere — al fumo.*
diṣbórso *s. m.* (*raro*) Anticipazione di denaro fatta per conto d'altri.
diṣboscàre e deriv. V. *diboscare* e deriv.
diṣbrigàre ***A*** *v. tr.* (*io diṣbrìgo, tu diṣbrìghi*) Risolvere, sbrigare con sollecitudine: *— un incarico.* ***B*** *v. rifl.* (*lett.*) Liberarsi dagli impacci, dagli impedimenti.
diṣbrigo *s. m.* (*pl. -ghi*) Risoluzione, esecuzione rapida ed efficace: *— della corrispondenza.*
discacciàre *v. tr.* (*io discàccio*) (*lett.*) Allontanare in malo modo.
discànto *s. m.* (*mus.*) Nelle antiche polifonie, parte in opposizione e al di sopra della melodia data.
discapitàre *v. intr.* (*io discàpito; aus. avere*) Scapitare: *— nella pubblica stima.*
discàpito *s. m.* Scapito, svantaggio, danno: *fare q.c. a proprio —* | *Tornare a —*, essere di danno.
discàrica *s. f.* ***1*** Luogo in cui si scaricano materiali di rifiuto provenienti da perforazioni, scavi e sim. | *— pubblica*, in cui si scaricano i rifiuti. [→ ill. *miniera*] ***2*** Sbarco del carico dalle navi mercantili.
discaricàre ***A*** *v. tr.* (*io discàrico, tu discàrichi*) Scaricare: *— una nave* | (*fig.*) Liberare da un onere morale. ***B*** *v. rifl.* (*raro*) Scaricarsi.
discàrico *s. m.* (*pl. -chi*) ***1*** (*raro*) Scarico. ***2*** (*fig.*) Discolpa, giustificazione: *prove a —; ciò sarà a tuo —.*
discendènte ***A*** *part. pres. di discendere; anche agg.* Che discende | *Linea —*, nella parentela, rapporto intercorrente tra un soggetto e i parenti che da esso discendono. ***B*** *s. m. e f.* ***1*** Chi trae origini da qc. per vincoli di sangue: *gli ultimi discendenti degli Incas.* ***2*** (*dir.*) Parente in linea discendente.
discendènza *s. f.* ***1*** Rapporto di parentela in linea discendente. ***2*** Complesso di coloro che provengono da un capostipite comune. ***3*** Nascita, origine.
discéndere o *discèndere* ***A*** *v. intr.* (*coniug. come scendere; aus. essere*) ***1*** Scendere, calare, venire giù: *— dal monte; — in un pozzo; — a valle* | (*est.*) Smontare da un mezzo di locomozione: *— dal treno.* ***2*** Scendere a pendio: *le colline discendono verso il piano.* ***3*** Tramontare: *il sole discende.* ***4*** (*fig.*) Trarre origine, derivare: *— da nobile famiglia* | Venire come conseguenza: *da ciò discende che hai torto.* ***B*** *v. tr.* Scendere.
discenderìa *s. f.* Galleria inclinata che collega due o più livelli di una miniera.
discensionàle *agg.* Detto di velocità, forza, spinta e sim. verso il basso.
discensivo *agg.* Che tende a discendere.
discensóre *s. m.* Nell'alpinismo, piccolo attrezzo usato per rallentare la discesa lungo le corde. [→ ill. *alpinista*]
discènte ***A*** *agg.* (*lett.*) Che impara. ***B*** *s. m. e f.* Discepolo,

scolaro; CONTR. Docente.
discépolo *s. m.* (*f.* *-a*) **1** Chi studia sotto la guida e alla scuola altrui; SIN. Allievo, alunno, scolaro. **2** (*est.*) Chi si attiene al metodo di un maestro famoso, anche senza essere stato alla sua scuola, e anche in tempi posteriori: *i moderni discepoli di Kant.*
discèrnere *v. tr.* (*pass. rem. io discernéi, tu discernésti; part. pass. raro discernùto, discrèto*) **1** Vedere distintamente: *– una luce nel buio.* **2** Differenziare, distinguere: *– il bene dal male.*
discernibile *agg.* Che si può discernere.
discerniménto *s. m.* Facoltà della mente di giudicare, valutare, distinguere, rettamente; SIN. Criterio, giudizio, senno.
discésa *s. f.* **1** Direzione, movimento verso il basso o verso un luogo più basso: *– dai monti* | Calata, invasione: *la – dei barbari.* [→ ill. *astronautica*] **2** China, pendio: *la strada è in –.* • CONTR. Salita. [→ ill. *slitta*]
discesismo *s. m.* Specialità delle prove sportive di discesa con gli sci; SIN. Sci alpino; CFR. Sci nordico.
discesista **A** *s. m. e f.* (*pl. m. -i*) Specialista delle gare di discesa libera con gli sci; CFR. Slalomista. **B** *s. m.* Corridore ciclista abile nelle discese; CFR. Scalatore, arrampicatore.
discettàre *v. tr.* (*io discètto*) (*lett.*) Discutere, trattare.
discettatóre *s. m.* (*f. -trìce*) (*lett.*) Chi discetta.
discettazióne *s. f.* (*lett.*) Ampia trattazione di un argomento.
dischiùdere **A** *v. tr.* (*coniug. come chiudere*) **1** Aprire, schiudere: *– la bocca.* **2** (*fig.*) Svelare. **B** *v. intr. pron.* Aprirsi.
discinesìa *s. f.* (*med.*) Mancanza di coordinazione nel ritmo e nell'intensità dei movimenti.
discinètico **A** *agg.* (*pl. m. -ci*) Di discinesia. **B** *agg.; anche s. m.* (*f. -a*) Affetto da discinesia.
discìngere *v. tr.* (*coniug. come cingere*) (*lett.*) Togliere dal fianco ciò che lo cinge: *– la spada.*
discìnto *part. pass. di discingere; anche agg.* Vestito in modo succinto e scomposto.
disciògliere **A** *v. tr.* (*coniug. come sciogliere*) **1** (*lett.*) Disfare ciò che lega, stringe, ferma e sim. (*anche fig.*): *– i capelli.* **2** Ridurre allo stato liquido: *il calore discioglie la neve.* **B** *v. intr. pron.* Sciogliersi, liquefarsi. **C** *v. rifl.* (*lett.*) Liberarsi da ciò che lega, stringe e sim.
disciplina *s. f.* **1** Insegnamento, ammaestramento (*anche fig.*): *la – del sacrificio* | Materia di studio: *discipline giuridiche* | Ramo del sapere. **2** Complesso di norme che regolano il comportamento di un individuo, di un gruppo, o di un ente: *– di partito* | (*est.*) Obbedienza a tali norme: *imporsi la –* | *Tenere la –*, farla osservare | (*relig.*) Regolamento che riguarda il governo e i riti della Chiesa o di un ordine religioso | Abitudine di adempiere tutti i doveri dello stato militare. **3** Mazzo di funicelle con nodi, usato, in alcuni ordini religiosi, per la flagellazione penitenziale.
disciplinàbile *agg.* Che si può regolare | Che si può assoggettare alla disciplina.
disciplinàle *agg.* Della disciplina.
disciplinàre (1) **A** *v. tr.* (*io disciplìno*) **1** (*lett.*) Ammaestrare, insegnare. **2** Sottoporre, assuefare alla disciplina: *– una scolaresca.* **3** (*dir.*) Regolare con norme di condotta | (*est.*) Regolare secondo determinati criteri: *– il traffico.* **4** (*raro*) Percuotere con la disciplina. **B** *v. rifl.* Imporsi una disciplina.
disciplinàre (2) **A** *agg.* Che si riferisce alla disciplina: *provvedimento –.* **B** *s. m.* **1** (*dir.*) Capitolato d'oneri. **2** Documento contenente le modalità di svolgimento di una attività o le caratteristiche di un prodotto: *– del Chianti.*
disciplinatézza *s. f.* (*raro*) Qualità di disciplinato.
disciplinàto *part. pass. di disciplinare* (1); *anche agg.* Che osserva la disciplina: *alunno –* | Che si svolge con ordine, col rispetto delle norme stabilite; CONTR. Indisciplinato.
disc-jockey /*ingl.* 'disk'dʒɔki/ *s. m. inv.* (*pl. ingl. disc-jockeys* /'disk'dʒɔkiz/) Chi seleziona dischi in trasmissioni radiotelevisive.
disco *s. m.* (*pl. -schi*) **1** Corpo piatto di forma circolare: *un – metallico* | *– combinatore*, parte dell'apparecchio telefonico con la quale vengono inviati gli impulsi elettrici per la formazione del numero desiderato | *– orario*, cartoncino con l'indicazione delle ore di arrivo e di partenza che gli automobilisti debbono esporre sul parabrezza, nelle zone a sosta limitata | *– volante*, veicolo aereo o spaziale di incerta natura e provenienza, di cui sono stati avvistati molti esemplari, ma mai identificati | *– magnetico*, nei sistemi elettronici per l'elaborazione dei dati, disco con superficie magnetizzabile su cui sono memorizzati i dati. [→ ill. *cava, elaborazione dati, falegname, meccanica, sega, sollevamento, telefonia*] **2** (*anat.*) Anello fibroso interposto fra due capi articolari | *Ernia del, al –*, lussazione di un disco compreso fra due corpi vertebrali. **3** *– fonografico*, (*ell.*) *–*, piastra sottile in materiale termoplastico che porta registrata una informazione sonora sotto forma di un solco | *Cambiare –*, (*fig.*) mutare argomento di discorso. [→ ill. *suono*] **4** Attrezzo circolare in legno con centro metallico e orlo assottigliato e rivestito di lamina, che si lancia in gare sportive: *lancio del –* | Piastra di gomma dura usata nell'hockey su ghiaccio. [→ ill. *sport*] **5** Segnale meccanico, spec. ferroviario, le cui indicazioni sono ottenute mediante la rotazione di una lamina circolare variamente visualizzata intorno a un asse | *– verde*, (*fig.*) via libera | *– rosso*, (*fig.*) impedimento.
discòbolo *s. m.* (*f. -a*) Nell'atletica antica e moderna, lanciatore di disco.
discòfilo *s. m.* (*f. -a*) Chi è appassionato di dischi di musica e ne fa raccolta.
discografìa *s. f.* Tecnica di registrazione sonora su dischi fonografici | Produzione di dischi fonografici.
discogràfico **A** *agg.* (*pl. m. -ci*) Di discografia o disco fonografico. **B** *s. m.* (*f. -a*) Chi lavora nell'industria del disco fonografico.
discoidàle *agg.* Che ha forma di disco.
discòide **A** *agg.* Discoidale. **B** *s. m.* Compressa medicinale in forma di piccolo disco.
dìscolo *agg.; anche s. m.* (*f. -a*) Detto di chi, spec. ragazzo, si dimostra troppo vivace, insofferente di disciplina e sim.
discoloràre **A** *v. tr.* (*io discolóro*) (*lett.*) Privare del colore. **B** *v. intr. pron.* (*lett.*) Perdere il colore.
discólpa *s. f.* Dimostrazione che libera o tende a liberare da una colpa | Giustificazione, scusa.
discolpàre **A** *v. tr.* (*io discólpo*) Difendere da un'accusa o da un sospetto dimostrando la mancanza di colpa; SIN. Scagionare. **B** *v. rifl.* Giustificarsi, difendersi da un'accusa.
discompórre *v. tr.* (*coniug. come porre*) (*raro*) Disfare, scomporre.
disconnèttere o *disconnéttere v. tr.* (*coniug. come connettere*) (*lett.*) Separare ciò che è connesso.
disconoscènte *part. pres. di disconoscere; anche agg.* Che non sente riconoscenza; SIN. Ingrato.
disconóscere *v. tr.* (*coniug. come conoscere*) Rifiutarsi di riconoscere: *– i benefici ricevuti.*
disconosciménto *s. m.* Rifiuto di riconoscere qc. o q.c. | *Azione di – della paternità*, concessa al marito che non voglia attribuirsi la paternità del nato dalla propria moglie, nei casi previsti dalla legge.
discontinuità *s. f.* Mancanza di continuità.
discontìnuo *agg.* **1** Non continuo, non uguale. **2** (*fig.*) Incostante | Disorganico.
disconvenìre *v. intr. e intr. pron.* (*coniug. come venire; aus. essere; anche impers.*) (*lett.*) Essere sconveniente, disdicevole.
discoprìre **A** *v. tr.* (*coniug. come coprire*) **1** (*lett.*) Scoprire. **2** Inventare, trovare. **3** Far noto, manifesto. **B** *v. rifl.* (*lett.*) Spogliarsi, scoprirsi (*anche fig.*). **C** *v. intr. pron.* (*lett.*) Apparire.
discordànte *part. pres. di discordare; anche agg.* Che non si accorda | Contrastante, opposto: *opinioni discordanti.*
discordànza *s. f.* **1** Mancanza di accordo, di armonia; SIN. Disarmonia. **2** Divario, contrasto di opinioni.
discordàre *v. intr. e intr. pron.* (*io discòrdo; aus. intr. avere*) **1** Non essere d'accordo, avere diversa opinione: *le sue idee discordano dalle nostre*; SIN. Dissentire. **2** Non armonizzare, detto di colori, suoni e sim.
discòrde *agg.* Che non è in concordia, in armonia; CONTR. Concorde.
discòrdia *s. f.* **1** Mancanza di concordia, armonia, accordo e sim.: *– tra i cittadini*; *entrare in – con qc.* |

Pomo della —, quello che, secondo la mitologia, venne offerto dalla dea della discordia 'alla più bella', dando origine alla contesa fra le dee; (*fig.*) motivo di rivalità, contesa e sim.; SIN. Dissidio; CONTR. Concordia. **2** Diversità di vedute: — *tra i filosofi.*

discórrere *v. intr.* (*coniug. come correre; aus. avere*) **1** Parlare, ragionare con una certa ampiezza di q.c.: — *di politica* | *E via discorrendo*, e così di seguito; SIN. Conversare. **2** (*dial.*) Essere fidanzati, fare all'amore.

discorsività *s. f.* Qualità di discorsivo.

discorsivo *agg.* **1** Che si riferisce al discorso | Che ha carattere di discorso: *tono* —. **2** Che ama discorrere.

discórso *s. m.* **1** Conversazione, colloquio, ragionamento: *attaccare* — *con qc.*; *entrare in* — | *Cambiare* —, parlare d'altro. **2** Dissertazione intorno a un determinato argomento, scritta o pronunciata in pubblico; SIN. Conferenza, orazione. **3** (*ling.*) Ogni enunciato superiore alla frase | *Parti del* —, le categorie nelle quali la grammatica ripartisce le parole; CFR. Testo. **4** (*est., fig.*) Orientamento, impostazione e sim.: *portare avanti un certo tipo di* —.

discostàre **A** *v. tr.* (*io discòsto*) Scostare, rimuovere (*anche fig.*). **B** *v. rifl. e intr. pron.* **1** Scostarsi. **2** (*fig.*) Divergere per opinioni, atteggiamenti e sim.: *discostarsi dalla tradizione.*

discòsto **A** *agg.* Lontano, distante: *un sentiero* — *dalla strada* | (*fig.*) Alieno: — *dai divertimenti.* **B** *avv.* Lontano: *due miglia* —. **C** *nella loc. prep.* — *da*, lontano da: *tenetevi* — *dal muro.*

discotèca *s. f.* **1** Raccolta di dischi | Luogo ove ha sede tale raccolta. **2** Locale in cui si balla al suono di dischi.

discotecàrio *s. m.* (*f. -a*) Chi ha cura di una discoteca.

discrașia *s. f.* (*med.*) Alterazione dell'equilibrio tra i componenti del sangue.

discreditàre **A** *v. tr.* (*io discrédito*) (*lett.*) Togliere credito, stima. **B** *v. intr. pron.* Perdere credito, stima.

discrédito *s. m.* Diminuzione, perdita del credito, della stima, della reputazione e sim.: *cadere, venire in* —; *trovarsi in* — *presso qc.*; SIN. Disistima.

discrepànza *s. f.* **1** (*mat.*) Differenza, divario. **2** Disaccordo, diversità di idee, opinioni, sentimenti e sim.

discrepàre *v. intr.* (*io discrepo; aus. avere*) (*raro, lett.*) Essere differente, in contrasto.

discretaménte *avv.* **1** Con discrezione: *agire* —. **2** In modo soddisfacente: *guadagna* — | Abbastanza: — *caro.*

discretézza *s. f.* Qualità di discreto.

discretivo *agg.* **1** (*lett.*) Che serve a discernere: *giudizio* —. **2** (*raro*) Discrezionale.

discréto *agg.* **1** (*lett.*) Che sa discernere, giudicare rettamente. **2** Non esigente, moderato, nelle richieste: *è stato* — *nel chiedere il prezzo* | Non importuno: *domanda discreta*; CONTR. Indiscreto. **3** Abbastanza buono: *un* — *pittore* | Più che sufficiente, non piccolo: *avere una discreta fame.*

discrezionàle *agg.* (*dir.*) Rimesso, affidato alla discrezione | *Potere* —, potere che il magistrato ha di valutare i fatti e operare secondo la propria coscienza.

discrezionalità *s. f.* Potere discrezionale.

discrezióne *s. f.* **1** Capacità di discernere e giudicare rettamente. **2** Senso della misura, della moderazione. **3** Volontà priva di limiti imposti dall'esterno: *giudicare, decidere, a propria* —.

discriminànte **A** *part. pres. di discriminare; anche agg.* Che discrimina: *elemento* —. **B** *s. m.* (*mat.*) Espressione matematica che serve a discernere la quantità rappresentata. **C** *s. f.* **1** (*dir.*) Circostanza e sim. che diminuisce o annulla la responsabilità di un reato. **2** Fattore, elemento distintivo.

discriminàre *v. tr.* (*io discrìmino*) Distinguere una o più cose o persone da altre.

discriminatùra *s. f.* Scriminatura dei capelli.

discriminazióne *s. f.* Il discriminare, il fare differenza | Disparità di trattamento | — *razziale*, quella condotta nei confronti dei popoli di colore.

discromatopsia *s. f.* (*med.*) Daltonismo.

discussióne *s. f.* **1** Attento esame di un argomento sulla base di diverse opinioni | Dialogo, colloquio: *aprire, chiudere una* — | *Mettere in* —, criticare, sottoporre a dibattito; SIN. Dibattito. **2** (*est.*) Battibecco, contrasto, litigio.

discùsso *part. pass. di discutere; anche agg.* Che provoca molte polemiche e discussioni: *una personalità discussa.*

discùtere *v. tr. e intr.* (*pass. rem. io discùssi, tu discutésti; part. pass. discùsso*) **1** Esaminare e considerare attentamente un argomento, prospettando diverse opinioni, col fine di chiarirlo, di appurare la verità, di prendere una decisione e sim. **2** Mettere in dubbio la validità di un argomento: *la sua serietà può essere discussa.* **3** (*est.*) Altercare.

discutìbile *agg.* Che si può discutere, che può sollevare critiche; CONTR. Indiscutibile.

discutibilità *s. f.* Qualità di discutibile.

dișdegnàre **A** *v. tr.* (*io dișdégno*) Considerare con sdegno: — *le lodi*; SIN. Disprezzare. **B** *v. intr. pron.* (*lett.*) Sdegnarsi.

dișdégno *s. m.* Sdegno, disprezzo.

dișdegnóso *agg.* (*lett.*) Pieno di sdegno.

dișdétta *s. f.* **1** Sfortuna: *avere* — *nel giuoco* | *Che* —!, che sfortuna! **2** (*dir.*) In un contratto, dichiarazione unilaterale, comunicata all'altra parte, dell'intenzione di sciogliersi da un contratto concluso: *dare la* —.

dișdicévole *agg.* Sconveniente.

dișdìre **A** *v. tr.* (*coniug. come dire*) **1** Negare le affermazioni proprie o altrui: *ha disdetto le nostre parole* | Ritrattare ciò che si è detto o fatto in precedenza: — *le accuse.* **2** Sciogliere, rescindere: — *un contratto* | Annullare un impegno: *un appuntamento.* **B** *v. rifl.* Ritirarsi.

dișdìrsi *v. intr. pron.* (*dif. dei tempi comp.; coniug. come dire;* si usa solo nella terza pers. sing. e pl.) Essere disadatto, sconveniente: *quell'abito ti si disdice.*

dișdòro *s. m.* Disonore, vergogna: *quelle parole furono pronunciate a suo* —.

diședucàre *v. tr.* (*io dișèduco, dișèduchi*) Educare male o annullare gli effetti dell'educazione.

diședucativo *agg.* Che diseduca.

diședucazióne *s. f.* Annullamento, danneggiamento dell'educazione ricevuta | Cattiva educazione.

disegnàre *v. tr.* (*io diségno*) **1** Rappresentare per mezzo di segni, linee e sim.: — *un cane.* **2** (*fig.*) Progettare nella mente un lavoro prima di eseguirlo: — *un'impresa*; SIN. Ideare. **3** (*fig.*) Descrivere con le parole: *ha disegnato il carattere dei personaggi.* **4** Avere in animo di fare q.c.: *disegnò di partire presto*; SIN. Progettare.

disegnatóre *s. m.* (*f. -trice*) Chi disegna, spec. per professione. [→ ill. *disegnatore*]

diségno *s. m.* **1** Rappresentazione con linee e segni di figure immaginate o di oggetti reali: *un* — *a matita, a pastello*; — *geometrico* | Arte del disegnare: *scuola di* —. [→ ill. *disegnatore*] **2** (*fig.*) Traccia schematica di un'opera letteraria o artistica in genere: *il* — *di un romanzo*; SIN. Schema. **3** Intenzione, proposito: *il suo* — *di intervento è audace* | (*dir.*) — *di legge*, progetto di legge presentato dal Governo al Parlamento; SIN. Progetto.

dișeguàle e deriv. V. *disuguale* e deriv.

dișequilìbrio *s. m.* (*fis.*) Assenza di equilibrio.

dișerbànte **A** *part. pres. di diserbare; anche agg.* Che diserba. **B** *s. m.* Preparato chimico atto a distruggere le erbe nocive; SIN. Erbicida.

dișerbàre *v. tr.* (*io dișèrbo*) Liberare un terreno dalle erbe infestanti.

dișeredàre *v. tr.* (*io dișerèdo*) Privare dell'eredità.

dișeredàto **A** *part. pass. di diseredare; anche agg.* **1** Privato dell'eredità. **2** (*est.*) Misero, povero. **B** *s. m.* (*f. -a*) Chi manca del necessario per vivere.

dișeredazióne *s. f.* Esclusione di un erede dalla successione.

dișertàre **A** *v. tr.* (*io dișèrto*) **1** (*lett.*) Distruggere, devastare: — *una contrada.* **2** Abbandonare: *i contadini disertano i campi.* **B** *v. intr.* (*aus. avere*) **1** Abbandonare il reparto in cui si presta servizio militare. **2** (*est.*) Abbandonare un'organizzazione, gruppo ideologico e sim. cui si era spontaneamente aderito: *ha disertato dal partito*; SIN. Defezionare.

dișertóre *s. m.* (*f. -trìce, raro*) **1** Militare che abbandona il reparto di appartenenza. **2** (*est.*) Chi abbandona una causa, un'idea, un partito e sim.

dișerzióne *s. f.* **1** Reato del militare che diserta. **2** (*est.*)

Abbandono del proprio ufficio, lavoro, partito e sim.; SIN. Defezione.
disfacìbile *agg.* Che si può disfare.
disfaciménto *s. m.* **1** Atto del disfare e del disfarsi | Putrefazione, decomposizione. **2** (*fig.*) Sfacelo, dissoluzióne: *il – di una famiglia.*
disfagìa *s. f.* (*pl. -gìe*) (*med.*) Difficoltà di deglutizione.
disfàre **A** *v. tr.* (*io disfàccio o disfò o dìsfo, tu disfài, egli disfà o dìsfa, noi disfacciàmo, voi disfàte, essi disfànno o dìsfano; per le altre forme coniug. come fare*) Distruggere o scomporre (*anche fig.*): *– un lavoro* | *– un paese*, devastarlo | Sciogliere, liquefare: *il calore disfa le sostanze grasse.* **B** *v. intr. pron.* **1** Ridursi in pezzi: *intere città si disfecero per il terremoto* | Andare in putrefazione | Sciogliersi: *la neve si disfa.* **2** (*fig.*) Struggersi, consumarsi: *disfarsi dal dolore.* **C** *v. rifl.* Liberarsi, sbarazzarsi: *disfarsi di un oggetto.*
disfàtta *s. f.* Sconfitta definitiva di un esercito o di un complesso di forze.
disfattìşmo *s. m.* **1** Atteggiamento di chi, in tempo di guerra, tende a menomare la resistenza politica, economica o militare del proprio Stato. **2** (*fig.*) Atteggiamento di sfiducia.
disfattista **A** *s. m. e f.* (*pl. m. -i*) Chi desidera e procura la disfatta bellica del proprio paese | (*est.*) Chi dimostra pessimismo sull'esito di un'impresa. **B** *agg.* Che induce a credere probabile la disfatta: *azione –.*
disfavóre *s. m.* (*lett.*) Danno, svantaggio | *Argomento a –*, contrario.
disfida *s. f.* (*lett.*) Sfida: *la – di Barletta.*
disfidàre *v. tr.* (*raro, lett.*) Sfidare.
disfioràre *v. tr.* (*io disfióro*) **1** (*raro*) Privare del fiore. **2** (*fig., lett.*) Disonorare. **3** Deflorare.
disfonìa *s. f.* (*med.*) Alterazione della voce.
disforìa *s. f.* Stato d'animo di oppressione angosciosa e di tristezza; CONTR. Euforia.
disfunzióne *s. f.* **1** (*med.*) Alterazione della funzione di un organo. **2** (*est.*) Cattivo funzionamento di enti e sim.
dişgelàre **A** *v. tr.* (*io dişgèlo*) Sciogliere il ghiaccio: *il sole disgela i campi*; SIN. Sgelare. **B** *v. intr. e intr. pron.* (*aus. intr. essere o avere; anche impers.*) Liberarsi dal gelo, dal ghiaccio: *il lago disgela.*
dişgèlo *s. m.* **1** Fusione del ghiaccio e della neve dovuta alla temperatura che sale sopra allo zero. **2** (*fig.*) Miglioramento dei rapporti tra due o più persone | Superamento di posizioni politiche particolarmente rigide.
dişgiùngere **A** *v. tr.* (*coniug. come giungere*) **1** Separare, disunire, dividere. **2** (*fig.*) Considerare separatamente: *– un'idea dalla sua realizzazione.* **B** *v. rifl. e rifl. rec.* Dividersi, separarsi.
dişgiungiménto *s. m.* (*raro*) Separazione, allontanamento.
dişgiuntìvo *agg.* Atto a disgiungere | *Congiunzione disgiuntiva*, che coordina due parole o frasi dividendole | *Proposizione disgiuntiva*, quella che contiene un'alternativa.
dişgiunzióne *s. f.* Separazione | (*fig.*) Distinzione.
dişgràzia *s. f.* **1** Perdita della grazia o del favore altrui: *essere, cadere, venire in – di qc.* | *In – di Dio*, in peccato mortale. **2** Sorte avversa, sventura: *essere perseguitato dalla –* | *– volle che*, malauguratamente avvenne che | *Portare –*, essere causa di guai; SIN. Avversità, sfortuna. **3** Avvenimento improvviso e luttuoso; SIN. Sciagura. [→ tav. *proverbi* 243]
dişgraziataménte *avv.* Per disgrazia, per sfortuna.
dişgraziàto **A** *agg.* **1** Che non ha fortuna, che è perse-

strumenti e apparecchi del disegnatore

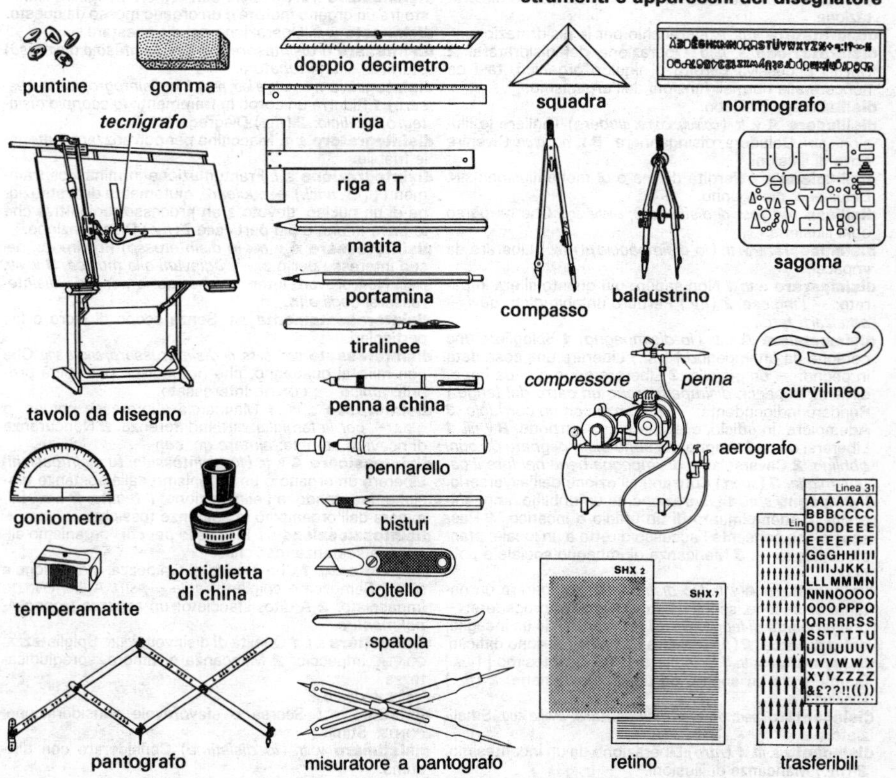

guitato da malanni e disgrazie; SIN. Sfortunato, sventurato. **2** Che si è svolto male, che ha prodotto esiti spiacevoli: *viaggio, anno* —; SIN. Sfortunato. **B** *s. m.* (*f.* -*a*) **1** Persona disgraziata: *aiutare i disgraziati* | (*est.*, *pop.*) Persona affetta da deformazione, infermità e sim. **2** Persona degna di pietà o disprezzo | Persona cattiva, malvagia.

diṣgregàbile *agg.* Che si può disgregare.

diṣgregaménto *s. m.* Disgregazione (*spec. fig.*): *il — della famiglia.*

diṣgregàre **A** *v. tr.* (*io diṣgrègo, tu diṣgrèghi*) **1** Frantumare un corpo solido: *la pioggia disgrega la roccia.* **2** (*fig.*) Privare un gruppo, una comunità, della coesione ideologica, politica, sociale: *le rivalità hanno disgregato il partito*; SIN. Disunire. **B** *v. intr. pron.* **1** Andare in frantumi. **2** (*fig.*) Perdere la coesione e l'accordo: *la famiglia si è disgregata.*

diṣgregatìvo *agg.* Atto a disgregare.

diṣgregatóre **A** *agg.* Che tende a disgregare (*spec. fig.*). **B** *anche s. m.* (*f.* -*trice*).

diṣgregazióne *s. f.* Frantumazione | — *delle rocce*, sgretolamento delle superfici rocciose dovuto a processi di natura fisica e agli agenti atmosferici | (*fig.*) Sfascio, disunione.

diṣguìdo *s. m.* Errore di spedizione o di recapito.

diṣgustàre **A** *v. tr.* (*io diṣgùsto*) **1** Dare disgusto; SIN. Nauseare, ripugnare, stomacare. **2** (*fig.*) Provocare fastidio, ripugnanza: *un lavoro che disgusta.* **B** *v. intr. pron.* **1** Provare disgusto, nausea: *mi sono disgustato dei grassi.* **2** (*fig.*) Non essere più in buoni rapporti con qc.: *si è disgustato con noi.*

diṣgùsto *s. m.* Senso di nausea, di ripugnanza: *ho il — delle sigarette* | (*fig.*) Repulsione morale.

diṣgustóso *agg.* Che provoca disgusto; SIN. Cattivo, nauseante, ripugnante, stomachevole.

diṣidratàre **A** *v. tr.* Privare o impoverire una sostanza dell'acqua; SIN. Deidratare. **B** *v. intr. pron.* Subire disidratazione.

diṣidratatóre *s. m.* Apparecchio per la disidratazione.

diṣidratazióne *s. f.* **1** Operazione del disidratare. **2** (*med.*) Eccessiva perdita di liquido organico, tale da nuocere alle normali funzioni dell'organismo.

disillabo *agg.* Bisillabo.

diṣillùdere **A** *v. tr.* (*coniug. come illudere*) Togliere le illusioni; SIN. Deludere, disingannare. **B** *v. intr. pron.* Divenire privo di illusioni.

diṣillusióne *s. f.* Perdita di una o di molte illusioni; SIN. Delusione, disinganno.

diṣillùṣo *part. pass. di disilludere; anche agg.* Che ha perso ogni illusione.

diṣimpacciàre *v. tr.* (*io diṣimpàccio*) (*raro*) Liberare da impacci.

diṣimparàre *v. tr.* **1** Non sapere più quanto si era imparato: — *l'inglese.* **2** (*fig.*) Perdere un'abitudine: *devi — ad alzarti tardi.*

diṣimpegnàre **A** *v. tr.* (*io diṣimpégno*) **1** Sciogliere una persona da un impegno | (*est.*) Liberare una cosa data in pegno: — *un gioiello.* **2** Liberare qc. o q.c. da impedimenti, impacci: *disimpegnarono un carro dal fango* | Rendere indipendente: — *le stanze con un corridoio.* **3** Adempiere un ufficio, esercitare una funzione. **B** *v. rifl.* **1** Liberarsi da un impegno: *mi sono disimpegnato da ogni obbligo.* **2** Cavarsela: *si disimpegna bene nel fare il capofamiglia.* **3** (*sport*) Sottrarsi all'azione dell'avversario.

diṣimpégno *s. m.* **1** Liberazione da un obbligo, impegno e sim. | Adempimento di un ufficio o incarico. **2** Passaggio che consente l'accesso diretto a un locale: *stanza, locale di* —. **3** Mancanza di impegno sociale e politico.

diṣincagliàre **A** *v. tr.* (*io diṣincàglio*) **1** Liberare un natante da secche, scogli e sim. **2** (*fig.*) Far procedere: — *una proposta di legge.* **B** *v. rifl.* **1** Liberarsi da un incaglio, detto di barca. **2** (*fig.*) Uscire da una situazione difficile.

diṣincantàre *v. tr.* **1** Sciogliere da un incantesimo | (*est.*) Scuotere da un sogno, da una fantasticheria. **2** (*fig.*) Disilludere.

diṣincantàto *part. pass. di disincantare; anche agg.* Smaliziato.

diṣincànto *s. m.* **1** (*raro*) Liberazione da un incantesimo. **2** (*fig.*) Mancanza di illusioni.

diṣincentivàre *v. tr.* Scoraggiare: — *i viaggi all'estero.*

diṣincrostànte **A** *part. pres. di disincrostare; anche agg.* Che disincrosta. **B** *s. m.* Sostanza chimica che, aggiunta all'acqua delle caldaie, impedisce la formazione di incrostazioni sulle pareti.

diṣincrostàre *v. tr.* (*io diṣincròsto*) Liberare da incrostazioni.

diṣindustrializzàre *v. tr.* Abolire o ridurre le industrie di una città o regione.

diṣinfestàre *v. tr.* (*io diṣinfèsto*) Liberare un luogo o una persona da insetti, parassiti e sim.: — *la casa dai topi, un campo dalle erbacce.*

diṣinfestatóre *s. m.* (*f.* -*trìce*) Chi è addetto alla disinfestazione.

diṣinfestazióne *s. f.* Operazione del disinfestare.

diṣinfettànte **A** *part. pres. di disinfettare; anche agg.* Che disinfetta. **B** *s. m.* Sostanza atta a distruggere i microrganismi che provocano le infezioni.

diṣinfettàre *v. tr.* (*io diṣinfètto*) Distruggere i germi patogeni.

diṣinfettóre *s. m.* Tecnico della disinfezione.

diṣinfezióne *s. f.* Complesso delle operazioni intese a distruggere i germi patogeni.

diṣinfiammàre *v. tr.* Togliere l'infiammazione.

diṣinformàto *agg.* Che manca della necessaria informazione.

diṣingannàre **A** *v. tr.* (*io diṣingànno*) **1** Togliere dall'errore. **2** Deludere, disilludere. **B** *v. intr. pron.* Rendersi conto della verità: *disingannarsi di, su, qc.*

diṣingànno *s. m.* Perdita delle illusioni | Delusione; SIN. Disillusione.

diṣinibìto *agg.* Che è privo di inibizioni, complessi e sim. | Spregiudicato: *linguaggio* —.

diṣinnescàre *v. tr.* (*io diṣinnésco, tu diṣinnéschi*) Disattivare una bomba, una mina e sim., togliendo l'innesco.

diṣinnésco *s. m.* (*pl.* -*schi*) Operazione del disinnescare.

diṣinnestàre *v. tr.* (*io diṣinnèsto*) (*mecc.*) Togliere l'innesto fra un organo motore e un organo mosso da questo.

diṣinnèsto *s. m.* Operazione del disinnestare.

diṣintaṣàre o *diṣintaṣàre v. tr.* (*io diṣintàso o diṣintàṣo*) Sturare: — *una tubatura.*

diṣintegràre *v. tr., intr. e intr. pron.* (*io diṣintegro; aus. intr. essere*) **1** Ridurre un corpo in frammenti: *lo scoppio disintegrò l'edificio.* **2** (*fig.*) Disgregare.

diṣintegratóre *s. m.* Macchina per polverizzare materiale friabile.

diṣintegrazióne *s. f.* Frantumazione in minuscoli frammenti | (*fis. nucl.*) — *nucleare*, mutamento di costituzione di un nucleo, dovuto a un processo radioattivo che lo priva di una o più particelle | (*fig.*) Disgregazione.

diṣinteressàre **A** *v. tr.* (*io diṣinterèsso*) Privare qc. del suo interesse per q.c.: — *i giovani alla musica.* **B** *v. intr. pron.* Non provare interesse per qc. o per q.c.: *disinteressarsi degli altri.*

diṣinteressataménte *avv.* Senza scopo di lucro o fini particolari.

diṣinteressàto *part. pass. di disinteressare; anche agg.* Che non mira al guadagno, che non agisce per utilità propria: *amico* —; CONTR. Interessato.

diṣinterèsse *s. m.* **1** Mancanza d'interesse per qc. o q.c.: — *per la famiglia*; SIN. Indifferenza. **2** Noncuranza di ricavare un utile: *aiutare qc. con* —.

diṣintossicàre **A** *v. tr.* (*io diṣintòssico, tu diṣintòssichi*) Liberare un organo o un organismo dalle sostanze tossiche, facilitandone l'eliminazione: *il fegato.* **B** *v. rifl.* Eliminare dall'organismo le sostanze tossiche.

diṣintossicazióne *s. f.* Processo per cui l'organismo elimina le sostanze tossiche.

diṣinvòlto *agg.* **1** Che è privo di timidezza, indecisione e sim. | Semplice e spigliato: *stile* —; SIN. Agile; CONTR. Impacciato. **2** Ardito, sfacciato: *un ragazzo troppo — nel mentire.*

diṣinvoltùra *s. f.* **1** Qualità di disinvolto; SIN. Spigliatezza; CONTR. Impaccio. **2** Mancanza di timore, spregiudicatezza.

diṣìo V. *desio.*

diṣistima *s. f.* Scarsa o sfavorevole considerazione; CONTR. Stima.

diṣistimàre *v. tr.* (*io diṣistìmo*) Considerare con disistima.

dislalìa *s. f.* (*med.*) Disturbo della pronuncia per difetto di conformazione degli organi vocali.
dislivèllo *s. m.* **1** Differenza di livello o di quota tra due punti: *un — di pochi metri.* **2** (*fig.*) Diversità di grado, condizione e sim.: *— tecnologico.*
dislocaménto *s. m.* **1** Collocazione di truppe, materiali e sim. in determinate zone. **2** (*mar.*) Peso dell'acqua spostata dalla parte immersa dello scafo.
dislocàre *v. tr.* (*io dislòco, tu dislòchi*) Ripartire in zone opportune le forze armate, secondo esigenze d'ordine vario | (*est.*) Collocare nel luogo più opportuno: *— i rappresentanti in varie province.*
dislocazióne *s. f.* **1** Ripartizione, collocazione nel territorio: *— delle biblioteche.* **2** (*geol.*) Modificazione delle condizioni originarie di giacitura di masse rocciose sottoposte a forze tettoniche.
dismenorrèa *s. f.* (*med.*) Mestruazione preceduta o accompagnata da dolore.
dismisùra *s. f.* Mancanza della giusta misura | Smoderatezza, eccesso | *A —*, eccessivamente.
dismnesìa *s. f.* (*psicol.*) Alterazione della memoria.
disobbedire e deriv. V. *disubbidire* e deriv.
disobbligàre **A** *v. tr.* (*io disòbbligo, tu disòbblighi; part. pass. disobbligàto*) Liberare qc. da un obbligo, da un vincolo, da un impegno e sim.: *— qc. da un voto.* **B** *v. rifl.* **1** (*raro*) Affrancarsi da un obbligo. **2** Sdebitarsi contraccambiando ciò che si è ricevuto: *disobbligarsi con qc. per un favore.*
disoccupàre **A** *v. tr.* (*io disòccupo*) (*raro*) Lasciare libero, non occupare più. **B** *v. rifl.* Rendersi libero da occupazioni o impegni.
disoccupàto **A** *part. pass. di disoccupare; anche agg.* **1** Che è senza lavoro, senza occupazione: *operai disoccupati.* **2** (*lett.*) Ozioso: *vita disoccupata.* **B** *s. m.* (*f. -a*) Chi non ha o non trova lavoro.
disoccupazióne *s. f.* Condizione di chi non riesce a trovare lavoro pur essendo in grado di lavorare | Complesso di coloro i quali non trovano lavoro | *— tecnologica*, provocata dall'introduzione di nuove macchine nelle imprese.
disonestà *s. f.* **1** Mancanza di onestà e di rettitudine; CONTR. Onestà. **2** Atto, comportamento disonesto.
disonèsto **A** *agg.* **1** Che è privo di onestà, rettitudine | (*est.*) Losco, corrotto: *politicante —.* **2** Che è privo di pudore o è contrario al pudore: *spettacoli disonesti.* **B** *s. m.* (*f. -a*) Persona disonesta. ● CONTR. Onesto.
disonoràre **A** *v. tr.* (*io disonóro*) **1** Privare dell'onore, macchiare l'onore: *— il proprio nome*; SIN. Infamare, screditare. **2** Sedurre, violentare: *— una donna.* **B** *v. rifl.* Ledere il proprio onore, perdere l'onore.
disonóre *s. m.* **1** Perdita dell'onore; SIN. Infamia, vergogna. **2** Atto, persona che disonora.
disonorévole *agg.* Che arreca disonore; SIN. Infamante.
disopìa *s. f.* (*med.*) Alterazione della vista.
disópra o *di sópra* **A** *avv.* **1** Sopra. **2** Prima, in uno scritto: *come ho già detto —.* **B** *in funzione di agg. inv.* Superiore: *il piano —* | Esterno: *la parte — della foglia.* **C** *in funzione di s. m. inv.* La parte superiore o esterna di q.c.
disordinàre **A** *v. tr.* (*io disórdino*) **1** Privare dell'ordine, mettere in disordine: *il vento disordina tutte le carte.* **2** (*fig.*) Confondere, sconvolgere: *— i piani di qc.* **B** *v. intr.* (*aus. avere*) Essere eccessivo, sregolato: *— nel bere.* **C** *v. intr. pron.* Uscire dall'ordine.
disordinàto **A** *part. pass. di disordinare; anche agg.* **1** Alieno dall'ordine e dall'esattezza: *famiglia disordinata* | Privo di coerenza, chiarezza e sim.: *racconto —.* **2** Privo di modo e di misura: *bevitore —*; SIN. Confuso, sregolato. **B** *s. m.* (*f. -a*) Persona disordinata.
disórdine *s. m.* **1** Perturbamento dell'ordine, stato di confusione: *qui regna il —; mettere, portare, il —; — nelle idee; stato di — mentale* | *In —*, in stato di confusione, scompiglio e sim.: *avere i capelli in —.* **2** Mancanza di temperanza, di sobrietà: *— nel mangiare*; SIN. Sregolatezza. **3** *spec. al pl.* Tumulto, moto popolare.
disorgànico *agg.* (*pl. m. -ci*) Che manca di organicità; CONTR. Organico.
disorganizzàre **A** *v. tr.* Privare in tutto o in parte dell'ordine, dell'organizzazione: *— un ente.* **B** *v. intr. pron.* Venire a trovarsi in uno stato di confusione, disordine.
disorganizzazióne *s. f.* Mancanza di organizzazione.
disorientaménto *s. m.* Mancanza, perdita dell'orientamento | (*fig.*) Confusione, smarrimento: *il — morale del dopoguerra.*
disorientàre **A** *v. tr.* (*io disoriènto*) **1** Turbare qc. alterandone il senso della direzione. **2** (*fig.*) Sconcertare, confondere: *la sua reazione mi disorientò.* **B** *v. intr. pron.* **1** Confondersi sulla direzione da seguire o da prendere: *disorientarsi in un bosco.* **2** (*fig.*) Rimanere perplesso.
disorientàto *part. pass. di disorientare; anche agg.* Che ha perso l'orientamento | (*fig.*) Confuso, sconcertato.
disorlàre *v. tr.* (*io disórlo*) Disfare un orlo.
disormeggiàre **A** *v. tr.* (*io disorméggio*) (*mar.*) Liberare un'imbarcazione dall'ormeggio: *— un peschereccio.* **B** *v. intr.* (*aus. essere*) (*mar.*) Perdere l'ormeggio.
disossàre *v. tr.* (*io disòsso*) Togliere le ossa a un animale ucciso: *— un pollo.* [→ ill. *coltello, macelleria*]
disossidànte *part. pres. di disossidare; anche agg. e s. m.* Sostanza che disossida.
disossidàre *v. tr.* (*io disòssido*) (*chim.*) Privare, in tutto o in parte, un composto dell'ossigeno.
disótto o *di sótto* **A** *avv.* Sotto, giù. **B** *in funzione di agg. inv.* Inferiore: *il piano —* | Interno: *la parte — della foglia.* **C** *in funzione di s. m. inv.* La parte inferiore o interna di q.c.
dispàccio *s. m.* **1** Documento epistolare concernente questioni di rilievo, spec. affari di Stato. **2** (*est., gener.*) Comunicazione scritta.
disparàto *agg.* Che non presenta alcuna somiglianza con altre cose, persone, o sim.
disparére *s. m.* (*raro*) Parere diverso da quello di altri | Leggero dissenso.
dìspari o *dispàri nel sign. 2 agg.* **1** Detto di numero intero che non è divisibile per due; CONTR. Pari. **2** Inferiore, inadeguato: *sostenere l'attacco con forze —*; SIN. Impari.
disparìre *v. intr.* (*pres. io dispàio o disparìsco, tu dispàri o disparìsci, egli dispàre o disparìsce, noi dispariàmo, voi disparìte, essi dispàiono o disparìscono; pass. rem. io dispàrvi o disparìi, tu disparìsti, egli dispàrve o disparì, noi disparìmmo, voi disparìste, essi dispàrvero o disparìrono; congv. pres. io dispàia, noi dispariàmo, voi dispariàte, essi dispàiano; part. pass. disparìto o dispàrso; aus. essere*) (*raro, lett.*) Sparire, scomparire, dileguarsi.
disparità *s. f.* Disuguaglianza, differenza: *— di trattamento.*
dispàrso *part. pass. di disparire; anche agg.* (*raro, lett.*) Scomparso, sparito.
dispàrte *avv.* Nella loc. *in —*, da lato, in un luogo discosto | *Tenersi, starsene in —*, (*est.*) vivere appartato | *Mettere, lasciare in — qc., q.c.*, (*fig.*) non curarsene più | *Tenere in — qc.*, (*fig.*) non farlo partecipare a q.c.
dispèndio *s. m.* Spesa eccessiva, spreco di denaro | Consumo eccessivo.
dispendiosaménte *avv.* Con dispendio.
dispendióso *agg.* Che comporta dispendio; SIN. Caro, costoso.
dispènsa *s. f.* **1** Distribuzione, somministrazione: *una — di viveri.* **2** Stanza ove si tengono in serbo provviste di cibi | Mobile per quanto occorre per il servizio della mensa. **3** Atto mediante il quale una autorità esenta taluno dall'osservanza di date prescrizioni per il compimento di certe attività. **4** Fascicolo di un'opera pubblicata periodicamente: *— di una enciclopedia.*
dispensàbile *agg.* Che si può dispensare.
dispensàre **A** *v. tr.* (*io dispènso*) **1** Dividere, distribuire, fra più persone: *— elemosine*; SIN. Elargire. **2** Rendere esente qc. dal fare q.c. cui di regola sarebbe tenuto: *— qc. dagli esami*; SIN. Esentare, esimere, esonerare. **B** *v. rifl.* Esimersi dal fare o dal dire q.c.: *non posso dispensarmi dal parlare.*
dispensàrio *s. m.* Istituto ospedaliero dove si danno consulti e medicamenti gratuiti.
dispensatóre **A** *s. m.* (*f. -trìce*) Chi dispensa. **B** *anche agg.*
dispensière *s. m.* (*f. -a*) **1** (*lett.*) Chi dispensa (*anche fig.*). **2** Chi ha la cura e la sorveglianza della dispensa.
dispepsìa *s. f.* (*med.*) Disturbo della funzione digestiva.
dispèptico **A** *agg.* (*pl. m. -ci*) Di dispepsia. **B** *agg.; anche s. m.* (*f. -a*) Affetto da dispepsia.
disperàre **A** *v. tr.* (*io dispèro*) (*lett.*) Non sperare più di ottenere q.c., di riuscire in q.c. e sim.: *dispera la vittoria*; *dispero che egli possa vincere la gara.* **B** *v. intr.* (*aus. ave-*

re) Perdere completamente la speranza: — *della salvezza* | *Far — qc.*, ridurlo alla disperazione, tormentarlo. **C** *v. intr. pron.* Abbandonarsi alla disperazione: *si dispera per il fallimento.*

disperataménte *avv.* In modo disperato.

disperàto **A** *part. pass. di disperare; anche agg.* **1** Che ha perso ogni speranza. **2** Che è provocato dalla disperazione: *gesto* — | *Alla disperata*, con furia, alla meno peggio. **B** *s. m.* (*f.* -*a*) **1** Chi non nutre più alcuna speranza. **2** (*fam.*) Persona squattrinata che vive di espedienti. [→ tav. *proverbi* 51]

disperazióne *s. f.* **1** Perdita d'ogni speranza | Stato d'animo di chi non nutre più alcuna speranza: *essere in preda alla* —; SIN. Costernazione | *Darsi alla* —, compiere atti che mostrino grande afflizione. **2** Persona, cosa, che fa disperare: *la matematica è la sua* —.

disperdènte *s. m.* (*chim.*) In una dispersione, la sostanza entro cui è dispersa l'altra.

dispèrdere **A** *v. tr.* (*coniug. come perdere*) **1** Allontanare da una sede fissa, mandando in luoghi diversi: — *le tribù indigene* | (*est.*) Disseminare, sparpagliare qua e là: *il vento disperde le sementi.* **2** Dissipare, consumare (*anche fig.*): — *le proprie sostanze.* **B** *v. intr. pron.* **1** Sbandarsi, sparpagliarsi. **2** Andare perduto senza produrre alcun risultato: *l'energia del motore si disperde.* **3** (*fig.*) Fare un uso esagerato delle proprie forze fisiche e intellettuali senza trarne vantaggio. **4** Svanire, scomparire.

dispersióne *s. f.* **1** Atto del disperdere | Sparpagliamento: — *di fogli* | Spreco, perdita: *lavorare con grande* — *di forze* | (*fis.*) — *della luce*, scomposizione della luce nei colori che la compongono | — *dell'elettricità*, fenomeno per il quale un corpo elettrizzato perde, col tempo, il suo stato elettrico. **2** (*chim.*) Miscuglio di due sostanze di cui una è in piccola quantità e in minuscoli frammenti, rispetto all'altra: — *colloidale.*

dispersività *s. f.* L'essere dispersivo.

dispersìvo *agg.* Che è privo di ordine interno, di concentrazione, di organicità e sim.

dispèrso **A** *part. pass. di disperdere; anche agg.* Perduto, smarrito. **B** *s. m.* (*f.* -*a*) Chi risulta irreperibile e non dà più notizie di sé, spec. nell'ambito militare.

dispersóre *s. m.* Corpo, solitamente metallico, atto a disperdere a terra la corrente elettrica, in una messa a terra.

dispètto *s. m.* **1** Azione compiuta con la ferma intenzione di molestare, irritare, dispiacere e sim. | *Per* —, *per fare* —, con la deliberata intenzione di dispiacere, contrariare e sim. | *A* —, *a marcio* —, malgrado, nonostante. **2** Stizza, irritazione. [→ tav. *proverbi* 295]

dispettóso *agg.* **1** Che si compiace di fare dispetti. **2** Che è fatto per dispetto: *gesto* —.

dispiacére **A** *v. intr.* (*coniug. come piacere; anche impers.; aus. essere*) **1** Riuscire sgradito: — *all'occhio, all'orecchio.* **2** Costituire motivo di dolore, rammarico, noia e sim.: *la sua assenza dispiace a tutti*; *mi dispiace che la faccenda sia andata a monte.* **B** *v. intr. pron.* Provare rincrescimento, dispiacere: *mi dispiaccio di quanto è accaduto.* **C** *in funzione di s. m.* Senso di afflizione, pena, rammarico e sim.: *fare, dare, recare* — *a qc.*

dispiegàre **A** *v. tr.* (*io dispiègo, tu dispièghi*) (*lett.*) Distendere, spiegare: — *al vento le vele* | Allargare: — *le ali.* **B** *v. intr. pron.* **1** Distendersi, allargarsi. **2** (*fig.*) Svolgersi, svilupparsi: *la melodia si dispiega.*

displaṣìa *s. m.* (*med.*) Alterazione cellulare seguita da anomalia di organi o tessuti.

displuviàto *agg.* A due spioventi: *tetto* —.

displùvio *s. m.* **1** (*geogr.*) Spartiacque di una catena montana: *linea di* —. **2** Spigolo spartiacque del tetto, all'intersezione delle due falde.

dispnèa *s. f.* (*med.*) Difficoltà di respiro accompagnata da senso di affanno.

dispnòico **A** *agg.* (*pl. m.* -*ci*) Di dispnea. **B** *agg.; anche s. m.* (*f.* -*a*) Affetto da dispnea.

disponìbile *agg.* **1** Di cui si può disporre: *somma* — | (*est.*) Libero, vuoto: *impiego* —. **2** (*fig.*) Che è libero da impegni od occupazioni. **3** (*fig.*) Sensibile e aperto a esperienze nuove: *mentalità* —.

disponibilità *s. f.* **1** Qualità o condizione di disponibile (*anche fig.*). **2** Possibilità di disporre | *spec. al pl.* Elementi patrimoniali trasformabili in denaro e il denaro stesso a disposizione: *le mie* — *non consentono una tale spesa.* **3** Condizione transitoria di pubblico ufficiale o pubblico impiegato sospeso dal servizio, in attesa di essere riassunto o collocato a riposo.

dispórre **A** *v. tr.* (*coniug. come porre*) **1** Sistemare convenientemente secondo un determinato criterio: — *i libri nella biblioteca.* **2** Apprestare, preparare. **3** Persuadere: — *qc. all'ira.* **4** Comandare, ordinare: *la legge dispone di perseguire gli evasori fiscali.* **B** *v. intr.* (*aus. avere*) **1** Decidere, stabilire: *abbiamo disposto diversamente.* **2** (*est.*) Essere in condizioni di utilizzare liberamente q.c. o qc.: *disponiamo di una notevole somma.* **3** Essere dotato: *l'albergo dispone di duecento posti.* **C** *v. rifl.* **1** Ordinarsi in un certo modo: *gli atleti si disposero in semicerchio.* **2** Prepararsi a fare q.c.: *disporsi a ben morire.* [→ tav. *proverbi* 257]

dispoṣitìvo (1) *agg.* Atto a disporre.

dispoṣitìvo (2) *s. m.* **1** Congegno che viene applicato a una macchina o a un impianto con lo scopo di ottenere determinati effetti | — *di sicurezza*, nelle armi da fuoco, sicura. [→ ill. *automobile*] **2** (*dir.*) Contenuto decisorio di un atto giurisdizionale: — *di una sentenza.*

dispoṣizióne *s. f.* **1** Sistemazione secondo un dato criterio | (*dir.*) Manifestazione di volontà: — *testamentaria.* **2** Modo in cui cose e persone vengono disposte. **3** Stato d'animo: *non è nella* — *adatta a darti retta.* **4** Attitudine, inclinazione naturale dell'ingegno e del carattere: *avere* — *per lo scrivere.* **5** Facoltà di disporre di persone e cose a proprio arbitrio: *ha un intero patrimonio a sua* — | *Essere a* — *di qc.*, ai suoi ordini, alle sue dipendenze. **6** Ordine, comando, volontà: *le disposizioni venute dall'alto.* **7** Concetto del calcolo combinatorio che indica il numero di gruppi, differenti per ordine e qualità, che si possono fare trascegliendo da un insieme di oggetti un insieme minore.

dispósto **A** *part. pass. di disporre; anche agg.* Collocato | Deciso, stabilito | Pronto: *è* — *ad aiutarci* | Incline | *Ben* —, animato da simpatia e comprensione: *essere ben* — *verso qc.* **B** *s. m.* (*dir.*) Contenuto di un atto di disposizione: *il* — *del giudice.*

dispòtico *agg.* (*pl. m.* -*ci*) Proprio di un despota o del dispotismo; SIN. Tirannico.

dispotiṣmo *s. m.* **1** Governo assoluto, esercitato senza alcun rispetto per la legge. **2** (*fig.*) Modo di comportarsi tirannico e autoritario.

dispregiàre *v. tr.* (*io disprègio*) (*lett.*) Avere in poco o in nessun pregio.

dispregiatìvo *agg.* Che mostra o esprime disprezzo.

dispregiatóre **A** *s. m.* (*f.* -*trice*) Chi dispregia. **B** *anche agg.*

disprègio *s. m.* Senso di disistima che si nutre nei confronti di qc. o di q.c. | Disprezzo.

disprezzàbile *agg.* **1** Degno di disprezzo. **2** Di poco o nessun pregio o importanza.

disprezzàre **A** *v. tr.* (*io disprèzzo*) **1** Ritenere qc. o q.c. indegno della propria stima; SIN. Disdegnare. **2** Avere in poco o nessun conto: — *le leggi.* **B** *v. rifl.* Ritenersi indegno di rispetto, stima e sim. [→ tav. *proverbi* 52]

disprèzzo *s. m.* Totale mancanza di stima, considerazione e sim., spesso unita a una valutazione negativa di q.c. o di qc.: *nutro* — *per gli ipocriti* | (*est.*) Noncuranza: *agire con* — *del pericolo*; SIN. Disistima.

dispròṣio *s. m.* Elemento chimico, metallo appartenente al gruppo delle terre rare. SIMB. Dy.

dìsputa *s. f.* **1** Dibattito vivace e animato intorno a un tema prestabilito; SIN. Discussione. **2** Alterco, contesa, lite; SIN. Contrasto.

disputàre **A** *v. intr.* (*io dìsputo; aus. avere*) **1** Ragionare di q.c. contrapponendo la propria opinione a quella altrui: — *di politica*; SIN. Discutere. **2** Competere, gareggiare: — *con i colleghi per una promozione.* **B** *v. tr.* **1** Esaminare, discutere. **2** Contrastare, contendere | Sostenere, affrontare: — *una gara.* **C** *v. rifl. rec.* Contendersi: — *la vittoria.*

disquiṣìre *v. intr.* (*io disquiṣisco*) Discutere con sottigliezza, intrattenersi in dispute eleganti.

disquiṣitóre *s. m.* (*f.* -*trice*) Chi disquisisce.

disquiṣizióne *s. f.* Indagine accurata e approfondita su un determinato argomento | Esposizione particolareggiata e minuziosa di una tesi, di una teoria e sim.: *di-*

squisizioni matematiche.
dissabbiatóre *s. m.* Bacino di sedimentazione, per liberare acque correnti da sabbia e materie in sospensione.
dissacràre *v. tr.* (*io dissàcro*) **1** Ridurre alla condizione profana. **2** (*fig.*) Contestare il prestigio di un'istituzione sociale o culturale, di un avvenimento storico, di una persona e sim., fissato da una tradizione lunga e autorevole; SIN. Smitizzare.
dissalàre *v. tr.* **1** Asportare i sali da acque salate o salmastre. **2** Tenere a mollo un alimento che abbia preso molto sale, per toglierlo: – *il baccalà.*
dissalatóre *s. m.* Apparecchio che effettua la dissalazione.
dissalazióne *s. f.* Operazione del dissalare.
dissaldàre *v. tr.* **1** Distaccare togliendo la saldatura: – *due piastre metalliche.* **2** (*fig.*) Spezzare, infrangere: – *un'amicizia.*
dissanguaménto *s. m.* Abbondante perdita di sangue | (*fig.*) Esaurimento di risorse, disponibilità e sim.
dissanguàre A *v. tr.* (*io dissànguo*) **1** Rendere privo di sangue: – *un ferito.* **2** (*fig.*) Esaurire risorse umane, disponibilità economiche e sim.: – *il proprio patrimonio.* **B** *v. intr. pron.* **1** Perdere sangue in abbondanza. **2** (*fig.*) Rovinarsi, spec. economicamente.
dissapóre *s. m.* Contrasto o screzio che turba l'armonia tra due o più persone.
dissecàre *v. tr.* (*io dissèco* o *disséco, raro dìsseco, tu dissèchi* o *disséchi, raro dìssechi*) Sezionare i cadaveri per studiarne l'anatomia e la causa di morte.
disseccàre A *v. tr.* (*io dissécco, tu disséсchi*) **1** Rendere secco, asciutto. **2** (*fig.*) Inaridire. **B** *v. intr. pron.* **1** Prosciugarsi. **2** (*fig.*) Inaridirsi.
disselciàre *v. tr.* (*io dissélcio*) Privare del selciato: – *una strada.*
dissellàre *v. tr.* (*io dissèllo*) Privare della sella: – *un cavallo.*
disseminàre *v. tr.* (*io dissémino*) **1** Spargere qua e là alla maniera di chi semina. **2** (*fig.*) Diffondere, divulgare: – *il contagio.*
disseminazióne *s. f.* Dispersione dei semi e sim. prodottisi per via vegetativa, che assicura la riproduzione della specie.
dissennatézza *s. f.* Mancanza di senno.
dissennàto *agg.* Privo di senno, insensato.
dissensióne *s. f.* Contrasto, diversità di opinioni.
dissènso *s. m.* **1** Mancanza di assenso, di consentimento | Disapprovazione: *il generale* – | Disaccordo, contrasto: – *di opinioni.* **2** Situazione di conflitto e distacco nei confronti di una chiesa, partito, regime politico totalitario e sim.: *il – sovietico.*
dissenterìa *s. f.* Infezione intestinale accompagnata da diarrea spesso con muco e sangue.
dissentèrico A *agg.* (*pl. m. -ci*) Di dissenteria. **B** *s. m.* (*f. -a; pl. m. -ci*) Chi è affetto da dissenteria.
dissentìre *v. intr.* (*io dissènto; part. pres. dissenziènte; aus. avere*) Essere di parere diverso rispetto ad altri: *su questo dissentiamo da voi*; SIN. Discordare.
dissenziènte *part. pres. di dissentire; anche agg. e s. m. e f.* Detto di chi dissente | Detto di chi fa parte di un movimento del dissenso; SIN. Dissidente.
dissepólto *part. pass. di disseppellire; anche agg.* Dissotterrato, esumato.
disseppelliménto *s. m.* Esumazione | Dissotterramento.
disseppellìre *v. tr.* (*io disseppellìsco, tu disseppellìsci; part. pass. disseppellìto* o *dissepólto*) **1** Togliere dalla sepoltura; SIN. Esumare. **2** Togliere q.c. di sotto terra, mediante scavi: – *i resti di un'antica civiltà*; SIN. Dissotterrare. **3** (*fig.*) Rimettere in uso cose ormai dimenticate: – *una vecchia usanza*; SIN. Riesumare.
dissequestràre *v. tr.* (*io dissequèstro*) Liberare da un sequestro.
disserràre A *v. tr.* (*io dissèrro*) (*lett.*) Aprire, schiudere. **B** *v. intr. pron.* **1** (*lett.*) Aprirsi. **2** (*lett.*) Lanciarsi, scagliarsi.
dissertàre *v. intr.* (*io dissèrto*) Trattare di un argomento ragionandovi sopra a lungo: – *su problemi filosofici.*
dissertatóre *s. m.* (*f. -trice*) Chi disserta.
dissertatòrio *agg.* Che è proprio della dissertazione.
dissertazióne *s. f.* Discorso o studio su un dato argomento condotto con metodo scientifico.
disservìzio *s. m.* Cattivo funzionamento spec. di servizio pubblico: – *postale.*
dissestàre *v. tr.* (*io dissèsto*) **1** Mettere in disordine: *il temporale dissesta le tegole.* **2** (*fig.*) Danneggiare gravemente nel settore economico e finanziario.
dissèsto *s. m.* **1** Disastrosa situazione patrimoniale. **2** (*fig.*) Situazione di squilibrio e disordine.
dissetànte A *part. pres. di dissetare; anche agg.* Che disseta. **B** *s. m.* Bevanda, caramella e sim. che disseta.
dissetàre A *v. tr.* (*io disséto*) **1** Levare la sete. **2** (*fig.*) Appagare, soddisfare. **B** *v. rifl.* **1** Levarsi la sete. **2** (*fig.*) Appagarsi.
dissettóre *s. m.* Chi prepara i pezzi per le dimostrazioni anatomiche.
dissezióne *s. f.* Atto del dissecare.
dissidènte A *agg.* Che dissente: *gruppo* –; SIN. Dissenziente. **B** *s. m. e f.* Chi si distacca da un gruppo, partito e sim. non condividendo la linea della maggioranza.
dissidènza *s. f.* Contrasto o dissidio di opinioni, spec. all'interno di un gruppo | L'insieme dei dissidenti.
dissìdio *s. m.* Dissenso o contrasto fra due o più persone, gruppi, enti; SIN. Controversia, discordia.
dissigillàre *v. tr.* Aprire q.c. rompendone i sigilli.
dissimilazióne *s. f.* (*ling.*) Processo per il quale due suoni identici o simili, trovandosi a contatto o a breve distanza, tendono a differenziarsi (es. *arbore, albero*, con dissimilazione di *r/r* in *l/r*).
dissìmile *agg.* (*sup. dissimilìssimo, lett. dissimìllimo*) Che è privo di somiglianza rispetto a qc. o q.c.: *oggetto – da un altro*; SIN. Differente, diverso; CONTR. Simile.
dissimulàre *v. tr.* (*io dissìmulo*) **1** Nascondere o mascherare qualità, difetti, sentimenti sotto diversa apparenza; CFR. Simulare. **2** *ass.* Celare le proprie intenzioni: *ha imparato a* –; SIN. Fingere.
dissimulatóre A *s. m.* (*f. -trice*) Chi dissimula. **B** *anche agg.*
dissimulazióne *s. f.* Mascheramento | Capacità di nascondere i propri pensieri, intenzioni e sim.
dissipàbile *agg.* Che si può dissipare.
dissipàre A *v. tr.* (*io dìssipo*) **1** Dissolvere, disperdere: – *la nebbia.* **2** Ridurre a nulla sperperando o scialacquando: – *i propri beni*; SIN. Dilapidare, scialacquare, sperperare. **3** Sciupare inutilmente: – *il tempo.* **B** *v. intr. pron.* Consumarsi, dissolversi (*anche fig.*).
dissipatézza *s. f.* L'essere dissipato.
dissipàto A *part. pass. di dissipare; anche agg.* **1** Che sperpera, scialacqua. **2** Che è dedito all'ozio e a sfrenati divertimenti. **B** *s. m.* (*f. -a*) Chi trascorre la propria vita cercando solo il divertimento e il piacere.
dissipatóre *s. m.* (*f. -trice* nel sign. 1) **1** Chi dissipa la propria o l'altrui sostanza; SIN. Dilapidatore, scialacquatore. **2** Apparecchio elettrodomestico che permette di triturare e convogliare nelle fognature tutti i rifiuti di cucina.
dissipazióne *s. f.* **1** Sperpero, spreco, dilapidazione. **2** Scioperatezza e sregolatezza di vita.
dissociàbile *agg.* Che si può dissociare.
dissociàre A *v. tr.* (*io dissòcio*) **1** Disgiungere, separare (*anche fig.*): – *le forze, le parti.* **2** (*chim.*) Scindere una molecola in altre più semplici oppure in atomi o ioni. **B** *v. rifl.* (*fig.*) Non aderire, tenersi fuori.
dissociatìvo *agg.* Atto a dissociare | Della dissociazione.
dissociazióne *s. f.* **1** Disgiungimento, separazione | Atto e condizione di chi non aderisce, si tiene fuori, si distacca e sim. **2** (*chim.*) Scomposizione di molecole in molecole più semplici, atomi o ioni | – *termica*, prodotta dal calore. **3** (*psicol.*) Deficienza delle normali associazioni logiche: – *mentale.*
dissodaménto *s. m.* Operazione del dissodare.
dissodàre *v. tr.* (*io dissòdo*) Lavorare un terreno mai coltivato o lasciato incolto, rimescolandone gli strati superficiali.
dissòlto *part. pass. di dissolvere; anche agg.* Sciolto, disfatto.
dissolùbile *agg.* Che si può dissolvere; CONTR. Indissolubile.
dissolubilità *s. f.* L'essere dissolubile.
dissolutézza *s. f.* **1** L'essere dissoluto; SIN. Licenziosità, scostumatezza. **2** Azione o abitudine dissoluta.
dissolutìvo *agg.* Atto a dissolvere.
dissolùto A *part. pass. di dissolvere; anche agg.* Che manca di freni morali, licenzioso | (*lett.*) Osceno: *scritti dissoluti*; SIN. Scostumato. **B** *s. m.* (*f. -a*) Persona dissoluta.

dissoluzióne *s. f.* **1** Scioglimento, disfacimento | Dispersione. **2** (*fig.*) Decadenza, sfacelo morale: *la — dello Stato.* **3** (*fig.*) Stato o condizione di ciò che è dissoluto: *— morale.*

dissolvènza *s. f.* Apparizione graduale dell'immagine cinematografica o suo oscuramento graduale | *— incrociata,* evanescenza progressiva di un'immagine sulla quale si sovrappone gradualmente una nuova immagine.

dissòlvere A *v. tr.* (*pass. rem. io dissòlsi o dissolvètti o dissolvéi, tu dissolvésti; part. pass. dissòlto o dissolùto*) **1** Sciogliere. **2** Disunire, disgregare, disfare. **3** Dissipare: *— il fumo.* **B** *v. intr. pron.* Sciogliersi | Disfarsi | Dissiparsi (*anche fig.*).

dissolviménto *s. m.* (*lett.*) Dissoluzione.

dissomigliànza *s. f.* **1** Qualità di dissimile. **2** Ciò che rende dissimile. ● SIN. Differenza, diversità.

dissomigliàre *v. intr. e intr. pron.* (*io dissomiglio; aus. essere*) (*lett.*) Essere o diventare dissimile: *— da qc.*

dissonànte *part. pres. di dissonare; anche agg.* Che non consuona, che è disarmonico, che è sgradevole all'orecchio.

dissonànza *s. f.* **1** (*mus.*) Insieme di due o più suoni non soddisfacenti all'orecchio. **2** (*est.*) Discordanza, disaccordo: *— di colori.*

dissonàre *v. intr.* (*io dissuòno;* la *o* dittonga in *uo* solo se tonica; *aus. avere*) **1** (*mus.*) Produrre dissonanza. **2** (*fig.*) Essere discordante.

dissotterràre *v. tr.* (*io dissottèrro*) **1** Cavare di sotterra: *— un cadavere*; SIN. Disseppellire. **2** (*est.*) Riportare alla memoria: *— una vecchia rivalità.*

dissuadére *v. tr.* (*coniug. come suadere*) Convincere qc. a desistere da intenzioni, propositi, iniziative e sim.: *l'ha dissuaso dal partire*; SIN. Distogliere.

dissuasióne *s. f.* Persuasione esercitata nei confronti di qc. perché desista da intenzioni, propositi e sim.

dissuasìvo *agg.* Atto a dissuadere.

dissuàso *part. pass. di dissuadere; anche agg.* Distolto da un proposito.

dissuasóre *s. m.* (*come f. dissuaditrice, raro*) Chi dissuade.

dissuèto *agg.* **1** (*lett.*) Che non è più avvezzo a q.c.: *genti dissuete alla guerra.* **2** Desueto.

dissuetùdine *s. f.* **1** (*lett.*) Mancanza di consuetudine. **2** Desuetudine.

dissuggellàre *v. tr.* (*io dissuggèllo*) **1** Dissigillare. **2** (*fig., lett.*) Aprire, schiudere: *— gli occhi.*

distaccaménto (1) *s. m.* Distacco.

distaccaménto (2) *s. m.* (*mil.*) Aliquota di reparto impiegata altrove per compiti particolari.

distaccàre A *v. tr.* (*io distàcco, tu distàcchi*) **1** Separare una cosa dal corpo o dall'oggetto al quale è attaccata: *— un frutto dalla pianta.* **2** Allontanare una persona da qc. o da q.c.: *— un fanciullo dalla madre.* **3** Trasferire altrove, per ragioni di servizio o di lavoro: *— un reparto militare.* **4** Conquistare in gara vantaggio sugli avversari: *— il gruppo in salita.* **B** *v. intr. pron.* **1** Separarsi. **2** (*fig.*) Allontanarsi, disaffezionarsi: *distaccarsi dal mondo.* **3** (*fig.*) Distinguersi, risaltare: *si distacca dagli altri.*

distaccàto *part. pass. di distaccare; anche agg.* **1** Separato, allontanato. **2** (*fig.*) Indifferente, imperturbabile: *espressione distaccata.*

distàcco *s. m.* (*pl. -chi*) **1** Rimozione | Separazione: *il — delle province italiane dall'Austria.* **2** (*fig.*) Allontanamento, separazione: *il — dalle persone care.* **3** Stato d'animo di disinteresse, indifferenza: *— dalla realtà.* **4** Vantaggio sui competitori nel corso di una gara. **5** (*aer.*) Decollo.

distàle *agg.* (*anat.*) Detto di organo che si trova lontano rispetto al centro dell'apparato a cui appartiene.

distànte A *part. pres. di distare; anche agg.* **1** Che dista, che è lontano (*anche fig.*): *quartieri distanti dal centro*; *opinioni distanti.* **2** (*fig.*) Che sente o mostra indifferenza, distacco. **B** *in funzione di avv.* Lontano: *abitare —.*

distànza *s. f.* **1** Intervallo di spazio che intercorre tra due cose, luoghi o persone: *le nostre case sono alla — di venti metri* | *Tenere, mantenere le distanze,* (*fig.*) non dare molta confidenza. [→ ill. *fotografo*] **2** (*mat.*) *— di due punti,* lunghezza del segmento che ha per estremi i due punti. **3** (*sport*) Nelle gare di corsa, lunghezza del percorso. **4** Tempo intercorrente tra due eventi | *Vincere alla —,* prevalere nella fase finale di una prova. **5** (*fig.*) Differenza di condizione, educazione e sim.

distanziàre *v. tr.* (*io distànzio*) **1** Porre a una certa distanza: *— due oggetti.* **2** Conquistare vantaggio sull'avversario: *— qc. di cento metri.* **3** (*fig.*) Superare qc. in abilità, impegno e sim.: *ha distanziato tutti i colleghi.*

distanziatóre A *agg.* Che serve a distanziare. **B** *s. m.* In varie tecnologie, apparecchio che mantiene distanziati due o più pezzi.

distanziomètrico *agg.* (*pl. m. -ci*) Che serve per la misura della distanza: *cannocchiale —.*

distanziòmetro *s. m.* Cannocchiale con apposito reticolo che permette la misura della distanza di un punto ove sia messa un'asta graduata (*stadia*).

distàre *v. intr.* (*io disto, tu dìsti, egli dìsta, raro distà, noi distiàmo, voi distàte, essi dìstano, raro distànno; dif. dei tempi composti*) **1** Essere lontano: *distiamo dalla città.* **2** (*fig.*) Essere differente o discordante: *le nostre opinioni distano.*

distèndere A *v. tr.* (*coniug. come tendere*) **1** Rendere privo di tensione (*anche fig.*): *— l'arco, i nervi.* **2** Estendere nel senso della lunghezza o della larghezza: *— le gambe sul letto* | *— la mano,* (*fig.*) per chiedere o recare soccorso | *— la voce,* spiegarla. **3** Mettere a giacere: *distese il ferito sulla barella.* **B** *v. rifl.* **1** (*fig.*) Rilassarsi. **2** Sdraiarsi: *bisogna che mi distenda un poco*; SIN. Adagiarsi. **C** *v. intr. pron.* Estendersi.

distensióne *s. f.* **1** Estensione in lunghezza o larghezza: *— di un filo* | Rilassamento (*anche fig.*): *— dei muscoli*; *aver bisogno di — e riposo.* **2** (*fig.*) Miglioramento di una situazione politica difficile; CONTR. Tensione. **3** (*sport*) Nel sollevamento pesi, uno dei tre modi di alzata dell'attrezzo.

distensìvo *agg.* **1** Che è atto a distendere: *farmaco —* | (*fig.*) Riposante e tranquillo: *finalmente un pomeriggio —!* **2** (*fig.*) Di distensione: *politica distensiva.*

distésa *s. f.* **1** Spazio o superficie di rilevanti dimensioni: *la — del mare*; SIN. Estensione. **2** Quantità di cose riunite ordinatamente l'una accanto all'altra. **3** *Nella loc. avv. a —,* senza interruzione e con intensità.

distesaménte *avv.* Minutamente, con abbondanza di particolari: *narrare q.c. —.*

distéso *part. pass. di distendere; anche agg.* **1** Steso | *Mano distesa,* allargata e (*fig.*) generosa | *Lungo —,* completamente sdraiato. **2** (*est.*) Ampio, vasto.

dìstico *s. m.* (*pl. -ci*) **1** Nella metrica classica, strofa di due versi | *— elegiaco,* nella poesia greca e latina, strofa risultante dall'unione di un esametro e di un pentametro. **2** In un giornale, breve presentazione di un autore o di un articolo.

distillàbile *agg.* Che si può distillare.

distillàre A *v. tr.* (*io distillo*) **1** (*chim.*) Sottoporre q.c. a distillazione: *— l'acqua* | Ottenere q.c. per distillazione: *— l'alcol.* **2** Mandar fuori un liquido a goccia a goccia: *i favi distillano miele*; SIN. Stillare. **3** (*fig.*) Estrarre faticosamente | *Distillarsi il cervello,* pensare intensamente. **B** *v. intr.* (*aus. essere*) Trasudare o colare a stille: *la resina distilla dalla corteccia.*

distillàto A *part. pass. di distillare; anche agg.* Ottenuto, purificato, mediante distillazione: *acqua distillata.* **B** *s. m.* Prodotto di una distillazione.

distillatóio *s. m.* Alambicco, storta.

distillatóre *s. m.* (*f. -trice* nel sign. 1) **1** Operaio addetto alla distillazione. **2** Apparecchio per la distillazione.

distillazióne *s. f.* (*chim.*) Operazione per separare uno o più liquidi volatili da sostanze meno volatili, consistente nel far bollire il liquido e nel raffreddare e condensare i vapori che si svolgono. [→ ill. *petrolio*]

distillerìa *s. f.* Impianto industriale in cui si effettuano distillazioni | Fabbrica di liquori.

distimìa *s. f.* (*psicol.*) Anormale mutevolezza di umore.

distìnguere A *v. tr.* (*pres. io distìnguo; pass. rem. io distinsi, tu distinguésti; part. pass. distinto*) **1** Differenziare cosa da cosa, persona da persona e sim.: *bisogna — il bene dal male.* **2** Percepire chiaramente coi sensi le differenze esistenti fra due o più cose o persone: *— i colori, i suoni.* **3** Rendere riconoscibile, contrassegnare: *l'etichetta distingue una bottiglia dalle altre.* **4** Rendere diverso, caratterizzare. **5** Dividere, separare: *abbiamo di-*

stinto l'opera in tre parti. **B** *v. intr. pron.* **1** Essere riconoscibile: *le due parole si distinguono per il diverso accento.* **2** Farsi notare: *si distingue per la sua buona volontà*; SIN. Emergere, segnalarsi.

distinguìbile *agg.* Che si può distinguere.

distìnguo *s. m. inv.* Distinzione acuta o pedante.

distìnta *s. f.* Nota in cui si specificano dati relativi a oggetti, valori e sim.

distintaménte *avv.* **1** Chiaramente, in modo evidente | Separatamente, a parte. **2** Con distinzione | (*bur.*) In modo cortese: *la saluto* –.

distintìvo A *agg.* Che distingue: *carattere* – | Atto a distinguere: *elemento* –. **B** *s. m.* Contrassegno indicante il grado militare, l'appartenenza a un partito e sim. [→ ill. *uniforme militare*]

distìnto *part. pass. di distinguere; anche agg.* **1** Separato | Differente. **2** Chiaro, evidente: *immagine distinta*; CONTR. Indistinto. **3** Particolarmente dignitoso ed elegante: *persona distinta*; SIN. Signorile. **4** Degno di stima e rispetto: *il nostro* – *professore.*

distinzióne *s. f.* **1** Atto del distinguere: *una sottile* –. **2** Discriminazione, differenza | *Fare* –, discriminare. **3** Segno d'onore | (*lett.*) Privilegio: *un'ambita* –. **4** Garbo, cortesia, signorilità.

distògliere *v. tr.* (*coniug. come togliere*) **1** Allontanare, togliere via: *lo distolsero da quel luogo.* **2** (*fig.*) Far desistere: – *qc. da un'idea*; SIN. Dissuadere.

dìstoma *s. m.* (*pl.* -*i*) (*zool.*) Fasciola epatica.

distonìa *s. f.* (*med.*) Alterazione dell'equilibrio tonico dei muscoli e dell'equilibrio neurovegetativo: – *muscolare, neurovegetativa.*

distòrcere A *v. tr.* (*coniug. come torcere*) **1** Storcere con violenza: – *le membra.* **2** (*fig.*) Falsare: – *il significato di una parola.* **B** *v. rifl.* Contorcere.

distornàre *v. tr.* (*io distórno*) (*lett.*) Volgere ad altra parte, stornare.

distorsióne *s. f.* **1** (*raro*) Contorcimento | (*fig.*) Stortura, falsificazione | (*med.*) – *articolare*, allontanamento temporaneo dei capi articolari con lesione dei legamenti. **2** (*fis.*) Aberrazione di un sistema ottico, per cui l'immagine non risulta simile all'oggetto | Deformazione di un suono, dovuta al sistema di trasmissione.

distràrre A *v. tr.* (*coniug. come trarre*) **1** Trarre qua e là con forza: – *le membra per liberarsi.* **2** Sottrarre e utilizzare q.c. per scopi diversi dal previsto: – *una somma dal bilancio.* **3** (*fig.*) Distogliere, sviare: – *lo sguardo* | Rendere disattento: *i rumori mi distraggono.* **4** (*est.*) Svagare, divertire: *bisogna distrarlo.* **B** *v. rifl.* **1** Sviare il pensiero, l'attenzione da ciò che si fa: *non distrarti mentre scrivi.* **2** (*est.*) Svagarsi, divertirsi: *vado al mare per distrarmi.*

distrattaménte *avv.* Con distrazione.

distràtto A *part. pass. di distrarre; anche agg.* Che è assorto nei propri pensieri e lontano dalle cose presenti: *molti studiosi sono distratti* | Sbadato, disattento. **B** *s. m.* (*f.* -*a*) Persona distratta.

distrazióne *s. f.* **1** Detrazione di q.c. destinata ad altro uso: *la* – *di una somma*; SIN. Storno. **2** (*med.*) Allontanamento momentaneo dei capi articolari. **3** Condizione in cui il pensiero, l'attenzione e sim. sono lontani dalla realtà attuale: *incidente provocato da* –; SIN. Disattenzione, sbadataggine. **4** Svago, divertimento.

distrétto *s. m.* Circoscrizione entro cui esplica le proprie funzioni un dato organo amministrativo: – *ferroviario, postale, telefonico, militare, scolastico.*

distrettuàle *agg.* Di distretto.

distribuire *v. tr.* (*io distribuisco, tu distribuisci; part. pass. distribuito*) **1** Assegnare a ciascuno secondo determinati criteri o principi: – *i posti a tavola.* **2** Disporre persone o cose in vista di precise finalità: – *le truppe nei reparti.* **3** Diffondere in modo capillare: – *i giornali* | (*est.*) Fornire, erogare: – *acqua, gas.*

distributìvo *agg.* **1** Che è atto a distribuire | Che si riferisce alla distribuzione: *criterio* –. **2** (*mat.*) *Proprietà distributiva*, proprietà per cui il prodotto di un fattore per una somma di addendi è uguale alla somma dei prodotti di quel fattore per ognuno degli addendi.

distributóre A *agg.* (*f.* -*trìce*) Che distribuisce: *apparato* –. **B** *s. m.* (*f.* -*trìce* nel sign. 1) **1** Chi distribuisce. **2** Apparecchio od organo atto a erogare varie sostanze o prodotti: – *di benzina* | – *automatico*, quello che, grazie all'introduzione di monete e sim., distribuisce biglietti, sigarette e sim. [→ ill. *motore, strada*]

distribuzióne *s. f.* **1** Assegnazione, consegna: – *di volantini*; – *della posta* | Ripartizione, disposizione: *la* – *delle industrie sul territorio nazionale* | (*est.*) Erogazione: – *dell'acqua, del gas.* [→ ill. *petrolio*] **2** Meccanismo atto a regolare l'entrata e l'uscita del fluido motore: – *delle motrici termiche.* [→ ill. *ferrovia, motore*] **3** Insieme di attività attraverso le quali le merci prodotte vengono portate a contatto e vendute al consumatore finale: *rete di* –. **4** Insieme degli impianti destinati a portare l'energia elettrica dal luogo di produzione agli utenti.

districàre A *v. tr.* (*io distrìco o evit. dìstrico, tu distrìchi o evit. dìstrichi*) **1** Sbrogliare ciò che è intricato: – *un groviglio di funi.* **2** (*fig.*) Chiarire ciò che è confuso, ingarbugliato e sim.: – *un'annosa questione.* **B** *v. rifl.* **1** Tirarsi fuori da q.c. di intricato: *districarsi dalle spine.* **2** (*fig.*) Cavarsela: *si è districato bene in quella situazione.*

distrofìa *s. f.* (*med.*) Alterazione dei processi nutritivi dei tessuti animali; CFR. Atrofia, eutrofia.

distròfico *agg.* (*pl. m.* -*ci*) Di distrofia | Affetto da distrofia.

distrùggere A *v. tr.* (*pres. io distrùggo, tu distrùggi; pass. rem. io distrùssi, tu distruggésti; part. pass. distrùtto*) Ridurre al nulla: – *una città* | Demolire, ridurre in rovina: – *un edificio* | (*est.*) Ridurre in pessime condizioni: *il male lo distrugge*; SIN. Abbattere, annientare, sterminare. **B** *v. rifl.* Ridursi malissimo, spec. di salute: *si distrugge con l'alcol.* **C** *v. intr. pron.* (*fig.*) Andare in rovina: *così lo Stato si distrugge.*

distruttìbile *agg.* Che si può distruggere; CONTR. Indistruttibile.

distruttìvo *agg.* Che è atto a distruggere | Che distrugge: *azione distruttiva.*

distrùtto *part. pass. di distruggere; anche agg.* **1** Annientato. **2** (*fig.*) Privato di ogni energia: *un uomo* – *dalla malattia.*

distruttóre *s. m.; anche agg.* (*f.* -*trice*) Chi (o che) distrugge: *l'opera distruttrice del tempo.*

distruzióne *s. f.* Annientamento, soppressione | Demolizione | Rovina, sterminio | (*fig.*) Dissolvimento.

disturbàre A *v. tr.* Arrecare molestia, noia, fastidio, disordine, spec. impedendo il normale svolgimento di q.c.: *il rumore mi disturba*; *non disturbate la lezione*; SIN. Importunare, infastidire, molestare. **B** *v. rifl.* Prendersi l'incomodo, la noia: *non disturbarti a intervenire*; SIN. Scomodarsi.

disturbatóre *s. m.* (*f.* -*trìce*) Chi disturba: – *dell'ordine.*

distùrbo *s. m.* **1** Atto del disturbare | Incomodo, molestia: *non vorrei causarti* – | *Togliere il* –, congedarsi; SIN. Fastidio. **2** Turbamento nella funzionalità dell'organismo o di qualche sua parte: – *gastrico* | Difetto nel funzionamento di un apparecchio spec. per ricevere telecomunicazioni: – *telefonico.*

disubbidiènte o *disobbediènte part. pres. di disubbidire; anche agg. e s. m. e f.* Detto di chi disubbidisce; CONTR. Ubbidiente.

disubbidiènza o *disobbediènza s. f.* Atteggiamento, abitudine di chi disubbidisce.

disubbidire o *disobbedire* **A** *v. intr.* (*io disubbidisco, tu disubbidisci; aus. avere*) Comportarsi in modo contrario a quello prescritto | Essere inosservante nei confronti di q.c.: – *ai genitori*; CONTR. Ubbidire. **B** *v. tr.* Astenersi da ubbidire: – *il proprio padre.*

disuguagliànza o *diseguagliànza s. f.* **1** Qualità di ciò che è disuguale; SIN. Differenza, disparità, diversità. **2** (*mat.*) Relazione tra due grandezze o numeri, per cui l'uno è maggiore o minore dell'altro.

disuguagliàre *v. tr.* (*io disuguàglio*) Rendere disuguale.

disuguàle o *diseguàle agg.* **1** Che si diversifica per forma, dimensioni, colore, qualità, quantità; CONTR. Uguale. **2** Privo di uniformità: *terreno* –. **3** Incostante, incoerente: *carattere* –.

disumanàre A *v. tr.* (*lett.*) Privare della natura e della dignità di uomo. **B** *v. intr. pron.* (*lett.*) Perdere la natura di uomo.

disumanità *s. f.* **1** L'essere disumano. **2** Atto disumano; SIN. Crudeltà.

diṣumàno *agg.* **1** Privo di umanità, indegno dell'uomo: *crudeltà disumana*; SIN. Crudele, feroce. **2** Che non sembra umano: *grido* —.
diṣunióne *s. f.* **1** Separazione di ciò che è unito: — *di due organi meccanici.* **2** Discordia.
diṣunire **A** *v. tr.* (*io diṣunisco, tu diṣunisci*) **1** Separare ciò che è unito: — *due fogli incollati*; SIN. Dividere. **2** (*fig.*) Disgregare: — *una famiglia.* **B** *v. rifl. e rifl. rec.* Separarsi, dividersi.
diṣunità *s. f.* (*raro*) Mancanza di unità.
diṣunito *part. pass. di disunire; anche agg.* Privo di omogeneità.
diṣùria *s. f.* (*med.*) Difficoltà o irregolarità nell'emissione dell'urina.
diṣuṣàre *v. tr.* Smettere di usare: — *un cappotto* | Far cadere in disuso: — *una parola.*
diṣuṣàto *part. pass. di disusare; anche agg.* Che non è più in uso.
diṣùṣo *s. m.* Cessazione, mancanza di uso: *andare, cadere in* —.
diṣùtile **A** *agg.* Che non è utile, che non produce alcuna utilità: *lavoro* — | Dannoso. **B** *s. m.* Danno.
diṣutilità *s. f.* L'essere disutile.
diṣvestire *v. tr. e rifl.* (*io diṣvèsto*) (*lett.*) Svestire.
diṣviàre *v. tr.* (*io diṣvìo*) (*lett.*) Allontanare dal cammino, dalla direzione stabilita (*anche fig.*).
diṣvolére *v. tr.* (*coniug. come volere*) (*lett.*) Non volere più quello che si voleva prima: *volere e* — *q.c.*
ditàle *s. m.* Piccolo cappuccio spec. di metallo a protezione del dito che sospinge l'ago mentre si cuce | Analogo cappuccio spec. in gomma, per vari usi. [→ ill. *tessuto, ufficio*]
ditalino *s. m.* **1** *Dim. di ditale.* **2** *spec. al pl.* Pasta corta rigata di forma cilindrica. [→ ill. *pasta*]
ditàta *s. f.* **1** Colpo dato con un dito o con le dita. **2** Impronta lasciata da un dito.
diteggiàre **A** *v. tr.* (*io ditéggio*) (*mus.*) Segnare ciascuna nota con cifra corrispondente al dito da muovere per l'esecuzione. **B** *v. intr.* (*aus. avere*) Muovere opportunamente le dita per suonare.
diteggiatùra *s. f.* Atto e tecnica del diteggiare.
ditiràmbo *s. m.* **1** Canto corale in onore del dio dell'antica Grecia Dioniso. **2** (*fig.*) Componimento o discorso destinato a lodare con entusiasmo qc. o q.c.
ditìsco *s. m.* Insetto acquatico con corpo ovale, zampe posteriori con setole che funzionano da organi natatori, ali ben sviluppate sotto le elitre: carnivoro, predatore di qualsiasi animaletto acquatico.
dito *s. m.* (*pl. dita, f.* considerate nel loro insieme; *pl. diti, m.* se si specifica il nome di ciascuno) **1** Ciascuna delle parti terminali della mano e del piede, mobili e articolate in piccole ossa | *Mostrare a* —, (*fig.*) indicare | (*fig.*) *Legarsela al* —, ricordare le offese per farne a suo tempo vendetta | (*fig.*) *Sapere le cose sulla punta delle dita,* conoscerle a fondo | (*fig.*) *Avere dita di fata,* essere abile nel cucire e nel ricamare | *Mettere il* — *sulla piaga,* (*fig.*) mettere in luce le difficoltà di una situazione | *Non muovere un* — *a favore di qc.*, (*fig.*) non prestargli il minimo aiuto | (*fig.*) *Toccare il cielo con un* —, raggiungere il colmo della felicità | *Mordersi le dita,* (*fig.*) provare rabbia, ira e sim. | *Leccarsi le dita,* (*fig.*) gustare moltissimo un cibo. [→ ill. *zoologia*] **2** Parte del guanto che riveste il dito. **3** Misura, quantità e sim. all'incirca pari alla larghezza di un dito: *un* — *di vino* | (*fig.*) *Essere a un* — *da q.c.*, essere vicinissimo a q.c. [→ tav. *proverbi* 367]
ditola *s. f.* (*bot.*; *pop.*) Clavaria.
ditta *s. f.* (*dir.*) Denominazione distintiva dell'impresa | Impresa individuata da tale denominazione.
dittàfono *s. m.* Nome commerciale di un dispositivo usato per registrare e riprodurre la voce spec. nella dettatura della corrispondenza. [→ ill. *ufficio*]
dìttamo *s. m.* Pianta erbacea delle Rutacee sempreverde e aromatica con fiori bianchi e grandi.
dittatóre *s. m.* **1** Nella Roma repubblicana, magistrato supremo eletto nei momenti di grave pericolo per lo Stato e investito dei pieni poteri civili e militari | Oggi, chi è a capo di una dittatura. **2** (*est.*) Persona autoritaria e dispotica.
dittatoriàle *agg.* **1** Che è proprio di un dittatore. **2** (*fig.*) Che fa valere in modo autoritario la volontà di qc.: *regolamento* —.
dittatòrio *agg.* **1** Proprio di dittatore. **2** (*est.*) Dispotico, autoritario.
dittatùra *s. f.* **1** Nella Roma repubblicana, ufficio di dittatore e durata di tale ufficio | Oggi, forma di governo autoritario che accentra tutto il potere in un solo organo o nella sola persona di un dittatore. **2** (*est.*) Predominio assoluto.
Dìtteri *s. m. pl.* (*sing. -o*) Ordine di insetti con ali anteriori sviluppate e posteriori trasformate in bilancieri, cui appartengono le zanzare e le mosche.
dittero V. *diptero.*
dittico *s. m.* (*pl. -ci*) Complesso formato da due tavolette d'avorio o di legno scolpite o dipinte, congiunte da cerniera | Dipinto di tale forma, spec. di soggetto sacro.
dittongàre **A** *v. tr.* (*io dittòngo, tu dittònghi*) Unire in dittongo. **B** *v. intr.* (*aus. avere*) Formare un dittongo.
dittongazióne *s. f.* (*ling.*) Trasformazione di una vocale in dittongo.
dittòngo *s. m.* (*pl. -ghi*) (*ling.*) Unione di due elementi vocalici in una sola emissione di voce (es. *uo* in *cuore*); CFR. lato. (V. nota d'uso SILLABA)
diurèṣi *s. f.* Quantità di urina prodotta dai reni in 24 ore.
diurètico *agg.; anche s. m.* (*pl. m. -ci*) Detto di farmaco o bevanda capace di aumentare la diuresi.
diurnista *s. m. e f.* (*pl. m. -i*) Impiegato, assunto per lavori straordinari, retribuito a giornata.
diùrno **A** *agg.* **1** Del giorno: *ore diurne* | (*poet.*) *Astro* —, il sole | *Albergo* —, dove non si pernotta e che fornisce principalmente rapidi servizi igienici. **2** Che avviene durante il giorno: *spettacolo* —. **B** *s. m.* **1** (*relig.*) Parte dell'ufficio che contiene le ore canoniche da recitare durante il giorno. **2** Albergo diurno.
diuturnità *s. f.* (*lett.*) Qualità di diuturno.
diutùrno *agg.* Che dura a lungo | (*est., lett.*) Continuo.
diva *s. f.* **1** (*lett.*) Dea. **2** Cantante o attrice molto famosa; SIN. Star.
divagàre *v. intr.* (*io divàgo, tu divàghi; aus. avere*) **1** (*raro, lett.*) Andar vagando. **2** (*fig.*) Allontanarsi da un argomento, da un proposito e sim.: — *dal tema della discussione.*
divagazióne *s. f.* Digressione.
divampàre *v. intr.* (*aus. essere*) **1** Accendersi all'improvviso con grande fiamma. **2** (*fig.*) Ardere: — *d'ira, d'odio.* **3** (*fig.*) Manifestarsi con violenza: *la rivolta divampò nel paese.*
divàno *s. m.* **1** Nell'antico impero ottomano, consiglio dei ministri. **2** Un tempo, sofà basso e lungo, senza spalliera, con cuscini, appoggiato a una parete | Oggi, tipo di sedile basso imbottito a due o più posti con schienale e braccioli; SIN. Sofà. [→ ill. *mobili*] **3** Libro nel quale sono raccolte le poesie di un dato scrittore orientale.
divaricàre *v. tr.* (*io divàrico, tu divàrichi*) Distendere allargando: — *le gambe* | (*est.*) Allargare, aprire.
divaricatóre *s. m.* (*med.*) Strumento chirurgico usato per divaricare durante l'operazione i bordi di un'incisione. [→ ill. *medicina e chirurgia*]
divaricazióne *s. f.* Atto del divaricare | Spazio che intercorre tra due parti divaricate.
divàrio *s. m.* Diversità, spec. notevole.
divedére *v. tr.* (*dif. usato solo all'inf.*) *Solo nella loc.: dare a* —, mostrare chiaramente, lasciar capire.
divèllere **A** *v. tr.* (*pres. io divèllo o divèlgo, tu divèlli; pass. rem. io divèlsi, tu divelléstì; cong. pres. io divèlga o divèlla; part. pass. divèlto, raro divùlso*) (*lett.*) Estirpare, sradicare, strappare (*anche fig.*). **B** *v. rifl.* (*lett.*) Staccarsi, allontanarsi a fatica da qc. o da q.c.
divèlto *part. pass. di divellere; anche agg.* Strappato, staccato.
divenire **A** *v. intr.* (*coniug. come venire; aus. essere*) Diventare: — *grande, adulto.* **B** *in funzione di s. m. solo sing.* Il perpetuo fluire di tutte le cose dal nulla all'essere e dall'essere al nulla.
diventàre *v. intr.* (*io divènto; aus. essere*) Acquistare forma, qualità o condizione nuove e diverse dalle precedenti: — *buono*; — *sindaco* | — *bianco,* (*fig.*) impallidire | — *rosso,* (*fig.*) vergognarsi; SIN. Divenire. [→ tav. *proverbi* 242]
divèrbio *s. m.* Discussione aspra e animata: *avere un vio-*

lento – con qc.; SIN. Alterco, battibecco, litigio.
divergènte A *part. pres. di divergere; anche agg.* **1** Che diverge; CONTR. Convergente. **2** (*fis.*) Detto di lente che allontana dall'asse ottico i raggi che giungono paralleli a esso. **B** *s. m.* Tavola sagomata che viene legata ai cavi della rete a strascico per tenerne divaricate le pareti. [→ ill. *pesca*]
divergènza *s. f.* **1** Atto del divergere; CONTR. Convergenza. **2** Punto in cui due cose divergono: *la – di due strade.* **3** (*fig.*) Diversità, differenza, contrasto: *– di opinioni.*
divèrgere *v. intr.* (*pres. io divèrgo, tu divèrgi; raro il pass. rem. io divergéi, tu divergésti; dif. del part. pass. e dei tempi comp.*) **1** Procedere in direzioni diverse, partendo da un punto comune: *le due strade divergono*; CONTR. Convergere. **2** (*fig.*) Essere lontano, contrastante: *i miei gusti divergono dai tuoi.*
diversaménte *avv.* **1** In modo diverso. **2** Altrimenti: *scrivimi, – verrò.*
diversificàre A *v. tr.* (*io diversìfico, tu diversìfichi*) Rendere diverso, differenziare. **B** *v. intr. e intr. pron.* (*aus. essere*) Essere o diventare diverso: *i due disegni si diversificano per alcuni particolari.*
diversificazióne *s. f.* Attribuzione o acquisizione di caratteri diversi; SIN. Differenziazione, variazione.
diversióne *s. f.* **1** Deviazione: *– delle acque.* **2** (*mil.*) Procedimento tattico consistente nell'attaccare il nemico in luogo lontano da quello previsto.
diversità *s. f.* **1** Qualità o condizione di diverso; SIN. Differenza, difformità, disparità, dissomiglianza, disuguaglianza; CONTR. Uguaglianza. **2** (*est.*) Varietà, molteplicità: *– di colori, di forme.* **3** Ciò che rende diverse due persone o due cose.
diversìvo A *agg.* Che è atto a divergere (*spec. fig.*). **B** *s. m.* Mezzo atto a distogliere qc. da un'idea, da una preoccupazione, da un'attività e sim.: *cercare un – alla monotonia.*
divèrso A *agg.* **1** Che è volto o procede in altra direzione (*anche fig.*): *strade diverse.* **2** Differente, dissimile: *un abito – dagli altri*; CONTR. Uguale. **B** *agg. e pron. indef. al pl.* Molti, parecchi: *diverse volte.* **C** *s. m.* (*f. -a*) Chi si comporta in modo non conforme ai canoni di vita comunemente accettati | (*euf.*) Omosessuale; CFR. Deviante.
divertènte *part. pres. di divertire; anche agg.* Che diverte, rallegra.
divertìcolo *s. m.* **1** (*lett.*) Viottolo che porta fuori della strada maestra. **2** (*fig., lett.*) Sotterfugio. **3** (*med.*) Piccola appendice cieca di un organo cavo.
divertiménto *s. m.* **1** Ciò che diverte: *amare i divertimenti* | Svago, passatempo: *studiare per –.* **2** Persona che diverte. **3** (*mus.*) Composizione strumentale in più movimenti.
divertìre A *v. tr.* (*io divèrto*) **1** (*lett.*) Allontanare, distogliere. **2** Rallegrare qc. facendolo partecipare ad attività piacevoli, atte a ricrearlo fisicamente e spiritualmente: *la lettura e lo sport mi divertono*; SIN. Dilettare, ricreare, svagare. **B** *v. rifl.* **1** Occupare il proprio tempo in attività gradevoli e distensive, darsi ai passatempi: *ha bisogno di divertirsi*; SIN. Distrarsi, svagarsi. **2** (*est.*) Darsi a esperienze spec. amorose senza assumersi responsabilità, come per gioco: *con lei vuole solo divertirsi.*
divertìto *part. pass. di divertire; anche agg.* Che si diverte | Che rivela divertimento: *occhiata divertita.*
divezzaménto *s. m.* **1** (*lett.*) Perdita di un'abitudine. **2** (*med.*) Passaggio dall'allattamento a un'alimentazione più ricca e variata.
divezzàre A *v. tr.* (*io divézzo*) **1** Togliere un'abitudine. **2** Svezzare, slattare. **B** *v. intr. pron.* Perdere un'abitudine: *divezzarsi dal fumo.*
dividèndo *s. m.* **1** (*mat.*) Primo termine della divisione | Quantità o numero da dividere. **2** (*econ.*) Parte degli utili netti di una società per azioni distribuita annualmente fra gli azionisti.
divìdere A *v. tr.* (*pass. rem. io divìṣi, tu dividésti, ecc.; part. pass. divìṣo*) **1** Fare in parti un tutto: *– il pane in fette* | Ripartire in gruppi e sim.: *divisero gli operai in squadre* | (*mat.*) Eseguire una divisione. **2** Separare una parte dall'altra: *– due litiganti* | (*fig.*) Mettere in disaccordo: *– gli animi*; SIN. Disunire. **3** Delimitare uno spazio, tracciare un confine: *una catena montuosa divide i due Stati* | Stabilire una distinzione: *– il bene dal male.* **4** Distribuire: *– gli utili tra i soci* | *– il lavoro*, assegnare a ogni persona un compito determinato | *– q.c. con qc.*, fare a metà | *Non aver nulla da – con qc.*, non voler avere a che fare con lui; SIN. Spartire, suddividere. **B** *v. rifl.* **1** Allontanarsi, separarsi: *si è diviso dalla famiglia.* **2** Distribuirsi in gruppi. **3** Occuparsi contemporaneamente di più cose: *si divide fra l'insegnamento e la politica.* **C** *v. rifl. rec.* Separarsi, detto dei coniugi che cessano la convivenza: *si è divisa dal marito.* **D** *v. intr. pron.* Essere diviso in parti, periodi e sim.: *la preistoria si divide in varie epoche.*
divièto *s. m.* Comando di legge che proibisce un dato comportamento: *– di sosta* | Proibizione; CONTR. Permesso.
divinaménte *avv.* In maniera divina, perfetta | Per opera divina.
divinàre *v. tr.* Indovinare il futuro mediante le tecniche divinatorie.
divinatóre A *s. m.* (*f. -trice*) Chi esercita la divinazione. **B** *agg.* Profetico: *mente divinatrice.*
divinatòrio *agg.* **1** Che si riferisce alla divinazione: *facoltà divinatoria.* **2** (*est.*) Profetico: *istinto –.*
divinazióne *s. f.* **1** Nelle religioni primitive, tecnica per scoprire gli avvenimenti futuri attraverso l'esame dei segni che esprimono la volontà degli dei. **2** (*est.*) Predizione.
divincolaménto *s. m.* Il divincolare, il divincolarsi; SIN. Dimenamento, contorcimento.
divincolàre A *v. tr.* (*io divìncolo*) (*lett.*) Piegare da una parte e dall'altra: *– la coda.* **B** *v. rifl.* Dimenarsi, contorcersi.
divinità *s. f.* **1** Natura divina. **2** Essere divino: *le – pagane*; SIN. Dio. **3** (*fig.*) Qualità di divino.
divinizzàre *v. tr.* **1** Rendere o considerare divino; SIN. Deificare. **2** (*fig.*) Celebrare come persona o cosa divina: *– l'arte.*
divinizzazióne *s. f.* Attribuzione di un carattere divino; SIN. Deificazione.
divìno A *agg.* **1** Che si riferisce a Dio o agli dei: *bontà divina*; *i divini attributi di Giove.* **2** Che ha natura di divinità: *essere –.* **3** Che è degno di Dio o degli dei: *tributare onori divini.* **4** Che proviene da Dio: *perdono –*; *diritto –* | *Divina Scrittura*, la Bibbia. **5** (*fig.*) Eccellente, straordinario, sovrumano: *poesia divina*; SIN. Celestiale | *Il – poeta*, (*per anton.*) Dante | (*fam.*) Bellissimo, buonissimo e sim.: *un vestito –.* **B** *s. m. solo sing.* Essenza divina.
divìṣa (1) *s. f.* **1** Uniforme: *la – degli alpini, degli aviatori*; *la – dei collegiali.* **2** (*arald.*) Frase scritta su un nastro, posto sotto lo scudo.
divìṣa (2) *s. f.* Credito o titolo di credito in moneta estera.
diviṣaménto *s. m.* (*raro*) Proposito, intenzione.
diviṣàre *v. tr.* (*lett.*) Proporsi, stabilire: *divisò di partire.*
diviṣìbile *agg.* **1** Che si può dividere. **2** (*mat.*) Detto di numero che si può dividere esattamente per un altro, cioè che ha resto nullo. • CONTR. Indivisibile.
diviṣibilità *s. f.* Qualità di ciò che è divisibile.
diviṣionàle *agg.* **1** (*mil.*) Che concerne la divisione. **2** Detto di moneta che rappresenta una frazione di unità monetaria; SIN. Divisionario.
diviṣionàrio A *agg.* Di divisione | *Moneta divisionaria*, divisionale. **B** *s. m.* Generale comandante di una divisione.
diviṣióne *s. f.* **1** Spartizione, ripartizione, distribuzione: *– di una torta, del bottino, degli utili* | Separazione, scomposizione in settori, periodi, classi e sim.: *– di uno stato in regioni, di un libro in capitoli*; *– della preistoria in varie epoche.* **2** Distinzione, delimitazione (*anche fig.*): *linea di –*; *– fra due terreni*; *– fra bene e male* | Allontanamento, separazione: *– dei contendenti* | (*fig.*) Disaccordo, disunione: *– degli animi.* **3** (*mat.*) Operazione inversa della moltiplicazione, per cui dati due numeri, detti *dividendo* e *divisore*, se ne ottiene un terzo, detto *quoziente*, che moltiplicato per il divisore dà il dividendo | *– impropria*, nella quale il dividendo non è multiplo del divisore, per cui la divisione comporta un resto. **4** (*mil.*) Grande unità elementare idonea a condurre il combattimento mediante l'impiego di brigate o

di raggruppamenti tattici | In marina, gruppo organico di navi da guerra per lo più omogenee | In aeronautica militare, unità organica costituita da più brigate. ***5*** Ripartizione interna di una pubblica amministrazione comprendente più sezioni o più uffici | Ciascuno dei reparti fra cui è divisa l'attività commerciale, produttiva e sim. di un'azienda. ***6*** Nei campionati di calcio e sim., raggruppamento di squadre in base al valore | *La massima* –, la serie A.

divisionismo *s. m.* Movimento pittorico sorto in Francia alla fine del sec. XIX e passato poi in Italia, che adotta una tecnica consistente nell'accostare sulla tela tocchi di colore puro, talora piccoli come punti; SIN. Puntinismo.

divisionista ***A*** *s. m. e f.* (*pl. m. -i*) Pittore che pratica il divisionismo. ***B*** *agg.* (*pl. m. -i*) Divisionistico: *pittura divisionista.*

divisionistico *agg.* (*pl. m. -ci*) Del divisionismo.

divismo *s. m.* Fanatismo di massa verso personaggi famosi del mondo dello sport e dello spettacolo | Comportamento presuntuoso, eccentrico e sim. ostentato da tali personaggi.

diviso *part. pass. di dividere; anche agg.* Spartito | Separato | *Vivere – dal mondo,* lontano da tutti | (*fig.*) Disunito.

divisóre ***A*** *s. m.; anche agg.* (*raro*) Chi (o che) divide. ***B*** *s. m.* ***1*** (*mat.*) Secondo termine d'una divisione, numero che divide il dividendo | *– di un numero,* sottomultiplo di esso | *Comun* –, divisore di un gruppo di numeri dati: *il 2 è comun – di tutti i numeri pari* | *Massimo comune* –, il più grande fra i divisori comuni di più numeri. ***2*** In meccanica, apparecchio atto a dividere una circonferenza in un numero esatto di parti uguali.

divisòrio ***A*** *agg.* Atto a dividere: *muro* –. [→ ill. *casa*] ***B*** *s. m.* (*raro*) Ciò che divide, separa.

divistico *agg.* (*pl. m. -ci*) ***1*** Proprio di un divo o di una diva. ***2*** Del divismo.

divo (1) *agg.* (*lett.*) Divino | Magnifico.

divo (2) *s. m.* Artista o sportivo famoso, personaggio molto popolare.

divoràre ***A*** *v. tr.* (*io divóro*) ***1*** Mangiare con grande avidità, detto degli animali spec. feroci | (*est.*) Mangiare voracemente: *ha divorato la cena.* ***2*** (*fig.*) Distruggere, consumare, detto di fuoco, malattia, passione e sim.: *la febbre lo divora.* ***3*** (*fig.*) Scialacquare, dilapidare. ***4*** (*fig.*) Leggere con grande interesse, senza interruzione: *– un libro.* ***5*** (*fig.*) Percorrere a tutta velocità: *l'aereo divora lo spazio.* ***6*** (*fig.*) Fissare qc. o q.c. con grande intensità e desiderio: *– il cibo con gli occhi.* ***B*** *v. intr. pron.* (*fig.*) Struggersi, consumarsi: *divorarsi dalla rabbia.*

divoratóre ***A*** *agg.* (*f. -trice*) Che divora (*spec. fig.*). ***B*** *s. m.* (*f. -trice*) Gran mangiatore: *un – di dolci* | (*fig.*) *– di libri,* lettore avido e instancabile.

divorziàre *v. intr.* (*io divòrzio; aus. avere*) Fare divorzio: *– da qc.*

divorziàto *part. pass. di divorziare; anche agg. e s. m.* (*f. -a*) Che (o chi) ha sciolto il precedente matrimonio mediante divorzio.

divòrzio *s. m.* Scioglimento legale del matrimonio durante la vita dei coniugi.

divorzismo *s. m.* Atteggiamento di chi è divorzista; CONTR. Antidivorzismo.

divorzista ***A*** *s. m. e f.* (*pl. m. -i*) Chi sostiene l'introduzione del divorzio in ordinamenti giuridici ove non è ammesso; CONTR. Antidivorzista. ***B*** *agg.* (*pl. m. -i*) Divorzistico.

divorzìstico *agg.* (*pl. m. -ci*) Del divorzio e del divorzismo.

divòto e deriv. V. *devoto* e deriv.

divulgàre ***A*** *v. tr.* (*io divùlgo, tu divùlghi*) ***1*** Rendere noto a tutti un fatto, un avvenimento, un segreto e sim.; SIN. Diffondere, propagare. ***2*** Rendere comprensibili a una vasta cerchia di persone concetti specialistici esponendoli in modo semplice e chiaro: *– i principi della fisica moderna.* ***B*** *v. intr. pron.* Spargersi, diffondersi.

divulgativo *agg.* Atto a divulgare: *manuale* –.

divulgatóre *s. m.* (*f. -trìce*) Chi divulga.

divulgazióne *s. f.* Diffusione | Volgarizzazione.

dixieland /*ingl.* 'diksilænd/ *s. m. inv.* Jazz tradizionale, sorto a New Orleans.

dizionàrio *s. m.* Opera che raccoglie i vocaboli di una lingua, di una scienza o di una tecnologia, ordinati alfabeticamente, accompagnati da definizioni e spiegazioni e talora dalla traduzione in altra lingua: *– della lingua italiana*; *– dei giochi e degli sport*; SIN. Vocabolario.

dizionarìsta *s. m. e f.* (*pl. m. -i*) Chi compila dizionari.

dizióne *s. f.* ***1*** Modo di pronunciare le parole: *avere una buona* –. ***2*** Recitazione: *corso di* –. ***3*** Discorso, frase, parola | Locuzione: *una – tipica del meridione.*

DNA *s. m. inv.* (sigla dell'ingl. *DeoxyriboNucleic Acid*) Acido deossiribonucleico che si trova quasi esclusivamente nel nucleo delle cellule ed è portatore dei fattori ereditari; CFR. RNA.

do *s. m. inv.* Prima nota della scala musicale nella terminologia italiana. (V. nota d'uso ACCENTO)

dobermann /*ted.* 'do:bərman/ *s. m. inv.* Cane da guardia con corpo snello e vigoroso, pelo corto e lucido e muso appuntito. [→ ill. *cane*]

dóbla *s. f.* Antica moneta d'oro spagnola.

doblóne *s. m.* Moneta spagnola d'oro del valore di due scudi d'oro coniata dal XVI sec. in poi.

dóccia *s. f.* (*pl. -ce*) ***1*** Canale in materiale vario che sporge dal muro di un edificio per scaricare all'esterno l'acqua piovana | Canale inclinato per convogliare l'acqua contro le pale della ruota di un mulino | (*est., gener.*) Canale. [→ ill. *casa*] ***2*** Impianto idraulico per una distribuzione a spruzzo dell'acqua sul corpo | (*est.*) Locale o parte di esso dove si trova tale impianto | (*est.*) Bagno fatto con tale sistema: *farsi la* – | *– fredda,* (*fig.*) notizia o avvenimento improvviso che spegne ogni precedente entusiasmo | *– scozzese,* fatta alternando acqua calda e fredda; (*est., fig.*) successione di avvenimenti piacevoli e spiacevoli. [→ ill. *bagno, spiaggia*] [→ tav. *locuzioni* 30]

docciatùra *s. f.* (*raro*) Doccia, spec. a scopo curativo.

doccióne *s. m.* Parte terminale della grondaia che serve a scaricare l'acqua lontano dai muri, consistente, spec. in palazzi antichi, in un'opera di scultura con figure grottesche o di animali.

docènte *agg.; anche s. m. e f.* Detto di chi insegna: *personale* –; SIN. Insegnante; CONTR. Discente.

docènza *s. f.* Titolo e professione di docente.

dòcile *agg.* ***1*** Che apprende senza sforzo: *intelligenza* –. ***2*** Che si piega con facilità alla volontà altrui: *essere – ai comandi*; SIN. Acquiescente, arrendevole, remissivo. ***3*** (*fig.*) Che si può usare, manovrare, con molta facilità: *macchina – alla guida.*

docilità *s. f.* Qualità di docile; SIN. Acquiescenza, arrendevolezza, remissività.

docimologia *s. f.* (*pl. -gie*) Disciplina a base pedagogica e didattica che studia scientificamente i metodi d'esame e i criteri di valutazione.

dock /*ingl.* dɔk/ *s. m. inv.* (*pl. ingl. docks* /dɔks/) Zona del porto dotata delle attrezzature necessarie alle operazioni di carico e scarico delle merci.

documentàbile *agg.* Che si può documentare.

documentàle *agg.* Che si riferisce a uno o più documenti.

documentàre ***A*** *v. tr.* (*io documénto*) ***1*** Comprovare o dimostrare q.c. con documenti: *– la verità di un fatto.* ***2*** Fornire uno studioso della documentazione necessaria alle sue ricerche. ***B*** *v. rifl.* Procurarsi le informazioni, i documenti e sim. necessari a conoscere con precisione q.c.: *documentarsi sugli ultimi avvenimenti politici.*

documentàrio ***A*** *agg.* ***1*** Che si riferisce a uno o più documenti. ***2*** Che ha natura di documento. ***B*** *s. m.* Film con intenti informativi o didascalici.

documentarista *s. m. e f.* (*pl. m. -i*) ***1*** Creatore o regista di documentari. ***2*** Persona esperta in documentazione giuridica.

documentàto *part. pass. di documentare; anche agg.* Attendibile, provato con sicuri argomenti | Di persona, bene informata.

documentatóre *s. m.* (*f. -trìce*) Chi raccoglie una serie di documenti atti a facilitare lo studio, la ricerca scientifica e sim.

documentazióne *s. f.* ***1*** Raccolta di informazioni e sim. atte a documentare o documentarsi. ***2*** L'insieme di dati, documenti e sim. che consentono di documentare q.c.: *la – dei fatti* | Complesso di documenti relativi a q.c.: *la – di un processo.*

documénto *s. m.* ***1*** Scrittura, atto che costituisce una prova: *– d'identità*; *documenti personali.* ***2*** Testimonianza di interesse storico: *un — della civiltà medievale.* **3** Qualsiasi cosa che costituisca materiale d'informazione.

dòdeca- *primo elemento*: in parole composte significa 'dodici': *dodecaedro, dodecasillabo.*

dodecaèdro *s. m.* (*mat.*) Poliedro con dodici facce | *— regolare*, dodecaedro che ha per facce dei pentagoni regolari uguali. [→ ill. *cristalli, geometria*]

dodecafonìa *s. f.* Moderna tecnica di composizione musicale, basata sull'uguaglianza dei dodici suoni della scala cromatica, i quali vengono raggruppati in serie, costituenti in varie trasformazioni l'impianto di un pezzo.

dodecafònico *agg.* (*pl. m. -ci*) Della dodecafonia.

dodecàgono *s. m.* (*mat.*) Poligono con dodici vertici.

dodecasillabo **A** *agg.* Detto di verso di dodici sillabe. **B** *anche s. m.*

dodicènne *agg.; anche s. m. e f.* Detto di chi ha dodici anni di età.

dodicèsimo **A** *agg. num. ord.* Corrispondente al numero dodici in una sequenza. **B** *s. m.* Ciascuna delle dodici parti uguali di una stessa quantità.

dódici [12 nella numerazione araba, XII in quella romana] **A** *agg. num. ord. card. inv.* Indica una quantità composta di dieci unità più due. **B** *s. m. inv.* Il numero dodici e il segno che lo rappresenta | *Le —*, mezzogiorno o mezzanotte.

dóga *s. f.* Ognuna delle strisce di legno che compongono il corpo di botti, barili, tini e sim. [→ ill. *vino*]

dogàle *agg.* (*lett.*) Del doge | *Città —*, Venezia.

dogàna *s. f.* **1** Ufficio fiscale che ha l'incarico di esigere e riscuotere i tributi d'entrata e d'uscita cui sono sottoposte le merci che entrano nel territorio dello Stato o ne escono. **2** Edificio in cui si esercita l'ufficio doganale. **3** Gabella, tassa: *pagare la —.*

doganàle *agg.* Relativo alla dogana.

doganière *s. m.* Agente dello Stato che sta nei porti o negli uffici doganali per il controllo delle operazioni inerenti la dogana.

dogaréssa *s. f.* Moglie del doge di Venezia.

dogàto *s. m.* Carica, titolo e dignità di doge.

dòge *s. m.* Titolo dato a chi ricopriva la suprema carica nelle repubbliche di Venezia e di Genova.

dòglia *s. f.* **1** (*lett.*) Dolore, sofferenza. **2** *spec. al pl.* Dolori che precedono il parto.

dòglio *s. m.* Grosso vaso di creta usato anticamente per conservare cereali, vino, olio | (*lett.*) Orcio.

dògma o *dòmma* *s. m.* (*pl. -i*) **1** Verità contenuta nella Rivelazione e proposta come obbligatoria alla fede universale | Articolo di fede: *— della Trinità.* **2** (*est.*) Proposizione o principio tenuto per verità incontrastabile: *— filosofico.*

dogmàtica *s. f.* Parte della scienza teologica che tratta dei dogmi.

dogmàtico **A** *agg.* (*pl. m. -ci*) **1** Che si riferisce al dogma: *studio —.* **2** Che si fonda su principi assiomatici e rifiuta qualsiasi verifica sperimentale. **3** (*est.*) Che non ammette dubbi, discussioni: *affermazioni dogmatiche.* **B** *s. m.* (*f. -a; pl. m. -ci*) Persona dogmatica.

dogmatismo *s. m.* **1** Qualsiasi posizione filosofica che, muovendo da principi assiomatici, afferma la possibilità di pervenire alla conoscenza di una realtà che sia assoluta certezza. **2** (*est.*) Tendenza a considerare vere le proprie opinioni, rifiutando quelle altrui.

dogmatizzàre *v. intr.* (*aus. avere*) Parlare in modo dogmatico, come se si enunciassero verità assolute.

dólce **A** *agg.* **1** Che ha il sapore proprio dello zucchero, del miele e sim.: *bevanda —* | *Farina —*, di castagne; CONTR. Amaro. **2** Che contiene una maggiore quantità di zucchero rispetto ad altri cibi o bevande dello stesso tipo: *vino, liquore —*; CONTR. Secco. **3** Che ha sapore delicato: *formaggio —*; CONTR. Piccante. **4** (*chim.*) Detto di acqua che contiene minime quantità di sali di calcio e magnesio. **5** Gradevole alla vista, all'udito, all'odorato: *una — visione*; *un — suono*; *dolci odori*; SIN. Delicato, soave. **6** Non ripido: *un — pendio.* **7** (*fig.*) Mite, tiepido, temperato: *climi dolci.* **8** (*fig.*) Che rallegra e conforta lo spirito: *dolci ricordi.* **9** (*fig., lett.*) Allettante, piacevole | *La — vita*, vita che trascorre nell'ozio e nel lusso, alla ricerca di momentanei appagamenti. **10** (*fig.*) Che rifugge dalla malvagità, dalla violenza: *carattere —.* **11** Diletto, amato: *casa — casa.* **B** *s. m.* **1** Sapore dolce; CONTR. Salato. **2** Cibo che ha come ingrediente fondamentale lo zucchero o il miele. [→ ill. *cucina, dolciumi, stoviglie*] [→ tav. *proverbi* 115]

dolcétto *s. m.* Vino rosso piemontese asciutto.

dolcézza *s. f.* **1** Sapore di ciò che è dolce: *la — del miele*; CONTR. Amarezza. **2** Qualità di dolce (*anche fig.*) | Bontà, mitezza: *parlare con —.* **3** *spec. al pl.* (*fig.*) Ciò che è dolce, piacevole: *le dolcezze della vita.* **4** (*fig.*) Sentimento di felicità e commozione: *animo colmo di —.*

dolciàrio **A** *agg.* Che si riferisce alla lavorazione e alla produzione dei dolci: *industria dolciaria.* **B** *s. m.* Chi lavora nell'industria dolciaria.

dolciàstro *agg.* **1** Che ha sapore dolce, ma stucchevole o disgustoso. **2** (*fig.*) Ambiguo, mellifluo: *maniere dolciastre.*

dolcificànte **A** *part. pres. di dolcificare; anche agg.* Che dà sapore dolce. **B** *s. m.* Sostanza dolcificante.

dolcificàre *v. tr.* (*io dolcìfico, tu dolcìfichi*) **1** Rendere dolce, spec. prodotti alimentari. **2** Eliminare dall'acqua i sali di calcio e magnesio che le conferiscono durezza.

dolcificazióne *s. f.* Operazione del dolcificare.

dolciùme *s. m.* **1** Sapore dolce stucchevole. **2** Quantità di cose dolci. **3** *al pl.* Ogni prodotto dell'industria dolciaria. [→ ill. *dolciumi*]

dolènte *part. pres. di dolere; anche agg.* **1** Che duole: *braccio —.* **2** Che manifesta dolore: *sguardo —.*

dolére **A** *v. intr.* (*pres. io dòlgo, tu duòli, egli duòle, noi doliàmo o dogliàmo, voi doléte, essi dòlgono; imperf. io dolévo; pass. rem. io dòlsi, tu doléstì; fut. io dorrò; cond. pres. io dorrèi, tu dorrésti; congv. pres. io dòlga o dòglia, noi doliàmo o dogliàmo, voi doliàte o dogliàte, essi dòlgano; imp. duòli, doléte; part. pres. dolènte; part. pass. dolùto; ger. dolèndo; aus. essere; raro avere*) **1** Provocare una sofferenza fisica: *mi duole il capo.* **2** (*raro, lett.*) Arrecare dolore, angoscia. **3** Dispiacere, rincrescere: *mi duole di non poter venire.* **B** *v. intr. pron.* **1** Provare rincrescimento: *dolersi di un errore* | Pentirsi: *dolersi dei propri peccati.* **2** Lamentarsi: *ha buoni motivi per dolersi di voi.* [→ tav. *proverbi* 223, 306]

dòlico *s. m.* Pianta rampicante leguminosa delle Rosali, che dà semi commestibili, detti fagioli dell'occhio.

dolicocefalìa *s. f.* Tipo di conformazione del cranio con prevalenza del diametro longitudinale su quello trasverso.

dolicocèfalo *agg.; anche s. m.* (*f. -a*) Che (o chi) presenta i caratteri della dolicocefalia.

dolìna *s. f.* Depressione di forma arrotondata frequente nei terreni calcarei e dovuta a corrosione carsica o a sprofondamento di cavità sotterranee.

dòlio *s. m.* Mollusco con conchiglia bianca e globosa.

dòllaro *s. m.* Unità monetaria degli Stati Uniti d'America e di altri paesi.

dòlmen *s. m.* Monumento funerario megalitico assai diffuso nelle regioni europee, costituito da lastre di pietra di supporto e una di copertura. [→ ill. *monumenti archeologici*]

dòlo *s. m.* **1** (*dir.*) Volontà di compiere un atto illecito; CFR. Colpa. **2** Inganno, frode.

dolòmia *s. f.* Roccia costituita prevalentemente da dolomite.

dolomìte *s. f.* (*miner.*) Carbonato doppio di calcio e magnesio in cristalli romboedrici bianchi, con cui si fanno calci e da cui si estrae magnesio.

dolomìtico *agg.* (*pl. m. -ci*) **1** Della dolomite. **2** Delle Dolomiti.

dolomitizzazióne *s. f.* (*geol.*) Processo di trasformazione di rocce calcaree in dolomia.

doloránte *part. pres. di dolorare; anche agg.* Che sente dolore, spec. fisico.

doloràre *v. intr.* (*io dolóro; aus. avere*) (*lett.*) Soffrire e manifestare la propria sofferenza.

dolóre *s. m.* **1** Sensazione spiacevole per effetto di un male corporeo: *— di testa*; *— a una gamba*; SIN. Male. **2** Sentimento di profonda infelicità dovuto all'insoddisfazione dei bisogni, alla privazione di ciò che procura piacere, al verificarsi di sventure e sim.; SIN. Afflizione, costernazione, pena. **3** Chi o ciò che procura dolore.

dolorìfico *agg.* (*pl. m. -ci*) **1** (*raro*) Che dà dolore fisico: *stimolo —.* **2** Che si riferisce alla percezione del dolore

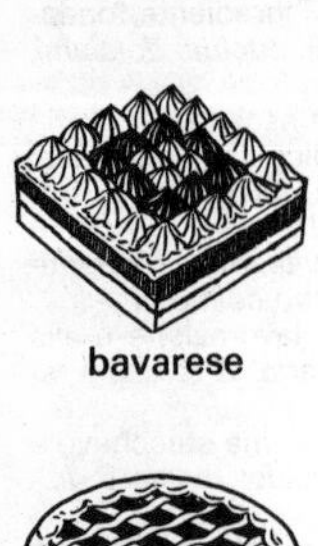
bavarese

budino

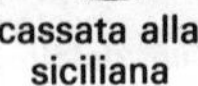
cassata alla siciliana

charlotte

ciambella

crostata

diplomatico

Montebianco

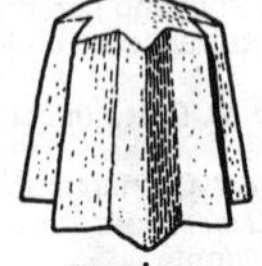
pandoro

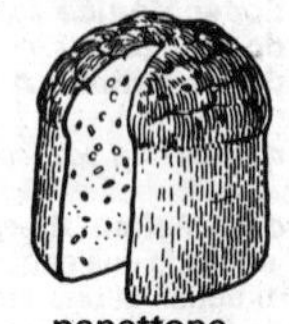
panettone

panforte

pastiera

plum-cake

profiteroles

Saint-Honoré

strudel

torta

trancio

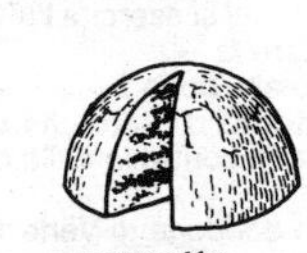

zuccotto

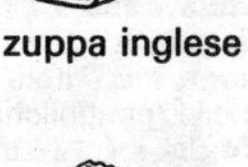
zuppa inglese

africano

babà

bignè

brioche

cannolo

cannolo alla siciliana

chiacchiere

croissant

frittella

frollino

krapfen

maritozzo

meringa

ricciarello

sfogliata

sfogliatella riccia

spumone

vol-au-vent

tartina

amaretto

baicolo

biscottino di Novara

brigidino

galletta

lingua di gatto

savoiardo

tarallo

wafer

boero

candito

caramella

cioccolato

cioccolatino

confetto

croccante

marron glacé

torrone

cassata

cestino

cono

coppa

gelato da passeggio

torta gelato

fisico: *sensibilità dolorifica.*

dolorosità *s. f.* (*raro*) L'essere doloroso.

doloróso *agg.* **1** Di, del dolore. **2** Che procura dolore: *intervento* —. **3** Che è pieno di dolore: *vita dolorosa*; SIN. Crudele | Che manifesta dolore: *sguardo* —.

dolosità *s. f.* L'essere doloso.

dolóso *agg.* (*dir.*) Commesso con dolo: *delitto* —.

dòma *s. m.* Forma cristallina elementare costituita da due facce che si incontrano come le falde di un tetto.

domàbile *agg.* Che si può domare (*anche fig.*); CONTR. Indomabile.

domànda *s. f.* **1** Atto del domandare, interrogazione, quesito: *rispondere a una* —. **2** Richiesta scritta: *una* — *in carta da bollo* | (*dir.*) — *giudiziale, processuale*, atto contenente l'esposizione della pretesa che si intende far valere in un giudizio civile. **3** (*econ.*) Quantità richiesta di un dato bene, a un certo prezzo, da parte di un singolo e dal mercato; CONTR. Offerta.

domandàre *A v. tr.* **1** Chiedere per sapere: — *a qc. l'ora*; *bisogna* — *quanto costa* | *Domandarsi q.c.*, essere incerto su q.c.: *mi domando cosa devo fare.* **2** Chiedere per ottenere: — *il permesso di, per, fare q.c.*; — *scusa, perdono* | — *la parola*, il permesso di parlare in assemblee, riunioni e sim. *B v. intr.* (*aus. avere*) Informarsi, chiedere notizie: — *di qc.*

domàni o (*lett.*) *dimàne A avv.* **1** Nel giorno che segue immediatamente l'oggi: — *è festa*; — *mattina*; — *alle dieci* | *Dopo* —, — *l'altro*, di qui a due giorni, il giorno che segue a domani. **2** In un tempo avvenire: *oggi o* —, prima o poi | *Dagli oggi, dagli* —, continuando a insistere. *B in funzione di s. m.* **1** Il giorno successivo a quello del quale si parla. **2** (*est.*) Il futuro, l'avvenire: *in un prossimo* —; *rimandare un lavoro dall'oggi al* —. [→ tav. *proverbi* 264, 294, 307]

domàre *v. tr.* (*io dómo*) **1** Rendere mansueto, domestico: — *una belva*; SIN. Addomesticare. **2** Rendere docile e ubbidiente: — *un ragazzo caparbio.* **3** (*fig.*) Soggiogare, sottomettere | — *un incendio*, riuscire a spegnerlo | Fiaccare, stroncare: — *una rivolta.* **4** (*fig.*) Tenere a freno: — *le passioni.*

domatóre *s. m.* (*f. -trìce*) Chi doma, spec. chi presenta in un circo bestie feroci da lui ammaestrate.

domattìna *avv.* Nella mattina del giorno che segue oggi: *arrivederci* —.

domeneddìo V. *domineddio.*

doménica *s. f.* Settimo giorno della settimana, dedicato dai Cristiani alle pratiche religiose e al riposo festivo. [→ tav. *proverbi* 87]

domenicàle *agg.* **1** Della domenica. **2** (*fig.*) Allegro, spensierato: *atmosfera* —.

domenicàno *A agg.* **1** Di S. Domenico: *ordine* —. **2** Dell'ordine fondato da S. Domenico: *monaco* —. *B s. m.* (*f. -a*) Religioso dell'ordine fondato da S. Domenico.

domestichézza V. *dimestichezza.*

domesticità *s. f.* **1** (*raro*) Familiarità, dimestichezza. **2** Qualità di domestico.

domèstico *A agg.* (*pl. m. -ci*) **1** Della casa, della famiglia: *pareti domestiche* | *Lari domestici*, nella religione degli antichi romani, divinità protettrici della casa | *Lavori domestici*, faccende di casa. [→ ill. *elettricità, lavatura e stiratura*] **2** (*lett.*) Confidenziale, familiare: *trattamento* —. **3** Addomesticato: *animale* —. **4** Che si coltiva: *pianta domestica.* *B s. m.* (*f. -a, pl. m. -ci*) Chi si occupa dei lavori domestici presso una famiglia dalla quale è retribuito.

domiciliàre (1) *agg.* Del domicilio, a domicilio: *visita* — | *Arresto* —, consistente nell'obbligo di non abbandonare il proprio domicilio.

domiciliàre (2) *A v. tr.* (*io domicilio*) (*raro*) Fornire di domicilio. *B v. rifl.* Prendere domicilio: *domiciliarsi in città, a Roma, presso qc.*

domiciliàto *part. pass. di domiciliare* (2); *anche agg.* Che ha domicilio in un dato luogo | *Cambiale domiciliata*, pagabile al domicilio di un terzo.

domicìlio *s. m.* **1** (*dir.*) Luogo in cui una persona ha stabilito la sede principale dei propri affari e interessi | — *volontario, elettivo*, quello scelto liberamente dal soggetto | — *necessario*, — *legale*, quello fissato dalla legge; CFR. Dimora, residenza. **2** (*est.*) Casa, abitazione, dimora: *recapito a* —; *violazione di* —.

dominàbile *agg.* Che si può dominare.

dominànte *A part. pres. di dominare; anche agg.* **1** Che prevale sugli altri: *partito* — | *Religione* —, la più diffusa in uno Stato | *Idea* —, pensiero fisso | *Posizione* —, che sovrasta i luoghi sottostanti. **2** (*mus.*) *Nota* —, quinto grado di una scala musicale. *B s. f.* Nota dominante.

dominànza *s. f.* **1** (*raro*) Qualità o stato di dominante. **2** (*biol.*) Prevalenza di un determinato carattere della discendenza di un incrocio.

dominàre *A v. tr.* (*io dòmino*) **1** Tenere soggette persone o cose alla propria autorità: — *il popolo* | — *i mari*, avere il monopolio dei traffici marittimi | — *una situazione*, essere in grado di intervenire in essa in modo determinante | (*fig.*) — *una lingua*, conoscerla perfettamente; SIN. Padroneggiare. **2** (*est.*) Soggiogare con la forza del proprio ingegno, della propria personalità e sim.: — *l'uditorio, il pubblico.* **3** Sovrastare, detto di costruzioni elevate, di monti e sim.: *la fortezza domina la città.* **4** (*fig.*) Contenere, frenare, reprimere: — *gli istinti.* *B v. intr.* (*aus. avere*) **1** Essere padrone assoluto, esercitare il potere: — *in uno Stato*; — *sul popolo.* **2** Essere superiore: — *su tutti*; SIN. Primeggiare. **3** Ergersi, elevarsi: *una torre domina sul passo.* *C v. rifl.* Tenere a freno i propri istinti, impulsi e sim.; SIN. Controllarsi.

dominatóre *s. m.* (*f. -trìce*) Chi domina.

dominazióne *s. f.* **1** Il dominare | Dominio: *la* — *straniera in Italia.* **2** *al pl.* Angeli di uno dei cori che circondano il trono di Dio.

domineddìo o (*lett.*) *domeneddìo s. m.* (*fam.*) Dio | Signore Iddio.

dominicàle *agg.* **1** Del Signore | *Orazione* —, il Paternostro. **2** Del proprietario: *diritti dominicali.*

dominicàno *agg.; anche s. m.* (*f. -a*) Della Repubblica Dominicana.

domìnio *s. m.* **1** Autorità, potere: *sete di* — | (*raro*) Proprietà: *avere il* — *di un immobile* | *Di* — *pubblico*, che può essere goduto da tutti e (*fig.*) che è noto a tutti: *notizia di* — *pubblico.* **2** Potere politico | Posizione di supremazia, spec. politica o militare: *il* — *di Sparta nell'antica Grecia.* **3** Padronanza, controllo assoluto (*anche fig.*) | — *di sé*, autocontrollo. **4** Territorio sottomesso a un potere politico: *i domini coloniali inglesi.* **5** (*fig.*) Campo, ambito: *il* — *della letteratura.*

dominion /*ingl.* dəˈminjən/ *s. m. inv.* (*pl. ingl. dominions* /dəˈminjənz/) Territorio facente parte del Commonwealth.

dòmino (1) *s. m. inv.* **1** Grande cappa con cappuccio, spec. di seta, che donne e uomini indossano a Carnevale. **2** Persona mascherata col domino.

dòmino (2) *s. m.* Gioco che si fa con 29 tessere, e nel quale vince chi per primo riesce a disfarsi di tutte le proprie tessere. [→ ill. *giochi*]

dòmma V. *dogma.*

dómo *agg.* (*lett.*) Domato.

dòn (1) o *dòng inter.* Riproduce spec. iter., il suono di una campana o i rintocchi di un orologio.

dòn (2) *s. m.* **1** Titolo riservato a principi e sacerdoti: — *Carlos*; — *Abbondio.* **2** Titolo riservato a gentiluomini e a persone di riguardo, spec. nei territori di dominio spagnolo in Italia: — *Rodrigo, mastro* — *Gesualdo.*

donàre *A v. tr.* (*io dóno*) Dare q.c. con un libero atto di volontà e senza aspettarsi ricompense | — *tutto se stesso a qc.*, dedicarsi completamente a qc.; SIN. Regalare. *B v. intr.* (*aus. avere*) **1** Fare una donazione. **2** Giovare, da un punto di vista estetico: *una acconciatura che le dona molto.* [→ tav. *proverbi* 3]

donatàrio *s. m.* (*f. -a*) Beneficiario di una donazione.

donatìvo *s. m.* Dono, elargizione.

donatóre *s. m.; anche agg.* (*f. -trìce*) **1** Chi (o che) dona. **2** (*med.*) Chi (o che) concede sangue o parti del proprio corpo da trasferire ad altri individui a scopo di cura: — *di sangue.*

donazióne *s. f.* (*dir.*) Contratto con cui una parte arricchisce un'altra disponendo a suo favore di un proprio diritto.

donchisciòtte *s. m.* Chi si erge a difensore di ideali nobili ma superati o privi di contatto con la realtà (dal nome del protagonista dell'omonimo romanzo di Cervantes).

donchisciottésco *agg.* (*pl. m. -schi*) Da donchisciotte.

dónde *avv.* **1** Da dove, da quale luogo: — *arrivi?*; *non si* *è potuto sapere — venisse.* **2** Dal quale, dal luogo da cui (con valore rel.): *ritornarono al punto — erano partiti.* **3** Da cui, dalla quale cosa (con valore caus.): *— si deduce; — consegue.*

dondolaménto *s. m.* Movimento oscillatorio.

dondolàre A *v. tr.* (*io dóndolo*) Mandare in qua e in là una cosa sospesa, in equilibrio instabile o con un unico punto d'appoggio: *— una corda, la testa.* **B** *v. intr. e rifl.* **1** Muoversi oscillando o ciondolando: *l'altalena dondola; — da una parte e dall'altra;* SIN. Ciondolare, oscillare. **2** (*fig.*) Star bighelloni: *dondolarsi per la casa.*

dondolìo *s. m.* Dondolamento leggero e continuo.

dóndolo *s. m.* **1** (*raro*) Il dondolare | *Nella loc. a —*, detto di ciò che si muove oscillando più o meno regolarmente: *cavallo, sedia, a —*, sedile, appeso a una intelaiatura, che può oscillare. [→ ill. *mobili*] **2** (*lett.*) Cosa che dondola.

dondolóne *s. m.; anche agg.* (*f. -a*) Bighellone, ozioso.

dondolóni *avv.* Dondolando, dondolandosi.

dòng V. *don* (1).

dongiovannésco *agg.* (*pl. m. -schi*) Da dongiovanni.

dongiovànni *s. m.* Uomo audace e galante | Fortunato corteggiatore di donne (dal nome del protagonista di una commedia spagnola del Seicento, Don Giovanni Tentorio).

dònna *s. f.* **1** Femmina fisicamente adulta della specie umana | *Da —*, proprio della donna o adatto a lei: *abito, cappello da —.* **2** Ogni essere umano di sesso femminile, considerato rispetto alle sue qualità intellettuali o morali o alla posizione che occupa, alla funzione che svolge | *Buona —*, di animo buono, ma non troppo intelligente; (*antifr.*) prostituta | *Brava —*, abile, lavoratrice | *Santa —*, estremamente buona, onesta | *— di casa*, che ama vivere ritirata nella propria casa; (*est.*) che accudisce alle faccende domestiche | *— allegra, facile, di facili costumi*, incline ad avventure amorose | *— per bene*, onesta, rispettabile | *— di mondo*, abituata alla vita di società | (*euf.*) *— galante, perduta, pubblica, di malaffare, di piacere, di strada, di vita*, prostituta. **3** (*ell.*) Donna di servizio | *— di cucina*, cuoca. **4** (*lett.*) Signora, padrona. **5** Titolo riservato alle nobildonne e alle signore di riguardo: *— Vittoria Colonna.* **6** Attrice | *Prima —*, attrice che ricopre la parte principale. **7** Figura delle carte da gioco; SIN. Regina. [→ tav. *proverbi* 48, 142, 277]

donnàccia *s. f.* (*pl. -ce*) **1** *Pegg. di donna.* **2** Prostituta.

donnaiòlo *s. m.* Chi corteggia assiduamente e con successo le donne.

donnésco *agg.* (*pl. m. -schi*) Di, da donna: *lavori donneschi.*

donnina *s. f.* **1** *Dim. di donna.* **2** Donna di facili costumi.

dònno *s. m.* (*raro, lett.*) Signore, padrone.

dònnola *s. f.* Piccolo mammifero dei Carnivori con lungo corpo flessuoso, corte zampe e pelliccia rossiccia sul dorso, bianca sulla gola e sul ventre. [→ ill. *animali* 20]

dóno *s. m.* **1** Atto del donare: *portare q.c. in — a qc.* | Ciò che si dona: *fare un — a qc.*; SIN. Regalo. **2** (*fig.*) Concessione, grazia, privilegio: *un — di Dio.* **3** (*fig.*) Qualità, virtù, dote: *un — di natura* | *— della parola*, facoltà di parlare.

donzèlla *s. f.* (*lett.*) Giovinetta.

donzellétta *s. f. Dim. di donzella.*

donzèllo *s. m.* **1** Giovane nobile che doveva conseguire l'investitura cavalleresca | *— di corte*, paggio. **2** (*tosc.*) Usciere del municipio.

doping /*ingl.* 'doupiŋ/ *s. m. inv.* Uso o somministrazione di droghe ad atleti o animali da competizione per accrescerne le energie psicofisiche e quindi il rendimento agonistico; SIN. Drogaggio.

dópo A *avv.* **1** In seguito, più tardi: *prima studia, — uscìremo* | *A —*, a più tardi, arrivederci; CONTR. Prima. **2** Oltre: *voltate subito —.* **B** *prep.* **1** Indica posteriorità nel tempo: *ci vediamo — pranzo; siamo arrivati — di voi.* **2** Oltre (indica una successione nello spazio): *prendete la strada — la chiesa* | Dietro: *un passo — l'altro.* **C** *cong.* Poi che (introduce una prop. temp. con il v. all'inf. o al part. pass.): *— mangiato vado a dormire* | *Nella loc. cong. — di* (con il v. all'inf.): *— di aver parlato per due ore, convinse tutti.* [→ tav. *proverbi* 251]

dopobàrba *s. m. inv.* Lozione che si applica sul viso dopo la rasatura.

dopoché o *dòpo che cong.* Da quando, dal momento che (introduce una prop. temp. con il v. all'indic.): *l'ho saputo — eri partito.*

dopodiché o *dópo di che avv.* Infine.

dopodomàni o *dópo domàni* **A** *avv.* Nel secondo giorno dopo oggi. **B** *s. m.* Il giorno che segue il domani | (*fig.*) Futuro non immediato.

dopoguèrra *s. m. inv.* Periodo che segue immediatamente una guerra, caratterizzato da gravi problemi e da molteplici esigenze materiali e spirituali.

dopolavorìsta *s. m. e f.* (*pl. m. -i*) Chi è iscritto a un dopolavoro.

dopolavorìstico *agg.* (*pl. m. -ci*) Di dopolavoro.

dopolavóro *s. m.* Ente che organizza le attività ricreative e culturali dei lavoratori.

dopopranzo o *dópo prànzo* **A** *avv.* Nel primo pomeriggio, nel pomeriggio: *domani —; ci vediamo subito —.* **B** *s. m. inv.* Il pomeriggio.

doposcì *s. m.* Capo di vestiario o tipo di calzatura che gli sciatori portano durante il riposo.

doposcuòla *s. m. inv.* Istituzione, ora superata, per l'assistenza degli scolari dopo le regolari ore di lezione.

dopotùtto o *dópo tùtto avv.* Insomma, alla fin fine, in conclusione: *— siete voi i responsabili.*

dóppia *s. f.* Moneta d'oro di due ducati coniata in vari Stati italiani a partire dalla seconda metà del XV sec.

doppiàggio *s. m.* Operazione del corredare una pellicola cinematografica di una colonna sonora diversa, spec. nel parlato, da quella registrata durante la lavorazione del film, gener. per la traduzione in una lingua diversa dall'originale.

doppiaménte *avv.* **1** In misura doppia. **2** In modo falso: *agire —.*

doppiàre (1) *v. tr.* (*io dóppio*) **1** (*raro, lett.*) Raddoppiare. **2** Nelle gare di corsa, superare un avversario di un intero giro di pista o di circuito. **3** (*mar.*) Oltrepassare un punto della terra, un faro, un molo.

doppiàre (2) *v. tr.* (*io dóppio*) Eseguire il doppiaggio.

doppiàto A *part. pass. di doppiare* (2); *anche agg.* Detto di colonna sonora riprodotta in altra lingua. **B** *s. m.* Colonna sonora che sostituisce quella originale.

doppiatóre *s. m.* (*f. -trìce*) Attore specializzato nel doppiaggio.

doppiatùra *s. f.* Doppiaggio.

doppière *s. m.* Candeliere o candelabro a due bracci.

doppiétta *s. f.* **1** Fucile da caccia a due canne: *— sovrapposta, giustapposta.* [→ ill. *cacciatore*] **2** Doppio colpo di fucile. **3** Nel calcio, coppia di reti segnate da un giocatore nella stessa partita | Nel pugilato, rapida successione di due colpi portati di sinistro e di destro.

doppiézza *s. f.* Mancanza di sincerità, di lealtà; SIN. Falsità, finzione.

doppino *s. m.* Insieme di due conduttori che costituiscono un elemento di circuito telefonico.

dóppio A *agg.* **1** Che è due volte maggiore, relativamente ad altra cosa analoga: *doppia razione; paga doppia.* **2** Che è costituito da due cose identiche unite o sovrapposte: *fucile a doppia canna* | *Filo —*, formato di due o più capi uniti insieme | *— mento*, deposito di grasso sotto il mento | (*est.*) Grosso, spesso: *tessuto —*; CONTR. Semplice. **3** Duplice: *doppia copia* | Che è ripetuto due volte: *una doppia infrazione* | *A doppia mandata*, con due giri di chiave | *Frasi, parole, a — senso*, che si possono spiegare o interpretare in due modi opposti | *Fare il — gioco*, barcamenarsi tra due avversari per opportunismo | *Fiore —*, che ha maggior numero di petali dell'ordinario | *Punto —*, formato da due punti a croce sovrapposti; CONTR. Unico. **4** (*fig.*) Falso, finto, infido, detto di persona. **B** *s. m.* **1** Quantità, numero, misura doppia: *il — di dieci è venti.* **2** Nel tennis, incontro fra quattro giocatori che gareggiano in coppia. **C** *avv.* Due volte | *Vederci —*, vedere le cose raddoppiate e (*fig.*) essere ubriaco.

doppiofóndo o *dóppio fóndo s. m.* (*pl. doppifóndi*) **1** (*mar.*) Larga intercapedine del fondo degli scafi metallici. **2** (*est.*) Qualunque cavità celata sotto un fondo fittizio: *valigia con —.*

doppiogiochista *s. m. e f.* (*pl. m. -i*) Persona falsa e opportunista che fa il doppio gioco.

doppióne *s. m.* Cosa identica a un'altra | Altro esemplare

di un libro o di un oggetto da collezione che già si possiede.
doppiopètto *s. m.* (*pl. doppiopètto o doppiopètti*) Giacca o mantello con i due davanti più o meno sovrapposti e chiusi da due file di bottoni.
doppista *s. m. e f.* (*pl. m. -i*) Nel tennis, chi gioca in doppio.
doràre *v. tr.* (*io dòro*) **1** Applicare uno strato o un foglio sottile d'oro sulla superficie di un oggetto, secondo vari metodi | (*fig.*) – *la pillola*, presentare un fatto sgradevole in modo da farlo sembrare migliore. **2** (*lett.*) Rendere simile all'oro. **3** Cuocere un cibo sino a dargli un colore simile al giallo oro.
doràto *part. pass. di dorare; anche agg.* **1** Che ha il colore dell'oro: *giallo* –. **2** Ricoperto d'oro.
doratóre *s. m.* (*f. -trice*) Chi esercita l'arte del dorare.
doratùra *s. f.* **1** Operazione del dorare. **2** Rivestimento di oro | Ornamento, fregio d'oro.
dòrico *agg.* (*pl. m. -ci*) **1** Che è proprio dell'antica popolazione greca dei Dori: *dialetto* – | *Ordine* –, ordine architettonico classico caratterizzato da colonna senza base scanalata, con capitello con fregio a metope e triglifi alternati. [→ ill. *architettura*] **2** Proprio dell'ordine dorico: *capitello, fregio* –. [→ ill. *architettura*]
dorifora *s. f.* Insetto giallo con dieci linee nere sulle elitre, le cui larve arrecano gravi danni alle patate. [→ ill. *animali* 3]
dormènte V. *dormiente*.
dormeuse /*fr.* dɔr'møz/ *s. f. inv.* (*pl. fr. dormeuses* /dɔr'møz/) Poltrona a sdraio settecentesca munita di una o più spalliere di differente altezza.
dormicchiàre *v. intr.* (*io dormicchio; aus. avere*) **1** Dormire un sonno leggero svegliandosi di tanto in tanto; SIN. Sonnecchiare. **2** (*fig.*) Essere disattento, fiacco.
dormiènte o *dormènte* **A** *part. pres. di dormire; anche agg. e s. m. e f.* Che (o chi) dorme. **B** *s. m.* **1** Trave in legno posta orizzontalmente su un muro per ripartire i carichi. **2** (*mar.*) Cavo che, mentre svolge le sue funzioni, resta fisso.
dormiglióne *s. m.* (*f. -a*) Chi ama dormire e dorme molto.
dormire A *v. intr.* (*io dòrmo; aus. avere*) **1** Riposarsi per mezzo del sonno | – *come un ghiro, come un macigno, come un masso, della grossa*, profondamente | – *in piedi, a occhi aperti*, essere molto assonnato | – *con gli occhi aperti*, (*fig.*) stare all'erta | *Dormirci sopra*, non pensare più a q.c. **2** (*est.*) Stare inerte, inattivo: *è un tipo che non dorme*. **3** (*fig.*) Fidarsi, stare sicuro: *per quanto lo riguarda puoi – tranquillo* | – *tra due guanciali*, non aver nulla da temere. **4** Giacere morto: *qui dormono le sue spoglie mortali*. **5** (*fig.*) Essere silenzioso, immoto, detto di luoghi: *tutta la città dorme* | Essere dimenticato, in disparte, detto di cose: *le trattative dormono da mesi*. **B** *v. tr.* Determinato dall'oggetto interno: – *sonni tranquilli* | – *tutti i propri sonni*, (*fig.*) stare in pace | – *il sonno del giusto*, (*fig.*) dormire profondamente | – *il sonno eterno*, essere morto. [→ tav. *proverbi* 42, 53, 289; → tav. *locuzioni* 31, 32]
dormìta *s. f.* Sonno lungo, ininterrotto e riposante.
dormitòrio *s. m.* Grande stanza dove possono dormire molte persone, in collegi, caserme e sim. | Parte del convento ove sono le celle.
dormivéglia *s. m. e f. inv.* Stato fra il sonno e la veglia.
dorsàle A *agg.* (*anat.*) Relativo al dorso, situato sul dorso | *Spina* –, colonna vertebrale | *Senza spina* –, (*fig.*) privo di carattere, debole, inetto | *Muscolo gran* –, muscolo della regione posteriore del tronco | (*sport*) *Salto* –, salto in alto con il dorso rivolto verso terra; SIN. Fosbury; CONTR. Ventrale. [→ ill. *anatomia umana, zoologia*] **B** *s. m.* Spalliera di sedia, poltrona o divano. **C** *s. f.* Lunga e larga catena montuosa: *la – appenninica*.
dorsista *s. m. e f.* (*pl. m. -i*) Nuotatore specialista nello stile sul dorso.
dòrso *s. m.* **1** Parte posteriore del torace | *Piegare il* –, (*fig.*) sottomettersi | (*est.*) Schiena. [→ ill. *cavallo, zoologia*] **2** Parte convessa di un organo anatomico: – *della mano, del piede*. **3** Striscia che unisce i due piatti della copertina d'un libro. [→ ill. *stampa*] **4** Lato superiore di un profilo aerodinamico, di un'ala e sim. **5** Estremità alta di una montagna. **6** Stile di nuoto in cui il nuotatore procede sulla schiena.
dorsoventràle *agg.* Che riguarda sia la parte dorsale sia la parte ventrale di un organismo.
doṣàggio *s. m.* Determinazione della quantità di una o più sostanze per ottenere un dato effetto; SIN. Dosatura | (*est.*) Dose.
doṣàre *v. tr.* (*io dòṣo*) **1** Misurare una o più sostanze, stabilendone la dose necessaria: – *una medicina*. **2** (*fig.*) Usare con parsimonia: – *le forze*.
doṣatóre *s. m.* (*f. -trìce* nel sign. 1) **1** Chi dosa. **2** Apparecchio che immette in un ciclo di produzione quantità dosate di materiali.
doṣatùra *s. f.* Dosaggio.
dòṣe *s. f.* **1** Quantità determinata di una o più sostanze per ottenere un certo effetto: *la giusta – di sale* | Quantità prescritta di un farmaco. **2** (*est.*) Razione (*anche fig.*): *una buona – di botte*.
doṣimetrìa *s. f.* (*fis.*) Determinazione della quantità di radiazione assorbita da un corpo o da una persona esposta a radiazioni ionizzanti.
doṣìmetro *s. m.* Apparecchio per dosimetria.
dossàle *s. f.* **1** Copertura del dosso di mobili, oggetti preziosi, artistici o di lusso. **2** Parte dorsale dell'altare cristiano | Fondo scolpito, dipinto o decorato di un altare addossato al muro.
dossier /*fr.* do'sje/ *s. m. inv.* (*pl. fr. dossiers* /do'sje/) Fascicolo in cui sono raccolti i documenti riguardanti un argomento o una persona.
dòsso *s. m.* **1** Dorso: *il – della mano* | (*est.*) Corpo | *Mettersi a, in – un abito*, indossarlo | *Levarsi i vestiti di* –, spogliarsi. **2** (*est.*) Prominenza | Cima, sommità: *il – nevoso di un monte*. **3** Rialzo del fondo stradale. [→ ill. *strada*]
dotàle *agg.* Relativo alla dote.
dotàre *v. tr.* (*io dòto*) **1** Fornire della dote: – *la propria figlia di, con, una rendita*. **2** Provvedere, corredare (*anche fig.*): – *la città di nuove scuole*; SIN. Fornire.
dotàto *part. pass. di dotare; anche agg.* Fornito | Provvisto di ottime qualità.
dotazióne *s. f.* **1** (*raro*) Fornitura. **2** Insieme di beni assegnati a una persona o a un ufficio per svolgere un'attività. **3** Complesso di materiali d'armamento ed equipaggiamento assegnati ai soldati.
dòte *s. f.* **1** Complesso dei beni che la moglie apportava al marito all'atto del matrimonio | (*est.*) Complesso dei beni personali che la novizia all'atto della monacazione attribuisce al monastero. **2** Complesso di beni finanziari assegnati a un ente per il suo funzionamento. **3** Speciale pregio, qualità naturale: *ha la – della simpatia*.
dottaménte *avv.* In modo dotto.
dòtto (1) A *agg.* **1** Che dispone di un'ottima cultura: *essere – in matematica*; SIN. Colto, erudito. **2** Ricco di cultura, erudito: *dotte citazioni*. **B** *s. m.* (*f. -a*) Persona dotta.
dótto (2) *s. m.* (*anat.*) Canale, condotto: – *biliare*.
-dótto *secondo elemento*: in parole composte significa 'condotto' e sim.: *acquedotto, metanodotto, oleodotto, viadotto*.
dottoràle *agg.* Di, da dottore: *laurea* – | (*iron.*) Proprio di chi assume pose da sapientone: *aria* –.
dottoràto *s. m.* Grado, dignità, titolo, di dottore.
dottóre *s. m.* (*f. -éssa*) **1** Chi, per vastità di cultura, è in grado di insegnare una disciplina | *Fare il* –, darsi arie di persona colta | – *della Chiesa*, titolo attribuito a dati santi della chiesa cattolica per la perfetta ortodossia delle loro dottrine. **2** Chi è fornito del diploma di laurea di una facoltà universitaria: – *in medicina, in lettere*; SIN. Laureato. **3** Maschera della Commedia dell'arte. **4** (*fam.*) Medico. [→ tav. *proverbi* 269]
dottoreggiàre *v. intr.* (*io dottoréggio; aus. avere*) (*spreg.*) Ostentare in modo saccente la propria dottrina.
dottrìna *s. f.* **1** Insieme delle cognizioni apprese mediante studio approfondito: *uomo di vasta* –; SIN. Cultura, istruzione. **2** Principi teorici fondamentali e organici sui quali è basato un movimento politico, artistico, filosofico, scientifico e sim.: *la – del surrealismo*. **3** Complesso dei dogmi e dei principi della fede cristiana.
dottrinàle *agg.* Che si riferisce a una dottrina, che è proprio di una dottrina: *metodo* –.
dottrinàrio A *agg.* Che si ispira esclusivamente e in modo acritico a una dottrina: *insegnamento* –. **B** *s. m.* Chi è portato a ragionar di dottrine piuttosto che ad affron-

tare in modo concreto i problemi; SIN. Dogmatico.

double-face /*fr.* 'dublə 'fas/ *loc. agg. inv.* Detto di tessuto avente due diritti, diversi l'uno dall'altro per disegno e colore.

dóve **A** *avv.* **1** In quale luogo (in frasi interr. dirette e indirette e frasi escl.): *– andate? – siamo capitati!* | *Da, di –*, da quale luogo; *da – arrivi?* | *Per –*, per quale luogo: *per – pensi di passare?* **2** Nel luogo in cui: *stai fermo – sei.* **3** Il luogo in cui: *ecco – l'abbiamo trovato* | *Da, di –*, dal luogo in cui: *da – abito vedo la tua casa* | *Per –*, per il luogo per cui. **4** In cui (preceduto da un s.): *il paese – sono nato.* **B** *cong.* Mentre, laddove (con valore avversativo): *a me fu di danno, – a te fu di aiuto.* **C** *in funzione di s. m. inv.* Luogo: *il – e il quando* | *In, per ogni –*, dappertutto. [→ tav. *proverbi* 27, 223]

dovére **A** *v. intr.* (*dif. dell'imp. e del part. pres.; pres. io dèvo o dèbbo, tu dèvi, egli dève, noi dobbiàmo, voi dovéte, essi dèvono o dèbbono; imperf. io dovévo, ecc.; pass. rem. io dovéi o dovètti, tu dovésti; fut. io dovrò; condiz. pres. io dovrèi, tu dovrésti; congv. pres. io dèbba o dèva, ecc., noi dobbiàmo, voi dobbiàte, essi dèbbano o dèvano; part. pass. dovùto; aus. avere se è usato ass.; come v. servile ha l'aus. del v. a cui si accompagna: sono dovuto andare; ho dovuto ridere*) **1** Avere l'obbligo di fare q.c.: *– rispettare le leggi* | Essere tenuto a comportarsi in un certo modo per convenienza, opportunità e sim.: *debbo comportarmi meglio* | *Comportarsi come si deve*, in modo corretto | (*raff.*) *Dovessi morire*, a costo di morire. **2** Avere necessità di fare q.c.: *deve dormire almeno tre ore.* **3** Essere probabile: *dovrebbe essere mezzogiorno; dev'essere lui.* **4** Essere debitore (*anche fig.*): *– una somma; ti devo la vita.* **B** *in funzione di s. m.* **1** Ciò che si è obbligati a fare dalla legge, dalle convenzioni, dalla morale e sim.: *avere il senso del –; i doveri del cittadino*; SIN. Obbligo. **2** Ciò che è considerato conveniente, giusto: *sono cose conformi al –* | *Fare le cose a –*, bene, con cura.

doveróso *agg.* Che è di dovere: *obbedienza doverosa* | Che è imposto dalla legge, dalle circostanze; SIN. Debito.

dovìzia *s. f.* (*lett.*) Grande abbondanza.

doviziosaménte *avv.* (*lett.*) Con dovizia.

dovizióso *agg.* (*lett.*) Ricco.

dovùnque *avv.* **1** In qualunque luogo in cui: *– tu vada.* **2** Dappertutto: *un prodotto che si trova –.*

dovutaménte *avv.* Nel modo dovuto.

dovùto **A** *part. pass. di dovere; anche agg.* Causato, prodotto da: *il suo successo è – alla sua volontà* | Necessario, debito: *con le dovute scuse.* **B** *s. m.* Ciò che spetta, o è obbligatorio o regolare: *dare a qc. il –.*

dozzìna *s. f.* **1** Complesso, serie di dodici, o circa dodici, unità: *una – di fazzoletti* | *A dozzine*, in gran quantità | *Di, da –*, di poco pregio | *Poeta di –*, di scarse capacità. **2** (*raro*) Vitto e alloggio che una famiglia privata fornisce a un pensionante a un determinato prezzo: *stare a –.*

dozzinàle *agg.* Ordinario, comune: *abito –.*

dozzinànte *s. m. e f.* Pensionante presso una famiglia.

dracèna *s. f.* Pianta arborea delle Liliflore, con rami terminanti in ciuffi di foglie, dalla cui corteccia si ricava una gommoresina. [→ ill. *piante* 16]

dràcma o *dràmma* (2) *s. f.* **1** Unità monetaria della Grecia moderna. **2** V. *dramma* (2).

draconiàno *agg.* Molto severo e rigido (dal nome di Dracone, severo legislatore dell'antica Atene).

dràga *s. f.* Macchina per l'escavazione e l'approfondimento di porti, fiumi, canali.

dragàggio *s. m.* Operazione del dragare.

dragamìne *s. m. inv.* Piccola nave da guerra attrezzata per rimuovere e distruggere le mine subacquee; SIN. Spazzamine. [→ ill. *marina*]

dragànte V. *adragante.*

dragàre *v. tr.* (*io dràgo, tu dràghi*) **1** Scavare con la draga. **2** Bonificare un tratto di mare da mine subacquee.

draghìsta *s. m.* (*pl. -i*) Operaio addetto a una draga.

dràglia *s. f.* (*mar.*) Corda fermata alle due estremità e tesa, sulla quale scorrono oggetti inanellati.

dràgo *s. m.* (*pl. -ghi*) **1** Animale favoloso simile a un enorme rettile alato che vomitava fuoco; SIN. Dragone. [→ ill. *araldica*] **2** *– volante*, piccolo rettile dei Sauri con lunga coda sottile e due espansioni cutanee che gli permettono brevi voli. **3** (*gerg., fig.*) Chi è dritto, in gamba.

dragomànno *s. m.* Ufficiale turco addetto alle ambasciate con incarichi di interprete.

dragóna *s. f.* Striscia doppia di cuoio o cordone annodata all'elsa della sciabola e avvolta al polso. [→ ill. *passamaneria*]

dragoncèllo *s. m.* Pianta erbacea, cespugliosa, delle Sinandrali con fiori raccolti in ampie pannocchie; usato per condimento. [→ ill. *verdura*]

dragóne (1) *s. m.* Drago.

dragóne (2) *s. m.* Soldato di cavalleria, con elmo fornito o no di criniera.

dragóne (3) *s. m.* Tipo di imbarcazione a vela per regate. [→ ill. *marina*]

draişina /*semi-fr.* dre'zina/ *s. f.* Strumento di locomozione a due ruote, una dietro l'altra, provvisto di una specie di manubrio, considerato il progenitore della bicicletta.

dràmma (1) *s. m.* (*pl. -i*) **1** Qualsiasi componimento letterario scritto per la rappresentazione scenica | *– storico*, a carattere tragico; CFR. Commedia, tragedia. **2** (*est.*) Vicenda dolorosa: *– di una famiglia.* **3** Forza, tensione drammatica: *il – dell'Inferno di Dante.*

dràmma (2) o *dracma s. f.* La principale unità monetaria degli antichi Greci. [→ ill. *moneta*]

drammàtica *s. f.* Genere letterario che comprende le varie forme drammatiche | L'arte che concerne il teatro di prosa.

drammaticità *s. f.* Qualità di ciò che è drammatico.

drammàtico *agg.* (*pl. m. -ci*) **1** Del dramma: *stile, tono* | Che scrive o interpreta drammi: *poeta –; attore –.* **2** (*fig.*) Che ha l'intensità emotiva di un dramma: *scena drammatica.*

drammatizzàre *v. tr.* **1** Rendere atto alla rappresentazione: *– un racconto.* **2** (*fig.*) Esagerare la gravità di un fatto: *– la situazione.*

drammatizzazióne *s. f.* **1** Riduzione in forma di dramma | (*fig.*) Esagerazione della gravità di q.c. **2** Attività scolastica consistente nella rappresentazione scenica di un racconto e sim.

drammaturgìa *s. f.* (*pl. -gie*) Arte, letteratura drammatica.

drammatùrgo *s. m.* (*f. -a; pl. m. -ghi*) Scrittore di testi drammatici.

drap /*fr.* dra/ *s. m. inv.* (*pl. fr. draps* /dra/) Stoffa di lana morbida e lucida.

drappeggiàre **A** *v. tr.* (*io drappéggio*) Disporre in drappeggi: *– un mantello sulle spalle* | Avvolgere con drappeggi. **B** *v. rifl.* Avvolgersi con drappeggi.

drappéggio *s. m.* **1** Tessuto ripreso e fissato in modo da formare un movimento armonioso di ampie pieghe ricadenti. **2** Insieme di pieghe morbide, disposte a ornare un abito e sim.

drappèlla *s. f.* Piccolo drappo rettangolare, con sopra ricamato lo stemma del reggimento, appeso per ornamento alla tromba.

drappèllo *s. m.* **1** Gruppo di armati raccolti sotto la stessa insegna. **2** (*est.*) Gruppo di persone.

drapperìa *s. f.* **1** Quantità di drappi. **2** Fabbrica di drappi e di tessuti in genere.

drappière *s. m.* Fabbricante o mercante di drappi.

dràppo *s. m.* **1** Tessuto di lana o di seta, per lo più operato | (*est., lett.*) Tessuto in genere. [→ ill. *bandiera e insegna*] **2** (*lett.*) Abito fastoso.

dràstico *agg.* (*pl. m. -ci*) Energico, deciso, oltre che efficace; CONTR. Blando.

dreadnought /*ingl.* 'drednɔ:t/ *s. f. inv.* (*pl. ingl. dreadnoughts* /'drednɔ:ts/) (*mar.*) Tipo di corazzata veloce.

drenàggio *s. m.* **1** Sistema di tubi, canali o pozzi per lo scolo delle acque | Bonifica di terreni palustri per mezzo di canali. **2** (*med.*) Operazione per facilitare lo scolo del pus o di altre secrezioni patologiche. **3** (*fig.*) Azione del drenare: *– di capitali.*

drenàre *v. tr.* (*io drèno*) **1** Prosciugare un terreno mediante drenaggio. **2** (*med.*) Liberare da pus mediante drenaggio: *– una ferita.* **3** (*fig.*) Far affluire attirando a sé: *– manodopera straniera.*

dressage /*fr.* dre'saʒ/ *s. m. inv.* (*sport*) Nell'equitazione, alta scuola.

drìade *s. f.* Nella mitologia greco-romana, ninfa degli alberi e dei boschi.

dribblàre ***A*** *v. intr.* Fare il dribbling. ***B*** *v. tr.* ***1*** Scartare l'avversario con un'azione di dribbling. ***2*** (*est.*) Evitare, eludere: – *una domanda.*

dribbling /*ingl.* 'dribliŋ/ *s. m. inv.* Nel calcio, azione di scartare abilmente l'avversario conservando il possesso della palla.

drindrìn *inter.* Riproduce il suono di un campanello che squilla con insistenza.

drink /*ingl.* driŋk/ *s. m. inv.* (*pl. ingl. drinks* /'driŋks/) ***1*** Bevanda alcolica. ***2*** (*est.*) Piccola festicciola o riunione in cui si offrono bevande alcoliche: *invitare qc. per un* –.

dritta *s. f.* ***1*** Parte destra, lato destro | *A – e a manca,* a destra e a sinistra, in ogni direzione. ***2*** (*mar.*) Fianco destro della nave. ***3*** (*gerg.*) Informazione riservata.

dritto ***A*** *agg.* ***1*** V. *diritto* (1). ***2*** (*fam.*) Astuto, scaltro: *parla poco, ma è* –. ***B*** *s. m.* (*f. -a* nel sign. 2) ***1*** Diritto. ***2*** (*fam.*) Chi, agendo con astuzia e a volte anche con prepotenza e poco riguardo per gli altri, riesce a raggiungere lo scopo prefissosi. ***3*** (*mar.*) – *di poppa,* – *di prora,* elementi della nave quasi perpendicolari all'estremità posteriore e anteriore della chiglia. [→ ill. *marina*]

drittofilo *s. m. inv.* Il filo della trama di un tessuto | *Tagliare in* –, seguendo il filo della trama.

drive-in /*ingl.* 'draiv in/ *loc. sost. m. inv.* Cinema, banca, ristorante e sim. all'aperto, in cui i clienti usufruiscono dei servizi rimanendo entro l'automezzo opportunamente parcheggiato.

driver /*ingl.* 'draivə/ *s. m. inv.* (*pl. ingl. drivers* /'draivəz/) Guidatore del cavallo nelle corse al trotto.

drìzza *s. f.* (*mar.*) Cavo per alzare pennoni, vele e sim. [→ ill. *marina*]

drizzàre o *dirizzàre* ***A*** *v. tr.* ***1*** Far tornare diritto q.c. che è storto: – *un chiodo.* ***2*** (*lett.*) Dirigere | Rivolgere verso una meta (*anche fig.*): – *gli occhi, lo sguardo* | – *le orecchie,* ascoltare attentamente. ***3*** Rizzare, innalzare: – *un'antenna.* ***B*** *v. rifl.* Mettersi in posizione eretta: *drizzarsi in piedi, sulle staffe;* SIN. Alzarsi.

dròga *s. f.* ***1*** Sostanza aromatica vegetale usata per condire le vivande; SIN. Spezie. ***2*** Sostanza di origine vegetale o chimica ad azione stupefacente o allucinogena: *traffico di* – | *Droghe pesanti,* quelle che (come l'eroina, la morfina e la cocaina) producono notevoli alterazioni psicofisiche e dipendenza | *Droghe leggere,* quelle che (come la canapa indiana) producono effetti meno gravi. ***3*** (*fig., est.*) Abitudine radicata a cui è difficile rinunciare | (*est*) Situazione, fenomeno sociale, persona e sim. dall'attrattiva irresistibile che recano talora gravissimo danno: *la – del fumo; la – del consumismo.*

drogàggio *s. m.* Doping.

drogàre ***A*** *v. tr.* (*io drògo, tu dròghi*) ***1*** Condire con droghe: – *una pietanza.* ***2*** Somministrare droghe a qc.: – *un atleta.* ***B*** *v. rifl.* Fare uso di droga.

drogàto ***A*** *part. pass. di drogare; anche agg.* Detto di atleta o animale sottoposti a drogaggio. ***B*** *s. m.* (*f. -a*) Chi fa abitualmente uso di droga.

drogheria *s. f.* Bottega dove si vendono droghe, generi coloniali e sim.

droghière *s. m.* (*f. -a*) Esercente di una drogheria.

dromedàrio *s. m.* Ruminante simile al cammello, ma con una sola gobba, con labbro superiore diviso in due e mantello di color fulvo. [→ ill. *animali* 19]

-drómo *secondo elemento*: in parole composte indica il luogo dove si effettuano gare di corsa e sim.: *autodromo, bocciodromo, ippodromo.*

drop /*ingl.* drɔp/ *s. m. inv.* (*pl. ingl. drops* /drɔps/) Caramella dissetante a base di gomma e frutta, solitamente non incartata.

dròsera *s. f.* Pianta erbacea carnivora delle Parietali, tipica di luoghi paludosi, con foglie picciolate e lamina coperta di peli vischiosi. [→ ill. *piante* 5]

Droseràcee *s. f. pl.* (*sing. -a*) Famiglia di piante erbacee carnivore delle Parietali, con foglie conformate in modo da formare una trappola con cui catturano insetti. [→ ill. *piante* 5]

drosòfila *s. f.* Piccolo insetto che si nutre di mosto e frutta fermentata, allevato per ricerche di genetica; SIN. Moscerino della frutta.

drosòmetro *s. m.* Apparecchio per la misurazione della rugiada che si deposita in una notte.

drùdo *s. m.* (*f. -a*) (*lett.*) Amante, innamorato.

drùida o *drùido s. m.* (*pl. -i*) Sacerdote degli antichi Celti.

druìdico *agg.* (*pl. m. -ci*) Dei druidi.

drùido V. *druida.*

drùpa *s. f.* Frutto carnoso indeiscente con esocarpo membranoso, mesocarpo carnoso e succulento ed endocarpo legnoso e duro. [→ ill. *botanica*]

drupàceo *agg.* Detto di frutto o seme che presenta i caratteri della drupa.

drùsa *s. f.* (*miner.*) Aggregato di cristalli che crescono su una superficie più o meno pianeggiante.

drùso *s. m.* Membro di una comunità etnico religiosa sorta in Egitto nel sec. XI, poi trasferitasi in Libano, Siria ed altri paesi vicini, di lingua araba, che professa una religione affine alla musulmana.

dry /*ingl.* 'drai/ *agg. inv.* Secco, detto di bevande alcoliche.

duàlberi *s. m.* Bastimento con due alberi verticali.

duàle *agg.* Detto del numero di forme grammaticali che indicano due persone o cose e l'azione fatta o subita da due persone o cose.

dualìsmo *s. m.* ***1*** Concezione filosofica che si appella a due principi opposti e irriducibili: *il – tra il male e il bene.* ***2*** (*fig.*) Contrasto, antagonismo.

dualìsta *s. m. e f.* (*pl. m. -i*) Seguace di una concezione dualistica.

dualìstico *agg.* (*pl. m. -ci*) Del dualismo.

dualità *s. f.* Natura di ciò che è composto di due parti, elementi o principi.

dubàt *s. m. inv.* Soldato indigeno delle truppe italiane in Somalia, fino al secondo conflitto mondiale.

dubbiézza *s. f.* (*raro*) Stato di dubbio.

dùbbio ***A*** *agg.* ***1*** Che è privo di certezza, che non si può definire o affermare con esattezza: *quadro di autore* –; *età dubbia* | *Tempo* –, variabile; SIN. Incerto. ***2*** Che non garantisce esiti o prospettive favorevoli: *il nostro avvenire è* –; SIN. Incerto. ***3*** Indeciso, irresoluto: *carattere* –. ***4*** Ambiguo, equivoco: *un uomo di dubbia fama.* ***B*** *s. m.* ***1*** Stato d'animo di chi dubita: *essere in – fra due soluzioni* | *Senza –, senza alcun –, senza ombra di* –, certamente | *Mettere in – q.c.,* dubitarne | Sospetto, timore: *ho il – che abbia detto la verità.* ***2*** Dilemma, problema, questione: *dubbi di natura filosofica.* [→ tav. *proverbi* 278]

dubbiosità *s. f.* Qualità di dubbioso.

dubbióso *agg.* ***1*** Che dubita, che è pieno di dubbi: *uomo – d'ogni cosa.* ***2*** Che manifesta dubbio: *parole dubbiose;* SIN. Esitante, perplesso, titubante. ***3*** Che fa sorgere dubbi o perplessità.

dubitàre *v. intr.* (*io dùbito; aus. avere*) ***1*** Trovarsi in una situazione psicologica di incertezza: – *dei fatti* | *Non – che,* essere sicuro che. ***2*** Mettere in discussione convinzioni generalmente accettate da tutti: – *dell'immortalità dell'anima.* ***3*** Non essere sicuro, diffidare: – *di qc.*

dubitatìvo *agg.* Che esprime dubbio.

dùca *s. m.* (*pl. dùchi, f. duchéssa*) Anticamente, sovrano di un ducato | Persona insignita del grado di nobiltà inferiore a quello di principe e superiore a quello di marchese. [→ ill. *araldica*]

ducàle *agg.* Del duca: *palazzo* –.

ducàto (1) *s. m.* ***1*** Titolo, dignità di duca. ***2*** Territorio posto sotto l'autorità di un duca.

ducàto (2) *s. m.* Moneta d'oro italiana coniata dapprima a Venezia poi altrove. [→ ill. *moneta*]

dùce *s. m.* (*lett.*) Capo, condottiero.

ducènto e deriv. V. *duecento* e deriv.

duchéssa *s. f.* Anticamente, sovrana di un ducato | Moglie o figlia di un duca.

dùe [2 nella numerazione araba, II in quella romana] ***A*** *agg. num. card.* ***1*** Indica una quantità composta di un'unità più uno: *l'uomo ha – braccia e – gambe.* ***2*** (*est.*) Pochi (con valore indet. per indicare una piccola quantità): *esco a fare – passi; te lo dico in – parole.* ***B*** *s. m.* (*pl. due*) ***1*** Il numero due e il segno che lo rappresenta. ***2*** Nel canottaggio, – *di coppia,* imbarcazione montata da due vogatori che muovono due remi ciascuno | – *con,* – *senza,* imbarcazione montata da due vogatori con o senza timoniere. [→ tav. *proverbi* 68, 143, 283, 365,

381; → tav. *locuzioni* 85]
duecentésco o (*lett.*) *ducentésco agg.* (*pl. m. -schi*) Del secolo XIII.
duecentista o (*lett.*) *ducentista s. m. e f.* (*pl. m. -i*) **1** Scrittore, artista del XIII sec. **2** (*sport*) Duecentometrista.
duecènto o (*lett.*) *ducènto* [200 nella numerazione araba, CC in quella romana] **A** *agg. num. card. inv.* Indica una quantità composta di due centinaia di unità. **B** *s. m. inv.* Il numero duecento e il segno che lo rappresenta | *Il Duecento*, il secolo XIII.
duecentometrista *s. m. e f.* (*pl. m. -i*) Atleta che compie gare di corsa o nuoto sulla distanza dei duecento metri.
duellànte *part. pres. di duellare; anche agg. e s. m. e f.* Che (o chi) duella.
duellàre *v. intr.* (*io duèllo; aus. avere*) Battersi in duello.
duellista *s. m.* (*pl. -i*) Chi si batte di frequente ed è esperto di duelli.
duèllo *s. m.* **1** Combattimento che si svolge, secondo speciali norme, tra due contendenti con armi uguali per risolvere controversie spec. d'onore. **2** (*fig.*) Contesa, contrasto: — *letterario*; — *alle bocce*.
duemila [2000 nella numerazione araba, MM in quella romana] **A** *agg. num. card. inv.* Indica una quantità composta di due migliaia di unità. **B** *s. m. inv.* Il numero duemila e il segno che lo rappresenta | *Il Duemila*, il secolo XXI.
duepèzzi o *dùe pèzzi s. m.* Costume da bagno femminile composto di reggiseno e mutandine o slip | Abito femminile con giacca o insieme di gonna e giacca.
duèrno *s. m.* Negli antichi codici e libri a stampa, mezzo quaderno, pari a otto pagine.
duétto *s. m.* **1** Brano o composizione musicale per due voci o due strumenti. **2** (*fam., scherz.*) Diverbio fra due persone.
dugòngo *s. m.* Mammifero marino erbivoro degli Ungulati con largo muso, setole intorno alla bocca, arti anteriori trasformati in pinne, corpo simile a quello di una foca che termina in una pinna caudale piatta. [→ ill. *animali* 19]
dulcamàra *s. f.* Pianta erbacea rampicante o strisciante delle Tubiflorali con proprietà medicinali, fiori violacei e frutti rossi a bacca.
dulcinèa *s. f.* (*scherz.*) Fanciulla amata (dal nome dell'innamorata di Don Chisciotte).
dulìa *s. f.* Nel cattolicesimo, culto di venerazione reso ad angeli e santi.
dumdùm /*ingl.* 'dʌndʌm/ *agg. inv.* Detto di proiettile da arma portatile inciso a croce sulla punta che all'impatto si frantuma, producendo vaste ferite.
dumper /*ingl.* 'dʌmpə/ *s. m. inv.* (*pl. ingl. dumpers* /'dʌmpəz/) Pesante autoveicolo con cassone rinforzato ribaltabile usato per trasportare sabbia, pietrame e sim. [→ ill. *autoveicoli, cava*]
dumping /*ingl.* 'dʌmpiŋ/ *s. m. inv.* Vendita di merci all'estero sotto costo o a prezzi inferiori di quelli praticati all'interno.
dùna *s. f.* Monticello di sabbia instabile formato dal vento sulle spiagge o nei deserti sabbiosi. [→ ill. *geografia*]
dùnque **A** *cong. e avv.* **1** Perciò, pertanto, quindi (con valore concl.): *penso,* — *sono.* **2** Allora, quindi (per riprendere un discorso): —, *come dicevamo prima.* **3** (*raff.*) Allora (per esortare, sollecitare e sim.): *sbrigati —!*; *ti vuoi — decidere?*. **B** *in funzione di s. m. inv.* Conclusione, punto fondamentale di una questione: *veniamo al —* | *Essere, trovarsi al* —, al momento decisivo.
dùo *s. m. inv.* **1** Duetto, spec. se strumentale. **2** Coppia di artisti, spec. cantanti o musicisti, che si esibiscono insieme | (*est.*) Coppia di persone inseparabili o che si comportano nello stesso modo.
duodècimo *agg. num. ord.; anche s. m.* (*lett.*) Dodicesimo.
duodenàle *agg.* (*med.*) Relativo al duodeno: *ulcera* —.
duodenìte *s. f.* (*med.*) Infiammazione del duodeno.
duodèno *s. m.* (*anat.*) Prima porzione dell'intestino tenue, tra stomaco e digiuno. [→ ill. *anatomia umana*]
duòlo *s. m.* (*lett.*) Dolore.
duòmo (1) *s. m.* Chiesa cattedrale | Chiesa principale di una città.
duòmo (2) *s. m.* Parte a forma di cupola di una caldaia che, sovrapposta al corpo principale di questa, è destinata ad accogliere il vapore saturo secco. [→ ill. *ferrovia*]
duopòlio *s. m.* (*econ.*) Forma di mercato di un certo bene o servizio caratterizzata dalla presenza di due sole imprese venditrici in concorrenza fra loro; CFR. Monopolio, oligopolio.
dùplex *s. m. inv.* Tipo di collegamento telefonico che utilizza una coppia sola di fili per due distinti abbonati.
duplicàre *v. tr.* (*io dùplico, tu dùplichi*) **1** (*raro*) Raddoppiare. **2** Riprodurre q.c. per mezzo di duplicatore.
duplicàto **A** *part. pass. di duplicare; anche agg.* (*raro*) Raddoppiato | Riprodotto. **B** *s. m.* **1** Esemplare di scrittura, documento e sim. ottenuto con mezzi meccanici dall'originale. **2** (*est.*) Copia esatta di un oggetto.
duplicatóre *s. m.* Apparecchio che permette di ottenere un qualsiasi numero di copie di un testo, disegno e sim., eseguito su una matrice.
duplicazióne *s. f.* Operazione del duplicare.
dùplice *agg.* **1** Doppio: *documento in — copia.* **2** Che si compone di due parti, che presenta due aspetti: *un — incarico* | Che avviene fra due parti: — *intesa.*
duplicità *s. f.* Qualità di ciò che è duplice.
duràcino *agg.* Di frutto a polpa consistente che resta attaccata al nocciolo.
durallumìnio *s. m.* Lega d'alluminio, rame, magnesio, manganese e silicio, che unisce alla resistenza verso gli agenti atmosferici una buona resistenza meccanica.
duramàdre *s. f.* (*anat.*) Robusta membrana fibrosa che riveste all'esterno l'encefalo e il midollo spinale. [→ ill. *anatomia umana*]
duràme *s. m.* (*bot.*) Parte interna del legno degli alberi, più vecchia, più dura e più scura dell'alburno. [→ ill. *botanica*]
duraménte *avv.* Con durezza.
durànte *prep.* All'epoca di, nel corso di, mentre q.c. si svolge: — *la guerra*; — *l'intera giornata* | *Vita natural* —, per tutta la durata della vita.
duràre **A** *v. intr.* (*aus. essere e avere*) **1** Conservarsi, mantenersi, resistere: *fiori che durano molto* | — *in carica*, restare in carica. **2** Andare per le lunghe: *la questione dura da anni* | — *da Natale a S. Stefano*, di cosa che finisce subito. **3** Perseverare, insistere, ostinarsi: — *a piangere, a lamentarsi.* **B** *v. tr.* **1** (*lett.*) Soffrire, sopportare | — *fatica*, affaticarsi. **2** Avere la forza, *spec. nella loc. durarla*: *non la durerò a lungo.* [→ tav. *proverbi* 37, 64, 144, 308]
duràta *s. f.* Resistenza, capacità di conservarsi: *la — di un tessuto* | Periodo di tempo durante il quale si svolge q.c.
duratùro *agg.* Che dura, che è destinato a durare per molto tempo: *affetto* —.
durévole *agg.* Duraturo.
durézza *s. f.* **1** Qualità di ciò che è duro | Proprietà di molte pietre preziose, spec. del diamante | *Scala delle durezze*, elencazione di dieci minerali di durezza crescente, dal talco al diamante, cui raffrontare la durezza di un corpo. **2** (*chim.*) Proprietà di certe acque che, per via dei sali di calcio e magnesio in esse disciolti, stentano a dar schiuma coi saponi e formano incrostazioni per ebollizione. **3** Mancanza di elasticità | (*fig.*) Ostinazione, caparbietà. **4** (*fig.*) Asprezza | Inclemenza: *la — del clima* | Cattiveria, insensibilità: — *di cuore.*
durlindàna *s. f.* (*scherz.*) Spada (dal nome della spada di Orlando).
dùro **A** *agg.* **1** Che non si lascia intaccare, scalfire e sim.: — *come l'acciaio* | *Terreno* —, non dissodato | *Pane* —, raffermo | *Carne dura*, tigliosa | *Uova dure*, sode | (*fam.*) — *d'orecchi*, che ci sente poco e (*fig.*) che finge di non capire | (*fig., fam.*) — *di testa, di comprendonio*, lento a capire | *Avere la pelle dura*, (*fig.*) resistere alle fatiche e alle sofferenze | *Osso* —, (*fig.*) persona o cosa non facile da affrontare; CONTR. Molle, tenero. **2** Che cede con difficoltà, che è privo di elasticità: *materasso* — | *Cappello* —, bombetta | (*fig.*) Ostinato, caparbio: *persona dura.* **3** (*fig.*) Aspro, spiacevole, doloroso: *vita dura* | (*fig.*) Inclemente, freddo, detto di tempo. **4** (*fig.*) Rigido, severo, inflessibile: *ha un atteggiamento troppo — nei nostri confronti* | Malvagio, crudele: *uomo dal cuore* —. **5** (*chim.*) Detto di acqua caratterizzata da durezza; CONTR. Dolce. **B** *s. m.* (*f. -a*, nel sign. 3) **1** Oggetto o superficie dura: *dormire sul* — | Parte dura di q.c.: *togliere il* —. **2** (*fig.*) Difficoltà: *adesso viene il* —. **3** (*fig.*)

Persona che non accetta imposizioni, che non si piega. ***C*** *in funzione di avv.* ***1*** Con asprezza e severità: *parlare* — | *Tenere* —, resistere. ***2*** Profondamente: *dormire* —.
duròmetro *s. m.* Apparecchio atto a misurare la durezza di un corpo. [→ ill. *misure*]
duróna *s. f.* Varietà coltivata di ciliegia duracina.
duróne *s. m.* ***1*** Nodo durissimo in un blocco di marmo. ***2*** Callo. ***3*** Durona.
dùrra *s. f.* (*bot.*) Saggina.
dùttile *agg.* ***1*** Detto di corpo o sostanza che presenta duttilità; SIN. Cedevole, malleabile. ***2*** (*fig.*) Arrendevole, malleabile, docile: *carattere* — | Che ha facilità di applicazione in vari campi: *ingegno, mente* —; SIN. Versatile.
duttilità *s. f.* ***1*** Qualità di corpi o sostanze che si possono piegare, allungare e ridurre in fili sottili senza rompersi; SIN. Cedevolezza, malleabilità. ***2*** (*fig.*) Adattabilità, arrendevolezza | Capacità di applicazione a vari argomenti, attività e sim.
duumviràto *s. m.* Ufficio e dignità di duumviro | Durata di tale ufficio.
duùmviro *s. m.* (*pl.* *-i*) Nell'antica Roma, ognuno degli appartenenti al collegio di magistrati composto di due membri.
duvet /*fr.* dyve/ *s. m. inv.* (*pl. fr.* *duvets* /dyve/) Giacca, spec. impermeabile, trapuntata e imbottita di piuma, usata spec. da alpinisti. [→ ill. *alpinista*]
duvetina *s. f.* Tessuto leggero, generalmente di lana, molto morbido.

E

é (1) *s. f. o m. inv.* Quinta lettera dell'alfabeto italiano.
é (2) o *éd* *cong.* (*assume la forma eufonica* ed *davanti a parola che comincia per vocale, spec. per e: ed egli; ed ora?*) ***1*** Con valore coordinativo e aggiuntivo unisce due o più elementi di una prop. o due o più prop. della stessa specie: *la luna — il sole*; *noi — voi*; *gioca — si diverte* | Se gli elementi coordinati sono più di due la cong. precede in genere l'ultimo: *un uomo, una donna — un bambino.* ***2*** Ma, invece (con valore avversativo): *lo credevo sincero — non lo è.* ***3*** Ebbene (con valore enf. e esortativo): *vuoi proprio comprarlo? — compralo!* (v. nota d'uso ACCENTO)
ebanìsta *s. m.* (*pl.* *-i*) Artigiano specializzato in ebanisteria.
ebanisteria *s. f.* ***1*** Arte della lavorazione dell'ebano o di altri legni di pregio. ***2*** Bottega dell'ebanista.
ebanite *s. f.* Massa dura di colore scuro, ottenuta vulcanizzando caucciù con zolfo e altri minerali; usata spec. come isolante.
èbano *s. m.* Albero delle Ebenali che fornisce un legno pregiato nero e durissimo | (*est.*) Il legno di questo albero. [→ ill. *piante* 11]
ebbène *cong.* ***1*** Dunque, orbene (con valore concl.): — *verrò anch'io.* ***2*** (*raff., enf.*) Allora (per esortare o sollecitare): —, *che te ne pare?*
ebbrézza *s. f.* ***1*** Stato di ubriachezza. ***2*** (*est.*) Perturbamento dovuto a sensazioni intense.
èbbro *agg.* ***1*** Ubriaco. ***2*** (*fig.*) Che è fuori di sé: — *di dolore, di gioia.*
ebdomadàrio ***A*** *agg.* Settimanale. ***B*** *s. m.* Pubblicazione con periodicità settimanale.
ebefrenia *s. f.* Forma di schizofrenia che compare prevalentemente nell'età dell'adolescenza.
Ebenàcee *s. f. pl.* (*sing.* *-a*) Famiglia di piante arboree delle Ebenali, proprie delle regioni tropicali, caratterizzate da legno duro e pesante. [→ ill. *piante* 11]
Ebenàli *s. f. pl.* (*sing.* *-e*) Ordine di piante dicotiledoni delle Angiosperme. [→ ill. *piante* 11]
ebetàggine *s. f.* Ottusità di mente | Comportamento, azione da ebete.
èbete *agg.; anche s. m. e f.* Ottuso, imbecille.
ebetismo *s. m.* Ottusità di mente.
ebollizióne *s. f.* ***1*** Passaggio di un liquido allo stato aeriforme caratterizzato dal fatto di verificarsi in tutta la massa del liquido stesso | *Punto di* —, temperatura in cui il fenomeno si manifesta. ***2*** (*fig.*) Inquietudine, agitazione | Tumulto.
ebraicista *s. m. e f.* (*pl. m.* *-i*) Ebraista.
ebràico *agg.; anche s. m.* (*pl. m.* *-ci*) Degli Ebrei.
ebraismo *s. m.* ***1*** Religione e complesso della tradizione degli Ebrei. ***2*** (*ling.*) Voce propria della lingua ebraica.
ebraista *s. m. e f.* (*pl. m.* *-i*) Chi si dedica allo studio della lingua e della cultura ebraica; SIN. Ebraicista.
ebrèo *s. m.; anche agg.* (*f.* *-a*) Chi (o che) appartiene a, o discende da, un gruppo di tribù semitiche stanziatesi, durante il secondo millennio a.C., nella Palestina e costituitosi poi in unità nazionale e religiosa.
ebrietà *s. f.* Ebbrezza.
ebulliometria *s. f.* Ebullioscopia.
ebulliòmetro *s. m.* Ebullioscopio.
ebullioscopia *s. f.* Studio delle variazioni del punto di ebollizione di una soluzione in rapporto alla quantità di soluto in essa disciolto (usata spec. per la determinazione del peso molecolare della sostanza disciolta).
ebullioscòpio *s. m.* Apparecchio per misurare il punto di ebollizione e quindi il peso molecolare di una soluzione | Strumento per determinare, con metodi analoghi, il grado alcolico di un vino.
ebùrneo *agg.* ***1*** (*lett.*) D'avorio. ***2*** (*fig.*) Candido come l'avorio.
ecatómbe *s. f.* ***1*** Nella religione dell'antica Grecia, sacrificio di cento buoi alla divinità | (*est.*) Sacrificio grande e solenne di vittime animali. ***2*** (*fig.*) Sterminio, strage

(*anche scherz.*): *l'esame è stato un'*—.
eccedènte *part. pres. di eccedere; anche agg. e s. m.* Ciò che oltrepassa il limite, che è in più.
eccedènza *s. f.* Quantità che supera il limite fissato | Ciò che eccede.
eccèdere *v. tr.* (*pass. rem. io eccedéi o eccedètti, tu eccedésti*) **1** Andare oltre; SIN. Oltrepassare. **2** ass. Superare la giusta misura: — *nel mangiare*; SIN. Esagerare, trascendere.
ecce homo /*lat.* 'ɛttʃe 'ɔmo/ *loc. sost. m. inv.* **1** Immagine dipinta o scolpita del Cristo flagellato e coronato di spine. **2** (*raro, fig.*) Persona fisicamente mal ridotta.
eccellènte *agg.* Che si innalza sugli altri per pregi, qualità, dignità; SIN. Egregio, eminente, esimio | Ottimo: *una* — *proposta*; *una cena* —; CONTR. Scadente.
eccellentissimo *agg.* **1** *Sup. di eccellente.* **2** Titolo dato anticamente ai primi re di Francia e d'Italia.
eccellènza *s. f.* **1** Condizione e qualità di eccellente | *Per* —, per antonomasia. **2** Titolo dato anticamente a imperatori, re, pontefici, e oggi a ministri, alti funzionari e sim. | (*est.*) Persona che ha il titolo di eccellenza.
eccèllere *v. tr.* (*pass. rem. io eccèlsi, tu eccellésti; part. pass. eccèlso; aus. essere e avere, raro nei tempi comp.*) Essere superiore: — *in bontà*; — *su tutti*.
eccèlso A *part. pass. di eccellere; anche agg.* Altissimo | (*fig.*) Sommo, eminente. **B** *s. m.* **1** (*est., per anton.*) Dio. **2** Il cielo, il Paradiso.
eccentricità *s. f.* **1** Distanza dal centro di q.c., spec. di una città e sim. **2** (*fig.*) Stravaganza, bizzarria.
eccèntrico A *agg.* (*pl. m. -ci*) **1** (*mat.*) Che non ha il medesimo centro. **2** Che è distante dal centro. **3** (*fig.*) Bizzarro, singolare, stravagante. **B** *s. m.* Dispositivo meccanico per la trasformazione di un moto rotatorio in moto rettilineo alterno.
eccepìbile *agg.* Che può essere criticato; CONTR. Ineccepibile.
eccepìre *v. tr.* (*io eccepisco, tu eccepisci*) Addurre in contrario | Obiettare: *avere q.c. da* —.
eccessività *s. f.* Qualità di ciò che è eccessivo.
eccessìvo *agg.* Che eccede, oltrepassa il limite; SIN. Esagerato, esorbitante.
eccèsso *s. m.* **1** Esagerazione: — *di zelo* | *All'*—, in modo esagerato | *In* —, in quantità eccessiva; SIN. Dismisura. **2** L'estremo lontano dal giusto mezzo in cui risiede la norma | *Dare in eccessi*, farsi sopraffare dalla collera | (*mat.*) *Per* —, di approssimazione che si mantiene maggiore del numero da approssimare. **3** Superamento dei limiti: — *di velocità*.
eccètera *vc.* Si usa, anche abbreviato in *ecc.* o *etc.*, con il sign. di 'e tutto il rimanente', 'e così via', per troncare un'elencazione, un discorso e sim. che si ritiene superfluo continuare.
eccètto A *prep.* Tranne, all'infuori di: *sono venuti tutti,* — *Carlo*. **B** *nella loc. cong.* — *che*, a meno che, salvo il caso che (introduce una prop. con il v. all'indic., al congv. o all'inf.): *è permessa ogni cosa,* — *che fumare*.
eccettuàbile *agg.* Che si può eccettuare.
eccettuàre *v. tr.* (*io eccèttuo*) Non includere nel numero; SIN. Escludere.
eccettuatìvo *agg.* Atto a eccettuare.
eccezionàle *agg.* **1** Che costituisce un'eccezione | *In via* —, *in via del tutto* —, per eccezione, in via straordinaria. **2** Singolare, straordinario: *bellezza* —.
eccezionalménte *avv.* In via eccezionale | Straordinariamente: *un'intelligenza* — *acuta*.
eccezióne *s. f.* **1** Deroga da una norma o da un contesto: *per voi faremo un'*— | Esclusione | *Senza* —, niente e nessuno escluso | *In via d'*—, eccezionalmente | *D'*—, fuori dell'ordinario | *A* — *di*, tranne | (*est.*) Fatto che esce dalla normalità. **2** Censura, obiezione, rilievo: *muovere un'*—. **3** (*dir.*) Ragione che, in un processo, può essere addotta davanti al giudice perché provveda diversamente da come gli è stato chiesto. [→ tav. *proverbi* 240, 287]
ecchimòsi o *ecchimòsi s. f.* (*med.*) Lieve emorragia dei tessuti sottocutanei, causata da percosse, contusioni e sim.; SIN. Contusione.
ecchimòtico *agg.* (*pl. m. -ci*) (*med.*) Di ecchimosi.
eccì *inter.* Riproduce il suono di uno starnuto.
eccìdio *s. m.* Sterminio, strage.
eccipiènte *s. m.* Sostanza senza alcuna attività farmacologica, che si mescola a una sostanza attiva per facilitarne la somministrazione.
eccitàbile *agg.* Facile a eccitarsi; CFR. Emotivo.
eccitabilità *s. f.* Facilità a eccitarsi.
eccitaménto *s. m.* Atto dell'eccitare e dell'eccitarsi; SIN. Eccitazione | Ciò che eccita; SIN. Stimolo.
eccitànte A *part. pres. di eccitare; anche agg.* Che eccita. **B** *s. m.* Sostanza che stimola gli organi rendendoli più pronti alle loro funzioni; SIN. Stimolante.
eccitàre A *v. tr.* (*io èccito*) **1** Risvegliare, stimolare, suscitare: — *la curiosità* | Muovere, provocare | Istigare. **2** Porre in uno stato di agitazione, anche ass. **B** *v. intr. pron.* Turbarsi, agitarsi.
eccitatìvo *agg.* Che eccita.
eccitatóre A *agg.* (*f. -trice*) Che eccita. **B** *s. m.* **1** (*raro*) Chi eccita. **2** (*elettr.*) Generatore di corrente elettrica per l'alimentazione delle bobine di altri generatori.
eccitatrìce *s. f.* (*elettr.*) Dinamo accoppiata meccanicamente agli alternatori con lo scopo di fornire corrente continua sufficiente per l'eccitazione dei loro poli.
eccitazióne *s. f.* **1** Stimolazione, agitazione: — *degli animi* | — *di macchine elettriche*, creazione del campo magnetico necessario al loro funzionamento. **2** Condizione di chi è eccitato; SIN. Turbamento; CONTR. Calma.
ecclesiàle *agg.* Che concerne la Chiesa.
ecclesiàstico A *agg.* (*pl. m. -ci*) Che concerne la chiesa o il clero. **B** *s. m.* Sacerdote.
ecclesiologìa *s. f.* (*pl. -gìe*) Dottrina teologica cattolica circa l'origine della Chiesa.
ecclesiòlogo *s. m.* (*pl. -gi*) Studioso di ecclesiologia.
ècco A *avv.* **1** Si usa per indicare, annunciare, presentare qc. o q.c., per sottolineare un dato di fatto o per introdurre un discorso: — *la casa dei nostri amici*; — *qui il tuo libro*; — *il punto* | (*raff.*) *Quand'*—, quando improvvisamente, inaspettatamente: *quand'*— *me lo vedo davanti* | Seguito da un part. pass. indica una azione già compiuta: — *fatto*. **2** Si unisce in posizione encl. ai pron. pers. atoni *mi, ti, ci, si, vi, lo, la, le, li* e alla particella *ne*: *eccoci pronti*; *eccone uno*. **B** *in funzione di inter.* (*pleon.*) Con valore ints.: —, *se tu facessi più attenzione!*
eccóme *avv.* Certamente, senza dubbio (come energica conferma di un fatto): *se ha ubbidito?* —*!*
ecdèmico *agg.* (*pl. m. -ci*) (*med.*) Detto di malattia prodotta da causa non locale; CONTR. Endemico.
echeggiàre *v. intr.* (*io echéggio; aus. avere e essere*) Fare eco, avere la risonanza dell'eco.
echìdna *s. f.* Mammifero australiano dei Monotremi con muso sottile, unghie robustissime atte a scavare e aculei disseminati fra i peli del mantello. [→ ill. *animali* 15]
echidnìna *s. f.* Principio attivo del veleno dei serpenti.
echìno *s. m.* **1** Riccio di mare. **2** (*arch.*) Elemento dei capitelli dorico e ionico, con profilo convesso. [→ ill. *elemento architettonico*]
echinocàctus *s. m.* Pianta grassa delle Centrospermali con fusto tondeggiante, carnoso e verde e foglie trasformate in spine. [→ ill. *piante* 3]
echinocòcco *s. m.* (*pl. -chi*) Verme dei Platelminti, parassita allo stato adulto del cane e allo stato larvale anche dell'uomo, di cui può provocare la morte.
Echinodèrmi *s. m. pl.* (*sing. -a*) Tipo di invertebrati marini con corpo provvisto di dermascheletro, planctonici allo stato larvale, viventi sul fondo allo stato adulto. [→ ill. *animali* 5]
eclampsìa *s. f.* (*med.*) Accesso di violente contrazioni muscolari con perdita di coscienza.
eclatànte *agg.* Detto di ciò che appare con grande evidenza: *una verità* — | Sbalorditivo: *notizia* —.
eclèttico A *agg.* (*pl. m. -ci*) (*filos.*) Che concerne l'eclettismo. **B** *agg.; anche s. m.* (*f. -a*) **1** Che (o chi) segue l'eclettismo. **2** (*est.*) Detto di chi si interessa di studi, discipline o attività differenti.
eclettìsmo *s. m.* Indirizzo filosofico che pretende di fondare una propria dottrina scegliendo fra le dottrine dei diversi sistemi filosofici quelle che più si prestano a essere conciliate tra di loro | (*gener.*) Tendenza a ispirarsi a diverse fonti culturali.
eclissàre A *v. tr.* **1** Rendere invisibile in seguito a eclissi. **2** (*fig.*) Umiliare, far sfigurare vistosamente: — *la bellezza di q.c.* **B** *v. intr. pron.* **1** Diventare invisibile per il ve-

rificarsi di un'eclissi. **2** (*fig.*, *scherz.*) Non farsi più vedere, andarsene di nascosto.
eclissi o *eclisse* s. f. Temporanea invisibilità di un astro per interposizione di un altro | — *solare*, quando la Luna nasconde il Sole | — *lunare*, quando la Terra si interpone fra Luna e Sole, con oscuramento della Luna. [→ ill. *astronomia*]
eclìttica s. f. Traiettoria circolare apparentemente percorsa dal Sole in un anno nella sfera celeste. | Piano nel quale giace l'orbita che la Terra descrive intorno al Sole.
eclìttico agg. (pl. m. -ci) Che concerne l'eclissi e l'eclittica.
ècloga V. *egloga*.
èco s. m. e f. (pl. m. *èchi*) **1** Fenomeno acustico caratterizzato dal ripetersi di un suono a causa della riflessione dell'onda sonora contro un ostacolo. **2** (*fig.*) Dicerie, voci, commenti: *avere, suscitare* —.
ecocìdio s. m. Distruzione dell'ambiente naturale attuata consapevolmente.
ecofobìa s. f. Timore morboso di stare soli in casa.
ecogoniòmetro s. m. Dispositivo atto a localizzare oggetti subacquei mediante emissione di ultrasuoni e ricezione delle onde riflesse; SIN. Sonar.
ecografìa s. f. (*med.*) Tecnica diagnostica basata sull'eco di onde ultrasoniche inviate sull'organo in esame.
ecolalìa s. f. (*med.*) Ripetizione insensata di parole o frasi udite.
ecologìa s. f. (pl. -gìe) Branca della biologia che studia i rapporti fra gli organismi viventi e l'ambiente circostante, spec. al fine di limitarne o eliminarne la nocività (dal greco *ôikos*, casa e *-logia*, studio).
ecològico agg. (pl. m. -ci) **1** Dell'ecologia. **2** Che salvaguarda l'ambiente naturale.
ecòlogo s. m. (f. -a; pl. m. -gi) Chi studia l'ecologia.
ecòmetro s. m. Strumento che misura la profondità del fondo marino basandosi sulla velocità di propagazione di onde sonore.
economàto s. m. Ufficio e carica di economo.
econometrìa s. f. Branca dell'economia che utilizza la matematica e la statistica per indagare sulle leggi e le relazioni quantitative dei fenomeni economici.
economìa s. f. **1** Tendenza dell'uomo a realizzare il massimo risultato con mezzi dati, o un dato risultato col minimo di mezzi. **2** Complesso delle attività e dei rapporti fra uomini connessi alla produzione, distribuzione e consumo di beni e servizi. **3** Sistema di produzione, distribuzione e consumo, di un dato paese in un dato periodo. **4** Risparmio: *fare* —. **5** Scienza, teoria economica. **6** Ordine che regola la disposizione delle parti in un'opera spec. letteraria.
economicaménte avv. Con economia, spendendo poco | Con riferimento all'economia.
economicìsmo s. m. Complesso delle dottrine che assegnano all'economia un posto preponderante nell'insieme delle attività umane.
econòmico agg. (pl. m. -ci) **1** Relativo all'economia. **2** (*est.*, *fig.*) Poco costoso, fatto con economia.
economista s. m. e f. (pl. m. -i) Studioso di economia.
economizzàre ***A*** v. tr. Amministrare con economia | Risparmiare. ***B*** v. intr. (aus. *avere*) Fare economia, astenersi da spese.
economizzatòre s. m. In una macchina a vapore, apparecchio che utilizza il calore residuo dei gas di scarico, per riscaldare in anticipo l'acqua da mandare in caldaia.
ecònomo ***A*** s. m. (f. -a) Chi amministra le cose proprie o le altrui. ***B*** agg. Parsimonioso.
ecosistèma s. m. L'insieme degli esseri viventi, dell'ambiente e delle condizioni fisico-chimiche che, in uno spazio delimitato, sono inseparabilmente legati tra di loro, sviluppando interazioni reciproche.
écru /*fr.* e'kry/ agg. inv. Detto di tessuto filato allo stato greggio.
ectipografìa s. f. Particolare tipo di stampa in rilievo per ciechi leggibile col tatto.
ectoplàsma s. m. (pl. -i) **1** (*biol.*) Strato esterno, più denso, del citoplasma cellulare. **2** Nello spiritismo, forma fluida in cui si materializzerebbero le entità evocate.
ecuadoriàno agg.; anche s. m. (f. -a) Dell'Ecuador.
ecumène s. f. Parte emersa della Terra in cui all'uomo è possibile abitare.
ecumenicità s. f. Qualità di ecumenico; SIN. Universalità.
ecumènico agg. (pl. m. -ci) **1** Di tutto il mondo cattolico | *Concilio* —, al quale prendono parte tutti i vescovi cattolici. **2** (*est.*) Universale, che supera le divisioni fra confessioni cristiane.
ecumenìsmo s. m. Tendenza post-conciliare della chiesa cattolica e di molti movimenti e chiese cristiane alla rivalutazione dei motivi spirituali presenti in tutte le religioni.
eczèma s. m. (pl. -i) Malattia infiammatoria della cute caratterizzata da arrossamento e dalla presenza di vescicole.
eczematóso agg. Di eczema.
éd V. *e* (2).
edàce agg. (*lett.*) Che divora, consuma.
edelweiss /*ted.* 'e:dəlvais/ s. m. inv. (pl. ted. *Edelweisse* /'e:dəlvaisə/) (*bot.*) Stella alpina.
edèma o *èdema* s. m. (pl. -i) (*med.*) Accumulo di liquido sieroso nei tessuti: — *polmonare*.
edemàtico agg. (pl. m. -ci) Di edema.
edematóso ***A*** agg. Dell'edema. ***B*** agg.; anche s. m. Affetto da edema.
èden s. m. **1** Nell'Antico Testamento, Paradiso Terrestre assegnato alle creature prima del peccato. **2** (*est.*) Luogo meraviglioso e felice.
edènico agg. (pl. m. -ci) Proprio dell'eden.
édera s. f. Pianta sempreverde, rampicante, delle Umbellali, che si attacca per mezzo di piccole radici avventizie ai tronchi degli alberi e ai muri. [→ ill. *piante* 10]
edìcola s. f. **1** Piccola costruzione che contiene una statua o un'immagine sacra. **2** Chiosco adibito alla vendita di giornali e sim. [→ ill. *strada*]
edicolànte s. m. e f. Chi vende giornali e sim. in un chiosco.
edicolista s. m. e f. (pl. m. -i) Edicolante.
edificàbile agg. Che si può edificare | Detto di terreno, area e sim. che possiede i requisiti di legge per potervi edificare: *zona* —.
edificànte part. pres. di *edificare*; anche agg. **1** Che edifica. **2** (*fig.*) Che dispone al bene, che dà buon esempio.
edificàre v. tr. (*io edìfico, tu edìfichi*) **1** Fabbricare, costruire, spec. in muratura. **2** (*fig.*) Fondare, istituire stabilmente. **3** Indurre al bene.
edificatóre ***A*** s. m. (f. -trìce) Chi edifica. ***B*** anche agg.
edificatòrio agg. **1** Concernente l'edificazione. **2** (*fig.*) Edificante, con l'esempio e le parole.
edificazióne s. f. **1** Costruzione (*anche fig.*): *l'— di una società migliore*. **2** (*fig.*) Buon esempio, invito al bene.
edifìcio o *edifizio* s. m. **1** Costruzione di pietra, mattoni, cemento armato, acciaio e sim. **2** (*est.*) Complesso organico, struttura organizzata.
edìle ***A*** agg. Relativo all'edilizia. ***B*** s. m. **1** Nell'antica Roma, magistrato con funzioni amministrative e di polizia cittadina. **2** Operaio edile.
edilità s. f. Carica dell'edile e sua durata.
edilìzia s. f. Arte e tecnica di costruire e conservare gli edifici. [→ ill. *edilizia*]
edilìzio agg. **1** Di edile. **2** Dell'edilizia.
edìpico agg. (pl. m. -ci) (*psicol.*) *Complesso* —, secondo Freud, caratteristico dei bambini, che nutrono amore verso il genitore di sesso opposto e gelosia verso l'altro (da *Edipo*, personaggio mitologico a cui l'oracolo di Delfi aveva predetto che avrebbe ucciso il padre e sposato la madre).
editàre v. tr. (*io èdito*) (*raro*) Pubblicare.
èdito agg. Divulgato per mezzo della stampa; CONTR. Inedito.
editóre (1) ***A*** agg. (f. -trìce; V. nota d'uso FEMMINILE) Che pubblica libri, riviste e sim.: *società editrice*. ***B*** s. m. Chi pubblica opere letterarie, musicali e sim.
editóre (2) s. m. (f. -trìce; V. nota d'uso FEMMINILE) Studioso che cura la pubblicazione di un'opera altrui.
editorìa s. f. Attività editoriale.
editoriàle (1) agg. Di editore o casa editrice.
editoriàle (2) s. m. Articolo di prima pagina, sulle prime colonne di sinistra, che esprime il punto di vista del giornale sul fatto politico o economico del giorno.
editorialista s. m. e f. (pl. m. -i) Chi scrive articoli di fondo in un giornale.
editto s. m. Ordine, comando, scritto, emanato da una

pubblica autorità.

edizióne *s. f.* **1** Pubblicazione di un'opera a stampa nuova o di successivi rifacimenti di essa, in un certo numero di copie. **2** (*est.*) Opera pubblicata. **3** Complesso di esemplari che si stampano di un'opera con una stessa composizione tipografica. **4** Parte della tiratura complessiva di un giornale | — *straordinaria*, in occasione di avvenimenti particolari. **5** (*est.*) Esecuzione di spettacoli, manifestazioni, feste e sim. **6** (*fig.*) Aspetto, modo di apparire.

edochiàno *agg.; anche s. m.* Di Tokio.

edonìṣmo *s. m.* Dottrina filosofica secondo la quale il piacere individuale costituisce a un tempo il bene più alto e il fondamento della vita morale.

edonìsta *s. m. e f.* (*pl. m. -i*) Chi segue l'edonismo.

edonìstico *agg.* (*pl. m. -ci*) Che è proprio dell'edonismo o dell'edonista.

edòtto *agg.* Informato: *rendere — qc. su q.c.*; SIN. Consapevole.

edredóne *s. m.* Anatra marina delle zone nordiche dal bel piumaggio nero e bianco.

-èdro *secondo elemento*: in parole composte della geometria significa 'faccia': *decaedro, dodecaedro.*

educànda *s. f.* Giovinetta che viene educata in un convento o in un istituto.

educandàto *s. m.* Istituto o collegio ove si educano giovinette.

educàre *v. tr.* (*io èduco, tu èduchi*) **1** Guidare e formare qc., spec. giovani, affinandone e sviluppandone le facoltà intellettuali e le qualità morali in base a determinati principi. **2** Abituare con l'esercizio, con la pratica ripetuta: — *il corpo alle privazioni*; SIN. Avvezzare. **3** (*lett.*) Allevare, coltivare: — *una pianta.*

educativo *agg.* **1** Che concerne l'educazione. **2** Atto a educare.

educàto *part. pass. di educare; anche agg.* Che ha ricevuto educazione | (*est.*) Compito, cortese.

educatóre A *agg.* (*f. -trice*) Che educa: *la funzione educatrice della famiglia.* **B** *s. m.* **1** Chi educa o istruisce | Chi si interessa di problemi educativi. **2** Chi professionalmente si occupa dei soggetti handicappati o disadattati.

educazióne *s. f.* **1** Formazione intellettuale e morale sulla base di determinati principi: *ricevere una buona —* | Addestramento | (*fig.*) Affinamento: — *del gusto.* **2** Comportamento corretto e urbano nei rapporti sociali; SIN. Creanza, urbanità.

edulcoràre *v. tr.* (*io edùlcoro*) (*raro*) Rendere dolce | (*fig.*) Attenuare, mitigare gli aspetti più crudi e polemici di una notizia, racconto e sim.

edulcorazióne *s. f.* (*raro*) Dolcificazione (*anche fig.*).

edùle *agg.* Che è buono da mangiare; SIN. Commestibile.

efèbico *agg.* (*pl. m. -ci*) Di, da efebo.

efèbo *s. m.* **1** Nell'antica Grecia, giovinetto che, superati i diciotto anni, era istruito nella musica, nella letteratura e nell'uso delle armi. **2** Adolescente | (*est.*, *spreg.*) Giovane non pienamente virile.

efèlide *s. f.* (*med.*) Piccola macchia giallo-bruna della pelle.

efèmera o *effimera s. f.* Insetto dalla vita brevissima con

edilizia

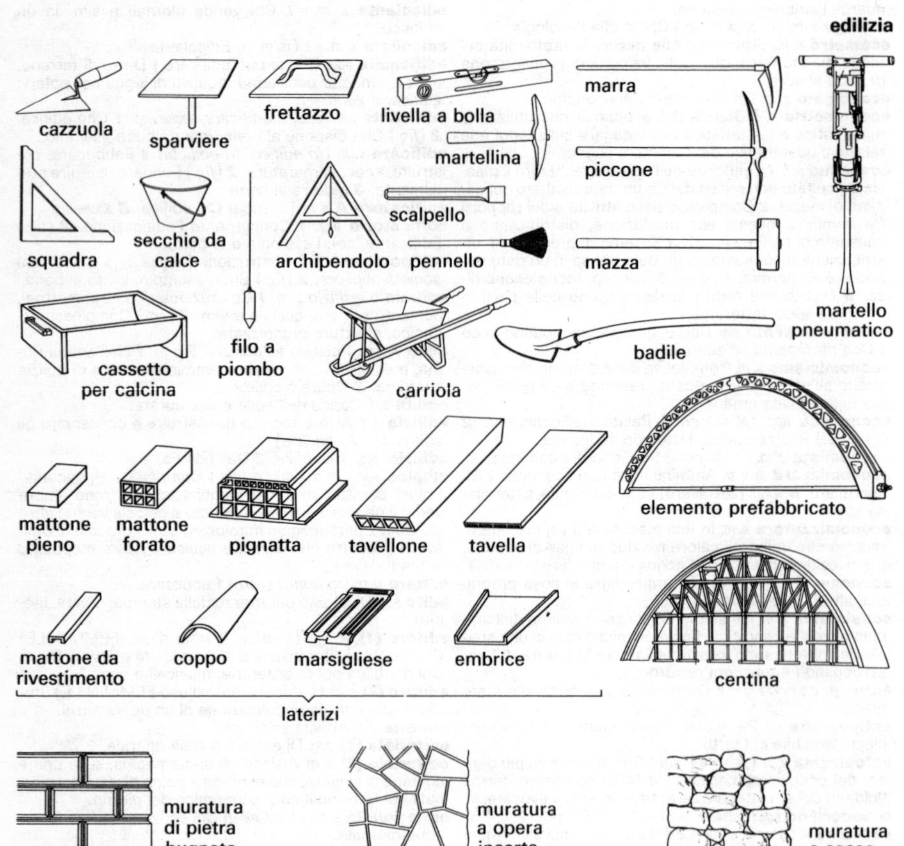

corpo allungato e grandi ali anteriori.

èffe *s. m. o f. inv.* Nome della lettera *f*.

effemèride *s. f.* **1** (*astron.*) Tavola numerica recante le coordinate, e altri elementi variabili nel tempo, degli astri, per istanti regolarmente intervallati | (*astrol.*) Tabella per la ricerca della posizione dei pianeti nello Zodiaco. **2** Libro nel quale un tempo si annotavano i fatti che accadevano giorno per giorno | (*est.*) Giornale, rassegna periodica.

effemerotèca *s. f.* (*raro*) Raccolta di pubblicazioni periodiche; SIN. Emeroteca.

effeminàre o *effemminàre* **A** *v. tr.* (*io efféмino o efémmino*) **1** Far assumere atteggiamenti o sensibilità femminili. **2** (*est., spreg.*) Rendere debole e frivolo. **B** *v. intr. pron.* Infiacchirsi.

effeminatézza o *effemminatézza s. f.* L'essere effeminato.

effeminàto o *effemminàto* **A** *part. pass. di effeminare; anche agg.* Infiacchito, rammollito | Che ha atteggiamenti di tipo femminile. **B** *anche s. m.*

effemminàre e deriv. v. *effeminare* e deriv.

effèndi *s. m.* (*posposto al nome*) In Turchia, titolo onorifico di funzionari, notabili e sim.

efferatézza *s. f.* Inumana ferocia e crudeltà | (*est.*) Azione efferata; SIN. Atrocità.

efferàto *agg.* Caratterizzato da efferatezza; SIN. Atroce, feroce.

efferènte *agg.* **1** Detto di tubo o condotto che serve all'uscita di un liquido o di un gas da un recipiente; CONTR. Afferente. **2** (*anat.*) Detto di canale o condotto che porta fuori da un organo i fluidi da questo secreti.

effervescènte *agg.* **1** Che produce effervescenza o è in stato di effervescenza. **2** (*fig.*) Oltremodo fervido e brioso.

effervescènza *s. f.* **1** Fenomeno per cui un gas si sviluppa da un liquido sotto forma di piccole e numerose bolle. **2** (*fig.*) Fervore | Agitazione, fermento.

effettivaménte *avv.* In realtà.

effettività *s. f.* Qualità di ciò che è effettivo.

effettìvo **A** *agg.* **1** Vero, reale, tangibile. **2** Che ricopre di diritto e in modo permanente una carica o un ufficio | *Ufficiale –*, in servizio permanente. **B** *s. m.* **1** Chi ricopre di diritto e in modo permanente una carica o un ufficio. **2** Complesso numerico degli uomini in forza organica a un corpo militare. **3** Concreta consistenza di q.c.: *l'– del patrimonio.*

effètto (1) *s. m.* **1** Ciò che è conseguenza di una causa | *Sortire l'– voluto*, ottenerlo | Esito favorevole; SIN. Risultato. **2** (*est.*) Attuazione, realizzazione: *mandare q.c. a –; dare – a q.c.* **3** (*fig.*) Impressione viva e immediata: *fare – su qc.* | *Cercare l'–*, cercare di stupire o di commuovere | *D'–*, di ciò che colpisce vivamente anche se in modo superficiale: *battuta d'–; vestito d'–.* **4** In vari giochi, traiettoria deviata fatta seguire alla palla mediante un particolare colpo di lato: *gioco d'–; colpire d'–.* **5** Titolo di credito | Cambiale, ordine di pagamento: *protestare un –.* **6** Fenomeno fisico, scientificamente notevole, derivante da una causa definita: *– Joule, – Volta.* **7** (*est.*) Fenomeno dovuto a particolari accorgimenti | *– ottico, acustico*, per il quale q.c. o qc. si

edilizia

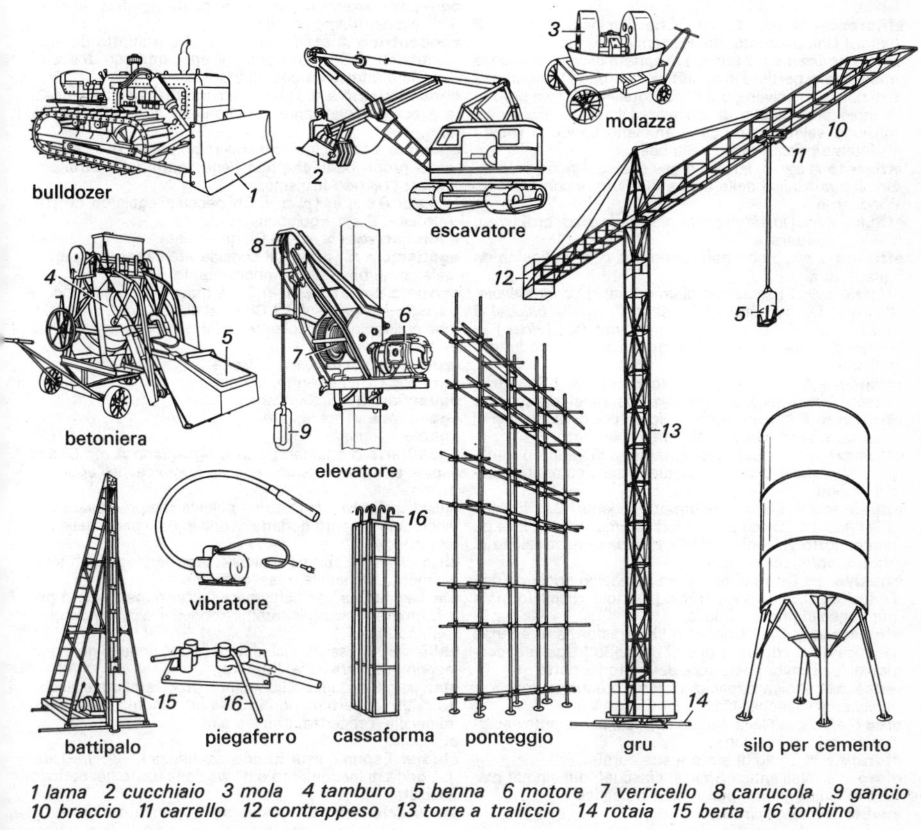

bulldozer – escavatore – molazza – gru – betoniera – elevatore – battipalo – vibratore – piegaferro – cassaforma – ponteggio – silo per cemento

1 lama 2 cucchiaio 3 mola 4 tamburo 5 benna 6 motore 7 verricello 8 carrucola 9 gancio 10 braccio 11 carrello 12 contrappeso 13 torre a traliccio 14 rotaia 15 berta 16 tondino

presenta alla vista o all'udito in maniera non corrispondente al vero. **8** *In —, in effetti*, in realtà.
effètto (2) *s. m. spec. al pl.* Beni mobili, immobili, preziosi e sim.: *effetti patrimoniali.*
effettóre *s. m.* (*f. -trìce*) **1** (*anat.*) Organo capace di rispondere con una particolare attività a una stimolazione nervosa. **2** In cibernetica, qualunque dispositivo o apparecchio capace di produrre un effetto quando sia opportunamente stimolato.
effettuàbile *agg.* Che si può effettuare.
effettuàre **A** *v. tr.* (*io effèttuo*) Mandare a effetto, realizzare; SIN. Eseguire. **B** *v. intr. pron.* Accadere, aver luogo.
effettuazióne *s. f.* Attuazione, esecuzione, realizzazione.
efficàce *agg.* Che raggiunge il fine in precedenza determinato o produce l'effetto che si desidera | Espressivamente intenso; SIN. Valido; CONTR. Inefficace.
efficàcia *s. f.* (*pl. -cie*) Qualità di ciò che è efficace.
efficiènte *agg.* **1** Che produce l'effetto voluto | *Complemento di causa —*, indica l'essere inanimato da cui è fatta l'azione espressa dal verbo (es. *Il cane fu investito dalla vettura*). **2** Che funziona normalmente | (*est.*) Che risponde pienamente alle sue funzioni: *un'impiegata —*.
efficientismo *s. m.* Qualità di chi (o di ciò che) è sempre efficiente al massimo grado (*anche spreg.*).
efficiènza *s. f.* Capacità di produrre un dato effetto, di raggiungere certi risultati | *Essere in piena —*, nella pienezza delle proprie capacità.
effigiàre *v. tr.* (*io effigio*) Fare l'effigie di qc., ritrarre.
effigie *s. f.* (*pl. effigie o effigi*) Figura, ritratto | Opera d'arte che rappresenta tale immagine. [→ ill. *moneta*]
effìmera V. *efemera.*
effìmero *agg.* **1** Che dura un giorno solo. **2** (*est.*) Che ha breve o brevissima durata; SIN. Breve, caduco, fugace, labile.
efflorescènte *agg.* **1** (*lett.*) Che comincia a fiorire. **2** (*chim.*) Che presenta efflorescenza.
efflorescènza *s. f.* **1** (*chim.*) Proprietà di certe sostanze cristalline di perdere in superficie la propria trasparenza e di ridursi in polvere, spec. per totale o parziale perdita di molecole d'acqua di cristallizzazione. **2** (*geol.*) Formazione salina su rocce o ambienti umidi. **3** (*med.*) Esantema poco rilevato della pelle.
effluènte **A** *agg.* Di liquido o gas che sgorga da un orifizio. **B** *s. m.* Massa delle acque di rifiuto di centri urbani o industrie.
effluire *v. intr.* (*io effluisco, tu effluisci; aus. essere*) (*raro*) Uscire, riversarsi a fiotti.
efflùsso *s. m.* Lo sgorgare di un gas o di un liquido da un'apertura.
efflùvio *s. m.* **1** Esalazione di un odore, spec. gradevole. **2** (*iron.*) Odore sgradevole: *senti l'— della palude!* **3** (*est.*) Emanazione: *un — di raggi luminosi* | (*elettr.*) *— elettrico*, dispersione dell'elettricità da un conduttore nell'aria.
effóndere **A** *v. tr.* (*coniug. come fondere*) (*lett.*) Spargere, versare (*anche fig.*). **B** *v. intr. pron.* Spandersi, diffondersi.
effrazióne *s. f.* (*bur.*) Rottura, forzatura di dispositivi di sicurezza, spec. nel compimento di un furto.
effumazióne *s. f.* Esalazione naturale di vapori o fumo, dalla superficie di alcune acque o dalla sommità di alcuni monti.
effusióne *s. f.* **1** Spargimento abbondante. **2** Diffusione di un gas attraverso piccoli fori. **3** Emissione di lava da un condotto vulcanico. **4** (*fig.*) Calda dimostrazione di affetto: *abbracciare qc. con —*.
effusivo *agg.* Detto di processo geologico originato dall'effusione di lave in superficie | Detto di roccia formata per consolidamento di lave.
effusóre *s. m.* (*fis.*) Condotto che trasforma in energia cinetica quella di pressione di un fluido | Ugello di scarico all'estremità posteriore dei motori a getto.
-èfico *suff.*: indica capacità di fare, produrre: *benefico, malefico* | V. anche *-ifico.*
efòd o **èfod** *s. m.* Nella liturgia ebraica, paramento sacerdotale privo di maniche.
eforàto *s. m.* Titolo di eforo e sua durata.
èforo *s. m.* Nell'antica Sparta, ciascuno dei cinque magistrati supremi con poteri civili o politici.
egalitàrio V. *egualitario.*
egèmone *agg.; anche s. m.* Che (o chi) ha l'egemonia.
egemonìa *s. f.* **1** Supremazia che uno Stato esercita su altri. **2** (*fig.*) Direzione, guida.
egemònico *agg.* (*pl. m. -ci*) **1** Che è in posizione di egemonia. **2** Che è proprio di chi vuole raggiungere una posizione di egemonia.
egemonismo *s. m.* Aspirazione, tendenza all'egemonia.
egemonizzàre *v. tr.* Sottoporre alla propria egemonia.
-eggiàre *suff. verbale*: indica manifestazione del termine stesso da cui deriva, o azione intensiva, continuata: *amareggiare, indietreggiare, noleggiare, occhieggiare.*
-éggio *suff.* di sost. derivati da verbi in *-eggiare*: *arpeggio, conteggio, carteggio, noleggio, sorteggio.*
ègida *s. f.* **1** Scudo di Giove | Scudo o ornamento pettorale di Minerva. **2** (*fig.*) Protezione, difesa, riparo: *porsi sotto l'— della legge.*
egìoco *agg.* (*pl. m. -chi*) Armato dell'egida, detto di Giove.
ègira *s. f.* Fuga di Maometto dalla Mecca a Medina, avvenuta il 16 luglio del 622 d.C., che segna l'inizio dell'era musulmana.
egittologìa *s. f.* (*pl. -gìe*) Disciplina che studia le civiltà e i popoli dell'antico Egitto.
egittòlogo *s. m.* (*f. -a; pl. m. -gi*) Studioso di egittologia.
egiziàno *agg.; anche s. m.* (*f. -a*) Dell'Egitto attuale.
egìzio *agg.; anche s. m.* (*f. -a*) Dell'antico Egitto. [→ ill. *monumenti archeologici*]
égli o (*lett.*) *éi pron. pers. m. di terza pers. sing.* Indica la persona di cui si parla e si usa come sogg. riferito al m. sing.: *— crede sia vero.*
églino *pron. pers. m. di terza pers. pl.* (*lett.*) Essi.
ègloga o *ècloga s. f.* Componimento poetico solitamente di argomento pastorale.
ègo *s. m. inv.* In psicanalisi, l''io' cosciente, che sceglie il modo d'agire.
ègo- *primo elemento*: in parole composte significa 'se stesso': *egocentrismo, egoismo.*
egocèntrico **A** *agg.* (*pl. m. -ci*) **1** Che è affetto da egocentrismo. **2** Che è proprio dell'egocentrismo. **B** *s. m.* (*f. -a*) Chi è affetto da egocentrismo.
egocentrismo *s. m.* Tendenza a interessarsi di se stessi e a essere relativamente insensibili ai problemi degli altri.
egoismo *s. m.* Esclusivo e soverchio amore di se stesso o dei propri beni, che non tiene conto delle altrui esigenze; CONTR. Altruismo.
egoista **A** *s. m. e f.* (*pl. m. -i*) Chi pecca di egoismo; CONTR. Altruista. **B** *agg.* Egoistico.
egoistico *agg.* (*pl. m. -ci*) Di, da egoista.
egotismo *s. m.* (*psicol.*) Il considerare l'interesse personale come base del comportamento.
egotista *s. m. e f.* (*pl. m. -i*) Chi è mosso dall'egotismo.
egrègio *agg.* (*pl. f. -gie*) **1** Che è al di sopra dell'ordinario, che è singolare, eccellente. **2** Formula di cortesia nelle lettere: *— signore.*
egrèsso *s. m.* (*raro, lett.*) Uscita.
ègro *agg.* (*lett.*) Infermo, debole.
eguagliànza V. *uguaglianza.*
eguagliàre V. *uguagliare.*
eguàle V. *uguale.*
egualitàrio o *egalitàrio*, (*raro*) *ugualitàrio* **A** *agg.* Che si ispira all'egualitarismo. **B** *s. m.* Seguace dell'egualitarismo.
egualitarismo *s. m.* Dottrina politica che preconizza una società in cui tutti godano di una eguale parte delle ricchezze.
èh o *éh inter.* Esprime malcontento, perplessità, rincrescimento, minaccia, rassegnazione.
éhi *inter.* Si usa per richiamare l'attenzione di qc. o per esprimere meraviglia, ammirazione: *— voi, venite qui!*; *—, che forza!*
ehilà *inter.* Si usa per richiamare l'attenzione di qc. o per esprimere meraviglia, stupore.
ehm *inter.* Riproduce il suono non precisamente articolato di un leggero colpo di tosse ed esprime esitazione, minaccia, reticenza, ironia e sim.
éi V. *egli.*
èia *inter.* Esprime esortazione, esultanza | *—! —! —! alalà!*, grido di incitamento o di ovazione usato nel periodo fascista.
eiaculazióne *s. f.* Emissione dello sperma dall'uretra.

eiettàbile *agg.* Detto di sedile di velivolo militare che può essere catapultato all'esterno assieme all'occupante.

eiettóre *s. m.* Dispositivo per l'aspirazione di un fluido da un ambiente, usando una corrente fluida ad alta velocità, che produce una depressione.

eiezióne *s. f.* Espulsione all'esterno, spec. di un liquido | (*geol.*) Espulsione di materiali da un vulcano.

einsteinio /ain'stainjo/ *s. m.* Elemento chimico, metallo transuranico ottenuto artificialmente. SIMB. Es.

elaboràre *v. tr.* (*io elàboro*) **1** Eseguire, comporre o preparare q.c. con grande applicazione e diligenza. **2** Digerire: *lo stomaco elabora il cibo.* **3** Sottoporre a elaborazione: *– dati.*

elaboratézza *s. f.* Qualità di ciò che è elaborato.

elaboràto ***A*** *part. pass. di elaborare; anche agg.* **1** Che è fatto con grande cura. **2** Che è eccessivamente studiato, curato, raffinato e sim.; SIN. Ricercato. **3** Detto di motore d'automobile che, avendo subito un'accurata trasformazione, è in grado di sviluppare maggior potenza e velocità. ***B*** *s. m.* **1** Compito scritto eseguito a scuola. **2** (*biol.*) La sostanza prodotta da un organo. **3** (*elab.*) Tabulato.

elaboratóre ***A*** *agg.* (*f. -trìce*) Che elabora. ***B*** *s. m.* **1** Chi elabora | Organo che elabora. **2** *– elettronico*, o ass. –, macchina capace di eseguire elaborazioni sui dati. [→ ill. *elaborazione dati*]

elaborazióne *s. f.* **1** Formulazione e definizione di un'idea, progetto, opera e sim. attraverso lo sviluppo e la trasformazione degli elementi che li caratterizzano. **2** (*med.*) Complesso di modificazioni biochimiche impartite a una sostanza dall'attività di un organo o di una cellula. **3** *– dei dati*, qualunque procedimento aritmetico e logico al quale vengano sottoposti i dati numerici e non, introdotti in un sistema di apparecchiature allo scopo di ottenerne i risultati voluti, nella forma richiesta | *– elettronica dei dati*, sistema attuato mediante macchine elettroniche funzionanti ad altissima velocità secondo un programma prestabilito. [→ ill. *elaborazione dati*]

elaiopòlio *s. m.* Stabilimento per la lavorazione e la vendita dell'olio d'oliva.

elargìre *v. tr.* (*io elargisco, tu elargisci*) Donare, concedere generosamente; SIN. Dispensare.

elargizióne *s. f.* Concessione generosa di doni | Dono generoso.

elasticità *s. f.* **1** Proprietà dei corpi di riprendere forma e volume iniziali al cessare della causa deformante. **2** (*est.*) Scioltezza nei movimenti del corpo. **3** (*fig.*) Capacità di adattamento a situazioni e ambienti diversi.

elasticizzàto *agg.* Detto di tessuto cui viene conferita

elaborazione elettronica dei dati

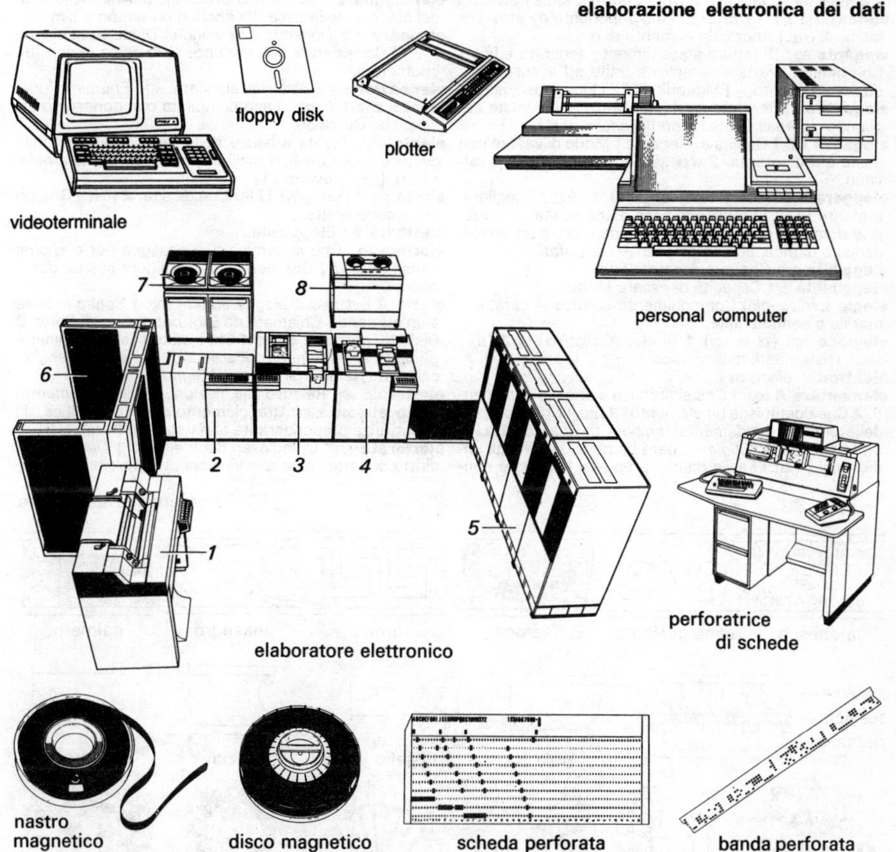

1 stampante 2 console di comando 3 lettore di schede 4 perforatore di schede 5 unità di memoria ausiliaria a nastro magnetico 6 unità centrale 7 unità di memoria ausiliaria a disco magnetico 8 lettore di banda perforata

elasticità con opportuni trattamenti.
elàstico **A** *agg.* (*pl. m. -ci*) **1** Che ha elasticità. [→ ill. *sport*] **2** Dotato di agilità, scioltezza: *corpo* –. **3** (*fig.*) Pronto, svelto, aperto | Che muta col mutare delle circostanze, non attenendosi a schemi rigidi (*anche spreg.*): *coscienza elastica.* **B** *s. m.* **1** Strisciolina di gomma ad anello, usata per stringere o legare. [→ ill. *ufficio*] **2** Nastro composto di fili di cotone, seta e sim. e di filamenti di gomma. [→ ill. *tessuto*] **3** Ripiano molleggiato del letto, che serve da sostegno al materasso.
elastòmero *s. m.* (*chim.*) Ogni sostanza naturale o sintetica, che ha le proprietà del caucciù.
élce *s. m. e f.* (*bot.*) Leccio.
eldoràdo *s. m.* Paese leggendario di delizie e di abbondanza.
elèctron o *èlectron, elèktron s. m.* Lega ultraleggera a base di magnesio con rame, alluminio, zinco, usata spec. in aeronautica.
elefànte *s. m.* (*f. -éssa*) Mammifero degli Ungulati con lunga proboscide e caratteristiche zanne, considerato il più grosso animale terrestre vivente | – *africano*, con grandi orecchie e zanne molto sviluppate | – *indiano*, con orecchie e zanne più piccole dell'elefante africano. [→ ill. *animali* 19]
elefantésco *agg.* (*pl. m. -schi*) Di, da elefante | (*est.*) Di grandi proporzioni.
elefantìaco *agg.* (*pl. m. -ci*) **1** (*med.*) Di elefantiasi | Che è affetto da elefantiasi. **2** (*fig.*) Enorme, smisurato.
elefantìași *s. f.* **1** (*med.*) Edema imponente da stasi linfatica. **2** (*fig.*) Anormale aumento di q.c.
elegànte *agg.* Di fattura squisitamente accurata e fine | Che mostra grazia e semplicità unite ad accuratezza: *donna* –; *vestito* – | Signorile | (*fig.*) Ingegnoso, acuto.
elegantóne *s. m.; anche agg.* (*f. -a*) Detto di chi veste seguendo rigorosamente la moda (*anche iron.*).
elegànza *s. f.* **1** Qualità di elegante | Modo di vestire con gusto e raffinatezza. **2** *al pl.* Modi di dire ricercati e raffinati.
elèggere *v. tr.* (*coniug. come leggere*) **1** (*lett.*) Scegliere, preferire | (*est.*) Stabilire in base a una scelta: – *il proprio domicilio in un luogo.* **2** Nominare qc. a un ufficio, carica o dignità, con votazione: – *i deputati.*
eleggìbile *agg.* Che può essere eletto.
eleggibilità *s. f.* Capacità di essere eletto.
elegìa *s. f.* (*pl. -gìe*) Componimento poetico di carattere morale o sentimentale.
elegìaco *agg.* (*pl. m. -ci*) **1** Di elegia: *distico* –. **2** (*fig., lett.*) Tristemente malinconico.
elèktron V. *electron.*
elementàre **A** *agg.* **1** Che si riferisce a uno o più elementi. **2** Che costituisce un elemento. **3** (*est.*) Che è proprio delle prime e fondamentali nozioni di una scienza, di un'arte e sim. | *Scuola* –, per i bambini dai sei agli undici anni | (*est.*) Facile da comprendere | Basilare, fondamentale. **B** *s. f. pl.* Scuole elementari.
elementarità *s. f.* Qualità di ciò che è elementare.
elementarizzàre *v. tr.* Rendere molto semplice: – *l'esposizione di una teoria.*
eleménto *s. m.* **1** Ciascuna delle parti semplici di cui i filosofi antichi credevano fosse composta la materia | *I quattro elementi*, l'acqua, l'aria, la terra e il fuoco | *La furia degli elementi*, lo scatenamento delle forze naturali. **2** (*chim.*) Ognuno dei corpi semplici costituiti da atomi che hanno uguale il numero e la disposizione degli elettroni: *il rame è un* – | *Elementi transuranici*, quelli artificiali, radioattivi, che nella classificazione degli elementi stanno al di là dell'uranio. **3** Ciascuna delle parti essenziali che compongono un apparecchio | (*est.*) Parte costitutiva di q.c.: – *prefabbricato di un edificio.* [→ ill. *architettura, edilizia, elemento ornamentale, riscaldamento*] **4** (*fig.*) Ambiente | *Il liquido* –, il mare | *Essere, trovarsi nel proprio* –, (*fig.*) a proprio agio. **5** Chi fa parte di un gruppo, di una comunità. **6** *spec. al pl.* Dati fondamentali | *Elementi di prova*, che provano q.c. **7** *al pl.* Primi rudimenti di una scienza, un'arte e sim.
elemòșina o (*pop.*) *limòșina s. f.* Atto con cui si soccorre materialmente il prossimo indigente | Beneficenza fatta ai poveri, a una chiesa o a un convento.
elemoșinàre o (*pop.*) *limoșinàre* **A** *v. tr.* (*io elemòșino*) Chiedere q.c. in elemosina; SIN. Accattare, mendicare. **B** *v. intr.* (*aus. avere*) Chiedere l'elemosina.
elemoșinière *s. m.* Distributore di elemosine, nelle corti dei sovrani, nelle case dei ricchi d'un tempo e sim.
elencàre *v. tr.* (*io elènco, tu elènchi*) Disporre in elenco | (*est.*) Considerare uno per uno: – *le colpe di qc.*; SIN. Enumerare.
elencazióne *s. f.* Atto dell'elencare; SIN. Enumerazione.
elènco *s. m.* (*pl. -chi*) Lista compilata con opportuno ordine; SIN. Catalogo.
elènio *s. m.* Pianta erbacea delle Sinandrali con foglie ovate e rugose e fiori gialli in pannocchie (*Inula helenium*). [→ ill. *piante* 14]
elètta *s. f.* **1** (*raro, lett.*) Elezione, scelta. **2** (*lett.*) Gruppo di persone scelte.
elettività *s. f.* Eleggibilità.
elettìvo *agg.* Che si nomina o si assegna per elezione: *carica elettiva* | Che deriva da una libera scelta: *domicilio* –.
elètto **A** *part. pass. di eleggere; anche agg.* **1** Scelto in base a un'elezione | Chiamato da Dio: *popolo* –, gli Ebrei. **2** Distinto, pregiato. **B** *s. m.* **1** Chi è stato scelto, nominato: *gli eletti al Parlamento.* **2** *spec. al pl.* Chi è stato scelto, chiamato da Dio: *gli eletti del Signore.*
elettoràle *agg.* Relativo alle elezioni. [→ ill. *parlamento*]
elettoralìșmo *s. m.* Atteggiamento di chi, in politica, dà importanza preponderante ai risultati elettorali.
elettoràto *s. m.* Complesso degli elettori | *Diritto di* –, diritto di partecipare alle elezioni di rappresentanti po-

elemento ornamentale

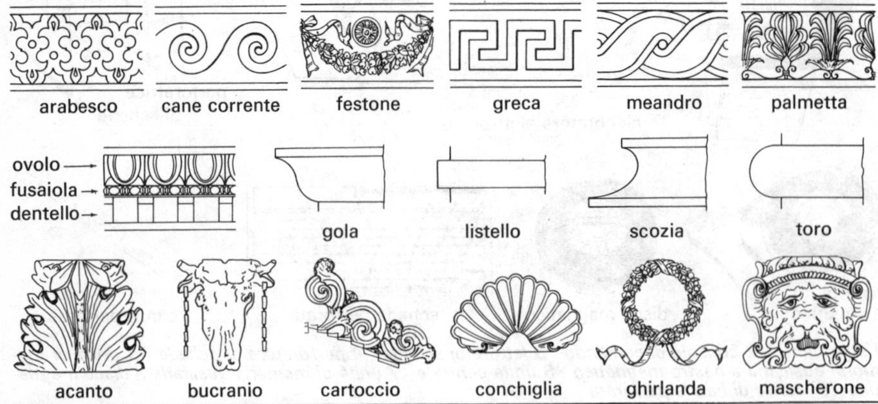

polari.
elettóre *s. m.* (*f. -trice*) Chi ha il diritto di voto.
elettràuto *s. m. inv.* Officina di riparazione o negozio di vendita delle parti elettriche degli autoveicoli | Chi ripara o vende queste parti.
elettricaménte *avv.* Mediante l'elettricità.
elettricista *s. m.* (*pl. -i*) Tecnico addetto agli apparecchi e agli impianti elettrici. [→ ill. *forbici*]
elettricità *s. f.* **1** Proprietà fisica della materia che si manifesta tramite forze attrattive o repulsive | (*fam.*) Energia elettrica: *è mancata l'–*. [→ ill. *elettricità*] **2** (*fig., fam.*) Agitazione, irritabilità, tensione.
elèttrico **A** *agg.* (*pl. m. -ci*) **1** Relativo all'elettricità: *energia, corrente elettrica*. [→ ill. *elettricità, strada*] **2** (*est.*) Detto di ogni meccanismo la cui forza motrice è l'energia elettrica | *Blu –*, colore azzurro brillante. [→ ill. *ferrovia, illuminazione, motore*] **3** (*fig.*) Nervoso, irrequieto: *umore –*. **B** *s. m.* Lavoratore dell'industria elettrica.
elettrificàre *v. tr.* (*io elettrìfico, tu elettrìfichi*) Attrezzare o trasformare un impianto allo scopo di utilizzare energia elettrica.
elettrificazióne *s. f.* Trasformazione di un impianto per utilizzare energia elettrica: *l'– delle ferrovie*.
elettrizzàbile *agg.* Che si può elettrizzare. [→ ill. *fisica*]
elettrizzànte *part. pres. di elettrizzare; anche agg.* Che elettrizza | (*fig.*) Eccitante, entusiasmante: *musica –*.
elettrizzàre **A** *v. tr.* **1** Far comparire cariche elettriche su un corpo. **2** (*fig.*) Entusiasmare, eccitare. **B** *v. intr. pron.* **1** Divenire carico di elettricità. **2** (*fig.*) Eccitarsi.
elettrizzazióne *s. f.* Atto, effetto dell'elettrizzare.
elèttro *s. m.* **1** Lega naturale o artificiale dell'oro con l'argento, usata per antiche monete greche. **2** (*lett.*) Ambra gialla.
elèttro- *primo elemento*: in parole composte scientifiche significa 'elettrico' e sim.: *elettrocardiogramma, elettromagnete, elettrotreno*.
elettroacùstica *s. f.* Ramo dell'acustica che studia gli apparecchi elettrici idonei a generare, ricevere, riprodurre suoni.
elettroacùstico *agg.* (*pl. m. -ci*) Dell'elettroacustica.
elettrocalamita *s. f.* Elettromagnete.
elettrocardiografia *s. f.* Registrazione grafica degli impulsi elettrici del cuore.
elettrocardiògrafo *s. m.* Apparecchio che registra gli impulsi elettrici del cuore. [→ ill. *medicina e chirurgia*]
elettrocardiogràmma *s. m.* (*pl. -i*) Diagramma ottenuto con l'elettrocardiografo.
elettrochìmica *s. f.* Disciplina che studia le relazioni tra elettricità e reazioni chimiche.
elettrochìmico **A** *agg.* (*pl. m. -ci*) Dell'elettrochimica. **B** *s. m.* Studioso di elettrochimica.
elettrochoc /elettroʃ'ʃɔk/, v. *elettroshock*.
elettrocoagulazióne *s. f.* **1** (*med.*) Emostasi ottenuta mediante corrente elettrica. **2** Tecnica di depilazione permanente consistente nella distruzione del bulbo pilifero mediante corrente ad alta frequenza.
elettrodeposizióne *s. f.* (*chim.*) Fine deposizione di un metallo mediante elettrolisi di un suo sale.
elettrodinàmica *s. f.* Parte dell'elettrologia che studia le azioni reciproche di circuiti percorsi da correnti elettriche.
elettrodinàmico *agg.* (*pl. m. -ci*) Che riguarda l'elettrodinamica.
elèttrodo *s. m.* **1** (*fis.*) Conduttore attraverso il quale una corrente elettrica penetra in un corpo o ne esce. [→ ill. *fisica, illuminazione, meccanica*] **2** Nella candela dei motori a scoppio, parte in cui scocca la scintilla. [→ ill. *automobile*]
elettrodomèstico **A** *agg.* (*pl. m. -ci*) Detto di apparecchio elettrico avente impiego soprattutto domestico. **B** *anche s. m.* [→ ill. *elettrodomestici*]
elettrodótto *s. m.* Conduttura per il trasporto a distanza dell'energia elettrica.
elettroencefalografia *s. f.* Registrazione dei fenomeni elettrici che si svolgono nell'encefalo.
elettroencefalògrafo *s. m.* Strumento che registra gli elettroencefalogrammi.
elettroencefalogràmma *s. m.* (*pl. -i*) Diagramma ottenuto con l'elettroencefalografo.
elettroesecuzióne *s. f.* Esecuzione delle condanne capitali mediante corrente elettrica.
elettrofisiologìa *s. f.* (*pl. -gie*) (*med.*) Studio dei rapporti tra elettricità e organismi viventi.
elettroforèsi *s. f.* (*fis.*) Trasporto unidirezionale di particelle colloidali cariche, dovuto all'azione di un campo elettrico.
elettròforo *s. m.* Macchina elettrostatica che produce una separazione di cariche elettriche mediante induzione elettrostatica. [→ ill. *fisica*]
elettrògeno *agg.* Che produce elettricità. [→ ill. *elettricità*]
elettròlisi *s. f.* (*chim.*) Migrazione degli ioni di un elettrolito verso elettrodi a cui è stata applicata una opportuna differenza di potenziale.
elettrolìtico *agg.* (*pl. m. -ci*) Proprio dell'elettrolisi. [→ ill. *fisica*]
elettròlito *s. m.* (*chim.*) Sostanza dissociabile in ioni quando venga disciolta in acqua o in solvente. [→ ill. *elettricità*]
elettrologìa *s. f.* Parte della fisica che studia i fenomeni elettrici ed elettromagnetici.
elettromagnète *s. m.* (*fis.*) Avvolgimento di un conduttore intorno a un nucleo d'acciaio nel quale al passaggio della corrente si generano forti campi magnetici, che gli fanno attrarre i metalli come una calamita; SIN. Elettrocalamita. [→ ill. *campana e campanello, fisica, nucleare*]
elettromagnètico *agg.* (*pl. m. -ci*) Di elettromagnetismo.
elettromagnetismo *s. m.* Branca della fisica che studia i campi magnetici prodotti dalle correnti elettriche, e le correnti elettriche prodotte da campi magnetici variabili | Complesso dei fenomeni elettrici e magnetici.
elettromeccànica *s. f.* Ramo dell'elettrotecnica applicata alle macchine.
elettromeccànico **A** *agg.* (*pl. m. -ci*) **1** Proprio dell'elettromeccanica. **2** Detto di meccanismo azionato da elettricità. **B** *s. m.* Persona che svolge attività nel campo delle macchine elettriche.
elettromedicàle *agg.* Che riguarda le apparecchiature elettriche impiegate in medicina.
elettrometallurgia *s. f.* (*pl. -gie*) Branca dell'industria chimica relativa alla raffinazione dei metalli mediante processi elettrolitici.
elettròmetro *s. m.* Misuratore elettrostatico di tensioni. [→ ill. *fisica*]
elettromotóre **A** *agg.* (*f. -trice*) Che ha capacità di mettere in movimento cariche elettriche. **B** *s. m.* Apparecchio elettrico che produce il moto della elettricità in un circuito chiuso.
elettromotrìce *s. f.* Automotrice ferroviaria azionata da motori elettrici.
elettróne *s. m.* (*fis., nucl.*) Particella elementare carica di elettricità negativa che ruota attorno al nucleo dell'atomo. [→ ill. *nucleare*]
elettronegativo *agg.* **1** (*fis.*) Detto di ione che nell'elettrolisi si porta al polo positivo. **2** (*chim.*) Di elemento i cui atomi sono capaci di appropriarsi di elettroni, diventando così ioni negativi.
elettrònica *s. f.* Branca dell'elettrotecnica che studia fenomeni e applicazioni della conduzione dell'elettricità nei gas, nel vuoto e nei materiali semiconduttori. [→ ill. *elettronica*]
elettrònico *agg.* (*pl. m. -ci*) Che si riferisce all'elettrone o all'elettronica. [→ ill. *elaborazione dati, elettronica, fisica, nucleare, fotografo, strumenti musicali*]
elettronvòlt *s. m. inv.* (*fis.*) Unità di energia uguale a quella necessaria per spostare un elettrone da un punto a un altro il cui potenziale differisce dal primo di un volt. SIMB. eV.
elettropómpa *s. f.* Pompa mossa da motore elettrico con cui fa gruppo.
elettropositivo *agg.* **1** (*fis.*) Detto di ione che nell'elettrolisi si dirige al polo negativo. **2** (*chim.*) Detto di elemento i cui atomi sono capaci di cedere elettroni, diventando così ioni positivi.
elettroscòpio *s. m.* Strumento che segnala differenze di potenziale elettrico. [→ ill. *fisica*]
elettroshock /elettroʃ'ʃɔk/ o *elettrochoc s. m. inv.* Metodo di terapia di alcune malattie mentali mediante stimolazione elettrica dell'encefalo.

produzione e distribuzione dell'elettricità

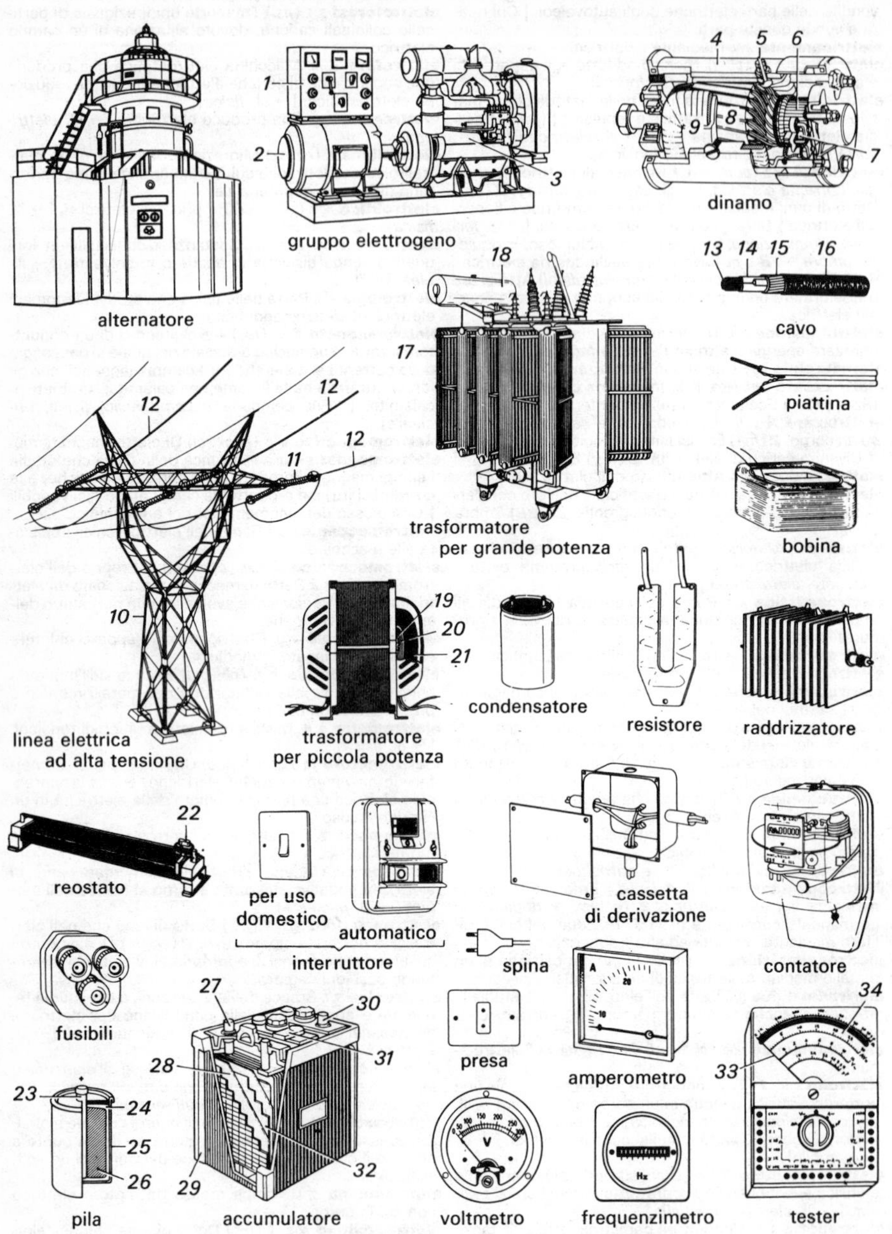

1 quadro elettrico 2 alternatore 3 motore Diesel 4 carcassa 5 morsetto 6 collettore 7 spazzola 8 indotto 9 induttore 10 traliccio 11 isolatore 12 cavo elettrico 13 conduttore 14 isolante 15 armatura in acciaio 16 guaina 17 radiatori 18 serbatoio dell'olio di raffreddamento 19 nucleo 20 primario 21 secondario 22 cursore 23 carbone 24 elettrolito 25 zinco 26 miscela depolarizzante 27 polo positivo 28 piastra 29 cassetta 30 polo negativo 31 ponticello 32 separatore 33 indice 34 scala

elettrosincrotróne *s. m.* Sincrotrone per elettroni.
elettrostàtica *s. f.* Branca dell'elettrologia che tratta dei campi elettrici e in genere dei fenomeni di elettricità in quiete.
elettrostàtico *agg.* (*pl. m. -ci*) Dell'elettrostatica.
elettrostrizióne *s. f.* Fenomeno di deformazione elastica di un corpo sotto l'influenza di un campo elettrico.
elettrotècnica *s. f.* Tecnica della produzione e della utilizzazione dell'elettricità.
elettrotècnico ***A*** *agg.* (*pl. m. -ci*) Dell'elettrotecnica. ***B*** *s. m.* Specialista di elettrotecnica.
elettroterapìa *s. f.* Applicazione dell'elettricità nella cura di talune malattie.
elettrotrazióne *s. f.* Trazione con motori elettrici.
elettrotrèno *s. m.* Treno rapido a trazione elettrica. [→ ill. *ferrovia*]
elevaménto *s. m.* Innalzamento | (*est.*) Punto più elevato | (*fig.*) Miglioramento.
elevàre ***A*** *v. tr.* (*io elévo o èlevo*) **1** Levare in alto | (*fig.*) Rendere migliore; SIN. Alzare, sollevare. **2** (*mat.*) – *al quadrato, al cubo*, moltiplicare il numero per se stesso rispettivamente due, tre volte. **3** (*fig.*) Promuovere a una carica o dignità: – *qc. al trono.* **4** (*bur.*) Contestare: – *contravvenzione.* ***B*** *v. intr. pron.* Divenire più alto | Divenire migliore.
elevatézza *s. f.* Qualità di ciò che è elevato (*spec. fig.*).
elevàto *part. pass. di elevare; anche agg.* Che sta in alto (*anche fig.*): *montagna elevata*; *posizione economica elevata* | (*fig.*) Nobile, eletto: *sentimento* –.
elevatóre ***A*** *agg.* (*f. -trice*) Che eleva. [→ ill. *carrello, sollevamento*] ***B*** *s. m.* **1** (*raro*) Chi eleva. **2** Macchina per sollevare o trasportare materiali diversi a diversa altezza. [→ ill. *edilizia, sollevamento*] **3** Meccanismo che nelle armi da fuoco portatili solleva la cartuccia per portarla nella canna.
elevazióne *s. f.* **1** Innalzamento (*anche fig.*) | Aumento | (*est.*) Punto o luogo elevato. **2** (*mat.*) – *a potenza*, operazione consistente nel calcolare la potenza di un numero. **3** Atto con il quale, nella Messa, il celebrante presenta all'adorazione dei fedeli l'ostia e il calice consacrati. **4** (*sport*) Slancio in alto di un atleta. **5** (*mil.*) Angolo verticale di cui si inclina verso l'alto la bocca da fuoco di un pezzo. **6** (*astron.*) Altezza.
elezióne *s. f.* **1** Scelta attraverso una votazione, nei modi stabiliti dalla legge, di rappresentanti popolari o persone atte a ricoprire una data carica | *Elezioni politiche*, dei deputati e dei senatori | *Elezioni amministrative*, dei membri dei consigli comunali, provinciali, regionali. **2** Libera scelta della volontà | *Patria d'*–, nazione o luogo in cui non si è nati ma dove si sceglie di vivere.
èlfo *s. m.* Nella mitologia nordica, genietto dell'aria.
èlibus *s. m.* Elicottero per brevi tragitti.
èlica *s. f.* **1** (*mat.*) Curva d'un cilindro o d'un cono che incontra le generatrici sotto angolo costante. **2** Propulsore idrodinamico a due o più pale disposte angolarmente intorno a un asse, generalmente posto a poppa dei natanti. [→ ill. *armi, marina*] **3** (*aer.*) Sistema rotante di pale che agisce da propulsore o da organo sostentatore. [→ ill. *aeronautica*] **4** (*biol.*) *Doppia* –, struttura molecolare tridimensionale costituita da due filamenti avvolgentisi a elica, presente, per es., nell'acido desossiribonucleico (DNA).

elettrodomestici

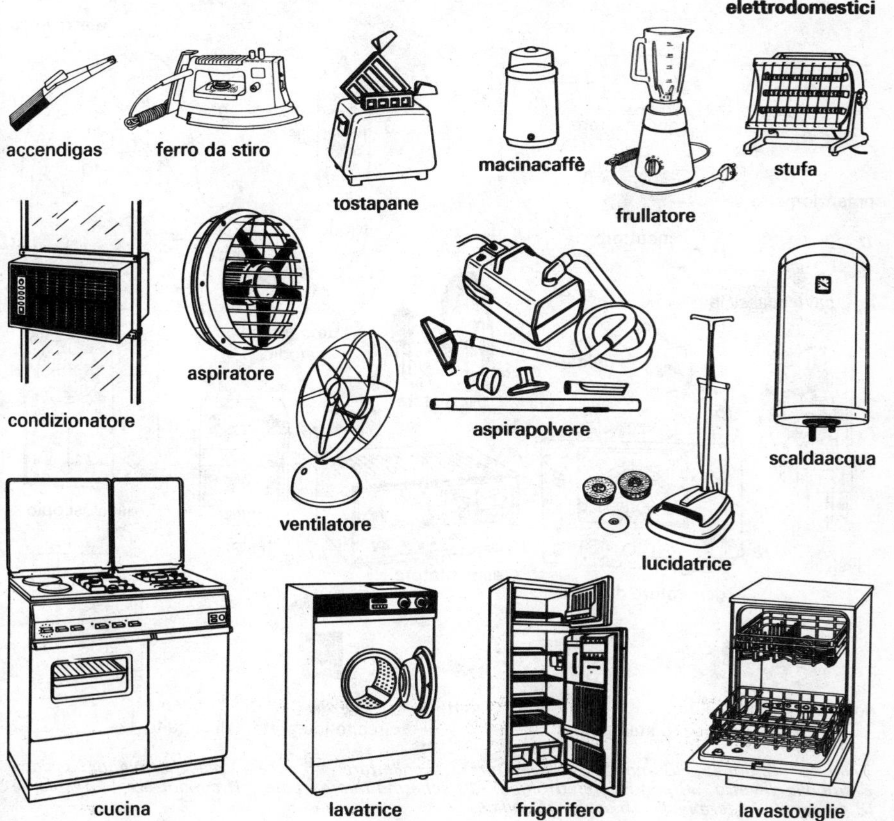

elicoidàle *agg.* Proprio di un'elica | A forma di elica. [→ ill. *cava, meccanica*]
elicòide *agg.* Che è fatto a elica. [→ ill. *botanica*]
elicòttero *s. m.* Aeromobile con rotori ad asse verticale, che può restar fermo in aria, spostarsi lungo qualunque traiettoria e raggiungere notevoli velocità in volo traslatorio. [→ ill. *aeronautica, vigili del fuoco*]
elìdere ***A*** *v. tr.* (*pass. rem. io elisi o elidéi, tu elidésti, part. pass. eliso*) ***1*** Sopprimere la vocale atona in fine di parola perché non formi iato con la vocale successiva, sostituendola con l'apostrofo. ***2*** (*est.*) Annullare. ***B*** *v. rifl. rec.* Annullarsi.
eliminàre *v. tr.* (*io elimino*) ***1*** Togliere, rimuovere | *– una squadra, un avversario*, estrometterli da una competizione. ***2*** (*pop.*) Ammazzare.
eliminatòria *s. f.* (*sport*) Ciascuna delle gare di selezione di una stessa specialità, per l'ammissione alla finale dei concorrenti migliori.
eliminatòrio *agg.* Atto a eliminare.
eliminazióne *s. f.* Soppressione, rimozione | Esclusione.
èlio *s. m.* Elemento chimico, gas inerte presente in forti quantità nel sole, in molte stelle e, sulla terra, spec. nei gas naturali; impiegato nell'industria del freddo, nella aerostatica e sim. SIMB. He.
èlio- *primo elemento*: in parole composte scientifiche significa 'sole': *eliocentrico, elioterapia*.
eliocèntrico *agg.* (*pl. m. -ci*) (*astron.*) Che assume il sole come centro | *Sistema –*, quello di Copernico.
eliocentrismo *s. m.* (*astron.*) Il sistema di Copernico, che affermò la rivoluzione dei pianeti intorno al Sole.
eliografìa *s. f.* ***1*** Primo, rudimentale procedimento fotografico. ***2*** Procedimento di stampa su carta speciale mediante lampada ad arco o fluorescente.
eliògrafo *s. m.* ***1*** Apparecchio telegrafico ottico che trasmette segnali riflettendo la luce solare o artificiale mediante un sistema di specchi. ***2*** Cannocchiale astronomico usato per fotografare il sole.
eliòmetro *s. m.* (*astron.*) Strumento per misurare l'intensità della radiazione solare.
elióne *s. m.* (*chim.*) Nucleo dell'elio, particella alfa.
elioscòpio *s. m.* (*astron.*) Strumento per osservare il sole.
elioterapìa *s. f.* Metodo di cura mediante l'esposizione del corpo nudo ai raggi solari.
elioteràpico *agg.* (*pl. m. -ci*) Dell'elioterapia.
eliotipìa *s. f.* Procedimento per ottenere, mediante la luce solare, più copie da una negativa fotografica.
eliotropìa o *elitròpia s. f.* (*miner.*) Pietra preziosa verde picchiettata di rosso, che si credeva rendesse invisibile chi la portava.
eliotropismo *s. m.* (*bot.*) Proprietà di organi vegetali di reagire a stimoli luminosi incurvandosi nella direzione degli stimoli stessi.
eliòtropo o *elitròpio s. m.* ***1*** Pianta erbacea delle Tubiflorali con infiorescenze bianche a cima e proprietà medicinali | (*lett.*) Girasole. ***2*** (*miner.*) Eliotropia.
elipòrto *s. m.* Aeroporto per elicotteri.
elisabettiàno *agg.* Relativo al regno di Elisabetta I d'Inghilterra e a tale periodo storico e culturale.
elìsio ***A*** *s. m.* Secondo la mitologia classica, giardino di delizie assegnato alle anime dei virtuosi. ***B*** *agg.* Dell'Elisio: *campi elisi*.
elisióne *s. f.* (*ling.*) Soppressione di vocale finale di parola davanti a vocale iniziale; CFR. Troncamento. (V. nota d'uso ELISIONE e TRONCAMENTO)

elettronica

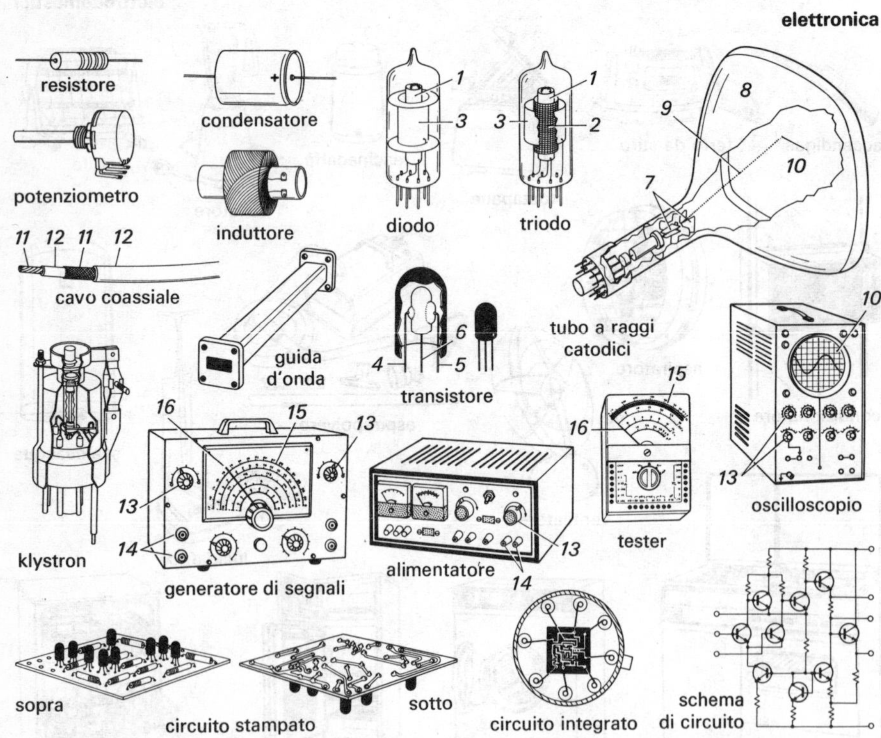

1 catodo 2 griglia 3 anodo 4 emettitore 5 collettore 6 base 7 placchette di deflessione 8 ampolla di vetro 9 pennello elettronico 10 schermo fluorescente 11 conduttore 12 isolante 13 comandi 14 terminali 15 scala 16 indice

ELISIONE e TRONCAMENTO

Uno dei mezzi per evitare incontri sgradevoli di suoni (o 'cacofonie') tra due parole diverse è quello di abbreviare la parola che precede. Perciò, invece di dire *lo uomo, una àncora, santo Antonio, della opera* oppure *buono anno, bello giovane, signore preside*, diremo più opportunamente *l'uomo, un'àncora, sant'Antonio, dell'opera* oppure *buon anno, bel giovane, signor preside.* Come si vede dagli esempi, abbiamo soppresso una vocale o una sillaba in fine di parola, sostituendola in qualche caso con il segno dell'apostrofo. Sono i due fenomeni dell'elisione e del troncamento.

Si intende per **elisione** la soppressione della vocale atona (cioè non accentata) di una parola seguita da un'altra che comincia per vocale. Al posto della vocale caduta si mette **l'apostrofo (')**. Le regole sull'uso dell'elisione sono piuttosto flessibili e molto è lasciato al gusto e alla scelta personali. In generale si registra una tendenza alla diminuzione dell'uso di alcuni tipi di elisione mentre altri assumono oggi una coloritura un po' antiquata (es. *il tuo amico, ch'era a Bologna lo scorso anno*).

- Normalmente si elidono gli articoli *lo* e *la*, le preposizioni articolate composte con *lo* e *la* e gli aggettivi dimostrativi *questo* e *quello* e qualificativo *bello* (però soltanto al singolare): *l'ozio, l'edera, quell'inetto, bell'idea* (o *bella idea*), *quest'esempio* (o anche *questo esempio*), *quell'uscita* (o anche *quella uscita*). Analogamente si elidono l'art. ind. *una* e i suoi composti *alcuna, ciascuna*, ecc.: *un'àncora, un'amica* (o *una amica*), *un'àsola, nessun'altra*; come si vede, si elidono sempre davanti a vocale tonica, non sempre davanti a vocale atona. Attenzione: l'art. e pron. *le* non si elide mai, perciò si scriverà *le oche, le industrie, le epoche, le incontrai.* Quanto ai plurali maschili in *-i* (*gli, degli, quegli*), si elidono soltanto davanti a *i* e non davanti ad altre vocali: *gl'Italiani* (ma nell'uso prevale oggi *gli Italiani*); ma **non** *gl'atleti, gl'ultimi*, ecc., bensì *gli atleti, gli ultimi*, ecc.
- Le forme atone dei pron. pers. *lo* e *la* di regola si elidono: *l'ho amata, l'odierò sempre. Gli* pronome si comporta come *gli* articolo (vedi sopra), quindi: *gl'indicai l'uscita*, ma **non** *gl'aprii*, bensì *gli aprii.*
- Le particelle *mi, ti, si, ne* di regola si elidono: *m'ha detto, s'alzò, se n'andò, t'ho visto.* Tuttavia in questo caso l'uso è vario e si trovano normalmente le forme non elise.
- La particella pron. o avv. *ci* si elide soltanto davanti a *e* o *i*: *c'è, c'era, c'eravamo, c'incontrammo*, ma **non** *c'andai, c'urlò*, bensì *ci andai, ci urlò.*
- La preposizione *di* si elide: *un chilo d'insalata, una domenica d'autunno.* Invece la preposizione *da* normalmente non si elide: *casa da affittare*; tuttavia l'elisione avviene in alcune locuzioni: *d'altronde, d'altra parte, d'ora in poi, d'altro canto.*
- Articoli, preposizioni o aggettivi non si elidono davanti a una *i* seguita da vocale (in questo caso la *i* è considerata una semiconsonante). Si dirà perciò *lo iodio, la iuta, lo iato, lo Ionio.*
- *Santo* si elide normalmente davanti a nome proprio che comincia per vocale: *Sant'Antonio, Sant'Onorato.*

Vediamo ora i seguenti esempi: *signor preside, un buon amico, mal di mare, son tornati, che bel cagnolino.* Anche in questo caso abbiamo abbreviato una parola per evitare un suono ritenuto sgradevole nell'incontro con la parola successiva. Si tratta del **troncamento,** che è la caduta della parte finale di una parola. Rispetto all'elisione **tre** sono le **differenze** fondamentali:

– l'elisione fa cadere soltanto la vocale finale, il troncamento fa cadere un'intera sillaba: *quel libro, un bel tipo*;
– si può avere elisione soltanto davanti a parola che comincia per vocale, il troncamento avviene invece anche se la parola che segue comincia per consonante: *san Fermo, gran salto*;
– l'elisione vuole sempre l'apostrofo per sostituire la vocale caduta; il troncamento generalmente non lo vuole (a parte alcune eccezioni; v. oltre): *un tal amico, qual è, nessun altro.*

Perché ci sia troncamento si devono verificare **tre condizioni:**

– dopo aver subito il troncamento, la parola deve terminare con le consonanti *l, r, n* e (raramente) *m*: *qual motivo, suor Anna, son caduti, siam soli;*
– la parola che segue non deve cominciare con *s impura, z, x, gn* e *ps.* Quindi *un albero, un cane*, ma *uno stupido, uno zoppo.* Il caso di parola che comincia con *pn* è più flessibile: davanti a *pneumatico*, ad esempio, è ormai comune l'uso del troncamento: *un buon pneumatico*;
– la parola che subisce il troncamento deve essere al singolare; non c'è troncamento al plurale: *un buon libro*, ma *buoni libri.* Attenzione: *grande* fa eccezione a questa condizione ed a quella precedente. Si può dire infatti: *sono dei gran farabutti*; *un gran scalatore.*

Nel caso di caduta della sola vocale finale davanti a parola che comincia per vocale, il dubbio se si tratti di elisione o di troncamento non è soltanto teorico ma si trasforma in un dilemma eminentemente pratico: si deve mettere l'apostrofo? Ad esempio: *buon anno* o *buon'anno? qual è* o *qual'è? pover uomo* o *pover'uomo? un artista* o *un'artista?* Il dubbio si può facilmente sciogliere. Se la parola accorciata può essere posta davanti ad un'altra parola dello stesso genere che comincia per consonante, questo significa che tale parola è già di per sé compiuta e quindi non richiede elisione. Ad es. *buon* davanti a parola maschile che comincia per consonante non si modifica: *buon compleanno, buon pranzo*; potrò quindi scrivere *buon anno, buon appetito*, ecc.; non ci vuole l'apostrofo in quanto è una forma tronca. Al contrario, *buon* davanti a parola femminile che comincia per consonante non si può dire: *buon donna, buon maestra* sono forme inaccettabili, occorre dire *buona.* Poiché l'aggettivo *buona* si elide davanti a vocale, scriverò: *buon'amica, buon'alimentazione.* Per lo stesso motivo scriverò *qual è, qual auspicio, qual amica, qual angoscia* (**senza** l'apostrofo: posso dire infatti *qual buon vento, qual cumulo di errori* ed anche, al femminile, *qual grazia, qual testardaggine*). Scriverò invece *pover'uomo*, trattandosi di elisione (infatti non posso scrivere *pover caro, pover figlio*, bensì *povero caro, povero figlio*). Quanto a *un artista*, se si tratta di un uomo lo scriverò così, senza apostrofo (in quanto posso dire *un cane, un leone*), ma scriverò *un'artista* (= *una artista*) se si tratta di una donna (appunto perché non posso dire *un donna, un sedia*, bensì *una donna, una sedia*).

Vediamo ora in quali casi si ha generalmente troncamento:

- con *uno* e composti (*alcuno, ciascuno*, ecc.): *un angelo, alcun desiderio, ciascun libro, nessun altro;*
- con *buono*: *buon onomastico, buon compleanno*;
- con *quello, bello, grande* e *santo* davanti a consonante: *quel comico, un bel pasticcio, un gran giocatore, san Giorgio.* Attenzione: davanti a vocale si ha invece elisione sia al femminile che al maschile: *quell'amico, bell'amicizia, grand'uomo, sant'Antonio*;
- con *frate*, davanti a consonante: *fra Cristoforo, fra Luigi* (ma *frate Antonio*);
- con *suora*, anche davanti a vocale: *suor Teresa, suor Angela*;
- con *tale* e *quale*, che non si elidono mai nemmeno davanti al femminile (si può dire infatti *tal donna, qual donna*): *qual amica, tal amarezza, qual emozione, qual orrore.* Ricordiamo che è molto frequente anche la forma non tronca: *quale rischio, tale uomo, quale astuzia.*

Come si è detto, il troncamento non richiede alcun segno grafico che indichi la caduta della vocale o della sillaba. Ci sono però delle eccezioni in cui il troncamento è indicato con l'apostrofo. Le principali sono: *ca'*, troncamento di *casa*: *Ca' Foscari*; *mo'*, tronc. di *modo*: *a mo' d'esempio*; *po'*, tronc. di *poco*: *ne assaggio solo un po'*; *va', da', sta', di', fa'*, forme dell'imperativo dei verbi *andare, dare, stare, dire, fare*: *va' dove ti pare!*,

eccetera.
(In relazione ai problemi di troncamento ed elisione, V. anche le voci *bello, buono, grande, quale, quello, santo, suora, tale, uno*).

elişir *s. m. inv.* Liquore corroborante.
elişo *part. pass. di elidere; anche agg.* Annullato, soppresso.
elitàrio *agg.* Che è tipico di un'élite.
élite /*fr.* e'lit/ *s. f. inv.* (*pl. fr.* **élites** /e'lit/) Cerchia ristretta e scelta di persone | Classe dirigente.
èlitra *s. f.* Nei coleotteri, ciascuna delle ali, indurite, che proteggono il secondo paio di ali membranose. [→ ill. *zoologia*]
elitròpia V. *eliotropia.*
elitròpio V. *eliotropio.*
elivìa *s. f.* Aerovia per elicotteri.
élla *pron. pers. f. di terza pers. sing.* **1** (*lett.*) Indica la persona di cui si parla e si usa come sogg. riferito al f. sing.: — *sorrideva.* **2** Si usa in luogo di 'lei', rivolgendosi a persona, di sesso sia maschile sia femminile, con cui non si è in familiarità.
-ellàre *suff. verbale*: ha valore diminutivo e frequentativo: *girellare, saltellare.*
èlle *s. m. o f. inv.* Nome della lettera *l.*
ellèboro *s. m.* Pianta erbacea delle Policarpali, velenosa, con fiori bianchi o verdastri.
ellènico *agg.* (*pl. m. -ci*) Greco, spec. con riferimento alla Grecia classica.
ellenişmo *s. m.* **1** Diffusione della cultura greca nel periodo compreso tra la morte di Alessandro Magno e la conquista romana dell'Egitto. **2** Gusto ricercato, erudito e spesso formalistico che caratterizza tale cultura. **3** (*ling.*) Grecismo.
ellenìsta *s. m. e f.* (*pl. m. -i*) Chi studia la cultura greca, spec. quella classica.
ellenìstico *agg.* (*pl. m. -ci*) Dell'ellenismo.
-ellìno *suff.* (*f. -a*): è alterativo di sostantivi, composto (di *-ello* e *-ino*), di valore diminutivo e vezzeggiativo: *campanellino, fiorellino.*
ellìsse *s. f.* **1** (*mat.*) Luogo dei punti di un piano tali che la somma delle distanze da due punti fissi, detti fuochi, è costante. **2** (*astron.*) Orbita descritta da un corpo celeste intorno a un altro.
ellìssi *s. f.* (*ling.*) Omissione di una o più parole che la costruzione grammaticale richiederebbe.
ellissògrafo *s. m.* Strumento per disegnare ellissi.
ellissoidàle *agg.* (*mat.*) Che ha forma di ellissoide.
ellissòide *s. m.* (*mat.*) Superficie le cui sezioni sono tutte ellissi | — *di rotazione*, superficie ottenuta facendo ruotare un'ellisse intorno a un suo asse.
ellìttico (1) *agg.* (*pl. m. -ci*) (*mat.*) Proprio di un'ellisse | (*est.*) Che ha forma di ellisse. [→ ill. *architettura*]
ellìttico (2) *agg.* (*pl. m. -ci*) (*ling.*) Proprio di una ellissi.
-èllo *suff.* (*f. -a*): è alterativo con valore diminutivo, spesso con tono affettivo-vezzeggiativo: *carrozzella, cattivello, fontanella, contadinella.*
elmétto *s. m.* **1** *Dim. di elmo.* **2** Copricapo difensivo metallico usato da soldati, minatori e sim. [→ ill. *copricapo, miniera, uniforme militare*]
elmìnti *s. m. pl.* (*sing. -a*) (*gener.*) Vermi parassiti.
elmintìaşi *s. f.* Malattia causata da vermi o elminti.
elmintologìa *s. f.* (*pl. -gìe*) Ramo della zoologia che studia i vermi parassiti.
élmo *s. m.* Antica armatura difensiva del capo, di ferro, gener. cilindrica, usata nei sec. XI e XII | (*est.*) Copricapo protettivo spec. metallico, di varia forma. [→ ill. *armi, copricapo, vigili del fuoco*]
elocuzióne *s. f.* Esposizione ordinata e studiata delle proprie idee e dei propri sentimenti col discorso | Parte della retorica che insegna la maniera di adattare le parole e le frasi alle idee.
elogiàre *v. tr.* (*io elògio*) Esaltare con lodi; SIN. Encomiare, lodare.
elogiatìvo *agg.* Atto a elogiare.
elogiatóre **A** *s. m.* (*f. -trice*) Chi elogia, spec. adulando. **B** *anche agg.*
elògio *s. m.* **1** Discorso o scritto laudativo. **2** Componimento della letteratura latina e umanistica con cui veniva celebrato un personaggio. **3** Parole di lode; SIN. Applauso, lode, plauso.
elogìsta *s. m. e f.* (*pl. m. -i*) Chi scrive elogi.
elongazióne *s. f.* **1** (*astron.*) Differenza tra la longitudine del Sole e quella di un pianeta, visti dalla Terra. **2** (*fis.*) Distanza, a ogni istante, di un punto oscillante dal centro di oscillazione.
eloquènte *agg.* Che sa parlare efficacemente; SIN. Facondo | (*est.*) Che è chiaro, ricco di significato: *sguardo* —.
eloquènza *s. f.* **1** Facoltà di parlare acconciamente e in modo da produrre l'impressione desiderata sugli ascoltatori; SIN. Facondia. **2** Ricchezza di significato: *l'— di un silenzio.*
elòquio *s. m.* Modo di parlare.
élsa *s. f.* Impugnatura della spada.
elucubràre *v. tr.* (*io elùcubro*) Pensare impegnando seriamente l'intelletto (*anche iron.*).
elucubrazióne *s. f.* Meditazione lunga e minuziosa (*anche iron.*).
elùdere *v. tr.* (*pass. rem. io elùşi o eludéi, tu eludésti; part. pass. elùşo*) Schivare, evitare scaltramente; SIN. Sfuggire.
elusivaménte *avv.* In modo elusivo; SIN. Evasivamente.
eluşività *s. f.* Qualità di elusivo.
eluşìvo *agg.* Che serve o tende a eludere; SIN. Evasivo, sfuggente.
elùşo *part. pass. di eludere* Evitato.
elvètico **A** *agg.* (*pl. m. -ci*) Svizzero | Relativo agli antichi Elvezi. **B** *s. m.* (*f. -a*) Svizzero.
elzeviriàno *agg.* Che è proprio degli Elzevier, tipografi olandesi operanti nei sec. XVI e XVII.
elzevirìsta *s. m. e f.* (*pl. m. -i*) Scrittore di elzeviri.
elzevìro **A** *s. m.* **1** Carattere tipografico di antico stile usato dagli Elzevier. **2** Articolo d'argomento artistico, storico, letterario, che un giornale pubblica in apertura di terza pagina. **B** *agg.* Elzeviriano.
emaciaménto *s. m.* Grave dimagramento.
emaciàre **A** *v. tr.* (*io emàcio*) Rendere magro e smunto. **B** *v. intr. pron.* Diventare magro e smunto.
emaciàto *part. pass. di emaciare; anche agg.* Molto magro, macilento, smunto.
emanàre **A** *v. tr.* Mandar fuori | Emettere. **B** *v. intr.* (*aus. essere*) Scaturire, derivare: *la luce emana dal sole.*
emanatìşmo *s. m.* Dottrina filosofica secondo la quale l'universo è un'emanazione di Dio.
emanazióne *s. f.* **1** Emissione, esalazione, diffusione. **2** Atto con cui un'autorità pubblica emette leggi e sim. **3** (*est.*) Ciò che è emanato | Esalazione, odore. **4** (*chim.*) Prodotto radioattivo gassoso che si produce dalla disintegrazione di elementi radioattivi quali l'attinio, il radio, il torio. **5** Fase di un vulcano che emette solo gas e vapori.
emancipàre **A** *v. tr.* (*io emàncipo*) **1** Rendere libero: — *una popolazione dal dominio straniero.* **2** (*dir.*) Attribuire al minore di età, in determinate condizioni, una limitata capacità di agire. **B** *v. intr. pron.* Rendersi libero, indipendente: *emanciparsi dalla dipendenza economica.*
emancipàto *part. pass. di emancipare; anche agg.* **1** Reso libero. **2** Privo di condizionamenti nel modo di pensare, di vivere e sim.: *una ragazza emancipata.*
emancipatóre *s. m.* (*f. -trice*) Chi emancipa.
emancipazióne *s. f.* Liberazione: *l'— dei Paesi del Terzo mondo* | — *della donna*, liberazione dalle condizioni di inferiorità giuridica, sociale e sim. rispetto agli uomini.
emarginàre *v. tr.* (*io emàrgino*) **1** (*bur.*) Indicare, segnare in margine: — *una nota su un documento.* **2** (*fig.*) Mettere ai margini, estromettere.
emarginàto **A** *part. pass. di emarginare; anche agg.* Segnato in margine | (*fig.*) Estromesso, relegato ai margini. **B** *s. m.* (*f. -a* nel sign. 2) **1** Nota a margine su un documento. **2** Chi viene messo ai margini ed escluso dalla vita sociale.
emarginazióne *s. f.* **1** Annotazione in margine. **2** (*fig.*) Esclusione, estromissione da un gruppo o gener. dalla vita sociale.
emàtico *agg.* (*pl. m. -ci*) Del sangue.
ematìna *s. f.* Componente dell'emoglobina che dà colore rosso al sangue.
ematìte *s. f.* (*miner.*) Sesquiossido di ferro in cristalli o in masse compatte grigio scuro o nerastre, con lucentezza metallica, da cui si ricava ferro.

èmato- *primo elemento* (*emat-* davanti a vocale): in parole composte della terminologia medica significa 'sangue': *ematologia, ematuria.*
ematologìa *s. f.* (*pl. -gìe*) (*med.*) Studio delle caratteristiche del sangue.
ematòlogo *s. m.* (*pl. -gi*) Studioso di ematologia.
ematòma *s. m.* (*pl. -i*) (*med.*) Raccolta localizzata di sangue.
ematopoièṣi *s. f.* (*med.*) Produzione delle cellule del sangue; SIN. Emopoiesi.
ematopoiètico *agg.* (*pl. m. -ci*) Che concerne l'ematopoiesi; SIN. Emopoietico.
ematòṣi *s. f.* Processo di ossigenazione del sangue venoso a livello dei polmoni.
ematùria *s. f.* (*med.*) Presenza di sangue nelle urine.
emàzia *s. f.* Globulo rosso.
embàrgo *s. m.* (*pl. -ghi*) Blocco economico consistente nel divieto disposto dall'autorità di esportare o di avere traffici con un dato Stato | Fermo di navi straniere nei porti o acque territoriali disposto da uno Stato per rappresaglia.
emblèma *s. m.* (*pl. -i*) Figura simbolica ordinariamente accompagnata da motto o sentenza | Simbolo rappresentativo: *la bilancia è l'— della giustizia.*
emblemàtico *agg.* (*pl. m. -ci*) **1** Di, da emblema. **2** (*fig., lett.*) Rappresentativo; SIN. Simbolico.
embolìa *s. f.* (*med.*) Presenza di embolo in un vaso sanguigno con occlusione dello stesso e arresto della circolazione.
èmbolo *s. m.* (*med.*) Corpo estraneo, solido, liquido o gassoso, presente in un vaso sanguigno.
embricàto *agg.* **1** Coperto di embrici: *tetto —.* **2** Sovrapposto a guisa di embrici.
èmbrice *s. m.* Lastra di terracotta a forma di trapezio, con orlo rialzato ai due lati opposti non paralleli, che serve di prima copertura dei tetti. [→ ill. *edilizia*]
embriogèneṣi *s. f.* (*biol.*) Processo di formazione e sviluppo dell'embrione.
embriogenìa *s. f.* (*biol.*) Embriogenesi.
embriologìa *s. f.* (*pl. -gìe*) Ramo della biologia che studia lo sviluppo degli embrioni.
embriològico *agg.* (*pl. m. -ci*) Dell'embriologia.
embriòlogo *s. m.* (*pl. -gi*) Studioso di embriologia.
embrionàle *agg.* **1** Che concerne l'embrione. **2** (*fig.*) Che è ancora in fase di formazione: *progetto —.*
embrionàrio *agg.* Embrionale.
embrióne *s. m.* **1** (*biol.*) Individuo animale nei suoi primi stadi di sviluppo dopo la fecondazione della cellula uovo. [→ ill. *rana*] **2** (*bot.*) Abbozzo della pianta che si trova nel seme. **3** (*fig.*) Cosa o idea che comincia a prendere forma: *un — di progetto.*
emendàbile *agg.* Che si può emendare.
emendaménto *s. m.* **1** Correzione di difetti, errori e sim. **2** Modifica di un testo legislativo sottoposto all'esame di un'assemblea parlamentare.
emendàre A *v. tr.* (*io emèndo*) Privare di imperfezioni o errori; SIN. Correggere. **B** *v. rifl.* Correggersi.
emendatóre *s. m.; anche agg.* (*f. -trìce*) Chi (o che) emenda.
emendazióne *s. f.* **1** Eliminazione di difetti o imperfezioni. **2** Emendamento.
emeralopìa *s. f.* (*med.*) Difficoltoso adattamento visivo alla luce fioca; SIN. Ossiopia.
emergènte *part. pres. di emergere; anche agg.* Che emerge | (*fig.*) Che acquista una sempre maggior importanza, forza, validità e sim.: *Paesi emergenti*; *ceti emergenti.*
emergènza *s. f.* Circostanza o eventualità imprevista, spec. pericolosa | Situazione pubblica pericolosa: *stato di —.*
emèrgere *v. intr.* (*pres. io emèrgo, tu emèrgi; pass. rem. io emèrsi, tu emergésti; part. pass. emèrso; aus. essere*) **1** Venire a galla | Venir fuori: *una figura emerge dal buio*; SIN. Affiorare. **2** (*fig.*) Risultare, apparire | (*fig.*) Segnalarsi, distinguersi: *emerge su tutti.*
emèrito *agg.* Che conserva il grado e la dignità di un ufficio che ha cessato di esercitare | (*est.*) Famoso, notorio.
emerotèca *s. f.* Effemeroteca.
emersióne *s. f.* **1** Affioramento | (*mar.*) Manovra per cui un mezzo subacqueo viene a galla. **2** (*astron.*) Riapparizione di un astro dopo un'occultazione.
emèrso *part. pass. di emergere; anche agg.* Che è venuto a galla, che è apparso fuori.
emètico A *agg.* (*pl. m. -ci*) Che provoca il vomito. **B** *s. m.* Farmaco che provoca il vomito.
eméttere *v. tr.* (*coniug. come mettere*) **1** Mandare o mettere fuori | (*est.*) Mettere in circolazione. **2** (*fig.*) Esprimere | (*fig.*) Emanare.
emettitóre *s. m.* (*elettr.*) Uno degli elettrodi del transistor. [→ ill. *elettronica*]
èmi- *primo elemento*: in parole composte spec. della terminologia medica significa 'metà': *emianopsia, emicrania, emiciclo* | V. anche *semi-*.
-emìa *secondo elemento*: in parole composte della terminologia medica significa 'sangue': *glicemia, leucemia, setticemia.*
emianopsìa *s. f.* (*med.*) Cecità d'una metà del campo visivo, a uno o entrambi gli occhi.
emicìclo *s. m.* Costruzione o parte di costruzione a pianta semicircolare. [→ ill. *parlamento*]
emicrània *s. f.* Dolore che colpisce metà del capo.
emicrànico *agg.* (*pl. m. -ci*) Dell'emicrania.
emigrànte *part. pres. di emigrare; anche agg. e s. m. e f.* Detto di chi emigra, spec. per trovare lavoro.
emigràre *v. intr.* (*aus. essere; avere quando il v. è usato ass.*) **1** Partire dal proprio luogo di origine per andare a stabilirsi in altra località: *— in America, al Nord*; CFR. Immigrare. **2** (*est.*) Di animali, spostarsi da un luogo all'altro col variare delle stagioni.
emigràto *part. pass. di emigrare; anche agg. e s. m.* (*f. -a*) Che (o chi) ha lasciato il proprio paese per vivere altrove.
emigratòrio *agg.* Dell'emigrazione.
emigrazióne *s. f.* **1** Spostamento dai luoghi di origine e insediamento in altri territori per motivi di lavoro o di clima. **2** Insieme degli emigranti di una data nazionalità; CFR. Immigrazione.
emiliàno *agg.; anche s. m.* (*f. -a*) Dell'Emilia.
eminènte *agg.* **1** Che si innalza rispetto all'ambiente circostante. **2** (*fig.*) Che eccelle sugli altri; SIN. Eccellente, illustre.
eminenteménte *avv.* In massima parte: *attività — pratica* | (*raro*) In modo eminente.
eminentìssimo *agg.* **1** *Sup. di eminente.* **2** Titolo spettante ai cardinali.
eminènza *s. f.* **1** Elevazione, prominenza. **2** (*fig.*) Eccellenza o elevatezza. **3** Titolo spettante ai cardinali | (*fig.*) *— grigia*, consigliere potente e segreto di un'alta personalità. [→ tav. *locuzioni* 33]
emiparassìta *s. m. e f.* (*pl. m. -i*) Pianta in cui il parassita completa la sua nutrizione soltanto con acqua e sali minerali.
emiplegìa *s. f.* (*pl. -gìe*) (*med.*) Paralisi dei muscoli di tutta una metà del corpo.
emiplègico A *agg.* (*pl. m. -ci*) Dell'emiplegia. **B** *agg.; anche s. m.* (*f. -a*) Affetto da emiplegia.
emiràto *s. m.* Titolo e dignità d'emiro.
emìro *s. m.* Nel mondo islamico, titolo dei discendenti di Maometto e dei capi tribù arabi.
emisfèrico *agg.* (*pl. m. -ci*) Che ha forma di emisfero.
emisfèro *s. m.* **1** Metà di una sfera | (*anat.*) *— cerebrale*, ciascuna metà dell'encefalo. **2** (*geogr.*) Metà del globo terrestre | *— boreale*, posto a nord dell'equatore | *— australe*, posto a sud dell'equatore. [→ ill. *geografia*]
emissàrio A *agg.* (*raro*) Che consente il deflusso. **B** *s. m.* (*f. -a* nel sign. 2) **1** Fiume o canale che si originano da un lago o bacino; CONTR. Immissario. [→ ill. *geografia*] **2** Chi per conto d'altri svolge trattative segrete, spionaggio, sabotaggio o attentati.
emissióne *s. f.* **1** L'emettere, il mandar fuori: *— di voce* | (*fig.*) Emanazione. **2** Operazione mediante la quale vengono messi in circolazione titoli di credito, francobolli e sim. **3** (*fis.*) Lo staccarsi da un corpo di un flusso di energia sotto forma di suono o onde elettromagnetiche, o di materia sotto forma di emissione di elettroni da un catodo.
emissìvo *agg.* Che serve a emettere.
emistìchio *s. m.* Mezzo verso | Ciascuna delle due parti in cui la cesura divide un verso.
emittènte A *part. pres. di emettere; anche agg.* Che emette. **B** *s. f.* Apparecchiatura, stazione trasmittente.
èmme *s. m. o f. inv.* Nome della lettera *m.*

emmental /*ted.* 'ɛmənta:l/ *s. m. inv.* Formaggio svizzero a pasta soda caratterizzato da grossi buchi. [→ ill. *formaggi*]
emmetropìa *s. f.* Vista normale.
èmo- *primo elemento*: in parole composte spec. della terminologia medica significa 'sangue': *emofilia, emoglobina, emostatico.*
emofilìa *s. f.* (*med.*) Turba della coagulazione del sangue, a carattere ereditario, per mancanza di un particolare fattore plasmatico.
emoglobìna *s. f.* Pigmento del globulo rosso contenente ferro, che trasporta l'ossigeno e l'anidride carbonica nel sangue.
emoglobinòmetro *s. m.* Strumento per misurare il tasso di emoglobina nel sangue.
emolìnfa *s. f.* Liquido, talvolta colorato, circolante negli insetti e in altri artropodi.
emolìṣi *s. f.* (*med.*) Rottura dei globuli rossi con fuoruscita dell'emoglobina.
emolìtico *agg.* (*pl. m. -ci*) Di emolisi.
emolliènte *agg. e s. m.* **1** (*med.*) Detto di preparato atto a proteggere e disinfiammare le mucose spec. fluidificando il catarro. **2** (*tess.*) Detto di sostanza usata per rendere morbidi i tessuti.
emoluménto *s. m.* Retribuzione corrisposta per una prestazione di carattere professionale.
emometrìa *s. f.* Misurazione dell'emoglobina contenuta nel sangue.
emopoièṣi *s. f.* (*med.*) Ematopoiesi.
emopoiètico *agg.* (*pl. m. -ci*) Ematopoietico.
emorragìa *s. f.* (*pl. -gìe*) **1** Fuoruscita di sangue dai vasi sanguiferi. **2** (*fig.*) Perdita, fuga, deflusso: — *di capitali*; — *di cervelli.*
emorràgico *agg.* (*pl. m. -ci*) Di emorragia.
emorroidàle *agg.* Di emorroide.
emorròide *s. f. spec. al pl.* Dilatazione di una o più vene del retto e dell'ano.
emostàṣi *s. f.* Arresto dell'emorragia.
emostàtico ***A*** *agg.* (*pl. m. -ci*) Che produce emostasi: *matita emostatica.* [→ ill. *barbiere, medicina e chirurgia, toilette e cosmesi*] ***B*** *s. m.* Farmaco atto a produrre emostasi. ● SIN. Antiemorragico.
emotèca *s. f.* Luogo ove si conserva il sangue per le trasfusioni.
emotività *s. f.* Caratteristica di chi reagisce intensamente alle situazioni | Impressionabilità.
emotìvo ***A*** *agg.* Che provoca emozione. ***B*** *agg.; anche s. m.* (*f. -a*) Detto di chi è facile alle emozioni; SIN. Impressionabile.
emottìṣi *s. f.* Fuoruscita di sangue dalla bocca, proveniente da bronchi e polmoni.
emozionàle *agg.* Di emozione.
emozionànte *part. pres. di emozionare; anche agg.* Che suscita emozioni | Che appassiona, che eccita: *film* —.
emozionàre ***A*** *v. tr.* (*io emozióno*) Cagionare o suscitare un'emozione | Impressionare, turbare. ***B*** *v. intr. pron.* Turbarsi.
emozióne *s. f.* Impressione o sentimento vivo e intenso di paura, gioia, ira e sim. sovente accompagnato da attività motorie e ghiandolari | Turbamento intenso; SIN. Commozione, impressione.
empatìa *s. f.* (*filos., psicol.*) Fenomeno per cui si crea con un altro individuo una sorta di comunione affettiva in seguito a un processo di identificazione.
empiàstro V. *impiastro.*
émpiere *v. tr. rifl. e intr. pron.* (*coniug. come empire; part. pass. empiùto*) Empire, empirsi.
empietà *s. f.* **1** Carattere o qualità di empio. **2** Azione, discorso da persona empia.
émpio *agg.* **1** Che reca grave offesa al sentimento religioso | (*est.*) Irriverente. **2** Spietato, crudele.
empìre ***A*** *v. tr.* (*pres. io émpio, tu émpi, egli émpie, noi empiàmo, voi empìte, essi émpiono; imperf. io empivo; fut. io empirò; pass. rem. io empìi o empiéi, tu empìsti o empiésti; congv. pres. io émpia; congv. imperf. io empìssi; cond. io empirèi; imp. émpi tu, empìte voi; ger. empièndo; part. pass. empìto*) **1** Far pieno (*anche fig.*): — *di acqua un secchio*; — *un carro di merci* | —, *empirsi, la pancia, il ventre e sim.*, saziarsi. **2** (*fig.*) Colmare, riparare: — *un difetto.* ***B*** *v. rifl.* Saziarsi: *empirsi di dolci.* ***C*** *v. intr. pron.* Riempirsi: *il teatro si empì di gente.*
empìreo ***A*** *s. m.* Nella filosofia scolastica, il cielo supremo, sede di Dio e dei beati. ***B*** *agg.* (*lett.*) Degno del cielo.
empìrico ***A*** *agg.* (*pl. m. -ci*) **1** Che si basa sull'esperienza. **2** (*spreg.*) Che è fondato solo sulla pratica e non su criteri scientifici. ***B*** *s. m.* **1** (*med.*) Chi segue l'empirismo. **2** Chi opera o agisce attenendosi alla pratica (*spec. spreg.*).
empiriṣmo *s. m.* **1** Indirizzo filosofico secondo il quale tutti i dati della conoscenza derivano dall'esperienza che viene quindi assunta come unico criterio di verità. **2** (*med.*) Metodo terapeutico basato sulla pratica. **3** Qualità di empirico.
empirista *s. m. e f.* (*pl. m. -i*) **1** (*filos.*) Chi segue l'empirismo. **2** (*raro*) Chi agisce in modo empirico.
empirìstico *agg.* (*pl. m. -ci*) Che concerne l'empirismo o gli empiristi.
émpito (1) *s. m.* (*lett.*) Forza travolgente.
empìto (2) *part. pass. di empire; anche agg.* (*raro*) Pieno, colmato.
empòrio *s. m.* **1** Luogo ove confluivano i commerci e i prodotti di una regione: *Venezia era l'— dell'Adriatico.* **2** Centro di commercio, magazzino ove si vende ogni genere di prodotti.
emù *s. m.* Uccello australiano simile allo struzzo ma più piccolo, con corpo tozzo, tre dita nelle zampe e penne lunghe strette di colore bruno scuro. [→ ill. *animali* 14]
emulàre *v. tr.* (*io èmulo*) Sforzarsi di eguagliare o superare qc. o q.c.
emulatìvo *agg.* Che tende a emulare.
emulatóre ***A*** *s. m.* (*f. -trice*) Chi emula. ***B*** *anche agg.*
emulazióne *s. f.* Desiderio e sforzo di eguagliare o superare qc.
èmulo *s. m.* (*f. -a*) Chi si sforza di imitare o uguagliare qc. o le sue capacità.
emulsìna *s. f.* Enzima contenuto nelle mandorle o in altri semi.
emulsionàbile *agg.* Che può essere portato allo stato di emulsione.
emulsionàre *v. tr.* (*io emulsióno*) Ridurre a emulsione.
emulsionatóre *s. m.* (*f. -trice*) Apparecchio che induce in emulsione un liquido con un altro.
emulsióne *s. f.* **1** (*chim.*) Sospensione, sotto forma di goccioline, di un liquido in un altro non miscibile col primo: — *di olio in acqua.* **2** (*fot.*) — *sensibile*, sostanza gelatinosa sensibile all'azione della luce.
emuntòrio *s. m.* (*anat.*) Organo o apparato che elimina materiali di rifiuto dell'organismo.
enàllage *s. f.* (*ling.*) Figura retorica che consiste nello scambiare un elemento del discorso con un altro (es. *parla continuo* in luogo di 'continuamente').
enantiomorfiṣmo *s. m.* Proprietà di due enti di sovrapporsi tra loro unicamente per riflessione rispetto a un piano esterno agli enti stessi: *tra la mano destra e la mano sinistra esiste* —.
enantiotropìa *s. f.* (*miner.*) Passaggio reversibile di una sostanza da una forma cristallina a un'altra.
enarmonìa *s. f.* Qualità di enarmonico.
enarmònico *agg.* (*pl. m. -ci*) (*mus.*) Detto di ognuno dei due suoni rappresentati da note diverse ma corrispondenti, in pratica, a un suono medesimo.
enartròsi *s. f.* (*med.*) Articolazione mobile le cui superfici articolari sono sferiche: — *dell'anca.*
encàustica *s. f.* Arte del dipingere a encausto.
encàusto *s. m.* Tecnica di pittura murale usata dai Greci e dai Romani che si servivano di colori diluiti in cera fusa e spalmati a caldo sull'intonaco.
encefàlico *agg.* (*pl. m. -ci*) Dell'encefalo.
encefalìte *s. f.* (*med.*) Infiammazione dell'encefalo.
encefalìtico ***A*** *agg.* (*pl. m. -ci*) Di encefalite. ***B*** *agg.; anche s. m.* (*f. -a*) Affetto da encefalite.
encèfalo *s. m.* (*anat.*) Porzione del sistema nervoso centrale racchiusa nel cranio.
encefalografìa *s. f.* Radiografia della massa cerebrale, a scopo diagnostico.
encìclica *s. f.* Lettera circolare apostolica che il papa indirizza ai vescovi e ai prelati di tutta la Chiesa, su argomenti di fede o sociali.
encìclico *agg.* (*pl. m. -ci*) Circolare.
enciclopedìa *s. f.* Opera che riunisce ed espone in modo

sistematico le cognizioni relative a tutto lo scibile umano, o a una singola parte di esso.

enciclopèdico *agg.* (*pl. m. -ci*) **1** Di enciclopedia | *Dizionario* —, che riporta non solo termini enciclopedici ma anche lessico comune. **2** (*fig.*) Ricco di cognizioni in ogni campo del sapere.

enciclopedismo *s. m.* Complesso delle dottrine e delle idee dell'Enciclopedia francese.

enciclopedista *s. m. e f.* (*pl. m. -i*) **1** Collaboratore dell'Enciclopedia francese | (*raro*) Chi collabora alla compilazione di una enciclopedia. **2** Seguace delle dottrine e delle idee illuministiche.

enclave /*fr.* ã'klav/ *s. f. inv.* (*pl. fr. enclaves* /ã'klav/) Piccolo territorio appartenente a uno Stato ma tutto circondato da territorio di uno o più altri Stati.

ènclisi *s. f.* (*ling.*) Processo per il quale una parola atona si appoggia alla precedente (es. *dimmi, sceglilo*); CONTR. Proclisi.

enclitica *s. f.* (*pl. -che*) Particella soggetta a enclisi.

enclitico *agg.* (*pl. m. -ci*) Detto di parola soggetta a enclisi; CONTR. Proclitico. (V. nota d'uso ACCENTO)

encomiàbile *agg.* Degno di encomio; SIN. Lodevole.

encomiàre *v. tr.* (*io encòmio*) Lodare solennemente e pubblicamente; SIN. Elogiare.

encomiàstico *agg.* (*pl. m. -ci*) (*lett.*) Che loda, elogia.

encòmio *s. m.* Lode, spec. pubblica e solenne, tributata da un superiore all'inferiore o da una persona importante, autorevole e sim.

endecasillabo A *s. m.* Verso di undici sillabe | — *sciolto*, senza rima. **B** *anche agg.*: *verso* —.

endemìa *s. f.* Manifestazione di malattia diffusiva, circoscritta a un limitato territorio.

endemicità *s. f.* Carattere endemico.

endèmico *agg.* (*pl. m. -ci*) **1** (*med.*) Che riguarda l'endemia | Caratterizzato da endemia; CONTR. Ecdemico. **2** (*est.*) Detto di fenomeno che si manifesta per cause interne in un dato territorio.

endèrmico *agg.* (*pl. m. -ci*) (*med.*) Che agisce attraverso la cute.

endìadi *s. f.* (*ling.*) Espressione di un unico concetto mediante due termini coordinati, solitamente due sostantivi, uniti da congiunzione (es. *la notte e il buio* invece che 'la notte buia').

éndice *s. m.* Uovo finto o vero che si lascia nel nido perché le galline tornino a deporvi le uova.

-èndo *suff.* (*f. -a*) di agg. o sost. spec. di origine latina: *orrendo, stupendo*; *agenda, faccenda* | V. anche *-ando*.

èndo- *primo elemento*: in parole composte scientifiche significa 'dentro': *endocardio, endoscopia*; CONTR. Eso-.

endocàrdio *s. m.* (*anat.*) Membrana che riveste le cavità interne del cuore.

endocardite *s. f.* (*med.*) Infiammazione dell'endocardio.

endocàrpo *s. m.* (*bot.*) Il più interno dei tre strati che costituiscono il frutto. [→ ill. *botanica*]

endocrànico *agg.* (*pl. m. -ci*) Che si trova o si sviluppa all'interno del cranio.

endòcrino *agg.* (*anat.*) Che compie una secrezione interna: *ghiandole endocrine*; CONTR. Esocrino. [→ ill. *anatomia umana*]

endocrinologia *s. f.* (*pl. -gie*) (*med.*) Studio della funzione e delle malattie delle ghiandole a secrezione interna.

endocrinòlogo *s. m.* (*f. -a; pl. m. -gi*) Studioso di endocrinologia.

endodèrma *s. m.* (*pl. -i*) (*bot.*) Lo strato più interno della corteccia.

endògeno *agg.* **1** (*biol.*) Che proviene dall'interno dell'organismo. **2** (*geol.*) Di fenomeno geologico che avviene all'interno della superficie terrestre, quali il vulcanismo e sim. • CONTR. Esogeno.

endoparassita *s. m.* Parassita che vive all'interno del corpo dell'ospite.

endoplàsma *s. m.* (*biol.*) Parte più interna del citoplasma, caratterizzato dalla presenza di granuli.

endoreattóre *s. m.* Tipo di reattore in cui le masse fluide sono originate da materie contenute esclusivamente nel tubo.

endoscopìa *s. f.* (*med.*) Tecnica di esame ottico di organi o cavità interne.

endoscòpico *agg.* (*pl. m. -ci*) Di endoscopia.

endoscòpio *s. m.* (*med.*) Strumento per esaminare l'interno di organi o cavità naturali.

endotèlio *s. m.* (*anat.*) Lamina cellulare che riveste la superficie interna dei vasi sanguigni e delle cavità cardiache.

endotèrmico *agg.* (*pl. m. -ci*) Detto di processo chimico o fisico che avviene con assorbimento di calore.

endovéna A *s. f.* Iniezione endovenosa. **B** *in funzione di avv.* Dentro la vena: *iniettare un farmaco* —.

endovenósa *s. f.* Iniezione endovenosa.

endovenóso *agg.* Che penetra all'interno della vena | *Iniezione endovenosa*, fatta introducendo il medicamento direttamente nella vena.

eneolìtico A *agg.* (*pl. m. -ci*) Detto di periodo preistorico i cui reperti partecipano dei fenomeni e delle attività proprie dell'età della pietra e dell'età del bronzo. **B** *s. m.* Periodo eneolitico.

energètico *agg.* (*pl. m. -ci*) **1** Di energia. **2** Detto di sostanza capace di stimolare e corroborare le energie dell'organismo.

energìa *s. f.* (*pl. -gie*) **1** Vigore fisico, spec. di carattere nervoso e muscolare. **2** (*fis.*) Attitudine di un corpo o di un sistema di corpi a compiere un lavoro | — *cinetica*, quella di un corpo in movimento | — *elettrica*, di una corrente elettrica | — *idraulica*, di una massa d'acqua cadente su una turbina | — *atomica*, contenuta nel nucleo degli atomi | — *potenziale*, che non si è ancora manifestata, ma su cui si può far conto. [→ ill. *miniera*] **3** (*fig.*) Forza di carattere, risolutezza | Efficacia, intensità.

enèrgico *agg.* (*pl. m. -ci*) Che possiede energia, che opera con energia; SIN. Forte, risoluto, vigoroso; CONTR. Fiacco, blando.

energùmeno *s. m.* (*f. -a*) Chi si lascia dominare dall'ira e non è capace di padroneggiarsi.

enfant prodige /*fr.* ã'fã prɔ'diʒ/ *loc. sost. m. inv.* (*pl. fr. enfants prodiges* /ã'fã prɔ'diʒ/) Bambino prodigio.

enfant terrible /*fr.* ã'fã tɛ'ribl/ *loc. sost. m. inv.* (*pl. fr. enfants terribles* /ã'fã tɛ'ribl/) Bambino particolarmente turbolento.

ènfasi *s. f.* Forza ed efficacia del parlare, dell'esprimersi | (*est.*) Esagerazione retorica | Importanza, rilievo.

enfàtico *agg.* (*pl. m. -ci*) Che comporta una certa gonfiezza o intensità di espressione.

enfatizzàre *v. tr.* Pronunciare con enfasi | Rendere enfatico | Ingigantire.

enfiagióne *s. f.* Gonfiore, tumefazione.

enfiàre A *v. tr.* (*io énfio*) Gonfiare, ingrossare. **B** *v. intr. e intr. pron.* (*aus. essere*) Ingrossarsi per gonfiore, spec. di parti del corpo.

énfio *agg.* (*lett.*) Gonfio, tumefatto.

enfisèma *s. m.* (*pl. -i*) (*med.*) Aumento del contenuto aereo di un organo | — *polmonare*, aumento patologico del contenuto d'aria nei polmoni.

enfisematóso A *agg.* Di enfisema. **B** *agg.; anche s. m.* (*f. -a*) Affetto da enfisema.

enfitèusi *s. f.* Diritto di godere un fondo altrui con l'obbligo di apportarvi migliorie e di corrispondere periodicamente un canone.

enfitèuta *s. m.* (*pl. -i*) Titolare del diritto di enfiteusi.

enfitèutico *agg.* (*pl. m. -ci*) Di enfiteusi.

engagé /*fr.* ãga'ʒe/ *agg. inv.* (*pl. fr. engagés* /ãga'ʒe/) Impegnato culturalmente e politicamente.

engagement /*fr.* ãgaʒ'mã/ *s. m. inv.* Impegno, in senso politico e culturale.

enigma *s. m.* (*pl. -i*) **1** Breve componimento in cui ambiguamente e allusivamente si propone un indovinello. **2** (*est.*) Discorso o frase difficile da comprendere. **3** (*fig.*) Cosa o persona misteriosa.

enigmàtico *agg.* (*pl. m. -ci*) Che ha natura o apparenza di enigma; SIN. Astruso, oscuro.

enigmista *s. m. e f.* (*pl. m. -i*) Persona abile a inventare o risolvere enigmi | Cultore di enigmistica.

enigmistica *s. f.* Arte di inventare o risolvere indovinelli, rebus, sciarade, anagrammi.

enigmistico *agg.* (*pl. m. -ci*) Relativo a un enigma | Dell'enigmistica.

ennàgono *s. m.* Poligono con nove vertici.

ènne *s. m. o f. inv.* Nome della lettera *n*.

-ènne *secondo elemento* di parole composte che servono a indicare gli anni di età: *dodicenne, ventenne.*

ennèṣimo *agg. num. ord. indef.* **1** Corrispondente al numero *n*, che simboleggia un numero indeterminato, in una sequenza: *elevare all'ennesima potenza.* **2** (*fam.*) Corrispondente a un numero alto ma indeterminato: *gliel'ho detto per l'ennesima volta.*

èno- *primo elemento*: in parole composte significa 'vino': *enologo, enoteca.*

enocianina *s. f.* (*chim.*) Liquido denso rosso-violetto, colorante naturale dell'uva rossa.

enòfilo *agg.* Che è interessato alla produzione e al miglioramento del vino.

enologia *s. f.* (*pl. -gie*) Disciplina che insegna la tecnica di preparare e conservare i vini.

enològico *agg.* (*pl. m. -ci*) Dell'enologia.

enòlogo *s. m.* (*pl. -gi*) Esperto di enologia.

enòmetro *s. m.* Strumento atto a determinare il peso specifico del vino.

enopòlio *s. m.* Cantina per ammassi di uve.

enórme *agg.* Estremamente grande, smisurato (*anche fig.*); SIN. Colossale, gigantesco.

enormità *s. f.* **1** Caratteristica di ciò che è enorme. **2** Cosa, azione e sim. eccessiva, irragionevole, grave.

enotèca *s. f.* Raccolta di vini tipici pregiati in bottiglie | (*est.*) Il luogo in cui sono raccolte tali bottiglie, spec. per la vendita.

enotècnica *s. f.* Tecnica della preparazione e conservazione dei vini.

Enoteràcee *s. f. pl.* Famiglia di piante erbacee delle Mirtali, proprie delle regioni temperate, con frutto a capsula e foglie semplici. [→ ill. *piante* 8]

en passant /*fr.* ãpa'sã/ *loc. avv.* Di sfuggita, incidentalmente.

en plein /*fr.* ã'plɛ̃/ *loc. sost. m. inv.* Nel gioco della roulette, uscita dell'unico numero su cui si è puntato | (*est.*) Completa riuscita.

ensifórme *agg.* (*bot.*) Di organo animale o vegetale con vertice acuto a forma di spada.

entalpia *s. f.* (*fis.*) In un sistema termodinamico, funzione pari alla somma dell'energia interna e del prodotto del volume occupato moltiplicato per la pressione cui esso è sottoposto.

èntaṣi *s. f.* (*arch.*) Rigonfiamento nel fusto della colonna dorica.

ènte *s. m.* **1** (*filos.*) Tutto ciò che è, che ha la possibilità di essere. **2** Istituzione cui la legge riconosce personalità giuridica | *Enti locali*, comune, provincia, regione.

-ènte *suff.* dei part. pres. dei verbi in *-ere* o in *-ire* e di agg. spesso sostantivati che indicano gener. modo di essere, condizione: *adolescente, credente, esercente, trasparente.*

entelechia *s. f.* Nella filosofia aristotelica, condizione di assoluta perfezione dell'essere in atto che ha realizzato ogni sua potenzialità.

enteralgia *s. f.* (*pl. -gie*) (*med.*) Dolore intestinale.

entèrico *agg.* (*pl. m. -ci*) Relativo all'intestino tenue.

enterite *s. f.* (*med.*) Infiammazione della mucosa intestinale.

éntero- *primo elemento*: in parole composte spec. della terminologia medica significa 'intestino': *enteroclisma, enterocolite.*

enterocliṣi *s. f.* Lavanda intestinale.

enterocliṣma *s. m.* (*pl. -i*) Apparecchio per l'enteroclisi | Enteroclisi; SIN. Clistere. [→ ill. *medicina e chirurgia*]

enterocolite *s. f.* (*med.*) Infiammazione dell'intestino tenue e del colon.

enteropatia *s. f.* Malattia intestinale.

entità *s. f.* **1** (*filos.*) Ciò che esiste in modo definito e determinato. **2** (*fig.*) Importanza, valore.

èntomo- *primo elemento*: in parole composte scientifiche significa 'insetto': *entomofago, entomologo.*

entomòfago *s. m.* (*pl. -gi*) Insetto che si nutre di altri insetti.

entomofilia *s. f.* Impollinazione a mezzo degli insetti.

entomòfilo *agg.* Che avviene per entomofilia | Che presenta entomofilia.

entomologia *s. f.* (*pl. -gie*) Ramo della zoologia che ha per oggetto lo studio degli insetti.

entomològico *agg.* (*pl. m. -ci*) Dell'entomologia.

entomòlogo *s. m.* (*f. -a; pl. m. -gi*) Studioso di entomologia.

entourage /*fr.* ãtu'raʒ/ *s. m. inv.* (*pl. fr.* *entourages* /ãtu'raʒ/) Gruppo di persone di solito attorno a un personaggio di rilievo | (*est.*) Cerchia di conoscenti.

entozòo *s. m.* (*zool.*) Parassita degli animali che vive all'interno dell'ospite.

entraîneuse /*fr.* ãtrɛ'nøz/ *s. f. inv.* (*pl. fr.* *entraîneuses* /ãtrɛ'nøz/) Ragazza che intrattiene i clienti nei locali notturni.

entràmbi **A** *agg. num.* (*f. entràmbe*) Tutti e due, l'uno e l'altro (seguito dall'art. det.): *— i comandanti morirono*; SIN. Ambedue. **B** *anche pron.*

entrànte *part. pres. di entrare; anche agg.* **1** Che entra. **2** Che sta per iniziare: *il mese —.*

entràre *v. intr.* (*io éntro; aus. essere*) **1** Andare all'interno di un luogo o di un ambiente: *— in casa*; *— dalla porta, per la finestra, attraverso il giardino* | *— in acqua*, immergersi | *— in scena*, detto di attore, presentarsi sul palcoscenico e dare inizio alla recitazione; (*fig.*) cominciare ad agire, a produrre effetto; CONTR. Uscire. **2** (*est.*) Trovar posto, poter stare in q.c.: *questo vino non può — in una sola bottiglia* | *Entrarci, non entrarci*, (*fig.*) avere, non avere a che vedere con q.c.: *è un discorso che non c'entra niente* | (*fig.*) Essere capito, ricordato: *questa poesia non mi entra.* **3** (*fig.*) Essere ammesso a far parte di un gruppo, di una categoria: *— nell'esercito* | *— in convento, in religione*, farsi suora, frate | *— in un intrigo, in un complotto*, trovarvisi implicato. **4** (*fig.*) Dare inizio: *— in lotta, in guerra, con, contro qc.* | *— in argomento*, iniziarne la trattazione | *— in ballo, in gioco*, intervenire | *— in società*, iniziare a frequentarla | *— in contatto con qc.*, iniziare rapporti, trattative e sim. | (*est.*) Cominciare a trovarsi in una condizione, o stato, o tempo: *— in agonia, in convalescenza, nei dieci anni di età* | *— in carica*, assumerla | *— in vigore*, diventare obbligatorio, cominciare ad avere efficacia | *— in possesso di q.c.*, ottenerla. [→ tav. *proverbi* 295]

entràta *s. f.* **1** Accesso all'interno di un luogo o di un ambiente | *— di favore*, in locali pubblici, con sconto o gratuita | (*est.*) Ora in cui si entra | (*est.*) Luogo per cui si entra: *— di servizio, principale*; SIN. Ingresso; CONTR. Uscita. [→ ill. *circo, sport, strada*] **2** (*fig.*) Inizio, principio: *— in guerra*; *l'— della messa* | *— in carica*, presa di possesso di un impiego, ufficio e sim. **3** (*fig.*) Provento, incasso, reddito | *Entrate e uscite*, incassi e spese.

entratùra *s. f.* **1** (*raro*) Ingresso. **2** (*fig.*) Facilità di accedere in un ambiente importante e presso persone autorevoli | *Avere — con qc.*, familiarità, amicizia.

entrecôte /*fr.* ãtrə'kot/ *s. f. inv.* (*pl. fr.* *entrecôtes* /ãtrə'kot/) Carne disossata della bistecca, senza il filetto.

éntro **A** *prep.* **1** Prima della fine di: *— un giorno*; *— l'anno.* **2** (*lett.*) Dentro, in: *va — casa*; *guarda — l'armadio.* **B** *avv.* (*raro*) Dentro.

entrobórdo *agg. inv.; anche s. m. inv.* Detto di motore posto all'interno di una imbarcazione | (*est.*) Detto di imbarcazione da turismo o da competizione con motore interno allo scafo; CONTR. Fuoribordo. [→ ill. *marina*]

entropia *s. f.* (*fis.*) Grandezza usata in termodinamica come indice della degradazione dell'energia di un sistema fisico.

entrotèrra *s. m. inv.* Territorio che si estende per una certa profondità all'interno di una fascia costiera.

entuṣiaṣmàre **A** *v. tr.* Rendere pieno d'entusiasmo; SIN. Esaltare, infervorare. **B** *v. intr. pron.* Divenire entusiasta: *entusiasmarsi per q.c.*

entuṣiàṣmo *s. m.* **1** Commozione ed esaltazione dell'animo per cui esso sente e agisce con intensità e vigore particolari. **2** Piena partecipazione: *aderire con —* | Ammirazione manifesta: *suscitare l'— del pubblico.*

entuṣiàsta **A** *agg.* (*pl. m. -i*) **1** Pieno di entusiasmo: *essere — per q.c.* **2** (*est.*) Particolarmente soddisfatto di q.c.: *essere — di q.c.* **B** *s. m. e f.* Chi sente entusiasmo.

entuṣiàstico *agg.* (*pl. m. -ci*) Mosso da entusiasmo.

enucleàre *v. tr.* (*io enùcleo*) **1** Spiegare, chiarire con precisione una determinata questione. **2** In chirurgia, eseguire un'enucleazione.

enucleazióne *s. f.* **1** (*raro*) Spiegazione. **2** (*chir.*) Asportazione di una formazione sferoidale circoscritta dai tessuti circostanti.

enumeràre *v. tr.* (*io enùmero*) Esporre le cose una dopo l'altra con ordine; SIN. Elencare.

enumerazióne *s. f.* Esposizione ordinata di una serie di cose | Elenco.

enunciàre *v. tr.* (*io enùncio*) Esprimere q.c. con parole precise e adatte, a voce o per iscritto.

enunciativo *agg.* Atto a enunciare.

enunciàto ***A*** *part. pass. di enunciare; anche agg.* Esposto con parole adatte. ***B*** *s. m.* ***1*** Forma nella quale si esprime un teorema o un problema. ***2*** (*ling.*) Qualsiasi sequenza finita di parole, emessa da uno o più parlanti; CFR. Frase.

enunciazióne *s. f.* Esposizione precisa e appropriata.

enurèsi *s. f.* (*med.*) Incontinenza involontaria di urina, spec. notturna.

-ènza *suff.* di sost. astratti che indicano condizione, modo di essere, stato: *conoscenza, partenza, prudenza.*

enzima *s. m.* (*pl. -i*) Ciascuna delle sostanze chimiche di natura organica e di origine vegetale, animale o microbica, capaci di promuovere e accelerare reazioni organiche; SIN. Fermento.

enzimàtico *agg.* (*pl. m. -ci*) Di enzima.

-eo *suff.* (*f. -a*) di agg. che esprimono derivazione e qualità: *aureo, ferreo, ligneo, terreo.*

e/o *cong.* Con valore aggiuntivo e disgiuntivo, coordina due elementi che possono unirsi e sommarsi o escludersi e contrapporsi a vicenda, spec. nel linguaggio economico, commerciale e sim.: *cercasi tecnici – disegnatori.* (V. nota d'uso BARRA)

eocène *s. m.* (*geol.*) Secondo periodo e sistema del Paleocene.

eòlico *agg.* (*pl. m. -ci*) ***1*** Del dio Eolo, mitico re dei venti. ***2*** Del vento, dovuto al vento | *Depositi eolici*, di sabbie accumulate dal vento | *Motore –*, motore a vento.

èpa *s. f.* (*lett.*) Pancia, ventre.

épagneul /*fr.* epa'ɲœl/ *s. m. inv.* Cane da caccia a pelo lungo e setoso | *– bréton*, tipo di épagneul più piccolo, di pelo bianco e marrone o bianco e rossiccio. [→ ill. *cane*]

epagòge *s. f.* Nella logica aristotelica, procedimento induttivo.

eparina *s. f.* Sostanza complessa, con proprietà anticoagulanti, che si estrae dal fegato.

epatalgìa *s. f.* (*pl. -gìe*) Dolore di fegato.

epàtica *s. f.* Pianta erbacea delle Policarpali, con foglie cuoriformi, di color rosso bruno, e fiori violetti; SIN. Erba trinità.

Epàtiche *s. f. pl.* (*sing. -a*) Classe di Briofite dal tallo laminare strisciante.

epàtico ***A*** *agg.* (*pl. m. -ci*) Del fegato. ***B*** *agg.; anche s. m.* Malato di fegato.

epatite *s. f.* (*med.*) Infiammazione del fegato | *– virale*, prodotta da un virus.

èpato- *primo elemento:* in parole composte della terminologia medica significa 'fegato': *epatite, epatobiliare.*

epatobiliàre *agg.* (*anat.*) Relativo al fegato e alle vie biliari.

epatoprotettivo *agg.* Detto di sostanza atta a prevenire intossicazioni della cellula epatica tutelandone la buona funzionalità.

epatòsi *s. f.* Malattia non infiammatoria del fegato.

epàtta *s. f.* (*astron.*) Età della Luna al 1° gennaio di un anno, cioè il numero di giorni trascorsi dall'ultimo novilunio dell'anno precedente.

epèira *s. f.* Ragno caratterizzato da una serie di macchie a forma di croce sul dorso, che intesse ampie tele fra i rami. [→ ill. *animali* 4]

epèntesi *s. f.* (*ling.*) Inserzione di un elemento non etimologico nell'interno di una parola (es. *umilemente* in luogo di 'umilmente').

èpi- *pref.:* significa 'sopra', 'in', 'di nuovo' o indica aggiunta, sovrapposizione: *epicarpo, epifenomeno, epigeo, epigrafe, epilogo, epitaffio.*

èpica *s. f.* ***1*** Genere di poesia che tratta temi e leggende eroiche: *l'– di Omero.* ***2*** (*raro*) Componimento poetico di tale genere.

epicàrdio *s. m.* (*anat.*) Sottile lamina cellulare che riveste all'esterno il cuore.

epicàrpo *s. m.* (*bot.*) Strato esterno del frutto, per lo più membranoso; SIN. Esocarpo. [→ ill. *botanica*]

epicèdio *s. m.* Nell'antica poesia greca, canto corale in onore di un morto | Componimento funebre.

epicèntro *s. m.* ***1*** Punto della superficie terrestre sovrastante l'ipocentro di un terremoto. ***2*** (*fig.*) Punto da cui q.c. si espande: *l'– di una epidemia.*

epiciclo *s. m.* Uno dei circoli immaginari che, nell'antico sistema tolemaico, rappresentano il moto di ciascun pianeta, intorno a un centro che si muove di moto uniforme intorno alla Terra.

epicicloidàle *agg.* Di epiciclo.

epicicloide *s. f.* Curva descritta da un punto di una circonferenza che rotoli senza strisciare su un'altra circonferenza.

èpico ***A*** *agg.* (*pl. m. -ci*) ***1*** Che canta temi e leggende eroiche | Degno di un'epopea. ***2*** Eroico. ***B*** *s. m.* Poeta epico.

epicrisi *s. f.* (*med.*) Giudizio riassuntivo su una malattia o sulla causa di morte.

epicureismo *s. m.* Indirizzo filosofico di Epicuro di Samo che subordina la ricerca filosofica al conseguimento della felicità individuale, consistente nella liberazione da ogni dolore, passione e turbamento | (*gener.*) Modo di vivere da gaudente.

epicurèo ***A*** *agg.* Che concerne Epicuro e il suo insegnamento. ***B*** *s. m.* (*f. -a*) ***1*** Chi segue la filosofia di Epicuro. ***2*** (*est., spreg.*) Chi conduce una vita dedita ai piaceri.

epidemìa *s. f.* ***1*** Manifestazione improvvisa, collettiva di una malattia, con limiti di diffusione nel territorio e nel tempo. ***2*** (*fig., fam.*) Fenomeno negativo di larga diffusione.

epidemicità *s. f.* Qualità di ciò che è epidemico.

epidèmico *agg.* (*pl. m. -ci*) Di epidemia | Che ha le caratteristiche di un'epidemia.

epidemiologìa *s. f.* (*pl. -gìe*) (*med.*) Settore della medicina che studia le cause e la diffusione delle malattie spec. infettive.

epidèrmico *agg.* (*pl. m. -ci*) ***1*** Che si riferisce all'epidermide | *Corno –*, formato da lunghe fibre epidermiche indurite e saldate tra di loro, tipico del rinoceronte. [→ ill. *zoologia*] ***2*** (*fig.*) Che resta in superficie; SIN. Superficiale.

epidèrmide *s. f.* ***1*** (*anat.*) Parte più superficiale della cute. ***2*** (*fig.*) Parte superficiale dei fusti di giovani piante e di altre parti dei vegetali.

epidiascòpio *s. m.* Apparecchio da proiezione costituito da un diascopio e da un episcopio. [→ ill. *strumenti ottici*]

epididimo *s. m.* (*anat.*) Sottile canale posto dietro il testicolo che costituisce il primo segmento delle vie spermatiche.

epidittico *agg.* (*pl. m. -ci*) Dimostrativo.

epifania *s. f.* ***1*** (*lett.*) Manifestazione, apparizione. ***2*** *Epifania*, festa che commemora la visita dei Magi alla grotta di Betlemme, il 6 gennaio; SIN. (*pop.*) Befana. [→ tav. *proverbi* 246]

epifenòmeno *s. m.* ***1*** (*filos.*) Fenomeno accessorio che accompagna i fenomeni corporei, senza alterarne o modificarne lo sviluppo. ***2*** (*med.*) Sintomo secondario che si aggiunge a quelli fondamentali di una malattia.

epifisi *s. f.* (*anat.*) Estremità delle ossa lunghe | (*anat.*) Ghiandola endocrina posta internamente al cranio; SIN. Ghiandola pineale. [→ ill. *anatomia umana*]

epifita *s. f.* Pianta che cresce su un'altra, utilizzandola come sostegno.

epifonèma *s. m.* (*pl. -i*) Figura retorica per la quale si conclude il discorso con una sentenza, spesso di tono esclamativo (es. *ci ho rimesso: questo succede a esser buoni!*).

epigàstrico *agg.* (*pl. m. -ci*) Che concerne l'epigastrio.

epigàstrio *s. m.* (*anat.*) Regione mediana addominale anteriore compresa fra i due margini costali.

epigèo *agg.* Detto di pianta od organo vegetale che si sviluppa sopra il terreno.

epiglòttide *s. f.* (*anat.*) Cartilagine laringea a forma di racchetta, che chiude la glottide al passaggio degli alimenti. [→ ill. *anatomia umana*]

epigono *s. m.* Scrittore, artista, pensatore che rielabora idee e forme dei suoi predecessori.

epigrafe *s. f.* ***1*** Iscrizione. ***2*** Citazione in versi o in prosa all'inizio di un'opera o di una sua parte | Dedica posta in fronte a un libro.

epigrafia *s. f.* ***1*** Scienza che si occupa delle iscrizioni antiche e della loro interpretazione. ***2*** Arte di comporre epigrafi. ***3*** Complesso delle epigrafi oggetto di un particolare studio.

epigràfico *agg.* (*pl. m. -ci*) **1** Di epigrafe. **2** (*fig.*) Conciso e concettoso.
epigrafista *s. m. e f.* (*pl. m. -i*) **1** Studioso di epigrafia. **2** Scrittore di epigrafi.
epigràmma *s. m.* (*pl. -i*) Breve componimento poetico di contenuto pungente e satirico.
epigrammàtica *s. f.* Arte di comporre epigrammi | Genere letterario degli epigrammi | Insieme della produzione di epigrammi di un determinato periodo letterario.
epigrammàtico *agg.* (*pl. m. -ci*) **1** Di epigramma. **2** (*est.*) Conciso e pungente.
epigrammista *s. m. e f.* (*pl. m. -i*) Scrittore di epigrammi.
epilessìa *s. f.* (*med.*) Sindrome cerebrale caratterizzata da crisi di convulsioni e perdita della coscienza.
epilèttico ***A*** *agg.* (*pl. m. -ci*) Di epilessia. ***B*** *agg.; anche s. m.* (*f. -a*) Affetto da epilessia.
epilettòide ***A*** *agg.* Che è simile all'epilessia. ***B*** *agg.; anche s. m. e f.* Che (o chi) ha tendenza all'epilessia.
epìlogo *s. m.* (*pl. -ghi*) **1** Parte finale di un dramma o di altre opere letterarie, dove si ha lo scioglimento della trama; CONTR. Prologo. **2** (*est.*) Conclusione, termine.
epinìcio *s. m.* Canto corale in onore di un vincitore, tipico dell'antica poesia greca.
episcopàle *agg.* Vescovile: *cattedra —*. [→ ill. *religione*]
episcopàto *s. m.* **1** Ufficio, dignità di vescovo e sua durata. **2** Complesso dei vescovi.
episcòpio (1) *s. m.* Casa e curia vescovile; SIN. Vescovado.
episcòpio (2) *s. m.* Apparecchio per la proiezione di corpi opachi illuminati a luce riflessa. [→ ill. *ottica*]
episòdico *agg.* (*pl. m. -ci*) **1** Di episodio | Accidentale: *un fatto —*. **2** Di componimento che contiene molti episodi | (*est.*) Frammentario.
episòdio *s. m.* **1** Nella tragedia greca, scena compresa fra due stasimi. **2** In una composizione letteraria, azione accessoria collegata alla principale. **3** Avvenimento, vicenda | Fatto di secondaria importanza.
epistàssi *s. f.* Perdita di sangue dal naso.
epistemologìa *s. f.* (*pl. -gìe*) **1** Teoria della conoscenza. **2** Filosofia della scienza | Riflessione intorno ai principi, ai limiti e al metodo della conoscenza scientifica.
epistemòlogo *s. m.* (*f. -a; pl. m. -gi*) Studioso di epistemologia.
epìstola *s. f.* **1** Componimento in forma di lettera, di contenuto e stile nobile ed elevato: *le epistole del Petrarca* | Composizione poetica di tipo lirico-didascalico, fiorita in Italia nei secc. XVIII e XIX: *il carme dei Sepolcri del Foscolo è un'— a Pindemonte.* **2** Parte della Messa nella quale il celebrante legge tratti delle Epistole degli Apostoli | Ognuna delle lettere degli Apostoli facenti parte del Nuovo Testamento.
epistolàre *agg.* Di, da lettera: *romanzo —*.
epistolàrio *s. m.* Raccolta delle lettere di autore o persona illustre | Opera che raccoglie tali lettere.
epistolografìa *s. f.* Arte dello scrivere lettere, spec. ufficiali o di argomento elevato.
epistològrafo *s. m.* Chi scrive epistole.
epìstrofe *s. f.* Figura retorica per la quale molte sentenze di un'orazione o più versi di un'opera poetica finiscono con le stesse parole.
epistrofèo *s. m.* (*anat.*) Seconda vertebra cervicale.
epitàffio *s. m.* Iscrizione celebrativa posta sulla tomba di un defunto.
epitalàmio *s. m.* Componimento poetico in onore degli sposi.
epitàlamo *s. m.* (*anat.*) Parte dorsale del diencefalo, in cui è situata l'epifisi.
epiteliàle *agg.* Di epitelio.
epitèlio *s. m.* (*anat.*) Tessuto caratterizzato da cellule strettamente addossate una all'altra: *— di rivestimento.*
epitelióma *s. m.* (*pl. -i*) (*med.*) Tumore maligno dell'epitelio cutaneo.
epìteṣi *s. f.* (*ling.*) Aggiunta di un elemento non etimologico alla fine di una parola (es.: *sie* in luogo di *si*); SIN. Paragoge.
epìteto *s. m.* **1** Sostantivo, aggettivo o locuzione che qualifica un nome indicandone le caratteristiche. **2** Titolo ingiurioso.
epitomàre *v. tr.* (*io epitomo*) Ridurre in epitome; SIN. Compendiare.
epìtome *s. f.* Compendio di un'opera vasta.
epiẓoòtico *agg.* (*pl. m. -ci*) Relativo a epizoozia.
epiẓoozìa *s. f.* Malattia diffusa fra un grande numero di animali e su un vasto territorio.
època *s. f.* **1** Periodo storico di lunga durata contrassegnato dagli avvenimenti che in esso si sono verificati: *— classica, risorgimentale* | (*est.*) Punto fisso nella storia, da cui si cominciano a contare gli anni e che è notevole per avvenimenti memorabili: *l'— di Maometto* | *Fare —*, (*fig.*) essere degno di rilievo e memoria; SIN. Età. **2** Tempo, periodo: *l'— della villeggiatura.* **3** Unità della cronologia geologica in cui viene suddiviso un periodo: *l'— glaciale.*
epòdo *s. m.* **1** Secondo verso di un distico | Componimento in distici giambici, spec. usato nella poesia di argomento morale-satirico: *gli Epodi di Orazio*; *i giambi ed epodi del Carducci.* **2** Terza parte di una triade lirica.
epònimo *agg.; anche s. m.* (*f. -a*) Detto di chi dà il nome a una città, a una famiglia, a un popolo e sim. | *Arconte —*, nell'antica Atene, magistrato che dava il nome all'anno.
epopèa *s. f.* **1** Poema epico | (*est.*) Genere letterario proprio delle narrazioni epiche | (*est.*) Insieme delle narrazioni epiche di un popolo o di una letteratura: *l'— omerica.* **2** (*est.*) Serie di fatti memorabili ed eroici: *— napoleonica.*
eporediése o *eporediènse* *agg.; anche s. m. e f.* Di Ivrea.
èpos *s. m. inv.* Leggenda epica | Ciclo di narrazioni epiche relative a un popolo: *l'— classico.*
eppùre *cong.* Tuttavia, nondimeno (con valore avvers.).
epsomìte *s. f.* (*miner.*) Solfato idrato di magnesio, usato come purgante; SIN. Sale inglese.
èpta- *primo elemento* (per assimilazione *etta-*): in parole composte scientifiche significa 'sette': *eptano, eptaedro, eptasillabo.*
eptàno *s. m.* (*chim.*) Idrocarburo saturo, liquido, a sette atomi di carbonio, contenuto nel petrolio.
eptasìllabo *s. m.* Verso settenario.
epulóne *s. m.* Persona che ama cibi ghiotti (dal nome del protagonista di una parabola del Vangelo).
epuràre *v. tr.* **1** (*raro*) Liberare dalle impurità. **2** (*fig.*) Liberare un ufficio dagli elementi ritenuti inetti o indegni | Estromettere qc., spec. per motivi politici.
epurazióne *s. f.* Estromissione da una collettività degli elementi ritenuti indegni, spec. per motivi politici.
equaliẓẓatóre *s. m.* (*mus., fis.*) In un sistema di riproduzione stereofonica del suono, apparecchio capace di attenuare o esaltare le singole bande di frequenza allo scopo di migliorare la ricezione acustica. [→ ill. *suono*]
equànime *agg.* Sereno, giusto e imparziale.
equanimità *s. f.* Qualità di equanime; SIN. Imparzialità.
equatóre *s. m.* Circolo massimo equidistante dai due Poli, che divide la Terra o altro corpo celeste, che ruoti su se stesso, in due emisferi | *— celeste*, circolo massimo corrispondente della sfera celeste. [→ ill. *geografia*]
equatoriàle ***A*** *agg.* Dell'Equatore. ***B*** *s. m.* Telescopio mobile rispetto a due assi perpendicolari di cui uno parallelo all'asse di rotazione della Terra.
equazióne *s. f.* **1** (*mat.*) Uguaglianza contenente una o più quantità variabili o incognite, verificata solo per particolari valori di queste: *— d'una curva, algebrica.* **2** (*chim.*) Rappresentazione simbolica della reazione chimica che indica l'eguaglianza stechiometrica tra le sostanze di partenza e quelle che si formano nel corso di una reazione.
equèstre *agg.* Di uomo a cavallo | *Circo —*, ove si danno spettacoli di cavallerizzi | *Monumento —*, di persona a cavallo.
èqui- *primo elemento*: in parole composte dotte significa 'uguale': *equidistanza, equivalere.*
equiàngolo *agg.* Che ha gli angoli uguali: *triangolo —*.
èquidi *s. m. pl.* (*sing. -e*) Famiglia di mammiferi degli Ungulati perissodattili, comprendente il cavallo, la zebra e l'asino.
equidistànte *agg.* **1** (*mat.*) Ugualmente distante | *Rette equidistanti*, rette parallele. **2** (*fig.*) Detto di chi (o di ciò che) si mantiene intermedio fra opposte opinioni e sim.
equidistànza *s. f.* (*mat.*) Uguale distanza | (*fig.*) Posizione intermedia, imparziale.
equidistàre *v. intr.* (*io equidistò o equidisto, tu equidistài;*

coniug. come stare; aus. essere; raro nei tempi comp.) Essere a uguale distanza da q.c. rispetto a un punto di riferimento.

equilàtero *agg.* Che ha i lati uguali: *poligono, triangolo* —. [→ ill. *geometria*]

equilibràre ***A*** *v. tr.* Porre in equilibrio (*anche fig.*). ***B*** *v. rifl. e rifl. rec.* Mettersi, tenersi in equilibrio (*anche fig.*).

equilibràto *part. pass. di equilibrare, anche agg.* Posto in equilibrio | Che mostra equilibrio, armoniosità e sim. fra le sue varie parti | (*fig.*) Equanime, ponderato; CONTR. Emotivo.

equilibratóre ***A*** *agg.* (*f. -trice*) Che equilibra. ***B*** *s. m.* ***1*** (*raro*) Chi equilibra (*spec. fig.*). ***2*** (*aeron.*) Parte mobile dell'impennaggio orizzontale, che equilibra l'aereo in cabrata e in picchiata.

equilibratùra *s. f.* Applicazione sul cerchio della ruota di un autoveicolo di piccoli pesi di piombo per compensare le irregolarità di distribuzione delle masse di gomma nella copertura.

equilìbrio *s. m.* ***1*** Stato che assume un corpo quando tutte le forze applicate danno risultante e momento nulli | — *stabile, instabile, indifferente*, secondo che il corpo, spostato di poco, ritorna nella posizione primaria, o se ne allontana di più, o rimane fermo in qualsiasi posizione. ***2*** Lo stare e il mantenersi del corpo umano in posizione eretta | *Perdere l'*—, non reggersi in piedi e cadere. [→ ill. *circo, sport*] ***3*** (*fig.*) Convivenza e conciliazione di forze, elementi o atteggiamenti contrastanti: *l'— politico tra le grandi potenze* | Capacità di comportarsi con misura e controllo di sé.

equilibrìsmo *s. m.* Arte dell'equilibrista | Giochi d'equilibrio.

equilibrìsta *s. m. e f.* (*pl. m. -i*) Artista di circo o varietà specializzato in giochi d'equilibrio.

equìno ***A*** *agg.* Di cavallo. ***B*** *s. m.* Animale appartenente alla famiglia degli equidi.

equinoziàle *agg.* Di equinozio.

equinòzio *s. m.* (*astron.*) Istante in cui il sole, muovendosi sull'eclittica, si trova esattamente sull'equatore celeste | — *di primavera, d'autunno*, rispettivamente, il 21 marzo e il 23 settembre, quando il giorno e la notte hanno uguale durata. [→ ill. *astronomia*]

equipaggiaménto *s. m.* ***1*** Fornitura di materiali e sim. necessari a una data attività. ***2*** Complesso degli indumenti e mezzi necessari a una determinata attività. [→ ill. *alpinista, cacciatore, campeggiatore*]

equipaggiàre ***A*** *v. tr.* (*io equipàggio*) Fornire di materiali, uomini e mezzi: — *una nave*. ***B*** *v. rifl.* Prendere con sé ciò che serve a una determinata attività: *equipaggiarsi per la montagna*.

equipàggio *s. m.* ***1*** Insieme del personale imbarcato su una nave o in servizio su un aereo di linea. ***2*** Carrozza signorile a cavalli.

equiparàbile *agg.* Che si può equiparare.

equiparàre *v. tr.* (*io equipàro o equìparo*) Pareggiare o ridurre alla pari | Comparare.

equiparazióne *s. f.* Pareggiamento | Comparazione.

equipartizióne *s. f.* Giusta divisione e assegnazione.

équipe /*fr.* e'kip/ *s. f. inv.* (*pl. fr. équipes* /e'kip/) ***1*** Squadra. ***2*** Gruppo di persone operanti insieme per uno stesso fine.

equipollènte *agg.* Equivalente quanto al valore e agli effetti.

equipollènza *s. f.* Equivalenza di forza, potenza o valore.

equisèto *s. m.* Pianta rizomatosa delle Articolate con fusto aereo articolato e foglie in verticilli | — *arvense*, diffuso in Italia. [→ ill. *piante* 1]

equità *s. f.* Giustizia, imparzialità.

equitazióne *s. f.* Complesso degli insegnamenti e delle tecniche relative all'arte di cavalcare.

equivalènte ***A*** *part. pres. di equivalere; anche agg.* Che ha lo stesso valore; SIN. Equipollente. ***B*** *s. m.* Valore uguale, somma di uguale valore.

equivalenteménte *avv.* In modo equivalente.

equivalènza *s. f.* ***1*** Condizione o stato di ciò che è equivalente. ***2*** Proprietà di due figure piane di avere aree uguali, o di due solidi di avere volumi uguali.

equivalére ***A*** *v. intr.* (*coniug. come valere; aus. essere e avere*) Essere di ugual valore, pregio o efficacia: *questo discorso equivale a una sfida*; SIN. Corrispondere. ***B*** *v. rifl. rec.* ***1*** Avere lo stesso valore. ***2*** Significare la stessa cosa.

equivocàre *v. intr.* (*io equìvoco, tu equìvochi; aus. avere*) Sbagliarsi nell'interpretare il significato di un'espressione, di un fatto e sim.

equivocità *s. f.* L'essere equivoco; SIN. Ambiguità.

equìvoco ***A*** *agg.* (*pl. m. -ci*) ***1*** Che si può intendere in modi diversi. ***2*** (*fig.*) Che desta sospetto: *condotta equivoca* | Di moralità incerta: *donna equivoca*; SIN. Ambiguo, dubbio. ***B*** *s. m.* Interpretazione erronea: *a scanso di equivoci* | Ciò che deriva da tale interpretazione: *dare adito a equivoci* | Malinteso: *chiarire un* —.

èquo *agg.* ***1*** Che ha il senso della misura e della moderazione, che è giusto e imparziale. ***2*** Proporzionato alle concrete esigenze.

equòreo *agg.* (*lett.*) Del mare.

èra *s. f.* ***1*** Periodo di tempo il cui inizio è contrassegnato da un avvenimento di particolare importanza a partire dal quale vengono computati gli anni: — *di Cristo* | (*est.*) Periodo storico caratterizzato da particolari avvenimenti. ***2*** L'unità più generale in cui si suddivide il tempo geologico: *l'— terziaria*.

erariàle *agg.* Dell'erario.

eràrio *s. m.* Le finanze statali | (*est.*) Lo Stato inteso come amministrazione finanziaria.

èrba ***A*** *s. f.* ***1*** Pianta di altezza generalmente limitata con fusto verde e mai legnoso | — *cipressina*, delle Euforbiali, con rizoma strisciante e fiori in ombrelle | — *medica*, delle Rosali, a foglie composte di tre foglioline | — *miseria*, delle Farinose, ornamentale a fusto ramoso e foglie lineari; SIN. Tradescanzia | — *nocca*, delle Policarpali, velenosa con foglie composte e fiori verdi o rossastri | — *trinità*, epatica | (*fig.*) *Fare di ogni — un fascio*, mettere insieme alla rinfusa e senza distinzione | *Essere, non essere, — del proprio orto*, di idee, concetti e sim. che appartengono o no alla persona che li enuncia. [→ ill. *piante* 3, 4, 9, 15] ***2*** Complesso delle piante erbacee che crescono spec. spontaneamente su un terreno: *sdraiarsi sull'*— | *Fare l'*—, raccoglierla | *Tenere, mettere, mandare a — il bestiame*, al pascolo | *Mangiare il grano in* —, (*fig.*) consumare una ricchezza prima che dia i suoi frutti. ***3*** *spec. al pl.* Verdure, erbaggi | *Erbe aromatiche*, quelle usate in cucina per aromatizzare le pietanze. [→ ill. *verdura*] ***4*** (*fig.*) *Nella loc. in* —, detto di chi si trova agli inizi di un'attività o professione, ed è ancora privo di abilità e d'esperienza: *dottore, tecnico, scolaro, in* —. ***5*** Nel linguaggio dei drogati, marijuana. ***B*** *in funzione di agg.* (*posposto al s.*) ***1*** Che ha il colore tipico dell'erba: *verde* —. ***2*** *Nella loc. punto* —, punto di ricamo, usato spec. per ricamare erba, fogliame e sim. [→ ill. *tessuto*] [→ tav. *proverbi* 40, 224; → tav. *locuzioni* 62]

erbàceo *agg.* Di vegetale a fusto tenero.

erbàggio *s. m.* Erba commestibile.

erbàio *s. m.* Luogo in cui crescono solo erbe.

erbaiòlo *s. m.* (*f. -a*) Chi vende erbaggi.

erbàrio *s. m.* ***1*** Volume in cui sono descritte le piante medicinali e le loro proprietà. ***2*** Raccolta di piante fatte essiccare con opportuni accorgimenti.

erbicìda *s. m.* (*pl. -i*) Sostanza chimica che impedisce la crescita e la moltiplicazione di alcune specie erbacee.

èrbio *s. m.* Elemento chimico, metallo del gruppo delle terre rare. SIMB. Er.

erbivéndolo *s. m.* (*f. -a*) Venditore di erbaggi, legumi, frutta e sim.

erbìvoro ***A*** *agg.* Che si nutre esclusivamente di erbe. ***B*** *s. m.* (*f. -a*) Animale erbivoro.

erboràre *v. intr.* (*io èrboro; aus. avere*) Andare in cerca di erbe per uso medicinale, per studio o per diletto.

erborìsta *s. m. e f.* (*pl. m. -i*) Specialista nella raccolta e utilizzazione di piante officinali | Chi vende erbe medicinali.

erboristerìa *s. f.* ***1*** Disciplina che insegna a raccogliere, a conservare e a utilizzare le piante officinali. ***2*** Negozio di erborista.

erbóso *agg.* Ricco, folto d'erba.

èrcole *s. m.* Persona eccezionalmente forte e robusta (dal nome del semidio greco).

ercùleo *agg.* Di Ercole | Eccezionalmente grande: *sforzo* —.

èrebo *s. m.* Nella mitologia greca, luogo oscuro, sotterraneo, dimora dei morti.
erède *s. m. e f.* **1** (*dir.*) Chi acquista a causa di morte di un'altra persona la totalità o parte del patrimonio di questa. **2** (*fig.*) Chi prosegue attività, tradizioni e sim.: *l'— delle virtù familiari.*
eredità *s. f.* **1** (*dir.*) Complesso dei beni e dei rapporti appartenuti al defunto e oggetto della successione. **2** (*biol.*) Complesso dei caratteri che un organismo vivente riceve dai genitori attraverso le cellule germinali. **3** (*fig.*) Retaggio: *lasciare un'— di gloria.*
ereditàndo *s. m.* (*f. -a*) Chi riceve o deve ricevere un'eredità.
ereditàre *v. tr.* (*io erèdito*) Ricevere per successione ereditaria (*anche fig.*).
ereditariaménte *avv.* Per via di eredità.
ereditarietà *s. f.* (*biol.*) Trasmissione dei caratteri normali o patologici attraverso il patrimonio cromosomico.
ereditàrio *agg.* **1** Dell'eredità | *Principe* —, erede al trono. **2** (*biol.*) Che concerne l'ereditarietà.
ereditièra *s. f.* Donna spec. giovane che ha ereditato o deve ereditare una notevole ricchezza.
-erellàre *suff. verbale*: ha valore diminutivo e frequentativo: *canterellare, giocherellare, salterellare.*
eremìta *s. m.* (*pl. -i*) **1** Chi, spec. per motivi religiosi, vive solitario in luoghi remoti o deserti | (*est.*) Persona che vive appartata dal mondo; SIN. Anacoreta, cenobita. **2** (*zool.*) *Bernardo l'—*, paguro.
eremitàggio *s. m.* Luogo da eremita | (*est.*) Abitazione solitaria e isolata.
eremitàno *s. m.* Monaco dell'ordine di S. Agostino di osservanza eremitica.
eremìtico *agg.* (*pl. m. -ci*) Di, da eremita.
èremo *s. m.* Luogo solitario dove si ritirano gli eremiti | (*est.*) Luogo tranquillo e isolato.
eresìa *s. f.* **1** Nel cattolicesimo, dottrina che si oppone alla verità rivelata da Dio e proposta autenticamente come tale dalla Chiesa. **2** (*est.*) Opinione erronea o contrastante con quelle comunemente seguite | Sproposito.
eresiàrca *s. m.* (*pl. -chi*) Capo o fondatore di movimento eretico.
ereticàle *agg.* Di eretico o di eresia.
erètico A *agg.* (*pl. m. -ci*) Relativo a eresia. **B** *s. m.* (*f. -a*) **1** Chi professa una dottrina eretica. **2** (*fam.*) Ateo, miscredente.
eretìsmo *s. m.* (*psicol.*) Stato di esagerata irritabilità o sensibilità del corpo o di una sua parte.
erèttile *agg.* Detto di tessuto o organo animale o vegetale che si inturgidisce e si erige se sottoposto a determinati stimoli.
erètto *part. pass. di erigere; anche agg.* Ritto, dritto.
erettóre *agg.; anche s. m.* (*f. -trìce*) (*anat.*) Di muscolo che permette l'erezione.
erezióne *s. f.* **1** Innalzamento | (*fig.*) Fondazione. **2** Fenomeno del drizzarsi di un organo erettile.
èrg (1) *s. m.* (*fis.*) Unità di lavoro nel sistema CGS, corrispondente al lavoro compiuto dalla forza di una dina per lo spostamento di 1 cm.
èrg (2) *s. m. inv.* Deserto sabbioso con dune, tipico del Sahara.
erga omnes /*lat.* 'ɛrga 'ɔmnes/ *loc. avv. e agg.* (*dir.*) Nei confronti di tutti i cittadini: *decreto* —.
ergastolàno *s. m.* (*f. -a*) Chi sconta una condanna all'ergastolo.
ergàstolo *s. m.* **1** (*dir.*) Pena detentiva consistente nella privazione della libertà personale per tutta la durata della vita. **2** (*est.*) Stabilimento ove si sconta detta pena.
èrgere A *v. tr.* (*pres. io èrgo, tu èrgi; pass. rem. io èrsi, tu ergésti; part. pass. èrto*) Levare in alto | Edificare | (*fig.*) Innalzare. **B** *v. rifl.* Drizzarsi.
ergo /*lat.* 'ɛrgo/ *cong.* (*lett.*, *scherz.*) Dunque, pertanto (con valore concl.).
èrgo- *primo elemento*: in parole composte moderne significa 'lavoro': *ergometro, ergoterapia.*
ergòmetro *s. m.* Dinamometro con cui si misurano la potenza e il lavoro muscolare.
ergoterapìa *s. f.* Metodo di cura delle malattie mentali mediante l'addestramento al lavoro.
ergotìna *s. f.* Alcaloide che si estrae dalla segale cornuta, usato come antiemorragico.
ergotìsmo *s. m.* Intossicazione prodotta da alimenti farinacei contenenti frammenti di segale cornuta.
-erìa *suff.* di nomi concreti indicanti negozio (*birreria, macelleria*), attività (*pirateria*) o insiemi (*argenteria, fanteria*); oppure di nomi astratti indicanti qualità, stato e sim., spesso con valore spregiativo (*porcheria, furberia*).
eribànno *s. m.* Nell'ordinamento franco e longobardo, bando di chiamata alle armi degli uomini liberi.
èrica *s. f.* Pianta cespugliosa o arbustiva delle Ericali assai ramosa, con foglie aghiformi e fiori piccoli rosei. [→ ill. *piante* 11]
Ericàcee *s. f. pl.* (*sing. -a*) Famiglia di piante delle Ericali per lo più arbustive, con fusto legnoso. [→ ill. *piante* 11]
Ericàli *s. f. pl.* (*sing. -e*) Ordine di piante dicotiledoni delle Angiosperme. [→ ill. *piante* 11]
erigèndo *agg.* Da erigere, che sta per erigersi: *l'erigenda casa di riposo.*
erìgere A *v. tr.* (*pres. io erìgo, tu erìgi; pass. rem. io erèssi, tu erigésti; part. pass. erètto*) **1** Innalzare. **2** (*fig.*) Fondare, istituire. **3** (*fig.*) Costituire, spec. mediante cambiamento di stato o situazione: — *una regione in, a, principato.* **B** *v. rifl.* **1** Elevarsi, anche inopportunamente, a una carica o qualità: *erigersi a giudice.* **2** (*fig.*) Costituirsi.
erigìbile *agg.* Che si può erigere.
erìnni *s. f. pl.* Divinità greche vendicatrici dei delitti, poi suscitatrici di discordia; SIN. Furie.
erisìpela *s. f.* (*med.*) Infezione cutanea, contagiosa, a chiazze rosse migranti, provocata da streptococchi.
erìstica *s. f.* (*filos.*) Tecnica di confutare con la parola argomenti o proposizioni senza tener conto della loro verità o falsità.
eritèma *s. m.* (*pl. -i*) Arrossamento della cute per vasodilatazione capillare.
eritremìa *s. f.* (*med.*) Malattia da eccessiva produzione di globuli rossi.
eritrocìta o *eritrocìto s. m.* (*pl. -i*) (*anat.*) Globulo rosso.
eritròsi *s. f.* Arrossamento cutaneo.
eritroxilàcee *s. f. pl.* Famiglia di piante erbacee o arbustive delle Geraniali. [→ ill. *piante* 6]
èrma *s. f.* Nell'antica Grecia, pilastro posto ai crocicchi, terminante superiormente con la raffigurazione della testa del Dio Ermete.
ermafroditìsmo *s. m.* (*biol.*) Coesistenza in uno stesso individuo di organi sessuali primari maschili e femminili.
ermafrodìto A *agg.* Che presenta ermafroditismo. **B** *s. m.* Individuo vegetale o animale caratterizzato da ermafroditismo; SIN. Androgino.
ermellìno o *armellìno s. m.* **1** Mammifero dei carnivori con lungo corpo flessuoso, dalla pelliccia pregiata, rossiccia d'estate e candida in inverno, e la punta della coda sempre nera. [→ ill. *animali* 20] **2** Pelliccia pregiata dell'omonimo animale. **3** (*arald.*) Pelliccia composta di un campo d'argento sparso di macchie nere a forma di trifoglio con gambo tripartito. [→ ill. *araldica*]
ermenèuta *s. m.* (*pl. -i*) Studioso, esperto di ermeneutica.
ermenèutica *s. f.* Arte d'intendere e d'interpretare i monumenti, i libri e i documenti antichi.
ermètico A *agg.* (*pl. m. -ci*) **1** Di recipiente perfettamente chiuso, a chiusura stagna. **2** (*fig.*) Oscuro e difficile a comprendersi: *discorso* —. **3** Che si riferisce alla corrente poetica dell'ermetismo: *poeta* —. **B** *s. m.* Chi segue i canoni dell'ermetismo.
ermetìsmo *s. m.* **1** Concezione e corrente poetica del '900 che, anche attraverso oscurità di linguaggio, tende a un'arte pura ed essenziale. **2** (*fig.*) Oscurità, incomprensibilità.
érmo o *èrmo* **A** *agg.* (*lett.*) Solitario, deserto. **B** *s. m.* Eremo.
èrnia *s. f.* (*med.*) Fuoruscita di un viscere o di una sua parte dalla cavità dove normalmente risiede | — *strozzata*, del viscere fortemente compresso nel sacco erniario.
erniàrio *agg.* Relativo all'ernia: *cinto* —.
ernióso *agg.; anche s. m.* (*f. -a*) Affetto da ernia.
erniotomìa *s. f.* (*chir.*) Incisione del cingolo erniario.
eródere *v. tr.* (*coniug. come rodere*) Consumare per erosione.
eròe *s. m.* (*f. -ina*) **1** Nella mitologia greco-romana, figlio

nato dall'unione di una divinità con un mortale, e dotato di virtù eccezionali. **2** Chi sa lottare con coraggio e generosità per un ideale | (*est.*) Uomo illustre, spec. per valore guerriero | *L'— dei due mondi*, Garibaldi. **3** Personaggio principale di un romanzo, film e sim.

erogàbile *agg.* Che si può erogare.

erogàre *v. tr.* (*io èrogo, tu èroghi*) **1** Spendere per un fine determinato: *— una somma in beneficenza.* **2** Fornire, mediante appositi impianti, a una rete di distribuzione: *— gas, luce, acqua.*

erogatóre A *agg.* (*f. -trice*) Che eroga: *società erogatrice del gas.* **B** *s. m.* Congegno che regola l'erogazione di un liquido o fluido. [→ ill. *bar, pesca*]

erogazióne *s. f.* Destinazione di una somma e sim. a un fine determinato | Fornitura.

eroicità *s. f.* Qualità di eroico.

eroicizzàre *v. tr.* Considerare qc. come un eroe | Trattare un argomento con tono eroico.

eròico *agg.* (*pl. m. -ci*) **1** Di, da eroe | Caratterizzato da grande coraggio. **2** Attinente agli eroi antichi | *Verso —*, l'esametro, usato nei poemi epici.

eroicòmico *agg.* (*pl. m. -ci*) Eroico e comico insieme | Di poema in cui le gesta di un eroe o un grande avvenimento sono narrati comicamente.

eroìna (1) *s. f.* **1** Donna di virtù eroica. **2** Protagonista femminile di un romanzo, dramma e sim.

eroìna (2) *s. f.* Alcaloide derivato dalla morfina, ad azione analgesica, narcotica e stupefacente.

eroinòmane *s. m. e f.* Tossicomane che fa abitualmente uso di eroina.

eroismo *s. m.* **1** Qualità e virtù di eroe. **2** Atto eroico.

erómpere *v. intr.* (*coniug. come rompere; raro nei tempi comp.; aus. avere*) Venir fuori con violenza (*anche fig.*).

èros *s. m. inv.* (*psicol.*) Il mondo del sesso, dell'amore sessuale.

erosióne *s. f.* **1** (*geogr.*) Azione distruttiva delle acque in pendenza sulle rocce. [→ ill. *geografia*] **2** (*econ.*) Diminuzione di valore nel tempo: *— dei salari.*

erosivo *agg.* Che provoca erosione.

eròtico *agg.* (*pl. m. -ci*) Dell'erotismo.

erotismo *s. m.* Tendenza al godimento di tipo sessuale | Prevalenza, esaltazione dell'amore fisico nella letteratura, nell'arte, nella filosofia.

erotizzàre *v. tr.* (*psicol.*) Attribuire a q.c. significato sessuale.

èrpete *s. m.* (*med.*) Herpes.

erpètico A *agg.* (*pl. m. -ci*) Dell'herpes. **B** *agg.; anche s. m.* (*f. -a*) Affetto da herpes.

erpetologia *s. f.* (*pl. -gie*) Ramo della zoologia che ha per oggetto lo studio dei rettili e degli anfibi.

erpicàre *v. tr.* (*io érpico, tu érpichi*) Lavorare il terreno con l'erpice.

érpice *s. m.* Attrezzo di ferro per lavori agricoli, costituito da un telaio provvisto di denti, lame o dischi, che sminuzzano il terreno. [→ ill. *agricoltura*]

errabóndo *agg.* (*lett.*) Che vaga, erra.

erránte *part. pres. di errare; anche agg.* Che erra | *Stella —*, pianeta così chiamato dagli antichi in contrapposizione alle stelle fisse.

erràre *v. intr.* (*io èrro, aus. avere*) **1** Vagare qua e là senza meta (*anche fig.*): *— per valli e monti*; *— con l'immaginazione*; SIN. Peregrinare. **2** Cadere in errore: *— nello scrivere*; SIN. Sbagliare.

errata corrige /*lat.* er'rata 'kɔrridʒe/ *loc. sost. m. e* (*raro*) *f. inv.* Tavola che segnala gli errori di stampa in un libro, inserita in esso.

erràtico *agg.* (*pl. m. -ci*) **1** Che cambia continuamente posto | *Piante, erbe erratiche*, che attecchiscono dovunque. **2** Di materiale trasportato dai ghiacciai e poi abbandonato a causa del loro ritirarsi.

erràto *part. pass. di errare; anche agg.* Sbagliato, erroneo | *Andar —*, sbagliarsi: *se non vado —*; CONTR. Esatto.

èrre *s. m. o f. inv.* Nome della lettera *r.*

erroneità *s. f.* L'essere erroneo.

erròneo *agg.* Che ha in sé l'errore, che si fonda sull'errore.

erróre *s. m.* **1** Allontanamento dal vero, dal giusto, dalla norma e sim.: *— di valutazione, di grammatica, di ortografia* | *Salvo —*, a meno che non vi sia stato qualche errore | *Per —*, per sbaglio, spec. di distrazione | Opinione sbagliata, eretica e sim.: *essere, cadere in —*; *indurre qc. in —* | (*est.*) Colpa, peccato: *riparare gli errori commessi*; SIN. Fallo, sbaglio. **2** Nella misurazione di una grandezza fisica, differenza tra il valore esatto e quello dedotto dall'osservazione.

érta *s. f.* **1** Salita con forte pendenza, faticosa a percorrersi. **2** *Nella loc. stare all'—*, vigilare.

érto *part. pass. di ergere; anche agg.* Eretto | Faticoso da salire, ripido.

erudìre A *v. tr.* (*io erudìsco, tu erudìsci*) Rendere colto e istruito; SIN. Istruire. **B** *v. intr. pron.* Acquistare erudizione: *erudirsi nelle scienze.*

eruditismo *s. m.* Erudizione arida.

erudito A *part. pass. di erudire; anche agg.* Colto, dotto | *Note erudite*, corredo di annotazioni dotte a un testo. **B** *s. m.* (*f. -a*) Chi possiede un vasto bagaglio di cognizioni; CFR. Colto.

erudizióne *s. f.* Ampio corredo di cognizioni intorno a varie discipline; CFR. Cultura.

eruttaménto *s. m.* **1** Eruzione. **2** Rutto.

eruttàre A *v. intr.* (*aus. avere*) Ruttare. **B** *v. tr.* **1** Emettere prodotti gassosi e lavici, detto di vulcano e sim. **2** (*fig.*) Mandar fuori dalla bocca.

eruttazióne *s. f.* Emissione rumorosa dalla bocca di gas provenienti dallo stomaco.

eruttivo *agg.* **1** Di processo geologico originato da magmi o da lave | *Rocce eruttive*, formate per raffreddamento e consolidamento di magmi e lave. **2** (*med.*) Di morbo in cui compare eruzione.

eruzióne *s. f.* **1** Fuoruscita di materiale lavico e gassoso da una bocca vulcanica; SIN. Eruttamento. **2** (*med.*) Comparsa simultanea di macchie, pustole, bolle, sulla pelle.

erziàno V. *hertziano.*

ès- *pref.*: ha valore negativo (*esautorare*) o intensivo (*esclamare*) oppure col significato di 'fuori' (*escludere, espellere*).

esa- *primo elemento*: in parole composte significa 'sei': *esagono, esaedro.*

esacerbàre A *v. tr.* (*io esacèrbo*) Inasprire | (*fig.*) Irritare. **B** *v. intr. pron.* Divenire più aspro, più irritato.

esacerbàto *part. pass. di esacerbare; anche agg.* Inasprito, irritato | Amareggiato, esasperato.

esacerbazióne *s. f.* Aggravamento, inasprimento, esasperazione.

esacisottaèdro *s. m.* (*mat.*) Poliedro con 48 facce triangolari.

esacòrdo *s. m.* **1** (*mus.*) Successione dei sei suoni che costituiscono la base della solmisazione. **2** (*gener.*) Strumento musicale a sei corde.

esaèdro *s. m.* (*mat.*) Poliedro con sei facce quadrangolari | *— regolare*, cubo.

esageràre A *v. tr.* (*io esàgero*) Ingrandire eccessivamente con parole, per vanto, adulazione e sim. | ass. Eccedere nel comportarsi: *guarda di non —.* **B** *v. intr.* (*aus. avere*) Eccedere: *— nel tono.*

esageràto A *part. pass. di esagerare; anche agg.* Che eccede la misura, i limiti della normalità, convenienza e sim.; SIN. Caricato, eccessivo. **B** *s. m.* (*f. -a*) Persona esagerata.

esagerazióne *s. f.* **1** Eccessiva amplificazione della realtà o dell'importanza di q.c., per vanto, adulazione e sim.: *tendere all'—.* **2** Discorso, atto esagerato.

esagitàre *v. tr.* (*io esàgito*) (*lett.*) Agitare, turbare fortemente.

esagitàto *part. pass. di esagitare; anche agg.* Che è in preda a grande agitazione.

esagonàle *agg.* Di esagono. [→ ill. *cristalli*]

esàgono *s. m.* Poligono con sei vertici. [→ ill. *geometria*]

esalaménto *s. m.* Esalazione.

esalàre A *v. tr.* Mandare fuori, disperdendo attorno nell'aria | *— lo spirito, il fiato, l'ultimo respiro*, (*fig.*) morire. **B** *v. intr.* (*aus. essere*) Emanare: *dal terreno esala un pessimo odore.*

esalatóre A *s. m.* Sfiatatoio per ricambio d'aria o per l'uscita di fumo, gas e sim. **B** *agg.* (*f. -trice*) Che serve al ricambio dell'aria.

esalazióne *s. f.* Emissione e diffusione di gas, vapori e sim. | Gas, vapori e sim. che esalano; SIN. Emanazione, esalamento.

eṣaltàre ***A*** *v. tr.* ***1*** Magnificare con lodi; SIN. Celebrare, decantare. ***2*** (*lett.*) Elevare ad alte dignità, cariche, onori: — *al pontificato*; SIN. Innalzare. ***3*** Rendere entusiasta; SIN. Entusiasmare. ***B*** *v. rifl.* Gloriarsi, vantarsi | Infervorarsi eccessivamente.
eṣaltàto *part. pass. di esaltare; anche agg. e s. m.* (*f.* *-a*) Eccitato, infervorato | (*est.*) Fanatico.
eṣaltatóre *s. m.; anche agg.* (*f.* *-trìce*) Chi (o che) esalta.
eṣaltazióne *s. f.* ***1*** Magnificazione: — *delle virtù di qc.* ***2*** Innalzamento a un'alta dignità: *l'— al pontificato.* ***3*** (*fig.*) Stato di anormale eccitazione | (*est.*) Fanatismo.
eṣàme *s. m.* ***1*** Ponderata considerazione di una persona, una cosa, un'idea, una situazione e sim. al fine di conoscerne le qualità, l'importanza, le conseguenze: *prendere in — una proposta*; *fare l'— di un testo*; *sottoporre a — chimico*; SIN. Disanima. ***2*** Prova cui si sottopone un candidato per verificarne la preparazione e le attitudini: — *di ammissione, di idoneità, di maturità.*
eṣàmetro *s. m.* Verso di sei piedi della poesia greca e latina.
eṣaminàbile *agg.* Che si può esaminare.
eṣaminàndo *agg.; anche s. m.* (*f.* *-a*) Detto di chi si appresta a sostenere un esame; SIN. Candidato.
eṣaminàre *v. tr.* (*io eṣàmino*) Sottoporre a esame.
eṣaminatóre *s. m.; anche agg.* (*f.* *-trìce*) Chi (o che) esamina.
eṣàngue *agg.* ***1*** Quasi privo di sangue | Che ha perso molto sangue. ***2*** (*fig.*) Debole, languido, pallido.
eṣanimàre ***A*** *v. tr.* (*io eṣànimo*) (*lett.*) Scoraggiare, abbattere | Privare della forza. ***B*** *v. intr. pron.* Perdersi d'animo.
eṣànime *agg.* Che è, o pare, morto.
eṣàno *s. m.* (*chim.*) Idrocarburo saturo liquido a sei atomi di carbonio, contenuto nel petrolio; usato come solvente.
eṣantèma *s. m.* (*pl.* *-i*) (*med.*) Ogni eruzione cutanea di vescicole, pustole, bolle e sim.
eṣantemàtico *agg.* (*pl. m.* *-ci*) Di esantema, che si manifesta con esantemi.
eṣarazióne *s. f.* ***1*** Azione erosiva che un ghiacciaio, col suo lento movimento di discesa, esercita sulle rocce. ***2*** In paleografia, cancellatura presente in codici e documenti fatta con il raschietto.
eṣàrca *s. m.* (*pl.* *-chi*) Nell'impero romano d'Oriente, comandante supremo delle forze militari imperiali | Governatore dei domini bizantini in Italia.
eṣarcàto *s. m.* ***1*** Ufficio dell'esarca e sua durata. ***2*** Provincia d'Italia soggetta al dominio di Bisanzio.
eṣasperànte *part. pres. di esasperare; anche agg.* Che provoca irritazione e nervosismo.
eṣasperàre ***A*** *v. tr.* (*io eṣàspero*) ***1*** Portare alla massima indignazione | Irritare; SIN. Inasprire. ***2*** Rendere aspro; SIN. Esacerbare. ***B*** *v. intr. pron.* Adirarsi, irritarsi.
eṣasperazióne *s. f.* Estrema irritazione e risentimento: *portare qc. all'—.*
eṣàstico *agg.* (*pl. m.* *-ci*) ***1*** Composto di sei versi. ***2*** (*bot.*; *raro*) Detto di alcune spighe fornite di sei file di granelli.
eṣàstilo *agg.* (*arch.*) Fornito di sei colonne.
eṣattézza *s. f.* Qualità di ciò che è esatto; SIN. Precisione | Scrupolosa diligenza; SIN. Accuratezza.
eṣàtto (1) *agg.* ***1*** Eseguito con accuratezza e precisione, privo di errori: *calcoli esatti;* CONTR. Errato | (*est.*) Che si fonda sulla precisione e la conformità a certi principi: *scienze esatte.* ***2*** Conforme al vero: *racconto —* | Giusto: *ora esatta.* ***3*** Che fa le cose con diligenza e precisione | Puntuale: *essere — a, nel, pagare*; SIN. Accurato, preciso.
eṣàtto (2) *part. pass. di esigere; anche agg.* Riscosso.
eṣattóre *s. m.* (*f.* *-trìce*) Chi riscuote affitti, abbonamenti, tasse, imposte.
eṣattorìa *s. f.* Ufficio dell'esattore e luogo ove esso risiede.
eṣattoriàle *agg.* Dell'esattoria.
eṣaudìre *v. tr.* (*io eṣaudìsco, tu eṣaudìsci*) Appagare benevolmente.
eṣauribile *agg.* Che si può esaurire; CONTR. Inesauribile.
eṣaurïènte *part. pres. di esaurire; anche agg.* Che tratta a fondo un argomento | Che toglie ogni dubbio o incertezza: *spiegazione —.*
eṣauriménto *s. m.* ***1*** Fine, cessazione, completo consumo di q.c.: — *delle provviste.* ***2*** (*med.*) Indebolimento, spossatezza | — *nervoso*, condizione fisica caratterizzata da stanchezza, irritabilità e sim.
eṣaurìre ***A*** *v. tr.* (*io eṣaurìsco, tu eṣaurìsci*) ***1*** Consumare completamente (*anche fig.*) | Indebolire, spossare; SIN. Finire. ***2*** Realizzare interamente. ***B*** *v. rifl.* Logorare le proprie forze fisiche, le proprie energie mentali: *esaurirsi nel lavoro*; *esaurirsi per lo studio.* ***C*** *v. intr. pron.* Consumarsi.
eṣaurito *part. pass. di esaurire; anche agg.* ***1*** Consumato | Interamente venduto: *edizione esaurita.* ***2*** Detto di chi mostra sintomi di esaurimento nervoso.
eṣaustivo *agg.* (*lett.*) Che tende a esaurire o esaurisce un argomento, un problema e sim.
eṣàusto *agg.* ***1*** Completamente vuoto o finito. ***2*** (*fig.*) Stremato, privo di forze; SIN. Spossato.
eṣautoràre *v. tr.* (*io eṣàutoro*) Privare qc. o q.c. della propria importanza o autorità.
eṣautorazióne *s. f.* Privazione dell'autorità.
eṣavalènte *agg.* (*chim.*) Detto di elemento, ione, gruppo atomico, con valenza 6.
eṣazióne *s. f.* ***1*** Riscossione. ***2*** Quantità di danaro riscossa.
eṣbórso *s. m.* (*bur.*) Spesa.
eṣbòsco *s. m.* (*pl.* *-schi*) Trasporto degli alberi abbattuti al luogo di raccolta e di carico.
ésca *s. f.* ***1*** Cibo utilizzato per catturare animali selvatici, pesci, uccelli e sim. [→ ill. *pesca*] ***2*** (*fig.*) Inganno, lusinga, seduzione: *prendere qc. all'—.* ***3*** Sostanza vegetale, ricavata spec. dai funghi, usata un tempo per accendere il fuoco con l'acciarino. ***4*** (*fig.*) Incitamento | *Dare —*, incitare | *Dare — al fuoco*, (*fig.*) alimentare una passione, un litigio.
escalation /*ingl.* eskə'leiʃən/ *s. f. inv.* (*pl. ingl.* *escalations* /eskə'leiʃənz/) Aumento graduale e progressivo di un'azione bellica e (*est.*) di qualsiasi azione.
escandescènza *s. f. spec. al pl.* Impeto improvviso d'ira accompagnato da atti e parole violente: *dare in escandescenze.*
èscara *s. f.* (*med.*) Lesione necrotica, nerastra, della pelle, da ustioni, congelamento e sim.
escatologìa *s. f.* (*pl.* *-gìe*) Parte della teologia che ha per oggetto l'indagine sugli stadi finali dell'uomo e dell'universo.
escatològico *agg.* (*pl. m.* *-ci*) Che si riferisce all'escatologia.
escavatóre ***A*** *s. m.; anche agg.* (*f.* *-trìce*) Chi (o che) scava. ***B*** *s. m.* Macchina semovente e cingolata, atta a eseguire, mediante benna o cucchiaio, scavi o movimenti di terreno per fondazioni, canali, strade; SIN. Escavatrice, scavatrice. [→ ill. *edilizia*]
escavatrice *s. f.* Escavatore.
escavazióne *s. f.* Operazione dello scavare un terreno.
eschimése o (*evit.*) **esquimése** *agg.; anche s. m. e f.* Dell'Artide americana e delle coste orientali siberiane.
escissióne *s. f.* (*med.*) Asportazione chirurgica di un tessuto o di un organo.
esclamàre *v. intr.* (*aus. avere*) Dire ad alta voce e con enfasi parole che esprimono sentimenti, passioni e sim.
esclamativo *agg.* Di esclamazione | *Punto —*, segno che denota l'intonazione esclamativa.
esclamazióne *s. f.* ***1*** Espressione o parola pronunciata in segno di allegria, ammirazione, sdegno. ***2*** (*ling.*) Interiezione.
esclùdere ***A*** *v. tr.* (*pass. rem. io esclùṣi, tu escludésti; part. pass. esclùṣo*) ***1*** Chiudere fuori: — *qc. da un luogo.* ***2*** Lasciare al di fuori | Non ammettere | Eccettuare. ***B*** *v. rifl. rec.* Elidersi: *i contrari si escludono.*
escluṣióne *s. f.* Estromissione; CONTR. Accoglimento, accettazione, ammissione | *A — di*, fatta eccezione per.
escluṣiva *s. f.* ***1*** Facoltà di esercitare un diritto o godere un bene escludendone gli altri | *In —*, godendo di tale facoltà | *Diritto di —*, diritto esclusivo. ***2*** (*comm.*, *dir.*) Diritto di un agente di operare da solo in una determinata zona, impegnandosi a non trattare nella stessa zona affari o prodotti concorrenziali.
escluṣivaménte *avv.* Soltanto | Con esclusione di ogni altra cosa o persona.
escluṣivìṣmo *s. m.* Intolleranza nel valutare i giudizi degli altri per amore dei propri.

esclusivista *s. m. e f. (pl. m. -i)* **1** Chi si mostra intollerante nei confronti degli altri. **2** Chi gode di un'esclusiva per la vendita di determinati prodotti o per la trattazione di determinati affari.

esclusività *s. f.* **1** Qualità di esclusivo. **2** Esclusiva.

esclusivo *agg.* **1** Che tende o serve a escludere. **2** Che appartiene o spetta solo a una persona o a un gruppo di persone. **3** Unico: *modello* –.

esclùso *part. pass. di escludere; anche agg. e s. m. (f. -a)* Che (o chi) non è ammesso a partecipare o a godere di q.c. | *Nessuno* –, tutti compresi | *È* – *che*, è impossibile.

-ésco *suff. derivativo* di numerosi aggettivi, con valore diverso: *bambinesco, grottesco, poliziesco, romanesco*.

escogitàre *v. tr. (io escògito)* Trovare nella propria mente, dopo aver pensato a lungo: – *un tranello*.

escomiàre *v. tr. (io escòmio)* Licenziare mediante escomio.

escòmio *s. m. (dir.)* Licenziamento del colono o mezzadro dal fondo.

escoriàre *v. tr. (io escòrio)* Ledere con un'escoriazione.

escoriazióne *s. f.* Lesione superficiale della cute, che interessa solo gli strati epiteliali.

escreàto *s. m. (med.)* Prodotto di eliminazione delle vie respiratorie.

escrementìzio *agg.* Di escremento.

escreménto *s. m. (med.)* Ogni materiale di rifiuto dell'organismo | *spec. al pl.* Feci.

escrescènza *s. f.* **1** *(med.)* Proliferazione della cute o delle mucose. **2** Protuberanza, sporgenza.

escréscere *v. intr. (coniug. come crescere; aus. essere) (med.)* Crescere di tessuti abnormi sulla cute o sulle mucose.

escretìvo *agg. (med.)* Di escrezione.

escrèto **A** *agg. (med.)* Versato esternamente per escrezione. **B** *s. m.* Sostanza secreta ed eliminata.

escretóre *agg. (f. -trice)* Che concerne o consente l'escrezione: *condotto* –.

escretòrio *agg.* Escretore.

escrezióne *s. f.* **1** *(med.)* Processo di allontanamento dei prodotti di secrezione ghiandolare. **2** Sostanza secreta ed eliminata dall'organismo.

escudo /*sp.* es'kudo/ *s. m. inv. (pl. sp. escudos* /es'kudos/*)* Unità monetaria del Portogallo, Angola, e altri paesi.

esculènto *agg.* Commestibile, detto spec. di vegetali.

escursióne *s. f.* **1** Gita o viaggio fatto a scopo di studio o di divertimento. **2** Differenza fra il valore massimo e il valore minimo: – *febbrile* | *(meteor.)* – *termica*, differenza fra la temperatura più alta e quella più bassa in un dato periodo di tempo. **3** Ampiezza massima di spostamento di un elemento mobile: – *di una biella*.

escursionismo *s. m.* **1** Attività di chi fa escursioni. **2** Forma minore di alpinismo.

escursionista *s. m. e f. (pl. m. -i)* Chi fa escursioni.

escussióne *s. f. (dir.)* Atto dell'escutere.

escùsso *part. pass. di escutere; anche agg.* Interrogato.

escùtere *v. tr. (pass. rem. io escùssi, tu escutésti; part. pass. escùsso) (dir.)* Interrogare i testimoni nel corso del processo.

-ése *suff. (talora lett. -ense)*: indica appartenenza a un'entità geografica, famiglia (*bolognese, piemontese, francese, estense*) oppure stato, titolo nobiliare (*borghese, forense, marchese*).

esecràbile *agg.* Degno di esecrazione.

esecràndo *agg.* Che deve essere esecrato.

esecràre *v. tr. (io esècro o èsecro)* Aborrire, detestare, odiare.

esecrazióne *s. f.* Sentimento di estremo orrore e disprezzo.

esecutività *s. f. (dir.)* Condizione di un atto o di un provvedimento giurisdizionale cui si può dare immediata esecuzione.

esecutivo **A** *agg.* **1** Atto a eseguire o a essere eseguito: *progetto* –. **2** *(dir.)* Che conferisce la potestà di eseguire | *Potere* –, funzione di operare per il perseguimento dell'interesse pubblico, spettante al Governo | *Comitato* –, organo collegiale cui spetta di attuare le direttive impartite dall'organo deliberante; SIN. Esecutorio. **B** *s. m. (dir.)* Potere esecutivo | Comitato esecutivo.

esecutóre *s. m. (f. -trice)* Chi esegue | *(mus.)* Interprete | – *testamentario*, persona incaricata dal testatore di curare l'esecuzione delle disposizioni testamentarie.

esecutorietà *s. f. (dir.)* Qualità di esecutorio.

esecutòrio *agg. (dir.; raro)* Esecutivo.

esecuzióne *s. f.* **1** Attuazione: – *di un lavoro* | Realizzazione di un'idea, progetto, comando e sim.: *è cosa di difficile* – | *(mus.)* Interpretazione. **2** *(dir.)* Adempimento, spontaneo o forzato, di contratto, sentenza, atto amministrativo e sim. | – *capitale*, uccisione di un condannato a morte.

esèdra o *èsedra s. f.* **1** Nel mondo greco e romano, portico in luogo aperto per intrattenersi a conversare. **2** Nell'uso moderno, piazza o edificio a pianta semicircolare. [→ ill. *giardino pubblico*]

esegèsi o *esègesi s. f.* Studio e interpretazione critica di un testo.

esegèta *s. m. (pl. -i)* Chi si dedica all'interpretazione di testi.

esegètica *s. f.* Arte dell'interpretazione di un testo sacro, giuridico, letterario.

esegètico *agg. (pl. m. -ci)* Interpretativo | Concernente l'esegesi.

eseguìbile *agg.* Che si può eseguire; SIN. Realizzabile.

eseguìre *v. tr. (io eseguisco o eséguo, tu eseguisci o eségui)* **1** Mettere in opera, mandare a effetto: – *un lavoro*; SIN. Attuare, effettuare, realizzare. **2** Mettere o far mettere in pratica: – *gli ordini dell'autorità*. **3** *(mus.)* Interpretare composizioni musicali.

esèmpio *s. m.* **1** Persona o animale degno d'esser preso a modello di virtù da imitare o difetti da riprovare | *(est.)* Fatto o caso da imitare: *prendere* – *da qc.*; *imitare l'*– *di qc.* | *Sull'*–, seguendo l'esempio | *Per* –, *a* –, *in via di* –, *a mo' d'*–, frasi usate per proporre un esempio. **2** Caso che attesta usi grammaticali o lessicali, o che chiarisce un concetto: *addurre, citare, un* –. **3** Cosa tipica di una serie di altre del medesimo genere: *un* – *di prosa naturalistica*; SIN. Modello.

esemplàre (1) *agg.* Che serve come esempio: *madre* – | Che costituisce un monito: *castigo* –.

esemplàre (2) *s. m.* **1** Persona o cosa che serve di esempio; SIN. Modello. **2** Ogni unità in un gruppo di oggetti analoghi o identici: *un* – *di moneta del Cinquecento*. **3** Individuo, oggetto tipico del proprio genere: *molti esemplari di farfalla*.

esemplàre (3) *v. tr. (io esèmplo) (lett.)* Ritrarre da un esempio, copiando o imitando.

esemplarità *s. f.* Qualità di esemplare.

esemplificàre *v. tr. (io esemplìfico, tu esemplìfichi)* Spiegare con esempi, allegare esempi.

esemplificatìvo *agg.* Atto a esemplificare.

esemplificazióne *s. f.* Spiegazione per mezzo di esempi | Complesso degli esempi citati.

esentàre **A** *v. tr. (io esènto)* Rendere esente: – *qc. da un dovere*; SIN. Dispensare, esimere, esonerare. **B** *v. rifl.* Esimersi, dispensarsi: *esentarsi dai propri doveri*.

esènte *agg.* Dispensato da un dovere, da un obbligo, da un onere: – *dalle tasse* | *(est.)* Libero, preservato da malanni: – *dal contagio*.

esenzióne *s. f.* Privilegio che dispensa da qualche obbligo: – *dalle imposte*; SIN. Esonero.

esèquie *s. f. pl.* Cerimonie, onori e preghiere con cui si accompagna o si commemora un defunto | Funerale: *seguire le* – *di qc.*

esercènte **A** *part. pres. di esercire; anche agg.* Che esercisce. **B** *s. m. e f.* Chi pone o mantiene in esercizio un negozio, un'impresa e sim.

esercìre *v. tr. (io esercisco, tu eserscisci)* **1** Gestire, amministrare un negozio. **2** Esercitare: – *la professione medica*.

esercitàbile *agg.* Che si può esercitare.

esercitàre **A** *v. tr. (io esèrcito)* **1** Tenere in esercizio, in attività, in funzione | *(est.)* Addestrare fisicamente o intellettualmente: – *il corpo alla lotta*; – *qc. nel disegno*; SIN. Allenare. **2** Usare, adoperare per un fine: – *il comando* | – *un'influenza, un ascendente su qc.*, avere molto potere su qc. | – *pressioni su qc.*, spingerlo a q.c. | – *un diritto*, valersene. **3** Attendere abitualmente a una professione, a una attività: – *l'avvocatura* | – *il culto*, praticarlo. **B** *v. rifl.* Addestrarsi: *esercitarsi nella caccia, alla lotta*.

esercitazióne *s. f.* Pratica o esercizio di addestramento fisico o intellettuale; SIN. Allenamento.

esèrcito *s. m.* **1** Complesso degli uomini di uno Stato istruiti, ordinati e forniti di tutto quanto occorre per combattere | Aliquota delle forze armate destinata a condurre la guerra terrestre. **2** (*fig.*) Gran quantità di persone, animali o cose, riunite insieme: *un — di cavallette.*

eserciziàrio *s. m.* Raccolta di esercizi, spec. scolastici.

esercìzio *s. m.* **1** Assidua ripetizione di atti per addestrarsi in q.c. o imparare q.c.: *tenere in — il corpo, la mente* | *Essere, non essere in —*, essere o no addestrato, allenato | (*est.*) Applicazione di nozioni e regole per diventare esperti in q.c.: *esercizi di matematica; esercizi fisici.* **2** Uso o pratica di q.c.: *l'— di una professione* | *Essere nell'— delle proprie funzioni*, nel loro adempimento. **3** Funzionamento o gestione di impresa, azienda pubblica o privata e sim. | *Essere, non essere in —*, in attività | *Fuori —*, non funzionante | (*est.*) Azienda, bottega | *Pubblico —*, albergo, ristorante, locale di spettacolo e sim. **4** Periodo di tempo corrispondente all'attività di gestione di un'azienda.

esèrgo *s. m.* (*pl. -ghi*) (*numis.*) Settore inferiore del campo della moneta o della medaglia, posto al di sotto della figurazione e generalmente delimitato da una linea orizzontale. [→ ill. *moneta*]

esibire **A** *v. tr.* (*io esibisco, tu esibisci*) Mostrare, esporre. **B** *v. rifl.* **1** Farsi notare. **2** Prendere parte a uno spettacolo.

esibizióne *s. f.* **1** Presentazione: *— di un documento* | Offerta, spec. dei propri servigi | Ostentazione. **2** Spettacolo, interpretazione, numero: *l'— dei giocolieri* | Gara sportiva, incontro, partita di carattere dimostrativo: *l'— dei campioni.*

esibizionismo *s. m.* Tendenza eccessiva a far mostra di sé.

esibizionista *agg.; anche s. m. e f.* (*pl. m. -i*) Detto di chi ama far mostra di sé.

esibizionistico *agg.* (*pl. m. -ci*) Proprio dell'esibizionismo o dell'esibizionista.

esigènte *part. pres. di esigere; anche agg.* Che esige molto.

esigènza *s. f.* **1** Qualità di esigente. **2** *spec. al pl.* Bisogno, richiesta.

esigere *v. tr.* (*pres. io esigo, tu esigi; pass. rem. io esigéi o esigètti, tu esigésti; part. pass. esàtto*) **1** Chiedere con autorità o con forza una cosa, come dovuta; SIN. Pretendere. **2** Richiedere q.c. come necessaria: *è un lavoro che esige attenzione.* **3** Riscuotere: *— un credito.*

esigìbile *agg.* Che si può esigere, riscuotere.

esiguità *s. f.* Qualità di esiguo.

esiguo *agg.* Piccolo, irrilevante.

esilarànte *part. pres. di esilarare; anche agg.* Che esilara, diverte.

esilaràre **A** *v. tr.* (*io esìlaro*) Rendere ilare, allegro. **B** *v. intr. pron.* Spassarsi, divertirsi.

èsile *agg.* **1** Sottile, tenue | Magro, gracile. **2** (*fig.*) Debole.

esiliàre **A** *v. tr.* (*io esìlio*) Mandare in esilio, condannare all'esilio | (*est.*) Mandare via, allontanare. **B** *v. rifl.* Andarsene spontaneamente in esilio | (*est.*) Appartarsi.

esiliàto *part. pass. di esiliare; anche agg. e s. m.* (*f. -a*) Esule.

esilio *s. m.* **1** Allontanamento forzato o fuga volontaria dalla propria patria. **2** (*fig.*) Separazione, isolamento da qc. o q.c. **3** Luogo, tempo e stato di esule.

esilità *s. f.* Qualità di esile.

esimere **A** *v. tr.* (*dif. del part. pass. e dei tempi composti*) Rendere libero, esente: *— qc. da un servizio*; SIN. Dispensare, esentare, esonerare. **B** *v. rifl.* Sottrarsi: *esimersi da un obbligo.*

esìmio *agg.* Eccellente, egregio, insigne.

-èsimo *suff.* dei numerali ordinali successivi a 'decimo': *undicesimo, ventesimo, millesimo.*

esistènte *part. pres. di esistere; anche agg.* Che esiste; CONTR. Inesistente.

esistènza *s. f.* **1** Realtà, fatto di esistere o qualità di ciò che esiste. **2** Vita.

esistenziàle *agg.* **1** Che riguarda l'esistenza | Che coinvolge il vissuto personale di un individuo. **2** (*filos.*) Di giudizio che afferma o nega semplicemente l'esistenza di una cosa.

esistenzialismo *s. m.* Complesso di indirizzi filosofici contemporanei che affermano il primato dell'esistenza sull'essenza e hanno per oggetto l'analisi dell'esistenza stessa intesa come categoria comprensiva di tutte le cose che sono al mondo.

esistenzialìsta **A** *agg.* (*pl. m. -i*) Che concerne l'esistenzialismo. **B** *s. m. e f.* Chi segue l'esistenzialismo.

esistenzialìstico *agg.* (*pl. m. -ci*) Dell'esistenzialismo o degli esistenzialisti.

esìstere *v. intr.* (*pass. rem. io esistéi o esistètti, tu esistésti; part. pass. esistito; aus. essere*) **1** Essere, nel tempo e nell'attuale realtà. **2** Essere vivo.

esitàbile *agg.* Che si vende facilmente.

esitàre (1) *v. intr.* (*io èsito; aus. avere*) Non sapersi decidere | Essere o mostrarsi perplesso, dubbioso, incerto; SIN. Tentennare, titubare.

esitàre (2) *v. tr.* (*io èsito*) Vendere.

esitazióne *s. f.* Indecisione, perplessità; SIN. Incertezza, irresolutezza; CONTR. Risolutezza.

èsito *s. m.* **1** Uscita: *— della folla* | Spesa: *un negozio che ha molti esiti.* **2** Vendita, spaccio. **3** Riuscita, effetto, risultato: *un — incerto* | (*bur.*) Risposta: *lettera priva di —*; SIN. Conclusione.

esiziàle *agg.* Che apporta grave danno; SIN. Funesto.

èskimo *s. m.* Ampio giaccone con cappuccio, di tela impermeabile spec. grigioverde, gener. foderato di lana.

eslège *agg.* Fuori dalla legge, non soggetto a legge.

èso- *primo elemento*: in parole composte spec. scientifiche significa 'esterno': *esocrino, esogeno, esosfera*; CONTR. Endo-.

esocàrpo *s. m.* (*bot.*) Epicarpo.

esòcrino *agg.* (*anat.*) Che compie una secrezione esterna: *ghiandole esocrine*; CONTR. Endocrino.

èsodo *s. m.* **1** Emigrazione, partenza di persone in gran numero da uno stesso luogo. **2** (*est.*) Allontanamento in massa di somme, capitali e sim. **3** (*per anton.*) Uscita del popolo ebraico dall'Egitto. **4** (*letter.*) Ultimo episodio nella tragedia greca.

esofagèo *agg.* Dell'esofago. [→ ill. *medicina e chirurgia*]

esòfago *s. m.* (*pl. -gi*) (*anat.*) Organo tubulare dell'apparato digerente compreso fra la faringe e lo stomaco. [→ ill. *anatomia umana, zoologia*]

esògeno *agg.* **1** (*biol.*) Che proviene dall'esterno dell'organismo. **2** (*geol.*) Di fenomeno geologico che avviene all'esterno della superficie terrestre. • CONTR. Endogeno.

esoneràre **A** *v. tr.* (*io esònero*) Rendere libero, esente: *— qc. da un pagamento*; SIN. Dispensare, esentare, esimere. **B** *v. rifl.* Dispensarsi: *esonerarsi da un dovere.*

esònero *s. m.* Dispensa, esenzione.

esorbitànte *part. pres. di esorbitare; anche agg.* Che esorbita; SIN. Eccessivo.

esorbitànza *s. f.* L'essere esorbitante.

esorbitàre *v. intr.* (*io esòrbito; aus. avere*) Uscire dai limiti: *è una decisione che esorbita dai suoi poteri*; CFR. Esulare.

esorcismo *s. m.* Rito per mezzo del quale si crede di espellere il demonio dal corpo degli ossessi, da oggetti, cibi, animali, luoghi.

esorcista *s. m.* (*pl. -i*) Chi pratica l'esorcismo | Chi, nella gerarchia sacerdotale cattolica vigente prima del Concilio Ecumenico Vaticano Secondo, aveva ricevuto l'ordine dell'esorcistato.

esorcistàto *s. m.* Terzo degli ordini minori dei chierici.

esorcizzàre *v. tr.* **1** Liberare dal demonio | Cacciare mediante esorcismo: *— il demonio.* **2** (*est.*) Allontanare, scongiurare q.c. di negativo.

esorcizzatóre *s. m.* (*f. -trìce*) Chi esorcizza.

esordiènte *part. pres. di esordire; anche agg. e s. m. e f.* Che (o chi) esordisce in un'attività; SIN. Debuttante.

esòrdio *s. m.* **1** (*letter.*) Parte introduttiva o iniziale di una orazione | (*est.*) Preambolo, introduzione. **2** (*fig.*) Inizio di avvenimenti o di attività; SIN. Debutto.

esordire *v. intr.* (*io esordisco, tu esordisci; aus. avere*) **1** Dare inizio a un discorso. **2** Dare inizio a una professione, un'attività artistica, sportiva e sim.: *— nel commercio, sulle scene, in teatro*; SIN. Debuttare.

esornativo *agg.* (*lett.*) Che serve ad abbellire, a ornare.

esortàre *v. tr.* (*io esòrto*) Incitare con la persuasione: *— qc. al bene.*

esortativo *agg.* Che serve a esortare.

eșortatòrio *agg.* (*raro*) Esortativo.
eșortazióne *s. f.* Ammonimento, sollecitazione, a fare q.c. | Ciò che serve a esortare.
eșoschèletro *s. m.* Rivestimento cutaneo esterno degli invertebrati, spec. degli Artropodi, costituito di chitina.
eșosfèra *s. f.* Involucro più esterno dell'atmosfera terrestre.
eșosità *s. f.* L'essere esoso.
eșòșo *agg.* **1** Avaro, gretto | *Prezzo* —, eccessivo. **2** (*tosc.*) Odioso, antipatico.
eșotèrico *agg.* (*pl. m. -ci*) **1** (*filos.*) Detto di insegnamento intimo e segreto che alcuni filosofi greci riservavano ai propri discepoli e non rendevano pubblico. **2** (*fig.*) Misterioso, incomprensibile dai più. • CONTR. Essoterico.
eșotèrmico *agg.* (*pl. m. -ci*) Detto di processo chimico di reazione e di tutto ciò che avviene con sviluppo di calore.
eșòtico **A** *agg.* (*pl. m. -ci*) Che proviene da (o è proprio di) paesi lontani, forestieri | (*est.*) Strano, stravagante. **B** *s. m. solo sing.* Ciò che è esotico.
eșotișmo *s. m.* **1** Elemento o motivo straniero, in arte, letteratura e sim. **2** (*ling.*) Forestierismo. **3** Predilezione per tutto ciò che è straniero.
eșotizzànte *agg.* Che ha il gusto dell'esotico.
espàndere **A** *v. tr.* (*pass. rem. io espànsi o espandètti o espandéi, tu espandésti; part. pass. espànso*) Ingrandire, allargare | Diffondere, spandere. **B** *v. intr. pron.* **1** (*fis.*) Aumentare di volume. **2** Estendersi, diffondersi. **3** (*raro*) Aprirsi, confidarsi con qc.
espansìbile *agg.* Che ha proprietà di espandersi.
espansibilità *s. f.* Proprietà di ciò che è espansibile.
espansióne *s. f.* **1** (*fis.*) Aumento di volume di un corpo | — *dell'universo*, allontanamento reciproco delle galassie con velocità proporzionali alle relative distanze. **2** Parte che ha subito un allargamento o un ingrossamento | — *polare*, quella estrema di un polo magnetico di una macchina elettrica rotante. [→ ill. *ferramenta, fisica*] **3** (*med.*) Dilatazione di un organo. **4** Diffusione in uno spazio sempre maggiore | Sviluppo. **5** (*fig.*) Manifestazione ed effusione di affetto.
espansionișmo *s. m.* Tendenza ad allargare la propria sfera d'influenza politica, economica e sim.
espansionìsta **A** *agg.* (*pl. m. -i*) Che appoggia, favorisce, sviluppa l'espansionismo. **B** *s. m. e f.* (*pl. m. -i*) Fautore dell'espansionismo.
espansionìstico *agg.* (*pl. m. -ci*) Dell'espansionismo e degli espansionisti.
espansività *s. f.* Qualità di espansivo.
espansìvo *agg.* **1** Che ha proprietà di espandersi. **2** (*fig.*) Che palesa spontaneamente i propri affetti.
espànso *part. pass. di espandere; anche agg.* Diffuso, dilatato: *polistirolo* —. [→ ill. *magazzinaggio, zoologia*]
espatriàre *v. intr.* (*io espàtrio; aus. essere*) Andarsene dalla patria; SIN. Emigrare.
espàtrio *s. m.* Uscita dal territorio della propria patria.
espediènte *s. m.* Trovata, rimedio, spesso ingegnoso, per risolvere una situazione difficile.
espèllere *v. tr.* (*pass. rem. io espùlsi, tu espellésti; part. pass. espùlso*) **1** Scacciare, allontanare per decisione disciplinare: — *qc. dalla scuola*; SIN. Cacciare. **2** (*med.*) Mandare fuori dal corpo.
esperànto *s. m. solo sing.* Lingua artificiale creata per i rapporti internazionali.
esperìbile *agg.* Che si può esperire.
esperìdio *s. m.* (*bot.*) Frutto degli agrumi il cui pericarpo è formato da esocarpo colorato, mesocarpo biancastro e spugnoso, endocarpo che forma gli spicchi contenenti i semi. [→ ill. *botanica*]
esperiènza *s. f.* **1** Conoscenza e pratica delle cose acquistata per prove fattene da noi stessi o per averle vedute fare da altri | (*est.*) Conoscenza del mondo, della vita. **2** Prova che fornisce l'occasione di conoscere direttamente q.c.: — *del vero*; *dare* — | *Procedere per esperienze*, per prove e tentativi ripetuti. **3** Fenomeno provocato artificialmente al fine di coglierne le caratteristiche.
esperimentàre V. *sperimentare*.
esperiménto *s. m.* **1** Prova compiuta per saggiare e conoscere le caratteristiche di q.c. o qc. **2** Prova artificiale accompagnata da osservazioni e confronti, per l'indagine nelle scienze reali.
esperìre *v. tr.* (*pres. io esperìsco, tu esperìsci; part. pass. esperito*) **1** Mettere in opera. **2** Provare.
èspero *s. m.* **1** (*lett.*) Il pianeta Venere, quando è visibile al tramonto del sole. **2** (*est., lett.*) Ora del tramonto | Occidente.
espèrto **A** *agg.* **1** Che ha molta esperienza. **2** Che conosce q.c., che è pratico di q.c.: *essere* — *degli uomini* | (*est.*) Dotto: *uno studioso* — *in epigrafia*; SIN. Competente, conoscitore; CONTR. Inesperto. **3** Bravo, abile, provetto; SIN. Capace. **B** *s. m.* (*f. -a*) Chi ha una specifica preparazione in un dato campo.
espettorànte **A** *agg.* Detto di rimedio atto a facilitare l'espettorazione. **B** *anche s. m.*
espettoràre *v. tr.* (*io espèttoro*) (*med.*) Espellere muco o altro dai bronchi o dalla trachea.
espettoràto **A** *part. pass. di espettorare; anche agg.* Espulso dai bronchi. **B** *s. m.* Materiale eliminato con l'espettorazione; SIN. Catarro.
espettorazióne *s. f.* Atto dell'espettorare.
espiàbile *agg.* Che si può espiare.
espiàre *v. tr.* (*io espìo*) Emendare con la pena una colpa commessa; SIN. Scontare.
espiatòrio *agg.* **1** Che si riferisce all'espiazione: *rito* — | *capro* —, V. *capro*. **2** Che serve a espiare.
espiazióne *s. f.* Riparazione di una colpa subendone la punizione, scontando la pena o (*relig.*) accettando penitenze e sim.
espiràre *v. tr. e intr.* (*aus. intr. avere*) Espellere l'aria dai polmoni durante la respirazione; CONTR. Inspirare.
espiratóre *agg.* (*f. -trìce*) (*anat.*) Che agisce promuovendo l'espirazione.
espiratòrio *agg.* Di espirazione.
espirazióne *s. f.* Atto dell'espirare.
espletaménto *s. m.* Completamento: — *di una pratica*; SIN. Espletazione.
espletàre *v. tr.* (*io esplèto*) Compiere, portare a termine, spec. nel linguaggio burocratico.
espletazióne *s. f.* (*raro*) Espletamento.
espletìvo *agg.* (*ling.*) Pleonastico, riempitivo | *Particelle espletive*, quelle atte ad aumentare l'efficacia dell'espressione.
esplicàbile *agg.* Che si può esplicare; CONTR. Inesplicabile.
esplicàre *v. tr.* (*io èsplico, tu èsplichi*) **1** Esercitare. **2** (*lett.*) Esporre, spiegare.
esplicatìvo *agg.* Atto a spiegare.
esplicazióne *s. f.* **1** Chiarimento, spiegazione. **2** Esercizio, svolgimento.
esplicitàre *v. tr.* (*io esplìcito*) Rendere esplicito | Esprimere chiaramente.
esplìcito *agg.* Espresso chiaramente, senza sottintesi | *Proposizione esplicita*, quella che ha il verbo al modo finito; SIN. Chiaro; CONTR. Implicito.
esplodènte **A** *part. pres. di esplodere; anche agg.* Che esplode. **B** *s. m. spec. al pl.* Materie esplosive.
esplòdere **A** *v. intr.* (*pass. rem. io esplòși, tu esplodésti; part. pass. esplòșo; aus. essere riferito a materie esplosive e nei sign. fig.; aus. avere riferito ad arma*) **1** Subire un'esplosione: *la dinamite esplode* | Scoppiare: *le bombe esplodono*. **2** (*fig.*) Dare in violente manifestazioni di sentimenti: — *in un grido* | Rivelarsi quasi all'improvviso: *è esplosa l'estate*. **B** *v. tr.* Sparare con un'arma da fuoco: *esplose un colpo di rivoltella*.
esploditóre *s. m.* Generatore elettrico portatile, usato per il brillamento delle mine.
esploràbile *agg.* Che si può esplorare; CONTR. Inesplorabile.
esploràre *v. tr.* (*io esplòro*) **1** Cercare di conoscere. **2** Osservare attentamente. **3** Percorrere un territorio sconosciuto per conoscerlo e descriverlo.
esploratìvo *agg.* Di esplorazione, che serve ad esplorare: *mandato* —.
esploratóre **A** *agg.* (*f. -trìce*) Che esplora. **B** *s. m.* **1** Chi esplora | Chi si dedica alle scoperte geografiche | *Giovani esploratori*, giovani facenti parte di un'organizzazione scoutistica. **2** Nave da guerra leggera e veloce da ricerca, da guida di flottiglia.
esplorazióne *s. f.* **1** Indagine diretta su cose o zone sconosciute. [→ ill. *astronautica*] **2** (*med.*) Esame di un or-

gano interno eseguito con strumenti o con le mani.

esplosióne *s. f.* **1** Reazione violenta e rapida, propria degli esplosivi, che avviene con forte sviluppo di gas e di calore | – *nucleare*, che ha, come sostanza esplosiva, uranio 235 o plutonio o isotopi dell'idrogeno. **2** Scoppio | (*fig.*) Violenta manifestazione di sentimenti: *un'– di gioia, d'ira* | (*fig.*) Improvviso e intenso manifestarsi: *– dell'estate*.

esplosivo **A** *agg.* **1** Di esplosione. **2** Che è in grado di produrre un'esplosione. [→ ill. *armi*] **3** (*fig.*) Improvviso e intenso: *odio –* | (*fig.*) Estremamente critico: *situazione esplosiva*. **B** *s. m.* Sostanza o miscuglio di sostanze che per urto, effetto del calore, innesco o altre cause, subisce un'esplosione. [→ ill. *cava, miniera*]

esplòso *part. pass. di esplodere; anche agg.* Scoppiato.

esponènte **A** *part. pres. di esporre; anche agg.* (*raro*) Che espone. **B** *s. m. e f.* **1** Chi in un'istanza espone il caso suo o di altri. **2** (*fig.*) Persona rappresentativa nell'ambito di un'attività, di una corrente, di un partito. **C** *s. m.* **1** (*ling.*) Lemma. **2** (*mat.*) Numero che indica la potenza alla quale la base va elevata.

esponenziàle **A** *agg.* (*mat.*) Di funzione o equazione nella quale una o più variabili figurano all'esponente | *Curva –*, curva che ha un'equazione del tipo $y = a^x$. **B** *s. f.* Curva esponenziale.

espórre **A** *v. tr.* (*coniug. come porre*) **1** Porre fuori, in mostra, alla vista del pubblico | *– il Santissimo, le reliquie*, collocarli sull'altare per presentarli al culto dei fedeli. **2** (*fot.*) Sottoporre una pellicola all'azione della luce. **3** Abbandonare: *– qc. alle dicerie*. **4** Arrischiare, porre in grave pericolo: *– la propria vita*. **5** Narrare, riferire a qc.: *– a un amico la propria vicenda* | (*est.*) Leggere, interpretare, spec. di fronte a un pubblico: *– le Sacre Scritture*. **B** *v. rifl.* **1** Porsi imprudentemente alla mercé di q.c.: *esporsi ai pericoli* | *Esporsi al pubblico*, al giudizio del pubblico. **2** Compromettersi. **3** (*fig.*) Indebitarsi.

esportàbile *agg.* Che si può esportare.

esportàre *v. tr.* (*io espòrto*) Portare q.c. oltre i confini di una nazione, spec. per farne commercio | (*fig.*) Diffondere all'estero; CONTR. Importare.

esportatóre *s. m.; anche agg.* (*f. -trice*) Chi (o che) esporta.

esportazióne *s. f.* Spedizione di prodotti all'estero, in cambio di monete e merci | (*est.*) Complesso delle merci esportate; CONTR. Importazione.

esposìmetro *s. m.* (*fot.*) Fotometro che indica il tempo di esposizione di una lastra o pellicola alla luce, in base alla misurazione quantitativa della luce. [→ ill. *fotografo*]

espositivo *agg.* Che serve a spiegare.

espositóre *s. m.; anche agg.* (*f. -trice*) **1** Chi (o che) espone opere artistiche o prodotti industriali. [→ ill. *bar, supermercato*] **2** Detto di chi riferisce o narra q.c.

esposizióne *s. f.* **1** Collocazione all'aperto. **2** (*fot.*) Scelta della combinazione di tempo di posa e diaframma. **3** Pubblica mostra: *– di opere d'arte*. **4** Posizione di q.c. rispetto ai punti cardinali: *– a mezzogiorno*. **5** Narrazione orale o scritta. **6** Condizione di chi è esposto all'azione di radiazioni ionizzanti: *– ai raggi X*.

espósto **A** *part. pass. di esporre; anche agg.* **1** Messo in mostra. **2** Collocato, rivolto: *edificio – a nord*. **3** Nell'alpinismo, detto di un passaggio e sim. scoperto sul vuoto. **4** (*comm.*) Che ha investito, anticipato q.c. senza averne ancora effettuato il recupero: *essere – di 600 milioni*. **B** *s. m.* Scritto con il quale si riferiscono determinati fatti a un'autorità affinché essa intervenga.

espressaménte *avv.* **1** In modo chiaro. **2** A bella posta: *vengo – per parlarti*.

espressióne *s. f.* **1** Manifestazione, estrinsecazione di sentimenti, pensieri e sim. **2** Parola, frase con cui si esprime un pensiero | (*est.*) Locuzione. **3** Atteggiamento che manifesta sentimenti o stati d'animo | (*est.*) Capacità di esprimere q.c. con efficacia: *parole prive di –*. **4** (*mat.*) Insieme di numeri o lettere, rappresentanti grandezze, scritti con i segni che indicano le operazioni da eseguire su di essi.

espressionìsmo *s. m.* Movimento artistico, sorto in Germania agli inizi del secolo XX, tendente a manifestare nell'arte il mondo interiore dei sentimenti, anche esasperando e deformando i dati del reale.

espressionista *s. m. e f.* (*pl. m. -i*) Seguace dell'espressionismo.

espressionìstico *agg.* (*pl. m. -ci*) Dell'espressionismo o degli espressionisti.

espressività *s. f.* Qualità di espressivo.

espressivo *agg.* Che esprime chiaramente ed efficacemente concetti, pensieri, sentimenti, stati d'animo e sim.; SIN. Eloquente; CONTR. Inespressivo.

esprèsso (1) *part. pass. di esprimere; anche agg.* Dichiarato, manifestato esplicitamente.

esprèsso (2) **A** *agg.* **1** Celere, rapido | *Treno –*, ad alta velocità, che ferma solo nelle località di maggiore importanza | (*est.*) Detto di cibo o bevanda fatta sul momento per chi la richiede: *caffè –*. [→ ill. *bar*] **2** Detto di speciale francobollo per la corrispondenza che dev'essere recapitata con maggiore celerità rispetto a quella ordinaria. **B** *s. m.* **1** Caffè espresso. [→ ill. *bar*] **2** (*ell.*) Treno espresso. **3** Francobollo espresso | (*est.*) Lettera affrancata con tale francobollo.

esprìmere **A** *v. tr.* (*pass. rem. io esprèssi, tu esprimésti; part. pass. esprèsso*) Manifestare con atti e parole | Significare: *parole che non esprimono nulla* | Rappresentare in una forma artistica; SIN. Esternare, estrinsecare. **B** *v. intr. pron.* Esporre chiaramente i propri pensieri | Parlare: *esprimersi in francese*.

esprimìbile *agg.* Che si può esprimere; CONTR. Inesprimibile.

espropriàre o (*raro*) *spropriàre* *v. tr.* (*io espròprio*) Privare qc. della proprietà su un bene, o di ciò che possiede.

espropriazióne *s. f.* Privazione della proprietà.

espròprio *s. m.* Espropriazione.

espugnàbile *agg.* Che si può espugnare (*anche fig.*); CONTR. Inespugnabile.

espugnàre *v. tr.* **1** Impadronirsi combattendo di un luogo fortificato. **2** (*fig.*) Costringere alla resa.

espugnazióne *s. f.* Conquista di un luogo fortificato.

espulsióne *s. f.* Cacciata, allontanamento: *– da una scuola* | Emissione dal corpo.

espulsivo *agg.* Che spinge fuori, che ha forza di espellere.

espùlso *part. pass. di espellere; anche agg.* Scacciato: *i nomi dei giocatori espulsi*.

espulsóre **A** *agg.* Che espelle. **B** *s. m.* Congegno che, nelle armi a retrocarica, concorre a espellere il bossolo sparato.

espùngere *v. tr.* (*coniug. come pungere*) Eliminare parole o brani da uno scritto o da uno stampato; CONTR. Interpolare.

espunzióne *s. f.* Atto dell'espungere; CONTR. Interpolazione.

espurgàre *v. tr.* (*io espùrgo, tu espùrghi*) **1** (*raro*) Ripulire, nettare, disinfettare. **2** (*fig.*) Togliere da un'opera letteraria ciò che è, o sembra, contrario alla morale comune.

espurgazióne *s. f.* Operazione dell'espurgare.

esquimése *agg. e s. m. e f.* (*evit.*) Eschimese.

éssa *pron. pers. f. di terza pers. sing.* Forma f. di 'esso'.

ésse (1) *pron. pers. f. di terza pers. pl.* Forma f. pl. di 'esso'.

èsse (2) *s. f. o m. inv.* Nome della lettera *s*.

essendoché *cong.* (*raro*) Poiché, giacché.

essènza *s. f.* **1** (*filos.*) Ciò che una cosa non può non essere | Ciò senza di cui una cosa non può essere né compiuta né pensata. **2** (*est.*) Parte fondamentale e caratteristica di q.c.: *l'– del discorso*. **3** (*chim.*) Sostanza volatile di odore acuto, estratta da alcune piante, usata in medicina, farmacia, profumeria: *– di trementina, di lavanda*.

essenziàle **A** *agg.* Che concerne l'essenza di q.c. | Necessario, indispensabile: *l'ossigeno è – alla respirazione*; SIN. Fondamentale, sostanziale; CONTR. Accidentale, casuale. **B** *s. m.* Cosa principale e necessaria.

essenzialità *s. f.* L'essere essenziale.

essenzialménte *avv.* In sostanza | Fondamentalmente.

èssere **A** *v. intr.* (*pres. io sóno, tu sèi, egli è, noi siàmo, voi siète, essi sóno; imperf. io èro, tu èri, egli èra, noi eravàmo, voi eravàte, essi èrano; pass. rem. io fùi, tu fósti, egli fu, noi fùmmo, voi fóste, essi fùrono; fut. io sarò, tu sarài, egli sarà, noi sarémo, voi saréte, essi sarànno; cond. pres. io sarèi, tu sarésti, egli sarèbbe, noi sarémmo, voi saréste, essi sarèbbero; congv. pres. io sìa, tu sìa, egli sìa, noi* *siàmo, voi siàte, essi sìano; congv. imperf. io fóssi; imp. sii, siàte; part. pres.* (*raro*) *essènte; part. pass. stàto; ger. essèndo.* ATTENZIONE! *è* va sempre accentato; *fu* non va accentato (v. nota d'uso ACCENTO) È v. ausiliare per tutti i tempi della forma passiva, per i tempi composti di ogni forma rifl., intr. pron. e impers. e per i tempi composti di molti verbi intr. att. e dei servili quando il verbo che segue all'infinito richiede l'ausiliare *essere*) **1** ass. Esprime essenza o apparizione: *bisogna prendere la vita com'è*; *e la luce fu* | Accompagnato dalle particelle *ci* e *vi*, esprime esistenza: *non ci sono uomini perfetti* | *C'era una volta*, inizio di molti racconti e favole | (*bur.*) *Carlo X, fu Giuseppe*, figlio del defunto Giuseppe. **2** Accadere, avvenire, aver luogo: *sarà quel che sarà*; *che cosa c'è?* | *Così sia*, formula concl. che esprime talvolta anche rassegnazione | Arrivare: *fra un'ora saremo in città* | *Ci siamo!*, (*fig.*) siamo giunti a una conclusione, a un punto importante e sim. **3** Trovarsi in un dato rapporto, di favore, contrasto e sim., rispetto a q.c.: *lui è dei nostri*; *sono tutti dalla tua parte* | Trovarsi, vivere e sim.: *— a casa, in ufficio*; *— davanti, dietro, vicino a qc.*; *— al sicuro, nei guai* | Occupare una data posizione, nello spazio o nel tempo: *che ora è?*; *da qui a casa ci sono due chilometri* | Diventare: *vuole — ricco.* **4** Come v. copulativo collega direttamente il sogg. con il pred. che lo determina: *— ricco, povero, influente*; *— una nullità.* **5** Seguito dalle prep. *in*, *di* e *da*, introduce un elemento che determina il soggetto, specificandone lo stato, la funzione, l'appartenenza, l'origine, la maniera e sim.: *— in buono, in cattivo stato*; *è d'oro*; *— di aiuto, di conforto, di sostegno*; *— di cattivo umore*; *— di turno*; *questo mio amico è di Ferrara* | *— di ritorno*, ritornare | *— da più, da meno*, valere di più, di meno. **6** Seguito dalla prep. *da* e preceduto o no dalla particella *ci*, indica la necessità, la possibilità, la convenienza di q.c.: *è difficile da spiegare*; *è difficile a spiegarsi*; *non c'è nulla da dire*; *c'è da piangere.* **7** Seguito dalla prep. *per* e da una forma nominale, indica la destinazione, il fine: *questo è per te*; *è per questo che sei venuto* | *— per qc.*, parteggiare per lui. **B** *v. intr. impers.* Introduce un predicato che determina una data azione, processo, fenomeno e sim., senza che vi sia un soggetto esplicitamente definito: *è caldo*; *è Pasqua*; *è così*; *è come dici tu.* **C** *in funzione di s. m.* **1** Esistenza, vita, condizione: *l'— dell'uomo è diverso da quello delle cose.* **2** Ciò che ha una qualunque forma di vita: *gli esseri viventi.* **3** (*fam.*) Persona, uomo, individuo. [→ tav. *locuzioni* 34, 35, 36, 37, 38, 39, 40, 47, 71, 95, 99]

éssi *pron. pers. m. di terza pers. pl.* Forma m. pl. di *'esso'*.

essiccaménto *s. m.* (*raro*) Essiccazione.

essiccànte A *part. pres. di essiccare; anche agg.* Che essicca. **B** *s. m.* (*med.*) Sostanza che favorisce la cicatrizzazione di piaghe e ferite.

essiccàre A *v. tr.* (*io essìcco, tu essìcchi*) **1** Prosciugare: *— una palude* | Asciugare: *— una piaga.* **2** Sottoporre a essiccazione. **B** *v. intr. pron.* **1** Diventare secco, asciutto. **2** (*fig.*) Inaridirsi.

essiccatìvo *agg.* Atto a essiccare.

essiccatóio *s. m.* **1** Impianto o apparecchiatura dove si asciugano materiali umidi. [→ ill. *chimico*] **2** Macchina dell'industria tessile che compie l'essiccazione delle fibre. **3** Luogo in cui si compie l'essiccazione; SIN. Essiccatore.

essiccatóre *s. m.* **1** Essiccatoio. [→ ill. *chimico*] **2** Addetto all'essiccazione.

essiccazióne *s. f.* Operazione consistente nell'eliminazione parziale o totale, da materiali o sostanze varie, di acqua o di altri liquidi; SIN. Essiccamento.

ésso *pron. pers. m. di terza pers. sing.* (*f. éssa; pl. m. éssi; pl. f. ésse*) **1** *al sing.* Indica la cosa o l'animale di cui si parla e si usa come sogg., più raramente e spec. nel f., come compl. **2** *al pl.* Indica le persone, gli animali, le cose di cui si parla e si usa sia come sogg., sia come compl.

essotèrico *agg.* (*pl. m. -ci*) Di dottrina o insegnamento destinato al pubblico; CONTR. Esoterico.

essoterìsmo *s. m.* Qualificazione propria delle dottrine rese pubbliche e accessibili a menti comuni.

essudàto *s. m.* (*med.*) Liquido che fuoriesce dai vasi sanguigni di un tessuto infiammato.

essudazióne *s. f.* (*med.*) Processo di formazione di un essudato.

èst o *Est s. m.* **1** Punto cardinale nella cui direzione si vede sorgere il sole nei giorni degli equinozi di primavera e di autunno. **2** (*est.*) Territorio situato verso est rispetto a un dato punto | *I paesi dell'Est*, situati nell'Europa orientale.

establishment /*ingl.* is'tæbliʃmənt/ *s. m. inv.* Classe dirigente.

estancia /*sp.* es'tanθja/ *s. f. inv.* (*pl. sp. estancias* /es'tanθjas/) Nell'America meridionale, grande tenuta per l'allevamento del bestiame.

èstaṣi *s. f.* **1** Nella teologia cattolica, supremo grado dell'esperienza mistica, nel quale l'anima è rapita nella contemplazione di Dio. **2** (*est., fig.*) Stato di intenso piacere dell'animo: *andare in —*; SIN. Rapimento.

estaṣiàre A *v. tr.* (*io estàṣio*) Mandare in estasi; SIN. Rapire. **B** *v. intr. pron.* Andare in estasi.

estàte *s. f.* Stagione dell'anno che dura dal 22 giugno al 23 settembre. [→ ill. *astronomia*]

estàtico *agg.* (*pl. m. -ci*) **1** Di estasi. **2** Di chi è rapito in estasi (*anche fig.*).

estemporaneità *s. f.* L'essere estemporaneo.

estemporàneo *agg.* Che non pone tempo in mezzo, che è immediato e improvviso | *Poeta —*, che compone versi senza antecedente preparazione; SIN. Improvvisato; CONTR. Meditato.

estèndere A *v. tr.* (*coniug. come tendere*) **1** Dotare di maggiore ampiezza: *— i confini dello Stato* | Applicare a un maggiore numero di persone: *— un beneficio*; SIN. Ampliare. **2** (*fig., raro*) Compilare. **B** *v. intr. pron.* **1** Divenire sempre più ampio | Propagarsi. **2** Distendersi.

estensìbile *agg.* Che si può estendere (*anche fig.*): *una norma — a tutta la popolazione.*

estensìmetro *s. m.* (*mecc.*) Dispositivo per misurare deformazioni elastiche di corpi o strutture.

estensióne *s. f.* **1** Ampliamento (*anche fig.*): *— territoriale*; *— di un concetto* | *In tutta l'— della parola*, nel suo pieno significato, senza restrizioni | *Per —*, estendendo il significato del termine | Sviluppo: *— di una città verso le colline* | Propagazione: *— del contagio.* **2** Quanto si estende in larghezza o in lunghezza una superficie, un territorio e sim.; SIN. Ampiezza, distesa. **3** (*mus.*) Sistema di tutti i suoni emessi dalla voce umana o da uno strumento.

estensìvo *agg.* **1** Che estende: *interpretazione estensiva*; CONTR. Restrittivo. **2** (*agr.*) *Coltura estensiva*, praticata su vasti terreni ma con scarso impiego di mezzi; CONTR. Intensivo.

estènso *agg.* (*raro*) Esteso, *spec. nella loc. per —*, distesamente, senza abbreviazioni.

estensóre A *agg.* Che produce estensione. **B** *s. m.* **1** Compilatore di uno scritto. **2** Attrezzo ginnico formato da molle portanti all'estremità due impugnature, mediante le quali si tendono, per esercizio muscolare.

estenuànte *part. pres. di estenuare; anche agg.* Che provoca grande stanchezza fisica e/o psichica.

estenuàre A *v. tr.* (*io estènuo*) Rendere magro | (*est.*) Indebolire, fiaccare; SIN. Sfibrare, spossare. **B** *v. intr. pron.* Stancarsi, spossarsi.

estenuatìvo *agg.* Atto a estenuare.

estenuazióne *s. f.* Estrema spossatezza.

èstere *s. m.* (*chim.*) Ciascuno dei composti organici che usualmente si ottengono per condensazione di un acido con un alcol, o si trovano presenti in natura come grassi animali e vegetali.

esterificàre *v. tr.* (*io esterìfico, tu esterìfichi*) Convertire in estere un acido.

esterificazióne *s. f.* Processo chimico che porta alla formazione di un estere.

esterióre A *agg.* Che è, avviene o appare, al di fuori | *Doti esteriori*, pregi, bellezza del corpo | *Mondo —*, che è al di fuori dell'uomo; CONTR. Interiore. **B** *s. m.* Ciò che appare al di fuori.

esteriorità *s. f.* Ciò che appare all'esterno; SIN. Apparenza.

esteriorizzàre A *v. tr.* (*raro*) Mostrare all'esterno, spec. sentimenti e sim. **B** *v. intr. pron.* Esternarsi.

esteriorizzazióne *s. f.* **1** Palese manifestazione spec. di sentimenti. **2** (*med.*) Atto del portare all'esterno un organo o una parte di esso. **3** (*psicol.*) Il rivolgersi di interessi ed energie verso l'esterno.

esternaménte *avv.* Dalla parte esterna, di fuori.

esternàre ***A*** *v. tr.* (*io estèrno*) Manifestare q.c. che si ha nell'animo, nel pensiero e sim.; SIN. Esprimere, estrinsecare. ***B*** *v. intr. pron.* Divenire palese. ***C*** *v. rifl.* Aprire il proprio animo: *esternarsi con qc.*

estèrno ***A*** *agg.* (*compar. esterióre; sup. estrèmo*) Che è al di fuori di q.c. | *Alunni esterni*, in un collegio, quelli che ne frequentano i corsi scolastici senza essere convittori | *Impressione esterna*, che proviene dal mondo che ci circonda | *Per uso* —, di medicamento da impiegarsi per le parti esterne del corpo | *Angolo* —, in un poligono, angolo compreso tra un lato e il prolungamento d'un altro contiguo; CONTR. Interno. ***B*** *s. m.* (*f. -a*, nel sign. 2) ***1*** Lato o parte di fuori; CONTR. Interno. ***2*** Alunno, di collegio e sim., che frequenta solo le lezioni. ***3*** In teatro, ricostruzione scenografica di un luogo aperto | In cinematografia, ripresa girata al di fuori dei teatri di posa.

èstero ***A*** *agg.* Forestiero, straniero | *Ministero degli affari esteri*, che tratta le relazioni politiche con gli Stati stranieri. ***B*** *s. m.* Territorio posto al di fuori dei confini nazionali: *vivere, lavorare, andare all'* — | *Ministero degli Esteri*, (*ell.*) *gli Esteri*, Ministero degli affari esteri.

esterofilìa *s. f.* Accentuata predilezione per tutto ciò che è straniero.

esteròfilo *agg.; anche s. m.* (*f. -a*) Che (o chi) predilige ciò che proviene dall'estero.

esterrefàtto *agg.* Spaventato, atterrito | Sbalordito: *rimanere* —.

estéso *part. pass. di estendere; anche agg.* Allargato, ampliato; SIN. Ampio | Vasto | (*fig.*) *Significato* —, traslato | *Per* —, senza abbreviazioni.

est est est /*lat.* ɛst ɛst ɛst/ *loc. sost. m. inv.* Celebre vino di Montefiascone.

estèta *s. m. e f.* (*pl. m. -i*) ***1*** Chi nella vita subordina ogni cosa ai valori estetici. ***2*** (*est.*) Persona di raffinata sensibilità.

estètica *s. f.* ***1*** Scienza filosofica che ha per oggetto lo studio del bello e dell'arte. ***2*** (*est.*) Avvenenza, bellezza.

esteticaménte *avv.* Dal punto di vista estetico.

estètico *agg.* (*pl. m. -ci*) ***1*** Che concerne o interessa l'estetica. ***2*** (*est.*) Inerente al bello.

estetìșmo *s. m.* ***1*** Dottrina o atteggiamento dell'esteta. ***2*** Indirizzo critico che valuta e giudica un'opera d'arte limitatamente ai suoi valori formali.

estetista *s. m. e f.* (*pl. m. -i*) Persona esperta in cure di bellezza.

estetizzànte *part. pres. di estetizzare; anche agg.* Improntato a estetismo: *stile* — | Che ostenta una raffinatezza spesso esagerata.

estetizzàre *v. intr.* (*aus. avere*) Assumere atteggiamenti da esteta.

estimàre v. *stimare.*

estimativa *s. f.* Facoltà di ben giudicare.

estimativo *agg.* Atto a stimare.

estimatóre *s. m.* (*f. -trìce*) Chi prova e professa ammirazione per qc. o q.c.

èstimo *s. m.* ***1*** Stima del valore di beni. ***2*** Disciplina economica che formula giudizi relativi ai valori monetari attribuibili ai beni economici in relazione a un dato scopo: — *rurale, civile.*

estinguere ***A*** *v. tr.* (*pres. io estinguo; pass. rem. io estìnsi, tu estinguésti; part. pass. estìnto*) ***1*** Spegnere: — *l'incendio.* ***2*** (*fig.*) Annullare, far svanire | — *un debito*, pagarlo. ***3*** (*lett.*) Uccidere, annientare. ***B*** *v. intr. pron.* ***1*** Spegnersi. ***2*** (*fig.*) Finire.

estinguibile *agg.* Che si può estinguere; CONTR. Inestinguibile.

estinto ***A*** *part. pass. di estinguere; anche agg.* Spento | Finito: *razza estinta.* ***B*** *s. m.* (*f. -a*) Chi è morto.

estintóre *s. m.* Apparecchio usato per estinguere principi d'incendio, spruzzando gas o schiume che soffocano le fiamme. [→ ill. *vigili del fuoco*]

estinzióne *s. f.* ***1*** Spegnimento: — *di un incendio* | Annullamento, pagamento: — *di un debito* | Cessazione di fenomeni naturali: — *di un vulcano* | Scomparsa: *l'— dei dinosauri.* ***2*** Il venir meno di una famiglia o stirpe per mancanza di discendenti diretti.

estirpàbile *agg.* Che si può estirpare.

estirpàre *v. tr.* ***1*** Sradicare, svellere dalla radice. ***2*** (*fig.*) Distruggere totalmente.

estirpatóre ***A*** *agg.* (*f. -trice*) Che estirpa. ***B*** *s. m.* ***1*** Chi estirpa (*spec. fig.*). ***2*** Attrezzo usato per liberare il terreno da radici ed erbacce.

estirpazióne *s. f.* Operazione dell'estirpare | (*fig.*) Eliminazione radicale.

estivàre ***A*** *v. tr.* Condurre il bestiame in pascoli di montagna durante l'estate. ***B*** *v. intr.* (*aus. avere*) (*raro*) Soggiornare durante l'estate in luogo diverso da quello in cui di solito si vive.

estivo *agg.* Dell'estate.

estòrcere *v. tr.* (*coniug. come torcere*) Carpire ad altri beni o vantaggi con minaccia, violenza o inganno.

estorsióne *s. f.* Atto dell'estorcere | Reato di chi si procura un profitto con violenze e minacce.

estradàre *v. tr.* Consegnare per estradizione.

estradizióne *s. f.* (*dir.*) Consegna di un soggetto imputato o condannato da parte dello stesso Stato nel cui territorio si trova, ad altro Stato, perché in questo sia sottoposto a giudizio.

estradòsso *s. m.* Superficie esterna e convessa di un arco o di una volta. [→ ill. *architettura*]

estradotàle v. *extradotale.*

estragiudiziàle v. *extragiudiziale.*

estraìbile *agg.* Che si può estrarre.

estralegàle v. *extralegale.*

estraneità *s. f.* Condizione di chi (o di ciò che) non fa parte, non ha attinenza o rapporto con q.c.

estràneo ***A*** *agg.* Che non ha nessun rapporto di attinenza o interesse con le persone o le cose di cui si parla: *essere — a un'attività*; *discorso — all'argomento* | *Corpo* —, frammento di varia natura penetrato in un organismo | *Rimanere — a q.c.*, non parteciparvi. ***B*** *s. m.* (*f. -a*) Persona estranea.

estraniàre ***A*** *v. tr.* (*io estrànio*) Allontanare. ***B*** *v. rifl.* Rendersi estraneo | *Estraniarsi dalla realtà*, fuggirla rinchiudendosi nel proprio mondo interiore.

estraparlamentàre v. *extraparlamentare.*

estrapolàre *v. tr.* Eseguire un'estrapolazione.

estrapolazióne *s. f.* ***1*** (*mat.*) Procedimento di previsione dell'andamento di una funzione oltre i limiti in cui essa è conosciuta | Previsione dell'andamento di un fenomeno nel futuro, sul fondamento della conoscenza di esso al presente. ***2*** (*est.*) Estrazione di una parte da un tutto | Nella critica letteraria, espunzione di una frase dal testo in cui è inserita.

estràrre *v. tr.* (*coniug. come trarre*) Trarre fuori da q.c.: — *il denaro dalla tasca* | (*mat.*) — *la radice di un numero*, trovare il numero che elevato a quell'esponente dà il numero dato | (*est.*) Scavare da un giacimento minerario: — *i diamanti* | — *i numeri del lotto*, tirarli a sorte; SIN. Cavare.

estrattivo *agg.* Relativo a estrazione | *Industria estrattiva*, mineraria.

estràtto ***A*** *part. pass. di estrarre; anche agg.* Tratto fuori | Tirato a sorte. ***B*** *s. m.* ***1*** Prodotto che si ricava da sostanze animali o vegetali per estrazione con opportuni solventi o con altri metodi: — *di camomilla*; — *di carne.* ***2*** Fascicoletto contenente un articolo di rivista o un capitolo di un libro. ***3*** Copia testuale di prestabiliti elementi di un documento | — *conto*, distinta recante il saldo delle operazioni effettuate su un conto corrente in un determinato periodo di tempo.

estrattóre *s. m.* ***1*** Chi è addetto a operazioni di estrazione. ***2*** Strumento che serve a estrarre cuscinetti, boccole, perni e sim. dalle sedi nelle quali sono stati forzati | Nelle armi da fuoco a retrocarica, dispositivo che estrae dalla camera l'involucro della carica sparata.

estravagànte *agg.* Detto di scritti minori non compresi da un autore nella raccolta delle proprie opere: *le rime estravaganti del Petrarca.*

estrazióne *s. f.* ***1*** Operazione dell'estrarre: — *del petrolio* | (*mat.*) Operazione consistente nell'estrarre la radice di un dato numero. [→ ill. *miniera, nucleare*] ***2*** Sorteggio. ***3*** (*chim.*) Separazione di uno o più composti da una mescolanza mediante trattamento con opportuno solvente. ***4*** (*fig.*) Origine, derivazione, nascita.

estrèma *s. f.* Nel calcio, ala.

estremaménte *avv.* Al massimo grado.

estremìșmo *s. m.* Atteggiamento di chi, spec. in politica, sostiene e propugna idee estreme.

estremista *s. m. e f.* (*pl. m.* -*i*) Chi sostiene e propugna idee e teorie ispirate a estremismo.

estremistico *agg.* (*pl. m.* -*ci*) Dell'estremismo o degli estremisti.

estremità *s. f.* **1** Parte estrema, punto terminale (*anche fig.*) | (*est.*) Orlo, lembo. **2** *al pl.* Piedi o gambe, mani o braccia: *avere le — congelate.*

estrèmo A *agg.* **1** *Sup. di esterno.* **2** Ultimo (*anche fig.*) | *Giungere all'ora estrema*, al momento di morire | *— orizzonte*, l'ultimo limite dell'orizzonte visibile | *— Oriente*, l'Asia Orientale | *Gli estremi onori*, le onoranze funebri | *Partiti estremi*, che propugnano idee e soluzioni politiche radicali. **3** Di massima grandezza, gravità, urgenza e sim.: *necessità estrema.* **B** *s. m.* **1** Punto, limite, momento estremo (*anche fig.*): *giungere agli estremi della potenza* | *L'—, gli estremi della vita*, il momento della morte | *Essere agli estremi*, in punto di morte | *Gli estremi si toccano*, le idee antitetiche si rassomigliano in qualche modo | *All'—*, alla fine. **2** (*mat.*) In una proporzione, il primo o il quarto termine. **3** *spec. al pl.* Elemento di identificazione: *gli estremi di un documento* | *Estremi di un reato*, elementi costitutivi di un singolo reato. **4** (*fig.*) Esagerazione, eccesso: *passare da un — all'altro.* [→ tav. *proverbi* 15, 166]

estrinsecàre A *v. tr.* (*io estrìnseco, tu estrìnsechi*) Manifestare all'esterno; SIN. Esprimere, esternare. **B** *v. intr. pron.* Esternarsi.

estrinsecazióne *s. f.* Manifestazione, espressione di ciò che è interiore.

estrinseco *agg.* (*pl. m.* -*ci*) Che è al di fuori o viene da fuori e non appartiene in modo sostanziale all'oggetto; CONTR. Intrinseco.

èstro *s. m.* **1** Insetto dittero le cui larve sono parassite di animali domestici. **2** Nelle femmine dei mammiferi, periodo favorevole all'accoppiamento; SIN. Calore. **3** (*est.*) Incitamento, stimolo, ardore. **4** Disposizione artistica naturale | Ispirazione: *comporre seguendo l'—.* **5** Ardore inventivo, capriccio, ghiribizzo: *venir l'— di fare q.c.*; *agire secondo l'—.*

estrométtere *v. tr. e rifl.* (*coniug. come mettere*) Porre, porsi al di fuori: *— qc. da un club.*

estromissióne *s. f.* Esclusione, espulsione.

estróso *agg.* Che è bizzarro, capriccioso | Che è fatto con estro, con originalità.

estroversióne *s. f.* (*psicol.*) Atteggiamento di interesse per le cose al di fuori di se stessi, per l'ambiente sociale piuttosto che per i propri pensieri e sentimenti; CONTR. Introversione.

estrovèrso A *part. pass. di estrovertere; anche agg.* Volto in fuori. **B** *s. m.* (*f.* -*a*) (*psicol.*) Chi è caratterizzato da estroversione; CONTR. Introverso.

estrovèrtere A *v. tr.* (*io estrovèrto; part. pass. estrovèrso o estrovertito; manca il pass. rem.*) Rivolgere in fuori. **B** *v. rifl.* Volgersi verso il mondo esterno.

estrovertito *part. pass. di estrovertere; anche agg. e s. m.* Estroverso.

estrùdere *v. tr.* (*pres. io estrùdo; part. pass. estrùso*) Praticare l'estrusione, nel sign. 1.

estrusióne *s. f.* **1** Lavorazione di metalli o materie plastiche, comprimendole in un cilindro sul cui fondo si trova un orifizio da cui il materiale esce modellato, a guisa di sbarra o filo. **2** (*geol.*) Lenta emissione, da parte di un vulcano, di lava molto viscosa che si stagna sopra il condotto innalzandosi come una guglia.

estrusivo *agg.* Di estrusione.

estuàrio *s. m.* (*geogr.*) Foce di fiume che si allarga a forma di lungo imbuto in cui il mare penetra profondamente: *l'— del Tamigi*; CFR. Delta. [→ ill. *geografia*]

esuberànte *agg.* **1** Sovrabbondante, rigoglioso. **2** (*fig.*) Pieno di vitalità, di brio; SIN. Vivace.

esuberànza *s. f.* **1** Grande abbondanza | *In —*, in quantità superiore al necessario. **2** (*fig.*) Vivacità, espansività.

esulàre *v. intr.* (*io èsulo; aus. avere*) **1** (*raro*) Andare volontariamente in esilio. **2** (*fig.*) Essere al di fuori: *questo esula dai miei compiti.*

esulceràre *v. tr.* (*io esùlcero*) **1** (*med.*) Provocare un'ulcera | (*est.*) Piagare. **2** (*fig.*) Irritare, addolorare al massimo grado.

esulcerazióne *s. f.* **1** (*med.*) Ulcerazione superficiale. **2** (*fig.*) Inasprimento.

èsule *s. m. e f.* Chi è o va in esilio: *essere — dalla patria.*

esultànza *s. f.* Intensa allegrezza.

esultàre *v. intr.* (*aus. avere*) Sentire e manifestare esultanza; SIN. Gioire.

esumàre *v. tr.* (*io èsumo o raro esùmo*) **1** Trarre dalla tomba; SIN. Disseppellire. **2** (*fig.*) Trarre dall'oblio cose già dimenticate.

esumazióne *s. f.* Disseppellimento | (*fig.*) Ritrovamento o riproposta di ciò che era sconosciuto, dimenticato e sim.: *l'— di un'opera minore di Bellini.*

età *s. f.* **1** Gli anni della vita, il tempo che si ha: *all'— di sei anni.* **2** Ognuno dei vari periodi in cui si è soliti dividere la vita degli uomini | *La prima, tenera —*, l'infanzia | *La novella, verde —*, l'adolescenza o la giovinezza | *Un uomo d'—, di una certa —*, avanti con gli anni | *La mezza —*, fra la giovinezza e la vecchiaia | *L'— matura*, in cui si raggiunge la pienezza della propria vita | *La terza —*, la vecchiaia | *Avere l'— della ragione*, essere mentalmente maturo. **3** Gli anni che si richiedono per poter fare q.c.: *ha passato l'— di giocare* | *Limiti di —*, oltre i quali non è più possibile fare q.c. | *Minore —*, quella inferiore ai 18 anni | *Maggiore —*, quella stabilita dalla legge nel compimento del diciottesimo anno d'età in cui si ha capacità di agire per la cura dei propri interessi. **4** Epoca, periodo: *l'— del bronzo*; *l'— di Augusto*; *— risorgimentale.* **5** Unità della cronologia geologica in cui si suddivide un'epoca. **6** *— della Luna*, numero dei giorni trascorsi dall'ultimo novilunio.

étagère /fr. eta'ʒɛr/ *s. f. inv.* (*pl. fr. étagères* /eta'ʒɛr/) Mobile a scaffali spesso foggiato in modo da poter essere posto nell'angolo di una stanza | Mensola d'angolo. [→ ill. *mobili*]

etàno *s. m.* Idrocarburo saturo della serie paraffinica, gassoso, contenuto nel petrolio e nei gas naturali, impiegato spec. come combustibile.

etèra *s. f.* Nell'antica Grecia, donna di vita galante | (*est.*) Cortigiana.

ètere (1) *s. m.* (*lett.*) Aria, cielo | *— cosmico*, ipotetico mezzo imponderabile ed elastico che si supponeva riempisse tutto l'universo e trasmettesse la luce vibrando.

ètere (2) *s. m.* **1** (*chim.*) Composto organico costituito da due radicali idrocarburici uniti da un atomo di ossigeno | *— etilico*, liquido organico volatile che produce anestesia. **2** Etere etilico.

etèreo (1) *agg.* **1** Che è dell'etere, che si trova nell'etere. **2** (*poet.*) Del cielo | (*est.*) Celestiale, puro.

etèreo (2) *agg.* (*chim.*) Relativo all'etere | Eterico.

etèrico *agg.* (*pl. m.* -*ci*) (*chim.*) Relativo all'etere.

eterificàre A *v. tr.* (*io eterifico, tu eterifichi*) Trasformare un alcol in etere. **B** *v. intr. pron.* Trasformarsi in etere, detto di alcol.

eterificazióne *s. f.* Processo chimico che porta alla formazione di un etere.

eternaménte *avv.* In eterno, senza fine.

eternàre A *v. tr.* (*io etèrno*) Immortalare | Rendere durevole, perenne. **B** *v. rifl.* Farsi immortale, per meriti, fama e sim.

eternit o *èternit s. m.* Nome commerciale di un materiale per costruzione o protezione, costituito da malta e fibra di amianto.

eternità *s. f.* **1** Qualità e condizione di ciò che dura indefinitamente. **2** Tempo infinito. **3** Vita eterna | *Andare all'—*, morire.

etèrno A *agg.* **1** Che non ebbe principio e non avrà fine, che è durato e durerà sempre: *Dio è —.* **2** Che ebbe principio e non avrà fine | *Il sonno —*, la morte | *La vita eterna*, l'esistenza ultraterrena | *La città eterna*, (*per anton.*) Roma | Che ha la durata della vita dell'uomo: *giurare — amore* | *In —*, (*ell.*) per l'eternità; SIN. Immortale, perpetuo. **3** Incessante, interminabile: *discorso —.* **B** *s. m.* Eternità | *L'Eterno*, (*per anton.*) Dio.

ètero- *primo elemento*: in parole composte dotte significa 'altro', 'diverso': *eterodossia, eterogeneo, eterosessuale.*

eteròclito *agg.* **1** (*ling.*) Di sostantivo, aggettivo e verbo la cui flessione comprende più temi o radici. **2** (*lett.*) Anormale, inusitato.

eterodìna *s. f.* Oscillatore ad alta frequenza, con intensità e periodo regolabili, che negli apparecchi radiofonici serve per ottenere, con la frequenza portante, un'oscillazione di battimento che rigenera il segnale.
eterodossìa *s. f.* Dottrina o insegnamento in contrasto con l'opinione comune o ufficialmente riconosciuta, spec. in materia religiosa; CONTR. Ortodossia.
eterodòsso *agg.* Che si riferisce a eterodossia | Che segue una dottrina eterodossa; CONTR. Ortodosso.
eterofillìa *s. f.* Fenomeno per cui le foglie di una pianta si presentano lungo il fusto con due o più forme diverse.
eterogeneità *s. f.* Qualità di ciò che è eterogeneo; CONTR. Omogeneità.
eterogèneo *agg.* **1** Di natura e qualità diverse; CONTR. Omogeneo. **2** (*ling.*) Di sostantivo che nel plurale ha o può avere genere diverso che nel singolare (es. *braccio, braccia*).
eterogènesi *s. f.* (*biol.*) Alterazione del numero e della disposizione degli organi.
eteronomìa *s. f.* (*filos.*) Principio in base al quale la volontà del soggetto non ha in sé la ragione della propria azione ma la deriva da principi estranei alla stessa volontà; CONTR. Autonomia.
eterònomo *agg.* (*filos.*) Che riceve dall'esterno le modalità della propria azione; CONTR. Autonomo.
eteropolàre *agg.* Di legame chimico che avviene per attrazione elettrostatica fra ioni di segno opposto.
eterosessuàle **A** *agg.* Che riguarda i rapporti sessuali fra due persone di sesso diverso: *relazione* —; CFR. Omosessuale. **B** *agg.; anche s. m. e f.* Che (o chi) prova attrazione sessuale per persone del sesso opposto.
eterotassìa *s. f.* (*biol.*) Anormale disposizione di organi vegetali o animali.
eterotèrmo *agg.* (*zool.*) Detto di animale la cui temperatura interna dipende da quella dell'ambiente: *i rettili sono eterotermi.*
eterotrofìa *s. f.* Fenomeno per cui un organismo, che non è capace di fabbricare da sé le sostanze organiche nutritizie, le assume da altri organismi.
eteròtrofo *agg.* Di organismo che presenta eterotrofia.
eterozigòte *s. m.* (*biol.*) Individuo derivato dall'unione di gameti con fattori ereditari diversi.
etèsii *s. m. pl.* Venti periodici provenienti da nord che soffiano durante i mesi estivi nel Mediterraneo orientale.
ètica *s. f.* **1** Parte della filosofia che ha per oggetto la determinazione della condotta umana e la ricerca dei mezzi atti a concretizzarla. **2** Insieme delle norme di condotta di una persona o gruppo di persone: — *professionale*; *l'— di Giolitti.*
eticaménte *avv.* Secondo l'etica, in rapporto all'etica, alla moralità.
etichétta (1) *s. f.* **1** Cartellino che si applica a bottiglie, libri e sim. per indicarne il prezzo, il contenuto, il nome, la collocazione e sim. **2** (*fig.*) Definizione sommaria e astratta di un movimento artistico, filosofico, politico | (*est.*) Definizione sbrigativa assegnata a qc. o q.c.
etichétta (2) *s. f.* Cerimoniale degli usi e costumi da osservare nelle corti regali | (*est.*) Norme consuetudinarie di comportamento in società e particolari cerimonie.
etichettàre *v. tr.* Fornire di etichetta | (*fig.*) Qualificare.
etichettatrìce *s. f.* Macchina per etichettare.
eticità *s. f.* Qualità di ciò che è etico.
ètico (1) **A** *agg.* (*pl. m. -ci*) **1** (*filos.*) Che concerne o interessa l'etica o la filosofia morale. **2** Relativo al costume, alla vita sociale e civile. **B** *s. m.* (*filos.*) Chi si dedica allo studio dell'etica.
ètico (2) *agg.; anche s. m.* (*f. -a; pl. m. -ci*) (*raro*) Affetto da tisi.
etìle *s. m.* Residuo monovalente dell'etano, corrispondente all'etano a cui manca un atomo di idrogeno.
etilène *s. m.* Idrocarburo gassoso, con due atomi di carbonio e quattro di idrogeno, di largo impiego nell'industria.
etìlico *agg.* (*pl. m. -ci*) Detto di composto che contiene un etile: *alcol, etere* —.
etilìsmo *s. m.* Intossicazione da alcol etilico; SIN. Alcolismo.
etilìsta *s. m. e f.* (*pl. m. -i*) Chi presenta i sintomi dell'etilismo; SIN. Alcolista.
ètimo *s. m.* (*ling.*) Forma dalla quale si fa derivare una parola.
etimologìa *s. f.* (*pl. -gìe*) Ricerca dei rapporti di derivazione che una parola ha con un'altra più antica | Disciplina che si occupa della formazione delle parole | Etimo.
etimològico *agg.* (*pl. m. -ci*) Che riguarda l'etimologia | *Dizionario* —, quello che dà l'etimologia dei lemmi registrati.
etimologìsta *s. m. e f.* (*pl. m. -i*) Etimologo.
etimòlogo *s. m.* (*f. -a; pl. m. -gi*) Chi si dedica a studi etimologici.
etìope *agg.; anche s. m. e f.* Dell'Etiopia.
etiòpico *agg.* (*pl. m. -ci*) Dell'Etiopia.
etìsia *s. f.* (*med.*) Tubercolosi.
etmoidàle *agg.* Che concerne l'etmoide.
etmòide *s. m.* (*anat.*) Osso della base del cranio che concorre alla formazione delle cavità nasali e delle cavità orbitali.
etnìa *s. f.* Raggruppamento umano basato su caratteri razziali, linguistici o culturali.
ètnico *agg.* (*pl. m. -ci*) Che è proprio di una razza, di un popolo.
etnografìa *s. f.* Scienza che studia i costumi e le tradizioni dei popoli viventi.
etnogràfico *agg.* (*pl. m. -ci*) Dell'etnografia.
etnògrafo *s. m.* (*f. -a*) Studioso di etnografia.
etnologìa *s. f.* (*pl. -gìe*) Scienza che studia le culture e civiltà dei vari popoli estinti e viventi per stabilire l'evoluzione, il diffondersi e l'affermarsi delle culture umane.
etnològico *agg.* (*pl. m. -ci*) Che concerne l'etnologia.
etnòlogo *s. m.* (*f. -a; pl. m. -gi*) Studioso di etnologia.
-éto *suff.* di termini che indicano terreni coltivati (*frutteto, vigneto*) o boschi e sim. (*canneto, castagneto, faggeto*) o insieme di materiali (*macereto, sepolcreto*).
etologìa *s. f.* Studio del comportamento degli animali o del modo di vita delle piante in relazione all'ambiente in cui vivono.
etòlogo *s. m.* (*f. -a; pl. m. -gi*) Studioso, esperto di etologia.
ètra *s. m.* (*poet.*) Aria, cielo.
etrùsco *agg.; anche s. m.* (*pl. m. -schi*) **1** Dell'antica Etruria. **2** (*poet.*) Toscano.
etruscologìa *s. f.* (*pl. -gìe*) Studio della storia e dei monumenti etruschi.
etruscòlogo *s. m.* (*f. -a; pl. m. -gi*) Studioso di etruscologia.
ètta- V. *epta-*.
ettaèdro *s. m.* (*mat.*) Poliedro con sette facce.
ettàgono *s. m.* (*mat.*) Poligono con sette vertici. [→ ill. *geometria*]
èttaro *s. m.* Unità di superficie agraria equivalente a 10.000 metri quadrati.
ètto *s. m.* (*fam.*) Ettogrammo.
-étto *suff. alterativo* (*f. -a*): ha valore diminutivo e tono affettivo o, anche, dispregiativo: *bimbetto, cerchietto, piccoletto.*
ètto- *primo elemento*: anteposto a un'unità di misura la moltiplica per cento: *ettogrammo, ettolitro.*
ettogràmmo *s. m.* Unità pratica di peso, equivalente a 100 grammi. SIMB. hg.
ettòlitro *s. m.* Unità di capacità equivalente a 100 litri. SIMB. hl.
ettòmetro *s. m.* Misura lineare equivalente a 100 m. SIMB. hm.
èttowatt /'ɛttovat/ *s. m.* Unità di potenza equivalente a 100 watt. SIMB. hW.
èu- *primo elemento*: in parole composte dotte significa 'bene', 'buono': *eucalipto, euforia, euritmia, eufemismo.*
eucalìpto *s. m.* Albero delle Mirtali che supera anche i cento metri di altezza, con foglie ovali o falcate da cui si ricava un olio essenziale. [→ ill. *piante* 8]
eucaristìa o *eucarestìa* *s. f.* Uno dei Sacramenti della Chiesa cattolica, in cui, sotto le specie del pane e del vino, si contengono realmente il corpo, il sangue, l'anima e la divinità di Gesù Cristo.
eucarìstico *agg.* (*pl. m. -ci*) Dell'Eucaristia.
eudemonìa *s. f.* (*filos.*) La felicità intesa come scopo fondamentale e ultimo dell'azione umana.
eudemònico *agg.* (*pl. m. -ci*) Che concerne l'eudemonia.
eudemonìsmo *s. m.* Dottrina filosofica secondo la quale la felicità costituisce il fondamento della vita morale.

eudemonologìa *s. f.* (*pl. -gìe*) Ragionamento intorno alla felicità.
eudermìa *s. f.* (*med.*) Stato fisiologico normale della pelle.
eudèrmico *agg.* (*pl. m. -ci*) Di eudermia.
eufemìa *s. f.* Eufemismo.
eufemìsmo *s. m.* (*ling.*) Figura retorica mediante la quale si attenua l'asprezza di un concetto, usando una perifrasi o sostituendo un vocabolo con un altro (es. *malato di mente* in luogo di *pazzo*).
eufemìstico *agg.* (*pl. m. -ci*) Dovuto a eufemismo.
eufonìa *s. f.* (*ling.*) Impressione gradevole che si produce quando dati suoni si incontrano; CONTR. Cacofonia.
eufònico *agg.* (*pl. m. -ci*) Detto di suono gradevole; CONTR. Cacofonico.
eufònio *s. m.* (*mus.*) Strumento d'ottone, d'accompagnamento | Registro somigliante al clarinetto nell'organo.
eufòrbia *s. f.* Pianta erbacea o legnosa delle Euforbiali, con infiorescenze simili a un fiore unico, e contenente un latice aspro. [→ ill. *piante* 4]
Euforbiàcee *s. f. pl.* Famiglia di piante erbacee o legnose delle Euforbiali, caratterizzate dalla presenza di latice, da fiori piccoli riuniti in infiorescenze e da frutti a capsula. [→ ill. *piante* 3, 4]
Euforbiàli *s. f. pl.* (*sing. -e*) Ordine di piante dicotiledoni delle Angiosperme. [→ ill. *piante* 3]
euforìa *s. f.* Sensazione di vigore, contentezza e ottimismo; CONTR. Disforia.
eufòrico *agg.* (*pl. m. -ci*) Pieno di euforia.
eufuìsmo *s. m.* Stile letterario inglese analogo al Secentismo italiano, caratterizzato dalla ricchezza di similitudini e di altre figure retoriche.
eufuìsta *s. m.* (*pl. -i*) Seguace dell'eufuismo.
eugenètica *s. f.* (*med.*) Disciplina che si propone il miglioramento della specie umana.
eugenètico *agg.* (*pl. m. -ci*) Dell'eugenetica.
eugènia *s. f.* Pianta delle Mirtali i cui fiori in boccio, seccati, costituiscono i chiodi di garofano.
eugenista *s. m. e f.* (*pl. m. -i*) Chi studia l'eugenetica e i problemi a essa relativi.
euglèna *s. f.* Alga unicellulare con clorofilla, comune nelle acque stagnanti e sui terreni umidi. [→ ill. *alga*]
eugubìno *agg.; anche s. m.* Di Gubbio.
eunùco *s. m.* (*pl. -chi*) **1** (*med.*) Uomo privo delle facoltà virili, per difetto organico o per evirazione. **2** Guardiano evirato degli harem. **3** (*fig.*) Persona incapace, inetta.
eupepsìa *s. f.* (*med.*) Buona digestione; CONTR. Dispepsia.
eupèptico **A** *agg.* (*pl. m. -ci*) Detto di medicamento che facilita la digestione. **B** *anche s. m.*
eurasiàtico **A** *agg.* (*pl. m. -ci*) Dell'Europa e dell'Asia considerate come unica entità geografica: *continente* —. **B** *agg.; anche s. m.* (*f. -a; pl. m. -ci*) Detto di chi è nato da padre europeo e da madre asiatica, o viceversa.
èureka *inter.* Esprima gioia per avere raggiunto la soluzione di q.c. o per avere trovato il modo di realizzarla.
eurìstica *s. f.* Arte di pervenire a nuove scoperte o invenzioni.
eurìstico *agg.* (*pl. m. -ci*) Che concerne l'euristica.
euritmìa *s. f.* **1** Calcolata armonia nella distribuzione degli elementi compositivi di un'opera d'arte. **2** (*med.*) Normale andamento di ogni funzione ritmica dell'organismo.
eurocomunìsmo *s. m.* Il complesso delle posizioni teoriche e politiche di alcuni partiti comunisti europei.
eurodòllaro *s. m.* Dollaro statunitense depositato in banche europee e disponibile per operazioni finanziarie in Europa.
europeìsmo *s. m.* Atteggiamento di chi è favorevole all'unità europea | Movimento che mira a creare tale unità.
europeìsta *s. m. e f.* (*pl. m. -i*) Sostenitore, fautore dell'europeismo.
europeìstico *agg.* (*pl. m. -ci*) Dell'europeismo e degli europeisti.
europeizzàre **A** *v. tr.* Ridurre al costume e all'uso europeo. **B** *v. intr. pron.* Farsi in tutto simile agli europei.
europèo *agg.; anche s. m.* (*f. -a*) Dell'Europa.
euròpio *s. m.* Elemento chimico, metallo del gruppo delle terre rare. SIMB. Eu.
eurovisióne *s. f.* Collegamento fra le reti televisive di diversi paesi europei per trasmettere contemporaneamente lo stesso programma.
eustàtico *agg.* (*pl. m. -ci*) Dell'eustatismo.
eustatìsmo *s. m.* (*geol.*) Fenomeno di innalzamento o abbassamento del livello dei mari, per glaciazioni, sedimentazioni e sim.
eutanasìa *s. f.* Morte provocata con farmaci o sim. per risparmiare lunghe sofferenze a malati incurabili.
eutrofìa *s. f.* (*biol.*) Buono stato di nutrizione dei tessuti.
eutrofizzazióne *s. f.* (*biol.*) Processo naturale di arricchimento in sostanze nutritive di un ambiente che ne è povero.
evacuaménto *s. m.* Abbandono di un luogo per ragioni di sicurezza e sim.
evacuàre **A** *v. tr.* (*io evàcuo*) **1** Abbandonare un luogo lasciandolo sgombro. **2** Espellere: — *le feci* | ass. Andare di corpo. **B** *v. intr.* (*aus. avere*) Andarsene da un luogo: — *da un paese*.
evacuatìvo *agg.* (*med.*) Atto a evacuare.
evacuazióne *s. f.* **1** Evacuamento. **2** Defecazione.
evàdere **A** *v. intr.* (*pass. rem. io evàsi, tu evadésti; part. pass. evàso; aus. essere*) **1** Fuggire da un luogo di pena o in cui si è comunque sorvegliati: — *dalla prigione*; SIN. Scappare. **2** Sfuggire ai propri doveri fiscali. **3** (*fig.*) Cercare di allontanarsi da situazioni, ambienti e sim. insoddisfacenti, anche ass.: — *dalle preoccupazioni*. **B** *v. tr.* **1** Sbrigare, eseguire: — *una pratica*. **2** Evitare di pagare: — *le tasse*.
evanescènte *agg.* Che va svanendo, dileguando, affievolendosi.
evanescènza *s. f.* Qualità di evanescente.
evangèlico **A** *agg.* (*pl. m. -ci*) **1** Che appartiene ai Vangeli | *Chiesa evangelica*, denominazione generica di molti movimenti religiosi riformati. **2** Conforme agli insegnamenti del Vangelo. **B** *s. m.* Chi appartiene alla chiesa evangelica.
evangelìsmo *s. m.* Tendenza ad adeguare il proprio modo di vivere agli insegnamenti del Vangelo.
evangelìsta *s. m.* (*pl. -i*) Scrittore di uno dei quattro Vangeli.
evangelizzàre *v. tr.* Predicare la parola del Vangelo per convertire alla fede di Cristo.
evangelizzatóre *s. m.* (*f. -trice*) Chi predica il Vangelo, spec. a popoli non cristiani.
evangelizzazióne *s. f.* Predicazione e diffusione delle dottrine contenute nel Vangelo.
evangèlo V. *vangelo*.
evaporàbile *agg.* Di facile evaporazione.
evaporàre **A** *v. intr.* (*io evapóro o evit. evàporo; aus. essere* nel sign. 1, *avere* nel sign. 2) **1** Diventare vapore. **2** Diminuire per evaporazione. **B** *v. tr.* Trasformare un liquido in vapore.
evaporatóre *s. m.* **1** Apparecchio usato per separare due liquidi mediante evaporazione di uno di essi, o per concentrare una soluzione diluita. **2** Recipiente con acqua appeso al calorifero, per umidificare l'ambiente.
evaporazióne *s. f.* Passaggio lento delle sostanze dallo stato solido o liquido a quello aeriforme.
evaporìmetro *s. m.* (*fis.*) Strumento che misura la quantità di acqua evaporata in un dato intervallo di tempo.
evasióne *s. f.* **1** Fuga da un luogo di pena, da una prigione e sim. **2** (*fig.*) Allontanamento, distrazione da ciò che opprime: — *dalla realtà* | Mancanza di impegno: *film d'*—. **3** Il trattare o concludere affari, incarichi e sim. | — *della corrispondenza*, risposta alle lettere ricevute. **4** Mancato pagamento di tasse o imposte.
evasìvo *agg.* Sfuggente, poco chiaro; SIN. Elusivo.
evàso **A** *part. pass. di evadere; anche agg.* Fuggito | (*bur.*) Sbrigato, eseguito: *corrispondenza già evasa*. **B** *s. m.* (*f. -a*) Chi è fuggito dalla prigione.
evasóre *s. m.* Chi si sottrae ai propri obblighi fiscali.
evenìenza *s. f.* Occorrenza, caso; SIN. Occasione.
evènto *s. m.* Fatto che si è già verificato o che si può verificare | *Fausto, lieto* —, la nascita di un bambino; SIN. Avvenimento, caso.
eventuàle *agg.* Che può accadere; SIN. Possibile.
eventualità *s. f.* **1** Possibilità, caso. **2** Evenienza: *prepararsi per ogni* —.
eventualménte *avv.* Nel caso, se mai.

eversióne *s. f.* **1** Complesso di atti anche criminosi tendenti ad abbattere l'ordine costituito. **2** (*lett.*) Rovina, distruzione.
eversivo *agg.* Che intende rovesciare o abolire l'ordine costituito.
eversóre *s. m.* Sovvertitore | (*lett.*) Chi distrugge.
evidènte *agg.* **1** Che si vede con chiarezza; SIN. Chiaro, manifesto. **2** Che non si può mettere in dubbio, che non ha bisogno di dimostrazione: *prova* —; SIN. Indubbio, irrefutabile.
evidènza *s. f.* Qualità di ciò che è evidente | *Mettere, mettersi in* —, fare, farsi notare; SIN. Chiarezza.
evidenziatóre *s. m.* Tipo di pennarello a tratto colorato non coprente, usato per dare risalto a una o più parole in uno scritto.
evìncere *v. tr.* (*coniug. come vincere*) Trarre come deduzione: *da ciò si evince che non è possibile fare altrimenti.*
eviràre *v. tr.* **1** Asportare i testicoli; SIN. Castrare. **2** (*fig.*) Rendere fiacco, debole.
evirazióne *s. f.* Castrazione.
evitàbile *agg.* Che si può o si deve evitare; CONTR. Inevitabile.
evitàre *v. tr.* (*io èvito*) **1** Scansare, schivare: — *un pericolo* | Sfuggire. **2** Comportarsi in modo da non fare q.c.: — *di bere.* **3** Togliere a qc. pesi, preoccupazioni e sim.: — *una spesa a qc.*
evizióne *s. f.* (*dir.*) Perdita totale o parziale di una cosa per rivendica da parte di un terzo.
èvo *s. m.* **1** Ciascuno dei grandi periodi in cui si usa suddividere la storia dell'umanità: — *antico, medio, moderno.* **2** (*raro*) Lungo spazio di tempo.
evocàre *v. tr.* (*io èvoco, tu èvochi*) **1** Richiamare qc. dal mondo dei trapassati per facoltà medianiche. **2** (*fig.*) Ricordare, celebrare: — *il passato.*
evocativo *agg.* Che serve a evocare.
evocatóre *s. m.* (*f. -trice*) Chi evoca.
evocazióne *s. f.* Richiamo di spiriti dal mondo dei trapassati | (*fig.*) Risveglio, richiamo di ricordi, sentimenti e sim.: *la capacità di — di una poesia, di un brano musicale.*
evolụire *v. intr.* (*io evolụisco, tu evolụisci; aus. avere*) Fare evoluzioni, detto di reparti militari, navi e aerei.
evolutivo *agg.* **1** Di evoluzione. **2** Atto a evolvere.
evolùto *part. pass. di evolvere; anche agg.* **1** Sviluppato. **2** Pervenuto alla piena coscienza civile e sociale | *Persona evoluta*, priva di pregiudizi.
evoluzióne *s. f.* **1** Lenta, graduale trasformazione: — *del pensiero* | Sviluppo. **2** (*biol.*) Lenta e incessante trasformazione delle specie viventi nel corso del tempo | *Teoria dell'*—, evoluzionismo. **3** Insieme di movimenti eseguiti secondo preordinate modalità: — *di un battaglione* | Volo di aereo su traiettoria curva.
evoluzionịsmo *s. m.* (*biol.*) Complesso delle dottrine filosofico-scientifiche che spiegano mediante la legge dell'evoluzione la derivazione dalla materia di ogni forma di realtà.
evoluzionìsta *s. m. e f.* (*pl. m. -i*) Chi segue l'evoluzionismo.
evoluzionìstico *agg.* (*pl. m. -ci*) Dell'evoluzione o dell'evoluzionismo.
evòlvere **A** *v. tr.* (*pass. rem. io evolvètti o evolvéi, tu evolvésti; part. pass. evolùto*) (*raro*) Sviluppare. **B** *v. intr. pron.* Trasformarsi progredendo lentamente e gradualmente.
evviva **A** *inter.* Esprime esultanza, plauso, entusiasmo, approvazione e sim. **B** *in funzione di s. m. inv.* Grido di esultanza, plauso e sim.: *gli — della folla.*
ex /*lat.* ɛks/ *prep.* Già, ora non più (premesso a un s., indica l'anteriorità di una condizione, di una dignità o di una funzione rispetto al presente): *l'— presidente*; *gli — deputati*; *la mia — casa.*
ex abrupto /*lat.* ɛgz a'brupto/ *loc. avv.* All'improvviso, detto spec. di discorsi che cominciano senza introduzione.
ex aequo /*lat.* ɛgz 'ɛkwo/ *loc. avv.* Alla pari, a pari merito: *classificarsi primi* —.
ex cathedra /*lat.* ɛks 'katedra/ *loc. avv.* **1** Detto delle dichiarazioni del Papa in materia di fede e di morale, quando devono essere considerate infallibili. **2** (*est.*) In modo e con tono perentorio, superbo e sussiegoso: *parlare* —.
excursus /*lat.* ek'skursus/ *s. m. inv.* Divagazione, digressione.
executive /*ingl.* ig'zekjutiv/ *s. m. inv.* (*pl. ingl. executives* /ig'zekjutivz/) Dirigente aziendale | Persona incaricata di un lavoro amministrativo o della gestione di affari.
ex libris /*lat.* ɛks 'libris/ *loc. sost. m. inv.* Nota scritta o cartellino incollato nell'interno della copertina o sul frontespizio, indicante il nome o le iniziali del proprietario, spesso con fregi e motti.
ex novo /*lat.* ɛks 'nɔvo/ *loc. avv.* Daccapo: *rifare q.c.* —.
expertise /*fr.* ɛkspɛr'tiz/ *s. f. inv.* (*pl. fr. expertises* /ɛkspɛr'tiz/) Dichiarazione di autenticità di un'opera d'arte, rilasciata da un esperto.
exploit /*fr.* ɛks'plwa/ *s. m. inv.* (*pl. fr. exploits* /ɛks'plwa/) Impresa di rilievo, spec. sportiva.
expo /*fr.* eks'po/ *s. f. inv.* Esposizione universale.
export /*ingl.* eks'pɔːt/ *s. m. inv.* Esportazione; CONTR. Import.
ex professo /*lat.* ɛks pro'fɛsso/ *loc. avv.* Intenzionalmente, in modo deliberato: *parlare — di politica.*
extended play /*ingl.* iks'tendid plei/ *loc. sost. m. inv.* Disco fonografico a 45 giri la cui audizione ha durata superiore a quella normale.
èxtra /*lat.* 'ɛkstra/ **A** *prep.* Fuori di, non incluso in: *spese — bilancio.* **B** *in funzione di agg. inv.* **1** Di qualità superiore: *vino* — | Seguito da un altro agg. gli dà valore di sup.: *burro — fino.* **2** Fuori dell'usuale, insolito: *spettacolo* —. **C** *in funzione di s. m. inv.* Il soprappiù, ciò che si consuma fuori del previsto.
èxtra- *pref.*: significa 'fuori': *extraterritoriale* | Inoltre conferisce grado superlativo ad aggettivi: *extraforte* | V. anche *stra-*.
extraconiugàle *agg.* Estraneo all'ambito del matrimonio.
extracontrattụale *agg.* Che non deriva da un rapporto contrattuale.
extracorrènte *s. f.* (*elettr.*) Corrente elettrica secondaria di autoinduzione che si verifica all'apertura o chiusura di un circuito.
extradotàle o *estradotàle* *agg.* Detto di bene della moglie che non fa parte della dote.
extraeuropèo *agg.* Che non fa parte dell'Europa.
extragiudiziàle o *estragiudiziàle* *agg.* (*dir.*) Estraneo a una causa; SIN. Stragiudiziale.
extralegàle o *estralegàle* *agg.* Non disciplinato legislativamente.
extraparlamentàre o *estraparlamentàre* **A** *agg.* Che non fa parte dello schieramento partitico parlamentare | Che si verifica fuori dal Parlamento: *crisi* — | Che privilegia altre forme di lotta politica rispetto a quella parlamentare: *sinistra, destra* —. **B** *s. m. e f.* Chi aderisce a un movimento politico extraparlamentare.
extrasensoriàle *agg.* Detto di percezione che avviene senza l'intervento sensorio.
extrasìstole *s. f.* (*med.*) Sistole cardiaca anormale, che altera il ritmo cardiaco.
extratemporàle *agg.* Che è al di fuori dei limiti di tempo.
extraterrèstre **A** *agg.* Che si trova o avviene fuori del pianeta Terra. **B** *s. m. e f.* Ipotetico abitante di corpi celesti diversi dalla Terra.
extraterritoriàle *agg.* Che è fuori del territorio di uno Stato.
extraterritorialità *s. f.* Privilegio per cui date persone o dati beni non sono soggetti alla giurisdizione dello Stato sul cui territorio si trovano.
extraurbàno *agg.* Posto al di fuori di una città. [→ ill. *strada*]
ex voto /*lat.* ɛks 'vɔto/ *loc. sost. m. inv.* Oggetto offerto a chiese o ad altari per grazie ricevute.
eye-liner /*ingl.* 'ai 'lainə/ *s. m. inv.* (*pl. ingl. eye-liners* /'ai 'lainəz/) Liquido denso, di vario colore, da usarsi con apposito pennello, per il trucco degli occhi. [→ ill. *toilette e cosmesi*]
eziologia *s. f.* (*pl. -gie*) Ramo della medicina che studia le cause delle malattie | L'insieme di tali cause: *malattia a — sconosciuta.*
eziopatogènẹsi *s. f.* (*med.*) Studio dei meccanismi di insorgenza di una malattia.
-ézza *suff. derivativo* di nomi astratti tratti da aggettivi: *bellezza, grandezza, sicurezza.*

f *s. f. o m. inv.* Sesta lettera dell'alfabeto italiano.
fa (1) *s. m. inv.* Quarta nota della scala musicale. (v. nota d'uso ACCENTO)
fa (2) *vc.* Usata in varie loc. temporali con il sign. di *addietro*: *tanto tempo –*; *venti anni –*.
fabbisógno *s. m.* Quantità di denaro, o di altri beni, necessaria al soddisfacimento di un bisogno o al raggiungimento di uno scopo.
fàbbrica *s. f.* **1** Luogo opportunamente attrezzato per lo svolgimento di un'attività industriale: *una – d'automobili.* **2** Attività e organizzazione dirette a edificare q.c.: *Brunelleschi diresse la – del Duomo di Firenze* | (*fig.*) *Essere lungo come la – di S. Pietro*, di cosa che sembra non finire mai. **3** (*raro*) Edificio in costruzione o ultimato.
fabbricàbile *agg.* Che si può fabbricare | Edificabile: *area –*.
fabbricànte *part. pres. di fabbricare; anche s. m. e f.* Chi possiede e dirige una fabbrica.
fabbricàre *v. tr.* (*io fàbbrico, tu fàbbrichi*) **1** Erigere un edificio: *– un grattacielo*; SIN. Costruire, edificare. **2** Produrre, fare (*anche fig.*). **3** (*fig.*) Inventare, immaginare: *fabbricarsi un alibi*; *– un vocabolo nuovo* | Ordire, architettare: *– un processo.*
fabbricàto **A** *part. pass. di fabbricare; anche agg.* Edificato, costruito. **B** *s. m.* Edificio. [→ ill. *ferrovia*]
fabbricatóre *s. m.* (*f. -trice*) Chi fabbrica.
fabbricazióne *s. f.* **1** Produzione: *la – della carta* | Lavorazione: *difetto di –.* **2** Costruzione, edificazione.
fabbricerìa *s. f.* Ente ecclesiastico destinato ad amministrare quella parte del patrimonio di una chiesa che è destinata alla manutenzione dell'edificio e alle spese di culto.
fabbricière *s. m.* Chi sovrintende alla fabbrica di una chiesa o chi fa parte di una fabbriceria.
fàbbro *s. m.* **1** Artigiano che lavora in ferramenti. [→ ill. *martello*] **2** (*est., lett.*) Artefice, creatore: *– d'inganni.*
fabianìșmo *s. m.* Movimento politico di tendenza socialista riformista, sorto in Inghilterra alla fine del sec. XIX, e dal quale ha avuto origine il laburismo.
faccènda *s. f.* **1** Cosa da fare: *devo sbrigare questa –* | *Essere in faccende*, essere occupato; SIN. Affare. **2** Fatto, situazione, vicenda: *è una – seria.* **3** *spec. al pl.* Complesso dei lavori domestici quotidiani.
faccendière *s. m.* (*f. -a*) Chi si dà da fare in affari poco onesti; SIN. Maneggione.
faccendóne *s. m.* (*f. -a*) Chi si dà molto da fare con scarsi risultati.
faccétta *s. f.* **1** *Dim. di faccia.* **2** Viso piccolo e grazioso. **3** Ciascuno dei piani di una pietra preziosa tagliata a forma di poliedro.
facchinàggio *s. m.* **1** Attività di trasporto di merci e bagagli svolta da facchini. **2** Retribuzione dovuta a facchini.
facchinàta *s. f.* **1** Gesto o atto triviale. **2** (*fig.*) Lavoro faticoso.
facchinésco *agg.* (*pl. m. -schi*) Di, da facchino.
facchino *s. m.* **1** Chi per mestiere trasporta carichi o bagagli nelle stazioni, nei porti e sim. **2** (*est.*) Uomo grossolano e triviale.
fàccia *s. f.* (*pl. -ce*) **1** Parte anteriore del cranio umano nella quale si trovano le orbite, le fosse nasali e la bocca: *lavarsi la –* | (*fig.*) *Perdere, salvare la –*, disonorarsi o conservare la propria dignità | *Uomo a due facce*, doppio | (*fig.*) *Aver la – di dire o fare q.c.*, averne il coraggio | *Voltar la – a qc.*, rinnegarlo | *A – a –*, di fronte o molto vicino | *Dire le cose in – a qc.*, parlare chiaramente | *Gettare in – a qc. i favori fatti*, rinfacciare | *Non guardare in – a nessuno*, non aver preferenze o parzialità; SIN. Volto, viso. **2** Espressione, aspetto: *una – amica*; *cambiar –* | (*fig.*) *– di bronzo*, *– tosta*, che non si turba per nulla | *Fare la – feroce*, assumere un'espressione truce. **3** Parte esterna o anteriore: *le facce di una moneta*; *sulla – della terra* | Parte rivolta verso chi guarda: *la – della luna.* **4** (*mat.*) Ciascuno dei poligoni che delimitano un poliedro.
facciàle *agg.* Della faccia: *nervo –*.
facciàta *s. f.* **1** Esterno di un edificio dove è l'ingresso principale e di maggior importanza architettonica. [→ ill. *religione*] **2** Ciascuna delle due superfici di una pagina: *tema di due facciate.*
facciòla *s. f.* Ciascuna delle due strisce di tela bianca inamidata che scendono sul petto, tipiche di abiti talari e della toga dei magistrati. [→ ill. *vesti*]
fàce *s. f.* (*lett.*) Fiaccola | (*est.*) Splendore.
facènte *part. pres. di fare* Che fa | (*bur.*) *– funzione*, chi in un ufficio svolge funzioni in assenza del titolare.
facèto *agg.* Piacevole, arguto, spiritoso.
facèzia *s. f.* Motto arguto e piacevole; SIN. Arguzia, frizzo.
fachirìșmo *s. m.* Insieme delle pratiche ascetiche dei fachiri.
fachìro *s. m.* **1** Religioso mendicante indù, che pratica l'ascesi e lo yoga. **2** Chi si sottopone a prove e a pratiche ascetiche.
facies /*lat.* 'fatʃes/ *s. f. inv.* **1** Modo di presentarsi di una roccia, di una pianta, di un animale. **2** Aspetto del volto di un malato dovuto a modifiche causate dalla malattia.
fàcile *agg.* **1** Che si fa senza fatica o difficoltà: *lavoro –*; SIN. Agevole. **2** Che si comprende senza fatica: *linguaggio –*; SIN. Chiaro, semplice. **3** Che può essere ottenuto senza difficoltà: *facili guadagni*; SIN. Comodo. **4** Affabile, trattabile: *uomo di – carattere* | Incline, propenso: *– al bere* | *Avere il bicchiere –*, (*pop.*) bere con facilità | Poco serio: *donna di facili costumi.* **5** Probabile: *è – che venga.* ● CONTR. Difficile.
facilità *s. f.* **1** Qualità di facile; CONTR. Difficoltà. **2** Attitudine naturale a fare q.c. senza sforzo: *– di parola.*
facilitàre *v. tr.* (*io facìlito*) Rendere più facile: *– il passaggio*; SIN. Agevolare, favorire.
facilitazióne *s. f.* Agevolazione.
facilóne *s. m.* (*f. -a*) Persona che crede tutto facile da realizzare e non si impegna seriamente nelle cose.
faciloneria *s. f.* L'essere facilone.
facinoróso **A** *s. m.* (*f. -a*) Chi tende a compiere azioni di violenza. **B** *anche agg.*
facocèro *s. m.* Mammifero africano degli Ungulati affine al cinghiale, con pelle rugosa ricoperta da pochissime setole, grossa testa con criniera che si prolunga sul dorso e canini sporgenti e ricurvi. [→ ill. *animali* 18]
fàcola *s. f.* (*astr.*) Ciascuna delle chiazze luminose che si osservano sulla superficie del sole. [→ ill. *astronomia*]
facoltà *s. f.* **1** Capacità di fare o sentire q.c.: *– creativa*, *di giudizio*; *– mentali.* **2** Autorità, potere, diritto: *non ho la – di impedirti questa azione.* **3** Proprietà e forza, di alcune cose, di provocare determinati effetti: *l'acido cloridrico ha la – di corrodere i metalli.* **4** Ciascuna delle unità didattiche in cui è ripartito lo studio universitario. **5** *spec. al pl.* Mezzi, risorse.
facoltativo *agg.* Che è lasciato alla discrezione o alle facoltà di qc.; CONTR. Obbligatorio.
facoltóso *agg.* Che è ben fornito di beni materiali; SIN. Danaroso, ricco.
facóndia *s. f.* (*lett.*) Ricchezza di parole; SIN. Eloquenza.
facóndo *agg.* Dotato di facondia; SIN. Eloquente.
facsimile o *fac-simile* *s. m. inv.* Riproduzione esatta di scritto, stampa, incisione, firma | (*fig.*) Persona o cosa simile a un'altra; SIN. Copia.
factòtum *s. m. e f. inv.* Persona che svolge mansioni di varia natura godendo della fiducia del titolare di un ufficio, ditta e sim.
fading /*ingl.* 'feidiŋ/ *s. m. inv.* (*pl. ingl. fadings* /'feidiŋz/) Temporaneo affievolimento di una ricezione radiofonica.
fado /*port.* 'fadu/ *s. m. inv.* (*pl. port. fados* /'faduʃ/) Canzone popolare portoghese di tono nostalgico.
faentina *s. f.* Ceramica fatta a Faenza o su imitazione di quelle di Faenza.
faènza *s. f.* Ceramica a pasta porosa e naturalmente colorata, ricoperta da smalto.
faeșite *s. f.* Legno sintetico ottenuto dai cascami di se-

gheria, ridotti per macerazione in pasta e pressati in tavole.

Fagàcee *s. f. pl.* Famiglia di piante arboree delle Fagali con foglie a lembo allargato e frutto avvolto nella cupola e contenente un solo seme. [→ ill. *piante* 2]

Fagàli *s. f. pl.* (*sing.* -*e*) Ordine di piante arboree dicotiledoni delle Angiosperme, con fiori riuniti in amenti e frutto a noce. [→ ill. *piante* 2]

faggéta (o *faggéto s. m.*) *s. f.* Bosco di faggi.

fàggio *s. m.* Grande albero delle Fagali con corteccia liscia e biancastra, foglie ovate e frutti a capsula aprentisi per quattro valve | Legno di tale albero. [→ ill. *piante* 2]

-fagia *secondo elemento*: in parole composte scientifiche significa 'mangiare': *aerofagia, antropofagia.*

fagiàno *s. m.* (*f.* -*a*) Uccello con lunga coda, piumaggio dai vivaci colori nel maschio, volo pesante, carni molto pregiate. [→ ill. *animali* 11]

fagiolìno *s. m.* **1** *Dim. di fagiolo.* **2** Baccello di una varietà di fagiolo nano commestibile non ancora maturo. [→ ill. *verdura*]

fagiòlo *s. m.* **1** Pianta erbacea delle Rosali, con fusto rampicante, foglie pelose, fiori in grappoli di color bianco, giallo o purpureo e legume lineare | Seme commestibile della pianta di fagiolo | (*fig., fam.*) *Andare a* –, andare a genio | (*fig., fam.*) *Capitare a* –, arrivare al momento giusto. [→ ill. *piante* 10, *verdura*] **2** (*scherz.*) Studente del secondo anno di università.

fàglia (1) *s. f.* (*geol.*) Frattura di un complesso roccioso, accompagnata dallo spostamento relativo delle due parti separate. [→ ill. *geografia*]

fàglia (2) *s. f.* Stoffa di seta a coste fortemente rilevate; SIN. Faille.

fàgo-, -fàgo *primo e secondo elemento*: in parole composte scientifiche significa 'che mangia': *fagocita, antropofago.*

fagocìta o *fagocìto s. m.* (*pl.* -*i*) (*biol.*) Cellula capace di fagocitosi verso microbi o particelle estranee.

fagocitàre *v. tr.* (*io fagocìto*) **1** (*biol.*) Assorbire per fagocitosi. **2** (*fig.*) Assorbire, incorporare.

fagocìto V. *fagocita.*

fagocitòsi *s. f.* (*biol.*) **1** Assunzione di particelle alimentari mediante inglobamento per emissione di pseudopodi, proprio di alcuni organismi unicellulari o di cellule particolari. **2** (*med.*) Distruzione di particelle estranee e dannose presenti nel sangue, da parte dei leucociti.

fagòtto (1) *s. m.* **1** Involto fatto alla meglio | *Far* –, (*fig.*) andarsene in modo frettoloso. **2** (*fig.*) Persona che si comporta e si veste in modo goffo.

fagòtto (2) *s. m.* Strumento musicale a fiato ad ancia doppia con lunga canna e beccuccio ripiegato a collo d'oca. [→ ill. *strumenti musicali*]

fahrenheit /*ted.* 'fa:rənhait/ *agg. inv.* (*fis.*) Detto di scala termometrica che pone il ghiaccio fondente a 32 °F e l'acqua bollente a 212 °F.

fàida *s. f.* **1** Presso gli antichi popoli germanici, il diritto dei familiari di un ucciso di vendicarne la morte sull'uccisore stesso o sui suoi familiari. **2** Lotta intestina, spec. a scopo di vendetta.

fài da te *loc. sost. m. inv.* Il fare da sé piccoli lavori e riparazioni spec. nell'ambito domestico; SIN. Bricolage.

faille /*fr.* faj/ *s. f. inv.* (*pl. fr. failles* /faj/) Faglia.

faìna *s. f.* **1** Mammifero dei Carnivori, bruno scuro, con macchia bianca sul petto: agile predatore spec. di volatili. [→ ill. *animali* 20] **2** Pelliccia tratta dall'animale omonimo. **3** (*fig.*) Persona furba e scaltra.

fair play /*ingl.* 'fɛə 'plei/ *loc. sost. m. inv.* Comportamento corretto e gentile.

falànge (1) *s. f.* **1** Nell'antica Grecia, ordinanza di fanteria schierata in battaglia, costituita da una massa compatta e rigida di armati di lance. **2** (*fig.*) Moltitudine di gente: *una* – *di creditori.*

falànge (2) *s. f.* (*anat.*) Ciascuno dei segmenti delle dita delle mani e dei piedi. [→ ill. *anatomia umana*]

falangétta *s. f.* (*anat.*) Falange terminale del dito che porta l'unghia.

falangìna *s. f.* (*anat.*) Seconda falange del dito.

falanstèrio o *falanstèro s. m.* **1** Edificio che avrebbe dovuto ospitare una collettività di 1600 persone, ordinata con principi socialisti, secondo le teorie di Ch. Fourier. **2** (*est.*) Grosso caseggiato popolare.

falàsco *s. m.* (*pl.* -*schi*) Pianta erbacea delle Liliflore usata per impagliare seggiole, intrecciare sporte e stuoie e costruire capanni da caccia.

fàlbo *agg.* (*lett.*) Che ha colore giallo scuro.

falcàre *v. tr.* (*io fàlco, tu fàlchi*) Piegare a guisa di falce.

falcàta *s. f.* **1** Proiezione in avanti dell'arto anteriore nel trotto del cavallo. **2** Nel podismo, azione e misura dello spostamento di una gamba da un contatto col terreno a quello successivo | (*est.*) Andatura dell'atleta in corsa.

falcàto *agg.* **1** Che ha forma simile a quella di una falce | *Luna falcata*, che risulta illuminata solo in parte. **2** Munito di falci | *Carro* –, carro da guerra dell'antichità, armato di falci.

fàlce *s. f.* **1** Attrezzo per tagliare a mano cereali ed erbe, fornito di un manico e di una lama di acciaio arcuata con costola di rinforzo. [→ ill. *agricoltura*] **2** (*est.*) Qualunque oggetto che abbia la forma di una falce | – *di luna*, piccola parte illuminata nella luna nuova.

falcétto *s. m.* **1** *Dim. di falce.* [→ ill. *agricoltura, giardiniere*] **2** Coltello di diverse dimensioni per potare rami.

falchétta *s. f.* (*mar.*) Bordo superiore dello scafo nelle imbarcazioni, dove sono ricavate le scalmiere per i remi. [→ ill. *marina*]

falchétto *s. m.* **1** *Dim. di falco.* **2** (*zool.*) Gheppio.

falciànte *part. pres. di falciare; anche agg.* Che falcia | *Tiro* –, tiro proprio delle mitragliatrici, ottenuto muovendo l'arma in senso orizzontale.

falciàre *v. tr.* (*io fàlcio*) **1** Tagliare con la falce: – *l'erba* | (*fig.*) Mietere vittime: *l'epidemia ha falciato molte vite umane.* **2** Abbattere nemici con tiro falciante | Nel calcio, far cadere un avversario in corsa.

falciàta *s. f.* **1** Colpo di falce | Rapida falciatura. **2** Quantità falciata in una sola volta.

falciatóre *s. m.* (*f.* -*trìce*) Chi falcia erba e fieno.

falciatrìce *s. f.* Macchina per il taglio dei foraggi per mezzo di una barra falciante. [→ ill. *agricoltura*]

falciatùra *s. f.* Taglio di erbe e fieno | Il periodo di tempo in cui ciò avviene.

falcìdia *s. f.* **1** Nel diritto romano, legge limitatrice dei legati che riservava all'erede un quarto dell'eredità. **2** (*fig.*) Detrazione, tara. **3** (*est.*) Strage, sterminio (*anche fig.*): *una* – *di concorrenti.*

falcidiàre *v. tr.* (*io falcìdio*) Eseguire una falcidia (*anche fig.*).

falcióne *s. m.* **1** *Accr. di falce.* **2** Grosso coltello a tagliante ricurvo del trinciaforaggio. **3** Arma in asta con lungo ferro a foggia di coltellaccio. [→ ill. *armi*]

fàlco *s. m.* (*pl.* -*chi*) **1** Uccello predatore diurno con robusto becco ricurvo e possenti artigli | *Occhi di* –, (*fig.*) dallo sguardo vivo e penetrante. [→ ill. *animali* 10] **2** (*fig.*) Persona rapace, astuta. **3** (*fig.*) Sostenitore della maniera forte, degli interventi militari, spec. nelle controversie di politica internazionale; CONTR. Colomba.

falcóne *s. m.* Falco, spec. quello di grosse dimensioni usato per la caccia.

falconerìa *s. f.* Arte, usata nel Medioevo, di cacciare uccelli e quadrupedi con l'ausilio di falchi ammaestrati.

falconière *s. m.* Chi era addetto all'ammaestramento e alla custodia dei falconi da caccia.

fàlda *s. f.* **1** Strato largo e sottile che può sovrapporsi ad altri: – *di ghiaccio*; *lana in falde* | *Nevicare a larghe falde*, con grossi fiocchi. **2** Lamina, scaglia, di pietre o metalli | – *freatica*, strato del sottosuolo nel quale l'acqua filtra liberamente attraverso la roccia permeabile | – *acquifera, idrica*, complesso delle acque che imbevono uno strato sotterraneo di rocce permeabili. [→ ill. *geografia*] **3** Parte del soprabito che pende dalla cintura in giù | Lembo di veste. **4** Pendice di un monte: *le falde del Monte Bianco.* **5** Tesa del cappello. **6** Ciascuna delle parti piane e inclinate che insieme costituiscono un tetto. [→ ill. *casa*] **7** Nella sella, ciascuna delle due protezioni in cuoio sotto l'arcione. [→ ill. *finimenti*]

faldistòrio *s. m.* Sedia a braccioli, senza spalliera, con cuscino e inginocchiatoio, usata dal Papa e dai vescovi in alcune funzioni sacre.

falecèo o *falècio s. m.* Verso greco e latino di undici sillabe.

falegnàme *s. m.* Artigiano che lavora il legno. [→ ill. *falegname, martello*]

falegnamerìa *s. f.* **1** Mestiere del falegname. **2** Bottega del falegname.

falèna *s. f.* Farfalla le cui femmine depongono le uova su vari alberi, in autunno, così che le larve divorano i germogli in primavera | Qualunque farfalla crepuscolare o notturna attratta dalla luce | (*fig.*) Prostituta.

falèra *s. f.* **1** Medaglia d'oro assegnata come merito ai soldati dell'antica Roma e da appendersi al petto. **2** Borchia metallica, spec. usata per ornamento nei finimenti dei cavalli.

falèrno *s. m.* Vino famoso già nell'antichità, prodotto nella zona dei Campi Flegrei (Napoli), bianco e rosso.

falèșia o *falèșa s. f.* Costa con ripide pareti rocciose a strapiombo sul mare. [→ ill. *geografia*]

fàlla *s. f.* Squarcio nella carena di una nave, in un serbatoio, in un argine e sim., dal quale penetrano o fuoriescono le acque.

fallàce *agg.* Che trae o può trarre in inganno: *indizio* – | Che è frutto di false illusioni; SIN. Falso, ingannevole.

fallàcia *s. f.* (*pl. -cie*) L'essere fallace; SIN. Falsità.

fallàre *v. intr.* (*aus. avere*) (*raro, lett.*) Commettere un errore, un fallo, un peccato. [→ tav. *proverbi* 58]

fallìbile *agg.* (*lett.*) Che è soggetto a errare: *gli uomini sono fallibili*; CONTR. Infallibile.

fallibilità *s. f.* L'essere fallibile.

fallimentàre *agg.* **1** Del fallimento: *vendita* –. **2** (*fig.*) Che porta al disastro, alla rovina | *Prezzo* –, (*fig.*) di assoluta concorrenza.

falliménto *s. m.* **1** Insuccesso, esito negativo. **2** (*dir.*) Complesso di attività giuridiche processuali tendenti alla liquidazione del patrimonio dell'imprenditore commerciale insolvente e alla ripartizione del ricavato fra tutti i suoi creditori.

fallìre A *v. intr.* (*pres. io fallìsco, tu fallìsci; part. pass. fallìto; aus. essere* nel sign. 1, *avere* nei sign. 2 e 3) **1** Non raggiungere il fine prefisso: – *in un tentativo*; CONTR. Riuscire. **2** (*dir.*) Sottostare a una dichiarazione di fallimento. **3** Venir meno: – *all'aspettativa*. **B** *v. tr.* Non riuscire a colpire: – *la preda* | – *il colpo*, non cogliere il bersaglio.

fallìto A *part. pass. di fallire; anche agg.* Mancato | Non riuscito | Che ha subito fallimento. **B** *s. m.* (*f. -a*) **1** Imprenditore che ha subito la dichiarazione di fallimento. **2** Chi non è riuscito a raggiungere alcun risultato valido.

fàllo (1) *s. m.* **1** Errore, sbaglio: *cadere in* – | *Mettere un piede in* –, scivolare, sdrucciolare | Colpa, peccato: *essere in* –. **2** (*sport*) Infrazione al regolamento di gara,

arnesi e macchine del falegname

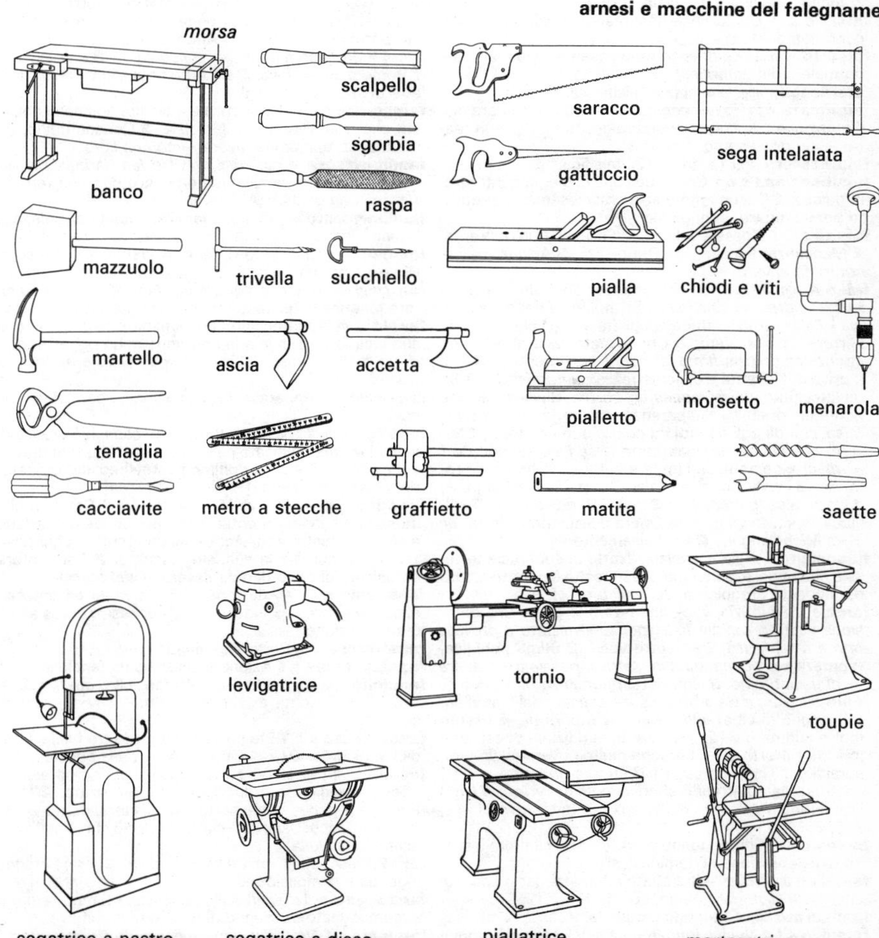

per cui è comminata una punizione. **3** Mancamento, difetto: *la pazienza comincia a fargli —* | *Senza —*, in modo certo. **4** Difetto, imperfezione, spec. di un tessuto, del vetro, della porcellana.

fàllo (2) *s. m.* Emblema del membro virile, spec. come simbolo della fecondità in molte religioni antiche | (*est.*) Pene.

fallosità *s. f.* L'essere falloso.

fallóso *agg.* **1** Che presenta falli o difetti di fabbricazione: *vetro —*. **2** (*sport*) Che commette molti falli: *giocatore —*.

fall-out /*ingl.* fɔːl'aut/ *loc. sost. m. inv.* (*pl. ingl. fall-outs* /fɔːl'auts/) Ricaduta sulla superficie terrestre di polveri radioattive presenti nell'atmosfera in seguito a esplosioni nucleari; SIN. Ricaduta radioattiva.

falò *s. m.* Fuoco intenso acceso all'aperto per distruggere q.c., per fare segnalazioni o anche come manifestazione di allegria.

falòppa *s. f.* Bozzolo floscio e irregolare del baco da seta in cui è la larva.

falpalà *s. m.* Striscia di stoffa arricciata messa per guarnizione intorno a sottane, tende e sim.

falsàre *v. tr.* Rappresentare q.c. in modo contrario o diverso dal vero: *— la realtà*; SIN. Travisare.

falsarìga *s. f.* (*pl. falsarìghe*) **1** Foglio rigato da porre sotto il foglio semitrasparente su cui si scrive per procedere diritto nella scrittura. **2** (*fig.*) Esempio che si segue in modo fedele: *andare sulla — di qc.*

falsàrio *s. m.* Chi falsifica documenti, atti pubblici, banconote, monete e sim.

falsétto *s. m.* Tono di voce artificiosamente più alto del normale o del naturale.

falsificàbile *agg.* Che si può falsificare.

falsificàre *v. tr.* (*io falsìfico, tu falsìfichi*) Contraffare con l'intenzione e la consapevolezza di commettere un reato: *— un documento.*

falsificatóre *s. m.* (*f. -trìce*) Chi falsifica.

falsificazióne *s. f.* **1** Contraffazione di q.c. con intenzioni dolose. **2** Documento o atto artificiosamente prodotto per sostituire un originale.

falsità *s. f.* **1** L'essere falso; SIN. Fallacia; CONTR. Verità. **2** Mancanza di lealtà; SIN. Doppiezza. **3** Azione, parola contraria al vero.

fàlso **A** *agg.* **1** Che non corrisponde alla realtà e alla verità: *— indizio*; *notizia falsa* | Errato, erroneo: *falsa traccia* | *Falsa strada*, strada sbagliata e (*fig.*) che porta all'errore; CONTR. Vero. **2** Che è stato contraffatto con intenzione dolosa: *firma falsa*; CONTR. Autentico. **3** Che è privo di sincerità e di schiettezza: *giuramento —* | Simulato, finto: *falsa modestia*; CONTR. Sincero. **4** Che non è ciò di cui ha l'apparenza: *oro, argento —* | *Luce falsa*, che dà agli oggetti un colore non naturale | *Mettere, presentare qc., q.c. sotto falsa luce*, denigrarlo | *— magro*, persona che appare sottile, ma ha forme rotonde. **5** Posticcio: *denti falsi.* **B** *s. m.* (*f. -a* nel sign. 2) **1** Cosa falsa: *giurare il —*. **2** (*fam.*) Persona falsa. **3** Falsificazione: *delitti di —*. **4** Opera d'arte contraffatta: *un — di Michelangelo.* **C** *avv.* Falsamente.

falsopiàno *s. m.* (*pl. falsipiàni*) Tratto di superficie terrestre che appare piano, ma che in realtà è caratterizzato da modeste irregolarità, dislivelli o rilievi.

fàma *s. f.* **1** Notizia, voce che ha fra la gente una diffusione vasta e rapida: *la — dei suoi misfatti è arrivata fino a noi* | (*lett.*) *È —*, corre voce. **2** Stima pubblica, reputazione: *buona, dubbia, cattiva, pessima —*; *avere — di galantuomo.* **3** Notorietà, rinomanza.

fàme *s. f.* (*raro al pl.*) **1** Sensazione causata dall'impellente bisogno di cibo: *soffrire la —* | *Morire di —*, essere molto affamato e (*fig.*) essere in condizioni di estrema miseria | *Morto di —*, persona molto povera e (*fig.*) miserabile. **2** (*est.*) Carestia | *Prendere una città per —*, costringerla ad arrendersi privandola dei viveri. **3** (*fig.*) Desiderio sfrenato: *— di denaro.* [→ tav. *proverbi* 218, 219, 356]

famèdio *s. m.* Edificio funebre eretto in un cimitero a scopo di celebrazione di uomini illustri.

famèlico *agg.* (*pl. m. -ci*) **1** Molto affamato, detto spec. di animali. **2** (*lett., fig.*) Avido, cupido.

famigeràto *agg.* Che gode cattiva fama.

famìglia *s. f.* **1** Nucleo fondamentale della società umana costituito da genitori e figli | *Figlio di —*, minorenne ancora sottoposto alla tutela e alla autorità dei genitori | *Consiglio di —*, riunione dei componenti di una famiglia per deliberare sugli interessi di casa | *Stato di —*, certificato recante l'indicazione dei dati anagrafici dei componenti una famiglia | *Farsi una —*, prendere moglie | *Essere di —*, amico e assiduo frequentatore di casa | *La Sacra —*, quella composta da Gesù, Giuseppe e Maria | (*fig.*) *Lavare i panni sporchi in —*, non rivelare agli estranei le cose spiacevoli della propria casa o cerchia di amici o ambiente di lavoro e sim. | (*gerg.*) Associazione mafiosa. **2** Complesso delle persone unite da uno stesso vincolo e aventi un ascendente diretto comune: *appartenere a una — nobile*; SIN. Casata, lignaggio, stirpe. **3** (*est.*) Gruppo di persone, animali o cose che presentano caratteristiche analoghe | (*bot., zool.*) Gruppo di generi: *la — delle Rosacee.* **4** Insieme delle persone che costituiscono il seguito o la corte di un personaggio | (*lett.*) Servitù di una casa. **5** (*mat.*) *— di curve*, insieme di curve aventi una stessa equazione, ma che differiscono per un certo parametro di essa. [→ tav. *proverbi* 209]

famìglio *s. m.* **1** Usciere, messo del Comune. **2** Lavoratore domestico, servo.

famigliòla *s. f.* **1** *Dim. di famiglia.* **2** (*bot.*) *— buona*, chiodino.

familiàre **A** *agg.* **1** Della famiglia: *patrimonio —* | *Lingua, locuzione —*, proprie della conversazione corrente, quotidiana. **2** Che si conosce bene per lunga dimestichezza: *panorama —*. **3** (*fig.*) Affabile, semplice: *tono —* | (*fig.*) Intimo, confidenziale: *colloquio —*. **B** *s. m. e* (*raro*) *f.* Persona di famiglia. **C** *s. f.* Automobile con carrozzeria adatta spec. per famiglia.

familiarità *s. f.* **1** Confidenza e affabilità tipiche di chi, di ciò che è familiare; SIN. Amicizia. **2** Consuetudine, dimestichezza, intimità: *avere — con un libro.*

familiarizzàre *v. intr. e intr. pron.* (*io familiarìzzo; aus. intr. avere*) Prendere familiarità con q.c. o con qc.: *familiarizzarsi con qc.*; SIN. Affiatarsi.

familiarménte *avv.* In modo familiare, confidenziale, alla buona.

famóso *agg.* Che gode di fama rilevante; SIN. Celebre, illustre, rinomato.

fan /*ingl.* fæn/ *s. m. e f. inv.* (*pl. ingl. fans* /fænz/) Sostenitore fanatico di un cantante, di un famoso attore e sim.

fanàle *s. m.* Apparecchio che illumina o segnala con la sua luce la presenza e la posizione di un oggetto: *il — di un molo*; *i fanali dell'auto.* [→ ill. *ciclo e motociclo, marina, porto*]

fanalerìa *s. f.* Apparato d'illuminazione, spec. di un veicolo.

fanalino *s. m.* **1** *Dim. di fanale.* **2** *— di coda*, luce rossa di segnalazione, collocata nella parte posteriore di un veicolo; (*fig.*) chi occupa l'ultimo posto spec. in graduatorie, classifiche e sim. [→ ill. *aeronautica*]

fanàtico *agg.; anche s. m.* (*f. -a; pl. m. -ci*) **1** Detto di chi, mosso da esagerato entusiasmo per un'idea, una fede e sim., si mostra intollerante nei confronti di ogni posizione che non sia la sua; SIN. Esaltato. **2** Ammiratore entusiasta di qc. o di q.c.: *essere — del teatro.*

fanatìsmo *s. m.* **1** Adesione incondizionata ed entusiastica a un'idea, una fede e sim. **2** Eccessivo entusiasmo o ammirazione.

fanatizzàre *v. tr.* Portare al fanatismo.

fanciullàggine *s. f.* Azione e discorso da fanciullo.

fanciullésco *agg.* (*pl. m. -schi*) Di fanciullo: *età fanciullesca* | Conveniente a fanciullo: *atto —* | (*est.*) Puerile, sciocco.

fanciullézza *s. f.* **1** Età umana compresa tra i sei e i tredici anni circa. **2** (*fig.*) Origine: *la — della poesia.*

fanciùllo **A** *s. m.* (*f. -a*) **1** Giovinetto di età compresa fra i sei e i tredici anni; SIN. Bambino, ragazzino. **2** (*fig.*) Persona ingenua o inesperta: *comportarsi da —*. **B** *agg.* **1** Fanciullesco: *aspetto —*. **2** (*fig.*) Di ciò che è agli inizi: *scienza fanciulla.*

fanciullóne *s. m.* (*f. -a*) **1** *Accr. di fanciullo.* **2** (*fig.*) Persona ingenua e sempliciotta.

fandàngo *s. m.* (*pl. -ghi*) Ballo andaluso a tempo ternario accompagnato dal suono di nacchere o chitarre.

fandònia *s. f.* Notizia inventata per burla o per vanteria;

SIN. Bugia, frottola.

fané /*fr.* fa'ne/ *agg. inv.* (*pl. fr. fanés* /fa'ne/) Che ha perduto la freschezza: *abito* —.

fanèllo *s. m.* Uccello canoro dei Passeriformi, comune in Italia nelle zone boscose e incolte.

fanerògama ***A*** *s. f.* Pianta che ha organi di riproduzione visibili. ***B*** *anche agg.*: *piante fanerogame.*

fanfalùca *s. f.* ***1*** (*raro*) Frammento leggerissimo di paglia o di carta bruciata che si leva in aria. ***2*** (*fig.*) Ciancia, fandonia.

fanfàra *s. f.* Banda musicale militare formata spec. da ottoni | Musica composta per tali bande.

fanfaronàta *s. f.* Atteggiamento o discorso da fanfarone; SIN. Millanteria, smargiassata, spacconata.

fanfaróne *s. m.* (*f. -a*) Chi ingrandisce a dismisura la portata delle sue vere o più spesso presunte qualità; SIN. Millantatore, smargiasso, spaccone.

fangàia *s. f.* Tratto di strada o luogo con molto fango.

fangatùra *s. f.* (*med.*) Immersione di tutto il corpo o di parti di esso nei fanghi termali a scopo terapeutico.

fanghìglia *s. f.* ***1*** Mota, melma. ***2*** Deposito argilloso di materiali eterogenei.

fàngo *s. m.* (*pl. -ghi*) ***1*** Terra trasformata dall'acqua in poltiglia più o meno consistente | — *termale*, impasto di argilla e acque termali, con particolari proprietà medicamentose | — *di perforazione*, melma artificiale che si adopera per lubrificare e raffreddare gli scalpelli e le aste della perforazione petrolifera; SIN. Limo, mota. [→ ill. *petrolio*] ***2*** (*fig.*) Stato di abiezione morale: *cadere nel* —; *raccogliere, togliere qc. dal* —. ***3*** (*geol.*) Sedimento elastico non consolidato, impregnato d'acqua: — *argilloso.*

fangóso *agg.* ***1*** Pieno di fango: *viottolo* — | Imbrattato di fango: *scarpe fangose.* ***2*** (*fig.*) Abietto, laido: *vita fangosa.*

fannullóne *s. m.* (*f. -a*) Chi non sa o non vuole fare niente; SIN. Bighellone, ozioso, sfaccendato, sfaticato.

fanóne (1) *s. m.* Ognuna delle lamine cornee flessibili a margine frangiato, inserite in gran numero sul palato di molti cetacei, che fungono da filtro trattenendo il plancton. [→ ill. *zoologia*]

fanóne (2) *s. m.* Ognuna delle mozzette uguali, a strisce bianche e oro, che il papa pone sugli omeri nelle funzioni solenni.

fànta- *primo elemento*: in alcune parole composte recenti indica la presenza di elementi fantasiosi: *fantapolitica, fantascienza, fantastoria.*

fantaccìno *s. m.* Anticamente, soldato a piedi, a servizio di un cavaliere.

fantapolìtica *s. f.* (*neol.*) Tipo di politica illusoria, fuori della realtà.

fantascientìfico *agg.* (*pl. m. -ci*) Proprio della fantascienza.

fantasciènza *s. f.* Interpretazione fantastica e avveniristica delle conquiste della scienza e della tecnica, che entra come componente essenziale in un particolare genere di letteratura e spettacoli.

fantasìa ***A*** *s. f.* ***1*** Facoltà della mente umana di interpretare liberamente i dati forniti dall'esperienza, o di rappresentare invenzioni sue proprie in immagini sensibili: *lavorare di* —; *queste supposizioni sono frutto di una* — *malata*; SIN. Immaginazione, inventiva. ***2*** Opera o prodotto di tale facoltà: *una splendida* — *di colori* | (*est.*) Fenomeno naturale che esce dall'ordinario: *le fantasie della natura.* ***3*** Bizzarria, capriccio, voglia: *fantasie improvvise* | *Avere* — *di q.c.*, desiderarla | *Togliersi la* —, il pensiero. ***4*** Tessuto, capo d'abbigliamento e sim. a colori vivaci, disegni vistosi: *una* — *in seta.* ***5*** Composizione strumentale formata o ispirata da diversi motivi: *una* — *di canti popolari.* ***6*** Danza di certe popolazioni africane compiuta con forti battute di piedi e accelerazioni frenetiche. ***B*** *in funzione di agg. inv.* (*posposto al s.*) Detto di tessuto a colori vivaci e a disegni vistosi e di ciò che con tale tessuto si confeziona: *seta* —; *abito* —.

fantasióso *agg.* Pieno di estro | Bizzarro, stravagante.

fantasìsta *s. m. e f.* (*pl. m. -i*) Artista di varietà dalle molteplici attitudini sceniche.

fantàsma *s. m.* (*pl. -i*) ***1*** Immagine creata dalla fantasia che non ha alcuna corrispondenza precisa alla realtà dei fatti: — *poetico* | Illusione. ***2*** Immagine di persona defunta rievocata dalla fantasia allucinata e considerata come reale | Spettro, ombra: — *notturno*; SIN. Apparizione.

fantasmagorìa *s. f.* ***1*** Serie ininterrotta di suoni o di immagini fantastiche che eccitano l'immaginazione | Spettacolo sfarzoso e fantastico: *la piazza era tutta una* — *di luci.* ***2*** (*fig.*) Insieme di illusioni o visioni prodotte da una fantasia alterata.

fantasmagòrico *agg.* (*pl. m. -ci*) Di fantasmagoria.

fantasticàre ***A*** *v. tr.* (*io fantàstico, tu fantàstichi*) Almanaccare, arzigogolare. ***B*** *v. intr.* (*aus. avere*) Abbandonarsi a congetture fantastiche.

fantasticherìa *s. f.* Atto del fantasticare | Congettura fantastica; SIN. Chimera.

fantàstico *agg.* (*pl. m. -ci*) ***1*** Della fantasia: *potenza fantastica* | Dotato di fantasia vivace: *ingegno* —. ***2*** Che è prodotto dalla fantasia: *narrazione fantastica*; SIN. Immaginario. ***3*** (*fam.*) Fuori dalla norma, unico nel suo genere: *una ragazza fantastica*; SIN. Straordinario.

fànte *s. m.* ***1*** Soldato di fanteria. ***2*** Nelle carte napoletane o francesi, figura di minor pregio. [→ tav. *proverbi* 348]

fanterìa *s. f.* Milizia combattente a piedi | Arma dell'Esercito, dotata di ampia gamma di armi e mezzi, che combatte tuttora a piedi salvo talune sue specialità.

fantésca *s. f.* (*lett. o scherz.*) Domestica | Donna di servizio.

fantìno *s. m.* (*f. -a*) Chi monta o guida per professione i cavalli nelle corse al galoppo o al trotto. [→ ill. *copricapo*]

fantòccio ***A*** *s. m.* (*f. -a*) ***1*** Manichino fatto a imitazione della figura umana con cenci, legno o altri materiali; SIN. Pupazzo. ***2*** (*fig.*) Uomo senza volontà propria che si lascia agevolmente guidare dagli altri. ***B*** *in funzione di agg. inv.* (*posposto al s.*) *Governo* —, governo privo di ogni effettiva autorità usato strumentalmente da altri.

fantolìno *s. m.* (*f. -a*) (*lett.*) Bambino.

fantomàtico *agg.* (*pl. m. -ci*) ***1*** Spettrale, fantastico. ***2*** Inafferrabile, misterioso: *un* — *personaggio.*

farabùtto *s. m.* (*f. -a, raro*) Persona sleale e senza scrupoli; SIN. Canaglia, mascalzone.

farad /'farad; *ingl.* 'færəd/ o *faraday* /*ingl.* 'færədi/ *s. m. inv.* (*pl. ingl. farads* /'færədz/; *faradays* /'færədiz/) Unità di capacità elettrica, corrispondente a 1 coulomb/volt. SIMB. F.

faraglióne *s. m.* Scoglio aguzzo, di poco staccato dalla costa. [→ ill. *geografia*]

faraóna *s. f.* Uccello dal piumaggio scuro con macchie biancastre oppure grigie orlate di nero nelle specie domestiche, in grado di alzarsi in volo in caso di pericolo. [→ ill. *animali* 11]

faraóne *s. m.* Uno dei titoli onorifici spettanti agli antichi re d'Egitto.

faraònico *agg.* (*pl. m. -ci*) Dei faraoni | (*fig.*) Grandioso, sfarzoso: *una villa faraonica.*

fàrcia *s. f.* (*pl. -ce*) Qualsiasi composto culinario usato per farcire.

farcìre *v. tr.* (*io farcìsco, tu farcìsci*) ***1*** Imbottire polli, pasticci o altro con un ripieno. ***2*** (*raro, fig.*) Riempire: — *un compito di errori.*

fard /*fr.* fard/ *s. m. inv.* Belletto per guance.

fardèllo *s. m.* ***1*** Involto di notevole peso e dimensioni: *un* — *di merci.* ***2*** (*fig.*) Peso, carico morale.

fàre ***A*** *v. tr.* (*pres. io fàccio, raro fò, tu fài, egli fa, noi facciàmo, voi fàte, essi fànno; imperf. io facévo, tu facévi, egli facéva, essi facévano; pass. rem. io féci, tu facésti, egli féce, noi facémmo, voi facéste, essi fécero; fut. io farò; congv. pres. io fàccia; congv. imperf. io facéssi; cond. io farèi, tu farésti, egli farèbbe; imp. fa o fa'* (V. nota d'uso ELISIONE e TRONCAMENTO) *o fài, fàte; part. pres. facènte; part. pass. fàtto; ger. facèndo*) ATTENZIONE! *fa* non richiede l'accento (V. nota d'uso ACCENTO) ***1*** Produrre un effetto col lavoro delle mani o dell'ingegno, o usando forza, capacità o mezzi particolari | Creare: *Iddio fece il mondo dal nulla* | Generare: — *figli, fiori, frutti* | Cagionare, produrre: *le arrabbiature fanno cattivo sangue.* ***2*** Porre in essere: — *una legge, il male, il bene* | Realizzare: — *un'opera* | Eseguire: — *la volontà di qc.* | Ripetere imitando: — *il verso del gufo.* ***3*** Costruire, fabbricare: — *scarpe, abiti, case* | — *un quadro*, dipingere | — *testamento*, esprimere le proprie ultime volontà. ***4***

Cucinare: – *pietanze squisite* | Preparare: – *da mangiare.* **5** Mettere insieme: *Roma fa due milioni e mezzo di abitanti* | Procacciarsi, ottenere: – *denari, fortuna.* **6** Allevare, educare, formare: – *proseliti, allievi.* **7** Rendere: – *bella una stanza.* **8** Lasciare uscire o entrare, detto spec. di liquidi: *la ferita fa sangue* | – *acqua*, di natante non più impermeabile. **9** Dare come risultato, relativamente alle quattro operazioni aritmetiche: *due più due fa quattro.* **10** Formare: *qui la strada fa angolo.* **11** Rappresentare in teatro: *fa la parte di Iago.* **12** Eleggere: – *qc. papa* | Nominare: – *conte, cavaliere.* **13** Praticare un mestiere, esercitare una professione: – *il fruttivendolo, il medico* | Occupare una carica: – *il sindaco* | – *da sindaco, da giudice, da padre, da madre*, esercitare le funzioni connesse con tali qualifiche, senza averne i titoli. **14** Pensare, giudicare: *ti facevo più furbo.* **15** (*pop.*) Nella loc. *farsi q.c.*, acquistarla: *si è fatto la macchina nuova* | Consumare: *farsi un piatto di spaghetti.* **16** (*gener.*) Compiere un'azione | Operare, agire: – *bene, male, presto, tardi* | – *i fatti propri, le cose sue*, attendere al proprio ufficio, lavoro e sim. | – *e disfare*, (*fig.*) spadroneggiare | *Non sapere cosa* –, essere dubbioso su una decisione da prendere | *Non se ne fa nulla*, non si conclude | *Non c'è che* –, *non c'è niente da* –, è tutto inutile | *Non* – *niente*, essere ozioso | *Non fa nulla*, non importa | *Lasciar* –, permettere che qc. operi come meglio crede | *Saper* –, essere abile nel lavoro, nel comportarsi e sim. | *Darsi da* –, adoperarsi molto | *Avere da* –, essere occupato | *Farsela con qc.*, intendersela, prendersela con qc. **17** Unito alla prep. *di*, seguito da un inf., sforzarsi, industriarsi: *fa di ottenere un prestito.* **18** Dire, interloquire: *a un certo punto mi fece: 'hai proprio ragione'.* **19** Seguito da un infinito, in numerose costruzioni assume valore causativo: – *piangere, ridere*; *far credere q.c. a qc.*; *fammi vedere quel che succede* | Lasciare: *fammi pensare un momento*; *farsi sedurre.* **20** Seguito da un s. assume significati diversi | – *fuoco*, accenderlo; (*fig.*) sparare | – *scuola*, insegnare; (*fig.*) servire di modello | – *razza*, riprodursi | – *il bagno*, immergersi nell'acqua | – *un prezzo*, stabilirlo | – *un sogno*, sognare | – *la bella vita*, vivere piacevolmente | – *un colpo*, rubare o rapinare | – *colpo su qc.*, impressionarlo | – *giudizio*, ravvedersi | – *coraggio, animo a qc.*, incoraggiarlo o rincuorarlo | – *il nome, i nomi*, rivelarli | – *la barba, i capelli, le unghie*, tagliarli | – *la pelle a qc.*, ucciderlo | – *le tre, le quattro, le dieci*, detto di orologio, segnare | – *un patto*, pattuire | – *le smorfie*, atteggiare il viso a tali espressioni | – *notizia*, essere di notevole importanza giornalistica, detto di avvenimento, personaggio e sim. | – *caso a q.c.*, darle peso | – *la bocca a q.c.*, abituarvisi | – *rotta*, dirigersi | – *scalo, tappa*, sostare | – *la fame*, patirla | –, *farsi strada*, aprirsi un varco; (*fig.*) raggiungere una buona posizione sociale | – *specie*, meravigliare, stupire | – *schifo*, risultare disgustoso | – *silenzio*, tacere | – *tesoro di q.c.*, conservarla con gran cura, averla sempre presente | – *il callo a q.c.*, assuefarsi | *Non* – *né caldo né freddo*, (*fig.*) lasciare indifferente | *Non* – *motto, parola*, non dire nulla | *Non farcela*, non riuscire | *Farla a qc.*, ingannarlo o sorprenderlo | *Farla in barba a tutti*, prendersi gioco di tutti | *Farla finita*, smettere; uccidersi | *Farla franca*, sfuggire alle proprie responsabilità, alla cattura e sim. | *Farcela*, riuscire | *Farla sporca*, commettere azioni riprovevoli. **B** v. intr. (aus. *avere*) **1** Essere adatto, conveniente: *questo cappotto non fa per lui*; *queste cose fanno al nostro bisogno.* **2** Compiersi: *oggi fanno dieci anni che è morto.* **3** Giovare: *la cura ti fa bene.* **4** (*fam.*) Essere, dare l'impressione, seguito da un agg. o da un s.: *questo vestito fa fino.* **5** Usato in diverse costruzioni nelle quali regge sempre la prep. *a* | – *a pugni, a calci, a botte, a coltellate*, azzuffarsi | – *alla lotta, alla corsa, a gara, a chi arriva prima*, gareggiare lottando, correndo ecc. **C** v. rifl. **1** Rendersi: *farsi cattolico* | (*fig.*) *Farsi in quattro*, moltiplicare i propri sforzi per qc. o q.c. **2** Portarsi: *farsi presso a qc.* **3** ass. (*gerg.*) Drogarsi. **D** v. intr. pron. **1** Diventare: *farsi grande.* **2** Cominciare a narrare: *farsi dalle origini.* **E** v. intr. impers. (aus. *avere*) **1** Compiersi: *fa un mese che gli ho scritto.* **2** Essere, riferito alle condizioni del tempo: *fa caldo.* **F** in funzione di s. m. **1** L'operare, l'agire: *con tutti quei figli ha il suo da* –. **2** Portamento, tono: *ha un* – *distaccato.* **3** Fase o momento iniziale di q.c.: *essere sul* – *della vita* | *Al* – *del giorno*, all'alba | *Al, sul* – *della notte*, quando comincia ad annottare. [→ tav. *proverbi* 366; → tav. *locuzioni* 42, 43, 44, 45, 46, 47, 48, 49, 50]

farètra s. f. Astuccio portatile contenente le frecce, usato dagli arcieri. [→ ill. *armi*]

farfàlla s. f. **1** (*zool.*) Correntemente, insetto dei Lepidotteri, spec. nello stato adulto | – *diurna*, attiva nelle ore di luce | – *notturna*, attiva solo durante la notte | – *crepuscolare*, attiva al calar della sera. [→ ill. *baco da seta*] **2** *A* –, di tutto ciò che per la forma ricorda una farfalla: *cravatta a* – | *Nuoto a* –, stile di nuoto con azione contemporanea delle braccia fuori dell'acqua, mentre le gambe si muovono a rana | *Valvola a* –, valvola nella quale la chiusura è regolata da un otturatore con asse di rotazione nel mezzo usato per regolare l'afflusso di miscela o aria in un motore. [→ ill. *abbigliamento*] **3** (*fig.*) Donna leggera e volubile. **4** Sorta di pasta alimentare di media pezzatura. [→ ill. *pasta*]

farfallaménto s. m. Forte oscillazione delle ruote anteriori degli autoveicoli.

farfallina s. f. **1** Dim. di *farfalla*. **2** Sorta di pasta da brodo di media pezzatura. [→ ill. *pasta*]

farfallista s. m. e f. (pl. m. *-i*) Nuotatore specialista nello stile a farfalla.

farfallóne s. m. (f. *-a* nel sign. 2) **1** Accr. di *farfalla*. **2** (*fig.*) Persona fatua e incostante. **3** (*fig.*) Sproposito, errore.

farfugliàre v. intr. (*io farfùglio*; aus. *avere*) Parlare in modo disarticolato, indistinto.

farìna s. f. **1** Prodotto della macinazione dei semi di un cereale, spec. del grano | – *gialla*, di granoturco | – *di patate*, fecola | – *lattea*, latte in polvere con farina di cereali e zucchero, usato nell'alimentazione dei bambini | – *del diavolo*, profitto, guadagno disonesto | *Non è* – *del tuo sacco*, non è cosa o idea tua. **2** (*est.*) Prodotto ottenuto macinando altre sostanze | – *fossile*, insieme di spoglie silicee di diatomee, usato nella preparazione della dinamite, per refrattari e sim. [→ tav. *proverbi* 61, 220, 241]

farinàceo **A** agg. Della natura della farina. **B** s. m. spec. al pl. Legumi e cereali coi quali si fa la farina.

farinàta s. f. Alimento a base di farina cotta in acqua, latte e sim. | Specialità ligure a base di farina di ceci e acqua, cotta al forno.

faringe s. f. o m. (*anat.*) Condotto muscolo-membranoso dietro le fosse nasali e la cavità orale e sopra la laringe e l'esofago, con il quale si continua in basso, dando passaggio sia agli alimenti sia all'aria per la respirazione. [→ ill. *anatomia umana*]

faringèo o (*raro*) *faringeo* agg. Della faringe.

faringite s. f. (*med.*) Infiammazione della faringe.

Farinóse s. f. pl. Ordine di piante monocotiledoni delle Angiosperme, caratterizzate dalla presenza di amido nelle riserve dei semi. [→ ill. *piante* 15]

farinóso agg. **1** Di farina, contenente farina: *semi farinosi* | Che si sfarina. **2** Simile a farina: *neve farinosa.*

farisàico agg. (pl. m. *-ci*) **1** Di fariseo. **2** (*fig.*) Falso, ipocrita.

fariseìsmo s. m. **1** Dottrina e indirizzo morale propri della setta dei Farisei presso gli antichi Ebrei. **2** (*fig.*) Atteggiamento di falsità.

farisèo s. m. (f. *-a*) **1** Seguace di un'antica setta religiosa ebraica, che si distingueva per la rigida osservanza della Legge mosaica. **2** (*fig.*) Chi con falsità e ipocrisia si preoccupa della forma più che della sostanza delle sue azioni; SIN. Ipocrita.

farmacèutica s. f. Farmacologia.

farmacèutico agg. (pl. m. *-ci*) Relativo ai farmaci: *laboratorio* –.

farmacìa s. f. (pl. *-cìe*) **1** Arte di scegliere e preparare le medicine secondo le prescrizioni mediche e le norme della farmacopea ufficiale. **2** Locale dove si preparano e si vendono medicine.

farmacista s. m. e f. (pl. m. *-i*) Chi esercita la farmacia.

fàrmaco s. m. (pl. *-ci* o *-chi*) Sostanza dotata di virtù terapeutiche; SIN. Medicamento.

farmacodipendènza s. f. Necessità assoluta, per un individuo, di assumere un determinato farmaco per raggiungere una situazione di benessere fisico o psichico.

farmacologìa *s. f.* Parte della medicina che studia la composizione chimica, l'azione e la dosatura dei farmaci.

farmacòlogo *s. m.* (*f. -a; pl. m. -gi*) Studioso di farmacologia.

farmacopèa *s. f.* **1** Codice, emanato dallo Stato, che registra i nomi di tutti i preparati medicinali in uso, nonché le relative formule, i metodi di preparazione, i requisiti analitici, la loro purezza. **2** (*raro*) Arte di preparare farmaci.

farneticaménto *s. m.* Delirio, vaneggiamento.

farneticàre *v. intr.* (*io farnètico, tu farnètichi; aus. avere*) Parlare in modo sconnesso per delirio, malattia e sim. | Fare discorsi assurdi; SIN. Delirare, vaneggiare.

farneticazióne *s. f.* Atto del farneticare | (*fig.*) Discorso assurdo.

farnètico **A** *agg.* (*pl. m. -chi*) Che è o pare in preda al delirio o alla pazzia. **B** *s. m.* Accesso di frenesia, delirio, follia: *essere in preda al —*; SIN. Vaneggiamento.

fàrnia *s. f.* Grande albero delle Fagali con grosso tronco a corteccia scura, foglie lobate glabre con corto picciolo e ghiande riunite in gruppi. [→ ill. *piante* 2]

fàro *s. m.* **1** Costruzione elevata recante alla sommità una sorgente luminosa fissa intermittente, a lunga portata, atta a guidare, di notte, natanti o aerei. [→ ill. *porto, spiaggia*] **2** (*est.*) Sorgente luminosa di grande potenza | Nei veicoli, proiettore: *— antinebbia*; *— di retromarcia*. [→ ill. *automobile, ferrovia, illuminazione*] **3** (*fig., lett.*) Guida spirituale: *— di civiltà*.

farràgine *s. f.* Moltitudine confusa di cose disparate: *— di libri, di opinioni*; SIN. Guazzabuglio.

farraginóso *agg.* Ammucchiato alla rinfusa | (*est.*) Confuso, sconclusionato: *discorso —*.

fàrro *s. m.* Varietà poco coltivata di frumento, con glumette aderenti alle cariossidi.

fàrsa *s. f.* **1** Genere teatrale di carattere comico e grossolano | Opera teatrale appartenente a tale genere. **2** (*fig.*) Serie di avvenimenti ridicoli.

farsésco *agg.* (*pl. m. -schi*) **1** Di, da farsa. **2** Ridicolo, comico.

farsétto *s. m.* **1** Corpetto imbottito che si indossava sopra la camicia, tipico dell'abbigliamento maschile d'un tempo. [→ ill. *vesti*] **2** Specie di camiciola in lana che i militari indossavano sopra la camicia.

fascétta *s. f.* **1** *Dim. di fascia.* [→ ill. *ferramenta, fumatore*] **2** Banda di carta, recante l'indirizzo del destinatario, che avvolge pubblicazioni spedite per posta | *— editoriale*, sulla copertina di un libro, con funzioni pubblicitarie e di richiamo. **3** Busto da donna che consente di assottigliare vita e fianchi. **4** (*mil.*) Piccola striscia di tessuto, su cui è applicato lo scudetto e talvolta il grado, inserita nella spallina della camicia e della tuta mimetica. [→ ill. *uniforme*]

fàscia *s. f.* (*pl. -sce*) **1** Striscia di tessuto, carta, metallo e sim. per avvolgere, stringere, ornare: *— per medicazioni*; *— elastica*; *la — del cappello*; *la — tricolore del sindaco* | *Spedire giornali, documenti e sim. sotto —*, avvolgendoli in una fascia di carta, e non chiudendoli in busta. [→ ill. *mobili*] **2** *spec. al pl.* Strisce di tessuto usate un tempo per avvolgere i neonati | *Essere in fasce*, di bambino nei primi mesi di vita; (*fig.*) detto di cosa ancora sul nascere. **3** *spec. al pl.* Indumento militare, oggi in disuso, costituito da strisce di stoffa che i soldati avvolgevano attorno alle gambe. **4** (*arald.*) Striscia che occupa orizzontalmente la parte centrale dello scudo. [→ ill. *araldica*] **5** Striscia decorativa piana, spesso costituita di greche o sim. [→ ill. *campana e campanello*] **6** (*est.*) Parte di territorio estesa in lunghezza: *— smilitarizzata*; *— equatoriale*; SIN. Zona. **7** Gruppo, settore sociale: *le fasce di contribuenti.* [→ tav. *proverbi* 32, 35]

fasciàme *s. m.* Rivestimento di una struttura con funzioni di resistenza: *— della nave.* [→ ill. *marina*]

fasciànte *part. pres. di fasciare; anche agg.* Che fascia | Detto di capo di vestiario molto aderente, spec. sui fianchi: *blue-jeans fascianti.*

fasciàre **A** *v. tr.* (*io fàscio*) **1** Avvolgere in una o più fasce; SIN. Bendare. **2** (*lett.*) Cingere o chiudere tutt'attorno | Aderire: *un abito che fascia.* **B** *v. rifl.* Avvolgersi in fasce, in abiti attillati: *fasciarsi in lunghi abiti*; *fasciarsi di seta.*

fasciàto **A** *part. pass. di fasciare; anche agg.* Avvolto in fasce. **B** *s. m.* (*arald.*) Scudo coperto di fasce in numero pari e a smalti alternati.

fasciatùra *s. f.* **1** Applicazione di fasce o bende su parti malate del corpo. **2** Insieme di fasce che avvolgono o stringono.

fascicolàto *agg.* (*bot.*) Detto di organi vegetali riuniti in un fascio: *radici fascicolate.* [→ ill. *botanica*]

fascìcolo *s. m.* **1** Insieme di carte e documenti relativi a una pratica, una causa e sim. **2** Ogni numero di una pubblicazione periodica o a dispense | (*est.*) Libretto, opuscolo. **3** (*anat.*) Piccolo fascio spec. di fibre: *— nervoso.*

fascìna *s. f.* Fascio di sterpi o legna di piccolo formato.

fascinàre (1) *v. tr.* (*io fàscino*) (*lett.*) Affascinare.

fascinàre (2) *v. tr.* (*io fascìno*) Radunare in fascine legname minuto e rametti.

fàscino *s. m.* Capacità di attrarre fortemente: *il — della bellezza, dell'eloquenza*; SIN. Attrattiva.

fascinóso *agg.* Ricco di fascino.

fàscio *s. m.* **1** Ammasso di più oggetti raccolti e spesso legati insieme: *un — d'erba, di legna* | *In un —*, uniti strettamente. **2** (*fig.*) Quantità di cose riunite disordinatamente: *un — di notizie.* **3** (*est.*) In varie scienze e tecnologie, insieme coordinato di elementi, strutture | *— elettronico*, insieme dei raggi di elettroni emessi da un catodo e convogliati lungo una particolare direzione | (*mat.*) *— di piani*, insieme dei piani che passano per una retta o sono paralleli a un piano | *— di rette*, insieme delle rette che passano per un punto e sono parallele a una retta | *— di raggi*, insieme o flusso di raggi luminosi che escono da uno stesso punto o convergono in uno stesso punto. **4** (*anat.*) Unione di fibre disposte longitudinalmente: *— muscolare.* **5** Nell'antica Roma, mazzo di verghe con la scure, simbolo del potere esecutivo e quindi insegna dei re e dei consoli | Simbolo del movimento fascista. **6** Associazione politica | *Fasci dei lavoratori*, associazioni socialiste o con tendenze anarchiche, fondate dai contadini sul finire del XIX sec. | *Fasci di combattimento*, gruppi di azione politica dai quali si organizzò il fascismo.

fasciola *s. f.* (*zool.*) *— epatica*, verme piatto a forma ovale, parassita delle pecore ed eccezionalmente anche dell'uomo; SIN. Distoma. [→ ill. *animali* 1]

fascismo *s. m.* **1** Regime politico totalitario che dominò l'Italia dal 1922 al 1943, caratterizzato dalla dittatura di un partito unico, dal nazionalismo, dall'esaltazione della guerra, dal razzismo, dal corporativismo. **2** (*est.*) Ogni regime politico totalitario di destra.

fascista **A** *s. m. e f.* (*pl. m. -i*) Seguace del fascismo | (*spreg.*) Persona dispotica, prepotente. **B** *agg.* Del fascismo, dei fascisti: *periodo, dittatura —* | (*spreg.*) Dispotico, prepotente.

fase *s. f.* **1** (*astron.*) Ciascuno dei diversi aspetti successivamente osservabili in un corpo celeste, dovuti alla sua posizione rispetto al Sole e alla Terra: *le fasi di Venere* | *Fasi lunari*, luna nuova, primo quarto, luna piena, ultimo quarto. [→ ill. *astronomia*] **2** (*est.*) Momento successivo e diverso: *le fasi della Rivoluzione francese.* **3** (*est.*) Aspetto caratteristico e definito nel tempo di un processo tecnico, di un fenomeno e sim.: *le fasi del motore* | *Mettere in —*, nei motori a scoppio e sim., mettere a punto, regolare: *mettere in — l'accensione* | *Fuori —*, detto di motore che manca di tale messa a punto | *Essere fuori —*, (*fig.*) sentirsi stanco, esaurito. **4** (*elettr.*) In una corrente alternata, ritardo angolare o anticipo della corrente rispetto alla tensione: *accordo di —*; *differenza di —* | In un sistema elettrico polifase, ciascuno dei circuiti. **5** (*chim.*) Parte omogenea di un sistema eterogeneo: *— dispersa di un'emulsione.*

fasòmetro *s. m.* (*elettr.*) Strumento che misura la differenza di fase di due fenomeni periodici aventi la stessa frequenza.

fastèllo *s. m.* (*pl. fastèlli, m. o fastèlla f., raro*) Fascio non troppo voluminoso di legna o altri oggetti non grossi.

fast food /*ingl.* 'fa:st 'fu:d/ *s. m. inv.* Pasto da consumarsi velocemente, costituito da piatti di rapida preparazione, quali panini, hamburger, patatine fritte e sim. | Locale in cui si servono tali pasti.

fàsti *s. m. pl.* **1** Nell'antica Roma, calendario ufficiale che indicava i giorni in cui era lecito discutere cause, trattare pubblici affari e sim. **2** (*fig.*) Ricordi di avvenimenti grandiosi: *i — di una città in decadenza* | *I — e i nefasti*, le pagine gloriose e quelle oscure.

fastìdio *s. m.* **1** Senso di molestia, disagio, disturbo. **2** Disgusto, avversione, noia: *avere — di un lavoro.* **3** Causa di affanno, dispiacere; SIN. Incomodo, seccatura. **4** Nausea: *cibo che dà —.*

fastidióso *agg.* **1** Noioso, seccante, molesto: *conversazione fastidiosa.* **2** Sensibile a ogni fastidio: *persona fastidiosa* | Difficile da accontentare.

fastìgio *s. m.* **1** Parte superiore di un edificio. **2** (*fig.*) Grado massimo: *i fastigi della perfezione.*

fàsto (1) *agg.* **1** Detto di giorno in cui, secondo le prescrizioni vigenti nell'antica Roma, era lecito trattare cause, affari. **2** (*est.*, *lett.*) Propizio.

fàsto (2) *s. m.* Sfarzo, lusso, sontuosità.

fastosità *s. f.* Qualità di fastoso; SIN. Sontuosità.

fastóso *agg.* Pieno di fasto: *lusso —*; SIN. Sfarzoso, sontuoso.

fasùllo *agg.* Privo di autenticità | Scadente | (*fig.*) Incapace.

fàta *s. f.* **1** Nelle tradizioni popolari, donna bellissima e dotata di poteri soprannaturali | (*fig.*) *Avere dita, mani di —*, avere dita, mani molto belle, dal tocco leggero o abilissimo, spec. nei lavori femminili. **2** *— Morgana*, miraggio in cui un oggetto appare sospeso nell'aria, dovuto a rifrazioni della luce proveniente dall'oggetto reale nell'atmosfera. **3** (*fig.*) Donna di grande bellezza e virtù.

fatàle *agg.* **1** Stabilito dal fato: *decisione —.* **2** Che cagiona morte, distruzione: *il freddo gli è stato —* | *L'ora —*, della morte; SIN. Esiziale, funesto. **3** (*fig.*) Dotato di irresistibile fascino: *donna, occhio, sguardo —.*

fatalismo *s. m.* **1** Dottrina in base a cui tutti gli eventi si verificano in modo ineluttabile. **2** Atteggiamento di chi subisce la realtà.

fatalista *s. m. e f.* (*pl. m. -i*) Chi si sottomette al corso degli eventi senza cercare di modificarlo.

fatalìstico *agg.* (*pl. m. -ci*) Di fatalismo.

fatalità *s. f.* **1** Qualità di ciò che è fatale. **2** Destino contrario | Avvenimento dannoso e imprevedibile.

fatalménte *avv.* Per opera, volere del fato | Per disgrazia.

fatàto *agg.* Fornito di virtù magiche: *anello —.*

fatìca *s. f.* **1** Sforzo che si sostiene per compiere q.c. di particolarmente impegnativo per il corpo e per l'intelletto | (*est.*) Lavoro fisico e mentale che stanca | *Da —*, di persona o animale atto a compiere lavori gravosi | *Abiti di, da —*, che non temono di essere sciupati. **2** (*fig.*) Pena, difficoltà | *A —*, a stento | *Durar — a fare q.c.*, incontrare difficoltà. **3** Diminuita resistenza di metalli o altri materiali, sottoposti a ripetuti sforzi alternativi.

faticàre *v. intr.* (*io fatìco, tu fatìchi*, *aus. avere*) **1** Lavorare con fatica: *— per q.c.* **2** (*fig.*) Operare con difficoltà o sforzo; SIN. Penare, stentare.

faticàta *s. f.* Grande sforzo o fatica.

faticatóre *s. m.* (*f. -trìce*) (*raro*) Chi lavora molto e resiste allo sforzo.

faticóso *agg.* Che richiede e procura fatica; SIN. Gravoso, pesante.

fatìdico *agg.* (*pl. m. -ci*) **1** Che rivela il fato o predica il futuro: *linguaggio —*; SIN. Profetico. **2** Fatale: *data fatidica.*

fàto *s. m.* **1** Per gli antichi, legge eterna e ineluttabile che regola la vita dell'Universo. **2** Destino; SIN. Sorte.

fàtta (1) *s. f.* Specie, genere, qualità: *uomini di questa —.*

fàtta (2) *s. f.* Escrementi degli uccelli, spec. della beccaccia, sul terreno, che il cacciatore utilizza come traccia.

fattàccio *s. m.* Azione o avvenimento riprovevole | Crimine di particolare malvagità.

fatterèllo *s. m.* Avvenimento di poca importanza | Raccontino, aneddoto.

fattézza *s. f. spec. al pl.* Lineamenti del viso; SIN. Sembianza.

fattìbile *agg.* Che si può fare; SIN. Possibile, realizzabile.

fattispècie *s. f.* Fatto produttivo di conseguenze giuridiche, spec. caso concreto di cui si tratta in giudizio: *esaminare la —* | *Nella —*, nel caso specifico.

fattivaménte *avv.* In modo fattivo, utile.

fattìvo *agg.* (*raro*) Che è utile o tende a realizzare q.c.: *il — interessamento delle autorità.*

fàtto (1) *part. pass. di fare; anche agg.* **1** Fabbricato, costruito, prodotto, con lavoro manuale o intellettuale. **2** Operato, compiuto: *cosa ben fatta* | *Così —, sì —*, tale | *A conti fatti*, tutto considerato | *Detto —*, immediatamente | *È subito, presto —*, immediatamente | *È fatta!*, di cosa conclusa, positivamente o negativamente. **3** Formato: *— a esse* | *Come Dio l'ha —*, nudo | *Non sapere come una cosa è fatta*, non conoscerla | Costituito: *— di marmo.* **4** Maturo: *frutti fatti* | *Uomo —*, perfettamente adulto | *Ragazza fatta*, da marito | (*fig.*) *A giorno —*, inoltrato. **5** Cotto al punto giusto: *la pasta è fatta.* **6** Adatto: *non essere — per q.c.*

fàtto (2) *s. m.* **1** Azione o atto concreto: *fatti e non parole* | *Fare i fatti*, agire | *Porre qc. di fronte al — compiuto*, a un'azione già realizzata | *Sul —*, nell'atto di compiere un'azione | *Cogliere qc. sul —*, mentre agisce | *Venire, scendere, passare a vie di —*, alle mani | *— d'arme*, combattimento | *— di sangue*, uccisione o ferimento. **2** Avvenimento, accaduto: *come si sono svolti i fatti?* | Fenomeno, circostanza, evento: *strano —.* **3** (*dir.*) Avvenimento che determina il sorgere, il modificarsi e l'estinguersi di un rapporto giuridico. **4** Serie di eventi che costituiscono la trama di un romanzo, film, commedia e sim.: *il — si svolge in India.* **5** Cosa, in senso lato | *Badare ai fatti propri*, alle proprie faccende | *Andare per i fatti propri*, andarsene | *Impicciarsi dei fatti altrui*, delle faccende altrui | *Sapere il — suo*, conoscere bene il proprio mestiere, essere consapevole delle proprie capacità | *Dire a qc. il — suo*, ciò che si merita. **6** Con valore pleonastico, in varie loc. spec. del linguaggio familiare: *il — è che mi sono annoiato* | Usato per introdurre un argomento che si annuncia: *il — della sua promozione ci rende felici.* [→ tav. *proverbi* 245]

fattóre *s. m.* (*f. -éssa, -tóra* nel sign. 2) **1** (*lett.*) Artefice, autore, creatore | *L'Alto, il Sommo —*, Dio. **2** Chi coadiuva l'imprenditore nell'esercizio dell'impresa agricola. **3** Ciò che concorre a produrre un effetto: *i fattori della ricchezza* | *— campo*, in alcuni sport, l'influenza favorevole del giocare sul proprio campo. **4** (*mat.*) Ciascuno dei termini della moltiplicazione. **5** Nelle scienze e tecnologie, coefficiente.

fattorìa *s. f.* **1** Azienda agricola. **2** Insieme dei fabbricati necessari a un'azienda agricola.

fattoriàle *agg.* Che si riferisce a un fattore, spec. matematico.

fattorìno *s. m.* (*f. -a*) Chi presso un'azienda pubblica o privata è incaricato dei piccoli servizi, spec. di consegna e recapito | *— telegrafico*, che porta a domicilio telegrammi.

fattrìce *s. f.* Femmina di animale di razza destinata alla riproduzione.

fattucchière *s. m.* (*f. -a*) Chi fa fattucchierie, stregonerie.

fattucchierìa *s. f.* Pratica di arti magiche popolari, per mezzo di filtri, incantesimi e sim.

fattùra *s. f.* **1** Confezionamento, realizzazione, lavorazione | (*est.*) Modo con cui una cosa è realizzata. **2** Documento che il venditore invia al compratore indicando le merci vendute e il corrispondente importo. **3** (*pop.*) Stregoneria; SIN. Maleficio, malia.

fatturàre *v. tr.* (*io fattùro*) **1** Manipolare, adulterare: *— il vino.* **2** Annotare in fattura le vendite effettuate: *— le importazioni.*

fatturàto **A** *part. pass. di fatturare; anche agg.* Annotato in fattura. **B** *s. m.* Insieme delle fatture emesse da un'impresa in un determinato periodo, e il relativo importo.

fatturazióne *s. f.* Operazione del fatturare.

fatturìsta *s. m. e f.* (*pl. m. -i*) Chi compila fatture commerciali.

fatuità *s. f.* Qualità di fatuo; SIN. Leggerezza.

fàtuo *agg.* Vuoto, vano, frivolo: *discorso —* | *Fuoco —*, fiammella che appare nei cimiteri nei pressi delle tombe, prodotta dall'accensione spontanea di sostanze gassose emananti dalla decomposizione dei cadaveri; (*fig.*) illusione che svanisce presto.

fàuci *s. f. pl.* **1** Orifizio di passaggio dalla cavità orale alla faringe. **2** (*fig.*) Apertura, sbocco: *le — del vulcano.*

fàuna *s. f.* Insieme degli animali di un determinato am-

biente.
faunésco *agg.* (*pl. m. -schi*) Di, da fauno.
fàuno *s. m.* Antica divinità italica protettrice dei campi e delle greggi, raffigurata con orecchie appuntite, corna e piedi caprini.
fàusto *agg.* **1** (*lett.*) Propizio, favorevole. **2** (*est.*) Lieto, felice, fortunato: *annunzio* –. ● CONTR. Nefasto.
fautóre *s. m.* (*f. -trice*) Chi favorisce, promuove, sostiene: – *della pace*; SIN. Sostenitore.
fauvismo /*semi-fr.* fo'vizmo/ *s. m.* Movimento artistico sorto in Francia agli inizi del sec. XX, la cui pittura è caratterizzata da colori puri violentemente contrastanti.
fàva *s. f.* Pianta erbacea leguminosa delle Rosali con foglie composte paripennate, fiori di color bianco e violaceo in racemi e legumi scuri contenenti semi verdastri | Seme commestibile di tale pianta | *Prendere due piccioni con una* –, (*fig.*) raggiungere due risultati in una sola volta. [→ ill. *piante* 10, *verdura*] [→ tav. *locuzioni* 85]
favagèllo *s. m.* Pianta erbacea delle Policarpali con tuberi carnosi, breve fusto sdraiato e fiori giallo-dorati. [→ ill. *piante* 4]
favèlla *s. f.* **1** Facoltà di parlare: *il dono della* –. **2** Lingua particolare: *la* – *italiana*.
favellàre *v. intr. e tr.* (*io favèllo; aus. avere*) (*lett.*) Parlare, discorrere: – *di q.c.*
favilla *s. f.* **1** Parte minutissima di materia incandescente | *Far faville*, di chi riesce bene in q.c. o ha successo per certe qualità personali. **2** (*fig.*) Principio di sentimento, passione, avvenimento: *la* – *dell'amore, della discordia*. ● SIN. Scintilla.
fàvo *s. m.* **1** Insieme delle celle a forma esagonale costruite dalle api per deporvi uova, miele e polline; SIN. Vespaio. [→ ill. *ape, apicoltore*] **2** (*med.*) Agglomerato di foruncoli.
fàvola *s. f.* **1** Breve narrazione in prosa o in versi, di intento morale, avente per oggetto un fatto immaginato: *le favole di Esopo, di La Fontaine*. **2** Racconto spec. popolare di argomento fantastico: *la* – *di Biancaneve*; SIN. Fiaba. **3** Qualsiasi racconto o argomento fantastico, misterioso: *l'origine di quel popolo è avvolta nella* – | Chiacchiera, diceria | Oggetto di tali chiacchiere: *quell'individuo è la* – *del paese*. **4** Commedia, dramma: – *pastorale*. **5** Bugia, fandonia.
favoleggiàre *v. intr.* (*io favoléggio; aus. avere*) **1** Raccontar favole. **2** Rappresentare cose favolose.
favolèllo *s. m.* Breve racconto, poemetto narrativo medievale.
favolìsta *s. m. e f.* (*pl. m. -i*) Scrittore di favole.
favolìstica *s. f.* Genere letterario delle favole | Insieme di favole proprio di un determinato paese: *la* – *nordica*.
favolóso *agg.* **1** Di favola, che appartiene alla favola: *divinità favolosa* | Leggendario: *il* – *Egitto*. **2** Incredibile, enorme: *ricchezza favolosa*.
favònio *s. m.* (*lett.*) Vento caldo di ponente.
favóre *s. m.* **1** Benevolenza, preferenza, simpatia: *godere il* – *del popolo* | *Essere, trovarsi in* –, essere favorito | *Incontrare il* – *di qc.*, detto di ciò che riscuote simpatia, favori e sim. | *Di* –, di ciò che si fa o si concede non per dovere ma per venire incontro alle esigenze, alle richieste di qc.: *prezzo di* – | *Entrata, biglietto di* –, che consente l'ingresso gratuito a spettacoli. **2** Azione che dimostra benevolenza verso qc.: *chiedere, fare un* – *a qc.* | *Per* –, formula di cortesia per chiedere q.c.; SIN. Piacere. **3** Aiuto, vantaggio, *spec. nella loc. a* –, *in* –: *testimoniare a* – *di qc.*; *intervenire in* – *di qc.* | Protezione, complicità: *col* – *delle tenebre*. [→ tav. *locuzioni* 104]
favoreggiaménto *s. m.* Protezione di qc. o q.c., spec. per scopi riprovevoli | (*dir.*) – *personale*, l'aiutare qc. che ha commesso un reato a eludere le indagini e a sottrarsi alle ricerche dell'autorità.
favoreggiàre *v. tr.* (*io favoréggio*) Proteggere col proprio favore.
favoreggiatóre *s. m.* (*f. -trice*) Chi favoreggia, spec. chi si rende colpevole di favoreggiamento.
favorévole *agg.* **1** Che approva, consente, reca vantaggio: *sentenza, risposta* –. **2** Benigno, benevolo: *giudizio* – | Propizio: *vento* –. ● CONTR. Sfavorevole, contrario.
favorìre **A** *v. tr.* (*io favorìsco, tu favorìsci*) **1** Incoraggiare, aiutare, a volte con parzialità: – *le inclinazioni di qc.*; – *un concorrente*; SIN. Assecondare, sostenere. **2** Promuovere, facilitare, agevolare: – *il commercio, l'industria*. **3** Porgere: *mi favorisci il sale?*; *favorisca la patente*. **B** *v. intr.* Accettare di fare q.c.: *favorisca venire da me* | *Vuole* –?, invitando qc. a pranzare alla propria tavola.
favorita *s. f.* Donna prediletta da un uomo spec. potente.
favoritismo *s. m.* Atteggiamento di chi favorisce qc. indebitamente.
favorito **A** *part. pass. di favorire; anche agg.* **1** Amato, prediletto, preferito: *il mio scrittore* –. **2** Detto di atleta, cavallo e sim. probabile vincitore di una competizione sportiva. **B** *s. m.* (*f. -a* nei sign. 1 e 2) **1** Persona prediletta; SIN. Beniamino. **2** Atleta, cavallo, squadra e sim., favoriti. **3** *al pl.* Basette lunghe fino al mento. [→ ill. *barba*]
fazenda /*port.* fa'zɛnda/ *s. f. inv.* (*pl. port. fazendas* /fa'zɛndaʃ/) Azienda agricola brasiliana.
fazióne *s. f.* Raggruppamento spec. politico, particolarmente settario.
faziosità *s. f.* L'essere fazioso.
fazióso **A** *agg.* **1** Che (o chi) appartiene a una fazione | (*est.*) Settario. **2** Ribelle, sovversivo. **B** *s. m.* (*f. -a*) Persona settaria e intollerante.
fazzolétto *s. m.* Quadrato, spec. di lino o di cotone, per soffiarsi il naso, asciugare il sudore e sim. | Grande quadrato, di seta o altri tessuti, per coprire la testa | (*fig.*) – *di terra*, campo molto piccolo. [→ ill. *abbigliamento*]
fé *s. f.* (*poet.*) Fede.
febbràio *s. m.* Secondo mese dell'anno nel calendario gregoriano, di 28 giorni (29 negli anni bisestili). [→ tav. *proverbi* 153]
fèbbre *s. f.* **1** Aumento della temperatura corporea dovuto a malattia | (*fig.*) – *da cavallo*, molto alta | – *gialla*, epatite infettiva acuta causata da un virus trasmesso dalla puntura di particolari zanzare. **2** (*pop., est.*) Erpete che appare sulle labbra. **3** (*fig.*) Passione ardente, desiderio intenso: – *della gelosia*.
febbricitànte *agg.* Che ha la febbre.
febbricola *s. f.* Febbre poco elevata e persistente.
febbrìfugo o (*evit.*) **febbrifùgo** *agg.; anche s. m.* (*pl. m. -ghi*) Antifebbrile; SIN. Antipiretico.
febbrile *agg.* **1** Di febbre: *stato* – | (*fig.*) Agitato, convulso. **2** (*fig.*) Intenso, instancabile: *lavoro* –.
febbróne *s. m. Accr. di febbre.*
fecàle *agg.* Delle feci.
fèccia *s. f.* (*pl. -ce*) **1** Deposito melmoso che si forma nei vasi vinari per sedimentazione dei vini. **2** Parte peggiore: *la* – *della società*.
feccióso *agg.* Ricco di feccia: *vino* – | Torbido, impuro.
fèci *s. f. pl.* (*med.*) Prodotti di rifiuto dell'organismo di origine alimentare, eliminati per via rettale.
fècola *s. f.* Sostanza amidacea d'aspetto farinoso, che si estrae da alcuni tuberi, rizomi e bulbi: – *di patate*.
fecondàbile *agg.* Che si può fecondare.
fecondàre *v. tr.* (*io fecóndo*) **1** (*biol.*) Determinare la formazione e lo sviluppo del germe embrionario negli animali e nelle piante, con l'unione dei gameti maschile e femminile. **2** Rendere fertile (*anche fig.*): *l'acqua e il sole fecondano la terra*.
fecondativo *agg.* Che serve a fecondare.
fecondatóre *s. m.; anche agg.* (*f. -trìce*) Chi (o che) feconda: *sole* –.
fecondazióne *s. f.* Unione dei gameti maschile e femminile che determina la formazione del germe embrionario.
fecondità *s. f.* **1** (*biol.*) Capacità di fecondare o di essere fecondata. **2** (*fig.*) Capacità di creare, produrre. ● SIN. Fertilità.
fecóndo *agg.* **1** Detto di donna o di femmina di animali che può procreare; CONTR. Sterile. **2** (*fig.*) Che produce largamente: *terreno* –; *ingegno* – | (*fig.*) Che può avere ricco svolgimento, ampi sviluppi: *idea feconda*; SIN. Fertile, produttivo. **3** Che feconda: *vento* –.
fedain o *fedayin* /feda'in/ *s. m.* Guerrigliero palestinese che combatte per la reintegrazione del suo popolo in Palestina.
féde *s. f.* (*poet.* troncato in *fé*) **1** Adesione incondizionata a un fatto, a un'idea: *avere* – *nel progresso*; *prestar* –

alla magia | Complesso dei principi seguiti in politica, in filosofia e sim.: — *socialista.* **2** Adesione dell'anima e della mente a una verità religiosa rivelata o soprannaturale | Religione: *la — cristiana* | Una delle tre virtù teologali | *Materia di* —, parti della religione cattolica che costituiscono dogma | *Fare atto di* —, dichiarare formalmente la propria credenza e la propria adesione a q.c. | *I conforti della* —, estrema unzione. **3** Fiducia, credito: *aver — nell'avvenire.* **4** Osservanza delle cose promesse | Fedeltà, onestà, lealtà: — *coniugale*; *tener — ai patti* | *Riferire con* —, con scrupolosa esattezza. **5** Anello che si scambiano gli sposi il giorno del matrimonio. [→ ill. *gioielli*] **6** Attestato | *Far* —, attestare | *In* —, formula conclusiva di un documento, un certificato e sim. | Documento, certificato: — *di battesimo.* [→ tav. *proverbi* 95]

fedecommésso o *fidecommésso* *s. m.* (*dir.*) Obbligo imposto dal testatore all'erede di conservare i beni ereditati e di trasmetterli alla sua morte a una data persona.

fedéle A *agg.* **1** Che è costante nell'affetto, nell'amore e sim.: *sposa, amante* — | Che mantiene le promesse | Che corrisponde alla fiducia di cui è fatto segno; SIN. Devoto; CONTR. Infedele. **2** Che osserva con scrupolo l'esattezza, la puntualità, la precisione: *una — versione degli avvenimenti*; *traduzione* —; — *all'appuntamento.* **B** *s. m. e f.* Seguace di una fede religiosa, di un'idea, di una persona e sim.: *i fedeli di Cristo, del re.*

fedeltà *s. f.* **1** Qualità di chi è fedele; CONTR. Infedeltà. **2** Conformità all'originale: — *di una copia* | *Alta* —, detto di registrazione e riproduzione dei suoni che non ne altera le caratteristiche originali; SIN. High fidelity. [→ ill. *suono*]

fèdera *s. f.* Involucro a forma di sacco, entro cui si pone il guanciale.

federàle A *agg.* **1** Detto di Stato composto i cui membri sono enti territoriali muniti di un'ampia sfera di autonomia | Che si riferisce a tale Stato: *parlamento* —. **2** Di federazione sportiva: *regolamento* —. **B** *s. m.* In epoca fascista, segretario di una federazione di fasci di combattimento.

federalismo *s. m.* Tendenza politica favorevole alla federazione di più Stati.

federalista *s. m. e f.* (*pl. m. -i*) Fautore, seguace del federalismo.

federativo *agg.* **1** Proprio di una federazione. **2** Proprio del federalismo e dei federalisti.

federàto *agg.* Detto di Stato membro di uno Stato federale.

federazióne *s. f.* **1** Unione di due o più Stati, enti e sim. **2** (*dir.*) Confederazione: — *di Stati.* **3** Associazione formata da enti minori: — *sindacale*; — *dei consorzi agrari.* **4** Ente nazionale che regola e disciplina una attività sportiva: *Federazione Italiana Gioco Calcio.* **5** Sede di una federazione.

federconsòrzi *s. f.* Federazione Italiana dei Consorzi Agrari.

fedifrago *agg.* (*pl. m. -ghi*) Che rompe i patti e tradisce impegni e accordi | (*scherz.*) Infedele: *marito* —.

fedina (1) *s. f.* — *penale*, certificato rilasciato dalla Procura della Repubblica, attestante se un cittadino abbia riportato condanne penali.

fedina (2) *s. f. spec. al pl.* Favoriti.

feedback /*ingl.* 'fi:dbæk/ *s. m. inv.* (*pl. ingl. feedbacks* /'fi:dbæks/) Effetto retroattivo, azione di ritorno: *il — negativo di una campagna pubblicitaria*; SIN. Retroazione.

feeling /*ingl.* 'fi:liŋ/ *s. m. inv.* Intesa, sintonia, simpatia che si stabilisce fra due o più persone per affinità di sentimenti e sensibilità.

fegatèlla *s. f.* Piccola pianta delle Epatiche con tallo laminare e frastagliato la cui parte inferiore ha il colore del fegato.

fegatèllo *s. m.* Pezzetto di fegato di maiale, ravvolto nella rete e cucinato con erbe aromatiche.

fegatino *s. m.* Fegato di pollo, piccione o altro volatile.

fégato *s. m.* **1** Grossa ghiandola dell'apparato digerente dei vertebrati, posta nella parte superiore destra dell'addome, che produce la bile e interviene nel metabolismo | *Mangiarsi, rodersi il* —, (*fig.*) struggersi per la rabbia. **2** (*fig.*) Coraggio, audacia: *uomo di* —.

fegatóso *agg.; anche s. m.* (*f. -a*) **1** Detto di chi soffre di disturbi epatici. **2** (*fig.*) Detto di chi è astioso, irascibile.

félce *s. f.* (*bot.*) Pianta delle Felci con foglie a volte molto grandi sulla cui pagina inferiore si trovano le spore | — *aquilina*, felce con foglie coriacee molto lunghe | — *maschio*, con grandi foglie suddivise e rizoma a proprietà medicinali. [→ ill. *piante* 1]

Félci *s. f. pl.* Classe di piante delle Pteridofite, con radice, fusto e foglie, ma senza fiore e frutto. [→ ill. *piante* 1]

feldmaresciàllo *s. m.* Massimo grado di generale nell'ex impero austriaco, in Germania e in Gran Bretagna.

feldspàtico *agg.* (*pl. m. -ci*) Che contiene feldspato.

feldspàto *s. m.* (*miner.*) Roccia formata di minerali silicati, risultanti da miscele di ortoclasio, albite, anortite.

felice *agg.* **1** Che è pienamente appagato nei suoi desideri: *vivere — e contento*; SIN. Contento, lieto. **2** Che apporta gioia, felicità: *giorni felici* | *Tempo, stato* —, epoca di grande gioia e contentezza. **3** (*fig.*) Favorevole, propizio: *esito* — | *Giorno* —, fausto | *Idea* —, fortunata, opportuna | (*fig.*) *Avere la mano* —, saper scegliere bene e essere abile; SIN. Fortunato. ● CONTR. Infelice.

felicità *s. f.* **1** Stato di chi è felice; SIN. Contentezza, gioia, letizia; CONTR. Infelicità. **2** Circostanza, cosa che procura contentezza.

felicitàre A *v. tr.* (*io felicito*) (*lett.*) Rendere felice. **B** *v. intr. pron.* **1** Essere contento: *felicitarsi dell'esito di q.c.* **2** Congratularsi: *felicitarsi con qc. per un successo.* ● SIN. Rallegrarsi.

felicitazióne *s. f. spec. al pl.* Atto del felicitarsi | Parole di rallegramento; SIN. Congratulazione, rallegramento.

felino A *agg.* Di, da gatto: *sguardo* —. **B** *s. m.* Correntemente, ogni animale mammifero carnivoro morfologicamente simile al gatto, che ha raggiunto un alto grado di specializzazione quale animale da preda.

fellàh *s. m. inv.* Contadino musulmano della valle del Nilo nel suo corso egiziano.

fellóne *s. m.* (*f. -a*) (*lett.*) Traditore.

fellonia *s. f.* **1** Nel diritto feudale, infedeltà del vassallo verso il proprio signore. **2** (*raro, lett.*) Defezione, tradimento.

félpa *s. f.* Tessuto morbido di lana, cotone o altre fibre, peloso solo su una faccia | (*est.*) Indumento sportivo, spec. dell'abbigliamento giovanile, confezionato con tale tessuto.

felpàto A *agg.* **1** Detto di tessuto lavorato a felpa o rivestito di felpa. **2** (*fig.*) Che non produce rumore: *passo* —. **B** *s. m.* Tessuto a superficie pelosa e morbida come una felpa.

feltràre A *v. tr.* (*io féltro*) **1** Lavorare il panno di lana o il pelo in modo da ridurlo come feltro. **2** Coprire, foderare di feltro. **B** *v. intr. pron.* **1** Divenire feltro o compatto come feltro. **2** Intrecciarsi, detto delle erbe in un prato e delle loro radici.

feltratùra *s. f.* Operazione del feltrare.

feltrazióne *s. f.* (*fis., chim.*) Fenomeno per cui le fibre di cellulosa si uniscono tenacemente fra loro quando si sottrae acqua alla sospensione in cui sono.

féltro *s. m.* **1** Falda di lana o di altri peli animali, ottenuta senza tessitura, usufruendo della capacità adesiva delle fibre opportunamente trattate. **2** Cappello in feltro. **3** Pezzo di feltro, adibito a vari usi. [→ ill. *penna da scrivere*]

felùca *s. f.* **1** Imbarcazione bassa e veloce con due alberi e una vela latina. [→ ill. *marina*] **2** Bicorno dell'alta uniforme degli ufficiali di marina, dei diplomatici, degli accademici. [→ ill. *copricapo*]

félze *s. m.* Copertura centrale della gondola per protezione del passeggero. [→ ill. *marina*]

fémmina *s. f.* **1** Negli organismi a sessi separati, l'individuo portatore dei gameti femminili atti a essere fecondati da quelli maschili: *la — del lupo*; *avere due figlie femmine.* **2** Donna (*spec. spreg.*). **3** In un arnese o congegno composto, pezzo di forma incavata che consente l'inserimento stabile di un altro pezzo: *la — del gancio.* [→ tav. *proverbi* 245]

femminèlla *s. f.* **1** Donna piccola o debole. **2** Parte dell'agganciatura dove entra il gancio. [→ ill. *marina*] **3** Germoglio anticipato della vite e di altre piante.

femmineo *agg.* **1** (*lett.*) Di, da donna. **2** (*lett.*) Effeminato.

femminile A *agg.* **1** Di, da femmina: *sesso* — | *Genere*

—, genere grammaticale che, in una classificazione in tre generi, si oppone al maschile e al neutro. **2** Che è proprio delle donne: *abito* —; SIN. Muliebre. **B** *s. m.* (*ling.*) Genere femminile.

FEMMINILE

Nella lingua italiana esistono due generi: il maschile e il femminile. Nel caso di esseri inanimati o di concetti, la distinzione è del tutto convenzionale: non ha cioè alcuna relazione col sesso maschile o femminile: *il piatto, la sedia, la gioia, il dolore, il sole, la luna.* Nel caso di essere animati, invece, la distinzione tra genere maschile e femminile corrisponde generalmente al sesso: *marito, attore, portiere* e *gallo* sono di genere maschile; *moglie, attrice, portiera* e *gallina* sono di genere femminile. Si è detto 'generalmente' perché ci sono delle eccezioni, nomi che sono di genere femminile anche quando indicano uomini, come *la guida, la spia, la recluta, la sentinella, la guardia, la vittima,* o nomi maschili che si riferiscono sempre a donne, come *il soprano,* o indifferentemente a uomini o donne, come *il pedone.* Attenzione: in questi casi la concordanza è sempre grammaticale: *il soprano Maria R. è stato applaudito; la sentinella, Luigi R., è stata ricoverata in ospedale.*
Da ciò deriva che la trasformazione dal maschile al femminile riguarda soltanto nomi che indicano persone o animali. Anche alcuni nomi che indicano 'cose' o concetti hanno la forma maschile e femminile oppure, con la medesima forma, possono essere maschili e femminili. Ad es.: *il testo — la testa, il modo — la moda, il radio — la radio, il capitale — la capitale.* È evidente però che in questi casi si tratta di un falso cambiamento di genere che riflette un completo cambiamento di significato.

Ma come si forma, di regola, il femminile? Ricordiamo che i nomi, da questo punto di vista, si dividono in quattro categorie:
1 I nomi indipendenti o **di genere fisso**, che hanno come femminile un nome di radice diversa: *uomo — donna, maschio — femmina, fratello — sorella,* ecc.;
tra gli animali: *bue — mucca, porco — scrofa,* ecc.
2 I nomi **di genere comune**, che hanno un'unica forma per il maschile e per il femminile: *il consorte — la consorte, il pianista — la pianista, il cliente — la cliente,* ecc. Tali nomi si distinguono per mezzo dell'articolo o dell'aggettivo con cui si uniscono.
3 I nomi **di genere promiscuo**, nomi di animali con un'unica forma per il maschio e per la femmina: *la mosca, il serpente, la volpe.* Per specificare occorre dire *il maschio* (*la femmina*) *della volpe,* oppure *la volpe maschio* (*femmina*).
4 I nomi **di genere mobile**, che formano il femminile mutando la desinenza o aggiungendo un suffisso sulla base delle seguenti regole generali:

- i nomi che al maschile terminano in *-o* prendono al femminile la desinenza *-a*: *amico — amica, fanciullo — fanciulla, zio — zia, lupo — lupa*;
- i nomi che al maschile terminano in *-a* formano il femminile aggiungendo al tema il suffisso *-essa*: *duca — duchessa, poeta — poetessa.* Fanno eccezione i nomi in *-cida* e *-ista* (*parricida, artista*) ed alcuni altri (ad es. *atleta, collega*), che appartengono alla categoria dei nomi di genere comune, con un'unica forma sia per il maschile che per il femminile;
- i nomi che al maschile terminano in *-e* formano il femminile assumendo la desinenza *-a* (*signore — signora, padrone — padrona*) oppure rimangono invariati (*cliente, agente, dirigente*) oppure aggiungono il suffisso *-essa* (*conte — contessa, studente — studentessa*);
- i nomi che al maschile terminano in *-tore* formano il femminile mutando la desinenza in *-trice*: *genitore — genitrice; lettore — lettrice.* Attenzione: *dottore* diventa però *dottoressa*; *pastore, tintore e impostore* prendono invece il suffisso *-tora*;
- i nomi che al maschile terminano in *-sore* formano il femminile aggiungendo il suffisso *-itrice* alla radice del verbo da cui derivano: *uccisore — ucciditrice; possessore — posseditrice* (ma *professore* diventa, com'è noto, *professoressa*);
- in alcuni pochi casi, la formazione del femminile avviene in maniera particolare: *dio — dea, re — regina, abate — badessa, doge — dogaressa, eroe — eroina, gallo — gallina.*

In questo quadro generale, è spesso difficile formare il femminile dei nomi che indicano professioni o cariche. Il motivo è semplice: negli ultimi decenni sono avvenute nel nostro Paese profonde modificazioni sociali, economiche e culturali. Una delle conseguenze è stata la crescente presenza femminile in mestieri e professioni un tempo riservate agli uomini. Ecco allora che, quando un'abitudine consolidata identificava una certa professione col ruolo — e quindi col nome — maschile, la necessità di individuare la corrispondente forma femminile ha creato imbarazzo e dubbi. *Avvocata, avvocatessa* o ancora *avvocato? Chirurga* o ancora *chirurgo?* La scelta è resa talvolta più difficile da una certa intonazione scherzosa che accompagna talora la formazione del femminile. Valgono comunque le seguenti regole:

- il femminile di nomi indicanti professioni o cariche si forma in generale senza problemi applicando le regole indicate in precedenza. Si dirà perciò: *la dentista, la pediatra, la analista, la farmacista*; *la psicologa, la radiologa, la ginecologa, la cardiologa*; *la chimica, la filosofa, la deputata*; *la direttrice, la amministratrice, la ispettrice, la senatrice*; *la preside, la docente, la agente.* Rare invece sono le forme *ingegnera, ministra, medica* e *soldata,* con tutti i femminili dei nomi dei gradi militari;
- è sempre opportuno usare la forma femminile, quando esiste, anziché il maschile: si dirà perciò *la radiologa di turno Maria R.* e non *il radiologo di turno Maria R.* Analogamente è consigliabile preferire *l'ambasciatrice Clara L.* a *l'ambasciatore signora Clara L.*: l'eventuale dubbio che possa trattarsi della moglie di un ambasciatore maschio sarà chiarito dal contesto;
- spesso il suffisso *-essa* ha intonazione ironica o addirittura spregiativa: perciò è preferibile *la presidente* a *la presidentessa, l'avvocata* a *l'avvocatessa,* etc. Nessun problema tuttavia per *studentesse, professoresse, poetesse, dottoresse* e, naturalmente, neppure per *ostesse, duchesse, baronesse, contesse* e *principesse*;
- anche i nomi invariabili di origine straniera possono in generale essere femminili: si dirà perciò *la manager, la leader, la art director, la designer, la scout,* etc. Ma *gentleman, chaperon, premier, alter ego, dandy, mister* e *steward* sono solo maschili, mentre *nurse, vendeuse, miss* e *hostess* sono solo femminili;
- il femminile di *capo* e dei suoi composti è invariabile sia al singolare che al plurale: si dirà perciò *il capo, la capo, i capi, le capo* e *il caposervizio, la caposervizio, i capiservizio, le caposervizio*;
- alcuni nomi femminili si riferiscono sia a uomini che a donne: *guida, guardia, sentinella, recluta, matricola, spia, comparsa, controfigura, maschera,* etc.; analogamente alcuni nomi maschili si riferiscono anche a donne: per esempio *messo, mimo, mozzo, sosia, giullare, secondo* (nei duelli), *fantasma.* Inoltre *soprano, mezzosoprano* e *contralto* si usano preferibilmente al maschile, benché indichino in genere cantanti di sesso femminile; si notino comunque i plurali: *i soprani, le soprano*;
- mantengono il loro genere anche se riferite a persone di sesso diverso le locuzioni come *battitore libero, franco tiratore, portatore d'acqua, braccio destro* e *prima donna*;
- alcuni nomi, infine, si riferiscono solo a uomini: *galantuomo, maggiordomo, nostromo, paggio* e *marito, padre, padrino, fratello, genero, scapolo, celibe*; altri solo a donne: *dama, mondina, caterinetta, perpetua* e *moglie, madre, madrina, sorella, nuora, nubile*;
- di norma il vocabolario riporta nella sezione grammaticale di ciascun lemma le indicazioni per la formazione del femminile nei casi in cui possano esservi dubbi.

femminilità *s. f.* Complesso di qualità e caratteristiche fisiche e psichiche proprie della donna.
femminìno ***A*** *agg.* (*lett.*) Di, da donna. ***B*** *s. m. L'eterno* –, ciò che vi è di spiritualmente nobile e puro nel fascino muliebre sull'animo degli uomini.
femminişmo *s. m.* Movimento tendente a portare la donna sul piano della parità con l'uomo, quanto a diritti civili, politici e sim. | Movimento recente che pone l'accento spec. sulla posizione antagonistica della donna e di alcuni suoi valori rispetto all'uomo.
femminista *s. f. e m.* (*pl. m. -i*) Chi segue il femminismo.
femminùccia *s. f.* (*pl. -ce*) ***1*** *Dim. di femmina.* ***2*** Bambino o uomo pauroso o vile.
femoràle *agg.* Del femore. [→ ill. *anatomia umana*]
fèmore *s. m.* (*anat.*) Osso lungo che costituisce lo scheletro della coscia, articolato con l'anca e con la tibia. [→ ill. *anatomia umana*]
fèmto- *primo elemento*: anteposto a un'unità di misura la divide per un milione di miliardi.
fendènte ***A*** *part. pres. di fendere* (*raro*) Che fende. ***B*** *s. m.* Colpo di sciabola vibrato alla testa.
fèndere ***A*** *v. tr.* (*pres. io fèndo; pass. rem. io fendéi o fendètti, tu fendésti; part. pass. fendùto o fésso*) ***1*** Spaccare trasversalmente: – *una pietra.* ***2*** Attraversare in mezzo: – *le nubi, la nebbia* | – *l'aria*, volare | – *i flutti, le onde*, nuotare, navigare | – *la folla, la calca*, passarvi in mezzo. ***B*** *v. intr. pron.* Screpolarsi, aprirsi, spaccarsi; SIN. Creparsi.
fendinébbia *s. m. inv.* Proiettore d'autoveicolo talvolta a luce gialla che migliora la visibilità nella nebbia.
fenditóio *s. m.* (*gener.*) Strumento usato per spaccare trasversalmente. [→ ill. *macelleria*]
fenditùra *s. f.* ***1*** Crepa, spaccatura, apertura trasversale. ***2*** Apertura sottile e allungata usata in strumenti ottici. [→ ill. *fisica, ottica*]
fenicàto *agg.* (*chim.*) Di preparato trattato con acido fenico: *cotone* –.
fenìce *s. f.* ***1*** Uccello favoloso d'Arabia che, secondo la leggenda, si costruiva ogni cinquecento anni un rogo, per ardervi e poi risorgerne. ***2*** (*fig.*) Cosa o persona perfetta e difficilmente reperibile. [→ tav. *locuzioni* 9]
fenìcio *agg.; anche s. m.* (*pl. f. -cie*) Della Fenicia, antico Stato dell'Asia anteriore, sulle coste del Mediterraneo orientale (corrispondente all'attuale Siria).
fènico *agg.* (*pl. m. -ci*) (*chim.*) *Acido* –, fenolo.
fenicòttero *s. m.* Uccello con lunghissime zampe prive di piume e piedi palmati, collo allungato e mobilissimo, becco largo e lungo piegato ad angolo, piumaggio di color roseo e penne remiganti nere; SIN. Fiammingo. [→ ill. *animali* 12]
fenile *s. m.* (*chim.*) Radicale derivato dal benzene per perdita di un atomo di idrogeno.
fenolftaleina *s. f.* Composto chimico usato in chimica analitica come indicatore, incolore in soluzione acida e rosso violaceo in soluzione alcalina.
fenòlico *agg.* (*pl. m. -ci*) Del fenolo.
fenòlo *s. m.* Derivato ossigenato del benzolo contenuto nel catrame di carbon fossile; impiegato nell'industria chimica spec. per la fabbricazione di resine fenoliche e in medicina come antisettico e anestetico locale.
fenologìa *s. f.* Studio dei fenomeni ritmici della vita animale e vegetale in relazione al mutar delle stagioni.
fenomenàle *agg.* ***1*** Che ha carattere di fenomeno. ***2*** Straordinario, eccezionale.
fenomenalità *s. f.* Qualità di fenomenale.
fenomènico *agg.* (*pl. m. -ci*) Che concerne il fenomeno.
fenomenişmo *s. m.* Dottrina filosofica secondo la quale la nostra conoscenza è limitata al fenomeno, ossia alla rappresentazione che noi ci facciamo delle cose.
fenòmeno ***A*** *s. m.* ***1*** Tutto ciò che può essere osservato e studiato attraverso una conoscenza diretta: – *acustico, ottico, atmosferico.* ***2*** Fatto che si distingue per caratteristiche particolari: *il – del turismo di massa.* ***3*** (*fam.*) Persona o cosa straordinaria o bizzarra. ***B*** *in funzione di agg. inv.* (*posposto al s.*) (*fam.*) Stupefacente, sorprendente, straordinario: *ragazzo* –; SIN. Prodigio.
fenomenologìa *s. f.* Descrizione di un complesso di fenomeni così come essi si manifestano all'esperienza.
fenoplàsto *s. m.* Resina ottenuta per condensazione del fenolo o di suoi derivati; impiegato nell'industria elettrica, chimica, tessile e delle vernici.
fenotipo o *fenòtipo s. m.* (*biol.*) Complesso dei caratteri morfologici di un individuo.
feràce *agg.* (*lett.*) Fertile, fecondo.
feracità *s. f.* (*lett.*) Qualità di ferace.
feràle *agg.* (*lett.*) Che porta morte.
fèretro *s. m.* Bara ricoperta dalla coltre funebre | (*est.*) Bara.
fèria *s. f.* ***1*** Nel calendario liturgico cattolico, ogni giorno della settimana non festivo. ***2*** *al pl.* Periodo di riposo a cui ha diritto il lavoratore; SIN. Vacanze.
feriàle *agg.* Di giorno o periodo non festivo; CONTR. Festivo.
feriménto *s. m.* Atto del ferire.
ferino *agg.* (*lett.*) Di fiera.
ferire ***A*** *v. tr.* (*io ferìsco, tu ferìsci*) ***1*** Colpire causando una ferita: – *qc. di coltello* | – *a morte*, in modo da provocare la morte | *Senza colpo* –, senza fare uso delle armi. ***2*** (*fig.*) Addolorare, con atti e parole: – *qc. nell'onore.* ***3*** (*fig.*) Colpire, dando fastidio: *la luce viva lo ferisce* | (*fig.*) – *la fantasia di qc.*, produrre una forte impressione su qc. ***B*** *v. rifl.* Prodursi una ferita: *ferirsi alla testa.* [→ tav. *proverbi* 50]
ferita *s. f.* ***1*** Taglio o lacerazione della cute e dei tessuti sottostanti prodotta da un corpo contundente o penetrante. ***2*** (*fig.*) Grave dolore o offesa morale: *inasprire, riaprire una* –.
ferità *s. f.* (*lett.*) Crudeltà.
ferito *part. pass. di ferire; anche agg. e s. m.* (*f. -a*) Che (o chi) ha subito una o più ferite.
feritóia *s. f.* ***1*** (*arch.*) Stretta apertura verticale, ricavata nei muri di rocche, parapetti, torri, navi, per tirare contro il nemico rimanendo protetti. [→ ill. *castello*] ***2*** Apertura per dare luce a una cantina e sim.
feritóre *s. m.* (*f. -trìce*) Chi ferisce.
férma *s. f.* ***1*** Periodo di permanenza sotto le armi per adempiere agli obblighi del servizio militare. ***2*** Puntata del cane da caccia davanti a un animale selvatico | *Cane in* –, puntato sull'animale. [→ ill. *cane*]
fermacàrro *s. m.* (*ferr.*) Ostacolo con respingenti, messo all'estremità di un binario tronco. [→ ill. *ferrovia*]
fermacàrte *s. m. inv.* Oggetto pesante di bronzo, pietra o cristallo, da tenere sulla scrivania sopra fogli sciolti.
fermacravàtta o *fermacravàtte s. m. inv.* Fermaglio per fissare la cravatta alla camicia.
fermàglio *s. m.* Ogni oggetto, sotto forma di gancio, fibbia, monile e sim. che serva a chiudere o a tenere ferme due parti staccate di q.c. [→ ill. *gioielli, penna da scrivere*]
fermanèllo *s. m.* Anello sottile che si tiene al dito per assicurare un anello prezioso.
fermàre ***A*** *v. tr.* (*io férmo*) ***1*** Trattenere qc. o q.c. arrestandone il movimento: – *un fuggitivo*; – *il treno* | (*fig.*) – *l'attenzione su q.c.*, considerare attentamente | – *il lavoro, il discorso*, interromperli. ***2*** Trattenere qc. in stato di fermo: *la polizia fermò un sospettato.* ***3*** Dare saldezza a q.c. che si muove: – *un bottone*; SIN. Fissare. ***4*** (*fam.*) Prenotare: – *due posti a teatro.* ***B*** *v. intr. pron.* ***1*** Interrompere un movimento: *mi sono fermato a parlare.* ***2*** Trattenersi: *mi fermerò pochi giorni.* ***3*** Stabilirsi: *fermarsi in una città.* ***C*** *v. intr.* (*aus. avere*) Cessare di andare: *l'autobus ferma in punti determinati.*
fermàta *s. f.* ***1*** Interruzione di un movimento | Sosta | Sospensione del lavoro. ***2*** Interruzione della corsa di un mezzo di trasporto pubblico per lasciare salire e scendere i viaggiatori | Punto del tragitto in cui si fermano mezzi pubblici di trasporto. [→ ill. *strada*]
fermàto *part. pass. di fermare; anche agg. e s. m.* (*dir.*) Detto di chi è sottoposto a fermo giudiziario.
fermentàre ***A*** *v. intr.* (*io ferménto; aus. avere*) ***1*** Essere in fermentazione: *l'uva nel tino fermenta.* ***2*** (*fig.*) Essere agitato, in subbuglio: *gli anni fermentano.* ***3*** Lievitare, detto della pasta. ***B*** *v. tr.* Sottoporre una sostanza all'azione dei fermenti.
fermentativo *agg.* Che può produrre una fermentazione.
fermentazióne *s. f.* Processo consistente nella trasformazione chimica di sostanze organiche per mezzo di alcuni microrganismi | – *acetica*, trasformazione dell'alcol in acido acetico | – *alcolica*, trasformazione di zuccheri di alcol.

ferménto *s. m.* **1** Enzima. **2** Lievito. **3** (*fig.*) Situazione o stato d'animo caratterizzati dal sovrapporsi di avvenimenti tendenti a mutare una situazione di fatto, spec. quando questa è ritenuta ingiusta o inadeguata: *gli animi erano in —* | (*est.*) Ciò che determina tale stato d'animo: *fermenti di libertà*; SIN. Subbuglio.
fermézza *s. f.* **1** (*raro*) Qualità di fermo. **2** (*fig.*) Costanza, saldezza, risolutezza: *— di propositi.*
férmio *s. m.* Elemento chimico, metallo transuranico ottenuto artificialmente con reazioni nucleari. SIMB. Fm.
férmo A *agg.* **1** Che non si muove: *treno —*; *stare — con i piedi* | *Orologio —*, non funzionante | *Acqua ferma*, stagnante | (*fig.*) *Mente ferma*, lucida e coerente | *Mano ferma*, non tremante e (*fig.*) decisa; SIN. Immobile. **2** (*est.*) Fisso, fissato: *occhi fermi.* **3** (*fig.*) Costante in una decisione: *carattere —* | *Rimanere — nelle proprie idee*, non cambiarle | *Fede ferma*, senza mutamenti; SIN. Saldo. **4** (*fig.*) Risoluto, energico: *tono di voce —* | (*fig.*) Deciso: *è — proposito di tutti di ritrovarci presto.* **5** (*fig.*) Stabilito con sicurezza: *resta — che ci vedremo domani* | *Per —*, per certo, con sicurezza. **6** (*mus.*) *Canto —*, canto gregoriano. **B** *s. m.* **1** Fermata. **2** (*dir.*) Limitazione provvisoria della libertà personale decisa dalla polizia giudiziaria nei riguardi delle persone indiziate di un reato. **3** Congegno che serve per fissare q.c.: *il — di un cancello.*
férmo pòsta o *fermopòsta* **A** *avv.* Servizio postale per cui la corrispondenza viene trattenuta presso l'ufficio postale d'arrivo e qui ritirata personalmente dal destinatario. **B** *in funzione di agg. inv.* Del servizio postale così effettuato: *lettere —.* **C** *in funzione di s. m. inv.* **1** Servizio così effettuato. **2** Reparto di un ufficio postale che svolge il suddetto servizio.
fernèt o (*evit.*) *fèrnet s. m.* Liquore amaro digestivo a base di erbe e radici, quali rabarbaro, china e genziana.
fèro V. *fiero.*
-fero *secondo elemento*: in parole composte significa 'che porta', 'che produce': *calorifero, frigorifero, fruttifero.*
feróce *agg.* **1** Crudele, inumano, spietato: *tiranno —*; SIN. Disumano, efferato | *Bestie feroci*, quelle che vivono allo stato selvaggio. **2** Intollerabile, violento: *appetito —.*
feròcia *s. f.* (*pl. -cie*) **1** L'essere feroce; SIN. Brutalità, crudeltà. **2** *spec. al pl.* Atto di crudeltà.
feròdo *s. m.* Nome commerciale di materiale usato nei tamburi dei freni o negli innesti a frizione.
ferràccio *s. m.* **1** *Pegg. di ferro.* **2** Ghisa.
ferràglia *s. f.* Quantità di rottami di ferro.
ferragostàno *agg.* Del ferragosto.
ferragósto *s. m.* Festa del 15 agosto in onore dell'Assunta e periodo festivo esteso ai giorni precedenti e seguenti tale data.
ferràio *agg.* Che lavora il ferro: *fabbro —.*
ferraiòlo (1) *s. m.* Mantello a ruota con bavero e senza maniche, portato da cardinali e prelati.
ferraiòlo (2) *s. m.* Operaio che pone in opera l'armatura in ferro delle costruzioni in cemento armato.
ferràme *s. m.* Quantità di oggetti in ferro.
ferraménta *s. f.* Assortimento di oggetti, arnesi e sim. in ferro | (*est.*) Negozio in cui si vendono tali oggetti.
ferraménto *s. m.* (*pl. ferraménta, f.* nel sign. 1) **1** Arnese, utensile di ferro. [→ ill. *ferramenta*] **2** *al pl.* Lavori in ferro per porte, mobili, macchine.
ferràre *v. tr.* (*io fèrro*) **1** Munire di ferro o ferri. **2** Applicare piastre metalliche sul piede di cavallo, asino, mulo e bue a protezione e a difesa.
ferraréccia *s. f.* (*pl. -ce*) Insieme di arnesi in ferro, spec. per uso agricolo | (*est.*) Negozio in cui si vendono tali arnesi.
ferràta *s. f.* **1** Colpo di ferro da stiro passato sulla biancheria o su panno | Impronta che può lasciare. **2** In alpinismo, itinerario su roccia attrezzato con funi metalliche, scale e sim.
ferràto *part. pass. di ferrare; anche agg.* **1** Munito di elementi di ferro: *bastone —*; *mazza ferrata* | *Strada ferrata*, ferrovia | *Via ferrata*, ferrata. [→ ill. *armi*] **2** (*fig.*) Che conosce a fondo un argomento: *un ragazzo — in letteratura.*
ferratùra *s. f.* **1** Operazione del ferrare, spec. cavalli. **2** Orma dei ferri delle bestie ferrate. **3** Insieme di elementi in ferro che armano porte, finestre e sim.
ferravècchio o *ferrovecchio s. m.* Chi compera o rivende ferri od oggetti vecchi | (*fig.*) Oggetto in pessime condizioni.
fèrreo *agg.* **1** Di ferro: *corona ferrea.* **2** (*fig.*) Resistente, robusto: *salute ferrea.* **3** (*fig.*) Inflessibile, rigoroso: *disciplina ferrea.*
ferrettizzazióne *s. f.* (*geol.*) Alterazione superficiale di terreni alluvionali consistente in una decalcificazione completa con ossidazione dei composti di ferro.
ferrètto *s. m.* Terreno ferruginoso, impermeabile, di color rosso-ruggine, tipico delle lande e brughiere.
ferrièra *s. f.* Stabilimento siderurgico per la lavorazione dei lingotti di ferro, che vengono trasformati in laminati o profilati.
ferrìfero *agg.* Che è composto di ferro | Che contiene ferro.
ferrìgno *agg.* Simile al ferro.
ferrìte *s. f.* **1** Ferro puro allo stato cristallino. **2** Materiale magnetico, adoperato in nuclei anulari negli elaboratori elettronici.
fèrro *s. m.* **1** Elemento chimico, metallo in generale di color grigio, molto diffuso in natura nei suoi composti, ma raramente allo stato libero; impiegato tal quale, oppure nella preparazione di leghe come ghise o acciai, nella fabbricazione degli oggetti più svariati e in terapia come tonico e ricostituente. SIMB. Fe | *— battuto*, lavorato a martello | *Toccare —*, (*fig.*) fare scongiuri | *Avere il polso, il pugno di —*, essere severo, rigido | *Testa di —*, (*fig.*) testardo | *Cuore di —*, duro come il ferro, crudele | *Alibi di —*, (*fig.*) inattaccabile | (*fig.*) *Raccomandato di —*, che dispone di raccomandazioni potentissime. **2** Oggetto di ferro o altro metallo | *Ferri del mestiere*, strumenti che servono a un determinato lavoro | *Essere sotto i ferri del chirurgo*, stare subendo un intervento operatorio | *— da stiro* o *da stirare*, piastra di ferro fornita di manico, che si passa più o meno calda sui panni per stirarli o asciugarli | *— di cavallo*, lama metallica formata come l'orlo plantare dello zoccolo che deve proteggere dal soverchio consumo | *A — di cavallo*, a semicerchio: *tavola a — di cavallo* | *— da calza*, asticciola di metallo, legno o plastica, per lavorare a maglia | *— profilato*, sbarra di ferro sagomata a L o T o altra forma, usata nelle costruzioni. [→ ill. *elettrodomestici, lavatura e stiratura, tessuto*] **3** (*lett.*) Arma da taglio, spada | *Incrociare i ferri*, incrociare le spade | *Venire ai ferri*, fare uso delle armi | *Essere, venire ai ferri corti*, (*fig.*) a un contrasto decisivo | *Mettere a — e a fuoco*, distruggere, saccheggiare. **4** *spec. al pl.* Catena di prigionieri, carcerati e sim. | *Mettere ai ferri*, incatenare. **5** *spec. al pl.* Graticola per cuocere i cibi: *bistecca ai ferri.* **6** Strumento per arricciare barba, baffi e capelli. [→ ill. *parrucchiere*] [→ tav. *proverbi* 31; → tav. *locuzioni* 35]
ferrolèga *s. f.* (*pl. ferrolèghe*) Lega contenente ferro e altri metalli e metalloidi, in alto tenore.
ferromagnètico *agg.* (*pl. m. -ci*) (*fis.*) Relativo al ferromagnetismo.
ferromagnetìsmo *s. m.* (*fis.*) Tipo di magnetismo del ferro, nichel, cobalto e certi loro composti e leghe, aventi suscettività magnetica positiva ed elevata, potendo diventare calamite permanenti.
ferróso *agg.* Detto di composto del ferro bivalente.
ferrotranviàrio o *ferrotranvìario agg.* Attinente alle ferrovie e tranvie.
ferrovècchio V. *ferravecchio.*
ferrovìa *s. f.* Strada fornita di guide d'acciaio o rotaie destinata esclusivamente ai treni | Servizio e amministrazione ferroviaria | Stazione ferroviaria: *il negozio è vicino alla —.* [→ ill. *ferrovia, strada*]
ferroviàrio *agg.* Relativo alle ferrovie. [→ ill. *ferrovia, petrolio, porto*]
ferrovière *s. m.* (*f. -a*) Dipendente di azienda ferroviaria.
ferrùgine *s. f.* Liquido bruno-rossastro ottenuto per azione degli acidi solforico e nitrico sul solfato ferroso; usata in tintoria.
ferruginóso *agg.* Che contiene ferro in soluzione o un suo composto.
ferruminatòrio *agg.* Atto a saldare | *Cannello —*, col quale si avviva e dirige un dardo di fiamma per saldare a fuoco. [→ ill. *orafo e argentiere*]
ferry-boat /*ingl.* 'fɛri 'bout/ *s. m. inv.* (*pl. ingl. ferry-boats*

/'fɛri 'bouts/) Nave traghetto.

fèrtile *agg.* **1** Che produce, rende molto: *terreno* –; CONTR. Sterile. **2** (*fig.*) Fecondo, ricco.

fertilità *s. f.* Qualità di fertile; SIN. Fecondità.

fertilizzànte *part. pres. di fertilizzare; anche agg. e s. m.* Sostanza naturale o chimica atta a concimare terreni agrari; SIN. Concime.

fertilizzàre *v. tr.* (*io fertilizzo*) Rendere fertile un terreno con l'apporto di concimi.

fertilizzazióne *s. f.* Concimazione.

fervènte *part. pres. di fervere; anche agg.* Ardente, intenso, detto spec. di sentimento: *amore, odio* – | *Cattolico, socialista* –, acceso sostenitore.

fèrvere *v. intr.* (*pass. rem. io fervéi o fervètti, tu fervésti; dif. del part. pass. e dei tempi comp.*) **1** (*lett.*) Essere cocente, ardere. **2** Ribollire, detto di un liquido: *l'acqua ferve sul fuoco.* **3** (*fig.*) Essere al colmo dell'intensità: *il lavoro ferve.*

fèrvido *agg.* Ardente, caloroso: *augurio* –; SIN. Caldo | Entusiasta, appassionato: *fervida attività.*

fervóre *s. m.* **1** Ardore di un sentimento, di una passione | Intensità di partecipazione: *lavorare con* –. **2** Impeto di un'azione, di un movimento: *il – delle danze* | Momento culminante: *nel – della lotta.*

fervorìno *s. m.* **1** Nella devozione cattolica, discorso breve che il celebrante rivolge ai fedeli per accenderne lo zelo. **2** (*scherz.*) Discorsetto di esortazione, di ammonimento.

fervoróso *agg.* Pieno di fervore.

fèrzo *s. m.* (*mar.*) Ciascuna delle strisce di tela che cucite insieme formano la vela.

fésa *s. f.* Taglio di carne ricavato dalla coscia del bue o del vitello macellati.

fescennìno *agg.* **1** (*letter.*) Detto di carme popolare, tipico degli antichi latini, di carattere salace. **2** (*est.*) Sfrenato, licenzioso.

fesserìa *s. f.* **1** (*pop.*) Discorso, comportamento, da fesso. **2** (*est.*) Cosa di nessun conto.

fésso (1) *part. pass. di fendere; anche agg.* Incrinato, spaccato | *Suono* –, quello sordo prodotto da oggetti cavi le cui pareti sono incrinate | *Voce fessa*, sgradevole e stridula.

fésso (2) *agg.; anche s. m.* (*f. -a*) Detto di chi è sciocco, balordo, tonto | *Fare – qc.*, ingannarlo.

fessùra *s. f.* **1** Spaccatura lunga e sottile in un corpo compatto o roccia; SIN. Fenditura. **2** Sottile apertura: *l'aria entra dalla – della porta*; *mettere un gettone, una moneta nella* –. [→ ill. *telefonia*]

fèsta *s. f.* **1** Giorno di solennità per lieta ricorrenza: – *civile, nazionale.* **2** Nelle religioni, giorno solenne, gene-

ferramenta

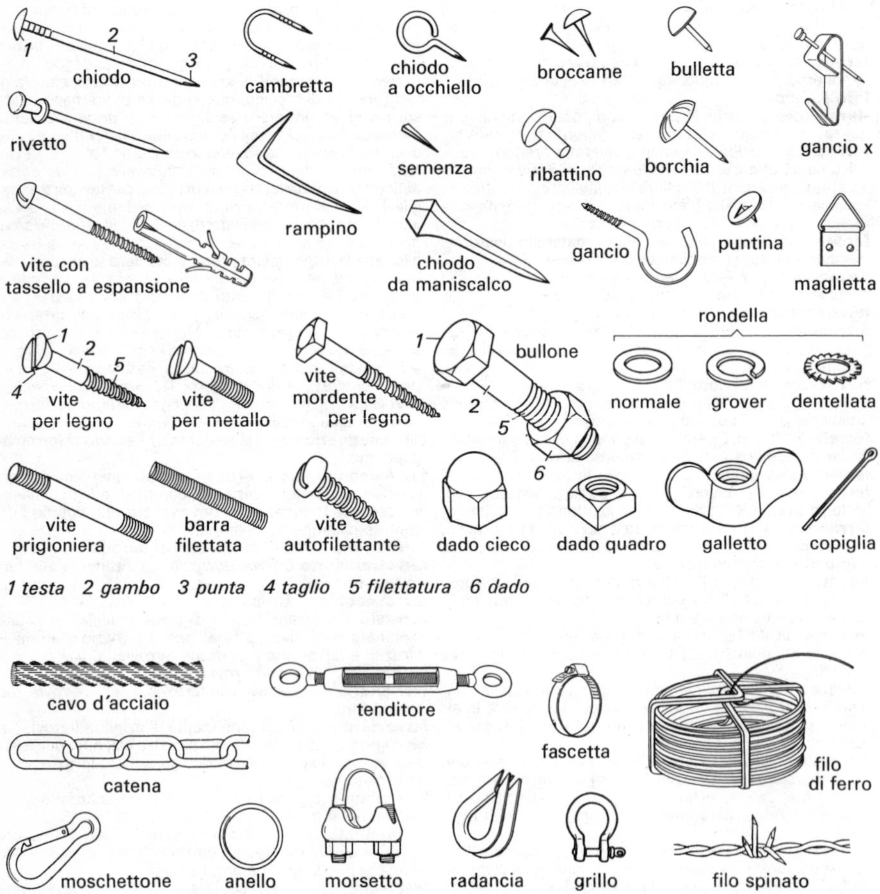

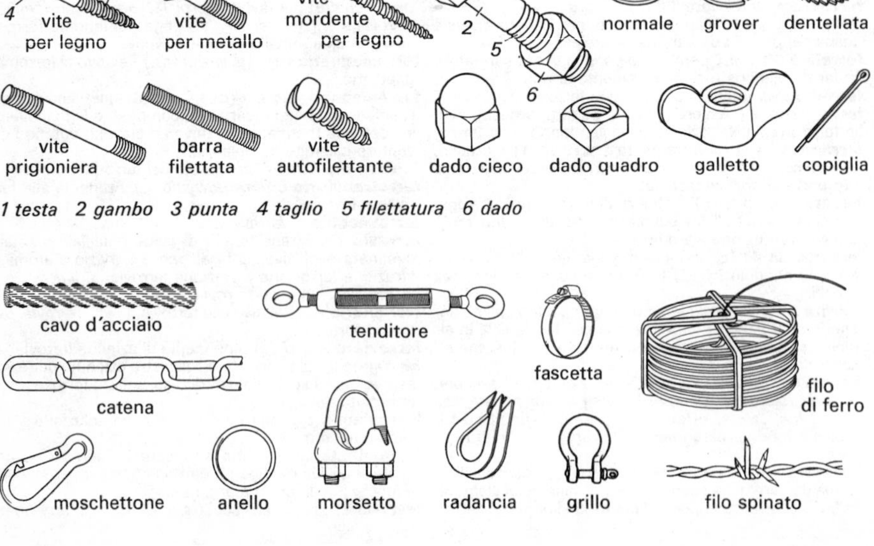

ralmente dedito al riposo e alle celebrazioni rituali: — *del Natale, di Ognissanti* | — *di precetto*, in cui ricorre l'obbligo dell'astensione dal lavoro manuale | *Feste mobili e fisse*, che ricorrono in date fisse o non fisse del calendario liturgico. **3** *al pl.* Serie di giorni festivi, spec. a Natale o a Pasqua: *buone feste.* **4** (*fam.*) Giorno del compleanno o dell'onomastico. **5** Giorno di astensione dal lavoro per riposo o per pubblica festività | *Far* —, cessare di lavorare. **6** Cerimonia per celebrare una ricorrenza o un avvenimento, spesso con spettacoli o ricevimenti: — *danzante* | *Guastare una* —, portarvi tristezza o disordine | *Far la — a qc.*, ucciderlo | *Far la — a una donna*, possederla carnalmente, spec. con violenza | *Far la — a q.c.*, consumarla in fretta. **7** Tutto ciò che reca allegria e gioia: *la sua laurea è una — per tutti.* **8** Lieta accoglienza | *Far — a qc.*, accoglierlo lietamente. [→ tav. *proverbi* 246, 268, 327]

festaiòlo **A** *agg.* Che ama le feste. **B** *s. m.* (*f.* -*a*) Chi allestisce spesso feste | Chi contribuisce all'organizzazione di una festa.

festànte *agg.* (*lett.*) Allegro, lieto: *città* —.

festeggiaménto *s. m.* **1** Celebrazione di qc. o q.c. con una festa. **2** *spec. al pl.* Insieme delle manifestazioni con cui si festeggia q.c.

festeggiàre *v. tr.* (*io festéggio*) **1** Celebrare una festa: — *un anniversario.* **2** Accogliere, onorare qc. con festa: — *un amico.*

festeggiàto *part. pass. di festeggiare; anche agg. e s. m.* (*f.* -*a*) Detto di chi è accolto e onorato con feste.

festévole *agg.* **1** (*raro*) Allegro, festoso. **2** Che ama far festa.

festino *s. m.* **1** (*raro*) *Dim. di festa.* **2** Festa, trattenimento spec. notturno e con balli.

fèstival o *festivàl s. m. inv.* **1** Manifestazione musicale, teatrale e cinematografica di varia durata. **2** Festa popolare all'aperto.

festività *s. f.* Festa solenne.

festivo *agg.* **1** Di festa: *giorno* — | Proprio dei giorni di festa: *abito* —; CONTR. Feriale. **2** (*lett.*) Allegro, lieto, festoso: *maniere festive.*

festóne *s. m.* **1** Serto di fiori, frutti, foglie e altro che, sorretto da due capi, si appende a finestre, balconi, soffitti come motivo ornamentale. **2** Motivo ornamentale architettonico consistente nella raffigurazione, scolpita o dipinta, di un festone. [→ ill. *elemento ornamentale*] **3** Punto di ricamo che imita il festone.

festosità *s. f.* **1** Qualità di festoso. **2** Dimostrazione di allegria, letizia.

festóso *agg.* Che accoglie con feste: *cane* — | Che manifesta allegria, giocondità; SIN. Gioioso.

ferramenta

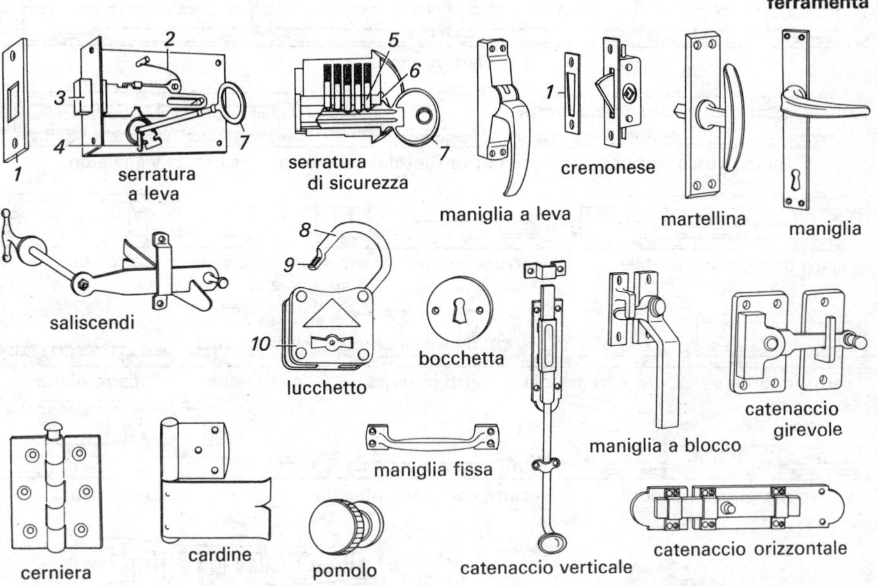

1 incontro 2 molla 3 catenaccio 4 toppa 5 piolo 6 cilindro 7 chiave 8 gamba 9 occhio 10 cassa

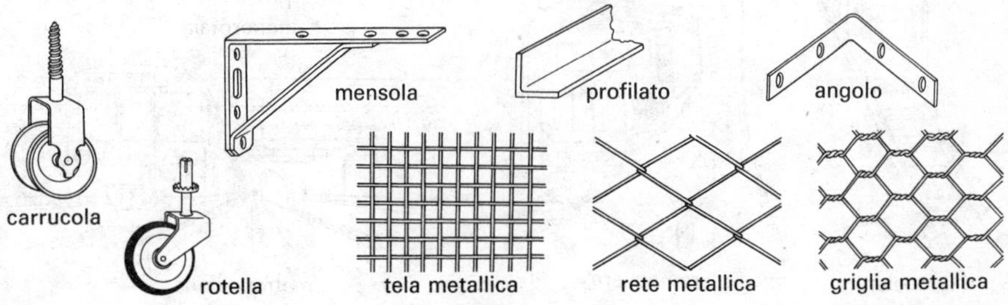

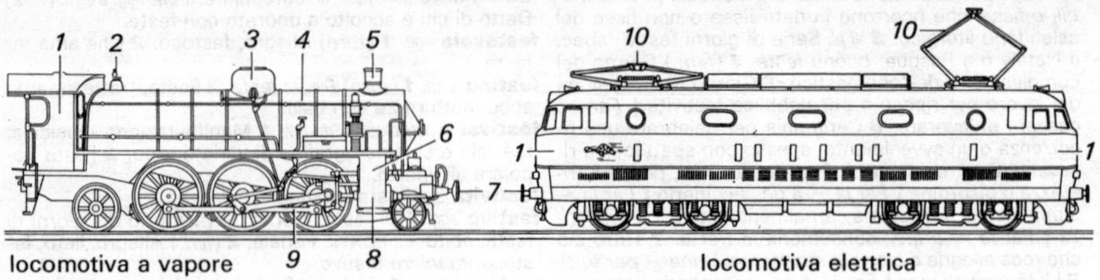

locomotiva a vapore   locomotiva elettrica

1 cabina 2 fischio 3 duomo 4 caldaia 5 fumaiolo 6 cassetto di distribuzione 7 respingente 8 cilindro 9 biella 10 pantografo

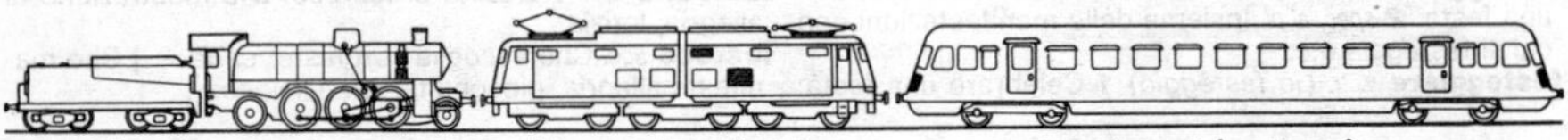

tender locomotiva a vapore locomotiva elettrica automotrice termica

elettrotreno

automotrice elettrica locomotiva Diesel da manovra carrozza viaggiatori

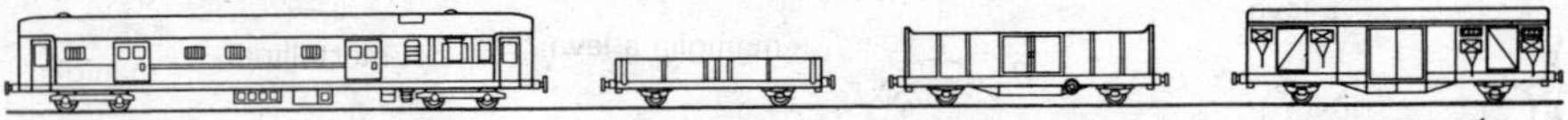

carro bagagliaio e postale carro scoperto carro scoperto con sponde alte carro coperto

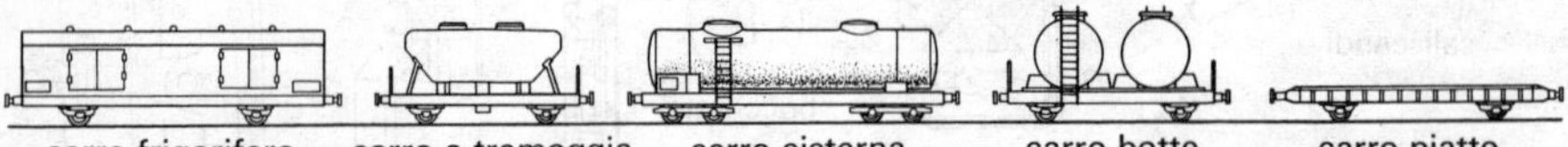

carro frigorifero carro a tramoggia carro cisterna carro botte carro piatto

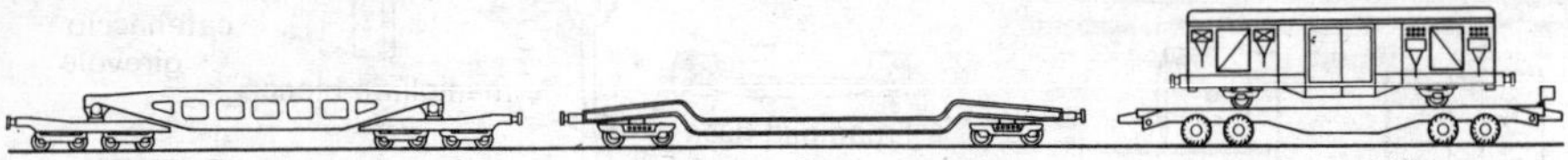

carro per grandi trasporti carro con piano ribassato coccodrillo

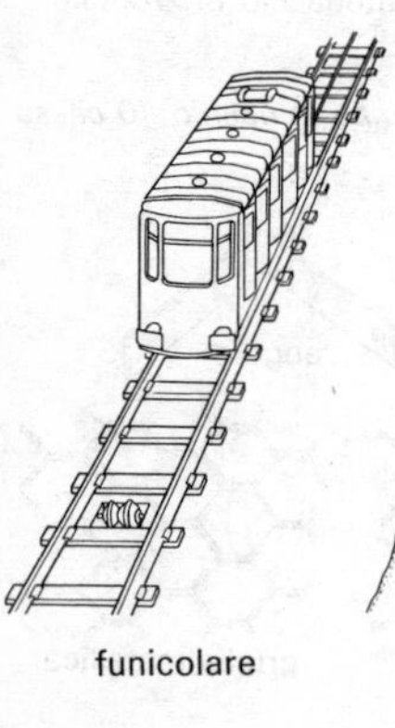

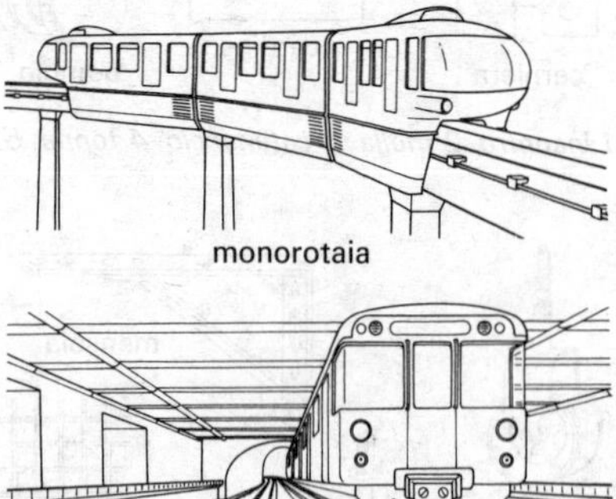

monorotaia

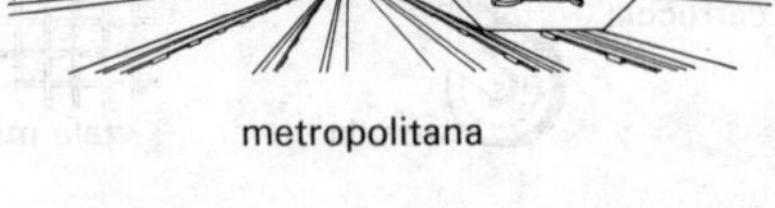

funicolare cremagliera metropolitana

ferrovia

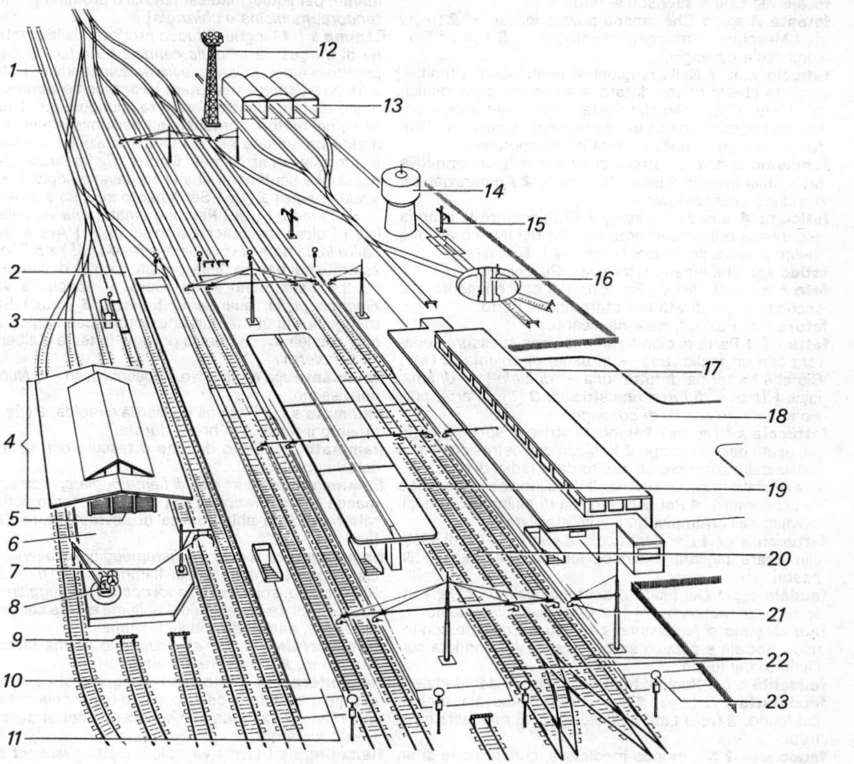

stazione ferroviaria

1 binario morto 2 binari di deposito e di manovra 3 stadera a ponte 4 scalo merci 5 magazzino merci 6 piano caricatore 7 sagoma di carico 8 gru 9 fermacarri 10 sottopassaggio 11 marciapiedi 12 torre faro 13 impianti di deposito e manutenzione 14 serbatoio dell'acqua 15 colonna idraulica 16 piattaforma girevole 17 fabbricato viaggiatori 18 piazzale esterno 19 pensilina 20 binario di deposito e pulizia 21 linea elettrica 22 binari di partenza e arrivo dei treni 23 segnale indicatore di direzione

scambio binario

passaggio a livello automatico

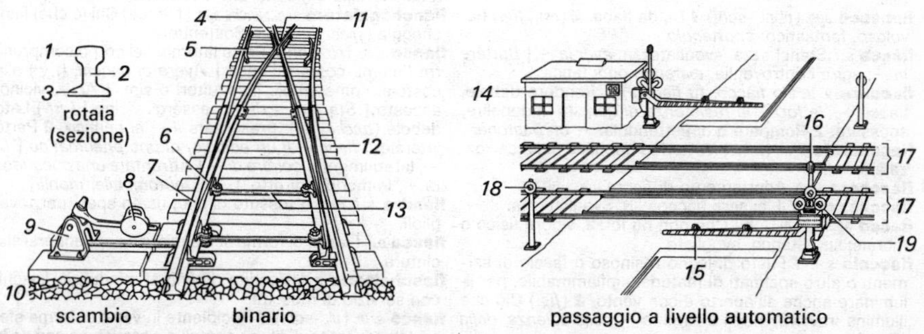

1 fungo 2 gambo 3 suola 4 rotaia a zampa di lepre 5 controrotaia 6 ago 7 rotaia 8 contrappeso 9 cassetta di manovra 10 massicciata 11 cuore 12 traversa 13 tirante d'unione 14 casello 15 barriera 16 segnale acustico 17 binario 18 luce rossa 19 luci rosse lampeggianti

festùca *s. f.* **1** Fuscello di paglia. **2** Pianta erbacea rizomatosa delle Graminacee coltivata per foraggio.
fetàle *agg.* Che si riferisce al feto.
fetènte **A** *agg.* **1** Che emana puzza: *locale —*. **2** (*pop.*, *fig.*) Meschino, vile: *comportamento —*. **B** *s. m. e f.* Persona vile e malvagia.
feticcio *s. m.* **1** Nelle religioni di molti popoli primitivi, oggetto che si ritiene dotato di forza e potere magici; SIN. Idolo. **2** (*fig.*) Ciò che desta sommo interesse e desiderio spesso fanatico in una pluralità di persone: *l'automobile è un — nella società contemporanea.*
feticịsmo *s. m.* **1** Carattere di alcune religioni primitive nelle quali prevale il culto dei feticci. **2** Ammirazione e desiderio eccessivi per qc. o q.c.
feticịsta **A** *s. m. e f.* (*pl. m. -i*) **1** Chi accentra la propria esperienza religiosa intorno al culto dei feticci. **2** Chi è dedito al culto dei feticci (*anche fig.*). **B** *anche agg.*
fètido *agg.* Che emana fetore; SIN. Puzzolente.
fèto *s. m.* (*anat.*, *fisiol.*) Prodotto del concepimento, dal secondo mese di vita nell'utero fino al parto.
fetóre *s. m.* Puzzo forte e nauseante.
fétta *s. f.* **1** Parte di cibo larga e di vario spessore separata con un taglio: *una — di pane, di polenta.* **2** (*fig.*) Ciò che ha forma di fetta: *una — di cielo* | *— di luna*, falce | *Una — di terra*, una striscia. **3** (*fig.*) Parte, porzione: *una grossa — di guadagno.*
fettùccia *s. f.* (*pl. -ce*) **1** Robusta striscia, spec. di cotone, usata per vari scopi. **2** Residuo dell'estrazione industriale dello zucchero costituito dalle radici di barbabietola tagliate in sottili strisce. **3** Rettilineo stradale lungo vari chilometri. **4** Robusta striscia di nailon usata dagli alpinisti nell'arrampicata. [→ ill. *alpinista*]
fettuccìna *s. f.* **1** *Dim. di fettuccia.* **2** *spec. al pl.* Tipo di pasta alimentare tagliata a strisce lunghe e sottili. [→ ill. *pasta*]
feudàle *agg.* **1** Del feudo o del feudalesimo. **2** (*fig.*) Dispotico: *prepotenza —* | (*est.*) Antiquato: *mentalità —*.
feudalẹ́simo o *feudalịsmo* *s. m.* Organizzazione economica, sociale e politica sorta nel sec. VIII, fondata sull'istituto del feudo.
feudalità *s. f.* **1** Regime feudale. **2** Classe dei feudatari.
feudatàrio *s. m.* (*f. -a*) **1** Nel mondo medievale, titolare del feudo. **2** (*est.*) Latifondista, spec. di mentalità arretrata.
fèudo *s. m.* **1** Nel mondo medievale, concessione di un signore o del sovrano a un vassallo di un beneficio e del privilegio di immunità fiscale | (*est.*) Territorio concesso in beneficio. **2** (*fig.*) Grande possedimento terriero. **3** (*fig.*) Ambiente, settore e sim. in cui si esercita un dominio assoluto.
feuilleton /*fr.* fœjtɔ̃/ *s. m. inv.* (*pl. fr. feuilletons* /fœjtɔ̃/) Romanzo d'appendice | Qualsiasi scritto pubblicato in appendice a un giornale.
fèz *s. m.* Copricapo a tronco di cono, rosso, con fiocchetto di seta nera, in uso nell'impero ottomano e oggi in alcuni paesi arabi. [→ ill. *copricapo*]
fiàba *s. f.* **1** Novella, racconto o commedia di origine popolare e fantastica; SIN. Favola. **2** (*fig.*) Fandonia, frottola.
fiabésco *agg.* (*pl. m. -schi*) **1** Di, da fiaba. **2** (*est.*, *fig.*) Favoloso, fantastico: *spettacolo —*.
fiàcca *s. f.* Stanchezza, svogliatezza: *aver la —* | *Battere la —*, agire controvoglia, evitando ogni fatica.
fiaccàre *v. tr.* (*io fiàcco, tu fiàcchi*) **1** Rendere debole, fiacco: *— le forze, la resistenza di qc.*; SIN. Indebolire, spossare. **2** Rompere q.c. flettendola: *— un bastone.*
fiaccheràio *s. m.* (*tosc.*) Vetturino pubblico della carrozza a cavalli.
fiàcchere *s. m.* Adattamento di *fiacre.*
fiacchézza *s. f.* L'essere fiacco; SIN. Svogliatezza.
fiàcco *agg.* (*pl. m. -chi*) Che non ha forza, vigore fisico o morale; SIN. Stanco, svogliato.
fiàccola *s. f.* **1** Fusto di legno resinoso o fascio di sarmenti o altro spalmati di materiale infiammabile, per illuminare anche all'aperto e con vento. **2** (*fig.*) Ciò che illumina, ravviva, incita e sim.: *la — della scienza, della libertà.*
fiaccolàta *s. f.* Corteo notturno fatto con fiaccole accese, per feste, onoranze e sim.
fiacre /*fr.* 'fjakr/ *s. m. inv.* (*pl. fr. fiacres* /'fjakr/) Vettura di piazza, a cavalli. [→ ill. *carro e carrozza*]
fiàla *s. f.* Piccolo recipiente di vetro, chiuso ermeticamente, per liquidi medicamentosi o profumi. [→ ill. *contenitore, medicina e chirurgia*]
fiàmma *s. f.* **1** Lingua di fuoco prodotta dalla combustione di un gas: *la — della candela* | *Andare in fiamme*, prendere fuoco | *Dare alle fiamme*, incendiare | *Mettere a fuoco e fiamme*, devastare | *Far fuoco e fiamme*, darsi molto da fare per ottenere o raggiungere q.c. | *Ritorno di —*, nei motori, combustione della miscela eccessivamente prolungata per cui l'infiammazione si comunica alla miscela in arrivo nel cilindro; (*fig.*) il riaccendersi di passioni e sentimenti che si credevano sopiti. [→ ill. *riscaldamento*] **2** (*fig.*) Sentimento intenso e ardente: *la — dell'amore* | (*est.*) Persona amata: *una vecchia —*. **3** (*fig.*) Colore rosso acceso: *cielo di —* | *Avere, sentirsi salire le fiamme al viso*, arrossire. **4** (*mil.*) *al pl.* Mostrine colorate sul bavero della giubba, a guisa di fiamme, che contraddistinguono Armi, Corpi e specialità varie | *Fiamme gialle*, guardie di finanza. **5** (*mar.*) Striscia triangolare di stoffa, lunga e sottile, con i colori nazionali, che le navi da guerra portano in testa d'albero. [→ ill. *bandiera*]
fiammànte *agg.* Molto vivo, acceso: *rosso —* | *Nuovo —*, nuovissimo.
fiammàta *s. f.* **1** Fiamma gagliarda e rapida. **2** (*fig.*) Sentimento intenso e di breve durata.
fiammàto *agg.* Detto di filato o tessuto con striature a colori appariscenti.
fiammeggiànte *part. pres. di fiammeggiare; anche agg.* Che manda fiamme (*anche fig.*) | *Gotico —*, tardo gotico caratterizzato da abbondanza di sovrastrutture decorative.
fiammeggiàre **A** *v. intr.* (*io fiamméggio; aus. avere*) **1** Bruciare con fiamma | Mandar fiamme (*anche fig.*). **2** (*fig.*) Risplendere, scintillare: *i suoi occhi fiammeggiano d'ira.* **B** *v. tr.* Bruciare la peluria del pollame e della cacciagione spennata, passandola sulla fiamma.
fiammiferàio *s. m.* (*f. -a*) **1** Operaio in una fabbrica di fiammiferi. **2** Venditore di fiammiferi.
fiammìfero *s. m.* Bastoncino di legno o stelo di carta o cotone imbevuto di cera, con una capocchia rivestita di una miscela fosforica che si accende per sfregamento. [→ ill. *fumatore*]
fiamminga *s. f.* (*sett.*) Vassoio o piatto ovale per servire in tavola.
fiammingo (1) **A** *agg.; anche s. m.* (*f. -a; pl. m. -ghi*) Delle Fiandre | (*est.*) Dei Paesi Bassi. **B** *s. m.* Pittore fiammingo.
fiammingo (2) *s. m.* (*pl. -ghi*) (*zool.*) Fenicottero.
fiancàre *v. tr.* (*io fiànco, tu fiànchi*) Rinforzare ai fianchi: *— un arco.*
fiancàta *s. f.* **1** Colpo dato col fianco. **2** (*fig.*) Frase pungente. **3** Parte laterale: *la — di un bastimento.* [→ ill. *automobile*] **4** (*mar.*; *raro*) Bordata.
fiancheggiàre *v. tr.* (*io fianchéggio*) **1** Chiudere q.c. ai fianchi: *i monti fiancheggiano il fiume* | Accompagnare tenendosi al fianco di qc. **2** (*fig.*) Aiutare qc. standogli a fianco nelle difficoltà; SIN. Sostenere.
fiancheggiatóre *s. m.; anche agg.* (*f. -trìce*) Chi (o che) fiancheggia (*spec. fig.*); SIN. Sostenitore.
fiànco *s. m.* (*pl. -chi*) **1** Parte laterale del corpo compresa tra l'ultima costa e l'anca | *Avere ai fianchi*, (*fig.*) alle costole, come emuli, inseguitori e sim. | *Al —*, vicino, accosto | *Stare a — di qc.*, essergli vicino | (*est.*) Lato debole (*anche fig.*): *presentare il — al nemico.* **2** Parte laterale: *i fianchi di un edificio, di uno pneumatico* | *Di —*, lateralmente: *colpire di —* | *Affrontare una questione di —*, in modo indiretto. [→ ill. *automobile, mobili*]
fiàndra *s. f.* Filo o tessuto di lino, usato spec. per tovaglioli.
fiàsca *s. f.* Fiasco di forma schiacciata da appendersi alla cintura.
fiaschetterìa *s. f.* Vendita di vino al minuto, in fiaschi, con servizio di mescita.
fiàsco *s. m.* (*pl. -schi*) **1** Recipiente in vetro di forma sferoidale, rivestito di fibre vegetali o sintetiche e con collo lungo e stretto, destinato a contenere liquidi. [→ ill. *contenitore, vino*] **2** Quantità di liquido contenuta in un fiasco. **3** (*fig.*) Esito negativo | *Far —*, fallire. [→ tav.

locuzioni 42]

fiat *s. m. inv.* Attimo, tempo brevissimo (da *fiat lux* 'la luce sia fatta', parole che Dio, secondo la Genesi, pronunciò creando il mondo): *fare tutto in un* –.

fiàta *s. f.* (*lett.*) Circostanza, volta.

fiatàre *v. intr.* (*aus. avere*) **1** (*raro*) Alitare, respirare | (*est.*) Essere, stare in vita. **2** (*fig.*) Articolar parola | *Non* –, *non ardire di* –, tacere, non osare dir nulla.

fiàti *s. m. pl.* (*mus.*) Strumenti a fiato.

fiàto *s. m.* **1** Aria che si emette dai polmoni attraverso naso e bocca, durante il movimento di espirazione | (*est.*) Alito, respiro: *trattenere il* – | *Dare, esalare il* –, morire | *Aver* –, aver vita | *Avere il* – *grosso*, ansimare | *Sentirsi mancare il* –, respirare con difficoltà | *Prendere, ripigliar* –, fermarsi un poco per riposare | *Strumenti a* –, quelli in cui le vibrazioni sonore sono provocate dall'aria fortemente espirata dal suonatore | *Dar* – *alle trombe*, cominciare a suonarle, (*fig.*) divulgare una notizia | (*fig.*) *A un* –, d'un sol tratto | (*fig.*) *D'un* –, *tutto d'un* –, senza interruzioni | (*fig.*) *In un* –, in un attimo. **2** (*lett.*) Voce, favella | *Buttar via, sprecare, consumare il* –, parlare inutilmente. **3** (*sport*) Capacità di resistenza: *avere poco, molto* – | *Fare il* –, allenarsi per raggiungere la forza di resistenza necessaria per una competizione. **4** (*lett.*) Soffio di vento. [→ tav. *proverbi* 155]

fibbia *s. f.* Fermaglio di varia materia e forma usato per tener chiuse cinture, bracciali e sim. [→ ill. *abbigliamento, gioielli*]

fiberglass /*ingl.* 'faibəgla:s/ *s. m. inv.* Fibra vetrosa, molto resistente ed elastica, impiegata spec. per carrozzerie d'auto, scafi d'imbarcazioni, aste da salto.

fibra *s. f.* **1** Qualsiasi formazione allungata a mo' di filamento, nei tessuti animali o vegetali: – *muscolare*; *la* – *del legno*. **2** (*est.*) Sostanza filamentosa o riducibile in fili | – *tessile*, prodotto di origine naturale o artificiale atto a essere trasformato in filato e in tessuto | – *sintetica*, ottenuta con procedimenti chimici di sintesi. [→ ill. *scopa*] **3** Carta non collata, o cartone, usata per valigeria, nell'industria meccanica, elettronica e tessile: *borsa di* –. **4** (*fig.*) Complessione fisica: *uomo di forte* –.

fibrillazióne *s. f.* (*med.*) Contrazione anomala, di breve durata, di piccoli fasci di fibre muscolari | – *cardiaca*, contrazione rapida della muscolatura cardiaca.

fibrìna *s. f.* Sostanza proteica del sangue che partecipa al processo di coagulazione sanguigna.

fibrinògeno *s. m.* Sostanza proteica da cui deriva la fibrina per azione di enzimi.

fibroceménto *s. m.* Eternit.

fibròma *s. m.* (*pl. -i*) (*med.*) Tumore benigno del tessuto connettivo fibroso.

fibrosità *s. f.* Qualità di ciò che è fibroso.

fibróso *agg.* **1** Che è formato da fibre. **2** (*est.*) Filamentoso, legnoso: *carne fibrosa*.

fìbula *s. f.* **1** (*anat.*) Perone. **2** (*archeol.*) Fibbia, fermaglio. [→ ill. *gioielli*]

fica o *figa s. f.* (*volg.*) Vulva.

-ficàre *secondo elemento* di verbi: significa 'fare', 'rendere', 'fabbricare': *beneficare, dolcificare, panificare, prolificare*.

ficcanàso *s. m. e f.* (*pl. m. ficcanàsi*; *pl. f. ficcanàso*) Persona indiscreta che si intromette in cose che non la riguardano; SIN. Curioso.

ficcàre **A** *v. tr.* (*io ficco, tu ficchi*) **1** Fare entrare a forza: – *un chiodo nel muro* | – *il naso*, (*fig.*) essere troppo curioso | (*fig.*) *Ficcarsi in capo, in testa, q.c.*, ostinarsi in un proposito | *Ficcarsi le mani in tasca, le dita nel naso*, infilarle; SIN. Piantare. **2** (*fig.*) Affissare, appuntare: – *la mente, l'intelletto, in o sopra a q.c.* **B** *v. rifl.* Cacciarsi dentro a q.c. (*anche fig.*): *ci siamo ficcati in un imbroglio!*

fiche /*fr.* fiʃ/ *s. f. inv.* (*pl. fr. fiches* /fiʃ/) **1** Gettone da gioco. **2** (*banca*) Tagliando su cui si registrano operazioni bancarie.

fichu /*fr.* fi'ʃy/ *s. m. inv.* Fazzolettino triangolare che le donne portano al collo, incrociandolo o annodandolo sul petto.

-fìcio *secondo elemento*: in parole composte significa 'luogo dove si fabbrica' o 'fabbricazione': *calzaturificio, lanificio, oleificio, pastificio, zuccherificio*.

fico *s. m.* (*pl. -chi*) **1** Albero delle Urticali con corteccia grigia, foglie palmato-lobate e frutti a siconio dolci e carnosi | – *del Bengala*, – *delle pagode*, alberi enormi dell'India caratterizzati da grandi radici aeree che pendono dai rami e si fissano al suolo | – *selvatico*, caprifico. [→ ill. *piante* 2, 3] **2** Frutto di tale pianta | (*fig., pop.*) *Non me ne importa un* –, non me ne importa niente. [→ ill. *botanica, frutta*] **3** – *d'India*, pianta grassa delle Centrospermali, con foglie trasformate in spine e fusti appiattiti, verdi, simili a foglie successive | Frutto commestibile di tale pianta. [→ ill. *piante* 2, 3; *frutta*]

-fico *secondo elemento*: in parole composte significa 'che fa': *benefico, munifico, prolifico*.

ficosécco o *fico sécco s. m.* (*pl. fichisécchi*) **1** Fico fatto appassire al sole. **2** (*fig.*) Niente, nulla: *non vale un* –; *non me ne importa un* – | *Stimare un* –, una cosa da nulla.

ficus elastica /*lat.* 'fikus e'lastika/ *s. m. inv.* Pianta arborea delle Urticali, dal cui fusto si ricava la gomma e coltivata in vaso per le belle foglie ovali, coriacee e lucenti. [→ ill. *piante* 2]

fida *s. f.* Nell'Italia meridionale, contratto di affitto di un pascolo il cui corrispettivo è calcolato sulla base di un tanto per ogni capo di bestiame.

fidanzaménto *s. m.* Promessa reciproca di matrimonio | (*est.*) Periodo di tempo compreso tra la promessa di matrimonio e quest'ultimo.

fidanzàre **A** *v. tr.* (*io fidànzo*) Impegnare per il matrimonio: – *una figlia a, con qc.* **B** *v. rifl. e rifl. rec.* Scambiarsi promessa di matrimonio.

fidanzàto *part. pass. di fidanzare; anche agg. e s. m.* (*f. -a*) Detto di chi ha dato o ricevuto promessa di matrimonio.

fidàre **A** *v. tr.* (*io fido*) Affidare. **B** *v. intr.* (*aus. avere*) Aver fede, fiducia: – *nell'onestà di qc.*; – *in Dio*. **C** *v. intr. pron.* **1** Essere fiducioso: *fidarsi di un amico*. **2** (*fam.*) Sentirsi capace di fare q.c.: *non mi fido ancora di camminare*. [→ tav. *proverbi* 154]

fidatézza *s. f.* Qualità di chi merita fiducia.

fidàto *agg.* Di persona in cui si può avere fiducia; SIN. Sicuro.

fidecomméssso V. *fedecommesso*.

fideismo *s. m.* Atteggiamento filosofico e religioso secondo cui soltanto la fede indipendente dalla ragione consente di conoscere le supreme verità.

fideista *s. m. e f.* (*pl. m. -i*) Seguace del fideismo.

fideiussióne *s. f.* (*dir.*) Garanzia personale mediante cui un terzo si impegna verso il creditore ad adempiere l'obbligazione del debitore principale.

fideiussóre *s. m.* (*dir.*) Chi si obbliga personalmente verso il creditore con un contratto di fideiussione.

fidènte *agg.* Che ha fiducia: – *in Dio*.

fido (1) **A** *agg.* (*lett.*) Di provata fedeltà e lealtà: – *amico*. **B** *s. m.* Compagno o seguace fidato.

fido (2) *s. m.* (*banca*) Credito commerciale | Limite massimo di credito che una banca può accordare a un cliente.

fidùcia *s. f.* (*pl. -cie*) Senso di affidamento e di sicurezza che viene da speranza o stima fondata su qc. o q.c.: – *nell'avvenire*; *nutrire* – *in qc.* | *Persona, uomo di* –, di cui ci si fida completamente | *Ufficio, incarico di* –, che comporta notevoli responsabilità; SIN. Fede; CONTR. Sfiducia.

fiduciàrio **A** *agg.* **1** Fondato sulla fiducia. **2** (*banca*) Relativo a un rapporto di fido. **B** *s. m.* (*f. -a*) Nel linguaggio commerciale, chi è incaricato di svolgere un'attività di fiducia.

fiducióso *agg.* Che sente fiducia; CONTR. Diffidente.

fièle *s. m. solo sing.* **1** (*med.*) Bile | *Amaro come il* –, estremamente amaro. **2** (*fig.*) Amarezza, rancore.

fienagióne *s. f.* Insieme delle operazioni necessarie per l'essiccamento in campo dell'erba | Epoca della raccolta del fieno.

fienile *s. m.* **1** Luogo dove si conservano i foraggi. **2** (*fig.*) Luogo sudicio e mal tenuto.

fièno *s. m.* **1** Erba di prato, pascolo ed erbaio, tagliata, essiccata e conservata per l'alimentazione del bestiame. **2** (*med.*) *Raffreddore da* –, rinite provocata da uno stato allergico individuale nei confronti dei pollini.

fièra (1) *s. f.* **1** Mercato locale periodico con vendita dei più svariati prodotti, tenuto per lo più in occasione di festività religiose: *la — di S. Lucia.* **2** Grande mercato nazionale o internazionale che si tiene periodicamente in luoghi determinati: *la — di Milano.* **3** Esposizione e vendita al pubblico di oggetti gratuitamente ottenuti, a scopo benefico.

fièra (2) *s. f.* Belva o animale selvaggio.

fierézza *s. f.* Qualità di fiero; SIN. Dignità, orgoglio.

fierìstico *agg.* (*pl. m. -ci*) Di fiera: *il nuovo quartiere —.*

fièro o (*poet.*) *fèro agg.* **1** Terribile, spaventoso, orrendo | Crudele, selvaggio: *aspetto —* | Severo, aspro: *parola fiera.* **2** Energico, intrepido | Altero, superbo: *una risposta fiera* | Dignitoso: *carattere —.* **3** Ardente, veemente: *sdegno —.*

fièvole *agg.* Debole, fioco: *voce, suono —.*

fifa *s. f.* (*fam., scherz.*) Paura.

fifóne *agg.; anche s. m.* (*f. -a*) (*fam., scherz.*) Detto di chi è molto pauroso.

fifty fifty /*ingl.* 'fifti 'fifti/ *loc. avv.* Indica che il capitale sociale o gli utili di una società o impresa sono divisi in parti uguali fra i partecipanti | (*est.*) A metà: *per le spese di viaggio faremo —.*

fìga V. *fica.*

fìgaro *s. m.* **1** (*scherz.*) Barbiere. **2** Bolero da uomo.

fìggere *v. tr.* (*pres. io figgo, tu figgi; pass. rem. io fissi, tu figgésti; part. pass. fitto*) **1** (*lett.*) Conficcare: *— un chiodo.* **2** Fissare: *— lo sguardo su q.c.*

figiàno *agg.* (*f. -a*) Delle Isole Figi.

fìglia *s. f.* **1** Individuo di sesso femminile, rispetto a chi l'ha generata. **2** Nata, generata (*anche fig.*): *Venere, — del mare.* **3** Tagliando di un bollettario destinato a essere staccato e consegnato quale ricevuta: *blocchetto a madre e —.*

figliàre *v. tr.* (*io figlio*) Generare, partorire, di animali.

figliàstro *s. m.* (*f. -a*) Figlio che il marito ebbe da altra moglie o la moglie da altro marito, nei confronti del nuovo coniuge.

figliàta *s. f.* Tutti gli animali nati da una bestia in un unico parto; SIN. Nidiata.

fìglio *s. m.* (*f. -a*) **1** Individuo di sesso maschile rispetto a chi l'ha generato, tanto nella specie umana che in quelle animali | *— di Dio*, o *il Figlio*, il Cristo, come seconda persona della Trinità | *Il Figlio dell'uomo*, Gesù Cristo, negli Evangeli | *— di latte*, rispetto alla balia che l'ha allattato | (*euf.*) *— dell'amore*, illegittimo | *— di papà*, (*spreg.*) signorino, fannullone | *— di mammà*, ragazzo o uomo di carattere debole | (*est.*) Frutto, risultato, prodotto: *spesso l'odio è — dell'invidia* | *— del popolo*, chi ha umili origini | *— d'arte*, chi nasce da una famiglia di artisti o di attori e si dedica anch'esso all'arte o al teatro | *— del secolo*, chi riunisce in sé le caratteristiche positive e negative della propria epoca. **2** *al pl.* L'insieme degli individui, maschi e femmine, generati da una stessa persona: *ha avuto parecchi figli* | (*est.*) Posteri, discendenti: *tramandare q.c. ai figli* | *I figli di Adamo*, (*fig.*) tutti gli uomini | *I figli di Israele*, (*fig.*) gli ebrei. **3** (*est.*) Persona particolarmente cara: *quei ragazzi per lui son tutti figli.* **4** Cittadino od originario di un dato paese: *i figli d'Italia.* [→ tav. *proverbi* 234, 359, 387]

figliòccio *s. m.* (*f. -a; pl. f. -ce*) Chi è o fu tenuto a battesimo o a cresima da padrino o madrina, nei confronti degli stessi.

figliolànza *s. f.* Complesso dei figli; SIN. Prole.

figliòlo o *figliuòlo s. m.* (*f. -a*) **1** Figlio, con significato più familiare e affettuoso. **2** Persona per cui si ha stima e affetto: *è un bravo —.* [→ tav. *proverbi* 22]

figulìna *s. f.* **1** (*raro*) Arte del vasaio. **2** Oggetto prodotto dal vasaio.

figulinàio *s. m.* (*raro*) Chi lavora la terra cotta.

fìgulo *s. m.* (*lett.*) Vasaio.

figùra *s. f.* **1** Forma o aspetto esterno di q.c.; SIN. Configurazione | Fattezze e sembianze umane: *— slanciata, elegante, tozza*; SIN. Corporatura | (*est.*) La persona stessa: *una strana —; una — di primo piano.* **2** (*mat.*) Insieme dei punti di una linea, di una porzione finita di piano o di un volume: *il cerchio è una — piana; la piramide è una — solida.* [→ ill. *geometria*] **3** Disegno, illustrazione: *guardare le figure* | Nelle arti figurative, immagine disegnata, dipinta o scolpita: *ritratto a — intera* | *Mezza —*, (*fig.*) personaggio d'importanza secondaria | Nel gioco delle carte, ogni carta con un'immagine | Negli scacchi, ogni pezzo, escluso il pedone. [→ ill. *cinematografia*] **4** Simbolo: *figure allegoriche* | (*arald.*) Elemento che occupa il campo dello scudo: *— ideale, naturale.* [→ ill. *araldica*] **5** Apparenza, mostra | *Far —*, comparire bene | *Fare una bella, una brutta —*, suscitare un'impressione favorevole o sfavorevole. **6** *— retorica*, ognuno dei vari aspetti che possono assumere nel discorso le diverse espressioni del pensiero. **7** Esercizio che si esegue, nel pattinaggio artistico, nello sci nautico e sim.: *figure obbligatorie* | Nella danza, serie di movimenti o di posizioni particolari.

figuràccia *s. f.* (*pl. -ce*) **1** *Pegg. di figura.* **2** Cattiva impressione di sé, suscitata negli altri col proprio comportamento sbagliato o inadeguato.

figurànte *s. m. e f.* Comparsa con incarichi particolari.

figuràre **A** *v. tr.* (*io figùro*) **1** Plasmare o lavorare q.c., traendone una figura ben definita: *— il bronzo.* **2** Descrivere, ritrarre: *— una situazione.* **3** Rappresentare in qualità di simbolo: *l'edera figura l'affetto tenace.* **4** (*fig.*) Rappresentare mediante l'immaginazione: *ti puoi — la faccia del professore* | *Figurarsi! Figurati! Si figuri!* ecc., certamente sì o certamente no, a seconda del contesto. **5** Fingere o far mostra di q.c.: *è inutile che figuri di non sapere.* **B** *v. intr.* (*aus. avere*) **1** Far figura: *figura male.* **2** Stare, trovarsi, risultare: *nel conto non figura la percentuale.* **3** Apparire.

figurataménte *avv.* In senso figurato.

figurativo *agg.* Che rappresenta per mezzo di figure | *Arti figurative*, la pittura e la scultura | Nell'arte moderna, detto di arte o artista che rappresenta la realtà esterna senza prescindere da essa; CONTR. Astratto.

figuràto *part. pass. di figurare; anche agg.* **1** Rappresentato con figure: *ballo —.* **2** Illustrato o decorato con figure: *libro —.* **3** Che si esprime mediante simboli, allegorie: *linguaggio —.*

figurazióne *s. f.* **1** Rappresentazione mediante scene e figure. **2** Nella danza e nello sport, insieme di figure.

figurìna *s. f.* **1** *Dim. di figura.* **2** Statuetta di vari materiali. **3** Piccola immagine di vario soggetto stampata su cartoncino, acclusa a prodotti commerciali o venduta in buste chiuse.

figurinìsta *s. m. e f.* (*pl. m. -i*) Chi disegna figurini, spec. di moda.

figurìno *s. m.* **1** *Dim. di figura.* **2** Disegno che mostra la foggia o i particolari di un abito maschile o femminile | (*fig.*) *Sembrare un —*, essere vestito all'ultima moda | (*est.*) Giornale di moda.

figùro *s. m.* Uomo d'aspetto losco.

fìla *s. f.* **1** Insieme di persone o cose disposte una dopo l'altra: *una — di scolari; mettere in —* | *— di denti*, chiostra | *— di palchi*, ordine | *— di alberi*, filare | *Fare la —*, attendere il proprio turno, disporsi in fila | *Disertare le file*, far defezione e (*fig.*) abbandonare una impresa | *Essere in prima —*, esposto per primo al cimento (*anche fig.*). **2** (*est.*) Serie continua: *— di malanni* | *Di —*, senza interruzione | *Tre giorni di —*, uno dopo l'altro | *Fuoco di —*, serie continua di colpi d'arma da fuoco e (*fig.*) susseguirsi rapido di domande e sim.

filàbile *agg.* Che si può sottoporre a filatura.

filàccia *s. f.* (*pl. -ce*) Insieme delle fibre gregge vegetali appena liberate dal tiglio mediante opportune operazioni | Insieme di fili che pendono da una orlatura sfilacciata.

filaménto *s. m.* (*pl. filaménti, m., lett. filaménta, f.*) **1** (*anat.*) Fibra sottile e allungata. **2** (*elettr.*) Sottile filo metallico di valvole termoioniche e lampade. [→ ill. *illuminazione*] **3** (*bot.*) Peduncolo che nello stame sostiene l'antera.

filamentóso *agg.* Che si presenta sotto l'aspetto di filamenti.

filànca *s. f.* Nome commerciale di fibra sintetica elastica usata spec. per calze e maglie.

filànda *s. f.* Opificio nel quale viene eseguita la trattura della seta dai bozzoli e filate le fibre tessili.

filànte **A** *part. pres. di filare* (1); *anche agg.* **1** Che fila. **2** Che svolgendosi si allunga in forma di filo: *stella —.* **B** *s. m.* Alterazione del vino, spec. bianco e dolce, che diventa torbido.

filantropìa *s. f.* Amore per gli altri e interesse perché si realizzi la loro felicità; CONTR. Misantropia.

filantròpico *agg.* (*pl. m. -ci*) Di, da filantropo.
filantropismo *s. m.* Tendenza alla filantropia.
filàntropo *s. m.* (*f. -a*) Chi prova sentimenti di filantropia e tenta di realizzarli; CONTR. Misantropo.
filàre (1) ***A*** *v. tr.* (*io filo*) ***1*** Ridurre in filo fibre tessili o altri materiali: — *la canapa, il cotone*; — *l'oro, il vetro, lo zucchero* | *Al tempo che Berta filava*, al bel tempo antico, in un'età lontana | (*fig.*) — *il perfetto amore*, di due innamorati che vanno completamente d'accordo. ***2*** (*mar.*) Lasciare scorrere con regolarità un cavo e sim.: — *una gomena* | — *i remi*, smettere di remare, lasciando i remi fuor d'acqua. ***3*** (*fig.*) Lasciar colare o scorrere lentamente in modo continuo: *la botte fila il vino* | (*mus.*) — *un suono*, prolungarlo il più possibile. ***4*** (*ints.*) *Nelle loc. filarsela all'inglese*, o *filarsela*, svignarsela. ***B*** *v. intr.* (*aus. avere* nei sign. 1, 2, 3, 4, 6, *essere* nel sign. 5) ***1*** Fare la tela o il bozzolo, detto di ragno, baco da seta e sim. ***2*** Assumere forma di filo: *se riscaldata la mozzarella fila.* ***3*** (*est.*) Uscire lentamente dal recipiente: *l'olio fila.* ***4*** (*fig.*) Svolgersi secondo un filo logico: *discorso che fila.* ***5*** (*fig.*) Muoversi o spostarsi a forte velocità | Andarsene lestamente | — *diritto*, (*fig.*) non deviare dal proprio dovere | *Far* — *qc.*, (*fig.*) farlo rigare diritto. ***6*** (*fig., scherz.*) Amoreggiare: *quei due filano da tempo.*
filàre (2) *s. m.* Fila: — *di alberi, di viti.* [→ ill. *agricoltura*]
filària *s. f.* Verme dei Nematodi con corpo filiforme, parassita, diffuso nei climi tropicali.
filariasi *s. f.* Malattia causata da una filaria.
filarmònica *s. f.* Associazione che riunisce amatori della musica.
filarmònico *agg.; anche s. m.* (*pl. m. -ci*) Che (o chi) ama la musica e ne coltiva lo studio.
filastròcca *s. f.* ***1*** Componimento in versi brevi, con ripetizioni di sillabe e parole. ***2*** (*est.*) Tiritera, cantilena.
filatelia *s. f.* Collezionismo di francobolli.
filatèlica *s. f.* Filatelia | Complesso delle nozioni storiche concernenti i francobolli.
filatèlico ***A*** *agg.* (*pl. m. -ci*) Di filatelia. ***B*** *s. m.* (*f. -a*) Collezionista o commerciante di francobolli.
filàto ***A*** *part. pass. di filare* (1); *anche agg.* ***1*** Ridotto in fili. ***2*** (*fig.*) Continuo, ininterrotto: *parlare per tre ore filate.* ***B*** *s. m.* Il prodotto della filatura: — *semplice, ritorto.* [→ ill. *tessuto*]
filatóio *s. m.* ***1*** Macchina per la filatura. [→ ill. *tessuto*] ***2*** Parte della filanda in cui avviene la filatura.
filatóre ***A*** *s. m.* (*f. -trice*) Chi fila, spec. operaio addetto alla filatura. ***B*** *agg.* Che fila.
filattèrio *s. m.* Ciascuno dei pezzi di pergamena recanti scritti passi biblici e chiusi in capsule di cuoio che gli Ebrei tengono legato al braccio sinistro e al capo, durante la preghiera.
filatùra *s. f.* ***1*** Operazione con cui si trasforma una fibra tessile in filato. ***2*** Opificio ove ciò avviene.
filellenismo *s. m.* Interesse e amore per la civiltà e la nazione greca.
filettàre *v. tr.* (*io filétto*) ***1*** Ornare, guarnire con filetti. ***2*** Dotare di filettatura: — *un foro, una vite.* [→ ill. *ferramenta*]
filettatrìce *s. f.* Macchina utensile che serve a filettare viti e madreviti.
filettatùra *s. f.* ***1*** Atto del filettare | Insieme dei filetti che ornano q.c. ***2*** Operazione meccanica atta a fornire dei filetti viti, dadi e sim. | Parte filettata di tali pezzi. [→ ill. *ferramenta, meccanica*]
filétto (1) *s. m.* ***1*** Ornamento costituito da striscette di tessuto, cordoncini, galloni. ***2*** Sottile tratto di penna con cui si iniziano o si uniscono fra loro le lettere alfabetiche. ***3*** (*anat.*) Frenulo. ***4*** Asticella d'acciaio che si introduce nella bocca del cavallo alle estremità della quale vengono inserite le briglie. ***5*** Sporgenza elicoidale a sezione triangolare, trapezoidale o quadrata della vite e della madrevite. ***6*** Negli orologi, scanalatura praticata nella lunetta, nella quale si incastra a forza il vetro.
filétto (2) *s. m.* Gioco da tavolo a due, consistente nel disporre in fila tre pedine, su uno dei lati di tre quadrati concentrici; SIN. Tria. [→ ill. *giochi*]
filétto (3) *s. m.* Parte muscolare interna dei lombi di un animale macellato, spec. bovino | *spec. al pl.* Ognuna delle due parti, pulite e senza lische, in cui si dividono alcuni pesci: — *di sogliola, d'acciuga.* [→ ill. *macelleria*]
-filìa *secondo elemento*: in parole composte significa 'amore', 'tendenza' e sim.: *anglofilia, bibliofilia.*
filiàle ***A*** *agg.* Di, da figlio: *amor* —. ***B*** *s. f.* Sede secondaria di un'impresa | Impresa dipendente da altra.
filiazióne *s. f.* ***1*** Rapporto giuridico tra genitori e figli. ***2*** (*fig.*) Derivazione, provenienza: — *di una lingua da un'altra.*
filibustière *s. m.* ***1*** Corsaro. ***2*** (*fig.*) Avventuriero senza scrupoli.
filièra *s. f.* ***1*** Piastra con fori per la trafilatura delle fibre tessili artificiali. ***2*** In varie tecnologie, dispositivo per trafilare materiali metallici o plastici | In meccanica, disco metallico dotato di un foro con settori filettati, usato per la filettatura di viti. [→ ill. *meccanica*] ***3*** (*zool.*) Organo addominale dei ragni, mediante il quale essi formano il filo per costruire la loro tela. [→ ill. *zoologia*]
filifórme *agg.* Che ha forma di filo.
filigràna *s. f.* ***1*** Lavoro di oreficeria a trafori formato da fili e nastrini sottili o curvati a forma di arabeschi e fogliami composti e saldati insieme. [→ ill. *gioielli*] ***2*** (*fig.*) Ciò che è concepito ed eseguito con estrema precisione. ***3*** Marchio, disegno che si rivela soltanto osservando in controluce un certo tipo di carta: *la* — *di una banconota.*
filigranàto *agg.* Detto di carta su cui è stata impressa la filigrana.
filippica *s. f.* Discorso impetuoso e ostile, invettiva (dal nome delle orazioni pronunciate da Demostene contro Filippo II di Macedonia).
filippino *agg.; anche s. m.* (*f. -a*) Delle Filippine.
filistèo *agg.; anche s. m.* ***1*** Appartenente a un'antica popolazione stanziatasi sulle coste della Palestina. ***2*** (*fig.*) Che (o chi) ha mentalità meschina e borghese, contraria alle novità | Conformista.
fillade *s. f.* (*miner.*) Roccia metamorfica a grana minutissima costituita spec. da quarzo e miche.
fillo-, -fillo *primo e secondo elemento*: in parole composte scientifiche, spec. della botanica, significa 'foglia': *fillotassi, antofillo.*
fillòssera o **filòssera** *s. f.* Piccolo insetto che reca gravi danni alla vite, attaccandone le foglie e le radici per succhiarne la linfa. [→ ill. *animali* 2]
fillotàssi *s. f.* (*bot.*) Disposizione delle foglie sui rami: — *alterna, opposta.*
film *s. m. inv.* ***1*** Pellicola fotografica o cinematografica. ***2*** (*est.*) Narrazione cinematografica: *un* — *d'avventure* | (*est.*) Genere di narrazione cinematografica: — *western.* ***3*** Patina, strato sottile | Pellicola plastica leggerissima usata per imballare oggetti delicati, proteggere fiori e frutti nelle serre e sim.
filmàbile *agg.* Da cui si può trarre un film, che si può ridurre in film: *romanzo* —.
filmàre *v. tr.* (*io filmo*) Riprendere con la macchina da presa: — *un incontro di calcio.*
filmàto ***A*** *part. pass. di filmare; anche agg.* Ripreso con la macchina da presa. ***B*** *s. m.* Brano cinematografico inserito in trasmissioni televisive, spettacoli teatrali, conferenze e sim.
filmico *agg.* (*pl. m. -ci*) Di film.
filmìna *s. f.* Striscia di pellicola cinematografica sulla quale sono impresse diapositive per proiezione fotografica.
filmìstico *agg.* (*pl. m. -ci*) Di film.
filmografìa *s. f.* Lista dei film realizzati da un autore | Lista di film riguardanti un argomento.
filmologìa *s. f.* Disciplina che studia le opere cinematografiche dal punto di vista tecnico, artistico e sociologico.
filo *s. m.* (*pl. fili, m., fila, f. con valore collettivo in alcune loc.*) ***1*** Manufatto per tessere, cucire e sim. allungato e sottile, che si trae mediante filatura da fibre tessili: — *di cotone, di seta* | *Essere attaccato a un* —, (*fig.*) in condizioni di insicurezza | *Dare del* — *da torcere a qc.*, (*fig.*) procurargli difficoltà | *Esser legato a doppio* — *con qc.*, (*fig.*) avere un rapporto di stretta unione, di dipendenza o di complicità con qc. [→ ill. *medicina e chirurgia, tessuto*] ***2*** Tutto ciò che ha forma sottile e allungata, simile a quella del filo: — *di fieno, d'erba*; — *di ferro*; *il* — *del telefono*; — *spinato* | — *elettrico*, conduttore metallico, spec. di rame, per corrente elettrica | — *elicoidale*, for-

mato da più fili d'acciaio avvolti a elica, usato per il taglio dei blocchi di marmo | – *di perle*, quante perle stanno infilate su un filo | Filamento: *i fili del formaggio.* [→ ill. *cava, ferramenta, fisica, metallurgia*] **3** (*est.*) Cordicella, cavetto | – *del traguardo*, in vari sport, quello teso sulla linea del traguardo, che l'atleta vincente taglia | – *di Arianna*, (*fig.*) ciò che consente di risolvere una situazione particolarmente difficile | (*fig.*) – *della schiena, delle reni*, spina dorsale. [→ ill. *edilizia*] **4** Tirante dei burattini | (*fig.*) *Tirare qc. per i fili*, fargli fare ciò che si vuole. [→ ill. *teatro*] **5** Taglio della lama: *il – della spada, del rasoio* | *Perdere il –*, non essere più tagliente | *Passare qc. a fil di spada*, ucciderlo | *Essere sul – del rasoio*, (*fig.*) in condizioni di pericolo o rischio continui. **6** Spigolo: *il – del muro.* **7** (*fig.*) Quantità minima: *un – di voce; un – di speranza.* **8** (*fig.*) Continuità, andamento, direzione: *perdere il – del discorso* | *Per – e per segno*, in modo dettagliato, con tutti i particolari, nel raccontare o riferire | *A –, a dritto –*, per diritto. **9** (*fig.*) Bandolo, capo: *trovare il –.* **10** *al pl.* *Le fila*, il complesso dei mezzi direttivi, gener. segreti, di q.c.: *le fila di una congiura.* [→ tav. *locuzioni* 51]

filo- (1) *primo elemento*: in parole composte significa 'che ha amore, tendenza' e sim.: *filocinese, filodrammatico, filologo, filosofo.*

filo- (2) *primo elemento*: in parole composte scientifiche significa 'discendenza': *filogenesi.*

filo- (3) *primo elemento*: in parole composte della tecnologia significa 'mediante filo': *filovia, filodiffusione.*

-filo *secondo elemento*: in parole composte significa 'che ha amore, tendenza' e sim.: *bibliofilo, francofilo*; CONTR. *-fobo.*

filobus o (*evit.*) *filòbus* *s. m.* Autobus elettrico munito di un doppio trolley con cui attinge energia da una linea aerea composta di due fili.

filodèndro *s. m.* Pianta arbustiva rampicante ornamentale delle Spadiciflore, con fusto scarsamente ramificato e foglie coriacee persistenti. [→ ill. *piante* 15]

filodiffusióne *s. f.* Sistema di ricezione di trasmissioni radiofoniche per mezzo della linea telefonica.

filodiffusóre *s. m.* Dispositivo per riprodurre i programmi radiofonici trasmessi con la filodiffusione. [→ ill. *telefonia*]

filodrammàtica *s. f.* Compagnia di attori filodrammatici.

filodrammàtico *agg.; anche s. m.* (*f. -a; pl. m. -ci*) Detto di chi è appassionato di teatro e si dedica a esso in modo continuativo ma non professionale.

filogènesi *s. f.* Storia dello sviluppo evolutivo degli organismi viventi dall'epoca della loro comparsa sulla terra a oggi.

filologìa *s. f.* **1** Scienza che studia la lingua e la letteratura di un popolo deducendola dai testi scritti. **2** Scienza e tecnica che ha come fine la ricostruzione di un testo letterario nella sua forma più vicina all'originale.

filològico *agg.* (*pl. m. -ci*) Di filologia.

filòlogo *s. m.* (*f. -a; pl. m. -gi, pop. -ghi*) Cultore di filologia.

filoncino *s. m.* **1** *Dim. di filone.* **2** Pane a forma di fuso.

filóne (1) *s. m.* **1** Vena principale della miniera, che si trova nella fenditura di una roccia: – *metallifero.* [→ ill. *miniera*] **2** Zona del corso d'acqua dove la corrente è più veloce. **3** (*fig.*) Corrente letteraria e spirituale: *l'opera rientra nel – del decadentismo.* **4** Grosso pane di forma allungata. [→ ill. *pane*]

filóne (2) *s. m.* (*f. -a*) (*sett.*) Persona furba che sa manovrare abilmente.

filosofàle *agg.* **1** (*raro, iron.*) Di, da filosofi: *parlare con tono –.* **2** Detto della leggendaria pietra ricercata dagli alchimisti medievali, capace di trasformare i metalli in oro.

filosofàre *v. intr.* (*io filòsofo; aus. avere*) **1** Dedicarsi allo studio dei problemi della filosofia. **2** Argomentare attenendosi al linguaggio e ai metodi della filosofia.

filosofeggiàre *v. intr.* (*io filosoféggio; aus. avere*) (*spreg.*) Assumere atteggiamenti, linguaggio e sim. da filosofo.

filosofèma *s. m.* (*pl. -i*) **1** Luogo comune della filosofia. **2** (*spreg.*) Sofisma.

filosofìa *s. f.* **1** Ricerca di verità generali, di un sapere capace di procurare un effettivo vantaggio all'uomo | – *dell'arte*, estetica | – *della scienza*, epistemologia. **2** Opera, sistema, indirizzo di un filosofo: *la – di Aristotele.* **3** (*fig.*) Serenità d'animo: *accetta tutto con –.*

filosoficaménte *avv.* In modo, con metodo filosofico | Con filosofia, con serena rassegnazione.

filosòfico *agg.* (*pl. m. -ci*) Che concerne la filosofia.

filosofìsmo *s. m.* Inclinazione a estendere il metodo della filosofia ad altre discipline.

filòsofo *s. m.* (*f. -a*) **1** Chi si dedica alla ricerca filosofica. **2** (*fig.*) Chi assume un atteggiamento di serena imperturbabilità di fronte alle avversità della vita.

filòssera V. *fillossera.*

filovìa *s. f.* (*pl. filovìe*) Linea di trasporto pubblico servita da filobus | (*est.*) Filobus.

filoviàrio o *filoviàrio* *agg.* Di filobus o filovie.

filtràbile *agg.* **1** Che si può filtrare. **2** Che può attraversare un filtro: *virus –.*

filtràre **A** *v. tr.* (*io filtro*) **1** Passare un liquido, un gas e sim. attraverso un filtro per purificarli: – *il vino*; SIN. Colare. **2** (*fig.*) Elaborare mentalmente. **B** *v. intr.* (*aus. essere*) **1** Penetrare goccia a goccia attraverso un corpo solido dopo averlo inzuppato e sim.: *l'acqua filtra dai muri.* **2** (*fig.*) Riuscire a passare, a trapelare.

filtrazióne *s. f.* Separazione di sostanze solide disperse in un liquido o gas.

filtro (1) *s. m.* **1** Dispositivo per filtrare, che consta di materiali porosi vari come carta, tela, carbone | – *dell'aria*, montato sulla presa d'aria dei motori a scoppio o di altre macchine, per depurarla. [→ ill. *chimico, vino*] **2** Rotolo di carta o di sostanza porosa introdotto in pipe o bocchini o applicato a un estremo delle sigarette, affinché assorba la nicotina. [→ ill. *fumatore*] **3** (*fot.*) Lastra di vetro e foglio di gelatina di colorazione determinata che, posto davanti all'obiettivo, assorbe una parte dello spettro luminoso. [→ ill. *fotografo, marina, ottica*] **4** (*elettr.*) Circuito che permette soltanto il passaggio di correnti di particolari frequenze | – *acustico*, dispositivo che lascia passare soltanto i suoni di una certa banda di frequenza.

filtro (2) *s. m.* Bevanda magica capace di eccitare o spegnere una passione.

filtroprèssa *s. f.* Apparecchio in cui la filtrazione avviene sotto pressione del liquido, fatto passare attraverso una serie di telai filtranti.

filugèllo *s. m.* Baco da seta.

filza *s. f.* **1** Serie di cose simili infilzate una di seguito all'altra: *una – di perle.* **2** (*fig.*) Serie successiva di più cose simili: *una – di esempi*; SIN. Sequela. **3** Particolare tipo di cucitura a punti radi. [→ ill. *tessuto*] **4** Fascio di documenti uniti insieme per essere collocati in archivio.

fimo *s. m.* (*lett.*) Sterco, letame.

finàle **A** *agg.* **1** Che viene per ultimo, che sta alla fine: *vocale, sillaba –* | *Esame –*, alla fine dell'anno scolastico | (*est.*) Che definisce: *intervento –*; SIN. Ultimo; CONTR. Iniziale. **2** Relativo al fine e allo scopo: *causa –* | *Proposizione –*, proposizione subordinata indicante lo scopo per il quale si compie l'azione espressa dalla reggente: *l'ha fatto affinché, perché, il figlio possa studiare.* **B** *s. m.* **1** Ultima parte, parte conclusiva: *il – di un dramma.* **2** Parte terminale della lenza, alla quale è legato l'amo; SIN. Setale. **C** *s. f.* **1** Proposizione finale. **2** (*sport*) Gara conclusiva dopo le eliminatorie.

finalìsmo *s. m.* Dottrina filosofica secondo cui nell'universo ogni fenomeno tende alla realizzazione di un determinato fine; SIN. Teleologia.

finalìssima *s. f.* (*sport*) Gara o incontro finale di grandissima importanza.

finalìsta *s. m. e f.; anche agg.* (*pl. m. -i*) **1** In una gara a eliminazione, chi (o che) è stato ammesso alla finale. **2** (*filos.*) Chi (o che) segue il finalismo.

finalità *s. f.* **1** (*filos.*) L'essere ordinato a un fine, a uno scopo. **2** Fine, scopo.

finalizzàre *v. tr.* **1** (*raro*) Portare a termine, concludere. **2** Attribuire un fine, uno scopo a qc. o a q.c.

finalménte *avv.* Da ultimo, alla fine, in fine | In conclusione | Con sollievo, stizza o ironia: – *siete arrivati!*

finànche *avv.* Anche, perfino.

finànza *s. f.* **1** (*dir.*) Complesso delle entrate e delle spese dello Stato o di altro ente pubblico | *Scienza delle finanze*, ramo dell'economia che studia i presupposti e gli effetti dell'attività finanziaria dello Stato | *Ministero delle finanze*, quello spec. incaricato dell'imposizione e

finestra

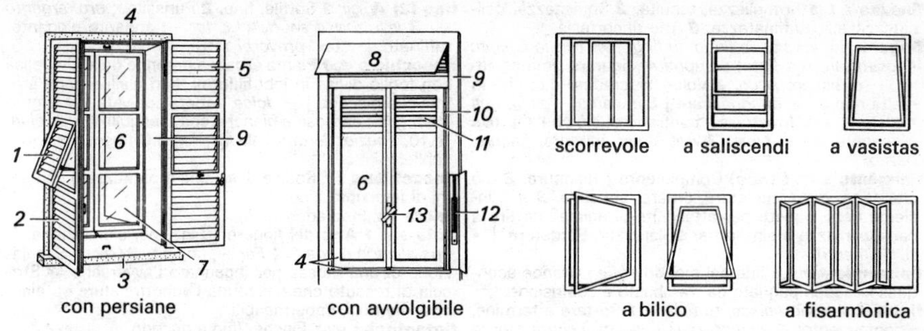

1 gelosia 2 stecca 3 davanzale 4 telaio 5 persiana 6 vetro 7 scuretto 8 cassonetto 9 stipite 10 cerniera 11 persiana avvolgibile 12 cinghia 13 maniglia

riscossione dei tributi dello Stato. **2** (*dir.*) *spec. al pl.* Insieme di mezzi di cui dispongono lo Stato o altri enti pubblici per il raggiungimento dei propri fini | Disponibilità economica: *le sue finanze non glielo permettono* | *Alta* –, l'insieme dei maggiori operatori economici.

finanziaménto *s. m.* **1** Fornitura di denaro occorrente per un'impresa. **2** Somma di denaro fornita.

finanziàre *v. tr.* (*io finànzio*) Provvedere dei mezzi finanziari necessari alla riuscita di una determinata impresa.

finanziariaménte *avv.* Per quanto concerne le finanze.

finanziàrio *agg.* **1** (*dir.*) Relativo alla finanza: *esercizio* –. **2** Relativo al complesso di denaro liquido posseduto in un dato momento.

finanziatóre *s. m.; anche agg.* (*f. -trice*) Chi (o che) provvede a un finanziamento.

finanzièra *s. f.* **1** Lunga giacca maschile a falde per cerimonia, usata anticamente spec. da banchieri. **2** Intingolo a base di salsa, tartufi, funghi e marsala.

finanzière *s. m.* (v. nota d'uso FEMMINILE) **1** Chi tratta affari di alta finanza o si occupa di problemi finanziari. **2** Guardia di finanza.

finca *s. f.* Colonna di una tabella o di un registro.

finché *cong.* Fino a quando (introduce una prop. temp. con il v. all'indic. o al congv. e può anche essere seguita dalla negazione 'non' senza assumere valore negativo): *gridò – ebbe voce*; *insisterò – non l'abbia ottenuto.* [→ tav. *proverbi* 31, 155]

fin de siècle /*fr.* fɛ̃ də 'sjɛkl/ *loc. agg. inv.* Detto di gusto, oggetto, mobile, tessuto e sim. della fine del sec. XIX, o che rammenta tale periodo.

fine (1) **A** *s. f.* **1** Punto, momento terminale: *eccoci alla – del cammino*; *la – del mondo* | *Essere in fin di vita*, in punto di morte | *Dare, porre – a q.c.*, terminarla | *Alla* –, finalmente | *Alla – dei conti*, (*fig.*) tutto considerato | *Alla – della* –, *alla fin* –, dopo tutto | *In* –, in conclusione | *Senza* –, perennemente | Compimento, conclusione: *arrivare alla – del lavoro* | *Che – ha fatto la mia richiesta?*, che esito ha avuto?; CONTR. Inizio, principio. **2** Morte: *che – terribile!* | *Fare una buona, bella, brutta* –, morire bene, male. **B** *s. m.* **1** Scopo, intendimento, proposito: *proporsi un* –; *mirare, tendere a un* – | *Secondo* –, non rivelato, non confessabile | *A fin di bene*, con intenzioni oneste | *A che* –?, a quale scopo? **2** Esito, effetto, riuscita: *lieto* –; *condurre un affare a buon* –.

fine (2) *agg.* **1** Che ha spessore o diametro molto ridotti: – *come un capello*; *una – lamina d'oro* | Di grana molto minuta: *polvere* –; SIN. Delicato, sottile; CONTR. Grosso. **2** (*fig.*) Dotato di grande sottigliezza, acutezza: *udito, vista* –. **3** (*fig.*) Di gusto squisito: *abito* – | (*est.*) Dotato di eleganza e distinzione: *donna molto* –; SIN. Raffinato; CONTR. Grossolano.

fine settimàna *loc. sost. m. o f. inv.* Gli ultimi due giorni della settimana, sabato e domenica, considerati come giorni di riposo.

finèstra *s. f.* **1** Apertura nelle pareti degli edifici per aerazione e illuminazione, e i battenti che servono per aprirla o chiuderla | *Buttare il denaro dalla* –, (*fig.*) spenderlo in modo insensato | *Uscire dalla porta e rientrare dalla* –, (*fig.*) essere scacciati da un luogo o da un impiego e tornarvi grazie ad appoggio o a irregolarità. [→ ill. *casa, finestra*] **2** In varie tecnologie, apertura opportunamente schermata che isola l'osservatore dall'ambiente osservato. [→ ill. *nucleare, radio*] [→ tav. *proverbi* 317]

finestrèlla *s. f.* **1** *Dim. di finestra.* **2** Piccola apertura, sportellino. [→ ill. *telefonia, ufficio*]

finestrino *s. m.* **1** *Dim. di finestra.* **2** Apertura, analoga a

finimenti

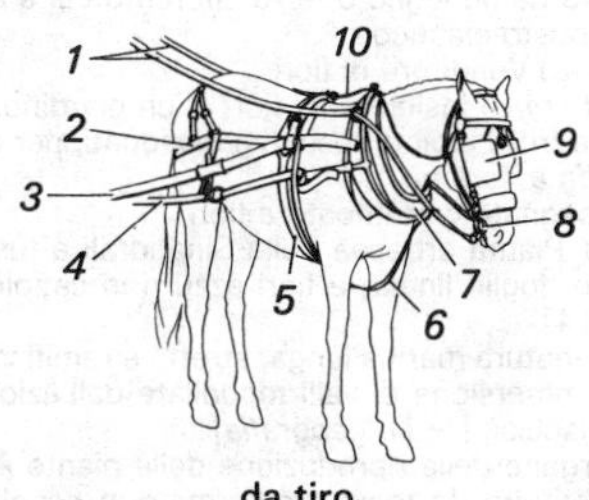

da tiro

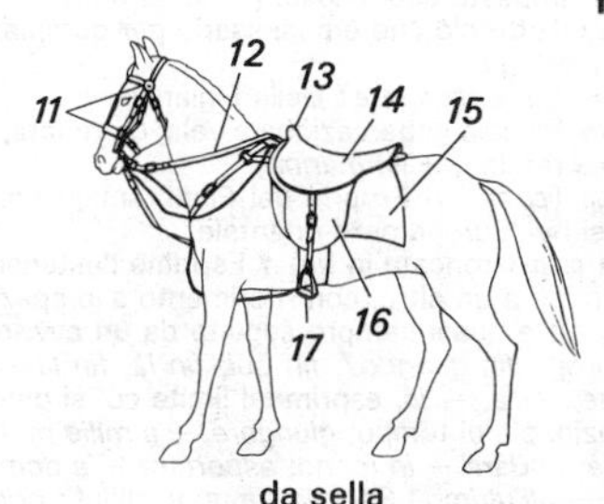

da sella

1 briglie 2 imbraca 3 stanga 4 tirella 5 sottopancia 6 martingala 7 collare 8 morso 9 paraocchi 10 freno 11 cavezza 12 redini 13 arcione 14 sella 15 gualdrappa 16 falda 17 staffa

una piccola finestra, spec. dei mezzi di trasporto.
finèzza *s. f.* **1** Sottigliezza, tenuità. **2** Squisitezza, delicatezza; SIN. Raffinatezza. **3** Atto di cortesia.
fingere **A** *v. tr.* (*pres. io fingo, tu fingi; pass. rem. io finsi, tu fingésti; part. pass. finto*) **1** Supporre, figurarsi, immaginare: *– di essere ricco.* **2** Voler far credere q.c. che in realtà non è: *– di conoscere* | Simulare: *– gioia, una malattia* | ass. Mostrare il contrario di ciò che si prova o si sente: *sa – bene.* **B** *v. rifl.* Voler apparire: *fingersi pazzo.*
finiménto *s. m.* **1** (*raro*) Compimento | Rifinitura. **2** Ciò che serve per completare, ornare, abbellire. **3** *al pl.* Insieme degli oggetti per attaccare gli animali da tiro a carri, carrozze e sim. o per sellarli; SIN. Bardatura. [→ ill. *finimenti*]
finimóndo *s. m.* La fine del mondo | (*fig.*) Grande sconquasso accompagnato da trambusto e confusione.
finire **A** *v. tr.* (*io finisco, tu finisci*) **1** Portare a termine, a compimento: *– un discorso* | *– la vita, i giorni,* morire | *– gli anni,* compierli | Rifinire: *– un mobile con intagli*; SIN. Terminare, ultimare; CONTR. Iniziare. **2** Esaurire, consumare completamente: *abbiamo finito l'olio.* **3** (*est.*) Uccidere: *finirono i superstiti a colpi di sciabola.* **4** Concludere definitivamente, smettere: *finitela con questi scherzi!* | *È tempo di finirla! finiscila! finiamola!* e sim., escl. di impazienza e di sdegno | (con la prep. *di* seguita da un inf.) Terminare: *hai finito di scrivere?* | (*est.*) Smettere: *finiscila di ridere!* **5** Con la prep. *con,* o *per,* seguita da un inf., indica esito, sbocco: *finirai con l'ammalarti; finiranno per lasciarsi.* **B** *v. intr.* (*aus. essere*) **1** Aver fine o giungere alla fine: *presto finirà il caldo* | *La cosa non finisce qui!,* espressione con cui si minacciano conseguenze spiacevoli | Cessare: *è finito di piovere.* **2** Aver termine, limite, sbocco: *questo fiume finisce nel Po* | (*est.*) Terminare (*anche fig.*): *la storia finì in tragedia.* **3** Avere un certo esito, detto di persona: *finirà male; dove andremo a finire?* | Diventare: *– impiegato.* **4** Di oggetto, cadere, cacciarsi: *la palla finì in acqua; dov'è finita la chiave?* **5** (*fig.*) Metter capo: *un discorso che non si sa dove vada a –.* **C** *in funzione di s. m. solo sing.* Termine, fine: *il – del giorno* | *Sul –,* verso la fine | *Al –,* alla fine. [→ tav. *proverbi* 73, 375, 376]
finish /*ingl.* 'finiʃ/ *s. m. inv.* (*pl. ingl. finishes* /'finiʃiz/) Nel linguaggio sportivo, finale di una gara.
finissàggio *s. m.* Fase finale del processo produttivo, costituita da operazioni di rifinitura sul prodotto.
finitèzza *s. f.* **1** Qualità di ciò che è compiuto e perfetto: *la rara – di uno stile.* **2** Condizione di ciò che è limitato, imperfetto: *la – del mondo.*
finitimo *agg.* Confinante, vicino, limitrofo.
finito *part. pass. di finire; anche agg.* **1** Terminato, concluso | *Farla finita,* porre fine a q.c., una volta per tutte. **2** Che è compiuto e perfetto in ogni particolare | Detto di chi è estremamente preparato in q.c.: *artigiano –.* **3** (*ling.*) *Modo –,* che ha determinazione di numero e persona. **4** Detto di chi ha dato ciò che aveva o poteva ed è ormai esaurito: *artista –* | *È finita,* non c'è più niente da fare. **5** (*mat.*) Detto di grandezza non infinita.
finitóre *s. m.* (*f. -trice*) Chi rifinisce un lavoro iniziato da altri.
finitrice *s. f.* Macchina stradale che stende e spiana con continuità l'impasto bituminoso. [→ ill. *strada*]
finitùra *s. f.* Tutto ciò che è necessario per completare e perfezionare q.c.
finlandése *agg.; anche s. m. e f.* Della Finlandia.
finn *s. m. inv.* Piccola imbarcazione a vela, da regata, dotata di sola randa. [→ ill. *marina*]
finnico *agg.* (*pl. m. -ci*) Proprio dei Finni, antico popolo stanziatosi nell'Europa nord-orientale.
fino (1) **A** *prep.* (troncata in *fin*) **1** Esprime l'estensione da un termine a un altro, con riferimento allo spazio e al tempo, ed è quasi sempre seguita da un avv. o da un'altra prep.: *fin quando?; fin qui; fin là; fin lassù.* **2** *Nelle loc. prep. – a, – in,* esprime il limite cui si giunge, sia di spazio, sia di tempo; *giungere – a mille metri di profondità; andare – in fondo; aspettare – a domani; resistere – all'ultimo* | Seguito da un v. all'inf.: *gridare – a restare senza voce.* **3** *Nelle loc. prep. – da,* esprime il limite da cui si parte o si giunge: *venire – dall'America; aspetta fin da ieri.* **B** *avv.* Pure, anche, perfino: *ha detto fin troppo.*
fino (2) **A** *agg.* **1** Sottile, fine. **2** Purissimo: *oro, argento –.* **B** *in funzione di avv. Nella loc. far –,* apparire elegante, raffinato. [→ tav. *proverbi* 119]
finòcchio *s. m.* **1** Pianta erbacea perenne delle Umbellali con foglie divise in lobi filiformi, fiori gialli e semi aromatici e piccanti | *– dolce,* varietà coltivata per le guaine fogliari carnose e bianche commestibili. [→ ill. *piante* 10, *spezie, verdura*] **2** (*fig., volg.*) Omosessuale maschile.
finocchióna *s. f.* Specie di salame aromatizzato con semi di finocchio.
finóra *avv.* Fino adesso.
finta *s. f.* **1** Atto del fingere | Finzione, simulazione: *la sua allegria è una –* | *Far –,* fingere. **2** (*sport*) Simulazione di una mossa per ingannare l'avversario. **3** Striscia di tessuto che nasconde l'abbottonatura su giacche, mantelli, impermeabili.
fintantoché *cong.* Finché, fino a quando.
fintàre *v. tr. e intr.* (*io finto*) Nel linguaggio sportivo, fare una finta.
finto **A** *part. pass. di fingere; anche agg.* **1** Simulato, ipocrita. **2** Fatto a imitazione di cose autentiche: *capelli finti;* SIN. Artificiale, falso. [→ ill. *toilette e cosmesi*] **B** *s. m.* (*f. -a*) Persona falsa, ipocrita. **C** *s. m. solo sing.* Ciò che è finto: *il vero e il –.*
finzióne *s. f.* Simulazione, doppiezza: *parlare senza –* | Cosa finta, simulata | *– scenica,* immagine della realtà che si finge sulla scena teatrale.
fio *s. m.* Pena: *pagare il – della propria colpa.* [→ tav. *locuzioni* 74]
fiocàggine *s. f.* (*raro*) L'essere fioco.
fiòcca *s. f.* (*tosc.*) La parte superiore della scarpa | Analoga parte delle calze e del piede.
fioccàre *v. intr.* (*io fiòcco, tu fiòcchi; aus. essere; anche impers.*) **1** Cadere a fiocchi: *la neve fiocca.* **2** (*fig.*) Essere detto o fatto in gran copia, come cadono i fiocchi di neve: *fioccano le bugie.*
fiòcco (1) *s. m.* (*pl. -chi*) **1** Annodatura di un nastro o di una cravatta in modo da formare due cocche e due lembi | *Coi fiocchi,* (*fig.*) eccellente: *professore coi fiocchi.* [→ ill. *passamaneria*] **2** Bioccolo di lana, seta e sim.: *lana in fiocchi* | Falda di neve. [→ ill. *pesca*] **3** Fibra tessile naturale pronta per le lavorazioni preliminari | Fibra corta: *– di raion.* **4** *spec. al pl.* Pasta di media pezzatura a forma di fiocco.
fiòcco (2) *s. m.* (*pl. -chi*) Vela triangolare collocata a prora. [→ ill. *marina*]
fiochézza *s. f.* Fiocaggine.
fiòcina *s. f.* Attrezzo con tre o più denti fissi muniti di ardiglione impiegato per la cattura di pesci di modeste dimensioni. [→ ill. *pesca*]
fiocinàre **A** *v. intr.* (*io fiòcino; aus. avere*) Lanciare la fiocina. **B** *v. tr.* Colpire con la fiocina: *– un pesce.*
fiocinatóre *s. m.* Lanciatore di fiocina.
fiòcine *s. m.* Buccia dell'acino dell'uva.
fiocinière *s. m.* Pescatore addetto al lancio della fiocina.
fiòco *agg.* (*pl. m. -chi*) Di suono fievole, rauco, soffocato: *voce fioca* | Di luce debole; SIN. Tenue.
fiónda *s. f.* **1** Antica arma da getto formata da due strisce di cuoio e da una tasca in cui era riposto il proiettile da lanciare. **2** Arnese con cui i ragazzi si divertono a lanciar sassi, costituito da un legno o ferro biforcuto cui è assicurato un robusto elastico.
fioràio *s. m.* (*f. -a*) Venditore di fiori.
fioràme *s. m.* **1** (*raro*) Insieme dei fiori di un giardino. **2** *spec. al pl.* Fiori e frutti dipinti, tessuti o disegnati, per ornamento: *stoffa a fiorami.*
fioràto *agg.* Disegnato o stampato a fiori.
fiordalìso *s. m.* Pianta erbacea delle Sinandrali a fusto eretto, ramoso, foglie lineari e fiori azzurri in capolini. [→ ill. *piante* 14]
fiòrdo *s. m.* Insenatura marina lunga, stretta e ramificata dovuta alla sommersione di valli modellate dall'azione erosiva dei ghiacciai. [→ ill. *geografia*]
fióre *s. m.* **1** Organo della riproduzione delle piante Angiosperme costituito da foglie trasformate in sepali e petali e contenente stami e pistilli: *mazzo di fiori* | *Fiori d'arancio,* simbolo delle nozze | *Vedere, credere, tutto rose e fiori,* (*fig.*) tutto bello | *Pianta in –,* coperta di

fiori | *Essere in* —, *nel* —, nell'epoca della fioritura; (*fig.*) nel pieno rigoglio | *Nel — degli anni*, nel rigoglio della giovinezza | *Primo* —, (*fig.*) lanugine che prelude alla barba | *A fiori*, di cosa dipinta, ornata con fiori disegnati, stampati e sim. | (*fig.*) — *all'occhiello*, chi (o ciò che) costituisce motivo di orgoglio. [→ ill. *botanica, cesta, contenitore*] **2** (*est.*) Pianta che produce fiori spec. ornamentali: *giardino pieno di fiori*. **3** (*fig.*) Parte scelta, migliore: *il — dei cavalieri* | *Fior* —, parte migliore: *il fior — della nobiltà* | — *di farina*, farina di massima purezza | — *del latte*, panna | — *della lana*, la parte più lunga e soffice | *Il — della verginità*, la purezza. **4** (*est.*) Persona oltremodo bella e delicata: *quella fanciulla è un* —. **5** (*chim.*) Polvere finissima ottenuta per sublimazione di talune sostanze: — *di zolfo*. **6** (*fig.*) Grande quantità, abbondanza, nella loc. *un fior di*: *portare un fior di dote* | (*fig.*) *Un fior di galantuomo, di mascalzone*, persona in cui l'onestà o la disonestà raggiungono il massimo grado. **7** (*fig.*) Parte superficiale di q.c., nella loc. *a fior di*: *sparire a fior d'acqua*; *sentire un dolore a fior di pelle* | (*fig.*) *Dire q.c. a fior di labbra*, mormorarla appena. **8** al pl. Uno dei quattro semi delle carte da gioco francesi. [→ ill. *giochi*]

fiorènte part. pres. di *fiorire*; anche agg. Che è in fiore, rigoglioso; SIN. Florido.

fiorentina s. f. Bistecca o costata alla fiorentina. [→ ill. *macelleria*]

fiorentinismo s. m. Espressione tipica del dialetto fiorentino.

fiorentino agg.; anche s. m. (f. *-a*) Di Firenze | *Bistecca, costata alla fiorentina*, cucinata ai ferri con olio, pepe e sale.

fiorétta s. f. Malattia dei vini che determina la formazione in superficie di una pellicola biancastra.

fiorettàre v. tr. (*io fiorétto*) Ornare il discorso con eccessive ricercatezze.

fiorettista s. m. e f. (pl. m. *-i*) Schermidore di fioretto.

fiorétto (1) s. m. **1** (*lett.*) Dim. di *fiore*. **2** Parte scelta di q.c.: *il — del cotone*. **3** al pl. Scelta di racconti, avvenimenti, aneddoti: *i fioretti di S. Francesco*. **4** Sacrificio o rinuncia spontanea a fine di devozione: *i fioretti di maggio*.

fiorétto (2) s. m. **1** Una delle tre armi della scherma, a lama quadrangolare d'acciaio, sottile e flessibile, il cui colpo è valido solo se arriva di punta | Bottone che si mette in punta alla spada per renderla inoffensiva. **2** Punta di acciaio delle perforatrici per praticare nelle rocce fori di mina. [→ ill. *martello*]

fiorièra s. f. **1** Cassetta di vario materiale atta a contenere fiori o piante ornamentali. **2** Recipiente per fiori recisi.

fiorìfero agg. Che produce o porta fiori.

fiorile s. m. Ottavo mese del calendario repubblicano francese.

fiorino s. m. Moneta d'oro coniata in Firenze nel sec. XIII recante su una faccia il giglio | Unità monetaria dei Paesi Bassi e dell'Ungheria. [→ ill. *moneta*]

fiorire A v. intr. (*io fiorìsco, tu fiorìsci*; aus. *essere*) **1** Far fiori, coprirsi di fiori: *la pianta fiorisce*. **2** (*fig.*) Essere nel pieno rigoglio: *le arti fiorirono nell'Italia rinascimentale*; SIN. Prosperare. **3** (*fig.*) Giungere alla fama, divenire illustre: *Dante fiorì alla fine dell'Evo Medio*. **4** Coprirsi di muffa, di ossido o di un sale in efflorescenza: *il vino, il rame, i muri fioriscono*. **B** v. tr. **1** (*raro*) Render pieno di fiori: *la primavera fiorisce i campi*. **2** Cospargere di fiori: — *una tomba*. **3** Dipingere a fiori: — *un muro*. [→ tav. *proverbi* 353]

fiorista s. m. e f. (pl. m. *-i*) Venditore o coltivatore di fiori naturali | Chi fa o vende fiori artificiali.

fiorito part. pass. di *fiorire*; anche agg. **1** Coperto, pieno di fiori: *giardino* —. **2** Tessuto a fiori: *seta fiorita*. **3** Pieno: *un tema — di errori*. **4** (*fig.*) Ornato: *stile* —; *uomo — d'ogni virtù* | *Gotico* —, stile gotico tardo.

fioritùra s. f. **1** Produzione, comparsa dei fiori | Insieme di fiori | (*est.*) Epoca in cui le piante fioriscono. **2** (*fig.*) Grande sviluppo e rigoglio: *le arti sono in piena* —. **3** Macchia di umidità, ossido e sim. | Eruzione.

fioróne s. m. **1** Accr. di *fiore*. **2** Frutto del fico che matura in giugno e luglio.

fiòsso s. m. **1** Arco del piede, più o meno marcato. **2** La parte più stretta della scarpa, tra il tacco e la pianta. [→ ill. *calzatura*]

fiòtto s. m. **1** Quantità di liquido che esce in una volta e d'improvviso. **2** (*raro*) Borbottio lamentoso.

fìrma s. f. **1** Sottoscrizione del proprio nome e cognome per chiudere una scrittura, confermarla o renderne noto l'autore: *apporre, mettere la* — | *Raccogliere le firme*, le adesioni per qualche iniziativa | *Far onore alla propria* —, essere puntuale nell'adempimento di obblighi, promesse e sim. [→ ill. *ufficio*] **2** Nome di chi gode stima nel campo artistico, letterario, commerciale: *avere una buona* — | La persona stessa: *una grande* —. **3** Atto e operazione del firmare: *è l'ora della* —.

firmaiòlo s. m. (*gerg.*, *spreg.*) Chi volontariamente prolunga il periodo di ferma militare, firmandone l'apposito documento.

firmaménto s. m. **1** Cielo: *le stelle del* —. **2** (*fig.*) Complesso di persone che in un certo settore hanno raggiunto molta notorietà: *il — del cinema*.

firmàre v. tr. (*io firmo*) Munire della propria firma | (*est.*) Ratificare o sanzionare apponendo la firma: — *un trattato*.

firmatàrio s. m.; anche agg. (f. *-a*) Detto di chi sottoscrive q.c. con la propria firma.

first-lady /ingl. 'fəːst 'leidi/ s. f. inv. (pl. ingl. *first ladies* /'fəːst 'leidiz/) **1** La moglie del presidente degli Stati Uniti e (*est.*) del presidente di altre repubbliche. **2** (*fig.*) Donna che primeggia: *la — della moda italiana*.

fisarmònica s. f. **1** Strumento musicale a tasti e a mantice, con un registro solo. [→ ill. *strumenti musicali*] **2** Nella loc. *a* —, detto di ciò che si ripiega su se stesso come il soffietto di una fisarmonica. [→ ill. *finestra*]

fisarmonicista s. m. e f. (pl. m. *-i*) Chi suona la fisarmonica.

fiscàle agg. **1** Relativo al fisco: *aggravio* — | *Medico* —, fiduciario di un'amministrazione incaricato di sottoporre a visita medica i dipendenti assenti per malattia. **2** (*fig.*) Duro, rigoroso, vessatorio | Pignolo.

fiscalismo s. m. Metodo o sistema improntato a fiscalità.

fiscalista s. m. e f. (pl. m. *-i*) Specialista in questioni fiscali.

fiscalità s. f. **1** Sistema fiscale. **2** (*fig.*) Eccessiva rigidezza e pignoleria.

fiscalizzàre v. tr. Esentare un privato dal pagamento di particolari tributi, la cui mancata riscossione graverà sul bilancio dello Stato, per favorire particolari settori o categorie in crisi.

fiscalizzazióne s. f. Trasferimento a carico dello Stato di particolari tributi: *la — degli oneri sociali*.

fiscèlla s. f. Cestello di vimini usato per far scolare il siero della ricotta fresca.

fischiàre A v. intr. (*io fischio*; aus. *avere*) Emettere o produrre un suono acuto e sibilante: — *con le labbra*; *la locomotiva fischia*. **B** v. tr. **1** Riprodurre col fischio un'aria musicale: — *una canzone*; SIN. Zufolare. **2** Disapprovare con fischi: *fischiarono il tenore*. **3** Nel calcio e sim., intervenire con il fischietto: — *un fuorigioco*. [→ tav. *locuzioni* 101]

fischiàta s. f. **1** Fischio, spec. di richiamo o di riconoscimento. **2** Disapprovazione o scherno con forti fischi.

fischiettàre v. tr. e intr. (*io fischiétto*; aus. intr. *avere*) Fischiare leggermente.

fischiettio s. m. Il continuo e insistente fischiettare.

fischiétto s. m. **1** Dim. di *fischio*. **2** Oggettino per fischiare. **3** (*fig.*) Nel calcio, arbitro: *il miglior — italiano*.

fischio s. m. **1** Suono lungo e sottile prodotto da persone, animali o cose | (*fig.*) *Prendere fischi per fiaschi*, fare una grossa svista. **2** Strumento per fischiare. [→ ill. *cacciatore, ferrovia*]

fischióne s. m. Uccello affine all'anatra, con abitudini notturne, diffuso nell'Europa settentrionale ove vive in vicinanza dell'acqua. [→ ill. *animali* 12]

fisciù s. m. inv. Adattamento di *fichu*.

fisco s. m. **1** Erario pubblico. **2** Amministrazione finanziaria.

fisica s. f. Scienza che studia la materia, l'energia e i loro reciproci rapporti. [→ ill. *fisica, nucleare*]

fisicaménte avv. **1** Secondo la fisica. **2** Relativamente al fisico, al corpo: —, *mi sento meglio*.

fisicismo s. m. (*filos.*) Dottrina che tende a dare una

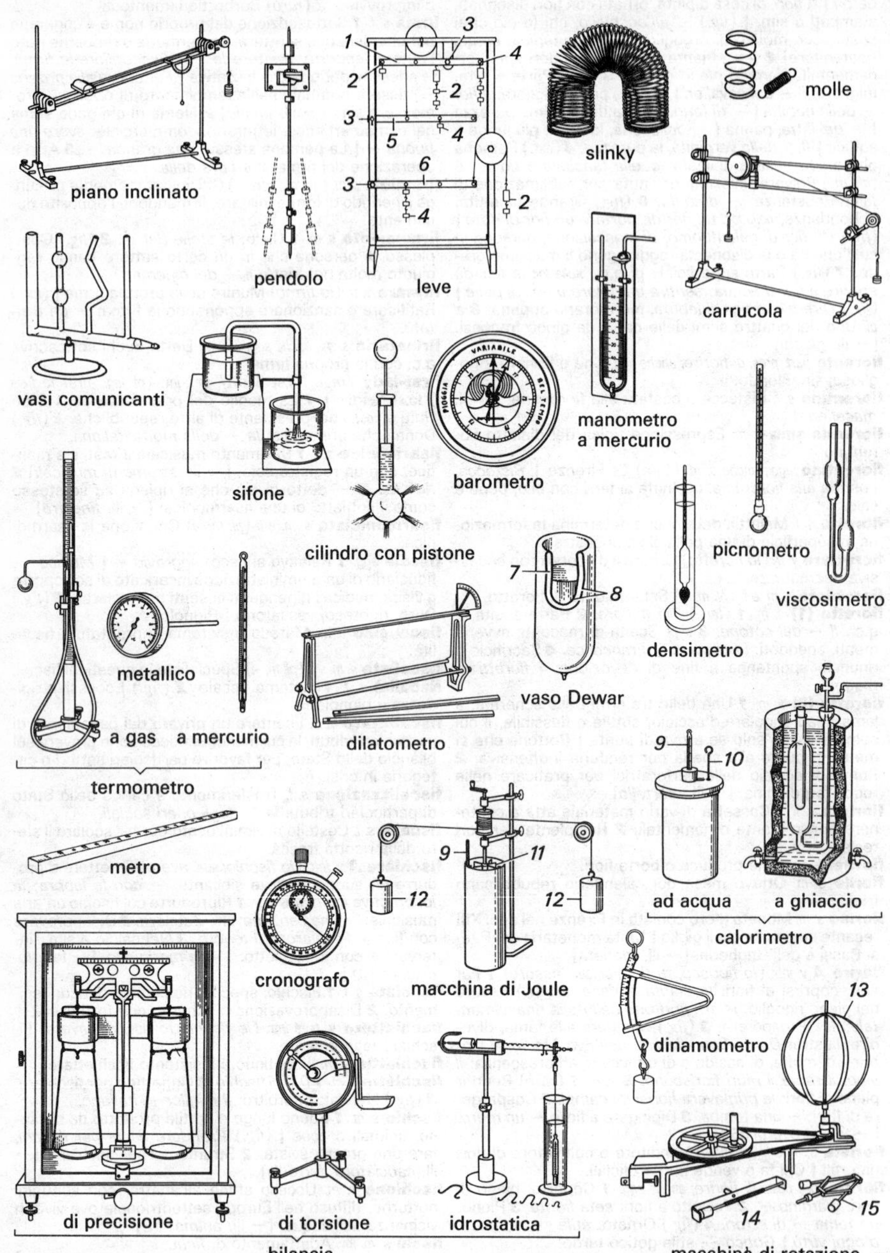

1 di primo genere 2 potenza 3 fulcro 4 resistenza 5 di terzo genere 6 di secondo genere 7 vuoto 8 parete speculare di vetro 9 termometro 10 mescolatore 11 ruota a palette 12 massa cadente 13 apparecchio per dimostrare lo schiacciamento dei poli 14 misuratore della forza centrifuga 15 regolatore di Watt

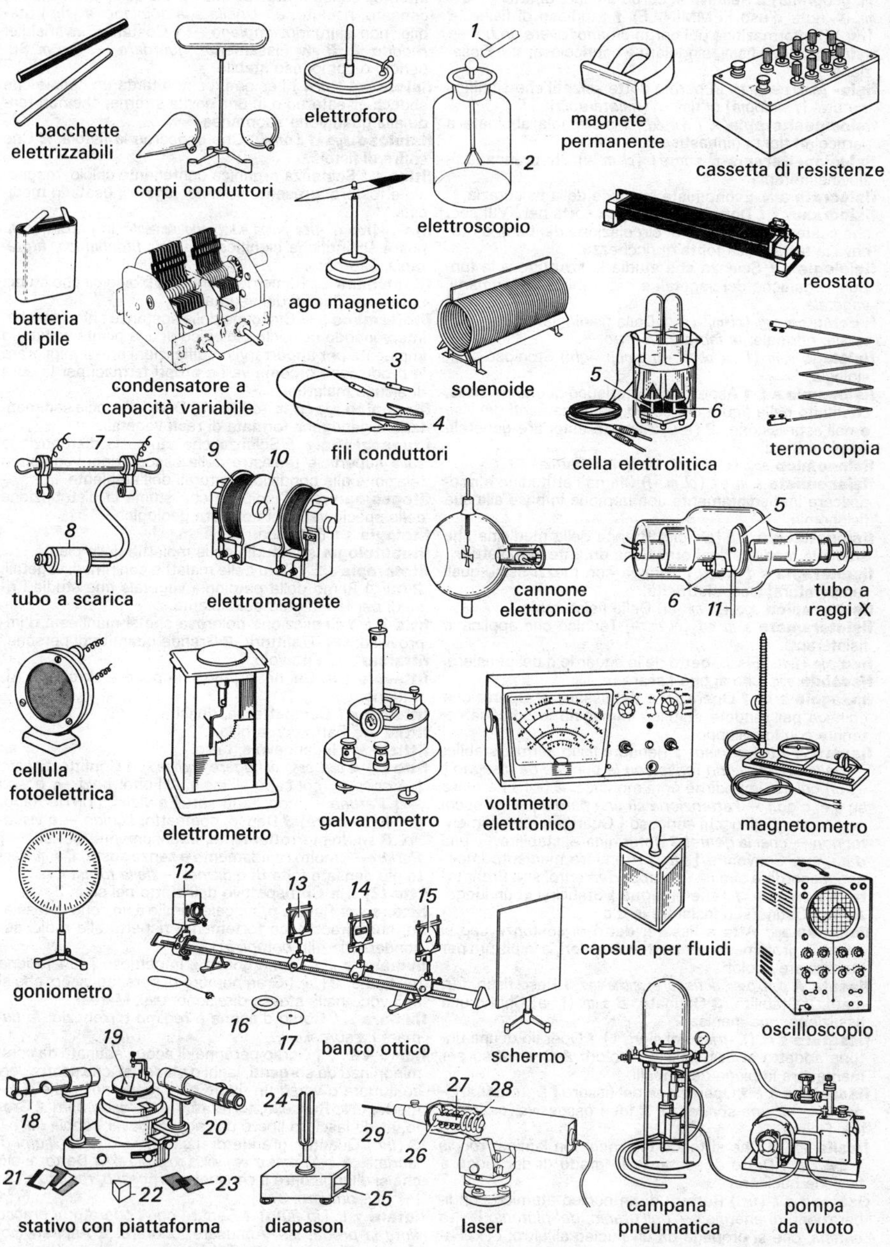

1 corpo elettricamente carico 2 foglie d'oro 3 spina 4 coccodrillo 5 anodo 6 catodo 7 elettrodi 8 valvola d'aspirazione 9 bobina 10 espansione polare 11 raggi X 12 sorgente luminosa 13 lente 14 diaframma a fenditura 15 reticolo 16 vetro smerigliato 17 diaframma forato 18 obiettivo 19 piattaforma 20 cannocchiale 21 lamina 22 prisma 23 polaroide 24 rebbio 25 cassetta di risonanza 26 specchio parzialmente riflettente 27 tubo a gas 28 flash a spirale 29 raggio di luce laser

spiegazione fisica di tutte le realtà.

fìsico A agg. (pl. m. -ci) **1** Che concerne la natura, i suoi fenomeni e le leggi che li regolano: *scienze fisiche*. [→ ill. *geografia*] **2** Relativo al corpo umano: *difetto* —. **B** s. m. (v. nota d'uso FEMMINILE) **1** Studioso di fisica. **2** (*est.*) Conformazione del corpo umano: *avere un bel* —.

fìsima s. f. Idea fissa, singolare e capricciosa; SIN. Fissazione.

fìsio- primo elemento: in parole dotte scientifiche significa 'natura' (*fisiologia*) o 'fisico' (*fisioterapia*).

fisiocinesiterapìa s. f. (*med.*) Fisioterapia abbinata a particolari tipi di ginnastica curativa.

fisiocinesiterapìsta s. m. e f. (pl. m. -i) Chi pratica la fisiocinesiterapia.

fisiòcrate s. m. Economista seguace della fisiocrazia.

fisiocrazìa s. f. Dottrina economica sorta nel XVIII sec. che sosteneva la libertà di circolazione dei beni, e riteneva la terra unica fonte di ricchezza.

fisiologìa s. f. Scienza che studia le strutture e le funzioni organiche dei vegetali e degli animali: — *umana, vegetale*.

fisiològico agg. (pl. m. -ci) **1** Della fisiologia. **2** (*est.*) Naturale, normale: *la fame è un fatto* —.

fisiòlogo s. m. (f. -a; pl. m. -gi o pop. -ghi) Studioso di fisiologia.

fisionomìa s. f. **1** Aspetto caratteristico di una persona, costituito dalla figura del corpo, dai lineamenti del viso e dall'espressione. **2** (*est.*) Aspetto esteriore generale e tipico di q.c.

fisionòmico agg. (pl. m. -ci) Della fisionomia.

fisionomìsta s. m. e f. (pl. m. -i) Chi ha l'attitudine a riconoscere immediatamente una persona in base alla sua fisionomia.

fisiopatologìa s. f. (pl. -gìe) Branca della medicina che studia le modificazioni organiche durante le malattie.

fisioterapìa s. f. (*med.*) Terapia con mezzi fisici, quali temperatura, luce, elettricità.

fisioteràpico agg. (pl. m. -ci) Della fisioterapia.

fisioterapìsta s. m. e f. (pl. m. -i) Tecnico che applica la fisioterapia.

fìso agg. (*lett.*) Fisso, detto dello sguardo o del pensiero.

fissàbile agg. Che si può fissare.

fissàggio s. m. **1** Operazione del fissare. **2** Operazione chimica per rendere stabile l'immagine fotografica ottenuta con lo sviluppo.

fissàre A v. tr. (*io fisso*) **1** Rendere fisso, fermo, stabile: — *un'imposta*; — *un foglio con le puntine da disegno* | — *un colore*, impedirne ogni modifica. **2** (*est.*) Fermare su q.c. o qc.: — *l'attenzione su una parola* | — *gli occhi su qc.*, porgli gli occhi addosso | Guardare intensamente: *non — così la gente!* **3** Determinare, stabilire: — *una data*; SIN. Convenire | (*fig.*) Prendere mediante impegno, accordo e sim.: — *un appartamento*; SIN. Prenotare. **B** v. intr. pron. **1** Tenersi fermo | Stabilirsi in un luogo. **2** (*fig.*) Ostinarsi o insistere in q.c.

fissativo agg. Atto a fissare, detto di sostanze che si usano in profumeria per trattenere odori, o in pittura per stabilizzare i colori.

fissàto A part. pass. di fissare; anche agg. **1** Reso fisso, fermato. **2** Stabilito. **3** Ostinato. **B** s. m. (f. -a) Chi ha una fissazione, una mania.

fissatóre s. m. (f. -trice nel sign. 1) **1** Operaio di una tintoria addetto al fissaggio dei colori. **2** Cosmetico per mantenere la piega dei capelli.

fissazióne s. f. **1** Operazione del fissare | Determinazione: *la — di una scadenza*. **2** Idea ossessiva, ostinata; SIN. Fisima.

fìssile agg. **1** Che si fende facilmente in lamina: *roccia* —. **2** (*fis.*) Detto di sostanza in grado di dar luogo a fissione nucleare.

fissióne s. f. (*fis.*) Rottura di un nucleo atomico con liberazione di energia: — *dell'uranio, del plutonio* | — *a catena*, che si propaga da un nucleo all'altro; CFR. Fusione.

fissismo s. m. (*biol.*) Teoria che sostiene l'invariabilità delle specie viventi.

fissità s. f. L'essere fisso.

fisso A agg. **1** Fissato e attaccato saldamente: *chiodo — al muro*; *coltello a manico* — | *Chiodo* —, (*fig.*) pensiero continuo e tormentoso. **2** Fermo, immobile: *i soldati erano fissi sull'attenti* | *Stelle fisse*, gli astri, i cui moti apparenti sulla sfera celeste sono apprezzabili soltanto con osservazioni intervallate di molti anni. **3** (*est.*) Intento, concentrato: *occhio — su qc.* | Irremovibile, ostinato, risoluto: *è — nella sua opinione*. **4** (*fig.*) Stabile, non saltuario: *impiego* — | Costante, invariabile: *reddito* —. **B** avv. Fissamente: *guardare* —. **C** s. m. Stipendio o compenso stabile.

fìstola s. f. (*med.*) Lesione, costituita da un canale che sbocca all'esterno o in una cavità interna, che non tende alla guarigione spontanea.

fistolóso agg. **1** (*med.*) Che concerne la fistola. **2** Che soffre di fistole.

fitìna s. f. Sostanza organica contenente calcio, magnesio e fosforo, presente in molti vegetali; usata in medicina.

fito-, -fito o -*fita* primo e secondo elemento: in parole composte scientifiche significa 'pianta': *fitochimica, fitoterapia, saprofito*.

fitochìmica s. f. Ramo della chimica biologica che studia i processi chimici dei vegetali.

fitofàrmaco s. m. Ciascuna delle sostanze chimiche che, intervenendo nel ciclo biologico di una pianta, vengono impiegate per apportarvi modificazioni atte a migliorare la produzione o come veri e propri farmaci per la cura di alcune malattie.

fitogènico agg. (pl. m. -ci) (*geol.*) Detto di roccia sedimentaria organogena formata di resti vegetali.

fitogeografìa s. f. Scienza che studia la distribuzione sulla superficie terrestre delle associazioni vegetali in relazione alle condizioni naturali dell'ambiente.

fitogeologìa s. f. Disciplina che studia la distribuzione delle specie vegetali nelle ere geologiche.

fitologìa s. f. Botanica.

fitopatologìa s. f. Studio delle malattie delle piante.

fitoterapìa s. f. **1** Cura delle malattie con rimedi vegetali. **2** (*agr.*) Ramo della patologia vegetale che studia i rimedi per le malattie delle piante.

fitta s. f. **1** Sensazione dolorosa che si manifesta d'improvviso; SIN. Trafittura. **2** Grande quantità di persone.

fittaiòlo s. m. Fittavolo.

fittàvolo s. m. Chi ha in affitto un podere altrui; SIN. Affittuario.

fittézza s. f. Compattezza, densità.

fìttile agg. Fatto con argilla.

fittìzio agg. Ingannevole, falso.

fitto (1) A part. pass. di figgere; anche agg. **1** Confitto, ficcato | *A capo* —, col capo all'ingiù. **2** Folto: *pelo* —; *bosco* — | *Pettine* —, con denti sottili e vicini; CONTR. Rado. [→ ill. *barbiere*] **3** Denso, compatto: *liquido — e viscoso*. **B** avv. Ininterrottamente, intensamente: *nevica* — | *Parlare* —, molto rapidamente e senza sosta. **C** s. m. Parte più densa e folta di q.c.: *nel — della foresta*.

fitto (2) s. m. Corrispettivo dell'affitto nel sign. 2.

fittóne s. m. Radice principale, simile a un cono rovesciato, che si accresce fortemente rispetto alle radici secondarie. [→ ill. *botanica*]

fiumàna s. f. **1** Fiume gonfio e impetuoso | (*est.*) Piena del fiume. **2** (*fig.*) Gran numero di persone, spec. che si muovono nella stessa direzione; CFR. Marea.

fiumàra s. f. Corso d'acqua a regime torrentizio: *le fiumare calabresi*.

fiùme A s. m. **1** Corso perenne di acque adunate da corsi minori nati da sorgenti, laghi o ghiacciai, che scorre verso il mare o verso un fiume più grande nel quale s'immette; CFR. Ruscello, torrente. [→ ill. *geografia*] **2** Greto, alveo lasciato libero dall'acqua: *cavar sabbia dal* —. **3** (*fig.*) Quantità grande di q.c.: *un — di vino*; *fiumi di lacrime*. **B** in funzione di agg. inv. (posposto al s.) Detto di ciò che si dilunga oltre il consueto: *processo, romanzo*, —. [→ tav. *proverbi* 371]

fiutàre v. tr. (*io fiùto*) **1** Sentire con l'odorato: *il bracco fiuta la preda*; SIN. Annusare, odorare. **2** Aspirare col naso: — *il tabacco*. **3** (*fig.*) Intuire: — *la tempesta*.

fiùto s. m. **1** Atto del fiutare: *tabacco da* —. **2** Odorato, spec. degli animali. **3** (*fig.*) Intuizione pronta: *ha un ottimo — nel trattare gli affari* | *Conoscere al* —, (*fig.*) giudicare a prima vista.

fixing /*ingl.* 'fiksiŋ/ s. m. inv. Quotazione ufficiale di metalli, valute e sim.

flabèllo *s. m.* ***1*** Ventaglio di foglie, di piume e sim. ***2*** Ciascuno dei due ventagli di piume bianche in cima a un'asta, un tempo portati ai lati del pontefice in sedia gestatoria.
flaccidézza *s. f.* L'essere flaccido.
flàccido *agg.* Privo di compattezza; SIN. Floscio.
flacóne *s. m.* Boccetta per profumi, cosmetici e medicine. [→ ill. *contenitore*]
flagellàre ***A*** *v. tr.* (*io flagèllo*) ***1*** Sferzare col flagello | (*est.*) Battere o colpire con forza: *la tempesta flagella i campi.* ***2*** (*lett.*) Tormentare, vessare. ***B*** *v. rifl.* Percuotersi col flagello.
flagellatóre *s. m.* (*f. -trice*) Chi flagella.
flagellazióne *s. f.* Atto del flagellare | Pena consistente nel percuotere con una sferza | Disciplina del flagello usata da alcuni movimenti di devoti nel XIII sec.
flagèllo *s. m.* ***1*** Sferza formata da funicelle sparse di nodi, o da strisce di cuoio, usata un tempo come strumento di supplizio o disciplina. ***2*** (*fig.*) Evento dannoso: *il — della guerra* | *— di Dio,* chi o ciò che causa disastri e tribolazioni. ***3*** (*fig.*) Chi esercita, con le parole o con gli scritti, una critica aspra su istituzioni e personaggi in vista: *Pietro Aretino fu detto il — dei principi.* ***4*** (*fam.*) Quantità enorme: *un — di disgrazie.* ***5*** (*biol.*) Prolungamento filamentoso grazie al quale alcune cellule si muovono in sostanze semiliquide. [→ tav. *proverbi* 157]
flagrànte *agg.* ***1*** Di reato o di reo in stato di flagranza: *cogliere in —.* ***2*** Evidente, chiaro, manifesto: *essere in — contraddizione.*
flagrànza *s. f.* Situazione che ricorre allorché l'autore di un reato viene sorpreso nell'atto di commetterlo.
flambé /*fr.* flã'be/ *agg.* Detto di vivanda cosparsa di liquore al quale poi si dà fuoco.
flaménco o *flamènco s. m.* Componimento musicale spagnolo d'origine gitana per solo canto o con accompagnamento di strumenti | Danza sul ritmo di tale composizione.
flàmine *s. m.* Nell'antica Roma, ciascuno dei sacerdoti che attendevano al culto di singole divinità.
flan *s. m. inv.* ***1*** Timballo di pasta salata o dolce guarnito con varie preparazioni di cucina. ***2*** (*tip.*) Flano.
flanèlla *s. f.* Stoffa di lana o cotone a trama piuttosto rada, non rasata dal diritto.
flàngia *s. f.* (*pl. -ge*) (*mecc.*) Piastra a forma di anello provvista di fori, posta alle estremità dei tubi per congiungerli fra loro.
flàno *s. m.* Cartone usato in stereotipia per prendere l'impronta | L'impronta stessa; SIN. Flan.
flash /*ingl.* flæʃ/ *s. m. inv.* (*pl. ingl. flashes* /'flæʃiz/) ***1*** Lampo di luce ottenuto col magnesio o elettronicamente, per eseguire fotografie con luce scarsa | Dispositivo che produce tale lampo. [→ ill. *fotografo, illuminazione*] ***2*** Lampo di luce variamente impiegato in apparecchiature elettroniche | Sorgente luminosa, spec. lampada a spirale, che lo produce. [→ ill. *fisica*] ***3*** (*est., fig.*) Notizia giornalistica o televisiva breve e concisa.
flashback /*ingl.* 'flæʃbæk/ *s. m. inv.* (*pl. ingl. flashbacks* /'flæʃbæks/) In cinematografia, inserimento, nel racconto, di brevi episodi accaduti in precedenza.
flàto *s. m.* Gas emesso dalla bocca o dal retto senza rumore.
flatting /*ingl.* 'flætiŋ/ *s. m. inv.* Tipo di vernice traslucida, da applicarsi per dare brillantezza a mobili e sim.
flatulènto *agg.* Della flatulenza.
flatulènza *s. f.* Emissione di gas dal retto.
flautàto *agg.* ***1*** (*mus.*) Modulato come fa il flauto. ***2*** (*est.*) Di suono modulato e dolce: *voce flautata.*
flautìsta *s. m. e f.* (*pl. m. -i*) Chi suona il flauto.
flàuto *s. m.* ***1*** Strumento a fiato in legno o metallo a forma di canna cilindrica, munito di più fori dei quali il primo serve d'imboccatura per spingere il fiato e gli altri, posti su una stessa linea, si aprono e si chiudono col polpastrello delle dita, modulando il suono. [→ ill. *strumenti musicali*] ***2*** (*est.*) Flautista.
flavèdo *s. m.* Parte più esterna, gialla, della buccia dei frutti degli agrumi. [→ ill. *botanica*]
flàvo *agg.* (*lett.*) Di colore giallo dorato.
flèbile *agg.* Di suono o voce fievole.
flebìte *s. f.* (*med.*) Infiammazione di una vena.
flèbo *s. f.* (*med.*) *Acrt. di fleboclisi.*
fleboclìsi *s. f.* (*med.*) Introduzione di liquidi e medicamenti nell'organismo attraverso una vena. [→ ill. *medicina e chirurgia*]
flebotomìa *s. f.* (*chir.*) Incisione della parete di una vena.
flebòtomo (1) *s. m.* ***1*** Chi eseguiva flebotomie per i salassi. ***2*** Lancetta per salassare.
flebòtomo (2) *s. m.* Insetto più piccolo della zanzara, che punge l'uomo e può trasmettere virus e protozoi; SIN. Pappataci.
flèmma *s. f.* ***1*** Uno dei quattro umori principali del corpo secondo la medicina antica. ***2*** (*est.*) Calma o lentezza, imperturbabilità; SIN. Placidità.
flemmàtico *agg.* (*pl. m. -ci*) Che agisce con calma e lentezza, senza mai scomporsi; SIN. Lento, placido.
flèmmone *s. m.* (*med.*) Infezione infiltrante del tessuto cellulare sottocutaneo o interstiziale.
flessìbile *agg.* ***1*** Che si piega facilmente senza spezzarsi: *ramo —* | (*fot.*) *Scatto —,* trasmissione pieghevole a mano che aziona l'otturatore, evitando vibrazioni all'apparecchio fotografico; SIN. Pieghevole. [→ ill. *fotografo*] ***2*** (*fig.*) Cedevole, arrendevole: *animo —*; CONTR. Inflessibile | Che si adatta alle diverse esigenze o necessità: *ingegno —*; SIN. Duttile.
flessibilità *s. f.* Qualità di flessibile; SIN. Pieghevolezza, adattamento, duttilità; CONTR. Inflessibilità.
flèssile *agg.* (*lett.*) Flessibile.
flessióne *s. f.* ***1*** Piegamento | In ginnastica, passaggio del corpo, o di un arto, a una posizione raccolta; CONTR. Distensione. ***2*** Progressiva riduzione: *— dei prezzi.* ***3*** (*ling.*) Processo morfologico consistente nel dare alle radici (verbali, nominali e sim.) le desinenze che esprimono le funzioni sintattiche e le categorie grammaticali di numero, genere e persona: *— del sostantivo, del verbo.* ***4*** Sollecitazione e deformazione di un solido prismatico per carichi perpendicolari al suo asse: *— d'una mensola, d'una trave.*
flessìvo *agg.* Detto delle lingue che esprimono i rapporti grammaticali per mezzo della flessione della parola: *lingue flessive.*
flessóre *agg.; anche s. m.* Che serve a flettere: *muscolo —.*
flessuosità *s. f.* Qualità di flessuoso.
flessuóso *agg.* Dotato di grande flessibilità ed elasticità | Incurvato in più punti.
flessùra *s. f.* (*geol.*) Piega monoclinale che raccorda due livelli diversi di uno strato roccioso.
flèttere ***A*** *v. tr.* (*pass. rem. io flettéi, raro flèssi, tu flettésti; part. pass. flèsso*) ***1*** Piegare, curvare. ***2*** (*ling.*) Variare la desinenza di una parola per esprimere determinati rapporti grammaticali. ***B*** *v. rifl. e intr. pron.* Piegarsi.
flicòrno *s. m.* Strumento musicale simile alla tromba ma più grande e di suono più pieno, dotato di valvole.
flint /*ingl.* flint/ *s. m. inv.* (*pl. ingl. flints* /flints/) Vetro con notevole contenuto di ossido di piombo, di forte potere dispersivo.
flipper /'flipper; *ingl.* 'flipə/ *s. m. inv.* (*pl. ingl. flippers* /'flipəz/) Biliardino elettrico a gettoni.
flirt /flirt; *ingl.* flə:t/ *s. m. inv.* (*pl. ingl. flirts* /flə:ts/) ***1*** Relazione sentimentale breve e superficiale. ***2*** Chi intrattiene tale relazione.
flirtàre *v. intr.* (*aus. avere*) Amoreggiare in modo superficiale.
flocculazióne *s. f.* (*chim.*) Gelificazione di un colloide sotto forma di fiocchi.
flogìstico *agg.* (*pl. m. -ci*) (*med.*) Di infiammazione.
flogìsto *s. m.* Immaginario principio che, secondo gli alchimisti, era contenuto nei corpi combustibili e che, aggiunto a una calce, dava un metallo.
flogòsi o *flògosi s. f.* (*med.*) Infiammazione.
floppy disk /*ingl.* 'flɔpi disk/ *s. m. inv.* (*pl. ingl. floppy disks* /'flɔpi disks/) (*elab.*) Disco magnetico flessibile per la registrazione dei dati. [→ ill. *elaborazione elettronica dei dati*]
flòra *s. f.* Insieme dei vegetali spontanei o coltivati che popolano un determinato ambiente.
floreàle *agg.* Che si compone di fiori: *decorazione —* | *Stile —,* liberty.
florìcolo *agg.* ***1*** Di animale che vive tra i fiori o se ne nutre. ***2*** Della floricoltura.
floricoltóre *s. m.* (*f. -trice*) Che si dedica alla floricoltura.
floricoltùra *s. f.* Arte del coltivare fiori e piante ornamen-

tali.

floridézza *s. f.* Qualità di florido; SIN. Prosperità, rigoglio.

flòrido *agg.* Che è prosperoso, fiorente, rigoglioso (*anche fig.*): *aspetto* —; *essere in — stato.*

florilègio *s. m.* Raccolta di brani scelti; SIN. Antologia.

flòscio *agg.* (*pl. f. -sce*) Privo di consistenza, non sodo; SIN. Flaccido, moscio. [→ ill. *copricapo*]

flòtta *s. f.* Insieme dei natanti da guerra o da traffico appartenenti a uno Stato o a una compagnia di navigazione | (*est.*) — *aerea*, complesso degli aerei militari di uno Stato o di quelli civili di una società: *la — aerea dell'Alitalia.*

flottàggio *s. m.* Corsa sull'acqua di natante o idrovolante in fase di decollo o di ammaraggio | (*chim.*) Flottazione.

flottànte *s. m.* (*banca*) Parte di azioni che costituiscono continuo oggetto di scambio nella trattazione di borsa.

flottàre *v. intr.* (*io flòtto; aus. avere*) Muoversi in acqua, detto di natante o idrovolante.

flottazióne *s. f.* (*chim., miner.*) Separazione della ganga dai minerali utili mediante sospensione in acqua addizionata di agenti schiumogeni e agitata con correnti d'aria.

flottiglia *s. f.* (*mar.*) Nella marina militare, complesso di due squadriglie di navi leggere e dello stesso tipo | Complesso di navi da pesca o di natanti da diporto.

flou /*fr.* flu/ ***A*** *agg. inv.* ***1*** Detto di abito vaporoso a linee morbide. ***2*** Nella tecnica fotografica, detto di contorno sfumato. ***B*** *s. m. inv.* Speciale effetto fotografico di evanescenza nei contorni dell'immagine.

fluènte *part. pres. di fluire; anche agg.* Che scorre, fluisce | *Capelli fluenti*, lunghi e morbidi.

fluìdica *s. f.* Studio e pratica del controllo automatico, realizzato con correnti fluide entro condotti opportunamente sagomati.

fluidificàre ***A*** *v. tr.* (*io fluìdifico, tu fluìdifichi*) ***1*** Far passare un corpo allo stato fluido | Aumentare la scorrevolezza di un liquido viscoso | (*fig.*) Eliminare motivi d'attrito, facilitando il conseguimento di un accordo, di un risultato e sim. ***2*** Nel calcio, consentire alla difesa di preparare azioni per l'attacco. ***B*** *v. intr. pron.* Diventare fluido.

fluidificazióne *s. f.* Operazione del rendere fluida o più fluida una sostanza.

fluidità *s. f.* Stato o qualità di ciò che è fluido | (*fig.*) Scorrevolezza | (*fig.*) Incertezza, instabilità.

flùido ***A*** *agg.* ***1*** (*fis.*) Detto di sostanza che ha le proprietà dei fluidi; CONTR. Viscoso. ***2*** (*fig.*) Scorrevole, sciolto: *eloquenza fluida.* ***3*** (*fig.*) Che è in fase di evoluzione: *situazione fluida*; SIN. Mutevole. ***B*** *s. m.* ***1*** (*fis.*) Sostanza le cui molecole sono così poco aderenti fra loro che o possono scivolare liberamente le une sulle altre o si possono indefinitamente allontanare le une dalle altre: *i gas, i vapori e i liquidi sono* —. [→ ill. *fisica*] ***2*** Ipotetica emanazione di energia che consente di trasmettere ad altri il proprio pensiero.

fluidodinàmica *s. f.* Parte della fisica meccanica che studia la dinamica dei fluidi.

fluire *v. intr.* (*io fluìsco, tu fluìsci; aus. essere*) Scendere, scorrere, sgorgare con abbondanza (*anche fig.*).

fluitazióne *s. f.* Sistema di trasportare il legname affidandolo in tronchi alla corrente di un fiume; SIN. Fluttuazione.

fluorescènte *agg.* Detto di sostanza che presenta fluorescenza. [→ ill. *elettronica, illuminazione*]

fluorescènza *s. f.* (*fis.*) Emissione di luce, da parte di alcuni corpi, dovuta all'assorbimento di date radiazioni eccitatrici, che dura soltanto finché dura l'eccitazione.

fluorìdrico *agg.* (*pl. m. -ci*) Detto di acido, inorganico, tossico, corrosivo, formato da idrogeno e fluoro.

fluorite *s. f.* (*miner.*) Fluoruro di calcio in cristalli cubici o in masse compatte, vitree.

fluorizzazióne *s. f.* Aggiunta di fluoruri alle acque potabili, per prevenire la carie dei denti.

fluòro *s. m.* Elemento chimico, metalloide, gas giallo-verdastro, di odore irritante, ottenuto per elettrolisi di acido fluoridrico anidro. SIMB. F.

fluorùro *s. m.* Sale dell'acido fluoridrico.

flussióne *s. f.* (*med.*) Malattia generata dal flusso eccessivo di sangue.

flùsso *s. m.* ***1*** Movimento scorrevole di un liquido: *il — delle acque* | (*med.*) Fuoriuscita di liquidi organici dalle cavità in cui sono contenuti. ***2*** Movimento incessante di ciò che si muove in una data direzione: *il — delle stagioni, del traffico.* ***3*** Movimento periodico e costante della marea | — *e riflusso*, alta e bassa marea; (*fig.*) l'alterno avvicendarsi. ***4*** (*fis.*) Passaggio di una certa grandezza fisica attraverso una superficie o una linea chiusa: — *luminoso, magnetico.*

flussòmetro *s. m.* Apparecchio usato spec. per misurare la portata di un fluido in un condotto.

flûte /*fr.* flyt/ *s. m. inv.* (*pl. fr. flûtes* /flyt/) Tipo di bicchiere a calice, stretto e alto. [→ ill. *stoviglie*]

flùtto *s. m.* (*lett.*) Onda marina o lacustre.

fluttuànte *part. pres. di fluttuare; anche agg.* ***1*** Che fluttua. ***2*** Detto del debito pubblico a breve termine, perciò soggetto a variazione dell'ammontare. ***3*** (*anat.*) Detto di ogni costola libera, non connessa con lo sterno.

fluttuàre *v. intr.* (*io flùttuo; aus. avere*) ***1*** Essere mosso e agitato dai flutti | (*est.*) Ondeggiare (*anche fig.*). ***2*** (*fig.*) Essere incerto, dubbioso: *opinioni che fluttuano.* ***3*** (*fig.*) Detto di una moneta, raggiungere quotazioni di cambio con le altre in base alle sole leggi della domanda e dell'offerta senza quotazioni di parità fissa: *la lira fluttua rispetto al dollaro.*

fluttuazióne *s. f.* ***1*** Ondeggiamento (*spec. fig.*). ***2*** Fluitazione. ***3*** (*med.*) Movimento di un liquido raccolto in una cavità | Contrazione rapida, ma regolare, del muscolo cardiaco. ***4*** (*fis.*) Deviazione di una grandezza dal suo valore medio. ***5*** (*econ.*) Movimento di oscillazione tra due fasi, una positiva l'altra negativa, nell'attività economica | Regime di libertà nei cambi monetari | (*est.*) Libera quotazione di una moneta rispetto alle altre.

fluviàle *agg.* Dei fiumi | Che si svolge nei fiumi: *navigazione* —. [→ ill. *geografia*]

flying dutchman /*ingl.* 'flaiiŋ 'dʌtʃmən/ *loc. sost. m. inv.* Imbarcazione a vela da regata, leggerissima e veloce, a scafo tondo, per due persone; SIN. Olandese volante. [→ ill. *marina*]

flying junior /*ingl.* 'flaiiŋ junjor/ *loc. sost. m. inv.* Imbarcazione a vela da regata per due persone, più semplice e più piccola del flying dutchman, da cui deriva. [→ ill. *marina*]

fobìa *s. f.* ***1*** (*psicol.*) Paura eccessiva per particolari oggetti o situazioni. ***2*** (*est.*) Forte avversione.

-fobìa *secondo elemento*: in parole composte significa 'paura', 'avversione': *anglofobia, claustrofobia.*

fòbico *agg.* (*pl. m. -ci*) Di fobia: *manifestazioni fobiche.*

-fobo *secondo elemento*: in parole composte significa 'che ha paura', 'che prova avversione': *anglofobo, idrofobo*; CONTR. *-filo.*

fòca *s. f.* Mammifero dei Carnivori adattato alla vita acquatica, con arti foggiati a pinna, testa tondeggiante, lunghi baffi attorno al muso, mancanza di padiglioni auricolari. [→ ill. *animali* 21]

focàccia *s. f.* (*pl. -ce*) Pane schiacciato, condito con olio, messo a cuocere in forno o sotto la brace | Dolce tondo e schiacciato di farina, uova e zucchero | *Rendere pan per* —, (*fig.*) rendere male per male.

focàia *agg. solo f.* Detto di pietra silicea assai dura che, percossa da un oggetto spec. metallico, produce scintille.

focàle *agg.* ***1*** (*mat.*) Che si riferisce al fuoco o ai fuochi di una conica: *asse* —. ***2*** Che si riferisce al fuoco di un sistema ottico | *Distanza* —, distanza del fuoco di uno specchio o di una lente dallo specchio o lente.

focalizzàre *v. tr.* (*io focalizzo*) ***1*** In fotografia, mettere a fuoco: — *l'immagine.* ***2*** (*fig.*) Definire i termini di una questione.

focàtico *s. m.* (*pl. -ci*) Nel mondo medievale, imposta in seguito sostituita dall'imposta di famiglia.

fóce *s. f.* Sbocco o bocca di fiume nel mare o in altro fiume o in lago. [→ ill. *geografia*]

focèna *s. f.* Mammifero dei Cetacei simile al delfino, più piccolo, con muso arrotondato. [→ ill. *animali* 17]

fochìsta o *fuochista* *s. m.* (*pl. -i*) Chi accudisce a una caldaia a vapore.

fòco V. *fuoco.*

focolàio *s. m.* ***1*** (*med.*) Punto di maggior intensità di un fenomeno biologico: — *di infezione.* ***2*** (*fig.*) Centro da cui si propaga q.c.: *un — di vizio.*

focolàre *s. m.* **1** Nelle case rustiche, piano di pietre o di mattoni per accendervi il fuoco. [→ ill. *riscaldamento*] **2** (*est.*, *fig.*) Casa, famiglia: *il – domestico.* **3** Parte di un impianto di combustione ove viene bruciàto il combustibile: *il – di una caldaia.* [→ ill. *riscaldamento*]

focomelia *s. f.* (*med.*) Malformazione congenita degli arti, anche provocata dall'azione di certi farmaci sul feto.

focomèlico *agg.; anche s. m.* (*f. -a; pl. m. -ci*) Affetto da focomelia.

focòmetro *s. m.* Apparecchio con cui si determinano le distanze focali di lenti o sistemi ottici.

focóne *s. m.* Nelle antiche armi da fuoco ad avancarica, forellino che consentiva di accendere la carica di lancio.

focóso *agg.* (*fig.*) Pieno di fuoco, facile ad accendersi: *carattere –*; SIN. Caldo, impetuoso, veemente.

fòdera *s. f.* Rivestimento interno o esterno di un oggetto, in materiali svariati.

foderàme *s. m.* Insieme delle stoffe per foderare abiti.

foderàre *v. tr.* (*io fòdero*) Munire di fodera, ricoprire con una fodera.

fòdero (1) *s. m.* Guaina di cuoio, legno o metallo delle armi bianche, spec. di quelle lunghe.

fòdero (2) *s. m.* Zattera formata di più travi legate insieme, per trasportare legname.

fóga *s. f.* Ardore, slancio, impeto; SIN. Furia, veemenza.

fòggia *s. f.* (*pl. -ge*) **1** Modo, maniera: *– di parlare.* **2** Aspetto esteriore di q.c.: *abito di – strana* | Moda, maniera di vestire.

foggiàre *v. tr.* (*io fòggio*) **1** Modellare secondo una determinata foggia. **2** (*fig.*) Formare, plasmare.

fòglia *s. f.* **1** Organo delle piante superiori, generalmente di forma laminare e di color verde, in cui si compie la funzione clorofilliana e la respirazione | *– morta*, secca | *Tremare come una –*, di freddo, paura e sim. | *Mangiare la –*, (*fig.*) capire il senso del discorso o rendersi conto, da brevi indizi, della reale situazione | *Non muover –*, non permettersi di far nulla. [→ ill. *botanica*] **2** Riproduzione scolpita o dipinta di foglie, usata come motivo ornamentale. **3** Lamina sottilissima d'oro, argento o rame. [→ ill. *fisica*] [→ tav. *proverbi* 282, 297]

fogliàceo *agg.* Che ha aspetto di foglia.

fogliàme *s. m.* **1** Tutte le foglie di una o più piante. **2** Quantità di foglie.

fogliàre *agg.* Di foglia. [→ ill. *botanica*]

fogliétto *s. m.* **1** *Dim. di foglio.* **2** Foglio stampato, volante, per notizie, annunci e sim. **3** (*anat.*) Membrana: *– pleurico.*

fòglio *s. m.* **1** Pezzo di carta di formato, spessore e dimensioni variabili, per usi diversi | (*est.*) Lastra sottilissima di metallo, legno e sim.: *un – di stagnola.* [→ ill. *apicoltore*] **2** Pezzo di carta scritto, stampato, inciso e sim. | *– volante*, stampato o manoscritto non impaginato con altri | Documento: *un – ufficiale* | *– bianco*, non scritto | *– di via obbligatorio*, documento con cui il questore allontana da un Comune le persone pericolose per la sicurezza e la moralità pubblica | *– rosa*, autorizzazione temporanea alla guida degli autoveicoli, in attesa di ottenere la patente di guida | Pagina | Biglietto di banca: *un – da mille.*

fógna *s. f.* **1** Fossa o conduttura di drenaggio o scolo, per acque bianche e nere. [→ ill. *strada*] **2** (*fig.*) Luogo sudicio e corrotto. **3** (*fig.*) Persona immonda o ingorda.

fognàre *v. tr.* (*io fógno*) Munire di fognatura.

fognàrio *agg.* Relativo alle fogne.

fognatùra *s. f.* Insieme dei condotti sotterranei necessari per l'allontanamento da un centro abitato delle acque piovane e delle acque di rifiuto.

föhn /*ted.* fø:n/ o *fòn* (1) *s. m. inv.* (*pl. ted. föhne* /'fø:nə/) **1** Vento discendente caldo, secco, sul versante sottovento di una catena montuosa. **2** Asciugacapelli elettrico, che produce una corrente d'aria calda.

fòia *s. f.* Stato di intensa eccitazione sessuale, spec. degli animali.

fòiba *s. f.* Avvallamento a forma di imbuto, di origine carsica.

fòla *s. f.* **1** Favola, fiaba. **2** Frottola.

fòlade *s. f.* Mollusco marino dei Bivalvi, commestibile, con conchiglia triangolare, biancastra, rugosa, priva di cerniera, che perfora le rocce ed è luminescente. [→ ill. *animali* 5]

fòlaga *s. f.* Uccello acquatico palustre con piumaggio prevalentemente nero-azzurro e becco che presenta una caratteristica espansione cornea che a volte si prolunga fino alla sommità del capo. [→ ill. *animali* 11]

folàta *s. f.* Soffio impetuoso e improvviso di vento; SIN. Raffica.

folclóre o *folclòre, folklóre s. m.* **1** Disciplina che studia le tradizioni popolari. **2** Insieme delle tradizioni popolari e delle loro manifestazioni.

folclorìsta o *folklorìsta s. m. e f.* (*pl. m. -i*) Studioso di folclore.

folcloristico o *folkloristico agg.* (*pl. m. -ci*) Del folclore | (*est.*, *scherz.*) Singolare: *un tipo –.*

folgorànte *part. pres. di folgorare; anche agg.* **1** Che colpisce violentemente e all'improvviso (*spec. fig.*): *amore –.* **2** Intenso e vivo: *sguardo –.*

folgoràre **A** *v. intr.* (*io fólgoro; aus. avere*) **1** (*lett.*) Brillare di lampi o folgori. **2** (*fig.*) Risplendere di luce abbagliante. **B** *v. tr.* **1** Colpire con la folgore (*anche fig.*): *Giove folgorò Capaneo*; SIN. Fulminare. **2** (*est.*) Colpire con una scarica di energia elettrica: *l'alta tensione lo folgorò.*

folgorazióne *s. f.* Lampo, balenio, illuminazione (*spec. fig.*): *un'improvvisa – della mente* | Lesione o morte in seguito a scarica elettrica.

fólgore *s. f.* Fulmine, saetta.

folk /*ingl.* 'fouk/ **A** *agg. inv.* Popolare, detto spec. di genere musicale caratterizzato da contenuti spec. sociali o di protesta. **B** *s. m. inv.* Genere folk.

folklóre *inv.* /*ingl.* 'fouklɔ:/ e deriv. V. *folclore* e deriv.

folk-song /*ingl.* 'fouk sɔŋ/ *loc. sost. m. inv.* Canto popolare caratterizzato da contenuti spec. sociali o di protesta.

fólla o *fòlla s. f.* **1** Quantità di gente riunita insieme; SIN. Calca. **2** (*fig.*) Gran numero di cose: *una – di pensieri.*

follàre *v. tr.* (*io fóllo*) Sottoporre a follatura i tessuti di lana.

follàto *part. pass. di follare; anche agg.* Sottoposto a follatura.

follatrìce *s. f.* Macchina per follare.

follatùra *s. f.* **1** Operazione con la quale si fanno restringere e feltrare i panni di lana sottoponendoli a pressione, previa imbibizione in liquido adatto. **2** Rimescolatura del mosto, per risospingere al fondo le vinacce.

fòlle **A** *agg.* **1** Che agisce senza senno e raziocinio; CONTR. Savio. **2** Di ciò che è fatto o concepito sconsideratamente: *un'azione –.* **3** (*mecc.*) Detto di organo ruotante quando gira a vuoto, senza trasmettere il movimento: *ruota –* | *In –*, quando nessuna marcia è ingranata negli ingranaggi di un cambio di velocità. **B** *s. m. e f.* Matto, pazzo: *occhi da –.*

folleggiàre *v. intr.* (*io folléggio; aus. avere*) Scatenarsi in divertimenti.

folleménte *avv.* Pazzamente | In modo appassionato, perdutamente.

follétto *s. m.* **1** Spirito creato dalla fantasia popolare, di indole bizzarra. **2** (*fig.*) Ragazzo molto vivace e inquieto.

follìa *s. f.* **1** Mancanza di raziocinio, prudenza, buon senso e sim. | *Amare, desiderare, alla –, fino alla –*, in modo totale e assoluto. **2** Azione folle o temeraria: *follie di gioventù* | *Fare follie*, commettere azioni sconsiderate; (*fig.*) divertirsi pazzamente | *Fare follie per q.c. o per qc.*, ambire q.c. o qc. oltre ogni limite. **3** (*gener.*) Demenza, pazzia.

follicolàre *agg.* (*anat.*) Dei follicoli.

follicolina *s. f.* (*fisiol.*) Ormone prodotto dall'ovaio.

follìcolo *s. m.* **1** (*bot.*) Frutto secco deiscente che si apre lungo una sola linea di sutura. [→ ill. *botanica*] **2** (*anat.*) Piccola cavità | Vescicola | *– pilifero*, piccola cavità della cute in cui si impianta il pelo.

follóne *s. m.* Macchina usata per la follatura dei tessuti di lana.

fólto **A** *agg.* **1** Abbondante, numeroso e fitto: *erba folta*; CONTR. Rado. **2** Denso: *nebbia folta.* **B** *s. m.* La parte più densa e fitta di q.c.: *nel – del bosco.*

fomentàre *v. tr.* (*io foménto*) Incitare, istigare: *– l'odio.*

fomentatóre *s. m.; anche agg.* (*f. -trice*) Istigatore.

fomentazióne *s. f.* **1** Istigazione, incitamento. **2** (*med.*) Pratica del fomento.

foménto o *fuménto s. m.* **1** Medicamento caldo e umido che, applicato alla parte malata, mitiga il dolore. **2** (*fig.*) Ciò che costituisce l'alimento e lo stimolo di q.c.: *dar –*

all'incendio.

fòmite *s. m.* Istigazione, stimolo, incentivo: *il — delle ribellioni.*

fòn (1) V. *föhn.*

fòn (2) o *phon s. m.* (*acust.*) Unità di misura del livello acustico e della sensazione sonora.

fonatòrio *agg.* Della fonazione: *apparato —.*

fonazióne *s. f.* Processo che forma la voce e il linguaggio articolato.

fónda (1) *s. f.* (*mar.*) Tratto di mare in una rada e sim. ove le navi possono ancorarsi.

fónda (2) *s. f.* Custodia di cuoio appesa a lato dell'arcione della sella per riporvi la pistola o dietro la sella per la carabina.

fóndaco *s. m.* (*pl. -chi*) **1** Bottega in cui si vendevano, un tempo, tessuti al minuto. **2** Nel Medioevo, edificio adibito a magazzino, e spesso ad alloggio, tenuto dai mercanti in paesi stranieri.

fondàle *s. m.* **1** Profondità delle acque del mare, di un fiume, di un lago in un punto determinato. **2** Grande telone che fa da sfondo alla scena. [→ ill. *teatro*]

fondàme *s. m.* Residuo depositato da certi liquidi.

fondamentàle *agg.* Che serve di fondamento: *norme fondamentali* | (*est.*) Che riveste importanza basilare: *regole fondamentali*; SIN. Essenziale.

fondaménto *s. m.* (*pl. fondaménta, f.* nel sign. proprio, *fondaménti, m.* nei sign. fig.) **1** Ciascuna delle strutture sotterranee di un edificio | *al pl.* Parte sotterranea delle costruzioni, che sostiene il peso di tutto l'edificio: *gettare le fondamenta.* [→ ill. *casa*] **2** (*fig.*) Complesso di principi che servono di base a una scienza, una disciplina e sim.: *i fondamenti di un sistema*; SIN. Caposaldo | *Notizie senza —*, false | *Fare — su, in qc. o q.c.*, farvi assegnamento.

fondant /*fr.* fɔ̃'dɑ̃/ *s. m. inv.* (*pl. fr. fondants* /fɔ̃'dɑ̃/) Dolcetto a base di zucchero e aromi vari che si fonde in bocca; SIN. Fondente.

fondàre **A** *v. tr.* (*io fóndo*) **1** Gettare le fondamenta di una costruzione: *— una diga* | *— sulla sabbia, sulla rena*, (*fig.*) fare opera vana | *— una città*, erigerla. **2** (*fig.*) Porre le basi istituzionali di un ente, un organismo e sim.: *— un ordine religioso*; SIN. Istituire. **3** (*fig.*) Inventare, scoprire: *— una scienza* | Dar base, sostegno: *— la difesa su prove inconfutabili.* **B** *v. rifl.* **1** Avere le proprie basi, il proprio fondamento: *ciò si fonda su ipotesi errate.* **2** Fare assegnamento: *non dovete fondarvi su vaghe promesse.*

fondataménte *avv.* Con fondamento, con ragioni valide.

fondatézza *s. f.* L'essere fondato; SIN. Consistenza, validità.

fondàto *part. pass. di fondare; anche agg.* **1** Basato su fondamenta. **2** Che ha fondamento sulla verità, ragione e sim.; CONTR. Infondato.

fondatóre *s. m.; anche agg.* (*f. -trice*) Chi (o che) istituisce, fonda: *socio —.*

fondazióne *s. f.* **1** Costruzione, erezione | Istituzione. **2** *al pl.* Parti delle costruzioni che penetrano nel terreno per raggiungere un piano stabile di appoggio: *— a platea, su pali.* **3** (*dir.*) Ente morale caratterizzato dall'essenzialità di un patrimonio destinato a uno scopo: *pia —.*

fondèllo *s. m.* Pezzo di fondo di oggetti vari: *il — dei pantaloni, di una granata* | (*fig., fam.*) *Prendere qc. per i fondelli*, prenderlo in giro. [→ ill. *armi*]

fondènte **A** *part. pres. di fondere; anche agg.* Che fonde facilmente. **B** *s. m.* **1** (*tecn.*) Sostanza che si unisce ai minerali durante la fusione, per trasformare le impurità in scoria fluida. [→ ill. *metallurgia*] **2** Fondant.

fóndere **A** *v. tr.* (*pass. rem. io fùsi, tu fondésti; part. pass. fuso*) **1** Rendere liquido un corpo solido: *— l'oro*; SIN. Liquefare. **2** Foggiare un oggetto metallico mediante fusione: *— una statua.* **3** (*fig.*) Unire due o più cose amalgamandole: *— i colori.* **B** *v. intr.* (*aus. avere*) Divenire liquido, per azione del calore: *la cera fonde con facilità.* **C** *v. intr. pron.* Diventare liquido: *la neve si fonde al sole.* **D** *v. rifl. rec.* (*fig.*) Unirsi formando un tutto unico.

fonderìa *s. f.* Stabilimento metallurgico per la fusione dei metalli. [→ ill. *metallurgia*]

fondiàrio *agg.* Attinente a fondi, poderi, case | *Proprietà fondiaria*, di terreni, case e sim.

fondìbile *agg.* Che si può fondere.

fondìglio *s. m.* Avanzo di liquido depositato nel fondo di un recipiente.

fondìna *s. f.* **1** Custodia di pelle per la pistola da tasca o da cintura. **2** (*dial.*) Piatto fondo, per minestra o zuppa.

fondìsta *s. m. e f.* (*pl. m. -i*) **1** Atleta che gareggia in prove di fondo. **2** Giornalista specializzato negli articoli di fondo.

fonditóre *s. m.* Operaio addetto alla fonderia.

fonditrìce *s. f.* (*edit.*) Macchina usata per produrre caratteri mobili uguali in grandi quantità. [→ ill. *stampa*]

fóndo **A** *s. m.* **1** Parte inferiore di q.c.: *il — di un pozzo, di una botte* | *Andare a —*, affondare, naufragare | *Dar — a q.c.*, esaurirla | Parte dei pantaloni e delle mutande che va dal cavallo al sedere; (*euf.*) Sedere. [→ ill. *diga, vino*] **2** Quantità di liquido che resta in un recipiente: *il — della bottiglia* | (*est.*) Posatura, deposito: *il — dell'aceto* | *Fondi di caffè*, polvere di caffè già utilizzata. [→ ill. *bar*] **3** (*est.*) *spec. al pl.* Insieme di cose rimaste inutilizzate: *fondi di bottega.* **4** Parte più interna e nascosta: *languire nel — di una prigione* | *Conoscere a — una persona*, conoscerla bene. **5** Parte situata al capo estremo rispetto a chi osserva: *in — alla strada* | *Andare fino in —*, (*fig.*) esaurire un argomento, appurare completamente q.c. | Sfondo di un quadro | In araldica, campo: *il — di uno stemma* | Nei tessuti, colore di base: *fiori bianchi su — blu.* [→ ill. *sport*] **6** Parte finale di q.c.: *il — della pagina* | *Da cima a —*, dal principio alla fine | *Non avere né fine né —*, (*fig.*) essere immenso | *Voler vedere il — di q.c.*, (*fig.*) arrivare sino alla fine | *Toccare il — di una cosa*, giungere al punto estremo | *In —*, in conclusione. **7** Strato | *— stradale*, strato superficiale della strada. **8** Unità immobiliare: *— rustico* | (*per anton.*) Appezzamento agrario. **9** Insieme di denari o altri beni accantonati e destinati a un uso particolare | *— di cassa*, ciò che rimane dopo aver provveduto alle spese | *— perduto*, somma messa in conto come perduta, senza diritto alla restituzione | *— comune d'investimento*, società finanziaria che si prefigge lo scopo di raccogliere il risparmio per investirlo, amministrato da esperti, in un'ampia selezione di titoli, consentendo così ai sottoscrittori una forte ripartizione del rischio. **10** Nell'atletica leggera, nel nuoto, nello sci e nella equitazione, prova su lunga distanza. **11** Articolo di fondo. [→ ill. *stampa*] **12** Nelle comunicazioni, rumore di fondo | Nelle misure, presenza di elementi estranei disturbanti. **B** *agg.* **1** Profondo: *valle fonda.* **2** (*est.*) Folto, fitto, denso | *Notte fonda*, la parte centrale della notte, in cui l'oscurità è più fitta.

fondovàlle *s. m.* Parte più bassa di una valle sul cui fondo si trova la linea di impluvio.

fondùta *s. f.* Piatto tipico di Piemonte e Valle d'Aosta, costituito da fontina fusa, latte e uova, talvolta guarnita con tartufi.

fonèma *s. m.* (*pl. -i*) (*ling.*) La più piccola unità distintiva di un sistema fonico.

fonemàtica *s. f.* (*ling.*) Studio dei fonemi.

fonendoscòpio *s. m.* (*med.*) Strumento per auscultazione, formato da una camera di risonanza che amplifica i suoni. [→ ill. *medicina e chirurgia*]

fonèṣi *s. f.* (*med.*) Suono che si percepisce auscultando il polmone.

fonètica *s. f.* (*ling.*) Studio dei fenomeni fonici del linguaggio articolato.

fonètico *agg.* (*pl. m. -ci*) (*ling.*) Attinente ai suoni di una lingua | *Alfabeto —*, in cui ogni segno rappresenta un suono.

fonetista *s. m. e f.* (*pl. m. -i*) (*ling.*) Chi è esperto di fonetica.

-fonia *secondo elemento*: in parole composte significa 'suono': *cacofonia, sinfonia.*

foniàtra *s. m.* (*pl. m. -i*) Ortofonista.

fònico **A** *agg.* (*pl. m. -ci*) Attinente alla voce e alla pronuncia delle parole. **B** *s. m.* Tecnico addetto alla registrazione dei suoni nella ripresa cinematografica.

fòno-, -fono *primo e secondo elemento*: in parole composte significa 'voce', 'suono': *fonografo, fonologia, microfono, telefono* | In taluni casi, solo come secondo elemento, significa 'che parla' (una data lingua): *francofono.*

fonoassorbènte *agg.* Che assorbe i suoni e i rumori.

fonogènico *agg.* (*pl. m. -ci*) Di suono che si presta a essere registrato per mezzo del fonografo.
fonogràfico *agg.* (*pl. m. -ci*) Del fonografo. [→ ill. *suono*]
fonògrafo *s. m.* Apparecchio per la riproduzione del suono inciso su dischi fonografici o, un tempo, su un cilindro metallico rotante.
fonogràmma *s. m.* (*pl. -i*) Messaggio inoltrato a mezzo telefono, spec. usato da enti statali.
fonologìa *s. f.* (*pl. -gie*) Studio dei fenomeni fonici del linguaggio dal punto di vista della loro funzione.
fonològico *agg.* (*pl. m. -ci*) Della fonologia.
fonòlogo *s. m.* (*pl. -gi*) Studioso di fonologia.
fonometrìa *s. f.* (*fis.*) Parte della fisica che studia la misura di suoni e rumori.
fonòmetro *s. m.* (*fis.*) Apparecchio per la misurazione del livello di sensazione sonora.
fonomimìa *s. f.* Rappresentazione dei suoni della voce coi gesti nella comunicazione tra sordomuti.
fonorivelatóre *s. m.* Pick-up.
fonovalìgia *s. f.* (*pl. -gie*) Giradischi portatile munito di apparecchiatura amplificatrice e altoparlante, contenuto in apposita valigia.
fontàna *s. f.* **1** Costruzione, generalmente a carattere ornamentale e artistico, destinata a raccogliere e distribuire l'acqua di una sorgente o di una condotta. [→ ill. *giardino pubblico*] **2** (*geol.*) – *ardente*, emissione di gas naturale che si infiamma spontaneamente.
fontanàzzo *s. m.* (*sett.*) Sorgente che si forma per infiltrazione d'acqua sulla parte esterna di un argine.
fontanèlla *s. f.* **1** *Dim. di fontana.* [→ ill. *bagno, giardino pubblico*] **2** (*anat.*) Punto di riunione di più ossa della volta cranica, che nel neonato non è ancora ossificato | – *della gola*, piccolo incavo del collo, corrispondente all'estremità superiore dell'esofago.
fontanière *s. m.* **1** Chi custodisce e regola le fontane d'una città. **2** Operaio che lavora ai tubi delle fontane | Idraulico.
fontanile *s. m.* (*geol.*) Risorgiva.
fónte **A** *s. f.* **1** Sorgente. **2** (*fig.*) Principio, origine: – *di gloria* | *Una preziosa – di informazione*, che dà notizie degne di credito. **3** *spec. al pl.* Documenti originali che forniscono testimonianze relative a fatti storici, letterari e sim.: *le fonti del diritto.* **B** *s. m.* – *battesimale*, vasca contenente l'acqua lustrale per il battesimo. [→ ill. *religione*]
fontina *s. f.* Formaggio grasso, dolce, di latte di vacca intero, della Valle d'Aosta. [→ ill. *formaggi*]
football /*ingl.* 'futbɔ:l/ *s. m. inv.* Il gioco del calcio.
footing /*ingl.* 'futiŋ/ *s. m. inv.* (*pl. ingl. footings* /'futiŋz/) Tipo di allenamento in cui si alternano corsa e marcia per rafforzare la resistenza delle gambe e respiratoria.
foracchiàre *v. tr.* (*io foràcchio*) Fare molti e piccoli fori.
foraggiàre *v. tr.* (*io foràggio*) **1** Provvedere di foraggio: – *i cavalli.* **2** (*fig.*) Sovvenzionare, anche a fini non onesti: – *qc. nella campagna elettorale.*
foraggièro *agg.* Detto di pianta coltivata per foraggio.
foràggio *s. m.* Qualsiasi prodotto vegetale destinato all'alimentazione del bestiame. [→ ill. *agricoltura, stalla*]
foraminìfero *s. m.* Animale marino dei Protozoi provvisto di un guscio calcareo, di forma varia e con uno o più fori per l'uscita degli pseudopodi: depositandosi sui fondi marini contribuisce a formare i fanghi abissali. [→ ill. *animali* 1]
foràneo *agg.* **1** (*raro, lett.*) Che è fuori della città. **2** Detto di costruzione attinente a un porto, ma fuori di esso: *molo* –. [→ ill. *porto*]
foràre **A** *v. tr.* (*io fóro*) **1** Bucare (*anche fig.*): – *un legno, una parete.* **2** – *una gomma, uno pneumatico*, subire accidentalmente la foratura di uno pneumatico. **B** *v. intr. pron.* Bucarsi: *si è forata la gomma.*
foratèrra *s. m. inv.* Utensile per far buchi nel terreno o per seminarvi e piantarvi; SIN. Cavicchio.
foratùra *s. f.* **1** L'operazione di forare un legno, metallo e sim.; SIN. Trapanatura, perforazione | Insieme di fori. **2** Incidente consistente nel forare uno pneumatico | Il segno che ne rimane; SIN. Bucatura.
fòrbice *s. f.* **1** *spec. al pl.* Strumento da taglio, composto di due coltelli o lame d'acciaio incrociate e imperniate in un punto intermedio, fornite a una estremità di anelli in cui infilare le dita per adoperarle | *Le forbici della censura*, (*fig.*) opera di mutilazione esercitata su uno scritto e sim. dall'intervento della censura | *Giornale fatto con le forbici*, (*fig.*) messo insieme con materiale preso da altri giornali | *Lingua tagliente come le forbici*, (*fig.*) di persona che abitualmente dice male degli altri | *Andamento a* –, o (*ell.*) –, quello di due fenomeni spec. economici che tendono a divergere in modo crescente l'uno dall'altro. [→ ill. *forbici, agricoltura, barbiere, giardiniere, medicina e chirurgia, parrucchiere, tessuto, ufficio*] **2** *al pl.* (*pop.*) Chele dei granchi e degli scorpioni.
forbiciàta *s. f.* **1** Taglio netto fatto con le forbici e segno che rimane. **2** Nello sport, sforbiciata.
forbicina *s. f.* **1** Piccola forbice, spec. per manicure o ricamo. [→ ill. *toilette e cosmesi*] **2** Insetto con corpo allungato che termina con due appendici addominali a forma di pinza, rossiccio, comune sui fiori, sugli alberi e sotto le pietre; SIN. Forfecchia, forficula. [→ ill. *animali* 2]
forbìre **A** *v. tr.* (*io forbìsco, tu forbìsci, poet. fòrbi*) **1** Nettare, pulire (*anche fig.*): *forbirsi la bocca.* **2** Lustrare | Asciugare. **B** *v. rifl.* Pulirsi.
forbìta *s. f.* Atto del forbire, spec. rapido e frettoloso.
forbitézza *s. f.* Qualità di forbito; SIN. Eleganza, cura.
forbìto *part. pass. di forbire; anche agg.* **1** Netto, pulito. **2** Elegante, curato: *discorso* –.
fórca *s. f.* **1** Attrezzo per rimuovere foraggi, paglia, letame e sim. costituito da tre o quattro denti di ferro collegati a un manico di legno. **2** Patibolo per l'impiccagione formato da uno o due legni fissi in terra alla cui sommità è posto un altro legno trasversale da cui pende la corda con il cappio. **3** Valico tra due monti. **4** (*est.*) Ciò che ha la forma di una forca.
forcàta *s. f.* **1** Quantità di fieno, paglia e sim. sollevata con un solo colpo di forca. **2** Colpo dato con la forca.
forcèlla *s. f.* **1** Organo di macchina di forma biforcuta, che può assumere funzioni svariate, spec. di sostegno | – *della bicicletta, della motocicletta*, parte del telaio in cui è inserito il mozzo della ruota. [→ ill. *armi, ciclo e motociclo, telefonia*] **2** Punto in cui il tronco o un ramo di un albero si biforca. **3** (*tosc.*) Forcina per capelli. **4** Stretta incisione in una linea di cresta montana. **5** (*pop.*) Osso del petto dei volatili.
forchétta *s. f.* Arnese metallico da tavola formato da un manico e da più rebbi, col quale si prendono le vivande | *Colazione alla* –, di piatti freddi, che non richiedono l'impiego del cucchiaio | *Una buona* –, (*fig.*) persona

forbici

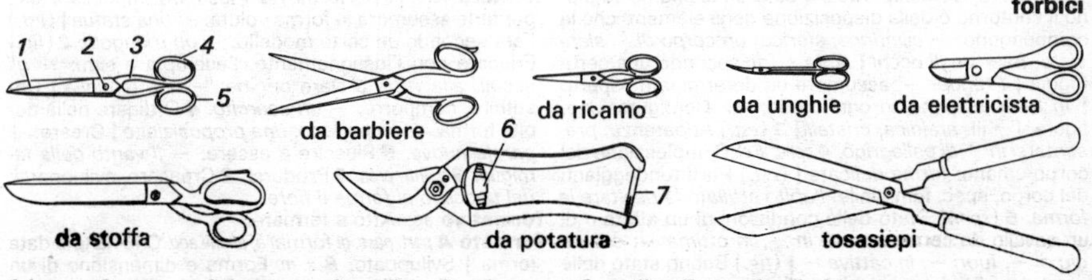

1 lama 2 perno 3 branca 4 anello 5 calcagno 6 molla 7 gancio di chiusura

di appetito formidabile | *Parlare in punta di* –, con affettazione. [→ ill. *stoviglie*]

forchettàta *s. f.* **1** Quantità di cibo che si può prendere in una volta con la forchetta. **2** Colpo di forchetta.

forchettóne *s. m.* **1** *Accr. di forchetta.* **2** Forchetta grande a due rebbi. [→ ill. *cucina, stoviglie*]

forcina *s. f.* Filo di ferro o di tartaruga, osso e sim. ripiegato in due a molla, che si appunta nei capelli in alcune acconciature.

forcing /*ingl.* 'fɔːsiŋ/ *s. m. inv.* Nel linguaggio sportivo, insistente azione d'attacco.

fòrcipe *s. m.* (*med.*) Strumento ostetrico a foggia di grossa pinza, usato per estrarre il feto nei parti difficili. [→ ill. *medicina e chirurgia*]

fórcola *s. f.* **1** Piccola forca per lavori agricoli. **2** (*mar.*) Scalmo a forcella di legno o di ferro, che serve a sostenere il ginocchio del remo.

forcóne *s. m.* **1** *Accr. di forca.* [→ ill. *circo*] **2** Grossa forca con tre rebbi di ferro su un'asta di legno, usata per lavori agricoli. [→ ill. *agricoltura*]

forcùto *agg.* Che ha forma di forca: *coda forcuta.*

fordismo *s. m.* Metodo di divisione del lavoro basato sul sistema della produzione a catena, introdotto dall'industriale automobilistico americano H. Ford.

forènse *agg.* Che concerne l'attività giudiziaria: *linguaggio* –.

forèsta *s. f.* Grande estensione di terreno coperta da alberi; SIN. Selva.

forestàle *agg.* Che concerne le foreste.

foresterìa *s. f.* Insieme di locali situati spec. in conventi, palazzi signorili, collegi e sim., destinati all'alloggio dei forestieri.

forestierismo *s. m.* Forma linguistica presa da una lingua straniera.

forestièro *agg.; anche s. m.* (*f.* -a) Che (o chi) proviene da un paese diverso da quello in cui attualmente si trova.

forfait (1) /*fr.* fɔr'fɛ/ *s. m. inv.* Contratto per cui ci si impegna a fornire una prestazione o un bene a un prezzo globale prestabilito.

forfait (2) /*fr.* fɔr'fɛ/ *s. m. inv.* Mancata partecipazione o ritiro prima dell'inizio dello svolgimento di una gara: *dare* – | *Dichiarare* –, abbandonare l'incontro (*anche fig.*).

forfécchia *s. f.* (*zool.*) Forbicina.

forfetàrio o *forfettàrio agg.* Che è stato fissato a forfait: *prezzo* –.

forfìcula *s. f.* (*zool.*) Forbicina.

fórfora *s. f.* Prodotto di desquamazione dello strato corneo del cuoio capelluto.

forforóso *agg.* Pieno di forfora.

fòrgia *s. f.* (*pl.* -ge) Fucina del fabbro.

forgiàbile *agg.* Detto di metallo che si può deformare, spec. a caldo, per azione del martello o altro strumento del fabbro.

forgiàre *v. tr.* (*io fòrgio*) **1** Lavorare alla forgia; SIN. Fucinare. **2** (*fig.*) Plasmare: – *il carattere.*

forgiatóre *s. m.* **1** Chi forgia metalli. **2** (*fig.*) Chi plasma, educa.

forgiatrice *s. f.* Pressa per dar forma al metallo, reso malleabile dal calore.

forgiatùra *s. f.* Operazione del forgiare; SIN. Fucinatura.

forièro A *agg.* Che precede e annunzia: *nuvole foriere di tempesta.* **B** *s. m.* (*f.* -a) (*lett.*) Chi precede un gruppo di persone.

fórma *s. f.* **1** (*filos.*) Principio intelligibile universale opposto a quello di materia. **2** Aspetto esteriore di q.c., determinato dalla superficie e dalle linee che ne segnano il contorno o dalla disposizione degli elementi che la compongono: – *cilindrica, sferica; un corpo di* – *slanciata; la* – *degli occhi* | *A, in* – *di,* secondo una certa foggia | *Prender* –, assumere un determinato aspetto | *In tutte le forme,* in ogni modo; SIN. Configurazione, figura. [→ ill. *araldica, cristalli*] **3** (*est.*) Apparenza: *presentarsi in* – *di pellegrino.* **4** *spec. al pl.* Complessione del corpo umano: *forme delicate* | (*est.*) Parti tondeggianti del corpo, spec. femminile: *l'abito attillato fa risaltare le forme.* **5** (*sport*) Stato delle condizioni di un atleta o di un cavallo da corsa: *essere in* –, *in ottima* –; *essere giù di* –, *fuori* –, *in cattiva* – | (*fig.*) Buono stato delle condizioni fisiche e psichiche di una persona: *oggi non sono in* –. **6** Modo di esprimersi, spec. nell'attività artistica; SIN. Stile; CFR. Contenuto. **7** Modo esteriore di essere, di vivere, di comportarsi | *spec. al pl.* Convenzioni sociali: *rispettare le forme.* **8** Conformazione morfologica di una parola: – *attiva, passiva, del verbo.* **9** In varie tecnologie, oggetto o struttura che consente di modellare i prodotti: – *per calzature;* – *del sarto;* – *per fonderia* | – *per dolci,* stampo, variamente sagomato, in cui si lascia solidificare un dolce. [→ ill. *calzolaio, cucina, giochi*] **10** In tipografia, cavità racchiusa da pareti regolabili e dalla matrice, in cui si immette la lega fusa per ottenere caratteri mobili, linee intere, stereotipie | Complesso di elementi stampanti disposti nel telaio della macchina da stampa. **11** Nell'industria casearia, cerchio di legno rotondo in cui si versa il latte coagulato per fare il formaggio | Ogni formaggio così confezionato: *una* – *di parmigiano.* **12** Struttura e ordinamento di uno Stato, di un ente: – *repubblicana.*

formàbile *agg.* Che si può formare.

formaggétta *s. f.* (*mar.*) Pomo tondo e appiattito, in cima agli alberi e alle aste da bandiera; SIN. Galletta.

formaggiàio *s. m.* Chi fa o vende il formaggio.

formaggièra o *formaggèra s. f.* Recipiente di vetro, metallo e sim. usato per servire formaggio grattugiato in tavola. [→ ill. *stoviglie*]

formaggino *s. m.* Formaggio fuso pastorizzato, venduto in piccole forme. [→ ill. *formaggi*]

formàggio *s. m.* Alimento che si ottiene facendo coagulare il latte con caglio. [→ ill. *formaggi, coltello*] [→ tav. *proverbi* 12]

formaldèide *s. f.* (*chim.*) Gas, aldeide formica, di odore irritante, usato nella fabbricazione di materie plastiche e nella disinfezione di ambienti.

formàle *agg.* **1** Di forma: *problema* –; CONTR. Sostanziale. **2** Espresso nella debita forma: *processo* – | (*est.*) Chiaro, esplicito, solenne: *parole formali.*

formalina *s. f.* (*chim.*) Soluzione acquosa di aldeide formica, astringente e disinfettante.

formalismo *s. m.* **1** Qualsiasi dottrina che faccia esclusivo riferimento alla forma. **2** Dottrina estetica secondo la quale sono esclusivamente i valori formali, come il colore, lo stile, il suono, a costituire l'essenza di un'opera d'arte. **3** Cura esagerata della forma, a scapito della sostanza.

formalista *s. m. e f.* (*pl. m.* -i) **1** Chi segue il formalismo. **2** Chi si preoccupa eccessivamente della forma esteriore.

formalìstico *agg.* (*pl. m.* -ci) Che concerne il formalismo.

formalità *s. f.* **1** Procedimento prescritto per compiere cerimonie e sim.: *le* – *del matrimonio* | (*dir.*) Forma speciale richiesta dalla legge: *osservare le* – *di legge.* **2** Atto compiuto per convenzione sociale o per rispetto delle forme esteriori.

formalizzàre *v. tr.* Rendere formale | (*dir.*) – *un'istruttoria,* trasferirla dal pubblico ministero o dal pretore al giudice istruttore che procede con rito formale anziché sommario.

formalizzàrsi *v. intr. pron.* Preoccuparsi, offendersi o scandalizzarsi per l'inosservanza di forme o convenzioni da parte di qc.

formalizzazióne *s. f.* Attribuzione o acquisizione di caratteristiche formali: – *di un'istruttoria.*

forma mentis /*lat.* 'fɔrma 'mɛntis/ *loc. sost. f.* Struttura mentale di una persona, costituita dal complesso degli elementi propri del carattere e dalle acquisizioni culturali.

formàre A *v. tr.* (*io fórmo*) **1** Plasmare, modellare q.c. per farle assumere la forma voluta: – *una statua* | (*est.*) Fare secondo un certo modello: – *un triangolo.* **2** (*fig.*) Educare con l'insegnamento, l'esempio e sim.: – *gli scolari alla virtù.* **3** Dare origine: – *una famiglia* | Costituire, comporre: – *un esercito.* **4** Ordinare nella debita forma: – *un periodo, una proposizione* | Creare: – *parole nuove.* **5** Riuscire a essere: – *il vanto della famiglia.* **B** *v. intr. pron.* **1** Prodursi. **2** Crescere, svilupparsi: *dal bocciolo si forma il fiore.*

formativo *agg.* Atto a formare.

formàto A *part. pass. di formare; anche agg.* Che ha una data forma | Sviluppato. **B** *s. m.* Forma e dimensione di un oggetto: *libro di* – *tascabile* | (*fot.; cine.*) Le dimensioni

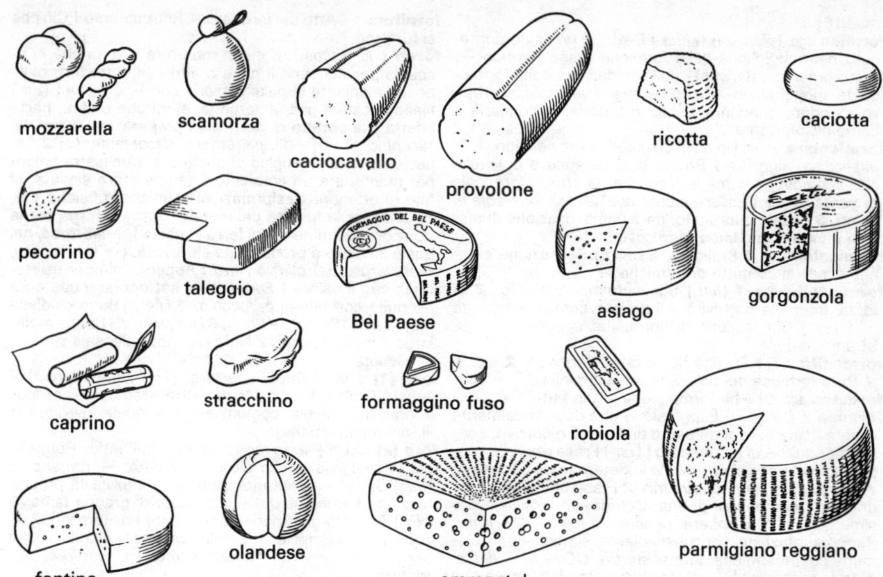

di un fotogramma: – *24x36*; – *8 mm.*, *16 mm.*

formatóre *s. m.; anche agg.* (*f. -trice*) Chi (o che) forma | Detto di chi svolge attività di formazione culturale.

formatrice *s. f.* Macchina che può compiere una o più operazioni necessarie per costituire una forma o per dare a q.c. la forma voluta: – *meccanica*; – *per burro*. [→ ill. *panettiere*]

formatùra *s. f.* **1** In ceramica, operazione del modellare la pasta argillosa. **2** In metallurgia, complesso di operazioni necessarie a preparare le forme e a colare in esse il metallo fuso. [→ ill. *metallurgia*]

formazióne *s. f.* **1** Conferimento o acquisizione di una determinata forma: – *dei giacimenti carboniferi*; *la – del nuovo governo*; SIN. Nascita, creazione, costituzione. **2** (*fig.*) Maturazione delle facoltà psichiche e intellettuali dovuta allo studio e all'esperienza. **3** Modo di disporre più persone, spec. appartenenti a unità militari o sportive: *la – della nazionale di calcio*. **4** (*geol.*) Complesso di rocce distinto dalle sovrastanti e sottostanti per particolari caratteri. **5** Qualsiasi entità anatomica normale o patologica.

-fórme *secondo elemento*: in aggettivi composti significa 'che ha forma di': *aeriforme, filiforme, multiforme*.

formèlla *s. f.* **1** In varie tecnologie, piccola forma. **2** Riquadro di varia forma di legno, marmo, bronzo o terracotta, spesso decorato, usato a scopo ornamentale, per cornicioni, porte e sim. | Mattonella di vario materiale, usata per pavimentazioni.

fòrmica (1) *s. f.* Nome commerciale di un laminato plastico usato spec. come rivestimento.

formìca (2) *s. f.* Insetto sociale, che vive in comunità costituite da varie categorie di individui: ha capo grande e antenne ripiegate ad angolo, torace medio e addome formato da tre segmenti di cui il primo e il secondo tanto piccoli da formare un peduncolo di unione con il terzo più grosso | (*fig.*) *Andare a passo di –*, camminare lentamente. [→ ill. *animali* 3, *formica*]

formicàio *s. m.* **1** Nido di formiche. **2** (*fig.*) Moltitudine di persone, spec. in continuo movimento.

formicaleóne *s. m.* Insetto simile a una libellula e comune presso i boschi, le cui larve si annidano nella sabbia e catturano le formiche. [→ ill. *animali* 2]

formichière *s. m.* Grosso mammifero sudamericano dei Maldentati, dal muso lungo e sottile, che si nutre di formiche catturate introducendo la lunga lingua vischiosa nell'interno dei formicai; SIN. Mirmecofago. [→ ill. *ani-*

formica

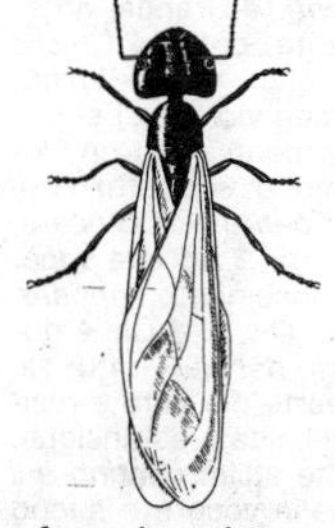
femmina alata

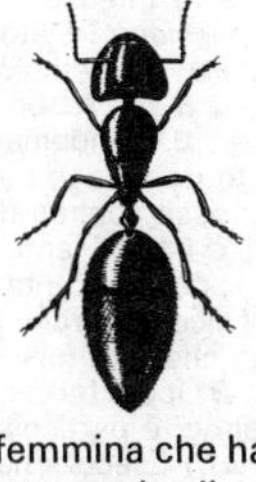
femmina che ha perso le ali

f. maschio

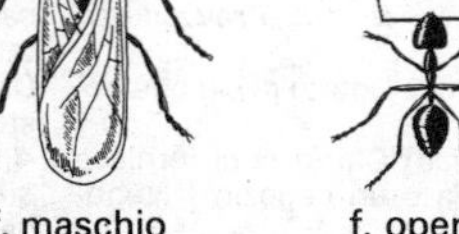
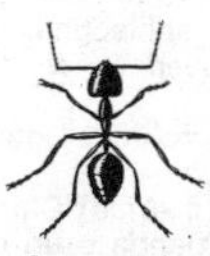
f. operaia

f. soldato

mali 16]

fòrmico agg. (pl. m. -ci) (*chim.*) Detto di un acido contenuto nel pungiglione delle formiche rosse | *Acido* –, acido organico, derivante dall'ossidazione della formaldeide, monobasico, diffuso nel regno vegetale, corrosivo, di odore pungente, usato in tintoria, in conceria e come disinfettante.

formicolàre v. intr. (*io formìcolo; aus. avere* nei sign. 1, 2, *essere* nel sign. 3) **1** Brulicare di persone o di insetti che si muovono come le formiche: *la strada formicola di gente.* **2** (*fig.*) Essere pieno: *quel lavoro formicola di errori.* **3** Essere intorpidito, dare una sensazione di piccole punture: *la gamba formicola.*

formicolìo s. m. **1** Brulichio. **2** (*med.*) Sensazione cutanea simile al contatto di formiche.

formidàbile agg. **1** (*lett.*) Spaventoso, tremendo. **2** Di forza, intensità o gravità tali da spaventare: *tempesta* – | (*est.*) Che eccede la normalità: *appetito* –; SIN. Straordinario.

formosità s. f. **1** Qualità di ciò che è formoso. **2** spec. al pl. Parti formose del corpo, spec. femminile.

formóso agg. Che ha forme piene e ben fatte.

fòrmula s. f. **1** (*dir.*) Espressione che deve ritualmente essere usata nel compimento di dati atti giudiziari, contratti e sim.: – *di giuramento* | (*est.*) Frase rituale o consuetudinaria che si pronuncia in determinate circostanze: – *di commiato, di augurio.* **2** Frase che sintetizza i principi fondamentali di una dottrina, un movimento e sim.: *la – di Mazzini era: pensiero e azione.* **3** (*chim.*) Rappresentazione scritta mediante simboli degli elementi costituenti una data sostanza: *CO è la – dell'anidride carbonica* | – *di struttura*, formula chimica che indica come gli atomi sono legati fra loro e disposti nello spazio per formare le molecole | Insieme di ingredienti costituenti un dato composto: *la – di un sapone.* **4** Insieme dei principi seguiti nell'organizzare un'attività e sim.: *una nuova – di propaganda.* **5** (*mat.*) Espressione che permette di calcolare certe quantità, quando altre siano note. **6** Nell'automobilismo sportivo, suddivisione in categorie, secondo determinazioni di peso e cilindrata per piccole e grandi vetture: *vettura di – 2.*

formulàre v. tr. (*io fòrmulo*) Esprimere con i termini precisi della formula: – *una proposta di legge* | (*est.*) Dire, manifestare: – *un desiderio.*

formulàrio s. m. **1** Raccolta di formule. **2** Modulo da compilare con dati e risposte varie.

formulazióne s. f. Enunciazione in termini precisi: – *di una domanda* | Manifestazione, espressione: – *di un desiderio.*

fornàce s. f. **1** Opera in muratura per la cottura di calcari, argille, gesso e sim. usati nella preparazione di materiali da costruzione. **2** (*fig.*) Luogo eccessivamente caldo.

fornaciàio s. m. (f. -a) **1** Chi lavora in una fornace. **2** Proprietario di una fornace.

fornàio s. m. (f. -a) Chi fa o vende il pane; SIN. Panettiere.

fornèllo s. m. **1** Dim. di *forno.* **2** Oggetto o cavità atta a contenere il materiale combustibile durante lavorazioni artigianali: – *dell'argentiere* | (*est.*) Parte della pipa ove si mette il tabacco | (*est.*) In ogni apparecchio di riscaldamento, parte in cui avviene la combustione: *il – della caldaia.* [→ ill. *fumatore*] **3** Apparecchio domestico per cuocere cibi o per altri usi: – *elettrico, a gas.* [→ ill. *campeggiatore, riscaldamento*] **4** Piccolo pozzo che mette in comunicazione un livello della miniera con quello sottostante. [→ ill. *miniera*] **5** Camera da mina completa della carica esplosiva.

fornicàre v. intr. (*io fòrnico, tu fòrnichi; aus. avere*) Intrattenere rapporti carnali con una persona dell'altro sesso con la quale non si sia regolarmente coniugati.

fornicazióne s. f. Illecita relazione carnale | Adulterio.

fòrnice s. m. (*arch.*) Apertura sormontata da un arco.

fornìre **A** v. tr. (*io fornìsco, tu fornìsci*) Dare o somministrare a qc. le cose di cui abbisogna: – *qc. di denaro*; SIN. Dotare, munire, provvedere. **B** v. rifl. Provvedersi, munirsi.

fornìto part. pass. di *fornire*; anche agg. Dotato di ciò che occorre: *essere ben – di q.c.*

fornitóre s. m.; anche agg. (f. *-trice*) Chi (o che) fornisce delle materie prime un'azienda o un negozio | Negoziante da cui ci si serve.

fornitùra s. f. Atto del fornire; SIN. Rifornimento | Ciò che si fornisce.

fórno s. m. **1** Costruzione in muratura a volta che si riscalda per cuocervi il pane o altri cibi, introdotti dalla bocca mediante la pala: *pizzeria con – a legna* | (*est.*) Nelle cucine a gas, a carbone, elettriche e sim., parte adatta alla cottura di particolari prèparazioni culinarie: *tacchino al –.* [→ ill. *panettiere, riscaldamento*] **2** Panetteria. **3** Apparecchio al quale si somministra calore per mantenere un ambiente a temperatura elevata, al fine di ottenere trasformazioni chimiche o fisiche | – *fusorio*, per la fusione dei metalli | *Alto* –, forno per la riduzione del minerale di ferro in ghisa | – *elettrico*, nel quale il calore è prodotto da elettricità. [→ ill. *chimico, metallurgia, petrolio*] **4** (*med.*) Apparecchio per fisioterapia con il calore | *Fare i forni*, sottoporsi a una cura eseguita con tale apparecchio. **5** (*fig.*) Luogo caldissimo: *la città d'estate è un –.* **6** (*fig., scherz.*) Bocca molto larga o molto aperta. **7** Nel gergo teatrale, sala vuota o semivuota.

fóro (1) s. m. **1** Buco, apertura. [→ ill. *metallurgia*] **2** (*anat.*) Orifizio | – *di Monro*, attraverso cui i ventricoli laterali del cervello comunicano con quello medio. [→ ill. *anatomia umana*]

fòro (2) s. m. **1** Piazza monumentale dell'antica Roma, in cui si svolgeva la vita civile della città: – *romano.* **2** (*dir.*) Sede ove l'autorità giudiziaria esplica la propria funzione | *Principe del* –, avvocato di grande fama. **3** (*dir.*) Autorità giudiziaria competente per territorio.

-foro secondo elemento: in parole composte significa 'che porta', 'che genera': *fosforo, semaforo, tedoforo, termoforo.*

forosétta s. f. (*lett.*) Contadinella | (*scherz.*) Ragazza di campagna bella e gentile.

fórra s. f. Fossato ripido e scosceso prodotto dall'erosione delle acque | Burrone, orrido.

fórse **A** avv. **1** Probabilmente (esprime dubbio, incertezza, esitazione o possibilità): – *è meglio partire* | Si usa per attenuare un'affermazione: *è – il più grande poeta moderno.* **2** Circa (seguito da un num.): *saranno – le cinque.* **3** (*enf.* e *ints.*) Si usa nelle interrogative retoriche, anche accompagnato dalla negazione 'non', con i sign. di 'per caso' e sim.: *avresti – paura?; non siamo – amici?* **B** in funzione di s. m. inv. Dubbio, incertezza: *essere, stare, in –.*

forsennàto agg.; anche s. m. (f. -a) Detto di chi è fuori di senno, e perciò violento, furioso.

fòrte **A** agg. **1** Dotato di gagliardia e resistenza, in senso fisico e morale: *un uomo –; animo, carattere –* | *Governo* –, energico e deciso | *Piatto* –, il migliore di un pranzo e (*fig.*) elemento più interessante di q.c. | *Pezzo* –, (*fig.*) quello in cui un artista riesce meglio | *Vino, liquore* –, molto alcolico | *Purgante* –, drastico | *Punizione* –, molto severa | *Essere un – bevitore*, resistere molto bene all'alcol e bere molto | *Essere – in latino*, molto abile | *Essere – a denari*, nel gioco, avere molte buone carte di quel colore | (*fig.*) *Dare man – a qc.*, aiutarlo con ogni mezzo | *Farsi – di un argomento, di una prova e sim.*, trarre motivo di sicurezza | Robusto, ben piantato: *essere – di fianchi*; CONTR. Debole. **2** Resistente all'usura, ai colpi e sim.: *tessuto, cartone* – | (*est.*) Saldo, tenace: *memoria* – | *Colla* –, che attacca molto bene | *Colore* –, che non schiarisce facilmente | *Grano* –, duro; SIN. Solido. **3** Duro da sopportare, doloroso: *ho un – mal di denti.* **4** Grande, notevole: – *spesa.* **5** Intenso, veemente, potente (*anche fig.*): *una – passione* | Dato con forza: *una – spinta l'ha fatto cadere.* **6** Che colpisce con violenza i sensi: *luce, colore –.* **B** avv. **1** Con forza: *tienti* – | Con violenza: *piove –.* **2** Grandemente, molto: *sospetto – di lui* | Preceduto da un agg.: *è intelligente* – | *Giocare, puntare* –, grosse somme di denaro. **3** Ad alta voce: *parla più –*; CONTR. Piano. **4** Velocemente: *andare, camminare –*; CONTR. Lentamente. **C** s. m. **1** Chi è dotato di forza fisica e morale: *il diritto del più –*; CONTR. Debole. **2** Ciò che costituisce la parte più dura e resistente di q.c. **3** Opera fortificata di limitata estensione. **4** Cosa in cui qc. è particolarmente abile: *il latino è il suo –.* **5** (*mus.*) Esecuzione a piena voce e a suono gagliardo.

forteménte avv. Con forza, con tenacia, con intensità.
fortézza s. f. *1* Fortificazione generalmente a cinta continua. *2* Forza | Fermezza, forza morale: *dimostrare – nelle avversità.*
fortificàre *A* v. tr. (*io fortifico, tu fortifichi*) *1* (*mil.*) Munire di opere di fortificazione. *2* Rendere forte: *l'esercizio fortifica le membra*; SIN. Irrobustire, rafforzare. *B* v. rifl. e intr. pron. *1* (*mil.*) Ripararsi con opere di fortificazione. *2* Rafforzarsi, irrobustirsi.
fortificazióne s. f. *1* Rafforzamento, spec. con opere di difesa. *2* Scienza militare che tratta dei lavori e delle costruzioni da realizzare per la difesa di una posizione o di una località | Complesso di opere fortificate | Luogo fortificato.
fortilìzio s. m. Piccola fortezza.
fortìno s. m. Forte di piccole dimensioni.
fortitùdine s. f. (*lett.*) Fortezza.
fortóre s. m. Odore o sapore acre e penetrante.
fortùito agg. Che si verifica per caso, indipendentemente dalla volontà umana; SIN. Accidentale, casuale, occasionale.
fortùna s. f. *1* Destino, sorte favorevole o sfavorevole | *La ruota della* –, le mutabili vicende umane. *2* Sorte favorevole, destino propizio: *è questione di* – | *Per* –, per buona sorte | *Fare* –, diventare ricco | *Fare la – di qc.*, riuscirgli di grande aiuto | *Tentare la* –, osare al gioco o in qualunque impresa aleatoria | *Portare* –, essere di buon augurio; CONTR. Sfortuna. *3* Patrimonio, ricchezza: *dissipare le proprie fortune.* *4* Tempesta | (*est., fig.*) *Mezzi di* –, quelli che il caso offre in situazioni di necessità. [→ tav. *proverbi* 255]
fortunàle s. m. Tempesta violentissima con vento.
fortunatamènte avv. Per buona sorte.
fortunàto agg. *1* Favorito dalla sorte. *2* Che riesce bene o che determina positivi sviluppi; SIN. Fausto, felice. ● CONTR. Sfortunato. [→ tav. *proverbi* 156]
fortunóso agg. Travagliato da una sorte mutevole e spesso avversa: *vita fortunosa.*
forùncolo s. m. (*med.*) Infezione suppurativa del follicolo pilifero con intensa infiammazione e necrosi dei tessuti.
foruncolòsi s. f. (*med.*) Affezione caratterizzata dalla comparsa di numerosi foruncoli.
forviàre o *fuorviàre* *A* v. intr. (*io forvìo; aus. avere*) Uscire dalla buona strada; SIN. Deviare. *B* v. tr. *1* Condurre fuori strada: *false tracce forviarono gli inseguitori*; SIN. Sviare, depistare. *2* (*fig.*) Allontanare dalla rettitudine; SIN. Traviare.
fòrza s. f. *1* Qualità di forte, attitudine a reggere, resistere, durare e sim.: – *fisica, muscolare* | *Bella* –!, di ciò che non è costato sforzo | *Far* –, sforzarsi; SIN. Robustezza; CONTR. Debolezza. *2* spec. al pl. Vigoria naturale dell'uomo sano: *essere in forze.* *3* (*fis.*) Causa che perturba lo stato di quiete o di moto di un corpo | – *magnetica*, forza che si esercita tra magneti e alcuni corpi di ferro, cobalto e sim., che ne sono attirati | – *centrifuga*, cui è soggetto un corpo rotante | – *di gravità*, che attira un corpo al centro della Terra e si manifesta come peso | – *motrice*, in una macchina, forza che serve a vincere la resistenza. [→ ill. *fisica*] *4* Intensità, validità: *la – di un odore, di un colore* | – *morale*, ascendente o autorità che si esercita su qc. | (*fig.*) *Di prima* –, di primo ordine | Virtù, facoltà, efficacia: – *visiva, intellettuale* | *La – della parola*, il suo potere, la sua efficacia persuasiva | *La – della bellezza*, il suo fascino. *5* Impeto, intensità, potenza: – *del vento* | *Le forze della natura*, gli agenti fisici. *6* Violenza: *ricorrere all'uso della* – | *A* –, *per* –, a o per violenta costrizione | *Per amore o per* –, con le buone o con le cattive | *Di* –, *a viva* –, con violenza | *Per* –, per mezzo della forza | *Far – a qc.*, usargli violenza. *7* Necessità: *è – credere.* *8* (*dir.*) – *maggiore*, accadimento esterno e superiore al potere della volontà umana che determina necessariamente la persona a un'azione. *9* spec. al pl. Schiera, gruppo, contingente: *le forze armate* | *Bassa* –, i soldati semplici, contrapposti ai graduati | *Essere in – a*, far parte di un determinato contingente militare. *10* (*est.*) al pl. Gruppo di persone, vasto e influente: *le forze politiche, sindacali.* *11* – *di corpo*, spessore longitudinale del carattere mobile tipografico. [→ ill. *stampa*] [→ tav. *proverbi* 120, 254]
forzàre *A* v. tr. (*io fòrzo*) *1* Obbligare o costringere a forza: – *qc. a parlare*; – *la natura.* *2* Assoggettare a uno sforzo: – *la voce* | (*fig.*) – *la mano*, esagerare in q.c. | – *l'andatura*, accelerarla. *3* Aprire q.c. ricorrendo alla forza: – *un uscio* | – *il blocco*, passarlo a ogni costo. *4* Premere con forza, energia: – *il tappo sulla bottiglia.* *B* v. intr. (*aus. avere*) Essere troppo stretto: *la scarpa forza sul collo del piede.*
forzatamènte avv. In modo forzato, per forza.
forzàto *A* part. pass. di forzare; anche agg. *1* Costretto, obbligato a forza | *Condotta, galleria forzata*, tubazione o galleria percorsa da liquido sotto pressione | *Marcia forzata*, più lunga e veloce del normale. [→ ill. *diga*] *2* Indipendente dalla volontà di qc., dovuto a forza maggiore: *assenza forzata.* *3* Imposto con la forza secondo il disposto della legge: *esecuzione forzata* | *Lavori forzati*, tipo di pena per cui il condannato durante lo stato di detenzione deve attendere a opere assai faticose. *4* Privo di naturalezza: *allegria forzata.* *B* s. m. Condannato ai lavori forzati.
forzatùra s. f. Assoggettamento a uno sforzo: – *della voce* | Scassinamento: – *di una cassaforte* | (*fig.*) Interpretazione che eccede il vero significato di q.c.
forzière s. m. Cassa di media dimensione per conservare valori e documenti.
forzóso agg. Imposto con la forza o d'autorità: *prestito* –.
forzùto agg. Che dispone di una forza fisica eccezionale.
fosbury /ingl. 'fɔzbəri/ s. m. inv. Stile di salto in alto in cui l'asticella viene scavalcata dorsalmente; CONTR. Ventrale.
foschìa s. f. Sospensione nell'aria di goccioline d'acqua microscopiche, che dona all'atmosfera un aspetto grigiastro | (*gener.*) Oscuramento atmosferico dovuto a fumo e sim.
fósco o *fòsco* agg. (*pl. m. -schi*) *1* Di colore scuro | Nebbioso, offuscato: *cielo* –. *2* (*fig.*) Triste: *pensiero* – | *Dipingere q.c. a fosche tinte*, accentuarne gli aspetti negativi.
fosfatàsi s. f. (*biol.*) Enzima capace di scindere i legami con l'acido fosforico negli acidi nucleici con liberazione di energia.
fosfàtico agg. (*pl. m. -ci*) Relativo ai fosfati.
fosfatizzazióne s. f. Operazione consistente nel ricoprire una superficie metallica con un sottile strato di fosfato per impedirne l'usura.
fosfàto s. m. Sale dell'acido fosforico | – *di calcio*, usato come fertilizzante.
fosfìna s. f. Gas velenoso, riducente, di odore sgradevole, che brucia facilmente.
fosfìto s. m. Sale dell'acido fosforoso.
fosforescènte agg. *1* Che presenta il fenomeno della fosforescenza. *2* (*est.*) Che emana una luce simile a quella delle sostanze fosforescenti.
fosforescènza s. f. Tipo di fotoluminescenza che si manifesta anche dopo che è cessata l'azione della luce eccitatrice del fenomeno.
fosfòrico agg. (*pl. m. -ci*) Detto di composto del fosforo pentavalente | *Acidi fosforici*, derivati dall'anidride fosforica, usati per la produzione di concimi fosfatici e di additivi per mangimi.
fosforìte s. f. (*miner.*) Deposito e sedimentazione di resti fosfatici d'origine organica, adoperato come concime.
fòsforo s. m. *1* Elemento chimico fosforescente, diffuso sotto forma di sali nel mondo minerale, vegetale e animale; SIMB. P. *2* (*fig., fam.*) Intelligenza, ingegno.
fosforóso agg. Detto di composto del fosforo trivalente.
fosfùro s. m. Sale non ossigenato del fosforo con un metallo.
fòssa s. f. *1* Cavità praticata nel terreno, di forma e dimensioni varie secondo l'uso | – *biologica*, impianto per eliminare le sostanze luride nei centri abitati sprovvisti di fognature | – *di lavaggio, ingrassatura, riparazione*, sopra la quale si pongono gli autoveicoli per compiervi comodamente queste operazioni, standovi sotto | – *dei serpenti*, (*fig.*) manicomio e (*est.*) luogo o situazione ostile o rischiosa. [→ ill. *teatro*] *2* Buca in cui si cala la bara nei cimiteri | (*est.*) Tomba, sepoltura | *Scavarsi la – con le proprie mani*, (*fig.*) causare la propria

rovina | *Avere un piede nella* —, essere vicino a morire. **3** Sprofondamento della crosta terrestre | — *oceanica*, zona di massima profondità degli oceani. **4** (*anat.*) Cavità: — *cranica*. [→ tav. *proverbi* 135]

fossàto *s. m.* Fosso di lunghezza e larghezza variabili, naturale o artificiale, spec. con acqua. [→ ill. *castello*]

fossétta *s. f.* **1** *Dim. di fossa.* **2** (*anat.*) Piccola cavità, infossatura: *la* — *del mento* | (*fam.*) *Le fossette*, piccole infossature che si formano nelle guance sorridendo. [→ ill. *cavallo*]

fòssile **A** *agg.* **1** Che si ottiene o si trova scavando, detto spec. di organismi appartenenti a epoche remote e conservati, sovente per pietrificazione, nella crosta terrestre: *pianta* —. [→ ill. *paleontologia*] **2** (*fig.*) Detto di chi (o di ciò che) per arretratezza spirituale contrasta con la sua epoca: *idee fossili*. **B** *s. m.* **1** Organismo fossile. **2** (*fig.*) Persona di mentalità arretrata.

fossilizzàre **A** *v. tr.* (*io fossilizzo*) Ridurre allo stato fossile (*anche fig.*): *ha fossilizzato le sue idee*. **B** *v. intr. pron.* **1** Diventare fossile. **2** (*fig.*) Rimanere fermo a idee arretrate; SIN. Cristallizzarsi.

fossilizzazióne *s. f.* Trasformazione o conservazione di un organismo allo stato fossile | (*fig.*) Irrigidimento di mentalità, idee e sim. su posizioni antiquate; SIN. Cristallizzazione.

fòsso *s. m.* **1** Grande fossa naturale o artificiale per lo scolo dell'acqua | *Saltare il* —, (*fig.*) decidere all'improvviso e bruscamente di fare q.c. dopo aver esitato a lungo. **2** Scavo artificiale intorno alla cinta di un'opera fortificata.

fòto *s. f. Acrt. di fotografia.*

fòto- *primo elemento*: in parole composte tecniche e scientifiche significa 'luce': *fotografia, fotosintesi, fototerapia* | In taluni casi è acrt. di *fotografia*: *fotogenico, fotomontaggio, fotoromanzo*.

fotocèllula *s. f.* Cellula fotoelettrica.

fotochìmica *s. f.* Sezione della chimica-fisica che si occupa delle reazioni chimiche influenzate dalla luce.

fotocòlor *s. m.* Fotografia a colori su carta o diapositiva.

fotocompositrìce *s. f.* Macchina per fotocomposizione. [→ ill. *stampa*]

fotocomposizióne *s. f.* Procedimento di composizione automatica tipografica su materiale fotosensibile.

fotocòpia *s. f.* Riproduzione di immagini o scritti su carta sensibile mediante il procedimento fotografico.

fotocopiàre *v. tr.* Riprodurre per fotocopia.

fotocopiatrìce *s. f.* Macchina per fotocopiare. [→ ill. *ufficio*]

fotocrònaca *s. f.* Resoconto giornalistico basato prevalentemente su immagini fotografiche.

fotocronìsta *s. m. e f.* (*pl. m. -i*) Chi allestisce fotocronache.

fotoelèttrica *s. f.* Potente faro elettrico con relativo gruppo elettrogeno montato su carrello, spec. per usi militari. [→ ill. *illuminazione*]

fotoelettricità *s. f.* Fenomeno di emissione di elettroni da parte di certe sostanze sottoposte all'azione della luce.

fotoelèttrico *agg.* (*pl. m. -ci*) Della fotoelettricità: *cellula fotoelettrica*. [→ ill. *cinematografia, fisica, fotografo*]

fotofinish /foto'finiʃ/ *s. m. inv.* (*sport*) Adattamento di *photo finish*.

fotofit *s. m.* Adattamento di *photofit*.

fotofobìa *s. f.* Avversione alla luce.

fotogènesi *s. f.* Produzione di luce in organismi animali e vegetali.

fotogenìa *s. f.* **1** Disegno ottenuto rendendo sensibile alla luce una speciale carta pigmentata. **2** Qualità di chi è fotogenico.

fotogènico *agg.* (*pl. m. -ci*) Detto di soggetto con caratteristiche tali da dare una buona resa in fotografia: *viso* —.

fotogiornàle *s. m.* Pubblicazione basata prevalentemente su immagini fotografiche.

fotografàre *v. tr.* (*io fotògrafo*) **1** Riprodurre mediante fotografia. **2** (*est.*) Riprodurre, descrivere, con ricchezza di particolari.

fotografìa *s. f.* **1** Procedimento ottico, meccanico e chimico mediante il quale si ottengono immagini dovute alle variazioni prodotte dalla luce su determinate sostanze: — *a colori, in bianco e nero*. **2** (*est.*) Ciascuna delle immagini ottenute secondo tale procedimento: — *stereoscopica*. [→ ill. *fotografo*]

fotograficaménte *avv.* Per mezzo della fotografia.

fotogràfico *agg.* (*pl. m. -ci*) **1** Che concerne la fotografia | *Macchina fotografica*, costituita essenzialmente da camera oscura, obbiettivo, diaframma, otturatore, per la ripresa di fotografie su lastra o pellicola sensibile. [→ ill. *fotografo, illuminazione, nucleare, ottica*] **2** (*fig.*) Che è l'esatta riproduzione di un modello: *resoconto* — *di un fatto*.

fotògrafo *s. m.* (*f. -a*) Chi esegue fotografie per scopo dilettantistico o professionale. [→ ill. *fotografo*]

fotogràmma *s. m.* (*pl. -i*) Singola immagine, positiva o negativa, di una pellicola fotografica o cinematografica. [→ ill. *cinematografia*]

fotogrammetrìa *s. f.* Determinazione della dimensione e posizione di oggetti lontani mediante due diverse fotografie riprese con apparecchi posti agli estremi di una base la cui misura è nota.

fotogrammètrico *agg.* (*pl. m. -ci*) Di fotogrammetria.

fotoincisióne *s. f.* Procedimento di incisione basato sulla fotografia, con cui si ottengono i cliché per la stampa tipografica.

fotòlisi *s. f.* Decomposizione di una sostanza per azione della luce.

fotolitografìa *s. f.* Processo di stampa litografica con trasposizione fotomeccanica dell'immagine da riprodurre su lastra di metallo, plastica o gomma.

fotoluminescènza *s. f.* Fenomeno presentato da certe sostanze che, sottoposte a illuminazione, emettono luce propria diversa da quella che le ha colpite.

fotomeccànica *s. f.* Complesso dei procedimenti che utilizzano la luce per ottenere una matrice da cui stampare un numero illimitato di copie.

fotomeccànico *agg.* (*pl. m. -ci*) Della fotomeccanica.

fotometrìa *s. f.* Parte dell'ottica che riguarda la misurazione delle grandezze fisiche quali intensità luminosa, illuminamento, brillanza e sim. relative a radiazioni luminose.

fotomètrico *agg.* (*pl. m. -ci*) Della fotometria.

fotòmetro *s. m.* Strumento che misura l'intensità di una sorgente luminosa.

fotomodèlla *s. f.* (*m. -o*) Modella per fotografie destinate a giornali di moda e sim.

fotomontàggio *s. m.* Composizione ottenuta con fotografie o loro parti affiancate o sovrapposte.

fotóne *s. m.* (*fis.*) Particella elementare di energia luminosa e generalmente raggiante.

fotoreazióne *s. f.* (*chim.*) Reazione provocata o facilitata da radiazioni luminose.

fotorecettóre *agg.* (*anat.*) Detto di organo atto a ricevere stimoli luminosi e a trasmetterli sotto forma di impulsi al sistema nervoso centrale.

fotoreportage /*semi-fr.* fotorəpor'taʒ/ *s. m. inv.* Servizio fotografico eseguito da un fotoreporter.

fotorepòrter *s. m. inv.* Fotografo di avvenimenti di attualità per giornali o agenzie.

fotoromànzo *s. m.* Romanzo narrato mediante sequenze di fotografie, corredate da fumetti o didascalie.

fotosensìbile *agg.* Che è sensibile chimicamente alla luce.

fotosfèra *s. f.* Superficie e strato quasi sferici del Sole o di una stella, da cui viene emessa la luce.

fotosìntesi *s. f.* Reazione chimica di sintesi favorita dalla luce | — *clorofilliana*, processo chimico mediante il quale le piante verdi sintetizzano sostanze organiche da anidride carbonica e acqua, grazie all'energia luminosa trasformata in energia chimica dalla clorofilla.

fotostàtico *agg.* (*pl. m. -ci*) Detto di sistema di riproduzione, a contatto dell'originale, su carte fotosensibili, usato spec. per documenti: *copia fotostatica*.

fototerapìa *s. f.* Cura di certe malattie mediante sorgenti di luce artificiale.

fototipìa *s. f.* Procedimento fotomeccanico nel quale, dalla negativa fotografica, si ricava la matrice su una lastra di cristallo sensibilizzata.

fototipìsta *s. m. e f.* (*pl. m. -i*) Chi esegue le matrici nella fototipia.

fototropìsmo *s. m.* Crescita o lento movimento di un or-

ganismo vegetale in una direzione, provocati dalla luce.
fóttere *v. tr.* **1** (*volg.*) Possedere sessualmente | (*est.*) ass. Avere rapporti sessuali. **2** (*fig., pop.*) Ingannare, imbrogliare.
foulard /*fr.* fu'lar/ *s. m. inv.* (*pl. fr. foulards* /fu'lar/) **1** Tessuto leggero di seta, cotone, fibre artificiali, usato per fazzoletti, fodere, vestaglie, cravatte. **2** Fazzoletto di seta da porre in capo o al collo. [→ ill. *abbigliamento*]
fourreau /*fr.* fu'ro/ *s. m. inv.* (*pl. fr. fourreaux* /fu'ro/) Abito femminile aderente e diritto.
fox-terrier /*ingl.* fɔks 'terjə/ *s. m. inv.* (*pl. ingl. fox-terriers* /fɔks 'teriəz/) Cane di piccola taglia, forte, veloce e resistente, a pelo liscio o ruvido, con muso dal profilo rettangolare, spec. usato nella caccia alla volpe. [→ ill. *cane*]
fox-trot /*ingl.* 'fɔks trɔt/ *s. m. inv.* Ballo diffuso nel secondo decennio del sec. XX.
foyer /*fr.* fwa'je/ *s. m. inv.* (*pl. fr. foyers* /fwa'je/) Vestibolo che precede la platea di una sala teatrale o cinematografica.
fra (1) *prep.* Ha gli stessi sign. di 'tra'; si preferisce l'una o l'altra forma per evitare la cacofonia derivante spec. dall'incontro di gruppi di consonanti uguali: – *Trapani e Agrigento.* (v. nota d'uso ACCENTO)
fra (2) o *fra', frà s. m.* Frate (davanti a nomi propri cominciati per consonante): – *Tommaso.* (v. nota d'uso ELISIONE e TRONCAMENTO)
frac *s. m.* Abito maschile da cerimonia, nero, con giacca corta davanti e prolungata dietro in due falde lunghe e sottili; SIN. Marsina. [→ ill. *abbigliamento*]
fracassàre **A** *v. tr.* (*io fracàsso*) Fare a pezzi violentemente e con rumore. **B** *v. intr. pron.* Rompersi, infrangersi, con violenza.
fracàsso *s. m.* Gran rumore, spec. di roba che si rompe | *Far* –, (*fig.*) provocare molto interesse e commenti; SIN. Baccano, fragore, frastuono.
fràdicio o (*lett., dial.*) *fràcido* **A** *agg.* (*pl. f. -ce*) **1** Andato a male: *uova fradice*; SIN. Marcio, putrefatto. **2** (*fig.*) Corrotto, depravato: *società fradicia.* **3** Molto bagnato: *abito* – | *Ubriaco* –, completamente ubriaco. **B** *s. m.* **1** Parte guasta di q.c. | (*fig.*) Corruzione. **2** Fangosità del terreno.
fradiciùme *s. m.* **1** Quantità di cose fradice; SIN. Marciume, putridume. **2** Umidità. **3** (*fig.*) Corruzione, depravazione.
fràgile *agg.* **1** Che si rompe facilmente: *vetro* – | *Pacco* –, che contiene oggetti facili a rompersi. **2** (*fig.*) Debole, gracile, delicato: *salute* –. **3** (*fig.*) Facile a cedere ai vizi e alle tentazioni: *la carne umana è* –. **4** (*fig.*) Di scarsa consistenza: *felicità* –.
fragilità *s. f.* Qualità di fragile; SIN. Debolezza, gracilità.
fràgola *s. f.* Pianta erbacea delle Rosali con foglie composte seghettate con peli lucenti e infruttescenze rosse commestibili | Il frutto di tale pianta. [→ ill. *frutta, piante* 8]
fragóre *s. m.* Rumore forte e particolarmente violento; SIN. Baccano, fracasso, frastuono.
fragoróso *agg.* Che provoca forte rumore.
fragrànte *agg.* Molto odoroso, profumato.
fragrànza *s. f.* Odore delicato ma intenso: – *di un'essenza*; SIN. Profumo.
fraintèndere *v. tr.* (*coniug. come intendere*) Intendere una

strumenti e apparecchi del fotografo

macchina fotografica
esposimetro fotoelettrico
scatto flessibile
flash a lampadina
flash elettronico
lente addizionale
filtro
paraluce
rullino
lampada schermata
vaschetta
pinza
ingranditore
sviluppatrice
smaltatrice
proiettore per diapositive
visore per diapositive
stereoscopio
diapositiva
fotografia stereoscopica

1 leva di caricamento 2 bottone di scatto 3 contafotogrammi 4 leva dell'autoscatto 5 scala delle distanze 6 scala dei diaframmi 7 obiettivo 8 mirino reflex 9 bottone di riavvolgimento 10 scala dei tempi 11 slitta per il flash 12 marginatore 13 pellicola

cosa per un'altra o il contrario di ciò che è stato detto; SIN. Equivocare.

fràle *agg.* (*lett.*) Fragile, debole.

fralézza *s. f.* (*lett.*) Qualità di ciò che è frale.

frammassóne *s. m.* Massone.

frammassonerìa *s. f.* Massoneria.

frammentàre *v. tr.* (*io framménto*) Suddividere in frammenti; SIN. Spezzettare.

frammentarietà *s. f.* Qualità di ciò che è frammentario (*spec. fig.*).

frammentàrio *agg.* ***1*** Che è in frammenti: *codice* — | (*est.*) Incompleto: *testo* —. ***2*** Detto di roccia costituita di materiali detritici. ***3*** (*fig.*) Mancante di unità e coordinazione: *commedia frammentaria.*

frammentazióne *s. f.* ***1*** Suddivisione in piccole parti. ***2*** (*bot.*) Riproduzione asessuata di talune piante, per cui un nuovo individuo cresce da una porzione staccata del corpo di un altro.

frammentìsmo *s. m.* Indirizzo letterario dei primi anni del XX sec., che si compiaceva di frammenti di prosa quale mezzo di espressione.

framménto *s. m.* ***1*** Ogni pezzo di un oggetto rotto | (*est.*) Parte staccata. ***2*** Brano di un'opera letteraria antica non conservata per intero o incompiuta: *frammenti dei lirici greci.*

frammescolàre *v. tr.* (*io framméscolo*) Mescolare tra loro più cose.

framméttere ***A*** *v. tr.* (*coniug. come mettere*) Mettere fra: — *uno spazio fra due oggetti*; SIN. Frapporre, interporre. ***B*** *v. rifl.* Porsi in mezzo | (*fig.*) Immischiarsi, intromettersi: *frammettersi nelle faccende altrui.*

frammezzàre *v. tr.* (*io frammèzzo*) (*raro*) Mettere frammezzo: — *il discorso con battute di spirito.*

frammèzzo ***A*** *avv.* In mezzo: *porsi* —. ***B*** *nella loc. prep.* — *a* In mezzo a: *è — ai libri.*

frammischiàre *v. tr.* (*io frammìschio*) Mescolare insieme cose che non hanno la stessa natura.

frammìsto *agg.* Mischiato, mescolato: *neve frammista ad acqua.*

fràna *s. f.* ***1*** Distacco e scivolamento di terreno o di roccia lungo un pendio | (*est.*) Materiale franato. ***2*** (*fig.*) Crollo, rovina, fallimento: — *economica* | (*fam., scherz.*) Persona che combina sempre guai.

franàbile *agg.* Che può franare.

franaménto *s. m.* Cedimento, scivolamento di terreno | (*est.*) Crollo.

franàre *v. intr.* (*aus. essere*) ***1*** Distaccarsi e scivolare lungo un pendio, detto di terreno. ***2*** (*est.*) Rovinare fragorosamente.

francaménte *avv.* Con franchezza | In verità.

francàre *v. tr.* (*io frànco, tu frànchi*) (*lett.*) Affrancare.

francatùra *s. f.* (*raro*) Affrancatura.

francescanésimo *s. m.* Movimento religioso iniziato da S. Francesco d'Assisi.

francescàno ***A*** *agg.* ***1*** Proprio di S. Francesco d'Assisi e dei suoi seguaci. ***2*** (*est.*) Che si fonda sull'amore per ogni essere del creato, sulla povertà e semplicità di vita. ***3*** Appartenente all'ordine di S. Francesco. ***B*** *s. m.* Frate della regola di S. Francesco.

francése *agg.; anche s. m. e f.* Della Francia | *Mal* —, sifilide | *Nasino alla* —, leggermente all'insù.

francesìsmo *s. m.* Parola o locuzione propria del francese entrata in un'altra lingua.

francesìsta *s. m. e f.* (*pl. m. -i*) Esperto di lingua, letteratura e cultura francese.

franchézza *s. f.* ***1*** Modo franco di parlare e comportarsi; SIN. Schiettezza, sincerità. ***2*** Disinvoltura e audacia nell'agire (*spec. spreg.*): *mentire con* —.

franchìgia *s. f.* (*pl. -gie*) ***1*** (*lett.*) Privilegio. ***2*** Esenzione da imposte o dazi: — *postale.* ***3*** (*dir.*) Nel contratto di assicurazione, assunzione di una percentuale del danno da parte dell'assicurato. ***4*** (*mar.*) Libera uscita per il personale imbarcato.

franchìsmo *s. m.* Regime dittatoriale instaurato in Spagna, dal 1939 al 1975, dal generale Francisco Franco.

fràncio *s. m.* Elemento chimico, metallo, alcalino, radioattivo, naturale. SIMB. Fr.

frànco (1) *agg. e s. m.* (*pl. -chi*) Degli antichi Franchi | (*lett.*) Francese.

frànco (2) ***A*** *agg.* (*pl. m. -chi*) ***1*** Libero da soggezione politica: *stato* —. ***2*** (*est.*) Libero da impegni, obblighi, servizi e sim. | — *tiratore*, soldato irregolare che fa azioni di guerriglia nelle retrovie di eserciti che hanno invaso un territorio; (*fig.*) il parlamentare che nel segreto dell'urna vota contro il governo sostenuto dal proprio partito | *Marinaio* —, libero da ogni servizio. ***3*** Che è esente dal pagamento di imposte, di spese di trasporto e sim.: *deposito* —; *merce franca di dogana* | *Porto* —, in cui si possono introdurre merci senza pagare dogana | (*fig.*) *Farla franca*, uscire impunito da un'impresa poco onesta. ***4*** (*raro*) Sicuro di sé: *animo* — | Spigliato, svelto: — *nel leggere* | Ardito, animoso: *un piglio — e battagliero.* ***5*** Schietto e sincero nel carattere e nelle parole: *voglio essere — con te* | Che rivela franchezza, lealtà: *discorso* —. ***B*** *avv.* In modo schietto: *parlare* —.

frànco (3) *s. m.* (*pl. -chi*) ***1*** Antica moneta francese, coniata per la prima volta in oro nel XIV sec. ***2*** Unità monetaria di Francia, Belgio, Svizzera e altri paesi.

francobóllo *s. m.* Piccolo rettangolo di carta filigranata o no, recante su una faccia una vignetta con dicitura e sull'altra uno strato gommato, da applicare sulla corrispondenza postale. [→ ill. *posta*]

francòfilo ***A*** *agg.* Che ha simpatia per i Francesi o per la Francia. ***B*** *anche s. m.* (*f. -a*).

francòfobo ***A*** *agg.* Che ha avversione per i Francesi o per la Francia. ***B*** *anche s. m.* (*f. -a*).

francòfono ***A*** *agg.* Che parla francese. ***B*** *anche s. m.* (*f. -a*).

francolìno *s. m.* Uccello bruno scuro macchiettato di bianco, assai simile alla pernice.

frangènte ***A*** *part. pres. di frangere* (*raro*) Che frange. ***B*** *s. m.* ***1*** Onda schiumosa che si frange su scogli o imbarcazioni | Punto in cui l'onda si frange. [→ ill. *geografia*] ***2*** (*fig.*) Grave momento, caso difficile: *un brutto* —.

fràngere ***A*** *v. tr.* (*pres. io fràngo, tu fràngi; pass. rem. io frànsi, tu frangésti; part. pass. frànto*) (*lett.*) Rompere, spezzare. ***B*** *v. intr. pron.* Infrangersi contro scogli o navi, detto delle onde.

fràngia *s. f.* (*pl. -ge*) ***1*** Guarnizione formata da fili o cordoncini variamente intrecciati applicata in fondo a sciarpe, coperte, divani, tende e sim. [→ ill. *abbigliamento, passamaneria*] ***2*** (*fig.*) Aggiunta per ornare un racconto o ingrandire un discorso: *riferire q.c. con molte frange.* ***3*** Ciuffo corto e liscio di capelli che ricade sulla fronte, spec. in acconciature infantili o femminili. ***4*** Fascia costiera che contorna isole, penisole e sim.: — *sabbiosa.* ***5*** (*fig.*) Settore o gruppo periferico: *le frange dissidenti del partito.* ***6*** (*ott.*) Contorno non netto di un'ombra, per fenomeni di diffrazione.

frangiàre *v. tr.* (*io fràngio*) (*raro*) Ornare di frange.

frangiatùra *s. f.* Applicazione di frange | Insieme delle frange applicate a q.c.

frangìbile *agg.* Che si può frangere, rompere; CONTR. Infrangibile.

frangiflùtti *s. m.* Scogliera, diga o altro sbarramento naturale o artificiale che, opponendosi all'impeto delle onde, protegge porti, insenature e sim.

frangitóre *s. m.* Macchina che sottopone le olive a una prima triturazione.

frangitùra *s. f.* Lavoro del frangere le olive | Epoca in cui tale lavoro si svolge.

frangivènto *s. m.* Riparo naturale o artificiale per proteggere le colture dal vento.

frangizòlle *s. m. inv.* Attrezzo agricolo per sminuzzare il terreno prima della semina.

fràngola *s. f.* Pianta arbustiva delle Ramnali con foglie ellittiche, piccoli fiori giallo-verdastri, drupe nere, e corteccia con proprietà medicinali.

franóso *agg.* Che frana facilmente: *terreno* —.

frànto *part. pass. di frangere; anche agg.* (*lett.*) Rotto, spezzato.

frantóio *s. m.* ***1*** Macchina per la frantumazione o per la macinazione grossolana di minerali o ciottoli. [→ ill. *cava*] ***2*** Mola per frantumare le olive | Locale dove avviene tale frantumazione.

frantumàre ***A*** *v. tr.* (*io frantùmo*) Ridurre q.c. in pezzi, in frammenti (*anche fig.*): — *un vetro.* ***B*** *v. intr. pron.* Ridursi in frantumi.

frantumazióne *s. f.* Riduzione in frantumi. [→ ill. *cava*]

frantùme *s. m. spec. al pl.* Piccolo frammento di q.c. che si è rotto | *Andare, ridursi in frantumi*, rompersi in piccoli

pezzi (*anche fig.*).
fràppa *s. f.* **1** Stretta banda di stoffa increspata e smerlata usata per guarnizioni. **2** *spec. al pl.* Dolce di pasta fritta a forma di nastro dentellato; SIN. Cencio.
frappé /*fr.* fra'pe/ o *frappè* **A** *agg. inv.* Detto di bibita o bevanda frullata, con aggiunta di ghiaccio tritato: *latte* –. **B** *s. m. inv.* Bibita o bevanda frappé.
frappórre **A** *v. tr.* (*coniug. come porre*) Porre in mezzo (*spec. fig.*): – *ostacoli*; SIN. Frammettere, interporre. **B** *v. rifl.* Mettersi in mezzo, anche importunamente.
frapposizióne *s. f.* Interposizione: – *di ostacoli* | Intromissione.
frasàrio *s. m.* **1** Insieme di frasi e locuzioni abitualmente usate da una persona o da una categoria di persone: – *politico*; SIN. Gergo. **2** Raccolta di frasi di uno scrittore: – *dantesco*.
fràsca *s. f.* **1** Ramoscello fronzuto | *Saltare di palo in* –, (*fig.*) passare da un argomento a un altro completamente diverso | (*pop.*) Ramoscello collocato all'insegna di osterie e taverne, spec. di campagna. **2** (*fig.*) Persona leggera e volubile, spec. donna. **3** *spec. al pl.* (*fig.*) Vanità, capricci: *essere pieno di frasche.* [→ tav. *proverbi* 173]
frascàti *s. m.* Vino bianco asciutto dei Castelli Romani.
fraschétta *s. f.* **1** *Dim. di frasca.* **2** (*fig.*) Donna fatua e leggera.
frascùme *s. m.* Grande quantità di frasche.
fràse *s. f.* **1** Unità linguistica indipendente e di senso compiuto | Locuzione: *frasi scelte.* **2** Espressione | – *fatta*, vuota, convenzionale. **3** (*mus.*) Elemento espressivo del discorso musicale che costituisce un periodo compiuto.
fraseggiàre *v. intr.* (*io fraséggio; aus. avere*) **1** Comporre le frasi e farne uso. **2** (*mus.*) Nella composizione, dividere il pezzo di musica mediante le opportune cadenze | Nell'esecuzione, variare le uscite di tono.
fraseggiatóre *s. m.* (*f. -trìce*) Chi fraseggia.
fraséggio *s. m.* Uso di particolari espressioni | (*mus.*) Nella composizione o esecuzione, attento rilievo dato agli elementi espressivi del discorso musicale.
fraseologìa *s. f.* (*pl. -gìe*) **1** Insieme delle frasi proprie di un sistema linguistico o di una sua parte. **2** Costrutto della frase propria di una lingua o di uno scrittore.
fraseològico *agg.* (*pl. m. -ci*) Della fraseologia.
fràssino *s. m.* **1** Albero delle Ligustrali con foglie imparipennate, fiori poco appariscenti, frutto a samara. [→ ill. *piante* 11] **2** Legno dell'albero omonimo.
frastagliaménto *s. m.* Atto del frastagliare | Punto in cui q.c. è frastagliata.
frastagliàre *v. tr.* (*io frastàglio*) Tagliare q.c. in vari punti, spec. lungo i bordi.
frastagliàto *part. pass. di frastagliare; anche agg.* Ornato di frastagli: *abito* – | *Costa frastagliata*, con molte rientranze e sporgenze. [→ ill. *geografia*]
frastagliatùra *s. f.* Operazione del frastagliare | Aspetto frastagliato.
frastàglio *s. m.* Accurato e paziente lavoro di intaglio a linee sporgenti, rientranti e sim.
frastornàre *v. tr.* (*io frastórno*) Disturbare chi è immerso nelle proprie occupazioni: *il rumore lo frastorna dal lavoro* | (*raro*) Dissuadere.
frastornàto *part. pass. di frastornare; anche agg.* Che è in uno stato di confusione e di stanchezza fisica e nervosa.
frastuòno *s. m.* Rumore assordante in cui si mescolano suoni di diversa intensità; SIN. Clamore, fracasso, fragore, strepito.
fràte (1) *s. m.* (troncato in *fra*, *raro frà*, o *fra'*, davanti ai nomi propri comincianti con consonante) Religioso di un ordine monastico cattolico. [→ ill. *copricapo, religione*] [→ tav. *proverbi* 202] (v. nota d'uso ELISIONE e TRONCAMENTO)
fràte (2) *s. m.* **1** Embrice a forma di cappuccio per dar luce alle stanze a tetto. **2** Baco da seta che fa sulla stuoia un bozzolo imperfetto.
fratellànza *s. f.* **1** Relazione naturale e civile che intercorre tra fratelli. **2** (*est.*) Reciproco sentimento di amicizia e affetto quasi fraterni. **3** Società laica di mutuo soccorso.
fratellàstro *s. m.* Fratello che ha in comune con gli altri figli della stessa famiglia solo il padre o la madre.
fratèllo **A** *s. m.* **1** Ciascuna delle persone di sesso maschile nate dallo stesso padre e dalla stessa madre | – *di latte*, allattato dalla medesima balia | *Sembrare fratelli, assomigliarsi come fratelli*, essere molto simili | *Amarsi come – e sorella*, di amore casto. **2** *al pl.* I figli, maschi e femmine, di una stessa famiglia. **3** Chi ha in comune con altri un vincolo religioso, politico, sociale, ideale e sim.: *essere fratelli in Cristo* | – *d'arme*, commilitone. **4** Frate, converso | In alcuni ordini cattolici, chi veste l'abito, senza aver pronunziato i voti o avendone pronunziato solo parte. **B** *in funzione di agg.* (*posposto al s.*) Che è della stessa opinione politica, che aderisce allo stesso movimento e sim.: *partiti fratelli.* [→ tav. *proverbi* 157]
fraternità *s. f.* Affetto fraterno, accordo perfetto tra persone non legate da parentela.
fraternizzàre *v. intr.* (*io fraternìzzo; aus. avere*) **1** Stringere rapporti d'amicizia, spec. con chi prima era ostile o nemico: *gli invasori fraternizzarono con gli indigeni.* **2** Fare propri gli ideali di q.c.: *i militari fraternizzarono con i ribelli.*
fratèrno *agg.* **1** Di, da, fratello: *affetto* –. **2** (*est.*) Affettuoso, come di fratelli.
fratésco *agg.* (*pl. m. -schi*) Di, da frate.
fraticèllo *s. m.* **1** *Dim. di frate* (1). **2** Piccolo uccello, buon nuotatore e tuffatore, con piumaggio grigio nella parte superiore del corpo, bianco in quella inferiore e cappuccio nero sul capo.
fratìna *s. f.* **1** Tavolo lungo e stretto da refettorio di convento. [→ ill. *mobili*] **2** Particolare taglio dei capelli in uso presso certi frati.
fratìno *s. m.* Uccelletto dell'ordine dei Caradriformi, comune in Italia sulle spiagge, che si muove camminando e correndo a grande velocità.
fratricìda **A** *s. m. e f.* (*pl. m. -i*) Chi uccide il proprio fratello o la propria sorella | (*est.*) Chi uccide qc. cui è legato da comunanza d'idee e sim. **B** *agg.* Di, da fratricida | *Guerra* –, civile.
fratricìdio *s. m.* Uccisione del proprio fratello o della propria sorella.
fràtta *s. f.* Luogo scosceso e impervio ricoperto da una macchia intricata di pruni e sterpi.
frattàglia *s. f. spec. al pl.* Interiora commestibili degli animali macellati.
frattànto *avv.* In quel mentre, nel medesimo tempo.
frattèmpo *s. m. Solo nelle loc. avv. in questo, in quel* –, *nel* –, in questo, in quel mentre, nel tempo intercorrente.
fràtto *agg.* **1** (*lett.*) Spezzato. **2** (*mat.*) Frazionario: *equazione fratta* | Diviso: *sei – due.*
frattùra *s. f.* **1** (*med.*) Rottura di un osso. **2** (*geol.*) Spaccatura di una roccia della crosta terrestre. **3** (*fig.*) Interruzione nel corso del normale svolgimento di q.c. | Profondo e improvviso dissenso.
fratturàre **A** *v. tr.* (*io frattùro*) Produrre una frattura. **B** *v. intr. pron.* Subire una frattura.
fraudolènto *agg.* **1** Che opera con frode, che commette frode: *individuo* –. **2** Che è caratterizzato da frode: *bancarotta fraudolenta.*
fraudolènza *s. f.* Inganno, truffa | Carattere di ciò che è fraudolento.
frazionàbile *agg.* Che si può frazionare.
frazionaménto *s. m.* Divisione in parti.
frazionàre **A** *v. tr.* (*io frazióno*) Dividere in varie parti. **B** *v. intr. pron.* Dividersi.
frazionàrio *agg.* (*mat.*) Di frazione.
frazionàto *part. pass. di frazionare; anche agg.* **1** Diviso in parti. **2** Detto di francobollo ottenuto tagliando in più parti un esemplare intero.
frazióne *s. f.* **1** Porzione, parte staccata di un tutto: *un quarto d'ora è una – di ora.* **2** (*mat.*) Espressione composta di due numeri interi che indicano rispettivamente quante e quali parti dell'unità si considerano | – *decimale*, che ha per denominatore una potenza di 10 e che equivale a un numero decimale | – *propria, impropria*, il cui numeratore è minore o maggiore del denominatore. In testi di tipo discorsivo, le frazioni si possono scrivere in lettere: *ci vediamo tra un quarto d'ora; per tre quarti del film gli attori non parlano; solo un quinto dei partecipanti ha preso la parola; i due terzi dello stipendio se ne vanno per l'affitto; una mezza porzione di ta-*

gliatelle. In usi di tipo matematico, tecnico o scientifico le frazioni si scrivono con i numeri arabi separati da una barretta diagonale: *2/3 d'acqua e 1/3 di latte*; *la base è 5/7 dell'altezza*; oppure separando i due numeri (detti *numeratore* e *denominatore*) con la linea di frazione: $\frac{3}{5}+\frac{2}{5}=1$. (V. nota d'uso NUMERO) **3** Borgata di comune priva di uffici comunali.

frazionismo *s. m.* Tendenza a creare correnti o scissioni nell'ambito dei partiti.

freàtico *agg.* (*pl. m. -ci*) Detto di falda acquifera che scorre attraverso terreni porosi permeabili.

fréccia *s. f.* (*pl. -ce*) **1** Asticciola con punta acuta e cocca posteriore per essere lanciata con arco o balestra, dotata talvolta di alette stabilizzatrici | *Avere molte frecce al proprio arco*, (*fig.*) disporre di molti buoni argomenti o possibilità. [→ ill. *armi*] **2** (*fig.*) Allusione pungente o cattiva. **3** (*est.*) Elemento appuntito e allungato, più o meno simile a una freccia | *– di direzione*, indicatore usato un tempo sugli autoveicoli, consistente in una barretta a luce rossa fatta sporgere dal fianco della carrozzeria | *– del campanile, di una torre e sim.*, guglia, cuspide | *A –*, che ha la forma di una freccia | *Ala a –*, le cui semiali formano in pianta un angolo col vertice in avanti. **4** Segno, pannello e sim. a forma di freccia usato per indicare la direzione: *secondo la – bisogna voltare a destra*. **5** (*geom.*) In un arco limitato da una corda, la distanza della corda dal punto più lontano dell'arco. **6** (*arch.*) Distanza verticale fra la chiave di volta e la corda di un arco. [→ ill. *architettura*] **7** Stanga che collega la sala posteriore a quella anteriore del carro. [→ ill. *carro e carrozza*]

frecciàta *s. f.* **1** Colpo di freccia. **2** (*fig.*) Allusione volutamente mordace e maligna.

freddaménte *avv.* Con freddezza, con indifferenza.

freddàre **A** *v. tr.* (*io fréddo*) **1** Far diventare freddo, spec. bevande o cibi caldi. **2** Uccidere, spec. all'improvviso e con un colpo solo: *freddò il leone a breve distanza*. **B** *v. intr. pron.* Diventare freddo.

freddézza *s. f.* **1** Stato, condizione di ciò che è freddo. **2** (*fig.*) Dichiarata indifferenza, priva di slancio e cordialità; CONTR. Affettuosità, calore. **3** (*fig.*) Autocontrollo.

fréddo **A** *agg.* **1** Che comunica una sensazione contraria a quella del caldo a causa della temperatura inferiore a quella normale o ambientale: *tempo, vento –*; *– come il ghiaccio* | *Sudore –*, provocato da malattia o spavento | *Piatti freddi*, a base di vivande che non richiedono cottura oppure cotte e servite fredde | *Doccia fredda*, fatta con acqua fredda e, (*fig.*) improvviso e spiacevole disinganno | *Animali a sangue –*, nei quali la temperatura corporea dipende da quella ambientale; CONTR. Caldo. **2** (*fig.*) Che non si lascia trascinare dalle passioni: *temperamento –* | (*fig.*) Indifferente, privo di entusiasmo: *accoglienza fredda* | *Sangue –*, (*fig.*) controllo dei propri nervi | *A mente fredda*, (*fig.*) dopo che l'ira e lo sdegno sono sbolliti. **B** *s. m.* **1** Mancanza di calore | *A –*, senza riscaldare; (*fig.*) con lucidità, senza emozioni | *Industria del –*, comprendente la produzione di ghiaccio artificiale, di apparecchi e impianti frigoriferi. **2** Sensazione prodotta dalla perdita o dalla mancanza di calore: *avere, sentire –* | *Non gli fa né caldo né –*, (*fig.*) lo lascia del tutto indifferente; CONTR. Caldo. **3** Clima rigido: *rigori del –* | *I primi freddi*, l'inizio dell'inverno. [→ tav. *proverbi* 141]

freddolóso *agg.* Che soffre il freddo; CONTR. Caloroso.

freddùra *s. f.* Spiritosaggine, consistente spec. in giochi di parole o doppi sensi.

freddurìsta *s. m. e f.* (*pl. m. -i*) Chi si compiace di usare spesso freddure.

freezer /*ingl.* 'fri:zə/ *s. m. inv.* (*pl. ingl. freezers* /'fri:zəz/) Nel frigorifero, scomparto, solitamente superiore, ove si produce la temperatura più bassa.

fregàccio *s. m.* Frego di matita o penna tracciato in fretta e malamente; SIN. Sgorbio.

fregagióne *s. f.* (*pop.*) Frizione, massaggio.

fregaménto *s. m.* Strofinamento, sfregamento.

fregàre **A** *v. tr.* (*io frégo, tu fréghi*) **1** Strofinare q.c. spec. energicamente | (*est.*) Massaggiare: *– le gambe* | Stropicciare: *fregarsi le mani*. **2** (*pop.*) Ingannare, imbrogliare: *s'è lasciato – come un novellino* | Rubare: *mi hanno fregato l'orologio*. **B** *v. rifl.* Strofinarsi. **C** *v. intr. pron.* (*volg.*) Non provare il minimo interesse: *fregarsene di qc.*; SIN. Infischiarsene.

fregàta (1) *s. f.* **1** Rapida strofinata per pulire, lucidare e sim. **2** (*pop.*) Fregatura.

fregàta (2) *s. f.* Un tempo, nave a tre alberi a vele quadre, unità intermedia tra il vascello e la corvetta | Oggi, nave militare, dotata di armi antisommergibili e antiaeree. [→ ill. *marina*]

fregàta (3) *s. f.* Uccello dei mari intertropicali, con piedi palmati e volo molto veloce. [→ ill. *animali* 9]

fregatùra *s. f.* **1** (*raro*) Atto del fregare q.c. | Il segno che ne rimane. **2** (*pop.*) Danno, inganno, imbroglio.

fregiàre **A** *v. tr.* (*io frégio o frègio*) Guarnire di fregi | (*fig.*) Decorare, abbellire. **B** *v. rifl.* Adornarsi di q.c. (*anche fig.*).

frégio *s. m.* (*arch.*) Fascia ornamentale ad andamento orizzontale compresa fra l'architrave e la cornice, decorata a rilievo con figure o con motivi geometrici o più o meno stilizzati | (*est.*) Ogni decorazione a forma di fascia | (*fig.*) Ornamento, pregio. [→ ill. *architettura*]

fregnàccia *s. f.* (*centr., volg.*) Sciocchezza | (*est.*) Causa di noie, fastidi e sim.

frégo *s. m.* (*pl. -ghi*) Segno o scarabocchio tracciato su q.c. con un oggetto che scrive o incide: *fare un – sul muro* | *Dar di –*, (*fig.*) far segno di rifiuto o disapprovazione.

frégola *s. f.* **1** Stato di eccitazione che si verifica negli animali all'epoca della riproduzione; SIN. Calore, estro. **2** (*fig.*) Desiderio smanioso | Mania: *avere la – della poesia*.

frèisa *s. m. e f. inv.* Vino rosso granata, leggermente amabile, prodotto nella zona di Chieri.

fremebóndo *agg.* (*lett.*) Fremente per sentimenti violenti.

fremènte *part. pres. di fremere; anche agg.* Che freme.

frèmere *v. intr.* (*io frèmo; aus. avere*) **1** Essere oltremodo agitato: *– di sdegno*. **2** (*lett.*) Rumoreggiare cupamente.

frèmito *s. m.* Agitazione o brivido improvviso dovuto a forti emozioni: *un – d'ira, di pietà*.

frenàbile *agg.* Che si può frenare.

frenàggio *s. m.* **1** Insieme dei dispositivi di frenata. **2** Movimento o azione per fermare.

frenàre **A** *v. tr.* (*io fréno o frèno*) **1** Sottoporre all'azione del freno ciò che è in movimento: *– un veicolo* | ass. Mettere in funzione i freni di un veicolo. **2** (*fig.*) Contenere, moderare: *– il pianto*. **B** *v. rifl.* **1** Diminuire la propria velocità. **2** (*fig.*) Dominarsi, contenersi.

frenastenìa *s. f.* (*gener.*) Ogni insufficienza originaria di sviluppo mentale.

frenastènico *agg.; anche s. m.* (*f. -a; pl. m. -ci*) Che (o chi) è affetto da frenastenia.

frenastèrzo *s. m.* Dispositivo inserito nello sterzo di alcune motociclette per regolare la sterzata della ruota anteriore.

frenàta *s. f.* Azionamento dei freni di un veicolo | Colpo di freno | Rallentamento (*anche fig.*).

frenatóre **A** *s. m.; anche agg.* (*f. -trice*) (*lett.*) Chi (o che) frena. **B** *s. m.* Ferroviere addetto alla manovra dei freni.

frenatùra *s. f.* Manovra del frenare un veicolo | Disposizione e funzionamento dei freni in un veicolo e sim.

frenèllo *s. m.* **1** Frenulo. **2** Cavetto metallico che partendo dalla barra giunge alla ruota del timone.

frenesìa *s. f.* **1** Pazzia, esaltazione. **2** Capriccio smanioso o irragionevole: *la – del gioco*.

frenètico *agg.* (*pl. m. -ci*) **1** Di chi è vittima della frenesia e di ciò che rivela frenesia: *pazzo –*; *urlo –*. **2** (*fig.*) Eccessivamente movimentato: *ballo –*.

frènico *agg.* (*pl. m. -ci*) (*anat.*) Che appartiene al diaframma: *nervo –*.

fréno o *frèno* *s. m.* **1** Finimento al quale si attaccano le redini per guidare gli animali | Morso | *Mordere il, rodere il –*, (*fig.*) essere insofferente alla disciplina | *Allentare, stringere il –*, (*fig.*) lasciare maggiore, minore libertà di prima | *Tenere in, a, –*, (*fig.*) guidare con energia | *Senza –*, sfrenatamente, senza ritegno. [→ ill. *finimenti*] **2** Meccanismo che si oppone al moto di un organo di una macchina o di un veicolo, con trasformazione in calore dell'energia cinetica assorbita | *– a ceppo*, costituito da ceppi che premono con attrito su un tamburo rotante | *– a disco*, il cui organo rotante è un disco sul quale si stringono blocchetti di materiale d'attrito | — *idraulico, pneumatico*, comandato mediante olio, aria compressa | — *a mano, di stazionamento*, comandato da una leva, per mantenere bloccati gli autoveicoli | — *aerodinamico*, in un aereo, superfici piane che vengono disposte in modo da contrastare l'avanzamento. [→ ill. *automobile, ciclo e motociclo*] **3** (*fig.*) Tutto ciò che serve a reprimere arbitri, eccessi e sim.: *il — della legge* | *Porre un — alla corruzione*, contenerla.

frèno- *primo elemento*: in parole composte della terminologia medica significa 'mente': *frenologia, frenopatia*.

frenologìa *s. f.* (*pl.* -*gie*) Dottrina secondo cui le funzioni psichiche avrebbero una particolare localizzazione cerebrale.

frenòlogo *s. m.* (*f.* -*a*; *pl. m.* -*gi*) Studioso di frenologia.

frenopatìa *s. f.* Malattia mentale.

frènulo *s. m.* (*anat.*) Piccola membrana che trattiene un organo: — *linguale*; SIN. Filetto, frenello.

frèon *s. m.* Nome commerciale di una serie di composti del fluoro non tossici, usati come fluidi frigoriferi.

frequentàbile *agg.* Che si può frequentare.

frequentàre *v. tr.* (*io frequènto*) **1** Visitare spesso un luogo per dovere, abitudine, lavoro e sim.: — *la chiesa, il teatro, il circolo*. **2** Praticare con frequenza: — *gli uomini politici*; SIN. Bazzicare.

frequentativo **A** *agg.* Che esprime ripetizione | *Verbo* —, che enuncia un'azione ripetuta; SIN. Iterativo. **B** *s. m.* Verbo frequentativo: *'giocherellare' è il — di 'giocare'*.

frequentàto *part. pass. di frequentare; anche agg.* Affollato, popolato: *luogo molto —*.

frequentatóre *s. m.* (*f.* -*trice*) Chi frequenta spesso determinati luoghi.

frequentazióne *s. f.* Il visitare con una certa assiduità una persona, una famiglia, un ambiente.

frequènte *agg.* Che si fa, si ripete o accade spesso: *assenze, visite frequenti*.

frequenteménte *avv.* Spesso, con assiduità.

frequènza *s. f.* **1** La condizione di ciò che accade o si ripete molte volte: *la — delle visite*; CONTR. Rarità. **2** Assiduità di qc. in un luogo: *la — alle lezioni*; CONTR. Assenza. **3** Affollamento: *la — dei turisti*. **4** Numero di volte che un fenomeno periodico si verifica nell'unità di tempo: — *del polso, della corrente alternata*. **5** (*mat.*) Di eventi aleatori, rapporto tra le prove riuscite e quelle fatte.

frequenzimetro o *frequenziòmetro* *s. m.* Strumento misuratore della frequenza di una corrente elettrica alternata. [→ ill. *elettricità*]

frèṣa *s. f.* (*tecn.*) Utensile con superficie di rotazione dotato di taglienti multipli. [→ ill. *calzolaio, meccanica, medicina e chirurgia*]

freṣàre *v. tr.* (*io frèṣo*) Lavorare con la fresatrice.

freṣatóre *s. m.* Operaio addetto a una fresatrice.

freṣatrìce *s. f.* Macchina utensile per metalli che lavora con moto di taglio rotatorio dato all'utensile e moto di avanzamento dato al pezzo. [→ ill. *meccanica*]

freṣatùra *s. f.* Lavorazione eseguita con fresatrice.

freschézza *s. f.* Qualità di fresco (*anche fig.*): — *del pesce*; — *di stile*.

frésco **A** *agg.* (*pl. m.* -*schi*) **1** Di ciò che ha una temperatura gradevole, tra caldo e freddo: *venticello —* | *Star —*, (*fig.*) aver la prospettiva di una punizione o di una situazione sgradevole. **2** Che è stato fatto, preparato e sim. da poco tempo: *frutta fresca* | *Muro, intonaco, vernice fresca*, ancora umida | *Pagina fresca*, dove l'inchiostro non è ancora asciutto | *Fiori freschi*, appena colti | *Latte —*, munto da poco | *Carne fresca*, macellata da poco | *Pesce —*, appena pescato | (*est.*) Recente, nuovo: *notizia fresca* | *Di —*, da poco tempo | *Essere — di studi*, averli appena terminati | *Sposi freschi*, novelli. **3** (*fig.*) Giovane, rigoglioso, fiorente: *donna bella e fresca* | *Età fresca*, giovanile | *Colorito —*, sano e vivo. **4** (*fig.*) Gaio, brioso: *risata fresca*. **5** (*fig.*) Riposato, ristorato: *cavallo —*. **B** *s. m.* **1** Temperatura fresca: *sentire, godere il —* | *Mettere il vino al —*, in luogo refrigerato | *Col, per il —*, nelle ore fresche, del mattino o della sera | *Mettere qc. al —*, (*fig.*) in prigione. **2** Tessuto di lana particolarmente leggero per abiti estivi. [→ tav. *proverbi* 393]

frescùra *s. f.* Aria o brezza fresca.

frèṣia *s. f.* Pianta erbacea tuberosa delle Liliflore con fiori campanulati in cime dagli svariati colori.

frétta *s. f.* **1** Premura, urgenza: *ho — di partire* | *Far — a qc.*, far sì che agisca sollecitamente. **2** Rapidità di atti o movimenti: *leggere in —*; CONTR. Calma.

frettàzzo *s. m.* **1** Tavoletta rettangolare di legno, con maniglia, usata dal muratore per spianare la malta con cui si intonaca un muro. [→ ill. *edilizia*] **2** Robusta spazzola di setole rigide per pulire parti delle navi.

frettolóso *agg.* **1** Che ha fretta, che opera in fretta: *sei — nel mangiare*. **2** Che è fatto in fretta: *lavoro —*. [→ tav. *proverbi* 222]

freudiàno /froi'djano/ *agg.* Che si riferisce al fondatore della psicanalisi, Sigmund Freud, o alle sue teorie.

friàbile *agg.* Di tutto ciò che, per scarsa coesione, può ridursi in briciole.

friabilità *s. f.* Qualità di ciò che è friabile.

fricandò *s. m. inv.* Carne di vitello lardellata e cotta in casseruola con verdure e aromi.

fricassèa *s. f.* Vivanda fatta di carne, verdura o altro, sminuzzata e cotta in stufato con salsa a base d'uovo e succo di limone.

fricativa *s. f.* Consonante fricativa: *'f' e 'v' sono fricative*.

fricativo *agg.* **1** Che produce frizione, attrito. **2** (*ling.*) Detto di consonante costrittiva.

fricchettóne *s. m.* (*f.* -*a*) (*spreg., scherz.*) Giovane che assume aspetti e modi stravaganti.

friggere **A** *v. tr.* (*pres. io friggo, tu friggi*; *pass. rem. io frissi, tu friggésti*; *part. pass. fritto*) Cuocere in padella o tegame, immergendo in olio o grasso bollente: — *il pesce* | (*fig.*) *Mandare qc. a farsi —*, mandarlo a quel paese | *Andare a farsi —*, andare in malora. **B** *v. intr.* (*aus. avere*) **1** Bollire stridendo: *i grassi friggono*. **2** (*fig.*) Fremere, struggersi: — *di rabbia*.

friggitorìa *s. f.* Bottega ove si vendono cibi fritti.

frigidaire /*fr.* friʒi'dɛr/ *s. m. inv.* (*pl. fr. frigidaires* /friʒi'dɛr/) Frigorifero.

frigidàrio *s. m.* Sala delle terme romane nel cui pavimento era collocato il bacino per il bagno freddo.

frigidézza *s. f.* (*lett.*) Freddezza | Frigidità.

frigidità *s. f.* **1** (*lett.*) L'essere freddo. **2** Mancanza di desiderio sessuale.

frigido *agg.* **1** (*lett.*) Freddo (*anche fig.*). **2** Affetto da frigidità.

frigio *agg.* (*pl. f.* -*gie*) Della Frigia | *Berretto —*, quello rosso, appuntito, con la punta piegata in avanti, tipico degli antichi Frigi e assunto come simbolo di libertà, in Francia, durante la rivoluzione. [→ ill. *copricapo*]

frignàre *v. intr.* (*aus. avere*) Piagnucolare in modo continuo e noioso.

frignìo *s. m.* Piagnucolio insistente.

frignóne *s. m.* (*f.* -*a*) Chi frigna spesso.

frigo *s. m. Acrt. di frigorifero*.

frigobàr *s. m. inv.* Piccolo frigorifero per tenere fresche le bevande, spec. nelle stanze d'albergo.

frigorìa *s. f.* Unità, usata nella tecnica degli impianti frigoriferi, per indicare il calore necessario per abbassare da 15,5 a 14,5 °C la temperatura di 1 grammo di acqua distillata.

frigorifero **A** *agg.* Atto a produrre un abbassamento di temperatura: *impianto —*; *cella frigorifera*. [→ ill. *bar, ferrovia, supermercato*] **B** *s. m.* Mobile o locale per la conservazione degli alimenti, nel cui interno, mediante una macchina frigorifera, si mantiene una temperatura inferiore a quella ambiente. [→ ill. *bar, elettrodomestici*]

frigorista *s. m.* (*pl.* -*i*) Operaio addetto alla manutenzione di un impianto frigorifero.

frimàio *s. m.* Terzo mese del calendario repubblicano francese.

fringuèllo *s. m.* Piccolo uccello dal canto melodioso con dorso bruno e petto rossiccio. [→ ill. *animali* 13]

frinìre *v. intr.* (*io frinìsco, tu frinìsci*; *aus. avere*) Emettere il verso della cicala.

friṣàre *v. tr.* (*io friṣo*) Strofinare, sfiorare | — *una palla*, nel gioco del biliardo, sfiorarla lateralmente con la propria.

frisbee /*ingl.* 'frisbi:/ *s. m. inv.* Nome commerciale di un leggero disco di plastica che si lancia in giochi singoli o a squadre | Il gioco stesso.

fritillària *s. f.* Pianta erbacea bulbosa delle Liliflore con un ciuffo di fiori campanulati color arancio. [→ ill. *piante*

17]

frittàta *s. f.* Pietanza a base di uova sbattute, spesso arricchita con verdure o altri ingredienti, cotta in padella con olio o burro, di forma tondeggiante | *Fare la, una,* –, (*fig.*) combinare un guaio.

frittèlla *s. f.* **1** Piccolo dolce fritto, di forma schiacciata, a base di farina, zucchero e uova a cui si possono aggiungere altri ingredienti, come riso, uvetta e sim. [→ ill. *dolciumi*] **2** (*fig.*) Macchia di unto sul vestito.

fritto A *part. pass. di friggere; anche agg.* **1** Cotto in padella in olio o grasso bollente | – *e rifritto,* (*fig.*) ripetuto sino alla noia. **2** (*fig.*) Conciato per le feste: *se ci scoprono siamo fritti.* **B** *s. m.* **1** Piatto a base di cibi fritti: – *misto.* **2** Odore o sapore tipico dei cibi fritti.

frittùra *s. f.* **1** Cottura in olio o grasso bollente. **2** Pietanza di cose fritte.

friulàno *agg.; anche s. m.* (*f. -a*) Del Friuli.

frivolézza *s. f.* L'essere frivolo | (*est.*) Atto o comportamento frivolo; SIN. Futilità, leggerezza; CONTR. Serietà.

frìvolo *agg.* Futile, superficiale, vacuo; CONTR. Serio.

frizionàre A *v. tr.* (*io frizióno*) Eseguire un massaggio, una frizione. **B** *v. intr.* Manovrare la frizione.

frizióne *s. f.* **1** Massaggio con sostanze medicamentose semiliquide per facilitarne la penetrazione attraverso la cute. **2** Attrito tra due corpi, per il movimento di uno in contatto con l'altro. **3** Negli autoveicoli, organo meccanico a dischi che permette di accoppiare e disaccoppiare dolcemente e progressivamente il motore dalle ruote, attraverso il cambio di velocità | Pedale con cui si manovra tale meccanismo. [→ ill. *automobile, meccanica*] **4** (*fig.*) Contrasto, dissenso.

frizzànte A *part. pass. di frizzare; anche agg.* **1** Che frizza | *Acqua* –, gassata | *Vento* –, pungente. **2** (*fig.*) Arguto, vivace: *ingegno* –. **B** *s. m.* Sapore caratteristico delle bevande frizzanti.

frizzàre *v. intr.* (*aus. avere*) **1** Bruciare o prudere vivamente a fior di pelle. **2** Essere piacevolmente aspro e pungente: *un vino che frizza.*

frizzo *s. m.* Battuta pungente, motto arguto; SIN. Facezia, spiritosaggine.

frodàre *v. tr.* (*io fròdo*) **1** Sottrarre con frode: – *una somma di denaro a qc.* **2** Privare con l'inganno qc. di q.c.: – *il fisco*; SIN. Imbrogliare, truffare.

frodatóre *s. m.* (*f. -trìce*) Chi froda; SIN. Imbroglione, truffatore.

fròde *s. f.* Raggiro diretto a ingannare qc. sorprendendone la buona fede; SIN. Imbroglio, truffa.

fròdo *s. m. solo sing.* Artificio o inganno per eludere il pagamento di dazi, imposte, tasse e sim. | *Cacciatore, pescatore di* –, privo della necessaria licenza, o che pesca o caccia in luogo proibito.

frògia *s. f.* (*pl. -gie o -ge*) **1** Ciascuna delle ali laterali delle narici equine. **2** (*scherz.*) Narice umana, spec. dilatata.

frollàre A *v. intr.* (*io fròllo; aus. essere*) Far divenire tenera la carne da mangiare, mediante stagionatura. **B** *v. intr. pron.* Divenir frollo.

frollatùra *s. f.* Operazione del frollare | Tempo occorrente per tale operazione.

frollìno *s. m.* Pasticcino o biscotto di pasta frolla, spesso guarnito con canditi o crema. [→ ill. *dolciumi*]

fròllo *agg.* **1** Tenero, morbido | Di carne divenuta, qualche tempo dopo la macellazione, atta a cuocersi e tenera a mangiarsi | *Pasta frolla,* pasta dolce che si sbriciola facilmente, di fior di farina, burro, tuorli d'uova e zucchero. **2** (*fig.*) Privo di energia fisica e morale.

frómbola *s. f.* (*lett.*) Fionda. [→ ill. *armi*]

frombolàre A *v. intr.* (*io frómbolo*) Tirare con la frombola. **B** *v. tr.* Scagliare con la frombola.

frombolière *s. m.* **1** Chi è molto abile nel tirar di frombola. **2** Nel calcio, cannoniere.

frónda (1) *s. f.* **1** Ramoscello con foglie. **2** *spec. al pl.* Tutte le foglie e i rami di un albero. **3** *spec. al pl.* (*fig.*) Ornamenti eccessivi di un discorso o di uno scritto.

frónda (2) *s. f.* **1** Nella Francia del XVII sec., complesso di ribellioni contro la reggente Anna d'Austria e il suo primo ministro. **2** (*est.*) Corrente di opposizione all'interno di un partito politico. [→ tav. *locuzioni* 10]

frondista *s. m. e f.* (*pl. m. -i*) Ribelle, oppositore.

frondosità *s. f.* Qualità di ciò che è frondoso.

frondóso *agg.* **1** Ricco di fronde; SIN. Fronzuto. **2** (*fig.*) Di scritto o discorso sovraccarico di ornamenti.

frontàle (1) *agg.* **1** Che appartiene alla fronte | *Osso* –, situato nella parte anteriore del cranio. [→ ill. *anatomia umana, medicina e chirurgia*] **2** Che avviene o si presenta di fronte: *scontro* –.

frontàle (2) *s. m.* **1** Ornamento d'oro e pietre preziose che si portava un tempo pendente sulla fronte | Copertura della fronte. [→ ill. *religione*] **2** Parte della briglia che è sotto gli orecchi del cavallo e passa per la fronte.

frónte A *s. f.* **1** Parte della testa umana compresa tra le sopracciglia e l'attaccatura dei capelli: – *ampia, bassa* | (*est.*) Testa, capo: *ornare la – di lauro* | *A – alta,* con franchezza, sicurezza | *Con la – bassa,* a capo basso per vergogna e sim. | *Battersi la* –, per ira o dolore. [→ ill. *zoologia*] **2** Volto, aspetto: – *lieta, serena* | *Gli si legge tutto in* –, (*fig.*) non sa dissimulare nulla | *A – a* –, a faccia a faccia | *Mostrare la* –, il viso, senza tema di nulla. **3** Presenza, confronto: *mettere a – due testimoni* | *A* –, a confronto | *Stare, essere, trovarsi di* –, dirimpetto | *Testo con traduzione a* –, a lato, per consentire il confronto. **4** Parte anteriore di costruzioni, strutture e sim. | – *del ghiacciaio,* parte terminale della lingua di un ghiacciaio. [→ ill. *cava, geografia*] **5** (*letter.*) Nella canzone antica, la prima delle tre parti della strofa, a sua volta suddivisa in due parti, dette piedi. **B** *s. m.* **1** Linea lungo la quale le forze belligeranti contrapposte si fronteggiano o sono a contatto. **2** (*fig.*) Coalizione ideale di più forze che si oppongono ad altre: *far – comune contro gli invasori* | (*fig.*) *Far – a qc., a q.c.,* tener testa, fronteggiare. **3** Coalizione di partiti o movimenti politici in vista del raggiungimento di un fine comune: – *popolare*; – *di liberazione.* **4** (*meteor.*) Superficie di separazione fra masse d'aria: – *freddo, caldo.*

fronteggiàre *v. tr.* (*io frontéggio*) **1** Combattere, contrastare: – *il nemico.* **2** Star di fronte a q.c.: *la mia casa fronteggia la piazza.*

frontespìzio *s. m.* **1** Cornice che decora la parte più alta di una facciata, loggia, finestra. **2** Pagina all'inizio di un libro nella quale sono indicati l'autore, il titolo, le note tipografiche. [→ ill. *stampa*]

frontièra *s. f.* **1** Linea di confine che delimita il territorio di uno Stato. **2** (*fig.*) Linea che delimita o circoscrive: *le frontiere della scienza.*

frontìno *s. m.* Tipo di parrucca per modificare l'attaccatura dei capelli.

frontismo *s. m.* Tendenza a creare schieramenti politici di sinistra imperniati sul Partito comunista.

frontista *s. m. e f.* (*pl. m. -i*) Chi sostiene un fronte politico.

frontóne *s. m.* Coronamento triangolare della facciata di un edificio, con tetto a due spioventi, tipico del tempio greco, usato anche per porte, finestre, nicchie. [→ ill. *architettura*]

frónzolo *s. m. spec. al pl.* Ornamento inutile e spesso di cattivo gusto.

fronzùto *agg.* Coperto di fronde; SIN. Frondoso.

frosóne *s. m.* Piccolo uccello, di forme tozze, con coda molto breve e becco assai forte, conico, grosso.

fròtta *s. f.* Gruppo numeroso di persone o animali.

fròttola *s. f.* **1** Composizione poetica italiana di origine popolare del XIV e XV sec. di vario metro, spesso di senso oscuro per la presenza d'indovinelli o proverbi. **2** Composizione polifonica profana diffusasi in Italia spec. nel sec. XV. **3** Bugia, fandonia.

fru fru o *frufrù inter.* Riproduce il leggero fruscio di vesti, stoffe, foglie, o lo scalpiccio o lo stropiccio di piedi e sim.

frugàle *agg.* Di chi è parco nel mangiare e nel bere; SIN. Sobrio.

frugalità *s. f.* Qualità di frugale; SIN. Sobrietà.

frugàre A *v. intr.* (*io frùgo, tu frùghi; aus. avere*) Cercare con attenzione, rovistando: – *in un cassetto, tra le carte.* **B** *v. tr.* Esaminare o perquisire con cura: *gli frugarono le tasche.*

frugìfero *agg.* (*lett.*) Che produce messi, frutti.

frugìvoro *agg.* Che mangia biada o frutti. [→ ill. *zoologia*]

frugnòlo *s. m.* Fiaccola a riverbero per abbagliare, di notte, uccelli addormentati e ucciderli.

frùgolo *s. m.* (*f. -a*) Bambino molto vivace.

fruìbile *agg.* Detto di ciò di cui si può fruire.

fruibilità *s. f.* Qualità di ciò che è fruibile.

fruìre *A v. intr.* (*io fruìsco, tu fruìsci; aus. avere*) Usare di q.c. traendone utile e giovamento: — *di una rendita.* *B v. tr.* (*raro*) Godere: — *la pace.*

fruitóre *s. m.* Chi fruisce di q.c. | Consumatore | Utente.

fruizióne *s. f.* Godimento, uso.

frullàre *A v. tr.* (*io frùllo*) Agitare una sostanza semiliquida col frullino o col frullatore: — *le uova.* *B v. intr.* (*aus. avere*) *1* Alzarsi in volo, facendo rumore con le ali: *le starne frullano.* *2* Girare o ruotare velocemente su se stesso: *la trottola frulla.* *3* (*fig.*) Agitarsi o dibattersi nella mente: *cosa gli frulla per il capo?*

frullàto *A part. pass. di frullare; anche agg.* Agitato, sbattuto. *B s. m.* Bevanda ottenuta sbattendo nel frullatore latte, frutta, verdura.

frullatóre *s. m.* Elettrodomestico atto a preparare cibi o bevande frullate. [→ ill. *elettrodomestici, bar, cucina*]

frullìno *s. m.* Arnese da cucina per sbattere a mano sostanze varie. [→ ill. *cucina*]

frullìo *s. m.* Un frullare continuo.

frùllo *s. m.* Battito e rumore delle ali di un uccello che si alza in volo.

frumentàrio *agg.* Di frumento.

fruménto *s. m.* (*bot.*) Grano.

frumentóne *s. m.* *1* *Accr. di frumento.* *2* (*bot.*) Granturco, mais.

frusciàre *v. intr.* (*io frùscio; aus. avere*) Produrre fruscio.

fruscìo *s. m.* Rumore sommesso e strisciante, prodotto da tessuti, foglie o carte che si muovono, da acqua che scorre e sim.

frùscolo *s. m.* (*raro*) Ramoscello secco.

frùsta *s. f.* *1* Lunga striscia di cuoio o corda intrecciata, fissata all'estremità di un bastone, usata per incitare gli animali da tiro e, un tempo, per percuotere le persone | *Mettere alla* —, (*fig.*) costringere al massimo sforzo; SIN. Sferza. [→ ill. *circo*] *2* Arnese da cucina per far montare la panna, l'albume delle uova e sim., costituito da fili di ottone ripiegati e fermati al manico. [→ ill. *cucina*]

frustàre *v. tr.* (*io frùsto*) *1* Percuotere con la frusta: — *un animale*; SIN. Sferzare. *2* (*fig.*) Censurare acerbamente.

frustàta *s. f.* *1* Colpo di frusta | (*est.*) Stimolo violento o intenso: *una — di energia.* *2* (*fig.*) Giudizio pungente.

frustìno *s. m.* Bacchetta flessibile ricoperta di pelle, usata da chi cavalca.

frùsto *agg.* *1* Consumato, logoro, liso. *2* (*fig.*) Logorato dall'uso e privo di originalità: *argomento* —.

frustràre *v. tr.* (*io frùstro*) Rendere vano.

frustràto *A part. pass. di frustrare; anche agg.* Deluso, vanificato: *speranze frustrate*; *tentativo* —. *B agg. e s. m.* (*f. -a*) Detto di chi è in uno stato di frustrazione.

frustrazióne *s. f.* *1* Vanificazione, disinganno. *2* Stato psichico di avvilimento e delusione nei confronti di una realtà avvertita come insormontabile o irraggiungibile.

frùtice *s. m.* (*bot.*) Arbusto.

fruticóso *agg.* (*bot.*) Di vegetale con tronco breve e rami vicini al suolo.

frùtta *s. f.* (*pl. frùtta o frùtte*) *1* L'insieme dei frutti commestibili di varie piante. [→ ill. *frutta, cesta, contenitore*] *2* (*est.*) L'insieme dei frutti serviti alla conclusione di un pasto. [→ ill. *stoviglie*]

fruttaiòlo *s. m.* (*f. -a*) Chi vende frutta.

fruttàre *A v. intr.* (*aus. avere*) Fruttificare: *le piante hanno fruttato poco.* *B v. tr.* *1* Produrre: *un campo che frutta grano* | (*est.*) Rendere: *il capitale frutta il dieci per cento.* *2* (*fig.*) Procurare, causare: *la sua bontà gli frutta la stima di tutti.*

fruttéto *s. m.* Appezzamento di terreno coltivato ad alberi da frutto.

frutticolo *agg.* Che riguarda gli alberi da frutto.

frutticoltóre *s. m.* Coltivatore di alberi da frutto.

frutticoltùra *s. f.* (*pl. -icoltùre*) *1* Parte della scienza agraria che studia i metodi della coltivazione degli alberi da frutto. *2* Coltivazione degli alberi da frutto.

fruttidòro *s. m.* Dodicesimo mese del calendario repubblicano francese.

fruttièra *s. f.* Grande piatto o vassoio per portare la frutta in tavola.

fruttìfero *agg.* *1* Che fa frutto: *albero* — | (*est.*) Fertile: *terreno* —. *2* (*fig.*) Che rende: *capitale* —.

fruttificàre *v. intr.* (*io fruttìfico, tu fruttìfichi; aus. avere*) Dare o produrre frutti (*anche fig.*).

fruttivéndolo *s. m.* (*f. -a*) Venditore di frutta e ortaggi.

frùtto *s. m.* *1* Prodotto della terra. *2* (*bot.*) Parte di talune piante contenente gli ovuli trasformati in semi: — *deiscente, indeiscente* | Prodotto commestibile di talune piante: *la polpa, il nocciolo del* — | — *di stagione*, (*fig.*) cosa opportuna | — *fuori stagione*, (*fig.*) cosa inopportuna o inaspettata | (*est.*) Prole | — *dell'amore*, figlio illegittimo | *Frutti di mare*, crostacei, molluschi commestibili. [→ ill. *agricoltura, botanica*] *3* Prodotto di un'attività umana: *i frutti della caccia, della pesca* | Profitto, vantaggio: *trarre — dalle proprie fatiche.* *4* (*fig.*) Effetto, conseguenza: *il — dell'educazione* | *Senza* —, (*fig.*) senza risultato. *5* Utile o vantaggio economico: *azienda che non dà frutti* | *Mettere q.c. a* —, utilizzarla per trarne un guadagno | (*est.*) Interesse: *dare, prendere denari a* —; SIN. Profitto, rendita. [→ tav. *proverbi* 131, 228]

fruttòsio *s. m.* (*chim.*) Zucchero contenuto in molti frutti e nel miele; SIN. Levulosio.

fruttuóso *agg.* *1* Che fornisce o produce frutti abbondanti. *2* (*fig.*) Utile, redditizio: *impresa fruttuosa.* *3* Che dà guadagno economico: *investimento* —. [→ tav. *proverbi* 19]

fu *terza pers. sing. del pass. rem. di essere in funzione di agg.* Defunto, morto (davanti ai nomi propri di pers.): *il — Mario Rossi.*

fucilàre *v. tr.* (*io fucìlo*) Mettere a morte mediante fucilazione.

fucilàta *s. f.* Colpo o sparo di fucile.

fucilazióne *s. f.* Esecuzione di condanna a morte mediante scarica di fucile, prevista dal codice penale militare di guerra per reati gravissimi.

fucìle *s. m.* Arma da fuoco portatile di piccolo calibro e canna lunga d'acciaio | — *subacqueo*, arma subacquea a molla, per lanciare piccole fiocine. [→ ill. *armi, cacciatore, pesca*]

fucilerìa *s. f.* Rumore di numerosi e continui colpi di fucile | Azione continuata di gran numero di fucili.

fucilière *s. m.* Soldato armato di fucile.

fucìna *s. f.* *1* Focolare a carbone, con aria insufflata, su cui i fabbri arroventano il ferro per batterlo all'incudine. [→ ill. *meccanica*] *2* Impianto o reparto di fucinatura. *3* (*fig.*) Luogo, epoca, ambiente in cui si prepara q.c. o si formano menti, personalità: *il Quattrocento fu una — d'ingegni.*

fucinàre *v. tr.* (*io fucìno*) *1* Lavorare ferro, acciaio o altro materiale per battitura a caldo; SIN. Forgiare. *2* (*fig.*) Ordire, macchinare: — *inganni.*

fucinatóre *s. m.* Operaio addetto alla fucinatura.

fucinatrìce *s. f.* Pressa per dare forma al ferro reso malleabile dal calore.

fucinatùra *s. f.* Lavorazione a caldo di metalli, con martelli, incudini, morse, tenaglie, mazze e sim.

fùco (1) *s. m.* (*pl. -chi*) Alga con tallo laminare, appiattito e ramificato.

fùco (2) *s. m.* (*pl. -chi*) Maschio dell'ape, tozzo, con occhi più grandi, privo di aculeo; SIN. Pecchione. [→ ill. *ape*]

fùcsia *s. f.* Pianta cespugliosa delle Mirtali con bellissimi fiori penduli di color rosso e azzurro violaceo. [→ ill. *piante* 8]

fucsìna *s. f.* (*chim.*) Sostanza colorante rossa, ottenuta dall'anilina.

fùga *s. f.* *1* Rapido allontanamento da un luogo o situazione, per paura o per sottrarsi a un danno, pericolo e sim.; SIN. Evasione, scampo | *Darsi alla* —, *andare, volgere in* —, fuggire | *Porre, mettere in* —, far fuggire | *Pigliare la* —, fuggire. *2* (*est.*) Fuoriuscita: — *di gas* | — *di capitali*, trasferimento precipitoso di capitali monetari da uno Stato che versa in difficoltà politiche o economiche a un altro che dia garanzie di stabilità | (*fig.*) — *dei cervelli*, fenomeno per cui taluni scienziati lasciano i loro paesi e si trasferiscono in altri, a causa delle migliori possibilità loro offerte. *3* Serie di elementi architettonici o di ambienti, uguali e disposti uno di seguito all'altro a distanza regolare, in modo da suggerire un effetto di movimento: *una — di colonne, di archi.* *4* Nel ciclismo, azione di uno o più concorrenti per sopravanzare notevolmente gli altri. *5* (*mus.*) Forma musicale contrappuntistica con numero determinato di voci.

fugàce *agg.* Che è transitorio, di breve durata: *la bellezza è un bene* —; SIN. Caduco, effimero, fuggevole.
fugacità *s. f.* Qualità di ciò che è fugace; SIN. Caducità.
fugàre *v. tr.* (*io fùgo, tu fùghi*) Mettere in fuga, far fuggire (*anche fig.*): — *gli avversari*; — *i dubbi.*
fugàto **A** *part. pass. di fugare; anche agg.* Messo in fuga. **B** *s. m.* (*mus.*) Parte, in forma di fuga, di una composizione.
fuggévole *agg.* Che passa veloce: *attimo* — | Rapido, fugace: *sguardo* —.
fuggiàsco **A** *s. m.* (*f. -a; pl. m. -schi*) Chi fugge per sottrarsi a pericoli, ricerche, persecuzioni e sim. **B** *anche agg.*
fuggifùggi *s. m.* Fuga disordinata e precipitosa di persone, veicoli e sim.
fuggire **A** *v. intr.* (*io fùggo, tu fùggi; aus. essere*) **1** Allontanarsi rapidamente da un luogo o situazione per timore, per salvarsi e sim.: — *dal pericolo, dalla città* | — *dinanzi alla tempesta,* nel linguaggio marinaro, correre nella stessa direzione del vento, con vele basse | (*est.*) Tenersi lontano: — *dalle tentazioni*; SIN. Scappare. **2** Rifugiarsi: — *sui monti.* **3** Nel ciclismo, realizzare o tentare una fuga. **4** Scorrere rapidamente (*anche fig.*): *il tempo fugge.* **5** (*fig.*) Venir meno: *la gloria fugge.* **B** *v. tr.* Schivare, evitare (*anche fig.*): — *i cattivi compagni.* [→ tav. *proverbi* 18]
fuggitivo **A** *agg.* **1** Che si allontana fuggendo. **2** (*fig.*) Fugace, fuggevole: *pensiero* —. **B** *s. m.* (*f. -a*) Fuggiasco | Disertore, evaso.
-fugo *secondo elemento* **1** In alcune parole composte significa 'che mette in fuga': *callifugo, vermifugo.* **2** In alcune parole composte significa 'che fugge da': *centrifugo*; CONTR. -peto.
führer /*ted.* 'fy:rər/ *s. m. inv.* (*pl. ted. führer* /'fy:rər/) Titolo dato in Germania al dittatore Hitler.
fulcràto *agg.* Che ha un fulcro.
fùlcro *s. m.* **1** (*mecc.*) Punto di appoggio della leva. [→ ill. *fisica*] **2** (*fig.*) Punto centrale di una teoria, questione e sim.; SIN. Perno.
fùlgere *v. intr.* (*pres. io fùlgo, tu fùlgi; pass. rem. io fùlsi, tu fulgésti; dif. del part. pass. e dei tempi comp.*) (*lett.*) Rifulgere, risplendere.
fulgidézza *s. f.* (*raro*) Qualità di fulgido.
fùlgido *agg.* Che splende di viva luce; SIN. Luminoso.
fulgóre *s. m.* Vivo, intenso splendore.
fuliggine *s. f.* Deposito nerastro che aderisce spec. ai camini e alle caldaie, costituito da particelle di carbone che si formano nella combustione incompleta delle sostanze bruciate.
fuligginóso *agg.* Coperto di fuliggine.
full /*ingl.* ful/ *s. m. inv.* Combinazione di carte nel gioco del poker costituita da un tris più una coppia.

frutta

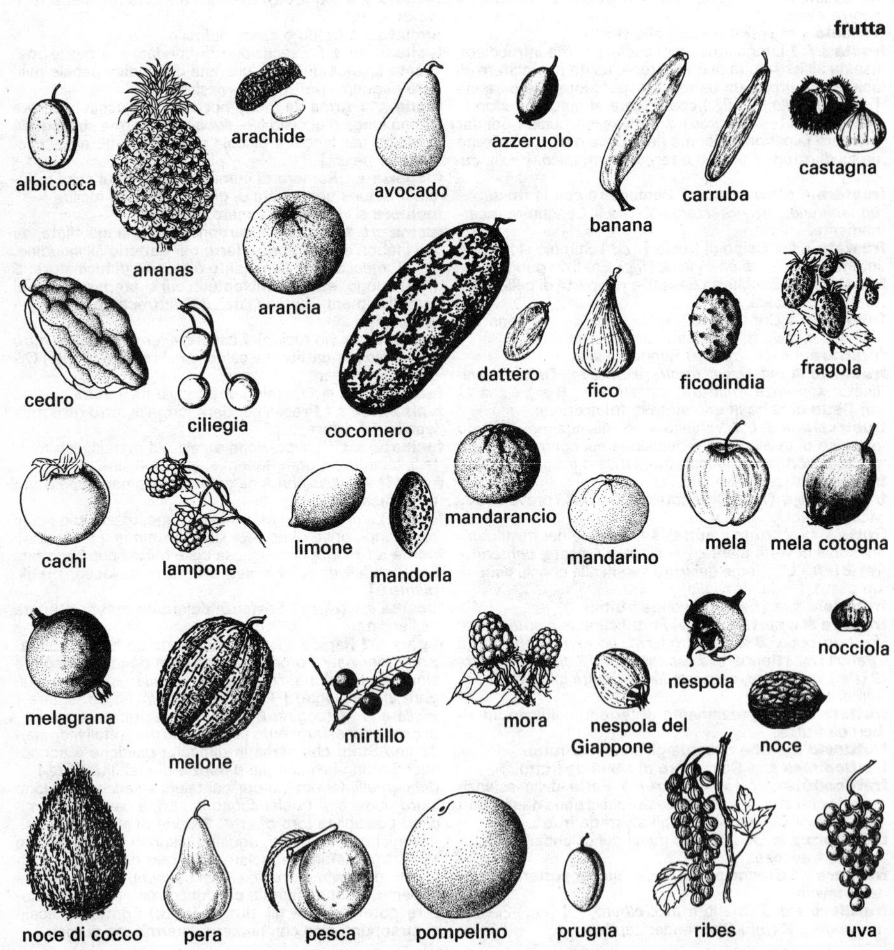

full time /*ingl.* ful 'taim/ *loc. agg. inv. e avv.* Detto di lavoro che impegna tutta la giornata; CFR. Part time.
fulmicotóne *s. m.* Sostanza esplosiva ottenuta per nitrazione spinta del cotone; SIN. Cotone fulminante.
fulminànte *part. pres. di fulminare; anche agg.* **1** Che fulmina. **2** (*fig.*) Di malattia con decorso rapido e letale: *meningite* —. **3** Che scoppia all'istante con violenza: *polvere* —.
fulminàre ***A*** *v. tr.* (*io fùlmino*) **1** Colpire, abbattere col fulmine: — *un albero, una persona* | (*fig.*) — *qc. con uno sguardo*, farlo tacere di colpo; SIN. Folgorare. **2** (*est.*) Abbattere con una scarica elettrica o un'arma, spec. da fuoco: *la corrente lo fulminò sul colpo*; — *l'avversario.* ***B*** *v. intr. impers.* (*aus. essere o avere*) Cader fulmini: *tuonò e fulminò tutta la notte.* ***C*** *v. intr. pron.* (*fam.*) Fondersi, per eccesso di corrente elettrica: *la lampadina si è fulminata.*
fulminàto ***A*** *part. pass. di fulminare; anche agg.* Colpito da fulmine o scarica elettrica | Abbattuto a morte | (*fig.*) Annichilito. ***B*** *s. m.* (*chim.*) — *di mercurio*, sostanza esplosiva impiegata per inneschi.
fulminatóre ***A*** *s. m.* (*f.* *-trìce*) Chi fulmina (*anche fig.*). ***B*** *anche agg.*
fulminazióne *s. f.* Folgorazione.
fùlmine *s. m.* **1** Violenta scarica elettrica tra una nube temporalesca e la terra o tra nube e nube, accompagnata da tuono e luce intensa | — *a ciel sereno*, (*fig.*) avvenimento improvviso e spiacevole | *Colpo di* —, innamoramento improvviso e violento; SIN. Folgore. **2** (*fig.*) Persona o cosa molto rapida.
fulmineità *s. f.* Qualità di fulmineo.
fulmineo *agg.* **1** Rapido, veloce. **2** (*raro, fig.*) Minaccioso: *sguardo* —; SIN. Folgorante.
fùlvo *agg.* Giallo rossiccio.
fumaiòlo *s. m.* Parte sporgente del camino, spec. di navi o locomotive a vapore, o di impianti industriali. [→ ill. *ferrovia, marina*]
fumànte *part. pres. di fumare; anche agg.* Che emette fumo.
fumàre ***A*** *v. intr.* (*aus. avere*) Mandar fumo: *il camino fuma* | (*est.*) Esalare vapore: *il caffè fuma.* ***B*** *v. tr.* **1** Aspirare il fumo del tabacco o di altre sostanze ed emetterlo dalla bocca e dal naso: — *sigari, oppio*; — *la pipa* | ass. Avere il vizio del fumo. **2** (*lett.*) Emettere fumo o vapore.
fumàrio *agg.* Del, per il, fumo: *canna fumaria.* [→ ill. *casa, riscaldamento*]
fumaròla *s. f.* (*geol.*) Emissione rapida e violenta di gas e vapori caldi da un condotto vulcanico o da una colata di lava.
fumàta *s. f.* **1** Emissione di fumo, naturale o artificiale | — *bianca, nera*, durante il conclave per l'elezione del Papa, per annunciare l'esito positivo o negativo delle votazioni. **2** Atto del fumare tabacco e sim.: *farsi una* —.
fumatóre *s. m.* (*f.* *-trìce*) Chi fuma tabacco. [→ ill. *fumatore*]
fumé /*fr.* fy'me/ *agg. inv.* (*pl. fr. fumés* /fy'me/) Di color fumo, grigio scuro.
fuménto V. *fomento.*
fumeria *s. f.* Locale riservato a fumatori, spec. d'oppio.
fumettìsta *s. m. e f.* (*pl. m. -i*) **1** Chi scrive storie a fumetti. **2** (*spreg.*) Scrittore da poco.
fumettìstico *agg.* (*pl. m. -ci*) **1** Di, da fumetto. **2** (*spreg.*) Banale, convenzionale, troppo sfruttato e sim.: *vicenda fumettistica.*
fumétto (1) *s. m.* Liquore di anice e finocchio.
fumétto (2) *s. m.* **1** Piccolo riquadro, gener. a forma di nuvoletta, che racchiude le battute dei personaggi di vignette o di racconti illustrati. **2** *spec. al pl.* Racconto o romanzo realizzato mediante una serie di disegni in cui le battute dei personaggi sono racchiuse nelle caratteristiche nuvolette | Giornale che contiene prevalentemente tali racconti o romanzi. **3** (*spreg.*) Opera narrativa di contenuto banale.
fùmido *agg.* (*lett.*) Che emette fumo.
fumigàre *v. intr.* (*io fùmigo, tu fùmighi; aus. avere*) **1** Mandare un po' di fumo o vapore: *la legna umida fumiga.* **2** Fare fumigazioni.
fumigazióne *s. f.* **1** Impiego di fumi o di vapori adatti per disinfettare, disinfestare, sterilizzare. **2** Operazione di conservazione degli alimenti mediante esposizione al fumo di certi tipi di legna.
fumista *s. m.* (*pl. -i*) **1** Operaio che ripara caloriferi, stufe, camini. **2** (*fig.*) Burlone | Chi vuole sbalordire e sorprendere, nel fare, nel dire e nello scrivere.
fumisteria *s. f.* Gusto di giocare scherzi, di sbalordire e sim.
fùmo ***A*** *s. m.* **1** Complesso dei prodotti gassosi di una combustione che trascinano in sospensione particelle solide, quali ceneri, carbone incombusto e sim. | *Far* —, emanarlo | *Sapere di* —, detto spec. di cibo, avere uno sgradevole sapore per cottura su un fornello fumoso | — *negli occhi*, (*fig.*) ciò che appare e non è, e serve spec. per ingannare | (*fig.*) *Vedere qc. come il* — *negli occhi*, detestarlo | *Andare in* —, svanire, fallire | (*fig.*) *Mandare in* —, mandare a vuoto. **2** (*est.*) Esalazione che ha apparenza di fumo: *il* — *della pentola.* **3** (*fig.*) Vana apparenza: *le sue promesse sono tutto* — | *Vendere* —, ingannare gli altri con apparenze o promesse vane | *Molto* — *e poca brace, molto* — *e poco arrosto*, e sim.,

articoli del fumatore

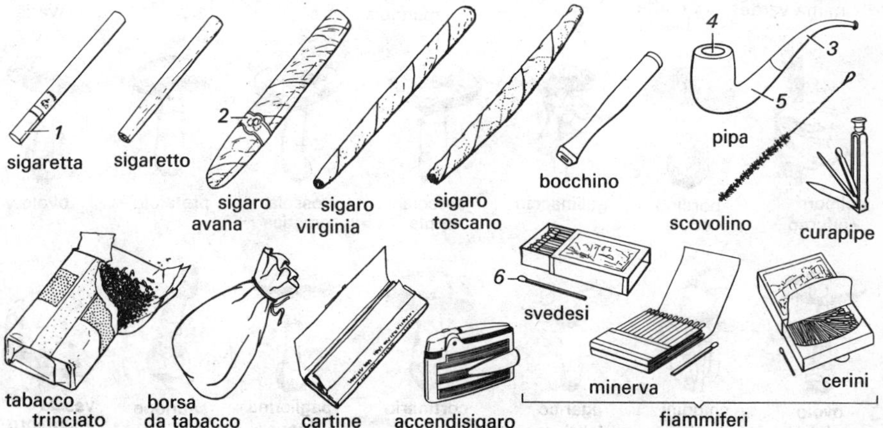

1 filtro 2 fascetta 3 bocchino 4 fornello 5 cannello 6 capocchia

di chi, di ciò che, nasconde una realtà insignificante sotto gradevoli apparenze. **4** (*fig.*) Boria, vanità, superbia: *un uomo pieno di* —. **5** *al pl.* Offuscamento della mente causato da abuso di bevande alcoliche, da passioni violente e sim.: *i fumi della gelosia, dell'alcol.* **B** *s. m. solo sing.* (*per anton.*) Il fumo del tabacco: *scusi, le dà fastidio il* —? | (*est.*) Il fumare tabacco: *i danni del fumo.* [→ tav. *proverbi* 272, 284]

fumògeno **A** *agg.* Di sostanza o miscela chimica atta a produrre fumo o nebbia, spec. usata in guerra a scopo di mascheramento: *candelotto* —. **B** *s. m.* Sostanza o apparecchiatura per produrre fumo.

fumoir /fr. fy'mwar/ *s. m.* (*pl. fr. fumoirs* /fy'mwar/) Ambiente ove è permesso fumare.

fumosità *s. f.* Qualità di ciò che è fumoso.

fumóso *agg.* **1** Che fa fumo | (*est.*) Che è pieno di fumo: *stanza fumosa.* **2** (*fig.*) Oscuro, contorto: *enigma* — | (*fig.*) Impreciso, inconsistente: *progetto* —.

funaiòlo *s. m.* Chi fa o vende funi.

funambolésco *agg.* (*pl. m. -schi*) Proprio del funambolo (*anche fig.*).

funambolismo *s. m.* **1** Arte dei funamboli. **2** (*fig.*) Abilità nel destreggiarsi fra opposte tendenze.

funàmbolo *s. m.* (*f. -a*) **1** Equilibrista che esercita il suo mestiere sulla corda o su un filo di metallo. **2** (*fig.*) Chi, nella vita sociale o politica, sa procedere accortamente e con abilità.

fùne *s. f.* Organo flessibile, allungato, resistente alla trazione, costituito da più fili vegetali o metallici o di fibre artificiali, riuniti fra loro in avvolgimenti diversi; SIN. Corda. [→ ill. *circo, funivia, sega, sport*] [→ tav. *proverbi* 293]

fùnebre *agg.* **1** Relativo ai morti: *rito* — | *Ufficio* —, cerimonia religiosa in suffragio del morto | *Orazione, elogio* —, per ricordare e onorare un defunto. **2** Triste, funereo, tetro: *aria* —; SIN. Lugubre.

funeràle *s. m.* Complesso di atti e cerimonie civili o religiose per rendere a un defunto gli estremi onori: *andare al* — *di qc.*; *funerali di Stato* | *Faccia da* —, (*fig.*) tristissima.

funeràrio *agg.* Concernente la morte, le esequie.

funèreo *agg.* Di morte: *letto* — | (*est.*) Mesto, lugubre: *aspetto* —.

funestàre *v. tr.* (*io funèsto*) Affliggere con lutto o grave dolore.

funèsto *agg.* **1** Che reca morte, lutto: *annunzio* —; SIN. Luttuoso. **2** (*est.*) Che produce danni gravi e irreparabili: *errore* —; SIN. Esiziale, fatale.

fungàia *s. f.* **1** Luogo dove crescono o si coltivano funghi. **2** (*spreg., fig.*) Quantità di cose o persone della stessa specie: — *di poeti.*

fùngere *v. intr.* (*pres. io fùngo, tu fùngi; pass. rem. io fùnsi, tu fungésti; part. pass. fùnto raro; aus. avere*) Agire come sostituto di qc., esercitare le funzioni in sua vece: — *da presidente.*

funghétto *s. m.* **1** *Dim. di fungo.* **2** *Nella loc. avv. al* —, di pietanza cucinata a pezzetti, con olio, aglio, prezzemolo: *melanzane al* —.

funghìre *v. intr.* (*io funghisco, tu funghisci*) Ammuffire.

fungicida *s. m.* Ogni sostanza capace di eliminare i funghi o impedirne la crescita.

fungino *agg.* Di fungo | Che ha le proprietà dei funghi.

fùngo *s. m.* (*pl. -ghi*) **1** (*bot.*) Organismo vegetale privo di clorofilla, saprofita o parassita, di forme e dimensioni varie, il cui corpo fruttifero è talvolta commestibile | Corpo fruttifero dei funghi di maggiore dimensione, dalla caratteristica forma a cappello: — *edule, velenoso.* [→ ill. *fungo, verdura*] **2** (*est.*) Oggetto a forma di fungo | — *della rotaia*, la parte superiore che sostiene e guida la ruota del veicolo ferroviario | — *dell'annaffiatoio*, capocchia bucherellata | — *atomico*, nube dalla caratteristica forma, che si produce a seguito di una esplosione atomica. [→ ill. *ferrovia*]

fungosità *s. f.* (*med.*) Escrescenza d'aspetto carneo che si forma nei vari tessuti in determinate malattie.

fungóso *agg.* **1** Simile a fungo per forma o altro. **2** (*med.*) Di fungosità.

funicolàre (1) *agg.* Che è simile a una fune | Che si com-

fungo

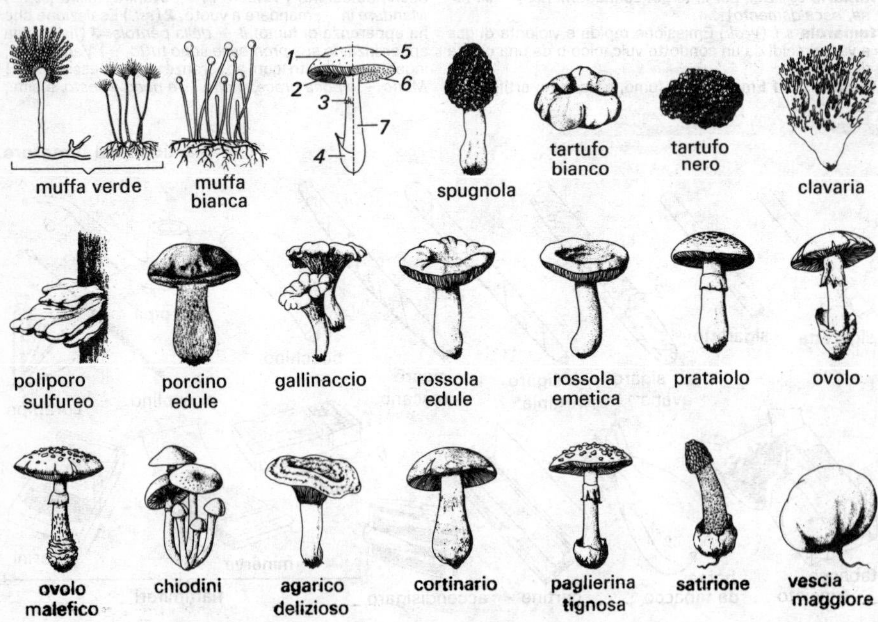

1 verruche 2 lamelle 3 anello 4 volva 5 cappello 6 pori 7 gambo

pie mediante funi.

funicolàre (2) *s. f.* Impianto di trasporto su forti pendenze, costituito da speciali vagoni che sono trainati su rotaie da un cavo d'acciaio | – *aerea*, funivia, teleferica. [→ ill. *ferrovia*]

funìcolo *s. m.* **1** Elemento di cui si compone una fune. **2** (*anat.*) Formazione cordonale, allungata | – *ombelicale*, che congiunge il feto alla placenta.

funivìa *s. f.* Impianto di trasporto di persone, spec. in montagna, costituito da un tipo di vagone che corre su fune aerea sostenuta da piloni o tralicci. [→ ill. *funivia*]

funzionàle *agg.* **1** Relativo alle funzioni esercitate da una persona, da un organo, da un congegno: *problemi funzionali.* **2** Che adempie alle funzioni per cui è stato costruito: *mobili funzionali* | *Architettura* –, che segue il funzionalismo.

funzionalìşmo *s. m.* Tendenza dell'architettura moderna che vuol far coincidere i problemi formali con quelli di carattere tecnico e pratico.

funzionalità *s. f.* Qualità di ciò che è funzionale.

funzionaménto *s. m.* Adempimento delle funzioni connesse alla propria natura: *il – di un motore* | Modalità di tale adempimento: *verificare il – del fegato.*

funzionàre *v. intr.* (*io funzióno; aus. avere*) **1** Adempiere le funzioni connesse alla propria natura, struttura e sim.: *il cuore funziona bene.* **2** Fungere: – *da sindaco.*

funzionàrio *s. m.* (*f. -a*) Impiegato con particolari funzioni direttive o di rappresentanza.

funzióne *s. f.* **1** Attività determinata da mansioni specifiche connesse a una carica, a un ufficio e sim. | (*est.*) La carica o l'ufficio stesso: *fu investito della – di presidente* | *Fare la – di qc.*, farne le veci. **2** Attività esplicata da un organo o da un insieme di organi negli animali e nei vegetali: – *del muscolo, del cervello, della digestione* | – *clorofilliana*, fotosintesi | Attività e compito precipuo di congegni e sim.: *la – di un motore.* **3** (*mat.*) Espressione matematica che indica come varia una grandezza in relazione al variare di un'altra o di più altre. **4** (*fig.*) Ruolo, valore, compito: *attività che ha una – sociale* | (*ling.*) Ruolo che un'unità linguistica svolge nella struttura grammaticale di un enunciato: *verbo usato in – di sostantivo.* **5** Rito religioso: *le funzioni domenicali*; SIN. Cerimonia.

fuochìsta v. *fochista.*

fuòco o (*pop.*) **fòco** *s. m.* (*pl. -chi*) **1** Complesso degli effetti calorici e luminosi prodotti dalla combustione: *accendere, attizzare, soffocare il –* | *Mettere, gettare q.c. nel –*, perché bruci | *Prender –*, accendersi; (*fig.*) lasciarsi prendere dallo sdegno, dall'ira | *Andare a –*, bruciare | *Dar – a q.c.*, incendiarla | – *di paglia*, che dura poco; (*fig.*) sentimento molto intenso ma non duraturo | – *d'artificio, artificiale*, (*per anton.*) *fuochi*, fatti con polvere pirica e variamente colorati per feste e sim. | *A –*, mediante il fuoco: *lavorare il metallo a –* | *Bollare qc. a –*, (*fig.*) coprirlo d'infamia | *Mettere la mano sul – per qc.*, garantirne in modo totale l'onestà | *Buttarsi nel – per qc.*, (*fig.*) essere disposto a qualsiasi sacrificio per lui | *Di –*, (*fig.*) ardente | *Color di –*, rosso acceso | *Parole di –*, terribili e minacciose | *Farsi, diventare, di –*, arrossire violentemente | *Scherzare col –*, (*fig.*) con il pericolo | *Dare – alle polveri*, (*fig.*) dare inizio alle ostilità | *Il – cova sotto la cenere*, (*fig.*) di rivolta, ira e sim. che può divampare all'improvviso | – *eterno*, le fiamme dell'inferno | (*est.*) Incendio: *vigili del –* | (*est.*) Rogo: *gli eretici erano condannati al –.* [→ ill. *vigili del fuoco*] **2** Sparo: – *continuo, incrociato; sospendere, cessare, riaprire il –* | *Arma da –*, che utilizza la forza propellente di un esplosivo per il lancio di proiettili | *Bocca da –*, pezzo d'artiglieria | *Fare –*, sparare | *Aprire il –*, cominciare a sparare | *Essere, trovarsi tra due fuochi*, (*fig.*) tra due avversari o difficoltà. [→ ill. *armi*] **3** Qualsiasi impianto che, in una casa, accolga ciò che brucia per riscaldare, cucinare e sim. | (*per anton.*) Il focolare: *stare intorno al –* | *Mettere q.c. sul –*, a cuocere | *Mettere troppa carne al –*, (*fig.*) iniziare troppe cose contemporaneamente. [→ ill. *riscaldamento*] **4** (*fig.*) Calore o fervore molto intenso: *il – della febbre*; *ardere di sacro –* | (*est.*) Sentimento o passione ardente: *avere il – negli occhi* | *Stuzzicare il –*, stimolare la passione | *Soffiare sul –*, accendere gli animi | *Versare acqua sul –*, spegnere le ire, gli entusiasmi | (*est.*) Vivacità, estro: *avere il – nel sangue.* **5** (*fis.*) Punto sull'asse ottico di una lente, o gener. di un sistema di superfici riflettenti o rifrangenti, nel quale si intersecano i raggi pervenuti sul sistema, parallelamente all'asse ottico | *Mettere a –*, regolare un obiettivo fotografico in modo da ottenere un'immagine nitida; (*fig.*) delineare con chiarezza un problema, una questione e sim. **6** (*med.*; *pop.*) – *di S. Antonio*, – *sacro*, herpes zoster. [→ tav. *proverbi* 113; → tav. *locuzioni* 21, 67]

fuorché **A** *cong.* Tranne che, eccetto che (introduce una prop. eccettuativa implicita, con il v. all'inf.): *farò qualsiasi cosa, – umiliarmi.* **B** *prep.* Eccetto, tranne: *erano tutti presenti – tuo fratello.* [→ tav. *proverbi* 28]

fuòri **A** *avv.* (troncato in *fuor*, *poet.* *for*) **1** Nell'esterno, nella parte esterna (con v. di stato e di moto): *guardare –*; *spingere –* | *Andare, uscire –*, traboccare, detto spec. di liquido | *Lasciare – q.c., qc.*, (*fig.*) ometterlo, escluderlo | *Restare, rimanere –*, (*fig.*) essere escluso da un gruppo, da un elenco | *Venire, saltare, scappare –*, (*fig.*) venire alla luce, detto di oggetto smarrito o di notizia rimasta nascosta | *Dare, mandare – uno scritto*, (*fig.*) pubblicarlo | ass. *Dare, buttare –*, germogliare, sbocciare | (*gerg.*) *Far – qc.*, (*fig.*) eliminarlo, ucciderlo | *Far – una donna*, (*volg.*) possederla carnalmente, spec. con violenza | *Far – q.c.*, (*fig.*) danneggiarla | *Far –, farsi –, una bistecca*, mangiarla | *Far – un milione*, spenderlo | (*fig.*) *Essere tagliato –*, non aver parte in q.c., essere escluso | *Essere –*, negli ambienti intellettuali e salottieri, superato, scaduto, non attuale | *Avere*

funivia

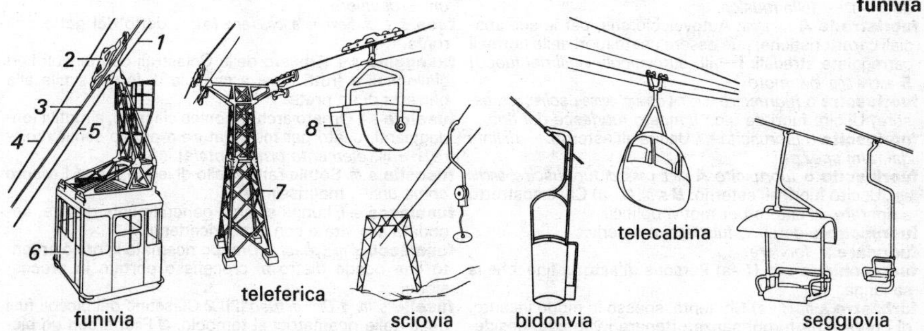

1 fune traente 2 carrello 3 fune portante 4 fune di soccorso 5 controfune 6 cabina 7 pilone 8 vagoncino

gli occhi di –, sbarrati per meraviglia, paura, ira; CONTR. Dentro. **2** Rafforzato da altri avv. di luogo o accompagnato da prep.: *guarda lì* –; *aspetto qua* – | *Da, di* –, dalla parte esterna: *passate da* – | *In* –, verso la parte esterna | *Avere gli occhi in* –, sporgenti. **3** (*fam.*) Fuori di casa: *pranzare* –; *stare* – *tutto il giorno* | (*est.*) In altra località, città, regione: *gente che viene da* –. **4** Si usa in espressioni imperative per intimare a qc. di andarsene da un luogo o di estrarre, consegnare, mostrare, esibire q.c.: – *i soldi!*; – *le prove!* | (*iter.*) –! –!, invito rivolto dagli spettatori a un attore, a un artista perché si presenti sulla scena. **B** *prep.* **1** Lontano da, nella parte esterna di, *spec. nella loc. prep.* – *di*: *abitare* – *città*; *essere* – *di casa* | – *mano*, detto di luogo isolato o difficile da raggiungere. **2** (*fig.*) Indica esclusione rispetto a uno stato, una circostanza, un momento, una regola e sim.: *vivere* – *della legge*; *un prodotto* – *commercio*; *motore* – *fase* | Extra: *mangiare q.c.* – *pasto*; *lavorare* – *orario* | *Essere* – *pericolo*, avere superato la crisi | *Essere* – *di sé*, sragionare | *Essere, andare* – *tempo*, nella musica e nella danza, non seguirlo | *Discorso* – *luogo*, inadatto, inopportuno | – *concorso*, (*est.*) di chi prende parte a una gara, ma non aspira al premio | – *corso*, di moneta che non ha più valore legale | – *testo*, di tavole, illustrazioni e sim. che si stampano su fogli speciali non numerati di seguito con le pagine del testo | *Essere* – *corso*, di studente che resta iscritto a una facoltà universitaria anche dopo gli anni del corso normale, dovendo ancora superare esami. **C** *in funzione di s. m. solo sing.* La parte, il lato esterno di q.c.

fuoribórdo *s. m. inv.* **1** Imbarcazione da turismo o da competizione, corredata di un motore a scoppio che aziona l'elica, collocato al di fuori dello scafo stesso | (*est.*) Motore di tale imbarcazione. [→ ill. *marina*] **2** Superficie esterna della parte emersa di uno scafo.

fuoricàmpo *s. m.* In cinematografia, ciò che è fuori dell'inquadratura.

fuoriclàsse *s. m. e f. inv.* Chi è di doti eccezionali, nettamente superiori rispetto a quelle di altri.

fuori combattiménto **A** *loc. avv.* Nel pugilato, situazione del pugile atterrato dall'avversario per oltre dieci secondi | *Mettere qc.* –, nell'impossibilità di nuocere. **B** *anche in funzione di s. m.* | – *tecnico*, situazione del pugile in stato di manifesta inferiorità.

fuorigiòco o *fuòri giòco s. m. inv.* In vari giochi di palla a squadre, posizione irregolare di un atleta.

fuorilégge *s. m. e f. inv.* Chi agisce contro la legge | Bandito, brigante.

fuoriprogràmma o *fuòri programma s. m. inv.* Numero non previsto dal programma stabilito.

fuorisàcco *s. m. inv.* Plico che non viene messo nei normali sacchi della posta, affinché il destinatario possa subito prelevarlo all'arrivo.

fuorisèrie o *fuòri sèrie* **A** *agg. inv.* **1** Detto di prodotto industriale non lavorato in serie e spec. di carrozzeria di automobile più lussuosa di quelle di serie. **2** (*fig., fam.*) Eccezionale, straordinario: *studente* –. **B** *s. f. inv.* Automobile con carrozzeria diversa da quelle di serie. **C** *s. m. e f. inv.* (*fig., fam.*) Chi si impone per particolari doti: *un* – *della musica*.

fuoristràda **A** *s. m. inv.* Autoveicolo che, per le sue speciali caratteristiche, può essere usato fuori delle normali carreggiate stradali. [→ ill. *autoveicoli, vigili del fuoco*] **B** *anche agg. inv.*: *moto* –.

fuoriuscìre o *fuoruscìre v. intr.* (*coniug. come uscire; aus. essere*) Uscire fuori da q.c.: *il mosto fuoriesce dal tino.*

fuoriuscìta o *fuoruscìta s. f.* Uscita all'esterno: – *di linfa dai rami spezzati.*

fuoriuscìto o *fuoruscìto* **A** *part. pass. di fuoriuscire; anche agg.* Uscito fuori, all'esterno. **B** *s. m.* (*f.* -*a*) Chi è costretto a riparare all'estero per motivi politici.

fuoruscìre e deriv. v. *fuoriuscire* e deriv.

fuorviàre v. *forviare*.

furbacchióne *s. m.* (*f.* -*a*) Persona di astuzia fine, che la sa lunga.

furbàstro *s. m.* (*f.* -*a*) Chi tenta, spesso in modo incauto, di operare da furbo, senza ottenere i vantaggi desiderati.

furberìa *s. f.* **1** Qualità di furbo; SIN. Astuzia, scaltrezza. **2** Azione da furbo.

furbésco *agg.* (*pl. m.* -*schi*) Di, da furbo | *Lingua furbesca*, complesso di parole e frasi convenzionali della malavita.

furbìzia *s. f.* Furberia.

fùrbo **A** *agg.* Che sa mettere in pratica accorgimenti sottili e abili, atti a procurargli vantaggi | Astuto, sagace, accorto: *una furba trovata*; SIN. Scaltro. **B** *s. m.* (*f.* -*a*) Persona furba. [→ tav. *locuzioni* 52]

furènte *agg.* Furioso, furibondo, infuriato: *ira* –; *siamo furenti contro i responsabili.*

furerìa *s. f.* (*mil.*) Ufficio di contabilità e amministrazione spec. di una compagnia.

furétto *s. m.* Piccolo mammifero dei Carnivori, forma albina della puzzola, bianco con occhi rossi, addomesticato per la caccia ai conigli selvatici. [→ ill. *animali* 20]

furfànte *s. m.* Persona capace di azioni malvage e disoneste; SIN. Canaglia, malfattore.

furfanterìa *s. f.* **1** Furberia furfantesca. **2** Azione di furfante.

furfantésco *agg.* (*pl. m.* -*schi*) Di, da furfante.

furgonàto *agg.* Detto di automezzo costruito o adattato per essere usato come furgone.

furgoncìno *s. m.* **1** *Dim. di furgone.* **2** Piccolo veicolo a pedali, per il trasporto di merci.

furgóne *s. m.* Autoveicolo coperto, per il trasporto di merci. [→ ill. *autoveicoli*]

furgonìsta *s. m.* (*pl.* -*i*) Conducente di furgone.

fùria *s. f.* **1** Stato di agitazione collerica, spec. breve, che si manifesta con le parole o col comportamento: *andare su tutte le furie*; SIN. Furore. **2** Impeto violento: *la* – *della disperazione* | *A* – *di*, con ripetizione continua di atti e sim. | *A* – *di spintoni*, con spinte continue | *A* – *di fare, di chiedere*, facendo, chiedendo, senza stancarsi né interrompersi. **3** Persona sconvolta dall'ira: *mi aggredì come una* –. **4** *al pl.* Nella mitologia romana, divinità corrispondenti alle Erinni dei Greci. **5** (*fig.*) Grande fretta: *ha* – *di andarsene* | *In fretta e* –, velocemente.

furibóndo *agg.* Agitato da furia o collera; SIN. Furente, furioso.

furière *s. m.* (*mil.*) Sottufficiale addetto alla contabilità del reparto.

furióso **A** *agg.* **1** Preso da furore, ira o furia: *è* – *contro di noi* | Pieno di furore insano: *gelosia furiosa*; SIN. Furente, furibondo. **2** Violentemente agitato, molto impetuoso: *mare, vento* –. **3** Concitato, frettoloso: *lavoro* –. **B** *s. m.* (*f.* -*a*) Alienato, agitato: *reparto furiosi.*

furóre *s. m.* **1** Veemente agitazione o turbamento dovuto a un'ira tanto violenta che quasi offusca la ragione. **2** Impeto, violenza, veemenza: *il* – *delle acque*; *amare con* –. **3** Stato di eccitamento mentale, per ispirazione profetica, estro creativo e sim.: *il* – *della Sibilla*; *il* – *sacro dei poeti.* **4** (*fig.*) Ammirazione totale | *Far* –, di ciò che desta grande entusiasmo.

furoreggiàre *v. intr.* (*io furoréggio; aus. avere*) Far furore, destare grande ammirazione.

furtìvo *agg.* **1** Proveniente da furto: *merce furtiva.* **2** Di ciò che si fa segretamente, con circospezione: *cenno, sorriso* –.

fùrto *s. m.* **1** (*dir.*) L'impossessarsi di cosa mobile altrui sottraendola a chi la detiene. **2** Ciò che è stato rubato: *un* – *di valore.*

fùsa *s. f. pl. Solo nella loc. fare le* –, detto del gatto che ronfa.

fusàggine *s. f.* Arbusto delle Celastrali con piccoli fiori giallognoli e frutti rossi a capsula di forma simile alla berretta di un prete.

fusaiòla *s. f.* Ornato architettonico classico, a motivi tondeggianti, usato per modanature a profilo semicircolare. [→ ill. *elemento ornamentale*]

fuscèllo *s. m.* Sottile ramoscello di legno secco | *Magro come un* –, magrissimo.

fusciàcca *s. f.* Lunga sciarpa generalmente di seta, annodata alla vita e con lembi ricadenti.

fusciàcco *s. m.* (*pl.* -*chi*) Drappo ricamato in oro o argento che ricade dietro al crocefisso portato in processione.

fusèllo *s. m.* **1** *Dim. di fuso* (2). **2** Ciascuno dei piccoli fusi usati dalle ricamatrici al tombolo. **3** Filetto con un piccolo fregio centrale usato per staccare due diverse notizie in un giornale.

fusìbile **A** *agg.* Che fonde | Che si può fondere facilmente: *lega* —. ***B*** *s. m.* (*elettr.*) Dispositivo di protezione contro le sovracorrenti, formato da fili o piastrine metalliche che fondono per il riscaldamento provocato da un aumento improvviso di corrente, interrompendo il circuito. [→ ill. *elettricità, radio*]

fuṣibilità *s. f.* Attitudine a fondere di una sostanza portata a una certa temperatura.

fusièra *s. f.* ***1*** Serie di fusi montati sui filatoi. ***2*** Arnese delle tessitrici, per tenervi i fusi.

fusifórme *agg.* Che ha forma di fuso.

fusillo *s. m. spec. al pl.* Pasta alimentare di media pezzatura, di forma elicoidale. [→ ill. *pasta*]

fuṣióne *s. f.* ***1*** Passaggio di un corpo dallo stato solido allo stato liquido per effetto del calore: — *dei metalli*; *punto di* —. ***2*** (*est.*) Nella fonderia, formazione di un'opera d'arte, di un pezzo meccanico e sim., versando nell'apposita forma il metallo fuso: *la — del Perseo.* ***3*** (*fis.*) — *nucleare*, formazione di un nucleo dall'unione di più nuclei di massa inferiore, spec. di nuclei di elio da quelli di idrogeno; CFR. Fissione. ***4*** (*dir.*) Concentrazione tra più organizzazioni che si esegue mediante la costituzione di un nuovo organismo o l'incorporazione, in uno solo, degli organismi preesistenti. ***5*** (*fig.*) Assimilazione, unione: *la — delle varie regioni d'Italia* | Accordo, armonia: — *di colori.*

fùṣo (1) *part. pass. di fondere; anche agg.* Liquefatto.

fùṣo (2) *s. m.* (*pl. fùsi, m., lett. fùsa, f.* nel sign. 1) ***1*** Nella filatura a mano, arnese, spec. di legno, assottigliato alle estremità e panciuto nel mezzo che, fatto ruotare su se stesso, provoca la torsione e l'avvolgimento del filo | Organo corrispondente nella filatura meccanica | *Diritto come un* —, bene eretto sulla persona. [→ ill. *tessuto*] ***2*** (*est.*) Organo, struttura simile per forma a un fuso | — *dell'ancora*, asta centrale | — *del carro*, estremità affusolata dell'assale, ove si inserisce il mozzo della ruota. [→ ill. *marina*] ***3*** (*mat.*) Porzione di superficie sferica delimitata da due semicerchi massimi aventi gli stessi estremi. ***4*** (*geogr.*) — *orario*, ciascuna delle 24 suddivisioni longitudinali del globo terrestre per ognuna delle quali è stabilita l'ora convenzionale che corrisponde all'ora locale del meridiano centrale del fuso.

fuṣolièra *s. f.* (*aer.*) Parte di un aereo, avente struttura tubolare, dove stanno l'equipaggio, i passeggeri e le merci. [→ ill. *aeronautica*]

fuṣòrio *agg.* Di fusione di metalli: *forno* —. [→ ill. *metallurgia*]

fùsta *s. f.* Piccola galea medievale veloce e sottile, a remi, con un solo albero. [→ ill. *marina*]

fustàgno *s. m.* Panno di poco pregio, per lo più di cotone, con una faccia vellutata e l'altra no.

fustàia *s. f.* Bosco di alberi d'alto fusto.

fustanèlla *s. f.* Sottana bianca pieghettata che scende fino al ginocchio, tipica di costumi e uniformi albanesi e greci.

fustèlla *s. f.* ***1*** Forma di filetti d'acciaio riproducenti una determinata sagoma con cui si incide e taglia carta, cartoncino e sim. ***2*** Talloncino staccabile dalle scatolette di medicinali recante il prezzo che, allegato alla ricetta, autorizza il rimborso mutualistico.

fustellàre *v. tr.* (*io fustèllo*) Sagomare mediante fustella.

fustellatrìce *s. f.* Macchina per fustellare.

fustigàre *v. tr.* (*io fùstigo, tu fùstighi*) ***1*** Battere con verga o frusta: — *a sangue un prigioniero.* ***2*** (*fig.*) Riprendere o criticare con estrema severità.

fustigatóre *s. m.; anche agg.* (*f. -trìce*) Chi (o che) fustiga (*anche fig.*).

fustigazióne *s. f.* Atto del fustigare | Pena della frusta.

fustìno *s. m.* ***1*** *Dim. di fusto.* ***2*** Recipiente cilindrico piccolo o medio gener. di cartone, contenente sostanze in polvere, spec. detersivi. [→ ill. *contenitore*]

fùsto *s. m.* ***1*** Organo assile delle piante cormofite che si sviluppa in direzione opposta alla radice e porta le foglie. [→ ill. *botanica*] ***2*** (*est.*) Busto umano: *un — eretto* | (*fam.*) Giovane di forme atletiche e armoniose. ***3*** (*est.*) Parte allungata di q.c. | — *del remo*, manico | — *dell'argano*, manovella | (*arch.*) Parte essenziale della colonna compresa fra la base e il capitello. [→ ill. *architettura*] ***4*** (*est.*) Parte che costituisce il sostegno e l'ossatura di q.c. | — *del tavolo*, piede. [→ ill. *meccanica, mobili*] ***5*** Recipiente cilindrico di grande capacità, per prodotti liquidi, granulari, pastosi e in polvere: *un — di benzina, di olive.* [→ ill. *contenitore, petrolio*]

fùta *s. f.* Larga veste sciolta con ampio scollo e larghe maniche, bianca o colorata, indossata da alcuni popoli africani.

fùtile *agg.* Frivolo, inutile, vano.

futilità *s. f.* Caratteristica di ciò che è futile | Cosa futile; SIN. Frivolezza, vanità.

futurìbile ***A*** *agg.* Che può accadere in futuro: *idee futuribili.* ***B*** *s. m.* ***1*** Indagine, studio sulle condizioni future dell'umanità | Ciò che potrebbe o potrà avvenire in futuro. ***2*** Studioso di possibili eventi futuri.

futurìṣmo *s. m.* Movimento artistico e letterario sorto in Italia agli inizi del XX sec., che sosteneva un'arte e una cultura non più legate al passato ma proiettate verso il futuro in adesione al dinamismo della vita moderna.

futurista *s. m. e f.; anche agg.* (*pl. m. -i*) Seguace del futurismo.

futùro ***A*** *agg.* ***1*** Che sarà: *gli avvenimenti futuri.* ***2*** Che diventerà: *la futura sposa.* ***B*** *s. m.* ***1*** Quel che deve o può accadere nel tempo avvenire: *prevedere il* —; CONTR. Passato. ***2*** Tempo della coniugazione del verbo che gener. colloca l'enunciato in un momento successivo all'istante presente. ***3*** *spec. al pl.* I posteri.

g *s. f. o m. inv.* Settima lettera dell'alfabeto italiano.

gabardine /*fr.* gabar'din/ *s. f. o m. inv.* (*pl. fr. gabardines* /gabar'din/) **1** Tessuto di lana o cotone lavorato a sottile diagonale o a minuta spina di pesce. **2** (*est.*) Soprabito o impermeabile di gabardine.

gabbamóndo *s. m. e f. inv.* Imbroglione.

gabbàna *s. f.* **1** Ampio cappotto molto usato in passato | (*fig.*) *Voltare* –, cambiare opinione. **2** Veste da lavoro, spec. di contadini e operai.

gabbanèlla *s. f.* **1** *Dim. di gabbana.* **2** Camice bianco senza collo di medici e infermieri.

gabbàno *s. m.* Gabbana.

gabbàre A *v. tr.* Ingannare | Beffare; SIN. Imbrogliare. **B** *v. intr. pron.* Prendersi gioco: *gabbarsi di qc.* [→ tav. *proverbi* 327]

gàbbia *s. f.* **1** Oggetto a forma di cassetta formato da un telaio e da fili di ferro e sim. disposti come sbarre per rinchiudervi animali, spec. uccelli. **2** (*est.*) Luogo chiuso con sbarre, per grossi animali: *la – dei leoni* | (*fig.*) – *di matti*, gruppo di persone che vivono tra continui litigi o incontrollata allegria. [→ ill. *circo*] **3** Nelle aule dei tribunali e delle Corti d'Assise, recinto in cui sono chiusi gli imputati durante il processo. [→ ill. *giustizia*] **4** (*fig.*) Prigione: *mettere, chiudere in* –. **5** (*arch.*) Vano entro il quale scorre un ascensore o montacarichi. [→ ill. *miniera*] **6** Intelaiatura di forma simile a una gabbia usata come contenitore, riparo e sim.: – *da imballaggio* | (*anat.*) – *toracica*, cavità formata dalle coste, dalla colonna vertebrale e dalle parti molli che rivestono tali ossa. [→ ill. *contenitore, luna park, magazzinaggio, vino*] **7** (*mar.*) Seconda vela quadra dell'albero di maestra. [→ ill. *marina*]

gabbiàno *s. m.* Uccello acquatico con becco lungo e robusto, testa grande, ali molto lunghe, piedi palmati e piumaggio bianco con ali e dorso grigi. [→ ill. *animali* 10]

gabbière *s. m.* Marinaio scelto destinato alle manovre alte sugli alberi e sui pennoni.

gabbióne *s. m.* **1** *Accr. di gabbia.* **2** Parallelepipedo di rete metallica riempito di grosse pietre, usato come difesa del terreno contro l'erosione delle acque e sim. **3** Contenitore parallelepipedo pieghevole di rete metallica. [→ ill. *magazzinaggio*]

gàbbo *s. m.* (*raro*) Burla, beffa | *Pigliare a* –, prendere alla leggera | *Farsi* – *di qc.*, burlarsene.

gàbbro *s. m.* (*miner.*) Roccia eruttiva, generalmente a grana grossa.

gabèlla *s. f.* Imposta, spec. dazio.

gabellàre *v. tr.* (*io gabèllo*) **1** Sottoporre a gabella. **2** Accettare per vero: *le tue fandonie non le gabello.* **3** Fare passare per vero: – *qc. per santo.*

gabellière *s. m.* Anticamente, chi era addetto alla riscossione delle gabelle.

gabinétto *s. m.* **1** Stanza riservata ai ricevimenti e ai colloqui privati. **2** Locale in cui un professionista esplica il suo lavoro: – *medico.* **3** Settore degli edifici scolastici ove sono apparecchi e materiali scientifici: – *di fisica.* **4** Stanza riservata ai servizi igienici; SIN. Latrina, water-closet, cesso | Apparecchio sanitario per l'eliminazione dei rifiuti organici umani | – *alla turca*, costituito da un vaso piatto posto al livello del pavimento. [→ ill. *bagno, casa*] **5** Ufficio particolare di un ministro | Stanza dove esso risiede. **6** (*polit.*) Ministero | Insieme dei ministri che rappresentano il potere esecutivo, amministrativo | *Il* – *Cavour*, dal nome del presidente dei ministri.

gabonése *agg.; anche s. m. e f.* Del Gabon.

gadolìnio *s. m.* Elemento chimico, metallo, del gruppo delle terre rare. SIMB. Gd.

gàffa *s. f.* (*mar.*) Alighiero.

gaffe /*fr.* gaf/ *s. f. inv.* (*pl. fr. gaffes* /gaf/) Atto, comportamento, frase e sim. incauti, non adatti al momento o alle circostanze.

gag /*ingl.* gæg/ *s. f. inv.* (*pl. ingl. gags* /gægz/) Trovata comica, spunto animatore di un numero di varietà o di una sequenza cinematografica.

gagà *s. m.* Bellimbusto fatuo che ama l'eleganza.

gaggìa *s. f.* Albero delle Leguminose con chioma irregolare e fiori gialli profumati.

gagliardétto *s. m.* **1** Banderuola triangolare che le galee mettevano sulla testa degli alberi. **2** Piccola bandiera usata come insegna da associazioni. [→ ill. *bandiera*]

gagliardìa *s. f.* Forza, robustezza, vigoria del corpo e dell'animo.

gagliàrdo *agg.* **1** Robusto, vigoroso: *braccia gagliarde* | *Pianta gagliarda*, che cresce bene | *Vino* –, generoso. **2** Valoroso: *soldati gagliardi.*

gaglioffàggine *s. f.* Azione o espressione da gaglioffo.

gagliòffo *agg.; anche s. m.* (*f. -a*) Cialtrone, buono a nulla.

gagnolàre *v. intr.* (*io gàgnolo; aus. avere*) Lamentarsi, mugolare, del cane e della volpe.

gaiézza *s. f.* Qualità di ciò che è gaio | Stato d'animo di chi è gaio e sereno; SIN. Allegria, gioia.

gàio *agg.* Allegro, lieto; SIN. Gioioso.

gàla (1) A *s. f.* **1** Eleganza, sfarzo | *Pranzo di* –, in cui si osserva un preciso cerimoniale | *Serata di* –, per rappresentazioni teatrali o cinematografiche di particolare interesse | *Stare, mettersi in* –, indossare abiti sfarzosi. **2** Festa solenne ed elegante: *gran* – *di corte.* **B** *s. m.* (*mar.*) – *di bandiere*, ornamento di bandiere di ogni taglio e colore tra gli alberi e le cime dei pennoni, da poppa a prua.

gàla (2) *s. f.* Volantino di tessuto increspato | Fiocco | Ornamento.

galalite *s. f.* Nome commerciale di una sostanza di consistenza cornea, preparata dalla caseina, usata per la fabbricazione di bottoni, pettini, scatole e sim.

galànte A *agg.* **1** Che ha modi gentili e cerimoniosi, spec. verso le donne. **2** Che ha rapporto con l'amore, con il corteggiamento: *lettere galanti.* **3** (*raro*) Bello, grazioso: *vestito* –. **B** *s. m.* Persona galante.

galanterìa *s. f.* **1** Finezza di modi | (*est.*) Atto, discorso galante. **2** Oggetto di gusto squisito.

galantìna *s. f.* Piatto freddo a base di carne bianca, insaporita con droghe, tartufi e sim., ricoperta di gelatina.

galantomismo *s. m.* L'essere e il comportarsi da galantuomo.

galantuòmo A *s. m.* (*pl. galantuòmini*) Persona onesta e dabbene. **B** *agg.* Onesto, probo | *Il tempo è* –, fa giustizia | *Il re* –, appellativo di Vittorio Emanuele II. [→ tav. *proverbi* 195]

galàssia *s. f.* Ciascuno dei grandi agglomerati di stelle e materia cosmica diffusi negli spazi interstellari. [→ ill. *astronomia*]

galatèa *s. f.* Crostaceo marino con torace grande, addome ridotto e ripiegato, chele e antenne ben sviluppate. [→ ill. *animali* 3]

galatèo *s. m.* Buona educazione.

galattagògo *s. m.* (*pl. -ghi*) Farmaco che provoca o accresce la secrezione lattea.

galàttico *agg.* (*pl. m. -ci*) Della galassia.

galàtto- *primo elemento*: in parole composte scientifiche significa 'latte': *galattoforo, galattosio.*

galattòforo A *agg.* (*anat.*) Detto di ogni organo escretore della ghiandola mammaria: *condotto* –. **B** *s. m.* (*med.*) Strumento che facilita la fuoriuscita del latte dalla mammella; SIN. Tiralatte.

galattòsio *s. m.* Monosaccaride che si ottiene dal lattosio.

galavèrna *s. f.* Sottile strato di brina o di nebbia ghiacciata che si forma di notte su oggetti esposti al freddo intenso | Brinata intensa.

gàlbulo *s. m.* Falso frutto di alcune piante delle Cupressacee, che può essere legnoso o carnoso.

gàlea (1) *s. f.* Elmo di pelle degli antichi Romani.

galèa (2) *s. f.* Nave da guerra a remi e a vela, tipica del Mediterraneo, usata fino al sec. XVIII; SIN. Galera. [→ ill. *marina*]

galeàzza *s. f.* Nave più grande della galea.

galèna *s. f.* (*miner.*) Minerale costituito da solfuro di piombo in cristalli o in masse compatte.

galènico *agg.* (*pl. m. -ci*) **1** Del celebre medico greco Ga-

leno. **2** Di medicamento preparato direttamente dal farmacista.
galeóne *s. m.* Nave da guerra e da trasporto del XVI e XVII sec. [→ ill. *marina*]
galeopitèco *s. m.* (*pl. -chi o -ci*) Mammifero asiatico, delle dimensioni di un gatto, dotato di una membrana alare che unisce il collo, gli arti e la coda, e che gli serve come paracadute nei balzi fra gli alberi.
galeòtta *s. f.* Galea sottile da guerra.
galeòtto (1) *s. m.* **1** Rematore di galea | Forzato che remava nelle galee perché schiavo condannato. **2** (*est.*) Carcerato. **3** Briccone, furfante.
galeòtto (2) *agg.; anche s. m.* Che (o chi) favorisce i rapporti amorosi tra due persone.
galèra *s. f.* **1** (*mar.*) Galea. **2** Pena dei lavori forzati | Prigione: *andare in* –; *scontare venti anni di* – | *Tipo da* –, disonesto. **3** Luogo e situazione penosa: *vita da* –. [→ tav. *proverbi* 25]
galèro *s. m.* Cappello cardinalizio rosso.
galèstro *s. m.* Roccia argillosa non omogenea.
gàlla *s. f.* **1** (*bot.*) Cecidio | *Noci di* –, galle da cui si ricavano sostanze usate per tinture e inchiostri. **2** Vescichetta causata da bruciatura. **3** (*fig.*) Persona, cosa leggerissima | *A* –, sul pelo dell'acqua | *Stare a* –, galleggiare | *Tenersi a* –, (*fig.*) fare quanto basta per tener fronte agli impegni | *Venire a* –, (*fig.*) scoprirsi, manifestarsi | *Rimanere a* –, (*fig.*) salvarsi da situazioni critiche. [→ tav. *proverbi* 236]
gallàre *v. tr.* Fecondare le uova, detto del gallo.
galleggiabilità *s. f.* Capacità di un corpo di galleggiare in un liquido.
galleggiaménto *s. m.* Condizione di ciò che galleggia | (*mar.*) Stato del naviglio immerso con la carena nell'acqua e sollevato col resto | *Linea di* –, termine ove il naviglio cessa di essere immerso.
galleggiànte **A** *part. pres. di galleggiare; anche agg.* Che galleggia. **B** *s. m.* **1** Ogni oggetto che galleggia. [→ ill. *ponte*] **2** (*mar.*) *spec. al pl.* Gavitelli, sugheri, boe e sim. posti per segnali. **3** Accessorio per la pesca in materiale leggero, che viene applicato alla lenza | *spec. al pl.* Serie di anelli di sughero, plastica e sim. che, inseriti nel bordo superiore di una rete, la tengono verticale nell'acqua. [→ ill. *pesca*] **4** Globo metallico vuoto che galleggia su un liquido contenuto in un recipiente e che, mediante organi meccanici, regola l'afflusso del liquido nel recipiente stesso.
galleggiàre *v. intr.* (*io gallèggio; aus. avere*) Essere parzialmente immerso in un liquido.
galleria *s. f.* **1** Passaggio sotterraneo di una ferrovia, di una strada, di un canale | Cunicolo per il lavoro di miniera | Traforo: – *del Sempione*. [→ ill. *miniera, strada*] **2** Ampio passaggio destinato ai pedoni, ricavato all'interno di complessi edilizi o mediante copertura di un tratto di strada: *la – di Milano*. **3** (*arch.*) Ambulacro. **4** In varie tecnologie, condotto | – *aerodinamica, del vento*, impianto per produrre correnti d'aria cui esporre modelli di velivoli, veicoli e sim. per sperimentarne la resistenza. [→ ill. *diga*] **5** Complesso di ambienti atti a contenere quadri o opere d'arte: *la – del Louvre*. **6** Nei teatri, ordine di posti al disopra dei palchi | Nei cinematografi, ordine di posti a gradinata sovrastante la platea. [→ ill. *teatro*]
gallerista *s. m. e f.* (*pl. m. -i*) Chi gestisce una galleria d'arte.
gallétta *s. f.* **1** (*mar.*) Formaggetta. **2** Biscotto di pasta di pane a forma schiacciata. [→ ill. *dolciumi*]
gallétto *s. m.* **1** *Dim. di gallo* (1). **2** Giovane gallo. **3** (*fig.*) Ragazzo vivace | Chi corteggia le donne con disinvolta ostentazione. **4** (*mecc.*) Dado munito di due alette per avvitarlo a mano sulla vite. [→ ill. *ferramenta, meccanica*]
gallicismo *s. m.* Francesismo.
gàllico (1) *agg.* (*pl. m. -ci*) Degli antichi Galli, della Gallia.
gàllico (2) *agg.* (*pl. m. -ci*) Detto di composto estratto da noci di galla.
gallifórmi *s. m. pl.* (*sing. -e*) Ordine di uccelli di media grandezza, con ali brevi, volo pesante e zampe forti, viventi spec. sul terreno; SIN. Gallinacei.
gallina *s. f.* Femmina adulta del gallo, più piccola del maschio, con livrea a colori meno vivaci e coda più breve, allevata per le uova e la carne | *Cervello di* –, persona poco intelligente | *Zampe di* –, scrittura inintelligibile, o piccole rughe attorno agli occhi | *Andare a letto con le galline*, molto presto. [→ ill. *animali* 11, *gallo*] [→ tav. *proverbi* 158, 159, 160, 221, 264]
gallinàccio *s. m.* Fungo commestibile, giallo, con cappello pianeggiante o imbutiforme, gambo corto privo di volva e anello; SIN. Cantarello. [→ ill. *fungo*]
gallinàcei *s. m. pl.* Galliformi.
gallinèlla *s. f.* **1** *Dim. di gallina*. **2** (*bot.; dial.*) Pianta erbacea delle Tubiflorali simile alla bocca di leone. **3** (*zool.*) – *d'acqua*, uccello palustre di media taglia con dita molto lunghe e una placca cornea rossa sulla fronte; SIN. Sciabica.
gàllio *s. m.* Elemento chimico, metallo bianco-azzurro, usato per transistori, e come liquido termometrico in termometri ad alta temperatura. SIMB. Ga.
gallismo *s. m.* Atteggiamento di chi si crede un grande conquistatore di donne.
gàllo (1) **A** *s. m.* Uccello domestico di media taglia, con cresta rossa e carnosa, bargigli rossi, coda lunga e falcata e piumaggio spesso vivacemente colorato | – *cedrone*, grosso uccello commestibile selvatico delle regioni montuose, dal piumaggio nerastro; SIN. Urogallo | *Al canto del* –, prima del giorno | *Fare il* –, insuperbirsi o fare il galante con le donne | *Essere il – della Checca*, ricercato dalle donne. [→ ill. *animali* 11, *gallo*] **B** *in funzione di agg. inv.* (*posposto al s.*) *Nella loc. Peso* –, nel pugilato, nella lotta, nel sollevamento pesi, categoria di peso tra i 51 e i 57 kg. [→ tav. *proverbi* 333, 360, 369]
gàllo (2) *agg.; anche s. m.* Della Gallia.
gallofilia *s. f.* Simpatia per i francesi e per tutto ciò che è francese.
gallofobia *s. f.* Odio contro i francesi.
gallomania *s. f.* Smania eccessiva di imitare i francesi e ammirazione per ciò che è francese.
gallonàre *v. tr.* (*io gallóno*) Ornare con galloni.
gallonàto *part. pass. di gallonare; anche agg. e s. m.* Ornato di

gallo

gallo

gallina

pulcino

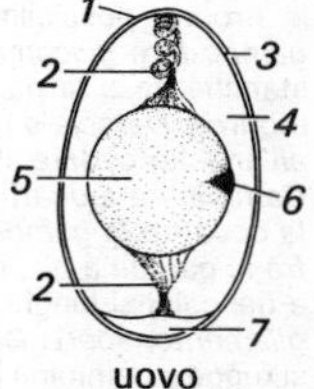

uovo

1 guscio 2 calaza 3 membrana 4 albume 5 tuorlo 6 cicatricula 7 camera d'aria

galloni.

gallóne (1) *s. m.* **1** Striscia di vario materiale usata per guarnizioni. [→ ill. *passamaneria*] **2** Distintivo di grado applicato sul copricapo e sull'uniforme militare.

gallóne (2) *s. m.* Unità di misura inglese e americana del volume dei liquidi, corrispondente rispettivamente a 4,546 e a 3,786 litri.

galoche /*fr.* ga'lɔʃ/ *s. f. inv.* (*pl. fr. galoches* /ga'lɔʃ/) Caloscia.

galoppànte *part. pres. di galoppare; anche agg.* **1** Che galoppa. **2** Detto di malattia a decorso rapido e maligno: *tisi* — | (*est.*) Detto di fenomeno in rapida evoluzione spec. negativa: *inflazione* —.

galoppàre *v. intr.* (*io galòppo; aus. avere*) **1** Andare di galoppo: *il cavallo galoppa; un cavaliere galoppa velocemente.* **2** (*fig.*) Correre affannosamente.

galoppàta *s. f.* **1** Corsa di un cavallo al galoppo. **2** Rapida corsa, spec. in una competizione sportiva. **3** (*fig.*) Faticata, sfacchinata.

galoppatóio *s. m.* Pista dove i cavalli si addestrano andando di galoppo.

galoppatóre *s. m.* (*f. -trìce*) **1** Cavallo addestrato per le corse al galoppo. **2** Cavaliere resistente nell'andare al galoppo.

galoppino *s. m.* Chi corre dappertutto per sbrigare commissioni altrui.

galòppo *s. m.* Andatura naturale del cavallo, veloce, in cui le zampe anteriori si sollevano per prime a un'altezza superiore delle posteriori; CFR. Trotto | *Al, di* —, velocemente, di gran fretta.

galòscia V. *caloscia.*

galvànico *agg.* (*pl. m. -ci*) Relativo a Galvani e al galvanismo | *Bagno galvanico,* in cui si immergono oggetti per lavorazione di galvanoplastica e galvanostegia.

galvanișmo *s. m.* Parte dell'elettrologia che studia i fenomeni relativi all'elettricità di contatto e alle pile.

galvanizzàre *v. tr.* **1** Rivestire di un sottile strato di metallo mediante elettrolisi. **2** (*med.*) Stimolare un muscolo o un nervo con la corrente elettrica. **3** (*fig.*) Elettrizzare, eccitare: *quelle parole lo galvanizzarono.*

galvanizzazióne *s. f.* **1** Operazione del galvanizzare un metallo. **2** (*med.*) Stimolazione con la corrente elettrica. **3** (*fig.*) Eccitazione.

galvàno- *primo elemento*: in parole composte tecniche e scientifiche, indica relazione con la corrente elettrica: *galvanometro, galvanoplastica.*

galvanòmetro *s. m.* Strumento usato per misurare correnti molto deboli. [→ ill. *fisica*]

galvanoplàstica *s. f.* Operazione di rivestimento di un oggetto non metallico, spalmato di grafite, con un metallo mediante elettrolisi di un sale di quest'ultimo.

galvanostegìa *s. f.* Deposizione per elettrolisi su oggetti metallici di un sottile strato di altro metallo più pregiato o inossidabile.

galvanotipìa *s. f.* Procedimento di galvanoplastica usato per ottenere duplicati di cliché o di pagine di composizione, previa preparazione di un'impronta dell'oggetto da duplicare.

galvanotipista *s. m. e f.* (*pl. m. -i*) Tecnico esperto in galvanotipia.

gàmba *s. f.* **1** (*anat.*) Parte dell'arto inferiore dell'uomo dal ginocchio al piede | (*est.*) L'arto inferiore | *Essere in* —, forte, vigoroso | *Rimettersi in* —, guarire da una malattia | *Camminare di buona* —, in fretta | *Fare q.c. sotto* —, con grande facilità | *Prendere q.c. sotto* —, alla leggera | *Camminare con le proprie gambe,* cavarsela da solo | *Fare il passo secondo la* —, comportarsi secondo le proprie possibilità, spec. economiche | *Sentire le gambe fare giacomo giacomo,* sentirsi mancare per la stanchezza o la paura | *Distendere, tirare, le gambe,* morire | *Darsela a gambe,* fuggire | *Mandare a gambe all'aria,* far cadere all'indietro; (*fig.*) mandare in rovina | *Camminare a quattro gambe,* carponi | *Andarsene con la coda fra le gambe,* molto avvilito | *Mettere i bastoni fra le gambe a qc.,* ostacolarlo | (*est.*) Parte della calza e dei calzoni lunghi ove si infila la gamba. [→ ill. *abbigliamento, sport*] **2** Ciascuno degli arti su cui l'animale si regge e cammina | (*fig.*) *Raddrizzare le gambe ai cani,* pretendere cose impossibili. [→ ill. *zoologia*] **3** (*est.*) Oggetto o struttura con funzioni di sostegno, supporto e sim.: *le gambe del tavolo.* [→ ill. *ferramenta, meccanica, mobili*] **4** (*est.*) Asta, linea verticale: *la — di una nota musicale.* [→ tav. *proverbi* 74, 238; → tav. *locuzioni* 89]

gambàle *s. m.* **1** Parte dello stivale che fascia la gamba. **2** Nelle antiche armature, protezione metallica a difesa delle gambe.

gamberétto *s. m.* **1** *Dim. di gambero.* **2** Ogni crostaceo gener. marino di piccole dimensioni, le cui prime tre paia di arti toracici sono munite di chele. [→ ill. *animali* 4]

gàmbero *s. m.* Crostaceo marino o d'acqua dolce con corpo allungato, addome terminante a ventaglio e grosse chele | — *di fiume,* astaco | *Rosso come un* —, di chi ha il viso rosso per emozione o vergogna | *Fare come i gamberi,* camminare all'indietro e (*fig.*) non fare progressi. [→ ill. *animali* 4]

gambétto *s. m.* **1** Sgambetto. **2** Mossa del gioco degli scacchi, consistente nel sacrificio di un pedone per ottenere una migliore possibilità di attacco.

gambièra *s. f.* Copertura di metallo, cuoio o sim. a protezione della gamba. [→ ill. *armi*]

gàmbo *s. m.* **1** Fusto sottile che nelle piante erbacee sostiene foglie, fiori e frutti | — *del fiore,* stelo | — *di un frutto,* picciolo | — *di un fungo,* parte del corpo fruttifero che sostiene il cappello. [→ ill. *fungo*] **2** (*fig.*) Parte lunga, liscia e sottile di un oggetto: — *del calice, di una vite.* [→ ill. *ferramenta, ferrovia, meccanica*]

game /*ingl.* 'geim/ *s. m. inv.* (*pl. ingl. games* /'geimz/) Nel tennis, ciascuna delle giocate che costituiscono un set.

gamèlla *s. f.* Recipiente metallico per il rancio di soldati e marinai; SIN. Gavetta.

gamète *s. m.* (*biol.*) Ciascuna delle cellule sessuali che negli animali e nelle piante si fondono durante il processo di riproduzione sessuata.

gametofito *s. m.* Organismo vegetale che si riproduce per gameti.

gametogènesi *s. f.* (*biol.*) Formazione dei gameti in animali e piante.

gamìa *s. f.* (*biol.*) Riproduzione per mezzo di gameti.

-gamìa *secondo elemento*: in parole composte dotte significa 'matrimonio': *monogamia, poligamia* | In parole composte scientifiche significa 'riproduzione sessuale': *gametogamia.*

gàmico *agg.* (*pl. m. -ci*) Di gamia.

gàmma (1) **A** *s. m. inv.* Nome della terza lettera dell'alfabeto greco. **B** *in funzione di agg. inv.* (*posposto al s.*) (*fis.*) *Nella loc. raggi* —, radiazioni elettromagnetiche ad alta frequenza che si generano nel nucleo atomico di elementi radioattivi.

gàmma (2) *s. f.* **1** (*mus.*) Nell'antico sistema musicale, il sol sentito come nota fondamentale della scala. **2** Successione graduata di suoni o colori: *la — musicale; la — dei colori dell'arcobaleno* | (*fig.*) Insieme, serie: *provare tutta una — di sensazioni nuove; la — dei nuovi prodotti.*

gammaglobulina *s. f.* (*biol.*) Globulina strettamente legata alla produzione di anticorpi immunitari, e quindi usata per prevenire e curare malattie infettive.

gàmo-, -gàmo *primo e secondo elemento*: in parole composte dotte significa 'matrimonio': *monogamo, bigamo* | In parole composte scientifiche significa 'riproduttore sessuale': *gamopetalo.*

gamopètalo *agg.* Detto di fiore con corolla a petali saldati; SIN. Monopetalo.

ganaènse *agg.; anche s. m. e f.* Del Ghana.

ganàscia *s. f.* (*pl. -sce*) **1** Nell'uomo e negli animali, la guancia e la mascella considerate come un tutto unico | *Mangiare a due, a quattro ganasce,* con grande avidità. **2** (*mecc.*) Parte di dispositivo atto a serrare: *le ganasce della morsa, del freno.* [→ ill. *meccanica*]

gàncio *s. m.* **1** Uncino più o meno grande di metallo per afferrare, appendere o collegare vari oggetti: *mettere un — al muro; i ganci di un abito; il — della gru* | — *di traino,* quello interposto fra trattore, autocarro e sim. e rimorchio. [→ ill. *edilizia, ferramenta, forbici, macelleria, sollevamento, tessuto*] **2** Nel pugilato, colpo portato a mezza distanza col braccio piegato ad angolo retto e gomito alzato; SIN. Crochet.

gang /*ingl.* gæŋ/ *s. f. inv.* (*pl. ingl. gangs* /gæŋz/) **1** Gruppo organizzato di malviventi. **2** (*scherz.*) Combriccola.

gànga *s. f.* Insieme dei minerali pietrosi associati ai minerali utili in un giacimento.
gangheratùra *s. f.* Punto ove una cosa è munita di gangheri | Insieme dei gangheri.
gànghero *s. m.* **1** Arpione di ferro che aggancia e rende girevole imposte di usci o di finestre, sportelli d'armadi, coperchi di casse | *Essere fuori dai gangheri, uscire dai gangheri,* (*fig.*) perdere la pazienza; SIN. Cardine. **2** Gancetto metallico per affibbiare vesti o parti di esse. [→ tav. *locuzioni* 112]
gangliàre *agg.* (*anat.*) Dei gangli.
gànglio *s. m.* **1** (*anat.*) Nodo di vasi linfatici o di cellule nervose. **2** (*fig.*) Centro d'importanza vitale: *quell'aeroporto è un — del traffico internazionale.*
gangliòma *s. m.* (*pl. -i*) (*med.*) Tumore gangliare.
gangrèna o *cancrèna* nel sign. 1 *s. f.* **1** (*med.*) Processo di disfacimento di un organo o tessuto. **2** (*bot.*) Alterazione di bulbi, radici e sim., causata da microrganismi.
gangster /*ingl.* 'gæŋstə/ *s. m. inv.* (*pl. ingl. gangsters* /'gæŋstəz/) Bandito, malfattore | (*est.*) Persona priva di scrupoli.
gangsterismo *s. m.* Atto, comportamento proprio dei gangster.
ganimède *s. m.* Giovane galante bello e ricercato (dal nome del giovinetto che, secondo la mitologia, per la sua bellezza fu fatto coppiere degli dei); SIN. Bellimbusto, vagheggino.
gànzo *s. m.* (*f. -a*) **1** (*spreg.*) Amante. **2** (*pop.*) Persona che sa il fatto suo.
gap /*ingl.* gæp/ *s. m. inv.* (*pl. ingl. gaps* /gæps/) Scarto, divario: *— tecnologico.*
gàra *s. f.* **1** Competizione tra due o più concorrenti o squadre | *— aperta,* quando non è possibile fare un pronostico circa il vincitore | *Fare a —,* gareggiare. **2** Concorso mediante il quale chi fa l'offerta economicamente più conveniente ottiene in esclusiva l'incarico di compiere date opere, forniture e sim.
garage /*fr.* ga'raʒ/ *s. m. inv.* (*pl. fr. garages* /ga'raʒ/) Rimessa per autoveicoli. [→ ill. *casa*]
garagista *s. m. e f.* (*pl. m. -i*) Chi gestisce un'autorimessa o vi lavora.
garànte *agg.; anche s. m. e f.* Che (o chi) garantisce; SIN. Mallevadore.
garantìre **A** *v. tr.* (*io garantìsco, tu garantisci*) **1** (*dir.*) Assicurare l'esatto adempimento della prestazione da parte del debitore o il completo godimento di un bene venduto o ceduto: *— un debito.* **2** (*est.*) Dare per certo: *ti garantisco che la notizia è vera.* **B** *v. intr. pron.* Assicurarsi contro possibili danni.
garantismo *s. m.* Principio dello stato di diritto consistente nell'esistenza di una serie di garanzie costituzionali per tutelare spec. i diritti civili e limitare eventuali arbitrî del potere pubblico.
garantito *part. pass. di garantire; anche agg.* Coperto da garanzia: *prodotto —* | (*est.*) Autentico, sicuro, certo.
garanzìa *s. f.* **1** Assicurazione atta a garantire il comportamento di qc. o il buon funzionamento di q.c.: *esigere garanzie da un debitore*; *una lavatrice con — triennale.* **2** (*fig.*) Promessa certa di un esito positivo: *l'affare possiede tutte le garanzie di riuscita.*
garbàre *v. intr.* (*aus. essere*) Riuscir gradito, andare a genio: *è un vino che mi garba*; SIN. Piacere.
garbatézza *s. f.* Qualità di chi è garbato; SIN. Gentilezza, grazia.
garbàto *part. pass. di garbare; anche agg.* Che ha garbo, gentilezza, cortesia: *modo di fare —* | Aggraziato, di bella forma: *figura garbata*; SIN. Gentile; CONTR. Sgarbato.
garbìno *s. m.* Libeccio.
gàrbo *s. m.* **1** Modo educato e cortese di agire, parlare, trattare con gli altri e sim.: *cantare con —* | *Persona senza —,* sguaiata | *Uomo di —,* di modi signorili. **2** Atto, gesto: *un — di diniego.* **3** Bella forma, linea aggraziata: *— di un disegno.*
garbùglio *s. m.* **1** Intreccio complicato o disordinato (*anche fig.*); SIN. Groviglio, intrico. **2** (*fig.*) Intrigo, confusione, disordine: *suscitare, creare garbugli.*
garçonne /*fr.* gar'sɔn/ *s. f. inv.* (*pl. fr. garçonnes* /gar'sɔn/) Ragazza che vive in modo libero e indipendente | *Capelli alla —,* alla maschietta.
garçonnière /*fr.* garsɔ'njɛr/ *s. f. inv.* (*pl. fr. garçonnières* /garsɔ'njɛr/) Piccolo appartamento da scapolo.
gardènia *s. f.* Pianta arbustiva delle Rubiali con foglie sempreverdi e grandi fiori bianchi e profumati. [→ ill. *piante* 13]
garden-party /*ingl.* 'ga:dn 'pa:ti/ *loc. sost. m. inv.* (*pl. ingl. garden-parties* /'ga:dn 'pa:tiz/) Festa all'aperto, in giardino.
gardesàno *agg.* Del lago di Garda.
gareggiaménto *s. m.* Atto del gareggiare.
gareggiàre *v. intr.* (*io garéggio; aus. avere*) **1** Fare a gara: *— in astuzia* | Competere: *nessuno può — con lui in generosità.* **2** ass. Prendere parte a una gara: *oggi gareggiano i migliori atleti.*
garganèlla *vc. Nella loc. avv. a —,* detto di un particolare modo di bere tenendo in alto il recipiente, senza accostarlo alle labbra, e lasciando zampillare il liquido direttamente in bocca: *bere a —.*
gargarismo *s. m.* **1** Soluzione medicamentosa per la cura delle affezioni del cavo orale; SIN. Collutorio. **2** Atto con cui tale medicamento viene fatto gorgogliare nel retrobocca e nella gola.
gargarizzàre *v. tr.* Fare i gargarismi.
gargaròzzo *s. m.* (*pop.*) Gola, gozzo.
gargòtta *s. f.* Osteria di campagna, taverna ove si mangia senza tovaglia.
garibaldìno **A** *agg.* **1** Di Garibaldi. **2** (*fig.*) Animoso, impetuoso | *Alla garibaldina,* (*ell.*) in modo audace e temerario. **B** *s. m.* Volontario di Garibaldi | (*est.*) Durante la Resistenza, appartenente alle formazioni partigiane recanti il nome di Garibaldi.
garitta *s. f.* **1** Casotto per riparo della sentinella all'ingresso delle caserme. **2** (*ferr.*) Ricovero del guardabarriere, del manovratore e sim.
garòfano *s. m.* Pianta erbacea delle Centrospermali con fiori doppi nelle varietà coltivate, di vario colore, profumati, e foglie sottili e allungate. [→ ill. *piante* 3]
garrése *s. m.* (*veter.*) Regione compresa tra il collo e il dorso dei quadrupedi. [→ ill. *bue, cavallo, maiale*]
garrétto *s. m.* **1** (*veter.*) Regione degli arti posteriori dei bovini e degli equini, che ha per base le ossa del tarso. [→ ill. *bue, cavallo, maiale, zoologia*] **2** (*pop.*) Nell'uomo, parte posteriore della caviglia.
garrire *v. intr.* (*io garrìsco, tu garrìsci; aus. avere*) **1** Emettere un verso aspro e stridulo di alcuni animali, spec. di uccelli: *le rondini garriscono.* **2** (*lett.*) Sventolare, di bandiere, drappi e sim.
garrito *s. m.* Verso stridulo di alcuni uccelli.
garròtta *s. f.* Strumento per eseguire una condanna a morte, in uso in Spagna, consistente in un anello di ferro che, stretto mediante viti intorno al collo, provoca lo strangolamento.
garrulità *s. f.* (*lett.*) L'essere garrulo.
gàrrulo *agg.* **1** Che garrisce: *i garruli uccelli*; *la garrula bandiera.* **2** (*raro, lett.*) Loquace. **3** (*est., lett.*) Festoso, rumoroso: *garruli trastulli.*
gàrza (1) *s. f.* (*zool.*) Airone.
gàrza (2) *s. f.* Tessuto rado e leggero di cotone, usato spec. per bende e tendaggi. [→ ill. *medicina e chirurgia, meteorologia, stampa*]
garzàre *v. tr.* Rendere morbidi e pelosi i tessuti, alzandone il pelo coi garzi.
garzatrice *s. f.* Macchina per garzare.
garzatùra *s. f.* Operazione di finitura dei tessuti che si compie coi garzi o con scardassi metallici.
gàrzo *s. m.* Cima di una specie di cardo selvatico, in forma di spiga cilindrica a squame lunghe acutissime e uncinate, adatte a garzare i panni.
garzóne *s. m.* (*f. -a*) **1** Lavoratore subordinato addetto ai servizi più semplici. **2** (*poet.*) Giovinetto di età inferiore ai quindici anni.
gas *s. m.* **1** Stato nel quale la materia tende a occupare tutto il volume a sua disposizione. **2** Aeriforme | *— naturale,* sorgente dal sottosuolo, per lo più in seguito a trivellazione | *— nobili,* elementi gassosi, quali il neon, l'argo e sim., presenti nell'aria e che non danno composti | *— esilarante,* protossido d'azoto, già usato come anestetico in chirurgia | *— lacrimogeno,* che produce infiammazione delle ghiandole lacrimali | *— asfissiante,* composto chimico di varia natura, irritante e velenoso, impiegato in guerra | *— liquidi,* idrocarburi, spec. pro-

pano e butano, che sono liquidi se compressi in bombole da cui escono come gas combustibili | *— delle paludi*, metano | *— delle miniere*, grisou. [→ ill. *autoveicoli, fisica, metallurgia, motore, petrolio, strada*] **3** *— di città*, *— illuminante* o (*ell.*) —, gas combustibile prodotto dalla distillazione secca del litantrace, per uso prevalentemente domestico: *la bolletta del —; fuga di —.* [→ ill. *campeggiatore, illuminazione, riscaldamento*] **4** Miscela di aria e benzina finemente polverizzata che alimenta i motori a scoppio | *Dare —*, accelerare il motore | *A tutto —*, alla massima velocità; (*fig.*) con il massimo impegno: *correre, lavorare a tutto —.* [→ ill. *ciclo e motociclo*]

gaṣàre o *gassàre* nel sign. A **A** *v. tr.* **1** Rendere effervescente un liquido sciogliendovi un gas, spec. anidride carbonica. **2** Sottoporre all'azione di gas tossici. **B** *v. rifl.* (*fam., gerg.*) Montarsi la testa, esaltarsi.

gaṣàto o *gassàto* nel sign. A **A** *part. pass. di gasare; anche agg.* **1** Sottoposto all'azione di gas tossici. **2** *Acque, bibite, gasate*, frizzanti per l'aggiunta di anidride carbonica. **B** *agg. e s. m.* (*f. -a*) Detto di chi si è montato la testa; SIN. Esaltato.

gaṣdinàmica *s. f.* Aerodinamica dei fluidi compressibili.

gaṣdótto *s. m.* Conduttura per il trasporto di gas.

gaṣista V. *gassista.*

gaṣògeno o *gassògeno s. m.* Apparecchio atto a trasformare un combustibile solido in gassoso.

gaṣolìna *s. f.* Prodotto ottenuto dalla distillazione frazionata degli oli leggeri del petrolio.

gaṣòlio *s. m.* Miscela di idrocarburi ottenuta per distillazione del petrolio greggio, usata come carburante e per riscaldamento domestico. [→ ill. *riscaldamento*]

gaṣòmetro V. *gassometro.*

gàssa *s. f.* (*mar.*) Occhio formato con un cavo | *— impiombata*, permanente, fatta con un'impiombatura | *— d'amante*, fatta con nodo che non scorre, e facilmente scioglibile. [→ ill. *nodo*]

gassàre V. *gasare.*

gassificàre *v. tr.* Trasformare un combustibile solido o liquido in un gas combustibile.

gassista o *gaṣista s. m.* (*pl. -i*) Operaio che installa e ripara gli impianti per la distribuzione del gas | Addetto alla lettura dei contatori.

gassògeno V. *gasogeno.*

gassòmetro o *gaṣòmetro, gazòmetro s. m.* Grande recipiente destinato a raccogliere, conservare e distribuire il gas combustibile nei tubi di conduttura.

gassósa o *gasosa, gazẓósa s. f.* Bibita dissetante preparata con acqua, anidride carbonica e zucchero.

gassóso *agg.* **1** Detto di composto allo stato aeriforme. [→ ill. *petrolio*] **2** Di gas: *miasmi gassosi.*

gastàldo V. *castaldo.*

Gasteròpodi *s. m. pl.* (*sing. -e*) Classe di molluschi provvisti di conchiglia dorsale a spirale, capo distinto con occhi portati spesso da tentacoli e uno sviluppato piede carnoso che serve per la locomozione. [→ ill. *animali* 4]

gastralgìa *s. f.* (*pl. -gie*) (*med.*) Dolore di stomaco.

gastrectaṣìa *s. f.* (*med.*) Dilatazione dello stomaco.

gàstrico *agg.* (*pl. m. -ci*) Dello stomaco | *Succo —*, liquido secreto dalle ghiandole gastriche.

gastrite *s. f.* Infiammazione della parete gastrica.

gàstro- *primo elemento*: in parole composte spec. della terminologia medica, significa 'stomaco': *gastronomia, gastroenterite.*

gastrocnèmio *s. m.* (*anat.*) Muscolo posteriore della gamba.

gastroduodenàle *agg.* (*med.*) Che si riferisce allo stomaco e al duodeno.

gastroentèrico *agg.* (*pl. m. -ci*) (*anat.*) Che appartiene allo stomaco e all'intestino.

gastroenterite *s. f.* (*med.*) Infiammazione dello stomaco e dell'intestino.

gastroepàtico *agg.* (*pl. m. -ci*) (*med.*) Che concerne lo stomaco e il fegato.

gastroepatite *s. f.* (*med.*) Infiammazione dello stomaco e del fegato.

gastrointestinàle *agg.* (*med.*) Gastroenterico.

gastronomìa *s. f.* Arte di bene preparare e cucinare le vivande; SIN. Culinaria.

gastronòmico *agg.* (*pl. m. -ci*) Concernente la gastronomia | Proprio della gastronomia; SIN. Culinario.

gastrònomo *s. m.* (*f. -a*) Esperto di gastronomia.

gastropatìa *s. f.* (*med.*) Affezione gastrica in generale.

gastroscopìa *s. f.* (*med.*) Esame ottico con apposito strumento della cavità gastrica.

gastròṣi *s. f.* (*med.*) Affezione non infiammatoria dello stomaco.

gàstrula *s. f.* (*biol.*) Uno degli stadi iniziali di sviluppo dell'embrione.

gàtta *s. f.* Femmina del gatto | *— ci cova!*, c'è un inganno sotto | *Prendere, avere una — da pelare*, intraprendere un'impresa difficile e noiosa. [→ tav. *proverbi* 222, 361; → tav. *locuzioni* 47]

gattabùia *s. f.* (*pop., scherz.*) Prigione.

gattaiòla *s. f.* Buco che si fa nella parte inferiore degli usci per farvi passare un gatto.

gattamòrta *s. f.* (*pl. gattemòrte o gàtte mòrte*) Chi nasconde il suo vero carattere sotto un'apparenza fin troppo mansueta e tranquilla. [→ tav. *locuzioni* 47]

gatteggiaménto *s. m.* Tipica luminosità degli occhi dei felini.

gatteggiàre *v. intr.* (*io gattéggio*) Presentare effetti di luce simili a quelli degli occhi di un gatto, detto spec. di pietra preziosa.

gàttice *s. m.* (*bot.*) Pioppo bianco.

gattinàra *s. m.* Vino rosso granato del Vercellese.

gattino *s. m.* (*bot.; pop.*) Amento.

gàtto *s. m.* (*f. -a*) **1** Mammifero domestico dei Carnivori, esistente in un gran numero di razze, con corpo flessuoso, capo tondeggiante, occhi fosforescenti e unghie retrattili | *— selvatico*, mammifero dei Carnivori vivente nelle foreste, più grande del gatto domestico, con mantello folto a striature nere, occhi gialli, abile arrampicatore e feroce predatore | *Essere come cani e gatti*, essere sempre pronti a litigare | *Essere in quattro gatti*, in pochissimi | (*fig.*) *— a nove code*, staffile con nove strisce di cuoio. [→ ill. *animali* 19, *gatto*] **2** Macchina da assedio simile all'ariete, in uso nel Medioevo. **3** (*mar.*) Coffa di galea. **4** Berta, battipalo. **5** *— delle nevi*, veicolo munito di larghi cingoli per l'apertura di piste sui campi da sci e gener. per la locomozione su terreni nevosi. **6** *— selvaggio*, forma di sciopero che boicotta la produzione industriale mediante la sospensione dal lavoro alternativamente in uno o in altro settore della catena di montaggio. **7** *— selvatico*, piattaforma poggiata sul fondo per trivellazioni petrolifere subacquee. [→ tav.

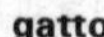
gatto

tigrato

siamese

persiano

d'Angora

proverbi 11, 97, 139, 222, 334; → tav. *locuzioni* 47]

gattomammóne *s. m.* (*pl. gattimammóni*) Mostro immaginario delle fiabe.

gattonàre *v. tr. e intr.* (*io gattóno; aus. avere*) Avvicinare la selvaggina strisciando accovacciato al modo dei gatti.

gattóni *avv.* Appoggiandosi sulle mani e sui piedi: *camminare, avanzare* —; (*raff.*) *gatton* —.

gattopardésco *agg.* (*pl. m. -schi*) Che si ispira o proviene da una politica conservatrice secondo cui le innovazioni concesse non toccano la sostanza delle cose, destinata a restare immutata.

gattopàrdo *s. m.* **1** Mammifero dei Carnivori con forme eleganti e mantello giallastro macchiato di nero | — *americano*, ozelot. [→ ill. *animali* 20] **2** Gattuccio stellato.

gattùccio *s. m.* **1** Pesce cartilagineo di modeste dimensioni caratteristico per la pelle macchiettata | — *stellato*, simile al precedente ma con macchie più grandi. [→ ill. *animali* 7] **2** Piccola sega, con lama sottile e manico tondo, per fare tagli curvi. [→ ill. *falegname, sega*]

gauchismo /go'ʃizmo/ *s. m.* Complesso dei movimenti extraparlamentari di sinistra, e la loro politica.

gaucho /*sp.* 'gautʃo/ *s. m. inv.* (*pl. sp. gauchos* /'gautʃos/) Mandriano delle pampas argentine e uruguaiane.

gaudènte *agg.; anche s. m. e f.* Detto di chi ama vivere fra agi e piaceri.

gàudio *s. m.* **1** Gioia intensa, spec. in senso spirituale o religioso. **2** Ciò che è oggetto di gaudio. [→ tav. *proverbi* 260]

gaudióso *agg.* (*lett.*) Pieno di gaudio | (*relig.*) *Misteri gaudiosi*, i primi cinque del Rosario, in cui si considerano le gioie della Madonna.

gàuss *s. m. inv.* Unità di induzione magnetica nel sistema C. G. S. elettromagnetico.

gavazzàre *v. intr.* (*aus. avere*) (*lett.*) Fare baldoria (*anche fig.*).

gavétta *s. f.* Recipiente di alluminio per il rancio del soldato in campagna | *Venire dalla* —, di ufficiale che, iniziata la carriera come soldato semplice, ne ha percorso tutti i gradi; (*est.*) di persona che si è fatta dal niente; SIN. Gamella.

gavettìno *s. m. Dim. di gavetta.*

gavettóne *s. m.* **1** Grosso recipiente per distribuire il vitto alla truppa. **2** Scherzo in uso spec. tra i soldati, consistente in una doccia ottenuta col lancio di un recipiente pieno d'acqua.

gaviàle *s. m.* Rettile indiano simile al coccodrillo, con muso stretto e lungo. [→ ill. *animali* 6]

gavitèllo *s. m.* (*mar.*) Qualunque galleggiante sul mare, ancorato in un punto fisso per segnalare q.c.

gavòtta *s. f.* Danza francese in due tempi, in gran voga nei sec. XVII e XVIII.

gay /*ingl.* 'gei/ *s. m. e f.; anche agg.* (*euf.*) Omosessuale.

gazebo /*ingl.* gə'zi:bou/ *s. m. inv.* (*pl. ingl. gazebos* o *gazeboes* /gə'zi:bouz/) Chiosco da giardino.

gazòmetro V. *gassometro.*

gàẓẓa *s. f.* **1** Uccello con aspetto simile al corvo, dal piumaggio bianco, grigio e nero a riflessi verdi o violetti, che usa impossessarsi degli oggetti luccicanti. [→ ill. *animali* 12] **2** (*fig., pop.*) Persona ciarliera.

gaẓẓàrra *s. f.* Baccano di gente allegra.

gaẓẓèlla *s. f.* **1** Mammifero africano ruminante degli Ungulati, con corpo agile ed elegante, e corna inanellate nel maschio. [→ ill. *animali* 18] **2** (*fig., gerg.*) La vettura più veloce in dotazione ai carabinieri.

gaẓẓétta (1) *s. f.* (*pop.*) Moneta del valore di due soldi coniata a Venezia dal sec. XVI.

gaẓẓétta (2) *s. f.* Giornale: — *dello Sport*; — *medica* | *Gazzetta Ufficiale*, edita a cura del governo per la pubblicazione delle leggi e dei decreti dello Stato | (*fig.*) *Cose da* —, che destano curiosità.

gaẓẓettière *s. m.* (*f. -a*) Giornalista di poco valore.

gaẓẓettìno *s. m.* **1** *Dim. di gazzetta.* **2** Parte del giornale in cui si pubblicano notizie particolari: — *teatrale.* **3** (*fig.*) Persona pettegola.

gaẓẓettìstico *agg.* (*pl. m. -ci*) Di, da gazzetta.

gaẓẓósa V. *gassosa.*

gèco *s. m.* (*pl. -chi*) Piccolo rettile simile alla lucertola ma con corpo tozzo, pelle a squame verrucose, dita a spatola munite di lamelle adesive per arrampicarsi sui muri; SIN. Tarantola dei muri. [→ ill. *animali* 6]

geiger /*ted.* 'gaigər/ *s. m. inv.* Apparecchio segnalatore di particelle da radioattività e di raggi cosmici.

geisha /*giapp.* 'geeʃa/ *s. f.* **1** Giovane donna giapponese istruita nella musica e nella cerimonia del tè, che rallegra i conviti. **2** (*est.*) Donna di facili costumi.

gèl *s. m.* Gelatina o altra sostanza semisolida formatasi per coagulazione di un colloide.

gelàre **A** *v. tr.* (*io gèlo*) Agghiacciare, congelare (*anche fig.*): *il freddo mi gela i piedi.* **B** *v. intr. e intr. pron.* (*aus. essere*) **1** Divenire di ghiaccio (*anche fig.*): *i torrenti gelano; mi si è gelato il sangue nelle vene.* **2** Patire molto il freddo. **C** *v. intr. impers.* (*aus. essere* o *avere*) Far freddo da gelare: *qui gela tutto inverno.*

gelàta *s. f.* Diminuzione della temperatura a un valore uguale o inferiore a zero gradi.

gelatàio *s. m.* (*f. -a*) Chi fa o vende gelati; SIN. Gelatiere.

gelatièra *s. f.* Macchina per fare i gelati. [→ ill. *bar*]

gelatière *s. m.* (*f. -a*) Gelataio.

gelatìna *s. f.* **1** Brodo di carne o di pesce solidificato mediante raffreddamento o aggiunta di sostanze collose | — *di frutta*, conserva alimentare di frutta spremuta, cotta, zuccherata e solidificata. **2** Miscela di proteine solubili che si estrae, mediante ebollizione prolungata, da ossa, pelle, cartilagini animali; usata nell'industria alimentare, cartaria, fotografica, tessile e farmaceutica | — *esplosiva*, miscela gelatinosa di nitrocellulosa e nitroglicerina ad azione esplosiva.

gelatinizzàre *v. tr.* Ridurre allo stato di gelatina.

gelatinóso *agg.* Che ha la consistenza o l'apparenza della gelatina.

gelàto **A** *part. pass. di gelare; anche agg.* Molto freddo, gelido | *Cono* —, cialda conica riempita di gelato. **B** *s. m.* Dolce a base di frutta, latte, zucchero, solidificato per congelamento. [→ ill. *bar, dolciumi, stoviglie*]

gelicidio *s. m.* (*meteor.*) Strato di ghiaccio che copre con patina più o meno spessa tutti gli oggetti esposti all'aria.

gèlido *agg.* **1** Freddo come gelo: *acqua gelida.* **2** (*fig.*) Totalmente privo di cordialità, affetto e sim.: *gelida accoglienza.*

gelificàre **A** *v. tr.* (*io gelìfico, tu gelìfichi*) Trasformare un colloide in gel. **B** *v. intr. e intr. pron.* (*aus. essere*) Coagularsi in gel.

gelificazióne *s. f.* Trasformazione in gel.

gelignite o *gelinite* *s. f.* Esplosivo costituito da dinamite gelatinosa.

gelivo *agg.* Di roccia o materiale per costruzioni, soggetti a disgregarsi per azione del gelo e disgelo.

gellàba *s. f.* Ampia e lunga veste tipica degli arabi dell'Algeria e del Marocco. [→ ill. *vesti*]

gèlo *s. m.* **1** Temperatura pari o inferiore a zero gradi | (*est.*) Inverno. **2** Ghiaccio: *campo ricoperto di* —. **3** (*fig.*) Impressione di freddo provocata da dolore, sbigottimento, paura: *il* — *della morte.*

gelóne *s. m.* (*med.*) Processo infiammatorio delle parti scoperte, spec. delle dita o dei lobi degli orecchi, per azione del freddo.

gelosaménte *avv.* Con gelosia | Con cura scrupolosa.

gelosìa (1) *s. f.* **1** Stato d'animo proprio di chi dubita dell'amore e della fedeltà della persona amata, o sa di averne perduto i favori a vantaggio di altri. **2** Invidia, rivalità: — *di mestiere.* **3** Zelo, cura scrupolosa: *custodire q.c. con* —.

gelosìa (2) *s. f.* Persiana o parte mobile di essa composta di stecche. [→ ill. *finestra*]

gelóso *agg.* **1** Che sente e manifesta gelosia in amore: *marito* —; *è* — *di tutti.* **2** Che prova invidia e rivalità: *è* — *dei suoi colleghi.* **3** Che mostra grande cura e riserbo: *è* — *della sua libertà.*

gelséto *s. m.* Terreno piantato a gelsi.

gelsicoltóre *s. m.* Chi pratica la gelsicoltura.

gelsicoltùra *s. f.* Coltivazione dei gelsi.

gèlso *s. m.* Pianta arborea delle Urticali | — *bianco*, con foglie cuoriformi usate per l'alimentazione dei bachi da seta, e con infruttescenze biancastre | — *nero*, con infruttescenze rossastre o nere, carnose e succulente, chiamate more. [→ ill. *piante* 2]

gelsomino *s. m.* Pianta arbustiva ornamentale delle Ligustrali, con fusto rampicante dai fiori stellati e profumatissimi, bianchi o gialli, raccolti in pannocchie terminali. [→ ill. *piante* 11]

gemebóndo *agg.* Che geme e si lamenta.

gemellàggio *s. m.* Associazione fra due città di diversi Stati, volta a favorire le relazioni commerciali e culturali.

gemellànza *s. f.* Rapporto di consanguineità tra gemelli.

gemellàre (1) *agg.* Di gemelli: *parto* –.

gemellàre (2) ***A*** *v. tr.* Unire mediante gemellaggio: – *due città.* ***B*** *v. rifl.* Unirsi in gemellaggio.

gemèllo ***A*** *agg.* ***1*** Nato dallo stesso parto, spec. detto di persona: *fratelli gemelli.* ***2*** Simile, uguale: *sembianze gemelle* | *Anime gemelle*, che sentono alla stessa maniera e sono attratte l'una verso l'altra | *Letti gemelli*, che possono accoppiarsi e formano un letto per due. ***3*** (*anat.*) *Muscolo* –, ciascuno dei due muscoli della gamba che formano la prominenza del polpaccio. [→ ill. *anatomia umana*] ***B*** *s. m.* ***1*** Ciascuno degli individui nati contemporaneamente nelle specie di mammiferi in cui di norma si ha un solo figlio per volta | *Somigliarsi come gemelli*, moltissimo. ***2*** *spec. al pl.* Bottoni accoppiati per allacciare i polsini della camicia. ***3*** *al pl.* Twin-set. ***4*** *al pl. Gemelli*, terzo segno dello zodiaco, che domina il periodo compreso fra il 22 maggio e il 21 giugno. [→ ill. *zodiaco*]

gèmere ***A*** *v. intr.* (*pass. rem. io geméi o gemètti, tu geméstí; aus. avere* nei sign. 1, 2, 3, *essere e avere* nel sign. 4) ***1*** Piangere, lamentarsi sommessamente | (*fig.*) Soffrire. ***2*** Produrre cigolii, scricchiolii: *il palco geme sotto il peso* | *Fare* – *i torchi*, stampare. ***3*** Gridare, del colombo e della tortora. ***4*** Gocciolare, stillare, trasudare: *il vino geme nella botte.* ***B*** *v. tr.* Emettere: *la ferita geme sangue.*

geminàre *v. tr.* (*io gèmino*) Far doppio.

geminàto *part. pass. di geminare; anche agg.* (*lett.*) Raddoppiato, doppio | (*geol.*) *Cristalli geminati*, uniti insieme per contatto o per compenetrazione.

geminazióne *s. f.* ***1*** Raddoppiamento. ***2*** (*ling.*) Ripetizione immediata di un suono.

gèmino *agg.* (*lett.*) Duplice.

gèmito *s. m.* Lamento, grido sommesso o soffocato di dolore (*anche fig.*).

gèmma *s. f.* ***1*** (*bot.*) Abbozzo di un germoglio, dal quale si svilupperà il fusto della pianta. [→ ill. *agricoltura, botanica*] ***2*** Pietra preziosa. ***3*** (*fig.*) Stella, astro: *le gemme del firmamento* | (*est.*) Tutto ciò che splende per bellezza, pregio artistico, preziosità: *le gemme della nostra letteratura* | Persona colma di virtù.

gemmàre ***A*** *v. intr.* (*io gèmmo; aus. avere*) Mettere le gemme. ***B*** *v. tr.* Ornare di gemme.

gemmàrio *agg.* Relativo alle pietre preziose.

gemmazióne *s. f.* ***1*** Emissione, fuoriuscita di gemme sulle piante. ***2*** (*biol.*) Processo di riproduzione asessuata proprio di organismi inferiori, durante il quale su un individuo si formano protuberanze che poi si staccano per formare nuovi individui.

gèmmeo *agg.* Di gemma.

gemmologìa *s. f.* (*pl. -gìe*) Scienza che si occupa delle pietre preziose.

genàre *v. tr.* (*sett.*) Dare fastidio, mettere a disagio.

gendàrme *s. m.* ***1*** Soldato di gendarmeria addetto alla tutela dell'ordine pubblico. ***2*** (*fig.*) Donna alta e forte, piuttosto virile.

gendarmerìa *s. f.* Corpo di soldati con funzioni di polizia | (*est.*) Caserma dei gendarmi.

gène *s. m.* (*biol.*) Ciascuna delle particelle organiche, presenti nei cromosomi, determinanti uno o più dei caratteri ereditari di un individuo. [→ ill. *cellula*]

genealogìa *s. f.* (*pl. -gìe*) ***1*** Scienza che studia la derivazione, la discendenza e l'estinzione delle famiglie e delle stirpi. ***2*** (*est.*) Serie dei componenti di una famiglia; *la* – *dei Savoia.*

genealògico *agg.* (*pl. m. -ci*) Della genealogia: *albero* –.

genealogìsta *s. m. e f.* (*pl. m. -i*) Studioso di genealogia.

genepì *s. m.* ***1*** Pianta erbacea delle Sinandrali di alta montagna, con foglie frastagliate e fiorellini verdi, usata in liquoreria. [→ ill. *piante* 13] ***2*** Liquore ottenuto dalla distillazione della pianta omonima.

generalàto *s. m.* Carica, ufficio e sede del generale.

generàle (1) ***A*** *agg.* ***1*** Che concerne tutto un genere, una serie di individui, cose o fatti: *principi generali* | *Indice* –, degli argomenti, degli autori e sim., trattati o citati in un'opera | *Norma* –, che ha efficacia in tutto lo stato; SIN. Complessivo; CONTR. Particolare. ***2*** Che è comune a tutti o alla maggioranza: *malcontento* –; *direttore* – | *A* – *richiesta*, di spettacolo o parte di esso replicato per comune desiderio del pubblico | *Affari generali*, in un'amministrazione, relativi al personale e al funzionamento in essa. ***3*** Generico, vago | *In* –, in astratto, senza nominare persone o fatti | *Stare, mantenersi sulle generali*, (*ell.*) affrontare un argomento genericamente. ***B*** *s. m.* Punto di vista o aspetto generale di q.c.: *attenersi al* –; CONTR. Particolare.

generàle (2) *s. m.* (*f. -éssa*) ***1*** Grado della gerarchia militare al quale corrisponde il comando di una grande unità: – *di brigata, di divisione, di corpo d'armata.* ***2*** Capo di un ordine o di una congregazione religiosa cattolica.

generalésco *agg.* (*pl. m. -schi*) (*iron.*) Da generale.

generalèssa *s. f.* ***1*** (*scherz.*) Moglie di un generale. ***2*** (*relig.*) Superiora di un ordine o di una congregazione. ***3*** (*fig.*) Donna di carattere autoritario.

generalìssimo *s. m.* Un tempo, comandante supremo di un esercito.

generalità *s. f.* ***1*** Qualità di ciò che è generale. ***2*** Discorso e concetto generico. ***3*** Maggioranza: *nella* – *dei casi.* ***4*** *al pl.* Complesso di notizie generiche quali nome, cognome, paternità, data di nascita e sim. necessarie per determinare l'identità di una persona: *chiedere, dare, declinare le* –.

generalìzio *agg.* Di generale.

generalizzàre *v. tr.* ***1*** Rendere comune, diffondere: – *un'usanza.* ***2*** ass. Risalire dai casi particolari a un'affermazione generale.

generalizzazióne *s. f.* Estensione | Attribuzione di una validità generale a un dato, un fenomeno e sim.

generalménte *avv.* ***1*** Nella maggior parte dei casi. ***2*** Di solito: – *esco presto.*

generàre ***A*** *v. tr.* (*io gènero*) ***1*** Procreare un essere della medesima specie: – *un figlio* | (*est.*) Produrre quasi come madre: *la terra genera ogni specie di piante* | Produrre: – *elettricità.* ***2*** (*fig.*) Far sorgere, cagionare: – *affetti, passioni.* ***B*** *v. intr. pron.* Prodursi, formarsi.

generatìvo *agg.* Atto a generare.

generatóre ***A*** *agg.* (*f. -trice*) Che genera: *organo* – | (*mat.*) *Frazione generatrice*, di un numero periodico, quella che ha valore uguale al numero stesso. ***B*** *s. m.* ***1*** Chi genera. ***2*** Apparecchio trasformatore di energia o dispositivo nel quale avviene una trasformazione fisica o chimica | – *di corrente continua*, dinamo | – *di corrente alternata*, alternatore | – *di vapore*, caldaia a vapore. [→ ill. *circo, elettronica*]

generatrìce *s. f.* (*mat.*) Ciascuna delle rette d'una superficie rigata | Frazione generatrice.

generazionàle *agg.* Relativo a una o più generazioni.

generazióne *s. f.* ***1*** Procreazione di un essere della stessa specie | (*est.*) Produzione. ***2*** Discendenza da padre in figlio | Complesso degli appartenenti a una famiglia che si trovano a un medesimo grado di discendenza dal capostipite comune: *i miei fratelli e io apparteniamo a una stessa* –. ***3*** Insieme di coloro che hanno circa la stessa età: *il padre e il figlio appartengono a due diverse generazioni* | *La nuova* –, i giovani rispetto a coloro che non sono più tali | Tutti coloro, anche di età diverse, che vivono nel periodo di tempo di cui si parla | (*est.*) Ciascuna delle fasi successive che migliorano le caratteristiche di macchine, dispositivi e sim.: *calcolatori della terza* –.

gènere *s. m.* ***1*** In filosofia, idea generale. ***2*** Gruppo sistematico usato nella classificazione degli organismi vegetali o animali, comprendente più specie. ***3*** (*est.*) Insieme di persone o cose aventi caratteristiche fondamentali comuni: *mobili dello stesso* – | *Il* – *umano*, gli uomini | *In* –, in generale | *Di nuovo* –, inusitato, strano. [→ ill. *fisica*] ***4*** Modo, stile: *questo* – *di vita* | (*letter., mus.*) Ciascuna delle forme di espressione, o categorie di opere, definite da determinate caratteristiche di forma o di contenuto: – *drammatico, lirico.* ***5*** Mercanzia, merce: – *d'importazione* | *Generi diversi*, merci di vario tipo. ***6*** Categoria grammaticale fondata sulla distinzione tra maschile, femminile e (in alcune lingue) neutro.

genericità *s. f.* Qualità di ciò che è generico | Indeter-

minatezza.
genèrico A *agg.* (*pl. m. -ci*) **1** Che concerne il genere: *caratteri generici.* **2** (*est.*) Generale, vago, impreciso: *risposta generica.* **3** Di persona che nell'ambito della propria professione non svolge attività specialistiche: *medico —.* **B** *s. m. solo sing.* Ciò che è vago, impreciso: *questi discorsi cadono nel —.* **C** *s. m.* (*f. -a*) Attore secondario.
gènero *s. m.* Il marito della figlia rispetto ai genitori di lei.
generóne *s. m.* Negli ultimi decenni del XIX sec., a Roma, settore della borghesia di recente formazione che ostentava la propria ricchezza in gara con l'aristocrazia.
generosità *s. f.* Qualità di generoso; SIN. Liberalità, magnanimità, munificenza.
generóso A *agg.* **1** Che mostra altruismo, grandezza d'animo, alti sentimenti: *carattere —*; SIN. Magnanimo. **2** Che è liberale, largo nel dare: *è — con tutti* | Abbondante, ricco: *mancia generosa* | *Terra generosa*, fertile | *Vino —*, gagliardo; SIN. Munifico. **3** (*fig.*) Ampio, abbondante: *scollatura generosa.* **4** Di atleta che gareggia con tenace impegno. **5** (*lett.*) Nobile per nascita e per sentimenti. **B** *s. m.* (*f. -a*) Chi ha nobiltà e grandezza d'animo.
gènesi *s. f.* **1** Origine, nascita: *— dell'uomo.* **2** Formazione e sviluppo di q.c.: *la — di un'opera d'arte.* **3** Nella Bibbia, primo libro del Pentateuco, in cui si narra la creazione del mondo e dell'uomo.
genètica *s. f.* Branca della biologia che studia la generazione degli organismi e la trasmissione dei caratteri ereditari.
genètico *agg.* (*pl. m. -ci*) **1** Della genetica | Ereditario. **2** (*lett.*) Della genesi.
genetista *s. m. e f.* (*pl. m. -i*) Studioso di genetica.
genetliaco A *agg.* (*pl. m. -ci*) (*lett.*) Attinente alla nascita di qc. | *Giorno —*, compleanno. **B** *s. m.* Compleanno.
genétta *s. f.* Mammifero dei Carnivori grande come un gatto, con corpo agilissimo, pelliccia giallognola macchiata di nero sui fianchi, lunga coda a strisce trasversali chiare e scure; ottimo cacciatore notturno.
gengiva *s. f.* (*anat.*) Parte della mucosa boccale che riveste le arcate dentarie e circonda i colletti dei denti. [→ ill. *anatomia umana*]
gengivàle *agg.* Della gengiva.
gengivàrio *s. m.* Medicamento per la cura delle affezioni della gengiva.
gengivite *s. f.* Infiammazione delle gengive.
genia *s. f.* (*spreg.*) Accolta di gente malvagia.
geniàle *agg.* **1** Che mostra una particolare felicità d'ingegno: *scrittore, trovata —.* **2** (*lett.*) Che si accorda col proprio carattere: *studi geniali.*
genialità *s. f.* Qualità di geniale.
genialòide *s. m. e f.* Persona dotata d'ingegno disorganico e bizzarro.
gènico *agg.* (*pl. m. -ci*) (*biol.*) Di gene.
-gènico *secondo elemento*: in aggettivi composti significa 'che produce', 'che è prodotto', 'che è adatto a essere riprodotto': *fotogenico, telegenico.*
genière *s. m.* Soldato dell'Arma del genio.
gènio (1) *s. m.* **1** Nella mitologia greco-romana, divinità tutelare della vita di ognuno. **2** Entità astratta cui si attribuisce la facoltà di presiedere agli eventi della vita umana: *— del male, del bene.* **3** Talento, tendenza naturale per q.c.: *— speculativo*; *avere il — dell'arte* | Talento inventivo o creativo nelle sue manifestazioni più alte: *il — di Dante* | Chi è in possesso di tale talento: *Leonardo fu un —.* **4** Caratteristica saliente: *— della lingua.* **5** Simpatia, gusto: *è una persona di nostro —* | *Andare a —*, garbare.
gènio (2) *s. m.* Organismo civile o militare cui è affidato il compito della progettazione, costruzione e riparazione di lavori di interesse pubblico o militare: *— civile*; *— militare.*
genitàle A *agg.* **1** Che ha rapporto con la generazione. **2** Destinato alla riproduzione: *organo —.* **B** *s. m. spec. al pl.* Organi maschili e femminili che partecipano alla riproduzione.
genitivo A *s. m.* (*ling.*) Caso della declinazione indeuropea indicante l'appartenenza a una categoria. **B** *anche agg.*: *caso —.*
genitóre *s. m.* **1** Chi genera o ha generato. **2** *al pl.* Il padre e la madre rispetto al figlio.
gennàio *s. m.* Primo mese dell'anno nel calendario gregoriano, di 31 giorni. [→ tav. *proverbi* 161]
-geno *secondo elemento*: in parole composte spec. scientifiche indica origine, nascita o significa 'che produce' oppure 'che è prodotto': *allogeno, elettrogeno, endogeno, indigeno, lacrimogeno, patogeno.*
genoàno *agg.*; *anche s. m.* (*f. -a*) Tifoso della squadra di calcio del Genoa.
genocìdio *s. m.* Reato consistente nel tentativo di distruggere in tutto o in parte un gruppo nazionale, etnico, razziale o religioso.
genotìpo *s. m.* (*biol.*) Complesso dei caratteri genetici di un individuo, cioè di quelli che esso è capace di trasmettere ai suoi discendenti.
genovése *agg.*; *anche s. m. e f.* Di Genova.
gentàglia *s. f.* (*spreg.*) Gente spregevole; SIN. Canaglia, ciurmaglia, marmaglia.
gènte *s. f.* **1** Presso i greci e i romani antichi, gruppi di famiglie appartenenti allo stesso ceppo: *la — Giulia, Cornelia.* **2** (*lett.*) Popolo, nazione: *la — etrusca* | *Le genti umane*, il genere umano | *Tutte le genti*, tutti gli uomini | Popolazione: *— di città.* **3** Persone adunate insieme | *Far —*, richiamare attorno a sé molte persone | Genere di persone: *— onesta, disonesta* | *— di teatro*, attori e sim. | *— di toga*, magistrati, avvocati e sim. | *— di chiesa*, clero e devoti | *— di tavolino*, scrittori, studiosi e sim. | (*gener.*) Persone: *oggi aspettiamo —.* [→ tav. *proverbi* 162]
gentildònna *s. f.* Signora di alto rango | Donna di nobili sentimenti.
gentile (1) *agg.* **1** Che ha maniere garbate e affabili nei rapporti con gli altri: *una persona — con tutti* | Che mostra garbo e cortesia: *invito, pensiero —*; SIN. Affabile, cortese, delicato, garbato. **2** Dotato di aspetto gradevole e delicato: *lineamenti gentili.* **3** Di sentimenti elevati: *animo —* | Colto, raffinato | *L'idioma, il parlar —*, la lingua italiana.
gentile (2) *s. m.* Nella terminologia del Nuovo Testamento e della letteratura cristiana antica, chiunque non sia ebreo o cristiano.
gentilézza *s. f.* **1** Qualità di gentile: *— d'animo*; SIN. Affabilità, cortesia, garbatezza, grazia. **2** Atto, comportamento gentile | *Fare la — di*, il favore di | *Per —*, per favore.
gentilizio *agg.* Di famiglia nobile: *motto —.*
gentiluòmo *s. m.* (*pl. gentiluòmini*) Uomo di nobile origine | (*est.*) Chi si comporta in modo cavalleresco e leale.
gentleman /*ingl.* 'dʒentlmən/ *s. m. inv.* (*pl. ingl. gentlemen* /'dʒentlmən/) **1** Chi appartiene al ceto intermedio tra l'alta nobiltà e la borghesia inglesi | (*est.*) Chi ha modi corretti e signorili. **2** (*sport*) Chi gareggia come dilettante in corse ippiche o automobilistiche.
genuflessióne *s. f.* Atto del genuflettersi.
genuflèttersi *v. rifl.* (*coniug. come flettere*) Piegare il ginocchio in atto di devozione o sottomissione; SIN. Inginocchiarsi.
genuinità *s. f.* Qualità di ciò che è genuino.
genuino *agg.* **1** Non sofisticato, non contraffatto: *vino —*; SIN. Naturale. **2** Schietto, puro: *una ragazza genuina.* **3** Senza alterazioni | Autentico: *testo —.*
genziàna *s. f.* Pianta erbacea delle Genzianali con fiori con corolla a campana | *— maggiore*, caratteristica dei pascoli alpini, la cui radice viene usata in medicina come tonico-digestivo. [→ ill. *piante* 11]
Genzianàcee *s. f. pl.* (*sing. -a*) Famiglia di piante erbacee o arbustive delle Genzianali, a fiori solitari o in cime con corolla imbutiforme gamopetala. [→ ill. *piante* 11]
Genzianàli *s. f. pl.* Ordine di piante dicotiledoni caratterizzate da fiori con corolla contorta nel boccio; SIN. Contorte. [→ ill. *piante* 11]
genzianèlla *s. f.* Pianta erbacea delle Genzianali comune nei pascoli alpini, con fiore solitario azzurro e foglie basali a rosetta.
gèo- *primo elemento*: in parole composte dotte significa 'terra': *geofisica, geografia, geologia* | In alcuni casi è acrt. di *geografia* e vale 'considerato dal punto di vista geografico': *geopolitica.*
geocèntrico *agg.* (*pl. m. -ci*) Del centro della Terra.
geocentrismo *s. m.* Il sistema di Tolomeo, che supponeva la Terra al centro dell'universo; CFR. Eliocentrismo.

geochimica *s. f.* Studio della composizione chimica della crosta terrestre.
geòde *s. m.* (*miner.*) Aggregato di cristalli che rivestono la superficie interna di una cavità rotondeggiante.
geodeṣia *s. f.* Scienza che studia la forma esatta della terra e le sue dimensioni.
geodèta *s. m. e f.* (*pl. m. -i*) Studioso di geodesia.
geodètica *s. f.* (*mat.*) La linea più breve che unisce fra loro due punti dati di una superficie.
geodètico *agg.* (*pl. m. -ci*) Della geodesia.
geodinàmica *s. f.* Scienza che studia gli agenti trasformatori della superficie terrestre.
geodinàmico *agg.* (*pl. m. -ci*) Della geodinamica.
geofàuna *s. f.* Fauna che popola le terre emerse.
geofiṣica *s. f.* Scienza che studia, dal punto di vista fisico, la Terra.
geofiṣico ***A*** *agg.* (*pl. m. -ci*) Della geofisica. ***B*** *s. m.* Studioso di geofisica.
geoflòra *s. f.* Flora delle terre emerse.
geognoṣia *s. f.* Studio dei terreni e delle rocce.
geogonìa *s. f.* Teoria sull'origine e la formazione della Terra.
geografìa *s. f.* Scienza che studia il mondo in cui viviamo, nelle sue caratteristiche di insieme e nella sua articolazione in regioni e paesaggi | — *astronomica*, che studia la Terra nei suoi rapporti col sistema solare | — *fisica*, che studia la configurazione della superficie terrestre in rapporto con i fenomeni fisici | — *politica*, che studia le unità politico-territoriali nella loro distribuzione sulla superficie terrestre. [→ ill. *geografia*]
geograficaménte *avv.* Secondo la geografia.
geogràfico *agg.* (*pl. m. -ci*) Della geografia: *carta geografica*. [→ ill. *geografia, scuola*]
geògrafo *s. m.* (*f. -a*) Studioso di geografia.
geòide *s. m.* Figura solida, assai simile a un ellissoide di rotazione, che rappresenta la Terra senza tener conto dei rilievi e delle depressioni.
geologìa *s. f.* (*pl. -gie*) Scienza che studia la storia della Terra, la composizione della crosta terrestre, i processi della formazione delle rocce, la cronologia terrestre con le divisioni in ere, periodi, epoche e i fossili caratteristici corrispondenti.
geològico *agg.* (*pl. m. -ci*) Della geologia.
geòlogo *s. m.* (*f. -a; pl. m. -gi*) Studioso di geologia. [→ ill. *martello*]
geomagnetiṣmo *s. m.* Magnetismo terrestre.
geomanzìa *s. f.* Tecnica divinatoria di molte religioni antiche e primitive, consistente nel ricavare pronostici da segni tracciati sulla terra.
geòmetra *s. m. e f.* (*pl. m. -i*) ***1*** (*raro*) Studioso di geometria. ***2*** Professionista che effettua rilevazioni topografiche e progetta e dirige lavori di costruzioni civili di modesta entità.
geometrìa *s. f.* Ramo della matematica che si occupa delle figure | — *piana*, che studia le figure di un piano | — *solida*, che studia le figure nello spazio | — *analitica*, che studia le figure per mezzo di equazioni | — *descrittiva*, che dà norme per il disegno.
geometricaménte *avv.* Secondo la geometria, in modo geometrico.
geometricità *s. f.* Qualità di ciò che è geometrico.
geomètrico *agg.* (*pl. m. -ci*) ***1*** Proprio della geometria: *figure geometriche*. [→ ill. *geometria, scuola*] ***2*** (*fig.*) Ineccepibile quanto a esattezza, logicità e sim.: *ragionamento* —.
geomorfologìa *s. f.* (*pl. -gie*) Scienza che studia la forma della superficie terrestre e le forze che la modificano.
geopolìtica *s. f.* Scienza che studia le ragioni geografiche dei problemi politici.
georgette /*fr.* ʒɔrˈʒɛt/ *s. f. inv.* (*pl. fr. georgettes* /ʒɔrˈʒɛt/) Tessuto di lana o di seta, di aspetto rugoso.
geòrgico *agg.* (*pl. m. -ci*) Che si riferisce alla vita e alla coltivazione dei campi | *Poema* —, poema didascalico sulla coltivazione dei campi.
geosinclinàle *s. f.* Fascia mobile della crosta terrestre, da cui si sviluppa, per corrugamento e deformazione delle rocce, una catena montuosa.
geostazionàrio *agg.* Detto di satellite artificiale, usato spec. per ritrasmettere programmi televisivi, che ruota intorno alla Terra nello stesso senso di rotazione di questa, compiendo un giro in 24 ore in sincronismo con la rotazione della Terra stessa.
geotècnica *s. f.* Studio delle proprietà fisiche e tecniche delle rocce e dei terreni.
geotermìa *s. f.* Misura del calore terrestre.
geotèrmico *agg.* (*pl. m. -ci*) Relativo alla temperatura del suolo e del sottosuolo.
geotròpico *agg.* (*pl. m. -ci*) Del geotropismo.
geotropiṣmo *s. m.* Influenza della forza di gravità sull'orientamento di foglie, radici e sim.
Geraniàcee *s. f. pl.* (*sing. -a*) Famiglia di piante erbacee delle Geraniali, con foglie palmate e fiori a cinque sepali e cinque petali. [→ ill. *piante* 6]
Geraniàli *s. f. pl.* Ordine di piante dicotiledoni, per lo più erbacee. [→ ill. *piante* 6]
gerànio *s. m.* Pianta erbacea o fruticosa delle Geraniali a foglie palminervie e fiori variamente colorati. [→ ill. *piante* 6]
geràrca *s. m.* (*pl. -chi*) ***1*** Chi riveste un grado piuttosto elevato in una gerarchia | *Primo, sommo* —, il Papa. ***2*** Durante il fascismo, chi occupava le massime cariche del partito.
gerarchìa *s. f.* ***1*** Rapporto reciproco di supremazia e subordinazione: — *tra dirigenti*. ***2*** Ciascuno dei tre gruppi di ordini in cui sono suddivisi gli angeli secondo la teologia cattolica.
geràrchico *agg.* (*pl. m. -ci*) Proprio di una gerarchia: *ordinamento* —.
gerbèra *s. f.* Pianta erbacea perenne delle Sinandrali con foglie inferiormente lanose, grandi infiorescenze a capolino solitarie con colore dall'arancione al rosso. [→ ill. *piante* 14]
geremìade *s. f.* Lunga e noiosa sequela di lamenti.
gerènte *s. m. e f.* (*pl. m. -i*) Chi amministra o gestisce affari per conto di terzi | — *di un giornale*, un tempo, chi rispondeva degli scritti in esso pubblicati.
gerènza *s. f.* Gestione, amministrazione | Ufficio di gerente.
gergàle *agg.* Proprio del gergo.
gèrgo *s. m.* (*pl. -ghi*) ***1*** Lingua speciale usata da una comunità gener. marginale che vuole non essere capita o distinguersi dagli altri: — *della malavita*. ***2*** (*est.*) Particolare linguaggio comune a una categoria di persone: — *militare*.
geriàtra *s. m. e f.* (*pl. m. -i*) Studioso di geriatria.
geriatrìa *s. f.* (*med.*) Ramo della medicina che studia gli stati morbosi della senescenza e la loro terapia; CFR. Gerontologia.
gèrla *s. f.* Cesta di forma tronco-conica adattabile mediante cinghie alle spalle del portatore. [→ ill. *cesta*]
germànico *agg.* (*pl. m. -ci*) ***1*** Degli antichi Germani. ***2*** Tedesco.
germànio *s. m.* Elemento chimico, metallo assai raro, bianco-grigiastro, fragile, impiegato in elettronica come semiconduttore. SIMB. Ge.
germaniṣmo *s. m.* ***1*** Elemento culturale germanico. ***2*** (*ling.*) Parola o locuzione propria di una lingua germanica, entrata in un'altra lingua.
germanìsta *s. m. e f.* (*pl. m. -i*) Studioso della lingua e della cultura germaniche.
germanìstica *s. f.* Studio della civiltà germanica nei suoi vari aspetti.
germàno (1) *agg.; anche s. m.* Detto di chi è nato dagli stessi genitori.
germàno (2) *agg.; anche s. m.* Della Germania antica.
germàno (3) *s. m.* (*zool.*) — *reale*, anatra selvatica.
gèrme *s. m.* ***1*** (*biol.*) Primo stadio di sviluppo dell'embrione | *In* —, (*fig.*) ancora agli inizi. ***2*** Microrganismo patogeno, batterio. ***3*** (*fig.*) Prima cagione, origine, radice: *il* — *del male*.
germìle *s. m.* (*raro, lett.*) Germinale.
germinàle *s. m.* Settimo mese del calendario repubblicano francese.
germinàre *v. intr.* (*io gèrmino; aus. essere o avere*) ***1*** Germogliare. ***2*** (*fig.*) Trarre origine.
germinatìvo *agg.* Atto a germinare.
germinazióne *s. f.* Inizio dello sviluppo del seme in una pianta.
germogliàre *v. intr.* (*io germóglio; aus. essere o avere*) ***1*** Svilupparsi in pianta, detto del seme; SIN. Germinare. ***2***

Emettere germogli, getti: *i rami germogliano.* ***3*** (*raro, fig.*) Nascere, svilupparsi.

germóglio *s. m.* ***1*** La piantina all'inizio del suo sviluppo. ***2*** Insieme delle parti vegetali che si sviluppano dalle gemme; SIN. Getto. ***3*** (*fig., lett.*) Origine, causa, principio di q.c.: *— di vizi, di virtù.*

géro- *primo elemento* (*ger-* davanti a vocale): in parole composte dotte significa 'vecchio, vecchiaia': *geriatra.*

-géro *secondo elemento*: in parole composte significa 'che porta': *armigero, lanigero.*

gerofànte *s. m.* Gran sacerdote greco o egizio.

geroglìfico ***A*** *agg.* (*pl. m. -ci*) (*ling.*) Detto dei disegni convenzionali e stilizzati dell'antica scrittura egiziana e della scrittura stessa. ***B*** *s. m.* ***1*** (*ling.*) Ognuno dei segni della scrittura composta di pittogrammi degli antichi Egizi. ***2*** (*fig.*) Scrittura o testo difficile da decifrare.

gerónto- *primo elemento*: in parole composte dotte significa 'vecchio', 'anziano': *gerontologia.*

gerontocòmio *s. m.* Luogo di ricovero per anziani.

gerontocrazìa *s. f.* Governo degli anziani.

gerontologìa *s. f.* (*pl. -gie*) Studio dei fenomeni fisiologici e patologici propri dell'invecchiamento; CFR. Geriatria.

gerontòlogo *s. m.* (*pl. -gi*) Studioso di gerontologia.

gerosolimitàno *agg.* ***1*** Di Gerusalemme. ***2*** Che si riferisce ai cavalieri di Malta.

gerùndio *s. m.* Modo infinitivo che presenta, in forma invariabile, l'idea verbale, in funzione di complemento di circostanza.

gerundìvo *s. m.* Forma aggettivale passiva del verbo latino, che esprime necessità.

geometria

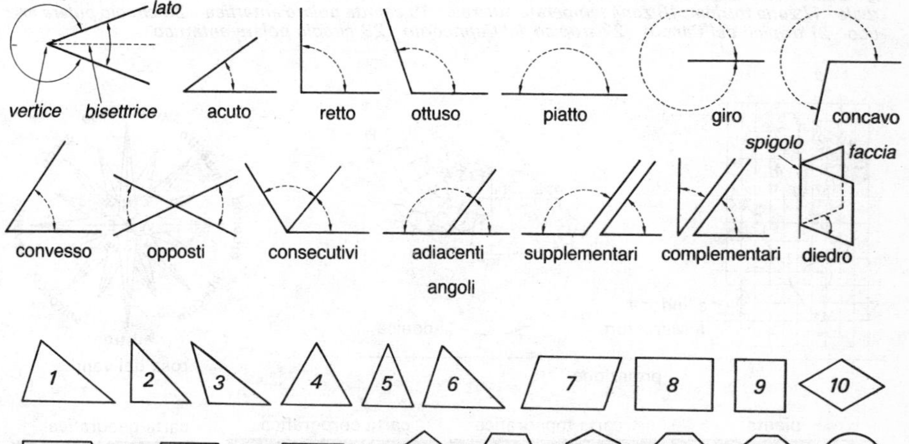

figure geometriche piane

1 triangolo acutangolo 2 triangolo rettangolo 3 triangolo ottusangolo 4 triangolo equilatero 5 triangolo isoscele 6 triangolo scaleno 7 parallelogramma 8 rettangolo 9 quadrato 10 rombo 11 trapezio 12 trapezio isoscele 13 trapezio scaleno 14 pentagono 15 esagono 16 ettagono 17 ottagono 18 decagono 19 cerchio

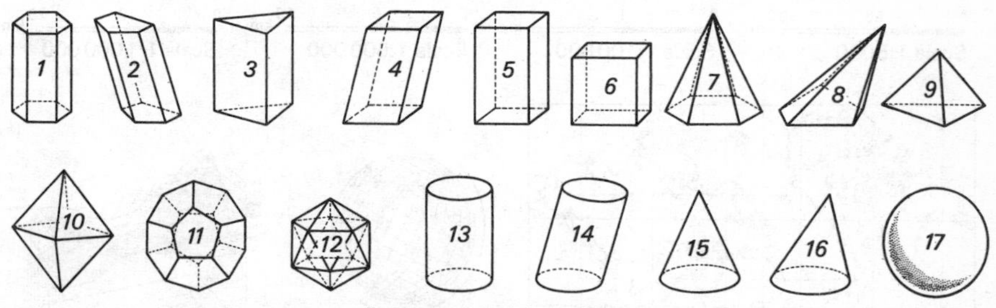

figure geometriche solide

1 prisma retto 2 prisma obliquo 3 prisma retto a base triangolare 4 parallelepido 5 parallelepido rettangolo 6 cubo 7 piramide regolare 8 piramide irregolare 9 tetraedro regolare 10 ottaedro regolare 11 dodecaedro regolare 12 icosaedro regolare 13 cilindro retto 14 cilindro obliquo 15 cono retto 16 cono obliquo 17 sfera

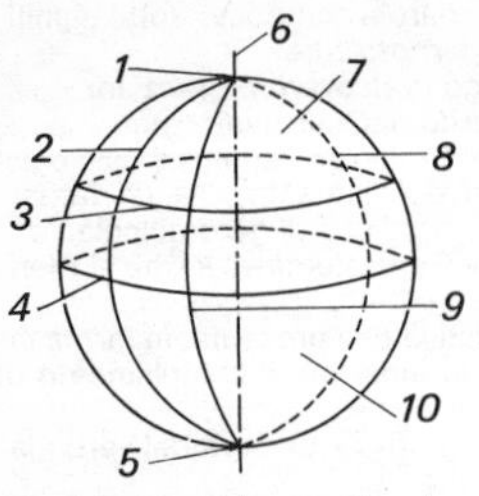

suddivisioni immaginarie della terra

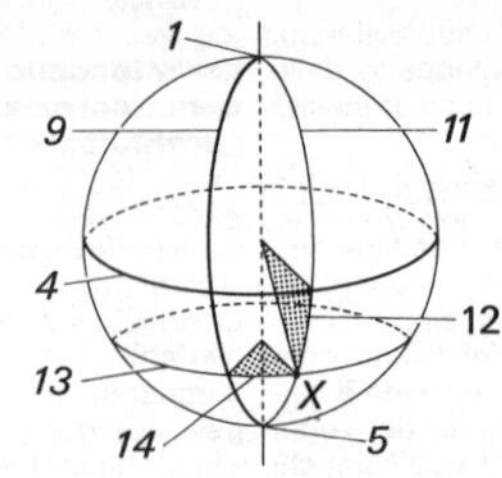

coordinate geografiche

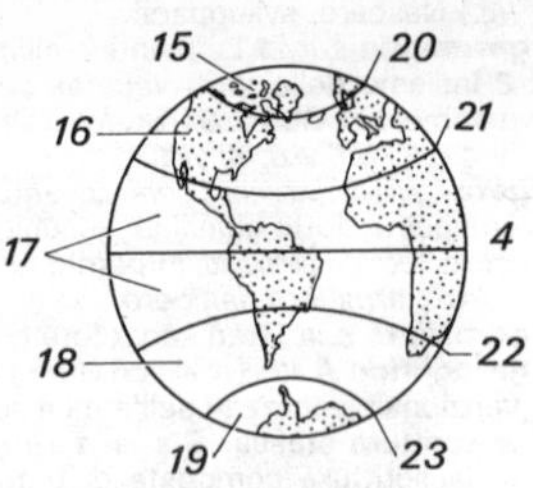

zone astronomiche della terra

1 polo Nord 2 meridiano 3 parallelo 4 equatore 5 polo Sud 6 asse terrestre 7 emisfero boreale 8 antimeridiano 9 meridiano iniziale 10 emisfero australe 11 meridiano del punto X 12 latitudine 13 parallelo del punto X 14 longitudine 15 calotta polare artica 16 zona temperata boreale 17 zona torrida 18 zona temperata australe 19 calotta polare antartica 20 circolo polare artico 21 tropico del Cancro 22 tropico del Capricorno 23 circolo polare antartico

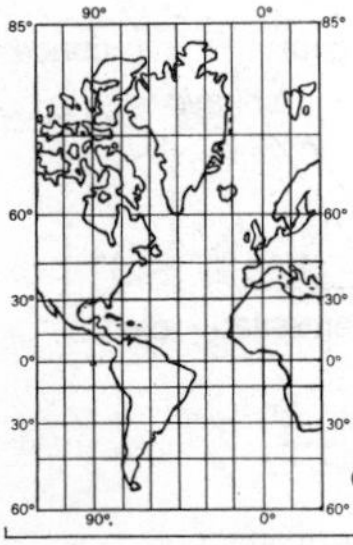

cilindrica di Mercatore

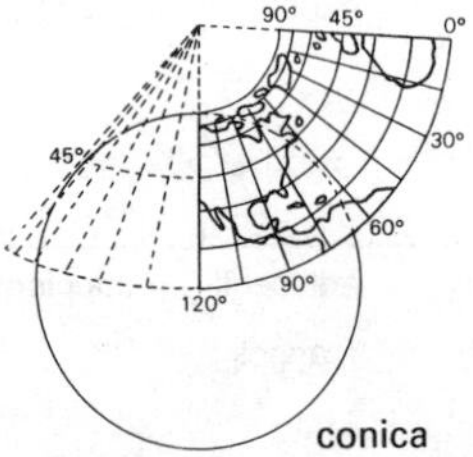

conica

proiezione

tramontana
greco
levante
scirocco
austro
libeccio
ponente
maestro

rosa dei venti

pianta

Scala 1:5000

carta topografica

Scala 1:100 000

carta corografica

Scala 1:500 000

carta geografica

Scala 1:1 000 000

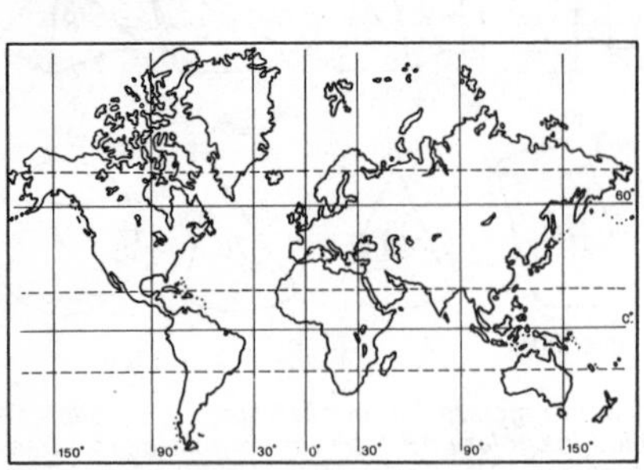

planisfero

globo

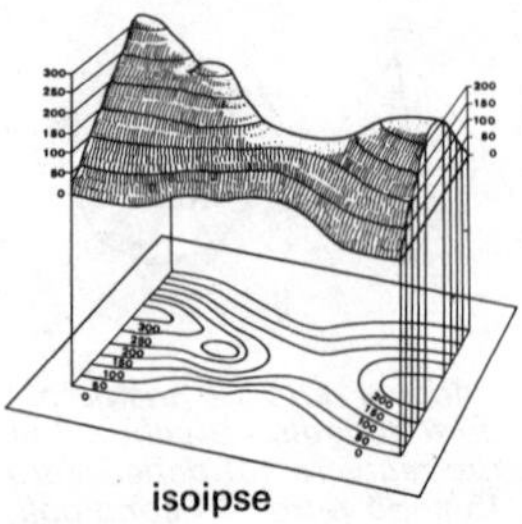

isoipse

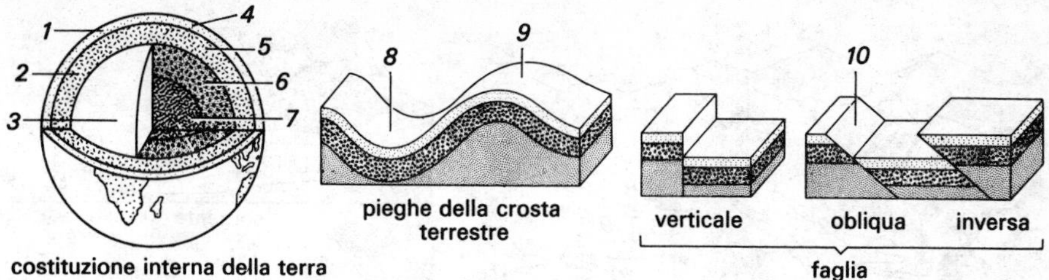

costituzione interna della terra

1 litosfera 2 pirosfera 3 barisfera 4 Sial 5 Sima 6 Osol 7 Nife 8 sinclinale 9 anticlinale 10 piano di faglia

vulcano — geyser — soffione

1 cono vulcanico 2 camino 3 serbatoio magmatico 4 cratere principale 5 cratere secondario

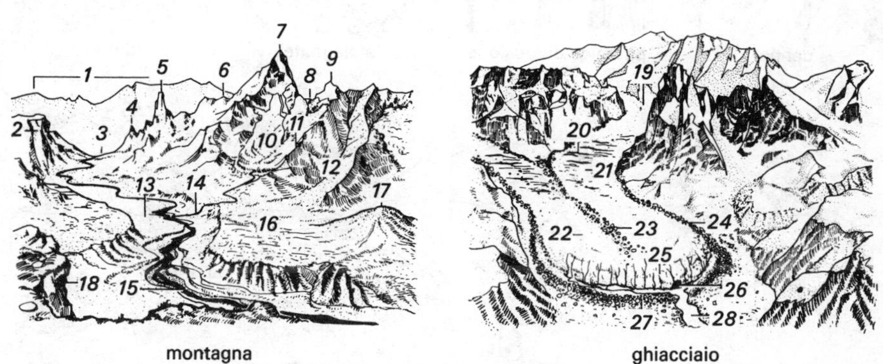

montagna — ghiacciaio

1 catena 2 massiccio 3 valico 4 picco 5 pinnacolo 6 giogo 7 vetta 8 sella 9 guglia 10 ghiacciaio 11 crinale 12 canalone 13 valle 14 torrente 15 fiume 16 altopiano 17 collina 18 dirupo 19 bacino collettore 20 crepaccio 21 lingua glaciale 22 bacino ablatore 23 morena centrale 24 morena laterale 25 fronte 26 bocca 27 anfiteatro morenico 28 torrente glaciale

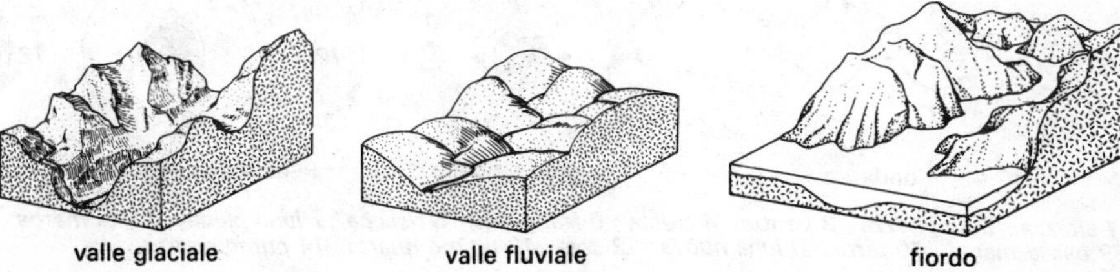

valle glaciale — valle fluviale — fiordo

➡

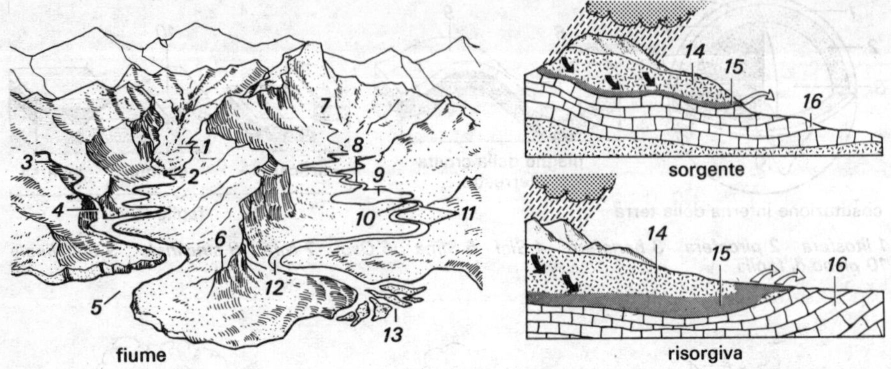

1 ghiacciaio 2 sorgente 3 affluente di destra 4 cascata 5 foce a estuario 6 spartiacque 7 bacino idrografico 8 immissario 9 lago 10 emissario 11 meandri 12 ansa 13 foce a delta 14 strato permeabile 15 falda acquifera 16 strato impermeabile

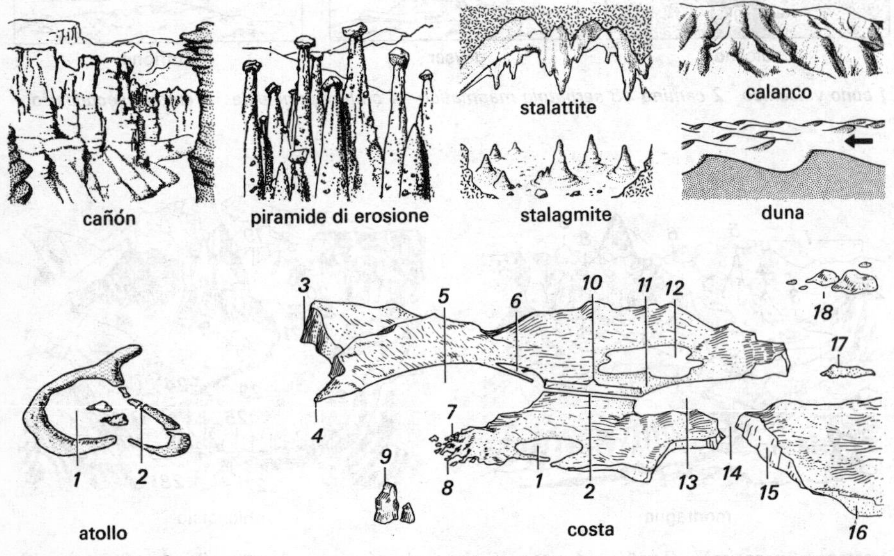

1 laguna 2 canale 3 falesia 4 capo 5 golfo 6 porto 7 scogli 8 costa frastagliata 9 faraglioni 10 istmo 11 spiaggia 12 lago costiero 13 baia 14 stretto 15 costa alta 16 costa bassa 17 isola 18 arcipelago

1 altezza 2 lunghezza 3 ventre 4 cresta 5 frangente 6 risacca 7 luna piena 8 alta marea 9 bassa marea 10 terra 11 luna nuova 12 sole 13 ultimo quarto 14 primo quarto

gessàia *s. f.* Cava di gesso.
gessàre *v. tr.* (*io gèsso*) **1** Spargere gesso su terreni alcalini e salsi per correggerli. **2** Sottoporre il mosto in fermentazione a trattamenti col gesso.
gessàto A *agg.* **1** Impregnato di gesso. **2** Detto di stoffa o abito scuri con sottilissime righe bianche: *un doppiopetto* —. **B** *s. m.* Abito di stoffa gessata.
gessatùra *s. f.* Trattamento, con gesso, di un terreno o del mosto.
gessétto *s. m.* **1** *Dim. di gesso.* [→ ill. *scuola*] **2** Blocchetto di gesso che si strofina sulla punta della stecca da biliardo perché non scivoli sulla palla. [→ ill. *giochi*]
gèsso *s. m.* **1** Minerale costituito da solfato di calcio idrato, incoloro o bianco, con frequenti cristalli geminati. **2** Polvere ottenuta per macinazione del minerale omonimo, usata nella gessatura e per stucchi. **3** Statua, bassorilievo, in gesso. **4** Pezzo di gesso, spec. bianco, per scrivere sulla lavagna, stoffa e sim.; SIN. Gessetto. [→ ill. *tessuto*]
gessóso *agg.* **1** Di gesso. **2** Ricco di gesso: *terreno* —. **3** Simile al gesso.
gèsta *s. f. pl.* Imprese insigni, memorabili: *le — dei Romani.*
gestànte *s. f.* Donna incinta.
gestatòrio *agg.* Detto della sedia sulla quale è portato il Papa nelle funzioni solenni.
gestazióne *s. f.* **1** Gravidanza. **2** (*fig.*) Preparazione di q.c. | *In* —, in preparazione.
gesticolàre *v. intr.* (*io gesticolo; aus. avere*) Fare gesti, spec. con eccitazione.
gestionàle *agg.* Che è proprio di una gestione aziendale.
gestióne *s. f.* Complesso delle operazioni necessarie al funzionamento di un'azienda e al conseguimento dei risultati economici che le sono propri.
gestìre (1) *v. intr.* (*io gestìsco, tu gestìsci; aus. avere*) Accompagnare le parole con gesti, spec. enfatici.
gestìre (2) *v. tr.* (*io gestìsco, tu gestìsci*) **1** Amministrare un'impresa per conto d'altri. **2** Svolgere nel proprio interesse un'attività economica utilizzando beni di proprietà altrui: — *un ristorante.* **3** (*est., gener.*) Condurre, portare avanti un'iniziativa, un'attività e sim.: — *una trattativa sindacale.*
gèsto *s. m.* **1** Movimento del corpo, spec. delle braccia, delle mani, del capo, che accompagna, rendendola più espressiva, la parola o esprime uno stato d'animo, un pensiero: — *brusco*; — *di rabbia* | *Un bel* —, (*fig.*) una buona azione; SIN. Cenno. **2** Posa, aspetto: — *teatrale.*
gestóre *s. m.* Chi gestisce imprese.
gestùale *agg.* **1** Del, relativo al gesto | Che si basa sul gesto: *linguaggio* —. **2** Detto di pittura non figurativa degli anni '50, che si affida alla essenzialità e purezza del gesto, tradotta sulla tela in essenzialità e purezza del segno.
gesuita *s. m.* (*pl. -i*) **1** Religioso della Compagnia di Gesù, istituita da S. Ignazio di Loiola. **2** (*spreg.*) Persona ipocrita e astuta.
gesuitico *agg.* (*pl. m. -ci*) **1** Dei Gesuiti. **2** (*spreg.*) Di, da persona ipocrita e astuta.
gesuitismo *s. m.* **1** Sistema morale e norma di vita dei Gesuiti. **2** (*spreg.*) Astuta ipocrisia.
gettàre A *v. tr.* (*io gètto*) **1** Scagliare un oggetto lontano da sé: — *sassi contro q.c.*; — *q.c. dalla finestra* | — *l'ancora*, affondare l'ancora sul fondo perché faccia presa e (*fig.*) cessare dal fare q.c. | — *la rete*, lasciarla a mare per la pesca | — *le armi*, arrendersi | — *a terra*, abbattere | — *q.c. dietro le spalle*, buttarla via e (*fig.*) dimenticare | — *la vergogna, la colpa addosso a qc.*, riversarla su di lui | — *la polvere negli occhi a qc.*, ingannarlo in modo subdolo | (*fig.*) — *il denaro*, spenderlo male e in modo eccessivo | *Gettar via*, liberarsi di cosa inutile; SIN. Buttare, lanciare. **2** Mandare fuori: *la fontana getta acqua* | — *le radici*, farle penetrare nella terra. **3** Versare nello stampo metallo liquefatto, gesso o cera perché assuma la forma voluta. **4** Riempire casseforme o scavi con calcestruzzo: — *le fondamenta di un edificio* | Costruire, detto di opera che supera una distanza senza toccare il suolo: — *un ponte.* **5** (*fig.*) Porre le basi di q.c.: — *le basi di un'arte.* **6** (*fig.*) Rendere, fruttare: *le tasse gettano miliardi allo Stato.* **B** *v. rifl.* **1** Lanciarsi, avventarsi, precipitarsi: *gettarsi contro qc., nel fiume, dalla finestra* | *Gettarsi nella mischia*, (*fig.*) partecipare attivamente a q.c. **2** Buttarsi, lasciarsi cadere | *Gettarsi ai piedi, alle ginocchia di qc.*, inginocchiarsi e (*fig.*) umiliarsi | *Gettarsi al collo di qc.*, abbracciarlo con trasporto. **3** Sboccare: *il Po si getta nel Mar Adriatico.* **C** *v. intr.* (*aus. avere*) **1** Versare, sgorgare. **2** Germogliare. [→ tav. *locuzioni* 53, 54, 55]
gettàta *s. f.* **1** Lancio | Fusione, colata di metallo liquefatto, gesso e sim.: — *di cemento.* **2** Diga, spec. di riparo ai porti. **3** Germoglio. **4** (*mil.*) Gittata.
gèttito *s. m.* **1** (*raro*) Atto del gettare continuato. **2** (*mar.*) Ciò che si getta nel mare, per alleggerire il natante. **3** Resa, introito: — *delle tasse.*
gètto (1) *s. m.* **1** Atto del gettare | Lancio: *armi da* — | — *del peso*, specialità sportiva in cui l'atleta lancia un peso di forma tondeggiante. **2** Fuoriuscita violenta di un liquido, di un gas: — *di sangue* | *A — continuo*, senza interruzione | *Motore a* —, motore che emette gas combusti a forte velocità, risultandone per reazione una forza propulsiva. **3** Il versare nello stampo metallo liquefatto | Pezzo ottenuto con tale operazione | *Di* —, (*fig.*) senza interruzione | (*fig.*) *Primo* —, prima forma di componimento. **4** Gettata di calcestruzzo formante un elemento strutturale continuo. **5** Germoglio di pianta.
gètto (2) *s. m.* **1** (*aer.*) Flusso molto veloce, artificiale o naturale: *corrente a* —. **2** *Acrt. di aviogetto.*
gettonàre *v. tr.* (*io gettóno*) **1** (*fam.*) Telefonare a qc. con un apparecchio a gettone. **2** (*gerg.*) Far suonare una canzone in un juke-box.
gettóne *s. m.* **1** Disco di metallo o altro materiale usato come contrassegno o per il funzionamento di macchine automatiche: *apparecchio a* —; — *telefonico* | — *di presenza*, retribuzione pagata in base alla presenza ai membri di una commissione. [→ ill. *telefonia*] **2** Disco di metallo, osso o plastica, di valore convenzionale, che nel gioco si usa al posto della moneta.
gettonièra *s. f.* Cassetta per gettoni. [→ ill. *telefonia*]
gettopropulsióne *s. f.* (*aer.*) Propulsione a getto.
gettosostentazióne *s. f.* (*aer.*) Sostentazione di un veicolo dovuta principalmente alla reazione di getti.
GèV *s. m.* (*fis.*) Unità di misura di energia, pari a un miliardo di elettronvolt.
geyser /*ingl.* 'gaizə/ *s. m. inv.* (*pl. ingl. geysers* /'gaizəz/) Manifestazione di vulcanismo rappresentata da emissione violenta e intermittente di getti d'acqua calda mineralizzata. [→ ill. *geografia*]
ghènga *s. f.* **1** Gang. **2** (*scherz.*) Combriccola, compagnia: *una — di amici.*
ghepàrdo *s. m.* Mammifero dei Carnivori con pelame raso, chiaro con macchie nere, diffuso in Africa e in Asia: ottimo cacciatore e corridore velocissimo. [→ ill. *animali* 20]
ghéppio *s. m.* Uccello affine al falco, ma più piccolo, di colore fulvo o cenerino a macchie; SIN. Falchetto. [→ ill. *animali* 10]
gheriglio *s. m.* Seme della noce formato da due cotiledoni morbidi e commestibili. [→ ill. *botanica*]
gherminèlla *s. f.* **1** Gioco di destrezza consistente nel far apparire e scomparire una cordicella dentro una bacchetta cava che si tiene tra le mani. **2** (*fig.*) Astuzia per ingannare abilmente.
ghermìre *v. tr.* (*io ghermìsco, tu ghermìsci*) **1** Afferrare con gli artigli. **2** (*fig.*) Prendere all'improvviso e con violenza: *la morte lo ha ghermito ai suoi cari*; SIN. Carpire.
gheronàto *s. m.* (*arald.*) Scudo diviso in otto gheroni uguali.
gheróne *s. m.* **1** (*arald.*) Parte triangolare limitata da due linee che si intersecano al centro dello scudo. **2** Sezione triangolare di tessuto inserito in un capo di abbigliamento con la punta in alto per allargarlo. **3** Rinforzo che i marinai cuciono alle vele.
ghétta *s. f.* **1** *spec. al pl.* Gambaletto di tessuto, di cuoio o di altro materiale, che si calza sulle scarpe. [→ ill. *alpinista*] **2** *al pl.* Pantaloncini lunghi e aderenti per bambini.
ghettizzàre *v. tr.* Chiudere in un ghetto | (*est.*) Costringere all'isolamento sociale, culturale e sim.
ghétto *s. m.* **1** Rione dove, in alcune città, erano costretti ad abitare gli ebrei | (*est.*) Quartiere di case misere | (*est.*) Quartiere in cui si raggruppano le minoranze socialmente escluse: — *negro.* **2** (*fig.*) Forma di isola-

mento.

ghiacciàia *s. f.* **1** Luogo ove si conserva il ghiaccio. **2** Frigorifero. **3** (*est.*) Luogo chiuso e freddo.

ghiacciàio *s. m.* Grande massa di ghiaccio delle regioni montane e polari, adunata negli avvallamenti, formata dalle nevi sotto l'azione del gelo, scorrente verso il basso | *Bocca del* –, apertura alla fronte del ghiacciaio dalla quale esce il torrente glaciale. [→ ill. *geografia*]

ghiacciàre **A** *v. intr. e intr. pron.* (*io ghiàccio; aus. essere*) Divenire ghiaccio: *il fiume ghiaccia durante la notte.* **B** *v. intr. impers.* (*aus. essere o avere*) (*raro*) Gelare. **C** *v. tr.* Far divenire ghiaccio: *la bassa temperatura ghiacciò il canale.*

ghiaccìàta *s. f.* Bibita a base di sciroppo e ghiaccio tritato.

ghiacciàto *part. pass. di ghiacciare; anche agg.* **1** Coperto di ghiaccio: *strada ghiacciata* | (*est.*) Estremamente freddo: *vento* –. **2** (*fig.*) Privo totalmente di calore, affetto e sim.: *cuore* –.

ghiàccio **A** *s. m.* Forma solida cristallina che l'acqua assume a temperature inferiori a zero gradi centigradi | (*fig.*) *Mani di* –, freddissime | (*fig.*) *Rimanere di* –, insensibile di fronte a un fatto straordinario | *Rompere il* –, superare un periodo di freddezza iniziale | *Cuore di* –, che non si lascia commuovere | – *secco*, anidride carbonica solida, usata per la refrigerazione a temperature molto basse. [→ ill. *alpinista, borsa, fisica, sport*] **B** *agg.* (*pl. f. -ce*) Gelido, gelato: *viso* –; *sudore* –. [→ tav. *locuzioni* 94]

ghiacciòlo *s. m.* **1** Verghetta di ghiaccio che si forma negli stillicidi di fontane e grondaie. **2** Sorbetto di ghiaccio aromatizzato con estratti vari.

ghiàia *s. f.* **1** Materiale costituito da detriti di rocce trasportate dai fiumi e formato di ciottoli di piccole dimensioni. **2** Sassi spezzati e tritati per le massicciate di strade, viali e giardini.

ghiaiàta *s. f.* Ghiaia sparsa per assodare un terreno fangoso.

ghiaióne *s. m.* Ammasso di frammenti accumulatisi alla base di pareti rocciose e canaloni.

ghiaióso *agg.* Che abbonda di ghiaia.

ghiànda *s. f.* **1** Frutto secco indeiscente rivestito alla base di un involucro a forma di scodella. [→ ill. *botanica*] **2** (*est.*) Oggetto la cui forma è simile a quella di una ghianda.

ghiandàia *s. f.* Uccelletto assai comune e grazioso, con ciuffo erettile sul capo e remiganti striate di nero e azzurro. [→ ill. *animali* 12]

ghiàndola o (*raro*) *glàndola s. f.* (*anat.*) Organo che elabora determinate sostanze, prelevando gli elementi del sangue: – *endocrina, salivare.* [→ ill. *anatomia umana, zoologia*]

ghiandolàre *agg.* Di ghiandola.

ghibellinismo *s. m.* **1** Ideologia ghibellina. **2** (*est.*) Ogni concezione laica dello Stato.

ghibellìno **A** *s. m.; anche agg.* Nel Medioevo, chi (o che) in contrapposizione ai Guelfi, sosteneva l'imperatore contro il papato: *partito* –. **B** *agg.* Dei Ghibellini | *Merlo* –, a coda di rondine. [→ ill. *castello*]

ghibli *s. m.* Vento caldo e secco che soffia, provenendo dal deserto, in Libia. [→ ill. *meteorologia*]

ghièra *s. f.* **1** Anello spec. metallico applicato per rinforzo all'estremità di alcuni oggetti: – *del bastone, dell'ombrello.* **2** (*mecc.*) Anello metallico con filettatura interna che si avvita su alberi o altro per bloccare organi su questi calettati. **3** (*arch.*) Arco con estradosso a risalto di spessore uniforme in tutto il suo giro.

ghigliottina *s. f.* Macchina per decapitare.

ghigliottinàre *v. tr.* Decapitare con la ghigliottina.

ghigna *s. f.* (*fam.*) Volto arcigno, sinistro.

ghignàre *v. intr.* (*aus. avere*) Ridere con malizia o cattiveria.

ghignàta *s. f.* Risata beffarda.

ghigno *s. m.* Riso beffardo e maligno.

ghinèa *s. f.* **1** Moneta inglese che Carlo II fece battere con l'oro della Guinea, del valore di 21 scellini: fu coniata fino agli inizi del XIX sec. [→ ill. *moneta*] **2** Tessuto di cotone grossolano spec. per lenzuola.

ghìngheri *vc.* (*fam., scherz.*) *Nella loc. avv. in* –, vestito e acconciato in modo ricercato: *mettersi, andare, essere, in* –.

ghiótta *s. f.* Leccarda.

ghiótto *agg.* **1** Che ama cibi gustosi e saporiti; SIN. Goloso. **2** (*fig.*) Avido, bramoso. **3** Appetitoso, gustoso (*anche fig.*): *cibo* –; *notizia ghiotta.*

ghiottóne *s. m.* (*f. -a* nel sign. 1) **1** Persona molto ghiotta e ingorda. **2** Mammifero carnivoro dei Mustelidi dal corpo massiccio, voracissimo, cacciato per la pelliccia: vive nelle fredde foreste settentrionali. [→ tav. *proverbi* 201]

ghiottonerìa *s. f.* **1** Caratteristica di chi è ghiotto. **2** Cibo ghiotto, appetitoso. **3** (*fig.*) Cosa che suscita molto interesse. • SIN. Golosità.

ghiòzzo *s. m.* Pesce dei Perciformi di modeste dimensioni, comunissimo sia nelle acque marine che in quelle salmastre o dolci.

ghìrba *s. f.* **1** Otre di pelle, tela, plastica e sim. per trasportare acqua. [→ ill. *campeggiatore*] **2** (*gerg.*) Vita, pelle | *Portare a casa la* –, tornare sano e salvo dalla guerra.

ghiribìzzo *s. m.* Idea bizzarra, capriccio improvviso.

ghirigòro *s. m.* Intreccio bizzarro di linee e segni.

ghirlànda *s. f.* **1** Corona di fiori, fronde, erbe che si pone in capo per ornamento | (*arch.*) Elemento ornamentale di tale forma. [→ ill. *elemento ornamentale*] **2** (*fig., lett.*) Insieme di cose o persone disposte in circolo.

ghìro *s. m.* Piccolo mammifero dei Roditori, con folta pelliccia grigia e lunga coda, che d'inverno cade in letargo | *Dormire come un* –, profondamente. [→ ill. *animali* 16]

ghirónda *s. f.* (*mus.*) Strumento a corde, d'uso popolare, il cui suono è prodotto con un disco azionato da una manovella.

ghìsa *s. f.* Prodotto siderurgico, ottenuto all'altoforno dal minerale di ferro, consistente in una lega di ferro e carbonio oltre ad altri elementi entrati in lega come impurezze. [→ ill. *metallurgia*]

gi *s. f. o m. inv.* Nome della lettera *g.*

già *avv.* **1** Indica che un'azione o un fatto si sta compiendo, o si è ormai compiuto in passato: *è* – *tutto stabilito*; *se ne sono* – *andati.* **2** Ormai: *è* – *troppo tardi per cominciare.* **3** Fin da ora: *posso* – *immaginare la fine* | Fin da quel tempo: – *da bambino amava la musica.* **4** Prima d'ora: *non ci siamo* – *incontrati?* | Precedentemente: *il* – *citato autore.* **5** Ex (davanti a un s. per indicare una denominazione, una carica, una funzione superata): *Via Roma,* – *via Toledo.* **6** Esprime assicurazione, ironia, dubbio, irritazione e sim.: –, *è proprio vero!*; –, *e chi dice questo?* [→ tav. *proverbi* 75]

giàcca *s. f.* **1** Indumento che copre la parte superiore del corpo e costituisce un capo essenziale nell'abbigliamento maschile e femminile: – *a un petto, a due petti* | – *a vento*, in tessuto impermeabile spesso trapuntato, con o senza cappuccio, usata spec. da alpinisti e sciatori. **2** – *nera*, (*fig.*) arbitro di calcio. [→ ill. *abbigliamento, alpinista, cacciatore*]

giacché *cong.* Poiché, dal momento che (introduce una prop. caus. con il v. all'indic.): – *lo sai, perché me lo chiedi?*

giacchétta *s. f.* Giacca corta e leggera.

giàcchio *s. m.* Rete da pesca rotonda, piombata al perimetro, che viene lanciata in acqua in modo che ricada aperta e, giunta sul fondo, si chiuda tirando una corda e rinserrando i pesci. [→ ill. *pesca*]

giaccóne *s. m.* Giacca lunga e piuttosto pesante. [→ ill. *abbigliamento*]

giacènte *part. pres. di giacere; anche agg.* **1** Che giace. **2** (*fig.*) Sospeso: *pratica* –.

giacènza *s. f.* **1** Condizione di ciò che giace. **2** *spec. al pl.* Quantità di materiali o di denaro giacente in un dato momento nei depositi o nelle casse di un'azienda.

giacére *v. intr.* (*pres. io giàccio, tu giàci, egli giàce, noi giacciàmo o giaciàmo, voi giacéte, essi giàcciono; pass. rem. io giàcqui, tu giacésti; congv. pres. io giàccia, ecc., noi giacciàmo o giaciàmo, voi giacciàte o giaciàte, essi giàcciano; part. pass. giaciùto; aus. essere*) **1** Stare disteso: – *a letto, sul fianco, supino.* **2** Essere situato, posto: *il paese giace in una valle.* **3** (*mat.*) Appartenere a: *la retta giace su, in un piano.* **4** Stare inerte, inattivo: *il capitale giace inutilizzato.* [→ tav. *proverbi* 69, 300]

giacìglio *s. m.* Misero lettuccio o mucchio di cenci o paglia.

giaciménto *s. m.* Concentrazione di minerali utili nella crosta terrestre, tale da essere sfruttata economicamente.

giacinto *s. m.* **1** Pianta erbacea bulbosa delle Liliflore con fiori odorosi in grappoli eretti, di vario colore. [→ ill. *piante* 16] **2** (*miner.*) Varietà di zircone in cristalli rossi.

giacitùra *s. f.* **1** Modo di giacere. **2** Disposizione spaziale di un corpo geologico.

giàco *s. m.* (*pl.* *-chi*) Cotta di maglia d'acciaio, usata in passato per difendere il torace.

giacobinismo *s. m.* **1** Ideologia dei giacobini. **2** (*est.*) Atteggiamento politico estremista.

giacobino **A** *s. m.* **1** Membro o sostenitore del movimento politico dei Giacobini durante la Rivoluzione francese, tra il 1789 e il 1794. **2** (*est.*) Persona radicale in politica. **B** *agg.* Dei giacobini | Ispirato a giacobinismo.

giaconétta *s. f.* Tessuto leggerissimo di cotone, molto apprettato e rigido.

giaculatòria *s. f.* **1** Orazione breve che si ripete spesso più volte. **2** (*scherz.*) Monotona ripetizione di parole o di discorsi uguali.

giàda *s. f.* (*miner.*) Pietra dura presente in aggregati compatti, usata per ornamenti e, nella preistoria, per punte di lance e sim.

giaggiòlo *s. m.* Pianta erbacea delle Liliflore con foglie a sciabola e grandi fiori azzurri, blu-viola o bianchi; SIN. Ireos, iris. [→ ill. *piante* 17]

giaguàro *s. m.* Mammifero dei Carnivori dell'America tropicale con pelame fulvo a macchie ocellate. [→ ill. *animali* 19]

giaiétto *s. m.* Varietà di lignite bituminosa, solida, nera e lucente, usata per bottoni; SIN. Jais.

gialàppa o (*pop.*) *scialàppa* *s. f.* Pianta erbacea messicana delle Tubiflorali, dai cui tuberi si estrae una resina impiegata come purgante.

giallàstro *agg.* Tendente al giallo.

gialliccio *agg.* (*pl. f.* *-ce*) Di colore chiaro tendente al giallo.

giàllo **A** *agg.* **1** Di colore fra l'aranciato e il verde | *Farina gialla*, di granoturco | *Terra gialla*, ocra | *Razza gialla*, mongolide | *Pericolo* –, per i popoli di razza bianca, quello rappresentato dalla potenza soverchiante della Cina e del Giappone | *Bandiera gialla*, segnale della presenza di malattie infettive a bordo delle navi. **2** Pallido, cereo, per malattia, paura e sim.: *essere – dalla rabbia*. **3** (*med.*) *Febbre gialla*, infezione virale trasmessa da zanzare. **4** (*fig.*) Detto di romanzo, dramma o film di argomento poliziesco | *Stampa gialla*, scandalistica. **B** *s. m.* **1** Colore giallo. **2** Parte gialla di q.c. | *Il – dell'uovo*, tuorlo. **3** Sostanza gialla | – *cromo*, cromato di piombo usato come colorante. **4** (*fig.*) Romanzo, dramma o film di argomento poliziesco | Caso complesso e di difficile soluzione.

giallógnolo *agg.* Di color giallo spento.

gialloròsa *agg. inv.* Di commedia, film e sim. di argomento poliziesco, ma con un intreccio amoroso a lieto fine.

giallùme *s. m.* **1** Colore giallo brutto o sfacciato. **2** (*bot.*) Malattia virale delle piante | Malattia del baco da seta.

giamaicàno *agg.; anche s. m.* (*f.* *-a*) Della Giamaica.

giàmbico *agg.* (*pl. m.* *-ci*) **1** Costituito di giambi: *metro* –. **2** Di tono satirico e canzonatorio.

giàmbo *s. m.* Piede metrico della poesia greca e latina formato da una sillaba breve e da una lunga.

giammài *avv.* (*ints.*) Mai, in nessun tempo.

gianduia *s. m. inv.* **1** Maschera del teatro popolare piemontese. **2** Tipo particolare di cioccolata di pasta molle alla nocciola, specialità torinese.

gianduiòtto *s. m.* Cioccolatino di gianduia.

giannizzero *s. m.* **1** Soldato di un corpo scelto della fanteria turca, guardia del corpo dei sultani. **2** (*fig.*) Sostenitore fanatico di una personalità spec. politica.

giansenismo *s. m.* Dottrina morale e teologica risalente al vescovo Giansenio d'Ypres, seguita dai religiosi di Port-Royal in Francia nel XVII sec.

giansenista *s. m. e f.* (*pl. m.* *-i*) Seguace del giansenismo.

giapponése *agg.; anche s. m. e f.* Del Giappone.

giapponeserìa *s. f. spec. al pl.* Ninnoli di origine o imitazione giapponese.

giàra *s. f.* Grosso recipiente, generalmente di terra cotta, per conservare acqua, vino, olio.

giardinàggio *s. m.* Arte e tecnica relative all'impianto e alla coltivazione dei giardini.

giardinétta *s. f.* **1** Nome commerciale di una automobile tipo giardiniera. **2** Giardiniera, nel sign. 4.

giardinétto *s. m.* **1** *Dim. di giardino.* **2** Suddivisione delle proprietà azionarie in piccole quantità di diverse società in modo da frazionare i rischi.

giardinièra **A** *s. f.* **1** Donna che coltiva un giardino. **2** Mobile atto a contenere piante ornamentali da appartamento. **3** Contorno o antipasto di varie verdure tagliuzzate e conservate sotto aceto. **4** Grande carrozza con sedili laterali, in voga ai primi del Novecento. **5** Tipo di automobile per trasporto di persone e merci, munita di grande sportello posteriore; SIN. Giardinetta. [→ ill. *autoveicoli*] **B** *in funzione di agg. solo f.* (*posposto al s.*) *Nella loc.* *maestra* –, insegnante nei giardini d'infanzia.

giardinière *s. m.* (*f.* *-a*) Addetto alla coltivazione e cura

attrezzi e macchine del giardiniere

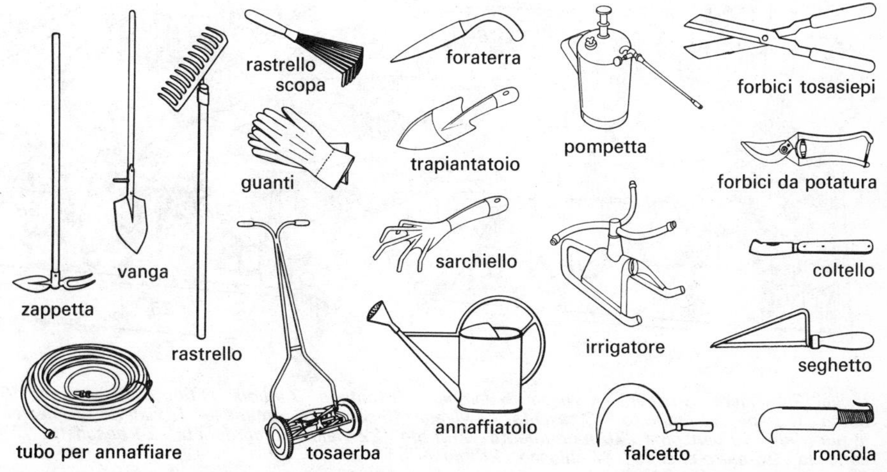

dei giardini. [→ ill. *giardiniere*]

giardìno **A** *s. m.* **1** Terreno con colture erbacee e arboree di tipo ornamentale | – *pensile*, costruito su una terrazza | – *botanico*, orto botanico | – *d'inverno*, salone con piante e pareti a vetro, in alberghi e ville di lusso | – *pubblico*, costruito in un centro abitato e a cui i cittadini accedono liberamente | – *zoologico*, parco in cui animali esotici o rari vivono in cattività o sono esposti al pubblico. [→ ill. *casa, giardino pubblico*] **2** – *d'infanzia*, scuola per la prima istruzione ed educazione dei bambini. **B** *in funzione di agg. inv.* (*posposto al s.*) *Nella loc. Città* –, quartiere residenziale di villette sparse tra il verde.

giarrettièra *s. f.* Elastico che ferma la calza da donna alla coscia e quella da uomo al polpaccio | *Ordine della* –, supremo ordine cavalleresco inglese, istituito da Edoardo III nel XIV sec.

giavellottista *s. m. e f.* (*pl. m. -i*) Atleta che pratica il lancio del giavellotto.

giavellòtto *s. m.* **1** Arma da lancio costituita da un'asta alla cui estremità è inserita una punta in metallo. [→ ill. *armi*] **2** Attrezzo sportivo simile all'arma omonima: *lancio del* –. [→ ill. *sport*]

gibbo *s. m.* (*med.*) Deformazione della colonna vertebrale con accentuata curvatura posteriore; SIN. Gibbosità, gobba.

gibbóne *s. m.* Scimmia di medie dimensioni, molto agile, con lunghe braccia, testa piccola, senza coda. [→ ill. *animali* 21]

gibbosità *s. f.* **1** Ondulazione irregolare del terreno. **2** (*med.*) Gibbo.

gibbóso *agg.* Gobbo, curvo | Ondulato, irregolare, detto di terreno.

gibèrna *s. f.* Astuccio a tasca di cuoio o tela, per custodirvi cartucce; SIN. Cartuccera. [→ ill. *uniforme militare*]

gibigiàna o *gibigiànna s. f.* (*lett.*) Balenio di luce riflesso da un corpo lucido o da uno specchio.

gibus *s. m. inv.* Cappello cilindrico da sera che si può appiattire mediante un sistema di molle.

gicleur /*fr.* ʒi'klœr/ *s. m. inv.* (*pl. fr. gicleurs* /ʒi'klœr/) Tubo con orifizio calibrato che fa zampillare il carburante nel carburatore.

giga (1) *s. f.* Antico strumento a corde, anteriore alla viola.

giga (2) *s. f.* Antica danza vivace.

giga- *primo elemento*: anteposto a un'unità di misura la moltiplica per un miliardo.

gigànte **A** *s. m.* (*f. -éssa*) **1** Nella mitologia greco-romana, ciascuno dei figli della Terra, di smisurata statura, che lottarono contro Giove. **2** (*est.*) Persona molto alta. **3** (*fig.*) Persona che eccelle per forza, virtù, ingegno e sim.: *Dante è un – della poesia.* **B** *agg.* **1** Di grandi dimensioni: *pianta* –. **2** (*sport*) *Slalom* –, nello sci, gara su una distanza maggiore dello slalom speciale, con un minor numero di porte più distanziate fra loro.

giganteggiàre *v. intr.* (*io gigantéggio; aus. avere*) Innalzarsi come gigante tra persone o cose di levatura o altezza comune (*anche fig.*): *giganteggia fra, su tutti gli altri.*

gigantésco *agg.* (*pl. m. -schi*) Di, da gigante (*anche fig.*); SIN. Colossale, enorme.

gigantismo *s. m.* **1** (*med.*) Anomalia dell'accrescimento, caratterizzata dall'esagerato sviluppo fisico, spec. in altezza. **2** (*fig.*) Tendenza all'ideazione e alla realizzazione di grandi progetti.

gigaro *s. m.* Pianta erbacea velenosa delle Aracee con foglie saettiformi e infiorescenza a clava di colore violetto avvolta da una spata.

gigióne *s. m.* (*f. -a*) Attore che per ottenere facili effetti carica enfaticamente la recitazione | (*est.*) Persona vanitosa che pone in rilievo ogni sua caratteristica.

gigionésco *agg.* (*pl. m. -schi*) Di, da gigione.

gigionismo *s. m.* Atteggiamento da gigione.

gigliàceo *agg.* Di giglio.

gigliàto *agg.* **1** Ornato di gigli | Che porta l'impronta del

giardino pubblico

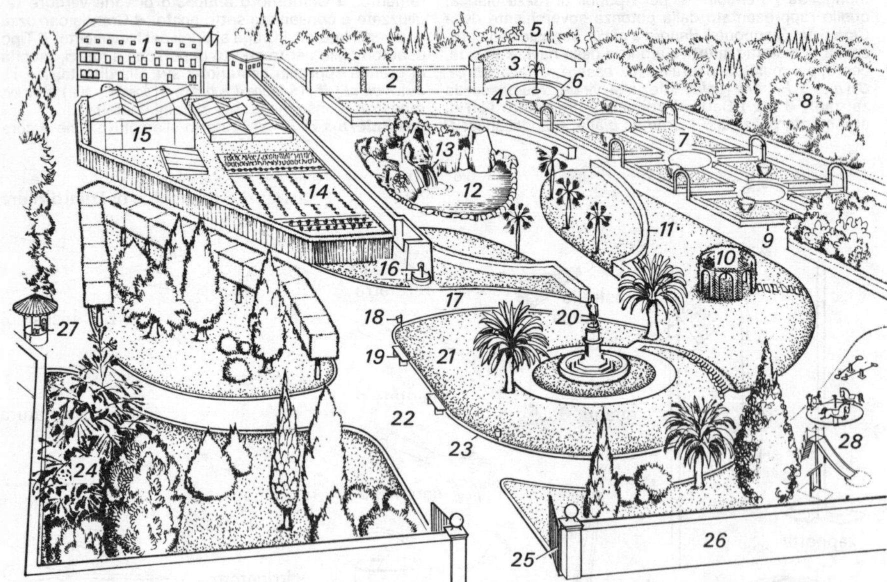

1 villa 2 spalliera 3 esedra 4 vasca 5 zampillo 6 fontana 7 aiuola 8 bosco 9 bordura 10 bersò 11 siepe 12 laghetto 13 cascata 14 vivaio 15 serra 16 fontanella 17 vialetto 18 cestello per rifiuti 19 panchina 20 monumento 21 prato 22 viale 23 cordonata 24 boschetto 25 cancello 26 muro di cinta 27 chiosco 28 giochi

giglio: *fiorino* —. **2** (*arald.*) Detto di un campo o di una pezza cosparsi di gigli e di una pezza e di una figura con le estremità a forma di giglio | *Croce gigliata*, con i bracci terminanti a forma di giglio. [→ ill. *araldica*]

gìglio *s. m.* **1** Pianta erbacea bulbosa delle Liliflore con foglie lanceolate e fiori che nella specie più comune sono bianchi, odorosi, a grappolo. [→ ill. *piante* 16] **2** (*fig.*) Persona o cosa che eccelle per purezza e candore. **3** (*arald.*) Fiore frequente nelle figurazioni araldiche. [→ ill. *araldica*]

gigliùccio *s. m.* Lavoro ornamentale ad ago per cui, sfilati alcuni fili paralleli di un tessuto, si uniscono i fili perpendicolari in gruppetti a X.

gigolette /*fr.* ʒigɔ'lɛt/ *s. f. inv.* (*pl. fr. gigolettes* /ʒigɔ'lɛt/) (*gerg.*) Ragazza della malavita | Ragazza di strada.

gigolo /*fr.* ʒigɔ'lo/ o *gigolò s. m. inv.* (*pl. fr. gigolos* /ʒigɔ'lo/) Giovane mantenuto | Giovane elegante di bell'aspetto, ma di dubbia onestà.

gilda *s. f.* Nel Medioevo, associazione di mercanti o artigiani nell'Europa settentrionale.

gilè *s. m.* Corpetto aderente, senza maniche e abbottonato davanti, da portarsi sotto la giacca, tipico dell'abbigliamento maschile; SIN. Panciotto. [→ ill. *abbigliamento*]

gillette /*ingl.* dʒi'let/ **A** *s. m. inv.* (*pl. ingl. gillettes* /dʒi'lets/) Nome commerciale di un rasoio di sicurezza. **B** *s. f. inv.* Nome commerciale di lamette a due tagli per l'omonimo rasoio.

gimcàna V. *gincana.*

gimkàna V. *gincana.*

Gimnospèrme *s. f. pl.* Divisione di piante con semi nudi, cioè non racchiusi nell'ovario. [→ ill. *piante* 1]

gimnòto *s. m.* **1** Pesce osseo dal corpo snello e allungato e dalla pelle nuda, fornito di organi capaci di lanciare scariche elettriche molto intense. **2** (*mar.*) Mina subacquea.

gin /*ingl.* dʒin/ *s. m.* Acquavite di grano, avena, orzo, aromatizzata con bacche di ginepro.

Ginàndre *s. f. pl.* Ordine di piante monocotiledoni, caratterizzate da un grande fiore con una formazione a colonna formata dallo stelo insieme al quale sono cresciuti gli stami fertili. [→ ill. *piante* 15]

gincàna o *gimcàna*, (*evit.*) *gimkàna s. f.* Gara automobilistica o motociclistica che impegna i partecipanti a superare ostacoli artificiosi.

gincanista *s. m. e f.* (*pl. m. -i*) Chi partecipa a gincane.

ginecèo *s. m.* **1** Parte interna della casa greca riservata alle donne. **2** (*scherz.*) Luogo dove sono molte donne. **3** (*bot.*) Insieme dei pistilli di un fiore. [→ ill. *botanica*]

gineco- *primo elemento*: in parole composte scientifiche significa 'donna': *ginecologia.*

ginecologia *s. f.* (*pl. -gie*) Parte della medicina che studia e cura le malattie dell'apparato genitale femminile.

ginecològico *agg.* (*pl. m. -ci*) Della ginecologia.

ginecòlogo *s. m.* (*f. -a; pl. m. -gi*) Medico specializzato in ginecologia.

ginepràio *s. m.* **1** Luogo folto di ginepri. **2** (*fig.*) Situazione imbrogliata e complicata.

ginépro *s. m.* Arbusto delle Conifere con foglie appuntite e frutti simili a bacche nero-blu usati in culinaria, farmacia e liquoreria. [→ ill. *piante* 1, *spezie*]

ginèstra *s. f.* **1** Arbusto delle Rosali con fiori gialli odorosi a grappoli e foglie ridotte. [→ ill. *piante* 9] **2** Fibra tessile estratta per macerazione della pianta omonima.

gin-fizz /*ingl.* 'dʒin fiz/ *s. m. inv.* (*pl. ingl. gin-fizzes* /'dʒin fiziz/) Bibita composta di gin, succo di limone, bianco d'uovo e sciroppo di zucchero.

gingillàre **A** *v. tr.* Prendere in giro, raggirare. **B** *v. intr. pron.* **1** Trastullarsi con gingilli. **2** (*fig.*) Perdere il tempo in cose inutili; SIN. Baloccarsi, trastullarsi.

gingillo *s. m.* **1** Oggetto, cosa graziosa ma di valore irrisorio e di scarsa utilità; SIN. Ninnolo. **2** (*fig.*) Occupazione che fa perdere il tempo: *perdersi in gingilli.*

ginkgo /'dʒiŋgo/ *s. m.* Pianta ornamentale di alto fusto delle Ginkgoali con foglie a ventaglio e frutti simili a drupe. [→ ill. *piante* 1]

Ginkgoàli /dʒiŋgo'ali/ *s. f. pl.* (*sing. -e*) Classe di piante delle Gimnosperme con un'unica specie vivente, il ginkgo. [→ ill. *piante* 1]

ginnaṣiàle **A** *agg.* Del ginnasio. **B** *s. m. e f.* Allievo di un ginnasio.

ginnàṣio *s. m.* **1** Luogo in cui la gioventù greca si esercitava nella ginnastica, ed era istruita nella musica, nella filosofia e nelle lettere. **2** Scuola media superiore della durata di due anni che collega la media inferiore col liceo classico.

ginnàsta *s. m. e f.* (*pl. m. -i*) Atleta che pratica la ginnastica agonistica.

ginnàstica *s. f.* **1** Disciplina che si occupa del rinvigorimento del corpo umano mediante la pratica di particolari esercizi | Insieme di esercizi fisici che si compiono per sviluppare in modo armonico il proprio corpo, e loro esecuzione | — *correttiva, medica*, che corregge imperfezioni fisiche o serve a far riprendere a un arto la sua normale funzione. **2** (*fig.*) Esercitazione intellettuale: — *mentale.*

ginnàstico *agg.* (*pl. m. -ci*) Ginnico.

gìnnico *agg.* (*pl. m. -ci*) Della ginnastica. [→ ill. *sport*]

-gino *secondo elemento*: in parole composte spec. scientifiche significa 'donna', 'femminile': *androgino, misogino.*

ginocchiàta *s. f.* Colpo dato con un ginocchio.

ginocchièllo *s. m.* Fascia di cuoio atta a proteggere il ginocchio del cavallo nelle cadute.

ginocchièra *s. f.* **1** Fascia elastica che si applica al ginocchio di uomini o animali per protezione. [→ ill. *sport*] **2** Rinforzo interno al ginocchio dei calzoni. **3** Parte dell'armatura posta a protezione del ginocchio. [→ ill. *armi*]

ginòcchio *s. m.* (*pl. -ginòcchi, m., ginòcchia f., spec. con valore collettivo*) **1** (*anat.*) Regione e articolazione dell'arto inferiore tra la coscia e la gamba | *Piegare il* —, accennare d'inginocchiarsi; (*fig.*) umiliarsi | *Sentirsi piegar le ginocchia*, sentirsi mancare per debolezza, paura | *Mettersi in* —, (*fig.*) prostrarsi davanti a qc. per ottenere q.c. | *Mettere in — qc.*, vincerlo | *Far venire il latte alle ginocchia*, detto di qc. o q.c. molto noioso o sciocco. **2** Parte dei pantaloni che copre il ginocchio. **3** Parte centrale del remo. [→ ill. *marina*]

ginocchióni *avv.* In ginocchio.

giocàre o *giuocàre* **A** *v. intr.* (*io giuòco o giòco, tu giuòchi o giòchi*, in tutta la coniug. la *o* dittonga preferibilmente in *uo* se tonica; *aus. avere*) **1** Applicarsi ad attività piacevoli per divertimento, per trarne guadagni, per sviluppare determinate qualità: — *a palla, a bocce, alle carte* | — *a carte scoperte*, (*fig.*) procedere senza misteri. **2** Puntare denaro su eventi indipendenti dalla propria volontà: — *ai cavalli, al lotto.* **3** (*fig.*) Esercitare le proprie qualità fisiche e intellettuali: — *di scherma* | — *di mano*, rubare | — *d'astuzia*, mettere in opera la furberia. **4** Praticare un gioco sportivo: — *a tennis; gioca nel Bologna* | Disputare un incontro: — *in Nazionale* | — *in casa, fuori casa*, di squadra sportiva che disputa un incontro nel proprio campo o nel campo della squadra avversaria; (*fig.*) operare in condizioni di particolare vantaggio o svantaggio | — *sul velluto*, (*fig.*) senza rischi. **5** Muoversi liberamente, detto di parte o elemento meccanico inserito in un altro. **6** (*fig.*) Aver gioco, agire: *in tali situazioni gioca la fortuna.* **7** (*fig.*) Riflettersi, risaltare: *il sole gioca sull'acqua.* **B** *v. tr.* **1** Inserire o impegnare in un gioco: — *una buona carta*; — *il 15 sulla ruota di Napoli* | — *tutte le carte*, (*fig.*) mettere in opera tutti i mezzi di cui si dispone | (*fig.*) — *un brutto tiro a qc.*, fare un brutto scherzo. **2** Sostenere una competizione: — *una partita a carte*; SIN. Disputare. **3** Scommettere al gioco: — *diecimila lire* | (*fig.*) *Giocarsi l'osso del collo, l'anima*, rischiare tutto | (*est.*) Perdere al gioco: *giocarsi tutto.* **4** (*fig.*) Mettere a repentaglio: *si sta giocando il posto.* **5** (*fig.*) Burlare, ingannare, truffare: *ci ha giocato come ha voluto.* [→ tav. *proverbi* 156]

giocàta o *giuocàta s. f.* **1** Durata e modo del giocare | Partita di gioco. **2** Posta o scommessa del gioco: *una — forte.* **3** Combinazione di numeri o di risultati su cui si punta una somma, spec. al lotto e al totocalcio. [→ ill. *sport*]

giocatóre o *giuocatóre s. m.* (*f. -trìce*) **1** Chi pratica un gioco per divertimento | (*est.*) Chi ha il vizio del gioco. **2** Chi, agendo con astuzia e abilità, raggira gli altri. **3** Chi, per passione o professione, pratica giochi atletici e sportivi: — *di basket.*

giocàttolo *s. m.* Oggetto idoneo a divertire i fanciulli.

giocherellàre *v. intr.* (*io giocherèllo; aus. avere*) Trastullarsi, anche distrattamente | Distrarsi con cose di poco conto.

giocherellóne *s. m.* (*f. -a*) Chi ama giocherellare | (*est.*) Persona che ama il divertimento.

giochétto o *giuochétto s. m.* **1** *Dim. di gioco.* **2** Gioco di poco impegno e di breve durata | Lavoro facile: *per noi questo è un —.* **3** Scherzo | Inganno.

giòco o *giuòco s. m.* (*pl. -chi*) **1** Ogni esercizio compiuto da fanciulli o adulti per ricreazione, divertimento o sviluppo di qualità fisiche e intellettuali: *giochi all'aperto, di società, da bambini* | *— da ragazzi,* (*fig.*) cosa molto facile | *Entrare in —,* (*fig.*) avere parte in q.c. | Giocattolo: *stanza dei giochi.* [→ ill. *giardino pubblico*] **2** Attività agonistica, competizione sportiva: *— del calcio; campo da —* | Tecnica impiegata nello svolgimento di una competizione: *— di squadra.* **3** *al pl.* Manifestazione sportiva: *giochi olimpici.* **4** Gara tra più persone, svolta secondo regole prestabilite: *il — del poker; giochi di carte; — d'azzardo; essere fortunato al —* | *Mettere in —,* rischiare | *Fare il — di qc.,* (*fig.*) servire le sue finalità | (*est.*) Complesso delle regole di un gioco | *Conoscere il —,* (*fig.*) sapere come vanno le cose. **5** Giocata, puntata, posta: *raddoppiare il —.* **6** Passione smodata per il gioco, spec. d'azzardo. **7** Serie di carte di cui dispone un giocatore impegnato in una partita | *Avere un buon —,* (*fig.*) buone possibilità di riuscire | *Fare buon viso a cattivo —,* (*fig.*) accettare con rassegnazione la mala sorte. **8** (*est.*) Insieme di carte, pezzi o altro necessari per un gioco: *— degli scacchi.* [→ ill. *giochi*] **9** Attività o faccenda intricata e rischiosa: *il vostro è un — pericoloso.* **10** (*fig.*) Scherzo, beffa | *Per —,* scherzosamente | *Farsi, prendersi — di qc.,* burlarsene. **11** In un accoppiamento meccanico mobile, piccolo spazio che rimane tra le due superfici di accoppiamento | (*est.*) Movimento consentito da tale spazio: *il — di una vite.* **12** (*fig.*) Azione | *Il — della fortuna,* vicende che paiono derivare da capricci della sorte | Combinazione di effetti, in fenomeni fisici: *giochi d'acqua e di luce* | *— di parole,* bisticcio, doppio senso. [→ tav. *proverbi* 33, 92, 163, 178, 308, 349]

giocoforza *s. m. inv. Solo nella loc. essere —,* essere necessario, inevitabile: *fu — rassegnarsi.*

giocolière *s. m.* (*f. -a*) Chi esegue giochi di destrezza e di abilità nei pubblici spettacoli.

giocondità *s. f.* Gioia serena e spensierata | Diletto, piacevolezza: *la — della vita campestre;* SIN. Allegria.

giocóndo *agg.* Lieto, gioioso: *una gioconda compagnia* | Che mostra gioia, allegrezza: *aspetto —;* SIN. Allegro, contento.

giocosità *s. f.* (*lett.*) Qualità di giocoso.

giocóso *agg.* **1** Che è o si mostra faceto, scherzoso. **2** Che diverte o vuole divertire | *Poesia giocosa,* burlesca, scherzosa.

giogàia (1) *s. f.* (*geogr.*) Serie di gioghi montuosi | Passo o sella poco depressa.

giogàia (2) *s. f.* Piega della pelle che, nei ruminanti, dalla gola si estende fino al petto. [→ ill. *bue*]

giógo *s. m.* (*pl. -ghi*) **1** Attrezzo di legno sagomato applicato al collo dei bovini per sottoporli in coppia al lavoro. **2** (*fig.*) Condizione di dipendenza, soggezione: *imporre il —; gemere sotto il —.* **3** Anticamente, specie di forca sotto la quale venivano fatti passare i nemici vinti, per umiliazione | *Passare sotto il —,* (*fig.*) subire una grave umiliazione. **4** Asta da cui pendono i piatti della bilancia. [→ ill. *bilancia*] **5** (*geogr.*) Sommità lunga e tondeggiante di un monte. [→ ill. *geografia*]

giòia (1) *s. f.* **1** Stato d'animo di intensa allegria e contentezza | *Pazzo di —,* oltremodo felice | *Darsi alla pazza —,* a grandi divertimenti; SIN. Allegrezza, allegria, delizia, gaiezza, letizia. **2** Persona o cosa che procura piacere e felicità; SIN. Felicità.

giòia (2) *s. f.* Pietra preziosa, gioiello.

gioielleria *s. f.* **1** Arte del lavorare le gioie. **2** Negozio di gioielli.

gioiellière *s. m.* (*f. -a*) Chi confeziona gioielli | Chi commercia in gioielli.

gioièllo *s. m.* **1** Ornamento prezioso formato da più gioie | Oggetto prezioso. [→ ill. *gioielli*] **2** (*fig.*) Persona o cosa di grandi doti, pregio e sim.: *ha un figlio che è un —; il mio televisore è un vero —.*

gioióso *agg.* Pieno di gioia; SIN. Allegro, festoso, gaio, lieto.

gioire *v. intr.* (*io gioisco, tu gioisci; dif. part. pres.; aus. avere*) Essere pieno di gioia per q.c.: *— della vittoria;* SIN. Esultare.

giordàno *agg.; anche s. m.* (*f. -a*) Della Giordania.

giorgìna *s. f.* (*bot.*) Varietà coltivata di dalia.

giornalàio *s. m.* (*f. -a*) Chi vende giornali.

giornàle A *agg.* (*raro, lett.*) Giornaliero. **B** *s. m.* **1** Foglio stampato che si pubblica quotidianamente per la diffusione di notizie politiche, economiche, di attualità. [→ ill. *stampa*] **2** (*est.*) Pubblicazione periodica: *— illustrato* | Rassegna, rivista: *— letterario.* **3** Luogo in cui hanno sede la redazione e l'amministrazione di un quotidiano: *cercami al —.* **4** Diario o registro in cui si annotano in ordine cronologico fatti salienti, avvenimenti di interesse pubblico o privato: *tenere il — di viaggio* | *— nautico, di navigazione, di bordo,* nel quale si annota l'andamento della navigazione. **5** *— radio,* notiziario trasmesso nel corso della giornata, da stazioni radio, a ore fisse.

giornalétto *s. m.* **1** *Dim. di giornale.* **2** (*fam.*) Fumetto, spec. avventuroso per ragazzi.

giornalièro A *agg.* **1** Di ogni giorno: *spesa giornaliera;* SIN. Quotidiano. **2** Che varia ogni giorno: *esperienza giornaliera.* **B** *s. m.* (*f. -a*) Chi lavora ed è retribuito a giornata.

giornalìno *s. m.* **1** *Dim. di giornale.* **2** (*fam.*) Fumetto, spec. avventuroso per ragazzi.

giornalismo *s. m.* **1** Insieme delle attività connesse con l'elaborazione, il commento e la pubblicazione di notizie attraverso la stampa. **2** Insieme dei giornalisti e dei giornali.

giornalìsta *s. m. e f.* (*pl. m. -i*) Chi scrive per i giornali | *— pubblicista,* chi collabora saltuariamente a un giornale.

giornalìstico *agg.* (*pl. m. -ci*) Dei giornalisti o del giornalismo.

giornalmàstro *s. m.* Libro che riunisce in un tutto i due strumenti della contabilità, il giornale e il mastro.

giornalménte *avv.* Ogni giorno.

giornàta *s. f.* **1** Periodo di tempo compreso tra l'alba e il tramonto, considerato rispetto alle condizioni in cui trascorre e agli avvenimenti che in esso si verificano | *— lavorativa,* complesso delle ore di lavoro di una persona in un giorno | *Alla —,* giorno per giorno | *Vivere, lavorare alla —,* senza pensare al futuro | *Lavorare a —,* con un rapporto di lavoro non stabile e continuativo. **2** Paga di un giorno di lavoro: *riscuotere la —.* **3** Cammino che si può percorrere in un giorno: *trovarsi a una — da Roma.* **4** Giorno dedicato alla celebrazione di un evento: *la — della madre e del fanciullo.* **5** Giorno caratterizzato da fatti di grande rilievo, spec. storico: *le cinque giornate di Milano.* **6** Ciascuno dei giorni e le relative serie di accoppiamenti fissati per lo svolgimento del campionato di calcio. **7** Antica unità piemontese di misura di superficie agraria, gener. pari a 3810 m^2.

giornèa *s. f.* Antica sopravveste militare successivamente adottata dai civili di ogni ceto.

giórno *s. m.* **1** Spazio di ventiquattro ore che intercorre tra una mezzanotte e quella successiva: *— feriale, festivo* | *— solare,* tempo fra due passaggi successivi del sole al meridiano del luogo, variabile con le stagioni | *Al —, il —,* per ogni giorno: *guadagna cinquantamila lire il —* | *Di — in —,* ogni giorno | *— per —,* alla giornata | *Da un — all'altro,* improvvisamente | *L'altro —,* poco tempo fa | *L'uomo del —,* di cui si parla molto | *Fatti del —,* recentissimi | *Essere a — di q.c.,* esserne informato | *Mettersi a —,* informarsi. **2** Periodo durante il quale il sole resta sopra l'orizzonte: *sul far del —; a — pieno, fatto* | *— e notte,* continuamente | *Illuminare a —,* con intensità | *Alla luce del —,* (*fig.*) in modo palese. **3** Periodo indeterminato di tempo | *Oggi —,* in questi tempi | *Ai nostri giorni,* nella nostra giovinezza | *Il — estremo,* quella della morte. **4** Festa, solennità, ricorrenza: *il — della mamma.* **5** *Nella loc. a —,* detto gener. di ciò che è realizzato in modo da essere visibile in ogni sua parte: *scala a —* | *Legare, montare a —,* detto di pietra preziosa montata su leggeri fili d'oro o di platino. [→ ill. *tessuto*] [→ tav. *proverbi* 138, 172, 184, 333,

344, 360]
giòstra *s. f.* **1** Gara spettacolare di abilità fra cavalieri in epoca medievale e rinascimentale. **2** Gioco popolare consistente nel cercare di colpire un bersaglio passandovi sotto di corsa. **3** Carosello di fiera, con cavalli a dondolo, navicelle, automobiline e sim. [→ ill. *giochi, luna park*]
giostràre *v. intr.* (*io giòstro; aus. avere*) **1** Prendere parte a una giostra. **2** Andare girando qua e là. **3** (*fig.*) Ingegnarsi in situazioni difficili: – *tra i creditori.*
giostratóre *s. m.* Cavaliere partecipante a una giostra.
giovaménto *s. m.* Utilità, vantaggio: *trarre – da q.c.*
gióvane o (*lett.*) *gióvine* **A** *agg.* **1** Di persona che è tra l'adolescenza e la maturità | (*est.*) Che ha o conserva i caratteri della giovinezza; CONTR. Vecchio. **2** Più giovane, per distinguere due personaggi dello stesso nome e di diversa età: *Plinio il –.* **3** Che è nato o sorto da poco: *cavallo –; vite –* | (*est.*) Non stagionato: *vino –.* **4** (*fig.*) Inesperto: *troppo – per decidere.* **B** *s. m. e f.* **1** Persona di giovane età. **2** Chi aiuta un negoziante, un artigiano o un professionista nello svolgimento del suo lavoro. [→ tav. *proverbi* 164]
giovanétto o *giovinétto agg.; anche s. m.* (*f. -a*) **1** *Dim. di giovane.* **2** Detto di chi è nella prima gioventù; SIN. Adolescente.
giovanile *agg.* **1** Tipico della giovinezza, dei giovani: *errori giovanili.* **2** Che appare giovane d'aspetto o di spirito.
giovanilismo *s. m.* Comportamento di chi, non più giovane, vuole ad ogni costo continuare a sembrar tale.
giovannèo *agg.* **1** Che si riferisce alle dottrine dell'Evangelo di San Giovanni. **2** Che si riferisce al papato di Giovanni XXIII.
giovanòtto *s. m.* Uomo giovane.
giovàre **A** *v. intr.* (*io gióvo; aus. avere o essere*) **1** Essere utile, vantaggioso: – *alla famiglia*; CONTR. Nuocere. **2** Dilettare, piacere. **B** *v. intr. impers.* (*aus. essere o avere*) Essere utile, vantaggioso. **C** *v. intr. pron.* Servirsi, valersi: *giovarsi di q.c.*
Giòve *s. m.* (*astron.*) Quinto pianeta del sistema solare, in ordine di distanza dal Sole, dal quale dista in media 779 milioni di km.
giovedì *s. m.* Quarto giorno della settimana civile | – *santo*, della settimana santa | – *grasso*, l'ultimo giovedì di Carnevale.
giovènca *s. f.* Vacca giovane.
giovènco *s. m.* (*f. -a; pl. m. -chi*) Bue giovane che ha appena passato l'anno.
gioventù *s. f.* **1** Età della vita umana che si estende dalla fine dell'adolescenza alle soglie della maturità. **2** I giovani considerati complessivamente.
giovévole *agg.* Che reca giovamento.
gioviàle *agg.* Che è abitualmente gaio e sereno.
giovialità *s. f.* Qualità di gioviale.
giovinàstro *s. m.* Giovane di riprovevoli costumi.
gióvine V. *giovane.*
giovinétto V. *giovanetto.*
giovinézza *s. f.* **1** Età di chi è giovane | Stato di ciò che è giovane: *la – di un popolo*; CONTR. Vecchiaia. **2** (*est.*) Tutto ciò che è tipico della gioventù: *godersi la –.*
gippóne o *jeppóne s. m.* Specie di autocarro per terreni accidentati.
gipsotèca *s. f.* Museo di gessi, raccolta di statue e bassorilievi in gesso.
giràbile *agg.* Che si può girare.
giradìschi *s. m.* Complesso meccanico per tenere in rotazione il disco sul grammofono, munito di braccio portante la testina. [→ ill. *radio, scuola, suono*]
giradìto *s. m.* (*med.*) Patereccio.
giràffa *s. f.* **1** Mammifero ruminante africano degli Un-

gioielli

1 filigrana 2 pietra preziosa 3 castone 4 fermaglio 5 perla 6 catenella 7 cammeo

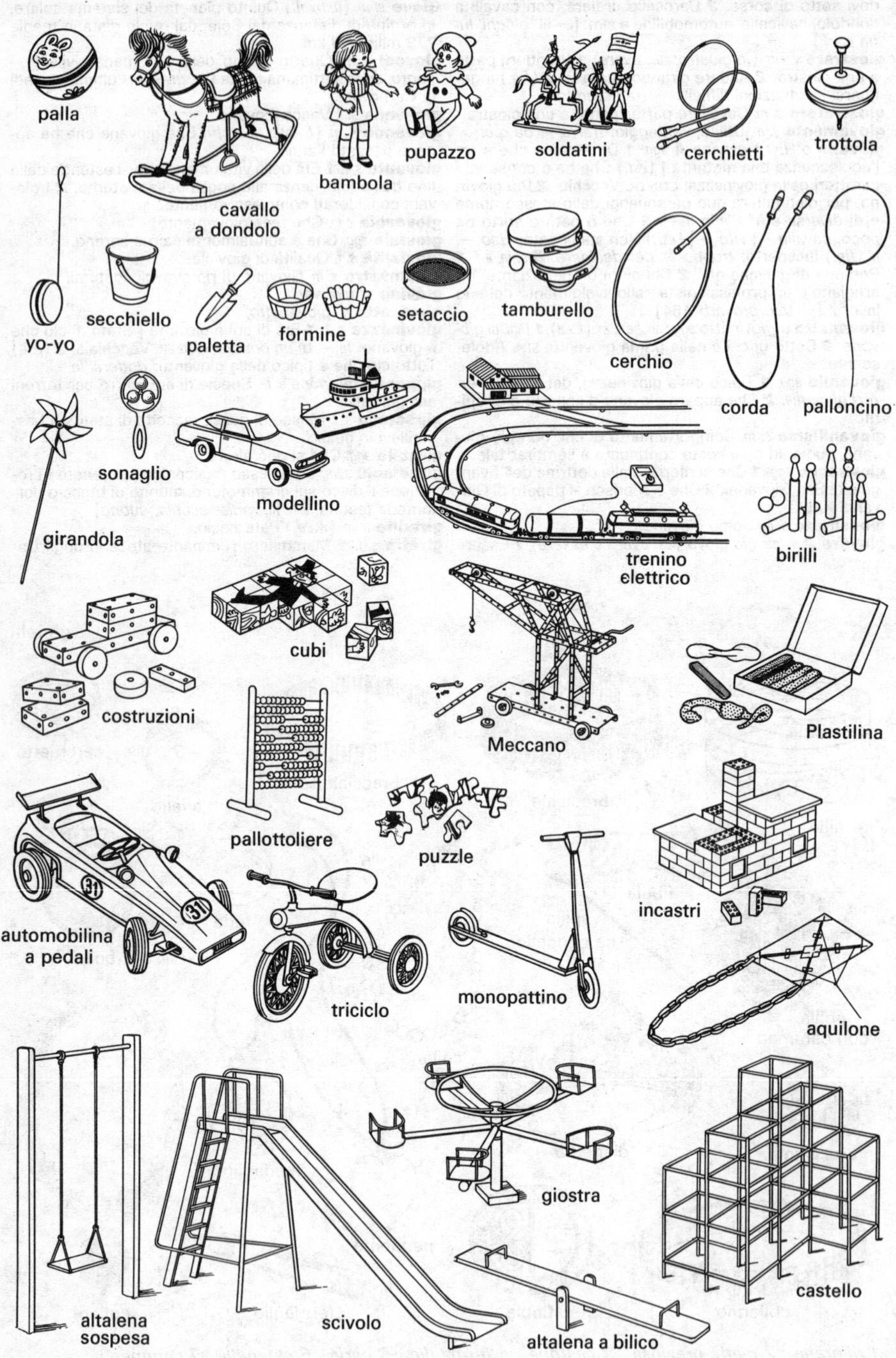
giochi
palla
cavallo a dondolo
bambola
pupazzo
soldatini
cerchietti
trottola
yo-yo
secchiello
paletta
formine
setaccio
tamburello
cerchio
corda
palloncino
sonaglio
girandola
modellino
trenino elettrico
birilli
cubi
costruzioni
Meccano
Plastilina
pallottoliere
puzzle
incastri
automobilina a pedali
triciclo
monopattino
aquilone
giostra
altalena sospesa
scivolo
altalena a bilico
castello

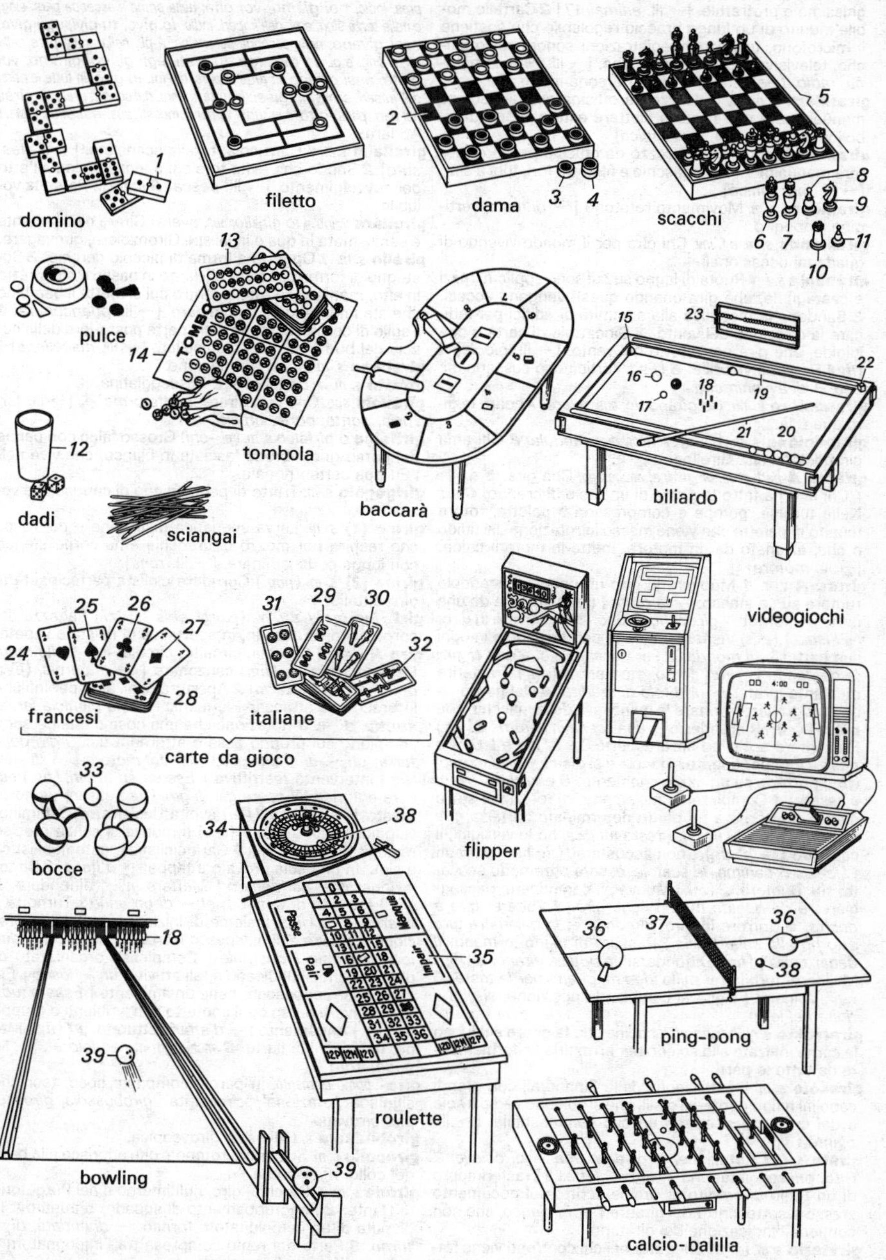

1 tessera 2 casella 3 pedina 4 dama 5 scacchiera 6 re 7 regina 8 alfiere 9 cavallo 10 torre 11 pedone 12 bicchiere 13 cartella 14 cartellone 15 buca 16 palla 17 pallino 18 birilli 19 sponda 20 panno 21 stecca 22 gessetto 23 segnapunti 24 cuori 25 picche 26 fiori 27 quadri 28 mazzo 29 coppe 30 bastoni 31 denari 32 spade 33 boccino 34 ruota 35 quadro delle puntate 36 racchetta 37 rete 38 pallina 39 boccia

gulati, giallastro con macchie bruno-rosse, collo lunghissimo, zampe anteriori più lunghe delle posteriori, due o tre protuberanze ossee sulla fronte, lingua lunghissima e protrattile. [→ ill. *animali* 17] **2** Carrello mobile munito di un lungo braccio regolabile che sostiene il microfono, usato per registrazioni sonore radiofoniche, televisive e cinematografiche. [→ ill. *cinematografia, radio, televisione*] **3** (*fig.*) Persona molto alta.

girafilièra *s. m. inv.* Attrezzo da officina per far ruotare manualmente una filiera e filettare esternamente tubi, bulloni e sim. [→ ill. *meccanica*]

giramàschio *s. m. inv.* Attrezzo da officina per fare ruotare manualmente un maschio e filettare fori, tubi e sim. [→ ill. *meccanica*]

giraménto *s. m.* Movimento rotatorio | — *di testa*, vertigine, capogiro.

giramóndo *s. m. e f. inv.* Chi gira per il mondo vivendo di guadagni occasionali.

giràndola *s. f.* **1** Ruota di legno su cui sono applicati razzi e castagnole, che gira quando questi vengono accesi. **2** Banderuola metallica alla sommità di edifici per indicare la direzione del vento. **3** Giocattolo di carta o celluloide, che gira per effetto del vento. [→ ill. *giochi*] **4** (*fig.*) Persona volubile. **5** (*fig.*) Vertiginoso susseguirsi: *una — di avvenimenti.*

girandolàre *v. intr.* (*io giràndolo; aus. avere*) Andare in giro qua e là.

girandolóne *s. m.* (*f. -a*) **1** *Accr. di girandola.* **2** Chi ama girandolare; SIN. Girellone.

girànte A *part. pres. di girare; anche agg.* Che gira. **B** *s. m. e f.* Chi fa o ha fatto la girata di un titolo di credito. **C** *s. f.* Nelle turbine, pompe e compressori a palette, rotore munito di palette che viene messo in rotazione dal fluido o che, azionato da un motore, mette in moto il fluido. [→ ill. *motore*]

giràre A *v. tr.* **1** Muovere in giro un oggetto facendolo ruotare su se stesso: — *la ruota* | (*est.*) Volgere da una parte o intorno: — *gli occhi, il capo.* **2** Percorrere in giro: — *l'isola* | (*est.*) Visitare un luogo percorrendolo in ogni sua parte: — *il mondo.* **3** Far passare q.c. a qc.: *ti giro la domanda* | — *un conto*, stornarlo | (*dir.*) Trasferire mediante girata: — *un titolo di credito.* **4** Nel gergo cinematografico, azionare la manovella della macchina da presa | (*est.*) Riprendere: — *una scena in esterni.* **5** (*fig.*) Presentare sotto un altro aspetto: — *la frase* | *Gira e rigira*, (*fig.*) per quanto si faccia e si dica | — *il discorso*, (*fig.*) portarlo su un altro argomento. **B** *v. intr.* (*aus. avere o essere*) **1** Compiere un movimento di rotazione su se stesso o attorno a un punto determinato: *la terra gira attorno al sole* | (*fig.*) *La testa mi gira*, ho le vertigini, il capogiro | — *al largo*, non accostarsi, (*fig.*) andar cauti | (*fam.*) — *l'anima, le scatole*, essere oltremodo seccato; SIN. Ruotare. **2** (*est.*) Muoversi, camminare, passeggiare: *è da questa mattina che giro.* **3** Voltare: *gira a destra.* **4** Correre in giro, circondare: *la balaustra gira attorno alla sala.* **5** (*fig.*) Passare di mano in mano: *il denaro gira* | (*fig.*) Diffondersi: *le notizie girano.* **6** (*fig.*) Mulinare, turbinare: *mille idee mi girano per la testa.* **C** *v. rifl.* Volgersi | Agitarsi cambiando posizione: *si gira e rigira nel letto.*

girarròsto *s. m.* Arnese da cucina che fa girare sul fuoco la carne infilzata allo spiedo per arrostirla uniformemente da tutte le parti.

girasóle *s. m.* Pianta annua delle Sinandrali con grandi capolini a fiori periferici gialli, che si volgono verso il sole e dai cui semi si estrae un olio commestibile. [→ ill. *piante* 13]

giràta *s. f.* **1** Rotazione, giro: *dare una — di chiave.* **2** Giro, passeggiata: *una — in bicicletta.* **3** Trasferimento di un titolo di credito all'ordine scritto sul documento stesso e sottoscritto dal girante | — *in bianco*, che non contiene l'indicazione del giratario.

giratàrio *s. m.* (*f. -a*) Soggetto nei cui confronti viene fatta la girata di un titolo di credito.

giràto A *part. pass. di girare; anche agg.* **1** Messo in giro | Voltato. **2** Trasferito mediante girata. **B** *s. m.* Malattia di vini poco alcolici, causata da batteri.

giratòrio *agg.* Detto di moto attorno a un punto | *Senso* —, percorso obbligatorio seguito dai veicoli.

giravòlta *s. f.* **1** Movimento repentino ottenuto ruotando il corpo su se stesso. **2** Tortuosità di strade, fiumi e sim. **3** (*fig.*) Improvviso mutamento di opinione.

gire *v. intr.* (*oggi dif. usato solo nella prima e seconda pers. pl. del pres. indic.* noi giàmo, voi gìte; *nella prima e seconda pers. sing. e nella terza sing. e pl. dell'imperf. indic.* io gìvo, tu gìvi, egli gìva, essi gìvano; *nella seconda pers. sing. e pl., nella prima pl. e nella terza sing. e pl. del pass. rem.* tu gìsti, egli gì, noi gìmmo, voi gìste, essi gìrono; *in tutte le pers. del fut.* io girò; *in tutte le pers. dell'imperf. congv.* io gìssi; *in tutte le pers. del condiz. pres.* io girèi; *nel part. pass.* gìto *e in tutti i tempi composti; aus.* essere) (*lett.*) Andare.

girèlla A *s. f.* **1** Carrucola, rotella scanalata. [→ ill. *tessuto*] **2** Snodo che evita torsioni a lenze e sim. all'atto del riavvolgimento. [→ ill. *pesca*] **B** *s. m. inv.* Persona volubile.

girellàre *v. intr.* (*io girèllo; aus. avere*) Girare oziosamente e senza meta in qua e in là; SIN. Gironzolare, girovagare.

girèllo *s. m.* **1** Oggetto a forma di piccolo cerchio. **2** Sostegno di forma circolare più largo in basso e più stretto in alto, montato su rotelle, entro cui si mette il bambino che sta imparando a camminare. [→ ill. *puericultura*] **3** Taglio di carne costituito dalla parte posteriore della coscia del bue o del vitello macellati. [→ ill. *macelleria*]

girellóne *s. m.* (*f. -a*) Girandolone.

girétto *s. m.* **1** *Dim. di giro.* **2** Passeggiatina.

girévole *agg.* Che può girare: *piattaforma* —. [→ ill. *ferrovia, ponte, porta, ufficio*]

girifàlco o *girfàlco s. m.* (*pl. -chi*) Grosso falco con penne del dorso grigio-brune fasciate in bianco, che vive nell'Europa settentrionale.

girigògolo *s. m.* Tratto di penna pieno di capricciose volute.

girìno (1) *s. m.* Larva acquatica delle rane e dei rospi, che respira per mezzo di branchie e ha corpo sferico con lunga coda laminare. [→ ill. *rana*]

girìno (2) *s. m.* (*pop.*) Corridore ciclista partecipante al giro d'Italia.

girl /*ingl.* gəːl/ *s. f. inv.* (*pl. ingl. girls* /gəːlz/) Ragazza del corpo scenico di ballo, in spettacoli di rivista e varietà.

gìro A *s. m.* **1** Cerchia, circuito, circolo: *il — delle mura* | *Prendere in* —, (*fig.*) canzonare | — *di parole*, (*fig.*) perifrasi. [→ ill. *circo*] **2** Apertura degli abiti per infilarvi le braccia, o attaccarvi le maniche: *una camicia larga, stretta, di* —. **3** Rotazione che una cosa o una persona compiono sul proprio asse o attorno a q.c.: *i giri della terra*; *un — di manovella*; *i giri del motore* | — *di vite*, (*fig.*) intervento restrittivo | *Essere su di giri*, (*fig.*) essere euforico | *Essere giù di giri*, (*fig.*) essere demoralizzato | — *di boa*, (*fig.*) svolta decisiva. **4** Cammino, viaggio: — *turistico.* **5** (*est.*) Il muoversi senza precise ragioni: *andare in* —. **6** Gara ciclistica, automobilistica e sim., in una sola prova o a tappe: — *d'Italia.* **7** Circolazione: *il — del denaro* | *Mettere in* —, diffondere. **8** (*fig.*) Periodo di tempo: *nel — di un anno* | Turno: *è il vostro* —. **9** (*fig.*) Insieme di iniziative, attività, operazioni, manovre e sim., spesso lucrose e illegali: *il — dello spionaggio industriale* | Complesso organizzato di persone che si dedicano a tali attività: *un — losco* | *Essere nel* —, conoscere bene un ambiente | *Essere fuori dal* —, avere perso ogni contatto con ambienti o gruppi. **10** (*fig.*) Andamento | — *d'affari*, fatturato. **11** (*fig.*) Mano, nei giochi di carte. **B** *anche agg. inv.*: *angolo* —. [→ ill. *geometria*]

gìro- *primo elemento*: in parole composte spec. tecniche significa 'rotazione', 'circolarità': *girobussola, giroscopio, girovago.*

girobùssola *s. f.* Bussola giroscopica.

girocòllo *s. m.* Scollatura rotonda, che aderisce alla base del collo: *maglione a* —.

giróne *s. m.* **1** Cerchio, giro, nell'Inferno e nel Purgatorio di Dante. **2** Raggruppamento di squadre o atleti per la disputa di un campionato o torneo: — *di andata, di ritorno.* **3** Parte del remo compresa tra l'impugnatura e il ginocchio. [→ ill. *marina*]

gironzolàre *v. intr.* (*io giónzolo; aus. avere*) Girellare; SIN. Girovagare.

giroscòpico *agg.* (*pl. m. -ci*) Del giroscopio.

giroscòpio *s. m.* Solido, a disco o anello, che gira rapidamente attorno a un asse il quale, in conseguenza della rotazione, tende a mantenere stabile il proprio orientamento.

girotóndo *s. m.* Gioco infantile nel quale i bambini si prendono per mano formando un circolo.

girovagàre *v. intr.* (*io giròvago, tu giròvaghi; aus. avere*) Andare a zonzo.

giròvago *agg.; anche s. m.* (*f. -a; pl. m. -ghi*) Detto di chi va in giro sostando in qualche luogo solo temporaneamente; SIN. Girellone, gironzolone.

gìta *s. f.* Escursione, breve viaggio di svago.

gitàno ***A*** *s. m.* (*f. -a*) Zingaro spagnolo o di origine nordafricana. ***B*** *agg.* Proprio degli zingari.

gitànte *s. m. e f.* Partecipante a una gita.

gittàta *s. f.* Distanza percorsa dal proiettile di un'arma da fuoco.

giù ***A*** *avv.* A basso, verso il basso (con v. di stato e di moto): *scendi subito —* | *Andare su e —*, salire e scendere o andare avanti e indietro | *Andare —*, (*fig.*) deperire | *— di moda*, in disuso | *Buttare —*, demolire, abbattere | *Essere —*, (*fig.*) in cattive condizioni di salute o di spirito | *Mandare —*, inghiottire e (*fig.*) sopportare | *Mettere —*, posare, deporre | *In —*, verso il basso: *guardare in —; è caduto a testa in —* | (*fig.*) *Dal numero 20 in —, dai settant'anni in —*, e sim., decrescendo dal numero venti, dai settant'anni e sim. | *Su per —, — di lì*, pressappoco: *ha su per — quarant'anni*; CONTR. Su. ***B*** *nella loc. prep.* *— per* Lungo: *porta i capelli — per le spalle.*

giùbba (1) *s. f.* Criniera, spec. del leone e del cavallo.

giùbba (2) *s. f.* (*tosc.*) Giacca da uomo | Giacca militare | *Rivoltare la —*, (*fig.*) cambiar partito.

giubbétto *s. m.* ***1*** *Dim. di giubba* (2). [→ ill. *uniforme militare*] ***2*** Elemento della divisa dello schermidore.

giubbóne *s. m.* ***1*** *Accr. di giubba* (2). ***2*** Giubba pesante, spec. quella usata dai motociclisti.

giubbòtto *s. m.* ***1*** *Dim. di giubba* (2). ***2*** Corta giacca sportiva, spec. in pelle. [→ ill. *abbigliamento*] ***3*** *— salvagente*, corpetto di materiale galleggiante che tiene a galla chi è caduto in acqua | *— antiproiettile*, corpetto che protegge il busto da colpi d'arma da fuoco. [→ ill. *marina, sport*]

giubilàre ***A*** *v. intr.* (*io giùbilo; aus. avere*) Manifestare giubilo: *— d'allegrezza.* ***B*** *v. tr.* ***1*** Collocare un impiegato a riposo o in pensione. ***2*** (*est.*) Nel lavoro, togliere influenza a qc.

giubilèo *s. m.* ***1*** Presso gli antichi Ebrei, epoca in cui ogni cinquanta anni si rimettevano i debiti, si liberavano gli schiavi e sim. ***2*** Nella chiesa cattolica, periodo, che generalmente ricorre ogni 25 anni e ha durata annuale, durante il quale il Pontefice concede l'indulgenza plenaria ai fedeli che compiono opere meritorie. ***3*** (*est.*) Cinquantenario.

giùbilo *s. m.* Sentimento di gioia intensa manifestato con parole e atti festosi; SIN. Tripudio.

giùda *s. m.* Traditore (dal nome di Giuda Iscariota, apostolo e traditore di Gesù).

giudàico *agg.* (*pl. m. -ci*) Del giudaismo o dei giudei.

giudaìṣmo *s. m.* Religione degli Ebrei, spec. quella posteriore alla distruzione del tempio.

giudècca *s. f.* Quartiere in cui abitavano gli ebrei in alcune città.

giudèo ***A*** *s. m.* (*f. -a*) ***1*** Del regno di Giudea. ***2*** (*est.*) Ebreo. ***B*** *agg.* Dei Giudei.

giudicàbile ***A*** *agg.* Che si può giudicare. ***B*** *s. m. e f.* (*dir.*) Imputato.

giudicàre ***A*** *v. tr.* (*io giùdico, tu giùdichi*) ***1*** Valutare a seconda delle qualità, dei meriti: *— la capacità di un tecnico.* ***2*** Decidere con sentenza i fatti o le imputazioni di cui si tratta in giudizio: *— una lite.* ***3*** Stimare, ritenere: *lo giudico maturo*; SIN. Reputare. ***B*** *v. intr.* (*aus. avere*) ***1*** Esprimere giudizi intorno a qc. o a q.c.: *saremo noi a — sul suo operato.* ***2*** Esercitare la facoltà del giudizio: *essere in età di —.*

giudicàto (1) ***A*** *part. pass. di giudicare; anche agg.* Di cosa o persona su cui è stato pronunciato un giudizio. ***B*** *s. m.* (*dir.*) Cosa giudicata | *Sentenza passata in —*, definitiva, inappellabile.

giudicàto (2) *s. m.* Ciascuna delle quattro suddivisioni antiche della Sardegna medievale.

giudicatóre ***A*** *agg.* Che giudica: *commissione giudicatrice.* ***B*** *anche s. m.* (*f. -trice*).

giùdice *s. m. e f.* (V. nota d'uso FEMMINILE) ***1*** Chi per volontà propria o preciso incarico giudica persone o cose: *farsi — di q.c.*; *la commissione è composta di sette giudici.* [→ ill. *sport*] ***2*** Pubblico ufficiale investito della funzione di giudicare in un giudizio | *— laico, popolare*, cittadino estratto a sorte per giudicare reati di competenza della Corte d'Assise. [→ ill. *giustizia*] ***3*** Organo giudiziario: *— unico*; *— collegiale*; *— conciliatore* | *— costituzionale*, membro della Corte Costituzionale. ***4*** *al pl.* Presso gli antichi Ebrei, magistrati che governarono il popolo ebraico dalla morte di Giosuè a quella di Sansone.

giudizi̇àle *agg.* Che concerne i giudici, i giudizi.

giudiziàrio *agg.* (*dir.*) Che concerne i giudizi, i giudici: *ufficiale —* | *Ordine —*, complesso degli organi esplicanti funzioni giurisdizionali | *Ordinamento —*, legge disciplinante l'organizzazione e il funzionamento dell'ordine giudiziario | *Carcere —*, in cui è detenuto chi è in attesa di giudizio o chi deve scontare pene di breve durata. [→ ill. *giustizia*]

giudìzio *s. m.* ***1*** Facoltà propria della mente umana di confrontare, paragonare, distinguere persone o cose | Senno, prudenza, discernimento: *siete proprio senza —* | *Mettere —*, ravvedersi. ***2*** (*fil.*) Proposizione con la quale si dichiara o si nega un rapporto fra un soggetto e un predicato. ***3*** Opinione, parere: *il — concorde di tutti* | *A suo, mio —*, secondo il parere suo, mio | *Stare, rimettersi al — di qc.*, all'avviso di qc. | *Farsi un —*, formarsi un'opinione. ***4*** (*dir.*) Processo: *— civile, penale.* ***5*** (*est.*) Decisione, sentenza: *ci rimettiamo al vostro —* | *— di Dio*, ordalia | *— finale, universale*, quello che si svolgerà alla fine del mondo quando tutti gli uomini risorti compariranno davanti a Dio per ricevere la conferma definitiva del premio o del castigo eterni. ***6*** (*per anton.*) Giudizio universale: *il giorno del —; le trombe del —.*

giudizióso *agg.* Che mostra accortezza, prudenza, riflessività; SIN. Assennato, prudente, riflessivo.

giudò e deriv. V. *judo* e deriv.

giùggiola *s. f.* ***1*** (*bot.*) Frutto del giuggiolo | (*fig.*) *Andare in brodo di giuggiole*, gongolare di gioia. ***2*** Pasticca di giuggiole, usata un tempo come rimedio contro la tosse. ***3*** (*fig.*) Cosa da nulla.

giùggiolo *s. m.* Alberetto delle Ramnali coltivato e pregiato per il legno duro e per i frutti a drupa commestibili. [→ ill. *piante* 7]

giuggiolóne *s. m.* (*f. -a*) ***1*** *Accr. di giuggiola.* ***2*** (*fig.*) Persona sciocca e dappoco.

giùgno *s. m.* Sesto mese dell'anno nel calendario gregoriano, di 30 giorni. [→ tav. *proverbi* 165]

giùgolo V. *giugulo.*

giugulàre o *iugulàre* *agg.* (*anat.*) Che appartiene al giugulo | *Vena —*, che si dirige verso il giugulo, raccogliendo il sangue che viene dalla testa. [→ ill. *anatomia umana*]

giùgulo o *giugolo* *s. m.* ***1*** (*anat.*) Fossetta compresa fra l'estremità superiore dello sterno e i tendini di inserzione dei muscoli sternocleidomastoidei. ***2*** Nei bovini e negli equini, ciascuna delle fossette laterali alla base della testa. [→ ill. *bue*]

giulebbàre *v. tr.* (*io giulèbbo*) Cuocere in sciroppo di zucchero | (*fam., iron.*) Essere costretto a sopportare cosa o persona molesta.

giulèbbe *s. m.* ***1*** Sciroppo denso di zucchero condito con aromi, succhi di frutta, infusione di fiori. ***2*** (*est., fig.*) Cosa troppo dolce.

giuliàno (1) *agg.; anche s. m.* (*f. -a*) Della Venezia Giulia.

giuliàno (2) *agg.* Di Giulio Cesare.

giulìvo *agg.* Che si mostra lieto e contento; SIN. Ilare.

giullàre *s. m.* Nel tardo Medioevo, giocoliere e cantastorie che si esibiva per il pubblico delle piazze e delle corti.

giullarésco *agg.* (*pl. m. -schi*) Di, da giullare (*anche spreg.*).

giumèlla *s. f.* Quanto è contenuto nel cavo delle due mani tenute insieme.

giuménta *s. f.* Cavalla da sella. [→ ill. *cavallo*]

giuménto *s. m.* (*f. -a; pl. giuménti, m., lett. giuménta, f.*) Bestia da soma.

giùnca *s. f.* Imbarcazione di origine cinese spesso a fondo piatto, a due o più alberi. [→ ill. *marina*]

Giuncàcee *s. f. pl.* Famiglia di piante erbacee delle Liliflore, comuni nei luoghi umidi e palustri dei climi temperati, con piccoli fiori poco appariscenti. [→ ill. *piante* 17]
giuncàta *s. f.* Latte coagulato senza sale, che si lascia scolare tra giunchi o foglie di felci.
giunchìglia *s. f.* Pianta erbacea delle Liliflore con grandi fiori gialli simili a narcisi.
giùnco *s. m.* (*pl. -chi*) Pianta erbacea delle Liliflore che cresce nei luoghi acquitrinosi, con foglie cilindriche e infiorescenza verdastra | (*est.*) Il fusto di tale pianta impiegato in oggetti, mobili e sim. intrecciati. [→ ill. *piante* 17]
giùngere **A** *v. intr.* (*pres. io giùngo, tu giùngi; pass. rem. io giùnsi, tu giungésti; part. pass. giùnto; aus. essere*) Arrivare, pervenire: — *al traguardo* | — *in porto*, venire a fine di un'impresa | — *nuovo*, di cosa mai saputa prima | — *all'orecchio*, apprendere per vie indirette. **B** *v. tr.* Congiungere, unire: — *le mani in preghiera.*
giùngla o *jùngla* *s. f.* **1** Formazione vegetale costituita da un fitto intrico di alberi, arbusti, liane, caratteristica di alcune regioni tropicali. **2** (*fig.*) Luogo o ambiente infido e insidioso.
giunóne *s. f.* Donna alta e formosa (dal nome delle dea della mitologia greco-romana).
giunònico *agg.* (*pl. -ci*) **1** Di Giunone. **2** (*est.*) Di donna che ha forme prosperose e armoniche.
giùnta (1) *s. f.* **1** Aggiunta: *fare una — alla tovaglia* | (*est.*) Punto in cui due parti si uniscono. **2** Pezzetto di carne, osso o altri prodotti alimentari, messi per completare il peso richiesto | *Dare di* —, in più | *Per* —, per soprammercato, per di più.
giùnta (2) *s. f.* **1** Organo collegiale elettivo, con funzioni varie: — *comunale* | (*gener.*) Commissione: — *consultiva.* **2** Organo collettivo di governo dittatoriale, spec. nell'America latina.
giuntatrìce *s. f.* (*cine.*) Macchina con la quale si fissano l'uno all'altro i pezzi di pellicola durante il montaggio. [→ ill. *cinematografia*]
giùnto **A** *part. pass. di giungere; anche agg.* Arrivato, pervenuto | Congiunto. **B** *s. m.* (*mecc.*) Organo di accoppiamento permanente di due elementi di una costruzione, adatto alla trasmissione di sforzi | Organo che collega due alberi, con trasmissione del moto rotatorio dall'uno all'altro: — *a manicotto, cardanico.* [→ ill. *meccanica*]
giuntùra *s. f.* **1** Punto ove un pezzo è attaccato a un altro. **2** (*anat.*) Articolazione.
giunzióne *s. f.* **1** Congiunzione. **2** Giunto.
giuòco e deriv. v. *gioco* e deriv.
giuraménto *s. m.* Atto del giurare | Impegno solenne assunto da chi giura: *osservare, violare il* —; *mancare al* — | *Far* —, giurare | *Agire sotto* —, vincolato da un giuramento | *Dare il* —, *prestare* —, impegnarsi solennemente secondo formula prestabilita | *Ricevere il* —, dell'autorità innanzi alla quale si presta.
giuràre **A** *v. tr.* Affermare o promettere q.c. solennemente, invocando a testimone la divinità o ciò che più si venera o si ha caro: — *a Dio*; — *sul proprio onore*; — *per Dio*; — *nel nome di Cristo*; — *il falso*; — *odio.* **B** *v. intr.* (*aus. avere*) Prestare giuramento: — *innanzi al Parlamento.*
giuràssico *s. m.* (*pl. -ci*) Secondo periodo geologico dell'era mesozoica.
giuràto **A** *part. pass. di giurare; anche agg.* Vincolato con giuramento: *guardia giurata* | *Nemico* —, implacabile. **B** *s. m.* (*f. -a*) Giudice popolare | Ogni membro di una giuria che valuta e premia i partecipanti a gare e concorsi.
giùre *s. m.* (*raro*) Diritto: *scienza del* —.
giureconsùlto *s. m.* Giurista.
giurì *s. m. Nella loc.* — *d'onore*, collegio di cittadini che giudicano su questioni cavalleresche.
giurìa *s. f.* **1** (*dir.*) Insieme dei giudici popolari che, unitamente a magistrati, costituiscono la Corte d'Assise. **2** Gruppo di persone che valutano e premiano i partecipanti a gare e concorsi.
giuridicaménte *avv.* Secondo il diritto | Per via giuridica.
giuridicità *s. f.* Qualità di ciò che è giuridico.
giurìdico *agg.* (*pl. m. -ci*) Relativo al diritto | *Norma giuridica*, legge.
giurisdizionàle *agg.* Della giurisdizione.
giurisdizionalìsmo *s. m.* Dottrina politica tendente a subordinare la vita istituzionale della Chiesa allo Stato.
giurisdizionalìsta *s. m. e f.* (*pl. m. -i*) Fautore del giurisdizionalismo.
giurisdizióne *s. f.* **1** (*dir.*) Funzione di amministrare la giustizia assicurando l'attuazione della legge nei casi concreti. **2** Competenza, pertinenza: *ciò è al di fuori della mia* —.
giurisperìto *s. m.* Esperto nel diritto.
giurisprudènza *s. f.* **1** Scienza del diritto: *dottore in* —. **2** Complesso delle decisioni emesse dagli organi giurisdizionali.
giurisprudenziàle *agg.* (*dir.*) Della giurisprudenza.
giurìsta *s. m. e f.* (*pl. m. -i*) Cultore di diritto, esperto in materie giuridiche.
giùro *s. m.* (*lett.*) Giuramento.
giusquìamo *s. m.* Pianta erbacea delle Tubiflorali con fusto peloso, vischioso, fiori gialli venati di viola, dai cui semi si estraggono alcaloidi.
giùsta *prep.* (*bur.*) Conforme, secondo: — *il decreto.*
giustacuòre *s. m.* Corpetto del costume maschile, molto aderente, abbottonato davanti, lungo sino al ginocchio; usato spec. nel XVII e XVIII sec. [→ ill. *vesti*]
giustappórre *v. tr.* (*coniug. come porre*) Porre accanto senza fondere assieme (*anche fig.*).
giustapposizióne *s. f.* Accostamento di due o più cose, concetti e sim.
giustézza *s. f.* **1** Qualità di ciò che è esatto, appropriato. **2** Lunghezza di una linea di composizione espressa in righe tipografiche.
giustificàbile *agg.* Che si può giustificare.
giustificàre **A** *v. tr.* (*io giustìfico, tu giustìfichi*) **1** Rendere giusto o legittimo: *la qualità giustifica il prezzo*; SIN. Legittimare. **2** Dimostrare giusto o comprensibile, scusabile e sim.: — *un'assenza*; — *un ritardo*; — *una reazione* | — *una spesa*, dimostrarne la necessità o documentarla. **3** Ritenere qc. non colpevole: *il direttore ha giustificato il dipendente*; SIN. Scagionare. **B** *v. rifl.* Dare ragione del proprio operato | Scusarsi.
giustificativo **A** *agg.* Che giustifica: *documento* —. **B** *s. m.* Documento giustificativo.
giustificazióne *s. f.* **1** Dimostrazione della giustezza, legittimità, opportunità, regolarità e sim. di q.c. | Scusa, discolpa. **2** Prova addotta a discolpa | Documento che contiene tale prova.
giustìzia *s. f.* **1** Virtù per la quale si giudica rettamente e si dà a ciascuno ciò che gli è dovuto: *operare secondo* —; SIN. Equità, imparzialità; CONTR. Ingiustizia. **2** Retto funzionamento dei rapporti sociali, nel quale le leggi regolano la vita collettiva: *amministrare la* — | *Rendere* —, statuire da parte dell'autorità sul caso concreto in giudizio. **3** Autorità giudiziaria, magistratura: *corte di* —; *consegnare, assicurare qc. alla* —. [→ ill. *giustizia*] **4** Atto col quale la giustizia si realizza | *Far — da sé*, punire direttamente qc. senza attendere che lo faccia chi deve | (*est.*) Pena inflitta e relativa esecuzione: — *è fatta* | *Esecutore della* —, boia.
giustiziàre *v. tr.* (*io giustìzio*) Punire eseguendo una condanna a morte.
giustiziàto *part. pass. di giustiziare; anche agg. e s. m.* (*f. -a*) Detto di chi ha subìto l'esecuzione capitale.
giustizière *s. m.* Esecutore di condanne capitali.
giùsto **A** *agg.* **1** Che è conforme a giustizia: *sentenza giusta* | Che giudica con giustizia: *giudice, tribunale* —; SIN. Equo, imparziale; CONTR. Ingiusto. **2** Vero: *osservazione giusta* | *Dirle giuste*, parlare con sincerità. **3** Adeguato, preparato, conveniente: *arrivi al momento* —. **4** Esatto, preciso: *peso, prezzo* — | Che non eccede né è in difetto: *pietanza giusta di sale.* **B** *avv.* **1** Esattamente, con precisione: *rispondere* — | *Mirare, colpire* —, (*fig.*) nel segno. **2** Proprio, per l'appunto: *ha — bisogno di te.* **3** Circa, quasi: *saranno — le otto.* **C** *s. m.* (*f. -a*) Persona che pensa e vive in modo retto. **D** *s. m. solo sing.* Ciò che è dovuto secondo giustizia: *chiedere il* —. [→ tav. *proverbi* 322]
glàbro *agg.* Liscio, senza peluria | Rasato.
glacé /*fr.* gla'se/ *agg. inv.* (*pl. fr. glacés* /gla'se/) **1** Di ciò che è molto lucido, di aspetto simile al ghiaccio: *guanti di capretto* —. **2** Candito, glassato: *marron* —.
glaciàle *agg.* **1** Di ghiaccio: *clima* — | *Periodo* —, in cui

avvenne una forte espansione dei ghiacciai. [→ ill. *geografia*] **2** (*est.*) Molto freddo: *vento* –. **3** Simile al ghiaccio. **4** (*fig.*) Insensibile, indifferente | Ostile: *accoglienza* –.

glaciazióne *s. f.* (*geol.*) Espansione delle calotte glaciali terrestri | Ciascuno dei periodi di tempo durante i quali i ghiacci ricoprirono aree della superficie terrestre più vaste delle attuali.

gladiatóre *s. m.* Nell'antica Roma, schiavo o volontario che combatteva in duelli nel circo.

gladiatòrio *agg.* **1** Di, da gladiatore. **2** (*est.*) Fiero, burbanzoso: *atteggiamento* –.

glàdio *s. m.* Spada corta a doppio taglio con lama larga e appuntita, tipica dei legionari romani. [→ ill. *armi*]

gladiolo o (*raro*) *gladiòlo s. m.* Pianta delle Liliflore con fiori di vari colori disposti a spiga. [→ ill. *piante* 17]

glànde *s. m.* (*anat.*) Parte terminale del pene.

glàndola v. *ghiandola*.

glàssa *s. f.* Sciroppo di zucchero usato per decorare torte, rivestire pasticcini e sim.

glassàre *v. tr.* (*io glàsso*) Ricoprire dolci con glassa.

glàuco *agg.* (*pl. m. -chi*) (*lett.*) Di colore azzurro chiaro tra il verde e il celeste.

glaucòma *s. m.* (*pl. -i*) (*med.*) Affezione del bulbo oculare, per cui la pupilla appare dilatata e irrigidita da un aumento della pressione interna.

glèba *s. f.* (*lett.*) Zolla di terra | *Servitù della* –, istituto feudale per cui i contadini erano legati di padre in figlio a un terreno senza poterlo abbandonare.

glène *s. f.* (*anat.*) Cavità articolare ovoidale.

gli (1) *art. det. m. pl.* (Si usa davanti a parole m. pl. che cominciano per vocale, *gn, ps, s impura, x e z.* Si può apostrofare solo davanti a parole che cominciano per *i*: – *automobilisti, gl'individui* | Fondendosi con le prep. proprie semplici dà origine alle prep. art. m. pl. *agli, cogli, dagli, degli, negli*). (v. nota d'uso ELISIONE e TRONCAMENTO)

gli (2) **A** *pron. pers. atono di terza pers. m. sing.* (formando gruppo con altri pron. atoni si premette a *si* e a *se ne*: – *si dice la verità?* Seguito dai pron. atoni *la, le, li, lo* e dalla particella *ne*, assume le forme *gliela, gliele, glieli, glielo, gliene*) A lui, a esso (come compl. di termine): – *ho detto di fare in fretta; devo parlargli subito.* **B** *pron. pers. atono di terza pers. m. e f. pl.* (*fam., tosc.*) A essi, a esse, a loro: *ho visto i tuoi fratelli e – ho detto tutto.* L'uso di *gli* come pronome personale di terza persona plurale è sempre più comune e accettato, soprattutto nella lingua parlata. Meno comune è il termine *loro*: *ho incontrato Mario e Anna e ho consegnato loro i biglietti* suona certamente più formale che *gli ho consegnato.* Si usi quindi *loro* solo in determinati contesti specialmente nella lingua scritta. Si deve invece mantenere la distinzione, al sing., fra *gli*, maschile, e *le*, femminile: *gli* (= a lui) *ho promesso di venire; le* (= a lei) *ho affidato un incarico.* (v. nota d'uso ELISIONE e TRONCAMENTO)

glìa *s. f.* (*anat.*) Tessuto nervoso connettivo.

glicemìa *s. f.* (*med.*) Quantità di glucosio presente nel sangue.

glicèmico *agg.* (*pl. m. -ci*) Di glicemia.

glicèride *s. m.* Estere della glicerina con acidi grassi.

glicerìna *s. f.* Alcol trivalente ottenuto dalla saponificazione dei grassi, usato dall'industria chimica, in preparati farmaceutici e cosmetici.

glicerofosfàto *s. m.* Sale dell'acido glicerofosforico, usato come ricostituente.

glicerofosfòrico *agg.* (*pl. m. -ci*) Detto di acido ottenuto per condensazione di una molecola di glicerina con una di acido fosforico.

glicide v. *glucide*.

glicine *s. m.* Arbusto rampicante delle Rosali con fiori azzurro-violacei o bianchi in grappoli penduli. [→ ill. *piante* 10]

glico- *primo elemento*: in parole composte scientifiche significa 'dolce': *glicosuria*.

glicògeno *s. m.* Polisaccaride di riserva degli organismi animali, formato dall'unione di molte molecole di glucosio.

glicol o *glicole s. m.* Alcol bivalente.

glicosùria *s. f.* (*med.*) Presenza di glucosio nelle urine.

gliéla *forma pronominale composta dal pron. pers. gli* (come compl. di termine con i sign. di *a lui, a lei, fam. a loro*) *e dal pron. pers. f. sing. la* (come compl. ogg.): *dagliela*; – *comperi la bicicletta?*

gliéle *forma pronominale composta dal pron. pers. gli* (come compl. di termine con i sign. di *a lui, a lei, fam. a loro*) *e dal pron. pers. f. pl. le* (come compl. ogg.): *devi restituirgliele*; – *hai promesse!*

gliéli *forma pronominale composta dal pron. pers. gli* (come compl. di termine con i sign. di *a lui, a lei, fam. a loro*) *e dal pron. pers. m. pl. li* (come compl. ogg.): – *manderò appena possibile*; *restituiscigliéli.*

gliélo *forma pronominale composta dal pron. pers. gli* (come compl. di termine con i sign. di *a lui, a lei, fam. a loro*) *e dal pron. pers. m. sing. lo* (come compl. ogg.): *gliel'ho promesso*; *ricordaglielo se vuoi.*

gliéne *forma pronominale composta dal pron. pers. gli* (come compl. di termine con i sign. di *a lui, a lei, fam. a loro*) *e dalla particella pronominale ne* (come compl. di specificazio-

giustizia

aula giudiziaria

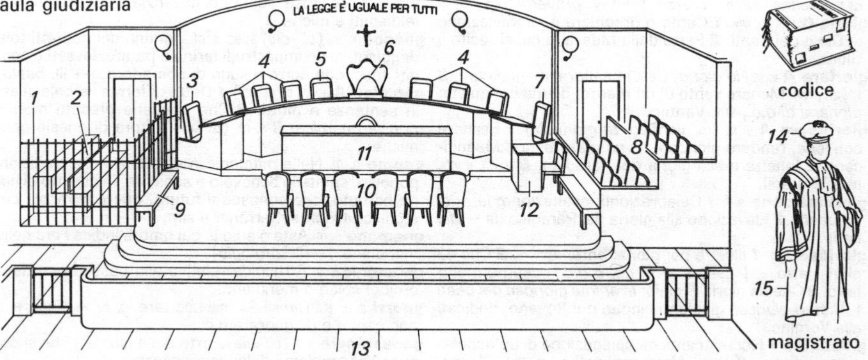

1 gabbia 2 banco degli imputati detenuti 3 pubblico ministero 4 giudici popolari 5 giudice relatore 6 presidente 7 cancelliere 8 banchi della stampa 9 banco per imputati a piede libero 10 collegio di difesa e parte civile 11 banco della difesa 12 ufficiale giudiziario 13 spazio per il pubblico 14 tocco 15 toga

ne o come compl. partitivo con i sign. di *di lui, di esso, di lei, di essa, di loro, di essi, di esse, di ciò*): — *ho dette di tutti i colori; prova a parlargliene.*

glifo *s. m.* **1** (*arch.*) Scanalatura verticale ornamentale del triglifo dell'ordine dorico. **2** (*mecc.*) Guida per corsoio mobile, utilizzata tra l'altro per regolare la distribuzione delle motrici a vapore alternative.

glissàndo *s. m.* (*mus.*) Effetto ottenuto negli strumenti a tastiera e nell'arpa facendo strisciare rapidamente le dita sui tasti o sulle corde.

glissàre *v. intr.* Sorvolare su un argomento.

glittica *s. f.* Arte di intagliare e incidere le pietre dure e preziose.

glittotèca *s. f.* Collezione di pietre dure incise | Luogo in cui tali pietre sono raccolte.

globàle *agg.* Complessivo, totale.

globe-trotter /*ingl.* 'gloub 'trɔtə/ *s. m. e f. inv.* (*pl. ingl. globe-trotters* /'gloub 'trɔtəz/) Chi viaggia per il mondo a piedi o con mezzi di fortuna.

globigerine *s. f. pl.* Genere di protozoi foraminiferi i cui gusci calcarei formano spessi sedimenti sui fondi oceanici.

globìna *s. f.* (*biol.*) Costituente proteico dell'emoglobina.

glòbo *s. m.* **1** Qualunque corpo a forma di sfera | — *oculare*, parte sferica dell'occhio | — *celeste*, sfera sulla cui superficie è rappresentato il cielo stellato | — *terrestre*, la terra. **2** (*per anton.*) La Terra | Sfera di materiale vario sulla quale è rappresentata, in proporzioni ridottissime, la superficie terrestre; SIN. Mappamondo. [→ ill. *geografia, scuola*]

globulàre *agg.* **1** Che ha forma di globo. **2** (*med.*) Che si riferisce ai globuli rossi del sangue.

globulìna *s. f.* (*med.*) Proteina del sangue che interviene nei processi difensivi e immunitari.

glòbulo *s. m.* **1** Piccolo globo. **2** (*anat.*) Elemento costitutivo del sangue, di forma discoidale e dimensioni microscopiche | — *rosso*, contenente emoglobina, destinato al trasporto dell'ossigeno e dell'anidride carbonica; SIN. Eritrocita | — *bianco*, avente funzione di difesa dell'organismo; SIN. Leucocita.

globulóso *agg.* Che ha forma di globulo.

glomèrulo *s. m.* **1** (*bot.*) Infiorescenza globulare costituita da numerosi fiori inseriti l'uno accanto all'altro. **2** (*anat.*) Nel rene, piccolo agglomerato di capillari sanguigni.

glòmo *s. m.* (*anat.*) Voluminoso gomitolo di capillari sanguigni, spec. arteriosi.

glòria (1) *s. f.* **1** Grandissima fama, rinomanza che si ottiene per capacità, opere o meriti eccezionali: *aspirare, pervenire alla* — | *Coprirsi di* —, acquistarne molta | (*scherz.*) *Lavorare per la* —, senza retribuzione; SIN. Celebrità. **2** Vanto, orgoglio | (*est.*) Persona, cosa, che è fonte di gloria: *Virgilio è una — dei latini.* **3** Condizione dei beati nel Paradiso: — *di Dio, dei santi, del paradiso* | *Salire alla* —, al paradiso | *Che Dio l'abbia in* —, escl. di riverenza (*anche scherz.*). [→ tav. *proverbi* 375]

glòria (2) *s. m. inv.* **1** Canto o preghiera di glorificazione di Dio e dei Santi. **2** Parte della Messa in cui si recita il Gloria.

gloriàre **A** *v. tr.* (*io glòrio*) (*lett.*) Esaltare, magnificare. **B** *v. intr. pron.* Menare vanto di un merito, di una conquista: *gloriarsi di q.c.*; SIN. Vantarsi.

glorificàre **A** *v. tr.* (*io glorìfico, tu glorìfichi*) **1** Esaltare con lode, rendere glorioso: — *un martire*; SIN. Magnificare. **2** Innalzare alla gloria del Paradiso. **B** *v. rifl. e intr. pron.* Vantarsi.

glorificazióne *s. f.* **1** Celebrazione, esaltazione: *la — di un poeta.* **2** Elevazione alla gloria del Paradiso: *la — dei beati.*

glorióso *agg.* **1** Illustre per gloria: *antenato* —. **2** Che dà gloria: *atto* — | *Essere — di qc. o q.c.*, esserne molto fiero. **3** Che ha gloria in cielo: *le anime gloriose dei beati* | *Misteri gloriosi*, gli ultimi cinque del Rosario, dedicati alla Vergine.

glòssa *s. f.* **1** Nei testi antichi, spiegazione di un'espressione oscura. **2** (*est.*) Nota esplicativa. • SIN. Chiosa, commento, postilla.

glossàre *v. tr.* (*io glòsso*) **1** Fornire di glosse. **2** Annotare. • SIN. Commentare.

glossàrio *s. m.* Raccolta ordinata di voci oscure e delle loro spiegazioni.

glossatóre *s. m.* Autore di glosse, spec. su testi giuridici medievali.

glossèma *s. m.* (*pl. -i*) Voce o espressione oscura o non usuale | Nota esplicativa di tale voce.

glossina *s. f.* Genere di mosche cui appartengono anche le mosche tse-tse, trasmettitrici dei tripanosomi.

glossite *s. f.* (*med.*) Infiammazione della lingua.

glòttide *s. f.* (*anat.*) Spazio compreso tra le corde vocali.

glòtto-, -glotto *primo e secondo elemento*: in parole composte scientifiche significa 'lingua': *glottologia, alloglotto.*

glottologia *s. f.* (*pl. -gie*) Studio scientifico dei sistemi linguistici.

glottòlogo *s. m.* (*f. -a; pl. m. -gi*) Studioso di glottologia.

glucide o *glicide s. m.* Ogni composto a funzione mista, formato da carbonio, idrogeno e ossigeno: *gli zuccheri, la cellulosa, l'amido sono glucidi*; SIN. Carboidrato.

glucidico *agg.* (*pl. m. -ci*) Di glucide.

glucòmetro *s. m.* Apparecchio che misura il tenore zuccherino di un mosto o di un vino.

glucòside *s. m.* Ciascuna delle sostanze organiche vegetali che per idrolisi danno glucosio e sostanze aromatiche.

glucòsio *s. m.* Zucchero semplice presente in molti frutti, ottenuto industrialmente per idrolisi di amidi e sim.; usato nell'industria dolciaria, in farmacia e in medicina; SIN. Destrosio.

glùma *s. f.* Ciascuna delle brattee che racchiudono la spighetta delle graminacee.

gluméttà *s. f.* Ciascuna delle brattee interne alle glume.

Glumiflòre *s. f. pl.* (*sing. -a*) Ordine di piante erbacee monocotiledoni, con culmi nodosi con internodi cavi, foglie lineari guainanti, fiori in spighette protette da glume. [→ ill. *piante* 15]

glutammàto *s. m.* Sale dell'acido glutammico | — *di sodio*, usato per accentuare gli aromi di prodotti alimentari.

glutàmmico *agg.* (*pl. m. -ci*) (*chim.*) Detto di composto derivabile dal glutine | *Acido* —, composto organico, costituente di molte proteine, usato in terapia come ricostituente del sistema nervoso.

glùteo *s. m.* (*anat.*) Muscolo della natica. [→ ill. *anatomia umana*]

glutinàre *v. tr.* (*io glùtino*) Arricchire di glutine paste alimentari.

glutinàto *part. pass. di glutinare; anche agg.* Arricchito di glutine.

glùtine *s. m.* Miscuglio di sostanze proteiche contenuto nelle cariossidi dei cereali e nei semi di alcune leguminose; impiegato nella preparazione di paste, nell'apprettatura di carte e tessuti.

gnào o *gnàu inter.* Riproduce il miagolio del gatto.

gnaulàre *v. intr.* (*io gnàulo; aus. avere*) Miagolare | (*est.*) Lamentarsi fastidiosamente.

gnèiss o *gnèis s. m.* (*miner.*) Roccia metamorfica, a struttura scistosa, costituita essenzialmente da quarzo, feldispati e miche.

gnòcco *s. m.* (*pl. -chi*) *spec. al pl.* Ognuno dei pezzetti tondeggianti di un impasto di farina e patate, lessati e conditi spec. con burro o sugo di pomodoro. [→ ill. *pasta*]

gnòmico **A** *agg.* (*pl. m. -ci*) **1** Detto di forma verbale usata in sentenze e motti. **2** Che contiene precetti morali: *poesia gnomica.* **B** *s. m.* (*pl. -ci*) Autore di poesie gnomiche.

gnòmo *s. m.* Nelle mitologie nordiche e nelle tradizioni popolari, spiritello benevolo e sapiente, in aspetto di nano barbuto, che conosce il futuro, opera miracoli, custodisce tesori sotterranei e sim.

gnomóne *s. m.* Asta o stilo la cui ombra indica l'ora nelle meridiane. [→ ill. *orologio*]

gnomònica *s. f.* Tecnica relativa alla costruzione degli orologi solari o meridiane.

gnòrri *s. m. e f.* (*fam.*) *Solo nella loc. fare lo, la* —, fingere di non capire o di ignorare q.c.

gnoseologia *s. f.* (*pl. -gie*) Parte della filosofia che si occupa del problema della conoscenza.

gnoseològico *agg.* (*pl. m. -ci*) Della gnoseologia.

gnòsi *s. f.* **1** Conoscenza perfetta e superiore del divino, propria degli gnostici. **2** Gnosticismo.

gnòstica *s. f.* Parte della medicina che studia la natura

delle malattie.
gnosticișmo *s. m.* Indirizzo filosofico religioso, diffusosi nel II secolo d.C., secondo il quale è possibile attingere per via di ragione i motivi più profondi del Cristianesimo; SIN. Gnosi.
gnòstico ***A*** *agg.* (*pl. m. -ci*) Che concerne lo gnosticismo. ***B*** *s. m.* (*f. -a*) Chi segue lo gnosticismo.
gnu *s. m.* Mammifero africano ruminante degli Ungulati, dal corpo simile a quello di un cavallo, ma con robuste corna arcuate verso l'alto che ricordano quelle del bufalo. [→ ill. *animali* 19]
goal /*ingl.* 'goul/ *s. m. inv.* (*pl. ingl. goals* /'goulz/) Punto conseguito da una squadra di calcio quando il pallone è mandato dentro la porta avversaria; SIN. Rete.
gòbba *s. f.* ***1*** (*pop.*) Gibbo. ***2*** (*est.*) Prominenza, rigonfiamento, curvatura: *la — del naso.* [→ tav. *proverbi* 168]
gòbbo ***A*** *agg.* ***1*** Che ha la gobba, detto spec. di persona **|** (*est.*) Che sta con le spalle curve: *andare, stare —.* ***2*** Curvo, convesso: *naso —* **|** (*scherz.*) *Colpo —*, mossa astuta e traditrice o mano fortunata al gioco d'azzardo. ***B*** *s. m.* (*f. -a* nel sign. 1) ***1*** Persona che ha la gobba. ***2*** Protuberanza, rigonfiamento: *un — al piede.* ***3*** *spec. al pl.* Germogli delle piante di carciofo e delle foglie di cardo coperti con terra o paglia perché imbianchino.
gobelin /*fr.* go'blɛ̃/ *s. m. inv.* (*pl. fr. gobelins* /go'blɛ̃/) Tessuto ad arazzo intrecciato a mano, di alto pregio.
góccia *s. f.* (*pl. -ce*) ***1*** Particella di liquido che si separa da una massa per deporsi altrove **|** *Somigliarsi come due gocce d'acqua*, essere perfettamente simili **|** *La — che fa traboccare il vaso*, fatto che è la causa ultima del prodursi di un effetto prossimo a maturazione **|** *Fino all'ultima —*, fino in fondo (*anche fig.*) **|** *A — a —*, a poco a poco **|** *Fichi con la —*, il cui umore zuccherino si raccoglie sul fondo; SIN. Stilla. ***2*** Piccola parte di un liquido: *una — di sangue, di pioggia.* ***3*** Pietra preziosa, cristallo, vetro e sim. tagliato e lavorato a forma di goccia allungata: *lampadario a —*; *orecchini a —.* [→ ill. *illuminazione*] ***4*** (*arch.*) Nell'ordine dorico, ciascuno degli elementi decorativi di forma conica. [→ tav. *proverbi* 7]
gocciàre *v. tr. e intr.* (*io goccio; aus. avere* riferito al recipiente, *essere* riferito al liquido) (*raro*) Gocciolare.
góccio *s. m.* Gocciolo.
gócciola *s. f.* ***1*** *Dim. di goccia.* ***2*** Ornamento che pende a forma di goccia, in gioielli, lampadari di cristallo e sim.
gocciolaménto *s. m.* Versamento o caduta in gocce di un liquido.
gocciolàre ***A*** *v. tr.* (*io gócciolo*) Fare cadere a gocciole: *la tettoia gocciola acqua.* ***B*** *v. intr.* (*aus. essere* nel sign. 1, *avere* nel sign. 2) ***1*** Uscire a gocciole: *il vino gocciola dalle botti*; SIN. Colare, stillare. ***2*** Versare a gocciole: *il bricco gocciola.*
gocciolatóio *s. m.* ***1*** Parte della cornice dei fabbricati consistente in una larga fascia con incavatura nella parte inferiore, per impedire che l'acqua scorra sulla parete. ***2*** (*raro*) Arnese su cui si mette a gocciolare q.c.
gocciolìo *s. m.* Gocciolamento continuo.
gócciolo *s. m.* Esigua quantità di un liquido: *un — di acqua.*
godére ***A*** *v. intr.* (*pres. io gòdo; pass. rem. io godéi o godètti, tu godésti; fut. io godrò, raro goderò; condiz. pres. io godrèi, raro goderèi; aus. avere*) ***1*** Essere profondamente felice: *godo nel sentirvi vicini*; *gode di vedervi in buona salute* **|** (*est.*) Gioire, compiacersi, rallegrarsi: *— della compagnia di qc.* ***2*** Essere avvantaggiato, beneficiato: *la mia salute gode dell'aria marina.* ***3*** Provare piacere coi sensi. ***B*** *v. tr.* ***1*** Adoperare a proprio piacere e vantaggio: *— un bene* **|** *Godersela*, divertirsi **|** *Godersi q.c.*, trarne piacere. ***2*** Gustare: *— un po' di tranquillità.* [→ tav. *proverbi* 98, 365]
goderéccio *agg.* (*pl. f. -ce*) Che dà piacere **|** Che è dedito ai piaceri.
godet /*fr.* gɔ'dɛ/ *s. m. inv.* (*pl. fr. godets* /gɔ'dɛ/) Taglio che crea un allargamento ondulato della gonna: *abito a —.*
godèzia *s. f.* Pianta erbacea ornamentale delle Mirtali con fiori dai vivaci colori raccolti in infiorescenze.
godìbile *agg.* Che si può godere.
godiménto *s. m.* ***1*** Felicità profonda e completa; SIN. Delizia, diletto, piacere. ***2*** Ciò che è fonte di piacere. ***3*** (*dir.*) Facoltà, del titolare di un diritto, di esercitare lo stesso traendone tutte le possibili lecite utilità.
goffàggine *s. f.* ***1*** L'essere goffo. ***2*** Atto o discorso goffo.
gòffo *agg.* ***1*** Detto di chi si muove o si comporta in modo impacciato, privo di sicurezza. ***2*** Sgraziato, inelegante: *maniere goffe.*
goffràggio *s. m.* Goffratura.
goffràre *v. tr.* (*io gòffro*) Realizzare in rilievo mediante pressione l'impronta di un disegno su carta, alluminio, tessuto, materia plastica.
goffratrìce *s. f.* Macchina per goffrare.
goffratùra *s. f.* Operazione del goffrare; SIN. Goffraggio.
gógna *s. f.* ***1*** Collare di ferro che si stringeva attorno alla gola dei condannati alla berlina. ***2*** (*est.*) Berlina **|** *Mettere qc. alla —*, (*fig.*) esporlo allo scherno pubblico.
go-kart /*ingl.* 'gou ka:t/ *s. m. inv.* (*pl. ingl. gokarts* /'gou ka:ts/) Piccolo autoveicolo monoposto, munito soltanto del telaio e degli organi essenziali alla marcia, usato per svago e in gare sportive.
gòl *s. m.* Adattamento di *goal.*
góla *s. f.* ***1*** (*anat.*) Apertura posteriore della cavità orale che mette in comunicazione questa con la laringe e la faringe: attraverso di essa passa il cibo e vi hanno sede le corde vocali **|** *Avere un nodo alla —*, (*fig.*) essere sul punto di piangere **|** *Col boccone in —*, appena mangiato **|** *Essere, restare a — asciutta*, non aver mangiato né bevuto e (*fig.*) essere privo di q.c. che si desidera **|** *Avere il cibo in —*, non averlo digerito **|** *Mentire per la —*, sfacciatamente **|** *Gridare a piena —*, con forza **|** *Parlare in —*, senza esprimersi bene **|** *Ricacciare in — le parole, le offese a qc.*, ribatterle con forza. ***2*** (*est.*) Parte anteriore del collo **|** *Prendere per la —*, costringere qc. a fare q.c. controvoglia **|** *Avere l'acqua alla —*, (*fig.*) essere in una grave difficoltà **|** (*fig.*) *Essere in un pasticcio fino alla —*, esservi completamente immischiato. ***3*** Uno dei sette vizi capitali o peccati mortali, consistente nello smodato desiderio o nell'immodesto uso degli alimenti **|** (*est.*) Golosità: *prendere qc. per la —*, indurre qc. a fare q.c. facendo leva sulla sua golosità **|** (*est.*) Brama, avidità: *sentire — di q.c.* **|** *Fare —*, stimolare vivo desiderio di possesso. ***4*** (*fig.*) Stretta apertura, passaggio angusto: *la — del camino, della fornace, della campana.* [→ ill. *campana e campanello*] ***5*** (*geogr.*) Stretto passaggio tra due monti. ***6*** Scanalatura, incavo: *la — di una carrucola.* [→ ill. *sollevamento*] ***7*** (*arch.*) Modanatura la cui sezione ha profilo formato da due archi di cerchio raccordati in modo da formare una S. [→ ill. *elemento ornamentale*] [→ tav. *proverbi* 275]
goleador /*sp.* golea'dɔr/ *s. m. inv.* (*pl. sp. goleadores* /golea'dores/) Nel calcio, cannoniere.
golèna *s. f.* Terreno compreso entro argine e contrargine di fiumi, invaso dalle acque in periodi di piena.
golétta (1) *s. f.* ***1*** *Dim. di gola.* ***2*** (*tosc.*) Striscia di tessuto bianco o piccolo colletto fissato al giro del collo. ***3*** Nelle antiche armature, gorgiera.
golétta (2) *s. m.* Bastimento a vela con due o tre alberi. [→ ill. *marina*]
gòlf (1) *s. m. inv.* Gioco su campo aperto, consistente nell'inviare in apposite buche una palla, mediante colpi dati con appositi bastoni. [→ ill. *sport*]
gòlf (2) *s. m. inv.* Giacca di maglia di lana o altro filo, senza collo e con maniche lunghe. [→ ill. *abbigliamento*]
golfista *s. m. e f.* (*pl. m. -i*) Chi pratica il gioco del golf.
gólfo *s. m.* (*geogr.*) Seno di mare con larga apertura e seni minori, baie, anse, cale. [→ ill. *geografia*]
goliardìa *s. f.* ***1*** Insieme dei goliardi. ***2*** Tradizione goliardica **|** Spirito da goliardi.
goliàrdico *agg.* (*pl. m. -ci*) Di, da goliardo **|** *Berretto —*, con la tesa anteriore appuntita e variamente colorato a seconda della facoltà che rappresenta. [→ ill. *copricapo*]
goliàrdo *s. m.* (*f. -a*) Studente universitario.
gollișmo *s. m.* Tendenza politica che si ispira alle idee del generale francese Charles De Gaulle.
gollista *agg.; anche s. m. e f.* Fautore del gollismo.
golosità *s. f.* ***1*** L'essere goloso. ***2*** Cosa ghiotta **|** (*fig.*) Ciò che suscita vivo interesse o curiosità. ● SIN. Ghiottoneria.
golóso ***A*** *agg.* ***1*** Che ha il vizio della gola: *— di dolciumi*; SIN. Ghiotto. ***2*** (*fig.*) Avido, voglioso. ***B*** *s. m.* (*f. -a*) Persona golosa.

gólpe (1) *s. f.* (*bot.*) Fungo parassita dei cereali.
golpe (2) /*sp.* 'golpe/ *s. m. inv.* (*pl. sp. golpes* /'golpes/) Colpo di Stato militare, spec. nell'America latina.
golpista *s. m.* (*pl. -i*) Autore o fautore di un golpe.
gómena *s. f.* (*mar.*) Cavo di canapa formato da tre corde intrecciate, usato per la fonda delle ancore prima dell'adozione delle catene.
gomitàta *s. f.* Colpo di gomito.
gómito *s. m.* **1** (*anat.*) Regione e articolazione dell'arto superiore tra il braccio e l'avambraccio | *Alzare troppo il* –, bere in modo eccessivo. [→ ill. *zoologia*] **2** (*est.*) Parte della manica che copre il gomito. **3** (*est.*) Elemento, raccordo e sim., di struttura angolata, simile a un gomito: *albero a gomiti* | *A* –, fortemente angolato: *curva a* –. [→ ill. *motore, strada*] [→ tav. *locuzioni* 5]
gomitolo *s. m.* Palla formata da filo avvolto ordinatamente su se stesso.
gómma *s. f.* **1** Liquido denso e vischioso, generato dalla metamorfosi di alcuni tessuti di certe piante, che fuoriesce da incisioni e indurisce a contatto con l'aria: – *arabica, adragante* | – *americana*, chewing-gum | – *naturale, elastica*, caucciù | – *sintetica*, ottenuta per polimerizzazione di idrocarburi e altre sostanze. [→ ill. *calzatura*] **2** Pezzetto di gomma per cancellare: – *da inchiostro*. [→ ill. *disegnatore, scuola, ufficio*] **3** Pneumatico di un veicolo: *le gomme dell'automobile* | – *a terra*, pneumatico sgonfio.
gommagùtta *s. f.* Gommoresina usata in medicina e come colorante.
gommalàcca *s. f.* Resina ottenuta su certi alberi asiatici dalla secrezione di insetti; usata per vernici e mastici.
gommapiùma *s. f.* Nome commerciale di un prodotto di sintesi spugnoso, a pori finissimi, leggero, elastico e resistente, usato per materassi, cuscini, rivestimenti protettivi e sim.
gommàre *v. tr.* (*io gómmo*) **1** Spalmare di gomma: – *un tessuto*. **2** Munire di pneumatici: – *un'auto*.
gommatùra *s. f.* **1** Operazione del gommare. **2** Complesso di gomme di cui è fornito un autoveicolo.
gommifero *agg.* Che produce gomma.
gommificio *s. m.* Stabilimento in cui si lavora la gomma.
gommino *s. m.* Oggetto di gomma di piccole dimensioni, spec. per la chiusura ermetica di bottiglie di medicinali, profumi e sim.
gommista *s. m.* (*pl. -i*) Chi vende, ripara o monta pneumatici.
gommóne *s. m.* Grosso battello pneumatico, fornito di motore fuoribordo. [→ ill. *marina*]
gommorèṣina *s. f.* Miscuglio di gomme e resine prodotto dall'essudazione di diverse piante, impiegato spec. in preparazioni farmaceutiche.
gommosità *s. f.* Qualità di ciò che è gommoso.
gommóso *agg.* **1** Che produce gomma. **2** (*est.*) Simile a gomma.
gònade *s. f.* (*anat.*) Ghiandola della riproduzione sessuale, che produce i gameti maschili o femminili. [→ ill. *anatomia umana*]
góndola *s. f.* **1** Barca lunga, piatta e sottile, tipica della laguna veneta, ornata di un pettine a prora e talvolta di copertura al centro. [→ ill. *marina*] **2** (*aer.*) Membratura di un aereo ben carenata per alloggiare un motore. [→ ill. *aeronautica*]
gondolière *s. m.* Rematore della gondola.
gonfalóne *s. m.* **1** Bandiera delle antiche milizie. [→ ill. *bandiera*] **2** (*est.*) Insegne degli antichi comuni, o di corporazioni cittadine | Vessillo di associazioni, enti e sim.
gonfalonière *s. m.* **1** Chi porta il gonfalone. **2** Magistrato dei comuni medievali.
gonfiàggine *s. f.* Boria ridicola.
gonfiàre **A** *v. tr.* (*io gónfio*) **1** Dilatare con fiato, gas o aria una cavità dalle pareti elastiche: – *un pallone* | – *le vele*, detto del vento che, soffiandovi sopra, le distende e rende convesse; CONTR. Sgonfiare. **2** (*est.*) Aumentare il volume: *il cibo eccessivo gonfia lo stomaco*. **3** (*fig.*) Far apparire qc. o q.c. più importante di quello che è | – *una persona*, accrescerne i meriti | – *una notizia*, esagerarne la portata. **B** *v. intr. e intr. pron.* (*aus. essere*) **1** Diventare gonfio aumentando di volume. **2** (*fig.*) Insuperbire, inorgoglire.
gonfiàto *part. pass. di gonfiare; anche agg.* Dilatato | *Pallone* –, (*fig.*) persona che si vanta e gode di considerazione sproporzionata al suo valore.
gonfiatóio *s. m.* Strumento per gonfiare gomme, palloni e sim.
gonfiatùra *s. f.* **1** Operazione del gonfiare. **2** (*fig.*) Esagerazione, montatura.
gonfiézza *s. f.* Condizione di ciò che è gonfio.
gónfio **A** *agg.* **1** Gonfiato: *occhi gonfi di sonno* | *Fiume, torrente* –, ingrossato dalla piena | *Stomaco* –, appesantito dal cibo | *Andare a gonfie vele*, (*fig.*) procedere nel migliore dei modi; CONTR. Sgonfio. **2** (*fig.*) Pieno, traboccante: *individuo – di superbia*. **3** (*fig.*) Ampolloso, ridondante: *stile* –. **4** (*fig.*) Borioso, vanitoso. **B** *s. m.* (*pop.*) Gonfiezza, rigonfiamento.
gonfióre *s. m.* Tumefazione.
gòng *s. m.* Strumento a percussione originario dell'Asia orientale, formato da una piastra metallica rotonda, leggermente concava, che viene messa in vibrazione battendovi con un mazzuolo. [→ ill. *strumenti musicali*]
gongolànte *part. pres. di gongolare; anche agg.* Visibilmente soddisfatto.
gongolàre *v. intr.* (*io góngolo; aus. avere*) Manifestare visibilmente un sentimento di soddisfazione, di contentezza: – *di gioia*.
goniògrafo *s. m.* Strumento per tracciare direttamente gli angoli.
goniometrìa *s. f.* Misurazione degli angoli.
goniòmetro *s. m.* Strumento per misurare gli angoli. [→ ill. *disegnatore, fisica, meccanica, misure*]
gónna o *gònna* *s. f.* Indumento femminile che copre la parte inferiore del corpo dalla vita in giù: – *a pieghe, diritta*. [→ ill. *abbigliamento*]
gonnèlla *s. f.* **1** *Dim. di gonna*. **2** Gonna, sottana. **3** (*est., fig.*) Donna: *stare sempre fra le gonnelle*.
gonnellino *s. m.* **1** *Dim. di gonnella*. **2** Vestito lungo infantile. **3** Gonna corta maschile tipica del costume tradizionale scozzese.
-gono *secondo elemento*: in parole composte della matematica significa 'angolo': *pentagono, poligono*.
gonocòcco *s. m.* (*pl. -chi*) (*med.*) Batterio di forma ovale, agente specifico della gonorrea.
gonorrèa *s. f.* (*med.*) Blenorragia.
gónzo *agg.; anche s. m.* (*f. -a*) Detto di chi è credulone e facile da ingannare; SIN. Minchione, sciocco.
gòra *s. f.* **1** Fossato o canale che serve spec. a portare l'acqua da un fiume a un mulino. **2** (*lett.*) Stagno, palude. **3** Traccia che resta su una stoffa male smacchiata | (*est.*) Traccia di sudicio sul viso.
górbia *s. f.* **1** Ghiera che si applica all'estremità inferiore di bastoni, lance o aste di bandiere per conficcarle in terra. **2** Scalpello a taglio semicircolare per intagliare e tornire.
gordiàno *agg. Nella loc. nodo* –, quello inestricabile che, secondo la leggenda, Alessandro Magno tagliò con un colpo di spada; (*fig.*) questione, problema e sim., estremamente difficile e complesso.
gorgheggiàre **A** *v. intr.* (*io gorghéggio; aus. avere*) Modulare il canto con agili e frequenti passaggi vocali. **B** *v. tr.* Cantare gorgheggiando: – *una canzone*.
gorghéggio *s. m.* Modulazione della voce con rapidi e agili passaggi.
gòrgia *s. f.* (*lett.*) Gola.
gorgièra *s. f.* **1** Nelle antiche armature, parte posta a protezione della gola. [→ ill. *armi*] **2** Collare di tela finissima adorna di pizzi in uso nel XVII sec. [→ ill. *vesti*]
górgo *s. m.* (*pl. -ghi*) **1** Punto in cui il letto di un corso d'acqua, abbassandosi, forma cavità di piccole dimensioni | (*est.*) Vortice, mulinello d'acqua. **2** (*fig.*) Abisso morale.
gorgogliàre *v. intr.* (*io gorgóglio; aus. avere*) **1** Rumoreggiare, come fa un liquido che esce da un recipiente o da una stretta apertura. **2** (*chim.*) Di gas quando viene fatto passare in un liquido e lo attraversa in forma di bollicine.
gorgóglio (1) *s. m.* Rumore che produce un liquido gorgogliando.
gorgoglìo (2) *s. m.* Il gorgogliare continuato.
gorgoglióne *s. m.* (*zool.*) Afide.
gorgònia *s. f.* Animale dei Celenterati a forma di polipo che vive in colonie cespugliose, vivacemente colorate,

sui fondi dei mari caldi. [→ ill. *animali* 1]

gorgonzòla *s. m. inv.* Formaggio lombardo, preparato con latte intero, di pasta molle e burrosa, profumo intenso, gusto molto forte e piccante, con venature verdastre dovute alle muffe di stagionatura. [→ ill. *formaggi*]

gorgozzùle *s. m.* Canna della gola.

gorilla *s. m. inv.* **1** Scimmia antropomorfa africana, alta più di un uomo e con pelo bruno nerastro. [→ ill. *animali* 21] **2** (*fig.*) Uomo grande e grosso, di modi rozzi | Uomo grosso e robusto, addetto alla protezione di un personaggio importante.

gòta *s. f.* (*lett.*) Guancia.

gòtico A *agg.* (*pl. m. -ci*) **1** Dei Goti: *lingua gotica* | *Scrittura gotica*, in uso in tutta l'Europa occidentale dal sec. XII al XV, caratterizzata dall'angolosità del tratteggio. **2** Detto di ogni prodotto riconducibile nelle sue linee generali alle correnti artistiche sviluppatesi in Europa dal XII al XIV sec. **B** *s. m.* **1** Nella storia dell'arte, periodo che si svolge in Europa dal XII al XIV sec. e che presenta caratteri di estrema varietà nell'architettura, nella scultura, nella pittura. **2** Scrittura gotica.

gòto *s. m.* Ogni appartenente a un'antica popolazione germanica originariamente stanziata nel territorio corrispondente all'odierna Svezia meridionale.

gòtta *s. f.* Malattia dovuta ad abnorme deposito di acido urico nei tessuti, spec. articolari.

gottàzza *s. f.* Pala per svuotare un'imbarcazione dall'acqua che vi è entrata.

gòtto *s. m.* Tazza o bicchiere, con o senza manico.

gottóso A *agg.* Della gotta. **B** *agg.; anche s. m.* (*f. -a*) Affetto da gotta.

governàbile *agg.* Che si può governare.

governabilità *s. f.* L'essere governabile | Possibilità di governare.

governàle *s. m.* **1** (*raro, lett.*) Timone. **2** (*aer.*) Impennaggio di bomba aerea, missile e sim., per assicurarne la stabilità di orientamento durante la traiettoria.

governànte (1) A *part. pres. di governare; anche agg.* Che governa. **B** *s. m.* Chi ricopre cariche governative.

governànte (2) *s. f.* Donna stipendiata che si occupa dei bambini o della casa.

governàre A *v. tr.* (*io govèrno*) **1** Guidare, condurre qc. o q.c.: — *la macchina* | — *la famiglia*, provvedere al suo mantenimento | (*mar.*) Dirigere un'imbarcazione usando il timone | (*aer.*) Pilotare, manovrare un aereo. **2** Amministrare esercitando il potere esecutivo: — *uno Stato* | (*est.*) Amministrare con i massimi poteri: — *una banca*; SIN. Reggere. **3** Provvedere al sostenimento di qc. o al mantenimento di q.c.: — *un bambino*; — *i polli*. **B** *v. rifl.* Dominarsi, regolarsi.

governativo *agg.* Del governo: *decreto* — | *Dello Stato: impiegato* —.

governatoràto *s. m.* **1** Titolo, ufficio e dignità di governatore | Durata di tale ufficio. **2** Circondario sottoposto a un governatore.

governatóre *s. m.* (*f. -trice*) **1** (*raro*) Chi governa. **2** Alto funzionario di Stato che rappresenta il governo centrale in dipartimenti, regioni e sim. **3** Sovraintendente generale in un istituto finanziario o un'amministrazione di Stato: — *della Banca d'Italia*.

governatoriàle *agg.* Di governatore.

govèrno *s. m.* **1** Direzione, guida, comando: *prendere il* — *della nave*. **2** Organo statale complesso che determina l'indirizzo politico dello Stato | — *misto*, composto da rappresentanti di vari partiti politici | — *di coalizione*, basato sull'alleanza di due o più partiti. [→ ill. *parlamento*] **3** Forma di reggimento politico: — *monarchico, repubblicano, democratico*. **4** Cura diligente con cui si amministra, si dirige o si alleva qc. o q.c.: *il* — *di una casa*.

gózzo (1) *s. m.* **1** (*pop.*) Ingluvie. **2** (*est.*) Stomaco dell'uomo | *Empirsi il* —, mangiare troppo e avidamente. **3** (*med.*) Aumento eccessivo di volume della tiroide.

gózzo (2) *s. m.* Barca da pesca o da trasporto di piccole dimensioni, a remi e con piccola vela. [→ ill. *marina, pesca*]

gozzoviglia *s. f.* Baldoria di persone che bevono e mangiano smodatamente e chiassosamente; SIN. Baccanale, bagordo.

gozzovigliàre *v. intr.* (*io gozzovìglio; aus. avere*) Far gozzoviglie; SIN. Bagordare.

gozzùto *agg.* Che ha il gozzo.

gracchiàre *v. intr.* (*io gràcchio; aus. avere*) **1** Cantare emettendo un verso roco, caratteristico di alcuni uccelli. **2** (*fig.*) Ciarlare o brontolare fastidiosamente.

gràcchio (1) *s. m.* Verso emesso da corvi, cornacchie e sim.

gràcchio (2) *s. m.* Grosso uccello montano che ricorda il corvo, ma con corpo più slanciato, nero con riflessi verdi, becco giallo arancio e zampe rosse.

gracidàre *v. intr.* (*io gràcido; aus. avere*) **1** Emettere il verso caratteristico delle rane. **2** (*fig.*) Parlare con voce lamentosa e stridula.

gracidìo *s. m.* Il gracidare prolungato.

gràcile *agg.* **1** Di sottile e delicata struttura fisica; SIN. Debole, fragile. **2** (*fig.*) Privo di forza e di vigore: *volontà* —.

gracilità *s. f.* Qualità di gracile; SIN. Debolezza, fragilità.

gradassàta *s. f.* Millanteria da gradasso; SIN. Smargiassata.

gradàsso *s. m.* Fanfarone, millantatore, smargiasso | *Fare il* —, minacciare qc. ostentando un coraggio che non si ha.

gradataménte *avv.* Per gradi.

gradazióne *s. f.* **1** Serie a gradi: *oggetti in* — | Passaggio graduale: — *dei colori*. **2** Figura retorica per la quale si esprime un'idea con più parole aventi un'intensità gradatamente crescente o decrescente. **3** — *alcolica*, percentuale in volume di alcol contenuta nei vini e nei liquori.

gradévole *agg.* Che possiede tutti i requisiti per riuscire gradito; SIN. Piacevole; CONTR. Sgradevole.

gradiènte *s. m.* (*mat.*) Variazione di una grandezza rispetto a una certa direzione | — *termico*, rapporto fra la differenza di temperatura in due punti dell'atmosfera posti sulla stessa verticale e la loro distanza.

gradiménto *s. m.* Senso di intimo compiacimento provocato da persone o cose di nostro gusto | (*est.*) Accoglimento favorevole.

gradìna *s. f.* Scalpello con cui le sculture di marmo già dirozzate vengono rifinite. [→ ill. *scultore*]

gradinàre (1) *v. tr.* Lavorare con la gradina.

gradinàre (2) *v. tr.* Nell'alpinismo, tagliare gradini nel ghiaccio usando la piccozza.

gradinàta *s. f.* **1** Ordine di gradini spec. molto ampi; SIN. Scalinata. [→ ill. *sport*] **2** Negli anfiteatri e negli stadi, ordine di posti costituiti da alti gradini, spec. in pietra, su cui siedono gli spettatori. [→ ill. *circo, teatro*]

gradìno *s. m.* **1** Ciascuno dei ripiani scavati o costruiti per superare un dislivello | *Salire, scendere di un* —, (*fig.*) aumentare, diminuire nella stima di qc., nella posizione sociale e sim. [→ ill. *scala*] **2** Nell'alpinismo, intaccatura praticata con la piccozza su neve dura o ghiaccio, per procedere su pendii ripidi. • SIN. Scalino.

gradìre A *v. tr.* (*io gradisco, tu gradisci*) Accogliere di buon grado, ricevere con piacere: — *un dono* | (*est.*) Desiderare: *gradirei un po' di vino*. **B** *v. intr.* (*aus. essere*) (*lett.*) Essere, riuscire gradito.

gradito *part. pass. di gradire; anche agg.* Che riesce bene accetto.

gràdo (1) *s. m.* Piacere, compiacenza, benevolenza | *Di buon* —, volentieri.

gràdo (2) *s. m.* **1** Qualsiasi punto intermedio attraverso cui si passa per procedere da uno stato a un altro, da una posizione a un'altra e sim.: *crescere, aumentare di* —; *andare per gradi* | *A* — *a* —, poco per volta, lentamente | *Al massimo, al più alto* —, *in sommo* —, (*fig.*) moltissimo. **2** (*gramm.*) Variazione che assume un aggettivo o un avverbio per connotare particolari funzioni: — *comparativo*; — *superlativo*. **3** In una graduatoria di valori, posto che ognuno di essi occupa rispetto agli altri: *scuola di primo, secondo* —; — *di parentela* | Nell'alpinismo, ciascuna delle sei misure di difficoltà stabilite nella relativa scala. **4** (*fig.*) Posizione di una persona in seno a una gerarchia, amministrazione e sim.: *essere promosso di* —; *essere al più alto* — *della carriera*. [→ ill. *uniforme militare*] **5** (*mat.*) — *di un monomio*, somma degli esponenti con i quali compaiono le variabili | — *di un polinomio*, massimo dei gradi dei vari monomi | — *di un'equazione*, l'esponente massimo che l'incognita ha nell'equazione. **6** (*geom.*) Unità di misura degli angoli | — *sessagesimale*, (*ell.*) —, trecentosessantesima parte dell'angolo giro. **7** Unità di misura enologica | — *alcolico*, unità di misura del contenuto di alcol delle soluzioni alcoliche. **8** Unità di misura della temperatura | — *centigrado*, — *Celsius*, (*ell.*) —, proprio della scala centigrada del termometro Celsius. **9** Condizione, stato, situazione: *passaggio di* —; *salire, scendere di* — | *Essere in* —, idoneo, capace | (*est.*) Ceto sociale: — *di nobiltà*.

graduàbile *agg.* Che si può graduare.

graduàle A *agg.* Che si fa o che avviene per gradi: *insegnamento* —. **B** *s. m.* Nella Messa, gruppo di versetti che si cantano dopo l'Epistola.

gradualìsmo *s. m.* Propensione ad agire per gradi.

gradualità *s. f.* Qualità di ciò che è graduale.

gradualménte *avv.* Per gradi, di grado in grado.

graduàre *v. tr.* (*io gràduo*) **1** Dividere in gradi: — *un termometro*. **2** Ordinare per gradi: — *le difficoltà* | (*est.*) Stabilire una graduatoria fra più persone: — *gli aspiranti a un incarico*.

graduàto A *part. pass. di graduare; anche agg.* **1** Diviso in gradi: *scala graduata*. [→ ill. *chimico, marina, misure*] **2** Stabilito secondo una graduazione; SIN. Graduale. **B** *s. m.* Militare di truppa con grado da appuntato a caporal maggiore.

graduatòria *s. f.* Elenco di persone ordinato secondo il merito, l'anzianità e sim. | (*est.*) Distribuzione dei concorrenti secondo i punti di merito.

graduazióne *s. f.* **1** Ordinamento, regolazione per gradi | Divisione in gradi. **2** Insieme delle divisioni che, negli strumenti di misura, permettono la lettura della grandezza: *la* — *del termometro*.

gràffa *s. f.* **1** Piccola lamina metallica, curvata a forma di U, usata per l'unione stabile di due parti di un imballaggio o altro. **2** Segno grafico che unisce più righe.

graffàre *v. tr.* Riunire o chiudere con una graffa.

graffatùra *s. f.* Riunione dei bordi delle lamiere con ripetute piegature.

graffétta *s. f.* **1** *Dim. di graffa.* **2** Piastrina metallica a forma di semicerchio usata per fissare piccoli cavi a un muro. **3** Punto metallico.

graffiànte *part. pres. di graffiare; anche agg.* Che graffia | (*fig.*) Che colpisce, che lascia il segno: *satira* —.

graffiàre *v. tr.* (*io gràffio*) Lacerare la pelle con le unghie o strumenti appuntiti: — *il viso, una mano* | (*est.*) Intaccare superficialmente un oggetto: — *il muro con un coltello*.

graffiàta *s. f.* Atto del graffiare | Graffio.

graffiatùra *s. f.* **1** Segno sulla pelle lasciato da un graffio | Ferita leggera e superficiale. **2** Incisione fatta su una superficie.

graffiétto *s. m.* **1** *Dim. di graffio.* **2** Strumento di acciaio tagliente usato dagli argentieri e dai falegnami. [→ ill. *falegname*]

gràffio *s. m.* Lacerazione lieve della pelle prodotta dalle unghie o strumenti appuntiti.

graffìre *v. tr.* (*io graffisco, tu graffisci*) Eseguire un graffito.

graffìto *s. m.* Disegno o scrittura incisi con una punta dura su intonaco, pietra e sim.

grafìa *s. f.* Modo di rappresentare le parole nella scrittura | La scrittura stessa.

-grafìa *secondo elemento*: in parole composte significa 'scrittura', 'descrizione', 'studio', 'scritto': *fotografia, radiografia, geografia, monografia, tipografia*.

gràfica *s. f.* **1** Tecnica dell'impostazione tipografica, spec. di libri. **2** Insieme delle arti grafiche.

graficaménte *avv.* **1** Per quanto riguarda la grafia: *parole* — *uguali*. **2** Mediante accorgimenti grafici.

gràfico A *agg.* (*pl. m. -ci*) **1** Relativo alla grafia. **2** Che si esprime mediante un disegno: *rappresentazione grafica* | *Arti grafiche*, stampa, incisione, litografia, fototipia e sim. **B** *s. m.* (V. nota d'uso FEMMINILE) **1** Rappresentazione grafica di un fenomeno o di una funzione. **2** Tecnico specializzato in un'arte grafica.

grafìte *s. f.* Carbonio quasi puro in cristalli tabulari o più spesso in piccole masse lamellari untuose al tatto, di colore grigio scuro; usata spec. per elettrodi, matite, crogioli e sim.

gràfo *s. m.* Figura geometrica costituita da certi punti (chiamati *vertici*) e dalle linee (chiamate *spigoli*) che congiungono alcuni di quei punti.

gràfo- *primo elemento*: in parole composte significa 'scrivere', 'scrittura': *grafologia, grafomane*.

-grafo *secondo elemento*: in parole composte indica persona che scrive, narra, disegna e sim.: *biografo, commediografo, scenografo*; oppure strumento di registrazione, scrittura e sim.: *cronografo, sismografo*.

grafologìa *s. f.* (*pl. -gìe*) Studio che, tramite l'esame della scrittura di una persona, cerca d'individuarne le caratteristiche psicologiche e morali.

grafològico *agg.* (*pl. m. -ci*) Di grafologia.

grafòlogo *s. m.* (*f. -a; pl. m. -gi*) Studioso di grafologia.

grafòmane *s. m. e f.* (*pl. m. -i*) Chi manifesta grafomania.

grafomanìa *s. f.* Tendenza, anche patologica, a scrivere molto e spesso, senza effettiva necessità.

gragnòla o *gragnuòla s. f.* **1** Precipitazione di grandine. **2** (*fig.*) Serie ininterrotta e rapida di percosse e sim.: — *di colpi*.

gramàglia *s. f.* **1** *spec. al pl.* Drappi di lutto usati in funerali per addobbare catafalchi e chiese. **2** Abito da lutto.

gramìgna *s. f.* **1** Erba perenne delle Graminacee che produce gravi danni alle colture | *Attaccarsi come la* —, essere molesto, fastidioso | *Crescere come la* —, diffondersi con rapidità. [→ ill. *piante* 16] **2** Pasta alimentare simile a corti spaghetti arricciati. [→ ill. *pasta*]

Graminàcee *s. f. pl.* Famiglia di piante erbacee delle Glumiflore con fusti quasi sempre cavi, fiori in spighe o pannocchie e frutti per lo più a cariosside, comprendente i cereali. [→ ill. *piante* 15, 16]

graminàceo *agg.* Di graminacea.

-gràmma *secondo elemento*: in parole composte significa 'comunicazione' (*fonogramma, telegramma*) o 'grafico' (*cardiogramma*).

grammàtica *s. f.* **1** L'insieme e la descrizione sistematica delle regole riguardanti gli elementi costitutivi di una lingua | — *storica*, che ne descrive gli sviluppi nel tempo | — *normativa*, che formula le regole che il parlante e lo scrivente devono rispettare. **2** Libro che tratta di questa disciplina: — *italiana*. **3** Correttezza nell'uso della propria lingua. [→ tav. *proverbi* 389]

grammaticàle *agg.* Della grammatica | *Analisi* —, che definisce le parti del discorso.

grammaticalménte *avv.* Secondo le norme della grammatica.

grammaticherìa *s. f.* (*spreg.*) Esagerata minuzia grammaticale.

grammàtico A *s. m.* (*f. -a; pl. m. -ci*) **1** Studioso di grammatica. **2** (*est.*, *spreg.*) Letterato o critico pedante che attribuisce eccessiva importanza alle regole grammaticali. **B** *agg.* Grammaticale.

grammatùra *s. f.* Peso in grammi di una carta, stoffa e sim., calcolato per mq.

gràmmo *s. m.* **1** Correntemente: — *massa*, unità di massa del sistema CGS, definito come 1/1000 della massa del kg campione depositato negli archivi di Parigi | — *atomo*, V. *grammo-atomo* | — *molecola*, V. *grammo-molecola*. SIMB. g. **2** (*fig.*) Quantità minima: *un* — *di onestà*.

gràmmo- *primo elemento*: in parole composte scientifiche indica in grammi il peso del secondo elemento della parola: *grammo-molecola*.

-gràmmo *secondo elemento*: indica multipli o sottomultipli del grammo: *decagrammo, centigrammo*.

gràmmo-àtomo *s. m.* (*pl. gràmmo-àtomi*) (*chim.*, *fis.*) Quantità in grammi di un elemento che corrisponde al peso atomico dell'elemento stesso.

grammòfono *s. m.* Apparecchio usato spec. un tempo per la riproduzione di suoni incisi su dischi fonografici; SIN. Fonografo.

gràmmo-molècola *s. f.* (*pl. gràmmo-molècole*) (*chim.*, *fis.*) Quantità in grammi di una sostanza che corrisponde al peso molecolare della sostanza stessa.

gràmo *agg.* **1** Povero e doloroso: *vita grama* | Misero, meschino: *ingegno* —. **2** (*lett.*) Infelice.

gràmola *s. f.* **1** Arnese dei pastai per rendere soda la pasta. **2** Macchina per separare le fibre tessili della canapa e del lino dalle legnose.

gramolàre *v. tr.* (*io gràmolo*) **1** Lavorare la pasta con la gramola. **2** Dirompere il lino o la canapa con la gramola.

gramolatùra *s. f.* Operazione del gramolare.
gràna (1) *s. f.* **1** Granello di una determinata sostanza. **2** Struttura interna di un corpo come appare se rotto o tagliato: — *minuta, grossa, ruvida*; — *d'una roccia.* **3** (*fig., pop.*) Seccatura, fastidio: *per quel fatto ha avuto delle grane* | *Piantare grane*, provocarle.
gràna (2) *s. f.* (*pop.*) Denaro | *Scucire la* —, sborsare una somma.
gràna (3) *s. m. inv.* Formaggio semigrasso a pasta dura, cotto, tipico dell'Emilia e della Lombardia, così detto per i minutissimi grumi del coagulo.
granàglie *s. f. pl.* Semi di cereali per alimentazione umana e animale.
granàio *s. m.* **1** Luogo destinato al deposito di grano. **2** (*fig.*) Regione di forte produzione granaria: *l'Egitto fu il — dell'Impero Romano.*
granàrio *agg.* Del grano: *mercato* —.
granàta (1) *s. f.* Scopa formata da mazzetti di saggina essiccata e legata attorno a un bastone. [→ ill. *scopa*]
granàta (2) *s. f.* Originariamente, palla di ferro vuota all'interno che, riempita di polvere e munita di accenditore, era lanciata a mano e scoppiava giungendo al segno | Proietto d'artiglieria contenente una carica di scoppio e munito di una spoletta che ne determina l'esplosione urtando contro il terreno. [→ ill. *armi*]
granàta (3) **A** *s. f.* **1** Frutto del melograno. **2** (*miner.*) Pietra preziosa di colore rosso cupo; SIN. Granato. **B** *in funzione di agg. inv.* (*posposto al s.*) Detto di un colore rosso scuro: *tappeto* —.
granatière *s. m.* **1** Soldato che nei reggimenti del XVII e XVIII sec. aveva il compito di portare e lanciare granate | Negli eserciti moderni, soldato di un corpo scelto di fanteria, di statura superiore alla media. **2** (*fig., scherz.*) Persona alta e robusta.
granatìglio *s. m.* Legno durissimo di piante esotiche di color rosso granato, per impiallacciature, intarsi, strumenti musicali.
granàto **A** *agg.* **1** Che ha molti grani: *melo* —. **2** Che ha granelli rossi: *mela granata* | (*est.*) Di colore rosso scuro. **B** *s. m.* **1** Melograno. **2** Pietra preziosa di colore rosso cupo | (*miner.*) *I granati*, famiglia di silicati dalla formula variabile, in cristalli rossi, verdi, gialli, neri, usati talora come gemme.
grancàssa *s. f.* Grande tamburo. [→ ill. *strumenti musicali*]
grancèvola o *grancèola* *s. f.* Crostaceo marino con superficie dorsale spinosa e cuoriforme, arti molto lunghi e chele piccole; ricercata per le sue carni. [→ ill. *animali* 3]
granché *pron. indef.* Eccezionale, spec. in frasi negative: *il film non è stato* —.
grànchio *s. m.* **1** Ogni crostaceo decapode, generalmente commestibile, con ampio cefalotorace, addome ridotto, e cinque paia di arti ambulacrali, di cui il primo con grosse chele. [→ ill. *animali* 3, *zoologia*] **2** (*fig.*) Errore, sbaglio: *prendere un* —; SIN. Cantonata.
grandangolàre *s. m.* Obiettivo che abbraccia un angolo di campo molto grande.
grandàngolo *s. m.* Grandangolare.
grànde **A** *agg.* *Grande* si può troncare in *gran* davanti a parole sia maschili che femminili che cominciano per consonante: *gran giocatore, gran capo, gran cantante, gran donna.* Davanti a *s impura, z, x, gn, ps* e *pn* di regola non c'è troncamento: *grande spavento, grande psichiatra*; tuttavia nell'uso è frequente anche la forma tronca: *gran scalatore, gran stima.* La forma tronca è normale anche al plurale: *gran sospiri.* Davanti a nomi sia maschili che femminili che cominciano per vocale, *grande* si può elidere in *grand'*: *grand'uomo, grand'attrice*; prevale oggi nell'uso la forma senza elisione: *grande artista, grande avvocato.* Il comparativo di maggioranza è *più grànde* o *maggióre*; il superlativo è *grandissimo* o *màssimo.* (V. nota d'uso ELISIONE e TRONCAMENTO) **1** Superiore alla misura ordinaria per dimensioni, durata, quantità, intensità, forza, difficoltà e sim.: *teatro* —; *fare grandi viaggi*; *un gran concorso di gente*; *un — giro d'affari* | *In* —, secondo grandi proporzioni: *riprodurre in* — | *Fare le cose in* —, senza economia; CONTR. Piccolo. **2** Di persona superiore all'ordinario per scienza, dignità, virtù, potenza e sim.: *il pittore più — del suo tempo*; *Alessandro il Grande* | Di persona superiore al livello medio per ricchezze, condizioni sociali: *una gran dama.* **3** Alto, grosso, robusto: *un albero dal fusto* —; CONTR. Piccolo. **4** Solenne, importante, rilevante: *oggi è festa* — | *Il — giorno*, quello di un avvenimento rilevante e (*fig.*) quello del giudizio. **5** Con funzione rafforzativa: *un grand'uomo*; *un gran bugiardo.* **6** Seguito da un aggettivo, gli conferisce valore superlativo: *un gran bel quadro.* **B** *s. m. e f.* **1** Persona adulta | *Da* —, in età adulta: *cosa farai da* —? **2** Chi eccelle per scienza, dignità, potenza, ricchezza. **C** *s. m.* Titolo spettante ai maggiori vassalli della corona spagnola: — *di Spagna.* **D** *s. m. solo sing.* Grandezza, magnificenza: *ammirare il — nell'arte.* [→ tav. *proverbi* 124; → tav. *locuzioni* 46]
grandeggiàre *v. intr.* (*io grandéggio; aus. avere*) **1** Essere, apparire grande | Eccellere per grandezza. **2** Ostentare boria.
grandézza *s. f.* **1** Complesso delle dimensioni di un corpo | Insieme delle sue misure: *la — di un edificio* | *In — naturale*, disegno o rappresentazione nelle dimensioni che l'oggetto ha in realtà. **2** (*mat., fis.*) Quantità che si può misurare, confrontare e sommare con altre della stessa specie | *Grandezze omogenee*, della stessa specie | — *stellare*, magnitudine. **3** Qualità di ciò che è grande. **4** Altezza, nobiltà, eccellenza: *l'antica — di Roma* | — *d'animo*, magnanimità. **5** Fasto, pompa, onori: *manie di* —.
grandguignol /*fr.* grãgi'ɲɔl/ *s. m. inv.* Rappresentazione teatrale in cui predominano scene terrificanti.
grandinàre **A** *v. intr. impers.* (*gràndina; aus. essere* o *avere*) Cadere la grandine. **B** *v. intr.* (*aus. essere*) (*fig.*) Cadere violentemente e in abbondanza come la grandine: *bombe grandinano tutt'intorno.*
grandinàta *s. f.* **1** Il grandinare | Scroscio di grandine. **2** Grandine caduta.
gràndine *s. f.* **1** Precipitazione violenta di chicchi sferoidali o pezzetti irregolari di ghiaccio. **2** (*fig.*) Insieme di ciò che cade violentemente e in abbondanza: *una — di ingiurie, di improperi.*
grandinìo *s. m.* Un grandinare violento e insistente.
grandiosità *s. f.* **1** Qualità di grandioso; SIN. Imponenza, maestosità. **2** Manifestazione di ostentata grandezza.
grandióso *agg.* **1** Di cosa che desta impressione per le sue proporzioni, la sua ricchezza e sim.: *spettacolo* —; SIN. Imponente, maestoso. **2** Di persona che fa le cose in grande.
grandùca *s. m.* (*pl. -chi*) Sovrano di un granducato | Persona insignita del grado di nobiltà inferiore a re e superiore a duca.
granducàle *agg.* Di granduca.
granducàto *s. m.* Titolo e dignità di granduca | Durata del governo di un granduca | Stato retto da un granduca.
granduchéssa *s. f.* Sovrana di un granducato | Moglie o figlia di granduca.
granèllo *s. m.* **1** Chicco di grano o di altri cereali | Seme di alcuni frutti. **2** (*est.*) Qualsiasi oggetto tondeggiante di piccole dimensioni: — *di sabbia.* **3** (*fig.*) Quantità minima: *un — di pazzia.*
granellóso *agg.* Pieno di granelli | Ruvido, scabro.
grànfia *s. f.* Zampa armata di unghie e di artigli.
granfiàta *s. f.* Colpo inferto con le granfie | Segno che ne resta.
granìcolo *agg.* Attinente alla produzione e coltivazione del grano.
granicoltùra *s. f.* Coltivazione del grano.
granìglia *s. f.* Tritume di pietra che, impastato con cemento, dà una pietra artificiale usata spec. per piastrelle.
granìre **A** *v. intr.* (*io granìsco, tu granìsci; aus. essere*) Fare i chicchi, i granelli, detto del grano o di altri cereali. **B** *v. tr.* **1** Ridurre in grani. **2** Rendere scabra una superficie metallica.
granìta *s. f.* Gelato granuloso ottenuto per congelamento di succhi di arancia, limone e sim. o caffè | Bibita di sciroppo e ghiaccio finemente tritato.
granìtico *agg.* (*pl. m. -ci*) **1** Che ha la natura o la composizione del granito. **2** (*fig.*) Saldo, incrollabile: *carattere* —.

granito *s. m.* Roccia endogena costituita prevalentemente di granuli cristallini di quarzo, ortoclasio e biotite, di colore variabile a seconda della composizione.

granitùra *s. f.* **1** Riduzione in grani. **2** Operazione del granire una lastra metallica o di vetro. **3** Produzione, comparsa dei chicchi nei cereali.

granìvoro *agg.* Che si nutre di grano o di altri cereali. [→ ill. *zoologia*]

gràno *s. m.* **1** Pianta erbacea delle Glumiflore presente in varie forme coltivate; SIN. Frumento | (*est.*) Cariosside di tale pianta, dalla cui macinatura si ricava la farina da pane e da pasta | – *saraceno*, erba delle Poligonali coltivata per i semi da cui si ricava una farina. [→ ill. *piante* 16] **2** Chicco, granello: – *di pepe*. **3** Ciascuna delle pallottoline che compongono una corona del rosario, una collana e sim. **4** (*fig.*) Minima parte: *un – di buon senso*. **5** Misura di peso per farmaci da usare in dosi minime | Unità di peso per pietre preziose. **6** Strumento a tre facce di punte ottuse per trapanare. **7** Moneta di rame napoletana. [→ ill. *moneta*] [→ tav. *locuzioni* 62]

granóne *s. m.* **1** *Accr. di grano.* **2** (*dial.*) Granturco.

grantùrco o *granotùrco* *s. m.* (*pl. -chi*) Pianta erbacea delle Glumiflore, con fusto robusto, infiorescenze maschili in pannocchie terminali e femminili a spiga avviluppate da brattee: i suoi frutti gialli sono commestibili e le foglie utili come foraggio; SIN. Frumentone, granone, mais | La cariosside di tale pianta, dalla quale per macinazione si ottiene una farina gialla usata nell'alimentazione. [→ ill. *botanica*, *piante* 16]

granturismo *s. f. inv.* Coupé a due posti, berlinetta con caratteristiche sportive.

granulàre (1) *v. tr.* (*io grànulo*) Ridurre in granuli.

granulàre (2) *agg.* Costituito di grani o granelli.

granulazióne *s. f.* **1** Operazione mediante la quale si riduce in grani o granelli q.c. **2** Aspetto granuloso della superficie solare.

grànulo *s. m.* **1** Granello. **2** Preparazione farmaceutica, in forma di piccola pillola, contenente dosi minime di medicamenti.

granulocito o *granulocita* *s. m.* (*pl. -i*) Cellula ematica di tipo leucocitario, capace di movimenti ameboidi e attività fagocitaria, con nucleo lobato più o meno intensamente colorabile.

granulòma *s. m.* (*pl. -i*) (*med.*) Formazione nodulare, di natura infiammatoria.

granulosità *s. f.* Qualità di ciò che è granuloso.

granulóso *agg.* Che presenta granuli.

gràppa (1) *s. f.* Pezzo di ferro, di svariate fogge, per collegare fra loro elementi di lavori di muratura, parti di costruzione, legnami.

gràppa (2) *s. f.* Acquavite ad alta gradazione alcolica, ottenuta per distillazione delle vinacce.

grappino (1) *s. m.* **1** Ferro per aggrappare. **2** Amo per la pesca a due o più punte.

grappino (2) *s. m.* Bicchierino di grappa.

gràppolo *s. m.* **1** Infiorescenza o infruttescenza formata da fiori o frutti peduncolati sopra un asse centrale allungato. [→ ill. *botanica*] **2** (*fig.*) Insieme di persone, animali, cose che si raggruppano insieme: *un – di api*.

graptòliti *s. m. pl.* Invertebrati coloniali fossili che popolavano i mari dell'era paleozoica. [→ ill. *paleontologia*]

gràscia *s. f.* (*pl. -sce*) **1** Grasso, spec. di maiale o bue | (*fig.*) Abbondanza. **2** *spec. al pl.* In epoca medievale, tutte le cose necessarie al vitto. **3** Nel Medioevo, magistratura preposta agli approvvigionamenti di viveri, nelle città.

gràspo *s. m.* **1** (*tosc.*) Raspo. **2** (*sett.*) Grappolo.

grassàggio *s. m.* Lubrificazione mediante grasso delle parti snodate di un veicolo.

grassatóre *s. m.* Chi effettua rapine a mano armata.

grassazióne *s. f.* Rapina a mano armata.

grassèlla *s. f.* Regione dell'arto posteriore di bovini ed equini. [→ ill. *bue*, *cavallo*]

grassèllo (1) *s. m.* Pezzetto di grasso nella carne cruda o cotta.

grassèllo (2) *s. m.* Calce spenta trattata con acqua, usata in mescolanza con rena per preparare una malta impiegata per diversi usi nelle costruzioni.

grassétto *agg.; anche s. m.* (*tip.*) Neretto.

grassézza *s. f.* **1** L'essere grasso; SIN. Pinguedine; CONTR. Magrezza. **2** Fertilità del terreno.

gràsso **A** *agg.* **1** Che presenta abbondante sviluppo del tessuto adiposo: *donna grassa* | *Piante grasse*, con foglie e fusti carnosi; SIN. Cicciuto, pingue; CONTR. Magro. **2** Che contiene grassi: *cibi grassi*; *carne grassa* | *Cucina grassa*, in cui si fa molto uso di grassi; CONTR. Magro. **3** (*chim.*) Detto di sostanza simile per aspetto o proprietà ai grassi | *Olio* –, non volatile. **4** Ricco di sostanze: *terreno* –; *calce grassa* | *Carbone* –, ricco di sostanze volatili. **5** Opulento, ricco, abbondante: *fare grassi guadagni* | *Popolo* –, nell'antico comune di Firenze, i ricchi borghesi | *Annata grassa*, per l'abbondante raccolto | *Fare i conti grassi*, largheggiare. **6** Untuoso, oleoso: *pelle grassa*. **7** (*fig.*) Lubrico, licenzioso, grossolano. **B** *s. m.* **1** Tessuto adiposo dell'uomo o dell'animale: – *di montone, di maiale*. **2** Sostanza untuosa, oleosa, viscosa: *macchie di* –. **3** (*chim.*) Estere di un acido grasso con la glicerina, sostanza solida a temperatura ambientale, ove predominano i gliceridi derivati da acidi a più di dieci atomi di carbonio | – *vegetale*, che si trova nella polpa di frutti o semi. [→ tav. *locuzioni* 107]

grassòccio *agg.* Che è piuttosto grasso.

grassóne *s. m.* (*f. -a*) Persona esageratamente grassa.

grassùme *s. m.* Eccesso di materia grassa.

gràta *s. f.* Chiusura di finestre o altri vani fatta di sottili sbarre incrociate di ferro o legno. [→ ill. *religione*]

gratèlla *s. f.* **1** *Dim. di grata.* **2** (*tosc.*) Graticola da cucina.

graticciàta *s. f.* Insieme di graticci posti uno di seguito all'altro per chiudere o proteggere.

graticciàto *s. m.* Superficie costituita di più graticci per seccare o conservare la frutta.

graticcio *s. m.* **1** Elemento di canne o di vimini variamente intrecciati, per proteggere, chiudere, sostenere. **2** Stuoia intessuta di vimini o di canne per seccare frutta o allevare bachi da seta.

graticola *s. f.* **1** Arnese da cucina formato da spranghette di ferro su un telaietto, o da una lastra metallica scanalata, per arrostire vivande; SIN. Griglia. [→ ill. *riscaldamento*] **2** Piccola grata o inferriata a riparo di aperture. **3** Antico strumento per il supplizio del rogo a fuoco lento.

gratìfica *s. f.* Compenso straordinario oltre il normale stipendio.

gratificàre *v. tr.* (*io gratìfico, tu gratìfichi*) **1** Concedere una gratifica | (*fig., iron.*) Affibbiare a qc. un titolo e sim. **2** Causare compiacimento, soddisfazione: *un lavoro gratificante*.

gratificazióne *s. f.* **1** Gratifica. **2** Sentimento di soddisfazione, appagamento e sim.

gratin /*fr.* gra'tɛ̃/ *s. m. inv.* (*pl. fr. gratins* /gra'tɛ̃/) Crosta | *Al* –, modo di cuocere al forno carni, pesce, verdure, pasta, sì che facciano una bella crosta croccante e dorata.

gratinàre *v. tr.* Cuocere al gratin.

gratis /*lat.* 'gratis/ *avv.* In modo gratuito: *lavorare* –.

gratitùdine *s. f.* Sentimento di affetto e di riconoscenza per un bene ricevuto; SIN. Riconoscenza; CONTR. Ingratitudine.

gràto *agg.* **1** Conforme ai propri gusti | Accetto, gradito, piacevole: *odore, sapore* –. **2** Che è memore dei benefici ricevuti: *essere* – *ai propri maestri*; SIN. Riconoscente; CONTR. Ingrato.

grattacàpo *s. m.* (*pl. grattacàpi*) Fastidio, preoccupazione: *dare grattacapi a qc.*

grattacièlo *s. m.* (*pl. grattacièli*) Edificio altissimo a molti piani con struttura metallica o di cemento armato. [→ ill. *abitazione*]

grattàre **A** *v. tr.* **1** Stropicciare la pelle con le unghie per far cessare il prurito: *grattarsi il naso* | *Grattarsi la pancia*, starsene in ozio. **2** (*est.*) Sfregare, raschiare: – *un mobile con la carta vetrata* | – *il pane, il formaggio*, ridurlo in briciole passandolo su e giù per la grattugia. **3** (*fig., pop.*) Rubare. **B** *v. rifl.* Stropicciarsi la pelle per far cessare il prurito. **C** *v. intr.* (*aus. avere*) **1** Stridere sfregando su q.c. in modo anormale. **2** (*pop.*) Ingranare male una marcia, provocando rumorosi sfregamenti del cambio.

grattàta *s. f.* **1** Atto del grattare o del grattarsi. **2** Nel linguaggio degli automobilisti, rumore secco e raschiante, provocato da un uso improprio del cambio di velocità.

grattatùra *s. f.* **1** Grattata. **2** Segno che resta sulla superficie grattata.

grattùgia *s. f.* (*pl. -gie*) Utensile da cucina, in lamiera bucata e lievemente curva, cosparsa di buchi con gli orli rialzati, su cui si grattano formaggio, pane secco e sim. [→ ill. *cucina*]

grattugiàre *v. tr.* (*io grattùgio*) Sminuzzare q.c. passandola su e giù per la grattugia.

gratuità *s. f.* Qualità di ciò che è gratuito: *la — dell'insegnamento; la — di un'ipotesi.*

gratùito *agg.* **1** Che si fa, si dà o si riceve senza compenso: *ingresso —.* **2** (*fig.*) Che è privo di fondamento, discutibile: *affermazioni gratuite.*

gravàme *s. m.* **1** Peso, carico (*spec. fig.*). **2** Imposta, tassa. **3** (*dir.*) Impugnazione.

gravàre **A** *v. tr.* **1** Caricare con un peso, opprimere, appesantire (*spec. fig.*): *— qc. di lavoro* | *— la mano su qc.*, punirlo con eccessiva durezza. **2** Caricare di tributi, tasse e sim.: *— il popolo di imposte.* **B** *v. intr.* (*aus. essere*) Premere fortemente: *il peso della volta grava su di un muro.*

gravàto *part. pass. di gravare; anche agg.* Oppresso da un peso (*anche fig.*) | Detto di ciò su cui esiste una tassa, imposta e sim.: *edificio — da ipoteca.*

gràve **A** *agg.* **1** Che subisce gli effetti della forza di gravità: *corpo —.* **2** (*est.*) Pesante, faticoso: *fardello —* | Greve: *avere le palpebre gravi di sonno*; CONTR. Leggero. **3** (*lett.*) Carico, onusto | *Essere — d'anni, d'età*, essere vecchio. **4** Detto di suono, di bassa frequenza: *nota —*; CONTR. Acuto. **5** Detto di accento costituito da una lineetta inclinata da sinistra a destra, che indica il timbro aperto delle vocali 'e' e 'o'; CONTR. Acuto. **6** (*fig.*) Che è duro o difficile da sopportare: *responsabilità gravi.* **7** (*fig.*) Intenso, fiero, forte: *danno molto —*; CONTR. Lieve. **8** (*fig.*) Che è caratterizzato da cause o conseguenze sfavorevoli, pericolose: *essere in — pericolo; commettere un peccato —* | *Malato —*, le cui condizioni sono preoccupanti | *Caso —*, particolarmente complesso. **9** (*fig.*) Autorevole, serio, ponderato: *atteggiamento —* | Contegnoso, sostenuto: *portamento —.* (V. nota d'uso ACCENTO) **B** *s. m.* Corpo soggetto alla forza di gravità: *la caduta dei gravi.*

graveolènte *agg.* (*lett.*) Che emana uno sgradevole odore.

gravézza *s. f.* **1** Peso, pesantezza (*anche fig.*). **2** (*fig.*) Travaglio, afflizione, noia.

gravidànza *s. f.* (*med.*) Periodo necessario allo sviluppo completo del feto, dal concepimento al parto; SIN. Gestazione | Stato della donna in tale periodo.

gràvido *agg.* **1** Detto della femmina dei mammiferi, e spec. della donna, che è in stato di gravidanza. **2** (*est.*) Pieno, abbondante (*anche fig.*): *nubi gravide di tempesta; fatto — di conseguenze.*

gravimetrìa *s. f.* **1** Parte della geofisica che misura l'accelerazione di gravità. **2** Complesso dei metodi dell'analisi gravimetrica.

gravimètrico *agg.* (*pl. m. -ci*) Della gravimetria | *Analisi gravimetrica*, determinazione per via chimica della quantità di un elemento contenuto in una sostanza.

gravìmetro *s. m.* Strumento, a pendolo o a molla, per misurare l'accelerazione di gravità in un certo punto della terra.

gravìna (1) *s. f.* Attrezzo per lavorare terreni pietrosi con lama a forma di zappa da una parte e con grosso dente dall'altra.

gravìna (2) *s. f.* Lungo e tortuoso crepaccio frequente in terreni calcarei.

gravità *s. f.* **1** (*fis.*) Forza che attira i corpi verso il centro della terra e si manifesta come peso: *accelerazione, forza, di —.* **2** Qualità di ciò che è grave: *— di un accusa.* **3** (*mus.*) Qualità del suono basso. **4** Fierezza, austerità: *— dei costumi* | Sussiego.

gravitàre *v. intr.* (*io gràvito; aus. essere o avere*) **1** Muoversi verso un corpo celeste o girare attorno a esso secondo la legge di gravitazione universale. **2** (*fig.*) Muoversi nell'ambito di influenza di un'idea, una organizzazione e sim. **3** Premere col proprio peso: *il portico gravita su esili colonne.*

gravitazionàle *agg.* Proprio della gravitazione.

gravitazióne *s. f.* Attrazione fra due o più corpi | *Legge di — universale*, per la quale due corpi si attraggono con forza direttamente proporzionale al prodotto delle loro masse e inversamente proporzionale al quadrato della loro distanza.

gravosità *s. f.* L'essere gravoso.

gravóso *agg.* Che grava col proprio peso | (*fig.*) Faticoso, oneroso, pesante: *incarico, ufficio —.*

gràzia *s. f.* **1** Sensazione di piacere che destano persone o cose per la loro naturalezza, delicatezza, armonia | Leggiadria. **2** Gentilezza nei rapporti con gli altri: *salutare con —* | *Di —*, per piacere | *In — di*, per riguardo di | *Senza garbo né —*, grossolano; SIN. Garbatezza, gentilezza. **3** Nella mitologia greca e romana, ciascuna delle tre dee che presiedevano all'amabilità, alla giocondità e alla bellezza muliebre. **4** Titolo dato dagli inglesi ai loro regnanti. **5** Amicizia, benevolenza | *Godere la — di qc.*, il favore | *Essere nelle grazie di qc.*, essere benvoluto | *Tornare nelle grazie di qc.*, riconciliarsi. **6** Nella teologia cattolica, aiuto soprannaturale e gratuito che Dio concede alla creatura per guidarla nella salvezza, che si consegue anche attraverso i meriti delle opere | Redenzione dal peccato originale | *Anni di —*, gli anni che si calcolano dalla nascita di Gesù Cristo. **7** Ciò che è concesso per meriti, per preghiera, per puro dono di Dio: *concedere, accordare, una —; implorare una —* | *— di Dio*, (*pop.*) cibo, nutrimento | *Per — ricevuta*, formula con la quale si accompagnano gli ex-voto | *Fare — a qc. di q.c.*, dispensarlo da un obbligo | *Troppa —*, di cosa concessa con troppa abbondanza | (*dir.*) Provvedimento mediante il quale il Capo dello Stato condona o commuta una pena. **8** Gratitudine, riconoscenza | *Rendere —, rendere grazie* e sim., ringraziare. **9** *spec. al pl.* Sottili tratti terminali delle lettere, nei caratteri tipografici di certi stili. [→ ill. *stampa*] [→ tav. *locuzioni* 24]

graziàre *v. tr.* (*io gràzio*) **1** Liberare qc. dalla conseguenza di una condanna col provvedimento di grazia. **2** Regalare, concedere: *— qc. di un saluto.*

graziàto *part. pass. di graziare; anche agg. e s. m.* (*f. -a*) Detto di chi ha ottenuto una grazia.

gràzie **A** *inter.* Esprime ringraziamento, gratitudine, riconoscenza: *tante —! — di cuore! — per la vostra cortesia* | Come risposta di cortese assenso o rifiuto a ciò che viene offerto: *vuol fumare? sì, —* | *Nella loc. prep.* *— a*, per merito di, con l'aiuto di: *tutto è andato bene — a te.* **B** *s. m. inv.* Ringraziamento: *un sincero —.*

graziosità *s. f.* Qualità di grazioso.

grazióso *agg.* **1** Che risulta gradito per la grazia, la delicatezza e sim. che lo caratterizzano; SIN. Aggraziato, garbato, leggiadro, piacevole. **2** Che è fatto con grazia, gentilezza.

grèca *s. f.* Fascia ornamentale formata da linee rette rientranti a intervalli uguali e ad angoli retti. [→ ill. *elemento ornamentale*]

grecàle **A** *s. m.* Forte vento da nord-est, che nella stagione fredda spira sul Mediterraneo centrale o orientale; SIN. Greco. **B** *anche agg.*: *vento —.*

grecànico *agg.* (*pl. m. -ci*) Connesso all'antica Grecia, spec. in riferimento ai Greci della Magna Grecia e Sicilia: *arte grecanica* | Non schiettamente greco.

grecìsmo *s. m.* Parola o locuzione propria del greco, entrata in un'altra lingua; SIN. Ellenismo.

grecìsta *s. m. e f.* (*pl. m. -i*) Chi studia la lingua e la letteratura greca.

grecità *s. f.* **1** L'essere tipicamente greco. **2** La civiltà greca nel suo complesso.

grecizzàre **A** *v. tr.* Ridurre in forma greca: *il Forteguerri grecizzò il suo nome in Carteromonaco.* **B** *v. intr.* (*aus. avere*) Imitare i greci nella lingua, nell'arte, nei costumi.

grèco **A** *agg.; anche s. m.* (*f. -a; pl. m. -ci*) Della Grecia, antica e moderna | *Naso, profilo —*, di proporzioni classicamente perfette | *Cosa greca*, perfetta | *Croce greca*, semplice, con i bracci uguali | *Rito —*, quello dei cattolici greci rimasti fedeli alla chiesa di Roma. [→ ill. *araldica, armi, monumenti archeologici, teatro*] **B** *s. m.* Grecale. [→ ill. *geografia*] [→ tav. *locuzioni* 90]

grèco-ortodòsso *agg. e s. m.* Della chiesa cristiana greca, ritenuta dai suoi fedeli depositaria dell'autentica fede.

grèco-romàno *agg.* Relativo agli antichi Greci e Romani

| *Lotta greco-romana*, combattimento sportivo che consiste nel cercare di atterrare l'avversario senza usare le gambe, ma solo le braccia e le mani aperte.

gregàrio ***A*** *s. m.* ***1*** Soldato semplice | (*est.*) Membro di un partito o di un'organizzazione dipendente in tutto dal capo. ***2*** Corridore ciclista che aiuta il caposquadra. ***B*** *agg.* ***1*** Di, da gregario: *imitazione gregaria.* ***2*** Detto di animale che vive in branchi.

grégge *s. m.* (*pl. gréggi f., lett. grégge f., raro gréggi m.*) ***1*** Gruppo di pecore o capre adunate sotto la custodia di un pastore: *cane da* —. [→ ill. *cane*] ***2*** (*fig.*) Moltitudine di persone | *Il* — *cristiano, del Signore*, i fedeli. ***3*** (*fig., spreg.*) Moltitudine di gente servile e passiva | *Uscire di, dal* —, distinguersi dalla massa.

gréggio o *gréẓẓo* ***A*** *agg.* (*pl. f. -ge*) ***1*** Di ciò che è allo stato naturale, che non ha subito puliture o lavorazioni: *diamante* — | *Cuoio* —, non conciato | *Petrolio* —, non raffinato | *Tela greggia*, non imbiancata. [→ ill. *metallurgia*] ***2*** (*fig.*) Non ancora formato: *ingegno* —. ***B*** *s. m.* Petrolio greggio. [→ ill. *petrolio*]

gregoriàno *agg.* Proprio di personalità storiche, spec. pontefici, di nome Gregorio | *Canto* —, canto liturgico che S. Gregorio Magno papa raccolse in un volume | *Calendario* —, quello attuale in Italia, entrato in vigore il 4/10/1582 con la riforma di Gregorio XIII.

grembiùle o (*dial.*) *grembiàle s. m.* ***1*** Indumento, con o senza pettorina, che si indossa sugli abiti per proteggerli. [→ ill. *abbigliamento*] ***2*** Sopravveste indossata da bambini, da addetti a certi lavori, da commesse e sim.

grèmbo *s. m.* ***1*** Incavo che si forma nell'abito fra le ginocchia e il seno, quando una persona, spec. una donna, è seduta. ***2*** Ventre materno: *portare un figlio in* —. ***3*** (*mar.*) Parte più piena della vela gonfiata dal vento. ***4*** (*fig.*) Parte più intima e nascosta di q.c.: *la terra accoglie le sementi nel suo* — | *In* — *a qc., nel* — *di q.c.*, dentro. ***5*** (*fig., lett.*) Insenatura, avvallamento | *Il fiume fa* —, si allarga.

gremìre ***A*** *v. tr.* (*io gremisco, tu gremìsci*) ***1*** Riempire, spec. di cose piccole e fitte: *i vermi gremivano la terra.* ***2*** Affollare un luogo; SIN. Accalcare, stipare. ***B*** *v. intr. pron.* Diventare affollato: *l'aula si gremì di studenti.*

gréppia *s. f.* Rastrelliera sovrastante la mangiatoia, nelle stalle ove si mette il fieno.

gréppo *s. m.* (*lett.*) Fianco dirupato e ripido di un'altura.

grès *s. m.* Tipo di ceramica colorata cotta ad alta temperatura, caratterizzata da grande durezza e resistenza; usato spec. nell'industria chimica e nell'edilizia.

gréto *s. m.* Parte del letto del fiume che rimane scoperta dall'acqua.

grétola *s. f.* ***1*** Ciascuno dei bastoncini o fili di ferro che formano una gabbia. ***2*** *spec. al pl.* Stecche nelle quali è divisa la rocca da filare.

grettézza *s. f.* Meschinità, piccolezza nell'agire e nel pensare.

grétto *agg.* ***1*** Di chi è eccessivamente ristretto nello spendere. ***2*** (*fig.*) Meschino, spiritualmente limitato: *animo* —.

grève *agg.* Grave, pesante.

gréẓẓo V. *greggio.*

grìda *s. f.* Bando, editto, decreto annunziato dal banditore.

gridacchiàre *v. intr.* (*io gridàcchio; aus. avere*) Gridare poco e spesso.

gridàre ***A*** *v. intr.* (*aus. avere*) Strepitare con la voce per ira e sim. o per richiamare l'attenzione degli altri: — *a gran voce, a squarciagola, a più non posso* | (*est.*) Parlare a voce troppo alta; SIN. Sbraitare, strillare, urlare. ***B*** *v. tr.* ***1*** Dire con alte grida: — *evviva, abbasso, al fuoco, aiuto* | (*fig.*) Invocare: *un delitto che grida vendetta.* ***2*** Annunziare q.c. ad alta voce: — *un bando* | — *q.c. ai quattro venti*, farlo sapere a tutti.

gridellìno *s. m.* Delicato colore viola pallido.

gridìo *s. m.* Un gridare frequente e di molte voci insieme.

grìdo *s. m.* (*pl. grìda, f.* dell'uomo, *grìdi, m.* degli animali) ***1*** Suono alto di voce emesso con forza: *le grida dei bambini che giocano; un* — *di dolore* | (*fig.*) *L'ultimo* — *della moda*, l'ultima novità; SIN. Urlo. ***2*** *al pl.* Modo di effettuare le contrattazioni, tipico delle borse valori, per cui gli agenti di cambio gridano i prezzi ai quali intendono vendere o acquistare i titoli. ***3*** Fama, voce pubblica | *Di* —, famoso: *medico di* —. ***4*** Verso di animale.

grifàgno *agg.* ***1*** (*lett.*) Detto di uccello da rapina, con becco adunco e occhi rossi e lucidi. ***2*** (*fig.*) Fiero e minaccioso: *occhi grifagni.*

griffa *s. f.* Organo meccanico uncinato per trattenere o trascinare q.c.

grifo (1) *s. m.* ***1*** Parte allungata mobile del muso del porco. ***2*** (*spreg.*) Viso umano.

grifo (2) *s. m.* Grifone.

grifóne *s. m.* ***1*** Grande uccello rapace diurno affine all'avvoltoio, con piumaggio cinerino e capo coperto di piumino bianco; si nutre di carogne; SIN. Grifo. [→ ill. *animali* 10] ***2*** Cane da caccia da ferma simile allo spinone ma più piccolo. ***3*** Mostro alato mitologico, usato spesso come elemento decorativo di mobili e sim. [→ ill. *araldica*]

grifòṣi *s. f.* (*med.*) Alterato accréscimento dell'unghia per cui questa si incurva a uncino sul polpastrello.

grigiàstro *agg.* Di un grigio non bello.

grìgio ***A*** *agg.* (*pl. f. -gie*) ***1*** Di colore formato da una mescolanza di bianco e nero | *Capelli grigi*, di chi comincia a incanutire | (*anat.*) *Materia, sostanza grigia*, parte del tessuto nervoso di aspetto grigiastro, che costituisce la corteccia cerebrale e cerebellare e la parte interna del midollo spinale; (*fig.*) senno, giudizio. ***2*** (*fig.*) Uniforme, scialbo, monotono: *vita grigia.* ***B*** *s. m.* Il colore grigio. [→ tav. *locuzioni* 33]

grigióre *s. m.* Qualità e aspetto di ciò che è grigio (*anche fig.*).

grigiovérde ***A*** *agg.* (*pl. grigiovérdi o grigiovérde*) Che ha colore grigio sfumato di verde. ***B*** *s. m.* Colore dell'uniforme dell'esercito, usato fino all'ultima guerra mondiale | (*est.*) La divisa stessa.

grìglia *s. f.* ***1*** Graticola: *pesce alla* — | Parte del focolare che sostiene i combustibili solidi consentendo lo scarico delle ceneri. [→ ill. *cucina*] ***2*** Inferriata, grata | Persiana. [→ ill. *ferramenta*] ***3*** Telaio a barre o di lamiera perforata. [→ ill. *automobile, diga*] ***4*** (*fis.*) Elettrodo interposto tra il catodo e la placca nel triodo e in altri tubi elettronici, ove ha funzione di controllo. [→ ill. *elettronica*] ***5*** Foglio traforato o reticolato per la decifrazione e compilazione di testi cifrati | In tecniche di controllo spec. statistico, tabella predisposta per registrare le variazioni di un fenomeno. ***6*** (*est.; autom.*) Ordine di schieramento delle vetture alla partenza di corsa automobilistica.

grigliàta *s. f.* Piatto di carne o pesce cotti sulla griglia.

grignolìno *s. m.* Vino da pasto rosso, secco, amarognolo, prodotto nell'Astigiano.

grill /*ingl.* gril/ *s. m. inv.* (*pl. ingl. grills* /grilz/) Griglia | (*est.*) Cibo arrostito alla griglia | *acrt. di grill-room*: *cenare in un* —.

grillàre *v. intr.* (*aus. avere*) Gorgogliare bollendo o fermentando: *l'olio grilla nella padella.*

grillétto *s. m.* ***1*** *Dim. di grillo.* ***2*** Levetta che, nelle armi da fuoco portatili, trasmette la pressione del dito allo scatto provocando lo sparo. [→ ill. *armi, cacciatore*]

grillo *s. m.* ***1*** Piccolo insetto nero, con zampe posteriori atte al salto, il cui maschio, fregando le elitre, produce un caratteristico suono. [→ ill. *animali* 2, *zoologia*] ***2*** (*fig.*) Capriccio, ghiribizzo | *Avere dei grilli per il capo*, essere pieno di fantasie | *Saltare il* —, venire il capriccio. ***3*** Elemento metallico di collegamento a forma di V con due fori alle estremità attraverso cui passa un perno a vite. [→ ill. *ferramenta*]

grillotàlpa *s. m. o f.* (*pl. f. grillotàlpe; m. grillitàlpa*) Insetto simile al grillo, bruno, caratterizzato da forti zampe scavatrici, voracissimo e dannoso alle coltivazioni. [→ ill. *animali* 2]

grill-room /*ingl.* 'grilru:m/ *s. m. inv.* (*pl. ingl. grill-rooms* /'grilru:mz/) Luogo ove si cucinano cibi alla griglia | Rosticceria.

grimaldèllo *s. m.* Arnese di ferro uncinato che serve per aprire serrature in mancanza della chiave.

grìnfia o *sgrìnfia s. f.* ***1*** (*pop.*) Artiglio, granfia. ***2*** (*fig.*) Mano rapace: *cadere nelle grinfie di un usuraio.*

gringo /*sp.* 'gringo/ *s. m. inv.* (*pl. sp. gringos* /'gringos/) (*spreg.*) Per gli abitanti dell'America latina, forestiero di madrelingua non spagnola, spec. inglese o nordamericano.

grìnta *s. f.* **1** Faccia truce e arcigna: *ha una – che spaventa* | *A – dura*, con severità. **2** Decisione, volontà combattiva.

grintóso *agg.* Pieno di grinta.

grìnza *s. f.* Piega, ruga della pelle: *un viso pieno di grinze* | (*est.*) Increspatura di tessuti e sim. | *Non fa una –*, di abito che calza a pennello; (*fig.*) di ragionamento, discorso e sim. che non ha difetti.

grinzosità *s. f.* L'essere grinzoso | (*est.*) Insieme di grinze.

grinzóso *agg.* Che ha o fa grinze; SIN. Rugoso.

grippàggio *s. m.* Blocco di un organo meccanico contro un altro.

grippàre *v. intr. e intr. pron.* Di un organo meccanico, bloccarsi contro un altro a contatto del quale dovrebbe scorrere o ruotare.

grippe /*fr.* grip/ *s. f. inv.* Influenza.

grisàglia *s. f.* Adattamento di *grisaille*.

grisaille /*fr.* gri'zaj/ *s. f. inv.* (*pl. fr. grisailles* /gri'zaj/) Qualsiasi tessuto, spec. di lana, di filati grigi, o bianchi e neri con effetto di grigio.

grisèlla *s. f.* (*mar.*) *spec. al pl.* Ciascuna delle traversine costituite da cavetti di canapa o sbarre di ferro legate alle sartie con funzione di scale per salire sugli alberi.

grisou /*fr.* gri'zu/ *s. m. inv.* Miscuglio esplosivo di gas metano e aria, che si sviluppa nelle miniere di carbon fossile.

grissinificio *s. m.* Fabbrica di grissini.

grissino *s. m.* Bastoncello friabile di pane croccante. [→ ill. *pane*]

grizzly /*ingl.* 'grizli/ *s. m. inv.* (*pl. ingl. grizzlies* /'grizliz/) Grande orso americano di colore grigio o bruno.

grog /*ingl.* grɔg/ *s. m. inv.* (*pl. ingl. grogs* /grɔgz/) Sorta di ponce a base di rum o cognac in acqua bollente zuccherata, con scorza di limone.

groggy /*ingl.* 'grɔgi/ *agg. inv.* Detto del pugile che, stordito dai colpi dell'avversario, non è più in grado di reagire.

gròlla *s. f.* Caratteristica coppa in legno della Valle d'Aosta.

grómma *s. f.* **1** Incrostazione prodotta dal vino nelle botti. **2** (*est.*) Incrostazione che si forma per il lungo uso nel caminetto delle pipe | Incrostazioni nelle tubazioni dell'acqua.

grommàre **A** *v. intr. e intr. pron.* (*io grómmo; aus. essere*) Incrostarsi di gromma. **B** *v. tr.* Ingrommare.

gromméso *agg.* Pieno di gromma.

grónda *s. f.* **1** Orlo del tetto che sporge in fuori, perché da esso coli la pioggia senza toccare il muro. [→ ill. *casa*] **2** (*est.*) Tutto ciò che per forma è simile a una gronda | *Cappello a –*, con tesa larga e inclinata.

grondàia *s. f.* **1** Canale a sezione semicircolare sospeso all'orlo del tetto, per raccogliere l'acqua piovana e portarla ai pluviali. **2** Spazio nel quale scorre l'acqua, tra due filari di embrici.

grondànte *part. pres. di grondare; anche agg.* Che gronda: *essere – di sudore*.

grondàre **A** *v. intr.* (*io gróndo; aus. essere* nel sign. 1, *avere* nel sign. 2) **1** Cadere dell'acqua dalla grondaia | (*est.*) Colare abbondantemente: *la pioggia gronda dai rami*. **2** Essere intriso e colare, di sudore, sangue e sim.: *– di sangue*. **B** *v. tr.* Lasciar colare in notevole quantità: *il viso gronda sudore*.

gróngo *s. m.* (*pl. -ghi*) Pesce osseo degli Anguilliformi con corpo cilindrico a pelle nuda.

gròppa *s. f.* **1** Regione dei quadrupedi compresa tra i lombi, i fianchi, le cosce, la coda e le natiche. [→ ill. *bue, cavallo, maiale*] **2** (*fam., scherz.*) Dorso dell'uomo | *Avere molti anni sulla –*, essere di età avanzata | *Rimanere sulla –*, (*fig.*) riferito a q.c. di cui non ci si riesce a disfare. **3** (*raro*) Vetta montana di forma arrotondata.

groppièra *s. f.* Striscia di cuoio lungo la groppa, attaccata con una fibbia alla sella.

gròppo *s. m.* **1** Viluppo intricato, nodo ingarbugliato | *Far –*, di filo o sim. che si ingarbuglia | (*fig.*) *Avere un – alla gola*, avere la gola chiusa per intensa commozione. **2** Perturbazione meteorologica con aumento del vento.

groppóne *s. m.* **1** *Accr. di groppa*. **2** (*fam., scherz.*) Schiena dell'uomo | *Piegare il –*, sgobbare.

gros-grain /*fr.* gro'grɛ̃/ *s. m. inv.* (*pl. fr. gros-grains* /gro'grɛ̃/) **1** Nastro rigido, a coste verticali, adatto a sostenere dall'interno cinture e sim. **2** Tipo di tessuto pesante di lana o seta, con coste a rilievo.

gròssa (1) *s. f.* Terza dormita dei bachi da seta | (*fig.*) *Dormire della –*, profondamente. [→ tav. *locuzioni* 31]

gròssa (2) *s. f.* Unità di misura corrispondente a dodici dozzine.

grossézza *s. f.* **1** Dimensione di q.c. percepibile coi sensi. **2** Condizione di ciò che ha dimensioni maggiori del normale: *– del fegato*.

grossìsta *s. m. e f.* (*pl. m. -i*) Chi esercita un commercio all'ingrosso; CFR. Dettagliante.

gròsso **A** *agg.* **1** Che oltrepassa la misura ordinaria per massa, volume e sim.: *la nave più grossa della flotta; un cocomero molto –* | *Mare –*, gonfio per la tempesta. **2** (*est.*) Di notevole entità, capacità e sim.: *un – complesso industriale* | *Caccia grossa*, quella a bestie selvagge di grosse dimensioni; SIN. Grande. **3** Di notevole spessore, diametro e sim.: *corda grossa* | *Sale –*, di grana non fine | *Dito –*, pollice, alluce | *Pasta grossa*, maccheroni, lasagne, cannelloni e sim. **4** Denso: *vino –* | *Aria grossa*, pesante | *Acqua grossa*, torbida, melmosa | *Tempo –*, che si prepara al brutto | *Sangue –*, non molto fluido | *Fiato –*, affannoso. **5** Robusto: *un uomo grande e –* | *Donna grossa*, incinta. **6** Di grande rilievo, importanza, abilità e sim.: *un – esponente della cultura; è un – affare* | *Pezzo –*, persona importante. **7** Difficile da sopportarsi: *correre grossi rischi* | *Parole grosse*, offensive, minacciose | *Dirle grosse*, dire bugie, panzane | *Farla grossa*, commettere uno sproposito. **8** (*fig.*) Privo di finezza, raffinatezza e sim.: *gente grossa* | *– di mente, d'ingegno*, ottuso | *Sbagliarsi di –*, di molto | *– modo*, all'incirca. **B** *s. m.* **1** Parte più grossa: *il – della gamba*. **2** Parte più numerosa: *il – del pubblico*. **3** Moneta d'argento di valore diverso secondo i luoghi. [→ ill. *moneta*] [→ tav. *proverbi* 119, 186, 372]

grossolanità *s. f.* **1** L'essere grossolano; SIN. Rozzezza. **2** Atto, parola da persona grossolana.

grossolàno *agg.* **1** Detto di cosa rozza e senza garbo: *lavoro –*; SIN. Ordinario. **2** Di persona volgare; SIN. Rozzo.

grossomòdo *loc. avv.* A un dipresso, più o meno, a grandi linee.

gròtta *s. f.* **1** Cavità naturale di solito in rocce calcaree dovuta all'azione delle acque; SIN. Caverna, spelonca. **2** (*dial.*) Stanza sotterranea usata come deposito di cibi e adibita a osteria.

grottésca *s. f.* Decorazione fantastica con mascheroni, meduse, foglie, armi e sim.

grottésco **A** *agg.* (*pl. m. -schi*) Che è ridicolo per stranezza, bizzarria, deformità o goffaggine. **B** *s. m.* Genere teatrale composto da un intreccio in cui sono contemporaneamente presenti paradosso, cinismo, dramma e ironia.

grottino *s. m.* **1** *Dim. di grotta*. **2** (*dial.*) Ambiente sotterraneo per conservare il vino in fresco.

grovièra V. *gruviera*.

groviglio *s. m.* Garbuglio di fili | (*est.*) Intrico disordinato e confuso di cose varie.

gru *s. f.* **1** Grosso uccello che vive nelle zone ricche d'acqua, con zampe e collo lunghi, becco dritto e appuntito. [→ ill. *animali* 14] **2** Macchina per sollevare pesi, provvista di un braccio girevole lungo che ricorda il collo dell'uccello omonimo, con una carrucola munita di cavi o catene cui si aggancia il peso. [→ ill. *cava, edilizia, ferrovia, sollevamento*] **3** Carrello mobile da ripresa cinematografica, con un grosso braccio mobile alla cui estremità è collocata la cinepresa con sedili per il regista e per l'operatore. [→ ill. *cinematografia*]

grùccia *s. f.* (*pl. -ce*) **1** Lungo bastone terminante all'estremità superiore con un appoggio opportunamente modellato per sostenere all'ascella chi non può reggersi da sé sulle gambe; SIN. Stampella. **2** Oggetto o strumento a forma di gruccia, spec. per appendere abiti.

grucciόne *s. m.* Uccello con lungo becco curvo e piumaggio a vivaci colori.

grufolàre **A** *v. intr.* (*io grùfolo; aus. avere*) **1** Frugare con il grifo emettendo grugniti. **2** (*fig.*) Mangiare con grande avidità e in modo rumoroso. **B** *v. rifl.* Avvoltolarsi nel sudiciume (*anche fig.*).

grugnìre **A** *v. intr.* (*io grugnisco, tu grugnisci; aus. avere*) **1** Emettere grugniti: *il maiale grugnisce.* **2** (*fig.*) Parlare in modo sgradevole o sconveniente. **B** *v. tr.* Borbottare q.c. in modo poco chiaro: *grugnì un saluto.*

grugnìto *s. m.* **1** Verso caratteristico del porco. **2** (*fig.*) Incomprensibile borbottio.

grùgno *s. m.* **1** Muso del porco. [→ ill. *maiale*] **2** (*spreg.*) Faccia dell'uomo; SIN. Ceffo | *Rompere il – a qc.*, picchiarlo. **3** (*fig., fam.*) Broncio, espressione corrucciata.

gruìsta *s. m.* (*pl. -i*) Chi è addetto alla manovra e alla manutenzione di una gru meccanica.

grullàggine *s. f.* **1** L'essere grullo; SIN. Balordaggine, grulleria. **2** Cosa da grullo.

grullerìa *s. f.* **1** L'essere grullo; SIN. Balordaggine, grullaggine. **2** Parola, azione da grullo.

grùllo *agg.; anche s. m.* (*f. -a*) **1** Detto di chi è stupido, ingenuo e credulone; SIN. Balordo, sciocco. **2** Lento e torpido nel movimento o nei pensieri per temporaneo istupidimento.

grùma *s. f.* Gromma, tartaro | Incrostazione del fornello della pipa in seguito all'uso.

grumèllo *s. m.* Vino rosso, dal profumo di fragole, asciutto, prodotto in Valtellina.

grùmo *s. m.* **1** Piccola quantità di liquido rappreso, spec. sangue. **2** (*est.*) Pallottola che si forma negli impasti male amalgamati.

grùmolo *s. m.* Gruppo delle foglie centrali di un cespo, più tenere delle altre. [→ ill. *verdura*]

grumóso *agg.* Pieno di grumi.

gruppettàro *s. m.* (*gerg.*) Chi fa parte di un gruppuscolo politico.

gruppétto *s. m.* **1** *Dim. di gruppo.* **2** Segno esprimente un complesso di note secondarie che servono di ornamento a una nota principale, come una S ritta o coricata.

grùppo *s. m.* **1** Insieme di cose o di persone riunite: *un – di case, di alberi, di amici, di turisti* | Insieme di oggetti della stessa specie che si possono contare. **2** Nel ciclismo, la maggior parte dei corridori che procedono insieme. **3** Insieme di persone unite fra loro da vincoli naturali, da rapporti di interesse, da scopi o idee comuni e sim.: *– familiare*; *– letterario*; *– parlamentare.* **4** Insieme di società collegate fra loro: *– economico, finanziario.* **5** Suddivisione di ordinamenti o classificazioni fondata su criteri scientifici e sim. | *– chimico*, insieme di elementi che conferiscono a un composto organico una speciale funzione | *– sanguigno*, che riunisce tipi di sangue in base alla reazione di agglutinazione dei globuli rossi. **6** Complesso di apparecchi o dispositivi opportunamente collegati per produrre una determinata funzione | *– elettrogeno*, costituito da un motore che aziona un generatore di corrente. [→ ill. *bar, elettricità, meccanica, petrolio*]

gruppùscolo *s. m.* Formazione politica minima, ispirantesi spec. a ideologie marxiste o anarchiche.

gruvièra o *grovièra s. m. o f. inv.* Formaggio dolce a pasta dura, simile all'emmenthal ma con buchi più piccoli.

grùzzolo *s. m.* Quantità di denaro spec. accumulato poco alla volta.

guàco *s. m.* (*pl. -chi*) Pianta erbacea tropicale delle Composite con proprietà medicamentose.

guàda *s. f.* (*bot.*) Guaderella.

guadàbile *agg.* Che si può guadare.

guadagnàre **A** *v. tr.* **1** Trarre da un impiego, professione, arte, industria e sim. un compenso o un profitto: *– uno stipendio buono* | Procurarsi utilità, vantaggi: *c'è tutto da – e nulla da perdere.* **2** Riuscire a ottenere, a conquistare (*anche fig.*): *– una promozione, il favore del popolo* | *–, guadagnarsi, l'animo di qc.*, ottenerne la completa fiducia | *– terreno nei confronti di qc.*, procedere più in fretta (*anche fig.*) | *– tempo*, averne di più a disposizione, spec. anticipando l'esecuzione di q.c.; ottenere una dilazione. **3** (*fig.*) Raggiungere, spec. con difficoltà: *– il mare aperto.* **4** (*est.*) Meritare: *–, guadagnarsi, una medaglia* | Vincere: *– un premio*; SIN. Ottenere. **B** *v. intr.* (*aus. avere*) Fare migliore figura: *con quel vestito guadagni* | Acquistare moralmente: *– in reputazione.*

guadàgno *s. m.* **1** Ciò che si trae in denaro o altro da un'attività | *– lordo*, da cui si devono detrarre le spese | *– netto*, da cui sono state detratte le spese. **2** (*fig.*) Vantaggio, utilità | *È più lo scapito che il –*, son più gli svantaggi che i vantaggi; SIN. Profitto, tornaconto.

guadàre *v. tr.* Passare a guado: *– un fiume.*

guaderèlla *s. f.* Pianta erbacea delle Papaverali con fusto cavo, fiori gialli in grappoli e frutto a capsula; usata in tintoria; SIN. Guada.

guadìno *s. m.* Retino a maglie larghe, munito di manico fisso, che serve al recupero del pesce preso con l'amo. [→ ill. *pesca*]

guàdo (1) *s. m.* In un corso d'acqua, zona poco profonda che può essere attraversata a piedi, a cavallo o con veicoli vari | *Passare a –*, guadare.

guàdo (2) *s. m.* Pianta erbacea delle Papaverali con piccoli fiori gialli e foglie che, macerate, si usavano un tempo in tintoria.

guaglióne *s. m.* (*f. -a*) (*dial., merid.*) Ragazzo.

guài *inter.* Si usa in escl. per esprimere minaccia: *– a te!*; *– a voi!*; *– ai vinti!*

guaiàco *s. m.* (*pl. -chi*) Albero tropicale delle Geraniali a foglie coriacee, fiori di vario colore e legno durissimo e resinoso.

guaiacòlo *s. m.* Sostanza organica, principale componente del creosoto; usato, sotto forma di sali, come disinfettante delle vie respiratorie.

guaìna *s. f.* **1** Fodero in materiali vari destinato a contenere spade, pugnali o altri arnesi da taglio | Rivestimento di materiale isolante per cavi elettrici e sim. [→ ill. *elettricità*] **2** (*anat.*) Sottile membrana di rivestimento. **3** Indumento elastico che sostituisce il busto. [→ ill. *abbigliamento*] **4** Orlatura in cui si passa un nastro o un cordoncino. **5** (*bot.*) *– fogliare*, parte inferiore della foglia che abbraccia il fusto inserendosi al nodo. [→ ill. *botanica*]

guainànte *agg.* Detto di foglia che abbraccia il fusto a mo' di guaina.

guàio *s. m.* Malanno, disgrazia: *passare un –*; *trovarsi in un brutto –.* [→ tav. *proverbi* 115, 171, 372]

guaiolàre *v. intr.* (*io guàiolo; aus. avere*) Emettere guaiti leggeri e sommessi.

guaìre *v. intr.* (*io guaìsco, tu guaìsci; aus. avere*) Mandare guaiti, abbaiare lamentosamente.

guaìto *s. m.* Abbaio lamentoso, di dolore | (*est.*) Lamento.

gualchièra *s. f.* Macchina mossa da una ruota idraulica con magli per battere la stoffa e conferirle la consistenza del feltro.

gualcìre *v. tr. e intr. pron.* (*io gualcìsco, tu gualcìsci*) Sgualcire.

gualdràppa *s. f.* Drappo attaccato alla sella che copre la groppa del cavallo. [→ ill. *finimenti*]

guanàco *s. m.* (*pl. -chi*) **1** Lama non addomesticabile delle Ande dal mantello giallo rossiccio. **2** Fibra tessile ricavata dalla pelliccia di tale animale.

guància *s. f.* (*pl. -ce*) **1** Parte laterale della faccia, tra lo zigomo e il mento | *Tingersi le guance*, imbellettarsi | *Porgere l'altra –*, (*fig.*) sopportare le offese senza reagire; SIN. Gota. **2** Parte carnosa della testa di bestia macellata. **3** (*raro*) Faccia o lato di un oggetto | *– del fucile*, parte larga del calcio del fucile, su cui si appoggia la guancia.

guanciàle *s. m.* **1** Cuscino rettangolare imbottito di lana, crine e sim. **2** (*centr.*) Lardo della guancia del maiale. [→ ill. *macelleria*]

guàno *s. m.* Deposito di escrementi di uccelli acquatici lungo le coste e in alcune isole del Perù e del Cile; utilizzato come concime.

guantàio *s. m.* (*f. -a*) Chi fa o vende guanti.

guanterìa *s. f.* Fabbrica di guanti.

guantièra *s. f.* **1** Scatola elegante per tenere i guanti. **2** Vassoio per dolci, sorbetti e sim.

guànto *s. m.* Accessorio dell'abbigliamento maschile e femminile che riveste e protegge la mano | *Mezzi guanti*, che lasciano scoperte le dita | *Calzare come un –*, adattarsi perfettamente | *– di ferro*, parte delle antiche armature che copriva la mano | *Avere il pugno di ferro nel – di velluto*, (*fig.*) agire con fermezza ma con apparente dolcezza | *Ladro in guanti gialli*, con tratti da gentiluomo | *Mandare, gettare il –*, (*fig.*) sfidare a duello | *Raccogliere il –*, accettare una sfida | *Trattare coi guanti*, (*fig.*) con molti riguardi. [→ ill. *abbigliamento*, *apicoltore, giardiniere, medicina e chirurgia*] [→ tav. *locuzioni* 53]

guantóne s. m. **1** Accr. di *guanto*. **2** Guanto di cuoio imbottito, usato dai pugili | *Incrociare i guantoni*, disputare un incontro di pugilato. [→ ill. *sport*]

guapperìa s. f. Insieme di guappi | Azione da guappo.

guàppo s. m. (*dial., merid.*) Camorrista | (*est.*) Persona violenta e priva di scrupoli.

guardabarrière s. m. inv. Agente addetto alla protezione dei passaggi a livello.

guardabòschi s. m. Addetto alla sorveglianza dei boschi.

guardacàccia o *guardiacàccia* s. m. inv. Guardia giurata addetta al controllo della caccia | Guardia di una riserva di caccia.

guardacòste s. m. inv. **1** (*mar.*) Nave in servizio di vigilanza costiera. **2** Milizia che sorveglia la costa.

guardafili s. m. Operaio che individua a vista guasti ai circuiti aerei causati da rotture e sim.

guardalìnee o *guardialìnee* s. m. inv. **1** Cantoniere ferroviario che vigila un tratto di linea. **2** Nel calcio, ciascuno dei collaboratori dell'arbitro che controllano lo svolgimento del gioco dalle linee laterali; SIN. Segnalinee.

guardamàcchine o *guardiamàcchine* s. m. inv. Addetto alla sorveglianza di un parcheggio per autovetture; SIN. Posteggiatore.

guardapàrco s. m. Guardia di un parco nazionale: *i guardaparchi del Gran Paradiso.*

guardapésca s. m. inv. Guardia giurata addetta al controllo della pesca spec. fluviale | Guardia di una riserva di pesca.

guardaportóne s. m. Portiere in livrea di palazzi signorili, teatri e pubblici edifici.

guardàre **A** v. tr. **1** Rivolgere lo sguardo per vedere: — *attentamente, di traverso, storto* | — *di mal occhio*, con malevolenza | — *con la coda dell'occhio*, sbirciare | Considerare con interesse: — *una donna* | *Non — in faccia a nessuno*, agire con imparzialità. **2** Esaminare, osservare attentamente: — *una mostra* | — *per il sottile*, prendere in considerazione ogni minimo particolare. **3** Custodire, difendere: — *qc. come un figlio*; — *la casa* | *Dio me ne guardi!*, detto di qc. o di q.c. che si vuole evitare | Fare la guardia: — *il ponte* | — *a vista qc.*, non perderlo d'occhio. **B** v. intr. (aus. *avere*) **1** Badare, fare attenzione: — *ai fatti propri*; *non — a spese.* **2** Procurare, fare in modo di: *guarda di studiare.* **3** Riferito a edifici, stanze, finestre e sim., essere rivolto verso una data direzione: *la casa guarda a levante*; *la finestra guarda sulla piazza.* **C** v. rifl. **1** Osservare il proprio corpo: *guardarsi allo specchio.* **2** Astenersi: *guardati dal parlarne.* **D** v. rifl. rec. Osservarsi l'un l'altro: *si guardano negli occhi* | *Non guardarsi più*, (*fig.*) aver rotto ogni rapporto di amicizia. [→ tav. *proverbi* 3, 128, 132]

guardaròba s. m. inv. **1** Stanza o armadio ove si tengono riposti la biancheria e il vestiario | Anticamera di locali pubblici ove si depositano cappotti, borse, ombrelli e sim. **2** Complesso di abiti e altri generi d'abbigliamento di cui una persona dispone.

guardarobière s. m. (f. *-a*) **1** Persona di servizio che ha cura degli abiti e della biancheria. **2** Chi, in un pubblico locale, è addetto al guardaroba.

guardasàla s. m. inv. Sorvegliante di una sala | Ferroviere addetto al controllo saltuario dei biglietti dei viaggiatori nelle sale d'aspetto.

guardasigìlli s. m. In passato, alto funzionario di corte che aveva il compito di custodire e apporre i sigilli del sovrano | Attualmente, Ministro di grazia e giustizia.

guardaspàlle s. m. Chi è addetto alla protezione di una persona importante.

guardàta s. f. Sguardo, spec. rapido; SIN. Occhiata.

guardavìa s. m. inv. Guardrail.

guàrdia s. f. **1** Attività del guardare a scopo di custodia, difesa, vigilanza e sim.: *fare la* —; *cane da* —; *rimanere a — di q.c.* | *Lasciare a* —, in custodia | — *medica*, servizio medico continuativo per prestazioni d'urgenza | *Medico di* —, che compie turni di sorveglianza in un ospedale. [→ ill. *cane*] **2** Nucleo di soldati per il servizio di vigilanza armata a edifici e impianti, militari o civili. [→ ill. *castello*] **3** Soldato in esercizio di guardia, sentinella | *Cambiamento, cambio della* —, rotazione di personale nel servizio di vigilanza e (*fig.*) avvicendamento di persone, spec. al sommo di una gerarchia. **4** Corpo armato a protezione od onore di persone, a vigilanza e gener. a tutela dell'ordine pubblico | — *di finanza*, corpo militare dello Stato per la vigilanza doganale e contro le evasioni e violazioni finanziarie | — *forestale*, antico nome dell'attuale Corpo Forestale | — *del corpo*, (*ell.*) —, nucleo di truppe speciali per la protezione di alte personalità: — *imperiale*; — *a cavallo* | (*fig.*) *La vecchia* —, i primi e più fedeli seguaci di un partito, un movimento letterario e sim. | Ciascun appartenente a tali corpi. **5** (*gener.*) Chi svolge azioni di vigilanza: — *notturna* | — *del corpo*, chi protegge l'incolumità di un personaggio importante; SIN. (*fam.*) Gorilla | — *giurata*, alle dipendenze di privati; SIN. (*fam.*) Sceriffo, vigilante. **6** Nella scherma e nel pugilato, posizione assunta per la difesa | *Mettersi, stare in* —, assumere posizione difensiva (*anche fig.*) | *Mettere qc. in — contro q.c.*, (*fig.*) avvertirlo di un pericolo imminente | *In —!*, comando dato a duellanti o pugili perché assumano posizione difensiva. **7** Parte dell'elsa cui si mette mano impugnando la spada o la sciabola. **8** Limite graduato posto sull'argine di un fiume, indicante il livello cui l'acqua può giungere senza pericoli di tracimazione: *segnale di* —. **9** Foglio bianco tra la copertina e il frontespizio di un libro. [→ tav. *locuzioni* 114]

guardiacàccia V. *guardacaccia.*

guardialìnee V. *guardalinee.*

guardiamàcchine V. *guardamacchine.*

guardiamarìna s. m. inv. Primo grado degli ufficiali di vascello della marina militare italiana.

guardiàno s. m. (f. *-a*) **1** Chi ha l'incarico di custodire, vigilare, curare q.c. o qc. **2** Priore o padre superiore di convento di monaci.

guardìna s. f. Camera di sicurezza dove vengono trattenute, temporaneamente, persone fermate dalla polizia.

guardinfànte s. m. Cerchio di ferro o vimini che si portava un tempo per tenere scostata dal corpo la gonna.

guardìngo agg. (pl. m. *-ghi*) Di chi procede o si comporta in modo cauto e circospetto preoccupandosi di non essere sorpreso o colto in fallo: *atteggiamento* —.

guardiòla s. f. **1** Piccolo locale riservato al portiere, situato all'ingresso di luoghi pubblici. **2** Nelle antiche fortificazioni, piccola torretta sporgente dall'alto delle mura per le sentinelle destinate a vigilare sull'esterno.

guàrdo s. m. (*poet.*) Sguardo.

guardóne s. m. (*pop.*) Chi, per morbosa curiosità, spia le nudità o gli atti sessuali altrui; SIN. Voyeur.

guardrail /*ingl.* 'ga:dreil/ loc. sost. m. inv. (pl. ingl. *guardrails* /'ga:dreilz/) Robusta ringhiera elastica di lamiera o altro, posta ai margini delle strade per impedire l'uscita dei veicoli in caso di sbandamento; SIN. Guardavia. [→ ill. *strada*]

guarentìgia s. f. (pl. *-gie*) Garanzia assicurata dalla legge | *Legge delle guarentigie*, quella con cui lo Stato italiano garantì l'immunità personale, l'indipendenza politica e altre prerogative al Papa, dopo la presa di Roma.

guàri avv. (*raro, lett.*) Molto (spec. in espressioni negative) | *Or non è* —, non è molto tempo.

guarìbile agg. Che può guarire; CONTR. Inguaribile.

guarigióne s. f. Ristabilimento in condizioni di salute.

guarìre **A** v. tr. (*io guarìsco, tu guarìsci*) **1** Risanare, riportare in salute: — *qc. dalla scarlattina.* **2** (*fig.*) Rendere qc. libero da un vizio e sim.: — *qc. dalla pigrizia.* **B** v. intr. (aus. *essere*) **1** Rimettersi in salute. **2** (*fig.*) Liberarsi da un vizio e sim. [→ tav. *proverbi* 196]

guaritóre s. m. (f. *-trìce*) **1** (*raro*) Chi opera una guarigione. **2** Chi pretende di avere la capacità di guarire varie malattie valendosi di mezzi non scientificamente riconosciuti.

guarnigióne s. f. **1** Corpo di truppa a guardia di una fortezza o di una città, in pace o in guerra; SIN. Presidio. **2** Luogo ove ha sede una guarnigione.

guarnìre v. tr. (*io guarnìsco, tu guarnìsci*) **1** Corredare di tutto quanto serve per ornamento: — *un cappello di piume*; SIN. Ornare. **2** Munire di armi, di forze militari, di difese, una città o un luogo fortificato. **3** Accompagnare una pietanza con un contorno, mettendoli nello stesso piatto: — *il brasato con carote.*

guarnitùra s. f. **1** (*raro*) Atto del guarnire. **2** (*lett.*) Ornamento. **3** (*raro*) Spesa della guarnizione.

guarnizióne *s. f.* **1** Tutto ciò che serve a guarnire. **2** Contorno di una pietanza. **3** Elemento di gomma, cuoio, fibra o altro, interposto fra le superfici metalliche di un recipiente, condotto e sim. per assicurarne la tenuta. [→ ill. *automobile*]

guasconàta *s. f.* Gesto da guascone | Millanteria.

guascóne *agg.; anche s. m.* (*f.* -*a*) **1** Della Guascogna. **2** (*fig.*) Fanfarone.

guastafèste *s. m. e f. inv.* Chi guasta l'atmosfera di un ambiente in festa o interviene a sproposito a sconvolgere l'attuazione di un piano.

guastamestièri *s. m. e f.* Chi esercita male una qualsiasi attività | Chi intralcia l'operato altrui.

guastàre A *v. tr.* **1** Ridurre in cattivo stato, mandare in rovina: *la grandine guasta il raccolto* | Rendere inservibile: – *una serratura* | Mandare a male: *il caldo guasta la carne* | Alterare, danneggiare | – *il sangue*, intossicarlo | *Guastarsi il sangue*, (*fig.*) andare in collera | Rendere brutto: *le cicatrici guastano il suo viso*; SIN. Deteriorare, rovinare, sciupare. **2** (*fig.*) Turbare: – *il discorso* | – *i sogni a qc.*, turbare la felicità di qc. **3** (*fig.*) Corrompere, pervertire: – *l'animo.* **4** Disfare q.c. per rifarla o per utilizzarne il materiale: – *un vecchio abito, una cosa* | Distruggere: – *un castello col ferro e col fuoco.* **5** Mutilare. **B** *v. intr. pron.* **1** Rompersi, non funzionare più: *l'orologio si è guastato* | Andare a male: *la frutta si guasta.* **2** (*fig.*) Cambiare in peggio: *era una buona ragazza ma ora si è guastata.* **3** (*fig.*) Volgere al brutto: *il tempo si guasta.* **C** *v. rifl. rec.* Rompere l'amicizia, l'accordo: *da grandi amici che erano, ora si sono guastati.* [→ tav. *proverbi* 233, 368]

guastatóre *s. m.* (*f.* -*trìce*) **1** (*raro*) Chi guasta. **2** Fante o geniere specializzato nel danneggiare o distruggere opere fortificate e sim.

guàsto (1) *agg.* **1** Che è o si è alterato, danneggiato: *grammofono* – | Di cibo andato a male: *pere guaste* | Di parti del corpo umano malate, rovinate | *Dente* –, cariato. **2** (*fig.*) Corrotto, depravato: *cuore* –.

guàsto (2) *s. m.* **1** Rottura, danno: *un – all'impianto elettrico.* **2** (*fig.*) Corruzione: *in questa società c'è del* –. **3** (*fig.*) Contrasto, dissapore: *c'è del – tra noi.* **4** Devastazione, saccheggio.

guatàre *v. tr.* (*lett.*) Guardare a lungo e insistentemente in modo minaccioso o mostrando stupore, interesse, disprezzo o paura.

guatemaltèco *agg.; anche s. m.* (*f.* -*a; pl. m.* -*chi*) Del Guatemala.

guàzza *s. f.* Rugiada che bagna come pioggia il terreno e le piante.

guazzabùglio *s. m.* Miscuglio confuso di cose diverse (*anche fig.*); SIN. Farragine.

guazzàre *v. intr.* (*aus. avere*) **1** Muoversi in un liquido agitandolo: – *nell'acqua* | – *nell'oro*, (*fig.*) essere ricco. **2** Scuotersi in un recipiente non pieno, detto di liquidi: *il vino guazza nelle botti.*

guazzétto *s. m.* **1** *Dim. di guazzo.* **2** Manicaretto in umido, con abbondante sugo.

guàzzo *s. m.* **1** Notevole quantità di liquido, spec. acqua, sparso nel terreno | *Essere in un – di sudore*, grondare sudore. **2** Tecnica di pittura analoga all'acquerello | Opera dipinta con tale tecnica.

guelfismo *s. m.* Ideologia guelfa.

guèlfo A *s. m.; anche agg.* **1** Nel Medioevo, chi (o che) in contrapposizione ai Ghibellini, sosteneva il papato contro l'imperatore: *partito* –. **2** (*est.*) Favorevole all'ingerenza del clero in politica. **B** *agg.* Dei guelfi | *Merlo* –, a profili perpendicolari. [→ ill. *castello*]

guêpière /*fr.* gɛ'pjɛr/ *s. f. inv.* (*pl. fr. guêpières* /gɛ'pjɛr/) Bustino femminile stretto da stecche e stringato, per assottigliare la vita.

guèrcio *agg.; anche s. m.* (*f.* -*a*) Strabico | (*est.*) Privo di un occhio o con lo sguardo storto. [→ tav. *proverbi* 280]

guèrra *s. f.* **1** Situazione di grave contrasto o dissidio fra Stati, che si tenta di risolvere con l'uso delle armi: – *aerea, navale, terrestre*; – *atomica, batteriologica, chimica, nucleare* | – *partigiana*, condotta da formazioni partigiane | – *civile*, combattuta tra opposte fazioni di cittadini | *Fare la* –, guerreggiare | *Entrare in – contro qc.*, intraprenderla | – *lampo*, condotta con la massima concentrazione di potenza per raggiungere un fulmineo successo | – *di logoramento*, che tende a esaurire il nemico | – *di posizione, di trincea*, in cui gli eserciti sono attestati su due linee fortificate che si fronteggiano | *Leggi di* –, promulgate durante la guerra per cause da essa determinate | *Zona di* –, dove si svolgono le operazioni belliche | *Essere in assetto, sul piede, di* –, pronti a dare inizio alle ostilità | *Uomo di* –, soldato | *Grido di* –, che incita al combattimento | – *mondiale*, cui partecipano le maggiori potenze del mondo | – *santa*, per la riconquista dei luoghi sacri o per il trionfo d'una religione | – *di successione*, per una successione al trono; CONTR. Pace. [→ ill. *armi*] **2** Contrasto fra Stati condotto con mezzi economici, politici e sim. | – *doganale, di tariffe*, attuata in campo economico per danneggiare un Paese elevando i dazi o instaurando divieti | – *economica*, per neutralizzare il potenziale economico di un Paese nemico accrescendo il proprio | – *fredda*, stato di acuta tensione fra due Stati senza ostilità militari | – *dei nervi*, combattuta con la diffusione di notizie allarmistiche. **3** (*fig.*) Stato di discordia esistente fra due o più persone: *mettersi in – con qc.*; *aizzare la* – | – *domestica*, fra parenti | – *a colpi di spillo*, caratterizzata da continui dispetti e malignità. [→ tav. *proverbi* 206]

guerrafondàio *agg.; anche s. m.* (*f.* -*a; pl. m. guerrafondài*) (*spreg.*) Sostenitore a oltranza della guerra; CONTR. Pacifista.

guerreggiàre A *v. intr.* (*io guerréggio; aus. avere*) Fare la guerra: – *con, contro qc. o q.c.* **B** *v. tr.* (*raro*) Combattere: – *il nemico.*

guerrésco *agg.* (*pl. m.* -*schi*) Di guerra | Propenso alla guerra: *animo* –.

guerrièro A *s. m.* (*f.* -*a*) Uomo d'arme, spec. dell'antichità o della leggenda. **B** *agg.* Bellicoso: *animo* – | Valente nella guerra: *popolo* –.

guerrìglia *s. f.* Forma di lotta condotta da formazioni irregolari di armati che combattono un esercito regolare.

guerrigliéro *s. m.* (*f.* -*a*) Combattente civile o militare che partecipa alla guerriglia.

gufàggine *s. f.* Tendenza di una persona a vivere isolata.

gufàre *v. intr.* (*aus. avere*) **1** Emettere il proprio grido caratteristico, detto del gufo. **2** Imitare il verso del gufo.

gùfo *s. m.* **1** Uccello rapace notturno con capo grande, occhi frontali, becco breve e adunco, piume morbide e due ciuffi di penne erettili sul capo. [→ ill. *animali* 14] **2** (*fig.*) Persona poco socievole.

gùglia *s. f.* **1** Elemento terminale di una costruzione conica o piramidale posta spec. per ornamento in coperture di chiese, in campanili, torri e cupole. [→ ill. *architettura*] **2** Snella formazione rocciosa dalla punta aguzza. [→ ill. *geografia*]

gugliàta *s. f.* Pezzo di filo che si passa nell'ago per cucire.

guida A *s. f.* **1** Azione del guidare (*anche fig.*): *conoscere la – di un veicolo* | *Prendere lezioni di* –, imparare a condurre un automezzo | *Posto di* –, posto occupato dal guidatore di un autoveicolo. **2** Ciò che guida o ha funzione di guidare (*anche fig.*): *le stelle e la bussola sono la – dei naviganti.* **3** Insieme di strumenti, apparecchiature e sim. che permettono di guidare un autoveicolo: – *a destra*; – *a sinistra*; SIN. Comando. **4** Libro che insegna i primi elementi di un'arte o di una tecnica: – *allo studio delle scienze* | Opera per il turista contenente la descrizione sistematica delle strade e delle caratteristiche di regioni, città e sim.: – *della Francia*; – *del Touring Club.* **5** Chi mostra o insegna la via da seguire: *fare da – a qc.*; *prendere qc. per* – | (*est.*) Chi, per mestiere, illustra ai turisti le caratteristiche di una città, di un museo e sim. | – *alpina*, che accompagna gli escursionisti in scalate di una certa difficoltà. [→ ill. *nodo*] **6** (*fig.*) Chi con il proprio esempio mostra ad altri la strada da percorrere: *è stato la – del suo popolo.* **7** In varie tecnologie, oggetto o struttura atta a mantenere q.c. nella sua sede, a facilitarne lo scorrimento o il funzionamento: – *del cassetto.* [→ ill. *sollevamento, tessuto*] **8** Tappeto, lungo e stretto, disteso su scale, in corridoi, stanze e sim. **9** (*elettr.*) – *d'onda*, tubo metallico che convoglia la propagazione di onde elettromagnetiche lungo un percorso ben definito. [→ ill. *elettronica*] **B** *in funzione di agg. inv.* (*posposto al s.*) Che impone norme o principi cui altri devono uniformarsi: *stato* –; *partito* –.

guidàbile agg. Che si può guidare.

guidàre v. tr. **1** Precedere o accompagnare qc. fungendo da guida: – *un gruppo di turisti* | Nel linguaggio sportivo, essere in testa: – *la classifica*; SIN. Capitanare. **2** Condurre qc. o q.c. regolandone i movimenti o agendo sui comandi: – *i cavalli, l'automobile* | ass. Condurre un automezzo: *imparare a* –. **3** (*fig.*) Educare con l'esempio o fungere da consigliere e maestro: – *i giovani sulla via dell'onestà*; SIN. Indirizzare, istradare. **4** (*raro*) Amministrare.

guidatóre A agg. (f. *-trice*) Che guida: *bussola guidatrice*. **B** s. m. **1** Conducente di un veicolo. **2** (*fig.*) Chi indirizza o consiglia gli altri.

guiderdóne s. m. (*lett.*) Ricompensa.

guidóne s. m. **1** (*mar.*) Bandiera triangolare da segnali o insegna di comando per ufficiali superiori. [→ ill. *bandiera*] **2** Piccolo stendardo colorato.

guidoslitta s. f. (*raro*) Bob.

guidrigildo s. m. Nel diritto longobardo, indennità dovuta per riparare un torto.

guineàno agg. Della Guinea.

guinzàglio s. m. Laccio di cuoio o catenella di metallo che si usa per tenere legati cani o altri animali | *Tenere al* – *qc.*, (*fig.*) frenarlo | *Lasciarsi portare al* –, (*fig.*) sottomettersi passivamente.

guisa s. f. Modo, maniera | *In, di* – *che*, in modo che | *In tal* –, in tal modo | *A* – *di*, a modo di.

guitto A agg. Che vive in modo misero e sudicio. **B** s. m. (f. *-a*) **1** Persona meschina, che vive sordidamente. **2** Attore poco preparato e di bassa categoria.

guizzàre v. intr. (aus. *avere* nei sign. 1, 3, *essere* nel sign. 2) **1** Muoversi rapidamente, torcendosi o scivolando con agilità. **2** (*fig.*) Fuggire abilmente: – *dalle mani dei nemici*. **3** (*fig.*) Oscillare per il vento, le correnti e sim., detto di nave.

guìzzo s. m. Movimento rapido e agile: *il* – *della trota*.

gulag /*russo* 'gulag/ s. m. inv. Campo di lavoro forzato nell'Unione Sovietica | (*est.*) Sistema politico repressivo.

gulasch /*ted.* 'gulaʃ, 'gu:laʃ/ s. m. inv. Spezzatino di manzo, tipico della cucina ungherese.

gulp inter. Riproduce il rumore che si fa deglutendo a vuoto per sorpresa, paura e sim.

gùru s. m. inv. **1** In India, maestro spirituale o capo religioso. **2** Abito a casacca, spec. maschile, lungo fin quasi alle ginocchia, accollato e con maniche lunghe. [→ ill. *vesti*]

gùscio s. m. **1** Rivestimento rigido esterno di certi frutti e delle uova di certi uccelli e rettili | – *di noce, d'uovo*, (*fig.*) casa minuscola o barchetta fragile e leggera | Conchiglia dei molluschi | *Tenersi, stare nel proprio* –, (*fig.*) vivere ritirati | *Uscire dal* –, (*fig.*) viaggiare, cambiare le proprie abitudini. [→ ill. *botanica, gallo*] **2** (*est.*) In varie tecnologie, tipo di struttura in cui gli sforzi sono sopportati dal materiale di rivestimento.

gustàbile agg. Che si può gustare.

gustàre A v. tr. **1** Distinguere il sapore di q.c. mediante il senso del gusto. **2** Assaporare con piacere cibi o bevande gradite al palato: – *un gelato*. **3** (*fig.*) Godere spiritualmente: *gustarsi una musica*. **B** v. intr. (aus. *essere, raro avere*) Piacere, garbare, riuscir gradito: *il loro comportamento non mi gusta*.

gustativo agg. Concernente il senso del gusto: *facoltà gustativa* | Atto a far gustare: *organi gustativi*; *papilla gustativa*. [→ ill. *anatomia umana*]

gùsto s. m. **1** Funzione sensoriale specifica per avvertire il sapore dei cibi. **2** Sensazione dovuta al sapore di cibi, bevande e sim. | (*est.*) Sapore: *gelato al* – *di fragola* | (*est.*) Sensazione piacevole che si prova nell'assaporare cibi o bevande gradite: *mangiare di* –. **3** Piacere, soddisfazione: *ridere di* –; *non c'è* – *a parlare con te*. **4** Inclinazione, voglia: *mi è venuto il* – *del gioco* | Modo soggettivo di sentire, apprezzare, giudicare le cose: *è questione di gusti*. **5** Attitudine a discernere pregi e difetti di un'opera d'arte | Sensibilità a ciò che è bello: *formarsi, educare il* – | *Essere di buon* –, apprezzare le cose belle | Eleganza, distinzione: *vestire con* –. **6** Complesso delle tendenze estetiche che caratterizzano un'epoca, una scuola, un autore: *un'opera di* – *barocco*. [→ tav. *proverbi* 373, 390]

gustosità s. f. Qualità di ciò che è gustoso.

gustóso agg. **1** Grato al gusto: *cibo* –; SIN. Appetitoso, saporito. **2** Che diletta, che desta il buon umore: *lettura gustosa*.

guttapèrca s. f. Sostanza flessibile e plastica contenuta nel latice di un albero indiano, usata spec. come isolante elettrico, in odontotecnica, in galvanoplastica, in chirurgia.

guttazióne s. f. (*bot.*) Uscita di acqua dagli stomi dei vegetali; SIN. Traspirazione.

Guttiferàli s. f. pl. (sing. *-e*) Ordine di piante dicotiledoni tropicali, per lo più legnose, di cui molte specie trasudano resine e gomme. [→ ill. *piante* 6]

gutturàle agg. **1** (*ling.*) Velare. **2** Di gola: *voce* –.

gutturalismo s. m. Difetto per cui si pronunciano i suoni di gola.

h *s. f. o m. inv.* Ottava lettera dell'alfabeto italiano.
habitat /*lat.* 'abitat/ *s. m. inv.* ***1*** Complesso dei fattori fisici e chimici che caratterizzano l'ambiente in cui vive una specie animale o vegetale. ***2*** (*fig.*) Ambiente particolarmente congeniale ai propri gusti. ***3*** (*urban.*) Spazio attrezzato in cui l'uomo abita.
habitué /*fr.* abi'tye/ *s. m. inv.* (*pl. fr.* *habitués* /abi'tye/) Assiduo cliente di un locale pubblico.
habitus /*lat.* 'abitus/ *s. m. inv.* ***1*** (*biol.*) Insieme dei caratteri che determinano l'aspetto caratteristico di un vegetale o di un animale. ***2*** (*med.*) Costituzione esterna del corpo espressiva di malattie. ***3*** (*est.*) Comportamento, carattere abituale.
hàhnio *s. m.* Elemento artificiale transuranico, ottenuto da un isotopo del californio. SIMB. Ha.
haitiàno *agg.; anche s. m.* (*f.* *-a*) Di Haiti.
hall /*ingl.* hɔ:l/ *s. f. inv.* (*pl. ingl.* *halls* /hɔ:lz/) Ampia sala d'ingresso e soggiorno in alberghi, ritrovi, case signorili.
hallalì *inter.* Nelle antiche battute di caccia, grido d'incitamento.
hallo /*ingl.* hə'lou/ *inter.* Si usa per richiamare l'attenzione di qc., o nelle comunicazioni telefoniche, in luogo di 'pronto'.
hamburger /am'burger; *ingl.* 'hæmbə:gə/ *s. m. inv.* (*pl. ingl.* *hamburgers* /hæmbə:gəz/) Specie di polpetta piatta, di carne tritata, cotta in padella o ai ferri e servita in un panino o con patatine fritte.
hammerless /*ingl.* 'hæməlis/ *s. m. inv.* Fucile da caccia a cani interni.
hamster /*ingl.* 'hæmstə/ *s. m. inv.* (*pl. ingl.* *hamsters* /'hæmstəz/) (*zool.*) Criceto **|** Pelliccia di tale animale.
handicap /*ingl.* 'hændikæp/ *s. m. inv.* (*pl. ingl.* *handicaps* /'hændikæps/) ***1*** (*sport*) Competizione in cui, per equiparare le possibilità di vittoria, si assegna uno svantaggio al concorrente ritenuto superiore o un vantaggio a quello ritenuto inferiore. ***2*** Vantaggio o svantaggio assegnati in tale competizione. ***3*** (*est., fig.*) Condizione di svantaggio nei confronti degli altri. ***4*** (*med.*) Incapacità di provvedere da sé alle normali necessità della vita, determinata da una deficienza fisica o psichica; SIN. Invalidità, minorazione.
handicappàre o *andicappare* *v. tr.* ***1*** (*sport*) Assegnare gli handicap. ***2*** (*fig.*) Mettere in una situazione di svantaggio.
handicappàto ***A*** *part. pass. di* *handicappare; anche agg.* Svantaggiato **|** Affetto da handicap. ***B*** *s. m.* (*f.* *-a*) (*med.*) Persona affetta da handicap.
handling /*ingl.* 'hændliŋ/ *s. m. inv.* Complesso di servizi aventi lo scopo di soddisfare le esigenze dell'assistenza a terra, agli aerei e ai passeggeri, durante la sosta negli aeroporti.
hangar /'angar; *fr.* ɑ̃'gar/ *s. m. inv.* (*pl. fr.* *hangars* /ɑ̃'gar/) Aviorimessa.
hapax legomenon /*lat.* 'apaks le'gɔmenon, *gr.* 'hapaks le'gɔmenon/ *loc. sost. m. inv.* (*ling.*) Parola o forma di cui è attestato un solo esempio all'interno del sistema di una lingua o di un'opera letteraria.
happening /*ingl.* 'hæpəniŋ/ *s. m. inv.* (*pl. ingl.* *happenings* /'hæpəniŋs/) Genere artistico estemporaneo accompagnato da azioni di tipo teatrale, mimico e sim. a cui il pubblico è chiamato a partecipare **|** (*est.*) Festa, ritrovo e sim. aperti all'improvvisazione e all'iniziativa dei partecipanti.
harakiri /*giapp.* hara'kiri/ o *karakìri* *s. m. inv.* Suicidio compiuto squarciandosi il ventre con una spada, tipico dei samurai giapponesi.
hard top /*ingl.* 'ha:d tɔp/ *loc. sost. m. inv.* (*pl. ingl.* *hard tops* /'ha:dtɔps/) Tettuccio amovibile in materiale rigido, che nelle vetture spider sostituisce la capote.
hardware /*ingl.* 'ha:dwεə/ *s. m. inv.* (*elab.*) L'insieme delle unità fisiche che compongono un sistema di elaborazione dati; CFR. Software **|** (*est.*) L'insieme delle macchine e strumenti per un'attività.
harèm o *àrem* *s. m. inv.* Parte dell'abitazione musulmana riservata alle donne e ai bambini **|** (*est.*) Insieme delle donne dell'harem.
harmonium /ar'mɔnjum; *fr.* armo'njɔm/ V. *armonium.*
hascisc o *ascìsc, haschisch* /*ted.* 'haʃiʃ, ha'ʃi:ʃ/, *hashish* /*ingl.* 'hæʃiʃ/ *s. m. inv.* Stupefacente ottenuto estraendo le resine contenute nei germogli della canapa indiana.
haute /*fr.* ot/ *s. f. inv.* Alta società, gran mondo (*anche iron.*).
haute-couture /*fr.* ot ku'tyr/ *loc. sost. f.* Alta moda **|** Lavoro e ambiente delle sartorie di lusso.
hegeliàno /ege'ljano, hege'ljano/ ***A*** *agg.* Che concerne il sistema filosofico di G. W. F. Hegel. ***B*** *s. m.* (*f.* *-a*) Chi segue la filosofia di G. W. F. Hegel.
hènna *s. f.* Alberetto spinoso delle Tubiflorali dalle cui foglie si ricava una materia di color rosso usata come tintura per capelli, tessuti, legni **|** (*est.*) Tintura di henna; SIN. Alcanna, henné.
henné /*fr.* e'ne/ *s. m. inv.* Henna.
hennin /*fr.* e'nε̃/ *s. m. inv.* (*pl. fr.* *hennins* /e'nε̃/) Copricapo femminile in uso spec. nei sec. XIV-XV, a forma di alto cono con veli fluttuanti. [→ ill. *copricapo*]
henry /*ingl.* 'enri/ *s. m. inv.* (*elettr.*) Unità di induttanza elettrica, corrispondente a quella di un circuito nel quale si produce l'impulso di tensione di un volt-secondo quando la corrente in esso varia di un ampere. SIMB. H.
herpes /*lat.* 'εrpes/ *s. m. inv.* (*med.*) Affezione cutanea di origine virale con formazione di vescicole acquose; SIN. Erpete **|** — *zoster*, tipo di herpes che provoca dolorose sensazioni lungo il decorso dei nervi; SIN. Fuoco di Sant'Antonio.
hertz /*ted.* hεrts/ *s. m. inv.* (*fis.*) Unità di frequenza, corrispondente a un ciclo al secondo. SIMB. Hz.
hertziàno /er'tsjano/ o *erziàno* *agg.* Del fisico H. P. Hertz **|** *Onde hertziane*, onde elettromagnetiche la cui lunghezza è superiore a circa 300 micron.
hesitation /*ingl.* hezi'teiʃən/ *s. f. inv.* Valzer all'inglese.
hevèa *s. f.* Pianta arborea sudamericana delle Euforbiali coltivata nei paesi intertropicali **|** — *brasiliensis*, albero del caucciù. [→ ill. *piante* 3]
hickory /*ingl.* 'hikəri/ *s. m. inv.* (*pl. ingl.* *hickories* /'hikəriz/) Albero affine al noce tipico del Canada, dal legno duro, un tempo usato per fabbricare sci.
hidalgo /*sp.* i'dalgo/ *s. m. inv.* (*pl. sp.* *hidalgos* /i'dalgos/) Ogni membro della piccola nobiltà spagnola.
hi-fi /*ingl.* hai fai/ *loc. sost. f. inv. Acrt. di* *high fidelity.*
high fidelity /*ingl.* 'hai fi'deliti/ ***A*** *loc. sost. f. inv.* Alta fedeltà, nelle attrezzature per la riproduzione del suono. ***B*** *anche agg. inv.:* *disco* —.
high life /*ingl.* 'hai 'laif/ *loc. sost. f. inv.* Alta società, gran mondo.
high society /*ingl.* 'hai sə'saiəti/ *loc. sost. f. inv.* Il complesso degli appartenenti ai ceti più elevati **|** Alta società.
hinterland /*ted.* 'hintərlant/ *s. m. inv.* (*pl. ted.* *hinterländer* /'hintərlεndər/) Regione retrostante a una città costiera, servita da un porto **|** (*est.*) Fascia di territorio circostante una grande città di cui subisce l'influenza.
hip /*ingl.* hip/ *inter. Solo nella loc. inter.* — — —, *urrà*, escl. di plauso e di esultanza.
hippy /*ingl.* 'hipi/ o *hippie* /*ingl.* 'hipi/ ***A*** *s. m. e f. inv.* (*pl. ingl.* *hippies* /'hipiz/) Appartenente a un movimento, sorto negli anni '60, di contestazione non violenta verso la società dei consumi, che proponeva modelli di vita alternativi, ideali di pace e di libertà. ***B*** *agg. inv.* Degli hippy: *moda* —.
hitleriàno ***A*** *agg.* Che si riferisce al dittatore tedesco A. Hitler, e ai suoi seguaci. ***B*** *s. m.* Seguace di A. Hitler **|** Nazista.
hobby /*ingl.* 'hɔbi/ *s. m. inv.* (*pl. ingl.* *hobbies* /'hɔbiz/) Svago, passatempo preferito **|** Occupazione a cui ci si dedica nel tempo libero.
hockeista *s. m.* (*pl.* *-i*) Giocatore di hockey.
hockey /*ingl.* 'hɔki/ *s. m. inv.* Gioco a squadre, con regole simili a quelle del calcio, in cui i giocatori sono provvisti di uno speciale bastone ricurvo per colpire un disco o una palla e inviarla nella porta avversaria: — *su prato, su ghiaccio, su pista.* [→ ill. *sport*]
holding /*ingl.* 'houldiŋ/ *s. f. inv.* (*pl. ingl.* *holdings* /'houldiŋs/) Società finanziaria che detiene la maggioranza

azionaria, e controlla l'attività, di un gruppo di imprese.
hollywoodiàno /olliwu'djano/ *agg.* **1** Di Hollywood, centro dell'industria cinematografica americana. **2** (*est.*, *fig.*) Sfarzoso, spettacoloso.
homo /*lat.* 'ɔmo/ *s. m. inv.* Uomo, *in varie loc.*: — *faber*; — *œconomicus*; — *sapiens*.
homo faber /*lat.* 'ɔmo 'faber/ *loc. sost. m.* L'uomo in quanto costruttore di utensili, artefice, ideatore, trasformatore della realtà circostante per adeguarla alle sue necessità.
homo sapiens /*lat.* 'ɔmo 'sapjens/ *loc. sost. m.* Specie di Primati, comprendente diverse razze, prevista da Linneo per comprendervi le specie umane.
honoris causa /*lat.* o'nɔris 'kauza/ *loc. agg.* Detto di laurea conferita per meriti eccezionali.
hors-d'oeuvre /*fr.* ɔr 'dœvr/ *loc. sost. m. inv.* Antipasto.
hostarìa *s. f.* Trattoria con una certa pretesa di eleganza.
hostess /*ingl.* 'houstis/ *s. f. inv.* (*pl. ingl. hostesses* /'houstisiz/) Persona di sesso femminile addetta all'assistenza ai passeggeri spec. sugli aerei civili, ma anche su navi, treni e sim.
hot dog /*ingl.* 'hɔt dɔg/ *loc. sost. m. inv.* (*pl. ingl. hot dogs* /'hɔt dɔgs/) Panino imbottito con würstel e senape.
hôtel /*fr.* o'tɛl/ *s. m. inv.* (*pl. fr. hôtels* /o'tɛl/) Albergo.
hôtel garni /*fr.* o'tɛl gar'ni/ *loc. sost. m. inv.* Albergo privo di ristorante, per il solo alloggio.
hot jazz /*ingl.* 'hɔt dʒæz/ *loc. sost. m. inv.* Stile di jazz caratterizzato da un particolare calore degli strumenti, tutti animati da una forza intensamente espressiva.
hot pants /*ingl.* 'hɔt pænts/ *s. m. pl. inv.* Pantaloncini femminili molto corti e aderenti.
houseboat /*ingl.* 'hausbout/ *loc. sost. f. inv.* (*pl. ingl. houseboats* /'hausbouts/) Imbarcazione abitabile per acque interne, costituita da un pontone galleggiante su cui sorge una struttura per abitazione.
hovercraft /*ingl.* 'hɔvəkra:ft/ *s. m. inv.* (*pl. ingl. hovercrafts* /'hɔvərkra:fts/) Veicolo che, leggermente sollevato dalla superficie del terreno o dell'acqua da potenti getti d'aria, viene mosso da eliche o timoni aerei o getti d'aria direzionali. [→ ill. *aeronautica*]
hùla *s. f. inv.* Danza degli Hawaiani in cui uomini e donne ballano ornati di fiori.
hully-gully /*ingl.* 'hʌli 'gʌli/ *loc. sost. m. inv.* Ballo originario dell'America meridionale, derivato dalla samba.
human relations /*ingl.* 'hju:mən ri'leiʃənz/ *loc. sost. f. pl.* Tecnica di organizzazione aziendale che rivaluta l'elemento umano nel lavoro e tende a migliorare i rapporti tra imprenditore e lavoratore.
humour /*ingl.* 'hju:mə/ *s. m. inv.* Senso dell'umorismo.
humus /*lat.* 'umus/ *s. m. inv.* **1** Insieme di sostanze organiche del terreno, decomposte o in via di decomposizione, importanti per la fertilità del terreno stesso. **2** (*fig.*) Complesso di elementi spirituali, culturali e sim. da cui q.c. trae origine.
huroniàno *agg.* (*geol.*) Detto di un periodo dell'era arcaica.
hurrà V. *urrà*.
hurrah /ur'ra/ V. *urrà*.
husky /*ingl.* 'hʌski/ *s. m. inv.* Grande e robusto cane da slitta dei paesi nordici. [→ ill. *cane*]

I

i (1) *s. f. o m. inv.* Nona lettera dell'alfabeto italiano.
i (2) *art. det. m. pl.* (Si usa davanti a parole m. pl. che cominciano per consonante che non sia *gn, ps, x, s impura, z*: — *bambini* | Fondendosi con le prep. proprie semplici, dà origine alle prep. art. m. pl. *ai, coi, dai, dei, nei, pei, sui*). [→ tav. *locuzioni* 66]
-ia (1) *suff.* di sost. astratti indicanti qualità: *audacia, astuzia*.
-ia (2) *suff.* **1** Forma sost. gener. astratti indicanti per lo più qualità o stato (*allegria, borghesia, gelosia, malattia, signoria*). **2** Forma nomi di locali tratti da sost. in *-tore* (*esattoria, ricevitoria, trattoria*) o di grandi regioni geografiche (*Albania*).
ialino *agg.* Detto di minerale diafano: *quarzo* —.
ialografia *s. f.* **1** Arte di incidere il vetro usando acido fluoridrico. **2** Tecnica di stampa che utilizza tali incisioni su vetro.
iamatologia *s. f.* (*pl. -gie*) Studio della lingua, della cultura e della civiltà giapponesi.
iamatòlogo *s. m.* Chi si occupa di iamatologia.
-iàno *suff.*: è derivativo di agg. tratti gener. da nomi propri: *cristiano, foscoliano, vesuviano*.
iàrda *s. f.* Adattamento di *yard*.
iàto o *iàto* *s. m.* **1** (*anat.*) Apertura. **2** (*fig.*) Interruzione all'interno di una continuità temporale o spaziale: *uno — tra due periodi storici*. **3** (*ling.*) Incontro di due vocali pronunciate separatamente (es. *beato*); CFR. Dittongo. (V. nota d'uso SILLABA)
-ìatra *secondo elemento*: in parole composte della terminologia medica significa 'medico': *odontoiatra, pediatra*.
-iatrìa *secondo elemento*: in parole composte della terminologia medica significa 'cura': *pediatria, psichiatria*.
-ìatrico *secondo elemento* di agg. corrispondenti ai sost. in *-iatra* e *-iatria*: *pediatrico*.
iatrògeno *agg.* Che deriva dall'uso di farmaci: *malattia iatrogena*.
iattànza *s. f.* Ostentato vanto di sé, dei propri meriti, capacità e sim.; SIN. Millanteria, tracotanza.
iattùra *s. f.* (*raro*) Danno, disgrazia, rovina.
ibèrico *agg.* (*pl. m. -ci*) **1** Che si riferisce a un'antica popolazione stanziatasi in parte nei territori dell'attuale Spagna e Portogallo. **2** (*est.*) Spagnolo.
ibernànte *part. pres. di ibernare; anche agg.* Che sverna in letargo, detto di animale.
ibernàre *v. intr.* (*io ibèrno; aus. avere*) Cadere nel letargo invernale.
ibernazióne *s. f.* **1** Fenomeno biologico per cui certi animali, quando la temperatura scende sotto il limite compatibile con le attività vitali, cadono in uno stato di torpore o di sonno. **2** (*med.*) Abbassamento artificiale della temperatura corporea durante particolari interventi chirurgici.
ibidem /*lat.* i'bidem/ *avv.* Nell'identica opera o passo di un'opera: usato in bibliografia per non ripetere un'opera o un luogo già citati.
ìbis *s. m.* Uccello con lunghe zampe senza penne e lungo becco sottile e ricurvo | — *sacro*, africano, con piumaggio candido e remiganti nerastre e sfrangiate. [→ ill. *animali* 11]
ibisco *s. m.* (*pl. -schi*) Pianta erbacea, arbustiva o arborea delle Malvali, tipica dei tropici, coltivata come pianta ornamentale o per estrarne fibre tessili. [→ ill. *piante* 6]
ibridàre *v. tr.* (*io ìbrido*) Fecondare pianta o animale con altra di razza o varietà diversa.
ibridatóre *s. m.* (*f. -trìce*) Chi compie ibridazioni su animali o piante.
ibridazióne *s. f.* Procedimento per ottenere un ibrido.
ibridismo *s. m.* **1** Qualità di ibrido. **2** Insieme dei fenomeni che si riferiscono alla produzione degli ibridi. **3** (*fig.*) Commistione non omogenea.
ìbrido A *agg.* **1** Dovuto a ibridazione: *fiore, animale* —. **2** (*fig.*) Che deriva dall'unione di elementi eterogenei: *lin-*

guaggio —. ***B*** *s. m.* ***1*** Animale o vegetale generato dall'incrocio di individui di specie o razza diversa. ***2*** (*fig.*) Mescolanza, incrocio: *un — di superficialità e di ingegno.* ***3*** (*ling.*) Parola composta di elementi di diverse lingue.

icàstica *s. f.* Arte che rappresenta il reale con immagini.

icàstico *agg.* (*pl. m. -ci*) (*lett.*) Che ritrae la realtà per mezzo di immagini con evidenza rappresentativa.

-ìccio *suff.*: è derivativo di agg. e sost. che esprimono approssimazione, impurità, degenerazione (spec. di colori): *bruciaticcio, malaticcio, molliccio, bianchiccio, rossiccio.*

iceberg /*ingl.* 'aisbə:g/ *s. m. inv.* (*pl. ingl. icebergs* /'aisbəgz/) Grande massa di ghiaccio galleggiante sul mare.

ice-field /*ingl.* 'aisfi:ld/ *s. m. inv.* (*pl. ingl. icefields* /'aisfi:ldz/) Campo di ghiaccio.

-icèllo *suff.*: è alterativo di valore diminutivo: *campicello, fiumicello, monticello, venticello.*

-icino *suff.*: ha valore alterativo spec. in sost. diminutivi o vezzeggiativi: *cuoricino, fiumicino, lumicino.*

icnèumone o (*evit.*) *icneumóne s. m.* Piccolo animale mammifero carnivoro africano, affine alle manguste, astuto, prudente, che aggredisce piccoli animali e spec. i serpenti.

icnografìa *s. f.* Nel disegno, proiezione su un piano orizzontale | Pianta di un edificio.

-ico *suff.* ***1*** Ha valore derivativo in numerosi agg. indicanti maniera, appartenenza: *autentico, bellico, civico, comico, simpatico, balcanico.* ***2*** (*chim.*) Indica composti di varia natura: *acetico, benzilico, ferrico.*

icòna o *icóna s. f.* Effigie di santo dipinta spec. su tavola, tipica dell'arte religiosa russa e bizantina.

icònico *agg.* (*pl. m. -ci*) Relativo alle immagini | Fondato sulle immagini.

icòno- *primo elemento*: in parole composte dotte, tecniche o scientifiche significa 'immagine', 'ritratto': *iconologia, iconoscopio.*

iconoclàsta ***A*** *s. m. e f.* (*pl. m. -i*) ***1*** Nell'VIII sec. d.C., seguace dell'iconoclastia. ***2*** (*est., fig.*) Chi è contrario a convenzioni, opinioni e istituzioni acquisite e proprie di una società. ***B*** *agg.* ***1*** Degli iconoclasti. ***2*** (*est.*) Che è caratterizzato da un violento istinto di distruzione verso valori convenzionalmente accettati: *furia* —.

iconoclastìa *s. f.* ***1*** Dottrina e movimento contro il culto delle immagini sorti nella Chiesa orientale nel sec. VIII. ***2*** (*fig.*) Moto di violento contrasto nei confronti delle istituzioni di una società.

iconoclàstico *agg.* (*pl. m. -ci*) Di, da iconoclasta (*anche fig.*).

iconografìa *s. f.* ***1*** Parte dell'iconologia che si occupa dell'elencazione sistematica delle raffigurazioni relative a un soggetto. ***2*** Complesso delle immagini attinenti ad argomenti o personaggi: — *dantesca*; — *garibaldina* | Il complesso delle illustrazioni di un libro.

iconogràfico *agg.* (*pl. m. -ci*) Della iconografia.

iconògrafo *s. m.* (*f. -a*) Studioso di iconografia.

iconolatrìa *s. f.* Adorazione superstiziosa delle immagini sacre.

iconologìa *s. f.* (*pl. -gìe*) ***1*** Scienza che ha come oggetto l'interpretazione di simboli, figure allegoriche, emblemi e sim. ***2*** Nella moderna critica d'arte, metodo interpretativo dell'opera figurativa.

iconologìsta *s. m. e f.* (*pl. m. -i*) Studioso di iconologia.

iconoscòpio *s. m.* Tubo elettronico per la ripresa di immagini televisive, che trasforma l'immagine luminosa ricevuta in una serie di impulsi elettrici.

iconostàṣi *s. f.* Nelle chiese bizantine e russe, tramezzo di divisione fra celebranti e fedeli, variamente ornato con icone e statue.

icóre *s. m.* ***1*** (*mitol.*) Sangue degli dei. ***2*** (*med.*; *raro*) Pus.

icoṣaèdro *s. m.* Poliedro con venti facce | — *regolare*, le cui facce sono tutte triangoli equilateri uguali. [→ ill. *geometria*]

ics *s. m. o f.* Nome della lettera *x*.

ictiosàuro V. *ittiosauro.*

ictus /*lat.* 'iktus/ *s. m. inv.* ***1*** Percussione del piede o della mano per segnare il tempo | Accento metrico. ***2*** (*med.*) Attacco brusco di una malattia | — *apoplettico*, emorragia cerebrale.

Iddìo *s. m.* Dio. [→ tav. *proverbi* 93]

-ide *suff.*: in chimica indica numerosi composti: *ammide, glucoside.*

idèa *s. f.* ***1*** (*filos.*) Rappresentazione intellettuale che riassume in sé una serie di conoscenze possibili. ***2*** (*psicol.*) Contenuto mentale | — *fissa*, idea, generalmente infondata, che viene mantenuta nonostante l'evidenza contraria. ***3*** Qualunque rappresentazione della mente: *avere l'— di tempo, di spazio.* ***4*** Pensiero astratto, spec. contrapposto alla realtà: *voglio fatti, non idee* | *Neanche per* —, di cosa a cui non si deve neppure pensare tanto è irreale. ***5*** Motivo di fondo di un'opera, uno scritto e sim.: *l'— guida di un film*; *libro povero di idee.* ***6*** Ideologia, dottrina animatrice di movimenti politici, religiosi, culturali e sim.: *l'— della non-violenza*; *dare la propria vita per un'—.* ***7*** Conoscenza elementare, nozione generica e approssimativa: *avere di q.c. un'— vaga* | *Farsi un'— di q.c.*, cercare di conoscere | *Non averne —, la più pallida —*, non saperne assolutamente nulla. ***8*** Opinione, giudizio: *sei libero di esprimere le tue idee.* ***9*** Proposito, progetto: *vagheggiare, accarezzare un'—* | Trovata, iniziativa: *avere un'— luminosa, balorda.* ***10*** Apparenza, impressione esteriore: *non mi dà l'— di una persona seria* | *Un'— di*, un poco: *è di un colore verde con un'— di giallo.*

ideàle ***A*** *agg.* ***1*** Che concerne l'idea | Che esiste solo nella fantasia: *mondo* —. ***2*** Che riunisce tutte le perfezioni che la mente umana può concepire: *governo, stato* —; *società* —. ***3*** (*fam.*) Che appaga ogni esigenza e aspirazione: *lavoro, marito, clima* —. ***B*** *s. m.* ***1*** Ciò che esiste solo nel pensiero; CONTR. Reale. ***2*** Modello di assoluta perfezione che la mente propone o raffigura: *avere un — di vita*; *cercare di realizzare un —.* ***3*** Aspirazione o desiderio di natura estetica, morale o intellettuale, spec. in contrapposizione agli interessi della vita materiale: *società senza ideali.*

idealiṣmo *s. m.* ***1*** Ogni teoria filosofica secondo cui l'oggetto della conoscenza si riduce a rappresentazione o a idea. ***2*** Modo di pensare, di agire proprio di chi crede in un ideale e tende a realizzarlo. ***3*** (*est.*) Mancanza di concretezza; CONTR. Realismo.

idealìsta *s. m. e f.* (*pl. m. -i*) ***1*** (*filos.*) Chi segue l'idealismo. ***2*** Chi crede in un ideale e tende alla sua realizzazione; CONTR. Materialista. ***3*** Chi pensa e agisce secondo schemi astratti ed è privo di senso della realtà; SIN. Sognatore; CONTR. Realista.

idealìstico *agg.* (*pl. m. -ci*) Dell'idealismo o degli idealisti.

idealità *s. f.* ***1*** Qualità di ciò che è ideale. ***2*** Sentimento nobile ed elevato.

idealiẓẓàbile *agg.* Che si può idealizzare.

idealiẓẓàre *v. tr.* Trasfigurare col pensiero la realtà dandole i caratteri dell'ideale.

idealiẓẓazióne *s. f.* Attribuzione alla realtà dei caratteri di ciò che è ideale.

idealménte *avv.* In modo ideale.

ideàre *v. tr.* (*io idèo*) ***1*** Concepire con la mente: — *un poema, uno scherzo*; SIN. Immaginare, inventare. ***2*** Stabilire, progettare: — *un viaggio.*

ideatóre *s. m.* (*f. -trìce*) Chi ha ideato q.c.; SIN. Inventore.

ideazióne *s. f.* Invenzione, progettazione | Funzione del pensiero che ne esprime la capacità di coordinazione.

idem /*lat.* 'idem/ ***A*** *pron. dimostr. inv.* Stesso, medesimo, usato per evitare ripetizioni di nomi, indicazioni, citazioni e sim. ***B*** *in funzione di avv.* (*fam., scherz.*) Ugualmente, allo stesso modo: — *come sopra.*

identicità *s. f.* Qualità di ciò che è identico.

idèntico *agg.* (*pl. m. -ci*) Completamente uguale: *è — all'originale.*

identificàbile *agg.* Che si può identificare.

identificàre ***A*** *v. tr.* (*io identifico, tu identifichi*) ***1*** Considerare identico: — *due concetti.* ***2*** Riconoscere, accertare l'identità: — *un ladro.* ***B*** *v. rifl.* Sentirsi identico a un'altra persona | Immedesimarsi: *riesce a identificarsi con il personaggio che interpreta.* ***C*** *v. intr. pron.* Essere identico: *le due posizioni si identificano.*

identificazióne *s. f.* Istituzione di un rapporto di completa uguaglianza: — *di due teorie* | Accertamento dell'identità di qc. o q.c.: *l'— di un cadavere*; SIN. Riconoscimento | Immedesimazione.

identikit o *idèntikit* / identi'kit; *ingl.* ai'dentikit/ *s. m. inv.*

1 Sistema di identificazione criminale che consente di ricostruire il volto di un presunto delinquente sovrapponendo diapositive rispondenti ai dati somatici dello stesso forniti dai testimoni o dalla vittima. **2** (*fig.*) Insieme dei requisiti necessari a fornire l'immagine ideale dell'esponente di una data categoria di persone.

identità *s. f.* **1** Uguaglianza completa e assoluta; SIN. Coincidenza. **2** Qualificazione di una persona, di un luogo, di una cosa per cui essa è tale e non altra: *provare l'– di qc.* | *Carta d'–*, documento personale di riconoscimento rilasciato dal comune di residenza.

idèo- *primo elemento*: in parole composte dotte significa 'idea': *ideogramma, ideologia.*

ideografia *s. f.* Sistema di scrittura mediante ideogrammi.

ideogràfico *agg.* (*pl. m. -ci*) Detto di scrittura i cui segni rappresentano il significato di ciò che si vuole esprimere.

ideogràmma *s. m.* (*pl. -i*) **1** (*ling.*) Carattere grafico che corrisponde a un'idea. **2** Rappresentazione grafica di dati statistici mediante figure di grandezza diversa.

ideologìa *s. f.* (*pl. -gie*) Insieme dei principi basilari di un partito, un movimento e sim.

ideològico *agg.* (*pl. m. -ci*) Di ideologia | Fondato su una o più ideologie.

ideologiṣmo *s. m.* **1** Sistema ideologico. **2** Tendenza a risolvere i problemi spec. politici in chiave ideologica.

ideòlogo *s. m.* (*f. -a; pl. m. -gi*) Chi analizza, svolge o elabora un'ideologia.

ìdi *s. f. o m. pl.* Nel calendario romano, quindicesimo giorno dei mesi di marzo, maggio, luglio, ottobre e tredicesimo degli altri.

idilliaco *agg.* (*pl. m. -ci*) **1** Che si riferisce all'idillio: *componimento –*. **2** Che si ispira alla serenità degli idilli: *visione idilliaca.*

idillico *agg.* (*pl. m. -ci*) Idilliaco.

idillio *s. m.* **1** Componimento poetico di carattere pastorale e campestre: *gli idilli di Teocrito.* **2** (*est.*, *fig.*) Vita tranquilla, esente da preoccupazioni. **3** (*fig.*) Amore delicato, sognante.

idiolètto *s. m.* Insieme delle attitudini linguistiche tipiche di un individuo.

idiòma *s. m.* (*pl. -i*) **1** Lingua propria di una comunità. **2** (*poet.*) Linguaggio.

idiomàtico *agg.* (*pl. m. -ci*) Che è proprio di un idioma | *Frasi idiomatiche*, modi di dire e peculiarità sintattiche di una lingua.

idiosincraṣìa *s. f.* **1** (*med.*) Particolare sensibilità di alcuni individui a determinate sostanze medicamentose o alimentari; SIN. Allergia. **2** (*est.*, *fig.*) Forte avversione: *ha una vera – per la matematica;* SIN. Ripugnanza.

idiòta *agg.; anche s. m. e f.* (*pl. m. -i*) **1** (*psicol.*) Affetto da idiozia. **2** (*est.*) Stupido e insensato.

idiotiṣmo *s. m.* Costruzione linguistica peculiare di una data lingua o dialetto.

idiozìa *s. f.* **1** (*psicol.*) Grave ritardo dello sviluppo mentale. **2** (*est.*) Stupidità, imbecillità. **3** Azione o discorso da idiota.

idolàtra *s. m. e f.; anche agg.* (*pl. m. -i*) **1** Adoratore di idoli. **2** Fanatico ammiratore di qc. o q.c.: *è un – della ricchezza.*

idolatràre *v. tr.* **1** Adorare idoli. **2** (*fig.*) Amare incondizionatamente: *– la propria madre* | Ammirare con fanatismo: *– i potenti.*

idolatrìa *s. f.* **1** Culto fondato sull'adorazione degli idoli. **2** (*fig.*) Ammirazione eccessiva.

idoleggiàre *v. tr.* (*io idoléggio*) Esaltare nella propria immaginazione qc. o q.c., adorandolo quasi come un idolo.

idolo *s. m.* **1** Immagine o statua di divinità adorata come sede reale della divinità medesima. **2** (*fig.*) Persona o cosa molto amata: *è l'– della folla.*

idoneità *s. f.* Qualità di idoneo; SIN. Attitudine, capacità.

idòneo *agg.* **1** Che ha le qualità o i requisiti necessari per q.c.: *essere – all'insegnamento*; SIN. Abile, atto. **2** Adatto, adeguato: *è il luogo – per una vacanza.*

idra *s. f.* **1** Nell'antica mitologia greco-romana, mostruoso serpente con molte teste, che, tagliate, rinascevano: *l'– di Lerna.* [→ ill. *araldica*] **2** (*zool.*) Piccolo animale dei Celenterati di acqua dolce a forma di polipo con lunghi tentacoli, che si riproduce normalmente per gemmazione.

idràcido *s. m.* Acido inorganico che non contiene ossigeno, quale l'acido cloridrico, cianidrico e sim.

idrànte *s. m.* Apparecchio installato su una tubazione d'acqua, che permette l'attacco di una lancia per l'estinzione di incendi, l'annaffiamento di strade e sim. [→ ill. *vigili del fuoco*]

idrargìrio *s. m.* (*lett.*) Mercurio.

idrargiriṣmo *s. m.* Intossicazione cronica da mercurio.

idràrtro *s. m.* (*med.*) Raccolta anomala di siero in una cavità articolare.

idratànte **A** *part. pres. di idratare; anche agg.* Che idrata. **B** *agg. e s. m.* Detto di liquido, crema e sim. atti a ristabilire il giusto grado di umidità della pelle.

idratàre *v. tr.* **1** Fare imbevere d'acqua | Addizionare molecole d'acqua a una sostanza. **2** Riportare al giusto grado di umidità: *– la pelle.*

idratazióne *s. f.* Procedimento dell'idratare.

idràto **A** *agg.* (*chim.*) Detto di sostanza contenente acqua; CONTR. Anidro. **B** *s. m.* (*chim.*) **1** Idrossido. **2** *– di carbonio*, glucide.

idràulica *s. f.* Scienza e tecnica che si occupa dell'equilibrio e del moto dei liquidi, spec. dell'acqua.

idràulico **A** *agg.* (*pl. m. -ci*) **1** Dell'idraulica: *fenomeno –* | Che si occupa di idraulica: *ingegnere –*. **2** Che consente la distribuzione delle acque: *impianto –*. **3** *Calce idraulica*, materiale da costruzione capace di indurirsi e far presa sott'acqua. **4** Che utilizza l'acqua o altri liquidi per funzionare: *freno –*. [→ ill. *carrello, motore*] **B** *s. m.* Tecnico addetto alla messa in opera e manutenzione delle condutture d'acqua degli edifici.

idraẓìna *s. f.* Composto usato nell'industria chimica e come propellente per razzi.

idrico *agg.* (*pl. m. -ci*) Di acqua.

idro-, -idro *primo e secondo elemento*: in parole composte dotte significa 'acqua': *idrografia, idrostatico, anidro* | (*chim.*) Primo elemento che indica presenza di idrogeno: *idrocarburo.*

idrobiologìa *s. f.* (*pl. -gie*) Studio degli esseri viventi nell'ambiente acquatico.

idrocarbùrico *agg.* (*pl. m. -ci*) Degli idrocarburi.

idrocarbùro *s. m.* Ciascuno dei composti organici formati esclusivamente di carbonio e idrogeno, cui appartengono i petroli, il metano, l'acetilene, la paraffina.

idrocefalìa *s. f.* (*med.*) Alterazione morbosa caratterizzata da idrocefalo.

idrocèfalo *s. m.* (*med.*) Aumento del liquido cefalorachidiano dei ventricoli cerebrali.

idrochinóne *s. m.* Fenolo usato come antisettico e sostanza di sviluppo per fotografia.

idrocoltùra *s. f.* (*bot.*) Coltivazione di piante mediante immersione delle radici in acqua.

idrocòro *agg.* Detto di pianta che affida all'acqua i semi o i frutti per la disseminazione.

idrodinàmica *s. f.* Parte dell'idraulica che studia il moto dei liquidi.

idrodinàmico *agg.* (*pl. m. -ci*) **1** Dell'idrodinamica. **2** Detto di ciò che ha forma tale da incontrare scarsa resistenza al moto nell'acqua.

idroelèttrico *agg.* (*pl. m. -ci*) Relativo alla trasformazione dell'energia cinetica dell'acqua in energia elettrica: *impianto –*; *centrale idroelettrica.* [→ ill. *diga*]

idrofilìa *s. f.* Impollinazione di piante acquatiche per mezzo dell'acqua.

idròfilo *agg.* **1** Che si imbeve facilmente di acqua: *cotone –*. **2** (*bot.*) Detto di pianta che ama luoghi umidi o che affida il polline all'acqua.

idròfita *s. f.* Pianta che vive nell'acqua.

idrofobìa *s. f.* (*med.*) Rabbia.

idròfobo *agg.* **1** Che è affetto da idrofobia. **2** (*fig.*, *fam.*) Furioso, rabbioso; SIN. Arrabbiato.

idròfono *s. m.* Apparecchio per la ricezione dei suoni, rumori e segnali subacquei, che serve a scoprire a distanza la presenza e la direzione di navi e sommergibili.

idròforo *agg.* Che porta acqua.

idròfugo *agg.* (*pl. m. -ghi*) Impermeabile, che non si lascia bagnare: *tessuto –*.

idrogenàre *v. tr.* (*io idrògeno*) Introdurre in una molecola, spec. organica, atomi di idrogeno.

idrogenazióne *s. f.* Operazione dell'idrogenare: *l'— dei grassi.*
idrògeno *s. m.* Elemento chimico, il più diffuso nell'universo, il più leggero dei gas, incolore, inodoro, infiammabile, ottenuto industrialmente per elettrolisi dell'acqua, o del metano: materia prima di molti processi industriali. SIMB. H. [→ ill. *nucleare*]
idrogètto *s. m.* Propulsore per navi veloci che utilizza un getto d'acqua aspirata da una bocca di presa, accelerata con una pompa ed espulsa a poppa.
idrografìa *s. f.* Scienza che studia mari, fiumi, laghi e sim. della Terra.
idrogràfico *agg.* (*pl. m. -ci*) Dell'idrografia: *bacino —*. [→ ill. *geografia*]
idrògrafo *s. m.* Studioso di idrografia.
idròlisi *s. f.* (*chim.*) Scissione di una sostanza per effetto dell'acqua.
idrolìtico *agg.* (*pl. m. -ci*) Dell'idrolisi.
idrolizzàre *v. tr.* (*io idrolizzo*) (*chim.*) Operare un'idrolisi.
idrologìa *s. f.* (*pl. -gie*) Studio del ciclo delle acque sulla Terra, dall'evaporazione alla precipitazione, ai corsi d'acqua, e alle acque sotterranee.
idromèle *s. m.* Bevanda alcolica tratta dalla fermentazione del miele diluito con acqua.
idrometèora *s. f.* Precipitazione atmosferica o manifestazione dell'acqua nell'atmosfera, come nebbie e nuvole.
idròmetra *s. m.* (*pl. -i*) Insetto abilissimo nel camminare sulla superficie dell'acqua grazie al corpo sottile e alle lunghissime zampe munite di peli idrofughi. [→ ill. *animali* 2]
idrometrìa *s. f.* Parte dell'idraulica che si occupa degli apparecchi e dei procedimenti per misurazioni di livello, portata e sim. di corsi d'acqua.
idromètrico *agg.* (*pl. m. -ci*) Dell'idrometria.
idròmetro *s. m.* Scala metrica verticale che segna il livello delle acque nei porti, nei canali, nei fiumi.
idròpico *agg.; anche s. m.* (*f. -a; pl. m. -ci*) Affetto da idropisia.
idropisìa *s. f.* (*med.*) Raccolta patologica di liquido.
idropittùra *s. f.* Pittura per intonaci che si diluisce con acqua.
idroplàno *s. m.* Scafo la cui carena, opportunamente sagomata, tende, nel moto, a ridurre l'immersione e perciò può raggiungere elevate velocità.
idropònica *s. f.* Coltura di piante in acque ricche di sali nutritivi.
idropòrto *s. m.* Idroscalo.
idrorepellènte *agg.* Di tessuto trattato in modo da diventare impermeabile all'acqua.
idroscàlo *s. m.* Aeroscalo per idrovolanti.
idroscì *s. m.* Sci acquatico.
idroscivolànte *s. m.* Imbarcazione generalmente propulsa con elica aerea, il cui scafo ha carena pianeggiante con uno o più gradini trasversali, e naviga quasi del tutto emerso.
idroscòpio *s. m.* Specie di cannocchiale per esplorare il fondo del mare.
idrosfèra *s. f.* Complesso delle acque giacenti e in movimento sulla superficie terrestre.
idrosiluránte *s. m.* Idrovolante che porta e può lanciare siluri.
idrosolùbile *agg.* Detto di sostanza solubile in acqua.
idròssido *s. m.* Composto inorganico contenente uno o più ioni ossidrile; SIN. Idrato.
idrostàtica *s. f.* (*idr.*) Parte della meccanica idraulica che studia l'equilibrio dei liquidi e dei corpi immersi o galleggianti nei liquidi.
idrostàtico *agg.* (*pl. m. -ci*) Dell'idrostatica e dei fenomeni che le sono propri | *Pressione idrostatica*, quella che l'acqua ferma esercita sui corpi in essa immersi, o sulle pareti dei recipienti. [→ ill. *fisica*]
idroterapìa *s. f.* (*med.*) Cura mediante acqua naturale, termale o medicata.
idroteràpico *agg.* (*pl. m. -ci*) Dell'idroterapia.
idrotermàle *agg.* Che si riferisce alle acque termali.
idrotimetrìa *s. f.* (*chim.*) Determinazione della durezza delle acque mediante precipitazione dei sali di calcio e magnesio con soluzione saponosa.
idrovìa *s. f.* Via di comunicazione costituita da corsi d'acqua navigabili.
idrovolànte *s. m.* Velivolo a motore capace di partire e posarsi su superfici d'acqua. [→ ill. *aeronautica*]
idròvora *s. f.* Pompa usata, spec. in lavori di bonifica, per portar via con rapidità acqua stagnante.
idròvoro *agg.* Detto di macchina o impianto atto a sollevare acqua nelle operazioni di bonifica.
idrùro *s. m.* (*chim.*) Composto dell'idrogeno con un metallo o un metalloide.
ièlla *s. f.* (*dial.*) Disdetta, sfortuna.
iellàto *agg.* (*dial.*) Che ha iella.
ièna *s. f.* **1** Mammifero dei Carnivori con testa massiccia, tronco più sviluppato anteriormente, odore sgradevolissimo. [→ ill. *animali* 19] **2** (*fig.*) Persona crudele e vile.
ieraticità *s. f.* (*raro*) Qualità di ieratico.
ieràtico A *agg.* (*pl. m. -ci*) **1** Sacerdotale, sacro | *Scrittura ieratica*, usata dai sacerdoti nell'antico Egitto. **2** (*fig.*) Grave e solenne: *gesto —*. **B** *s. m.* Scrittura ieratica.
-ière *suff.*: è derivativo di sost. tratti in genere da altri nomi, e indicanti attività professionali (*barbiere, banchiere, cameriere, corriere, doganiere, infermiere, portiere*) o indicanti oggetti (*braciere, candeliere*).
ièri A *avv.* Nel giorno che precede immediatamente l'oggi: *da — non l'ho più vista* | *L'altro —*, ierlaltro | *Da — a oggi*, nelle ultime ventiquattro ore e (*fig.*) in un tempo brevissimo | *Nato —*, (*fig.*) persona senza esperienza, ingenua. **B** *in funzione di s. m.* **1** Il giorno precedente quello del quale si parla. **2** (*est.*) Epoca indeterminata del passato, più o meno vicina nel tempo: *il mondo di —*.
ièri l'àltro o *ierlàltro avv.* Nel giorno precedente a ieri.
ièri séra o *iersèra avv.* Nella serata di ieri.
ierlàltro V. *ieri l'altro*.
-ièro *suff.*: è derivativo di agg. indicanti gener. una qualità: *battagliero, costiero, veritiero.*
iersèra V. *ieri sera*.
iettàre *v. tr.* (*io iètto*) (*dial.*) Gettare l'influsso malefico su qc.
iettàto *part. pass. di iettare; anche agg.* Colpito da iettatura, dalla sorte maligna.
iettatóre *s. m.* (*f. -trice*) Persona che si ritiene eserciti influssi malefici.
iettatùra *s. f.* **1** Influsso malefico che alcuni ritengono possa venire esercitato da talune persone o cose; SIN. Malocchio. **2** (*est.*) Sfortuna.
ifa *s. f.* (*bot.*) Ciascuno dei filamenti che formano il micelio dei funghi e una parte del tallo dei licheni.
-ifico *suff.* di agg. che indicano modo di essere o capacità di fare: *magnifico, pacifico, prolifico.*
-igiàno *suff.*: indica appartenenza a una entità geografica, cittadinanza (*lodigiano, marchigiano*) oppure condizione o categoria professionale (*artigiano, partigiano*).
igiène *s. f.* **1** Branca della medicina che mira a mantenere lo stato di salute individuale e collettivo, spec. con la prevenzione. **2** (*est.*) Il complesso delle norme riguardanti la pulizia e la cura della persona, degli ambienti e sim.
igienicaménte *avv.* In modo igienico | Per quanto concerne l'igiene.
igiènico *agg.* (*pl. m. -ci*) **1** Che si riferisce all'igiene: *precauzioni igieniche.* [→ ill. *bagno*] **2** Conforme all'igiene: *cibo —*. **3** (*fig., fam.*) Opportuno, conveniente: *è — evitare di parlargli.*
igienìsta *s. m. e f.* (*pl. m. -i*) **1** Chi si dedica allo studio dell'igiene e delle sue norme. **2** Chi osserva le norme igieniche con eccessiva scrupolosità.
iglò V. *igloo*.
igloo /*ingl.* 'iglu:/ *s. m. inv.* Abitazione eschimese: *— di legno* | Abitazione invernale eschimese a cupola costruita con blocchi di neve pressata. [→ ill. *abitazione*]
iglù *s. m.* Adattamento di *igloo*.
ignàro *agg.* Che non conosce: *— del futuro*; SIN. Inconsapevole.
ignàvia *s. f.* (*lett.*) Pigrizia; SIN. Accidia.
ignàvo *agg.; anche s. m.* (*f. -a*) (*lett.*) Pigro; SIN. Accidioso.
igneo *agg.* (*lett.*) Di fuoco.
ignìfugo *agg.* (*pl. m. -ghi*) Di sostanza non infiammabile usata per impedire o limitare la combustione di materiali combustibili | (*est.*) Fabbricato con sostanze ignifughe: *tuta ignifuga.*
-ìgno *suff.* di aggettivi che esprimono approssimazione, somiglianza, degenerazione: *asprigno, ferrigno, san-*

guigno.
ignòbile *agg.* **1** Che denota meschinità d'animo o volgarità; SIN. Spregevole. **2** (*raro, lett.*) Che non è di nobile origine.
ignobiltà *s. f.* L'essere ignobile.
ignominia *s. f.* **1** Disonore e disprezzo generale in cui cade chi ha commesso un'azione vergognosa; SIN. Infamia, vergogna. **2** (*fig.*) Persona o cosa che è causa di disonore. **3** (*fig., scherz.*) Cosa brutta.
ignominióso *agg.* Che causa ignominia; SIN. Infamante.
ignorantàggine *s. f.* **1** Condizione di ignoranza. **2** Azione o discorso da ignorante.
ignorànte **A** *part. pres. di ignorare; anche agg.* **1** Che non conosce: *essere — di arte* | Che ignora o conosce male quello che dovrebbe sapere: *un medico —*; SIN. Incompetente. **2** Che è privo di istruzione; SIN. Incolto. **3** Che è privo di educazione; SIN. Maleducato. **B** *s. m. e f.* **1** Chi è privo di istruzione. **2** Chi manca di educazione.
ignorànza *s. f.* **1** Condizione di chi non conosce. **2** Mancanza di istruzione. **3** Maleducazione. [→ tav. *proverbi* 234]
ignoràre *v. tr.* (*io ignòro*) **1** Non conoscere, non sapere: *— la storia.* **2** Fingere di non conoscere: *— una persona* | Sottovalutare, trascurare: *ignora le sue malattie.*
ignòto **A** *agg.* Non conosciuto: *paese —*; SIN. Oscuro, sconosciuto; CONTR. Noto. **B** *s. m. solo sing.* Tutto ciò di cui non si sa nulla: *andare verso l'—.* **C** *s. m.* Persona ignota: *i soliti ignoti.*
ignùdo *agg.; anche s. m.* Nudo.
ìgro- *primo elemento*: in parole composte scientifiche significa 'umidità': *igrometro, igroscopio.*
igròfita *s. f.* Pianta che vive bene solo in ambienti molto umidi.
igrometrìa *s. f.* Misura dell'umidità dell'aria.
igròmetro *s. m.* Apparecchio atto a determinare l'umidità atmosferica. [→ ill. *meteorologia, misure*]
igroscopìa *s. f.* Osservazione dell'umidità atmosferica.
igroscopicità *s. f.* Proprietà di essere igroscopico.
igroscòpico *agg.* (*pl. m. -ci*) Detto di sostanza (come il cloruro di calcio) o corpo capace di assorbire l'umidità dell'aria.
igroscòpio *s. m.* Strumento che, basandosi sulla variazione di colore di alcune sostanze al variare dell'umidità, indica l'umidità ambientale.
iguàna *s. f.* Grosso rettile arboricolo, che vive nell'America centro-meridionale, verdastro, con lunga coda e cresta sul dorso. [→ ill. *animali* 6]
iguanodónte *s. m.* Dinosauro erbivoro presente nei periodi cretaceo e giurassico. [→ ill. *paleontologia*]
ih *inter.* Esprime stupore, raccapriccio, disgusto, stizza e sim.: *— quante storie!*; *— che schifo!*
ikebàna /*giapp.* ike'bana/ *s. m. inv.* **1** Arte giapponese di disporre variamente elementi vegetali, spec. fiori e foglie, con finalità estetiche e simboliche. **2** Composizione così ottenuta.
il *art. det. m. sing.* (Si usa davanti a parole m. sing. che cominciano per consonante che non sia *gn, pn, ps, x, s impura, z* e anche davanti a parole che cominciano per *i, y, j* (se quest'ultima ha suono di consonante), seguite da vocali: *— whisky, — bue*; *— judo* | Fondendosi con le prep. proprie semplici, dà origine alle prep. art. m. sing. *al, col, dal, del, nel, pel, sul* | V. anche *lo*) **1** Indica e determina una cosa o una persona distinta da ogni altra della stessa specie: *prendi — treno delle quindici* | Si può premettere al cognome di personaggi celebri: *— Mazzini.* **2** Indica e determina una categoria: *— bambino va educato.* **3** Questo, quello (con valore dimostr.): *Napoleone — grande*; *Plinio — giovane.* **4** Ogni, ciascuno: *riceve — giovedì.* **5** Nel, durante il: *vengo — pomeriggio.*
ila *s. f.* (*zool.*) Raganella.
ilare *agg.* Che è di buon umore, che mostra contentezza; SIN. Giulivo, lieto.
ilarità *s. f.* Propensione alla gaiezza, al riso | (*est.*) Risata, spec. di più persone | *Destare l'—*, far ridere.
-ile *suff.* di agg. talora sostantivati indicanti gener. qualità: *civile, febbrile, gentile, giovanile.*
ileo *s. m.* **1** (*anat.*) Porzione di intestino tenue compresa tra il digiuno e il cieco. [→ ill. *anatomia umana*] **2** (*anat.*) Una delle tre ossa che formano il bacino; SIN. Ilio. [→ ill. *anatomia umana*] **3** Occlusione intestinale.
ileocecàle *agg.* (*anat.*) Dell'ileo e dell'intestino cieco.
ilìaco *agg.* (*pl. m. -ci*) Dell'osso dell'ileo: *arteria iliaca.* [→ ill. *anatomia umana*]
ilio *s. m.* (*anat.*) Ileo.
illacrimàto *agg.* (*lett.*) Privo di compianto, di lacrime.
illanguidire **A** *v. tr.* (*io illanguidìsco, tu illanguidìsci*) Rendere languido, fiacco: *il lungo digiuno lo illanguidì*; SIN. Indebolire. **B** *v. intr. e intr. pron.* (*aus. essere*) Divenire languido, fiacco.
illatìvo *agg.* Che inferisce, conclude | *Congiunzione illativa*, conclusiva.
illazióne *s. f.* Conclusione, talora arbitraria, dedotta da una o più premesse; SIN. Deduzione.
illècito **A** *agg.* Contrario a norme imperative, all'ordine pubblico o al buon costume; CONTR. Lecito. **B** *s. m.* Atto compiuto in violazione di una norma giuridica.
illegàle *agg.* Contrario alla legge.
illegalità *s. f.* L'essere illegale | Atto illegale.
illeggiadrire *v. tr.* (*io illeggiadrisco, tu illeggiadrisci*) Rendere leggiadro.
illeggìbile *agg.* Che è impossibile o difficile a leggersi; SIN. Indecifrabile; CONTR. Leggibile.
illegittimità *s. f.* L'essere illegittimo.
illegìttimo **A** *agg.* **1** Di ciò che non concorda con la legge e la giustizia | *Figlio —*, non riconosciuto legalmente da entrambi i genitori; CONTR. Legittimo. **2** Non conforme alla coerenza dei criteri di un ragionamento e sim. **B** *s. m.* (*f. -a*) Figlio illegittimo.
illéso *agg.* Che non ha subito danni, offese o lesioni: *uscire — da un incidente*; SIN. Incolume, indenne.
illetteràto *agg.; anche s. m.* (*f. -a*) Analfabeta | (*est.*) Detto di chi ha ricevuto un'istruzione molto scarsa.
illibatézza *s. f.* Qualità di illibato; SIN. Integrità, purezza.
illibàto *agg.* **1** Integro e puro, senza macchia: *costumi illibati.* **2** Vergine, detto spec. di donna.
illiberàle *agg.* **1** Contrario ai principi liberali. **2** Privo di generosità.
illiceità *s. f.* Qualità di ciò che è illecito.
illimitatézza *s. f.* Mancanza di limiti.
illimitàto *agg.* **1** Privo di limiti, infinito: *l'universo è —*; CONTR. Limitato. **2** Senza riserve: *fiducia illimitata.*
illividire **A** *v. tr.* (*io illividìsco, tu illividìsci*) **1** Far livido: *il gelo gli illividiva le mani.* **2** Coprire di lividure. **B** *v. intr. e intr. pron.* (*aus. essere*) Divenire livido.
illogicità *s. f.* **1** Caratteristica di ciò che è illogico. **2** Atto o detto illogico. • SIN. Assurdità.
illògico *agg.* (*pl. m. -ci*) Che è contrario alla logica, alla ragione; SIN. Assurdo, irragionevole; CONTR. Logico.
illùdere **A** *v. tr.* (*pass. rem. io illùsi, tu illudésti; part. pass. illùso*) Ingannare qc. facendo credere ciò che non è. **B** *v. rifl.* Ingannarsi con vane speranze e sim.: *si illusero di vincere.*
illuminaménto *s. m.* **1** Illuminazione. **2** (*fis.*) Rapporto fra il flusso luminoso ricevuto da un elemento di superficie e l'area di questo, misurato in lux.
illuminànte *part. pres. di illuminare; anche agg.* Che illumina (*anche fig.*).
illuminàre **A** *v. tr.* (*io illùmino*) **1** Rendere chiaro o luminoso diffondendo luce: *il sole illumina la terra* | *— a giorno*, con luce intensa; SIN. Rischiarare. **2** (*fig.*) Donare un'espressione radiosa: *il sorriso illumina lo sguardo.* **3** (*fig.*) Liberare la mente dall'ignoranza svelando il vero: *— la mente* | (*est.*) Informare, istruire. **B** *v. intr. pron.* **1** Diventare luminoso. **2** (*fig.*) Acquistare un'espressione raggiante: *illuminarsi di contentezza.*
illuminàto *part. pass. di illuminare; anche agg.* **1** Che ha ricevuto o riceve luce. **2** (*fig.*) Rischiarato dalla luce dell'intelligenza o della sapienza: *menti illuminate* | *Secolo —*, il Settecento | *Sovrano —*, promotore di riforme sociali, spec. nel sec. XVIII.
illuminazióne *s. f.* **1** Diffusione di luce; SIN. Illuminamento. **2** Complesso degli apparecchi e dei mezzi usati per illuminare artificialmente. [→ ill. *illuminazione*] **3** Improvvisa apertura dell'intelletto alla conoscenza del vero per opera della grazia. **4** (*fig.*) Lo schiudersi improvviso della mente alla verità o alla concezione di un'idea: *l'ultima sua poesia è nata da un'— improvvisa.*
illuminìsmo *s. m.* Movimento filosofico-culturale del XVIII secolo, che si proponeva di combattere l'ignoran-

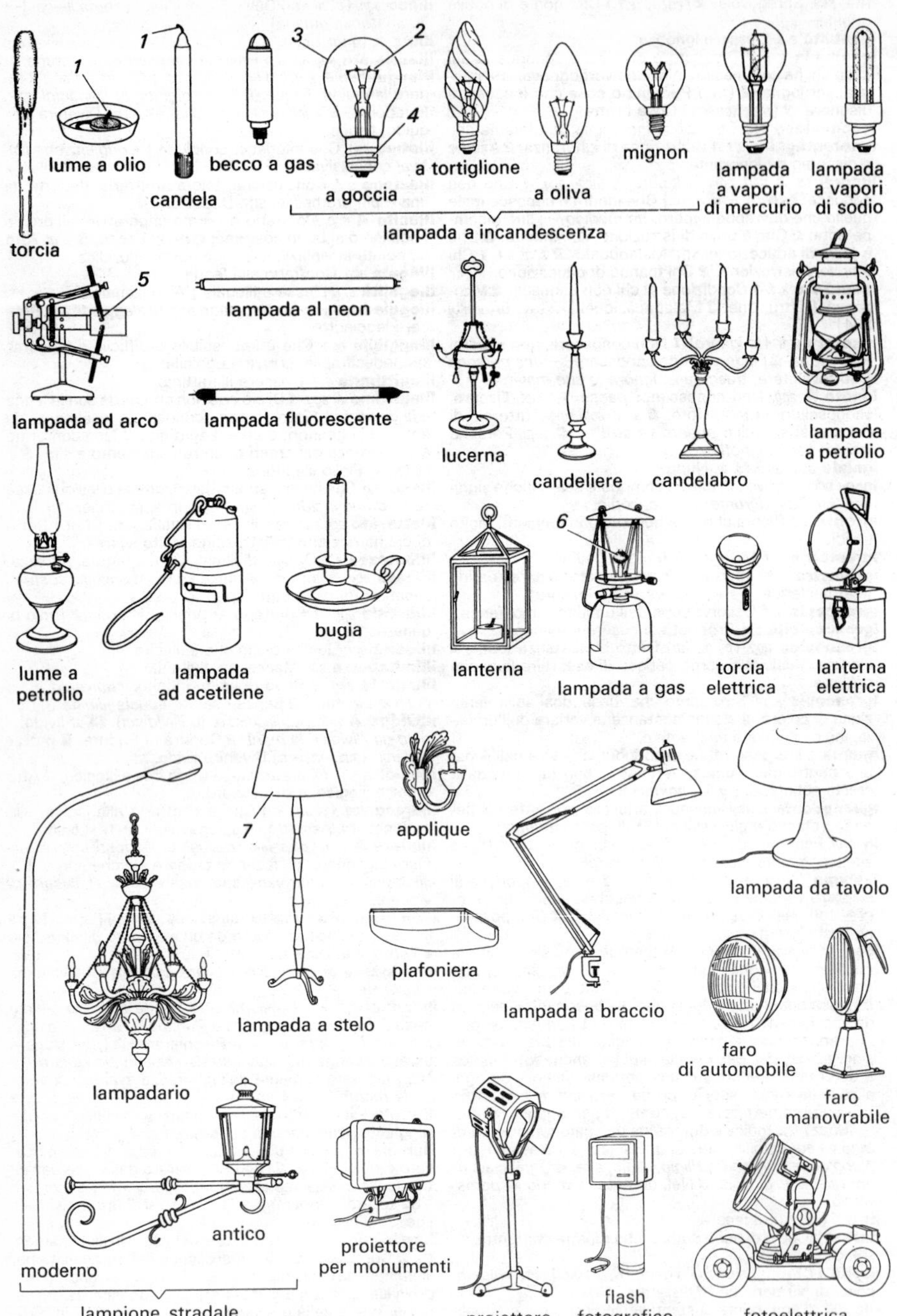

1 stoppino 2 filamento 3 bulbo 4 zoccolo 5 elettrodo di carbone 6 reticella 7 abat-jour

za, il pregiudizio, la superstizione, applicando l'analisi razionale a tutti i campi dell'esperienza umana.

illuminìsta ***A*** *s. m. e f.* (*pl. m. -i*) Chi segue l'illuminismo. ***B*** *agg.* Illuministico.

illuminìstico *agg.* (*pl. m. -ci*) Che si riferisce all'illuminismo.

illuminotècnica *s. f.* Tecnica degli impianti di illuminazione.

illusióne *s. f.* ***1*** Inganno dei sensi per cui una falsa impressione viene creduta realtà: *la rappresentazione di quell'affresco crea l'– del movimento* | *– ottica*, fallace interpretazione di una sensazione visiva. ***2*** Falsa configurazione del reale secondo cui si attribuisce consistenza ai propri sogni e alle proprie speranze; SIN. Chimera.

illusionìsmo *s. m.* Arte ed esercizio di abilità consistenti nel far apparire come reali illusioni ottiche e sensorie in genere.

illusionìsta *s. m. e f.* (*pl. m. -i*) Chi dà spettacolo di illusionismo; SIN. Prestigiatore.

illusionìstico *agg.* (*pl. m. -ci*) Dell'illusionismo.

illùso *part. pass. di illudere; anche agg. e s. m.* (*f. -a*) Detto di chi si illude vanamente.

illusòrio *agg.* ***1*** Che serve a illudere; SIN. Ingannevole. ***2*** Che è frutto di un'illusione: *felicità illusoria.*

illustràre *v. tr.* ***1*** Corredare un testo di figure, disegni, fotografie. ***2*** Rendere chiaro, fornendo di commento: *– un testo*; SIN. Spiegare. ***3*** (*raro*) Rendere illustre.

illustratìvo *agg.* Atto a illustrare.

illustràto *part. pass. di illustrare; anche agg.* Ornato di illustrazioni.

illustratóre *s. m.* (*f. -trìce*) ***1*** Chi illustra un testo. ***2*** Chi commenta un'opera letteraria o artistica.

illustrazióne *s. f.* ***1*** Spiegazione, commento | Inserimento in un testo di figure e sim. ***2*** Figura, disegno, stampa, fotografia inserita in un testo o in un periodico, a scopo ornamentale o esplicativo. [→ ill. *stampa*]

illùstre *agg.* Che gode grande e meritata fama per qualità o per opere notevoli: *scienziato –*; SIN. Celebre, eminente, famoso, insigne.

illustrìssimo *agg.* ***1*** *Sup. di illustre.* ***2*** Come titolo onorifico o formula di cortesia: *Vostra Signoria Illustrissima*; *– signore.*

illùvie *s. f. inv.* ***1*** Inondazione. ***2*** Sporcizia, sudiciume.

ilo *s. m.* ***1*** (*bot.*) Area che circonda la cicatrice indicante il punto di attacco del seme al funicolo. ***2*** (*anat.*) Orifizio attraverso cui vasi, nervi e altre formazioni penetrano in un organo: *– epatico.*

ilòta *s. m. e f.* (*pl. m. -i*) ***1*** Schiavo spartano. ***2*** (*fig.*) Persona soggetta a dura servitù.

ilozoìsmo *s. m.* Concezione filosofica secondo la quale la materia è vivente e animata.

imàno *s. m.* ***1*** Sultano, re o signore universale musulmano. ***2*** Fedele musulmano che dirige la preghiera nella moschea.

imàtio *s. m.* Veste di lana maschile e femminile nell'antica Grecia. [→ ill. *vesti*]

imbacuccàre ***A*** *v. tr.* (*io imbacùcco, tu imbacùcchi*) Coprire la testa e il corpo avvolgendoli in abiti pesanti: *– qc. in un mantello*; SIN. Infagottare. ***B*** *v. rifl.* Coprirsi bene con abiti pesanti.

imbacuccàto *part. pass. di imbacuccare; anche agg.* Ben coperto di abiti, infagottato.

imbaldanzìre ***A*** *v. tr.* (*io imbaldanzìsco, tu imbaldanzìsci*) Rendere baldanzoso. ***B*** *v. intr. e intr. pron.* (*aus. essere*) Diventare baldanzoso.

imballàggio *s. m.* ***1*** Confezionamento di balle di lana, cotone e sim. ***2*** Tecnica di disporre le merci entro contenitori per la spedizione, l'immagazzinaggio e la vendita | Contenitore o materiale, quale legno, carta, cartone, tessuti, metalli e sim., usati a tale scopo. [→ ill. *contenitore, magazzinaggio*] ***3*** Spesa dell'imballaggio.

imballàre (1) *v. tr.* ***1*** Confezionare in balle: *– la lana.* ***2*** Sistemare le merci entro contenitori adatti per il trasporto, l'immagazzinaggio e la vendita: *– libri.*

imballàre (2) *v. tr.* Portare un motore a un numero di giri superiore a quello corrispondente alla sua potenza massima.

imballàto *agg.* Detto di atleta che non è più agile e sciolto nei movimenti.

imballatóre *s. m.* (*f. -trìce*) Addetto all'imballaggio.

imbàllo *s. m.* ***1*** Imballaggio. ***2*** Tessuto per imballare: *– di iuta.*

imbalsamàre *v. tr.* (*io imbàlsamo*) Preparare con sostanze speciali cadaveri d'uomo o di animali per sottrarli ai naturali processi di decomposizione.

imbalsamatóre *s. m.* (*f. -trìce*) Chi è addetto all'imbalsamazione.

imbalsamazióne *s. f.* ***1*** Operazione dell'imbalsamare: *l'– dei cadaveri.* ***2*** Arte di preparare naturalisticamente animali; SIN. Tassidermia.

imbambolàto *agg.* Che mostra un'espressione fissa e attonita: *sguardo –.*

imbandieraménto *s. m.* Atto dell'imbandierare | Esposizione di bandiere.

imbandieràre ***A*** *v. tr.* (*io imbandièro*) Ornare di bandiere: *– la città.* ***B*** *v. intr. pron.* Ornarsi di bandiere.

imbandigióne *s. f.* (*raro, lett.*) Atto dell'imbandire | (*est.*) Complesso delle vivande imbandite.

imbandìre *v. tr.* (*io imbandìsco, tu imbandìsci*) Preparare e disporre i cibi sulla mensa con una certa sontuosità: *– un pranzo.*

imbarazzànte *part. pres. di imbarazzare; anche agg.* Che mette in imbarazzo: *situazione –.*

imbarazzàre ***A*** *v. tr.* ***1*** Rendere difficile impacciando: *– i movimenti* | *– lo stomaco*, appesantirlo mangiando cose indigeste; SIN. Impacciare, intralciare. ***2*** (*fig.*) Mettere qc. in una situazione di disagio; SIN. Confondere. ***B*** *v. intr. pron.* Essere preso da imbarazzo.

imbarazzàto *part. pass. di imbarazzare; anche agg.* ***1*** Impacciato | *Stomaco –*, appesantito. ***2*** Confuso, messo a disagio.

imbaràzzo *s. m.* ***1*** Senso di impaccio e ingombro nei movimenti: *il bagaglio mi è di –*; SIN. Impedimento | *– di stomaco*, pesantezza causata da cibo non digerito. ***2*** Stato di disagio, confusione, turbamento e sim.: *essere in –.* ***3*** Perplessità, incertezza: *l'– della scelta.*

imbarbariménto *s. m.* Progressiva decadenza in uno stato di barbarie, ignoranza e sim.: *– dei costumi.*

imbarbarìre ***A*** *v. tr.* (*io imbarbarìsco, tu imbarbarìsci*) Ridurre a uno stato di barbarie, rozzezza, ignoranza: *– una nazione* | *– una lingua*, introdurvi forestierismi. ***B*** *v. intr. e intr. pron.* (*aus. essere*) ***1*** Diventare barbaro. ***2*** (*fig.*) Decadere dal punto di vista civile, sociale, intellettuale.

imbarcadèro *s. m.* Molo per imbarcare e sbarcare passeggeri e merci; SIN. Imbarcatoio.

imbarcàre ***A*** *v. tr.* (*io imbàrco, tu imbàrchi*) ***1*** Caricare o prendere a bordo cose, persone o animali: *– le merci* | *– acqua*, di imbarcazione che riceve acqua. ***2*** (*est.*) Caricare o far salire animali, persone o cose su un mezzo di trasporto: *– i soldati sui camion.* ***3*** (*fig.*) Mettere qc. in una situazione difficile o troppo impegnativa. ***B*** *v. rifl.* ***1*** Salire a bordo di una nave come passeggero o componente l'equipaggio: *imbarcarsi su una motonave*; *imbarcarsi per l'Africa*; *imbarcarsi come mozzo.* ***2*** (*est., scherz.*) Salire su un veicolo. ***3*** (*fig.*) Intraprendere un'attività rischiosa, difficile e sim.: *s'è imbarcato in una strana faccenda.* ***C*** *v. intr. pron.* Incurvarsi, arcuarsi, detto di assi di legno e sim.

imbarcatóio *s. m.* Imbarcadero.

imbarcazióne *s. f.* Qualsiasi natante di piccole dimensioni azionato a remi, a vela o a motore. [→ ill. *porto*]

imbàrco *s. m.* (*pl. -chi*) ***1*** Carico a bordo delle merci | Salita, ricevimento a bordo di passeggeri od equipaggio. ***2*** Servizio prestato a bordo come membro dell'equipaggio | Durata di tale servizio. ***3*** Luogo da cui ci si imbarca: *l'– è a Napoli.*

imbardàta *s. f.* (*aer.*) Rotazione dell'aereo intorno al suo asse verticale, tale che un'ala avanzi rispetto all'altra.

imbastardìre ***A*** *v. tr.* (*io imbastardìsco, tu imbastardìsci*) ***1*** Rendere bastardo: *– una stirpe.* ***2*** (*fig.*) Alterare, corrompere | *– una lingua*, introdurvi parole e costrutti stranieri. ***B*** *v. intr. e intr. pron.* (*aus. essere*) ***1*** Perdere la natura e i caratteri della propria razza. ***2*** (*fig.*) Corrompersi, degenerare.

imbastìre *v. tr.* (*io imbastìsco, tu imbastìsci*) ***1*** Unire a punti lunghi due lembi di tessuto, prima della cucitura definitiva. ***2*** (*fig.*) Delineare per sommi capi, abbozzare: *– un piano d'azione* | Porre in essere in breve tempo: *– una burla* | *– q.c. lì per lì, su due piedi* e sim., in tutta fretta.

imbastitùra *s. f.* **1** Atto dell'imbastire | Cucitura provvisoria a punti lunghi. [→ ill. *tessuto*] **2** (*raro, fig.*) Schema, traccia, abbozzo: – *di un romanzo.* **3** (*sport*) Cotta.

imbàttersi *v. intr. pron.* **1** Incontrare per caso: – *in un vecchio amico.* **2** Ottenere in sorte.

imbattìbile *agg.* Che non si riesce a battere, a vincere; SIN. Invincibile.

imbattùto *agg.* Che non è mai stato battuto, vinto.

imbavagliàre *v. tr.* (*io imbavàglio*) **1** Mettere il bavaglio. **2** (*fig.*) Impedire a qc. di parlare, pensare o scrivere liberamente: – *gli intellettuali.*

imbavàre *v. tr.* (*raro*) Imbrattare di bava.

imbeccàre *v. tr.* (*io imbécco, tu imbécchi*) **1** Nutrire volatili che non sono in grado di farlo da soli, introducendo il cibo nel loro becco: – *i pulcini.* **2** (*fig.*) Dare l'imbeccata; SIN. Suggerire.

imbeccàta *s. f.* **1** Quantità di cibo messo in bocca a un uccello in una volta. **2** (*fig.*) Nel gergo teatrale, suggerimento di una battuta | (*est.*) Complesso di insegnamenti e consigli forniti a qc. perché parli o si comporti nel modo voluto.

imbecillàggine *s. f.* Imbecillità.

imbecìlle A *agg.* **1** (*psicol.*) Affetto da imbecillità. **2** (*fig., spreg.*) Detto di persona che si rivela poco intelligente; SIN. Scemo, stupido. **B** *s. m. e f.* **1** (*psicol.*) Chi è affetto da imbecillità. **2** (*fig., spreg.*) Persona che si comporta scioccamente o commette stupidaggini; SIN. Cretino.

imbecillità *s. f.* **1** (*psicol.*) Insufficienza congenita dello sviluppo psichico. **2** (*fig., spreg.*) L'essere imbecille | Azione, discorso da imbecille; SIN. Scemenza, stupidità.

imbèlle *agg.* **1** Disadatto alla guerra. **2** (*est.*) Timido, vile, fiacco: *animo* –.

imbellettàre A *v. tr.* (*io imbellétto*) **1** Ornare di belletto: – *il viso.* **2** (*fig.*) Ornare in modo da nascondere l'aspetto reale: – *un'opera letteraria.* **B** *v. rifl.* **1** Mettersi il belletto. **2** (*raro, fig.*) Adornarsi esteriormente.

imbellìre A *v. tr.* (*io imbellìsco, tu imbellìsci*) Rendere bello o più bello; CONTR. Imbruttire. **B** *v. intr.* (*aus. essere*) Diventare più bello.

imbèrbe *agg.* **1** Che non ha ancora la barba: *viso* –. **2** (*fig., scherz.*) Inesperto, ingenuo, immaturo.

imbestialìre A *v. tr.* (*io imbestialìsco, tu imbestialìsci*) (*raro*) Fare arrabbiare come una bestia: *le tue parole lo imbestialirono.* **B** *v. intr. e intr. pron.* (*aus. essere*) Diventare come una bestia furiosa, arrabbiandosi all'eccesso; SIN. Infuriarsi.

imbévere A *v. tr.* (*coniug. come bere*) **1** Bagnare, inzuppare, impregnare: – *un biscotto nel latte.* **2** (*raro*) Assorbire. **B** *v. intr. pron.* **1** Lasciarsi penetrare da un liquido: *imbeversi di acqua.* **2** (*fig.*) Assimilare q.c. in profondità: *imbeversi di idee.*

imbiaccàre A *v. tr.* (*io imbiàcco, tu imbiàcchi*) **1** Coprire, tingere di biacca. **2** (*fig.*) Imbellettare. **B** *v. rifl.* **1** Tingersi di biacca. **2** (*fig.*) Truccarsi il viso in modo troppo vistoso.

imbiancaménto *s. m.* L'imbiancare; SIN. Sbiancamento | Incanutimento.

imbiancàre A *v. tr.* (*io imbiànco, tu imbiànchi*) **1** Far divenire bianco: *crema che imbianca la pelle* | (*est.*) Rischiarare, illuminare: *l'alba imbianca l'orizzonte.* **2** Mettere in bucato: – *i panni* | Candeggiare: – *un tessuto.* **B** *v. intr. e intr. pron.* (*aus. essere*) **1** Diventare bianco | Incanutire. **2** (*fig.*) Impallidire: – *in volto* | (*est.*) Diventare chiaro o più chiaro: *il cielo imbianca a poco a poco.*

imbiancàto *part. pass. di imbiancare; anche agg.* Reso bianco. [→ tav. *locuzioni* 102]

imbiancatùra *s. f.* **1** Decolorazione, schiarimento, candeggio e sim. **2** Tinteggiatura di una parete.

imbianchiménto *s. m.* Imbiancatura | Processo di decolorazione di un prodotto industriale.

imbianchìno *s. m.* **1** Chi per mestiere imbianca o tinteggia i muri. **2** (*spreg.*) Cattivo pittore.

imbianchìre A *v. tr.* (*io imbianchìsco, tu imbianchìsci*) **1** Rendere bianco. **2** Scolorire, decolorare: – *una tela* | Schiarire carne o verdura, scottandola in acqua bollente e raffreddandola. **B** *v. intr.* (*aus. essere*) Diventare bianco | Incanutire.

imbibizióne *s. f.* (*fis.*) Assorbimento di un liquido da parte di un solido.

imbiondìre A *v. tr.* (*io imbiondìsco, tu imbiondìsci*) Rendere biondo. **B** *v. intr. e intr. pron.* (*aus. essere*) Diventare biondo.

imbizzarrìre A *v. intr. e intr. pron.* (*io imbizzarrìsco, tu imbizzarrìsci; aus. essere*) **1** Diventare bizzarro, detto spec. di cavallo. **2** (*fig.*) Incollerire o diventare all'improvviso irrequieto, detto di persona. **B** *v. tr.* (*raro*) Rendere irrequieto.

imboccàre A *v. tr.* (*io imbócco, tu imbócchi*) **1** Nutrire qc. che non è in grado di farlo da solo, mettendogli il cibo in bocca: – *un bambino.* **2** (*fig.*) Imbeccare, istruire, suggerire: – *i testimoni.* **3** Adattare alla bocca uno strumento a fiato per suonarlo: – *il sassofono.* **4** Penetrare nell'entrata di q.c. o in un luogo da percorrere: – *il porto*; – *una strada.* **B** *v. intr.* (*aus. essere*) **1** Immettere, terminare: *il Mincio imbocca nel Po.* **2** Entrare, adattarsi bene: *il turacciolo imbocca nella bottiglia.*

imboccatùra *s. f.* **1** Apertura da cui si entra o si passa in qualche luogo: *l'– di un canale, di una strada.* [→ ill. *porto*] **2** Apertura, orifizio di un oggetto in cui si inserisce q.c.: *l'– della damigiana.* **3** Parte di uno strumento a fiato a cui il suonatore adatta la bocca | Parte del microtelefono in cui si parla. [→ ill. *telefonia*]

imbócco *s. m.* (*pl. -chi*) Entrata.

imbolsìre *v. intr.* (*io imbolsìsco, tu imbolsìsci; aus. essere*) **1** Diventare bolso. **2** (*fig.*) Ingrassare a scapito della salute. **3** (*fig.*) Diventare pigro.

imboniménto *s. m.* **1** Discorso dell'imbonitore. **2** (*est.*) Ogni discorso elogiativo su cose di un pregio spesso inesistente.

imbonìre *v. tr.* (*io imbonìsco, tu imbonìsci*) Esaltare i pregi di q.c. cercando di convincere gli eventuali acquirenti con discorsi appropriati.

imbonitóre *s. m.* (*f. -trice*) Chi imbonisce.

imborghesiménto *s. m.* Acquisizione di gusti e modi di vita borghesi.

imborghesìre A *v. tr.* (*io imborghesìsco, tu imborghesìsci*) Rendere borghese. **B** *v. intr. e intr. pron.* (*aus. essere*) Acquistare modi, gusti e consuetudini di vita borghese.

imboscaménto *s. m.* Occultamento in un bosco | (*est.*) Accaparramento, incetta | (*est.*) Atto o condizione di chi si sottrae all'obbligo militare, a un servizio pericoloso o a compiti gravosi.

imboscàre A *v. tr.* (*io imbòsco, tu imbòschi*) **1** Nascondere animali o persone in un bosco. **2** (*est.*) Nascondere qc. per sottrarlo al servizio militare | Occultare q.c. per salvarla da una requisizione. **B** *v. rifl.* **1** Nascondersi in un bosco: *le fiere s'imboscano* | (*est.*) Nascondersi per tendere un agguato a qc. **2** (*est.*) Sottrarsi all'obbligo militare o a un servizio pericoloso | Sottrarsi a compiti gravosi. **3** Andare al bosco, detto dei bachi da seta.

imboscàta *s. f.* Agguato teso al nemico dove e quando meno se lo aspetta: *fare, tendere, una* –.

imboscàto A *part. pass. di imboscare; anche agg.* Nascosto in un bosco | (*est.*) Nascosto. **B** *agg. e s. m.* Detto di chi, specie in tempo di guerra, si nasconde per sottrarsi al servizio militare o briga per tenersi lontano dal fronte.

imboschiménto *s. m.* Trasformazione di un terreno a bosco.

imboschìre A *v. tr.* (*io imboschìsco, tu imboschìsci*) Ridurre un terreno a bosco. **B** *v. intr. e intr. pron.* (*aus. essere*) Coprirsi di bosco | Infoltirsi come un bosco.

imbottàre *v. tr.* (*io imbótto*) Mettere in una botte: – *il vino.*

imbótte *s. f.* (*arch.*) Superficie concava di un arco o di una volta.

imbottigliaménto *s. m.* Operazione dell'imbottigliare | (*est.*) Blocco | (*est.*) Intasamento, ingorgo del traffico.

imbottigliàre A *v. tr.* (*io imbottìglio*) **1** Mettere in bottiglia: – *il vino.* **2** (*est.*) Costringere qc. o q.c. in un luogo chiuso o con uscite obbligate: – *la flotta in un porto* | (*est.*) Privare di ogni possibilità di movimento: – *l'avversario.* **B** *v. intr. pron.* Rimanere bloccato in un luogo stretto senza potersi muovere, detto spec. di veicoli.

imbottigliatóre *s. m.* (*f. -trice*) **1** Chi imbottiglia vino o liquori per mestiere. **2** Apparecchio per riempire le bottiglie.

imbottigliatrice *s. f.* Macchina per imbottigliare liquidi. [→ ill. *vino*]

imbottìre *v. tr.* (*io imbottìsco, tu imbottìsci*) **1** Riempire di lana, crine, stoppa, ovatta o altro materiale adatto, vari oggetti o indumenti, per renderli più soffici, per ottenere particolari effetti estetici o altro: – *un divano*; – *una giacca a vento*. **2** (*fig.*) Riempire, colmare: *imbottirsi la testa di idee*.

imbottita *s. f.* Coperta da letto ripiena di bambagia o piume.

imbottito *part. pass. di imbottire; anche agg.* Dotato di imbottitura | *Panino* –, tagliato a metà e riempito di salumi, formaggio e sim.

imbottitùra *s. f.* **1** Operazione dell'imbottire | La parte imbottita. **2** Materiale soffice o elastico, usato per imbottire.

imbozzàre *v. tr.* (*io imbòzzo*) Ormeggiare solidamente una nave.

imbozzimàre *v. tr.* Trattare i filati con la bozzima.

imbràca *s. f.* **1** Parte del finimento dei cavalli da tiro costituita da una lunga striscia di cuoio che pende sotto la groppiera intorno alle cosce. [→ ill. *finimenti*] **2** Catena metallica o sostegno di corde per sollevare oggetti pesanti. **3** Braca per bambini in fasce. **4** Cintura di sicurezza del muratore.

imbracàre *v. tr.* (*io imbràco, tu imbràchi*) Cingere con corde o catene un oggetto pesante che deve essere sollevato e trasportato.

imbracatùra *s. f.* Operazione dell'imbracare | Sistema di funi con le quali si imbraca q.c. | Cintura munita di cosciali e, spesso, di bretelle, a cui gli alpinisti fissano la corda che li lega in cordata e gli attrezzi per l'arrampicata. [→ ill. *alpinista*]

imbracciàre *v. tr.* (*io imbràccio*) Mettere, infilare q.c. al braccio | – *il fucile*, metterlo in posizione di tiro.

imbracciatùra *s. f.* **1** Modo e atto dell'imbracciare un'arma. **2** Parte che serve per imbracciare: *l'– dello scudo*.

imbrachettàre *v. tr.* (*io imbrachétto*) Accoppiare una tavola fuori testo a una segnatura mediante una striscia di carta incollata metà sulla tavola e metà a cavallo della segnatura.

imbranàto *agg.; anche s. m.* (*f. -a*) (*dial., centr.*) Detto di chi appare goffo, tonto e sim.

imbrancàre **A** *v. tr.* (*io imbrànco, tu imbrànchi*) **1** Riunire in branco: – *le pecore*. **2** (*est.*) Mettere insieme cose o persone. **B** *v. rifl.* Mettersi in branco, in gruppo.

imbrattacàrte *s. m. e f. inv.* (*spreg.*) Scrittore di poco valore.

imbrattàre **A** *v. tr.* Insudiciare con liquidi o materie appiccicose | – *tele, muri*, dipingere male | – *fogli, carte*, scrivere cose sciocche; SIN. Sporcare. **B** *v. rifl.* Insudiciarsi, sporcarsi.

imbrattatéle *s. m. e f. inv.* (*spreg.*) Pittore di scarsa abilità.

imbràtto *s. m.* **1** (*raro*) Atto dell'imbrattare. **2** (*spreg.*) Abbozzo di scritto o dipinto di nessun pregio. **3** Cibo che si dà al maiale nel truogolo. **4** Mano di calce grossolana che si dà ai muri prima dell'intonaco.

imbrecciàre *v. tr.* (*io imbréccio*) Cospargere una strada di breccia.

imbricàto *agg.* Detto di parti che si coprono parzialmente a vicenda come gli embrici dei tetti: *foglie imbricate*.

imbrìfero *agg.* (*geogr.*) Che apporta pioggia, che raccoglie pioggia: *bacino* –.

imbrigliaménto *s. m.* **1** Operazione dell'imbrigliare | (*fig.*) Contenimento, controllo. **2** Costruzione di muretti nell'alveo di un torrente montano per rallentare l'impeto delle acque di piena.

imbrigliàre *v. tr.* (*io imbrìglio*) **1** Mettere le briglie: – *un cavallo*. **2** (*est.*) Tenere a freno (*anche fig.*): – *il nemico*. **3** Rinforzare, sostenere con briglie: – *le sartie*.

imbrillantinàre *v. tr. e rifl.* Cospargere i capelli di brillantina.

imbroccàre *v. tr.* (*io imbròcco, tu imbròcchi*) Colpire nel segno | (*est.*) Indovinare, azzeccare: *l'ha imbroccata giusta*.

imbrodàre *v. tr. e intr.* (*io imbròdo*) (*raro*) Sbrodolare.

imbrodolàre *v. tr.* (*io imbròdolo*) Sbrodolare.

imbrogliàre **A** *v. tr.* (*io imbròglio*) **1** Mescolare disordinatamente più cose modificandone la primitiva disposizione: – *i fili* | – *la matassa*, (*fig.*) creare confusione; SIN. Ingarbugliare. **2** (*mar.*) Chiudere le vele per sottrarle all'azione del vento. **3** (*fig.*) Creare ostacoli o difficoltà in q.c.: – *un affare*; SIN. Intralciare. **4** (*fig.*) Confondere le idee di qc. | – *il cervello, la testa a qc.*, complicargli intenzionalmente i ragionamenti. **5** (*fig.*) Dare a intendere cose non vere | (*est.*) Ingannare qc. per il proprio interesse o vantaggio: – *un concorrente in affari*; SIN. Frodare, gabbare, raggirare. **B** *v. intr. pron.* **1** Mescolarsi, intrecciarsi disordinatamente: *i fili si sono imbrogliati*. **2** Sbagliarsi, fare confusione: *imbrogliarsi nel parlare*. **3** (*fig.*) Complicarsi: *la faccenda si imbroglia*.

imbrogliàta *s. f.* Atto da imbroglione | Grave inganno.

imbròglio *s. m.* **1** Viluppo, groviglio: – *di fili metallici* | (*fig.*) Complicazione, intralcio. **2** (*fig.*) Questione confusa o difficile: *cacciarsi in un* –; SIN. Pasticcio. **3** (*fig.*) Truffa, frode, inganno: *tutta la faccenda è un* –. **4** (*mar.*) Ciascuno dei cavi che serve a chiudere rapidamente le vele per sottrarle al vento.

imbroglióne *s. m.; anche agg.* (*f. -a*) Detto di chi abitualmente imbroglia gli altri; SIN. Impostore, truffatore.

imbronciàre *v. intr. e intr. pron.* (*io imbróncio; aus. essere*) Assumere l'espressione infastidita e contrariata di chi fa il broncio.

imbronciàto *part. pass. di imbronciare; anche agg.* Che ha il broncio | *Tempo* –, nuvoloso.

imbrunàre *v. intr. e intr. pron.* (*aus. essere*) (*lett.*) Divenire bruno, spec. del cielo.

imbrunìre **A** *v. intr. e intr. pron.* (*io imbrunìsco, tu imbrunìsci; aus. essere*) Diventare bruno: *il cielo imbrunisce*. **B** *v. intr. impers.* (*aus. essere*) Farsi sera: *comincia a* –. **C** *in funzione di s. m.* L'ora del giorno che segue immediatamente il tramonto.

imbruttìre **A** *v. tr.* (*io imbruttìsco, tu imbruttìsci*) **1** Rendere brutto; CONTR. Imbellire. **2** Deformare. **B** *v. intr.* (*aus. essere*) Diventare brutto.

imbucàre **A** *v. tr.* (*io imbùco, tu imbùchi*) **1** Mettere nella buca della posta: – *una lettera*; SIN. Impostare. **2** Infilare q.c. in un buco per nasconderla. **B** *v. rifl.* Infilarsi in una buca | (*est.*) Nascondersi.

imbullettàre *v. tr.* (*io imbullétto*) Fissare o guarnire con bullette.

imbullonàre *v. tr.* (*coniug. come bullonare*) Fissare mediante bulloni.

imburràre *v. tr.* Spalmare di burro: – *il pane* | Condire con burro.

imbussolàre *v. tr.* (*io imbùssolo*) Introdurre in un bossolo, in un'urna e sim., biglietti, numeri, schede o altro: – *le schede elettorali*.

imbutifórme *agg.* Che ha forma conica, simile a quella di un imbuto.

imbutitùra *s. f.* Lavorazione plastica, a freddo, di lamiere metalliche che, pressate da un punzone contro una matrice, assumono la forma voluta.

imbùto *s. m.* Arnese a forma di cono rovesciato e terminante in un cannello cavo, per travasare un liquido in bottiglie, fiaschi e sim. [→ ill. *chimico, cucina, vino*]

imène *s. f.* (*anat.*) Membrana che nella donna vergine chiude parzialmente l'imbocco della vagina.

imenèo **A** *s. m.* **1** *spec. al pl.* (*fig.*) Nozze, matrimonio. **2** Canto nuziale. **B** *agg.* (*raro*) Nuziale, matrimoniale: *canto* –.

imènio *s. m.* (*bot.*) Nei funghi, insieme delle cellule che portano e contengono le spore.

Imenòtteri *s. m. pl.* (*sing. -o*) Ordine di insetti, comprendente numerose specie sociali, con apparato boccale atto a masticare, a lambire o a succhiare, quattro ali di cui le anteriori più grandi, e ovopositore a volte trasformato in pungiglione.

imitàbile *agg.* Che si può o si deve imitare; CONTR. Inimitabile.

imitàre *v. tr.* (*io ìmito*) **1** Adeguare la propria personalità o il proprio comportamento a un determinato modello: – *il proprio padre*; – *l'esempio di qc.* **2** Riprodurre con la maggiore approssimazione possibile: – *un modello letterario*; SIN. Copiare. **3** Contraffare, simulare: *il pappagallo imita la voce dell'uomo*. **4** Possedere l'apparenza di q.c.: *questo vetro imita l'alabastro*.

imitatìvo *agg.* **1** Che imita. **2** Di imitazione: *doti imitative*.

imitatóre *s. m.* (*f. -trìce*) Chi imita: *gli imitatori del Boccaccio* | Attore che riproduce fedelmente voci altrui o rumori.

imitazióne *s. f.* **1** Adeguamento a un determinato modello: *istinto di* –. **2** Ciò che si ottiene imitando | Pietra falsa.

immacolàto *agg.* **1** Che non è macchiato di colpa: *coscienza immacolata*; SIN. Puro. **2** Di un bianco abbagliante: *lenzuolo* –.

immagazzinàre *v. tr.* **1** Mettere in magazzino: – *il grano*. **2** (*fig.*) Accumulare in modo disordinato: – *energia, idee*. **3** (*elab.*) Introdurre o conservare informazioni.

immaginàbile *agg.* Che si può immaginare; SIN. Concepibile; CONTR. Inimmaginabile.

immaginàre *v. tr.* (*io immàgino*) **1** Rappresentarsi con la mente un oggetto del pensiero: – *un cerchio* | Concepire con la mente, la fantasia: *immaginate di essere in vacanza*. **2** Ideare, inventare: – *una macchina*. **3** Credere, pensare, supporre: *immagino che tu non abbia agito così*.

immaginàrio **A** *agg.* **1** Che è effetto dell'immaginazione: *vivere in un mondo* –; SIN. Fantastico. **2** (*mat.*) Detto di un numero che sia radice quadrata di un numero negativo. **B** *s. m. solo sing.* Ciò che deriva dall'immaginazione, o le appartiene.

immaginativa *s. f.* Potenza o facoltà dell'immaginare; SIN. Inventiva.

immaginativo *agg.* **1** Che concerne l'immaginazione: *facoltà immaginativa*. **2** Provvisto di immaginazione: *scrittore* –.

immaginazióne *s. f.* **1** Facoltà di pensare senza regole fisse e di associare liberamente i dati dell'esperienza: *avere un'– ricca, feconda*; SIN. Fantasia. **2** Atto dell'immaginare. **3** Cosa immaginata: *è una semplice* –; SIN. Invenzione.

immàgine *s. f.* **1** Forma esteriore di un corpo percepita coi sensi, spec. con la vista. **2** Rappresentazione grafica o plastica di un oggetto: *le sacre immagini*. **3** (*est.*) Riproduzione di una persona o di una cosa molto simile all'originale: *l'uomo fu creato a – e somiglianza di Dio* | (*est., fig.*) Manifestazione percepibile di un complesso di elementi: *l'– della società contemporanea* | (*est., fig.*) Aspetto esteriore, visione che una persona, ente o prodotto dà agli altri di se stesso. **4** Figura che evoca una data realtà: *è l'– della salute* | Rappresentazione simbolica: *il sonno è l'– della morte*. **5** (*zool.*) Ultimo stadio nella metamorfosi di alcuni insetti che corrisponde all'insetto perfetto. **6** Rappresentazione mentale di cose, persone, situazioni non più esistenti o non più percepibili nel momento attuale: *serbare l'– dei propri genitori*. **7** Prodotto della fantasia: *le incoerenti immagini del sogno*. **8** In un sistema ottico, figura che si ottiene dall'incontro dei raggi che, partendo dall'oggetto reale, sono stati modificati dal sistema.

immaginìfico *agg.* (*pl. m. -ci*) (*lett.*) Di poeta o scrittore dotato d'immaginazione feconda.

immaginóso *agg.* **1** Che è dotato di fervida immaginazione: *scrittore* –. **2** Che abbonda di immagini: *linguaggio* –.

immalinconìre **A** *v. tr.* (*io immalinconisco, tu immalinconisci*) Far diventare malinconico. **B** *v. intr. e intr. pron.* (*aus. essere*) Diventare malinconico.

immancàbile *agg.* **1** Che non può mancare: *la sua presenza è* –. **2** Che accadrà in modo certo: *il loro arrivo è* –; SIN. Inevitabile, sicuro.

immancabilménte *avv.* Senza fallo, di sicuro.

immàne *agg.* **1** (*lett.*) Di smisurate proporzioni. **2** Terribile, spaventoso: *disastro* –.

immanènte *agg.* **1** (*filos.*) Di ciò che fa parte della sostanza di una cosa e che non sussiste fuori di essa; CONTR. Trascendente. **2** Che è inerente a q.c.: *proprietà* –.

immanentìsmo *s. m.* Dottrina filosofica che risolve tutta la realtà nella coscienza e rifiuta ogni principio di trascendenza.

immanentìsta *s. m. e f.* (*pl. m. -i*) Chi segue l'immanentismo.

immanènza *s. f.* Qualità di ciò che è immanente; CONTR. Trascendenza.

immangiàbile *agg.* Che non si può mangiare, perché non commestibile o disgustoso; CONTR. Mangiabile.

immanità *s. f.* Enormità mostruosa o spaventosa: *l'– del disastro*.

immantinènte *avv.* (*lett.*) Subito, senza indugio.

immarcescìbile *agg.* **1** (*lett.*) Che non può marcire. **2** (*lett., fig.*) Incorruttibile: *gloria* –.

immateriàle *agg.* **1** Non materiale. **2** (*est.*) Incorporeo, spirituale.

immaterialità *s. f.* L'essere immateriale.

immatricolàre **A** *v. tr.* (*io immatrìcolo*) Iscrivere in un registro pubblico per la prima volta, assegnando alle persone e agli oggetti elencati un numero di matricola. **B** *v. rifl.* Farsi registrare nella matricola, detto spec. di studenti che vengono iscritti al primo anno di Università.

immatricolazióne *s. f.* Iscrizione in un pubblico registro | Registrazione nella matricola.

immaturità *s. f.* L'essere immaturo.

immatùro *agg.; anche s. m.* nel sign. 2 **1** Non arrivato ancora a maturazione: *frutto* –; SIN. Acerbo; CONTR. Maturo. **2** (*fig.*) Di persona che non ha raggiunto un completo sviluppo fisico o mentale | Di neonato avente peso molto inferiore alla norma. **3** Precoce, prematuro: *morte immatura*.

immedeșimàre **A** *v. tr.* (*io immedéșimo*) Fare una sola cosa di due o più cose distinte. **B** *v. rifl.* Farsi una sola cosa o persona con un'altra: *recitare immedesimandosi nella parte*; SIN. Identificarsi.

immedeșimazióne *s. f.* Atto dell'immedesimare | Completa identificazione nella coscienza, nelle idee e sim. di un'altra persona.

immediataménte *avv.* **1** Senza nessuna frapposizione o interruzione. **2** Senza ritardo o indugio.

immediatézza *s. f.* Qualità di ciò che è immediato.

immediàto *agg.* **1** Che segue, precede, si unisce e sim. senza interruzione o interposizione di altro: *contatto* –; *relazione immediata*. **2** Che avviene subito dopo, senza intervalli temporali: *pagamento* –. **3** (*fig.*) Non meditato, incontrollato: *reazione immediata*.

immelmàre **A** *v. tr.* (*io immélmo*) Coprire di melma. **B** *v. rifl.* Sporcarsi di fango (*anche fig.*).

immemoràbile *agg.* Che non si può ricordare o precisare di più, tanto è antico e lontano nel tempo.

immèmore *agg.* Che mostra di non aver memoria di q.c.: – *dell'antica amicizia*; CONTR. Memore.

immensità *s. f.* **1** Qualità di ciò che è immenso. **2** Grande moltitudine: *un'– di gente*.

immènso *agg.* **1** Che si estende senza limiti nello spazio o nel tempo: *le immense distanze interstellari*; SIN. Incommensurabile, sconfinato, smisurato. **2** Assai esteso: *ricchezza immensa* | (*fig.*) Molto intenso: *dolore* –.

immensuràbile *agg.* (*raro*) Che non si può misurare.

immèrgere **A** *v. tr.* (*pres. io immèrgo, tu immèrgi; pass. rem. io immèrsi, tu immergésti; part. pass. immèrso*) **1** Mettere q.c. in un liquido: – *un solido nell'acqua*; SIN. Tuffare. **2** Fare penetrare: – *la spada nel corpo*. **B** *v. rifl.* **1** Tuffarsi in un liquido | (*est.*) Penetrare in un luogo: *immergersi in una foresta*. **2** Discendere sotto la superficie marina, detto spec. di sommergibili. **3** (*fig.*) Dedicarsi totalmente a q.c.: *immergersi nello studio*.

immeritataménte *avv.* **1** Senza merito. **2** Senza colpa.

immeritàto *agg.* Non meritato.

immeritévole *agg.* Non meritevole; SIN. Indegno.

immersióne *s. f.* **1** Atto dell'immergere | Discesa o permanenza sotto la superficie dell'acqua: *l'– di un pescatore subacqueo* | *Linea d'–*, segnata dal livello dell'acqua sulla carena della nave | *Navigare in* –, detto spec. di sommergibile che si muove sotto il livello dell'acqua. **2** (*astron.*) Sparizione di un astro quando è occultato da un altro.

immèrso *part. pass. di immergere; anche agg.* Tuffato, sprofondato nell'acqua | (*fig.*) Coperto, avvolto: – *nel buio* | (*fig.*) Assorbito, intento: – *nel lavoro*.

imméttere *v. tr.* (*coniug. come mettere*) Mandare dentro, fare entrare: – *aria nei polmoni*, inspirare aria.

immigrànte *part. pres. di immigrare; anche agg. e s. m. e f.* Detto di chi immigra, spec. per trovare lavoro.

immigràre *v. intr.* (*aus. essere; coniug. come migrare*) Entrare in un paese straniero o in un'altra zona della propria nazione per stabilirvisi; CFR. Emigrare.

immigràto *part. pass. di immigrare; anche agg. e s. m.* (*f. -a*) Detto di chi si è stabilito in un paese straniero o in un'altra zona della propria nazione.

immigratòrio *agg.* Dell'immigrazione o degli immigrati.

immigrazióne *s. f.* **1** Trasferimento stabile all'estero o in un'altra zona della propria nazione | — *interna*, quella che avviene, spec. a scopo di lavoro, all'interno di una stessa nazione. **2** Complesso degli immigrati. ● CFR. Emigrazione.

imminènte *agg.* **1** (*lett.*) Che sporge, sovrasta: *roccia* —. **2** (*fig.*) Che accadrà in un prossimo futuro: *pubblicazione* —.

imminènza *s. f.* Vicinanza di un avvenimento.

immischiàre A *v. tr.* (*io immischio*) Favorire in modo indebito la partecipazione di qc. a una attività: *lo immischiarono in una losca faccenda.* **B** *v. intr. pron.* Intromettersi in modo inopportuno in faccende estranee; SIN. Impicciarsi.

immiṣeriménto *s. m.* Riduzione in uno stato di miseria (*anche fig.*); SIN. Impoverimento.

immiṣerire A *v. tr.* (*io immiṣerisco, tu immiṣerisci*) Fare diventare misero; SIN. Impoverire. **B** *v. intr. e intr. pron.* (*aus. essere*) Diventare misero (*anche fig.*).

immissàrio *s. m.* Corso d'acqua che alimenta, sfociandovi, un lago o un bacino; CONTR. Emissario. [→ ill. *geografia*]

immissióne *s. f.* Introduzione | Afflusso.

immistióne *s. f.* **1** Atto del mescolare | Mescolanza. **2** (*fig.*) Ingerenza arbitraria.

immòbile A *agg.* Che non si muove o non si può muovere | *Bene* —, il suolo e tutto ciò che vi è incorporato, come edifici, poderi e sim.; SIN. Fermo, fisso; CONTR. Mobile. **B** *s. m.* Bene immobile.

immobiliàre A *agg.* Che riguarda beni immobili: *pignoramento* — | *Società* —, avente come oggetto sociale l'investimento di capitale in beni immobili e la loro gestione; CONTR. Mobiliare. **B** *s. f.* Società immobiliare.

immobiliṣmo *s. m.* **1** Politica che evita i problemi lasciandoli insoluti. **2** (*est.*) Tendenza a conservare le cose come stanno.

immobilìstico *agg.* (*pl. m. -ci*) Dell'immobilismo.

immobilità *s. f.* L'essere immobile.

immobilizzàre *v. tr.* **1** Rendere immobile. **2** Investire in beni immobili: — *i propri capitali.*

immobilizzazióne *s. f.* **1** Riduzione in uno stato di immobilità, spec. di un arto. **2** Componente del capitale destinato a restare durevolmente nell'azienda come strumento di produzione.

immobilìzzo *s. m.* Immobilizzazione, spec. nel sign. 2.

immoderatézza *s. f.* Mancanza di moderazione.

immoderàto *agg.* **1** Di persona che non ha moderazione: — *nel mangiare.* **2** Che oltrepassa la misura: *affetto* —. ● SIN. Smodato.

immodèstia *s. f.* Mancanza di modestia; SIN. Presunzione; CONTR. Modestia.

immodèsto *agg.* **1** Privo di modestia; CONTR. Modesto. **2** Privo di pudore: *ragazza immodesta.*

immolàre A *v. tr.* (*io immòlo*) **1** Nel rito degli antichi Greci e Romani, spargere sulla vittima sacrificale il farro e il sale. **2** Sacrificare. **B** *v. rifl.* Darsi in olocausto: *immolarsi alla patria.*

immolazióne *s. f.* Atto dell'immolare | Rito del sacrificio in antiche religioni | (*est.*) Sacrificio, offerta della vita.

immondézza o *mondézza s. f.* **1** Qualità di immondo (*spec. fig.*). **2** Spazzatura, sudiciume. [→ tav. *proverbi* 335]

immondezzàio *s. m.* **1** Luogo di raccolta delle immondezze. **2** (*raro, fig.*) Ambiente turpe, vizioso.

immondìzia *s. f.* Sporcizia, spazzatura.

immóndo *agg.* **1** Che è tanto sporco da non potervisi accostare; SIN. Sozzo. **2** (*fig.*) Impuro, sconcio: *vizio* — | Depravato, perverso: *animo* —.

immoràle *agg.* **1** Che offende la morale: *spettacolo* —. **2** Che è contrario alle norme morali: *individuo* —. ● CONTR. Morale.

immoralità *s. f.* **1** L'essere immorale; CONTR. Moralità. **2** Azione immorale.

immortalàre A *v. tr.* Rendere eterna la memoria di qc. o di q.c.; SIN. Eternare, perpetuare. **B** *v. intr. pron.* Diventare immortale per fama.

immortàle *agg.* **1** Non soggetto a morte: *l'anima* —; SIN. Eterno; CONTR. Mortale. **2** Perenne: *riconoscenza, odio* —.

immortalità *s. f.* **1** Qualità, condizione di ciò che è immortale: *l'— dell'anima.* **2** Fama imperitura.

immotivàto *agg.* Senza motivo.

immòto *agg.* (*lett.*) Che non ha nessun movimento.

immùne *agg.* **1** Che non è soggetto a un obbligo: — *dalle imposte.* **2** (*est.*) Esente, libero: *città* — *dall'epidemia.*

immunità *s. f.* **1** Condizione libera da obbligo: — *da imposte.* **2** (*dir.*) Speciale condizione di favore relativamente a eventuali procedimenti penali, assicurata a persone che ricoprono uffici di particolare importanza: — *parlamentare, diplomatica.* **3** (*med.*) Stato di difesa dell'organismo contro certi agenti infettivi, legato alla sua capacità a produrre anticorpi specifici.

immunitàrio *agg.* Dell'immunità.

immunizzàre *v. tr.* **1** (*med.*) Provocare immunità a un organismo. **2** (*est.*) Rendere immune rispetto a q.c. di negativo.

immunizzazióne *s. f.* Conferimento o acquisizione di uno stato di immunità.

immunologìa *s. f.* (*pl. -gie*) (*med.*) Studio dei problemi inerenti all'immunità.

immunòlogo *s. m.* (*f. -a; pl. m. -gi*) Studioso di immunologia.

immunosièro V. *immunsiero.*

immunoterapìa *s. f.* (*med.*) Cura delle malattie infettive mediante anticorpi specifici.

immunsièro o *immunosièro s. m.* (*med.*) Siero che immunizza.

immuṣonirsi *v. intr. pron.* (*io mi immuṣonisco, tu t'immuṣonisci*) (*fam.*) Fare il broncio.

immuṣonito *part. pass. di immusonirsi; anche agg.* Imbronciato.

immutàbile *agg.* Che non muta | Che non si può mutare; CONTR. Mutabile.

immutabilità *s. f.* Qualità di ciò che è immutabile.

immutàto *agg.* Che non ha subito cambiamenti.

ìmo A *agg.* (*lett.*) Che si trova nel punto più basso, più interno o più profondo. **B** *s. m.* Il punto più basso, più interno o più profondo di q.c.

impaccàggio *s. m.* Operazione dell'impaccare.

impaccàre *v. tr.* (*io impàcco, tu impàcchi*) Involtare q.c. facendo un pacco.

impacchettàre *v. tr.* (*io impacchétto*) **1** Involtare q.c. formando un pacchetto. **2** (*est., fig.*) Ammanettare, imprigionare.

impacciàre A *v. tr.* (*io impàccio*) Impedire, intralciare l'azione o il movimento; SIN. Imbarazzare. **B** *v. intr. pron.* (*raro*) Intromettersi, immischiarsi in q.c.

impacciàto *part. pass. di impacciare; anche agg.* Imbarazzato, confuso, esitante | Goffo; CONTR. Disinvolto, spigliato.

impàccio *s. m.* **1** Condizione di chi è impacciato; SIN. Imbarazzo; CONTR. Disinvoltura. **2** Ostacolo, impedimento. **3** (*est.*) Situazione che procura noia, fastidio: *uscire da un* —.

impàcco *s. m.* (*pl. -chi*) Applicazione di panni intrisi di acqua calda o fredda o di sostanze medicamentose su parti del corpo.

impadronìrsi *v. intr. pron.* (*io mi impadronisco, tu ti impadronisci*) **1** Impossessarsi di q.c., spesso con la violenza o l'inganno; SIN. Appropriarsi, conquistare. **2** (*fig.*) Arrivare a conoscere a fondo: — *di una lingua.*

impagàbile *agg.* Che vale molto di più di quanto si possa pagare: *collaboratore* — | (*est.*) Straordinario, eccezionale: *spettacolo* —; SIN. Impareggiabile.

impaginàre *v. tr.* (*io impàgino*) Progettare la struttura di una pagina | Ordinare i vari elementi di uno stampato formando le pagine.

impaginatóre *s. m.* (*f. -trice*) In tipografia, compositore addetto all'impaginazione.

impaginatùra *s. f.* Impaginazione.

impaginazióne *s. f.* Operazione dell'impaginare.

impagliàre *v. tr.* (*io impàglio*) **1** Coprire, rivestire o imbottire di paglia: — *i fiaschi* | Imballare con paglia oggetti fragili per renderne agevole il trasporto: — *cristalli.* **2** Riempire di paglia pelli conciate di animali morti per conservarle nelle loro forme: — *un uccello esotico.*

impagliatóre *s. m.* (*f. -trice*) **1** Chi ricopre o riveste oggetti con paglia. **2** Imbalsamatore di animali.

impagliatùra *s. f.* Operazione del rivestire o imbottire q.c. di paglia | Il rivestimento stesso. [→ ill. *vino*]

impalàre A *v. tr.* **1** Uccidere qc. infilandolo in un palo. **2**

Mettere pali e fili a sostegno di piante: — *le viti.* **B** *v. intr. pron.* Stare fermo e dritto come un palo: *impalarsi sull'attenti.*
impalcàre *v. tr.* (*io impàlco, tu impàlchi*) Costruire con assi e travi il palco di una stanza.
impalcàto *s. m.* (*costr.*) Insieme dei legnami che formano l'ossatura di un pavimento. [→ ill. *ponte*]
impalcatùra *s. f.* **1** Struttura provvisoria di cantiere in pali o tubi e palchi di legno, per sostenere gli operai e i materiali; SIN. Ponteggio. **2** Punto dove i rami si dipartono dal tronco e disposizione degli stessi. **3** (*fig.*) Struttura fondamentale su cui si reggono organismi e istituzioni: *l'— della nostra società*; SIN. Base.
impallàre *v. tr.* Nel gioco del biliardo, mandare la propria palla al coperto, in modo che l'avversario non possa colpirla senza rovesciare i birilli o toccare il pallino.
impallidìre *v. intr.* (*io impallidìsco, tu impallidìsci; aus. essere*) **1** Divenire pallido: — *per l'emozione*; SIN. Sbiancare. **2** (*fig.*) Allibire, sbigottire. **3** Divenire meno luminoso: *le stelle impallidiscono.* **4** (*fig.*) Essere superato per importanza, gravità, fama: — *al confronto, al paragone.*
impallinàre *v. tr.* (*io impallìno*) Colpire qc. o q.c., anche per errore, sparando cartucce a pallini.
impalmàre *v. tr.* (*lett.*) Impegnare una fanciulla con promessa di matrimonio | Sposare.
impalpàbile *agg.* Che sfugge alla percezione del tatto (*anche fig.*); CONTR. Palpabile.
impalpabilità *s. f.* Qualità di ciò che è impalpabile.
impaludaménto *s. m.* Riduzione, trasformazione in palude.
impaludàre **A** *v. tr.* Ridurre a palude. **B** *v. intr. e intr. pron.* (*aus. essere*) Divenire palude.
impanàre (1) *v. tr.* Passare nel pangrattato: — *una cotoletta.*
impanàre (2) *v. tr.* Fare i pani al maschio della vite.
impancàrsi *v. intr. pron.* (*io mi impànco, tu ti impànchi*) Assumere atteggiamenti da giudice, critico e sim.: *impancarsi a maestro di morale.*
impaniàre **A** *v. tr.* (*io impànio*) **1** Rivestire di pania o vischio verghette di legno, per prendervi uccelli. **2** (*fig.*) Ingannare, circuire con lusinghe. **B** *v. intr. pron.* **1** (*raro*) Imbrattarsi di pania. **2** (*fig.*) Mettersi in condizioni difficili e senza via d'uscita: *impaniarsi in una lite, con una donna*; SIN. Invischiarsi.
impannàre *v. tr.* **1** Tessere panni. **2** Mettere l'impannata a una finestra.
impannàta *s. f.* Difesa di tela, panno o carta posta alla finestra per riparo dal freddo | (*est.*) Infisso con vetri.
impantanàre **A** *v. tr.* Rendere pantanoso. **B** *v. intr. pron.* **1** Entrare, sprofondare in un pantano. **2** (*fig.*) Invischiarsi in q.c., in modo da non sapere come uscirne: *si è impantanato nei debiti.*
impaperàrsi *v. intr. pron.* (*io m'impàpero*) Prendere delle papere, incagliarsi nel parlare e nel recitare.
impappinàre **A** *v. tr.* (*raro*) Far confondere qc. nel parlare. **B** *v. intr. pron.* Imbrogliarsi, confondersi nel parlare.
imparàbile *agg.* Detto di tiro di pallone e sim., impossibile a pararsi; CONTR. Parabile.
imparàre *v. tr.* **1** Acquisire una serie di conoscenze mediante lo studio, l'esercizio, l'osservazione: — *l'educazione*; — *a leggere.* **2** Apprendere q.c. per mezzo dell'esperienza: — *a comportarsi bene.* [→ tav. *proverbi* 107, 199, 347]
imparaticcio *s. m.* Complesso di nozioni apprese in modo frettoloso e superficiale.
imparchettatùra *s. f.* Sistema di rinforzi, spec. lignei, applicati sul retro dei dipinti su tavola per preservarli da deformazioni.
impareggiàbile *agg.* Che non ha pari | (*est.*) Unico, prezioso, insostituibile: *amico* —; SIN. Ineguagliabile, incomparabile.
imparentàre **A** *v. tr.* (*io imparènto*) Fare diventare parente, spec. col matrimonio: *vogliono farmi — con loro.* **B** *v. intr. pron.* Diventare parente, spec. col matrimonio.
impari *agg.* **1** Non pari, non uguale. **2** (*est.*) Inferiore per forza, valore, qualità.
imparidigitàto *agg.* Detto di animale in cui le dita sono in numero dispari.
imparipennàto *agg.* Detto di foglia pennata con foglioline in numero dispari.
imparisìllabo **A** *agg.* Che è costituito di sillabe in numero dispari: *verso* —; CONTR. Parisillabo. **B** *s. m.* Aggettivo o sostantivo imparisillabo, nella declinazione latina.
imparruccàre **A** *v. tr.* (*io imparrùcco, tu imparrùcchi*) **1** Mettere la parrucca. **2** (*fig.*) Coprire di bianco: *la neve imparrucca i colli.* **B** *v. rifl.* (*scherz.*) Mettersi la parrucca.
imparruccàto *part. pass. di imparruccare; anche agg.* **1** Che ha la parrucca. **2** (*fig.*) Di tono solenne e retorico: *certi critici imparruccati.*
impartìre *v. tr.* (*io impartìsco, tu impartìsci*) Dare q.c. distribuendola fra varie persone: — *la benedizione*; SIN. Concedere.
imparziàle *agg.* **1** Detto di chi opera o giudica in modo obiettivo ed equanime; SIN. Equo, giusto, spassionato; CONTR. Parziale. **2** (*est.*) Che mostra equità di giudizio: *considerazioni imparziali.*
imparzialità *s. f.* Qualità di imparziale; SIN. Equanimità, giustizia; CONTR. Parzialità.
impasse /*fr.* ɛ̃'pas/ *s. f. inv.* (*pl. fr. impasses* /ɛ̃'pas/) **1** Via senza uscita. **2** (*fig.*) Intoppo, grave difficoltà. **3** Mossa particolare del bridge.
impassìbile *agg.* **1** (*raro, lett.*) Che è insensibile al dolore fisico. **2** (*est.*) Che non si lascia vincere da nessuna emozione; SIN. Imperturbabile.
impassibilità *s. f.* Qualità di impassibile; SIN. Imperturbabilità.
impastàre *v. tr.* **1** Amalgamare una o più sostanze fino a formare una pasta omogenea: — *il pane.* **2** (*raro*) Coprire di colla.
impastàto *part. pass. di impastare; anche agg.* **1** Pieno di pasta: *mani impastate* | (*est.*) Ricoperto di materiale pastoso: *abiti impastati di fango* | *Sentirsi la lingua impastata*, sentirla patinosa. **2** (*fig.*) Fatto, costituito, formato: *uomo — di egoismo* | *Occhi impastati di sonno*, che si chiudono per il sonno.
impastatóre *s. m.* (*f. -trìce*) Chi impasta il pane o altre sostanze.
impastatrice *s. f.* Macchina per rimescolare gli elementi di un impasto. [→ ill. *panettiere*]
impastatùra *s. f.* Operazione dell'impastare.
impàsto *s. m.* **1** Impastatura. **2** Amalgama di una o più sostanze variamente manipolate: *un — di calce e sabbia.* **3** (*fig.*) Miscuglio: *un — di stili.* **4** Insieme dei colori in un quadro.
impastocchiàre *v. tr.* (*io impastòcchio*) Raccontare bugie allo scopo di ingannare gli altri.
impastoiàre *v. tr.* (*io impastóio*) **1** Legare con le pastoie: — *un cavallo.* **2** Impedire i movimenti di qc. (*spec. fig.*): *i pregiudizi gli impastoiano la mente.*
impataccàre **A** *v. tr.* (*io impatàcco, tu impatàcchi*) (*fam.*) Insudiciare con grosse macchie. **B** *v. rifl.* Insudiciarsi.
impattàre *v. tr. e intr.* (*aus. avere*) Terminare alla pari, senza vincere né perdere: — *una partita.*
impàtto *s. m.* **1** Atto e modo col quale un corpo in movimento urta contro q.c. trasformando gran parte della sua energia cinetica in deformazione della propria struttura e di quella dell'altro | Punto in cui tale urto si verifica. **2** (*est.*) Urto, cozzo | (*fig.*) Incontro, approccio spec. brusco: *l'— col nuovo ambiente di lavoro.* **3** (*fig.*) Influsso.
impaurìre **A** *v. tr.* (*io impaurìsco, tu impaurìsci*) Riempire di paura; SIN. Intimorire, spaventare. **B** *v. intr. e intr. pron.* (*aus. essere*) Spaventarsi.
impaveṣàre *v. tr.* (*mar.*) Munire una nave dell'impavesata.
impaveṣàta *s. f.* (*mar.*) Alto parapetto del ponte di coperta, per il riparo delle persone.
impàvido *agg.* Che non ha paura; SIN. Intrepido.
impaziènte *agg.* **1** (*lett.*) Insofferente, intollerante: *essere — di fatica.* **2** Che s'incollerisce facilmente: *essere — coi figli* | Che denota impazienza: *gesto* —; SIN. Insofferente, intollerante; CONTR. Paziente. **3** Che desidera fortemente q.c. e non riesce a sopportare l'attesa: *è — di rivederlo*; SIN. Ansioso.
impazientìre **A** *v. tr.* (*io impazientìsco, tu impazientìsci*) (*raro*) Rendere impaziente. **B** *v. intr. e intr. pron.* (*aus. essere*) Diventare impaziente.
impaziènza *s. f.* L'essere impaziente; SIN. Insofferenza, intolleranza; CONTR. Pazienza.

impazzàre *v. intr.* (*aus. essere* nel sign. 2, *essere e avere* nel sign. 1) **1** Fare allegramente chiasso, confusione e sim.: *la folla impazza nelle strade.* **2** Raggrumarsi, detto di una salsa, della panna montata e sim.

impazzàta *s. f. Solo nella loc. avv. all'*–, precipitosamente, senza riflettere: *fuggire all'*–.

impazzire *v. intr.* (*io impazzisco; aus. essere*) **1** Diventare pazzo: *per il dolore impazzì*; SIN. Ammattire. **2** (*est.*) Essere travolto da una passione: – *d'amore*; – *per q.c.* **3** (*fig.*) Perdere la testa in attività particolarmente difficili o noiose: *questa traduzione mi fa* –. **4** Perdere le normali capacità di funzionamento, detto di strumenti e sim.: *la bussola è impazzita* | (*est.*) Divenire caotico, detto del traffico stradale.

impeccàbile *agg.* Irreprensibile, perfetto.

impeccabilità *s. f.* Qualità di impeccabile.

impeciàre *v. tr.* (*io impécio*) Spalmare di pece o altra sostanza simile.

impeciatùra *s. f.* Operazione dell'impeciare | La pece spalmata su q.c.

impedènza *s. f.* (*elettr., fis.*) Il rapporto fra il valore massimo della tensione e il valore massimo dell'intensità di corrente, in un circuito elettrico.

impediènte *part. pres. di impedire; anche agg.* (*raro*) Che impedisce | *Impedimento* –, V. *impedimento.*

impediménto *s. m.* **1** Atto dell'impedire | Opposizione, divieto. **2** Ostacolo, difficoltà, contrarietà, contrattempo. **3** (*med.*) Minorazione fisica. **4** (*dir.*) Condizione che rende nullo, imperfetto o irregolare il matrimonio, nel diritto canonico | – *impediente*, che lo rende illecito ma non comporta nullità | – *dirimente*, che comporta illiceità e nullità.

impedire *v. tr.* (*io impedisco, tu impedisci*) **1** Proibire o rendere impossibile: *gli impedirono di parlare*; SIN. Vietare. **2** Frapporre ostacoli: *una frana impedì il traffico.* **3** Rendere difficoltoso: *il busto gli impedisce i movimenti*; SIN. Intralciare, ostacolare.

impegnàre **A** *v. tr.* (*io impégno*) **1** Dare in pegno q.c. (*anche fig.*): – *i gioielli*; – *il proprio onore.* **2** Riservare: – *una camera* | Vincolare qc. con promesse, incarichi e sim.: – *una ragazza.* **3** (*mil.*) Obbligare il nemico a combattere, attaccandolo | Nel linguaggio sportivo, costringere l'avversario a un'intensa attività difensiva. **B** *v. rifl.* **1** Obbligarsi a portare q.c. a buon fine: *si impegnò a terminare gli studi.* **2** Mettersi in un'impresa sforzandosi di riuscire: *impegnarsi nella lotta.*

impegnativa *s. f.* Nel sistema sanitario pubblico, autorizzazione a un ricovero ospedaliero o a prestazioni varie rilasciata da ente mutualistico.

impegnativo *agg.* Che richiede un serio impegno: *promessa impegnativa.*

impegnàto *part. pass. di impegnare; anche agg.* **1** Dato in pegno | Riservato. **2** Detto di intellettuale o movimento culturale che prende netta posizione sui problemi politici e sociali del momento. **3** *Paesi non impegnati*, quelli che non aderiscono né al blocco occidentale né a quello orientale; SIN. Non allineati.

impégno *s. m.* **1** Obbligo, promessa: *assumere, contrarre un* – | Obbligazione cambiaria. **2** Briga, incombenza: *avere molti impegni.* **3** Impiego diligente e volenteroso delle proprie forze nel fare q.c.: *studiare con* –; SIN. Sollecitudine, zelo. **4** Attivo interessamento ai problemi sociali e politici da parte dell'uomo di cultura.

impegolàre **A** *v. tr.* (*io impégolo*) Spalmare, impiastrare di pece. **B** *v. rifl.* Mettersi in situazioni spiacevoli o rischiose: *impegolarsi nei guai*; SIN. Invischiarsi.

impelagàrsi *v. rifl.* (*io m'impèlago, tu t'impèlaghi*) Impegolarsi.

impellènte *agg.* Che spinge e stimola ad agire: *motivo* –; SIN. Imperioso, urgente.

impellicciàre (1) *v. tr.* (*io impelliccio*) Rivestire di pelliccia.

impellicciàre (2) *v. tr.* (*io impelliccio*) Impiallacciare.

impenetràbile *agg.* **1** (*fis.*) Dotato di impenetrabilità; SIN. Incompenetrabile. **2** Che non può essere penetrato (*anche fig.*): *quel terreno è* – *dall'acqua*; *persona* – *alla pietà*; CONTR. Penetrabile. **3** (*fig.*) Detto di ciò che non si può intendere o spiegare: *discorso* –; SIN. Incomprensibile.

impenetrabilità *s. f.* **1** (*fis.*) Proprietà generale dei corpi per cui lo spazio occupato da un corpo non può essere nello stesso tempo occupato da un altro. **2** Qualità di impenetrabile.

impenitènte *agg.* **1** Che non è disposto a pentirsi: *peccatore* –; CONTR. Penitente. **2** (*est.*) Che persiste nelle sue idee e nei suoi propositi: *scapolo* –; SIN. Incorreggibile, ostinato.

impennacchiàre **A** *v. tr.* (*io impennàcchio*) Ornare di pennacchi. **B** *v. rifl.* Ornarsi il capo di penne, frange e sim. | (*est., scherz.*) Vestirsi in modo ridicolo.

impennàggio *s. m.* (*aer.*) Complesso di piani fissi e mobili, generalmente disposti in coda agli aerei a scopo di stabilità e governo: – *orizzontale, verticale*; SIN. Piano di coda. [→ ill. *aeronautica*]

impennàre **A** *v. tr.* (*aer.*) Cabrare un aereo bruscamente oppure fino ad alti angoli di assetto e di traiettoria: *il pilota impenna l'aereo.* **B** *v. intr. pron.* **1** Eseguire un'impennata: *il cavallo si impenna*; *l'aereo si impennò.* **2** (*fig.*) Inalberarsi, risentirsi.

impennàta *s. f.* **1** (*veter.*) Movimento con cui un animale, spec. un cavallo, si solleva sugli arti posteriori. **2** (*aer.*) Cabrata brusca. **3** (*fig.*) Collera improvvisa, scatto d'ira. **4** (*est., fig.*) Brusco rialzo di un valore economico: – *del dollaro.*

impensàbile *agg.* Che non si può pensare perché supera le capacità della ragione umana; SIN. Inconcepibile; CONTR. Pensabile.

impensàto *agg.* Imprevisto, inaspettato.

impensierire **A** *v. tr.* (*io impensierisco, tu impensierisci*) Mettere in stato di preoccupazione: *la situazione impensierisce i cittadini*; SIN. Inquietare, preoccupare. **B** *v. intr. pron.* Turbarsi, preoccuparsi.

impepàre *v. tr.* (*io impépo*) Condire con pepe | (*fig.*) Rendere pungente, piccante e sim.

imperàre *v. intr.* (*io impèro; aus. avere*) Dominare, regnare, avere il comando assoluto (*anche fig.*): *Genova imperò sui mari; qui impera l'anarchia.*

imperativo **A** *agg.* **1** Che contiene o esprime un comando: *discorso* – | (*dir.*) *Norme imperative*, che impongono un preciso inderogabile obbligo. **2** (*est.*) Rigido, severo: *tono* –. **B** *s. m.* **1** Modo finito del verbo che esprime un comando o un'esortazione. **2** In filosofia, formula che esprime un comando.

imperatóre *s. m.* (*f. -trice*) **1** Nell'antica Roma, titolo di chi era investito di una suprema autorità di comando | Capo dell'impero romano. **2** Sovrano di un impero.

impercettìbile *agg.* **1** Che non può essere percepito dai sensi; CONTR. Percettibile. **2** (*est.*) Piccolo, lieve: *segno* –.

imperdonàbile *agg.* Che non si può perdonare; CONTR. Perdonabile.

imperfètto **A** *agg.* **1** Non ancora finito, completato: *opera imperfetta.* **2** Difettoso in qualche parte: *meccanismo* –; CONTR. Perfetto. **B** *s. m.* (*ling.*) Tempo della coniugazione del verbo che esprime azione continuata, o contemporanea a un'altra, avvenuta nel passato.

imperfezióne *s. f.* **1** L'essere imperfetto. **2** Difetto, manchevolezza.

imperiàle (1) **A** *agg.* Relativo all'imperatore, all'impero: *dignità* –. **B** *s. m. spec. al pl.* Partigiani dell'imperatore, del Sacro Romano Impero | Milizia dell'imperatore.

imperiàle (2) *s. m.* Specie di cassa per i bagagli posta sopra il tetto delle carrozze da viaggio | Parte superiore di varie vetture, spec. autobus, con posti per i viaggiatori.

imperialismo *s. m.* Tendenza di uno Stato a espandere i propri domini e a esercitare la propria egemonia su altre nazioni.

imperialista **A** *s. m. e f.* (*pl. m. -i*) Fautore dell'imperialismo. **B** *agg.* Imperialistico.

imperialistico *agg.* (*pl. m. -ci*) Proprio dell'imperialismo.

impèrio V. *impero.*

imperiosità *s. f.* Qualità di imperioso.

imperióso *agg.* **1** Superbo e deciso nel comandare. **2** (*fig.*) Che costringe irresistibilmente a fare q.c.: *bisogno* –; SIN. Impellente.

imperìto *agg.* (*lett.*) Che non ha pratica, abilità, esperienza nel suo lavoro o nelle pratiche della vita.

imperitùro *agg.* (*lett.*) Che non potrà perire; CONTR. Perituro.

imperìzia *s. f.* Mancanza di abilità, esperienza, pratica in ciò che si dovrebbe conoscere; CONTR. Perizia.
imperlàre **A** *v. tr.* (*io impèrlo*) **1** Adornare con perle. **2** (*fig.*) Cospargere di gocce simili a perle: *il sudore imperla la fronte.* **B** *v. intr. pron.* Coprirsi di goccioline simili a perle.
impermalìre **A** *v. tr.* (*io impermalìsco, tu impermalìsci*) Far risentire, offendere. **B** *v. intr. pron.* Aversela a male, indispettirsi.
impermeàbile **A** *agg.* Che non lascia passare sostanze fluide: *tessuto — all'acqua*; CONTR. Permeabile. [→ ill. *geografia, puericultura*] **B** *s. m.* Indumento in tessuto impenetrabile dall'acqua, che si indossa per difendersi dalla pioggia. [→ ill. *abbigliamento*]
impermeabilità *s. f.* Proprietà di corpi solidi di non lasciarsi penetrare da liquidi o gas; CONTR. Permeabilità.
impermeabilizzàre *v. tr.* (*io impermeabilizzo*) Rendere impermeabile.
impermeabilizzazióne *s. f.* Procedimento dell'impermeabilizzare.
imperniàre **A** *v. tr.* (*io impèrnio*) **1** Fissare, fermare o collegare q.c. mediante perni. **2** (*fig.*) Basare: *il racconto è imperniato su questo concetto.* **B** *v. intr. pron.* (*fig.*) Basarsi, fondarsi.
impèro o (*lett.*) *impèrio* spec. nel sign. 4 *s. m.* **1** Forma di governo monarchico con a capo un imperatore: *le lotte fra il papato e l'—.* **2** Stato che ha per sovrano un imperatore: *l'— d'Austria.* **3** L'insieme dei paesi sottoposti ad un'unica autorità: *l'— romano d'occidente*; *l'— britannico.* **4** Potere, autorità, dominio assoluto (*anche fig.*): *l'— dei genitori sui figli*; *l'— della ragione.* **5** *Stile —*, stile ornamentale neoclassico fiorito nel XIX sec., ispirato a linee greche, romane, etrusche ed egiziane.
imperscrutàbile *agg.* Che non si può indagare, scrutare; SIN. Impenetrabile.
imperscrutabilità *s. f.* Qualità di ciò che è imperscrutabile.
impersonàle **A** *agg.* **1** (*ling.*) Che è privo di un soggetto determinato: *verbo —*; *costruzione — di un verbo.* **2** Che non si riferisce a nessuna persona determinata: *critica —.* **3** Privo di originalità: *stile —*; SIN. Comune, piatto. **B** *s. m.* Verbo impersonale.
impersonalità *s. f.* L'essere impersonale.
impersonalménte *avv.* **1** Senza riferimento a persone determinate: *parlare —.* **2** Senza originalità: *scrivere —.*
impersonàre **A** *v. tr.* (*io impersóno*) **1** Dare concreta personalità a una qualità o a un concetto astratto: *la Sapia di Dante impersona l'invidia.* **2** Interpretare una parte, detto di un attore: *— Otello.* **B** *v. rifl.* Immedesimarsi di un attore nella propria parte. **C** *v. intr. pron.* Incarnarsi: *in lei si impersona l'invidia.*
impertèrrito *agg.* Che non si spaventa o non si lascia turbare; SIN. Imperturbabile.
impertinènte **A** *agg.* Di persona poco riguardosa, sfacciata | Di atto o discorso insolente e irrispettoso; SIN. Insolente, sfacciato. **B** *s. m. e f.* Persona impertinente.
impertinènza *s. f.* **1** L'essere impertinente; SIN. Insolenza, sfacciataggine. **2** Atto, discorso sconveniente.
imperturbàbile *agg.* Di persona che non si turba o non perde la calma; SIN. Impassibile, imperterrito.
imperturbabilità *s. f.* Qualità di imperturbabile; SIN. Impassibilità.
imperturbàto *agg.* Non perturbato.
imperversàre *v. intr.* (*io impervèrso; aus. avere*) **1** Agire, infierire con violenza: *— contro qc.* **2** Infuriare, sfrenarsi, detto di elementi naturali, malattie, catastrofi e sim.: *imperversava il colera.* **3** (*scherz.*) Diffondersi senza misura, detto di mode, costumi e sim.: *questa canzone ha imperversato per tutta l'estate.*
impèrvio *agg.* Di luogo difficilmente raggiungibile o transitabile; SIN. Impraticabile; CONTR. Pervio.
impetigine *s. f.* (*med.*) Infezione contagiosa della pelle caratterizzata da pustole giallastre che si disseccano in croste.
impetiginóso *agg.* Di impetigine | Affetto da impetigine.
impeto *s. m.* **1** Moto violento: *l'— della corrente* | Assalto rapido e veemente: *resistere all'— del nemico.* **2** (*fig.*) Impulso violento e incontrollato: *un — d'odio, d'amore* | *Agire d'—*, d'impulso; SIN. Slancio.
impetràre *v. tr.* (*io impètro*) **1** Ottenere con preghiere: *— una grazia.* **2** Domandare supplicando: *impetriamo la loro considerazione*; SIN. Implorare.
impettìto *agg.* Detto di persona che sta eretta e col petto in fuori.
impetuosità *s. f.* Qualità di impetuoso; SIN. Irruenza, veemenza.
impetuóso *agg.* **1** Che agisce con impeto, violenza: *vento —.* **2** Che si lascia trasportare da sentimenti improvvisi; SIN. Caldo, focoso, irruente, veemente. **3** Pieno di foga, impeto e sim.: *gesto —.*
impiagàre **A** *v. tr.* (*io impiàgo, tu impiàghi*) Coprire di piaghe. **B** *v. intr. pron.* Coprirsi di piaghe.
impiallacciàre *v. tr.* (*io impiallàccio*) Rivestire con fogli sottili di legno pregiato; SIN. Impellicciare.
impiallacciatóre *s. m.* Operaio addetto all'impiallacciatura.
impiallacciatùra *s. f.* **1** Tecnica dell'impiallacciare. **2** Materiale usato per impiallacciare.
impiantàre *v. tr.* **1** Porre stabilmente una macchina o una struttura nel luogo dove dovranno operare: *— un motore, un'officina.* **2** (*est.*) Avviare, fondare, istituire: *— un'azienda* | *— una discussione, un dibattito*, fissarne le linee principali.
impiantìre *v. tr.* (*io impiantìsco, tu impiantìsci*) (*raro*) Dotare di impiantito.
impiantìsta *agg.; anche s. m.* Detto di tecnico specializzato in impiantistica.
impiantìstica *s. f.* Tecnica di progettazione e installazione d'impianti industriali.
impiantìto *s. m.* Pavimento di legno, mattoni, marmo.
impiànto *s. m.* **1** Operazione dell'impiantare, fase iniziale dell'organizzazione di un'attività: *l'— di una fabbrica* | *Spese di —*, quelle che si sostengono per iniziare un'attività. **2** Complesso di attrezzature necessarie per q.c.: *— di riscaldamento*; *impianti sanitari* | *— sportivo*, stadio o complesso di campi di gioco e sim. | *— elettrico*, insieme delle condutture e apparecchiature elettriche di un appartamento, di un autoveicolo e sim. [→ ill. *cava, ferrovia, miniera*]
impiastràre **A** *v. tr.* **1** Spalmare di materia untuosa o attaccaticcia, simile a impiastro: *— una carta di catrame.* **2** (*est.*) Insudiciare, imbrattare. **B** *v. intr. pron.* Ungersi con sostanze oleose o attaccaticce.
impiastricciàre *v. tr.* (*io impiastriccio*) (*spreg.*) Impiastrare, imbrattare.
impiàstro o *empiàstro s. m.* **1** Medicamento molle fatto per lo più di farine o foglie bollite o di pomate, che si applica sulla parte malata; SIN. Cataplasma. **2** (*fig., fam.*) Persona seccante e noiosa | Persona di salute cagionevole.
impiccagióne *s. f.* Esecuzione capitale in cui il condannato viene impiccato.
impiccaménto *s. m.* L'impiccare, l'impiccarsi.
impiccàre **A** *v. tr.* (*io impìcco, tu impìcchi*) Sospendere qc. con un laccio intorno alla gola, dandogli così la morte: *— qc. a un albero* | *Neanche se mi impiccano*, per nessuna ragione al mondo: *non lo farò neanche se mi impiccano.* **B** *v. rifl.* Sospendersi con un laccio intorno al collo, dandosi così la morte.
impiccàto *part. pass. di impiccare; anche agg. e s. m.* (*f. -a*) Detto di chi ha ricevuto la morte con l'impiccagione. [→ tav. *proverbi* 293, 298]
impicciàre **A** *v. tr.* (*io impiccio*) Impacciare, intralciare, ostacolare. **B** *v. intr. pron.* Immischiarsi, intromettersi: *impicciarsi negli affari degli altri.*
impiccio *s. m.* **1** Ingombro, intralcio, ostacolo: *essere d'—* | (*est.*) Briga, seccatura: *procurare impicci.* **2** Affare imbrogliato: *togliere qc. dagli impicci.*
impiccióne *s. m.* (*f. -a*) Chi s'impiccia abitualmente delle faccende altrui.
impiccolìre **A** *v. tr.* (*io impiccolìsco, tu impiccolìsci*) Far diventare più piccolo. **B** *v. intr. e intr. pron.* (*aus. essere*) Diventare più piccolo.
impiegàbile *agg.* Che si può impiegare.
impiegàre **A** *v. tr.* (*io impiègo, tu impièghi*) **1** Adoperare, utilizzare q.c. per uno scopo: *— il tempo libero a leggere* | Spendere, investire: *— i risparmi in titoli.* **2** Assumere qc. per un lavoro: *l'hanno impiegato in banca.* **B** *v. rifl.* Ottenere un impiego.
impiegatìzio *agg.* Degli impiegati.

impiegàto **A** *part. pass. di impiegare; anche agg.* Adoperato | Speso, investito | Assunto. **B** *s. m.* (*f.* *-a*) Dipendente che svolge il proprio lavoro in uffici pubblici o privati.

impiègo *s. m.* (*pl.* *-ghi*) **1** Uso, utilizzazione. **2** Posto di lavoro stabile in un ufficio.

impietosìre **A** *v. tr.* (*io impietosìsco, tu impietosìsci*) Muovere a pietà: – *il cuore di qc.*; SIN. Commuovere. **B** *v. intr. pron.* Sentire pietà.

impietóso *agg.* Crudele, disumano; CONTR. Pietoso.

impietrìre **A** *v. tr.* (*io impietrìsco, tu impietrìsci*) **1** Trasformare in pietra. **2** (*fig.*) Far diventare duro e insensibile. **B** *v. intr. e intr. pron.* (*aus. essere*) **1** Diventare pietra. **2** (*fig.*) Diventar duro e insensibile, come di pietra: *impietrì per lo spavento.*

impigliàre **A** *v. tr.* (*io impìglio*) Trattenere impedendo i movimenti: – *un pesce nella rete.* **B** *v. intr. pron.* Rimanere preso, avviluppato: *impigliarsi negli ingranaggi di una macchina.*

impigrìre **A** *v. tr.* (*io impigrìsco, tu impigrìsci*) Rendere pigro; SIN. Impoltronire; CONTR. Spigrire. **B** *v. intr. e intr. pron.* (*aus. essere*) Diventare pigro.

impilàre *v. tr.* Porre ordinatamente vari oggetti uno sopra l'altro.

impillaccheràre *v. tr.* (*io impillàcchero*) (*tosc.*) Imbrattare con schizzi di fango.

impinguàre **A** *v. tr.* (*io impìnguo*) **1** Rendere pingue: – *un maiale.* **2** (*fig.*) Arricchire: – *le tasche di qc.* **B** *v. intr. e intr. pron.* (*aus. essere*) **1** (*raro*) Ingrassare. **2** (*fig., lett.*) Arricchirsi spiritualmente.

impinguìre *v. intr. e intr. pron.* (*io impinguìsco, tu impinguìsci; aus. essere*) Diventare pingue.

impinzàre **A** *v. tr.* Riempire di cibo | (*fig.*) Rendere pieno, saturo: – *un compito di errori.* **B** *v. intr. pron.* Rimpinzarsi.

impiombàre *v. tr.* (*io impiómbo*) **1** Fermare o saldare con piombo. **2** Munire di sigillo di piombo o di piombini la chiusura di pacchi, casse e sim.

impiombatùra *s. f.* **1** Saldatura, rivestimento, otturazione e sim. con piombo | Piombo usato per impiombare. **2** Collegamento tra le estremità di due funi o di due cavi o tra un'estremità e il corpo della fune o del cavo stesso formando un anello. [→ ill. *nodo*]

impipàrsi *v. intr. pron.* (*pop.*) Non curarsi di qc. o q.c.: *me ne impipo di quello che dicono.*

impiumàre **A** *v. tr.* Fornire o coprire di piume. **B** *v. intr. pron.* Mettere le penne.

implacàbile *agg.* **1** Che non si può o non si vuole placare: *odio* –; SIN. Inesorabile; CONTR. Placabile. **2** (*est.*) Duro, crudele, terribile: *sentenza* –.

implacabilità *s. f.* L'essere implacabile; SIN. Inesorabilità.

implicàre **A** *v. tr.* (*io ìmplico, tu ìmplichi*) **1** Comprendere, sottintendere, racchiudere o contenere in sé: *l'amicizia implica stima.* **2** Rendere qc. partecipe o corresponsabile in q.c.: *mi hanno implicato in una lite.* **B** *v. intr. pron.* Coinvolgersi in q.c. | Mettersi in una situazione spiacevole o complicata: *implicarsi in uno scandalo.*

implicazióne *s. f.* **1** Conseguenza implicita e necessaria | (*est.*) Rapporto e connessione spec. di un'opera letteraria col mondo e la cultura che la precedono: *le implicazioni storiche di un romanzo.* **2** In logica, relazione formale tra antecedente e conseguente.

implìcito *agg.* **1** Di ciò che non è stato espresso, ma è sottinteso e contenuto nei fatti: *rifiuto* –; CONTR. Esplicito. **2** *Proposizione implicita,* quella che ha per predicato una forma indefinita del verbo.

implorànte *part. pres. di implorare; anche agg.* Che implora | Che rivela implorazione: *occhi imploranti.*

imploràre *v. tr.* (*io implòro*) Domandare, chiedere con preghiere: – *la grazia*; SIN. Impetrare, supplicare.

implorazióne *s. f.* Atto dell'implorare | Preghiera, supplica con cui si implora qc.

implùme *agg.* Che non ha piume o penne.

implùvio *s. m.* **1** Nella casa romana, parte centrale scoperta, con una vasca per la raccolta dell'acqua piovana. **2** (*geogr.*) *Linea di* –, in una valle, quella che riunisce i punti più bassi di ogni profilo trasversale di essa e lungo cui scorrono le acque piovane.

impoètico *agg.* (*pl. m.* *-ci*) (*lett.*) Che non è poetico.

impolìtico *agg.* (*pl. m.* *-ci*) **1** Contrario a una politica abile e opportuna. **2** Inopportuno.

impollinàre *v. tr.* (*io impòllino*) (*bot.*) Fecondare il fiore con il polline.

impollinazióne *s. f.* (*bot.*) Trasporto del polline sullo stigma o sull'ovulo nudo di un fiore.

impoltronìre **A** *v. tr.* (*io impoltronìsco, tu impoltronìsci*) Rendere poltrone: *l'inattività impoltronisce l'uomo*; SIN. Impigrire. **B** *v. intr. e intr. pron.* (*aus. essere*) Divenire poltrone.

impolveràre **A** *v. tr.* (*io impólvero*) Coprire, imbrattare di polvere; CONTR. Spolverare. **B** *v. intr. pron.* Coprirsi, sporcarsi di polvere.

impolveratrìce *s. f.* (*agr.*) Macchina per distribuire prodotti antiparassitari in polvere.

impomatàre **A** *v. tr.* Ungere con pomata: – *la pelle.* **B** *v. rifl.* Cospargersi capelli e baffi di brillantina.

imponderàbile **A** *agg.* **1** Che non ha peso | Che ha un peso tanto piccolo da non poter essere registrato: *fluidi imponderabili*; CONTR. Ponderabile. **2** (*fig.*) Che sfugge alla critica e non è percepibile dalla ragione: *motivo* –. **B** *s. m.* Ciò che non si può determinare o prevedere: *gli imponderabili di un volo spaziale.*

imponderabilità *s. f.* **1** L'essere imponderabile. **2** (*fis.*) Assenza di peso dovuta all'assenza di forza di gravità o alla presenza di forze che la controbilanciano.

imponènte *part. pres. di imporre; anche agg.* **1** Che incute rispetto e riverenza: *personaggio* –. **2** (*est.*) Enorme, solenne; SIN. Grandioso.

imponènza *s. f.* Qualità di imponente; SIN. Grandiosità.

imponìbile **A** *agg.* **1** Che può essere imposto. **2** Che può essere gravato d'imposta: *reddito* –. **B** *s. m.* Ciò che è soggetto a imposta | – *di mano d'opera,* obbligo imposto dalla legge ai datori di lavoro di assumere un dato numero di lavoratori proporzionale alle dimensioni dell'impresa.

imponibilità *s. f.* L'essere imponibile.

impopolàre *agg.* Che non gode della simpatia e della fiducia del popolo; CONTR. Popolare.

impopolarità *s. f.* L'essere impopolare.

imporporàre **A** *v. tr.* (*io impórporo*) Tingere di porpora o del colore della porpora. **B** *v. intr. pron.* Diventare rosso come la porpora.

impórre **A** *v. tr.* (*coniug. come porre*) **1** Porre sopra: – *una corona in testa* | – *la mano sul capo a qc.,* per benedire, consacrare. **2** Fare osservare, rispettare: – *una legge, la propria volontà.* **3** Comandare, ingiungere: – *a qc. di ubbidire*; SIN. Intimare. **B** *v. rifl.* Farsi valere con la propria autorità sugli altri: *è una persona che sa imporsi* | (*est.*) Affermarsi, avere successo. **C** *v. intr. pron.* Diventare necessario: *problema che s'impone.*

import /*ingl.* 'impɔ:t/ *s. m. inv.* (*econ., comm.*) Importazione; CONTR. Export.

importàbile *agg.* Che si può importare: *merce* –.

importànte **A** *agg.* **1** Che ha grande interesse e rilevanza: *affare* –; SIN. Rilevante. **2** Autorevole, potente, influente, detto di persona. **3** Che ha una notevole rilevanza sociale, che dona prestigio: *una serata* –; *un vestito* –. **B** *s. m. solo sing.* Punto importante, essenziale: *l'– è aver buona salute.*

importànza *s. f.* **1** Qualità di ciò che è importante; SIN. Rilievo. **2** Valore, credito, considerazione: *dare – a qc.* | *Darsi* –, ostentare una falsa autorevolezza.

importàre **A** *v. tr.* (*io impòrto*) **1** Introdurre nel proprio Paese merci provenienti da un paese straniero: *l'Italia importa carbone*; CONTR. Esportare. **2** (*raro*) Arrecare, cagionare: – *un danno a qc.* | Comportare: *lavoro che importa spese.* **B** *v. intr.* (*aus. essere*) Premere, interessare, stare a cuore: *la tua salute importa a tutti.* **C** *v. intr. impers.* (*aus. essere*) **1** Interessare: *non me ne importa.* **2** Essere necessario: *importa che venga anch'io?*

importatóre *s. m.; anche agg.* (*f.* *-trìce*) Chi (o che) introduce merci d'importazione in un Paese.

importazióne *s. f.* Introduzione di merci da Paesi stranieri | Complesso delle merci importate; CONTR. Esportazione.

impòrto *s. m.* **1** Ammontare complessivo: *l'– di una spesa.* **2** (*est.*) Somma di denaro: *un grosso* –.

importunàre *v. tr.* Arrecare fastidio o molestia; SIN. Disturbare, infastidire, seccare.

importunità *s. f.* L'essere importuno; SIN. Molestia.

importùno *agg.* **1** Che reca molestia per il comportamento insistente e indiscreto. *2* Intempestivo, inopportuno: *visitatore* –.

imposizióne *s. f.* *1* Atto dell'imporre | Attribuzione, determinazione di un obbligo: *la – di nuove tasse.* *2* Comando, ordine: *non tollero imposizioni*; SIN. Ingiunzione, intimazione. *3* (*gener.*) Tassa, imposta.

impossessaménto *s. m.* L'impossessarsi.

impossessàrsi *v. intr. pron.* (*io m'impossèsso*) Prendere possesso: *– d'un terreno* | (*est.*) Acquistare piena conoscenza: *– di una lingua.*

impossìbile ***A*** *agg.* *1* Che non è o non sembra possibile: *cosa – a dirsi* | Assurdo, inammissibile: *ipotesi* –; SIN. Inattuabile, irrealizzabile; CONTR. Possibile. *2* (*est.*) Che è tanto sgradevole da sembrare insopportabile: *carattere* –. ***B*** *s. m. solo sing.* Ciò che non è realizzabile | *Tentare, fare l'*–, impegnarsi a fondo senza lasciare niente di intentato.

impossibilità *s. f.* Condizione di ciò che è impossibile | (*est.*) Incapacità di fare q.c.: *– di alzarsi.*

impossibilitàre *v. tr.* (*io impossibìlito*) *1* Rendere impossibile: *la ferita gli impossibilita i movimenti.* *2* Mettere qc. nell'impossibilità di fare q.c.: *– qc. a parlare.*

impossibilitàto *part. pass. di impossibilitare; anche agg.* Che non ha la possibilità di fare q.c.

impòsta *s. f.* *1* Ciascuno dei due sportelli girevoli su cardini che servono a chiudere le finestre. *2* (*dir.*) Parte di ricchezza che ciascuno deve allo Stato, il cui gettito è destinato a soddisfare esigenze della collettività. *3* (*arch.*, *costr.*) Piano orizzontale del muro o del pilastro dal quale si inizia la volta o l'arco.

impostàre (1) ***A*** *v. tr.* (*io impòsto*) *1* Sistemare le basi, le fondamenta di una costruzione: *– le mura di un edificio* | *– una nave*, dare inizio alla sua costruzione. *2* Porre le basi per avviare o svolgere un'attività: *– una organizzazione di vendita* | *– la voce*, intonarla e sostenerla | (*fig.*) *– un problema*, stabilire premesse e dati per risolverlo. ***B*** *v. intr. pron.* Atteggiare il proprio corpo nel modo più funzionale per fare q.c.: *impostarsi per saltare.*

impostàre (2) *v. tr.* (*io impòsto*) Introdurre la corrispondenza nella buca delle lettere; SIN. Imbucare.

impostazióne (1) *s. f.* Sistemazione delle strutture di una costruzione | Determinazione delle premesse o degli elementi fondamentali per svolgere un'attività, risolvere un problema e sim.

impostazióne (2) *s. f.* Introduzione delle lettere nell'apposita buca.

impostóre *s. m.* (*f. -tóra*) Chi per mala fede o interesse racconta menzogne o falsifica i fatti.

impostùra *s. f.* *1* (*raro*) Consuetudine alla menzogna e all'inganno. *2* Menzogna, frode.

impotènte ***A*** *agg.* Che non ha la capacità, la forza per fare q.c.: *– a resistere* | Debole, inetto: *– per carattere.* ***B*** *agg.; anche s. m.* (*med.*) Affetto da impotenza sessuale.

impotènza *s. f.* *1* L'essere impotente | Stato in cui si trova chi è impotente. *2* (*med.*) *– sessuale*, incapacità, in un individuo adulto, a compiere l'atto sessuale o a generare.

impoveriménto *s. m.* Riduzione in uno stato di povertà (*anche fig.*).

impoverire ***A*** *v. tr.* (*io impoverisco, tu impoverisci*) Rendere povero | (*fig.*) *– un terreno*, sfruttarlo con coltivazioni irrazionali | *– un corso d'acqua*, derivarne canali o altro, diminuendo così la portata; SIN. Immiserire. ***B*** *v. intr. pron.* Diventare povero (*anche fig.*); CONTR. Arricchirsi.

impraticàbile *agg.* Che non si può praticare | *Luogo, strada* –, che non si possono percorrere; SIN. Impervio; CONTR. Praticabile.

impraticabilità *s. f.* Condizione di ciò che è impraticabile.

impratichire ***A*** *v. tr.* (*io impratichisco, tu impratichisci*) Rendere pratico in un'attività: *– qc. nell'uso delle armi.* ***B*** *v. intr. pron.* Diventare pratico: *impratichirsi a tradurre.*

imprecàre *v. intr.* (*io imprèco, tu imprèchi; aus. avere*) Inveire, lanciare insulti: *– contro qc.*

imprecazióne *s. f.* Atto dell'imprecare | Parola, frase con cui si impreca.

imprecisàbile *agg.* Che non si può precisare.

imprecisàto *agg.* Che non si può conoscere o determinare con precisione.

imprecisióne *s. f.* *1* Mancanza o scarsezza di precisione. *2* Inesattezza, approssimazione: *– di linguaggio.* • CONTR. Precisione.

imprecìso *agg.* *1* Che manca di precisione. *2* Indeterminato, inesatto: *definizione imprecisa.* • CONTR. Preciso.

impregnàre ***A*** *v. tr.* (*io imprégno*) *1* Imbevere, intridere: *– il cotone di alcol.* *2* (*est.*) Riempire (*anche fig.*). *3* Fecondare la femmina di un animale. ***B*** *v. intr. pron.* Imbeversi, intridersi.

imprèndere *v. tr.* (*coniug. come prendere*) (*lett.*) Intraprendere, incominciare: *– una ricerca.*

imprendìbile *agg.* Che non si può prendere.

imprenditóre *s. m.* (*f. -trìce;* V. nota d'uso FEMMINILE) *1* (*raro*) Chi imprende. *2* Chi esercita professionalmente un'attività economica per la produzione e lo scambio di beni o servizi.

imprenditoriàle *agg.* Di imprenditore.

impreparàto *agg.* Che non è preparato a q.c.

impreparazióne *s. f.* Mancanza di preparazione.

imprésa *s. f.* *1* Opera, azione che si comincia o si ha in animo di fare. *2* Azione, attività di una certa difficoltà e importanza, ma spesso di esito dubbio: *accingersi, mettersi in un'* – | *È una –!*, è molto difficile. *3* Organismo che coordina prestazioni di lavoro e strumenti adeguati, per il conseguimento di finalità economiche. [→ tav. *proverbi* 146]

impresàrio *s. m.* (*f. -a*) *1* Chi dirige o gestisce un'impresa | Imprenditore. *2* (*est.*) Chi si occupa dell'organizzazione di q.c., spec. di uno spettacolo, concerto e sim.

imprescindìbile *agg.* Da cui non si può prescindere e che va tenuto perciò in considerazione: *necessità* –.

imprescrittìbile *agg.* Non soggetto a prescrizione: *diritto* –.

impresentàbile *agg.* Che non si può presentare | (*est.*) Che è tale da non poter apparire in pubblico.

impressionàbile *agg.* Che s'impressiona facilmente; SIN. Emotivo.

impressionabilità *s. f.* Disposizione a subire facilmente emozioni e impressioni; SIN. Emotività.

impressionànte *part. pres. di impressionare; anche agg.* Che impressiona fortemente.

impressionàre ***A*** *v. tr.* (*io impressióno*) *1* Provocare impressione su qc., colpendone la fantasia o turbandone lo spirito. *2* (*fot.*) Far agire la luce sulle sostanze che costituiscono l'emulsione sensibile. ***B*** *v. intr. pron.* *1* Turbarsi, spaventarsi: *si impressiona facilmente.* *2* Subire l'azione della luce, detto di pellicola fotografica.

impressióne *s. f.* *1* Atto dell'imprimere | Impronta, segno: *– del sigillo.* *2* (*raro*) Stampa, edizione. *3* (*fig.*) Sensazione fisica provocata da agenti esterni: *– di freddo.* *4* (*fig.*) Effetto o turbamento che si verifica nello spirito o nei sentimenti in seguito a eventi, emozioni e sim. | *Fare buona, cattiva* –, suscitare opinione positiva, negativa. *5* Opinione soggettiva: *ho l'– che avremo delle sorprese.*

impressionìsmo *s. m.* Movimento affermatosi spec. nelle arti figurative della seconda metà del XIX sec., come ricerca del vero mediante la trascrizione sintetica delle impressioni, ottenuta con varie tecniche.

impressionista ***A*** *s. m. e f.* (*pl. m. -i*) Seguace dell'impressionismo. ***B*** *agg.* Impressionistico.

impressionìstico *agg.* (*pl. m. -ci*) Dell'impressionismo e degli impressionisti.

imprèsso *part. pass. di imprimere; anche agg.* Premuto | Stampato | Trasmesso | (*fig.*) Fissato nella mente, nella memoria e sim.

imprestàre *v. tr.* (*io imprèsto*) Dare in prestito.

imprevedìbile *agg.* Che non si può prevedere: *caso* –; CONTR. Prevedibile.

imprevedùto *agg.* Non preveduto | Inatteso, improvviso.

imprevidènte *agg.* Che manca di previdenza; CONTR. Previdente.

imprevidènza *s. f.* Mancanza di previdenza e di riflessione.

imprevisto ***A*** *agg.* *1* Non previsto; SIN. Inaspettato, inatteso. *2* Improvviso, subitaneo: *un – scatto d'ira.* ***B*** *s. m.* Evento non prevedibile: *salvo imprevisti.*

impreziosire *v. tr.* (*io impreziosisco, tu impreziosisci*)

Rendere prezioso | (*fig.*) Ornare, arricchire: – *una tovaglia di ricami.*
imprigionàre *v. tr.* (*io imprigióno*) **1** Mettere o far mettere in prigione; SIN. Carcerare. **2** (*fig.*) Obbligare a stare in un luogo da cui è difficile uscire: *il ghiaccio imprigionò gli scalatori.*
imprimatur /*lat.* impri'matur/ *s. m. inv.* Si stampi, si imprima: formula della licenza di stampare un libro sottoposto all'autorità del censore ecclesiastico | (*est.*) Approvazione di uno scritto.
imprimé /*fr.* ɛ̃pri'me/ *s. m. inv.* (*pl. fr. imprimés* /ɛ̃pri'me/) Stoffa di seta o cotone stampata a colori.
imprimere *v. tr.* (*pass. rem. io imprèssi, tu imprimésti; part. pass. imprèsso*) **1** Premere in modo da lasciare un segno, una traccia, un marchio (*anche fig.*): – *il marchio, il suggello.* **2** Fissare in modo indelebile: – *un ricordo nella mente.* **3** (*raro*) Stampare. **4** Comunicare un movimento: – *moto a un corpo.*
imprimitùra *s. f.* Apposita preparazione stesa dai pittori su tavole, tele e sim. per renderle idonee a ricevere i colori.
imprinting /*ingl.* 'imprintiŋ/ *s. m. inv.* (*biol.*) Forma rapida e limitata di apprendimento, che si verifica durante un periodo precoce della vita, mediante cui i giovani di certe specie apprendono, venendo a contatto con i genitori o con altri individui della specie, le proprie caratteristiche specifiche.
improbàbile *agg.* Che potrà accadere molto difficilmente; CONTR. Probabile.
improbabilità *s. f.* L'essere improbabile.
improbo *agg.* **1** Malvagio, disonesto. **2** Duro, mal ricompensato: *fatica improba.*
improduttività *s. f.* Carattere di ciò che non è produttivo.
improduttivo *agg.* Che non produce o non dà un utile (*anche fig.*): *investimento, capitale* –; SIN. Infruttifero; CONTR. Produttivo.
imprónta *s. f.* **1** Traccia che rimane su un corpo su cui si sia esercitata una pressione | – *digitale,* disegno lasciato dalle creste papillari dei polpastrelli delle dita caratteristico per ciascuna persona, atto quindi a stabilirne il riconoscimento. **2** Immagine impressa nel conio | Prova di conio di medaglie e delle monete. **3** (*fig.*) Marchio, segno caratteristico: *l'– del genio.* **4** Forma lasciata dal modello nella terra da fonderia ove verrà colato il metallo fuso. [→ ill. *metallurgia*]
improntàre A *v. tr.* (*io imprónto*) **1** Segnare con impronta: – *il sigillo nella cera.* **2** (*fig.*) Dare un tono o un'espressione peculiari: – *il volto a dolore.* **3** Leggere ed eseguire, senza preparazione, la musica. **B** *v. intr. pron.* (*fig.*) Assumere un tono o un atteggiamento: *il volto le s'improntò a commozione.*
improntitùdine *s. f.* Insistenza indiscreta | Sfacciataggine.
imprónto (1) *agg.* (*raro*) Insistente e indiscreto nel chiedere | Importuno, sfacciato.
imprónto (2) *s. m. Solo nella loc. avv. all'*–, a prima vista, in modo estemporaneo.
impronunziàbile *agg.* Che non si può o non si deve pronunciare.
impropèrio *s. m.* Grave ingiuria; SIN. Insulto.
improprietà *s. f.* **1** Mancanza di proprietà e precisione nell'esprimersi: *parlare, scrivere, con* –. **2** Locuzione, vocabolo improprio.
impròprio *agg.* Non proprio o non appropriato | *Parole improprie,* non usate a proposito o nel giusto significato | (*est.*) Sconveniente: *linguaggio* –; CONTR. Proprio.
improrogàbile *agg.* Che non si può prorogare; CONTR. Prorogabile.
impròvvido *agg.* (*lett.*) Imprevidente: – *del futuro* | (*est.*) Incauto, inconsiderato: *consiglio* –; CONTR. Provvido.
improvvisaménte *avv.* In modo improvviso, di sorpresa.
improvvisàre A *v. tr.* **1** Tenere un discorso, comporre versi o musica per immediata ispirazione, senza preparazione, anche ass.: – *canzoni; quel compositore preferisce* –. **2** Allestire, combinare, in fretta: – *una cena.* **B** *v. rifl.* Assumersi un ruolo, senza preparazione specifica: *improvvisarsi presentatore.*
improvvisàta *s. f.* (*fam.*) Avvenimento piacevole che giunge inatteso; SIN. Sorpresa.
improvvisatóre *s. m.* (*f. -trìce*) Chi è abile nell'improvvisare | Poeta estemporaneo.
improvvisazióne *s. f.* Atto, capacità di improvvisare | Ciò che si improvvisa.
improvviso A *agg.* **1** Che avviene o viene d'un tratto, del tutto inatteso: *ritorno* –; SIN. Imprevisto, inaspettato. **2** (*est.*) Subitaneo, repentino, brusco: *simpatia improvvisa* | *All'*–, *d'*–, d'un tratto: *partire all'*–. **B** *s. m.* (*mus.*) Pezzo a soggetto originale, creato senza preventiva preparazione e studio.
imprudènte A *agg.* **1** Che manca di prudenza perché non considera i rischi connessi alle sue azioni: *corridore* –; SIN. Sconsiderato, temerario. **2** Che dimostra mancanza di prudenza: *consiglio* –. • SIN. Avventato, incauto; CONTR. Prudente. **B** *s. m. e f.* Persona imprudente.
imprudènza *s. f.* **1** Mancanza di prudenza; SIN. Avventatezza, sconsideratezza; CONTR. Prudenza. **2** Atto inconsiderato e rischioso: *commettere un'*–.
impùbere *agg.; anche s. m. e f.* (*lett.*) Detto di chi non è ancora nella pubertà.
impudènte A *agg.* Che non sente pudore o ritegno. **B** *anche s. m. e f.* • SIN. Sfacciato, sfrontato.
impudènza *s. f.* Mancanza di pudore | Sfacciataggine, sfrontatezza.
impudicìzia *s. f.* Mancanza di pudore; SIN. Inverecondia; CONTR. Pudicizia.
impudico *agg.* (*pl. m. -chi*) Che manca di senso del pudore; SIN. Inverecondo; CONTR. Pudico.
impugnàbile *agg.* Che si può contestare, combattere: *sentenza* –.
impugnabilità *s. f.* L'essere impugnabile.
impugnàre (1) *v. tr.* Stringere in pugno: – *la spada* | – *le armi,* prepararsi a combattere.
impugnàre (2) *v. tr.* **1** Contestare con valide ragioni: – *un'opinione.* **2** (*dir.*) Chiedere al giudice designato dalla legge il riesame di un processo, o la riforma di un provvedimento giurisdizionale: – *una sentenza.*
impugnativa *s. f.* Istanza con cui si propone un mezzo di impugnazione.
impugnatóre *s. m.* (*f. -trìce*) Chi impugna o contesta.
impugnatùra *s. f.* **1** Modo di stringere in pugno | Atto dell'impugnare. **2** Parte di un oggetto che deve essere stretta nella mano: *l'– della cinepresa.* [→ ill. *cinematografia, marina, tessuto*]
impugnazióne *s. f.* (*dir.*) Atto dell'impugnare; SIN. Gravame.
impulsività *s. f.* L'essere impulsivo | Tendenza a compiere atti impulsivi.
impulsìvo A *agg.* **1** Che imprime una spinta o un impulso: *forza impulsiva.* **2** Detto di chi agisce o parla seguendo i propri impulsi, senza riflettere. **B** *s. m.* (*f. -a*) Chi è dotato di carattere impulsivo.
impùlso *s. m.* **1** Spinta esercitata per comunicare il moto di un corpo a un altro. **2** (*fis.*) Grandezza fisica espressa dal prodotto della forza agente su un corpo per il tempo durante il quale la forza ha agito | – *elettrico,* tensione o corrente che si manifestano per un breve istante di tempo | (*est.*) Scatto telefonico. **3** (*fig.*) Stimolo, spinta, incremento: *dare* – *all'industria.* **4** (*fig.*) Moto istintivo dell'uomo che lo spinge ad atti anche violenti: *abbandonarsi ai propri impulsi* | (*est.*) Disposizione naturale: *è un* – *a fare il bene.*
impùne *agg.* (*lett.*) Non punito: *malfattore* –.
impuneménte *avv.* Senza pena | Senza danno.
impunità *s. f.* Condizione di chi è esente da pena.
impunito A *agg.* Immune da pene, sfuggito alla giusta pena. **B** *s. m.* (*f. -a*) (*centr.*) Sfacciato, birbante.
impuntàre A *v. intr.* (*aus. avere*) **1** Inciampare: – *a ogni passo.* **2** (*fig.*) Incespicare nel parlare: – *per balbuzie.* **B** *v. intr. pron.* **1** Rifiutarsi di andare avanti puntando i piedi a terra per non essere trascinato, detto di bambini o animali. **2** (*fig.*) Ostinarsi con puntiglio: *si è impuntato a dire di no.*
impuntatùra *s. f.* Puntigliosa ostinazione.
impuntìre *v. tr.* (*io impuntisco, tu impuntisci*) **1** Fermare con punti fitti un tessuto o altro materiale. **2** Trapungere.
impuntitùra *s. f.* Operazione dell'impuntire.
impuntùra *s. f.* Cucitura a punti vistosi e uguali sul diritto e sul rovescio del tessuto.

impunturàre *v. tr.* Cucire mediante impunture.
impurità *s. f.* **1** Condizione di ciò che è impuro. **2** Ciò che rende impuro q.c.: *liberare un liquido dalle —*. **3** (*fig.*) Mancanza di purezza morale: *— di costumi.*
impùro *agg.* **1** Che non è puro in quanto contiene elementi eterogenei o è mescolato ad altra sostanza: *acqua impura.* **2** Detto della lettera *s* quando è seguita da una consonante. **3** Che offende la purezza, la castità: *desideri impuri.* • CONTR. Puro.
imputàbile ***A*** *s. m. e f.; anche agg.* (*dir.*) Chi (o che) ha la capacità d'intendere e di volere e pertanto può essere punito per un reato. ***B*** *agg.* **1** Che è o si può ritenere responsabile di q.c.: *siete imputabili del guasto.* **2** Che si può imputare: *la svista è — a noi.*
imputabilità *s. f.* **1** Qualità di ciò che è imputabile. **2** (*dir.*) Condizione di chi è imputabile.
imputàre *v. tr.* (*io ìmputo, raro impùto*) **1** (*dir.*) Promuovere l'azione penale contro qc. | (*est.*) Contestare un'imputazione: *— qc. di omicidio.* **2** (*est.*) Considerare responsabile: *— qc. del fallimento.* • SIN. Accusare, incolpare. **3** Attribuire a titolo di colpa: *— la disgrazia al guidatore.*
imputàto *s. m.* (*f. -a*) (*dir.*) Persona nei cui confronti è esercitata l'azione penale. [→ ill. *giustizia*]
imputazióne *s. f.* **1** Attribuzione di responsabilità. **2** (*dir.*) Attribuzione a una persona della qualità di autore di un reato: *capo d'—*; SIN. Accusa.
imputridiménto *s. m.* Putrefazione | Decomposizione delle materie organiche.
imputridìre ***A*** *v. intr.* (*io imputridìsco, tu imputridìsci; aus. essere*) Diventare putrido; SIN. Marcire, putrefarsi. ***B*** *v. tr.* Rendere putrido.
impuzzolentìre *v. tr.* (*io impuzzolentìsco, tu impuzzolentìsci*) Far diventare puzzolente.
in *prep.* (*Fondendosi con gli art. det. dà origine alle prep. art. m. sing. nel, nello; m. pl. nei, negli; f. sing. nella; f. pl. nelle*) ***I*** Stabilisce diverse relazioni dando luogo a molti complementi **1** Compl. di stato in luogo (*anche fig.*): *oggi resto — casa; sei pallido — volto* | Entro: *non tenere le mani — tasca.* **2** Compl. di moto a luogo (*anche fig.*): *l'hanno mandato — esilio; si è buttato — un'impresa disperata* | Contro: *ho inciampato — una radice* | Indica anche il punto verso cui si compie un movimento (spec. in correl. con la prep. 'di'): *vado di strada — strada.* **3** Compl. di moto attraverso luogo (*anche fig.*): *lo inseguì nella pianura; tanti ricordi mi passano nella mente.* **4** Compl. di tempo determinato: *sono nato nel 1941; verrò — autunno.* **5** Compl. di tempo continuato: *te lo restituisco — giornata.* **6** Compl. di modo o maniera: *vivono — letizia; scrivi — corsivo; carne — umido* | Si prepone al cognome del marito per indicare lo stato coniugale di una donna: *Maria Bianchi — Rossi.* **7** Compl. di mezzo o strumento: *vado — autobus.* **8** Compl. di limitazione: *sei bravo — matematica?; negoziante — tessuti.* **9** Compl. di materia: *cancello — ferro battuto.* **10** Compl. di scopo o fine: *ti mando un libro — dono; festa — onore della figlia.* **11** Compl. di causa: *gioisco nel ricordo.* **12** Compl. di stima: *tenere qc. — poco conto.* **13** Compl. distributivo: *di dieci — dieci.* ***II*** Ricorre in molte espressioni **1** Con valore determinativo, indica una quantità: *erano — quattro; accorsero — folla.* **2** Con valore asseverativo: *— fede mia* | Esprimendo supplica, preghiera: *— nome del cielo.* **3** Con valore temporale, seguito da un v. al modo infinito, equivale a un gerundio: *nel dire così; nel fare ciò.* ***III*** Ricorre nella formazione di molte loc. **1** Loc. prep. e prep. composte: *— compagnia di; — cima a; — seguito a; — quanto a;* ecc. **2** Loc. avv.: *— qua; — là; — su; — giù; — sopra; — sotto; — dentro; — fuori; — alto; — basso; — avanti; — fondo;* ecc.
in- (1) *pref.* (si ha assimilazione con parole che iniziano con *l-, m-, r-*; la *-n-* diventa *-m-* davanti a *b-* e *p-*) È usato nella derivazione di verbi da aggettivi (*tenero-intenerire*), da sostantivi (*fiamma-infiammare, lume-illuminare, raggio-irraggiare, buca-imbucare*) o da altri verbi: *infondere, immettere, istruire* (in quest'ultimo caso il pref. ha per lo più il significato di 'dentro', così come in taluni derivati da sostantivi: *incarcerare, insaccare*).
in- (2) *pref.* (si ha assimilazione e sim. come in *in-* (1)) Ha valore negativo ed è premesso spec. ad aggettivi o sostantivi (*infedele, infedeltà; illegittimo, illogico, immorale, irregolare*).
-ina *suff.* **1** Forma nomi di ambienti: *cucina, vetrina.* **2** Forma sost. femminili di temi maschili: *gallina, regina.* **3** Forma numerali con valore collettivo: *diecina, quarantina, dozzina.* **4** Ha valore derivativo o alterativo: *collina, camerina, signorina.* **5** In chimica indica spec. sostanze di natura basica: *morfina, cocaina.*
inabbordàbile *agg.* Di persona troppo altera e scontrosa, che non è facile da avvicinare.
inàbile *agg.* **1** Che non ha le qualità richieste per eseguire un dato compito: *— al lavoro*; SIN. Inadatto, incapace, inetto; CONTR. Abile. **2** (*raro*) Maldestro, poco accorto: *mossa —.*
inabilità *s. f.* Condizione di chi non ha i requisiti per l'esecuzione di un dato compito.
inabilitàre *v. tr.* (*io inabìlito*) **1** Rendere inabile. **2** (*dir.*) Limitare la capacità di agire di qc.
inabilitazióne *s. f.* (*dir.*) Atto dell'inabilitare | Condizione di chi è inabilitato.
inabissaménto *s. m.* Sprofondamento in un abisso | (*est.*) Affondamento.
inabissàre ***A*** *v. tr.* Sprofondare in un abisso: *la tempesta stava per — la nave.* ***B*** *v. intr. pron.* Andare a fondo, cadere in un abisso (*anche fig.*).
inabitàbile *agg.* Di luogo o ambiente in cui l'uomo non può vivere; CONTR. Abitabile.
inabitabilità *s. f.* L'essere inabitabile.
inabitàto *agg.* (*lett.*) Privo di abitanti.
inaccessìbile *agg.* **1** Che è molto difficile o impossibile da raggiungere: *montagna —*; CONTR. Accessibile. **2** (*fig.*) Di persona difficile da avvicinare.
inaccessibilità *s. f.* L'essere inaccessibile.
inaccèsso *agg.* (*lett.*) Di luogo a cui nessuno ha mai potuto avvicinarsi.
inaccettàbile *agg.* Che non si può o non si deve accettare o tollerare; CONTR. Accettabile.
inaccordàbile *agg.* Che non si può concedere.
inaccostàbile *agg.* Che non può essere avvicinato (*anche fig.*): *prezzo —.*
inacerbìre ***A*** *v. tr.* (*io inacerbìsco, tu inacerbìsci*) Rendere più acerbo, più doloroso: *— un dispiacere* | Portare all'esasperazione: *— gli animi*; SIN. Inasprire. ***B*** *v. intr. e intr. pron.* (*aus. essere*) Inasprirsi.
inacetìre ***A*** *v. intr.* (*io inacetìsco, tu inacetìsci; aus. essere*) Diventare aceto. ***B*** *v. tr.* Rendere acido il vino.
inacidìre ***A*** *v. tr.* (*io inacidìsco, tu inacidìsci*) Rendere acido (*anche fig.*). ***B*** *v. intr. e intr. pron.* (*aus. essere*) **1** Diventare acido, prendere un sapore acido. **2** (*fig.*) Diventare aspro e scostante: *il suo carattere si è inacidito.*
inadattàbile *agg.* Che non si può adattare: *costruzione — a usi scolastici*; CONTR. Adattabile.
inadàtto *agg.* **1** Che non è adatto a q.c. **2** Che non ha disposizione a q.c.: *essere — allo studio*; SIN. Inabile.
inadeguatézza *s. f.* L'essere inadeguato; SIN. Insufficienza.
inadeguàto *agg.* **1** Che è insufficiente o sproporzionato rispetto a q.c.; CONTR. Adeguato. **2** Detto di persona, che non è all'altezza: *essere — a un lavoro.*
inadempiènte *agg.; anche s. m. e f.* (*dir.*) Che (o chi) non ha eseguito la prestazione a cui era obbligato.
inadempiènza *s. f.* Mancata attuazione di q.c. da parte di chi vi si era impegnato.
inadempiménto *s. m.* Mancata esecuzione di un compito, di una prestazione e sim.: *— di un obbligo.*
inadempiùto *agg.* Che non ha avuto adempimento: *obbligo —.*
inafferràbile *agg.* **1** Di persona che non si riesce a catturare, a prendere: *l'— Primula Rossa*; CONTR. Afferrabile. **2** Che si capisce con molta difficoltà: *significato —.*
inaffidàbile *agg.* Detto di persona di cui non ci si può fidare o di ciò che non dà garanzia di sicurezza.
inagìbile *agg.* Detto spec. di luogo pubblico che manca dei requisiti richiesti per il suo utilizzo.
inalàre *v. tr.* Assorbire un medicamento per inalazione.
inalatóre *s. m.* Apparecchio per inalazioni.
inalatòrio *agg.* Di inalazione.
inalazióne *s. f.* (*med.*) Tecnica con cui si introducono a scopo di cura nelle vie respiratorie sostanze gassose, volatili in forma di vapori o liquide polverizzate.

inalberàre **A** *v. tr.* (*io inàlbero*) Alzare una bandiera, elevare un'insegna sull'albero di una nave, su un'antenna, un'asta, un'altura e sim.: *la nave inalberò la bandiera.* **B** *v. intr. pron.* **1** Impennarsi: *un cavallo che s'inalbera facilmente.* **2** (*fig.*) Adirarsi improvvisamente e per futili motivi.

inalidìre **A** *v. tr.* (*io inalidìsco, tu inalidìsci*) (*tosc.*) Rendere asciutto. **B** *v. intr. e intr. pron.* (*aus. essere*) (*tosc.*) Diventare asciutto.

inalienàbile *agg.* (*dir.*) Che non può essere trasferito ad altri: *bene* —; CONTR. Alienabile.

inalienabilità *s. f.* (*dir.*) Condizione di ciò che è inalienabile.

inalteràbile *agg.* Che non è soggetto ad alterazioni o mutamenti: *colore, affetto* —; CONTR. Alterabile.

inalterabilità *s. f.* L'essere inalterabile.

inalteràto *agg.* Che non ha subito alcuna alterazione; SIN. Invariato.

inalveàre *v. tr.* (*io inàlveo*) Immettere in un alveo: — *le acque di un lago.*

inalveazióne *s. f.* Atto di inalveare un corso d'acqua.

inamèno *agg.* Triste e desolato: *luogo* —.

inamidàre *v. tr.* (*io inàmido*) Immergere un tessuto in una salda d'amido affinché acquisti una speciale durezza alla stiratura: — *una camicia.*

inamidàto *part. pass. di inamidare; anche agg.* **1** Immerso nell'amido. **2** (*fig., scherz.*) Che è rigido e pieno di sussiego.

inamidatùra *s. f.* Operazione dell'inamidare.

inammaccàbile *agg.* Che non conserva tracce di ammaccature e sim.: *velluto* —.

inammissìbile *agg.* Che non si può accogliere, ammettere: *progetto* —; CONTR. Ammissibile.

inammissibilità *s. f.* L'essere inammissibile.

inamovìbile *agg.* (*dir.*) Che non può essere rimosso o trasferito arbitrariamente dall'ufficio che ricopre: *i magistrati sono inamovibili.*

inamovibilità *s. f.* (*dir.*) Condizione di inamovibile.

inàne *agg.* (*lett.*) Che è vano e inutile: *tentativo* —.

inanellàre *v. tr.* (*io inanèllo*) Arricciare a forma di anello: — *la chioma.*

inanellàto *part. pass. di inanellare; anche agg.* **1** Che ha forma di anello. **2** Adorno di anelli: *mano inanellata.*

inanimàto *agg.* **1** Che non ha vita: *i minerali sono cose inanimate.* **2** Privo di sensi, che non dà segno di vita: *cadere a terra* —.

inanizióne *s. f.* Esaurimento fisico causato da mancanza o insufficienza di cibo.

inanònimo **A** *agg.* (*bur.*) Non anonimo. **B** *s. m.* Negli avvisi pubblicitari, chi rende note le proprie generalità.

inappagàbile *agg.* Difficile o impossibile da appagare; SIN. Insaziabile.

inappagaménto *s. m.* Stato d'animo di chi non è appagato.

inappagàto *agg.* Che è insoddisfatto e deluso.

inappellàbile *agg.* **1** (*dir.*) Che non può essere impugnato in sede di appello: *sentenza* —. **2** (*est., fig.*) Che non si può modificare, rimettere in discussione e sim.: *decisione* —.

inappellabilità *s. f.* Condizione di ciò che è inappellabile.

inappetènte *agg.* Che è affetto da inappetenza.

inappetènza *s. f.* (*med.*) Mancanza di appetito.

inapplicàbile *agg.* Che non si può mettere in pratica: *pena* —; CONTR. Applicabile.

inapplicabilità *s. f.* L'essere inapplicabile.

inapprendìbile *agg.* Che è impossibile o difficile da apprendere: *idioma* —.

inapprezzàbile *agg.* **1** Che ha un valore così grande che non può essere apprezzato giustamente: *amico* —; SIN. Inestimabile. **2** Di nessun valore: *danno* —.

inappuntàbile *agg.* **1** Incensurabile, irreprensibile, detto di persona: *impiegato* —. **2** Privo di difetti o adatto all'occasione, così da non offrire appigli a critiche: *abito* —.

inarcaménto *s. m.* Piegatura ad arco; SIN. Incurvamento.

inarcàre **A** *v. tr.* (*io inàrco, tu inàrchi*) Curvare a forma d'arco | — *le ciglia*, alzarle in atto di meraviglia | — *la schiena*, piegarla per sostenere sforzi. **B** *v. intr. pron.* Divenir curvo come un arco.

inargentàre **A** *v. tr.* (*io inargènto*) **1** Argentare. **2** (*fig.*) Rendere argenteo: *la luna inargenta il mare.* **B** *v. intr. pron.* Acquistare riflessi argentei.

inaridiménto *s. m.* Progressiva perdita di umidità con conseguente secchezza o sterilità (*anche fig.*).

inaridìre **A** *v. tr.* (*io inaridìsco, tu inaridìsci*) **1** Rendere secco e sterile. **2** (*fig.*) Impoverire o svuotare di sentimenti, energia, vigore e sim.: *il dolore l'ha inaridito.* **B** *v. intr. e intr. pron.* (*aus. essere*) Diventare arido (*anche fig.*).

inarrestàbile *agg.* Che non si può arrestare: *il corso — degli eventi umani.*

inarrivàbile *agg.* **1** Che non si può raggiungere: *montagna* —. **2** (*fig.*) Impareggiabile, ineguagliabile: *persona di talento* —.

inarticolàto *agg.* Privo di articolazioni, connessioni: *suoni inarticolati.*

inascoltàto *agg.* Non ascoltato, non esaudito: *consiglio* —.

inaspettàto *agg.* Che si verifica al di fuori delle attese o previsioni di qc.: *guadagno* —; SIN. Inatteso, imprevisto.

inaspriménto *s. m.* Aggravamento: — *della situazione* | Irrigidimento, esasperazione | Intensificazione, aumento: — *delle tasse.*

inasprìre **A** *v. tr.* (*io inasprìsco, tu inasprìsci*) Rendere più aspro, più doloroso o crudele: — *la disciplina* | Esasperare, esacerbare: *la gelosia ha inasprito il suo carattere*; SIN. Inacerbire, irritare. **B** *v. intr. e intr. pron.* (*aus. essere*) Diventare più aspro (*anche fig.*).

inastàre *v. tr.* Collocare q.c. all'estremità di un'asta: — *una bandiera.*

inattaccàbile *agg.* **1** Che non si può attaccare: *fortezza* —; *sostanza — dagli acidi.* **2** Che non si può mettere in pericolo: *la sua fama è* —.

inattaccabilità *s. f.* L'essere inattaccabile.

inattendìbile *agg.* Che non si può credere o prendere in considerazione; SIN. Incredibile; CONTR. Attendibile.

inattendibilità *s. f.* L'essere inattendibile.

inattéso *agg.* Inaspettato, imprevisto.

inattitùdine *s. f.* Mancanza di attitudine, disposizione: *mostrare — al lavoro.*

inattivàre *v. tr.* Rendere inattivo: — *un catalizzatore.*

inattività *s. f.* Condizione di chi è inattivo; SIN. Inerzia, inoperosità, ozio; CONTR. Attività.

inattìvo *agg.* **1** Che non agisce: *persona inattiva*; SIN. Inerte, inoperoso, ozioso. **2** (*chim.*) Che non reagisce più: *catalizzatore* —.

inattuàbile *agg.* Che non si può mettere in atto: *progetto* —; SIN. Impossibile, irrealizzabile; CONTR. Attuabile.

inattuabilità *s. f.* L'essere inattuabile.

inattuàle *agg.* Privo di adeguatezza rispetto al presente: *decisione* —.

inattualità *s. f.* L'essere inattuale.

inaudìto *agg.* Che non si è mai udito e quindi risulta straordinario e quasi incredibile: *crudeltà inaudita.*

inauguràle *agg.* Di inaugurazione: *rito* —.

inauguràre *v. tr.* (*io inàuguro*) **1** Iniziare, rinnovare, mettere in esercizio con solennità: — *l'anno accademico* | — *una chiesa*, consacrarla. **2** (*fig.*) Avviare, cominciare: *inaugura un nuovo sistema di vita.*

inaugurazióne *s. f.* Atto, cerimonia dell'inaugurare.

inavvedutézza *s. f.* Mancanza di sagacia, d'accortezza; SIN. Sbadataggine.

inavvedùto *agg.* Che manca di accortezza; SIN. Sbadato.

inavvertènza *s. f.* Mancanza di avvedutezza e di attenzione.

inavvertitaménte *avv.* Senza volere, senza accorgersi: *urtare qc.* —.

inavvertìto *agg.* Che non è o non è stato visto, considerato.

inavvicinàbile *agg.* Di persona con cui è difficile o impossibile prendere contatto.

inazióne *s. f.* Mancanza di azione, di attività; SIN. Inerzia, ozio.

incagliàre **A** *v. tr.* (*io incàglio*) Ostacolare o arrestare con difficoltà, impedimenti e sim.: — *il commercio.* **B** *v. intr. e intr. pron.* (*aus. essere*) **1** (*mar.*) Dare in secco, fermarsi per impedimento. **2** Fermarsi per difficoltà improvvise (*anche fig.*): *le trattative si sono incagliate.*

incàglio *s. m.* **1** (*mar.*) Fermata di una nave in una secca e sim. **2** (*fig.*) Ostacolo, complicazione, difficoltà.

incalcinàre *v. tr.* (*coniug. come calcinare*) Ricoprire q.c. di

calcina: — *un muro.*
incalcolàbile *agg.* Difficile o impossibile da calcolare: *valore* —; CONTR. Calcolabile.
incalliménto *s. m.* Formazione di calli | Callosità | (*fig.*) Assuefazione a un vizio e sim.
incallire ***A*** *v. tr.* (*io incallisco, tu incallisci*) ***1*** Rendere calloso: — *le mani.* ***2*** (*fig.*) Rendere duro, insensibile. ***B*** *v. intr. e intr. pron.* (*aus. essere*) ***1*** Diventare calloso. ***2*** (*fig.*) Indurire, assuefarsi: *incallirsi nel vizio.*
incallito *part. pass. di incallire; anche agg.* ***1*** Che ha fatto il callo. ***2*** (*fig.*) Accanito e impenitente: *peccatore* —.
incaloriménto *s. m.* Riscaldo.
incalorire ***A*** *v. tr.* (*io incalorisco, tu incalorisci*) ***1*** Produrre incalorimento. ***2*** (*fig.*) Accalorare: — *la discussione.* ***B*** *v. intr. pron.* ***1*** Subire un processo d'incalorimento. ***2*** Infervorarsi eccessivamente.
incalzàre ***A*** *v. tr.* ***1*** Inseguire senza dar tregua e riposo: — *il nemico in fuga.* ***2*** (*fig.*) Premere da vicino, farsi urgente, anche ass.: *il tempo ci incalza; il pericolo incalza.* ***B*** *v. rifl. rec.* Succedersi l'un l'altro, con rapidità: *le notizie s'incalzano.*
in camera charitatis /*lat.* in 'kamera kari'tatis/ *loc. avv.* Detto di rimproveri, ammonizioni e sim. dati amichevolmente e con riservatezza.
incameraménto *s. m.* Atto dell'incamerare.
incameràre *v. tr.* (*io incàmero*) Assumere definitivamente nel proprio patrimonio, detto spec. dello Stato e dei suoi organi finanziari.
incamiciàre *v. tr.* (*io incamicio*) ***1*** In varie tecnologie, rivestire un oggetto con un altro involucro, per protezione o per lasciare un'intercapedine tra i due: — *una caldaia.* ***2*** Rivestire q.c., come con una camicia, di calce, intonaco o altro: — *un muro.*
incamiciatùra *s. f.* Operazione dell'incamiciare | Strato di materiale o fodera che riveste l'oggetto incamiciato.
incamminàre ***A*** *v. tr.* (*coniug. come camminare*) ***1*** Mettere q.c. in cammino, in movimento: *ha incamminato bene l'affare.* ***2*** (*fig.*) Indirizzare, guidare: — *una persona in un'arte, sulla retta via.* ***B*** *v. intr. pron.* ***1*** Mettersi in cammino. ***2*** (*fig.*) Avviarsi: *incamminarsi alla, verso la rovina.*
incanalaménto *s. m.* Atto dell'incanalare.
incanalàre ***A*** *v. tr.* ***1*** Raccogliere acqua in un canale: — *le acque piovane* | (*est.*) Obbligare q.c. a scorrere su un tracciato fisso: — *il traffico.* ***2*** Convogliare, dirigere: — *una colonna di prigionieri.* ***B*** *v. intr. pron.* ***1*** Raccogliersi in un canale. ***2*** (*est.*) Dirigersi in una certa direzione: *la folla si incanalò verso l'uscita.*
incanalatùra *s. f.* ***1*** Operazione dell'incanalare. ***2*** Canale in cui le acque scorrono.
incancellàbile *agg.* ***1*** Che non si può cancellare: *segno* —; CONTR. Cancellabile. ***2*** (*fig.*) Che non si può fugare, dissipare: *ricordo* — • SIN. Indelebile.
incancrenire *v. intr. e intr. pron.* (*io incancrenisco, tu incancrenisci; aus. essere*) ***1*** (*med.*) Andare in cancrena. ***2*** (*fig.*) Divenire sempre più grave, radicato: *i vizi incancreniscono.*
incandescènte *agg.* ***1*** Detto di corpo o sostanza riscaldata fino all'incandescenza. ***2*** (*fig.*) Ardente, accalorato: *polemica* —.
incandescènza *s. f.* Emissione di luce da una sostanza, causata dalla sua alta temperatura: *lampada a* —. [→ ill. *illuminazione*]
incannàre *v. tr.* Svolgere filo da una matassa e avvolgerlo su un rocchetto o bobina.
incannatóio *s. m.* Roccatrice.
incannatóre *s. m.* (*f. -trice*) Operaio che incanna il filato.
incannatùra *s. f.* Operazione dell'incannare.
incannicciàta *s. f.* ***1*** Lavoro di canne intrecciate. ***2*** Chiusa di fiumi o canali, fatta con cannicci, per prendere pesci.
incannicciatùra *s. f.* Stuoia di canne intonacata, posta sotto un soffitto per nasconderne le travi.
incantaménto *s. m.* L'essere, il restare incantato.
incantàre ***A*** *v. tr.* ***1*** Recitare formule o compiere atti che producano effetti soprannaturali. ***2*** (*fig.*) Affascinare, ammaliare | — *i serpenti*, affascinarli con la musica. ***3*** (*fig.*) Soggiogare, rapire per meraviglia, diletto e sim.: *musica che incanta.* ***B*** *v. intr. pron.* ***1*** Restare trasognato, estatico: *incantarsi a guardare q.c.* | Rimanere immobile, come intontito. ***2*** Arrestarsi, fermarsi: *il meccanismo s'incanta spesso.*
incantàto *part. pass. di incantare; anche agg.* ***1*** Dotato di poteri magici: *anello* —. ***2*** Che sembra opera di magia: *paesaggio* —. ***3*** Intontito, trasognato.
incantatóre ***A*** *agg.* (*f. -trice*) Affascinante, seducente: *sguardo* —. ***B*** *s. m.* ***1*** Chi opera incantesimi: — *di serpenti.* ***2*** (*fig.*) Chi affascina, conquista.
incantésimo *s. m.* ***1*** Rito, sortilegio, magia usata per incantare: *fare un* — | (*fig.*) Momento o stato d'animo incantato: *rompere l'*—; SIN. Incanto. ***2*** Tutto ciò che costituisce un mezzo di seduzione, incanto, magia: *il potente — della musica.*
incantévole *agg.* Che incanta, rapisce di piacere, ammirazione.
incànto (1) *s. m.* ***1*** Incantesimo, magia | *Come per* —, tutto a un tratto, quasi per opera magica | *D'*—, a meraviglia. ***2*** (*fig.*) Sommo piacere: *l'— della musica* | Cosa o persona deliziosa | Atmosfera incantata: *l'— di una notte primaverile.*
incànto (2) *s. m.* Gara in cui si aggiudica un bene o un servizio a chi offre condizioni più favorevoli.
incanutire ***A*** *v. intr.* (*io incanutisco, tu incanutisci; aus. essere*) Divenire canuto. ***B*** *v. tr.* Rendere canuto.
incapàce *agg.; anche s. m. e f.* ***1*** Detto di chi è privo di attitudine, disposizione o idoneità per q.c.: *essere — di mentire*; SIN. Inabile, inetto; CONTR. Capace. ***2*** (*dir.*) Detto di chi non è in grado di attendere alla cura dei propri interessi: *circonvenzione di* —.
incapacità *s. f.* ***1*** Mancanza di attitudine, capacità o idoneità; SIN. Inettitudine. ***2*** (*dir.*) Mancanza di capacità: — *d'agire*; — *giuridica.*
incaparbire *v. intr. e intr. pron.* (*io incaparbisco, tu incaparbisci; aus. essere*) Diventare caparbio.
incaponirsi *v. intr. pron.* (*io m'incaponisco, tu t'incaponisci*) Ostinarsi, incaparbirsi: — *in una cosa*; — *a dire.*
incappàre ***A*** *v. tr.* (*raro*) Coprire con la cappa. ***B*** *v. intr.* (*aus. essere*) Capitare, imbattersi involontariamente in q.c. o qc. di pericoloso, fastidioso e sim.: — *in una difficoltà.*
incappellàre ***A*** *v. tr.* (*io incappèllo*) (*mar.*) Sistemare un anello, un collare metallico o di corda all'estremità di un albero, o antenna. ***B*** *v. intr. pron.* (*aus. essere*) (*fig., fam.*) Impermalirsi.
incappottàre ***A*** *v. tr.* (*io incappòtto*) Avvolgere bene in un cappotto. ***B*** *v. rifl.* Intabarrarsi, imbacuccarsi.
incappucciàre ***A*** *v. tr.* (*io incappùccio*) ***1*** Coprire col cappuccio. ***2*** (*fig.*) Ammantare di neve la sommità di un monte e sim. ***B*** *v. rifl.* Coprirsi con un cappuccio | (*fig.*) Ammantarsi.
incapricciàrsi *v. intr. pron.* (*io m'incapriccio*) Invaghirsi di q.c. o qc.: — *di una donna.*
incapsulaménto *s. m.* Operazione dell'incapsulare.
incapsulàre *v. tr.* (*io incàpsulo*) ***1*** Rivestire con una capsula: — *una medicina.* ***2*** Chiudere un recipiente con una capsula: — *una bottiglia.*
incarceraménto *s. m.* Modo e atto dell'incarcerare.
incarceràre *v. tr.* (*io incàrcero*) ***1*** Rinchiudere in carcere. ***2*** (*fig.*) Rinchiudere in luogo sgradevole.
incarcerazióne *s. f.* (*raro*) Carcerazione.
incardinàre ***A*** *v. tr.* (*io incàrdino*) Porre sui cardini: — *una porta.* ***B*** *v. intr. pron.* Reggersi su un certo ordine di principi teorici: *la sua cultura si incardina sulla filosofia tedesca.*
incaricàre ***A*** *v. tr.* (*io incàrico, tu incàrichi*) Gravare qc. di un incarico, di una incombenza: *l'hanno incaricato di seguire le pratiche d'ufficio*; SIN. Delegare, deputare. ***B*** *v. intr. pron.* Assumersi un incarico.
incaricàto ***A*** *part. pass. di incaricare; anche agg.* Che ha ricevuto un incarico | *Professore, docente*, —, insegnante di scuola media, o docente universitario annuale, non di ruolo. ***B*** *s. m.* (*f. -a*) ***1*** Persona cui è affidato un incarico: *un — della banca.* ***2*** Professore o docente incaricato. ***3*** — *d'affari*, agente diplomatico che fa le veci del titolare di una rappresentanza diplomatica.
incàrico *s. m.* (*pl. -chi*) ***1*** Commissione importante, ufficio temporaneo e speciale: *ricevere, eseguire un* —; SIN. Incombenza. ***2*** Posto di professore o docente non di ruolo.
incarnàre ***A*** *v. tr.* Rappresentare vivacemente e con ef-

ficacia: — *un concetto, un'idea.* **B** *v. intr. pron.* **1** Prendere carne e figura umana. **2** Crescere dentro la carne: *unghia che si incarna.*

incarnàto A *agg.* Che ha colore rosa carne. **B** *s. m.* Colore roseo della carnagione.

incarnazióne *s. f.* **1** Mistero fondamentale del Cristianesimo, per cui Gesù Cristo assume natura umana per riscattare il genere umano dal peccato originale. **2** (*fig.*) Espressione concreta di qualità astratte: *quell'uomo è l'– della malvagità.*

incarnire *v. intr. e intr. pron.* (*io incarnisco, tu incarnisci; aus. essere*) Crescere dentro la carne: *le unghie spesso incarniscono.*

incarognire *v. intr. e intr. pron.* (*io incarognisco, tu incarognisci; aus. essere*) **1** Diventare una carogna, un essere inutile, vile | Divenire fiacco, ozioso: *s'è incarognito nella miseria.* **2** Diventare cronico: *la malattia si incarognisce.*

incartaménto *s. m.* Insieme di carte e documenti relativi a una pratica d'ufficio.

incartapecorire *v. intr. e intr. pron.* (*io incartapecorisco, tu incartapecorisci; aus. essere*) Divenire secco e giallo come cartapecora.

incartàre *v. tr.* Avvolgere nella carta.

incàrto *s. m.* **1** Incartamento. **2** Involucro di carta che avvolge un prodotto.

incartocciàre *v. tr.* (*io incartòccio*) Porre in un cartoccio.

incasellàre *v. tr.* (*io incasèllo*) **1** Mettere nella casella, disporre in casellario: — *la posta.* **2** (*fig.*) Riunire ordinatamente.

incaṣinàre *v. tr.* (*io incaṣino*) (*pop.*) Creare confusione.

incaṣinàto *part. pass. di incasinare; anche agg.* Confuso, disordinato | (*pop.*) Di persona che si trova in una situazione intricata, che ha troppi impegni e sim.

incassaménto *s. m.* Sistemazione in casse.

incassàre A *v. tr.* **1** Collocare in casse: — *abiti, libri* | (*est.*) Montare q.c. in un'incassatura o in un castone: — *un meccanismo, una gemma.* **2** Riscuotere, ricevere un pagamento. **3** Nel pugilato, subire colpi dell'avversario senza diminuzione della capacità di lottare. **4** (*fig.*) Sopportare senza turbarsi attacchi, accuse, offese. **B** *v. intr. pron.* Restringersi in basso tra due ripide alture: *il fiume si incassa fra le rocce.*

incassatóre *s. m.* (*f. -trice*) **1** Chi ha l'incarico di imballare in casse il prodotto finito. **2** Pugile dotato di grande resistenza ai colpi dell'avversario. **3** (*fig.*) Chi sopporta serenamente offese e sim.

incassatùra *s. f.* **1** Operazione del collocare q.c. in casse o dell'inserirla in apposite cavità. **2** Cavità dove una cosa s'incassa.

incàsso *s. m.* Riscossione di una somma: *assegno per l'–* | Somma che si riscuote.

incastellatùra *s. f.* Aggregato di travi unite fra loro in una ossatura di sostegno.

incastonàre *v. tr.* (*io incastóno*) Fermare nel castone le pietre preziose.

incastonatùra *s. f.* Montatura di pietre preziose.

incastràre A *v. tr.* **1** Connettere due o più pezzi, introducendoli a forza uno dentro l'altro in modo da farli combaciare perfettamente. **2** (*fig., fam.*) Mettere qc. nei pasticci o in una situazione difficile: *si è lasciato — come un novellino.* **B** *v. intr. pron.* Inserirsi in q.c. in modo da non poterne uscire: *la vite si è incastrata.*

incàstro *s. m.* **1** Apertura, cavità, per cui un pezzo può inserirsi perfettamente e stabilmente in un altro. **2** Punto in cui due o più elementi si incastrano. **3** Gioco enigmistico consistente nell'incastrare una parola in un'altra, sì da formarne una terza: *vaso poro, va-poro-so.*

incatenaménto *s. m.* Operazione dell'incatenare.

incatenàre A *v. tr.* (*io incaténo*) **1** Legare una persona con catene, mettere un animale alle catene: — *i prigionieri, il cane.* **2** Annodare due o più fili insieme, come in una catena. **3** (*fig.*) Soggiogare, vincolare: — *i cuori* | Impedire, inceppare: — *la libertà.* **B** *v. rifl. e rifl. rec.* Collegarsi strettamente.

incatenatùra *s. f.* Allacciamento o legamento fatto con catene, fili metallici e sim.

incatramàre *v. tr.* (*coniug. come catramare*) Ricoprire di catrame.

incattivire A *v. tr.* (*io incattivisco, tu incattivisci*) Rendere cattivo. **B** *v. intr. e intr. pron.* (*aus. essere*) Diventare cattivo.

incàuto *agg.* Privo di cautela, avvedutezza; SIN. Imprudente, sconsiderato; CONTR. Cauto.

incavallatùra *s. f.* (*edil.*) Capriata.

incavàre *v. tr.* Rendere cavo: — *un tronco.*

incavàto *part. pass. di incavare; anche agg.* Che mostra cavità | *Occhi incavati,* infossati | *Guance incavate,* smunte.

incavatùra *s. f.* Azione dell'incavare | (*est.*) Cavità che ne risulta.

incavezzàre *v. tr.* (*io incavézzo*) Munire di cavezza.

incàvo o (*evit.*) **ìncavo** *s. m.* Cavità, incavatura.

incavolàrsi *v. intr. pron.* (*io mi incàvolo*) (*pop.*) Arrabbiarsi.

incazzàrsi *v. intr. pron.* (*io mi incàzzo*) (*volg.*) Arrabbiarsi violentemente.

incèdere A *v. intr.* (*coniug. come cedere; aus. avere*) Camminare con solennità e gravità. **B** *in funzione di s. m.* Portamento maestoso e solenne.

incedibile *agg.* Che non può essere ceduto.

incendiàre A *v. tr.* (*io incèndio*) **1** Dare alle fiamme, distruggere col fuoco: — *una nave.* **2** (*fig.*) Eccitare, entusiasmare: — *gli animi.* **B** *v. intr. pron.* Prendere fuoco.

incendiàrio A *agg.* **1** Che suscita o può suscitare un incendio (*anche fig.*): *armi incendiarie.* **2** (*fig.*) Che accende passioni ardenti: *sguardo —.* **B** *s. m.* (*f. -a*) Chi volontariamente dà inizio a un incendio.

incèndio *s. m.* **1** Fuoco di grandi proporzioni, distruttivo di beni: — *di un bosco, di una casa.* **2** (*fig.*) Sentimento infuocato, travolgente: *gli incendi dell'amore.*

inceneriménto *s. m.* Riduzione in cenere | Cremazione.

incenerire A *v. tr.* (*io incenerisco, tu incenerisci*) **1** Ridurre in cenere | Cremare: — *un cadavere.* **2** (*fig.*) Annientare, distruggere: *lo incenerì con uno sguardo.* **B** *v. intr. pron.* Diventare cenere.

inceneritóre *s. m.* Impianto che distrugge, per combustione, rifiuti e immondizie. [→ ill. *nettezza urbana*]

incensaménto *s. m.* **1** Atto dell'incensare. **2** (*fig.*) Lode esagerata; SIN. Adulazione.

incensàre A *v. tr.* (*io incènso*) **1** Spargere fumi d'incenso, in cerimonie religiose. **2** (*fig.*) Lodare soverchiamente: — *qc. per interesse*; SIN. Adulare. **B** *v. rifl. rec.* Adularsi l'un l'altro.

incensatóre *s. m.* (*f. -trice*) Chi incensa (*anche fig.*); SIN. Adulatore.

incensatùra *s. f.* Lode adulatrice.

incensière *s. m.* Recipiente con coperchio traforato, nel quale si brucia l'incenso.

incènso *s. m.* **1** Gommoresina raccolta da incisioni praticate su alberi spontanei in Asia e Africa, e che si brucia nelle cerimonie di molte religioni. **2** (*fig.*) Adulazione.

incensuràbile *agg.* Immeritevole di critica o censura; SIN. Irreprensibile.

incensurabilità *s. f.* L'essere incensurabile.

incensuràto *agg.* (*dir.*) Che non ha mai subito condanne penali.

incentivàre *v. tr.* Stimolare mediante incentivi.

incentivazióne *s. f.* **1** Atto dell'incentivare | Promozione: — *delle vendite.* **2** Misura economica, spec. di carattere fiscale, atta a favorire insediamenti industriali e sim. in determinate zone.

incentivo *s. m.* Stimolo, spinta, incitamento: *essere d'– alla produzione.*

incentràre A *v. tr.* (*io incèntro*) (*raro*) Porre o collocare nel centro. **B** *v. intr. pron.* (*raro*) Accentrarsi | (*fig.*) Imperniarsi: *la commedia s'incentra sull'idillio.*

incèntro *s. m.* (*mat.*) Punto d'incontro delle tre bisettrici d'un triangolo, dove è il centro del cerchio inscritto al triangolo.

inceppaménto *s. m.* Blocco | (*est.*) Impedimento.

inceppàre A *v. tr.* (*io incéppo*) (*raro*) Mettere in ceppi | (*est.*) Costringere a non muoversi, agire, svilupparsi e sim.: — *il commercio.* **B** *v. intr. pron.* Bloccarsi, non funzionare: *la mitragliatrice si è inceppata.*

inceràre *v. tr.* (*io incéro*) Spalmare di cera: — *lo spago.*

inceràta *s. f.* Tela o panno spalmato di cera, catrame, pece o paraffina, impermeabile all'acqua | Specie di giaccone, talora con pantaloni, in tessuto impermeabile, spec. per marinai.

inceratùra *s. f.* **1** Operazione dell'incerare. **2** Apprettatura di tessuti con sostanze cerose.

incerconiménto *s. m.* Malattia del vino, prodotta da un bacillo che ne guasta il colore e il sapore.

incernieràre *v. tr.* (*io incerniéro*) (*tecnol.*) Collegare mediante cerniere.

incertézza *s. f.* **1** Mancanza di certezza intorno a q.c. o ai suoi risultati: *l'– della notizia*; SIN. Indeterminatezza. **2** Esitazione, dubbio, perplessità: *vivere nell'–*; SIN. Indecisione. ● CONTR. Certezza.

incèrto A *agg.* **1** Privo di certezza, sicurezza e sim.: *data incerta* | (*fig.*) *Tempo –*, variabile | (*est.*) Non ben conosciuto: *autore –*; CONTR. Certo. **2** Che manca di risolutezza e decisione: *uomo –*; *avanzare con passo –*; SIN. Indeciso, titubante; CONTR. Sicuro. **3** Dubbio, dubbioso: *essere – sul da farsi.* **4** Che è privo di un'esatta delimitazione, definizione o determinazione: *forma incerta* | *Luce incerta*, debole, fiacca; SIN. Indeterminato. **B** *s. m.* L'essere incerto | (*est.*) Evento possibile ma non prevedibile con sicurezza: *lasciare il certo per l'–* | *Gli incerti della vita, del mestiere*, danni e pericoli eventuali.

incespicàre *v. intr.* (*io incéspico, tu incéspichi; aus. avere*) **1** Dar col piede contro un ostacolo: *– in uno scalino*; SIN. Inciampare. **2** (*fig.*) Mancare di speditezza e sicurezza, spec. nel parlare: *– nel leggere.*

incessàbile *agg.* Che non ha o non può avere fine: *l'– fluire del tempo.*

incessànte *agg.* Che non cessa | Che non dà requie: *pensieri incessanti*; SIN. Continuo.

incèsso *s. m.* (*lett.*) Modo di camminare.

incèsto *s. m.* Rapporto carnale tra persone di sesso diverso tra cui esiste uno stretto legame di sangue.

incestuóso *agg.* **1** Che costituisce incesto: *legame –*. **2** Colpevole di incesto: *padre –*. **3** Derivante da incesto: *figlio –*.

incètta *s. f.* Atto dell'incettare: *fare – di metalli preziosi*; SIN. Accaparramento.

incettàre *v. tr.* (*io incètto*) Procurarsi la maggior quantità possibile di una merce, spec. per venderla a prezzo di speculazione in condizione di monopolio o quasi; SIN. Accaparrare.

incettatóre *s. m.* (*f. -trice*) Chi fa incetta.

inchièsta *s. f.* Indagine o ricerca che si propone di appurare lo svolgimento di certi avvenimenti o lo stato di determinate situazioni.

inchinàre A *v. tr.* Chinare, volgere in basso | *– la fronte, la testa*, in segno di riverenza, sottomissione. **B** *v. intr. pron.* **1** Chinarsi, piegarsi (*anche fig.*) | Far l'inchino a qc. o q.c. per riverenza: *inchinarsi davanti a una signora* | (*fig.*) Rendere omaggio. **2** Rassegnarsi: *inchinarsi ai voleri divini.*

inchino *s. m.* Segno di riverenza che si compie piegando la persona o il capo.

inchiodàre A *v. tr.* (*io inchiòdo*) **1** Unire mediante chiodi: *– una cassa.* **2** (*fig.*) Tener fermo, immobile, come inchiodato: *è un lavoro che mi inchioda tutto il giorno a tavolino.* **B** *v. intr. pron.* Bloccarsi: *mi si è inchiodata la frizione.*

inchiodatùra *s. f.* **1** Operazione dell'inchiodare | Punto in cui si conficcano i chiodi. **2** Complesso di chiodi che fermano o chiudono.

inchiostràre A *v. tr.* (*io inchiòstro*) **1** Macchiare d'inchiostro. **2** (*edit.*) Deporre un velo d'inchiostro sulla matrice. [→ ill. *stampa*] **B** *v. rifl.* Sporcarsi d'inchiostro.

inchiostrazióne *s. f.* (*edit.*) Deposizione di un velo d'inchiostro sulla matrice.

inchiòstro *s. m.* **1** Sostanza di varia natura, nera o colorata, usata per scrivere e per stampare | *– di china*, impasto di nero fumo con gomma o gelatina essiccato in cilindretti e stemperato con acqua | *Nero come l'–*, molto nero | (*fig.*) *Versare fiumi d'– su q.c.*, scrivere moltissimo su un argomento. [→ ill. *ufficio*] **2** Liquido nerastro che seppie e calamari spruzzano verso i loro inseguitori per intorbidare l'acqua e nascondersi.

inciampàre *v. intr.* (*aus. essere e avere*) **1** Urtare col piede in un ostacolo mentre si cammina; SIN. Incespicare. **2** (*fig.*) Imbattersi all'improvviso in qc. che si sarebbe preferito non incontrare o in q.c. di spiacevole: *– in un attaccabrighe* | *– nella legge, nel codice penale*, (*fig.*) commettere un reato, spec. inavvertitamente.

inciàmpo *s. m.* **1** Ostacolo su cui è facile inciampare. **2** (*fig.*) Intoppo, difficoltà: *mettere inciampi alla realizzazione di un progetto* | Impedimento, contrarietà: *essere d'– a qc.*; SIN. Contrattempo, ostacolo.

incidentàle *agg.* **1** Che avviene per caso: *fatto –*. **2** Accessorio, secondario | (*ling.*) *Proposizione –*, proposizione inserita in un'altra, ma indipendente da essa.

incidentalménte *avv.* Per caso | Come digressione: *parlare – di q.c.*

incidènte *s. m.* **1** Evento negativo, disgrazia: *un – d'auto.* **2** Digressione non pertinente o disputa marginale che si verifica nel corso di una discussione: *chiudere, esaurire l'–*.

incidènza *s. f.* **1** (*stat.*) Influenza quantitativa d'un fenomeno su un altro. **2** (*fis.*) *Angolo d'–*, angolo formato dal raggio di luce incidente su un corpo con la perpendicolare alla superficie nel punto di incidenza. **3** (*fig.*) Effetto che una cosa provoca su un'altra: *la denutrizione ha una forte – sulla mortalità infantile.* **4** (*raro*) Digressione.

incidere (1) *v. intr.* (*pass. rem. io incisi, tu incidésti; part. pass. inciso; aus. avere*) Gravare, pesare, influire: *– sulle spese.*

incidere (2) *v. tr.* (*pass. rem. io incisi, tu incidésti; part. pass. inciso*) **1** Aprire con un taglio netto: *– la corteccia di un albero, un ascesso.* **2** Tagliare in incavo: *– il rame* | *– su legno*, intagliare | *– su marmo*, scolpire | (*fig.*) Imprimere in modo indelebile: *– q.c. nella memoria.* **3** Registrare, su appositi materiali e con particolari tecniche, suoni, voci e sim. in modo da poterli poi riprodurre: *– una canzone.* **4** (*mat.*) Passare per un medesimo punto.

incineràre *v. tr.* (*io incinero*) **1** (*chim.*) Ridurre in cenere sostanze organiche mediante combustione. **2** Cremare.

incinerazióne *s. f.* **1** (*chim.*) Operazione dell'incinerare. **2** Pratica funeraria che consiste nel bruciare le spoglie dei defunti e conservarne le ceneri in urne.

incinta *agg. solo f.* Di donna nel periodo della gravidanza.

incipiènte *agg.* Che sta cominciando, che comincia a manifestarsi: *paralisi –*.

incipit /*lat.* 'intʃipit/ *s. m. inv.* **1** Voce verbale latina premessa al titolo di un'opera negli antichi manoscritti e stampati. **2** Inizio, primi versi di poesia, brano di prosa o sim.

incipriàre A *v. tr.* (*io incipriо*) Spargere di cipria. **B** *v. rifl.* Darsi la cipria.

incirca *avv.* (*raro*) Circa, pressappoco | *All'–*, a un dipresso.

incisióne *s. f.* **1** Taglio netto praticato su una superficie: *– di un albero*; *– di un ascesso.* **2** Arte di disegnare in incavo su una lastra di rame o altro materiale per ricavarne delle riproduzioni a stampa | (*est.*) Riproduzione così ottenuta. **3** Registrazione del suono su supporti di varia natura.

incisività *s. f.* Qualità di ciò che è incisivo (*spec. fig.*); SIN. Efficacia.

incisivo A *agg.* **1** Che ha forza e capacità d'incidere, di tagliare | *Dente –*, che ha prevalente azione di taglio dei cibi. [→ ill. *anatomia umana*] **2** (*fig.*) Di grande vivezza, precisione: *stile –*. **B** *s. m.* Dente incisivo. [→ ill. *anatomia umana*]

inciso A *part. pass. di incidere* (2); *anche agg.* Tagliato | Scolpito. **B** *s. m.* Frase o membro di frase che si inserisce in un contesto restandone indipendente | *Per –*, incidentalmente.

incisóre A *agg.* (*raro*) Che incide e taglia: *denti incisori.* **B** *s. m.* Artista o artefice che disegna in incavo lastre metalliche, decora gioielli e sim.

incisorìa *s. f.* Laboratorio dell'incisore.

incisòrio *agg.* Che riguarda l'incisione.

incitaménto *s. m.* Esortazione o stimolo a fare q.c.

incitàre *v. tr.* (*io ìncito o incìto*) Indurre qc. con esortazioni e sim. a fare q.c.: *– il popolo alla rivolta*; SIN. Spronare, stimolare.

incitatóre *s. m.*; *anche agg.* (*f. -trice*) Chi (o che) incita.

incitrullìre A *v. tr.* (*io incitrullìsco, tu incitrullìsci*) Rendere citrullo. **B** *v. intr. e intr. pron.* (*aus. essere*) Diventare citrullo.

incivile ***A*** *agg.* ***1*** Che ha un basso livello di civiltà: *popolazioni incivili* | Che non è conforme alla civiltà e alla giustizia: *leggi incivili*; SIN. Selvaggio. ***2*** Che è contrario alle consuetudini sociali: *atto* – | (*est.*) Villano, screanzato: *parole incivili.* ***B*** *s. m. e f.* Chi ignora le norme dell'educazione e della buona creanza.

incivilimento *s. m.* Progressiva evoluzione verso una condizione di civiltà | (*est.*) Ingentilimento.

incivilire ***A*** *v. tr.* (*io incivilisco, tu incivilisci*) Rendere civile. ***B*** *v. intr. pron.* Diventare civile.

inciviltà *s. f.* Condizione di incivile | (*est.*) Azione incivile; SIN. Barbarie.

inclassificàbile *agg.* ***1*** Che non si può classificare: *spesa* –; CONTR. Classificabile. ***2*** (*fig.*) Pessimo, scorretto, scadente.

inclemènte *agg.* ***1*** Che è privo di clemenza | Aspro, duro: *destino* –. ***2*** (*fig.*) Di clima troppo freddo e rigido o troppo caldo. ● CONTR. Clemente.

inclemènza *s. f.* L'essere inclemente.

inclinàbile *agg.* Che si può inclinare.

inclinàre ***A*** *v. tr.* ***1*** Piegare q.c. obliquamente, dall'alto verso il basso: – *un recipiente per versarne il contenuto.* ***2*** (*fig.*) Rendere qc. disposto a q.c.: – *un giovane al vizio.* ***B*** *v. intr.* (*aus. avere*) ***1*** Pendere, piegare: *il quadro inclina a destra.* ***2*** (*fig.*) Avere inclinazione, propensione a q.c.: *inclino a credere alla gente.*

inclinàto *part. pass. di inclinare; anche agg.* ***1*** Piegato obliquamente. ***2*** (*fig.*) Disposto, propenso.

inclinazióne *s. f.* ***1*** Pendenza. ***2*** (*mat.*) – *d'una retta, d'un piano*, angolo che la retta, il piano formano con il piano orizzontale | (*fis.*) – *magnetica*, angolo che l'ago calamitato libero di muoversi in un piano verticale fa col piano orizzontale del luogo | (*astron.*) – *dell'asse di rotazione*, angolo tra l'asse di rotazione di un pianeta e il piano della sua orbita. ***3*** (*fig.*) Attitudine, disposizione: – *al commercio, per il disegno* | (*est.*) Moto d'affetto: *sentire una profonda* – *per qc.*; SIN. Propensione.

inclìne *agg.* Che ha inclinazione per q.c.: – *alla generosità*; SIN. Propenso.

ìnclito *agg.* (*lett.*) Illustre, famoso.

inclùdere *v. tr.* (*pass. rem. io inclùsi, tu includésti; part. pass. inclùso*) ***1*** Chiudere dentro: – *una lettera.* ***2*** Comprendere in un gruppo: – *nella lista.* ***3*** Implicare, racchiudere: *un fatto che include chiare conseguenze.*

inclusióne *s. f.* ***1*** Inserimento di q.c. o di qc. in un insieme, in un gruppo e sim.: *l'*– *di un candidato in una lista.* ***2*** Corpo estraneo presente in un cristallo o metallo o lega.

inclusìvo *agg.* Che comprende, include: *prezzo* – *delle spese.*

inclùso *part. pass. di includere; anche agg.* Accluso | Compreso.

incoativo *agg.* Che esprime inizio | *Verbo* –, che indica l'inizio di un'azione.

incoccàre *v. tr.* (*io incòcco, tu incòcchi*) Mettere la freccia con la cocca contro la corda dell'arco, per tenderlo.

incocciàre ***A*** *v. tr.* (*io incòccio*) ***1*** (*mar.*) Infilare il gancio di un cavo in un anello. ***2*** (*dial., centr.*) Incontrare qc. o urtare q.c.: – *un conoscente.* ***B*** *v. intr. pron.* (*tosc.*) Ostinarsi, incaponirsi. ***C*** *v. intr.* (*aus. essere*) (*dial., centr.*) Incontrare, capitare: *è incocciato male.*

incoercìbile *agg.* Che non si può costringere, reprimere; CONTR. Coercibile.

incoercibilità *s. f.* L'essere incoercibile.

incoerènte *agg.* ***1*** Privo di compattezza e coesione, sciolto: *materiali incoerenti.* ***2*** (*fig.*) Privo di nessi logici: *discorso* –; SIN. Incongruente; CONTR. Coerente.

incoerènza *s. f.* ***1*** Mancanza di coesione e compattezza. ***2*** (*fig.*) Mancanza di continuità logica; SIN. Incongruenza; CONTR. Coerenza. ***3*** Affermazione, atto incoerente.

incògliere ***A*** *v. tr.* (*coniug. come cogliere*) (*raro*) Cogliere di sorpresa: *qui lo incolse disgrazia.* ***B*** *v. intr.* (*aus. essere*) Accadere, capitare impensatamente: *male gliene incolse.*

incògnita *s. f.* ***1*** (*mat.*) Quantità o elemento non noto che compare, sovente in forma della lettera *x*, in un'equazione o in un problema: *equazione a più incognite.* ***2*** Evento, fatto o situazione il cui svolgimento non è prevedibile.

incògnito ***A*** *agg.* Del tutto sconosciuto: *cause incognite.* ***B*** *s. m.* ***1*** Condizione o stato di chi tace e occulta la propria reale identità: *viaggiare in* –. ***2*** Ignoto: *temere l'*–.

incollàre ***A*** *v. tr.* (*io incòllo*) ***1*** Far aderire mediante colla: – *tavole.* ***2*** Ricoprire con uno strato di colla. ***B*** *v. intr. pron.* Attaccarsi per mezzo della colla. ***C*** *v. rifl.* (*fig.*) Tenersi vicinissimo a qc. o q.c., spec. per paura, per cercare protezione e sim.: *quel bambino è sempre incollato alla madre.*

incollatùra (1) *s. f.* Operazione dell'incollare | Punto o superficie incollata.

incollatùra (2) *s. f.* Nei cavalli, punto d'attacco del collo alle spalle | Nell'ippica, misura che comprende la lunghezza della testa e del collo di un cavallo, usata per indicare il distacco fra due animali all'arrivo di una gara: *vincere di una* –.

incollerire *v. intr. e intr. pron.* (*io incollerisco, tu incollerisci; aus. essere*) Montare in collera; SIN. Infuriarsi.

incolmàbile *agg.* Che non si può colmare, riempire e sim. (*spec. fig.*): *un vuoto* –.

incolonnaménto *s. m.* Ordinamento, disposizione in colonna.

incolonnàre ***A*** *v. tr.* (*io incolónno*) Mettere in colonna: – *le cifre* | Disporre in colonna, spec. i soldati di un reparto. ***B*** *v. intr. pron.* Disporsi in colonna.

incolóre o *incolóro agg.* ***1*** Privo di colore. ***2*** (*fig.*) Privo di interesse, vivacità e sim.: *vita* –; SIN. Scialbo.

incolpàre ***A*** *v. tr.* (*io incólpo*) Considerare qc. colpevole di q.c.: – *qc. di un delitto*; SIN. Accusare, imputare. ***B*** *v. rifl.* Accusare se stesso. ***C*** *v. rifl. rec.* Accusarsi l'un l'altro.

incolpévole *agg.* (*lett.*) Che è senza colpa; CONTR. Colpevole.

incólto *agg.* ***1*** Che non è coltivato: *terreno* –. ***2*** (*fig.*) Sciatto, non curato: *capelli incolti.* ***3*** (*fig.*) Privo di istruzione o di cultura: *uomo* –; SIN. Ignorante; CONTR. Colto.

incòlume *agg.* Illeso: *uscì* – *dall'incidente.*

incolumità *s. f.* Condizione di incolume; SIN. Integrità.

incombènte *part. pres. di incombere; anche agg.* Che incombe, sovrasta.

incombènza *s. f.* Incarico affidato a qc. o ricevuto da qc. per faccende d'una certa importanza.

incómbere *v. intr.* (*dif. del part. pass. e dei tempi composti*) ***1*** Essere soprastante, imminente: *l'uragano incombe*; SIN. Sovrastare. ***2*** Spettare come dovere: *i compiti che ci incombono.*

incombustìbile *agg.* Che non è soggetto a combustione.

incominciaménto *s. m.* (*lett.*) Inizio.

incominciàre ***A*** *v. tr.* (*io incomincio*) Imprendere a fare, dire, pensare e sim.: – *un viaggio*; SIN. Cominciare, iniziare. ***B*** *v. intr.* (*aus. essere*) Avere inizio: *lo spettacolo incomincia tardi*; SIN. Iniziare.

incommensuràbile *agg.* ***1*** Privo di un adeguato termine di paragone | (*est.*) Che non è possibile misurare, perché eccede i normali mezzi di valutazione; SIN. Immenso, smisurato; CONTR. Commensurabile. ***2*** (*mat.*) Non commensurabile | *Grandezze incommensurabili*, quelle il cui rapporto non è un numero razionale.

incommensurabilità *s. f.* ***1*** L'essere incommensurabile. ***2*** (*mat.*) Impossibilità di trovare una grandezza che sia sottomultipla di due grandezze considerate.

incommerciàbile *agg.* (*dir.*) Detto di bene che non può essere oggetto di commercio.

incomodàre ***A*** *v. tr.* (*io incòmodo*) Disturbare, importunare. ***B*** *v. rifl.* Prendersi incomodo.

incòmodo (1) *agg.* Che è causa di disagio, danno e molestia: *letto* –.

incòmodo (2) *s. m.* ***1*** Disagio, disturbo: *recare* – *a qc.* | Fastidio, imbarazzo: *essere d'*– *per qc.* | *Il terzo* –, chi sopravviene quando e dove due persone vorrebbero star sole. ***2*** Corrispettivo di servizio prestato. ***3*** Indisposizione molesta ma non grave; SIN. Acciacco.

incomparàbile *agg.* Che non si può comparare con niente o nessuno; SIN. Impareggiabile, unico; CONTR. Comparabile.

incompatìbile *agg.* ***1*** Che non si concilia o non si può conciliare con q.c.; CONTR. Compatibile. ***2*** Che non si può sopportare o tollerare: *una* – *negligenza.*

incompatibilità *s. f.* L'essere incompatibile | – *di caratteri*, di due persone, spec. due coniugi, che male si sopportano.

incompenetràbile *agg.* Impenetrabile.

incompetènte ***A*** *agg.* ***1*** Che è privo di competenza e di preparazione rispetto a un'attività | (*est.*) Che manca di capacità nel proprio lavoro; SIN. Ignorante. ***2*** (*dir.*) Che non ha competenza giuridica: *giudice — a decidere.* ***B*** *s. m. e f.* Chi manca di preparazione in una data disciplina.

incompetènza *s. f.* ***1*** Mancanza di autorità, capacità, cultura e sim. in un dato settore. ***2*** (*dir.*) Mancanza di competenza.

incompiutézza *s. f.* L'essere incompiuto.

incompiùto *agg.* Non compiuto, non terminato.

incompletézza *s. f.* L'essere incompleto.

incomplèto *agg.* Non completo, privo di qualche parte.

incompósto *agg.* ***1*** Che è confuso, disordinato, arruffato: *capelli incomposti*; CONTR. Composto. ***2*** (*fig.*) Privo di garbo e decoro: *movimenti incomposti.*

incomprensìbile *agg.* Difficile o impossibile da intendere; SIN. Impenetrabile, inesplicabile; CONTR. Comprensibile.

incomprensibilità *s. f.* L'essere incomprensibile.

incomprensióne *s. f.* Mancanza di comprensione.

incompréso *agg.* Che non è compreso | *Genio —*, (*iron.*) chi presume altamente di sé, e ritiene che gli altri non lo stimino abbastanza.

incompressìbile *agg.* (*fis.*) Che è caratterizzato da incompressibilità.

incompressibilità *s. f.* (*fis.*) Proprietà di corpi che non variano il loro volume in modo sensibile, comunque compressi.

incomputàbile *agg.* Che non si può computare.

incomunicàbile *agg.* Che non si può comunicare; CONTR. Comunicabile.

incomunicabilità *s. f.* ***1*** L'essere incomunicabile; CONTR. Comunicabilità. ***2*** Impossibilità di stabilire un contatto o una corrispondenza spirituale con chi vive accanto a noi.

inconcepìbile *agg.* Di ciò che la mente umana non può concepire | Assurdo, inverosimile: *gesto —*; SIN. Impensabile; CONTR. Concepibile.

inconcepibilità *s. f.* L'essere inconcepibile.

inconciliàbile *agg.* Che non si può conciliare; CONTR. Conciliabile.

inconcludènte ***A*** *agg.* Che non conclude o non porta a nessuna conclusione; CONTR. Concludente. ***B*** *s. m. e f.* Persona buona a nulla.

inconcùsso *agg.* Che non si può muovere, scuotere o abbattere.

incondizionàto *agg.* Che è privo di limitazioni restrittive: *rifiuto —*; SIN. Assoluto, totale.

inconfessàbile *agg.* Che non si può confessare o rivelare senza provare vergogna: *pensiero —*; CONTR. Confessabile.

inconfessàto *agg.* Detto di ciò che non si è confessato a nessuno e che si cerca di relegare nel fondo della coscienza.

inconfèsso *agg.* (*raro*) Che non ha confessato: *reo —*; CONTR. Confesso.

inconfondìbile *agg.* Che non si può confondere con altro; CONTR. Confondibile.

inconfutàbile *agg.* Che non è possibile dimostrare falso o erroneo; SIN. Indiscutibile, inoppugnabile; CONTR. Confutabile.

incongelàbile *agg.* Che non si congela.

incongruènte *agg.* Che manca di congruenza o di coerenza logica; SIN. Contraddittorio, incoerente; CONTR. Congruente.

incongruènza *s. f.* L'essere incongruente; SIN. Incoerenza; CONTR. Congruenza.

incongruità *s. f.* L'essere incongruo.

incòngruo *agg.* Che non è proporzionato né conveniente.

inconoscìbile *agg.* Che è inaccessibile alle possibilità della conoscenza umana.

inconsapévole *agg.* Che non è al corrente o non si rende conto di q.c.; SIN. Ignaro; CONTR. Consapevole.

inconsapevolézza *s. f.* Condizione di chi è inconsapevole.

incònscio ***A*** *agg.* (*pl. f. -sce*) Che non è cosciente. ***B*** *s. m. solo sing.* (*psicol.*) Complesso dei processi psichici che non giungono alla soglia della coscienza.

inconseguènte *agg.* Che è privo di legami o nessi logici con quanto precede: *deduzione —* | Di chi è privo di coerenza: *persona —*.

inconseguènza *s. f.* Mancanza di conseguenza o coerenza.

inconsideratézza *s. f.* L'essere inconsiderato.

inconsideràto *agg.* ***1*** Che non considera, che agisce in modo imprudente e temerario; SIN. Inavveduto. ***2*** Che è avventato e imprudente: *gesto —*; SIN. Azzardato.

inconsistènte *agg.* Privo di consistenza e valore (*anche fig.*); CONTR. Consistente.

inconsistènza *s. f.* L'essere inconsistente.

inconsolàbile *agg.* Che non si riesce a consolare; SIN. Sconsolato; CONTR. Consolabile.

inconsuèto *agg.* Che è fuori delle consuetudini comuni; SIN. Insolito, inusitato; CONTR. Consueto.

inconsùlto *agg.* Che manca di prudenza e riflessione.

inconsùnto *agg.* (*lett.*) Intatto.

incontaminàbile *agg.* (*lett.*) Che non si può o non si deve contaminare.

incontaminàto *agg.* Intatto, puro.

incontanènte *avv.* (*lett.*) Senza por tempo in mezzo, subito.

incontenìbile *agg.* Che non si può frenare o trattenere.

incontentàbile *agg.* Che è difficile o impossibile da accontentare; CONTR. Contentabile.

incontentabilità *s. f.* Sentimento di chi non si contenta mai.

incontestàbile *agg.* Che non si può contestare.

incontinènte *agg.; anche s. m. e f.* ***1*** Detto di chi è incapace di contenersi, frenarsi o imporsi un limite; SIN. Intemperante. ***2*** (*med.*) Affetto da incontinenza.

incontinènza *s. f.* ***1*** Intemperanza, smodatezza. ***2*** (*med.*) Condizione morbosa in cui viene meno la funzione di chiusura di uno sfintere: *— d'urina.*

incontràre ***A*** *v. tr.* (*io incóntro*) ***1*** Trovare davanti a sé, per caso o deliberatamente: *— un amico per strada, alla stazione.* ***2*** Avere di fronte: *— pericoli, disagi.* ***3*** (*fig.*) Trovare a proprio favore e beneficio: *— la fortuna* | ass. Ottenere approvazione, successo: *una moda che incontra molto.* ***4*** (*sport*) Disputare una partita, misurarsi con un avversario, detto di un atleta o di una squadra. ***B*** *v. intr.* (*aus. essere*) Corrispondere: *porte che incontrano.* ***C*** *v. intr. pron.* ***1*** Imbattersi in qc. ***2*** (*fig.*) Essere d'accordo riguardo a idee, gusti e sim.: *incontrarsi nelle idee politiche.* ***3*** Confluire, unirsi: *due strade che si incontrano.* ***D*** *v. rifl. rec.* ***1*** Vedersi con qc.: *incontriamoci domani.* ***2*** Azzuffarsi, scontrarsi: *si incontrano nella piazza.*

incontràrio *avv.* (*fam.*) *Solo nella loc. avv. all'—*, al contrario, all'opposto.

incontrastàbile *agg.* Che non si può contrastare o impedire.

incontrastàto *agg.* Privo di contrasti.

incóntro (1) *s. m.* ***1*** Circostanza dell'incontrare o dell'incontrarsi con qc. | *Fare un brutto —*, trovare dei malviventi sulla propria strada | Riunione, convegno: *— di ministri.* ***2*** Punto in cui due cose si incontrano. [→ ill. *ferramenta*] ***3*** Favore, gradimento: *moda di poco —.* ***4*** Competizione sportiva: *— di calcio.*

incóntro (2) *avv. Nella loc. prep. — a*, verso, in direzione di: *andare — a qc.*; *andare — a brutte sorprese* | *Andare, venire — a qc.*, (*fig.*) concedergli un aiuto | *Andare, venire — ai desideri di qc.*, (*fig.*) soddisfarli almeno in parte.

incontrollàbile *agg.* Che è impossibile da controllare o verificare.

incontrollàto *agg.* Privo di controllo | Non accertato: *voci incontrollate.*

incontrovèrso *agg.* Che non si discute: *diritti incontroversi*; CONTR. Controverso.

incontrovertìbile *agg.* Che è impossibile discutere o negare: *sentenza —*; CONTR. Controvertibile.

inconveniènte ***A*** *agg.* (*raro*) Che manca di convenienza: *risposta — alla persona.* ***B*** *s. m.* Avvenimento o circostanza spiacevole.

inconvertìbile *agg.* ***1*** (*raro*) Che non si può convertire al bene. ***2*** (*banca*) Che non si può convertire, detto di titolo del debito pubblico che non può essere sostituito da altro a reddito diverso.

inconvertibilità *s. f.* L'essere inconvertibile, detto spec. di titolo.

incoraggiaménto *s. m.* Esortazione che incoraggia | (*est.*) Incitamento: *parole d'*—.

incoraggiàre *v. tr.* (*io incoràggio*) **1** Incitare qc. infondendogli coraggio: — *un timoroso*; SIN. Confortare, consolare, rincuorare; CONTR. Scoraggiare. **2** Promuovere, secondare, favorire: — *un'iniziativa.*

incordàre A *v. tr.* (*io incòrdo*) Fornire della o delle corde: — *l'arco.* **B** *v. intr. pron.* Divenire rigido come una corda: *mi si incorda un muscolo.*

incordatùra *s. f.* **1** Operazione dell'incordare | Irrigidimento dei muscoli. **2** Insieme delle corde di cui q.c. è fornita | (*mus.*) Insieme delle corde in uno strumento musicale.

incornàre *v. tr.* (*io incòrno*) Colpire con le corna: *il toro incornò il torero.*

incorniciàre *v. tr.* (*io incornicio*) **1** Mettere in cornice: — *un quadro.* **2** (*fig.*) Ornare qc. come una cornice: *lunghi capelli le incorniciano il viso.*

incorniciatùra *s. f.* **1** Atto dell'incorniciare. **2** Cornice.

incoronàre *v. tr.* (*io incoróno*) **1** Cingere qc. solennemente di corona | (*est.*) Inghirlandare: — *un poeta d'alloro.* **2** (*fig.*) Attribuire un merito, una dignità. **3** (*fig.*) Cingere come una corona: *le torri incoronano la città.*

incoronazióne *s. f.* Cerimonia solenne nella quale un sovrano o un pontefice è investito della sua dignità mediante l'imposizione della corona o della tiara.

incorporaménto *s. m.* Incorporazione.

incorporàre A *v. tr.* (*io incòrporo*) **1** Mescolare due o più elementi in modo da formare una sola massa. **2** (*fig.*) Annettere a un organismo più vasto: — *una provincia in un regno.* **3** Assorbire, ritenere: *la calce incorpora acqua.* **B** *v. rifl. rec.* Unirsi in modo da formare un tutto omogeneo (*anche fig.*).

incorporazióne *s. f.* Inclusione, unione, in un tutto omogeneo | Annessione | Fusione, concentrazione.

incorporeità *s. f.* L'essere incorporeo.

incorpòreo *agg.* Che non ha corpo, che è privo di consistenza materiale.

incorreggìbile *agg.* Difficile o impossibile da correggere | Che non si riesce a migliorare: *carattere* —; CONTR. Correggibile.

incórrere *v. intr.* (*coniug. come correre; aus. essere*) Andare a finire, venirsi a trovare in q.c. di spiacevole o di imprevisto: — *in un pericolo.*

incorrètto *agg.* Non corretto.

incorrótto *agg.* Che non ha subito putrefazione, corruzione, depravazione; SIN. Intatto, puro.

incorruttìbile *agg.* **1** Che non si corrompe o non si sciupa. **2** (*fig.*) Che non soggiace alla corruzione: *giudice* —. • CONTR. Corruttibile.

incorruttibilità *s. f.* Qualità di incorruttibile.

incosciènte A *agg.* **1** Privo di coscienza: — *per svenimento.* **2** Di fenomeno non avvertito dalla coscienza: *impulso* —. **3** Di chi agisce senza consapevolezza delle proprie azioni e delle loro conseguenze: *automobilista* —; SIN. Irresponsabile. • CONTR. Cosciente. **B** *s. m. e f.* Persona irresponsabile.

incosciènza *s. f.* **1** Stato di chi perde i sensi. **2** Mancanza di coscienza circa le proprie azioni.

incostànte *agg.* Variabile | Mutevole; SIN. Instabile; CONTR. Costante.

incostànza *s. f.* L'essere incostante; SIN. Instabilità; CONTR. Costanza.

incostituzionàle *agg.* Detto di norma contraria a una specifica disposizione o a un principio della Costituzione; CONTR. Costituzionale.

incostituzionalità *s. f.* Condizione di ciò che è incostituzionale.

incredìbile *agg.* Che è difficile o impossibile da credere; SIN. Inattendibile, inverosimile; CONTR. Credibile.

incredibilità *s. f.* L'essere incredibile.

incredulità *s. f.* L'essere incredulo.

incrèdulo A *agg.* **1** Che non crede o crede difficilmente: *spirito* — *in, di tutto* | Scettico, sospettoso: *sorriso* —; CONTR. Credulo. **2** Di chi non ha fede religiosa; SIN. Miscredente. **B** *s. m.* (*f. -a*) Chi non ha religione o fede.

incrementàle *agg.* Che si riferisce a un incremento | (*mat.*) *Rapporto* —, rapporto fra l'incremento di una funzione e il corrispondente incremento della variabile.

incrementàre *v. tr.* (*io increménto*) Sviluppare, rendere prospero o più prospero.

increménto *s. m.* Accrescimento, aumento.

incréscere *v. intr.* (*coniug. come crescere; aus. essere*) (*lett.*) Rincrescere, dispiacere.

incresciόso *agg.* Che causa noia o spiacevoli inconvenienti; SIN. Spiacevole.

increspaménto *s. m.* Formazione, comparsa di rughe, pieghe e sim. | Ondulazione.

increspàre A *v. tr.* (*io incréspo*) Fare o rendere crespo, ridurre in crespe: — *i capelli, un tessuto* | — *la fronte,* corrugarla. **B** *v. intr. pron.* Diventare crespo.

increspatùra *s. f.* **1** Increspamento. **2** Crespa, o insieme di crespe, spec. dei lavori di cucito.

incretinìre A *v. tr.* (*io incretinìsco, tu incretinìsci*) Rendere cretino. **B** *v. intr. e intr. pron.* (*aus. essere*) Rimbecillire, rincitrullire.

incriminàbile *agg.* Che si può incriminare.

incriminàre *v. tr.* (*io incrìmino*) (*dir.*) Accusare qc. di un reato: — *qc. per omicidio.*

incriminàto *part. pass. di incriminare; anche agg.* **1** Accusato di un reato. **2** Che è servito per commettere un reato: *arma incriminata.*

incriminazióne *s. f.* Imputazione di un reato.

incrinàre A *v. tr.* **1** Fendere un oggetto fragile con una crepa sottile ma profonda, tale da provocarne la rottura. **2** (*fig.*) Danneggiare, compromettere. **B** *v. intr. pron.* **1** Fendersi, aprirsi in fessure. **2** (*fig.*) Guastarsi: *la loro amicizia s'è incrinata.*

incrinatùra *s. f.* **1** Crespa sottile ma profonda in un oggetto. **2** Guasto in un rapporto personale, nella stabilità di istituzioni e sim.: — *nella maggioranza.*

incrociàre A *v. tr.* (*io incrócio*) **1** Mettere una cosa di traverso a un'altra, quasi come i bracci di una croce: — *le mani, le gambe* | — *le braccia,* (*fig.*) scioperare | — *le armi,* (*fig.*) combattere | — *il ferro, la spada con qc.*, battersi in duello. **2** Attraversare, tagliare trasversalmente: *la ferrovia incrocia la carrozzabile.* **3** Incontrare un veicolo diretto in senso opposto. **4** Accoppiare animali o vegetali appartenenti a specie diverse. **B** *v. intr.* (*aus. avere*) Navigare o volare mantenendosi in uno stesso tratto di mare o di cielo: — *al largo.* **C** *v. rifl. rec.* **1** Attraversarsi o intersecarsi a croce. **2** Passare nello stesso tempo in un dato luogo, andando in direzioni opposte: *ci siamo incrociati davanti alla galleria.*

incrociatóre *s. m.* Nave da guerra molto veloce, molto armata e con protezione minore della corazzata. [→ ill. *marina*]

incrócio *s. m.* **1** Sistemazione a forma di croce: — *di due pali* | Passaggio contemporaneo verso direzioni opposte: — *di due navi* | Punto di intersezione, spec. di strade; SIN. Crocevia, crocicchio. **2** Accoppiamento di due animali o di due vegetali di specie diverse | L'individuo così nato.

incrodàrsi *v. intr. pron.* (*io mi incròdo*) Nell'alpinismo, venirsi a trovare in parete in una posizione tale da non poter più né salire né scendere.

incrollàbile *agg.* Che non può rovinare, cadere (*anche fig.*): *fede* —; SIN. Saldo.

incrostaménto *s. m.* Formazione di una crosta.

incrostàre A *v. tr.* (*io incròsto*) **1** Ricoprire come con una crosta: *la salsedine incrosta il battello.* **2** Fissare sulla superficie di un oggetto metalli preziosi, gemme o altro. **B** *v. intr. pron. e intr.* (*aus. essere*) Rivestirsi come di una crosta: *il ferro si incrosta di ruggine.*

incrostazióne *s. f.* **1** Formazione di strato o depositi simili a crosta, spec. nell'interno di recipienti, tubazioni, caldaie: — *calcarea.* **2** Tecnica decorativa per incrostare monili, mobili e sim. **3** Applicazione di pizzi su abiti.

incrudelìre A *v. tr.* (*io incrudelisco, tu incrudelisci*) (*raro*) Rendere crudele o più crudele. **B** *v. intr.* (*aus. avere* nel sign. 1, *essere* nel sign. 2) **1** Infierire con grande crudeltà: — *contro i prigionieri, sugli innocenti.* **2** Irritarsi, inasprirsi.

incrudiménto *s. m.* Aumento di resistenza meccanica, durezza e fragilità dei metalli, in seguito a lavorazioni comportanti deformazioni permanenti.

incrudire A *v. tr.* (*io incrudisco, tu incrudisci*) **1** Rendere crudo. **2** Sottoporre a processo di incrudimento. **B** *v. intr.*

e intr. pron. (*aus. essere*) **1** Diventare crudo o più crudo, doloroso: *la ferita incrudisce.* **2** Subire incrudimento, detto dei metalli.

incruènto *agg.* Che non comporta spargimento di sangue; CONTR. Cruento.

incubàre *v. tr.* (*io ìncubo*) Mantenere in incubazione.

incubatóio *s. m.* Locale che ospita impianti d'incubazione.

incubatrìce *s. f.* **1** Apparecchio che effettua l'incubazione artificiale di uova. **2** Particolare culla per neonati prematuri, a temperatura e umidità costanti. [→ ill. *medicina e chirurgia*]

incubazióne *s. f.* **1** Negli animali ovipari, tempo necessario perché dall'uovo si sviluppi in particolari condizioni il nuovo individuo | Negli uccelli, cova. **2** (*med.*) Periodo che intercorre tra il contatto con un agente infettivo e la comparsa dei sintomi della malattia. **3** (*fig.*) Periodo in cui un avvenimento importante si va preparando: *la crisi è in —.*

ìncubo *s. m.* **1** Senso di affanno e apprensione provocato da sogni che spaventano e angosciano. **2** (*fig.*) Pensiero angoscioso che inquieta: *l'— degli esami.*

incùdine *s. f.* **1** Attrezzo del fucinatore, formato da un blocco in acciaio con due punte (*corni*), su cui si batte con la mazza il metallo per lavorarlo | (*fig.*) *Essere tra l'— e il martello*, aver di fronte due alternative parimenti scomode o pericolose | Nel maglio, parte fissa su cui si pone il pezzo da forgiare. [→ ill. *meccanica, metallurgia, orafo e argentiere*] **2** (*anat.*) Uno dei tre ossicini dell'orecchio medio, situato tra il martello e la staffa. [→ ill. *anatomia umana*] [→ tav. *proverbi* 144]

inculcàre *v. tr.* (*io incùlco, tu incùlchi*) Imprimere q.c. nella mente o nell'animo di qc. con la persuasione e l'insistenza: *— il senso del dovere.*

incultùra *s. f.* Mancanza di cultura.

incunàbolo *s. m.* Libro stampato nel XV sec., quando l'arte della stampa era appena nata.

incuneàre **A** *v. tr.* (*io incùneo*) Conficcare e far penetrare q.c. profondamente, come un cuneo. **B** *v. intr. pron.* Penetrare o inserirsi profondamente (*anche fig.*).

incupìre **A** *v. tr.* (*io incupisco, tu incupisci*) Rendere cupo, scuro | (*fig.*) Rendere triste, pensieroso: *la notizia lo ha incupito.* **B** *v. intr. e intr. pron.* (*aus. essere*) Divenire cupo o più cupo.

incuràbile **A** *agg.* Impossibile da curare; SIN. Inguaribile, insanabile. **B** *s. m. e f.* Chi è affetto da malattia incurabile.

incurabilità *s. f.* L'essere incurabile.

incurànte *agg.* Che non si cura di ciò che lo interessa e lo riguarda: *— del pericolo.*

incùria *s. f.* Negligente trascuratezza.

incuriosìre **A** *v. tr.* (*io incuriosisco, tu incuriosisci*) Far diventare curioso. **B** *v. intr. pron.* Diventare curioso.

incursióne *s. f.* Attacco di mezzi armati, spec. aerei, su territorio nemico | (*est.*) Irruzione.

incurvaménto *s. m.* Piegamento a forma di curva | Curvatura.

incurvàre **A** *v. tr.* Piegare formando una curva. **B** *v. intr. pron.* Farsi curvo.

incurvatùra *s. f.* (*raro*) Curvatura.

incùsso *part. pass. di incutere* (*raro*) Infuso.

incustodìto *agg.* Privo di custodia.

incùtere *v. tr.* (*pass. rem. io incùssi, tu incutésti; part. pass. incùsso*) Infondere con forza, quasi scuotendo: *— timore, spavento.*

ìndaco *s. m.* (*pl. -chi*) **1** Uno dei sette colori dell'iride tra l'azzurro e il violetto. **2** Materia colorante azzurra ottenuta per macerazione di determinate foglie o per sintesi chimica.

indaffaràto *agg.* Che ha e si dà molto da fare.

indagàbile *agg.* Che si può indagare.

indagàre **A** *v. tr.* (*io indàgo, tu indàghi*) Ricercare con attenzione e diligenza: *— un mistero.* **B** *v. intr.* (*aus. avere*) Compiere ricerche: *la commissione indaga sulle cause del sinistro*; SIN. Investigare.

indagatóre *s. m.; anche agg.* (*f. -trìce*) Chi (o che) indaga.

indàgine *s. f.* **1** Ricerca diligente, sistematica e approfondita | Studio, analisi: *— storica.* **2** Investigazione; SIN. Inchiesta.

indantrène *s. m.* Nome commerciale di sostanze coloranti, usate nella tintura di tessuti.

indàrno *avv.* (*lett.*) Invano, inutilmente.

indebitaménte *avv.* Senza che sia dovuto: *esigere q.c. —* | In modo ingiusto, immeritato.

indebitaménto *s. m.* Assunzione di debiti | Situazione debitoria.

indebitàre **A** *v. tr.* (*io indébito*) Caricare di debiti. **B** *v. rifl.* Coprirsi di debiti.

indébito **A** *agg.* Che non è dovuto in quanto non si fonda su un obbligo regolarmente assunto: *pagamento —.* **B** *s. m.* Prestazione eseguita nell'erronea convinzione di doverla: *pagamento dell'—.*

indeboliménto *s. m.* Privazione o perdita di forza.

indebolìre **A** *v. tr.* (*io indebolisco, tu indebolisci*) Privare in tutto o in parte della forza, rendere debole; SIN. Fiaccare, illanguidire, svigorire. **B** *v. intr. e intr. pron.* (*aus. essere*) Diventare debole; SIN. Infiacchirsi.

indecènte *agg.* Che è contrario alla decenza e al decoro: *abito —*; SIN. Osceno, sconveniente; CONTR. Decente.

indecènza *s. f.* Mancanza di decenza e di decoro | Comportamento, discorso indecente; SIN. Oscenità, sconvenienza; CONTR. Decenza.

indecifràbile *agg.* Difficile o impossibile da decifrare; SIN. Illeggibile; CONTR. Decifrabile.

indecisióne *s. f.* Mancanza di decisione; SIN. Incertezza, perplessità, titubanza.

indeciso *agg.* **1** Che non sa decidersi: *un uomo — in tutte le sue azioni*; SIN. Incerto, irresoluto, perplesso, titubante. **2** Che mostra incertezza, titubanza: *atteggiamento —.* ● CONTR. Deciso.

indeclinàbile *agg.* **1** Detto di parola che non è soggetta a declinazione; CONTR. Declinabile. **2** (*raro*) Che non si può evitare: *necessità —.*

indecoróso *agg.* Che è privo o contrario al decoro; SIN. Sconveniente; CONTR. Decoroso.

indefèsso *agg.* Assiduo, instancabile: *lavoro, lavoratore —.*

indefettìbile *agg.* **1** Che non è soggetto a venir meno: *le indefettibili necessità della vita.* **2** (*lett.*) Che non può patire difetto: *vita —.*

indefinìbile *agg.* Che è difficile o impossibile definire con esattezza; CONTR. Definibile.

indefinìto *agg.* **1** Indeterminato: *problema —* | *Aggettivo, pronome —*, che dà un'indicazione indeterminata o approssimativa: *'qualcuno' è un pronome —*; CONTR. Definito. **2** Non risolto: *questione indefinita.*

indeformàbile *agg.* Che non si deforma; CONTR. Deformabile.

indeformabilità *s. f.* L'essere indeformabile, proprio dei corpi solidi rigidi.

indegnità *s. f.* L'essere indegno.

indégno *agg.* **1** Immeritevole: *essere — della fama* | Degenere: *figlio —* | ass. Spregevole, turpe: *un individuo —.* **2** Di cosa non degna, che degrada chi la compie: *parole indegne*; *atti indegni* | Iniquo, vergognoso: *un'accusa indegna.*

indeiscènte *agg.* (*bot.*) Detto di frutto che non si apre a maturità per lasciar uscire i semi; CONTR. Deiscente.

indeiscènza *s. f.* (*bot.*) Caratteristica dei frutti indeiscenti.

indelèbile *agg.* Che non si può cancellare (*anche fig.*); SIN. Incancellabile; CONTR. Delebile.

indelicatézza *s. f.* **1** L'essere indelicato; SIN. Indiscrezione. **2** (*est.*) Atto indelicato.

indelicàto *agg.* Privo di discrezione, sensibilità e tatto; SIN. Indiscreto.

indemagliàbile *agg.* Che non deve o non dovrebbe smagliarsi.

indemaniàre *v. tr.* (*io indemànio*) (*dir.*) Immettere un bene nella categoria dei beni demaniali.

indemoniàto *agg.; anche s. m.* (*f. -a*) **1** Detto di chi è in preda al demonio. **2** (*fig.*) Detto di chi è molto vivace.

indènne *agg.* Che non ha subito alcun danno: *uscire — da un incidente*; SIN. Illeso.

indennità *s. f.* **1** Rimborso delle spese sostenute per una data attività: *— di trasferta.* **2** Risarcimento in denaro per aver leso un diritto altrui.

indennizzàre *v. tr.* Risarcire danni mediante indennizzo.

indennìzzo *s. m.* Somma pagata a titolo di risarcimento di danni.

indéntro *avv.* All'interno.

inderogàbile *agg.* Che deve essere assolutamente rispettato: *impegno* –.
inderogabilità *s. f.* Qualità di ciò che è inderogabile.
indescrivìbile *agg.* Che è difficile o impossibile da descrivere.
indesideràbile *agg.* Che non è gradito; CONTR. Desiderabile.
indesideràto *agg.* Che è contrario ai desideri di qc.
indeterminàbile *agg.* Che è impossibile determinare; CONTR. Determinabile.
indeterminabilità *s. f.* L'essere indeterminabile.
indeterminatézza *s. f.* **1** L'essere indeterminato. **2** (*fig.*) Mancanza di determinazione, di decisione; SIN. Incertezza, irresolutezza.
indeterminativo *agg.* **1** Che non determina | *Articolo* –, che dà al nome un'indicazione indefinita: *'Un' è un articolo* –; CONTR. Determinativo. **2** (*mat.*) Detto di equazione con infinite soluzioni | Detto di espressione cui non si può assegnare alcun valore.
indeterminàto *agg.* Privo di determinazione o definizione: *spazio* – | *A tempo* –, senza limiti precisi; SIN. Incerto, indefinito; CONTR. Determinato.
indeterminazióne *s. f.* **1** Imprecisione. **2** Indecisione, irresolutezza.
indettàre **A** *v. tr.* (*io indétto*) (*raro*) Istruire qc. su quello che deve dire o fare. **B** *v. rifl. rec.* Accordarsi in precedenza su ciò che si deve dire o fare.
indeuropèo V. *indoeuropeo.*
ìndi *avv.* **1** (*lett.*) Quindi, in seguito: *gli dissi ciò che dovevo,* – *me ne andai.* **2** (*poet.*) Da quel luogo.
indiàna *s. f.* Stoffa di cotone stampata a vivaci colori per abiti e tappezzerie.
indiàno *agg.; anche s. m.* (*f. -a*) **1** Dell'India. **2** Degli indigeni dell'America, spec. dell'America del Nord | (*fig.*) *In fila indiana,* disposti uno dietro l'altro | (*fig.*) *Fare l'*–, fingere di non capire. [→ ill. *calzatura*]
indiavolàto *agg.* Che è in grande agitazione | (*est.*) Violento: *vento* –.
indicàre *v. tr.* (*io ìndico, tu ìndichi*) **1** Mostrare puntando l'indice: – *una vetrina* | (*est.*) Mostrare con cenni o altri indizi: *il faro indica il porto*; SIN. Designare. **2** Suggerire, consigliare: – *un rimedio.* **3** Denotare, manifestare: *un sintomo che indica un grave morbo.*
indicativo **A** *agg.* **1** Che serve a indicare: *gesto* –. **2** Che costituisce un chiaro segno di q.c.: *sintomo* –. **B** *s. m.* (*ling.*) Modo finito del verbo che presenta obiettivamente l'idea verbale.
indicàto *part. pass. di indicare; anche agg.* **1** Mostrato | Denotato. **2** (*est.*) Appropriato, efficace.
indicatóre **A** *agg.* (*f. -trice*) Che indica: *strumento* –. **B** *s. m.* **1** In varie tecnologie, indice, lancetta, sagoma e sim. per dare l'indicazione o la misura di q.c.: – *di livello del carburante*; – *di direzione.* [→ ill. *automobile, ferrovia, ufficio*] **2** Titolo di prontuari, guide, pubblicazioni periodiche e sim.: *l'*– *economico.* **3** (*chim.*) Sostanza che, col cambiamento di colore, indica lo stato acido o alcalino di una soluzione.
indicazióne *s. f.* **1** Atto dell'indicare | Designazione. [→ ill. *strada*] **2** Cenno, informazione, notizia. **3** (*med.*) Prescrizione di un rimedio.
ìndice **A** *s. m.* **1** Secondo dito della mano tra il pollice e il medio. **2** Negli strumenti di misurazione, lancetta che indica sul quadrante i valori della grandezza misurata: – *di un amperometro.* [→ ill. *bilancia, elettricità, elettronica*] **3** (*fig.*) Indizio, segno, espressione: *quel pallore è* – *di malattia.* **4** Elenco ordinato dei capitoli o delle parti di un libro per agevolarne la ricerca: – *generale, alfabetico* | – *dei libri proibiti,* elenco che, fino al Concilio Vaticano II, conteneva i titoli delle opere condannate dalla Chiesa Cattolica, la cui lettura era proibita ai fedeli | *Mettere all'*–, (*fig.*) considerare riprovevole. **5** (*mat.*) Simbolo di cui viene munita una lettera per distinguere fra più valori che a essa si possono assegnare. **6** Numero, rapporto, che esprime una proprietà in modo qualitativo o quantitativo: – *di rifrazione.* **7** (*stat.*) Rapporto tra due entità quantitative, che possono riferirsi anche allo stesso fenomeno considerato in due tempi diversi: – *di gradimento di un programma.* **B** *agg.* Che indica: *segno* –; *dito* –. (V. nota d'uso ACCENTO)
indicìbile *agg.* Che non si può dire o descrivere in modo adeguato; CONTR. Dicibile.
indicizzàre *v. tr.* (*econ.*) Collegare il valore di un bene o prestazione alle variazioni di un indice di riferimento, quale ad es. il tasso di inflazione e sim.: – *i salari al costo della vita.*
ìndico *agg.* (*pl. m. -ci*) (*lett.*) Delle Indie: *canna indica.*
indietreggiàre *v. intr.* (*io indietréggio; aus. essere o avere*) Tirarsi indietro; SIN. Arretrare, retrocedere.
indiètro *avv.* Nella direzione di ciò che è alle spalle: *non voltarti* – | *Avanti e* –, da un punto a un altro dello stesso luogo | *Mettere* – *l'orologio,* spostarne le lancette in senso antiorario | *Domandare, volere* – *q.c.,* pretenderne la restituzione | *Tirarsi* –, (*fig.*) sottrarsi a impegni presi | *Lasciare* – *q.c.,* ometterla | *Fare un passo avanti e uno* –, (*fig.*) non progredire | *Essere* – *col lavoro, nello studio* e sim., essere lontani dal punto a cui si dovrebbe essere giunti | *Fare macchina, marcia* –, (*fig.*) rimangiarsi la parola, ritirarsi da un'impresa; CONTR. Avanti. [→ ill. *acconciatura*]
indifendìbile *agg.* Che non si può difendere: *caposaldo* –.
indiféso *agg.* **1** Privo di difesa; CONTR. Difeso. **2** (*fig.*) Incapace di difendersi e quindi bisognoso di protezione.
indifferènte **A** *agg.* **1** Imparziale, neutrale: *parere* –. **2** Che non prova e non esprime particolari interessi o emozioni: *un uomo* – *a tutto*; SIN. Apatico, insensibile, noncurante. **3** Che non ha importanza, significato, valore: *questioni indifferenti*; SIN. Irrilevante | *Riuscire* –, di persona che non desta simpatia. **B** *s. m. e f.* Persona apatica e insensibile.
indifferènza *s. f.* Condizione o stato di indifferente; SIN. Apatia, disinteresse, insensibilità, noncuranza.
indifferenziàto *agg.* Che non si distingue da altri.
indifferìbile *agg.* Che non si può differire, che non ammette dilazione.
indìgeno **A** *agg.* Che è originario del paese in cui vive. **B** *s. m.* (*f. -a*) Aborigeno, nativo: *gli indigeni del Borneo* | (*est.*) Selvaggio.
indigènte *agg.; anche s. m. e f.* Che (o chi) si trova in stato di assoluta povertà.
indigènza *s. f.* Povertà assoluta.
indigestióne *s. f.* Gastrite acuta da soverchia ingestione di cibi.
indigèsto *agg.* **1** Difficile da digerire: *cibo* –. **2** (*fig.*) Difficile da sopportare, tollerare e sim.: *persona indigesta*; SIN. Molesto, pesante.
indìgete **A** *s. m.* (*lett.*) Nel culto degli antichi Romani, ciascuno degli dei o degli eroi divinizzati venerati come protettori di determinati luoghi. **B** *anche agg.*: *nume* –.
indignàre **A** *v. tr.* (*io indìgno*) Muovere a sdegno: *questo articolo ha indignato i lettori.* **B** *v. intr. pron.* Sdegnarsi, adirarsi.
indignàto *part. pass. di indignare; anche agg.* Vivamente sdegnato.
indignazióne *s. f.* Vivo risentimento e sdegno.
indigòfera *s. f.* Pianta delle Leguminose di origine africana, con foglie pennate, coltivata per l'estrazione dell'indaco.
indilazionàbile *agg.* Che non si può dilazionare.
indimenticàbile *agg.* Che è impossibile dimenticare; SIN. Incancellabile.
indimostràbile *agg.* Che non si può dimostrare; CONTR. Dimostrabile.
indio (1) *agg.; anche s. m.* Nativo delle Americhe, dal Messico alla Terra del Fuoco.
indio (2) *s. m.* Elemento chimico, metallo di color argenteo, molle, accompagnato in natura a minerali sulfurei; usato per rivestimenti galvanici. SIMB. In.
indipendènte **A** *agg.* **1** Che non è soggetto a vincoli di nessun genere | *Proposizione* –, non subordinata. **2** Che non deriva da altre cose: *due fatti tra loro indipendenti.* **B** *s. m. e f.* Chi non è iscritto a un partito politico pur condividendone l'orientamento.
indipendentemènte *avv.* Senza dipendenza | A prescindere da: *vinse* – *da ogni aiuto.*
indipendentismo *s. m.* Atteggiamento politico volto all'indipendenza di uno Stato o di una regione.
indipendentista *s. m. e f.* (*pl. m. -i*) Chi sostiene l'indipendentismo.
indipendènza *s. f.* Condizione di indipendente.

indìre *v. tr.* (*coniug. come dire*) Stabilire pubblicamente e d'autorità: — *un referendum.*

indirètto *agg.* **1** Che non procede in modo diretto, che giunge mediatamente al proprio fine: *rimprovero* —. **2** (*ling.*) *Complementi indiretti*, quelli diversi dal complemento oggetto | *Discorso* —, che si riferisce facendolo dipendere da un verbo come 'dire' e sim. • CONTR. Diretto.

indirizzàre **A** *v. tr.* **1** Dirigere o avviare in una direzione: — *il cammino* | (*est.*) Mandare, inviare qc. o q.c. in un luogo o presso una persona: *ho indirizzato un amico dal dentista.* **2** (*fig.*) Instradare, guidare: — *la gioventù al bene.* **3** Rivolgere: — *la parola a qc.* **4** Corredare dell'indirizzo: — *una lettera.* **B** *v. rifl.* **1** Dirigersi, incamminarsi: *indirizzarsi verso casa.* **2** (*fig.*) Rivolgersi a qc. per consiglio o aiuto.

indirizzàrio *s. m.* Ordinato elenco di indirizzi | Apposita rubrica per indirizzi.

indirizzo *s. m.* **1** Indicazione comprendente il nome e il domicilio di qc., per poterlo trovare e per inviargli corrispondenza | *All'— di qc.*, (*fig.*) contro o verso qc. [→ ill. *posta*] **2** (*fig.*) Criterio direttivo, condotta: *un buon — di studi* | Tendenza: — *filosofico.* **3** Discorso o messaggio ufficiale rivolto a personalità politiche, civili o religiose.

indisciplina *s. f.* Mancanza o difetto di disciplina; SIN. Insubordinazione.

indisciplinàbile *agg.* Difficile o impossibile a disciplinarsi.

indisciplinatézza *s. f.* L'essere indisciplinato.

indisciplinàto *agg.* **1** Che non obbedisce a una disciplina: *soldato* —; SIN. Insubordinato. **2** Disordinato, caotico: *traffico* —. • CONTR. Disciplinato.

indiscréto *agg.* Che è insistentemente e sfacciatamente curioso | Che è privo di discrezione; SIN. Indelicato; CONTR. Discreto.

indiscrezióne *s. f.* **1** L'essere indiscreto; SIN. Indelicatezza. **2** (*est.*) Curiosità sfacciata e insistente. **3** Rivelazione di notizia riservata.

indiscriminàto *agg.* Che è privo di discernimento | Che è posto in essere senza distinzioni di sorta.

indiscùsso *agg.* **1** Che non è stato dibattuto. **2** Che non dà adito a discussioni.

indiscutìbile *agg.* Che non ha bisogno di discussioni perché è chiaro, evidente; SIN. Certo, inconfutabile, irrefutabile; CONTR. Discutibile.

indispensàbile **A** *agg.* Che è assolutamente necessario. **B** *s. m. solo sing.* Ciò che è assolutamente necessario: *l'— per vivere.*

indispettìre **A** *v. tr.* (*io indispettisco, tu indispettisci*) Mettere in dispetto, rendere stizzoso; SIN. Indisporre, irritare. **B** *v. intr. pron. e intr.* (*aus. essere*) Adirarsi, stizzirsi.

indisponènte *part. pres. di indisporre; anche agg.* Che indispone, irrita.

indispórre *v. tr.* (*coniug. come porre*) Irritare, indispettire, anche ass.

indisposizióne *s. f.* Lieve infermità; SIN. Malessere.

indispósto *agg.* Colpito da leggera infermità.

indissolùbile *agg.* Che non si può sciogliere (*anche fig.*): *matrimonio* —; CONTR. Dissolubile.

indissolubilità *s. f.* Qualità di ciò che è indissolubile.

indistintaménte *avv.* Senza fare distinzioni: *trattare tutti* — | In modo confuso.

indistinto *agg.* Vago, indeterminato.

indistruttìbile *agg.* Che non si può distruggere; CONTR. Distruttibile.

indistruttibilità *s. f.* L'essere indistruttibile.

indisturbàto *agg.* Senza disagi, fastidi.

indivia *s. f.* Pianta erbacea delle Sinandrali, di cui si mangiano le foglie giovani che possono essere molto frastagliate o a lamina espansa: — *riccia, scarola.* [→ ill. *verdura*]

individuàle *agg.* Dell'individuo, della persona singola: *interesse* —; CONTR. Collettivo.

individualìsmo *s. m.* **1** (*filos.*) Dottrina che riconosce all'individualità un valore autonomo. **2** Tendenza a considerare prevalenti gli interessi dell'individuo su quelli collettivi. **3** Egoismo.

individualìsta *s. m. e f.* (*pl. m. -i*) **1** Chi segue le teorie dell'individualismo. **2** Chi tende a dare prevalenza alle proprie esigenze rispetto a quelle della società.

individualìstico *agg.* (*pl. m. -ci*) Dell'individualismo o degli individualisti.

individualità *s. f.* **1** Carattere o condizione di singolo. **2** Complesso di caratteristiche proprie di un singolo individuo, che lo rendono diverso dagli altri.

individualizzàre *v. tr.* **1** Individuare. **2** Conformare all'individuo, alle sue necessità.

individualizzazióne *s. f.* **1** Individuazione. **2** Adattamento alle esigenze individuali.

individualménte *avv.* In modo individuale, uno per uno.

individuàre **A** *v. tr.* (*io individuo*) **1** Rendere chiaro e determinato q.c. o qc., attribuendogli forme ed elementi suoi propri: *l'artista individua il paesaggio.* **2** Determinare con precisione: *hanno individuato la posizione del relitto.* **B** *v. intr. pron.* Prendere una forma determinata.

individuazióne *s. f.* Esatta determinazione.

individuo *s. m.* **1** (*biol.*) Organismo animale o vegetale, distinto e indivisibile. **2** Persona singola, spec. considerata rispetto alla società | (*est., spreg.*) Persona sconosciuta, figuro: *c'è un — che vuole parlarti.*

indivisìbile *agg.* **1** Che non si può dividere; CONTR. Divisibile. **2** Che non può essere separato da qc. o q.c.: *amici indivisibili.* **3** (*mat.*) Detto di numero che non si può dividere esattamente per un altro.

indivisibilità *s. f.* Qualità di ciò che è indivisibile.

indivìso *agg.* Che non è, o non è stato, diviso.

indiziàre *v. tr.* (*io indìzio*) Dichiarare qc. sospetto o colpevole in base a indizi sfavorevoli: — *qc. di reato.*

indiziàrio *agg.* Che può valere come indizio: *testimonianza indiziaria.*

indiziàto *part. pass. di indiziare; anche agg. e s. m.* (*f. -a*) Detto di chi in base a indizi è sospettato di aver commesso un reato.

indìzio *s. m.* Circostanza, traccia, per mezzo della quale è possibile ricostruire un fatto già accaduto o prevederne uno con fondatezza; SIN. Sintomo.

indizióne *s. f.* Atto dell'indire.

indòcile *agg.* Che non è docile | Che non sopporta la disciplina; SIN. Ribelle.

indocilità *s. f.* L'essere indocile.

indoeuropèo o *indeuropèo* **A** *agg.* **1** Detto di una famiglia di lingue europee e asiatiche che presentano caratteri di stretta somiglianza. **2** Detto di ogni individuo o popolazione parlante una di tali lingue. **B** *s. m.* Famiglia di lingue europee e asiatiche geneticamente affini | La supposta lingua primitiva di tale famiglia linguistica.

indolcìre *v. tr. intr. e intr. pron.* (*io indolcisco, tu indolcisci*) Addolcire.

indole *s. f.* Temperamento di un individuo nell'insieme delle inclinazioni naturali che lo caratterizzano; SIN. Carattere, natura.

indolènte *agg.* **1** Incurante, trascurato nell'agire; SIN. Accidioso, apatico, pigro. **2** (*raro*) Che non dà dolore: *tumore* —.

indolènza *s. f.* L'essere indolente; SIN. Accidia, apatia, pigrizia.

indolenziménto *s. m.* Sensazione di intorpidimento e pesantezza muscolare.

indolenzìre **A** *v. tr.* (*io indolenzisco, tu indolenzisci*) Produrre una dolorosa pesantezza ai muscoli in modo da impedire i movimenti. **B** *v. intr. e intr. pron.* (*aus. essere*) Avvertire una sensazione di intorpidimento e pesantezza muscolare.

indolóre o *indolóro* *agg.* Che non dà dolore: *puntura* —.

indomàbile *agg.* Che non si può domare (*anche fig.*); CONTR. Domabile.

indomàni *s. m.* Il giorno seguente a quello cui ci si riferisce (sempre preceduto dall'art. det.): *rimandare all'*—.

indomàto *agg.* (*lett.*) Fiero, indomito.

indòmito *agg.* (*lett.*) Che non ha potuto essere domato (*anche fig.*).

indonesiàno *agg.; anche s. m.* (*f. -a*) Dell'Indonesia.

indoor /*ingl.* 'indɔ:/ *agg. inv.* Detto di gara o incontro sportivo che si svolge in ambiente coperto; CONTR. Outdoor.

indoràre **A** *v. tr.* (*io indòro*) **1** Stendere su q.c. uno strato d'oro | — *la pillola*, (*fig.*) attenuare un dispiacere con parole opportune. **2** (*fig.*) Fare risplendere o diventare del colore dell'oro: *il sole indora le cime dei monti.* **B** *v.*

intr. pron. Prendere un colore dorato. [→ tav. *locuzioni* 56]
indossàre *v. tr.* (*io indòsso*) Avere o mettersi addosso: – *un abito elegante*; SIN. Vestire.
indossatóre *s. m.* **1** Chi presenta i nuovi modelli maschili in una sfilata. **2** Trespolo di solito in legno cui si appendono gli abiti spec. maschili.
indossatrice *s. f.* Modella che indossa e presenta gli abiti in una sfilata di moda.
indòsso *avv.* Addosso, sulla persona: *portare – un cappotto.*
indòtto (1) *agg.* Che non è dotto | (*est.*) Ignorante.
indótto (2) **A** *part. pass. di indurre; anche agg.* **1** Spinto, persuaso: *essere – a fare q.c.* **2** (*fis.*) *Corrente indotta*, corrente prodotta, in un circuito immerso in un campo magnetico, dalla variazione del flusso magnetico concatenato. **3** (*econ.*) Detto di un'attività produttiva medio-piccola generata dalla lavorazione di un grande complesso industriale, per fornirgli beni e servizi. **B** *s. m.* **1** Parte di una macchina elettrica comprendente l'insieme degli avvolgimenti che diventano sede di forze elettromotrici indotte. **2** (*econ.*) Complesso di attività indotte.
indottrinàre *v. tr.* Addottrinare.
indovinàre *v. tr.* **1** Conoscere e dichiarare il futuro o l'ignoto per ispirazione, attraverso la divinazione, grazie all'intuizione personale e sim. | – *il pensiero di qc.*, intuirlo | – *l'esito di q.c.*, prevederlo | ass. *Tirare a –*, impostare il discorso su un argomento che non si conosce, cercando di arrivare per caso alla verità; SIN. Presentire, prevedere, pronosticare. **2** Azzeccare, colpire nel segno: – *l'abito per ogni occasione.*
indovinèllo *s. m.* Quesito enigmistico, talvolta in forma di breve componimento in versi, presentato con parole equivoche o ambigue o con una perifrasi riguardante la cosa da indovinare.
indovino *s. m.* (*f. -a*) Chi pretende di riuscire a svelare il futuro in virtù di un rapporto speciale con il mondo soprannaturale | (*est.*) Chi coglie nel segno nel prevedere q.c.
indrappellàre *v. tr.* (*io indrappèllo*) (*raro*) Schierare in drappello.
indù **A** *s. m. e f.* Abitante dell'India, di religione non islamica. **B** *agg.* Induistico.
indùbbio *agg.* Che non provoca dubbi; SIN. Certo, evidente.
indubitàbile *agg.* Di cui non si può o non si deve dubitare; SIN. Certo.
indugiàre **A** *v. tr.* (*io indùgio*) (*raro*) Differire, ritardare. **B** *v. intr.* (*aus. avere*) Tardare a fare, a dire: – *a rispondere*; SIN. Temporeggiare. **C** *v. intr. pron.* Trattenersi, soffermarsi: *si indugiava a guardare le vetrine.*
indùgio *s. m.* Esitazione, rinvio, ritardo nel fare o dire q.c. | *Senza –*, subito.
induìstico *agg.* (*pl. m. -ci*) Degli indù, della loro religione e civiltà.
indulgènte *part. pres. di indulgere; anche agg.* Che indulge | Che rivela indulgenza; SIN. Clemente, longanime; CONTR. Severo.
indulgènza *s. f.* **1** Qualità di indulgente | Inclinazione a perdonare o a compatire; SIN. Clemenza, longanimità; CONTR. Severità. **2** Nella teologia cattolica, remissione della pena temporale dei peccati, accordata dalla Chiesa ai vivi a titolo di assoluzione e ai morti a titolo di suffragio.
indùlgere *v. intr.* (*pres. io indùlgo, tu indùlgi; pass. rem. io indùlsi, tu indulgésti; part. pass. indùlto; aus. avere*) Essere, mostrarsi accondiscendente: – *alle richieste di qc.* | (*est.*) Lasciarsi prendere da un'inclinazione, spec. negativa: – *al vizio.*
indùlto (1) *s. m.* (*dir.*) Provvedimento con cui, a coloro che si trovano nelle condizioni stabilite, viene condonata in tutto o in parte la pena inflitta o da infliggersi; CFR. Amnistia.
indùlto (2) *part. pass. di indulgere; anche agg.* (*raro*) Accondisceso.
induménto *s. m.* Oggetto di abbigliamento.
induriménto *s. m.* **1** Conferimento, acquisizione, aumento di durezza. **2** (*med.*) Aumento di consistenza di un organo o di un tessuto, spec. per sclerosi.
indurìre **A** *v. tr.* (*io indurìsco, tu indurìsci*) **1** Rendere duro, sodo; CONTR. Ammorbidire. **2** (*fig.*) Rendere insensibile: *le delusioni lo hanno indurito.* **B** *v. intr. e intr. pron.* (*aus. essere*) Diventare duro (*anche fig.*).
indùrre **A** *v. tr.* (*pres. io indùco, tu indùci; fut. io indurrò; pass. rem. io indùssi, tu inducésti; condiz. pres. io indurrèi, tu indurrésti; part. pass. indótto*) **1** Persuadere, muovere, spingere, qc. a fare q.c.: – *qc. al male* | – *qc. in tentazione*, procurargli l'occasione per commettere il male. **2** (*filos.*) Inferire da determinate osservazioni particolari il principio generale in esse implicito. **B** *v. intr. pron.* Risolversi, decidersi a fare q.c.: *indursi a partire.*
indùstre *agg.* (*lett.*) Industrioso.
indùstria *s. f.* **1** Moderno modo di produrre merci su larga scala, mediante macchinari e lavoratori, e con cospicui investimenti. **2** Organizzazione di uomini e mezzi avente per finalità la produzione in un certo settore: *industrie metalmeccaniche* | – *pesante*, complesso delle industrie meccaniche, metallurgiche e siderurgiche | – *leggera*, complesso delle industrie che producono beni di piccola mole e largo consumo. [→ ill. *nucleare, petrolio*] **3** Operosità ingegnosa: *l'– delle api* | *Cavaliere d'–*, chi usa espedienti per vivere.
industrial design /*ingl.* in'dʌstriəl di'zain/ *loc. sost. m. inv.* Progettazione di manufatti, da prodursi industrialmente in serie, che ai requisiti tecnici funzionali uniscono pregi estetici.
industriàle **A** *agg.* Dell'industria | *Zona –*, in cui vi sono agevolazioni per le industrie che vi si impiantano. [→ ill. *carrello, lavatura e stiratura*] **B** *s. m.* Imprenditore o proprietario di un'impresa industriale.
industrialismo *s. m.* Predominio dell'industria sulle altre attività economiche.
industrializzàre *v. tr.* **1** Applicare i criteri dell'industria a un'attività economica. **2** Trasformare l'assetto economico di un Paese impiantandovi nuove industrie.
industrializzazióne *s. f.* Trasformazione in senso industriale di un Paese, zona, settore e sim.: – *dell'agricoltura* | Sviluppo dell'industria.
industriàrsi *v. intr. pron.* (*io m'indùstrio*) Adoperarsi con i mezzi del proprio ingegno o con l'abilità per ottenere q.c.; SIN. Ingegnarsi.
industrióso *agg.* Laborioso, ingegnoso.
induttànza *s. f.* **1** (*elettr.*) Coefficiente di autoinduzione. **2** Componente elettrico costituito da un avvolgimento di filo isolato eseguito su un nucleo di ferro.
induttivo *agg.* **1** (*filos.*) Che è fondato sul procedimento dell'induzione; CONTR. Deduttivo. **2** (*elettr.*) Che concerne l'induzione.
induttòmetro *s. m.* (*elettr.*) Strumento per la misurazione di induttanze.
induttóre **A** *agg.* (*f. -trice*) Che induce: *circuito –.* **B** *s. m.* (*elettr.*) Circuito di eccitazione di una macchina elettrica in cui circola corrente che genera il flusso magnetico utilizzato dall'indotto. [→ ill. *elettricità, elettronica*]
induzióne *s. f.* **1** (*filos.*) Procedimento logico che consiste nell'inferire da osservazioni ed esperienze particolari i principi generali in esse impliciti. **2** (*fis.*) – *elettromagnetica*, comparsa di una forza elettromotrice in un circuito, generata dal variare del flusso magnetico che l'attraversa.
inebetìre **A** *v. tr.* (*io inebetìsco, tu inebetìsci*) Rendere ebete. **B** *v. intr. e intr. pron.* (*aus. essere*) Diventare ebete.
inebriànte o *inebriànte part. pres. di inebriare; anche agg.* Che inebria.
inebriàre o *inebriàre* **A** *v. tr.* (*io inèbrio*) **1** Procurare ebbrezza. **2** (*fig.*) Eccitare, esaltare: *gli applausi lo inebriano.* **B** *v. intr. pron.* Sentire un piacere intenso per q.c.
ineccepìbile *agg.* Che non può essere soggetto a critiche o commenti sfavorevoli; SIN. Irreprensibile; CONTR. Eccepibile.
inèdia *s. f.* Lungo digiuno con conseguente deperimento.
inèdito **A** *agg.* **1** Che non è stato ancora pubblicato; CONTR. Edito. **2** (*raro*) Pubblicato non per volontà dell'autore: *gli scritti inediti del Tasso.* **3** Ancora sconosciuto: *pettegolezzo –.* **B** *s. m.* Scritto non pubblicato.
ineducàto *agg.* Che non è educato.
ineducazióne *s. f.* Mancanza di educazione.
ineffàbile *agg.* Che non si può esprimere per mezzo di parole | (*est.*) Straordinario | (*iron., spreg.*) Incompara-

bile, spec. per qualità negative.
ineffabilità *s. f.* L'essere ineffabile.
inefficàce *agg.* Che non è efficace; SIN. Inutile, vano; CONTR. Efficace.
inefficàcia *s. f.* (*pl. -cie*) Mancanza di efficacia.
inefficiènte *agg.* Che non è efficiente.
inefficiènza *s. f.* Mancanza di efficienza.
ineguagliàbile *agg.* Che non è possibile uguagliare.
ineguagliànza *s. f.* Mancanza di uguaglianza.
inegùale *agg.* Non uguale | Non uniforme | (*est.*) Variabile, incostante.
inegualità *s. f.* (*raro*) Ineguaglianza.
inelegànte *agg.* Che non è elegante.
inelegànza *s. f.* Mancanza di eleganza.
ineleggìbile *agg.* Che non può essere eletto.
ineleggibilità *s. f.* Condizione di chi manca dei requisiti necessari per essere eletto.
ineluttàbile *agg.* Di ciò contro cui non si può lottare: *destino —*; SIN. Inevitabile.
ineluttabilità *s. f.* Qualità di ineluttabile.
inenarràbile *agg.* Che non si può narrare.
inequivocàbile *agg.* Che non consente equivoci | Chiaro, netto.
inerènte *agg.* Che riguarda, è connesso a q.c.: *indagini inerenti al delitto.*
inerènza *s. f.* L'essere inerente.
inèrme *agg.* Che è senza armi e difesa (*anche fig.*).
inerpicàrsi *v. intr. pron.* (*io m'inérpico, tu t'inérpichi*) Arrampicarsi con sforzo aiutandosi con le mani e i piedi: *— su un albero.*
inerpicàto *part. pass. di inerpicare; anche agg.* Arrampicato | Che sta in luogo alto e scosceso: *paesino — sui monti.*
inèrte *agg.* **1** Che manca di attività, di energia: *stare — a letto* | *Acqua —*, stagnante; SIN. Inattivo, inoperoso. **2** Che non è vivo: *materia —*. **3** (*chim.*) Di elemento o composto che nel corso di un processo chimico non reagisce.
inèrzia *s. f.* **1** L'essere inerte per pigrizia, torpore; SIN. Inattività, inazione, inoperosità. **2** (*fis.*) Tendenza dei corpi a perseverare nello stato di quiete o di moto rettilineo uniforme finché non subentri una forza esterna.
inerziàle *agg.* Dell'inerzia.
inesattézza *s. f.* **1** L'essere inesatto, mancante di precisione; SIN. Imprecisione. **2** (*est.*) Errore, sbaglio.
inesàtto (1) *agg.* Che manca di precisione, di adesione alla verità.
inesàtto (2) *agg.* Che non è stato riscosso: *tributo —*.
inesaudìto *agg.* Che non è stato esaudito.
inesaurìbile *agg.* Che non si può esaurire (*anche fig.*); CONTR. Esauribile.
inesauribilità *s. f.* L'essere inesauribile.
inesàusto *agg.* Che non è mai esausto.
inesigìbile *agg.* Che non si può esigere, riscuotere: *credito —*.
inesigibilità *s. f.* L'essere inesigibile.
inesistènte *agg.* Che non esiste | Che non sussiste; CONTR. Esistente.
inesistènza *s. f.* Condizione di ciò che non esiste.
inesoràbile *agg.* **1** Che non si lascia piegare e muovere dalle preghiere o dalla pietà; SIN. Implacabile, spietato. **2** Che è impossibile evitare: *decreto —*.
inesorabilità *s. f.* L'essere inesorabile.
inesperiènza *s. f.* Mancanza di esperienza, di pratica.
inespèrto *agg.* **1** Privo di esperienza: *— della politica, del mare* | (*est.*) Che non conosce ancora gli uomini e le difficoltà del mondo; CONTR. Esperto. **2** Che non ha pratica: *avvocato —*.
inespiàbile *agg.* Che non si può espiare a causa della sua estrema gravità.
inesplicàbile *agg.* Che non si può spiegare, capire; SIN. Incomprensibile, inspiegabile; CONTR. Esplicabile.
inesplicàto *agg.* Che non è stato spiegato.
inesploràbile *agg.* Che non si può esplorare (*anche fig.*); CONTR. Esplorabile.
inesploràto *agg.* Che non è stato ancora esplorato.
inesplòso *agg.* Che non è esploso.
inespressìvo *agg.* Che è privo di espressione; CONTR. Espressivo.
inesprèsso *agg.* Che non viene espresso.
inesprimìbile *agg.* Che non si può esprimere con parole adeguate; CONTR. Esprimibile.
inespugnàbile *agg.* Che non si può espugnare (*anche fig.*); CONTR. Espugnabile.
inespugnabilità *s. f.* L'essere inespugnabile.
inespugnàto *agg.* Che non è stato espugnato (*anche fig.*).
inestimàbile *agg.* Che non si può valutare pienamente per il suo grande valore | (*est.*) Incalcolabile, grandissimo; SIN. Inapprezzabile.
inestinguìbile *agg.* Che non si può estinguere; CONTR. Estinguibile.
inestìnto *agg.* (*raro, lett.*) Non estinto.
inestirpàbile *agg.* Che non si può estirpare (*spec. fig.*).
inestricàbile *agg.* Che non si può districare, sbrogliare (*anche fig.*).
inettitùdine *s. f.* Mancanza di attitudine per un determinato lavoro; SIN. Dappocaggine, incapacità.
inètto ***A*** *agg.* Che non ha attitudine per una certa attività: *essere — alle armi* | (*est.*) Incapace a svolgere adeguatamente il proprio lavoro: *medico —* | (*spreg.*) Che vale poco, manca di capacità; SIN. Dappoco, inabile. ***B*** *s. m.* (*f. -a*) Persona inetta.
inevàso *agg.* Detto di documento, pratica burocratica e sim. non sbrigati.
inevitàbile *agg.* Che non si può evitare; SIN. Immancabile, ineluttabile; CONTR. Evitabile.
inevitabilità *s. f.* L'essere inevitabile.
inevitabilménte *avv.* Con certezza | Necessariamente.
in extremis /*lat.* in eks'tremis/ *loc. avv.* **1** Negli estremi momenti, in fin di vita, sul punto di morte: *confessione —*. **2** Negli ultimi attimi di una data situazione: *sfuggire — all'esecuzione.*
inèzia *s. f.* Cosa priva di ogni importanza o valore; SIN. Bagattella, bazzecola, quisquilia.
infagottàre ***A*** *v. tr.* (*io infagòtto*) Mettere addosso a qc. indumenti pesanti e voluminosi | (*fig.*) Vestire in modo inelegante e disadatto; SIN. Imbacuccare. ***B*** *v. rifl.* Avvolgersi in abiti pesanti o in coperte | (*fig.*) Vestirsi in modo sgraziato.
infallìbile *agg.* **1** Che non è soggetto a sbagliare: *Dio è —*; CONTR. Fallibile. **2** (*est.*) Sicuro, certo: *rimedio —*.
infallibilità *s. f.* Qualità di infallibile | *Dogma dell'—*, secondo cui la chiesa e il Papa, in virtù della speciale assistenza di Dio, non possono ingannarsi in materie di fede e di morale.
infamànte *part. pres. di infamare; anche agg.* Che infama; SIN. Disonorevole, ignominioso.
infamàre ***A*** *v. tr.* **1** (*raro*) Rendere infame. **2** Compromettere gravemente con accuse o calunnie; SIN. Disonorare, infangare. ***B*** *v. intr. pron.* Coprirsi d'infamia.
infamatòrio *agg.* Che reca infamia: *scritto —*.
infàme *agg.* **1** Che gode di cattiva fama: *casa —* | Che sparge cattiva fama: *calunnia —*; SIN. Nefando. **2** (*scherz.*) Pessimo: *tempo —*.
infàmia *s. f.* **1** Pubblico biasimo per q.c. che rende spregevoli o disonorevoli | *Marchio d'—*, (*fig.*) segno di pubblico disprezzo; SIN. Disonore, ignominia. **2** Azione o cosa infame o che rende infame; SIN. Scelleratezza. **3** (*scherz.*) Lavoro mal fatto.
infangàre ***A*** *v. tr.* (*io infàngo, tu infànghi*) **1** Sporcare di fango; SIN. Inzaccherare. **2** (*fig.*) Coprire di disonore: *— il proprio nome*; SIN. Infamare. ***B*** *v. rifl.* Coprirsi di fango (*anche fig.*).
infànte (1) ***A*** *agg.* (*lett.*) Che si trova nell'infanzia. ***B*** *s. m. e f.* Bambino molto piccolo.
infànte (2) *s. m.* (*f. -a*) In Spagna e Portogallo, principe reale nato dopo il primogenito.
infanticìda *s. m. e f.* (*pl. m. -i*) Chi commette infanticidio.
infanticìdio *s. m.* Uccisione di un neonato.
infantìle *agg.* **1** Dei bimbi piccoli e dell'infanzia. **2** Che manifesta immaturità in una persona adulta. • SIN. Puerile.
infantilìsmo *s. m.* Il persistere, nell'adulto, di caratteristiche fisiche o psichiche infantili.
infànzia *s. f.* **1** Periodo della vita che va dalla nascita ai dodici anni. **2** Bambini in generale: *giardino d'—*. **3** (*fig.*) Periodo inziale di una civiltà, di un'epoca storica: *l'— del Medioevo.*
infarcìre *v. tr.* (*io infarcisco, tu infarcisci*) **1** Riempire di condimento o insaccare carni. **2** (*fig.*) Riempire confu-

samente: — *un discorso di citazioni.*
infarinàre *v. tr.* **1** Spargere di farina | (*est.*) Cospargere con un'altra polvere: — *un dolce di zucchero.* **2** (*fig.*) Dare a qc. una conoscenza superficiale di una disciplina: — *qc. di letteratura.* [→ tav. *proverbi* 106]
infarinatùra *s. f.* **1** Operazione dell'infarinare. **2** (*fig.*) Conoscenza superficiale: — *di politica.*
infàrto *s. m.* (*med.*) Necrosi di un tessuto in un organo per arresto del flusso sanguigno arterioso: — *cerebrale, polmonare* | — *cardiaco,* (*per anton.*) —, che riguarda il muscolo cardiaco: *morire di* —.
infartuàto *agg.; anche s. m.* Colpito da infarto.
infastidìre A *v. tr.* (*io infastidisco, tu infastidìsci*) Recare fastidio, noia; SIN. Annoiare, contrariare, disturbare, importunare, molestare. **B** *v. intr. pron.* Provocare fastidio o irritazione.
infaticàbile *agg.* Che non soffre, non sente la stanchezza: *lavoratore* —; SIN. Instancabile.
infàtti *cong.* In realtà, invero (introduce una prop. dichiarativa con il v. all'indic., al congv. o al condiz.): *non so cosa sia successo,* — *non c'ero.*
infatuàre A *v. tr.* (*io infàtuo*) Produrre in qc. un'ammirazione esagerata e una credulità irragionevole per q.c.: — *qc. per un'impresa.* **B** *v. intr. pron.* Lasciarsi trascinare da un'infatuazione per qc. o q.c.: *infatuarsi dei propri amici, per un'idea.*
infatuazióne *s. f.* Entusiasmo, esaltazione di solito passeggera e irragionevole per qc. o q.c.
infàusto *agg.* **1** Che presenta dolore, tristezza, sventura | Che si riferisce a fatti dolorosi: *ricordo* —; SIN. Nefasto, sfortunato. **2** (*euf.*) Mortale: *esito* —.
infecondità *s. f.* L'essere infecondo.
infecóndo *agg.* Che non è fecondo | Che non dà effetti, risultati validi: *polemica infeconda*; SIN. Sterile.
infedéle A *agg.* **1** Che non serba fede alle promesse. **2** Che non è conforme all'originale o non segue la verità: *copia, ritratto* —. • CONTR. Fedele. **B** *s. m. e f.* Chi è di fede contraria alla propria, spec. i musulmani per i cristiani e viceversa.
infedeltà *s. f.* L'essere infedele; CONTR. Fedeltà.
infelìce A *agg.* **1** Che non è felice, non riesce a realizzare i propri desideri e progetti | Che procura infelicità: *esistenza* —; SIN. Misero, sventurato; CONTR. Felice. **2** Che è mal riuscito: *lavoro* —. **3** Negativo, sfavorevole: *esito* —. **4** Che non è opportuno, tempestivo e sim.: *affermazione* —. **B** *s. m. e f.* Chi non è felice | Chi è affetto da un'infermità mentale permanente o da un'imperfezione fisica.
infelicità *s. f.* L'essere infelice | Condizione, stato di chi è infelice; SIN. Miseria, sventura; CONTR. Felicità.
infeltrìre A *v. tr.* (*io infeltrìsco, tu infeltrìsci*) Ridurre compatto come il feltro. **B** *v. intr. e intr. pron.* (*aus. essere*) Diventare compatto come il feltro.
inferènza *s. f.* **1** (*filos.*) Processo logico per il quale, data una o più premesse, è possibile trarre una conclusione. **2** (*stat.*) Procedimento di generalizzazione dei risultati ottenuti mediante una rilevazione parziale per campioni.
inferióre A *agg.* **1** Che sta più in basso | *Gli arti inferiori,* le gambe; CONTR. Superiore. **2** Che si trova in una posizione meno elevata in un rapporto quantitativo o qualitativo o di proporzioni fisiche: *statura* —; *grado* —; *essere* — *a qc. per intelligenza* | *Ufficiali inferiori,* il sottotenente, il tenente e il capitano. **B** *s. m. e f.* Chi è di grado gerarchicamente più basso.
inferiorità *s. f.* L'essere inferiore | Condizione di chi è inferiore; CONTR. Superiorità.
inferìre *v. tr.* (*pres. io inferisco, tu inferisci; pass. rem. io infèrsi, tu inferìsti* nel sign. 1, *io inferìi, tu inferìsti* nei sign. 2, 3; *part. pass. infèrto* nel sign. 1, *inferito* nei sign. 2, 3) **1** Infliggere colpi, danni, ferite, fisiche o morali: — *una pugnalata a qc.* **2** Dedurre, argomentare: — *la colpa di qc. da un indizio.* **3** (*mar.*) Legare le vele ai pennoni, alle antenne e sim.
infermàre A *v. tr.* (*io inférmo*) (*lett.*) Rendere infermo (*anche fig.*). **B** *v. intr. e intr. pron.* (*aus. essere*) (*lett.*) Ammalare | Restare infermo.
infermerìa *s. f.* In collegi, caserme, conventi, prigioni e sim., ambiente adibito alla cura o al soggiorno di infermi che non richiedono cure specializzate.
infermière *s. m.* (*f.* -*a*) Persona che coadiuva il medico nella cura dei malati.
infermieristico *agg.* (*pl. m.* -*ci*) Concernente gli infermieri e la loro categoria.
infermità *s. f.* Condizione o stato di chi è infermo | Malattia, malanno.
infèrmo *agg.; anche s. m.* (*f.* -*a*) Affetto da una malattia grave o lunga; SIN. Ammalato.
infernàle *agg.* **1** Dell'inferno: *spirito* — | Degno dell'inferno per bruttezza, malvagità: *proposito* —. **2** (*fig., fam.*) Grande, straordinario: *un caldo* —.
infèrno *s. m.* **1** Nel cristianesimo, luogo di eterno dolore cui le anime dei peccatori non pentiti sono condannate | *Diavolo dell'*—, (*fig.*) persona cattiva | *Vita d'*—, (*fig.*) terribilmente faticosa o dolorosa | (*fig.*) *Caldo d'*—, insopportabile | *Mandare qc. all'*—, all'altro mondo e (*fig.*) mandarlo alla malora. **2** (*fig.*) Tutto ciò che procura dolori, che rende impossibile o insopportabile una situazione: *vivere con loro è un* —. [→ tav. *proverbi* 237]
infero A *agg.* (*lett.*) Inferiore. **B** *s. m. al pl.* Nella mitologia greco-romana, morti e dèi infernali o sotterranei | Regno dei morti: *discendere agli inferi.*
inferocire A *v. tr.* (*io inferocìsco, tu inferocisci*) Rendere feroce (*anche fig.*). **B** *v. intr.* (*aus. essere* nel sign. 1, *avere* nel sign. 2) **1** Divenire feroce. **2** Infierire, incrudelire: — *contro i vinti.* **C** *v. intr. pron.* Giungere al parossismo della ferocia, dell'ira e sim.
inferriàta *s. f.* Chiusura con sbarre di ferro, più o meno grosse, disposte a grata, per finestre, cancelli e sim.
infèrto *part. pass. di inferire; anche agg.* Inflitto | Vibrato.
infervoraménto *s. m.* Esortazione allo zelo, al fervore e sim. | Fervido accaloramento.
infervoràre A *v. tr.* (*io infèrvoro o infervóro*) Infiammare di passione, volontà, zelo e sim.: — *i giovani allo studio*; SIN. Entusiasmare. **B** *v. intr. pron.* Accendersi di fervore: *infervorarsi nella disputa, alla preghiera.*
infestàre *v. tr.* (*io infèsto*) **1** Danneggiare e rovinare un luogo, razziandolo periodicamente, distruggendone le colture e rendendolo inabitabile o pericoloso: *le volpi infestano la regione.* **2** Colpire con infestazione.
infestatóre *s. m.; anche agg.* (*f.* -*trice*) Chi, che infesta.
infestazióne *s. f.* **1** (*raro*) Atto dell'infestare. **2** Ogni malattia provocata da parassiti di dimensioni non microscopiche.
infèsto *agg.* Dannoso, ostile, nemico: *cibo* — *allo stomaco.*
infettàre A *v. tr.* (*io infètto*) **1** Rendere infetto: — *una ferita.* **2** (*fig.*) Rendere corrotto, impuro: *i vizi infettano le società decadenti*; SIN. Ammorbare. **B** *v. intr. pron.* Essere preso da infezione.
infettivo *agg.* (*med.*) Di, da infezione | *Agente* —, batterio, protozoo, fungo o virus che, penetrando nell'organismo, vi procura malattia; SIN. Contagioso.
infètto *agg.* **1** (*med.*) Colpito da infezione: *piaga infetta.* **2** Che porta infezione: *acque infette.* **3** (*fig.*) Guasto, corrotto: *ambiente* —.
infeudàre A *v. tr.* (*io infèudo*) **1** Obbligare qc. con vincolo feudale. **2** Dare a titolo di feudo: — *un castello.* **3** (*fig.*) Sottomettere o asservire ai potenti, a un'autorità e sim.: — *la coscienza.* **B** *v. rifl.* **1** Rendersi vassallo. **2** (*fig.*) Asservirsi.
infezióne *s. f.* **1** Stato morboso causato da germi infettivi. **2** Contaminazione, contagio (*anche fig.*).
infiacchiménto *s. m.* Privazione o perdita di energia; SIN. Indebolimento.
infiacchìre A *v. tr.* (*io infiacchisco, tu infiacchisci*) Rendere fiacco, privo di energia (*anche fig.*); SIN. Svigorire. **B** *v. intr. e intr. pron.* (*aus. essere*) Diventare fiacco (*anche fig.*); SIN. Indebolirsi.
infialàre *v. tr.* Mettere in fiale.
infiammàbile A *agg.* **1** Che si infiamma e brucia facilmente: *sostanza* —. **2** (*fig.*) Facile ad adirarsi, a entusiasmarsi: *temperamento* —. **B** *s. m. spec. al pl.* Materiale infiammabile.
infiammabilità *s. f.* L'essere infiammabile.
infiammàre A *v. tr.* **1** Far ardere con fiamme; SIN. Incendiare. **2** (*fig.*) Riempire di fervore, di entusiasmo: — *l'animo d'amore.* **3** Tingere di rosso: — *il viso di vergogna.* **4** (*med.*) Cagionare infiammazione. **B** *v. intr. pron.* **1** Accendersi con fiamma. **2** (*fig.*) Essere o divenire preda di un sentimento molto intenso: *infiammarsi d'amore.* **3**

(*fig.*) Farsi rosso come la fiamma: *infiammarsi in viso.* **4** (*med.*) Subire un'infiammazione.

infiammatòrio *agg.* (*med.*) Di infiammazione.

infiammazióne *s. f.* **1** (*raro*) L'infiammare o l'infiammarsi (*anche fig.*). **2** (*med.*) Processo reattivo dei tessuti ad agenti patogeni di qualsiasi natura, caratterizzato da dolore, calore, arrossamento, gonfiore della parte lesa; SIN. Flogosi.

infiascàre *v. tr.* (*io infiàsco, tu infiàschi*) Mettere in fiaschi vino o altri liquidi.

inficiàre *v. tr.* (*io inficio*) Contestare la validità o l'efficacia di un atto legale; SIN. Infirmare.

infìdo *agg.* Che non è degno di fiducia.

in fieri /*lat.* in 'fieri/ *loc. agg. inv.* **1** (*filos.*) In potenza, non in atto. **2** (*est.*) Di cosa ancora non delineata, ma che va prendendo forma: *progetto* –.

infierire *v. intr.* (*io infierisco, tu infierisci; aus. avere*) **1** Operare con asprezza e crudeltà: – *sulla popolazione inerme, contro i deboli*; SIN. Incrudelire. **2** Imperversare con violenza: *sul paese infieriva la peste*; SIN. Infuriare.

infìggere **A** *v. tr.* (*coniug. come figgere; part. pass. infisso*) Conficcare, piantare (*anche fig.*). **B** *v. intr. pron.* Conficcarsi (*anche fig.*).

infilàre **A** *v. tr.* **1** Introdurre una gugliata di filo nella cruna di un ago | (*est.*) Ordinare su di un filo che le attraversa, perle e sim. | (*est.*) Introdurre q.c. in un apposito foro: – *la chiave nella toppa* | (*fig.*) – *l'uscio*, entrare o uscire rapidamente. **2** Indossare: – *il cappotto*; *infilarsi i guanti.* **3** Passare da parte a parte, con un oggetto appuntito: – *i tordi nello spiedo*; SIN. Infilzare. **4** (*fig.*) Imbroccare | *Non infilarne una*, non azzeccare mai la frase, l'azione giusta. **B** *v. rifl.* Mettersi dentro q.c. | *Infilarsi nel letto*, coricarsi sotto le lenzuola.

infilàta *s. f.* Insieme di oggetti ordinati su un filo: *un'*– *di perle* | Complesso di cose disposte in fila: *un'*– *di stanze* | *D'*–, per tutta la lunghezza: *tiro d'*–.

infiltraménto *s. m.* Infiltrazione.

infiltràrsi *v. intr. pron.* **1** Penetrare sottilmente, a poco a poco, in q.c., attraverso fori, crepe, fessure: *il gas si infiltra.* **2** (*fig.*) Insinuarsi.

infiltrazióne *s. f.* **1** L'infiltrarsi di un gas o di un liquido attraverso gli interstizi di un corpo. **2** (*fig.*) Furtiva penetrazione. **3** (*med.*) Presenza in un tessuto di sostanze estranee, spec. di un focolaio di infezione.

infilzàre *v. tr.* **1** Riunire più cose insieme formando una filza, una serie: – *le castagne*; – *citazioni.* **2** Infilare q.c. o qc. trafiggendolo con un'arma o un oggetto appuntito: – *polli nello spiedo.* [→ tav. *locuzioni* 61]

infilzàta *s. f.* **1** Insieme di cose infilzate. **2** (*fig.*) Serie: *un'*– *di spropositi.*

ìnfimo *agg.* Che sta nella posizione più bassa: *luogo* – | (*fig.*) Che manca di qualsiasi pregio: *trattoria di infima qualità.*

infìne *avv.* **1** Alla fine, finalmente. **2** Insomma, in conclusione: – *decidi!*

infingardàggine *s. f.* **1** L'essere infingardo; SIN. Pigrizia. **2** (*est.*) Atteggiamento da infingardo.

infingardire **A** *v. tr.* (*io infingardisco, tu infingardisci*) Rendere infingardo. **B** *v. intr. pron. e intr.* (*aus. essere*) Diventare infingardo.

infingàrdo *agg.* Che fugge ogni fatica per pigrizia, svogliatezza e sim.; SIN. Pigro.

infìngersi *v. intr. pron.* (*coniug. come fingere*) **1** (*lett.*) Simulare. **2** (*raro, lett.*) Fingersi.

infinità *s. f.* **1** L'essere infinito. **2** Grande abbondanza, moltitudine.

infinitaménte *avv.* In modo infinito | Immensamente.

infinitesimàle *agg.* **1** Minimo: *parte* – *di q.c.* **2** (*mat.*) Pertinente agli infinitesimi | *Calcolo* –, complesso del calcolo differenziale e integrale.

infinitèsimo **A** *s. m.* **1** Parte o quantità infinitamente piccola. **2** (*mat.*) Grandezza variabile che tende a zero quando un'altra tende a un valore dato. **B** *agg.* Molto piccolo: *differenza infinitesima.*

infinitìvo *agg.* (*ling.*) Che non ha determinazione di numero e persona: *modo* –.

infinito **A** *agg.* **1** Che è assolutamente privo di determinazioni spaziali o temporali: *l'eternità è infinita* | (*est.*) Che appare illimitato: *l'*– *universo*; SIN. Illimitato. **2** Attributo di Dio, che non ha principio né fine. **3** Che è estremamente grande, lungo, intenso e sim.: *l'*– *oceano*; *bellezza infinita.* **4** Innumerevole: *un'infinita varietà di animali.* **B** *s. m.* **1** Ciò che non ha fine nel tempo e nello spazio | *All'*–, senza fine. **2** (*ling.*) Modo infinitivo che esprime l'idea verbale senza determinazione di numero e persona. **3** (*mat.*) Grandezza variabile che tende a un valore maggiore di qualunque numero assegnato quando un'altra tende a un valore dato. [→ tav. *proverbi* 247]

infìno **A** *avv.* (*lett.*) Anche, persino. **B** *prep.* (*lett.*) Fino.

infinocchiàre *v. tr.* (*io infinòcchio*) (*fam.*) Ingannare qc. con imbrogli, raggiri e sim.

infiocchettàre *v. tr.* (*io infiocchétto*) Addobbare con fiocchi e fiocchetti.

infioràre **A** *v. tr.* (*io infióro*) **1** Adornare, coprire di fiori. **2** (*fig.*) Rendere facile: – *il cammino* | Adornare: – *il discorso.* **B** *v. rifl.* Adornarsi con molti fiori. **C** *v. intr. pron.* **1** Coprirsi di fiori. **2** (*fig.*) Diventare bello | Divenire ricercato, elegante: *qui il suo linguaggio si infiora.*

infioràta *s. f.* Ornamento, abbellimento con fiori, spec. per particolari solennità.

infiorescènza *s. f.* (*bot.*) Particolare disposizione dei fiori quando sono raggruppati su ramificazioni della pianta: – *a spiga, a ombrella, a corimbo.* [→ ill. *botanica*]

infiorettàre *v. tr.* (*io infiorétto*) Fiorettare.

infirmàre *v. tr.* (*coniug. come firmare*) Invalidare, annullare: – *un atto* | (*est.*) Confutare; SIN. Inficiare.

infischiàrsi *v. intr. pron.* (*io m'infischio*) Non curarsi, non fare alcun conto: – *delle opinioni altrui.*

infìsso **A** *part. pass. di infiggere; anche agg.* Ficcato dentro. **B** *s. m.* **1** (*edil.*) Tutto ciò che in un edificio è stabilmente vincolato alle strutture murarie rispetto alle quali ha funzione secondaria di finimento o protezione. **2** Serramento di vario materiale che nelle costruzioni serve come chiusura di vani.

infittire **A** *v. tr.* (*io infittisco, tu infittisci*) Rendere denso, spesso o fitto. **B** *v. intr. e intr. pron.* (*aus. essere*) Divenire sempre più denso.

inflatìvo o (*evit.*) *inflattivo agg.* Relativo all'inflazione economica.

inflazionàre *v. tr.* (*io inflazióno*) **1** Portare allo stato di inflazione. **2** (*fig.*) Aumentare rapidamente ed eccessivamente.

inflazióne *s. f.* **1** (*econ.*) Processo di costante aumento dei prezzi che determina un persistente declino del potere d'acquisto della moneta; CONTR. Deflazione. **2** (*fig.*) Eccessivo accrescersi di q.c.

inflazionìstico *agg.* (*pl. m. -ci*) Di inflazione, che determina inflazione.

inflessìbile *agg.* Che non si piega (*spec. fig.*): *volontà* –; SIN. Rigido; CONTR. Flessibile.

inflessibilità *s. f.* Qualità di inflessibile; SIN. Rigidezza; CONTR. Flessibilità.

inflessióne *s. f.* **1** (*lett.*) Flessione. **2** Cadenza: *parlare con* – *toscana.* **3** (*mus.*) Modulazione. **4** Deformazione di un materiale prodotto da una sollecitazione di flessione.

inflìggere *v. tr.* (*pres. io infliggo, tu infliggi; pass. rem. io inflissi, tu infliggésti; part. pass. inflìtto*) Far subire, detto di pene, punizioni e sim.: – *una sospensione.*

influènte *part. pres. di influire; anche agg.* **1** Che influisce. **2** Che ha influenza, prestigio.

influènza *s. f.* **1** Azione esercitata da q.c. su luoghi, fenomeni o persone: *l'*– *della luna sulle maree*; *la benefica* – *del clima.* **2** (*fis.*) Facoltà per la quale certi corpi agiscono a distanza su altri | – *elettrica*, induzione elettrostatica | – *magnetica*, induzione magnetica. **3** Autorità, ascendente, prestigio: *avere molta* – *su qc.* **4** (*med.*) Malattia infettiva acuta, contagiosa, delle vie aeree superiori, di origine virale.

influenzàbile *agg.* Che si lascia facilmente influenzare; SIN. Suggestionabile.

influenzàle *agg.* (*med.*) Dell'influenza.

influenzàre *v. tr.* (*io influènzo*) **1** Determinare o modificare q.c. esercitando la propria influenza. **2** (*med.*) Contagiare di influenza.

influenzàto *agg.* Ammalato d'influenza.

influire *v. intr.* (*io influisco, tu influisci; aus. avere*) Agire su q.c. o qc. in modo da determinare particolari effetti: *il clima influisce sulle abitudini.*

inflùsso *s. m.* **1** In astrologia, influenza degli astri su esseri animati o inanimati. **2** Azione o potere che si esercita su q.c. o qc.: *sentire il benefico — di qc.*

infocàre o *infuocàre* **A** *v. tr.* (*io infuòco o infòco, tu infuòchi o infòchi;* in tutta la coniug. la *o* dittonga preferibilmente in *uo* se tonica) Riscaldare q.c. fino a renderla rovente: — *il metallo.* **B** *v. intr. pron.* **1** Arroventarsi. **2** (*fig.*) Infiammarsi: *infocarsi di sdegno.*

infocàto o *infuocàto part. pass. di infocare; anche agg.* Rovente | (*fig.*) Acceso dall'ira o dalla passione: *sguardo —*; SIN. Ardente.

infognàrsi *v. intr. pron.* (*io m'infógno*) Cacciarsi in situazioni da cui non è facile uscire.

in folio /*lat.* in 'fɔljo/ **A** *loc. agg. inv.* Di edizione in cui il foglio è stato piegato una volta. **B** *anche s. m. inv.*

infoltìre **A** *v. tr.* (*io infoltisco, tu infoltisci*) Rendere folto o più folto. **B** *v. intr.* (*aus. essere*) Diventare folto.

infondatézza *s. f.* Mancanza di basi sicure, di fondamento.

infondàto *agg.* Privo di fondatezza; CONTR. Fondato.

infóndere *v. tr.* (*coniug. come fondere*) **1** Tenere a bagno. **2** (*fig.*)Far nascere o suscitare in qc. o in q.c.: — *fiducia in qc.*; SIN. Ispirare.

inforcàre *v. tr.* (*io infórco, tu infórchi*) **1** Prendere con la forca o come con una forca: — *la paglia.* **2** Montare, mettendosi a cavalcioni: — *il cavallo, la bicicletta* | — *gli occhiali*, metterli sul naso.

inforcatùra *s. f.* **1** Operazione dell'inforcare. **2** Parte del corpo dove termina il tronco e cominciano le cosce. **3** Punto dell'albero da dove partono i rami per formare la chioma.

informàle **A** *agg.* **1** Privo di ufficialità: *colloquio —.* **2** Detto di corrente artistica che, escludendo ogni forma tradizionale, cerca di esprimere le forze e le suggestioni della materia presentandole in libere associazioni. **B** *s. m. e f.* Seguace dell'omonima corrente artistica.

informàre **A** *v. tr.* (*io infórmo*) **1** (*lett.*) Modellare secondo una forma. **2** (*fig.*) Indirizzare secondo certe direttive: — *la propria vita a principi di giustizia.* **3** Ragguagliare: *li informammo dell'accaduto.* **B** *v. intr. pron.* **1** (*raro*) Prender forma. **2** Procurarsi notizie: *informarsi da, presso qc.*

informàtica *s. f.* Scienza e tecnica dell'elaborazione dei dati e (*gener.*) del trattamento automatico delle informazioni.

informàtico **A** *agg.* (*pl. m. -ci*) Relativo all'informatica. **B** *s. m.* Specialista di informatica.

informativo *agg.* **1** (*lett.*) Che serve a dar la forma o l'impronta morale. **2** Che serve a ragguagliare: *articolo —.*

informatiẓẓàre *v. tr.* Sottoporre a trattamento informatico dei dati.

informàto *part. pass. di informare; anche agg.* Messo a conoscenza, tenuto al corrente: *essere — di tutto.*

informatóre **A** *agg.* (*f. -trice*) Che informa: *spirito — della materia.* **B** *s. m.* Chi fornisce notizie, informazioni.

informazióne *s. f.* **1** Trasmissione o acquisizione di dati, elementi, notizie e sim. | Ragguaglio, notizia: *chiedere informazioni su qc.* **2** (*elab.*) Notizia atta ad essere espressa in dati | *Teoria dell'—*, studio, su basi matematiche, dei fenomeni relativi alla trasmissione dell'informazione. **3** (*biol.*) — *genetica*, quella contenuta nei geni dei cromosomi, concernente tra l'altro i caratteri ereditari; CFR. DNA.

infórme *agg.* Privo di una forma precisa.

informicolìrsi *v. intr. pron.* (*io m'informicolìsco, tu t'informicolisci*) Essere intorpidito e dare una sensazione di formicolio.

informità *s. f.* Mancanza di forma.

infornàre *v. tr.* (*io infórno*) Mettere nel forno per la cottura: — *i biscotti* | ass. Cuocere il pane: *oggi non infornano.*

infornàta *s. f.* **1** Operazione dell'infornare | Quantità di pane o altro che si mette nel forno in una volta sola. **2** (*fig., scherz.*) Grande quantità.

infortìre *v. intr. e intr. pron.* (*io infortìsco, tu infortisci; aus. essere*) Prendere sapore acido, detto di vino.

infortunàrsi *v. intr. pron.* Subire un infortunio: — *sul lavoro.*

infortunàto **A** *agg.* Che ha sofferto un infortunio, spec. sul lavoro. **B** *anche s. m.* (*f. -a*).

infortùnio *s. m.* Evento dannoso e imprevisto, spec. di natura fisica: — *sul lavoro* | (*est.*) Errore, iniziativa incauta e maldestra.

infortunìstica *s. f.* Scienza che studia le cause e le conseguenze degli infortuni e i mezzi onde prevenirli.

infortunìstico *agg.* (*pl. m. -ci*) Che concerne gli infortuni sul lavoro.

infossàre **A** *v. tr.* (*io infòsso*) Mettere in una fossa. **B** *v. intr. pron.* **1** Incavarsi. **2** Avvallarsi: *il campo si infossa.*

infossatùra *s. f.* Introduzione in una fossa | Avvallamento | Incavatura.

infra- *pref.*: in parole composte scientifiche e tecniche significa 'inferiore', 'più interno' (*infrarosso, infrastruttura*) o indica posizione intermedia (*inframmettere*).

infradiciàre **A** *v. tr.* (*io infràdicio, tu infràdici*) **1** Inzuppare d'acqua: *la pioggia infradicia il fieno.* **2** Rendere marcio: *il caldo infradicia la frutta.* **B** *v. intr. pron.* **1** Inzupparsi d'acqua. **2** Diventare marcio, spec. per eccessiva maturazione.

infradiciatùra *s. f.* Riduzione allo stato di fradicio | Condizione di chi (o di ciò che) è fradicio, marcio e sim.

infradito *s. m. o f. inv.* Tipo di calzatura estiva di plastica, gomma o cuoio, in cui il piede è trattenuto da una striscia passante tra l'alluce e il secondo dito. [→ ill. *calzatura*]

inframmettènza *s. f.* Ingerenza importuna, intromissione.

inframméttere **A** *v. tr.* (*coniug. come mettere*) Frammettere, frapporre. **B** *v. intr. pron.* Intromettersi | Ingerirsi inopportunamente.

inframmeẓẓàre *v. tr.* (*io inframmèẓẓo*) Frammezzare.

infràngere **A** *v. tr.* (*coniug. come frangere*) **1** Spezzare q.c. in molte parti (*anche fig.*): — *un oggetto fragile, l'ostilità nemica*; SIN. Rompere. **2** Trasgredire, violare: — *un divieto.* **B** *v. intr. pron.* **1** Frantumarsi contro q.c.: *i marosi si infrangevano sugli scogli.* **2** (*fig.*) Fiaccarsi.

infrangìbile *agg.* Che non si infrange; CONTR. Frangibile.

infrànto *part. pass. di infrangere; anche agg.* Spezzato, rotto | (*fig.*) *Cuore —*, deluso in amore.

infrarósso **A** *s. m.* (*fis.*) Radiazione elettromagnetica posta, nello spettro, esternamente all'estremo rosso, invisibile all'occhio e dotata di alto potere calorifico; SIN. Ultrarosso. **B** *anche agg.*: *raggi infrarossi.*

infrasettimanàle *agg.* Che ricorre, avviene durante la settimana: *festa —.*

infrasonòro *agg.* (*fis.*) Di infrasuono: *onde infrasonore.*

infrastruttùra *s. f.* **1** Insieme di impianti che condizionano un'attività, spec. economica | — *aerea*, complesso degli impianti terrestri necessari per la navigazione aerea. **2** Complesso dei servizi pubblici, quali vie di comunicazione, acquedotti, ospedali e sim.

infrasuòno *s. m.* (*fis.*) Oscillazione della stessa natura di quella del suono, ma di frequenza troppo bassa per poter essere udita dall'orecchio umano.

infrazióne *s. f.* Trasgressione, violazione: — *di una norma.*

infreddaménto *s. m.* Infreddatura.

infreddàre **A** *v. tr.* (*io infréddo*) (*raro*) Raffreddare. **B** *v. intr. pron.* Prendere un raffreddore, un'infreddatura.

infreddatùra *s. f.* Leggero raffreddore.

infreddoliménto *s. m.* Sensazione di freddo.

infreddolìre *v. intr. e intr. pron.* (*io infreddolisco, tu infreddolìsci; aus. essere*) Essere in preda al freddo.

infrequènte *agg.* Che non è frequente; SIN. Raro.

infrequènza *s. f.* Mancanza di frequenza; SIN. Rarità.

infrollìre **A** *v. intr. e intr. pron.* (*io infrollisco, tu infrollisci; aus. essere*) **1** Diventare frollo: *la selvaggina deve —.* **2** (*fig.*) Divenire fiacco per l'età o i malanni: — *nell'ozio.* **B** *v. tr.* (*raro*) Rendere frollo.

infruttescènza *s. f.* (*bot.*) Insieme dei frutti e dell'asse che li sostiene, derivato dalla corrispondente infiorescenza. [→ ill. *botanica*]

infruttìfero *agg.* **1** Sterile, infecondo: *albero —.* **2** Che non dà guadagno: *capitale —.* • SIN. Improduttivo.

infruttuosità *s. f.* L'essere infruttuoso.

infruttuóso *agg.* **1** Che non è fruttuoso. **2** (*fig.*) Che non raggiunge lo scopo ed è quindi inutile: *tentativo —.*

ìnfula *s. f.* Presso gli antichi Greci e Romani, fascia bianca o scarlatta, con nastri, portata intorno al capo dai sacerdoti.

infundìbulo *s. m.* **1** (*archeol.*) Imbuto, vaso a imbuto. **2** Ventre tondo o ellittico della lucerna, contenente l'olio.
infungìbile *agg.* (*dir.*) Detto di cosa dotata di una propria individualità economico-sociale, così da non potere essere sostituita con un'altra.
infungibilità *s. f.* Proprietà di ciò che è infungibile.
infuocàre e deriv. V. *infocare* e deriv.
infuòri *avv.* In fuori | *All'* –, verso l'esterno | *All'* – *di*, eccetto, tranne: *all'* – *di te non è venuto nessuno.*
infurbìre *v. intr. e intr. pron.* (*io infurbìsco, tu infurbìsci; aus. essere*) Diventare furbo.
infuriàre **A** *v. tr.* (*io infùrio*) Rendere furioso. **B** *v. intr.* (*aus. avere*) Infierire, imperversare. **C** *v. intr. pron.* Diventare furibondo; SIN. Incollerirsi.
infuṣìbile *agg.* Che non è fusibile.
infuṣibilità *s. f.* Proprietà di certe sostanze solide di non fondere se sottoposte all'azione del calore.
infuṣióne *s. f.* **1** (*raro*) Versamento, aspersione, spec. d'acqua. **2** Macerazione in acqua bollente di erbe medicinali o radici, per portarne in soluzione i principi attivi. **3** (*est.*) Infuso: – *di tiglio.*
infùṣo **A** *part. pass. di infondere; anche agg.* **1** Versato dentro. **2** Trasfuso, ispirato | *Scienza infusa*, posseduta per dono soprannaturale o per grazia e non acquisita. **B** *s. m.* Bevanda o soluzione ottenuta per infusione.
infuṣòri *s. m. pl.* (*sing. -io*) (*zool.*) Classe di protozoi caratterizzati da ciglia vibratili sparse sul corpo.
ingabbiàre *v. tr.* (*io ingàbbio*) **1** Mettere in gabbia: – *un uccello.* **2** (*fig.*) Rinserrare in luogo chiuso o stretto: – *un ragazzo in collegio.*
ingabbiatùra *s. f.* Struttura portante di un edificio, in cemento armato o in acciaio.
ingaggiàre *v. tr.* (*io ingàggio*) **1** Arruolare, assoldare, assumere con contratto: – *soldati mercenari*; – *un equipaggio* | – *un calciatore*, farlo gareggiare per la propria società. **2** Dare inizio a q.c., spec. a una lotta: – *battaglia.*
ingaggiatóre *s. m.* Chi assolda mercenari | Chi ingaggia soldati, operai, atleti e sim.
ingàggio *s. m.* **1** Arruolamento, assunzione mediante un contratto. **2** Somma spettante a chi viene ingaggiato.
ingagliardìre **A** *v. tr.* (*io ingagliardìsco, tu ingagliardìsci*) Rendere più gagliardo. **B** *v. intr. e intr. pron.* (*aus. essere*) Diventare gagliardo (*anche fig.*).
ingannàbile *agg.* Che si può ingannare.
ingannàre **A** *v. tr.* **1** Indurre in errore, anche ass.: *l'apparenza inganna* | Frodare, truffare: – *il fisco* | Tradire: – *il marito*; SIN. Imbrogliare. **2** Deludere: – *la fiducia di qc.* | Eludere: – *la vigilanza.* **3** (*fig.*) Cercare di attenuare una situazione spiacevole o noiosa: – *l'attesa, la fame.* **B** *v. intr. pron.* Sbagliarsi, giudicare falsamente: *ingannarsi nel giudicare q.c.* [→ tav. *proverbi* 229]
ingannatóre *s. m.; anche agg.* (*f. -trice*) Chi (o che) inganna.
ingannévole *agg.* Che inganna | Illusorio, fallace: *speranza* –.
ingànno *s. m.* **1** Insidia che serve a ingannare: *riuscire in q.c. con l'*–; SIN. Imbroglio. **2** Illusione, errore di chi si inganna: *il miraggio è un* – *dei sensi.* [→ tav. *proverbi* 152]
ingarbugliàre **A** *v. tr.* (*io ingarbùglio*) **1** Confondere, imbrogliare più cose: – *i conti.* **2** (*fig.*) Cercare di confondere qc. per trarlo in inganno. **B** *v. intr. pron.* **1** Confondersi, diventare intricato (*anche fig.*): *la situazione s'ingarbuglia.* **2** (*fig., fam.*) Impappinarsi: *ingarbugliarsi all'esame.*
ingegnàrsi *v. intr. pron.* (*io m'ingégno*) **1** Sforzarsi per realizzare determinati intenti: *ingegnarsi a studiare*; *ingegnarsi di far del bene.* **2** Ricorrere a ripieghi più o meno onesti, anche ass.: *'Come vive?' 'Ci s'ingegna!'*; SIN. Industriarsi.
ingegnère *s. m.* (V. nota d'uso FEMMINILE) Chi, conseguita la laurea e l'abilitazione professionale, progetta e dirige costruzioni edilizie, stradali, meccaniche, navali, aeronautiche, industriali e sim.
ingegnerìa *s. f.* Scienza dell'ingegnere | – *civile*, relativa a edifici, strade, ponti e sim. | (*biol.*) – *genetica*, insieme delle tecniche per la produzione di nuovi geni e la modificazione del corredo cromosomico di un organismo mediante aggiunta di nuovo materiale genetico.
ingégno *s. m.* **1** Facoltà dell'intelletto di intuire, escogitare, realizzare, apprendere | Vivacità di mente, capacità creativa: *avere* –; *aguzzare, acuire l'*–; *uomo d'*– | *Opere dell'*–, quelle in cui l'elemento intellettuale ha la prevalenza | *Alzata d'*–, trovata geniale o, (*antifr.*) idea poco felice. **2** Capacità e potere intellettivo: – *mediocre, brillante* | Inclinazione, disposizione: – *politico, oratorio*; SIN. Intelligenza. **3** (*est.*) Persona che si distingue in un dato campo: *i più grandi ingegni della nazione.* **4** (*lett.*) Espediente, artificio: *cavarsela con l'*–.
ingegnosità *s. f.* Qualità di ingegnoso.
ingegnóso *agg.* **1** Che ha ingegno agile e adatto a superare difficoltà, trovare nuove soluzioni e sim.: *artigiano* –. **2** Che denota ingegno sottile e acuto: *trovata ingegnosa.* **3** Di opera letteraria ricca di artifici o sottigliezze: *commedia ingegnosa.*
ingelosìre **A** *v. tr.* (*io ingelosìsco, tu ingelosìsci*) Rendere geloso. **B** *v. intr. e intr. pron.* (*aus. essere*) Diventare geloso.
ingemmàre *v. tr.* (*io ingèmmo*) **1** Adornare con gemme. **2** (*fig.*) Abbellire, ornare.
ingeneràre **A** *v. tr.* (*io ingènero*) **1** (*lett.*) Generare. **2** (*est.*) Provocare, cagionare: *tutto ciò ingenera confusione.* **B** *v. intr. pron.* Avere origine.
ingenerosità *s. f.* Mancanza di generosità.
ingeneróso *agg.* Che non è generoso.
ingènito *agg.* Innato e insito fin dall'origine: *vizio* – *nell'uomo.*
ingènte *agg.* Molto grande, immenso: *somma* –.
ingentilìre **A** *v. tr.* (*io ingentilìsco, tu ingentilìsci*) Rendere gentile, dirozzare. **B** *v. intr. pron.* Divenire più gentile, meno rozzo.
ingènua *s. f.* Ruolo di ragazza priva di esperienza, nel teatro classico italiano.
ingenuità *s. f.* **1** Candore d'animo | Semplicità, inesperienza | (*spreg.*) Semplicioneria; CONTR. Furbizia, scaltrezza. **2** Atto, parola da persona ingenua.
ingènuo **A** *agg.* **1** Innocente, candido, o privo di malizia | Semplicione; CONTR. Furbo, scaltro. **2** Che rivela grande semplicità e schiettezza: *domanda ingenua.* **B** *s. m.* (*f. -a*) Persona ingenua; SIN. Credulone.
ingerènza *s. f.* Intromissione, spec. non richiesta e non gradita, in cose che non dovrebbero riguardare.
ingerìre **A** *v. tr.* (*io ingerìsco, tu ingerìsci; part. pass. ingerìto*) Mandare giù dalla bocca allo stomaco. **B** *v. intr. pron.* Intromettersi inopportunamente in cose che non riguardano: *ingerirsi nei fatti altrui.*
ingessàre *v. tr.* (*io ingèsso*) **1** Murare, turare col gesso: – *i cardini della finestra.* **2** (*med.*) Rendere immobile mediante ingessatura.
ingessatùra *s. f.* **1** Atto dell'ingessare. **2** (*med.*) Fasciatura rigida intrisa di acqua e gesso per mantenere immobile un arto o parte del corpo fratturato o lussato.
ingestióne *s. f.* Atto dell'ingerire.
inghiaiàre *v. tr.* (*io inghiàio*) Cospargere di ghiaia: – *una strada.*
inghiottìre *v. tr.* (*io inghiottìsco o inghiótto*, spec. nei sign. fig., *tu inghiottìsci o inghiótti*) **1** Mandar giù nell'esofago cibo o bevande | – *il pianto*, reprimerlo; SIN. Deglutire. **2** (*fig.*) Assorbire, fare sprofondare: *un gorgo inghiottì la barca.* **3** (*fig.*) Sopportare, tollerare: – *ingiurie, offese.*
inghiottitóio *s. m.* (*geogr.*) Orifizio naturale in cui defluiscono le acque sul fondo di una conca, dolina e sim.
inghippo *s. m.* (*dial., centr.*) Imbroglio.
inghirlandàre **A** *v. tr.* (*coniug. come ghirlandare*) **1** Ornare con ghirlanda. **2** Cingere come una ghirlanda. **B** *v. rifl.* Ornarsi di ghirlande.
ingialliménto *s. m.* Conferimento o assunzione di un colore giallo.
ingiallìre **A** *v. tr.* (*io ingiallìsco, tu ingiallìsci*) Rendere giallo. **B** *v. intr.* (*aus. essere*) Diventare giallo.
ingigantìre **A** *v. tr.* (*io ingigantìsco, tu ingigantìsci*) **1** Rendere di proporzioni gigantesche: – *una riproduzione.* **2** (*fig.*) Ingrandire, esagerare: – *una questione.* **B** *v. intr. e intr. pron.* (*aus. essere*) Prendere proporzioni gigantesche (*anche fig.*).
inginocchiàrsi *v. intr. pron.* (*io m'inginòcchio*) **1** Porsi in ginocchio per devozione, sottomissione e sim.; SIN. Genuflettersi. **2** (*est., fig.*) Sottomettersi, umiliarsi. **3** Abbassarsi piegandosi sui ginocchi, detto di animali.
inginocchiatóio *s. m.* Mobiletto di forme varie, munito

in basso di un gradino per stare in ginocchio a pregare. [→ ill. *religione*]
ingioiellàre **A** *v. tr.* (*io ingioièllo*) **1** Ornare di gioielli. **2** (*fig.*) Ornare di eleganze e preziosità: — *uno scritto.* **B** *v. rifl.* Ornarsi di gioielli.
ingiù *avv.* In giù, in basso, *spec. nelle loc. avv. all'*—, *per* —, *dall'*—, verso il basso, dal basso.
ingiudicàto *agg.* (*dir.*) Di questione su cui non è stata ancora emessa dall'autorità competente una pronuncia definitiva.
ingiùngere *v. tr.* (*coniug. come giungere*) Intimare, imporre d'autorità: — *a qc. di uscire*; SIN. Comandare, ordinare.
ingiuntivo *agg.* Che implica un ordine | *Decreto* —, provvedimento con cui il giudice ordina al debitore di adempiere l'obbligazione entro un dato termine.
ingiunzióne *s. f.* **1** Ordine emesso da un privato o da un'autorità; SIN. Comando, imposizione, intimazione. **2** (*dir.*) Particolare procedura destinata a soddisfare le richieste di un creditore.
ingiùria *s. f.* **1** Offesa rivolta al nome e all'onore altrui | Parola ingiuriosa; SIN. Affronto, insulto, oltraggio. **2** (*est.*) Guasto, danno: *le ingiurie del tempo.*
ingiuriàre **A** *v. tr.* (*io ingiùrio*) **1** Offendere con ingiurie; SIN. Insultare, oltraggiare. **2** Fare torto, danno. **B** *v. rifl. rec.* Scambiarsi ingiurie.
ingiurióso *agg.* Che reca ingiuria; SIN. Offensivo, oltraggioso.
ingiustificàbile *agg.* Che non è possibile giustificare.
ingiustificàto *agg.* Privo di giustificazione: *assenza ingiustificata*; CONTR. Giustificato.
ingiustìzia *s. f.* **1** L'essere ingiusto; SIN. Iniquità; CONTR. Giustizia. **2** Atto ingiusto: *commettere, subire un'*—; SIN. Offesa, torto.
ingiùsto **A** *agg.* **1** Che agisce o giudica in modo non conforme a giustizia: *giudice* —; SIN. Iniquo; CONTR. Giusto. **2** Che è contrario alla giustizia: *legge ingiusta.* **B** *s. m.* **1** Persona ingiusta. **2** Ingiustizia.
inglése **A** *agg.; anche s. m. e f.* Dell'Inghilterra | *Fare l'*—, fingere di non capire. [→ ill. *araldica*] **B** *agg.* **1** Che concerne l'Inghilterra, il suo popolo e i suoi costumi: *flemma, eleganza* — | *All'*—, (*ell.*) secondo l'uso inglese | (*pop.*) *Andarsene, filare all'*—, in silenzio e senza salutare. **2** Detto di ciò cui si attribuisce tradizionalmente origine inglese | *Chiave* —, attrezzo metallico adattabile a viti e dadi di vari diametri | (*chim.*) *Sale* —, solfato di magnesio, usato spec. come purgante | *Zuppa* —, dolce a base di pan di Spagna intriso di liquore e farcito con crema o cioccolato. [→ ill. *dolciumi*] **C** *s. m. solo sing.* Lingua inglese: *un corso di* —.
inglesismo *s. m.* Anglicismo.
inglobàre *v. tr.* (*io inglòbo*) Attrarre a sé ciò che è esterno fino a incorporarlo: *l'America ha inglobato molte razze.*
inglorióso *agg.* **1** Privo di gloria: *morte ingloriosa.* **2** Vergognoso: *guerra ingloriosa.*
inglùvie *s. f.* (*zool.*) Dilatazione a sacca dell'esofago di molti uccelli; SIN. Gozzo | Analoga struttura dell'apparato digerente degli insetti, che forma lo stomaco masticatore.
ingobbìre *v. intr. e intr. pron.* (*io ingobbisco, tu ingobbisci; aus. essere*) Diventare gobbo.
ingoffìre **A** *v. tr.* (*io ingoffisco, tu ingoffisci*) Rendere goffo. **B** *v. intr. e intr. pron.* (*aus. essere*) Diventare goffo.
ingoiàre *v. tr.* (*io ingóio*) Mandar giù o inghiottire con avidità | (*fig.*) Sopportare, tollerare: — *amarezze, soprusi*; SIN. Ingollare, trangugiare.
ingolfaménto *s. m.* Afflusso eccessivo di benzina nel carburatore, che impedisce l'avviamento del motore.
ingolfàre **A** *v. tr.* (*io ingólfo*) (*fig.*) Impelagare: — *qc. nei debiti.* **B** *v. intr. pron.* **1** Formare un golfo, detto del mare che si insinua tra terra e terra. **2** (*fig.*) Impegnarsi, dedicarsi a q.c.: *ingolfarsi negli affari* | (*fig.*) Mettersi in situazioni pericolose o scomode: *ingolfarsi nei guai.* **3** Presentare il fenomeno dell'ingolfamento, detto di carburatori.
ingollàre *v. tr.* (*io ingóllo*) Inghiottire ingordamente, o quasi senza masticare o gustare; SIN. Ingoiare, trangugiare.
ingolosìre **A** *v. tr.* (*io ingolosisco, tu ingolosisci*) Rendere goloso | (*fig.*) Allettare, attirare. **B** *v. intr. e intr. pron.* (*aus. essere*) Diventare goloso.
ingombrànte *part. pres. di ingombrare; anche agg.* Che prende molto spazio o è di volume sproporzionato al peso: *pacco* —.
ingombràre *v. tr.* (*io ingómbro*) Occupare spazio con cose in disordine che siano d'ostacolo o di impaccio: *i rottami ingombrano la strada.*
ingómbro (1) *agg.* Ostruito, impedito: *strada ingombra di frane.*
ingómbro (2) *s. m.* **1** Impedimento, impaccio, ostacolo: *essere d'*—. **2** Ciò che ingombra | Spazio occupato da ciò che ingombra.
ingommàre *v. tr.* (*io ingómmo*) Attaccare con gomma adesiva.
ingommatùra *s. f.* Operazione dell'ingommare | Strato di gomma applicato su q.c.
ingordìgia *s. f.* (*pl.* -*gie*) L'essere ingordo; SIN. Insaziabilità, voracità.
ingórdo **A** *agg.* Ghiotto, vorace: — *di dolci* | (*fig.*) Bramoso, cupido; SIN. Insaziabile. **B** *s. m.* (*f.* -*a*) Persona ingorda.
ingorgàre **A** *v. tr.* (*io ingórgo, tu ingórghi*) Ostruire provocando ingorgo. **B** *v. intr. pron.* Fare un gorgo, detto di liquidi o acqua corrente | Accumularsi senza avere sfogo (*anche fig.*).
ingórgo *s. m.* (*pl.* -*ghi*) Ostruzione, intasamento: — *di traffico*, eccessiva affluenza di veicoli.
ingozzàre *v. tr.* (*io ingózzo*) **1** Mettere nel gozzo: *i polli ingozzano il mangime* | Inghiottire con ingordigia (*anche fig.*). **2** (*raro*) Ingoiare con disgusto | (*fig.*) Tollerare, sopportare: — *umiliazioni.* **3** Far ingrassare animali nutrendoli a forza e con abbondanza.
ingranàggio *s. m.* **1** Meccanismo che trasmette il movimento per mezzo di ruote dentate. **2** (*fig.*) Serie di attività, operazioni, affari interdipendenti fra loro: *gli ingranaggi della burocrazia.*
ingranaménto *s. m.* **1** Innesto delle ruote dentate di un ingranaggio per la trasmissione del moto | (*fig.*) Avvio. **2** (*mecc.*) Grippaggio.
ingranàre **A** *v. intr.* (*aus. avere*) **1** (*mecc.*) Essere accoppiati o in presa fra loro, detto di ingranaggi. **2** (*fam., fig.*) Prendere l'avvio, funzionare nel modo dovuto: *un ragazzo che non ingrana nel lavoro.* **3** Di due organi meccanici mobili a contatto, grippare. **B** *v. tr.* Porre le ruote dentate di un ingranaggio in posizione tale che i denti facciano presa tra di loro e trasmettano il moto | — *la marcia*, innestarla.
ingrandiménto *s. m.* **1** Aumento di grandezza, dimensioni e sim.; SIN. Ampliamento | (*fig.*) Esagerazione. **2** Rapporto tra una dimensione dell'immagine di un oggetto data da uno strumento ottico e la corrispondente dimensione dell'oggetto: *lente di* —. **3** Sistema di stampa fotografica mediante il quale viene aumentata la grandezza dell'immagine | (*est.*) Stampa fotografica così ottenuta.
ingrandire **A** *v. tr.* (*io ingrandisco, tu ingrandisci*) **1** Rendere più grande: — *una casa, il giro degli affari*; SIN. Ampliare, aumentare. **2** (*fig.*) Esagerare: — *le proprie imprese.* **3** Aumentare la grandezza di un'immagine mediante l'uso di particolari strumenti ottici: — *q.c. con il microscopio.* **4** Sottoporre a ingrandimento fotografico. **B** *v. intr.* (*aus. essere*) Diventare grande o più grande. **C** *v. intr. pron.* **1** Crescere. **2** (*fig.*) Aumentare il tenore di vita, la produttività, l'estensione della propria azienda e sim.
ingranditóre *s. m.* (*f.* -*trice*) **1** Chi ingrandisce. **2** Apparecchio per eseguire ingrandimenti fotografici. [→ ill. *fotografo*]
ingrassàggio *s. m.* (*mecc.*) Grassaggio.
ingrassaménto *s. m.* **1** Atto dell'ingrassare | Aumento di grasso e gener. di peso. **2** Concimazione di un terreno.
ingrassàre **A** *v. tr.* **1** Rendere grasso. **2** Concimare un terreno, spec. con sostanze organiche: — *i campi con letame.* **3** Ungere o spalmare di grasso cuscinetti, perni e sim.: — *il motore.* **B** *v. intr. e intr. pron.* (*aus. essere*) **1** Diventare grasso o più grasso; CONTR. Dimagrire. **2** (*fig.*) Diventare ricco: *ingrassarsi alle spalle altrui.* [→ tav. *proverbi* 249]
ingrassatóre **A** *agg.* (*f.* -*trice*) Che ingrassa. **B** *s. m.* **1** Chi

ingrassa | Operaio addetto alla lubrificazione di macchine e motori; SIN. Lubrificatore. **2** Dispositivo per iniettare il grasso su un meccanismo. [→ ill. *meccanica*]

ingràsso *s. m.* **1** Ingrassamento, spec. di animali: *mettere all'* –. **2** Concime, letame.

ingratitùdine *s. f.* **1** Mancanza di gratitudine; CONTR. Gratitudine. **2** Atto di chi è ingrato.

ingràto **A** *agg.* **1** Che non sente o dimostra gratitudine o riconoscenza: *essere – verso qc.*; SIN. Disconoscente; CONTR. Grato. **2** Di cosa difficile, faticosa, che non dà soddisfazione: *lavoro, studio* –; CONTR. Gratificante. **B** *s. m.* (*f.* -*a*) Persona ingrata.

ingravidàre **A** *v. tr.* (*io ingràvido*) Rendere gravida. **B** *v. intr. e intr. pron.* (*aus. essere*) Diventare gravida.

ingraziàre *v. tr.* (*io ingràzio*) Rendere favorevole a se stessi, cattivarsi l'altrui benevolenza: *ingraziarsi il pubblico.*

ingrediènte *s. m.* Sostanza singola che entra nella composizione di medicamenti, vivande o sim.

ingrèsso *s. m.* **1** Entrata, apertura, per cui si penetra in un altro luogo: – *del teatro* | Vestibolo, anticamera. [→ ill. *sport*] **2** Atto dell'entrare | Prima entrata o entrata solenne: – *del vescovo nella diocesi* | Prima apparizione: *l'inverno ha fatto il suo* –. **3** Facoltà di accedere in un luogo | *Biglietto d'* –, quello che, previa esibizione, permette di accedere a locali, spettacoli, musei.

ingrossaménto *s. m.* Aumento di grossezza, volume, livello e sim.: – *di un torrente*; – *del fegato.*

ingrossàre **A** *v. tr.* (*io ingròsso*) **1** Rendere grosso o più grosso | Accrescere, aumentare: – *le file di un partito.* **2** Gonfiare: *il vento ingrossa il mare.* **B** *v. intr. e intr. pron.* (*aus. essere*) Diventare grosso o più grosso.

ingròsso *avv.* Nella loc. avv. *all'* –, detto dell'acquisto o vendita di merci in grandi partite: *comprare, vendere all'* –; CFR. Dettaglio, minuto | (*est.*) Pressappoco, all'incirca: *fa le cose all'* –.

inguaiàre **A** *v. tr.* (*io inguàio*) (*pop.*) Mettere nei guai. **B** *v. rifl.* Mettersi nei guai.

inguainàre *v. tr.* (*io inguaino*) Porre nella guaina | – *la spada*, rinfilarla nel fodero; CONTR. Sguainare.

ingualcìbile *agg.* Detto di stoffa che non si gualcisce.

inguantàto *agg.* Che ha i guanti.

inguarìbile *agg.* Che non si può curare e guarire: *malattia* –; SIN. Incurabile, insanabile; CONTR. Guaribile.

inguinàle *agg.* Dell'inguine.

ìnguine *s. m.* (*anat.*) Regione compresa tra la parte inferiore dell'addome e l'attaccatura della coscia.

ingurgitàre *v. tr.* (*io ingùrgito*) Mandare giù cibi in fretta e con ingordigia; SIN. Trangugiare.

inibìre *v. tr.* (*io inibisco, tu inibisci*) **1** Impedire con autorità | Proibire, vietare: *un cartello inibiva l'accesso.* **2** (*med.*) Rallentare, abolire.

inibìto *part. pass. di inibire; anche agg. e s. m.* (*f.* -*a*) (*psicol.*) Affetto da inibizioni.

inibitòrio *agg.* **1** Che ha potere di inibire o vietare: *provvedimento* –. **2** (*psicol.*) Che produce inibizione.

inibizióne *s. f.* **1** Atto dell'inibire | Divieto, proibizione. **2** (*psicol.*) Disturbo della normale attività di funzioni psichiche, per cui al soggetto è impossibile o difficilissimo compiere certe azioni.

inidoneità *s. f.* Mancanza di idoneità.

inidòneo *agg.* Non idoneo a un dato compito.

iniettàbile *agg.* Che si può iniettare.

iniettàre **A** *v. tr.* (*io inièttо*) **1** (*med.*) Introdurre nelle cavità o nei tessuti varie specie di liquidi a scopo curativo. **2** In varie tecnologie, immettere liquidi mediante pressione: – *il cemento.* **3** (*est.*) Inoculare, fare entrare: *la vipera inietta il veleno.* **B** *v. intr. pron.* Diventare rosso, detto spec. degli occhi che si arrossano.

iniettóre *s. m.* In varie tecnologie, apparecchio o dispositivo che inietta liquidi sotto pressione in una cavità. [→ ill. *nucleare*]

iniezióne *s. f.* **1** (*med.*) Tecnica terapeutica consistente nell'immissione diretta dei farmaci nei tessuti o nel sangue, mediante siringa e ago forato: – *endovenosa, sottocutanea.* **2** In varie tecnologie, immissione di una sostanza liquida sotto pressione, in una cavità: – *di cemento.* [→ ill. *motore, petrolio*] **3** (*fig.*) Azione di aiuto in una situazione critica: *un'* – *di ottimismo.*

inimicàre **A** *v. tr.* (*io inimìco, tu inimìchi*) Rendere nemico: *inimicarsi gli amici.* **B** *v. intr. pron.* Diventare nemico di qc. provocandone il risentimento: *inimicarsi con qc.*

inimicìzia *s. f.* Sentimento di avversione e di ostilità verso qc.; CONTR. Amicizia.

inimitàbile *agg.* Che è impossibile o molto difficile imitare | (*est.*) Straordinario, perfetto; SIN. Impareggiabile.

inimmaginàbile *agg.* Che non si riesce a immaginare; CONTR. Immaginabile.

ininfiammàbile *agg.* Che non è infiammabile.

ininfluènte *agg.* Che non ha influenza, di poco conto: *un particolare* –.

inintellìgibile *agg.* Che non si può comprendere; CONTR. Intelligibile.

ininterrottaménte *avv.* Senza interruzione | Di continuo.

ininterrótto *agg.* Che non viene interrotto.

iniquità *s. f.* **1** L'essere iniquo; SIN. Ingiustizia. **2** Parola, atto iniquo.

iniquo **A** *agg.* **1** Che non è giusto, equo: *sentenza iniqua*; SIN. Ingiusto. **2** (*est.*) Malvagio, perverso: *desiderio* –. **B** *s. m.* (*f.* -*a*) Persona iniqua.

inizìale **A** *agg.* Dell'inizio | *Lettera, sillaba* –, con cui inizia una parola; CONTR. Finale, terminale. **B** *s. f.* **1** Prima lettera di una parola. **2** *al pl.* Le lettere con cui cominciano il nome e il cognome, spec. come sigla: *ricamare le proprie iniziali.*

inizialménte *avv.* In principio.

iniziàre **A** *v. tr.* (*io inizio*) **1** Incominciare, intraprendere: – *un lavoro*; CONTR. Finire, terminare. **2** Avviare alle pratiche di un culto, introdurre alle norme di una società e sim.: – *qc. alla religione cristiana* | (*est.*) Dare a qc. i primi insegnamenti di un'arte o di una disciplina: – *qc. alla pittura.* **B** *v. intr. e intr. pron.* (*aus. essere*) Avere inizio: *il processo inizierà domani*; SIN. Cominciare, incominciare; CONTR. Finire, terminare.

iniziativa *s. f.* **1** Azione decisa e volontaria volta alla realizzazione di q.c.: *promuovere un'* – *artistica* | – *privata*, libertà per l'operatore economico di agire individualmente per il conseguimento di un profitto, libero da interventi statali. **2** Attitudine e capacità di intraprendere cose nuove: *spirito d'* –.

iniziàto **A** *part. pass. di iniziare; anche agg.* Cominciato, avviato. **B** *s. m.* (*f.* -*a*) **1** Chi ha ricevuto i primi insegnamenti di una dottrina religiosa o è ammesso a far parte di un'associazione: *gli iniziati alla Carboneria.* **2** Chi possiede una conoscenza ampia e approfondita di una disciplina.

iniziatóre **A** *s. m.* (*f.* -*trice*) (*lett.*) Chi inizia. **B** *anche agg.*

iniziazióne *s. f.* **1** (*raro*) Avvio | Inizio. **2** Insieme dei riti e delle prove attraverso le quali si è ammessi a un culto religioso, in una società segreta e sim.

inìzio *s. m.* **1** Modo e atto con cui comincia q.c.: *dare* – *a q.c.*; SIN. Principio; CONTR. Fine. **2** Fase iniziale di q.c.

in loco /lat. in 'lɔko/ *loc. avv.* Nello stesso luogo in cui si è verificato q.c., in cui ci si trova e sim.

innaffiàre v. *annaffiare.*

innalzaménto *s. m.* **1** Sollevamento, elevazione (*anche fig.*) | Aumento di altezza, livello e sim.: – *delle acque*; – *della temperatura.* **2** (*est.*) Erezione, costruzione: – *di una basilica* | (*fig.*) Elevazione della condizione, del grado e sim. di qc.: – *al pontificato.*

innalzàre **A** *v. tr.* **1** Levare verso l'alto (*anche fig.*): – *il vessillo*; – *una preghiera a Dio*; SIN. Alzare, sollevare. **2** Portare a un livello più alto: *lo scioglimento delle nevi innalza il livello del fiume.* **3** Elevare, costruire: – *un monumento.* **4** (*fig.*) Accrescere l'importanza di qc. attribuendogli un titolo onorifico o un'alta carica: – *qc. al trono* | – *qc. agli onori dell'altare*, santificarlo. **B** *v. intr. pron.* **1** Aumentare di altezza. **2** Levarsi in alto. **C** *v. rifl.* Alzarsi (*anche fig.*).

innamoraménto *s. m.* Manifestazione di un sentimento d'amore per un'altra persona | Condizione di chi è innamorato.

innamoràre **A** *v. tr.* (*io innamóro*) **1** Suscitare amore in qc.: – *qc. con la bellezza.* **2** (*est.*) Conquistare, affascinare | (*est.*) Destare grande piacere: *versi che fanno* –. **B** *v. intr. pron.* **1** Provare un sentimento d'amore per una persona; SIN. Invaghirsi. **2** (*est.*) Provare desiderio, entusiasmo per q.c.: *innamorarsi di una casa.* **C** *v. rifl. rec.* Sentire amore l'uno per l'altro.

innamoràto **A** *part. pass. di innamorare; anche agg.* Che è preso da amore per qc. o da entusiasmo per q.c. ***B*** *s. m.* (*f.* *-a*) Chi prova un sentimento di amore per qc. | (*est.*) La persona amata.

innànzi ***A*** *avv.* ***1*** Avanti: *fatevi* – | *Tirare* –, (*fig.*) continuare q.c. alla meno peggio e (*est.*) campicchiare | *Essere – negli anni*, essere anziano. ***2*** Poi, in seguito: *come vedremo* –; *d'ora* – | Prima, nel passato: *l'abbiamo già detto* –. ***B*** *prep.* ***1*** Davanti a, in presenza di: *ti aspetto – casa*; *lo giuro – a Dio.* ***2*** Prima di: *mi svegliai – l'alba* | – *tutto*, prima di tutto | – *tempo*, prima del tempo. ***C*** *in funzione di agg.* (*posposto a un s.*) Precedente, anteriore: *il giorno* –. [→ tav. *locuzioni* 65]

innatismo *s. m.* Dottrina filosofica che considera presenti nell'uomo idee o principi innati.

innàto *agg.* Che si possiede per natura e non viene acquisito con l'educazione o l'esperienza: *difetto* – | (*filos.*) *Idee innate*, quelle che non derivano dalla esperienza ma che anzi la precedono; SIN. Congenito.

innaturàle *agg.* Che non è naturale.

innegàbile *agg.* Che non si può e non si deve negare | (*est.*) Chiaro, evidente: *è – che avete torto*; CONTR. Negabile.

inneggiàre *v. intr.* (*io innéggio; aus. avere*) ***1*** Cantare un inno: – *al Creatore.* ***2*** (*fig.*) Celebrare con lodi: – *alla vittoria.*

innervàre *v. tr.* (*io innèrvo*) (*anat.*) Dare connessione nervosa a un organo o tessuto.

innervazióne *s. f.* (*anat.*) Disposizione e connessione dei nervi nel corpo e nei singoli organi.

innervosìre ***A*** *v. tr.* (*io innervosìsco, tu innervosìsci*) Rendere nervoso, inquieto. ***B*** *v. intr. pron.* Diventare nervoso.

innescàre *v. tr.* (*io innésco, tu innéschi*) ***1*** Fornire di esca: – *l'amo.* ***2*** Applicare l'esca alla carica di lancio di un'arma da fuoco o di un ordigno esplosivo: – *una bomba.*

innésco *s. m.* (*pl. -schi*) ***1*** Congegno che provoca l'accensione di una carica di lancio di un'arma da fuoco, lo scoppio di un ordigno esplosivo e sim. ***2*** Meccanismo, azione che provoca l'inizio di un fenomeno.

innestàre ***A*** *v. tr.* (*io innèsto*) ***1*** (*agr.*) Trasportare una parte dotata di gemma, staccata da una pianta, su di un'altra pianta radicata al suolo, affinché si saldino insieme e quella possa svilupparsi su questa. ***2*** (*mecc.*) Stabilire l'accoppiamento fra un organo motore e un organo destinato a essere mosso da questo | – *la marcia*, compiere questa manovra col cambio di velocità | (*est.*) Inserire l'una nell'altra due parti di un congegno: – *la presa di corrente.* ***3*** (*med.*) Praticare un innesto. ***4*** (*fig.*) Inserire: – *un racconto in un altro.* ***B*** *v. intr. pron.* Inserirsi su q.c. di preesistente: *le nuove tradizioni si innestano sulle vecchie.*

innestatóio *s. m.* (*agr.*) Coltello per innesti.

innestatùra *s. f.* (*agr.*) Operazione dell'innestare | Punto in cui si pratica l'innesto.

innèsto *s. m.* ***1*** (*agr.*) Operazione dell'innestare: *coltello da* – | (*est.*) Parte da innestare: – *di ciliegio* | (*est.*) Risultato di tale pratica. [→ ill. *agricoltura*] ***2*** (*mecc.*) Meccanismo che permette di stabilire o sciogliere il collegamento fra due organi meccanici: – *a baionetta, a frizione.* [→ ill. *medicina e chirurgia*] ***3*** (*med.*) Trasporto di un frammento o di una porzione di un tessuto o di un organo da una parte all'altra dell'organismo. ***4*** (*elettr.*) Presa di corrente.

innevaménto *s. m.* Deposito di neve dovuto all'effetto del vento.

inning /*ingl.* 'iniŋ/ *s. m. inv.* (*pl. ingl. innings* /'iniŋz/) (*sport*) Nel baseball, ciascuna delle nove parti di una partita.

inno *s. m.* ***1*** In molte religioni, composizione metrica in onore di dei o di eroi, usata in cerimonie. ***2*** (*letter.*) Composizione strofica in vario metro di argomento patriottico, mitologico, religioso e sim.: *gli Inni Sacri del Manzoni.* ***3*** (*mus.*) Composizione patriottica per canto e strumenti. ***4*** (*fig.*) Discorso elogiativo: *un – alla vita.*

innocènte ***A*** *agg.* ***1*** Che non è colpevole: *l'imputato è* –. ***2*** Che non conosce il male perché non ha esperienza o è privo di malizia: *piacere* – | Che rivela mancanza di malizia: *domanda* –. ***B*** *s. m. e f.* ***1*** Chi non è colpevole. ***2*** (*est.*) Bambino.

innocentismo *s. m.* Atteggiamento di chi è innocentista; CONTR. Colpevolismo.

innocentista *s. m. e f.* (*pl. m. -i*) Chi, riguardo a un processo, sostiene prima della sentenza l'innocenza dell'imputato; CONTR. Colpevolista.

innocènza *s. f.* ***1*** Qualità di innocente, per incapacità di commettere il male o per ignoranza del male stesso | (*est.*) Ingenuità, semplicità. ***2*** L'essere innocente, in riferimento a ciò di cui si è incolpati; CONTR. Colpevolezza.

innocuità *s. f.* L'essere innocuo.

innòcuo *agg.* Che non nuoce; SIN. Inoffensivo; CONTR. Nocivo.

innografia *s. f.* ***1*** Arte di comporre inni. ***2*** Raccolta di inni.

innominàbile *agg.* Che non può essere nominato per rispetto alla morale e alla decenza: *azione, vizio* –; CONTR. Nominabile.

innominàto *agg.* Di persona di cui si tace il nome | Di cosa che non possiede un nome.

innovaménto *s. m.* Innovazione.

innovàre ***A*** *v. tr.* (*io innòvo*) Mutare q.c. aggiungendovi elementi nuovi; SIN. Riformare. ***B*** *v. intr. pron.* (*raro*) Rinnovarsi.

innovatóre *s. m.; anche agg.* (*f. -trìce*) Chi (o che) innova.

innovazióne *s. f.* ***1*** Introduzione, apporto di elementi nuovi. ***2*** Elemento nuovo, novità.

innumerévole *agg.* Che è in numero così grande che non si riesce a contare.

-ino *suff.* ***1*** Ha valore diminutivo in agg. spec. sostantivati tratti da nomi geografici: *alpino, perugino, triestino.* ***2*** Ha valore derivativo in nomi indicanti oggetti, strumenti e sim. tratti da sost. o da verbi: *cerino, frullino, macinino.* ***3*** Ha valore derivativo in agg. indicanti materia o relazione, tratti da sost.: *argentino, marino, salino.* ***4*** Ha valore derivativo in nomi di attività, tratti da sost. o da verbi: *ciabattino, contadino, postino, spazzino, vetturino.* ***5*** Ha valore alterativo, talora con sfumature ironiche: *bellino, carino, pensierino, poverino.*

inoculàre *v. tr.* (*io inòculo*) ***1*** (*med.*) Introdurre liquidi contenenti germi o le loro tossine nell'organismo, a scopo profilattico o terapeutico e a scopo sperimentale. ***2*** (*fig.*) Insinuare un sentimento riprovevole: – *l'odio.*

inoculazióne *s. f.* ***1*** (*med.*) Operazione dell'inoculare. ***2*** (*fig.*) Insinuazione.

inodóro o *inodóre agg.* Che è privo di ogni odore.

inoffensivo *agg.* Che non offende o non è capace di offendere; SIN. Innocuo; CONTR. Offensivo.

inofficióso *agg.* Scortese e trascurato nell'adempiere un dovere.

inoltràre ***A*** *v. tr.* (*io inóltro*) (*bur.*) Trasmettere una pratica alla persona o all'ufficio competente: – *un reclamo* | (*est.*) Avviare a destinazione: – *la corrispondenza.* ***B*** *v. intr. pron.* Procedere (*anche fig.*): *inoltrarsi in un sentiero.*

inóltre *avv.* Oltre a ciò, per di più.

inóltro *s. m.* Trasmissione, invio alla destinazione appropriata.

inondàre *v. tr.* (*io inóndo*) ***1*** Allagare, detto di acque che straripano: *il fiume inonda i campi.* ***2*** (*fig.*) Bagnare abbondantemente: *le lacrime le inondavano il viso* | (*lett.*) Coprire. ***3*** (*fig.*) Invadere.

inondazióne *s. f.* Allagamento, alluvione | (*fig.*) Grande afflusso: *una vera – di film western.*

inoperosità *s. f.* L'essere inoperoso; SIN. Inattività, inerzia, ozio.

inoperóso *agg.* Che non è operoso | Ozioso; SIN. Inattivo, inerte.

inòpia *s. f.* (*lett.*) Povertà assoluta.

inopinàbile *agg.* (*lett.*) Che non può essere pensato, immaginato, previsto.

inopinàto *agg.* Che avviene in modo improvviso e inatteso.

inopportunità *s. f.* Mancanza di opportunità.

inopportùno *agg.* Che non è adatto a una situazione o a un momento; SIN. Intempestivo; CONTR. Opportuno.

inoppugnàbile *agg.* Che non è oppugnabile o soggetto a critiche; SIN. Inconfutabile.

inorganicità *s. f.* L'essere inorganico.

inorgànico *agg.* (*pl. m. -ci*) ***1*** Detto di corpo senza vita |

Detto di corpo non derivato da uno già vivente | Detto di sostanza che appartiene al regno minerale | *Chimica inorganica*, riguardante lo studio degli elementi e dei loro composti a eccezione della maggior parte di quelli idrogenati del carbonio; CONTR. Organico. **2** Che non ha una struttura coerente: *libro* —.

inorgoglìre **A** *v. tr.* (*io inorgoglìsco, tu inorgoglìsci*) Rendere orgoglioso; SIN. Insuperbire. **B** *v. intr. e intr. pron.* (*aus. essere*) Acquistare orgoglio o superbia.

inorridìre **A** *v. tr.* (*io inorridìsco, tu inorridìsci*) Suscitare orrore, spavento; SIN. Raccapricciare, spaventare. **B** *v. intr.* (*aus. essere*) Provare orrore; SIN. Raccapricciare, spaventare.

inoṣìna *s. f.* Alcol esavalente ciclico che si trova in vari tessuti animali e in molte piante; usata in farmacologia.

inoṣìte *s. f.* Inosina.

inospitàle *agg.* **1** Che non è ospitale. **2** Che è privo di comodità: *casa* —.

inospitalità *s. f.* L'essere inospitale.

inòspite *agg.* (*lett.*) Inospitale.

inosservànte *agg.* Che trasgredisce una legge, una norma o non rispetta precetti morali o religiosi: *essere* — *del codice stradale*.

inosservànza *s. f.* Trasgressione di leggi, norme e sim.

inosservàto *agg.* **1** Che sfugge all'attenzione altrui. **2** Che non è stato rispettato, detto di norma o legge.

inossidàbile *agg.* Che non subisce il fenomeno dell'ossidazione | *Acciaio* —, in lega con cromo e nichel.

input /*ingl.* 'input/ *s. m. inv.* **1** (*elab.*) Introduzione dei dati. **2** (*est.*) Il complesso degli elementi iniziali necessari per realizzare q.c.

inquadraménto *s. m.* **1** Inquadratura. **2** (*mil.*) Assegnazione a un reparto | Distribuzione, ordinamento delle truppe in reparti organici. **3** (*est.*) Inserimento di dipendenti in un organico.

inquadràre **A** *v. tr.* **1** Adattare un quadro in una cornice: — *una fotografia*. **2** (*est.*) Dare il giusto rilievo a qc. o q.c. collocandoli nella posizione adatta: — *un'opera nella letteratura del tempo*. **3** Riprendere un soggetto entro i limiti del formato di un'apparecchio fotografico o cinematografico. **4** (*mil.*) Ordinare truppe in reparti organici dotandole degli ufficiali e sottufficiali necessari. **5** Organizzare i dipendenti in ruoli organici. **B** *v. intr. pron.* Collocarsi in modo da far risaltare le proprie caratteristiche.

inquadratùra *s. f.* **1** Adattamento in una cornice, riquadro e sim. **2** Spazio visivo ripreso da un obiettivo | Serie di fotogrammi ottenuta con una singola ripresa cinematografica. [→ ill. *cinematografia*]

inqualificàbile *agg.* Che non si può qualificare per il suo contenuto riprovevole; SIN. Indegno.

inquartàta *s. f.* Nella scherma, uscita in tempo che si effettua tirando un colpo al petto interno dell'avversario con uno spostamento laterale del corpo.

inquartàto (1) *agg.* (*arald.*) Detto di scudo con il campo diviso in quattro parti uguali. [→ ill. *araldica*]

inquartàto (2) *agg.* Che è fisicamente robusto.

inquietànte *part. pres. di inquietare; anche agg.* Che rende inquieto.

inquietàre **A** *v. tr.* (*io inquièto*) Togliere la quiete; SIN. Impensierire. **B** *v. intr. pron.* Provare preoccupazione per q.c. | Impazientirsi, stizzirsi.

inquièto *agg.* **1** Che non ha quiete. **2** Preoccupato, ansioso: *tenere* — *qc.* **3** Crucciato, stizzito.

inquietùdine *s. f.* **1** Condizione di inquieto; SIN. Agitazione, ansia. **2** Ciò che causa inquietudine; SIN. Preoccupazione.

inquilìno *s. m.* (*f.* *-a*) Chi abita in casa d'altri pagando l'affitto al proprietario.

inquinaménto *s. m.* **1** Contaminazione | (*fig.*) Corruzione, guasto. **2** (*biol.*) Introduzione nell'ambiente naturale di sostanze chimiche o biologiche, o di fattori fisici, in grado di provocare disturbi o danni all'ambiente stesso: — *delle acque*; — *atmosferico*.

inquinàre *v. tr.* **1** Infettare con germi o sostanze nocive; SIN. Contaminare. **2** (*biol.*) Provocare inquinamento. **3** (*fig.*) Corrompere.

inquinàto *part. pass. di inquinare; anche agg.* **1** Infetto | (*fig.*) Corrotto. **2** (*biol.*) Che ha subito inquinamento: *mare* —.

inquirènte **A** *agg.* (*dir.*) Di organo giudiziario o amministrativo munito di poteri ufficiali per la diretta ricerca della verità: *commissione* —. **B** *s. f.* Commissione inquirente.

inquiṣìre **A** *v. tr.* (*io inquiṣìsco, tu inquiṣìsci*) Fare oggetto di accurate indagini. **B** *v. intr.* (*aus. avere*) Indagare in modo accurato: — *su q.c.*

inquiṣitìvo *agg.* Volto a inquisire.

inquiṣitóre **A** *agg.* (*f.* *-trice*) Che inquisisce e indaga: *sguardo* —. **B** *s. m.* **1** Chi inquisisce. **2** Membro del tribunale del Sant'Uffizio, istituito in Spagna nel XV sec.

inquiṣitòrio *agg.* **1** Di, da inquisitore | Dell'inquisizione: *processo* —. **2** (*est., fig.*) Ostile, severo: *cipiglio* —.

inquiṣizióne *s. f.* **1** (*relig.*) Ricerca del delitto di eresia da parte dell'autorità ecclesiastica | *Santa* —, tribunale ecclesiastico che fu delegato alla ricerca del delitto di eresia. **2** (*est.*) Indagine fatta con metodi e procedimenti arbitrari.

insabbiaménto *s. m.* **1** Copertura, spargimento di sabbia | Ostruzione di un fiume, porto e sim. per accumulo di sabbia sul fondale. **2** (*fig.*) Interruzione, impedimento al procedere di proposte, pratiche e sim.

insabbiàre **A** *v. tr.* (*io insàbbio*) **1** Coprire di sabbia. **2** (*fig.*) Interrompere, impedire il normale procedere di proposte, pratiche e sim.: — *un'inchiesta*. **B** *v. intr. pron.* **1** Coprirsi di sabbia. **2** Arenarsi, detto di natante. **3** (*fig.*) Non procedere, detto di pratica, proposta e sim.

insaccaménto *s. m.* Insaccatura.

insaccàre **A** *v. tr.* (*io insàcco, tu insàcchi*) **1** Mettere in un sacco: — *la farina* | — *il pallone*, nel calcio, mandarlo in rete. **2** Mettere la carne di maiale tritata nei budelli per fare salsicce, salami e sim. **3** (*fig.*) Ammucchiare molte cose o persone in uno spazio ristretto; SIN. Stipare. **4** Vestire qc. con abiti inadatti alla sua figura: *lo insaccano in un lungo cappotto*. **B** *v. rifl.* Vestirsi in abiti goffi o troppo stretti. **C** *v. intr. pron.* **1** Rientrare in se stesso per effetto di un contraccolpo o di una caduta. **2** Pigiarsi in uno spazio ristretto.

insaccàto **A** *part. pass. di insaccare; anche agg.* **1** Messo in un sacco. **2** Messo negli appositi budelli, detto di salumi. **B** *s. m. spec. al pl.* Ogni tipo di salume insaccato.

insaccatùra *s. f.* Confezionamento in sacchi | Operazione dell'insaccare salumi.

insalàta *s. f.* **1** Cibo di erbe spec. crude condite con sale, olio, aceto o limone. [→ ill. *stoviglie*] **2** (*est.*) Insieme di verdure che si mangiano in insalata. **3** (*est.*) Ogni pietanza a base di ingredienti vari conditi come l'insalata: — *di riso, di pesce* | — *russa*, antipasto di verdure cotte, sottaceti, maionese e, talvolta, uova sode| *In* —, detto di cibo condito con olio, sale, aceto o limone: *funghi in* —. **4** (*fig.*) Confusione, mescolanza: *il tuo tema è un'— di errori*.

insalatièra *s. f.* Recipiente a forma di catino, per condire o servire l'insalata. [→ ill. *stoviglie*]

insalivàre *v. tr.* Umettare con saliva.

insalivazióne *s. f.* Azione di impasto della saliva con i cibi introdotti nella bocca durante la masticazione.

insalùbre *agg.* Che è nocivo alla salute; SIN. Malsano; CONTR. Salubre.

insalubrità *s. f.* L'essere insalubre.

insalutàto *agg.* (*lett.*) Che non è stato salutato | (*scherz.*) *Partire* — *ospite*, andarsene via all'improvviso, senza salutare.

insanàbile *agg.* **1** Che non si può sanare: *piaga* —; SIN. Incurabile, inguaribile; CONTR. Sanabile. **2** (*fig.*) Irriducibile, implacabile: *contrasto* —.

insanguinàre **A** *v. tr.* (*io insànguino*) Bagnare e sporcare di sangue (*anche fig.*): *insanguinarsi le mani*. **B** *v. rifl.* Macchiarsi di sangue.

insània *s. f.* **1** Stato di chi è mentalmente malato; SIN. Pazzia. **2** Atto insano.

insanìre *v. intr.* (*io insanìsco, tu insanìsci; aus. essere*) (*lett.*) Diventare insano: — *per lo spavento*.

insàno *agg.* **1** (*lett.*) Demente, pazzo. **2** Che rivela pazzia.

insaponàre *v. tr.* (*io insapóno*) **1** Coprire q.c. di sapone: — *i panni* | Cospargere con schiuma di sapone: — *il viso*. **2** (*fig.*) Adulare qc. per avere q.c.

insaponàta *s. f.* Rapida insaponatura.

insaponatùra *s. f.* Operazione dell'insaponare.

insapóre V. *insaporo*.

insaporìre **A** *v. tr.* (*io insaporìsco, tu insaporìsci*) Dare sapore a una vivanda aggiungendovi un condimento. **B** *v. intr. pron.* Diventare saporito.

insapóro o *insapòro, insapóre agg.* Che è senza sapore.

insapùta *s. f. Solo nella loc. avv. all'—, a — di,* senza che si sappia, senza mettere al corrente: *è venuto all'— dei genitori.*

insàturo *agg.* (*chim.*) Che non ha raggiunto la saturazione | *Soluzione insatura,* cui è possibile aggiungere altro soluto.

insaziàbile *agg.* Che non si sazia mai; SIN. Inappagabile, ingordo; CONTR. Saziabile.

insaziabilità *s. f.* L'essere insaziabile; SIN. Ingordigia.

insaziàto *agg.* Che non si è saziato.

inscatolaménto *s. m.* Operazione dell'inscatolare.

inscatolàre *v. tr.* (*io inscàtolo*) Rinchiudere in scatola, spec. cibi.

inscenàre *v. tr.* (*io inscèno*) **1** Mettere in scena: *— una commedia.* **2** (*fig.*) Preparare con ostentazione un'azione simulatrice: *— una lite.*

inscindìbile *agg.* Che non si può scindere: *effetto — dalla causa*; CONTR. Scindibile.

inscrittìbile *agg.* (*mat.*) Che si può inscrivere.

inscrìvere o *iscrìvere v. tr.* (*coniug. come scrivere*) (*mat.*) Tracciare una figura in un'altra, in modo che i vertici di quella interna siano sul contorno di quella esterna.

inscrizióne *s. f.* **1** (*mat.*) Operazione dell'inscrivere. **2** V. *iscrizione.*

insecchìre **A** *v. tr.* (*io insecchisco, tu insecchisci*) Rendere secco (*anche fig.*). **B** *v. intr.* (*aus. essere*) Diventare secco | Diventare magro.

insediaménto *s. m.* **1** Conferimento o presa di possesso di un ufficio, carica e sim. **2** Installazione | Stanziamento, sistemazione stabile in una sede fissa, in una località determinata | (*urban.*) Habitat.

insediàre **A** *v. tr.* (*io insèdio*) Mettere qc. in possesso di un ufficio, di una carica importante: *— il vescovo.* **B** *v. intr. pron.* **1** Prendere possesso di una carica. **2** Installarsi: *i nemici si sono insediati nei capisaldi.*

inségna *s. f.* **1** Segno o simbolo distintivo del grado e della dignità della persona a cui si riferisce: *l'— imperiale* | *spec. al pl.* Le decorazioni simbolo di una onorificenza, di un ordine cavalleresco: *le insegne della Legion d'onore.* **2** Stemma: *l'— di Roma è la lupa.* **3** Vessillo di reparti armati: *l'— di un manipolo* | *spec. al pl.* Distintivo di un reparto militare | *Abbandonare le insegne,* (*fig.*) disertare. **4** Stendardo, gonfalone: *il carroccio portava l'— del Comune* | (*est.*) Distintivo di un'associazione, di un partito politico e sim.: *l'— della Croce Rossa.* [→ ill. *bandiera*] **5** Targa con scritti e figure posta all'esterno di negozi o imprese. [→ ill. *strada*] **6** Cartello con l'indicazione del nome di vie, piazze, ecc. [→ ill. *strada*]

insegnaménto *s. m.* **1** Atto dell'insegnare | Materia insegnata | Modo o sistema d'insegnare: *— teorico.* **2** (*est.*) Professione dell'insegnante: *dedicarsi all'—.* **3** Precetto, ammaestramento: *trarre — da q.c.*

insegnànte **A** *part. pres. di insegnare; anche agg.* Che insegna | *Corpo —,* l'insieme degli insegnanti di una scuola. **B** *s. m. e f.* Chi, disponendo del necessario titolo di studio e della successiva abilitazione, insegna una data disciplina; SIN. Docente.

insegnàre **A** *v. tr.* (*io inségno*) **1** Esporre e spiegare in modo progressivo una disciplina, un'arte, un mestiere e sim. a qc. perché lo apprenda: *— a scrivere; — filosofia; — a fare il muratore.* **2** Cercare di plasmare il comportamento di qc., spec. basandosi su regole morali e fungendo da esempio: *— a vivere; — la buona educazione.* **3** Indicare, mostrare: *— il cammino.* **B** *v. intr.* (*aus. avere*) Esercitare la professione di insegnante: *— al liceo.* [→ tav. *proverbi* 91, 92]

inseguiménto *s. m.* **1** Atto dell'inseguire (*anche fig.*). **2** Gara ciclistica su pista in cui i concorrenti cercano a vicenda di guadagnare terreno.

inseguìre *v. tr.* (*io inséguo*) **1** Correre dietro a qc. per raggiungerlo o fermarlo: *— un ladro.* **2** (*fig.*) Sforzarsi di raggiungere q.c. di astratto: *— sogni di gloria.*

inseguitóre **A** *s. m.* (*f. -trice*) Chi insegue. **B** *anche agg.*

insellàre **A** *v. tr.* (*io insèllo*) **1** Mettere la sella: *— un cavallo.* **2** Curvare q.c. dandogli forma di sella. **B** *v. intr. pron.* **1** Montare in sella. **2** Incurvarsi.

insellatùra *s. f.* Curvatura del dorso, spec. di animali.

inselvatichìre **A** *v. tr.* (*io inselvatichisco, tu inselvatichìsci*) Rendere selvatico | (*fig.*) Inasprire, irritare: *i dolori lo hanno inselvatichito.* **B** *v. intr. e intr. pron.* (*aus. essere*) **1** Ritornare allo stato selvatico. **2** Divenire rozzo, intrattabile.

inseminazióne *s. f.* (*med.*) Deposizione di seme maschile nella vagina, spec. con riferimento alla fecondazione artificiale.

insenatùra *s. f.* Braccio di mare, lago o fiume, che entra verso terra.

insensatézza *s. f.* L'essere insensato | (*est.*) Atto, parola da insensato.

insensàto **A** *agg.* **1** Che manca di buon senso; SIN. Scriteriato. **2** Che rivela irragionevolezza o mancanza di giudizio: *discorso —.* **B** *s. m.* (*f. -a*) Chi rivela mancanza di buon senso.

insensìbile *agg.* **1** Che non è percepito dai sensi: *movimento —* | (*est.*) Esiguo, minimo; SIN. Impercettibile. **2** Che non sente o non reagisce a stimoli fisici: *nervo — per l'anestesia* | Che non si commuove: *— alla pietà*; SIN. Indifferente. • CONTR. Sensibile.

insensibilità *s. f.* L'essere insensibile; SIN. Indifferenza.

inseparàbile *agg.* Che non si può separare o disgiungere | Che sta sempre insieme a qc.: *amici inseparabili*; CONTR. Separabile.

inseparabilità *s. f.* Condizione di inseparabile.

insepólto *agg.* Che non ha ancora avuto sepoltura.

insequestràbile *agg.* Che non si può sequestrare.

insequestrabilità *s. f.* Condizione di insequestrabile.

inseriménto *s. m.* **1** Introduzione di una cosa dentro un'altra | (*fig.*) Inclusione in un insieme: *— di una clausola in un contratto.* **2** (*fig.*) Integrazione: *— nella vita civile.* **3** (*elettr.*) Innesto.

inserìre **A** *v. tr.* (*io inserìsco, tu inserìsci; part. pass. inserìto, raro insèrto*) **1** Introdurre una cosa dentro un'altra: *— una vite nel foro.* **2** (*fig.*) Includere in un insieme già completo q.c. di accessorio: *— un episodio in un racconto.* **B** *v. intr. pron.* **1** Essere congiunto: *la gamba si inserisce nell'anca.* **2** (*fig.*) Entrare a fare parte di un ambiente cercando di farsi accettare e accettandone le regole: *inserirsi in società.*

insèrto *s. m.* **1** Fascicolo di documenti relativi a una stessa pratica. **2** Fascicolo o foglio inserito in un volume, un giornale, una rivista. **3** Brano di film inserito in un altro di diverso carattere.

inservìbile *agg.* Che non serve più o non è più utilizzabile; SIN. Inutilizzabile.

inserviènte *s. m. e f.* Chi è addetto ai servizi pesanti in ospedali, istituti e sim.

inserzióne *s. f.* **1** Inserimento. **2** Annuncio pubblicitario o economico pubblicato su giornali o riviste. **3** (*med.*) Punto di attacco di muscoli, tendini, legamenti, alle ossa o ad altri organi.

inserzionista *s. m. e f.* Chi fa pubblicare inserzioni sui giornali.

insetticida **A** *s. m.* (*pl. -i*) Sostanza o miscuglio di sostanze impiegate per combattere gli insetti dannosi. **B** *anche agg.: sostanza —.*

insettìfugo **A** *s. m.* (*pl. -ghi*) Sostanza impiegata per allontanare i parassiti dalla cute dell'uomo o degli animali. **B** *anche agg.: sostanze insettifughe.*

insettìvoro **A** *agg.; anche s. m.* Detto di animale o pianta che si nutre di insetti. [→ ill. *zoologia*] **B** *s. m. pl. Insettivori,* ordine di piccoli mammiferi, con dentatura completa e muso aguzzo, che si nutrono prevalentemente di insetti. [→ ill. *animali* 17]

insètto *s. m.* **1** Ogni animale appartenente alla classe degli Insetti | *— stecco,* bacillo di Rossi. [→ ill. *zoologia*] **2** *al pl. Insetti,* classe di animali con corpo diviso in capo, torace, addome, tre paia di zampe e sviluppo indiretto. [→ ill. *animali* 2]

insicurézza *s. f.* Mancanza di sicurezza.

insicùro **A** *agg.* Che manca di sicurezza o di padronanza di sé | Che dimostra insicurezza: *carattere —*; CONTR. Sicuro. **B** *s. m.* (*f. -a*) Persona insicura.

insìdia *s. f.* **1** Inganno preparato contro qc.: *tendere un'—*; SIN. Agguato, tranello. **2** (*est.*) Pericolo non facilmente individuabile: *il mare è pieno di insidie* | (*fig.*) Lusinga, allettamento: *l'— della pubblicità.*

insidiàre *v. tr. e intr.* (*io insìdio; aus. avere*) Tendere insidie:

— *all'onore di qc.*
insidióso *agg.* Che tende insidie.
insième ***A*** *avv.* ***1*** In reciproca compagnia e unione: *abbiamo fatto il viaggio —; sono sempre —* | *Mettersi —*, unirsi, associarsi; avere una relazione amorosa, spec. convivendo. ***2*** Indica coesione di più persone o elementi: *questo libro non sta più —* | *Mettere — una certa somma*, raggranellarla | *Mettere — uno spettacolo*, organizzarlo, allestirlo | Indica la totalità di persone o cose: *ci riuniamo tutti —* | *Comprare tutto —*, in blocco. ***3*** Nello stesso tempo, contemporaneamente: *sono arrivati —*. ***B*** *nelle loc. prep.* — *con*, — *a*, in unione, in compagnia di: *vive — con una zia.* ***C*** *in funzione di s. m.* ***1*** Totalità, complesso, di più parti o elementi: *l'— dei cittadini; considerare le cose nell'—*. ***2*** (*raro*) Accordo, armonia: *la squadra manca d'—*. ***3*** Vestito le cui parti sono della stessa stoffa o colore. ***4*** (*mat.*) Raggruppamento di enti o elementi caratterizzati da una determinata proprietà | *Teoria degli insiemi*, studio matematico delle proprietà dei gruppi di oggetti; SIN. Aggregato.
insiemistica *s. f.* Studio della matematica condotto secondo i concetti e il simbolismo della teoria degli insiemi.
insigne *agg.* ***1*** Che si distingue per meriti eccezionali: *scrittore —*; SIN. Illustre, ragguardevole. ***2*** Di grandissimo pregio e valore: *monumento —*.
insignificànte *agg.* ***1*** Che significa poco o nulla. ***2*** Privo di interesse, di personalità; SIN. Banale.
insignìre *v. tr.* (*io insignìsco, tu insignìsci*) Conferire un titolo, un'onorificenza: — *qc. della croce di cavaliere.*
insilàre *v. tr.* Immagazzinare cereali o foraggi nel silo.
insilatrìce *s. f.* Macchina per riempire il silo di foraggi trinciati.
insincerità *s. f.* Mancanza di sincerità.
insincèro *agg.* Privo di schiettezza e sincerità; CONTR. Sincero.
insindacàbile *agg.* Che non può essere sottoposto a controllo o giudizio; CONTR. Sindacabile.
insinuànte *part. pres. di insinuare; anche agg.* ***1*** Che insinua. ***2*** Suadente, carezzevole: *voce —*.
insinuàre ***A*** *v. tr.* (*io insìnuo*) ***1*** Introdurre a poco a poco: — *il grimaldello nella serratura.* ***2*** (*fig.*) Suscitare in qc. un sospetto con discorsi poco chiari, ma pieni di allusioni: — *un dubbio sulla fedeltà di qc.* ***3*** (*dir.*) — *un credito*, chiedere che venga ammesso al passivo di un fallimento. ***B*** *v. intr. pron.* ***1*** Penetrare a poco a poco in profondità. ***2*** (*fig.*) Riuscire a penetrare: *il dubbio si insinua nella sua mente.*
insinuazióne *s. f.* ***1*** (*raro*) Graduale introduzione, penetrazione e sim. ***2*** (*fig.*) Sospetto che si tenta di far penetrare indirettamente nell'animo altrui. ***3*** (*dir.*) Richiesta di ammissione al passivo di un fallimento.
insipidézza *s. f.* L'essere insipido.
insìpido *agg.* ***1*** Privo di sapore; SIN. Scipito; CONTR. Saporito. ***2*** (*fig.*) Scialbo, senza vivacità, insulso: *ragazza insipida.*
insipiènte *agg.* Di persona ignorante e sciocca ma che presume di sapere.
insipiènza *s. f.* (*lett.*) L'essere insipiente.
insistènte *part. pres. di insistere; anche agg.* ***1*** Che insiste: *richiesta —*. ***2*** Che dura a lungo: *pioggia —*.
insistènza *s. f.* Qualità di insistente.
insìstere *v. intr.* (*part. pass. insistito; aus. avere*) Continuare con ostinazione o petulanza a dire o a fare q.c.: *insiste nelle richieste*; — *a pregare qc.*; SIN. Perseverare, persistere.
insito *agg.* Intimamente radicato: *una qualità insita nell'uomo.*
insociàle *agg.* (*raro*) Asociale | Contrario agli interessi della società.
insociévole *agg.* Che non si adatta alla vita sociale o rifugge dal vivere in compagnia.
insoddisfacènte *agg.* Che non soddisfa, che delude.
insoddisfàtto *agg.* Che non ha avuto pieno appagamento in q.c.: — *dei risultati*; SIN. Scontento; CONTR. Soddisfatto.
insoddisfazióne *s. f.* Sentimento di chi è insoddisfatto; SIN. Scontentezza; CONTR. Soddisfazione.
insofferènte *agg.* Che non sa tollerare, sopportare: *carattere — di limitazioni*; SIN. Impaziente, intollerante.
insofferènza *s. f.* L'essere insofferente; SIN. Impazienza, intolleranza.
insoffrìbile *agg.* Che non si può sopportare.
insolazióne *s. f.* ***1*** Esposizione di un corpo al sole perché ne riceva la luce e il calore. ***2*** (*med.*) Stato patologico, con alterazione del sistema termoregolatore dell'organismo e stato di shock, provocato da una lunga esposizione al sole.
insolènte *agg.* Che adotta maniere arroganti o non usa il dovuto rispetto; SIN. Impertinente.
insolentire ***A*** *v. tr.* (*io insolentìsco, tu insolentìsci*) Trattare qc. con insolenza; SIN. Insultare. ***B*** *v. intr.* (*aus. essere* nel sign. 1, *avere* nel sign. 2) ***1*** Diventare insolente. ***2*** Usare atti e parole insolenti: — *contro qc.*
insolènza *s. f.* ***1*** L'essere insolente; SIN. Impertinenza. ***2*** Parola o atto insolente; SIN. Insulto.
insòlito *agg.* Diverso dal solito; SIN. Curioso, inconsueto, inusitato.
insolùbile *agg.* ***1*** Indissolubile. ***2*** (*chim.*) Di sostanza che non si scioglie in un solvente: — *in acqua*; CONTR. Solubile. ***3*** (*fig.*) Che non si può risolvere, decidere: *questione —*.
insolubilità *s. f.* L'essere insolubile (*anche fig.*).
insolùto *agg.* ***1*** Non risolto, chiarito, spiegato. ***2*** Non sciolto. ***3*** Non pagato: *debito —*.
insolvènte *agg.* (*dir.*) Che versa in condizione di insolvenza; CONTR. Solvente.
insolvènza *s. f.* (*dir.*) Incapacità del debitore di adempiere gli obblighi assunti.
insolvìbile *agg.* Che non può pagare: *debitore —*; CONTR. Solvibile.
insolvibilità *s. f.* Condizione d'insolvibile.
insómma ***A*** *avv.* In breve, infine, in conclusione: — *è chiaro che non vuole saperne.* ***B*** *in funzione di inter.* Esprime impazienza, irritazione: —, *la smettete sì o no?* | Così così, né bene né male: *'Come va?' '—!'.*
insommergìbile *agg.* Che non si può sommergere.
insondàbile *agg.* Non misurabile con lo scandaglio: *profondità —* | Inesplorabile (*anche fig.*): *mistero —*.
insònne *agg.* ***1*** Che non ha sonno o non riesce ad addormentarsi: — *per l'ansia* | (*est.*) Detto del tempo trascorso senza dormire: *notte —*. ***2*** (*est.*) Instancabile, alacre: *ricercatore —*.
insònnia *s. f.* Impossibilità o difficoltà a prendere sonno.
insonnolìto *agg.* Assonnato.
insonorizzàre *v. tr.* Isolare acusticamente.
insopportàbile *agg.* Che non si può sopportare o tollerare; SIN. Intollerabile; CONTR. Sopportabile.
insopprimìbile *agg.* Che non si può sopprimere, reprimere o contenere: *necessità —*.
insorgènte *part. pres. di insorgere; anche agg.* Che insorge | Che comincia a manifestarsi: *complicazione —*.
insorgènza *s. f.* Manifestazione improvvisa di q.c., spec. di malattia, febbre e sim.
insórgere *v. intr.* (*coniug. come sorgere; aus. essere*) ***1*** Sollevarsi contro qc. o q.c. che non si deve o non si può tollerare: — *contro lo straniero*; SIN. Ribellarsi. ***2*** Manifestarsi all'improvviso: *le difficoltà insorgono all'ultimo momento.*
insormontàbile *agg.* Che non è possibile superare: *difficoltà —*; SIN. Insuperabile.
insórto ***A*** *part. pass. di insorgere; anche agg.* Sopravvenuto. ***B*** *agg. e s. m.* (*f. -a*) Che (o chi) partecipa o ha partecipato a un'insurrezione.
insospettàbile *agg.* Che non può dare adito a sospetto: *comportamento —*.
insospettàto *agg.* ***1*** Che non ha suscitato sospetti. ***2*** (*est.*) Che non si era previsto o supposto: *volontà insospettata.*
insospettire ***A*** *v. tr.* (*io insospettìsco, tu insospettìsci*) Suscitare sospetto. ***B*** *v. intr. e intr. pron.* (*aus. essere*) Mettersi in sospetto: *insospettirsi per una telefonata.*
insostenìbile *agg.* Che non si può sostenere, affrontare e sim.: *impegno —*; *tesi —*.
insostenibilità *s. f.* Carattere di ciò che è insostenibile.
insostituìbile *agg.* Che non può essere sostituito, per le caratteristiche che lo distinguono.
insozzàre ***A*** *v. tr.* (*io insózzo*) Imbrattare, sporcare, macchiare (*anche fig.*); SIN. Insudiciare. ***B*** *v. rifl.* Macchiarsi, sporcarsi (*spec. fig.*).

insperàbile *agg.* Che non si può o non è logico sperare: *fortuna* —; CONTR. Sperabile.

insperàto *agg.* Che non si era sperato, che va oltre ogni speranza: *successo* — | Improvviso, inaspettato: *fortuna insperata.*

inspiegàbile *agg.* Che non si può spiegare; SIN. Inesplicabile; CONTR. Spiegabile.

inspiràre *v. tr.* (*io inspìro*) Introdurre aria nei polmoni durante la respirazione; CONTR. Espirare.

inspiratóre ***A*** *agg.* (*anat.*) Detto di muscolo addetto al meccanismo dell'inspirazione. ***B*** *s. m.* (*anat.*) Muscolo inspiratore.

inspiratòrio *agg.* Dell'inspirazione.

inspirazióne *s. f.* Atto dell'inspirare.

instàbile *agg.* ***1*** Che non è stabile ed è soggetto a continue modificazioni di posizione. ***2*** (*est.*) Che è soggetto a improvvise variazioni: *tempo* — | (*fig.*) Volubile, incostante: *umore* —; SIN. Variabile. • CONTR. Stabile.

instabilità *s. f.* Condizione di ciò che è instabile; SIN. Incostanza, variabilità, volubilità.

installàre o *istallàre* ***A*** *v. tr.* (*io instàllo*) ***1*** Insediare qc. in un ufficio, in una carica. ***2*** Sistemare qc. in un dato luogo. ***3*** (*est.*) Collocare in un luogo e mettere in condizione di funzionare un apparecchio, una macchina e sim.: — *il televisore.* ***B*** *v. intr. pron.* Accomodarsi in modo stabile in un luogo: *installarsi in una villa.*

installatóre *s. m.* (*f. -trice*) Chi provvede a installare impianti, macchinari.

installazióne *s. f.* ***1*** Insediamento. ***2*** Collocazione o montaggio di apparecchi, impianti e sim. | (*est.*) Impianto installato.

instancàbile *agg.* ***1*** Che non sente stanchezza: *lavoratore* —; SIN. Infaticabile. ***2*** (*est.*) Che non si ferma mai: *attività* —.

instàre *v. intr.* (*pres. io ìnsto, tu ìnsti; nelle altre forme coniug. come stare; dif. del part. pass. e dei tempi composti*) (*lett.*) ***1*** Chiedere con insistenza o sollecitare per ottenere q.c.: — *con minacce.* ***2*** Incombere, sovrastare.

instauràre ***A*** *v. tr.* (*io instàuro*) Stabilire innovando rispetto al passato: — *un nuovo ordine sociale.* ***B*** *v. intr. pron.* Avere inizio.

instauratóre *s. m.* (*f. -trice*) Chi instaura q.c.

instaurazióne *s. f.* Fondazione, istituzione di q.c. di nuovo rispetto al passato: — *di una nuova moda* | Avvio, inizio.

instillàre o *istillàre v. tr.* ***1*** Versare a goccia a goccia: — *collirio nell'occhio.* ***2*** (*fig.*) Ispirare a poco a poco: — *amore nell'animo di qc.*

institóre o *istitóre s. m.* (*dir.*) Colui che è preposto dal titolare all'esercizio di un'impresa commerciale o di una sede secondaria o di un ramo particolare della stessa.

instradàre o *istradàre* ***A*** *v. tr.* ***1*** Mettere in movimento o far proseguire per una strada: — *un'autocolonna.* ***2*** (*fig.*) Avviare, indirizzare: — *qc. verso la ricerca scientifica.* ***B*** *v. intr. pron.* Indirizzarsi verso un corso di studi, una carriera e sim.

insù *avv.* In su, in alto, *spec. nelle loc. avv. all'—, per —, dall'—*, verso l'alto, dall'alto.

insubordinatézza *s. f.* L'essere insubordinato.

insubordinàto *agg.; anche s. m.* (*f. -a*) Detto di chi trascura l'obbedienza verso i superiori o la sottomissione a una disciplina; SIN. Indisciplinato; CONTR. Subordinato.

insubordinazióne *s. f.* ***1*** Comportamento di chi viene meno agli obblighi della disciplina; SIN. Indisciplina. ***2*** Azione da insubordinato.

ìnsubre *agg.* (*raro, poet.*) Lombardo.

insuccèsso *s. m.* Cattivo esito, mancato successo | Impresa che non riscuote approvazione; SIN. Fallimento, fiasco.

insudiciàre ***A*** *v. tr.* (*io insùdicio*) ***1*** Rendere sudicio; SIN. Imbrattare, insozzare, sporcare. ***2*** (*fig.*) Disonorare, macchiare: — *la reputazione di qc.* ***B*** *v. rifl.* ***1*** Sporcarsi, imbrattarsi. ***2*** (*fig.*) Disonorarsi.

insufficiènte *agg.* Che non è sufficiente, bastevole o adeguato a un certo scopo: *alimentazione — per vivere; cifra — a pagare un debito* | *Voto* —, inferiore al minimo prescritto; CONTR. Sufficiente.

insufficiènza *s. f.* ***1*** L'essere insufficiente per quantità, numero, qualità; SIN. Inadeguatezza. ***2*** Manchevolezza, difetto; SIN. Carenza. ***3*** Votazione scolastica inferiore al minimo prescritto per essere promosso. ***4*** (*med.*) Riduzione importante dell'attività di un organo: — *cardiaca, respiratoria, renale, epatica.*

insufflàre *v. tr.* (*lett.*) Soffiare sopra o dentro.

insufflazióne *s. f.* (*med.*) Introduzione a scopo terapeutico o diagnostico di un farmaco polverizzato nelle cavità naturali comunicanti con l'esterno.

insulàre ***A*** *agg.* Di una o più isole. ***B*** *s. m. e f.* Abitante, nativo di un'isola.

insularità *s. f.* Qualità di ciò che è insulare.

insulìna *s. f.* (*med.*) Ormone che regola il ricambio degli zuccheri nel sangue, prodotto dal pancreas; è usata contro il diabete.

insulsàggine *s. f.* ***1*** L'essere insulso; SIN. Futilità. ***2*** Discorso, comportamento da individuo insulso.

insùlso *agg.* ***1*** (*raro*) Privo di sale. ***2*** (*fig.*) Sciocco, futile | (*est.*) Scialbo: *individuo* —.

insultàre ***A*** *v. tr.* Rivolgere offesa grave a qc. o q.c.; SIN. Ingiuriare, insolentire, offendere, oltraggiare. ***B*** *v. intr.* (*aus. avere*) (*poet.*) Essere offensivo | Irridere, schernire: — *ai deboli.*

insùlto *s. m.* ***1*** Offesa grave lesiva dei sentimenti, dell'onore o della dignità di q.c.; SIN. Improperio, ingiuria, insolenza, oltraggio. ***2*** Accesso, colpo: — *apoplettico.*

insuperàbile *agg.* ***1*** Che non si può superare od oltrepassare. ***2*** Che non si può vincere: *difficoltà* —; SIN. Insormontabile; CONTR. Superabile. ***3*** (*fig.*) Eccellente, straordinario: *regista* —; SIN. Inarrivabile.

insuperàto *agg.* Che non è stato ancora superato.

insuperbìre ***A*** *v. tr.* (*io insuperbisco, tu insuperbisci*) Rendere superbo; SIN. Inorgoglire. ***B*** *v. intr. e intr. pron.* (*aus. essere*) Diventare superbo.

insurrezionàle *agg.* Di insurrezione: *moto* — | Creato dagli insorti: *comitato* —.

insurrezióne *s. f.* Sollevazione collettiva, spec. contro le autorità costituite e il potere statale; SIN. Rivolta, sommossa.

insussistènte *agg.* Che non sussiste, che non ha reale fondamento: *pericolo* —.

insussistènza *s. f.* ***1*** Inesistenza: — *di un reato.* ***2*** Infondatezza, falsità: — *di un'accusa.*

intabarràre ***A*** *v. tr.* Avvolgere in un tabarro, o (*est.*) con indumenti pesanti. ***B*** *anche v. rifl.*

intaccàbile *agg.* Che si può intaccare.

intaccàre ***A*** *v. tr.* (*io intàcco, tu intàcchi*) ***1*** Incidere q.c. producendo tacche: — *il banco col temperino.* ***2*** (*est.*) Attaccare, corrodere: *l'acido intacca la stoffa* | Infettare: *il male intacca i polmoni.* ***3*** (*fig.*) Cominciare a consumare q.c.: — *il capitale;* — *le provviste.* ***4*** (*fig.*) Ledere, offendere: — *la reputazione di qc.* ***B*** *v. intr.* (*aus. avere*) Tartagliare.

intaccatùra *s. f.* Operazione dell'intaccare | Tacca.

intàcco *s. m.* (*pl. -chi*) ***1*** Segno o tacca che rimane su ciò che è stato intaccato. ***2*** (*raro*) Diminuzione.

intagliàre *v. tr.* (*io intàglio*) Scolpire a rilievo o d'intaglio.

intagliatóre *s. m.* (*f. -trice*) Chi lavora d'intaglio.

intàglio *s. m.* ***1*** Arte e lavoro dello scolpire ad alto o basso rilievo pietre dure | Tecnica decorativa usata nell'arte del mobile. ***2*** Oggetto intagliato. ***3*** (*tecnol.*) Feritoia, incisione e sim. in un elemento meccanico.

intangìbile *agg.* ***1*** Che non si può o non si deve toccare; CONTR. Tangibile. ***2*** (*est., fig.*) Inviolabile.

intangibilità *s. f.* L'essere intangibile.

intànto ***A*** *avv.* ***1*** In questo, in quello stesso tempo: — *scendete, mentre io mi preparo.* ***2*** Per il momento (con valore avversativo): *non l'avrà fatto apposta, ma — io mi trovo nei guai.* ***B*** *nella loc. cong.* — *che*, mentre (introduce una prop. temp. con il v. all'indic.): — *che aspetti, leggi questo articolo.*

intarlàre *v. intr. e intr. pron.* (*aus. essere; coniug. come tarlare*) Essere roso dai tarli.

intarmàre *v. intr. e intr. pron.* (*aus. essere; coniug. come tarmare*) Essere roso dalle tarme.

intarsiàre *v. tr.* (*io intàrsio*) ***1*** Lavorare a intarsio. ***2*** (*fig.*) Impreziosire uno scritto con immagini rare e ricercate.

intarsiatóre *s. m.* (*f. -trice*) Artigiano che esegue lavori d'intarsio.

intarsiatùra *s. f.* Operazione dell'intarsiare | Prodotto del lavoro d'intarsio.

intàrsio *s. m.* ***1*** In ebanisteria, lavorazione consistente nell'inserire in una superficie lignea pezzetti di legno d'altro colore, scaglie di materiali rari e pregiati, per ottenere effetti decorativi | Prodotto di tale lavorazione. **2** (*est.*) Tessuto inserito, per un effetto decorativo, in altro tessuto.

intasaménto o *intaşaménto* s. m. Ostruzione | (*est.*) Ingorgo: — *del traffico.*

intasàre o *intaşàre* **A** v. tr. **1** Occludere fori, fessure, condotti; CONTR. Stasare. **2** (*est.*) Produrre un ingorgo o un arresto nel traffico dei veicoli. **B** v. intr. pron. Ostruirsi.

intascàre v. tr. (*io intàsco, tu intàschi*) Mettere in tasca q.c.

intàtto agg. **1** Che non è mai stato toccato: *spiagge intatte* | (*est.*) Non corrotto, puro: *innocenza intatta.* **2** (*est.*) Che non ha subito danni o manomissioni: *sigillo* —. ● SIN. Integro.

intavolàre v. tr. (*io intàvolo*) **1** (*raro*) Mettere in tavola. **2** (*fig.*) Dare inizio, cominciare: — *una trattativa.* **3** Nel gioco degli scacchi, ordinare i pezzi prima di incominciare la partita.

intavolatùra s. f. Operazione dell'intavolare.

integèrrimo agg. (*sup. di integro*) Che è particolarmente onesto e incorruttibile.

integràbile agg. Che si può integrare.

integràle (1) agg. Intero, totale | *Edizione* —, senza alcuna omissione | *Pane* —, fatto con tutti gli elementi costitutivi del frumento, crusca compresa.

integràle (2) **A** agg. (*mat.*) *Calcolo* —, studio dell'operazione di integrazione e delle sue applicazioni. **B** s. m. (*mat.*) — *di una funzione*, un'altra funzione che ha per derivata la funzione data | — *definito*, area della regione compresa fra l'asse delle ascisse, le parallele dell'asse delle ordinate condotte per gli estremi dell'intervallo considerato e il diagramma della funzione da integrare.

integralişmo s. m. Aspirazione ad attuare compiutamente i principi della propria ideologia nella vita politica, economica e sociale.

integralista **A** s. m. e f. (pl. m. -*i*) Chi si ispira all'integralismo. **B** anche agg.

integralménte avv. In modo totale, completo.

integrànte part. pres. di integrare; anche agg. Che integra | *Parte* —, indispensabile.

integràre **A** v. tr. (*io integro*) **1** Rendere completo, aggiungendo ciò che manca: — *un'alimentazione insufficiente con vitamine.* **2** Inserire una persona o un gruppo in un contesto sociale, culturale e sim.; CONTR. Escludere, discriminare. **3** (*mat.*) Calcolare l'integrale d'una funzione. **B** v. rifl. rec. **1** Completarsi: *integrarsi l'un l'altro.* **2** Inserirsi in un contesto sociale dominante (*anche spreg.*): *integrarsi nel sistema.*

integratìvo agg. Che ha la funzione di integrare o completare.

integràto **A** part. pass. di integrare; anche agg. **1** Completato, arricchito | Unificato, che fa parte di un sistema, ciclo e sim. unico. **2** Detto di circuito elettronico o elettrico i cui componenti e collegamenti sono realizzati tutti insieme in una sola operazione. **B** agg.; anche s. m. Detto di chi è inserito in un contesto sociale dominante (*spec. spreg.*).

integrazióne s. f. **1** Completamento | Inserimento in un contesto sociale, culturale e sim. | — *razziale*, fusione fra diversi gruppi etnici e razziali | Supplemento che tende a colmare una mancanza: — *dello stipendio* | *Cassa* —, V. *cassa.* **2** Collaborazione sempre più stretta fra vari Stati sul piano economico, politico, militare e sim.: — *europea.* **3** (*mat.*) Operazione il cui risultato è l'integrale di una funzione data.

integrazionìsta s. m. e f.; anche agg. (pl. m. -*i*) Chi (o che) è favorevole all'integrazione razziale.

integrità s. f. **1** Stato di ciò che è intero, intatto e completo. **2** (*fig.*) Probità, rettitudine.

integro agg. (*sup. integèrrimo*) **1** Che non ha subito menomazioni, mutilazioni, danni; SIN. Intatto. **2** (*fig.*) Incorruttibile, probo.

intelaiàre v. tr. (*io intelàio*) Mettere su un telaio: — *i vetri di una finestra* | Formare un telaio.

intelaiàta s. f. **1** (*raro*) Orditura. **2** Sega per legni notevolmente lunghi, costituita da un telaio di legno nel cui mezzo è fermata la lama. [→ ill. *falegname, sega*]

intelaiatùra s. f. **1** Operazione dell'intelaiare. **2** Struttura formata da vari elementi strettamente uniti fra loro a formare quasi un telaio. [→ ill. *tenda*] **3** (*fig.*) Insieme degli elementi strutturali di q.c.: *l'— del sistema economico; l'— di un romanzo.*

intellettìvo agg. Che serve a intendere: *facoltà intellettiva.*

intellètto s. m. **1** Complesso delle facoltà mentali che consentono di intendere, pensare, giudicare. **2** Capacità di intendere, di ragionare: — *vigoroso* | *Perdere il bene dell'* —, la capacità di ragionare e di giudicare; SIN. Intelligenza. **3** (*est.*) Persona di grande intelligenza.

intellettuàle **A** agg. Che riguarda l'intelletto o i suoi prodotti: *dote, facoltà* —; CONTR. Materiale. **B** s. m. e f. Persona che si dedica spec. ad attività artistiche, culturali, letterarie.

intellettualişmo s. m. **1** (*filos.*) Dottrina che attribuisce all'opera intellettuale un ruolo dominante. **2** Abuso dei valori intellettuali, compiaciuta ricercatezza del pensiero, della cultura e sim.

intellettualìstico agg. (pl. m. -*ci*) Dell'intellettualismo e degli intellettualisti.

intellettualità s. f. **1** Stato, qualità, di ciò che appartiene all'attività dell'intelletto. **2** La categoria degli intellettuali (*anche iron.*).

intellettualizzàre v. tr. Rendere intellettuale.

intellettualòide agg.; anche s. m. e f. Che (o chi) simula interessi culturali che in realtà non ha.

intelligènte agg. **1** Che ha la capacità di intendere, pensare, giudicare: *l'uomo è un essere* —. **2** Dotato di particolari capacità intellettuali: *uno studente molto* —. **3** Fatto o detto con intelligenza: *richiesta, proposta* —.

intelligènza s. f. **1** (*psicol.*) Capacità di cogliere i nessi esistenti fra i vari momenti dell'esperienza; SIN. Comprensione | *Quoziente di* —, misura numerica, basata su prove convenzionali, dello sviluppo mentale di un soggetto. **2** Capacità di intendere, pensare, giudicare; SIN. Ingegno, intelletto. **3** Persona intelligente | *L'— suprema*, Dio | *Le intelligenze celesti*, gli angeli. **4** (*lett.*) Intendimento, interpretazione: *un testo di facile* —.

intellighènzia s. f. **1** Insieme degli intellettuali di una nazione. **2** (*iron.*) L'insieme delle persone che guidano intellettualmente un ambiente, un gruppo e sim.

intelligìbile agg. **1** (*filos.*) Che può essere conosciuto soltanto dall'intelletto. **2** Chiaro, piano: *linguaggio* —; CONTR. Inintelligibile.

intelligibilità s. f. Qualità di ciò che è intelligibile.

intemeràta s. f. Rimprovero lungo e violento: *fare un'— a qc.*

intemeràto agg. Puro, integro, incorrotto: *coscienza intemerata.*

intemperànte agg. Che è privo di temperanza, moderazione, autocontrollo: *essere — nel bere*; SIN. Incontinente, smodato; CONTR. Temperante.

intemperànza s. f. **1** L'essere intemperante; SIN. Incontinenza, smoderatezza; CONTR. Temperanza. **2** Atto, discorso, intemperante.

intempèrie s. f. pl. Qualsiasi perturbazione atmosferica, come pioggia, neve, grandine.

intempestività s. f. L'essere intempestivo.

intempestivo agg. Che non si verifica al momento opportuno; SIN. Inopportuno; CONTR. Tempestivo.

intendènte **A** part. pres. di intendere; anche agg. Che intende. **B** s. m. (*dir.*) Chi è incaricato di dirigere l'esplicazione di pubblici servizi, spec. amministrativi: — *di finanza.*

intendènza s. f. Organo spec. amministrativo cui è preposto un intendente: — *di finanza*; — *militare.*

intèndere **A** v. tr. (*coniug. come tendere*) **1** Comprendere, intuire, interpretare: — *un autore, un'epoca storica*; — *la grandezza di Dio* | *Dare a* —, fare credere | *Lasciare* —, fare capire con allusioni | *Lasciarsi* —, farsi capire | *Intendersela con qc.*, essere d'accordo e (*est.*) avere relazione spec. amorosa. **2** Udire: *abbiamo inteso dei passi* | Venire a sapere: *abbiamo inteso voci strane.* **3** Accettare, ascoltare, eseguire: *non vuole — consigli* | *Non — ragione*, non lasciarsi convincere da alcun argomento. **4** Avere intenzione: *che cosa intendete fare?* | Volere, esigere: *non intendo sottomettermi.* **5** Attribuire un dato significato a una parola, frase e sim.: *che cosa intendi per 'violenza'?* **B** v. intr. (*aus. avere*) **1** Rivolgere l'attenzione | (*lett.*) Attendere a q.c.: — *a un lavoro.* **2**

Tendere, mirare: — *al bene.* ***C*** *v. rifl. rec.* Essere d'accordo: *ci intendiamo ottimamente.* ***D*** *v. intr. pron.* Avere conoscenza di q.c.: *s'intende di musica.*

intendiménto *s. m.* **1** Proposito, scopo, intenzione. **2** Facoltà di intendere: *uomo di acuto* —.

intenditóre *s. m.* (*f. -trice*) Chi è esperto in un'arte, una scienza, una tecnica; SIN. Conoscitore. [→ tav. *proverbi* 2]

inteneriménto *s. m.* Manifestazione di un sentimento di commozione, pietà, tenerezza e sim.

intenerìre ***A*** *v. tr.* (*io intenerìsco, tu intenerìsci*) **1** Rendere tenero. **2** (*fig.*) Muovere a pietà: — *il cuore*; SIN. Commuovere. ***B*** *v. intr. e intr. pron.* (*aus. essere*) **1** Divenire tenero. **2** (*fig.*) Commuoversi, impietosirsi.

intensificàre ***A*** *v. tr.* (*io intensìfico, tu intensìfichi*) Rendere più intenso | (*est.*) Rafforzare, aumentare. ***B*** *v. intr. pron.* Farsi più intenso.

intensificazióne *s. f.* Aumento di intensità, energia, forza e sim.

intensità *s. f.* **1** Qualità di ciò che è intenso | Energia, forza: *crescere, scemare d'*—. **2** (*fis.*) — *di corrente elettrica*, grandezza elettrica, avente per unità d'insieme l'ampere, corrispondente alla quantità di elettricità che attraversa una sezione di un conduttore in un secondo.

intensìvo *agg.* **1** Che è capace di accrescere l'intensità di q.c. **2** (*agr.*) *Coltura intensiva*, praticata con largo impiego di mezzi per trarne le più alte produzioni; CONTR. Estensivo.

intènso *agg.* Che si manifesta con forza, energia, efficacia: *freddo* — | *Colore* —, molto carico.

intentàbile (1) *agg.* (*raro*) Che non si può tentare.

intentàbile (2) *agg.* (*dir.*) Detto di azione giudiziaria, che si può intentare.

intentàre *v. tr.* (*io intènto*) (*dir.*) Compiere le formalità necessarie per fare sorgere un giudizio: — *un processo.*

intentàto *agg.* Non tentato: *non lasciare nulla di* —.

intènto (1) *agg.* Che è particolarmente teso con l'intelletto e con i sensi verso q.c.: *è — al gioco.*

intènto (2) *s. m.* Il fine o lo scopo cui tende una determinata azione: *riuscire nell'*—; SIN. Intenzione.

intenzionàle *agg.* Fatto o detto con intenzione; SIN. Volontario.

intenzionalità *s. f.* L'essere intenzionale.

intenzionalménte *avv.* Con intenzione.

intenzionàto *agg.* Che ha intenzione: *non è — di accettare* | *Bene, male* —, che ha buoni, cattivi propositi.

intenzióne *s. f.* Proposito di compiere un determinato atto non necessariamente accompagnato dalla volontà di realizzarlo: *avere — di partire; è mia — che tu venga; avere — di fare q.c.* | *Con* —, di proposito | *Senza* —, involontariamente | *Secondo l'— di qc.*, secondo i suoi desideri | *Fare il processo alle intenzioni*, giudicare qc. non in base a ciò che ha fatto ma a ciò che si suppone intenda fare; SIN. Intento, progetto. [→ tav. *proverbi* 237]

intepidìre V. *intiepidire.*

ìnter- *pref.*: in parole composte fa riferimento a posizione intermedia nello spazio o nel tempo (*interlinea, interregno, intercostale, interporre*) o indica collegamento (*intercontinentale, internazionale, interurbana*) o esprime reciprocità (*interdipendenza*).

interagìre *v. intr.* (*io interagìsco, tu interagìsci; aus. avere*) Agire reciprocamente | Provocare o subire un processo di interazione.

interaménte *avv.* Del tutto | Senza esclusione.

interàsse *s. m.* (*mecc.*) Distanza fra due assi, di alberi, macchine, veicoli, travi e sim.

interaziendàle *agg.* Che concerne due o più aziende.

interazióne *s. f.* Azione, influenza reciproca di persone, fenomeni, sostanze.

intercalàre (1) ***A*** *agg.* Che si intercala o si interpone | *Mese* —, che si aggiungeva all'anno lunare per eguagliarlo a quello solare. ***B*** *s. m.* **1** Parola o breve frase che alcuni inseriscono spesso nel discorso: *'dunque' è il suo* —. **2** (*letter.*) Ritornello di un verso alla fine di strofa o stanza.

intercalàre (2) *v. tr.* Inframettere secondo un ordine stabilito: — *illustrazioni al testo* | Usare un intercalare nel parlare.

intercambiàbile *agg.* Di cosa che si può scambiare o sostituire con altra cosa.

intercambiabilità *s. f.* Carattere di ciò che è intercambiabile.

intercapèdine *s. f.* Breve spazio compreso tra due pareti o strutture, e, nelle navi, tra il fasciame esterno e quello interno.

intercèdere ***A*** *v. intr.* (*coniug. come cedere; aus. essere* nel sign. 1, *avere* nel sign. 2) **1** (*raro*) Intercorrere: *tra di loro intercede una parentela.* **2** Intervenire in favore di qc.: — *per la grazia di un condannato*; — *presso Dio.* ***B*** *v. tr.* (*raro*) Cercare di ottenere q.c. a favore di qc.: — *il perdono per un peccatore.*

intercessióne *s. f.* Intervento a favore di qc.

intercessóre *s. m.* (*come f. interceditrice*) Chi intercede presso qc. in favore di altri.

intercettaménto *s. m.* Intercettazione.

intercettàre *v. tr.* (*io intercètto*) Frapporre ostacoli per impedire che qc. o q.c. giunga a destinazione: — *una lettera* | — *una comunicazione telefonica, radiofonica, telegrafica*, riceverla senza impedirne la prosecuzione.

intercettazióne *s. f.* **1** Atto dell'intercettare | Inserimento o intromissione in comunicazioni telefoniche, telegrafiche e sim. **2** (*mil.*) Attacco contro un mezzo aereo nemico prima che raggiunga l'obiettivo.

intercettóre *s. m.* (*mil.*) Sistema basato sull'impiego di velivoli e missili o destinato ad individuare, attaccare e distruggere velivoli e missili nemici prima che essi raggiungano l'obiettivo | Velivolo o missile atto a intercettare.

interclàsse *s. f.* Nella scuola elementare, insieme di più classi parallele o dello stesso ciclo o dello stesso plesso.

interclassìsmo *s. m.* Teoria e pratica politica che propugna la collaborazione fra le classi sociali.

interclassìsta *s. m. e f.; anche agg.* (*pl. m. -i*) Fautore dell'interclassismo.

intercolùnnio o *intercolùmnio s. m.* Spazio libero fra due colonne misurato in corrispondenza del diametro inferiore.

intercomunàle *agg.* Che concerne due o più comuni.

intercomunicànte *agg.* Che è in diretta comunicazione con altra cosa analoga: *stanze intercomunicanti.*

intercontinentàle *agg.* Che concerne, unisce e sim. due o più continenti: *aeroporto* —.

intercórrere *v. intr.* (*coniug. come correre; aus. essere*) Frapporsi, passare fra due o più persone o cose: *tra noi intercorrono ottimi rapporti.*

intercostàle *agg.* (*anat.*) Che è posto tra le coste: *nervo* —.

interdétto (1) ***A*** *part. pass. di interdire; anche agg.* Proibito, vietato. ***B*** *s. m.* (*f. -a*) **1** Chi è colpito da un divieto, una proibizione e sim.: *un — non può esercitare i propri diritti.* **2** (*est., fam.*) Sciocco, stupido.

interdétto (2) *agg.* Sorpreso, turbato da un fatto improvviso: *rimase — ad ascoltare.*

interdétto (3) *s. m.* Pena canonica che può colpire le persone fisiche o giuridiche privandole di dati diritti o beni spirituali.

interdipendènte *agg.* Di fatti o eventi che sono in rapporto di reciproca dipendenza.

interdipendènza *s. f.* Relazione di dipendenza tra più fatti o cose.

interdìre *v. tr.* (*coniug. come dire*) **1** Vietare, proibire d'autorità: — *il passaggio.* **2** (*dir.*) Privare qc., a opera dell'autorità giudiziaria, della capacità di agire per la cura dei propri interessi. **3** Nel diritto canonico, applicare la pena dell'interdetto.

interdisciplinàre *agg.* Detto di ciò che interessa e coinvolge diverse discipline: *ricerca* —.

interdizióne *s. f.* **1** Proibizione, divieto imposto d'autorità | — *dai pubblici uffici*, pena accessoria conseguente per diritto alla condanna per determinati delitti. **2** (*dir.*) Stato di incapacità d'agire per la cura dei propri interessi.

interessaménto *s. m.* **1** Interesse. **2** Viva partecipazione alle vicende altrui | Intervento in favore di qc.: *ho ottenuto l'impiego grazie al suo* —.

interessànte *agg.* Che suscita interesse | *Donna in stato* —, incinta.

interessàre ***A*** *v. tr.* (*io interèsso*) ***1*** Essere di utilità, d'interesse: *argomenti che interessano la religione* | Riguardare da vicino: *il provvedimento interessa tutti.* ***2*** Destare attenzione, interesse: *la vicenda interessò l'opinione pubblica.* ***3*** Far prendere interesse a q.c.: *— i lavoratori ai problemi sindacali.* ***4*** Fare intervenire in favore: *interesserò il ministro al tuo caso.* ***B*** *v. intr.* (*aus. essere*) Avere importanza: *sono queste le cose che interessano a noi*; SIN. Importare, premere. ***C*** *v. intr. pron.* ***1*** Prendere o mostrare interesse a qc. o a q.c.: *interessarsi ai fatti.* ***2*** Occuparsi di qc. o di q.c.: *è necessario interessarsi dei feriti.*

interessataménte *avv.* Per motivo di interesse.

interessàto ***A*** *part. pass. di interessare; anche agg.* ***1*** Che ha interesse: *siamo tutti interessati alla cosa*; *è — nel commercio.* ***2*** Detto di persona dedita esclusivamente al proprio interesse, spec. materiale: *ragazza troppo interessata* | Detto di atto e sim. che rivela un tornaconto personale: *consiglio —*; CONTR. Disinteressato. ***B*** *s. m.* (*f. -a*) Chi ha interesse a q.c. | La persona a cui interessa q.c.: *è indispensabile la presenza dell'—.*

interèsse *s. m.* ***1*** Complesso spettante a chi presta o deposita un capitale per un certo periodo di tempo: *l'— è del quattro per cento.* ***2*** (*est.*) Tornaconto, utilità: *agire nell'— di qc.*; *pensare al proprio —* | (*est.*) Vantaggio, convenienza: *non hanno alcun — a calunniarci.* ***3*** *spec. al pl.* Complesso di elementi e attività che incidono spec. sulla sfera patrimoniale di un soggetto: *curare i propri interessi.* ***4*** Avidità di guadagno, desiderio di lucro: *matrimonio d'—.* ***5*** Sentimento di viva partecipazione: *mostrare vivo — per q.c.* ***6*** Importanza: *dettagli privi di —.*

interessènza *s. f.* (*econ.*) Partecipazione agli utili.

interézza *s. f.* ***1*** Totalità. ***2*** (*fig.*, *lett.*) Integrità morale.

interferènza *s. f.* ***1*** Fenomeno per cui due onde luminose o sonore incontrandosi possono elidersi a vicenda. ***2*** (*fig.*) Intromissione in fatti, situazioni e sim. che riguardano altri: *non tolleriamo interferenze politiche.*

interferìre *v. intr.* (*io interferisco, tu interferisci; aus. avere*) ***1*** Sovrapporsi in un punto di due vibrazioni. ***2*** (*fig.*) Intromettersi indebitamente.

interfogliàre o *interfoliàre v. tr.* (*io interfòglio*) Interporre, tra i fogli di un libro, fogli bianchi per aggiunte, correzioni o a scopo protettivo nei riguardi d'illustrazioni.

interfòglio *s. m.* Pagina o foglio di carta interposto tra i fogli di un libro.

interfoliàre V. *interfogliare.*

interfòno *s. m.* ***1*** Dispositivo acustico per comunicazioni orali a breve distanza, in edifici o su aerei, treni e sim. ***2*** (*tel.*) Apparecchio telefonico derivato interno.

interglaciàle *agg.* Detto di un periodo compreso fra due glaciazioni successive.

interiezióne *s. f.* Parte invariabile del discorso che esprime uno stato d'animo.

interim /*lat.* 'interim/ *s. m. inv.* Periodo di tempo dal momento in cui il titolare di una data funzione cessa la sua attività, a quello in cui il nuovo titolare assume la stessa funzione: *conferire un ministero ad —* | (*est.*) Incarico provvisorio in attesa del nuovo titolare: *assumere l'— della giustizia* (dal latino *interim*, 'nel frattempo').

interinàle *agg.* Temporaneo, provvisorio: *ministro —.*

interinàto *s. m.* ***1*** Ufficio e incarico dell'interino. ***2*** Durata di tale incarico.

interìno *agg.; anche s. m.* Detto di chi esercita temporaneamente un ufficio pubblico in assenza del titolare: *ministro —.*

interióra *s. f. pl.* Intestini e altri visceri contenuti nelle cavità del petto e del ventre degli animali.

interióre *agg.* ***1*** Che sta dentro o nella parte interna: *lato — di un fabbricato.* ***2*** (*fig.*) Che appartiene alla vita e ai fatti della coscienza: *vita —.* ● CONTR. Esteriore.

interiorità *s. f.* L'essere interiore | Complesso di esperienze, sentimenti e sim. che costituisce la vita interiore di un individuo.

interiorizzàre ***A*** *v. tr.* Rendere interiore, più intimo e sim. ***B*** *v. intr. pron.* Acquisire una maggiore interiorità.

interiorizzazióne *s. f.* Attribuzione o acquisizione di una maggiore interiorità.

interlìnea *s. f.* ***1*** Distanza tra due righe scritte o stampate. ***2*** In tipografia, lamina sottile di lega metallica, impiegata per distanziare le linee di una composizione.

interlineàre (1) *agg.* Che sta tra riga e riga di uno scritto | *Traduzione —*, quella che sotto a ciascuna parola del testo colloca la corrispondente in altra lingua.

interlineàre (2) *v. tr.* (*io interlìneo*) Distanziare le linee di una composizione mediante un'interlinea.

interlineatùra *s. f.* Operazione e modalità dell'interlineare.

interlocutóre *s. m.* (*f. -trice*) ***1*** Chi partecipa attivamente a un dialogo, a una conversazione. ***2*** La persona con cui si parla.

interlocutòrio *agg.* Di trattativa condotta tergiversando, senza voler né rompere né concludere | (*est.*) Che non implica una decisione definitiva: *colloquio —.*

interloquìre *v. intr.* (*io interloquisco, tu interloquìsci; aus. avere*) Intervenire attivamente in un dialogo, in una conversazione.

interlùdio *s. m.* (*mus.*) Brano destinato a legare le diverse parti di una composizione per organo da chiesa, di opere drammatiche o sinfoniche.

intermediàrio ***A*** *agg.* Che serve di passaggio o di unione: *funzione intermediaria.* ***B*** *s. m.* (*f. -a*) Mediatore.

intermediazióne *s. f.* Attività intermediaria, spec. nell'ambito di banche e sim.

intermèdio *agg.* Che si trova in mezzo tra due: *periodo —.*

intermèzzo *s. m.* ***1*** Breve divertimento di canzonette e balletti figurati inserito tra un atto e l'altro delle rappresentazioni drammatiche, spec. dal XVI al XVIII sec. ***2*** (*mus.*) Interludio | Composizione strumentale in forma libera. ***3*** (*raro*) Pausa, intervallo.

interminàbile *agg.* ***1*** Che non ha termine. ***2*** (*est.*) Molto lungo: *un viaggio —.*

interministeriàle *agg.* Relativo a più ministeri: *progetto —.*

intermittènte *agg.* Discontinuo, soggetto a pause, interruzioni e sim.: *suono, luce —.*

intermittènza *s. f.* L'essere intermittente | Interruzione, sospensione.

internaménte *avv.* Dalla parte interna | (*fig.*) Nell'anima.

internaménto *s. m.* Relegazione, isolamento in campi di concentramento e sim. | Ricovero in un ospedale psichiatrico.

internàre ***A*** *v. tr.* (*io intèrno*) ***1*** Relegare persone pericolose o sospette in campi di concentramento o sedi coatte lontane dai confini dello Stato. ***2*** Rinchiudere in un ospedale psichiatrico. ***B*** *v. intr. pron.* Addentrarsi in q.c. (*anche fig.*): *internarsi in un bosco.*

internàto (1) *part. pass. di internare; anche agg. e s. m.* (*f. -a*) Che (o chi) ha subito l'internamento in campi di concentramento, ospedali psichiatrici e sim.

internàto (2) *s. m.* ***1*** Condizione degli alunni interni di un collegio. ***2*** Collegio che ospita gli alunni interni.

internazionàle ***A*** *agg.* Che concerne, interessa più nazioni: *trattato, accordo —.* ***B*** *s. f.* Associazione internazionale dei lavoratori sorta nel XIX sec. per combattere il capitalismo.

internazionalismo *s. m.* Tendenza a favorire la formazione di organismi internazionali atti a perseguire comuni fini | (*polit.*) Nell'ideologia comunista, solidarietà internazionale dei lavoratori.

internazionalista ***A*** *agg.* (*pl. m. -i*) Che favorisce l'internazionalismo. ***B*** *s. m. e f.* ***1*** Fautore dell'internazionalismo. ***2*** Appartenente all'internazionale.

internazionalità *s. f.* Qualità di ciò che è internazionale.

internazionalizzàre *v. tr.* Rendere internazionale: *— una città.*

internazionalizzazióne *s. f.* Attribuzione o assunzione di un carattere internazionale: *— di un porto*; *— di un conflitto.*

internista *s. m. e f.* (*pl. m. -i*) Medico specialista per le malattie degli organi interni.

intèrno ***A*** *agg.* (*compar. di maggioranza interióre o più intèrno; sup. ìntimo o raro internissimo*) ***1*** Che sta dentro: *organi interni del corpo* | *Regione interna*, priva di sbocchi sul mare | *Navigazione interna*, che si svolge sulle acque interne | *Acque interne*, fiumi, laghi e sim. di un dato territorio | *Mare —*, circondato da terre | *Medicina interna*, che cura gli organi interni | *Alunno —*, convittore; CONTR. Esterno. ***2*** Che si compie o produce effetti dentro uno Stato, una comunità: *politica interna.* ***3*** (*fig.*)

Che riguarda la sfera interiore dell'individuo: *emozione interna*. ***B*** *s. m.* (*f.* *-a* nel sign. 3) ***1*** La parte di dentro: *l'— di un edificio*. ***2*** (*fig.*) Sfera interiore, intima, dell'individuo: *penetrare nell'— di qc.* ***3*** Studente o laureato in medicina che compie il proprio internato. ***4*** (*sport*) Nei giochi di palla a squadre, chi si muove nella zona centrale del campo. ***5*** *anche pl.* Complesso degli affari interni di uno Stato: *ministro dell'—, degli interni*. ***6*** *al pl.* Riprese cinematografiche effettuate nell'interno di un teatro di posa; CONTR. Esterni.

internografàto *agg.* Detto spec. di busta per lettere internamente ricoperta di tratti, disegni e sim. che ne annullano la trasparenza.

inter nos /*lat.* 'inter nɔs/ *loc. avv.* Fra noi, in confidenza.

intéro o (*lett.*) *intièro* ***A*** *agg.* ***1*** Che ha tutte le sue parti: *somma intera* | *Latte* —, non scremato. ***2*** In tutta la sua estensione: *un giorno* — | *Il popolo* —, nella sua totalità. ***3*** Perfetto, assoluto, saldo: *avere una fiducia intera in qc.* ***4*** *Numero* —, non frazionario, appartenente alla serie dei numeri naturali. ***5*** Detto di foglia con margine liscio, non frastagliato. [→ ill. *botanica*] ***B*** *s. m.* ***1*** Il tutto, la totalità: *le parti che costituiscono l'—* | *Per* —, interamente. ***2*** (*mat.*) Numero intero.

interparlamentàre *agg.* Che concerne i due rami del Parlamento.

interpellànte ***A*** *part. pres. di interpellare; anche agg.* (*raro*) Che interpella. ***B*** *s. m. e f.* Chi muove un'interpellanza parlamentare.

interpellànza *s. f.* Domanda fatta da un membro del Parlamento al Governo circa i motivi della sua condotta; CFR. Interrogazione.

interpellàre *v. tr.* (*io interpèllo*) Richiedere a qc. un parere, un consiglio e sim.: *è meglio — un tecnico*.

interpersonàle *agg.* Che avviene fra gli individui: *rapporti interpersonali*.

interplanetàrio *agg.* Che si trova o avviene negli spazi tra i pianeti.

interpolàre *v. tr.* (*io intèrpolo*) ***1*** Inserire in un testo letterario elementi linguistici a esso estranei; CONTR. Espungere. ***2*** (*dir.*) Modificare un testo di legge per adattarlo a nuove esigenze: *— un codice*. ***3*** (*mat.*) Calcolare approssimativamente il valore d'una funzione in un punto compreso fra due altri in cui il valore è noto.

interpolazióne *s. f.* ***1*** Inserimento in un testo di elementi estranei. ***2*** Parola o locuzione inserita in un testo letterario.

interpórre ***A*** *v. tr.* (*coniug. come porre*) ***1*** Porre in mezzo tra una cosa e l'altra: — *ostacoli*; SIN. Frammettere, frapporre. ***2*** Proporre a un'autorità giudiziaria o amministrativa un mezzo di reazione contro un dato atto: — *appello*. ***B*** *v. intr. pron.* ***1*** Porsi in mezzo. ***2*** Intervenire in favore di qc.

interposizióne *s. f.* Frapposizione | Intervento, mediazione | (*dir.*) — *d'appello*, ricorso contro una sentenza.

interpretàbile *agg.* Che si può interpretare.

interpretàre *v. tr.* (*io intèrpreto*) ***1*** Intendere e spiegare cosa ritenuta oscura o difficile: — *un passo controverso* | — *la legge*, applicarla secondo giustizia. ***2*** Attribuire un particolare significato a q.c.: *non — quelle parole come un rimprovero*. ***3*** Intuire i propositi, le intenzioni di qc.: *crediamo di — la volontà di tutti*. ***4*** Portare sulla scena, rappresentare in pubblico come attore, artista: — *l'Otello*.

interpretariàto *s. m.* Attività, funzione dell'interprete (nel sign. 2).

interpretativo *agg.* ***1*** Che serve all'interpretazione. ***2*** Che concerne l'interpretazione.

interpretazióne *s. f.* ***1*** Spiegazione di ciò che è oscuro, difficile e sim. | Modo d'intendere, attribuzione di un particolare significato a q.c. ***2*** Raffigurazione artistica | Esecuzione, rappresentazione pubblica di artista, attore e sim.

intèrprete *s. m. e f.* ***1*** Chi intende e chiarisce il senso di q.c. ritenuto oscuro o difficile | Espositore, commentatore: — *della Divina Commedia* | *Farsi — di q.c. presso qc.*, esprimergli ciò che altri non può esprimere direttamente. ***2*** Chi traduce oralmente un discorso fatto in un'altra lingua: *fare l'— in un'ambasciata*. ***3*** Chi rappresenta, sostenendovi un ruolo, un'opera teatrale, segue un brano musicale e sim.

interprovinciàle *agg.* Che interessa più province: *consorzio* —.

interpùngere *v. tr.* (*coniug. come pungere*) (*ling.*) Separare con segni di interpunzione.

interpunzióne *s. f.* Separazione degli elementi di una frase o di uno scritto per mezzo di segni grafici | *Segni d'*—, il punto, la virgola, i due punti e sim.; SIN. Punteggiatura.

interraménto *s. m.* ***1*** Sistemazione o penetrazione dentro la terra: *l'— di un seme* | Copertura, riempimento con terra. ***2*** (*geogr.*) Interrimento.

interràre ***A*** *v. tr.* (*io intèrro*) ***1*** Mettere dentro la terra: — *un seme*. ***2*** Colmare, riempire con terra, sabbia e sim.: — *un fiume*. ***B*** *v. intr. pron.* Colmarsi, riempirsi di terra.

interregionàle *agg.* Che concerne due o più regioni: *comitato* —.

interrégno *s. m.* ***1*** Situazione che si verifica nel tempo compreso fra la morte, l'abdicazione o la deposizione di un sovrano e la nomina del successore. ***2*** Periodo di tempo in cui si verifica tale situazione.

interrelàto *agg.* Che è in rapporto di relazione reciproca con altri elementi analoghi: *problemi interrelati*.

interriménto *s. m.* (*geogr.*) Riempimento di una cavità con terreno o materiali sciolti, spec. trasportati da acque correnti.

interrogànte *part. pres. di interrogare; anche agg. e s. m. e f.* ***1*** Che (o chi) interroga. ***2*** Che (o chi) presenta un'interrogazione parlamentare.

interrogàre *v. tr.* (*io intèrrogo, tu intèrroghi*) Porre una o più domande a qc. per ottenere informazioni, chiarimenti e sim.: — *un testimone* | Appurare attraverso una serie di domande il grado di preparazione di uno studente: — *qc. in filosofia*.

interrogativo ***A*** *agg.* ***1*** Che esprime o contiene interrogazione: *frase interrogativa*. ***2*** Che serve a domandare: *aggettivo* — | *Punto* —, segno che indica il senso interrogativo della proposizione. ***B*** *s. m.* ***1*** Interrogazione, quesito, dubbio: *gli interrogativi non sono pochi*. ***2*** (*fig.*) Cosa che non può essere compresa, conosciuta, prevista: *il futuro è per noi un* —.

interrogàto *part. pass. di interrogare; anche agg. e s. m.* (*f.* *-a*) Che (o chi) è sottoposto a un'interrogazione o a un interrogatorio.

interrogatóre *s. m.; anche agg.* (*f.* *-trice*) Chi, che interroga.

interrogatòrio ***A*** *agg.* Proprio di chi interroga. ***B*** *s. m.* ***1*** Complesso delle domande rivolte dall'autorità giudiziaria, durante il corso di un processo, agli imputati e ai testi, per accertare la verità: *sottoporre a —*; *subire un —*. ***2*** (*est.*) Serie di interrogazioni.

interrogazióne *s. f.* ***1*** Formulazione di una o più domande | Domanda o serie di domande: *rispondere a un'—*. ***2*** Serie di domande volte ad appurare il grado di preparazione di uno studente. ***3*** — *parlamentare*, domanda rivolta per iscritto da un membro del Parlamento al Governo, per avere informazioni sull'attività della pubblica amministrazione; CFR. Interpellanza.

interrómpere ***A*** *v. tr.* (*coniug. come rompere*) ***1*** Rompere a un certo punto, troncare: — *gli studi, le trattative*. ***2*** Cessare per qualche tempo: — *il sonno* | — *il discorso*, fermandosi nel parlare o interloquendo quando altri parla; SIN. Sospendere. ***3*** Impedire la continuazione, lo svolgimento regolare, il funzionamento di q.c.: — *una linea telefonica*; *l'alluvione ha interrotto la strada* | — *una gravidanza*, abortire. ***B*** *v. intr. pron.* Arrestarsi, fermarsi: *si interruppe sul più bello*.

interruttóre *s. m.* Apparecchio per determinare l'apertura o la chiusura di un circuito elettrico. [→ ill. *automobile, elettricità*]

interruzióne *s. f.* ***1*** Cessazione: — *degli studi* | Sospensione: — *delle trattative* | Intervallo, pausa: *lavorare senza* —. ***2*** Impedimento alla continuazione, allo svolgimento regolare, al funzionamento e sim. di q.c.: — *di una strada, delle comunicazioni* | Intervento di chi interrompe un discorso e sim.: *basta con le interruzioni!* | *Senza* —, di continuo.

interscàmbio *s. m.* ***1*** Scambio commerciale. ***2*** Complesso di opere stradali che elimina i punti di intersezione delle varie correnti di traffico.

intersecàre ***A*** *v. tr.* (*io intèrseco, tu intèrsechi*) Attraversare tagliando: *una rete di canali interseca la pianura.* **B** v. rifl. rec. Incrociarsi, tagliarsi di traverso: *le due strade s'intersecano.*

intersezióne s. f. **1** Incontro, incrocio di due o più elementi | Punto in cui due o più elementi si intersecano. **2** (*mat.*) Figura geometrica generata dal tagliarsi reciproco di altre due: *due piani hanno per – una retta.*

interspaziàle agg. (*raro*) Interplanetario.

interstazionàle agg. Che concerne il collegamento tra due o più stazioni.

interstellàre agg. Che avviene, si produce e sim. negli spazi tra le stelle: *materia –.*

interstiziàle agg. **1** Di interstizio. **2** Posto negli interstizi.

interstìzio s. m. Spazio minimo che separa due corpi o due parti dello stesso corpo.

intertèmpo s. m. Tempo parziale fatto registrare da un concorrente, spec. nelle gare individuali di sci e nel ciclismo, gener. a metà percorso.

intertropicàle agg. Situato tra i circoli dei tropici.

interurbàna s. f. Conversazione telefonica scambiata tra due abbonati appartenenti a reti urbane diverse.

interurbàno agg. Che unisce due o più città: *trasporti interurbani.*

intervallàre v. tr. Distanziare con intervalli di spazio o di tempo: *– le costruzioni, i viaggi.*

intervàllo s. m. **1** Distanza intercorrente tra due cose. **2** Periodo di tempo intercorrente tra due fatti: *l'– tra il primo e il secondo atto.* **3** (*mus.*) Salto, fra un suono e l'altro, della stessa gamma.

intervenire v. intr. (coniug. come *venire*; aus. *essere*) **1** Intromettersi, frapporsi: *– in una lite*; *– negli affari interni di un Paese* | *– in una guerra*, entrarvi. **2** Partecipare a cerimonie, riunioni e sim.: *– alle nozze.* **3** (*dir.*) Divenire parte in un processo. **4** Compiere un intervento chirurgico.

interventişmo s. m. Tendenza favorevole all'intervento di uno Stato in una guerra combattuta da altri Stati.

interventista **A** s. m. e f. (pl. m. *-i*) Chi è favorevole all'interventismo. **B** anche agg.

intervènto s. m. **1** Atto dell'intervenire | Partecipazione, presenza: *con l'– delle autorità.* **2** (*dir.*) Fatto dell'intervenire come parte in un processo. **3** Discorso pronunciato in un'assemblea, in un dibattito e sim. **4** Ingerenza autoritaria, non richiesta e non consentita, di uno Stato negli affari interni o esteri di un altro Stato | *Principio del non –*, principio secondo cui a nessuno Stato è lecito intervenire nella politica interna degli altri Stati. **5** (*med.*) Atto chirurgico, operazione: *– operatorio.*

intervenùto part. pass. di *intervenire*; anche agg. e s. m. (f. *-a*) Partecipante a cerimonie, riunioni e sim.

intervişióne s. f. Collegamento televisivo tra paesi dell'Europa Orientale.

intervista s. f. **1** Colloquio di un giornalista, radiocronista e sim. con una persona per ottenere dichiarazioni, informazioni: *fare, chiedere, concedere un'–* | (*est.*) Il contenuto di tale colloquio: *smentire un'–.* **2** Serie di domande poste a una o più persone per conoscerne opinioni, gusti e sim.

intervistàre v. tr. Interrogare in un'intervista.

intervistatóre s. m. (f. *-trice*) Chi fa un'intervista.

interzàto s. m. (*arald.*) Scudo con il campo diviso in tre parti uguali. [→ ill. *araldica*]

interzonàle agg. (*raro*) Che concerne due o più zone.

intésa s. f. **1** Accordo tra persone o gruppi di persone. **2** Accordo tra Stati | Gli Stati aderenti a un tale accordo: *l'Intesa balcanica.* **3** Collaborazione: *agire d'– con qc.*

intéso part. pass. di *intendere*; anche agg. **1** Pattuito, convenuto | *Resta, rimane – che...*, è convenuto che... **2** (*raro*) Informato | *Darsi per – di q.c.*, far vedere che si è capito q.c. | *Non darsi per –*, rifiutare di capire. **3** (*lett.*) Intento, dedito, attento: *opere intese al bene.*

intèssere v. tr. (coniug. come *tessere*) **1** Tessere, intrecciare insieme: *– ghirlande.* **2** (*fig.*) Comporre: *– melodie.*

intestardirsi v. intr. pron. (*io m'intestardisco, tu t'intestardisci*) Ostinarsi, fissarsi.

intestàre **A** v. tr. (*io intèsto*) **1** Fornire di titolo o intestazione un libro, un foglio, una lettera e sim. **2** Fare risultare qc. titolare di dati diritti od obblighi mediante apposite registrazioni: *– una casa a qc.* **B** v. intr. pron. Intestardirsi, ostinarsi: *si è intestato a voler partire.*

intestatàrio s. m. (f. *-a*) Soggetto titolare di dati diritti od obblighi.

intestàto (1) part. pass. di *intestare*; anche agg. **1** Fornito di titolo o intestazione | *Carta intestata*, con gli estremi della persona, ufficio e sim. che la utilizza. **2** Attribuito a un titolare: *la casa è intestata alla moglie.* **3** Ostinato.

intestàto (2) agg.; anche s. m. (f. *-a*) Detto di chi è morto senza aver fatto testamento.

intestazióne s. f. **1** Atto dell'intestare | Dicitura, titolo, nome all'inizio di libri, scritti, articoli e sim. **2** Attribuzione a qc. della titolarità di un diritto od obbligo: *– di un conto corrente.*

intestinàle agg. (*anat.*) Dell'intestino: *canale –.*

intestìno (1) agg. (*raro*) Interiore, interno | *Guerra intestina*, che si accende all'interno di un partito, di uno Stato, di una città.

intestìno (2) s. m. (*anat.*) Tratto del canale alimentare che fa seguito allo stomaco e sbocca all'esterno con l'orifizio anale: *– tenue, crasso, retto.* [→ ill. *zoologia*]

intiepidire o *intepidire* **A** v. tr. (*io intiepidisco, tu intiepidisci*) **1** Rendere tiepido. **2** (*fig.*) Mitigare, attenuare passioni, desideri e sim. **B** v. intr. e intr. pron. (aus. *essere*) Diventare tiepido (*anche fig.*).

intièro o *intiéro* V. *intero.*

intimaménte avv. **1** Con intimità, nell'intimo. **2** In stretta relazione: *i due fatti sono – collegati.*

intimàre v. tr. (*io intìmo* o *ìntimo*) Ordinare in modo perentorio: *gli intimò di partire*; *– la resa* | *– la guerra*, dichiararla; SIN. Comandare, imporre, ingiungere.

intimazióne s. f. **1** Imposizione, ordine, comando perentorio. **2** Mezzo con cui si intima q.c.: *ricevere l'– di guerra.*

intimidatòrio agg. Che tende a impaurire: *discorso –.*

intimidazióne s. f. Atto, parola, minaccia per impaurire qc.

intimidire **A** v. tr. (*io intimidisco, tu intimidisci*) **1** Rendere timido. **2** Incutere timore o spavento: *– qc. con minacce*; SIN. Intimorire. **B** v. intr. e intr. pron. (aus. *essere*) Diventare timido.

intimişmo s. m. Tendenza artistica di chi assume contenuti prevalentemente intimi, personali.

intimista **A** s. m. e f. (pl. m. *-i*) Chi segue l'intimismo. **B** anche agg.

intimìstico agg. (pl. m. *-ci*) Dell'intimismo.

intimità s. f. **1** Carattere, qualità di ciò che è intimo. **2** Luogo, ambiente intimo (*anche fig.*): *nell'– della casa.* **3** spec. al pl. Atti, espressioni confidenziali: *non gradire le – di qc.*

intimo **A** agg. **1** Che è più interno o profondo: *fin nelle intime fibre* | (*est.*) *Biancheria intima*, quella che si indossa direttamente sull'epidermide | *Parti intime*, zone del corpo che per pudore si tengono sempre coperte. **3** Che è situato all'interno dell'animo: *gli affetti intimi* | *La vita intima*, quella spirituale. **4** (*fig.*) Che è più nascosto e segreto: *l'– significato di una poesia.* **5** Che interessa le strutture fondamentali: *intima coesione molecolare.* **6** Detto di persona legata a qc. da rapporti di strettissima amicizia: *amico –* | *Rapporti intimi*, (*euf.*) relazione amorosa. **B** s. m. **1** Parte interna | (*fig.*) Zona più segreta e nascosta dell'animo, della coscienza: *soffrire nell'–.* **2** Persona che ha legami di sangue, di affetto, di amicizia con altra o altre.

intimorìre **A** v. tr. (*io intimorisco, tu intimorisci*) Incutere timore; SIN. Impaurire, intimidire, spaventare. **B** v. intr. pron. Essere preso da timore.

intingere **A** v. tr. (coniug. come *tingere*) Immergere o bagnare leggermente in un liquido: *– i biscotti nel latte.* **B** v. intr. (aus. *avere*) Attingere.

intìngolo s. m. **1** Condimento liquido di una vivanda. **2** (*est.*) Vivanda di carne con salsa | Pietanza gustosa con molto sugo.

intirizzire **A** v. tr. (*io intirizzisco, tu intirizzisci*) Agghiacciare e irrigidire le membra riducendone i movimenti. **B** v. intr. e intr. pron. (aus. *essere*) Perdere parzialmente movimento e sensibilità per il freddo eccessivo.

intitolàre **A** v. tr. (*io intìtolo*) **1** Fornire del titolo un'opera letteraria, teatrale, cinematografica. **2** Dedicare una chiesa, un convento al nome di un patrono | (*est.*) Dedicare una strada, una piazza e sim. a personaggi o fatti illustri: — *una via a Cesare Battisti.* ***B*** *v. intr. pron.* Avere per titolo.

intitolazióne *s. f.* Atto dell'intitolare | Parole, dedica e sim., con cui si intitola q.c.: *l'— di un libro.*

intoccàbile ***A*** *agg.* Che non si può o non si deve toccare. ***B*** *s. m. e f. Gli intoccabili,* in India, i paria.

intolleràbile *agg.* Che non si può o non si deve tollerare; SIN. Insopportabile.

intollerabilità *s. f.* Qualità di ciò che è intollerabile.

intollerànte *agg.* ***1*** Che non può o non vuole tollerare: *stomaco — di cibo* | Insofferente, impaziente: *persona — di indugi.* ***2*** Che non accetta opinioni diverse dalle proprie: *monarchico —.* • CONTR. Tollerante.

intolleranza *s. f.* ***1*** L'essere intollerante. ***2*** Abnorme reazione dell'organismo verso un alimento, un farmaco o un agente fisico. • SIN. Insofferenza; CONTR. Tolleranza.

intonacàre *v. tr.* (*io intònaco, tu intònachi*) Rivestire d'intonaco: *— un muro.*

intonacatùra *s. f.* Atto dell'intonacare | Intonaco.

intònaco *s. m.* (*pl. ci o -chi*) Strato di malta, di piccolo spessore, con cui si ricoprono, per finitura, le superfici di muri e soffitti.

intonàre ***A*** *v. tr.* (*io intòno*) ***1*** Dare il giusto tono a uno strumento, alle note da suonarsi, da cantarsi e sim. ***2*** Cantare senza stonare | Prendere il tono giusto | *— un do, un la,* farli del tono stabilito. ***3*** Mettere in accordo più voci o più strumenti su una nota fondamentale | (*fig.*) Accordare, armonizzare: *— la borsa al vestito.* ***4*** Cominciare a cantare le prime parole o a suonare le prime note di un pezzo musicale, spec. per dare l'avvio ad altri: *— il Te Deum* | (*est., fig.*) Incominciare a parlare con tono solenne: *— un discorso.* ***B*** *v. intr. pron.* Essere in tono, armonizzare.

intonazióne *s. f.* ***1*** Conferimento del giusto tono a uno strumento e sim. | (*fig.*) Disposizione armonica spec. di forme, colori e sim. ***2*** Esecuzione esatta dell'altezza dei suoni. ***3*** Suono per accordare gli strumenti. ***4*** Modulazione della voce nel pronunciare le parole | Inflessione: *— ironica.*

intònso *agg.* ***1*** (*lett.*) Non tosato: *chiome intonse.* ***2*** (*fig.*) Di libro cui non sono state ancora tagliate le pagine.

intontiménto *s. m.* Offuscamento delle capacità psichiche | Stato di stordimento, stupore e sim.

intontìre ***A*** *v. tr.* (*io intontìsco, tu intontìsci*) Stordire, far diventare stanco, frastornato o come stupido. ***B*** *v. intr. e intr. pron.* (*aus. essere*) Diventare tonto, frastornato o come stupido.

intoppàre ***A*** *v. tr.* (*io intòppo*) (*raro*) Urtare | (*est., raro*) Incontrare in modo inaspettato: *— un creditore.* ***B*** *v. intr. e intr. pron.* (*aus. essere* nel sign. 1, *avere* nel sign. 2) ***1*** Andare a urtare (*anche fig.*): *la nave intoppò in uno scoglio; — in una difficoltà.* ***2*** (*tosc.*) Avere difficoltà di pronuncia.

intòppo *s. m.* (*raro*) Urto | Ostacolo, impedimento | Difficoltà: *creare intoppi a qc.*

intorbidamènto *s. m.* Riduzione allo stato di torbido | (*fig.*) Turbamento, offuscamento.

intorbidàre ***A*** *v. tr.* (*io intórbido*) ***1*** Fare diventare torbido. ***2*** (*fig.*) Turbare, sconvolgere: *— un'amicizia* | *— le acque,* (*fig.*) provocare disordini e agitazioni. ***3*** (*fig.*) Confondere, offuscare, spec. detto dei sensi e dello spirito. ***B*** *v. intr. e intr. pron.* (*aus. essere*) ***1*** Diventare torbido. ***2*** (*fig.*) Diventare confuso.

intórno ***A*** *avv.* In giro, nello spazio, nei luoghi circostanti: *volgere lo sguardo —; stanno tutti lì —.* ***B*** *nella loc. prep. — a* ***1*** Attorno a: *non voglio nessuno — a me; la Terra gira — al Sole.* ***2*** Riguardo, sull'argomento di: *uno scritto — alle origini della lingua italiana; lavorare — a un quadro.* ***3*** Circa: *l'ha pagato — a un milione* | Verso: *— a Pasqua.* ***C*** *in funzione di agg. inv.* Circostante: *i paesi, le province —.*

intorpidiménto *s. m.* Attenuazione della prontezza dei movimenti e della sensibilità | (*est.*) Offuscamento mentale, infiacchimento e sim.

intorpidire ***A*** *v. tr.* (*io intorpidisco, tu intorpidisci*) ***1*** Rendere torpido. ***2*** (*fig.*) Fare diventare lento, tardo. ***B*** *v. intr. e intr. pron.* (*aus. essere*) ***1*** Diventare torpido. ***2*** (*fig.*) Diventare fiacco, inerte: *— nell'ozio.*

intòrto *agg.* (*lett.*) Attorto | (*est.*) Piegato, contorto.

intossicàre ***A*** *v. tr.* (*io intòssico, tu intòssichi*) ***1*** Sottoporre all'azione di tossici: *— il sangue* | Provocare intossicazioni. ***2*** (*fig.*) Turbare, depravare. ***B*** *v. rifl.* Avvelenarsi: *intossicarsi col fumo.*

intossicàto *part. pass. di intossicare; anche agg. e s. m.* (*f. -a*) Colpito da intossicazione.

intossicazióne *s. f.* (*med.*) Stato morboso causato da sostanze lesive dell'organismo.

intra- *pref.*: in parole composte spec. scientifiche significa 'dentro', 'nell'interno': *intramuscolare, intradosso, intravedere.*

intracerebràle *agg.* Che è nell'interno del cervello.

intradèrmico *agg.* (*pl. m. -ci*) (*med.*) Che è nello spessore del derma.

intradòsso *s. m.* ***1*** (*arch.*) Superficie inferiore concava dell'arco o della volta. [→ ill. *architettura*] ***2*** (*est.*) Vano interno di porta o finestra.

intraducibile *agg.* Che non si può tradurre; CONTR. Traducibile.

intralciàre ***A*** *v. tr.* (*io intràlcio*) Ostacolare, rendere più complesso, difficile; SIN. Imbarazzare, imbrogliare, impacciare, impedire. ***B*** *v. rifl. rec.* Impacciarsi, ostacolarsi.

intràlcio *s. m.* Ostacolo, impedimento: *creare intralci, essere d'—, a qc.; provocare intralci al commercio.*

intrallazzàre *v. intr.* (*aus. avere*) Fare intrallazzi.

intrallazzatóre *s. m.* (*f. -trìce*) Chi intrallazza.

intrallàzzo *s. m.* ***1*** Traffico illecito di beni o favori | Intrigo politico basato sullo scambio di favori con voti. ***2*** (*est.*) Attività equivoca.

intramezzàre *v. tr.* (*io intramèzzo*) Mettere in mezzo.

intramontàbile *agg.* ***1*** Imperituro, eterno. ***2*** (*est.*) Che non perde la propria abilità, capacità e sim. malgrado il trascorrere degli anni: *attrice —.*

intramuscolàre *agg.* Che è nell'interno del muscolo | Che si pratica nello spessore del muscolo: *iniezione —.*

intransigènte *agg.* Che non transige e non accetta compromessi: *giudice —* | Che è irremovibile nelle proprie idee.

intransigènza *s. f.* Qualità di intransigente.

intransitàbile *agg.* Detto di strada, via o valico attraverso i quali è impossibile transitare; CONTR. Transitabile.

intransitabilità *s. f.* L'essere intransitabile.

intransitivo *agg.* Detto di verbo che non ha bisogno di un complemento perché l'azione si compia; CONTR. Transitivo.

intrappolàre *v. tr.* (*io intràppolo*) Prendere nella trappola | (*fig.*) Truffare, imbrogliare.

intraprendènte *part. pres. di intraprendere; anche agg.* Che ha attitudine e prontezza nel progettare e realizzare imprese o attività: *è — con le donne.*

intraprendènza *s. f.* Spirito d'iniziativa | Audace risolutezza.

intraprèndere *v. tr.* (*coniug. come prendere*) Dare inizio a un'attività, spec. impegnativa: *— un'opera di riforma.*

intrasferìbile *agg.* Che non si può trasferire: *valuta —;* CONTR. Trasferibile.

intratellùrico *agg.* (*pl. m. -ci*) Interno alla crosta terrestre.

intrattàbile *agg.* Di persona con carattere scontroso e irascibile | Non trattabile: *prezzo —;* CONTR. Trattabile.

intrattenère ***A*** *v. tr.* (*coniug. come tenere*) Far trascorrere a qc. il tempo in modo gradevole, spec. parlando. ***B*** *v. intr. pron.* ***1*** Trascorrere il tempo con qc. in modo piacevole: *intrattenersi con gli amici.* ***2*** Soffermarsi a parlare: *intrattenersi su un argomento.*

intratteniménto *s. m.* ***1*** Attività, circostanza dell'intrattenere e dell'intrattenersi. ***2*** (*est.*) Divertimento, passatempo.

intravedére *v. tr.* (*coniug. come vedere*) ***1*** Vedere in modo incerto e confuso; SIN. Scorgere. ***2*** (*fig.*) Presagire: *— la verità.*

intrecciàre ***A*** *v. tr.* (*io intréccio*) ***1*** Unire in treccia: *— i capelli* | *— le mani,* congiungerle incrociando le dita | *— le maglie,* accavallarle, lavorando ai ferri. ***2*** (*est.*) Intessere (*anche fig.*): *— una ghirlanda di fiori; — danze* | (*fig.*) *— le fila di una congiura,* ordirla. ***B*** *v. rifl. rec.* Incrociarsi.

intrecciatùra *s. f.* ***1*** Lavoro dell'intrecciare. ***2*** Sistema, modo di intrecciare.

intréccio *s. m.* ***1*** Operazione dell'intrecciare. ***2*** Complesso di oggetti intrecciati. ***3*** Disposizione complessiva dei fili di ordito e di trama in un tessuto. ***4*** (*fig.*) Complesso di eventi e casi che costituiscono la trama di romanzi, drammi, film e sim.

intrepidézza *s. f.* Qualità di chi è intrepido.

intrèpido *agg.* Che affronta impavido i rischi e le prove più gravi; SIN. Audace, impavido.

intricàre **A** *v. tr.* (*io intrìco, tu intrìchi*) (*lett.*) Avviluppare, intrecciare senz'ordine: — *le corde* | Complicare. **B** *v. intr. pron.* (*lett.*) Imbrogliarsi, confondersi (*anche fig.*).

intrìco *s. m.* (*pl. -chi*) Groviglio, viluppo (*anche fig.*); SIN. Garbuglio.

intrìdere *v. tr.* (*pass. rem. io intrìsi, tu intridésti; part. pass. intrìso*) Inzuppare in un liquido sostanze solide: — *la farina di acqua*; SIN. Impregnare.

intrigànte **A** *part. pres. di intrigare; anche agg.* Che intriga. **B** *s. m. e f.* Chi si impiccia dei fatti altrui o cerca di danneggiare qc. con intrighi.

intrigàre **A** *v. tr.* (*io intrìgo, tu intrìghi; aus. avere*) Affascinare, interessare stuzzicando la curiosità. **B** *v. intr.* Fare imbrogli e raggiri per trarne illecito vantaggio con danno altrui: — *per ottenere un aumento*; SIN. Macchinare. **C** *v. intr. pron.* (*fam.*) Impicciarsi, intromettersi in q.c.: *intrigarsi dei fatti altrui.*

intrìgo *s. m.* (*pl. -ghi*) **1** Modo scorretto e sleale usato per conseguire uno scopo; SIN. Congiura, macchinazione. **2** Impiccio, situazione imbrogliata.

intrìnseco *agg.* (*pl. m. -ci*) **1** Che è inerente e partecipe all'intima composizione di q.c.: *forza intrinseca* | *Valore* —, che prescinde dalle apparenze reali; CONTR. Estrinseco. **2** Intimo, stretto: *amico* —.

intrìso **A** *part. pass. di intridere; anche agg.* Inzuppato. **B** *s. m.* Impasto di farina o crusca con acqua.

intristìre *v. intr.* (*io intristisco, tu intristisci; aus. essere*) Perdere freschezza e vigore | Deperire.

intro- *pref.*: in parole composte dotte significa 'dentro' e indica movimento verso l'interno, penetrazione: *introdurre, intromettersi, introverso.*

introdótto *part. pass. di introdurre; anche agg.* **1** Condotto, messo dentro | (*fig.*) Immesso, iniziato. **2** Esperto, istruito: — *nella casistica.* **3** Che dispone di molte aderenze, conoscenze: *è* — *negli ambienti commerciali.*

introducìbile *agg.* Che si può o si deve introdurre.

introdùrre **A** *v. tr.* (*pres. io introdùco, tu introdùci; imperf. io introducévo; pass. rem. io introdùssi, tu introducésti; fut. io introdurrò; congv. pres. io introdùca; congv. imperf. io introducéssi; condiz. pres. io introdurrèi, tu introdurrésti; imp. pres. introdùci tu; part. pres. introducènte; ger. introducèndo; part. pass. introdótto*) **1** Far penetrare, mettere dentro: — *la chiave nella toppa* | (*est.*) Importare: — *merci di contrabbando.* **2** Far entrare: *il maggiordomo introdusse gli invitati* | (*est.*) Presentare a qc.: *mi introdusse dal ministro* | — *in società*, portarvi qc., spec. per la prima volta. **3** Mettere in uso: — *vocaboli nuovi.* **4** (*fig.*) Iniziare: — *qc. nella filosofia* | (*fig.*) Avviare: — *qc. all'esercizio di una professione.* **B** *v. intr. pron.* Penetrare in un luogo senza esservi chiamato o furtivamente.

introduttìvo *agg.* Atto a introdurre, che prepara o predispone: *discorso* —.

introduttóre *s. m.* (*f. -trìce*) Chi introduce: *l'*— *di una novità.*

introduzióne *s. f.* **1** Inserimento dentro q.c.: — *del cibo nell'esofago* | Immissione, importazione: — *di nuove usanze* | Istituzione: — *di una nuova moda* | Penetrazione, spec. furtiva, in un luogo. **2** Presentazione in un luogo a carattere più o meno solenne: *l'*— *di qc. in società.* **3** Ciò che si dice o si scrive all'inizio di un discorso o di un'opera: *l'*— *del Decamerone* | Trattato introduttivo: — *alla logica* | Avviamento, guida: — *alla pratica contabile.* **4** (*mus.*) Brano premesso a una composizione musicale.

introflessióne *s. f.* (*med.*) Ripiegamento in dentro di un organo o di una sua parte.

introflèttersi *v. rifl.* (*coniug. come flettere*) (*raro*) Ripiegarsi in dentro.

introiezióne *s. f.* (*psicol.*) Meccanismo mentale inconscio mediante il quale atteggiamenti appartenenti ad altre persone vengono accolti nel proprio io.

introitàre *v. tr.* (*io intròito*) (*bur.*) Incassare.

intròito *s. m.* **1** Prima parte della Messa cattolica. **2** Entrata di denaro; SIN. Incasso.

introméttere **A** *v. tr.* (*coniug. come mettere*) (*raro*) Mettere dentro o in mezzo. **B** *v. rifl.* **1** Ingerirsi, impicciarsi: *intromettersi in cose che non ci riguardano.* **2** Porsi in mezzo a persone che sono in lite, come paciere.

intromissióne *s. f.* **1** (*raro*) Intervento in un litigio, spec. come paciere. **2** Ingerenza.

intronàre **A** *v. tr.* (*io intròno*) Assordare con rumori eccessivi: — *gli orecchi* | Stordire. **B** *v. intr.* (*aus. avere, raro essere*) **1** (*raro*) Rintronare: *la grotta intronava di colpi.* **2** (*raro*) Rimanere stordito.

introspettìvo *agg.* Dell'introspezione.

introspezióne *s. f.* (*psicol.*) Osservazione delle proprie azioni o dei propri contenuti mentali.

introvàbile *agg.* Che non si può o non si riesce a trovare; SIN. Irreperibile.

introversióne *s. f.* Atteggiamento psicologico di prevalente interesse alla propria interiorità e soggettività; CONTR. Estroversione.

introvèrso **A** *agg.* Caratterizzato da introversione. **B** *s. m.* (*f. -a*) Persona introversa. ● CONTR. Estroverso.

introvertìto *agg.* Introverso.

intrùdere **A** *v. tr.* (*pass. rem. io intrùsi, tu intrudésti; part. pass. intrùso*) (*lett.*) Introdurre o inserire a forza o indebitamente. **B** *v. intr. pron.* (*lett.*) Intromettersi senza esserne richiesto: *intrudersi in una famiglia.*

intrufolàre **A** *v. tr.* (*io intrùfolo*) Introdurre, infilare di nascosto: — *una mano nella cesta.* **B** *v. rifl.* Infilarsi o introdursi di nascosto: *si intrufolò tra gli invitati.*

intrugliàre **A** *v. tr.* (*io intrùglio*) **1** Mescolare malamente più cose, spec. liquidi, traendone un insieme disgustoso | *Intrugliarsi lo stomaco*, guastarselo. **2** (*fig.*) Ingarbugliare, imbrogliare: — *un discorso.* **B** *v. rifl.* **1** Insudiciarsi, sbrodolarsi. **2** (*fig.*) Intromettersi in cose poco convenienti.

intrùglio *s. m.* **1** Sgradevole miscuglio di vari elementi. **2** (*fig.*) Imbroglio, intrallazzo.

intrusióne *s. f.* **1** Introduzione, intromissione indebita, arbitraria e sim. **2** (*geol.*) Azione con cui un magma è penetrato e si è consolidato entro la crosta terrestre.

intrusìvo *agg.* (*geol.*) Di intrusione.

intrùso **A** *part. pass. di intrudere; anche agg.* (*raro*) Introdotto. **B** *s. m.* (*f. -a*) Estraneo insinuatosi in modo arbitrario o illecito.

intuìbile *agg.* Che si può intuire.

intuibilità *s. f.* Qualità di ciò che è intuibile.

intuìre *v. tr.* (*io intuìsco, tu intuìsci*) Vedere prontamente con l'intelletto, senza necessità di ragionamento o prove: — *una legge scientifica* | (*est.*) Accorgersi, rendersi conto: *intuì di non avere scampo.*

intuitività *s. f.* Qualità di ciò che è intuitivo.

intuitìvo *agg.* **1** Dell'intuito o dell'intuizione: *doti intuitive.* **2** Che si capisce o s'intuisce facilmente: *verità intuitiva.*

intùito *s. m.* **1** Conoscenza immediata di q.c. senza intervento della riflessione: *sapere q.c. per* —. **2** Intelligenza acuta e pronta; SIN. Prontezza.

intuizióne *s. f.* Attitudine naturale a conoscere l'intima essenza delle cose senza dover ricorrere al ragionamento.

intuizionìsmo *s. m.* Dottrina filosofica secondo la quale soltanto l'intuizione permette di cogliere la realtà assoluta.

intuizionìsta *s. m. e f.* (*pl. m. -i*) Chi segue l'intuizionismo.

intumescènte *agg.* (*med.*) Che ha tendenza a gonfiarsi.

intumescènza *s. f.* **1** (*med.*) Gonfiore. **2** (*bot.*) Escrescenza patologica che si forma sulla superficie dei vegetali.

inturgidiménto *s. m.* Acquisizione di un aspetto turgido | Stato di ciò che è turgido.

inturgidìre *v. intr. e intr. pron.* (*io inturgidisco, tu inturgidisci; aus. essere*) Diventare turgido, gonfio.

inùlto *agg.* (*lett.*) Non vendicato, impunito.

inumanità *s. f.* Mancanza di umanità; SIN. Crudeltà.

inumàno *agg.* **1** Crudele, feroce, spietato | Che non ha sentimenti umani: *tiranno* —. **2** Che manca di umanità: *pena inumana* | (*est.*) Superiore alle capacità umane: *sforzo* —. ● CONTR. Umano.

inumàre *v. tr.* Seppellire, sotterrare: — *un cadavere.*

inumazióne *s. f.* Nei riti funebri, seppellimento di cadaveri.

inumidiménto *s. m.* Atto dell'inumidire | Acquisizione di

umidità.
inumidìre **A** *v. tr.* (*io inumidisco, tu inumidisci*) Rendere umido spruzzando acqua | *Inumidirsi le labbra*, passarvi sopra la lingua o bere un poco | – *i panni*, spruzzarli d'acqua per poi stirarli. **B** *v. intr. pron.* Diventare umido.
inurbaménto *s. m.* Fenomeno per cui gruppi di individui si trasferiscono stabilmente dalla campagna nei grandi centri abitati.
inurbanità *s. f.* Mancanza di urbanità; SIN. Scortesia.
inurbàno *agg.* Incivile, scortese, rozzo.
inurbàrsi *v. intr. pron.* **1** Venire dalla campagna a vivere in città. **2** (*fig.*, *lett.*) Farsi cittadino nei modi.
inuṣàto *agg.* (*lett.*) Insolito, inusitato.
inuṣitàto *agg.* Che non rientra nell'uso comune, che è al di fuori della normalità; SIN. Inconsueto, insolito; CONTR. Usitato, usuale.
inùtile *agg.* **1** Che non serve, non produce effetto: *rimedio* –; SIN. Inefficace; CONTR. Utile. **2** Superfluo, vano, sterile: *è – che vi diate tanto da fare.*
inutilità *s. f.* Mancanza di utilità; CONTR. Utilità.
inutilizẓàbile *agg.* Che non si può utilizzare; CONTR. Utilizzabile.
inutilizẓàre *v. tr.* (*coniug. come utilizzare*) Rendere inutile o inservibile: – *un'arma.*
inutilizẓàto *part. pass. di inutilizzare; anche agg.* Non utilizzato.
inutilménte *avv.* Invano | Senza utilità.
invacchìre *v. intr.* (*io invacchisco, tu invacchisci; aus. essere*) **1** Andare in vacca, cioè a male, detto dei bachi da seta che si gonfiano e ingialliscono, per poi morire. **2** (*est.*, *pop.*) Diventare grasso e floscio.
invadènte *part. pres. di invadere; anche agg. e s. m. e f.* Che (o chi) si occupa troppo di ciò che non lo riguarda o si intromette nelle faccende altrui.
invadènza *s. f.* L'essere invadente.
invàdere *v. tr.* (*pass. rem. io invàṣi, tu invadésti; part. pass. invàṣo*) **1** Occupare un luogo con la forza o in gran numero (*anche fig.*): *l'esercito invase l'intera regione*; *le cavallette invadono i campi* | Contagiare: *l'Europa fu invasa dall'epidemia.* **2** (*fig.*) Attribuirsi illegittimamente q.c.: – *la giurisdizione di qc.*
invaghìre **A** *v. tr.* (*io invaghisco, tu invaghisci*) (*lett.*) Innamorare. **B** *v. intr. pron.* Accendersi di desiderio, di amore per qc. o per q.c.: *invaghirsi di una fanciulla*; SIN. Incapricciarsi, innamorarsi.
invalére *v. intr.* (*coniug. come valere; aus. essere; oggi dif. usato solo nelle terze pers. sing. e pl. e nel part. pass. invàlso*) Acquistare forza | Prendere piede, affermarsi: *una moda che è invalsa dieci anni fa.*
invalicàbile *agg.* Che è impossibile o difficile valicare | (*fig.*) Insuperabile: *difficoltà* –.
invalidàbile *agg.* Che si può invalidare.
invalidàre *v. tr.* (*io invàlido*) **1** Rilevare dinanzi all'autorità competente l'invalidità di un atto: – *un testamento.* **2** (*est.*) Dimostrare privo di valore.
invalidazióne *s. f.* Rilevazione, dichiarazione d'invalidità: – *di un contratto.*
invalidità *s. f.* **1** Mancanza di validità: *l'– di una tesi.* **2** Qualità di un atto che non possiede tutti i requisiti di legge. **3** Inattitudine al lavoro conseguente a gravi malattie, infortuni e sim. | Condizione giuridica di chi è invalido: *assicurazione per l'– e la vecchiaia.*
invàlido **A** *agg.* **1** Che non può svolgere un'attività lavorativa a causa dell'età, di malattia o di infortunio: *un vecchio* –. **2** (*dir.*) Che non è valido: *contratto* –. **B** *s. m.* (*f. -a*) Persona invalida.
invallàrsi *v. intr. pron.* Scorrere in una valle: *il fiume s'invalla.*
invàlso *part. pass. di invalere; anche agg.* Venuto in uso.
invàno *avv.* Senza effetto o profitto, inutilmente: *affaticarsi, lottare* –.
invariàbile *agg.* **1** Che non subisce variazioni: *temperatura* –; SIN. Costante. **2** Detto di parola che non subisce mutazioni nella sua forma. ● CONTR. Variabile.
invariabilità *s. f.* L'essere invariabile.
invariantìvo *agg.* Che non varia | (*mat.*) *Proprietà invariantiva della sottrazione*, per cui non cambia il resto aggiungendo ai due termini lo stesso numero.
invariàto *agg.* Che non ha subito variazioni: *prezzo* –; SIN. Inalterato.
invaṣaménto *s. m.* Infatuazione, esaltazione.
invaṣàre (1) **A** *v. tr.* Turbare così profondamente da impedire atti ragionati e volontari: *essere invasato dal demonio.* **B** *v. intr. pron.* (*raro*) Diventare maniaco di qc. o q.c.: *invasarsi della politica.*
invaṣàre (2) *v. tr.* Mettere in vaso, spec. piante.
invaṣàto *part. pass. di invasare* (1); *anche agg. e s. m.* (*f. -a*) Che (o chi) è spiritualmente posseduto, ossessionato da qc. o q.c.: – *dalla furia*; SIN. Ossesso.
invaṣatùra *s. f.* **1** Sistemazione in un vaso, spec. di piante. **2** (*mar.*) Travata commessa in modo da formare il letto sul quale il bastimento si adagia e sta fermo in cantiere.
invaṣióne *s. f.* **1** Occupazione di un territorio. **2** Inondazione: *l'– delle acque.* **3** (*fig.*) Contagio dilagante | (*fig.*) Diffusione massiccia: – *di prodotti giapponesi.*
invàṣo (1) *part. pass. di invadere; anche agg.* Occupato | Contagiato | (*fig.*) Pervaso.
invàṣo (2) *s. m.* **1** Invasatura di una pianta. **2** Capacità utilizzabile di un serbatoio idrico. [→ ill. *diga*]
invaṣóre **A** *s. m.* (*come f. invaditrice*) Chi invade. **B** *anche agg.*
invecchiaménto *s. m.* **1** Processo per cui l'organismo umano, e gener. ogni organismo vivente, con l'avanzare degli anni perde vigore, freschezza e sim. | (*fig.*) Diminuzione o perdita di validità, efficienza e sim. **2** Modificazione nella struttura di una sostanza. **3** Maturazione del vino.
invecchiàre **A** *v. intr.* (*io invècchio; aus. essere*) **1** Diventare vecchio | (*est.*) Perdere in freschezza e vigore, sfiorire. **2** (*fig.*) Passare di moda. **B** *v. tr.* Far diventare vecchio | Far sembrare vecchio: *la barba invecchia chi la porta.*
invéce **A** *avv.* Al contrario: *credi di avere ragione e – hai torto.* **B** *nella loc. prep.* – *di* In luogo di, al posto di: *sono venuto – di mio fratello.*
inveìre *v. intr.* (*io inveisco, tu inveisci; aus. avere*) Rivolgersi contro qc. o q.c., scagliando rimproveri o ingiurie: – *contro i falsi amici.*
invelenìre **A** *v. tr.* (*io invelenisco, tu invelenisci*) Rendere qc. astioso, aspro. **B** *v. intr. e intr. pron.* (*aus. essere*) Irritarsi, arrabbiarsi | Accanirsi con odio, rancore: *invelenì contro di lui.*
invendìbile *agg.* Che non si può o non si deve vendere; CONTR. Vendibile.
invendùto *agg.* Che non è stato venduto.
inventàre *v. tr.* (*io invènto*) **1** Escogitare col proprio ingegno q.c. di nuovo: – *la bussola*; – *un nuovo sistema di vendita*; SIN. Scoprire. **2** Creare q.c. con la propria fantasia, spec. a scopi artistici: – *nuovi accostamenti di colore* | (*est.*) Ideare cose strambe, originali: *ne inventa di tutti i colori*; SIN. Ideare. **3** Pensare, dire, cose inesistenti nella realtà: – *pericoli, notizie, pettegolezzi* | (*fig.*) – *q.c. di sana pianta*, senza il minimo nesso con la realtà.
inventariàre *v. tr.* (*io inventàrio*) Registrare in un inventario.
inventàrio *s. m.* **1** Rilevazione, generalmente periodica, della quantità, del valore e delle caratteristiche di determinati beni: *fare l'–*; – *dei libri.* **2** Registro dei beni inventariati. **3** (*fig.*) Enumerazione arida e noiosa: *mi ha fatto l'– delle sue malattie.*
inventìva *s. f.* Fantasia ricca e fertile, potenza immaginativa e creativa.
inventìvo *agg.* **1** Di invenzione: *estro* – | Che ha capacità di inventare: *ingegno* –. **2** Che proviene dalla fantasia.
inventóre **A** *agg.* (*f. -trice*) Che inventa, che è ricco di inventiva. **B** *s. m.* Chi realizza un'invenzione; SIN. Ideatore.
invenzióne *s. f.* **1** Ideazione, scoperta di q.c. di nuovo: *l'– del radar.* **2** Ciò che è stato inventato, spec. scoperta tecnica suscettibile di applicazione industriale: *brevettare un'–.* **3** Creazione della fantasia: – *poetica*; SIN. Immaginazione. **4** (*est.*) Notizia o chiacchiera inventata; SIN. Bugia.
inverdìre **A** *v. tr.* (*io inverdisco, tu inverdisci*) Rendere verde. **B** *v. intr. e intr. pron.* (*aus. essere*) Diventare verde.
inverecóndia *s. f.* Mancanza di verecondia, di pudore o di modestia; SIN. Impudicizia, spudoratezza.

inverecóndo *agg.* Privo di verecondia; SIN. Impudico, spudorato.
inverminìre *v. intr. e intr. pron.* (*io inverminisco, tu inverminisci; aus. essere*) **1** Riempirsi di vermi. **2** Imputridirsi.
invernàle *agg.* Dell'inverno | Che avviene o si fa d'inverno: *sport invernali.*
invernàta *s. f.* Durata di un inverno.
inverniciàre *v. tr.* (*io invernicio*) Verniciare.
inverniciatùra *s. f.* **1** Operazione dell'inverniciare | Strato di vernice applicato. **2** (*fig.*) Falsa apparenza, strato superficiale che inganna: *un'— di civiltà.*
invèrno *s. m.* Stagione dell'anno che dura dal 22 dicembre al 21 marzo. [→ ill. *astronomia*]
invéro *avv.* (*lett.*) In verità, davvero: *è un quadro — bello.*
inverosimigliànza *s. f.* **1** L'essere inverosimile. **2** *spec. al pl.* Cosa inverosimile.
inverosìmile *agg.* **1** Che non ha apparenza di vero, di reale; SIN. Incredibile; CONTR. Verosimile. **2** (*est.*) Strano, assurdo, inaudito.
inversióne *s. f.* **1** Mutamento di direzione in senso contrario al precedente: *— di marcia* | *— di tendenza,* mutamento di un fenomeno spec. politico e sociale in senso radicalmente opposto al precedente | *— termica,* fenomeno atmosferico per cui la temperatura aumenta dal basso all'alto | *— sessuale,* tendenza ad assumere le caratteristiche e il ruolo propri del sesso opposto | Disposizione in senso contrario o diverso dal precedente: *— dell'ordine delle parole*; SIN. Capovolgimento. **2** (*chim.*) Processo per cui alcuni zuccheri polisaccaridi si scindono in zuccheri più semplici, monosaccaridi.
invèrso A *agg.* **1** Volto o posto in contrario, rispetto a una posizione normale: *ordine —* | *In senso —,* in direzione opposta | *Costruzione inversa,* disposizione delle parole, nel periodo, contraria alla regola. **2** (*mat.*) Detto di un numero tale che, moltiplicato per un altro dato, dia 1 come risultato: *il numero — di 3 è 1/3*; SIN. Opposto. **B** *s. m.* Ciò che è opposto o contrario: *fa l'— di quello che dovrebbe.*
inversóre *s. m.* Dispositivo che inverte il senso di movimento, di rotazione e sim., di q.c.
invertebràto A *agg.* Detto di animale privo di scheletro interno e di colonna vertebrale; CONTR. Vertebrato. **B** *anche s. m.*
invertìbile *agg.* **1** Che si può invertire. **2** Detto di macchina elettrica che può funzionare sia come generatore sia come motore. **3** (*fot.*) Detto di negativa la cui emulsione sensibile permette di trasformarla in positiva.
invertìre *v. tr.* (*pres. io invèrto, tu invèrti; pass. rem. io invertìi*) **1** Volgere nel senso contrario: *— la marcia, il cammino.* **2** Cambiare di posto per ottenere un ordine diverso dai precedenti: *— la disposizione degli invitati* | *— le parti,* fare quello che spetterebbe ad un altro; SIN. Capovolgere, rovesciare.
invertito A *part. pass. di invertire; anche agg.* Volto o disposto in senso contrario. **B** *agg.; anche s. m.* Detto di chi manifesta inversione sessuale.
invertitóre *s. m.* (*mecc.*) Organo che cambia la direzione di moto o di azione di una forza.
invescàre A *v. tr.* (*io invésco, tu invéschi*) (*lett.*) Invischiare, impaniare. **B** *v. intr. pron.* (*lett., fig.*) Innamorarsi.
investìbile *agg.* Che si può investire.
investigàbile *agg.* Che si può investigare.
investigàre *v. tr.* (*io invèstigo o investigo, tu invèstighi*) Cercare, indagare con cura per scoprire o venire a sapere q.c.: *— la causa di un fatto* | ass. Svolgere indagini: *la polizia investiga*; SIN. Indagare.
investigativo *agg.* Che tende o è atto ad investigare | *Agente —,* agente di Pubblica Sicurezza qualificato per svolgere indagini su crimini.
investigatóre *s. m.* (*f. -trìce*) Chi compie ricerche, investigazioni | *— privato,* chi, in possesso di licenza, svolge indagini per incarico di privati.
investigazióne *s. f.* Ricerca meticolosa e profonda | Indagine.
investiménto *s. m.* **1** Urto violento, scontro: *essere vittima di un —* | Aggressione, assalto (*anche fig.*). **2** Impiego di denaro in attività finanziarie, titoli e sim. per averne un utile.
investìre A *v. tr.* (*io invèsto*) **1** Concedere il possesso d'un feudo, il godimento d'un beneficio, d'una dignità e sim.: *— qc. di una carica, di un titolo.* **2** Incaricare di un compito specifico: *una commissione è stata investita delle indagini.* **3** Impiegare capitali finanziari o risorse tecniche o umane in un'impresa al fine di conseguire un utile. **4** Urtare, andando addosso con violenza: *— un passante con l'automobile* | Aggredire, assalire (*anche fig.*): *— qc. con ingiurie.* **B** *v. rifl. rec.* Urtarsi l'un l'altro: *le navi si investirono a causa della nebbia* | Assalirsi, ferirsi. **C** *v. rifl.* Appropriarsi un titolo: *s'investì del potere regale* | *Investirsi di una parte,* rappresentare bene il personaggio, la situazione.
investitóre A *s. m.* (*f. -trice*) **1** Chi è causa di un investimento stradale. **2** Chi compie un investimento di capitali. **B** *anche agg.*
investitùra *s. f.* Concessione di un feudo, di una carica, di un diritto e sim., spec. mediante atto o cerimonia solenne: *— ecclesiastica.*
inveteràto *agg.* Che è divenuto così abituale da essere difficilmente correggibile: *vizio —.*
invetriàta *s. f.* Vetrata.
invetriàto *agg.* Rivestito di una superficie vitrea.
invettìva *s. f.* Parola o discorso violento e aggressivo destinato a denunciare, criticare q.c. o qc.; SIN. Filippica.
inviàbile *agg.* Che si può inviare.
inviàre *v. tr.* (*io invìo*) Mandare, spedire, indirizzare.
inviàto A *part. pass. di inviare; anche agg.* Mandato, spedito. **B** *s. m.* (*f. -a*) Chi viene mandato da un governo, un ente e sim., in un luogo con l'incarico di svolgere compiti particolari: *— d'affari* | *— speciale,* giornalista mandato in una località perché riferisca su avvenimenti di grande importanza.
invìdia *s. f.* **1** Sentimento di rancore e di astio per la fortuna, la felicità o le qualità altrui | *Portare — a qc., sentire — per qc.,* invidiarlo | *Essere degno d'—,* invidiabile, molto felice o fortunato; SIN. Livore. **2** Senso di ammirazione per i beni o le qualità altrui: *ha una salute che fa —.*
invidiàbile *agg.* Che desta invidia, che merita d'essere invidiato: *fortuna —.*
invidiàre *v. tr.* (*io invìdio*) Considerare con invidia: *— qc. per la sua gloria* | *Non avere nulla da — a nessuno,* poter essere contento di sé. [→ tav. *proverbi* 263]
invidióso A *agg.* Che sente invidia, pieno d'invidia | Che esprime invidia: *occhiata invidiosa.* **B** *s. m.* (*f. -a*) Persona invidiosa.
invido *agg.; anche s. m.* (*f. -a*) (*lett.*) Invidioso.
invilìre A *v. tr.* (*io invilisco, tu invilisci*) **1** Ridurre in uno stato di prostrazione e smarrimento. **2** Rendere debole, fiacco. **B** *v. intr. e intr. pron.* (*aus. essere*) Diminuire di pregio.
inviluppàre A *v. tr.* **1** Avvolgere più volte in q.c.: *— qc. nelle bende.* **2** (*fig.*) Intrigare in difficoltà, impacci e sim.; SIN. Irretire. **B** *v. rifl.* Avvolgersi più volte in q.c.
invilùppo *s. m.* **1** Intrico che avvolge. **2** Ciò che è inviluppato.
invincìbile *agg.* **1** Che non si può vincere, sconfiggere: *esercito —*; SIN. Imbattibile. **2** (*fig.*) Che non si può superare: *ostacolo —*; SIN. Insormontabile.
invincibilità *s. f.* L'essere invincibile.
invìo *s. m.* **1** Atto dell'inviare. **2** Insieme di merci spedite in una sola volta. • SIN. Spedizione.
inviolàbile *agg.* **1** Che non si può o non si deve violare: *principio —.* **2** (*raro*) Che gode dell'immunità: *la persona del Capo dello Stato è —.*
inviolabilità *s. f.* Qualità di inviolabile.
inviolàto *agg.* Che non ha subito violazioni di sorta.
inviperìre *v. intr. e intr. pron.* (*io inviperisco, tu inviperisci; aus. essere*) Diventare cattivo come una vipera, irritarsi oltremodo.
invischiàre A *v. tr.* (*io invischio*) **1** Spalmare di vischio. **2** Prendere col vischio: *— uccelli.* **3** (*fig.*) Porre qc. in situazioni rischiose, compromettenti: *quell'individuo è riuscito a invischiarlo.* **B** *v. intr. pron.* Restare preso in q.c. di rischioso o molesto: *invischiarsi in loschi affari*; SIN. Impaniarsi, impegolarsi.
invisìbile *agg.* Impossibile a vedersi | (*est.*) Di cosa estremamente piccola: *stella — a occhio nudo*; CONTR. Visibile.
inviso *agg.* Malvisto, antipatico: *un individuo — a tutti.*
invitànte *part. pres. di invitare; anche agg.* Che invita, alletta

| *Sorriso, sguardo* –, pieno di sottintesi, di malizia.

invitàre *v. tr.* **1** Chiamare o pregare qc. perché partecipi a q.c. di solenne o di gradito: – *qc. a una cerimonia* | – *qc. a nozze*, chiedere a qc. di fare cosa per lui gradevole | (*est.*) Convocare: *fu invitato a presentarsi in sede.* **2** Indurre, esortare: – *alla meditazione, al riposo* | – *qc. a parlare*, concedergli la parola. **3** Sollecitare qc. d'autorità perché faccia o dica q.c.: – *il nemico alla resa.* **4** ass. Nel gioco, chiamare una carta o un seme: – *a coppe, a picche* | Nel poker, effettuare l'invito: – *di mille lire.*

invitàto *part. pass. di invitare; anche agg. e s. m.* (*f. -a*) Che (o chi) partecipa dietro invito a feste, pranzi e sim.

invito *s. m.* **1** Richiesta orale o scritta di partecipare a q.c.: *ricevere, accettare, respingere, rifiutare un* – | Biglietto scritto o stampato con cui si invita: *spedire gli inviti.* **2** Convocazione, chiamata: *lettera di* – | Ingiunzione, ordine: – *a presentarsi in questura.* **3** (*fig.*) Richiamo allettante: *un* – *irresistibile.* **4** Nel poker, somma che il mazziere può aggiungere al cip e che i giocatori devono versare per partecipare al gioco. **5** (*arch.*) Primo gradino di una scala che sporge di poco lateralmente agli altri.

in vitro /*lat.* in 'vitro/ *loc. agg. e avv.* Detto di processi biologici che si fanno avvenire per esperimento fuori dell'organismo vivente, in laboratorio: *coltura* –.

invitto *agg.* Che non conosce la sconfitta.

invivibile *agg.* Detto di luogo, ambiente e sim. in cui non è (o non è più) possibile vivere.

in vivo /*lat.* in 'vivo/ *loc. agg. e avv.* (*biol.*) Detto di osservazioni che si compiono su cellule e tessuti viventi.

invocàre *v. tr.* (*io invòco, tu invòchi*) **1** Chiamare con fervore o con desiderio, mediante preghiere e sim.: – *Dio.* **2** Chiedere con grande insistenza: – *la grazia* | Ambire, desiderare vivamente: – *la pace.* **3** Chiamare o citare a sostegno delle proprie ragioni: – *l'autorità, la legge.*

invocazióne *s. f.* **1** Azione dell'invocare | Parole e cerimonie invocatrici. **2** Grido di vendetta, soccorso e sim. **3** Parte iniziale di un'opera poetica in cui si chiede l'ispirazione e l'aiuto divino.

invogliàre **A** *v. tr.* (*io invòglio*) Rendere desideroso, voglioso: – *qc. a parlare*; SIN. Stimolare. **B** *v. intr. pron.* Lasciarsi prendere dalla voglia di q.c.: *invogliarsi d'un abito.*

involàre **A** *v. tr.* (*io invólo*) (*lett.*) Rubare, rapire. **B** *v. intr. pron.* Dileguarsi, sparire: *involarsi alla vista di qc.*

involgarire **A** *v. tr.* (*io involgarisco, tu involgarisci*) Rendere volgare, spec. d'aspetto esteriore. **B** *v. intr. e intr. pron.* (*aus. essere*) Diventare volgare.

invòlgere **A** *v. tr.* (*coniug. come volgere*) **1** Mettere un oggetto dentro q.c. che lo ricopre e racchiude. **2** (*raro, lett.*) Implicare: – *errori, contraddizioni.* **B** *v. intr. pron.* **1** Avvolgersi su se stesso: *la corda s'è involta.* **2** (*fig.*) Essere coinvolto in q.c. di pericoloso: *involgersi in una situazione pericolosa.*

invólo *s. m.* (*aer.*) Decollo.

involontàrio *agg.* Che si fa senza intenzione precisa e cosciente: *errore* –; CONTR. Volontario.

involtàre **A** *v. tr.* (*io invòlto*) (*fam.*) Racchiudere in un involto: – *q.c. nella carta.* **B** *v. rifl.* Avvolgersi.

involtino *s. m.* **1** *Dim. di involto.* **2** Fettina di carne arrotolata, variamente farcita e cotta solitamente in umido.

invòlto (1) *s. m.* **1** Fagotto, pacco. **2** Materia che involge.

invòlto (2) *part. pass. di involgere; anche agg.* (*raro*) Contorto.

invòlucro *s. m.* **1** Tutto ciò che ricopre esternamente q.c. **2** (*aer.*) Rivestimento esterno impenetrabile d'una camera gas o di tutte le camere, di gas o aria, di un dirigibile. **3** (*bot.*) Insieme di brattee che circondano gli organi riproduttori di un fiore.

involutivo *agg.* Di involuzione: *periodo* – | Che ha i caratteri dell'involuzione: *processo* –.

involùto *agg.* Complesso e intricato: *discorso, stile* –.

involuzióne *s. f.* **1** Regresso e progressivo decadimento verso forme meno perfette: *l'– di un partito*; *l'– di uno scrittore*; SIN. Declino. **2** Condizione di ciò che è involuto. **3** (*med.*) Processo regressivo della cellula, dei tessuti e dell'organismo.

invòlvere *v. tr.* (*part. pass. invòlto o involùto; dif. del pass. rem.*) (*lett.*) Travolgere, coinvolgere (*spec. fig.*).

invulneràbile *agg.* Che non si può ferire, danneggiare, sminuire; CONTR. Vulnerabile.

invulnerabilità *s. f.* Qualità di invulnerabile.

inzaccheràre **A** *v. tr.* (*io inzàcchero*) Schizzare di fango: – *gli abiti*; SIN. Infangare. **B** *v. rifl.* Imbrattarsi di fango.

inẓavorràre *v. tr.* (*io inẓavòrro*) Caricare di zavorra.

inzeppàre (1) *v. tr.* (*io inzéppo*) **1** Riempire q.c. oltre misura: *ha inzeppato di roba una cassa.* **2** (*fig.*) Caricare di errori e sim.

inzeppàre (2) *v. tr.* (*io inzéppo*) Fermare o sostenere con zeppe.

inzolfàre *v. tr.* (*io inzólfo*) Aspergere di zolfo le viti o altre piante per difenderle da malattie crittogamiche.

inzuccheràre *v. tr.* (*io inzùcchero*) **1** Aspergere di zucchero, dolcificare con lo zucchero. **2** (*fig.*) Trattare con modi dolci e lusinghieri | Rendere dolce, suadente.

inzuppàre *v. tr.* **1** Bagnare completamente un capo solido penetrandovi per assorbimento: *la pioggia inzuppa i campi*; SIN. Impregnare. **2** (*est.*) Immergere un corpo solido in un liquido perché se ne imbeva: – *i biscotti nel latte*; SIN. Imbevere.

io **A** *pron. pers. m. e f. di prima pers. sing.* **1** Indica la persona che parla e si usa (solo come sogg.) quando chi parla si riferisce a se stesso: – *non lo so*; – *ho deciso* | Gener. omesso quando la persona è chiaramente indicata dal v., si esprime invece quando il v. è al congv., per evitare ambiguità, quando i soggetti sono più di uno, nelle contrapposizioni, con 'stesso', 'medesimo', 'anche', 'nemmeno', 'proprio', 'appunto' e sim.: *pensi che* – *non lo ricordi?*; *credeva che* – *non lo conoscessi*; *mio padre e* –; *né* – *né voi lo sapevamo*; *l'ho visto* – *stesso.* **2** Posposto al v. o in fine di frase, evidenzia un fatto o esprime vaga minaccia, desiderio, e sim.: *ve lo dico* –! **B** *s. m. inv.* Il proprio essere nella coscienza che ha di sé: *mette il proprio* – *davanti a tutto.* [→ tav. *proverbi* 9, 128]

-ìo (1) *suff.*: è derivato di nomi, tratti spec. da verbi, che esprimono continuità e intensità: *borbottìo, brulichìo, calpestìo, cigolìo, mugolìo, sciupìo.*

-ìo (2) *suff.* di aggettivi: indica stato, condizione: *restìo, natìo.*

iodàto **A** *agg.* Detto di composto contenente iodio. **B** *s. m.* Sale dell'acido iodico.

iòdico *agg.* (*pl. m. -ci*) Dello iodio.

iòdio *s. m.* Elemento chimico metalloide, del gruppo degli alogeni, solido grigio-nerastro, lucente, contenuto in alghe marine e acque minerali dalle quali si estrae; usato nell'industria organica e in medicina. SIMB. I.

iodiṣmo *s. m.* (*med.*) Intossicazione prodotta da abuso di medicamenti contenenti iodio.

iodofòrmio *s. m.* Sostanza gialla solida di odore caratteristico, ottenuta per reazione di iodio e idrati alcalini con alcol etilico o acetone; usato come antisettico.

ioduràre *v. tr.* Trattare con iodio.

iodùro *s. m.* Composto dello iodio con un metallo.

iògurt V. *yògurt.*

iòide o *ióide s. m.* (*anat.*) Osso impari mediano, a forma di ferro di cavallo, posto nel collo al disotto della mandibola. [→ ill. *anatomia umana*]

iòle o *yòle s. f.* Imbarcazione lunga e sottile, a due, quattro od otto vogatori.

ióne *s. m.* (*fis.*) Atomo o gruppo atomico che, per perdita o acquisto di elettroni, assume carica elettrica | – *positivo*, catione | – *negativo*, anione.

iònico (1) *agg.* (*pl. m. -ci*) Della Ionia, antica regione dell'Asia Minore | *Dialetto* –, antico dialetto greco | (*arch.*) *Ordine, stile* –, stile caratterizzato da colonne scanalate con capitello a due volute laterali | *Capitello* –, proprio di tale stile. [→ ill. *architettura*]

iònico (2) *agg.* (*pl. m. -ci*) (*fis., chim.*) Degli ioni.

iònico (3) *agg.* (*pl. m. -ci*) Relativo al mare situato tra la costa meridionale dell'Italia e la Grecia.

iònio (1) V. *iònico* (3).

iònio (2) *s. m.* Elemento radioattivo prodotto dalla disintegrazione naturale dell'uranio. SIMB. Io.

ionizẓàre *v. tr.* (*fis., chim.*) Sottoporre a ionizzazione.

ionizẓazióne *s. f.* Trasformazione di una sostanza in ioni | *Camera di* –, rivelatore di particelle subatomiche, che funziona in base alla ionizzazione che esse provocano nel gas che vi è contenuto.

ionoforèṣi *s. f.* (*med.*) Applicazione terapeutica dell'elettroforesi, consistente nel far passare attraverso la cute mediante corrente galvanica sostanze medicamentose interposte tra la cute e l'elettrodo.
ionosfèra *s. f.* Strato superiore dell'atmosfera terrestre rarefatto e ionizzato.
iòṣa *vc. Solo nella loc. avv.* a —, in grande quantità, in abbondanza, a bizzeffe: *ce n'è a —; ne abbiamo a —.*
ipàllage *s. f.* Figura retorica che consiste nell'attribuire a una parola ciò che si riferisce a un'altra parola della stessa frase (es. *dare i venti alle vele*, anziché *dare le vele ai venti*).
ipecacuàna *s. f.* Pianta arbustiva brasiliana delle Rubiali con radici ramificate e provviste di rigonfiamenti, da cui si estrae una droga ad azione espettorante.
iper- *pref.*: in parole composte spec. scientifiche significa 'sopra', 'oltre', o indica grado superiore al normale: *iperacidità, ipersensibile, ipertensione*; CONTR. Ipo-.
iperacidità *s. f.* (*med.*) Ipercloridria.
iperalimentazióne *s. f.* (*med.*) Superalimentazione; CONTR. Ipoalimentazione.
iperaẓotemìa *s. f.* (*med.*) Aumento dell'azoto ureico nel sangue.
ipèrbato *s. m.* (*ling.*) Figura retorica che consiste nel rovesciare l'ordine abituale delle parole (es. *i nascenti del sole raggi*).
ipèrbole ***A*** *s. f.* (*pl. -i*) **1** Figura retorica che consiste nell'intensificare un'espressione esagerando le caratteristiche di qc. o q.c. (es. *è un secolo che non lo vedo*). **2** (*est.*) Esagerazione, eccesso. ***B*** *s. m. o f.* (*mat.*) Curva geometrica piana, a due rami, tale che la differenza delle distanze dei suoi punti da due punti fissi (detti fuochi) è costante.
iperbòlico *agg.* (*pl. m. -ci*) **1** (*ling.*) Di iperbole. **2** (*est.*) Esagerato, che eccede: *prezzo —*. **3** (*mat.*) Proprio di un'iperbole.
iperbòreo *agg.* (*lett.*) Settentrionale.
ipercloridrìa *s. f.* (*med.*) Aumento della concentrazione di acido cloridrico nel succo gastrico; SIN. Iperacidità; CONTR. Ipocloridria.
ipercorrettiṣmo *s. m.* (*ling.*) Pronunzia o forma scritta derivante da ipercorrezione.
ipercorrètto *agg.* (*ling.*) Detto di pronunzia o di forma scritta caratterizzata da ipercorrezione.
ipercorrezióne *s. f.* (*ling.*) Sostituzione di una pronunzia, di una forma, ritenuta corretta a un'altra che a torto si suppone errata.
ipercrìtica *s. f.* Critica troppo severa.
ipercriticiṣmo *s. m.* Tendenza a criticare con eccessiva severità e minuzia.
ipercrìtico *agg.* (*pl. m. -ci*) Che eccede nella severità della critica.
ipereccitàbile *agg.* Che è particolarmente eccitabile.
iperemèṣi *s. f.* (*med.*) Tendenza a vomitare frequentemente: *— gravidica*.
iperemìa *s. f.* (*med.*) Eccesso di sangue in un organo o tessuto.
iperestesìa *s. f.* (*med.*) Aumento della sensibilità agli stimoli.
iperglicemìa *s. f.* (*med.*) Aumento del tasso di glucosio nel sangue; CONTR. Ipoglicemia.
ipergòlo *s. m.* Ogni prodotto combustibile di una classe di prodotti, ad alto potenziale di energia, usabili nella propulsione a razzo.
iperidròṣi *s. f.* (*med.*) Sudorazione eccessiva.
ipermercàto *s. m.* Tipo particolare di supermercato di grandi dimensioni, situato fuori dei centri abitati, su vie di grande comunicazione, fornito di tutti i servizi complementari per la clientela.
ipermetrìa *s. f.* (*ling.*) Qualità di ipermetro.
ipèrmetro *agg.* (*ling.*) Detto di verso contenente una sillaba in più del normale.
ipermètrope *agg.; anche s. m. e f.* Affetto da ipermetropia.
ipermetropìa *s. f.* Anormalità dell'occhio per cui l'immagine di un oggetto lontano si forma dietro la retina, quindi l'oggetto lontano è visto meglio di uno vicino; SIN. Presbiopia; CONTR. Ipometropia.
ipernutrizióne *s. f.* (*med.*) Superalimentazione; CONTR. Iponutrizione.
iperóne *s. m.* (*fis. nucl.*) Particella elementare instabile, con massa compresa fra quella del protone e quella del deutone.
iperplasìa *s. f.* (*med.*) Aumento di volume di un organo, conseguente all'aumento numerico delle sue cellule; CONTR. Ipoplasia.
iperrealiṣmo *s. m.* Movimento pittorico americano sorto negli anni '70, che rappresenta la realtà in maniera fotografica e con una intensificazione ottica tali da rendere l'immagine quasi irreale, come fuori dal tempo e particolarmente allucinante.
iperrealista *agg.; anche s. m.* (*pl. m. -i*) Seguace dell'iperrealismo.
ipersensìbile *agg.* **1** Che è dotato di eccessiva sensibilità: *lastra — alla luce*. **2** (*est.*) Estremamente facile a offendersi.
ipersensibilità *s. f.* Qualità di ipersensibile.
ipersostentàre *v. tr.* (*coniug. come sostentare*) Sottoporre a ipersostentazione.
ipersostentatóre ***A*** *agg.* (*aer.*) Detto di ciò che è atto a fornire ipersostentazione: *dispositivo —*. ***B*** *s. m.* (*aer.*) Mezzo idoneo ad aumentare la portanza di un'ala, costituito da vari tipi di alette e alettoni.
ipersostentazióne *s. f.* (*aer.*) Incremento di sostentazione oltre quella dei mezzi normali.
ipersurrenaliṣmo *s. m.* (*med.*) Stato morboso caratterizzato da aumentata attività delle ghiandole surrenali.
ipertensióne *s. f.* (*med.*) Aumento della pressione sanguigna al di sopra dei valori normali; CONTR. Ipotensione.
ipertensìvo ***A*** *s. m.* Sostanza atta a produrre un aumento della pressione sanguigna. ***B*** *anche agg.*: *farmaco —*.
ipertéso *agg.; anche s. m.* (*f. -a*) Affetto da ipertensione.
ipertiroidèo *agg.; anche s. m.* (*f. -a*) Affetto da ipertiroidismo.
ipertiroidiṣmo *s. m.* (*med.*) Stato morboso per aumentata attività della tiroide; CONTR. Ipotiroidismo.
ipertricòṣi *s. f.* (*med.*) Eccessivo sviluppo dei peli.
ipertrofìa *s. f.* (*med.*) Aumento di volume di un organo per aumento di volume degli elementi che lo compongono: *— muscolare*; CONTR. Ipotrofia.
ipertròfico *agg.* (*pl. m. -ci*) (*med.*) Di ipertrofia.
ipervitamìnico *agg.* (*pl. m. -ci*) Che contiene vitamine in quantità molto elevata.
ipervitaminòṣi *s. f.* (*med.*) Stato patologico da eccessiva introduzione di vitamine; CONTR. Ipovitaminosi.
ipnagògico *agg.* (*pl. m. -ci*) Detto di immagine visiva che si forma mentre ci si addormenta o mentre ci si sveglia.
ipnopedìa *s. f.* Tecnica di insegnamento per cui si impartiscono nozioni al dormiente per mezzo di apparecchi fonografici.
ipnòṣi *s. f.* Stato simile al sonno provocato artificialmente, caratterizzato da un notevole aumento di suggestionabilità nei confronti della persona che lo ha provocato.
ipnòtico ***A*** *agg.* (*pl. m. -ci*) **1** Dell'ipnosi: *stato —*. **2** Che è atto a combattere l'insonnia: *farmaco —*. ***B*** *s. m.* Farmaco ipnotico.
ipnotìṣmo *s. m.* Arte e tecnica del produrre ipnosi.
ipnotiẓẓàre *v. tr.* (*io ipnotiẓẓo*) Indurre in ipnosi.
ipnotiẓẓatóre *s. m.* (*f. -trice*) Persona capace di indurre in ipnosi.
ipo- *primo elemento* **1** In parole composte spec. scientifiche significa 'sotto' o indica grado inferiore al normale: *ipotalamo, ipotensione*; CONTR. Iper-. **2** In chimica organica indica un composto ossigenato di un elemento a valenza inferiore: *ipoclorito*.
ipoacuṣìa *s. f.* Abbassamento, indebolimento dell'udito.
ipoacùṣico *agg.; anche s. m.* (*pl. m. -ci*) Affetto da ipoacusia.
ipoalimentazióne *s. f.* (*med.*) Alimentazione insufficiente; CONTR. Iperalimentazione.
ipocèntro *s. m.* Punto nell'interno della crosta terrestre da cui ha origine un terremoto.
ipocloridrìa *s. f.* (*med.*) Diminuzione della concentrazione di acido cloridrico nel succo gastrico; CONTR. Iperacidità, ipercloridria.
ipoclorìto *s. m.* (*chim.*) Sale dell'acido ipocloroso.
ipocloróso *agg.* (*chim.*) Detto di composto ossigenato in cui il cloro è monovalente.
ipocondrìa *s. f.* **1** Erronea convinzione di essere malato, con sensazioni dolorose che non hanno un riscontro obbiettivo. **2** (*lett.*) Grave malinconia.

ipocondrìaco ***A*** *agg.* (*pl. m.* -*ci*) ***1*** Dell'ipocondria. ***2*** (*anat.*) Dell'ipocondrio. ***B*** *agg.; anche s. m.* (*f.* -*a*) Affetto da ipocondria.

ipocòndrio *s. m.* (*anat.*) Parte superiore e laterale dell'addome, limitata in alto dal diaframma.

ipocrișìa *s. f.* Capacità di simulare sentimenti lodevoli allo scopo di ingannare qc. per ottenerne la simpatia o i favori | (*est.*) Atto ipocrita; SIN. Falsità, doppiezza.

ipòcrita ***A*** *agg.* (*pl. m.* -*i*) Che rivela ipocrisia: *sorriso* – | Che agisce simulando doti e virtù che non possiede; SIN. Falso. ***B*** *s. m. e f.* Persona ipocrita.

ipodèrma *s. m.* (*pl.* -*i*) (*anat.*) Strato di tessuto al di sotto dell'epidermide. [→ ill. *zoologia*]

ipodèrmico *agg.* (*pl. m.* -*ci*) Dell'ipoderma | (*med.*) *Iniezione ipodermica*, che si pratica al di sotto del derma.

ipodermoclìși *s. f.* (*med.*) Introduzione di soluzioni medicamentose nel tessuto sottocutaneo.

ipofișàrio *agg.* Dell'ipofisi: *ormone* –.

ipòfiși *s. f.* (*anat.*) Ghiandola endocrina divisa in due lobi, situata alla base dell'encefalo, che produce numerosi ormoni a varia attività. [→ ill. *anatomia umana*]

ipofișìna *s. f.* (*med.*) Estratto del lobo posteriore dell'ipofisi.

ipofosfàto *s. m.* (*chim.*) Sale dell'acido ipofosforico.

ipofosfìto *s. m.* (*chim.*) Sale dell'acido ipofosforoso.

ipofosfòrico *agg.* (*pl. m.* -*ci*) (*chim.*) Detto di composto ossigenato del fosforo tetravalente.

ipofosforóso *agg.* (*chim.*) Detto di composto ossigenato del fosforo pentavalente.

ipogàstrico *agg.* (*pl. m.* -*ci*) (*anat.*) Dell'ipogastrio.

ipogàstrio *s. m.* (*anat.*) Regione inferiore dell'addome.

ipogèo ***A*** *agg.* Detto di pianta o animale che si sviluppa o vive in ambiente sotterraneo; CONTR. Epigeo. ***B*** *s. m.* Tomba sotterranea.

ipoglicemìa *s. f.* (*med.*) Riduzione del tasso di glucosio nel sangue; CONTR. Iperglicemia.

ipoglòttide *s. f.* (*anat.*) Parte inferiore della lingua.

ipomètrope *agg.; anche s. m. e f.* Affetto da ipometropia.

ipometropìa *s. f.* Alterazione del potere di rifrazione dell'occhio per cui l'immagine si forma sul davanti della retina; SIN. Miopia; CONTR. Ipermetropia.

iponutrizióne *s. f.* Stato di insufficiente nutrizione; CONTR. Ipernutrizione, supernutrizione.

ipoplașìa *s. f.* (*med.*) Diminuzione di volume di un organo per scarso numero di cellule; CONTR. Iperplasia.

iposcòpio *s. m.* ***1*** (*mil.*) Strumento simile al periscopio, ma a visuale ridotta, usato su mezzi semoventi. ***2*** (*med.*) Apparecchio applicato sotto il tavolo radiografico per avere radiografia dal basso verso l'alto dei pazienti coricati.

iposolfìto *s. m.* Sale dell'acido iposolforoso.

iposolforóso *agg.* Detto di ossiacido dello zolfo, non conosciuto né libero né in soluzione, noto sotto forma di sali.

ipòstași *s. f.* ***1*** Nella teologia cristiana, persona della Trinità come sostanza assoluta e per sé sussistente | Unione della natura umana e divina. ***2*** (*med.*) Ristagno di sangue nelle parti declivi dell'organismo.

ipostàtico *agg.* (*pl. m.* -*ci*) ***1*** (*teol.*) Relativo all'ipostasi | *Unione ipostatica*, della natura umana e divina del Verbo. ***2*** (*med.*) Di ipostasi.

ipòstilo *agg.* Detto di sala a copertura piana sorretta da colonne.

ipotàlamo *s. m.* (*anat.*) Formazione impari mediana dell'encefalo, che forma la parte inferiore del diencefalo i cui centri coordinano molte funzioni vegetative. [→ ill. *anatomia umana*]

ipotàssi *s. f.* (*ling.*) Procedimento sintattico col quale si uniscono due proposizioni, subordinando l'una all'altra; CONTR. Paratassi.

ipotèca *s. f.* Diritto reale di garanzia costituito a favore di un creditore su determinati beni, per assicurargli l'adempimento di una obbligazione.

ipotecàbile *agg.* Che si può ipotecare (*anche fig.*).

ipotecàre *v. tr.* (*io ipotèco, tu ipotèchi*) (*dir.*) Iscrivere ipoteca su dati beni: *ha ipotecato l'immobile* | (*fig.*) – *il futuro*, fare piani, progetti e sim. reputandoli di sicura realizzazione.

ipotecàrio *agg.* Di ipoteca | Garantito da ipoteca: *debito* –.

ipotensióne *s. f.* (*med.*) Diminuzione della pressione arteriosa; CONTR. Ipertensione.

ipotensìvo ***A*** *s. m.* Medicamento atto a produrre ipotensione. ***B*** *anche agg.*

ipotenùșa *s. f.* (*mat.*) Lato d'un triangolo rettangolo opposto all'angolo retto.

ipòteși *s. f.* ***1*** Dato iniziale ammesso come base provvisoria di un ragionamento, spiegazione e sim. ***2*** (*mat.*) In un teorema, affermazione che si suppone vera e da cui si ricava la tesi. ***3*** Congettura o supposizione che tende a spiegare fatti di cui non si ha perfetta conoscenza. ***4*** Caso, eventualità: *nell'– che ciò sia esatto, cosa farete?*

ipotéso *agg.; anche s. m.* (*f.* -*a*) (*med.*) Affetto da ipotensione.

ipotètico *agg.* (*pl. m.* -*ci*) ***1*** Fatto considerato per ipotesi: *ragionamento* –. ***2*** (*est.*) Dubbio, incerto. ***3*** (*ling.*) *Periodo* –, formato dalla protasi e dalla apodosi.

ipotipòși *s. f.* Figura retorica che consiste nel rappresentare in modo vivo e immediato un oggetto, una scena, e sim.

ipotiroidișmo *s. m.* (*med.*) Stato morboso da insufficiente attività della tiroide; CONTR. Ipertiroidismo.

ipotizzàre *v. tr.* Considerare come ipotesi; SIN. Congetturare.

ipotrofìa *s. f.* (*med.*) Diminuzione di volume di un organo per diminuzione di volume degli elementi cellulari; CONTR. Ipertrofia.

ipotròfico *agg.* (*pl. m.* -*ci*) Di ipotrofia.

ipovitaminòși *s. f.* (*med.*) Stato patologico da insufficiente apporto di vitamine all'organismo; CONTR. Ipervitaminosi.

ìppica *s. f.* Sport dell'equitazione | Insieme delle gare che si disputano coi cavalli, spec. le corse che si svolgono negli ippodromi.

ìppico *agg.* (*pl. m.* -*ci*) Relativo ai cavalli da corsa o all'ippica.

ippo- *primo elemento*: in parole composte spec. scientifiche significa 'cavallo': *ippocastano, ippodromo, ippopotamo.*

ippocàmpo *s. m.* Pesce osseo marino dalla forma strana con profilo cavallino, che nuota in posizione verticale; SIN. (*pop.*) Cavalluccio marino. [→ ill. *animali* 8]

Ippocastanàcee *s. f. pl.* Famiglia di piante arboree delle Terebintali, con grandi foglie palmato-composte, infiorescenze a pannocchia e frutti a capsula spinosa che si apre in 2-3 valve e racchiude in genere un unico grosso seme. [→ ill. *piante* 7]

ippocastàno *s. m.* Grande albero delle Terebintali con corteccia bruna e screpolata, fiori in appariscenti pannocchie erette e frutti simili alle castagne ma non commestibili. [→ ill. *piante* 7]

ippòdromo *s. m.* ***1*** Nel mondo antico, luogo destinato alle corse dei cavalli e dei carri. ***2*** Impianto in cui si svolgono le corse ippiche.

ippologìa *s. f.* (*pl.* -*gìe*) Scienza che studia gli aspetti biologici e i sistemi di allevamento del cavallo.

ippopòtamo *s. m.* Grosso mammifero degli Artiodattili non ruminanti, con corpo massiccio e pelle spessa, zampe brevi, amplissima bocca a dentatura completa e robustissima, alimentazione erbivora. [→ ill. *animali* 19]

iprìte *s. f.* Potente aggressivo chimico, tossico e vescicatorio, usato nella prima guerra mondiale: preparato per azione dell'etilene sul cloruro di zolfo.

ìpsilon o *ỳpsilon s. m. o f. inv.* ***1*** Ventesima lettera dell'alfabeto greco. ***2*** Nome della lettera *y* | *A* –, che si biforca: *strada a* –.

ipso facto /*lat.* 'ipso 'facto/ *loc. avv.* Subito, immediatamente.

ipsòfono *s. m.* Apparecchio automatico che registra le telefonate.

ipso iure /*lat.* 'ipso 'jure/ *loc. agg. inv.* Detto di ciò che si verifica automaticamente per disposizione di legge.

ipsometrìa *s. f.* Determinazione della differenza di livello tra due punti mediante misurazione delle corrispondenti pressioni atmosferiche.

ipsòmetro *s. m.* Strumento che determina la differenza di livello fra due punti misurandone le pressioni atmosferiche e le temperature corrispondenti.

ira *s. f.* ***1*** Impeto dell'animo, improvviso e violento, che si rivolge contro q.c. o qc. | *Infiammarsi, accendersi, avvampare, ardere d'–*, essere oltremodo irato; SIN. Collera. **2** *spec. al pl.* Gravi discordie: *le ire cittadine.* **3** Collera giusta e punitrice: *l'– di Dio* | *È un'– di Dio,* (*fig., fam.*) persona o cosa terribile e pericolosa | *Dire un'– di Dio di qc.*, dirne ogni male.

irachèno o *irakeno agg.; anche s. m.* (*f. -a*) Dell'Iraq.

iracóndia *s. f.* Disposizione e facilità all'ira; SIN. Irascibilità.

iracóndo *agg.* Pronto all'ira, per tendenza naturale o abitudine; SIN. Bilioso, irascibile, iroso.

irakèno V. *iracheno.*

iraniàno *agg.; anche s. m.* (*f. -a*) Dell'Iran attuale.

irànico *agg.; anche s. m.* (*pl. m. -ci*) Dell'Iran antico.

irascìbile *agg.* Propenso all'ira; SIN. Bilioso, collerico, iracondo.

irascibilità *s. f.* Facilità a montare in collera, propensione all'ira; SIN. Iracondia.

iràto *agg.* Preso da ira.

ire A *v. intr.* (*dif. usato solo nella 2ª pers. pl. del pres. indic. e imper. ìte, nelle terze pers. sing. e pl. dell'imperf. indic. ìva, ìvano, nella seconda pers. sing. e nella terza pl. del pass. rem. ìsti, ìrono, nel fut. irò, nella prima pers. sing. del congv. pres. éa, nel part. pass. ìto e nei tempi composti; aus. essere*) (*lett.* o *centr.*) Andare. **B** *v. intr. pron.* Andarsene, morire.

-ire *suff.* di verbi della terza coniugazione: *benedire, capire, partire.*

irènico *agg.* (*pl. m. -ci*) Relativo all'irenismo.

irenìṣmo *s. m.* **1** (*relig.*) Tendenza a realizzare l'unione delle confessioni cristiane in base ai punti che hanno in comune. **2** (*raro*) Pacifismo.

irenìsta *s. m. e f.* **1** Seguace, fautore, dell'irenismo. **2** (*raro*) Pacifista.

ìreos *s. m.* **1** (*bot.*) Giaggiolo. **2** Polvere che si ricava dal rizoma del giaggiolo; usato in profumeria.

Iridàcee *s. f. pl.* Famiglia di piante erbacee delle Liliflore, con rizomi, tuberi o bulbi, e frutto a capsula. [→ ill. *piante* 17]

iridàre A *v. tr.* (*io ìrido*) Colorare con i colori dell'iride. **B** *v. intr. pron.* Tingersi con i colori dell'iride.

iridàto A *part. pass. di iridare; anche agg.* Che ha i colori dell'iride | *Maglia iridata*, bianca, con fascia orizzontale recante i colori dell'iride, assegnata al corridore ciclista vincitore di un campionato del mondo | *Campione –*, campione del mondo di ciclismo o di altra specialità. **B** *s. m.* Campione iridato.

ìride *s. f.* **1** Arcobaleno | (*est.*) Insieme di colori disposti come quelli dell'arcobaleno, sfumati l'uno nell'altro. **2** (*anat.*) Membrana muscolare pigmentata dell'occhio, a forma e funzione di diaframma, situata davanti al cristallino. [→ ill. *anatomia umana*] **3** (*bot.*) Pianta erbacea delle Liliflore coltivata per i fiori viola e azzurri con rizoma ricco di sostanze a proprietà purgative ed emetiche | Giaggiolo.

iridescènte *agg.* Che è cangiante nei colori dell'iride.

iridescènza *s. f.* Fenomeno ottico per cui un fascio di luce, rifratto e riflesso da lamine sottili o chiazze d'olio, si decompone nei colori dell'iride.

irìdio *s. m.* Elemento chimico, metallo bianco lucente, durissimo, che accompagna i minerali del platino; usato in lega con questo per renderlo più resistente. SIMB. Ir.

ìris *s. f.* (*bot.*) Iride | Giaggiolo.

irìte *s. f.* (*med.*) Infiammazione dell'iride.

iriẓẓàre *v. tr.* Porre un'azienda sotto il controllo dell'I.R.I. (Istituto per la Ricostruzione Industriale) mediante acquisizione da parte di questo della totalità, o di una quota, della proprietà aziendale.

irlandése *agg.; anche s. m. e f.* Dell'Irlanda.

ironìa *s. f.* **1** Dissimulazione più o meno derisoria del proprio pensiero con parole non corrispondenti a esso. **2** Figura retorica che consiste nel dire il contrario di ciò che si pensa. **3** Umorismo sarcastico e beffardo: *fare dell'– su un argomento.* **4** Derisione, scherno: *sguardo pieno di –* | *– della vita, della sorte, del destino*, a proposito di avvenimenti che arrecano dolore e paiono prendersi gioco di qc.

irònico *agg.* (*pl. m. -ci*) Che si esprime con ironia | Che esprime ironia: *sorriso –*; SIN. Beffardo.

ironiẓẓàre A *v. tr.* Descrivere, interpretare con ironia: *– le sventure altrui.* **B** *v. intr.* (*aus. avere*) Fare dell'ironia su q.c. o qc.

irosaménte *avv.* In modo iroso | Con ira.

iróso *agg.* Pronto all'ira | Che mostra ira: *espressione irosa*; SIN. Bilioso, iracondo.

irradiaménto *s. m.* **1** Illuminazione (*anche fig.*) | Emanazione | Arrivo di radiazioni su una superficie. **2** Propagazione in direzioni diverse | Disposizione a raggi.

irradiàre A *v. tr.* (*io irràdio*) **1** Pervadere coi propri raggi, rischiarare con la propria luce (*anche fig.*): *la luna irradia il bosco di luce; l'amore irradia il suo viso* | (*est.*) Diffondere, sprigionare: *la fiamma irradia calore.* **2** (*fis.*) Sottoporre all'azione delle radiazioni. **B** *v. intr.* (*aus. essere*) **1** Venir fuori sotto forma di raggi. **2** (*fig.*) Sprigionarsi: *la gioia irradia dal tuo viso.* **C** *v. intr. pron.* Estendersi in direzioni diverse, partendo da un punto centrale: *da quella piazza si irradiano numerose strade.*

irradiazióne *s. f.* **1** Irraggiamento. **2** (*est., fig.*) Diffusione, da un unico punto d'origine, in varie direzioni: *l'– di una sensazione dolorosa.* **3** Esposizione a una radiazione.

irraggiaménto *s. m.* (*fis.*) Emissione di raggi da una sorgente | Una delle forme della trasmissione del calore, in cui l'emissione di calore avviene in forma di raggi.

irraggiàre A *v. tr.* (*io irràggio*) **1** Irradiare. **2** Diffondere tutt'attorno (*anche fig.*): *il ferro rovente irraggia calore.* **B** *v. intr. e intr. pron.* (*aus. essere*) Irradiare.

irraggiungìbile *agg.* Impossibile o difficile da raggiungere; CONTR. Raggiungibile.

irragionévole *agg.* **1** Privo di ragione, irrazionale: *gli animali sono esseri irragionevoli* | (*est.*) Che non vuole intendere ragione. **2** Che non è conforme alla ragione: *supposizione –*; SIN. Illogico. ● CONTR. Ragionevole.

irragionevolèzza *s. f.* L'essere irragionevole.

irrancidiménto *s. m.* Riduzione a uno stato rancido, stantio e sim.

irrancidìre *v. intr.* (*io irrancidisco, tu irrancidisci; aus. essere*) Diventare rancido (*anche fig.*).

irrazionàle *agg.* **1** Privo di ragione, irragionevole: *animale –* | Che agisce senza usare le facoltà razionali; CONTR. Razionale. **2** Privo di fondamento logico: *teoria –.* **3** (*filos.*) Che non si lascia ridurre entro gli schemi della ragione. **4** (*mat.*) Non razionale, detto di numero reale, non esprimibile con un intero né con una frazione. **5** Inadatto a soddisfare le esigenze pratiche: *abitazione bella ma –.*

irrazionalìṣmo *s. m.* Qualsiasi dottrina filosofica secondo cui il mondo si presenta come manifestazione di un principio irrazionale.

irrazionalìsta *s. m. e f.* (*pl. m. -i*) Chi segue l'irrazionalismo.

irrazionalità *s. f.* L'essere irrazionale.

irreàle A *agg.* Privo di realtà. **B** *s. m. solo sing.* Ciò che nella realtà oggettiva non esiste. ● CONTR. Reale.

irrealiẓẓàbile *agg.* Difficile o impossibile da realizzare; SIN. Impossibile, inattuabile; CONTR. Realizzabile.

irrealtà *s. f.* Mancanza di realtà | Qualità di ciò che è irreale.

irrecuperàbile *agg.* Che non si può recuperare; CONTR. Recuperabile.

irrecuṣàbile *agg.* **1** Che non si può ricusare: *proposta –.* **2** Che non si può confutare: *evidenza –.*

irredentìṣmo *s. m.* Movimento politico che si propone di liberare le terre della patria soggette allo straniero, spec. quello sorto in Italia contro l'Austria, prima e durante la guerra del 1915-18.

irredentìsta *agg. e s. m. e f.* (*pl. m. -i*) Sostenitore dell'irredentismo.

irredentìstico *agg.* (*pl. m. -i*) Dell'irredentismo, degli irredentisti.

irredènto *agg.* Che non è stato redento, liberato | *Terre irredente*, che ancora subiscono una dominazione straniera.

irredimìbile *agg.* **1** Che non si può redimere. **2** Detto del debito pubblico non rimborsabile che lo Stato ha contratto nei confronti dei cittadini, impegnandosi a corrisponderne gli interessi a tempo indefinito. ● CONTR. Redimibile.

irrefrenàbile *agg.* Che non si può frenare.

irrefutàbile *agg.* Che non si può confutare o negare; SIN. Evidente, indiscutibile.

irreggimentàre *v. tr.* (*io irreggiménto*) **1** Incorporare in un reggimento. **2** (*fig.*) Sottoporre qc. a un'intensa disciplina, mortificandone la libertà individuale.
irregolàre **A** *agg.* **1** Che non è conforme alla regola, che contrasta con le norme stabilite, la forma consueta: *bocca* — | *Milizie irregolari*, corpi di truppa non inquadrati nelle forze armate di uno Stato; SIN. Anomalo, anormale. [→ ill. *geometria*] **2** Detto di fatto linguistico non del tutto conforme a un tipo considerato dominante: *verbo* —; *plurali irregolari*. **3** Che manca di uniformità, di continuità: *il fenomeno ha una durata* — | *Polso* —, alterato. • CONTR. Regolare. **B** *s. m.* Appartenente a milizie irregolari.
irregolarità *s. f.* **1** Caratteristica di ciò che è irregolare; SIN. Anomalia, anormalità; CONTR. Regolarità. **2** Azione costituente violazione di una norma, di un ordine, di un obbligo: *commettere una* —.
irrelàto *agg.* Che non ha relazione o connessione.
irreligióne *s. f.* Mancanza di religione, disprezzo verso la religione.
irreligiosità *s. f.* L'essere irreligioso | Comportamento contrario alla religione.
irreligióso *agg.* **1** Privo di sentimenti religiosi o indifferente verso la religione. **2** Contrario alla religione: *idee irreligiose*.
irremissìbile *agg.* Che non si può rimettere, condonare, perdonare: *errore* —.
irremovìbile *agg.* **1** (*raro*) Impossibile o difficile da rimuovere. **2** (*fig.*) Che non si può mutare, modificare | Pervicace: *è* — *nella sua decisione*; SIN. Irriducibile.
irreparàbile *agg.* **1** A cui non si può porre rimedio: *perdita* —; SIN. Irrimediabile. **2** Che non si può evitare: *essere minacciato da una* — *rovina*.
irreperìbile *agg.* Che non si riesce a reperire, a trovare; SIN. Introvabile; CONTR. Reperibile.
irreperibilità *s. f.* L'essere irreperibile.
irrepetìbile V. *irripetibile*.
irreprensìbile *agg.* Che non merita appunti o critiche di sorta: *condotta* —; SIN. Corretto, incensurabile, ineccepibile.
irreprensibilità *s. f.* Qualità di irreprensibile; SIN. Correttezza.
irrequietézza *s. f.* L'essere irrequieto.
irrequièto *agg.* Che non sta mai quieto, che non trova requie.
irrequietùdine *s. f.* Stato d'irrequietezza, spec. interiore.
irresistìbile *agg.* A cui non si può resistere: *fascino* —.
irresolùbile *agg.* **1** Che non si può sciogliere, disfare: *legame* —. **2** (*fig.*) Che non si riesce a risolvere: *questione* —; CONTR. Risolubile.
irresolubilità *s. f.* L'essere irresolubile.
irresolutézza *s. f.* L'essere irresoluto; SIN. Incertezza, indecisione, perplessità.
irresolùto o *irrisolùto* *agg.* **1** Privo di risolutezza, decisione; SIN. Incerto, indeciso, perplesso. **2** (*lett.*) Insoluto: *problema* —.
irresoluzióne o *irrisoluzióne* *s. f.* Esitazione, indecisione.
irrespiràbile *agg.* **1** Che non si può respirare; CONTR. Respirabile. **2** (*fig.*) Di luogo, ambiente o situazione, insopportabile.
irresponsàbile *agg.; anche s. m. e f.* **1** Detto di chi non è o non può essere ritenuto responsabile di q.c. **2** Detto di chi non è cosciente dei propri atti, spec. per malattie | (*est.*) Detto di chi non considera la portata delle proprie azioni; SIN. Incosciente. • CONTR. Responsabile.
irresponsabilità *s. f.* L'essere irresponsabile.
irrestringìbile *agg.* Detto di tessuto in lana o cotone che non riduce le sue dimensioni sotto l'azione dell'acqua.
irretìre *v. tr.* (*io irretìsco, tu irretìsci*) **1** (*raro*) Prendere nella rete. **2** (*fig.*) Accalappiare con l'inganno: — *gli ingenui*; SIN. Sedurre.
irretroattività *s. f.* (*dir.*) L'essere irretroattivo: — *delle leggi*.
irretroattìvo *agg.* (*dir.*) Che non è retroattivo.
irreversìbile *agg.* Che si può effettuare in un solo senso o verso, che non può aver luogo in modo inverso: *il progresso è un fenomeno* —; CONTR. Reversibile.
irreversibilità *s. f.* L'essere irreversibile.
irrevocàbile *agg.* Che non si può revocare, annullare, modificare; CONTR. Revocabile.
irrevocabilità *s. f.* L'essere irrevocabile.
irrevocàto *agg.* Che non ha subito revoche.
irriconoscìbile *agg.* Che non si può riconoscere; CONTR. Riconoscibile.
irrìdere *v. tr.* (*coniug. come ridere*) (*lett.*) Deridere, schernire.
irriducìbile *agg.* **1** Che non si può diminuire, ridurre: *cifra* — | (*mat.*) *Frazione* —, ridotta ai minimi termini, nella quale numeratore e denominatore sono primi fra loro; CONTR. Riducibile. **2** Che non si può piegare: *ostinazione* —; SIN. Irremovibile.
irriflessióne *s. f.* Insufficienza o mancanza di riflessione; SIN. Leggerezza.
irriflessìvo *agg.* Che è sventato, sconsiderato nell'agire: *ragazzo* — | Che è fatto senza riflettere; CONTR. Riflessivo.
irrigàbile *agg.* Che si può irrigare.
irrigàre *v. tr.* (*io irrìgo, tu irrìghi*) **1** Dare acqua al terreno per assicurare il normale sviluppo delle piante. **2** (*est.*) Attraversare un territorio, detto di corsi d'acqua: *l'Adige irriga il Trentino*. **3** (*med.*) Trattare con irrigazioni.
irrigatóre **A** *agg.* (*f. -trìce*) Che irriga: *fosso* —. **B** *s. m.* **1** (*agr.*) Apparecchio per distribuire l'acqua. [→ ill. *agricoltura, giardiniere*] **2** (*med.*) Strumento per irrigazioni.
irrigazióne *s. f.* **1** (*agr.*) Atto dell'irrigare | Complesso di opere tendenti alla distribuzione di acqua su un territorio agricolo. **2** (*med.*) Introduzione sotto pressione di liquidi medicamentosi in una cavità.
irrigidiménto *s. m.* **1** Atto dell'irrigidire o dell'irrigidirsi | Condizione di rigido | Raffreddamento: — *del clima*. **2** (*fig.*) Inasprimento: — *della disciplina* | (*fig.*) Manifestazione di intransigenza, inflessibilità e sim.: — *in una trattativa*.
irrigidìre **A** *v. tr.* (*io irrigidìsco, tu irrigidìsci*) Rendere rigido o più rigido (*anche fig.*). **B** *v. intr. pron. e* (*raro*) *intr.* (*aus. essere*) **1** Diventare rigido o più rigido (*anche fig.*): *irrigidirsi per il freddo*. **2** Mettersi in una posizione e restarvi immobili: *irrigidirsi sull'attenti*. **3** (*fig.*) Mantenersi in modo inflessibile su quanto si è deliberato di fare: *si è irrigidito sulla sua posizione*.
irriguardóso *agg.* Che manca di cortesia, attenzione, riguardo; CONTR. Riguardoso.
irrìguo *agg.* **1** Che si irriga: *terreno* —. **2** Che serve a irrigare: *acque irrigue*.
irrilevànte *agg.* Che non ha molta importanza: *fenomeno* —; CONTR. Rilevante.
irrilevànza *s. f.* L'essere irrilevante.
irrimediàbile *agg.* Che non ha rimedio; SIN. Irreparabile; CONTR. Rimediabile.
irrimediabilità *s. f.* L'essere irrimediabile.
irrinunciàbile *agg.* Di ciò a cui non si può o non si vuole rinunciare.
irripetìbile o *irrepetìbile* *agg.* Che non si deve ripetere: *parola* — | Che non potrà ripetersi: *esperienza* —; CONTR. Ripetibile.
irrisióne *s. f.* (*lett.*) Derisione, scherno.
irrisòlto *agg.* Che non ha ancora una soluzione: *problema* —.
irrisolùto e deriv. V. *irresoluto* e deriv.
irrisòrio *agg.* **1** Che irride: *frase irrisoria*. **2** Inadeguato, minimo: *prezzo* —.
irrispettóso *agg.* Che è privo del dovuto rispetto; SIN. Irriverente; CONTR. Rispettoso.
irritàbile *agg.* **1** Che si irrita con facilità. **2** Che è caratterizzato da irritabilità: *cute* —.
irritabilità *s. f.* **1** Caratteristica di irritabile. **2** (*med.*) Proprietà delle cellule, di un organo o di tutto l'organismo, di reagire agli stimoli.
irritànte *part. pres. di irritare; anche agg.* Che irrita.
irritàre **A** *v. tr.* (*io ìrrito o raro irrìto*) **1** Provocare a sdegno, far perdere la pazienza: *la vostra ipocrisia mi irrita* | Aizzare, stuzzicare; SIN. Contrariare, inasprire, indispettire. **2** Suscitare irritazione | — *una piaga*, (*fig.*) acuire la sofferenza del corpo o dello spirito. **B** *v. intr. pron.* Provare ira; SIN. Adirarsi.
irritazióne *s. f.* **1** Atto dell'irritare | Condizione di chi è irritato, sdegnato e sim.: *provare* — *verso qc.* **2** (*med.*) Effetto di uno stimolo su una cellula o su un tessuto.
irrito *agg.* **1** (*dir.*) Privo di valore legale perché non com-

piuto secondo le forme previste dalla legge. ***2*** (*lett.*) Che non ha alcun valore.

irriverènte *agg.* Privo di reverenza e rispetto; SIN. Irrispettoso; CONTR. Riverente.

irriverènza *s. f.* Mancanza di reverenza | Azione o discorso irriverente.

irrobustìre ***A*** *v. tr.* (*io irrobustisco, tu irrobustisci*) Rendere robusto o più robusto; SIN. Fortificare, rinvigorire. ***B*** *v. intr. pron.* Divenire robusto.

irrogàbile *agg.* Che si può irrogare.

irrogàre *v. tr.* (*io irrògo o ìrrogo, tu irròghi o ìrroghi*) Infliggere: — *una pena.*

irrogazióne *s. f.* Assegnazione, comminazione di una pena, condanna e sim.

irrómpere *v. intr.* (*coniug. come rompere; dif. del part. pass. e dei tempi composti*) Entrare a forza, introdursi con impeto (*anche fig.*): *la folla irruppe nel palazzo.*

irroràre *v. tr.* (*io irròro*) ***1*** Aspergere con gocce di liquido: — *di rugiada* | (*est.*) Permeare completamente: *il sangue irrora tutto l'organismo.* ***2*** (*agr.*) Spruzzare piante con acqua o con liquidi antiparassitari.

irroratrìce *s. f.* Macchina per irrorare le piante. [→ ill. *agricoltura*]

irrorazióne *s. f.* Atto dell'irrorare | (*med.*) — *sanguigna*, processo per cui il sangue permea completamente un organo e sim.

irruènte o *irruènto agg.* Impetuoso, violento; SIN. Aggressivo.

irruènza *s. f.* L'essere irruente; SIN. Aggressività, impetuosità.

irruvidìre ***A*** *v. tr.* (*io irruvidisco, tu irruvidisci*) Rendere ruvido. ***B*** *v. intr. pron. e intr.* (*aus. essere*) Diventare ruvido (*anche fig.*).

irruzióne *s. f.* Entrata impetuosa, talora a forza, in un luogo | *Fare* —, irrompere.

irsùto *agg.* Folto di peli ispidi: *barba irsuta* | (*est.*) Ricco di peli: *uomo* —.

irto *agg.* ***1*** Ispido, irsuto. ***2*** Che presenta molte sporgenze acuminate: — *di chiodi*; *bosco* — *di abeti* | Che presenta molte difficoltà: *discorso* — *di citazioni.*

isabèlla *agg.; anche s. m. inv.* Detto di colore giallo pallido tipico di un mantello equino.

isagòge *s. f.* (*lett.*) Scritto che introduce un insegnamento o dottrina.

isallòbara o *isoallòbara s. f.* In cartografia, linea congiungente luoghi ove si è avuta, in un determinato periodo di tempo, uguale variazione di pressione atmosferica.

isallotèrma o *isoallotèrma s. f.* In cartografia, linea congiungente luoghi ove si è avuta, in un determinato periodo di tempo, uguale variazione di temperatura.

ìsba *s. f.* Casa o capanna rurale della steppa russa costruita con tronchi d'albero e ricoperta di paglia o frasche. [→ ill. *abitazione*]

ischeletrìre ***A*** *v. tr.* (*io ischeletrisco, tu ischeletrisci*) Ridurre come uno scheletro. ***B*** *v. intr. pron. e intr.* (*aus. essere*) Ridursi come uno scheletro per eccessiva magrezza.

ischemìa *s. f.* (*med.*) Diminuzione o soppressione della circolazione sanguigna in una parte dell'organismo.

ischialgìa *s. f.* (*pl. -gie*) (*med.*) Dolore nella zona del nervo sciatico.

ischiàtico *agg.* (*pl. m. -ci*) (*anat.*) Relativo all'ischio: *nervo, osso* —.

ìschio *s. m.* (*anat.*) Una delle tre ossa che formano il cinto pelvico dei vertebrati. [→ ill. *anatomia umana*]

ischitàno *agg.; anche s. m.* (*f. -a*) Di Ischia.

iscrìtto ***A*** *part. pass. di iscrivere; anche agg.* Registrato, incluso in un elenco. ***B*** *agg. e s. m.* (*f. -a*) Che (o chi) è membro effettivo di un gruppo, società, partito e sim.

iscrìvere ***A*** *v. tr.* (*coniug. come scrivere*) ***1*** Registrare in un elenco, lista, registro e sim.: — *qc. all'università.* ***2*** (*mat.*) V. *inscrivere.* ***B*** *v. rifl.* Farsi socio di un partito, società, organizzazione e sim.: *iscriversi a un partito.*

iscrizióne o *inscrizióne s. f.* ***1*** Registrazione, inclusione in un elenco, lista e sim. ***2*** Atto formale con cui si entra a far parte di un gruppo, di un'associazione. ***3*** Scritto inciso su pietra o metallo.

islàm o (*evit.*) *ìslam s. m.* Religione monoteistica, fondata da Maometto, che predica la totale rassegnazione a Dio e le cui regole sono enunciate nel Corano dettato da Maometto stesso; SIN. Islamismo.

islàmico ***A*** *agg.* (*pl. m. -ci*) Dell'islamismo. ***B*** *s. m.* Seguace dell'islamismo; SIN. Musulmano.

islamìsmo *s. m.* Islam.

islamizzàre *v. tr.* Convertire all'islam.

islandése *agg.; anche s. m. e f.* Dell'Islanda.

-ìsmo o *-esimo suff.*: forma sost. indicanti spec. dottrine, tendenze, movimenti politici, sociali, religiosi, artistici e sim. (*comunismo, cristianesimo, cubismo, fascismo, realismo, socialismo, urbanesimo*) o atteggiamenti, azioni (*disfattismo, fanatismo, scetticismo*) o qualità e difetti morali o fisici (*alcolismo, altruismo, egoismo*) o condizioni, aspetti, peculiarità, sistemi (*latinismo, meccanismo, organismo*) o attività sportive e sim. (*alpinismo, ciclismo, podismo*).

iso- *primo elemento*: in parole composte spec. scientifiche significa 'uguale', 'simile': *isobara, isoipsa, isoterma.*

isoalìna *s. f.* In cartografia, linea congiungente punti aventi uguale salsedine marina.

isoallòbara V. *isallobara.*

isoallotèrma V. *isalloterma.*

isòbara *s. f.* In cartografia, linea congiungente punti aventi uguale pressione barometrica.

isòbaro *agg. spec. al pl.* Di elementi chimici aventi diverso il numero atomico, ma massa nucleare eguale.

isòbata *s. f.* In cartografia, linea congiungente punti aventi la medesima profondità in mare, nei laghi e sim.

isoclìna *s. f.* In cartografia, linea congiungente punti aventi uguale inclinazione magnetica terrestre.

isocronìsmo *s. m.* ***1*** (*fis.*) Costanza della durata di un fenomeno, al variare di alcune condizioni | — *del pendolo*, l'uguale durata delle piccole oscillazioni. ***2*** (*med.*) Simultaneità delle pulsazioni arteriose.

isòcrono *agg.* Che avviene in tempi uguali: *oscillazioni isocrone.*

isodàttilo *agg.* Detto di animale con dita uguali.

isodinàmica *s. f.* Linea congiungente i punti di una regione aventi uguale forza magnetica.

isògona *s. f.* In cartografia, linea congiungente punti aventi uguale declinazione magnetica.

isogònico *agg.* (*pl. m. -ci*) Isogono.

isògono ***A*** *agg.* ***1*** (*geogr.*) Relativo alle isogone. ***2*** (*mat.*) Detto di figura con gli angoli uguali a quelli di un'altra. ***B*** *s. m.* (*mat.*) Figura con angoli uguali a quelli di un'altra.

isoièta *s. f.* In cartografia, linea congiungente i punti in cui l'altezza delle precipitazioni atmosferiche, in uno stesso periodo, solitamente un anno, raggiunge uguale valore.

isoìpsa *s. f.* In cartografia, linea congiungente i punti aventi la stessa altitudine. [→ ill. *geografia*]

ìsola *s. f.* ***1*** Tratto di terra emersa circondata da ogni parte dalle acque del mare, di un lago, di un fiume | — *corallina, madreporica*, costituita da coralli o da madrepore. [→ ill. *geografia*] ***2*** Complesso degli abitanti di un'isola. ***3*** (*fig.*) Territorio che rimane come staccato dai circostanti per le sue peculiari caratteristiche: — *etnografica, linguistica.* ***4*** Isolato | — *pedonale*, zona del centro storico di una città in cui è vietata la circolazione dei veicoli. ***5*** Area rialzata, non accessibile ai veicoli, nel mezzo di una carreggiata, di un incrocio stradale: — *spartitraffico*; SIN. Salvagente | — *rotazionale*, attorno alla quale i veicoli debbono girare. [→ ill. *strada*]

isolaménto *s. m.* ***1*** Atto dell'isolare; SIN. Segregazione. ***2*** Condizione di esclusione da rapporti o contatti con l'ambiente circostante: *vivere in totale* —. ***3*** Segregazione di malati affetti da malattie epidemico-contagiose. ***4*** Complesso di operazioni e materiali per ostacolare la trasmissione di calore, corrente elettrica, onde sonore e sim.: — *elettrico, termico, acustico.*

isolàno ***A*** *agg.* Di isola. ***B*** *s. m.* (*f. -a*) Abitante, nativo, di un'isola.

isolànte ***A*** *part. pres. di isolare; anche agg.* Di sostanza che si oppone alla trasmissione del calore, dell'elettricità, del suono, di radiazioni e sim.: *nastro* —; SIN. Dielettrico. [→ ill. *automobile*] ***B*** *s. m.* Materiale cattivo conduttore di calore, suono, corrente elettrica, radiazioni e sim. [→ ill. *elettricità, elettronica*]

isolàre ***A*** *v. tr.* (*io ìsolo*) ***1*** Separare o staccare q.c. da ciò che le sta intorno | Tenere qc. lontano dagli altri: *bisogna* — *tutti gli ammalati*; SIN. Segregare. ***2*** Ottenere allo stato puro mediante opportuna separazione: — *un composto chimico.* **3** Ostacolare, mediante operazioni e materiali vari, la trasmissione di calore, corrente elettrica, onde sonore e sim. **B** *v. intr. pron.* Ritirarsi in solitudine.

iṣolàto (1) *part. pass. di isolare; anche agg.* Separato dal resto: *un paesino — a causa della neve* | Riposto, solitario: *luogo —* | *Caso, fenomeno —*, particolare, unico | Dotato di isolamento termico, acustico, elettrico e sim.

iṣolàto (2) *s. m.* Edificio a più piani, o complesso di edifici circondato da strade.

iṣolatóre *s. m.; anche agg.* (*f. -trìce, raro*) Supporto di materiale dielettrico destinato a isolare un conduttore percorso da corrente elettrica. [→ ill. *elettricità*]

iṣolazioniṣmo *s. m.* Atteggiamento e politica di chi vuole che un dato Stato mantenga condizioni di isolamento politico ed economico rispetto agli altri.

iṣolazionista *s. m. e f.; anche agg.* (*pl. m. -i*) Fautore dell'isolazionismo.

iṣomerìa *s. f.* Fenomeno per cui due o più sostanze, pur avendo la stessa composizione, differiscono nelle loro proprietà fisiche e chimiche a causa della diversa disposizione degli atomi che compongono la loro molecola.

iṣomeriẓẓazióne *s. f.* Trasformazione di una sostanza in un suo isomero.

iṣòmero *s. m.* (*chim.*) Composto che presenta isomeria.

iṣomètrica *s. f.* Linea congiungente i punti nei quali un dato fenomeno si manifesta con la medesima intensità.

iṣomorfiṣmo *s. m.* Fenomeno per cui delle sostanze, che cristallizzano nello stesso sistema, danno cristalli misti in tutte le proporzioni.

iṣomòrfo *agg.* Che presenta isomorfismo.

iṣoprène *s. m.* Idrocarburo alifatico insaturo impiegato per preparare la gomma sintetica.

iṣòscele *agg.* (*mat.*) Detto di triangolo o trapezio con due lati uguali. [→ ill. *geometria*]

iṣosiṣmica *s. f.* In cartografia, linea congiungente i punti in cui i terremoti hanno uguale frequenza o intensità.

iṣostaṣìa o *iṣòstaṣi s. f.* Teoria secondo la quale i diversi blocchi della parte superiore della crosta terrestre poggiano su uno strato inferiore più viscoso con un equilibrio analogo a quello dei corpi galleggianti.

iṣotèrma *s. f.* In cartografia, linea congiungente i punti aventi uguale temperatura in un dato istante.

iṣotermìa *s. f.* Proprietà di un corpo, sistema e sim. di mantenere invariata nel tempo la propria temperatura.

iṣotèrmico *agg.* (*pl. m. -ci*) (*fis.*) Detto di fenomeno che avviene a temperatura costante.

iṣotèrmo *agg.* **1** Che ha temperatura uguale in tutti i punti. **2** (*fis.*) Isotermico.

iṣotipìa *s. f.* (*chim.*) Proprietà per cui alcune sostanze, pur avendo struttura chimica analoga e reticoli cristallini uguali, non danno cristalli misti fra loro.

iṣotopìa *s. f.* (*chim.*) Proprietà per cui due elementi sono isotopi.

iṣòtopo A *agg.* (*chim.*) Detto di elemento che, pur avendo lo stesso numero atomico di altri, ne differisce per peso atomico, in conseguenza del diverso numero di neutroni del suo nucleo. **B** *anche s. m.: il deuterio è un — dell'idrogeno* | *— radioattivo*, sostanza avente una determinata individualità chimica, ma che è o è stato reso radioattivo.

iṣotropìa *s. f.* (*fis.*) Proprietà delle sostanze isotrope.

iṣòtropo *agg.* (*mat., fis.*) Detto di sostanza in cui le proprietà fisiche non dipendono dalla direzione.

ispànico *agg.* (*pl. m. -ci*) Spagnolo.

ispaniṣmo *s. m.* (*ling.*) Parola o locuzione propria dello spagnolo entrata in un'altra lingua.

ispanista *s. m. e f.* (*pl. m. -i*) Studioso di lingua, letteratura, cultura spagnola.

ispàno A *agg.* (*lett.*) Spagnolo. **B** *s. m.* Abitante, nativo dell'antica Spagna.

ispàno-americàno *agg.* **1** Della Spagna e dell'America del Nord, spec. degli Stati Uniti: *guerre ispano-americane* | Della Spagna e dell'America centro-meridionale: *letteratura ispano-americana.* **2** Dei paesi dell'America centro-meridionale di lingua e cultura spagnola.

ispessiménto *s. m.* Aumento di spessore, densità e sim.

ispessìre A *v. tr.* (*io ispessisco, tu ispessisci*) **1** Aumentare lo spessore di q.c. **2** Rendere più denso. **B** *v. intr. pron.* Divenire più denso.

ispettìvo *agg.* Di ispezione: *potere —.*

ispettoràto *s. m.* **1** Ufficio, titolo dell'ispettore | Durata di tale ufficio. **2** Ente pubblico esplicante funzioni di vigilanza e controllo su date attività o servizi: *— agrario.* **3** Edificio in cui risiede un ispettore o un ufficio ispettivo.

ispettóre *s. m.* (*f. -trìce*) Chi vigila sulle condizioni e sull'andamento di q.c.

ispezionàre *v. tr.* (*io ispezióno*) Visitare o esaminare a scopo d'ispezione.

ispezióne *s. f.* **1** Esame attento, osservazione diligente e minuziosa. **2** Indagine, controllo o visita effettuata da un ispettore nell'esercizio delle sue funzioni. [→ ill. *diga, strada*]

ìspido *agg.* **1** Che ha peli irti e ruvidi. **2** (*fig.*) Intrattabile, scontroso: *carattere —* | (*fig.*) Scabroso: *tema —.*

ispiràre A *v. tr.* **1** Infondere una particolare impressione o sentimento: *— antipatia, fiducia*; SIN. Suscitare. **2** Suggerire, consigliare: *— un'idea luminosa.* **3** Arricchire di poteri soprannaturali: *lo Spirito Santo ispirava gli Apostoli* | (*est.*) Muovere l'estro creativo e la fantasia dell'artista: *Apollo ispirava i poeti.* **B** *v. intr. pron.* Prendere l'ispirazione: *ispirarsi agli uomini illustri.*

ispiràto *part. pass. di ispirare; anche agg.* **1** Che manifesta l'ispirazione della mente e del cuore, che lascia trasparire nobili sentimenti: *discorso —.* **2** Scritto per ispirazione divina | *Libri ispirati*, le Sacre Scritture.

ispiratóre A *s. m.* (*f. -trìce*) Chi ispira. **B** *anche agg.: il motivo — di un film, di un romanzo.*

ispirazióne *s. f.* **1** Fervore di genio o d'estro creativo: *versi privi d'—.* **2** Consiglio, suggerimento, suggestione: *trarre l'— da q.c.* | (*est.*) Tendenza: *legge di — democratica.* **3** Impulso improvviso, trovata della mente: *mi è venuta l'— di telefonarti.*

iṣraeliàno *agg.; anche s. m.* (*f. -a*) Dello Stato d'Israele.

iṣraelìta *s. m. e f.* (*pl. m. -i*) Chi fa parte del popolo ebraico o crede nella sua religione.

iṣraelìtico *agg.* (*pl. m. -ci*) Degli israeliti: *cimitero —.*

issàre A *v. tr.* **1** (*mar.*) Alzare su verticalmente, mediante un cavo che scorre in carrucole o sim. **2** (*est.*) Porre in alto, spec. con fatica; SIN. Sollevare. **B** *v. intr. pron.* Porsi su q.c., salendovi faticosamente: *si issarono sul camion.*

-issimo *suff.* con cui si forma di norma il grado superlativo degli aggettivi: *bellissimo, modestissimo.*

issòpo *s. m.* **1** Pianta cespugliosa delle Tubiflorali, spontanea nella regione mediterranea, utilizzata dalla medicina popolare contro la tosse. **2** Pianta aromatica citata nella Bibbia.

-ista *suff.* **1** Forma aggettivi e sost. connessi coi termini in *-ismo*: *altruista, ciclista, impressionista, turista.* **2** Forma altri sost. indicanti attività o professioni: *barista, dentista, giornalista, latinista, pianista.*

istallàre V. *installare.*

istamìna *s. f.* Composto organico, potente vaso dilatatore che è causa di molte manifestazioni allergiche; CFR. Antistaminico.

istantànea *s. f.* Fotografia presa con un tempo di posa inferiore a 1/20 di secondo.

istantaneaménte *avv.* In un istante, in modo istantaneo.

istantaneità *s. f.* Caratteristica di ciò che è istantaneo.

istantàneo *agg.* **1** Che avviene in un istante: *morte istantanea.* **2** Che dura un istante: *lampo —.*

istànte *s. m.* Momento brevissimo di tempo, attimo fuggevole | (*est.*) Breve periodo | *All'—, sull'—*, immediatamente, subito.

istànza *s. f.* **1** (*dir.*) Richiesta rivolta a un organo amministrativo o giurisdizionale di compiere una data attività attinente all'esplicazione della propria funzione. **2** (*est.*) Domanda, richiesta: *fare — per ottenere q.c.* **3** Insistenza nel domandare: *sollecitare con grande —.* **4** Aspirazione o necessità impellente: *le istanze delle classi meno abbienti.*

isterectomìa *s. f.* (*chir.*) Asportazione chirurgica dell'utero.

isterèṣi o *istèreṣi s. f.* (*fis.*) Ritardo dell'effetto in seguito a variazione della causa.

isterìa *s. f.* (*med.*) **1** Isterismo. **2** (*gener., est.*) Stato di eccitazione esagerata e incontrollata spesso collettiva.

istèrico *A* *agg.* (*pl. m.* *-ci*) Che è proprio dell'isterismo: *accesso* —. *B* *s. m.; anche agg.* (*f.* *-a*) *1* Affetto da isterismo. *2* (*gener., est.*) Chi (o che) è incline all'ira, a scatti e crisi di nervi e sim.

isteriliménto *s. m.* Riduzione allo stato di sterile | Stato di ciò che è divenuto sterile.

isterilìre *A* *v. tr.* (*io isterilìsco, tu isterilìsci*) Rendere sterile, improduttivo (*anche fig.*). *B* *v. intr. pron.* Divenire sterile (*anche fig.*).

isterismo *s. m.* *1* (*med.*) Forma di psiconeurosi caratterizzata da instabilità emotiva, immaturità affettiva e disturbi somatici; SIN. Isteria. *2* (*gener., est.*) Atto d'ira, reazione emotiva, smodati e incontrollati.

istigaménto *s. m.* (*raro*) Istigazione.

istigàre *v. tr.* (*io istigo, raro istigo, tu istighi*) Indurre o spingere a q.c. di riprovevole: — *qc. al male.*

istigatóre *s. m.* (*f.* *-trice*) Chi istiga: *l'— della rivolta*; SIN. Fomentatore, sobillatore.

istigazióne *s. f.* *1* (*dir.*) Illecito penale, complesso di attività tali da indurre altri a un dato comportamento: — *a delinquere.* *2* Incitamento.

istillàre V. *instillare.*

istintività *s. f.* Caratteristica di istintivo.

istintivo *A* *agg.* *1* Che proviene dall'istinto: *necessità istintive.* *2* Detto di persona che agisce prevalentemente per istinto, per impulso: *ragazzo* —. *B* *s. m.* (*f.* *-a*) Chi agisce e parla d'istinto, senza riflettere.

istinto *s. m.* *1* Manifestazione congenita ed ereditaria, che fa parte dell'inconscio e ha il compito di preservare l'individuo per la conservazione della specie: *l'— delle api*; — *sessuale, materno.* *2* (*est.*) Spinta interiore indipendente dall'intelligenza: *seguire l'—* | Inclinazione naturale dell'animo umano: — *generoso* | Impulso: *l'— del cuore* | *Fare q.c. per —, d'—*, senza ragionarci sopra. *3* (*raro*) Indole: *ha l'— del poeta.*

istiocita o *istiocito* *s. m.* Cellula del sistema reticoloendoteliale, attiva nella difesa dei processi infiammatori.

istitóre V. *institore.*

istituire *v. tr.* (*io istituisco, tu istituisci*) *1* Stabilire per la prima volta q.c. di una certa importanza e di durata stabile: — *una borsa di studio, un premio*; SIN. Fondare. *2* Costituire, nominare: — *qc. erede.* *3* Iniziare, impostare: — *un'equazione.*

istitutivo *agg.* Che istituisce.

istitùto *s. m.* *1* Organismo costituito per il perseguimento di un dato fine | — *di credito*, banca | — *d'emissione*, istituto di credito avente il potere di emettere moneta | — *d'istruzione*, d'insegnamento di vario grado. *2* Biblioteca o laboratorio universitario in cui è accolto tutto il materiale necessario allo studio in un determinato settore: — *di anatomia.*

istitutóre *s. m.* (*f.* *-trice*) *1* Fondatore: — *di un centro educativo.* *2* Chi svolge attività educativa in collegi o case private; SIN. Precettore.

istituzionàle *agg.* *1* Relativo a un'istituzione, spec. politica: *referendum* —. *2* Relativo alle nozioni fondamentali di una disciplina.

istituzionalizzàre *v. tr.* *1* Dare forma giuridica a q.c. | (*est.*) Dare un carattere definitivo, imporre di fatto e in modo stabile una situazione, una decisione, un sistema e sim.: — *la bustarella*; *la raccomandazione è un malcostume istituzionalizzato.* *2* Immettere in una istituzione, spec. assistenziale: — *vecchi e bambini malati.*

istituzionalizzazióne *s. f.* Attribuzione o acquisizione di forma giuridica o (*est.*) di un carattere definitivo.

istituzióne *s. f.* *1* Atto dell'istituire | Fondazione. *2* Insieme degli organismi e delle norme e consuetudini fondamentali su cui si basa un'organizzazione politica, una comunità sociale e sim.: *l'— del matrimonio*; *le istituzioni repubblicane*; *la crisi delle istituzioni.* *3* Ente od organo con determinati scopi: — *culturale, di beneficenza.* *4* *spec. al pl.* Complesso delle nozioni fondamentali di una scienza o disciplina, spec. giuridica: *istituzioni di diritto privato* | (*est.*) Testo che le contiene.

ìstmico *agg.* (*pl. m.* *-ci*) Dell'istmo.

istmo *s. m.* *1* Lingua di terra che unisce due continenti o una penisola a un continente e separa due mari: *l'— di Corinto.* [→ ill. *geografia*] *2* (*anat.*) Parte ristretta del corpo.

istogènesi *s. f.* (*biol.*) Formazione dei tessuti animali o vegetali durante lo sviluppo embrionale.

istogràmma *s. m.* (*pl.* *-i*) Rappresentazione grafica di un fenomeno per mezzo di segmenti o rettangoli.

istologia *s. f.* (*pl.* *-gie*) Scienza che studia i tessuti viventi e le cellule che li costituiscono.

istològico *agg.* (*pl. m.* *-ci*) Dell'istologia.

istòlogo *s. m.* (*f.* *-a*; *pl. m.* *-gi*) Studioso di istologia.

istoriàre *v. tr.* (*io istòrio*) Ornare con raffigurazioni di storia, leggende e sim.

istradàre V. *instradare.*

istriàno *agg.; anche s. m.* (*f.* *-a*) Dell'Istria.

istrice *s. m. e* (*raro*) *f.* *1* Tozzo mammifero dei Roditori, che si ciba di vegetali: è rivestito di peli nerastri e, sul dorso, di lunghi aculei; SIN. Porcospino. [→ ill. *animali* 16] *2* (*fig.*) Persona che ha carattere difficile e irritabile.

istrióne *s. m.* *1* Nell'antica Roma, attore di teatro. *2* (*spreg.*) Attore di poco conto | Attore che recita con enfasi. *3* (*est., fig.*) Persona che assume atteggiamenti ostentati e simulati.

istrionésco *agg.* (*pl. m.* *-schi*) (*spreg.*) Degno di un istrione.

istriònico *agg.* (*pl. m.* *-ci*) Di, da istrione.

istrionismo *s. m.* Attitudine a comportarsi da istrione.

istruire *A* *v. tr.* (*pres. io istruisco, tu istruisci; part. pass. istruito, lett. istrùtto*) *1* Provvedere qc. di dottrina, sapere, pratica: — *la gioventù*; — *qc. nelle matematiche, nell'agricoltura*; SIN. Erudire. *2* Fornire dei principi fondamentali indispensabili per una buona educazione. *3* Rendere edotto circa il da farsi, mediante istruzioni, suggerimenti e sim.: — *il testimone sulla risposta da dare.* *4* (*dir.*) — *una causa, un processo* e sim., compierne l'istruzione. *B* *v. rifl.* *1* Darsi un'istruzione o migliorare quella che già si possiede. *2* Assumere informazioni: *istruirsi sul passato di qc.*

istruttivo *agg.* Che istruisce | Atto a istruire: *esempi istruttivi.*

istruttóre *A* *agg.* Che istruisce | *Giudice* —, sotto la cui direzione si svolge l'istruzione della causa. *B* *s. m.* (*f.* *-trìce*) Chi ha il compito d'istruire in qualche disciplina.

istruttòria *s. f.* (*dir.*) Istruzione.

istruttòrio *agg.* (*dir.*) Che riguarda l'istruzione: *atti istruttori.*

istruzióne *s. f.* *1* Azione dell'istruire. *2* Acquisizione di dottrina, scienza, pratica | Insieme della scienza e del sapere acquisito: — *pratica e teorica* | — *programmata*, tecnica didattica individualizzata, consistente spec. in una serie di spiegazioni e domande disposte in sequenza logica | Cultura. *3* Disposizione o direttiva data a qc. per l'esecuzione di un compito o di una missione | (*est.*) Indicazioni scritte annesse a un prodotto di cui insegnano l'uso: *istruzioni per l'uso.* *4* (*dir.*) Fase processuale antecedente, nel processo civile, la fase di decisione e, nel processo penale, la fase del giudizio o il proscioglimento dell'imputato; SIN. Istruttoria.

istupidiménto *s. m.* Intontimento | (*est.*) Perdita di prontezza e di lucidità di mente.

istupidire *A* *v. tr.* (*io istupidisco, tu istupidisci*) Rendere stupido | Intontire. *B* *v. intr. e intr. pron.* (*aus. essere*) Divenire stupido | (*est.*) Perdere la prontezza, la lucidità di mente.

italianismo *s. m.* Parola o locuzione propria dell'italiano entrata in un'altra lingua.

italianista *s. m. e f.* (*pl. m.* *-i*) Studioso di lingua, letteratura, cultura italiana.

italianità *s. f.* Indole, natura, carattere, d'italiano.

italianizzàre *v. tr.* *1* Rendere italiano per lingua, costumi, cittadinanza, chi non lo è per origine. *2* Tradurre in forma italiana.

italiàno *agg.; anche s. m.* (*f.* *-a*) Dell'Italia | *All'italiana*, (*ell.*) alla maniera degli italiani.

itàlico *A* *agg.* (*pl. m.* *-ci*) *1* Relativo alle popolazioni residenti in Italia tra l'età del ferro e l'età imperiale romana. *2* (*lett.*) Italiano: *l'— suolo* | *Scrittura italica*, in uso nel XV sec. in Italia, caratterizzata dal tratteggio sottile. *B* *s. m.* Ogni appartenente alle antiche popolazioni stanziate in Italia tra l'età del ferro e l'età imperiale romana.

italiòta *agg.; anche s. m. e f.* (*pl. m.* *-i*) *1* Della Magna Grecia. *2* (*spreg.*) Italiano, con riferimento a eventuali o supposti caratteri di ottusità o arretratezze culturali.

italo *agg.* (*lett.*) Italiano, italico.

-ite (1) *suff.*: nella terminologia medica indica uno stato di infiammazione: *polmonite, epatite, bronchite, otite.*
-ite (2) *suff.*: in parole composte scientifiche indica spec. minerali (*magnetite*), leghe (*pirite*) o esplosivi (*dinamite*).
iter /*lat.* 'iter/ *s. m. inv.* Serie di formalità, passaggi e sim. che q.c. deve compiere, prima di arrivare a un esatto completamento procedurale: — *burocratico, legislativo.*
iteràbile *agg.* (*lett.*) Ripetibile.
iteràre *v. tr.* (*io ìtero*) (*lett.*) Ripetere.
iteratìvo *agg.* **1** Che indica ripetizione, iterazione. **2** (*ling.*) Frequentativo: *locuzione iterativa.*
iterazióne *s. f.* (*raro*) Ripetizione.
itinerànte *agg.* Che si muove da un luogo all'altro, da un punto all'altro: *mostra* —.
itineràrio ***A*** *agg.* Che riguarda il viaggio, il percorso. ***B*** *s. m.* **1** Percorso di un viaggio per lo più diviso in tappe: — *turistico.* **2** Descrizione e rappresentazione di un percorso a uso di chi lo compie.
-ito (1) *suff.*: in chimica indica sali, esteri ed eteri derivanti da acidi in *-oso*: *ipoclorito, solfito.*
-ito (2) *suff.* di sost. indicanti versi di animali: *barrito, grugnito, muggito, ruggito.*
ittèrbio *s. m.* Elemento chimico, metallo del gruppo delle terre rare. SIMB. Yb.
ittèrico ***A*** *agg.* (*pl. m. -ci*) Dell'ittero. ***B*** *agg.*; *anche s. m.* (*f. -a*) Affetto da ittero.
itterìzia *s. f.* Malattia caratterizzata da ittero.
ìttero *s. m.* (*med.*) Abnorme colorazione giallo-brunastra diffusa della cute e delle mucose per infiltrazione di pigmenti biliari.
ìttico *agg.* (*pl. m. -ci*) Relativo ai pesci.
ìttio- *primo elemento*: in parole composte significa 'pesce': *ittiologia.*
ittiocòlla *s. f.* Colla di pesce.
ittiòfago *agg.* (*pl. m. -gi*) Che si nutre di pesci. [→ ill. *zoologia*]
ittiòlo *s. m.* Sostanza bituminosa, usata in farmacologia, che si ottiene per distillazione di rocce costituite da depositi di pesci fossili.
ittiologìa *s. f.* (*pl. -gìe*) Branca della zoologia che ha per oggetto lo studio dei pesci.
ittiològico *agg.* (*pl. m. -ci*) Dell'ittiologia.
ittiòlogo *s. m.* (*f. -a*; *pl. m. -gi*) Studioso di ittiologia.
ittiosàuro o *ictiosàuro s. m.* Rettile marino carnivoro del Mesozoico, con cranio molto allungato e arti trasformati in pinne. [→ ill. *paleontologia*]
ittìta *agg.*; *anche s. m. e f.* (*pl. m. -i*) Di un'antica popolazione stanziata fin da epoche molto remote nell'Asia Minore.
ìttrio *s. m.* Elemento chimico, metallo del gruppo delle terre rare. SIMB. Y.
iùgero *s. m.* Antica misura di terreno agrario equivalente a circa 2400 metri quadrati.
Iuglandàcee *s. f. pl.* Famiglia di piante arboree delle Iuglandali, con frutti a drupa o noce con semi ricchi di olio. [→ ill. *piante* 2]
Iuglandàli *s. f. pl.* Ordine di piante dicotiledoni. [→ ill. *piante* 2]
iugoslàvo V. *jugoslavo.*
iugulàre V. *giugulare.*
iùta o *jùta s. f.* Fibra tessile che si ricava dai fusti del corcoro, usata per fare cordami e tessuti da imballaggio.
iutièro *agg.* Della iuta.
iutifìcio *s. m.* Stabilimento in cui si lavora la iuta.
ìvi *avv.* (*lett.*) In quel luogo, lì (con v. di stato e di moto) Si usa nelle citazioni di opere per rimandare a un passo già citato precedentemente.
-ìvo *suff.* di agg. o sost. indicanti capacità, disposizione, qualità: *attivo, difensivo, furtivo, vocivo.*
ivoriàno *agg.* Della Costa d'Avorio.
-ìzia *suff.* di sost. per lo più astratti indicanti qualità, condizione, stato: *avarizia, giustizia, letizia, pigrizia.*
-izzàre *suff.* di verbi analoghi a quelli in *-eggiare*, indicanti attuazione, riduzione o imitazione: *agonizzare, nazionalizzare, socializzare.*

J

j *s. f. o m. inv.* Lettera di alcuni alfabeti stranieri moderni, presente un tempo anche in quello italiano, oggi solo usata in vari forestierismi. La lettera J, la cui introduzione nell'alfabeto italiano fu proposta ai primi del '500 e divenne d'uso comune sul finire del '600, ha avuto e può avere tuttora due valori: quello dell'*I* semiconsonante in principio di parola oppure tra due vocali (es. *jèri, vassójo*); e quello dell'*I* vocale finale di parola, derivato da vera o supposta contrazione di due *i* (es. *vàrj, vassój*). Nell'uso odierno però la lettera *J* è in decadenza: generalmente parlando, non esistono casi in cui non possa essere sostituita da un *I* semplice. Come semiconsonante in principio di parola, è tuttora frequente nell'uso, tanto con voci comuni (es. *iuta* o *juta*) quanto con nomi propri (es. *Iònio* o *Jònio*); come semiconsonante interna di parola tra due vocali, è usabile solo in pochi casi di nomi propri (es. *Ròia* o *Ròja*) e in pochissimi di voci comuni (es. *sòia* o *sòja*); con valore vocalico in fine di parola, è del tutto antiquata, sostituita in genere da *-i*, più di rado e solo in certe parole da *-î* o da *-ii*. In forestierismi non adattati la lettera *J* può avere valore di consonante, rappresentando per es. /ʒ/ nelle voci francesi (es. *jupon*), /dʒ/ in quelle inglesi (es. *jeep*), o inoltre più completamente italianizzate (*joyciano*).
jabot /*fr.* ʒa'bo/ *s. m. inv.* (*pl. fr. jabots* /ʒa'bo/) Davantino di batista o sim. ornato di pizzi e ricami, increspato o pieghettato. [→ ill. *vesti*]
j'accuse /*fr.* ʒa'kyz/ *loc. sost. m. inv.* Denuncia, spec. fatta pubblicamente, di un'ingiustizia, un sopruso e sim.: *lanciare un* —.
jack /*ingl.* dʒæk/ *s. m. inv.* (*pl. ingl. jacks* /dʒæks/) **1** Spina a due o più condotti, usata spec. nei centralini telefonici manuali. **2** Fante, nelle carte da gioco.
jacquard /*fr.* ʒa'kar/ ***A*** *s. m. inv.* Dispositivo che, mediante appositi cartoni forati, comanda i fili di ordito nel telaio per tessuti operati. ***B*** *agg. inv.* **1** Detto di telaio munito di dispositivo jacquard. **2** Detto di punto a maglia eseguito a più colori con disegni geometrici.
jais /*fr.* ʒɛ/ *s. m. inv.* Giaietto.
jam-session /*ingl.* dʒæm 'sɛʃən/ *loc. sost. f. inv.* (*pl. ingl. jam-sessions* /dʒæm 'sɛʃəns/) Improvvisazione di musica jazz.
jazz /*ingl.* dʒæz/ ***A*** *s. m. inv.* Genere musicale di origine negro-americana, caratterizzato dall'uso costante del tempo binario, della poliritmia, del libero contrappunto e dal particolare linguaggio melodico. ***B*** *anche agg. inv.*: *musica* —.
jazzìsta /dʒad'dzista/ *s. m.* (*pl. -i*) Suonatore di jazz.
jazzìstico /dʒad'dzistiko/ *agg.* (*pl. m. -ci*) Del jazz o dei jazzisti.
jeans /*ingl.* 'dʒiːnz/ ***A*** *s. m. inv.* Tipo di grossa tela di cotone, molto resistente, quasi sempre blu: *una gonna di* —. ***B*** *anche agg. inv.*: *tela* —. ***C*** *s. m. pl.* **1** *Acrt.* di *blue-jeans.* **2** (*est.*) Pantaloni di taglio simile a quello dei blue-jeans: *un paio di — di velluto.*
jeep /*ingl.* 'dʒiːp/ *s. f. inv.* (*pl. ingl. jeeps* /'dʒiːps/) Nome commerciale di autovettura scoperta, potente e molto robusta, adatta ai terreni difficili.
jeppóne V. *gippone.*
jersey /*ingl.* 'dʒəːzi/ *s. m. inv.* Tessuto a maglia, spec. di lana.
jet /*ingl.* dʒet/ *s. m. inv.* (*pl. ingl. jets* /jets/) Aeroplano a reazione.
jet-set /*ingl.* dʒet set/ *loc. sost. m. inv.* Jet-society.
jet-society /*ingl.* 'dʒet sə'saiəti/ *loc. sost. f. inv.* L'alta società internazionale che, per i propri spostamenti o vacanze, viaggia in jet, spec. personale.
jeunesse dorée /*fr.* ʒœ'nɛs dɔ're/ *loc. sost. f. inv.* L'insieme dei giovani figli di genitori ricchi e potenti.
jiddish V. *yiddish.*
jockey /*ingl.* 'dʒɔki/ *s. m. inv.* (*pl. ingl. jockeys* /'dʒɔkiz/) **1** Fante, nelle carte da gioco. **2** Nelle corse al galoppo,

fantino.
jodel /*ted.* 'jo:dəl/ *s. m. inv.* Particolare effetto di voce usato dagli abitanti delle Alpi, spec. tirolesi, nei loro canti popolari.
jodler /*ted.* 'jo:dlər/ *s. m. inv.* Canto popolare degli abitanti delle Alpi, spec. tirolesi.
jogging /*ingl.* 'dʒɔgiŋ/ *s. m. inv.* Corsa regolare, spesso alternata alla marcia, a scopo di esercizio fisico; CFR. Footing.
jolly /*ingl.* 'dʒɔli/ *s. m. inv.* ***1*** In alcuni giochi di carte, matta. ***2*** (*est.*) Persona polivalente.
joule /*ingl.* dʒu:l, 'dʒaul/ *s. m. inv.* (*fis.*) Unità di misura dell'energia o del lavoro, pari a 1 newton-metro. SIMB. J.
joyciàno /dʒois'sjano, dʒoi'sjano/ *agg.* Che concerne lo scrittore irlandese J. Joyce, e le sue opere.
jūdō /*giapp.* 'zu:do/ o *giudò s. m. inv.* Forma sportiva di lotta giapponese derivata dal jujitsu.
judoista /dʒudo'ista/ o *giudoista s. m. e f.* (*pl. m. -i*) Judoka.
jūdōka /*giapp.* 'zu:do:ka/ *s. m. e f. inv.* Chi pratica lo judo.
jugoslàvo o *iugoslàvo agg.; anche s. m.* (*f. -a*) Della Jugoslavia.
jūjitsu /*giapp.* 'zu:zitu/ o *jūiutsu* /*giapp.* 'zu:zutu/ *s. m. inv.* Lotta giapponese basata su prese nei punti più vulnerabili del corpo.
juke-box /*ingl.* 'dʒu:k bɔks/ *loc. sost. m. inv.* (*pl. ingl. juke-boxes* /'dʒu:k 'bɔksiz/) Apparecchio automatico, installato in locali pubblici, che contiene dischi che si possono ascoltare introducendo una moneta. [→ ill. *suono*]
jumbo-jet /*ingl.* dʒʌmbou 'dʒet/ o, *acrt.*, *jumbo loc. s. m. inv.* (*pl. ingl. jumbos* /'dʒʌmbouz/) Nome dell'aereo da trasporto a reazione di grande capienza Boeing 747.
jungla /'jungla/ V. *giungla*.
junior /*lat.* 'junjor/ ***A*** *agg. inv.* Posposto a nomi propri di persona significa 'più giovane', ed è usato in caso di omonimie nell'ambito di una stessa famiglia: *Luigi Barzini —*. ***B*** *agg.; anche s. m. e f.* (*pl. juniores*) ***1*** (*sport*) Detto di chi appartiene a una categoria inferiore spec. per età. ***2*** Detto di professionista che ha un'esperienza di lavoro limitata nel tempo, spec. in relazione alla giovane età: *ingegnere —*. ● CONTR. Senior.
junker /*ted.* 'junkər/ *s. m. inv.* Membro della nobiltà terriera prussiana.
jupe-culotte /*fr.* 'ʒyp ky'lɔt/ *loc. sost. f. inv.* (*pl. fr. jupes culottes* /'ʒyp ky'lɔt/) Gonna pantalone.
jupon /*fr.* ʒy'pɔ̃/ *s. m. inv.* (*pl. fr. jupons* /ʒy'pɔ̃/) Sottogonna.
jùta V. *iuta*.

k *s. f. o m. inv.* Lettera dell'alfabeto greco e latino e di alcuni alfabeti moderni, tra cui l'italiano. In italiano si può incontrare la lettera *K* solo in forestierismi, dove ha sempre lo stesso valore della *C* dura (es. *kantiàno*). Delle parole che contengono una *k*, buona parte hanno una variante grafica più italiana con *c* o *ch* (es. *bachelite* o *bakelìte*, *chellerìna* o *kellerìna*).
kafkiàno /kaf'kjano/ *agg.* ***1*** Che concerne lo scrittore cecoslovacco F. Kafka. ***2*** (*est., fig.*) Allucinante, angoscioso, assurdo.
kainite *s. f.* Minerale usato come fertilizzante.
kaiser /*ted.* 'kaizər/ *s. m. inv.* Appellativo dell'imperatore tedesco.
kakemono /*giapp.* ka'kemono/ *s. m. inv.* Pittura giapponese su carta, da appendere.
kàki V. *cachi*.
kamikaze /kami'kaddze; *giapp.* ka'mikaze/ *s. m. inv.* Pilota giapponese votato volontariamente alla morte che, durante la seconda guerra mondiale, guidava un aereo carico di esplosivo a infrangersi contro l'obiettivo nemico, distruggendolo.
kantiàno ***A*** *agg.* Che concerne il filosofo tedesco I. Kant e il suo pensiero. ***B*** *s. m.* Chi segue la filosofia di Kant.
kaóne *s. m.* (*fis.*) Mesone la cui massa è circa mille volte quella dell'elettrone.
kapò *s. m. e f. inv.* Nei lager nazisti, internato responsabile dell'ordine interno di una baracca.
kapòk o *capòc s. m.* Peli lanuginosi che rivestono la parte interna del frutto di piante tropicali, usati spec. per imbottiture.
kaputt /*ted.* ka'put/ *agg. inv.; anche avv.* Rovinato, finito, morto.
karakìri V. *harakiri*.
karakùl o *karàkul s. m. inv.* Pecora il cui pelo lucente è disposto a fiocchi di aspetto caratteristico.
karatè *s. m. inv.* Tecnica giapponese di combattimento disarmato che prevede l'uso di tutti gli arti per difendersi e attaccare.
kart /*ingl.* ka:t/ *s. m. inv. Acrt. di go-kart.*
kartismo *s. m.* Sport praticato col kart.
kartòdromo *s. m.* Pista per corse di kart.
kasher /*ebr.* ka'ʃer/ *s. m. inv.* Detto di cibo considerato ritualmente puro dalla legge religiosa ebraica e delle tecniche di preparazione del cibo stesso.
kayàk *s. m. inv.* ***1*** Canoa per la caccia alle foche, mossa dalla pagaia, tipica degli Eschimesi. [→ ill. *marina*] ***2*** Tipo di canoa da turismo e competizione. [→ ill. *sport*]
kayakìsta *s. m. e f.* (*pl. m. -i*) Chi pratica lo sport del kayak.
kèfir o *kefìr* V. *chefir*.
kellerìna V. *chellerina*.
kèlvin *s. m. inv. Nella loc. grado —*, unità di misura della temperatura assoluta, pari a 1 grado centigrado, ma riferito alla temperatura assoluta di -273,15 °C.
keniòta *agg.; anche s. m. e f.* (*pl. m. -i*) Del Kenia.
képi /*fr.* ke'pi/ *s. m. inv.* (*pl. fr. képis* /ke'pi/) Copricapo militare, spec. francese, rigido a forma cilindrica con visiera. [→ ill. *copricapo*]
kepleriàno *agg.* Che concerne l'astronomo tedesco J. Kepler.
kèrmes V. *chermes*.
kermesse /*fr.* ker'mɛs/ *s. f. inv.* (*pl. fr. kermesses* /ker'mɛs/) ***1*** Festa del patrono, nei paesi delle Fiandre e del Belgio | Sagra, festa popolare. ***2*** (*est.*) Manifestazione di allegria rumorosa.
kerosène V. *cherosene*.
ketch /*ingl.* ketʃ/ *s. m. inv.* (*pl. ingl. ketches* /'ketʃiz/) Yacht a due alberi, con il timone posto a poppavia dell'albero di mezzana. [→ ill. *marina*]
ketchup /*ingl.* 'ketʃəp/ *s. m. inv.* Salsa piccante a base di pomodoro, aceto, spezie.
khan *s. m. inv.* Titolo ereditario dato ai principi mongoli che governavano gruppi di grandi famiglie patriarcali

nell'Asia centrale.

khmer /kmɛr/ *agg. e s. m. e f. inv.* Della Cambogia.

kibbùtz *s. m. inv.* Fattoria collettiva nello stato d'Israele.

kidnapping /*ingl.* 'kidnæpiŋ/ *s. m. inv.* Ratto di bambini, a scopo di estorsione.

killer /*ingl.* 'kilə/ *s. m. inv.* (*pl. ingl. killers* /'kiləz/) Assassino prezzolato, sicario.

kilo- v. *chilo-*.

kilt /*ingl.* kilt/ *s. m. inv.* (*pl. ingl. kilts* /kilts/) Gonnellino pieghettato a quadri di vari colori, parte del costume scozzese. [→ ill. *vesti*]

kimòno v. *chimono*.

kindergarten /*ted.* 'kindərgartən/ *s. m. inv.* (*pl. ted. Kindergärten* /'kindərgɛrtən/) Asilo infantile, giardino d'infanzia.

kinderheim /*ted.* 'kindərhaim/ *s. m. inv.* (*pl. ted. Kinderheime* /'kindərhaimə/) Luogo in cui, dietro pagamento, vengono ospitati e sorvegliati bambini.

kineşiterapia e deriv. v. *cinesiterapia* e deriv.

kirsch /*ted.* kirʃ/ *s. m. inv.* Acquavite di marasche.

kit /*ingl.* kit/ *s. m. inv.* (*pl. ingl. kits* /'kits/) Insieme dei pezzi per poter montare o eseguire, da soli, un qualsiasi manufatto.

kitsch /*ted.* kitʃ/ *s. m. inv.* Il cattivo gusto più o meno intenzionale, spec. dei prodotti della cultura di massa.

kiwi o *kivi* /'kivi, *in ingl.* 'ki:wi/ *s. m.* **1** Uccello ormai raro della Nuova Zelanda, grosso come un pollo, privo di ali e di coda, rivestito di piume brune e sottili. **2** (*bot.*) Frutto commestibile dell'uva spina cinese.

klìmax v. *climax*.

klystron /*ingl.* 'klaistrən/ *s. m. inv.* (*elettr.*) Tipo di valvola termoionica, a cavità risonanti, per altissime frequenze, usata come oscillatore e amplificatore. [→ ill. *elettronica*]

knickerbockers /*ingl.* 'nikəbɔkəz/ *s. m. pl.* Calzoni corti alla zuava.

knock down /*ingl.* nɔk 'daun/ *loc. agg. inv.* Detto del pugile che, atterrato dall'avversario, riesce a rialzarsi entro dieci secondi, continuando l'incontro.

knock out /*ingl.* nɔk 'aut/ **A** *loc. avv.* Nel pugilato, fuori combattimento | *Essere* –, *mettere qc.* –, (*fig.*) nell'incapacità di reagire. **B** *loc. sost. m. inv.* (*pl. ingl. knock outs* /nɔk 'autz/) Nel pugilato, colpo che mette fuori combattimento.

know-how /*ingl.* 'nou 'hau/ *s. m. inv.* (*pl. ingl. know-hows* /'nou 'hauz/) Insieme delle conoscenze necessarie per realizzare un processo tecnologico.

knut /*russo* knut/ *s. m. inv.* Staffile di nervi di bue, tipico dei cosacchi.

k.o. /'kappa 'o/ *avv. e s. m. inv.* Knock-out.

koàla *s. m. inv.* Marsupiale australiano, simile a un orsacchiotto, privo di coda, con piedi prensili muniti di forti unghioni con cui si arrampica sugli alberi. [→ ill. *animali* 15]

kòilon *s. m. inv.* (*archeol.*) Insieme delle gradinate su cui sedevano gli spettatori nel teatro greco.

koinè /*gr.* koi'nɛ/ *s. f. inv.* **1** (*ling.*) La lingua greca comune, che si affermò, a partire dal 4° secolo a. C., in tutto il Mediterraneo centro-orientale. **2** (*est.*) Comunità linguistica e culturale unitaria. **3** (*fig.*) L'unione di più popoli in una comunità culturale.

kolchoz /*russo* kal'xɔz/ *s. m. inv.* Fattoria collettiva a base cooperativistica dell'U.R.S.S.

kòre *s. f. inv.* Statua votiva di giovinetta ammantata, posta negli atri dei templi greci con una mano sollevata a reggere le corone e le offerte alle divinità.

kouros /*gr.* 'kuros/ v. *kuros*.

krapfen /*ted.* 'krapfən/ *s. m. inv.* Piccolo dolce fritto, di forma tondeggiante, ripieno di crema o marmellata, spolverato di zucchero. [→ ill. *dolciumi*]

kripton v. *cripto*.

kriss o *kris s. m. inv.* Corto pugnale a lama serpeggiante, dell'area indo-malese. [→ ill. *armi*]

krug /*ted.* kru:k/ *s. m. inv.* (*pl. ted. krüge* /'kry:gə/) Boccale di terracotta per birra, con ansa e coperchio di metallo.

krypton /'kripton/ v. *cripto*.

kulak /*russo* ku'lak/ *s. m. inv.* Nella Russia del periodo precedente alla collettivizzazione dell'agricoltura, contadino ricco avente alle sue dipendenze altri contadini.

kümmel /*ted.* 'kyməl/ *s. m. inv.* Liquore forte ma dolce, aromatizzato con essenze di comino.

kùros o *kouros s. m. inv.* Nella scultura greca arcaica, statua votiva rappresentante un giovinetto nudo.

kursaal /*ted.* 'ku:rza:l/ *s. m. inv.* Edificio variamente adibito ad albergo, stabilimento termale, casa da gioco e sim.

k-way /*ingl.* kei'wei/ *s. f. inv.* Nome commerciale di un tipo di giacca a vento leggera e impermeabile, ripiegabile entro la sua tasca.

kyrie /*lat.* 'kirje/ *s. m. inv.* Kyrie eleison.

kyrie eleison /*lat.* 'kirje e'lɛizon/ o *kyrieleison* /*lat.* kirje'lɛizon/ *loc. sost. m. inv.* Principio di un'invocazione liturgica della Messa e delle litanie.

L

l *s. f. o m. inv.* Decima lettera dell'alfabeto italiano.

la (1) ***A*** *art. det. f. sing.* (si usa davanti a tutte le parole f. sing. e si elide generalmente davanti a vocale, ma non davanti a *i* seguita da altra vocale: *– camera*; *l'anima*; *l'erba*; *– iattura* | Fondendosi con le prep. proprie semplici, dà origine alle prep. art. f. sing. *alla, colla, dalla, della, nella, sulla*) **1** Indica e determina una cosa o una persona distinta da ogni altra della stessa specie: *fatti – barba*; *ho incontrato – zia* | (*fam.*) Davanti a nome proprio di persona: *ha telefonato – Marisa?* | Si premette sempre a cognomi: *– Duse.* **2** Indica e determina una specie, una categoria, un tipo: *– madre ha il compito di educare i figli.* **3** Questa, quella: *ci sono due strade: prendi – più corta.* **4** Ogni, ciascuna (con valore distributivo): *due volte – settimana.* **5** Nella, durante la: *sarò a Roma – settimana prossima.* ***B*** *pron. pers. e dimostr. f. sing.* **1** Lei, essa (come compl. ogg. riferito a persona o cosa, in posizione sia encl. sia procl.): *– rivedrò domani*; *eccola!*; *dirla grossa*; *vedersela brutta.* **2** Si usa, in segno di cortesia, rivolgendosi a persona, sia di sesso maschile, sia femminile, con cui non si è in familiarità (sempre come compl. oggetto): *– ringrazio, signora.* (V. note d'uso ACCENTO ed ELISIONE E TRONCAMENTO)

la (2) *s. m. inv.* (*mus.*) Sesta nota della scala diatonica, usata per dare l'intonazione. (v. nota d'uso ACCENTO)

là ***A*** *avv.* **1** In quel luogo (con riferimento a un luogo piuttosto lontano da chi parla e da chi ascolta): *andrò – dopo pranzo*; *eccolo –!* | Contrapposto a 'qua', 'qui', 'lì' con valore locativo: *qui, non c'è posto, mettiti –* | Unito a pron. pers. e al pron. e agg. 'quello' con valore raff. e ints: *tu, –, fatti avanti*; *passami quel libro –.* **2** *Ehi –! Alto –! Chi va –!* escl. di allarme, intimazione, richiamo e sim. **3** *Nella loc. avv. in –*, oltre, da un'altra parte: *farsi, tirarsi in –* | *Andare in –*, procedere (*anche fig.*) | In avanti, oltre (con valore temp.): *essere in – con gli anni.* **4** *Nella loc. avv. di –*, da quel luogo, in quel luogo: *vieni via di –!* | *Il mondo di –, dell'al di –*, (*fig.*) l'altro mondo | *Essere più di – che di qua*, (*fig.*) essere sul punto di morire, di venire meno | *Di qua, di –, di su, di giù*, in ogni luogo | *Per di –*, per quel luogo: *passavo per di –.* **5** *Nella loc. avv. – per –*, subito, sul momento: *– per – non ho saputo rispondere.* ***B*** *nelle loc. prep. di – da, in – da*, oltre a | *Essere di – da venire*, detto di ciò che deve avvenire in un futuro molto lontano. (v. nota d'uso ACCENTO)

làbaro *s. m.* **1** Vessillo imperiale romano costituito da un pezzo di seta quadrata applicato a una barra lignea al centro della quale era appesa un'altra barra più lunga. [→ ill. *bandiera*] **2** Insegna di associazioni combattentistiche, politiche, religiose. [→ ill. *bandiera*] **3** (*fig.*) Vessillo di un'idea o una fede che accomuna più persone.

làbbro *s. m.* (*pl. làbbra, f.* nei sign. 1, 2, *làbbri, m.* nei sign. 3, 4) **1** Piega cutanea, muscolare e mucosa, che delimita l'apertura della bocca | *Mordersi le labbra*, per trattenersi dal parlare o per punirsi di ciò che si è detto | *Leccarsi le labbra*, assaporare una cosa squisita. [→ ill. *anatomia umana*] **2** *spec. al pl.* Bocca, quale organo della parola | *Avere una parola sulla punta delle labbra, sulle labbra*, non riuscire a ricordarla o a pronunciarla | *Pendere dalle labbra di qc.*, ascoltarlo o seguirlo con attenzione | *A fior di labbra*, sussurrando appena. **3** Margine, bordo di una ferita: *i labbri sono ancora aperti.* **4** Orlo, bordo con risalto, ciglio: *il – di un vaso, di un pozzo.*

labdacismo *s. m.* Difficoltà di pronuncia della 'elle' nei bambini.

làbe *s. f.* (*lett.*) Macchia, sozzura.

labèllo *s. m.* (*bot.*) Nelle orchidee, tepalo anteriore del fiore, a margine lobato o frastagliato.

labiàle ***A*** *agg.* **1** Che riguarda le labbra. **2** (*ling.*) Detto di suono articolato per mezzo delle labbra. ***B*** *s. f.* Consonante labiale.

labializzàre *v. tr.* (*ling.*) Sottoporre a labializzazione.

labializzazióne *s. f.* (*ling.*) Trasformazione per la quale un suono diventa labiale.

Labiàte *s. f. pl.* Famiglia di piante erbacee con fiori la cui corolla ha l'aspetto di due labbra, comprendente moltissime specie utili in cucina, medicina e profumeria. [→ ill. *piante* 12, 13]

labiàto *agg.* Che ha forma simile a quella delle labbra: *corolla labiata.* [→ ill. *botanica*]

làbile *agg.* **1** (*lett.*) Che viene meno facilmente; SIN. Caduco, effimero. **2** Debole, incapace di ritenere: *memoria –.* **3** Emotivamente fragile.

labilità *s. f.* (*lett.*) L'essere labile; SIN. Caducità.

labiodentàle ***A*** *agg.* (*ling.*) Detto di consonante (come *f* e *v*) la cui articolazione comporta un avvicinamento del labbro inferiore agli incisivi superiori. ***B*** *s. f.* Consonante labiodentale.

labirìntico *agg.* (*pl. m. -ci*) **1** Che concerne un labirinto. **2** (*anat.*) Relativo al labirinto.

labirintìte *s. f.* (*med.*) Infiammazione del labirinto.

labirìnto *s. m.* **1** Leggendaria reggia di Minosse dalla quale non si poteva uscire senza guida | (*est.*) Edificio, costruzione con un'intricata rete di camere e di corridoi. [→ ill. *luna park*] **2** (*est.*) Intreccio di strade o passaggi dove è difficile orizzontarsi. **3** Boschetto con vialetti intricati. **4** (*fig.*) Situazione intricata, cosa confusa e poco chiara. **5** (*anat.*) Insieme di cavità formanti una parte dell'orecchio interno. [→ ill. *anatomia umana*]

laboratòrio *s. m.* **1** Locale fornito di attrezzature per ricerche ed esperienze scientifiche | *– linguistico*, aula scolastica con attrezzatura elettronica e meccanica per l'insegnamento delle lingue. [→ ill. *fisica, scuola, suono*] **2** Ambiente annesso a un negozio dove si riparano gli oggetti in vendita | Locale dove si svolge un'attività artigianale: *– di sartoria.*

laboratorìsta *s. m. e f.* (*pl. m. -i*) Chi lavora in un laboratorio, spec. scientifico.

laboriosità *s. f.* **1** Carattere di ciò che è laborioso, difficoltoso. **2** Operosità.

laborióso *agg.* **1** Che comporta difficoltà, fatica e pena per la sua realizzazione: *digestione laboriosa*; SIN. Difficoltoso. **2** Dedito al lavoro, che lavora con passione; SIN. Attivo, operoso. **3** Denso di lavoro: *giornata laboriosa.*

labradorìte *s. f.* (*miner.*) Varietà calcica di plagioclasio in cristalli che manifestano una caratteristica iridescenza interna.

laburìsmo *s. m.* Socialismo riformista, in Gran Bretagna.

laburìsta ***A*** *agg.* (*pl. m. -i*) Del laburismo. ***B*** *s. m. e f.* Seguace del laburismo.

làcca *s. f.* **1** Sostanza colorata di origine vegetale, animale o artificiale, usata come rivestimento protettivo od ornamentale di vari oggetti. **2** Fissatore per capelli. [→ ill. *toilette e cosmesi*]

laccamùffa *s. f.* (*chim.*) Tornasole.

laccàre *v. tr.* (*io làcco, tu làcchi*) Verniciare con lacca.

laccatóre *s. m.* (*f. -trìce*) Artigiano che esegue lavori con lacca.

laccatùra *s. f.* Operazione del laccare | Rivestimento di lacca.

lacchè *s. m.* **1** Valletto in livrea che per strada accompagnava il padrone o la carrozza padronale. **2** (*spreg.*) Persona che si umilia in modo servile.

làccia *s. f.* (*pl. -ce*) (*zool.*) Alosa.

làccio *s. m.* **1** Corda con cappio o nodo scorsoio che si stringe tirando. **2** (*fig.*) Trappola, insidia, inganno. **3** Legaccio, tirante: *i lacci del busto* | *I lacci delle scarpe*, le stringhe | *– emostatico*, nastro o tubo di materiale elastico che viene stretto attorno agli arti per fermare una emorragia. [→ ill. *medicina e chirurgia*] **4** (*fig.*) Nodo, vincolo, legame. **5** Capestro.

lacciòlo *s. m.* **1** *Dim. di laccio.* **2** Laccio per catturare piccoli uccelli.

laccolìte *s. m. o f.* (*geol.*) Massa di magma intruso poco profondo a forma di cupola che si insinua generalmente fra strato e strato di altre rocce.

lacedèmone *agg.; anche s. m.* (*lett.*) Spartano.

laceraménto *s. m.* Lacerazione, strappo.

lacerànte *part. pres. di lacerare; anche agg.* **1** Che lacera. **2**

(*fig.*) Che ferisce per la sua forza, intensità e sim.: *grido* —.
laceràre ***A*** *v. tr.* (*io làcero*) ***1*** Ridurre a brandelli; SIN. Stracciare, strappare. ***2*** (*fig.*) Straziare, torturare. ***B*** *v. intr. pron.* Strapparsi, squarciarsi.
lacerazióne *s. f.* Riduzione di q.c. in brandelli; SIN. Squarcio, strappo, rottura | (*fig.*) Strazio, afflizione.
lacèrna *s. f.* Presso i Romani, mantello oblungo, serrato sulle spalle, portato sulla tunica.
làcero *agg.* ***1*** Strappato o stracciato in più punti o in più pezzi: *carni lacere*; *stracci laceri* | *Ferita lacera*, prodotta per strappamento | *Ferita lacero-contusa*, prodotta per strappamento e compressione. ***2*** (*est.*) Detto di persona che indossa vestiti logori o strappati.
lacèrto *s. m.* ***1*** (*anat.*) Parte muscolosa spec. del braccio. ***2*** (*zool.*; *sett.*) Sgombro.
lacìnia *s. f.* Frangia, frastagliatura.
laciniàto *agg.* Detto di parte anatomica o vegetale che presenta lacinie.
laconicità *s. f.* Qualità di laconico; SIN. Stringatezza.
lacònico *agg.* (*pl. m. -ci*) ***1*** Della Laconia, regione della Grecia in cui si trovava Sparta. ***2*** (*est.*) Detto di persona estremamente concisa nell'esprimersi | Breve, essenziale: *scritto* —; SIN. Stringato.
laconìṣmo *s. m.* Modo conciso di esprimersi.
làcrima o *làgrima s. f.* ***1*** Liquido acquoso prodotto dalle ghiandole lacrimali dell'occhio | *Un fiume di lacrime*, un gran pianto | *Rompere, prorompere in lacrime*, scoppiare a piangere all'improvviso | *Frenare, ingoiare le lacrime*, trattenersi dal piangere | *Asciugare le lacrime a qc.*, consolarlo | *In questa valle di lacrime*, in questo mondo. ***2*** (*est.*) Goccia o piccola quantità di liquido: *una — d'olio.* ***3*** Oggetto che ha l'aspetto di una lacrima: *una — di cera.* [→ tav. *locuzioni* 57]
lacrimàbile *agg.* (*lett.*) Degno di lacrime.
lacrima christi /*lat.* 'lakrima 'kristi/ *loc. sost. m.* Vino giallo ambrato, limpidissimo, un po' aromatico, diffuso nelle zone di Torre del Greco (Napoli).
lacrimàle *agg.* Delle lacrime | (*anat.*) *Condotto* —, piccolo canale che porta le lacrime al naso | *Ghiandola* —, che produce le lacrime | *Sacco* —, dilatazione sul decorso del condotto lacrimale.
lacrimàre *v. intr.* (*io làcrimo; aus. avere*) ***1*** Versare lacrime, piangere. ***2*** (*est.*, *raro*) Gocciolare.
lacrimatóio *s. m.* (*archeol.*) Flaconcino per unguenti.
lacrimazióne *s. f.* (*med.*) Attività di secrezione delle ghiandole lacrimali.
lacrimévole *agg.* Che induce a piangere, che provoca compassione.
lacrimògeno ***A*** *agg.* ***1*** Che provoca lacrime: *gas* —. ***2*** (*scherz.*, *spreg.*) Commovente, patetico. ***B*** *in funzione di s. m.* Gas lacrimogeno.
lacrimóso *agg.* ***1*** Bagnato di lacrime. ***2*** Che è causa di lacrime perché commovente.
lacuàle *agg.* Di lago.
lacùna *s. f.* ***1*** Interruzione nella scrittura con uno spazio lasciato bianco | Mancanza di parola, frase o brano, in un testo. ***2*** (*bot.*) Cavità. ***3*** (*fig.*) Vuoto, mancanza | *Una — della memoria*, una dimenticanza.
lacunàre *s. m.* Soffitto in cui l'intelaiatura dei travi è utilizzata come elemento ornamentale e abbellita con rosoni o elementi geometrici.
lacunosità *s. f.* Caratteristica di ciò che è lacunoso.
lacunóso *agg.* Pieno di lacune.
lacùstre *agg.* Relativo ai laghi | Che sta o vive nei laghi: *piante lacustri.*
laddóve ***A*** *avv.* (*lett.*) Dove, nel luogo in cui. ***B*** *cong.* (*lett.*) Mentre, invece (con valore avversativo): *sei stato rigido — non avresti dovuto.*
ladìno ***A*** *s. m. solo sing.* Gruppo dialettale neolatino comprendente le parlate dei Grigioni, di alcune valli dolomitiche e del Friuli. ***B*** *agg.; anche s. m.* (*f. -a*) Della zona alpina in cui si parla il ladino.
làdra *s. f.* (*raro*) Tasca interna della giacca del soprabito.
ladrerìa *s. f.* Comportamento, azione da ladro; SIN. Ruberia.
ladrésco *agg.* (*pl. m. -schi*) Di, da ladro.
làdro ***A*** *s. m.* (*f. -a*) Chi ruba o compie furti | *— di strada*, brigante | *— in guanti gialli*, con aspetto e modi da persona distinta | *Dar del — a qc.*, accusarlo di rubare | *Essere vestito come un* —, molto male | *— di cuori*, conquistatore | *Tempo da ladri*, molto brutto. ***B*** *agg.* ***1*** Che ruba | *Occhi ladri*, che incantano e innamorano. ***2*** (*fig.*) Pessimo, brutto: *tempo* —. [→ tav. *proverbi* 72, 217, 248]
ladrocìnio o *latrocìnio s. m.* Furto, ruberia con inganni e raggiri.
ladróne *s. m.* ***1*** Ladro incallito, astuto. ***2*** Masnadiero, grassatore.
ladronerìa *s. f.* ***1*** Comportamento da ladro. ***2*** Grosso furto.
ladronésco *agg.* (*pl. m. -schi*) Di, da ladrone.
ladrùncolo *s. m.* (*f. -a*) Ragazzo che ruba | Ladro da poco.
lady /*ingl.* 'leidi/ *s. f. inv.* (*pl. ingl. ladies* /'leidiz/) Titolo inglese spettante alla moglie o figlia di un lord | Correntemente, signora.
lager /*ted.* 'la:gər/ *s. m. inv.* Campo di concentramento per lavoro coatto o prigionia | Campo di sterminio, nella Germania nazista.
laggiù *avv.* Là in basso, là verso il basso (con v. di stato e di moto): *la casa è* — | (*est.*) Indica un luogo lontano o posto a Sud: *— in Sicilia.*
làgna *s. f.* ***1*** (*raro*, *lett.*) Affanno | Lamento. ***2*** (*fam.*) Piagnisteo | Cosa lunga e noiosa | Persona che infastidisce.
lagnànza *s. f.* Manifestazione, espressione di malcontento, risentimento, insoddisfazione e sim. | Reclamo; SIN. Rimostranza.
lagnàrsi *v. intr. pron.* ***1*** (*raro*) Lamentarsi per un malessere. ***2*** Risentirsi e mostrare il proprio malcontento: *— per il trattamento* | Reclamare; SIN. Lamentarsi.
làgno *s. m.* Lamento, lagnanza.
lagnóso *agg.* ***1*** Lamentoso, querulo. ***2*** (*pop.*) Noioso, detto di persona.
làgo *s. m.* (*pl. -ghi*) ***1*** (*geogr.*) Massa d'acqua che riempie una cavità della superficie terrestre, senza comunicazione diretta col mare | *— craterico o vulcanico*, che occupa il cratere di un vulcano spento | *— artificiale*, creato da una diga di sbarramento. [→ ill. *geografia, giardino pubblico, marina*] ***2*** (*est.*, *fig.*) Abbondante quantità di liquido sparso: *un — di sangue.*
lagoftàlmo *s. m.* (*med.*) Impossibilità di chiusura delle palpebre.
làgrima V. *lacrima.*
lagùna *s. f.* Specchio d'acqua litoraneo, comunicante col mare, dal quale è separato mediante strisce di terra. [→ ill. *geografia*]
lagunàre *agg.* Della laguna.
lài (1) *s. m. inv.* Componimento lirico narrativo d'intonazione mesta, accompagnato dal canto, diffuso in Francia nei sec. XII e XIII.
lài (2) *s. m. pl.* (*poet.*) Lamenti: *trarre, levare* —.
laicàle *agg.* Proprio dei laici.
laicàto *s. m.* ***1*** Condizione di chi è laico. ***2*** Insieme dei laici.
laicìṣmo *s. m.* Atteggiamento ideologico di chi sostiene l'indipendenza del pensiero e dell'azione politica dei cittadini dall'autorità ecclesiastica.
laicista ***A*** *agg.* (*pl. m. -i*) Proprio dei laici. ***B*** *s. m. e f.* Sostenitore del laicismo.
laicità *s. f.* Condizione di laico.
laicizzàre *v. tr.* Rendere laico.
làico ***A*** *agg.* (*pl. m. -ci*) ***1*** Che non fa parte del clero, che non ha ricevuto gli ordini sacerdotali. ***2*** Che si ispira al laicismo; CFR. Confessionale. ***B*** *s. m.* ***1*** Che non fa parte del clero. ***2*** Frate converso che non ha ricevuto gli ordini.
laidézza *s. f.* L'essere laido; SIN. Turpitudine.
làido *agg.* ***1*** Sporco, sozzo da ispirare ripugnanza. ***2*** Turpe, osceno, sconcio.
lallazióne *s. f.* Emissione di suoni rudimentali da parte del bambino nel periodo precedente l'articolazione del linguaggio.
làma (1) *s. f.* ***1*** Parte di un coltello, un rasoio, una spada e sim. destinata a tagliare | (*est.*) Lamina metallica dei pattini da ghiaccio. [→ ill. *coltello, forbici, meccanica, sega, sport, stoviglie*] ***2*** Nelle macchine atte a spostare la terra, grande attrezzo concavo di acciaio. [→ ill. *edilizia, strada*]

làma (2) *s. f.* Terreno basso che si trasforma in palude per il ristagno di acque | Campagna paludosa.
làma (3) *s. m. inv.* Monaco buddista del Tibet o della Mongolia | *Dalai Lama, Gran Lama*, capo supremo della religione tibetana.
làma (4) *s. m. inv.* Mammifero americano degli Ungulati, a corpo snello, collo lungo e arcuato, mantello fittissimo, lungo e morbido, nero o macchiato; allevato soprattutto in Perù per trasporto, lana e carne. [→ ill. *animali* 18]
lamantìno *s. m.* Mammifero marino degli Ungulati, con arti anteriori trasformati in pinne e posteriori assenti, con coda arrotondata e provvisto dei soli denti molari; SIN. Manato. [→ ill. *animali* 19]
lamatùra *s. f.* Nella tecnologia meccanica, operazione con cui si esegue un foro cieco a fondo piano o con cui si spiana il bordo di un foro, dove poggerà il dado o la testa del bullone.
làmbda (1) *s. m. inv.* Nome dell'undicesima lettera dell'alfabeto greco.
làmbda (2) *s. m. inv.* **1** (*anat.*) Punto di incontro della sutura tra le ossa parietali con le suture occipitali parietali. **2** (*fis.*) Particolare tipo di iperone.
lambert /*ted.* 'lambɛrt/ *s. m. inv.* (*fis.*) Unità di misura fotometrica della densità di flusso luminoso, equivalente a un lumen per cm². SIMB. L.
lambiccàre A *v. tr.* (*io lambicco, tu lambicchi*) **1** Distillare con l'alambicco. **2** (*fig.*) Esaminare e ponderare accuratamente | *Lambiccarsi il cervello*, fare sforzi mentali per escogitare q.c., ricordare e sim.; SIN. Scervellarsi. **B** *v. intr. pron.* Affannarsi per ottenere q.c.
lambiccàto *part. pass. di lambiccare; anche agg.* Eccessivamente complicato: *soluzione lambiccata* | *Stile* –, artificioso.
lambicco V. *alambicco*.
lambìre *v. tr.* (*io lambisco, tu lambisci*) **1** Leccare leggermente: *il gatto lambiva le dita del bimbo.* **2** (*fig.*) Sfiorare, toccare appena.
lambrecchìni *s. m. pl.* **1** Frange ornamentali di baldacchino, finestra e sim. **2** (*arald.*) Lembi di stoffa frastagliati, messi per ornamento all'elmo o allo scudo.
lambrétta *s. f.* Nome commerciale di motoretta.
lambrettista *s. m. e f.* (*pl. m. -i*) Chi possiede o guida una lambretta.
lambrùsca *s. f.* (*bot.*) Abrostine.
lambrùsco *s. m.* (*pl. -schi*) Vitigno emiliano da cui si trae un vino da pasto rosso e frizzante.
lamé /*fr.* la'me/ *s. m. inv.* Tessuto tramato con fili metallici; SIN. Laminato.
lamèlla *s. f.* **1** Sottile lamina di qualsiasi materiale: – *metallica.* [→ ill. *tenda*] **2** (*biol.*) Sottile tessuto cellulare animale o vegetale | Ognuna delle ripiegature della parte inferiore del cappello in alcune specie di funghi a grande corpo fruttifero. [→ ill. *fungo*]
lamellàre *agg.* **1** Che ha forma di lamella. **2** (*miner.*) Che si rompe secondo superfici piane.
lamellibrànchi *s. m. pl.* (*zool.*) Bivalvi.
lamentànza *s. f.* (*lett.*) Lagnanza, lamento.
lamentàre A *v. tr.* (*io laménto*) Trarre da q.c. motivo di dolore, insoddisfazione e sim.: – *un'offesa.* **B** *v. intr. pron.* **1** Dimostrare con lamenti un dolore fisico o morale: *lamentarsi per una ferita*; SIN. Gemere. **2** Dimostrarsi risentito di q.c.: *lamentarsi di q.c.*; SIN. Lagnarsi.
lamentazióne *s. f.* Espressione insistente di dolore.
lamentèla *s. f.* Lamento insistente | Lagnanza.
lamentévole *agg.* **1** Che esprime lamento: *voce* –; SIN. Lamentoso, querulo. **2** Che è degno di compianto: *destino* –.
lamentìo *s. m.* **1** Lamento continuato. **2** Insieme di lamenti.
laménto *s. m.* **1** Voce o grido esprimente dolore o pianto; SIN. Gemito. **2** (*lett.*) Pianto per la morte di qc. **3** Lagnanza, rimostranza.
lamentóso *agg.* **1** Pieno di lamenti. **2** Lamentevole.
lamétta *s. f.* **1** *Dim. di lama* (1). **2** Lama affilatissima, spec. a due tagli, che s'innesta sul rasoio di sicurezza. [→ ill. *toilette e cosmesi*]
làmia *s. f.* **1** Nelle credenze popolari degli antichi romani e del Medioevo, mostro con volto di donna e corpo di serpente, che si credeva succhiasse il sangue dei bambini. **2** (*est.*) Strega, incantatrice.
lamièra *s. f.* Lastra di metallo, più o meno sottile, con cui si fanno tettoie, recipienti, rivestimenti, fasciami di navi e sim. [→ ill. *magazzinaggio*]
lamierìno *s. m.* **1** *Dim. di lamiera.* **2** – *magnetico*, adottato in strati per macchine elettromagnetiche, per ridurre perdite dovute a correnti parassite.
làmina *s. f.* Piastra, falda molto sottile, spec. metallica: – *d'oro.* [→ ill. *fisica*]
laminàre (1) *agg.* Che ha forma di lamina | Sottile come una lamina.
laminàre (2) *v. tr.* (*io làmino*) **1** Ridurre in lamine. **2** Coprire con lamine.
laminària *s. f.* Alga bruna dei mari freddi a forma di grande lamina piatta. [→ ill. *alga*]
laminàto (1) A *part. pass. di laminare* (2); *anche agg.* Ridotto in lamine. **B** *s. m.* Prodotto siderurgico ottenuto con procedimenti di laminazione. [→ ill. *metallurgia*]
laminàto (2) *agg.; anche s. m.* Lamé.
laminatóio *s. m.* Macchina che serve a ridurre un materiale malleabile in verghe, lastre, profilati, mediante il passaggio attraverso cilindri opportunamente sagomati che girano in senso inverso. [→ ill. *metallurgia*]
laminatóre *s. m.; anche agg.* Addetto alla laminazione.
laminatùra *s. f.* Rivestimento con lamine: – *degli sci.*
laminazióne *s. f.* **1** Operazione del ridurre in lamine. **2** Laminatura.
làmpada *s. f.* **1** Sorgente artificiale di luce, a combustibile solido, gassoso o liquido, oppure elettrica: – *a cera, a gas, a petrolio, elettrica*; – *da tavolo*; – *frontale* | – *al quarzo*, apparecchio che emette raggi ultravioletti | – *di sicurezza*, da miniera, che si spegne in presenza di miscele gassose combustibili, come il grisù. [→ ill. *alpinista, campeggiatore, fotografo, illuminazione, medicina e chirurgia, miniera, ufficio*] **2** Lume, un tempo spec. a olio, oggi spesso elettrico, posto davanti a un'immagine sacra, una tomba e sim. [→ ill. *religione*] **3** Apparecchio che, bruciando particolari gas o liquidi, viene usato per saldare o scaldare: – *a spirito.*
lampadàrio *s. m.* Arnese per sostenere più lampade, pendente dal soffitto. [→ ill. *illuminazione, teatro*]
lampadìna *s. f.* Bulbo di vetro contenente un filamento metallico che viene reso incandescente dal passaggio della corrente elettrica. [→ ill. *fotografo, medicina e chirurgia*]
lampànte *agg.* **1** Limpido, lucente | (*fig.*) Evidente, chiaro: *verità* –. **2** Usato per lampade: *olio* –.
lampàra *s. f.* Grande lampada fornita di luce molto intensa, usata per pescare di notte alcune specie di pesci | (*est.*) L'imbarcazione, la rete impiegate in tale tipo di pesca. [→ ill. *pesca*]
lampàsso *s. m.* Tessuto di seta originario della Cina, a grandi disegni colorati su fondi cupi.
lampeggiaménto *s. m.* **1** Emissione di lampi o bagliori (*anche fig.*) | Comparsa di lampi nel cielo | (*autom.*) Emissione di luce intermittente con i proiettori. **2** Serie di lampi, bagliori e sim.
lampeggiàre A *v. intr.* (*io lampéggio; aus. avere*) **1** Emettere, mandare lampi (*anche fig.*): *gli lampeggiano gli occhi.* **2** (*autom.*) Mandare sprazzi di luce con i proiettori: – *agli incroci.* **B** *v. intr. impers.* (*aus. essere o avere*) Comparire, detto di lampi nel cielo: *prima del tramonto lampeggiò.*
lampeggiatóre *s. m.* **1** Indicatore luminoso di direzione di un automezzo. **2** (*fot.*) Apparecchio per provocare istantaneamente l'accensione della luce: – *al magnesio.*
lampionàio *s. m.* Chi era addetto all'accensione e allo spegnimento di lampioni nelle città.
lampióne *s. m.* Fanale, lanterna: *i lampioni della strada.* [→ ill. *illuminazione, strada*]
làmpo A *s. m.* **1** Fenomeno luminoso che accompagna la scarica elettrica nei temporali. **2** Improvviso e intenso bagliore, di breve durata: *un* – *di luce.* **3** (*fig.*) Ciò che ha brevissima durata: *la giovinezza è un* – | *In un* –, in un attimo. **4** Persona o animale velocissimi negli atti: *quel cane è un* –; *correre come un* –. **5** (*fig.*) Intuizione improvvisa della mente o dell'animo: *avere un* – *di genio.* **B** *in funzione di agg. inv.* (*posposto al s.*) Che accade, si svolge, funziona e sim. in brevissimo tempo: *matrimo-*

nio –; *cerimonia* –; *guerra* –; *chiusura, cerniera* – | *Notizia* –, molto breve e su un evento recentissimo.
lampóne *s. m.* **1** Frutice spinoso delle Rosali con frutto rosso edule formato di piccole drupe riunite. [→ ill. *piante* 8] **2** Frutto di tale pianta. [→ ill. *frutta*]
lamprèda *s. f.* (*zool.*) Animale vertebrato dei Ciclostomi di acqua dolce, con corpo simile all'anguilla, bocca circolare a ventosa munita di dentelli cornei. [→ ill. *animali* 7]
làna *s. f.* **1** Pelo della pecora o di altri animali: – *d'Angora, di cammello* | *Buona* –, (*fig.*) birbante, briccone | *Essere della stessa* – *di qc.*, (*fig.*) della stessa indole, natura e sim. **2** Fibra tessile proveniente dalla tosatura di pecore o di altri animali. **3** (*est.*) Filato e tessuto ottenuto con tale fibra: *cappotto di* –. **4** (*est.*) Fibra artificiale, di aspetto lanoso o serico, ottenuta da vari materiali | – *di vetro*, ottenuta per fusione e trafilatura del vetro, usata spec. come materiale isolante. **5** Peluria che si forma sotto i mobili. [→ tav. *locuzioni* 87]
lanaiòlo *s. m.* Mercante di lana.
lanceolàto *agg.* Detto di foglia a forma di ferro di lancia. [→ ill. *botanica*]
lancétta *s. f.* **1** *Dim. di lancia* (1). **2** Indice di vari strumenti di misura, spec. degli orologi, a forma di freccia che, spostandosi sul quadrante, indica il valore della grandezza in quel momento. [→ ill. *orologiaio, orologio*] **3** Strumento usato dai chirurghi per praticare salassi, incisioni e sim. **4** *spec. al pl.* Tipo di pastina da brodo appuntita e schiacciata al centro. [→ ill. *pasta*]
lància (1) *s. f.* (*pl. -ce*) **1** Arma in asta costituita da un lungo fusto con ferro a punta, impugnatura e calcio con puntale | *Mettere la* – *in resta*, prepararsi a uno scontro | *Spezzare una* – *per, in favore di qc.*, (*fig.*) aiutarlo con parole o atti. [→ ill. *armi, bandiera*] **2** (*est.*) Guerriero | Cavaliere armato di lancia. **3** Sorta di fiocina per pescare tonni, delfini e sim. **4** Attrezzo costituito da un tubo attraverso il quale un liquido viene lanciato all'esterno sotto pressione. [→ ill. *armi, vigili del fuoco*] [→ tav. *locuzioni* 104]
lància (2) *s. f.* (*pl. -ce*) Imbarcazione a remi, avente da cinque a otto banchi con poppa quadra | – *di salvataggio*, munita di casse d'aria per renderla insommergibile. [→ ill. *marina*]
lanciàbile *agg.* Che si può lanciare.
lanciabómbe *s. m. inv.* Arma speciale per lanciare bombe a distanza.
lanciafiàmme *s. m. inv.* Apparecchio bellico che proietta a distanza liquido infiammato. [→ ill. *armi*]
lanciagranàte *s. m. inv.* Lanciabombe terrestre.
lanciamìssili *A agg.* Detto di nave e di ogni mezzo da guerra attrezzato per lanciare missili. *B s. m.* Apparecchiatura per lanciare missili.
lanciaràzzi *A s. m.* Arma portatile per lanciare proiettili dotati di autopropulsione. *B anche agg.*: *pistola* –.
lanciàre *A v. tr.* (*io làncio*) **1** Scagliare, tirare con forza q.c. (*anche fig.*): – *una freccia* | – *un grido*, emettere un grido; SIN. Buttare, gettare. **2** (*est.*) Imprimere a q.c. una grande velocità: – *l'automobile.* **3** (*fig.*) Presentare una persona o un prodotto cercando di imporli all'attenzione del pubblico spec. con i mezzi pubblicitari: – *un nuovo prodotto sul mercato.* *B v. rifl.* **1** Gettarsi con impeto (*anche fig.*): *lanciarsi nella mischia.* **2** (*fig.*) Scagliarsi con forza contro qc. o q.c.: *lanciarsi contro le convenzioni.*
lanciasilùri *s. m.* Meccanismo di navi o sommergibili per lanciare siluri contro navi nemiche.
lanciàto *part. pass. di lanciare; anche agg.* **1** Scagliato, gettato. **2** Detto di veicolo o altro, che corre velocissimo. **3** Detto di prove di velocità in cui il tempo viene misurato a partire dal momento in cui l'atleta, il veicolo e sim. passano in un punto stabilito della pista: *chilometro* –.
lanciatóre *s. m.* (*f. -trice*) **1** Chi lancia. **2** (*sport*) Nell'atletica leggera, specialista delle gare di lancio | Nel baseball, giocatore che ha il compito di lanciare la palla.
lancière *s. m.* **1** Soldato di cavalleria armato di lancia. **2** *al pl.* Ballo figurato affine alla quadriglia.
lancinànte *agg.* Che procura una sofferenza acuta, simile a un colpo di lancia: *dolore* –.
làncio *s. m.* **1** Tiro, getto energico di q.c.: *il* – *di una pietra* | Nel calcio, passaggio in profondità | Getto, salto, dall'alto: *fare un* – *col paracadute.* [→ ill. *armi, astronautica, pesca*] **2** Nell'atletica leggera, prova eseguita a mezzo di attrezzi speciali che devono essere scagliati il più lontano possibile: – *del disco, del giavellotto, del martello.* [→ ill. *sport*] **3** (*fig.*) Manifestazione pubblicitaria avente lo scopo di far conoscere o apprezzare dal pubblico qc. o q.c.: – *di un'attrice.*
lànda *s. f.* Pianura incolta spesso sterile e deserta | Arida e sabbiosa depressione con file di dune al bordo, caratteristica del sud della Francia.
landau /*fr.* lã'do/ *s. m. inv.* (*pl. fr. landaus* /lã'do/) Carrozza elegante a quattro ruote e due mantici che si chiudono a piacere, tirata da due o quattro cavalli. [→ ill. *carro e carrozza*]
landò *s. m.* Adattamento di *landau.*
laneria *s. f.* Assortimento di tessuti pettinati e cardati di lana per abbigliamento.
lanétta *s. f.* **1** *Dim. di lana.* **2** Cascame di lana. **3** Tessuto misto, di lana e cotone.
langràvio *s. m.* Titolo di alcuni conti, di Turingia, di Assia e sim., e di dignitari imperiali.
languidézza *s. f.* L'essere languido (*anche fig.*).
lànguido *agg.* **1** Debole, privo delle naturali energie (*anche fig.*): *la malattia lo ha reso* – | *Movimento* –, lento, tardo | *Stomaco* –, debole, bisognoso di cibo. **2** Struggente: *sguardo* – | *Occhi languidi*, che esprimono sentimenti d'amore.
languire *v. intr.* (*io lànguo o languìsco, tu lànguì o languìsci*, ecc.; *aus. avere*) **1** Essere o diventare sempre più debole e fiacco | Venir meno, struggersi (*spec. fig.*): – *per la paura*; – *d'amore* | – *nella miseria*, vivere di stenti. **2** Diminuire d'intensità, di forza (*anche fig.*): *la conversazione langue.*
languóre *s. m.* **1** L'essere fisicamente o spiritualmente debole: – *di stomaco* | Struggimento; SIN. Sfinimento. **2** *spec. al pl.* (*fig.*) Smancerie.
laniccio *s. m.* **1** Peluria che si forma sotto i letti o tra le pieghe di coperte e indumenti di lana. **2** Lanugine prodotta dal baco da seta prima di iniziare il bozzolo.
lanière *s. m.* Fabbricante od operaio dell'industria laniera.
lanièro *agg.* Della lana, concernente la sua lavorazione o il suo commercio.
lanificio *s. m.* Stabilimento tessile in cui si lavora la lana.
lànital o *lanitàl s. m.* Nome commerciale di lana sintetica, ottenuta dalla caseina, utilizzata nel periodo fascista dell'autarchia.
lanolìna *s. f.* Sostanza grassa, gialiognola, ottenuta per raffinazione del grasso di lana d'ovini; usata spec. come eccipiente per pomate e cosmetici.
lanóso *agg.* **1** Che è coperto, pieno di lana. **2** Che è simile alla lana.
lantàna *s. f.* Pianta arbustiva delle Rubiali delle zone montuose, con foglie pelose finemente dentate e fiori in grosse infiorescenze a ombrella.
lantànide *s. m.* Ciascuno dei 15 elementi chimici del gruppo delle terre rare, lantanio incluso, con proprietà affini a quelle del lantanio.
lantànio *s. m.* Elemento chimico, metallo terroso, capostipite del gruppo delle terre rare. SIMB. La.
lantèrna *s. f.* **1** Lume portatile o fisso, racchiuso in una specie di gabbia protettiva con pareti di vetro | – *cieca*, composta di due cilindri sovrapposti e rotabili in maniera da lasciar passare o da escludere la luce all'esterno. [→ ill. *illuminazione*] **2** Apparecchio per segnali luminosi ai naviganti, nella torre di un faro | (*est.*) Il faro stesso | *La* –, (*per anton.*) il faro di Genova. [→ ill. *porto*] **3** Parte del diascopio contenente la lampada di proiezione | (*est.*) Il diascopio stesso | – *magica*, apparecchio con cui si proiettano sullo schermo immagini disegnate su una lastra di vetro. **4** (*arch.*) Struttura a pianta poligonale, coperta da calotta, che costituisce la parte superiore della cupola. [→ ill. *elemento architettonico, religione*] **5** *spec. al pl.* (*fig., scherz.*) Occhi: *spalancare le lanterne* | (*fam.*) Occhiali.
lanternino *s. m. Dim. di lanterna* | *Cercare q.c. col* –, (*fig.*) cercare con grande cura.
lanùgine *s. f.* **1** Peluria corta di lana o simile alla lana. **2** Peli morbidi e corti che cominciano ad apparire sulle

guance e sul mento dei giovani. **3** (*bot.*) Peluria che riveste organi vegetali diversi.

lanuginóso agg. Pieno di lanugine.

lanzàrdo s. m. (*zool.*) Sgombro macchiato.

lanzichenécco s. m. (pl. -*chi*) **1** Soldato mercenario tedesco del periodo rinascimentale, componente di un corpo simile alle compagnie di ventura; SIN. Lanzo. **2** (*est.*) Giannizzero di un potente.

lànzo s. m. Lanzichenecco | (*est.*) Tedesco.

laónde cong. (*lett.*) Per la qual cosa, quindi.

laotiàno agg.; anche s. m. (f. -*a*) Del Laos.

lapalissiàno agg. Che è ovvio, chiaro, inequivocabile: *verità lapalissiana.*

laparotomìa s. f. (*med.*) Apertura della cavità peritoneale.

lapicida s. m. (pl. -*i*) In epoca romana e medievale, artigiano esperto nella lavorazione della pietra e del marmo | Incisore di iscrizioni su pietra.

lapidàre v. tr. (*io làpido*) **1** Colpire qc. ripetutamente con pietre, sassi e sim. fino a ucciderlo. **2** (*fig.*) Inveire contro qc. con rimproveri e aspre critiche: — *gli avversari.*

lapidària s. f. Arte della lavorazione del marmo e dell'incisione delle iscrizioni | Epigrafia.

lapidàrio A agg. **1** Che concerne iscrizioni su lapidi: *arte lapidaria.* **2** (*fig.*) Incisivo e sentenzioso: *stile* —. **B** s. m. **1** Operaio che incide marmi, lapidi. **2** Artefice che lavora diamanti e altre gemme. **3** Museo che raccoglie iscrizioni, lapidi e sim. **4** Libro medievale sulle virtù delle pietre preziose.

lapidatóre A s. m. (f. -*trìce*) Chi lapida (*anche fig.*). **B** anche agg.

lapidazióne s. f. Uccisione di qc. mediante lancio di pietre, sassi e sim.

làpide s. f. **1** Pietra sepolcrale, a volte con iscrizione. **2** Tavola di marmo o altro materiale con un'epigrafe commemorativa, posta su pubblici edifici, monumenti e sim.

lapìdeo agg. **1** Di pietra. **2** Che ha le qualità della pietra.

lapìllo s. m. Cristallo, pezzetto di roccia o altro elemento solido, lanciato da un condotto vulcanico.

lapin /fr. la'pɛ̃/ s. m. inv. (pl. fr. *lapins* /la'pɛ̃/) Pelliccia di coniglio.

lapis s. m. inv. Matita.

lapislàzzuli s. m. Minerale costituito spec. da un silicato sodico alluminifero, usato come pietra ornamentale.

làppa s. f. Pianta delle Sinandrali con foglie grandi, fiori in capolini sferici con brattee uncinate che si attaccano alle vesti o al vello degli animali, grosse radici carnose con proprietà diuretiche e depurative.

lappàre v. tr. e intr. (aus. *avere*) Bere come fanno i cani, suggendo rumorosamente l'acqua con la lingua.

lappatùra s. f. Operazione di finitura di superfici per ridurne la scabrosità mediante strisciamento con superfici metalliche analoghe a quella in lavorazione cosparse di fine polvere abrasiva.

làppola s. f. Infiorescenza provvista di uncini coi quali si attacca alle vesti e al vello degli animali.

làppone agg. e s. m. e f. Della Lapponia.

lapsus /lat. 'lapsus/ s. m. inv. Distrazione, errore involontario.

lapsus calami /lat. 'lapsus 'kalami/ loc. sost. m. inv. Errore involontario nello scrivere.

lapsus linguae /lat. 'lapsus 'lingwe/ loc. sost. m. inv. Errore involontario nel parlare.

laràrio s. m. Nella casa degli antichi Romani, parte destinata al culto dei Lari.

lardellàre v. tr. (*io lardèllo*) **1** Introdurre pezzetti di lardo nei tagli fatti alle carni da cuocere. **2** (*fig.*, *scherz.*) Riempire, infiorare: — *un discorso di citazioni.*

lardèllo s. m. Pezzetto di lardo.

làrdo s. m. Grasso sottocutaneo del dorso e delle pareti addominali del maiale, conservato salato o affumicato. [→ tav. *proverbi* 361]

làre s. m. spec. al pl. Presso gli antichi Romani, anime di antenati che, divinizzate, proteggevano la casa | *Tornare ai patrii Lari, ai propri Lari,* (*fig.*, *scherz.*) in patria o a casa propria.

largheggiàre v. intr. (*io larghéggio; aus. avere*) Essere generoso e liberale nel promettere, nel concedere: — *di parole*; — *in mance.*

larghézza s. f. **1** (*mat.*) In una superficie, la minore delle due dimensioni, contrapposta alla lunghezza; in un solido, la dimensione contrapposta alla lunghezza e all'altezza | Misura di tale dimensione. **2** Ampiezza: *una strada di notevole* —; *la* — *del torace.* **3** (*fig.*) Mancanza di pregiudizi, di eccessiva severità e sim.: *giudicare con* —; — *di vedute, di idee*; CONTR. Ristrettezza. **4** (*fig.*) Generosità, liberalità: *donare con* —; SIN. Munificenza. **5** Abbondanza: *con* — *di particolari.*

largìre v. tr. (*io largisco, tu largìsci*) (*lett.*) Concedere con generosa liberalità.

largizióne s. f. Generosa concessione | Ciò che si largisce.

làrgo A agg. (pl. m. -*ghi*) **1** Che ha una determinata larghezza: *un fiume* — *due chilometri* | Che si estende soprattutto in larghezza: *la strada in quel punto è molto larga* | (*est.*) Ampio, capace: *abito* — | *Manica larga,* abbondante | *Essere di manica larga,* (*fig.*) essere generoso con tutti | *A gambe larghe,* divaricate | *A larghi tratti,* (*fig.*) trascurando i particolari | *Su larga scala,* (*fig.*) in proporzioni notevoli | (*ell.*) *Alla larga,* lontano, via: *stare alla larga da qc.*; CONTR. Stretto. **2** (*fig.*) Aperto: *vocale larga*; *pronuncia larga.* **3** (*fig.*) Non limitato al significato letterale delle parole: *interpretazione larga.* **4** (*fig.*) Abbondante, copioso: *avere una larga parte di utili.* **5** (*fig.*) Liberale, generoso: *esser* — *coi poveri* | Che concede libertà: *governo* — | *Idee larghe,* non grette. **B** s. m. **1** Larghezza | Spazio esteso | *Fare* —, aprire un passaggio | *Farsi* —, aprirsi la strada e (*fig.*) fare carriera. **2** Mare aperto, lontano dalle coste | *Prendere il* —, allontanarsi dalle coste e (*fig.*) andarsene | *Tenersi al* —, (*fig.*) evitare q.c. o qc. **3** Piccola piazza posta all'incrocio tra più vie: *troviamoci in Largo Goldoni.* **4** (*mus.*) Indicazione di movimento in tempo molto lento.

largùra s. f. (*raro*) Spazio di terreno ampio ed esteso.

lariàno agg. Del lago di Como e del territorio circostante.

làrice s. m. Albero delle Conifere di montagna, con foglie caduche aghiformi riunite in fascetti, legno resistente e di lunga durata, molto usato per costruzioni. [→ ill. *piante* 1]

laringe s. f. (*anat.*) Primo tratto dell'apparato respiratorio situato nel collo al di sopra della trachea: ha funzione vocale e di transito dell'aria verso i polmoni. [→ ill. *anatomia umana*]

laringectomìa s. f. (*med.*) Asportazione della laringe.

laringèo agg. Della laringe.

laringite s. f. (*med.*) Infiammazione della laringe.

laringoiàtra s. m. e f. (pl. m. -*i*) Medico esperto di malattie della laringe.

laringoiatrìa s. f. Branca della medicina che si occupa delle malattie della laringe.

laringoscopìa s. f. (*med.*) Esame ottico della laringe.

laringotomìa s. f. Incisione della laringe.

làrva s. f. **1** (*lett.*) Spettro, fantasma. **2** (*fig.*) Persona emaciata, malridotta: *è ormai la* — *di se stesso.* **3** (*zool.*) Stadio giovanile degli animali soggetti a metamorfosi. [→ ill. *ape, baco da seta*]

larvàle agg. Di, simile a larva.

larvàto agg. Che si presenta sotto altre apparenze, che non è completamente manifesto: *forma larvata di malattia.*

lasàgna s. f. spec. al pl. Striscia larga di pasta sfoglia all'uovo, impastata con o senza verdura. [→ ill. *pasta*]

làsca s. f. Pesce con muso prominente caratteristico, che vive nei fiumi dell'Italia settentrionale e centrale.

lasciapassàre s. m. inv. **1** Permesso scritto che consente di passare liberamente dove normalmente non è consentito. **2** (*dir.*) — *doganale,* documento che accompagna le merci al passaggio da una dogana.

lasciàre A v. tr. (*io làscio*) **1** Cessare di tenere, di stringere: — *le briglie*; SIN. Mollare. **2** Andarsene da un luogo: — *il paese, la casa* | Separarsi da qc. o da q.c.: — *il marito* | — *la tonaca,* abbandonare l'abito talare | — *la religione,* non praticarla più | — *il mondo,* morire e (*fig.*) ritirarsi a vita religiosa | (*est.*) Perdere: — *la vita* | — *la pelle,* morire. **3** Disporre andandosene, assegnare per testamento: — *qc. erede universale*; *ha lasciato tutti i suoi libri a una biblioteca* | — *detto,* disporre oralmente | — *scritto,* disporre per via scritta. **4** Far rimanere q.c. o qc. in un certo stato o condizione: — *una casa in abbandono* | — *in bianco,* non scrivere in tutto o in parte | — *libero qc.*, scioglierlo da un impegno e sim. | (*est.*) Far rimanere dopo di sé: — *il segno.* **5** Dimenticare q.c. in un luogo: — *gli occhiali a casa* | — *da parte,* (*fig.*) non considerare. **6** Deporre, rinunciare | — *il colore,* perderlo | — *gli scrupoli,* metterli da parte. **7** Dare, concedere: — *facoltà, licenza.* **8** Permettere, consentire, seguito da un verbo all'inf. o da una prop. dipendente: *lo lascia dire tutto*; *lascia che dica tutto* | — *andare, correre, perdere,* non curarsi, non preoccuparsi di q.c. | — *credere q.c.*, permettere che si creda | *Lasciarsi andare,* abbandonarsi e (*fig.*) divenire trasandato e indolente: *lasciarsi andare ai ricordi*; *non lasciarti andare così!* | — *stare qc.*, smettere di molestarlo | — *stare q.c.*, ometterla o tacerla | — *stare,* desistere | *Lasciamo stare!*, non parliamone più | — *a desiderare,* si dice di cosa imperfetta, inadeguata, o di persona che presenta manchevolezze. **9** Smettere, cessare, seguito da un verbo all'inf. preceduto dalla prep. 'di': — *di suonare, di ridere.* **B** *v. rifl. rec.* Separarsi: *si sono lasciati dopo molti anni di matrimonio.* [→ tav. *proverbi* 66, 309, 361, 396; → tav. *locuzioni* 58]

làscito *s. m.* (*dir.*) Legato.

lascìvia *s. f.* Sensualità licenziosa e dissoluta; SIN. Libidine, lussuria.

lascìvo *agg.* Impudico, dissoluto; SIN. Lussurioso.

làsco A *agg.* (*pl. m. -schi*) **1** (*mecc.*) Detto di collegamento meccanico quando vi è gioco notevole fra i due elementi. **2** (*mar.*) Non tesato. **B** *s. m.* (*mar.*) Andatura in cui la poppa riceve il vento con un angolo di ca. 110-170°: *andare al* —.

làser A *s. m. inv.* (*fis.*) Dispositivo, largamente usato in varie scienze e tecnologie, che emette fasci di luce monocromatica e coerente, dotati di forte energia (sigla ingl. da *L(ight) A(mplification by) S(timulated) E(mission of) R(adiation)* 'amplificazione della luce mediante emissione stimolata di radiazioni'). [→ ill. *fisica*] **B** *anche agg. inv. Raggio* —; *raggio di luce* —.

làssa *s. f.* Ogni serie di versi con una sola rima o assonanza, di cui si componevano poemi francesi e spagnoli del Medioevo.

lassatìvo A *agg.* Detto di purgante ad azione blanda. **B** *anche s. m.*

lassismo *s. m.* **1** Corrente cattolica tendente, spec. nel XVIII sec., ad attenuare il rigore dei precetti cristiani. **2** (*est.*) Atteggiamento di indulgenza nei confronti di norme morali, religiose, di comportamento e sim.; CONTR. Rigore.

lassista A *s. m. e f.* (*pl. m. -i*) **1** Seguace del lassismo. **2** Chi manifesta lassismo. **B** *anche agg.*

làsso (1) *agg.* **1** (*lett.*) Stanco, affaticato. **2** (*poet.*) Misero, infelice | *Ahi, ohi —!*, escl. di dolore.

làsso (2) *agg.* **1** Largo, rilassato, allentato. **2** (*fig.*) Che eccede per indulgenza e sim.

làsso (3) *s. m.* Periodo: *breve — di tempo.*

lassù *avv.* **1** Là in alto, là verso l'alto: — *in cima* | (*est.*) Indica un luogo posto a settentrione: — *in Norvegia.* **2** In cielo, in Paradiso | *Di* —, dal cielo: *Dio ci guarda di* —.

làstex /'lasteks/ *s. m. inv.* Nome commerciale di fibra tessile elastica costituita da latice di gomma rivestito con un filato.

làstra *s. f.* **1** Corpo solido di poco spessore con le facce maggiori parallele e per lo più rettangolari | — *fotografica,* superficie di vetro sulla quale è stesa un'emulsione sensibile sciolta in una sostanza legante. [→ ill. *medicina e chirurgia*] **2** Sottile lamina di zinco, magnesio o plastica da cui si ricava una matrice di stampa. **3** Correntemente, pellicola radiografica.

lastricàre *v. tr.* (*io làstrico, tu làstrichi*) Rivestire di lastre di pietra. [→ tav. *proverbi* 237]

lastricàto A *part. pass. di lastricare; anche agg.* Rivestito di lastre di pietra. **B** *s. m.* Tipo di pavimentazione stradale a lastre di pietra.

lastricatùra *s. f.* Operazione del lastricare | Lastricato.

làstrico *s. m.* (*pl. -chi o -ci*) **1** Copertura a lastre di una strada | (*est.*) Rivestimento stradale. **2** (*est.*) Strada | *Abbandonare, gettare, ridurre, ridursi sul* —, (*fig.*) nella più assoluta miseria.

lastróne *s. m.* **1** *Accr. di lastra:* — *di ghiaccio.* **2** Nell'alpinismo, piastra di roccia inclinata, senza appigli.

latèbra *s. f.* **1** (*lett.*) Nascondiglio. **2** (*fig.*) Profondità segreta.

latènte *agg.* **1** Che è o sta nascosto. **2** (*biol.*) *Carattere* —, ereditario, non manifesto, ma che può comparire nei discendenti. **3** (*fis.*) *Calore* —, quantità di calore, che un sistema riceve o cede, senza variazione di temperatura.

latènza *s. f.* L'essere latente.

lateràle A *agg.* **1** Che è posto di fianco, ai lati. **2** (*fig., lett.*) Accessorio, secondario: *problema* —. **B** *s. m.* Nel calcio, mediano.

lateralménte *avv.* Di lato | Dai fianchi, dai lati.

laterìte *s. f.* (*miner.*) Terra rossastra argillosa, costituita da idrossidi di ferro e di alluminio, prodotta dall'alterazione di silicati.

laterìzio A *agg.* Che è fatto di terracotta o di mattoni: *mura laterizie.* **B** *s. m. spec. al pl.* Materiale da costruzione (quali mattoni pieni o forati, tegole e sim.) fabbricato per cottura di argilla impastata con acqua. [→ ill. *edilizia*]

làtice o **làttice** *s. m.* Liquido denso, vischioso, ricavato da incisioni di certe piante, costituito da un'emulsione di gomme, resine e cere.

laticlàvio *s. m.* Veste bianca con un largo bordo di porpora, tipica dei senatori romani.

latifòglio *agg.* (*bot.*) Di pianta con foglie larghe.

latifondista *s. m. e f.* (*pl. m. -i*) Proprietario di latifondo.

latifóndo *s. m.* Grande proprietà terriera.

latineggiànte *part. pres. di latineggiare; anche agg.* Che ha forme o modi simili a quelli latini.

latineggiàre *v. intr.* (*io latinéggio; aus. avere*) Fare uso nella propria lingua di costrutti sintattici o procedimenti stilistici propri della lingua latina.

latinismo *s. m.* Parola o locuzione propria del latino entrata in un'altra lingua.

latinista *s. m. e f.* (*pl. m. -i*) Studioso di lingua e letteratura latine.

latinità *s. f.* **1** Carattere di ciò che è latino | (*est.*) Appartenenza alla cultura latina. **2** Tradizione culturale latina.

latinizzàre A *v. tr.* **1** Rendere latino un popolo per lingua, leggi e consuetudini. **2** Modificare una parola dandole forma o terminazione latina: *gli umanisti latinizzavano il loro nome.* **B** *v. intr. pron.* Assumere modi, lingua e costumi latini.

latinizzazióne *s. f.* Introduzione o assunzione di forme linguistiche, modi o costumi latini.

latin lover /*ingl.* 'lætin 'lʌvə/ *loc. sost. m. inv.* (*pl. ingl. latin lovers* /'lætin 'lʌvəz/) L'uomo dei paesi latini che appare, o ritiene di apparire, dotato di particolare fascino amoroso agli occhi della donna straniera, spec. anglosassone.

latìno A *agg.* **1** Del Lazio antico: *popolo* — | Dell'antica Roma: *lingua latina* | *Civiltà latine,* fondate e diffuse dagli antichi Romani | (*est.*) Dei popoli e delle civiltà neolatine: *spagnoli, francesi e italiani sono tutti latini.* **2** Cattolico romano: *chiesa latina*; *croce latina.* [→ ill. *araldica*] **B** *s. m.* (*f. -a*) Abitante dell'antico Lazio o dell'antica Roma. **C** *s. m. solo sing.* Lingua del gruppo italico parlata dai latini | (*est.*) Lingua e letteratura dell'antica Roma: *professore di* —.

latìno-americàno *agg. e s. m.* (*f. -a*) Dell'America Latina.

latinùccio *s. m.* I primi esercizi di traduzione latina proposti agli scolari.

latitànte *agg.; anche s. m. e f.* (*dir.*) Detto di chi volontariamente si sottrae all'esecuzione di un mandato di cattura o di un ordine di arresto.

latitànza *s. f.* Condizione di chi è latitante.

latitudinàle *agg.* Della latitudine.

latitùdine *s. f.* **1** (*geogr.*) Distanza di un luogo dall'equatore misurata in gradi, minuti primi e minuti secondi, sul meridiano che passa per il luogo stesso. [→ ill. *geografia*] **2** (*lett.*) Estensione in larghezza. **3** Regione, relativamente al suo clima.

làto (1) *s. m.* **1** (*mat.*) Uno dei segmenti o delle rette che costituiscono un poligono | Segmento, retta che congiunge due vertici consecutivi d'un poligono | Ciascuna delle due semirette che delimitano un angolo. **2** (*est.*) Parte, banda: *il — destro della strada* | *A* —, a fianco | *Il — di una medaglia, di una moneta,* la faccia | *Dal mio* —, per parte mia | *Da un — o da un altro,* da una parte o dall'altra | Verso, direzione: *mutar* —. **3** (*fig.*) Aspetto: *consideriamo la questione sotto, da, tutti i lati.*

làto (2) *agg.* **1** (*lett.*) Largo, spazioso. **2** (*fig.*) Ampio, esteso: *in senso —*.
latomìa *s. f.* (*archeol.*) Cava di pietra riutilizzata poi come prigione.
latóre *s. m.* (*f. -trice*) Chi adempie l'incarico di portare e recapitare q.c. a qc.; SIN. Portatore.
latràre *v. intr.* (*aus. avere*) Abbaiare con forza e insistenza.
latràto *s. m.* L'abbaiare intenso e prolungato del cane.
latrìa *s. f.* Culto che va prestato soltanto a Dio.
-latrìa *secondo elemento*: in parole composte significa 'culto', 'adorazione': *egolatria, idolatria*.
latrìna *s. f.* Locale fornito di apparecchiature igieniche, spec. a uso pubblico; SIN. Camerino, gabinetto.
latrocìnio V. *ladrocinio*.
làtta *s. f.* **1** Sottile lamiera di ferro ricoperta su ambo le facce di un sottile strato di stagno, usata per costruire recipienti. **2** Recipiente di latta. [→ ill. *contenitore*]
lattàio *s. m.* (*f. -a*) Venditore di latte.
lattànte **A** *agg.* Di bambino o giovane animale che ancora prende il latte della madre. **B** *s. m. e f.* Bambino dalla nascita fino al secondo anno di vita.
lattàṣi *s. f.* Enzima contenuto nel succo intestinale, che scinde il lattosio in glucosio e galattosio.
lattazióne *s. f.* **1** Processo di secrezione di latte dalla mammella dopo il parto. **2** Produzione di latte di una mucca in un anno.
làtte *s. m.* **1** Liquido bianco e dolce, secreto dalle ghiandole mammarie dei mammiferi, impiegato come sostanza alimentare | *Levare, togliere il —*, divezzare | *Avere il — alla bocca*, (*fig.*) essere ancora nella prima infanzia | *Succhiare q.c. col —*, (*fig.*) di principi, insegnamenti e sim. appresi fin dalla prima infanzia | *Il — dei vecchi*, (*fig.*) il vino. **2** Alimento costituito da latte animale munto: *— di mucca, di bufala* | *— pastorizzato*, liberato dai germi patogeni mediante pastorizzazione | *— magro o scremato*, privato, in tutto o in parte, del grasso o della panna | *— secco o in polvere*, privato dell'acqua. [→ ill. *stoviglie*] **3** Alimento a base di latte, contenente latte | *— di gallina*, tuorlo d'uovo stemperato in latte o acqua zuccherata, con aggiunta di cognac o rum. **4** Liquido bianco come il latte: *— di calce, di magnesia* | *— di cocco*, liquido lattiginoso contenuto nelle noci di cocco | *— detergente*, cosmetico che pulisce a fondo la pelle.
lattemièle o *lattemmièle, làtte e mièle* *s. m.* **1** Panna montata. **2** (*fig.*) Cosa esageratamente dolce e stucchevole.
làtteo *agg.* **1** Di latte, a base di latte: *dieta lattea* | *Farina lattea*, impasto di farina, zucchero e latte, cotto al fuoco e poi macinato. **2** Che è simile al latte: *liquido —*.
latterìa *s. f.* **1** Negozio dove si vendono il latte e i suoi derivati. **2** Stabilimento di lavorazione del latte.
lattescènte *agg.* Di aspetto simile al latte.
lattescènza *s. f.* L'essere lattescente.
làttice V. *latice*.
latticèllo *s. m.* Liquido che rimane nella zangola dopo la sbattitura e l'estrazione della crema.
latticìnio o (*evit.*) *latticìno* *s. m.* Ogni prodotto alimentare derivato dalla lavorazione del latte.
làttico *agg.* (*pl. m. -ci*) **1** Di latte: *fermento —* | *Acido —*, ossiacido che si forma nel latte per fermentazione, usato nelle industrie, in farmacia, come depilante, e sim. **2** Che produce acido lattico: *fermentazione lattica*.
lattièra (1) *s. f.* Recipiente per servire latte caldo. [→ ill. *bar, stoviglie*]
lattièra (2) *s. f.* Fabbrica di latta.
lattièro *agg.* Che concerne la produzione del latte.
lattìfero *agg.* **1** Che ha o produce latte: *vacca lattifera*. **2** Che porta il latte: *canali lattiferi*.
lattiginóso *agg.* Simile al latte per colore, consistenza e sim.
lattime *s. m.* Eczema squamoso che colpisce la cute della testa dei lattanti.
lattìna *s. f.* (*fam.*) Piccolo recipiente di latta spec. per prodotti alimentari come bibite e sim. | (*est.*) Il suo contenuto: *bere una — di birra*.
lattonière *s. m.* Chi esegue lavori in latta; SIN. Stagnaio. [→ ill. *martello*]
lattónzolo *s. m.* Piccolo, spec. del maiale, che prende ancora il latte.
lattoscòpio *s. m.* Apparecchio per determinare la percentuale di grassi contenuta nel latte.
lattòṣio *s. m.* Zucchero naturale contenuto nel latte.
lattùga *s. f.* **1** Pianta erbacea delle Sinandrali, con foglie dentellate che si mangiano in insalata e capolini giallo pallido, coltivata in molte varietà | *— di mare*, alga verde, con fronda ovata, crespa e ondulata. [→ ill. *alga, piante* 13, *verdura*] **2** Volantino bianco pieghettato che un tempo ornava sul davanti la camicia maschile.
làuda o (*raro*) *làude* *s. f.* Componimento in lode di Dio o dei Santi, usato nel sec. XIII, nel metro della ballata.
làudano *s. m.* Medicamento a base di oppio, zafferano, cannella, garofano e alcol, usato come analgesico spec. nei dolori di origine addominale.
laudàrio *s. m.* Raccolta di laude | Libro che contiene tale raccolta.
laudativo *agg.* Che serve a lodare.
laudése *s. m.* Chi canta laude.
launeddas /*sardo* lau'neddas/ *s. f. pl.* Strumento popolare sardo a fiato con tre canne.
Lauràcee *s. f. pl.* Famiglia di piante legnose con foglie coriacee, ricche di cellule oleifere, frutto a drupa o a bacca. [→ ill. *piante* 4]
làurea *s. f.* Titolo di dottore conferito a chi ha compiuto l'intero ciclo di studi universitari previsto per una certa materia.
laureàndo *agg.; anche s. m.* (*f. -a*) Detto di chi è in procinto di laurearsi.
laureàre **A** *v. tr.* (*io làureo*) **1** (*lett.*) Coronare d'alloro. **2** Addottorare: *— qc. in filosofia*. **B** *v. intr. pron.* **1** Ottenere la laurea: *laurearsi in filosofia*. **2** (*est.*; *sport*) Ottenere un titolo di campione.
laureàto **A** *part. pass. di laureare; anche agg.* **1** Coronato d'alloro: *poeta —*. **2** Addottorato. **B** *s. m.* (*f. -a*) Chi ha conseguito il titolo di dottore.
laurènzio *s. m.* Elemento chimico, metallo transuranico radioattivo ottenuto artificialmente. SIMB. Lw.
lauréto *s. m.* Terreno piantato a lauri.
làuro *s. m.* **1** (*lett.*) Alloro. **2** (*fig.*) Emblema di gloria e sim.: *il — della vittoria*.
laurocèraṣo *s. m.* Albero o frutice delle Rosacee con foglie persistenti, lucide, coriacee, usate in medicina come calmante per la tosse e il vomito.
lautézza *s. f.* Qualità di ciò che è lauto.
làuto *agg.* Abbondante, splendido, sontuoso.
làva *s. f.* Magma allo stato fluido traboccante alla superficie di un vulcano | Magma solidificato alla superficie, emesso da un condotto vulcanico.
lavaàuto *s. m. e f.* Addetto al lavaggio delle automobili.
lavabiancherìa *s. f. inv.* Macchina per lavare la biancheria.
lavabicchièri *s. m.* Dispositivo terminante a un'estremità in una piccola spazzola rotonda, usato, spec. nei bar, per lavare i bicchieri. [→ ill. *bar*]
lavàbile *agg.* Che si può lavare senza danno.
lavàbo *s. m.* (*pl. lavàbi o lavàbo*) **1** Nella liturgia cattolica, ampolla che contiene l'acqua della quale il celebrante si serve per lavarsi le mani | Parte della messa, dopo l'Offertorio, in cui il celebrante si lava le mani recitando il salmo omonimo. **2** Lavandino per lavarsi le mani. [→ ill. *apparecchi igienici*] **3** Lavamano elegante. **4** Stanza per lavarsi.
lavabottìglie *s. m.* Dispositivo a spazzole rotanti per lavare bottiglie, spec. da vino. [→ ill. *vino*]
lavacristàllo *s. m.* Accessorio montato sugli autoveicoli, che serve a spruzzare acqua sul parabrezza per lavarlo durante la marcia. [→ ill. *automobile*]
lavàcro *s. m.* **1** Bagno, lavaggio. **2** (*fig.*) Purificazione: *il — delle colpe*. **3** Recipiente per lavarsi.
lavadita *s. m. inv.* Vaschetta per lavare la frutta e anche le mani alla fine dei pasti.
lavàggio *s. m.* Pulitura mediante acqua, solventi e sim. | (*fig.*) *— del cervello*, processo per cui, con sistemi psichici e fisici coercitivi, si cerca di privare la psiche di una persona del suo patrimonio ideologico abituale, allo scopo di sostituirlo con nuove idee. [→ ill. *scopa*]
lavàgna *s. f.* **1** (*miner.*) Ardesia. **2** Lastra di ardesia appositamente montata per scrivervi col gesso. [→ ill. *scuola*] **3** *— di panno*, sussidio didattico consistente in un panno scuro che si appende al muro o sulla lavagna

d'ardesia, e su cui si collocano figure e simboli vari in cartone adesivo | − *luminosa*, sussidio didattico consistente in uno speciale proiettore che proietta sul muro o su uno schermo speciali trasparenti. [→ ill. *scuola*]
lavallière /*fr.* lava'ljɛr/ *s. f. inv.* Larga cravatta morbida, generalmente nera, annodata a fiocco.
lavamàno *s. m. inv.* Mobile costituito da un treppiede spec. di ferro che sorregge un catino e una brocca d'acqua per lavarsi mani e viso | Lavabo.
lavànda (1) *s. f.* **1** Operazione del lavare o del lavarsi. **2** (*med.*) Processo di lavaggio a scopo di detersione o disinfezione | − *gastrica*, lavaggio dello stomaco con acqua o liquidi appropriati, mediante apposita sonda, per allontanare sostanze nocive ingerite.
lavànda (2) *s. f.* **1** Pianta cespugliosa delle Tubiflorali con rametti eretti e fiorellini violetti molto profumati; SIN. Spigo. [→ ill. *piante* 12] **2** Profumo a base d'essenza di lavanda.
lavandàia *s. f.* **1** Donna che fa il bucato per mestiere. **2** (*fig.*) Donna rozza e volgare.
lavandàio *s. m.* (*f.* -*a*) Chi lava i panni per mestiere.
lavanderìa *s. f.* Stabilimento attrezzato per il lavaggio di biancheria e indumenti.
lavandìno *s. m.* Vaschetta di maiolica gener. fissata al muro, con uno o due rubinetti d'acqua corrente, usata per la pulizia personale | Acquaio, lavello.
lavapiàtti *s. m. e f.* **1** Chi in alberghi, ristoranti e sim. è addetto alla lavatura delle stoviglie. **2** (*fig.*) Chi fa lavori umili.
lavàre **A** *v. tr.* **1** Pulire dal sudiciume immergendo in un liquido e stropicciando | − *a secco*, con appositi solventi chimici, senz'acqua | − *il capo a qc.*, (*fig.*) sgridarlo | − *la testa all'asino*, (*fig.*) fare cose inutili o far benefici a chi non li merita | (*fig.*) *Lavarsene le mani*, non volere responsabilità in o per q.c. | ass. Fare il mestiere della lavandaia: *è una donna che va a* −. [→ ill. *spazzola*] **2** (*fig.*) Purificare, riscattare: − *le colpe*. **B** *v. rifl.* Pulire il proprio corpo: *lavarsi ogni mattina*. [→ tav. *proverbi* 209, 381; → tav. *locuzioni* 59]
lavarèllo *s. m.* (*mar.*) Spazio limitato da un tramezzo ove si raccoglie l'acqua che cola dalle catene quando si salpano le ancore.
lavasécco **A** *s. m. o f. inv.* Lavanderia a secco di abiti e sim. | Macchina per il lavaggio a seccò. **B** *anche agg. inv.* *Macchina* −.
lavastoviglie *s. f. inv.* Macchina per lavare le stoviglie. [→ ill. *elettrodomestici*]
lavàta *s. f.* Atto del lavare | *Dare una − di capo*, (*fig.*) rimproverare severamente.
lavatèsta *s. m.* Recipiente a forma di imbuto tronco, usato dai parrucchieri per il lavaggio dei capelli. [→ ill. *parrucchiere*]
lavatìvo *s. m.* (*f.* -*a* nel sign. 2) **1** (*pop.*) Clistere. **2** (*fig.*) Persona pigra, che ha poca voglia di lavorare.
lavatóio *s. m.* Luogo attrezzato per la lavatura dei panni | Lastra o tavola sulla quale si lavano i panni | Recipiente in cui si immerge il bucato da lavare. [→ ill. *lavatura e stiratura*]
lavatóre *s. m.* (*f.* -*trice* nel sign. 1) **1** Chi lava o esegue operazioni di lavaggio. **2** Apparecchio usato per la depurazione di un gas.
lavatrice *s. f.* Macchina che esegue operazioni industriali di lavaggio | (*est.*) Lavabiancheria di uso domestico. [→ ill. *elettrodomestici, lavatura e stiratura*]
lavatùra *s. f.* **1** Operazione del lavare. [→ ill. *lavatura e stiratura*] **2** Liquido nel quale si è lavato q.c. | − *di piatti*, (*fig.*) brodo acquoso e scipito, caffè troppo leggero.
lavèllo *s. m.* Acquaio. [→ ill. *bagno*]
làvico *agg.* (*pl. m.* -*ci*) Di lava: *colata lavica*.
lavina *s. f.* Frana di masse nevose in ripidi versanti montani.
lavoràbile *agg.* Che si può lavorare.
lavorabilità *s. f.* Attitudine di un materiale ad essere lavorato.
lavorànte **A** *part. pres. di lavorare; anche agg.* Che lavora. **B** *s. m. e f.* Lavoratore subordinato che esegue lavori normali.
lavoràre **A** *v. intr.* (*io lavóro; aus. avere*) **1** Impiegare le energie fisiche e intellettuali nell'esercizio di un'arte, un mestiere, una professione: − *a un quadro, a un libro* | − *per la gloria*, (*scherz.*) senza compenso | − *di fantasia*, fantasticare | − *di mano*, rubare | − *di cervello*, (*fig.*) svolgere attività di carattere intellettuale | − *in un film*, prendervi parte, spec. in qualità di attore | (*est.*) Compiere una fatica, uno sforzo fisico, detto degli animali. **2** Funzionare, detto di macchine, stabilimenti, strumenti, parti del corpo umano e sim.: *l'officina lavora con intensità*. **3** Fare affari, detto di studi, esercizi pub-

lavatura e stiratura

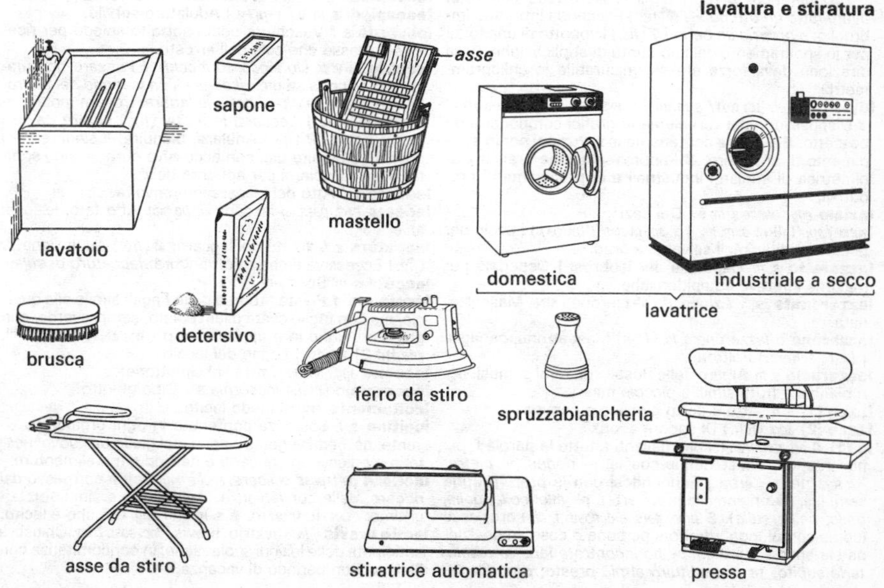

blici e sim.: *quel bar lavora molto* | *— su una piazza*, concludere affari in un determinato luogo. **4** Operare di nascosto: *quando meno te l'aspetti quelli lavorano per rovinarti* | *— sott'acqua*, (*fig.*) intrigare. ***B*** *v. tr.* **1** Agire su una materia per ridurla alla forma voluta: *— il ferro* | *Lavorarsi qc.*, (*fig.*) irretirlo per ricavarne vantaggi. **2** Confezionare, eseguire: *— un abito*. [→ tav. *proverbi* 56]

lavoràta *s. f.* Atto del lavorare, spec. in una sola volta.

lavoratìvo *agg.* **1** Di periodo di tempo comunemente dedicato al lavoro: *giorno —*. **2** Di lavoro: *capacità lavorativa*.

lavoràto *part. pass. di lavorare; anche agg.* **1** Che ha subito una lavorazione: *legname —*. **2** Abbellito da disegni, decorazioni, rilievi e sim.: *un soffitto — a cassettoni*. **3** Coltivato, detto di terreno.

lavoratóre ***A*** *s. m.* (*f. -trice*) Chi impiega le proprie energie fisiche e intellettuali nell'esercizio di un'attività produttrice di beni o servizi, per trarne i mezzi necessari alla propria esistenza. ***B*** *agg.* Che lavora | Dei lavoratori: *classe lavoratrice*.

lavorazióne *s. f.* **1** Processo di manipolazione o trasformazione di una data materia: *— del legno* | *— in serie*, per la produzione di un grande numero di oggetti identici | *Essere in —*, detto di lavoro ancora in corso | *— del terreno*, coltivazione. **2** Nel cinema, insieme delle varie fasi di produzione di un film.

lavoricchiàre *v. intr.* (*io lavoricchio; aus. avere*) Lavorare poco, svogliatamente.

lavorìo *s. m.* **1** Lavoro continuo e intenso. **2** (*fig.*) Azione compiuta di nascosto | Intrigo.

lavóro *s. m.* **1** Attività di produzione di beni o di servizi, esplicata nell'esercizio di un mestiere, una professione e sim.: *— manuale, intellettuale*; *— domestico, autonomo, subordinato* | *— nero*, che si svolge al di fuori delle normative contrattuali e legislative | *Lavori femminili*, tradizionalmente, cucito, ricamo, maglia | *Sul —*, durante lo svolgimento del lavoro: *infortunio sul —*. [→ ill. *cesta, orafo e argentiere, orologiaio*] **2** *spec. al pl.* Serie di attività esplicate da organi collegiali, gruppi di persone e sim.: *i lavori del Parlamento*; *il congresso conclude domani i suoi lavori*. **3** Occupazione retribuita: *cercare, trovare —*; *vivere del proprio —*; *restare senza —*; *perdere il —* | (*est.*) Luogo in cui ci si dedica a tale occupazione: *andare al —*. **4** Opera intorno a cui si lavora | *Lavori pubblici*, opere di pubblica utilità finanziate dallo Stato o dagli enti pubblici territoriali | Opera d'arte: *un — drammatico*. **5** (*est.*) Ogni realizzazione concreta: *avete fatto un ottimo —*. **6** (*fig.*) Faccenda intrigata, imbroglio: *è proprio un bel —!* **7** (*fis.*) Prodotto di una forza per lo spostamento del suo punto di applicazione, nella direzione della forza stessa, misurabile in chilogrammetri.

lay-out /*ingl.* 'lei aut/ *s. m. inv.* (*pl. ingl. lay-outs* /'lei autz/) **1** Disposizione dei vari elementi grafici componenti un bozzetto. **2** Schema contenente le istruzioni per lo svolgimento di un lavoro. **3** Rappresentazione grafica planimetrica di impianti industriali e di procedimenti produttivi.

laziàle *agg.; anche s. m. e f.* Del Lazio.

lazo /*sp.* 'laθo/ *s. m. inv.* (*pl. sp. lazos* /'laθos/) Laccio per la cattura di animali selvatici e bradi.

lazzarétto *s. m.* Ospedale per lebbrosi | Ospedale per malattie infettive ed epidemiche.

lazzaronàta *s. f.* Azione da lazzarone; SIN. Mascalzonata.

lazzaróne o *lazzeróne s. m.* (*f. -a*) Mascalzone, canaglia | (*est., scherz.*) Poltrone.

lazzeruòlo *s. m.* Albero delle Rosali con rami spinosi, fiori bianchi e frutti simili a piccole mele.

làzzo (1) *s. m.* Atto o detto giocoso e comico.

làzzo (2) *agg.* (*lett.*) Di sapore aspro.

le (1) ***A*** *art. det. f. pl.* (si usa davanti a tutte le parole f. pl.; non si apostrofa se non in poesia: *— donne*; *— pietre*; *— scarpe*; *— erbe* | Fondendosi con le prep. proprie semplici, dà origine alle prep. art. f. pl. *alle, colle, dalle, delle, nelle, sulle*). ***B*** *pron. pers. e dimostr. f. pl.* Loro, esse (come compl. ogg. riferito a persona o cosa, in posizione sia encl. sia procl.): *— ho incontrate ieri*; *va a salutarle subito*; *te — restituirò al più presto*; *prendile*; *— pensa tutte*. (V. nota d'uso ELISIONE e TRONCAMENTO)

le (2) *pron. pers. atono di terza pers. f. sing.* (formando gruppo con altri pron. atoni, si pospone a *me, te, se, ce, ve*: *ve — restituiscono*; *se l'è presa*) **1** A lei, a essa (come compl. di termine): *— ho detto tutto*; *parlale*. **2** Si usa in segno di rispettosa cortesia, rivolgendosi a persona con cui non si è in familiarità (sempre come compl. di termine): *Le invierò, signora, ulteriori notizie*; *desidero, signore, esprimerle i miei ringraziamenti*. (V. *gli* (2) per nota d'uso)

leacril *s. m.* Nome commerciale di materia plastica usata come fibra tessile.

leader /*ingl.* 'li:də/ ***A*** *s. m. e f. inv.* (*pl. ingl. leaders* /'li:dəz/) **1** Capo di un partito o di uno schieramento politico | (*est.*) Esponente di punta di un movimento culturale e sim. **2** (*est.*) Nello sport, chi è in testa alla classifica | Nell'ippica, cavallo che si pone in testa nella gara e fa l'andatura. **3** Azienda e sim. all'avanguardia. ***B*** *anche agg. inv.*: *industria —*.

leaderìsmo *s. m.* Atteggiamento di chi tende a porsi come leader nelle varie situazioni.

leadership /*ingl.* 'li:dəʃip/ *loc. sost. f. inv.* Guida, di una persona, un partito, uno Stato.

leàle *agg.* Fedele alla parola data, alle promesse, ai patti; CONTR. Sleale.

lealìsmo *s. m.* Fedeltà verso forme di governo, autorità costituite e sim.

lealtà *s. f.* Qualità di leale; CONTR. Slealtà.

leàrdo *agg.* Detto di un tipo di mantello equino grigio risultante da un insieme di peli bianchi e neri.

leasing /*ingl.* 'lisiŋ/ *s. m. inv.* Contratto di locazione di beni mobili o immobili, a medio e lungo termine, con possibilità di riscatto da parte del locatario alla scadenza del contratto stesso.

lébbra *s. f.* **1** (*med.*) Malattia infettiva cronica che si manifesta con nodosità dure alla cute e ulcere a carattere distruttivo o con lesioni nervose e conseguenti insensibilità locali, distruzioni di ossa, dolori acuti; SIN. Morbo di Hansen. **2** (*fig.*) Male o vergogna morale: *la — del peccato*. **3** Malattia di alcune piante.

lebbrosàrio *s. m.* Luogo di ricovero per lebbrosi.

lebbróso *agg.; anche s. m.* (*f. -a*) Affetto da lebbra.

lebète *s. m.* Antico vaso emisferico in genere sostenuto da un treppiede, usato nel mondo greco.

lécca lécca *loc. sost. m.* Specie di caramella piatta sostenuta da una stecca.

leccapiàtti *s. m. e f.* Persona eccessivamente ghiotta.

leccapièdi *s. m. e f.* (*spreg.*) Adulatore servile.

leccàrda *s. f.* Vaschetta posta sotto lo spiedo per ricevere il grasso che cola dall'arrosto.

leccàre ***A*** *v. tr.* (*io lécco, tu lécchi*) **1** Passare ripetutamente la lingua su q.c.: *il cane lecca la mano del padrone* | *Leccarsi le dita, i baffi, le labbra*, trovare molto gustoso un cibo | *Leccarsi le ferite*, (*fig.*) curare da sé i propri dolori. **2** (*fig.*) Adulare, blandire, lusingare: *— i potenti*. **3** Rifinire q.c. con eccessiva cura: *— uno scritto*. ***B*** *v. rifl.* Lisciarsi per apparire bello.

leccàta *s. f.* Atto del leccare in una volta.

leccàto *part. pass. di leccare; anche agg.* Affettato, lezioso: *stile —*.

leccatùra *s. f.* **1** Atto del leccare. **2** (*fig.*) Adulazione. **3** (*fig.*) Eccessiva limatura o rifinitura: *leccature di stile*.

leccéto *s. m.* Bosco di lecci.

léccio *s. m.* **1** Pianta arborea delle Fagali simile alla quercia, ma con foglie ovate o lanceolate, sempreverde, con ghiande riunite in gruppi di due o tre; SIN. Elce. [→ ill. *piante* 2] **2** (*est.*) Legno del leccio.

leccóne *agg.; anche s. m.* (*f. -a*) Ghiottone.

leccornìa o (*evit.*) *leccòrnia s. f.* Cibo ghiotto.

lecitaménte *avv.* In modo lecito.

lecitìna *s. f.* Sostanza contenuta in ogni organismo vivente, nei semi vegetali e spec. nel giallo dell'uovo; usata in medicina, in conceria e nell'industria alimentare.

lécito ***A*** *part. pass. di licere; anche agg.* Che è permesso dal decoro, dalle convenienze, dalla legge e sim.; SIN. Legittimo; CONTR. Illecito. ***B*** *s. m. solo sing.* Ciò che è lecito.

lectio brevis /*lat.* 'lɛktsjo 'brɛvis/ *loc. sost. f. inv.* Chiusura anticipata delle lezioni scolastiche, in concomitanza con l'inizio di un periodo di vacanza.

lèdere *v. tr.* (*pres. io lèdo; pass. rem. io lési, tu ledésti; part. pass. léso o lèso*) Danneggiare, pregiudicare, offendere: – *gli interessi di qc.*

léga (1) *s. f.* **1** Associazione fra privati o gruppi sociali per il perseguimento di determinati scopi: – *operaia, sindacale*; – *doganale* | Accordo, alleanza politica, militare e anche commerciale: – *lombarda, di Cambrai*; SIN. Coalizione. **2** (*est.*) Accordo di più persone che agiscono per conseguire il proprio utile: *far – con qc.* **3** (*sport*) Federazione: *Lega Nazionale Calcio.* **4** (*chim.*) Soluzione solida di un metallo con uno o più elementi chimici, ottenuta spec. per fusione, con proprietà diverse da quelle degli elementi che la costituiscono | *Leghe leggere*, a base di alluminio e magnesio, per costruzioni aeronautiche | *Oro, argento, di bassa* –, nei quali c'è un'alta percentuale di metallo poco pregiato | (*fig.*) *Gente di bassa* –, di animo vile.

léga (2) *s. f.* Unità di misura itineraria non inferiore alle due miglia, variabile secondo i paesi | – *marina*, di circa quattro chilometri e mezzo o cinque chilometri e mezzo.

legàccio *s. m.* Striscia di stoffa, pelle e sim. per legare o stringere.

legàle A *agg.* **1** Della, relativo alla legge: *questione* – | *Studio* –, di un avvocato, procuratore e sim. | *Medicina* –, studio dei rapporti della medicina col diritto, spec. per ricercare le cause di morti violente. **2** Stabilito dalla legge: *domicilio* – | *Carta* –, carta bollata | *Ora* –, V. *ora.* **B** *s. m.* Professionista esperto di diritto.

legalità *s. f.* Legittimità.

legalitàrio *agg.* Che agisce solo con mezzi consentiti dalla legge.

legalizzàre *v. tr.* **1** Rendere ufficiale un atto o un documento proveniente da un privato, certificandone l'autenticità da parte di una pubblica autorità. **2** Rendere legale.

legalizzazióne *s. f.* **1** Certificazione, da parte di una pubblica autorità, dell'autenticità di un atto o documento. **2** Attribuzione o acquisizione di un carattere di legalità: – *dell'aborto.*

legàme *s. m.* **1** Tutto ciò che serve a legare, a stringere | (*fig.*) Vincolo sentimentale o morale. **2** (*fig.*) Nesso, relazione: *un – tra due avvenimenti.* **3** (*chim.*) – *chimico*, valenza.

legaménto *s. m.* **1** Atto del legare | Ciò che serve a legare. **2** (*anat.*) Ispessimento a forma di nastro o cordone di tessuto connettivo con funzioni di sostegno o di rinforzo.

legànte (1) *s. m.* Sostanza, quale cemento, mastice e sim., atta a saldare tenacemente fra di loro corpi diversi.

legànte (2) *agg.; anche s. m. e f.* (*dir.*) Detto di chi fa un legato nel testamento.

legàre (1) A *v. tr.* (*io légo, tu léghi*) **1** Avvolgere, cingere una persona, una cosa o più cose assieme con una fune e sim.: – *prigionieri*; – *i capelli*; – *qc. come un salame* | – *le mani e i piedi a qc.*, (*fig.*) impedirgli di operare liberamente | – *la lingua a qc.*, impedirgli di parlare | *Legarsela al dito*, tenere bene a mente un torto ricevuto | *Pazzo da* –, persona dal comportamento eccentrico, stravagante; CONTR. Slegare. **2** Attaccare, fermare a q.c. con una fune e sim.: – *il cane alla catena.* **3** Unire metalli a formare leghe. **4** (*fig.*) Collegare, mettere in relazione: *li lega un affetto profondo.* **5** Riunire le segnature di un'opera per costituire il volume; SIN. Rilegare. **6** Incastonare, incastrare: – *una gemma in un anello.* **B** *v. intr.* (*aus. avere*) Far lega, associarsi: *il ferro lega col cemento* | (*fig.*) Star bene insieme: *quei due legano.* **C** *v. rifl.* Unirsi, stringersi con un vincolo.

legàre (2) *v. tr.* (*io légo, tu léghi*) Lasciare per testamento, in legato: – *a qc. un immobile.*

legatàrio *s. m.* (*f. -a*) (*dir.*) Successore a causa di morte a titolo particolare.

legatìzio *agg.* Di legato, spec. pontificio.

legàto (1) A *part. pass. di legare* (1); *anche agg.* **1** Unito, stretto insieme. **2** Impacciato, privo di scioltezza: *essere – nel parlare.* **B** *s. m.* (*mus.*) Termine che prescrive un'esecuzione delle note senza alcuna interruzione di suono fra l'una e l'altra.

legàto (2) *s. m.* **1** Nell'antica Roma, ambasciatore, inviato. **2** Rappresentante che la Santa Sede nomina presso governi stranieri: – *pontificio.*

legàto (3) *s. m.* (*dir.*) Disposizione testamentaria che attribuisce i beni dell'asse ereditario a persona diversa dall'erede naturale; SIN. Lascito.

legatóre *s. m.* (*f. -trice*) Chi esegue lavori di legatoria.

legatorìa *s. f.* Industria della legatura di libri | Locale in cui si svolge tale lavorazione.

legatrice *s. f.* Macchina d'imballaggio che effettua la legatura di più oggetti in un unico collo. [→ ill. *magazzinaggio*]

legatùra *s. f.* **1** Avvolgimento di persona o cosa con una fune e sim. | Ciò che serve a legare | Punto in cui una cosa è legata. **2** Arte e tecnica di riunire insieme le varie segnature di un'opera per costituire il volume e dargli una veste più elegante e duratura. **3** (*mus.*) Linea arcuata usata per indicare il legato fra due note diverse.

legazióne *s. f.* **1** Ambasceria, ambasciata. **2** Missione diplomatica retta da un ministro plenipotenziario | (*est.*) Edificio in cui tale missione ha sede. **3** Ufficio, carica e sede di un legato, spec. pontificio. **4** *spec. al pl.* Nell'antico Stato pontificio, ognuna delle province governate da un legato.

légge *s. f.* **1** Norma, espressa dagli organi legislativi dello Stato, che stabilisce diritti e doveri dei cittadini | – *delega*, che viene emessa dal potere esecutivo su delega del potere legislativo entro un ambito ben precisato | – *ponte*, emessa in attesa di un'altra più organica | *A norma, a termini di* –, secondo ciò che la legge prescrive. **2** (*est.*) Complesso delle norme costituenti l'ordinamento giuridico di uno Stato: *la – è uguale per tutti* | *Essere fuori della* –, non essere garantito dalla legge o non sentirsi a essa soggetto | *Dettar* –, imporre a tutti la propria volontà. **3** Scienza giuridica: *laurea in* –; *dottore in* –; *facoltà di* – | *Uomo di* –, specialista nella scienza giuridica. **4** Autorità giudiziaria: *ricorrere alla* – | *In nome della* –, formula con cui i rappresentanti dell'autorità giudiziaria intimano a qc. di obbedire a un comando della stessa: *in nome della –, aprite!* **5** (*est.*) Ogni norma che regola la condotta individuale o sociale degli uomini: *le leggi della società.* **6** (*est.*) Regola fondamentale di una tecnica, di un'arte e sim.: *le leggi della pittura.* **7** Relazione determinata e costante fra le quantità variabili che entrano in un fenomeno: *le leggi della matematica, della fisica.* [→ tav. *proverbi* 152, 276]

leggènda *s. f.* **1** Racconto tradizionale in cui spesso credenze o elementi fantastici si mescolano ad avvenimenti fondati sulla realtà: *la – della tavola rotonda* | (*est.*) Evento storico deformato dalla fantasia popolare: *la – garibaldina.* **2** (*fig.*) Fandonia, bugia: *le calunnie su di noi sono leggende.* **3** Didascalia, testo di spiegazioni e sim. | Iscrizione su medaglie, monete, stemmi, sigilli. [→ ill. *moneta*]

leggendàrio A *agg.* **1** Che concerne la leggenda o ne ha i caratteri. **2** (*est.*) Straordinario, meraviglioso: *le leggendarie imprese di Garibaldi.* **B** *s. m.* Raccolta di leggende di santi.

lèggere *v. tr.* (*pres. io lèggo, tu lèggi; pass. rem. io lèssi, tu leggésti; part. pass. lètto*) **1** Riconoscere dai segni della scrittura le parole e comprenderne il significato: *imparare, insegnare a* –; – *a voce alta* | ass. Fare lettura, dedicarsi alla lettura: *trascorro gran parte della giornata leggendo.* **2** Interpretare certi segni convenzionali o naturali: *i ciechi leggono con le dita*; – *un diagramma* | (*fig.*) – *la mano*, ricavare dati sul carattere e sul destino di qc. basandosi sulle linee della mano. **3** (*lett.*) Interpretare uno scritto, un passo: *i critici dell'Ottocento leggevano erroneamente questa strofa* | (*est.*) Interpretare, valutare scritti, eventi e sim. secondo particolari criteri: – *un film in chiave ironica.* **4** (*fig.*) Intuire i pensieri e le intenzioni di qc.: *gli si legge il terrore sul volto.*

leggerézza *s. f.* **1** Qualità di leggero; CONTR. Pesantezza. **2** (*fig.*) Volubilità, incostanza | Azione di persona sconsiderata; SIN. Fatuità, frivolezza, irriflessione.

leggèro o *leggièro agg.* **1** Che ha poco peso: *essere – come una piuma*; *l'olio è più – dell'acqua* | (*est.*) Che non dà sensazione di pesantezza | *Cibo* –, di facile digestione | Di scarsa intensità: *una leggera scossa di terremoto* | *Avere il sonno* –, svegliarsi al minimo rumore; CONTR. Pesante. **2** (*fig.*) Non grave: *ferita leggera* | Che non richiede eccessivo sforzo: *svolgere un lavoro* –;

SIN. Lieve; CONTR. Grave. ***3*** (*fig.*) Piccolo, modico: *un — aumento di stipendio* | Sottile, delicato: *un — odore di canfora.* ***4*** Agile, snello, spedito nei movimenti: *essere — nella danza* | *Sentirsi —*, provare un senso di benessere fisico e di sollievo morale. ***5*** (*fig.*) Di poco giudizio | Volubile, frivolo: *è una testa leggera* | *A cuor —*, con tranquilla serenità | *Alla leggera*, spensieratamente; SIN. Fatuo, superficiale. ***6*** Detto di un tipo di musica poco impegnativa. ***7*** (*sport*) *Pesi leggeri*, una delle categorie dei lottatori, pugili e sollevatori di pesi | *Atletica leggera*, V. *atletica*.

leggiadrìa *s. f.* Qualità di leggiadro; SIN. Avvenenza, grazia.

leggiàdro *agg.* Che è insieme bello, aggraziato e gentile; SIN. Avvenente, vezzoso.

leggìbile *agg.* Che si può leggere | Che, pur privo di grandi pregi, merita di essere letto: *libro —*; CONTR. Illeggibile.

leggibilità *s. f.* Qualità di ciò che è leggibile.

leggicchiàre *v. tr. e intr.* (*io leggicchio; aus. avere*) Leggere a stento, di tanto in tanto.

leggièri *agg.* (*raro, lett.*) *Nella loc. avv. di —*, facilmente, in modo agevole.

leggièro V. *leggero.*

leggìna *s. f.* Legge di pochi articoli gener. approvata in commissione parlamentare.

leggìo *s. m.* Mobile fornito di sostegno a piano inclinato, per sostenere il messale, lo spartito musicale e sim. [→ ill. *religione, strumenti musicali*]

leggiucchiàre *v. tr. e intr.* (*io leggiùcchio; aus. avere*) Leggicchiare.

legiferàre *v. intr.* (*io legìfero; aus. avere*) Emanare leggi | Compiere, da parte delle autorità competenti, le formalità necessarie perché entri in vigore una nuova legge.

legionàrio ***A*** *s. m.* ***1*** Soldato di una legione | Appartenente alla Legione straniera. ***2*** Membro della Legione d'onore francese. ***B*** *agg.* Della legione: *truppe legionarie.*

legióne *s. f.* ***1*** Unità tattica fondamentale dell'esercito romano. ***2*** Corpo militare che non fa parte dell'esercito regolare del paese per cui combatte | *— straniera*, costituita dalla Francia agli inizi del sec. XIX con elementi di ogni nazionalità e utilizzata un tempo spec. in guerre coloniali. ***3*** Unità organica dell'Arma dei Carabinieri e del Corpo della Guardia di Finanza. ***4*** (*fig.*) Schiera foltissima, moltitudine.

legislativo *agg.* Della legislazione | *Potere —*, funzione di emanare atti legislativi, e complesso degli organi che esplicano tale funzione.

legislatóre *s. m.* (*dir.*) Organo o complesso di organi autori delle leggi | Parlamento.

legislatùra *s. f.* ***1*** Attività e facoltà di emanare leggi. ***2*** Dignità e ufficio di legislatore. ***3*** Periodo in cui dura in carica il Parlamento.

legislazióne *s. f.* ***1*** Formazione di leggi. ***2*** Ordinamento giuridico | Complesso di atti legislativi disciplinanti una data attività: *— del lavoro.*

legìttima *s. f.* (*dir.*) Parte del patrimonio ereditario di cui il testatore non può liberamente disporre perché riservata per legge ai legittimari.

legittimàre *v. tr.* (*io legìttimo*) ***1*** Rendere qc. idoneo a compiere lecitamente un'attività giuridica | Attribuire a qc. la qualifica di legittimo: *— un figlio.* ***2*** (*est.*) Giustificare.

legittimàrio *s. m.* (*dir.*) Erede necessario.

legittimazióne *s. f.* Attribuzione o acquisizione della qualità di legittimo: *— di un figlio naturale.*

legittimìsmo *s. m.* Dottrina politica basata sull'affermazione dell'origine divina della monarchia e della sua conseguente legittimità | (*est.*) Tendenza a restaurare un regime monarchico abbattuto.

legittimìsta ***A*** *s. m. e f.* (*pl. m. -i*) Chi sostiene il legittimismo. ***B*** *agg.* Legittimistico.

legittimìstico *agg.* (*pl. m. -ci*) Del legittimismo o dei legittimisti.

legittimità *s. f.* Qualità di ciò che è legittimo.

legìttimo *agg.* ***1*** Che è conforme alla legge o da essa consentito | *Figlio —*, concepito o generato nel matrimonio | *Legittima difesa*, giustificazione del reato consistente in una reazione al pericolo di un'offesa ingiusta; CONTR. Illegittimo. ***2*** (*est.*) Che risulta conforme alle consuetudini, alle regole prestabilite: *legittima applicazione della norma* | Lecito: *un — desiderio.*

légna *s. f.* (*pl. légna o légne*) Legname da ardere | *Far —*, raccoglierla nel bosco | *Aggiungere — al fuoco*, (*fig.*) aizzare o fomentare discordie. [→ ill. *panettiere, riscaldamento*]

legnàceo *agg.* Di legno.

legnàia *s. f.* Deposito per la legna.

legnaiòlo *s. m.* Artigiano che fa lavori grossolani di falegnameria.

legnàme *s. m.* Legno da lavoro | Insieme di pezzi di legno: *— da ardere.*

legnàre *v. tr.* (*io légno*) Bastonare.

legnàta *s. f.* Colpo dato con un legno | (*est.*) Bastonata.

legnàtico *s. m.* (*pl. -ci*) Diritto di far legna in un bosco altrui.

légni *s. m. pl.* (*mus.*) Gruppo di strumenti a fiato dell'orchestra, quali il flauto, l'oboe, il clarinetto, il fagotto e sim. [→ ill. *strumenti musicali*]

légno *s. m.* ***1*** (*bot.*) Tessuto vegetale costituente il fusto, i rami e le radici degli alberi, avente funzione di sostegno. [→ ill. *botanica*] ***2*** Materia prima fornita dagli alberi e destinata a vari usi: *— da lavoro, da ardere, da intarsio*; *— compensato*; *gamba di —* | *Pasta di —*, usata per la fabbricazione della carta | *Testa di —*, marionetta e (*fig.*) persona dura di testa. [→ ill. *ferramenta*] ***3*** Pezzo di legno | (*est.*) Bastone, mazza. ***4*** (*mus.*) *al pl.* Strumenti a fiato, un tempo in legno, ora costruiti anche in metallo, quali flauto, oboe, fagotto. ***5*** (*lett.*) Albero. ***6*** (*fig.*) Carrozza signorile | (*fig.*) Nave: *i legni corsari.* [→ tav. *proverbi* 310]

legnosità *s. f.* L'essere legnoso.

legnóso *agg.* ***1*** Di legno. ***2*** Che ha la durezza del legno. ***3*** (*fig.*) Privo di scioltezza: *passo —.*

lègo *s. m. inv.* Nome commerciale di un gioco di costruzioni in plastica.

legulèio *s. m.* (*f. -a*) (*spreg.*) Legale cavilloso e sofistico.

legùme *s. m.* ***1*** Baccello. [→ ill. *botanica*] ***2*** *al pl.* Semi commestibili contenuti nei baccelli delle leguminose, quali fagioli, piselli, ceci, lenticchie, fave e sim.

legumièra *s. f.* Piatto di portata o vassoio per legumi.

leguminóse *s. f. pl.* (*bot.*) Papilionacee.

lèi ***A*** *pron. pers. di terza pers. f. sing.* ***1*** Indica la persona di cui si parla, e si usa al posto di 'ella' ed 'essa' nei vari compl.: *devi scrivere a —*; *se io fossi in —*; *vado con —* | Come compl. ogg. in luogo del pron. 'la', quando gli si vuole dare rilievo: *sto cercando —, non te* | (*lett.*) In luogo dell'agg. poss. *nelle loc. la di —, il di —, le di —, i di —*, la sua, il suo, le sue, i suoi: *il di — padre.* ***2*** Ella (come sogg., spec. nella lingua parlata e fam., in espressioni enfatiche, ellittiche, esclamative, in contrapposizione ad altro sogg. o posposto al verbo): *ci vada —, se vuole*; *lui poverissimo, — ricca e bella*; *beata —!* | Con il v. al modo inf., part., gerundio: *— accettare questo?*; *andandosene —, l'allegria era finita* | Si pospone a 'anche', 'neanche', 'pure', 'neppure', 'nemmeno' e sim.: *verrà anche —?*; *neppure — lo sapeva* | Con funzione predicativa: *non sembra più —.* ***3*** Si usa (come sogg. e compl.) in segno di deferenza, cortesia, rispetto, rivolgendosi a persone, anche di sesso maschile, con cui non si è in familiarità. ***B*** *in funzione di s. m.* La terza persona: *usare il —* | *Dare del — a qc.*, rivolgergli rispettosamente il discorso in terza persona. ***C*** *in funzione di s. f.* (*fam.*) Donna amata: *la sua —.*

leishmània *s. f.* Protozoo di forma rotondeggiante parassita endocellulare umano.

leishmaniòsi *s. f.* Malattia tropicale, provocata da protozoi del tipo Leishmania, che si manifesta con gravi disturbi viscerali o alterazioni della pelle o delle mucose.

leitmotiv /*ted.* 'laitmoti:f/ *s. m. inv.* (*pl. ted. Leitmotive* /'laitmoti:və/) ***1*** (*mus.*) Tema melodico ricorrente che caratterizza fatti, momenti o personaggi nel corso di una composizione. ***2*** (*est.*) Concetto cui si fa costante riferimento in un'opera letteraria, artistica e sim.

lémbo *s. m.* ***1*** Parte estrema di un abito | (*est.*) Orlo, margine: *il — della strada.* ***2*** Zona, fascia, parte: *coltivare un piccolo — di terra.* ***3*** (*bot.*) Porzione espansa e laminare, di foglie, sepali, petali. [→ ill. *botanica*]

lèmma *s. m.* (*pl. -i*) ***1*** (*mat.*) Teorema solitamente d'importanza secondaria, che si premette alla dimostrazione d'un altro. ***2*** Voce raccolta e spiegata in un vocabolario, in un'enciclopedia e sim.

lemmàrio *s. m.* Complesso dei lemmi di un dizionario e sim.

lemmatizzàre *v. tr.* (*io lemmatìzzo*) Registrare come lemma una parola.

lemmatizzazióne *s. f.* Registrazione di una parola come lemma.

lèmme lèmme *avv.* (*fam.*) Piano piano, con flemma: *camminare* –.

lèmure (1) *s. m.* Nelle credenze religiose dell'antica Roma, anima o spettro vagante di defunto che tornava sulla terra per molestare i vivi.

lèmure (2) *s. m.* Proscimmia dal muso aguzzo, lunga coda, pelame morbido, grandi occhi, arti anteriori e posteriori ugualmente lunghi.

lemùridi *s. m. pl.* (*sing.* -*e*) Famiglia di proscimmie notturne con muso allungato, pelliccia morbida, grandi occhi e lunga coda. [→ ill. *animali* 21]

léna *s. f.* ***1*** Vigoria di spirito e di volontà, per sostenere fatiche. ***2*** Fiato, respiro spec. affannoso.

lènci *s. m.* Panno leggero molto compatto in vasta gamma di colori per la fabbricazione di bambole, fiori artificiali, cuscini.

lèndine *s. m.* Uovo di pidocchio.

lendinóso *agg.* Che ha lendini.

lène *agg.* (*lett.*) Debole, lieve, soave.

leninismo *s. m.* Revisione della dottrina marxista operata da Lenin, iniziatore nel 1917 della rivoluzione russa.

leninista ***A*** *s. m. e f.* (*pl. m.* -*i*) Seguace del leninismo. ***B*** *agg.* Del leninismo.

lenire *v. tr.* (*io lenìsco, tu lenìsci*) Mitigare, calmare, placare; SIN. Addolcire.

lenitivo *agg.; anche s. m.* Calmante.

lenocinio *s. m.* ***1*** (*dir.*) Attività di chi induce o costringe alla prostituzione. ***2*** (*fig.*) Allettamento, artificio.

lenóne *s. m.* ***1*** Nell'antica Roma, mercante di schiave. ***2*** Chi commette lenocinio; SIN. (*spreg.*) Magnaccia, pappone.

lènte *s. f.* ***1*** Vetro, cristallo o altro materiale trasparente limitato da due superfici curve o da una superficie piana e una curva | – *d'ingrandimento*, lente convergente usata per osservare oggetti molto piccoli | *Lenti a contatto, corneali*, piccole lenti di plastica che, in sostituzione degli occhiali, aderiscono direttamente all'occhio. [→ ill. *fisica, fotografo, orafo e argentiere, orologiaio, ottica*] ***2*** *spec. al pl.* Occhiali: *lenti montate in oro.* ***3*** Massa metallica, di forma rotonda, sospesa all'estremità inferiore degli orologi a pendolo. ***4*** (*bot.*) Lenticchia.

lentézza *s. f.* L'essere lento; CONTR. Rapidità, velocità.

lenticchia *s. f.* ***1*** Pianta annuale leguminosa delle Rosali con fusto eretto, foglie pennate terminanti in un viticcio, frutto a baccello romboidale con due semi schiacciati, commestibili. [→ ill. *piante* 9] ***2*** Seme di tale pianta, usato nell'alimentazione | *Dare, cedere, q.c. per un piatto di lenticchie*, (*fig.*) per nulla. [→ ill. *verdura*]

lenticèlla *s. f.* (*bot.*) Formazione puntiforme o allungata sulla corteccia dei rami di varie piante.

lenticolàre *agg.* Che ha forma simile a quella di una lente.

lentiggine *s. f.* (*med.*) Piccola macchia bruna o nera, piana, della cute.

lentigginóso *agg.* Che ha lentiggini.

lentisco *s. m.* (*pl.* -*schi*) Pianta arbustiva mediterranea delle Terebintali, bassa e ramosa, con frutti a drupa rossi e semi ricchi di olio. [→ ill. *piante* 7]

lènto ***A*** *agg.* ***1*** Privo di sollecitudine, prontezza, velocità e sim.: *mente lenta nell'apprendere* | *Polso* –, in cui il ritmo delle pulsazioni è inferiore al normale; SIN. Flemmatico, tardo; CONTR. Rapido, veloce. ***2*** Di lunga durata e poca intensità: *medicina ad azione lenta* | *Veleno* –, che tarda a fare effetto. ***3*** Molle, allentato: *vite lenta* | *Abito* –, non aderente. ***4*** Didascalia musicale che prescrive una esecuzione molto adagio. ***B*** *s. m.* Ballo a ritmo lento.

lènza *s. f.* Sottilissima cordicella di seta, crine di cavallo o nylon, alla quale si congiunge il finale recante l'amo. [→ ill. *pesca*]

lenzuòlo *s. m.* (*pl. lenzuòli, m.* in senso generale, *lenzuòla, f.* con riferimento al paio che si usa nel letto) Ciascuno dei due grandi teli che si stendono sul letto e fra i quali si giace.

leóne *s. m.* (*f.* -*éssa*) ***1*** Grosso mammifero dei Carnivori, tipico delle boscaglie africane, con criniera sul collo e sulle spalle del maschio, coda nuda terminata da un fiocco, unghie retrattili | (*fig.*) *Essere un cuor di* –, molto ardito | (*fig.*) *Far la parte del* –, prendere per sé il meglio o il più di q.c. | – *marino*, otaria. [→ ill. *animali* 20] ***2*** (*fig.*) Uomo di eccezionale audacia, forza e sim.: *essere un* –; *battersi da* –. ***3*** *Leone*, quinto segno dello Zodiaco, che domina il periodo fra il 23 luglio e il 23 agosto. [→ ill. *zodiaco*] ***4*** (*arald.*) Effigie dell'animale omonimo, gener. rappresentato di profilo in posa rampante. [→ ill. *araldica*] [→ tav. *locuzioni* 50]

leonéssa *s. f.* ***1*** Femmina del leone. ***2*** (*fig.*) Simbolo di grande coraggio: *Brescia fu detta la – d'Italia.*

leonino *agg.* Di, da leone.

leopàrdo *s. m.* ***1*** Grosso mammifero dei Carnivori, giallastro a rosette nere, che si arrampica sugli alberi nelle foreste dell'Africa e dell'Asia | – *asiatico*, pantera. [→ ill. *animali* 20] ***2*** (*arald.*) – *in maestà*, quello rappresentato, nello scudo, passante con la testa di fronte.

lèpade *s. f.* Crostaceo marino fornito di lungo peduncolo che lo fissa a un sostegno sommerso. [→ ill. *animali* 4]

lepidézza *s. f.* ***1*** L'essere lepido; SIN. Arguzia, piacevolezza. ***2*** Motto arguto e piacevole.

lèpido *agg.* Piacevole per le sue arguzie o facezie, gaio nello scrivere o nel parlare; SIN. Spiritoso.

Lepidòtteri *s. m. pl.* (*sing.* -*o*) Ordine di insetti con quattro ali coperte da squamette spesso colorate e apparato boccale trasformato in proboscide per succhiare.

lepisma *s. f.* (*zool.*) Acciughina.

leporino *agg.* Di lepre, simile a lepre | (*med.*) *Labbro* –, malformazione congenita per cui il labbro superiore presenta nel mezzo una fenditura.

lèpre *s. f.* ***1*** Mammifero dei Roditori con lunghe orecchie, pelliccia in genere grigio scura, corta coda e zampe posteriori atte al salto | (*fig.*) *Correre come una* –, molto velocemente. [→ ill. *animali* 16] ***2*** Carne dell'omonimo animale ucciso, usata come vivanda: – *in salmì.* [→ tav. *proverbi* 385]

lepròtto *s. m.* Lepre giovane.

lerciàre ***A*** *v. tr.* (*io lèrcio o lércio*) Imbrattare, sporcare, insozzare. ***B*** *v. rifl.* Sporcarsi, insozzarsi.

lèrcio o *lércio agg.* (*pl. f.* -*ce*) Disgustosamente sozzo (*anche fig.*); SIN. Lurido, sudicio.

lerciùme *s. m.* Sudiciume, sporcizia.

lèsbica *s. f.* Donna che pratica il lesbismo.

lesbismo *s. m.* Omosessualità femminile.

lesèna *s. f.* Pilastro lievemente sporgente da un muro, con funzione ornamentale; SIN. Parasta.

lésina *s. f.* ***1*** Ferro leggermente ricurvo che il calzolaio adopera per cucire la suola o la tomaia. [→ ill. *calzolaio*] ***2*** (*fig.*) Avarizia, spilorceria.

lesinàre *v. tr. e intr.* (*io lésino o lèsino; aus. avere*) Risparmiare avaramente.

lesionàre *v. tr.* (*io lesióno*) Rendere instabile, pericolante e sim., provocando lesioni.

lesióne *s. f.* ***1*** Offesa, danno, violazione: – *all'autonomia di qc.* ***2*** (*med.*) Qualsiasi alterazione anatomica o funzionale prodotta in un organo o tessuto. ***3*** (*dir.*) – *personale*, violenza fisica contro qc. ***4*** Fenditura, crepa di edificio.

lesivo *agg.* Che causa o è atto a causare una lesione, un danno e sim.: *comportamento – del nostro onore*; SIN. Dannoso, offensivo.

léso o *lèso part. pass. di ledere; anche agg.* Che ha sofferto una lesione: *muro* –; *delitto di lesa maestà.*

lessàre *v. tr.* (*io lésso*) Cuocere un cibo nell'acqua bollente; SIN. Bollire.

lessatùra *s. f.* Operazione del lessare.

lessèma *s. m.* (*ling.*) Unità di base del lessico che contiene un significato autonomo (ad es., *cant-, fanciull-, brutt-*); CFR. Morfema.

lessicàle *agg.* Che concerne il lessico.

lèssico *s. m.* (*pl.* -*ci*) ***1*** Dizionario spec. di lingue classiche antiche o di termini scientifici: – *armeno*; – *botanico.* ***2*** Insieme dei vocaboli e delle locuzioni che costituiscono la lingua di una comunità, di un settore di attività o di un singolo parlante: – *familiare.*

lessicografìa *s. f.* Tecnica di composizione dei dizionari | Analisi linguistica di tale tecnica.
lessicogràfico *agg.* (*pl. m. -ci*) Che concerne la lessicografia.
lessicògrafo *s. m.* (*f. -a*) Chi si occupa di lessicografia | Chi compila dizionari; SIN. Vocabolarista.
lessicologìa *s. f.* (*pl. -gie*) Studio del lessico considerato nel suo significato e nella sua forma.
lessicològico *agg.* (*pl. m. -ci*) Della lessicologia.
lessicòlogo *s. m.* (*f. -a; pl. m. -gi, pop. -ghi*) Studioso di lessicologia.
lésso ***A*** *agg.* Bollito nell'acqua sino a cottura. ***B*** *s. m.* Carne lessa, spec. di manzo; SIN. Bollito.
lestézza *s. f.* Prontezza, agilità.
lèsto *agg.* ***1*** Svelto, abile, destro: *essere — di mano* | *— di lingua*, nel rispondere | *— di penna*, nello scrivere. ***2*** Sbrigativo, spicciativo | *Alla lesta*, in modo sbrigativo.
lestofànte *s. m. e f.* (*pl. lestofànti*) Imbroglione, truffatore.
letàle *agg.* Di morte | Che porta la morte: *ferita —*; SIN. Mortale.
letalità *s. f.* Proprietà di ciò che è letale | (*med.*) Rapporto tra numero di morti per una data malattia e numero di persone affette da quella malattia.
letamàio *s. m.* ***1*** Luogo dove si ammucchia il letame. ***2*** (*est.*) Luogo pieno di sudiciume.
letàme *s. m.* ***1*** Lettiera ed escrementi del bestiame più o meno decomposti, usati come concime. ***2*** Immondezza, sudiciume.
letargìa *s. f.* (*pl. -gie*) (*med.*) Stato abnorme di sonno profondo.
letàrgico *agg.* (*pl. m. -ci*) ***1*** Di letargo. ***2*** (*raro, fig.*) Inerte, spento.
letàrgo *s. m.* (*pl. -ghi*) ***1*** (*zool.*) Stato di torpore simile a sonno profondo, tipico dei mammiferi in ibernazione | *Cadere, andare in —*, (*fig., scherz.*) piombare in un sonno lungo e profondo. ***2*** (*fig.*) Stato di inerzia, oblio o inattività.
leticàre V. *litigàre*.
letìzia *s. f.* Contentezza dell'animo manifestata con l'espressione; SIN. Allegrezza, allegria, felicità, gioia.
lètta *s. f.* Rapida lettura: *dare una — al giornale*.
lèttera o *léttera s. f.* ***1*** Ognuno degli elementi grafici di cui è costituito un alfabeto: *le lettere dell'alfabeto italiano sono ventuno* | *Scrivere q.c. in, a, tutte lettere*, senza abbreviazioni e (*fig.*) senza mezzi termini | (*est.*) Forma, tipo e dimensione di tali segni: *— maiuscola, minuscola; lettere gotiche* | *Lettere di scatola, cubitali*, di grande formato | *Cosa da scrivere a lettere d'oro*, (*fig.*) memorabile | (*fig.*) *Scrivere q.c. a lettere di fuoco*, con tono energico, violento | (*fig.*) *Scritto a lettere di sangue*, di ciò che è contrassegnato da un seguito di delitti. ***2*** Nel linguaggio tipografico, carattere mobile che costituisce l'elemento della stampa. [→ ill. *stampa*] ***3*** Significato descrittivo e più ovvio della parola di uno scritto, di un testo e sim.: *interpretare il sonetto secondo la —* | *Alla —*, puntualmente, nel senso rigoroso della parola | *La — della legge*, le parole usate dal legislatore nel formulare le sue disposizioni; CFR. Spirito | *— morta*, disposizione ormai priva di valore | (*fig.*) *Rimanere — morta*, senza validità, applicazione e sim. ***4*** Iscrizione, leggenda di medaglia, stampa e sim. | *Avanti —*, detto di prove di incisioni tirate prima di mettervi l'iscrizione in basso; (*fig.*) prima che q.c. si realizzi. ***5*** *al pl.* La letteratura, la filologia, la lingua, la storia, spec. considerate come settore di studio e di ricerca: *dedicarsi alle lettere; lettere italiane, latine.* ***6*** Comunicazione scritta che si invia a persone, enti pubblici e privati e sim.: *scrivere una —; — di raccomandazione* | *— anonima*, senza la firma del mittente | *— aperta*, (*fig.*) articolo polemico di giornale, in forma di lettera alla persona che si vuol chiamare in causa. [→ ill. *posta, strada, ufficio*] ***7*** *al pl.* Epistolario: *lettere del Leopardi.* ***8*** Documento giuridico: *lettere credenziali* | *— di vettura*, documento emesso a prova della spedizione di merci | *— di pegno*, documento rappresentativo di merce depositata nei magazzini generali | *— di credito*, documento con cui la banca dà a un suo cliente facoltà di disporre di una somma su un'altra piazza.
letteràle *agg.* ***1*** Che corrisponde, che dà l'esatto significato della parola di un testo e sim.: *senso —* | *Traduzione —*, fatta parola per parola. ***2*** (*mat.*) *Calcolo —*, in cui, anziché numeri, vi sono lettere che rappresentano numeri.
letteralménte *avv.* ***1*** Alla lettera: *tradurre —*. ***2*** (*fig.*) Nel vero significato della parola: *è — fuggito.*
letterariaménte *avv.* In modo letterario | Dal punto di vista letterario: *opera — pregevole.*
letteràrio *agg.* ***1*** Attinente alla letteratura o ai letterati: *critica letteraria.* ***2*** Proprio della lingua colta usata dagli scrittori, dai letterati.
letteràto ***A*** *agg.* Che è istruito in letteratura | Che coltiva per diletto la letteratura. ***B*** *s. m.* (*f. -a*) ***1*** Chi ha una vasta cultura letteraria. ***2*** Grammatico.
letteratùra *s. f.* ***1*** L'insieme della produzione prosastica e poetica di una determinata civiltà, spec. con riferimento a valori estetici: *— latina, italiana.* ***2*** (*est.*) Complesso di pubblicazioni relative a uno specifico argomento: *— giuridica, dantesca.*
lettièra *s. f.* ***1*** Fusto del letto. ***2*** Strato di paglia o altro materiale usato per letto al bestiame.
lettìga *s. f.* ***1*** Portantina coperta in forma di letto, le cui stanghe poggiavano sulle spalle dei portatori o sul fianco di muli. ***2*** Barella per ammalati.
lettighière *s. m.* ***1*** Infermiere adibito al trasporto degli ammalati mediante lettighe. ***2*** Chi un tempo trasportava qc. in lettiga.
lettistèrnio *s. m.* Nell'antica Roma, banchetto sacrificale solenne offerto agli dei, le cui statue si ponevano intorno a una tavola imbandita.
lètto (1) *part. pass. di leggere; anche agg.* Che è stato letto | *Scrittore molto —*, che ha molti lettori.
lètto (2) ***A*** *s. m.* ***1*** Mobile per giacervi a dormire, composto da un fusto e da reti metalliche o molle che sostengono un materasso, con sopra lenzuola, coperte, guanciale: *— a un posto, a una piazza; — matrimoniale, a due piazze* | *Mutare il —*, cambiare la biancheria | *Andare a —*, andare a dormire | *Mettersi a —*, ammalarsi | *Morire nel proprio —*, a casa propria | *— di dolore*, in cui giace una persona gravemente ammalata | *— di morte*, in cui è disteso chi è prossimo alla morte | *— di spine*, (*fig.*) situazione delicata e difficile. [→ ill. *casa, medicina e chirurgia, mobili, puericultura*] ***2*** (*fig.*) Matrimonio: *figlio di primo, di secondo —.* ***3*** (*est.*) Giaciglio: *un — di foglie* | *— funebre*, bara, cataletto | (*med.*) Tavolo: *— operatorio, anatomico.* ***4*** Lettiera: *il — dei buoi* | *— dei bachi*, strato costituito dai rimasugli della foglia di gelso misti con materia escrementizia. ***5*** Fondo su cui stanno o scorrono le acque di mari, laghi, fiumi. ***6*** (*est.*) Piano su cui una cosa è posta, scorre, si muove e sim. | (*geol.*) Roccia su cui posa uno strato di altra roccia. [→ ill. *miniera*] ***B*** *in funzione di agg. inv.* (*posposto al s.*) Detto di mobile che, dopo opportune trasformazioni, può essere utilizzato come letto: *divano —; poltrona —.*
lettoràto *s. m.* ***1*** Grado di lettore nella gerarchia cattolica. ***2*** Ufficio e carica di lettore nelle università.
lettóre *s. m.* (*f. -trice*) ***1*** Chi legge | Chi legge a persona impossibilitata a farlo: *— per ciechi.* ***2*** Apparecchio ottico che ingrandisce documenti, stampati e sim., per permetterne la lettura. ***3*** (*elab.*) In un sistema elettronico per l'elaborazione dei dati, unità periferica di introduzione dei dati su schede perforate, nastri perforati e sim. [→ ill. *elaborazione dati*] ***4*** Nella gerarchia cattolica, secondo degli ordini minori ricevuto dall'ordinando. ***5*** Chi, nelle università, svolge funzioni di insegnamento pratico di una lingua moderna.
lettùra *s. f.* ***1*** Atto del leggere | *Libro di —*, scelta di brani per le scuole elementari | *Sala di —*, a disposizione di chi vuole leggere o scrivere. ***2*** Interpretazione di un testo: *dare una — nuova di un brano* | (*est.*) Interpretazione o valutazione del significato di un'opera d'arte o di un evento spec. secondo particolari criteri: *proporre una — diversa di un quadro.* ***3*** Lo scritto che si legge. ***4*** Conferenza: *— dantesca.*
letturìsta *s. m.* (*pl. -i*) Addetto alla lettura dei contatori che registrano il consumo di elettricità, gas e acqua dei singoli utenti.
leucemìa *s. f.* Malattia caratterizzata da aumentata e anomala produzione di globuli bianchi.
leucèmico *agg.; anche s. m.* (*f. -a; pl. m. -ci*) Affetto da leu-

cemia.
leucìte *s. f.* (*miner.*) Silicato contenente alluminio e potassio, in cristalli opachi biancastri.
lèuco- *primo elemento* (*lèuc-* davanti a vocale): in parole scientifiche composte spec. mediche indica colore bianco o chiaro: *leucemia, leucocita.*
leucocìta o *leucocìto s. m.* (*pl. -i*) (*anat.*) Globulo bianco.
leucocitàrio *agg.* (*biol.*) Del leucocita.
leucocitolìși *s. f.* (*med.*) Distruzione dei globuli bianchi del sangue.
leucocitòși *s. f.* (*med.*) Aumento del numero di globuli bianchi nel sangue.
leucòma *s. m.* (*pl. -i*) (*med.*) Area biancastra della cornea dovuta a un'ulcera corneale.
leuconichìa *s. f.* Macchia biancastra dell'unghia.
leucoplàsto *s. m.* Ciascuno dei plastidi ricchi di amido abbondanti negli organi di riserva delle piante.
leucopoièși *s. f.* (*biol.*) Processo di formazione dei globuli bianchi.
lèva (1) *s. f.* **1** Macchina semplice costituita da un'asta mobile intorno a un punto fisso, detto fulcro, cui viene applicata una potenza per vincere una resistenza | *Bracci della* –, distanze della potenza e della resistenza dal fulcro. [→ ill. *fisica, sollevamento*] **2** (*fig.*) Mezzo capace di rimuovere ostacoli o di stimolare energicamente: *il denaro è una – potente* | *Far – su q.c.*, agire su q.c. per ottenere un certo fine. **3** Asta per azionare particolari dispositivi: *– del cambio* | *Leve di, del, comando,* (*fig.*) insieme dei mezzi atti a dirigere un'impresa, un'organizzazione e sim. [→ ill. *ciclo e motociclo, ferramenta, fotografo, tessuto*] **4** Strumento odontoiatrico per la rimozione di denti e radici. [→ ill. *medicina e chirurgia*]
lèva (2) *s. f.* **1** Complesso delle operazioni svolte per la chiamata alle armi di una classe | *Essere di* –, essere iscritto nella lista di leva. **2** Insieme di coloro che vanno sotto le armi in un anno.
levacàpsule *s. m. inv.* Apribottiglie.
levachiòdi *s. m.* Arnese per estrarre chiodi dal legno, costituito da una leva con all'estremità una fessura in cui s'impegna la capocchia. [→ ill. *magazzinaggio*]
levànte A *part. pres. di levare; anche agg.* Che leva, che si leva | *Sol* –, che sorge | *Impero del Sol* –, il Giappone. **B** *s. m.* **1** Parte dell'orizzonte da cui si vede sorgere il sole: *il cielo si arrossa a* –; SIN. Oriente. **2** (*est.*) Vento di levante. [→ ill. *geografia, meteorologia*] **3** Area geografica posta a oriente dell'Italia, nel bacino del Mediterraneo. [→ tav. *proverbi* 168]
levantìno *agg.; anche s. m.* (*f. -a*) Del Levante.
levaòlio *s. m.* Dispositivo a sifone per estrarre l'olio messo a protezione del vino in fiaschi e damigiane; SIN. Tiraolio. [→ ill. *vino*]
levàre A *v. tr.* (*io lèvo*) **1** Alzare, sollevare: *– gli occhi al cielo* | *– il bollore*, cominciare a bollire | *– un grido*, lamentarsi | *– l'ancora*, salpare. **2** Togliere, rimuovere, portar via: *– un divieto, una tassa* | *– il campo, le tende, l'assedio*, ritirarsi, partirsi; (*fig.*) rinunciare a un'impresa | *– un dente*, estrarlo | *– di mezzo q.c.*, toglierla, eliminarla | *– qc. dal mondo*, ucciderlo, farlo morire | *– la fame, la sete*, sfamare, dissetare | *– un desiderio*, appagarlo | *Levarsi il pane di bocca per qc.*, (*fig.*) fare per lui ogni sacrificio | *– le parole di bocca a qc.*, prevenirlo nel parlare | *– il disturbo*, congedarsi | *– il saluto a qc.*, cessare di salutarlo | *– la seduta*, sciogliere l'adunanza. **B** *v. rifl.* **1** Alzarsi, elevarsi, sollevarsi: *levarsi in piedi.* **2** Alzarsi da letto: *si è levato alle sei.* **3** Allontanarsi: *levarsi da un posto* | *Levarsi di mezzo, dai piedi*, allontanarsi da un luogo, di persona la cui presenza è sgradita. **C** *v. intr. pron.* Sorgere, alzarsi: *si levò un vento fortissimo.*
levàta *s. f.* **1** Atto del levare o del levarsi: *la – del sole* | *– della posta*, prelievo della corrispondenza dalle cassette postali | *– di scudi*, (*fig.*) improvviso atto di ribellione. [→ ill. *posta*] **2** (*bot.*) Inizio della fase di rapido accrescimento primaverile dei culmi dei cereali.
levatàrtaro *s. m.* Strumento con cui il dentista toglie il tartaro dai denti; SIN. Ablatore. [→ ill. *medicina e chirurgia*]
levatóio *agg.* Che si può alzare o abbassare a volontà: *ponte* –. [→ ill. *castello, ponte*]
levatrìce *s. f.* (*pop.*) Ostetrica.
levatùra *s. f.* Grado di elevatezza intellettuale.
leviathàn *s. m.* **1** Mostro biblico immane e distruttore. **2** (*fig.*) Organizzazione statale e politica assolutistica e opprimente.
levigàre *v. tr.* (*io lèvigo, tu lèvighi*) Rendere privo di ogni asperità o ruvidezza (*anche fig.*); SIN. Lisciare.
levigatézza *s. f.* Qualità di ciò che è levigato.
levigatrìce *s. f.* Macchina usata per levigare la superficie di metalli, legno e sim. [→ ill. *falegname*]
levigazióne *s. f.* **1** Operazione del levigare. **2** Azione del vento, della pioggia e del ghiaccio sulle rocce. **3** (*tecnol.*) Separazione, in corrente d'acqua, delle particelle pesanti dalle particelle leggere di un minerale o di una miscela di sostanze solide.
levìta *s. m.* (*pl. -i*) Presso gli antichi Ebrei, membro della tribù di Levi cui era riservata la funzione di ministro del culto.
levità *s. f.* Qualità di ciò che è lieve; SIN. Leggerezza, delicatezza.
levitàre *v. intr.* (*io lèvito; aus. avere e essere*) Sollevarsi in aria fisicamente, contro le leggi della gravità.
levitazióne *s. f.* Fenomeno paranormale del sollevare in aria, contro le leggi di gravità, il proprio corpo o un oggetto.
levogìro *agg.* (*chim.*) Detto di composto organico capace di far ruotare a sinistra il piano di polarizzazione di un fascio di luce polarizzata che l'attraversi.
levrièro o *levrière s. m.* Cane da corsa con forme snelle ed eleganti e zampe alte e sottili. [→ ill. *cane*]
levulòșio *s. m.* (*chim.*) Fruttosio.
lewisite /lui'zite/ *s. f.* Minerale cristallino, di aspetto dal giallo al bruno, contenente titanio, antimonio, calcio e ferro.
lèzio *s. m. spec. al pl.* Smanceria, vezzo affettato.
lezióne *s. f.* **1** Insegnamento che si dà in una volta a una o più persone: *una – di latino* | Insieme di nozioni insegnate o date da imparare in una volta: *capire, studiare, la* –. **2** Dissertazione accademica tenuta in pubblico: *l'anno accademico fu inaugurato con una – sul Petrarca.* **3** (*fig.*) Insegnamento, ammaestramento: *una – di altruismo.* **4** (*fig.*) Sgridata, rimprovero, punizione: *gli ha impartito una severa* –. **5** Nell'edizione critica di un testo, modo nel quale risultano scritti una parola o un passo nei codici e nelle stampe che di quel testo forniscono testimonianza.
leziosàggine *s. f.* Comportamento lezioso | Parola o atto lezioso; SIN. Affettazione, smanceria, svenevolezza.
leziosità *s. f.* L'essere lezioso.
lezióso *agg.* Che fa smancerie | Affettato: *discorso* –; SIN. Manierato, svenevole.
lézzo *s. m.* Cattivo odore esalato da ciò che è sudicio; SIN. Puzzo.
li A *art. det. m. pl.* Si usa nelle indicazioni di date, spec. in documenti ufficiali: *– 25 ottobre.* **B** *pron. pers. e dimostr. m. pl.* Loro, essi (come compl. ogg., riferito a persona o cosa, in posizione sia encl. sia procl.): *– vedrò domani; andrò a trovarli.* (V. nota d'uso ACCENTO)
lì *avv.* **1** In quel luogo (con riferimento a un luogo non molto lontano da chi parla e da chi ascolta): *guarda un po' –, sul tavolo* | *Fino* –, fino a quel luogo: *vado fino – e torno indietro* | *Se non sono mille siamo* –, ci manca poco | (*raff.*) Seguito da altri avverbi di luogo: *era – presso; vai – dentro; è – sotto* | Unito a pron. pers. e al pron. e agg. 'quello', con valore raff. e ints.: *eccolo –!; tu –, sbrigati.* **2** In escl. o espressioni di esortazione, sdegno e sim.: *zitto –!; fermo –!* **3** In quel momento, allora, in quel punto: *la questione è finita* – | Circa in quel tempo: *si era – verso Pasqua* | *Essere – per, essere – – per*, stare per, essere sul punto di: *era – per piangere* | *Fino* –, fino a quel momento: *fin – le cose erano andate bene.* **4** *Di, da* –, da quel luogo, attraverso quel luogo: *da – non si entra* | *Giù di* –, circa: *verrà alle cinque o giù di* –. **5** *Per* –, attraverso quel luogo: *per – non puoi passare* | *– per* –, sul momento. (V. nota d'uso ACCENTO)
liàna *s. f.* Qualunque pianta a fusto legnoso, molto allungato e sottile, rampicante, frequente spec. nelle foreste tropico-equatoriali.
lianóso *agg.* A forma di liana.

libagióne *s. f.* **1** Cerimonia propria di molte religioni antiche, consistente nel versare o spargere latte, vino o altro in onore degli dei, sull'altare o a terra. **2** (*scherz.*) Bevuta.

libanése *agg.; anche s. m. e f.* Del Libano.

libàre *v. tr.* **1** Versare o spargere un liquido sull'altare o altrove per offrirlo a una divinità. **2** Gustare leggermente attingendo appena con le labbra.

libbra *s. f.* **1** Antica unità di misura di peso con diversi valori, di poco inferiori al mezzo chilo. **2** Misura di peso anglosassone corrispondente a 453,59 g.

libecciàta *s. f.* Violento spirare del libeccio | Mareggiata provocata dal libeccio.

libéccio *s. m.* Vento da sud-ovest spesso molto violento, caratteristico del Mediterraneo centrale e settentrionale; SIN. Garbino. [→ ill. *geografia, meteorologia*]

libellista *s. m. e f.* (*pl. m. -i*) Chi è autore di libelli diffamatori.

libèllo *s. m.* Pubblicazione diffamatoria, spesso anonima.

libèllula *s. f.* Insetto con ali generalmente uguali, trasparenti, a nervatura reticolata e fase larvale acquatica. [→ ill. *animali* 2]

liberàle **A** *agg.* **1** Che è generoso nel dare e nello spendere: *essere — verso i poveri*; SIN. Largo, munifico. **2** Che professa principi di libertà civile o è fautore di libertà. **3** Proprio del, relativo al liberalismo: *partito —*. **4** (*lett.*) Che si addice a persona libera per condizione o per mentalità: *studi, professioni, liberali.* **B** *agg. e s. m. e f.* Che (o chi) sostiene il liberalismo | Che (o chi) aderisce al partito liberale.

liberaleggiànte *agg.* Che tende al liberalismo.

liberalismo *s. m.* Dottrina e movimento politico che afferma i limiti del potere dello Stato e il primato della coscienza morale dell'individuo sul potere sociale.

liberalità *s. f.* **1** Larghezza nel dare, nel beneficare; SIN. Generosità, munificenza. **2** Atto di o da persona generosa.

liberalizzàre *v. tr.* **1** Adeguare ai principi del liberismo: *— gli scambi.* **2** Rendere più libere forze politiche, culturali e sim.

liberalizzazióne *s. f.* **1** Adeguamento ai principi del liberismo. **2** Eliminazione di restrizioni, spec. in campo politico, culturale e sim.

liberaménte *avv.* **1** Con libertà, senza impedimenti: *parlare —*. **2** Senza riguardo: *comportarsi —*.

liberàre **A** *v. tr.* (*io libero*) **1** Rendere libero, togliendo da impedimenti, sciogliendo da vincoli e sim.: *— qc. dalle catene, da un obbligo* | (*est.*) Restituire alla libertà: *— qc. dalla prigionia.* **2** Pagare per intero | *— un'azione,* pagare alla società emittente l'intero valore nominale. **3** Salvare da un pericolo, da una minaccia e sim. **4** Esimere: *— dal servizio.* **B** *v. rifl.* Rendersi libero o esente: *liberarsi da, di, un importuno.*

liberatóre *s. m.; anche agg.* (*f. -trice*) Chi (o che) libera.

liberatòrio *agg.* (*dir.*) Che libera da un'obbligazione: *pagamento —*.

liberazióne *s. f.* **1** Concessione, restituzione o conseguimento della libertà: *la — di un prigioniero*; *guerra di —* | Riscatto, disimpegno | *Liberazione,* anniversario della caduta del fascismo che si celebra il 25 aprile. **2** (*fig.*) Sollievo da uno stato di oppressione, sofferenza o preoccupazione: *— da un rimorso.*

libèrcolo *s. m.* Libro di poco conto.

liberiàno *agg.; anche s. m.* (*f. -a*) Della Liberia.

liberismo *s. m.* Dottrina economica che propugna un sistema economico basato sulla libera concorrenza e che limita perciò la funzione dello Stato alla rimozione degli ostacoli che impediscono il funzionamento del sistema stesso.

liberista **A** *agg.* (*pl. m. -i*) Del liberismo. **B** *s. m. e f.* Chi sostiene il liberismo.

libero **A** *agg.* **1** Che non ha padrone, spec. in contrapposizione a 'schiavo': *uomini liberi.* **2** Che ha piena libertà di azione, movimento e sim.: *domani i prigionieri saranno liberi* | *Animale —,* non legato | *Mani libere,* non impedite. **3** Che ha il potere di decidere in modo autonomo, di agire secondo la propria volontà e sim.: *popolo —*; *essere — dai pregiudizi*; *essere — di fare.* **4** Che non è sottoposto a vincoli, obblighi, impegni e sim. | *— professionista,* chi è abilitato a esercitare in modo autonomo una data professione | *— scambio,* regime in cui le merci possono circolare senza vincoli doganali | *Mercato —,* esente da vincoli o dazi. **5** (*est.*) Che è privo di legami familiari o sentimentali: *uomo —* | Che non ha impegni: *domani non sono —*. **6** (*est.*) Che si compie al di fuori di ogni costrizione, norma e sim.: *attività libera*; *dare — corso alla fantasia* | (*est.*) Ardito, audace: *linguaggio —*. **7** Che è permesso, consentito a tutti: *— accesso* | *Avere via libera,* possibilità di comportarsi in un dato modo | *Entrata libera, ingresso —,* per i quali non si è tenuti a pagare nulla. **8** Che non è occupato, riservato: *scusi, è — questo posto?* | *Tempo —,* quello che resta dopo il normale periodo di lavoro, e di cui si può disporre a proprio piacimento. **9** Detto di opera intellettuale la cui forma non è imposta, prestabilita: *traduzione libera* | *Versi liberi,* sciolti. **B** *s. m.* Nel calcio, battitore libero.

liberoscambismo *s. m.* Dottrina che propugna il libero scambio.

liberoscambista *agg.; anche s. m. e f.* (*pl. m. -i*) Che (o chi) sostiene il liberoscambismo.

libertà *s. f.* **1** Stato o situazione di chi è libero, spec. in contrapposizione a 'schiavitù': *concedere la — ai servi.* **2** Stato o condizione di chi non è prigioniero | *— provvisoria,* liberazione concessa all'imputato che si trovi in stato di carcerazione preventiva in considerazione di vari elementi. **3** Condizione di chi (o di ciò che) non subisce controlli o costrizioni: *— di movimenti, d'azione, di pensiero*; *agire in piena —*. **4** (*est.*) Condizione di chi non ha obblighi, impegni, legami: *essere geloso della propria —*. **5** *al pl.* Atto o comportamento eccessivamente familiare, spesso scorretto o audace, *spec. nelle loc. prendersi qualche —, delle — con qc.* **6** Potere che la legge riconosce all'individuo in un determinato ambito: *— di riunione, di lavoro*; *— di stampa.*

libertàrio **A** *agg.* Liberale, nel sign. 2. **B** *agg.; anche s. m.* (*f. -a*) Anarchico.

liberticida *agg.; anche s. m. e f.* (*pl. m. -i*) Che (o chi) lede o distrugge la libertà.

libertinàggio *s. m.* Sregolatezza o spregiudicatezza di costumi | (*est.*) Abuso della libertà.

libertino **A** *agg.* Improntato a costumi spregiudicati o sregolati, spec. in campo sessuale. **B** *s. m.* **1** Nel diritto romano, schiavo liberato. **2** Persona, spec. uomo, dai modi di vita libertini.

libèrto *s. m.* Nel diritto romano, schiavo liberato.

liberty /*ingl.* 'libəti/ **A** *s. m. inv.* Movimento artistico sorto alla fine dell'800, caratterizzato dall'uso di forme ispirate al mondo vegetale. **B** *anche agg. inv.*

libico *agg.; anche s. m.* (*f. -a; pl. m. -ci*) Della Libia.

libidine *s. f.* **1** Voglia smodata di piaceri sessuali; SIN. Lascivia, lussuria. **2** Smodato desiderio di q.c.

libidinóso *agg.* Lussurioso.

libido /*lat.* li'bido/ *s. f. inv.* (*psicol.*) Complesso dei bisogni sessuali dell'uomo.

libra *s. f.* (*lett.*) Bilancia.

libràio *s. m.* Venditore di libri.

libràle *agg.* Del peso di una libbra.

libràre **A** *v. tr.* (*lett.*) Pesare, ponderare. **B** *v. rifl.* Tenersi sospeso o in equilibrio: *librarsi a volo, in aria.*

libràrio *agg.* Di libro.

libratóre *s. m.* Piccolo aliante per brevi tragitti in discesa dopo il lancio.

librazióne *s. f.* **1** (*raro*) Leggera oscillazione. **2** (*astron.*) Leggerissima oscillazione della Luna, dovuta alla sua orbita ellittica intorno alla Terra.

libreria *s. f.* **1** Negozio o emporio di libri. **2** Raccolta di libri. **3** Luogo o mobile in cui sono accolti e custoditi i libri. [→ ill. *mobili*]

librésco *agg.* (*pl. m. -schi*) (*spreg.*) Che deriva dai libri e non dalla viva esperienza: *cultura libresca.*

librettista *s. m. e f.* (*pl. m. -i*) Autore dei versi, delle parole di un melodramma.

librétto *s. m.* **1** *Dim. di libro.* **2** Taccuino per appunti, indirizzi, conti e sim. **3** Documento in forma di piccolo libro in cui vengono annotati dati, documentazioni e sim. | *— di lavoro,* in cui sono contenuti tutti i dati relativi al lavoro svolto | *— universitario,* che riporta la situazione amministrativa dello studente e i voti riportati negli esami. **4** Documento rilasciato da una banca su cui vengono annotate le operazioni di prelevamento e versamento da un deposito esistente presso la stessa: — *di deposito a risparmio*; — *degli assegni*. **5** Testo di un melodramma.

libro *s. m.* **1** Volume di fogli cuciti insieme, scritti, stampati o bianchi: *la pagina di un* — | *A* —, di ciò che si apre come un libro o ne ha la forma | (*est.*) Opera o testo scritto: *un* — *di storia, di medicina* | *Libro sacro*, ciascuno dei libri che compongono la Bibbia | — *di devozione*, raccolta di preghiere e di esercizi pii | — *dei morti*, testo sacro degli antichi Egizi | — *all'Indice*, opera condannata dalla Chiesa | — *di testo*, quello adottato dall'insegnante per lo studio di una certa materia | — *bianco*, raccolta di documenti diplomatici e politici | *Suonare, cantare a* — *aperto*, a prima vista. [→ ill. *scuola, stampa*] **2** Ciascuna delle parti o sezioni in cui è divisa un'opera: *l'Eneide è composta di dodici libri*. **3** *spec. al pl.* (*fig.*) Studi: *lasciare i libri*. **4** (*fig.*) Oggetto o mezzo di ricordo, osservazione e sim. | *Il* — *della memoria*, la memoria | (*fig.*) *È un* — *chiuso*, di chi non lascia intendere il proprio animo. **5** Registro su cui sono annotati dati o fatti riguardanti l'attività esercitata da un'impresa commerciale, da un ente o un ufficio: — *paga*; *libri sociali* | *Libri di commercio, libri contabili*, scritture contabili | — *d'oro*, anticamente, registro sul quale erano scritti, in oro, i nomi delle famiglie nobili; (*fig.*) quello su cui sono degni di essere registrati fatti o personaggi di rilievo | — *nero*, durante la Rivoluzione francese, lista dei condannati alla ghigliottina; (*est.*) lista di persone sospette, colpevoli e sim. **6** (*bot.*) Tessuto vegetale dei fusti e delle radici, costituito da fibre di sostegno e vasi cribrosi che portano la linfa elaborata. [→ ill. *botanica*]

licantropia *s. f.* Forma di isterismo per cui il malato si crede trasformato in lupo e ne imita il comportamento.

licàntropo *s. m.* Chi è affetto da licantropia; SIN. Lupo mannaro.

licaóne *s. m.* Mammifero africano dei Carnivori, simile al lupo ma con orecchie più grandi, lunghe zampe a quattro dita, corpo snello e pelame ispido e variegato.

liccio *s. m.* Dispositivo del telaio per tessitura, che alza e abbassa i fili dell'ordito per dare passaggio alla navetta. [→ ill. *tessuto*]

licciòlo *s. m.* Ciascuna delle due asticciole orizzontali che sottendono e guidano le maglie del liccio.

liceàle **A** *agg.* Di liceo. **B** *s. m. e f.* Alunno di un liceo.

liceità *s. f.* L'essere lecito.

licènza *s. f.* **1** Permesso: *domandare, ottenere, dare, accordare* — | *Prendersi* —, permettersi. **2** Permesso di assentarsi dal servizio, per recarsi a casa o altrove, concesso ai militari: *andare in* —. **3** Autorizzazione di fare q.c.: — *di caccia, di pesca*. **4** Diploma di corso di studi compiuto: — *liceale, media, elementare*. **5** Commiato, congedo | *Dar* —, mandar via qc. o disdire q.c. **6** Arbitrio o azione non conforme alle consuetudini | — *poetica*, deviazione dalle norme consuete della lingua o del metro. **7** Eccessiva libertà | Sfrenatezza; SIN. Licenziosità.

licenziaménto *s. m.* Allontanamento di qc. da un impiego o servizio per recessione dal contratto da parte del datore di lavoro.

licenziàndo *agg.; anche s. m.* (*f.* -*a*) Detto di chi, avendo compiuto un corso di studi, sta per conseguirne la licenza.

licenziàre **A** *v. tr.* (*io licènzio*) **1** Accomiatare, congedare: — *i convitati, i visitatori*. **2** Porre fine a un rapporto di lavoro da parte del datore di lavoro | (*est.*) Sfrattare. **3** Dichiarare licenziato da un corso di studi: *quest'anno la nostra scuola licenzierà trecento studenti*. **B** *v. rifl.* **1** (*raro*) Prendere commiato. **2** Rinunciare a un rapporto di lavoro, da parte del lavoratore. **3** Terminare il corso di studi intrapreso ottenendo il relativo titolo o diploma.

licenziàto *part. pass. di licenziare; anche agg. e s. m.* (*f.* -*a*) **1** Che (o chi) ha subito o voluto la rescissione del proprio contratto di lavoro. **2** Che (o chi) ha concluso un regolare corso di studi ottenendo il relativo titolo o diploma.

licenziosità *s. f.* L'essere licenzioso; SIN. Dissolutezza, licenza, sfrenatezza.

licenzióso *agg.* Dissoluto, sfrenato | Eccessivamente libero: — *nel parlare*.

licèo *s. m.* **1** Celebre scuola di Atene nella quale Aristotele insegnò filosofia. **2** Scuola media superiore quinquennale, di preparazione all'università | (*est.*) Edificio in cui tale scuola ha sede.

licére o *licere v. intr.* (*oggi dif. usato solo nella terza pers. sing. del pres. indic. lice, nelle terze pers. sing. e pl. dell'imperf. indic. licéva, licévano, nelle terze pers. sing. e pl. dell'imperf. condiz. licésse, licéssero, nel part. pass. lìcito raro e poet.; aus. essere; usato anche impers.*) (*poet.*) Essere permesso, concesso o consentito dalla legge, dalla morale, dalle convenienze: *non lice a noi essere felici*.

lichène *s. m.* Organismo vegetale formato dall'associazione di un'alga con un fungo; comune su pietre, rocce e sim. ove forma verruche piatte giallo-verde. [→ ill. *lichene*]

licitàre *v. intr.* (*io lìcito; aus. avere*) Offrire un prezzo all'asta o all'incanto.

licitazióne *s. f.* **1** Offerta di prezzo in una pubblica asta. **2** Nel bridge, dichiarazione di punteggio e di seme all'apertura del gioco.

licopòdio *s. m.* Pianta erbacea delle Pteridofite di luoghi montuosi, le cui spore ricche di grassi sono utilizzate come polveri assorbenti.

lìdo *s. m.* **1** Lembo estremo d'una terra, prospiciente il mare o il lago, su cui battono le onde. **2** Lingua di terra emersa parallelamente alla costa che, con questa, delimita una laguna. **3** Località marina attrezzata turisticamente | Stabilimento balneare. **4** (*lett.*) Territorio, paese | *Tornare ai patri lidi*, in patria.

lied /*ted.* li:t/ *s. m. inv.* (*pl. ted. Lieder* /'li:dər/) Canzone vocale tedesca su testo di regola della stessa lingua, in voga con forme popolari o colte spec. nell'Ottocento.

lie detector /*ingl.* 'lai di'tektə/ *loc. sost. m. inv.* (*pl. ingl. lie*

lichene

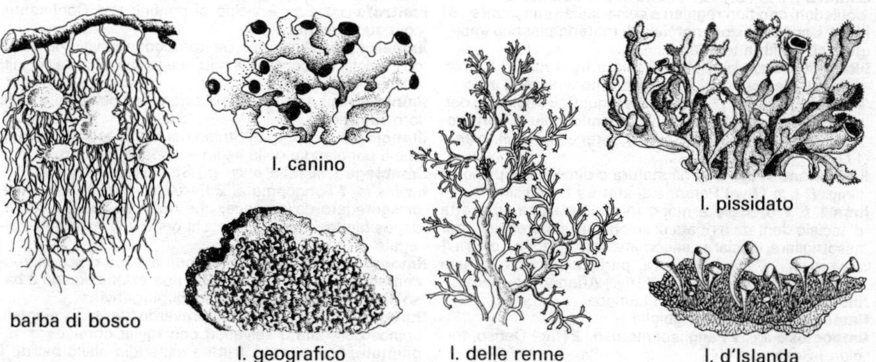

detectors /ˈlai diˈtektəz/) Apparecchio in uso durante gli interrogatori di polizia, capace di registrare certe reazioni emotive dell'interrogato, allo scopo di dedurre se egli sia o no sincero.

lièto *agg.* **1** Che sente, che esprime contentezza; SIN. Allegro, felice, gioioso, ilare; CONTR. Mesto. **2** Che riempie di gioia, che dà allegrezza.

liève *agg.* **1** Che non pesa quasi nulla | Leggero. **2** (*fig.*) Che non costa fatica o non desta preoccupazione: *impegno* —; CONTR. Gravoso | Tenue, scarso: *scossa* —; — *discesa*.

lievità *s. f.* Leggerezza.

lievitàre ***A*** *v. intr.* (*io lièvito; aus. essere*) **1** Gonfiarsi della pasta per effetto del fermento che la rende morbida e atta a essere trasformata in pane. **2** (*fig.*) Accrescersi: *il malcontento lievita fra i poveri.* ***B*** *v. tr.* Amalgamare con il lievito: — *la pasta.*

lievitazióne *s. f.* Fermentazione e gonfiamento della pasta | (*fig.*) Aumento: — *dei prezzi.* [→ ill. *panettiere*]

lièvito *s. m.* **1** Complesso di microorganismi che sono in grado di provocare, mediante gli enzimi da essi prodotti, una fermentazione | — *di birra*, sostanza ricca di saccaromiceti usata per la fermentazione del malto e la lievitazione della pasta | — *artificiale*, prodotto chimico che produce lievitazione per sviluppo di anidride carbonica. **2** (*fig.*) Causa di eccitazione, agitazione.

lift /*ingl.* lift/ *s. m. inv.* **1** Inserviente addetto al funzionamento dell'ascensore. **2** Nel tennis, colpo eseguito con la racchetta leggermente inclinata in avanti.

lìgio *agg.* (*pl. f. -gie*) Che è strettamente legato a una persona, a interessi, sentimenti e sim.: — *al partito.*

lignàggio *s. m.* Discendenza, schiatta; SIN. Casata, famiglia, stirpe.

lìgneo *agg.* Di legno | Simile a legno.

lignificazióne *s. f.* Infiltrazione di lignina in un tessuto vegetale, che ne viene trasformato in legno.

lignìna *s. f.* Sostanza amorfa giallo-bruna, costituente del legno, responsabile della lignificazione del tessuto vegetale.

lignìte *s. f.* Carbone fossile combustibile povero, con pezzi legnosi ancora ben conservati, bruno o nero lucido.

lìgula *s. f.* **1** Tipo di cucchiaio usato nell'antica Roma. **2** (*bot.*) Piccola ramificazione della foglia delle graminacee nel punto di distacco fra la guaina e il lembo.

ligulàto *agg.* (*bot.*) Detto di corolla con lembo a forma di linguetta laterale.

lìgure *agg.; anche s. m. e f.* Della Liguria.

Ligustràli *s. f. pl.* (*sing. -e*) Ordine di piante dicotiledoni arbustive o arboree, con foglie opposte, fiori generalmente piccoli con corolla a quattro lobi. [→ ill. *piante* 11]

ligùstro *s. m.* Pianta arbustiva delle Ligustrali, con foglie lanceolate e fiorellini bianchi in fitte pannocchie; coltivato per formare siepi. [→ ill. *piante* 11]

liliàcee *s. f. pl.* (*sing. -a*) Famiglia di piante erbacee delle Liliflore, con organi di riserva sotterranei, foglie lineari, fiori vistosi. [→ ill. *piante* 16, 17]

liliàle *agg.* Candido e delicato come un giglio.

Liliflòre *s. f. pl.* (*sing. -a*) Ordine di piante erbacee monocotiledoni con fiori regolari a sei tepali. [→ ill. *piante* 16]

lilion *s. m.* Nome commerciale di materia plastica impiegata come fibra tessile.

lilla o *lillà* ***A*** *agg. inv.* Detto di colore tra il rosa e il viola, tipico di alcune specie del fiore omonimo. ***B*** *s. m. inv.* **1** Colore lilla. **2** (*bot.*) Frutice delle Ligustrali originario della Persia e coltivato per le belle pannocchie di fiori profumati bianchi o lilla; SIN. (*pop.*) Serenella. [→ ill. *piante* 11]

lillipuziàno ***A*** *agg.* Che ha statura o dimensioni piccolissime. ***B*** *s. m.* (*f. -a*) Persona di statura bassissima.

lìma *s. f.* **1** Utensile a mano formato da una sbarretta d'acciaio dentata e rigata di solchi che s'incrociano, per assottigliare, lisciare, sagomare ferro, legno, pietra | *Lavoro di* —, (*fig.*) rifinitura, perfezionamento di uno scritto. [→ ill. *meccanica*] **2** (*fig.*) Affanno, tormento.

limàccia *s. f.* (*pl. -ce*) (*zool.*) Lumaca.

limàccio *s. m.* Mota, fanghiglia.

limaccióso *agg.* **1** Fangoso, motoso. **2** (*fig.*) Denso, torbido | Sozzo.

limacografìa *s. f.* Descrizione dei gasteropodi terrestri.

limàre *v. tr.* **1** Lavorare un pezzo con la lima. **2** (*fig.*) Consumare, rodere. **3** (*fig.*) Correggere e perfezionare: — *uno scritto.*

limatrìce *s. f.* Macchina con utensile a moto rettilineo alternativo, usata per rendere piane le superfici. [→ ill. *meccanica*]

limatùra *s. f.* **1** Operazione del limare (*anche fig.*). **2** Polvere che cade dalla cosa limata: — *di ferro.*

lìmbo *s. m.* **1** Nella teologia cattolica, soggiorno delle anime di coloro che sono morti portando la sola colpa del peccato originale, spec. dei bambini non battezzati. **2** (*fig.*) Condizione, situazione non esattamente definita.

limétta *s. f.* **1** *Dim. di lima.* **2** Lima sottile, in metallo o carta vetrata, per limare le unghie. [→ ill. *toilette e cosmesi*]

lìmine *s. m.* (*lett.*) Soglia.

limitàbile *agg.* Che si può o si deve limitare.

limitaménto *s. m.* (*raro*) Limitazione.

limitàneo *agg.* Dei confini, delle frontiere: *truppe limitanee.*

limitàre (1) *s. m.* **1** Soglia dell'uscio | (*est.*) Margine, estremità: *al — del bosco.* **2** (*fig.*) Principio: *il — della gioventù.*

limitàre (2) ***A*** *v. tr.* (*io lìmito*) **1** Circoscrivere entro certi limiti. **2** Ridurre, diminuire: — *le spese*; SIN. Restringere. ***B*** *v. rifl.* Mantenersi entro i limiti determinati: *limitarsi nelle spese.*

limitataménte *avv.* In modo limitato | Entro dati limiti.

limitatézza *s. f.* L'essere limitato.

limitatìvo *agg.* Che serve a limitare.

limitàto *part. pass. di limitare* (2); *anche agg.* **1** Non ampio, non pieno: *facoltà limitata.* **2** (*est.*) Che non oltrepassa certi limiti: *essere — nelle prestazioni* | Esiguo, scarso: *intelligenza limitata*; CONTR. Illimitato.

limitazióne *s. f.* **1** Riduzione: — *delle spese* | Restrizione: *subire una — alla propria libertà* | Controllo: — *degli armamenti*; — *delle nascite* | *Complemento di* —, indica il limite entro cui vale ciò che si dice (es. *star bene in salute*; *quanto a memoria, è insuperabile*). **2** Condizione che limita: *una — di tempo.*

lìmite ***A*** *s. m.* **1** Confine, barriera: *i limiti di un podere* | *Punizione dal* —, nel calcio, quella tirata dalla linea dell'area di rigore | — *di cambio*, nelle corse a staffetta, quello che segna il punto in cui si dà il cambio al compagno di gara | — *delle nevi persistenti*, linea ideale al di sopra della quale la neve caduta nel periodo più freddo non arriva a sciogliersi tutta nel periodo più caldo | — *di carico*, massimo peso di merce che può essere caricata su carro | — *di velocità*, velocità massima consentita ai veicoli; SIN. Termine. **2** Grado ultimo, linea estrema | — *di età*, determinato dalla legge per scopi di vario genere | *Entro certi limiti*, fino a un certo punto | *Al* —, nell'estrema ipotesi. **3** Ambito ed estensione assegnati a q.c.: *i limiti della mente umana*; *uscire dai limiti della decenza*; *tutto ha un* — | *Senza* —, estremamente grande. **4** (*mat.*) — *di una funzione*, valore a cui tende una funzione quando la variabile tende a un certo valore. ***B*** *in funzione di agg. inv.* (*posposto al s.*) (*fig.*) Detto di ciò che rappresenta il massimo dell'improbabilità, che sta ai confini del possibile: *caso* —.

limìtrofo *agg.* Che è vicino ai confini; SIN. Confinante, contiguo, finitimo.

limnèa *s. f.* Mollusco dei Gasteropodi che vive nelle acque dolci, con conchiglia sottile a forma di torre. [→ ill. *animali* 4]

limnimetrìa *s. f.* Misurazione scientifica dei laghi e delle loro variazioni.

limnologìa *s. f.* (*pl. -gìe*) Studio dei laghi, degli organismi che li popolano e della sedimentazione lacustre.

limnòlogo *s. m.* (*f. -a; pl. m. -gi*) Studioso di limnologia.

lìmo *s. m.* **1** Fango, mota. **2** Parte più fina del materiale disaggregato dalle acque, che resta sospeso in esse, depositandosi poi agli sbocchi dei fiumi, nelle terre allagate e sim.

limonàta *s. f.* **1** Bibita o bevanda a base d'acqua zuccherata e succo di limone. **2** Preparazione liquida a base spec. di acido citrico, a scopi purgativi.

limóne *s. m.* Alberetto sempreverde delle Terebintali, spinoso allo stato selvatico con foglie coriacee e seghettate, fiori bianchi, frutti a esperidio giallo pallido |

Frutto del limone utilizzato per le essenze estratte dalla buccia e per il succo acidulo | — *spremuto*, (*fig.*) persona che viene messa da parte dopo essere stata sfruttata. [→ ill. *frutta, piante* 7]

limonéto *s. m.* Terreno coltivato a limoni.

limonicoltùra *s. f.* Coltivazione di limoni.

limonite *s. f.* Mescolanza di idrossidi di ferro, minerali argillosi e impurità varie in masse compatte di colore giallo ocra o bruno.

limòșina e deriv. V. *elemosina* e deriv.

limóso *agg.* Che è pieno di limo.

limousine /*fr.* limu'zin/ *s. f. inv.* (*pl. fr. limousines* /limu'zin/) Grossa automobile chiusa, a quattro porte.

limpidézza *s. f.* Qualità di ciò che è limpido; SIN. Chiarezza, nitidezza.

lìmpido *agg.* **1** Chiaro, trasparente: *acque limpide* | *Cielo* —, non offuscato da nubi e sim.; SIN. Nitido. **2** Chiaro e sonoro: *voce limpida.*

Linàcee *s. f. pl.* (*sing.* -*a*) Famiglia di piante erbacee delle Geraniali, con foglie alterne allungate e semplici, frutto a capsula con molti semi. [→ ill. *piante* 6]

linaiòlo *s. m.* Chi lavora o vende il lino.

lince *s. f.* Mammifero europeo dei Carnivori, abile predatore, con pelo morbidissimo e orecchie a punta sormontate da un ciuffo di peli | *Occhi di* —, molto acuti. [→ ill. *animali* 20]

linciàggio *s. m.* **1** Esecuzione sommaria non preceduta da regolare processo, compiuta da privati cittadini nei confronti di chi sia o sia ritenuto colpevole di certi reati. **2** (*fig.*) Persecuzione accanita e instancabile: — *morale.*

linciàre *v. tr.* (*io lincio*) Uccidere per linciaggio.

linciatóre *s. m.* (*f.* -*trice*) Chi prende parte attiva a un linciaggio.

lìndo *agg.* **1** Pulito e ordinato. **2** Elegante, azzimato.

lindóre *s. m.* Lindura.

lindùra *s. f.* **1** Pulizia scrupolosa | (*fig.*) Grande proprietà e correttezza. **2** (*fig.*) Cura eccessiva e affettata.

lìnea *s. f.* **1** Segno sottile tracciato, inciso e sim. su q.c.: *tirare una* —; — *orizzontale, verticale* | *Le linee della mano*, ognuno dei piccoli solchi che l'uomo reca sul palmo della mano | — *di partenza*, quella da cui prendono il via i partecipanti a una gara di corsa | — *d'arrivo*, traguardo | — *di fondo*, nel calcio e nel tennis, quella che delimita nel senso della larghezza il campo di gioco dalle due parti | In musica, uno dei tratti orizzontali del rigo musicale | — *di fede*, segno inciso sulla parte mobile o fissa di uno strumento di misura per consentire la lettura della graduazione. [→ ill. *marina, sport*] **2** (*mat.*) Figura descritta da un punto la cui posizione si sposta continuamente nel tempo: — *retta, curva, spezzata*; *linee parallele, perpendicolari* | — *piana*, contenibile in un piano | — *sghemba*, non contenibile in un piano. **3** Limite: — *di confine, di separazione*; — *delle nevi perpetue* | — *di vetta*, spartiacque. **4** Nei termometri, ognuno dei dieci piccoli tratti che segnano i decimi di grado di temperatura: *avere qualche* — *di febbre.* **5** (*est.*) Contorno, lineamento, tratto del viso o del corpo umano | *Conservare, mantenere la* —, mantenersi agile e snello. **6** Taglio, modello di un abito: *giacca di* — *classica.* **7** (*mil.*) Fronte di un reparto, di un'unità o di un esercito schierati in battaglia: *in prima* —; *vittoria su tutta la* — | *Essere in prima* —, (*fig.*) di cose o persone che sono avanti a tutte le altre per merito o importanza | *Passare in seconda* —, (*fig.*) di persone o cose ritenute meno importanti di prima rispetto ad altre | *Vittoria, sconfitta, su tutta la* —, (*fig.*) totale, definitiva. **8** Conduttura per la trasmissione e distribuzione dell'energia elettrica o di altro: *le linee dell'alta tensione*; — *telegrafica* | *Essere in* — *con qc.*, in comunicazione telefonica con la persona o la località richiesta. [→ ill. *diga, elettricità, ferrovia, miniera, strada*] **9** Tracciato immaginario che indica una direzione: *seguire la* — *della strada* | — *di forza*, quella che indica la direzione di una forza operante in un campo elettrico o magnetico o gravitazionale | — *di tiro*, quella rappresentata dal prolungamento della bocca da fuoco puntata per il tiro | *In* —, in una data direzione | *In* — *d'aria*, secondo la distanza esistente fra un luogo e l'altro, prescindendo dai percorsi stradali. **10** (*fig.*) Modo di comportarsi, norma seguita, indirizzo di fondo: — *di condotta*; *seguire una precisa* — *politica.* **11** Itinerario seguito da mezzi pubblici di locomozione e trasporto: — *aerea, marittima* | — *ferroviaria*, strada ferrata individuata col nome delle due stazioni estreme | *Di* —, detto di mezzo di trasporto pubblico che compie regolarmente un dato tragitto: *aereo di* —. **12** (*fig.*) Sviluppo logico di una narrazione: — *d'azione.* **13** Complesso di persone, animali od oggetti, disposti in fila | *Mettersi in* —, allinearsi | — *d'attacco*, nel calcio, la serie dei cinque giocatori schierati all'attacco. **14** In tipografia, complesso delle parole o frasi o caratteri mobili contenuti nella giustezza. **15** Rapporto genealogico intercorrente tra due persone: — *collaterale*; — *retta.* **16** (*org. az.*) Impostazione e disposizione del lavoro, delle macchine e sim. secondo la successione prevista dal ciclo del prodotto: — *di montaggio.*

lineaménto *s. m.* **1** (*raro*) Linea. **2** *al pl.* Fattezze del volto umano. **3** (*fig.*) Elementi essenziali di una dottrina: *lineamenti di storia.*

lineàre *agg.* **1** Di linea, proprio delle linee | *Misure lineari*, quelle di lunghezza | (*mat.*) *Espressione* —, quella in cui la variabile considerata compare alla prima potenza | Che procede per linea retta: *tracciato* — | (*est.*) Che ha forma molto allungata: *foglia* —. [→ ill. *botanica, diagramma*] **2** (*fig.*) Che si sviluppa secondo una direzione coerente: *comportamento* —.

linearità *s. f.* L'essere lineare.

lineétta *s. f.* **1** *Dim. di linea.* **2** Trattino convenzionale che serve a unire due parole, due elementi in una stessa parola, per introdurre una frase incidentale e sim. (V. nota d'uso TRATTINO)

lineria *s. f.* Vendita all'ingrosso di tessuti di lino.

lìnfa *s. f.* **1** (*bot.*) Liquido di nutrizione che circola nei vasi vegetali. **2** (*med.*) Liquido chiaro, lattescente, che circola nei vasi linfatici. **3** (*fig.*) Ciò che alimenta e sostiene idee, principi e sim.: *la* — *della rivoluzione.*

linfadenite *s. f.* (*med.*) Infiammazione dei linfonodi.

linfadenòma *s. m.* (*pl.* -*i*) (*med.*) Tumefazione neoplastica dei linfonodi.

linfangite *s. f.* **1** (*med.*) Infiammazione dei vasi linfatici. **2** (*veter.*) — *epizootica*, malattia contagiosa degli equini caratterizzata da infiammazione purulenta del sistema linfatico e da formazione di noduli e ulcere.

linfàtico **A** *agg.* (*pl. m.* -*ci*) Della linfa. **B** *s. m.* (*f.* -*a*); *anche agg.* Affetto da linfatismo.

linfatișmo *s. m.* (*med.*) Stato di debolezza costituzionale caratterizzato da aumento del tessuto linfatico e del timo.

lìnfo- *primo elemento* (*linf-* davanti a vocale): in parole scientifiche composte significa 'linfa': *linfocita, linfonodo.*

linfocita o *linfocito s. m.* (*pl.* -*i*) (*anat.*) Particolare tipo di globuli bianchi, importanti nella difesa dell'immunità dell'organismo.

linfogranulòma *s. m.* (*pl.* -*i*) Malattia che colpisce il sistema linfatico con formazione di un particolare tessuto nei linfonodi.

linfologia *s. f.* (*pl.* -*gie*) (*med.*) Studio della linfa e dei vasi linfatici.

linfòma *s. m.* (*pl.* -*i*) (*med.*) Affezione produttiva del tessuto linfatico.

linfonòdo *s. m.* (*anat.*) Nodulo di tessuto linfatico intercalato sul decorso dei vasi linfatici.

linfosarcòma *s. m.* (*med.*) Tumore maligno del tessuto linfatico.

lingeria *s. f.* (*evit.*) Biancheria.

lingottièra *s. f.* Forma metallica per colarvi l'acciaio o l'oro o altri metalli fusi. [→ ill. *metallurgia*]

lingòtto *s. m.* Blocco di metallo ottenuto per fusione e colatura in apposito stampo. [→ ill. *metallurgia*]

lingua *s. f.* **1** Organo muscolare ricoperto di mucosa, mobile, posto nella cavità boccale, che partecipa al meccanismo della masticazione e della deglutizione ed è sede dell'organo del gusto | *Mordersi la* —, (*fig.*) sforzarsi di tacere o pentirsi di aver parlato | *Sciogliere la* —, (*fig.*) incominciare a parlare | *Avere la* — *lunga*, (*fig.*) parlare troppo | *Non avere peli sulla* —, (*fig.*) parlare con estrema sincerità | *Avere q.c. sulla punta della* —, (*fig.*) saperla ma sul momento non ricordarla. [→ ill. *anatomia umana*] **2** Lingua di animale, solitamente di bue o vitello, cotta per vivanda. **3** Tutto ciò che ha forma più o meno simile a quella di una lingua: *lingue di fuoco* | (*geogr.*) – *di terra*, piccolo tratto di terra a forma allungata che si protende nel mare, in un lago o in un fiume | – *dell'incudine*, prolungamento laterale a forma di piramide | *Lingue di gatto*, biscottini da tè. [→ ill. *dolciumi, geografia, meccanica*] **4** Sistema grammaticale e lessicale per mezzo del quale gli appartenenti a una comunità comunicano tra loro: – *italiana, francese, inglese* | – *materna*, ricevuta dall'ambiente familiare | – *morta*, non più in uso | – *viva*, in uso | – *madre*, da cui derivano altre lingue. **5** Uso speciale della lingua proprio di un ambiente, di un mestiere, di una scienza, di uno scrittore: – *letteraria, popolare*; *la – dei medici*; *la – di Dante*. **6** ass. Lingua italiana: *la questione della –* | *Testo di –*, scritto in buona lingua e ritenuto esemplare dall'Accademia della Crusca. **7** *al pl.* Complesso delle lingue straniere: *studiare lingue.* **8** (*fig.*) Nazione: *gente di ogni –*. **9** (*bot.*) – *cervina*, felce delle zone umide e ombrose con foglie coriacee e lucenti, intere e ondulate ai margini. [→ ill. *piante* 1] [→ tav. *proverbi* 223]

linguàccia *s. f.* (*pl. -ce*) **1** *Pegg. di lingua.* **2** (*fig.*) Persona maldicente.

linguacciùto *agg.* Che ha la lingua lunga, in senso fig.; SIN. Pettegolo.

linguàggio *s. m.* **1** Capacità tipica della specie umana di comunicare per mezzo di un sistema di segni vocali | (*est.*) Sistema di segni per mezzo dei quali gli animali comunicano tra di loro: *il – delle api* | (*est.*; *elab.*) Insieme di simboli e regole per la redazione dei programmi di elaborazione: – *base.* **2** (*est.*) Particolare modo di parlare di determinati individui e ambienti: – *forense, infantile* | Qualunque sistema espressivo non convenzionale: – *musicale, pittorico.* **3** (*est.*) Particolare significato che l'uomo riconosce o attribuisce a determinati segni, gesti, oggetti, simboli e sim. e facoltà di esprimersi mediante il loro uso: *il – dei fiori.*

linguaiòlo *s. m.* (*f. -a*) (*spreg.*) Chi si occupa di questioni grammaticali e linguistiche con eccessiva pedanteria.

linguàle *agg.* (*anat.*) Della lingua.

linguèlla *s. f.* **1** *Dim. di lingua.* **2** Piccola striscia di carta trasparente e gommata per attaccare i francobolli da collezione sull'album.

linguétta *s. f.* **1** *Dim. di lingua.* **2** (*est.*) Qualsiasi piccolo oggetto di forma più o meno simile a quella di una lingua: – *delle scarpe.* [→ ill. *calzatura*] **3** (*mecc.*) Pezzo a sezione prismatica, da inserire in apposita cava, tra albero e mozzo per renderli solidali.

linguìna *s. f.* **1** *Dim. di lingua.* **2** *spec. al pl.* Tagliatelle più sottili delle comuni. [→ ill. *pasta*]

linguìsta *s. m. e f.* (*pl. m. -i*) Studioso di linguistica.

linguìstica *s. f.* Studio scientifico e sistematico del linguaggio e delle lingue naturali; SIN. Glottologia.

linguìstico *agg.* (*pl. m. -ci*) Della lingua o della linguistica. [→ ill. *scuola, suono*]

linièro *agg.* Del lino.

linìfero *agg.* Che produce lino.

linifìcio *s. m.* Stabilimento per la lavorazione del lino.

liniménto *s. m.* Preparazione medicinale, che porta il farmaco incorporato in olio, da applicare o frizionare sulla parte ammalata.

linizzàre *v. tr.* Conferire a un tessuto l'aspetto del lino.

linnèa *s. f.* Pianta delle Rubiali con fiori profumati, campanulati, portati da peduncoli bifidi all'apice. [→ ill. *piante* 13]

lino *s. m.* **1** Pianta annua delle Geraniali, a foglie lineari, sparse, fiori celesti in corimbi, capsula con semi bruni, oleosi | *Olio di –*, estratto dai semi | *Farina di semi di –*, polvere untuosa ottenuta dai semi macinati o pestati, usata per cataplasmi. [→ ill. *piante* 6] **2** Fibra tessile estratta da tale pianta mediante macerazione del fusto.

linòleum *s. m.* Materiale di rivestimento impiegato per pavimenti, pareti e sim., ottenuto pressando su tela robusta un impasto formato da colofonia, olio di lino ossidato, farina di sughero e materie coloranti.

linóne *s. m.* Tessuto finissimo di lino | Tessuto trasparente più fine della garza.

linotipìa *s. f.* **1** Composizione tipografica mediante la linotype. **2** Stabilimento che esegue composizioni tipografiche in linotype per conto di terzi.

linotipìsta *s. m. e f.* (*pl. m. -i*) Operatore della linotype.

linotype /'linotaip, *ingl.* 'lainotaip/ *s. m. inv.* (*pl. ingl. linotypes* /'lainotaips/) Sistema di composizione tipografica meccanica, che fornisce linee intere fuse in un unico blocchetto | Nome commerciale di una macchina che realizza tale composizione. [→ ill. *stampa*]

liocòrno *s. m.* Unicorno. [→ ill. *araldica*]

liofilizzàre *v. tr.* Sottoporre a liofilizzazione.

liofilizzazióne *s. f.* Essiccamento sotto vuoto, a temperature inferiori allo zero, di prodotti biologici, farmaceutici e alimentari, allo scopo di evitarne l'alterazione e di ottenerne polveri solubili.

liòfilo *agg.* Detto di colloide che ha molta tendenza ad assorbire acqua; CONTR. Liofobo.

liòfobo *agg.* Detto di colloide che ha scarsa tendenza ad assorbire acqua; CONTR. Liofilo.

liparite *s. f.* (*miner.*) Roccia effusiva di colore chiaro, costituita da quarzo, biotite e minutissimi frammenti vetrosi.

lipàsi *s. f.* Enzima capace di scindere gli esteri degli acidi grassi superiori in glicerina e acidi grassi.

lipemìa *s. f.* (*med.*) Quantità di grassi nel sangue.

lipide *s. m. spec. al pl.* Gruppo di sostanze organiche di origine animale o vegetale, costituite da esteri di acidi grassi superiori.

lipìdico *agg.* (*pl. m. -ci*) Di lipide.

lipo- *primo elemento* (*lip-* davanti a vocale): in parole scientifiche composte significa 'grasso', 'tessuto adiposo': *lipemia, liposolubile.*

lipòide *s. m.* Sostanza simile ai lipidi.

lipòma *s. m.* (*pl. -i*) (*med.*) Tumore benigno formato da tessuto adiposo.

liposarcòma *s. m.* (*pl. -i*) Tumore maligno del tessuto adiposo.

liposolùbile *agg.* Che può sciogliersi nei grassi.

lipotimìa *s. f.* Svenimento di breve durata.

lipòtropo *s. m.* Sostanza capace di prevenire o far regredire l'accumulo abnorme di grassi nel fegato.

lìppa *s. f.* Gioco infantile consistente nel far saltare un corto bastone battendolo su una estremità con uno più lungo, per poi riprenderlo al volo e gettarlo il più lontano possibile.

liquàme *s. m.* Liquido putrido, spec. scolante da materie organiche in decomposizione.

liquazióne *s. f.* Fenomeno di separazione dei componenti di una lega durante il suo raffreddamento e solidificazione.

liquefàre **A** *v. tr.* (*pres. io liquefàccio o liquefò, tu liquefài, egli liquefà, noi liquefacciàmo, voi liquefàte, essi liquefànno; per altre forme coniug. come fare*) Far passare un gas allo stato liquido mediante raffreddamento o compressione, o entrambi i mezzi: – *l'ossigeno* | Fondere: – *i metalli.* **B** *v. intr. pron.* **1** Diventare liquido: *i ghiacci si liquefanno in primavera*; SIN. Sciogliersi. **2** (*fig.*) Struggersi in sudore: *con quest'afa ci si liquefà.*

liquefattìbile *agg.* Che si può liquefare.

liquefazióne *s. f.* Trasformazione o passaggio allo stato liquido | Fusione.

liquidàbile *agg.* Che si può liquidare.

liquidàre *v. tr.* (*io lìquido*) **1** Definire un rapporto di tipo patrimoniale con calcoli e indagini accurate, e stabilendone l'importo in denaro: – *il credito* | – *la pensione a qc.*, renderne esecutiva la riscossione | – *un fallimento*, accertarne l'attivo e il passivo. **2** Pagare: – *tutti i debiti.* **3** Vendere a basso prezzo: – *i fondi di magazzino.* **4** (*fig.*) Porre nel nulla (*anche fig.*) | – *una società*, scioglierla | – *una questione*, risolverla | – *una persona*, ucciderla.

liquidatóre *s. m.; anche agg.* (*f. -trice*) (*dir.*) Chi (o che) è incaricato di procedere a una liquidazione.

liquidazióne *s. f.* **1** Procedimento di definizione di un rapporto patrimoniale che ne stabilisce spec. l'importo in denaro | Pagamento. **2** Indennità corrisposta al lavoratore alla fine di un rapporto di lavoro. **3** Vendita a basso prezzo di merci varie.

liquidità *s. f.* **1** Qualità di ciò che è liquido. **2** Disponibilità di denaro liquido da parte di un soggetto economico.

lìquido **A** *agg.* **1** Detto di stato della materia la cui massa possiede volume proprio ma assume la forma del recipiente che la contiene | *Elemento –*, il mare | *Stato –*, condizione di un corpo liquido; CONTR. Solido. **2** Fuso, disciolto, liquefatto: *metallo* — **|** *Dieta liquida*, a base di alimenti liquidi. **3** (*fig.*) Detto di denaro in contanti e di credito o debito di importo e scadenza determinabili. **4** (*ling.*) Detto delle consonanti *r* e *l*. **5** (*fig.*, *lett.*) Chiaro, puro, terso. **B** *s. m.* **1** Corpo che in condizioni ordinarie di temperatura e di pressione si trova allo stato liquido. [→ ill. *contenitore, magazzinaggio, misure*] **2** Denaro contante.

liquigàs *s. m.* Nome commerciale di una miscela di propano e butano liquefatti, usata in bombole sotto pressione come combustibile domestico.

liquirìzia *s. f.* **1** Pianta erbacea o suffruticosa delle Rosali con rami flessibili, fiori azzurrognoli e frutto a legume. [→ ill. *piante* 9] **2** Sostanza vegetale estratta dalle radici di tale pianta, usata come emolliente, espettorante, diuretico.

liquóre *s. m.* **1** Bevanda alcolica dolcificata e aromatizzata con essenze vegetali. **2** (*lett.*) Sostanza liquida come l'acqua.

liquorerìa *s. f.* **1** Mescita e vendita di liquori. **2** Fabbrica di liquori.

liquorièro *agg.* Dei liquori.

liquoróso *agg.* Simile al liquore, per alcolicità, dolcezza, aroma e sim.

lira (1) *s. f.* **1** Unità monetaria di Italia, Libano, Turchia e altri paesi. **2** (*est.*) Denaro **|** *Non avere una* —, essere senza denaro, al verde **|** *Non valere una* —, non valere nulla.

lira (2) **A** *s. f.* **1** Antico strumento musicale a corde fissate sul guscio a un ponticello e tese fino al giogo. [→ ill. *strumenti musicali*] **2** (*lett.*) Poesia lirica. **B** *in funzione di agg. inv.* (*posposto al s.*) *Nella loc.* *uccello* —, uccello australiano dei Passeriformi, delle dimensioni di un gallo, il cui maschio ha la coda a forma di lira. [→ ill. *animali* 13]

lirica *s. f.* **1** Nell'età classica, poesia cantata con accompagnamento musicale **|** Nell'età moderna, forma di poesia in cui prevalgono temi soggettivi, stati d'animo e sim. **2** (*est.*) Ogni singolo componimento di tale poesia: *una — del Leopardi.* **3** La poesia lirica di un autore, di un'epoca e sim.: *la — romantica.* **4** (*mus.*) Il genere musicale del melodramma **|** Lied, romanza.

liricità *s. f.* Lirismo.

lìrico **A** *agg.* (*pl. m.* -*ci*) **1** In età classica, detto di poesia da cantarsi al suono della lira **|** In età moderna, detto di poesia caratterizzata da soggettivismo. **2** Detto di chi compone liriche: *poeta* —. **3** (*est.*) Di ciò che ricorda il carattere della poesia lirica, per ricchezza di ispirazione e di sentimento: *impeto* —. **4** (*mus.*) *Opera lirica*, il melodramma in musica per voci e strumenti dall'800 in poi **|** *Cantante* —, di opere liriche **|** *Teatro* —, adibito alla rappresentazione di opere liriche. **B** *s. m.* Poeta lirico.

lirìșmo *s. m.* **1** Caratteristica del poeta lirico e della poesia lirica; SIN. Liricità. **2** (*est.*) Tono ispirato, esaltato.

lisca (1) *s. f.* Materia legnosa che cade in forma di schegge dal lino e dalla canapa.

lisca (2) *s. f.* Colonna vertebrale e qualunque spina dei pesci.

liscia *s. f.* (*pl.* -*sce*) Arnese per lisciare o stirare. [→ ill. *calzolaio*]

lisciaménto *s. m.* **1** Levigatura **|** (*est.*) Leggero strofinio, sfregamento e sim. **2** (*fig.*) Lode falsa ed esagerata; SIN. Adulazione, piaggeria.

lisciàre **A** *v. tr.* (*io liscio*) **1** Rendere liscio, liberando da scabrosità: — *il marmo*; SIN. Levigare. **2** (*est.*) Strofinare leggermente **|** (*est.*) Accarezzare: — *il pelo al gatto* **|** (*fig.*) — *lo stile*, curarlo in modo eccessivo. **3** (*fig.*) Adulare, lusingare: — *una persona importante* **|** — *il pelo a qc.*, cercarne il favore; (*antifr.*) picchiarlo. **B** *v. rifl.* Curarsi eccessivamente nella persona.

lisciatùra *s. f.* Operazione del lisciare (*anche fig.*).

liscio **A** *agg.* (*pl. f.* -*sce*) **1** Privo di ruvidezze e scabrosità alla superficie: *pietra liscia*; — *come la seta* **|** *Capelli lisci*, non crespi; CONTR. Ruvido. **2** (*est.*) Privo di ornamenti, semplice: *mobile* —. **3** (*fig.*) Che non presenta ostacoli o difficoltà: *l'affare non è* — **|** (*fig.*) — *come l'olio*, di ciò che si svolge in modo tranquillo e regolare **|** *Passarla liscia*, evitare castighi, punizioni, difficoltà e sim. **4** Detto di bevanda alcolica servita senza aggiunta di seltz o di ghiaccio **|** *Caffè* —, privo di aggiunta di alcol o latte. **5** (*pop.*) Di ballabile non sincopato, in cui il ballerino fa scivolare il piede sul terreno piuttosto che saltellare. **B** *s. m.* **1** Ballo liscio. **2** Nel calcio, fallito intervento sulla palla; SIN. Buco. **C** *in funzione di avv.* *Andar* —, bene, senza intoppi.

liscìvia o *lisciva* *s. f.* Soluzione a media concentrazione di idrati e carbonati alcalini, usata per lavare e imbiancare tessuti.

lisciviàre *v. tr.* (*io liscìvio*) Separare una sostanza da altre, sfruttando la differenza di solubilità, mediante immersione in opportuni solventi o soluzioni.

lisciviatrìce *s. f.* Caldaia per fare il bucato.

lisciviatùra *s. f.* **1** Trattamento di purificazione e decolorazione delle fibre di cellulosa per la fabbricazione della carta. **2** Lavatura del cotone con liscivia.

lisciviazióne *s. f.* Operazione del lisciviare.

liscivióso *agg.* Che ha caratteristiche di liscivia.

liscóso *agg.* Pieno di lische: *pesce* —.

lișèrgico *agg.* (*pl. m.* -*ci*) (*chim.*) Detto di acido, e di suoi composti, aromatico, cristallino, presente, come ammide, nella segale cornuta.

liseuse /*fr.* li'zøz/ *s. f. inv.* (*pl. fr. liseuses* /li'zøz/) **1** Piccola giacca femminile da letto, spesso lavorata a maglia, che copre spec. le spalle e le braccia. **2** Tavolino settecentesco francese per libri, spesso di tipo girevole.

lìși *s. f.* **1** (*chim.*) Scissione, spec. enzimatica, di una sostanza. **2** (*biol.*) Processo di distruzione di un batterio o di un elemento cellulare. **3** (*med.*) Risoluzione lenta e graduale di una malattia.

-lìși *secondo elemento*: in parole composte spec. scientifiche significa 'soluzione', 'separazione' o 'distruzione': *analisi, dialisi, elettrolisi, paralisi.*

lìșo *agg.* Consumato, logoro dall'uso, detto spec. di tessuti, abiti, biancheria; SIN. Frusto.

lișofòrmio *s. m.* Soluzione di sapone di potassio in cui si fa gorgogliare aldeide formica, usata come antisettico, disinfettante e deodorante.

lista *s. f.* **1** Striscia lunga e stretta di carta, stoffa o anche di materiale solido: *una — di carta, di metallo.* **2** Foglio di carta in cui si elencano cose o persone: *la — degli invitati* **|** — *delle vivande, del pranzo*, carta, menu **|** — *elettorale*, elenco degli elettori, compilato dagli organi di ciascun comune e sottoposto a revisione annuale; elenco dei candidati che ciascun partito presenta alle elezioni. **3** (*est.*) Conto, spec. lungo: *la — della sarta.*

listàre *v. tr.* Fregiare, ornare con una o più liste: — *q.c. di rosso.*

listèllo *s. m.* **1** Modanatura a sezione rettangolare che separa due membrature architettoniche. [→ ill. *elemento ornamentale*] **2** Travicello di legno su cui poggiano le tegole del tetto.

listìno *s. m.* **1** *Dim. di lista.* **2** Nota, elenco dei prezzi **|** — *di borsa*, documento che riporta le quotazioni dei titoli e dei cambi **|** — *dei prezzi*, documento che riporta i prezzi delle merci vendute da una impresa.

litanìa *s. f.* **1** *spec. al pl.* Preghiera formata da una serie di invocazioni a Dio, alla Vergine, ai Santi. **2** (*est.*, *fig.*) Serie lunga e noiosa: *una — di nomi.*

litantràce *s. m.* (*miner.*) Carbone fossile compatto, bruno nerastro, facile a bruciare, usato per la produzione di coke e di gas.

litargirio *s. m.* Ossido di piombo, giallo o rossastro, usato per vetri e smalti.

lite *s. f.* **1** (*dir.*) Causa civile: *muovere, intentare* —. **2** Violento contrasto con ingiurie e offese (*anche fig.*): *placare, aizzare la* —; SIN. Alterco, contesa.

-lite V. *-lito.*

litìași *s. f.* (*med.*) Calcolosi.

litigànte *part. pres. di litigare; anche agg. e s. m. e f.* Che (o chi) litiga. [→ tav. *proverbi* 365]

litigàre o (*tosc.*) *leticàre* **A** *v. intr.* (*io lìtigo, tu lìtighi; aus. avere*) **1** Venire a contrasto con qc. in modo violento e ingiurioso: — *per motivi di denaro* **|** (*est.*) Rompere, anche solo provvisoriamente, i rapporti con una persona: *i due fidanzati hanno litigato.* **2** Essere parte di una lite: — *per un risarcimento di danni.* **B** *v. tr.* Contendersi q.c.: *litigarsi un premio.* **C** *v. rifl. rec.* Venire a contrasto con qc.: *non fanno che litigarsi.*

litigàta *s. f.* Litigio violento: *fare una — con qc.*

litìgio *s. m.* Animato contrasto di parole tra due o più

persone; SIN. Alterco, bisticcio, diverbio.
litigiosità *s. f.* L'essere litigioso.
litigióso *agg.* **1** Che sta sempre in lite con qc. o che litiga volentieri. **2** (*dir.*) Che è oggetto di una lite.
litio *s. m.* Elemento chimico, metallo alcalino, leggerissimo, usato in metallurgia, in farmacia, nell'industria ceramica. SIMB. Li.
litióso *agg.* Del litio | Che contiene litio.
litisconsòrzio *s. m.* (*dir.*) Nel processo civile o amministrativo, comunanza di sorti e di comportamento processuale di più parti.
litispendènza *s. f.* (*dir.*) Situazione processuale caratterizzata dalla contemporanea pendenza di due processi identici.
lito-, -lito o *-lite primo e secondo elemento*: in parole composte scientifiche significa 'pietra', 'roccia': *litografia, litosfera, aerolite, monolito.*
litòfaga *s. f.* Mollusco commestibile dei Bivalvi con conchiglia oblunga di color bruno che vive in fori della roccia da lui scavati; SIN. Dattero di mare.
litòfago *agg.* (*pl. m. -gi*) Di animale, spec. mollusco, capace di perforare la roccia calcarea.
litogènesi *s. f.* (*geol.*) Ogni processo di formazione di una roccia.
litografàre *v. tr.* (*io litògrafo*) Stampare con il sistema litografico.
litografia *s. f.* Sistema di stampa in cui zone stampanti e non stampanti sono sullo stesso piano, differenziate da un trattamento chimico particolare | Stabilimento in cui si stampa con questo sistema | Stampa così ottenuta.
litogràfico *agg.* (*pl. m. -ci*) Della litografia.
litògrafo *s. m.* (*f. -a*) Chi stampa in litografia.
litòide *agg.* Roccioso | Di roccia dura e compatta.
litologia *s. f.* (*pl. -gie*) (*geol.*) Scienza che studia la formazione e costituzione delle rocce.
litopóne *s. m.* Miscela bianca di solfato di bario e solfuro di zinco, usata per vernici, inchiostri da stampa e nella fabbricazione di tele cerate.
litoràle ***A*** *agg.* Che è posto lungo il lido: *città* —. ***B*** *s. m.* Parte di spiaggia i cui limiti sono definiti dai livelli di alta e bassa marea.
litoràneo *agg.* Che si stende lungo il litorale: *ferrovia litoranea.*
litosfèra *s. f.* Parte esterna e più consistente della terra, fino alla profondità di 100 km. [→ ill. *geografia*]
litostratigrafia *s. f.* (*geol.*) Ramo della geologia che suddivide le rocce secondo la successione della loro formazione in base ai loro caratteri chimici e fisici.
litòte *s. f.* Figura retorica consistente nell'usare un'espressione che attenua l'enunciato negando il contrario di esso (es. *quel ragazzo non è certo un genio*).
litro *s. m.* **1** Unità di volume di liquidi e aridi equivalente a 1 dm^3. **2** Bottiglia bollata della capacità di un litro. [→ ill. *misure*]
-litro *secondo elemento*: indica multipli e sottomultipli del litro: *ettolitro, centilitro.*
littóre *s. m.* Nell'antica Roma, chi, portando i fasci littori, accompagnava i magistrati.
littorina *s. f.* Automotrice con motore a scoppio Diesel, a elevata velocità.
littòrio *agg.* **1** Dei littori | *Fascio* —, quello formato da un gruppo di verghe più una scure che i littori romani portavano sulla spalla, assunto poi come simbolo del fascismo. **2** (*est.*) Fascista: *casa littoria.*
lituo *s. m.* Antica tromba simile alla buccina. [→ ill. *strumenti musicali*]
litùra *s. f.* Cancellazione di scrittura su cera mediante spianamento, o di iscrizione lapidaria mediante martellamento.
liturgia *s. f.* (*pl. -gie*) Complesso degli atti cerimoniali pubblici destinati al culto.
litùrgico *agg.* (*pl. m. -ci*) Della liturgia | *Anno* —, ricorso annuale delle feste delle chiese cristiane.
liturgista *s. m. e f.* (*pl. m. -i*) Studioso di liturgia.
liutàio *s. m.* Chi fabbrica e ripara liuti o altri strumenti a corda.
liuteria *s. f.* **1** Arte dei liutai. **2** Laboratorio di liutaio.
liutista *s. m. e f.* (*pl. m. -i*) Chi suona il liuto.
liùto *s. m.* Strumento musicale a corda, con manico talvolta ripiegato indietro, cassa armonica a forma di pera dal fondo panciuto, che si suona a pizzico. [→ ill. *strumenti musicali*]
livèlla *s. f.* Apparecchio atto a stabilire l'orizzontalità di una retta o di una superficie | — *a bolla d'aria*, tubo di vetro pieno di liquido, in cui una bolla si dispone in posizione centrale quando la livella è orizzontale. [→ ill. *edilizia*]
livellaménto *s. m.* Riduzione, disposizione allo stesso livello (*anche fig.*): — *di un terreno*; — *culturale*; — *dei salari*; SIN. Pareggiamento.
livellàre (1) ***A*** *v. tr.* (*io livèllo*) Ridurre allo stesso livello (*anche fig.*): — *un terreno*; — *le entrate e le uscite*; SIN. Pareggiare. ***B*** *v. intr. pron.* Disporsi a uno stesso livello (*anche fig.*).
livellàre (2) *agg.* Di livello.
livellàre (3) *v. tr.* (*io livèllo*) Dare un terreno a livello o in enfiteusi.
livellàrio ***A*** *agg.* (*dir.*) Relativo al contratto di livello. ***B*** *s. m.* Chi ha un terreno a livello.
livellatóre *s. m.; anche agg.* (*f. -trice*) Chi (o che) livella.
livellatrice *s. f.* Macchina per il livellamento dei terreni. [→ ill. *strada*]
livellazióne *s. f.* Insieme di operazioni e calcoli che permettono di determinare le differenze di livello fra due o più punti.
livèllo (1) *s. m.* **1** Superficie libera di un fluido | — *del mare*, piano della superficie delle acque marine al quale sono riferite le altitudini e le profondità. [→ ill. *diga*] **2** Altezza di un punto sopra una superficie | Quota di un piano orizzontale rispetto a un altro piano di riferimento | *Passaggio a* —, attraversamento della ferrovia con una strada ordinaria, allo stesso livello. [→ ill. *miniera*] **3** (*fig.*) Grado, importanza: — *sociale*; *alto* — *d'intelligenza* | *Mettere tutto, tutti, allo stesso* —, non fare distinzioni di valore fra cose, fatti, persone diverse | *Ad alto* —, di cosa molto importante, persona qualificata e sim. **4** Strumento topografico usato nella livellazione. **5** (*fis.*) Ciascuno degli stati energetici che un elettrone può assumere in un atomo.
livèllo (2) *s. m.* (*dir.*) Anticamente, enfiteusi.
lividézza *s. f.* L'essere livido.
livido ***A*** *agg.* **1** Detto della colorazione bluastra della pelle umana per contusioni o percosse: *carni livide* | *Faccia livida*, molto turbata, per rabbia o paura. **2** (*est.*) Plumbeo, cupo: *cielo* — *di pioggia*. ***B*** *s. m.* Macchia bluastra che si forma sulla pelle per contusioni o percosse.
lividóre *s. m.* Lividezza.
lividùra *s. f.* Livido, lividore.
livóre *s. m.* Invidia astiosa e maligna; SIN. Rancore.
livrèa *s. f.* **1** Uniforme portata un tempo dai dipendenti delle grandi case signorili; SIN. Assisa. **2** Aspetto di un animale, spesso variabile nel corso dell'anno, dovuto ai colori del piumaggio, del pelame o della pelle.
lìzza *s. f.* **1** Palizzata, steccato. **2** Spazio recintato entro cui si svolgevano le giostre all'epoca della cavalleria. **3** (*est.*) Campo di combattimento | (*fig.*) Lotta, contesa | *Entrare, scendere in* —, (*fig.*) prendere parte a una gara, a una discussione e sim. **4** Slitta o piano inclinato per calare i blocchi di marmo dalle cave al fondo valle.
lo ***A*** *art. det. m. sing.* (si usa davanti a parole m. sing. che cominciano per vocale o per *gn, pn, ps, sc, s impura, x, z* e anche davanti a parole che cominciano per *i, y, j* seguite da vocale; si elide generalmente davanti a parole che cominciano per vocale): — *gnomo*; — *pneumatico*; — *zucchero*; *l'errore*; *l'uomo* | Fondendosi con le prep. proprie semplici, dà origine alle prep. art. m. sing. *allo, collo, dallo, dello, nello, sullo.* ***B*** *pron. dimostr. e pers. di terza pers. m. sing.* **1** Lui, esso (come compl. ogg. riferito a persona o cosa, in posizione sia encl. sia procl.): — *vide venire*; *eccolo*; *non l'ho più visto*; *te — porterò.* **2** Ciò (con valore neutro): *tu — sapevi*; *dillo*; — *dicevo io!*; — *sapevo che saresti venuto!* **3** Tale (davanti al v. 'essere'): *si ritiene furbo ma non — è.* (v. nota d'uso ELISIONE e TRONCAMENTO)
lobàto *agg.* Foggiato a lobi: *foglia lobata.* [→ ill. *botanica*]
lòbbia *s. m. o f.* Cappello maschile di feltro morbido, con un'infossatura nel senso della lunghezza, e la tesa più o meno larga. [→ ill. *copricapo*]
lobby /*ingl.* 'lɔbi/ *s. f. inv.* (*pl. ingl. lobbies* /'lɔbis/) **1** Sa-

lone principale delle banche. **2** (*fig.*) Gruppo di persone che hanno grande influenza sul potere politico, spec. in campo economico e finanziario.

lobectomìa *s. f.* (*med.*) Asportazione di un lobo: – *polmonare, cerebrale.*

lobèlia *s. f.* Erba officinale americana delle Rubiali con foglie pelose e piccoli fiori in grappoli.

lòbo *s. m.* **1** (*biol.*) Ciascuna delle parti in cui un organo animale o vegetale viene diviso da solchi. **2** (*anat.*) Porzione tondeggiante di un organo: – *cerebrale, polmonare* | – *dell'orecchio*, parte inferiore, molle, del padiglione auricolare. [→ ill. *anatomia umana*]

lòbulo *s. m.* Suddivisione del lobo.

locàle (1) *agg.* **1** Che è proprio di un determinato luogo: *autorità locali*; *ferrovia* –. **2** Che concerne o interessa solo una data parte del corpo umano: *malattia* –; *cura* –. **3** Treno viaggiatori a breve percorso, che si ferma in tutte le stazioni.

locàle (2) *s. m.* **1** Parte di un edificio in quanto deve servire a un uso determinato. **2** Luogo pubblico di ritrovo e di divertimento: – *notturno.*

località *s. f.* Luogo, centro o zona caratterizzata da dati geografici o da aspetti ambientali.

localizzàbile *agg.* Che si può localizzare.

localizzàre A *v. tr.* **1** Individuare il luogo in cui è avvenuta o ha avuto origine q.c.: – *l'epicentro del terremoto* | Determinare la posizione di q.c.: – *un aereo.* **2** Circoscrivere, isolare: – *l'incendio.* **B** *v. intr. pron.* Restare circoscritto.

localizzazióne *s. f.* **1** Individuazione, determinazione del luogo d'origine o della posizione di q.c. **2** Isolamento in un ambito circoscritto; SIN. Delimitazione.

locànda *s. f.* Trattoria con alloggio | Pensione, albergo di bassa categoria.

locandière *s. m.* (*f.* -*a*) Chi conduce o tiene una locanda.

locandìna *s. f.* Piccolo manifesto pubblicitario usato spec. per annunciare spettacoli.

locàre *v. tr.* (*io lòco, tu lòchi*) Dare in locazione.

locatàrio *s. m.* (*f.* -*a*) (*dir.*) Chi riceve una cosa in locazione; SIN. Inquilino.

locativo (1) *agg.* (*dir.*) Di locazione | *Valore* –, reddito ricavabile dalla locazione di un dato bene.

locativo (2) A *agg.* Detto di caso della declinazione indeuropea indicante il luogo in cui si colloca l'azione verbale. **B** *s. m.* Caso locativo.

locatóre *s. m.* (*f.* -*trice*) (*dir.*) Chi dà una cosa in locazione.

locazióne *s. f.* (*dir.*) Contratto con cui una parte concede a un'altra il godimento di una cosa mobile o immobile per un certo tempo dietro un corrispettivo determinato; SIN. Affitto.

locomotiva *s. f.* Veicolo ferroviario provvisto di apparato motore destinato al traino di altri veicoli: – *a vapore*; – *elettrica.* [→ ill. *ferrovia*]

locomotóre A *agg.* (*f.* -*trice*) Che concerne la locomozione. **B** *s. m.* Locomotiva elettrica. [→ ill. *miniera*]

locomotorista *s. m.* (*pl.* -*i*) Guidatore di locomotori.

locomotrice *s. f.* Locomotiva elettrica.

locomozióne *s. f.* **1** Spostamento di persone, animali o cose mediante veicoli | *Mezzo di* –, qualsiasi veicolo. **2** (*fisiol.*) Facoltà propria dell'uomo e degli animali di spostarsi da un luogo all'altro con particolari cicli di movimento.

lòculo *s. m.* **1** Nicchia destinata a ricevere la bara. **2** Celletta esagonale del vespaio.

locupletàre *v. tr.* (*io locuplèto*) (*raro, lett.*) Arricchire.

locùsta *s. f.* **1** Denominazione di varie specie di insetti ortotteri | (*gener.*) Cavalletta. [→ ill. *animali* 2] **2** (*fig.*) Persona molesta, dannosa e avida.

locuzióne *s. f.* Gruppo di due o più parole che esprimono un'unità lessicale (es. *di modo che, per lo più*) | (*gener.*) Modo di dire.

lodàre A *v. tr.* (*io lòdo*) **1** Esaltare con parole di lode, di approvazione e sim.: – *il coraggio di qc.*; SIN. Applaudire, elogiare; CONTR. Biasimare. **2** Celebrare con preghiere, con espressioni di riverenza e sim.: – *Dio* | *Sia lodato il cielo!*, escl. che esprime sollievo o soddisfazione | *Dio sia lodato!*, finalmente. **3** Approvare: *lodarono incondizionatamente l'opera.* **B** *v. rifl.* Esaltare se stesso, la propria opera e sim.

lodativo *agg.* Atto a lodare.

lodatóre *s. m.* (*f.* -*trice*) Chi loda, spec. per ottenere vantaggi.

lòde *s. f.* **1** Approvazione, elogio, plauso: *meritare grandi lodi*; *essere degno di* – | *Tornare a* – *di qc.*, di azione e sim. particolarmente encomiabile | *Senza infamia e senza* –, di persona o cosa piuttosto mediocre | *Sia* – *al vero*, e sim., quando si controbattono, negano e sim. le affermazioni altrui; SIN. Applauso. **2** Preghiera: *dar* – *a Dio.* **3** Particolare nota di plauso, oltre ai pieni voti assoluti, in un esame universitario: *trenta e* –; *laurearsi con la* –.

loden /*ted.* 'lo:dən/ *s. m. inv.* **1** Panno di lana piuttosto pesante, fortemente follato e a pelo lungo e disteso, reso impermeabile con particolari trattamenti. **2** (*est.*) Cappotto confezionato con tale tessuto.

lodévole *agg.* Meritevole di lode; SIN. Encomiabile; CONTR. Biasimevole.

lòdo *s. m.* (*dir.*) Decisione degli arbitri, che acquista efficacia di sentenza giudiziale allorché è dichiarata esecutiva con decreto del pretore.

lòdola V. *allodola.*

lodolàio *s. m.* Falco cacciatore di allodole.

loess /*ted.* lœs, lø:s/ o *löss* /*ted.* lœs, lø:s/ *s. m. inv.* Sabbia argillosa finissima, tipica delle steppe dell'Asia Centrale.

logaritmico *agg.* (*pl. m.* -*ci*) Di logaritmo: *calcolo* –.

logaritmo *s. m.* (*mat.*) Esponente del quale occorre munire un numero fisso base per ottenere il numero proposto | – *decimale*, di base dieci.

lòggia *s. f.* (*pl.* -*ge*) **1** Edificio aperto su uno o più lati con pilastri o con colonne, posto a livello del piano stradale o lievemente rialzato. **2** Luogo di adunanza di una società massonica | (*est.*) Insieme, riunione di massoni.

loggiàto *s. m.* Sequenza di logge.

loggióne *s. m.* **1** Settore più alto di posti nel teatro, il più lontano dal palcoscenico e il più economico. [→ ill. *teatro*] **2** Gli spettatori che lo occupano: *i fischi del* –.

loggionista *s. m. e f.* (*pl. m.* -*i*) Spettatore che assiste a uno spettacolo dal loggione.

-logia *secondo elemento*: in parole composte significa 'discorso', 'espressione' (*analogia, tautologia*) o 'studio', 'teoria' (*archeologia, glottologia, zoologia*).

lògica *s. f.* **1** Parte della filosofia che studia i metodi e i principi che consentono di distinguere i ragionamenti corretti da quelli scorretti. **2** Trattato di logica: *la* – *di Aristotele.* **3** Capacità di condurre un ragionamento in modo che le idee siano rigorosamente connesse e coerenti | *A fil di* –, *a rigor di* –, secondo la logica.

logicaménte *avv.* In modo logico.

logicità *s. f.* Qualità di logico.

lògico A *agg.* (*pl. m.* -*ci*) **1** Proprio della logica | Che è conforme alle leggi del pensiero razionale: *criterio* –. **2** Razionale | Ragionevole: *conseguenza logica*; CONTR. Illogico. **3** Detto di persona dotata di logica. **B** *s. m.* Chi sa di logica o ragiona con logica.

logìstica *s. f.* **1** Branca dell'arte militare che tratta le attività relative ai rifornimenti, trasporti e movimenti | (*est.*) Coordinamento di movimenti e spostamenti di persone o cose. **2** (*filos.*) Logica matematica.

logistico *agg.* (*pl. m.* -*ci*) Di logistica.

lòglio *s. m.* Pianta erbacea annua delle Glumiflore, spontanea e infestante fra le messi, con fiori a spiga rossa; SIN. (*pop.*) Zizzania. [→ ill. *piante* 15]

lògo- *primo elemento*: in parole composte dotte significa 'parola', 'discorso': *logografo, logomachia.*

-logo *secondo elemento*: in parole composte significa 'discorso' (*analogo, decalogo*) o in altre parole indicanti i cultori di una data disciplina (*astrologo, fisiologo*).

logoclonìa *s. f.* (*med.*) Disturbo del linguaggio consistente nella ripetizione automatica delle sillabe finali di una parola.

logògrafo *s. m.* Nella letteratura greca antica, storico.

logogrifo o (*evit.*) *logògrifo s. m.* Gioco enigmistico consistente nello scomporre una parola nei suoi elementi per poi formarne varie altre che devono essere indovinate.

logomachìa *s. f.* Disputa di parola o sulle parole.

logopatìa *s. f.* (*med.*) Difficoltà di parlare e di pensare.

logopedìa *s. f.* Branca della medicina che studia la cor-

rezione dei difetti del linguaggio.
logoraménto *s. m.* **1** Consumo, sciupio, usura. **2** (*fig.*) Affaticamento, deterioramento.
logorànte *part. pres. di logorare; anche agg.* Che logora | Che stanca, affatica e sim.: *attività* –.
logoràre **A** *v. tr.* (*io lógoro*) **1** Consumare per troppo uso, per vecchiezza, attrito o altro: – *le scarpe* | (*fig.*) – *le proprie forze*, nel lavoro estenuante | (*fig.*) – *l'ingegno*, con l'eccessivo studio | (*fig.*) – *le scale, la strada*, passarci di continuo. **2** Sciupare: – *le sostanze*; – *nei vizi la propria gioventù*. **B** *v. intr. pron.* Consumarsi, sciuparsi (*anche fig.*).
logorìo *s. m.* Consumo o deterioramento intenso e continuato (*anche fig.*).
lógoro *agg.* Consunto, sciupato (*anche fig.*): *abiti logori* | (*fig.*) *Occhi logori*, stanchi; SIN. Frusto, liso.
logorrèa *s. f.* **1** (*med.*) Rapido e insopprimibile flusso di parole. **2** (*est.*) Loquacità eccessiva (*anche scherz.*).
logorròico *agg.* (*pl. m. -ci*) Di logorrea | Affetto da logorrea | (*fig.*) Che ha il difetto di parlare troppo (*anche scherz.*): *oratore* –.
lògos *s. m. solo sing.* **1** (*filos.*) La ragione intesa sia come attività propria dell'uomo che come causa e sostanza del mondo. **2** Nella teologia cristiana, il Verbo incarnato, la seconda persona della Trinità.
lòia *s. f.* (*tosc.*) Sudiciume untuoso della pelle e degli abiti.
lolita *s. f.* Giovinetta che, con la precoce femminilità e il comportamento provocante, suscita desiderio spec. negli uomini maturi (dal nome della protagonista dell'omonimo romanzo dello scrittore russo V. Nabokov); SIN. Ninfetta.
lólla *s. f.* Rivestimento dei chicchi dei cereali, usato come foraggio, lettiera, combustibile; SIN. Loppa, pula.
lombàggine *s. f.* (*med.*) Dolore muscolare spec. nella regione lombare.
lombàrdo *agg.; anche s. m.* (*f. -a*) Della Lombardia.
lombàre *agg.* Del lombo | Situato o che si effettua nella zona dei lombi: *nervo* –; *massaggio* –.
lombàta *s. f.* Taglio di carne da arrosto, staccato dai lombi dell'animale macellato.
lómbo *s. m.* **1** (*anat.*) Parte posteriore dell'addome, tra la dodicesima costa e il margine superiore dell'osso iliaco. [→ ill. *bue, maiale*] **2** (*est.*) Fianco | *Aver buoni lombi*, essere forte. **3** (*fig., iron.*) Famiglia, stirpe. **4** Lombata. [→ ill. *macelleria*]
lombosacràle *agg.* (*anat.*) Che si riferisce alla regione lombare e a quella sacrale. [→ ill. *anatomia umana*]
lombrìco *s. m.* (*pl. -chi*) Animale degli Anellidi, ermafrodita, che vive nei terreni umidi nutrendosi di sostanze contenute nel terriccio; SIN. (*pop.*) Verme di terra. [→ ill. *animali* 1]
londinése *agg.; anche s. m. e f.* Di Londra.
longa manus /*lat.* 'lɔnga 'manus/ *loc. sost. f. inv.* Persona potente o di fiducia di qualcuno.
longànime *agg.* Che usa grande indulgenza e clemenza, che sa avere pazienza e sopportazione; SIN. Indulgente.
longanimità *s. f.* Qualità di chi è longanime; SIN. Indulgenza.
longarina V. *longherina*.
longaróne V. *longherone*.
long drink /*ingl.* 'lɔŋ drink/ *loc. sost. m. inv.* (*pl. ingl. long drinks* /'lɔŋ driŋkz/) Bevanda alcolica ghiacciata servita in larga quantità in bicchieri grandi.
longevità *s. f.* Lunga durata della vita.
longèvo *agg.* Che vive molto a lungo.
longherina o *longarina s. f.* **1** In edilizia, profilato di ferro a doppio T avente funzione di trave longitudinale. **2** Trave per l'appoggio longitudinale delle rotaie.
longheróne o *longaróne s. m.* Trave metallica che sostiene il carico nelle strutture di aerei, automobili e sim.
longilineo *agg.; anche s. m.* (*f. -a*) Detto di tipo costituzionale in cui prevale lo sviluppo degli arti sul tronco, e la lunghezza sull'ampiezza; CONTR. Brevilineo.
longitipo *s. m.* (*anat.*) Tipo longilineo.
longitudinàle *agg.* Che è disposto o si sviluppa nel senso della longitudine o della lunghezza.
longitùdine *s. f.* **1** (*geogr.*) Distanza tra due meridiani, uno dei quali è considerato fondamentale, misurata in gradi, minuti primi e minuti secondi, sull'arco di parallelo compreso fra i due meridiani stessi. [→ ill. *geografia*] **2** (*est.*) Estensione in lunghezza.
longobàrdo *agg.; anche s. m.* (*f. -a*) Di un'antica popolazione germanica stanziatasi dapprima nell'Italia settentrionale, poi in buona parte della penisola, tra il VI e il VII sec. d. C.
long play /*ingl.* 'lɔŋ plei/ *s. m. inv.* (*pl. ingl. long plays* /'lɔŋ 'pleiz/) **A** *loc. agg. inv.* Di audizione a lunga durata, detto di dischi microsolco a trentatré giri. **B** *loc. sost. m. inv.* Disco fonografico dotato di tali caratteristiche.
lontanaménte *avv.* Lontano, in lontananza | Vagamente, appena un po': *non ci penso neppure* –.
lontanànza *s. f.* **1** Condizione di lontano; CONTR. Vicinanza. **2** Assenza.
lontàno **A** *agg.* **1** Che dista, che è separato da un lungo spazio rispetto a un punto di riferimento: *il* – *Oriente*; *l'albergo è* – *qualche chilometro* | – *un miglio*, lontanissimo; CONTR. Vicino. **2** Distante nel tempo: *lontani ricordi*; *i vostri lontani discendenti* | Assente: *gli amici lontani*. **3** Che non è legato da vincoli, rapporti, relazioni e sim., particolarmente stretti: *un* – *parente* | *Alla lontana*, superficialmente, in modo non intimo: *essere parenti alla lontana*. **4** (*fig.*) Diverso, discordante: *idee piuttosto lontane* | *Essere* –, *ben* –, *dalla perfezione*, essere imperfetto. **5** Che è alieno, che rifugge da q.c.: *sono* – *dal sospettare che tu menta* | *Tenere* – *qc. da q.c.*, difenderlo | *Tenersi* – *da qc., da q.c.*, preservarsi da qc., da q.c. **6** (*fig.*) Vago, indeterminato: *un* – *sospetto* | *Alla lontana*, in modo vago, senza precisare subito: *accennare q.c. alla lontana*. **B** *avv.* **1** A lunga distanza, in un luogo distante: *stare, abitare, vivere* – | *Andare* –, (*fig.*) far carriera, aver successo | *Mirare* –, (*fig.*) ambire grandi cose | *Vedere* –, (*fig.*) prevedere gli eventi | *Tenere* – *qc.*, evitarlo. **2** *Nelle loc. avv. da, di* –: *vengo da* –; *arriverà di* –. **C** *nella loc. prep.* – *da* A grande distanza da: *abita* – *da qui*. [→ tav. *proverbi* 108, 250]
lóntra *s. f.* **1** Mammifero dei Carnivori con pelliccia a pelo corto di color bruno scuro, corpo lungo e zampe corte e palmate, agilissimo nuotatore e cacciatore di pesci. [→ ill. *animali* 20] **2** Pelliccia dell'animale omonimo.
lónza (1) *s. f.* Presso gli scrittori medievali, felino identificabile con la lince o il leopardo.
lónza (2) *s. f.* Lombata, spec. quella di maiale | Salume fatto insaccando la lombata disossata.
look /*ingl.* 'luk/ *s. m. inv.* (*pl. ingl. looks* /'luks/) Aspetto esteriore di un individuo, di un prodotto e sim., appositamente studiato per darne l'immagine voluta.
looping /*ingl.* 'lu:piŋ/ *s. m. inv.* (*aer.*) Gran volta.
lòppa *s. f.* **1** Pula, lolla. **2** Roba di nessun valore. **3** Scoria fluida galleggiante sulla superficie della ghisa fluida: – *d'alto forno*.
loquàce *agg.* **1** Che parla molto, che ha la parola facile; SIN. Chiacchierone, ciarliero; CONTR. Taciturno. **2** (*fig.*) Eloquente, significativo.
loquacità *s. f.* Disposizione o tendenza a parlare troppo.
loquèla *s. f.* Facoltà, modo, di parlare.
lorantàcee *s. f. pl.* Famiglia di piante per lo più legnose delle Santalali, sempreverdi a foglie coriacee, quasi tutte emiparassite di altre piante arboree. [→ ill. *piante* 3]
lorànto *s. m.* Pianta cespugliosa delle Santalali, parassita delle querce, con fiori vistosi. [→ ill. *piante* 3]
lord /*ingl.* 'lɔ:d/ *s. m. inv.* (*pl. ingl. lords* /'lɔ:dz/) **1** Titolo attribuito in Gran Bretagna ai pari del regno. **2** (*pop., fig.*) Persona ricca, di gusti raffinati, che fa sfoggio di eleganza.
lordàre **A** *v. tr.* (*io lórdo*) Imbrattare, sporcare. **B** *v. rifl.* Insudiciarsi (*anche fig.*).
lordézza *s. f.* Sporcizia, immoralità.
lórdo *agg.* **1** Sporco, imbrattato: – *di fango*. **2** (*fig.*) Impuro, vizioso: *coscienza lorda*. **3** Detto di peso dal quale non si è detratta la tara o di importo da cui non siano defalcate certe somme: *peso* –; *stipendio al* – *delle ritenute*; CONTR. Netto.
lordòsi *s. f.* (*med.*) Curva a concavità posteriore della colonna vertebrale.
lordùme *s. m.* Quantità di cose lorde.
lordùra *s. f.* **1** Stato o condizione di ciò che è lordo (*anche fig.*). **2** Sporcizia, sozzura.
lorgnette /*fr.* lɔr'ɲɛt/ *s. f. inv.* Occhialetto con cerchio e

manico di tartaruga o metallo, per signora.

lòri *s. m.* Piccola proscimmia indiana con tronco esile, capo piccolo e tondeggiante e grandissimi occhi rossi luminescenti.

lorica *s. f.* Leggera corazza dei soldati romani.

lóro ***A*** *pron. pers. di terza pers. m. e f. pl.* ***1*** Indica le persone di cui si parla e si usa al posto di 'essi', 'esse' nei vari compl.: *alcuni di —; lo dirai a —; è stato mandato da —; vado con —; fallo per —* | Come compl. ogg. in luogo dei pron. atoni 'li', 'le' quando gli si vuole dare particolare rilievo: *ho interrogato —, non voi* | Come compl. di termine spec. senza la prep. 'a': *rispondi — che non sai nulla* | Si pospone a 'anche', 'neanche', 'pure', 'neppure', 'nemmeno' e sim.: *non ho visto neppure —.* ***2*** Essi, esse (come sogg., spec. nella lingua parlata e fam., in espressioni enfatiche, ellittiche, esclamative, in contrapposizione ad altro sogg.): *questo lo dicono —; sono stati — a proporlo; ci vadano —!; beati —!* | Con un v. al modo inf., part. o gerundio: *— preoccuparsi!; partiti — è tornata la pace; essendo qui — non potevo parlare* | Con funzione predicativa: *non sembrano più —* | Si usa dopo 'come' e 'quanto' nelle comparazioni: *siamo responsabili quanto —.* ***3*** Si usa (come sogg. e compl.) in segno di deferenza, rivolgendosi a più persone con cui non si è in familiarità: *come — comprendono, la cosa mi è impossibile.* ***B*** *agg. poss. di terza pers. pl.* ***1*** Che appartiene o è peculiare a essi, a esse: *il — appartamento; i — cuori; la — voce.* ***2*** Di essi, di esse (indica relazioni di parentela, amicizia, conoscenza e sim.): *i — genitori; il — unico figlio.* ***C*** *pron. poss. di terza pers. m. e f. pl.* ***1*** Quello che a essi o a esse appartiene, o che a essi si riferisce: *la nostra biblioteca è più modesta della —.* ***2*** ass. Con ellissi del s., in alcune espressioni del linguaggio fam., ciò che a essi o a esse appartiene | *Vivono del —*, del loro patrimonio | *Vogliono sempre dire la —*, la loro opinione | *Tiene, sta, è dalla —*, dalla loro parte. ***3*** *al pl.* I loro familiari, parenti: *abitano coi —.* (V. *gli* (2) per nota d'uso)

loșànga *s. f.* ***1*** (*geom.*) Rombo. ***2*** (*arald.*) Pezza in forma di rombo. [→ ill. *araldica*]

loșangàto *agg.* (*arald.*) Detto di scudo coperto di losanghe di due smalti alternati.

lósco *agg.* (*pl. m. -schi*) ***1*** (*est.*) Che ha uno sguardo bieco, per risentimento, ira e corruccio; SIN. Torvo. ***2*** (*fig.*) Di moralità che dà adito a sospetti: *affare —.*

löss V. *loess.*

lossodròmia *s. f.* Linea che unisce due punti della superficie terrestre tagliando i meridiani con lo stesso angolo.

lòto (1) *s. m.* ***1*** Nome non specifico dato a diverse specie di piante. [→ ill. *piante* 4] ***2*** (*lett.*) Mitica pianta i cui frutti davano, secondo la leggenda, l'oblio.

lóto (2) *s. m.* (*lett.*) Fango, mota.

lotòfago *agg.; anche s. m.* (*pl. m. -gi*) (*lett.*) Detto di chi si ciba di loto, nel sign. di loto (1).

lòtta *s. f.* ***1*** Combattimento a corpo a corpo: *ingaggiare una — mortale con un nemico.* ***2*** Combattimento sportivo a corpo a corpo in cui vince generalmente chi mette l'avversario con le spalle al tappeto: *— libera, greco-romana, giapponese.* ***3*** Contrasto fra persone o gruppi | *— politica*, fra opposte fazioni o partiti politici per la supremazia | *— di classe*, fra le classi sociali | *— per l'esistenza*, quella che gli individui viventi conducono per procurarsi alimento e territorio; (*est.*) quella che l'uomo conduce per farsi strada nella società o raggiungere un determinato benessere. ***4*** Disaccordo, discordia: *essere in — con tutti.* [→ tav. *locuzioni* 60]

lottàre *v. intr.* (*io lòtto; aus. avere*) Essere impegnato in una lotta (*anche fig.*): *— corpo a corpo con il nemico; — per la libertà; — contro la povertà*; SIN. Combattere. [→ tav. *locuzioni* 86]

lottatóre *s. m.* (*f. -trìce*) Chi lotta, combatte (*anche fig.*).

lotteria *s. f.* Gioco d'azzardo che consiste nel sorteggio di pochi premi vistosi e di altri piccoli premi tra un numero grandissimo di polizze numerate.

lottizzàre *v. tr.* ***1*** Suddividere in lotti | *— un terreno*, stabilire, in base a un piano regolatore particolareggiato, le dimensioni e i confini delle singole aree edificabili. ***2*** Spartire cariche importanti fra esponenti o simpatizzanti delle varie forze politiche spec. governative.

lottizzazióne *s. f.* ***1*** Divisione in lotti. ***2*** (*fig.*) Spartizione di cariche, uffici e sim. sulla base dell'area politica di appartenenza.

lòtto *s. m.* ***1*** Gioco d'azzardo che consiste nell'estrarre, per ciascuna delle dieci ruote, cinque dei novanta numeri posti in un'urna e nell'assegnare un premio in denaro a chi ne indovina uno o più. ***2*** Parte di un tutto diviso: *un — di terreno* | Quantità di merce: *un — di tessuti all'ingrosso.*

love story /*ingl.* lʌv 'stɔːri/ *loc. sost. f. inv.* (*pl. ingl. love stories* /lʌv 'stɔːriz/) Relazione amorosa: *la nostra — è finita* (propr. 'storia d'amore', titolo di un romanzo di E. Segal).

lozióne *s. f.* Soluzione di sostanze medicamentose usata per l'igiene di parti ammalate, spec. la pelle o il cuoio capelluto. [→ ill. *toilette e cosmesi*]

lubricità *s. f.* (*raro*) L'essere lubrico (*spec. fig.*).

lùbrico o (*evit.*) *lubrìco agg.* (*pl. m. -ci*) ***1*** (*lett.*) Che è così liscio da far scivolare. ***2*** (*fig.*) Indecente, impudico.

lubrificànte ***A*** *part. pres. di lubrificare; anche agg.* Che lubrifica. ***B*** *s. m.* Olio, spec. minerale, o grasso che unge perni, cuscinetti e sim. per diminuire l'attrito fra le superfici di strisciamento.

lubrificàre *v. tr.* (*io lubrifico, tu lubrifichi*) Interporre un olio o un grasso adatto tra gli elementi mobili a contatto di una macchina o di un congegno, per diminuire l'attrito.

lubrificatóre ***A*** *s. m.* (*f. -trice*) Ingrassatore. ***B*** *agg.* Che serve a lubrificare.

lubrificazióne *s. f.* Operazione del lubrificare.

lucàno *agg.; anche s. m.* (*f. -a*) ***1*** Dell'antica Lucania. ***2*** Dell'odierna Basilicata.

lucchétto *s. m.* Serratura metallica mobile, con gambo ricurvo, da infilare in occhielli, che si applica a bauli, valigie, usci e altro. [→ ill. *ferramenta*]

luccicàre *v. intr.* (*io lùccico, tu lùccichi; aus. essere e avere*) Mandare, riflettere luce attraverso brevi e intermittenti bagliori: *i brillanti luccicano* | *Gli luccicano gli occhi*, è in procinto di piangere; SIN. Scintillare, sfavillare.

luccichìo *s. m.* Il luccicare | Un luccicare tenue e frequente.

luccicóne *s. m.* Grossa lacrima tremolante fra le palpebre di chi sta per piangere: *avere i luccìconi agli occhi.*

lùccio *s. m.* Grosso pesce osseo con muso allungato e depresso e forti denti, voracissimo predone delle acque dolci europee | *— di mare*, sfirena. [→ ill. *animali* 8]

lùcciola *s. f.* Insetto bruno, con corsaletto e zampe gialle, caratteristico per la luce intermittente che emette dagli ultimi segmenti dell'addome | *Prendere lucciole per lanterne*, fraintendere. [→ ill. *animali* 3]

lùcco *s. m.* (*pl. -chi*) Lunga veste maschile chiusa al collo e stretta da una cintura, in voga nel XIV sec. spec. come abito di cerimonia dei magistrati. [→ ill. *vesti*]

lùce ***A*** *s. f.* ***1*** (*fis.*) Radiazione elettromagnetica la cui velocità è nel vuoto di 299.792 km al secondo | Correntemente, forma di energia causa della sensazione della vista: *— diretta, riflessa; la — del giorno; alla — della luna* | *— elettrica*, ottenuta mediante lampade elettriche | *— fredda*, non accompagnata da emissione di calore, come nella fluorescenza | *— polarizzata*, con vibrazioni in un determinato piano | *Dare alla —*, (*fig.*) generare, partorire | *Venire alla —*, (*fig.*) nascere | *Venire in —*, (*fig.*) manifestarsi | *Rimettere in —*, (*fig.*) restituire al loro valore persone o cose | *Far — su q.c.*, (*fig.*) tentare di chiarirla | *Mettere in buona o cattiva —*, (*fig.*) presentare una persona mettendone in risalto pregi o difetti, a volte con voluta esagerazione | *Presentare qc. o q.c. nella sua vera —*, (*fig.*) come realmente sono | *Gettare — sinistra su qc.*, (*fig.*) insinuare sospetti | *Alla — del sole*, apertamente. [→ ill. *fisica*] ***2*** Raggi del sole: *stanze piene di —.* ***3*** Qualsiasi sorgente luminosa: *le stelle sono le luci della notte* | Ogni apparecchio, e relativo impianto, utilizzato per l'illuminazione artificiale: *accendere, spegnere la —* | *Luci della ribalta*, (*fig.*) palcoscenico, teatro | *Cinema a — rossa*, riservato alla proiezione di film pornografici. ***4*** Nei veicoli, faro, fanale, fanalino | *Luci d'arresto*, fanalini rossi posteriori che si accendono nella frenata | *Luci di direzione*, fanalini anteriori bianchi, e posteriori gialli lampeggianti per indicare la direzione verso cui volge il veicolo | *Luci di* *posizione,* fanalini anteriori bianchi e posteriori rossi. [→ ill. *automobile*] **5** Indicazione luminosa di un segnale: *passare con la – verde; fermarsi con la – rossa.* [→ ill. *aeroporto, ferrovia*] **6** (*est.*) L'energia elettrica, in quanto fornisce l'illuminazione artificiale: *la bolletta della –.* **7** Superficie riflettente | *Armadio a tre luci,* a tre specchi | (*est.*) Riflesso emanato da una pietra preziosa: *questo brillante ha una – perfetta.* **8** (*fig.*) Simbolo di ciò che illumina la menta umana e incivilisce i costumi: *la – della scienza, della ragione* | *La prima, la vera –,* Dio | *La – eterna, perpetua,* la beatitudine celeste. **9** (*poet.*) Occhi. **10** Distanza fra gli spigoli interni di pilastri, appoggi di travi, pile di ponti | Vano di finestra, porta o vetrina. [→ ill. *architettura*] **11** Apertura attraverso cui defluisce un liquido. **B** *in funzione di agg. inv.* (*posposto al s.*) (*astron.*) *Nella loc. anno –,* unità di misura della distanza che rappresenta lo spazio percorso in un anno dalla luce, cioè 9.464 miliardi di km.

lucènte *part. pres. di lucere; anche agg.* Che emana luce.

lucentézza *s. f.* Qualità di ciò che è lucente; SIN. Splendente.

lùcere *v. intr.* (*io lùco, tu lùci; dif. del part. pass. e dei tempi composti; si usa spec. nelle terze pers. sing. e pl. del pres. e imperf. indic.*) (*poet.*) Risplendere, rilucere. [→ tav. *proverbi* 291]

lucèrna *s. f.* **1** Lume portatile a olio, consistente in una coppa chiusa per il combustibile con uno o più beccucci per i lucignoli, sopra un fusto a base tonda e sormontata da un'asta con un anello verticale. [→ ill. *illuminazione*] **2** (*poet.*) Luce, splendore. **3** (*pop., scherz.*) Cappello dei carabinieri | Berretta dei preti. **4** Apertura sotto il torchio per l'olio o il vino.

lucernàrio o *lucernàio s. m.* Apertura del tetto, provvista di vetrata, per dar luce alle scale o a locali poco illuminati. [→ ill. *casa*]

lucèrtola *s. f.* **1** Rettile eurasiatico e africano che ha il corpo coperto di scagliette minutissime, il capo di placche ossee, la coda sottile facilmente rigenerabile e la lingua bifida. [→ ill. *animali* 6] **2** Pelle conciata di questo animale.

lucherino *s. m.* Piccolo passeraceo dal piumaggio giallo verdastro, con voce sottile e armoniosa. [→ ill. *animali* 12]

lucidàre *v. tr.* (*io lùcido*) Rendere lucido: *– scarpe, pavimenti;* SIN. Lustrare. [→ ill. *spazzola*]

lucidatóre *s. m.* (*f. -trice*) Chi lucida.

lucidatrice *s. f.* **1** (*tecnol.*) Macchina per pulire e lucidare superfici di metallo, marmo o legno. **2** Elettrodomestico a spazzole rotanti per la lucidatura dei pavimenti. [→ ill. *elettrodomestici, spazzola*]

lucidatùra *s. f.* Operazione del lucidare | Ricalco su carta lucida di un disegno.

lucidézza *s. f.* Qualità di ciò che è lucido.

lucidità *s. f.* **1** Lucidezza. **2** (*fig.*) Perspicuità, chiarezza: *– di mente* | Presenza di sé, consapevolezza: *agire con piena –.*

lùcido (1) *agg.* **1** Di corpo che per la sua estrema levigatezza riflette la luce | *– come uno specchio,* pulitissimo; SIN. Lustro; CONTR. Opaco. **2** Splendente, luminoso | (*poet.*) Terso, limpido. **3** (*fig.*) Chiaro, perspicace: *mente lucida.*

lùcido (2) *s. m.* **1** Lucentezza. **2** Sostanza usata per lucidare: *– da scarpe.* **3** Disegno spec. tecnico eseguito su speciale carta semitrasparente, che consente riproduzioni cianografiche e eliografiche.

lucignolo *s. m.* **1** Treccia di fili di bambagia che si mette nell'olio della lucerna o nella cera della candela o nei fornelli a spirito per alimentare la fiamma; SIN. Stoppino. **2** (*fig., scherz.*) Persona lunga e magra.

lùco *s. m.* (*pl. -chi*) Nell'antica Roma, bosco sacro.

lucóre *s. m.* (*lett.*) Luce, splendore.

lucràbile *agg.* Che si può lucrare.

lucràre *v. tr.* Fare lucri, ricavare utili in denaro | (*fig.*) *– le indulgenze,* godere il beneficio delle indulgenze concesse dalla Chiesa cattolica.

lucrativo *agg.* Che serve a dare lucro: *attività lucrativa.*

lùcro *s. m.* Guadagno (*spec. spreg.*): *fare q.c. per –.*

lucróso *agg.* Che dà guadagno.

luculliàno *agg.* Detto di ciò che per abbondanza, sfarzo, succulenza e sim. appare degno del console romano Lucio Licinio Lucullo, famoso per i suoi banchetti: *pranzo –.*

lucumóne *s. m.* Magistrato degli antichi etruschi, con poteri anche religiosi e giudiziari.

lucumonìa *s. f.* Dignità di lucumone.

luddismo *s. m.* Movimento operaio inglese dell'inizio del sec. XIX contrario all'introduzione delle macchine nell'industria perché viste come causa di disoccupazione (dal nome dell'operaio *Ludd* che nel 1779 distrusse per protesta una macchina tessile).

ludibrio *s. m.* **1** Beffa, scherno: *mettere in – le istituzioni.* **2** Oggetto di scherno, di derisione: *è stato il – di tutto il popolo.*

lùdico *agg.* (*pl. m. -ci*) Relativo al gioco.

ludióne *s. m.* Galleggiante a forma di diavolo, vuoto e con un forellino, che, posto in un recipiente pieno d'acqua chiuso da una membrana, scende o risale a seconda che si prema la membrana o no; SIN. Diavoletto di Cartesio.

lùdo *s. m.* **1** Gara, spettacolo, spec. dell'antica Roma: *ludi circensi.* **2** (*raro, lett.*) Gioco.

ludotèca *s. f.* Locale attrezzato dove, con intenti di servizio sociale ed educativo, sono raccolti giocattoli ed altri mezzi di svago per bambini.

lùe *s. f. inv.* **1** (*med.*) Sifilide. **2** (*fig., lett.*) Calamità pubblica.

luètico A *agg.* (*pl. m. -ci*) Della luce. **B** *agg.; anche s. m.* (*f. -a*) Affetto da lue.

lugàna *s. m. inv.* Vino bianco-verdolino, un po' asprigno, prodotto nella zona circostante Brescia.

lugàniga *s. f.* Tipica salsiccia del Veneto e della Lombardia.

lugliàtico *agg.* (*pl. m. -ci*) Detto di frutto, spec. uva, che matura in luglio.

lugliénga o *lugliènga s. f.* Varietà coltivata di uva bianca da tavola a maturazione precoce.

lùglio *s. m.* Settimo mese dell'anno nel calendario gregoriano, di 31 giorni. [→ tav. *proverbi* 253]

lùgubre *agg.* Che esprime o richiama immagini di dolore, lutto, sventura; SIN. Funebre, funereo.

lùi A *pron. pers. di terza pers. m. sing.* **1** Indica la persona di cui si parla e si usa al posto di 'egli' ed 'esso', nei vari compl.: *devi scrivere a –; se io fossi in –; vado con –* | Come compl. ogg. in luogo del pronome atono 'lo', quando gli si vuole dare rilievo: *sto cercando –, non te* | (*lett.*) In luogo dell'agg. poss. *nelle loc. il di –, la di –, le di –, i di –,* il suo, la sua, le sue, i suoi: *il di – padre.* **2** Egli (come sogg., spec. nella lingua parlata e fam., in espressioni enfatiche, ellittiche, esclamative, in contrapposizione ad altro sogg. o posposto al verbo): *ci vada – se vuole; beato –!* | Con il v. al modo inf., part., gerundio: *– accettare questo?; partito –, la madre rimase sola* | Si pospone a 'anche', 'neanche', 'pure', 'neppure', 'nemmeno' e sim.: *verrà anche –?; neppure – lo sapeva* | Con funzione predicativa: *non sembra più –* | Si usa dopo 'come' e 'quanto' nelle comparazioni: *io ne so quanto –.* **B** *in funzione di s. m.* (*fam.*) Uomo amato: *il mio –.*

luì *s. m.* Uccello insettivoro, con piumaggio olivastro o giallo verdastro, becco corto e sottile. [→ ill. *animali* 12]

luìgi *s. m.* Moneta d'oro francese coniata per la prima volta da Luigi XIII.

lùlla *s. f.* Lunetta del fondo della botte.

lumàca *s. f.* **1** Mollusco dei Gasteropodi polmonato, onnivoro, con corpo allungato e viscido, conchiglia ridotta e nascosta sotto il mantello; SIN. Limaccia. [→ ill. *animali* 5] **2** (*pop.*) Chiocciola: *lumache alla genovese.* **3** (*fig.*) Persona lenta e pigra nei movimenti: *essere una –* | *Camminare a passo di –,* molto adagio. **4** *spec. al pl.* Tipo di pasta corta, di forma simile al guscio delle chiocciole. [→ ill. *pasta*]

lumacóne *s. m.* **1** *Accr. di lumaca.* **2** (*fig.*) Persona dai movimenti lenti | Persona furba, ma che cerca di apparire goffa e sciocca.

lumàio *s. m.* Chi fa, vende o ripara lumi.

lùme *s. m.* **1** Apparecchio per illuminare | *Far –,* guidare con la luce. [→ ill. *illuminazione*] **2** (*est., poet.*) Stella, astro. **3** Chiarore: *leggere a – di candela.* **4** (*est., fig.*) Facoltà visiva: *il – degli occhi* | *Perdere il – degli occhi,* (*fig.*) lasciarsi trasportare dall'ira. **5** Ciò che illumina l'intelletto, l'anima: *il – della fede* | *Il secolo dei lumi,* (*per* *anton.*) il Settecento illuminista | Chiarimento, consiglio: *chiedere lumi.* **6** (*lett.*) Luminare, persona celebre. [→ tav. *proverbi* 277]

lumeggiàre *v. tr.* (*io luméggio*) **1** Dare brillantezza ai rilievi di un oggetto di metallo | Dare rilievo, per mezzo di colori più chiari, alle parti luminose di un quadro, affresco e sim. **2** (*fig.*) Far risaltare per mezzo della parola: — *una circostanza.* **3** Illuminare: *il faro lumeggia gli scogli.*

lumen /*lat.* 'lumen/ *s. m. inv.* (*fis.*) Unità di flusso luminoso, corrispondente al flusso emesso da una sorgente puntiforme avente l'intensità luminosa di una candela. SIMB. lm.

lumenòmetro *s. m.* Apparecchio misuratore del flusso luminoso.

lumicino *s. m. Dim. di lume* | *Cercare q.c. col* —, (*fig.*) con grande diligenza, di cose difficili da trovare | (*fig.*) *Essere al* —, alla fine di q.c., spec. in fin di vita.

lumièra *s. f.* Lampadario da soffitto a più luci | Candelabro infisso sulla facciata di palazzi.

luminàl *s. m. inv.* Nome commerciale di un derivato dell'acido barbiturico, ad azione sedativa e ipnotica.

luminàre *s. m.* Persona insigne per dottrina.

luminària *s. f.* **1** Illuminazione pubblica in occasione di feste o ricorrenze particolari. **2** (*est.*) Grande quantità di lumi accesi.

luminèllo (1) *s. m.* Barbaglio di luce che le superfici lucide colpite dal sole rimandano sugli altri oggetti.

luminèllo (2) *s. m.* **1** Cilindretto forato avvitato sul focone delle armi da fuoco ad avancarica e a percussione. **2** Piccolo anello in cui si infila il lucignolo, nel becco della lucerna.

luminescènte *agg.* Che ha luminescenza.

luminescènza *s. f.* Emissione di luce, da parte di un corpo, non dovuta al calore, come la fosforescenza e la fluorescenza.

luminiṣmo *s. m.* Tecnica pittorica fondata su un impiego rigorosamente delineato della luce.

luminìsta *s. m. e f.* (*pl. m. -i*) Artista che segue il luminismo.

luminìstica *s. f.* Parte della messinscena che si occupa della disposizione della luce nello spettacolo teatrale.

luminìstico *agg.* (*pl. m. -ci*) Del luminismo, dei luministi.

lumino *s. m.* **1** *Dim. di lume.* **2** Piccola lampada a olio con lucignolo galleggiante. **3** Basso cilindro di cera con stoppino, che si accende su tombe o dinanzi a immagini sacre, spec. entro un bicchierino.

luminosità *s. f.* **1** L'essere luminoso; SIN. Splendore. **2** (*fis.*) Capacità di un sistema ottico di dare immagini con buon illuminamento. **3** Grandezza caratteristica di un obiettivo fotografico, che consente tempi di posa tanto più brevi quanto più essa è elevata.

luminóso *agg.* **1** Che emette luce: *sorgente luminosa* | *Corpo* —, che invia luce propria | Che è pieno di luce: *cielo sereno e* —; SIN. Fulgido. [→ ill. *fisica*] **2** (*fig.*) Chiaro, evidente: *verità luminosa* | *Idea luminosa*, ingegnosa.

lùna (o talvolta, *Lùna* nel sign. 1) *s. f.* **1** Unico satellite naturale della Terra, intorno alla quale compie una rotazione in 29d 12h 44m 3s: *le fasi della Luna*; *un raggio di* — | — *nuova*, quando l'emisfero rivolto verso la Terra non è illuminato dal sole | — *piena*, quando l'emisfero rivolto verso la terra è completamente illuminato dal sole | *Faccia di — piena*, tonda e grassa | *Con questi chiari di* —, in questo momento critico | *Fare vedere la — nel pozzo*, (*fig.*) ingannare, illudere. [→ ill. *astronomia, geografia*] **2** Periodo di tempo che la luna impiega per compiere una rotazione attorno alla terra, della durata di circa un mese: *tornarono dopo tre lune* | (*fig.*) *Avere la* —, essere di malumore. **3** (*fig.*) Regione fantastica in cui si rifugia la mente quando perde il contatto con la realtà | *Vivere, essere nel mondo della* —, non partecipare alla realtà | *Essere ancora nel mondo della* —, non essere ancora nato. [→ tav. *proverbi* 168]

lunàle *s. f.* Lunula dell'unghia.

lùna park *loc. sost. m. inv.* Parco di divertimenti all'aperto, con attrazioni varie. [→ ill. *luna park*]

luna park

1 ruota panoramica 2 gabbie volanti 3 pozzo della morte 4 giostra 5 autopista 6 otto volante 7 giostra volante 8 baraccone delle attrazioni 9 tunnel dell'amore 10 tiro a segno 11 autoscontro 12 carosello 13 pesca 14 labirinto

lunàre *agg.* Della luna: *le fasi lunari.*
lunària *s. f.* Pietra in cristalli opalescenti, usata come gemma.
lunàrio *s. m.* **1** Tavola delle fasi lunari, delle lunazioni e dell'anno lunare. **2** Libretto che riporta i giorni del mese, le fasi della luna, i santi, le feste, le fiere, con previsioni meteorologiche | *Sbarcare il* —, riuscire a campare stentatamente; SIN. Calendario.
lunàtico **A** *agg.* (*pl. m. -ci*) Detto di persona volubile, incostante, mutevole di umore. **B** *s. m.* (*f. -a*) Persona lunatica.
lunàto *agg.* Che è ricurvo a forma di mezza luna: *falce lunata.*
lunazióne *s. f.* (*astron.*) Intervallo tra due consecutivi ritorni della luna alla medesima fase.
lunedì *s. m.* Primo giorno della settimana civile.
lunétta *s. f.* **1** Elemento architettonico di una muratura, a forma semicircolare, che sovrasta una porta o una finestra. [→ ill. *architettura*] **2** Oggetto o parte di esso a forma di luna falcata, di mezzo tondo o di lente. **3** (*relig.*) Sostegno dell'ostia consacrata nell'ostensorio, a forma di cerchio o di mezzaluna. **4** Pezzetto di pelle a rinforzo della tomaia nei punti di maggior sforzo.
lungàggine *s. f.* Il mandar troppo per le lunghe q.c.: *le lungaggini della burocrazia*; SIN. Indugio, lentezza.
lungagnàta *s. f.* Discorso o rappresentazione lunga e noiosa | Faccenda che va per le lunghe.
lungaménte *avv.* A lungo: *parlare* —.
lungàrno *s. m.* (*pl. -i*) Strada che corre lungo il fiume Arno, a Firenze e Pisa.
lunghésso *prep.* (*lett.*) Lungo, accosto a.
lunghézza *s. f.* **1** (*mat.*) In una superficie, la maggiore delle due dimensioni, contrapposta alla larghezza; in un solido, la dimensione prevalente secondo cui il solido stesso si sviluppa su un piano orizzontale | Misura di tale dimensione | Estensione e misura di un segmento, di una linea: *la — della circonferenza.* **2** Estensione massima di q.c.: *la — di una strada* | *— di un fiume*, compresa tra la sorgente e la foce | *— di una nave*, misura della nave dalla prua alla poppa. **3** Qualità di ciò che dura a lungo nel tempo: *la — di una guerra.* **4** (*sport*) Unità di misura corrispondente alla lunghezza di un cavallo o di una bicicletta con cui si valuta il distacco dei concorrenti all'arrivo di una corsa: *vincere per una* —. **5** (*fis.*) *— d'onda*, distanza percorsa da un'onda acustica o elettromagnetica in un periodo. **6** Distanza fra cresta e cresta di due onde marine consecutive. [→ ill. *geografia*]
lùngi **A** *avv.* (*lett.*) Lontano | *Da, di* —, da lontano: *vengono da* —. **B** *nella loc. prep.* — *da* (*lett.*) Lontano da (*anche fig.*): *è ben — dalla verità.*
lungimirànte *agg.* Di persona che ha la capacità di prevedere i futuri sviluppi di un fatto o di una circostanza, adeguandovisi opportunamente | (*est.*) Di ciò che è compiuto con accortezza e previdenza: *decisione* —.
lungimirànza *s. f.* L'essere lungimirante.
lùngo **A** *agg.* (*pl. m. -ghi*) **1** Che ha una determinata lunghezza: *la strada è lunga un chilometro* | Che si estende nel senso della lunghezza: *la strada è molto lunga* | *Cadere — disteso*, col corpo interamente disteso a terra | *Fare il passo più — della gamba*, compiere un'impresa superiore alle proprie forze. **2** Che ha una considerevole lunghezza: *capelli lunghi* | *Abito* —, abito da sera | *Calzoni lunghi*, che sfiorano le scarpe | *Fare il muso* —, imbronciarsi | *Avere le mani lunghe*, (*fig.*) rubare con destrezza | *Avere la lingua lunga*, (*fig.*) essere chiacchierone, pettegolo | *Avere le gambe lunghe*, (*fig.*) avere un passo svelto o camminare volentieri | (*fam.*) *Saperla lunga*, essere molto furbo | *Avere la vista lunga*, vedere bene da lontano e (*fig.*) essere lungimirante; CONTR. Corto. [→ ill. *abbigliamento*] **3** Che si estende in altezza, detto spec. di persona alta e magra | *Essere più largo che* —, essere molto grasso. **4** Che si estende nel tempo, che dura molto o da molto: *viaggio — e faticoso* | *A — andare*, col passare del tempo | *A* —, per molto tempo | *Tirarla in* —, rimandare continuamente q.c. nel tempo | *Mandare q.c. per le lunghe*, differire, procrastinare | *Farla lunga*, protrarre inopportunamente q.c.; CONTR. Breve. **5** Lento, tardo: *essere — nel mangiare.* **6** Di bevanda preparata con sovrabbondanza di acqua: *caffè, brodo* —; CONTR. Ristretto. **7** (*ling.*) Detto di vocale o sillaba che ha più durata e intensità di una breve. **B** *in funzione di avv. nelle loc. mirare, tirare, calciare* —, troppo lontano dal bersaglio. **C** *prep.* **1** Rasente, accosto: *camminare — il fiume* | Per tutta la lunghezza: *procedevano — la strada.* **2** Durante (con valore temp.): *— il corso dei secoli.* **D** *s. m.* Lunghezza, distanza | *Misurare q.c. per il* —, in rapporto alla lunghezza | *Per il — e per il largo, in — e in largo*, in tutte le direzioni. [→ tav. *proverbi* 213, 242, 328]
lungofiùme *s. m.* (*pl. -i*) Strada che si snoda parallelamente alla riva di un fiume.
lungolàgo *s. m.* (*pl. -ghi*) Strada che si snoda parallelamente alla sponda di un lago.
lungomàre *s. m.* (*pl. -i*) Strada che si snoda parallelamente alla riva del mare.
lungometràggio *s. m.* Film che oltrepassa la durata di quarantacinque minuti.
lungotévere *s. m.* (*pl. -i*) A Roma, strada che corre lungo il fiume Tevere.
lunòtto *s. m.* Vetro posteriore dell'automobile: *— termico.* [→ ill. *automobile*]
lùnula *s. f.* **1** Oggetto o figura a forma di luna falcata. **2** (*mat.*) Figura piana compresa tra due archi di cerchio aventi una corda in comune e dalla stessa parte di questa. **3** (*anat.*) Zona ovale biancastra alla radice dell'unghia.
luògo *s. m.* (*pl. -ghi*) **1** Porzione di spazio idealmente o materialmente delimitata | *In ogni* —, dappertutto | *Dar* —, cedere il posto, far seguire; dare origine | *Far* —, spostarsi, lasciare libero il passaggio | *In — di*, al posto di, invece di. **2** *— geometrico*, insieme dei punti d'uno spazio che soddisfano a condizioni date. **3** Regione della superficie terrestre: *— alpestre* | *— aperto*, esposto all'aria e al sole | *I luoghi santi*, la Palestina | Posto in cui avviene o è avvenuto q.c.: *— di partenza*; *i luoghi della battaglia* | Città, villaggio, centro abitato: *le autorità del* —. **4** Costruzione o parte di essa adibita a particolari usi: *— di culto, di malaffare* | *— santo*, chiesa, cimitero | *— di pena*, penitenziario | *— di decenza*, gabinetto | *— pubblico*, luogo normalmente accessibile a tutti. **5** Parte circoscritta di un oggetto o di un corpo: *l'abito era scucito in più luoghi.* **6** (*fig.*) Momento opportuno: *queste cose vanno fatte a tempo e* — | *Fuori* —, inopportuno | *Trovar* —, pace, riposo | *Aver* —, avvenire, accadere | *Esserci* —, esserci motivo, possibilità. **7** (*fig., lett.*) Condizione sociale: *nato di basso, di alto* — | *In primo* —, anzitutto. **8** Passo di un libro o di uno scritto: *i luoghi salienti dell'Aminta* | *— comune*, frase fatta, trita.
luogotenènte *s. m.* **1** Chi sostituisce temporaneamente qc. in cariche importanti. **2** Nelle compagnie degli antichi eserciti, ufficiale che faceva le veci del capitano.
luogotenènza *s. f.* Ufficio, durata e residenza del luogotenente.
luogotenenziàle *agg.* Di luogotenente.
lùpa *s. f.* **1** Femmina del lupo. **2** (*bot.*) Carie del tronco e dei rami dell'olivo dovuta a varie specie di funghi.
lupanàre *s. m.* (*lett.*) Postribolo.
lupàra *s. f.* **1** Cartuccia da caccia caricata a pallettoni. **2** Fucile da caccia a canne mozze.
lupésco *agg.* (*pl. m. -schi*) Di, da lupo.
lupétto *s. m.* **1** *Dim. di lupo.* **2** Nell'associazione dei giovani esploratori, membro di età compresa tra i 7 e gli 11 anni.
lupicànte *s. m.* (*zool.*) Astice.
lupinàio *s. m.* Chi vende lupini.
lupinèlla *s. f.* Pianta erbacea perenne delle Papilionacee, ottima foraggera, con foglie imparipennate, pelose e fiori rosa in grappoli.
lupino *s. m.* Pianta erbacea delle Rosali con fiori biancastri in grappoli, utile come foraggio e per i semi commestibili | Seme di tale pianta, utilizzato anche nell'alimentazione umana. [→ ill. *piante* 9]
lùpo *s. m.* (*f. -a*) **1** Mammifero dei Carnivori, eccezionalmente vorace, con tronco robusto e pelo corto che varia di colore con le stagioni, passando dal bruno scuro al grigio chiaro | *— delle praterie*, coyote | *Fame da lupi*, (*fig.*) intensa e avida | *Tempo da lupi*, (*fig.*) burrascoso | *In bocca al* —, formula d'augurio per chi si espone a

pericoli o affronta prove impegnative | *Gridare al* –, (*fig.*) dare un allarme per burla | *Il – e l'agnello*, (*fig.*) persona forte o prepotente che soperchia il più debole | *Mettersi, cascare in bocca al* –, (*fig.*) finire nelle mani del nemico | (*fig.*) – *di mare*, marinaio esperto e vecchio del mestiere | – *mannaro*, licantropo. [→ ill. *animali* 19] **2** Pelliccia del lupo. **3** *Cane* –, pastore tedesco. [→ tav. *proverbi* 79, 179, 218, 258]

luppolìno *s. m.* Miscuglio di sostanze amare e resinose contenute nel luppolo, usate come aromatizzante nella fabbricazione della birra.

luppolizzàre *v. tr.* Aggiungere il luppolo alla birra.

lùppolo *s. m.* Erba perenne rampicante delle Urticali con foglie ruvide e cuoriformi, frutti che sembrano piccole nappe verdi contenenti gli acheni e il luppolino. [→ ill. *piante* 3]

lupus /*lat.* 'lupus/ *s. m. inv.* (*med.*) Affezione dermatologica di varia natura, con formazione di noduli ulcerosi.

lùrco *agg.* (*pl. m. -chi*) (*lett.*) Ingordo.

luridézza *s. f.* L'essere lurido.

lùrido *agg.* Lordo, sozzo, schifoso (*anche fig.*); SIN. Lercio, sudicio.

luridùme *s. m.* **1** Stato di lurido (*anche fig.*). **2** Cosa lurida o insieme di cose luride.

lùsco *agg.; anche s. m.* **1** (*raro*) Losco. **2** *Nella loc. tra il – e il brusco*, al crepuscolo; (*fig.*) in una situazione incerta.

lusìnga *s. f.* **1** Atteggiamento che si vale di parole o atti falsamente benevoli; SIN. Adulazione, blandizie. **2** Speranza illusoria.

lusingaménto *s. m.* Il lusingare.

lusingàre **A** *v. tr.* (*io lusìngo, tu lusìnghi*) **1** Allettare, illudere, blandire con lusinghe; SIN. Adulare. **2** Infondere piacere, soddisfare: *le tue parole mi lusingano.* **B** *v. intr. pron.* **1** (*raro*) Illudersi. **2** Sperare, osare credere.

lusingatóre **A** *s. m.* (*f. -trice*) Chi lusinga. **B** *anche agg.*

lusinghévole *agg.* Pieno di lusinghe.

lusinghièro *agg.* Che lusinga, alletta | Che dà piacere, soddisfazione: *complimento* –.

lusitàno *agg. e s. m.* (*f. -a*) Dell'antica Lusitania, odierno Portogallo | (*est.*) Portoghese.

lussàre *v. tr.* (*med.*) Produrre lussazione.

lussatùra *s. f.* (*med.*) Lussazione.

lussazióne *s. f.* (*med.*) Spostamento reciproco permanente dei capi articolari in un'articolazione mobile: – *dell'anca.*

lussemburghése *agg.; anche s. m. e f.* Del Lussemburgo.

lùsso *s. m.* **1** Sfoggio di ricchezza, sfarzo; SIN. Fasto, pompa. **2** Cosa o spesa eccessiva o superflua.

lussuóso *agg.* Di lusso, fatto con lusso.

lussureggiànte *part. pres. di lussureggiare; anche agg.* **1** Copioso, ricco. **2** Rigoglioso.

lussureggiàre *v. intr.* (*io lussuréggio; aus. avere*) Essere abbondante, rigoglioso, detto spec. di piante.

lussùria *s. f.* Brama sfrenata di godimenti carnali, sensuali; SIN. Lascivia, libidine.

lussurióso *agg.* **1** Che è dedito al vizio della lussuria; SIN. Lascivo, libidinoso. **2** Che rivela lussuria, dissolutezza.

lustràle (1) *agg.* Attinente alla cerimonia, alla purificazione e ai sacrifici di lustrazione | *Acqua* –, quella con la quale si purificavano le vittime e, nella religione cattolica, acqua usata nel battesimo dal sacerdote.

lustràle (2) *agg.* (*lett.*) Che avviene ogni lustro.

lustràre (1) **A** *v. tr.* Strofinare la superficie di un oggetto per conferirgli lucentezza; SIN. Lucidare. **B** *v. intr.* (*aus. avere; raro nei tempi composti*) Essere rilucente.

lustràre (2) *v. tr.* Purificare con il rito della lustrazione.

lustrascàrpe *s. m. e f. inv.* Chi, per mestiere, lucida le scarpe.

lustràta *s. f.* Atto del lustrare velocemente.

lustratùra *s. f.* **1** Operazione del lustrare. **2** Operazione di finitura dei tessuti di seta.

lustrazióne *s. f.* Nell'antica Roma, sacrificio di espiazione e di purificazione.

lustrìno *s. m.* Dischetto di metallo o materia plastica, metallizzato e colorato, utilizzato per ricami su abiti femminili da sera.

lùstro (1) *agg.* Di superficie lucente | *Occhi lustri*, luccicanti di lacrime | *Faccia lustra*, grassa e di pelle lucente; SIN. Lucido.

lùstro (2) *s. m.* **1** Lucentezza: *dare – al marmo* | Splendore. **2** (*fig., lett.*) Decoro, gloria, vanto: *un'impresa che dà – al paese.*

lùstro (3) *s. m.* Spazio di cinque anni.

lùteo *agg.* (*lett.*) Di color giallo zafferano.

luteranésimo *s. m.* **1** Dottrina e confessione religiosa cristiana derivanti dalla riforma protestante di Martin Lutero. **2** Complesso dei luterani.

luteràno **A** *agg.* Relativo a Lutero e al luteranesimo | *Chiesa luterana*, quella riformata diffusasi spec. nei paesi tedeschi e scandinavi. **B** *s. m.* (*f. -a*) Chi segue la confessione religiosa luterana.

lutèzio *s. m.* Elemento chimico, metallo appartenente al gruppo delle terre rare. SIMB. Lu.

lùtto *s. m.* **1** Cordoglio per la morte di qc.: – *di famiglia, nazionale.* **2** Segno e dimostrazione di lutto: *monumento parato a* – | *Abiti da* –, neri.

luttuóso *agg.* Che causa lutto: *incidente* – | Funesto, doloroso.

lutulènto *agg.* (*lett.*) Fangoso.

lux /*lat.* luks/ *s. m. inv.* Unità di illuminamento, definita come illuminamento dovuto a un flusso uniforme di 1 lumen uniformemente ripartito sul 1 m² di superficie. SIMB. lx.

lùxmetro /'luksmetro/ *s. m.* Dispositivo per la misurazione dell'illuminamento di una superficie, tarato in lux. [→ ill. *misure*]

m *s. f. o m. inv.* Undicesima lettera dell'alfabeto italiano.

ma ***A*** *cong.* Esprime, con valore avversativo, contrapposizione tra due elementi di una stessa proposizione o tra due proposizioni dello stesso genere: *è povero — generoso; sembra felice, — non lo è; esco volentieri, — non di sera* | (*fam., raff.*) In unione con avverbi o con altre cong.: *— anche; — quando; — però; — tuttavia; — nondimeno.* ***B*** *in funzione di s. m. inv.* Obiezione, incertezza, difficoltà: *non ci sono — che tengano.*

màcabro *agg.* Spaventoso, orrido, in riferimento alla morte.

macàco *s. m.* (*pl. -chi*) ***1*** Scimmia asiatica con coda pendente non prensile, callosità nelle natiche e arti anteriori non più lunghi dei posteriori. [→ ill. *animali* 21] ***2*** (*fig.*) Uomo piccolo, brutto e stupido.

macadàm *s. m.* Tipo di massicciata stradale costituita da pietrisco con legante all'acqua disposto mediante rullo compressore.

macào *s. m.* Gioco d'azzardo a carte, simile al baccarà.

macaóne *s. m.* Farfalla diurna di color giallo venato di nero con fascia marginale nera e azzurra e con una macchia rossa sulle ali posteriori. [→ ill. *animali* 2]

maccarèllo *s. m.* (*zool.*) Scombro.

maccartismo *s. m.* Atteggiamento di chi professa un anticomunismo a oltranza, o si accanisce in persecuzioni ideologiche (dal nome del senatore degli Stati Uniti J. McCarthy).

maccartista *s. m. e f.* (*pl. m. -i*) Seguace del maccartismo.

macché *inter.* Esprime forte e decisa negazione od opposizione.

maccheroncino *s. m. spec. al pl.* Maccheroni bucati lunghi e stretti.

maccheróne *s. m.* ***1*** *spec. al pl.* Pasta lunga a cannelli vuoti o pieni, di varia lunghezza e grossezza. [→ ill. *pasta*] ***2*** (*fig.*) Uomo stupido.

maccheronèa *s. f.* Opera scritta in latino maccheronico.

maccherònico *agg.* (*pl. m. -ci*) ***1*** Detto di idioma grossolano, il cui lessico consiste di vocaboli latini, volgari e dialettali, ma flessi alla latina, in uso spec. in opere burlesche nel XVI e XVII sec. ***2*** (*est.*) Detto di lingua pronunciata o scritta male da persona poco pratica.

màcchia (1) o (*raro, lett.*) **màcula** *s. f.* ***1*** Segno lasciato da grasso, tinta o altro sulla superficie di un corpo. ***2*** Chiazza di differente colore: *marmo con macchie bianche* | *— solare*, area della fotosfera solare, temporaneamente perturbata, con colorazione scura. [→ ill. *astronomia*] ***3*** (*fig.*) Colpa, peccato: *macchie sulla coscienza* | Offesa, oltraggio | *Cavaliere senza — e senza paura*, (*fig.*) persona coraggiosa e integerrima. ***4*** Tecnica pittorica basata sulla giustapposizione di zone di colore con cui sono indicate sinteticamente le masse. [→ tav. *proverbi* 138]

màcchia (2) *s. f.* Formazione vegetale costituita in prevalenza da una fitta boscaglia di arbusti sempreverdi, caratteristica delle regioni mediterranee | *Darsi, buttarsi alla —*, (*fig.*) darsi al brigantaggio; diventare partigiano o guerrigliero | *Fare q.c. alla —*, (*fig.*) di nascosto, clandestinamente | *Libro, giornale stampato alla —*, senza indicazioni o con indicazioni false sulla data o sul nome dell'editore.

macchiaiòlo *s. m.* Pittore del movimento sorto a Firenze verso la metà del XIX sec., caratterizzato da una tecnica pittorica basata sulla giustapposizione di macchie di colore.

macchiàre o (*raro, lett.*) **maculàre** ***A*** *v. tr.* (*io màcchio*) ***1*** Sporcare con macchie, anche ass.: *— di vino; l'olio macchia* | (*est.*) Aggiungere q.c. che muti il colore precedente. ***2*** (*fig.*) Deturpare con offese o colpe: *— l'onore della famiglia.* ***3*** Dipingere con la tecnica delle macchie di colore. ***B*** *v. intr. pron.* ***1*** Imbrattarsi di macchie. ***2*** (*fig.*) Insozzarsi di colpe e sim.: *macchiarsi di un delitto.*

macchiàto *part. pass. di macchiare; anche agg.* ***1*** Imbrattato di macchie | *Caffè —*, con l'aggiunta di una minima quantità di latte. ***2*** Sparso di chiazze di più colori: *pelame —.*

macchiétta *s. f.* ***1*** *Dim. di macchia* (1). ***2*** Schizzo, bozzetto. ***3*** Tipo originale, bizzarro. ***4*** In teatro, tipizzazione caricaturale di un personaggio eseguita da un attore.

macchiettàre *v. tr.* (*io macchiétto*) Spargere di piccole chiazze di diverso colore.

macchiettìsta *s. m. e f.* (*pl. m. -i*) ***1*** Disegnatore di macchiette. ***2*** Attore specializzato nella rappresentazione di macchiette.

màcchina *s. f.* ***1*** Complesso di elementi fissi e mobili, atto a produrre un lavoro utile | *— motrice*, che serve ad animare altre macchine | *— generatrice*, capace di trasformare energia meccanica in corrente elettrica, quale la dinamo | *— semplice*, ciascuno dei meccanismi elementari, quali leva, carrucola, piano inclinato, verricello, cuneo | *— utensile*, macchina munita di utensili per lavorazioni meccaniche, quali tornio, trapano, fresa e sim. | *— agricola*, per la lavorazione dei campi, quali aratri, erpici, falciatrici, spesso mossi da trattori | *— ad acqua, a vapore*, azionata da corrente d'acqua o dalla forza di vapore | *— elettrica*, capace di trasformare un'energia elettrica in meccanica e viceversa | *— fotografica*, atta alla ripresa di fotografie | *— da presa, da ripresa*, cinepresa | *— da scrivere*, macchina munita di tastiera che imprime su carta i caratteri corrispondenti ai tasti premuti | *Andare in —*, essere stampato, di giornale e sim. | Apparecchio didattico per dimostrazione di fisica: *— di Joule.* [→ ill. *cinematografia, fisica, fotografo, marina, motore, ottica, tessuto, ufficio*] ***2*** (*est.*) Qualunque strumento, congegno o apparecchio, atto a compiere meccanicamente certi lavori: *la — per, da caffè; la — tritacarne* | *Il secolo della —*, il sec. XIX | (*fig.*) *La — umana*, il corpo umano | *Fatto a —*, realizzato per mezzo di apparecchiature meccaniche. [→ ill. *bar, calzolaio, cucina, miniera, panettiere*] ***3*** (*per anton.*) Automobile: *viaggiare in —.* ***4*** Nel ciclismo, automobilismo, motociclismo, misura della lunghezza del mezzo con cui si valuta il distacco dei concorrenti al traguardo: *vincere per una —.* ***5*** Impalcatura mobile su cui si porta in processione una statua di santo. ***6*** (*fig.*) Edificio grandioso e imponente. ***7*** (*fig.*) Persona che agisce meccanicamente. ***8*** (*fig.*) Organismo complesso: *la — dello Stato.*

macchinàle *agg.* Automatico, meccanico: *movimento —.*

macchinàre *v. tr.* (*io màcchino*) Ordire o tramare nascostamente: *— un tradimento*; SIN. Intrigare.

macchinàrio *s. m.* Complesso di macchine necessarie per un dato lavoro.

macchinatóre *s. m.* (*f. -trìce*) Chi macchina.

macchinazióne *s. f.* Il macchinare | Insidia tesa nascostamente ai danni di qc.; SIN. Congiura, intrigo, trama.

macchinismo *s. m.* ***1*** (*raro*) Meccanismo. ***2*** (*filos.*) Meccanicismo.

macchinìsta *s. m.* (*pl. -i*) ***1*** Chi si occupa della manutenzione e del funzionamento di una macchina, spec. quella di un treno o di una nave. ***2*** In teatro e televisione, chi cura il montaggio e gli spostamenti del materiale d'arredamento sul palcoscenico.

macchinóso *agg.* Di ciò che è grandioso e complesso: *costruzioni macchinose* | (*spreg.*) Eccessivamente complicato: *dramma —.*

macedònia *s. f.* Mescolanza di frutta varia, tagliata a pezzi, con aggiunta di liquore, succo di limone e zucchero.

macellàbile *agg.* Che si può macellare.

macellàio *s. m.* (*f. -a*) ***1*** Chi macella bestie destinate all'alimentazione | Venditore di carne macellata. ***2*** (*fig.*) Chirurgo maldestro.

macellàre *v. tr.* (*io macèllo*) ***1*** Uccidere animali destinati all'alimentazione umana. ***2*** (*fig.*) Uccidere gran numero d'uomini.

macellatóre *s. m.* (*f. -trìce*) Chi, nei macelli, uccide e prepara per il consumo gli animali uccisi.

macellazióne *s. f.* Operazione del macellare.

macellerìa *s. f.* Rivendita di carne macellata, bottega del macellaio: *— bovina, equina.* [→ ill. *macelleria*]

macèllo *s. m.* ***1*** Luogo dove si uccidono gli animali destinati all'alimentazione umana; SIN. Mattatoio. **2** (*raro*) Beccheria, macelleria. **3** Strage di esseri umani | *Andare al* —, verso la disfatta, la morte | *Carne da* —, (*fig.*) soldati mandati in battaglia a morte sicura. **4** (*fig.*, *scherz.*) Disastro: *il compito è stato un vero* —.

maceràbile *agg.* Che si può o si deve macerare.

maceraménto *s. m.* (*raro*) Consunzione interiore, afflizione, tormento.

maceràre ***A*** *v. tr.* (*io màcero*) **1** Tenere a lungo una sostanza in acqua o in altro liquido, al fine di estrarne qualche costituente o di predisporla a eventuali trattamenti successivi | — *canapa, lino,* per estrarre le fibre. **2** (*fig.*) Pestare a furia di percosse: — *la schiena a qc.* | Mortificare col cilicio o la disciplina: — *le carni.* ***B*** *v. rifl.* **1** Infiacchirsi, consumarsi. **2** (*fig.*) Rodersi, tormentarsi: *macerarsi nel rimorso.*

maceratóio *s. m.* Fossa ove si pongono a macerare spec. la canapa e il lino.

maceratóre *s. m.* (*f. -trice*) Chi è addetto alla macerazione.

macerazióne *s. f.* **1** Operazione del macerare. **2** Estrazione di alcune fibre tessili vegetali dalle sostanze estranee che le accompagnano nello stelo della pianta. **3** (*fig.*) Mortificazione, penitenza.

macèria *s. f.* **1** (*raro*) Muricciolo di sassi sistemati a secco. **2** *spec. al pl.* Ammasso di materiali formato dal crollo di una costruzione; SIN. Rovine.

màcero ***A*** *agg.* **1** Che ha subito macerazione: *lino* —. **2** (*fig.*) Spossato, sfinito: *corpo — dalle fatiche.* ***B*** *s. m.* **1** Macerazione: *mandare al* —; *carta da* —. **2** Fosso per macerarvi materiali.

mach /mak, *ted.* max/ *s. m. inv.* Unità relativa di velocità, pari al rapporto fra la velocità di un corpo in un fluido e la velocità del suono nel fluido stesso | *Numero di Mach*, numero che esprime tale rapporto.

machete /*sp.* ma'tʃete/ *s. m. inv.* (*pl. sp. machetes* /ma'tʃetes/) Pesante coltello dalla lama lunga e affilatissima usato nel centro e sud dell'America per la raccolta della canna da zucchero e anche come arma.

machiavelliàno *agg.* Proprio di N. Machiavelli e del suo pensiero.

machiavellicaménte *avv.* In modo astuto, subdolo.

machiavèllico *agg.* (*pl. m. -ci*) **1** Conforme alle dottrine politiche del Machiavelli. **2** (*fig.*) Astuto e privo di scrupoli.

machiavellismo *s. m.* **1** Dottrina politica fondata su una deteriore interpretazione del pensiero machiavelliano. **2** (*est.*) Arte del simulare e dissimulare con astuzia sleale, spec. in campo politico.

màchmetro /'makmetro, *semi-ted.* 'maxmetro/ *s. m.* Strumento indicatore del numero di Mach, per aerei supersonici e missili.

macigno *s. m.* **1** (*miner.*) Varietà di arenaria contenente quarzo e mica. **2** (*est.*) Masso durissimo e di notevoli dimensioni | *Duro come un* —, (*fig.*) ostinato, caparbio.

macilènto *agg.* Molto magro e debole: — *per la vecchiaia.*

macilènza *s. f.* Estrema magrezza e debolezza.

màcina *s. f.* **1** Ciascuna delle due grosse mole di pietra, una sovrapposta all'altra, usate per polverizzare i cereali, frangere le olive e sim.; SIN. Mola. **2** La macchina per triturare, in cui agiscono le suddette mole. **3** (*fig.*) Cosa molto pesante, insopportabile.

macinàbile *agg.* Che si può macinare.

macinacaffè *s. m.* Macinino per il caffè. [→ ill. *cucina, elettrodomestici*]

macinadosatóre *s. m.* Apparecchio che provvede alla macinazione del caffè tostato e alla sua dosatura per macchine per caffè espresso da bar. [→ ill. *bar*]

macinapépe *s. m. inv.* Macinino per il pepe. [→ ill. *cucina*]

macinàre *v. tr.* (*io màcino*) **1** Ridurre in farina con la macina: — *il grano.* **2** (*est.*) Tritare minutamente con macinini: — *il caffè, il pepe* | (*fig.*) — *chilometri,* camminare a lungo, senza sosta. [→ tav. *proverbi* 5, 83, 185]

macinàto ***A*** *part. pass. di macinare; anche agg.* Ridotto in polvere. ***B*** *s. m.* **1** Ciò che risulta dalla macinazione | *Im-*

macelleria

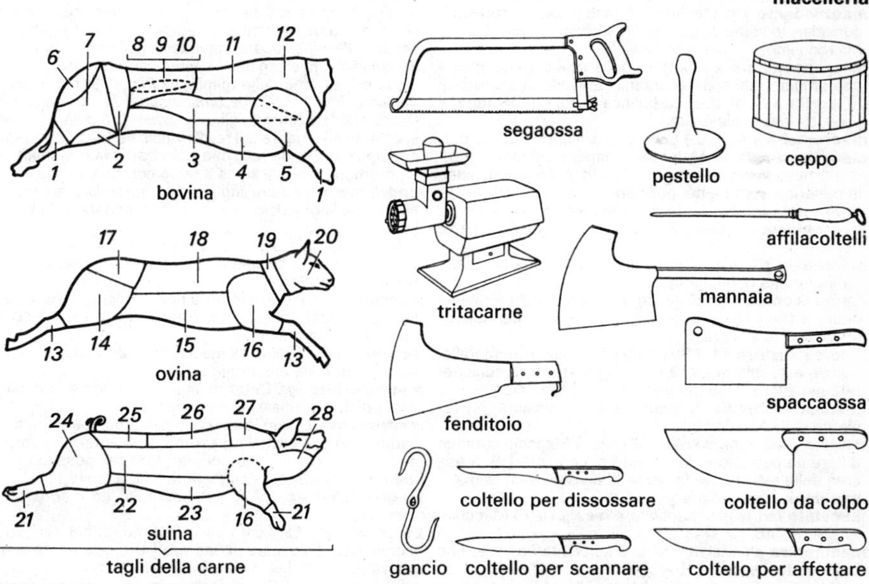

1 ossibuchi 2 polpa di coscia 3 biancostato 4 punta di petto 5 polpa di spalla 6 girello 7 controgirello 8 fiorentine 9 filetto 10 controfiletto 11 costate 12 bistecche di roast beef 13 piede 14 cosciotto 15 petto 16 spalla 17 sella 18 quadrello 19 collo 20 testa 21 zampetti 22 costine 23 pancetta 24 prosciutto e ossibuchi 25 arista 26 lombo e braciole 27 coppa 28 guanciale

posta sul –, tassa sulla macinazione dei cereali in vigore fino al secolo scorso. **2** Carne tritata.
macinatóio *s. m.* Dispositivo per macinare.
macinatóre A *s. m.* (*f. -trice*) Chi macina. **B** *anche agg.*
macinatùra *s. f.* Procedimento del macinare | La spesa relativa.
macinazióne *s. f.* Riduzione in farina con la macina | (*est.*) Triturazione in minuti frammenti.
macinino *s. m.* **1** *Dim. di macina.* **2** Macchinetta azionata a mano o elettricamente che per mezzo di una ruota dentata riduce in polvere caffè, pepe e sim. **3** (*fig., scherz.*) Veicolo rumoroso e malridotto.
màcis *s. m. e f.* Polpa che avvolge il seme della noce moscata, usata in liquoreria e profumeria.
maciste *s. m.* (*scherz.*) Uomo molto forte e di grossa corporatura, dal nome di un personaggio cinematografico.
maciùlla *s. f.* (*lett.*) Gramola.
maciullaménto *s. m.* (*tess.*) Gramolatura.
maciullàre *v. tr.* **1** Usare la maciulla per separare le fibre legnose di lino, cotone e sim. da quelle utili per la filatura. **2** (*est.*) Stritolare.
macramè *s. m.* Trina di fili o cordoncini intrecciati e annodati, per passamani, frange, reticelle.
màcro V. *magro.*
màcro- *primo elemento:* in parole composte indica notevole estensione, sviluppo eccessivo, anormale: *macrocosmo, macroeconomia, macromolecola.*
macrobiòtica *s. f.* Tipo di alimentazione quasi completamente vegetariana basata su prodotti naturali e integrali, con esclusione di tutti i prodotti conservati oppure ottenuti industrialmente.
macrobiòtico *agg.* (*pl. m. -ci*) Detto di alimento o alimentazione che serba integrali i componenti biologici di base: *dieta macrobiotica* | Che fornisce cibi macrobiotici: *ristorante* –.
macrocefalia *s. f.* (*med.*) Malformazione per eccessivo sviluppo del cranio; CONTR. Microcefalia.
macrocèfalo *agg.; anche s. m.* Che (o chi) è affetto da macrocefalia; CONTR. Microcefalo.
macroclima *s. m.* Il clima considerato nell'ambito di una regione notevolmente estesa; CFR. Microclima.
macrocòṣmo *s. m.* L'universo inteso nella sua totalità e considerato come un grande organismo vivente; CONTR. Microcosmo.
macroeconomia *s. f.* Settore della scienza economica che studia i fenomeni economici a livello di Stato o di rapporti tra Stati, quali la politica fiscale, monetaria, il prodotto nazionale e sim.
macromelia *s. f.* (*med.*) Eccessivo sviluppo degli arti.
macromolècola *s. f.* Molecola di dimensioni molto grandi e di peso molecolare molto elevato, caratteristica della materia vivente e dei polimeri.
macromolecolàre *agg.* Di macromolecola.
macroplasia *s. f.* (*med.*) Eccessivo sviluppo di una parte del corpo.
macropsia *s. f.* Difetto visivo che comporta la percezione ingrandita degli oggetti.
macroscòpico *agg.* (*pl. m. -ci*) **1** (*raro*) Visibile a occhio nudo. **2** (*fig.*) Molto evidente, grossolano: *una macroscopica sciocchezza.*
macrostruttùra *s. f.* **1** Struttura cristallina di un metallo, visibile a occhio nudo. **2** (*est.*) Ogni struttura considerata nei suoi aspetti più generali: – *economica.*
macùba *s. m. e f. inv.* Tabacco da fiuto finissimo, proveniente dalla Martinica.
màcula *s. f.* **1** V. *macchia* (1). **2** (*anat.*) Macchia cutanea differente per colore dal tessuto circostante | – *lutea*, area della retina dove la sensibilità visiva è massima.
maculàre V. *macchiare.*
maculàto *part. pass. di maculare; anche agg.* (*lett.*) Macchiato | Screziato.
maculatùra *s. f.* Malattia di diverse piante coltivate che colpisce foglie, tuberi, bacche.
madàma *s. f.* Signora d'alto lignaggio (*oggi scherz.*).
madamigèlla *s. f.* Damigella, signorina (*oggi scherz. o iron.*).
madapolàm *s. m.* Tela di cotone fine, leggera, usata per biancheria.
madaròṣi *s. f.* Caduta dei peli, spec. delle ciglia.
maddaléna *s. f.* Donna traviata e penitente (dal nome della peccatrice convertita da Gesù).
made in /*ingl.* 'meid in/ *loc. agg. inv.* Fabbricato in, a: – *Bologna.*
madèra *s. m. inv.* Vino bianco, dolce, prodotto nell'isola omonima.
màdia *s. f.* Mobile da cucina a forma di cassa, in cui s'impasta e si conserva il pane, fornito di un ripostiglio per cibarie. [→ ill. *mobili*]
màdido *agg.* Umido, bagnato: *viso* – *di sudore.*
madière *s. m.* Ciascuno dei pezzi di costruzione che, piantati di traverso sulla chiglia della nave, formano la prima base e il primo innesto di tutte le coste.
màdiṣon /*ingl.* 'mædisn/ *s. m. inv.* Ballo figurato originario del Sud degli Stati Uniti d'America.
madònna *s. f.* **1** (*lett.*) Anticamente, signora, come titolo di rispetto per donna d'alta condizione: – *Laura.* **2** (*est.*) *Madonna*, Maria, madre di Gesù | (*est.*) Chiesa o Santuario a lei consacrati: *la Madonna di Lourdes* | (*est.*) Raffigurazione di Maria: *la Madonna di San Luca.* **3** Donna di casta e dolce bellezza: *viso di* –.
madonnina *s. f.* **1** *Dim. di madonna.* **2** Piccola immagine della Vergine | *Viso di* –, (*fig.*) raccolto, gentile | – *infilzata*, fanciulla che si atteggia a modello di virtù e non lo è affatto. [→ tav. *locuzioni* 61]
madóre *s. m.* Umidità leggera che precede il sudore.
madornàle *agg.* Molto grande, spropositato: *errore* –.
madràs *s. m.* Tessuto leggero e trasparente di cotone a righe o quadrati di colori vivaci, di origine indiana; usato per abbigliamento o arredamento.
màdre A *s. f.* **1** Genitrice di figli | *Divenire* –, concepire o partorire | *Fare da* – *a qc.*, esercitarne le funzioni educative | – *di famiglia*, dedita alla casa e alla famiglia | (*fig.*) – *dei poveri*, donna caritatevole | – *spirituale*, madrina | – *natura*, la natura in quanto generatrice di esseri viventi | *La* – *di Dio, di Gesù*, la Vergine Maria | (*fig.*) *La* – *dei viventi*, Eva | (*fig.*) *La* – *Chiesa*, la Chiesa rispetto a tutti i fedeli | (*fig.*) *La* – *dei Santi*, la Chiesa. **2** (*est.*) Femmina di alcuni animali in relazione ai piccoli. **3** Titolo attribuito a monache professe: *reverenda* –. **4** (*fig.*) Origine, causa: *superbia* – *di crudeltà.* **5** Attrezzo che porta un'impronta da stampare. **6** Parte di un bollettario a madre e figlia, destinata a essere conservata come prova della parte staccata e consegnata quale ricevuta. **7** – *dell'aceto*, ammasso gelatinoso in cui si addensano i microrganismi acetificanti. **8** (*anat.*) *Dura* –, la più esterna delle meningi | *Pia* –, la più interna delle meningi. [→ ill. *anatomia umana*] **B** *in funzione di agg.* (*posposto al s.*) **1** Che ha figli: *ragazza* – | *Regina* –, titolo spettante alla madre del re. **2** Principale | *Casa* –, sede principale di ordine religioso | *Scena* –, la principale di un dramma, che riassume il tema centrale.
madrelingua o *màdre lingua s. f.* (*pl. madrelingue o màdri lingue*) La lingua della propria patria, imparata da bambini.
madrepàtria *s. f.* **1** Patria d'origine, in relazione a chi vive in territorio straniero. **2** Territorio metropolitano, rispetto alla colonia.
madrepèrla *s. f.* Parte interna della conchiglia di alcuni Lamellibranchi, iridescente, bianca, usata nella fabbricazione di svariati oggetti.
madreperlàceo *agg.* **1** Di madreperla. **2** Che ha il colore o l'aspetto della madreperla.
madreperlàto *agg.* Detto di smalto da unghie, e di altri cosmetici, con riflessi iridescenti.
madrèpora *s. f.* Ogni formazione calcarea costituita dall'ammasso degli scheletri esterni di celenterati a corpo polipoide, coloniali, che nei mari tropicali possono formare barriere, atolli, scogliere. [→ ill. *animali* 1]
madrepòrico *agg.* (*pl. m. -ci*) Costituito da madrepore: *banco* –.
madrevite *s. f.* Elemento cavo filettato, in cui si adatta il convesso delle spire di una vite | Utensile per la filettatura delle viti. [→ ill. *vino*]
madrigàle *s. m.* **1** Breve componimento poetico, spec. di contenuto amoroso, di vario schema metrico. **2** Composizione polifonica profana fiorita soprattutto nei secoli XVI e XVII: *i madrigali di Monteverdi.*
madrigalista *s. m.* (*pl. -i*) Autore di madrigali.
madrilèno *agg.; anche s. m.* (*f. -a*) Di Madrid.
madrina *s. f.* **1** Donna che tiene a battesimo o a cresima

un fanciullo. **2** (*est.*) Donna che presiede all'inaugurazione di q.c. | *– della bandiera*, che ne regge un lembo durante la benedizione | *– di guerra*, che offre conforto con lettere e doni a combattenti spesso sconosciuti.

maestà *s. f.* **1** Imponenza grandiosa: *la – di piazza S. Pietro; la – della legge divina.* **2** Titolo attribuito a re e imperatori: *Sua Maestà il re di Francia* | *Lesa –, delitto di lesa –*, un tempo, delitto di chi violava la dignità del sovrano. **3** Immagine della Trinità, del Cristo o della Vergine in trono e vista di fronte: *la – di Giotto.* **4** (*arald.*) Figura umana o animale con la testa rappresentata di fronte.

maestosità *s. f.* Qualità di ciò che è maestoso; SIN. Grandiosità, solennità.

maestóso *agg.* **1** Che è pieno di maestà, di imponenza; SIN. Grandioso, solenne. **2** Di brano musicale la cui esecuzione deve essere solenne e grave.

maèstra o *maéstra s. f.* **1** Donna che impartisce agli allievi, spec. bambini, le prime fondamentali nozioni di q.c.: *– elementare* | *– di scuola materna*, insegnante di grado preparatorio alla scuola elementare | *– di ballo.* **2** (*per anton.*) Insegnante elementare: *buongiorno, signora –.* **3** Donna particolarmente abile in un'attività: *– di ricamo; essere – nella conversazione.* **4** (*pesca*) Fune principale della rete o della ragna per poterle tendere. **5** (*mar.*) Vela principale di una nave a vela | *Albero di –*, che regge la vela maestra. [→ ill. *marina*]

maestràle *s. m.* Vento di maestro, freddo e secco, caratteristico del Tirreno.

maestrànza *s. f. spec. al pl.* Complesso degli operai di uno stabilimento industriale.

maestrìa *s. f.* Abilità e perizia.

maèstro o *maéstro, màstro* nei sign. A 1 e B 1 **A** *s. m.* **1** Persona tanto preparata e abile in q.c. da poterla insegnare ad altri: *è un – dello sci* | *Essere – in q.c.*, conoscerla a fondo | Artigiano, artefice provetto: *i maestri orafi.* **2** Insegnante elementare | (*est.*) Insegnante di particolari discipline: *– di ballo.* **3** Chi con l'insegnamento, con gli scritti e sim. riesce a fondare una scuola, a costituire nuove correnti di pensiero: *un grande – di diritto.* **4** (*fig.*) Chi dà prova di grande accortezza, destrezza e sim.: *un colpo da –.* **5** (*fig.*) Capo, guida | *– di cerimonie*, chi dirige le cerimonie | *Gran –*, massimo grado gerarchico nella massoneria e in alcuni ordini cavallereschi. **6** Compositore o direttore d'orchestra. **7** Direzione cardinale intermedia tra nord e ovest, e vento che le corrisponde. [→ ill. *geografia*] **B** *agg.* **1** Principale: *strada maestra; muro –; albero –.* [→ ill. *casa*] **2** Di grande abilità e astuzia: *colpo –.*

màfia *s. f.* **1** In Sicilia, organizzazione criminosa, retta dalla legge della segretezza e dell'omertà, che ricorre a intimidazioni, estorsioni, sequestri di persona e omicidi al servizio di interessi economici privati. **2** (*est.*) Gruppo di persone unite per conseguire o conservare con ogni mezzo i propri interessi particolari, anche a danno di quelli pubblici: *la – degli ospedali.*

mafióso A *agg.* **1** Tipico della mafia. **2** Che fa parte della mafia. **B** *s. m.* (*f. -a*) **1** Membro della mafia. **2** (*fam., scherz.*) Chi veste in modo vistoso.

màga *s. f.* **1** Donna che esercita la magia. **2** (*fig.*) Donna che ammalia.

magàgna *s. f.* **1** Imperfezione o difetto fisico, spec. nascosto. **2** (*fig.*) Vizio.

magagnàre A *v. tr.* Guastare. **B** *v. intr. pron.* Diventare fradicio, pesto.

magàri A *inter.* Esprime forte desiderio o speranza: *'ti piacerebbe andare in Africa?' '–!'.* **B** *cong.* Volesse il cielo che (introduce una prop. ottativa, con il v. al congv.): *– fosse vero!; – potessi venire.* **C** *avv.* **1** Forse, probabilmente: *– non ne sapeva niente.* **2** Anche, persino: *sarebbe – capace di negare.*

magazzinàggio *s. m.* (*raro*) Il depositare merci in un magazzino | Ciò che si paga per riporre merci in un magazzino. [→ ill. *magazzinaggio*]

magazzinière *s. m.* (*f. -a*) Chi sorveglia un magazzino.

magazzino *s. m.* **1** Edificio o stanza adibita a deposito di materiali svariati | *– generale*, luogo pubblico predisposto per il deposito di merci in viaggio destinate al commercio. [→ ill. *ferrovia, magazzinaggio, porto*] **2** Quantità di merce di cui dispone un negozio o un'azienda. **3** *Grande –*, locale attrezzato per la vendita di ogni genere di prodotti; SIN. Emporio.

maggéngo *agg.* (*pl. m. -ghi*) Di maggio: *fieno –.*

maggése A *agg.* Di maggio | *Fieno –*, che si taglia in maggio. **B** *s. m.* Campo lasciato per qualche tempo a riposo senza semina.

màggio *s. m.* Quinto mese dell'anno nel calendario gregoriano, di 31 giorni | *Il 1° Maggio*, la festa dei lavoratori. [→ tav. *proverbi* 259]

maggiociòndolo *s. m.* (*bot.*) Citiso.

maggiolìno (1) *s. m.* Insetto nero lucente con elitre castane e macchie bianche sui fianchi, antenne espanse a ventaglio nel maschio, i cui adulti, molto dannosi alle coltivazioni, compaiono a maggio e vivono poche settimane. [→ ill. *animali* 3]

maggiolìno (2) *s. m.* Mobile neoclassico dal fusto in noce decorato con finissimi intarsi.

maggioràna *s. f.* (*bot.*) Pianta erbacea mediterranea delle Tubiflorali, molto aromatica, usata in culinaria; SIN. Amaraco. [→ ill. *piante* 13, *verdura*]

maggiorànza *s. f.* **1** La maggior parte di cose o persone determinate: *la – del pubblico* | *Nella – dei casi; in –*, per lo più. **2** (*dir., polit.*) In un organo collegiale, l'insieme dei voti necessari per l'approvazione di una deliberazione: *ottenere la –* | *– assoluta*, la metà dei votanti più uno | *– relativa*, inferiore a quella assoluta, ma superiore ai voti degli altri competitori | (*est.*) Gruppo che dispone del maggior numero di voti in un'assemblea; CONTR. Minoranza.

maggioràre *v. tr.* (*io maggióro*) Aumentare: *– i prezzi.*

maggiorascàto *s. m.* Maggiorasco.

maggioràsco *s. m.* (*pl. -schi*) (*dir.*) Anticamente, sistema successorio basato sulla preferenza del parente maschio più prossimo di grado nell'acquisto del patrimonio ereditario.

maggioràta *s. f.* Donna con forme prosperose: *– fisica; l'epoca delle maggiorate.*

maggioràto *part. pass. di maggiorare; anche agg.* Aumentato.

maggiorazióne *s. f.* Aumento.

maggiordòmo *s. m.* Capo della servitù e dell'amministrazione di alberghi o case signorili.

maggióre A *agg.* (*compar. di grande*) **1** Più grande, quanto ad ampiezza, estensione, intensità, numero, altezza e sim.: *una somma – del previsto; il tuo giardino è – del mio* | *La maggior parte*, il gruppo più cospicuo | (*ell.*) *Andare per la –*, avere un gran successo; CONTR. Minore. **2** Di primaria importanza, di notevole rilevanza: *i maggiori poeti del secolo* | *Dante –*, l'insieme delle sue opere più importanti | *Opere maggiori*, rispetto a quelle di minor rilievo di un dato autore. **3** Di grado superiore: *caporal –* | *Stato –*, corpo costituito da ufficiali tratti dalle varie armi, addetti ai comandi delle grandi unità | *Ordini maggiori*, nella gerarchia sacerdotale cattolica, suddiaconato, diaconato, presbiterato, episcopato. **4** Più vecchio d'età: *fratello –*; CONTR. Minore. **B** *s. m. e f.* **1** Chi è più anziano d'età rispetto ad altri. **2** Persona che occupa, nella scala gerarchica, un grado superiore a quello d'altri. **3** Grado della gerarchia militare interposto fra quello di tenente colonnello e quello di capitano | La persona che ha tale grado. **C** *s. m. al pl.* Genitori o progenitori: *la virtù dei nostri maggiori* | Predecessori. [→ tav. *locuzioni* 8]

maggiorènne A *s. m. e f.* Chi ha compiuto la maggiore età e ha acquisito la piena capacità giuridica di agire. **B** *anche agg.*

maggiorènte *s. m. spec. al pl.* Persona influente e importante nell'ambito di una comunità, città e sim.

maggiorità *s. f.* Ufficio del comando di reggimento e del comando di battaglione e unità corrispondenti.

maggioritàrio *agg.* Della maggioranza | *Sistema –*, sistema elettorale per cui la lista di maggioranza ottiene la totalità dei seggi o una quota di seggi in più rispetto alla proporzione dei voti ottenuti; CFR. Proporzionale.

maggiorménte *avv.* Molto di più, in maggior misura.

magìa *s. f.* (*pl. -gìe*) **1** Arte di dominare le forze occulte della natura e di sottoporle al proprio potere | *– bianca, naturale*, uso di rituali magici a fine benefico | *– nera*, uso di rituali magici malefici; SIN. Stregoneria. **2** (*fig.*) Capacità di affascinare, ammaliare; SIN. Incanto.

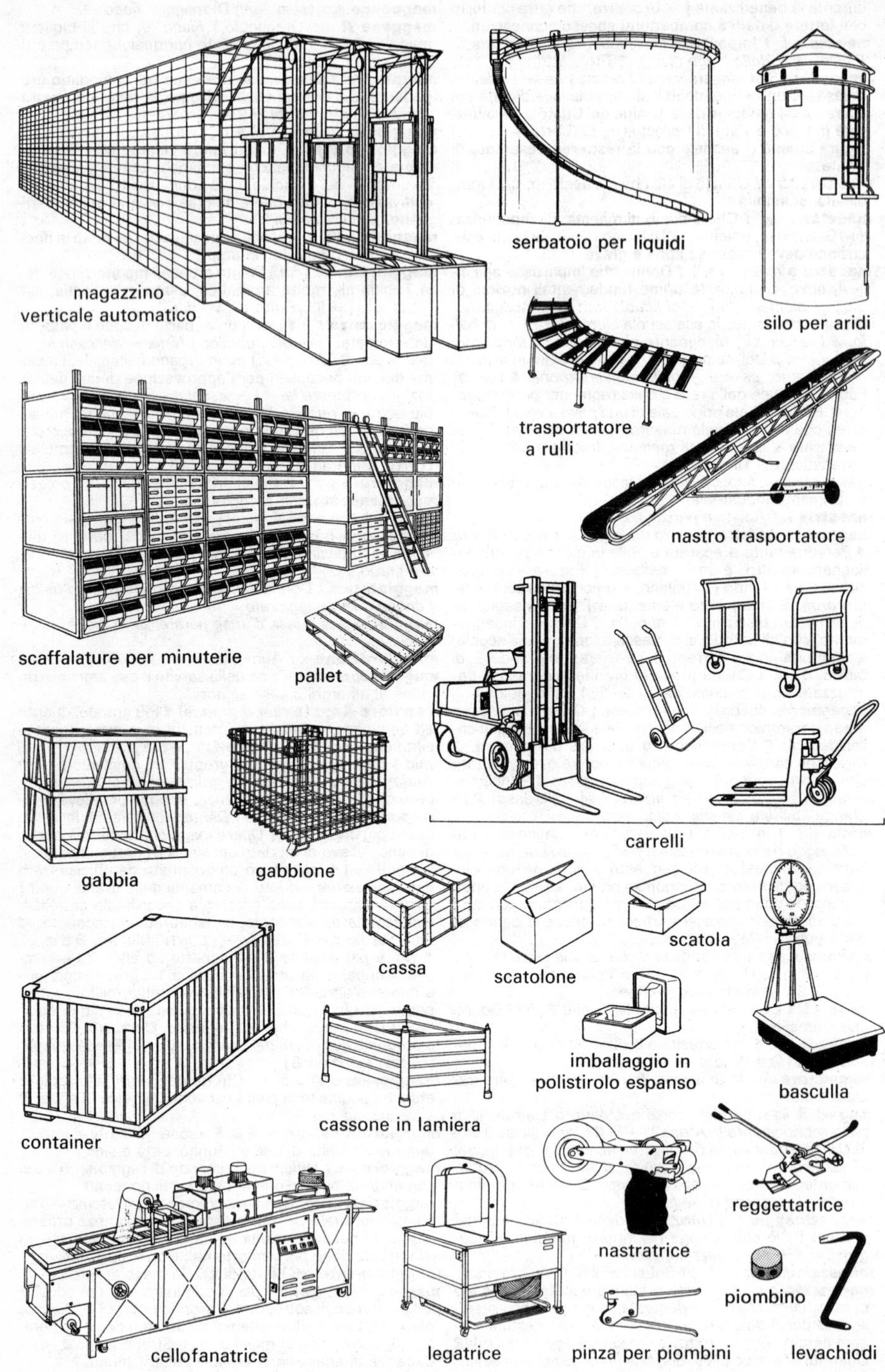
serbatoio per liquidi
silo per aridi
magazzino verticale automatico
trasportatore a rulli
nastro trasportatore
scaffalature per minuterie
pallet
carrelli
gabbia
gabbione
cassa
scatolone
scatola
imballaggio in polistirolo espanso
basculla
container
cassone in lamiera
reggettatrice
nastratrice
piombino
cellofanatrice
legatrice
pinza per piombini
levachiodi

màgico *agg.* (*pl. m.* -*ci*) **1** Della magia, dei maghi: *bacchetta magica.* **2** Prodigioso, straordinario: *spettacolo* —. **3** (*fig.*) Affascinante, incantevole: *che — tramonto!*
màgio *s. m.* **1** Sacerdote di un'antica religione che praticava l'astrologia e la divinazione. **2** *spec. al pl.* I tre sapienti che, secondo l'Evangelo, vennero dall'Oriente a visitare il Cristo neonato.
magióne *s. f.* (*lett.*) Abitazione.
magiostrìna *s. f.* Cappello di paglia rigida.
magistèro *s. m.* **1** Funzione di persona o cosa che impartisce insegnamenti: *il — di Freud*; *il — della vita* | (*est.*) Insegnamento: *il — della Chiesa.* **2** Incarico di insegnante | *Facoltà di* —, facoltà universitaria di indirizzo letterario e pedagogico. **3** Maestria, abilità.
magistràle *agg.* **1** Di maestro | *Istituto* —, per la preparazione dei futuri maestri | *Abilitazione* —, concorso statale che autorizza all'insegnamento elementare. **2** Da maestro: *tocco* — | *Tono* —, sentenzioso. **3** Di farmaco preparato all'istante in conformità alla prescrizione del medico.
magistralménte *avv.* Da maestro, alla perfezione.
magistràto *s. m.* (V. nota d'uso FEMMINILE) **1** Chi ricopre una carica pubblica. **2** Ufficio o carica della pubblica amministrazione, preposto a compiti particolari: *il Magistrato del Po, delle acque.* **3** Chi esercita una funzione giudiziaria; SIN. Giudice. [→ ill. *giustizia, copricapo*]
magistratuàle *agg.* Della magistratura, del magistrato: *attività, funzione* —.
magistratùra *s. f.* **1** Carica pubblica. **2** Complesso degli organi giurisdizionali costituenti un ordine autonomo | Il complesso degli organi giudiziari: — *penale, civile* | Complesso dei magistrati.
màglia *s. f.* **1** Ciascuno degli intrecci di uno o più fili continui guidati dai ferri, da uncinetto o da macchine speciali e il tessuto che si ottiene con tale procedimento: — *diritta, rovescia*; *vestito di* —. [→ ill. *tessuto*] **2** Ciascuno degli elementi anulari o d'altra forma che, uniti tra loro, formano una catena o una rete | *Cadere nelle maglie di una congiura, di un intrigo,* (*fig.*) esserne vittima. **3** Corpetto lavorato a maglia che si indossa direttamente sulla pelle. [→ ill. *abbigliamento*] **4** Indumento di vario colore che gli atleti indossano per indicare a quale squadra appartengono, che posto occupano in una classifica e sim. | — *rosa,* — *gialla*, portata rispettivamente dal primo classificato nel giro ciclistico d'Italia e di Francia. **5** Nel Medioevo, armatura difensiva formata di cerchietti di ferro concatenati con altri. [→ ill. *armi*] **6** (*tel.*) Insieme di circuiti interurbani che si sviluppano in una determinata area. **7** (*mat.*) Superficie individuata dall'intersezione delle rette di un reticolo.
magliàia *s. f.* Donna che confeziona indumenti a maglia.
magliàro *s. m.* Venditore ambulante di tessuti da poco, presentati come merce di notevole valore.
maglierìa *s. f.* **1** Complesso degli indumenti e tessuti lavorati a maglia. [→ ill. *tessuto*] **2** Piccola industria di confezioni o tessuti a maglia | Negozio in cui si vendono indumenti di maglia.
magliétta *s. f.* **1** Maglia leggera di lana o cotone. [→ ill. *abbigliamento*] **2** Piccolo anello fissato alla cornice di un quadro per appenderlo al muro | Nel fucile, anello di forma schiacciata attraverso cui passa la cinghia. [→ ill. *ferramenta*]
maglifìcio *s. m.* Stabilimento per la fabbricazione di tessuti e indumenti a maglia.
màglio *s. m.* **1** Grosso martello di legno a due teste, per battere su pali, scalpelli, cerchi di botte | Pesante mazza di ferro con lungo manico, per fabbri. **2** Macchina usata nelle ferriere che permette di deformare plasticamente, fra mazza e incudine, blocchi metallici. [→ ill. *metallurgia*] [→ tav. *proverbi* 142, 271]
magliòlo o *magliuòlo s. m.* Talea di vite con un corto segmento di legno vecchio alla base.
maglióne *s. m.* Indumento sportivo lavorato a maglia con lana pesante. [→ ill. *abbigliamento*]
magliuòlo V. *magliolo.*
màgma *s. m.* (*pl.* -*i*) **1** Massa fusa a base di silicati, ad alta temperatura, che si trova in profondità nella crosta terrestre. **2** (*fig.*) Massa confusa e indistinta: *il — dei sentimenti.*
magmàtico *agg.* (*pl. m.* -*ci*) Del magma: *serbatoio* —. [→ ill. *geografia*]
magnàccia *s. m. inv.* (*dial.*) Protettore di prostitute | (*est.*) Uomo che si fa mantenere da una donna.
magnàlio *s. m.* Lega di alluminio e magnesio, leggerissima e molto resistente usata per costruzioni aeronautiche, automobilistiche e sim.
magnanimità *s. f.* Grandezza d'animo; SIN. Generosità.
magnànimo *agg.* Che ha o dimostra nobili ed elevati sentimenti; SIN. Generoso.
magnàno *s. m.* Fabbro di chiavi, toppe, ringhiere, gangheri.
magnàte *s. m.* **1** (*st.*) Appartenente a un'eminente classe di cittadini | In Polonia e Ungheria, latifondista. **2** Personalità influente per autorità, ricchezza, potenza e sim.
magnatìzio *agg.* Di, da magnate.
magnèṣia *s. f.* Ossido di magnesio | *Latte di* —, sospensione di idrato di magnesio in acqua | — *effervescente*, citrato di magnesio.
magneṣìaco o *magnèṣico agg.* (*pl. m.* -*ci*) Che contiene magnesio.
magnèṣio *s. m.* Elemento chimico, metallo bianco-argenteo, bruciante all'aria con fiamma vivissima; usato in leghe leggere e in medicina, sotto forma di sali, spec. come purgante e antiacido. SIMB. Mg.
magneṣìte *s. f.* (*miner.*) Carbonato di magnesio in aggregati cristallini grigi o più spesso in masse bianche terrose; SIN. (*pop.*) Spuma di mare.
magnète *s. m.* **1** Calamita. [→ ill. *fisica*] **2** Dispositivo elettromagnetico che produce la corrente elettrica per l'accensione delle miscele nei motori a scoppio.
magnètico *agg.* (*pl. m.* -*ci*) **1** Di magnete | *Virtù, forza magnetica*, di attrazione | *Minerali magnetici*, attirati dalla calamita o che costituiscono calamite | *Ago* —, calamitato, quello della bussola | *Campo* —, spazio nel quale esistono forze magnetiche. [→ ill. *cinematografia, elaborazione dati, fisica*] **2** (*fig.*) Che affascina, rapisce: *sguardo, occhio* —.
magnetìṣmo *s. m.* **1** Proprietà di alcune sostanze, dette magnetiche, di attirare e trattenere frammenti di ferro | — *terrestre*, insieme dei fenomeni che determinano la presenza intorno alla Terra di un campo magnetico. **2** Misterioso fluido che si ritiene emani da certe persone | (*fig.*) Capacità di suggestione.
magnetìte *s. f.* (*miner.*) Ossido di ferro dalla lucentezza metallica e dal colore nero, con spiccate proprietà magnetiche, da cui si ricava ferro.
magnetiẓẓàre *v. tr.* **1** (*elettr.*) Trasmettere proprietà magnetiche a un corpo. **2** Provocare effetti magnetici su una persona | (*fig.*) Affascinare.
magnetiẓẓatóre *s. m.* (*f.* -*trice* nel sign. 1) **1** Chi magnetizza. **2** Elettromagnete con cui si magnetizzano i magneti permanenti.
magnetiẓẓazióne *s. f.* (*fis.*) Operazione per conferire proprietà magnetiche a un pezzo di ferro.
magnèto- *primo elemento*: in parole composte della terminologia scientifica indica relazione col magnetismo: *magnetofono, magnetostrizione.*
magnetofònico *agg.* (*pl. m.* -*ci*) **1** Di magnetofono. **2** Registrato col magnetofono.
magnetòfono *s. m.* Nome commerciale di un tipo di registratore a nastro magnetico.
magnetòmetro *s. m.* (*elettr.*) Strumento di misura dell'intensità e direzione di un campo magnetico. [→ ill. *fisica*]
magnetostrizióne *s. f.* Piccola deformazione che subiscono i corpi magnetizzati.
màgnetron o *magnetróne s. m.* Valvola elettronica in cui la corrente elettronica è regolata da un campo magnetico.
magnificàbile *agg.* (*raro*) Che si può o si deve magnificare.
magnificaménte *avv.* Con magnificenza, lusso | In modo ottimo.
magnificàre **A** *v. tr.* (*io magnìfico, tu magnìfichi*) **1** Celebrare con lodi: — *Dio.* **2** (*est.*) Vantare con elogi esagerati: — *le proprie virtù*; SIN. Glorificare. **B** *v. rifl.* Menare vanto di sé, della propria opera.
magnificat /*lat.* maɲ'ɲifikat/ *s. m. inv.* Cantico della Madonna.
magnificatóre *s. m.* (*f.* -*trice*) Chi magnifica.
magnificazióne *s. f.* Celebrazione, esaltazione.

magnificènte *agg.* (*raro, lett.*) Magnifico.
magnificènza *s. f.* **1** Qualità di ciò che eccelle in pregio e bellezza. **2** Pompa, sfarzo: *la — della corte.* **3** Qualità di magnifico | Titolo attribuito un tempo a principi e sovrani.
magnifico *agg.* (*pl. m. -ci; come sup. magnificentissimo*) **1** Che è splendido e liberale nel vivere o nel comportarsi: *donatore —* | Che manifesta generosità e larghezza di mezzi: *magnifica ospitalità.* **2** Che eccelle per bellezza, sfarzo, pregio: *spettacolo, gioiello —*; SIN. Meraviglioso, splendido. **3** Titolo spettante ai patrizi, ma dato nel Rinascimento anche ai signori e attualmente ai rettori delle Università.
magniloquènte *agg.* (*lett.*) Che è dotato di grande eloquenza.
magniloquènza *s. f.* L'essere magniloquente.
magnitùdine *s. f.* Misura convenzionale della luminosità delle stelle, che numericamente diminuisce con l'aumentare del flusso luminoso; SIN. Grandezza stellare.
magnitudo /*lat.* maɲɲi'tudo/ *s. f.* (*fis.*) In sismologia, parametro per indicare l'entità di un terremoto.
màgno *agg.* **1** (*lett.*) Grande | *In pompa magna,* (*fig., scherz.*) con grande sfarzo. **2** Appellativo di famosi e grandi personaggi storici: *Carlo Magno; Pompeo Magno; Alessandro Magno.*
magnòlia *s. f.* Albero delle Policarpali con foglie spesse lucenti e fiori bianchi carnosi e molto profumati. [→ ill. *piante* 4]
Magnoliàcee *s. f. pl.* Famiglia di piante arboree o arbustive delle Policarpali, molto diffuse nelle regioni temperate dell'emisfero boreale. [→ ill. *piante* 4]
màgo *s. m.* (*f. -a; pl. m. -ghi*) **1** Chi esercita la magia; SIN. Stregone. **2** Illusionista. **3** (*fig.*) Chi dà prova di straordinaria abilità in una data attività.
magóna *s. f.* **1** Officina in cui si ottiene la ghisa dal minerale grezzo. **2** Industria metallurgica.
magóne *s. m.* **1** (*sett.*) Ventriglio del pollo. **2** (*fig., sett.*) Accoramento, dispiacere.
màgra *s. f.* **1** Fase di minima portata di un corso d'acqua. **2** (*fig.*) Penuria, scarsezza: *tempi di —.* **3** (*fam.*) Brutta figura.
magrézza *s. f.* Stato o condizione di magro; CONTR. Grassezza.
màgro o (*poet.*) **màcro** **A** *agg.* **1** Scarno, sottile: *corpo —*; CONTR. Grasso. **2** Povero di grassi: *brodo —; latte —* | (*relig.*) *Mangiare di —,* astenersi dalla carne nei giorni prescritti | *Prosciutto —,* con poca parte grassa | *Terra magra,* poco fertile. **3** (*fig.*) Povero, scarso: *un ben — guadagno.* **4** (*fig.*) Debole, insufficiente, inadeguato: *una magra scusa; magri risultati.* **B** *s. m.* Parte magra della carne alimentare. [→ tav. *locuzioni* 107]
mah *inter.* **1** Esprime dubbio, incertezza nelle risposte: *'capirà di avere sbagliato?' '—, non lo so!'.* **2** Esprime rassegnazione o disapprovazione.
māhārajah /*ingl.* ma:hə'ra:dʒə, *fr.* maara'ʒa/ *s. m. inv.* (*pl. ingl. maharajahs* /ma:hə'ra:dʒəz/, *pl. fr. maharajahs* /maara'ʒa/) Titolo dei sovrani dei principati indiani indipendenti.
māhārānī /*indost.* maha:'ra:ni:/ *s. f. inv.* Titolo della sposa del maharajah.
mahātmā /*indost.* ma'ha:tma:/ *agg. inv.* Titolo dato in India ad asceti, a santoni e a persone di grandi meriti spirituali.
mahdī /*ar.* 'mahdi:/ *s. m. inv.* Nell'islamismo, il profeta occulto che verrà a completare l'opera di Maometto.
mahdìsmo /ma'dizmo/ *s. m.* Qualificazione delle correnti religiose e politiche islamiche che professano la fede nell'avvento del Mahdī.
mahdìsta /ma'dista/ *s. m. e f.* (*pl. m. -i*) Seguace del mahdismo; SIN. Derviscio.
mài **A** *avv.* **1** Nessuna volta, in nessun tempo, in nessun caso (di regola in frasi negative, posposto al v. rafforzando la negazione): *non è — soddisfatto; non lo incontro —; non accadrà — più* | Con valore negativo, preposto al v. in espressioni enfatiche: *— che arrivi puntuale; — sentito dire!* **2** No, affatto (ass. in risposte recisamente negative): *'volete arrendervi?' '—!'.* **3** Qualche volta, in qualche caso (in prop. interr. dirette o indirette, in prop. condizionali e dubitative): *hai — visto uno spettacolo simile?; chi l'avrebbe — detto?* | *Caso —, se —,* eventualmente: *caso — vengo io da te.* **4** In altro tempo, in altra occasione (in espressioni comparative): *gli affari vanno peggio che —.* **B** *in funzione di s. m. inv.* (*scherz.*) *Nella loc. il giorno del —,* il giorno che non verrà. [→ tav. *proverbi* 224, 243, 267, 333, 360]
maiàle *s. m.* (*f. -a, volg.*) **1** Mammifero artiodattilo dei Suiformi addomesticato dai tempi preistorici, selezionato con diverse razze da carne o da grasso. [→ ill. *animali* 19, *maiale*] **2** Carne macellata di maiale. **3** (*fig.*) Persona molto sporca | Persona moralmente riprovevole.
maìdico *agg.* (*pl. m. -ci*) Del mais.
maièutica *s. f.* **1** Tecnica della levatrice. **2** Metodo di ricerca proprio della filosofia socratica, consistente nel mettere in grado l'allievo di acquistare chiara coscienza delle conoscenze che si formano nella sua mente.
maiòlica *s. f.* **1** Prodotto ceramico ricoperto con uno smalto impermeabile. **2** (*est.*) Oggetto di maiolica.
maiolicàto **A** *agg.* Rivestito di maiolica. **B** *s. m.* Fascia di muro ricoperta di piastrelle di maiolica.
maionése *s. f.* Salsa a base di tuorli d'uovo, olio e aceto o succo di limone.
màis *s. m. inv.* (*bot.*) Granturco.
maison /*fr.* mɛzɔ̃/ *s. f. inv.* (*pl. fr. maisons* /mɛzɔ̃/) (*euf.*) Casa di tolleranza.
maître /*fr.* mɛtr/ *s. m. inv.* (*pl. fr. maîtres* /mɛtr/) **1** Capocameriere in un ristorante. **2** Maggiordomo di casa signorile.
maître à penser /*fr.* mɛtr a pɑ̃'se/ *s. m. inv.* (*pl. fr. maîtres à penser* /mɛtr a pɑ̃'se/) Chi con le sue idee orienta e guida il modo di pensare di un gruppo o di una società.
maîtresse /*fr.* mɛtrɛs/ *s. f. inv.* (*pl. fr. maîtresses* /mɛtrɛs/) (*euf.*) Tenutaria di una casa di tolleranza.
maiùscola *s. f.* Lettera o carattere maiuscolo dell'alfabeto.

MAIUSCOLA

L'uso della maiuscola all'inizio di parola è regolato da precise norme che brevemente ricordiamo. La lettera maiuscola si deve usare:

- all'inizio di un periodo e dopo il punto fermo: *Il traffico era intenso. Le automobili procedevano lentamente*;
- in tutti i nomi propri, in particolare in quelli di persona e di animale, nei nomi geografici e topografici, di vie o di piazze: *Dante Alighieri, Antonio, il signor Bianchi, Italia, il fiume Adige, il Gran Paradiso, la città di Lodi, via* (o *Via*) *Margutta, piazza* (o *Piazza*) *della Scala*; in

maiale

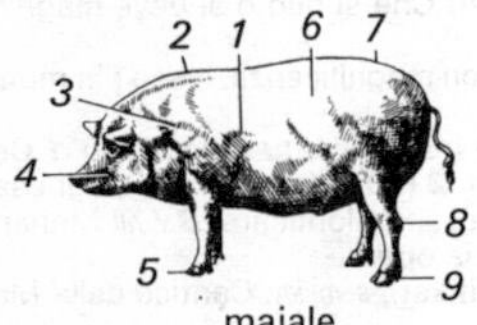

maiale

verro

scrofa

1 costato 2 garrese 3 spalla 4 grugno 5 unghia 6 lombo 7 groppa 8 garretto 9 nodello

questa categoria sono compresi i nomi di imprese, prodotti commerciali, marchi registrati e sim.: *la casa editrice Zanichelli, la Banca Nazionale dell'Agricoltura, la Fiat Uno 70 SL, la Coca-Cola*;

- all'inizio di un discorso diretto, dopo il segno dei due punti e le virgolette: *D'improvviso mi chiese: 'Che cosa intendi fare?'*;
- dopo il punto esclamativo o interrogativo: *Chi dei due mentiva? Il dubbio e l'incertezza mi tormentavano.* Tuttavia, se la frase che segue rappresenta la continuazione del pensiero precedente, si può usare la lettera minuscola: *Dove avrò lasciato le chiavi? forse nella giacca? o piuttosto sul mobile dell'ingresso?*; *'Giudizio figliuoli! badate bene! siete ancora a tempo'* (A. Manzoni);
- nei nomi di popoli o che indicano gli abitanti di una città o regione: *i Francesi, i Toscani, i Triestini.* Occorre dire che in questo caso l'uso della lettera minuscola tende a diventare comune e va perciò segnalato. Va sempre comunque usata la minuscola nel caso dell'aggettivo o negli usi che non indichino totalità: *gli studenti francesi*; *nella gara mondiale di ciclismo su strada i francesi* (= i ciclisti francesi) *hanno ben figurato*;
- nei titoli: *l'Orlando furioso* (o *l'Orlando Furioso*); *I promessi sposi* (o *I Promessi Sposi*); *il Corriere della Sera*; *Via col vento*;
- nei nomi indicanti festività religiose o civili: *Annunciazione, Natale, Ognissanti, le Ceneri, l'Immacolata Concezione*; *Primo Maggio, Quattro Novembre*, ecc.;
- nei nomi o aggettivi attinenti alla sfera religiosa: *l'Onnipotente*; *la sapienza di Dio*; *la Vergine*; *l'Addolorata*; *pregare il Signore*; *è salito al Cielo*; *il Creatore dell'universo*; *il Padre, la Madre, il Figlio*; *la Madonna*; *l'incarnazione del Verbo.* Molti di questi nomi o aggettivi, quando sono collocati in un contesto comune, hanno naturalmente l'iniziale minuscola. Si scriverà perciò: *il cielo è grigio*; *si crede onnipotente*; *madonna Laura*; *un creatore di moda*; *il suo dio è il denaro*;
- nei nomi di secoli, di periodi o di avvenimenti storici: *la letteratura dell'Ottocento; il Rinascimento*; *la Rivoluzione francese*; *la Resistenza.* Come nel caso precedente, si scriverà invece: *continua la resistenza degli assediati*; *il rinascimento delle arti*;
- nei nomi di istituzioni, enti e sim.: *la Repubblica italiana, la Camera dei deputati, la sicurezza dello Stato, i problemi del Paese*; *Ministero della Pubblica Istruzione*; *il Consiglio Superiore della Magistratura*; *l'Ospedale Maggiore*; *l'universalità della Chiesa*; *le Nazioni Unite.* Si scriverà invece: *una piccola chiesa di campagna*; *abita in un paese di montagna*, e così via;
- nei nomi che indicano particolari cariche, nei titoli onorifici e sim.: *Presidente della Repubblica, Sindaco, Sua Eminenza, Sua Santità il Papa.* Se però tali nomi sono seguiti da nome proprio di persona, si preferisce usare la minuscola: *il presidente Cossiga, il ministro Goria, papa Giovanni, il prefetto Bianchi* e così via. In questa categoria si possono inserire gli aggettivi e i pronomi che si riferiscono direttamente alla divinità o le cosiddette maiuscole reverenziali nel linguaggio epistolare: *prego Iddio perché con il Suo aiuto...*; *Le scrivo per ringraziarLa...*;
- nelle personificazioni sia di concetti che di animali o cose: *la Giustizia*; *il Lupo disse alla Volpe*;
- nei nomi geografici relativi ai punti cardinali, soprattutto quando rimandano a un territorio o ancor più a realtà economico-sociali o politico-militari, mentre in altri casi è più frequente la minuscola: *il Nord della Francia*; *il conflitto tra il Nord e il Sud del mondo*; *nuove proposte dell'Est sul disarmo*; *dirigersi verso sud*; *il Sud-Est asiatico.* Lo stesso vale per termini come *mezzogiorno* quando è usato assolutamente in riferimento all'Italia meridionale: *nel mezzogiorno della Spagna*; *la questione del Mezzogiorno.* I nomi dei giorni della settimana, dei mesi e delle stagioni vanno scritti con l'iniziale minuscola: *mercoledì, febbraio, autunno.* Invece, per i motivi esposti sopra: *il Lunedì dell'Angelo*; *Giovedì Santo*; *la Primavera di Vivaldi*; *il 1° Maggio*;
- nei nomi dei gruppi sistematici di botanica e zoologia: *Muschi, Conifere, Spugne, Vertebrati, ecc.*;
- nei nomi dei pianeti: *Mercurio, Venere*, ecc. Quanto a *Sole, Terra* e *Luna*, vanno scritti con la maiuscola quando è preminente il riferimento astronomico, con la minuscola in tutti gli altri casi: *il movimento di rivoluzione della Terra attorno al Sole*; *eclissi di Luna*; ma: *una passeggiata al chiaro di luna*; *prendere il sole*; *l'aereo si staccò da terra*;
- nei segni zodiacali: *Bilancia, Vergine*, ecc.;
- nelle sigle; per ciò che riguarda le lettere successive alla prima e l'uso dei punti fra una lettera e l'altra, le soluzioni pratiche sono differenziate: *C.G.I.L.* oppure *GCIL* o *Cgil*; nello stesso modo *Tci, Dc, Psi*, ecc. L'iniziale minuscola è limitata ad alcuni casi di sigle divenute lemmi veri e propri: *radar, laser.*

maiuscolétto *s. m.* Carattere maiuscolo d'altezza uguale a quella dell'occhio del minuscolo.

maiuscòlo *agg.* ***1*** Detto di qualsiasi scrittura i cui segni alfabetici siano compresi entro due linee parallele, senza aste che le oltrepassino in alto o in basso; CONTR. Minuscolo. ***2*** (*fig.*) Grande, enorme: *sproposito* —.

maizèna *s. f.* Farina di granturco bianca.

majorette /*ingl.* 'madʒɔret/ *s. f. inv.* (*pl. ingl. majorettes* /'madʒɔretz/) Ragazza che, vestita con una divisa che ricorda quella degli antichi tamburini, precede una sfilata o un corteo, recando una mazza con cui segna il passo o la musica.

make-up /*ingl.* 'meik ʌp/ *s. m. inv.* Trucco del volto.

makò ***A*** *s. m. inv.* Cotone pregiato per filati e stoffe. ***B*** *anche agg.*: *cotone* —.

màla *s. f.* (*gerg.*) Malavita: *il gergo della* —.

malàcca *s. f.* Varietà di canna d'India utilizzata per bastoni, fusti di ombrello e sim.

malaccètto *agg.* Che non è gradito.

malaccortézza *s. f.* L'essere malaccorto.

malaccòrto *agg.* Poco avveduto; SIN. Malavveduto.

malachìte *s. f.* Carbonato basico di rame in cristalli di un bel colore verde, usato anche come pietra ornamentale.

malacologìa *s. f.* (*pl. -gìe*) Ramo della zoologia che studia i molluschi.

malacòpia o *màla còpia s. f.* (*pl. màle còpie o malecòpie*) Minuta.

malacreànza o *màla creànza s. f.* (*pl. màle creànze o malecreànze*) Mancanza di educazione.

malafàtta o *màla fàtta, malefàtta s. f.* (*pl. màle fàtte o malefàtte*) ***1*** *spec. al pl.* Danno, errore, cattiva azione. ***2*** Errore di tessitura.

malaféde o *màla féde s. f.* (*pl. malefédi raro*) Piena consapevolezza della propria slealtà e della propria intenzione di ingannare: *agire in* —; CONTR. Buonafede.

malaffàre *s. m. Solo nella loc. agg. di* —, relativo a chi conduce vita turpe o disonesta: *gente, donna, di* —.

màlaga ***A*** *s. m. inv.* Vino spagnolo, rosso o bianco, liquoroso, prodotto nella regione omonima. ***B*** *s. f.* Uva da cui si ottiene il vino omonimo.

malagévole *agg.* Difficile, duro, faticoso: *salita, sentiero* —; SIN. Scomodo.

malagevolézza *s. f.* L'essere malagevole.

malagiàto *agg.* ***1*** privo di comodità: *appartamento* —. ***2*** Privo di agi.

malagràzia *s. f.* (*pl. malegràzie*) Mancanza di garbo o cortesia: *rivolgersi a qc. con* —; SIN. Sgarbatezza.

malagueña /*sp.* mala'geɲa/ *s. f. inv.* Danza popolare spagnola.

malalìngua o *màla lìngua s. f.* (*pl. malelìngue*) Persona maldicente.

malaménte *avv.* In malo modo, male | A stento.

malandàto *agg.* Ridotto in cattivo stato.

malandrinàggio *s. m.* Brigantaggio.

malandrino ***A*** *s. m.* (*f. -a*) ***1*** Brigante, rapinatore. ***2*** (*fig., scherz.*) Ragazzo vivace, furbo. ***B*** *agg.* ***1*** Ladro, disonesto. ***2*** (*fig.*) Birichino.

malànimo *s. m.* Avversità di sentimenti: *agire con — verso qc.* | *Di* —, contro voglia; SIN. Animosità, ostilità.

malànno *s. m.* ***1*** Danno o disgrazia grave. ***2*** Malattia; SIN. Acciacco. ***3*** (*fig.*) Persona noiosa.

malaparàta o *màla paràta s. f.* (*pl. maleparàte raro*)

(*fam.*) Situazione critica o pericolosa.
malapéna *s. f. Solo nella loc. avv. a* —, a stento, con fatica: *può a — camminare.*
malària *s. f.* Malattia parassitaria causata da plasmodi trasmessi da una zanzara del tipo anofele e caratterizzata da violenti accessi febbrili ricorrenti.
malàrico ***A*** *agg.* (*pl. m. -ci*) Che concerne la malaria. ***B*** *s. m.* (*f. -a*) Chi è affetto da malaria.
malasòrte o *màla sòrte s. f.* (*pl. malesòrti*) Sfortuna | *Per* —, per disgrazia.
malatìccio *agg.* (*pl. f. -ce*) Che ha salute malferma.
malàto ***A*** *agg.* ***1*** Che sta male in salute, che è affetto da qualche malattia: — *agli occhi*; *mano malata*; CONTR. Sano. ***2*** (*fig.*) Che è dominato da un sentimento acceso: *essere — di invidia.* ***B*** *s. m.* (*f. -a*) Chi ha qualche malattia o indisposizione; SIN. Infermo.
malattìa *s. f.* ***1*** Stato patologico per alterazione della funzione di un organo o di tutto l'organismo | — *del sonno*, tripanosomiasi. ***2*** (*est.*) Acciacco, incomodo. ***3*** (*fig.*) Male, vizio.
malauguratamènte *avv.* Per disgrazia.
malauguràto *agg.* Che è di cattivo augurio, che porta sventura.
malaugùrio *s. m.* Cattivo augurio: *persona di* —. [→ tav. *locuzioni* 110]
malavìta *s. f. solo sing.* ***1*** Vita moralmente riprovevole. ***2*** Il complesso delle persone che svolgono abitualmente attività in contrasto con la legge, la morale e sim.
malavòglia o *màla vòglia s. f.* (*pl. malevòglie*) Svogliatezza | *Di* —, mal volentieri.
malavvedùto *agg.* Incauto, malaccorto.
malavvézzo *agg.* Abituato o educato male.
malayṣiàno *agg.; anche s. m.* (*f. -a*) Della Malaysia.
malcadùco *s. m.* (*pl. -chi*) (*pop.*) Epilessia.
malcapitàto *agg.; anche s. m.* (*f. -a*) Detto di chi è capitato male, in un momento inopportuno | Detto di chi ha subito sventure e sim.
malcóncio *agg.* (*pl. f. -ce*) Conciato male, ridotto in cattivo stato: — *per le percosse.*
malcontènto ***A*** *agg.* Scontento, insoddisfatto. ***B*** *s. m.* ***1*** Chi è scontento, insoddisfatto. ***2*** Senso di scontentezza, inquietudine: *il — generale.*
malcostùme *s. m.* (*pl. màli costùmi*) Modo di vivere dissoluto e immorale.
malcuràto *agg.* Curato male.
Maldentàti *s. m. pl.* (*zool.*) Ordine di mammiferi privi di denti o con denti tutti uguali e senza smalto; SIN. Sdentati. [→ ill. *animali* 16]
maldèstro *agg.* ***1*** Che manca di destrezza o abilità. ***2*** Che è senza malizia né furberia né accortezza: *giovane timido e* —.
maldicènte *agg.; anche s. m. e f.* Detto di chi sparla degli altri; SIN. Calunniatore.
maldicènza *s. f.* ***1*** Vizio di fare discorsi malevoli sugli altri. ***2*** Chiacchiera malevole, calunnia.
maldispósto *agg.* Che è disposto sfavorevolmente nei confronti di qc. o q.c.: *essere — verso qc.*; CONTR. Bendisposto.
màle ***A*** *avv.* (*in posizione proclitica spesso troncato in mal; compar. di maggioranza pèggio; sup. malissimo o pessimamènte*) ***1*** In modo non retto, non buono: *agire* — | *Parlare — di qc.*, sparlarne | *Trattare, rispondere* —, con durezza, senza riguardi; CONTR. Bene. ***2*** In modo insoddisfacente, svantaggioso: *mangiare, dormire* —; *riuscire* — | *Bene o* —, in un modo o nell'altro | *Di — in peggio*, con continuo peggioramento | *Restare, rimanere* —, contrariato, deluso | *Vestire* —, senza proprietà ed eleganza | *Stare* —, essere a disagio o indisposto | *Finire* —, avere un cattivo esito. ***3*** In modo imperfetto: *la macchina funziona* — | In modo incompleto (con valore di negazione): *questo particolare — si accorda con il resto.* ***B*** *s. m.* ***1*** Ciò che è cattivo, ingiusto e disonesto: *commettere, fare il* — | *Il genio del* —, persona particolarmente cattiva; CONTR. Bene. ***2*** Ciò che è inutile, inopportuno, svantaggioso: *non sarà — avvertirlo* | Danno: *fare del* — | *Agire a fin di* —, per nuocere ad altri | *Voler* —, desiderare il danno altrui | *Metter* —, discordia | *Aversela a* —, offendersi | *Andare a* —, guastarsi; CONTR. Bene. ***3*** Sventura, avversità: *i mali della vita.* ***4*** Sofferenza fisica o morale: *sentire un gran — al ginocchio*; *mal d'amore*; SIN. Dolore. ***5*** (*med.*) Malattia | *Mal sottile*, tubercolosi | *Mal di mare*, disturbo provocato dai movimenti della nave | — *che non perdona*, (*euf.*) tumore maligno. ***6*** (*bot.*; *gener.*) Malattia della pianta. [→ tav. *proverbi* 15, 54, 67, 102, 150, 196, 260, 261, 266, 292, 302, 386]
maledettamènte *avv.* ***1*** Terribilmente. ***2*** Con grande insistenza, intensità: *lavora* —.
maledétto ***A*** *part. pass. di maledire; anche agg.* ***1*** Che è causa di maledizione o sventura: *quel — giorno*; CONTR. Benedetto. ***2*** Orribile: *tempo* — | Tristo. ***3*** (*fig.*) Insopportabile, molto molesto: *ho una fame maledetta.* ***4*** *Poeti maledetti*, denominazione dei poeti del decadentismo francese. ***B*** *s. m.* (*f. -a*) Persona da esecrare, da maledire.
malèdico *agg.* (*pl. m. -ci; come sup. maledicentissimo*) (*lett.*) Maldicente, calunniatore.
maledìre *v. tr.* (*imperf. indic. io maledicévo, pop. maledivo; pass. rem. io maledìssi, pop. maledìi, tu maledicésti, pop. maledìsti; imp. maledìci; per le altre forme coniug. come dire*) ***1*** Colpire con condanna o anatema: *Dio maledisse Caino.* ***2*** Considerare degno di esecrazione: — *i tiranni.* • CONTR. Benedire.
maledizióne *s. f.* ***1*** Atto del maledire | Anatema, condanna | Imprecazione. ***2*** (*est.*) Persona o cosa fonte di male o di danno. • CONTR. Benedizione.
maleducàto *agg.; anche s. m.* (*f. -a*) Detto di chi è privo di educazione o buona creanza; SIN. Screanzato, villano; CONTR. Beneducato.
maleducazióne *s. f.* ***1*** Cattiva educazione; SIN. Villania. ***2*** Atto o comportamento da maleducato.
malefàtta V. *malafatta.*
malefìcio *s. m.* ***1*** Malia, stregoneria; SIN. Fattura. ***2*** (*raro, lett.*) Delitto, misfatto.
malèfico *agg.* (*pl. m. -ci*) ***1*** Che fa male, che è dannoso: *clima* —; CONTR. Benefico. ***2*** Di maleficio: *fattura malefica* | Che proviene da maleficio: *influsso* —.
maleodorànte *agg.* Che emana cattivo odore.
malèrba *s. f.* Erba inutile o dannosa.
malése *agg.; anche s. m. e f.* Della Malesia.
malèssere *s. m.* ***1*** Sensazione di non star bene; SIN. Indisposizione. ***2*** (*est.*) Inquietudine, turbamento.
malèstro *s. m.* Danno commesso per sbadataggine, irrequietezza, inesperienza.
malevolènza *s. f.* Cattiva disposizione d'animo verso qc.; SIN. Animosità, malanimo, ostilità; CONTR. Benevolenza.
malèvolo *agg.; anche s. m.* (*f. -a; come sup. malevolentissimo*) Che (o chi) vuol male o dimostra malevolenza; CONTR. Benevolo.
malfamàto *agg.* Che gode di cattiva o pessima fama: *locale* —.
malfàre *v. intr.* (*coniug. come fare; aus. avere; oggi usato spec. all'inf. pres. e al part. pass. malfàtto*) Compiere cattive azioni.
malfàtto ***A*** *part. pass. di malfare; anche agg.* ***1*** Mal formato fisicamente: *corpo* — | Realizzato male: *lavoro* —; CONTR. Benfatto. ***2*** (*fig.*) Degno di biasimo: *cose malfatte.* ***B*** *s. m.* Azione degna di biasimo: *riparare il* —.
malfattóre *s. m.* (*f. -trice*) Ribaldo, malandrino, furfante.
malférmo *agg.* Privo di sicurezza, solidità o stabilità (*anche fig.*): *passo* —.
malfidàto *agg.; anche s. m.* (*f. -a*) Detto di chi non si fida; SIN. Diffidente.
malfido *agg.* Che è indegno di fiducia.
malfondàto *agg.* Incerto, mal sicuro.
malformàto *agg.* Non ben formato.
malformazióne *s. f.* ***1*** Irregolarità nella struttura delle parti. ***2*** (*med.*) Alterazione della normale conformazione di un tessuto, organo o parte del corpo.
malfrancése *s. m.* (*med.*; *raro*) Sifilide.
màlga *s. f.* Costruzione rustica, per temporanea dimora di persone e di bestie sui pascoli alpini | Pascolo alpino.
malgàrbo *s. m.* ***1*** Maniera sgraziata. ***2*** Villania, sgarbo.
malgàro *s. m.* Conduttore di pascoli montani, nella malga.
malgàscio *agg.; anche s. m.* (*f. -a; pl. f. -sce*) Del Madagascar.
malgiudicàre *v. tr.* (*io malgiùdico, tu malgiùdichi*) Giudicare ingiustamente.
malgovèrno *s. m.* ***1*** Cattivo governo, cattiva amministra-

zione. ***2*** Mancanza di cura.
malgràdo ***A*** *prep.* Nonostante, a dispetto di: *– le difficoltà ha superato la prova* | Contro la volontà (in unione con gli agg. poss.): *dovrai farlo tuo –.* ***B*** *cong.* Nonostante, sebbene (introduce una prop. concessiva con il v. al congv.): *– non lo meritasse, ha vinto la gara.*
malìa *s. f.* ***1*** Operazione con la quale si pretendeva produrre danni a persone o a cose; SIN. Fattura, incantesimo. ***2*** (*fig.*) Incanto, fascino: *occhi pieni di –.*
maliàrdo ***A*** *agg.* Ammaliatore (*anche fig.*): *sorriso –.* ***B*** *s. m.* (*f. -a*) ***1*** Stregone, fattucchiere. ***2*** (*fig.*) Uomo o donna che conquista.
malignàre *v. intr.* (*aus. avere*) Fare discorsi o pensieri cattivi su qc. o q.c.: *– su qc.*
malignità *s. f.* ***1*** Malvagità d'animo, disposizione a pensare o giudicare male. ***2*** Insinuazione o interpretazione maligna. ***3*** Carattere di ciò che è avverso, sfavorevole: *la – del destino.*
maligno ***A*** *agg.* ***1*** Che agisce, parla o pensa con malignità | *Spirito –*, il demonio | (*est.*) Che muove da odio, malvolere e sim.: *insinuazione maligna.* ***2*** Di morbo pericoloso per la vita: *tumore –*; CONTR. Benigno. ***B*** *s. m.* (*f. -a*) Persona malevola, malvagia | *Il Maligno*, (*per anton.*) il demonio.
malinconìa o *melanconia s. f.* ***1*** Secondo l'antica medicina, umor nero secreto dalla bile. ***2*** Dolce e delicata tristezza. ***3*** Pensieri, presentimenti e sim. che causano tristezza o preoccupazione. ***4*** (*psicol.*) Stato patologico di tristezza, pessimismo, sfiducia, senza una causa apparente adeguata.
malincònico o *melancònico agg.* (*pl. m. -ci*) ***1*** Che sente o è propenso a sentire malinconia. ***2*** Che dà malinconia: *idee malinconiche.*
malincuòre *vc. Solo nella loc. avv. a –*, di malavoglia, con rincrescimento.
malinformàto *agg.* Che ha avuto informazioni inesatte.
malintenzionàto *agg.; anche s. m.* (*f. -a*) Detto di chi ha intenzione di nuocere: *essere – contro q.c., a riguardo di qc.*; CONTR. Benintenzionato.
malintéso ***A*** *agg.* Male interpretato. ***B*** *s. m.* Falsa o errata interpretazione che è causa di screzi, dispiaceri e sim.; SIN. Equivoco.
malióso *agg.* Che incanta.
malìzia *s. f.* ***1*** Inclinazione a commettere azioni disoneste, ingiuste, maligne. ***2*** Compiaciuta conoscenza del male. ***3*** Capacità di comprendere ciò che è audace e piccante: *esprimersi con –.* ***4*** Astuzia o accorgimento per ingannare qc.: *le malizie di alcuni commercianti.*
maliziosità *s. f.* L'essere malizioso.
malizióso *agg.* ***1*** Pieno di malizia. ***2*** Che denota malizia: *sguardo –.*
malleàbile *agg.* ***1*** Detto di sostanza metallica capace di assumere forme diverse, spec. di essere ridotta in fogli sottili, se sottoposta a sollecitazioni di compressione, frazione o urti, senza subire rotture o alterazioni. ***2*** (*fig.*) Facile a convincersi, a essere persuaso: *carattere –*; CFR. Duttile.
malleabilità *s. f.* Qualità di malleabile (*anche fig.*); CFR. Duttilità.
malleolàre *agg.* (*anat.*) Del malleolo.
mallèolo *s. m.* (*anat.*) Sporgenza ossea in corrispondenza della caviglia.
mallevadóre *s. m.* (*f. -drice*) ***1*** (*dir.*) Colui che garantisce, obbligandosi, l'adempimento altrui. ***2*** (*est.*) Garante: *mi faccio – della sua onestà.*
malleverìa *s. f.* Garanzia personale dell'adempimento altrui.
màllo *s. m.* Involucro verde e coriaceo che forma la parte esterna delle noci e delle mandorle. [→ ill. *botanica*]
mallòppo *s. m.* Involto, fagotto | (*gerg.*) Refurtiva: *restituire il –.*
malmaritàta *agg.; anche s. f.* Donna che ha avuto un cattivo marito.
malmenàre *v. tr.* (*io malméno*) ***1*** Percuotere qc. conciandolo male: *– i prigionieri.* ***2*** (*fig.*) Bistrattare, maltrattare.
malmeritàre *v. intr.* Acquistare cattivi meriti.
malmésso *agg.* Che è vestito, conciato, arredato e sim. male, senza gusto o senza cura; SIN. Trasandato.
malnàto *agg.* ***1*** Villano, screanzato. ***2*** Tristo, cattivo: *uomini malnati.*
malnutrìto *agg.* Che si nutre in modo insufficiente o irrazionale.
malnutrizióne *s. f.* (*med.*) Condizione morbosa determinata da insufficiente, squilibrato o eccessivo apporto di alimenti.
màlo *agg.* (*lett.*) Cattivo, triste, malvagio: *mala lingua, mala parata, mala grazia* | *Mala femmina*, prostituta | *Mala morte*, accidentale | *Ridurre a mal partito*, conciare male | *Rispondere in – modo*, sgarbatamente. [→ tav. *proverbi* 37, 224, 225, 345]
malòcchio *s. m.* Nelle credenze popolari, influsso malefico che si ritiene derivi dallo sguardo di alcune persone: *gettare il – su qc.*; SIN. Iettatura.
malóra *s. f.* Perdizione, rovina: *andare, mandare in –.*
malóre *s. m.* Indisposizione improvvisa.
malpélo *agg.* Si dice di chi, avendo i capelli rossi, è ritenuto dall'opinione popolare malvagio e astuto: *un rosso –.*
malpensànte *agg.; anche s. m. e f.* Detto di chi ha idee diverse da quelle della maggioranza e ritenute erronee.
malpìglio *s. m.* (*lett.*) Atto o atteggiamento di sdegno o minaccia verso qc.
malpreparàto *agg.* Che non è ben preparato in q.c.
malridótto *agg.* Malconcio, malandato.
malsàno *agg.* ***1*** Che ha salute scarsa o cagionevole: *bambino –.* ***2*** Privo di salubrità: *luogo –*; SIN. Insalubre.
malservìto *agg.* Servito alla peggio.
malsicùro *agg.* ***1*** Che è privo di solidità, sicurezza, stabilità. ***2*** (*fig.*) Incerto, dubbio.
mälström /*norv.* mælstrom/ *s. m. inv.* Fenomeno marino di tipo vorticoso che si verifica nel mare di Norvegia.
màlta *s. f.* Impasto plastico di acqua, sabbia e un legante solido; usata nelle costruzioni edilizie per la sua facoltà di indurire.
maltagliàto *s. m. spec. al pl.* Pasta da minestra tagliata a pezzi irregolari, solitamente in forma di rombo. [→ ill. *pasta*]
maltàsi *s. f.* Fermento digestivo che scinde il maltosio in due molecole di glucosio.
maltèmpo *s. m.* Cattivo tempo, cattiva stagione.
maltenùto *agg.* Che non è tenuto con la dovuta cura.
maltése ***A*** *agg.; anche s. m. e f.* Di Malta. ***B*** *agg.* Che proviene, o si ritiene provenga, da Malta: *cane –* | *Capra –*, lattifera, a pelo lungo | *Febbre –*, brucellosi. [→ ill. *cane*]
màlto *s. m.* Prodotto derivato da semi di cereali germinati nei quali si sviluppa un fermento che trasforma l'amido in maltosio; usato nella fabbricazione della birra.
maltòlto *agg.; anche s. m.* Che (o ciò che) è stato tolto indebitamente.
maltòsio *s. m.* Disaccaride composto di due molecole di glucosio, principale costituente del malto, ottenuto per idrolisi dell'amido.
maltrattaménto *s. m.* Atto del maltrattare | Atteggiamento violento, offensivo e sim.
maltrattàre *v. tr.* Trattare in malo modo; SIN. Malmenare, strapazzare.
maltusianìsmo *s. m.* Dottrina e insieme delle pratiche tendenti a limitare l'aumento indiscrimiato della popolazione (dal nome dell'economista inglese T.B. Malthus).
maltusiàno *agg.; anche s. m.* (*f. -a*) Che (o chi) segue le teorie di Malthus.
malumóre *s. m.* ***1*** Umore inquieto e stizzoso. ***2*** (*est.*) Rancore, discordia.
màlva ***A*** *s. f.* Pianta bienne delle Malvali, con foglie con lungo picciolo e fiori rosei, da cui si ricava un decotto medicinale. [→ ill. *piante* 6] ***B*** *s. m. inv.* Colore rosa tendente al viola.
Malvàcee *s. f. pl.* Famiglia di piante erbacee o legnose delle Malvali, con fiori pentameri e frutto a capsula. [→ ill. *piante* 6]
malvàgio ***A*** *agg.* (*pl. f. -gie*) Maligno, perfido | Cattivo. ***B*** *s. m.* (*f. -a*) Persona malvagia.
malvagità *s. f.* Natura di malvagio | Azione malvagia; SIN. Cattiveria, perversità.
Malvàli *s. f. pl.* (*sing. -e*) Ordine di piante dicotiledoni con foglie stipolate e fiori pentameri. [→ ill. *piante* 6]
malvasìa *s. f.* Vino bianco o rosso, ricco di aroma, deri-

vante dal vitigno omonimo.
malversàre *v. tr.* (*io malvèrso*) Rendersi colpevole di malversazioni.
malversatóre *s. m.* (*f. -trice*) Chi si rende colpevole di malversazione.
malversazióne *s. f.* Reato di chi si appropria di denaro o cosa mobile di cui ha il possesso per ragioni del suo ufficio o servizio.
malvestito *agg.* **1** Coperto di abiti logori o laceri. **2** Che indossa abiti di cattivo gusto.
malvézzo *s. m.* Cattiva abitudine.
malvissùto *agg.* Che è vissuto male, sciupando la propria vita.
malvisto *agg.* Considerato con antipatia, avversione: *essere — dai colleghi*; SIN. Inviso; CONTR. Benvisto.
malvivènte *agg.; anche s. m. e f.* Delinquente, malfattore, bandito.
malvivènza *s. f.* **1** (*raro*) Condizione di malvivente. **2** Complesso dei malviventi.
malvolentièri *avv.* Controvoglia, non volentieri o poco volentieri: *fare q.c. —*.
malvolére **A** *v. tr.* (*oggi dif. usato solo all'inf. pres., al part. pres. malvolènte e al part. pass. malvolùto*) Avere qc. in antipatia, voler male a qc.: *prendere qc. a —*. **B** *s. m.* **1** Ostilità: *dimostrare a qc. il proprio —*. **2** Cattiva volontà.
màmbo *s. m.* Ballo originario dell'America centrale, a ritmo veloce, affine alla rumba.
màmma o (*merid.*) *mammà s. f.* **1** (*fam.*) Madre | *Come — l'ha fatto*, tutto nudo. **2** *Nella loc. inter. — mia*, esprime impazienza, stupore, contrarietà, spavento, gioia, dolore: *— mia, che impressione!* **3** Donna buona e gentile che si prende cura di qc. con affetto materno: *la — dei poveri.*
mammalùcco *s. m.* (*f. -a nel sign. 2; pl. m. -chi*) **1** (*st.*) Mercenario al servizio del sovrano d'Egitto. **2** (*fig.*) Sciocco, stupido.
mammàna *s. f.* (*dial, merid.*) Levatrice.
mammàrio *agg.* Che concerne la mammella.
mammasantìssima *s. m. inv.* (*gerg., merid.*) Capo della camorra napoletana o della mafia siciliana.
mammèlla *s. f.* (*anat.*) Ghiandola cutanea caratteristica dei mammiferi che nelle femmine è deputata alla produzione del latte dopo il parto.
mammellonàto *agg.* Detto di altura o superficie che presenta contorni, formazioni o superfici tondeggianti.
Mammìferi *s. m. pl.* Classe di Vertebrati che posseggono ghiandole mammarie, corpo quasi sempre rivestito di peli, respirazione polmonare, circolazione doppia e completa. [→ ill. *animali* 15, *zoologia*]
mammìfero *agg. e s. m.* Dotato di ghiandole mammarie: *animale —* | Appartenente alla classe dei mammiferi (v.).
mammillàre *agg.* **1** Di mammella. **2** Che ha forma tondeggiante di mammella.
mammişmo *s. m.* **1** Bisogno esasperato di protezione materna, in certi uomini adulti. **2** Tendenza di certe madri a interferire in modo eccessivo nella vita dei figli, anche adulti.
mammografìa *s. f.* (*med.*) Esame radiologico della mammella femminile.
màmmola *s. f.* Viola spontanea delle siepi e boscaglie con rizoma obliquo, foglie cuoriformi dentate, fiori odorosi violetti sterili, seguiti da altri fertili poco appariscenti. [→ ill. *piante* 5]
mammùt *s. m.* **1** Elefante del Quaternario, estinto, provvisto di pelliccia e adattato a climi freddi, con cranio molto grosso e zanne ricurve verso l'alto. [→ ill. *paleontologia*] **2** (*fig.*) Petroliera gigante.
management /*ingl.* 'mænidʒmənt/ *s. m. inv.* Amministrazione, direzione, gestione d'una azienda.
manager /*ingl.* 'mænidʒə/ *s. m. e f. inv.* (*pl. ingl. managers* /'mænidʒəz/) **1** Nell'impresa moderna, dirigente che assume direttamente le funzioni dell'imprenditore. **2** Chi cura gli interessi di attori, cantanti, atleti e sim.
manageriàle *agg.* Proprio del manager.
manàide *s. f.* Rete per la pesca delle acciughe in alti fondali.
manàle *s. m.* Mezzo guanto usato da calzolai e sellai per cucire.
manàta *s. f.* **1** Colpo dato con una mano. **2** Quanto si può tenere o stringere in una mano: *una — di soldi.*
manàto *s. m.* (*zool.*) Lamantino.
mànca *s. f.* **1** Mano sinistra. **2** Parte sinistra: *voltare a —* | *A dritta e a —*, per ogni verso.
mancaménto *s. m.* **1** Momentaneo venir meno delle forze. **2** (*fig.*) Colpa, fallo, peccato. **3** Imperfezione fisica o morale.
mancànza *s. f.* **1** Il mancare | *In — di meglio*, non disponendo di cose migliori | (*est.*) Penuria, scarsità: *— di acqua*; SIN. Carenza, carestia. **2** Fallo: *commettere una — grave.* **3** Imperfezione, errore: *rilevare le mancanze di q.c.*
mancàre **A** *v. intr.* (*io mànco, tu mànchi; aus. essere* nei sign. 1, 2, 3, 4, 5, 6*; aus. avere* nei sign. 7, 8, 9) **1** Far difetto, essere insufficiente: *nella città assediata manca il pane* | *— poco*, esser sul punto di far q.c. | *Gli manca la parola*, detto di animale molto intelligente | (*fig.*) *Gli manca un giovedì, un venerdì*, detto di chi è un po' matto | *Non ci mancherebbe altro!, ci mancherebbe altro!*, sarebbe il colmo; SIN. Scarseggiare. **2** Soffrir privazioni o aver difetto di q.c.: *— di mezzi*; SIN. Difettare. **3** Venir meno: *— le forze, la parola* | *Venire a —*, finire. **4** Deperire, struggersi: *va mancando a poco a poco.* **5** Estinguersi | Morire: *è mancato all'improvviso.* **6** Esser lontano o assente: *— dalla famiglia.* **7** Omettere, tralasciare: *non mancherò di ringraziarli.* **8** Venir meno: *— alla promessa* | *— di parola*, non mantenere ciò che si è promesso | *— di rispetto*, offendere. **9** Essere in errore, in colpa: *scusami se ho mancato nei tuoi confronti.* **B** *v. tr.* Fallire: *— il colpo.*
mancàto *part. pass. di mancare; anche agg.* Che non ha avuto effetto: *tentativo —* | Fallito: *artista —*.
manche /*fr.* mɑ̃ʃ/ *s. f. inv.* (*pl. fr. manches* /mɑ̃ʃ/) **1** Nei giochi, spec. di carte, ciascuna partita. **2** Nel ciclismo su pista, fase eliminatoria | In vari altri sport, ognuna delle prove parziali che determinano il risultato di una gara: *la seconda — dello slalom.*
manchette /*fr.* mɑ̃'ʃɛt/ *s. f. inv.* (*pl. fr. manchettes* /mɑ̃'ʃɛt/) **1** Titolo, motto, stampato con evidenza al lato della testata di un giornale. [→ ill. *stampa*] **2** Fascetta pubblicitaria che avvolge un libro in vendita.
manchévole *agg.* Che manca o vien meno: *luce —*; *esser — ai propri impegni.*
manchevolézza *s. f.* **1** Carattere di ciò che è manchevole. **2** Atto o comportamento scorretto, offensivo e sim.
mància *s. f.* (*pl. -ce*) Sovrappiù sul compenso dovuto che si dà a chi presta un servizio | *— competente*, compenso che si promette a chi riporta un oggetto smarrito.
manciàta *s. f.* Quanto si può prendere con una mano.
mancìna *s. f.* Mano o parte sinistra.
mancinişmo *s. m.* (*med.*) Disposizione naturale a usare di preferenza agli arti della parte sinistra del corpo; CONTR. Destrismo.
mancìno **A** *agg.* **1** Sinistro. **2** (*fig.*) Maligno, cattivo: *giocare a qc. un tiro —*. **B** *s. m.* (*f. -a*) Chi è solito usare la mano sinistra anziché la destra.
mànco **A** *agg.* (*pl. m. -chi*) Sinistro, mancino: *lato —*; *mano manca.* **B** *s. m.* (*lett.*) Mancanza, difetto. **C** *avv.* **1** (*lett.*) Meno. **2** (*pop.*) Nemmeno, neppure, neanche: *— per idea*; *— per sogno.*
mancolìsta *s. f.* Lista di oggetti mancanti.
mandamentàle *agg.* Relativo al mandamento: *carcere —*.
mandaménto *s. m.* (*dir.*) Circoscrizione giudiziaria entro cui il pretore esplica le proprie funzioni.
mandànte **A** *part. pres. di mandare; anche agg.* Che manda. **B** *s. m. e f.* Chi demanda ad altri l'esecuzione di q.c., spec. di un reato.
mandaràncio *s. m.* Frutto ibrido del mandarino e dell'arancio, affine al primo per dimensioni ma con buccia liscia e colore carico. [→ ill. *frutta*]
mandàre *v. tr.* **1** Far andare qc. con un ordine e a un fine determinato: *— a chiamare qc.*; *— qc. per legna* | *Non — a dire le cose*, dirle in faccia | Far andare: *— in giro qc.* | *— a gambe levate*, far cadere rovinosamente (*anche fig.*) | *— all'aria, a monte q.c.*, farla fallire | *— a picco, a fondo*, affondare | *— in rovina*, rovinare | *— qc. all'altro mondo, al Creatore, in paradiso*, ucciderlo | *— in fumo, in nulla*, (*fig.*) render vano | *— in pezzi*, spez-

zare | — *via qc.*, scacciarlo, licenziarlo. **2** Inviare, spedire: — *una lettera* | Indirizzare, dirigere: — *le acque in un fossato* | — *giù*, ingoiare e, (*fig.*) sopportare | *Non — giù q.c.*, (*fig.*) non riuscire a sopportarla | — *a effetto, a compimento*, concludere | — *a perfezione*, far riuscire perfettamente. **3** Destinare qc. a un ufficio o assegnarlo a una sede: *lo mandarono come pretore in provincia* | (*fig.*) — *qc. al diavolo, a quel paese, in malora*, non volerne più sapere. **4** Mettere in moto, far funzionare: — *la macchina* | — *in onda*, trasmettere alla radio o alla televisione. **5** Emettere, emanare: — *grida di gioia*. **6** Concedere come premio, castigo e sim. | *Che Dio ce la mandi buona!*, ci conceda un felice esito di q.c. | *Piove come Dio la manda*, con grande intensità. [→ tav. *proverbi* 111, 141; → tav. *locuzioni* 90]

mandarino (1) *s. m.* Funzionario civile dell'antico impero cinese.

mandarino (2) *s. m.* Albero delle Terebintali con frutto sferico un poco schiacciato, a buccia aranciata, dolcissimo | Frutto di tale albero. [→ ill. *frutta, piante* 7]

mandàta *s. f.* **1** Atto del mandare | Quantità di cose mandate in una sola volta. **2** Tratto che un giro della chiave fa percorrere alla stanghetta: *chiudere l'uscio a tre mandate*.

mandatàrio *s. m.* (*f. -a*) Chi fa q.c. per mandato d'altri.

mandàto *s. m.* **1** (*dir.*) Contratto con cui una persona si obbliga a compiere q.c. nell'interesse di un'altra. **2** (*dir.*) Provvedimento con cui il pretore o un giudice dispongono la comparizione, l'accompagnamento, l'arresto o la cattura dell'imputato o di altro soggetto: — *di comparizione*. **3** Autorità o facoltà di fare q.c.: — *di fiducia*; *tradire il* —. **4** — *internazionale*, istituto oggi inesistente, in forza del quale popoli ritenuti incapaci di autogovernarsi erano affidati alla tutela di nazioni più progredite.

mandìbola *s. f.* (*anat.*) Osso impari mediano della faccia, costituito da due branche orizzontali e da due branche verticali che si articolano con l'osso temporale del cranio permettendo l'apertura della bocca | Correntemente, la mascella inferiore. [→ ill. *anatomia umana*]

mandibolàre *agg.* Della mandibola.

mandòla *s. f.* Strumento a corda della famiglia dei liuti.

mandolinàta *s. f.* Sonata per mandolino.

mandolinìsta *s. m. e f.* (*pl. m. -i*) Chi suona il mandolino.

mandolìno *s. m.* Mandola di più alta acutezza, con corde abbinate, accordata come il violino. [→ ill. *strumenti musicali*]

màndorla *s. f.* **1** Frutto del mandorlo, contenente uno o due semi, dolci o amari secondo la varietà, commestibili | *Occhi a* —, di taglio allungato | (*est.*) Seme di molti frutti carnosi, come pesca, albicocca e sim. [→ ill. *frutta*] **2** Motivo ornamentale che per la forma ricorda una mandorla.

mandorlàto **A** *agg.* Contenente mandorle: *cioccolato* —. **B** *s. m.* Pasta dolce con mandorle abbrustolite.

mandorléto *s. m.* Piantagione di mandorli.

màndorlo *s. m.* Albero delle Rosali che fiorisce prima di mettere le foglie, con fiori bianchi, foglie lanceolate seghettate, frutto a drupa che a maturità si apre in due valve lasciando libero il nocciolo contenente i semi. [→ ill. *piante* 8]

màndra V. *mandria*.

mandràgola o *mandràgora s. f.* Erba velenosa delle Tubiflorali con fiori bianchi, foglie seghettate e grosse radici alle quali un tempo si attribuivano virtù magiche. [→ ill. *piante* 12]

màndria o *màndra s. f.* **1** Branco numeroso di bovini, cavalli, bufali. **2** (*spreg.*) Insieme disordinato di persone.

mandriàno *s. m.* (*f. -a*) Custode della mandria.

mandrìllo *s. m.* **1** Scimmia cinocefala africana, di indole molto selvaggia, con il muso solcato da pieghe cutanee verticali e coda ridottissima. [→ ill. *animali* 21] **2** (*fig.*) Uomo molto libidinoso.

mandrìno *s. m.* **1** (*tecnol.*) Albero principale della macchina utensile che ha la funzione di trasmettere il moto rotatorio al pezzo. [→ ill. *tornio*] **2** Utensile per allargare fori, tubi e sim. [→ ill. *orologiaio*]

mandritta *s. f.* Mano destra, lato destro.

màne *s. f. solo sing.* (*lett.*) Mattina | *Da — a sera*, dalla mattina alla sera, continuamente.

-mane *secondo elemento* di sost. designanti persona, che corrispondono ai sost. in *-mania* (V.): *cleptomane, cocainomane, grafomane*.

maneggévole *agg.* **1** Che si può maneggiare facilmente. **2** (*fig.*) Docile, arrendevole, malleabile: *carattere* —.

maneggevolézza *s. f.* L'essere maneggevole.

maneggiàre **A** *v. tr.* (*io manéggio*) **1** Trattare con le mani, tenere tra le mani per scopi vari: — *la cera*. **2** Saper usare q.c. con particolare abilità (*anche fig.*): — *lo scalpello, il pennello* | — *la penna*, saper scrivere | — *la lingua*, scrivere con originalità. **3** (*fig.*) Amministrare: — *forti somme di denaro*. **B** *v. intr. pron.* (*raro*) Destreggiarsi.

maneggiatóre *s. m.* (*f. -trice*) Chi maneggia (*anche fig.*).

manéggio (1) *s. m.* **1** Uso, impiego, spec. con le mani: *essere abile nel — del pennello*. **2** Amministrazione, direzione, governo: *il — degli affari*. **3** Azione, affare o traffico condotto con astuzia. **4** Luogo, pista ove vengono addestrati o si esibiscono cavalli e cavalieri in particolari esercizi d'andatura. [→ ill. *circo*]

maneggìo (2) *s. m.* Atto del maneggiare continuo.

maneggióne *s. m.* (*f. -a*) Intrigante.

manésco *agg.* (*pl. m. -schi*) Pronto a menar le mani: *ragazzo* —.

manétta *s. f.* **1** Piccola leva con manopola, pomello e sim., per comandare a mano un dispositivo: — *dell'aria*. **2** *al pl.* Ferri di varia forma usati dalla polizia per tenere stretti insieme i polsi degli arrestati.

manfòrte o *man forte s. f. inv.* Sostegno, aiuto | *Dare, prestare — a qc.*, spalleggiare qc.

manganàre *v. tr.* (*io màngano*) Dare il lustro alle stoffe di lino col mangano.

manganatùra *s. f.* Operazione tessile del manganare tessuti di lino o di cotone misto lino.

manganellàre *v. tr.* (*io manganèllo*) Percuotere col manganello.

manganellàta *s. f.* Colpo di manganello.

manganèllo *s. m.* **1** *Dim. di mangano*. **2** Bastone, randello.

manganése *s. m.* Elemento chimico, metallo splendente, duro, fragile, spesso accompagnato al ferro; componente di acciai e altre leghe. SIMB. Mn.

manganina *s. f.* Lega di rame, manganese e nichel, usata spec. per realizzare resistenze elettriche.

màngano *s. m.* **1** Grosso ordigno a pesi per dare il lustro a tele e drappi. **2** Grossa macchina per stirare. **3** Antica macchina da guerra per lanciare proietti. [→ ill. *armi*]

manganóso *agg.* Detto di composto del manganese bivalente | *Solfato* —, di colore rosa, usato come mordente in tintoria.

mangeréccio *agg.* (*pl. f. -ce*) Da mangiare, buono a mangiarsi: *funghi mangerecci*; SIN. Commestibile.

mangerìa *s. f.* Profitto estorto da amministratori disonesti.

mangiàbile *agg.* Che si può mangiare; SIN. Commestibile; CONTR. Immangiabile.

mangiadischi *s. m.* Nome commerciale di giradischi portatile a espulsione automatica dei dischi fonografici.

màngia-e-bévi *loc. s. m. inv.* Gelato misto, con frutta e liquore, servito in grandi bicchieri.

mangiafùmo *agg. inv.* Detto di candela che, accesa, dissolve il fumo del tabacco in una stanza.

mangianàstri *s. m.* Nome commerciale di un apparecchio a transistor che riproduce musica con inserzione di nastri magnetici, contenuti in appositi caricatori.

mangiapàne *s. m. e f. inv.* Persona buona solo a mangiare | — *a ufo, a tradimento*, chi vive alle spalle altrui.

mangiaprèti *s. m. e f.* Chi odia i preti e ne sparla | Chi è anticlericale convinto.

mangiàre **A** *v. tr.* (*io màngio*) **1** Prendere un cibo, masticarlo e deglutirlo: — *carne, pesci*; — *in fretta* | — *per vivere*, essere parco | *Vivere per* —, essere ingordo | *Non aver da* —, essere poverissimo | — *a crepapelle*, (*fig.*) moltissimo | — *a quattro palmenti*, con estrema voracità | — *per tre, per quattro*, in grande quantità | — *di magro*, astenersi dalle carni | — *in bianco*, evitando salse, condimenti piccanti | (*fig.*) — *la minestra in testa a qc.*, essere più alto, essere più bravo in q.c. | (*fig.*) — *alle spalle di qc.*, farsi mantenere | — *la foglia*, (*fig.*) rendersi conto di qualche inganno o sotterfugio | Prendere uno dei pasti giornalieri: *è ora di* —; — *in trattoria* | *Far da* —, preparare il pasto. **2** Divorare (*anche* *fig.*): *s'è mangiato tutta la torta* | (*fig.*) *Mangiarsi, — vivo qc.*, sgridarlo con molta asprezza | (*fig.*) *Mangiarsi il cuore, il fegato*, per ira, astio e sim. | *Mangiarsi le unghie*, rosicchiarle, spec. per vizio | (*fig.*) *Mangiarsi le mani*, per aver perduto una buona occasione e sim. | (*fig.*) *—, mangiarsi, qc. o q.c. con gli occhi*, guardare con passione, desiderio e sim. | (*fig.*) *Mangiarsi una lettera, una sillaba, le parole* e sim., non pronunciarla, o pronunciarla male. ***3*** (*fig.*) Intaccare, corrodere: *la ruggine mangia il ferro.* ***4*** Consumare: *una caldaia che mangia troppo carbone.* ***5*** Distruggere, sperperare: *gli ha mangiato il patrimonio.* ***6*** Giocando a scacchi, a dama, a carte, prendere un pezzo o una carta dell'avversario. ***B*** *s. m.* ***1*** Atto del mangiare: *persona molto difficile nel —.* ***2*** Ciò che si mangia. [→ tav. *proverbi* 56, 75, 79, 186, 230, 258, 317; → tav. *locuzioni* 62]

mangiasòldi *agg. inv. Nella loc.* *macchinetta —*, slot-machine.

mangiàta *s. f.* Atto del mangiare una volta e in abbondanza; SIN. Scorpacciata.

mangiatóia *s. f.* ***1*** Nella stalla, recipiente in legno o muratura, a forma di lunga cassa, dove si pongono gli alimenti innanzi agli animali. [→ ill. *stalla*] ***2*** (*fig.*) Fonte di guadagno più o meno lecita.

mangiatóre *s. m.* (*f. -trìce*) Chi mangia abbondantemente.

mangime *s. m.* Alimento sfarinato, granulato o sotto forma di semi, destinato agli animali.

mangimìstico *agg.* (*pl. m. -ci*) Di, relativo a mangime.

mangióne *s. m.; anche agg.* (*f. -a*) Chi (o che) mangia molto o avidamente.

mangiucchiàre *v. tr.* (*io mangiùcchio*) Mangiare poco, di tanto in tanto e senza voglia.

màngo *s. m.* (*pl. -ghi*) Albero delle Terebintali coltivato nelle zone tropicali, che produce frutti polposi commestibili e molto pregiati | Il frutto di tale pianta. [→ ill. *piante* 7]

mangósta o *mangùsta* *s. f.* Mammifero dei Carnivori di piccole dimensioni con corpo allungato, arti brevi, unghie ben sviluppate, cacciatore di serpenti. [→ ill. *animali* 20]

mangròvia *s. f.* Particolare tipo di vegetazione presente lungo le rive dei mari tropicali, caratterizzato da piante che si fissano al suolo con radici avventizie originate dai rami.

mangùsta V. *mangosta.*

màni *s. m. pl.* Anime divinizzate dei trapassati che presso gli antichi Romani erano onorate con offerte di fiori, libazioni e cibarie.

manìa *s. f.* ***1*** Disturbo mentale caratterizzato dall'avere un'idea fissa: *— suicida* | (*est.*) Idea ossessiva, fissazione: *ha la — dell'ordine* | (*est.*) Abitudine insolita, ridicola: *ha la — di parlare da solo* | (*est.*) Passione, gusto, interesse eccessivo per q.c.: *ha la — del ballo.* ***2*** (*med.*) Stato mentale anormale, caratterizzato da un senso generale di euforia e grande eccitazione, allegria irrefrenabile e immotivata, ottimismo eccessivo e sim.

-manìa *secondo elemento:* in parole composte spec. della terminologia medica, indica passione spiccata, eccessiva (*bibliomania, grafomania*) o bisogno eccessivo o patologico (*cleptomania, tossicomania*).

maniacàle *agg.* Di mania.

manìaco ***A*** *agg.* (*pl. m. -ci*) Che concerne la mania. ***B*** *agg.; anche s. m.* (*f. -a*) Affetto da mania | (*est.*) Che manifesta un eccessivo interesse per q.c.: *un — del calcio.*

mànica *s. f.* ***1*** Parte di un indumento che ricopre il braccio | *Mezza —*, manica di tela nera che ricopre l'avambraccio, usata da impiegati, scrivani e sim. | *Essere in maniche di camicia*, senza giacca | *Tirarsi su, rimboccarsi le maniche*, per lavorare con maggior libertà, e (*fig.*) cominciare a fare q.c. con entusiasmo | *È un altro paio di maniche!*, è un'altra cosa | *Essere di — larga, largo di —*, (*fig.*) essere indulgente | *Essere di — stretta, stretto di —*, (*fig.*) essere rigido | (*fig.*) *Avere qc. nella —*, manifestargli benevolenza | (*fig.*) *Essere nella — di qc.*, goderne i favori. [→ ill. *abbigliamento*] ***2*** (*est.*) Breve tubo per acqua o aria | *— a vento*, tubo che porta aria dai ponti scoperti ai locali interni della nave; negli aeroporti, grosso tubo leggermente conico in tela bianca e rossa, che gonfiato dal vento ne indica la direzione e, grosso modo, l'intensità. [→ ill. *meteorologia*] ***3*** (*fig., spreg.*) Manipolo, banda: *— di furfanti, di bricconi.*

manicàio *s. m.* (*zool.*) Cappalunga.

manicarétto *s. m.* Vivanda squisita e appetitosa.

manicheìsmo *s. m.* Religione sorta nel III sec. d. C. in ambiente iranico a opera di Mani, che sosteneva la coesistenza e il conflitto dei due principi del bene e del male | (*est.*) Posizione ideologica che esagera la inconciliabilità di due principi.

manichèo ***A*** *agg.* Che si riferisce a Mani o al manicheismo. ***B*** *s. m.* Seguace del manicheismo.

manichétta *s. f.* ***1*** *Dim. di manica.* ***2*** Mezza manica. ***3*** Tubo flessibile e di piccolo diametro per acqua o aria. [→ ill. *vigili del fuoco*]

manichìno *s. m.* ***1*** Fantoccio snodabile usato come modello da pittori e scultori. [→ ill. *pittore, scuola*] ***2*** Fantoccio in legno, plastica e sim. a sembianze e membra femminili o maschili, usato dai sarti per confezionare abiti e nei negozi per esporli. [→ ill. *tessuto*]

mànico *s. m.* (*pl. -ci* o *-chi*) ***1*** Parte di un oggetto, di uno strumento e sim., che serve per sollevare o maneggiare l'oggetto stesso | *Ogni cosa va presa per il suo —*, (*fig.*) per il suo verso | *Il difetto è, sta nel —*, (*fig.*) nella causa di un'azione e non negli strumenti usati. [→ ill. *abbigliamento, coltello, martello, stoviglie*] ***2*** Parte dell'impugnatura delle tre armi della scherma. ***3*** Parte dello strumento a corda, che porta le corde e i bischeri. [→ tav. *proverbi* 177; → tav. *locuzioni* 23]

manicomiàle *agg.* ***1*** Di, da manicomio. ***2*** (*fig.*) Assurdo, pazzesco: *situazione —.*

manicòmio *s. m.* ***1*** Luogo di ricovero e cura dei malati mentali. ***2*** (*fig., scherz.*) Ambiente pieno di rumore e confusione.

manicòtto *s. m.* ***1*** Sorta di cilindro di pelliccia imbottito e aperto alle due estremità per accogliere le mani e ripararle dal freddo. ***2*** Dispositivo amovibile a forma di cilindro cavo, per collegare due tubi o altri pezzi metallici | Giunto cilindrico cavo, atto a trasmettere il movimento rotatorio fra due alberi coassiali.

manicùre *s. f. e* (*raro*) *m. inv.* ***1*** Chi per mestiere cura le mani altrui, e spec. le unghie. ***2*** Trattamento che si fa alle mani e spec. alle unghie tagliandole, pulendole e sim.

manièra *s. f.* ***1*** Modo particolare di fare, di essere e di procedere: *ognuno pensa alla sua —* | Modo: *complemento di —; in nessuna —* | *In tutte le maniere*, in tutti i modi, a ogni costo | *— di vita*, norma, regola | Guisa, costume: *alla — dei contadini* | Tatto, garbo, creanza: *ci vuol —!; fare le cose con —* | *Persona di buone maniere*, educata | *Avere cattive maniere*, essere maleducato | *Che maniere sono queste?*, espressione di biasimo | *Belle maniere!, che —!, che maniere!*, escl. di riprovazione e di sdegno; SIN. Modo. ***2*** Stile di un artista, di una scuola e sim. | *Di —*, secondo uno stile determinato | (*est.*) Affettazione, ricercatezza | *Pittore di —*, privo di originalità.

manieràto *agg.* ***1*** Realizzato con ricercatezza eccessiva; SIN. Affettato, lezioso, ricercato. ***2*** Che pecca di convenzionalismo, che manca di originalità: *scrittore —.*

manierìsmo *s. m.* Corrente artistica del tardo Rinascimento tendente all'imitazione esasperata di Michelangelo e Raffaello | (*est.*) Ogni orientamento che, in arte o in letteratura, si basa sull'imitazione di un modello.

manierìsta ***A*** *agg.* (*pl. m. -i*) Proprio del manierismo. ***B*** *s. m. e f.* Seguace del manierismo.

manièro *s. m.* ***1*** In epoca feudale, dimora del feudatario. ***2*** (*est.*) Castello, dimora signorile di campagna.

manieróso *agg.* Che ha belle maniere, che si comporta con garbo.

manifattùra *s. f.* ***1*** Insieme delle lavorazioni necessarie per trasformare la materia prima in manufatto. ***2*** Stabilimento in cui vengono eseguite tali operazioni. ***3*** (*raro*) Confezione: *manifatture per uomo.*

manifatturière *s. m.* (*f. -a*) Chi esplica il proprio lavoro in una manifattura.

manifatturièro *agg.* Di manifattura.

manifestaménte *avv.* In modo palese.

manifestànte *part. pres. di manifestare; anche agg. e s. m. e f.* Che (o chi) prende parte a una manifestazione, a una pubblica dimostrazione.

manifestàre ***A*** *v. tr.* (*io manifèsto*) Rendere noto, visibile a tutti: — *le proprie opinioni*; SIN. Dichiarare, palesare, rivelare. ***B*** *v. intr.* (*aus.* *avere*) Prendere parte a una pubblica manifestazione: — *contro i licenziamenti*; — *per solidarietà*. ***C*** *v. rifl.* Darsi a conoscere: *manifestarsi amico* | Farsi palese.

manifestazióne *s. f.* ***1*** Esternazione, palesamento | Apparizione, rivelazione. ***2*** Dimostrazione pubblica. ***3*** Spettacolo destinato a un vasto pubblico.

manifestìno *s. m.* Foglietto volante distribuito al pubblico, spec. per fini propagandistici.

manifèsto (1) *agg.* Evidente, palese: *avvertimento* — | Aperto e chiaro: *senso* — | Notorio: *è — che quell'uomo è un ladro* | *Fare, rendere* —, far conoscere.

manifésto (2) *s. m.* ***1*** Foglio stampato e affisso in luogo pubblico al fine di far conoscere alla collettività un fatto, un'intenzione, un programma. ***2*** Scritto contenente l'ideologia e il programma di movimenti culturali, artistici, politici: — *del partito comunista*.

maniglia *s. f.* Elemento di metallo o altro materiale, di foggia diversa, applicata ai battenti delle porte, a cassetti, sportelli, bauli, che, impugnato, permette di aprire, chiudere, sollevare o tirare. [→ ill. *automobile, ferramenta, finestra, porta, sport*]

manigòldo *s. m.* (*f.* *-a*) Furfante, briccone (*anche scherz.*).

manìna *s. f.* ***1*** *Dim. di mano.* ***2*** Segno di una mano con l'indice teso usato per indicare una direzione o per segnalare un punto su cui si vuole attirare l'attenzione. ***3*** (*bot.*) Clavaria.

manióca *s. f.* Arbusto brasiliano delle Euforbiali con radici a tubero rigonfie ricchissime di amido da cui si estrae la tapioca. [→ ill. *piante* 3]

manipolàre *v. tr.* (*io manìpolo*) ***1*** Lavorare q.c. con le mani, spec. impastando e sim.: — *la cera, la creta* | (*est.*) Preparare q.c. mescolando vari ingredienti: — *un'essenza* | (*est.*) Alterare un prodotto alimentare: — *il vino*. ***2*** (*fig.*) Preparare q.c. con raggiri, truffe: — *le elezioni* | Alterare, falsare informazioni.

manipolatóre ***A*** *s. m.; anche agg.* (*f.* *-trìce*) Chi (o che) manipola (*anche fig.*). ***B*** *s. m.* ***1*** Interruttore a tasto in apparecchi telegrafici trasmittenti. ***2*** Dispositivo per manipolare, stando dietro una schermatura, sostanze pericolose, spec. radioattive.

manipolazióne *s. f.* ***1*** Lavorazione, trattamento di q.c. spec. con le mani. ***2*** (*fig.*) Manovra per raggirare, imbrogliare.

manìpolo *s. m.* ***1*** Fascio d'erbe, di spighe, e sim. ***2*** (*mil.*) Unità elementare della legione romana. ***3*** Drappello non numeroso: *un — di eroi, di soldati* | (*est.*) Piccolo gruppo di persone che lottano unite per una stessa idea: *un — di fuorusciti*. ***4*** Striscia di drappo, con il segno della croce, che il sacerdote cattolico portava all'avambraccio sinistro durante la celebrazione della messa. [→ ill. *religione*]

maniscàlco *s. m.* (*pl.* *-chi*) Chi costruisce e applica i ferri agli zoccoli dei cavalli. [→ ill. *ferramenta*]

manişmo *s. m.* Culto delle anime dei defunti e degli antenati divinificati.

mànna (1) *s. f.* ***1*** Cibo che, secondo la Bibbia, piovve dal cielo sugli Ebrei che attraversavano il deserto | (*est.*) Grazia celeste, cibo di sapienza divina, verità rivelata da Dio. ***2*** Cibo, bevanda squisita. ***3*** (*fig.*) Cosa vantaggiosa che giunge inaspettata: *il suo aiuto è stato una vera —!* ***4*** Sostanza zuccherina leggermente purgativa ottenuta per incisione del tronco del frassino nel Meridione italiano. [→ tav. *locuzioni* 11]

mànna (2) *s. f.* (*raro*) Fastello di erbe spighe.

mannàia *s. f.* ***1*** Scure a lama larga, un tempo usata dal boia per la decapitazione | *Esser sotto la* —, (*fig.*) in una situazione molto pericolosa | Lama della ghigliottina. ***2*** Grossa scure usata dal taglialegna | Lama usata in macelleria. [→ ill. *macelleria*]

mannàro *agg. Solo nella loc.* *Lupo* —, (*pop.*) licantropo e (*fam.*) mostro delle favole infantili.

mannèlla *s. f.* ***1*** *Dim. di manna* (2). ***2*** Matassina di filo, spago e sim.

mannèllo *s. m.* Mannella.

mannequin /*fr.* manə'kɛ̃/ *s. f. inv.* (*pl. fr.* *mannequins* /manə'kɛ̃/) Indossatrice.

mannìte *s. f.* Alcol esavalente, costituente principale della manna dalla quale è ricavato, usato in medicina come blando purgante.

màno *s. f.* (*pl.* *màni*) ***1*** (*anat.*) Segmento terminale dell'arto superiore, che fa seguito all'avambraccio, comprendente il palmo, il dorso e le dita | *Far toccare con — q.c.*, (*fig.*) far conoscere per esperienza diretta | *Condurre, guidare la* —, a chi impara a scrivere | (*fig.*) *Di prima* —, di cosa non passata per altri rivenditori o di notizia che proviene direttamente dalla fonte | (*fig.*) *Di seconda* —, di oggetto già usato da altri o di notizia avuta indirettamente | *Stringersi, darsi la* —, in segno di amicizia, per salutarsi, per complimentarsi | *Chiedere la — di una donna*, chiederla in sposa | (*fig.*) *Mettere la — sul fuoco per qc.*, dichiararsi assolutamente sicuro delle sue qualità | *Avere le mani nette*, (*fig.*) non aver nulla da rimproverarsi | *Imbrattarsi, sporcarsi le mani*, (*fig.*) commettere un misfatto | *Bagnarsi le mani di sangue*, (*fig.*) uccidere qc. | *Alzar la* —, *le mani*, in segno di preghiera, di resa, per giurare o perdonare | *Levare le mani al cielo*, per invocazione o preghiera | *Alzare le mani su qc.*, in atto di percuotere | *A mani giunte*, in attitudine di preghiera | *Avere la — leggera, pesante*, (*fig.*) intervenire o giudicare con misura, con severità eccessiva | *Baciare le mani, la* —, in atto di reverenza o di omaggio | (*fig.*) *Col cuore in* —, con tutta sincerità | *Mettersi la — sul cuore, sul petto*, in atto di contrizione o per sottolineare la propria buona fede | (*fig.*) *Mettersi una — sulla coscienza*, esaminare onestamente la portata dei propri atti | *Mettersi le mani nei capelli*, per disperazione o dolore | *Mordersi, mangiarsi le mani*, (*fig.*) sfogare la propria rabbia | *Per — di qc.*, per mezzo di qc. | *Avere le mani legate*, (*fig.*) non poter agire liberamente | *Battere le mani*, applaudire | *Stropicciarsi, fregarsi le mani*, in segno di contentezza, soddisfazione e sim. ***2*** In varie loc. considerata come organo che prende, afferra | *Aver le mani lunghe*, (*fig.*) essere propenso al furto | *Avere q.c. nelle mani*, (*fig.*) poterne disporre | *Dar di — a q.c.*, afferrarla | *A* —, detto di oggetto portatile: *lampada a* — | *Restare a mani vuote*, (*fig.*) subire una delusione | *Mettere le mani su q.c.*, (*fig.*) impadronirsene | *Mettere le mani avanti*, (*fig.*) di fronte a una circostanza avversa, tentare subito di mostrare la propria estraneità | *Metter — a q.c.*, afferrarla, impugnarla | *Stendere la* —, chiedere, elemosinare. [→ ill. *televisione*] ***3*** In varie loc. considerata come organo che dà, dona | *Avere la — larga* o *essere largo di* —, (*fig.*) essere generoso | (*fig.*) *Essere largo di bocca e stretto di* —, promettere con facilità e non mantenere | *Lasciarsi uscire o sfuggire di — q.c.*, trascurarla o perderla | *Metter — alla borsa*, prelevarne denari. ***4*** In varie loc. considerata come organo che regge, guida | *Dare una — a qc.*, aiutarlo | *Mettere le mani in q.c.*, (*fig.*) intervenirvi | (*fig.*) *Tener — a qc.*, favorirlo. ***5*** In varie loc. considerata come organo che percuote, offende, punisce | (*fig.*) *Venire, correre alle mani*, accapigliarsi | *Menar le mani*, percuotere | *Mettere le mani addosso a qc.*, picchiarlo | *Mettere le mani addosso a una donna*, toccarla con intenti sessuali | *A — armata*, con le armi in pugno | *Calcare, gravare, caricare la — su q.c.*, (*fig.*) eccedere in q.c. | *Fare man bassa*, portare via tutto o fare una strage. ***6*** In varie loc. considerata come strumento di lavoro | *A* —, con le mani | *Lavorato, fatto a* —, realizzato senza l'ausilio di macchine | (*fig.*) *Mani di fata*, che sembrano prodigiose per abilità e delicatezza | *Aver la — a q.c.*, esserne pratico | *Aver fra le mani q.c. o qc.*, (*fig.*) prendersene cura | *Aver le mani in pasta*, (*fig.*) essere introdotti in un ambiente e sim. | *Giochi di* —, di prestigio | *Dar l'ultima* —, (*fig.*) completare l'opera | *Stare con le mani in* —, senza far nulla | (*est.*) Opera, fattura: *oggetto di buona* —. ***7*** In relazione all'idea di vicinanza, prontezza | *Denari alla* —, in contanti | (*fig.*) *Uomo alla* —, affabile, cortese | *Sotto* —, furtivamente | *Fuori* —, *fuori di* —, di località poco accessibile. ***8*** (*fig.*) Lato, banda: *a — destra, dritta* | *Cedere la* —, dare la precedenza | *Tenere la propria* —, stare sul lato della strada stabilito dalle norme della circolazione stradale | *Andare contro* —, senza rispettare le norme della circolazione e (*fig.*) controcorrente. ***9*** (*fig.*) Quantità di cose che può essere tenuta con una mano. ***10*** (*fig.*) *al pl.* Custodia: *essere, trovarsi, in buone mani*. ***11*** (*fig.*)

Scrittura, carattere: *scrivere q.c. di propria* –. **12** Nei giochi a carte, condizione di chi gioca per primo: *essere di* – | Periodo che va dal momento della distribuzione delle carte fino all'esaurimento delle stesse. **13** (*fig.*) Strato: *una – di vernice.* **14** (*fig.*) Potere: *cadere nelle mani del nemico.* **15** Nella loc. avv. *– a –, man –, a – a –*, successivamente, via via, a poco a poco. [→ tav. *proverbi* 163, 349, 381; → tav. *locuzioni* 59, 67]

manodòpera o *màno d'òpera s. f. solo sing.* **1** Complesso dei lavoratori spec. manuali di una data industria, di un certo settore, di un determinato Paese. **2** Costo del lavoro umano necessario per produrre un dato bene.

manòmetro *s. m.* Apparecchio che misura la pressione di un fluido. [→ ill. *fisica, misure*]

manométtere *v. tr.* (*coniug. come mettere*) **1** Cominciare a usare: – *la botte.* **2** Alterare q.c. senza averne il diritto: – *le prove, i documenti* | – *un armadio*, frugarvi indebitamente. **3** Violare, ledere: – *i diritti di qc.* **4** Nel diritto romano, liberare uno schiavo.

manomissióne *s. f.* **1** Indebita violazione: – *di un plico* | Falsificazione, alterazione: – *di una prova* | Lesione, trasgressione: – *di un diritto.* **2** Nel diritto romano, liberazione d'uno schiavo da parte del padrone.

manomissóre *s. m.* Nel diritto romano, chi liberava uno schiavo.

manomòrta *s. f.* (*dir.*) Condizione giuridicamente privilegiata per cui i beni appartenenti a enti morali, spec. chiese o conventi, non erano soggetti a imposte di successione ed erano inalienabili e inconvertibili.

manòpola *s. f.* **1** Parte delle antiche armature in ferro, per proteggere il braccio. [→ ill. *armi*] **2** Risvolto della manica in abito o mantello | Guanto in cui solo il pollice è diviso dalle altre dita. **3** Rivestimento in gomma, cuoio o altro materiale posto sull'impugnatura del manubrio di biciclette, motociclette e sim. | Estremità superiore dei bastoni impugnati dallo sciatore. [→ ill. *ciclo e motociclo*] **4** (*gener.*) Pomello per la manovra di congegni, apparecchiature e sim. [→ ill. *radio, televisione, ufficio*]

manoscritto A *agg.* Scritto a mano: *documento* –. **B** *s. m.* **1** Testo scritto a mano. **2** (*est.*) Opera autografa: *un – del Foscolo* | Codice scritto a mano anteriore all'invenzione della stampa.

manovalànza *s. f.* Mano d'opera adibita a lavori che non richiedono personale specializzato.

manovàle *s. m.* Operaio non qualificato addetto a lavori di fatica.

manovèlla *s. f.* **1** Asta dotata di un attacco per azionare a mano un meccanismo | Nelle vecchie macchine da presa, asta per mettere in moto la pellicola | *Dare il primo giro di* –, iniziare le riprese di un film. **2** (*mecc.*) Albero a gomito che, tramite una biella, trasforma in moto rotatorio un moto rettilineo alternativo, o viceversa. [→ ill. *motore*]

manovellismo *s. m.* Meccanismo costituito da biella, manovella, corsoio e guida, per trasformare un moto rettilineo alternativo in moto rotatorio o viceversa.

manòvra *s. f.* **1** Serie di operazioni, movimenti e sim. atti al conseguimento di un risultato. [→ ill. *diga, ferrovia*] **2** Complesso delle operazioni necessarie per far funzionare una macchina. **3** (*mar.*) Uso pratico di vele, motore, cime, cavi e sim. per muovere e dirigere una nave | *spec. al pl.* Cavi, cime e sim. montati su una nave. **4** Movimento di veicoli ferroviari con inizio e termine nell'ambito della stazione. **5** (*mil.*) Evoluzione di truppe | *Grandi manovre*, esercitazioni a scopo addestrativo. **6** (*fig.*) Maneggio, raggiro: *una – politica.*

manovràbile *agg.* Che si può manovrare. [→ ill. *illuminazione*]

manovràre A *v. tr.* (*io manòvro*) **1** Far funzionare mediante le necessarie operazioni: – *un congegno.* **2** (*fig.*) Far agire qc. a proprio piacimento: *è un uomo che si lascia – da chiunque.* **B** *v. intr.* (*aus. avere*) Compiere una manovra: *le truppe manovrano su un vasto fronte* | (*fig.*) Tramare, brigare: *sono mesi che manovra per riuscire.*

manovratóre A *agg.* (*f. -trice*) Che manovra. **B** *s. m.* Chi esegue una manovra (*anche fig.*) | – *del tram*, guidatore | Nelle stazioni ferroviarie, addetto alla composizione e scomposizione dei treni.

manovrièro *agg.* Che manovra bene, con abilità.

manrovèscio *s. m.* **1** Ceffone dato col rovescio della mano. **2** Colpo di sciabola o spada dato da sinistra a destra, rispetto a chi maneggia l'arma.

man sàlva *vc.* Solo nella loc. avv. *a* –, liberamente, senza freno: *rubare a* –.

mansàrda *s. f.* (*arch.*) Disposizione particolare di tetto, ottenuta spezzando le falde in due parti a diversa pendenza, in modo da permettere l'utilizzazione del sottotetto come abitazione | (*est.*) L'abitazione così ottenuta.

mansióne *s. f.* Attribuzione di compiti, doveri, incarichi e sim.: *svolgere le proprie mansioni.*

mansuefàre A *v. tr.* (*coniug. come fare*) **1** Rendere domestico e mansueto: – *le fiere.* **2** (*fig.*) Dominare, placare: – *l'ira.* **B** *v. intr. pron.* Divenire docile, mansueto.

mansuèto *agg.* **1** Di animale reso domestico e docile: *fiera mansueta.* **2** Di persona mite e paziente. **3** Che dimostra docilità e mitezza: *occhi mansueti*; SIN. Docile, mite.

mansuetùdine *s. f.* Docilità, mitezza.

mànta *s. f.* Grande pesce cartilagineo, di forma romboidale appiattita, con pelle scabra nera superiormente e bianca sul ventre, che si nutre di plancton. [→ ill. *animali* 7]

-mànte *secondo elemento*: in parole composte significa 'indovino': *cartomante, chiromante, rabdomante.*

mantèca *s. f.* **1** Composto omogeneo di sostanze grasse. **2** (*est., spreg.*) Ciò che si presenta come un impasto appiccicaticcio.

mantecàre *v. tr.* (*io mantèco, tu mantèchi*) Mescolare e agitare q.c. per ridurla allo stato di manteca.

mantecàto A *part. pass. di mantecare; anche agg.* Mescolato. **B** *s. m.* Gelato molle e vellutato, servito in coppa.

mantèlla *s. f.* Cappa femminile o militare.

mantellìna *s. f.* **1** *Dim. di mantella.* **2** Indumento un tempo in dotazione ai bersaglieri e agli alpini.

mantèllo *s. m.* **1** Indumento, indossato sopra tutti gli altri, di forma rotonda, ampio, senza maniche, affibbiato al collo | Elegante soprabito femminile; SIN. Cappotto. [→ ill. *abbigliamento, vesti*] **2** (*fig.*) Coltre: *un – di neve.* **3** In varie tecnologie, struttura che nasconde ciò che è posto sotto. **4** Pelame di vario colore che riveste il corpo dei mammiferi: *cavallo dal – baio* | Grande piega cutanea dei molluschi, con funzione di secernere la conchiglia. **5** Involucro intermedio del globo terrestre, sottostante alla crosta ed esterno al nucleo.

mantenére A *v. tr.* (*coniug. come tenere*) **1** Far continuare a essere, far durare: – *in vita un malato* | Conservare: – *il proprio posto.* **2** Fornire il necessario per vivere: – *la famiglia*; SIN. Sostentare. **3** Provvedere con mezzi adeguati al funzionamento di q.c.: – *una scuola.* **4** Proteggere, difendere: – *le posizioni.* **5** Osservare, adempiere: – *la parola data.* **B** *v. rifl.* **1** Alimentarsi, sostentarsi: *lavorare per mantenersi.* **2** Tenersi, serbarsi: *mantenersi in forze.* **C** *v. intr. pron.* Conservarsi, rimanere.

manteniménto *s. m.* **1** Conservazione | Preservazione: *il – delle istituzioni democratiche* | Osservanza, adempimento: *il – di una promessa.* **2** Alimento, sostentamento: *provvedere al – della famiglia.* **3** Manutenzione: *il – della viabilità.*

mantenitóre *s. m.* (*f. -trice*) Chi mantiene.

mantenùta *s. f.* (*spreg.*) Donna tenuta come amante da un uomo che, in cambio, provvede al suo mantenimento.

mantenùto A *part. pass. di mantenere; anche agg.* Conservato | Fornito del necessario. **B** *s. m.* (*spreg.*) Uomo che vive alle spalle di una donna.

màntice *s. m.* **1** Apparecchio a otre, che aspira e manda fuori l'aria, usato un tempo per attivare il fuoco della fucina e per dar fiato a strumenti musicali. [→ ill. *meccanica*] **2** Copertura in pelle o altro materiale, di carrozza o automobile, alzabile o abbassabile a volontà. [→ ill. *carro e carrozza*]

màntide *s. f.* Insetto predatore verde, con zampe anteriori dentellate molto sviluppate che tiene come in atto di preghiera quando si irrigidisce in attesa della preda. [→ ill. *animali* 2]

mantìglia *s. f.* Sciarpa di merletto che si porta sul capo, tipica del costume femminile spagnolo.

mantìssa *s. f.* (*mat.*) Parte decimale d'un logaritmo decimale | Differenza fra un logaritmo decimale e la sua caratteristica.

mànto *s. m.* **1** Mantello lungo fino ai piedi, spesso in tessuto pregiato, usato spec. da personaggi di altissima autorità in importanti cerimonie. **2** Strato protettivo | – *stradale*, strato superficiale di usura della massicciata stradale. **3** (*fig.*) Tutto ciò che avvolge, copre o si stende con uniformità: *un – di neve.* **4** (*fig.*) Ingannevole apparenza: *agire sotto il – dell'amicizia.*

mantovàna *s. f.* **1** Tavola o lastra sagomata posta sotto la grondaia per ornamento. **2** Fascia di tessuto che sovrasta la parte superiore di una tenda. [→ ill. *tenda*] **3** Torta tipica di Prato.

manuàle (1) *agg.* Delle mani, fatto con le mani: *lavoro* – | Che si aziona manualmente: *comando* –. [→ ill. *telefonia*]

manuàle (2) *s. m.* Volume di agevole consultazione in cui sono compendiate le nozioni fondamentali di una disciplina | *Da* –, detto di ciò che è perfetto nel suo genere.

manualìsta *s. m. e f.* (*pl. m. -i*) Chi compila manuali (*spec. spreg.*).

manualìstico *agg.* (*pl. m. -ci*) Di, da manuale | Superficiale: *preparazione manualistica.*

manualità *s. f.* Carattere manuale | Abilità nell'usare le mani.

manualizzàre *v. tr.* **1** Rendere utilizzabile, manovrabile a mano: – *il montaggio dei pezzi.* **2** Compendiare q.c. in un manuale: – *la chimica.*

manualménte *avv.* Con la mano, a mano.

manùbrio *s. m.* **1** Manico, sporgenza e sim., che permette alla mano che lo afferra di manovrare il congegno cui è applicato. **2** Nella bicicletta e nella motocicletta, tubo metallico opportunamente piegato con impugnatura alle due estremità, che comanda la ruota anteriore. [→ ill. *ciclo e motociclo*] **3** Nel sollevamento pesi, sbarra in ferro alle cui estremità sono fissate sfere di ghisa, da impugnarsi con una sola mano.

manufàtto **A** *agg.* Fatto o confezionato a mano. **B** *s. m.* **1** Articolo lavorato a mano. **2** (*est.*) Ogni opera stradale, muraria, idraulica e sim. eseguita mediante lavoro umano.

manutèngolo *s. m.* (*f. -a*) Chi tiene mano a furti e frodi altrui.

manutentóre *s. m.* Operaio addetto alla manutenzione di macchine utensili, impianti industriali e sim.

manutenzióne *s. f.* Mantenimento di q.c. in uno stato di efficienza e funzionalità: – *d'una strada, d'un impianto*; *spese di* –. [→ ill. *ferrovia*]

manzanilla /*sp.* manθa'niʎa/ *s. f. inv.* Vino spagnolo giallo, di sapore aromatico, prodotto in Andalusia.

-manzìa *secondo elemento*: in parole composte significa 'predizione', 'divinazione': *cartomanzia, chiromanzia.*

mànzo *s. m.* (*f. -a*) Bovino di sesso maschile, castrato, di età compresa tra uno e quattro anni | (*est.*) Carne macellata di tale bovino.

manzoniàno **A** *agg.* Che si riferisce ad A. Manzoni. **B** *s. m.* Seguace delle teorie, dello stile e sim. di A. Manzoni.

manzonìsmo *s. m.* **1** Imitazione dello stile letterario del Manzoni. **2** Teoria linguistica del Manzoni per cui il fiorentino parlato dalla persona colta era da scegliere come lingua nazionale italiana.

maoìsmo *s. m.* Il pensiero e la pratica politica ispirati alle teorie marxiste di Mao Zedong.

maoista **A** *agg.* (*pl. m. -i*) Relativo al pensiero e alla politica di Mao Zedong. **B** *s. m. e f.* Seguace, sostenitore del maoismo.

maomettàno **A** *agg.* Di Maometto. **B** *s. m.* (*f. -a*) Seguace della religione musulmana.

màppa (1) *s. f.* Panno di lana usato dalle contadine di paesi montani per proteggere il capo dal freddo.

màppa (2) *s. f.* **1** Rappresentazione cartografica molto dettagliata di un territorio con scala fra 1:500 e 1:5000. **2** Rappresentazione schematica di una data situazione: *la – dell'industria tessile in Italia.*

mappamóndo *s. m.* **1** Rappresentazione grafica piana di tutta la superficie terrestre in due emisferi. **2** Globo girevole su cui è riprodotta la superficie terrestre | – *celeste*, globo sulla cui superficie è riprodotta la sfera celeste.

maquillage /*fr.* maki'jaʒ/ *s. m. inv.* Trucco del volto.

maquis /*fr.* ma'ki/ *s. m. inv.* Movimento della Resistenza francese durante la seconda guerra mondiale | (*est.*) Uomo di tale movimento, partigiano.

marabù *s. m.* **1** Uccello asiatico e africano, con lunghe zampe, capo e collo nudo, leggerissime candide penne sulla coda; si nutre di rifiuti. [→ ill. *animali* 11] **2** (*est.*) Vaporose piume di tale uccello, usate per guarnizioni.

marabùt *s. m.* Combattente della guerra santa, nell'Islam.

maraca /*sp.* ma'raka/ *s. f. inv.* (*pl. sp. maracas* /ma'rakas/) Strumento di origine sudamericana, costituito da una sfera di legno, riempita di piccole pietre, che viene agitata ritmicamente. [→ ill. *strumenti musicali*]

marachèlla *s. f.* Bricconata o marioleria fatta di nascosto.

maragià *s. m.* Adattamento di *maharajah.*

maramàldo *s. m.* Persona prepotente che infierisce sui vinti e gli inermi (dal nome di F. Maramaldo che nel 1530 uccise F. Ferrucci, impossibilitato a difendersi).

maramèo o *maramào inter.* Esprime scherno e derisione ed è spesso accompagnato da gesticolazioni scherzose.

maràna V. *marrana.*

marangóne *s. m.* (*zool.*) Cormorano.

maràsca o *amaràsca s. f.* Frutto del marasco.

maraschìno *s. m.* Liquore di ciliegie, con alto contenuto di zucchero, originario della Dalmazia.

maràsco o *amaràsco s. m.* (*pl. -schi*) Varietà coltivata del visciolo con frutti a polpa acidula. [→ ill. *piante* 8]

maràsma *s. m.* (*pl. -i*) **1** (*med.*) Decadimento generale delle funzioni dell'organismo per malattia o per vecchiaia. **2** (*fig.*) Decadenza di istituzioni, ordini e sim. **3** (*fig., est.*) Confusione.

maratóna *s. f.* **1** Gara olimpica di corsa a piedi su strada, di circa quarantadue chilometri, cioè pari alla distanza intercorrente fra le città greche di Maratona e di Atene, distanza che, nel 490 a. C., un messaggero coprì molto rapidamente per annunziare la vittoria di Milziade sui Persiani. **2** (*est.*) Camminata lunga e faticosa.

maratonèta *s. m.* (*pl. -i*) Atleta che corre nella maratona.

maravìglia e deriv. V. *meraviglia* e deriv.

màrca (1) *s. f.* **1** Bollo, cifra o altro segno stampato, applicato o impresso su q.c. per farne riconoscere la qualità, l'origine, il prezzo | – *da bollo*, tagliando emesso dallo Stato, di carta filigranata, che si applica su cambiali, ricevute o documenti a prova del pagamento della relativa tassa. **2** Marchio di fabbrica | (*est.*) Ditta rappresentata da tale marchio: *le migliori marche nazionali* | *Di* –, *di gran* –, *d'alta* –, si dice del prodotto di un'impresa nota e qualificata. **3** Contrassegno che attribuisce a chi lo possiede il diritto di ritirare oggetti depositati in un luogo: *la – del guardaroba.* **4** (*fig.*) Carattere, impronta: *accento di – veneta.*

màrca (2) *s. f.* Nell'impero carolingio, regione di confine.

marcaménto *s. m.* Nel calcio e sim., controllo di un avversario o di una zona del campo: – *a uomo, a zona.*

marcantònio *s. m.* (*f. -a*) Persona grossa e robusta, di florido aspetto (dal nome del triumviro romano Marco Antonio).

marcapiàno *s. m.* Striscia che, all'esterno di una casa, segna il livello dei vari piani. [→ ill. *casa*]

marcapùnto o *marcapùnti s. m.* Strumento da calzolaio formato da una rotellina dentata che segna sul cuoio delle scarpe dove si devono dare i punti. [→ ill. *calzolaio*]

marcàre *v. tr.* (*io màrco, tu màrchi*) **1** Contrassegnare con una marca: – *la biancheria.* **2** (*fig.*) Far spiccare più intensamente: – *un suono.* **3** Nel calcio, segnare un punto a proprio favore: – *un goal* | – *un avversario*, effettuare su di lui un'azione di controllo. **4** – *visita*, in gergo militare, darsi malato.

marcasìte o *marcassite s. f.* (*miner.*) Solfuro di ferro in cristalli prismatici o tabulari dalla lucentezza metallica e dal colore giallo chiaro.

marcatèmpo *s. m. inv.* **1** Addetto alla misurazione dei tempi di lavorazione. **2** Dispositivo che segna su un nastro o su un tamburo intervalli di tempo uguali, per registrare fenomeni in funzione del tempo; SIN. Segnatempo.

marcàto *part. pass. di marcare; anche agg.* **1** Segnato con marchio. **2** Ben distinto: *lineamenti marcati* | Accentuato: *parlare con – accento veneto.*

marcatóre *s. m.* (*f.* -*trice*) **1** Chi marca | Operaio addetto alla marcatura. **2** Nel calcio, giocatore che marca un avversario o realizza un goal.
marcatùra *s. f.* **1** Apposizione di un contrassegno. **2** Nel calcio e sim., realizzazione di un punto | Marcamento.
marcescènte *agg.* (*lett.*) Che marcisce.
marcescìbile *agg.* (*lett.*) Che può marcire.
marchéṣa *s. f.* **1** Anticamente, signora di un marchesato. **2** Moglie o figlia di un marchese.
marcheṣàto *s. m.* Insieme dei marchesi | Titolo di marchese | Territorio sotto l'autorità di un marchese.
marchéṣe *s. m.* (*f.* -*a*) Titolo nobiliare intermedio tra quello di conte e quello di duca. [→ ill. *araldica*]
marcheṣìna *s. m.* Figlia, spec. giovane, di un marchese.
marcheṣìno *s. m.* Figlio, spec. giovane, di un marchese.
marchétta *s. f.* **1** Marca assicurativa e previdenziale per libretti di lavoro. **2** Contrassegno che, nelle case di tolleranza, veniva dato a una prostituta per ogni prestazione | (*est.*) La prestazione stessa | (*est.*) Prostituta.
marchiàno *agg.* Madornale, spropositato (*spec. fig.*): *errore* —.
marchiàre *v. tr.* (*io màrchio*) Fornire di marchio | Distinguere con un marchio: — *il bestiame.*
marchigiàno *agg.; anche s. m.* (*f.* -*a*) Delle Marche.
marchingégno *s. m.* Arnese, meccanismo, complesso | (*fig.*) Abile espediente.
màrchio *s. m.* **1** Segno che si imprime su q.c. **2** Segno usato dall'imprenditore per contraddistinguere i propri prodotti | — *di fabbrica*, che indica la provenienza del prodotto da una data impresa | — *di qualità*, che garantisce la corrispondenza di un prodotto a certi standard. **3** Marca che si imprime col ferro rovente per contrassegnare gli animali | (*est.*) Strumento usato per marchiare. **4** Segno che un tempo si stampava a fuoco sulla fronte o sulla spalla di alcuni malfattori | (*fig.*) Caratteristica negativa: *ha il — del ladro.*
marchionàle *agg.* Di, da marchese.
màrcia (1) *s. f.* (*pl.* -*ce*) **1** Modo di camminare tenendo un passo costante o cadenzato, usato spec. da truppe in movimento, cortei e sim. **2** (*est.*) Moto o corsa di veicoli o meccanismi. [→ ill. *autostrada, strada*] **3** Specialità dell'atletica leggera in cui la successione dei passi deve avvenire in modo che l'atleta non interrompa mai il contatto col suolo | (*fig.*) *Lunga* —, impresa collettiva lunga e faticosa (dal nome della ritirata, durata due anni, dell'esercito comunista cinese guidato da Mao Zedong, nel corso della guerra civile). **4** Manifestazione organizzata di protesta: — *della pace.* **5** Composizione musicale adatta ad accompagnare la marcia di un corteo militare. **6** Ciascuno dei rapporti di trasmissione del motore di un veicolo che vengono inseriti mediante i dispositivi del cambio | (*est.*) La velocità del veicolo relativa a ciascuno di tali rapporti | *Fare — indietro*, far retrocedere un veicolo; (*fig.*) abbandonare un'impresa.
màrcia (2) *s. f.* (*pl.* -*ce*) (*pop.*) Pus.
marcialónga *s. f.* (*pl. marcelónghe*) Gara di sci da fondo su lunga distanza, aperta a una grande partecipazione popolare | (*est.*) Gara podistica di tipo popolare.
marciapiède *s. m.* Parte della strada riservata ai pedoni, generalmente rialzata rispetto al piano viabile. [→ ill. *ferrovia, strada*]
marciàre *v. intr.* (*io màrcio; aus. avere*) **1** Avanzare a passo di marcia, detto spec. di reparti militari | (*est.*) Procedere ordinatamente | — *da gran signori*, sfoggiare gran lusso. **2** Andare, muoversi: *il treno marcia a 100 km l'ora.*
marciatóre *s. m.* (*f.* -*trice*) **1** Chi marcia. **2** Atleta che pratica la marcia.
màrcio A *agg.* (*pl. f.* -*ce*) **1** Che è in stato di decomposizione: *frutta marcia* | (*est.*) Fradicio: *legno* —; SIN. Putrido. **2** Che è venuto a suppurazione: *dito* —. **3** (*fig.*) Che è moralmente guasto e corrotto: *società marcia.* **4** Con valore intensivo, in numerose loc. fig. | *Aver torto* —, essere completamente in torto | *A — dispetto*, a completo dispetto | *Essere ubriaco* —, ubriaco fradicio. **B** *s. m.* **1** Parte marcia di q.c. **2** Parte infetta, malata (*anche fig.*). **3** Corruzione o depravazione morale: *c'è del — in quella vicenda.*
marcìre *v. intr.* (*io marcìsco, tu marcìsci; aus. essere*) **1** Diventare marcio; SIN. Imputridire. **2** Divenire purulento. **3** (*fig.*) Essere immerso in ciò che corrompe moralmente: — *nel vizio.* **4** (*fig.*) Languire, consumarsi: — *nella prigione.*
marcìta *s. f.* Prato irrigato con un velo continuo d'acqua, perché seguiti a vegetare e dia tagli d'erba anche nella stagione fredda; caratteristica della Lombardia.
marciùme *s. m.* **1** Marcio | insieme di cose marce; SIN. Fradiciume. **2** Alterazione di tessuti vegetali e animali causata da vari agenti patogeni. **3** (*fig.*) Depravazione e corruzione morale.
màrco *s. m.* (*pl.* -*chi*) **1** Unità di peso in uso in Germania dal IX sec. **2** Unità monetaria della Germania Occidentale e Orientale.
marconigrafìa *s. f.* Radiotelegrafia.
marconigràmma *s. m.* (*pl.* -*i*) Radiotelegramma.
marconìsta *s. m. e f.* (*pl. m.* -*i*) Radiotelegrafista.
marconiterapìa *s. f.* (*med.*) Terapia fisica a base di onde hertziane corte che generano calore nell'interno dei tessuti.
màre *s. m.* **1** Massa di acqua salsa, che si estende per tre quarti della superficie del globo, raggiungendo grandi profondità | *Frutti di* —, crostacei commestibili | *Colpo di* —, ondata violenta | *Furia di* —, tempesta | *Solcare il* —, *andare per* —, navigare | *Correre il* —, dedicarsi alla pirateria | *Andare al* —, recarsi per gita o villeggiatura in una località marina | (*fig.*) *Portare acqua al* —, fare cose inutili | *Essere in alto* —, (*fig.*) lontano dalla soluzione o dalla conclusione di q.c. | *Cercare per terra e per* —, dappertutto | *Buttare a — qc. o q.c.*, (*fig.*) disfarsene | (*fig.*) *Promettere mari e monti*, promettere grandi cose | *È una goccia nel* —, (*fig.*) di cosa che ha scarsissimo rilievo | (*fig.*) *È un — senza fondo*, di impresa irta di difficoltà | *È un porto di* —, di luogo frequentatissimo. [→ ill. *spiaggia*] **2** Vasta zona pianeggiante della Luna: *il — delle Tempeste, della Tranquillità.* **3** (*est.*) Grande estensione: *un — d'erba.* **4** (*fig.*) Grande quantità: *un — di guai.* [→ tav. *proverbi* 216, 366, 371]
marèa *s. f.* **1** Movimento periodico delle acque del mare, che si alzano e si abbassano alternativamente quattro volte al giorno, dovuto all'attrazione della luna e del sole: *alta, bassa* —. [→ ill. *geografia*] **2** (*est.*) Qualunque massa fluida in movimento: *una — di fango sommerse gli sventurati.* **3** (*fig.*) Vasto insieme di persone o cose che si muovono quasi ondeggiando.
mareggiàre *v. tr.* (*io maréggio; aus. avere*) **1** (*lett.*) Agitarsi in grosse onde, detto del mare. **2** (*fig.*) Ondeggiare, fluttuare.
mareggiàta *s. f.* Violento moto ondoso lungo la costa.
maréggio *s. m.* Agitazione ondosa del mare.
mare magnum /*lat.* 'mare 'maɲɲum/ *loc. sost. m. inv.* Grande quantità, gran confusione.
marémma *s. f.* Regione bassa e paludosa vicina al mare | — *toscana*, o (*per anton.*) *Maremma*, zona costiera paludosa della Toscana e del Lazio.
maremmàno *agg.; anche s. m.* (*f.* -*a*) **1** Di una maremma. **2** Della Maremma toscana.
maremòto *s. m.* Violento scuotimento delle acque del mare, con alte ondate, prodotto da un terremoto sottomarino.
maréngo *s. m.* (*pl.* -*ghi*) Moneta d'oro da 20 franchi coniata a Torino nel 1800. [→ ill. *moneta*]
mareògrafo *s. m.* Strumento per registrare le oscillazioni del livello del mare in seguito alle maree.
maresciàllo *s. m.* (*f.* -*a*) **1** In alcuni eserciti, grado supremo della gerarchia militare: — *di Francia.* **2** Grado gerarchicamente più alto nella categoria dei sottufficiali.
marétta *s. f.* **1** Leggera agitazione del mare provocata dal vento con formazione di piccole onde. **2** (*fig.*) Agitazione, nervosismo.
mareẓẓàre *v. tr.* (*io maréẓẓo*) Dare il marezzo: — *una stoffa.*
mareẓẓàto *part. pass. di marezzare; anche agg.* Venato, striato.
mareẓẓatùra *s. f.* Operazione del marezzare | Marezzo.
maréẓẓo *s. m.* Insieme di strisce irregolari e variamente colorate rispetto al fondo, presenti su legno o marmo | (*est.*) Su tessuti o altro, insieme di fitte linee sovrapposte angolarmente ad altre ugualmente fitte, da cui risulta un effetto ottico come di movimento.

margarina *s. f.* Surrogato del burro, consistente in una emulsione di grassi vegetali o animali.

margherita *s. f.* **1** Pianta erbacea perenne delle Sinandrali con grandi capolini isolati di fiori tubolari gialli circondati da ligule bianche o gialle. [→ ill. *piante* 14] **2** Elemento mobile e intercambiabile di scrittura per macchine da scrivere.

margheritina *s. f.* **1** *Dim. di margherita.* **2** Pianta erbacea delle Sinandrali con piccoli capolini di fiori tubolari gialli e ligule bianche e rosa; SIN. Pratolina. [→ ill. *piante* 14]

marginale *agg.* **1** Posto a margine: *note marginali.* **2** Accessorio, secondario: *zona —.* **3** Che si riferisce a variazioni infinitesime del fenomeno considerato: *utilità, costo —.*

marginalia /*lat.* mardʒi'nalja/ *s. m. pl.* Osservazioni staccate, appunti brevi.

marginare *v. tr.* (*io màrgino*) Delimitare con margini; CONTR. Smarginare.

marginatore *s. m.* **1** Nelle macchine per scrivere, ciascuno dei due dispositivi regolabili che consentono di limitare la corsa del carrello da un punto a un altro in relazione alla larghezza del foglio. **2** (*fot.*) Dispositivo usato nell'ingrandimento per formare il bordo bianco sui quattro lati. [→ ill. *fotografo*]

marginatura *s. f.* **1** Delimitazione con margini. **2** Insieme dei regoli che servono per formare i margini e gli spazi bianchi che separano le pagine nella forma tipografica.

màrgine *s. m.* **1** La parte estrema di q.c. | *— della ferita*, labbro, orlo | *— del fiume*, sponda | (*fig.*) *Vivere ai margini della società, della legalità*, servirsi di mezzi poco leciti; SIN. Contorno, estremità, bordo. [→ ill. *botanica*] **2** Spazio bianco che si lascia sui quattro lati del foglio scritto o stampato | *In —*, (*fig.*) collateralmente, a fianco di. **3** (*fig.*) Spazio disponibile per q.c.: *lasciar — alla fantasia* | (*fig.*) Quantità disponibile in sovrappiù, rispetto al necessario: *ci resta un buon — di tempo.*

margòtta *s. f.* Ramo di pianta erbacea o arborea su cui, attraverso l'incisione e l'avvolgimento in copertura di terra, viene provocata l'emissione di radici. [→ ill. *agricoltura*]

margottare *v. tr.* (*io margòtto*) Riprodurre una pianta col sistema della margotta.

margràvio *s. m.* Durante il Sacro Romano Impero, titolo concesso ai feudatari germanici cui era affidato il governo delle zone di frontiera.

mariano *agg.* Che si riferisce a Maria, madre di Gesù | *Mese —*, mese di maggio.

marijuana /*sp.* mari'xwana, *ingl.* mæri'wa:nə/ o *marihuana* /*ingl.* mæri'wa:nə/ *s. m. inv.* Droga costituita dalle foglie della canapa indiana, seccate e triturate.

marimba *s. f.* Strumento musicale africano composto da tavolette o cilindri di legno infilati su cordoni che vengono percossi da martelletti.

marina *s. f.* **1** (*poet.*) Mare | (*est.*) Porzione di mare che bagna un paese, una regione. **2** Regione che si stende in riva al mare. **3** Veduta di mare, quadro raffigurante un paesaggio marino. **4** Insieme di persone, ordinamenti ed enti destinati alla navigazione | Complesso di navi, attrezzature, edifici e sim. relativi alla navigazione: *— mercantile, militare.* [→ ill. *armi, marina*]

marinàio *s. m.* **1** Chi presta servizio su una nave | *Promessa da —*, (*fig.*) cui non si terrà fede. [→ ill. *copricapo, uniforme militare*] **2** *al pl.* Equipaggio di una nave.

marinara *s. f.* **1** Abbigliamento infantile fatto a imitazione dell'uniforme dei marinai. **2** Cappello di paglia a larga tesa rialzata e nastro blu.

marinare *v. tr.* Tener immerso in un liquido a base di vino o d'aceto pesce fritto o altro, per insaporirlo o conservarlo | (*fig.*) *— la scuola*, fare un'assenza arbitraria, ingiustificata.

marinarésco *agg.* (*pl. m. -schi*) Della marina o dei marinai.

marinaro *agg.* Del mare o della marina | *Città marinare*, poste sul mare | *Alla marinara*, secondo l'uso dei marinai, detto spec. di fogge d'abito o di preparazioni culinarie.

marinata *s. f.* Salsa a base di vino, aceto e aromi, per marinare vivande.

marine /*ingl.* mə'ri:n/ *s. m. inv.* (*pl. ingl. marines* /mə'ri:nz/) Soldato appartenente a un corpo speciale, spec. degli Stati Uniti, impiegato negli sbarchi o in azioni di particolare impegno.

marineria *s. f.* Marina | Insieme degli equipaggi e delle navi della marina militare.

marinismo *s. m.* Stile e maniera letteraria di G.B. Marino (1569-1625) e dei suoi seguaci e imitatori.

marinista *s. m.* (*pl. -i*) Seguace del Marino e imitatore del suo stile letterario.

marino *agg.* Di, del mare: *acque marine* | Che viene dal mare: *brezza marina.*

marioleria *s. f.* **1** L'essere mariolo. **2** Azione da mariolo.

mariòlo *s. m.* **1** Chi ordisce inganni, truffe. **2** (*fam., scherz.*) Monello, birbante.

marionétta *s. f.* **1** Fantoccio mosso dall'alto per mezzo di fili collegati con la testa, le braccia e le gambe. [→ ill. *teatro*] **2** (*fig.*) Persona che ha movenze prive di garbo, di morbidezza o di grazia. **3** (*fig.*) Persona priva di carattere e che agisce su impulso altrui.

maritàbile *agg.* Che è da maritare.

maritale *agg.* **1** Di, del marito: *potestà —.* **2** (*est.*) Del matrimonio.

maritare **A** *v. tr.* **1** Sposare a un uomo: *— la figlia*; SIN. Accasare. **2** (*fig.*) Congiungere, unire: *— la vite all'acero.* **B** *v. intr. pron.* Prendere marito: *maritarsi a, con qc.*

maritata *s. f.* Donna sposata.

maritato *part. pass. di maritare; anche agg.* **1** Congiunto, unito. **2** Detto di cibo nella cui preparazione entrano diversi ingredienti: *minestra maritata.*

marito *s. m.* Coniuge di sesso maschile | *Aver —*, essere sposata | *Prendere —*, maritarsi | *Da, in età da, —*, di ragazza in età di maritarsi; SIN. Sposo. [→ tav. *proverbi* 367]

maritòzzo *s. m.* Panino dolce e soffice condito con olio, uva passa, pinoli e cotto in forno. [→ ill. *dolciumi*]

marittimo **A** *agg.* **1** Del mare | Attinente al mare o alla marina: *stazione marittima*; *clima —.* [→ ill. *porto*] **2** Che si sviluppa sui mari: *navigazione marittima.* **B** *s. m.* Marinaio | Chi lavora in porti, cantieri e sim.

market /*ingl.* 'ma:kit/ *s. m. inv.* (*pl. ingl. markets* /'ma:kits/) *Acrt. di supermarket* (V.).

marketing /*ingl.* 'ma:kitiŋ/ *s. m. inv.* Complesso di funzioni e attività aziendali dirette a trasferire i beni prodotti dal produttore al consumatore.

marmàglia *s. f.* Quantità di gente ignobile e disprezzabile; SIN. Canaglia, ciurmaglia, gentaglia.

marmellata *s. f.* Conserva di frutta cotta, con aggiunta di molto zucchero.

marmìfero *agg.* Relativo all'estrazione e alla lavorazione del marmo.

marmista *s. m.* (*pl. -i*) Chi lavora o scolpisce il marmo.

marmitta *s. f.* **1** Grossa pentola per cuocervi cibi | Pentolone portatile, per il rancio dei soldati. **2** Camera per i gas combusti di scarico di un motore a combustione interna, disposta per diminuire il rumore dello scarico. [→ ill. *automobile, ciclo e motociclo*] **3** *— dei giganti*, cavità circolare nelle rocce scavata dal moto rotatorio di frammenti di pietre per cause di correnti.

marmittóne *s. m.* Soldato, spec. recluta, sempliciotto e ingenuo, goffo nel vestirsi e nel comportarsi (dal nome del personaggio di un giornale per ragazzi).

màrmo *s. m.* **1** Roccia calcarea cristallina di vario colore e con venature, usato come pietra da costruzione, elemento di decorazione o per sculture | (*fig.*) *Essere di —*, impassibile. [→ ill. *cava*] **2** Opera scolpita nel marmo | (*poet.*) Lapide, tomba.

marmòcchio *s. m.* (*f. -a, raro*) (*scherz.*) Bambino, fanciullo.

marmòreo *agg.* **1** Di marmo, fatto di marmo. **2** Che ha le caratteristiche del marmo: *durezza marmorea.*

marmorizzare *v. tr.* Dare apparenza di marmo, con onde, venature e macchie.

marmòtta *s. f.* **1** Mammifero dei Roditori dal capo tozzo, fitto mantello grigio-giallastro, zampe corte con unghie atte a scavare, specie negli arti anteriori; pregiato per la carne, il grasso e la pelliccia | *Dormire come una —*, moltissimo. [→ ill. *animali* 16] **2** (*fig.*) Persona torpida.

màrna *s. f.* (*miner.*) Roccia calcarea contenente molta argilla.

marnièra *s. f.* Cava di marna.

marnóso *agg.* Ricco di marna: *terreno —.*

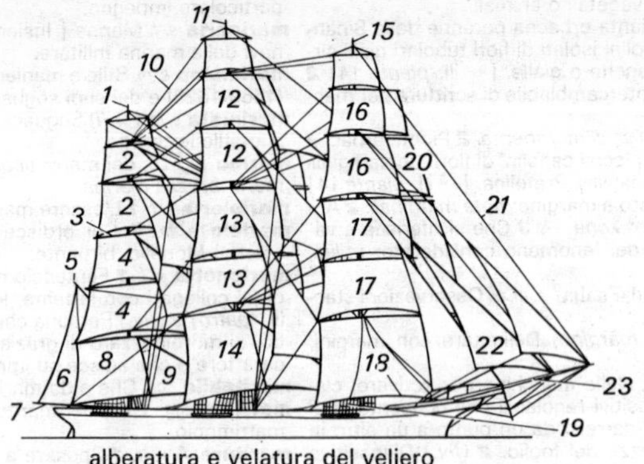

alberatura e velatura del veliero

1 albero di mezzana 2 belvedere 3 pennone 4 contromezzana 5 picco 6 randa 7 boma 8 mezzana 9 vele di strallo 10 drizza 11 albero di maestra 12 velaccio 13 gabbia 14 maestra 15 albero di trinchetto 16 velaccino 17 parrocchetto 18 trinchetto 19 sartia 20 coltellacci 21 strallo 22 fiocco 23 bompresso

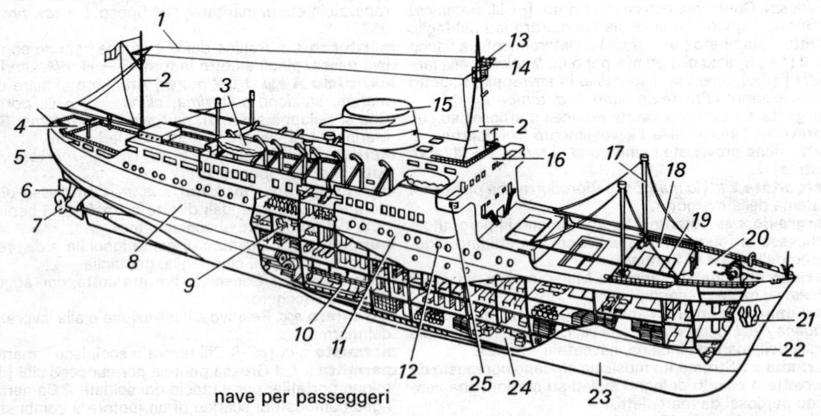

nave per passeggeri

1 antenna della radio 2 albero 3 lancia di salvataggio 4 cassero 5 poppa 6 timone 7 elica 8 murata 9 cabina 10 sala macchine 11 ponte 12 oblò 13 coffa 14 radar 15 fumaiolo 16 ponte di comando 17 albero di carico 18 coperta 19 boccaporto 20 castello 21 ancora 22 prora 23 carena 24 stiva 25 fanale

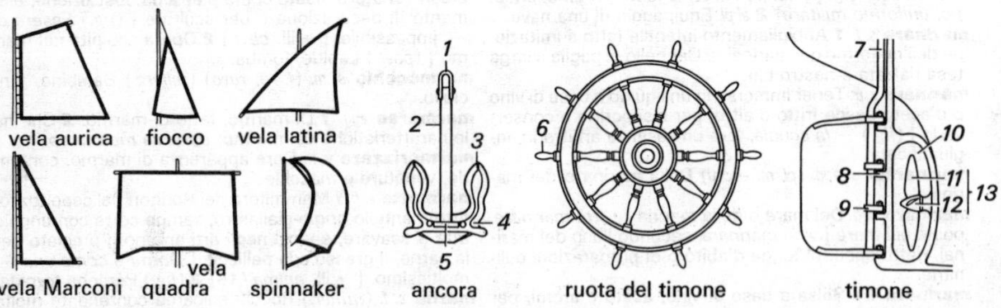

1 cicala 2 fuso 3 marra 4 braccio 5 diamante 6 caviglia 7 asta 8 agugliotto 9 femminella 10 pozzo dell'elica 11 pala 12 mozzo 13 elica

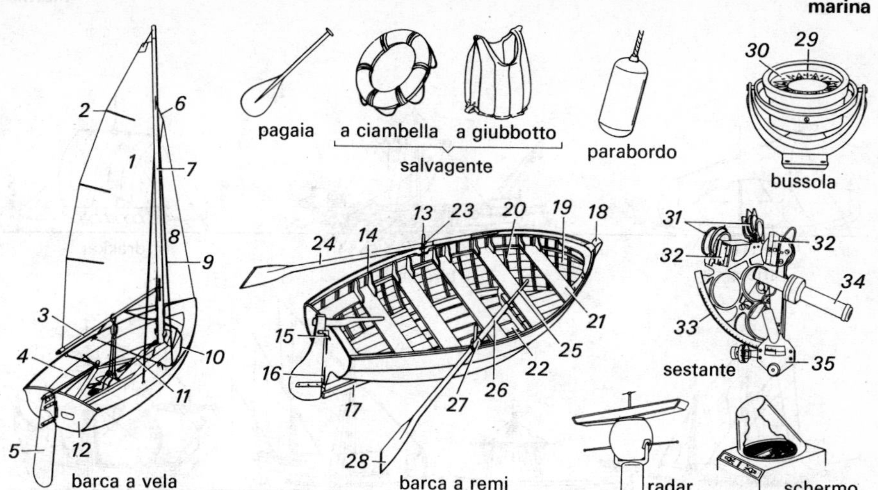

1 randa 2 stecca 3 boma 4 barra 5 timone 6 drizza 7 albero 8 fiocco 9 sartia 10 scotta 11 deriva 12 quadro di poppa 13 scalmo 14 falchetta 15 femminella 16 agugliotto 17 chiglia 18 dritto di prora 19 fasciame 20 ordinata 21 banco 22 pagliolo 23 stroppo 24 remo 25 impugnatura 26 girone 27 ginocchio 28 pala 29 linea di fede 30 rosa 31 filtri 32 specchio 33 settore graduato 34 cannocchiale 35 alidada

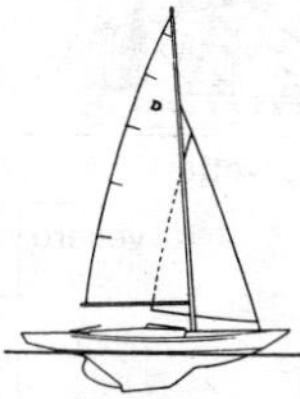

dragone 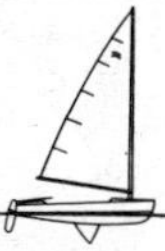 finn 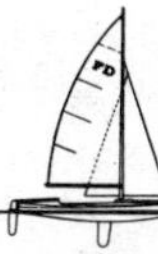 flying dutchman 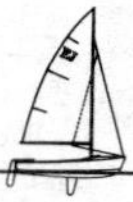 flying junior 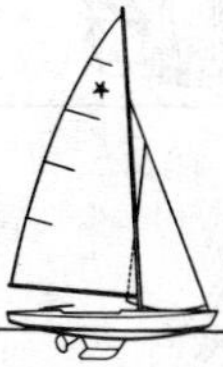 star 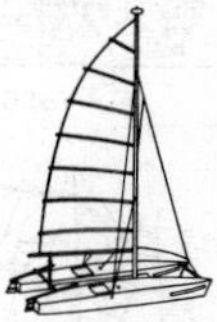 catamarano

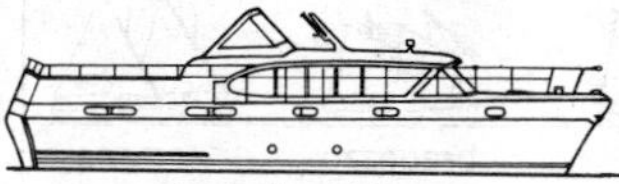

motoscafo cabinato 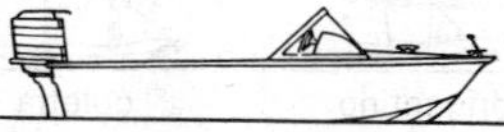 fuoribordo 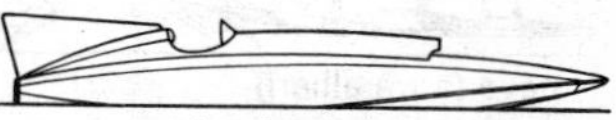 entrobordo da corsa

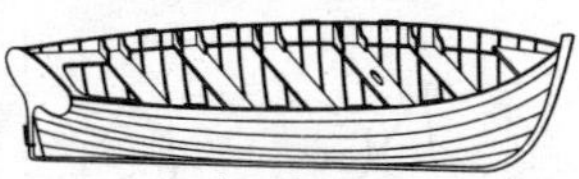

lancia 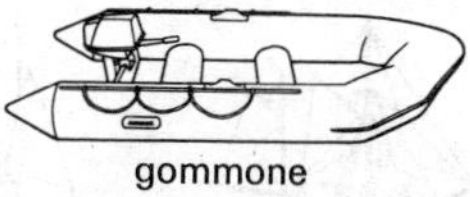 gommone 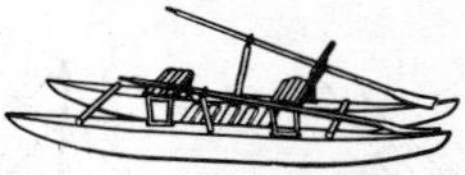 moscone

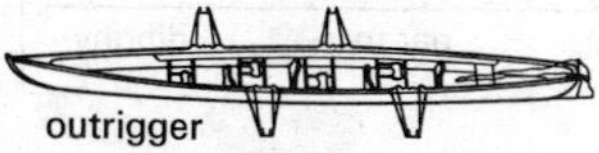

outrigger 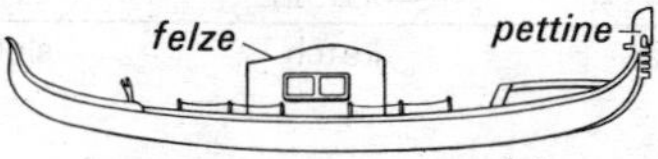 *felze* gondola *pettine* barchino da palude

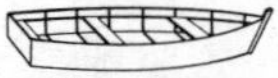

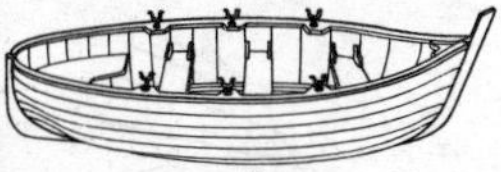

gozzo ligure 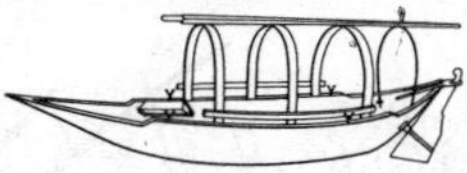 barca da lago 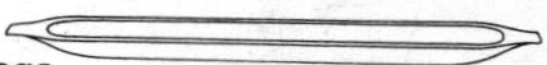 piroga

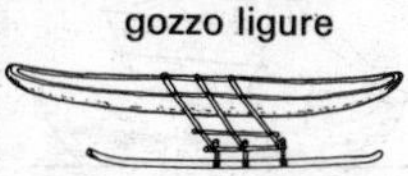

piroga con bilanciere 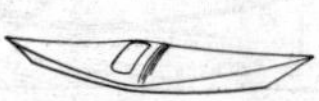 kayak eschimese 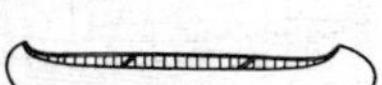 canoa canadese 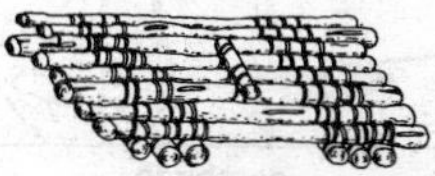 zattera

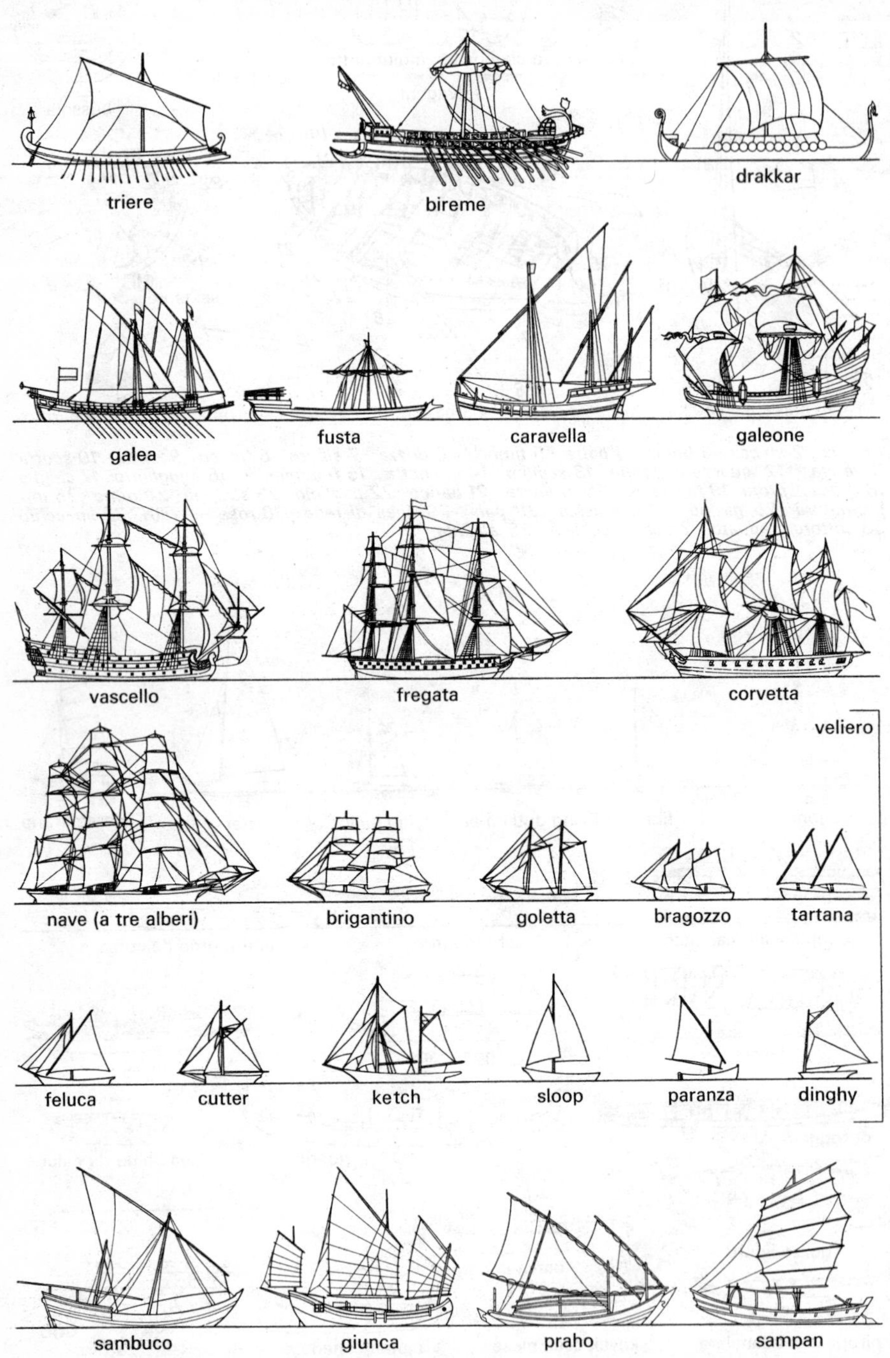
triere
bireme
drakkar
galea
fusta
caravella
galeone
vascello
fregata
corvetta
veliero
nave (a tre alberi)
brigantino
goletta
bragozzo
tartana
feluca
cutter
ketch
sloop
paranza
dinghy
sambuco
giunca
praho
sampan

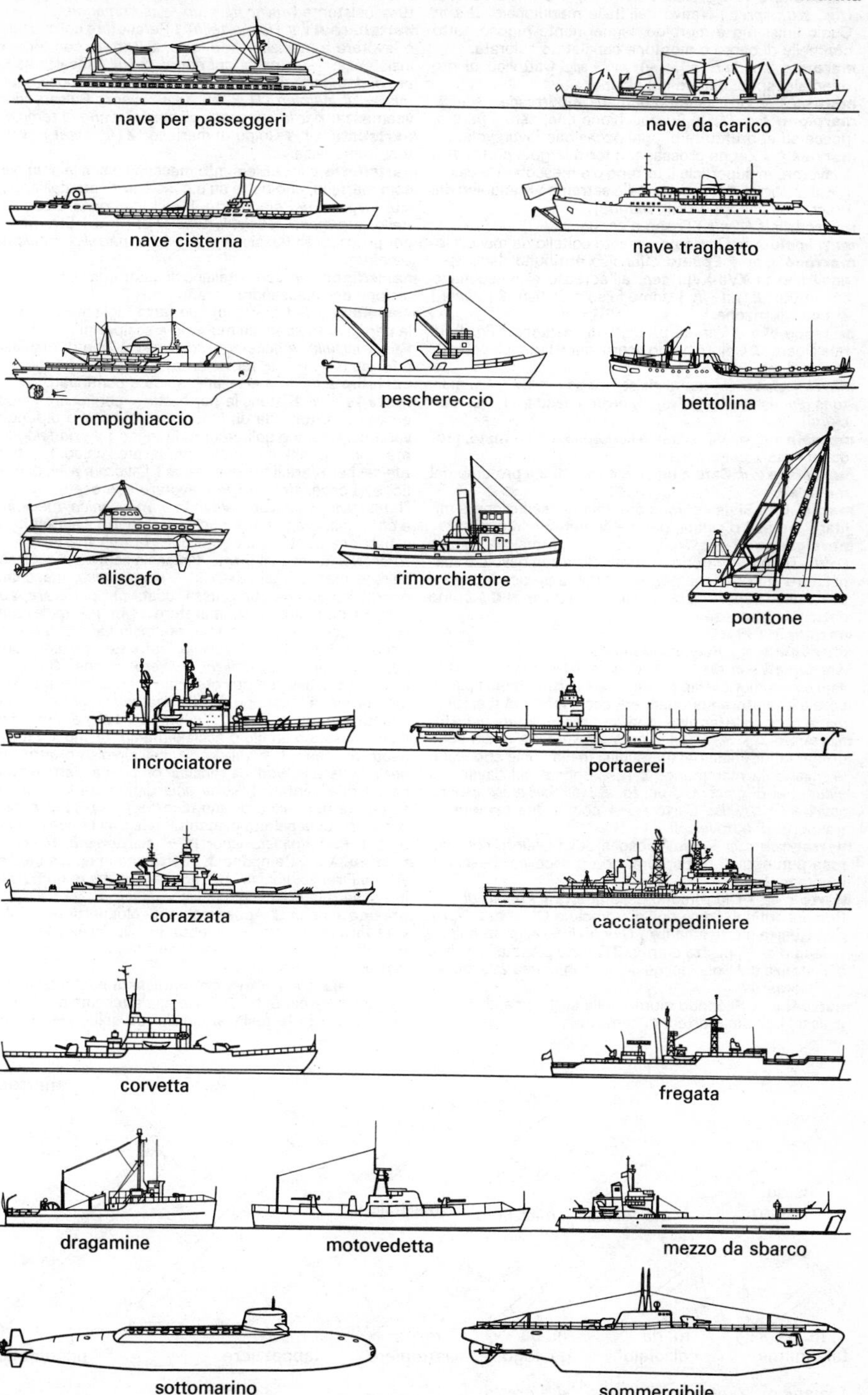
nave per passeggeri
nave da carico
nave cisterna
nave traghetto
rompighiaccio
peschereccio
bettolina
aliscafo
rimorchiatore
pontone
incrociatore
portaerei
corazzata
cacciatorpediniere
corvetta
fregata
dragamine
motovedetta
mezzo da sbarco
sottomarino
sommergibile

marocchìno **A** *agg.; anche s. m.* (*f. -a*) **1** Del Marocco. **2** (*fig., sett., spreg.*) Nativo dell'Italia meridionale. **B** *s. m.* Cuoio finissimo e morbido, leggermente rugoso, fatto con pelle di capra o montone conciata e colorata.
maronìta *s. m. e f.* (*pl. m. -i*); *anche agg.* Cattolico di rito orientale, spec. diffuso nel Libano.
maróso *s. m.* Grossa onda di mare in burrasca.
marpióne *s. m.* (*f. -a*) Furbacchione che, senza parere, riesce ad approfittare di ogni occasione favorevole.
màrra *s. f.* **1** Zappa grossa, con ferro largo e corto, atta a lavorare in superficie il terreno o a mescolare la calce. [→ ill. *edilizia*] **2** Ciascuna delle estremità triangolari dei bracci dell'ancora. [→ ill. *marina*]
marràna *s. f.* (*centr.*) Fosso d'acqua.
marràncio *s. m.* Grosso e pesante coltello da macellaio.
marràno *s. m.* **1** Epiteto offensivo attribuito dagli Spagnoli fino al XVII-XVIII sec. all'ebreo o al musulmano convertito. **2** (*est., fig.*) Uomo falso o cattivo. **3** (*scherz.*) Zotico, villanzone.
marróne *s. m.* **1** Varietà pregiata di castagno | Frutto di tale albero. **2** Colore bruno scuro, caratteristico del frutto omonimo.
marron glacé /*fr.* ma'rɔ̃ gla'se/ *loc. sost. m. inv.* (*pl. fr. marrons glacés* /ma'rɔ̃ gla'se/) Marrone candito. [→ ill. *dolciumi*]
marsàla *s. m. inv.* Vino bianco liquoroso e profumato, prodotto nella zona omonima.
marsalàre *v. tr.* Dare a un vino il sapore e il profumo del marsala.
marsc' *inter.* Si usa come comando di esecuzione a militari, ginnasti o alunni, perché si mettano in marcia.
marsigliése **A** *agg.; anche s. m. e f.* Di Marsiglia. **B** *agg.* (*edil.*) *Tegola* —, laterizio rettangolare con risvolti e scanalature ai bordi, che permettono il reciproco incastro; usata nelle coperture di edifici. [→ ill. *edilizia*] **C** *s. f.* Inno nazionale francese.
marsìna *s. f.* Frac.
marsupiàle *agg.* Relativo al marsupio.
Marsupiàli *s. m. pl.* (*sing. -e*) Ordine di Mammiferi australiani e sudamericani le cui femmine partoriscono figli ancora allo stato embrionale e li accolgono nel marsupio ove è portato a termine lo sviluppo. [→ ill. *animali* 15]
marsùpio **A** *s. m.* **1** Tasca cutanea ventrale di cui sono dotate le femmine dei marsupiali, nella quale sboccano le ghiandole mammarie. **2** Tasca posta sul davanti in alcuni tipi di giacche a vento. **B** *in funzione di agg. inv.* (*posposto al s.*) *Nella loc. Carro* —, veicolo a due piani per il trasporto di autoveicoli.
martagóne *s. m.* Pianta erbacea delle Liliflore con fiori rosa punteggiati di porpora, che cresce nei boschi di montagna.
Màrte *s. m.* **1** Dio romano della guerra | *Popolo di* —, i Romani antichi, come figli di Romolo o Quirino. **2** (*raro, fig.*) Guerra o arte militare | *Giochi di* —, esercizi militari | *Campo di* —, piazza d'armi. **3** Quarto pianeta in ordine di distanza dal Sole, dal quale dista in media 228 milioni di chilometri.
martedì *s. m.* Secondo giorno della settimana civile | — *grasso*, l'ultimo martedì di carnevale.
martellaménto *s. m.* Battitura col martello | (*est.*) Battitura insistente (*anche fig.*): *un — di domande.*
martellàre **A** *v. tr.* (*io martèllo*) **1** Percuotere col martello o lavorare a martello: — *il ferro.* **2** Battere con forza e insistenza: — *la porta coi pugni.* **3** (*fig.*) Incalzare: — *qc. di domande.* **4** Battere senza tregua col fuoco di armi: — *il nemico.* **B** *v. intr.* (*aus. avere*) Pulsare con veemenza: *per lo spavento gli martellavano le tempie.*
martellàta *s. f.* **1** Colpo di martello. **2** (*fig., fam.*) Sventura improvvisa.
martellétto *s. m.* **1** Elemento meccanico simile a un piccolo martello, che batte su q.c. se è azionato dall'apposita leva: — *del pianoforte.* [→ ill. *campana e campanello, strumenti musicali, ufficio*] **2** (*med.*) Strumento per provocare riflessi nervosi. [→ ill. *martello, medicina e chirurgia*]
martelliàno *s. m.* Verso italiano di quattordici sillabe, imitazione dell'alessandrino francese.
martellìna *s. f.* **1** Martello, con ferro tagliente da ambo le parti, usato spec. da muratori e scalpellini. [→ ill. *edilizia, martello, meccanica, scultore*] **2** Tipo di maniglia a forma di T. [→ ill. *ferramenta*]
martellìo *s. m.* Un martellare rapido e continuato.
martèllo *s. m.* **1** Utensile per battere, conficcare chiodi e sim., costituito da un blocchetto di acciaio di foggia varia con manico solitamente in legno | — *da falegname*, con la penna a granchio per levare i chiodi | — *battifalce*, per rifare il filo della falce | *Lavorare a* —, di orefici e di cesellatori, e (*fig.*) lavorare con esattezza. [→ ill. *martello, calzolaio, falegname, meccanica, medicina e chirurgia, orafo e argentiere*] **2** Oggetto avente forma o funzionamento analogo a quello di un martello | — *forestale*, attrezzo a forma di piccola scure per scortecciare e marcare gli alberi | — *pneumatico*, macchina operatrice ad aria compressa, usata per perforare, abbattere, demolire rocce, murature e sim. | — *della campana*, picchiotto che batte le ore sulla campana dell'orologio a torre | — *dell'uscio*, battente appeso a una porta. [→ ill. *cava, edilizia, miniera, strada*] **3** (*anat.*) Uno dei tre ossicini dell'orecchio medio, aderente alla membrana del timpano. [→ ill. *anatomia umana*] **4** Nell'atletica leggera, attrezzo costituito da una sfera metallica fissata a un filo d'acciaio munito di impugnatura, usato per lanci | — *da roccia*, nell'alpinismo, attrezzo per infiggere i chiodi da roccia, con bocca piatta e penna talvolta dentata | — *da ghiaccio*, in cui la penna è sostituita dal becco di una picozza | — *piccozza*, piccozza in cui la paletta è sostituita da una bocca di martello. [→ ill. *alpinista, sport*] [→ tav. *proverbi* 144]
martinèlla *s. f.* Campana di guerra che in epoca medievale, a Firenze, veniva fatta suonare un mese prima che iniziassero le operazioni belliche.
martinétto *s. m.* **1** Apparecchio a colonnetta per sollevare forti pesi a piccola altezza. [→ ill. *sollevamento*] **2** Piccolo ordigno di ferro usato per tendere archi di balestre.
martingàla *s. f.* **1** Breve cintura fissata posteriormente su giacche e cappotti. **2** Correggia attaccata alla briglia per tener alta la testa al cavallo da sella. [→ ill. *fini-*

martello

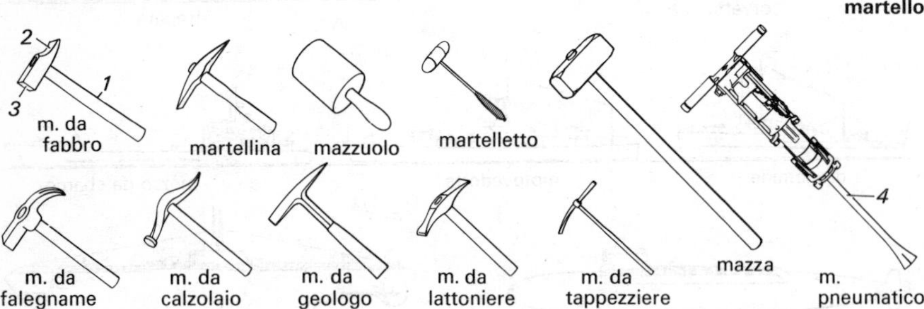

1 manico 2 penna 3 bocca 4 fioretto

menti]

martìni *s. m.* **1** Nome commerciale di vermut. **2** Cocktail di vermut martini secco e gin.

martinicca *s. f.* Strumento a vite che, fatto girare, abbassa un ceppo di legno, il quale appoggiandosi alle ruote di un carro, carrozza e sim., le trattiene in discesa.

martìno *s. m.* Uccello dell'Asia sudorientale, affine allo storno | *Martin pescatore*, uccello con grossa testa, lungo becco forte e diritto, piccolo corpo, colori bellissimi e grande abilità nel catturare pesci. [→ ill. *animali* 15]

màrtire *s. m. e f.* **1** Cristiano dei primi secoli che, affrontando le persecuzioni e la morte, testimoniava la sua fede. **2** Chi si sacrifica e soffre per un ideale: *i martiri del Risorgimento.* **3** (*fig.*) Chi sopporta con rassegnazione dolori e ingiustizie.

martìrio *s. m.* **1** Grave tormento, o morte, che un martire sostiene per la propria fede. **2** (*fig.*) Pena, tormento. • SIN. Supplizio.

martirizzàre *v. tr.* **1** Assoggettare al martirio. **2** (*fig.*) Affliggere, tormentare.

martirològio *s. m.* **1** Libro contenente le vite e gli atti dei martiri cristiani. **2** Insieme di coloro che sono morti per uno stesso ideale.

màrtora *s. f.* Mammifero europeo dei Carnivori dalla pelliccia bruno-giallognola molto pregiata. [→ ill. *animali* 20]

martoriàre A *v. tr.* (*io martòrio*) **1** Martirizzare. **2** (*fig.*) Affliggere, tormentare. **B** *v. intr. pron.* (*raro*) Affliggersi.

marxiàno *agg.* Che si riferisce al filosofo, economista e politico tedesco K. Marx.

marxìsmo /mark'sizmo/ *s. m.* Insieme delle dottrine filosofiche, economiche e politiche elaborate da K. Marx e F. Engels, che costituiscono la base ideologica del materialismo storico-dialettico e del comunismo.

marxìsta /mark'sista/ **A** *s. m. e f.* (*pl. m. -i*) Seguace del marxismo. **B** *agg.* Del marxismo o dei suoi seguaci.

màrza *s. f.* Porzione di ramo o gemma che viene innestata su un'altra pianta. [→ ill. *agricoltura*]

marzaiòla *s. f.* Uccello affine all'anitra selvatica, con piumaggio variopinto, gregario, notturno.

marzapàne *s. m.* Pasta dolce fatta con mandorle, bianco d'uovo e zucchero, cotta al forno e usata in pasticceria.

marziàle *agg.* **1** (*lett.*) Di Marte | (*est.*) Guerresco | *Corte –*, tribunale straordinario di guerra | *Legge –*, che in casi eccezionali di guerra conferisce ampi poteri alle autorità militari | *Arti marziali*, insieme di varie tecniche di difesa personale, d'origine orientale, che escludono l'uso delle armi da punta, da taglio e da fuoco. **2** (*fig.*) Pieno di decisa fierezza: *passo –*.

marziàno *s. m.* (*f. -a*) **1** Supposto abitatore del pianeta Marte. **2** (*fam., fig.*) Chi si sente estraneo, isolato, incapace di inserirsi in ambienti o compagnie.

màrzio *agg.* **1** Di Marte | *Campo Marzio*, nell'antica Roma, pianura sita sulla sinistra del Tevere e adibita a esercitazioni militari. **2** (*lett.*) Marziale.

màrzo *s. m.* Terzo mese dell'anno nel calendario gregoriano, di 31 giorni. [→ tav. *proverbi* 262]

marzòcco *s. m.* (*pl. -chi*) Insegna del leone rampante di Firenze, che regge con la zampa destra lo scudo gigliato.

marzolìno *agg.* Di marzo.

marzuòlo *agg.* Di marzo, che si semina o nasce in marzo: *biade marzuole.*

mas *s. m. inv.* Motoscafo antisommergibile velocissimo e armato di lanciasiluri e mitragliera.

mascalzonàta *s. f.* Atto da mascalzone; SIN. Lazzaronata.

mascalzóne *s. m.* (*f. -a, raro*) Persona vile e volgare che compie azioni disoneste (*anche scherz.*); SIN. Farabutto.

mascàra *s. m. inv.* Cosmetico per ciglia e sopracciglia. [→ ill. *toilette e cosmesi*]

mascarpóne *s. m.* Tipico formaggio burroso lombardo di tutta crema, preparato con panna dolce.

mascèlla *s. f.* Osso della faccia in cui sono infissi i denti superiori, connesso con gli zigomi e le ossa nasali | (*scherz.*) *Lavorar di mascelle*, masticare, mangiare.

mascellàre A *agg.* Della mascella: *osso –*. **B** *s. m.* Osso mascellare.

màschera *s. f.* **1** Finto volto fatto di vario materiale, generalmente provvisto di fori per gli occhi e per la bocca, portato per alterare i lineamenti o per non farsi riconoscere, spec. per motivi rituali, teatrali, giocosi e sim. [→ ill. *maschera*] **2** (*est.*) Travestimento di tutta la persona: *andare, mettersi in –*; *ballo in –* | Persona mascherata. **3** (*fig.*) Atteggiamento ipocrita e affettato: *sotto la – della bontà nasconde un animo crudele*; *porta la – del galantuomo, ma non lo è* | *Levarsi la –*, rivelarsi per quello che si è. **4** (*fig.*) Viso che esprime determinati sentimenti con particolare intensità: *– tragica, comica.* **5** Calco del viso di un defunto riprodotto in gesso, bronzo e sim. **6** Tipo di protezione del volto | *– da scherma*, in rete di fili d'acciaio per difendere il volto dello schermitore dalle stoccate dell'avversario | *– subacquea*, in gomma e vetro, atta a fornire visibilità a chi s'immerge | *– da anestesia*, che si applica al viso del paziente per anestetizzarlo prima di un intervento chirurgico | *– antigas*, per la protezione degli organi della respirazione contro sostanze tossiche immesse nell'atmosfera. [→ ill. *apicoltore, maschera, meccanica, medicina e chirurgia, pesca, sport, vigili del fuoco*] **7** Nei teatri, cinematografi e sim., inserviente che verifica i biglietti e guida gli spettatori al loro posto. **8** Personaggio fisso del teatro, contraddistinto da un costume. [→ ill. *teatro*]

mascheraménto *s. m.* **1** Travestimento con una maschera. **2** (*mil.*) Sottrazione all'osservazione nemica di uomini o materiale vario con l'uso di mezzi mimetici naturali o artificiali; SIN. Mimetizzazione.

mascheràre A *v. tr.* (*io màschero*) **1** Coprire con una maschera: *mascherarsi il viso* | Vestire in maschera: *– qc. da orso.* **2** (*fig.*) Coprire alla vista con particolari accorgimenti: *– l'entrata di una grotta* | (*fig.*) Dissimulare: *– il proprio astio*; SIN. Camuffare. **B** *v. rifl.* **1** Vestirsi o mettersi in maschera: *mascherarsi da donna*; SIN. Travestirsi. **2** (*fig.*) Assumere un'apparenza.

mascheràta *s. f.* **1** Compagnia di persone in maschera. **2** (*fig.*) Messa in scena vistosa e di dubbio gusto | Buffoneria.

maschera

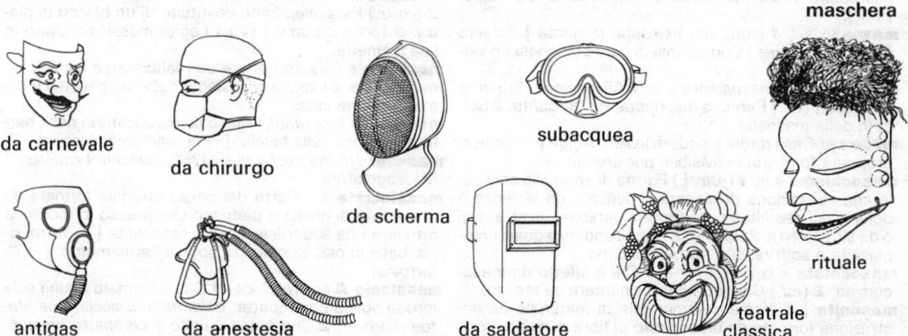

mascherina *s. f.* **1** *Dim. di maschera.* **2** Persona, spec. bambino o giovane donna, graziosamente travestita | *Ti conosco –!*, (*fig.*) a persona di cui si scopre il gioco. **3** Zona di colore diverso sul muso di un animale. **4** Applicazione fissata sulla punta della scarpa. [→ ill. *calzatura*] **5** Nella carrozzeria delle autovetture, struttura metallica che nasconde il radiatore.

mascheróne *s. m.* **1** *Accr. di maschera.* **2** Viso di fattezze deformi e grottesche, in uso spec. nell'età rinascimentale e barocca come ornamento architettonico. [→ ill. *elemento ornamentale*] **3** (*est.*) Volto deformato.

maschiàre *v. tr.* (*io màschio*) (*tecn.*) Eseguire la maschiatura.

maschiatrice *s. f.* (*tecn.*) Macchina per la maschiatura.

maschiatùra *s. f.* Esecuzione di filetto elicoidale in un foro cilindrico realizzata facendo ruotare e avanzare un maschio nel medesimo.

maschiétta *s. f.* Giovinetta dai modi disinvolti e spregiudicati | *Capelli alla –*, corti, a zazzera. [→ ill. *acconciatura*]

maschiétto *s. m.* **1** *Dim. di maschio.* **2** Bambino, spec. neonato, di sesso maschile.

maschile **A** *agg.* Di, da maschio | *Genere –*, genere grammaticale che, in una classificazione a tre generi, si oppone al femminile e al neutro. **B** *s. m.* Genere maschile.

maschilismo *s. m.* Concezione e comportamento secondo cui all'uomo viene riconosciuta una posizione di superiorità e privilegio nei confronti della donna, in base ai caratteri della virilità.

maschilista **A** *s. m. e f.; anche agg.* (*pl. m. -i*) Chi (o che) sostiene il maschilismo. **B** *agg.* Ispirato a maschilismo: *pregiudizio –*.

màschio o (*pop., tosc.*) *màstio* **A** *s. m.* **1** (*biol.*) Negli organismi a sessi separati, l'individuo portatore dei gameti maschili atti a fecondare quelli femminili al fine della riproduzione. **2** (*fam.*) Ragazzo, uomo. **3** (*tecnol.*) Utensile cilindrico per filettare i fori affinché vi si possa avvitare una vite. [→ ill. *meccanica*] **4** Pezzo di acciaio temperato, modellato a rilievo per imprimere la femmina dello stampo. **5** In un congegno composto, il pezzo di forma rilevata, tale da consentirne l'inserimento in un apposito incavo: *funziona a – e femmina.* **6** Nella fortificazione medievale, la parte più elevata e più forte di una rocca, castello o fortezza. [→ ill. *castello*] **B** *agg.* **1** Di sesso maschile: *figlio –*; *balena –*. **2** (*est.*) Virile, forte, robusto. [→ tav. *proverbi* 245]

mascolinità *s. f.* Carattere di mascolino; CONTR. Femminilità.

mascolinizzàre **A** *v. tr.* Far diventare mascolino. **B** *v. intr. pron.* Rendersi simile a un maschio per abbigliamento, atteggiamenti e sim.

mascolino *agg.* Maschile.

mascóne *s. m.* (*mar.*) Ciascuna delle due parti laterali della prora.

mascotte /*fr.* mas'kɔt/ *s. f. inv.* (*pl. fr. mascottes* /mas'kɔt/) Portafortuna.

màser *s. m. inv.* Dispositivo, analogo al laser, che emette fasci di microonde tutte di ugual frequenza, direzione e fase (sigla ingl. da *M*(*icroware*) *A*(*mplification by*) *S*(*timulated*) *E*(*mission of*) *R*(*adiation*), 'amplificazione di microonde mediante emissione stimolata da radiazioni').

masnàda *s. f.* **1** (*raro, lett.*) Gruppo di gente | Schiera d'armati. **2** (*spreg.*) Compagnia di gente disonesta o violenta.

masnadièro o *masnadière* *s. m.* **1** Assassino o brigante di strada | (*est.*) Persona disonesta; SIN. Brigante. **2** Soldato della masnada.

màso *s. m.* Casa rurale e podere in Alto Adige | *– chiuso*, proprietà fondiaria indivisibile per eredità.

masochismo *s. m.* **1** (*psicol.*) Forma di anomalia sessuale con sensazione di piacere provocata da violenze e dolori fisici esercitati sulla propria persona, da se stessi o da altri; CONTR. Sadismo. **2** (*est.*) Tendenza quasi compiaciuta a soffrire; SIN. Autolesionismo.

masochista *s. m. e f.* (*pl. m. -i*) **1** Chi è affetto da masochismo. **2** (*est.*) Chi gode nel tormentare se stesso.

masonite *s. f.* Nome commerciale di materiale da costruzione formato da un impasto di fibre di legno e collanti, laminato in fogli; usata come isolante termico e acustico.

masque /*ingl.* ma:sk/ *s. m. inv.* (*pl. ingl. masques* /'ma:sks/) Spettacolo teatrale inglese, con musiche vocali e strumentali, fiorito in vari paesi tra i sec. XVI e XVII.

màssa **A** *s. f.* **1** Quantità di materia unita in modo da formare un tutto compatto di forma indefinita: *– informe, caotica*; *– di terra, d'acqua* | *– di carne*, (*spreg.*) persona priva di qualità spirituali. **2** Mucchio di cose aggregate della stessa specie o diverse, ma ancora distinte o distinguibili (*anche fig.*): *– di grano, di mattoni*; *commettere una – di errori.* **3** Insieme di persone che presentano caratteri comuni sul piano psicologico e del comportamento: *la – elettorale*; *la – dei cittadini* | *Cultura di –*, quella diffusa al vasto pubblico, grazie alla stampa, alla pubblicità, ai mezzi audiovisivi | *Mezzi di comunicazione di –*, V. mass media. **4** (*est.*) Moltitudine: *una – di dimostranti* | *In –*, tutti insieme, in blocco | *Far –*, affollarsi | (*est.*) Maggioranza: *la – della nazione è scontenta.* **5** (*fis.*) Quantità di materia contenuta in un corpo | Grandezza fisica, espressa come rapporto fra la forza applicata a un corpo e l'accelerazione che risulta impressa al corpo stesso. [→ ill. *fisica*] **6** (*elettr.*) Parte del circuito elettrico di una macchina o apparecchiatura consistente nella sua struttura metallica, generalmente collegata a terra: *collegare, mettere a –*. [→ ill. *meccanica*] **7** Nelle arti figurative, addensamento di colori in un punto: *– di luce, d'ombra* | Nelle sculture e nelle opere architettoniche, il volume come entità percepibile. **8** (*mus.*) Insieme di voci o di strumenti. **9** (*dir.*) Complesso delle attività e passività costituenti un dato patrimonio familiare. **B** *in funzione di agg. inv.* (*posposto al s.*) *Nella loc. uomo –*, uomo medio, prototipo della società di massa considerata come mancante di individualità e di responsabilità sociale.

massacrànte *part. pres. di massacrare; anche agg.* Estremamente faticoso: *viaggio –*.

massacràre *v. tr.* **1** Trucidare vittime inermi o indifese. **2** Malmenare: *lo massacrarono di botte.* **3** (*fig.*) Logorare, stremare: *una fatica che massacra.*

massacratóre *s. m.* (*f. -trice*) Chi massacra.

massàcro *s. m.* **1** Eccidio, strage, carneficina. **2** (*fig.*) Disastro, rovina: *i tuoi abiti sono un vero –!*

massaggiagengive *s. m.* Piccolo oggetto di varia forma che il bambino mastica durante la prima dentizione.

massaggiàre *v. tr.* (*io massàggio*) Sottoporre a massaggio.

massaggiatóre *s. m.* (*f. -trice* nel sign. 1) **1** Persona esperta nel praticare massaggi. **2** Apparecchio elettrico per massaggiare.

massàggio *s. m.* Trattamento dei muscoli e delle articolazioni con manovre manuali per facilitare la circolazione sanguigna e la mobilità articolare.

massàia *s. f.* Donna che tiene il governo e l'amministrazione della propria casa.

massàio o (*dial.*) *massàro* *s. m.* (*f. -a*) Conduttore di un podere, di cui presiede ai lavori e cura il bestiame. [→ tav. *proverbi* 161]

massellàre *v. tr.* (*io massèllo*) Ridurre un metallo in masselli.

massellatùra *s. f.* Operazione del massellare.

massèllo *s. m.* **1** Lingotto di metallo sbozzato col maglio. **2** (*costr.*) Parallelepipedo costituito di un blocco di pietra. **3** (*bot.*) Durame | (*est.*) Legno massiccio usato in falegnameria.

masseria *s. f.* Vasto podere con fabbricati e servizi.

masserizia *s. f. spec. al pl.* Insieme delle suppellettili e dei mobili di una casa.

massetère *s. m.* (*anat.*) Muscolo masticatorio nella parte posteriore della faccia. [→ ill. *anatomia umana*]

masseur /*fr.* ma'sœr/ *s. m. inv.* (*pl. fr. masseurs* /ma'sœr/) Massaggiatore.

massicciàta *s. f.* Parte del corpo stradale formata da uno strato di ghiaia e pietrisco compresso in modo da ottenere una superficie liscia e resistente | *– ferroviaria*, base di pietrisco su cui poggia l'armamento. [→ ill. *ferrovia*]

massiccio **A** *agg.* (*pl. f. -ce*) **1** Che è formato di una sola massa solida e compatta: *colonna massiccia*; *una statua d'oro –*. **2** Che è sodo, unito e compatto: *musco-*

latura massiccia | (*est.*) Privo di snellezza, sveltezza o eleganza: *costruzione troppo massiccia* | *Corporatura massiccia*, tarchiata. ***3*** (*fig.*) Grave, pesante: *massiccia erudizione.* ***B*** *s. m.* Montagna a larga base, poco articolata. [→ ill. *geografia*]

massificàre *v. tr.* (*io massìfico, tu massìfichi*) Portare a uno stesso livello, eliminando così personalità e individualità: *il consumismo massifica gli individui.*

massificazióne *s. f.* Atto del massificare | Tendenza, nelle società industriali avanzate, all'uniformità di comportamenti e concezioni.

màssima *s. f.* ***1*** Principio o verità generale che serve di norma, guida o regola | *In —, di —, in linea di —*, nell'insieme, nel complesso. ***2*** Sentenza, precetto: *massime morali* | Detto, motto. ***3*** Grado massimo di temperatura, pressione barometrica e sim. [→ ill. *meteorologia*]

massimàle ***A*** *agg.* Massimo. ***B*** *s. m.* ***1*** Limite massimo. ***2*** Somma massima su cui si calcolano trattenute o contributi.

massimalìsmo *s. m.* Corrente del movimento socialista che propugna il programma massimo per rovesciare il sistema capitalistico.

massimalìsta *s. m.* (*pl. -i*) Sostenitore del massimalismo.

massimalìstico *agg.* (*pl. m. -ci*) Del massimalismo o dei massimalisti.

massimàrio *s. m.* Raccolta di massime e precetti su di una data materia.

màssime *avv.* (*lett.*) Soprattutto, specialmente: *voglio bene a tutti, — a te.*

massimizzàre *v. tr.* Rendere massimo.

màssimo ***A*** *agg.* (*sup. di grande*) Estremamente grande: *altezza, dimensione, distanza massima* | Il più grande: *ottenere il — effetto* | *Il — poeta*, Dante | *Il — fattore*, Dio | *Tempo —*, il più lungo concesso per portare a termine q.c. | *Al — grado*, massimamente | *Al —*, al più; CONTR. Minimo | (*sport*) *Peso —*, in taluni sport, la categoria maggiore in cui sono suddivisi gli atleti secondo il loro peso fisico. ***B*** *s. m.* ***1*** Grado, punto più elevato per misure, quantità, dimensioni e sim.: *il — dei voti*; CONTR. Minimo. ***2*** (*sport*) Peso massimo.

massìvo *agg.* ***1*** (*med.*) Che interessa tutta una massa: *asportazione massiva di un tumore.* ***2*** Che presenta caratteri di massa.

mass media /*ingl.* mæs 'mi:djə/ *loc. sost. m. pl.* Gli strumenti di divulgazione dell'industria culturale, quali la stampa, il cinema, la televisione.

màsso *s. m.* ***1*** Sasso o roccia di grandi dimensioni | (*fig.*) *Dormire come un —*, molto profondamente; SIN. Macigno. ***2*** (*est., fig.*) Persona che non manifesta commozioni o turbamenti.

massóne *s. m.* Membro della massoneria.

massonerìa *s. f.* ***1*** Associazione segreta costituitasi nel XVIII sec. in Inghilterra, ispirata al razionalismo, al deismo e al principio dell'affrancamento da soggezioni politiche. ***2*** (*est.*) Tendenza all'aiuto reciproco fra appartenenti a uno stesso ambiente.

massònico *agg.* (*pl. m. -ci*) Della massoneria.

massoterapìa *s. f.* (*med.*) Cura mediante massaggio.

mastcèllula *s. f.* Cellula del sistema reticolo-endoteliale, ricca di istamina ed eparina.

mastèllo *s. m.* ***1*** Alto recipiente in legno, più largo di bocca che di fondo, a doghe. ***2*** Conca di forma analoga per bucato o altri usi domestici. [→ ill. *lavatura e stiratura*]

masticàre *v. tr.* (*io màstico, tu màstichi*) ***1*** Schiacciare q.c. ripetutamente coi denti, anche senza triturarla: *— il cibo*; *— tabacco* | *— amaro, — veleno*, (*fig.*) soffrire in silenzio. ***2*** (*fig.*) Borbottare, biascicare: *— delle scuse* | *— un po' di francese*, conoscerlo o parlarlo imperfettamente.

masticatóre *agg.* Masticatorio.

masticatòrio ***A*** *agg.* Relativo alla masticazione. ***B*** *s. m.* Sostanza da masticare per aumentare la secrezione salivare.

masticatùra *s. f.* Cosa masticata | Avanzo di cosa masticata.

masticazióne *s. f.* Fase iniziale della digestione, consistente nello schiacciare ripetutamente il cibo con i denti.

màstice *s. m.* ***1*** Resina balsamica usata per vernici e in fotografia. ***2*** Miscuglio plastico che serve ad attaccare oggetti vari fra loro.

mastìno *s. m.* Cane da guardia, massiccio, fortissimo, con testa larga, dorso muscoloso. [→ ill. *cane*]

màstio v. *maschio.*

mastìte *s. f.* (*med.*) Infiammazione della ghiandola mammaria.

mastodónte *s. m.* ***1*** Animale fossile simile all'elefante, caratteristico del Terziario, provvisto di zanne su mandibola e mascella, corpo lungo, arti corti. [→ ill. *paleontologia*] ***2*** (*fig.*) Persona grossa e lenta di movimenti.

mastodòntico *agg.* (*pl. m. -ci*) Enorme, gigantesco: *errore —*; *tavolo, armadio —.*

mastòide *s. f.* (*anat.*) Apofisi di forma conica dell'osso temporale, situata dietro il padiglione dell'orecchio.

mastoidèo *agg.* Della mastoide.

mastoidìte *s. f.* (*med.*) Infiammazione della mastoide.

màstro ***A*** *s. m.* (*f. -a*) ***1*** v. *maestro* nel sign. A 1. ***2*** Artigiano o artefice provetto. ***3*** Libro mastro. ***B*** *agg.* ***1*** v. *maestro* nel sign. B 1. ***2*** *Libro —*, registro che raccoglie tutte le partite specificate negli altri libri riportate nel dare e nell'avere dei singoli conti.

masturbàre *v. tr. e rifl.* Provocare orgasmo sessuale mediante manipolazione degli organi genitali.

masturbazióne *s. f.* Atto del masturbare o del masturbarsi.

masùrio *s. m.* (*chim.*) Tecnezio.

matador /*sp.* mata'dor/ *s. m. inv.* (*pl. sp. matadores* /mata'dores/) Chi, nella corrida, uccide il toro con la spada.

matàssa *s. f.* ***1*** Insieme di fili avvolti a mano o con l'aspo, disposti ordinatamente in più giri uno sull'altro | *Arruffare la —*, (*fig.*) complicare le cose | *Cercare il bandolo della —*, (*fig.*) il punto da cui inizia la soluzione di q.c. ***2*** (*fig.*) Imbroglio, intrigo. ***3*** Tipo di pasta sottile, avvolta a matassa. [→ ill. *pasta*]

match /*ingl.* mætʃ/ *s. m. inv.* (*pl. ingl. matches* /'mætʃiz/) ***1*** Incontro sportivo, spec. di pugilato. ***2*** Nell'ippica, corsa nella quale sono impegnati due soli cavalli.

màte *s. m. inv.* ***1*** Albero sudamericano delle Celastrali le cui foglie si usano per preparare un infuso. [→ ill. *piante* 7] ***2*** Bevanda ottenuta dalle foglie del mate.

matelassé /*fr.* matəla'se/ *agg. inv.* Detto di tessuto leggermente imbottito e trapuntato, spec. per coperte e vestaglie.

matemàtica *s. f.* Scienza che si avvale di metodi deduttivi per lo studio degli enti numerici e geometrici, e per l'applicazione dei suoi risultati alle altre scienze.

matematicaménte *avv.* Mediante, secondo la matematica | In modo certo, indubitabile.

matemàtico ***A*** *agg.* (*pl. m. -ci*) ***1*** Che riguarda la matematica: *regole matematiche.* ***2*** (*est.*) Di assoluta precisione: *certezza matematica.* ***B*** *s. m.* (*f. -a*) Studioso di matematica.

materassàio *s. m.* (*f. -a*) Operaio che fa o mette a nuovo materassi.

materassìno *s. m.* ***1*** *Dim. di materasso.* ***2*** Tappeto imbottito sul quale i lottatori si allenano e gareggiano. ***3*** Oggetto generalmente pneumatico su cui ci si distende sulla spiaggia o nell'acqua e sim. [→ ill. *campeggiatore, spiaggia*]

materàsso *s. m.* Suppellettile costituita da un involucro di tela imbottito di materiali soffici o elastici e poi trapunto, che si pone sulla rete del letto.

matèria *s. f.* ***1*** Ciò che costituisce la sostanza di un corpo | *Materie prime*, sostanze grezze che servono alle industrie | *Materie plastiche*, sostanze a base di resine adatte a essere modellate, conservando poi la forma ricevuta. ***2*** Sostanza organica: *la — del corpo umano* | *— grigia*, parte del sistema nervoso formata dalle cellule nervose | *— cerebrale*, la massa che costituisce il cervello e (*fig.*) ingegno, intelligenza | *— purulenta*, pus. ***3*** Elementi e argomenti del discorso, del pensiero, della ricerca e sim.: *entrare in —*; *fornire —* | *— di fatto*, ciò che concerne l'essenza di un fatto | *In — di*, per quanto concerne | (*est.*) Ciò che è trattato in opere scritte: *indice delle materie.* ***4*** Disciplina di studio o d'insegnamento. ***5*** Occasione, modo, pretesto: *dar — a sospetti.*

materiàle ***A*** *agg.* ***1*** Di, della materia: *quantità —* | Relativo alla materia: *problemi materiali.* ***2*** Che concerne la materia considerata come elemento contrapposto allo spirito | *Vita* —, fisica | *Interessi materiali*, relativi ai mezzi del vivere, al denaro | *Necessità materiali*, economiche | *Lavoro, fatica* —, che impegna solo il fisico; CONTR. Intellettuale, spirituale. **3** Grosso, voluminoso | (*est.*) Grossolano, rozzo, sgraziato: *uomo — nei modi*. **4** Effettivo, reale: *datemi il tempo — che mi occorre*. **B** *s. m.* **1** Materia necessaria per realizzare un certo lavoro: *materiali da costruzione*. **2** Insieme degli strumenti necessari per lo svolgimento di un'attività: — *scolastico, chirurgico*. [→ ill. *miniera*]

materialismo *s. m.* **1** Dottrina filosofica secondo la quale tutta la realtà si riduce alla materia intesa come principio primo dell'universo. **2** (*spreg.*) Tendenza ad apprezzare solo i beni e i piaceri materiali. ● CONTR. Spiritualismo.

materialista *agg.; anche s. m. e f.* (*pl. m. -i*) **1** Che (o chi) segue il materialismo. **2** Che (o chi) ricerca solo i beni e i piaceri materiali. ● CONTR. Idealista, spiritualista.

materialistico *agg.* (*pl. m. -ci*) Del materialismo o dei materialisti.

materialità *s. f.* Condizione di materiale.

materializzàre **A** *v. tr.* Rendere materiale; CONTR. Spiritualizzare. **B** *v. intr. pron.* **1** Prender corpo e forma materiale. **2** Divenire concreto.

materializzazióne *s. f.* Attribuzione di un carattere materiale | Assunzione di corpo e forma materiale.

materialménte *avv.* **1** In modo materiale | In modo grossolano. **2** In sostanza: *ciò che mi chiedi è — impossibile*.

matèrico *agg.* (*pl. m. -ci*) Detto spec. di pittura o scultura che, oltre ai tradizionali colori, marmi, argilla e sim., si avvale come mezzo di espressione di altri materiali inconsueti.

maternità *s. f.* **1** Condizione di madre | (*est.*) Legame affettivo fra madre e figlio. **2** Reparto ospedaliero in cui vengono ricoverate le gestanti o le puerpere. **3** L'insieme del nome e cognome della madre, come elemento di riconoscimento. **4** Periodo di congedo retribuito che spetta a una lavoratrice prima e dopo il parto: *mettersi in* —.

matèrno *agg.* **1** Di, da madre: *amore* —. **2** Per parte di madre: *zio* —. **3** Del luogo o paese in cui si è nati: *lingua materna*.

matinée /*fr.* mati'ne/ *s. f. inv.* Rappresentazione che ha luogo al mattino o al pomeriggio.

matita *s. f.* **1** Oggetto costituito da una mina racchiusa in un involucro di legno o di metallo, per scrivere, disegnare, colorare e sim. [→ ill. *disegnatore, falegname, scuola, ufficio*] **2** Oggetto simile a una matita, per medicazione e cosmesi: — *per le labbra* | — *emostatica*, per arrestare piccole emorragie. [→ ill. *barbiere, toilette e cosmesi*]

matràccio *s. m.* Recipiente in vetro di forma tondeggiante con collo lungo usato nei laboratori scientifici. [→ ill. *chimico*]

matriarcàle *agg.* Del matriarcato.

matriarcàto *s. m.* Istituzione che prevede, nelle società in cui vige la discendenza matrilineare, la gestione del potere da parte della donna | (*est.*) Gestione femminile all'interno di una struttura sociale, come la famiglia; CONTR. Patriarcato.

matrice *s. f.* **1** (*lett.*) Utero. **2** (*biol.*) Strato germinativo. [→ ill. *cellula*] **3** (*fig.*) Fonte da cui q.c. trae la propria origine, le proprie caratteristiche. **4** Elemento che riproduce un originale ed è atto a riprodurlo mediante varie tecniche. **5** Parte di un bollettario, costituito di due parti congiunte, destinata a essere conservata, quando l'altra è staccata e consegnata quale ricevuta.

matricida *s. m. e f.* (*pl. m. -i*) Chi uccide la propria madre.

matricìdio *s. m.* Uccisione della propria madre.

matrìcola *s. f.* **1** Registro d'iscrizione di persone o cose facenti parte di una medesima categoria | (*est.*) Numero assegnato in tale registro | Persona contrassegnata con tale numero. **2** Studente iscritto al primo anno di una facoltà universitaria.

matricolàre (1) *v. tr.* (*io matricolo*) (*raro*) Immatricolare.

matricolàre (2) *agg.* Di, della matricola: *numero* —.

matricolàto *part. pass. di matricolare; anche agg.* **1** (*fig., raro*) Noto, riconosciuto: *dottore* —. **2** (*fig.*) Famigerato: *briccone* — | (*scherz.*) Che la sa lunga: *furfante* —.

matrigna *s. f.* **1** Seconda moglie subentrata per i figli di primo letto alla madre morta. **2** (*fig.*) Madre nemica, non amorevole.

matrilineàre *agg.* (*etn.*) Detto di discendenza calcolata in linea materna.

matrimoniàle *agg.* Di matrimonio: *vita* — | *Letto* —, a due piazze | Che concerne il matrimonio: *diritto* —.

matrimonialista *s. m. e f.* (*pl. m. -i*) Avvocato esperto in cause riguardanti il diritto matrimoniale.

matrimònio *s. m.* Accordo tra un uomo e una donna stipulato alla presenza di un ufficiale dello stato civile o di un ministro di culto, con cui i soggetti contraenti si impegnano a instaurare e mantenere fra essi una comunanza di vita e d'interessi | (*est.*) Durata dell'unione coniugale. (V. nota d'uso ACCENTO)

matròna *s. f.* **1** Nell'antica Roma, signora di rango elevato. **2** (*fig.*) Donna formosa e imponente.

matronàle *agg.* Di, da matrona (*anche fig.*).

matronèo *s. m.* In talune chiese paleocristiane o romaniche, galleria, in origine riservata alle donne, che corre sulle navate laterali affacciandosi sulla navata centrale. [→ ill. *basilica cristiana*]

matronìmico *agg.* (*pl. m. -ci*) Di nome derivato da quello della madre.

màtta *s. f.* Carta da gioco alla quale, secondo le regole di alcuni giochi, si può attribuire qualsiasi valore; SIN. Jolly.

mattacchióne *s. m.* (*f. -a*) Persona dal temperamento allegro e bizzarro, che ama gli scherzi; SIN. Pazzerellone.

mattàna *s. f.* (*fam.*) Umore capriccioso e lunatico con dimostrazioni chiassose del proprio stato d'animo.

mattànza *s. f.* (*merid.*) Uccisione dei tonni chiusi nella tonnara.

mattarèllo V. *matterello*.

mattàta *s. f.* (*pop.*) Azione da matto.

mattatóio *s. m.* Macello pubblico o privato.

mattatóre *s. m.* (*f. -trice* nel sign. 2) **1** Chi, nei mattatoi, si occupa dell'uccisione degli animali. **2** (*fig.*) Chi riesce a porre in ombra la personalità e le capacità altrui, facendo risaltare le proprie: *fare il — in uno spettacolo*.

matterèllo o *mattarèllo s. m.* Legno liscio cilindrico con cui in cucina si spiana la pasta sfoglia. [→ ill. *cucina*]

mattería *s. f.* Atto o comportamento da matto.

mattìna *s. f.* Parte del giorno compresa fra le ore intorno all'alba e il mezzogiorno | *Di prima* —, appena si è fatto giorno | *Da — a sera*, tutto il giorno | *Dalla sera alla* —, di cosa che dura molto poco; CONTR. Sera. [→ tav. *proverbi* 232, 345]

mattinàle **A** *agg.* (*lett.*) Mattutino. **B** *s. m.* Rapporto presentato ogni mattina al capo dello stato, al capo del governo, ai ministri e sim.

mattinàta (1) *s. f.* **1** Le ore della mattina, spec. in riferimento al tempo che fa o agli avvenimenti che la caratterizzano. **2** Canto amoroso con accompagnamento musicale con cui si risvegliava al mattino la donna amata.

mattinàta (2) *s. f.* Rappresentazione o concerto dati di mattina.

mattinièro *agg.* Che si leva di buon mattino.

mattìno *s. m.* Mattina, mattinata | *Di buon* —, la mattina per tempo | *Dal — alla sera*, tutto il giorno | *I giornali del* —, che escono di prima mattina | *Il — della vita*, (*fig.*) la prima giovinezza. [→ tav. *proverbi* 172, 244]

màtto (1) **A** *agg.* **1** Che è privo della ragione: *il dolore lo ha reso* — | *Diventar* —, scervellarsi su q.c. | *Andar — per q.c.*, esserne appassionatissimo | *Essere — da legare*, assolutamente folle | *Fossi —!*, escl. di chi nega di far q.c. con particolare forza | (*est.*) Bizzarro e difficile da trattare: *un cavallo* — | Ameno per stravaganze, estrosità e bizzarrie: *quel tuo amico è una testa matta!*; CONTR. Savio. **2** (*fig.*) Grande, enorme: *provare un gusto* — | *Volere un bene* —, amare moltissimo. **3** (*fig.*) Falso: *monile d'oro* —. **4** (*fig.*) Opaco: *colore* —. **B** *s. m.* (*f. -a*) **1** Chi ha perso l'uso della ragione. **2** (*est.*) Chi si comporta in modo bizzarro e stravagante. **3** Carta da gioco, uno dei ventidue trionfi dei tarocchi, che si confà con ogni carta | *Essere come il — nei tarocchi*, (*fig.*) essere ben accetto dappertutto.

màtto (2) *agg. Solo nella loc. scacco* —, nel gioco degli scacchi, la mossa risolutiva, con cui si dà scacco al re senza che possa difendersi | *Dare scacco — a qc.*, (*fig.*) vincerlo, batterlo definitivamente.

mattòide *agg.; anche s. m. e f.* Detto di chi si comporta come un matto.

mattonàre *v. tr.* (*io mattóno*) Lastricare di mattoni.

mattóne A *s. m.* **1** Laterizio a forma parallelepipeda, pieno o forato, fabbricato con argilla comune e cotto al forno, che si impiega nelle costruzioni. [→ ill. *edilizia*] **2** (*fig.*) Peso | (*pop.*) *Gli sembra di avere un — sullo stomaco*, a causa della digestione lenta e difficoltosa | (*est.*) Cosa o persona pedante e noiosa: *che — quel film!* **B** *in funzione di agg. inv.* (*posposto al s.*) Che ha colore rosso cupo: *tessuto color —; rosso —.*

mattonèlla *s. f.* **1** *Dim. di mattone.* **2** Piastrella per rivestimento di muro o per pavimentazione domestica. **3** Oggetto avente forma analoga a quella di un mattone. **4** Ciascuna delle quattro sponde del biliardo.

mattutìno A *agg.* Che è proprio della mattina o avviene di prima mattina | (*est.*) Della mattina sino a mezzogiorno: *ore mattutine.* **B** *s. m.* **1** Nella liturgia, parte dell'ufficio canonico recitata nella prima ora del giorno. **2** Suono della campana che annunzia tale ora, o una nuova giornata.

maturàndo *s. m.* (*f. -a*) Chi deve sostenere l'esame statale di maturità.

maturàre A *v. tr.* **1** Rendere maturo | (*fig.*) Rendere più giudizioso, più adulto: *la disgrazia ha maturato il ragazzo.* **2** (*fig.*) Meditare, valutare a lungo: *— un'idea.* **3** (*fig.*) Portare a compimento: *— un piano.* **B** *v. intr. e intr. pron.* (*aus. essere*) **1** Venire a maturità, di frutti, messi e sim. **2** Giungere alla maturità intellettuale e psichica, detto di persona. **3** Giungere a compimento, detto di cose: *l'avvenimento sta maturando* | *Il bubbone è maturato*, è giunto a suppurazione | *I tempi maturano*, si avvicina il momento in cui si verificherà un evento atteso. **4** (*econ.*) Divenire esigibile per il trascorrere del tempo: *interessi che sono maturati.*

maturazióne *s. f.* **1** Il maturare | Processo per cui q.c. diviene matura, compiuta, definitiva e sim.: *— dei frutti* | Raggiungimento di una condizione di maturità, detto di persona: *la — di un artista* | Attenta valutazione, perfezionamento: *— di un'idea, di un piano.* **2** Condizione di ciò che è maturo | Scadenza: *— di un termine* | *— di un bubbone*, suppurazione.

maturità *s. f.* **1** Qualità e condizione di maturo. **2** (*fig.*) Età umana intercorrente fra la giovinezza e la vecchiaia. **3** (*fig.*) Pieno sviluppo delle facoltà intellettuali e morali. **4** (*fig.*) Compimento, perfezione: *l'avvenimento è giunto a —.* **5** Diploma statale di maturità | *Esame di —*, quello che si sostiene al termine di un corso di scuola secondaria superiore e che attesta le capacità del candidato a passare agli studi universitari.

matùro A *agg.* **1** Giunto a completo sviluppo, detto di prodotto agricolo; CONTR. Acerbo, immaturo. **2** Detto di chi si trova in età adulta, avanzata: *uomo —; essere — di anni.* **3** Che ha raggiunto un completo sviluppo psichico e intellettuale | (*est.*) Savio, equilibrato: *è molto — per la sua età* | Che è in grado d'assolvere determinate funzioni: *giovane — per il matrimonio.* **4** Detto di cosa che ha raggiunto la compiutezza | *I tempi sono maturi per agire*, è giunto il momento opportuno. **5** Detto di cosa che è stata ben meditata e considerata: *deliberazione matura.* **6** Che ha superato l'esame di maturità. **B** *s. m.* Chi ha superato l'esame di maturità. [→ tav. *proverbi* 336]

matùşa *s. m. e f. inv.* (*scherz.*) Nel linguaggio giovanile, ogni persona adulta o, considerata invecchiata e superata.

matuşalèmme *s. m.* (*fam.*) Persona molto vecchia (dal nome di uno dei patriarchi dell'Antico testamento, che sarebbe vissuto 969 anni).

mauşolèo *s. m.* Grandioso sepolcro monumentale per persona illustre.

mauve /*fr.* mov/ *s. m. inv.; anche agg. inv.* Colore rosa tendente al viola.

max *avv.* Spec. nel linguaggio degli annunci economici, al massimo: *cercasi impiegato — trentenne.*

màxi /'maksi/ **A** *in funzione di s. m. inv. Acrt. di maxicappotto.* **B** *in funzione di s. f. inv. Acrt. di* maxigonna. [→ ill. *abbigliamento*]

màxi- *primo elemento*: in parole composte fa riferimento a dimensioni assai grandi: *maxicappotto, maxigonna, maximoto.*

maximum /*lat.* 'maksimum/ *s. m. inv.* (*econ.*) Prezzo massimo di q.c.

maxwell /*ingl.* 'mækswel/ *s. m. inv.* (*pl. ingl. maxwells* /'mækswelz/) Unità di misura del flusso magnetico nel sistema C.G.S. SIMB. Mx.

màya /'maja, *sp.* 'maja/ *agg.; anche s. m. e f. inv.* (*pl. sp. mayas* /'majas/) Appartenente a un'antica popolazione indigena dell'America centrale, stanziata in regioni corrispondenti agli odierni Yucatan, Guatemala, Honduras, Salvador.

maẓùrca *s. f.* Danza di origine polacca di movimento moderato o allegro.

màzza *s. f.* **1** Bastone, spec. grosso, di varia forma e dimensione. **2** (*raro*) Lungo bastone portato da guardaportoni di teatri, case signorili e sim. **3** Bastone di comando spec. militare | *— d'arme*, arma da botta d'acciaio massiccio, con testa sagomata atta a sfondare l'armatura dell'avversario | *— ferrata*, arma da botta con manico di legno e testa di ferro chiodato. [→ ill. *armi*] **4** Grosso martello di ferro, usato per battere il ferro sull'incudine, spaccare pietre e sim. | Massa battente del maglio. [→ ill. *edilizia, martello, meccanica, metallurgia, miniera*] **5** Bastone da baseball | Bastone da golf. [→ ill. *sport*] **6** (*mus.*) Bastone con testa di feltro o di cuoio per suonare spec. la grancassa. [→ ill. *strumenti musicali*]

mazzafrùsto *s. m.* Sorta di frusta costituita da un robusto manico con una o più sferze o catene, terminanti con palle di piombo o di ferro. [→ ill. *armi*]

mazzagàtto *s. m.* Pistola corta da tasca.

mazzapìcchio *s. m.* **1** Tipo di martello usato per cerchiare le botti, una volta usato dai macellai per abbattere le bestie. **2** Blocco di legno duro e pesante, con maniglie, per battere e conficcare q.c. nel terreno.

mazzàta *s. f.* **1** Colpo di mazza. **2** (*fig.*) Improvvisa disgrazia o dolore che colpiscono violentemente.

mazzerànga *s. f.* Asta d'acciaio forgiata a punta a un'estremità e saldata all'altra a una lastra d'acciaio di varia forma, impiegata per l'assodamento di massicciate nuove. [→ ill. *strada*]

mazzétto *s. m.* **1** *Dim. di mazzo.* **2** In cucina, l'insieme delle varie erbe odorose che entrano nella preparazione di molte vivande.

mazzière (1) *s. m.* **1** Persona che ha l'incarico di camminare davanti a una processione o a un corteo, recando una mazza con cui segna il passo o la musica. **2** Nei primi decenni del '900, propagandista filogovernativo che agiva con metodi piuttosto violenti, spec. nel Meridione.

mazzière (2) *s. m.* Nei giochi di carte, chi tiene il mazzo e distribuisce le carte.

mazziniàno A *agg.* Che si riferisce a G. Mazzini. **B** *s. m.* (*f. -a, raro*) Seguace del pensiero del Mazzini.

màzzo *s. m.* **1** Piccolo fascio di fiori o di erbe uniti o legati insieme. **2** (*est.*) Insieme di più cose omogenee tenute unite: *— di chiavi, di pennelli, di matite* | *A mazzi*, confusamente. **3** (*fig., spreg., scherz.*) Gruppo di persone considerate in massa | *Mettere tutti nello stesso —*, considerare tutti alla stessa stregua. **4** Insieme delle carte che servono al gioco. [→ ill. *giochi*]

mazzòcchio *s. m.* **1** Ciuffo, mazzetto di capelli. **2** Tallo di radicchio o cicoria mangiato in insalata.

mazzuòla *s. f.* **1** Piccola mazza di legno o acciaio. **2** Martelletto di vario materiale, da orafi.

mazzuòlo *s. m.* **1** Arnese simile a un martello, per battere sullo scalpello o sulla pietra | Martello di legno duro con manico corto usato dai falegnami. [→ ill. *falegname, martello, scultore*] **2** Parte allargata che è all'estremità di alcuni tipi di bastone da golf. **3** (*mus.*) Bacchetta con testa di feltro o cuoio per suonare spec. il timpano. [→ ill. *strumenti musicali*]

me *pron. pers. di prima pers. m. e f. sing.* **1** Indica la persona che parla e si usa al posto di 'io' nei vari compl.: *hanno parlato di —; scrivi a —; fra — e lui non c'è alcun rapporto* | Si usa come compl. ogg. in luogo del pron. atono 'mi' quando gli si vuole dare rilievo: *hanno cercato — e non te* | *Da —*, da solo, senza aiuto di altri: *farò tutto da —* | *Per, secondo, —*, a mio parere, a mio giudizio | *Tra —, tra — e —, dentro di —*, nel mio intimo, nella mia coscienza | *Quanto a* –, per ciò che mi concerne. **2** Si usa, al posto di 'io' e con funzione di sogg., in espressioni esclamative e in espressioni comparative: *povero* –!; – *misera!*; *oh* – *infelice!* **3** Mi (come compl. ogg. e come compl. di termine davanti a pron. atoni): – *lo ha detto subito*; *mandatemelo.* [→ tav. *proverbi* 307]

mea culpa /*lat.* 'mɛa 'kulpa/ *loc. s. m. inv.* **1** (*relig.*) Formula del Confiteor con cui il fedele ammette la propria colpa. **2** (*est.*) Ammissione delle proprie colpe: *recitare il* –.

meàndro *s. m.* **1** Ognuna delle sinuosità che caratterizzano il corso di fiumi che scorrono in una pianura con lieve pendenza. [→ ill. *geografia*] **2** (*est.*) Andamento serpeggiante di confini, abitati, strade e sim. **3** Motivo ornamentale costituito da elementi ripetuti e collegati fra loro. [→ ill. *elemento ornamentale*] **4** (*fig.*) Raggiro, tortuosità.

meàto *s. m.* **1** (*lett.*) Stretto passaggio. **2** (*anat.*) Piccolo canale, orifizio.

mècca *s. f.* **1** (*fam.*) Luogo remoto. **2** (*fig.*) Luogo in cui molte persone si recano con la speranza di potervi realizzare le proprie aspirazioni: *Parigi è la* – *di tutti gli aspiranti pittori.*

meccànica *s. f.* **1** Settore della fisica che studia l'equilibrio e il moto dei corpi, anche in relazione alle forze che agiscono su di essi. **2** Complesso di fatti e aspetti umani su cui influiscono i risultati dell'attività tecnologica: *civiltà della* –. **3** Sistema proprio dello svolgimento di determinati fatti o fenomeni naturali: *la* – *della produzione*; *la* – *della respirazione* | (*est.*) Modo in cui si svolge un determinato fatto: *la* – *di un incidente.* **4** Insieme degli elementi che compongono un meccanismo e il loro funzionamento: *la* – *di un motore.* [→ tav. *locuzioni* 13]

meccanicaménte *avv.* **1** Con mezzi meccanici. **2** (*fig.*) Senza l'azione della volontà: *lavorare* –.

meccanicịsmo *s. m.* Dottrina filosofica che riduce i fenomeni del mondo fisico al movimento spaziale dei corpi; SIN. Macchinismo.

meccanicista *s. m. e f.* (*pl. m.* -*i*) Chi segue il meccanicismo.

meccanicistico *agg.* (*pl. m.* -*ci*) Del meccanicismo o dei meccanicisti.

meccànico **A** *agg.* (*pl. m.* -*ci*) **1** Relativo alla macchina. [→ ill. *automobile*] **2** Eseguito con l'aiuto di macchine | *Calcolo* –, fatto con l'aiuto di una calcolatrice. [→ ill. *agricoltura, meccanica, miniera, vino*] **3** (*fig.*) Di tutto ciò che viene eseguito in modo automatico, quasi senza la partecipazione della volontà o dell'intelligenza: *atto, movimento,* –. **4** Che mostra il predominio dell'attività materiale su quella spirituale: *lavoro* –. **5** Attinente alla meccanica. **B** *s. m.* Chi esplica un'attività lavorativa attinente alle macchine.

meccanịsmo *s. m.* **1** Insieme di elementi, in collegamento fra loro, costituenti un congegno o una macchina. **2** Funzionamento di un'organizzazione, di un ente e sim.: *il* – *statale.* **3** (*est.*) Processo psichico o psicologico formato da varie fasi interdipendenti tra loro: *il* – *della memoria.*

meccanizzàre **A** *v. tr.* **1** Trasformare un'attività sostituendo l'opera di esecutori manuali con macchine. **2** (*fig.*) Rendere meccanico: *l'industria meccanizza gli uomini.* **B** *v. intr. pron.* Trasformarsi in seguito all'introduzione e all'uso delle macchine.

meccanizzàto *part. pass. di meccanizzare; anche agg.* Che impiega mezzi meccanici | *Reparto* –, nell'esercito, reparto interamente dotato di autoveicoli.

meccanizzazióne *s. f.* Trasformazione di un'attività, lavoro e sim. con l'introduzione e l'uso di macchine.

meccàno *s. m.* Nome commerciale di un gioco di costruzioni con elementi meccanici in miniatura. [→ ill. *giochi*]

meccàno- *primo elemento*: in parole composte significa 'macchina' o indica uso di mezzi meccanici: *meccanografico, meccanoterapia.*

meccanografìa *s. f.* Ogni tecnica che preveda l'impiego di macchine per la scrittura, per il calcolo e per l'elaborazione dei dati.

meccanogràfico *agg.* (*pl. m.* -*ci*) Della meccanografia.

mecenàte *s. m. e f.* Munifico protettore di artisti, poeti e sim. (dal nome del protettore dei poeti latini Virgilio e Orazio).

mecenatịsmo *s. m.* Inclinazione ad assicurare lo sviluppo delle arti, delle lettere e delle scienze, mediante la protezione di chi le esercita.

mèche /*fr.* 'mɛʃ/ *s. f. inv.* (*pl. fr. mèches* /mɛʃ/) Ciocca o striscia di capelli di colore diverso rispetto al resto della capigliatura. [→ ill. *parrucchiere*]

méco *forma pron. lett.* Con me.

mecorịsmo *s. m.* (*med.*) Intossicazione cronica da oppio.

mèda *s. f.* Segnale fisso, in muratura o metallico, su secche o scogli.

medàglia *s. f.* **1** Dischetto d'oro, d'argento o di altro metallo coniato o fuso, con raffigurazione a bassorilievo di una figura sacra o profana spesso recante un'iscrizione | *Il diritto della* –, il lato che reca la figura e l'iscrizione principale | *Il rovescio della* –, l'altro lato e (*fig.*) l'aspetto meno piacevole di q.c. **2** Medaglia concessa come premio di vittorie, riconoscimento di azioni meritevoli e sim.: – *d'oro*; – *olimpionica*; – *al valor civile.* **3** (*fig.*) Persona decorata di medaglia. [→ tav. *proverbi* 311]

medaglière *s. m.* **1** Raccolta di medaglie o di monete di valore numismatico. **2** Mobile per la conservazione di medaglie o monete.

medagliétta *s. f.* **1** *Dim. di medaglia.* **2** Medaglia di piccole dimensioni che si appende alle catenine da collo per devozione. **3** Piccola medaglia d'oro data a deputati e senatori e recante impresso il nome della persona e la data della legislatura.

medaglióne *s. m.* **1** *Accr. di medaglia.* **2** Sorta di gioiello a forma di medaglia, apribile e contenente all'interno l'effige di una persona cara. [→ ill. *gioielli*] **3** Figura scolpita o dipinta inserita entro una cornice, come motivo architettonico ornamentale. **4** Bozzetto o ritratto che uno scrittore fa di persona nota. **5** Pietanza a forma di disco: *medaglioni di vitello.*

medaglista *s. m.* (*pl.* -*i*) **1** Artista creatore o incisore di medaglie. **2** Collezionista di medaglie.

medéṣimo **A** *agg. dimostr.* **1** Indica identità, uguaglianza: *siamo del* – *parere*; *presenta i medesimi caratteri* | *Nel* – *tempo*, contemporaneamente. **2** (*raff.*) Proprio, in persona: *il re* – *l'ha decorato.* • SIN. Stesso. **B** *pron. dimostr.* **1** La stessa, identica persona: *mi ha risposto il* –. **2** (*raro*) La stessa cosa: *per noi è il* –.

mèdia (1) *s. f.* **1** (*mat.*) Valore compreso fra l'estremo superiore e l'estremo inferiore dei valori considerati | – *aritmetica*, quoziente che si ottiene dividendo la somma di *n* numeri dati per *n* | – *geometrica*, radice *n*-esima del prodotto di *n* numeri dati | – *quadratica*, radice quadrata della media aritmetica dei quadrati degli *n* numeri. **2** (*est.*) Ogni valore intermedio, lontano dagli estremi: *essere al disotto della* –; *bevo in* – *tre caffè al giorno.* **3** Votazione che uno scolaro ha ottenuto durante un determinato periodo risultante dalla somma di tutti i voti riportati divisa per il numero delle prove. **4** Scuola media inferiore | *Le medie*, le scuole secondarie.

media (2) /*ingl.* 'midiə/ *s. m. pl.* (*acrt. di mass media*) L'insieme dei moderni mezzi audiovisivi di divulgazione.

mediàle *agg.* (*anat.*) Che è più vicino al piano mediano del corpo.

mediaménte *avv.* In media, circa.

mediàna *s. f.* **1** (*mat.*) – *di un triangolo*, segmento che congiunge un vertice con il punto medio del lato opposto | – *d'un parallelogramma*, segmento che congiunge i punti medi di due lati opposti. **2** Nel gioco del calcio, schieramento dei giocatori della seconda linea.

medianicità *s. f.* Carattere proprio dei fenomeni non normali, di ordine fisico e psichico, provocati dai sensitivi o medium.

mediànico *agg.* (*pl. m.* -*ci*) Di medium o di medianicità.

medianịsmo *s. m.* Complesso dei fenomeni determinati dal medium.

mediàno **A** *agg.* Di mezzo, posto in mezzo: *punto* –. **B** *s. m.* Nel calcio, giocatore della seconda linea; SIN. Laterale.

mediànte *prep.* Per mezzo di, con l'aiuto di: *è arrivato a quel posto* – *raccomandazioni.*

mediàre **A** *v. intr.* (*io mèdio; aus. essere*) **1** Arrivare a un'intesa con la mediazione di qc. **2** (*raro*) Stare in mez-

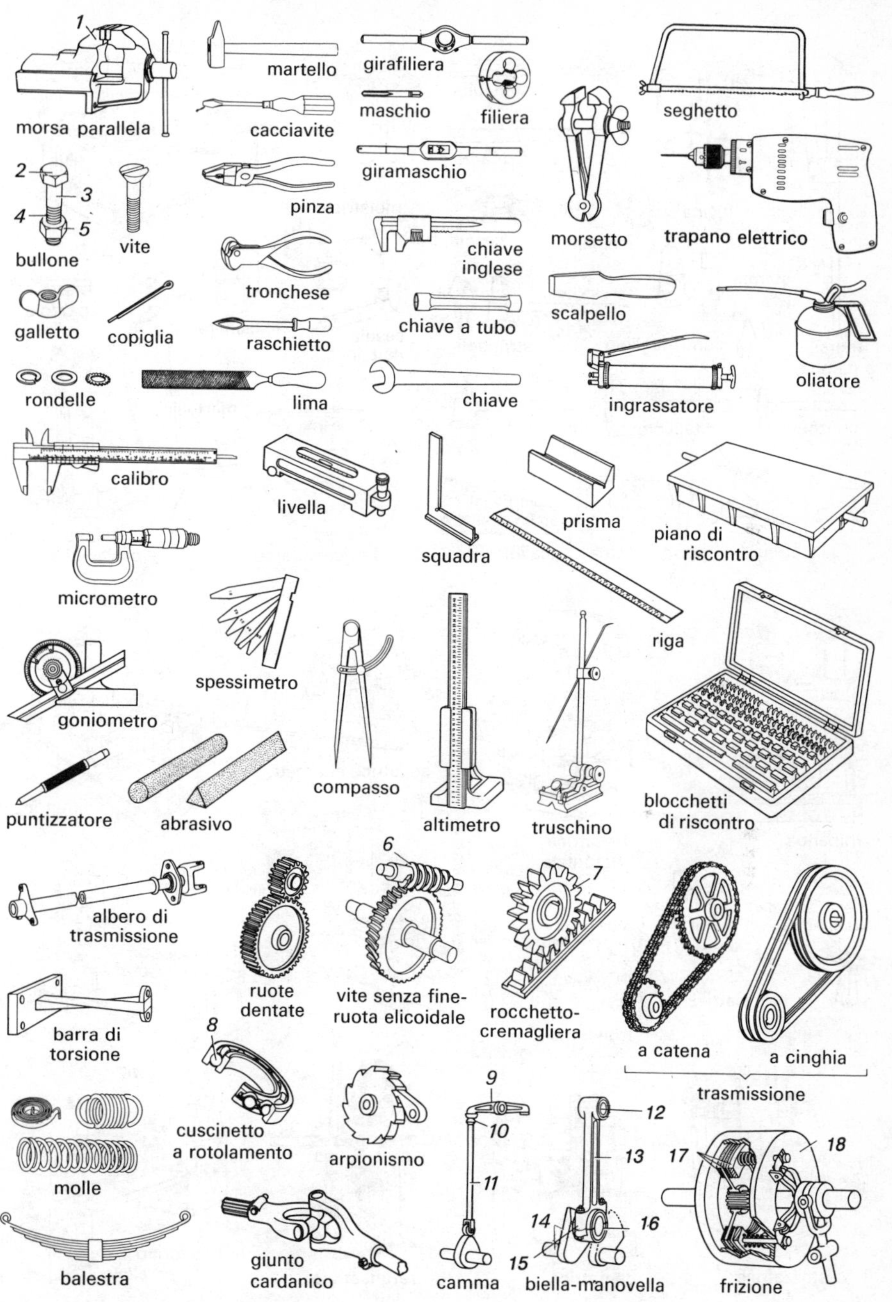

1 ganascia 2 testa 3 gambo 4 filettatura 5 dado 6 vite senza fine 7 rocchetto 8 sfera 9 bilanciere 10 punterie 11 asta 12 piede 13 fusto 14 albero motore 15 testa 16 bronzina 17 anelli 18 volano

➡

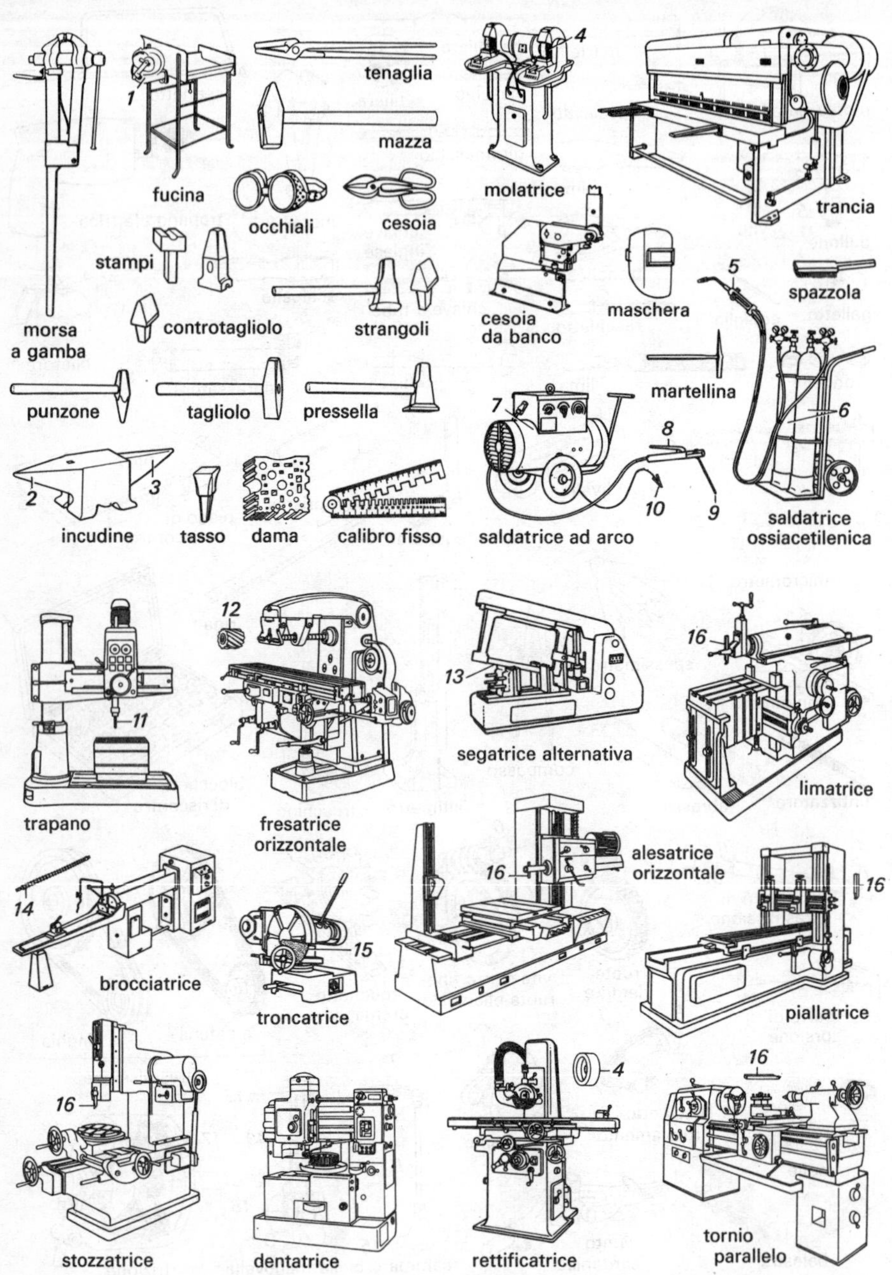

1 mantice 2 lingua 3 corno 4 mola 5 cannello ossiacetilenico 6 bombole 7 gruppo motore dinamo 8 pinza 9 elettrodo 10 morsetto di massa 11 punta 12 fresa 13 lama 14 broccia 15 disco abrasivo 16 utensile

zo. ***B*** *v. tr.* ***1*** Fare da mediatore (*anche fig.*). ***2*** (*mat.*) Eseguire la media fra più valori.

mediastìno o (*evit.*) *mediàstino s. m.* (*anat.*) Spazio della cavità toracica compreso tra i due polmoni. [→ ill. *anatomia umana*]

mediàto *part. pass. di mediare; anche agg.* Indiretto | *Cognizioni mediate*, che non derivano da uno studio diretto.

mediatóre *s. m.* (*f. -trice*) ***1*** Intermediario che contribuisce al raggiungimento di un accordo. ***2*** Agente di commercio che s'interpone tra venditore e compratore, facilitando la stipulazione del contratto; SIN. Sensale.

mediazióne *s. f.* ***1*** Attività di mediatore. ***2*** Compenso spettante al mediatore.

medicàle *agg.* Di medico, di medicina.

medicaménto *s. m.* ***1*** (*raro*) Modo e atto del medicare (*anche fig.*). ***2*** Sostanza curativa; SIN. Farmaco, rimedio.

medicamentóso *agg.* Che ha poteri medicinali.

medicàre ***A*** *v. tr.* (*io mèdico, tu mèdichi*) ***1*** Detergere, disinfettare, proteggere una ferita o piaga, per favorirne la guarigione. ***2*** Trattare con sostanze dotate di particolari proprietà. ***B*** *v. rifl.* Farsi una medicazione.

medicàstro *s. m.* (*spreg.*) Medico che non vale nulla.

medicàto *part. pass. di medicare; anche agg.* Curato con medicazioni | Detto di prodotto al quale sono state aggiunte sostanze medicamentose: *cerotto, bagno, shampoo —*.

medicazióne *s. f.* ***1*** Atto del medicare. ***2*** L'insieme delle bende, dei cerotti e dei medicamenti applicati sulla parte ferita: *cambiare la —*.

medicina *s. f.* ***1*** Scienza che si occupa dello studio delle malattie, della loro prevenzione, diagnosi e terapia: *— preventiva* | *— legale*, ramo della medicina che si occupa di fatti e problemi propri della scienza medica, e rilevanti per il diritto. [→ ill. *medicina e chirurgia*] ***2*** (*pop.*) Medicamento, farmaco: *prendere la —*. ***3*** (*est.*) Cura, rimedio: *la migliore — è il riposo.* ***4*** (*fig.*) Tutto ciò che reca sollievo, conforto.

medicinàle ***A*** *agg.* Che ha virtù curative, che è usato come farmaco: *sostanza —*. ***B*** *s. m.* Farmaco, medicamento.

mèdico ***A*** *s. m.* (*f. raro -a, scherz. medichéssa; pl. m. -ci;* V. nota d'uso FEMMINILE) ***1*** Chi pratica la medicina | *— curante, di base*, a cui si ricorre abitualmente in caso di malattia o per richiedere l'intervento di specialisti. [→ ill. *copricapo, martello*] ***2*** Chi o ciò che solleva lo spirito, consola l'animo: *il tempo è un gran —*. ***B*** *agg.* ***1*** Relativo

medicina e chirurgia

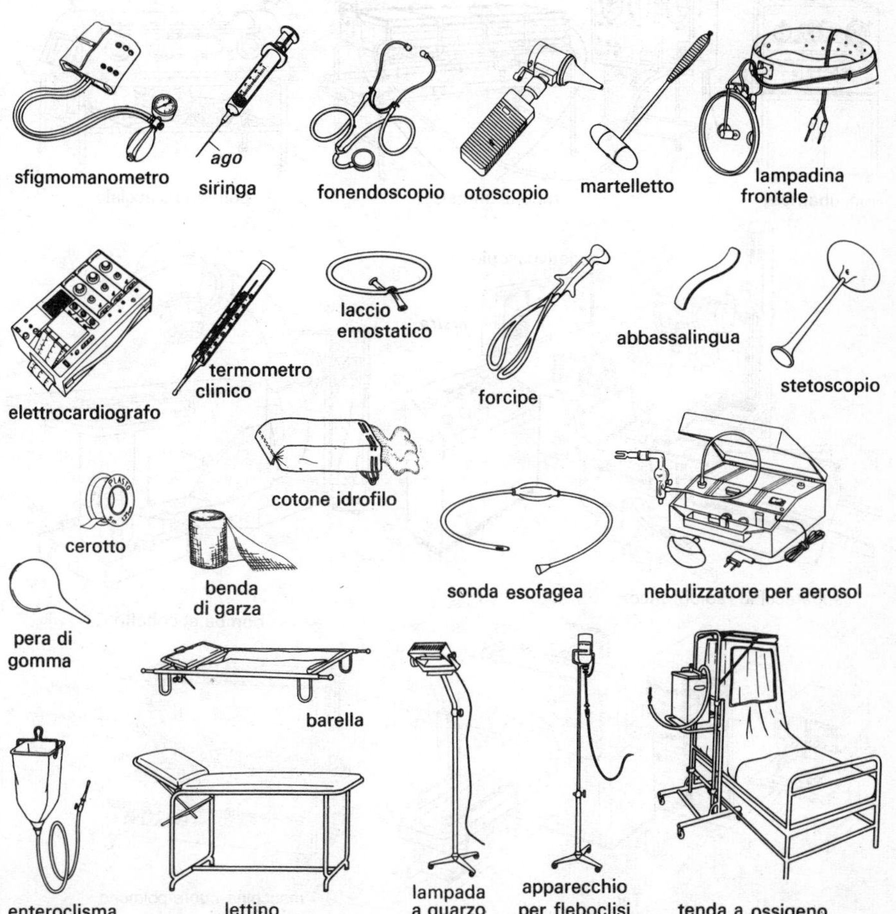

ai medici o alle medicine: *parere* –. **2** (*raro*) Curativo: *proprietà mediche.* [→ tav. *proverbi* 180]

medievàle o *medioevàle* agg. **1** Del Medio Evo. [→ ill. *castello, copricapo*] **2** (*fig., spreg.*) Che per arretratezza o limitatezza di vedute richiama il Medio Evo: *mentalità* –; SIN. Retrivo.

medievalista o *medioevalista* s. m. e f. (pl. m. *-i*) Studioso del periodo medievale.

mèdio A agg. **1** Di mezzo, che sta nel mezzo: *punto* – *di un segmento* | *Età media dell'uomo*, tra la giovinezza e la vecchiaia | *Dito* –, il terzo della mano | *Media Italia*, l'Italia centrale | *Intelligenza media*, che non si eleva al di sopra della mediocrità | *Ceto* –, la piccola borghesia | *Scuola media*, di istruzione secondaria, fra l'elementare e l'università | *Pesi medi*, in taluni sport, categoria di atleti fra i medioleggeri e i mediomassimi. **2** Che corrisponde al valore ricavato con una media: *numero* –, *velocità media* | *Prezzo* –, stabilito tra il più alto e il più basso del mercato. **B** s. m. **1** Dito medio. **2** (*mat.*) Il secondo e terzo termine di una proporzione.

mediòcre A agg. **1** Di grado, qualità o grandezza media: *bellezza* –. **2** Inferiore alla media, alla norma: *guadagno* –; SIN. Modesto. **3** (*est.*) Che non eccelle, scadente: *una* – *opera di teatro* | Ordinario, dozzinale. **B** s. m. e f. Chi dimostra attitudini e capacità molto limitate.

mediocrità s. f. **1** Condizione di mediocre; SIN. Banalità. **2** Persona mediocre.

medioevàle v. *medievale.*

medioevalista v. *medievalista.*

medioèvo o *Medioèvo* s. m. Età compresa tra l'evo antico e quello moderno, convenzionalmente fissata tra il 476 (caduta dell'Impero romano d'occidente) e il 1492 (scoperta dell'America).

medioleggèro A s. m. In taluni sport del combattimento, chi rientra nella categoria che precede immediatamente quella dei pesi medi. **B** anche agg.

mediomàssimo A s. m. In taluni sport, chi rientra nella categoria che segue immediatamente quella dei pesi medi e precede quella dei massimi. **B** anche agg.

meditabóndo agg. Che è immerso in profondi pensieri; SIN. Cogitabondo, pensieroso.

meditàre A v. tr. (*io mèdito*) **1** Considerare a lungo e attentamente: *medita queste parole.* **2** Preparare o macchinare con la mente: *aveva meditato a lungo il delitto*; SIN. Progettare. **B** v. intr. (aus. *avere*) Concentrarsi pensando o riflettendo: – *sulle cose lette*; SIN. Pensare,

medicina e chirurgia

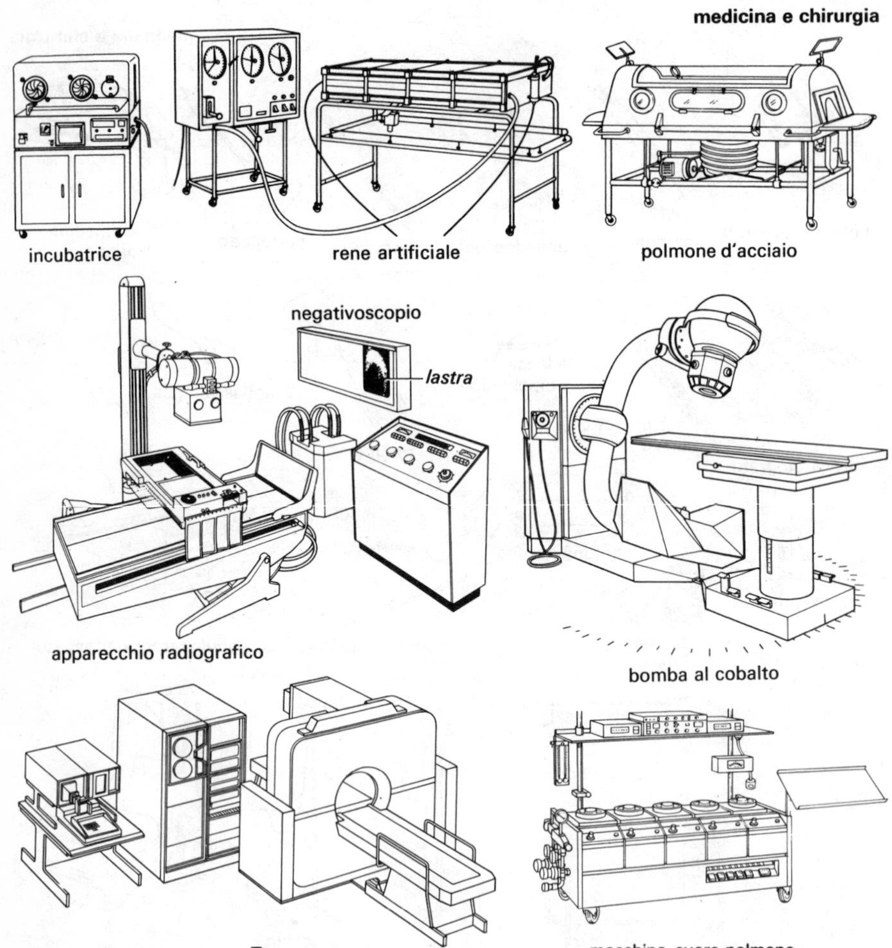

medicina e chirurgia

strumenti e apparecchi del dentista

1
2
4
5
3
6
7
riunito
specchietto
pinza da medicazione
sonda
levatartaro
otturatore
spatola
leva
tenaglie
bisturi
martello
scalpello
pera di gomma
divaricatore
abbassalingua
cucchiaio
portamalgama
lampada frontale
portaimpronta
frese
innesti del trapano

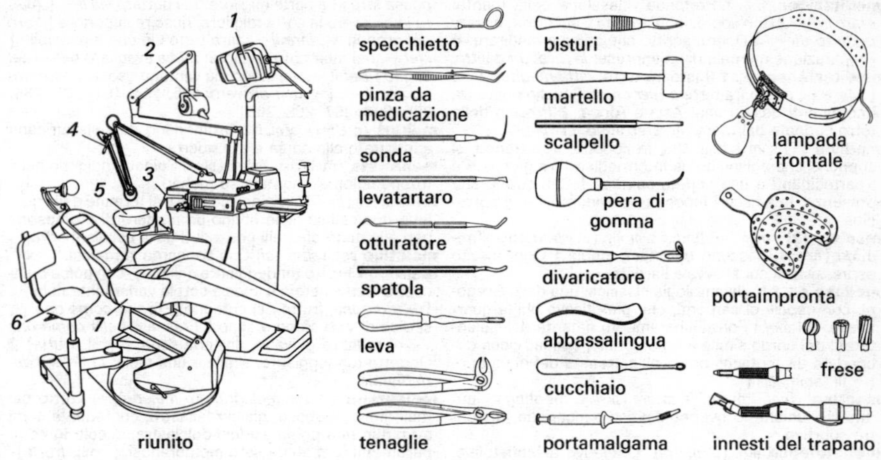

1 riflettore 2 apparecchio radiografico 3 trapano a turbina 4 trapano Doriot 5 sputacchiera 6 seggiolino 7 poltrona

strumenti e apparecchi del chirurgo

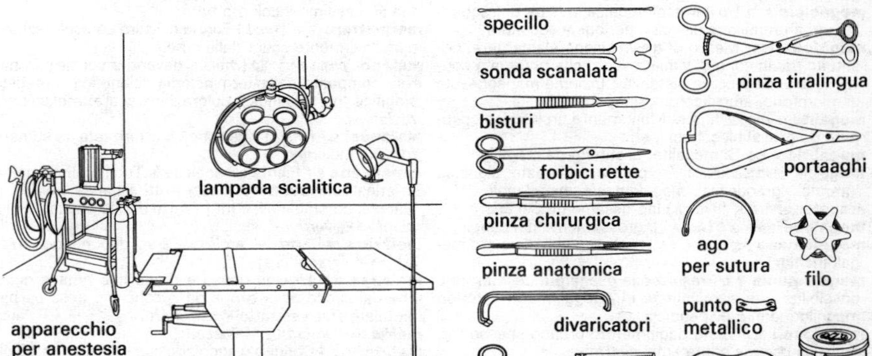

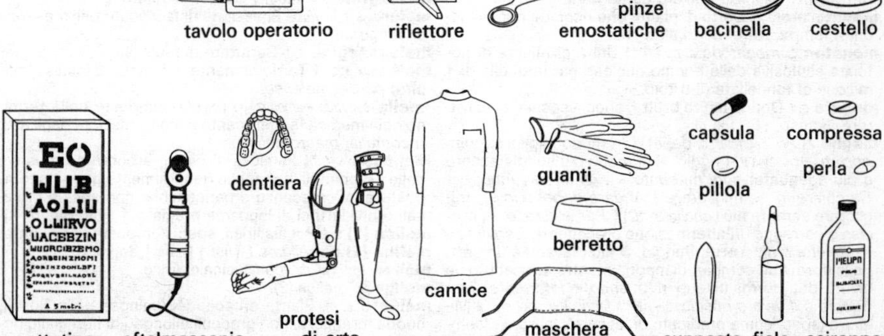

lampada scialitica
apparecchio per anestesia
tavolo operatorio
riflettore
specillo
sonda scanalata
bisturi
forbici rette
pinza chirurgica
pinza anatomica
divaricatori
pinze emostatiche
pinza tiralingua
portaaghi
ago per sutura
filo
punto metallico
bacinella
cestello

EO
WUB
AOLIU
OLWIRVO
UACEBZIN
A 5 metri
ottotipo
oftalmoscopio
dentiera
protesi di arto
camice
guanti
berretto
maschera
capsula
compressa
perla
pillola
supposta
fiala
sciroppo

riflettere.
meditativo *agg.* Dedito alla meditazione.
meditàto *part. pass. di meditare; anche agg.* Che è ben ponderato | (*est.*) Premeditato: *offesa meditata.*
meditazióne *s. f.* **1** Profonda riflessione della mente: *stare in* —. **2** Considerazione attenta e accurata: *essere oggetto di* —. **3** Opera, scritto che invita a meditare. **4** Preparazione mentale di un'impresa: *la* — *di un delitto.*
mediterràneo *agg.* **1** Posto fra terre: *città mediterranee* | *Mare* —, posto fra terre e (*per anton.*) quello posto tra i continenti dell'Europa, Asia e Africa. **2** Proprio delle terre bagnate dal Mare Mediterraneo: *clima* —.
mèdium (1) *s. m. e f. inv.* Chi, in condizioni di trance, si suppone che agisca come intermediario fra gli spiriti e i partecipanti a una seduta spiritica | Chi, con la sua presenza, favorisce i fenomeni paranormali e vi partecipa.
medium (2) /*ingl.* 'midiəm/ *s. m. inv.* (*pl. ingl. media* /'midiə/) (*neol.*) Ciascuno dei mass media | Ogni mezzo espressivo di cui si avvale l'artista.
medùsa *s. f.* **1** Nella mitologia classica, una delle Gorgoni, con capelli di serpenti, che pietrificava chi la guardasse. **2** (*zool.*) Forma liberamente natante dei Celenterati, dal corpo simile a un ombrello, con la bocca circondata da tentacoli posta all'estremità del manubrio. [→ ill. *animali* 1]
meeting /*ingl.* 'mi:tiŋ/ *s. m. inv.* (*pl. ingl. meetings* /'mi:tiŋz/) Riunione, convegno politico o mondano | Incontro sportivo.
mefistofèlico *agg.* (*pl. m. -ci*) **1** Relativo a Mefistofele, diavolo delle leggende popolari tedesche. **2** (*fig.*) Beffardo, maligno: *sorriso* —.
mefite *s. f.* Puzzo esalato da acque solforose o corrotte.
mefitico *agg.* (*pl. m. -ci*) **1** Fetido, infetto, malsano. **2** (*fig.*) Corrotto: *ambiente* —.
mèga- *primo elemento* **1** In parole composte significa 'grande', 'grosso': *megacolon, megafono.* **2** Anteposto a un'unità di misura, la moltiplica per un milione: *megahertz, megavolt, megawatt.*
megaciclo *s. m.* (*fis.*) In radiotecnica, misura di frequenza pari a un milione di cicli o periodi al secondo.
megàfono *s. m.* Mezzo di trasmissione elementare, costituito da un cono di lamiera vuoto che rinforza e convoglia la voce a breve distanza | Insieme maneggevole di microfono, amplificatore, altoparlante.
megalite o *megalito s. m.* Monumento preistorico costituito da grossi blocchi di pietra.
megalitico *agg.* Di megalite, costituito da megaliti.
mègalo- *primo elemento*: in parole composte significa 'grande', 'grandezza': *megalomania, megalopoli.*
megalocardìa *s. f.* (*med.*) Ingrossamento del cuore.
megalocefalia *s. f.* (*med.*) Ingrossamento del capo.
megalòmane *agg.; anche s. m. e f.* Che (o chi) dimostra megalomania.
megalomanìa *s. f.* Presunzione esagerata delle proprie possibilità che si manifesta in atteggiamenti esteriori magniloquenti o dispendiosi.
megalòpoli *s. f.* Vasto agglomerato urbano spesso formato da diverse entità amministrative.
megatèrio *s. m.* Grande mammifero fossile degli Sdentati vissuto all'inizio dell'era quaternaria.
megatèrmo *agg.* Detto di pianta che richiede per svilupparsi temperature molto alte.
mègaton o *megatóne s. m.* (*fis.*) Unità di misura di potenza esplosiva delle bombe nucleari pari a quella di 1 milione di tonnellate di tritolo.
megèra *s. f.* Donna molto brutta, spec. vecchia, di carattere astioso.
mèglio A *avv.* (*compar. di bene*) **1** In modo migliore: *comportati* —; CONTR. Peggio. **2** In modo più soddisfacente e più adeguato: *oggi mi sento* —; *gli affari vanno* — | *Cambiare in* —, migliorare | *Andare di bene in* —, migliorare sempre più (*anche iron.*) | *Per* — *dire, o* —, precisa o corregge un'affermazione precedente: *scrivimi, o* —, *telefonami*; CONTR. Peggio. **3** Più (davanti a un part. pass. forma un compar. di magg., mentre, preceduto da un art. det., forma un sup. rel.): *sono* — *informato di te*; *questo è il lavoro riuscito* —. **B** *in funzione di agg. inv.* **1** Migliore (spec. come predicato di 'essere', 'parere', 'sembrare'): *questa stoffa è* — *dell'altra*; *mi pare mille volte* — | *Alla* —, *alla bell'e* —, (*ell.*) il meno male possibile. **2** Preferibile, più opportuno (con valore neutro): *è* — *non dirgli niente*; *ritengo* — *tacere.* **C** *in funzione di s. m. e f. inv.* La cosa migliore (con valore neutro): *è il* — *che tu possa fare* | La parte migliore: *hai buttato via il* — | *Avere la* —, avere la sorte migliore, riuscire superiore | *Fare del proprio* —, *fare il* —, fare tutto ciò che è possibile | *Nel* —, nel momento migliore: *mi ha svegliato nel* — *del sonno* | *Per il* —, nel modo più vantaggioso: *le cose vanno per il* —. [→ tav. *proverbi* 145, 154, 181, 263, 264, 265, 266, 267, 268, 269]
mehàri /me'ari/ *s. m. inv.* Dromedario da sella africano addestrato alla corsa e alla guerra.
meharista /mea'rista/ *s. m.* (*pl. -i*) Soldato indigeno delle truppe coloniali montate su mehari.
meiòsi *s. f.* (*biol.*) Divisione cellulare al termine della quale le due cellule figlie hanno un numero di cromosomi pari alla metà di quelli posseduti dalla cellula madre.
meiòtico *agg.* (*pl. m. -ci*) Che concerne la meiosi.
méla *s. f.* **1** Frutto tondeggiante del melo, con polpa biancastra e zuccherina e buccia sottile variamente colorita | — *cotogna*, frutto del cotogno | *Tondo come una* —, si dice di viso pieno e sano | *Fresca e bella come una* —, di ragazza giovane, dall'aria sana. [→ ill. *frutta*] **2** Oggetto tondeggiante, simile a una mela: *la* — *dell'annaffiatoio.*
melagràna *s. f.* (*pl. melegràne o melagràne*) Frutto del melograno, globoso, giallo rossastro, contenente semi avvolti in una polpa acidulo-dolciastra, accolti in compartimenti formati da setti membranosi. [→ ill. *frutta*]
melagràno V. *melograno.*
melanconia e deriv. V. *malinconia* e deriv.
mélange /*fr.* me'lãʒ/ *s. m. inv.* (*pl. fr. mélanges* /me'lãʒ/) **1** Mescolanza di più colori. **2** Filato costituito da fibre di vari colori. **3** Caffè o cioccolato con panna.
melànico *agg.* (*pl. m. -ci*) Della melanina.
melanìna *s. f.* Pigmento bruno scuro, granulare, della pelle e degli annessi cutanei, che ne determina il colore.
melanìsmo *s. m.* Eccesso di pigmentazione che accentua al massimo il colorito bruno.
melanìttero *s. m.* (*med.*) Forma di ittero con colorazione particolarmente scura della cute.
mèlano- *primo elemento* (*melan-* davanti a vocale): in parole composte della terminologia scientifica e medica significa 'nero' o indica colorazione scura: *melanismo, melanosi.*
melanòsi *s. f.* (*med.*) Affezione caratterizzata da aumento della melanina.
melanzàna *s. f.* Pianta erbacea delle Tubiflorali di origine asiatica coltivata per i grossi frutti a bacca violacei o bianchi, commestibili cotti | Frutto di tale pianta. [→ ill. *piante* 12, *verdura*]
melàrio *s. m.* Parte dell'arnia ove le api depongono il miele. [→ ill. *apicoltore*]
melàssa *s. f.* Liquido denso e bruno che rimane dopo che dal succo della canna da zucchero o della barbabietola è stato estratto lo zucchero.
melàsso *s. m.* (*raro*) Melassa.
melàto *agg.* **1** Condito o addolcito con miele. **2** (*fig.*) Dolce come miele; SIN. Mellifluo.
meleagrìna *s. f.* (*zool.*) Ostrica perlifera.
melèna *s. f.* (*med.*) Emissione di feci scure per presenza di sangue.
melensàggine *s. f.* Carattere di melenso.
melènso *agg.* **1** Tardo di mente e di modi. **2** Insulso, scipito: *parole melense.*
-mèlia *secondo elemento*: in parole composte della terminologia medica fa riferimento a malformazioni degli arti: *focomelia, macromelia.*
Meliàcee *s. f. pl.* Famiglia di piante arboree o arbustive delle Terebintali, con foglie generalmente pennatocomposte e infiorescenze a pannocchia; con specie officinali o produttrici di legname pregiato. [→ ill. *piante* 7]
mèlica (1) *s. f.* Poesia lirica, spec. composta per il canto.
mèlica (2) o *mèliga s. f.* (*bot.*) Mais | Saggina.
mèlico *agg.* (*pl. m. -ci*) Musicale, lirico.
mèliga V. *melica* (2).
melilòto *s. m.* Pianta erbacea leguminosa delle Rosali, buona foraggera, con grappoli allungati di fiori gialli, ricchi di nettare.

melìna *s. f.* (*gerg.*) Nel calcio e nella pallacanestro, gioco ostruzionistico, praticato trattenendo la palla e indugiando per conservare il risultato favorevole raggiunto: *fare la –.*
melìssa *s. f.* Pianta erbacea delle Tubiflorali, di gradevole odore, con foglie grandi e pelose; usata in farmacia per le sue proprietà; SIN. (*pop.*) Cedronella. [→ ill. *piante* 13]
mellìfago *s. m.* (*pl. -gi*) Uccello australiano con lingua protrattile sfrangiata come un pennello per raccogliere nettare da fiori o insetti.
mellìfero *agg.* (*lett.*) Che porta o produce miele.
mellificàre *v. intr.* (*io mellìfico, tu mellìfichi; aus. avere*) Fare il miele, detto delle api.
mellifluità *s. f.* Carattere di mellifluo.
mellìfluo *agg.* **1** (*lett.*) Che versa miele | Che dà dolcezza di miele. **2** Che è affettatamente dolce, per blandire, ingannare e sim.: *voce melliflua*; SIN. Melato.
mélma *s. f.* **1** Terra molle, di consistenza pastosa, nel fondo di paludi, fiumi, fossi d'acqua, o lasciata dalle piene; SIN. Fanghiglia, mota. **2** (*fig.*) Lordura o bruttura morale.
melmóso *agg.* Pieno di melma.
mélo *s. m.* Albero delle Rosali con frutti commestibili, foglie seghettate e fiori bianchi all'interno e rosei esternamente, in corimbi. [→ ill. *piante* 9]
mélo- *primo elemento*: in parole composte significa 'canto', 'melodia', 'musica': *melomania, melodramma.*
melodìa *s. f.* **1** (*mus.*) Successione di diversi suoni aventi fra loro una organica relazione espressiva. **2** (*est.*) Armonico insieme di suoni o di voci.
melòdico *agg.* (*pl. m. -ci*) **1** Proprio della melodia, che si adegua alla regola della melodia: *canto –.* **2** (*est.*) Melodioso.
melodióso *agg.* **1** Ricco di melodia: *canto –.* **2** Armonico e molto dolce: *voce melodiosa*; SIN. Canoro.
melodìsta *s. m. e f.* (*pl. m. -i*) Chi compone opere musicali caratterizzate dalla predominanza della melodia.
melodràmma *s. m.* (*pl. -i*) Dramma teatrale in versi per canto e accompagnamento strumentale.
melodrammàtico *agg.* (*pl. m. -ci*) **1** Del melodramma. **2** (*est.*) Che manifesta e ostenta sentimenti esagerati, intensamente passionali: *gesto, atteggiamento, –*; SIN. Teatrale.
mèloe *s. m.* Insetto privo di ali, con elitre corte, testa piccola, zampe robuste e livrea scura emanante un cattivo odore; le sue larve divorano uova delle api e miele.
melogràno o *melagràno s. m.* (*pl. melogràni* o *meligràni*) Albero delle Mirtali con foglie lanceolate opposte, fiori rossi e frutti commestibili; la sua corteccia ha azione vermifuga. [→ ill. *piante* 8]
melomanìa *s. f.* Amore eccessivo per la musica.
melóne *s. m.* Pianta erbacea delle Cucurbitali con fusto strisciante, viticci all'ascella delle foglie per sostenersi, frutto a peponide con polpa succosa e zuccherina | Frutto di tale pianta; SIN. Popone. [→ ill. *frutta, piante* 14]
melopèa *s. f.* Melodia lenta, spec. ispirata a motivi liturgici.
meloterapìa *s. f.* (*med.*) Impiego terapeutico della musica, in anestesia e psichiatria.
membràna *s. f.* **1** (*anat.*) Sottile lamina di rivestimento degli organi, con varia struttura e funzione | *– del timpano*, formazione dell'orecchio medio. **2** (*biol.*) Involucro della cellula e del nucleo. [→ ill. *cellula, gallo*] **3** Sottile pelle di animale, spec. per scrivervi o per strumenti musicali a percussione. **4** Corpo elastico metallico di spessore assai piccolo, spec. usato in apparecchi elettrici e acustici.
membranàceo *agg.* Che ha aspetto di membrana | Costituito da membrana.
membranóso *agg.* Costituito da una o più membrane.
membratùra *s. f.* **1** Le membra umane o animali considerate nel loro complesso. **2** (*arch.*) Complesso di modanature che costituiscono una parte determinata della costruzione.
mèmbro *s. m.* (*pl. mèmbra, f.* con valore collettivo; *pl. mèmbri, m.* negli altri casi) **1** *spec. al pl.* Arto: *membra superiori, inferiori.* **2** (*est.*) Ogni componente di una collettività: *i membri del parlamento.* **3** (*est.*) Ogni elemento costitutivo di un tutto: *le varie membra della nave.* **4** (*ling.*) Parte compiuta di un periodo. **5** (*anat.*) Pene.
membrùto *agg.* Grosso e forte di membra.
memento /*lat.* me'mɛnto/ *s. m. inv.* **1** Parte della Messa in cui il celebrante menziona i vivi e i morti. **2** (*scherz.*) Ammonizione da non dimenticare.
memoràbile *agg.* Degno di essere ricordato.
memoràndo *agg.* (*lett.*) Che deve essere ricordato.
memorandum /*lat.* memo'randum/ *s. m. inv.* **1** Documento contenente l'indicazione dei termini di una questione o di un accordo raggiunto, spec. a livello internazionale. **2** Libretto per annotazioni, appunti e sim.
mèmore *agg.* Che serba memoria e non si dimentica di q.c. o di qc.: *– dei benefici ricevuti*; CONTR. Immemore.
memòria *s. f.* **1** Funzione generale della mente, consistente nel ricordare l'esperienza passata | *Sapere, imparare a –*, conoscere un brano, un testo, in modo da ripeterlo senza leggerlo | *Cancellare qc. o q.c. dalla –*, dimenticarsene totalmente | *A – d'uomo*, per quanto si ricordi, da che mondo è mondo | *Rievocare, richiamare alla –*, far tornare alla mente | *Fatto degno di –*, degno d'essere ricordato. **2** Rappresentazione di q.c. che sta e si conserva nella mente: *la – di un fatto* | Tradizione: *le memorie degli avi.* **3** Cosa che ridesta il ricordo e lo fa rivivere: *un museo ricco di preziose memorie* | Avvenimento che, grazie al ricordo, rivive nella mente: *le dolci memorie della giovinezza.* **4** (*est.*) Chi o ciò che è degno di essere ricordato. **5** Opera autobiografica rievocante avvenimenti visti o vissuti: *le memorie del Goldoni.* **6** Appunto, nota: *prendere – di q.c.* | *Pro –*, annotazione scritta fatta per ricordare o far ricordare. **7** (*mecc.*) Organo meccanico il quale fa sì che una macchina esegua automaticamente un lavoro determinato. **8** Nei sistemi elettronici per l'elaborazione dei dati, ogni dispositivo capace di registrare e conservare informazioni, e che permetta di ritrovarle ed usarle quando necessario. [→ ill. *elaborazione dati*] **9** (*biol.*) *– genetica*, persistenza e trasmissibilità dei caratteri di una popolazione.
memoriàle *s. m.* **1** Narrazione di avvenimenti importanti fatta da chi vi ha assistito | (*est.*) Scritto espositivo, spec. a giustificazione o difesa del proprio operato. **2** Grandioso monumento commemorativo di eventi o personaggi illustri: *il – del generale de Gaulle.*
memorialista *s. m. e f.* (*pl. m. -i*) Autore di memoriali o di memorie.
memorizzàre *v. tr.* **1** Fissare nella memoria. **2** Registrare q.c. in una memoria di un sistema elettronico per l'elaborazione dei dati.
memorizzazióne *s. f.* **1** (*psicol.*) Capacità della mente di riprodurre immagini, idee e sim. passate. **2** Registrazione in una memoria ausiliaria di un elaboratore.
ména *s. f.* Subdolo intrigo: *mene politiche.*
menabò *s. m.* Prova di uno stampato, eseguita montando su carta bianca testi e illustrazioni, per servire di guida nell'impaginazione.
mènade *s. f.* (*lett.*) Baccante.
menadito *vc. Solo nella loc. avv. a –*, benissimo, perfettamente: *conoscere q.c. a –.*
ménage /*fr.* me'naʒ/ *s. m. inv.* (*pl. fr. ménages* /me'naʒ/) Vita in comune di una coppia | (*est.*) Andamento quotidiano della vita familiare: *un – tranquillo.*
menagràmo *s. m. e f. inv.* (*fam.*) lettatore.
menàrca *s. m.* Comparsa della prima mestruazione nella pubertà.
menàre **A** *v. tr.* (*io méno*) **1** Condurre, guidare, portare | *– il can per l'aia*, (*fig.*) fare lunghi discorsi evitando di toccare l'argomento che interessa | (*fig.*) *– buono*, essere di buon augurio | (*fig.*) *– qc. per il naso*, deluderlo o burlarsene | (*est.*) Trascinare: *lo menarono al supplizio* | (*fig.*) *Menarla per le lunghe*, tirare in lungo q.c. **2** Trascorrere, passare: *– vita modesta.* **3** Dare, assestare: *– colpi, legnate.* **4** Battere, picchiare, percuotere, anche ass.: *se perde la pazienza comincia a –.* **5** Agitare, dimenare | *– la coda*, scodinzolare | (*fig.*) *– la lingua*, far maldicenze | *– le gambe*, (*fig.*) fuggire | *– le mani*, picchiare. **6** Cagionare: *– scalpore* | *– vanto di q.c.*, gloriarsene. **B** *v. rifl. rec.* Picchiarsi: *menarsi di santa ragione.* [→ tav. *proverbi* 68; → tav. *locuzioni* 63, 64]
menaròla *s. f.* Trapano a mano, con manovella. [→ ill. *falegname, trapano*]

menàta *s. f.* **1** (*raro*) Atto del menare | Colpo, tiro. **2** (*fam.*) Solenne bastonatura. **3** (*fig., fam.*) Insistente e noiosa ripetizione di consigli, rimproveri e sim.
méncio *agg.* (*pl. f. -ce*) (*tosc.*) Floscio: *cappello* — | Vizzo, cascante.
mènda *s. f.* Difetto, macchia, magagna; SIN. Pecca.
mendàce *agg.* Bugiardo, menzognero; CONTR. Verace.
mendàcia *s. f.* (*pl. -cie*) L'essere mendace.
mendàcio *s. m.* (*lett.*) Bugia, menzogna.
mendacità *s. f.* (*lett.*) Mendacia.
mendelèvio *s. m.* Elemento chimico, metallo transuranico radioattivo, ottenuto artificialmente. SIMB. Md.
mendelismo *s. m.* L'insieme dei principi indicati dalle leggi di G. Mendel che stanno alla base della genetica.
mendicànte *part. pres. di mendicare; anche agg. e s. m. e f.* Che (o chi) va mendicando o vive mendicando | *Ordini mendicanti*, ordini religiosi la cui regola è la povertà; SIN. Accattone, mendico.
mendicàre A *v. tr.* (*io méndico o raro mendìco, tu méndichi o raro mendìchi*) **1** Elemosinare, questuare, accattare: — *il pane.* **2** (*fig.*) Procacciarsi a stento, con preghiere e sim.: — *un aiuto.* **3** (*est.*) Cercare e trovare con fatica: *sta mendicando scuse e pretesti.* **B** *v. intr.* (*aus. avere*) Chiedere l'elemosina.
mendicità *s. f.* Condizione di mendico o di persona estremamente povera.
mendìco *agg.; anche s. m.* (*f. -a; pl. m. -chi*) Mendicante.
menefreghismo *s. m.* Noncuranza o negligenza strafottente.
menefreghìsta A *s. m. e f.* (*pl. m. -i*) Chi agisce o si comporta con menefreghismo. **B** *anche agg.*
meneghìno *agg.; anche s. m.* (*f. -a*) (*fam.*) Milanese.
menestrèllo *s. m.* Giullare di corte che recitava accompagnandosi con la musica le composizioni poetiche di trovatori o proprie.
menhìr /me'nir/ *s. m.* Grossa pietra oblunga piantata verticalmente nel terreno, tipica di civiltà preistoriche. [→ ill. *monumenti archeologici*]
menìnge *s. f.* **1** (*anat.*) Ciascuna delle tre membrane che avvolgono l'encefalo e il midollo spinale. **2** (*pop.*) *spec. al pl.* Cervello | *Spremersi le meningi*, scervellarsi.
meningìte *s. f.* (*med.*) Infiammazione della meninge.
menìsco *s. m.* (*pl. -schi*) **1** (*anat.*) Formazione fibrocartilaginea semilunare posta nell'articolazione del ginocchio. **2** Lente sferica avente una faccia concava e una convessa. **3** In un tubo capillare, superficie convessa oppure concava della colonna di liquido in esso contenuto.
méno A *avv.* (anche troncato in *men*, spec. in posizione proclitica) **1** In minore quantità, in minore misura o grado (si pospone al v. e allora può introdurre una prop. compar.; se è seguito da un agg. o da un avv., forma il compar. di minoranza, mentre se in tali condizioni è preceduto dall'art. det., forma il superl. di minoranza): *devi affaticarti* —; *il viaggio è sembrato — lungo*; *l'inverno è stato — freddo*; *l'argento è — prezioso dell'oro* | *Più o —, poco più poco* —, quasi, circa, pressappoco | *Di* —, in minor misura | *Né più né* —, proprio, per l'appunto: *si è dimostrato né più né — per quello che è*; CONTR. Più. **2** No (in prop. disgiuntive): *dobbiamo decidere se accettare o* —. **3** *Nella loc. venire* —, mancare: *gli sono venute — le forze*; *venir — all'attesa, alle promesse* | *Venir — a se stesso*, mancare ai doveri verso se stesso | ass. Svenire: *è venuto — per la fame.* **4** *Nelle loc. essere, mostrarsi da* —, essere, mostrarsi inferiore. **5** *Nella loc. fare a — di q.c. o qc.*, farne senza, privarsene: *devi fare a — di fumare.* **6** *Nella loc.* — *male*, per fortuna: — *male che sei arrivato!* **7** Indica sottrazione nell'operazione matematica: *dieci — tre fa sette* | Indica mancanza nelle misurazioni: *sono le dieci — un quarto* | Nelle misurazioni di temperatura, indica temperature inferiori a zero gradi centigradi: *la minima è di — sei.* **B** *Nelle loc. cong. a — che, a — di*: salvo che, eccetto che (introduce una prop. eccettuativa con il v. al congv. se esplicita, all'inf. se implicita): *la cosa non può mutare a — che non intervenga un fattore imprevisto*; *non lo farò a — di esserne pregato.* **C** *prep.* Eccetto, fuorché: *erano tutti presenti — lui.* **D** *agg. inv.* **1** Minore in quantità: *ho impiegato — tempo di te* | Minore di numero o misura: *ha — scrupoli di me.* **2** Con valore neutro in espressioni ellittiche: *ho mangiato — del solito* | *In men che non si dica, in — di un baleno, in — di un attimo*, molto rapidamente; CONTR. Più. **E** *in funzione di s. m. inv.* **1** La minor cosa (con valore neutro): *questo è il — che gli poteva capitare* | La parte minore | *Parlare del più e del* —, di cose non importanti, passando da un argomento all'altro. **2** Segno (—) che, premesso a un numero assoluto, indica un numero negativo | Segno dell'operazione di sottrazione; CONTR. Più. **3** La minoranza (sempre preceduto dall'art. det. pl.): *gli assenti sono stati i* —. [→ tav. *proverbi* 82, 86, 188, 189, 210]
menomàbile *agg.* Che si può menomare.
menomàre A *v. tr.* (*io mènomo*) **1** Diminuire, ridurre, abbassare: — *il pregio di q.c.* **2** Danneggiare, mutilare: — *l'uso delle gambe.* **B** *v. intr. e intr. pron.* (*aus. essere*) Diminuire, venire meno.
menomàto *part. pass. di menomare; anche agg. e s. m.* (*f. -a*) Che (o chi) ha subito una menomazione fisica o psichica.
menomazióne *s. f.* Diminuzione, danneggiamento: — *del prestigio di qc.* | Danno: — *fisica.*
mènomo *agg.* Minimo.
menopàusa *s. f.* Cessazione definitiva delle mestruazioni con conseguente perdita della capacità generativa.
menorah /*ebr.* mənoː'raː/ *s. f. inv.* Tradizionale candelabro ebraico a sette braccia. [→ ill. *religione*]
mènsa *s. f.* **1** Tavola alla quale ci si siede per mangiare | (*est.*) Altare, piano dell'altare. [→ ill. *religione*] **2** (*est.*) Pasto, pranzo, cena: — *lauta, frugale* | — *vescovile*, rendita o patrimonio di sede vescovile. **3** Organizzazione che cura l'allestimento dei pasti all'interno di una collettività: *la — degli studenti* | (*est.*) Locale ove si consumano tali pasti.
menscevìco *agg.; anche s. m.* (*pl. m. -chi*) Appartenente alla corrente revisionista, avversa a quella bolscevica, del partito socialdemocratico russo.
mensìle A *agg.* **1** Di ogni mese: *stipendio* — | Che avviene, che si fa una volta al mese: *scadenza* —. **2** Che ha la durata di un mese: *abbonamento* —. **B** *s. m.* Stipendio che si riscuote ogni mese | Pubblicazione mensile.
mensilità *s. f.* **1** Periodicità mensile. **2** Somma di denaro pagata o riscossa ogni mese.
mensilménte *avv.* Ogni mese, al mese.
mènsola *s. f.* **1** Elemento costruttivo, o struttura analoga, vincolato al muro per sostenere q.c.: *la — d'un balcone.* [→ ill. *architettura, casa, ferramenta*] **2** Supporto per lo più di forma rettangolare, infisso a una parete, usato come piano d'appoggio per oggetti.
ménta *s. f.* **1** Pianta erbacea delle Tubiflorali con foglie opposte, fiori piccoli riuniti in spighe, coltivata per le foglie officinali d'odore acuto | — *piperita*, specie di menta, ricca di mentolo. [→ ill. *piante* 13, *verdura*] **2** Sciroppo, liquore a base di essenza di menta | Bibita a base di sciroppo di menta | Pasticca di zucchero e menta.
mentàle *agg.* **1** Della mente: *facoltà mentali.* **2** Che si fa con la mente, senza parlare: *calcolo* —.
mentalità *s. f.* Modo di vedere le cose, di interpretare la realtà, di ragionare e sim.
mentalménte *avv.* Con la mente.
ménte *s. f.* **1** Intelligenza, intelletto: — *lucida, acuta, calcolatrice* | *Illuminare, aprire, la — a qc.*, fargli capire q.c. che ignorava del tutto | *Far — locale*, concentrarsi in un determinato argomento | Fantasia, immaginazione: *scolpito nella* — | *Saltare in* —, passare per il capo | (*est.*) Persona particolarmente dotata d'intelligenza: *è una bella* —. **2** Attenzione del pensiero: *rivolgere la — a q.c.* | *Avere la — a q.c.*, pensarvi con assiduità | Senno, ragione: *uscire di* —. **3** Memoria: *sapere, imparare a* — | *Avere, tenere a* —, ricordare | *Cadere, uscire, passare di* —, dimenticare | *Levarsi q.c. dalla* —, non preoccuparsene più. **4** Intenzione, proposito | *Ficcarsi, mettersi in — di fare q.c.*, ostinarsi nel voler fare q.c.
-ménte *suff.* degli avverbi di modo o maniera, aggiunto alla forma femminile degli aggettivi in *-o* e *-a* (*chiaramente, freddamente*) oppure al singolare degli aggettivi in *-e* (*brevemente, dolcemente*) con l'eliminazione della stessa *-e* finale quando l'ultima sillaba è costituita da *-le* o *-re* (*facilmente, regolarmente*).
mentecàtto *agg.; anche s. m.* (*f. -a*) Infermo di mente,

sciocco, imbecille, spec. in senso ingiurioso; SIN. Pazzo.
mentìna *s. f.* Pasticca di zucchero e menta.
mentìre *v. intr.* (*io mènto o ménto o mentìsco, tu mènti o ménti o mentìsci; aus. avere*) Dire il falso, il contrario di quello che si pensa esser vero. [→ tav. *proverbi* 36]
mentìto *part. pass. di mentire; anche agg.* Falso | *Sotto mentite spoglie*, in modo contraffatto (*anche fig.*).
mentitóre *s. m.; anche agg.* (*f. -trìce*) Chi (o che) mente; SIN. Bugiardo.
ménto *s. m.* Parte inferiore, sporgente del volto, sotto la bocca | *Onor del* —, (*scherz.*) la barba.
-ménto *suff.* di sostantivi tratti da verbi, e che indicano azione, effetto, risultato: *abbigliamento, miglioramento, tradimento.*
mentòlo *s. m.* Alcol terpenico secondario, contenuto spec. nell'olio essenziale di menta piperita dal quale si ricava; usato in profumeria, liquoreria, medicina.
mentonièra *s. f.* Piccolo legno concavo applicato nella cassa inferiore dei violini, cui i violinisti appoggiano il mento per tenere fermo lo strumento.
mèntore *s. m.* (*lett.*) Amico fidato, compagno fedele (dal nome di un personaggio dell'Odissea).
mentovàre *v. tr.* (*io mèntovo; raro* nelle forme sdrucciole) (*lett.*) Ricordare, far menzione.
méntre ***A*** *cong.* ***1*** Nel tempo, nel momento in cui, intanto che (introduce una prop. temp. con il v. all'indic.): *non mi ascolti mai — parlo.* ***2*** E invece (con valore avversativo): *lo credevo sincero — è un ipocrita.* ***B*** *in funzione di s. m. inv. Nelle loc. in questo, in quel* —, in questo, in quello stesso momento.
menu /fr. mə'ny/ *s. m. inv.* (*pl. fr. menus* /mə'ny/) Lista dei cibi disponibili in un ristorante o serviti in un pranzo | Insieme di vivande.
menù *s. m.* Adattamento di *menu*.
menzionàre *v. tr.* (*io menzióno*) Far menzione, ricordare; SIN. Nominare.
menzióne *s. f.* Ricordo di persona, fatto o cosa, esposto oralmente o per iscritto.
menzógna *s. f.* Asserzione, dichiarazione coscientemente falsa; SIN. Bugia.
menzognèro *agg.* Che dice menzogne | Che è falso, ingannevole; SIN. Bugiardo, mendace; CONTR. Veritiero.
mèraklon *s. m.* Nome commerciale di fibra tessile artificiale, a base di polipropilene.
meravìglia o (*tosc., lett.*) *maravìglia s. f.* ***1*** Sentimento improvviso di viva sorpresa per cosa nuova, straordinaria, o inattesa | *Far le meraviglie*, mostrare di meravigliarsi | *Mi fa* —, mi stupisce | *A* —, perfettamente; SIN. Stupore. ***2*** Cosa o persona che desta ammirazione. [→ tav. *locuzioni* 72]
meravigliàre o (*tosc., lett.*) *maravigliàre* ***A*** *v. tr.* (*io meravìglio*) Destare meraviglia; SIN. Strabiliare, stupefare, stupire. ***B*** *v. intr. pron. e* (*poet.*) *intr.* (*aus. essere*) Provare meraviglia, stupirsi: *mi meraviglio di sentirti dire questo* | *Mi meraviglio di te!*, espressione di biasimo, stupore o sdegno.
meraviglióso *agg.* ***1*** Che desta meraviglia, ammirazione; SIN. Magnifico, stupendo. ***2*** (*lett.*) Straordinario, incredibile.
mercànte *s. m.* (*f. -éssa*) Negoziante, commerciante, trafficante | — *di carne umana*, negriero | — *in fiera*, gioco d'azzardo a carte.
mercanteggiàre ***A*** *v. intr.* (*io mercantéggio; aus. avere*) (*raro*) Fare mercato, commerciare: — *in grano* | — *su q.c.*, specularvi | ass. Contrattare tirando sul prezzo. ***B*** *v. tr.* Far oggetto di mercato cose tradizionalmente escluse dall'ambito commerciale: — *l'onore, il voto.*
mercantésco *agg.* (*pl. m. -schi*) Di, da mercante (*spec. spreg.*).
mercantile ***A*** *agg.* ***1*** Relativo al commercio: *attività* — | *Nave, marina* —, per trasporto di merci e passeggeri. ***2*** Di, da mercante: *codice* —. ***B*** *s. m.* Nave mercantile.
mercantilìsmo *s. m.* ***1*** Comportamento da mercante. ***2*** Teoria e politica economica dei secc. XVII e XVIII che propugnava una politica protezionistica verso l'esterno e lo sviluppo all'interno dell'industria manifatturiera che doveva alimentare l'esportazione e i commerci.
mercantilista *s. m.* (*pl. -i*) Fautore del mercantilismo.
mercanzìa *s. f.* Merce | *Saper vendere la propria* —, (*fig.*) saper far valere le proprie qualità.
mercatìno *s. m.* ***1*** *Dim. di mercato.* ***2*** Mercato all'aperto, spec. su bancarelle, di roba usata, cianfrusaglie, occasioni e sim.: *il — di Porta Portese.* ***3*** (*econ.*) Mercato di titoli azionari non quotati ufficialmente in borsa; SIN. Borsino, mercato ristretto.
mercatìstica *s. f.* Scienza che studia la promozione e l'organizzazione dei mercati di sbocco di merci o servizi.
mercàto *s. m.* ***1*** Luogo ove si adunano venditori con la merce, per contrattare e negoziare | Convegno periodico di venditori con la loro merce, per fare contrattazioni: *giorno di* —. ***2*** Movimento delle contrattazioni, operazioni al mercato | *Prezzo di* —, quello corrente | *A buon* —, a basso prezzo | — *nero*, clandestino, a prezzi diversi da quelli ufficiali. ***3*** Complesso degli scambi di un dato prodotto | *Analisi di* —, ricerca per sondare la possibilità di vendere una data merce. ***4*** Complesso degli scambi di tutti i prodotti in un determinato Paese o in una determinata area | *Economia di* —, sistema economico basato sulla libera concorrenza | — *comune europeo*, zona d'integrazione economica costituita nel 1957 fra alcuni paesi europei. ***5*** (*est., spreg.*) Traffico illecito: *far — del proprio onore.* ***6*** (*fig.*) Luogo di grande confusione.
mercatùra *s. f.* (*raro*) Commercio, attività commerciale.
mèrce *s. f.* Ogni prodotto in quanto oggetto di commercio e destinato alla vendita | *Treno merci*, destinato al trasporto delle merci. [→ ill. *ferrovia, porto*]
mercé ***A*** *s. f.* Aiuto, grazia: *chiedere, implorare* — | *Rimettersi all'altrui* —, all'arbitrio di altri | *Essere, trovarsi alla — di qc.*, in suo potere. ***B*** *in funzione di prep.* (*lett.*) Per merito, per opera (*anche iron.*): *sono riuscito — il vostro aiuto.*
mercéde o *mercède s. f.* ***1*** Retribuzione, salario, paga: *la — dell'operaio.* ***2*** (*est., lett.*) Ricompensa, premio.
mercenàrio ***A*** *agg.; anche s. m.* ***1*** Che (o chi) presta la propria opera per denaro. ***2*** (*spreg.*) Che (o chi) agisce solo per denaro: *i mercenari delle lettere.* ***3*** Che (o chi) per denaro esercita il mestiere delle armi: *soldati mercenari.* ***B*** *agg.* (*raro*) Che è fatto dietro compenso: *lavoro* —.
mercenarìsmo *s. m.* L'istituto delle milizie mercenarie.
merceologìa *s. f.* (*pl. -gìe*) Studio della natura, composizione, adulterazioni, provenienza e circolazione delle varie merci.
merceològico *agg.* (*pl. m. -ci*) Che concerne la merceologia.
merceòlogo *s. m.* (*f. -a; pl. m. -gi*) Studioso di merceologia.
mercerìa *s. f.* ***1*** Articoli minuti, spec. nastri, bottoni, spille, aghi e sim. ***2*** Bottega di merciaio.
mercerizzàre *v. tr.* Trattare il cotone con una soluzione di soda caustica per conferirgli lucentezza serica.
mercerizzatrìce *s. f.* Macchina con la quale si compie la mercerizzazione del cotone.
mercerizzazióne *s. f.* Operazione del mercerizzare.
merciàio *s. m.* (*f. -a*) Chi vende mercerie.
mercificàre *v. tr.* (*io mercìfico, tu mercìfichi*) Sottoporre a mercificazione: — *l'arte.*
mercificazióne *s. f.* Nella teoria marxista, processo per cui forme culturali e artistiche, valori umani e sim., condizionati dalle leggi di mercato, vengono ridotti a pure entità economiche intese come fonti di profitto.
mercimònio *s. m.* Traffico illecito.
mercoledì o (*fam.*) *mercoldì s. m.* Terzo giorno della settimana civile.
mercorèlla *s. f.* (*bot.*) Mercuriale.
mercuriàle (1) *agg.* Di preparato farmaceutico contenente mercurio.
mercuriàle (2) *s. f.* Listino ufficiale dei prezzi medi correnti, in un certo periodo e luogo, di date merci.
mercuriàle (3) *s. f.* Pianta erbacea delle Euforbiali, amara, velenosa, con foglie lungamente picciolate e fiori verdognoli; SIN. Mercorella. [→ ill. *piante* 3]
mercùrico *agg.* (*pl. m. -ci*) Detto di composto del mercurio bivalente.
mercùrio (*Mercùrio* nel sign. 2) *s. m.* ***1*** Elemento chimico, unico metallo liquido a temperatura ambiente, presente in natura come cinabro, da cui si ricava; capace di sciogliere l'oro, l'argento e altri metalli formando amalgami; usato per antiparassitari, per apparecchi di misura, in medicina, in lampade a vapore di mercurio, in raddrizzatori di correnti alternate. SIMB. Hg. [→ ill. *fi-*

sica, illuminazione] **2** (*astron.*) Primo pianeta del sistema solare in ordine di distanza dal Sole, dal quale dista in media 58 milioni di chilometri.

mèrda *s. f.* (*volg.*) **1** Sterco, escrementi. **2** (*fig.*) Cosa o persona spregevole.

merdóso *agg.* (*volg.*) **1** Imbrattato di merda. **2** (*fig.*) Sozzo, vile.

merènda *s. f.* Spuntino nel pomeriggio, proprio dei ragazzi | Cibo della merenda.

meretrìce *s. f.* (*lett.*) Prostituta.

meretrìcio *s. m.* Prostituzione.

meridiàna *s. f.* Orologio solare formato da un complesso di linee orarie tracciate su di un muro o pavimento, ove lo gnomone proietta la sua ombra durante le varie ore del giorno. [→ ill. *orologio*]

meridiàno **A** *agg.* Di mezzogiorno: *ore meridiane.* **B** *s. m.* Semicirconferenza del globo terrestre avente per estremità i due poli | – *celeste*, circolo massimo della sfera celeste passante per i poli e lo zenit del luogo di osservazione. [→ ill. *geografia*]

meridionàle **A** *agg.* **1** Che è posto a sud, a mezzogiorno. **2** Proprio dei paesi meridionali: *carattere* –. **B** *s. m. e f.* Chi è nativo del meridione di un paese.

meridionalìșmo *s. m.* **1** Locuzione propria dell'Italia meridionale. **2** Complesso dei problemi dell'Italia meridionale | Impegno a favore dello sviluppo dell'Italia meridionale.

meridionalìsta *s. m. e f.* (*pl. m.* -*i*) Chi studia i problemi economici e sociali dell'Italia meridionale.

meridionalìstica *s. f.* Studio della cultura e dei problemi dell'Italia meridionale.

meridióne *s. m.* **1** Punto cardinale corrispondente al sud. **2** Insieme delle terre meridionali di un dato paese.

meriggiàre *v. intr.* (*io meriggio; aus. avere*) (*lett.*) Riposare, all'ombra e all'aperto, nelle ore del mezzogiorno.

meriggio *s. m.* (*lett.*) Mezzogiorno, le ore intorno al mezzodì.

merìnga *s. f.* Composto di zucchero e chiara d'uovo montata a neve ferma, spec. farcito di panna montata. [→ ill. *dolciumi*]

merìno o *merìnos* **A** *s. m. inv.* **1** La più famosa razza ovina del mondo per la produzione della lana, originaria dell'Africa. **2** Tessuto di lana merino. **B** *anche agg. inv. Lana* –.

meristèma *s. m.* (*pl.* -*i*) (*bot.*) Tessuto vegetale indifferenziato che dividendosi origina i tessuti definitivi, le cui cellule sono incapaci di riprodursi.

meritàre **A** *v. tr.* (*io mèrito*) **1** Essere degno di avere, ottenere, ricevere: – *una lode, un castigo* | *Se lo merita!*, ben gli sta | *Non* –, non esser degno di q.c.: *quell'uomo non merita tanto*; *non merita neppure parlarne.* **2** Fare ottenere, procurare: *il valore dell'opera gli meritò la fama.* **B** *v. intr.* (*aus. avere*) **1** (*fam.*) Valere: *è un'opera che merita.* **2** Rendersi benemerito, spec. in senso morale: – *della patria.*

meritataménte *avv.* (*lett.*) Secondo il merito.

meritévole *agg.* Che merita: *rendersi* – *di lode*; SIN. Degno; CONTR. Immeritevole.

mèrito *s. m.* **1** Diritto alla lode, alla stima e sim., dovuto alle qualità di una persona o acquisito con le opere: *acquistare* –; *premiare secondo il* – | *Dare* – *a qc. di q.c.*, riconoscerla apertamente | *Andare, tornare a* – *di qc.*, di ciò che si è realizzato grazie al positivo intervento di qc. **2** Azione o qualità che rende degno di lode: *avere molti meriti* | (*est.*) Valore, pregio: *un artista di molto* –. **3** Ricompensa, premio: *Dio ve ne renda* –! **4** Sostanza, ragione intrinseca | *Entrare nel* – *di una questione*, analizzarne gli aspetti più importanti | *In* – *a*, riguardo a.

meritocràtico *agg.* (*pl. m.* -*ci*) Basato sulla meritocrazia: *criterio* –.

meritocrazìa *s. f.* Concezione per cui ogni riconoscimento è esclusivamente commisurato al merito individuale.

meritòrio *agg.* Che dà o costituisce merito.

merlàngo o *merlàno s. m.* (*pl.* -*ghi*) Pesce osseo, marino, con muso appuntito e carni delicate.

merlàto *agg.* Guarnito di merli.

merlatùra *s. f.* Ordine di merli sopra la cima di un'opera fortificata.

merlettàia *s. f.* Donna che fa merletti.

merlettàre *v. tr.* (*io merlétto*) Applicare merletti.

merlétto *s. m.* **1** *Dim. di merlo* (2). **2** Velo o tessuto a punti radi, a nodi o a intrecci svariatissimi, usato di solito per ornamento; SIN. Pizzo, trina.

mèrlo (1) *s. m.* (*f.* -*a*) **1** Uccello, nero con becco giallo il maschio, bruno rossastra e becco scuro la femmina, onnivoro, addomesticabile. [→ ill. *animali* 13] **2** (*fig.*) Persona sciocca, ingenua: *è proprio un* –.

mèrlo (2) *s. m.* Ciascuno dei tratti di muro regolarmente intervallati, elevantisi sul parapetto in cima alle antiche fortificazioni, per dare riparo ai difensori | – *guelfo*, rettangolare | – *ghibellino*, a coda di rondine. [→ ill. *castello*]

merlot /*fr.* mɛr'lo, *friulano* mer'lɔt/ *s. m. inv.* Vino rosso dal caratteristico sapore erbaceo, ottenuto dal vitigno omonimo di origine francese.

merlùzzo *s. m.* Pesce osseo con corpo massiccio, squame piccole, barbiglio sotto il mento, tre pinne dorsali, che vive in branchi nel Nord dell'Atlantico; la sua pesca ha grande importanza nell'economia. [→ ill. *animali* 8]

mèro *agg.* **1** (*lett.*) Puro, non mischiato. **2** (*fig.*) Che è quale appare, puro e semplice (preposto a un s. per restringerne il sign.): *per mera ipotesi.*

mesa /*sp.* 'mesa/ *s. f. inv.* (*pl. sp. mesas* /'mesas/) Nel Messico e nel Colorado, montagna con pareti molto ripide e sommità piatta.

mesàta *s. f.* Paga, salario, mensile.

méscere *v. tr.* (*pres. io mésco, tu mésci; part. pass. mesciùto*) **1** Versare q.c. da bere: – *il vino, un liquore.* **2** (*lett.*) Mischiare, mescolare.

meschinità *s. f.* **1** L'essere meschino. **2** Grettezza, povertà morale. **3** Atto, parola di persona meschina.

meschìno **A** *agg.* **1** Che si trova in uno stato di infelicità; SIN. Misero. **2** Che è mediocre, insufficiente o misero per qualità, quantità e sim.: *impiego, guadagno, risultato* –. **3** Di persona che ha idee e sentimenti gretti, angusti e limitati. **4** (*est.*) Che mostra povertà di idee e di doti morali: *vita meschina.* **B** *s. m.* (*f.* -*a*) Persona disgraziata e infelice.

méscita *s. f.* **1** Atto del mescere. **2** (*tosc.*) Bottega in cui si mescono vini e liquori.

mescitóre *s. m.* (*f.* -*trìce*) Chi mesce | Chi è addetto alla mescita in bar, osterie e sim.

mescolànza *s. f.* **1** Unione di sostanze diverse in una sola massa | Insieme delle cose mescolate (*anche fig.*): *una* – *di suoni* | (*spreg.*) Guazzabuglio: *una* – *di sciocchezze.* **2** Promiscuità di persone (*spec. spreg.*).

mescolàre **A** *v. tr.* (*io méscolo*) **1** Mettere insieme sostanze diverse sì da formare una sola massa: – *vari ingredienti*; – *lo zucchero con il cacao*; SIN. Mischiare. **2** Rimestare: – *la minestra, l'insalata.* **3** (*est., fig.*) Confondere cose o persone diverse: – *varie lingue, vari stili*; – *le carte*, scozzarle. **B** *v. intr. pron.* **1** Unirsi in una sola massa o miscela. **2** Confondersi, mettersi insieme (*anche spreg.*). **3** (*fig.*) Impicciarsi, immischiarsi: *mescolarsi nei fatti altrui.*

mescolàta *s. f.* Atto del mescolare in una volta.

mescolatóre *s. m.* (*f.* -*trìce*) **1** Chi mescola. **2** Particolare circuito elettronico che fornisce all'uscita una combinazione dei segnali presenti ai vari ingressi. **3** Macchina, attrezzo per mescolare. [→ ill. *fisica*]

mescolatùra *s. f.* Atto del mescolare.

mése *s. m.* **1** Ciascuna delle dodici parti in cui viene diviso l'anno, all'incirca corrispondente al tempo che il sole impiega a percorrere un segno zodiacale; di durata varia da 28 a 31 giorni. **2** Periodo di tempo della durata di circa trenta giorni: *è un* – *che non piove.* **3** Corrispettivo mensile della prestazione di un'attività lavorativa, del godimento di un immobile locato e sim. **4** Termine di misura della durata della gravidanza: *essere al sesto* –.

meșencèfalo *s. m.* (*anat.*) Segmento intermedio dell'encefalo, che comprende i peduncoli cerebrali e la lamina quadrigemina.

meșènchima *s. m.* (*pl.* -*i*) (*anat.*) Tessuto di origine mesodermica che si forma durante lo sviluppo embrionale e da cui deriveranno i tessuti a funzione meccanica.

meșentère o *meșentèrio s. m.* (*anat.*) Piega del peritoneo, a forma di lamina, che sostiene l'intestino tenue, contenente i vasi e i nervi dell'intestino stesso.

meṣentèrico agg. (pl. m. -ci) (anat.) Del mesentere. [→ ill. *anatomia umana*]

meṣentèrio v. *mesentere*.

mèṣo- primo elemento (*meṣ-* davanti a vocale): in parole composte della terminologia scientifica significa 'centrale', 'medio', 'intermedio': *mesencefalo, mesotorace, mesozoico*.

meṣocàrpo s. m. (bot.) Secondo strato che forma il frutto, spesso carnoso. [→ ill. *botanica*]

meṣodèrma s. m. (anat.) Foglietto germinativo intermedio dell'embrione, da cui derivano i muscoli scheletrici, il cuore, l'apparato uro-genitale.

meṣodèrmico agg. (pl. m. -ci) Del mesoderma.

meṣòfita s. f. Pianta che cresce in terreni di umidità media.

meṣogàstrio s. m. Regione dell'addome compresa tra la linea sotto le costole e la linea che congiunge le spine iliache.

meṣologia s. f. Branca della biologia che studia l'ambiente in cui vivono gli organismi.

meṣomeria s. f. Fenomeno di oscillazione della struttura di una molecola tra forme elettronicamente isomere.

meṣòmero agg. Di mesomeria.

meṣomòrfo agg. **1** Detto di tipo morfologico di animali con sviluppo armonico dei diametri del corpo rispetto alla lunghezza. **2** (chim., fis.) Intermedio fra lo stato solido cristallino e lo stato liquido.

meṣóne s. m. (fis.) Particella elementare di massa intermedia tra quella dell'elettrone e quella del protone.

meṣosfèra s. f. La regione dell'atmosfera terrestre compresa fra i 40 e gli 80 km di altitudine.

meṣotèrmo agg. **1** Temperato. **2** Detto di pianta a cui è necessaria per vivere una temperatura media annuale di 15-20 °C.

meṣotoràce s. m. **1** Parte mediana del torace. **2** Secondo segmento del torace degli insetti.

meṣozòi s. m. pl. Gruppo di organismi animali endoparassiti costituiti da poche cellule non organizzate in veri e propri tessuti.

meṣozòico A s. m. Era geologica caratterizzata da un grande sviluppo dei Rettili e dalla comparsa dei primi Mammiferi, Uccelli, Anfibi anuri e, fra le piante, delle Angiosperme. **B** anche agg. (pl. m. -ci): *Era mesozoica*.

méssa (1) s. f. **1** Nella teologia cattolica e ortodossa, sacrificio del corpo e del sangue di Gesù Cristo che, sotto le apparenze del pane e del vino, viene rinnovato dal sacerdote sull'altare | — *piana, letta, bassa*, quella ordinaria | — *solenne*, cantata | — *novella*, quella celebrata per la prima volta da un sacerdote | *Servir* —, assistere il celebrante all'altare | *Far dire una — per qc.*, farla celebrare per suffragio di un defunto | — *nera*, parodia blasfema della messa, in onore del diavolo. **2** Composizione musicale per messe, spec. per esprimere i simboli liturgici. [→ tav. *proverbi* 352]

méssa (2) s. f. **1** Azione del mettere | — *in marcia*, avviamento di un impianto o di una macchina | — *in opera*, collocamento di impianti nel luogo in cui devono funzionare | — *a punto*, ultima revisione di impianti o macchinari prima della messa in marcia e (fig.) delineazione dei punti controversi di un problema | — *a fuoco*, regolazione di uno strumento ottico o di un apparecchio fotografico | — *in piega*, ondulazione temporanea dei capelli con aria calda e bigodini | — *in scena*, messinscena. [→ ill. *ottica*] **2** Germoglio, pollone.

messaggeria s. f. spec. al pl. Attività di trasporto e distribuzione di merci, spec. libri e periodici | Ditta che si occupa di tale attività.

messaggèro A s. m. (f. -a) **1** Chi reca un messaggio (*anche fig.*); SIN. Nunzio. **2** Nell'organizzazione delle poste, addetto al servizio di messaggeria; SIN. Messo. **B** agg. (fig., poet.) Che annunzia.

messàggio s. m. **1** Notizia comunicata ad altri con un mezzo qualsiasi: *inviare, trasmettere, ricevere un* —. **2** Discorso solenne pronunciato da un'autorità politica o religiosa. **3** (fig.) Importante innovazione, suscettibile di futuri sviluppi, nel campo del pensiero, della religione, della scienza: *il — cristiano*.

méssa in scèna v. *messinscena*.

messàle s. m. Libro liturgico cattolico contenente il testo per la celebrazione della Messa in tutti i giorni dell'anno. [→ ill. *religione*]

messalìna s. f. Donna depravata e immorale (*spec. iron.*) (dal nome dell'imperatrice romana famosa per la sua dissolutezza).

mèsse s. f. **1** Mietitura | Quantità di cereali da mietere | Epoca in cui si miete. **2** Insieme di cereali che crescono in un campo. **3** (fig.) Frutto, risultato di un'attività: *una — di lodi*.

messère s. m. **1** Titolo onorifico attribuito un tempo a giuristi, giudici e (est.) ad alti personaggi. **2** (scherz., iron.) Signore.

messìa s. m. inv. **1** *Messia*, il re o salvatore che secondo le promesse divine soccorrerà il popolo di Israele, riconosciuto dal cristianesimo in Gesù Cristo | *Aspettare, attendere il* —, (fig.) aspettare inutilmente qc. **2** (fig.) Persona a lungo attesa.

messiànico agg. (pl. m. -ci) Che si riferisce al messianismo, al Messia.

messianiṣmo s. m. **1** Credenza nel Messia | Credenza nell'avvento di un messia. **2** (fig.) Attesa fiduciosa nell'avvento di radicali mutamenti sociali, politici e sim.

messicàno A agg.; anche s. m. (f. -a) Del Messico. **B** s. m. Involtino di carne di vitello ripieno.

messidòro s. m. Decimo mese del calendario rivoluzionario francese.

messinscèna o *méssa in scèna* s. f. (pl. *messinscène* o *mésse in scèna*) **1** Insieme degli elementi visuali nella scena teatrale. **2** (fig.) Complesso di artifizi usati per falsare la realtà: *il suo pianto si rivelò una* —.

mésso (1) part. pass. di mettere; anche agg. Collocato, situato.

mésso (2) s. m. **1** (lett.) Messaggero. **2** Dipendente di uffici incaricato di consegnare lettere, avvisi e sim.

mestàre A v. tr. (io mésto) Agitare mescolando. **B** v. intr. (aus. avere) (fig.) Adoperarsi intorno a q.c. per intrigare, imbrogliare.

mestatóre s. m. (f. -trice) **1** (raro) Chi mesta. **2** (fig.) Chi si dà da fare tramando imbrogli e creando intrighi.

mèstica s. f. Miscela di colori con olio di lino che si stende su tavole o tele per potervi dipingere.

mesticherìa s. f. (tosc.) Bottega in cui si vendono colori, vernici o altro.

mestichìno s. m. Piccola spatola d'acciaio usata per mescolare i colori. [→ ill. *pittore*]

mestierànte s. m. e f. **1** (raro) Chi esercita un mestiere. **2** (spreg.) Chi esercita un'attività con animo unicamente intento al lucro.

mestière s. m. **1** Esercizio di un'attività lavorativa, spec. manuale, frutto di esperienza e pratica, a scopo di lucro | *Conoscere il proprio* —, essere abili in un determinato lavoro | *Non essere del* —, mancare di pratica | *Gli incerti del* —, disgrazie che capitano quando ci si dedica a una certa attività | *Il — più antico del mondo*, (euf.) la prostituzione. **2** (fig.) Conoscenza, perizia o abilità rispetto a un certo lavoro: *uno scrittore ricco di* —. **3** pl. (sett.) Faccende di casa: *fare i mestieri*.

mestìzia s. f. Stato d'animo di chi è mesto; SIN. Tristezza.

mèsto agg. Che è in preda a dolore profondo e malinconico | Che dimostra tale dolore; SIN. Triste; CONTR. Lieto.

méstola s. f. **1** Sorta di grosso cucchiaio tondo e quasi piatto, per rimestare le vivande. **2** Cazzuola del muratore.

mestolàta s. f. **1** Colpo di mestola o di mestolo. **2** Quantità di cibo preso in una volta sola con la mestola.

méstolo s. m. **1** Mestola piccola non bucata, usata in cucina | Grande cucchiaio emisferico di metallo usato in cucina per rimestare e versare cibi liquidi o acqua | *Aver il — in mano*, (fig.) spadroneggiare. [→ ill. *cucina, stoviglie, vino*] **2** In fonderia, grande cucchiaio metallico per raccogliere il metallo fuso. [→ ill. *metallurgia*] [→ tav. *proverbi* 171]

mestolóne s. m. **1** Accr. di mestolo. **2** Uccello degli Anseriformi, affine all'anatra, con lungo e largo becco appiattito.

mestruàle agg. Della mestruazione.

mestruazióne s. f. Emissione di sangue dovuto allo sfaldamento della mucosa uterina che si verifica a ogni ciclo ovarico nella donna in età feconda.

mèstruo *s. m.* Materiale eliminato con la mestruazione.
mèta (1) *s. f.* **1** Termine finale: *arrivare alla —*; SIN. Destinazione. **2** (*fig.*) Scopo o fine che si vuol raggiungere: *proporsi una nobile —*. **3** Presso i Romani, costruzione di forma conica o piramidale | (*est.*) Colonna che, nel circo, segnava il punto in cui i cavalli dovevano svoltare per compiere il giro.
mèta (2) *s. m. inv.* Nome commerciale della metaldeide.
metà *s. f.* **1** Ciascuna delle due parti tra loro uguali che compongono un intero: *le due — di una mela* | *Dividere q.c. per, a —*, in due parti uguali | *Vendere q.c. a — prezzo*, a prezzo dimezzato | *Fare, lasciare le cose a —*, (*fig.*) non portarle a compimento | *Dire le cose a —*, (*fig.*) esprimersi con poca chiarezza | *Fare a —*, spartire q.c. con qc. **2** Punto di mezzo di q.c.: *fermarsi a — strada.* **3** (*fig.*) Persona che forma quasi un'anima o un essere solo con un'altra (*anche scherz.*) | (*fam.*) Uno dei coniugi rispetto all'altro: *le presento la mia —*. [→ tav. *proverbi* 44]
mèta- *pref.* **1** In numerose parole composte significa 'trasformazione', 'trasferimento' (*metamorfosi, metempsicosi, metafora*) o 'successione' (*metatarso*) o 'al di là', 'che trascende' (*metalinguistica, metapsichica*). **2** In chimica, indica un composto che sia polimero, o più complesso, rispetto a quello considerato: *metaldeide.*
metabòlico *agg.* (*pl. m. -ci*) Del metabolismo.
metabolismo *s. m.* (*fisiol.*) Insieme dei processi che determinano la trasformazione degli alimenti in tessuti, calore corporeo, lavoro meccanico e l'eliminazione delle sostanze residue | *— basale*, consumo minimo di energie da parte dell'organismo in condizioni di assoluto riposo.
metacàrpo *s. m.* (*anat.*) Parte ossea della mano tra il carpo e le dita, costituente lo scheletro del palmo. [→ ill. *anatomia umana*]
metacrilàto *s. m.* Composto organico acrilico da cui si ottengono alcuni polimeri, tra cui resine termoplastiche e incolori usate al posto del vetro.
metadóne *s. m.* Composto chimico sintetico con proprietà analgesiche e stupefacenti.
metafisica *s. f.* **1** Parte della filosofia che, procedendo al di là dei dati dell'esperienza, vuole pervenire alla spiegazione dei principi essenziali della realtà. **2** (*est., spreg.*) Concezione, ragionamento e sim., astrusi, astratti.
metafisico A *agg.* (*pl. m. -ci*) **1** Che concerne la metafisica. **2** (*fig.*) Che è astruso e oscuro, spec. per eccessive sottigliezze. **B** *s. m.* (*f. -a*) **1** Chi si dedica ai problemi della metafisica. **2** (*fig., spreg.*) Persona che ragiona in modo astruso e astratto.
metafonia o *metafonèsi* *s. f.* (*ling.*) Modificazione della vocale tonica per influsso della vocale della sillaba seguente.
metàfora *s. f.* Figura retorica che consiste nel trasferire a un oggetto il termine proprio di un altro secondo un rapporto di analogia (es. *è un'aquila*, è molto intelligente) | *Parlare sotto —*, in modo oscuro | *Fuor di —*, in modo chiaro.
metafòrico *agg.* (*pl. m. -ci*) Di metafora | Che contiene metafora.
metaldèide *s. f.* Polimero dell'aldeide acetica usato come combustibile solido, in tavolette; SIN. Meta.
metalinguàggio *s. m.* (*filos.*) Sistema linguistico artificiale per mezzo del quale è possibile analizzare i simboli e le strutture del linguaggio naturale.
metalinguistica *s. f.* Parte teorica della linguistica che ha come scopo la riflessione su principi, metodi e finalità della scienza del linguaggio.
metàllico *agg.* (*pl. m. -ci*) **1** Di metallo: *lega metallica.* [→ ill. *ferramenta, metro, misure, ponte*] **2** Che ha aspetto di metallo: *splendore —* | *Voce metallica*, sonora e limpida, ma priva d'inflessioni.
metallìfero *agg.* Che contiene metalli.
metallizzàre *v. tr.* Ricoprire un oggetto con un sottile strato di metallo.
metallizzàto *part. pass. di metallizzare; anche agg.* Detto di colore al quale si conferiscono, con particolari accorgimenti tecnici, riflessi metallici.
metàllo *s. m.* **1** Ciascuno degli elementi chimici, quasi sempre solidi, fusibili, lucidi, duri, tenaci, buoni conduttori di elettricità e calore, che combinandosi con ossigeno formano ossidi. **2** Lega di metalli diversi. **3** Oggetto di metallo. [→ ill. *ferramenta, sega*]
metallografia *s. f.* **1** Scienza che studia la struttura cristallina dei metalli e delle leghe. **2** Tecnica di riproduzione a stampa mediante lastre metalliche.
metallògrafo *s. m.* Studioso di metallografia.
metallòide *s. m.* Elemento chimico con caratteristiche chimiche e fisiche opposte a quelle dei metalli.
metallurgia *s. f.* (*pl. -gie*) Insieme dei metodi industriali di estrazione dei metalli puri da quelli grezzi, della loro lavorazione e delle loro leghe | *— delle polveri*, preparazione di oggetti in leghe metalliche ottenuti da polveri riscaldate e compresse in stampi. [→ ill. *metallurgia*]
metallùrgico A *agg.* (*pl. m. -ci*) Che concerne la metallurgia. **B** *s. m.* Operaio dell'industria metallurgica.
metalmeccànico A *agg.* (*pl. m. -ci*) Che concerne la metallurgia e la meccanica. **B** *s. m.* Operaio di industrie metallurgiche e meccaniche.
metameria *s. f.* (*zool.*) Ripetizione, lungo l'asse longitudinale del corpo animale, di segmenti comprendenti unità funzionali di uno o più organi o sistemi organici.
metamèrico *agg.* (*pl. m. -ci*) Che presenta metameria.
metàmero *s. m.* (*zool.*) Ciascuno dei segmenti che si susseguono in un organismo animale metamerico. [→ ill. *zoologia*]
metamòrfico *agg.* (*pl. m. -ci*) **1** Di metamorfosi. **2** Relativo al metamorfismo | Che ha subito metamorfismo.
metamorfismo *s. m.* (*geol.*) Insieme dei processi di trasformazione delle rocce dovuti all'azione del calore, alla pressione, o ad azioni chimiche.
metamorfosàto *agg.* Che presenta metamorfosi.
metamòrfosi *s. f.* **1** Nella mitologia spec. greco-romana, trasformazione di un essere umano o divino in un altro di natura diversa. **2** Trasformazione vistosa di animali prima di raggiungere lo stato adulto. **3** (*fig.*) Cambiamento, mutazione.
metanièro *agg.* Relativo all'estrazione del metano.
metanìfero *agg.* Che produce metano.
metàno *s. m.* Idrocarburo gassoso che si forma nella putrefazione di sostanze organiche: presente in abbondanza nei gas naturali e delle miniere, frequente in giacimenti, da solo o associato con petrolio; usato come combustibile o come materia prima per numerose sintesi chimiche. [→ ill. *petrolio*]
metanodótto *s. m.* Conduttura che porta il metano dal luogo di estrazione a quello di consumo.
metaplàsma *s. m.* (*pl. -i*) (*biol.*) Sostanza elaborata dalla cellula e che, pur non essendo vivente, partecipa alla struttura dei tessuti.
metaplàsmo *s. m.* Alterazione fonetica o morfologica subita da un elemento linguistico.
metapsichica *s. f.* Scienza dei fenomeni psichici che eccedono le funzioni normali della psiche, quali la telepatia, la premonizione e sim.
metapsichico *agg.* (*pl. m. -ci*) Relativo alla metapsichica e a fenomeni psichici paranormali.
metasemia *s. f.* (*ling.*) Cambiamento di significato.
metàstasi *s. f.* (*med.*) Riproduzione di un processo tumorale a distanza dal luogo di insorgenza.
metatàrso *s. m.* (*anat.*) Parte ossea del piede tra il tarso e le dita, formata da cinque ossa lunghe parallele. [→ ill. *anatomia umana*]
metàtesi *s. f.* (*ling.*) Inversione nell'ordine di successione dei suoni di una parola (es. *interpetrare* per *interpretare*).
metazòi *s. m. pl.* Sottoregno comprendente tutti gli animali pluricellulari, nei quali le cellule, riunite in gruppi, costituiscono organi con funzioni specifiche.
metèco *s. m.* (*pl. -ci*) Nell'antico diritto greco, straniero libero residente in una città, con limitato godimento di diritti politici, civili e militari.
metempsicòsi *s. f.* In molte religioni e credenze filosofiche, trasmigrazione dell'anima in altri corpi umani, animali, vegetali o minerali.
metèora *s. f.* **1** Ogni fenomeno che ha origine e si svolge nell'atmosfera. **2** (*astron.*) Corpo celeste che attraversando l'atmosfera terrestre diventa incandescente per l'attrito | *Passare come una —*, (*fig.*) di persona che ha suscitato grande interesse solo per poco tempo; SIN. Bolide, stella cadente.

metallurgia

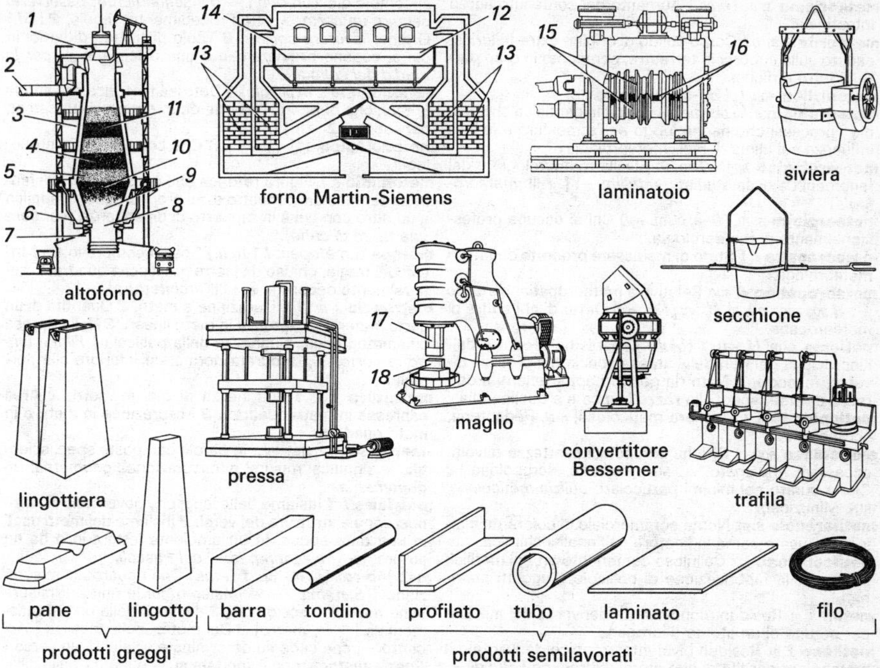

1 2 3 4 5 6 7 8 9 10 11

altoforno

14 12 13 13

forno Martin-Siemens

15 16

laminatoio

siviera

secchione

17 18

maglio

convertitore Bessemer

trafila

pressa

lingottiera

pane lingotto barra tondino profilato tubo laminato filo

prodotti greggi

prodotti semilavorati

1 bocca di caricamento 2 recuperatore dei gas 3 rivestimento refrattario 4 coke 5 fondente e minerale 6 ugello dell'aria 7 crogiolo 8 foro di colata 9 sacca 10 ventre 11 tino 12 suola 13 recuperatore di calore 14 gas combustibile 15 cilindri 16 laminato 17 mazza 18 incudine

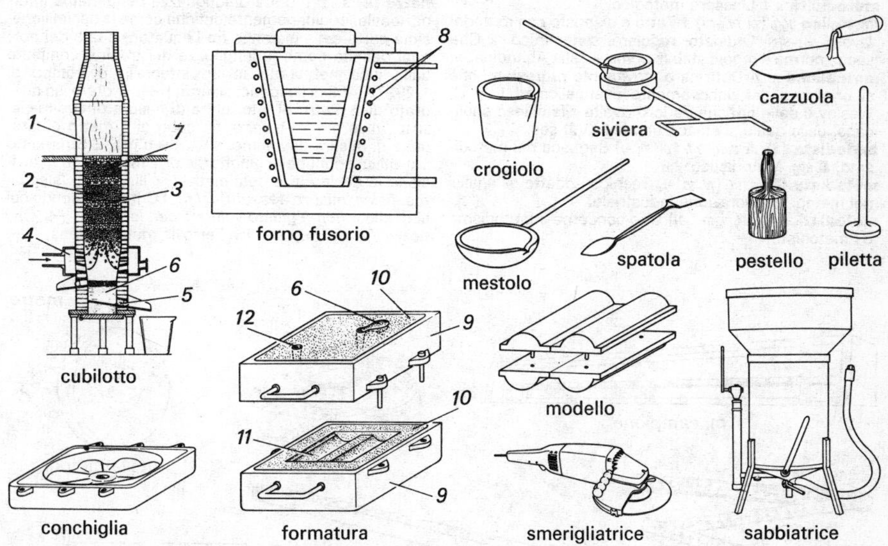

1 bocca di caricamento 2 coke 3 fondente e ghisa 4 ugello dell'aria 5 crogiolo 6 foro di colata 7 tino 8 resistenza 9 staffa 10 terra da fonderia 11 impronta 12 sfiato

meteòrico *agg.* (*pl. m.* *-ci*) Di meteora.
meteorismo *s. m.* (*med.*) Aumento del contenuto aereo intestinale.
meteorite *s. m. o f.* Corpo solido di origine extra-tellurica, caduto sulla superficie terrestre; composto in gran parte di ferro e nichel.
meteoritico *agg.* (*pl. m.* *-ci*) Di meteorite.
meteorologia *s. f.* (*pl.* *-gìe*) Parte della geofisica che studia i processi che hanno luogo nell'atmosfera e le loro influenze sul clima. [→ ill. *meteorologia*]
meteorològico *agg.* (*pl. m.* *-ci*) Della meteorologia e dei fenomeni da essa studiati: *satellite* –. [→ ill. *meteorologia*]
meteoròlogo *s. m.* (*f.* *-a*; *pl. m.* *-gi*) Chi si occupa professionalmente di meteorologia.
meteoropatìa *s. f.* Stato di malessere prodotto da fattori meteorologici.
meteoropàtico ***A*** *agg.* Relativo a meteoropatia: *disturbo* –. ***B*** *agg.; anche s. m.* (*f.* *-a*; *pl. m.* *-ci*) Detto di chi soffre di meteoropatia.
meticcio *s. m.* (*f.* *-a*) ***1*** (*biol.*) Organismo prodotto dall'incrocio di genitori della stessa specie ma di razza diversa, fecondo. ***2*** Nato da genitori appartenenti a due razze diverse, spec. alla razza bianca e a quella india.
meticolosità *s. f.* L'essere meticoloso; SIN. Pedanteria, scrupolosità.
meticolóso *agg.* ***1*** Che ha scrupoli di esattezza talvolta eccessivi: *impiegato* –; SIN. Pedante, scrupoloso. ***2*** Che è curato nei minimi particolari: *pulizia meticolosa;* SIN. Minuzioso.
metilarància *s. m.* Nome commerciale di colorante giallo-ocra, usato come indicatore nell'analisi chimica.
metilcellulósa *s. f.* Cellulosa contenente gruppi metilici, usata per la fabbricazione di pellicole e oggetti stampati.
metile *s. m.* Residuo monovalente derivante dal metano per perdita di un atomo d'idrogeno.
metilène *s. m.* Residuo bivalente organico derivante dal metano per perdita di due atomi d'idrogeno | *Blu di* –, sostanza colorante blu, adoperata come blando antisettico.
metìlico *agg.* (*pl. m.* *-ci*) Detto di composto la cui molecola contiene il radicale metile | *Alcol* –, liquido incolore, tossico, di odore pungente, ottenuto per idrogenazione dell'ossido di carbonio; usato come solvente e come materia prima per l'industria organica.
metodicità *s. f.* L'essere metodico.
metòdico *agg.* (*pl. m.* *-ci*) ***1*** Fatto o disposto con metodo: *lavoro* –; SIN. Ordinato, regolare, sistematico. ***2*** Che segue norme e regole stabili: *uomo* –; SIN. Abitudinario.
metodismo *s. m.* Dottrina e movimento protestanti che si originano dal rinnovamento evangelico di J. e C. Wesley e dalle critiche da loro rivolte alla chiesa anglicana, dalla quale si staccarono nel XVIII sec.
metodista (1) ***A*** *s. m. e f.* (*pl. m.* *-i*) Seguace del metodismo. ***B*** *agg.* Metodistico.
metodista (2) *s. m.* (*pl. m.* *-i*) Tecnico addetto all'analisi dei metodi di lavorazione industriale.
metodìstico *agg.* (*pl. m.* *-ci*) Che concerne il metodismo o i metodisti.
mètodo *s. m.* ***1*** Criterio e norma direttivi secondo i quali si compie q.c.: *un buon* – *d'insegnamento*; *osservare, seguire un certo* –; SIN. Procedimento, regola. ***2*** (*est.*) Ordine: *lavorare con* –. ***3*** Titolo di trattati didattici in cui si espone ordinatamente una disciplina: – *per lo studio del solfeggio*.
metodologìa *s. f.* (*pl.* *-gìe*) ***1*** Dottrina filosofica che studia le tecniche di ricerca proprie di un determinato campo del sapere. ***2*** (*est.*) Metodo.
metodològico *agg.* (*pl. m.* *-ci*) Che concerne la metodologia.
metonìmia *s. f.* Figura retorica che consiste nel trasferire un termine dal concetto a cui propriamente si applica a un altro con cui è in rapporto di dipendenza (es. *bere una tazza di caffè*).
mètopa o *mètope* *s. f.* (*arch.*) Spazio compreso tra i triglifi del fregio, chiuso da lastre pressoché quadrate, generalmente decorate. [→ ill. *architettura*]
metràggio *s. m.* ***1*** Misurazione a metri. ***2*** Quantità di un certo materiale espressa in metri lineari. ***3*** Nella ripresa cinematografica, lunghezza della pellicola | *Film a lungo, a corto,* –, di durata normale o inferiore alla normale.
metratùra *s. f.* ***1*** Lunghezza di q.c. in metri. ***2*** Area espressa in metri quadrati. ***3*** Misurazione in metri o in metri quadrati.
-metrìa *secondo elemento*: in parole composte spec. scientifiche significa 'misura' o 'misurazione': *geometria, trigonometria*.
mètrica *s. f.* ***1*** Insieme delle leggi che governano la composizione e struttura dei versi. ***2*** Insieme dei metri usati in una data epoca, in un ambiente letterario o da un autore: *la* – *bizantina*; *la* – *del Pascoli*.
mètrico *agg.* (*pl. m.* *-ci*) ***1*** (*mat.*) Che riguarda la misurazione | *Sistema* – *decimale*, in cui le unità di misura sono multipli e sottomultipli decimali delle unità fondamentali. [→ ill. *metro*] ***2*** Del metro, della metrica | *Accento* –, che cade su determinate sillabe di un verso | *Poesia metrica*, che è fondata sulla quantità delle sillabe, lunghe o brevi.
metrite *s. f.* (*med.*) Infiammazione della parete uterina.
mètro (1) *s. m.* ***1*** Combinazione di due o più sillabe che costituisce la misura del verso quantitativo | Sistema di versificazione caratterizzato dall'uso di un determinato metro. ***2*** Modo di parlare, di comportarsi: *hai usato il* – *sbagliato*.
mètro (2) *s. m.* ***1*** Unità di lunghezza del Sistema Internazionale, originariamente definita come la decimilionesima parte della distanza fra l'equatore e uno dei poli; oggi definita come la lunghezza del tragitto compiuto dalla luce nel vuoto in un intervallo di tempo di 1/299792458 di secondo. SIMB. m | – *quadrato*, un quadrato di 1 metro di lato, unità di misura di superficie. SIMB. m^2 o mq | – *cubo*, un cubo di 1 metro di lato, unità di misura di volume. SIMB. m^3 o mc. ***2*** Strumento per misurazioni della lunghezza di 1 metro, con la divisione in decimetri e centimetri. [→ ill. *metro, falegname, fisica, misure, tessuto*] ***3*** (*fig.*) Criterio secondo cui si giudica: *non è giusto valutarli con lo stesso* –.
métro /*fr.* me'tro/ *s. m. inv.* Ferrovia metropolitana.

metro

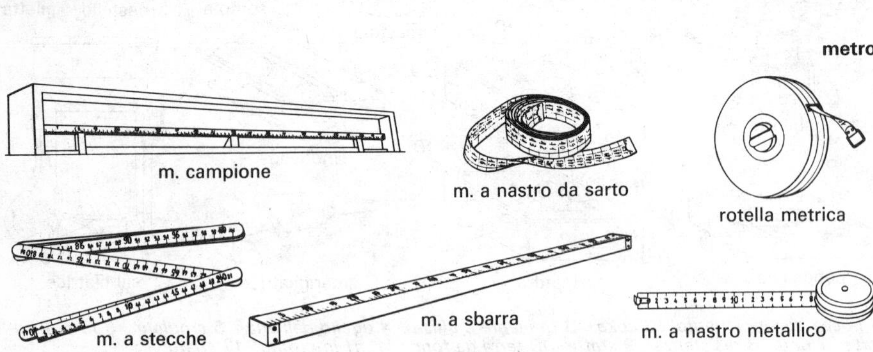

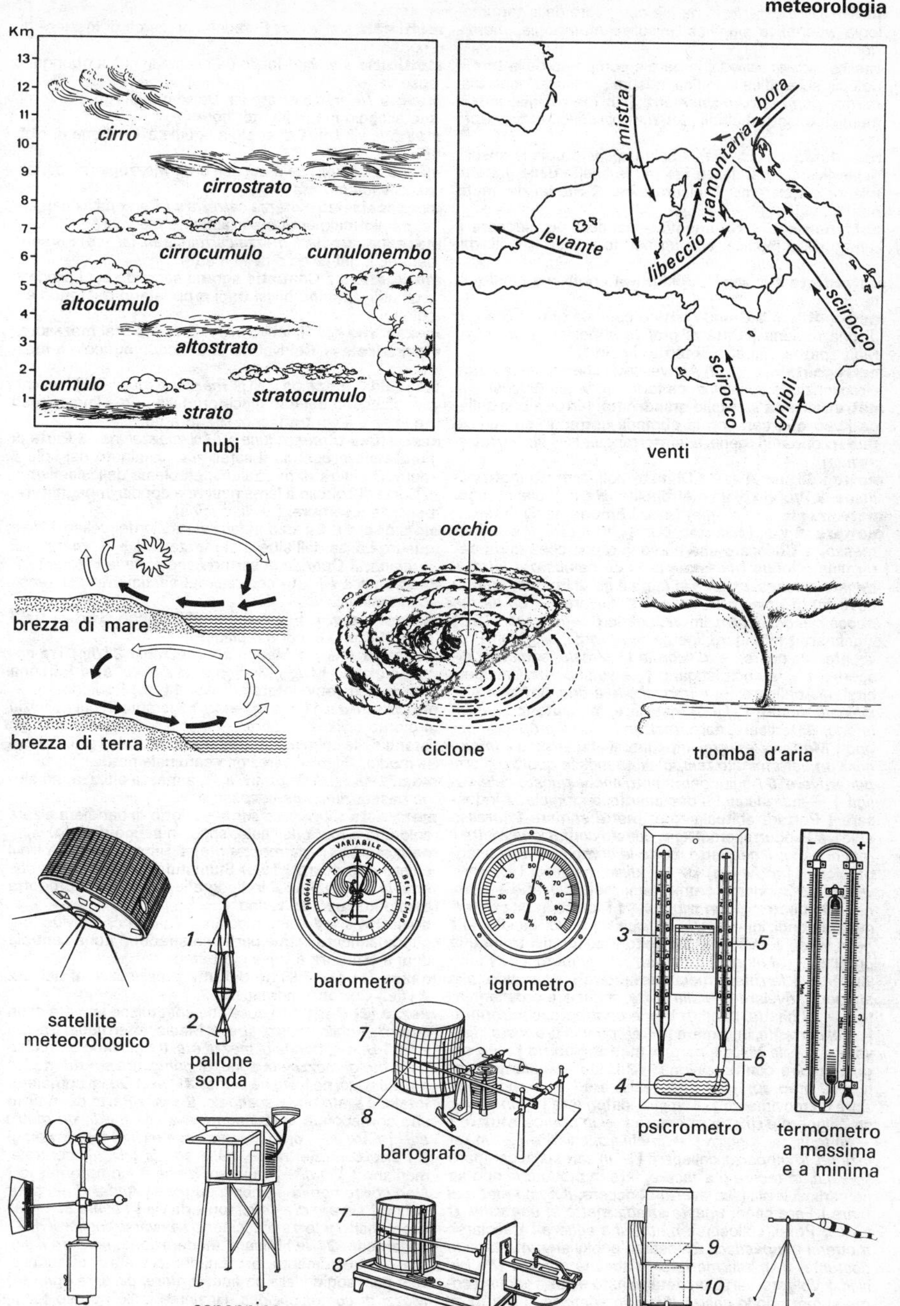

nubi

venti

brezza di mare

brezza di terra

ciclone

tromba d'aria

satellite meteorologico

pallone sonda

barometro

igrometro

psicrometro

termometro a massima e a minima

barografo

anemometro

capannina meteorologica

termografo

pluviometro

manica a vento

1 paracadute 2 radiosonda 3 termometro asciutto 4 vaschetta dell'acqua 5 termometro bagnato 6 garza 7 tamburo rotante 8 penna di registrazione 9 collettore 10 raccoglitore

mètro- *primo elemento*: in parole composte della terminologia scientifica significa 'misura': *metrologia, metronomo.*

-metro *secondo elemento*: in parole composte della terminologia scientifica significa 'misura', 'misurazione': *diametro, perimetro, termometro* | In metrologia, indica multipli e sottomultipli del metro: *chilometro, centimetro.*

metrologìa *s. f.* (*pl. -gìe*) **1** Scienza che studia la misura delle diverse grandezze fisiche, la scelta delle unità di misura e i sistemi di misurazione. **2** Studio dei metri poetici.

metrònomo *s. m.* Strumento a pendolo per segnare il tempo della musica, con un battito udibile. [→ ill. *misure*]

metronòtte *s. m. inv.* Guardia privata notturna negli abitati.

metròpoli *s. f.* **1** Grande città o capitale di uno Stato o di una regione | Città di grande importanza. **2** (*raro*) Madrepatria, rispetto ai territori coloniali.

metropolìta *s. m.* (*pl. -i*) Arcivescovo che presiede a una circoscrizione ecclesiastica formata da più diocesi.

metropolitàna *s. f.* Nelle grandi città, ferrovia che collega i vari quartieri con la periferia correndo su sede e rete propria in genere sotterranea. [→ ill. *ferrovia, strada*]

metropolitàno A *agg.* **1** Di metropoli: *ferrovia metropolitana.* **2** Proprio di un metropolita. **B** *s. m.* Vigile urbano.

metrorragìa *s. f.* (*pl. -gìe*) (*med.*) Emorragia dell'utero.

méttere A *v. tr.* (*pass. rem. io mìsi, tu mettésti; part. pass. mésso*) **1** Collocare una persona o una cosa in un determinato luogo (*anche fig.*): *– un bambino a letto, il denaro in tasca, un'idea in testa a qc.* **2** Posare: *guarda dove metti i piedi!* **3** Conficcare, ficcare: *– un dito in bocca* | *– qc. dentro*, imprigionarlo | *– nel sacco*, (*fig.*) ingannare | Infondere, incutere: *– forza, allegria* | Provocare, insinuare: *– discordia* | *– male*, seminare discordia | *– su qc.*, istigarlo | *– su superbia*, insuperbirsi. **4** Applicare: *– il francobollo a una cartolina* | *– insieme*, riunire | (*fam.*) Installare, impiantare: *– il telefono.* **5** Dedicare, dare: *metterci tutto il proprio impegno* | *Mettercela tutta*, impegnarsi al massimo | *Impiegare un determinato tempo: ci ha messo quattro giorni per arrivare.* **6** Aggiungere: *metti anche questo nella valigia* | *– la firma su un documento*, apporvela. **7** Indossare | Portare abitualmente: *mette sempre lo stesso abito.* **8** Produrre, emettere: *questa confusione mette il mal di capo; il cerbiatto mette le corna* | *– radice*, abbarbicarsi (*anche fig.*) | *– giudizio, cervello*, (*fig.*) ravvedersi. **9** Supporre, ammettere: *metti che abbia ragione.* **10** Imporre: *– un tributo.* **11** Ridurre in una determinata condizione | *– in musica un testo*, musicarlo | *– in versi*, versificare. **12** Unito a sostantivi tramite la prep. *a*: *– al mondo*, generare | *– al muro*, (*fig.*) fucilare | *– a ferro e a fuoco*, devastare | *– a nudo, allo scoperto*, rivelare | *– alla porta*, licenziare bruscamente | *– al bando*, bandire | *– a confronto*, confrontare | *– al corrente*, informare | *– ai voti una proposta*, farla votare | *– la testa a partito*, metter giudizio | *– a segno*, colpire con precisione. **13** Unito a sostantivi tramite la prep. *in*: *– in atto*, realizzare | *– in moto*, iniziare un movimento | *– in giro*, diffondere | *– in croce*, crocifiggere e (*fig.*) tormentare | *– in pratica*, attuare | *– in fuga*, far fuggire | *– in chiaro*, chiarire | *– in relazione, in rapporto*, collegare | *– in campo*, accampare | *– q.c. in tacere o a tacere*, fare in modo che non se ne parli. **B** *v. intr.* (*aus. avere*) Sboccare: *il fiume mette al mare* | Fare capo: *questa strada mette in una valle.* **C** *v. rifl.* **1** Porsi, collocarsi: *mettersi a sedere* | Cacciarsi: *mettersi nei pasticci.* **2** Vestirsi, abbigliarsi: *mettersi in costume.* **3** Unirsi: *mettersi in società con qc.* **D** *v. intr. pron.* **1** Volgersi verso un determinato esito: *vediamo come si mettono le cose* | *Il tempo si mette al brutto, al bello*, peggiora, si rasserena. **2** Seguito da un infinito, iniziare: *mettersi a studiare, si mette a nevicare.* [→ tav. *proverbi* 85, 199, 367; → tav. *locuzioni* 65, 66, 67]

mettifòglio *s. m. inv.* **1** Dispositivo che separa un foglio alla volta dalla pila di carta e lo immette sul cilindro di pressione della macchina da stampa. **2** Operaio che un tempo immetteva a mano i fogli nelle macchine da stampa.

mettimàle *s. m. e f. inv.* Persona che cerca di mettere discordia.

mettitùtto *s. m. inv.* Mobile da cucina in cui si ripongono cose varie.

meublé /*fr.* mœ'ble/ *agg. inv.* Detto di albergo che fornisce alloggio ma non vitto: *hôtel –.*

mèV *s. m. inv.* Unità di energia uguale a 1 milione di elettronvolt.

mèzza *s. f.* (*fam.*) La metà dell'ora | Mezzogiorno e mezzo: *ci vediamo alla –.*

mezzacalzétta o *mèzza calzétta s. f.* Persona fisicamente, intellettualmente o socialmente mediocre.

mezzacartùccia o *mèzza cartùccia s. f.* (*pl. -ce*) Persona dappoco, nel fisico e nella mente.

mezzadrìa *s. f.* Contratto agrario secondo cui i prodotti e gli utili vengono divisi tra il proprietario del fondo e il colono.

mezzadrìle *agg.* Relativo alla mezzadria o al mezzadro.

mezzàdro *s. m.* Coltivatore di un fondo agricolo a mezzadria.

mezzàla o *mezz'àla s. f.* (*pl. mezzàli o mèzze àli*) Nel calcio, ciascuno dei due giocatori della prima linea situati fra le ali e il centrattacco; SIN. Interno.

mezzalùna o *mèzza lùna s. f.* (*pl. mezzelùne*) **1** Parte di Luna visibile quando il satellite è illuminato dal sole a metà. **2** Figura di mezzaluna, emblema dell'islamismo. **3** Sorta di coltello a lama ricurva e doppia impugnatura, per tritare verdure. [→ ill. *cucina*]

mezzàna *s. f.* **1** Terzo albero verticale dei velieri | Vela quadra bassa dell'albero di mezzana. [→ ill. *marina*] **2** Ruffiana. **3** Operaia di sartoria che aiuta la lavorante.

mezzanìa *s. f.* Parte centrale del bastimento nel senso longitudinale.

mezzanìno *s. m.* Piano di un edificio che si trova tra il piano terreno e il primo piano.

mezzàno A *agg.* **1** Medio: *età mezzana.* **2** (*fig.*) Tra nobile e plebeo | (*fig.*) Mediocre. **B** *s. m.* (*f. -a*) **1** Persona che agisce come intermediario. **2** (*est.*) Ruffiano.

mezzanòtte *s. f.* (*pl. mezzenòtti*) **1** Istante in cui ha inizio il giorno civile | *– vera, – media*, rispettivamente gli istanti della culminazione inferiore del Sole vero, del Sole medio. **2** (*raro*) Direzione cardinale nord.

mezz'ària *s. f. Nella loc. avv. a –*, a mezza altezza, né alto né basso: *rimanere sospeso a –.*

mezz'àsta *s. f. Nella loc. avv. a –*, detto di bandiera alzata solo fino a metà dell'asta, spec. in segno di lutto.

mezzatìnta *s. f.* (*pl. mezzetìnte*) **1** Tinta intermedia tra il chiaro e lo scuro | (*fig.*) Sfumatura: *uno scrittore che ama le mezzetinte.* **2** In tipografia, immagine riprodotta mediante l'uso del retino.

mezzerìa *s. f.* **1** Linea mediana. **2** Linea che divide longitudinalmente in due parti una strada. **3** Zona centrale di una struttura a trave o ad arco.

mézzo (1) *agg.* **1** Detto di frutto prossimo a infracidire. **2** (*fig.*) Corrotto moralmente.

mèzzo (2) A *agg.* **1** Di cosa che costituisce la metà di un intero: *– chilo, metro, litro.* **2** Medio, intermedio fra due limiti | *Uomo, donna di mezza età*, tra giovane e vecchio | *Vestito di mezza stagione*, di primavera e autunno | *A mezza voce*, né forte né piano. **3** (*fam.*) Quasi completo, totale: *è stato un – scandalo.* **B** *s. m.* **1** Parte di un tutto che corrisponde esattamente alla sua metà: *un metro e –* | *Fare a –*, dividersi una cosa e (*fig.*) fare insieme. **2** Parte centrale: *nel – della strada* | *Di –*, centrale, mediano | *Via di –*, (*fig.*) soluzione di compromesso | *Non por tempo in –*, non indugiare | *Andar di –*, patir danno | *Levare di – q.c.*, toglierla via | *Levare di – qc.*, allontanarlo a forza o ucciderlo | *Levarsi, togliersi di –*, andarsene. **3** (*fig.*) Misura, moderazione: *serbare il giusto –.* **4** Strumento, procedimento o altro, di cui ci si vale per raggiungere un fine: *tentare, cercare ogni –* | *Mezzi di comunicazione*, l'insieme delle risorse tecniche impiegate per la diffusione di notizie o per lo spostamento da uno ad altro luogo di cose o persone | *Mezzi audiovisivi*, cinema, radio, televisione e sim. | *Mezzi di trasporto*, tutti i veicoli che permettono il trasferimento di persone o cose da un luogo a un altro | *Per – di, a – di*, mediante, con l'aiuto di | *Complemento di –* (*o di – e strumento*), indica con quale strumento si compie l'azione verbale (es. *tagliare con le forbici, spedire per posta, viaggiare in aereo*). ***5*** (*est.*) Dote, capacità: *quell'atleta possiede grandi mezzi.* ***6*** (*fis.*) Sostanza o ambiente in cui avviene un fenomeno. ***7*** Qualunque veicolo da trasporto o da combattimento: — *pubblico* | — *da sbarco*, natante protetto e armato per trasportare truppe e materiali dalle navi alla costa. [→ ill. *marina, vigili del fuoco*] ***8*** *al pl.* Denari, possibilità economiche: *essere privo di mezzi.* ***C*** *avv.* A metà, quasi: *era — morto dallo spavento; una casa — rovinata.* [→ tav. *proverbi* 1, 260, 329, 366, 388]

mezzobùsto o *mèzzo bùsto s. m.* (*pl. mezzibùsti o mèzzi bùsti*) Rappresentazione del corpo umano limitata alla sua parte superiore, dalla cintura in su | (*fig., iron.*) Giornalista televisivo che appare inquadrato sullo schermo della cintola in su.

mezzodì *s. m. inv.* Mezzogiorno.

mezzofondista *s. m. e f.* (*pl. m. -i*) Atleta specialista nelle gare di mezzofondo.

mezzofóndo *s. m.* Gara di corsa di media lunghezza, spec. nell'atletica e nel nuoto | Nel ciclismo, gara in pista dietro motori, di lunghezza non superiore ai cento chilometri.

mezzogiòrno *s. m.* ***1*** Le ore 12 di tempo civile. ***2*** Direzione cardinale sud | Vento da sud. ***3*** Parte di una regione geografica posta a sud | ass. *Il Mezzogiorno*, l'Italia meridionale: *i problemi del Mezzogiorno.*

mèzzo pùnto *s. m.* ***1*** Antico segno grafico. ***2*** Merletto misto eseguito ad ago e fuselli.

mezz'óra o *mezzóra s. f.* ***1*** Metà di un'ora. ***2*** Piccola unità indeterminata di tempo: *ti aspetterò una —.*

mezzosàngue o *mèzzo sàngue s. m. e f. inv.* ***1*** Meticcio di prima generazione. ***2*** Nell'ippica, trottatore che non ha una discendenza da genitori di razza pura.

mezzosopràno o *mèzzo sopràno s. m.* (*pl. mezzosopràni o mèzzi sopràni*) ***1*** Registro di voce femminile che sta tra il soprano e il contralto. ***2*** Cantante che ha tale voce.

mezzotìtolo *s. m.* (*pl. mezzitìtoli*) Occhiello.

mezzùccio *s. m.* Espediente meschino: *ricorrere a mezzucci.*

mi (1) *pron. pers. atono di prima pers. sing.* (formando gruppo con altri pron. atoni si premette a *ci, si, ti*: *non — ci metto; qui — si vuole imbrogliare* | Assume la forma *me* (v.) davanti ai pron. atoni *lo, la, le, li* e alla particella *ne*) ***1*** lo (come compl. ogg., encl. o procl.): *non — ha visto; non potete lasciarmi qui* | Si usa nell'imp. negativo: *non disturbatemi.* ***2*** A me (come compl. di termine): *— ha raccontato delle storie; dammi una mano* | Come dativo etico: *che cosa — avete combinato?* (v. nota d'uso ELISIONE e TRONCAMENTO)

mi (2) *s. m. inv.* (*mus.*) Terza nota della scala in do | Tono, corda o tasto di mi. (v. nota d'uso ACCENTO)

miagolàre ***A*** *v. intr.* (*io miàgolo; aus. avere*) ***1*** Fare miao, miao, detto del gatto. ***2*** (*fig., scherz.*) Lamentarsi. ***3*** (*fig., lett.*) Fischiare, detto di vento o proiettili. ***B*** *v. tr.* (*fig.*) Cantare, recitare o scrivere versi che paiono miagolii.

miagolàta *s. f.* Miagolio lungo e insistente | (*fig.*) Canto, scritto e sim. lamentoso, noioso.

miagolìo *s. m.* Un miagolare continuo e ripetuto (*anche fig.*).

mialgìa *s. f.* (*pl. -gie*) (*med.*) Dolore muscolare.

miào ***A*** *inter.* Riproduce il miagolio del gatto. ***B*** *in funzione di s. m. inv.* Miagolio.

miàsma *s. m.* (*pl. -i*) Malsana esalazione di organismi in putrefazione o di acqua stagnante | (*est.*) Odore fetido e pestilenziale.

miastenìa *s. f.* (*med.*) Affezione caratterizzata da facile esauribilità della capacità contrattile della muscolatura.

miatrofìa *s. f.* (*med.*) Atrofia muscolare.

mica (1) ***A*** *s. f.* (*lett.*) Briciola, minuzzolo, granellino. ***B*** *avv.* (*fam.*) Affatto, per nulla (come raff. di una negazione, spec. posposto al v.): *non è — vero* | Non (senza la negazione): *— lo sapevo; — male questo vino* | Per caso (in espressione interr. o escl.): *non ti sarai — offeso?*

mica (2) *s. f.* Silicato alcalino di varie specie, con sfaldatura molto facile, in lamine semitrasparenti; minerale fondamentale in molte rocce, usato spec. come isolante elettrico.

micascìsto *s. m.* Roccia composta prevalentemente di quarzo e di mica.

mìccia *s. f.* (*pl. -ce*) Cordoncino combustibile che, acceso a un capo, propaga la fiamma, determinando il brillamento di cariche esplosive all'istante voluto. [→ ill. *cava*]

micèlio *s. m.* (*bot.*) Complesso delle ife che costituiscono la parte vegetativa dei funghi.

micèlla *s. f.* (*chim.*) Particella colloidale formata da un aggregato di molecole relativamente piccole.

micenèo ***A*** *agg.* Dell'antica Micene | Relativo alla civiltà che si irradia dall'antica Micene dal XIV all'XI sec. a. C. ***B*** *s. m.* (*f. -a*) Abitante, nativo dell'antica Micene.

micète (1) *s. m.* (*bot.*) Fungo.

micète (2) *s. m.* Scimmia urlatrice arboricola americana, con coda prensile e barba nerissima.

micetologìa *s. f.* (*pl. -gie*) (*bot.*) Micologia.

michelàccio *s. m.* Vagabondo, bighellone | *L'arte, la vita di —*, mangiare, bere e spassarsela.

michétta *s. f.* (*sett.*) Panino rotondo. [→ ill. *pane*]

micidiàle *agg.* Che provoca la morte: *colpo —* | (*est.*) Molto dannoso: *i micidiali effetti del fumo* | Insopportabile: *un caldo —.*

mìcio *s. m.* (*f. -a; pl. f. -cie o -ce*) (*fam.*) Gatto domestico.

micologìa *s. f.* (*pl. -gie*) Ramo della botanica che studia i funghi; SIN. Micetologia.

micòsi *s. f.* Malattia prodotta da funghi parassiti.

micro- *primo elemento*: in parole composte della terminologia scientifica significa 'piccolo', 'che ha sviluppo insufficiente': *microcosmo, microscopio, microeconomia* | Anteposto a un'unità di misura, la divide per un milione: *microampere, microgrammo, micromillimetro.*

microbibliografìa *s. f.* Tecnica della riproduzione di libri, documenti e sim. su microfilm.

micròbico *agg.* (*pl. m. -ci*) Di microbo.

micròbio o *microbo s. m.* Microrganismo capace di determinare malattie infettive.

microbiologìa *s. f.* (*pl. -gie*) Ramo della biologia che studia i microrganismi.

microbiològico *agg.* (*pl. m. -ci*) Della microbiologia.

microbiòlogo *s. m.* (*f. -a; pl. m. -gi*) Studioso di microbiologia.

mìcrobo *s. m.* ***1*** Forma più comune per *microbio*, ricavato dal pl. *microbi.* ***2*** (*fig., spreg.*) Persona meschina e insignificante.

microcalcolatóre *s. m.* (*elettron.*) Elaboratore la cui unità centrale è costituita da un microprocessore.

microcàmera *s. f.* Apparecchio per formati fotografici inferiori al 24x36 mm.

microcefalìa *s. f.* ***1*** Ridotto sviluppo del cranio e dell'encefalo; CONTR. Macrocefalia. ***2*** (*est., scherz.*) Stupidità, mancanza di intelligenza.

microcèfalo *agg.; anche s. m.* (*f. -a*) ***1*** Che (o chi) è affetto da microcefalia; CONTR. Macrocefalo. ***2*** (*est.*) Idiota, stupido.

microclìma *s. m.* La natura del clima considerata nell'immediata vicinanza del suolo e in una zona ristretta; CFR. Macroclima.

micrococco *s. m.* (*pl. -chi*) Batterio a forma di globo.

microcòsmico *agg.* (*pl. m. -ci*) Di microcosmo.

microcòsmo *s. m.* ***1*** Il mondo dell'infinitamente piccolo; CONTR. Macrocosmo. ***2*** (*est.*) L'uomo inteso come una complessità di fenomeni che riassumono in sé l'ordine e la struttura dell'universo. ***3*** Ambito ristretto, particolare, limitato: *vive nel proprio —.*

microeconomìa *s. f.* Analisi del comportamento economico di singoli individui, famiglie o aziende.

microelettrònica *s. f.* Parte dell'elettronica che si occupa della progettazione, della costruzione e delle applicazioni di circuiti elettronici miniaturizzati.

microfilm *s. m. inv.* ***1*** Sistema di ripresa fotografica ravvicinata, su negativo di piccolo formato, di documenti o altri oggetti. ***2*** Bobina di pellicola fotografica contenente fotogrammi di documenti, scritti e sim.

microfilmàre *v. tr.* Riprodurre in microfilm.

micròfono *s. m.* Apparecchio che trasforma l'energia sonora in corrente elettrica modulata in modo da consentire trasmissioni o amplificazioni del suono. [→ ill. *radio, scuola, televisione*]

microfotografìa *s. f.* Immagine fotografica di un oggetto molto piccolo ingrandito per mezzo di un microscopio | La tecnica relativa.

microftàlmo *s. m.* (*med.*) Piccolezza congenita del bulbo oculare.
microlettóre *s. m.* Apparecchio ottico che consente la lettura dei microfilm.
micrometrìa *s. f.* Misurazione per mezzo del micrometro.
micromètrico *agg.* (*pl. m. -ci*) Del micrometro | *Vite micrometrica*: a passo molto fine.
micròmetro *s. m.* Strumento di misura delle lunghezze o spessori di oggetti meccanici, avente come organo misuratore una vite dotata di un manicotto graduato. [→ ill. *meccanica, misure*]
micromotóre *s. m.* Motore di piccola potenza, applicato su biciclette e veicoli similari | (*est.*) Veicolo equipaggiato di tale motore.
micron *s. m. inv.* Unità di misura di lunghezza equivalente a un millesimo di mm. SIMB. µm, µ.
micronizzàre *v. tr.* Ridurre un materiale in particelle minutissime.
microónda *s. f.* Onda elettromagnetica la cui lunghezza varia da 30 a 1 cm, e la cui frequenza da 1000 a 30.000 megacicli/sec.
microprocessóre *s. m.* Unità centrale di elaboratore realizzata gener. in un solo circuito integrato.
microprogrammazióne *s. f.* Realizzazione delle istruzioni per un elaboratore con una concatenazione di istruzioni elementari.
microrganismo *s. m.* (*biol.*) Forma di vita di dimensioni microscopiche.
microscopìa *s. f.* Osservazione e studio eseguiti con il microscopio.
microscòpico *agg.* (*pl. m. -ci*) **1** Del microscopio | Della microscopia. **2** Che ha dimensioni tanto ridotte da essere visibile solo al microscopio: *esseri microscopici* | (*est.*) Che è estremamente piccolo.
microscòpio *s. m.* Strumento ottico atto a fornire immagini ingrandite di oggetti molto piccoli | — *elettronico*, nel quale si utilizzano fasci di elettroni in luogo delle radiazioni luminose e campi magnetici in luogo delle lenti. [→ ill. *ottica*]
microsìsmo *s. m.* Movimento sismico di lievissima entità.
microsismògrafo *s. m.* Apparecchio per la registrazione di microsismi.
microsólco *s. m.* (*pl. -chi*) **1** Solco per incisione fonografica di spessore equivalente a un terzo di quello dell'incisione a 78 giri. **2** (*est.*) Incisione fonografica o disco che utilizza tale tipo di solco.
microsomìa *s. f.* (*med.*) Ridotto sviluppo corporeo.
microspìa *s. f.* Apparecchio elettronico miniaturizzato per intercettazioni telefoniche.
microstòria *s. f.* Tendenza storiografica che privilegia lo studio di fatti minuti della storia umana in ambiti circoscritti.
microtelèfono *s. m.* Componente dell'apparecchio telefonico che consiste in una impugnatura con alle estremità la capsula trasmittente e quella ricevente. [→ ill. *telefonia*]
micròtomo *s. m.* (*biol.*) Strumento tagliente per ottenere sezioni sottilissime di tessuto da sottoporre a esame microscopico.
midi A *in funzione di agg. inv.* Detto di indumento lungo fino al polpaccio: *cappotto, gonna* —. [→ ill. *abbigliamento*] **B** *in funzione di s. f. inv.* Gonna di lunghezza midi. [→ ill. *abbigliamento*]
midólla *s. f.* **1** Parte soffice del pane, contenuta entro la crosta; SIN. Mollica. **2** (*raro*) Midollo.
midollàre *agg.* Del midollo.
midóllo *s. m.* (*pl. midólla, f. o raro midólle,* in senso collettivo e fig.; *raro il pl. midólli, m.*) **1** (*anat.*) Tessuto biancastro di consistenza molle | — *allungato*, porzione del cervello nella parte posteriore del cranio | — *osseo*, sostanza che riempie la cavità delle ossa lunghe e di quelle spugnose | — *spinale*, cordone di sostanza nervosa, contenuto nel canale vertebrale | (*fig.*) *Bagnarsi fino al* —, *alle midolla*, inzupparsi completamente d'acqua | *Penetrare nel* —, *nelle midolla*, (*fig.*) fino in fondo | (*fig.*) *Essere italiano fino al* —, *alle midolla*, in modo totale. [→ ill. *anatomia umana*] **2** (*bot.*) Tessuto di riempimento che costituisce la parte centrale dei fusti e delle radici. [→ ill. *botanica*] **3** La parte interna, più tenera, di un corpo animale o vegetale.
midrìasi *s. f.* (*med.*) Dilatazione della pupilla.
midriàtico *agg.* (*pl. m. -ci*) Detto di farmaco che produce una forte dilatazione della pupilla.
mièle *s. m.* **1** Sostanza dolce, sciropposa o solida, di color cereo, ambrato o brunastro, che le api producono elaborando il nettare tratto dai fiori e da altri succhi dolci delle piante. [→ ill. *ape*] **2** (*fig.*) Dolcezza: *persona tutto* — | *Luna di* —, primo periodo di matrimonio, e (*fig.*) periodo di tempo particolarmente felice.
mielina *s. f.* (*anat.*) Sostanza lipoide che avvolge i cilindrassi delle fibre nervose.
mielite *s. f.* Infiammazione del midollo spinale.
mielografìa *s. f.* Studio radiologico del midollo spinale.
miètere *v. tr.* (*io mièto*) **1** Tagliare il grano o altri cereali. **2** (*fig.*) Stroncare, uccidere: *la peste ha mietuto molte vite.* **3** (*fig.*) Raccogliere, spec. come premio a una fatica: — *una larga massa di consensi.* [→ tav. *proverbi* 77]
mietitóre *s. m.; anche agg.* (*f. -trice*) **1** Chi (o che) miete. **2** (*raro, fig.*) Chi (o che) uccide. [→ tav. *proverbi* 77]
mietitrebbiatrice *s. f.* Macchina che miete e trebbia il grano ed altri cereali. [→ ill. *agricoltura*]
mietitrice *s. f.* **1** Donna che esegue la mietitura. **2** Macchina che esegue il taglio dei culmi dei cereali.
mietitùra *s. f.* **1** Lavoro del mietere. **2** (*est.*) Tempo in cui si miete. **3** (*est.*) Messe raccolta.
migale *s. m.* Grosso ragno nerastro, peloso e velenoso dell'America tropicale. [→ ill. *animali* 4]
migliàccio *s. m.* **1** Sanguinaccio. **2** Castagnaccio.
migliàio *s. m.* (*pl. migliàia, f.*) Complesso, serie di mille, o circa mille, unità | *A migliaia*, in gran quantità.
migliarino *s. m.* — *di palude*, uccelletto comunissimo e stazionario in Italia; si riproduce in vicinanza dell'acqua, ove trova le sue prede, mentre in autunno diventa gregario e granivoro, allontanandosi dall'acqua.
miglio (1) *s. m.* (*pl. mìglia, f.*) Unità di misura itineraria con valori diversi secondo i paesi e i tempi | — *geografico, marino o nautico*, corrispondente a 1852 m | — *terrestre*, corrispondente a 1609,3 m | *Essere lontano un* —, *cento miglia, le mille miglia*, essere lontanissimo (*anche fig.*) | *Si ode lontano un* —, fin da molto lontano.
miglio (2) *s. m.* Pianta erbacea delle Glumiflore con pannocchia di piccolissime spighette, frutti costituiti da granelli rotondi e giallicci che servono come mangime per gli uccelli domestici. [→ ill. *piante* 15]
miglioraménto *s. m.* Cambiamento in meglio, progresso | Opera di miglioramento.
miglioràre A *v. tr.* (*io miglióro*) Rendere migliore; SIN. Affinare. **B** *v. intr.* (*aus. essere, raro avere* e solo se riferito a persona) **1** Avvantaggiarsi in q.c., star meglio in salute: *l'ammalato migliora.* **2** Diventare migliore: *la situazione sta migliorando.* • CONTR. Peggiorare.
migliorativo *agg.* Atto a far migliorare.
miglióre A *agg.* (*compar. di buono*) **1** Più buono: *è il miglior uomo del mondo* | Di animo più virtuoso | Di più alto ingegno, di maggiori capacità e sim.; CONTR. Peggiore. **2** Più utile, vantaggioso, proficuo, comodo: *adottare il sistema* —. **3** Più lieto, meno disagiato: *sacrificarsi per un avvenire* —. **B** *s. m. e f.* Chi è il più buono, il più stimato e sim., di tutti. [→ tav. *proverbi* 226]
migliorìa *s. f.* Ogni miglioramento apportato a fondi, edifici, installazioni e sim.
mignàtta *s. f.* **1** (*zool.*) Sanguisuga. **2** (*fig.*) Persona noiosa o importuna. **3** (*fig., spreg.*) Usuraio.
mignolo *s. m.* Il quinto e più piccolo dito della mano e del piede.
mignon /fr. miˈɲɔ̃/ *agg. inv.* Ridotto per dimensioni o formato: *lampadine* —. [→ ill. *illuminazione*]
mignòtta *s. f.* (*volg., centr.*) Prostituta.
migràre *v. intr.* (*aus. essere*) Abbandonare il proprio luogo d'origine per stabilirsi altrove.
migratóre *s. m.; anche agg.* (*f. -trice*) Chi (o che) migra: *uccelli migratori.*
migratòrio *agg.* Di migrazione | Dell'emigrazione.
migrazióne *s. f.* **1** Spostamento di popoli o gruppi. **2** (*zool.*) Spostamento periodico compiuto da molte specie animali.
mila *agg. num. card. inv.* In composizione con i numeri sem-

plici interi cardinali, forma la serie delle migliaia: *duemila, ventimila* | (*fam.*) Migliaia: *gliel'ho detto non so quante – volte.*

milanése *agg.; anche s. m. e f.* Di Milano | *Alla* –, (*ell.*) secondo l'uso dei milanesi: *cotoletta alla* –.

milanìsta *agg.; anche s. m. e f.* (*pl. m. -i*) Detto di chi è tifoso della squadra di calcio del Milan.

miliardàrio *agg.; anche s. m.* (*f. -a*) Che (o chi) dispone di ricchezze che raggiungono o superano il miliardo.

miliàrdo [1.000.000.000 nella numerazione araba] *s. m.* **1** Mille volte un milione, mille milioni. **2** (*fam.*) Somma di denaro corrispondente a un miliardo di lire.

miliàre *agg.* Di colonna o pietra posta ai bordi delle strade, che indica il chilometraggio e le distanze | *Pietra, colonna* –, (*fig.*) avvenimento di grande importanza.

milieu /*fr.* mi'ljø/ *s. m. inv.* (*pl. fr. milieux* /mi'ljø/) Ambiente, ambito spec. sotto il profilo sociale, culturale e sim.

milionàrio *agg.; anche s. m.* (*f. -a*) Che (o chi) dispone di ricchezze che raggiungono o superano il milione o diversi milioni | (*est.*) Molto ricco.

milióne [1.000.000 nella numerazione araba, |X̄| in quella romana] *s. m.* **1** Mille volte un migliaio, mille migliaia. **2** (*est.*) Grande quantità: *un – di scuse.* **3** (*fam.*) Somma di denaro corrispondente a un milione di lire.

militànte **A** *part. pres. di militare* (1); *anche agg.* Che milita | *Chiesa* –, costituita dai fedeli che sono nel mondo | *Critico* –, che partecipa attivamente alla problematica artistica contemporanea. **B** *s. m. e f.* Chi partecipa attivamente a un'organizzazione, un partito e sim.

militànza *s. f.* Partecipazione attiva a un'organizzazione, a un movimento d'idee e sim. | Attivismo politico nelle file di un partito o di un movimento.

militàre (1) *v. intr.* (*io milito; aus. avere*) **1** Essere iscritto alla milizia: – *nell'esercito.* **2** (*fig.*) Aderire attivamente: – *nelle fila di un partito.* **3** (*fig.*) Essere di valido appoggio, aiuto: *diversi argomenti militano a favore della nostra tesi.*

militàre (2) **A** *agg.* Relativo alla milizia, ai soldati e alle forze armate. [→ ill. *copricapo, uniforme militare*] **B** *s. m.* Chi presta servizio militare.

militarésco *agg.* (*pl. m. -schi*) Da militare, da caserma | (*est.*) Brusco e autoritario: *tono* –.

militarişmo *s. m.* Preponderanza dei militari e dello spirito militare nella vita di uno Stato.

militarista *s. m. e f.; anche agg.* (*pl. m. -i*) Sostenitore del militarismo.

militaristico *agg.* (*pl. m. -ci*) Del militarismo.

militarizẓàre *v. tr.* (*io militarizẓo*) **1** Sottoporre a disciplina militare, per ragioni di guerra: – *i ferrovieri.* **2** Fortificare per esigenze belliche: – *una costa.*

militarizẓazióne *s. f.* **1** Adeguamento alla disciplina, a esigenze e sistemi di tipo militare. **2** Fortificazione, rinforzamento di una zona e sim. per fini bellici.

militarménte *avv.* Secondo l'uso militare | Con le armi: *occupare – un paese* | (*est.*) Con rigida disciplina.

militassòlto *agg.; anche s. m.* (*bur.*) Detto di chi ha già adempiuto i propri obblighi militari.

milite *s. m.* **1** Soldato | – *Ignoto*, soldato non identificato la cui salma riposa nell'Altare della Patria a Roma quale simbolo di tutti i caduti in guerra. **2** Membro di corpo o associazione di tipo militare: *i militi della Croce Rossa.* **3** (*fig.*) Chi lotta attivamente in favore di q.c.: *un – della scienza.*

militeşènte *agg.; anche s. m.* (*bur., evit.*) Detto di chi è libero da obblighi militari.

milìzia *s. f.* **1** Esercizio del mestiere delle armi | Vita militare. **2** Servizio svolto con impegno e rigore: *sobbarcarsi a una dura* –. **3** *spec. al pl.* Istituzioni militari, eserciti, truppe, spec. del passato. **4** *La – di Cristo*, la Chiesa militante | *La – angelica*, l'insieme degli angeli.

millantàre **A** *v. tr.* Vantare esageratamente: – *la propria abilità.* **B** *v. intr. pron.* Gloriarsi, vantarsi.

millantàto *part. pass. di millantare; anche agg.* Vantato esageratamente | (*dir.*) – *credito*, illecito penale di chi ottiene un utile vantando un'influenza presso un pubblico ufficiale.

millantatóre *s. m.; anche agg.* (*f. -trice*) Smargiasso, spaccone; SIN. Fanfarone, vanaglorioso.

millanterìa *s. f.* Esagerata vanteria | (*per est.*) Ciò che si decanta esageratamente; SIN. Fanfaronata, iattanza, vanagloria.

mille [1000 nella numerazione araba, M in quella romana] **A** *agg. num. card. inv.* **1** Indica una quantità composta di dieci centinaia di unità (*spec. preposto a un s.*) | *A – a –, di – in –*, mille per volta. **2** (*est.*) Moltissimi: – *grazie*; – *auguri* | *Farsi, diventare di – colori*, (*fig.*) per esprimere imbarazzo, agitazione | Con valore approssimativo, anche preceduto dall'art. indef. 'un': *ci saranno state – persone*; *costerà un – lire.* **B** *s. m.* Il numero mille e il segno che lo rappresenta | *Il Mille*, il sec. XI, l'anno mille dell'era cristiana | *I Mille*, i circa mille garibaldini che sollevarono la Sicilia contro il governo dei Borboni.

millefióri *s. m.* Liquore formato di essenze distillate da vari fiori.

millefòglie *s. m. inv.* Torta di pasta sfoglia a più strati inframmezzati con crema.

millefòglio *s. m.* (*bot.*) Achillea.

millenàrio **A** *agg.* **1** Che ha mille anni o più millenni, detto di cose: *dominio* –. **2** Che ricorre ogni mille anni: *feste millenarie.* **B** *s. m.* Ricorrenza del millesimo anniversario di un avvenimento importante.

millènne *agg.* **1** (*raro*) Che ha mille anni, detto di cosa. **2** Che dura mille anni.

millènnio *s. m.* Spazio di tempo di mille anni.

millepièdi *s. m.* Animale dei Miriapodi, con corpo allungato, vermiforme, e tegumento scuro e lucido; comune nei luoghi umidi, terrosi o poco illuminati. [→ ill. *animali* 4]

millèşimo **A** *agg. num. ord.* Che corrisponde al numero mille in una sequenza. **B** *s. m.* **1** Ciascuna delle mille parti uguali di una stessa quantità. **2** Anno, data, secondo l'era volgare: *il 1917 è il – della rivoluzione sovietica.*

milli- *primo elemento*: anteposto a un'unità di misura, la divide per mille: *milliampere, millibar, milligrammo, millimicron*; SIMB. m.

millimetràre *v. tr.* (*io millimetro*) Suddividere in millimetri.

millimetràto *part. pass. di millimetrare; anche agg.* Diviso in millimetri | *Carta millimetrata*, tipo di carta da disegno che reca stampato un reticolo di linee distanziate di un millimetro l'una dall'altra.

millimètrico *agg.* (*pl. m. -ci*) **1** Di millimetro | Diviso in millimetri. **2** (*est., fig.*) Estremamente preciso: *controllo* – | Di misura: *sorpasso* –.

millìmetro *s. m.* Millesima parte del metro. SIMB. mm.

milonite *s. f.* Roccia dura, vetrosa, formata da fenomeni di deformazione o frantumazione di rocce causati da movimenti tettonici.

milòrd /*ingl.* mi'lɔ:/ *s. m. inv.* **1** Lord, spec. in frasi appellative. **2** (*fig., pop.*) Persona di ricercata eleganza.

milza *s. f.* (*anat.*) Organo addominale contenuto nella parte alta, a sinistra della cavità peritoneale, che produce leucociti e linfociti e svolge altre funzioni.

mimàre **A** *v. tr.* Esprime q.c. con gesti e atteggiamenti del viso, senza parole: – *una scena.* **B** *v. intr.* (*aus. avere*) Fare il mimo.

mimeògrafo *s. m.* Apparecchio per riprodurre scritti, disegni e sim. ottenuti su carta paraffinata da una punta tagliente.

mimèşi *s. f.* Imitazione.

mimètico *agg.* (*pl. m. -ci*) **1** Dell'imitazione. **2** Che mimetizza o si mimetizza: *tuta mimetica.* [→ ill. *uniforme militare*]

mimetişmo *s. m.* **1** (*zool.*) Fenomeno per cui alcuni animali assumono aspetto o colori tali da confondersi con l'ambiente in cui vivono; SIN. Omocromia. **2** (*fig.*) Capacità di mutare il proprio atteggiamento in modo da assimilarsi all'ambiente sociale circostante: – *politico, ideologico.*

mimetizẓàre **A** *v. tr.* Mascherare q.c. confondendola nel colore e nella forma con l'ambiente circostante, spec. per necessità di difesa: – *trincee.* **B** *v. rifl.* **1** Detto di soldati, mascherarsi per necessità di difesa militare. **2** Detto di animali e piante, partecipare al fenomeno del mimetismo. **3** (*fig.*) Adeguarsi all'ambiente in cui si vive.

mimetizẓazióne *s. f.* **1** Mascheramento atto a confondere qc. o q.c. con l'ambiente circostante, spec. per scopi militari. **2** Partecipazione a un processo di mimetismo: — *degli animali, delle piante.* **3** (*fig.*) Adeguamento all'ambiente.

mìmica *s. f.* **1** Maniera di accompagnare con gesti espressivi il discorso o di esprimere con segni il proprio pensiero. **2** Arte di esprimere sulla scena una gamma di sentimenti mediante gesti e movimenti appropriati del corpo.

mìmico *agg.* (*pl. m. -ci*) Che si esprime coi gesti, coi segni.

mìmo *s. m.* **1** Attore che interpreta azioni sceniche mimate. **2** (*letter.*) Componimento che rappresenta al vivo scene di vita quotidiana, tipico del mondo greco e latino.

mimósa *s. f.* Arbusto delle Rosali, spinoso, con foglie pennate, fiori rossi o violetti, frutti a legume | Infiorescenza di piccoli capolini gialli e rotondi di alcune acacie. [→ ill. *piante* 9]

Mimosàcee *s. f. pl.* Famiglia di piante arboree o arbustive delle Rosali, spesso spinose, con foglie pennate, frutto a legume, infiorescenze per lo più a capolino. [→ ill. *piante* 9]

mina (1) *s. f.* **1** Cunicolo sotterraneo in cui vengono fatte esplodere cariche di esplosivo. **2** Ordigno d'uso militare costituito da un corpo esplosivo e da un congegno di accensione azionato con vari sistemi: — *terrestre, marina.* [→ ill. *armi*] **3** Carica esplosiva disposta in una cavità praticata in una roccia, per abbatterla. **4** Sottile cilindro di grafite incorporato nella matita per scrivere.

mìna (2) *s. f.* Unità ponderale greca di diverso peso secondo i sistemi.

minàccia *s. f.* (*pl. -ce*) **1** Atto compiuto per incutere timore o discorso fatto per spaventare; SIN. Intimidazione. **2** (*fig.*) Pericolo di un male futuro: *c'è — di inondazione.*

minacciàre *v. tr.* (*io minàccio*) **1** Spaventare o intimidire qc. con minacce: *l'hanno minacciato di morte.* **2** Mettere in pericolo: *la tempesta minaccia tutte le regioni.* **3** Preannunziare il verificarsi di una cosa temuta o non desiderata: *la casa minaccia di cadere.*

minaccióso *agg.* **1** Carico di minaccia: *sguardo —.* **2** Che costituisce un grave pericolo: *tempesta minacciosa.* **3** (*fig.*) Che sovrasta con imponenza e grandiosità: *roccia minacciosa.*

minàre *v. tr.* **1** Eseguire mine in rocce, opere murarie e sim. **2** Corredare di mine un terreno, un tratto di mare e sim. **3** (*fig.*) Distruggere poco a poco: *un vizio che mina la salute.*

minaréto *s. m.* Torre annessa alla moschea, dalla quale il muezzin chiama i fedeli islamici alla preghiera. [→ ill. *religione*]

minatóre *s. m.* Chi lavora nelle miniere.

minatòrio *agg.* Di minaccia.

minchionàggine *s. f.* L'essere minchione | Atto da minchione.

minchionàre *v. tr.* (*io minchióno*) Canzonare, prendere in giro.

minchióne **A** *s. m.* (*f. -a*) Chi è troppo ingenuo e sciocco. **B** *anche agg.* • SIN. Gonzo, semplicione.

minchionerìa *s. f.* **1** Stupidità, dabbenaggine. **2** Azione, comportamento da minchione.

mineràle **A** *s. m.* Composto di origine naturale, presente nella crosta terrestre, generalmente solido. [→ ill. *metallurgia, miniera*] **B** *agg.* Che ha natura di minerale o ne contiene: *sale —* | *Acqua —*, contenente sali in proporzione superiore allo 0,5%. **C** *s. f.* (*fam., ell.*) Acqua minerale | Bottiglia di acqua minerale: *una mezza —.*

mineralizzàre **A** *v. tr.* (*io mineralizzo*) Convertire in minerale. **B** *v. intr. pron.* Trasformarsi in minerale.

mineralizzazióne *s. f.* Trasformazione in minerale | Arricchimento con sostanze minerali.

mineralogia *s. f.* (*pl. -gìe*) Scienza che studia i minerali nella loro costituzione fisica e chimica.

mineralògico *agg.* (*pl. m. -ci*) Che riguarda i minerali o la mineralogia.

mineràrio *agg.* Delle miniere, dei minerali. [→ ill. *miniera*]

minerogènesi *s. f.* Formazione e sviluppo dei minerali.

minèrva *s. m. pl.* Tipo di fiammiferi di sicurezza, con capocchia senza fosforo, intagliati su più file racchiuse in una bustina di cartone. [→ ill. *fumatore*]

minèstra *s. f.* **1** Vivanda di riso o pasta, in brodo con verdura e legumi o cotta in acqua, scolata e condita | (*est.*) Primo piatto | — *riscaldata*, (*fig.*) cosa ormai trascorsa che si vuol fare rivivere. **2** (*fig.*) Faccenda, operazione | *È sempre la solita —*, la solita storia | *È tutta un'altra —*, è tutt'altra cosa. [→ tav. *proverbi* 317]

minestrìna *s. f.* Minestra in brodo, leggera.

minestróne *s. m.* **1** Minestra di riso o pasta con verdure varie. **2** (*fig.*) Strano miscuglio di cose simili o eterogenee.

mìngere *v. intr.* (*pres. io mingo, tu mingi; pass. rem. io minsi; non usati il part. pass. e i tempi composti*) Orinare.

mingherlìno *agg.* Esile, gracile.

mìni **A** *in funzione di agg. inv.* Detto di indumento molto corto: *cappotto, gonna —.* **B** *in funzione di s. f. inv. Acrt. di minigonna.* [→ ill. *abbigliamento*]

mìni- *primo elemento:* in parole composte fa riferimento a dimensioni piccole o ridotte al minimo: *miniappartamento, minibus, minigonna.*

miniàre *v. tr.* (*io mìnio*) **1** Trattare con la tecnica della miniatura. **2** (*est.*) Scrivere o descrivere q.c. in modo esatto e con grazia: — *un paesaggio.* **3** (*fig.*) Realizzare q.c. con estrema precisione e minuzia.

miniatóre *s. m.* (*f. -trìce*) Chi esegue miniature.

miniatùra *s. f.* **1** Genere di pittura per illustrare codici pergamenacei eseguita col minio e altri colori vivaci. **2** (*est.*) Dipinto in piccole dimensioni per ritratto e decorazione | *In —*, in proporzioni ridotte. **3** (*fig.*) Lavoro compiuto con grande precisione, ricchezza di particolari e finezza.

miniaturìsta *s. m. e f.* (*pl. m. -ci*) Chi dipinge miniature.

miniaturizzàre *v. tr.* (*elettron.*) Sottoporre a miniaturizzazione.

miniaturizzazióne *s. f.* (*elettron.*) Tecnica che, avvalendosi dei dispositivi a semiconduttori, mira a ridurre lo spazio occupato dai singoli componenti di un circuito.

minièra *s. f.* **1** Insieme di un giacimento di minerali e delle opere realizzate per sfruttarlo. [→ ill. *miniera*] **2** (*fig.*) Fonte copiosa: *una — di notizie.*

minigòlf *s. m. inv.* Gioco simile al golf, su una pista di ridotte dimensioni.

minigónna *s. f.* Gonna corta che termina, più o meno abbondantemente, sopra al ginocchio.

mìnima *s. f.* **1** Figura di nota corrispondente a metà della semibreve. **2** Grado minimo di temperatura, pressione barometrica e sim.; CONTR. Massima. [→ ill. *meteorologia*]

minimàssimo *s. m.* (*mat.*) Minimo tra i valori massimi di una funzione.

minimax /'minimaks/ *s. m. inv.* (*mat.*) Minimassimo.

minimizzàre *v. tr.* Ridurre q.c. al minimo | Far apparire q.c. di scarso rilievo: — *l'incidente.*

mìnimo **A** *agg.* (*sup. di piccolo*) **1** Estremamente piccolo: *la distanza è minima* | Il più piccolo: *ottenere il massimo risultato con il — sforzo*; CONTR. Massimo. **2** (*raro*) Umilissimo | *Frati minimi*, quelli dell'ordine francescano istituito da S. Francesco di Paola nel XV sec. **B** *s. m.* **1** La parte più piccola, il grado più ridotto | Cosa o quantità più piccola possibile: *non ha un — di riconoscenza* | *Al —*, il meno possibile, al meno; CONTR. Massimo. **2** In un motore a combustione interna, il più basso limite di giri: *regolare il —.*

minimósca *s. m. inv.* In taluni sport del combattimento, categoria di atleti di peso non superiore ai 48 kg.

mìnio *s. m.* Ossido salino di piombo, rosso vivo, usato per vernici antiruggine.

ministeriàle *agg.* **1** Di ministro o di ministero. **2** (*est.*) Governativo: *crisi —.*

ministèro *s. m.* **1** Compito o ufficio socialmente e moralmente elevato: *il — dell'educatore.* **2** Complesso organizzato di funzionari, diretto da un ministro, che presiede a una branca della pubblica amministrazione. **3** (*est.*) Complesso degli organi costituenti il governo dello stato: *il — De Gasperi.* **4** Sede del ministro: *recarsi al —.* **5** *al pl.* (*relig.*) Denominazione degli ordini minori dopo il Concilio Ecumenico Vaticano Secondo. **6** *Pubblico Ministero*, organo giudiziario che nei processi tutela l'esatta applicazione della legge. [→ ill. *giustizia*]

ministràre *v. tr.* (*lett.*) Somministrare (*anche fig.*).

minìstro *s. m.* (*f. -a o -éssa;* V. nota d'uso FEMMINILE) **1** Membro del governo: *consiglio dei ministri*; — *dell'in-*

terno | *Primo* –, capo del governo. **2** Chi amministra i sacramenti | – *di Dio*, – *evangelico*, – *della Cresima*, il Vescovo. **3** (*fig.*) Chi agisce come difensore e divulgatore di un ideale, di un principio e sim.: – *di pace*.

minòico *agg.* (*pl. m.* -*ci*) Relativo alla civiltà che ebbe come centro Creta, fiorita tra l'inizio del terzo millennio e il XV sec. a.C. | Proprio di Minosse, mitico re di Creta.

minorànza *s. f.* **1** Gruppo meno numeroso di persone o cose | – *parlamentare*, insieme dei parlamentari di opposizione esponenti dei partiti che nelle elezioni hanno ottenuto un minor numero di voti | Inferiorità numerica: *essere, trovarsi in* –; CONTR. Maggioranza. **2** Complesso dei cittadini di uno Stato che si differenziano dalla maggioranza per razza, lingua, religione o sim.: *minoranze etniche, linguistiche*.

minoràre *v. tr.* (*io minòro*) (*raro*) Rendere minore.

minoràsco *s. m.* (*pl.* -*schi*) (*dir.*) Anticamente, sistema successorio basato sulla preferenza dell'ultimogenito nell'acquisto del patrimonio ereditario.

minoràto *part. pass. di minorare; anche agg. e s. m.* (*f.* -*a*) Che (o chi) è totalmente o parzialmente privo delle facoltà corporee o intellettive.

minorazióne *s. f.* **1** Riduzione, scadimento. **2** Diminuzione o perdita delle facoltà corporee o intellettuali.

minóre **A** *agg.* (*compar. di piccolo*) **1** Più piccolo quanto ad ampiezza, estensione, intensità, altezza e sim.: *il mio giardino è* – *del tuo*. **2** Di importanza secondaria, di rilevanza ridotta: *gli scrittori minori del XVIII secolo* | *Dante* –, l'insieme delle sue opere meno importanti | *Opere minori*, rispetto a quelle di maggior mole e fama di un determinato autore | *Edizione* –, quella in cui sono state omesse le parti non essenziali | *Ordini minori*, nella gerarchia sacerdotale cattolica, ostiariato, lettorato, esorcistato, accolitato | *Frati minori*, appartenenti all'ordine creato da S. Francesco d'Assisi. **3** Di grado inferiore | (*est.*) Meno grave: *il danno è stato* – *del previsto*. **4** Più giovane di età: *sorella* –. ● CONTR. Maggiore. **B** *s. m. e f.* **1** Chi è più giovane di età rispetto ad altri. **2** (*dir.*) Minorenne.

minorènne **A** *s. m. e f.* (*dir.*) Chi non ha ancora acquisito, per la minore età, la capacità giuridica di agire. **B** *anche agg.*

minorìle *agg.* Dei minorenni: *delinquenza* –.

minorità *s. f.* **1** L'età minorile. **2** (*raro*) Minoranza.

miniera

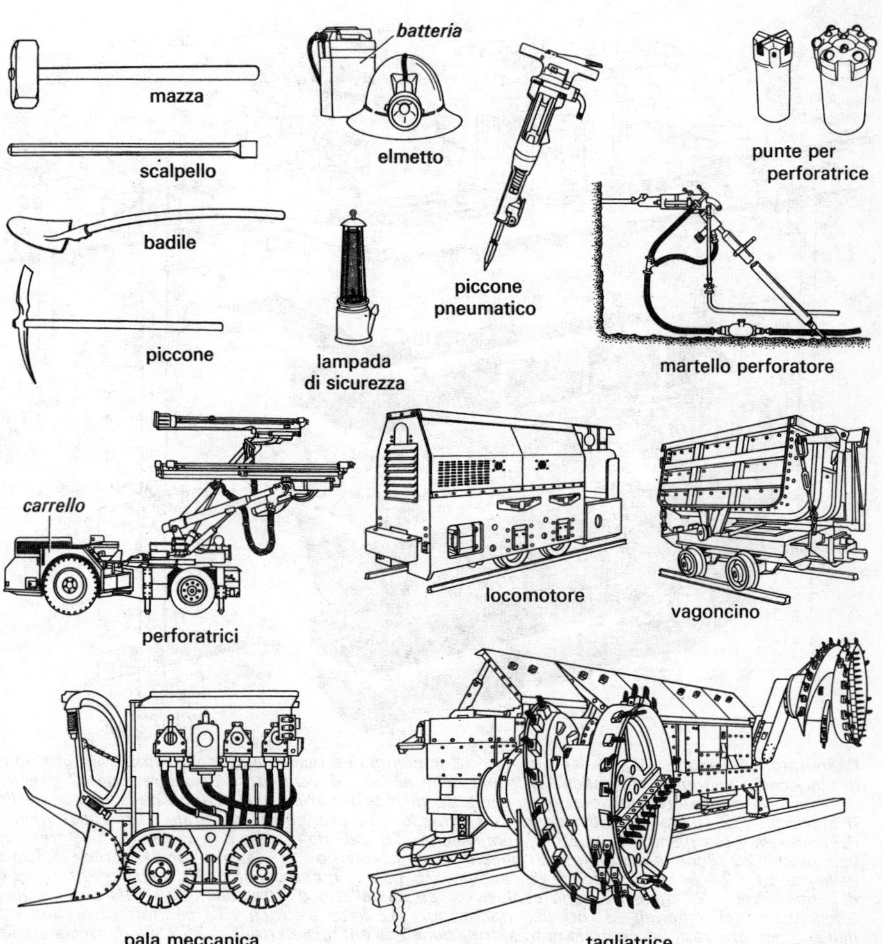

➔

minoritàrio *agg.* Della minoranza: *voto* –.

minuèndo *s. m.* (*mat.*) Primo termine della sottrazione da cui va sottratto il sottraendo.

minuétto *s. m.* Raffinata danza francese dei secc. XVI-XVII, a movimento moderato e ritmo ternario, ballata a passi brevi.

minùgia *s. f.* (*pl. minùgia o minùgie o minùge*) **1** *spec. al pl.* Budelle, interiora. **2** Budella di ovini, per corde di strumenti musicali.

minùscola *s. f.* Lettera o carattere minuscolo dell'alfabeto.

minùscolo **A** *agg.* **1** Detto di scrittura o carattere che abbia il corpo delle lettere alfabetiche compreso entro due linee parallele e le aste prolungate al di sopra e al di sotto di esse; CONTR. Maiuscolo. **2** Molto piccolo: *casetta minuscola.* **B** *s. m.* Carattere minuscolo.

minùta *s. f.* Stesura iniziale di uno scritto | Brutta copia.

minutàglia *s. f.* Quantità di cose minute e inutili.

minutaménte *avv.* **1** A pezzetti. **2** (*fig.*) In modo particolareggiato: *narrare q.c.* –.

minutànte *s. m. e f.* Chi ha l'incarico di stendere le minute | – *pontificio*, funzionario degli organi della curia.

minuterìa *s. f.* Piccoli oggetti ornamentali di lavorazione minuta. [→ ill. *magazzinaggio*]

minutézza *s. f.* Piccolezza.

minùto (1) **A** *agg.* **1** Piccolo, esiguo: *granelli minuti* | *Pesce* –, pesciolini | *Denaro* –, spicciolo. **2** (*est.*) Gracile, mingherlino: *ossatura minuta.* **3** (*fig.*) Di poca importanza: *spesa minuta.* **4** (*fig.*) Di bassa condizione: *gente minuta* | *Popolo* –, nella Firenze medievale, gli artigiani minori. **5** (*fig.*) Curato nei minimi particolari, pieno di precisione e minuzia: *relazione minuta.* **B** *s. m.* **1** Parte minuta | *Al* –, in piccola quantità, al dettaglio: *comprare, vendere al* –. **2** Inezia, sottigliezza | *Guardare per il* –, per il sottile.

minùto (2) *s. m.* **1** Unità di misura di tempo, corrispondente a sessanta secondi e a un sessantesimo di ora | – *primo*, minuto | – *secondo*, sessantesima parte del minuto primo | (*fig.*) *Spaccare il* –, essere puntualissimo | *Contare i minuti*, (*fig.*) essere molto impaziente. SIMB. ^{m} o ′ (es. 5^{m} o 5′). [→ ill. *orologio*] **2** (*fig.*) Momento, istante: *sarò lì fra pochi minuti* | *In un* –, in poco tempo | *Avere i minuti contati*, avere molta fretta o essere in punto di morte. **3** Unità di misura di angolo, cor-

miniera

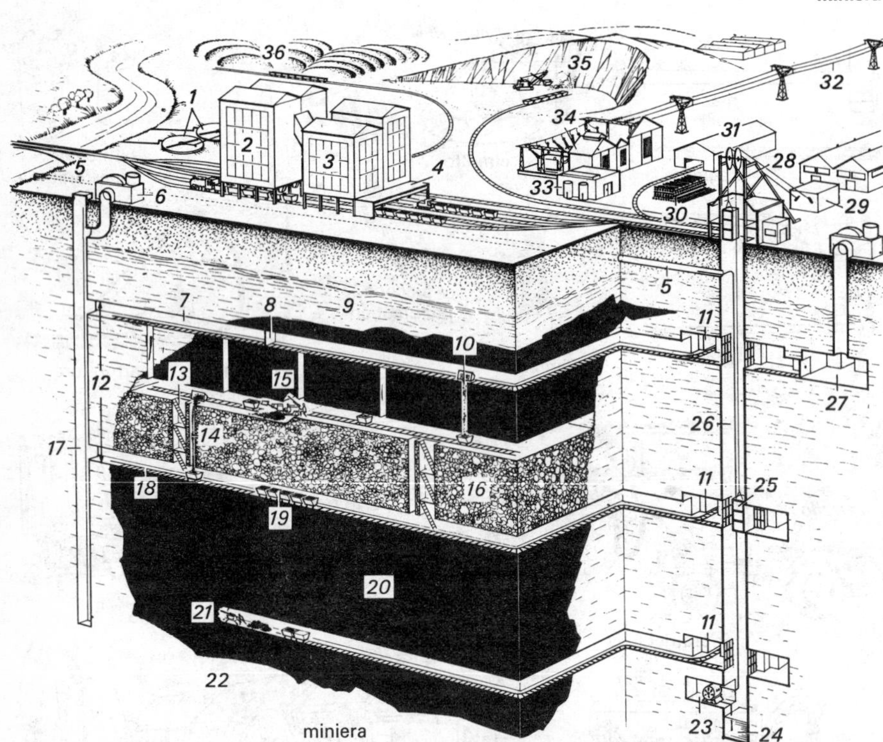

miniera

1 depuratori dell'acqua 2 silo del minerale 3 impianto di arricchimento del minerale 4 impianto di scarico dei vagonetti 5 galleria di scolo delle acque 6 ventilatore di aspirazione 7 galleria di testa 8 regolatore dell'aerazione 9 tetto di roccia sterile 10 scarico della roccia sterile 11 stazione 12 livello in coltivazione 13 fornello 14 scarico del minerale 15 abbattimento del minerale 16 ripiena 17 pozzo di ventilazione 18 galleria di base e di carreggio 19 treno di vagonetti 20 filone di minerale 21 galleria di avanzamento 22 letto di roccia sterile 23 sala delle pompe 24 pozzo di raccolta dell'acqua 25 gabbia montacarichi 26 pozzo d'estrazione e di ventilazione 27 deposito degli esplosivi 28 castelletto d'estrazione 29 sala degli argani 30 deposito dei materiali 31 officina riparazioni 32 linea elettrica 33 centrale di produzione dell'aria compressa 34 centrale di trasformazione dell'energia elettrica 35 cava di roccia sterile 36 discarica

←

rispondente a un sessantesimo di grado. SIMB. ′ (es. *15′*).

minùzia *s. f.* Particolare minimo e trascurabile; SIN. Nonnulla, quisquilia.

minuziosità *s. f.* L'essere minuzioso.

minuzióso *agg.* **1** Che cura le minuzie, i particolari anche minimi. **2** Fatto con la massima diligenza e scrupolosità. • SIN. Meticoloso.

minùzzolo *s. m.* Pezzettino: *minuzzoli di pane.*

minzióne *s. f.* L'atto dell'orinare.

mìo ***A*** *agg. poss. di prima pers. sing.* (*f.* *mìa*; *pl. m.* *mièi*; *pl. f.* *mìe*; *pop.*, *tosc.* troncato in *mi'* per tutti i generi e numeri) **1** Che appartiene a me (indica proprietà, possesso): *questa è la mia casa*; *qui tengo i miei libri.* **2** Che mi è peculiare (indica appartenenza con riferimento al proprio essere fisico o spirituale): *il — corpo*; *la mia voce*; *i miei pensieri.* **3** Di me (indica relazioni di parentela, amicizia, conoscenza e sim.; quando indica relazione di parentela, respinge l'art. det. se il s. che segue l'agg. poss. è sing., non alterato e non accompagnato da attributi o opposizioni; fanno eccezione i s. 'mamma', 'babbo', 'nonno', 'nonna', 'figliolo', 'figliola' che possono anche essere preceduti dall'art. det.): *— padre*; *i miei figli*; *la mia patria*; *la mia nonna*; *i miei amici.* **4** (*fam.*) Che mi è abituale, consueto: *non rinuncio alla mia passeggiata*; *dormo bene solo nel — letto.* ***B*** *pron. poss. di prima pers. sing.* **1** Quello che mi appartiene, che mi è proprio o peculiare (sempre preceduto dall'art. det.): *il suo appartamento è meglio del —*; *la tua volontà è anche la mia.* **2** ass. Con ellissi del s., in alcune espressioni proprie del linguaggio fam., ciò che mi appartiene | *Mi accontento del —*, di ciò che ho | *Voglio anch'io dire la mia*, la mia opinione. **3** *al pl.* I miei familiari, parenti: *vado dai miei.* [→ tav. *proverbi* 40, 43]

mio- *primo elemento*: in parole composte spec. della terminologia medica significa 'muscolo', 'muscolare': *miocardia*, *miorilassante*, *miastenia.*

miocardìa *s. f.* (*med.*) Affezione del miocardio.

miocàrdio *s. m.* (*anat.*) Parte muscolare del cuore.

miocardìte *s. f.* (*med.*) Processo infiammatorio del miocardio.

miocène *s. m.* (*geol.*) Quarto periodo dell'era cenozoica.

miocènico *agg.* (*pl. m.* *-ci*) Del miocene.

miologìa *s. f.* (*pl.* *-gìe*) Parte dell'anatomia che studia i muscoli del corpo.

miopatìa *s. f.* (*med.*) Malattia della muscolatura.

miope ***A*** *agg.* **1** Che è affetto da miopia. **2** (*fig.*) Che è privo di acume, perspicacia e sim.; CONTR. Lungimirante. ***B*** *s. m. e f.* Chi è affetto da miopia.

miopìa *s. f.* **1** (*med.*) Vizio di rifrazione dell'occhio per cui non è possibile vedere bene gli oggetti lontani. **2** (*fig.*) Difetto di acume e sim.; CONTR. Lungimiranza.

miorilassànte *s. m.; anche agg.* (*med.*) Farmaco che esercita azione rilassante sulla muscolatura.

miòsi *s. f.* (*med.*) Restringimento della pupilla.

miosòtide *s. f.* Pianta erbacea delle Tubiflorali, comune nei luoghi umidi, con piccoli fiori celesti o rosati in grappoli; SIN. Nontiscordardimé. [→ ill. *piante* 12]

miòtico *agg.* (*pl. m.* *-ci*) (*med.*) Che presenta miosi | Che provoca miosi: *farmaco —.*

miotonìa *s. f.* (*med.*) Malattia caratterizzata da contrazione muscolare persistente.

mira *s. f.* **1** Determinazione della direzione di un tiro, lancio e sim. in modo da colpire il bersaglio: *prendere*, *sbagliare la —* | Capacità di mirare: *avere una buona —* | *Prendere di — qc.*, (*fig.*) bersagliarlo con scherzi, critiche e sim. | (*est.*) Capacità di mirare: *avere una buona —.* **2** Ciò a cui si mira: *cogliere la —* | (*fig.*) Fine, meta, scopo: *la sua unica — è la ricchezza* | *Avere di —*, avere come scopo | (*est.*) *spec. al pl.* Intenzioni segrete: *aver mire ambiziose.* **3** Parte del congegno di puntamento di un'arma da fuoco portatile.

miràbile *agg.* Che desta meraviglia, che è degno di ammirazione.

mirabìlia o *mirabilie* *s. f. pl.* (usato spec. senza articolo determinativo) (*scherz.*) Cose grandi, straordinarie: *raccontare — di qc.*

mirabolànte *agg.* (*scherz.*) Straordinario, stupefacente.

miracolàto *agg.; anche s. m.* (*f.* *-a*) Detto di chi è stato oggetto di un miracolo.

miràcolo *s. m.* **1** Fenomeno straordinario che avviene al di fuori delle normali leggi della natura | (*relig.*) Fatto sensibile operato da Dio | *Gridare al —*, annunciarlo pubblicamente; (*est.*) far conoscere cose che sembrano straordinarie | (*fig.*) *Conoscere*, *sapere*, *vita*, *morte e miracoli di qc.*, essere al corrente di ogni minimo particolare della sua vita. **2** (*fig.*) Caso incredibile, straordinario: *è un vero — se sei salvo* | *Che —!*, che cosa straordinaria (*anche iron.*) | *Far miracoli*, riuscire in q.c. di molto difficile | *— economico*, rapido sviluppo dell'economia di un paese in un brevissimo periodo di tempo. **3** (*fig.*) Persona di straordinarie virtù e capacità: *un — di scienza.* **4** Tipo di sacra rappresentazione il cui scioglimento avveniva mediante l'intervento miracoloso della Madonna o di un Santo.

miracolóso *agg.* **1** Che fa miracoli. **2** (*fig.*) Portentoso, prodigioso: *cura miracolosa.* **3** Che è o sembra frutto di un miracolo: *guarigione miracolosa.*

miràggio *s. m.* **1** Fenomeno ottico dovuto alla rifrazione della luce attraverso strati atmosferici meno densi al suolo che in alto: gli oggetti sembrano spostati lateralmente o innalzati sull'orizzonte, o capovolti come se si specchiassero in un lago. **2** (*fig.*) Illusione seducente: *un — di gloria.*

miràre ***A*** *v. tr.* (*lett.*) Osservare attentamente. ***B*** *v. intr.* (*aus. avere*) **1** Puntare un'arma verso un determinato obbiettivo o bersaglio: *— a una beccaccia*; *— dritto.* **2** (*fig.*) Tendere a q.c.: *— a una cattedra.* ***C*** *v. rifl.* Guardarsi attentamente: *mirarsi allo specchio.*

miràto *part. pass. di mirare; anche agg.* Osservato attentamente | Indirizzato, diretto a un obiettivo ben determinato: *prevenzione mirata delle malattie.*

miratóre *s. m.* (*f.* *-trìce*) Chi mira puntando l'arma.

miria- *primo elemento*: anteposto a un'unità di misura, la moltiplica per diecimila: *miriagrammo*, *miriametro.*

miriade *s. f.* **1** Nell'antico sistema numerale greco, dieci migliaia. **2** (*est.*, *fig.*) Grande moltitudine.

Miriàpodi *s. m. pl.* (*sing.* *-e*) Classe di Artropodi terrestri a corpo allungato e diviso in segmenti ciascuno con uno o due paia di zampe. [→ ill. *animali* 4]

mirìca *s. f.* Genere di arbusti subtropicali con foglie sempreverdi aromatiche e fiori in spiga.

mirìfico *agg.* (*pl. m.* *-ci*) (*lett.*) Meraviglioso, mirabile.

mirìno *s. m.* **1** Piastrina collocata all'estremità finale di un'arma da fuoco portatile per stabilire la direzione del colpo, allineandola con la tacca di mira alla estremità opposta della canna. [→ ill. *armi*, *cacciatore*] **2** Dispositivo ottico che permette l'osservazione e l'inquadratura del soggetto fotografico. [→ ill. *cinematografia*, *fotografo*, *ottica*]

mirìstica *s. f.* Albero sempreverde delle Policarpali con foglie alterne, piccoli fiori gialli, che produce la noce moscata.

Miristicàcee *s. f. pl.* Famiglia di piante legnose delle Policarpali, con specie dal legno e dalle foglie aromatiche, importanti per la produzione di droghe. [→ ill. *piante* 4]

mirmecòfago *s. m.* (*pl.* *-gi*) (*zool.*) Formichiere.

mirmecofilìa *s. f.* (*bot.*) Complesso di fenomeni simbiotici con cui una pianta attira e trattiene presso di sé le formiche.

mirmecologìa *s. f.* (*pl.* *-gìe*) Studio zoologico delle formiche.

mirmìdone *s. m.* Appartenente al popolo di leggendarie origini stanziato nell'antica Tessaglia.

mìro *agg.* (*lett.*) Ammirabile, meraviglioso.

mìrra *s. f.* Gommoresina trasudante dalla corteccia di alcune piante dell'Arabia e dell'Africa, astringente e antisettica; usata in profumeria e farmacia.

Mirtàcee *s. f. pl.* Famiglia di piante arboree o arbustive aromatiche delle Mirtali, tipica dell'America tropicale e dell'Australia. [→ ill. *piante* 8]

Mirtàli *s. f. pl.* (*sing.* *-e*) Ordine di piante legnose dicotiledoni. [→ ill. *piante* 8]

mirtìllo *s. m.* Piccolo arbusto delle Ericali, comune su Alpi e Appennini, con frutti commestibili a bacca di colore nero-bluastro | Frutto di tale arbusto. [→ ill. *frutta*, *piante* 11]

mirto *s. m.* Arbusto ramoso sempreverde delle Mirtali con foglie ovate e aguzze, fiori bianchi e bacche nere; SIN. Mortella. [→ ill. *piante* 8]

mis- *pref.*: ha valore negativo e fa assumere alla parola cui è congiunto significato contrario: *misconoscere, miscredente*; CFR. dis-.

mişantropìa *s. f.* L'essere misantropo.

mişantròpico *agg.* (*pl. m. -ci*) Di, da misantropo.

mişàntropo *agg.; anche s. m.* (*f. -a*) Che (o chi) è poco socievole e vive ritirato o non ama la compagnia; CONTR. Filantropo.

miscèla *s. f.* **1** Miscuglio omogeneo di due o più sostanze diverse (liquido con liquido, gas con liquido, gas con gas). **2** Miscuglio di benzina e olio in piccola quantità, che alimenta e lubrifica i motori a due tempi. **3** Mescolanza di chicchi di caffè di qualità diverse.

miscelàre *v. tr.* (*io miscèlo*) Associare in una miscela.

miscelatóre **A** *agg.* (*f. -trice*) Che miscela. **B** *s. m.* **1** Chi nell'industria è addetto alla preparazione di miscele. **2** Dispositivo atto a preparare miscele: — *per cocktail*. [→ ill. *bar*]

miscelatùra *s. f.* Operazione del miscelare.

miscelazióne *s. f.* Miscelatura.

miscellànea *s. f.* **1** Mescolanza di cose diverse (*anche fig.*). **2** Insieme di articoli, saggi e sim., relativi a uno o più argomenti, raccolti in un unico volume.

miscellàneo *agg.* Che è formato di elementi diversi ed eterogenei.

mischia *s. f.* **1** Rissa, zuffa; SIN. Tafferuglio. **2** Nel rugby, azione in cui gli avanti di entrambe le squadre, serrati gli uni contro gli altri, si disputano il pallone | Nel calcio, momento in cui parecchi giocatori si contendono confusamente la palla.

mischiàre *v. tr. e intr. pron.* Mescolare.

miscìbile *agg.* (*chim.*) Che si può mescolare.

miscibilità *s. f.* (*chim.*) Proprietà di due o più sostanze di poter dare miscele omogenee in qualsiasi proporzione.

misconóscere *v. tr.* (*coniug. come conoscere*) Non considerare o non stimare qc. o q.c. per quello che è o vale realmente.

miscredènte *agg.; anche s. m. e f.* **1** (*relig.*) Detto di chi accetta solo in parte, o in modo diverso da come la Chiesa le insegna, le verità della fede; SIN. Incredulo. **2** (*est.*) Detto di chi non è religioso.

miscredènza *s. f.* (*raro, est.*) Mancanza di fede religiosa.

miscùglio *s. m.* **1** Eterogenea mescolanza di elementi o sostanze diversi; SIN. Accozzaglia. **2** (*chim.*) Insieme di due o più sostanze che conservano invariate le loro proprietà e sono separabili con procedimenti fisici.

mise /*fr.* 'miz/ *s. f. inv.* (*pl. fr. mises* /'miz/) Modo di vestire | Abito.

mişeràbile **A** *agg.* **1** Che è da commiserare per estrema povertà o infelicità. **2** Che è da disprezzare per meschinità e bassezza morale; SIN. Spregevole. **3** Che ha scarsissimo valore. **B** *s. m. e f.* Persona abietta e spregevole.

mişeràndo *agg.* Degno di commiserazione.

miserere /*lat.* mize'rɛre/ *s. m. inv.* Salmo di David che invoca il perdono divino.

mişerévole *agg.* **1** Miserando, compassionevole. **2** Miserabile, misero.

mişèria *s. f.* **1** Stato di estrema e totale infelicità. **2** Povertà estrema: *cadere, ridursi in* —; *languire nella* — | *Piangere* —, fingere a parole di essere povero o esagerare la propria povertà. **3** Cosa molto povera, in senso materiale: *il nostro salario è una vera* —. **4** *spec. al pl.* Ristrettezza, meschinità o bruttura morale: *le miserie del mondo.*

mişericòrde *agg.* (*lett.*) Misericordioso.

mişericòrdia **A** *s. f.* **1** Virtù che inclina l'animo umano alla comprensione, alla pietà e al perdono verso chi soffre; SIN. Pietà. **2** Pietà, perdono: *la — di Dio* | *Fare q.c. per* —, per pietà | *Senza* —, con estrema durezza. **3** Corta daga o pugnale con lama robusta, atta a penetrare l'armatura, usata spec. in epoca medievale e rinascimentale per dare il colpo di grazia al nemico abbattuto. **B** *in funzione di inter.* Esprime meraviglia, timore, paura: —, *che temporale!*

mişericordióso *agg.* Che prova o usa misericordia | Che è prova di misericordia: *gesto* —; SIN. Compassionevole, misericorde, pietoso.

mişero **A** *agg.* (*sup. mişerissimo o mişèrrimo*) **1** Sventurato, infelice: *i miseri mortali.* **2** Povero, indigente: *una misera esistenza.* **3** Insufficiente, inadeguato: *un — stipendio*; SIN. Meschino. **B** *s. m.* (*f. -a*) Chi è afflitto da povertà e sventura: *consolare i miseri.*

misfàtto *s. m.* Scelleratezza, delitto.

misirìzzi *s. m. inv.* **1** Balocco a forma di pupazzo, imbottito di piombo alla base in modo che tende sempre a drizzarsi. **2** (*fig.*) Persona pronta a mutare opinione o idea.

mişoginìa *s. f.* (*psicol.*) Repulsione morbosa per le donne.

mişògino *agg.; anche s. m.* Detto di chi sfugge le compagnie femminili o mostra disinteresse nei confronti delle donne.

mişoneìşmo *s. m.* Avversione o diffidenza per le cose nuove.

mişoneìsta *s. m. e f.* (*pl. m. -i*) Chi odia le novità.

mişoneìstico *agg.* (*pl. m. -ci*) Di, da misoneista.

miss /*ingl.* mis/ *s. f. inv.* (*pl. ingl. misses* /'misiz/) Vincitrice di un concorso, spec. di bellezza.

missàggio *s. m.* Registrazione simultanea, su un unico nastro magnetico, del dialogo, dei rumori e della musica di un film.

missile **A** *agg.* (*raro*) Da lanciare o scagliare: *armi missili.* **B** *s. m.* Corpo a forma di siluro con propulsione a razzo, generalmente autoguidato o teleguidato, che può raggiungere velocità supersoniche e grandi distanze; usato per fini militari o scientifici | — *balistico*, che, terminato il getto del razzo, prosegue con la traiettoria libera di un proietto d'artiglieria | — *a gittata intermedia*, con gittata compresa fra 1900 e 4000 km | — *intercontinentale*, con gittata compresa fra 8000 e 14.000 km | — *tattico*, con gittata compresa fra 25 e 500 km | — *strategico*, appartenente alle classi dei missili a gittata intermedia o intercontinentale | — *a testata multipla*, la cui testata contiene più cariche nucleari dirette contro bersagli diversi. [→ ill. *armi, astronautica*]

missilìstica *s. f.* Scienza e tecnica riguardanti i missili.

missilìstico *agg.* (*pl. m. -ci*) Dei missili.

missìno **A** *agg.* Del Movimento Sociale Italiano | (*est.*) Neofascista. **B** *s. m.* (*f. -a*) Chi è iscritto al partito del Movimento Sociale Italiano o ne condivide l'ideologia.

missionàrio **A** *s. m.* (*f. -a*) **1** Religioso che svolge opera di propaganda religiosa presso popolazioni non cristiane. **2** (*fig.*) Chi si dedica con abnegazione all'affermazione di un'idea: *un — del socialismo.* **B** *agg.* **1** Delle missioni: *giornata missionaria.* **2** Di, da missionario: *spirito* —.

missióne *s. f.* **1** Invio presso qc. con incarichi e mansioni particolari. **2** Mandato apostolico di predicazione del Vangelo spec. fra popolazioni non cristiane | (*est.*) Sede, organizzazione di missione in terra non cristiana. **3** (*est.*) Serie di prediche e di esercizi periodici di pietà, organizzati nelle parrocchie. **4** Incarico particolare e delicato: — *informativa; affidare una — di fiducia* | (*bur.*) Trasferta: *indennità di* —. **5** Attività che impone spirito di sacrificio e dedizione assoluta a chi la pone in essere: *la — del medico.* **6** Gruppo di persone inviate a svolgere compiti determinati: — *diplomatica.*

missìva *s. f.* Lettera.

mìster /*ingl.* 'mistə/ *s. m. inv.* (*pl. ingl. misters* /'mistəz/) **1** Vincitore di un concorso di bellezza: — *universo.* **2** Nel linguaggio sportivo, allenatore di calcio.

misteriosità *s. f.* **1** L'essere misterioso. **2** Modo misterioso di comportarsi.

misterióso **A** *agg.* **1** Oscuro, inesplicabile: *scrittura misteriosa.* **2** Che è fatto in segreto o nascostamente: *un — intervento.* **3** Che desta sospetti o fa sorgere dubbi: *morte misteriosa.* **B** *s. m.* (*f. -a*) Persona che ama nascondere ciò che fa o pensa.

mistèro *s. m.* **1** Nella teologia cristiana, verità soprannaturale che non può essere conosciuta mediante le forze naturali dell'intelligenza umana | Cerimonia religiosa cattolica: *il — della Messa.* **2** *al pl.* Forma religiosa del mondo antico greco-romano e medio-orientale, presupponente l'iniziazione dell'adepto: *misteri orfici.* **3** (*est.*) Fatto o fenomeno inspiegabile razionalmente: *è un — impenetrabile* | *Non fare — di q.c.*, non nasconderla, parlarne apertamente. **4** *spec. al pl.* Rappresentazione scenica di soggetto sacro, di solito in volgare, in epoca medievale.

mìstica *s. f.* Dottrina e pratica religiosa che intendono determinare un diretto contatto dell'uomo con il mondo divino o trascendente.

misticìsmo *s. m.* Tendenza religiosa o spirituale a intensificare, nella vita religiosa, l'esperienza diretta del divino e del soprannaturale.

misticità *s. f.* Qualità di mistico.

mìstico A *agg.* (*pl. m. -ci*) **1** Relativo ai misteri della fede cristiana. **2** Relativo al misticismo: *ascesi mistica.* **3** (*fig.*) Caratterizzato da profonda spiritualità, da dedizione assoluta: *amore —.* **B** *s. m.* **1** Chi pratica la vita mistica. **2** Scrittore di opere mistiche.

mistificàre *v. tr.* (*io mistìfico, tu mistifichi*) **1** Adulterare o falsificare q.c.: *— il resoconto dei fatti.* **2** Ingannare qc.

mistificatóre *s. m.* (*f. -trìce*) Chi mistifica.

mistificatòrio *agg.* Che tende a mistificare.

mistificazióne *s. f.* **1** Falsificazione, inganno. **2** Interpretazione tendenziosa e deformante di q.c.

mistilìneo *agg.* (*geom.*) Di figura formata da segmenti di retta e da archi di curva.

mistióne *s. f.* (*lett.*) Mescolanza.

misto A *agg.* **1** Che è composto da elementi di qualità diversa: *cani di razza mista* | *Scuola mista*, composta di alunni maschi e femmine | *Lingua mista*, che risulta dalla mescolanza di più sistemi linguistici. **2** Mescolato a, con q.c.: *pianto — a riso.* **B** *s. m.* Mescolanza.

mistrà *s. m. inv.* Liquore d'anice.

mistral /*fr.* mis'tral/ *s. m. inv.* Maestrale secco, freddo e impetuoso che spira nella Francia meridionale. [→ ill. *meteorologia*]

mistùra *s. f.* **1** Mescolanza o miscuglio di cose o sostanze diverse. **2** Ingrediente che serve per adulterare q.c.

miṣùra *s. f.* **1** (*mat.*) Rapporto fra una grandezza e un'altra, convenzionalmente scelta come unitaria: *unità di —.* **2** L'insieme delle dimensioni di un oggetto: *oggetti di tutte le misure; calcolare la — del pavimento.* **3** Estensione del corpo umano o di sue parti: *prendere le misure della vita, delle spalle* | *Prendere male le misure*, (*fig.*) valutare erroneamente | *Abito su —*, tagliato secondo le dimensioni fisiche del cliente | *Stare, tornare a —*, adattarsi perfettamente | Taglia fisica: *questo vestito non corrisponde alla mia —* | (*est.*) Numero che distingue per grandezza i capi d'abbigliamento: *per me ci vuole la terza —.* **4** Atto del misurare: *la — di un appartamento.* **5** Strumento usato per misurare: *pesi e misure* | *Colmare, aver colmato la —*, (*fig.*) superare i limiti. [→ ill. *misure*] **6** Valore, capacità, possibilità: *conoscere la propria —.* **7** Proporzione, rapporto, quantità: *impegnarsi nella — delle proprie forze* | *Nella — in cui*, nella proporzione in cui, per tanto che: *fallo pure, nella — in cui lo consideri necessario* | *A — di*, che corrisponde a, adatto a: *città a — d'uomo* | *Vincere di stretta —*, con un vantaggio minimo. **8** (*fig.*) Criterio di valutazione: *la — sta nell'intelletto.* **9** Discrezione, moderazione, temperanza: *godere la vita con —* | Limite: *passare la —; non conoscere la —; ignorare il senso della —* | *Oltre —, fuor di —*, in modo eccessivo. **10** (*fig.*) Provvedimento: *prendere le opportune misure* | *Mezze misure*, provvedimenti poco efficaci | *— di sicurezza*, complesso di predisposizioni e di attività intese a garantire dalle offese nemiche impianti militari. **11** Unità metrica del verso quantitativo. **12** (*mus.*) Battuta.

miṣuràbile *agg.* Che si può misurare.

miṣuràre A *v. tr.* **1** Determinare il rapporto fra una grandezza e un'altra omogenea assunta come unità di misura: *— la distanza, il terreno* | *— a occhio*, valutare approssimativamente le misure di q.c. | *— la strada*, (*fig.*) percorrerla a passi uguali | *— la stanza*, (*fig.*) andare su e giù continuamente. **2** Sottoporre a prova un indumento: *mi sono misurata il vestito.* **3** (*fig.*) Valutare, giudicare: *— i meriti di qc.* | *— il valore di qc.*, calcolarlo. **4** (*fig.*) Mantenere entro precisi limiti: *— le spese, il vitto* | (*fig.*) *— le parole*, pesarle bene prima di dirle. **B** *v. intr.* (*aus. avere, raro*) Essere di una determinata misura: *la torre misura cento metri.* **C** *v. rifl.* **1** Contenersi, regolarsi: *misurarsi nelle spese.* **2** (*fig.*) Contendere: *misurarsi con un avversario.*

miṣuratézza *s. f.* Moderazione, pacatezza.

miṣuràto *part. pass. di misurare; anche agg.* **1** Determinato nell'estensione. **2** (*fig.*) Equilibrato, ponderato, prudente: *un discorso —*; SIN. Moderato. **3** (*fig.*) Regolato, stabilito: *intervento ben —.*

miṣuratóre *s. m.* (*f. -trìce* nel sign. 1) **1** Chi misura. **2** Strumento per misurare grandezze fisiche. [→ ill. *cinematografia, disegnatore, fisica, misure, orafo e argentiere*]

miṣurazióne *s. f.* Determinazione del rapporto esistente tra una grandezza e un'altra omogenea presa come unità di misura.

miṣurìno *s. m.* Piccolo recipiente per misurare sostanze liquide, in grani o in polvere.

mite *agg.* **1** Benevolo, clemente, indulgente | *Venire a più miti consigli*, a propositi meno fieri. **2** Di animale, mansueto e tranquillo: *il — agnello.* **3** Di clima, dolce e tiepido: *un — inverno.* **4** Accessibile: *prezzo abbastanza —.*

mitézza *s. f.* Qualità di mite; SIN. Docilità, indulgenza, mansuetudine.

miticiẓẓàre *v. tr.* Rendere mitico.

miticiẓẓazióne *s. f.* Attribuzione del carattere di mitico.

mìtico *agg.* (*pl. m. -ci*) **1** Che concerne il mito, che ha carattere di mito. **2** (*fig.*) Illusorio, utopistico: *una società mitica.*

mitigàbile *agg.* Che si può mitigare.

mitigàre A *v. tr.* (*io mìtigo, tu mìtighi*) **1** Rendere meno intenso, meno acerbo o aspro: *— il dolore, la pena*; SIN. Addolcire, alleviare, moderare, placare. **2** Attenuare, diminuire: *— il freddo; — i prezzi.* **B** *v. intr. pron.* Calmarsi, moderarsi.

mitigativo *agg.* Atto a mitigare.

mitigazióne *s. f.* Attenuazione, diminuzione; CONTR. Inasprimento.

mitilo *s. m.* Mollusco dei Bivalvi con conchiglia oblunga, nera, che si fissa mediante il bisso a corpi sommersi ed è allevato per le sue carni; SIN. Cozza, muscolo, peocio. [→ ill. *animali* 5]

mitiẓẓàre A *v. tr.* Rendere simile a un mito. **B** *v. intr.* (*aus. avere*) Creare miti.

mitiẓẓazióne *s. f.* Attribuzione di un valore mitico | Creazione di miti.

mito *s. m.* **1** Nelle religioni, narrazione sacra di gesta e origini di dei e di eroi. **2** Esposizione di un'idea sotto forma allegorica: *il — della caverna in Platone.* **3** (*est.*) Immagine idealizzata o schematizzata di un evento, di un personaggio e sim., la quale svolge un ruolo determinante nel comportamento di un gruppo umano: *il — del Risorgimento; il — della flemma britannica* | Credenza che provoca mutamenti, che spinge all'azione: *il — della pace mondiale.* **4** Utopia, illusione: *la sua fortuna è solo un —.*

mitocòndrio *s. m.* (*biol.*) Organulo presente nelle cellule, a struttura microscopica altamente differenziata, preposto alle funzioni di respirazione e di produzione di energia. [→ ill. *cellula*]

mitologìa *s. f.* (*pl. -gìe*) Studio dei miti nelle singole religioni | Insieme dei miti del mondo antico greco-romano.

mitològico *agg.* (*pl. m. -ci*) **1** Che si riferisce a mito, a mitologia. **2** (*fig.*) Favoloso, mitico.

mitologista *s. m. e f.* (*pl. m. -i*) Chi è esperto di mitologia.

mitòlogo *s. m.* (*f. -a; pl. m. -gi*) Chi studia o narra i miti.

mitòmane A *agg.* Di mitomania. **B** *s. m. e f.; anche agg.* Affetto da mitomania.

mitomanìa *s. f.* Tendenza a raccontare straordinarie avventure immaginarie come se fossero vere.

mitòṣi *s. f.* (*biol.*) Cariocinesi.

mitòtico *agg.* (*pl. m. -ci*) Della mitosi.

mitra (1) o *mìtria s. f.* Copricapo alto e diviso nella sommità in due punte, con nastri o strisce cadenti sulla nuca, portato da vescovi e prelati nelle cerimonie. [→ ill. *copricapo, religione*]

mitra (2) *s. m. inv.* Fucile o moschetto automatico. [→ ill. *armi*]

mitràglia *s. f.* **1** Munizione spezzata di pallottole, schegge di ferro e sim., con cui un tempo si caricavano i cannoni. **2** Insieme dei colpi sparati con la mitragliatrice.

mitragliaménto *s. m.* Atto del mitragliare | Serie di raffiche di mitragliatrice o di tiri di mitraglia | (*fig.*) Serie ininterrotta e incalzante di domande, richieste e sim.

mitragliàre *v. tr.* (*io mitràglio*) Prendere di mira con raf-

misure

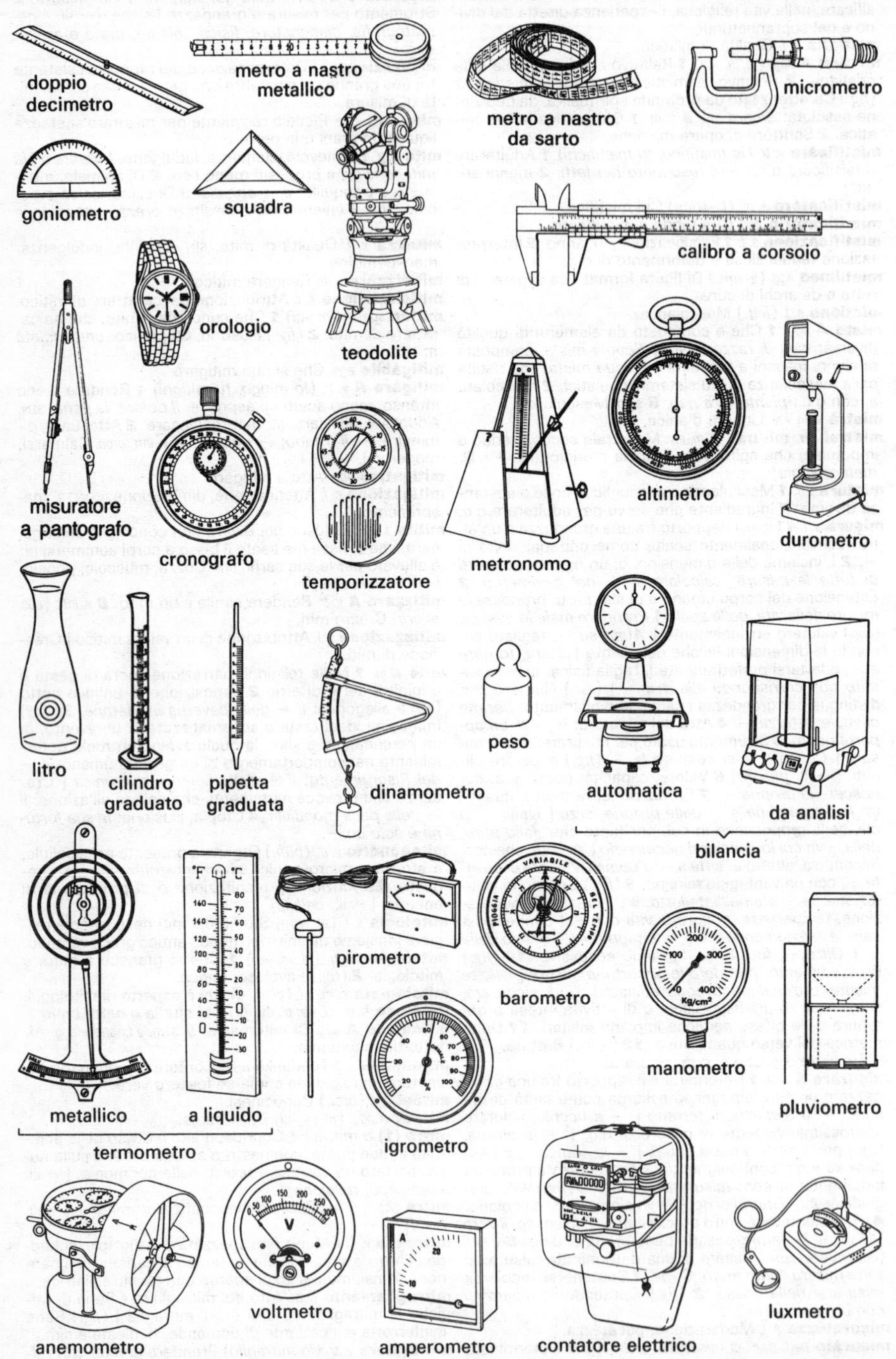

doppio decimetro
metro a nastro metallico
metro a nastro da sarto
micrometro
goniometro
squadra
calibro a corsoio
orologio
teodolite
misuratore a pantografo
cronografo
temporizzatore
metronomo
altimetro
durometro
litro
cilindro graduato
pipetta graduata
dinamometro
peso
automatica
da analisi
bilancia
metallico
a liquido
termometro
pirometro
barometro
manometro
pluviometro
igrometro
anemometro
voltmetro
amperometro
contatore elettrico
luxmetro

fiche di mitragliatrice o con tiri di mitraglia | (*fig.*) – *qc. di domande*, sottoporlo a una serie rapida e ininterrotta di domande.

mitragliàta *s. f.* Raffica di mitraglia.

mitragliatóre A *agg.* (*f. -trice*) Che mitraglia | *Fucile* –, fucile automatico, simile alla mitragliatrice ma più leggero. [→ ill. *armi*] **B** *s. m.* Soldato armato di fucile mitragliatore.

mitragliatrice *s. f.* Arma da fuoco portatile, automatica, a tiro continuo o intermittente. [→ ill. *armi*]

mitraglièra *s. f.* Mitragliatrice di calibro da 20 a 60 mm., per il tiro contraereo ravvicinato.

mitraglière *s. m.* Soldato addetto all'impiego delle mitragliatrici.

mitragliétta *s. f.* Pistola mitragliatrice.

mitràle *agg.* (*anat.*) Simile a mitra, nel sign. di *mitra* (1) | *Valvola* –, che separa l'atrio dal ventricolo sinistro del cuore. [→ ill. *anatomia umana*]

mitria v. *mitra* (1).

mitridatiṣmo *s. m.* Assuefazione ai veleni ottenuta spec. ingerendone piccole dosi progressive (dal nome di Mitridate, re del Ponto, che si era così immunizzato dai veleni).

mitridatiẓẓàre *v. tr.* Immunizzare dal veleno.

mitteleuropèo *agg.* Che si riferisce all'Europa centrale e alla sua cultura.

mittènte *s. m. e f.* Chi spedisce a mezzo posta lettere, pacchi o altro.

mixer /*ingl.* 'miksə/ *s. m. inv.* (*pl. ingl. mixers* /'miksəz/) **1** Recipiente graduato per miscelare bevande. **2** Parte del frullatore. **3** Tecnico televisivo addetto al missaggio.

mixomatòṣi /miksoma'tɔzi/ *s. f.* Grave malattia infettiva da virus che colpisce soprattutto i conigli.

mnemònica *s. f.* Mnemotecnica.

mnemònico *agg.* (*pl. m. -ci*) **1** Della memoria: *facoltà mnemonica.* **2** (*spreg.*) Basato solo sulla memoria: *apprendimento* –.

mnemoniṣmo *s. m.* Eccessiva importanza data all'apprendimento mnemonico in alcuni sistemi educativi.

mnemotècnica *s. f.* Arte del coltivare o aiutare la memoria; SIN. Mnemonica.

mò' (1) o *mó' avv.* (*dial.*) Ora, adesso: *è accaduto* –; – *tu esageri* | *Da* – *innanzi*, d'ora in poi.

mò' (2) *s. m.* Forma tronca di 'modo', *solo nella loc. prep. a* – *di*, a guisa di: *a* – *d'esempio.* (v. nota d'uso ELISIONE e TRONCAMENTO)

mòbile A *agg.* **1** Che si può muovere, trasportare da un luogo all'altro e sim.: *il carro è un oggetto* – | *Bene* –, gioielli, denaro, oggetti preziosi e sim.; CONTR. Immobile | *Caratteri mobili*, quelli componibili e scomponibili, per la stampa | *Feste mobili*, che cadono in date diverse, secondo gli anni (ad. es. La Pasqua) | *Squadra* –, speciale reparto di agenti della polizia giudiziaria. [→ ill. *scala, stampa, teatro*] **2** Che è in movimento: *acque mobili* | (*est.*) Incostante, volubile: *volontà* –. **B** *s. m.* **1** Qualunque oggetto che per sua natura possa essere spostato o possa muoversi. **2** Suppellettile atta ad arredare un luogo d'abitazione o di lavoro. [→ ill. *mobili, televisione*] **C** *s. f.* (*ell.*) Squadra mobile: *il capo della* –.

mobilia *s. f.* Complesso dei mobili che arredano una casa o una stanza; SIN. Mobilio.

mobiliàre (1) *v. tr.* (*io mobilio*) Ammobiliare.

mobiliàre (2) *agg.* Relativo a beni mobili | *Credito* –, quello a medio termine; CONTR. Immobiliare.

mobilière *s. m.* Fabbricante, commerciante di mobili.

mobilifìcio *s. m.* Fabbrica di mobili.

mobilio *s. m.* Mobilia.

mobilità *s. f.* **1** Caratteristica di ciò che è mobile: *la* – *dello sguardo.* **2** Capacità degli organi di compiere spostamenti: – *articolare.* **3** Volubilità, incostanza.

mobilitàre A *v. tr.* (*io mobilito*) **1** Attuare il passaggio delle forze armate dalla condizione di pace a quella di guerra; CONTR. Smobilitare. **2** (*fig.*) Mettere in moto, usare con impegno: – *tutte le proprie forze* | – *il capitale*, renderlo produttivo. **B** *v. rifl.* Mettersi in moto.

mobilitazióne *s. f.* **1** Attuazione dei provvedimenti necessari ad affrontare una condizione di guerra. **2** Chiamata o appello generale alla partecipazione attiva e produttiva: – *dell'opinione pubblica* | Impegno attivo.

mòca o *mòka* **A** *s. m. inv.* Caffè molto pregiato, proveniente dall'omonima città araba | La bevanda che se ne ricava. **B** *s. f. inv.* Particolare tipo di macchinetta per il caffè.

mocassìno *s. m.* **1** Calzatura degli indigeni del Nordamerica, costituita da pezzi di pelle conciata e ripiegata, spec. di bisonte o renna. [→ ill. *calzatura*] **2** Calzatura di cuoio morbido, sfoderato, con suola flessibile, spec. senza allacciatura. [→ ill. *calzatura*]

moccicàre *v. intr.* (*io móccico, tu mócciichi; aus. avere*) **1** Colare moccio dal naso. **2** Piangere con insistenza.

moccichino *s. m.* **1** (*pop.*) Fazzoletto per soffiare il naso. **2** Bambino che moccica.

móccico *s. m.* (*pl. -chi*) (*tosc.*) Moccio.

móccio *s. m.* Muco delle membrane nasali.

moccióso A *agg.* Che è sporco di moccio. **B** *s. m.* (*f. -a*) **1** Bambino piccolo, ancora col moccio al naso. **2** (*fig., spreg.*) Ragazzetto pretenzioso, che si dà arie da adulto.

mòccolo o *móccolo s. m.* **1** Protuberanza prodotta dalla candela che arde | (*est.*) Residuo di candela parzialmente arsa. **2** (*pop.*) Bestemmia: *tirare, mandare moccoli.* **3** (*pop.*) Moccio.

mòda *s. f.* **1** Foggia corrente del vestire o dell'acconciarsi: *la* – *dei capelli lunghi, dei pantaloni*; *giornale di* – | (*est.*) L'industria e il commercio dell'abbigliamento: *l'alta* –. **2** Costume passeggero: *la* – *delle trattorie fuori porta.* **3** *Nelle loc. di* –, *alla* –, secondo la moda o l'usanza del momento: *colore di* –; *abito alla* –; *libro di* – | *Uscire, ritornare di* –, non essere più, o essere di nuovo, nel gusto corrente. **4** (*stat.*) In una serie di dati statistici, il termine che si ripete con maggior frequenza.

modàle *agg.* Che concerne il modo | *Proposizione* –, proposizione subordinata che indica il modo con cui avviene quanto enunciato nella reggente.

modalità *s. f.* **1** Ragione e maniera di essere, forma e modo particolare: *adempiere i propri impegni secondo le modalità* | (*est.*) Cosa accessoria o di importanza formale: *è solo una* –. **2** (*dir.*) Elemento accidentale di un negozio giuridico o di un atto amministrativo che regola il modo degli effetti dello stesso.

modanàre *v. tr.* (*io modàno*) Ornare con modanatura.

modanatùra *s. f.* **1** Elemento decorativo architettonico costituito da una superficie sporgente, la cui sezione è composta da segmenti di retta o archi di curva. **2** Elemento sagomato di un mobile, di una cornice e sim.

mòdano *s. m.* **1** Sagoma in grandezza naturale di una cornice o di una membratura architettonica, usata per la costruzione di elementi ornamentali. **2** Piccolo cilindro di legno che serve a fare le maglie delle reti.

modèlla *s. f.* (*m. -o*) Donna che posa nello studio di pittori, scultori o fotografi | Indossatrice, spec. per giornali di moda.

modellàbile *agg.* Che si può modellare.

modellàre A *v. tr.* (*io modèllo*) **1** Plasmare una sostanza molle per darle la forma voluta. **2** Formare, fare o conformare q.c., rifacendosi a un preciso modello: – *il proprio stile su quello del Manzoni*; SIN. Plasmare. **3** Mettere in risalto le forme del corpo, detto spec. di abito. **B** *v. rifl.* Conformarsi: *è difficile modellarsi alle vostre idee.*

modellàto A *part. pass. di modellare; anche agg.* Plasmato, conformato. **B** *s. m.* **1** Forma che la mano dell'artista dà alla materia scultorea. **2** Complesso delle qualità plastiche di una scultura o pittura: *il* – *di Raffaello.*

modellatóre *s. m.* (*f. -trìce* nel sign. 1) **1** Chi modella. **2** Tipo di guaina elastica femminile atta a contenere e a modellare il corpo. [→ ill. *abbigliamento*]

modellatùra *s. f.* Conferimento o assunzione di una determinata forma: *la* – *di un vaso.*

modellìno *s. m.* **1** *Dim. di modello.* **2** Riproduzione in miniatura di automobili, treni, navi e sim. [→ ill. *giochi*]

modelliṣmo *s. m.* Tecnica della riproduzione in scala ridotta di particolari oggetti, spec. navi, veicoli, aeroplani.

modellista *s. m. e f.* (*pl. m. -i*) **1** Chi disegna e inventa modelli di abiti, cappelli, biancheria, scarpe e sim. **2** Operaio che esegue i modelli. **3** Chi si occupa di modellismo.

modellìstica *s. f.* Tecnica della realizzazione di modelli di macchine, edifici e sim., spec. a scopo di studio o di esperimento.

modèllo A *s. m.* **1** Esemplare perfetto, da imitare o de-

1 traversa 2 coperchio 3 sportello 4 ribalta 5 alzata 6 cimasa 7 piano 8 cassetto 9 anta 10 scrivania 11 specchiera

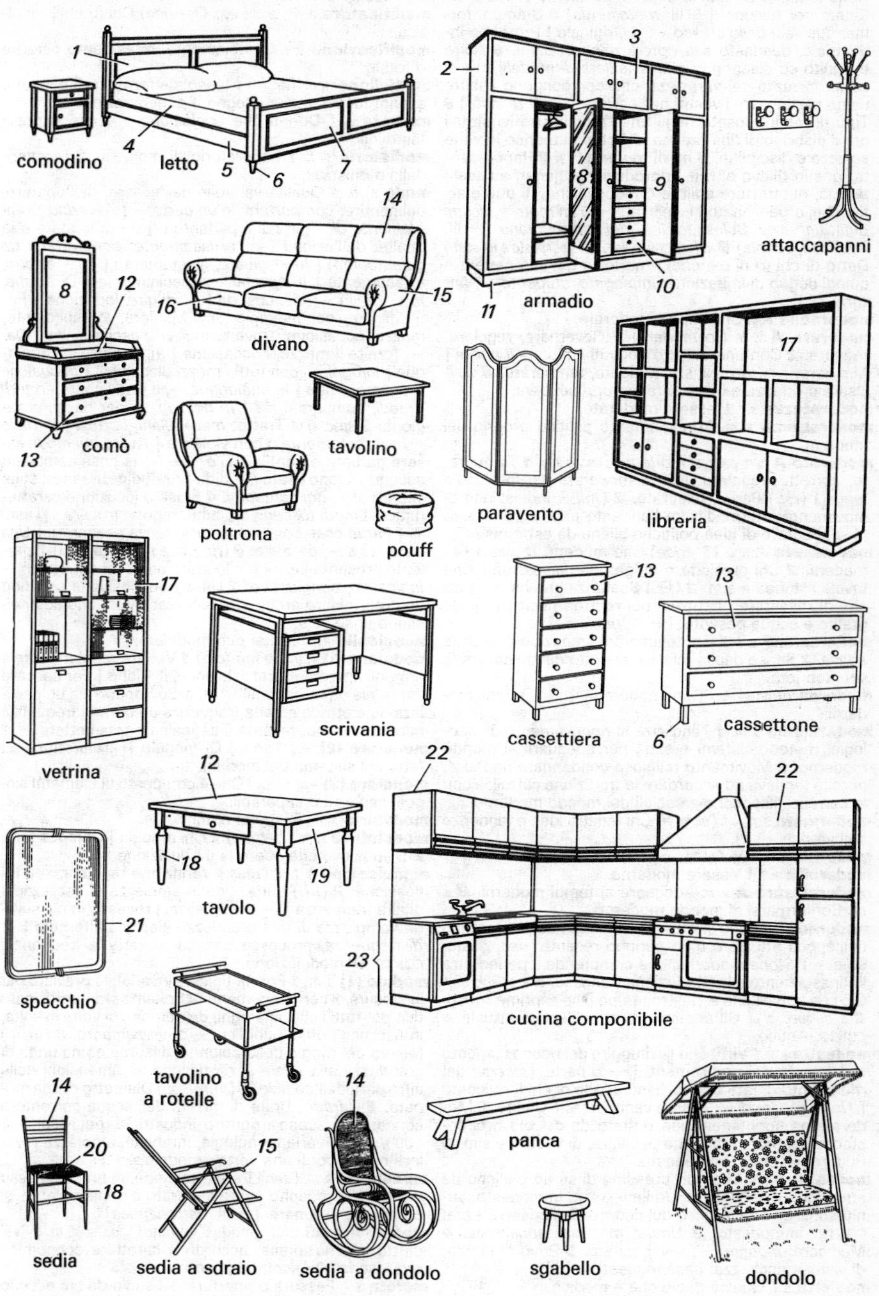

1 testata 2 fianco 3 cappelliera 4 sponda 5 fusto 6 piede 7 piedi del letto 8 specchio 9 anta 10 cassettiera 11 zoccolo 12 piano 13 cassetto 14 schienale 15 bracciolo 16 cuscino 17 scaffale 18 gamba 19 fascia 20 sedile 21 cornice 22 pensile 23 base

gno d'essere imitato: *è un — di virtù* | *Proporre a —*, dare come esempio da seguire. **2** In fonderia, riproduzione in legno o metallo di un oggetto che si vuole ottenere per fusione. [→ ill. *metallurgia*] **3** Stampo, forma: *due vasi dello stesso —*. **4** Originale | Prototipo industriale, destinato alla riproduzione in serie. **5** Abito eseguito su disegno originale: *sfilata di modelli* | *— di carta*, formato dai vari pezzi che compongono l'abito, usato per tagliare i vestiti nella stoffa. [→ ill. *tessuto*] **6** Tipo di modulo usato negli uffici amministrativi statali per il disbrigo di una pratica. **7** Schema teorico in varie scienze e discipline. **8** *m.* di *modella* (v.). **9** Rappresentazione in rilievo o, (*est.*) riproduzione, gener. su scala ridotta, di strutture edilizie o meccaniche, di opere artistiche, organi anatomici e sim.: *— di un motore, di una diga; un — del Colosseo; il — del cuore umano*. [→ ill. *nucleare, scuola*] **B** *in funzione di agg. inv.* (*posposto a un sost.*) Detto di chi (o di ciò che) è perfetto nel suo genere e quindi degno di imitazione: *impiegato, studente —; fattoria —*.

moderàbile *agg.* Che si può moderare.

moderàre **A** *v. tr.* (*io mòdero*) **1** Governare, regolare, reggere. **2** Contenere entro i dovuti limiti: *— il rigore* | Misurare: *— i termini*; SIN. Mitigare, temperare. **B** *v. rifl.* Usare prudenza e misura: *moderarsi nel bere*.

moderatézza *s. f.* L'essere moderato.

moderatismo *s. m.* Atteggiamento politico proprio dei moderati.

moderàto **A** *part. pass. di moderare; anche agg.* **1** Temperato, corretto, regolato: *libertà moderata dai freni della legge* | (*est.*) Parco, misurato. **2** (*mus.*) Indicazione di movimento intermedio fra l'andante e l'allegro. **B** *s. m.* (*f. -a*) Fautore di idee politiche aliene da estremismi.

moderatóre **A** *agg.* (*f. -trìce*) Che modera. **B** *s. m.* **1** Chi modera. **2** Chi presiede o dirige una discussione, una tavola rotonda e sim. **3** (*fis.*) Sostanza che ha la capacità di rallentare i neutroni nei reattori nucleari, quale grafite e acqua pesante. [→ ill. *nucleare*]

moderazióne *s. f.* **1** Contenimento, limitazione: *— delle spese*. **2** Senso dedlla misura, rispetto dei dovuti limiti; SIN. Sobrietà.

modernaménte *avv.* Con modernità | Nei tempi moderni.

modernismo *s. m.* **1** Tendenza al rinnovamento di ideologie, metodi, sistemi e sim., per adeguarli al mondo moderno. **2** Movimento religioso condannato da Pio X, perché tendeva ad accordare la tradizione cattolica con le correnti filosofiche e sociali del mondo moderno.

modernista *s. m. e f.* (*pl. m. -i*) Chi mostra idee e tendenze innovatrici.

modernìstico *agg.* (*pl. m. -ci*) Del modernismo.

modernità *s. f.* L'essere moderno.

modernizzàre **A** *v. tr.* Adeguare ai tempi moderni. **B** *v. rifl.* Conformarsi al mondo moderno.

modèrno **A** *agg.* Introdotto o cominciato da poco, tipico dell'epoca attuale o d'un periodo recente: *uso, gusto, stile —* | *Storia moderna*, che comprende il periodo tra il Rinascimento e la Rivoluzione francese. **B** *s. m. solo sing.* Ciò che appartiene al nostro tempo o ne esprime i gusti. **C** *s. m. spec. al pl.* Gli uomini viventi nell'epoca attuale. ● CONTR. Antico.

modèstia *s. f.* **1** Virtù che fa rifuggire dal riconoscimento o dal vanto dei propri meriti | *— a parte*, (*scherz.*) nel riferimento di fatti che tornano a lode di chi li racconta | *Non peccare di —*, essere vanitoso; SIN. Umiltà. **2** Moderazione spontanea, non dettata da calcolo o circostanze esteriori, nel modo di vivere, di vestire e sim. **3** Pudore. ● CONTR. Immodestia.

modèsto *agg.* **1** Che non presume di sé ed è alieno da ambizione o vanità; SIN. Umile; CONTR. Immodesto, vanitoso. **2** Che ha il senso del pudore, della riservatezza; CONTR. Immodesto. **3** Umile: *modeste apparenze*. **4** Mediocre: *ingegno —*; SIN. Limitato. **5** Privo di sfarzo, di vistosa ricchezza: *casa modesta*.

modicità *s. f.* Qualità di ciò che è modico.

mòdico *agg.* (*pl. m. -ci*) Che è piuttosto esiguo: *prezzi modici*.

modìfica *s. f.* Modificazione.

modificàbile *agg.* Che si può modificare.

modificàre **A** *v. tr.* (*io modìfico, tu modìfichi*) Mutare in parte o completamente; SIN. Cambiare. **B** *v. intr. pron.* Subire modifiche o alterazioni: *la conformazione del delta si modifica di anno in anno*.

modificatóre *s. m.; anche agg.* (*f. -trìce*) Chi (o che) modifica.

modificazióne *s. f.* Cambiamento, mutamento parziale o totale.

modiglióne *s. m.* (*arch.*) Mensola a forma di S coricata, avente funzione di sostegno o di decorazione.

modìsta *s. f.* Donna che confeziona e vende cappelli femminili.

modisterìa *s. f.* **1** Laboratorio di modista. **2** Mestiere della modista.

mòdo *s. m.* **1** Qualità variabile dell'essere, dell'operare, del sentire: *comportarsi in un certo —* | *Avverbio, complemento di —*, in cui il parlante presenta lo stato e la qualità dell'azione (es. *bruscamente*; *comportarsi da galantuomo*) | *In — giusto*, giustamente | *In — strano*, stranamente | *In special —*, specialmente | *Di — che, in — da, in — che*, così da | *— di dire*, locuzione | *Per — di dire*, per esempio; SIN. Maniera. **2** Espediente, mezzo, occasione: *troveremo il — d'uscire di qui* | *Dar —*, fornire il mezzo, l'occasione | *In, a, ogni —*, comunque | *In ogni —*, con tutti i mezzi disponibili | *In qualche —*, come si può | *In qualunque —*, a tutti i costi | *In tutti i modi*, comunque sia | *In nessun —*, per nessuna ragione. **3** *spec. al pl.* Tratto: *modi villani, cortesi* | *In malo —*, sgarbatamente o con violenza | *Avere bei modi*, essere garbato e gentile | *C'è — e —*, le cose cambiano secondo il tono usato per dirle | Abitudine, usanza, stile: *vestire al — dei contadini*. **4** Frase o locuzione caratteristica: *i modi toscani*. **5** Limite, regola: *trovare il giusto —* | *Far le cose con — e misura*, senza esagerare | *Una persona a —*, perbene. **6** (*ling.*) La maniera in cui il parlante presenta l'azione o lo stato espressi dal verbo: *— indicativo, congiuntivo*. **7** (*mus.*) Successione secondo un determinato ordine dei toni e semitoni che costituiscono una scala.

modulàbile *agg.* Che si può modulare.

modulàre (1) *v. tr.* (*io mòdulo*) **1** Variare regolarmente e armonicamente il canto, la voce, il suono | Far passare l'armonia da un tono all'altro. **2** Sovrapporre a un'oscillazione elettrica ad alta frequenza un'altra di frequenza minore che rappresenta il segnale da trasmettere.

modulàre (2) *agg.* (*arch.*) Di modulo | *Architettura —*, fatta col sistema del modulo.

modulàre (3) *agg.* (*aer.*) Che è composto di elementi singoli, separati o separabili.

modulàrio *s. m.* Raccolta di moduli.

modulatóre *s. m.* (*f. -trìce*) **1** Chi modula | Compositore. **2** Dispositivo che opera la modulazione.

modulazióne *s. f.* **1** (*mus.*) Variazione regolata; SIN. Inflessione. **2** (*fis.*) Variazione in ampiezza di oscillazioni di alta frequenza | *— d'ampiezza*, processo in cui si varia l'ampiezza di una grandezza elettrica alternata | *— di frequenza*, processo con cui si varia la frequenza; CONTR. Demodulazione.

mòdulo (1) *s. m.* **1** Forma tipica e invariabile prevista per la stesura di certi documenti. **2** Schema stampato, identico per tutti i casi analoghi, da riempire di volta in volta, in uso negli uffici pubblici: *— di versamento*. **3** (*arch.*) Misura del raggio della colonna, assunta come unità di grandezza alla quale si riferiscono le dimensioni delle altre parti dell'edificio. **4** (*numism.*) Diametro di una moneta. **5** (*idraul.*) Unità di misura dell'acqua corrente o concessa a scopo irriguo o industriale, equivalente a 100 l/s. **6** In varie tecnologie, intensità, ampiezza o valore numerico di una certa grandezza.

mòdulo (2) *s. m.* (*aer.*) Parte, porzione, di un complesso organico, concepito come separato o separabile: *— di comando; — lunare*. [→ ill. *astronautica*]

modus vivendi /*lat.* 'mɔdus vi'vɛndi/ *loc. sost. m.* **1** Nel diritto internazionale, accordo a carattere economico provvisorio. **2** Accomodamento.

moféta *s. f.* Fessura o apertura del suolo da cui escono vapore acqueo e anidride carbonica.

moffétta *s. f.* Piccolo mammifero dei Carnivori con pelliccia nera striata di bianco, fornito di ghiandole dalle quali può spruzzare contro i nemici un liquido denso, di odore sgradevolissimo. [→ ill. *animali* 19]

mògano *s. m.* Albero tropicale delle Terebintali | Legno pregiato, bruno rosso, ricavato da tale pianta e da piante affini. [→ ill. *piante* 7]
mòggio *s. m.* (*pl. mòggia f., mòggi m.*) (*raro*) **1** Unità di misura di capacità per aridi. **2** Recipiente per le misure di capacità | *Mettere la fiaccola sotto il* –, (*fig.*) tacere una verità.
mògio *agg.* (*pl. f. -ge o -gie*) Avvilito e abbattuto.
móglie *s. f.* Coniuge di sesso femminile; SIN. Sposa. [→ tav. *proverbi* 142, 202, 270, 271, 299, 367]
mogòl *s. m.* Imperatore dei mongoli.
mohair /*fr.* mɔ'ɛr/ *s. m. inv.* **1** Pelo soffice, lungo, lucente della capra d'angora. **2** Stoffa morbida ottenuta con fibre di mohair.
moina *s. f.* **1** *spec. al pl.* Carezza insistente, affettuosa lusinga. **2** *spec. al pl.* (*est.*) Lezi; SIN. Smanceria.
moire /*fr.* mwar/ *s. f. inv.* Stoffa di seta a riflessi cangianti, che presenta marezzatura.
mòka V. *moca.*
mòla (1) *s. f.* **1** Macina del mulino | Pesante ruota di pietra o metallo. [→ ill. *edilizia*] **2** Disco ottenuto con un impasto solidificato di materiale abrasivo, che si fa girare a guisa di ruota per levigare superfici, affilare utensili, lame e sim. [→ ill. *meccanica*]
mòla (2) *s. f.* Grosso pesce tropicale con corpo alto e compresso, quasi discoidale, e pinna codale breve e fusa con la dorsale e l'anale.
molàre (1) *v. tr.* (*io mòlo*) Lavorare un oggetto, una superficie e sim. con la mola, per conferir loro forma, lucentezza, levigatezza: – *uno specchio* | (*est.*) Affilare lame.
molàre (2) **A** *agg.* **1** Relativo a mola, nel sign. di *mola* (1). **2** *Dente* –, ognuno di quelli posteriori, fondamentali per la masticazione. [→ ill. *anatomia umana*] **B** *s. m.* Dente molare. [→ ill. *anatomia umana*]
molàssa *s. f.* (*miner.*) Varietà di arenaria friabile, a debole cementazione calcarea.
molatóre *s. m.* (*f. -trice*) Chi esegue lavorazioni di molatura.
molatrice *s. f.* Macchina che esegue la molatura. [→ ill. *officina meccanica*]
molatùra *s. f.* Lavorazione con la mola | (*est.*) Affilatura di lame.
molàzza *s. f.* Macchina che serve a macinare, triturare e impastare, formata da una vasca metallica entro cui ruotano macine di acciaio o ghisa o pietra dura: – *per malta.* [→ ill. *edilizia*]
mólcere *v. tr.* (*oggi dif. usato solo nella terza pers. sing. del pres. indic. mólce; nella terza pers. sing. del pass. rem. mólse; nell'imperf. indic. io molcévo; nelle terze pers. sing. e pl. del pres. congv. mólca, mólcano; nell'imperf. congv. io molcéssi; nel ger. molcèndo*) (*lett.*) Blandire, lenire.
mòle *s. f.* **1** Masso enorme e imponente: *la – del Monte Bianco* | Edificio grandioso. **2** Dimensione, taglia | (*fig.*) Entità: *la – del lavoro mi spaventa.* **3** (*chim., fis.*) Grammo-molecola. SIMB. Mol.
molècola *s. f.* **1** La più piccola parte di ogni composto o elemento chimico, costituita da atomi uguali o diversi fra loro tenuti assieme da forze di natura elettrica, capace di esistenza indipendente e nella quale si ritrovano conservate la composizione e le proprietà chimiche caratteristiche del composto o dell'elemento. [→ ill. *nucleare*] **2** (*est.*) Minima parte di q.c.
molecolàre *agg.* Di molecola | *Peso* –, pari alla somma dei pesi degli atomi che compongono la molecola.
molestàre *v. tr.* (*io molèsto*) Infastidire, importunare; SIN. Disturbare.
molestatóre *s. m.* (*f. -trice*) Chi molesta.
molèstia *s. f.* **1** Noia, fastidio, incomodo; SIN. Seccatura. **2** Atto che reca danno o disturbo | Danno.
molèsto *agg.* Che arreca fastidi e danni, che è sgradito e sgradevole; SIN. Fastidioso.
molibdenite *s. f.* Minerale, bisolfuro di molibdeno simile alla grafite.
molibdèno *s. m.* Elemento chimico, metallo bianco argenteo molto duttile ricavato dalla molibdenite, usato per leghe, acciai speciali e in elettronica. SIMB. Mo.
molino V. *mulino.*
molisàno *agg.; anche s. m.* (*f. -a*) Del Molise.
molitóre *s. m.* (*f. -trice*) Operaio addetto alla molitura del grano o alla pilatura del riso.
molitòrio *agg.* Relativo alla macinazione dei cereali.
molitùra *s. f.* Macinazione dei cereali | Triturazione delle olive con la molazza.
mòlla *s. f.* **1** Organo meccanico che presenta la caratteristica di deformarsi notevolmente sotto carico, riprendendo la primitiva configurazione al cessare del carico stesso: *materasso a molle*; – *dell'orologio* | – *a balestra*, per la sospensione di veicoli. [→ ill. *ferramenta, fisica, forbici, meccanica, orologio*] **2** Ciò che costituisce il motivo determinante di un'azione: *la cupidigia è la – di ogni sua attività*; SIN. Stimolo. **3** *al pl.* Arnese per afferrare i tizzoni | *Da prendere con le molle*, (*fig.*) di cosa o persona difficile o poco raccomandabile.
mollàre **A** *v. tr.* (*io mòllo*) **1** Allentare o lasciare andare: – *la presa.* **2** (*mar.*) Dare la cima sciolta e libera alla manovra. **3** (*fig., fam.*) Dare, appioppare: – *una sberla a qc.* **4** (*fam.*) Abbandonare, lasciare q.c.: – *il lavoro* | – *qc.*, liberarsene, piantarlo in asso. **B** *v. intr.* (*aus. avere*) **1** Cedere, desistere: *resisti, non –!* | *Fare a tira e molla*, (*fig.*) essere indecisi, non sapersi risolvere. **2** (*fig., fam.*) Cessare, finirla.
mòlle **A** *agg.* **1** Privo di rigidità, durezza e sim.: *la – creta* | Non troppo consistente, abbastanza tenero: *cuoio – e flessibile*; SIN. Morbido; CONTR. Duro. **2** Che si flette, si piega: *i molli giunchi incurvati dal vento.* **3** (*fig.*) Mite, dolce, carezzevole: *la – cadenza della voce.* **4** Privo di forza, decisione, energia e sim.: *governo* –. **5** Bagnato, inzuppato, intriso: *occhi molli di pianto.* **B** *s. m. solo sing.* Ciò che è soffice, morbido: *riposare sul* – | Bagnato, umidità: *camminare sul* –.
molleggiaménto *s. m.* **1** Movimento caratteristico di ciò che è elastico, morbido e sim.: *il – di un divano* | Molleggio. **2** Movimento del corpo attuato flettendo e distendendo le gambe | Andatura elastica, ondeggiante.
molleggiàre **A** *v. intr.* (*io molléggio; aus. avere*) Essere elastico, morbido | Muovere con elasticità il corpo. **B** *v. tr.* Rendere elastico, fornendo di molle e sim.: – *un divano.* **C** *v. rifl.* Muoversi o camminare mollemente: *molleggiarsi sulle gambe.*
molléggio *s. m.* **1** Sistema di molle, sospensioni e sim. che rendono elastico un oggetto. **2** Elasticità dovuta a un adeguato sistema di molle.
mollétta *s. f.* **1** *Dim. di molla.* **2** Piccolo arnese a molla, per appuntare i capelli o fermare i panni stesi ad asciugare. **3** Pinzetta per prendere zollette di zucchero o cubetti di ghiaccio. [→ ill. *bar*]
mollettièra *s. f.* Indumento militare, oggi in disuso, costituito da strisce di stoffa da avvolgere attorno alle gambe. [→ ill. *uniforme militare*]
mollettóne *s. m.* Tessuto pesante, morbido e peloso, usato per coperte, scialli, e spec. sotto alla tovaglia per proteggere il legno della tavola dal calore dei piatti.
mollézza *s. f.* **1** L'essere molle (*anche fig.*): – *di carattere.* **2** *spec. al pl.* Agiatezze e comodità esagerate.
mollica o (*evit.*) **mòllica** *s. f.* **1** Parte molle del pane chiusa entro la crosta; SIN. Midolla. **2** *spec. al pl.* Briciole.
molliccio *agg.* (*pl. f. -ce*) Che è alquanto molle.
mollóne *s. m.* **1** *Accr. di molla.* **2** Congegno di sparo delle antiche armi da fuoco portatili.
Mollùschi *s. m. pl.* Tipo di animali invertebrati, con corpo molle, spesso protetto da una conchiglia secreta dal mantello. [→ ill. *animali* 4, *pesca, zoologia*]
mollùsco *s. m.* (*pl. -schi*) **1** Ogni individuo appartenente al tipo dei molluschi. **2** (*fig., spreg.*) Persona moralmente fiacca e debole.
mòlo *s. m.* **1** Opera muraria di difesa del porto dal moto ondoso, radicata a terra, munita all'interno di fronti murate d'approdo. [→ ill. *petrolio, porto, spiaggia*] **2** Opera muraria analoga alla precedente, negli aeroporti. [→ ill. *aeroporto*]
mòloc /'mɔlok/ *s. m.* **1** Dio semitico cui si sacrificavano vittime umane. **2** (*fig.*) Essere o entità di mostruosa e malefica potenza.
molòsso *s. m.* Cane basso, tozzo, dal pelame fulvo e muso nero.
mòlotov *s. f. inv.* (*ell.*) Bomba Molotov.
moltéplice *agg.* Costituito di molte parti o elementi: *struttura* –.
molteplicità *s. f.* L'essere molteplice.
moltìplica *s. f.* **1** Rapporto fra il numero dei denti della

ruota centrale e il numero dei denti del pignone della bicicletta. **2** Ruota dentata della bicicletta sulla quale scorre la catena. [→ ill. *ciclo e motociclo*] **3** (*pop.*) Moltiplicazione.

moltiplicàbile *agg.* Che si può moltiplicare.

moltiplicàndo *s. m.* (*mat.*) Numero da moltiplicare, primo fattore della moltiplicazione.

moltiplicàre **A** *v. tr.* (*io moltìplico, tu moltìplichi*) **1** Accrescere nel numero: *— le cure, gli sforzi.* **2** (*mat.*) Eseguire una moltiplicazione. **B** *v. intr. pron.* **1** Aumentare sempre più. **2** Riprodursi: *con l'umidità i funghi si moltiplicano.*

moltiplicativo *agg.* (*mat.*) Proprio della moltiplicazione.

moltiplicatóre **A** *agg.* (*f. -trice*) Che moltiplica. **B** *s. m.* **1** Strumento che amplia piccoli spostamenti per metterli in evidenza e poterli misurare. **2** (*mat.*) Numero che moltiplica, secondo fattore della moltiplicazione.

moltiplicazióne *s. f.* **1** Accrescimento numerico: *— della popolazione* | Aumento continuo: *— degli sforzi* | (*bot.*) *— vegetativa,* propagazione delle piante che si compie senza l'intervento delle cellule sessuali, ma per distacco di un organo vegetativo. **2** (*mat.*) Operazione dell'aritmetica fra due numeri, detti fattori, moltiplicando e moltiplicatore, equivalente al sommare tante volte il primo quante sono le unità del secondo.

moltitùdine *s. f.* **1** Grande quantità di cose. **2** Numeroso insieme di persone | *La —,* la folla, la massa; SIN. Folla, stuolo.

mólto **A** *avv.* **1** In grande misura, grandemente: *ho viaggiato —; mi è piaciuto —; si trova — avanti* | Rafforza un agg. o un avv. compar.: *così è — meglio* | *Non —,* poco, pochissimo: *non lavora —* | *Poco o —,* sia quanto sia: *poco o — questo ti basti.* **2** Premesso ad agg. qual. e avv. di modo, dà loro valore di superl.: *— buono; — male.* **B** *agg. indef.* **1** Che è in grande quantità o misura, o numero: *ho — denaro; c'è molta acqua; ho molti libri* | Seguito da *più*: *voglio — più denaro; ha molti più libri di noi.* **2** Grande: *mi è stato di — aiuto* | Lungo: *per — tempo non si è visto; lo vidi da molta distanza.* **3** Con valore neutro | *Or non è —,* poco tempo fa | *Fra non —,* fra breve tempo | *A dir —,* al massimo, tutt'al più. **C** *pron. indef.* Chi (o ciò che) è in grande quantità o misura o numero: *quanti libri avrà? molti; molti di noi erano assenti.* **D** *in funzione di s. m. solo sing.* Grande quantità: *il — e il poco.* • CONTR. Poco. [→ tav. *proverbi* 272, 333]

momentaneaménte *avv.* In questo momento, al momento: *è — assente.*

momentàneo *agg.* Che ha breve o brevissima durata: *dolore —;* SIN. Passeggero, temporaneo, transitorio.

moménto *s. m.* **1** Esigua frazione di tempo: *durare un —* | (*fig.*) *Non vedere il — di,* essere impaziente | *Da un — all'altro,* molto presto | *Non stare fermo un —,* muoversi continuamente | *All'ultimo —,* con molto ritardo, nell'attimo estremo | *Di — in —,* a ogni tratto; prestissimo | *Al — di,* nell'istante in cui un'azione comincia | *Per il —,* per ora | *A momenti,* tra poco: *sarà qui a momenti;* qualche volta: *a momenti pare che non ragioni;* quasi: *a momenti lo insultavo* | *Tutti i momenti,* sempre, continuamente | *Fino a questo —,* fino a ora | *Al primo —,* dapprima | *Sul —,* immediatamente; lì per lì | *Dal — che,* dato che | *L'uomo, il fatto del —,* di cui si parla ovunque; SIN. Istante. **2** Contingenza, congiuntura: *mi trovo in un — difficile* (frequente l'uso del pegg. *momentaccio,* situazione o periodo negativo: *per noi è proprio un momentaccio*) | Occasione: *capitare nel — buono.* **3** (*fis.*) *— di una forza rispetto a un punto,* prodotto della forza per la distanza della sua retta d'azione dal punto.

mònaca *s. f.* Religiosa che professa le regole e gli statuti di qualche ordine approvato dalla Chiesa. [→ ill. *copricapo, religione*]

monacàle *agg.* **1** Di monaco o monaca: *abito —.* **2** (*fig.*) Di semplicità austera: *stanza —.*

monacàndo *s. m.* (*f. -a*) Chi è in procinto di monacarsi.

monacàre **A** *v. tr.* (*io mònaco, tu mònachi*) (*raro*) Fare monaca. **B** *v. rifl.* Farsi monaca o monaco.

monacazióne *s. f.* Cerimonia con cui si è ammessi a far parte di un ordine monastico.

monachésimo *s. m.* Fenomeno comune in molte religioni, per cui taluni individui si ritirano dalla vita sociale per seguire un ideale di perfezione ascetica, andando a vivere in solitudine o in piccole comunità.

monachìna *s. f.* **1** *Dim. di monaca.* **2** *spec. al pl.* (*fig.*) Favilla.

mònaco (1) *s. m.* (*pl. -ci*) Chi si consacra a Dio dedicandosi alla preghiera nella solitudine o in una comunità religiosa. [→ tav. *proverbi* 212]

mònaco (2) *s. m.* (*pl. -ci*) Scaldaletto.

mònaco (3) *s. m.* Asta centrale verticale di una capriata semplice. [→ ill. *architettura*]

mònade *s. f.* (*filos.*) Sostanza semplice, indivisibile, di natura spirituale, che costituisce l'elemento ultimo delle cose.

monadismo *s. m.* Qualsiasi dottrina filosofica che concepisce il mondo come costituito da una pluralità di monadi.

monadologia *s. f.* La dottrina delle monadi del filosofo tedesco G. W. Leibnitz (1646-1716).

monàndro *agg.* Detto di pianta con fiori a un solo stame.

monàrca *s. m.* (*pl. -chi*) Capo di uno Stato retto a monarchia | Sovrano, re.

monarchìa *s. f.* (*pl. -chìe*) Regime politico caratterizzato dall'accentramento dei poteri supremi nelle mani del monarca.

monàrchico **A** *agg.* (*pl. m. -ci*) **1** Della monarchia. **2** Che sostiene la monarchia. **3** Che è retto a monarchia: *Stato —.* **B** *s. m.* (*f. -a*) **1** Sostenitore della monarchia. **2** Iscritto a un partito monarchico.

monastèro *s. m.* **1** Comunità religiosa cattolica di monaci o di monache. **2** Residenza di religiosi che vivono in comunità. • SIN. Convento.

monàstico *agg.* (*pl. m. -ci*) **1** Di monaco o monaca | Di monastero: *regola —.* **2** (*est.*) Di austera semplicità: *stile —.*

monàtto *s. m.* Addetto al trasporto dei malati e dei morti, ai tempi delle epidemie di peste.

moncherino *s. m.* Braccio cui sia stata asportata traumaticamente o chirurgicamente la mano.

mónco **A** *agg.* (*pl. m. -chi*) **1** Mozzato, troncato: *aver le mani monche.* **2** (*fig.*) Mancante in parte: *notizie monche.* **3** Di persona priva di una o di entrambe le mani e le braccia. **B** *s. m.* (*f. -a*) Persona monca.

moncóne *s. m.* **1** Parte restante di un organo dopo l'asportazione di una parte. **2** Ciò che resta di un oggetto troncato.

mónda *s. f.* (*sett.*) Estirpazione delle erbacce nelle risaie.

mondàna *s. f.* (*euf.*) Prostituta.

mondanità *s. f.* **1** L'essere mondano. **2** Cosa futile e frivola. **3** Complesso degli appartenenti all'alta società.

mondàno **A** *agg.* **1** (*lett.*) Del mondo, inteso come parte dell'universo. **2** Del mondo, inteso come materialità: *i piaceri mondani;* SIN. Terreno. **3** Tipico delle classi sociali più elevate o più ricche. **B** *s. m.* (*f. -a*) Chi fa vita galante, di società.

mondàre **A** *v. tr.* (*io móndo*) **1** Privare q.c. della buccia o della scorza: *— la frutta.* **2** Nettare, pulire (*anche fig.*): *— le verdure; — l'anima del peccato.* **B** *v. rifl.* (*fig., lett.*) Farsi puro, senza peccato.

mondarìso *s. m. e f. inv.* Chi attende alla monda del riso.

mondatóre *s. m.* (*f. -trice*) Chi esegue lavori di mondatura.

mondatùra *s. f.* **1** Operazione del mondare. **2** Ciò che si toglie o si getta quando si monda q.c.

mondézza V. *immondezza.*

mondezzàio *s. m.* **1** Luogo in cui si getta la spazzatura | Ammasso di sudiciume. **2** (*fig.*) Cumulo di cose sordide, luogo di turpitudini.

mondiàle *agg.* **1** Del mondo, di tutte o quasi tutte le nazioni del mondo: *campionato —.* **2** (*fig., fam.*) Eccezionale, meraviglioso: *ho bevuto un vino —.*

mondiglia *s. f.* Scoria, buccia che resta dopo aver mondato q.c.

mondina (1) *s. f.* (*pop.*) Operaia che fa la monda nelle risaie.

mondina (2) *s. f.* Castagna mondata e poi lessata.

móndo (1) *agg.* **1** Spogliato del guscio o della corteccia | Nettato, ripulito: *verdura monda.* **2** (*fig.*) Privo di peccato: *coscienza monda;* SIN. Puro.

móndo (2) *s. m.* **1** Cosmo, universo: *l'origine del —* | *La fine del —,* il cataclisma che distruggerà l'universo, e (*fig.*) situazione di estremo disordine | *Non è la fine del*

—, (*fig.*) non è un male irreparabile | *Da che — è —*, da sempre. **2** Corpo celeste: *mondi lontani.* **3** La Terra: *il giro del —* | (*fig.*) *In capo al —*, lontanissimo | *Il — è grande*, c'è posto per tutti | (*fig.*) *Credere d'essere il padrone del —*, di chi vuole sempre imporre la propria volontà | (*fig.*) *Nessuno al —*, mai nessuno | (*fig.*) *Per tutto l'oro del —*, a nessun costo | (*per est.*) Zona, plaga, continente: *il — conosciuto dagli antichi, girare il —* | *Il nuovo —*, il continente americano | *Il — antico*, l'Asia, l'Africa e l'Europa. **4** Complesso organizzato di elementi che rendono possibile la vita in genere o una particolare forma di essa: *il — in cui viviamo; l'inesplorato — degli abissi marini* | *Il — dell'al di là; il — delle ombre*, la sede della vita ultraterrena | *L'altro —*, quello che ci attende dopo la morte | *Cose dell'altro —*, (*fig.*) straordinarie, incredibili. **5** Insieme di esseri d'una stessa specie o di specie diverse: *il — vegetale, minerale, animale; il meraviglioso — delle api.* **6** La totalità degli uomini, il consorzio umano: *dare esempio a tutto il —* | *Il — civile*, gli uomini che vivono civilmente | (*fig.*) *L'occhio del —*, gli uomini che vedono e giudicano | *Il gran, il bel —*, l'alta società. **7** La vita umana | *Dare, mettere al —*, far nascere | *Venire al —*, nascere | *Togliere dal —, dalla scena del —*, far morire | *Lasciare il —*, morire | *Stare al —*, vivere | (*fig.*) *Saper stare al —*, sapersi abilmente destreggiare. **8** Modi e forme della vita umana: *così va il —* | *Uomo, donna di —*, che ha molta esperienza della vita. **9** Modo di vivere frivolo, contrapposto alla vita di meditazione e di preghiera: *amare il —* | *Fuggire dal —*, entrare in convento | *Rinunciare, morire, al —*, scegliere la vita conventuale. **10** Civiltà e sue forme: *il — romano; il — classico.* **11** Complesso di un ordine sociale, civile, umano: *il — politico, cristiano.* **12** Complesso di fatti, cose, idee, che hanno diretto rapporto con l'uomo: *il — della poesia, dell'arte; il — poetico di Dante.* **13** (*fig.*) Grande quantità: *avere un — di noie.* [→ tav. *proverbi* 182, 183, 184, 344, 377]

mondovisióne *s. f.* Collegamento televisivo intercontinentale; CFR. Eurovisione.

monegàsco *agg.; anche s. m.* (*f. -a; pl. m. -schi*) Del principato di Monaco.

monellerìa *s. f.* Azione o comportamento da monello.

monellésco *agg.* (*pl. m. -schi*) Da monello.

monèllo *s. m.* (*f. -a*) Ragazzo di strada, chiassoso e discolo | (*est.*) Ragazzo vivace.

monéta *s. f.* **1** Bene economico intermediario negli scambi quale misura di valore e mezzo di pagamento. **2** Disco di metallo coniato dallo Stato per le necessità degli scambi, avente lega, titolo, peso e valore stabiliti. [→ ill. *moneta*] **3** Soldi, denaro | *Pagare in — sonante*, in contanti | *Prendere q.c. per buona —, per — contante*, (*fig.*) accettare per vero | *Pagare qc. con la sua stessa —*, (*fig.*) rendergli ciò che si merita. **4** Denaro spicciolo: *non ho —.*

monetàggio *s. m.* Spesa per la fabbricazione e l'emissione della moneta.

monetàle *agg.* Relativo a moneta.

monetàre *v. tr.* (*io monéto*) Trasformare in moneta un metallo e sim.

monetàrio *agg.* Della moneta: *problema —* | *Circolazione monetaria*, complesso dei mezzi di pagamento esistenti in un dato momento in un paese.

monetazióne *s. f.* Fabbricazione della moneta.

monetizzàre *v. tr.* **1** Valutare un bene nel suo equivalente in denaro. **2** Realizzare beni, crediti e sim. sotto forma di denaro contante.

monferrìna *s. f.* Ballo tradizionale piemontese.

mongolfièra *s. f.* Pallone aerostatico dotato di una larga apertura inferiore sotto la quale veniva acceso un fuoco che produceva all'interno aria calda per la sostentazione. [→ ill. *aeronautica*]

mongòlia *s. f. e m.* Pelliccia di montone o agnello orientale a pelo riccio.

mongolìsmo *s. m.* Condizione congenita patologica dell'organismo umano, caratterizzata da viso schiacciato, occhi a mandorla, dita tozze, accompagnata da più o meno grave insufficienza mentale; SIN. Sindrome di Down.

mòngolo *agg.; anche s. m.* (*f. -a*) Della Mongolia.

mongolòide **A** *agg.* Detto di razza umana i cui individui presentano caratteri quali capelli dritti, naso leggermente largo, pelle giallo-bruna. **B** *agg.; anche s. m. e f.* Affetto da mongolismo.

mongòmeri V. *montgomery.*

monìle *s. m.* Ornamento prezioso che si porta al collo; SIN. Collana, vezzo.

monìsmo *s. m.* Dottrina filosofica che riconduce a un unico principio la molteplicità dell'esperienza.

monìsta *s. m. e f.* (*pl. m. -i*) Chi segue il monismo.

mònito *s. m.* Severo e solenne ammonimento: *essere di — a qc.*; SIN. Ammonizione.

monitor /*ingl.* 'mɔnitə/ *s. m. inv.* (*pl. ingl. monitors* /'mɔnitəz/) Apparecchio di segnalazione o controllo qualitativo dell'andamento di un fenomeno | Apparecchio che riproduce direttamente in un piccolo cinescopio le immagini riprese dalle telecamere. [→ ill. *televisione*]

monitoràggio *s. m.* Controllo dell'andamento di fenomeni fisici, chimici, biologici e sim. mediante monitor | *— permanente*, controllo continuo mediante monitor delle condizioni di alcuni tipi di malati, nella fase critica della malattia, che consente un intervento tempestivo dei sanitari.

monitóre *s. m.* Nave da guerra ormai disusata, destinata ad azioni costiere.

monitòrio **A** *agg.* Che ammonisce. **B** *s. m.* Lettera con la quale l'autorità ecclesiastica impone a chi ne abbia cognizione di rendere palese un fatto.

mònna *s. f.* (*lett.*) Signora, madonna.

mòno- *primo elemento*: in parole composte scientifiche o dotte significa 'uno', 'uno solo': *monogamo, monografia, monoteismo, monoposto.*

monoàlbero *agg.* Detto della distribuzione di un motore di automobile fornito di un solo albero a camme in testa.

monoauràle *agg.* **1** Che riguarda un solo orecchio. **2** (*fis.*) Monofonico.

monobàsico *agg.* (*pl. m. -ci*) (*chim.*) Detto di acido in cui un solo atomo di idrogeno è sostituibile da un metallo.

monoblòcco **A** *agg.* (*pl. m. -chi*) Che è composto di un solo blocco. **B** *s. m.* **1** Blocco di ghisa entro il quale sono ricavati i cilindri del motore a combustione interna alternativo. **2** Apparecchiatura che riunisce in un unico blocco l'impianto idraulico e gli elettrodomestici in una cucina.

monocàrpico *agg.* (*pl. m. -ci*) Detto di pianta che fiorisce e fruttifica una sola volta e poi muore.

monocèfalo *s. m.* Malformazione dello sviluppo fetale gemellare con formazione di un unico capo.

monocilìndrico *agg.* (*pl. m. -ci*) Detto di motore a combustione interna che ha un solo cilindro.

monoclinàle *s. f.* (*geol.*) Regione in cui gli strati rocciosi presentano direzione costante e pendenza simile.

monoclìno (1) *agg.* Detto di pianta con fiori ermafroditi.

monoclìno (2) *agg.* Detto di sistema cristallino in cui esiste un solo piano di simmetria contenente due assi cristallografici e un solo asse perpendicolare al piano di simmetria.

monòcolo (1) *agg.; anche s. m.* (*raro*) Detto di chi è cieco di un occhio | Detto di chi ha un occhio solo.

monòcolo (2) *s. m.* Lente che si porta davanti a un solo occhio per correggere difetti di vista.

monocolóre **A** *agg. inv.* Di un solo colore; SIN. Monocromo | (*fig.*) *Governo —*, costituito di rappresentanti di un solo partito politico. **B** *s. m.* Governo monocolore.

monocoltùra *s. f.* **1** (*agr.*) Coltivazione sullo stesso terreno di un solo tipo di piante. **2** (*est.*) Sistema economico di un Paese caratterizzato dalla prevalenza di un solo prodotto, spec. ai fini dell'esportazione.

monocòrde *agg.* (*lett.*) Privo di varianti.

monocòrdo *s. m.* Strumento musicale antico, con una sola corda.

monocotilèdone **A** *agg.* Detto di pianta nel cui seme è contenuto un solo cotiledone. **B** *s. f. pl. Monocotiledoni*, classe di piante delle Angiosperme caratterizzate da embrione con un solo cotiledone. [→ ill. *piante* 15]

monocromàtico *agg.* (*pl. m. -ci*) Di un solo colore | Detto della luce di una data lunghezza d'onda, perciò non decomponibile mediante prismi.

monocromatìsmo *s. m.* Unità di colore.

monocromàto *s. m.* Dipinto, stampa e sim. in cui prevale

un solo colore.
monocromia *s. f.* Stampa o pittura con un solo colore; CONTR. Policromia.
monòcromo o *monocròmo agg.* Monocolore; CONTR. Policromo.
monoculàre *agg.* **1** Di un solo occhio. **2** Di visione che avviene mediante un solo occhio. [→ ill. *ottica*]
monodìa *s. f.* (*mus.*) Canto a una voce sola | Composizione per più voci con accompagnamento armonico.
monòdico *agg.* (*pl. m.* -ci) Di monodia.
monoergòlo *s. m.* (*chim.*) Monopropellente.
monofàse *agg.* (*pl.* -si o -se) (*elettr.*) Che ha una sola fase | Di circuito a corrente alternata non polifase, per cui basta una linea con due conduttori.
monofisìsmo *s. m.* Dottrina eretica cristiana che ammette in Cristo la sola natura divina.
monofisìta **A** *s. m. e f.* (*pl.* -i) Seguace del monofisismo | Fedele della chiesa egiziana ed etiopica. **B** *agg.* Del monofisismo.
monofonditrice *s. f.* Macchina comandata da un nastro perforato che fonde un carattere per volta nel sistema monotype.
monofònico *agg.* (*pl. m.* -ci) (*fis.*) Detto di sistema non stereofonico di registrazione e riproduzione dei suoni.

moneta

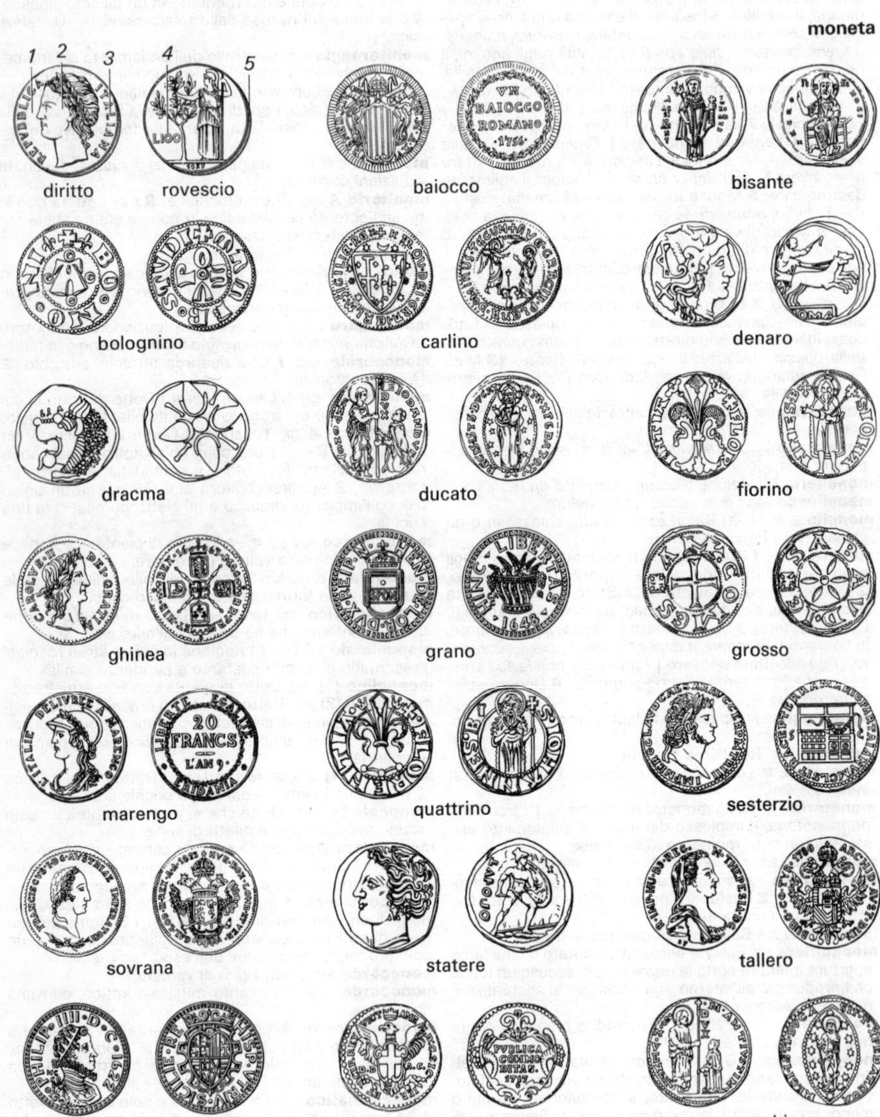

1 campo 2 effigie 3 leggenda 4 esergo 5 contorno zigrinato

monòfora *s. f.* Finestra con una sola apertura. [→ ill. *architettura, basilica cristiana*]
monogamìa *s. f.* Vincolo coniugale che unisce un solo uomo e una sola donna; CONTR. Poligamia.
monogàmico *agg.* (*pl. m. -ci*) Di monogamia.
monògamo *agg.; anche s. m.* (*f. -a*) Che (o chi) pratica o favorisce la monogamia.
monogènesi *s. f.* Origine unica.
monografìa *s. f.* Dissertazione, scritto e sim. su un unico e ben determinato argomento: – *su Machiavelli*.
monogràfico *agg.* (*pl. m. -ci*) Di monografia: *studio* – | *Corso* –, corso universitario su un argomento specifico.
monogràmma *s. m.* (*pl. -i*) Intreccio delle iniziali o di alcune lettere di un nome proprio, usato come simbolo del nome stesso; SIN. Cifra.
monòico *agg.* (*pl. m. -ci*) (*bot.*) Di pianta che porta fiori maschili e fiori femminili su un unico individuo.
monolìngue *agg.* **1** Detto di chi conosce una sola lingua. **2** Detto di ciò che è redatto in una sola lingua: *iscrizione* – | *Dizionario* –, che raccoglie le parole di una sola lingua.
monolìtico *agg.* (*pl. m. -ci*) **1** Di ciò che è costituito da un solo blocco di materiale. **2** (*fig.*) Di assoluta compattezza.
monòlito o (*evit.*) *monolìto s. m.* **1** Grosso blocco roccioso tutto di un pezzo. **2** Struttura architettonica od ornamentale costituita da un blocco unico di materiale.
monolocàle *s. m.* Abitazione di un solo locale | Appartamentino con una sola camera adibita a vari usi, più i servizi essenziali.
monologàre *v. intr.* (*io monòlogo, tu monòloghi; aus. avere*) **1** (*raro*) Parlare con se stesso. **2** Recitare un monologo.
monòlogo *s. m.* (*pl. -ghi*) **1** Parte del dramma recitato da un unico attore | Breve opera drammatica scritta per un solo attore. **2** Soliloquio.
monomanìa *s. f.* (*psicol.*) Particolare forma di idea ossessiva unica e costante; SIN. Fissazione.
monomanìaco *agg.; anche s. m.* (*f. -a; pl. m. -ci*) Affetto da monomania.
monòmero *s. m.* (*chim.*) Molecola semplice, costituente l'unità fondamentale ricorrente in un polimero.
monometallìsmo *s. m.* Sistema monetario in cui l'unità monetaria è definita dalla legge in termini di un solo metallo.
monomètrico *agg.* (*pl. m. -ci*) Detto di sistema cristallino in cui si assumono come assi cristallografici tre assi ortogonali e tre parametri uguali.
monòmio *s. m.* (*mat.*) Espressione algebrica costituita dal prodotto di più fattori letterali preceduto da un coefficiente numerico.
monomotóre **A** *agg.* Che ha un solo motore, detto spec. di velivolo. **B** *anche s. m.*
monopàttino *s. m.* Giocattolo costituito da un'assicella con rotelle e asta con manubrio, messo in moto appoggiandovi sopra un piede e puntando l'altro a terra per dare la spinta. [→ ill. *giochi*]
monopètalo *agg.* (*bot.*) Gamopetalo.
monopètto *s. m. inv.* Abito la cui giacca ha una sola fila di bottoni; CFR. Doppiopetto.
monoplàno *s. m.* Velivolo con un solo piano alare.
monoplegìa *s. f.* (*pl. -gie*) (*med.*) Paralisi di un arto o gruppo muscolare o di un solo muscolo.
monopòdico *agg.* (*pl. m. -ci*) (*bot.*) Detto di ramificazione in cui l'asse principale si sviluppa maggiormente rispetto a quelli laterali. [→ ill. *botanica*]
monopòlio *s. m.* **1** Regime di mercato in cui la produzione di un certo bene è accentrata in un solo operatore economico. **2** (*fig.*) Privilegio, prerogativa: *la serenità è – di pochi*.
monopolista *s. m. e f.* (*pl. m. -i*) Chi ha un monopolio.
monopolìstico *agg.* (*pl. m. -ci*) Di monopolio.
monopolizzàre *v. tr.* (*io monopolìzzo*) **1** Avere il monopolio di un dato mercato. **2** (*fig.*) Accentrare su di sé, volere per sé solo: – *l'attenzione generale*.
monopolizzatóre *s. m.; anche agg.* (*f. -trìce*) Chi (o che) monopolizza (*anche fig.*).
monopósto *agg. inv.* Che ha un solo posto, riferito a mezzo di trasporto: *aereo* –. [→ ill. *autoveicoli*]
monopropellènte *s. m.* (*chim.*) Propellente liquido costituito da un solo composto.
monoreattóre *s. m.* Aereo con un solo motore a reazione.
monorotàia *s. f.* Ferrovia a una sola rotaia | (*gener.*) Sopraelevata. [→ ill. *ferrovia*]
monorotóre *agg.* Che ha un solo rotore: *elicottero* –.
monosaccàride *s. m.* (*chim.*) Glucide formato da una sola molecola di zucchero semplice.
monoscì *s. m. inv.* Attrezzo per lo sci d'acqua, costituito da un solo sci di dimensioni maggiorate, sul quale si appoggiano i piedi.
monoscòpio *s. m.* Immagine costituita da un appropriato disegno geometrico, trasmessa dalle stazioni televisive come riferimento per la messa a punto dei televisori.
monosillàbico *agg.* (*pl. m. -ci*) Che è formato di una sola sillaba.
monosìllabo **A** *agg.* Che ha una sola sillaba. **B** *s. m.* Parola formata da una sola sillaba. ● CONTR. Polisillabo.
monoteìsmo *s. m.* Religione fondata sull'esistenza di un solo dio; CONTR. Politeismo.
monoteista *s. m. e f.* (*pl. m. -i*) Chi professa il monoteismo.
monoteìstico *agg.* (*pl. m. -ci*) Del monoteismo.
monotipìa *s. f.* Tecnica tipografica realizzata mediante la monotype.
monotipista *s. m.* (*pl. -i*) Poligrafico che lavora alle monotype.
monotìpo (1) *s. m.* Adattamento di *monotype*.
monòtipo (2) *s. m.* Stampa in esemplare unico, a uno o più colori, ricavata da un disegno non permanente eseguito su lastra metallica.
monotonìa *s. f.* Noiosa uniformità.
monòtono *agg.* Che ha tono privo di variazioni: *voce monotona* | (*est.*) Che è sempre uguale e uniforme, privo di varietà o mutamenti: *vita monotona*.
Monotrèmi *s. m. pl.* (*sing. -o*) Ordine di Mammiferi ovipari, dal corpo tozzo rivestito di aculei o di pelame ispido, occhi piccoli, muso terminante con un becco, privi di denti, che allattano la prole. [→ ill. *animali* 15]
monottòngo *s. m.* (*pl. -ghi*) (*ling.*) Articolazione vocalica di timbro uniforme.
monotype /*ingl.* 'mɔnətaip/ *s. f. inv.* (*pl. ingl. monotypes* /'mɔnətaips/) Macchina tipografica che produce un nastro perforato contenente in codice tutte le istruzioni necessarie al funzionamento della monofonditrice. [→ ill. *stampa*]
monovalènte *agg.* **1** Detto di atomo o raggruppamento atomico che può combinarsi con un solo atomo di idrogeno; CONTR. Polivalente. **2** Di medicinale efficace contro una sola malattia: *siero* –.
monovèrbo *s. m.* Tipo di rebus la cui soluzione è data da un'unica parola.
monsignóre *s. m.* **1** Titolo spettante a vescovi, arcivescovi e a ecclesiastici insigniti di precise dignità | Titolo attribuito un tempo a re, imperatori, papi e in certi paesi agli eredi al trono. **2** (*fig., scherz.*) Persona importante, di alto rango.
monsóne *s. m.* Vento stagionale dell'Asia sudorientale che soffia dal continente verso l'oceano d'inverno e in senso contrario d'estate.
monsònico *agg.* (*pl. m. -ci*) Che ha connessione coi monsoni.
mónta *s. f.* **1** Accoppiamento fra animali, spec. d'allevamento | (*est.*) Luogo in cui avviene tale accoppiamento: *stazione di* –. **2** Nello sport, modo e atto di cavalcare.
montacàrichi *s. m.* Apparecchio di sollevamento verticale adibito al trasporto di merci e materiali. [→ ill. *miniera*]
montàggio *s. m.* **1** Operazione consistente nel mettere insieme, collegandole fra loro, le parti costituenti di una macchina: *catena di* –. **2** Operazione consistente nel tagliare e giuntare fra di loro i pezzi di pellicola che devono comporre un film.
montàgna *s. f.* **1** Monte | *Montagne russe*, (*fig.*) nelle fiere, sorta di ferrovia in miniatura con tracciato a forti dislivelli. **2** Zona, regione montuosa: *andare in* –; *villaggio di* – | *Mal di* –, disturbi circolatori e respiratori dovuti alle variazioni di pressione e di ossigeno nell'atmosfera. [→ ill. *copricapo, geografia*] **3** (*fig.*) Ingente quantità di cose: *una – di piatti da lavare*. [→ tav. *lo-*

cuzioni 76]

montagnóso *agg.* Montuoso.

montanàro ***A*** *agg.* Di montagna | Proprio di chi abita la zona montuosa: *salame* —. ***B*** *s. m.* (*f. -a*) Chi vive, o è nato, in montagna.

montanino *agg.* (*tosc.*) Di montagna.

montàno *agg.* Relativo a monte o montagna.

montànte ***A*** *part. pres. di montare; anche agg.* Che aumenta o s'innalza (*anche fig.*). ***B*** *s. m.* ***1*** Asta di parete, verticale, di una struttura reticolare. ***2*** Elemento verticale di intelaiatura di porta o finestra | Nel calcio, ciascuno dei pali verticali della porta. [→ ill. *automobile*] ***3*** Nel pugilato, colpo portato dal basso verso l'alto, a braccio piegato, al mento o allo stomaco; SIN. Uppercut. ***4*** (*econ.*) Somma del capitale e degli interessi da esso prodotti in un certo periodo di tempo.

montàre ***A*** *v. intr.* (*io mónto; aus. essere*) ***1*** Andare o salire su q.c.: — *sul campanile, in cima alle scale, in bicicletta, a cavallo* | — *in cattedra, in pulpito,* (*fig.*) fare il saccente | — *in vettura, in treno,* salirvi e prendervi posto | (*fig.*) — *in collera,* arrabbiarsi | (*fig.*) — *in bestia,* imbestialirsi | — *il sangue alla testa,* perdere la ragione, la lucidità per l'ira. ***2*** ass. Andare a cavallo. ***3*** Innalzarsi di livello, grado, tono e sim. (*anche fig.*): *la marea monta rapidamente.* ***B*** *v. tr.* ***1*** Salire: — *le scale, i gradini.* ***2*** Comporre q.c. riunendone e collegandone le varie parti nel modo dovuto: — *una macchina* | — *la casa,* fornirla di tutto il necessario arredamento | (*est.*) Mettere nel posto dovuto: — *le tende, la libreria.* ***3*** Gonfiare, innalzare, elevare (*spec. fig.*): — *la panna* | (*fig.*) — *una notizia,* esagerarne l'importanza, nel riferirla | (*fig.*) — *qc.,* farne una figura di primo piano o montargli la testa | (*fig.*) — *la testa a qc.,* esaltarlo con allettamenti, lusinghe e sim. | *Montarsi la testa,* esaltarsi da sé. ***4*** Fecondare: *far* — *le giumente da stalloni purosangue.* ***5*** Incastonare le pietre preziose nel gioiello. ***6*** Comporre un film eseguendo l'operazione di montaggio. ***C*** *v. intr. pron.* Mettersi in agitazione, in fermento | Esaltarsi.

montàta *s. f.* ***1*** (*raro*) Atto del montare. ***2*** Il risalire i fiumi o il penetrare in acque interne da parte di alcuni tipi di pesci nel periodo della riproduzione.

montatóio *s. m.* Gradino su cui si poggiano i piedi per salire o scendere in vetture, carrozze e sim.; SIN. Predellino.

montatóre *s. m.; anche agg.* (*f. -trice*) ***1*** Chi (o che) monta. ***2*** Chi è addetto a operazioni di montaggio.

montatùra *s. f.* ***1*** Operazione del dotare un oggetto di un sostegno, un supporto, un'intelaiatura e sim. ***2*** Ciò che costituisce la struttura di sostegno di un oggetto: *anello con* — *d'oro.* [→ ill. *ottica*] ***3*** Guarnizione di un cappello da donna. ***4*** (*fig.*) Premeditata esagerazione del valore e interesse di q.c.: *una* — *della stampa.*

montavivànde *s. m. inv.* Piccolo montacarichi per trasporto verticale di vivande.

mónte *s. m.* ***1*** Massa grandissima di roccia e terra che si eleva parecchio sul livello del mare: *il* — *Bianco* | *A* —, verso la sommità; (*fig.*) in una situazione, fatto, momento, causa e sim. precedenti rispetto a un determinato fatto: *i motivi vanno ricercati a* —; CFR. A valle | *A* — *di,* nella parte più prossima alla sorgente, detto di fiume o di una valle, rispetto al luogo considerato | (*fig.*) *Promettere mari e monti,* fare grandi promesse che non si manterranno; SIN. Altura. ***2*** (*fig.*) Grande ammasso, ingente quantità: *un* — *di stracci.* ***3*** Mucchio di carte scartate al gioco | *Mandare a* —, (*fig.*) far fallire | *Andare a* —, (*fig.*) non riuscire, mancare. ***4*** Somma di denaro, complesso di valori, spec. contabili | — *premi,* somma globale ripartita tra i vincitori di una lotteria, di un concorso e sim. ***5*** Ente pubblico con funzioni bancarie | — *di pietà,* istituto che accorda prestiti su pegno di oggetti.

montebiànco *s. m.* Dolce di castagne, lessate e passate, e panna montata. [→ ill. *dolciumi*]

montgomery /*ingl.* mənt'gʌməri/ *s. m. inv.* Giaccone di lana con cappuccio, chiuso da alamari (dal nome del generale inglese che lo adoperava). [→ ill. *abbigliamento*]

monticàre *v. intr.* (*io móntico, tu móntichi; aus. avere*) Stare all'alpeggio, detto del bestiame | Tenere il bestiame all'alpeggio.

montóne *s. m.* Maschio della pecora. [→ ill. *pecora*]

montuosità *s. f.* ***1*** L'essere montuoso. ***2*** Punto più elevato del terreno.

montuóso *agg.* Che abbonda di monti, che è sparso di monti; SIN. Montagnoso.

monumentàle *agg.* ***1*** Di monumento. ***2*** Che è simile a monumento per grandiosità e importanza: *costruzione* —. ***3*** Che è ricco di monumenti: *città* —.

monuménto *s. m.* ***1*** Opera, spec. di scultura o di architettura, che serve a ricordare un personaggio o un avvenimento. [→ ill. *monumenti archeologici, giardino pubblico, illuminazione*] ***2*** (*fig.*) Opera di importanza notevole per le arti, la storia, la letteratura di un paese o di una civiltà.

moog /*ingl.* mug/ *s. m. inv.* Nome commerciale di un tipo di sintetizzatore.

moon boot /*ingl.* 'mu:n bu:t/ *s. m. inv.* (*pl. ingl. moon boots* /'mu:n bu:ts/) Nome commerciale di calzature di materiale isolante, usate come doposcì o per camminare su neve abbondante.

moplèn *s. m. inv.* Nome commerciale di materia plastica, usata per stampaggio di oggetti vari.

moquette /*fr.* mɔ'kɛt/ *s. f. inv.* (*pl. fr. moquettes* /mɔ'kɛt/) Tipo di tessuto in lana ruvida o fibre sintetiche, usato per rivestire pavimenti.

mòra (1) *s. f.* Frutto del gelso bianco e del moro nero | Frutto del rovo, nero, lucente, commestibile. [→ ill. *frutta*]

mòra (2) *s. f.* ***1*** (*dir.*) Ingiustificato ritardo nell'adempimento di un'obbligazione o prestazione dovuta. ***2*** Somma di denaro dovuta per il ritardo nel compimento di un atto.

Moràcee *s. f. pl.* Famiglia di piante legnose delle Urticali, spesso ricche di latice, con frutti a drupa o acheni racchiusi in falsi frutti carnosi. [→ ill. *piante* 2, 3]

moràle ***A*** *agg.* ***1*** Che concerne le forme e i modi della vita pubblica e privata, in relazione alla categoria del bene e del male: *progresso* —; *le dottrine morali* | *Senso* —, percezione intuitiva di ciò che è bene o male | *Coscienza* —, consapevolezza del significato etico delle proprie azioni. ***2*** Conforme ai principi di ciò che è buono e giusto: *discorso* — | Castigato, non licenzioso: *spettacolo* —; CONTR. Immorale. ***3*** Relativo al mondo della coscienza: *forza, fiacchezza* — | *Scienze morali,* filosofiche, giuridiche, storiche, politiche, sociali e psicologiche, in contrapposizione alle scienze fisiche e matematiche | *Schiaffo* —, offesa, umiliazione bruciante (*anche scherz.*) | *Vincitore* —, chi, pur essendo stato sconfitto in una gara e sim., si è comportato così bene da esser considerato idealmente vittorioso. ***B*** *s. f.* ***1*** Parte della filosofia che studia i problemi relativi alla condotta dell'uomo; SIN. Etica. ***2*** Complesso di consuetudini e norme che regolano la vita pubblica e privata. ***3*** Insegnamento che si può trarre da un discorso, da un racconto | *La* — *della favola,* (*fig.*) la conclusione di un ragionamento o anche del racconto di un fatto. ***C*** *s. m.* Stato d'animo, condizione psicologica: *avere il* — *alto*; *essere giù di* —.

moraleggiàre *v. intr.* (*io moraléggio; aus. avere*) Fare osservazioni, ragionamenti di morale (*spesso spreg.*).

moralismo *s. m.* ***1*** Atteggiamento e comportamento da moralista. ***2*** Dottrina filosofica secondo cui soltanto l'azione morale consente di interpretare e comprendere la realtà.

moralista *s. m. e f.* (*pl. m. -i*) ***1*** Chi giudica ogni azione da un punto di vista astrattamente morale | Chi manifesta eccessiva intransigenza morale. ***2*** Chi segue il moralismo.

moralistico *agg.* (*pl. m. -ci*) Di, da moralista | Del moralismo.

moralità *s. f.* ***1*** Carattere di ciò che è conforme alle norme morali; CONTR. Immoralità. ***2*** Morale, spec. in quanto attuazione pratica delle norme morali.

moralizzàre *v. tr.* Rendere conforme ai principi morali.

moralizzatóre ***A*** *s. m.* (*f. -trice*) Chi moralizza. ***B*** *anche agg.*

moralizzazióne *s. f.* Conformazione ai principi della morale, spec. nella vita pubblica.

moralménte *avv.* In modo conforme alla morale | Per quanto concerne la morale.

moratòria *s. f.* ***1*** Provvedimento legislativo per cui resta sospesa la scadenza delle obbligazioni, spec. pecuniarie. **2** Dilazione, sospensione: – *degli esperimenti nucleari.*

moratòrio *agg.* Di dilazione.

morbidézza *s. f.* L'essere morbido (*anche fig.*).

mòrbido A *agg.* **1** Che ha consistenza soffice, cedevole o pastosa: *letto, guanciale* –; SIN. Molle. **2** Dolce, liscio e delicato al tatto: *pelle morbida.* **3** Leggero, sfumato, vaporoso: *morbidi contorni.* **4** (*fig.*) Affabile, arrendevole: *carattere, animo* –. **B** *s. m. solo sing.* Ciò che è morbido: *sedere sul* –.

morbillo *s. m.* Malattia virale dell'infanzia caratterizzata da febbre alta e da un esantema a macchie piccole e rossastre.

mòrbo *s. m.* **1** (*med.*) Malattia | – *blu*, cardiopatia congenita che, per insufficiente ossigenazione del sangue, dà luogo a cianosi | – *giallo*, febbre gialla. **2** (*fig.*) Malanno, piaga: – *sociale.*

morbosità *s. f.* **1** L'essere morboso. **2** Studio statistico delle malattie in una determinata popolazione.

morbóso *agg.* **1** (*med.*) Relativo a morbo. **2** (*est.*) Che manca di equilibrio o di misura: *amore* –; SIN. Eccessivo, ossessivo.

morchèlla *s. f.* (*bot.*) Spugnola.

mòrchia *s. f.* **1** Deposito lasciato dall'olio per chiarificazione spontanea o a seguito del lavaggio. **2** Fondo o sedimento untuoso e sudicio.

mordàce *agg.* **1** Che è pronto a mordere, che morde con facilità: *bocca* –. **2** Aspro, caustico, pungente (*spec. fig.*): *lingua, satira* –.

mordacità *s. f.* **1** Forza di mordere, pungere | Qualità corrosiva. **2** (*fig.*) Maldicenza, acrimonia.

mordènte A *part. pres. di mordere; anche agg.* Che morde. **B** *s. m.* **1** Sostanza che serve a fissare il colorante sulla fibra | Sostanza usata per l'incisione su lastre metalliche | Sostanza usata per superfici metalliche. **2** (*fig.*) Spirito combattivo o aggressivo; SIN. Grinta.

mòrdere *v. tr.* (*pass. rem. io mòrsi, tu mordésti; part. pass. mòrso*) **1** Addentare con forza, ferire con i denti: – *la mela* | (*fig.*) – *il terreno, la polvere*, giacere prono e sconfitto a terra | (*fig.*) – *il freno*, subire controvoglia disciplina e costrizioni | *Mordersi le mani, le dita*, (*fig.*) in segno di rabbia e sim. | *Mordersi le labbra*, (*fig.*) costringersi a tacere; SIN. Morsicare. **2** Stringere in una morsa o come in una morsa: *le tenaglie mordono il ferro.* **3** Intaccare penetrando con forza | – *l'asfalto*, (*fig.*) detto di pneumatici che vi aderiscono perfettamente quando il veicolo è lanciato a forte velocità. [→ tav. *proverbi* 41, 174, 364]

mordicchiàre *v. tr.* (*io mordicchio*) Mordere leggermente e con insistenza.

morèllo A *agg.* **1** Di colore tendente al nero. **2** Tipo di mantello equino i cui peli sono di colore scuro, quasi

monumenti archeologici

menhir

dolmen

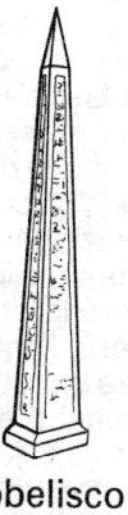

obelisco

ziggurat

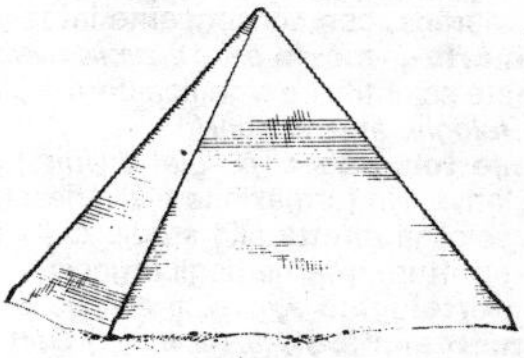

piramide egizia

piramide precolombiana

tempio greco

arco trionfale romano

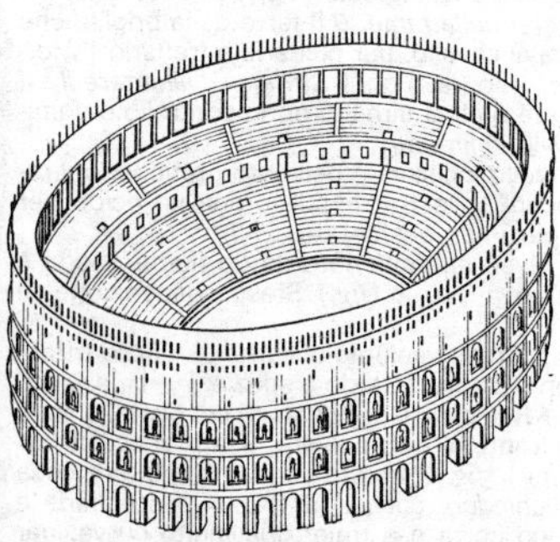

anfiteatro romano

teatro greco

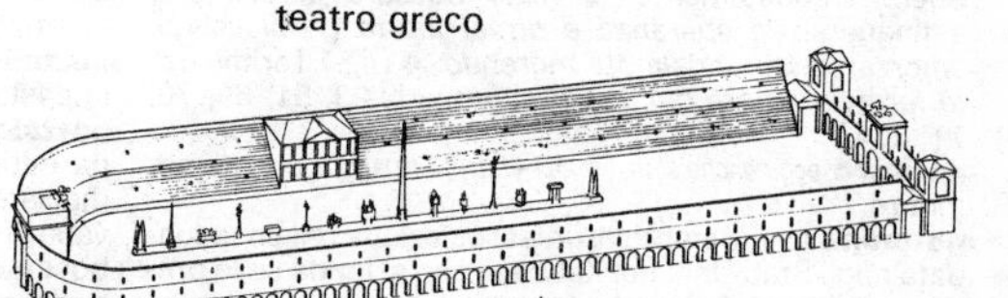

circo romano

nero. ***B*** *s. m.* (*f. -a*) Cavallo dal mantello morello.
morèna *s. f.* Altura formata dall'accumulo di materiale roccioso disgregato da un ghiacciaio dalle pendici montuose laterali o dal suo fondo e trascinato a valle. [→ ill. *geografia*]
morènico *agg.* (*pl. m. -ci*) Di morena: *anfiteatro* —. [→ ill. *geografia*]
morènte *part. pres. di morire; anche agg. e s. m. e f.* Che (o chi) sta per morire (*anche fig.*).
morésco *agg.* (*pl. m. -schi*) Dei Mori | *Arte moresca*, araba, spec. di Spagna e d'Africa.
more solito /*lat.* 'mɔre 'sɔlito/ *loc. avv.* Si usa spec. per indicare il ripetersi sgradevole di un atteggiamento, di un comportamento, di una situazione.
morétta *s. f.* ***1*** Giovanetta di razza nera | (*est.*) Fanciulla di colorito e capelli bruni. ***2*** (*zool.*) Anitra nera sul dorso e bianca sul ventre con caratteristico ciuffo sulla nuca.
morétto *s. m.* (*f. -a* nel sign. 2) ***1*** *Dim. di moro.* ***2*** Giovanetto o fanciullo di razza nera | (*est.*) Fanciullo di colorito e capelli scuri. ***3*** Gelato ricoperto da uno strato di cioccolato.
more uxorio /*lat.* 'mɔre uk'sɔrjo/ *loc. avv. e agg. inv.* Si usa per indicare la condizione di due persone di sesso diverso che convivono senza aver contratto matrimonio.
morfèma *s. m.* (*pl. -i*) (*ling.*) Unità linguistica minima portatrice di significato (ad. es. *-o, -a, -are, -avo*); CFR. Lessema.
morfina *s. f.* Alcaloide estratto dall'oppio, usato in medicina per la forte azione analgesica.
morfinismo *s. m.* Intossicazione cronica da morfina.
morfinòmane *s. m. e f.* Chi è affetto da morfinomania.
morfinomania *s. f.* Attitudine morbosa all'assunzione di morfina, con conseguente intossicazione cronica.
mòrfo-, -mòrfo *primo e secondo elemento:* in parole composte scientifiche significa 'forma', 'che ha forma di': *morfologia, antropomorfo.*
morfologia *s. f.* (*pl. -gie*) ***1*** (*ling.*) Studio delle regole relative alla formazione e alla flessione delle parole. ***2*** Disciplina diretta allo studio delle forme esterne e delle strutture interne degli organismi viventi e dei minerali.
morfològico *agg.* (*pl. m. -ci*) Della morfologia.
morganàtico *agg.* (*pl. m. -ci*) Detto del matrimonio contratto da un sovrano con persona di minor casato, in cui la moglie e i figli sono esclusi dai diritti di successione dinastica.
morgue /*fr.* mɔrg/ *s. f. inv.* (*pl. fr. morgues* /mɔrg/) Obitorio.
moria *s. f.* Elevata mortalità, spec. di animali, dovuta a malattie epidemiche.
moribóndo *agg.; anche s. m.* (*f. -a*) Che (o chi) sta per morire (*anche fig.*).
morigeratézza *s. f.* L'essere morigerato.
morigeràto *agg.* Che ha un modo di vivere sobrio e rispettoso delle norme della morale.
moriglióne *s. m.* Uccello acquatico, addomesticabile, abile nuotatore e tuffatore, amante delle acque profonde; SIN. Collorosso.
morióne *s. m.* Casco di acciaio di foggia varia, per soldato con armatura leggera. [→ ill. *armi*]
morire *v. intr.* (*pres. io muòio, tu muòri, egli muòre, noi moriàmo, voi morìte, essi muòiono; pass. rem. io morìi, tu morìsti; fut. io morirò o morrò; pres. congv. io muòia, noi moriàmo, voi moriàte, essi muòiano; condiz. pres. io morirèi o morrèi; part. pass. mòrto; aus. essere*) ***1*** Cessare di vivere, detto di uomini, animali, piante: — *di malattia, di vecchiaia*; — *per un grande dolore*; — *in battaglia* | — *come un cane*, solo, abbandonato da tutti | *Far — qc.*, causarne la morte; SIN. Decedere, perire; CONTR. Nascere. ***2*** Soffrire intensamente: — *di fame*; *una sete, un caldo da* — | — *di rabbia*, essere adirato | — *dalle risa*, ridere smodatamente. ***3*** (*fig.*) Cessare di esistere, estinguersi: *la speranza è ormai morta* | Affievolirsi, smorzarsi: *la candela sta morendo.* ***4*** (*fig.*) Terminare: *le ferrovia muore qui.* [→ tav. *proverbi* 23, 51, 69, 70, 71, 224]
moritùro *agg.; anche s. m.* (*f. -a*) (*lett.*) Detto di chi sta per morire.
mormóne *s. m.* Membro di un'associazione religiosa fondata negli Stati Uniti nel XIX sec., che si fonda sulle presunte rivelazioni di un profeta detto Mormon e predica una dottrina mista cristiano-biblica della comunanza dei beni e della poligamia.
mórmora *s. f.* Pesce osseo commestibile comune sui fondi sabbiosi, con fasce trasversali nerastre sui fianchi.
mormoràre ***A*** *v. intr.* (*io mórmoro; aus. avere*) ***1*** Produrre un rumore lieve e continuo, detto di acque correnti, delle fronde mosse dal vento e sim. ***2*** Parlare sommessamente: — *tra i denti*; SIN. Bisbigliare, sussurrare. ***3*** (*est.*) Brontolare, lagnarsi. ***4*** Sparlare di qc.: *la gente mormora alle tue spalle.* ***B*** *v. tr.* Dire a bassa voce: *mi mormorò alcune parole all'orecchio.*
mormorazióne *s. f.* Atto del mormorare | Maldicenza.
mormorio *s. m.* ***1*** Rumore lieve e continuo di acque correnti, fronde mosse dal vento e sim. ***2*** Suono confuso e leggero prodotto dal mormorare di più persone; SIN. Bisbiglio, brusio, sussurro.
mòro (1) *agg.; anche s. m.* (*f. -a*) ***1*** Della Mauritania, dell'Etiopia, dell'Africa | Saraceno, musulmano. ***2*** (*est.*) Di persona bruna di carnagione e di capelli | Di animale che ha pelame scuro.
mòro (2) *s. m.* Gelso: — *bianco, nero.*
morosità *s. f.* Stato di chi è in mora.
moróso (1) ***A*** *agg.* Che è in mora: *debitore* —. ***B*** *anche s. m.* (*f. -a*).
moróso (2) *s. m.* (*f. -a*) (*pop.*) Innamorato.
mòrra *s. f.* Antico gioco popolare in cui due giocatori stendono alcune dita della mano e nello stesso tempo gridano un numero da due a dieci, tentando di indovinare la somma delle dita esibite da entrambi.
mòrsa *s. f.* ***1*** Attrezzo fissato al tavolo da lavoro, costituito da una ganascia fissa e una ganascia mobile, le quali bloccano, mediante un dispositivo a vite, il pezzo da lavorare. [→ ill. *falegname, meccanica*] ***2*** (*fig.*) Stretta forte e tenace. ***3*** *spec. al pl.* Mattoni o pietre vive lavorate che si lasciano sporgere sul finimento verticale di un muro per potervi eventualmente collegare un nuovo muro di continuazione.
Morse /*ingl.* 'mɔːs/ *agg. inv. Alfabeto, codice* —, sistema di comunicazione in cui lettere e numeri sono rappresentati da punti e linee | *Sistema* —, sistema di trasmissione telegrafica che utilizza l'alfabeto Morse (dal n. dell'inventore, l'americano Samuel *Morse*).
morsettièra *s. f.* Supporto recante una serie di morsetti per collegamenti elettrici.
morsétto *s. m.* ***1*** Attrezzo per afferrare pezzi, spec. piccoli, azionato da vite o da ganasce accostabili, che stringe il pezzo. [→ ill. *falegname, ferramenta, meccanica, orafo e argentiere, orologiaio, ufficio*] ***2*** Dispositivo usato per eseguire connessioni di conduttori elettrici tra loro o a un sostegno. [→ ill. *elettricità, meccanica*]
morsicàre *v. tr.* (*io mòrsico, tu mòrsichi*) Mordere.
morsicatùra *s. f.* (*raro*) Atto del morsicare | Segno che ne rimane.
mòrso (1) *part. pass. di mordere; anche agg.* Addentato, roso.
mòrso (2) *s. m.* ***1*** Movimento consistente nell'addentare q.c. con forza per prendere, ferire, lacerare e sim. | *Dar di* —, mordere e (*fig.*) offendere. ***2*** Pezzetto di q.c., spec. cibo, che si stacca coi denti in una sola volta: *un — di pane.* ***3*** Segno lasciato da un morso. ***4*** (*fig.*) Sensazione di intensità quasi dolorosa, che assale all'improvviso: *i morsi della fame.* ***5*** Il ferro della briglia, che entra in bocca al cavallo, per guidarlo e frenarlo | *Mettere il — a qc.*, imporsi a qc. | *Stringere, allentare il* —, (*fig.*) aumentare o diminuire il proprio controllo o dominio su qc. [→ ill. *finimenti*]
morsùra *s. f.* Nelle incisioni e nelle arti grafiche, operazione d'intaccare la lastra metallica con un acido per asportare le parti non desiderate.
mòrta *s. f.* ***1*** Alveo abbandonato da un fiume che si è aperto una nuova via. ***2*** (*fig.*) Stasi, sospensione di un'attività.
mortadèlla *s. f.* Grosso salume di carne di maiale tritata impastato con pezzetti di lardo e spezie. [→ ill. *salumi*]
mortàio *s. m.* ***1*** Recipiente per pestarvi col pestello cose da ridurre in frantumi o in polvere, usato spec. in farmacia e cucina | (*fig.*) *Pestar l'acqua nel* —, fare cosa vana. [→ ill. *chimico, cucina*] ***2*** Pezzo di artiglieria a bocca da fuoco corta e a traiettoria molto curva, per battere obiettivi defilati. [→ ill. *armi*]

mortàle ***A*** *agg.* ***1*** Che è soggetto a morire: *il corpo è* —; CONTR. Immortale. ***2*** Umano, proprio dell'uomo. ***3*** Che cagiona o può cagionare la morte: *malattia* —; *salto* —; SIN. Letale. ***4*** Di morte, di morto | *Spoglie mortali*, cadavere umano. ***5*** Nella morale cattolica, detto di peccato grave; CONTR. Veniale. ***B*** *s. m. spec. al pl.* Uomo, considerato come soggetto alla morte: *il destino dei mortali*.

mortalità *s. f.* (*stat.*) Rapporto fra il numero dei morti e il numero dei componenti la popolazione in un determinato periodo di tempo.

mortalménte *avv.* In modo mortale.

mortarétto *s. m.* Involucro cilindrico di cartone ripieno di polvere pirica, che si fa esplodere in spettacoli pirotecnici o in segno di gioia.

mortàṣa *s. f.* Intaglio praticato in un pezzo di legno per incastrarvi un altro pezzo.

mortaṣàre *v. tr.* (*io mortàṣo*) Eseguire una mortasa.

mortaṣatrice *s. f.* Macchina per mortasare. [→ ill. *falegname*]

mòrte *s. f.* ***1*** Cessazione della vita, di uomo, animale, pianta: *affrontare la* —; *essere fra la vita e la* — | *Darsi la* —, uccidersi | *Scherzare con la* —, esporsi avventatamente ai pericoli | *Sino alla* —, per tutto il resto della vita | *In caso di* —, nell'eventualità che uno muoia | *Questione di vita o di* —, gravissima, decisiva | *Avere la* — *nel cuore, nell'anima*, essere molto addolorato | *Silenzio di* —, profondo e terribile | *Avercela a* — *con qc.*, odiarlo profondamente; SIN. Decesso; CONTR. Vita. [→ ill. *luna park*] ***2*** Personificazione della morte | (*est.*) Ciò che uccide. ***3*** Pena capitale: *sentenza di* —; *condannare a* —. ***4*** (*fig.*) Rovina, distruzione, fine: *la* — *di una industria*. [→ tav. *proverbi* 28, 269]

mortèlla *s. f.* (*bot.*) Mirto.

morticino *s. m.* (*f.* *-a*) ***1*** *Dim. di morto.* ***2*** Bambino morto.

mortifero *agg.* Che porta morte, che è capace di dare la morte.

mortificàre ***A*** *v. tr.* (*io mortifico, tu mortifichi*) Indurre qc. a vergognarsi di sé, con male parole, atteggiamenti sgarbati e sim. | — *la carne, i sensi*, reprimere gli impulsi sensuali con la penitenza; SIN. Umiliare. ***B*** *v. rifl.* ***1*** Punire se stesso. ***2*** (*relig.*) Praticare penitenze corporali. ***C*** *v. intr. pron.* Sentire dispiacere e vergogna.

mortificazióne *s. f.* ***1*** Umiliazione che induce un sentimento di vergogna, avvilimento, dispiacere e sim.: *subire una* —; *che* —! ***2*** (*relig.*) Pratica delle penitenze corporali | Repressione delle passioni.

mòrto ***A*** *part. pass. di morire; anche agg.* ***1*** Che ha cessato di vivere. ***2*** (*fig.*) Privo di animazione, di vita: *è una città morta*; *una festa morta* | Passato, trascorso, detto di tempo, età | *Lingua morta*, non più parlata. ***3*** (*fig.*) Inerte: *peso, corpo* — | *Mare* —, quando vi siano onde lente e assenza di vento | *Essere lettera morta*, di disposizione che non ha più efficacia | *Giungere a un punto* —, di situazione priva di soluzione. ***4*** (*fig.*) Inutilizzabile. ***B*** *s. m.* (*f.* *-a* nel sign. 1) ***1*** Persona morta | *Il mondo, il regno dei morti*, l'oltretomba | *Suonare a* —, suonare le campane a rintocchi lenti per la morte di qc. | *Fare il* —, restare immobili o galleggiare sull'acqua disteso supino sul dorso | *Pallido come un* —, pallidissimo | *Sembrare un* — *che cammina*, di persona magra e sparuta | *Un* — *di fame*, (*fig.*) un miserabile; SIN. Cadavere, defunto, estinto. ***2*** Nel gioco del bridge, il compagno del dichiarante, che gli gioca le carte scoperte sul tavolo | *Giocare col* —, in alcuni giochi di carte, essere soltanto in tre, ma distribuire le carte come se si fosse in quattro. [→ tav. *proverbi* 269, 273; → tav. *locuzioni* 47]

mortòrio *s. m.* ***1*** Funerale. ***2*** (*fig.*) Festa, cerimonia, spettacolo e sim. che si svolgono senza allegria o con scarso concorso di gente.

mòrula *s. f.* (*biol.*) Primo stadio della segmentazione dell'uovo che precede la blastula ed è formato da un semplice ammasso di cellule.

mòrva *s. f.* Malattia infettiva, contagiosa, cronica, degli equini, raramente trasmissibile all'uomo.

moṣaicista *s. m. e f.* (*pl. m.* *-i*) Artista o artigiano che esegue lavori di mosaico.

moṣàico (1) *s. m.* (*pl.* *-ci*) ***1*** Composizione decorativa o figurativa di parete o pavimento, a tasselli di pietra, ceramica o vetro variamente colorati e tra loro connessi con mastice o cemento: *pavimento a* —. ***2*** Componimento letterario, musicale, o altra opera artistica risultante dall'unione di elementi diversi. ***3*** (*fig.*) Mescolanza di elementi diversi: *un* — *di nozioni*. ***4*** Malattia di alcune piante, che dà alle foglie un aspetto variegato: — *dei tabacco*.

moṣàico (2) *agg.* (*pl. m.* *-ci*) Relativo a Mosè, ai libri biblici a lui attribuiti, alla legge da lui trasmessa al popolo ebraico.

mósca ***A*** *s. f.* ***1*** Insetto cosmopolita che predilige i climi caldi e si alimenta di qualsiasi sostanza organica diventando veicolo di germi patogeni di varie specie | — *tse-tse*, grossa mosca grigiastra dell'Africa tropico-equatoriale che trasmette all'uomo e ai mammiferi il tripanosoma della malattia del sonno | *Essere come una* — *nel latte*, spiccare sul candore circostante | *Non farebbe male a una* —, (*fig.*) di persona particolarmente buona | *Morire come le mosche*, (*fig.*) morire in grandissimo numero | *Essere raro come le mosche bianche*, (*fig.*) rarissimo | *Si sentirebbe volare una* —, (*fig.*) c'è un grande silenzio | (*fig.*) *Restare con un pugno di mosche in mano*, vedere fallire i propri sforzi | (*fig.*) *Montare, saltare la* — *al naso*, seccarsi, adirarsi | *Far saltare la* — *al naso a qc.*, provocarlo, fargli perdere la calma. [→ ill. *animali* 3] ***2*** (*fig.*) Persona insopportabile, noiosa e sim. | — *cocchiera*, (*fig.*) chi si agita molto senza rendersi realmente utile. ***3*** Amo ricoperto di peli per imitare un insetto alato o una sua larva. [→ ill. *pesca*] ***4*** Piccolo pizzo di barba posto sotto il labbro inferiore. [→ ill. *barba*] ***B*** *in funzione di agg. inv.* (*posposto al s.*) Nella lotta e nel pugilato, detto di categoria che comprende gli atleti più leggeri: *peso* —.

moscardino *s. m.* ***1*** (*zool.*) Mollusco dei Cefalopodi, simile a un piccolo polpo | Piccolo roditore simile a un ghiro. ***2*** (*raro, fig.*) Bellimbusto, zerbinotto.

moscatèllo *s. m.* Varietà di moscato bianco.

moscàto *s. m.* Vitigno molto diffuso di uve da tavola e da vino dall'aroma di muschio.

moscerino *s. m.* ***1*** (*gener.*) Insetto dittero, lungo pochi millimetri, modesto volatore, amante di ambienti umidi | — *della frutta*, drosofila. ***2*** (*fig., scherz.* o *spreg.*) Persona di corporatura minuscola.

moschèa *s. f.* Luogo di adorazione, casa di culto, edificio sacro dell'Islam. [→ ill. *religione*]

moschetteria *s. f.* Scarica di moschetti.

moschettière *s. m.* ***1*** Negli eserciti di un tempo, milite a piedi armato di moschetto. ***2*** In Francia sotto il regno di Luigi XIII e di Luigi XIV, gentiluomo della casa del Re | *Alla moschettiera*, (*ell.*) alla maniera degli antichi moschettieri di Francia: *guanti alla moschettiera*. [→ ill. *copricapo*] ***3*** Appellativo dei giocatori di calcio della nazionale A; CFR. Cadetto.

moschétto *s. m.* Arma da fuoco analoga al fucile ma più corta e leggera. [→ ill. *armi*]

moschettóne *s. m.* Gancio a molla per assicurarvi vari oggetti. [→ ill. *alpinista*, *ferramenta*]

moschicida *agg.* (*pl. m.* *-i*) Che serve a uccidere le mosche: *carta* —.

móscio *agg.* (*pl. f.* *-sce*) ***1*** Floscio: *cappello* — | Vizzo, appassito: *carni mosce*. ***2*** (*fig.*) Abbattuto, depresso.

mòsco *s. m.* (*pl.* *-schi*) Mammifero ruminante degli Ungulati che vive nelle montagne asiatiche, simile al capriolo, privo di corna, il cui maschio ha nella regione inguinale ghiandole che versano in una piccola borsa un prodotto odorosissimo. [→ ill. *animali* 18]

moscóne *s. m.* ***1*** *Accr. di mosca.* ***2*** (*fig.*) Corteggiatore. ***3*** Imbarcazione formata da due galleggianti e da uno o due sedili, azionata da remi o pedali; SIN. Pattino. [→ ill. *marina*, *spiaggia*]

moscovita *agg.; anche s. m. e f.* (*pl. m.* *-i*) Di Mosca.

mòssa *s. f.* ***1*** Movimento isolato e determinato del corpo o di una parte di esso: *si volse con una* — *improvvisa* | (*raro*) — *di corpo*, emissione di feci | (*est.*) Movimento o spostamento di q.c., spec. tattico: *spiare le mosse del nemico*; SIN. Moto. ***2*** Atto, movenza: *una* — *gentile*, *ridicola* | *Imitare le mosse di qc.*, fargli il verso. ***3*** (*fig.*) Azione, iniziativa: *è stata una* — *intelligente*. ***4*** (*fig.*) Fase iniziale | *Essere sulle mosse*, sul punto di partenza | *Prender le mosse da*, cominciare da. ***5*** Nel gioco degli scacchi e della dama, spostamento di un pezzo da una casella a un'altra: *dare scacco in tre mosse* | *Rubare la*

—, prevenire il gioco dell'avversario.

mossière *s. m.* Chi dà il segnale di partenza di una corsa.

mòsso *part. pass. di muovere; anche agg.* **1** Messo in movimento | *Mare* —, abbastanza agitato | *Terra mossa,* arata o scavata di fresco | *Capelli mossi,* ondulati | *Paesaggio* —, vario. **2** Accelerato, veloce (*anche fig.*): *un ritmo alquanto* —.

mostacciòlo *s. m.* Dolce di farina impastata con miele o mosto cotto, cioccolato, uva passa, fichi secchi, mandorle tritate.

mostàrda *s. f.* Salsa densa a base di senape e aceto, con droghe varie | — *di Cremona,* conserva di frutta candita in sciroppo di zucchero con senape.

mósto *s. m.* Succo ottenuto dalla pigiatura dell'uva che, fermentando, si trasforma in vino.

mostóso *agg.* Che dà molto mosto.

móstra *s. f.* **1** Esibizione spec. vanitosa: *gli piace far — di sé* | *Mettersi in* —, farsi avanti, farsi notare | *Mettere in* —, ostentare; SIN. Ostentazione, sfoggio. **2** Finta, finzione: *fare q.c. per* — | *Far — di,* fingere. **3** Ordinata rassegna di oggetti o animali esposta o presentata al pubblico: — *campionaria, di pittura* | (*est.*) Sede di tale manifestazione. **4** Vetrina di negozio. **5** Campione, saggio: *una — di stoffa.* **6** Risvolto del bavero, in tessuto diverso da quello dell'abito | Mostrina. **7** Quadrante dell'orologio.

mostràbile *agg.* Che si può mostrare.

mostràre A *v. tr.* (*io móstro*) **1** Sottoporre alla vista, all'attenzione generale o di altri: *l'orologio mostra le ore* | — *la lingua,* al medico perché la esamini, o fare le boccacce | — *i pugni,* fare un gesto di minaccia | — *i denti,* digrignare i denti e (*fig.*) farsi vedere ben deciso a reagire | — *la fronte,* (*fig.*) non vergognarsi | Ostentare: — *le gambe* | Esibire q.c. a qc. perché osservi, controlli: — *il biglietto al controllore.* **2** Indicare, additare: *gli mostrò la strada più breve* | *Essere mostrato a dito,* (*fig.*) essere conosciuto per le azioni compiute. **3** Rendere manifesto, dare a vedere: *mostrò subito le sue intenzioni;* SIN. Palesare. **4** Fingere: *mostrava di ignorare il fatto.* **B** *v. rifl.* **1** Farsi o lasciarsi vedere: *mostrarsi in pubblico, al pubblico* | Rivelarsi, dimostrarsi: *si mostrò entusiasta.* **2** Fingersi. [→ tav. *locuzioni* 68]

mostravènto *s. m. inv.* (*mar.*) Banderuola girevole posta sull'albero di un veliero per indicare la direzione del vento.

mostreggiatùra *s. f.* Distintivo di arma, corpo o specialità, costituito da due lembi di panno di varia forma e colore applicati ai lati del collo della giubba.

mostrìna *s. f.* Striscia di stoffa variamente colorata, cucita sul bavero o sulla manica dell'uniforme militare, come distintivo d'arma, di corpo o di reparto. [→ ill. *uniforme militare*]

mostrìno *s. m.* Piccolo quadrante degli orologi, con una lancetta che segna i secondi.

móstro *s. m.* **1** Personaggio mitologico o leggendario di forme strane: *i Centauri sono mostri della mitologia greca* | (*est.*) Creatura fantastica di aspetto spaventoso: *i mostri delle fiabe.* **2** Essere di conformazione anormale: — *con due teste;* — *marino.* **3** (*fig.*) Persona molto brutta e deforme (*anche scherz.*). **4** (*fig.*) Persona che possiede in sommo grado date caratteristiche positive o negative: *un — di scienza, di crudeltà* | Chi si è macchiato di crimini crudeli spec. a sfondo sessuale: *arrestato il* —.

mostruosità *s. f.* **1** Carattere di mostruoso. **2** Azione degna di un mostro.

mostruóso *agg.* **1** Che ha le caratteristiche di un mostro: *mostruose creazioni.* **2** Di aspetto, qualità, natura fuori dell'ordinario (*anche scherz.*): *naso* —; *intelligenza mostruosa.* **3** Eccezionalmente iniquo, malvagio: *vizio* —.

mòta *s. f.* Fango, melma.

motèl /mo'tel; *ingl.* mou'tel/ *s. m. inv.* (*pl. ingl. motels* /mou'telz/) Albergo con parcheggio, spec. per automobilisti.

motilità *s. f.* Capacità di un organismo vivente di mutare la propria posizione in rapporto all'ambiente.

motivàre *v. tr.* **1** Giustificare q.c. esponendo i motivi che l'hanno determinata: — *una decisione;* — *il proprio dissenso.* **2** Cagionare, causare: — *una rissa* | Stimolare in qc. il bisogno di assumere un certo comportamento.

motivàto *part. pass. di motivare; anche agg.* **1** Chiarito, spiegato esaurientemente: *un provvedimento non* —. **2** Stimolato ad assumere un certo comportamento: *ragazzo poco — allo studio.*

motivazionàle *agg.* Che concerne i motivi o le ragioni di q.c.

motivazióne *s. f.* **1** Formulazione dei motivi che hanno indotto a compiere un atto o ne hanno determinato il contenuto. **2** (*psicol.*) Insieme delle cause intrinseche che concorrono al comportamento o alla condotta di una persona.

motìvo *s. m.* **1** Ragione, causa: *ha ben — di piangere* | *Dar — di credere,* far credere | — *di salute,* causa proveniente dalle condizioni di salute | *Per questo* —, per ciò | *Dar* —, cagionare, causare | *A — di,* a causa di | *Senza* —, inspiegabile, irragionevole | — *per cui,* ragione per la quale; SIN. Cagione, movente. **2** (*mus.*) Brano o spunto accessorio o non riscontrabile nella trama di un pezzo | — *conduttore,* riferibile a un particolare personaggio o situazione in un'opera lirica, sinfonica o in un film. **3** (*est.*) Elemento che serve di riferimento determinante nella comprensione o nell'esecuzione di un'opera letteraria: *il — della provvidenza nell'opera manzoniana.* **4** Nelle arti figurative, elemento decorativo ripetuto più volte: *arazzo con un — geometrico.*

mòto (1) *s. m.* **1** (*fis.*) Stato contrario alla quiete | — *perpetuo,* moto, praticamente irrealizzabile, di macchina funzionante con continuità senza somministrazione di energia dall'esterno. **2** (*gener.*) Movimento: *il — delle acque, degli astri* | *Verbi di* —, che indicano movimento | *Mettere in* —, avviare: *mettere in — una macchina* | *Mettersi in* —, (*fig.*) adoperarsi spec. nell'interesse di altri | *Essere in* —, muoversi. **3** Atto del camminare, spec. considerato come esercizio salutare: *ha bisogno di fare del* —. **4** Atto, gesto, mossa: — *volontario, involontario; un — di impazienza.* **5** Impulso, commozione: *un — di simpatia, di affetto.* **6** Tumulto popolare, sommossa: *i moti carbonari.* **7** (*mus.*) Andamento delle parti in una composizione.

mòto (2) *s. f. inv. Acrt.* (*fam.*) *di motocicletta.*

mòto- *primo elemento*: in parole composte indica funzionamento a motore (*motocicletta, motofalciatrice*) o fa riferimento ad attività compiuta con mezzi meccanici (*motonautica*) | In altri casi è *acrt. di motocicletta*: *motoleggera, motoraduno.*

motobàrca *s. f.* Barca provvista di motore. [→ ill. *vigili del fuoco*]

motocampèstre *agg.* Di motocross: *corsa* —.

motocannonièra *s. f.* Unità veloce della marina da guerra, armata con una o più mitragliere pesanti e un cannone.

motocarrista *s. m.* (*pl. -i*) Chi guida motocarri.

motocàrro *s. m.* Motofurgone con vano di carico a cassone. [→ ill. *ciclo e motociclo*]

motocarrozzétta *s. f.* Motocicletta con carrozzino laterale il cui telaio appoggia su una terza ruota.

motociclétta *s. f.* Veicolo veloce a due ruote, mosso da un motore a scoppio, a uno o due cilindri. [→ ill. *ciclo e motociclo*]

motociclismo *s. m.* Sport delle corse in motocicletta.

motociclista *s. m. e f.* (*pl. m. -i*) Chi va in motocicletta | Chi pratica lo sport del motociclismo. [→ ill. *copricapo*]

motociclistico *agg.* (*pl. m. -ci*) Del motociclismo e dei motociclisti.

motociclo *s. m.* Motocicletta, motoleggera, o altro veicolo simile. [→ ill. *ciclo e motociclo*]

motocoltivatóre *s. m.* (*agr.*) Trattrice di piccola potenza alla quale si applicano svariati attrezzi, come aratro, erpice e sim., per leggere operazioni di coltura. [→ ill. *agricoltura*]

motocoltùra *s. f.* Coltivazione del terreno eseguita con macchine.

motocompressóre *s. m.* (*mecc.*) Gruppo formato da un compressore d'aria o altro fluido e dal motore che lo aziona.

motocorazzàto *agg.* Detto di reparto militare dotato di mezzi ruotati e corazzati.

motocròss *s. m. inv.* Gara motociclistica che si svolge quasi interamente fuori strada su terreno accidentato.

motocrossista *s. m.* (*pl. -i*) Motociclista che prende par-

te alle gare di motocross.
motòdromo o (*evit.*) *motodròmo* s. m. Impianto sportivo per gare motociclistiche.
motofurgóne s. m. Veicolo a tre ruote azionato da motore di motocicletta, per trasporto di cose.
motolància s. f. (pl. -ce) (*mar.*) Lancia a motore.
motoleggèra s. f. Motocicletta di piccola cilindrata.
motonàutica s. f. **1** Sport praticato con scafi azionati a motore. **2** Tecnica relativa alla costruzione e alla guida di motoscafi.
motonàutico agg. (pl. m. *-ci*) Che si riferisce alla motonautica.
motonàve s. f. Nave mercantile con apparato motore a combustione interna, per trasporto di merci o passeggeri.
motopescheréccio s. m. Imbarcazione da pesca con motore a combustione interna. [→ ill. *pesca*]
motopómpa s. f. Gruppo formato da una pompa e dal motore che la aziona.
motopropulsóre agg. Detto di gruppo costituito da un motore e un propulsore.
motóre A agg. (f. *-trice*) Che muove, che consente il moto: *impulso —; forza motrice.* **B** s. m. **1** Nell'astronomia e nella filosofia medievale e antica, chi muove le sfere celesti | *Primo —*, Dio. **2** (*fig.*) Causa, movente: *l'economia fu il vero — di molte guerre.* **3** Meccanismo capace di trasformare in lavoro meccanico un'energia di altra natura | *— elettrico*, che è alimentato da energia elettrica | *— idraulico*, che sfrutta l'energia cinetica o di pressione dell'acqua | *— a combustione interna*, in cui miscele combustibili gassose bruciano entro i cilindri, azionando stantuffi | *— a scoppio*, in cui la miscela combustibile d'aria e benzina, o altro carburante, compressa dallo stantuffo nel cilindro, viene accesa da una scintilla elettrica espandendosi e producendo lavoro utile tramite lo stantuffo e gli organi che trasformano in rotatorio il moto di questo | *— Diesel*, in cui il combustibile è iniettato direttamente nei cilindri ove, miscelandosi con l'aria, si accende spontaneamente per effetto della pressione e del calore | *— a reazione*, che sviluppa una spinta, espellendo gas combusti in senso opposto | *— a razzo*, motore a reazione che porta seco combustibile e carburante, adatto per l'astronautica. [→ ill. *motore, aeronautica, armi, automobile, cava, edilizia, elettricità, meccanica, petrolio, sollevamento, spiaggia*] **4** (*gener.*) Veicolo funzionante a motore: *sport dei motori.*
motorétta s. f. Motocicletta di piccola cilindrata, spec. con carenatura e ruote di diametro ridotto; SIN. Motor scooter.
motorino s. m. **1** Dim. di *motore* | *— d'avviamento*, piccolo motore elettrico, alimentato da una batteria, montato su un autoveicolo per metterlo in moto. [→ ill. *motore*] **2** (*fam.*) Ciclomotore, motocicletta di piccola cilindrata.
motòrio agg. Del moto, atto al moto: *centro —.*
motorismo s. m. Complesso degli sport che si praticano con mezzi a motore.
motorista s. m. (pl. *-i*) Meccanico specializzato nella riparazione e messa a punto dei motori.
motoristico agg. (pl. m. *-ci*) Relativo agli sport effettuati con mezzi a motore: *gare motoristiche.*
motorizzàre A v. tr. **1** Fornire di motore una macchina, un veicolo e sim. **2** Provvedere di veicoli a motore: *— un reparto di soldati.* **B** v. rifl. (*fam.*) Acquistare un automezzo.
motorizzazióne s. f. **1** Introduzione o impiego di un motore o di veicoli a motore. **2** Complesso dei problemi, delle attività organizzative e tecniche inerenti l'uso dei veicoli a motore.
motor scooter /ingl. 'moutə 'sku:tə/ s. m. inv. (pl. ingl. *motor scooters* /'moutə 'sku:təz/) Motocicletta leggera, con ruote piccole, i cui organi meccanici sono generalmente coperti da una carenatura. [→ ill. *ciclo e motociclo*]
motoscàfo s. m. Imbarcazione veloce con motore a combustione interna. [→ ill. *marina, spiaggia*]
motoscùter s. m. inv. Adattamento di *motor scooter.*
motoscuterista o *motoscooterista* s. m. e f. (pl. m. *-i*) Chi va in motor scooter.
motoséga s. f. Sega azionata da un motore, spec. per il taglio di alberi. [→ ill. *sega*]
motosilurànte s. f. Piccola e velocissima nave da guerra, armata con siluri.
motoslitta s. f. Veicolo a motore da neve, che si muove su cingoli ed è guidato da piccoli pattini anteriori mobili.
motóso agg. Fangoso, melmoso.
motovedétta s. f. (*mar.*) Nave piccola e veloce impiegata per servizi di polizia costiera. [→ ill. *marina*]
motovèicolo s. m. Qualsiasi veicolo a motore a due o tre ruote.
motovelièro s. m. Nave propulsa da un motore, dotata anche di alberi e velatura.
motozàppa s. f. Macchina a motore per lavorare il terreno munita di utensili rotanti a forma di zappe. [→ ill. *agricoltura*]
motrìce s. f. **1** Qualsiasi veicolo a motore che traina un rimorchio. **2** Grande motore: *— Diesel.*
motteggiaménto s. m. Atto del motteggiare frequente.
motteggiàre A v. intr. (*io mottéggio; aus. avere*) Dire motti di spirito; SIN. Scherzare. **B** v. tr. Pungere con motti maliziosi.
motteggiatóre s. m. (f. *-trice*) Chi motteggia.
mottéggio s. m. Atto del motteggiare | Parole e atti con cui si motteggia; SIN. Scherzo.
mottettista s. m. e f. (pl. m. *-i*) Chi compone mottetti.
mottétto s. m. **1** Breve componimento in rima di tono arguto. **2** Composizione musicale per voci.
mòtto s. m. **1** Detto arguto e spiritoso; SIN. Facezia. **2** Breve frase sentenziosa: *'provando e riprovando' era il — dell'Accademia del Cimento*; SIN. Massima. **3** (*lett.*) Parola: *uscì e non fece —.*
motulèso agg.; anche s. m. Detto di chi ha subito lesioni tali da averne ridotti o impediti i movimenti.
motuproprio /lat. motu'prɔprjo/ o *motopròprio*, (*raro*) *motu proprio* /lat. 'mɔtu 'prɔɔprjo/ **A** s. m. inv. Decreto emesso da papi e sovrani di loro iniziativa, spec. per concedere onorificenze e titoli nobiliari. **B** avv. Di propria iniziativa.
mousse /fr. mus/ s. f. inv. (pl. fr. *mousses* /mus/) **1** Composto normalmente freddo a base di un passato di tonno, prosciutto, fegato o altro. **2** Dolce a base di cioccolato fuso, tuorli d'uovo e chiare montate a neve.
movènte A part. pres. di *muovere*; anche agg. (*raro*) Che muove. **B** s. m. Impulso, stimolo, che induce l'individuo a compiere un'azione o un atto spec. illecito: *scoprire il — di un crimine*; SIN. Cagione, causa, motivo.
movènza s. f. Modo del muoversi, atteggiamento che si assume nel muoversi.
movìbile agg. Che si muove o si può muovere.
movimentàre v. tr. (*io moviménto*) Rendere animato e vivace: *— una festa.*
movimentazióne s. f. Organizzazione del movimento delle merci in un magazzino in base al flusso dei rifornimenti e degli ordini di consegna.
moviménto s. m. **1** Atto del muovere o del muoversi: *fare un — con le braccia*; *essere impedito nel —* | Condizione di ciò che è tolto dallo stato di quiete, si sposta da un luogo a un altro e sim.: *mettere q.c. in —* | *— di treni*, in una stazione, l'arrivo, la partenza o il transito dei treni | *— della popolazione*, in demografia, processo di rinnovamento continuo | *— del capitale*, passaggio di capitali da uno ad altro possessore | *— di cassa*, in contabilità, insieme delle entrate e delle uscite | (*mil.*) Manovra, spostamento: *movimenti di truppe*; SIN. Mossa, moto. **2** Animazione di folla, traffico, veicoli. **3** Nelle arti figurative, impressione dinamica ottenuta mediante la posizione delle figure, il gioco dei chiaro-scuri, le ricerche prospettiche. **4** (*mus.*) Grado più o meno lento o veloce in cui va eseguito un pezzo. **5** Corrente culturale, politica, artistica e sim.
moviòla s. f. Apparecchiatura per il montaggio cinematografico fornita delle apparecchiature ottiche, sonore e meccaniche atte a permettere le operazioni inerenti al montaggio stesso | (*est.*) In televisione, apparecchiatura che permette di rivedere anche lentamente e ripetutamente una data sequenza. [→ ill. *cinematografia*]
mozióne s. f. Atto inteso a promuovere la deliberazione di un'assemblea, spec. del Parlamento, su una data questione, e che va sottoposto al voto della stessa | *— di fiducia, di sfiducia*, con cui il Parlamento concede o nega l'approvazione al programma del governo.

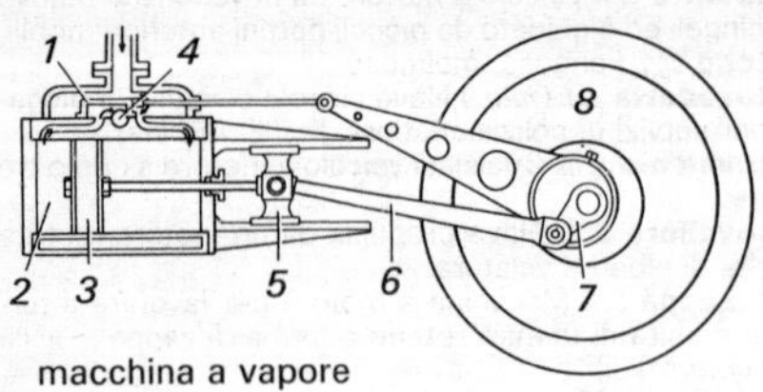

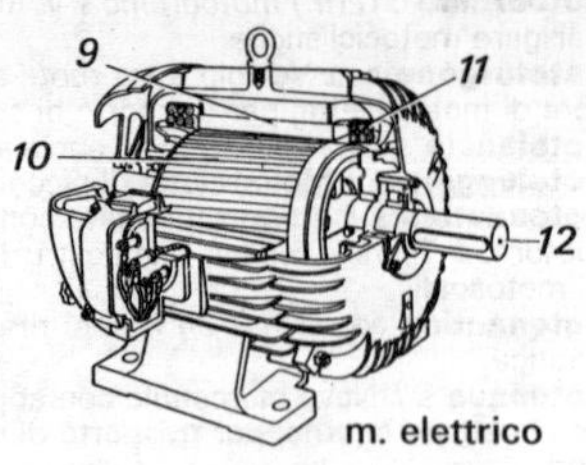

1 cassetto di distribuzione 2 cilindro 3 stantuffo 4 scarico del vapore 5 testa a croce 6 biella 7 manovella 8 volano 9 statore 10 rotore 11 avvolgimento 12 albero

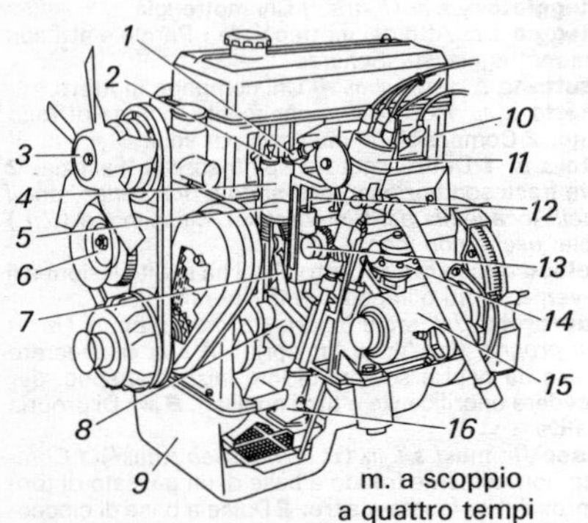

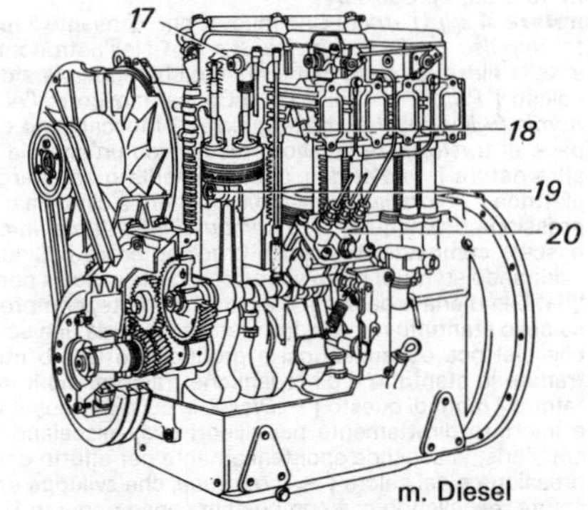

1 candela 2 valvola 3 ventola 4 cilindro 5 pistone 6 dinamo 7 biella 8 albero a gomiti 9 coppa dell'olio 10 testate 11 spinterogeno 12 punteria 13 albero a camme 14 pompa 15 motorino di avviamento 16 pompa dell'olio 17 bilanciere 18 polverizzatore 19 spinotto 20 pompa d'iniezione

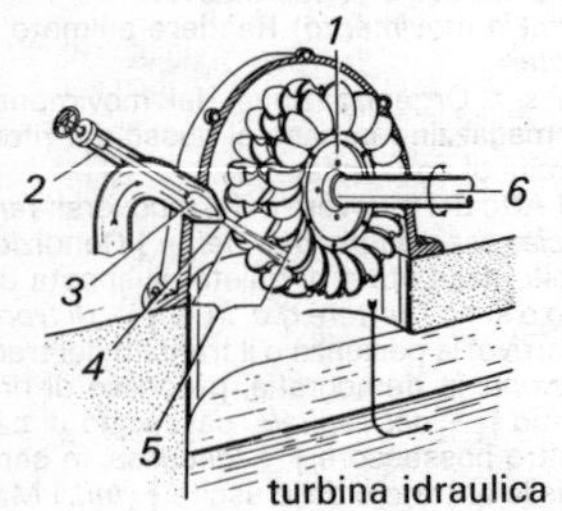

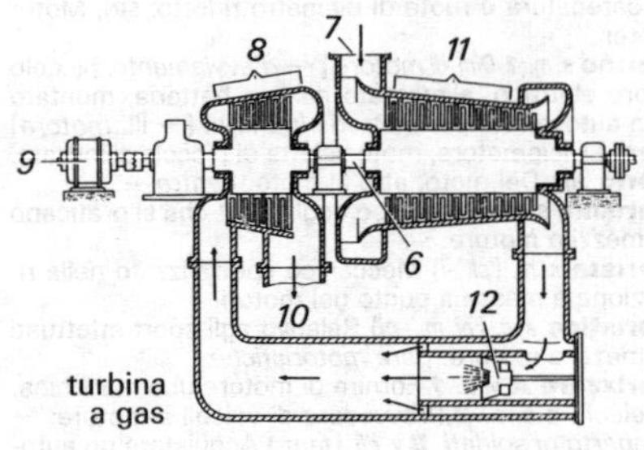

1 girante 2 distributore 3 spina regolabile 4 ugello 5 pala 6 albero 7 presa d'aria 8 turbina 9 motore d'avviamento 10 scarico dei gas 11 compressore dell'aria 12 bruciatore

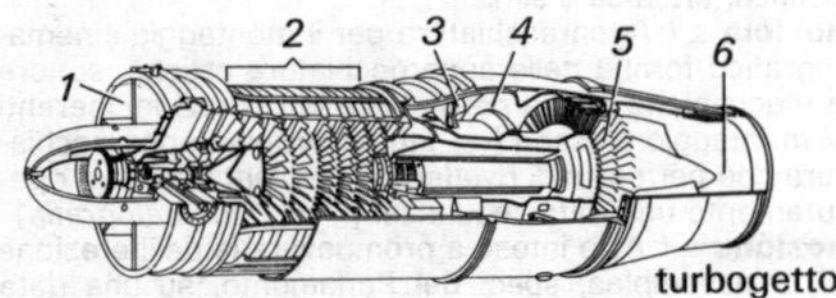

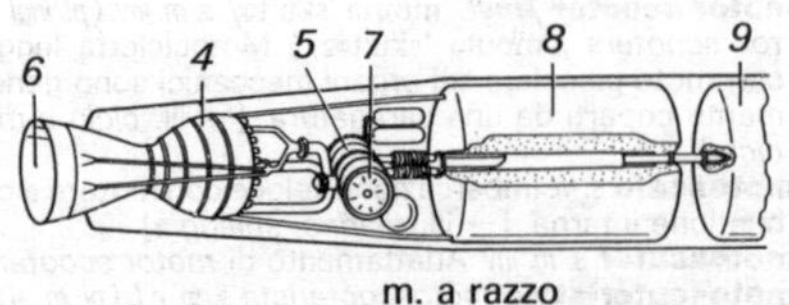

1 presa d'aria 2 compressore dell'aria 3 bruciatore 4 camera di combustione 5 turbina 6 ugello 7 pompa 8 serbatoio del comburente 9 serbatoio del combustibile

mozzafiàto *agg. inv.* Che impressiona, colpisce vivamente: *film, scena,* —.

mozzàre *v. tr.* (*io mózzo*) Recidere con un colpo netto e deciso: — *il capo, i rami* | *Un puzzo, un vento, una paura da* — *il fiato,* da impedire il respiro; SIN. Troncare.

mozzarèlla *s. f.* Caratteristico formaggio napoletano di latte di bufala o di vacca, in forme rotondeggianti | — *in carrozza,* fette di pane e mozzarella accoppiate, infarinate e fritte. [→ ill. *formaggi*]

mozzatùra *s. f.* Atto del mozzare | Parte mozzata di q.c.

mozzétta *s. f.* Corta mantellina degli ecclesiastici, con piccolo cappuccio. [→ ill. *religione*]

mozzicóne *s. m.* Piccolo pezzo che resta di una cosa mozzata, troncata, consumata, bruciata: — *di candela, di sigaro.*

mózzo (1) *agg.* Troncato, reciso: *capo* —.

mózzo (2) *s. m.* **1** Marinaio della marina mercantile che non ha più di diciotto anni. **2** — *di stalla,* garzone di scuderia.

mòzzo (3) *s. m.* (*mecc.*) Parte centrale di ruota, puleggia, volano o elica, con cui tali pezzi vengono fissati all'albero. [→ ill. *campana e campanella, ciclo e motociclo, marina*]

mùcca *s. f.* Vacca che produce latte. [→ ill. *stalla*]

mùcchio *s. m.* **1** Insieme di cose riunite, spec. disordinatamente | *Mettere tutti in un* —, (*fig.*) non fare distinzioni per nessuno; SIN. Catasta, cumulo. **2** (*est., fig., fam.*) Notevole quantità: *dire un* — *di bugie.*

mùcido *agg.* (*raro*) Ammuffito, stantio.

mucillàgine *s. f.* Prodotto organico che si forma spontaneamente nelle piante, spec. nelle radici, corteccia e semi, che si gonfia a contatto con l'acqua e trova applicazione in medicina e in farmacia.

mucillaginóso *agg.* Che ha natura, aspetto, consistenza di mucillagine.

mùco *s. m.* (*pl. -chi*) (*med.*) Prodotto di secrezione filante delle ghiandole mucose, spec. se infiammate; SIN. Catarro.

mucósa *s. f.* (*anat.*) Membrana epiteliale che riveste la superficie interna di organi cavi.

mucosità *s. f.* (*med.*) Sostanza simile a muco.

mucóso *agg.* **1** (*anat.*) Della mucosa. **2** Relativo a muco.

mucoviscidòsi *s. f.* Malattia di tipo ereditario consistente in un'anormale secrezione di muco bronchiale, pancreatico e biliare.

mucronàto *agg.* Che finisce a punta: *cartilagine, foglia mucronata.*

mùda *s. f.* (*zool.*) Negli uccelli, rinnovamento annuo delle penne.

muezzin *s. m. inv.* Nelle moschee islamiche, persona che, dal minareto, invita i fedeli alla preghiera.

mùffa *s. f.* Formazione fungina, di colore biancastro o verdognolo e di odore particolare, che si sviluppa su sostanze organiche e alimentari | *Prendere, fare la* —, ammuffire e (*fig.*) rimanere nell'ozio, nell'inattività | *Far fare la* — *a q.c.,* (*fig.*) non usarla mai. [→ ill. *fungo*]

muffire *v. intr.* (*io muffisco, tu muffisci; aus. essere*) Fare la muffa (*spec. fig.*).

mùffo *agg.* (*dial.*) Che ha fatto la muffa: *pane* —.

mùffola *s. f.* **1** Particolare modello di guanto in cui solo il pollice è diviso dalle altre dita. **2** Parte cava del forno o recipiente di refrattario dove si mettono, senza diretto contatto col fuoco, oggetti da trattare col calore, quali metalli da fondere, smalti e sim. [→ ill. *chimico*]

muffolìsta *s. m.* (*pl. -i*) Operaio addetto ai forni a muffola.

muffóso *agg.* (*raro*) Pieno di muffa.

muflóne *s. m.* Pecora selvatica esclusiva della Sardegna e della Corsica, con corna sviluppatissime solo nei maschi, peli corti e lisci. [→ ill. *animali* 17]

muftì *s. m. inv.* Giureconsulto musulmano.

mugghiàre *v. intr.* (*io mùgghio; aus. avere*) **1** Muggire forte e lungamente, detto dei buoi. **2** (*est.*) Lamentarsi con alte grida, detto spec. di persona. **3** (*fig.*) Rumoreggiare cupamente, del tuono, del mare, del vento.

mùgghio *s. m.* Atto del mugghiare (*anche fig.*).

mùggine *s. m.* Pesce osseo costiero a corpo cilindrico e testa superiormente piatta.

muggire *v. intr.* (*io muggìsco, tu muggisci, egli muggisce o mùgge; aus. avere*) **1** Emettere muggiti. **2** (*fig., lett.*) Rumoreggiare del mare, del vento, del tuono.

muggìto *s. m.* **1** Verso caratteristico dei bovini. **2** (*fig., lett.*) Rumore del mare agitato, del vento, del tuono.

mughétto *s. m.* **1** Pianta erbacea delle Liliflore con foglie ovali e piccoli fiori bianchi a campanula, profumatissimi. [→ ill. *piante* 16] **2** (*med.*) Infezione prodotta da un fungo, che si manifesta con macchie biancastre sulla pelle e sulle mucose.

mugic o *mugicco, mugik s. m. inv.* Contadino russo.

mugnàio *s. m.* (*f. -a*) Chi per mestiere macina grano o granaglie al mulino | Proprietario di un mulino.

mùgo *s. m.* (*pl. -ghi*) Albero delle Conifere con fusto sdraiato, basso e contorto, che cresce al limite superiore della foresta e dai cui rami giovani si distilla il mugolio.

mugolaménto *s. m.* (*raro*) Atto del mugolare.

mugolàre **A** *v. intr.* (*io mùgolo; aus. avere*) **1** Emettere suoni indistinti e lamentosi tenendo la bocca chiusa, detto spec. del cane. **2** (*est.*) Lamentarsi. **B** *v. tr.* Mormorare, borbottare: *mugolava strane parole.*

mugòlio (1) *s. m.* Olio essenziale estratto dalle foglie fresche del mugo, impiegato come balsamico delle vie respiratorie.

mugolìo (2) *s. m.* Atto del mugolare continuo.

mugugnàre *v. intr.* (*aus. avere*) (*dial.*) Brontolare.

mugùgno *s. m.* (*dial.*) Brontolio.

mulattièra *s. f.* Strada di montagna percorribile da muli o altre bestie da soma e non da veicoli.

mulattière *s. m.* Chi guida i muli.

mulattièro *agg.* **1** Di, da mulo: *via mulattiera.* **2** Relativo ai muli.

mulàtto **A** *s. m.* (*f. -a*) Chi è nato da genitori uno bianco e uno nero. **B** *anche agg.*

muleta /*sp.* mu'leta/ *s. f. inv.* (*pl. sp. muletas* /mu'letas/) Drappo rosso di cui nella corrida si serve il matador per aizzare o sviare il toro.

muliebre o (*raro*) *mulièbre agg.* Che si riferisce alla donna; SIN. Femminile.

mulinàre **A** *v. tr.* **1** (*raro*) Far girare. **2** (*fig.*) Architettare, macchinare: *mulinava cupi propositi.* **B** *v. intr.* (*aus. avere*) **1** Far mulinello. **2** (*fig.*) Agitarsi insistentemente, detto di pensieri, idee e sim.

mulinèllo *s. m.* **1** Vortice d'acqua, di vento e sim. **2** (*gener.*) Arnese o strumento costituito da un'elica che ruota su un perno. **3** Attrezzo per la pesca che, applicato all'impugnatura della canna, consente di lanciare lontano l'esca e di recuperarla avvolgendo il filo a una bobina. [→ ill. *pesca*] **4** (*mar.*) Argano destinato al recupero delle ancore, usato per salpare.

mulìno o *molino s. m.* Edificio in cui si macinano il grano o altri cereali, e la macchina per tale operazione: — *a vento, ad acqua, a vapore* | (*fig.*) *Tirare l'acqua al proprio* —, badare solo al proprio utile | *Parlare come un* — *a vento,* molto in fretta | *Prendersela, lottare con i mulini a vento,* lottare contro nemici inesistenti. [→ tav. *proverbi* 106, 185, 315; → tav. *locuzioni* 86]

mullah /*ingl.* 'mʌlə/ *s. m. inv.* Cultore delle scienze religiose islamiche.

mùlo *s. m.* (*f. -a*) Animale ibrido non fecondo, ottenuto dall'incrocio di un asino con una cavalla; usato da soma e per cavalcatura spec. su sentieri di montagna: *ostinato, caparbio, come un* — | (*fig.*) *Essere un* —, *fare il* —, detto di persona cocciuta.

mùlta *s. f.* (*dir.*) Pena pecuniaria prevista per determinati reati | Correntemente, ammenda.

multàre *v. tr.* Condannare a una multa.

mùlti- *primo elemento*: in parole composte significa 'di molti', 'che ha molti' o indica gener. abbondanza: *multicolore, multiforme, multimilionario.*

multicolóre *agg.* Di molti colori; SIN. Variopinto.

multifido *agg.* Che è diviso in più parti: *foglia multifida.*

multifórme *agg.* Che ha varie forme | Che si manifesta sotto molteplici aspetti: *attività* —.

multigrade /*ingl.* 'mʌltigreid/ *agg. inv.* Detto di olio lubrificante per autoveicoli la cui viscosità non è molto influenzata dalla temperatura.

multilateràle *agg.* **1** Che ha molti lati. **2** (*est., fig.*) Che ha molteplicità di connessioni e di riferimenti: *scambio* —.

multimedia /*ingl.* mʌlti'midiə/ *agg.* Di tecnologia educativa che utilizza più mezzi didattici ed educativi tra di

loro integrati.
multimiliardàrio *agg.; anche s. m.* (*f.* *-a*) Detto di chi possiede molti miliardi.
multimilionàrio *agg.; anche s. m.* (*f.* *-a*) Detto di chi possiede molti milioni.
multinazionàle ***A*** *agg.* Che si estende in molte nazioni | *Società, azienda* –, grande società industriale, commerciale, bancaria e sim. che ha anche imprese, sedi, fabbriche e sim. all'estero, affiliate in vario modo all'azienda madre. ***B*** *s. f.* (*ell.*) Società multinazionale.
multìpara *s. f.; anche agg. solo f.* Donna e (*est.*) femmina di animale, che ha avuto più parti o che ha partorito più figli in un solo parto.
mùltiplo ***A*** *s. m.* (*mat.*) Numero che si ottiene moltiplicando un numero naturale per un altro numero naturale: *6 è – di 2* | *Minimo comune* –, il minore fra i multipli comuni ai numeri dati. ***B*** *agg.* Che è composto di più parti | *Stella multipla*, insieme di due o più stelle, che orbitano intorno a un baricentro comune.
multiproprietà *s. f.* ***1*** (*dir.*) Forma di comproprietà, spec. di case di villeggiatura, in cui l'uso del bene è limitato a una frazione di tempo ogni anno. ***2*** (*bur.*) Condominio.
mùmmia *s. f.* ***1*** Cadavere imbalsamato o disseccato: *le mummie egiziane.* ***2*** (*fig.*) Persona vecchia e rinsecchita, o ancorata a idee sorpassate.
mummificàre ***A*** *v. tr.* (*io mummìfico, tu mummìfichi*) Sottoporre a mummificazione, imbalsamare. ***B*** *v. intr. pron.* ***1*** Subire la mummificazione. ***2*** (*fig.*) Incartapecorirsi, fossilizzarsi.
mummificazióne *s. f.* ***1*** Spec. nell'antico Egitto, trattamento dei cadaveri con vari sistemi (imbalsamazione, essiccamento e sim.) per assicurare la loro massima conservazione. ***2*** (*biol.*) Processo di essiccamento dei tessuti organici che ne favorisce la conservazione.
mùndio *s. m.* Nell'antico diritto germanico, signoria esercitata dal capofamiglia su tutte le persone e cose componenti la famiglia.
mùngere *v. tr.* (*pres. io mùngo, tu mùngi; pass. rem. io mùnsi, tu mungésti; part. pass. mùnto*) ***1*** Spremere il latte dalle mammelle: – *le mucche, le pecore.* ***2*** (*fig.*) Sfruttare, spillare soldi.
mungitóio *s. m.* Locale ove si mungono gli animali lattiferi.
mungitóre *s. m.* (*f.* *-trìce*) Chi munge.
mungitrìce *s. f.* Macchina per la mungitura meccanica.
mungitùra *s. f.* Operazione, tecnica del mungere: – *a mano*; – *meccanica* | Il latte munto: – *scarsa.* [→ ill. *stalla*]
municipàle *agg.* ***1*** Di, del municipio; SIN. Civico. ***2*** (*spreg.*) Ristretto all'angusta cerchia delle mura cittadine: *rivalità* –.
municipalità *s. f.* ***1*** (*raro*) Carattere di ciò che è municipale. ***2*** Complesso delle autorità preposte a un municipio.
municipalizzàre *v. tr.* (*io municipalizzo*) Trasferire la proprietà di un'azienda privata di interesse pubblico al comune interessato.
municipalizzazióne *s. f.* ***1*** Trasferimento al comune della proprietà di un'azienda di pubblico interesse. ***2*** Insieme delle aziende municipalizzate di un dato territorio.
municìpio *s. m.* ***1*** Nell'antichità, città che si reggeva con leggi proprie e i cui abitanti godevano della cittadinanza romana. ***2*** Comune | Amministrazione comunale | Sede di tale amministrazione.
munificènza *s. f.* ***1*** Generosità nello spendere e nel donare; SIN. Larghezza, liberalità. ***2*** Dono, atto munifico.
munìfico *agg.* (*pl. m. -ci; sup. munificentìssimo*) ***1*** Splendido e liberale nelle spese. ***2*** Che dimostra generosità: *offerta munifica.* • SIN. Generoso.
munìre ***A*** *v. tr.* (*io munìsco, tu munìsci*) ***1*** Provvedere di mezzi offensivi o difensivi: – *una città di torri.* ***2*** (*est.*) Dotare di ciò che è necessario alla realizzazione di determinati scopi: – *un fiume di argini*; SIN. Corredare, fornire. ***B*** *v. intr. pron.* Premunirsi (*anche fig.*): *munirsi di un bastone; munirsi contro le insidie.*
munizióne *s. f.* (*mil.*) ***1*** (*raro*) Tutto ciò che è necessario a un esercito per vivere e per combattere | *Munizioni da bocca*, (*raro, scherz.*) viveri. ***2*** *spec. al pl.* Tutto ciò che serve per caricare le armi da fuoco.
mùnto *part. pass. di mungere; anche agg.* Spremuto.
muòvere ***A*** *v. tr.* (*pres. io muòvo; pass. rem. io mòssi, tu movésti; part. pass. mòsso;* in tutta la coniug. la *o* dittonga preferibilmente in *uo* se tonica, tranne quando preceda *-ss-*) ***1*** Togliere q.c. dallo stato di quiete, spostare q.c. da un luogo a un altro: *il vento muove le foglie; muovi il libro da quel tavolo* | – *i primi passi*, cominciare a camminare, (*fig.*) iniziare un'attività | – *la testa, il capo*, per approvare o negare q.c. | – *la coda*, scodinzolare | – *le penne*, volare (*anche fig.*). ***2*** Dare impulso, mettere in azione: – *una ruota, una macchina* | – *causa a qc.*, intentarla | – *guerra*, incominciarla | – *un rimprovero*, rimproverare. ***3*** Suscitare un sentimento: – *il riso, il pianto, la compassione* | Eccitare, incitare: – *qc. a ira* | Commuovere. ***4*** ass. Giocando a scacchi o a dama, spostare un pezzo, una pedina, da una casella all'altra. ***B*** *v. intr.* (*aus. essere* o *avere*) ***1*** Partire: *il treno muove da Napoli* | Avanzare: *mosse incontro al padre.* ***2*** Cominciare: *la strada muove dalla valle* | (*fig.*) Derivare, prendere motivo: *il suo comportamento muove da un animo invidioso.* ***3*** (*tosc.*) Mettere il germoglio, detto di piante. ***C*** *v. rifl.* ***1*** Mettersi in movimento | Allontanarsi, spostarsi (*anche fig.*): *muoversi da casa* | (*fig.*) Risolversi ad agire | Sbrigarsi: *muovetevi!* ***2*** Adoperarsi, darsi da fare: *in quest'occasione dobbiamo muoverci tutti.* ***3*** (*fig.*) Agitarsi, sollevarsi: *il popolo si mosse a tumulto; i contadini si mossero contro il padrone.* ***D*** *v. intr. pron.* ***1*** Essere in movimento. ***2*** Commuoversi: *muoversi a pietà.* [→ tav. *proverbi* 282, 297; → tav. *locuzioni* 2]
mùra *s. f.* Ciascuno dei cavi che servono a tesare verso prora gli angoli inferiori delle vele quadre maggiori per orientarle in modo da costringere il vento.
muràglia *s. f.* ***1*** Muro particolarmente solido e imponente, come riparo esterno a città, luoghi fortificati e sim. ***2*** (*est.*) Parete rocciosa verticale. ***3*** (*raro, fig.*) Impedimento, barriera: *una* – *d'ignoranza.*
muraglióne *s. m.* ***1*** *Accr. di muraglia.* ***2*** Grossa muraglia di riparo o difesa.
muràle (1) *agg.* Che si riferisce a un muro | *Carta* –, grande carta geografica o topografica che si appende al muro | *Giornale* –, che si affigge a un muro, per consentirne a tutti la lettura | *Pittura* –, eseguita su muro. [→ ill. *scuola*]
muràle (2) /*sp.* mu'rale/ *s. m.* (*pl. sp. murales* /mu'rales/) Grande affresco con scene significative della vita sociale e politica, dipinto spec. sulle facciate esterne degli edifici.
muràre ***A*** *v. tr.* Chiudere un vano con un muro: – *una porta, una finestra* | Conficcare nel muro: – *un gancio* | Chiudere in un muro, dopo avervi praticato un'apertura: – *un tesoro* | – *a secco*, senza calcina; (*fig.*) mangiare senza bere. ***B*** *v. rifl.* (*fig.*) Rinchiudersi in un luogo: *si è murato in casa.*
muràrio *agg.* Che si riferisce al murare o alla muratura.
muràta *s. f.* Ciascuno dei due fianchi della nave al di sopra della linea di galleggiamento | Parte interna laterale della nave. [→ ill. *marina*]
muratóre *s. m.* Operaio addetto alla costruzione di opere in muratura.
muratùra *s. f.* ***1*** Atto del murare. ***2*** Costruzione muraria. [→ ill. *edilizia, ponte*]
muràzzi *s. m. pl.* L'insieme delle dighe costiere che proteggono alcuni tratti del litorale meridionale della laguna veneta dall'azione del mare.
murèna *s. f.* Pesce osseo molto ricercato per le sue carni, con corpo allungato privo di squame e di pinne pettorali, feroce, dotato di ghiandole velenose che rendono pericoloso il suo morso. [→ ill. *animali* 9]
muriàtico *agg.* (*pl. m. -ci*) *Acido* –, (*pop.*) acido cloridrico.
muricciòlo *s. m.* Muro basso, spec. di cinta.
mùrice *s. m.* Mollusco marino dei Gasteropodi con conchiglia robusta, rugosa, fornita di spine. [→ ill. *animali* 5]
mùrmure *s. m.* (*poet.*) Mormorio.
mùro *s. m.* (*pl. mùri, m.* nei sign. 1, 2, 3, 4, *mùra, f.* nel sign. 5) ***1*** Struttura edilizia costruita mediante sovrapposizione di elementi come mattoni, pietre naturali o squadrate, con o senza leganti | – *maestro*, che, avendo funzione portante e spessore corrispondente, va dalle fondamenta al tetto | – *di tramezzo, divisorio*, che separa

un locale da uno contiguo | *A* –, detto di oggetti inseriti o incassati in un muro: *armadio a* – | *Mettere qc. al* –, fucilarlo | *Parlare al* –, (*fig.*) a chi non vuole ascoltare | *Mettere qc. con le spalle al* –, (*fig.*) costringerlo a fare q.c., non lasciargli scelta | *Avere le spalle al* –, (*fig.*) essere ben difeso o in posizione di vantaggio | *Mettere, puntare i piedi al* –, (*fig.*) impuntarsi. [→ ill. *casa, giardino pubblico, sport, strada*] **2** (*est., fig.*) Ciò che, per densità, compattezza o altri elementi, ricorda un muro: *un – di nebbia.* **3** (*est.*) Riparo, difesa (*anche fig.*): *un – di ghiaccio li protegge dal vento.* **4** (*est.*) Barriera, ostacolo (*anche fig.*): *un – d'odio* | *Un – di gomma*, resistenza ostinata, ma indiretta, che si attua contro q.c. o qc. cui non si possa o voglia dire chiaramente di no | – *del suono*, resistenza dell'aria, che aumenta molto sensibilmente quando un aereo raggiunge o supera la velocità del suono. **5** *al pl.* Insieme di opere murarie, spec. quelle che cingono un agglomerato urbano: *prima, seconda, cerchia di mura* | *Chiudersi fra quattro mura*, condurre una vita eccessivamente ritirata. [→ tav. *proverbi* 17]

mùṣa *s. f.* **1** Ciascuna delle nove dee che, nella mitologia greco-romana, proteggono le arti e le scienze | (*fig.*) *La decima* –, il cinema. **2** (*est.*) Ispirazione poetica: *essere visitato dalla* – | La poesia stessa: *la – di Omero.* **3** Persona o cosa che ispira poesia: *la natura fu la sua* –.

Muṣàcee *s. f. pl.* Famiglia di piante erbacee e legnose, con foglie molto grandi, infiorescenze vistose a pannocchia o spiga composta. [→ ill. *piante* 15]

muṣàta *s. f.* Colpo dato col muso o battendo il muso.

Mùschi o *Mùsci s. m. pl.* Classe di piante delle Briofite prive di radici, con fusticini a foglioline verdi formanti fitti cuscinetti che rivestono rocce o tronchi molto umidi. [→ ill. *piante* 1]

muschiàto *agg.* **1** Che ha odore di muschio. **2** Che emette muschio: *bue* –.

mùschio (1) *s. m.* Sostanza di forte odore secreta da speciali ghiandole di vari mammiferi, usata in medicina o in profumeria.

mùschio (2) *s. m.* Ogni individuo appartenente alla classe dei Muschi | – *da spazzole*, comune sulla terra di tutti i boschi | – *quercino*, comune sul terreno e sulle rocce nei boschi di montagna. [→ ill. *piante* 1]

Mùsci V. *Muschi.*

muscolàre *agg.* Di muscolo: *tessuto* – | *Fibra* –, serie di cellule allungate molto contrattili. [→ ill. *anatomia umana*]

muscolatùra *s. f.* Insieme dei muscoli.

muscolìna *s. f.* Sostanza simile all'albumina sciolta nel liquido sanguigno della carne.

mùscolo *s. m.* **1** (*anat.*) Insieme di fibre muscolari che forma un organo autonomo per forma e funzione: *i muscoli del collo* | (*fig.*) *Avere muscoli di ferro, d'acciaio*, molto forti. [→ ill. *anatomia umana, zoologia*] **2** *al pl.* (*fig.*) Vigoria fisica | (*fig.*) *Essere tutto muscoli*, robusto, scattante. **3** Polpa della carne macellata. **4** (*sett.; zool.*) Mitilo.

muscolosità *s. f.* L'essere muscoloso.

muscolóso *agg.* Che ha muscoli forti e rilevati; SIN. Nerboruto.

muscóso *agg.* Coperto di muschio.

muscovite *s. f.* (*miner.*) Mica chiara o incolore in lamelle, caratterizzata da una facilissima sfaldatura.

muṣèo *s. m.* Luogo in cui sono raccolti, ordinati e custoditi oggetti d'interesse storico, artistico, scientifico, etnico e sim.: – *archeologico, etrusco, egiziano, zoologico, anatomico* | *Pezzo da* –, (*fig.*) persona o cosa vecchia o antiquata.

muṣeruòla *s. f.* Arnese costituito da strisce di cuoio e da fili di ferro intrecciati, che si pone al muso dei cani perché non mordano | *Mettere la – a qc.*, (*fig.*) impedirgli di parlare.

musette /*fr.* my'zɛt/ **A** *s. f. inv.* (*pl. fr. musettes* /my'zɛt/) **1** (*mus.*) Strumento simile alla cornamusa. **2** Danza e composizione musicale di carattere pastorale. **B** *in funzione di agg. inv.* (*posposto al s.*) Detto di ballo che si danza al suono della fisarmonica o della musette: *valzer* –.

mùṣica *s. f.* **1** Arte di combinare più suoni in base a regole definite, diverse a seconda dei luoghi e delle epoche: – *antica, moderna.* **2** Ogni produzione di tale arte: – *polifonica, dodecafonica* | – *da camera*, destinata a un ristretto numero di strumenti e idonea all'esecuzione in ambienti raccolti | – *elettronica*, quella che sfrutta gli effetti sonori di apparecchiature elettroniche | Composizione musicale: *scrivere una* – | *Far* –, suonare, cantare e sim. | *Leggere la* –, eseguire un brano, leggendone le note su un apposito spartito | *Carta da* –, su cui è tracciato il pentagramma. **3** Banda, fanfara: *in piazza ci sarà la* –. **4** (*fig.*) Suono melodioso e gradevole all'udito: *la dolce – di quei versi* | (*antifr.*) Suono spiacevole e fastidioso: *che – d'inferno!* **5** (*est.*) Cosa monotona e prolungata: *è sempre la stessa* –; *la solita* –. [→ tav. *proverbi* 39]

muṣicàbile *agg.* Che si può musicare.

musical /*ingl.* 'mju:zikəl/ *s. m. inv.* (*pl. ingl. musicals* /'mju:zikəlz/) Genere di spettacolo moderno, misto di balletti e di canzoni, con una tenue trama narrativa.

muṣicàle *agg.* **1** Di musica: *composizione* –. **2** Che ha o dimostra inclinazione per la musica: *orecchio* –; *senso* –. **3** Che ha le caratteristiche della musica, per armonia, sonorità e sim.: *lingua* –.

muṣicalità *s. f.* L'essere musicale.

muṣicànte A *agg.* Che esegue musica: *angeli musicanti.* **B** *s. m. e f.* Chi suona in una banda.

muṣicàre *v. tr.* (*io mùṣico, tu mùṣichi*) Mettere in musica un testo poetico destinato al canto: – *una commedia.*

muṣicassétta *s. f.* Caricatore di nastro magnetico che viene posto in vendita con musiche preregistrate.

music-hall /*ingl.* 'mju:zik hɔ:l/ *s. m. inv.* (*pl. ingl. music-halls* /'mju:zik hɔ:lz/) Teatro dove si eseguono spettacoli di varietà musicale | Lo spettacolo stesso.

muṣicìsta *s. m. e f.* (*pl. m. -i*) Chi compone o esegue musica.

mùṣico A *agg.* (*pl. m. -ci*) (*lett.*) Musicale. **B** *s. m.* Musicista.

muṣicologìa *s. f.* (*pl. -gie*) Studio della tecnica e della storia musicale.

muṣicòlogo *s. m.* (*f. -a; pl. m. -gi*) Studioso di musicologia.

muṣicòmane *s. m. e f.* Chi ha un eccessivo amore per la musica.

muṣìvo *agg.* Di mosaico: *opera musiva.*

muṣmè *s. f. inv.* Giovane donna giapponese.

mùṣo *s. m.* **1** Parte anteriore sporgente della testa degli animali. [→ ill. *zoologia*] **2** (*scherz., spreg.*) Viso umano | *Brutto* –, di persona arcigna o che ispira antipatia | *Torcere il* –, in senso di contrarietà o fastidio | *Dire q.c. sul* –, con assoluta franchezza | *A – duro*, in modo reciso, con brutale franchezza | *Fare q.c. sul* –, sfacciatamente; SIN. Ceffo. **3** (*est.*) Oggetto, struttura e sim. la cui forma allungata ricorda il muso di un animale | *Il – dell'automobile*, la parte anteriore della carrozzeria | *Il – di un aereo*, la parte anteriore della fusoliera.

muṣóne *s. m.* (*f. -a*) Persona imbronciata e poco socievole.

muṣonerìa *s. f.* L'essere musone.

mussàre *v. intr.* (*aus. avere*) Spumeggiare, detto di vino o di altre bevande.

mùssola *s. f.* Tessuto trasparente di seta, lana o cotone.

mussolìna *s. f.* Mussola.

mussulmàno V. *musulmano.*

mustàcchio *s. m. spec. al pl.* Baffi folti e lunghi.

mustàng /*ingl.* 'mʌstæŋ/ *s. m. inv.* Cavallo inselvatichito degli Stati Uniti d'America e del Messico.

musulmàno o *mussulmàno agg.; anche s. m.* (*f. -a*) Islamico.

mùta (1) *s. f.* **1** Cambio, avvicendamento: – *dei cavalli, della sentinella.* **2** Rinnovamento periodico della pelle o delle formazioni cutanee di rivestimento in molti animali | – *degli uccelli*, muda. **3** Corredo completo di oggetti utili per un determinato scopo. **4** Tuta aderente per immersioni subacquee. [→ ill. *pesca, vigili del fuoco*]

mùta (2) *s. f.* Gruppo di cani messi insieme per una battuta di caccia.

mutàbile *agg.* **1** Che può mutare; SIN. Variabile. **2** (*est.*) Incostante, volubile. ● CONTR. Immutabile.

mutabilità *s. f.* **1** L'essere mutabile; SIN. Variabilità. **2** (*est., fig.*) Incostanza, volubilità.

mutàgeno *agg.* (*biol.*) Detto di agente chimico o fisico in grado di provocare mutazioni genetiche.

mutaménto *s. m.* Cambiamento: – *di indirizzo politico* |

— *sociale*, trasformazione nella struttura di una società.

mutànde *s. f. pl.* Tipo di corti calzoncini in lino, cotone, lana e sim. portati sotto gli abiti a diretto contatto con la pelle. [→ ill. *abbigliamento*]

mutandine *s. f. pl.* **1** Mutande femminili o infantili. [→ ill. *puericultura*] **2** Corti calzoncini maschili per spiaggia e bagno. [→ ill. *abbigliamento*]

mutànte A *part. pres. di mutare; anche agg.* Che muta. **B** *s. m.* (*biol.*) Gene che ha subito una mutazione | Individuo portatore di una mutazione genetica.

mutàre A *v. tr.* **1** Cambiare cose o persone con altre che abbiano caratteristiche analoghe o diverse: — *il governo, opinione*; — *paese, aria, clima*; SIN. Modificare, variare. **2** Trasformare: — *il dubbio in paura* | Alterare: — *aspetto*. **B** *v. intr.* (*aus. essere*) Diventare diverso: *la scena muta*; — *di idee*. **C** *v. intr. pron.* **1** Trasformarsi, alterarsi: *il bianco si muta in nero*. **2** Cambiarsi: *mutarsi d'abito*.

mutatis mutandis /*lat.* mu'tatis mu'tandis/ *loc. avv.* Si usa per indicare che, mutati alcuni elementi di un discorso o di un fatto, la sostanza della cosa resta invariata (propriamente, 'mutato ciò che è da mutare').

mutatóre A *s. m.; anche agg.* (*f. -trice*) (*raro*) Chi (o che) muta. **B** *s. m.* Raddrizzatore a vapori di mercurio, usato per grandi potenze.

mutazióne *s. f.* **1** Mutamento, modificazione. **2** (*biol.*) Alterazione accidentale o prodotta da particolari agenti chimici o fisici, del normale assetto dei cromosomi che, se interessa le cellule germinali, può comportare modificazioni ereditarie nei caratteri dei discendenti. **3** (*letter.*) Prima parte delle stanze della ballata.

mutévole *agg.* **1** Che muta con facilità. **2** (*est., fig.*) Volubile, incostante.

mutevolézza *s. f.* L'essere mutevole.

mutézza *s. f.* (*raro*) L'essere muto.

mùtico *agg.* (*pl. m. -ci*) Detto di una varietà di grano con le spighe senza reste.

mutilàre *v. tr.* (*io mùtilo*) **1** Rendere mancante di una parte del corpo: *lo mutilarono in un braccio*. **2** (*est., fig.*) Privare q.c. di uno o più elementi, sì da renderla manchevole.

mutilàto A *part. pass. di mutilare; anche agg.* Mancante, privo, spec. di parte del corpo | (*fig.*) Privato di elementi fondamentali: *un testo* —. **B** *s. m.* (*f. -a*) Chi ha perso un organo o un arto del proprio corpo nel corso di incidenti, guerre e sim.

mutilatóre *s. m.; anche agg.* (*f. -trice*) (*raro*) Chi (o che) mutila.

mutilazióne *s. f.* Privazione, perdita di una parte del corpo o (*fig.*) di uno o più elementi essenziali.

mùtilo *agg.* (*lett.*) Privato di una parte: *codice* —.

mutismo *s. m.* **1** (*med.*) Incapacità a emettere suoni distinti e parole articolate. **2** Silenzio deliberato e ostinato.

mùto A *agg.* **1** (*med.*) Che non parla perché affetto da mutismo. **2** (*est.*) Che resta senza parola in seguito a una forte emozione, un violento sentimento e sim.: *restar — per la vergogna* | *Essere — come un pesce*, evitare di parlare. **3** Che non trova espressione: *muta simpatia*; SIN. Tacito. **4** Privo di suoni, silenzioso (*anche fig.*) | *Scena muta*, in cui nessuno parla | *Luogo* —, immerso nel silenzio | *Cinema* —, privo di colonna sonora | *Carta muta*, carta geografica su cui, per fini didattici, non sono riportati i nomi. **5** (*ling.*) Detto di suono, consonante e sim. che vengono conservati nella scrittura, ma non pronunciati. **B** *s. m.* (*f. -a*) Chi è affetto da mutismo. **C** *s. m.* Cinema muto; CONTR. Parlato, sonoro.

mùtria *s. f.* Viso accigliato e improntato a sdegno o a superbia.

mùtua *s. f.* Ogni ente che, in base ai principi propri della mutualità, garantisce i vari tipi di previdenza e assistenza ai lavoratori.

mutualismo *s. m.* (*biol.*) Tipo di convivenza tra due organismi in cui entrambi traggono vantaggio; SIN. Simbiosi.

mutualìstico *agg.* (*pl. m. -ci*) Relativo alla mutualità o alla mutua.

mutualità *s. f.* Forma di aiuto scambievole tra i cittadini per garantire agli stessi uguali diritti dopo aver adempiuto uguali doveri.

mutuànte *part. pres. di mutuare; anche agg. e s. m. e f.* Che (o chi), in un contratto di mutuo, consegna al mutuatario una data quantità di beni.

mutuàre *v. tr.* (*io mùtuo*) **1** (*dir.*; *raro*) Dare o ricevere in mutuo: — *una somma di denaro*. **2** (*fig.*) Prendere da altri un concetto e sim.: *un critico che mutua le idee dei francesi*.

mutuatàrio *s. m.* (*f. -a*) (*dir.*) Chi riceve in mutuo una data quantità di beni.

mutuàto *s. m.* (*f. -a*) Chi riceve assistenza da una mutua.

mùtuo (1) *agg.* Scambievole, vicendevole: *società di — soccorso*; SIN. Reciproco.

mùtuo (2) *s. m.* Prestito a lunga scadenza.

N

n *s. f. o m. inv.* Dodicesima lettera dell'alfabeto italiano.
nabàbbo *s. m.* ***1*** Nell'India musulmana, titolo di principi e alti dignitari. ***2*** (*scherz.*) Persona ricchissima che ostenta i propri averi.
nàcchera *s. f.* ***1*** Ognuno dei due pezzi di bosso o avorio, incavati, che tenuti appaiati con un nodo in modo da passarvi due o tre dita della mano, producono urtandosi un rumore col quale si accompagnano i passi o movimenti di alcune danze popolari, spec. spagnole. [→ ill. *strumenti musicali*] ***2*** Sorta di conchiglia marina.
nadir *s. m.* Punto immaginario di intersezione fra la sfera celeste e una semiretta verticale condotta per un punto della Terra e orientata verso il basso; CONTR. Zenit.
nàfta *s. f.* (*chim.*) Insieme delle frazioni petrolifere ottenute per distillazione fra 30 e 210 °C | (*gener.*) Olio combustibile | (*gener.*) Gasolio.
naftalina *s. f.* (*chim.*) Idrocarburo aromatico ottenuto dal catrame di carbon fossile, usato come tarmicida e nell'industria chimica.
naftile *s. m.* (*chim.*) Residuo derivante dalla naftalina per perdita di un atomo d'idrogeno.
naftòlo *s. m.* (*chim.*) Ciascuno dei derivati della naftalina che hanno proprietà simili a quelle dei fenoli, usati nell'industria dei coloranti, dei profumi e dei medicinali.
nagàica o *nagàika s. f.* Staffile cosacco fatto di una correggia di cuoio attaccata a un breve manico.
nàia (1) *s. f.* (*zool.*) Cobra.
nàia (2) *s. f.* (*gerg.*) Servizio militare.
nàiade *s. f.* ***1*** Nella mitologia greco-romana, ninfa delle sorgenti e delle fonti. ***2*** (*fig.*) Nuotatrice giovane e attraente.
naïf /*fr.* na'if/ ***A*** *agg. inv.* (*pl. fr. naïfs* /na'if/) In arte, istintivo, privo di scuola, ma ricco di particolare suggestione poetica: *mostra di pittori —*. ***B*** *s. m. e f. inv.* Pittore naïf: *i — jugoslavi*.
nàilon *s. m.* Adattamento di *nylon*.
nandù *s. m.* Uccello americano dei Reiformi simile allo struzzo, ma con tre dita e penne cascanti che formano un soffice mantello.
nanişmo *s. m.* ***1*** (*med.*) Anomalia per scarso sviluppo corporeo. ***2*** Scarso sviluppo di animali o piante.
nànna *s. f.* Nel linguaggio infantile, il dormire: *andare, mettere, a —*.
nàno ***A*** *agg.* Detto di persona, animale o vegetale, che ha sviluppo corporeo inferiore a quello normale. ***B*** *s. m.* (*f. -a*) ***1*** (*med.*) Individuo affetto da nanismo. ***2*** (*est.*) Uomo di statura molto piccola.
nàno- *primo elemento*: in parole composte della terminologia biologica indica dimensioni o sviluppo molto ridotti rispetto al normale: *nanocefalo* | Anteposto a un'unità di misura, la divide per un miliardo: *nanosecondo*.
nàpalm o *napàlm s. m. inv.* Nome commerciale di materiale incendiario a base di sali organici di alluminio, usato per bombe e lanciafiamme.
napoleóne *s. m.* ***1*** Moneta d'oro da 20 franchi coniata da Napoleone I e poi da Napoleone III. ***2*** Solitario con le carte da gioco. ***3*** Bicchiere per cognac, panciuto e con stelo. [→ ill. *stoviglie*]
napoletàna *s. f.* ***1*** Tipo di caffettiera. ***2*** Nel gioco del tressette, e in vari altri giochi di carte, combinazione di asso, due e tre dello stesso seme.
napoletàno *agg.; anche s. m.* (*f. -a*) Di Napoli.
nàppa *s. f.* ***1*** Mazzetto di fili di lana o seta posto all'estremità di cordoni o di tende, drappi e sim., per ornamento. ***2*** Pellame molto morbido adatto per abbigliamento e guanteria. ***3*** (*pop., scherz.*) Naso grosso.
nàppo *s. m.* (*lett.*) Coppa, bicchiere.
narcişişmo *s. m.* Adorazione eccessiva di se stessi o apprezzamento esagerato delle proprie qualità.
narcişista *s. m. e f.* (*pl. m. -i*) Chi è affetto da narcisismo.
narcişistico *agg.* (*pl. m. -ci*) Che rivela narcisismo.
narcişo (1) *s. m.* Pianta erbacea delle Liliflore, dai fiori bianchi e profumati, comune in primavera in montagna. [→ ill. *piante* 17]
narcişo (2) *s. m.* Persona fatua e vanesia (dal nome del personaggio mitologico che si innamorò della propria immagine).
narcoanàlişi *s. f.* Trattamento psicoterapeutico dei disturbi psichici con l'ausilio di farmaci che provocano uno stato di torpore vicino al sonno.
narcolessìa *s. f.* Malattia caratterizzata da improvvise crisi di sonno invincibile.
narcòşi *s. f.* Anestesia generale.
narcoterapìa *s. f.* Terapia del sonno.
narcòtico ***A*** *s. m.* (*pl. -ci*) Farmaco capace di indurre narcosi. ***B*** *anche agg.*
narcotizzàre *v. tr.* Sottoporre a narcosi.
narghilè *s. m.* Pipa orientale costituita da un recipiente con acqua e da due tubi, uno dei quali con bocchino per aspirare il fumo passato attraverso l'acqua.
nàri *s. f. pl.* (*lett.*) Narici.
narice *s. f.* Ciascuno dei due orifizi nasali per cui l'aria penetra nelle vie respiratorie. [→ ill. *anatomia umana*]
narràbile *agg.* Che si può narrare.
narràre ***A*** *v. tr.* Raccontare, esporre un fatto seguendo un determinato ordine nella rievocazione: *— una favola, gli ultimi avvenimenti*. ***B*** *v. intr.* (*aus. avere*) Parlare su q.c.: *mi narra dei suoi viaggi*.
narrativa *s. f.* ***1*** Genere letterario in cui rientrano il racconto, la novella, il romanzo. ***2*** (*dir.*) Parte di un atto processuale in cui sono esposte le questioni di cui si contende.
narrativo *agg.* Che narra | Di opera letteraria in cui l'autore racconta avvenimenti reali o immaginari | Che riguarda o è proprio del narrare.
narratóre *s. m.* (*f. -trice*) Chi narra.
narrazióne *s. f.* ***1*** Il narrare. ***2*** Racconto, esposizione verbale o scritta.
nartèce *s. m.* Specie di vestibolo esterno o interno delle chiese, dove si trattenevano i catecumeni durante la parte sacrificale della Messa. [→ ill. *basilica cristiana*]
narvàlo *s. m.* Grosso mammifero artico dei Cetacei, con due soli denti di cui, nei maschi, uno si sviluppa fino oltre due metri e sporge orizzontale e diritto davanti al capo. [→ ill. *animali* 16]
nasàle ***A*** *agg.* ***1*** Del naso: *ossa, cavità nasali*. [→ ill. *anatomia umana*] ***2*** (*ling.*) Detto di suono la cui pronuncia comporta una risonanza della cavità nasale. ***B*** *s. f.* (*ling.*) Consonante nasale.
nascènte *part. pres. di nascere; anche agg.* Che nasce, ha inizio.
nàscere *v. intr.* (*pres. io nàsco, tu nàsci; pass. rem. io nàcqui, tu nascésti; part. pass. nàto; aus. essere*) ***1*** Venire alla luce, al mondo, detto di persone o animali: *nacque nel 1941 a Roma*; *— di, da genitori poveri*; *— ricco, povero* | *— con la camicia*, essere fortunato | *Essere nato sotto cattiva stella*, essere sfortunato nella vita | *Essere nato con gli occhi aperti*, essere furbo | *Essere nato ieri*, essere molto ingenuo; CONTR. Morire. ***2*** (*est.*) Germogliare, spuntare, detto di piante | *— come funghi*, crescere rapidamente e in gran quantità | Apparire all'orizzonte, sorgere, detto di astri: *il sole nasce alle cinque* | Scaturire, detto di corsi d'acqua: *l'Arno nasce dal Falterona*. ***3*** (*fig.*) Cominciare a funzionare, detto di un'attività: *è nata una nuova scuola*. ***4*** (*fig.*) Avere origine: *sono nati forti sospetti*. [→ tav. *proverbi* 70, 71, 84, 127; → tav. *locuzioni* 69]
nasciménto *s. m.* (*lett.*) Nascita.
nàscita *s. f.* ***1*** Venuta al mondo, alla luce, detto di persone o animali | *Atto di —*, documento che notifica l'esistenza di un nuovo individuo. ***2*** Famiglia, stirpe: *di umile —*; SIN. Lignaggio. ***3*** (*fig.*) Origine, principio di q.c.
nascitùro ***A*** *agg.* Che dovrà nascere: *i figli nascituri*. ***B*** *s. m.* (*f. -a*) Chi sta per nascere.
nascóndere ***A*** *v. tr.* (*pass. rem. io nascósi, tu nascondésti; part. pass. nascósto*) ***1*** Mettere q.c. in un luogo dove non possa essere facilmente trovata: *— il denaro in un cassetto*; SIN. Celare, occultare. ***2*** (*est.*) Impedire alla vista: *muro che nasconde il panorama*. ***3*** (*fig.*) Portare nascosto dentro di sé: *— propositi di vendetta* | Tacere per non rivelare q.c.: *— la verità*; SIN. Dissimulare. ***B*** *v. rifl.* Celarsi, sottrarsi alla vista. ***C*** *v. intr. pron.* Stare celato,

senza rivelarsi, manifestarsi e sim.: *che cosa si nasconde dietro queste parole?*

nascondìglio *s. m.* Luogo che serve a nascondere o a nascondersi.

nascondìno *s. m.* Gioco infantile, in cui un ragazzo cerca i compagni che si sono nascosti.

nascósto *part. pass. di nascondere; anche agg.* **1** Che non si vede. **2** (*fig.*) Che non si rivela: *amore* — | *Di* —, senza farlo vedere, sapere, capire e sim. ad altri: *incontrarsi di* —.

nasèllo (1) *s. m.* Pesce osseo marino simile al merluzzo, con la mandibola più lunga della mascella, carni delicate, bianche e pregiate. [→ ill. *animali* 8]

nasèllo (2) *s. m.* Nasiera.

nasièra *s. f.* Ferro a forma di tenaglia che si adatta alle narici dei buoi per guidarli.

nàso *s. m.* **1** Parte prominente del volto posta tra la fronte e la bocca: organo dell'olfatto e sbocco delle vie respiratorie: — *aquilino, camuso* | *Arricciare, torcere il* —, provare contrarietà, disgusto | *Non vedere più in là del proprio* —, avere la vista corta e (*fig.*) essere poco lungimirante | *Ficcare, mettere il* — *in q.c.*, impicciarsi degli affari altrui | *Andare, montare la mosca al* —, diventare irascibile, spazientirsi | *Menare per il* —, ingannare | *Rimanere con un palmo, con tanto, di* —, restare deluso o ingannato | *Mettere il* — *fuori*, uscire di casa, affacciarsi | *Mettere sotto il* —, davanti agli occhi | *Tenere il* — *in aria*, essere distratto, svagato. **2** (*fig.*) Fiuto, discrezione, giudizio | *Avere* —, avere buon fiuto, sagacità | *Andare, giudicare a* —, *a lume di* —, fidarsi del proprio intuito. **3** Parte prominente del muso degli animali. [→ tav. *locuzioni* 64]

nàssa *s. f.* Cesta di giunco, vimini o rete metallica, di forma conica, chiusa a una estremità e con imboccatura a imbuto, da cui il pesce entra e non può uscire. [→ ill. *pesca*]

nastìa *s. f.* (*bot.*) Movimento di un organo vegetale per effetto di stimoli esterni.

nastratrìce *s. f.* Apparecchio per applicare nastro adesivo spec. su imballaggi. [→ ill. *magazzinaggio*]

nastrifórme *agg.* Che ha forma di nastro.

nastrìno *s. m.* **1** *Dim. di nastro.* [→ ill. *passamaneria*] **2** Parte del nastro di una decorazione od onorificenza, che si porta per distintivo sul petto o all'occhiello.

nàstro *s. m.* **1** Tessuto sottile, stretto e di lunghezza indeterminata, per guarnizioni e legature. **2** Tutto ciò che ha forma di nastro | — *adesivo*, striscia di cellophane spalmata d'adesivo su un lato | — *isolante*, striscia di tessuto gommato adoperato per ricoprire e isolare giunture di conduttori elettrici | — *dattilografico*, nelle macchine per scrivere, nastro di cotone, seta o altro materiale impregnato d'inchiostro | — *perforato*, nastro di carta contenente, sotto forma di perforazioni, dati destinati a essere introdotti in un sistema di elaborazione; SIN. Banda perforata | — *magnetico*, nastro di plastica, carta e sim. con materiale ferromagnetico, usato per la registrazione di suoni, immagini o dati per elaborazione | — *trasportatore*, piano scorrevole che, nei grandi stabilimenti, porta davanti all'operaio l'oggetto su cui egli deve lavorare; SIN. Tapis roulant | — *a tazze*, in certe draghe, catena continua con recipienti a forma di tazza, per scavare e trasportare materiale terroso | — *di mitragliatrice*, supporto di tela o metallico che unisce in parallelo le cartucce presentandole in posizione di sparo all'arma | Lama di alcuni tipi di segatrice, costituita da una lunga striscia di acciaio dentato. [→ ill. *elaborazione dati, falegname, magazzinaggio, metro, misure, sega, suono, telegrafia, ufficio*]

nastùrzio *s. m.* Pianta erbacea delle Crocifere con foglie profondamente divise e fiori gialli.

nasùto *agg.* Che ha un naso lungo e grosso.

natàle A *s. m.* **1** Giorno natalizio. **2** *Natale*, solennità liturgica dell'anno cristiano, in cui si ricorda la natività di Gesù Cristo, il 25 dicembre | *Da Natale a S. Stefano*, per pochissimo tempo. **3** *spec. al pl.* Nascita: *i suoi natali sono oscuri.* **B** *agg.* **1** Della nascita: *giorno* —; *terra* —. **2** (*raro*) Natalizio | *Babbo* —, personaggio fantastico in figura di vecchio che i bimbi credono venga la notte di Natale a portar loro regali. [→ tav. *proverbi* 274]

natalità *s. f.* Complesso delle nascite di un determinato luogo, nel loro aspetto quantitativo.

natalìzio A *agg.* **1** Del Natale. **2** Che riguarda il giorno della nascita. **B** *s. m.* Compleanno.

natànte A *agg.* Che nuota, galleggia. **B** *s. m.* Costruzione destinata a galleggiare.

natatóia *s. f.* (*zool.*) Organo atto al moto dei mammiferi acquatici.

natatòrio *agg.* Che riguarda il nuoto o il nuotatore | *Vescica natatoria*, organo idrostatico posto sotto alla colonna vertebrale di cui sono provvisti molti pesci. [→ ill. *zoologia*]

nàtica *s. f.* Ciascuna delle due masse muscolari formate dai glutei.

natìo *agg.* Nativo.

natività *s. f.* **1** (*raro*) Nascita. **2** Commemorazione di nascita di Gesù o della Vergine | Rappresentazione artistica di tale nascita.

natìvo A *agg.* **1** Della nascita | Che è del luogo di nascita: *dialetto* —; *aria nativa*; SIN. Natio. **2** (*raro*) Naturale, innato: *nativa fierezza* | (*est.*) Schietto, spontaneo; SIN. Congenito. **3** Detto di elemento che si trova non combinato con altri in natura. **B** *s. m.* (*f.* -*a*) Chi è originario di un luogo: *i nativi della Giamaica.*

nàto A *part. pass. di nascere; anche agg.* Venuto al mondo, alla luce | *Sordo* —, sordo dalla nascita | (*est.*) *Poeta* —, chi è incline alla poesia | — *per, a q.c.*, che ha spiccate attitudini per, a q.c. | *Maria Verdi nata Bianchi*, per indicare il cognome di nascita di una donna rispetto a quello acquisito con il matrimonio. **B** *s. m.* (*f.* -*a*) **1** Figlio: *i miei nati.* **2** Chi è nato in un determinato anno: *i nati nel 1941.*

nàtta *s. f.* (*med.*) Cisti sebacea del cuoio capelluto.

natùra *s. f.* **1** Il complesso delle cose e degli esseri dell'universo, governati da leggi, retti da un ordine proprio e oggetto di contemplazione e studio da parte dell'uomo: *i segreti della* — | *I tre regni della* —, gli animali, i vegetali, i minerali | *Il libro della* —, la natura come arricchimento delle esperienze e del sapere umano. **2** Energia operante nell'universo: *la* — *madre di tutte le cose.* **3** Sostanza costitutiva di uomini e cose: *l'intima* — *di qc., di q.c.* | (*est.*) Istinto, indole, carattere, detto dell'uomo: *è una* — *malinconica*; *seguire la propria* — | (*est.*) Specie, qualità, detto di cose: *la* — *del fuoco*; *cose di* — *delicata.* **4** — *morta*, opera pittorica che rappresenta oggetti inanimati.

naturàle A *agg.* **1** Della natura: *bellezze naturali* | *Scienze naturali*, quelle che studiano gli aspetti della natura, come fisica, chimica, botanica, geologia, zoologia e sim. [→ ill. *araldica*] **2** Conforme alla natura: *corso* — *degli avvenimenti* | *Diritto* —, diritto ideale, corrispondente a una superiore giustizia | (*est.*) Ordinario, ovvio: *conseguenza* —. **3** Che si ha per natura: *bisogni naturali* | *Morte* —, dovuta a cause naturali e (*est.*) non violenta | *Figlio* —, di genitori non uniti in matrimonio al momento della nascita. **4** (*est.*) Non artefatto o alterato: *capelli naturali* | Spontaneo, schietto: *gli viene* — *fare così*; CONTR. Artificiale. **B** *s. m.* Forma, dimensione, come è in natura: *ritrarre al* —.

naturalézza *s. f.* **1** Qualità di ciò che è conforme alla natura. **2** Mancanza di affettazione; SIN. Semplicità, spontaneità.

naturalìsmo *s. m.* **1** Dottrina filosofica secondo cui non esiste realtà al di fuori della natura. **2** Teoria estetica secondo la quale un'opera d'arte è riuscita solo se riproduce la realtà con il massimo rigore.

naturalìsta *s. m. e f.* (*pl. m.* -*i*) **1** Studioso di scienze naturali. **2** Seguace del naturalismo.

naturalìstico *agg.* (*pl. m.* -*ci*) Del naturalismo.

naturalizzàre A *v. tr.* Concedere la cittadinanza a uno straniero. **B** *v. rifl.* Chiedere, ottenere la cittadinanza, detto di uno straniero.

naturalizzazióne *s. f.* Concessione od ottenimento della cittadinanza, in riferimento a uno straniero.

naturalménte *avv.* **1** Secondo la propria natura: *è* — *buono.* **2** (*est.*) Senza affettazione: *muoversi* —. **3** Come è logico: *ha scritto e* — *gli ho risposto* | Certamente, sì: *'tornerai domani?' '—!'.*

naturìsmo *s. m.* Movimento che propugna un modo di vivere in armonia con la natura e di cui è elemento essenziale la pratica della nudità integrale collettiva e al-

l'aperto.
naturista ***A*** *s. m. e f.* (*pl. m. -i*) Seguace del naturismo. ***B*** *agg.* Naturistico.
naturistico *agg.* (*pl. m. -ci*) Del naturismo.
naufragàre *v. intr.* (*io nàufrago, tu nàufraghi; aus. essere* o, spec. riferito a persone, *avere*) ***1*** Andare distrutta in mare, per avaria, tempesta o altro, detto di nave: *è naufragato un bastimento* | Detto di cose o persone, essere sul bastimento che rompe in mare: *hanno naufragato vicino alla costa*; SIN. Affondare. ***2*** (*fig.*) Fallire, avere cattivo esito: *la proposta è naufragata.*
naufràgio *s. m.* ***1*** Perdita di una nave per rottura o sommersione. ***2*** (*fig.*) Rovina, distruzione.
nàufrago *s. m.* (*f. -a; pl. m. -ghi*) (*raro*) Chi ha fatto naufragio | Chi si è salvato da un naufragio.
naumachìa *s. f.* Spettacolo di combattimento navale, per pubblico divertimento, spec. fra gli antichi Romani.
naupatìa *s. f.* Mal di mare.
nàușea *s. f.* ***1*** (*med.*) Sensazione che prelude al vomito: *provare un senso di —.* ***2*** (*fig.*) Fastidio, avversione; SIN. Disgusto, ripugnanza.
nauseabóndo *agg.* Che provoca nausea.
nauseànte *part. pres. di nauseare; anche agg.* Che dà nausea; SIN. Disgustoso, ripugnante, stomachevole.
nauseàre *v. tr. e intr.* (*io nàuseo; aus. avere*) ***1*** Dare la nausea. ***2*** (*fig.*) Infastidire, disgustare: *il suo comportamento mi ha nauseato*; SIN. Ripugnare, stomacare.
nàuta *s. m.* (*pl. -i*) (*lett.*) Marinaio, nocchiero.
-nàuta *secondo elemento*: in parole composte significa 'navigante, pilota': *astronauta, cosmonauta.*
nàutica *s. f.* Scienza della navigazione.
nàutico *agg.* (*pl. m. -ci*) Della navigazione.
nàutilo *s. m.* Grosso mollusco dei Cefalopodi, tipico dell'Oceano Indiano, con numerosi tentacoli, conchiglia esterna, bianca, avvolta a spirale e divisa in sezioni di cui l'animale occupa solo l'ultima.
navàja /*sp.* na'baxa/ *s. f. inv.* (*pl. sp. navajas* /na'baxas/) Grande coltello a serramanico dalla lama leggermente ricurva.
navàle *agg.* Relativo alle navi | *Accademia —*, scuola di ufficiali della Marina Militare.
navalmeccànica *s. f.* Tecnica relativa alla progettazione e alla costruzione di parti meccaniche destinate alle navi.
navalmeccànico ***A*** *agg.* (*pl. m. -ci*) Che riguarda la meccanica navale. ***B*** *s. m.* Operaio dell'industria navalmeccanica.
navàta *s. f.* Spazio interno di una chiesa compreso tra due file longitudinali di colonne o di pilastri: *— centrale, laterale.* [→ ill. *basilica cristiana, religione*]
nàve *s. f.* Costruzione galleggiante semovente, di notevoli dimensioni, atta al trasporto di persone e di cose sull'acqua: *— di legno, a vela*; *— da trasporto* | *— passeggeri*, adibita al trasporto di persone | *— traghetto*, adibita al trasporto marittimo dei treni o automezzi; SIN. Ferry-boat | *— ospedale*, attrezzata per trasportare malati e feriti | *— officina*, impiegata per riparazioni, anche in alto mare | *— cisterna*, attrezzata per il trasporto di liquidi | *— ammiraglia*, su cui è imbarcato l'ammiraglio di una flotta | *— scorta*, unità militare per protezione di convogli | *— sussidiaria*, unità, spec. militare, per servizi speciali | *— civetta*, unità militare mascherata da nave mercantile per attacchi di sorpresa | *— da sbarco*, unità militare attrezzata per operazioni anfibie | *— spaziale*, astronave. [→ ill. *campana e campanello, marina*]
navétta ***A*** *s. f.* ***1*** *Dim. di nave.* ***2*** Pietra preziosa di forma ovale appuntita alle estremità. ***3*** Parte del telaio per tessitura contenente all'interno la spola col filato di trama. [→ ill. *tessuto*] ***4*** (*aer.*) *— spaziale*, veicolo spaziale con equipaggio, capace di compiere ripetuti voli da una base terrestre a un'orbita sino a 200 km di quota. [→ ill. *astronautica*] ***B*** *in funzione di agg. inv.* Detto di mezzo di trasporto che compie continui viaggi di andata e ritorno su percorsi fissi: *aereo —* | *Treno —*, che trasporta automobili su vagoni a piani sovrapposti lungo percorsi fissi altrimenti difficoltosi o stagionalmente impraticabili.
navicèlla *s. f.* ***1*** Piccola nave. ***2*** Parte di un aeromobile o aerostato per alloggiare l'equipaggio | *— spaziale*, veicolo spaziale. ***3*** Piccolo recipiente in cui si pongono le sostanze che vengono portate a combustione. ***4*** Vassoio a forma di barchetta, in cui si conserva l'incenso. [→ ill. *religione*]
navicèllo *s. m.* Piccolo veliero toscano a due alberi.
navìcula *s. f.* Alga unicellulare, di acqua dolce o marina, con involucro silicizzato. [→ ill. *alga*]
navigàbile *agg.* Che si può navigare: *canale —.*
navigabilità *s. f.* ***1*** Insieme dei requisiti necessari a una nave o a un aereo per poter navigare o volare in condizioni di sicurezza. ***2*** Qualità di fiumi, canali e sim. navigabili.
navigànte *part. pres. di navigare; anche agg. e s. m.* Che (o chi) naviga.
navigàre ***A*** *v. intr.* (*io nàvigo, tu nàvighi; aus. avere*) ***1*** Percorrere uno spazio sostenendosi sull'acqua, detto di natanti: *— a remi*; *— lungo la costa, in mare aperto.* ***2*** (*est.*) Viaggiare con un mezzo nautico: *— su un transatlantico* | *— col vento in poppa*, (*fig.*) essere in un periodo fortunato | *— tra gli scogli, in cattive acque*, (*fig.*) attraversare momenti difficili, spec. trovarsi in difficoltà economiche. ***3*** (*est.*) Essere trasportato per nave, detto di merci: *il petrolio naviga con le petroliere.* ***B*** *v. tr.* (*raro*) Percorrere navigando: *ha navigato tutti gli oceani.*
navigàto *part. pass. di navigare; anche agg.* ***1*** Percorso da navi: *mare —.* ***2*** Che è molto esperto della navigazione: *marinaio —.* ***3*** (*fig.*) Che ha grande esperienza della vita: *uomo —.*
navigatóre ***A*** *agg.* Che naviga. ***B*** *s. m.* (*f. -trice*) ***1*** Chi naviga. ***2*** Ufficiale di rotta di un aeromobile | *— spaziale*, astronauta. ***3*** Nei rally automobilistici, chi assiste il pilota fornendogli informazioni varie, spec. sul percorso da compiere.
navigatòrio *agg.* Della navigazione.
navigazióne *s. f.* Arte del navigare | Attività del navigare: *— a vapore*; *— sottomarina* | *— aerea*, con aeroplani | *— spaziale*, astronautica | *— interna*, su laghi, fiumi, canali.
navìglio *s. m.* ***1*** Imbarcazione. ***2*** Moltitudine di navi dello stesso tipo: *— militare, mercantile, peschereccio.* ***3*** Canale navigabile.
navóne *s. m.* (*bot.*) Ravizzone.
nazarèno *agg.* Di Nazaret, città della Galilea: *Gesù —* | *Il Nazareno*, (*per anton.*) Gesù Cristo | *Capelli alla nazarena*, che scendono fino alle spalle | *Barba alla nazarena*, barba intera di media lunghezza. [→ ill. *acconciatura, barba*]
nazifascìșmo *s. m.* Unione del nazionalsocialismo tedesco e del fascismo italiano nell'ultima fase della seconda guerra mondiale.
nazionàle ***A*** *agg.* Della nazione. ***B*** *s. m. e f.* Atleta incluso in una squadra nazionale. ***C*** *s. f.* Squadra di atleti che rappresenta la propria nazione in competizioni internazionali.
nazionalìșmo *s. m.* ***1*** Tendenza e prassi politica fondata sull'esasperazione dell'idea di nazione. ***2*** (*est.*) Esaltazione eccessiva di ciò che appartiene alla propria nazione.
nazionalìsta ***A*** *s. m. e f.* (*pl. m. -i*) Chi segue il nazionalismo. ***B*** *agg.* Nazionalistico.
nazionalìstico *agg.* (*pl. m. -ci*) Del nazionalismo | Basato sul nazionalismo: *movimento —.*
nazionalità *s. f.* ***1*** Condizione di ciò che è nazionale. ***2*** Appartenenza alla propria nazione. ***3*** Nazione: *popoli di diverse —.*
nazionalizzàre *v. tr.* Rendere di proprietà statale un'attività economica privata; CONTR. Snazionalizzare.
nazionalizzazióne *s. f.* Trasferimento alla proprietà statale di un'attività economica privata: *la — dell'energia elettrica.*
nazionalsocialìșmo *s. m.* Dottrina sociale formulata da Adolf Hitler, fondata prevalentemente sul razzismo, l'imperialismo, l'autoritarismo e l'antisocialismo; SIN. Nazismo.
nazionalsocialìsta ***A*** *agg.* (*pl. m. -i*) Del nazionalsocialismo. ***B*** *s. m. e f.* (*pl. m. -i*) Seguace del nazionalsocialismo. • SIN. Nazista.
nazióne *s. f.* ***1*** Complesso degli individui legati da una stessa lingua, storia, civiltà, interessi, spec. in quanto coscienti di questo patrimonio comune. ***2*** Stato: *la Società delle Nazioni.*
nazìșmo *s. m.* Nazionalsocialismo.

nazista *s. m. e f.* (*pl. m. -i*) Nazionalsocialista.
'ndrànghета *s. f.* Organizzazione calabrese di tipo mafioso (vc. calabrese, prob. da *'ndranghiti* 'balordo').
né (1) ***A*** *particella pron. atona m. e f. sing. e pl.* (formando gruppo con altri pron. atoni, si pospone sempre a questi; si può elidere davanti a parole che cominciano per vocale: *non ve n'abbiate a male*) ***1*** Di lui, di lei, di loro (come compl. di specificazione): *è bravo e – apprezzo i meriti*; *da tempo non vedo tuo zio, parlamene.* ***2*** Di questo, di quello, di questa, di quella, di questi, di quelli, di queste, di quelle (come compl. di specificazione o con valore partitivo): *che bei fiori! raccogline qualcuno!*; *prestamene un paio.* ***3*** Di ciò (riferito a un'intera frase o a un concetto già espresso): *se – riparlerà domani*; *non – vale la pena*; *se n'è avuto a male.* ***4*** Da ciò, da questo (indicando conseguenza da un concetto già espresso): *– consegue che avete torto.* ***B*** *avv.* ***1*** Di lì, di là, di qui, di qua (indica allontanamento): *– vengo ora*; *me – vado subito*; *vattene!* ***2*** (*pleon.*) Con valore intensivo (accompagnato da un pron. pers. atono): *se – veniva bel bello*; *te – stai sempre solo*; *come puoi startene sempre zitto?* (V. note d'uso ACCENTO ed ELISIONE e TRONCAMENTO)
né (2) *prep.* Forma che la prep. *in* assume talvolta nelle citazioni di titoli di opere che cominciano con l'articolo: *le descrizioni – 'I Promessi Sposi'.*
né *cong.* ***1*** Con funzione negativa coordina due o più elementi di una prop. che hanno la stessa funzione sintattica: *non ho visto – Carlo – Maria*; *non verremo – io – lui.* ***2*** Col sign. di 'e non' coordina due o più prop. negative: *non mi ha scritto – mi ha telefonato.* (V. nota d'uso ACCENTO)
neànche ***A*** *avv.* ***1*** Assolutamente no, in nessun caso, come ulteriore negazione a quanto già espresso: *se tu non vieni, – io andrò; non ci penso –!* | *– per sogno!*, *– per idea*, risposta che esclude recisamente q.c. ***2*** Rafforza una negazione: *non ho in tasca – un centesimo.* ***B*** *cong.* Non anche, se pure non (introduce una prop. concessiva implicita con il v. al ger. o all'inf. o esplicita con il v. al congv. o all'indic.): *– a intervenire subito avremmo potuto salvarlo*; *– se volesse potrebbe entrare.*
nébbia *s. f.* ***1*** Sospensione nell'aria e presso il suolo di goccioline microscopiche tale da ridurre molto la visibilità; SIN. Caligine. ***2*** (*fig.*) Offuscamento: *la – dell'ignoranza.* ***3*** (*bot.*) Malattia delle graminacee dovuta a un fungo parassita.
nebbiògeno ***A*** *agg.* Che produce nebbia. ***B*** *s. m.* Sostanza chimica che produce nebbia artificiale.
nebbiòlo o *nebiòlo s. m.* Vino rosso, asciutto, prodotto dal vitigno omonimo nelle zone di Asti e Cuneo.
nebbióne *s. m.* Nebbia molto fitta.
nebbiosità *s. f.* L'essere nebbioso.
nebbióso *agg.* ***1*** Coperto, pieno di nebbia. ***2*** (*fig.*) Confuso, poco chiaro: *discorso –.*
nebiòlo V. *nebbiolo.*
nebulàre *agg.* (*astron.*) Delle nebulose.
nebulizzàre *v. tr.* Ridurre un liquido in minutissime goccioline disperse nell'aria a formare una nebbia; SIN. Atomizzare.
nebulizzatóre *s. m.* Apparecchio atto a ridurre un liquido in minutissime gocce. [→ ill. *medicina e chirurgia*]
nebulizzazióne *s. f.* Operazione del nebulizzare.
nebulósa *s. f.* (*astron.*) Addensamento di materia interstellare o di astri lontani che all'osservazione appare come una nuvola luminosa. [→ ill. *astronomia*]
nebulosità *s. f.* ***1*** L'essere nebuloso; SIN. Caligine. ***2*** (*fig.*) Indeterminatezza di ciò che è vago, incerto.
nebulóso *agg.* ***1*** Caliginoso, fosco. ***2*** (*fig.*) Oscuro, incerto: *concetti nebulosi.*
nécessaire /*fr.* nesɛ'sɛr/ *s. m. inv.* (*pl. fr. nécessaires* /nesɛ'sɛr/) Valigetta o astuccio contenente oggetti utili: *– da viaggio.*
necessariaménte *avv.* Con, per necessità.
necessàrio ***A*** *agg.* ***1*** Detto di ciò di cui non si può assolutamente fare a meno: *cose necessarie alla vita, per vivere*; SIN. Indispensabile; CONTR. Superfluo. ***2*** Che serve, è utile, occorre a qc. o q.c.: *il tempo – per scrivere.* ***3*** (*filos.*) Che non può non essere; CONTR. Contingente. ***B*** *s. m. solo sing.* Ciò che occorre di necessità per q.c.: *provvedere del –; il puro, lo stretto –* | *Non avere il –*, non avere di che vivere.
necessità *s. f.* ***1*** Condizione di ciò che è necessario | *Di –*, in modo necessario; SIN. Bisogno. ***2*** Forza superiore alla volontà dell'uomo e che ne stimola e determina l'agire in un dato senso: *piegarsi, ribellarsi alla –* | *Fare di – virtù*, sottomettersi a una circostanza inevitabile. ***3*** Ciò che è necessario: *le necessità della vita* | Bisogno, anche estremo: *in caso di –.* ***4*** (*filos.*) Carattere di ciò che è e che non può non essere; CONTR. Contingenza. ***5*** Povertà, miseria: *trovarsi in –.* [→ tav. *proverbi* 276]
necessitàre ***A*** *v. tr.* (*io necèssito*) Rendere necessario, indispensabile: *sono cose che necessitano ogni attenzione.* ***B*** *v. intr.* (*aus. essere*) ***1*** (*impr.*) Abbisognare: *necessita di molte cure.* ***2*** Essere necessario: *necessita la vostra sincerità.*
nècro- *primo elemento*: in parole composte significa 'defunto', 'cadavere' o indica morte: *necrofobia, necrologio, necropoli.*
necrofilia *s. f.* Attrazione sessuale per i cadaveri.
necròfilo *agg.; anche s. m.* (*f. -a*) Affetto da necrofilia.
necrofobia *s. f.* Paura ossessiva per i cadaveri.
necròforo *s. m.* ***1*** Becchino. ***2*** Insetto con livrea nera ed elitre con due fasce gialle trasversali, che seppellisce piccoli animali morti delle cui carni putrescenti si nutriranno le sue larve. [→ ill. *animali* 3]
necrologia *s. f.* (*pl. -gie*) Cenno orale o breve annunzio scritto in onore di persona morta.
necrològio *s. m.* ***1*** Necrologia. ***2*** Registro dei morti nelle chiese.
necrologista *s. m. e f.* (*pl. m. -i*) Chi pronunzia o scrive una necrologia.
necròpoli *s. f.* ***1*** Luogo dedicato alla sepoltura e venerazione dei defunti riemerso da scavi archeologici: *– di Spina.* ***2*** (*est.*) Cimitero.
necroscopia *s. f.* Esame del cadavere per risalire alla causa di morte.
necroscòpico *agg.* (*pl. m. -ci*) Di necroscopia.
necròsi *s. f.* (*biol., med.*) Processo che porta alla morte di singole cellule o di tessuti di organismi viventi.
necròtico *agg.* (*pl. m. -ci*) Di necrosi.
necrotizzànte *part. pres. di necrotizzare; anche agg. e s. m.* Agente che provoca la necrosi dei tessuti viventi.
necrotizzàre *v. tr.* (*med.*) Provocare necrosi.
nècton o *nèkton s. m.* L'insieme degli animali capaci di muoversi attivamente nell'ambiente acqueo.
nefandézza *s. f.* ***1*** L'essere nefando; SIN. Turpitudine. ***2*** Atto, parola nefanda.
nefàndo *agg.* Abominevole, turpe, empio; SIN. Infame.
nefàsto *agg.* ***1*** Di giorno funesto, luttuoso, pieno di disgrazie. ***2*** Di cattivo augurio: *un – presagio.* • SIN. Infausto; CONTR. Fausto.
nefelometria *s. f.* (*chim.*) Misurazione della torbidità di un liquido.
nefoscòpio *s. m.* (*meteor.*) Strumento per l'osservazione della direzione di movimento delle nubi e della loro velocità.
nefrite (1) *s. f.* (*med.*) Infiammazione del tessuto renale.
nefrite (2) *s. f.* (*miner.*) Varietà di anfibolo dura e colorata in vari toni di verde.
nefritico *agg.; anche s. m.* (*f. -a; pl. m. -ci*) Affetto da nefrite.
nèfro- *primo elemento* (*nefr-*, davanti a vocale): in parole composte spec. mediche significa 'rene': *nefrite, nefropatia.*
nefròlito *s. m.* (*med.*) Calcolo renale.
nefropatia *s. f.* (*med.; gener.*) Malattia del rene.
nefròsi *s. f.* (*med.*) Affezione di carattere degenerativo del rene.
negàbile *agg.* Che si può negare; CONTR. Innegabile.
negàre *v. tr.* (*io négo o nègo, tu néghi o nèghi*) ***1*** Dichiarare non vero ciò che è sostenuto da altri: *nego di averlo detto*; CONTR. Affermare. ***2*** ass. Dire, rispondere di no: *gli domandarono se era responsabile e lui negò* | (*est.*) Non confessare: *gli indiziati si ostinavano a –.* ***3*** Non concedere: *– il permesso*; SIN. Rifiutare.
negativa *s. f.* ***1*** Atteggiamento di chi nega: *stare sulla –.* ***2*** Risposta con la quale si nega q.c. ***3*** (*fot.*) Immagine negativa.
negativaménte *avv.* In modo negativo.
negatività *s. f.* L'essere negativo.

negatìvo ***A*** *agg.* ***1*** Che contiene una negazione o serve a negare: *risposta negativa*; CONTR. Affermativo. ***2*** Che si limita a negare il valore di q.c., senza proporre alternative valide: *ideologia negativa*; CONTR. Positivo. ***3*** Che non ha l'effetto sperato o previsto: *effetto* –; *risultato – di un'indagine.* ***4*** In varie scienze e tecnologie, detto convenzionalmente di q.c. in opposizione a ciò che, altrettanto convenzionalmente, è definito positivo: *cariche elettriche negative*; *polo* –; *ione* –. [→ ill. *elettricità*] ***5*** (*mat.*) Detto di numero minore di zero. ***6*** (*fot.*) Detto di immagine fotografica nella quale la disposizione delle luci e delle ombre è inversa rispetto a quella dell'oggetto fotografato; CONTR. Positivo. ***B*** *s. m.* (*fot.*) Immagine negativa.

negativoscòpio *s. m.* Dispositivo per esaminare negativi e positivi fotografici e lastre radiografiche. [→ ill. *medicina e chirurgia*]

negàto *part. pass. di negare; anche agg.* Non concesso: *permesso* – | Che non ha nessuna attitudine per q.c.: *un ragazzo – per la matematica.*

negatóre *s. m.; anche agg.* (*f.* *-trice*) Chi (o che) nega.

negazióne *s. f.* ***1*** Azione del negare | Espressione che nega | *Essere la – di q.c.*, essere tutto l'opposto di ciò che si dovrebbe: *quel ragazzo è la – dell'ubbidienza.* ***2*** (*ling.*) Modo della frase che consiste nel negare il predicato della frase stessa | Elemento linguistico (avverbio, congiunzione, pronome e sim.) che esprime una negazione.

neghittóso ***A*** *agg.* Pigro, lento; SIN. Poltrone. ***B*** *s. m.* (*f.* *-a*) Persona neghittosa.

neglètto *part. pass. di negligere; anche agg.* (*lett.*) Trasandato, sciatto | Trascurato, ignorato: *starsene – in un angolo.*

négli *prep. art.* V. *gli* per gli usi ortografici.

négligé /fr. negli'ʒe/ *s. m. inv.* (*pl. fr.* ***négligés*** /negli'ʒe/) Vestaglia femminile da casa o da camera.

negligènte ***A*** *agg.* ***1*** Che è svogliato e trascurato nei propri compiti o doveri: – *nell'adempiere il proprio dovere*; CONTR. Diligente. ***2*** Che rivela trascuratezza: *atteggiamento* –; SIN. Sciatto. ***B*** *s. m. e f.* Persona negligente.

negligènza *s. f.* ***1*** L'essere negligente; SIN. Svogliatezza; CONTR. Diligenza. ***2*** Atto di persona negligente.

negligere *v. tr.* (*pass. rem. io neglèssi, tu negligésti; part. pass. neglètto; oggi dif. dell'indic. pres., dell'imper., del congv. pres.*) (*raro, lett.*) Trascurare, non curare affatto.

negoziàbile *agg.* Che si può negoziare.

negoziabilità *s. f.* Stato, condizione di ciò che è negoziabile.

negoziàle *agg.* Di negozio giuridico.

negoziànte *s. m. e f.* Proprietario o gestore di negozio per la vendita di merci al pubblico; SIN. Bottegaio.

negoziàre ***A*** *v. tr.* (*io negòzio*) ***1*** Esercitare il commercio, trattare affari. ***2*** (*est.*) Intavolare le trattative per arrivare a un accordo: – *la pace.* ***B*** *v. intr.* (*aus. avere*) Esercitare un commercio: – *in vino.*

negoziàto ***A*** *part. pass. di negoziare; anche agg.* Fatto oggetto di trattative. ***B*** *s. m.* Insieme delle trattative necessarie per stipulare patti e sim.

negoziatóre *s. m.* (*f.* *-trìce*) Chi conduce trattative, spec. per accordi internazionali.

negoziazióne *s. f.* Atto del negoziare; SIN. Trattativa.

negòzio *s. m.* ***1*** Affare, impresa commerciale. ***2*** (*dir.*) – *giuridico*, atto di un privato per il conseguimento di scopi permessi dall'ordinamento giuridico. ***3*** Locale dove si vendono o si tengono esposte merci; SIN. Bottega. [→ ill. *strada*] ***4*** (*lett.*) Occupazione, attività.

négride *agg.* Che appartiene al ceppo razziale dei negri africani.

negrière *s. m.* (*f.* *-a* nel sign. 2) ***1*** Trafficante di schiavi negri. ***2*** (*fig.*) Sfruttatore.

negrièro ***A*** *agg.* Relativo alla tratta dei negri. ***B*** *s. m.* Negriere.

negrità *s. f.* Negritudine.

negrìto *s. m. inv.* Pigmeo asiatico continentale o insulare.

negritùdine *s. f.* Il complesso dei valori caratteristici delle popolazioni negre.

négro ***A*** *agg.* ***1*** Che appartiene alla razza caratterizzata da pelle scura o nera, capelli lanosi, naso piatto, prognatismo spesso accentuato. ***2*** Relativo alla razza negra. ***B*** *s. m.* (*f.* *-a*) Chi appartiene alla razza negra: *i negri d'America* | *Lavorare come un* –, molto duramente.

negròide *agg.; anche s. m. e f.* Appartenente a una razza umana i cui individui presentano caratteri in tutto o in parte uguali a quelli dei negri.

negromànte *s. m. e f.* Chi esercita la negromanzia.

negromàntico *agg.* (*pl. m.* *-ci*) Di negromanzia o di negromante.

negromanzìa *s. f.* Arte dell'evocazione degli spiriti e degli spettri dei morti, per divinare il futuro o conoscere l'ignoto | (*est.*) Magia.

nègus *s. m. inv.* Appellativo dell'imperatore d'Etiopia.

néi *prep. art.* V. *i* per gli usi ortografici.

nèkton V. *necton.*

nél *prep. art.* V. *il* per gli usi ortografici.

nélla *prep. art.* V. *la* per gli usi ortografici.

nélle *prep. art.* V. *le* per gli usi ortografici.

néllo *prep. art.* V. *lo* per gli usi ortografici.

Nematòdi *s. m. pl.* (*sing.* *-e*) Tipo di Invertebrati vermiformi con corpo non segmentato e rivestito di una sottile cuticola chitinosa; fra di essi si annoverano numerose specie parassite. [→ ill. *animali* 2]

némbo *s. m.* ***1*** Nube bassa oscura, generalmente apportatrice di pioggia o neve. ***2*** (*fig., lett.*) Grossa schiera di persone | Denso sciame di insetti.

nembostràto *s. m.* ***1*** Nube bassa grigio-scura dai contorni frastagliati, apportatrice di pioggia o neve; SIN. Stratonembo. ***2*** Distesa nuvolosa grigia, amorfa e scura, che dà precipitazioni.

nèmeṣi *s. f.* ***1*** Nella mitologia greca, dea della giustizia. ***2*** Evento negativo che si presume debba seguire periodi eccessivamente fortunati, a titolo di giusta compensazione | – *storica*, giustizia riparatrice di torti e delitti non nei responsabili, ma nei loro discendenti.

nemìco ***A*** *agg.* (*pl. m.* *-ci*) ***1*** Che nutre sentimenti di avversione, odio, rancore contro qc., ne desidera il male e cerca di farglielo: *essere – di tutti*; *farsi – qc.*; SIN. Ostile; CONTR. Amico. ***2*** Che detesta q.c.: *è – della musica.* ***3*** Che si riferisce all'esercito, allo Stato e sim. col quale si è in guerra: *strategia nemica.* ***4*** (*fig.*) Dannoso, nocivo: *il gelo è – delle, alle piante.* ***B*** *s. m.* (*f.* *-a*) ***1*** Chi è ostile, avverso a qc. o a q.c.: – *della verità.* ***2*** Persona che appartiene all'esercito o al territorio dello Stato con cui si è in guerra. [→ tav. *proverbi* 18, 128, 181]

nemmànco *avv.* (*dial.*) Neanche.

nemméno *avv. e cong.* Neanche.

nènia *s. f.* ***1*** Canto lugubre che si faceva nel seppellire un morto. ***2*** Canzone monotona. ***3*** (*fig.*) Discorso monotono, conversazione interminabile e noiosa.

nèo (1) *s. m.* ***1*** Malformazione cutanea spesso pigmentata di scuro e fornita di peli. ***2*** Piccola imperfezione, difetto appena visibile.

nèo (2) V. *neon.*

nèo- *primo elemento*: in parole composte significa 'nuovo', 'moderno': *neocapitalismo, neofita, neolitico, neorealismo.*

neocapitaliṣmo *s. m.* Lo stadio più recente del capitalismo, caratterizzato dal crescente intervento dello Stato nei vari settori dell'economia, dalla concentrazione del potere nelle grandi società per azioni e dalla dilatazione dei consumi.

neocapitalìsta *agg.* (*pl. m.* *-i*) Seguace, sostenitore del neocapitalismo.

neocapitalìstico *agg.* (*pl. m.* *-ci*) Del neocapitalismo.

neoclassiciṣmo *s. m.* Tendenza allo studio e all'imitazione dei classici greco-romani nell'arte e nella letteratura, sorta alla fine del XVIII sec. e nei primi anni del XIX per reazione al barocco e al rococò.

neoclassicìsta *s. m. e f.* (*pl. m.* *-i*) Seguace del neoclassicismo.

neoclàssico ***A*** *agg.* (*pl. m.* *-ci*) Del neoclassicismo. ***B*** *s. m.* Seguace del neoclassicismo.

neodìmio *s. m.* Elemento chimico, metallo leggermente radioattivo, del gruppo delle terre rare. SIMB. Nd.

neofasciṣmo *s. m.* Movimento politico che, dopo il 1945, ha ripreso le dottrine e le finalità politiche del fascismo.

neofascìsta *s. m. e f.; anche agg.* (*pl. m.* *-i*) Aderente, seguace del neofascismo.

neofilìa *s. f.* Amore del nuovo e dei cambiamenti.

neòfita o **neòfito** *s. m. e f.* (*pl. m.* *-i*) ***1*** Chi da poco ha abbracciato una religione. ***2*** (*est., fig.*) Chi da poco ha aderito a un'idea, a un partito e sim.

neofobìa *s. f.* Paura delle novità.

neoformazióne *s. f.* **1** (*med.*) Qualsiasi produzione di tessuti anomala, benigna o maligna. **2** (*ling.*) Vocabolo o frase di recente formazione.

neògene *s. m.* (*geol.*) Seconda parte dell'era Cenozoica comprendente il Miocene e il Pliocene.

neogrèco *agg.* (*pl. m. -ci*) Della Grecia moderna.

neoguelfismo *s. m.* Movimento politico che, nel Risorgimento, propugnò una confederazione di Stati italiani sotto la presidenza onoraria del Papa.

neoguèlfo **A** *agg.* Del neoguelfismo. **B** *s. m.* Fautore del neoguelfismo.

neolatino *agg.* Detto di un gruppo di lingue derivate dal latino, e di ciascuna di esse: *il francese è una lingua neolatina* | *Letteratura neolatina*, scritta in una di tali lingue | *Popolo* —, che parla una di queste lingue; SIN. Romanzo (1).

neolitico **A** *s. m.* (*pl. -ci*) Ultimo periodo dell'età della pietra nel quale le armi e gli utensili erano accuratamente levigati. **B** *anche agg.*: *periodo* —.

neologismo *s. m.* (*ling.*) Vocabolo o locuzione di recente introduzione in una lingua | Ogni nuovo significato di una parola già usata.

nèon o *nèo* (2) *s. m.* Elemento chimico, gas nobile leggero, presente nell'aria, usato per lampade tubolari e, soprattutto, per insegne luminose: *tubi al* —. SIMB. Ne. [→ ill. *illuminazione*]

neonàto **A** *agg.* Che è appena nato o che è nato da poco: *bambino* — | Formato, sorto da poco: *associazione neonata*. **B** *s. m.* (*f. -a*) Bambino neonato.

neoplasia *s. f.* (*med.*) Neoformazione, tumore.

neoplàsico *agg.* (*pl. m. -ci*) Di neoplasia.

neoplàsma *s. m.* (*pl. -i*) (*med.*) Tumore.

neoplatònico **A** *agg.* (*pl. m. -ci*) Del neoplatonismo. **B** *s. m.* (*f. -a*) Chi segue il neoplatonismo.

neoplatonismo *s. m.* Indirizzo filosofico iniziatosi nel II secolo d. C., che proponeva un ritorno a quei temi della filosofia platonica capaci di operare una difesa delle verità religiose attingibili dall'uomo solo nell'intimità della propria coscienza.

neopositivismo *s. m.* Indirizzo filosofico secondo cui alla filosofia è affidato il compito di fare l'analisi del linguaggio comune e di quello scientifico.

neopositivista *s. m. e f.* (*pl. m. -i*) Chi segue il neopositivismo.

neoprène *s. m.* Nome commerciale di una gomma sintetica.

neorealismo *s. m.* Tendenza della letteratura, del cinema e delle arti in genere a rappresentare fatti e aspetti della vita con stretta aderenza realistica.

neorealista **A** *s. m. e f.* (*pl. m. -i*) Chi segue il neorealismo. **B** *agg.* Neorealistico.

neorealistico *agg.* (*pl. m. -ci*) Del neorealismo.

neoscolàstica *s. f.* (*filos.*) Neotomismo.

neotomismo *s. m.* Indirizzo filosofico ispirato alla filosofia di S. Tommaso, iniziatosi negli ultimi decenni del XIX sec., che tende a ricondurre la moderna filosofia realistica entro gli schemi del tomismo.

neotomista **A** *agg.* (*pl. m. -i*) Del neotomismo. **B** *s. m.* Chi segue il neotomismo.

neozelandése *agg.*; *anche s. m. e f.* Della Nuova Zelanda.

neozòico **A** *s. m.* (*pl. -ci*) (*geol.*) Era quaternaria. **B** *anche agg.*: *era neozoica*.

nepalése *agg.*; *anche s. m. e f.* Del Nepal.

nepènte *s. f.* **1** Pianta carnivora delle Policarpali con ascidi a secrezione zuccherina e foglie a sacchetto. **2** Bevanda cui gli antichi Greci attribuivano il potere di togliere il dolore o dare l'oblio.

nepotismo *s. m.* **1** Tendenza di certi papi, spec. nei secoli passati, a favorire i propri familiari con prebende, cariche e sim. **2** (*est.*) Favoreggiamento nei confronti di parenti o amici.

nepotista **A** *s. m.* (*pl. -i*) Chi favorisce gli amici o i parenti abusando del proprio potere. **B** *agg.* (*raro*) Nepotistico.

nepotistico *agg.* (*pl. m. -ci*) Proprio di chi favorisce amici e parenti.

neppùre *avv. e cong.* Neanche.

nequìzia *s. f.* (*lett.*) Cattiveria, malvagità.

neràstro *agg.* Che tende al nero.

nerbàta *s. f.* Colpo di nerbo.

nèrbo *s. m.* **1** Fibra cervicale di buoi e cavalli disseccata e adoperata come staffile. **2** (*fig.*) Parte più forte e valida di q.c. | (*est.*, *fig.*) Forza, vigoria.

nerborùto *agg.* Muscoloso, robusto.

nereggiàre **A** *v. intr.* (*io neréggio; aus. avere*) (*lett.*) Apparire di colore nero | Tendere al nero. **B** *v. tr.* (*raro*) Colorare di nero.

nerèide *s. f.* Nella mitologia greca, ninfa del mare.

nerétto *s. m.* **1** Carattere tipografico con asta più scura e marcata del consueto, per dare evidenza a titoli, parole o frasi; SIN. Grassetto. **2** Articolo di giornale in grassetto per attirare l'attenzione di chi legge.

nerézza *s. f.* (*raro*) L'essere nero.

nericcio *agg.* (*pl. f. -ce*) Che tende al nero o è quasi nero.

néro **A** *agg.* **1** (*fis.*) Detto di corpo che assorbe tutti i raggi luminosi che investono la sua superficie. **2** (*gener.*) Che ha un colore bruno intenso molto scuro: — *come l'ebano* | *Acqua nera*, torbida | *Pane* —, integrale | *Vino* —, rosso scuro | *Occhiali neri*, con lenti affumicate | *Oro* —, petrolio | (*est.*) Sudicio, molto sporco: *mani nere*; CONTR. Bianco. **3** Che è simbolo di morte e di lutto: *cravatta nera*. **4** (*fig.*) Caratterizzato da sventure, eventi negativi e sim.: *giorni neri*; *periodo* — | *Vedere tutto* —, prevedere dolori e sciagure | (*est.*) Improntato a tristezza, pessimismo: *umore* — | (*est.*) Caratterizzato dal macabro, dal mistero, dalla violenza, detto spec. di genere letterario: *romanzo* —; *umorismo* —. **5** (*fig.*) Caratterizzato da disonestà, mancato rispetto delle leggi: *lavoro* — | *Mercato* —, *borsa nera*, mercato clandestino, spec. in tempo di guerra | *Libro* —, elenco di persone sospette, pericolose o nemiche. **6** Caratterizzato da crudeltà, perfidia e sim.: *anima nera* | *Pecora nera*, chi si distingue dagli altri per le sue cattive qualità | *Cronaca nera*, nei quotidiani, che tratta di gravi incidenti o fatti di sangue | (*fig.*) Che ha relazione con il demonio: *magia nera*. **7** Fascista: *brigate nere*. **8** Clericale: *aristocrazia nera*. **B** *s. m.* **1** Colore nero: *vestire di* — | *Mettere — su bianco*, scrivere. **2** Ogni sostanza di colore nero o che colora in nero | — *di anilina*, colorante organico sintetico | (*zool.*) — *di seppia*, liquido nero secreto da una ghiandola delle seppie, da cui si ricava un colorante per inchiostri e colori. **3** Giocatore di dama o scacchi che manovra i pezzi neri contro quelli bianchi. **4** (*est.*) Uomo di pelle nera: *i neri d'America*. [→ tav. *proverbi* 139]

nerofùmo *s. m.* Carbone finemente suddiviso ottenuto condensando i vapori della combustione incompleta di varie sostanze organiche e usato per inchiostri da stampa, lucidi da scarpe e sim.

nerógnolo *agg.* Nericcio, nerastro.

nèroli *s. m.* Essenza estratta per distillazione dai fiori d'arancio, usata in profumeria.

nerùme *s. m.* **1** Tinta nera o macchia nera che ricopre oggetti. **2** Complesso di cose nere.

nervatùra *s. f.* **1** Insieme dei nervi costituenti un organismo animale, e loro disposizione. **2** Traccia dei fasci fibro-vascolari sulla lamina delle foglie. [→ ill. *botanica*] **3** (*arch.*) Parte, spec. sporgente, di una struttura architettonica di sostegno | Negli edifici con volta a crociera, l'insieme delle cordonature che ne limitano gli archi diagonali. **4** Piccolissima piega cucita in rilievo e usata come guarnizione d'abito. **5** Rilievo a cordoncino sul dorso dei libri rilegati. **6** In un pezzo meccanico, oggetto di rinforzo.

nervìno *agg.* **1** Relativo a nervo o a sistema nervoso. **2** Detto di medicamento che agisce particolarmente sui disturbi del sistema nervoso. **3** Detto di gas che agisce sul sistema nervoso, alterandone l'equilibrio.

nèrvo *s. m.* **1** Formazione anatomica allungata costituita da più filamenti di cellule nervose rivestiti da particolari membrane, che collega il sistema nervoso centrale con un organo: — *ottico*, *acustico* | *Dare ai, sui nervi a qc.*, *far venire i nervi a qc.*, irritarlo, infastidirlo | *Avere i nervi*, essere di cattivo umore | *Avere i nervi scoperti*, *a fior di pelle*, essere in stato di eccitazione nervosa | *Avere i nervi saldi*, essere padrone di sé | *Tensione di nervi*, ansia, sforzo della volontà. [→ ill. *anatomia umana*] **2** (*raro*, *fig.*) Forza, vigoria. **3** (*bot.*) Nervatura delle foglie. **4** Staffile, nerbo: — *di bue*. **5** Corda dell'arco.

nervosismo *s. m.* Stato di agitazione, tensione nervosa.

nervosità *s. f.* **1** Eccitabilità dei nervi. **2** *spec. al pl.* Atto, parola, da persona nervosa. **3** (*fig.*) Vigorosità, incisività.

nervóso **A** *agg.* **1** (*anat.*) Che concerne i nervi | *Sistema* –, l'insieme degli organi e delle strutture di un organismo con funzione di recepire, elaborare e sim. gli stimoli interni e dell'ambiente esterno | (*med.*) Che riguarda il sistema nervoso: *esaurimento* –. [→ ill. *anatomia umana*] **2** Agitato, irritabile | Che rivela nervosismo: *risata nervosa.* **3** Privo di grasso superfluo, vigoroso e asciutto, detto del corpo umano: *gambe nervose.* **4** Stringato, conciso, efficace: *stile* –. **B** *s. m.* (*fam.*) Stato di notevole eccitazione e irritabilità, con relativo malumore: *farsi venire il* –.

nèsci *s. m.* (*tosc.*) *Solo nella loc. fare il* –, fingere di ignorare.

nèspola *s. f.* **1** Frutto del nespolo, sferico, di color ruggine, con cinque grossi semi, commestibile solo quando è molto maturo | – *del Giappone*, frutto giallo del nespolo del Giappone con polpa succosa e acidula. [→ ill. *frutta*] **2** (*fam.*) Colpo, percossa.

nèspolo *s. m.* Arbusto delle Rosali con rami spinosi, foglie verde cupo, fiori bianchi e frutti commestibili | – *del Giappone*, albero delle Rosali con foglie grandi, lucide e infiorescenze giallastre. [→ ill. *piante* 8]

nèsso *s. m.* Connessione, collegamento, legame.

nessùno **A** *agg. indef. dif. del pl.* (Come agg. f. si elide davanti a parola che comincia per vocale; come agg. m. si tronca davanti a nomi che cominciano per vocale e per consonante che non sia *gn, ps, s impura, x, z*: *nessun'altra*; *nessun altro*; *nessun ostacolo*) **1** Non uno, neanche uno (con valore negativo e, se posposto al v., accompagnato da altra negazione): *non fare nessuna spesa*; *per nessun motivo lo farei*; *non ho nessun dubbio.* **2** Qualche (spec. in prep. interr. o dubitative): *fammi sapere se ti serve nessun aiuto*; *volete nessun giornale?* **B** *pron. indef.* **1** Non uno, neanche uno (riferito a persona o cosa e accompagnato da altra negazione se posposto al v.): – *può crederti*; *non è arrivato* –; *non ubbidisce a* – | *Roba, terra di* –, abbandonata | *Figli di* –, abbandonati dai genitori. **2** Qualcuno (riferito a persona o cosa, spec. in prop. interr. o dubitative): *hai visto* –?; *è venuto* – *a cercarmi?* **C** *in funzione di s. m. inv.* Persona di nessun valore: *si dà tante arie ma non è* –. [→ tav. *proverbi* 281, 386] (v. nota d'uso UNO)

nettapénne *s. m. inv.* Strisce o dischi di stoffa cuciti insieme per pulire i pennini dall'inchiostro.

nettarasóio *s. m.* Strumento usato dal barbiere per pulire i rasoi. [→ ill. *barbiere*]

nèttare (1) *s. m.* **1** Liquido dolce secreto da fiori o foglie per attirare gli insetti addetti all'impollinazione. **2** Bevanda degli dei, secondo la mitologia classica. **3** (*est.*) Bevanda dolce, vino squisito.

nettàre (2) *v. tr.* (*io nétto*) Rendere netto, pulito, togliendo scorie o marciume; SIN. Pulire.

nettàreo *agg.* Del nettare | (*est.*) Che è dolce e squisito come il nettare.

nettatóio *s. m.* Arnese per nettare.

nettatùra *s. f.* Atto del nettare | Ciò che si elimina nettando.

nettézza *s. f.* **1** Stato, condizione di ciò che è pulito | – *urbana*, servizio municipale che ha il compito di mantenere la pulizia delle strade e portar via le immondizie dalle case; SIN. Nitidezza, pulizia. [→ ill. *nettezza urbana*] **2** (*fig.*) Integrità morale. **3** (*fig.*) Precisione, esattezza.

nétto **A** *agg.* **1** Privo di macchie, di sudiciume, di brutture: *lenzuolo* – | (*fig.*) Puro, schietto: *vita netta* | *Coscienza netta*, senza colpa; SIN. Nitido, pulito. **2** Esatto, preciso (*anche fig.*): *è passato un anno* – | Nitido, chiaro, deciso (*anche fig.*): *contorni netti*; *un* – *rifiuto* | *Di* –, di colpo, in un tratto e con precisione. **3** Detto di importo, guadagno e sim. da cui sono state detratte le spese: *stipendio* – | *Peso* –, da cui è detratta la tara; CONTR. Lordo. **B** *avv.* Chiaramente, senza reticenza: *dire q.c. chiaro e* –. **C** *s. m.* **1** (*raro*) Ciò che è pulito. **2** Ammontare risultante dopo che sono state effettuate trattenute o detrazioni.

nettùnio *s. m.* Elemento chimico, metallo transuranico radioattivo, ottenuto nelle pile atomiche come prodotto intermedio nella produzione di plutonio da uranio. SIMB. Np.

Nettùno *s. m.* (*astron.*) Ottavo pianeta in ordine di distanza dal Sole, dal quale dista in media 4499 milioni di km.

netturbino *s. m.* Persona incaricata della nettezza urbana.

network /*ingl.* 'netwə:k/ *s. m. inv.* (*pl. ingl. networks* /'netwə:ks/) Rete di emittenti televisive private associate fra loro.

nèuma *s. m.* (*pl. -i*) Segno dell'antica notazione del canto gregoriano.

nettezza urbana

neuràle *agg.* Del sistema nervoso centrale.
neurastenìa V. *nevrastenia.*
neurastènico V. *nevrastenico.*
neurinòma *s. m.* (*pl. -i*) (*med.*) Tumore benigno che si sviluppa nella guaina di un nervo.
neurìte V. *nevrite.*
nèuro *s. f. inv. Acrt. di clinica neuropsichiatrica.*
nèuro- o *nevro- primo elemento*: in parole composte scientifiche significa 'nervo', 'che ha relazione col sistema nervoso' e sim.: *neurochirurgia, nevrosi.*
neurochirurgìa *s. f.* (*pl. -gie*) Parte della chirurgia che opera sul sistema nervoso.
neurochirùrgo *s. m.* (*pl. ghi o -gi*) Chirurgo specializzato in neurochirurgia.
neurolèttico *s. m.* (*pl. -ci*) Farmaco che ha forte azione sedativa sul sistema nervoso.
neurologìa *s. f.* (*pl. -gìe*) Scienza medica che studia in particolare il sistema nervoso.
neurològico *agg.* (*pl. m. -ci*) Di neurologia.
neuròlogo *s. m.* (*pl. -gi*) Medico specializzato in neurologia.
neuróne *s. m.* (*anat.*) Unità funzionale del sistema nervoso, formata da una cellula e dai suoi prolungamenti, che la collegano con altre, per trasmettere il segnale lungo il nervo.
neuropatìa *s. f.* (*gener.*) Malattia del sistema nervoso.
neuropàtico ***A*** *agg.* (*pl. m. -ci*) Di neuropatia. ***B*** *s. m.* (*f. -a*) Chi è affetto da neuropatia.
neuropatologìa *s. f.* (*pl. -gìe*) Scienza che studia le affezioni del sistema nervoso.
neuropatòlogo *s. m.* (*pl. -gi*) Medico specialista in neuropatologia.
neuropsichiatrìa *s. f.* Ramo della medicina che cura le malattie nervose e mentali.
neuròsi V. *nevrosi.*
neuròtico V. *nevrotico.*
neurotònico *s. m.* (*pl. -ci*) Sostanza che ha azione tonica sul sistema nervoso.
neuròtropo *s. m.* Farmaco che agisce elettivamente sul sistema nervoso centrale e periferico.
neurovegetativo *agg.* Che concerne il sistema nervoso vegetativo.
nèustria *s. f.* Farfalla giallo ocra, con due strisce trasversali bruno-rossicce sulle ali anteriori, il cui bruco è nocivo agli alberi da frutta.
neutràle ***A*** *agg.* ***1*** Che è in uno stato di neutralità. ***2*** Che non parteggia per nessuno dei contendenti. ***B*** *s. m.* Stato o persona neutrale.
neutralismo *s. m.* Tendenza a mantenere la neutralità in un conflitto | Politica diretta a non impegnarsi militarmente nei conflitti internazionali.
neutralìsta *s. m. e f.; anche agg.* (*pl. m. -i*) Sostenitore del neutralismo o della neutralità.
neutralità *s. f.* ***1*** Condizione di uno Stato che non partecipa a una guerra in atto, o dichiara che non parteciperà a una guerra eventuale, fra altri Stati. ***2*** (*est.*) Condizione di chi non parteggia per nessuno dei contendenti.
neutralizzàbile *agg.* Che si può neutralizzare.
neutralizzàre *v. tr.* ***1*** Rendere neutro o neutrale. ***2*** Togliere acidità o alcalinità a una soluzione: – *una soluzione acida con soda.* ***3*** (*fig.*) Rendere vana un'azione o impedire un effetto: – *gli sforzi di qc.* ***4*** Nello sport, effettuare una neutralizzazione.
neutralizzazióne *s. f.* ***1*** Dichiarazione, condizione di neutralità. ***2*** (*chim.*) Procedimento per rendere neutra una soluzione. ***3*** (*fig.*) Annullamento, vanificazione. ***4*** (*sport*) Sospensione in corsa per un tempo uguale per tutti, ordinata per dare modo ai concorrenti di fare rifornimento, o per cause di forza maggiore.
neutrìno *s. m.* (*fis.*) Particella elementare di massa e carica nulle.
nèutro ***A*** *agg.* ***1*** Che non è né l'uno né l'altro di due fatti che sono ritenuti opposti o in contrasto fra loro | *Essere* –, essere neutrale, non parteggiare per nessuno. ***2*** Che non risulta definibile o distinguibile in base a riferimenti o caratteristiche | *Colore* –, indefinito, poco brillante | *Genere* –, neutro | *Animale* –, fra gli insetti, quello non capace di riprodursi. ***3*** Che non manifesta attività elettrica. ***4*** (*chim.*) Detto di composto o soluzione che non mostra carattere acido o basico. ***B*** *s. m.* (*ling.*) Genere grammaticale che, in una classificazione a tre generi, si oppone al maschile e al femminile.
neutróne *s. m.* (*fis.*) Particella elementare priva di carica elettrica, di peso atomico circa unitario, che entra, con i protoni, nella costituzione dei nuclei atomici. [→ ill. *nucleare*]
nevàio *s. m.* Estensione di terreno coperta di neve che rimane sul suolo senza sciogliersi e senza dar luogo alla formazione di un ghiacciaio.
nevàto ***A*** *agg.* ***1*** Coperto di neve. ***2*** Candido come la neve. ***B*** *s. m.* Campo di accumulo della neve nella parte più alta di un ghiacciaio, al di sopra del limite delle nevi perpetue | Campo di alimentazione di un ghiacciaio.
néve *s. f.* ***1*** Precipitazione solida in forma di cristalli regolari, a struttura esagonale, che scendono isolati oppure in fiocchi o falde a seconda della temperatura più o meno bassa | *Nevi perenni, persistenti,* in alta montagna, quelle che non si sciolgono mai del tutto | *Sport della* –, sport invernali. [→ ill. *alpinista*] ***2*** (*fig.*) Candore, bianchezza: *la* – *del collo* | *Capelli sparsi di* –, (*fig.*) capelli quasi bianchi o bianchi. [→ tav. *proverbi* 335, 356]
nevicàre *v. intr. impers.* (*névica; aus. essere o avere*) Cadere, venir giù, detto della neve.
nevicàta *s. f.* Il cadere della neve | La neve caduta.
nevischiàre *v. intr. impers.* (*aus. essere o avere*) Cadere, venir giù, detto di nevischio.
nevìschio *s. m.* Precipitazione di granuli di ghiaccio opachi piccolissimi.
nevòmetro *s. m.* Strumento per misurare la neve caduta.
nevosità *s. f.* Andamento delle precipitazioni nevose su di una zona in un certo periodo di tempo | Condizione, stato della neve.
nevóso (1) *agg.* ***1*** Di neve: *manto* –. ***2*** (*est.*) Che è coperto di neve: *cime nevose* | *Stagione nevosa,* in cui cade la neve. [→ tav. *proverbi* 19]
nevóso (2) *s. m.* Quarto mese del calendario repubblicano francese.
nevralgìa *s. f.* (*pl. -gìe*) Dolore locale per irritazione di particolari nervi sensitivi.
nevràlgico *agg.* (*pl. m. -ci*) Di nevralgia | *Punto* –, in cui il dolore è maggiore e (*fig.*) la fase più delicata, il momento più difficile.
nevràsse *s. m.* Parte del sistema nervoso contenuta nella cavità cranica e nel canale vertebrale.
nevrastenìa o *neurastenia s. f.* Disturbo funzionale caratterizzato da senso di debolezza e da un abbassamento generale del tono corporale e mentale.
nevrastènico o (*raro*) *neurastènico* ***A*** *agg.* (*pl. m. -ci*) Di nevrastenia. ***B*** *s. m.* (*f. -a*) ***1*** Chi è affetto da nevrastenia. ***2*** Persona irritabile, irosa.
nevrìte o *neurìte s. f.* (*med.*) Processo infiammatorio che colpisce un tronco nervoso.
nèvro- V. *neuro-.*
nevròsi o *neuròsi s. f.* Malattia psichica collegata a disturbi del sistema nervoso dovuti spec. a stress, difficoltà nei rapporti sociali e sim., che si manifesta con alterazione della funzione di certi organi.
nevròtico o *neuròtico* ***A*** *agg.* (*pl. m. -ci*) Di nevrosi. ***B*** *s. m.* (*f. -a*) Chi è affetto da nevrosi.
nevvéro *inter.* (*sett., fam.*) Si usa in tono interrogativo per chiedere conferma o per sottolineare quanto si dice: *bello,* –*?; un'altra volta starai più attento,* –*?*
newton /*ingl.* 'nju:tn/ *s. m. inv.* (*pl. ingl. newtons* /'nju:tnz/) Unità di misura di forze equivalente alla forza che impone alla massa di 1 kg l'accelerazione di 1 m/s². SIMB. N.
newyorchése /njujor'kese/ o *nuovayorchése agg.; anche s. m. e f.* Di New York.
nìbbio *s. m.* Uccello rapace con coda biforcuta, ali lunghissime e becco adunco. [→ ill. *animali* 11]
nicaraguése o *nicaraguégno, nicaraguènse agg.; anche s. m. e f.* Del Nicaragua.
nìcchia *s. f.* ***1*** Cavità praticata nello spessore spec. di un muro, terminata da una semicalotta con funzione decorativa nelle costruzioni, di deposito o riparo nelle gallerie stradali o ferroviarie. [→ ill. *architettura, casa*] ***2*** (*pop., tosc.*) Conchiglia. ***3*** (*fig.*) Occupazione, impegno poco impegnativo. ***4*** – *ecologica,* ambiente ristretto

ove una specie trova le condizioni che le consentono di sopravvivere e di evolversi.

nicchiàre *v. intr.* (*io nicchio; aus. avere*) Esitare di fronte a qc. o q.c.; SIN. Tentennare, tergiversare, titubare.

nicchio *s. m.* **1** Conchiglia di un mollusco. **2** Piccolo copricapo a tre punte usato dai preti.

nichel o *nichèlio, nickel s. m.* Elemento chimico, metallo bianco splendente, usato per leghe e acciai speciali e nella nichelatura di oggetti vari. SIMB. Ni.

nichelàre *v. tr.* (*io nichèlo*) Sottoporre a nichelatura | Dare aspetto e colore di nichel a un metallo.

nichelatóre *s. m.* Operaio specializzato in lavori di nichelatura.

nichelatùra *s. f.* Processo mediante il quale si ricoprono di uno strato sottile di nichel altri metalli.

nichelcròmo *s. m.* Lega formata spec. da nichel, ferro e cromo, molto resistente agli agenti chimici, usata spec. per resistenze elettriche.

nichelìno *s. m.* **1** Moneta di nichel. **2** Moneta di nichel del valore di 20 centesimi, avente corso legale in Italia prima della seconda guerra mondiale.

nichèlio V. *nichel*.

nichilismo *s. m.* Dottrina filosofica che nega la consistenza di qualsiasi valore e l'esistenza di qualsiasi verità.

nichilista ***A*** *s. m. e f.* (*pl. m. -i*) Seguace del nichilismo. ***B*** *agg.* **1** Del nichilismo. **2** (*est.*) Scettico, pessimista e sim. | Anarchico.

nickel V. *nichel*.

nicol *s. m.* Prisma di calcite, che serve per lo studio della luce polarizzata.

nicotìna *s. f.* Principale alcaloide contenuto nelle foglie del tabacco, con azione molto complessa sul sistema nervoso; usata anche in medicina.

nicotinismo *s. m.* Intossicazione cronica da nicotina.

Nictaginàcee *s. f. pl.* Famiglia di piante erbacee delle Centrospermali, tipiche delle regioni calde, di cui alcune specie hanno radici con azione purgativa. [→ ill. *piante* 3]

nictalopìa o *nittalopìa s. f.* Alterazione visiva per cui gli oggetti sono visti meglio a luce fioca.

nictofobìa *s. f.* Paura ossessiva dell'oscurità notturna.

nictùria *s. f.* Necessità di urinare nelle ore notturne.

nidiàceo *agg.* Detto di uccello giovane che sta ancora nel nido.

nidiàta *s. f.* **1** Tutti gli uccellini nati da una covata. **2** (*est.*) Tutti i piccoli nati da animali | (*fig.*) Gruppo di bambini, spec. figli degli stessi genitori. ● SIN. Figliata.

nidificàre *v. intr.* (*io nidìfico, tu nidìfichi; aus. avere*) Fare il nido.

nìdo ***A*** *s. m.* **1** Ricovero che molti animali preparano per farne domicilio, per deporre le uova e allevare la prole o per svernare | (*est.*) Luogo dove animali trovano riparo, o depongono le uova: *un — di vespe, di serpi*. [→ ill. *apicoltore*] **2** (*fig.*) La propria casa, dove si è nati o si ha la famiglia: *abbandonare, tornare al —* | (*est.*) Patria: *uscire dal proprio —* | (*spreg.*) Covo (*anche fig.*): *— di briganti*. **3** Qualunque cosa a forma di nido o fatta di parti sim. a nidi | *— d'ape*, tessuto di cotone per asciugamani, a cellette simili a quelle di un favo | Punto di ricamo a cellette. [→ ill. *pasta*] ***B*** *in funzione di agg. inv. Solo nella loc. asilo —*, asilo per bambini in tenerissima età. [→ tav. *proverbi* 21]

niellàre *v. tr.* (*io nièllo*) Lavorar di niello.

niellatóre *s. m.* Chi lavora di niello.

niellatùra *s. f.* Lavorazione di niello.

nièllo *s. m.* Ramo dell'arte orafa consistente nel riempire con una lega di stagno, argento e zolfo, di color nero, i solchi incisi a bulino su lastra d'oro o d'argento per rendere più evidente il disegno.

niènte ***A*** *pron. indef.* **1** Nessuna cosa (con valore neutro e, se posposto al v. come sogg. o come compl. ogg., accompagnato da altra negazione): *— può fermarlo; non ho visto né sentito —; — di male!* | *Non essere buono a —*, non valere nulla | *Non farsi —*, non farsi male | *Fare finta di —*, fingere di non accorgersi di qc. o q.c. | *Non fa —*, non ha importanza. **2** Poca cosa, inezia: *spende migliaia di lire come — fosse* | *Cosa da —*, di nessuno o poco valore | *Uomo, persona da —*, debole, inetto | *Essere, contare —*, riferito a persona, non essere importante. **3** Qualcosa (spec. in prop. interr. o dubitative): *c'è — di nuovo?; mi chiese se avevo — da dargli*. ***B*** *agg. indef. inv.* (*fam.*) Nessuno, nessuna: *non ho — voglia* | (*ell.*) *— paura!*, coraggio, non abbiate paura. ***C*** *in funzione di s. m. inv.* **1** Nessuna cosa: *Dio ha creato il mondo dal —* | *Finire in —*, (*fig.*) non avere nessun seguito, nessun risultato | *Ridursi al —*, perdere ogni cosa | *Essere un —*, essere una nullità | *Venire dal —*, avere umili origini | *Un bel —!*, no, niente affatto. **2** Poca cosa: *basta un — per farmi felice*. ***D*** *avv.* Non affatto, punto: *non è — bello; non è per — vero* | (*raff.*) *'ti è piaciuto lo spettacolo?' 'nient'affatto!'*. [→ tav. *proverbi* 101, 103, 118, 265, 296]

nientedimèno *avv.* Addirittura: *pensa — di diventare direttore*.

nienteméno ***A*** *avv.* Nientedimeno. ***B*** *cong.* Tuttavia, nondimeno.

nife *s. m.* (*geol.*) Nucleo terrestre, così chiamato per la sua ipotetica composizione di nichel e ferro. [→ ill. *geografia*]

nigeriàno *agg.; anche s. m.* (*f. -a*) Della Nigeria.

night /*ingl.* 'nait/ *s. m. inv.* (*pl. ingl. nights* /'naits/) *Acrt. di night-club*.

night-club /*ingl.* 'nait klʌb/ *loc. sost. m. inv.* (*pl. ingl. night-clubs* /'nait klʌbz/) Locale notturno.

nigritèlla *s. f.* Pianta erbacea tuberosa montana delle Ginandre a fiori piccoli rosei o rossi in infiorescenze a spiga.

nimbàto *agg.* (*lett.*) Circondato da aureola.

nìmbo *s. m.* Sfolgorio di luce | Aureola che sta intorno o sulla testa dei santi.

nìnfa *s. f.* **1** Nella mitologia greco-romana, giovane dea appartenente a una delle schiere di divinità minori femminili che popolano le acque, il mare, i boschi, i monti | *— Egeria*, (*fig., scherz.*) detto di chi ispira ad altri idee, consigli e sim. **2** (*fig., lett.*) Fanciulla molto graziosa. **3** (*zool.*) Momento dello sviluppo degli insetti a metamorfosi completa in cui si compie la trasformazione da larva ad adulto. [→ tav. *locuzioni* 70]

ninfàle ***A*** *agg.* Di ninfa. ***B*** *s. m.* **1** Ornamento del capo delle ninfe. **2** Racconto o poema delle ninfe: *il — di Ameto*.

ninfèa *s. f.* Pianta acquatica delle Policarpali perenne con foglie rotonde, coriacee galleggianti e fiori molto vistosi. [→ ill. *piante* 4]

Ninfeàcee *s. f. pl.* Famiglia di piante erbacee acquatiche delle Policarpali, con grandi foglie natanti e lunghi piccioli, fiori galleggianti e frutti che maturano sott'acqua. [→ ill. *piante* 4]

ninfèo *s. m.* **1** Nell'antica Roma, piccolo tempio o grotta consacrati al culto delle ninfe. **2** Grande fontana dedicata alle ninfe.

ninfétta *s. f.* Adolescente precocemente conscia della propria femminilità; SIN. Lolita.

ninfòmane *s. f.* Donna affetta da ninfomania.

ninfomanìa *s. f.* Desiderio sessuale esageratamente forte nella donna; CFR. Satiriasi.

ninna *s. f.* (*infant.*) Il sonno, il dormire.

ninnanànna o *nìnna nànna s. f.* Cantilena per addormentare i bambini.

ninnàre *v. tr.* Conciliare il sonno a un bambino con la ninnananna | Cullare.

nìnnolo *s. m.* **1** Trastullo, balocco. **2** Fronzolo, gingillo.

niòbio *s. m.* Elemento chimico, metallo bianco-grigio, sempre associato in natura al tantalio, usato per leghe e acciai speciali. SIMB. Nb.

nipiologìa *s. f.* (*pl. -gie*) Scienza che studia lo sviluppo e le affezioni del lattante.

nipóte *s. m. e f.* **1** Figlio del figlio o della figlia, rispetto ai genitori di questi ultimi: *nonno e —* | Figlio del fratello o della sorella, rispetto ai fratelli o alle sorelle di questi ultimi: *zio e —*. **2** *al pl.* (*fig.*) Discendenti, posteri: *i nostri nipoti*.

nippònico *agg.* (*pl. m. -ci*) Del Giappone.

nirvàna *s. m. inv.* **1** Nel buddismo, fine ultimo della vita ascetica, nel quale si raggiunge la realtà ultima, il nulla o la beatitudine eterna, nel Budda. **2** (*fig.*) Beatitudine, tranquillità, spec. di chi si astrae dal mondo.

nirvànico *agg.* (*pl. m. -ci*) Che si riferisce a nirvana.

nitidézza *s. f.* Qualità di ciò che è nitido; SIN. Limpidezza, nettezza.

nitido *agg.* **1** Netto, pulito e lucente: *specchio* –; SIN. Limpido. **2** (*fig.*) Ben delineato nei contorni: *stampa nitida.* **3** (*fig.*) Chiaro ed elegante: *stile* –.

niton *s. m.* (*chim.*; *raro*) Radon.

nitóre *s. m.* Nettezza e splendore.

nitràto A *agg.* (*chim.*) Sottoposto a nitrazione. **B** *s. m.* Sale o estere dell'acido nitrico | – *di sodio, di ammonio,* fertilizzanti.

nitratóre *s. m.* **1** Recipiente, generalmente metallico, in cui si compie la nitrazione. **2** Tecnico addetto alla nitrazione.

nitrazióne *s. f.* Sostituzione, in una molecola organica, di uno o più atomi di idrogeno con altrettanti gruppi nitrici.

nitrico *agg.* (*pl. m.* -*ci*) (*chim.*) Di composto dell'azoto pentavalente | *Acido* –, acido ottenuto industrialmente per ossidazione dell'ammoniaca, molto corrosivo e tossico, usato nella produzione di nitrocellulosa, nitroglicerina, fertilizzanti e numerosi composti organici.

nitrificazióne *s. f.* Trasformazione, a opera di speciali batteri, dell'azoto ammoniacale delle spoglie organiche del terreno in azoto nitrico necessario allo sviluppo delle piante.

nitrìre *v. intr.* (*io nitrìsco, tu nitrìsci; aus. avere*) Emettere uno o più nitriti.

nitrito (1) *s. m.* Grido, verso del cavallo.

nitrito (2) *s. m.* (*chim.*) Sale dell'acido nitroso.

nitro *s. m.* Nitrato di potassio allo stato naturale, che si trova in cavità nel calcare o come efflorescenze e incrostazioni.

nitro- *primo elemento*: in parole composte spec. della terminologia chimica indica relazione con l'azoto: *nitroglicerina.*

nitrobattèrio *s. m.* Batterio capace di ossidare l'ammoniaca del terreno ad acido nitroso e acido nitrico.

nitrocellulósa *s. f.* (*chim.*) Cellulosa trattata con acido nitrico per vernici, esplosivi e sim.

nitroglicerina *s. f.* (*chim.*) Glicerina nitrata, estremamente esplosiva, che costituisce la base di dinamiti ed esplosivi vari.

nitróso *agg.* (*chim.*) Di composto dell'azoto trivalente | *Acido* –, acido meno ossigenato dell'acido nitrico, noto solo in soluzione acquosa.

nitrurazióne *s. f.* Trattamento a caldo degli acciai con ammoniaca gassosa per indurirne la superficie.

nittalopìa V. *nictalopia.*

nittitànte *agg.* (*zool.*) Detto della membrana che riveste l'occhio di molti vertebrati, simile a una terza palpebra.

nittitazióne *s. f.* (*med.*) Atto di aprire e chiudere rapidamente gli occhi.

niùno *agg. e pron. indef.* (*lett.*) Nessuno.

nivàle *agg.* **1** Della neve. **2** (*lett.*) Nevoso.

niveo *agg.* Candido come la neve.

nò A *avv.* **1** Si usa come negazione di ciò che viene domandato o proposto: *'accetti la mia offerta?' '–!'*; – *certo*; – *di certo*; – *di sicuro*; – *davvero* | *Dire, rispondere, accennare, fare di* –, negare, rifiutare | *Pare di* –, sembra che non sia vero | *Se* –, altrimenti, in caso contrario: *affrettati, se – perderai il treno* | *Anzi che* –, piuttosto, abbastanza: *è carina anzi che* –; CONTR. Sì. **2** Si usa in frasi interr. o con tono interr. con il sign. di *'vero?' 'è vero?'*, attendendo una risposta affermativa, o per richiamare o tenere viva l'attenzione: *verresti volentieri con me, –?; ti piace, –, la mia nuova casa?* **B** *s. m. inv.* **1** Rifiuto, risposta negativa: *non mi aspettavo un –; il loro – ci è dispiaciuto* | *Stare tra il sì e il* –, essere incerto, indeciso. **2** *spec. al pl.* Voto, risposta contraria a ciò che è stato proposto: *ci sono stati cento – e duecento sì.* (v. nota d'uso ACCENTO)

nobèl *s. m. inv.* Persona insignita del Premio Nobel (dal nome del fondatore di tale premio) | *Premio* –, (*ell.*) –, quello che viene conferito annualmente a coloro che si sono distinti nel campo della fisica, della chimica, della fisiologia e medicina, delle lettere, della pace.

nobèlio *s. m.* Elemento chimico transuranico. SIMB. No.

nobildònna *s. f.* Donna discendente da famiglia nobile, ma priva di titoli nobiliari specifici.

nòbile A *agg.* **1** Della nobiltà, che appartiene alla nobiltà: *famiglia* –. **2** Proprio, adatto alla nobiltà: *maniere nobili* | (*est.*) Dignitoso, decoroso, distinto, elegante: *aspetto* – | *Piano* –, in un palazzo, il più sontuoso, solitamente sopra l'ammezzato. **3** (*est.*) Di cosa che eccelle su altre dello stesso genere: *pianta* –. **4** (*fig.*) Alieno dal volgare e dal comune: *ingegno* –; *nobili doti* | Generoso, magnanimo: *perdono* –. **B** *s. m. e f.* Chi appartiene a una categoria di persone in possesso di titoli particolari, discendenti da una classe che negli antichi ordinamenti monarchici fruiva di particolari privilegi; SIN. Blasonato. [→ ill. *araldica*]

nobilésco *agg.* (*pl. m.* -*schi*) Di grado nobile | (*spreg.*) Di, da nobile.

nobiliàre *agg.* Di nobile | Della nobiltà.

nobilitàre A *v. tr.* (*io nobìlito*) **1** Insignire di titolo nobiliare. **2** (*fig.*) Rendere nobile, eletto, pieno di dignità: *il lavoro nobilita l'uomo.* **B** *v. rifl.* Rendersi insigne per l'eccellenza delle proprie opere.

nobilitazióne *s. f.* **1** (*raro*) Elevazione al grado di nobile. **2** (*fig.*) Elevazione spirituale e morale | (*est.*) Miglioramento della qualità di un prodotto.

nobiltà *s. f.* **1** Condizione riconosciuta di nobile, con privilegi, per servizi resi al sovrano o alla patria o per benemerenze | (*est.*) Insieme e ceto dei nobili: *la – napoletana.* **2** Eccellenza, superiorità: *la – degli studi filosofici.* **3** (*fig.*) Distinzione di tratto, elevatezza d'animo: *la – del suo portamento.*

nobilùme *s. m.* (*spreg.*) Ceto dei nobili.

nobiluòmo *s. m.* (*pl. nobiluòmini*) Uomo discendente da famiglia nobile, ma privo di titoli nobiliari specifici.

nòcca *s. f.* **1** Ciascuna delle giunture delle dita delle mani e dei piedi: *battere con le nocche*; *far scrocchiare le nocche.* **2** Nodello del cavallo.

nocchière o *nocchièro s. m.* **1** (*lett.*) Chi governa e guida una nave. **2** Nella marina militare, appartenente alla categoria incaricata dei servizi marinareschi di bordo.

nòcchio *s. m.* **1** Nodo del legno di una pianta. **2** Indurimento, piccola nodosità in frutti e sim.

nocchiùto *agg.* Cosparso di nocchi.

nocciòla o *nocciuòla* **A** *s. f.* Frutto del nocciolo, con cupola verde frangiata che avvolge il frutto ad achenio legnoso contenente un seme oleoso commestibile. [→ ill. *frutta*] **B** *in funzione di agg. inv.* (*posposto al s.*) Che ha colore marrone chiaro. **C** *s. m. inv.* Il colore nocciola.

nocciolàia *s. f.* Uccello dei Corvidi, bruno macchiettato, con becco robusto, che vive nelle foreste di conifere e si nutre spec. di nocciole.

nocciolina *s. f.* **1** *Dim. di nocciola.* **2** – *americana*, arachide.

nocciòlo (1) o *nocciuòlo s. m.* Alberetto o frutice delle Fagali comune nei boschi, con foglie dentellate inferiormente pelose. [→ ill. *piante* 2]

nòcciolo (2) *s. m.* **1** (*bot.*) Endocarpo legnoso che protegge il seme dei frutti a drupa. [→ ill. *botanica*] **2** (*fig.*) Intima essenza, significato sostanziale di q.c.: *il – della questione.*

nocciuòla V. *nocciola.*

nocciuòlo V. *nocciolo* (1).

noccolière *s. m.* Tirapugni.

noccolùto *agg.* Che ha grosse nocche.

nóce A *s. m.* **1** Grande albero delle Iuglandali con foglie imparipennate ricche di tannino, frutto secco in un involucro esterno carnoso, prima verde poi nero. [→ ill. *piante* 2] **2** Legno duro e compatto di tale albero, usato spec. per la fabbricazione di mobili. **B** *s. f.* **1** Frutto del noce, formato dal mallo carnoso, esterno, che a maturità lascia libero il guscio contenente il gheriglio oleoso, commestibile | *Guscio di* –, (*fig., scherz.*) imbarcazione piccola e fragile. [→ ill. *botanica, frutta*] **2** (*est.*) Pianta che produce frutti in qualche modo simili alla noce | – *moscata*, albero delle Policarpali il cui frutto a bacca rossa contiene un seme fortemente aromatico | – *vomica*, albero indiano delle Genzianali con semi piatti, amari, da cui si estrae la stricnina | – *d'India*, cocco. [→ ill. *piante* 4, *spezie*] **3** (*est.*) Frutto, o parte del frutto, di varie piante, simile a una noce | – *di cocco*, grosso nocciolo del frutto del cocco, con polpa commestibile e succo dolce, lattiginoso. [→ ill. *frutta*] **4** (*fig.*) Pezzetto di q.c. avente le dimensioni di una noce: *una – di burro.* **5** Parte interna della coscia del bue e del vitello macellati. [→ ill. *bue*] **6** (*pop.*) Malleolo.

nocèlla *s. f.* **1** Punto sporgente dell'ulna in corrispondenza del polso. **2** Giuntura dei bracci del compasso.

nocepèsca *s. f.* Frutto piccolo e liscio di una varietà di pesco.

nocéto *s. m.* Terreno piantato a noci.

nocìno *s. m.* **1** Gioco infantile consistente nel tirare una noce contro un castellino di quattro noci. **2** Liquore ottenuto macerando in alcol noci ancora avvolte nel mallo.

nocività *s. f.* L'essere nocivo | Complesso di fattori dannosi alla salute, spec. all'interno di ambienti di lavoro.

nocivo *agg.* Che procura danno: *bevanda nociva alla salute*; SIN. Dannoso, deleterio, pernicioso; CONTR. Innocuo.

nocuménto *s. m.* (*lett.*) Male, danno: *essere di — a qc.*

nodàle *agg.* **1** Relativo a un nodo. **2** (*fig.*) Di fondamentale importanza: *il punto — di un problema.*

nodèllo *s. m.* **1** Regione degli arti dei quadrupedi che ha per base l'articolazione fra il metacarpo e le falangi. [→ ill. *bue, cavallo, maiale*] **2** Ciascuno degli ingrossamenti anulari lungo il fusto di una canna.

nòdo *s. m.* **1** Legatura di filo, nastro, fune e sim. fatta per stringere o fermare: *— semplice, scorsoio, di Savoia* | *Fare un — al fazzoletto*, per ricordare q.c. | *— gordiano*, quello inestricabile che, secondo la leggenda, Alessandro Magno tagliò con un colpo di spada; (*fig.*) problema estremamente difficile e complesso. [→ ill. *abbigliamento, nodo*] **2** (*fig.*) Legame, vincolo: *— matrimoniale, d'amicizia.* **3** (*fig.*) Intoppo, difficoltà: *sciogliere il —* | Significato essenziale, sostanza: *il — della questione.* **4** (*fig.*) Groppo: *un — di lacrime* | *Fare un — alla gola*, non voler scendere, detto di cibo o lacrime. **5** (*fig.*) Intreccio, trama: *— di un dramma.* **6** Punto d'intersezione di due o più linee: *— stradale* | *— orografico*, in cui si saldano varie catene di montagne | *— elettrico*, unione di più rami di una rete elettrica | *— ferroviario*, in cui convergono più linee di comunicazione. **7** (*astron.*) Ciascuno dei due punti in cui il piano dell'orbita di un pianeta o della Luna interseca quello dell'eclittica. **8** (*bot.*) Punto del fusto, generalmente ingrossato, in cui sono inserite una o più foglie. **9** (*mar.*) Unità di misura di velocità usata per i natanti, pari a un miglio marino all'ora. [→ tav. *proverbi* 374]

nodosità *s. f.* **1** Qualità di ciò che è nodoso. **2** (*med.*) Qualsiasi rilevatezza della pelle o indurimento di tessuti profondi.

nodóso *agg.* Pieno di nodi.

nodulàre *agg.* Di, relativo a nodulo | Costituito da noduli: *formazione —.*

nòdulo *s. m.* **1** Concentrazione di un minerale in masse sferoidali o lenticolari entro una roccia a diversa composizione. **2** (*med.*) Indurimento, formazione tondeggiante.

nói *pron. pers. m. e f. di prima pers. pl.* **1** È usato (come sogg.) dalla persona che, parlando, si riferisce a se stesso e insieme ad altre persone: *— non lo sappiamo* | Generalmente omesso quando la persona è chiaramente indicata dal verbo, si esprime quando i soggetti sono più di uno, nelle contrapposizioni, nelle esclamazioni, nelle comparazioni, dopo i verbi con valore predicativo e (*gener.*) quando si vuole dare al sogg. particolare evidenza: *— italiani siamo democratici*; *voi potete permettervelo, — no*; *— stessi lo ammettiamo*; *poveri —!*; *voi valete quanto —.* **2** Si usa (come compl. ogg. e come compl. di termine preceduto dalla prep. 'a') invece delle forme 'ci' e 'ce' quando gli si vuole dare particolare rilievo: *ha chiamato —*; *vuole proprio —*; *neppure a — interessa* | *Veniamo, torniamo a —*, all'argomento in questione | *A —!*, escl. di esortazione ad agire tutti insieme. **3** Si usa nei vari complementi retti da prep.: *venite con —*; *hanno parlato di —*; *decidete per —.* **4** Si usa (come sogg. e compl.) come plurale maiestatico spec. da parte di sovrani, pontefici e altre personalità, e come plurale di modestia spec. da parte di scrittori, oratori e sim. in luogo di 'io' e 'me': *— Enrico, re, decretiamo...*; *gli autori da — citati.*

nòia *s. f.* **1** Senso di fastidio, di tristezza, per l'inerzia materiale, la mancanza di interessi spirituali o la ripetizione monotona delle stesse azioni | *Avere a —*, considerare molto fastidioso | *Venire a —*, divenire insopportabile; SIN. Tedio. **2** Seccatura, fastidio: *avere delle noie con la legge.* **3** Chi (o ciò che) dà noia.

noiàltri *pron. pers. di prima pers. m. pl.* (*f. noiàltre*) (*raff.*) Noi (indica contrapposizione): *— discutiamo, voialtri andate fuori.*

noiosità *s. f.* **1** L'essere noioso. **2** Ciò che procura noia.

noióso *agg.* **1** Che procura noia, uggia, fastidio: *vita noiosa*; *è — trovarsi soli*; SIN. Tedioso. **2** (*lett.*) Che dà dolore, tristezza.

noisette /*fr.* nwa'zɛt/ **A** *agg. inv.* Che ha color nocciola. **B** *s. m. inv.* Il color nocciola.

noleggiànte A *part. pres. di noleggiare; anche agg.* Che prende o dà a noleggio. **B** *s. m. e f.* Chi dà a noleggio beni mobili di trasporto.

noleggiàre *v. tr.* (*io noléggio*) Prendere, dare a noleggio.

noleggiatóre *s. m.* (*f. -trìce*) **1** Chi prende a noleggio. **2** Chi dà a noleggio.

noléggio *s. m.* **1** Contratto con cui una persona si obbliga a far compiere alla sua nave o al suo aeromobile, nell'interesse di un'altra persona e dietro corrispettivo, uno o più viaggi prestabiliti o da stabilire | Correntemente, locazione di beni mobili da trasporto: *prendere a — una bicicletta.* **2** Prezzo pagato per noleggiare q.c. **3** Bottega, rimessa, dove si danno a nolo veicoli o altra merce.

nolènte *agg.* (*lett.*) Che non vuole | *Volente o —*, che voglia o no.

nòlo *s. m.* **1** Corrispettivo dovuto per un contratto di noleggio. **2** Prezzo del trasporto su navi e aerei. **3** Noleggio: *dare, prendere a —.*

nòmade A *agg.* Detto di popolazione che esercita spec. la caccia e la pastorizia e non ha dimora stabile. **B** *s. m. e f.* **1** Chi appartiene a popolazione nomade. **2** (*fig.*) Chi non ha un domicilio fisso.

nomadìsmo *s. m.* Caratteristica di alcuni popoli e individui di spostarsi continuamente, senza prendere dimora stabile in un luogo.

nomàre A *v. tr.* (*io nómo*) **1** (*lett.*) Dare il nome a qc. o q.c. **2** (*raro, lett.*) Chiamare per nome | Invocare. **B** *v. intr. pron.* **1** Chiamarsi. **2** (*est.*) Essere noto, celebre.

nóme *s. m.* **1** Parola con la quale si designano gli esseri animati e gli oggetti, i sentimenti, le qualità, i fenomeni: *il — del mio compagno*; *il — del mio cane*; *il — di una*

nodo

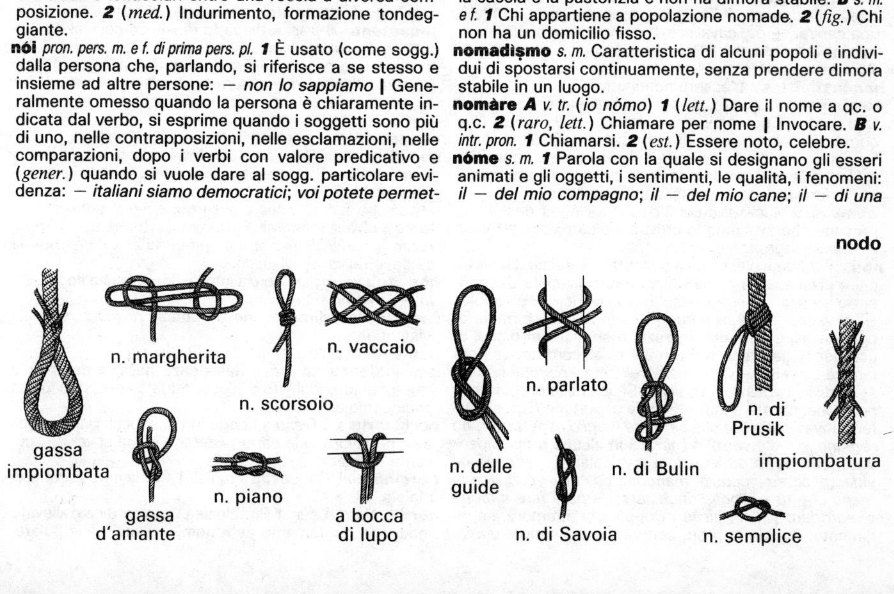

gassa impiombata
n. margherita
n. scorsoio
n. vaccaio
gassa d'amante
n. piano
a bocca di lupo
n. delle guide
n. parlato
n. di Savoia
n. di Bulin
n. di Prusik
impiombatura
n. semplice

nuova strada | *— commerciale*, di ditta o di prodotto | *— depositato*, di prodotto coperto da brevetto | *Chiamare le cose col loro —*, (*fig.*) parlare senza reticenza | *Atti senza —*, inqualificabili, innominabili | *A — di qc.*, da parte di qc.: *diglielo a — mio* | *In — di qc.*, in rappresentanza di: *in — del popolo italiano* | *In — di Dio!*, escl. di invocazione. **2** Appellativo, nome proprio di persona: *— di battesimo* | *Di —, per —*, chiamato: *un figlio di — Giovanni* | *Fare il — di qc.*, rivelarlo, suggerirlo | *— di battaglia*, soprannome, spec. di chi combatte clandestinamente | *— d'arte*, pseudonimo | Nome e cognome, come contrassegno della persona nella vita sociale: *— rispettabile, onorato* | *Fuori i nomi!*, invito a specificare i nominativi delle persone alle quali si accenna | *Opera senza —*, anonima. **3** (*fig.*) Fama, rinomanza, reputazione: *avere buon, cattivo —* | *Farsi un —*, acquistare reputazione.

nomèa *s. f.* (*spreg.*) Fama, nominanza, rinomanza: *avere la — di cattivo.*

nomenclatóre **A** *s. m.* (*f. -trice*) Chi si applica allo studio della nomenclatura. **B** *agg.* Che fornisce la nomenclatura relativa a una scienza o a una disciplina.

nomenclatùra *s. f.* L'insieme dei nomi dati in modo sistematico agli oggetti concernenti una data attività: *— chimica, zoologica*; *la — dei pezzi di una macchina.*

-nomìa *secondo elemento*: in parole composte significa 'governo', 'distribuzione razionale': *autonomia, economia.*

nomìgnolo *s. m.* Soprannome particolare che spesso allude a qualità fisiche o morali.

nòmina *s. f.* Atto del destinare qc. a un ufficio, o dell'investire qc. di un grado, una dignità: *conferire una —*; *decreto di —.*

nominàbile *agg.* Che si può nominare; CONTR. Innominabile.

nominàle *agg.* **1** Del nome, che riguarda il nome. **2** (*ling.*) Che appartiene alla categoria del nome: *suffisso, predicato —.* **3** Che ha valore solo di nome: *autorità —.* **4** *Valore — della moneta*, quello attribuitole dall'autorità statale, indipendentemente dal suo valore intrinseco; CONTR. Reale.

nominalìsmo *s. m.* Dottrina filosofica secondo la quale soltanto le individualità costituiscono delle realtà concrete, mentre le idee generali non sono altro che nomi cui non corrisponde alcuna realtà.

nominalìsta **A** *s. m.* (*pl. -i*) Chi segue o si ispira al nominalismo. **B** *agg.* (*raro*) Nominalistico.

nominalìstico *agg.* (*pl. m. -ci*) (*filos.*) Del nominalismo.

nominalménte *avv.* Soltanto di nome, e non di fatto.

nominàre *v. tr.* (*io nòmino*) **1** Porre, dare il nome: *— una pianta.* **2** Chiamare per nome, denominare | Rammentare, menzionare. **3** Eleggere, scegliere per un ufficio, una carica: *— qc. cavaliere.* [→ tav. *proverbi* 293]

nominataménte *avv.* **1** Per nome, a uno a uno: *citare —.* **2** Espressamente: *prescrivere — q.c.*

nominatività *s. f.* L'essere nominativo.

nominativo **A** *agg.* **1** Che serve a nominare: *caso —.* **2** Che contiene uno o più nomi: *elenco —.* **3** (*banca*) Che è intestato al suo proprietario: *titolo —.* **B** *s. m.* **1** (*bur.*) Designazione di una persona col suo nome e cognome. **2** (*ling.*) Caso della declinazione indeuropea che esprime la funzione grammaticale del soggetto.

-nomo *secondo elemento* compositivo di nomi designanti persone che svolgono le attività indicate dai sostantivi in *-nomia*: *agronomo, economo.*

non *avv.* **1** Nega o esclude il concetto espresso dal verbo cui è premesso o serve a esprimere diversità dal concetto stesso: *— sono riuscito a trovarlo*; *— è venuto*; *— ci vado*; *— c'è nessuno* | *— c'è di che!*, formula di cortese risposta a chi ringrazia o si scusa di q.c. **2** Si usa per negare uno dei termini nelle contrapposizioni (anche con ell. del v.): *— sarà bello ma è ricco*; *è buono, — cattivo*; *voglia o — voglia.* **3** Si usa nelle prop. interr. retoriche, dirette o indirette, che aspettano risposta affermativa: *— ti pare che sarebbe meglio aspettare?*; *ho ragione io, — è vero?* **4** (*pleon.*) In alcune prop. dipendenti introdotte da locuzioni particolari: *— appena mi vide, mi corse incontro*; *mancò poco che — cadesse*; *a meno che tu — voglia rinunciare*; *— poté fare a meno di sorridere* | (*lett., pleon.*) Dopo verbi di timore, impedimento, dubbio in prop. con valore dubitativo: *dubito che — venga più.* **5** Nega il concetto espresso dal s., agg., pron., avv. o da altra parte del discorso cui è premesso: *è stata un'impresa — riuscita*; *— pochi lo affermano*; *ha pianto — poco.* **6** (*pleon.*) Nega il concetto espresso dal sost., agg. o altra parte del discorso cui è premesso: *impresa — riuscita*; *compito — facile*; *— senza fatica*; *— completamente.*

nòna *s. f.* **1** Nella divisione del tempo in uso presso gli antichi Romani, nona ora del giorno. **2** (*relig.*) Ora canonica corrispondente alle ore quindici | Ufficio canonico che si recita a tale ora.

nonagenàrio *agg.; anche s. m.* (*f. -a*) Che (o chi) ha novanta anni.

non allineaménto *loc. sost. m.* La condizione dei paesi non allineati.

non allineàto *loc. agg.* Detto di paese che, in politica estera, non è schierato né con il blocco occidentale né con quello orientale.

nonché *cong.* E anche, e inoltre, come pure (con valore aggiuntivo): *è un lavoro lungo — complesso* | Tanto più, tanto meno: *non lo si può consigliare, — aiutare.*

nonconformìsta *agg.; anche s. m. e f.* (*pl. m. -i*) Che (o chi) non si conforma al modo di agire e di pensare della maggioranza.

non credènte *loc. sost. m. e f.* Persona che consapevolmente rifiuta qualsiasi religione.

noncurànte *agg.* Che non attribuisce importanza o interesse a q.c. che invece meriterebbe attenzione: *essere — del pericolo, dei giudizi altrui*; SIN. Indifferente.

noncurànza *s. f.* Mancanza di interesse, attenzione e sim.; SIN. Indifferenza.

nondiméno *cong.* Tuttavia, pure, ciò nonostante (con valore avversativo): *non credo di essere capace, — tenterò.*

nòne *s. f. pl.* Nell'antico calendario romano, quinto giorno del mese, eccetto quelli di marzo, maggio, luglio e ottobre, in cui era il settimo giorno.

nònio *s. m.* Regolo graduato applicato a strumenti di misura di precisione, che rende possibile la lettura di una piccola frazione di intervallo in una scala graduata.

nònna *s. f.* Madre del padre o della madre rispetto ai figli di questi ultimi.

nònno *s. m.* **1** Padre del padre o della madre rispetto ai figli di questi ultimi | *I nonni*, il nonno e la nonna. **2** (*fam., sett.*) Uomo vecchio, la persona più vecchia di una data località.

nonnùlla *s. m. inv.* Cosa da nulla, di importanza trascurabile: *litigare per un —*; SIN. Inezia, minuzia.

nòno **A** *agg. num. ord.* Che corrisponde al numero nove in una sequenza. **B** *in funzione di s. m.* Ciascuna delle nove parti uguali di una stessa quantità.

nonostànte **A** *prep.* A dispetto di, senza curarsi di: *l'ho fatto — il vostro divieto.* **B** *cong.* Benché, quantunque (introduce una prop. concessiva con il v. al congv.): *non ho avuto l'animo di insistere, — fosse necessario* | *Pur —*, tuttavia: *era tardi, pur — abbiamo terminato il lavoro.*

nonpertànto *cong.* (*lett.*) Tuttavia, nondimeno.

non plus ultra /*lat.* non plus 'ultra/ *loc. sost. m. inv.* Il livello massimo a cui sia possibile pervenire: *il — della precisione.*

nonsènso *s. m.* Ciò che è assurdo, privo di senso.

nón so ché **A** *in funzione di agg. indef.* Certo: *sento — imbarazzo a parlargli.* **B** *s. m. inv.* Una certa cosa, che non si sa definire: *un — di losco.*

non stop *loc. agg. inv.* Senza interruzione, senza sosta: *volo —*; *trasmissione —.*

nontiscordardimé o *nón ti scordàr di mé s. m.* (*bot.*) Miosotide.

non vedènte *loc. sost. m. e f.* (*euf.*) Cieco.

non violènza *loc. sost. f.* Resistenza passiva contro ciò che è ritenuto ingiusto o iniquo, attuata spec. con forme di disubbidienza civile.

norcinerìa *s. f.* (*centr.*) Luogo in cui si uccidono i maiali e se ne lavorano le carni | Bottega in cui si vende solo carne di maiale.

norcìno *s. m.* Chi castra i maiali | Chi lavora le carni di maiale.

nòrd o *Nòrd* **A** *s. m.* **1** Principale punto cardinale rilevato mediante puntamento astronomico sulla stella polare.

2 (*est.*) Zona settentrionale di un paese. **B** *in funzione di agg. inv.* (*posposto al s.*) Settentrionale, *spec. nelle loc. fascia —, parete —, zona —.* [→ ill. *geografia*]

nordèst *s. m.* Punto dell'orizzonte posto a uguale distanza dal Nord e dall'Est.

nòrdico *agg.; anche s. m.* (*f. -a; pl. m. -ci*) Del Nord, spec. delle regioni dell'Europa settentrionale | *Sci —*, comprendente le specialità di fondo e salto. [→ ill. *cane*]

nordista *agg.; anche s. m. e f.* (*pl. m. -i*) **1** Appartenente agli stati del Nord nella guerra di secessione americana. **2** Appartenente alla parte settentrionale di una nazione politicamente divisa in due.

nordòvest *s. m.* Punto dell'orizzonte posto a uguale distanza dal Nord e dall'Ovest.

nòria *s. f.* Elevatore, spec. d'acqua, costituito di tazze unite a una catena chiusa in moto continuo.

nòrma *s. f.* **1** Regola, esempio, modello al quale, in determinati casi, ci si deve adeguare: *porsi una — di vita*; *operare secondo una —*; SIN. Canone, principio. **2** Informazione, avvertenza, istruzione, sulla via e i criteri da seguire: *le norme del comporre*; *le norme per l'uso* | *Dettare norme*, imporre regole, linee da seguire | *A — di legge*, secondo quanto stabilisce la legge.

normàle **A** *agg.* **1** Che è conforme a una regola o all'andamento consueto di un determinato processo: *stato —*; *polso —*; SIN. Ordinario, regolare; CONTR. Anormale. **2** Che serve a dare una norma: *lettera —*. **3** (*mat.*) Ortogonale, perpendicolare: *retta — a un piano.* **B** *s. f.* **1** Retta ortogonale, perpendicolare. **2** (*sport*) Itinerario usato più frequentemente in una scalata: *seguire la — del Cervino.*

normalità *s. f.* L'essere normale; SIN. Regolarità; CONTR. Anormalità.

normalizzàre **A** *v. tr.* (*io normalìzzo*) **1** Rendere o fare ritornare normale. **2** Unificare, standardizzare. **B** *v. intr. pron.* Rientrare nella normalità.

normalizzazióne *s. f.* **1** Ripristino di una situazione di normalità: *— dei rapporti fra due Stati.* **2** Fissazione di norme e requisiti di prodotti industriali; SIN. Standardizzazione.

normànno **A** *agg.; anche s. m.* (*f. -a*) **1** Dei gruppi di popolazioni vichinghe che dall'VIII sec. d. C. occuparono parte della Francia estendendosi poi ad altri paesi d'Europa. **2** Della Normandia. **B** *s. m.* Carattere tipografico con asta molto piena, forte chiaroscuro e grazie sottilissime.

normativa *s. f.* L'insieme delle norme relative a un determinato argomento.

normatività *s. f.* L'essere normativo.

normativo *agg.* **1** Che serve a fornire delle norme | *Grammatica normativa*, insieme di regole fondate su di uno stato di lingua considerato corretto. **2** Che contiene norme e ha valore di legge: *potere —*.

normazióne *s. f.* Attività intesa a porre norme o a rendere conforme a una norma.

normògrafo *s. m.* Strumento costituito da una sagoma di celluloide con intagliati i segni occorrenti per una scrittura rapida con caratteri uniformi. [→ ill. *disegnatore*]

normolìneo *agg.; anche s. m.* (*f. -a*) (*med.*) Detto di tipo costituzionale che presenta misure corporee tra loro proporzionate.

normotipo *s. m.* (*med.*) Tipo normolineo.

norvegése *agg.; anche s. m. e f.* Della Norvegia.

nòso- *primo elemento*: in parole composte spec. della terminologia medica significa 'malattia': *nosocomio, nosografia.*

nosocomiàle *agg.* Di nosocomio.

nosocòmio *s. m.* Ospedale.

nosofobìa *s. f.* Paura morbosa delle malattie.

nosografìa *s. f.* (*med.*) Descrizione della malattia.

nosologìa *s. f.* (*pl. -gie*) (*med.*) Nosografia.

nosoterapìa *s. f.* Cura delle malattie.

nossignóre *vc. in funzione di inter.* (*f. fam. nossignóra; pl. m. fam. nossignóri*) Si usa come forma rispettosa di negazione con superiori o persone di riguardo | (*euf.* o *iron.*) Esprime disappunto, dispetto e sim.: *—! non ci vado!*

nostalgìa *s. f.* (*pl. -gie*) Desiderio ardente e doloroso di persone, cose e luoghi a cui si vorrebbe tornare, di situazioni già trascorse che si vorrebbero rivivere, e sim.

nostàlgico **A** *agg.* (*pl. m. -ci*) **1** Di nostalgia. **2** Che soffre di nostalgia. **B** *agg.; anche s. m.* (*f. -a*) Che (o chi) auspica il ritorno di forme politiche passate, spec. del fascismo: *un ritrovo di nostalgici.*

nostràle *agg.* Del nostro paese.

nostràno *agg.* Che non è straniero, ma del nostro paese.

nòstro **A** *agg. poss. di prima pers. pl.* (*f. nòstra; pl. m. nòstri; pl. f. nòstre*) **1** Che appartiene a noi: *questa è la nostra casa.* **2** Che appartiene al nostro essere fisico o spirituale o a sue facoltà, espressioni, manifestazioni: *il — corpo*; *la nostra volontà*; *segui i nostri consigli* | *La nostra lingua*, quella che parliamo | *Il — pianeta*, la terra su cui viviamo | *I nostri tempi*, i tempi in cui viviamo o (*est.*) i tempi in cui eravamo giovani. **3** Di noi (indica relazione di parentela, amicizia, dipendenza e sim.; quando indica relazione di parentela respinge l'art. det. se il s. che segue l'agg. poss. è sing., non alterato e non accompagnato ad attributi o apposizioni; fanno eccezione i s. 'mamma', 'babbo', 'nonno', 'nonna', 'figliolo', 'figliola' che possono anche essere preceduti dall'art. det.): *— padre*; *i nostri figli*; *la nostra mamma*; *la nostra patria*; *i nostri amici* | *Il — autore, poeta* e sim., quello di cui si sta trattando. **4** (*fam.*) Che ci è abituale, consueto: *beviamoci il — bravo caffè.* **5** (*lett.*) Mio (come pl. maiestatico o di modestia): *nell'ultima nostra enciclica*; *come affermammo nel — articolo.* **B** *pron. poss. di prima pers. pl.* **1** Quello che ci appartiene, che ci è proprio, o peculiare (sempre preceduto dall'art. det.): *il vostro bambino e il — non vanno d'accordo.* **2** ass. Ciò che ci appartiene (con valore neutro): *spendere del —* | *Il Nostro*, o *il —*, il nostro autore, quello di cui parliamo. **3** *al pl.* I nostri familiari, parenti | *Arrivano i nostri!*, espressione con cui si saluta l'arrivo dei soldati del nostro esercito e (*scherz.*) l'arrivo di qc. che ci toglie dai guai.

nostròmo *s. m.* Nella marina mercantile e militare, sottufficiale incaricato delle mansioni del servizio marinaresco.

nòta *s. f.* **1** Segno, contrassegno che serve a distinguere o a ricordare qc. o q.c.: *— distintiva.* **2** (*mus.*) Segno significativo di suono o formula melodica: *le sette note* | *Trovare la — giusta*, (*fig.*) trovare il tono, la misura giusta | *Mettere la — allegra*, (*fig.*) rallegrare | (*est.*) Parola, accento: *le dolenti note* | *A chiare note*, chiaramente. **3** Appunto, annotazione scritta: *prendere, tenere — di q.c.* | (*fig.*) Rilievo, considerazione: *cose degne di —.* **4** Osservazione complementare per chiarire alcuni punti di un testo: *le note dell'Eneide*; SIN. Commento, glossa, postilla. **5** Comunicazione a carattere ufficiale: *— diplomatica.* **6** Lista, fattura: *la — della sarta.* **7** Rilievo, giudizio sul modo di agire o sulle qualità di qc. o q.c.: *note caratteristiche*; *— di biasimo* | *Note informative*, cenni redatti a determinate scadenze da un superiore o da un datore di lavoro su un dipendente.

nòta bène *s. m. inv.* Avvertenza, richiamo, spec. in fondo a uno scritto.

notabilàto *s. m.* Insieme di notabili.

notàbile **A** *agg.* Degno di essere notato, segnalato | (*est.*) Pregevole, importante: *persona —.* **B** *s. m.* Personaggio autorevole.

notabilità *s. f.* L'essere notabile.

notàio *s. m.* (V. nota d'uso FEMMINILE) Pubblico ufficiale incaricato di ricevere o di redigere, attribuendovi pubblica fede, atti pubblici e privati e di esercitare una serie di funzioni concernenti l'amministrazione della giustizia.

notàre *v. tr.* (*io nòto*) **1** Segnare, contraddistinguere mediante un segno: *— gli errori.* **2** Registrare, prendere nota: *— le spese.* **3** Osservare: *— i difetti di qc.* | *Farsi —*, richiamare su di sé l'altrui attenzione | Accorgersi: *notammo q.c. di nuovo.* **4** Dire, enunciare q.c. per chiarirla | *È da — che...*, è da mettere in evidenza che...

notarésco *agg.* (*pl. m. -schi*) Da notaio.

notariàto *s. m.* Funzione, ufficio di notaio.

notarile *agg.* Di, da notaio.

notazióne *s. f.* **1** Annotazione, segnatura | Numerazione: *— delle pagine* | Insieme di segni, simboli e sim.: *— matematica.* **2** (*fig.*) Considerazione, osservazione: *acuta — filologica.* **3** (*mus.*) Rappresentazione delle note e loro disposizione.

notévole *agg.* Degno di nota; SIN. Ragguardevole, rilevante.

notifica *s. f.* (*bur.*) Notificazione, comunicazione.
notificàre *v. tr.* (*io notìfico, tu notìfichi*) **1** (*dir.*) Rendere noto mediante notificazione. **2** Denunciare, dichiarare: – *il proprio cognome.*
notificazióne *s. f.* **1** Atto del notificare: *la – di una sentenza.* **2** (*dir.*) Meccanismo processuale per la comunicazione solenne e integrale di un atto scritto.
notìzia *s. f.* **1** (*lett.*) Cognizione, conoscenza | (*raro*) *Degno di –*, di essere conosciuto. **2** Annuncio, fatto, spec. recente, portato a conoscenza del pubblico: – *infondata; ultime notizie; notizie sportive.*
notiziàrio *s. m.* **1** Rubrica di notizie su giornali o in trasmissioni radio-televisive. **2** Complesso delle notizie pubblicate su un giornale.
nòto A *agg.* Conosciuto: *fatto –* | Conosciuto a molti o molto bene: *nome –* | *Rendere –*, diffondere, divulgare; SIN. Celebre; CONTR. Ignoto. **B** *s. m. solo sing.* Ciò che è conosciuto o di cui si ha nozione: *dal – all'ignoto.*
notocòrda *s. f.* (*zool.*) Corda dorsale.
notorietà *s. f.* **1** L'essere notorio | *Atto di –*, atto pubblico contenente una dichiarazione resa da più persone circa la conoscenza di fatti giuridicamente rilevanti. **2** (*est.*) Celebrità, fama.
notòrio *agg.* Pubblico, manifesto, palese | *Atto –*, atto di notorietà.
nottambulismo *s. m.* Il vivere da nottambulo.
nottàmbulo A *s. m.* (*f. -a*) Chi ama passeggiare o divertirsi di notte. **B** *anche agg.*
nottàta *s. f.* Spazio di una notte | La notte, considerata rispetto alle condizioni in cui trascorre e agli avvenimenti che in essa si verificano: *una – piovosa, di sofferenza* | *Fare –*, vegliare tutta la notte.
nòtte *s. f.* **1** Periodo di tempo che va dal tramonto al sorgere del sole, durante il quale un luogo non è illuminato dalla luce solare | *La – sulla domenica*, che precede la domenica | *La – della domenica, domenica –*, che segue la domenica | *Sul far della –*, all'imbrunire | *Un'ora di –*, un'ora dopo il tramonto | *Nel cuore della –*, a notte fonda | *Di –*, durante la notte | *Giorno e –*, continuamente | *Peggio che andar di –*, di male in peggio | *Ci corre quanto dal giorno alla –*, c'è una grande diversità. [→ ill. *copricapo*] **2** Con riferimento alle condizioni in cui si trascorrono le ore notturne e agli avvenimenti che in esse si verificano: – *piovosa; una – insonne* | – *bianca, in bianco*, insonne | *Far di – giorno*, vegliare. **3** (*fig.*) Tenebre, oscurità | (*fig.*) *La – dei tempi*, tenebre che avvolgono gli avvenimenti remoti. [→ tav. *proverbi* 139, 227; → tav. *locuzioni* 78]
nottetèmpo *avv.* Durante la notte.
nòttola *s. f.* **1** Pipistrello europeo, con fitto mantello rossastro. **2** Civetta. **3** Saliscendi di legno a forma di becco d'uccello. **4** Listello in legno della sega, per tenere ferma la fune. [→ ill. *sega*]
nottolìno *s. m.* **1** *Dim. di nottola.* **2** Spranghetta metallica girante attorno a un perno per tenere ferma una ruota dentata.
nottolóne *s. m.* **1** *Accr. di nottola.* **2** (*zool.*) Caprimulgo.
nòttua *s. f.* Denominazione di molte specie di Lepidotteri dannosi alle colture.
nottùrna *s. f.* Incontro, spec. di calcio, giocato nelle prime ore della notte con lo stadio illuminato.
nottùrno A *agg.* Della notte | Che appartiene alla notte o avviene di notte: *servizio, lavoro –.* **B** *s. m.* **1** Ufficio canonico di mattutino originariamente cantato nelle ore notturne. **2** Pezzo per pianoforte di carattere languido o malinconico.
nòtula *s. f.* **1** (*raro*) Piccola annotazione. **2** Nota dell'onorario dovuto a un professionista.
noùmeno *s. m.* Nella filosofia di Kant, ciò che può essere oggetto della conoscenza razionale pura e come tale si contrappone al fenomeno inteso come oggetto della conoscenza sensibile.
nouvelle vague /*fr.* nu'vɛl 'vag/ *loc. sost. f. inv.* **1** Negli anni '60, corrente di giovani registi del cinema francese. **2** (*fig.*) Le ultime generazioni (vc. francese, propriamente 'nuova onda').
nòva *s. f.* Stella che, a causa di una violentissima esplosione, mostra un rapido e imponente aumento della sua luminosità.
novànta [90 nella numerazione araba, XC in quella romana] **A** *agg. num. card. inv.* Indica una quantità composta di nove decine. **B** *s. m. inv.* Il numero novanta e il segno che lo rappresenta | *La paura fa –*, nella cabala del lotto corrisponde al numero novanta; (*fig.*) costringe a fare cose inconsuete.
novantènne *agg.; anche s. m. e f.* Che (o chi) ha novant'anni.
novantènnio *s. m.* Spazio di tempo di novant'anni.
novantèsimo A *agg. num. ord.* Che corrisponde al numero novanta in una sequenza. **B** *in funzione di s. m.* Ciascuna delle novanta parti uguali di una stessa quantità.
novantìna *s. f.* **1** Complesso, serie di novanta o circa novanta unità. **2** I novant'anni nell'età dell'uomo.
novatóre *s. m.; anche agg.* (*f. -trìce*) Innovatore.
novazióne *s. f.* **1** (*dir.*) Estinzione di un'obbligazione mediante sostituzione della vecchia con una nuova. **2** (*raro*) Innovazione.
nòve [9 nella numerazione araba, IX in quella romana] **A** *agg. num. card. inv.* Indica una quantità composta di otto unità più una. **B** *s. m. inv.* Il numero nove e il segno che lo rappresenta | *Prova del –*, prova aritmetica per verificare l'esatto risultato di un'operazione aritmetica elementare; (*fig.*) prova pratica per controllare l'esattezza o la validità di q.c.
novecentésco *agg.* (*pl. m. -schi*) Del Novecento, del ventesimo secolo.
novecentismo *s. m.* Movimento artistico, letterario, estetico, sviluppatosi in Italia nel XX sec.
novecentista A *s. m. e f.* (*pl. m. -i*) Autore vissuto nel Novecento | Seguace del novecentismo in letteratura, arte e sim. **B** *agg.* Novecentistico.
novecentìstico *agg.* (*pl. m. -ci*) Relativo a tendenze e correnti artistiche proprie del Novecento.
novecènto [900 nella numerazione araba, CM in quella romana] **A** *agg. num. card. inv.* Indica una quantità composta di nove centinaia. **B** *s. m. inv.* Il numero novecento e il segno che lo rappresenta | *Il Novecento*, il sec. XX.
novèlla *s. f.* **1** Narrazione di una vicenda reale o immaginaria di lunghezza variabile, ma inferiore a quella del romanzo: *le novelle del Boccaccio.* **2** (*lett.*) Notizia, spec. recente.
novellàme *s. m.* L'insieme dei piccoli di molte specie di animali, in particolare di pesci.
novellàre *v. intr.* (*io novèllo; aus. avere*) (*lett.*) Raccontare novelle.
novellatóre *s. m.* (*f. -trìce*) (*lett.*) Chi racconta novelle.
novellétta *s. f.* **1** *Dim. di novella.* **2** (*mus.*) Composizione musicale per piano a carattere narrativo.
novellière *s. m.* (*f. -a* nel sign. 1) **1** Scrittore di novelle. **2** Raccolta di novelle.
novellìno A *agg.* Nuovo, primaticcio: *insalata novellina.* **B** *agg.; anche s. m.* (*f. -a*) Detto di chi è inesperto perché ha da poco iniziato un'attività.
novellista *s. m. e f.* (*pl. m. -i*) Scrittore di novelle.
novellìstica *s. f.* Genere e arte delle novelle | Produzione di novelle di un dato periodo o ambiente: *la – del Quattrocento.*
novèllo *agg.* **1** Venuto, sorto, nato da poco: *patate novelle* | (*poet.*) *L'età novella*, la giovinezza; SIN. Nuovo, recente. **2** Detto di persona che si trova da poco tempo in uno stato, una condizione: *sposo –.* **3** (*lett.*) Di chi o di ciò che sembra rinnovare in sé qualcun altro o qualche cosa d'altro: *un – Michelangelo.*
novèmbre *s. m.* Undicesimo mese dell'anno nel calendario gregoriano, di 30 giorni. [→ tav. *proverbi* 304]
novembrìno *agg.* Di novembre.
novèna *s. f.* Pratica cattolica consistente in un ciclo di preghiere e di pii esercizi per nove giorni in onore di un santo o a scopo di devozione.
novenàrio A *s. m.* Verso composto di nove sillabe: *poesia in novenari.* **B** *anche agg.*: *verso –.*
novendiàle A *agg.* Che ha la durata di nove giorni. **B** *s. m.* **1** Presso gli antichi Romani, rito della durata di nove giorni. **2** *al pl.* Nella liturgia cattolica romana, funerali in onore di un papa celebrati per nove giorni consecutivi.
novennàle *agg.* **1** Che dura nove anni. **2** Che ricorre ogni nove anni.
novènne *agg.* Che ha nove anni.
novènnio *s. m.* Spazio di tempo di nove anni.
noveràre *v. tr.* (*io nòvero*) (*lett.*) Contare, annoverare.
nòvero *s. m.* (*lett.*) Categoria, classe: *trovarsi nel – dei*

fortunati.

novilùnio *s. m.* Fase iniziale della lunazione nella quale la luna resta invisibile.

novìssimo ***A*** *agg. lett.* Ultimo. ***B*** *s. m. al pl.* Nella dottrina cattolica, i quattro eventi cui l'uomo va incontro al termine della vita, ossia la morte, il giudizio, l'inferno e il paradiso.

novità *s. f.* ***1*** L'essere nuovo. ***2*** Cosa nuova, inventata, introdotta di recente: *— letteraria, musicale* | Oggetto, articolo di moda: *negozio di —.* ***3*** Ciò che accade di nuovo | Notizia di fatti recenti: *sentire qualche —.* ***4*** Innovazione.

novìzia *s. f.* Aspirante monaca nel periodo del noviziato e prima della professione dei voti.

noviziàto *s. m.* ***1*** Condizione, stato di novizio | Periodo durante il quale si è in tale stato | Collegio per la preparazione dei novizi. ***2*** Periodo di tirocinio per acquistare esperienza in q.c.

novìzio ***A*** *s. m.* (*f.* *-a*) ***1*** Chi non ha ancora pronunziato i voti e attende di entrare a far parte di un ordine religioso. ***2*** Chi è nuovo nell'esercizio di una professione o di un lavoro e non è molto pratico. ***B*** *agg.* Inesperto, principiante.

novocaìna *s. f.* Sostanza sintetica, bianca cristallina, usata spec. come anestetico locale.

nozionàle *agg.* Di nozione.

nozióne *s. f.* ***1*** Senso, conoscenza semplice, elementare di q.c.: *non avere la — del giusto*; SIN. Cognizione. ***2*** *spec. al pl.* Primi elementi fondamentali di una scienza, una disciplina, un argomento.

nozionìṣmo *s. m.* L'apprendere, o il fare apprendere, molte nozioni senza coordinazione e approfondimento.

nozionìsta *s. m. e f.* (*pl. m.* *-i*) Chi sostiene il nozionismo.

nozionìstico *agg.* (*pl. m.* *-ci*) Che ha i caratteri del nozionismo: *insegnamento —.*

nòzze *s. f. pl.* Sposalizio, matrimonio | *— d'argento, d'oro, di diamante,* anniversario rispettivamente del venticinquesimo, del cinquantesimo e del sessantesimo anno di matrimonio | *Andare a —,* (*fig.*) prepararsi a fare una cosa molto desiderata.

nùbe *s. f.* ***1*** Insieme visibile di particelle liquide o solide o miste in sospensione nell'atmosfera | *— radioattiva,* massa d'aria con prodotti radioattivi provenienti da esplosioni nucleari; SIN. Nuvola. [→ ill. *meteorologia*] ***2*** (*est.*) Ciò che ha forma di nube: *una — di polvere.* ***3*** (*fig.*) Ciò che offusca, dà ombra: *una — di tristezza.*

nubifràgio *s. m.* Precipitazione abbondante, violenta, temporalesca, che può provocare straripamenti di fiumi, allagamenti e frane.

nubilàto *s. m.* (*raro*) Stato di donna nubile.

nùbile ***A*** *agg.* Di donna non sposata. ***B*** *s. f.* Donna non sposata.

nùca *s. f.* (*anat.*) Regione cervicale posteriore | (*est.*) Parte posteriore del collo: *un colpo alla —.*

nucleàre ***A*** *agg.* ***1*** Del nucleo | *Fisica —,* parte della fisica che studia la struttura del nucleo degli atomi | *Energia —,* contenuta nei nuclei atomici, che si manifesta in natura come radioattività, ma che si può liberare con processi di fissione o fusione dei nuclei | *Centrale —,* impianto per la conversione di energia nucleare in energia termica o elettrica | *Armi nucleari,* quelle che sfruttano l'energia nucleare. ***2*** (*biol.*) Relativo al nucleo della cellula. [→ ill. *cellula*] ***B*** *s. m.* L'energia nucleare e l'insieme delle sue utilizzazioni spec. tecnologiche e militari. [→ ill. *nucleare*]

nuclèico *agg.* (*pl. m.* *-ci*) Detto di acido contenuto nel nucleo delle cellule (DNA, RNA).

nucleìna *s. f.* Sostanza organica proteica che contiene fosforo, parte importante del nucleo della cellula.

nùcleo *s. m.* ***1*** Parte centrale di q.c. | Primo elemento che dà inizio ad altri che si formano attorno a esso. [→ ill. *automobile, elettricità*] ***2*** (*biol.*) Parte centrale della cellula, fondamentale per la regolazione delle funzioni cellulari e per la trasmissione dei caratteri ereditari. [→ ill. *cellula*] ***3*** (*fis.*) Parte centrale dell'atomo, costituita da protoni e neutroni, attorno alla quale ruotano gli elettroni. [→ ill. *nucleare*] ***4*** La parte più stabile di una cometa, costituita da corpi solidi. [→ ill. *astronomia*] ***5*** (*geol.*) Involucro più interno del globo terrestre, sotto il mantello, fra 2900 e 6370 km. ***6*** (*fig.*) Gruppo di persone che promuovono un'impresa o costituiscono un sodalizio.

nuclèolo *s. m.* (*biol.*) Ciascuno dei corpuscoli sferoidali contenenti proteine legate ad acido ribonucleico, sospesi nel nucleo di una cellula a formare accumuli di riserva. [→ ill. *cellula*]

nucleóne *s. m.* (*fis.*) Particella pesante, protone o neutrone, costituente il nucleo atomico.

nucleoplàṣma *s. m.* (*pl.* *-i*) (*biol.*) Parte del protoplasma contenuta nel nucleo.

nuclìde *s. m.* (*fis.*) Nucleo atomico, in quanto caratterizzato dal numero di protoni e dal numero di neutroni.

nudìṣmo *s. m.* Movimento d'opinione naturista che propugna e pratica l'abolizione degli indumenti, nell'ambito di un ritorno all'ambiente naturale.

nudìsta ***A*** *s. m. e f.* (*pl. m.* *-i*) Seguace del nudismo. ***B*** *agg.* Che riguarda il nudismo.

nudità *s. f.* ***1*** Condizione dell'essere nudo. ***2*** *spec. al pl.* Parte del corpo lasciata nuda. ***3*** (*fig.*) Schiettezza, semplicità.

nùdo ***A*** *agg.* ***1*** Privo di ogni vestito o indumento: *stare — al sole*; *petto —* | *Mezzo —,* quasi nudo | *Ridursi —,* (*fig.*) non avere da vestirsi decentemente | *Testa nuda,* senza cappello. ***2*** (*est.*) Non rivestito del suo involucro naturale | *Fiore —,* senza calice e corolla | Privo di rivestimento, di copertura: *terra nuda di vegetazione* | *Dormire sulla nuda terra,* senza giaciglio | *Spada nuda,* sguainata | *A occhio —,* senza l'ausilio di strumenti ottici; SIN. Spoglio. ***3*** (*fig.*) Privo di orpelli, ornamenti: *appartamento —* | *Pareti nude,* senza quadri o tappezzerie. ***4*** (*fig.*) Schietto, palese: *una confessione nuda* | *Mettere a —,* rivelare interamente, senza reticenze. ***B*** *s. m.* Corpo umano nudo, come oggetto di studio o rappresentazione artistica: *lezione di —*; *disegnare un —* | (*est.*) Disegno, pittura o scultura raffigurante un corpo umano nudo: *i nudi di Michelangelo.*

nùgolo *s. m.* Grande quantità: *un — di ammiratori.*

nùlla ***A*** *pron. indef. inv.* Niente: *— si crea e — si distrugge.* ***B*** *in funzione di s. m. inv.* Il non essere: *Dio ha creato dal — tutte le cose* | *Un —,* una quantità piccolissima | *Ritornare al —,* morire. ***C*** *avv.* Niente: *non contare —* | *Per —,* no, niente affatto. [→ tav. *proverbi* 104, 114]

nulladiméno *cong.* (*raro, lett.*) Nondimeno.

nullàggine *s. f.* ***1*** (*raro*) L'essere nulla. ***2*** Ciò che non ha nessun valore.

nullaòsta *s. m. inv.* Atto mediante il quale l'autorità competente attesta che nulla si oppone al compimento di ciò che è stato richiesto.

nullatenènte ***A*** *agg.* Che non possiede nulla. ***B*** *anche s. m. e f.*

nullatenènza *s. f.* Condizione di chi è nullatenente.

nullità *s. f.* ***1*** Mancanza di validità o di efficacia: *— di un ragionamento*; *— di una richiesta.* ***2*** Cosa o persona che non ha nessun valore. ***3*** (*dir.*) Invalidità di un atto o negozio giuridico privo di taluno dei requisiti di legge.

nùllo ***A*** *agg.* Non valido, che presenta la condizione di nullità: *la sentenza è stata nulla*; *scheda nulla* | (*sport*) *Match —,* pari; CONTR. Valido. ***B*** *agg. e pron. indef.* (*lett.*) Nessuno.

nùme *s. m.* ***1*** Volontà, potenza divina. ***2*** Divinità, spec. del mondo greco-romano.

numeràbile *agg.* Che si può numerare.

numeràle ***A*** *agg.* Del numero, che appartiene al numero. ***B*** *s. m.* Nome che indica una quantità | *— cardinale,* che determina una quantità (es. *uno, due*) | *— ordinale,* che determina il posto occupato in una serie (es. *primo, secondo*).

numeràre *v. tr.* (*io nùmero*) ***1*** Segnare con un numero progressivamente: *— le pagine di un registro.* ***2*** (*raro*) Contare, noverare.

numeràto *part. pass. di numerare; anche agg.* Segnato con un numero d'ordine | *Posto —, sedie numerate,* in teatri, stadi e sim.

numeratóre *s. m.* ***1*** Chi numera. ***2*** (*mat.*) In una frazione, termine che indica quante parti dell'unità, definite dal denominatore, si devono considerare (es. *nella frazione 5/12 il — è 5*). ***3*** Meccanismo per numerare le pagine di registri e sim. o i giri di una macchina. [→ ill. *ufficio*] (v. nota d'uso FRAZIONE)

numerazióne *s. f.* ***1*** Operazione del numerare. ***2*** Sistema per scrivere qualsiasi numero intero con cifre prefissate | – *decimale*, quella in uso che adopera 10 cifre, dallo 0 al 9.

numericaménte *avv.* Per mezzo di numeri, con numeri.

numèrico *agg.* (*pl. m.* -*ci*) **1** Attinente al numero: *calcolo –*. **2** Del numero: *serie numerica*. [→ ill. *ufficio*]

nùmero *s. m.* **1** (*mat.*) Ente matematico che specifica la quantità | – *naturale*, numero intero positivo: 1, 2, 3, ... | – *cardinale*, numero che dice quanti elementi vi sono in un insieme | – *ordinale*, numero che indica l'ordine tra gli elementi di un insieme | – *primo*, divisibile solo per 1 e per se stesso | – *pari, dispari*, divisibile o no per 2 | – *di matricola*, quello corrispondente all'iscrizione di persona o cosa in un registro, elenco e sim. **2** Cifra, segno del numero: *numeri romani, arabi*. [→ ill. *strada, ufficio*] **3** Cosa, persona indicata con un numero | Chi, in un albergo, occupa la camera indicata con quel numero: *il – 4 ha suonato* | Prigioniero distinto con quel numero | Infermo che, in un ospedale, occupa il letto contraddistinto con quel numero. **4** Quantità indeterminata: *venire in gran –* | *Senza –*, innumerevole, infinito | *Far –*, accrescere, spec. far apparire più numeroso un gruppo di persone | Quantità determinata: *il – dei soci* | *Sopra –*, che oltrepassa il numero stabilito | – *chiuso*, limite rigorosamente stabilito | – *legale*, il minimo di presenti perché sia valida un'assemblea. **5** Schiera, serie, classe: *uscire dal –*; *essere ancora nel –* | *Nel – dei più*, fra i defunti | – *uno*, di chi, o ciò che si distingue dagli altri per importanza, abilità e sim. | *Essere un – uno*, una persona particolarmente importante, abile e sim. | *Nemico pubblico – uno*, chi è considerato, da una comunità o da un individuo, particolarmente pericoloso. **6** Ciascuno dei numeri di lotto, lotteria, tombola | *I numeri estratti*, i cinque che, nel

nucleare (fisica e industria)

modello di atomo

modello di molecola

tubo per raggi X

rivelatore e contatore di particelle

reattore nucleare

1 orbita elettronica 2 elettrone 3 nucleo 4 neutrone 5 protone 6 atomo d'idrogeno 7 atomo di carbonio 8 ampolla 9 catodo 10 anodo rotante 11 raggi X 12 barra di controllo 13 parete protettiva in calcestruzzo 14 barra per estrazione dei radioisotopi 15 moderatore 16 tubo di raffreddamento 17 barra di uranio

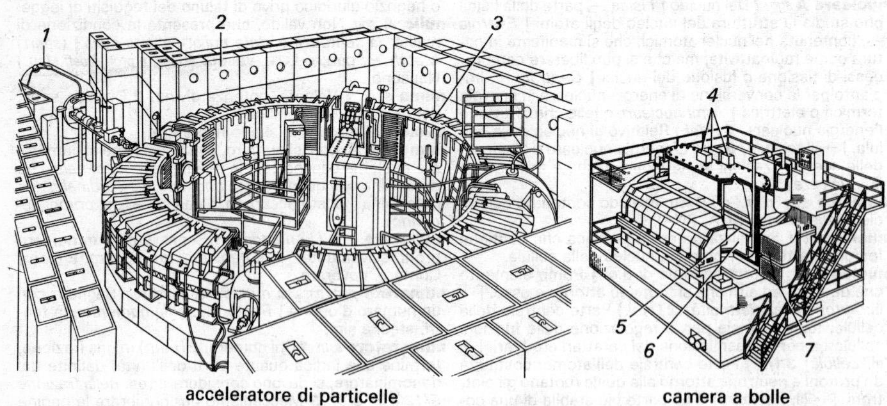

acceleratore di particelle

camera a bolle

1 iniettore 2 schermo protettivo 3 anello 4 macchine fotografiche 5 finestra 6 camera a bolle 7 avvolgimenti dell'elettromagnete

lotto, determinano l'ambo, il terno, la quaterna e la cinquina | (*fam.*) *Dare i numeri*, dire cose strane. **7** Grossezza, misura, qualità di un prodotto: *scarpe — 42*; *giacche del — 50*. **8** Parte autonoma di spettacolo di varietà | Gruppo di artisti che sostengono un numero di varietà. **9** Fascicolo di giornale o rivista: *l'ultimo — di 'Studi storici'* | *— unico*, foglio o fascicolo a stampa che si pubblica una sola volta. **10** Categoria grammaticale fondata sulla considerazione della singolarità e della pluralità. **11** (*letter.*) Ritmo: *il — della prosa ciceroniana*. **12** *spec. al pl.* Qualità, requisito: *ha tutti i numeri per vincere*. **13** Costante significativa delle scienze esatte: *— di Avogadro*.

NUMERO

I numeri cardinali e ordinali si possono scrivere sia in lettere (*uno, due, cinque, ottavo*) che in cifre (*1, 2, 5, 8° o VIII*).
I **numeri cardinali**, che indicano una quantità numerica determinata, si scrivono generalmente in lettere in un normale contesto discorsivo: *ci vediamo alle due*; *andiamo a fare quattro passi*; *te l'ho detto mille volte*; *hai fatto ben sette errori*; *le parti del discorso sono nove*; *gli anni Sessanta*. Si scrivono preferibilmente in cifre (che si chiamano 'arabe' in quanto inventate dagli Arabi e portate in Europa durante il Medioevo) per evitare parole eccessivamente lunghe (*l'anno bisestile comprende 366 giorni*; *gli alunni sono 627*) e, soprattutto, nell'uso matematico, tecnico e scientifico: *3,14*; *6 x 8 = 48*; *43° Latitudine N*; *pagina 7*; *2221 m s.l.m.*; *5,3%*; *4/5 dell'ipotenusa*. Si scrivono generalmente in cifre anche le età (*Luigi ha 43 anni*) e le date: *20 settembre 1986*. In certi casi il numero del giorno si può scrivere in lettere, specialmente in riferimento ad avvenimenti storici o festività (talvolta anche con l'iniziale maiuscola; v. maiuscola): *Il Cinque Maggio, il Quattro Novembre*.
I **numeri ordinali**, che indicano l'ordine di successione in una serie, si scrivono generalmente in lettere se sono minori di 10 o in contesti linguistici discorsivi o di significato convenzionale: *frequenta la prima classe del Liceo*; *un abito di seconda mano*; *è arrivato appena quarto*; *abita al settimo piano*; *la sera della prima alla Scala*; *il secondo tempo della partita*; *un cambio con la quinta marcia*. Si scrivono invece con le cifre romane negli altri casi e in particolare: per indicare nomi di imperatori, re, papi o discendenti di particolari famiglie: *Carlo V, Luigi XVI, papa Giovanni XXIII, Paul Getty IV*; oppure di imbarcazioni e veicoli particolari: *Biancaneve III* (barca), *Mariner IV* (sonda spaziale). I numeri romani si usano anche per indicare i secoli: *secolo XIV* (che si può anche indicare con il numero cardinale in lettere e la maiuscola: *il Trecento*); o certi particolari giorni del mese che si riferiscono a ricorrenze storiche: *il XX Settembre, il XXV Aprile*; negli indici o nelle citazioni: *capitolo XVIII*; *Dante, Inferno, XXVIII*; in particolari classificazioni: *la mia classe è la III F*; *atto I, scena II*. Negli altri casi si preferisce usare, al posto del numero romano, il numero arabo con l'esponente (°) o (ª): *il 23° giorno di sciopero*; *sei la 87ª in graduatoria* (ma **non** *papa Paolo 6°* o *Napoleone 3°* bensì *Paolo VI, Napoleone III*). Attenzione: è opportuno ricordare che l'esponente (°) va segnato a fianco del numero arabo ma **non** a fianco del numero romano. Quindi bisogna scrivere *Vittorio Emanuele II* (e **non** *II°*) (v. anche la nota d'uso FRAZIONE e PERCENTUALE).

numerosità *s. f.* L'essere numeroso.
numeróso *agg.* **1** Di numero rilevante | Composto da molte unità: *adunanza numerosa*; SIN. Molteplice. **2** (*letter.*) Armonioso, ritmico: *prosa numerosa*.
numișmàtica *s. f.* Scienza che studia le monete e le medaglie di ogni epoca e di ogni Stato.
numișmàtico ***A*** *agg.* (*pl. m. -ci*) Della numismatica. ***B*** *s. m.* Studioso di numismatica.
nummulìte *s. f.* Grande foraminifero fossile del Terziario, dal guscio calcareo e di forma simile a una moneta. [→ ill. *paleontologia*]
nummulìtico *agg.* (*pl. m. -ci*) Detto di roccia che contiene nummuliti.
nuncupatìvo *agg.* (*dir.*) Detto di testamento in cui il testatore esprime le sue volontà in presenza di testimone o notaio.
nùndine *s. f. pl.* Presso gli antichi Romani, intervallo di nove giorni intercorrente tra un mercato e un altro.
nunziatùra *s. f.* Carica, ufficio e sede del nunzio.
nùnzio *s. m.* **1** (*lett.*) Messaggero, ambasciatore. **2** Ambasciatore legato della Santa Sede presso un governo straniero.
nuòcere *v. intr.* (*pres.* *io nòccio o nuòccio, tu nuòci, egli nuòce, noi nociàmo o nuociàmo, voi nocéte o nuocéte, essi nòcciono o nuòcciono; imperf. io nocévo o nuocévo; pass. rem. io nòcqui, tu nocésti o nuocésti; fut. io nocerò o nuocerò; congv. pres. io nòccia o nuòccia; congv. imperf. io nocéssi o nuocéssi; condiz. pres. nocerèi o nuocerèi; imper. nuòci tu; part. pres. nocènte o nuocènte; part. pass. nociùto o nuociùto; ger. nocèndo o nuocèndo; aus. avere*) Recare danno, fare del male: *il gelo nuoce alle piante*; SIN. Danneggiare; CONTR. Giovare. [→ tav. *proverbi* 302, 363]
nuòra *s. f.* Moglie del figlio nei confronti dei genitori di questo.
nuotàre ***A*** *v. intr.* (*io nuòto; in tutta la coniug. la o dittonga in uo anche se atona per evitare l'ambiguità con notare; aus. avere*) **1** Muoversi in acqua per reggersi a galla: *— a rana, sul dorso*. **2** (*est.*) Galleggiare: *una cassa che nuota in mare* | *— nell'abbondanza, nell'oro*, essere ricco oltre misura | *— nel sangue*, essere sanguinario | *— nella contentezza*, essere molto felici | *— nel sudore*, essere tutto sudato. ***B*** *v. tr.* Percorrere una distanza nuoto: *— quattrocento metri*.
nuotàta *s. f.* **1** (*raro*) Modo di nuotare: *— a rana, sul dorso*. **2** Periodo in cui si resta in acqua per nuotare.
nuotatóre *s. m.* (*f. -trice*) Chi nuota | Chi è abile nel nuoto.
nuòto *s. m.* Complesso dei movimenti che assicurano il galleggiamento del corpo e la sua progressione nell'acqua.
nuòva *s. f.* Notizia di fatto o avvenimento accaduto di recente. [→ tav. *proverbi* 239, 281]
nuovaménte *avv.* Un'altra volta, ancora.
nuovayorchése V. *newyorchese*.
nuòvo ***A*** *agg.* **1** Che è stato fatto, conosciuto o è successo da poco, di recente: *vino, vestito —*; *notizia nuova* | *— di zecca*, nuovissimo | *Generazione nuova*, i giovani dell'epoca attuale | *Tempi, uomini nuovi*, moderni, che rispecchiano le condizioni e le aspirazioni del loro tempo | *Di —*, ancora, un'altra volta; CONTR. Vecchio. **2** Che inizierà tra poco il suo corso: *anno —*. **3** Che è la prima volta che si vede, si conosce o si prova: *faccia nuova* | *Non mi riesce —*, mi pare di averlo già visto o conosciuto. **4** Rimesso a nuovo: *il — arredamento del negozio* | *Rimettere a —*, rifare, rinnovare. **5** (*preposto al s.*) Altro, che si aggiunge al precedente: *un — dolore* | Che ne ricorda un altro per qualità, caratteristiche simili, detto di persona: *quell'artista è un — Raffaello*. **6** Che da poco ha cominciato ad assolvere a certi doveri o ad adempiere a certe funzioni: *il — scolaro*; *il — Ministero* | *— del mestiere*, novizio, novellino. ***B*** *s. m. solo sing.* Cosa nuova, novità: *il vecchio e il —*. [→ tav. *proverbi* 20, 66]
nuràghe *s. m.* (*pl. -ghi*) Caratteristico monumento preistorico della Sardegna, a forma tronco-conica, di grandi pietre incastrate a contrasto, con ingressi angusti.
nuràgico *agg.* (*pl. m. -ci*) Dei nuraghi.
nurse /*ingl.* nəːs/ *s. f. inv.* (*pl. ingl. nurses* /ˈnəːsiz/) Bambinaia, governante | Infermiera.
nursery /*ingl.* ˈnəːsri/ *s. f. inv.* (*pl. ingl. nurseries* /ˈnəːsriz/) Ambiente attrezzato in cui vengono custoditi i bambini, spec. piccoli.
nursing /*ingl.* ˈnʌsiŋ/ *s. m. inv.* Assistenza infermieristica.
nutazióne *s. f.* **1** (*med.*) Oscillazione abituale e involontaria del capo. **2** (*astron.*) Lieve oscillazione del piano dell'eclittica, dovuta a effetti secondari dell'attrazione lunare e solare sul rigonfiamento equatoriale della Terra.
nùtria *s. f.* **1** Mammifero dei Roditori, con coda da topo, capo e tronco da castoro, che vive nell'ambiente acquatico del Sud America; SIN. Castorino. **2** Pelliccia dell'animale omonimo.

nutricàre *v. tr.* (*io nùtrico, tu nùtrichi*) ***1*** (*lett.*) Allevare. ***2*** Coltivare, curare, detto di pianta.
nutrice *s. f.* ***1*** Donna che, col suo latte, nutre un bambino; SIN. Balia. ***2*** (*fig., lett.*) Chi produce, alimenta: *— di civiltà.*
nutriènte *part. pres. di nutrire; anche agg.* Che dà buon nutrimento.
nutriménto *s. m.* ***1*** (*raro*) Atto del nutrire. ***2*** Ciò che nutre; SIN. Alimento. ***3*** (*fig.*) Ciò che mantiene o alimenta sentimenti, passioni e sim.
nutrire ***A*** *v. tr.* (*io nùtro o nutrìsco, tu nùtri o nutrìsci*) ***1*** Somministrare alimento per tenere in vita e fare crescere: *— un vecchio* | Alimentare: *l'olio nutre la fiamma.* ***2*** (*fig.*) Arricchire, alimentare spiritualmente: *— la mente.* ***3*** (*fig.*) Serbare, custodire, detto di sentimenti: *— un grande affetto.* ***B*** *v. rifl.* Prendere alimento, cibarsi: *nutrirsi di carne.*
nutritivo *agg.* Che è atto a nutrire o a nutrirsi bene.
nutrito *part. pass. di nutrire; anche agg.* ***1*** Forte, robusto | *Mal —*, in cattive condizioni di salute per difetto di alimentazione. ***2*** (*fig.*) Numeroso, intenso: *nutriti consensi.*
nutritóre *s. m.* ***1*** Chi nutre. ***2*** Apparecchiatura atta a contenere e distribuire mangime per animali.
nutrizionàle *agg.* (*med.*) Relativo alla nutrizione.
nutrizióne *s. f.* ***1*** Funzione mediante la quale gli esseri viventi assumono dall'esterno sostanze utili per accrescersi e per svolgere le attività vitali. ***2*** (*est.*) Atto del nutrire o del nutrirsi: *la — dei bambini.* ***3*** Cibo, alimentazione: *— abbondante.*
nutrizionìsta *s. m.* Esperto dei problemi della nutrizione.
nùvola *s. f.* ***1*** Nube | *Cascare dalle nuvole*, (*fig.*) rimanere meravigliato | *Vivere fra le nuvole*, (*fig.*) essere distratto o troppo pieno di fantasia. ***2*** (*est.*) Ciò che ha forma di nuvola: *una — di polvere.*
nuvolàglia *s. f.* Massa estesa di nubi di forma ineguale.
nùvolo ***A*** *agg.* Nuvoloso. ***B*** *s. m.* ***1*** Tempo nuvoloso. ***2*** (*lett.*) Nembo, nuvola. ***3*** (*fig.*) Grande quantità, moltitudine: *un — di gente*; SIN. Nugolo.
nuvolosità *s. f.* Quantità di nubi che coprono il cielo.
nuvolóso *agg.* ***1*** Coperto di nubi: *cielo —.* ***2*** (*est.*) Appannato, come coperto da un'ombra.
nuziàle *agg.* Delle nozze: *giorno —.*
nuzialità *s. f.* (*stat.*) Entità numerica dei matrimoni in un certo periodo e in una data popolazione.
nylon /*ingl.* 'nailən/ *s. m. inv.* Nome commerciale di fibra tessile artificiale e sintetica.

O

ò (1) *s. f. o m. inv.* Tredicesima lettera dell'alfabeto italiano.
ò (2) o *od cong.* (*assume la forma eufonica od davanti a parola che comincia per vocale, spec. o: domani od oggi*) ***1*** Con valore disgiuntivo coordina due o più elementi di una prop. che abbiano la stessa funzione oppure due o più proposizioni della stessa specie, che si escludono o si contrappongono tra loro, o che esprimono un'alternativa: *lo chiameremo Piero — Carlo*; *adesso — mai più* | Con valore ints. si ripete la cong. davanti ad ogni elemento: *rispondi*: *— sì — no*; *— Roma — morte* | Se gli elementi coordinati sono uniti a coppie, la cong. si ripete solo fra i termini di ciascuna coppia: *bello — brutto, simpatico — antipatico.* ***2*** Con valore esplicativo, indica un'equivalenza fra due o più termini: *la glottologia — linguistica.*
ó (3) *inter.* ***1*** Si usa come rafforzativo del vocativo spec. nelle invocazioni e in alcune espressioni esclamative: *— Signore, aiutaci!*; *— poveri noi* | (*enf., lett.*) Rivolgendo il discorso a q.c.: *— giovani, molto da voi ci aspettiamo!* ***2*** (*fam.*) Si usa chiamando, interpellando o esortando ad alta voce qc.: *— quell'uomo!*
òasi *s. f.* ***1*** (*geogr.*) Zona di territorio, spec. nei deserti dell'Africa settentrionale, fornita di sorgenti e quindi fertile. ***2*** (*est., fig.*) Luogo particolarmente piacevole e riposante: *un'— di silenzio.*
obbedire e deriv. V. *ubbidire* e deriv.
obbiettàre e deriv. V. *obiettare* e deriv.
obbligàre ***A*** *v. tr.* (*io òbbligo, tu òbblighi*) ***1*** Vincolare con un obbligo o con un'obbligazione: *lo Stato obbliga il cittadino a pagare le tasse.* ***2*** Costringere: *nessuno ti obbliga a uscire.* ***3*** Rendere debitore verso qc., per cortesie e favori ricevuti: *il trattamento usatomi mi obbliga.* ***B*** *v. rifl.* ***1*** (*dir.*) Vincolarsi mediante obbligazione: *obbligarsi a fare*; *obbligarsi in solido, come fideiussore.* ***2*** Impegnarsi.
obbligatissimo *agg.* ***1*** *Sup. di obbligato.* ***2*** Formula di ringraziamento orale o scritta: *—!*; *— servitore.*
obbligàto ***A*** *part. pass. di obbligare; anche agg.* ***1*** Vincolato da riconoscenza o gratitudine: *sentirsi — verso qc.* ***2*** Che non è possibile evitare o cambiare: *passaggio —* | *Discesa obbligata*, nello sci, slalom. ***B*** *s. m.* (*dir.*) Soggetto passivo di una obbligazione.
obbligatorietà *s. f.* (*dir.*) L'essere obbligatorio.
obbligatòrio *agg.* ***1*** Che costituisce un obbligo: *il servizio militare è —*; *istruzione obbligatoria*; CONTR. Facoltativo. ***2*** (*dir.*) Che è imposto dalla legge: *foglio di via —.*
obbligazionàrio *agg.* Di obbligazione, quale titolo di credito: *titolo —.*
obbligazióne *s. f.* ***1*** (*raro*) Atto dell'obbligare o dell'obbligarsi | Obbligo, impegno. ***2*** (*dir.*) Vincolo giuridico in forza del quale un soggetto è tenuto a un dato comportamento valutabile economicamente a favore di un altro soggetto | Documento relativo a un rapporto obbligatorio. ***3*** (*dir.*) Titolo di credito emesso all'atto dell'accensione di un debito da parte di un ente pubblico o di una società privata, rappresentativo di un'aliquota del debito, fruttifero di un interesse, estinguibile entro il prestabilito numero di anni.
obbligazionista *s. m. e f.* (*pl. m. -i*) Titolare di obbligazioni emesse da una società.
òbbligo *s. m.* (*pl. -ghi*) Dovere imposto a qc. o impegno vincolante assunto volontariamente da qc.: *è — del padre mantenere i figli* | *Scuola dell'—*, quella che in Italia si è obbligati per legge a frequentare, attualmente dai sei ai quattordici anni di età, comprendente la scuola elementare e media inferiore | *Avere obblighi con qc.*, riconoscersi obbligato | *Essere in — di, avere l'— di*, essere obbligato | *Sentirsi in —*, ritenersi obbligato | *Fare — a qc.*, imporre | *Farsi un —*, imporsi | *D'—*, obbligatorio.
obbròbrio *s. m.* ***1*** Disonore, infamia, vituperio: *conoscere l'— del tradimento.* ***2*** (*est.*) Ciò che per la sua brut-

tezza offende il senso estetico: *il nuovo palazzo è un vero –*.

obbrobrióso *agg.* **1** Che reca grande infamia o disonore. **2** (*fig.*) Oltremodo brutto: *quadro –*.

obelisco *s. m.* (*pl. -schi*) Monumento egizio monolitico costituito da un tronco di piramide quadrangolare molto allungato recante alla sommità un'altra piccola piramide. [→ ill. *monumenti archeologici*]

oberàre *v. tr.* Sovraccaricare: *– qc. di lavoro*.

oberàto *agg.* **1** Detto del debitore insolvente che, presso gli antichi Romani, diveniva schiavo del creditore | *Essere – di debiti*, averne contratto un numero sproporzionato alle proprie possibilità. **2** (*fig.*) Che è eccessivamente carico: *– d'impegni*.

obeṣità *s. f.* **1** (*med.*) Abnorme aumento di peso per eccesso di tessuto adiposo. **2** Pinguedine eccessiva.

obèṣo *agg.; anche s. m.* (*f. -a*) Affetto da obesità.

òbi *s. m.* Fascia di seta che le giapponesi avvolgono attorno alla vita del chimono.

òbice *s. m.* Pezzo di artiglieria con canna lunga fra 12 e 23 calibri e tiro con traiettoria molto curva. [→ ill. *armi*]

obiettàre o *obbiettàre v. tr.* (*io obiètto*) Rispondere opponendo ragioni, considerazioni e sim. contrastanti con quelle espresse da altri: *la minoranza obiettò che mancava un'alta percentuale di votanti*; *non ho nulla da –*; *su questo si può –*; SIN. Eccepire.

obiettivàre *v. tr.* (*med.*) Rendere palese un'infermità all'esame clinico.

obiettività o *obbiettività s. f.* L'essere obiettivo.

obiettìvo o *obbiettivo* **A** *agg.* **1** Che si basa su un atteggiamento imparziale, alieno da interessi personali, preconcetti e sim.: *giudice, giudizio –*. **2** (*raro*) Oggettivo. **B** *s. m.* **1** Sistema ottico formato da due o più lenti fissate in una montatura, che forma immagini reali destinate a impressionare una lastra o pellicola fotografica o a essere osservate con un oculare. [→ ill. *astronomia, cinematografia, fisica, fotografo, ottica, televisione*] **2** (*mil.*) Scopo di un'azione militare | Luogo, elemento, posizione da conquistare o distruggere con azioni militari. **3** (*est.*) Scopo che si vuole raggiungere: *proporsi q.c. come –*.

obiettóre o *obbiettóre s. m.* Chi fa obiezione | *– di coscienza*, chi rifiuta di adempiere gli obblighi militari per ragioni morali, religiose e sim.

obiezióne o *obbiezióne s. f.* Argomento proposto per contraddire in tutto o in parte le affermazioni di qc. | *Fare, muovere –*, obiettare.

òbito *s. m.* (*lett.*) Morte.

obitòrio *s. m.* Camera ove si espongono cadaveri per il loro riconoscimento o in attesa di autopsia.

oblàto *s. m.* (*f. -a*) Laico che, volontariamente e senza pronunciare voti, fa parte di una congregazione religiosa per particolari servizi.

oblatóre *s. m.* (*f. -trice*) **1** Chi dà un'oblazione, un'offerta. **2** (*dir.*) Chi fa un'oblazione.

oblatòrio *agg.* (*relig.*) Di oblazione.

oblazióne *s. f.* **1** Offerta spec. in denaro, a titolo di elemosina, beneficenza e sim. **2** (*relig.*) Offerta del pane e del vino nella Messa. **3** (*dir.*) Causa di estinzione del reato prevista per le contravvenzioni, consistente nel pagamento volontario di una somma prima dell'apertura del dibattimento.

obliàre **A** *v. tr.* (*io oblìo*) (*lett.*) Dimenticare. **B** *v. rifl.* Dimenticare se stessi.

oblìo *s. m.* Totale dimenticanza | *Cadere nell'–*, essere dimenticato | *Sottrarre all'–*, richiamare alla memoria.

obliόso *agg.* **1** (*lett.*) Dimentico, immemore. **2** (*lett.*) Che fa dimenticare.

obliquità *s. f.* L'essere obliquo | (*astron.*) *– dell'eclittica*, la sua inclinazione rispetto all'equatore celeste.

obliquo *agg.* **1** (*mat.*) Detto di due rette o due piani o un piano e una retta che s'incontrano con un angolo non retto. [→ ill. *cristalli*] **2** Detto di tutto ciò che è inclinato rispetto alla superficie su cui poggia o a ciò cui si fa riferimento: *muro –*; *taglio –*; SIN. Sghembo. [→ ill. *geometria*] **3** (*fig.*) Indiretto: *notizia filtrata per vie oblique* | (*ling.*) *Casi obliqui*, nella declinazione del nome e dell'aggettivo, i casi diversi dal nominativo. **4** Ambiguo, subdolo: *sguardo –*; *fini obliqui*. **5** (*anat.*) Detto di muscolo la cui azione si svolge non parallelamente all'asse di simmetria del corpo: *muscolo grande –*. [→ ill. *anatomia umana*]

obliteràre *v. tr.* (*io oblìtero*) **1** (*lett.*) Cancellare q.c. di scritto, o renderlo illeggibile | Annullare, con l'apposito timbro, francobolli, marche da bollo e sim. **2** (*fig.*) Far dimenticare: *– un ricordo*.

obliteratóre *agg.* (*f. -trice*) Che annulla | *Macchina obliteratrice*, che provvede all'annullo automatico di francobolli, biglietti e sim.

obliterazióne *s. f.* **1** (*lett.*) Cancellazione (*anche fig.*). **2** (*filat.*) Annullo di francobolli e sim. **3** (*med.*) Ostruzione di una cavità o di un organo canalicolare: *– arteriosa*.

oblò *s. m.* Finestrino circolare nei bastimenti, fornito di cristallo, che si apre all'interno. [→ ill. *marina*]

oblùngo *agg.* (*pl. m. -ghi*) Che è più lungo che largo.

obnubilaménto *s. m.* Obnubilazione.

obnubilàre *v. tr. e intr. pron.* (*io obnùbilo*) (*lett.*) Annebbiare, offuscare.

obnubilazióne *s. f.* (*psicol.*) Offuscamento delle facoltà sensitive.

òboe *s. m.* Strumento a fiato del gruppo dei legni, munito di una doppia ancia, nel cui tubo, terminante in un'apertura leggermente svasata, sono praticati alcuni buchi. [→ ill. *strumenti musicali*]

oboista *s. m. e f.* (*pl. m. -i*) Suonatore di oboe.

òbolo *s. m.* **1** Antica moneta greca di argento o di bronzo, sesta parte della dramma. **2** Piccola offerta in denaro.

obsolescènte *agg.* Che è in fase di obsolescenza.

obsolescènza *s. f.* **1** (*lett.*) Lento ma progressivo invecchiamento. **2** (*econ.*) Invecchiamento di macchine, attrezzature e impianti dovuto al sopraggiungere di altri mezzi più evoluti.

obsolèto *agg.* **1** (*lett.*) Antico, disusato. **2** Che ha subito obsolescenza.

òc *avv.* *Solo nella loc.* *lingua d'–*, provenzale antico, che usava tale parola per l'affermazione, cioè per il *sì*; CFR. Oïl.

òca *s. f.* **1** Uccello con gambe corte, dita del piede palmate, nuotatore, con abbondante piumaggio, allevato per la carne e il piumino | *– selvatica*, con piumaggio bruno cinerino con zone più chiare | (*fig.*) *Far venire la pelle d'–*, far rabbrividire per freddo o violente emozioni | *Avere la pelle d'–*, rabbrividire | *Ecco fatto il becco all'–*, (*scherz.*) per indicare che si è compiuto o completato un lavoro | *Passo dell'–*, modo di marciare in parata, a gamba tesa, proprio delle truppe tedesche | *Gioco dell'–*, praticato con due dadi e una tavola suddivisa in caselle. [→ ill. *animali* 12, *penna*] **2** (*fig.*) Persona, spec. di sesso femminile, sciocca o sbadata.

ocàggine *s. f.* L'essere sciocco, sbadato.

ocarina *s. f.* Strumento a fiato di terracotta, di forma ovoidale. [→ ill. *strumenti musicali*]

occaṣionàle *agg.* **1** Che fornisce l'occasione di q.c.: *causa –*. **2** Fortuito: *incontro –*; SIN. Accidentale, casuale.

occaṣionalìṣmo *s. m.* Dottrina filosofica secondo cui Dio è la causa di tutte le cose e le cause naturali dei fenomeni sono occasioni per mezzo delle quali Dio stesso realizza le sue intenzioni.

occaṣionalménte *avv.* Per caso.

occaṣionàre *v. tr.* (*io occaṣióno*) Far nascere q.c., spec. in modo diretto o immediato; SIN. Causare, provocare.

occaṣióne *s. f.* **1** Caso favorevole od opportuno, momento o situazione particolarmente adatta a q.c. | *Una buona –*, un buon affare o un buon partito | *All'–*, se si verificherà il caso | *Cogliere l'–*, sapersene servire al momento giusto | *D'–*, detto di prodotto posto in vendita a condizioni particolarmente buone; SIN. Opportunità. **2** (*est.*) Oggetto, articolo e sim. da acquistare a prezzo vantaggioso: *vetrina delle occasioni*. **3** Causa, motivo, pretesto: *dare, fornire l'–* | *Con l'–*, col motivo. **4** Avvenimento, circostanza, situazione: *abito adatto a tutte le occasioni* | *Discorso d'–*, fatto per un avvenimento particolare; SIN. Evenienza. [→ tav. *proverbi* 248]

occàṣo *s. m.* **1** (*lett.*) Tramonto. **2** (*lett.*) Occidente.

occhiàccio *s. m.* **1** *Pegg. di occhio.* **2** Occhio che guarda con severità, con ira e sim. | *Fare gli occhiacci*, esprimere con occhiate la riprovazione.

occhiàia *s. f.* **1** Cavità del cranio in cui sono accolti i globi oculari. **2** *spec. al pl.* Macchie livide sotto gli occhi.

occhialàio *s. m.* Chi fabbrica, ripara e vende occhiali.

occhiàle ***A*** *agg.* Relativo all'occhio. ***B*** *s. m.* (*raro*) Occhiali.
occhialeria *s. f.* ***1*** Negozio in cui si vendono o si riparano occhiali. ***2*** Insieme di occhiali.
occhialétto *s. m.* Occhiale per signora usato spec. nel '700, con una o due lenti, non fisso sul naso ma fornito di manico; SIN. Lorgnette.
occhiàli *s. m. pl.* ***1*** Montatura contenente una coppia di lenti da porsi davanti agli occhi per correggere eventuali difetti della vista o per riparo da radiazioni troppo intense o agenti esterni nocivi: *— da vista, da sole, da ghiacciaio; — a stanghetta.* [→ ill. *alpinista, meccanica*] ***2*** (*zool.*; *pop.*) *Serpente dagli —*, cobra.
occhialìno *s. m.* Occhialetto.
occhialùto *agg.* (*scherz.*) Che porta occhiali.
occhiàta (1) *s. f.* Sguardo rapido ma spesso particolarmente intenso e significativo | *Dare un'—*, guardare o controllare rapidamente | *In, a un'—*, con un solo sguardo; SIN. Guardata.
occhiàta (2) *s. f.* Pesce commestibile osseo con occhi grandi, bocca piccola e denti taglienti. [→ ill. *animali* 8]
occhiàto *agg.* Detto di ciò che ha macchie di colore o buchi tondeggianti simili a occhi: *tessuto, formaggio —.*
occhiazzùrro *agg.* (*lett.*) Che ha occhi azzurri.
occhicerùleo *agg.* (*lett.*) Occhiazzurro.
occhieggiàre ***A*** *v. tr.* (*io occhiéggio*) Guardare di tanto in tanto, ma con intenzione o desiderio: *— gli oggetti nelle vetrine.* ***B*** *v. intr.* (*aus. avere*) Apparire qua e là.
occhiellàia *s. f.* Operaia che fa gli occhielli.
occhiellatrìce *s. f.* Macchina per fare occhielli.
occhiellatùra *s. f.* ***1*** Esecuzione o applicazione di occhielli. ***2*** Insieme di occhielli fatti su q.c. | Parte di un oggetto in cui si trovano gli occhielli.
occhièllo *s. m.* ***1*** (*raro*) *Dim. di occhio.* ***2*** Asola | (*est.*) Apertura simile a un'asola su scarpe, borse o altro. [→ ill. *calzolaio, ferramenta, tessuto*] ***3*** (*mar.*) Foro, rinforzato con un grosso orlo, praticato nella vela per passarvi cime e cavi. ***4*** Nei giornali, frase che precede il titolo, di giustezza e corpo inferiori al titolo stesso; CFR. Sommario | (*tip.*) Titolo di un libro stampato senza il nome dell'autore e senza note tipografiche sulla pagina precedente il frontespizio. [→ ill. *stampa*]
occhiétto *s. m.* ***1*** *Dim. di occhio.* ***2*** Occhio piccolo e vivace | *Fare l'—*, chiudere un occhio, ammiccando con l'altro. ***3*** Nella composizione di libri e giornali, occhiello.
occhìno *s. m.* ***1*** *Dim. di occhio.* ***2*** (*med.*) Coppetta per lavature oculari.
òcchio *s. m.* ***1*** Organo della vista, diversamente complesso e strutturato negli invertebrati e nei vertebrati, costituito nell'uomo da una formazione sferoidale contenuta in ognuna delle due cavità orbitarie del cranio | (*fig.*) *Avere gli occhi fuori dalle orbite* e sim., essere meravigliatissimo o arrabbiato | *Sbarrare, spalancare, stralunare gli occhi*, aprirli completamente per meraviglia e sim. | *Avere, mettere q.c. davanti agli occhi*, in piena vista | *Guardarsi negli occhi*, fissarsi | *Cavare gli occhi*, accecare | *Cavarsi gli occhi*, stancarsi eccessivamente la vista leggendo e sim. | *Si caverebbero gli occhi*, di persone che si odiano | *In un batter d'—*, (*fig.*) in un attimo | *Strizzare l'—*, ammiccare | *Aprire gli occhi*, sollevare le palpebre o svegliarsi e (*fig.*) accorgersi di q.c. | *Aprire gli occhi alla luce*, nascere | *Aprire gli occhi a qc.*, renderlo edotto di q.c. | *A occhi aperti*, (*fig.*) con grande attenzione | *Non riuscire a tenere gli occhi aperti*, avere molto sonno | *Chiudere gli occhi*, abbassare le palpebre, (*est.*) dormire, (*est.*) morire e (*fig.*) non volersi accorgere di q.c. | *Chiudere gli occhi a qc.*, (*fig.*) assisterlo in punto di morte | *Chiudere un —*, (*fig.*) passare q.c. sotto silenzio | *Non potere chiudere —*, soffrire d'insonnia | *A occhi chiusi*, (*fig.*) con tutta sicurezza | (*fig.*) *Guardare con tanto d'occhi*, con estrema meraviglia | *Essere cieco di un —*, essere guercio | *Fino agli occhi*, fino all'altezza degli occhi e (*fig.*) troppo, in quantità eccessiva | *Come un pugno in un —*, si dice di cosa o persona molto sgradevole | *Avere le lacrime agli occhi*, essere sul punto di piangere | *A quattr'occhi*, in tutta intimità | *A vista d'—*, rapidamente | *— per —, dente per dente*, formula della pena del taglione | *Un — della testa*, (*fam.*) moltissimo: *costa un — della testa.* [→ ill. *anatomia umana, zoologia*] ***2*** Sguardo, vista: *avere l'— annebbiato per la stanchezza* | *Volgere, alzare gli occhi al cielo*, lo sguardo verso l'alto per pregare e sim. | (*fig.*) *Aguzzare gli occhi*, cercare di vedere il meglio possibile | *Tenere gli occhi su qc. o su q.c.*, non distoglierne lo sguardo | *Dare all'—, nell'—*, colpire la vista | *Fare l'—a*, assuefare la vista, abituarsi | *Salta agli occhi*, (*fig.*) si dice di cosa molto evidente | (*fig.*) *A perdita d'—*, fin dove può giungere lo sguardo | (*fig.*) *Tenere, non perdere d'—*, sorvegliare di continuo | *Non credere ai propri occhi*, essere stupefatti per ciò che si vede | *Gettare la polvere negli occhi*, (*fig.*) ingannare con bella apparenza | (*fig.*) *A — e croce*, all'incirca | *Gettar l'—*, dare un rapido sguardo | *Mangiarsi qc. o q.c. con gli occhi*, di cosa o persona che si apprezza oltremodo e si continua a guardare | *Mettere gli occhi addosso*, adocchiare e desiderare | *Non levar gli occhi di dosso*, guardare con insistenza. ***3*** (*fig.*) Senso estetico, gusto del bello: *una vista che rallegra l'—* | (*fig.*) *Anche l'— vuole la sua parte*, bisogna soddisfare anche le esigenze estetiche. ***4*** (*fig.*) Espressione, stato d'animo, espresso dallo sguardo: *occhi umili, feroci* | (*fig.*) *Far gli occhi dolci a qc.*, dimostrargli amore | *Parlare con gli occhi*, far capire i propri sentimenti mediante l'espressione degli occhi. ***5*** (*fig.*) Capacità di comprendere, capire, intuire, giudicare: *gli occhi della mente, dell'intelletto* | *— clinico*, del medico che sa intuire subito il male del paziente | *Vedere di buon — o di mal —*, giudicare favorevolmente o sfavorevolmente. ***6*** (*fig.*) Attenzione: *— alle curve!* | (*fig.*) *Essere tutt'occhi*, fare grande attenzione | (*fig.*) *Aver l'— a tutto*, fare attenzione a tutto. ***7*** Oggetto o formazione che per struttura ricorda un globo oculare | *L'— del sole*, la sfera del sole | *— del ciclone*, zona centrale di un ciclone tropicale, caratterizzata da venti deboli e da diminuzione della nuvolosità | *Essere, trovarsi nell'— del ciclone*, (*fig.*) nel punto più critico, nella situazione più pericolosa | *Occhi del brodo*, chiazze di grasso sulla superficie | *Occhi del pavone*, ocelli sferici di colore sulle penne della coda | *— magico*, particolare tubo elettronico, utilizzato spec. come indicatore luminoso di sintonia negli apparecchi radio, nei registratori e sim. [→ ill. *meteorologia*] ***8*** Foro o apertura tondeggiante | *— del martello*, dove si infila il manico | *Occhi del formaggio*, buchi nella pasta dell'emmenthal, del gruviera e sim. [→ ill. *ferramenta*] ***9*** In tipografia, lettera o segno inciso a rovescio e in rilievo nella superficie superiore del fusto del carattere. [→ ill. *stampa*] ***10*** (*bot.*) Gemma: *— della patata.* ***11*** (*miner.*) Varietà di quarzo con cui si fanno gemme: *— di gatto, di tigre.* ***12*** *— di bue*, (*ell.*) —, in architettura, finestrino circolare od ovale sopra una porta o nel centro di una cupola; (*est.*) piccola apertura tonda od ovale praticata in una parete o in un uscio; in marina, foro sulla murata o sul ponte, chiuso da un vetro per dare luce a un locale interno | *All'— di bue*, detto di uova cotte al burro in tegame. [→ ill. *architettura, religione*] ***13*** *— di pernice*, nell'industria tessile, disegno di un tessuto a puntini chiari su fondo piuttosto scuro. [→ tav. *proverbi* 249, 250, 305, 306; → tav. *locuzioni* 43, 44, 115]
occhiolìno *s. m.* ***1*** *Dim. di occhio.* ***2*** Occhio che esprime dolcezza e malizia | *Fare l'—*, fare l'occhietto.
occhiùto *agg.* ***1*** (*lett.*) Che ha molti occhi. ***2*** Pieno di macchie simili a occhi: *l'occhiuta coda del pavone.* ***3*** (*fig., lett.*) Che non si lascia sfuggire nulla.
occidentàle ***A*** *agg.* Dalla parte di occidente | Posto a occidente: *Europa —* | *Civiltà —*, europea o derivata da quella europea, contrapposta alla civiltà asiatica. ***B*** *s. m. e f.* Abitante dell'Europa e dell'America del Nord.
occidentalismo *s. m.* Tendenza culturale di chi considera preminente il contributo dato dall'Occidente allo sviluppo della civiltà.
occidentalizzàre ***A*** *v. tr.* Convertire alle idee, ai costumi e sim., dei popoli civili dell'Occidente: *— l'Asia.* ***B*** *v. intr. pron.* Assumere gli aspetti più tipici della civiltà occidentale.
occidènte o *Occidènte* (nel sign. 2) *s. m.* ***1*** Parte dell'orizzonte dove tramonta il sole | (*est.*) Punto geografico situato a ovest rispetto a un altro; SIN. Ponente. ***2*** (*est.*) Regione geografica situata a occidente, spec. con riferimento alle regioni europee opposte alle asiatiche.
occìduo *agg.* (*lett.*) Che tramonta.
occipitàle *agg.* (*anat.*) Dell'occipite | *Osso —*, osso im-

pari mediano posteriore del cranio. [→ ill. *anatomia umana*]

occìpite *s. m.* (*anat.*) Parte posteriore e inferiore del cranio, al di sopra del collo.

occitànico *agg.* (*pl. m. -ci*) Relativo all'Occitania, cioè alla Francia meridionale | Relativo alla lingua d'oc.

occitàno *agg.; anche s. m.* Appartenente a una minoranza di lingua provenzale: *gli occitani di alcune vallate del Piemonte.*

occlùdere *v. tr.* (*pass. rem. io occlùṣi, tu occludésti, part. pass. occlùṣo*) Ostruire: *i rifiuti occlusero le fognature*; SIN. Otturare.

occluṣióne *s. f.* **1** Chiusura di un condotto, di un transito | — *intestinale*, arresto del contenuto intestinale per ostruzione o per paralisi della muscolatura intestinale; SIN. Ostruzione. **2** Penetrazione di gas in un solido poroso. **3** (*ling.*) Chiusura completa e momentanea del canale vocale.

occluṣiva *s. f.* (*ell.*) Consonante occlusiva.

occluṣivo *agg.* Che si riferisce a, o è causato da, un'occlusione | *Consonante occlusiva*, consonante la cui articolazione consiste in un'occlusione del canale vocale seguita da una brusca apertura.

occlùṣo *part. pass. di occludere; anche agg.* Ostruito.

occorrènte **A** *part. pres. di occorrere; anche agg.* Che occorre; SIN. Necessario. **B** *s. m.* Ciò che è necessario per fare q.c.: *l'— per scrivere.*

occorrènza *s. f.* Bisogno o necessità eventuale: *le occorrenze della vita* | *All'*—, secondo la necessità del momento; SIN. Evenienza.

occórrere *v. intr.* (*coniug. come correre; aus. essere*) **1** Essere di bisogno, essere necessario: *occorrono medicinali.* **2** Accadere: *occorse un caso strano.*

occultàbile *agg.* Che si può occultare.

occultaménto *s. m.* Azione volta a nascondere, a tener nascosto q.c.: — *di cadavere.*

occultàre **A** *v. tr.* (*io occùlto*) Nascondere o tenere nascosto: — *un tesoro*, — *un fatto*; SIN. Celare. **B** *v. rifl.* Nascondersi: *occultarsi alla vista del nemico.*

occultatóre *s. m.* (*f. -trice*) (*raro*) Chi occulta.

occultazióne *s. f.* (*raro*) Occultamento | (*astron.*) Eclissi di una stella o di un pianeta prodotta dalla Luna.

occultiṣmo *s. m.* **1** Studio dei fenomeni e delle forze che si ritengono non spiegabili scientificamente e dominabili da parte di chi ne abbia penetrato il significato misterioso. **2** Pratica delle tecniche e delle scienze occulte.

occultista *s. m. e f.* (*pl. m. -i*) Chi studia o pratica l'occultismo.

occultìstico *agg.* (*pl. m. -ci*) Dell'occultismo o degli occultisti.

occùlto *agg.* **1** (*lett.*) Nascosto alla vista. **2** Segreto: *pensieri occulti* | Arcano, non conoscibile: *forze occulte* | *Scienze occulte*, quelle che studiano i fenomeni non spiegabili scientificamente, come teosofia, spiritismo, pratiche magiche e sim.

occupàbile *agg.* Che si può o si deve occupare.

occupànte *part. pres. di occupare; anche agg. e s. m. e f.* Che (o chi) occupa.

occupàre **A** *v. tr.* (*io òccupo*) **1** Prendere possesso di un luogo e installarvisi: *il nemico occupò la vallata* | (*est.*) Venire ad abitare: — *un appartamento.* **2** Avere o tenere per sé un ufficio e sim.: *occupa la cattedra di medicina legale* | Impiegare o collocare qc. in un ufficio: *l'hanno occupato in una banca.* **3** Ingombrare o riempire uno spazio: *le macchine ferme occupavano l'intera corsia* | (*fig.*) — *la vista*, impedirla con un ostacolo. **4** Impiegare o utilizzare q.c.: — *il tempo libero con lo sport.* **5** Tenere assorto o intento: *lo studio dovrebbe — maggiormente i giovani.* **B** *v. intr. pron.* **1** Interessarsi in modo approfondito e continuativo di q.c.: *occuparsi di botanica* | Prendersi cura di qc.: *occuparsi degli ospiti.* **2** Farsi assumere: *occuparsi in un'azienda*; *si è occupato come segretario.* **3** Impicciarsi: *occuparsi dei fatti altrui.*

occupàto *part. pass. di occupare; anche agg.* **1** Preso e tenuto a disposizione di qc.: *sedie occupate*; CONTR. Libero. **2** Affaccendato: *sono molto —.* **3** Detto di chi ha un lavoro, un impiego stabile; CONTR. Disoccupato.

occupatóre **A** *s. m.* (*f. -trice*) Chi occupa. **B** *anche agg.*

occupazionàle *agg.* Relativo alla occupazione: *il livello — nel settore dell'industria.*

occupazióne *s. f.* **1** Presa di possesso stabile di un luogo. **2** Lavoro, impiego, ufficio: *cercare un'—* | Attività abituale anche non lavorativa. **3** Insieme dei lavoratori occupati di un dato Paese.

oceànico *agg.* (*pl. m. -ci*) **1** Proprio dell'oceano: *tempeste oceaniche.* **2** (*fig.*) Immenso, dilagante: *adunata oceanica.*

oceanìno *agg.* (*lett.*) Dell'oceano.

ocèano *s. m.* **1** Vasta distesa d'acqua che circonda i continenti e di cui i mari sono diramazioni minori: — *Atlantico, Pacifico, Indiano, Artico, Antartico.* **2** (*lett.*) Mare. **3** (*fig.*) Distesa o quantità enorme: *un — d'erba.*

oceanografia *s. f.* (*fis.*) Scienza che studia i fenomeni che hanno luogo negli oceani; SIN. Talassologia.

oceanogràfico *agg.* (*pl. m. -ci*) Dell'oceanografia.

oceanògrafo *s. m.* (*f. -a*) Studioso di oceanografia.

ocellàto *agg.* Di animale fornito di ocelli o di macchie simili a ocelli.

ocèllo *s. m.* **1** (*zool.*) Piccolo occhio semplice che gli Artropodi possono avere oltre ai caratteristici occhi composti. **2** Macchia circondata da anello di altro colore, tipica delle ali di certe farfalle e delle penne di pavone.

ocelòt /fr. osə'lo/ V. *ozelot.*

ocelòtto V. *ozelot.*

oclocràtico *agg.* (*pl. m. -ci*) Dell'oclocrazia.

oclocrazìa *s. f.* Governo della plebe o di un tiranno sostenuto dalla plebe.

òcra **A** *s. f.* (*miner.*) **1** Minerale costituito da ossido idrato di ferro, usato come colorante. **2** Colore giallo rossastro. **B** *in funzione di agg. inv.* (*posposto al s.*) Che ha colore variabile dal giallo al rosso-bruno: *giallo —.*

oculàre **A** *agg.* Dell'occhio: *muscolo, bulbo, globo —* | *Testimone —*, che ha visto ciò che riferisce. [→ ill. *zoologia*] **B** *s. m.* Lente o sistema di lenti per osservare oggetti vicini e vederli ingranditi, o per osservare immagini date da un obiettivo. [→ ill. *astronomia, cinematografia, ottica*]

oculatézza *s. f.* Qualità di oculato; SIN. Accortezza, sagacia.

oculàto *agg.* Che agisce o procede con avvedutezza e circospezione: *giudice —* | Che è frutto di attenta e prudente indagine: *critica oculata*; SIN. Accorto, sagace.

oculista *s. m. e f.* (*pl. m. -i*) Specialista delle malattie dell'occhio; SIN. Oftalmologo.

oculìstica *s. f.* Scienza che studia l'apparato visivo; SIN. Oftalmologia.

oculìstico *agg.* (*pl. m. -ci*) Dell'oculista o dell'oculistica.

oculomotóre *agg.* (*anat.*) Detto di nervo o muscolo che presiede ai movimenti dell'occhio. [→ ill. *anatomia umana*]

od V. *o* (2).

odalisca *s. f.* Nei paesi musulmani, schiava bianca dell'harem.

òde *s. f.* Componimento poetico lirico di metro, schema strofico e tema assai variabili, originario della poesia greca e diffuso nella letteratura europea.

odèon o (*evit.*) *òdeon s. m.* Nel mondo greco-romano, teatro coperto per concerti.

odiàbile *agg.* Degno di odio | Da odiare.

odiàre **A** *v. tr.* (*io òdio*) Avere in odio | (*est.*) Avere in antipatia, considerare con avversione: — *i pregiudizi*; SIN. Aborrire, detestare; CONTR. Amare. **B** *v. rifl. rec.* Provare un reciproco sentimento di odio: *si odiano a morte.*

odièrno *agg.* **1** Di oggi: *seduta odierna.* **2** Del tempo presente: *i problemi odierni.*

odinofobìa *s. f.* (*psicol.*) Timore morboso del dolore.

odinòmetro *s. m.* (*med.*) Strumento per registrare le reazioni a stimoli dolorosi.

òdio *s. m.* **1** Totale e intensissima avversione verso qc.: *avere, nutrire, serbare, covare, un — mortale per qc.* | *Avere in — qc.*, odiarlo | *Essere, venire in — a qc.*, farsi odiare; CONTR. Amore. **2** Senso di profonda intolleranza verso q.c.: *avere in — le cerimonie.*

odiosità *s. f.* **1** L'essere odioso. **2** Atto o comportamento odioso.

odióso *agg.* Molto molesto, degno d'essere odiato e disprezzato.

odissèa *s. f.* Serie di vicissitudini dolorose.

odonomàstica *s. f.* **1** Insieme dei nomi delle strade. **2**

Disciplina che studia tali nomi.
odontalgìa *s. f.* (*pl.* -*gìe*) (*med.*) Dolore dentario.
odontàlgico ***A*** *agg.* **1** Relativo a odontalgia. **2** Che calma il dolore ai denti: *preparato* —. ***B*** *anche s. m.* nel sign. 2.
odònto- *primo elemento* (*odont-*, davanti a vocale): in parole composte della terminologia scientifica e medica significa 'dente': *odontalgia, odontotecnico.*
odontoiàtra *s. m. e f.* (*pl. m.* -*i*) Medico che cura le affezioni dentarie.
odontoiatrìa *s. f.* Scienza che studia le affezioni dentarie.
odontoiàtrico *agg.* (*pl. m.* -*ci*) Di odontoiatria: *gabinetto* —.
odontologìa *s. f.* (*pl.* -*gìe*) (*med.*) Studio dei denti.
odontotècnica *s. f.* (*med.*) Pratica della cura dei denti, spec. per la preparazione delle protesi.
odontotècnico ***A*** *agg.* (*pl. m.* -*ci*) Dell'odontotecnica. ***B*** *s. m.* Chi pratica l'odontotecnica.
odoràre ***A*** *v. tr.* (*io odóro*) **1** Percepire con l'olfatto un odore, anche spregevole | Fiutare q.c. per sentirne l'odore: — *i fiori*; SIN. Fiutare. **2** (*fig.*) Presentire, intuire, indovinare: — *un buon affare, un intrigo.* **3** Rendere odoroso: *il basilico odora le salse.* ***B*** *v. intr.* (*aus. avere*) **1** Dare o spargere odore: — *di muschio.* **2** (*fig.*) Dare indizio o sentore: — *di santità.*
odoràto *s. m.* Olfatto, fiuto.
odóre *s. m.* **1** Sensazione provocata dal contatto di molecole di sostanze volatili con l'organo dell'olfatto: *un delizioso — di fiori*; — *aromatico, agliaceo* | *Buon* —, profumo, fragranza | *Cattivo* —, puzza, lezzo | *Sentire all'*—, accorgersi di q.c. dall'odore | Esalazione particolare: — *di farmacia.* **2** Cosa o essenza odorosa: *mescolare gli odori.* **3** (*fig.*) Indizio, sentore: *qui c'è — di discordia* | *Morire in — di santità*, con fama di santo. **4** *al pl.* Erbette odorose per condimento, quali prezzemolo, basilico, menta, salvia, origano.
odorìfero *agg.* (*lett.*) Che manda odore.
odorìno *s. m.* Odore delicato e gradevole, spec. di cibo.
odoróso *agg.* Che esala gradevole odore: *essenza odorosa* | Pieno di odori: *maggio* —; SIN. Profumato.
oersted /*dan.* 'œrsted/ *s. m. inv.* (*elettr.*) Unità di intensità del campo magnetico nel sistema elettromagnetico assoluto (C.G.S. c. m.). SIMB. Oe.
ofelimità *s. f.* Sensazione soggettiva di piacere avvertita da un individuo e derivante dall'uso o dalla semplice detenzione di un bene.
òffa *s. f.* **1** Nell'antica Roma, focaccia di farro. **2** (*fig.*) Dono o promessa che si dà o fa a qc. per placarlo o invogliarlo: *gettare, dare l'*—.
offèndere ***A*** *v. tr.* (*pass. rem. io offési, tu offendésti; part. pass. offéso*) **1** Ferire gravemente la dignità, la reputazione e sim. di qc.: — *qc. nell'onore*; — *qc. con gli atti*; SIN. Insultare, oltraggiare. **2** Violare gravemente: — *la libertà, la giustizia.* **3** Provocare danni, lesioni fisiche e sim.: — *la vista.* **4** Provocare sensazioni sgradevoli: *musica che offende l'orecchio.* ***B*** *v. rifl. rec.* Ingiuriarsi a vicenda: *si sono offesi a sangue.* ***C*** *v. intr. pron.* Impermalirsi per q.c. che si ritiene offensivo: *offendersi per un'allusione*; SIN. Risentirsi.
offensiva *s. f.* **1** Forma della lotta armata che mira a imporre al nemico la propria iniziativa e ad annullarne la capacità operativa. **2** (*est.*) Azione organizzata e decisa condotta allo scopo di ottenere q.c.: *la nuova — sindacale.*
offensivo *agg.* **1** Che reca ingiuria, oltraggio e sim.: *parole offensive*; SIN. Ingiurioso, oltraggioso; CONTR. Inoffensivo. **2** Atto a ledere, ferire e sim.: *arnesi taglienti e offensivi*; SIN. Lesivo. **3** Concepito o realizzato per compiere un'offensiva: *armi offensive*; CONTR. Difensivo.
offensóre *s. m.* (*f. offenditrice*) **1** Chi offende. **2** Chi in guerra attacca o aggredisce per primo.
offerènte ***A*** *part. pres. di offrire; anche agg.* (*raro*) Che offre. ***B*** *s. m. e f.* **1** Chi offre. **2** Chi propone un prezzo nelle vendite all'incanto.
offèrta *s. f.* **1** Atto dell'offrire | (*est.*) Ciò che si offre: *raccogliere le offerte in denaro* | Donazione: *un'— generosa* | Proposta: — *di matrimonio, di lavoro.* **2** (*econ.*) Messa a disposizione di beni o servizi sul mercato | (*est.*) Quantità di beni o servizi presenti sul mercato; *equilibrio fra domanda e* — | — *speciale*, (*ell.*) —, vendita promozionale a prezzi ribassati di beni di largo consumo: *tonno in — speciale.*
offèrto *part. pass. di offrire; anche agg.* Donato, concesso.
offertòrio *s. m.* Parte della Messa in cui il sacerdote presenta in offerta a Dio il pane e il vino che divengono, dopo la consacrazione, il corpo e il sangue di Gesù Cristo | Antifona e preghiera che accompagnano l'offerta.
offésa *s. f.* **1** Danno morale, oltraggio: *vendicare un'*—. **2** Danno materiale: *le offese del tempo* | (*raro*) Lesione fisica. **3** Azione dell'assalire, dell'attaccare: *guerra di —; portare l'— nel territorio nemico.*
offéso ***A*** *part. pass. di offendere; anche agg.* **1** Che ha subito un'offesa. **2** Detto di parte del corpo lesa: *gamba offesa.* ***B*** *s. m.* (*f.* -*a*) Chi ha subito un'offesa.
office /*ingl.* 'ɔfis/ *s. m. inv.* (*pl. ingl. offices* /'ɔfisiz/) Locale di servizio, intermedio tra la cucina e la sala da pranzo.
officiànte *part. pres. di officiare; anche agg. e s. m.* Che (o chi) celebra una cerimonia religiosa.
officiàre o *ufficiàre* ***A*** *v. intr.* (*io officio; aus. avere*) Celebrare l'ufficio divino | Celebrare una funzione religiosa. ***B*** *v. tr. Nella loc.:* — *una chiesa*, celebrare le funzioni.
officina *s. f.* **1** Locale o complesso di locali attrezzati per la trasformazione del grezzo o del semilavorato in prodotto commerciale | (*est.*) Complesso delle macchine impiegate in tale trasformazione | — *di riparazione*, ove si riparano autoveicoli, motocicli e sim. [→ ill. *meccanica*] **2** (*est.*) Luogo ove si producono opere culturali o ambienti in cui si temprano caratteri e ingegni: — *letteraria*; — *di eloquenza.*
officinàle *agg.* Farmaceutico | *Pianta* —, che serve a scopi farmaceutici.
officio V. *ufficio.*
off-limits /*ingl.* ɔf'limits/ *loc. avv.* Detto di luogo, segnalato da un caratteristico contrassegno e da tale scritta, in cui è vietato l'ingresso a militari americani | (*est.*) Proibito, vietato: *parole, atteggiamenti* —.
offrìre ***A*** *v. tr.* (*pres. io òffro, tu òffri; pass. rem. io offrii o offèrsi, tu offrìsti; part. pass. offèrto*) **1** Mettere a disposizione di qc., q.c. che gli sia utile, giovevole o gradito: — *i propri servigi, la propria mediazione*; — *ospitalità, cibo*; — *una cattedra, un impiego* | (*est.*) Fornire: — *appiglio, appoggio, pretesto*; SIN. Porgere. **2** Dare o dichiararsi disposto a dare: *ci offrono da bere*; — *q.c. in dono* | Concedere: *la situazione ci offre innegabili vantaggi.* **3** (*est.*) Donare, regalare: — *un mazzo di fiori.* **4** Esibire, esporre, presentare (*anche fig.*): — *il proprio dolore alla vista di tutti* | — *il fianco*, (*fig.*) concedere occasione di critiche e sim. **5** Mettere in vendita: — *ogni genere di merce.* **6** Poter dare o produrre: *una regione che offre vino e olio.* ***B*** *v. rifl.* **1** Dichiararsi disposto: *offrirsi ai comandi di qc.*; *mi offro di andare in vece vostra.* **2** Esporsi. ***C*** *v. intr. pron.* Presentarsi: *ci si offre una favorevole occasione.*
offset /*ingl.* 'ɔ:fset/ *s. m. inv.* (*edit.*) Procedimento industriale di stampa indiretta derivato dalla litografia, in cui l'immagine viene trasferita dalla matrice alla carta mediante un tessuto gommato.
off-shore /*ingl.* ɔ:f'ʃɔ:/ ***A*** *agg. inv.* Detto di ricerche petrolifere in mare da piattaforme o navi attrezzate. ***B*** *agg. inv.; anche s. m. inv.* Detto di gara motonautica d'altura e di quanto si riferisce a questo tipo di gare: *campionato* — (loc. ingl., prop. 'fuori spiaggia'). [→ ill. *sport*]
offside /*ingl.* ɔf'said/ *s. m. inv.* Nel calcio, fuori gioco.
offuscaménto *s. m.* Oscuramento, annebbiamento (*anche fig.*).
offuscàre ***A*** *v. tr.* (*io offùsco, tu offùschi*) **1** Rendere fosco, oscuro, opaco e sim.: — *la luce del sole* | — *la vista*, annebbiarla | — *la voce*, diminuirne la limpidezza o la sonorità; SIN. Oscurare, ottenebrare, velare. **2** (*fig.*) Privare di chiarezza: *la passione offusca l'intelletto* | (*fig.*) Rendere meno bello, importante, rilevante e sim.: — *la fama di qc.* ***B*** *v. intr. pron.* Annebbiarsi, ottenebrarsi.
oficlèide *s. m.* (*mus.*) Strumento a fiato della specie degli ottoni, a forma di serpente con voce di basso.
ofidi *s. m. pl.* (*sing.* -*e*) (*zool.*) Serpenti.
ofidìsmo *s. m.* (*med.*) Avvelenamento per morso di serpente.
ofiologìa *s. f.* Parte della zoologia che si occupa dello studio dei serpenti.
ofite *s. f.* Varietà di marmo a chiazze verdi.

ofiùra *s. f.* Animale marino invertebrato degli Echinodermi, con corpo stellato a lunghe braccia sottili e flessibili e disco centrale pentagonale. [→ ill. *animali* 5]

oftalmìa *s. f.* Malattia dell'occhio provocata da luce intensa.

oftàlmico *agg.* (*pl. m. -ci*) Oculistico | *Lente oftalmica*, correttiva dei difetti della vista.

oftàlmo, -oftàlmo *primo e secondo elemento* (*oftalm-* davanti a vocale): in parole composte della terminologia medica significa 'occhio': *oftalmologia, oftalmoscopio.*

oftalmologìa *s. f.* (*pl. -gìe*) (*med.*) Oculistica.

oftalmòlogo *s. m.* (*f. -a; pl. m. -gi*) (*med.*) Oculista.

oftalmoscopìa *s. f.* (*med.*) Esame del fondo dell'occhio mediante l'oftalmoscopio.

oftalmoscòpio *s. m.* (*med.*) Strumento per esaminare la retina e il fondo dell'occhio. [→ ill. *medicina e chirurgia*]

oftalmospàṣmo *s. m.* (*med.*) Spasmo dei muscoli palpebrali.

oftalmòstato *s. m.* (*med.*) Strumento per mantenere aperte le palpebre e bloccare i movimenti del bulbo oculare durante gli interventi sull'occhio.

oftalmoterapìa *s. f.* (*med.*) Cura delle malattie oculari.

oggettivàre **A** *v. tr.* Rendere oggettivo | Portare sul piano della concretezza: *in quel dipinto è riuscito a — tutta la sua passione.* **B** *v. intr. pron.* Divenire estrinseco o concreto.

oggettivazióne *s. f.* Realizzazione in una forma concreta: *quel dipinto è l'— della sua fantasia.*

oggettivìṣmo *s. m.* **1** Dottrina filosofica che asserisce l'esistenza e la validità universale degli oggetti prescindendo dalle percezioni e valutazioni individuali. **2** (*est.*) Modo di interpretare i fatti dal punto di vista dell'oggetto, trascurando l'apporto del soggetto. • CONTR. Soggettivismo.

oggettivìsta *s. m. e f.* (*pl. m. -i*) Chi segue l'oggettivismo; CONTR. Soggettivista.

oggettivìstico *agg.* (*pl. m. -ci*) Dell'oggettivismo; CONTR. Soggettivistico.

oggettività *s. f.* **1** L'essere oggettivo. **2** Obiettività: *giudicare con —.*

oggettìvo *agg.* **1** Che concerne l'oggetto, la realtà: *dati oggettivi* | *Realtà oggettiva*, esistenza concreta dei fatti; CONTR. Soggettivo. **2** (*gramm.*) Dell'oggetto | *Proposizione oggettiva*, che fa da complemento oggetto. **3** Obiettivo: *fece un'oggettiva descrizione dei fatti*; SIN. Spassionato.

oggètto **A** *s. m.* **1** (*filos.*) Tutto ciò che il soggetto conoscente intende come diverso da sé | Tutto ciò che sussiste di per sé, indipendentemente dalla conoscenza; CONTR. Soggetto. **2** Ogni cosa che può essere percepita dai sensi: *vedere gli oggetti posti a distanza*; *— di legno, d'avorio*; *oggetti preziosi.* **3** (*dir.*) Bene, cosa, in senso giuridico: *l'— dell'obbligazione* | *— materiale del reato*, la persona o la cosa su cui cade l'attività del reo. **4** Termine cui tendono i sentimenti o che costituisce lo scopo di un'attività: *non so quale sia l'— del viaggio*; *essere — di ammirazione* | (*est.*) Persona o cosa che costituisce lo scopo di un sentimento o di un'attività: *è lei l'— del suo amore.* **5** Materia, argomento: *— di un trattato.* **B** *in funzione di agg. inv.* (*posposto al s.*) *Nella loc. complemento —*, indica la persona o la cosa su cui termina l'azione espressa dal verbo.

oggettuàle *agg.* Dell'oggetto.

òggi **A** *avv.* **1** Nel giorno presente, in questo giorno: *partiremo —*; *— è giovedì* | *— a otto*, *— a un mese*, tra otto giorni, tra un mese esatti contando anche la giornata presente | *— è* (*o fa*) *un anno, un mese*, si compie esattamente un anno, un mese. **2** (*est.*) Al presente: *— come —*; *— o domani questo lavoro va fatto* | Attualmente, nell'epoca moderna: *— il mondo è molto cambiato!* **B** *s. m.* **1** Il giorno corrente: *questo è il giornale di —* | *Al giorno d'—, a tutt'—*, oggigiorno | *Dall'— al domani*, da un giorno all'altro, improvvisamente. **2** L'epoca attuale: *gli uomini di —.* [→ tav. *proverbi* 264, 294, 307]

oggidì **A** *avv.* Oggigiorno. **B** *s. m. solo sing.* Il tempo presente: *sono cose d'—.*

oggigiórno **A** *avv.* Al giorno d'oggi, nel tempo presente. **B** *s. m. solo sing.* Il tempo presente.

ogìva *s. f.* **1** Nell'architettura gotica, arco diagonale della volta a crociera. **2** Finestra, arco a sesto acuto. **3** In balistica, parte strutturale o carenatura in forma ogivale, per migliorare la penetrazione aerodinamica: *— di proiettile.* [→ ill. *armi*]

ogivàle *agg.* **1** Che presenta arco acuto: *bifora —.* **2** Tipico dell'arte gotica: *stile —.*

ógni *agg. indef. m. e f. sing.* **1** Tutti (indica una totalità di persone o di cose considerate singolarmente e precede sempre il s.): *— uomo è mortale*; *Dio è in — luogo*; *in — quartiere c'è un ufficio postale* | Qualsiasi: *era presente gente d'— grado*; *abbiamo tentato con — mezzo* | *— momento*, sempre | *Fuori d'— dubbio*, in modo assolutamente certo | *Oltre — dire, oltre — credere*, più di quanto sia possibile dire o credere: *è furba oltre — dire* | *In — caso*, in qualsiasi eventualità | *In — modo*, a qualunque costo | *A — modo*, tuttavia, nondimeno | *In* (*o per*) *— dove*, dappertutto | *Per — buon conto*, per sicurezza: *per — buon conto il denaro lo terrò io.* **2** Con valore distributivo: *viene — due giorni*; *mi scrive — sei mesi.* [→ tav. *proverbi* 21, 136, 206, 308, 309, 310, 311, 312, 313]

ogniqualvòlta *cong.* (*lett.*) Ogni volta che, tutte le volte che (introduce una prop. temp. con valore iterativo e con il v. al congv. o all'indic.): *agite così — sia necessario.*

Ognissànti *s. m.* Tutti i Santi, festa liturgica cattolica del 1° novembre.

ognóra *avv.* (*poet.* troncato in *ognor*) (*lett.*) Sempre, ogni volta.

ognùno *pron. indef. solo sing.* (*poet.* troncato in *ognun*, davanti a parola che comincia per vocale o consonante che non sia *gn, ps, s impura, x, z*: *ognun avrà ciò che il fatto ha deciso*) (v. nota d'uso ELISIONE e TRONCAMENTO) Ogni persona, tutti: *— può esprimere il suo pensiero*; *— ha le sue debolezze* | Seguito dal partitivo: *— degli interpellati ha risposto.* [→ tav. *proverbi* 6, 17, 314, 315, 316]

òh od *óh inter.* Esprime, secondo l'intonazione con cui è pronunciato, compassione, desiderio, dolore, dubbio, meraviglia, noia, piacere, sdegno, timore e sim.: *— povero ragazzo!*; *—, che felicità!*

óhe *inter.* (*fam.*) Si usa per richiamare l'attenzione altrui o come avvertimento, anche minaccioso: *—, tu!*; *—, c'è nessuno?*; *—, con me non si scherza!*

òhi *inter.* **1** Esprime dolore, sospetto, disappunto e talora anche meraviglia o impazienza: *— che dolore!* **2** *Nella loc. inter.* *— là*, si usa per richiamare l'attenzione di qc.: *— là! come ti chiami?* **3** Unito ai pronomi pers. esprime dolore, sconforto, disperazione: *— te!*; *— sé!*; *— lui!*; *— noi!*; *— voi!*

ohibò *inter.* Esprime disapprovazione, disprezzo, sdegno e sim.

ohimè o *ohimé inter.* Esprime dolore, sconforto, disperazione e sim. con il sign. di 'povero me!', 'me infelice!' e sim.

ohm /*ted.* o:m/ *s. m. inv.* (*fis.*) Unità di resistenza elettrica. SIMB. Ω.

òhmetro /'ɔmetro/ v. *ohmmetro.*

òhmico /'ɔmiko/ *agg* (*pl. m. -ci*) Relativo alla resistenza elettrica.

òhmmetro o *òhmetro s. m.* (*fis.*) Strumento indicatore che misura la resistenza di un conduttore.

-òide *suff.*: in parole composte indica somiglianza, analogia, affinità e sim. (talora con valore spreg.) rispetto al termine cui è aggiunto: *anarcoide, genialoide, metalloide.*

oìdio *s. m.* **1** Fungo parassita di piante sulle cui foglie, fiori, frutti provoca un'efflorescenza biancastra. **2** Frammento di micelio dei funghi ascomiceti capace di diffondere il fungo per via vegetativa.

oïl /*fr.* o'il/ *avv. Solo nella loc. lingua d'—*, francese antico e ogni altro dialetto a nord della Loira, che usavano tale parola per l'affermazione, cioè per il *sì*; CFR. Oc.

okàpi *s. m.* Mammifero africano ruminante degli Ungulati con arti zebrati e corpo nerastro. [→ ill. *animali* 17]

okay /*ingl.* 'ou'kei/ **A** *inter.* Va bene, d'accordo. **B** *s. m.* Benestare, approvazione: *dare l'— ad un'iniziativa.*

olà *inter.* Si usa in tono autoritario o di minaccia (*anche scherz.*), come richiamo o avvertimento: *—, fermi tutti!*

olandése **A** *agg.; anche s. m. e f.* Dell'Olanda. **B** *s. m.* **1** Tipo di formaggio di forma rotonda, rosso all'esterno, originario dell'Olanda. [→ ill. *formaggi*] **2** Estratto di cicoria usato come surrogato del caffè. **3** (*sport*) — *volante*, flying dutchman.

oleàcee *s. f. pl.* Famiglia di piante legnose delle Ligustrali, caratteristiche delle regioni temperato-calde. [→ ill. *piante* 11]

oleàndro *s. m.* Arbusto o alberello ornamentale sempreverde delle Genzianali con foglie lanceolate e fiori rosei, bianchi o gialli, ricco di un succo amaro e velenoso. [→ ill. *piante* 11]

oleàrio *agg.* Dell'olio: *mercato* —.

oleàstro *s. m.* (*bot.*) Olivastro.

oleàto *agg.* **1** Oliato. **2** Impregnato di sostanze tali da garantire l'impermeabilità: *carta oleata*.

olefìna *s. f.* Ciascuno degli idrocarburi la cui molecola contiene due atomi di idrogeno per ogni atomo di carbonio.

olefìnico *agg.* (*pl. m. -ci*) Relativo alle olefine.

olèico *agg.* (*pl. m. -ci*) Di olio | Simile a olio | *Acido* —, liquido oleoso componente dei grassi animali e oli vegetali.

oleìfero *agg.* Di seme o pianta che dà o contiene olio.

oleificio *s. m.* Stabilimento per l'estrazione e il raffinamento dell'olio.

oleina *s. f.* Glicerina dell'acido oleico, usata per saponi nell'industria chimica.

òleo- *primo elemento*: in parole composte scientifiche e tecniche significa 'olio', 'sostanza grassa': *oleodotto, oleoresina*.

oleochìmica *s. f.* Branca dell'industria organica riguardante la fabbricazione di prodotti intermedi a partire dai grassi.

oleodótto *s. m.* Conduttura nella quale gli oli minerali vengono pompati dai luoghi di estrazione a quelli di imbarco o di raffinazione. [→ ill. *petrolio, porto*]

oleografia *s. f.* Riproduzione su stampa di pittura a olio | (*fig., spreg.*) Dipinto e sim. privo di originalità.

oleogràfico *agg.* (*pl. m. -ci*) **1** Di oleografia. **2** (*fig., spreg.*) Privo di originalità: *quadro* —.

oleografismo *s. m.* (*spreg.*) Ricercatezza e mancanza di originalità nell'arte.

oleòmetro *s. m.* Strumento per misurare la densità d'un olio.

oleorèsina *s. f.* Sostanza più o meno densa che trasuda dalle piante, costituita da resine miste a oli volatili.

oleóso *agg.* **1** Che contiene olio: *seme* —. **2** Che ha le caratteristiche dell'olio: *essenza oleosa*.

òleum *s. m.* Sostanza oleosa formata di una miscela di acido solforico e anidride solforica, usata nell'industria chimica.

olezzànte *part. pres. di olezzare; anche agg.* (*lett.*) Che olezza.

olezzàre *v. intr.* (*io olézzo; aus. avere*) (*lett.*) Mandare piacevole odore.

olézzo *s. m.* (*lett.*) Profumo.

olfattivo *agg.* Dell'olfatto; SIN. Olfattorio.

olfàtto *s. m.* Senso che permette di percepire e distinguere gli odori, i quali vengono raccolti dalle fosse nasali; SIN. Odorato.

olfattòrio *agg.* Olfattivo.

oliàre *v. tr.* (*io òlio*) Ungere con olio.

oliàrio *s. m.* Magazzino dell'oleificio, dove in speciali vasche si conserva l'olio.

oliàto *part. pass. di oliare; anche agg.* **1** Lubrificato con olio. **2** Detto dell'oliva che contiene olio perché già matura. **3** Condito con olio: *insalata ben oliata*.

oliatóre *s. m.* Piccolo recipiente munito di un lungo becco, usato per immettere olio lubrificante in meccanismi, congegni e sim. [→ ill. *meccanica, orologiaio*]

olièra *s. f.* Accessorio da tavola costituito da due ampolline contenenti olio e aceto e dal loro supporto, spesso con l'aggiunta di saliera e pepiera. [→ ill. *stoviglie*]

oligàrca *s. m.* (*pl. -chi*) Membro di una oligarchia.

oligarchia *s. f.* Governo dei pochi o dei ricchi nel proprio esclusivo interesse | La minoranza che si è impadronita del potere in uno Stato.

oligàrchico *agg.* (*pl. m. -ci*) Di oligarchia.

oligisto *s. m.* (*miner.*) Varietà di ematite bene cristallizzata.

òligo- *primo elemento* (*olig-* davanti a vocale): in parole composte significa 'pochi' o indica scarsità: *oligarchia, oligominerale, oligopolio*.

oligocène *s. m.* (*geol.*) Terzo periodo dell'era cenozoica.

oligoclàsio *s. m.* (*miner.*) Varietà di feldspato in cristalli verdi o grigiastri con lucentezza vitrea.

oligofrenìa *s. f.* (*psicol.*) Stato di insufficiente sviluppo delle facoltà mentali; SIN. Deficienza mentale.

oligominerale *agg.* Detto di acqua minerale contenente una quantità di sali non superiore a 0,2 grammi per litro.

oligopòlio *s. m.* (*econ.*) Forma di mercato caratterizzata dall'esistenza, di fronte a un numero imprecisato di compratori, di un numero limitato di venditori di un dato bene.

oligopolista *s. m.* (*pl. -i*) Venditore in regime di oligopolio.

oligopolìstico *agg.* (*pl. m. -ci*) Di oligopolio.

oligopsònio *s. m.* (*econ.*) Forma di mercato caratterizzata dall'esistenza, di fronte a un numero imprecisato di venditori, di un numero limitato di compratori di un dato bene.

oligosaccàride *s. m.* Polisaccaride formato da poche molecole di zuccheri semplici.

oligùria *s. f.* (*med.*) Ridotta eliminazione di urina.

olimpìaco *agg.* (*pl. m. -ci*) (*lett.*) Olimpico.

olimpìade *s. f.* **1** Nell'antica Grecia, complesso di feste e gare atletiche in onore di Zeus, che aveva luogo ogni quattro anni nella città di Olimpia | Intervallo di tempo fra due olimpiadi. **2** *spec. al pl.* Manifestazione sportiva che dal 1896 si svolge ogni quattro anni con la partecipazione di atleti di tutte le nazioni.

olìmpico *agg.* (*pl. m. -ci*) **1** Olimpio. **2** (*fig.*) Imperturbabile: *calma olimpica*. **3** Relativo alle olimpiadi antiche e moderne: *comitato* —.

olìmpio *agg.* **1** Del monte Olimpo. **2** Di Olimpia: *feste olimpie*.

olimpiònico **A** *s. m.* (*f. -a; pl. m. -ci*) Chi ha vinto una gara alle olimpiadi moderne | Chi partecipa alle olimpiadi moderne. **B** *anche agg.*

olìmpo *s. m.* **1** (*lett.*) Cielo, come sede di Dio. **2** (*fig., iron.*) Ambiente o condizione riservati a chi sta o si considera molto in alto.

òlio *s. m.* **1** Sostanza liquida, untuosa, di composizione e proprietà assai variabili, insolubile in acqua | — *vegetale*, ottenuto per estrazione dai semi o frutti vegetali: — *di mais, arachide, girasole* | — *vergine d'oliva*, ottenuto per spremitura, senza manipolazioni | *Sott'*—, conservati in olio, spec. d'oliva: *tonno sott'*— | — *animale*, ottenuto per estrazione dalle parti grasse degli animali spec. marini, come balena, merluzzo | *Oli essenziali*, sostanze oleose profumate secrete dai vegetali e che vengono escrete all'esterno, spesso per attirare gli insetti | *Oli minerali*, idrocarburi liquidi ottenuti sia direttamente da sorgenti naturali, come il petrolio greggio, sia dalla lavorazione di questo | *Oli lubrificanti*, adoperati per lubrificare macchine | *Chiaro come l'*—, (*fig.*) di cosa assolutamente evidente | *A macchia d'*—, detto di ciò che si espande o si allarga rapidamente | *Calmo come l'*—, (*fig.*) di superficie marina o lacustre del tutto priva di onde | *Gettare — sulle fiamme*, (*fig.*) attizzare le ire e sim. | *Gettare — sulle onde*, (*fig.*) placare una lite, appianare un contrasto e sim. | (*fig.*) — *di gomiti*, lena, impegno nel lavoro. [→ ill. *elettricità, illuminazione, pittore*] **2** — *santo*, quello consacrato dal vescovo e usato per l'amministrazione dei sacramenti del battesimo, della cresima e degli Infermi | (*est.*) Estrema unzione, sacramento degli Infermi. **3** Cosmetico liquido a base di sostanze grasse. [→ tav. *locuzioni* 55]

oliva o *uliva* **A** *s. f.* **1** Frutto dell'olivo, a drupa ovale ricchissima di olio commestibile: *olio d'*— | *Olive farcite*, svuotate del nocciolo e riempite di capperi o altro. **2** (*lett.*) Olivo | Ramo d'olivo. **B** *in funzione di agg. inv.* (*posposto a un s.*) Di colore verde spento: *tessuto, abito* —; *verde* —.

olivàstro (1) *agg.* Di colore bruno verdognolo: *carnagione olivastra*.

olivàstro (2) *s. m.* Olivo selvatico cespuglioso, con foglie piccole e dure su rami pungenti, fitti e angolosi.

olivetàno *s. m.* Monaco della congregazione benedettina del Monte Oliveto, fondata nel XIV sec.

olivéto o *ulivéto s. m.* Terreno piantato a olivi.

olivicoltóre *s. m.* Coltivatore di olivi.
olivicoltùra *s. f.* Coltivazione dell'olivo.
olivìna *s. f.* (*miner.*) Silicato di ferro e magnesio in cristalli di color verde oliva di forma prismatica tozza.
olivo o *ulivo s. m.* Albero sempreverde delle Ligustrali con foglie coriacee, piccoli fiori biancastri e frutti a drupa | *Ramoscello d'–*, simbolo della pace | *Domenica degli olivi*, domenica delle palme | *– benedetto*, quello benedetto e distribuito ai fedeli la domenica delle palme. [→ ill. *piante* 11]
òlla *s. f.* **1** (*lett.*) Pentola. **2** Recipiente privo di anse, per cuocere o conservare commestibili o, presso antiche civiltà, per custodire le ceneri di un defunto.
òlmio *s. m.* Elemento chimico, metallo del gruppo delle terre rare. SIMB. Ho.
ólmo *s. m.* Grande albero delle Urticali con foglie ovate e scure, piccoli fiori verdi e frutti a samara. [→ ill. *piante* 2]
olocàusto *s. m.* **1** Nell'antica liturgia ebraica, sacrificio in cui la vittima era arsa completamente. **2** (*est.*) Sacrificio totale, anche di se stesso: *fare – della propria vita.*
olocène *s. m.* (*geol.*) Il più recente intervallo di tempo della storia geologica, successivo alle glaciazioni.
ologènesi *s. f.* (*biol.*) Teoria evolutiva secondo la quale ogni specie vivente si trasforma progressivamente, per cause interne, fino a scindersi in due specie figlie.
ologenètico *agg.* (*pl. m. -ci*) Dell'ologenesi.
olografia *s. f.* (*fis.*) Specie di fotografia ottenuta con luce laser e uno specchio da cui risulta una lastra capace di restituire, sempre con l'aiuto di luce laser e di specchio, l'immagine tridimensionale dell'oggetto fotografato.
ològrafo *agg.* Detto del testamento scritto per intero, datato e sottoscritto di pugno dal testatore.
ologràmma *s. m.* (*pl. -i*) (*fis.*) Lastra fotografica ottenuta con l'olografia.
olóna *s. f.* Tela robusta e resistente di cotone per vele, zaini, brande e sim.
olotùria *s. f.* Animale marino invertebrato degli Echinodermi, con corpo cilindrico sacciforme e bocca circondata da 20 tentacoli. [→ ill. *animali* 5]
oltraggiàre *v. tr.* (*io oltràggio*) Offendere con oltraggi o ingiurie: *– l'onore di qc.*; SIN. Ingiuriare, insultare, offendere.
oltraggiatóre **A** *s. m.* (*f. -trìce*) Chi oltraggia. **B** *anche agg.*
oltràggio *s. m.* **1** Offesa o ingiuria molto grave: *subire un –*; *vendicarsi di un –* | (*est.*) Ciò che è contrario a un principio, regola e sim.: *le sue parole sono un – al buon senso.* **2** (*dir.*) Offesa all'onore o al prestigio di un pubblico ufficiale o di un pubblico impiegato.
oltraggióso *agg.* Che costituisce oltraggio: *parole oltraggiose*; SIN. Ingiurioso, offensivo.
oltràlpe **A** *avv.* Di là dalle Alpi (con riferimento generico agli Stati che si trovano oltre la catena alpina, spec. alla Francia): *emigrare –.* **B** *in funzione di s. m.* Paese straniero situato al di là delle Alpi (sempre preceduto dalla prep. 'di'): *popolazione d'–.*
oltramontàno od *oltremontàno agg.* Che è di là dai monti, spec. dalle Alpi, o ne proviene.
oltrànza *s. f.* (*raro*) Eccesso | *A –*, sino all'estremo limite, alle estreme conseguenze: *resistere a –.*
oltranzìsmo *s. m.* In politica, estrema intransigenza.
oltranzìsta *s. m. e f.* (*pl. m. -i*) Estremista.
óltre **A** *avv.* **1** Più in là, più in qua, più in avanti (*anche fig.*): *andare, venire, passare –* | *Andare troppo –*, (*fig.*) oltrepassare i limiti del giusto o del conveniente | *Farsi –*, avanzare. **2** Più, di più, ancora (con valore temporale): *non ho intenzione di aspettare –* | *Essere – negli anni*, essere avanti negli anni. **B** *prep.* **1** Di là da, dall'altra parte di: *la casa è – il fiume*; *è passato – i confini* | *– ogni limite, ogni dire*, (*fig.*) più di quanto consentano i limiti, più di quanto si possa dire | Con i nomi geografici anche senza l'art. det.: *si trova – oceano.* **2** Più di (con valore temporale): *vi aspetto da – un'ora* | Con valore quantitativo: *il paese dista – due chilometri.* **3** In aggiunta a, in più di: *– quello che ho già detto.* **4** All'infuori di, eccetto (*spec. nella loc. prep. – a*): *– a noi nessun altro ne è al corrente.*
óltre- *primo elemento* (*oltr-*, davanti a vocale): in parole composte significa 'al di là' di un determinato luogo, termine e sim.: *oltremare, oltretomba, oltralpe.*
oltrecortina **A** *agg. inv.* Posto al di là della 'cortina di ferro'. **B** *s. m. inv.* L'insieme dei paesi comunisti al di là della 'cortina di ferro'.
oltremànica *agg. inv.* Posto al di là della Manica.
oltremàre **A** *avv.* Di là dal mare (con riferimento generico ai territori o paesi che vi si trovano). **B** *in funzione di s. m. solo sing.* **1** Paese, terra, situati di là dal mare (sempre preceduto dalla prep. 'di'): *ritornare d'–*; *genti d'–.* **2** Lapislazzuli. **3** Colore azzurro ottenuto calcinando un miscuglio di caolino, soda, zolfo e carbone; usato spec. in pittura.
oltremarino *agg.* **1** D'oltre mare: *territorio –.* **2** Che ha colore azzurro intenso.
oltremòdo *avv.* (*lett.*) Più del normale o del giusto, in modo eccessivo: *ciò mi fa – piacere.*
oltremondàno *agg.* Che si riferisce all'altro mondo, che è di là da questo mondo.
oltremontàno V. *oltramontano.*
oltreocèano **A** *avv.* Di là dall'oceano (con riferimento agli Stati e alle terre che si trovano al di là dell'oceano e spec. agli Stati Uniti d'America). **B** *s. m. inv.* Paese, territorio situato al di là dell'oceano: *il cinema d'–.*
oltrepassàre *v. tr.* Passare oltre, superare (*anche fig.*): *– i limiti*; SIN. Eccedere, varcare.
oltretómba *s. m. inv.* Il mondo dei trapassati; SIN. Aldilà.
omàggio **A** *s. m.* **1** Atto di sottomissione del vassallo al suo signore. **2** Segno di rispetto, onore e sim. verso qc. o q.c.: *rendere – a un eroe* | (*est.*) Offerta, dono: *il libro è stato distribuito in –.* **3** Prodotto offerto in regalo a scopo pubblicitario. **4** *spec. al pl.* Dichiarazione di ossequio, espressione di cortesia: *presentare gli omaggi di qc.* **B** *in funzione di agg. inv.* (*posposto al s.*) Che è offerto gratuitamente, in dono, per motivi spec. pubblicitari: *confezione –.*
omài *avv.* (*poet.*) Ormai.
òmaro *s. m.* (*zool.*) Gambero marino.
omàso o (*evit.*) *òmaso s. m.* (*zool.*) Terza cavità dello stomaco dei ruminanti. [→ ill. *zoologia*]
ombelicàle *agg.* Dell'ombelico | *Cordone –*, formazione allungata che collega il feto alla placenta materna; (*fig.*) legame, connessione, contatto e sim.
ombelìco o (*pop.*) *bellìco* (2), (*raro*) *umbilìco s. m.* (*pl. -chi*) (*anat.*) Cicatrice leggermente depressa, di forma tondeggiante, situata al centro dell'addome, residuo del cordone ombelicale.
ómbra *s. f.* **1** Diminuzione della luminosità dovuta a un corpo opaco interposto fra la sorgente luminosa e l'oggetto o la zona illuminati | (*est.*) Oscurità, tenebre: *nascondersi nell'– della notte* | *Nell'–*, (*fig.*) di nascosto: *agire, tramare nell'–* | (*fig.*) *Vivere nell'–*, appartato | (*fig.*) *Restare nell'–*, non farsi notare | (*fig.*) *Lasciare nell'–*, nell'anonimato | (*fig.*) *Trarre dall'–*, rendere noto. [→ ill. *astronomia*] **2** Luogo riparato dalla luce e dal calore del sole: *sedere all'–.* **3** Sagoma scura proiettata da ogni corpo opaco se esposto a una sorgente di luce: *le ombre dei passanti* | *Aver paura della propria –*, (*fig.*) essere timoroso di tutto | (*fig.*) *Essere l'– di qc.*, *seguire qc. come un'–*, essere inseparabile da lui | *Ombre cinesi*, fatte per gioco su parete o schermo, con movimenti delle mani. [→ ill. *orologio*] **4** Segno più o meno scuro che in quadri o disegni pone in evidenza i rilievi degli oggetti rappresentati. **5** Fantasma, spettro, spirito: *le ombre dei morti.* **6** (*fig.*) Vana apparenza | *Dar corpo alle ombre*, dare importanza a cose che non ne hanno | *Correr dietro alle ombre*, perdersi in cose futili o irreali | *Essere, sembrare l'– di se stesso*, di persona ridotta a estrema magrezza. **7** (*est.*) Leggera parvenza: *non c'è – di verità in quanto ha detto* | *Senz'– di dubbio*, sicuramente | *Senz'– di timore*, con piena fiducia o coraggio. **8** (*fig.*) Piccola quantità: *spaghetti con un'– di sugo.* **9** (*fig.*) Difesa, protezione, riparo: *crescere all'– dell'amore materno.* **10** (*fig.*) Elemento o particolare poco chiaro, che genera incomprensioni, sospetti, timori: *qualche – turba la loro amicizia.*
ombràre *v. tr.* (*io ómbro*) **1** Coprire d'ombra. **2** Sfumare le ombre per dar rilievo a figure disegnate.
ombràto *part. pass. di ombrare; anche agg.* Offuscato, adombrato.
ombratùra *s. f.* Chiazza o sfumatura più cupa in una determinata superficie.

ombreggiàre *v. tr.* (*io ombréggio*) **1** Rendere fresco e ombroso, riparare o proteggere dalla luce, spec. del sole. **2** Tratteggiare o sfumare leggermente: *le ombreggiò gli zigomi col rossetto.*
ombreggiàto *part. pass. di ombreggiare; anche agg.* **1** Coperto d'ombra. **2** Detto di carattere tipografico in cui una speciale deformazione fa apparire le singole lettere come accompagnate dalla loro ombra.
ombreggiatùra *s. f.* **1** Tratteggio, leggera sfumatura, spec. come tecnica per conferire rilievo a disegni, pitture e sim. **2** (*raro*) Fresca, ombrosa protezione dalla luce del sole.
ombrèlla *s. f.* **1** (*sett.*) Ombrello. **2** (*bot.*) Infiorescenza in cui i fiori sono portati a una stessa altezza da peduncoli inseriti al medesimo livello. [→ ill. *botanica*]
ombrellàio *s. m.* Chi fabbrica, vende o ripara ombrelli.
ombrellàta *s. f.* Colpo dato con un ombrello.
Ombrellìfere *s. f. pl.* Famiglia di piante erbacee delle Umbellali, aromatiche, con radici a fittone, fusti spesso cavi e fiori poco appariscenti in infiorescenze a ombrella. [→ ill. *piante* 10]
ombrellifìcio *s. m.* Fabbrica d'ombrelli.
ombrellìno *s. m.* **1** *Dim. di ombrello.* **2** Parasole elegante per signora.
ombrèllo *s. m.* **1** Arnese per ripararsi dalla pioggia o dal sole, costituito da un manico più o meno lungo alla cui sommità sono inserite a raggiera numerose stecche ricoperte di tessuto impermeabile; SIN. Paracqua, parapioggia. [→ ill. *abbigliamento*] **2** (*fig.*) Oggetto o insieme di elementi riuniti in forma di ombrello.
ombrellóne *s. m.* Grande ombrello, spec. da piantare in terra o da fissare su un apposito piedistallo, usato sulle spiagge, nei giardini e sim., per riparare dal sole. [→ ill. *spiaggia*]
ombrétto *s. m.* Cosmetico per ombreggiare le palpebre. [→ ill. *toilette e cosmesi*]
ombrìna *s. f.* Grosso pesce osseo comune nel Mediterraneo, con corto cirro sul mento, carni bianche e sode di ottimo sapore. [→ ill. *animali* 8]
ombrinàle *s. m.* Ciascuno dei fori praticati nelle murate di una nave per lo scarico delle acque.
ombrosità *s. f.* L'essere ombroso (*anche fig.*).
ombróso *agg.* **1** Ricco d'ombra, coperto d'ombra: *luoghi ombrosi*; CONTR. Assolato. **2** (*fig.*) Di cavallo o sim. che s'impaurisce o s'adombra con facilità | (*est.*) Di persona che si offende o s'impermalisce per un nonnulla.
omèga o (*raro*) **òmega** *s. m.* (*pl. omèga*) **1** Nome dell'ultima lettera dell'alfabeto greco. **2** (*fig.*) Fine, compimento di q.c. | *Dall'alfa all'*–, dal principio alla fine.
omelette /*fr.* ɔmə'lɛt/ *s. f. inv.* (*pl. fr. omelettes* /ɔmə'lɛt/) Frittata sottile ripiegata o arrotolata, spesso farcita.
omelìa *s. f.* **1** Nella liturgia cattolica, spiegazione, commento delle sacre scritture, spec. durante la Messa | (*est.*) Ogni predica sacra. **2** (*fig.*) Discorso esortativo.
omelìsta *s. m.* (*pl. -i*) Chi compone o pronuncia omelie.
omentàle *agg.* (*anat.*) Dell'omento.
oménto *s. m.* (*anat.*) Ognuna delle due duplicature del peritoneo.
omeopatìa *s. f.* (*med.*) Metodo di cura consistente nella somministrazione in minime dosi di sostanze che nell'uomo sano provocano gli stessi sintomi della malattia che si vuole combattere.
omeopàtico A *agg.* (*pl. m. -ci*) Dell'omeopatia. **B** *s. m.* Chi cura col metodo dell'omeopatia.
omeopatìsta *s. m. e f.* (*pl. -i*) (*med.*) Seguace delle teorie omeopatiche.
omeopolàre *agg.* (*chim.*) Covalente.
omeotèrmo *agg.* Detto di animale il cui corpo ha temperatura costante.
omeràle A *agg.* (*med.*) Dell'omero. **B** *s. m.* Larga fascia che il celebrante cattolico porta sulle spalle.
omèrico *agg.* (*pl. m. -ci*) **1** Relativo a Omero: *poemi omerici.* **2** (*fig.*) Grandioso, degno di personaggi di Omero: *risate omeriche.*
òmero *s. m.* **1** (*anat.*) Osso lungo che va dalla spalla al gomito. [→ ill. *anatomia umana*] **2** (*lett.*) Spalla.
omertà *s. f.* Solidale intesa che vincola i membri della malavita alla protezione vicendevole, tacendo o mascherando ogni indizio utile per l'individuazione del colpevole di un reato | (*est.*) Intesa tacita o formale fra membri di uno stesso gruppo o ceto sociale.
ométtere *v. tr.* Non eseguire, non compiere: – *una clausola* | Evitare di dire, fare e sim.: – *un particolare.*
ométto *s. m.* **1** *Dim. di uomo.* **2** (*fig.*) Bambino giudizioso. **3** Piramide di pietre per segnale. **4** Birillo del biliardo. **5** (*dial.*) Gruccia per abiti.
omiciàttolo *s. m.* Uomo da poco, per aspetto fisico e qualità morali.
omicìda A *agg.* (*pl. m. -i*) **1** Di, da assassino: *sguardo* –. **2** Che dà o ha dato la morte: *mano* –. **B** *s. m. e f.* Chi ha commesso un omicidio.
omicìdio *s. m.* **1** (*dir.*) Illecito penale di chi cagiona la morte di una o più persone | – *premeditato*, preceduto da accurata preparazione | – *colposo*, quando è commesso per colpa ma involontariamente. **2** (*est.*) Uccisione di un uomo: – *rituale* | – *bianco*, la morte di operai sul lavoro per mancanza di adeguate misure di sicurezza. (V. nota d'uso ACCENTO)
omilèta *s. m.* (*pl. -i*) Autore di omelie.
omilètica *s. f.* Arte del comporre omelie.
omìnidi *s. m. pl.* (*sing. -e*) Famiglia di Mammiferi primati bipedi, a perfetta deambulazione verticale, diffusi in tutto il mondo fino dal Pleistocene, cui appartiene l'uomo.
omìno *s. m.* **1** *Dim. di uomo.* **2** Nano. **3** (*est.*) Fanciullo, ragazzino.
omissióne *s. f.* Mancata effettuazione, compimento, indicazione e sim.: *l'– di una virgola*; *l'– di un particolare importante* | Cosa omessa, tralasciata o taciuta | *Salvo errori e omissioni*, nota posta in calce a documenti e sim. | *Reato d'*–, quello di chi si astiene dal compiere atti ai quali è obbligato dalla legge o da un contratto.
omissis /*lat.* o'missis/ *s. m. inv.* Si usa, nella trascrizione, nella riproduzione o nelle copie di documenti, atti notarili e sim., per indicare l'omissione di parole o frasi tralasciate perché non necessarie.
òmni- V. *onni-*.
omnibus /*lat.* 'ɔmnibus/ *s. m. inv.* **1** Grande carrozza pubblica a cavalli, per il trasporto di passeggeri nelle grandi città, prima dell'avvento del tram. **2** Treno locale per viaggiatori di tutte le classi.
omnium /*lat.* 'ɔmnjum/ *s. m. inv.* Gara di corsa cui sono ammessi concorrenti senza distinzione di età e categoria | Nel ciclismo, corsa individuale o a squadre, su pista, comprendente più prove.
òmo V. *uomo.*
òmo- *primo elemento*: in parole composte significa 'uguale', 'simile' o indica identità: *omofono, omogeneo, omonimo, omosessualità.*
omocromìa *s. f.* (*zool.*) Mimetismo.
omofonìa *s. f.* **1** (*mus.*) Emissione della medesima nota da parte di suoni o strumenti | Tecnica di composizione a più voci facendo coincidere in senso verticale le sillabe del canto; CFR. Polifonia. **2** (*ling.*) Identità fonica tra due o più segni grafici o tra parole che hanno la stessa pronuncia ma significato diverso (es. *sàggio*, 'sapiente', e *sàggio*, 'studio, ricerca').
omofònico *agg.* (*pl. m. -ci*) Dell'omofonia.
omòfono *agg.* (*mus., ling.*) Che presenta omofonia. (V. nota d'uso ACCENTO)
omogeneità *s. f.* L'essere omogeneo; CONTR. Eterogeneità.
omogeneizzàre *v. tr.* Rendere omogeneo: – *una soluzione.*
omogeneizzàto A *part. pass. di omogeneizzare; anche agg.* Reso omogeneo. **B** *s. m.* Prodotto alimentare spec. per l'infanzia, ottenuto per intima mescolanza di alimenti diversi finemente suddivisi.
omogeneizzazióne *s. f.* Operazione dell'omogeneizzare.
omogèneo *agg.* **1** Dello stesso genere, specie o natura: *materie omogenee*; CONTR. Eterogeneo. **2** Costituito da elementi tra loro affini e uniformi: *pasta morbida e omogenea* | (*fig.*) Armonico: *insieme* – *di colori e di suoni.*
omografìa *s. f.* (*ling.*) Condizione di parole omografe.
omògrafo *agg.* (*ling.*) Detto di parola che presenta la stessa scrittura (e spesso anche la stessa pronuncia) di un'altra, ma significato diverso (es. *àncora*, sost. f., e *ancóra*, avv.) (V. nota d'uso ACCENTO).
omologàre *v. tr.* (*io omòlogo, tu omòloghi*) **1** (*dir.*) Emanare un provvedimento di omologazione. **2** Riconoscere

una prova o un risultato regolari e quindi ratificarli: — *un primato.*

omologazióne s. f. **1** (*dir.*) Approvazione da parte dell'autorità giudiziaria di atti compiuti da altri soggetti. **2** Approvazione, convalida | Ratifica di una prova, risultato e sim. riconosciuti come regolari: — *di un primato.*

omologìa s. f. (pl. *-gìe*) L'essere omologo.

omòlogo agg. (pl. m. *-ghi*) **1** (*bot.*, *zool.*) Detto di organo o struttura avente la stessa origine embrionale di altri, anche se funzioni diverse. **2** (*est.*) Conforme, corrispondente.

omonimìa s. f. **1** Situazione in cui si trovano due persone o due cose con lo stesso nome. **2** (*ling.*) Identità fonica (omofonia) e/o grafica (omografia) di due parole che però non hanno lo stesso significato; CFR. Sinonimia.

omònimo agg.; anche s. m. (f. *-a* nel sign. 1) **1** Detto di persona o cosa che ha lo stesso nome di altre. **2** (*ling.*) Detto di parola che si pronuncia e/o si scrive come un'altra che ha però un significato diverso (es. *miglio*, pianta, e *miglio*, misura); CFR. Sinonimo.

omoritmìa s. f. (*mus.*) Uguaglianza di ritmo.

omosessuàle **A** agg. Relativo alla, proprio della omosessualità: *relazione* —. **B** agg.; anche s. m. e f. Detto di chi pratica l'omosessualità.

omosessualità s. f. Tendenza a trovare soddisfazione sessuale con persone dello stesso sesso.

omotonìa s. f. (*mus.*) Uguaglianza di suono.

omozigòsi s. f. (*biol.*) Fenomeno per cui i caratteri degli individui si trasmettono identici alla discendenza.

omozigòte s. m. (*biol.*) Individuo derivato dall'unione di gameti a fattori ereditari uguali.

omùncolo s. m. Uomo da poco.

ònagro (1) o *onàgro* s. m. Asino selvatico asiatico, agile, veloce e intelligente, probabile capostipite delle razze domestiche, che nelle zone fredde ha pelo lungo durante l'inverno.

ònagro (2) o *onàgro* s. m. Macchina antica da guerra per lanciare grosse pietre.

onanìsmo s. m. Masturbazione.

óncia s. f. (pl. *-ce*) **1** Unità di misura di peso usata in Italia e in altri paesi prima dell'adozione del sistema metrico decimale, con valori diversi, ma spec. intorno ai 30 gr. **2** (*fig.*) Minima quantità: *non avere un'— di giudizio* | *A — a —*, a poco a poco. **3** Unità ponderale romana uguale alla dodicesima parte della libbra | Moneta romana repubblicana di bronzo, dodicesima parte dell'asse.

onciàle agg.; anche s. f. Detto di un tipo di scrittura a tracciato spiccatamente arrotondato, in uso dal sec. IV all'VIII in tutta l'Europa occidentale.

ònco- primo elemento: in parole composte della terminologia medica significa 'tumore': *oncologia, oncoterapia.*

oncogènesi s. f. (*med.*) Formazione e sviluppo dei tumori.

oncògeno agg. (*med.*) Capace di generare tumore.

oncologìa s. f. (pl. *-gìe*) (*med.*) Studio dei tumori.

oncològico agg. (pl. m. *-ci*) Di oncologia.

oncòlogo s. m. (pl. *-gi*) Studioso di oncologia.

oncoterapìa s. f. Cura dei tumori.

ónda s. f. **1** Oscillazione dell'acqua nel mare, lago e sim., prodotta da forza esterna turbatrice dell'equilibrio di livello, e con cui essa tende a recuperarlo: *costa battuta dalle onde* | *Essere in balìa delle onde*, subirne la violenza senza potervisi opporre | *Seguire l'—*, (*fig.*) seguire l'andazzo generale. [→ ill. *geografia*] **2** (*lett.*) Acque marine, fluviali o lacustri | (*poet.*) Mare. **3** (*fig.*) Insieme agitato di sentimenti e sim.: *l'— dei ricordi* | Grande quantità: *un'— di popolo.* **4** (*fig.*) Linea o traccia sinuosa e serpeggiante, simile al profilo di un'onda d'acqua | *L'— dei capelli*, piega più larga d'un ricciolo. **5** (*fig.*) Movimento fluttuante | *Andare a onde*, barcollare. **6** (*fis.*) spec. al pl. Movimenti periodici oscillatori e vibratori propagati attraverso un mezzo continuo: *onde sonore, termiche, luminose, sismiche* | *Onde elettromagnetiche, hertziane*, oscillazioni elettriche e magnetiche che si propagano nello spazio con la velocità della luce | *Onde d'urto*, onde di compressione di grande ampiezza generate da oggetti che si muovono a velocità supersonica | *Lunghezza d'—*, distanza fra due creste successive | *Frequenza di un'—*, numero di oscillazioni nell'unità di tempo | *Onde corte, medie, lunghe*, onde elettromagnetiche di varia lunghezza usate nelle radiocomunicazioni | *Mettere, mandare in —*, trasmettere con mezzi radiotelevisivi. [→ tav. *locuzioni* 55]

ondàta s. f. **1** Colpo di mare. **2** (*fig.*) Afflusso, effusione: *un'— di sangue al cervello*; *— di caldo, di freddo*; *— di entusiasmo.* **3** (*fig.*) Insieme massiccio di persone o cose che si spostano in fasi successive e con una certa continuità: *ondate di folla.*

ònde **A** avv. **1** (*lett.*) Da dove, da quale luogo (in prop. interr., dirette e indirette): — *arrivate?*; *nessuno sa — venissero* | (*est.*) Da chi, da quale fonte: — *l'avete appreso?* **2** Dal quale, da cui, nel luogo da cui (con valore rel.): *ha una terrazza — si domina la città.* **3** Dalla qual cosa, da cui (con valore causale per indicare una conseguenza): — *si deduce quanto fosse infelice* | *Avere —, averne ben —*, (*ell.*) buone e fondate ragioni. **4** (*poet.*) Di cui, da cui, con cui, per cui (con valore rel.): *la materia — l'universo è formato.* **B** cong. Affinché, perché (introduce una prop. finale con il v. al congv. o all'inf.): *vi ho avvisati — sappiate come comportarvi*; *cerca una scappatoia — trarti d'impaccio.*

ondeggiaménto s. m. Movimento ondeggiante | (*fig.*) Esitazione, indecisione.

ondeggiànte part. pres. di *ondeggiare*; anche agg. Che ondeggia.

ondeggiàre v. intr. (io *ondéggio*; aus. *avere*) **1** Muoversi in, con onda: *la superficie del lago ondeggia* | Seguire il movimento delle onde. **2** (*fig.*) Muoversi come le onde: *le spighe ondeggiano nel vento* | Agitarsi (*anche fig.*): *la folla ondeggiò paurosamente.* **3** (*fig.*) Barcollare, vacillare: *un ubriaco cammina ondeggiando.* **4** (*fig.*) Essere incerto, dubbioso: — *tra opposti desideri.*

ondìna s. f. **1** Personaggio leggendario femminile delle antiche tradizioni germaniche. **2** (*fig.*) Nuotatrice particolarmente brava.

ondóso agg. **1** Delle onde: *moto* —. **2** Pieno di onde: *mare* —.

ondulàre **A** v. tr. (io *óndulo*) Incurvare a onda, dare sinuosità di onda: — *i capelli.* **B** v. intr. (aus. *avere*) (*lett.*) Muoversi ondeggiando.

ondulàto part. pass. di *ondulare*; anche agg. Irregolare, mosso: *terreno* — | Serpeggiante: *traiettoria ondulata.*

ondulatòrio agg. Che si propaga a onde: *movimento* — | *Terremoto* —, a scosse orizzontali; CONTR. Sussultorio.

ondulazióne s. f. **1** Oscillazione o vibrazione come di onde: — *del pendolo.* **2** Disposizione a onde: *l'— delle colline.* **3** Acconciatura dei capelli piegati a onde. [→ ill. *parrucchiere*]

onduràgno agg.; anche s. m. (f. *-a*) Dell'Honduras.

-óne suff. **1** Entra nella formazione di sost. e agg. alterati, con valore accrescitivo (con varie sfumature di tono): *pigrone, zoticone, fanciullone.* **2** Assume valore derivativo in nomi di persona che indicano abitudine o eccesso nel fare l'azione espressa dal verbo da cui sono tratti (*brontolone, dormiglione, mangione, predone*) e in sost. comuni (*capellone, terrone*).

oneràre v. tr. (io *ònero*) **1** Imporre un onere. **2** (*fig.*) Gravare di un obbligo o di una responsabilità.

oneràrio agg. Da carico, da trasporto, detto spec. delle navi degli antichi Romani.

oneràto **A** part. pass. di *onerare*; anche agg. Gravato. **B** s. m. (*dir.*) Donatario, erede o legatario, in quanto tenuti all'adempimento di quanto il legato dispone.

ònere s. m. **1** (*dir.*) Comportamento imposto dalla legge a un soggetto per il conseguimento di effetti giuridici a lui favorevoli | Obbligo, peso: *oneri fiscali.* **2** (*fig.*) Peso o responsabilità gravosa: *assumersi un* —.

onerosità s. f. L'essere oneroso.

oneróso agg. **1** (*dir.*) Non gratuito. **2** (*fig.*) Pesante, grave, molesto: *pena onerosa.*

onestà s. f. Qualità di onesto; SIN. Dirittura, probità, rettitudine; CONTR. Disonestà.

one-step /*ingl.* wʌn'step/ s. m. inv. Ballo di origine nordamericana, il cui movimento è simile a una marcia ritmica.

onèsto **A** agg. **1** Che è incapace di compiere atti malvagi, illegali o illeciti, sia per osservanza di principi giuridici o morali, sia per radicato senso della giustizia; SIN. Probo, retto; CONTR. Disonesto. **2** Consono alla rettitudine, conforme alla legge morale: *intenzioni oneste* | Onorevole, onorato: *il suo è un — desiderio.* **3** Che non si lascia corrompere: *fanciulla onesta*; SIN. Casto, puro. **4** Giusto, decoroso, accettabile: *una politica onesta.* **B** *s. m.* (*f.* *-a*) Persona onesta. **C** *s. m. solo sing.* Ciò che è conforme alla rettitudine, all'onestà: *entro i limiti dell'—.*

ònfalo *s. m.* (*anat.*) Ombelico.

ònice *s. f.* (*miner.*) Varietà di calcedonio con striature, usata come pietra ornamentale.

onicofagìa *s. f.* Tendenza nevrotica a rosicchiarsi le unghie.

-ònimo *secondo elemento*: in parole composte significa 'nome': *anonimo, omonimo, pseudonimo, sinonimo, toponimo.*

onìrico *agg.* (*pl. m.* *-ci*) Di sogno | Simile a sogno: *visione onirica.*

onirismo *s. m.* (*med.*) Tendenza a sognare.

onirologia *s. f.* (*pl.* *-gie*) Scienza che tratta dei sogni.

onìsco *s. m.* (*pl.* *-schi*) Piccolo crostaceo comune sotto i sassi e nel terriccio, che si avvolge a palla quando è toccato; SIN. (*pop.*) Porcellino di terra.

ònni- o (*raro*) *omni-* *primo elemento*: in parole composte dotte significa 'tutto', 'ogni cosa o elemento', 'dappertutto': *onnipresente, onnivoro.*

onnipossènte *agg.* (*lett.*) Onnipotente.

onnipotènte **A** *agg.* Che può tutto, spec. riferito a Dio | Che ha grande potere: *essere — nel mondo dell'industria.* **B** *s. m.* *L'Onnipotente,* (*per anton.*) Dio.

onnipotènza *s. f.* L'essere onnipotente.

onnipresènte *agg.* **1** Che è presente in ogni luogo, spec. riferito a Dio: *Dio è —.* **2** (*fig.*, *scherz.*) Di persona che si incontra sempre e dovunque.

onnipresènza *s. f.* L'essere presente in ogni luogo, detto di Dio e (*fig.*, *scherz.*) di persona.

onnisciènte *agg.* Che sa tutto riguardo a ogni cosa, spec. riferito a Dio.

onnisciènza *s. f.* Conoscenza di tutte le cose.

onniveggènte *agg.* Che vede o può vedere tutto.

onniveggènza *s. f.* Virtù di chi è onniveggente.

onnìvoro *agg.* Che mangia di tutto. [→ ill. *zoologia*]

onomasiologìa *s. f.* (*pl.* *-gie*) (*ling.*) Disciplina che studia le diverse denominazioni di una stessa idea o immagine all'interno di una o più lingue.

onomàstica *s. f.* **1** (*ling.*) Insieme dei nomi propri di una lingua o di una regione: *— d'Italia.* **2** Studio dell'origine di tali nomi.

onomàstico **A** *agg.* (*pl. m.* *-ci*) **1** (*ling.*) Relativo all'onomastica. **2** Detto del giorno in cui si celebra la festa della santa o del santo di cui si porta il nome. **B** *s. m.* Giorno onomastico: *festeggiare il proprio —.*

onomatopèa *s. f.* (*ling.*) **1** Formazione di un'unità lessicale consistente nell'imitazione di un rumore naturale. **2** Parola che foneticamente evoca un oggetto o un'attività imitandone il suono: *chicchirichì è un'—.*

onomatopèico *agg.* (*pl. m.* *-i*) Di onomatopea, che costituisce onomatopea.

onoràbile *agg.* Degno di essere onorato.

onorabilità *s. f.* **1** L'essere onorabile. **2** Buon nome, buona fama: *ledere l'— di qc.*

onorànza *s. f.* **1** (*raro*) Onore. **2** *spec. al pl.* Celebrazione o festeggiamento in onore di qc.: *tributare solenni onoranze a qc.*; *onoranze funebri.*

onoràre **A** *v. tr.* (*io onóro*) **1** Trattare con onore, celebrare od ossequiare con atti e comportamenti che dimostrino ammirazione, stima e sim.: *— la memoria dei grandi*; *— il padre e la madre.* **2** (*relig.*) Prestar culto esteriore, venerare e adorare con atti: *— Dio, la Vergine.* **3** Rendere degno della massima stima e considerazione: *le sue gesta onorano la patria.* **4** Mandare a effetto, tenendo fede a precisi impegni assunti: *— una promessa di pagamento.* **B** *v. rifl.* Fregiarsi, pregiarsi: *mi onoro della vostra amicizia.*

onoràrio (1) *agg.* **1** Fatto o conferito a titolo d'onore: *cittadinanza onoraria.* **2** Insignito di una carica, di un ufficio e sim., solo a titolo d'onore, senza gli obblighi e i diritti relativi alle stesse: *professore —*; CONTR. Effettivo.

onoràrio (2) *s. m.* Corrispettivo spettante a un professionista per l'attività esplicata.

onoratézza *s. f.* Buona reputazione.

onoratìssimo *agg.* **1** *Sup. di onorato.* **2** Felicissimo, spec. in frasi o formule di cortesia: *— di fare la sua conoscenza.*

onoràto *part. pass. di onorare; anche agg.* **1** Degno di onore, ossequio, stima: *famiglia onorata* | *Sentirsi, reputarsi — di o per q.c.*, trarne motivo di soddisfazione | *L'onorata società*, la camorra napoletana e (*est.*) la mafia o altre analoghe associazioni. **2** Onorevole: *vent'anni di — servizio.* **3** Molto felice, in frasi di cortesia: *— di conoscerla.*

onóre *s. m.* **1** Integrità di costumi, costante rispetto e pratica dei principi morali propri di una comunità, su cui si fonda la pubblica stima: *ledere l'— di qc.*; *difendere il proprio —* | *L'— di una fanciulla*, la castità, la verginità | Buon nome, buona reputazione: *l'— della famiglia* | *Giurare, garantire sul proprio —*, dandolo come garanzia assoluta di quanto si promette o si afferma | *Parola d'—!*; detto per garantire sul proprio onore | *Ne va dell'—, è in gioco l'—*, detto a proposito di situazioni che possono compromettere l'onorabilità di una persona | *Debito d'—*, derivante da un obbligo non giuridico. **2** Gloria, fama, vanto: *un artista che è l'— del nostro secolo* | *Tenere alto l'— della patria*, comportarsi in modo da ottenere gloria. **3** Consapevolezza della propria dignità personale e volontà di mantenerla intatta comportandosi come si conviene: *uomo d'—* | *Punto d'—*, sul quale non si può transigere | Alta soddisfazione: *ho l'— di presentarvi un famoso letterato.* **4** Consapevolezza della dignità e del valore altrui e conseguente stima: *avere, tenere qc. in —, in grande —.* **5** Omaggio, ossequio: *rendere — alla memoria dei caduti* | *Onori funebri*, esequie | *— delle armi*, concessione di conservare le armi data dal vincitore a un valoroso avversario vinto | *Onori militari*, dovuti a determinati alti gradi o simboli | *Posto d'—*, riservato alle persone di maggior riguardo | (*fig.*) *A — del vero*, in verità, in omaggio alla verità. **6** Culto e rito di adorazione: *— a Dio.* **7** Carica, dignità o ufficio molto elevato: *fu elevato ad alti onori* | *Onori accademici*, titoli | *L'— degli altari*, la dichiarata santità. **8** Trattamento non comune, riservato a persone o cose particolarmente pregevoli: *il libro ebbe l'— di numerose riedizioni* | Ciò che è concesso come riconoscimento di tale pregio o dignità: *medaglia d'—*; *menzione d'—* | *Giro d'—*, quello compiuto in pista dal vincitore di una gara. **9** Unito al verbo *fare* dà origine a varie loc. | *Fare — a qc.*, detto di ciò che dimostra le qualità di una persona, o di persona che si comporta in modo da essere per qc. motivo di vanto | *Farsi — in q.c.*, riuscire egregiamente in q.c. | *Fare a qc. l'— di*, onorarlo con atti o parole | *Fare — agli ospiti*, accoglierli con i dovuti riguardi | *Fare gli onori di casa*, ricevere e intrattenere gli ospiti | *Fare — al pranzo, alla festa* e sim., mostrare di gradirli molto | *Fare — alla propria firma*, pagare puntualmente ciò che si deve. **10** Nel gioco del tressette e del bridge, carta di particolare valore. [→ tav. *proverbi* 30]

onorévole **A** *agg.* **1** Degno di onore: *famiglia —.* **2** Appellativo spettante ai parlamentari, spec. ai deputati. **3** Che fa onore: *imprese onorevoli.* **B** *s. m. e f.* Parlamentare, spec. deputato.

onorificènza *s. f.* Carica, titolo, decorazione e sim. concessi in segno d'onore.

onorìfico *agg.* (*pl. m.* *-ci*) Dato o fatto per onore: *menzione onorifica.*

ónta *s. f.* **1** Vergogna, disonore, infamia. **2** Affronto, oltraggio, ingiuria: *vendicare l'— sofferta*; *cancellare l'— col sangue* | *A — di*, a dispetto di, malgrado.

ontanéta *s. f.* Bosco di ontani.

ontàno *s. m.* Albero delle Fagali, a foglie ovate, vischiose da giovani, comune nei luoghi umidi e paludosi, il cui legno è molto usato per costruzioni; SIN. Alno. [→ ill. *piante* 2]

on the rocks /*ingl.* ɔn ðə 'rɔks/ *loc. agg.* Detto di liquore, spec. whisky, versato direttamente in un bicchiere sul cui fondo sono stati posti cubetti di ghiaccio (vc. angloamericana, propriamente 'sulle rocce').

ontogènesi *s. f.* (*biol.*) Complesso dei processi di sviluppo dell'individuo, dall'uovo fecondato fino allo stato adulto.

ontogenètico *agg.* (*pl. m.* *-ci*) Dell'ontogenesi.

ontologìa *s. f.* (*pl.* *-gie*) Branca della filosofia che studia

le modalità fondamentali dell'essere in quanto tale al di là delle sue determinazioni particolari.
ontològico *agg.* (*pl. m.* -*ci*) Che concerne l'essere in quanto tale.
onùsto *agg.* (*lett.*) Carico.
ooblàsto *s. m.* (*biol.*) Uovo fecondato.
oocita *s. m.* (*pl.* -*i*) (*biol.*) Cellula uovo, cellula germinale femminile.
oogènesi *s. f.* (*biol.*) Processo di formazione e maturazione delle cellule uovo nell'ovaio.
opacità *s. f.* **1** L'essere opaco. **2** (*fig.*) Mancanza di vivacità, espressione e sim.: *l'— degli occhi, dell'ingegno.*
opacizzàre A *v. tr.* Rendere opaco. **B** *v. intr. pron.* Diventare opaco.
opacizzazióne *s. f.* **1** Conferimento o assunzione di un aspetto opaco. **2** Nell'industria tessile, operazione mediante la quale si rendono opache le fibre lucide e trasparenti.
opàco *agg.* (*pl. m.* -*chi*) **1** Che non lascia passare la luce: *vetro —*; CONTR. Lucido, trasparente. **2** Che non si lascia attraversare dalle radiazioni: *corpo —*. **3** Privo di lucentezza: *metallo —*. **4** (*fig.*) Che manca di acutezza, chiarezza, espressività e sim.: *suono —*; *voce opaca.*
opàle *s. m. o f.* (*miner.*) Varietà di silice idrata amorfa, usata come pietra dura nei tipi più belli | *— nobile*, di colore bianco-azzurro, ricca di iridescenze.
opalescènte *agg.* Che ha le iridescenze dell'opale nobile: *luminosità —*.
opalescènza *s. f.* Aspetto latteo, talvolta anche iridescente, di una sostanza solida o liquida.
opalina *s. f.* **1** Tipo di vetro opalescente. **2** Tipo di cartoncino lucido. **3** Stoffa di cotone leggera e semitrasparente.
opalino *agg.* Di opale, simile all'opale: *biancore —*.
op-art /*ingl.* 'ɔpa:t/ *s. f. inv.* Forma artistica d'avanguardia, di origine americana, che, sfruttando fenomeni ottici, suggerisce illusioni percettive e la presenza di un mondo effimero di immagini fluttuanti che sempre si rigenerano.
open /*ingl.* 'oupən/ *agg. inv.; anche s. m. inv.* Detto di competizione sportiva cui possono partecipare sia i professionisti che i dilettanti: *torneo —* (vc. ingl., propriamente 'aperto').
òpera o (*raro, lett.*) *òpra s. f.* **1** Attività posta in essere con un preciso intento: *l'— creatrice di Dio*; *l'— educatrice della scuola* | *Fare — di pace* e sim., agire per conservare la pace | *Per — sua*, grazie a lui o per colpa sua | *Con l'— di*, mediante. **2** Azione umana moralmente rilevante: *realizzare buone opere* | *Compiere la propria —*, realizzare quanto ci si è prefissi. **3** Risultato di un'attività genericamente intesa o di una specifica azione: *la distruzione dell'intero raccolto fu — delle alluvioni*; *il danno non è — mia.* **4** Attività lavorativa in genere: *valersi dell'opera di qc.* | *Vedere qc. all'—*, mentre lavora | *Mettersi all'—*, cominciare a lavorare. **5** Lavoro materiale: *l'— del meccanico* | *Opere servili*, i lavori più umili | *Opere fabbrili*, del muratore, falegname e sim. | Lavoro a giornata: *stare a —* | (*raro*) Giornata di lavoro | (*raro*) Chi lavora a giornata: *mancano le opere* | *Mano d'—*, v. *manodopera.* **6** Risultato concreto o prodotto di un lavoro materiale: *opere in legno, in muratura, in ferro.* **7** Lavoro intellettuale | Risultato concreto di un lavoro intellettuale o artistico: *l'— dello scultore, del pittore, del poeta* | *Un'— d'arte, un'— dell'ingegno*, creazione letteraria e artistica | Libro, volume: *catalogo delle opere e degli autori.* **8** Ente di assistenza e beneficenza: *opere pie.* **9** Fabbriceria: *una nuova — destinata a una chiesa parrocchiale.* **10** Costruzione: *— di muratura* | *Mettere in —*, collocare al posto giusto le parti della costruzione; montare impianti, macchine e sim., nel luogo stabilito e in grado di funzionare | *Opere pubbliche*, quelle d'interesse pubblico, quali strade, ferrovie, sistemazioni idriche e sim. | *— morta, viva*, nelle costruzioni navali, parte dello scafo situata, rispettivamente, sopra o sotto la linea di galleggiamento. **11** (*mus.*) Composizione e rappresentazione teatrale, cantata o in parte parlata, con accompagnamento orchestrale: *— lirica*; *libretto d'—* | (*est.*) Teatro adibito alla rappresentazione di tali composizioni. [→ tav. *proverbi* 44]
operàbile *agg.* Che si può operare: *malato —*.
operàio A *s. m.* (*f.* -*a*) **1** Chi esplica un'attività lavorativa manuale alle dipendenze di qc.: *— qualificato, specializzato.* [→ ill. *copricapo*] **2** (*est.*) Lavoratore in genere. **B** *agg.* **1** Relativo agli operai | *Classe operaia*, il proletariato industriale | *Partito —*, organizzazione politica che rappresenta o difende gli interessi dei lavoratori. **2** (*zool.*) *Api, formiche, operaie*, femmine non feconde che svolgono i lavori necessari alla vita della società. [→ ill. *ape, formica*] **3** *Preti operai*, sacerdoti cattolici che condividono la vita e le lotte della classe operaia.
operaismo *s. m.* Tendenza a dare eccessiva ed esclusiva importanza alle esigenze dei lavoratori dell'industria.
operànte *part. pres. di operare; anche agg.* Che produce effetto: *farmaco —* | *Divenire —*, entrare nella fase della realizzazione pratica, dell'applicazione concreta.
opera omnia /*lat.* 'ɔpera 'ɔmnja/ *loc. sost. f. inv.* Complesso delle opere di un solo autore, raccolte insieme.
operàre o (*raro, lett.*) *opràre* **A** *v. tr.* (*io òpero*) **1** Fare, realizzare, porre in essere: *— miracoli.* **2** (*med.*) Sottoporre qc. a intervento chirurgico. **3** Tessere disegni su stoffa: *— un tessuto.* **B** *v. intr.* (*aus. avere*) **1** Agire, fare: *— bene, male, con astuzia*; *— con l'ingegno*; *— contro qc., a favore di qc.* **2** Influire. **3** (*mil.*) Condurre operazioni belliche in campo tattico e strategico: *— allo scoperto.* **4** (*med.*) Eseguire un intervento chirurgico: *— d'urgenza.* **C** *v. intr. pron.* **1** Realizzarsi, verificarsi: *un mutamento radicale si operò in lui.* **2** Sottoporsi a intervento chirurgico.
operativo *agg.* **1** Atto a operare: *capacità operativa.* **2** Che ha fini pratici, che è volto ad azioni concrete: *scienza operativa.* **3** Che opera, che produce i suoi effetti: *ricerca operativa* | *Ciclo —*, periodo che trascorre tra la messa in moto di un processo produttivo e la realizzazione del prodotto finito. **4** (*mil.*) Che attiene alle operazioni: *piano —*.
operàto A *part. pass. di operare; anche agg.* **1** Di persona che è stata sottoposta a intervento chirurgico. **2** Detto di tessuto a disegni non stampati ma ottenuti con l'intreccio di fili | Detto di carta, cuoio o altro materiale, lavorato a disegni in rilievo. **B** *s. m.* **1** Opera, azione, comportamento: *render conto del proprio —*. **2** Chi è stato sottoposto a intervento chirurgico.
operatóre A *agg.* (*f.* -*trice*) Che opera: *carità operatrice.* **B** *s. m.* **1** Chi agisce, fa q.c.: *— d'inganni.* **2** (*med.*) Chirurgo. **3** Chi è addetto al funzionamento, alla manovra, all'utilizzazione di macchine, impianti, congegni e sim.: *— televisivo, cinematografico* | Tecnico addetto al funzionamento di un calcolatore elettronico. **4** Chi presta la propria opera in un particolare settore: *— sanitario, scolastico* | *— economico*, chi interviene sul mercato come venditore o compratore per conto proprio o altrui. **5** (*mat.*) Simbolo matematico che indica un'operazione su un numero o grandezza.
operatòrio *agg.* Relativo a un'operazione chirurgica: *letto, tavolo —* | *Intervento —*, operazione chirurgica. [→ ill. *medicina e chirurgia*]
operazióne *s. f.* **1** (*lett.*) Realizzazione: *— manuale.* **2** Azione che si prefigge uno scopo, che tende a produrre un effetto preciso: *— bancaria.* **3** Intervento chirurgico. **4** (*mil.*) Insieme di attività e avvenimenti militari, sia in periodo bellico sia in tempo di pace | *Zona di —*, territorio in cui si svolgono operazioni belliche. **5** (*est.*) Serie di azioni o di iniziative coordinate di vasta portata: *— regalo.* **6** (*mat.*) Processo di natura determinata che, da uno o più enti noti, permette di ottenerne un altro | *Operazioni fondamentali dell'aritmetica*, addizione, sottrazione, moltiplicazione, divisione su numeri. [→ ill. *ufficio*]
opèrcolo *s. m.* **1** (*bot.*) Coperchio di alcune capsule, che cade con la deiscenza | Lamina che chiude gli aschi | Membrana che chiude l'urna dei muschi. **2** (*zool.*) Lamina ossea che nei pesci protegge la camera branchiale | Struttura cerea che chiude la celletta di un favo. [→ ill. *ape, zoologia*]
operétta *s. f.* **1** *Dim. di opera.* **2** Componimento letterario di breve estensione, in prosa o in versi. **3** Genere di teatro musicale di contenuto leggero e frivolo, costituito da dialoghi alternati a parti cantate, sorto nel XIX sec. | (*est.*) *Da —*, detto di avvenimento frivolo o di personaggio privo di serietà e dignità: *matrimonio da —*; *principe*

da —.

operettista *s. m. e f.* (*pl. m. -i*) Chi compone operette musicali.

operettistico *agg.* (*pl. m. -ci*) **1** Dell'operetta musicale. **2** (*fig., spreg.*) Frivolo, fatuo.

operista *s. m. e f.* (*pl. m. -i*) Chi compone opere musicali.

operistico *agg.* (*pl. m. -ci*) Dell'opera musicale.

operosità *s. f.* L'essere operoso; SIN. Attività, laboriosità; CONTR. Oziosità.

operóso *agg.* **1** Che svolge il proprio lavoro con impegno costante: *città operosa.* **2** (*lett.*) Che richiede lavoro, fatica: *studi operosi.*

opificio *s. m.* Stabilimento industriale.

opilióne *s. m.* Animale degli Aracnidi molto simile al ragno, ma con cefalotorace e addome riuniti in un unico corpo tondeggiante, con zampe esili e lunghissime, diffuso spec. nelle caverne. [→ ill. *animali* 4]

opìmo *agg.* **1** (*lett.*) Grasso, pingue. **2** (*lett.*) Copioso, ricco | *Spoglie opime*, ricco bottino di guerra, spec. le spoglie del re nemico vinto da un condottiero romano.

opinàbile *agg.* Che comporta un'opinione personale, soggettiva: *una soluzione* — | Discutibile: *materia* —.

opinàre *v. tr. e intr.* (*aus. avere*) (*lett.*) Essere di una certa idea e manifestarla: *alcuni di noi opinano che si debba cambiare idea*; SIN. Ritenere, supporre.

opinióne *s. f.* **1** Idea o convincimento soggettivo: *è mia precisa — che tu stia sbagliando* | *Essere dell'— di*, pensare di | *È — che*, si crede, si pensa | *Parlare per* —, secondo proprie congetture; SIN. Parere. **2** Considerazione o stima sia pubblica che privata: *avere buona, cattiva — di qc.* | *Avere grande — di sé*, stimarsi oltremodo | *Godere buona* —, essere stimato | *L'— corrente*, dominante, generale | *L'— pubblica, la pubblica* —, il giudizio della maggioranza dei cittadini.

òp là o *hòp là*, (*raro*) *hoplà inter.* Si usa come incitamento a compiere un salto o come voce ritmica con cui se ne accompagna l'esecuzione.

oplìte o *oplita s. m.* (*pl. -i*) Nell'antica Grecia, soldato di fanteria provvisto di armi pesanti.

opòssum *s. m.* Mammifero dei Marsupiali, con coda prensile, arti brevi, bellissima pelliccia grigio-chiara. [→ ill. *animali* 15]

opoterapìa *s. f.* Cura basata sulla somministrazione di estratti di organi animali, spec. di ghiandole endocrine.

oppiàceo *agg.* Che contiene oppio o suoi derivati.

oppiàre *v. tr.* (*io òppio*) **1** Mescolare con oppio: — *il vino.* **2** Drogare qc. somministrandogli oppio.

oppiàto **A** *part. pass. di oppiare; anche agg.* Mescolato con oppio. **B** *s. m.* Preparato farmaceutico contenente oppio.

òppio *s. m.* Droga contenente numerosi alcaloidi con proprietà ipnotiche e stupefacenti, costituita dal latice che cola da incisioni praticate nelle capsule immature del papavero bianco.

oppiòmane *s. m. e f.* Chi ingerisce o fuma abitualmente l'oppio.

oppiomanìa *s. f.* (*med.*) Vizio di ingerire o fumare oppio | Demenza dei fumatori d'oppio.

opponènte **A** *part. pres. di opporre; anche agg.* Che oppone. **B** *s. m. e f.* **1** Chi in dispute, discussioni e sim., è di parere contrario alle tesi propugnate dai più. **2** Chi fa opposizione.

opponìbile *agg.* Che si può opporre.

oppórre **A** *v. tr.* (*coniug. come porre*) **1** Addurre, porre o presentare contro: — *ragioni, argomenti*; *oppose un netto rifiuto alla proposta.* **2** Mettere o mandare contro qc. | — *il petto ai nemici*, combatterli a viso aperto. **3** Innalzare o presentare per impedire, ostacolare e sim.: — *una feroce resistenza.* **B** *v. rifl.* **1** Fare opposizione, con gli atti o con le parole: *opporsi al nemico.* **2** (*raro*) Essere o stare di fronte: *il pollice si può — alle altre dita.*

opportunaménte *avv.* Nel modo e nel tempo opportuni.

opportunismo *s. m.* Comportamento per cui si agisce senza tener conto di principi o ideali, adattandosi alla situazione o alle esigenze presenti in modo da trarne il massimo utile.

opportunista *s. m. e f.* (*pl. m. -i*) Chi agisce con opportunismo.

opportunìstico *agg.* (*pl. m. -ci*) Di, da opportunista.

opportunità *s. f.* **1** L'essere opportuno. **2** Circostanza favorevole, luogo e tempo adatto: *cogliere l'—*; *approfittare dell'—*; *avere il senso dell'—*; SIN. Occasione.

opportùno *agg.* Adatto o conveniente a un certo momento, situazione, persona, necessità e sim.: *mezzi opportuni* | *A tempo* —, quando sarà il momento; SIN. Conveniente; CONTR. Inopportuno.

oppositóre *s. m.* (*f. -trice*) Chi fa opposizione, spec. sostenendo idee, principi, dottrine, scelte e sim., contrarie a quelle di un altro.

opposizióne *s. f.* **1** Posizione o situazione contraria, opposta, contrastante: *le nostre idee sono in netta* —. **2** (*filos.*) Relazione di esclusione tra due enunciati. **3** (*astron.*) Posizione di due astri le cui longitudini celesti differiscono di 180°. **4** Atteggiamento contrario, contrastante e sim.: *l'— della famiglia al loro matrimonio.* **5** (*polit.*) L'insieme e l'attività dei deputati appartenenti ai gruppi o partiti che avversano la linea di condotta del governo: *i deputati dell'—.* **6** (*dir.*) Atto con cui un soggetto manifesta una volontà di resistenza a un atto altrui tendendo a ostacolarne il compimento.

oppósto **A** *part. pass. di opporre; anche agg.* **1** Contrario: *idee, vedute opposte* | Posto di fronte, di contro: *il lato — della piazza.* **2** Messo di mezzo: *ostacoli opposti alla realizzazione di q.c.* **3** (*mat.*) Detto di un numero uguale a un altro in valore assoluto, ma di segno contrario. **4** (*bot.*) Detto di organo posto di fronte a un altro uguale o diverso: *foglie opposte.* **B** *s. m.* Cosa contraria: *accadde l'— di ciò che avevamo previsto* | *All'—*, al contrario, invece.

oppressióne *s. f.* **1** Imposizione di abusi, arbitri, maltrattamenti e sim.: *l'— degli invasori* | Condizione di chi è sottoposto a imposizioni, vessazioni e sim.: *liberare qc. dall'—*; SIN. Giogo. **2** (*fig.*) Sensazione sgradevole di peso o impedimento fisico | Impressione angosciosa.

oppressìvo *agg.* Che opprime: *caldo* —.

opprèsso *part. pass. di opprimere; anche agg. e s. m.* (*f. -a*) Che (o chi) è costretto a subire imposizioni, vessazioni e sim., da chi è più forte o più potente.

oppressóre *s. m.* Chi opprime con vessazioni d'ogni sorta.

opprimènte *part. pres. di opprimere; anche agg.* Che opprime | (*fig.*) Insopportabile: *persona* —.

opprìmere *v. tr.* (*pass. rem. io opprèssi o opprimèi, tu opprimésti; part. pass. opprèsso*) **1** Gravare in modo fastidioso (*anche fig.*): *un cibo che opprime lo stomaco*; *mille pensieri lo opprimono* | (*est.*) Estenuare: *il caldo mi opprime.* **2** Provocare disagio, angoscia e sim.: *discorsi che opprimono* | Sottoporre a vessazioni, tribolazioni, angustie: — *il popolo con imposte esose*; SIN. Tiranneggiare.

oppugnàre *v. tr.* **1** (*lett.*) Assaltare, attaccare | Assediare di viva forza. **2** (*fig.*) Contrastare con argomenti, motivi, prove e sim.: — *la dottrina degli avversari.*

oppugnazióne *s. f.* **1** (*lett.*) Assalto, attacco. **2** (*fig.*) Opposizione, obiezione.

oppùre *cong.* **1** O, o invece (con valore disgiuntivo): *vuoi farlo subito — preferisci rimandare?* **2** Se no, in caso contrario, altrimenti: *deve decidersi adesso — sarà troppo tardi.*

òpra V. *opera.*

opràre V. *operare.*

optàre *v. intr.* (*io òpto; aus. avere*) **1** Scegliere tra due possibili soluzioni, tra due vie e sim.: *optai per il liceo classico.* **2** (*borsa*) Acquistare con un'opzione.

optimum /*lat.* 'ɔptimum/ *s. m. inv.* Il massimo livello a cui si possa pervenire in un dato settore.

optional /*ingl.* 'ɔptʃənəl/ *s. m. inv.* (*pl. ingl. optionals* /'ɔptʃənəlz/) Accessorio che, in autoveicoli, imbarcazioni e sim., viene fornito su richiesta dell'acquirente, non essendo compreso nella dotazione di serie.

optometrìa *s. f.* (*med.*) Misurazione dell'acuità visiva.

optòmetro *s. m.* (*med.*) Strumento per l'optometria.

opulènto *agg.* **1** (*lett.*) Abbondante, dovizioso, ricco: *società opulenta.* **2** (*fig.*) Eccessivamente carico od ornato: *stile* —.

opulènza *s. f.* L'essere opulento.

opùscolo *s. m.* **1** Libro di poche pagine, gener. non più di 80, di carattere erudito o di divulgazione pubblicitaria. **2** (*raro*) Breve opera.

opzionàle *agg.* Affidato alla libera scelta.

opzióne *s. f.* Libera scelta fra due possibili soluzioni, alternative e sim.: *esercitare l'–* | *Diritto di –*, diritto di prelazione degli azionisti ad acquistare entro un tempo determinato un certo numero di nuove azioni.

ór avv. Forma tronca di *ora* (2).

óra (1) *s. f.* **1** Ventiquattresima parte del giorno solare medio | *– locale*, riferita al meridiano del luogo che si considera | *– civile*, tempo medio del meridiano centrale del fuso orario in cui si trova l'osservatore | *– legale*, ora media determinata dal governo per ogni nazione, anticipando gener. di un'ora su quella civile spec. nei mesi estivi. **2** Periodo di tempo di 60 minuti, corrispondente alla ventiquattresima parte del giorno: *un'– di sole* | *Un'– d'orologio*, esatta e intera | *Segnare, battere, suonare le ore*, di orologio o altro strumento che misuri il tempo | *La lancetta delle ore*, in un orologio, quella che indica le ore, cioè la più corta | *– lavorativa*, periodo di tempo riconosciuto legalmente, equivalente a un'ora ai fini della retribuzione | *Pagare a –, a ore*, un tanto per ogni ora di lavoro | *Essere a un'– di cammino, d'auto* e sim., distare tanti chilometri da un luogo quanti se ne possono percorrere in un'ora | (*est.*) Parte della giornata: *le prime ore del giorno*; *che – è?* | *A tarda –*, tardi | *L'ultima –*, quella del tramonto o, detto di persona, quella della morte | *Ore piccole*, da mezzanotte alle tre circa del mattino | *Fare le ore piccole*, andare a letto tardi | *Non avere – fissa*, di persona che non rispetta un preciso orario. [→ ill. *orologio*] **3** Momento: *l'– della rivolta* | *Non veder l'–*, attendere con ansia un avvenimento previsto e gradito | *È giunta l'–*, è arrivato il momento | *All'ultima –*, all'ultimo momento | *Notizie, avvenimenti* e sim. *dell'ultima –*, recentissimi | *Di – in –*, da un momento all'altro | *Minuti che paiono ore*, momenti che sembrano lunghissimi a chi li vive | *L'– X*, il momento in cui q.c. ha inizio | *L'– di punta*, di maggior traffico, affollamento e sim. | Tempo: *è – di partire* | *Ogni –*, sempre, di continuo | *Metterci un'–, per fare o dire q.c.*, impiegare troppo tempo. [→ ill. *posta*] **4** (*relig.*) *– canonica*, ciascuna delle ore destinate agli atti liturgici; (*est., fig.*) l'ora destinata al pranzo; (*est.*) il momento opportuno | (*est.*) La preghiera da recitarsi in determinate ore | *Libro d'ore*, contenente le orazioni proprie delle varie ore.

óra (2) ***A*** avv. (troncato in *or* in alcune loc. e nell'uso lett. e poet.) **1** In questo momento, adesso: *– non mi è possibile uscire* | Nel tempo, nell'epoca presente: *– tutto sembra più facile che nel passato* | Poco fa: *l'ho lasciato –; ho finito or –* | Fra poco, tra un attimo: *– vengo!* | *E –?*, e adesso?, e a questo punto? | *Per –*, per il momento: *grazie, per –* | *– come –*, date le circostanze, considerata la situazione | *D'– in poi, d'– innanzi, d'– in avanti*, a partire da questo momento | *Fin d'–, sin d'–*, subito, fin da questo istante | *Prima d'–*, prima di questo momento | *Or è un anno*, è passato un anno | *Un anno or sono*, un anno fa. **2** (*correl.*) Un momento, ... un altro momento: *– piange, – ride.* ***B*** cong. **1** Ma, invece (con valore avversativo): *tu credi a queste storie, – io ti dimostrerò che sono assurdità.* **2** Dunque, allora: *– avvenne che i due si incontrarono.* ***C*** nella loc. cong. *– che*, adesso che (introduce una prop. temp. o caus. con il v. all'indic.): *– che ho visto, ti do ragione.* [→ tav. *proverbi* 244]

oràcolo *s. m.* **1** Nelle antiche religioni mediterranee, responso, spesso in forma breve e ambigua, che davano gli dei, interrogati a scopo divinatorio | (*est.*) La divinità che concedeva l'oracolo: *– di Apollo.* **2** (*fig., iron.*) Responso sentenzioso di persona che si ritiene molto saggia e sapiente | (*est.*) Persona che dà questo responso.

òrafo ***A*** *s. m.* **1** Artista o artefice che esegue lavori di oreficeria. [→ ill. *orafo e argentiere*] **2** (*lett.*) Orefice. ***B*** agg. Di orefice od oreficeria: *arte orafa.*

oràle ***A*** agg. **1** Della bocca: *cavità –* | *Per via –*, per bocca: *medicina da somministrarsi per via –.* **2** Espresso con le parole, con la voce: *testimonianza –* | *Tradizione –*, comunicata a voce da una generazione all'altra. ***B*** *s. m.* Prova d'esame consistente in una serie di domande cui si deve rispondere a voce.

oralità *s. f.* Carattere di ciò che è orale.

oralménte avv. A voce.

oramài V. *ormai.*

oràngo *s. m.* (*pl.* -*ghi*) Scimmia antropomorfa di Borneo o Sumatra con lunghi arti anteriori, mantello bruno rossiccio, faccia circondata, nei maschi, da due cuscinetti adiposi laterali, onnivora. [→ ill. *animali* 21]

orangutàn o *orangutàno* *s. m.* (*zool.*) Orango.

oràre *v. tr. e intr.* (*io òro; aus. avere*) (*lett.*) Pregare.

oràrio ***A*** agg. **1** Che si riferisce all'ora, alle ore o al tempo in generale: *tabella oraria* | *Mutazioni orarie*, che avvengono di ora in ora | *Velocità oraria*, riferita all'unità di tempo di un'ora | *Segnale –*, mediante il quale si comunica, spec. con la radio, una determinata ora. **2** Che si verifica ogni ora | Che è calcolato a ore: *paga oraria.* ***B*** *s. m.* **1** Distribuzione organica di una serie di operazioni in un certo periodo di tempo: *rispettare l'–* | Tempo previsto per l'inizio o lo svolgimento di q.c.: *l'– delle manifestazioni* | *– elastico, flessibile*, orario di lavoro in cui i dipendenti possono scegliere il momento di entrata e quello di uscita, entro certi limiti fissati dall'azienda | *In –*, rispettando la scadenza di tempo stabilita. **2** Tabella che indica sistematicamente lo svolgimento di determinate attività in rapporto al tempo previsto per le stesse: *l'– dei treni.* [→ ill. *strada*]

oràta *s. f.* Pregiato pesce osseo, marino, con i fianchi dorati a strisce scure, vorace; predilige fondali ricchi di vegetazione. [→ ill. *animali* 8]

oratóre *s. m.* (*f.* -*trice*) Persona particolarmente eloquente, parlatore abile ed efficace | Chi tiene un discorso in pubblico.

oratòria *s. f.* Arte e tecnica del parlare in pubblico | Insieme degli oratori di una data epoca: *l'– latina.*

oratoriàle agg. (*mus.*) Dell'oratorio.

oratòrio (1) agg. **1** Dell'oratore, dell'eloquenza: *arte oratoria.* **2** (*est.*) Retorico, ampolloso: *stile –.*

oratòrio (2) *s. m.* **1** Edificio o piccolo edificio, spesso annesso a chiese o a conventi, per le riunioni religiose: *l'– di S. Bernardino.* **2** Presso molte chiese parrocchiali, edificio lasciato ai giovani per attività ricreative. **3** (*mus.*) Composizione di musica o poesia di soggetto sacro, senza azione scenica, per chiesa e anche per teatro.

orazióne *s. f.* **1** Preghiera | *– domenicale*, il paternostro.

strumenti dell'orafo e dell'argentiere

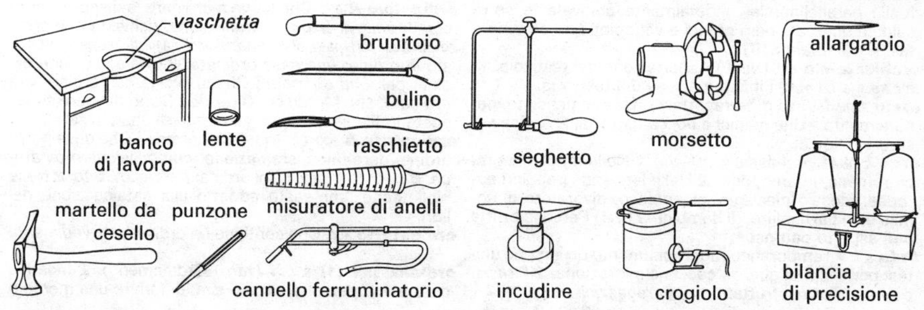

2 Discorso di stile eloquente, tenuto in pubblico: – *politica, accademica* | – *funebre,* elogio in onore di un defunto.

orbàce *s. m.* *1* Tessuto di lana grezza fatto a mano, tipico della Sardegna, usato spec. per i costumi locali. *2* La divisa fascista confezionata in tale tessuto nero: *indossare l'–.*

orbàre *v. tr.* (*io òrbo*) (*lett.*) Rendere per sempre privo di q.c.

òrbe *s. m.* *1* (*lett.*) Cerchio, circolo, orbita. *2* Sfera, globo | *L'– terracqueo, terrestre,* la Terra.

orbène *cong.* Dunque (con valore concl. o esortativo, sempre al principio di frase): –, *vuoi deciderti?*

orbettìno *s. m.* Rettile con corpo cilindrico, privo di zampe, rivestito di squamette molto lucide e brune, oviparo, innocuo.

orbicolàre *agg.* *1* Che ha forma di cerchio, di circolo: *muscolo – della bocca.* *2* Che si muove in circolo o che determina un movimento circolare.

òrbita *s. f.* *1* (*fis.*) Linea chiusa descritta da un punto: – *di un elettrone intorno al nucleo.* [→ ill. *nucleare*] *2* (*astron.*) Traiettoria descritta da un astro intorno a un altro | Traiettoria di un satellite artificiale intorno alla Terra, Luna o altro corpo celeste. *3* (*fig.*) Ambito, limite: *uscire dall'– della legalità.* *4* (*anat.*) Cavità piramidale nel cranio, che contiene l'occhio e i suoi annessi | *Avere gli occhi fuori dalle orbite,* (*fig.*) spalancati per meraviglia, ira o forte emozione in genere.

orbitàle *agg.* Relativo all'orbita: *velocità* – | Che è posto in un'orbita intorno a un corpo celeste: *stazione, base* –.

orbitàre *v. intr.* (*io òrbito; aus. avere*) (*astron.*) Descrivere un'orbita.

òrbo **A** *agg.* *1* (*lett.*) Privo. *2* Privo della vista: – *da un occhio* | (*est.*) Che vede poco o male. **B** *s. m.* (*f. -a*) *1* Persona priva della vista | *Botte da orbi,* violentissime e date alla cieca. *2* (*fig.*) Persona di scarsa intelligenza.

òrca *s. f.* *1* Grosso e massiccio mammifero dei Cetacei, con denti conici, appuntiti, comune nei mari freddi, voracissimo e feroce, aggredisce anche le balene. [→ ill. *animali* 16] *2* Favoloso mostro marino.

orchèstica *s. f.* Arte della danza.

orchèstra *s. f.* *1* Nel teatro classico greco e romano, area trapezoidale adibita alle danze del coro. [→ ill. *teatro*] *2* Nei moderni teatri lirici, la parte della sala in cui sono sistemati gli strumentisti. [→ ill. *circo, teatro*] *3* Complesso di strumentisti che eseguono un'opera sinfonica o lirica: – *sinfonica, da camera.* [→ ill. *strumenti musicali*] *4* (*fig., scherz.*) Insieme di voci, rumori, odori, spec. poco gradevoli: *senti che –!*

orchestràle **A** *agg.* Che concerne l'orchestra. **B** *s. m. e f.* Chi suona in un'orchestra.

orchestràre *v. tr.* (*io orchèstro*) *1* Scrivere le parti dei vari strumenti che compongono l'orchestra. *2* (*fig.*) Organizzare q.c. predisponendone le modalità di svolgimento.

orchestrazióne *s. f.* (*mus.*) Composizione delle parti dei vari strumenti musicali in un'orchestra | (*fig.*) Organizzazione, opportuna preparazione.

Orchidàcee *s. f. pl.* Famiglia di piante erbacee delle Ginandre, con fiore caratteristico, radici a tubero nelle specie terrestri e aeree nelle specie epifite. [→ ill. *piante* 15]

orchidèa *s. f.* Pianta delle Ginandre con radici tuberose, foglie parallelinervie, generalmente coltivata in serre calde e ricercata per i grandi e variopinti fiori ornamentali. [→ ill. *piante* 15]

orchiectomìa *s. f.* (*med.*) Asportazione del testicolo.

orchìte *s. f.* (*med.*) Infiammazione del testicolo.

órcio *s. m.* *1* Vaso di terracotta, con corpo panciuto, generalmente a due manici e bocca ristretta. *2* Antica misura per liquidi.

òrco *s. m.* (*f. orchéssa; pl. m. -chi*) *1* Nella mitologia greco-romana, inferno, ade. *2* Nelle leggende popolari europee, mostro malvagio, gigantesco, divoratore di uomini e, in particolare, di bambini. *3* (*fig.*) Persona brutta o di aspetto pauroso.

òrda *s. f.* *1* Temporaneo raggruppamento di persone unitesi per scopi di guerra, caccia o migrazione. *2* (*scherz.* o *spreg.*) Torma, frotta: *un'– di ragazzini.*

ordàlia o *ordalìa* *s. f.* Nel mondo medievale, prova fisica cruenta, in uso spec. presso i popoli germanici, a cui era sottoposto un accusato e il cui esito veniva ritenuto un responso divino sulla sua innocenza o colpevolezza.

ordàlico *agg.* (*pl. m. -ci*) Dell'ordalia.

ordìgno *s. m.* *1* Arnese o congegno piuttosto complesso | (*est.*) Oggetto strano, inadatto al luogo o al momento. *2* Oggetto esplosivo. *3* (*fig.*) Maneggio, intrigo.

ordinàbile *agg.* Che si può ordinare.

ordinàle **A** *agg.* (*mat.*) Detto di numero che indica la posizione d'un elemento in un insieme ben ordinato | (*ling.*) *Aggettivi numerali ordinali,* gli aggettivi che esprimono il posto, l'ordine di q.c. in una serie. **B** *s. m.* *1* (*mat.*) Numero ordinale | (*ling.*) Aggettivo numerale ordinale. *2* Rituale della chiesa anglicana.

ordinaménto *s. m.* *1* Disposizione ordinata, sistema coerente: *l'– del mondo.* *2* Disposizione o complesso di disposizioni che regolano q.c.: – *scolastico, giudiziario.*

ordinàndo *s. m.* Chi deve ricevere gli ordini sacri.

ordinànte **A** *part. pres. di ordinare; anche agg.* (*raro*) Che ordina. **B** *s. m. e f.* *1* (*raro*) Chi ordina, provvede. *2* Chi conferisce gli ordini sacri.

ordinànza *s. f.* *1* Tipo di provvedimento giurisdizionale che l'autorità giudiziaria emana nel corso del processo civile o penale. *2* Atto normativo emanato da un'autorità amministrativa: – *prefettizia.* *3* Nell'ambiente militare, prescrizione | *Marciare in –,* in schiera | *Ufficiale d'–,* al diretto servizio di un generale o ammiraglio (mansione oggi abolita) | *D'–,* regolare | *Fuori –,* irregolare.

ordinàre **A** *v. tr.* (*io órdino*) *1* Mettere in ordine, in regola, in assetto e sim.: – *la biblioteca, i libri sullo scaffale.* *2* (*lett.*) Disporre o predisporre a un fine. *3* Comandare: *gli ordinarono di accertare le responsabilità* | – *una medicina,* prescriverla | Disporre: *Dio ordina e provvede* | Commissionare: – *una partita di caffè* | In locali pubblici, chiedere ciò che si desidera consumare: – *un caffè, una birra.* *4* Conferire gli ordini sacri: *lo hanno ordinato sacerdote.* **B** *v. rifl. e intr. pron.* Disporsi secondo un certo ordine: *i soldati si ordinarono in due file.*

ordinariaménte *avv.* Di solito | Comunemente | Nei modi consueti: *agire* –.

ordinariàto *s. m.* *1* Grado di professore ordinario nei ruoli dello Stato. *2* Ufficio di vescovo.

ordinàrio **A** *agg.* *1* Che è e rimane nell'ambito della norma, della consuetudine: *faccende, spese ordinarie* | *Sedute, riunioni ordinarie,* secondo l'ordine prestabilito; SIN. Normale, solito; CONTR. Straordinario. *2* Che non ha particolare valore: *abito* –; *materiale* –; SIN. Scadente | Di persona rozza e grossolana: *che modi ordinari!*; SIN. Volgare. *3* Che è parte del ruolo organico: *assistente universitario* –; *professore* –. **B** *s. m. solo sing.* Consuetudine, normalità: *problemi che escono dall'–* | *Per l'–,* di solito | *D'–,* normalmente. **C** *s. m.* *1* Professore di ruolo. *2* Vescovo di una diocesi: – *militare.*

ordinàta (1) *s. f.* Sistemazione, spec. sommaria, in un assetto razionale: *dare un'– alla casa.*

ordinàta (2) *s. f.* *1* In un sistema di riferimento cartesiano, quello degli assi che è, o è considerato, verticale. *2* (*aeron.*) Elemento trasversale della struttura di una fusoliera, scafo e sim., con funzioni di forma e di forza. *3* (*mar.*) Ciascuno dei pezzi di costruzione a guisa di costole posti trasversalmente alla chiglia. [→ ill. *marina*]

ordinatàrio *s. m.* (*f. -a*) Beneficiario di una cambiale.

ordinatìvo **A** *agg.* Che serve a ordinare, a disporre: *principi ordinativi.* **B** *s. m.* Commissione, richiesta di merci.

ordinàto *part. pass. di ordinare; anche agg.* *1* Messo, disposto in ordine: *una casa ordinata.* *2* Che agisce con ordine: *persona ordinata* | Che si svolge con ordine: *vita ordinata;* SIN. Metodico. *3* (*arald.*) Detto di figure simili, poste in fila secondo l'andamento di una pezza.

ordinatóre **A** *agg.* (*f. -trice*) Che ordina | Che deve porre ordine, dare una sistemazione: *commissione ordinatrice.* **B** *s. m.* (*f. -trice*) *1* Chi ordina: *l'– dello Stato.* *2* Nelle biblioteche, impiegato addetto alla catalogazione dei libri.

ordinatòrio *agg.* Che contiene un ordine: *provvedimento* –.

ordinazióne (1) *s. f.* *1* (*raro*) Ordinamento. *2* Incarico dato a una persona, ditta e sim. di fornire una merce o eseguire un lavoro: *lavora solo su —*.

ordinazióne (2) *s. f.* Conferimento dell'ordine sacro.

órdine *s. m.* **1** Assetto, disposizione o sistemazione razionale e armonica di q.c. nello spazio o nel tempo secondo esigenze pratiche o ideali: *l'— delle pagine, delle parti di un discorso*; *l'— dello Stato*; *l'— dei fatti* | *Dire, esporre con —*, adottando una certa disposizione o successione di cose e fatti | *Persona d'—*, che è ordinata | *Ritirarsi in buon —*, di truppe che si ritirano senza sbandamenti; (*fig.*) di persona che recede spontaneamente da un proposito | (*est.*) Condizione di ciò che è in regolare e razionale assetto: *mettere in —*; *l'— naturale delle cose* | *Essere in —*, di cose ordinate o di persone acconciate con proprietà | *— pubblico*, il normale svolgimento della vita sociale, nel rispetto delle leggi e delle istituzioni dello Stato | (*est.*) Criterio che ordina o coordina: *procedere per — gerarchico*; *esporre i fatti in — cronologico* | *Fuori dell'—*, di ciò che eccede la norma. **2** (*mil.*) Ordinanza, formazione, disposizione di forze: *in — sparso*; *— di battaglia*. **3** Complesso, serie o sistema di cose uguali e non (*anche fig.*): *il teatro è esaurito in ogni — di posti* | *— architettonico*, fila di colonne sorreggenti la trabeazione, le cui proporzioni e decorazioni caratterizzano uno stile | (*est.*) Successione, classifica: *l'— d'arrivo dei corridori*. [→ ill. *architettura*] **4** Ceto, classe: *l'— dei magistrati* | Categoria professionale e sue eventuali realizzazioni associative: *l'— degli avvocati, dei medici, degli ingegneri*. **5** Associazione di religiosi che pronunciano voti solenni di povertà, castità, obbedienza: *l'— dei benedettini*. **6** (*zool., bot.*) Raggruppamento sistematico costituito da una o più famiglie tra loro affini. **7** (*fig.*) Carattere, natura, indole: *problemi d'— pratico* | (*fig.*) Livello, importanza, qualità | *Di prim'—*, di cosa eccellente | *Di second'—*, secondario, scadente per qualità | *Di terz'—*, di cattiva qualità | *Di quart'—*, spec. di alberghi o locali pubblici di bassissimo livello. **8** Comando orale o scritto: *— dell'autorità*; *ubbidire agli ordini* | *— di pagamento*, mandato | *Impiegato d'—*, che è tenuto solo a eseguire gli ordini dei superiori | *Fino a nuovo —*, fino a che non saranno date nuove direttive | *Ai vostri ordini*, a vostra completa disposizione | Disposizione, direttiva: *ho l'— di non lasciare passare nessuno* | *— del giorno*, elenco degli argomenti di cui si tratterà in una data seduta; foglio giornaliero compilato da un comandante militare con notizie varie; SIN. Intimazione. **9** Commissione, ordinazione | *All'—*, detto di titolo di credito trasferibile per girata. **10** Nel cattolicesimo e in alcune altre confessioni cristiane, sacramento che conferisce la grazia e il carattere sacerdotale | Ogni singolo grado della gerarchia cattolica: *ordini minori*; *ordini maggiori*.

ordire *v. tr.* (*io ordisco, tu ordisci*) **1** Disporre su un telaio i fili dell'ordito. **2** Porre mano a canestri, ceste, cavi, corde, distendendo in ordine i fili. **3** (*fig.*) Cominciare a disporre nelle sue linee principali: *— la trama di un racconto*. **4** (*fig.*) Preparare e organizzare in segreto q.c. di illecito, dannoso e sim.: *— una congiura*; SIN. Concertare. [→ tav. *proverbi* 255]

ordito **A** *part. pass. di ordire; anche agg.* **1** Disposto sul telaio. **2** (*fig.*) Iniziato. **3** (*fig.*) Tramato, architettato. **B** *s. m.* Insieme dei fili destinati a formare la larghezza o altezza di un tessuto, tesi orizzontalmente sul telaio. [→ ill. *tessuto*]

orditóio *s. m.* Macchina che prepara l'ordito. [→ ill. *tessuto*]

orditóre *s. m.* (*f. -trice*) **1** Operaio tessile addetto all'orditura. **2** (*fig.*) Chi trama inganni e sim.

orditùra *s. f.* **1** Operazione dell'ordire: *— della tela* | Ordito. **2** (*fig.*) Struttura fondamentale di un'opera: *l'— del poema*. **3** (*fig.*) Trama, macchinazione.

orèade *s. f.* Nella mitologia greco-romana, ninfa dei monti.

orécchia *s. f.* **1** Orecchio. **2** (*fig.*) Cosa prominente o sporgente, di forma simile a un orecchio: *fare le orecchie alle pagine*. **3** Ognuna delle due caratteristiche aperture, a forma di ʃ o S, sulla cassa armonica degli strumenti ad arco, ai lati del ponticello. [→ ill. *strumenti musicali*]

orecchiàbile *agg.* Detto di motivo musicale che si può imparare o ripetere facilmente.

orecchiànte *agg.; anche s. m. e f.* Detto di chi parla di q.c. senza conoscerla seriamente | Detto di chi giudica in base a nozioni o notizie superficiali.

orecchiàre *v. intr.* (*io orécchio; aus. avere*) (*raro*) Porgere l'orecchio per cercare d'ascoltare.

orecchiétta *s. f.* **1** *Dim. di orecchia.* **2** (*anat.*) Atrio del cuore: *— destra, sinistra*. **3** Tipo di pasta alimentare simile a un piccolo orecchio, specialità pugliese.

orecchino *s. m.* Monile che si porta alle orecchie. [→ ill. *gioielli*]

orécchio *s. m.* (*pl. orécchi m., orécchie f.* solo nei sign. 1 e 2 e in alcune loc. fig.) **1** (*anat.*) Organo di senso recettore dei suoni: *gli esseri umani hanno due orecchie*; *essere sordo di, da, un —* | (*fig.*) *Stare con l'— teso*, essere intento ad ascoltare | (*fig.*) *Aprir bene gli orecchi, le orecchie*, stare molto attenti | (*fig.*) *Porgere l'—*, dare ascolto | (*fig.*) *Dare, prestare —*, ascoltare con attenzione | *Turarsi le orecchie, gli orecchi*, chiuderli per non sentire e (*fig.*) non voler ascoltare | (*fig.*) *Essere tutt'orecchi*, prestare estrema attenzione | *Sentirsi fischiare le orecchie*, avere la sensazione che altri stia parlando di noi | *Da questo — non ci sento*, non voglio sentir parlare di ciò | (*fig.*) *Mettere una pulce nell'—*, insinuare dubbi, sospetti e sim. | (*fig.*) *Entrare da un — e uscire dall'altro*, di cosa udita e subito cancellata dalla memoria | *Tirare gli orecchi, le orecchie a qc.*, (*fig.*) rimproverarlo aspramente | (*fig.*) *Fare orecchie da mercante*, fingere di non capire. [→ ill. *anatomia umana, zoologia*] **2** (*est.*) Udito: *essere debole d'—*; *suono gradito all'—* | *Duro d'—*, di persona sorda o che sente molto poco. **3** (*fig.*) Particolare sensibilità per la musica, capacità di sentirla e riprodurla esattamente | *Non avere —*, essere stonato | *Suonare, cantare a —*, senza conoscere la musica o senza leggerla. **4** (*per anton.*) Padiglione auricolare: *avere orecchie molto grandi*. **5** (*est.*) Oggetto, cosa la cui forma ricorda quella di un orecchio; SIN. Orecchia. [→ tav. *locuzioni* 101]

orecchióne *s. m.* **1** *Accr. di orecchio.* **2** Pipistrello con orecchie enormi. **3** (*med.*) *al pl.* (*pop.*) Parotite epidemica.

orecchiùto *agg.* **1** Che ha grandi orecchie: *coniglio, asino —*. **2** (*fig.*) Di persona molto ignorante.

oréfice *s. m.* **1** Chi compra e vende oggetti di oreficeria. **2** Artigiano che lavora i metalli preziosi traendone spec. gioielli.

oreficeria *s. f.* **1** Arte di lavorare metalli preziosi per farne oggetti di uso e di ornamento. **2** Negozio o laboratorio dell'orefice. **3** Insieme di oggetti d'oro o d'altro metallo.

oremus /*lat.* o'rɛmus/ *s. m. inv.* Nella liturgia delle chiese cristiane occidentali, ogni orazione che comincia con l'invito *preghiamo* | Momento della Messa in cui il sacerdote invita i fedeli alla preghiera.

òrfano *agg.; anche s. m.* (*f. -a*) Detto di chi è privo di uno o di entrambi i genitori, detto spec. di fanciulli.

orfanotròfio *s. m.* Istituto in cui vengono raccolti e allevati gli orfani.

òrfico **A** *agg.* (*pl. m. -ci*) **1** Di Orfeo: *inni orfici*. **2** Che si riferisce all'orfismo. **3** (*fig.*) Misterioso. **B** *s. m.* Chi è iniziato ai misteri orfici.

orfismo *s. m.* **1** Dottrina escatologica della Grecia antica e riti religiosi da essa derivati. **2** (*fig.*) Intensità lirica | *— della parola*, forza evocativa della parola.

orgàndi o **orgàndis** *s. m.* Organza.

organétto *s. m.* **1** *Dim. di organo.* **2** Strumento meccanico mobile, a canne o a corde percosse da martelletti, azionato da una manovella; SIN. Organino | (*pop.*) Armonica a bocca | (*pop.*) Fisarmonica.

orgànica *s. f.* Branca dell'arte militare che tratta i criteri per la raccolta e l'ordinamento del potenziale umano ai fini dell'organizzazione bellica delle forze armate e del Paese.

organicismo *s. m.* Ogni dottrina filosofica basata su analogie tra mondo fisico e organismi viventi.

organicità *s. f.* L'essere organico | Connessione funzionale delle varie parti di un tutto.

orgànico **A** *agg.* (*pl. m. -ci*) **1** Che dispone di organi, che è costituito da un insieme di organi: *struttura organica* | (*est.*) Che si riferisce al mondo animale o vegetale: *regno —*; *natura organica* | *Composto —*, costituito essenzialmente da carbonio e idrogeno | *Chimica organica*, riguardante lo studio di quasi tutti i composti del carbonio; CONTR. Inorganico. ***2*** Che si riferisce agli organi o agli organismi: *disfunzione organica*; CONTR. Funzionale. ***3*** (*fig.*) Formato di più elementi o parti coordinate a uno stesso fine: *complesso* —; *piano, progetto* — | (*est.*) Armonico, omogeneo: *la facciata costituisce un tutto — di elementi architettonici*; CONTR. Disorganico. ***4*** (*ling.*) Detto di forma che ha incorporato in sé il grado comparativo o superlativo. ***5*** (*mil.*) Che si riferisce alla struttura di un'unità, di un reparto regolare e sim.: *tabella organica*. ***B*** *s. m.* Complesso di persone addette a determinate attività, funzioni e sim., in uffici, aziende, amministrazioni e sim. | (*mil.*) Specificazione qualitativa e quantitativa del personale, delle armi, dei materiali e dei mezzi che costituiscono un'unità.

organigràmma *s. m.* (*pl. -i*) Rappresentazione grafica delle funzioni degli organi di un'azienda con riferimento alla loro gerarchia.

organino *s. m.* ***1*** *Dim. di organo.* ***2*** Organetto.

organismo *s. m.* ***1*** (*biol.*) Essere vivente pluricellulare, in quanto costituito da organi: — *vegetale, animale* | (*per anton.*) Corpo umano. ***2*** Insieme di elementi o strutture organiche od organizzate (*anche fig.*): *gli organismi amministrativi.*

organista *s. m. e f.* (*pl. m. -i*) Suonatore d'organo.

organistico *agg.* (*pl. m. -ci*) (*mus.*) Dell'organo o degli organisti: *concerto* —.

organizzàre ***A*** *v. tr.* Ordinare, disporre, preparare. ***B*** *v. rifl.* ***1*** (*biol.*) Formarsi, svilupparsi nel complesso dei propri organi in qualità di essere vivente. ***2*** (*fig.*) Disporsi o predisporsi a o per q.c.

organizzativo *agg.* Atto a organizzare | Relativo a organizzazione.

organizzàto *part. pass. di organizzare; anche agg. e s. m.* Che (o chi) fa parte di un'organizzazione.

organizzatóre *s. m.; anche agg.* (*f. -trice*) Chi (o che) organizza.

organizzazióne *s. f.* ***1*** Predisposizione delle misure opportune per il buon funzionamento, andamento e sim. di q.c. ***2*** Complesso organizzato di persone e beni, dotato o no di personalità giuridica: *organizzazioni sindacali, politiche, economiche*; SIN. Associazione.

òrgano *s. m.* ***1*** (*anat.*) Ogni parte del corpo umano, animale, o vegetale, formata di più tessuti, con funzione particolare e definita: — *di senso*; *gli organi della locomozione.* ***2*** (*est.*) Parte che in un complesso adempie una precisa funzione coordinata con quella delle altre parti: *gli organi del motore.* [→ ill. *automobile*] ***3*** Centro di funzioni dello Stato o di altro ente pubblico o privato, che esplica attività direttamente imputabili all'ente di cui è parte: — *collegiale*; — *di controllo*; — *giudiziario*; *organi direttivi.* ***4*** (*fig.*) Pubblicazione periodica che espone e sostiene le idee di gruppi o correnti politiche, letterarie e sim.: *è il principale — dell'opposizione.* ***5*** Strumento musicale costituito da una serie di canne metalliche verticali in cui viene immessa aria da un mantice e funzionante mediante serie di tastiere e di pedali | — *elettrico, Hammond*, con tastiere che comandano suoni generati da frequenze elettriche. [→ ill. *strumenti musicali, religione*]

organogènesi *s. f.* (*biol.*) Studio della formazione embrionale e dello sviluppo dei vari organi.

organògeno *agg.* (*geol.*) Di origine organica: *sedimenti organogeni.*

organografia *s. f.* (*biol.*) Descrizione morfologica o strutturale di organi di animali o di piante.

organolèttico *agg.* (*pl. m. -ci*) Detto delle proprietà di una sostanza percepibili dai nostri sensi | *Esame* —, per valutare la qualità degli alimenti, relativamente al sapore, all'odore, al colore e sim.

organologia *s. f.* (*pl. -gie*) ***1*** Branca dell'anatomia che studia la struttura e la funzione degli organi. ***2*** Studio degli strumenti musicali.

organometàllico *agg.* (*pl. m. -ci*) Di organometallo.

organometàllo *s. m.* (*chim.*) Composto nel quale un atomo di carbonio di un radicale organico è direttamente unito a un metallo.

organopatia *s. f.* (*med.*; *gener.*) Malattia di un organo.

organopatismo *s. m.* (*med.*) Dottrina che spiega le malattie come lesioni di organi.

orgànulo *s. m.* (*anat.*) Struttura ben definita, di piccole dimensioni, di un organismo.

orgànza *s. f.* Tessuto leggero di cotone, più fino della mussola, usato spec. per abiti femminili e guarnizioni.

organzino *s. m.* Filo di seta formato da due o più fili ritorti dapprima uno per uno e poi assieme.

orgàsmo *s. m.* ***1*** Stato di massima eccitazione nel coito. ***2*** (*est.*) Stato di agitazione; SIN. Eccitazione.

òrgia *s. f.* (*pl. -ge*) ***1*** Nel mondo greco-romano, festa in onore di Dionisio o Bacco, di Orfeo, di Cibele e di altre divinità misteriche. ***2*** Riunione, festa sfrenata in cui avvengono rapporti sessuali anche fra più persone. ***3*** (*fig.*) Grande quantità, spec. di sensazioni molto intense: *un'— di colori, di suoni.*

orgiàsta *s. m. e f.* (*pl. m. -i*) Chi partecipa o ama partecipare a orge.

orgiàstico *agg.* (*pl. m. -ci*) Di orgia.

orgóglio *s. m.* ***1*** Esagerata valutazione dei propri meriti e qualità; SIN. Superbia; CONTR. Umiltà. ***2*** Coscienza e fierezza dei propri meriti | (*est.*) Argomento o ragione di vanto: *essere l'— della famiglia.*

orgoglióso *agg.* ***1*** Che è pieno d'orgoglio, fierezza o giusto vanto: *sono — di te.* ***2*** Che mostra orgoglio o profonda soddisfazione: *parole orgogliose.* ***3*** Altero, superbo; CONTR. Umile.

oricàlco *s. m.* (*pl. -chi*) Varietà di bronzo simile all'oro, composta principalmente di rame e di piccole quantità di stagno, piombo e zinco; SIN. Crisocalco.

orientàbile *agg.* Che si può orientare.

orientàle ***A*** *agg.* ***1*** Che è posto a oriente: *paesi orientali.* ***2*** Che proviene dai paesi dell'oriente; *perle orientali* | Proprio degli abitanti di tali paesi | *Chiesa* —, chiesa cattolica ortodossa. ***B*** *s. m. e f.* Abitante dei paesi orientali.

orientaleggiànte *agg.* Che inclina verso forme o caratteri orientali: *gusto* —.

orientalista *s. m. e f.* (*pl. m. -i*) Studioso di orientalistica.

orientalistica *s. f.* Complesso di discipline relative allo studio delle lingue, delle letterature e delle religioni orientali.

orientaménto *s. m.* ***1*** Determinazione della posizione rispetto ai punti cardinali | Collocazione in una certa direzione rispetto spec. ai punti cardinali: *l'— di un edificio* | *Senso di* —, capacità istintiva di orientarsi. ***2*** (*fig.*) Indirizzo: *scuole di — professionale* | — *scolastico, professionale*, complesso di prove attitudinali per individuare le doti di qc. in relazione alla scelta di una scuola o di un lavoro.

orientàre ***A*** *v. tr.* (*io oriènto*) ***1*** (*raro*) Rivolgere a oriente. ***2*** Situare in una certa posizione o direzione, avendo riguardo ai punti cardinali: *le finestre sono state orientate a sud.* ***3*** (*fig.*) Avviare a determinate scelte: *stiamo cercando di orientarlo verso un'occupazione.* ***B*** *v. rifl.* ***1*** Disporsi in un certo modo rispetto ai punti cardinali | (*est.*) Stabilire la propria esatta posizione (*anche fig.*): *non riesco a orientarmi*; SIN. Orizzontarsi. ***2*** (*fig.*) Indirizzarsi: *orientarsi verso un lavoro manuale.*

orientativo *agg.* Che ha la funzione di orientare (*spec. fig.*): *esame — delle attitudini di q.c.*

orientazióne *s. f.* Posizione rispetto spec. ai punti cardinali: *l'— di una piazza*; SIN. Orientamento.

orïènte o *Oriente* (nel sign. 2) *s. m.* ***1*** Parte del cielo dove sorge il Sole; SIN. Est, levante | (*est.*) Luogo a est rispetto a un altro. ***2*** L'insieme dei paesi asiatici, rispetto a quelli europei: *Medio, Estremo* —. ***3*** Zona dove opera una loggia massonica.

orifiàmma *s. f.* Gonfalone rosso con tre code o punte, bordato da una frangia verde e oro, anticamente insegna degli abati di St. Denis, poi dei re di Francia. [→ ill. *bandiera*]

orifizio *s. m.* ***1*** Angusta apertura, spec. di vasi, tubi e sim. ***2*** (*anat.*) Foro di entrata o di uscita di un organo canaliforme: — *anale.*

origano *s. m.* Pianta erbacea perenne delle Tubiflorali, mediterranea, pelosa, con infiorescenze rosee, aromatica e usata in culinaria. [→ ill. *piante* 12, *verdura*]

originàle ***A*** *agg.* ***1*** (*raro*) Proprio delle origini, avvenuto alle origini | *Peccato* —, quello della disobbedienza a Dio, compiuto da Adamo e da Eva e trasmesso a tutti gli uomini | *Edizione* —, la prima pubblicata, indipendentemente dal paese e dalla lingua. **2** Proprio dell'autore di un'opera e sim. | Scritto, composto o comunque realizzato direttamente dall'autore: *manoscritto* — | (*est.*) Proprio del luogo d'origine, di produzione: *seta indiana* —. **3** Che è nuovo e non si richiama a nulla di simile o di precedente: *teoria* — | (*est.*) Strano, stravagante: *un tipo — e un po' pazzo*; SIN. Bizzarro. ***B*** *s. m.* **1** Opera di mano dell'autore, da cui vengono tratte copie, riduzioni e sim.: *l'— è andato perduto* | (*est.*) Esemplare di atto o documento, redatto in forma e materia genuina da una cancelleria, da un ufficio o da un notaio. **2** Opera creata originariamente per le trasmissioni radiofoniche o televisive: — *televisivo* | L'opera letteraria rispetto a sue riduzioni o adattamenti filmici o teatrali. **3** Lingua originale. **4** Modello reale riprodotto in un'opera d'arte. ***C*** *s. m. e f.* Persona di abitudini strane, di comportamento o idee stravaganti.

originalità *s. f.* **1** L'essere originale. **2** Atto, comportamento da originale | Oggetto nuovo, stravagante e sim.; SIN. Singolarità, stravaganza.

originàre ***A*** *v. tr.* (*io origino*) Far nascere: *il suo intervento originò una serie di violenze*; SIN. Produrre. ***B*** *v. intr. e intr. pron.* (*aus. essere*) Essere cagionato, determinato: *la guerra originava da cause remote*; SIN. Dipendere.

originàrio *agg.* **1** Nativo di un luogo: *il gelso è — della Cina.* **2** Primitivo | Autentico: *testo* —. **3** Che dà o ha dato origine: *il suo paese* —.

origine *s. f.* **1** Momento o fase iniziale di q.c., prima apparizione di q.c.: *l'— del mondo* | *Risalire alle origini*, indagare sulla fase iniziale di q.c. | *In* —, al principio | *Aver* —, iniziare | *Dare* —, provocare, causare. **2** Punto in cui una cosa ha il suo inizio materiale: *l'— di un'arteria* | *L'— di un fiume*, la sua sorgente. **3** Provenienza, derivazione, discendenza: *certificato di* —; *l'— di una famiglia* | *Di dubbia* —, di ciò che non si sa da dove o da cosa provenga | *L'— delle parole*, la loro etimologia. **4** Insieme di elementi concreti o astratti da cui q.c. discende come conseguenza: *le origini del problema*; SIN. Cagione.

origliàre *v. tr. e intr.* (*io origlio; aus. avere*) Ascoltare di nascosto: — *i discorsi di qc.*; — *alla porta.*

orina o *urina s. f.* (*fisiol.*) Liquido giallastro prodotto dalla secrezione renale.

orinàle *s. m.* Recipiente usato per orinare.

orinàre o *urinàre v. intr. e tr.* (*aus. avere*) Emettere attraverso l'apparato urinario l'orina o altri secreti dal rene; SIN. Mingere.

orinatóio *s. m.* Luogo appositamente attrezzato per orinare al riparo della vista altrui; SIN. Vespasiano. [→ ill. *bagno*]

orinazióne *s. f.* (*raro*) Minzione.

oriòlo (1) *s. m.* (*tosc.*) Orologio.

oriòlo (2) *s. m.* (*zool.*) Rigogolo.

oritteròpo *s. m.* Mammifero africano dei Tubulidentati con corpo tozzo, muso lunghissimo, pelle spessa e bruna, divoratore di termiti e formiche.

oriùndo ***A*** *agg.; anche s. m.* (*f. -a*) Detto di chi è originario di un dato luogo: — *di Napoli, dell'Africa equatoriale.* ***B*** *s. m.* Giocatore di calcio di nazionalità straniera ma di origine italiana, che gioca in una squadra italiana.

orizzontàle *agg.* **1** Che è parallelo alla superficie terrestre o a un piano scelto convenzionalmente come tale: *superficie* —; *posizione* —. **2** (*fig.*) Che si riferisce a cosa o persona posta su uno stesso piano economico, politico, sociale e sim. | (*econ.*) *Concentrazione* —, posta in essere tra imprese allo stesso stadio produttivo. • CONTR. Verticale.

orizzontalità *s. f.* Condizione o posizione orizzontale.

orizzontalménte *avv.* In senso orizzontale.

orizzontaménto *s. m.* **1** (*raro*) Orientamento. **2** Qualunque struttura edilizia con funzioni di copertura o di sostegno.

orizzontàre ***A*** *v. tr.* (*io orizzónto*) Mettere in una certa posizione rispetto all'orizzonte | (*est.*) Orientare. ***B*** *v. rifl.* **1** Stabilire con sufficiente esattezza la propria posizione, rispetto ai quattro punti cardinali; SIN. Orientarsi. **2** (*fig.*) Raccapezzarsi.

orizzónte *s. m.* **1** Linea circolare che limita la zona visibile da un dato punto di osservazione, e lungo la quale sembra che il cielo si congiunga con la terra o il mare: *scomparire all'*—. **2** (*astron.*) — *celeste*, circolo massimo della sfera celeste i cui poli sono lo zenit e il nadir. **3** (*fig.*) Ampiezza e forma delle conoscenze, delle aspirazioni e delle idee, di una persona o di un gruppo di persone: *un uomo di — limitato.* **4** (*fig.*) Quadro generale, complesso di fatti, situazioni e sim.: *l'— politico internazionale* | *Fare un giro d'*—, (*fig.*) esaminare la situazione nel suo complesso ma toccando tutti gli elementi o i problemi di rilievo. **5** Limite raggiunto o da raggiungere: *nuovi orizzonti si aprono davanti a noi.*

orlàre *v. tr.* (*io órlo*) Fornire di orlo.

orlatóre *s. m.* (*f. -trìce*) **1** Chi per mestiere esegue orli: — *di scarpe.* **2** Accessorio della macchina da cucire che ripiega la stoffa da orlare.

orlatrice *s. f.* **1** Operaia che in un laboratorio di confezioni esegue gli orli. **2** Macchina per ripiegare il bordo di una lamiera.

orlatùra *s. f.* **1** Operazione dell'orlare. **2** Orlo | Striscia di tessuto con cui si orla q.c. [→ ill. *tessuto*]

órlo *s. m.* **1** Margine estremo, punto o linea che inizia o termina q.c.: *l'— del fosso, del bicchiere* | *Pieno fino all'*—, di recipiente colmo | (*fig.*) *Essere sull'— della pazzia*, essere in procinto di impazzire | *Essere, trovarsi sull'— del precipizio*, (*fig.*) essere in condizioni disperate, in procinto di commettere gravissimi errori e sim. [→ ill. *stoviglie*] **2** Ripiegatura del tessuto prima di essere cucito.

òrlon *s. m.* Nome commerciale di fibra tessile acrilica, sintetica.

órma *s. f.* **1** Pesta o pedata che l'uomo o gli animali lasciano sul terreno camminandovi | *Ricalcare le proprie orme*, tornare sui propri passi | *Fiutare le orme*, detto di cani che seguono una pista umana o animale. **2** (*fig.*) Impronta, segno, traccia: *lasciare un'— indelebile* | *Ricalcare le orme di qc.*, ripetere ciò che qc. ha fatto.

ormài o (*pop.*) *oramài avv.* **1** Già, adesso: — *è tardi*; — *è un mese che aspetto* | Già, quasi: — *ce l'hai fatta!* **2** Stando così le cose, giunti a questo punto (con valore concl.): *è solo questione di tempo*, —. **3** A questo punto, ora, esprimendo rinuncia o rassegnazione: — *non c'è più niente da fare.*

ormeggiàre ***A*** *v. tr.* Fermare un natante in un porto, impedendo con ancore, catene e cavi, facenti capo alle bitte della banchina, che si sposti dalla posizione scelta. ***B*** *v. intr. pron.* Fissarsi con ormeggi, detto di natante.

orméggio *s. m.* **1** Manovra dell'ormeggiare o dell'ormeggiarsi. **2** Luogo dove si ormeggia un natante: *andare all'*— | Modo di ormeggiare: — *di punta.* [→ ill. *porto*] **3** *al pl.* Cavi e catene che servono per ormeggiare.

ormonàle *agg.* Di ormone: *terapia* —.

ormóne *s. m.* (*anat.*) Sostanza elaborata da cellule viventi, spec. ghiandole a secrezione interna, dotata della proprietà di eccitare in modo specifico alcune funzioni o di regolare l'equilibrio di importanti fenomeni vitali.

ormònico *agg.* (*pl. m. -ci*) Ormonale.

ormonoterapìa *s. f.* (*med.*) Terapia a base di ormoni.

ornamentàle *agg.* Di ornamento: *disegno* — | Che serve di ornamento: *fregi ornamentali.* [→ ill. *elemento ornamentale*]

ornamentazióne *s. f.* Ornamento | Insieme di elementi ornamentali.

ornaménto *s. m.* **1** Abbellimento con elementi decorativi. **2** Tutto ciò che serve per ornare: *ornamenti sacerdotali, architettonici.* **3** (*fig.*) Dote spirituale o morale: *le virtù sono l'— dei saggi.*

ornàre ***A*** *v. tr.* (*io órno*) **1** Rendere bello o più bello con decorazioni: — *i capelli con nastri*; SIN. Guarnire. **2** (*fig.*) Rendere più ricco o più dotato di virtù e sim.: — *la mente di cognizioni.* ***B*** *v. rifl.* Abbellirsi.

ornatìsta *s. m.* (*pl. -i*) Artista che esegue lavori di ornamentazione.

ornàto (1) *part. pass. di ornare; anche agg.* Reso più bello | Elegante: *stile* —.

ornàto (2) *s. m.* **1** (*arch.*) L'insieme di risalti che si usano in architettura e che si sovrappongono al corpo principale per abbellimento. **2** Nello studio del disegno, parte che insegna a eseguire ornati.

ornatùra *s. f.* Ornamentazione.

orneblènda *s. f.* (*miner.*) Varietà molto diffusa di anfibolo in cristalli prismatici allungati di colore scuro.

ornèllo *s. m.* Pianta arborea delle Ligustrali, con foglie composte e grandi corimbi di fiori odorosi, il cui tronco, se inciso, secerne la manna; SIN. Orno.

ornitologìa *s. f.* (*pl. -gie*) Parte della zoologia che studia gli uccelli.

ornitològico *agg.* (*pl. m. -ci*) Dell'ornitologia.

ornitòlogo *s. m.* (*f. -a; pl. m. -gi, pop. -ghi*) Studioso di ornitologia.

ornitorinco *s. m.* (*pl. -chi*) Mammifero australiano dei Monotremi, con becco largo e depresso, piedi palmati, soffice pelliccia, che depone uova ma allatta la prole. [→ ill. *animali* 15]

ornitòṣi *s. f.* (*med.*) Malattia provocata da virus trasmessi dagli uccelli.

órno *s. m.* (*bot.*) Ornello.

òro *s. m.* **1** Elemento chimico, metallo nobile giallo, duttile e malleabile, presente in natura spec. allo stato nativo, usato in lega col rame per monili e monete; SIMB. Au | *— bianco*, lega d'oro e palladio | *— rosso*, contenente forti quantità di rame | *— verde*, contenente molto argento | *Dare l'—*, indorare | *D'—, in —*, che è fatto d'oro | *Occhiali d'—*, con montatura in oro | (*fig.*) *Cuore d'—*, grande bontà e generosità | (*fig.*) *Parole d'—*, di estrema saggezza | (*fig.*) *Consiglio d'—*, prezioso e disinteressato | *È tutto — colato*, (*fig.*) è verità sacrosanta | (*fig.*) *Prendere tutto per — colato*, essere credulo e ingenuo | *Vale tant'— quanto pesa*, (*fig.*) si dice di cosa molto preziosa o di persona di grandi meriti | *Vendere q.c. a peso d'—*, (*fig.*) a carissimo prezzo | *— nero*, (*fig.*) petrolio. **2** Moneta aurea: *pagare in —* | (*est.*) Denaro, ricchezza: *schiavo dell'—* | (*fig.*) *Per tutto l'— del mondo*, a nessun costo | (*fig.*) *Nuotare nell'—*, essere ricchissimo. **3** Colore giallo brillante, tipico dell'oro: *capelli d'—*. **4** *spec. al pl.* Oggetti d'oro. **5** *al pl.* Seme delle carte da gioco napoletane. [→ tav. *proverbi* 18, 194, 244, 291]

òro- (1) *primo elemento*: in parole composte scientifiche equivale a 'orale': *orofaringe*.

òro- (2) *primo elemento*: in parole composte della terminologia geologica e geografica significa 'montagna': *orogenesi, orografia*.

orobànche *s. f.* Pianta delle Tubiflorali, parassita, con spiga di fiori bianchi, la cui radice si attacca a quella delle leguminose.

oròbico *agg.; anche s. m.* (*f. -a; pl. m. -ci*) (*lett.*) Della città di Bergamo.

orogèneṣi *s. f.* (*geol.*) Processo di deformazione della crosta terrestre che porta al corrugamento e al sollevamento delle catene montuose, degli archi insulari, delle dorsali.

orogenètico *agg.* (*pl. m. -ci*) Dell'orogenesi.

orografìa *s. f.* **1** Studio delle catene montuose. **2** Distribuzione delle catene montuose in una data regione. **3** Rappresentazione delle catene montuose sulle apposite carte.

orogràfico *agg.* (*pl. m. -ci*) Dell'orografia.

oroidrografìa *s. f.* Descrizione delle catene montuose e dei fiumi di una data regione.

oroidrogràfico *agg.* (*pl. m. -ci*) Dell'oroidrografia.

orologerìa *s. f.* **1** Arte di costruire o riparare gli orologi. **2** Negozio in cui si vendono gli orologi. **3** *Bomba a —*, dotata di dispositivo atto a provocarne la deflagrazione a tempo stabilito.

orologiàio *s. m.* (*f. -a*) Chi fabbrica, ripara o vende orologi. [→ ill. *orologiaio*]

orologièro *agg.* Concernente la fabbricazione degli orologi.

orològio *s. m.* Apparecchio misuratore del tempo capace di segnare le ore e le frazioni di ora, costituito di solito da un meccanismo che fa ruotare delle lancette su un quadrante graduato | *— numerico, digitale*, in cui l'indicazione dell'ora e delle sue frazioni è visualizzata con successivi scatti di cifre; CFR. Analogico | *— solare*, meridiana | *— ad acqua o a sabbia*, clessidra | *— a pendolo*, con molla o peso, per il moto, e un pendolo regolatore | *— a bilanciere*, in cui il moto è dato da una molla a spirale e il tempo regolato da un bilanciere | *— a sveglia*, con una suoneria che è messa in azione all'ora precedentemente fissata | *— di precisione*, cronometro | *— di controllo, marcatempo*, collegato a un timbro, segna su un apposito cartellino gli orari quotidiani di inizio e di fine del lavoro del personale di un'azienda | (*fig.*) *Essere un —*, metodico, preciso e puntuale all'eccesso | (*fig.*) *Funzionare come un —*, di meccanismo molto preciso, di organo che funziona perfettamente e sim. | (*fig.*) *— biologico*, insieme di attività ritmiche, presenti in molti organismi viventi, in rapporto con periodi naturali. [→ ill. *orologio, misure, strada, ufficio*]

oroscopìa *s. f.* Tecnica astrologica del trarre e scrivere oroscopi.

oròscopo *s. m.* **1** Nell'astrologia, osservazione del cielo e della posizione degli astri nel momento della nascita di una persona, e predizione sulla vita e sul carattere di lei tratta da tale osservazione. **2** (*est.*) Pronostico, previsione.

orpèllo *s. m.* **1** Lega di rame, zinco, stagno in foglia, per false dorature. **2** (*fig.*) Falsa apparenza, esteriorità: *la sua onestà è solo un —*. **3** *spec. al pl.* Fronzoli.

orpiménto *s. m.* (*miner.*) Solfuro di arsenico in cristalli di color giallo oro.

orrèndo *agg.* **1** Che desta orrore e raccapriccio: *visione orrenda*; SIN. Orribile, spaventoso, terribile. **2** (*est.*) Bruttissimo: *donna orrenda*.

orrìbile *agg.* **1** Che fa inorridire, che causa tremendo turbamento: *mostro, delitto —*; SIN. Orrendo, spaventoso, terribile. **2** (*fig.*) Pessimo: *un tempo —*.

òrrido **A** *agg.* **1** Pieno d'orrore: *visione orrida*. **2** (*est.*) Di luogo selvaggio ed estremamente pericoloso: *precipizio, scoglio —*. **3** Sgradevolissimo alla vista, all'udito, al gusto e sim. **B** *s. m.* Forra dirupata, spec. con caduta d'acqua.

orripilànte *agg.* Che desta orrore o ribrezzo, che fa rizzare i capelli; SIN. Raccapricciante.

orripilazióne *s. f.* (*med.*) Erezione dei peli con conseguente formazione di piccoli rilievi sulla pelle, causata

strumenti dell'orologiaio

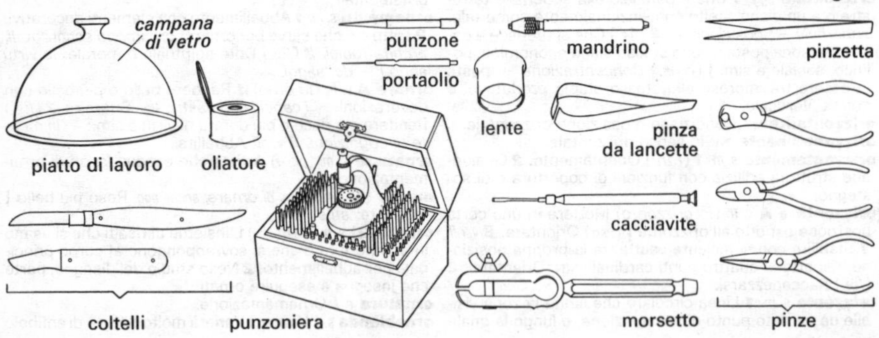

da freddo o emozione.

orróre *s. m.* **1** Violenta sensazione di ribrezzo, ripugnanza o raccapriccio: *sento – per il sangue; ho – del sangue* | *Avere in – qc. o q.c.*, detestare | (*est.*) Ciò che provoca o può provocare tale sensazione: *gli orrori della guerra.* **2** (*lett.*) Timore profondo: *l'– della morte.* **3** (*fig., fam.*) Enormità: *costa un –.*

órsa *s. f.* **1** Femmina dell'orso. **2** (*astron.*) *Orsa maggiore, minore*, costellazioni nell'emisfero celeste boreale.

orsacchiòtto *s. m.* **1** *Dim. di orso.* **2** Piccolo orso di stoffa, velluto o peluche dato ai bambini come balocco.

orsàggine *s. f.* Carattere di chi è poco socievole.

órso *s. m.* (*f. -a*) **1** Mammifero dei Carnivori, plantigrado | *– bruno*, europeo e asiatico, con pelame folto e ispido, corpo tozzo e forte, ottimo corridore e arrampicatore | *– bianco*, polare, ottimo nuotatore, con le dita riunite da una membrana | *Il ballo dell'–*, (*fig.*) ballo goffo e sgraziato eseguito da chi non sa ballare. [→ ill. *animali* 20] **2** (*fig.*) Persona goffa e sgraziata | (*fig.*) Persona burbera e poco socievole. [→ tav. *proverbi* 303]

orsù *inter.* Esprime esortazione, incitamento, incoraggiamento e sim.: *–, andiamo!*

ortàggio *s. m.* Ogni pianta erbacea coltivata negli orti a scopo alimentare.

ortàglia *s. f.* **1** Terreno tenuto a orto. **2** Ortaggio.

ortènse *agg.* (*raro*) Di orto, che cresce negli orti: *pianta –.*

ortènsia *s. f.* Pianta arbustiva delle Rosali a foglie larghe seghettate e fiori in infiorescenza globosa, bianchi, azzurri o rosei, estesamente coltivata. [→ ill. *piante* 9]

ortìca *s. f.* **1** Pianta erbacea delle Urticali, rizomatosa, a foglie dentellate, ricca di peli urticanti contenenti un liquido caustico, comunissima nei luoghi incolti | *Conosciuto come l'–*, di persona nota per le sue malefatte | *Gettare la tonaca alle ortiche*, spretarsi. [→ ill. *piante* 3] **2** Fibra tessile estratta dalla pianta omonima.

orticària o (*raro*) *urticària s. f.* (*med.*) Affezione cutanea caratterizzata da fugace apparizione di piccoli noduli rilevati, bianco-rossastri, estesi e pruriginosi.

orticolo *agg.* Di orto, che riguarda l'orto.

orticoltóre *s. m.* Chi si occupa di orticoltura.

orticoltùra *s. f.* Arte di coltivare gli orti.

orticonoscòpio *s. m.* Speciale tubo elettronico per riprese televisive, più perfezionato dell'iconoscopio.

ortivo (1) *agg.* Coltivato a orto: *zone ortive.*

ortivo (2) *agg.* Relativo al sorgere del sole o di un astro.

òrto *s. m.* Appezzamento di terreno, di solito cintato, dove si coltivano gli ortaggi | *– botanico*, grande giardino con piante anche esotiche, serra, gabinetto e scuola, per lo studio della botanica | *Star coi frati e zappar l'–*, (*fig.*) uniformarsi all'ambiente circostante rinunciando a iniziative personali.

òrto- *primo elemento*: in parole composte scientifiche significa 'corretto', 'giusto': *ortofonia, ortopedia.*

ortocèntro *s. m.* (*mat.*) Punto d'intersezione delle altezze di un triangolo.

ortoclàsio *s. m.* (*miner.*) Feldspato, silicato di alluminio e potassio, in cristalli prismatici o tabulari bianchi o rosei, costituente fondamentale di numerose rocce eruttive e metamorfiche; SIN. Ortosio.

ortocromàtico *agg.* (*pl. m. -ci*) (*fot.*) Detto di emulsione la cui sensibilità è estesa a tutti i colori escluso il rosso e, in parte, l'arancione.

ortodontìa o *ortodonzìa s. f.* (*med.*) Parte della stomatologia che si occupa della correzione delle malformazioni dentarie.

ortodossìa *s. f.* **1** (*relig.*) Retta credenza conforme ai dogmi ufficialmente insegnati. **2** (*est.*) Adesione stretta e rigorosa ai principi teorici e alla prassi di una dottrina; CONTR. Eterodossia. **3** (*relig.*) Confessione della Chiesa

orologio

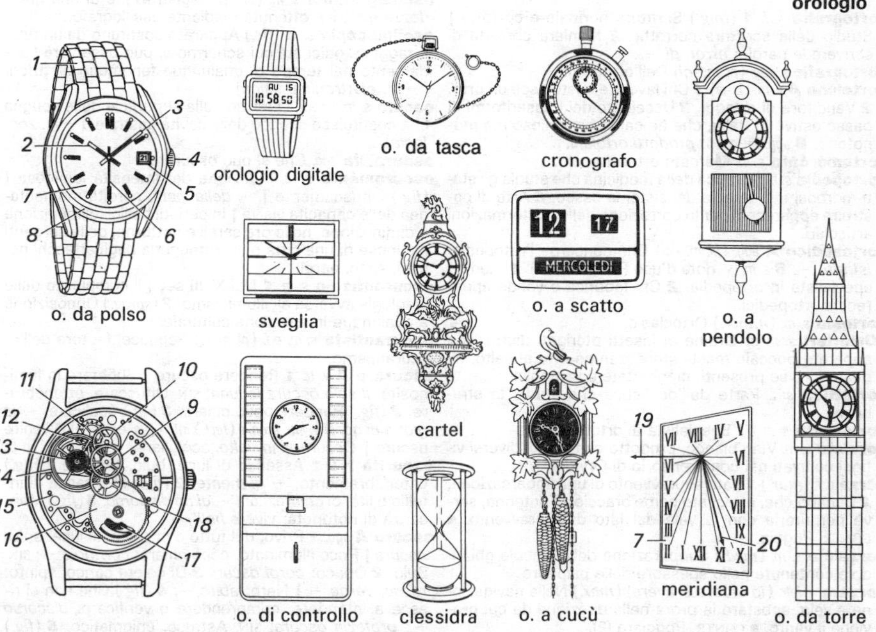

1 bracciale 2 lancetta delle ore 3 lancetta dei minuti 4 corona 5 datario 6 lancetta dei secondi 7 quadrante 8 cassa 9 ruota media 10 ruota dei secondi 11 ruota dell'ancora 12 ancora 13 spirale 14 bilanciere 15 piastra 16 bariletto 17 molla 18 ruota dei minuti 19 gnomone 20 ombra

greco-scismatica.
ortodòsso **A** *agg.* **1** (*relig.*) Che aderisce integralmente ai dogmi ufficialmente insegnati | *Chiesa ortodossa,* quella greco-scismatica separata da Roma che sostiene la propria ortodossia. [→ ill. *religione*] **2** (*est.*) Che accetta integralmente i principi e la pratica di una dottrina; CONTR. Eterodosso. **B** *s. m.* (*relig.*) Chi appartiene alla Chiesa ortodossa.
ortodromìa *s. f.* La distanza fra due punti sulla superficie terrestre, misurata sull'arco di circolo massimo che li congiunge.
ortodròmico *agg.* (*pl. m. -ci*) Dell'ortodromia.
ortoepìa *s. f.* (*ling.*) Studio della pronuncia corretta.
ortoèpico *agg.* (*pl. m. -ci*) Dell'ortoepia.
ortofonìa *s. f.* **1** (*ling.*) Pronuncia normale e corretta. **2** (*med.*) Correzione delle anomalie nell'articolazione delle parole. **3** (*fis.*) Riproduzione esatta del suono.
ortofònico *agg.* (*pl. m. -ci*) Dell'ortofonia.
ortofonista *s. m. e f.* (*med.*) Specialista di ortofonia.
ortofrenìa *s. f.* (*psicol.*) Metodo didattico per soggetti affetti da ritardo mentale.
ortofrènico *agg.* (*pl. m. -ci*) Dell'ortofrenia.
ortofrutticolo *agg.* Che riguarda sia l'orticoltura che la frutticoltura: *mercato —.*
ortofrutticoltóre *s. m.* Chi coltiva ortaggi e frutta.
ortofrutticoltùra *s. f.* Coltivazione di ortaggi e frutta.
ortogènesi *s. f.* (*biol.*) Rilievo sempre maggiore di certi caratteri organici tali che le generazioni di una specie vegetale o animale si modifichino sempre nella stessa direzione.
ortogenètico *agg.* (*pl. m. -ci*) Dell'ortogenesi.
ortognatismo *s. m.* (*antrop.*) Profilo facciale caratterizzato dall'angolo mandibolare all'incirca retto; CFR. Prognatismo.
ortognàto *agg.* (*antrop.*) Caratterizzato da ortognatismo.
ortogonàle *agg.* (*mat.*) Che forma un angolo retto con qualche altro elemento: *rette ortogonali.*
ortogonalità *s. f.* (*mat.*) Proprietà di enti geometrici ortogonali.
ortografìa *s. f.* **1** (*ling.*) Scrittura normale e corretta | Studio della scrittura corretta. **2** Maniera corretta di scrivere le parole: *errori di —.*
ortogràfico *agg.* (*pl. m. -ci*) Dell'ortografia.
ortolàno **A** *s. m.* (*f. -a*) **1** Chi lavora e custodisce un orto. **2** Venditore di ortaggi. **3** Uccelletto dei Passeriformi di passo estivo in Italia, che ha canto armonioso ma monotono. **B** *agg.* Di orto: *prodotti ortolani.*
ortomercàto *s. m.* Mercato ortofrutticolo.
ortopedìa *s. f.* **1** Branca della medicina che studia gli stati morbosi e la terapia del sistema osseo. **2** Arte di costruire apparecchi per la correzione delle malformazioni articolari.
ortopèdico **A** *agg.* (*pl. m. -ci*) Che concerne l'ortopedia: *istituto —.* **B** *s. m.* (V. nota d'uso FEMMINILE) **1** Medico specialista in ortopedia. **2** Chi fabbrica o vende apparecchi ortopedici.
ortòsio *s. m.* (*miner.*) Ortoclasio.
Ortòtteri *s. m. pl.* Ordine di insetti pterigoti diurni, con apparato boccale masticatore, zampe atte al salto, ali posteriori, se presenti, pieghettate a ventaglio.
ortòttica *s. f.* Parte dell'oculistica che studia lo strabismo.
ortottista *s. m. e f.* Specialista di ortottica.
orvièto *s. m.* Vino bianco, prodotto con uva di diversi vitigni coltivati nel comprensorio di Orvieto.
òrza *s. f.* (*mar.*) **1** Lato sopravvento di una imbarcazione. **2** Canapo che, attaccato come braccio all'antenna, serve per tirarla con la vela dal lato di sopravvento. • CONTR. Poggia.
orzaiòlo *s. m.* (*med.*) Suppurazione delle piccole ghiandole contenute nello spessore delle palpebre.
orzàre *v. intr.* (*io òrzo; aus. avere*) (*mar.*) Nella navigazione a vela, spostare la prora nella direzione da cui proviene il vento. • CONTR. Poggiare (2).
orzàta (1) *s. f.* **1** Bevanda di farina d'orzo stemperata in acqua. **2** Sciroppo di mandorle tritate, zucchero e acqua.
orzàta (2) *s. f.* (*mar.*) Manovra dell'orzare.
òrzo *s. m.* Pianta erbacea delle Glumiflore a foglie ruvide e spiga con spighette disposte in quattro file verticali a resta molto lunga, utile per biada, per panificazione, per fabbricare la birra. [→ ill. *piante* 15]
osànna **A** *inter.* (*raro*) Esprime grande gioia ed esultanza. **B** *in funzione di s. m. inv.* Grido di esultanza: *gli — della folla.*
osannàre *v. intr.* (*aus. avere*) **1** (*lett.*) Cantare osanna. **2** (*est.*) Levare grandi lodi a qc. o a q.c.: *— al vincitore.*
osàre *v. tr. e intr.* (*io òso; aus. avere*) Avere l'audacia, il coraggio: *— il tutto per tutto*; *— di parlare* | (*est.*) Aver l'impudenza: *come osi?*; SIN. Ardire.
òscar *s. m.* **1** Statuetta annualmente concessa come premio dall'Accademia statunitense delle arti e delle scienze cinematografiche ai migliori interpreti e registi. **2** (*fig.*) Il primo premio di una qualunque manifestazione: *l'— della danza.*
oscenità *s. f.* **1** L'essere osceno | Atto osceno, impudico; SIN. Indecenza. **2** Opera bruttissima.
oscèno *agg.* **1** Che secondo il comune sentimento offende il pudore: *spettacoli osceni*; SIN. Indecente. **2** Ripugnante per la sua bruttezza: *un dipinto artisticamente —.*
oscillàre *v. intr.* (*aus. avere*) **1** Muoversi alternativamente in due opposte direzioni; SIN. Ciondolare, dondolare. **2** Variare le due estremità: *valori che oscillano.* **3** Essere indeciso nello scegliere: *— fra due alternative.*
oscillatóre *s. m.* Apparecchio che, alimentato con corrente continua, genera correnti elettriche alternate di frequenza prestabilita.
oscillatòrio *agg.* Di oscillazione: *moto —.*
oscillazióne *s. f.* **1** Variazione periodica di una grandezza fisica, matematica e sim.: *— di frequenza* | *— dei prezzi,* fluttuazione | *Oscillazioni elettriche,* correnti e tensioni i cui valori variano con continuità e periodicità. **2** Movimento che avviene alternativamente in direzioni diverse: *le oscillazioni del pendolo, di una nave.* **3** (*fig.*) Incertezza, tentennamento.
oscillògrafo *s. m.* (*fis.*) Apparecchio per la registrazione continua di grandezze variabili.
oscillogràmma *s. m.* (*pl. -i*) Registrazione di una grandezza elettrica ottenuta mediante oscillografo.
oscilloscòpio *s. m.* (*fis.*) Apparato costituito da un tubo a raggi catodici sul cui schermo si può osservare l'andamento nel tempo di qualunque fenomeno elettrico. [→ ill. *elettronica, fisica*]
òsculo *s. m.* (*zool.*) Orifizio sulla superficie della spugna che costituisce sbocco della cavità gastrale. [→ ill. *zoologia*]
oscuràbile *agg.* Che si può oscurare.
oscuraménto *s. m.* Riduzione dell'intensità luminosa | (*fig.*) Offuscamento | *— della vista,* perdita momentanea delle capacità visive | In periodi bellici, eliminazione o diminuzione, nelle ore serali e notturne, delle sorgenti luminose di una città per proteggerla dagli attacchi nemici, spec. aerei.
oscurantismo *s. m.* **1** Nel XVIII sec., il complesso delle ideologie avverse all'illuminismo. **2** (*spreg.*) Opposizione a qualunque innovazione culturale.
oscurantista *s. m. e f.* (*pl. m. -i*) Seguace, fautore dell'oscurantismo.
oscuràre **A** *v. tr.* **1** Rendere oscuro | Superare in luminosità: *il sole oscura la luna*; SIN. Offuscare, ottenebrare. **2** (*fig.*) Rendere poco chiaro. **3** Far impallidire: *— la gloria di qc.* **B** *v. intr. pron. e* (*lett.*) *intr.* (*aus. essere*) Divenire oscuro | *Oscurarsi in volto,* accigliarsi.
oscurità *s. f.* **1** Assenza di luce, buio, tenebre | (*fig.*) Ottenebramento: *— di mente.* **2** (*fig.*) Mancanza di intelligibilità, di chiarezza: *l'— di un discorso.* **3** (*fig.*) Mancanza di notorietà: *vivere nell'—.*
oscùro **A** *agg.* **1** Privo, del tutto o in parte, di luce: *selva oscura* | Poco illuminato, poco chiaro: *corridoio —*; SIN. Buio. **2** Opaco: *corpi oscuri.* **3** Di colore carico, spinto: *rosso, verde —* | Nero: *abito —.* **4** (*fig.*) Che non si riesce a intendere, comprendere o verificare: *discorso —*; *profezia oscura*; SIN. Astruso, enigmatico. **5** (*fig.*) Privo di notorietà, indegno d'essere conosciuto: *nato da oscuri parenti*; SIN. Ignoto. **6** (*fig.*) Bieco, fosco, triste: *pensieri oscuri.* **B** *s. m. solo sing.* **1** Buio: *camminare all'—.* **2** (*fig.*) Ignoranza | *Essere all'— di q.c.,* ignorarla completamente.

osé /*fr.* o'ze/ *agg. inv.* Che può scandalizzare, spinto: *fare un complimento* —; *uno spettacolo* —.
oșmidròși *s. f.* (*med.*) Secrezione di sudore con odore non gradevole.
òșmio *s. m.* Elemento chimico, metallo nobile che possiede la più alta densità conosciuta, usato per indurire leghe, spec. quelle del platino. SIMB. Os.
oșmòmetro *s. m.* (*chim.*) Apparecchio per misurare la pressione osmotica.
oșmòși *s. f.* ***1*** Fenomeno di diffusione tra due liquidi miscibili attraverso membrane semipermeabili. ***2*** (*fig.*) Passaggio, scambio reciproco di elementi, notizie e sim.: — *culturale.*
oșmotattișmo *s. m.* (*biol.*) Negli organismi inferiori, orientamento dovuto a stimoli di natura osmotica.
oșmòtico *agg.* (*pl. m.* -*ci*) Di osmosi | *Pressione osmotica,* differenza tra i livelli di una soluzione e del solvente puro separati da una membrana semipermeabile.
-óso *suff.* di agg.: indicano abbondanza, pienezza o forte caratterizzazione: *amoroso, arioso, festoso, formoso, maestoso.*
òsol *s. m.* (*geol.*) Zona interna del globo terrestre, costituita da ossidi e solfuri, avvolgente il nife. [→ ill. *geografia*]
ospedàle *s. m.* Complesso di edifici e attrezzature destinati al ricovero e alla cura dei malati.
ospedalièro ***A*** *agg.* Dell'ospedale, degli ospedali: *inserviente* —. ***B*** *s. m.* ***1*** Dipendente di un ospedale. ***2*** Regolare o laico ascritto a congregazione religiosa che si dedica alla cura dei malati.
ospedalizzàre o *spedalizzàre v. tr.* Ricoverare in un ospedale.
ospedalizzazióne *s. f.* Ricovero in ospedale.
ospitàle *agg.* Di persona che ospita cortesemente | Di luogo accogliente: *un paese* —.
ospitalità *s. f.* ***1*** Qualità di chi è ospitale. ***2*** Accoglienza nella propria casa, città, paese e sim.: *dare* — *a qc.* ***3*** Accettazione e pubblicazione di articoli e sim. in una rivista o giornale.
ospitàre *v. tr.* (*io òspito*) ***1*** Accogliere qc. nella propria casa, città, paese e sim., fornendogli ciò di cui ha bisogno | — *una squadra, un avversario,* nel linguaggio sportivo, gareggiare contro di loro sul proprio campo di gioco; SIN. Albergare, alloggiare. ***2*** Accogliere, dare ricetto: *la galleria ospita quadri pregiati.*
òspite ***A*** *s. m. e f.* ***1*** Persona che ospita. ***2*** Persona ospitata. ***3*** (*biol.*) Nel parassitismo, l'organismo a spese del quale il parassita vive. ***B*** *agg.* (*raro*) Forestiero, straniero | *Squadra* —, in un incontro di calcio, quella che gioca sul campo dell'avversario. [→ tav. *proverbi* 251, 319]
ospìzio *s. m.* ***1*** Pia casa che ricovera infermi, pellegrini, indigenti, orfani, vecchi e sim.; SIN. Ricovero. ***2*** Luogo destinato un tempo ad accogliere pellegrini, viaggiatori e sim. che conserva, in qualche caso, lo stesso nome ancor oggi: *l'— del Gran S. Bernardo.* ***3*** (*lett.*) Dimora, alloggio.
ossàme *s. m.* (*lett.*) Mucchio di ossa.
ossàrio *s. m.* ***1*** Luogo in cui si conservano le ossa dei defunti. ***2*** Costruzione funeraria per raccogliere e comporre le ossa di morti in una battaglia: *l'— di Redipuglia.*
ossatùra *s. f.* ***1*** (*anat.*) Costruzione, forma e ordine delle ossa. ***2*** (*fig.*) Struttura fondamentale: *l'— del ponte è in cemento armato.* ***3*** (*fig.*) Orditura di un'opera letteraria o artistica.
osseìna *s. f.* Sostanza proteica che entra come componente principale nella costituzione della parte organica delle ossa.
òsseo *agg.* ***1*** Di, dell'osso: *parti ossee*; *tessuto* —. ***2*** Simile a osso, duro come l'osso: *durezza ossea.*
ossequènte o (*pop.*) *ossequiènte agg.* Che porta ossequio o lo dimostra: *cittadino* — *alle leggi.*
ossequiàre *v. tr.* (*io ossèquio*) Rendere ossequio, riverire con atti o parole di ossequio; SIN. Riverire.
ossequiènte V. *ossequente.*
ossèquio *s. m.* ***1*** Rispetto verso persone e istituzioni considerate di grande dignità | Atto o comportamento che dimostra tale rispetto | *In* — *a qc.*, in obbedienza; SIN. Deferenza, riverenza. ***2*** *spec. al pl.* Riverente saluto.
ossequiosità *s. f.* L'essere ossequioso.
ossequióso *agg.* Pieno di ossequio, che esprime o dimostra ossequio; SIN. Deferente, rispettoso, riverente.
osservàbile *agg.* Che si può osservare.
osservànte ***A*** *part. pres. di osservare; anche agg.* Che osserva, spec. i precetti di una religione. ***B*** *s. m. e f.* ***1*** Chi osserva fedelmente i precetti di una religione. ***2*** *al pl.* Frati minori francescani che seguono la stretta osservanza della prima regola di S. Francesco.
osservànza *s. f.* ***1*** Riverente ubbidienza a q.c. o qc.: *curare l'— della legge.* ***2*** Ossequio, spec. in formule di corrispondenza: *con profonda* —.
osservàre *v. tr.* (*io ossèrvo*) ***1*** Guardare o esaminare con attenzione, considerare con cura. ***2*** Rilevare, obiettare: *osservammo che era un errore* | *Far* —, avvertire. ***3*** Curare attentamente, mantenere con cura: — *l'ordine, la disciplina.* ***4*** Mantenere, adempiere: — *la legge.*
osservatóre ***A*** *agg.* (*f.* -*trice*) Che osserva: *mente acuta e osservatrice.* ***B*** *s. m.* ***1*** Chi osserva. ***2*** Chi partecipa a congressi, assemblee e sim. solo per assistervi, senza apportarvi comunicazioni. ***3*** (*dir.*) Inviato di un soggetto di diritto internazionale presso un'organizzazione internazionale di cui esso non è parte o presso uno Stato per assistere al compimento di fatti giuridici: — *dell'O.N.U.*
osservatòrio *s. m.* Luogo che permette di osservare e notare ciò che, o chi, interessa | — *astronomico,* istituto scientifico destinato allo studio dei fenomeni celesti. (V. nota d'uso ACCENTO)
osservazióne *s. f.* ***1*** Attento esame, accurata considerazione e sim. | *Tenere in* —, di ammalato in cui non si è ancora accertata l'affezione e che si ricovera per esaminarlo meglio | Indagine, studio, ricerca: *strumenti d'— clinica.* ***2*** Complesso delle operazioni riguardanti lo studio di un fenomeno che, a differenza dell'esperienza, si svolge indipendentemente dalla volontà dell'osservatore. ***3*** Considerazione critica, espressione di giudizio relativa a qc. o q.c.: *osservazioni acute*; SIN. Riflessione, rilievo. ***4*** Riprensione, rimprovero: *non tollera osservazioni.*
ossessionàre *v. tr.* (*io ossessióno*) ***1*** Tormentare la coscienza di qc. producendo turbamenti, incubi e sim.: *quel ricordo lo ossessiona.* ***2*** (*fig.*) Infastidire in modo assillante: *smetti di ossessionarmi con le tue lamentele.*
ossessióne *s. f.* ***1*** Condizione di chi ha l'anima invasata dal demonio. ***2*** (*psicol.*) Idea assillante accompagnata da ansia. ***3*** (*est.*) Preoccupazione angosciosa e persistente.
ossessività *s. f.* L'essere ossessivo.
ossessivo *agg.* Che dà o costituisce ossessione.
ossèsso *agg.; anche s. m.* (*f.* -*a*) ***1*** Detto di chi è invasato dal demonio. ***2*** (*fig.*) Detto di chi è preda di violente crisi d'ira o sim.
ossia *cong.* Cioè, o per meglio dire, o per maggior precisione o chiarezza: *ho spedito il pacco tre giorni fa,* — *lunedì*; *Torquato Tasso,* — *l'autore della 'Gerusalemme liberata'* | O meglio (per correggere quanto si è già detto): *parto subito,* — *fra poche ore*; SIN. Ovvero.
ossiacetilènico *agg.* (*pl. m.* -*ci*) (*chim.*) Detto di fiamma ottenuta bruciando acetilene in ossigeno | *Cannello* —, con due tubi concentrici che portano i due gas a bruciare l'uno nell'altro; usato per saldare o tagliare metalli. [→ ill. *meccanica*]
ossiàcido *s. m.* Nella chimica inorganica, ogni acido contenente ossigeno | Nella chimica organica, composto nelle cui molecole sono presenti carbossili e ossidrili.
ossicìno *s. m.* ***1*** *Dim. di osso.* ***2*** (*anat.*) Ciascuna delle tre piccole ossa dell'orecchio medio.
ossidàbile *agg.* Di sostanza che può subire l'ossidazione.
ossidànte ***A*** *part. pres. di ossidare; anche agg.* Che ossida. ***B*** *s. m.* (*chim.*) Sostanza o elemento capace di ossidarne altri.
ossidàre ***A*** *v. tr.* (*io òssido*) Provocare ossidazione. ***B*** *v. intr. pron.* Subire ossidazione.
ossidàși *s. f.* (*biol.*) Enzima che favorisce i processi di ossidazione cellulare.
ossidazióne *s. f.* Reazione chimica per cui una sostanza o un elemento si combina con l'ossigeno | Reazione con cui si sottrae idrogeno da un composto.
ossidiàna *s. f.* Materia vetrosa effusiva di colore nero lucente con cui gli uomini preistorici fabbricavano arne-

si taglientissimi; SIN. Vetro vulcanico.
ossidionàle *agg.* (*lett.*) Di assedio: *macchina —*.
òssido *s. m.* (*chim.*) Composto di un metallo con l'ossigeno.
ossidoriduzióne *s. f.* (*chim.*) Reazione per cui da una sostanza a un certo grado di ossidazione se ne ottengono due, una più ossidata e l'altra meno.
ossìdrico *agg.* (*pl. m. -ci*) (*chim.*) Che è composto di ossigeno e di idrogeno | *Fiamma ossidrica*, ottenuta bruciando l'idrogeno in un flusso di ossigeno | *Cannello —*, formato da due tubi concentrici alle cui estremità si mescolano idrogeno e ossigeno che vengono fatti bruciare.
ossidrìle *s. m.* (*chim.*) Gruppo funzionale monovalente, costituito da un atomo di idrogeno con uno di ossigeno, caratteristico degli alcoli, dei fenoli, degli idrossidi, degli ossiacidi.
ossiemoglobina *s. f.* Emoglobina combinata, attraverso la respirazione, con l'ossigeno, che cede poi agli altri tessuti.
ossìfero *agg.* Che contiene ossa.
ossificàre **A** *v. tr.* (*io ossìfico, tu ossìfichi*) Trasformare in tessuto osseo. **B** *v. intr. pron.* Subire il processo di ossificazione.
ossificazióne *s. f.* Processo di trasformazione di un tessuto, spec. cartilagineo, in osso.
ossigenàre *v. tr.* (*io ossìgeno*) **1** Trattare con ossigeno, arricchire di ossigeno. **2** Decolorare con ossigeno: *— i capelli.* **3** (*fig.*) Incrementare con forze nuove, aiutare con contributi finanziari.
ossigenatóre *s. m.* Apparecchio che eroga ossigeno.
ossigenatùra *s. f.* Decolorazione dei capelli con acqua ossigenata.
ossigenazióne *s. f.* Trattamento con ossigeno | Ossigenatura.
ossìgeno *s. m.* Elemento chimico, gas indispensabile per la respirazione, costituente un quinto dell'aria; è il più diffuso comburente ottenibile, tra l'altro, per distillazione frazionata dell'aria liquida; usato in metallurgia, nell'industria chimica in genere e in medicina nelle difficoltà di respirazione; SIMB. O | *Somministrare — a un malato*, facilitargli la respirazione | *Dare —*, (*fig.*) confortare, prestare aiuto spec. finanziario. [→ ill. *medicina e chirurgia*]
ossigenoterapìa *s. f.* (*med.*) Terapia dell'anossia con somministrazione di ossigeno ad alte concentrazioni.
ossìmetro *s. m.* (*med.*) Apparecchio per misurare la quantità di ossigeno legato all'emoglobina.
ossimòro o *ossìmoro s. m.* Procedimento retorico che consiste nel riunire due termini contraddittori (es. *un silenzio eloquente, corri piano*).
ossiopìa *s. f.* (*med.*) Emeralopia.
ossitàglio *s. m. inv.* Taglio di lamiere mediante cannello ossiacetilenico.
ossìtono *agg.* (*ling.*) Detto di parole con l'accento sull'ultima sillaba.
ossiurìasi *s. f.* (*med.*) Infestione intestinale da ossiuri.
ossiùro *s. m.* Piccolo verme filiforme dei Nematodi, parassita intestinale spec. dei bambini. [→ ill. *animali* 2]
òsso *s. m.* (*pl. òssa, f.* con riferimento a quelle del corpo e con sign. collettivo, *òssi, m.* con riferimento a parti ossee di animali o con sign. fig.) **1** Organo costitutivo dello scheletro, formato da un particolare tessuto di consistenza rigida, ricco di sali di calcio | *Ridursi pelle e ossa*, dimagrire moltissimo | *Avere le ossa rotte*, (*fig.*) essere stanchissimo | *Essere di carne e d'ossa*, essere, come ogni uomo, soggetto a passioni, errori e sim. | *In carne e ossa*, personalmente, di persona | *Un sacco d'ossa*, (*fig.*) persona molto magra | *Farci l'—*, (*fig.*) abituarsi a q.c. | (*fig.*) *Essere, ridurre all'—*, al minimo limite possibile. [→ ill. *anatomia umana*] **2** Ciò che resta di un cadavere già decomposto: *le ossa dei caduti.* **3** Osso di bestia macellata | *Carne senz'—*, tutta polpa | *Un — che va di traverso, che resta in gola*, (*fig.*) ciò che dà molto fastidio. **4** Osso animale lavorato: *bottoni d'—*. **5** Formazioni con funzioni analoghe a quella dell'osso | *— di seppia*, conchiglia interna | *— di balena*, fanone. **6** Nocciolo: *l'— della pesca.*
ossobùco od *òsso bùco s. m.* (*pl. ossibùchi*) Disco del garretto di vitello, con l'osso incluso, che si cucina in umido. [→ ill. *macelleria*]
ossùto *agg.* Di persona o animale che ha ossa prominenti e visibili.
ostacolàre *v. tr.* (*io ostàcolo*) Rendere difficile o laborioso, frapponendo ostacoli o impedimenti: *— i progetti di qc.*; SIN. Contrariare, contrastare, impedire, intralciare.
ostacolìsta *s. m. e f.* (*pl. m. -i*) Atleta specialista nelle corse a ostacoli | Cavallo che gareggia nelle gare a ostacoli.
ostàcolo *s. m.* **1** Tutto ciò che intralcia o costituisce impedimento (*anche fig.*); SIN. Difficoltà, impedimento, inciampo, intralcio. **2** Elemento del terreno destinato a inibire o a ritardare il movimento del nemico. **3** Nell'atletica, attrezzo posto lungo il percorso in certe gare di corsa per aumentarne le difficoltà | Negli sport equestri, qualsiasi tipo di impedimento, naturale o artificiale, situato sulla pista o sul prato. [→ ill. *sport*]
ostàggio *s. m.* **1** Persona presa in pegno da un nemico spec. occupante e destinata a subire certe sanzioni qualora non vengano adempiuti determinati obblighi. **2** (*est.*) Persona presa in pegno sulla quale si possono esercitare ritorsioni nell'eventualità che certe richieste non siano accolte: *un — dei rapinatori.*
ostàre *v. intr.* (*io òsto; dif. del pass. rem., del part. pass. e dei tempi composti*) Essere d'ostacolo: *nulla osta al suo trasferimento.*
ostatìvo *agg.* Che è d'impedimento.
òste (1) *s. m.* (*f. -éssa*) Gestore di un'osteria | *Domandare all'— se il vino è buono*, fare una domanda inutile | *Fare i conti senza l'—*, (*fig.*) fare piani senza considerare eventuali difficoltà.
òste (2) *s. f. o m.* (*raro, lett.*) Esercito schierato in campo.
osteggiàre *v. tr.* (*io ostéggio*) Avversare.
osteìte *s. f.* (*med.*) Infiammazione dell'osso.
ostèllo *s. m.* (*lett.*) Alloggio, albergo | *— della gioventù*, albergo che con modica spesa ospita i giovani turisti.
ostensìbile *agg.* Che si può mostrare, far vedere.
ostensióne *s. f.* (*lett.*) Presentazione alla vista; SIN. Esibizione.
ostensóre *s. m.* Chi mostra o presenta q.c.
ostensòrio *s. m.* Arredo in cui si mostra ai fedeli l'ostia consacrata. [→ ill. *religione*]
ostentàre *v. tr.* (*io ostènto*) Mostrare intenzionalmente con affettazione all'attenzione altrui per vanteria, ambizione o altro: *— le proprie ricchezze*; *— superiorità, indifferenza*; SIN. Affettare.
ostentazióne *s. f.* Esibizione intenzionalmente esagerata: *— di ricchezza* | *Per —*, per vanteria, per finta | *Con —*, con sussiego e vanità.
òsteo- *primo elemento*: in parole composte della terminologia medica significa 'osso': *osteologia, osteoporosi.*
osteoblàsto *s. m.* (*pl. -i*) (*biol.*) Cellula del tessuto osseo che dà origine a nuova formazione di osso.
osteoclàsto o *osteoclàsta s. m.* (*pl. -i*) (*biol.*) Cellula del tessuto osseo che ha la funzione di erodere la sostanza ossea nei processi di rinnovamento.
osteologìa *s. f.* (*pl. -gìe*) Branca dell'anatomia che studia l'apparato osseo.
osteòma *s. m.* (*pl. -i*) (*med.*) Tumore benigno del tessuto osseo.
osteomielìte *s. f.* (*med.*) Infiammazione del midollo osseo con possibile diffusione all'osso circostante.
osteopatìa *s. f.* Qualunque processo morboso dell'apparato scheletrico.
osteoporòsi *s. f.* (*med.*) Processo di rarefazione e indebolimento dell'osso, tipico delle persone anziane.
osteotomìa *s. f.* (*chir.*) Incisione di un osso.
osterìa o *hostarìa s. f.* Locale pubblico con mescita di vino e servizio di trattoria | Bettola, taverna.
osterìggio *s. m.* Copertura che protegge dal mare e dalla pioggia le aperture praticate sul ponte di una nave per dare luce ai locali sottostanti.
ostéssa *s. f.* **1** Donna che conduce un'osteria. **2** Moglie dell'oste.
ostètrica *s. f.* Infermiera diplomata con particolare specializzazione nel campo ostetrico; SIN. Levatrice.
ostetrìcia *s. f.* (*pl. -cie*) Ramo della medicina che si occupa dell'assistenza alla donna durante la gravidanza, il parto e il puerperio.
ostètrico **A** *agg.* (*pl. m. -ci*) Di ostetricia. **B** *s. m.* (*f. -a*) Medico specializzato in ostetricia.

òstia *s. f.* **1** (*lett.*) Vittima sacrificale. **2** Nella terminologia cristiana, Gesù che si offre in sacrificio per redimere il genere umano | (*est.*) Disco sottile di farina azzima che il sacerdote consacra nella messa e somministra ai fedeli nel sacramento dell'Eucaristia. **3** Pasta di fior di farina in sfoglia sottile in cui si chiudono polveri medicinali per favorirne la deglutizione.

ostiariàto *s. m.* Uno degli ordini minori nella gerarchia sacerdotale cattolica, soppresso dopo il Concilio Ecumenico Vaticano Secondo.

ostiàrio *s. m.* Chierico che ha ricevuto l'ostiariato.

òstico *agg.* (*pl. m. -ci*) **1** (*lett.*) Ripugnante al gusto, di sapore sgradevole. **2** (*fig.*) Duro, ingrato, spiacevole: *parole ostiche* | Difficile, spec. nell'apprendimento: *una materia ostica.*

ostile *agg.* **1** Del nemico in guerra: *l'esercito* — | Nemico. **2** Avverso, contrario: *propositi ostili.*

ostilità *s. f.* **1** Avversione, inimicizia, malanimo: *vincere l'— dell'ambiente*; SIN. Animosità, malevolenza. **2** *spec. al pl.* Atto o comportamento da nemico, attività bellica | *Inizio delle* —, della guerra.

ostinàrsi *v. intr. pron.* Persistere in un proposito o in un atteggiamento con tenacia spesso irragionevole o inopportuna: — *a tacere*; — *in un'idea*; SIN. Impuntarsi, intestardirsi.

ostinatézza *s. f.* L'essere ostinato.

ostinàto **A** *agg.* **1** Di persona tenace e risoluta nei suoi propositi, ferma e irriducibile nella volontà | Caparbio, pervicace: *un peccatore* —; SIN. Cocciuto, testardo. **2** Di ciò che dura e resiste tenacemente: *opposizione ostinata.* **B** *s. m.* **1** Persona ostinata. **2** (*mus.*) Breve figurazione melodica costantemente ripetuta nel corso di una composizione.

ostinazióne *s. f.* Persistenza in un proposito o atteggiamento, con tenacia a volte inopportuna; SIN. Caparbietà, cocciutaggine, pervicacia, testardaggine.

ostracismo *s. m.* **1** Esilio, della durata di 5 o 10 anni, cui potevano essere condannati nell'antica Atene i cittadini sospetti al popolo, il quale dava il voto scrivendo su di un coccio (*óstrakon*) il nome del designato. **2** (*est.*) Esclusione di qc. o di q.c. da un certo ambiente | *Dare l'*—, mettere al bando.

ostracizzàre *v. tr.* (*lett.*) Dare l'ostracismo.

òstrica *s. f.* Mollusco dei Bivalvi a conchiglia esternamente rugosa, privo di piede: frutto di mare pregiato | — *perlifera*, mollusco dei Bivalvi a valve grandi, piane, esternamente nerastre, che può produrre perle | *Stare attaccato a qc. o a q.c. come l'— allo scoglio*, (*fig.*) non separarsene mai. [→ ill. *animali* 5]

ostricàio o (*dial.*) *ostricàro* *s. m.* **1** Venditore di ostriche. **2** Luogo dove si allevano ostriche.

ostricoltóre *s. m.* Chi alleva ostriche.

ostricoltùra *s. f.* Allevamento di ostriche, a scopo alimentare o per la produzione di perle.

òstro (1) *s. m.* **1** (*lett.*) Porpora | Drappo tinto di porpora. **2** (*lett.*) Colore roseo della carnagione.

òstro (2) *s. m.* **1** (*raro*) Austro. **2** (*raro*) Il sud, come punto cardinale.

ostrogòto *agg.; anche s. m.* (*f. -a*) **1** Di ogni appartenente alla popolazione dei Goti occidentali. **2** (*est., fig.*) Che (o chi) è barbaro e incivile.

ostruire *v. tr.* (*pres. io ostruisco, tu ostruisci; part. pass. ostruito, raro ostrùtto*) Chiudere un passaggio, un condotto e sim.; SIN. Occludere, otturare.

ostruzióne *s. f.* **1** Chiusura di un passaggio, condotto e sim.: *procedere all'— di una strada*; SIN. Occlusione. **2** Ciò che ostruisce, impedisce e sim.

ostruzionismo *s. m.* **1** Azione o comportamento che in modo voluto e sistematico intralcia e ostacola q.c.: *l'— dei concorrenti.* **2** (*polit.*) Impedimento dell'attività di un'assemblea operato dalle minoranze con ogni sorta di mezzo regolamentare affinché riesca impossibile deliberare.

ostruzionista *s. m. e f.* (*pl. m. -i*) Chi fa ostruzionismo.

ostruzionìstico *agg.* (*pl. m. -ci*) Di ostruzionismo: *manovre ostruzionistiche.*

otalgìa *s. f.* (*pl. -gìe*) (*med.*) Dolore localizzato all'orecchio.

otàlgico *agg.* (*pl. m. -ci*) Di otalgia.

otàrda *s. f.* Grosso uccello essenzialmente corridore con zampe robuste, piumaggio cinerino sul collo e sul ventre, nerastro sulle altre parti del corpo. [→ ill. *animali* 14]

otària *s. f.* Mammifero pinnipede dei Carnivori dell'emisfero australe che, a differenza delle foche, ha padiglioni auricolari e può usare le zampe posteriori per la locomozione; SIN. Leone marino. [→ ill. *animali* 21]

otite *s. f.* (*med.*) Processo infiammatorio dell'orecchio.

òto- *primo elemento*: in parole composte spec. della terminologia medica significa 'orecchio': *otorinolaringoiatria, otoscopio.*

otoiàtra *s. m. e f.* (*pl. m. -i*) Medico che cura le malattie dell'orecchio.

otoiatrìa *s. f.* Branca della medicina che studia le malattie dell'orecchio.

otopatìa *s. f.* (*med.*) Qualsiasi affezione dell'orecchio.

otorinolaringoiàtra *s. m. e f.* (*pl. m. -i*) Medico specialista in otorinolaringoiatria.

otorinolaringoiatrìa *s. f.* Branca della medicina che studia le malattie dell'orecchio, del naso e della gola.

otoscopìa *s. f.* (*med.*) Esame diretto del condotto uditivo esterno e della membrana del timpano mediante apparecchio a illuminazione artificiale.

otoscòpio *s. m.* (*med.*) Apparecchio per l'otoscopia. [→ ill. *medicina e chirurgia*]

ótre *s. m.* Recipiente costituito da una pelle intera, spec. di capra, cucita per portarvi liquidi: — *d'olio, di vino* | *Pieno come un* —, (*fig.*) di chi ha mangiato molto.

otrìcolo *s. m.* **1** (*anat.*) Cavità dell'orecchio interno. **2** (*bot.*) Achenio con pericarpo membranoso.

ottacòrdo *s. m.* (*mus.*) Strumento a otto corde.

ottaèdro *s. m.* (*mat.*) Poliedro con otto facce solitamente triangolari | — *regolare*, poliedro le cui facce sono otto triangoli equilateri uguali, tali che da ciascun vertice ne escano quattro. [→ ill. *cristalli, geometria*]

ottagonàle *agg.* Che ha forma di ottagono.

ottàgono *s. m.* (*mat.*) Poligono con otto vertici. [→ ill. *geometria*]

ottàmetro *s. m.* (*letter.*) Verso di otto piedi nella poesia classica.

ottandrìa *s. f.* (*bot.*) Presenza di otto stami nel fiore.

ottànico *agg.* (*pl. m. -ci*) Dell'ottano | Che contiene ottano.

ottàno *s. m.* Idrocarburo saturo con otto atomi di carbonio | *Numero di* —, valore numerico che indica il potere antidetonante di una benzina.

ottànta [80 nella numerazione araba, LXXX in quella romana] **A** *agg. num. card. inv.* Indica una quantità composta di otto decine. **B** *s. m. inv.* Il numero ottanta e il segno che lo rappresenta.

ottànte *s. m.* **1** Strumento usato dai naviganti e munito di un cerchio graduato di 45° cioè pari a un ottavo della circonferenza. **2** (*mat.*) Una delle otto regioni nelle quali tre piani, tra loro ortogonali, dividono lo spazio.

ottantènne **A** *agg.* **1** Che ha ottant'anni, detto di cosa o persona. **2** (*raro*) Che dura da ottant'anni. **B** *s. m. e f.* Chi ha ottant'anni di età.

ottantèsimo **A** *agg. num. ord.* Che corrisponde al numero ottanta in una sequenza. **B** *s. m.* Ciascuna delle ottanta parti uguali di una stessa quantità.

ottantìna *s. f.* **1** Complesso di ottanta o circa ottanta unità. **2** Gli ottant'anni nell'età dell'uomo.

ottatìvo *s. m.* (*ling.*) Modo finito del verbo greco e di altre lingue indoeuropee, che esprime il desiderio e la possibilità.

ottàva *s. f.* **1** (*relig.*) Serie delle cerimonie che, per otto giorni, precedono o seguono una solennità, nella chiesa cattolica. **2** (*mus.*) Ottavo suono della scala | Intervallo tra due note musicali, le cui frequenze siano una doppia dell'altra. **3** (*letter.*) Stanza di otto endecasillabi, i primi sei con rima alternata, gli ultimi con rima baciata.

ottavàrio *s. m.* Nella chiesa cattolica, serie di otto giorni dedicati a cerimonie e a preghiere prima o dopo una solennità religiosa.

ottavìno *s. m.* Corto e piccolo flauto i cui suoni superano di un'ottava i corrispondenti del flauto. [→ ill. *strumenti musicali*]

ottàvo **A** *agg. num. ord.* Che corrisponde al numero otto in una sequenza | *L'ottava meraviglia*, di cosa eccezionalmente bella e grandiosa (*spec. scherz.*). **B** *s. m.* **1** Ciascuna delle otto parti uguali di una stessa quantità | *In* –, detto del formato che si ricava piegando tre volte il foglio di carta disteso. **2** (*sport*) *Ottavi di finale*, nelle gare a eliminazione, quartultima fase della competizione che qualifica i concorrenti che disputeranno i quarti. [→ tav. *locuzioni* 72]

ottemperànza *s. f.* Obbedienza.

ottemperàre *v. intr.* (*io ottèmpero; aus. avere*) Ubbidire a ciò che è stato prescritto o richiesto: – *a una legge*.

ottenebraménto *s. m.* Oscuramento, offuscamento (*anche fig.*): – *della mente*.

ottenebràre **A** *v. tr.* (*io ottènebro*) **1** Coprire di tenebre. **2** (*fig.*) Offuscare, rendere confuso: *la passione gli ottenebra la mente*. **B** *v. intr. pron.* Oscurarsi, offuscarsi.

ottenére *v. tr.* (*coniug. come tenere*) **1** Riuscire ad avere q.c. che si desidera o a cui si ha diritto: – *un premio* | Conquistare: – *con le armi*; SIN. Conseguire, guadagnare, raggiungere. **2** Ricavare mediante lavorazioni apposite: *la benzina si ottiene dal petrolio*.

ottenìbile *agg.* Che si può ottenere.

ottènne *agg.* **1** Che ha otto anni, detto di cosa e di persona. **2** (*raro*) Che dura da otto anni.

ottènnio *s. m.* (*raro*) Spazio di tempo di otto anni.

ottentòtto *agg.; anche s. m.* (*f. -a*) **1** Di una popolazione indigena dell'Africa del sud-ovest e dell'Unione sud-africana, un tempo stanziata in quasi tutta l'Africa australe. **2** (*fig., spreg.*) Che (o chi) è rozzo e incivile.

ottétto *s. m.* Combinazione musicale per otto strumenti d'arco o da fiato, o misti | (*est.*) Insieme composto da otto elementi.

òttica *s. f.* **1** Parte della fisica che studia i fenomeni luminosi | (*est.*) Parte della fisica che studia tutto ciò che è relativo alle radiazioni elettromagnetiche. **2** Tecnica riguardante la fabbricazione degli strumenti ottici. **3** Complesso di lenti, specchi, prismi e diaframmi che fanno parte di un apparecchio ottico: *l'*– *di una macchina da presa*. **4** (*fig.*) Punto di vista: *considerare un problema secondo un'*– *particolare*.

òttico **A** *agg.* (*pl. m. -ci*) **1** (*anat.*) Della vista: *nervo* –. [→ ill. *anatomia umana*] **2** Che si riferisce all'ottica | *Sistema* –, insieme di lenti, specchi, prismi, diaframmi d'uno strumento ottico | *Strumento* –, destinato a produrre o a sfruttare particolari fenomeni ottici. [→ ill. *cinematografia, fisica*] **B** *s. m.* (v. nota d'uso FEMMINILE) Chi confeziona e vende al pubblico occhiali e lenti.

ottimàle *agg.* Che rappresenta il meglio relativamente a date esigenze: *temperatura* –.

ottimalizzàre *v. tr.* In un'organizzazione, una produzione, un impianto e sim., calcolare e raggiungere il modulo ottimale.

ottimaménte *avv.* Molto bene, nel migliore dei modi.

ottimàre *v. tr.* (*io òttimo*) Portare una tecnica, un complesso produttivo, un procedimento e sim. al grado ottimo, quanto ai risultati finali sia economici sia tecnici.

ottimàte *s. m.* Nell'antica Roma, appartenente al ceto nobiliare o a un gruppo familiare predominante in campo politico | (*est., lett.*) Cittadino che eccelle per nobiltà, potenza e ricchezza.

ottimìsmo *s. m.* **1** Attitudine a giudicare favorevolmente lo stato e il divenire della realtà; CONTR. Pessimismo. **2** Ogni dottrina filosofica che, fondandosi sull'accettazione di un finalismo universale, considera il male come relativo e apparente in un mondo in cui il bene domina assoluto e incontrastato.

ottimista **A** *s. m. e f.* (*pl. m. -i*) Chi affronta e giudica le cose con ottimismo; CONTR. Pessimista. **B** *agg.* Ottimistico.

ottimìstico *agg.* (*pl. m. -ci*) Di ottimismo, che rivela ottimismo.

ottimizzàre *v. tr.* Ricercare quella soluzione di un problema in cui siano ridotti al minimo i fattori negativi ed esaltati al massimo quelli positivi.

ottimizzazióne *s. f.* Individuazione di quella soluzione di un problema che comprenda i massimi vantaggi e i minimi rischi.

òttimo **A** *agg.* **1** Molto buono, eccellente, tanto in senso morale che materiale: *vino, cibo* –; *godiamo ottima salute*; CONTR. Pessimo. **2** Bellissimo: *ha un* – *aspetto*. **B** *s. m. solo sing.* Ciò che è o viene considerato eccellente. **C** *s. m.* La più alta qualifica di merito data ad alcuni dipendenti dello Stato.

òtto [8 nella numerazione araba, VIII in quella romana] **A** *agg. num. card. inv.* Indica una quantità composta di sette unità più una | *Dare gli* – *giorni*, licenziarsi dando un preavviso di otto giorni, secondo la legge | *In quattro e quattr'*–, (*fig.*) molto velocemente. **B** *s. m. inv.* **1** Il numero otto e il segno che lo rappresenta. **2** Percorso, tracciato a forma di otto | – *volante*, nei luna park, gioco costituito da un'incastellatura a forma di otto orizzontale, con forti dislivelli, dotata di binari su cui corrono dei vagoncini. [→ ill. *luna park*] **3** (*sport*) Uno dei tipi di imbarcazione impiegati nelle gare di canottaggio, con equipaggio costituito da otto vogatori e da un timoniere: – *con timoniere*.

-òtto *suff.*: è alterativo di nomi e aggettivi con valori e toni vari: *leprotto, ragazzotto, anzianotto, sempliciotto*.

ottóbre *s. m.* Decimo mese dell'anno nel calendario gregoriano, di 31 giorni. [→ tav. *proverbi* 320]

ottobrìno *agg.* Di ottobre.

ottocentésco *agg.* (*pl. m. -schi*) Che è del secolo diciannovesimo o ne ha i caratteri.

ottocentista *s. m. e f.* (*pl. m. -i*) **1** Scrittore, artista, dell'Ottocento. **2** Studioso specializzato in studi ottocenteschi. **3** Atleta che gareggia nella corsa degli 800 m piani.

ottocènto [800 nella numerazione araba, DCCC in quella romana] **A** *agg. num. card. inv.* Indica una quantità composta di otto centinaia. **B** *s. m. inv.* Il numero ottocento e il segno che lo rappresenta | *L'Ottocento*, il sec. XIX.

ottomàna *s. f.* Divano alla turca con materasso o cuscini per spalliera, trasformabile in letto. [→ ill. *mobili*]

ottomàno *agg.; anche s. m.* Turco.

ottomila [8000 nella numerazione araba, $\overline{\text{VIII}}$ in quella romana] **A** *agg. num. card. inv.* Indica una quantità composta di otto migliaia. **B** *s. m. inv.* Il numero ottomila e il segno che lo rappresenta | Nel linguaggio alpinistico, vetta che supera gli ottomila metri di altezza sul livello del mare: *i 14* –.

ottonàme *s. m.* Insieme di oggetti di ottone.

ottonàre *v. tr.* (*io ottóno*) Ricoprire una superficie metallica con uno strato di ottone.

ottonàrio *s. m.* Verso di otto piedi o di otto sillabe.

ottóne *s. m.* **1** Lega, di colore giallo lucente, contenente rame e zinco ed eventualmente, in quantità secondarie, altri metalli, assai impiegata nell'industria. **2** *al pl.* (*mus.*) Strumenti a fiato in ottone, quali corni, trombe, tromboni, tube. [→ ill. *strumenti musicali*]

ottòtipo *s. m.* Cartellone o quadro luminoso su cui sono impressi caratteri neri di opportune forme e dimensioni, destinati alla misurazione della vista. [→ ill. *medicina e chirurgia*]

ottuagenàrio *agg.; anche s. m.* (*f. -a*) Detto di chi ha ottant'anni di età.

ottùndere *v. tr. e intr. pron.* (*pass. rem. io ottùsi, tu ottundésti; part. pass. ottùso*) **1** (*lett.*) Arrotondare q.c. privandola della punta o del taglio. **2** (*fig.*) Rendere tardo, lento, inetto: – *la mente*.

ottundiménto *s. m.* (*lett.*) Arrotondamento della punta o del taglio di q.c. | (*fig.*) Indebolimento, infiacchimento della mente, della memoria e sim.

ottuplicàre *v. tr.* (*io ottùplico, tu ottùplichi*) Moltiplicare per otto.

ottùplice *agg.* (*raro*) Che si compone di otto parti.

òttuplo **A** *agg.* Che è otto volte maggiore, relativamente ad altra cosa analoga: *rendimento* –. **B** *s. m.* Quantità otto volte maggiore.

otturaménto *s. m.* Otturazione | Intasamento.

otturàre **A** *v. tr.* (*coniug. come turare*) Turare, chiudere, ostruire: – *un'apertura* | – *un dente*, curarlo inserendo l'apposito amalgama nell'incavo prodotto dalla carie; SIN. Occludere. **B** *v. intr. pron.* Chiudersi, intasarsi.

otturatóre **A** *agg.* (*f. -trìce*) Che ottura. **B** *s. m.* **1** Nelle macchine fotografiche, dispositivo che apre o chiude il passaggio della luce attraverso l'obiettivo. [→ ill. *cinematografia*] **2** Congegno mobile della culatta delle armi da fuoco a retrocarica, che consente l'introduzione del proiettile e la successiva chiusura ermetica della culatta. [→ ill. *armi*]

otturazióne *s. f.* Operazione dell'otturare | Il materiale con cui è stata turata un'apertura | L'amalgama, o sim., con cui è stato curato un dente.

ottusàngolo *agg.* Detto di triangolo con un angolo ottuso. [→ ill. *geometria*]

ottusità *s. f.* L'essere ottuso (*spec. fig.*).

ottùso *part. pass. di ottundere; anche agg.* **1** (*raro*) Privo della punta o del taglio. **2** (*fig.*) Lento e tardo nel comprendere: *sguardo* –. **3** (*fig.*) Privo di chiarezza, luminosità, sonorità e sim.: *suono* –. **4** (*mat.*) Detto di angolo maggiore di un angolo retto e minore di un angolo piatto. • CONTR. Acuto.

out /*ingl.* 'aut/ *s. m. inv.* **1** Nel tennis, spazio al di fuori del campo di gioco. **2** Parola che l'arbitro di un incontro di pugilato pronuncia per annunciare il verdetto di fuori combattimento.

outdoor /*ingl.* aut'dɔ:/ *agg. inv.* Detto di gara o incontro sportivo che si svolge all'aperto; CONTR. Indoor.

output /*ingl.* 'autput/ *s. m. inv.* Estrazione dei dati, spec. da un elaboratore elettronico.

outrigger /*ingl.* 'autrigə/ *s. m. inv.* **1** Armatura metallica sporgente dal bordo di una imbarcazione, che all'estremità reca montata la scalmiera. **2** (*est.*) Nel canottaggio, imbarcazione con tale tipo di scalmiera in cui i vogatori in numero pari, manovrano ciascuno un solo remo. [→ ill. *marina*]

outsider /*ingl.* aut'saidə/ *s. m. inv.* (*pl. ingl. outsiders* /aut'saidəz/) Concorrente non favorito che vince una gara

ottica

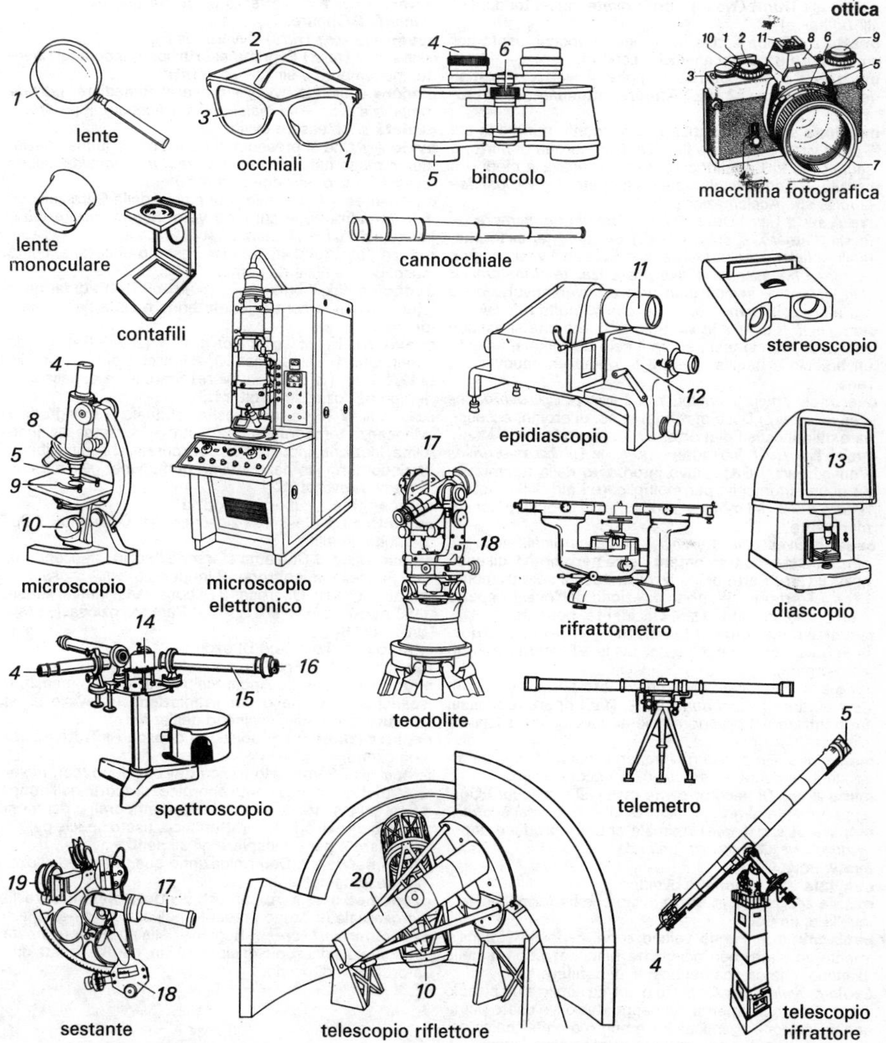

1 montatura 2 stanghetta 3 lente 4 oculare 5 obiettivo 6 vite di messa a fuoco 7 mirino reflex 8 torretta portaobiettivi 9 portaoggetti 10 specchio 11 episcopio 12 diascopio 13 schermo 14 prisma 15 collimatore 16 fenditura 17 cannocchiale 18 alidada 19 filtro 20 asse polare

o comunque viene a insidiare le probabilità di chi è ritenuto possibile vincitore.

ouverture /*fr.* uvɛr'tyr/ *s. f. inv.* (*pl. fr. ouvertures* /uvɛr'tyr/) Composizione strumentale di introduzione a un melodramma, a una cantata, a un oratorio.

ovàia *s. f.* (*anat.*) Ognuna delle due ghiandole a secrezione interna che costituiscono l'organo riproduttore femminile, nel quale si sviluppano le cellule uovo. [→ ill. *anatomia umana*]

ovàio *s. m.* (*anat.*) Ovaia.

ovàle ***A*** *agg.* Di forma ellittica simile a quella di un uovo: *linea – del volto* | *Palla* –, rugby. ***B*** *s. m.* ***1*** Nicchia o sim., di forma ovale. ***2*** Conformazione del viso, spec. femminile: *un – perfetto.* ***3*** Curva piana dal contorno simile al profilo d'un uovo.

ovàrio *s. m.* (*bot.*) Parte inferiore del pistillo a forma dilatata e contenente gli ovuli.

ovàto *agg.* (*raro*) Ovale | *Foglie ovate*, quasi tonde. [→ ill. *botanica*]

ovàtta *s. f.* Falda sottile di cotone in fiocchi, usata per imbottiture e per usi igienici e sanitari.

ovattàre *v. tr.* ***1*** Imbottire o riempire di ovatta: – *le spalle di una giacca.* ***2*** (*fig.*) Attutire, attenuare: – *un rumore.*

ovazióne *s. f.* ***1*** Nell'antica Roma, trionfo minore in cui il duce vittorioso aveva l'onore della corona di mirto, e sacrificava in Campidoglio, dove si recava a piedi o a cavallo. ***2*** Grido plaudente e prolungato: *le ovazioni della folla*; SIN. Acclamazione.

óve ***A*** *avv.* ***1*** (*lett.*) Dove. ***2*** (*lett.*) Dovunque: *sempre, – io sia, l'amerò.* ***B*** *cong.* ***1*** (*lett.*) Se mai, nel caso che, qualora (introduce una prop. condiz. con il v. al congv.): – *fosse necessaria la mia presenza, telefonatemi.* ***2*** (*lett.*) Mentre, invece (con valore avversativo): *volete agire precipitosamente, – necessita molta riflessione.*

over /*ingl.* 'ouvə/ *s. m. inv.* Stile di nuoto che si esegue sul fianco, con la testa sopra il pelo dell'acqua, usando un braccio a pagaia, mentre le gambe si muovono a rana.

overdose /*ingl.* 'ouvədous/ *s. f. inv.* (*pl. ingl. overdoses* /'ouvədousiz/) Dose di droga, spec. di eroina, eccessiva e quindi causa di morte.

overdrive /*ingl.* 'ouvədraiv/ *s. m. inv.* (*pl. ingl. overdrives* /'ouvədraivz/) Dispositivo interposto nella trasmissione di un'automobile per moltiplicare i giri delle ruote o ridurre quelli del motore, allo scopo di diminuire consumi e usure.

òvest o *Ovest s. m.* ***1*** (*geogr.*) Punto cardinale nella cui direzione si vede tramontare il sole nei giorni degli equinozi. ***2*** (*est.*) Parte dell'orizzonte dove il sole tramonta | (*est.*) Territorio situato in direzione dell'ovest rispetto a un punto stabilito. • SIN. Occidente, ponente.

ovidótto o *ovidùtto s. m.* (*anat.*) Canale attraverso il quale le uova sono condotte dall'ovaia all'esterno o in un altro organo.

ovile *s. m.* Fabbricato rurale destinato al ricovero di pecore e capre | *Ricondurre all'*–, (*fig.*) riportare a casa, far rientrare nel proprio ambiente ideologico, sociale e sim.

ovini *s. m. pl.* Gruppo di mammiferi artiodattili, cui appartengono la capra, il camoscio, la pecora e sim.

ovìno ***A*** *agg.* Di pecora: *carne ovina.* ***B*** *s. m.* (*zool.*) Ogni appartenente al gruppo degli ovini. [→ ill. *macelleria*]

ovìparo ***A*** *s. m.* (*zool.*) Animale che si riproduce deponendo uova. ***B*** *anche agg.*: *animale* –.

òvo V. *uovo.*

ovoidàle *agg.* A forma di ovoide.

ovòide *agg.; anche s. m.* Detto di ciò che ha forma simile a quella di un uovo.

ovolàccio *s. m.* Fungo velenoso dal cappello superiormente scarlatto con scagliette bianche e con lamelle bianche, che cresce nei boschi di conifere.

òvolo o *òvulo s. m.* ***1*** Oggetto di forma simile a un piccolo uovo. ***2*** Ingrossamento del ceppo dell'olivo usato per la moltiplicazione agamica. ***3*** Elemento architettonico costituito da un ordine continuo di ornamenti ovoidali in rilievo. [→ ill. *elemento ornamentale*] ***4*** Fungo dal cappello superiormente giallo aranciato e con lamelle giallo uovo, edule e pregiato | – *malefico*, ovolaccio. [→ ill. *fungo*]

ovopositóre ***A*** *s. m.* Organo addominale, presente nelle femmine di alcuni insetti, adibito alla deposizione delle uova. ***B*** *anche agg.*

ovovìa *s. f.* Tipo di funivia spec. per sciatori, con piccole cabine di forma ovale.

ovovivìparo *agg.; anche s. m.* (*zool.*) Detto di animale che partorisce prole viva, che si è sviluppata entro il corpo della madre e si nutre del solo vitello contenuto nell'uovo, poiché manca la placenta.

ovulazióne *s. f.* (*biol.*) Emissione dell'ovulo dall'ovaio | (*est.*) Periodo in cui ciò avviene.

òvulo *s. m.* ***1*** (*anat.*) Cellula uovo. ***2*** (*bot.*) Elemento riproduttore femminile contenuto nell'ovario del fiore, che a fecondazione avvenuta originerà il seme. ***3*** Oggetto, spec. medicamento, di forma simile a un piccolo uovo.

ovùnque *avv.* (*lett.*) Dovunque.

ovvéro *cong.* ***1*** Ossia: *sarò da te fra quattro giorni, – venerdì.* ***2*** Oppure.

ovverosia *cong.* (*raro*) Ovvero, ossia.

ovvìa *inter.* (*tosc.*) Esprime esortazione, incoraggiamento, incitamento e sim.: – *smettila!*

ovviàre *v. intr.* (*io ovvìo; aus. avere*) Rimediare, portare rimedio a q.c.: – *al male, al disordine*; SIN. Riparare.

ovvietà *s. f.* L'essere ovvio.

òvvio *agg.* Che si presenta al pensiero, all'immaginazione, in modo naturale e spontaneo: *una considerazione ovvia* | Logico, evidente: *un fatto* –.

oxalidàcee *s. f. pl.* Famiglia di piante delle Geraniali con fiori ermafroditi, le cui parti verdi hanno sapore più o meno acido. [→ ill. *piante* 6]

oxford /*ingl.* 'ɔksfəd/ *s. m. inv.* Tessuto di cotone, usato spec. per camicie da uomo.

oxitòcico /oksi'tɔtʃiko/ *agg.* (*pl. m. -ci*) Detto di farmaco che provoca la contrazione uterina e aiuta l'effettuarsi del parto.

ozelòt /oddze'lɔt/ o *ocelòt s. m.* ***1*** (*zool.*) Gattopardo americano. [→ ill. *animali* 20] ***2*** Pelliccia di tale animale.

oziàre *v. intr.* (*io òzio; aus. avere*) Stare in ozio, passare il tempo nell'ozio; SIN. Poltrire.

òzio *s. m.* ***1*** Pigra inoperosità, abituale e infingarda | Mancanza temporanea di attività: – *forzato*; SIN. Inattività, inazione, inoperosità, poltroneria. ***2*** Tempo libero, periodo di riposo dalle attività quotidiane: *gli ozi estivi.* [→ tav. *proverbi* 252]

oziosàggine *s. f.* Inerzia, pigrizia.

oziosità *s. f.* ***1*** L'essere ozioso; CONTR. Operosità. ***2*** Superfluità, inutilità.

ozióso ***A*** *agg.* ***1*** Che ama starsene in ozio, sfaccendato; SIN. Fannullone, poltrone. ***2*** Inoperoso: *vita oziosa*; SIN. Inattivo; CONTR. Operoso. ***3*** Di cosa vana, inutile, superflua: *parole oziose.* ***B*** *s. m.* (*f. -a*) Persona oziosa. [→ tav. *proverbi* 164]

ozònico *agg.* (*pl. m. -ci*) Di ozono.

ozonizzàre *v. tr.* Trattare con ozono.

ozonizzatóre *s. m.* Apparecchio nel quale, mediante scariche elettriche o per irradiazione ultravioletta, si produce ozono dall'ossigeno dell'aria.

ozonizzazióne *s. f.* Produzione di ozono | Trattamento con ozono.

ozòno *s. m.* Forma allotropica dell'ossigeno, con molecola triatomica: ossidante energico, prodotto nell'atmosfera dalle scariche elettriche dei temporali o dai raggi ultravioletti, di odore caratteristico, usato specie per disinfettare e per conservare gli alimenti.

ozonometrìa *s. f.* Determinazione quantitativa dell'ozono presente nell'aria.

ozonòmetro *s. m.* Apparecchio atto a determinare la percentuale di ozono presente nell'ossigeno dell'aria.

ozonosfèra *s. f.* (*geogr.*) Regione della stratosfera, posta a un'altezza dal suolo di circa 30 km, caratterizzata dalla presenza di ozono.

p *s. f. o m. inv.* Quattordicesima lettera dell'alfabeto italiano.
pa' *s. m.* (*fam.*) Forma tronca di 'papà' e di 'padre'.
pàca *s. m. inv.* Roditore delle foreste americane, notturno, privo di coda, con pelame ispido.
pacàre *v. tr. e intr. pron.* (*lett.*) Calmare.
pacatézza *s. f.* L'essere pacato; SIN. Tranquillità.
pacàto *part. pass. di pacare; anche agg.* Che dimostra calma e serenità: *tono, discorso —.*
pàcca *s. f.* **1** Colpo amichevole dato a mano aperta: *dare una — sulle spalle.* **2** Schiaffo, botta.
pacchétto *s. m.* **1** *Dim. di pacco.* **2** Piccola scatola o sacchetto. **3** (*econ.*) *— azionario*, complesso delle azioni di una società possedute dalla stessa persona. **4** In trattative politiche o sindacali, complesso di soluzioni da accettare o rifiutare in blocco. **5** Nel rugby, l'insieme degli otto avanti quando fanno la mischia. **6** In tipografia, blocco di un certo numero di righe, tutte di uguale giustezza.
pàcchia *s. f.* (*fam.*) Situazione particolarmente felice e vantaggiosa: *è una vera —.*
pacchianàta *s. f.* Comportamento, discorso e sim. pacchiano.
pacchianeria *s. f.* Carattere di pacchiano.
pacchiàno *agg.* Privo di buon gusto, vistoso e volgare: *vestirsi in modo —.*
pacciamatùra *s. f.* (*agr.*) Copertura del terreno con paglia, erba, strame o fogli di plastica, per proteggerlo dal gelo o ridurne l'evaporazione.
pàcco *s. m.* (*pl. -chi*) **1** Insieme costituito da un involucro, gener. di carta, cartone e sim., talvolta legato con corda o nastro, e dal suo contenuto: *un — di libri* | *— postale*, piccolo involto, collo, cassetta, del peso da 3 a 5 kg | *— viveri, dono*, distribuito da enti assistenziali. [→ ill. *posta*] **2** Corredo di oggetti destinato a una determinata funzione: *— di medicazione.*
paccottìglia *s. f.* Merce scadente | (*est.*) Oggetti di pessimo gusto e di nessun valore.
pàce *s. f.* **1** Assenza di lotte e conflitti armati tra popoli e nazioni | (*est.*) Conclusione di una guerra: *ai vinti fu imposta una — gravosa*; *trattato di —* | *Firmare la —*, l'atto che sancisce la fine delle ostilità; CONTR. Guerra. **2** Buona concordia, serena tranquillità di rapporti: *vivere, lavorare in —* | *Metter —*, sanare un disaccordo | *Far — con qc.*, rappacificarsi. **3** Tranquillità e serenità dello spirito e della coscienza: *ritrovare la propria — dopo giorni d'angoscia* | *Darsi —*, rassegnarsi | *Mettere, mettersi il cuore, l'animo in —*, ritrovare serenità ed equilibrio | *Non trovare mai —*, essere irrequieto e insoddisfatto; SIN. Quiete. **4** (*lett.*) Felicità, beatitudine: *la — eterna* | *Riposi in —*, si dice di chi è defunto. **5** Stato di tranquillità e benessere fisico | *Lasciare in —*, non disturbare | *Non dare —*, perseguitare, assillare. [→ tav. *proverbi* 69]
pace-maker /*ingl.* 'peismeikə/ *s. m. inv.* (*pl. ingl. pace-makers* /'peismeikəz/) Dispositivo elettronico di piccole dimensioni inserito sotto la pelle per mantenere regolari e costanti le pulsazioni cardiache; SIN. Stimolatore cardiaco.
pacfòng *s. m.* Adattamento di *packfong*.
pachidèrma *s. m.* (*pl. -i*) **1** Denominazione generica di tutti i mammiferi a pelle molto spessa, come gli elefanti, i rinoceronti, gli ippopotami. **2** (*fig.*) Persona pesante di corpo o tarda di mente.
pachidermia *s. f.* (*med.*) Abnorme ispessimento della cute.
pacière *s. m.* (*f. -a*) Mediatore di pace.
pacificàre **A** *v. tr.* (*io pacìfico, tu pacìfichi*) **1** Riconciliare: *riuscì a — i due nemici.* **2** Mettere in pace, riportare alla pace: *— gli animi*; SIN. Conciliare, placare, quietare. **B** *v. intr. pron.* **1** Trovar pace. **2** Far pace.
pacificatóre *s. m.; anche agg.* (*f. -trice*) Chi (o che) pacifica.
pacificazióne *s. f.* Riconciliazione | Raggiungimento di uno stato di quiete, serenità e sim.
pacìfico **A** *agg.* (*pl. m. -ci*) **1** Che ha carattere affabile e tranquillo e rifugge da ogni litigio e violenza; CONTR. Violento, bellicoso. **2** Che dimostra tale carattere o tendenza: *vita pacifica.* **3** (*fig.*) Non soggetto a discussione: *questa interpretazione del testo è ormai pacifica* | *È — che*, è indiscutibile che. **B** *s. m.* (*f. -a*) Persona pacifica.
pacifismo *s. m.* **1** Atteggiamento di chi ama la pace. **2** Movimento a favore dell'abolizione della guerra come mezzo di soluzione delle controversie internazionali.
pacifista **A** *s. m. e f.* (*pl. m. -i*) Chi sostiene il pacifismo; CONTR. Guerrafondaio. **B** *agg.* Di, da pacifista.
pacioccóne *s. m.* (*f. -a*) (*fam.*) Persona grassoccia e di carattere gioviale e bonario; SIN. Bonaccione.
pacióso *agg.* Pacifico, quieto.
pack /*ingl.* pæk/ *s. m. inv.* (*pl. ingl. packs* /pækz/) Distesa di frammenti della banchisa polare galleggianti sul mare e sospinti dalle correnti e dal vento.
packfòng *s. m.* (*miner.*) Alpacca.
padàno *agg.* Del Po, della Valle del Po: *pianura padana.*
paddock /*ingl.* 'pædək/ *s. m. inv.* (*pl. ingl. paddocks* /'pædəks/) Recinto all'interno dell'ippodromo, ove i fantini passeggiano coi loro cavalli prima della corsa.
padèlla *s. f.* **1** Utensile da cucina costituito da un recipiente di forma circolare, poco profondo e munito di un lungo manico, usato spec. per friggere | (*est.*) Padellata: *una — di patate fritte.* [→ ill. *cucina*] **2** Scaldaletto in rame. **3** Recipiente piatto che serve agli infermi per i bisogni. **4** (*sett.*) Macchia, spec. d'unto, su abiti e sim. **5** (*gerg.*) Colpo grossolanamente mancato da un cacciatore | *Fare —*, sbagliare il bersaglio. [→ tav. *locuzioni* 16]
padellàta *s. f.* **1** Quantità di cibo che si cucina in una volta nella padella. **2** Colpo dato con la padella.
padiglióne *s. m.* **1** Edificio isolato che fa parte di una serie di altri simili, intorno a uno principale: *i padiglioni della fiera* | *Tetto, volta a —*, a quattro falde ugualmente inclinate su pianta rettangolare | Costruzione gener. elegante in parchi, giardini e sim. [→ ill. *architettura*] **2** Vasta e sontuosa tenda da campo, che anticamente s'innalzava negli accampamenti militari per alloggio dei personaggi importanti. **3** Specie di baldacchino da letto. **4** Parte superiore dell'automobile costituita dal tetto, dalle parti finestrate e dai montanti. [→ ill. *automobile*] **5** (*anat.*) *— auricolare*, parte esterna e visibile dell'orecchio. [→ ill. *anatomia umana*] **6** Parte inferiore delle pietre preziose.
padovàno *agg.; anche s. m.* (*f. -a*) Di Padova | *Gallina padovana*, caratterizzata da un abbondante ciuffo di penne sul capo.
pàdre *s. m.* (*dial. troncato in pa'*) **1** Uomo che ha generato uno o più figli; *il — e la madre* | *— di famiglia*, uomo che ha moglie e figli, con tutte le responsabilità connesse | *Per via di —*, in linea paterna | *Di — in figlio*, di generazione in generazione. **2** (*est.*) Uomo che adempie nei confronti di qc. un ruolo di guida e protettore morale, spirituale, culturale e sim.: *per me è stato un —*; *è più un — che un amico* | (*fig.*) *— spirituale*, religioso che segue da vicino la vita spirituale di qc. | (*fig.*) *Padri della Chiesa*, scrittori dei primi secoli che hanno definito le dottrine fondamentali del cristianesimo. **3** *spec. al pl.* Antenati | Fondatore di una stirpe: *il — Romolo.* **4** (*fig.*) Maestro, iniziatore di una disciplina, di un'arte, e sim.: *è considerato il — della fisica moderna.* **5** Titolo proprio di sacerdote, e spec. di frati: *reverendo —*; *— cappuccino* | *Santo, Beatissimo Padre*, il Papa | *Padri conciliari*, religiosi che partecipano a un concilio. **6** *al pl.* Congregazione religiosa: *i Padri della Fede.* **7** (*relig.*) Padre, Creatore: *Dio è il — degli uomini* | Prima persona della Trinità: *il Padre, il Figlio e lo Spirito Santo.* [→ tav. *proverbi* 22, 252, 359, 387]
padreggiàre *v. intr.* (*io padréggio; aus. avere*) Somigliare al padre fisicamente e moralmente.
padrenòstro *s. m.* (*pl. padrenòstri*) Orazione fondamentale dei cristiani, insegnata da Gesù Cristo stesso | *Sapere q.c. come il —*, a memoria.
padretèrno *s. m.* (*pl. padretèrni* nel sign. 2) **1** *Il Padreterno*, Dio. **2** (*fig.*) Persona molto potente.
padrìno *s. m.* **1** Nel cattolicesimo, chi presenta al sacer-

dote un battezzando o un cresimando; SIN. Compare. **2** Chi assiste qc. in una vertenza cavalleresca. **3** (*gerg.*) Il capo di un'organizzazione mafiosa. **4** (*est.*) Personaggio politico molto potente.

padronàle *agg.* Del padrone: *automobile* – | Del datore di lavoro: *sindacato* – | Del padronato: *politica* –.

padronànza *s. f.* **1** Autorità e diritto di padrone. **2** Controllo, dominio: *esercitare una certa – su qc.* **3** Conoscenza profonda: *aver – del tedesco.*

padronàto *s. m.* **1** Condizione, stato di padrone | *Di* –, padronale. **2** Insieme dei datori di lavoro, considerati come classe sociale.

padroncino *s. m.* **1** Piccolo imprenditore, proprietario di una piccola azienda. **2** Chi è proprietario di un solo taxi guidato da lui stesso, o di uno o più camion con cui lavora in proprio.

padróne *s. m.* (*f.* -*a*) **1** Chi è proprietario di q.c. | – *del vapore*, (*scherz.*) capo di una grande industria | – *di casa*, il proprietario rispetto all'affittuario. **2** Datore di lavoro | *Andare a* –, a servizio | – *di bottega*, il principale rispetto ai dipendenti | *Essere a –, lavorare sotto* –, alle dipendenze di qc. **3** Assoluto dominatore, unico arbitro delle sorti di q.c. o di qc.: – *di tutto il paese*; *Dio è – del mondo* | *Credersi – del mondo*, (*fig.*) presumere di sé, della propria importanza o potenza | (*fig.*) *Essere, non essere – di sé*, avere o non avere il controllo dei propri nervi | *Farla da* –, comportarsi come tale | Chi è libero di agire come meglio crede: *sei – di andartene* (frequente anche con il *sup.*: *padronissimo di non accettare!*). **4** (*fig.*) Profondo conoscitore: *essere – di una materia.* **5** Marittimo abilitato al comando di nave di piccolo cabotaggio. [→ tav. *proverbi* 27, 249; → tav. *locuzioni* 73]

padroneggiàre **A** *v. tr.* (*io padronéggio*) **1** Comandare, controllare qc. o q.c. come un padrone (*spec. fig.*): – *i primi sentimenti*; SIN. Dominare. **2** (*fig.*) Conoscere molto bene: – *una materia.* **B** *v. rifl.* Dominarsi, controllarsi.

padùle *s. m.* (*tosc.*) Palude, acquitrino.

paèlla /*sp.* pa'eʎa/ *s. f. inv.* (*pl. sp. paellas* /pa'eʎas/) Riso cucinato alla maniera di Valenza, con verdure, frutti di mare, pezzi di anguilla, pollo e maiale.

paeṣàggio *s. m.* **1** Complesso di tutte le fattezze visibili di una località: – *alpino, lacustre.* **2** Panorama | (*est.*) Aspetto tipico di una regione ricca di bellezze naturali: *la difesa del – ligure.* **3** Pittura, foto e sim. che ritrae un paesaggio.

paeṣaggìsta *s. m. e f.* (*pl. m.* -*i*) (*raro*) Paesista.

paeṣaggìstico *agg.* (*pl. m.* -*ci*) (*raro*) Paesistico.

paeṣanìsmo *s. m.* Carattere di ciò che è paesano nel gusto o nel carattere.

paeṣàno **A** *agg.* Proprio o caratteristico di un paese: *usanze paesane* | *Alla paesana*, secondo l'usanza del paese. **B** *s. m.* (*f.* -*a*) **1** Abitante di un piccolo borgo | Contadino. **2** (*dial.*) Compaesano.

paéṣe **1** Grande estensione di territorio, gener. abitato e coltivato: – *piano, montuoso*; SIN. Regione. **2** (talvolta con la maiuscola, *Paese*) Nazione, Stato: *il – nemico* | (*est.*) Il complesso dei cittadini di uno Stato: *la volontà del* – | Patria: *amare il proprio* –. **3** Centro abitato di limitate proporzioni: *il – natio* | *Mandare a quel* –, all'inferno, al diavolo. [→ tav. *proverbi* 270, 321, 377]

paeṣìsta *s. m. e f.* (*pl. m.* -*i*) Chi dipinge o disegna paesaggi; SIN. Paesaggista.

paeṣìstico *agg.* (*pl. m.* -*ci*) Relativo al paesaggio | Relativo alla pittura o al disegno di paesaggi: *gusto* –; SIN. Paesaggistico.

paffùto *agg.* Florido e grassoccio: *viso* –.

pàga **A** *s. f.* **1** Salario o stipendio | *Giorno di* –, in cui lo stipendio è corrisposto; SIN. Compenso. **2** (*fig.*) Ricompensa: *bella – ho ricevuto dopo tanti sacrifici!* | (*fam.*) Sconfitta al gioco | *Dare la – a qc.*, batterlo al gioco. **B** *in funzione di agg. inv.* (*posposto al s.*) *Libro* –, registro in cui sono obbligatoriamente annotati i nominativi dei lavoratori impiegati nell'azienda e la loro retribuzione | *Ufficio* –, dove vengono eseguiti i pagamenti.

pagàbile *agg.* Che si può o si deve pagare.

pagàia *s. f.* Remo formato da un'asta terminante con una pala generalmente ovale. [→ ill. *marina*]

pagaménto *s. m.* **1** Corresponsione, versamento della paga e gener. della somma spettante a qc.: *provvedere al – di q.c.* **2** Somma che si paga.

paganeggiàre *v. intr.* (*io paganéggio; aus. avere*) Pensare e vivere secondo modi pagani.

paganésimo *s. m.* **1** Insieme delle religioni e della civiltà del mondo antico greco-romano, spec. nella sua opposizione al cristianesimo. **2** (*est.*) Religione non cristiana.

pagàno **A** *agg.* **1** Che si riferisce al paganesimo. **2** (*est.*) Che ignora i principi religiosi del cristianesimo, o vi si oppone. **B** *s. m.* (*f.* -*a*) **1** Ogni fedele di una religione pagana. **2** (*est.*) Chi respinge gli insegnamenti cristiani.

pagànte *part. pres. di pagare; anche agg. e s. m. e f.* Che (o chi) paga.

pagàre *v. tr.* (*io pàgo, tu pàghi*) **1** Remunerare o retribuire qc. dandogli il denaro che gli spetta: – *i propri dipendenti* | – *in natura*, non con denaro ma con beni di consumo, spec. prodotti agricoli | Soddisfare un impegno versando una somma di denaro: – *una cambiale, le imposte* | (*fig.*) – *il debito della natura*, morire; SIN. Compensare. **2** Versare il prezzo pattuito per avere q.c.: – *la consumazione* | – *q.c. a rate*, a quote fisse, dilazionate nel tempo | – *q.c. caro, un occhio, un occhio della testa, salato* e sim., a un prezzo elevatissimo | (*fig.*) *Quanto pagherei per...*, esprime vivo desiderio di ottenere q.c. **3** (*fam.*) Offrire q.c. a qc. addossandosene le spese: – *un caffè.* **4** (*fig.*) Ricompensare: – *qc. di, con, la più nera ingratitudine.* **5** ass. Portare utilità, vantaggio: *la disonestà non paga.* **6** (*fig.*) Scontare, espiare: – *la pena* | – *il fio*, espiare una colpa | *Farla – cara a qc.*, fargli espiare duramente errori e sim. | – *di persona*, subire personalmente le conseguenze negative di q.c. [→ tav. *proverbi* 23, 89, 322, 382; → tav. *locuzioni* 74]

pagatóre *s. m.; anche agg.* (*f.* -*trice*) Chi (o che) paga | *Ufficiale* –, graduato incaricato dei pagamenti presso la cassa dei corpi; (*fig.*) persona che sovvenziona le spese di qc.

pagèlla *s. f.* Cartello o foglio sul quale si segnano i voti riportati da un alunno nel corso dei vari quadrimestri o trimestri o agli esami (attualmente, nella scuola dell'obbligo, 'scheda di valutazione').

pagèllo *s. m.* Pesce osseo argentato dei Percoidi, che vive sui fondali rocciosi e sabbiosi e ha carni pregiate.

paggétto *s. m. Dim. di paggio.*

pàggio *s. m.* **1** Giovane nobile avviato ai gradi superiori della cavalleria e alle cariche di corte | *Capelli alla* –, corti e con frangia. [→ ill. *acconciatura*] **2** Fanciullo che tiene sollevato lo strascico dell'abito della sposa.

pagherò *s. m.* Cambiale contenente la promessa di pagare una determinata somma alla scadenza a favore del legittimo portatore.

paghétta *s. f.* (*fam.*) Piccola somma di denaro corrisposta periodicamente dai genitori ai figli; SIN. Mancetta.

pàgina *s. f.* **1** In libri, quaderni e sim., facciata del foglio: *numerare le pagine* | *Terza* –, nei quotidiani, quella dedicata agli articoli di cultura | *Pagine gialle*, elenco di abbonati telefonici suddivisi per attività lavorativa | (*est.*) Foglio: *mancano tre pagine* | *Voltare* –, (*fig.*) cambiare discorso; (*est.*) apportare un cambiamento radicale; chiudere un periodo per aprirne un altro. [→ ill. *stampa*] **2** Ciò che è scritto in una pagina: *una – di musica* | (*est.*) Scritto o parte di un'opera scritta: *pagine scelte.* **3** (*fig.*) Episodio di particolare rilievo: *una – gloriosa del nostro Risorgimento.* **4** (*bot.*) Una delle due facce della lamina fogliare: – *inferiore, superiore.*

paginatùra *s. f.* Numerazione delle pagine.

pàglia *s. f.* **1** Stelo o insieme di steli di cereali e di leguminose dopo la trebbiatura che serve per lettiere, coperture, imballaggi, foraggio | – *di ferro*, paglietta | *Sedie di* –, impagliate | – *e fieno*, mescolanza di tagliatelle gialle e verdi cotte insieme e variamente condite | *Bruciare come la* –, con gran facilità | *Mettere – al fuoco*, (*fig.*) esporre qc. a pericoli, tentazioni e sim. **2** Oggetto lavorato in paglia: *le paglie di Firenze.* **3** (*fig.*) Simbolo di scarsa stabilità, intensità o resistenza: *fuoco, uomo di* –. [→ tav. *proverbi* 116]

pagliaccétto *s. m.* **1** *Dim. di pagliaccio.* **2** Indumento intimo femminile che riunisce in un pezzo solo corpetto e mutandine. **3** Indumento analogo portato dai bambini. [→ ill. *puericultura*]

pagliacciàta *s. f.* Azione poco seria, da pagliaccio; SIN.

Buffonata.

pagliàccio *s. m.* (*f. -a*) **1** Buffone di circo. **2** (*fig.*) Persona poco seria, che si comporta in modo ridicolo o senza dignità; SIN. Buffone.

pagliàio *s. m.* **1** Grande ammasso conico o tondeggiante di paglia, all'aperto. **2** Capanna, ricovero di paglia.

pagliàta (1) *s. f.* Paglia tritata con altre erbe e data al bestiame.

pagliàta (2) *s. f.* Intestino di vitello cotto al tegame o alla griglia.

paglierìccio *s. m.* Saccone riempito di paglia o foglie secche, usato come materasso.

paglierìna *s. f.* (*bot.*) — *tignosa*, fungo velenoso, con cappello giallo e gambo bianco munito di anello e volva. [→ ill. *fungo*]

paglierìno *agg.* Di color giallo chiaro.

pagliétta *s. f.* **1** *Dim. di paglia.* **2** Cappello rigido di paglia per uomo, con tesa e sommità piatta. [→ill. *copricapo*] **3** Viluppo di lunghi trucioli metallici usato per pulire tegami e pavimenti in legno.

pagliòlo *s. m.* (*mar.*) Pavimento di tavole o lamiere che copre il fondo di un'imbarcazione o il fondo delle stive. [→ ill. *marina*]

paglióne *s. m.* **1** (*raro*) Paglia tritata. **2** (*sett.*) Pagliericcio | *Bruciare il* —, (*fig.*) andarsene alla chetichella.

pagliùzza *s. f.* **1** *Dim. di paglia* | *Vedere la — nell'occhio altrui*, criticare eccessivamente i difetti degli altri. **2** Fuscellino di paglia. **3** Minutissima particella d'oro o di altro metallo brillante presente in una massa di minerale o terrosa. [→ tav. *locuzioni* 115]

pagnòtta *s. f.* **1** Pane di forma rotonda. [→ ill. *pane*] **2** (*fig.*) Quanto serve per il mantenimento quotidiano: *lavorare per la* —.

pagnottèlla *s. f.* (*rom.*) Panino.

pàgo *agg.* (*pl. m. -ghi*) Appagato, soddisfatto: *ritenersi — di q.c.*

pagòda *s. f.* **1** Edificio dedicato al culto buddista: ha gener. l'aspetto di una torre, più ampia verso la base, divisa in vari piani, ognuno dei quali con tetto a falde spioventi | *Tetto a* —, a falde spioventi e a linee curve. [→ ill. *religione*] **2** Statuina di porcellana cinese o indiana.

pagùro *s. m.* Animale marino dei Crostacei con addome molle e ricurvo che l'animale infila nella conchiglia vuota di un gasteropode, mimetizzandosi poi con attinie o spugne; SIN. Bernardo l'eremita. [→ ill. *animali* 4]

paillard /*fr.* pa'jar/ *s. f. inv.* (*pl. fr. paillards* /pa'jar/) Fettina di vitello cotta ai ferri.

paillette /*fr.* pa'jɛt/ *s. f. inv.* (*pl. fr. paillettes* /pa'jɛt/) Lustrino.

pàio o *paro*, (*fam.*) troncato in *par s. m.* (*pl. pàia, f.*) Coppia di cose, persone o animali: *un — d'amici, di buoi, di bicchieri* | *Un altro — di maniche*, (*fig.*) un'altra cosa, tutt'altra cosa.

paiolàta *s. f.* Quantità di cibo o altro contenua in un paiolo.

paiòlo *s. m.* **1** Recipiente da cucina in rame a forma di vaso tondo e fondo, con manico arcato, che si appende al gancio della catena del camino. [→ ill. *cucina*] **2** Tavolato usato un tempo sulla piazzuola di un pezzo d'artiglieria per facilitarne gli spostamenti.

paisà *s. m.* (*merid.*) Paesano, compaesano.

pakistàno *agg.; anche s. m.* (*f. -a*) Del Pakistan.

pàla (1) *s. f.* **1** Attrezzo a mano per smuovere, ammucchiare, caricare terra e materiali, costituito da un ferro piatto e largo fissato a un lungo manico di legno | — *meccanica, caricatrice*, macchina semovente dotata di grande cucchiaio anteriore per scavare e muovere il terreno | Attrezzo, per infornare e sfornare il pane | Posata da tavola larga e piatta per servire dolci | *Con la* —, (*fig.*) con eccessiva prodigalità o abbondanza. [→ ill. *agricoltura, cava, miniera, panettiere, stoviglie*] **2** (*est.*) Parte esterna, allargata e spianata, di diversi organi o attrezzi: *la — del remo, del timone. [→ ill. marina]* **3** (*est.*) Ciascuno degli elementi piani fissati a un organo rotante, e atti a ricevere o imprimere un movimento da o a un fluido: *le pale del mulino a vento, dell'elica, di un compressore, di un ventilatore, di una turbina.* [→ ill. *aeronautica, motore*]

pàla (2) *s. f.* Scoscesa formazione rocciosa dal largo sviluppo trasversale.

pàla (3) *s. f.* Composizione dipinta o scolpita che si pone sull'altare nelle chiese cattoliche. [→ ill. *religione*]

paladìno *s. m.* **1** Cavaliere del gruppo dei dodici nobili scelti da Carlo Magno come propria guardia del corpo. **2** (*fig.*) Difensore, sostenitore: *i paladini della fede.*

palafitta *s. f.* **1** Capanna sostenuta da pali conficcati nel terreno, spec. in zone paludose o lacustri: *villaggi preistorici su palafitte.* [→ ill. *abitazione*] **2** Insieme di pali di legno, ferro o cemento armato, infissi nel terreno e collegati nella parte superiore, usati spec. come fondazione | (*est.*) Ogni costruzione su palafitte.

palafittàre *v. tr.* Rafforzare con palafitte.

palafitticolo *agg.; anche s. m.* Abitante in palafitte.

palafrenière *s. m.* **1** Chi governava un palafreno | Staffiere, scudiero. **2** Chi addestrava all'equitazione allievi di scuole militari.

palafréno o *palafrèno s. m.* Cavallo usato dai cavalieri medievali per viaggi e non per guerra o per corsa.

palàia *s. f.* (*zool.*; *dial.*) Sogliola.

palamidóne *s. m.* **1** (*scherz.*) Mantello o soprabito molto lungo e largo. **2** (*est.*) Chi veste il palamidone.

palamita o (*merid.*) *palàmita s. f.* Pesce osseo degli Sgombridi, predatore, con peduncolo caudale.

palàmito *s. m.* Attrezzo da pesca costituito da una lunga corda cui sono attaccate cordicelle terminanti con un amo.

palànca (1) *s. f.* **1** Grossa trave o palo, in legno o metallo. **2** Tavola che serve da ponte volante tra un natante e la terra, o tra due natanti contigui. **3** Sorta di riparo con grosse travi e terra, usato nell'antica fortificazione.

palànca (2) *s. f.* (*pop.*) Antica moneta italiana da un soldo | (*est.*) *spec. al pl.* Soldi, quattrini.

palanchìno *s. m.* **1** Portantina usata in Oriente per trasportare personaggi importanti. **2** Barra d'acciaio con estremità a cuneo e a punta, usata come leva per rimuovere materiali rocciosi.

palànco *s. m.* (*pl. -chi*) Argano.

palandràna *s. f.* **1** Veste da camera per uomo ampia e lunga. **2** (*scherz.*) Veste lunga e larga.

palàre *v. tr.* Rafforzare con pali: — *le viti.*

palàta *s. f.* **1** Quantità di roba contenuta in una pala | *A palate*, (*fig.*) in abbondanza, in grande quantità. **2** Colpo dato con la pala. **3** Nel canottaggio, colpo di remo di un singolo vogatore.

palatàle A *agg.* **1** (*anat.*) Del palato: *volta* —. **2** (*ling.*) Detto di consonante nella cui articolazione il dorso della lingua batte contro il palato duro. **B** *s. f.* Consonante palatale.

palatalizzazióne *s. f.* (*ling.*) Fenomeno per cui una consonante o vocale diventa palatale.

palatino (1) *agg.* Del palazzo o corte reale: *biblioteca palatina.*

palatino (2) *agg.* Del Palatino, colle di Roma: *edifici palatini.*

palatino (3) *agg.* (*anat.*) Del palato: *volta palatina.*

palàto (1) *s. m.* **1** Parte superiore del cavo orale, tra la bocca e le cavità nasali | — *duro*, parte anteriore del palato, aderente all'osso palatino | — *molle*, parte posteriore, costituita da una formazione membranosa mobile; SIN. Velo palatino. [→ ill. *anatomia umana*] **2** (*fig.*) Senso del gusto, sensibilità ai sapori | — *fine, delicato*, che sa valutare i sapori.

palàto (2) *agg.* (*arald.*) Detto del campo di scudo costituito da sei pali a smalti alternati

palazzina *s. f.* **1** *Dim. di palazzo.* **2** Casa signorile, per lo più con giardino.

palàzzo *s. m.* **1** (*lett.*) Grande edificio signorile. **2** (*est.*) Corte principesca o reggia: *si tennero molte feste a* — | *Congiura di* —, ordita dagli uomini della corte | *Dama di* —, dama di corte. [→ ill. *castello*] **3** Sede di governo, di pubblici uffici e sim. | (*est.*) Simbolo del potere politico centrale: *voci provenienti dal Palazzo* | — *dello sport*, impianto sportivo per manifestazioni ginniche e atletiche | — *di giustizia*, luogo ove l'autorità giudiziaria esplica la propria funzione | — *di vetro*, sede dell'ONU. **4** Edificio piuttosto grande di civile abitazione: *un — di dieci piani.*

palazzòtto *s. m.* Palazzo non grande, ma solido e massiccio.

palchettista *s. m. e f.* (*pl. m. -i*) Chi possiede o ha in abbonamento un palco a teatro.

palchétto *s. m.* **1** *Dim. di palco.* **2** Ciascuna delle tavolette orizzontali disposte nell'altezza di uno scaffale, sulla quale si collocano libri o sim.

pàlco *s. m.* (*pl. -chi*) **1** Tavolato e sim. elevato da terra e destinato a vari usi: *rizzare un* –; *il* – *delle autorità*; *la forca era posta su di un* – | Scaffale. **2** Strato, piano: *disporre la frutta a palchi.* **3** Ciascuno dei vani aperti verso la sala teatrale su diversi piani, costruiti in modo da accogliere piccoli gruppi di spettatori. [→ ill. *teatro*] **4** (*mar.*) Coperta di parte del bastimento. **5** (*zool.*) Ciascuna delle ramificazioni delle corna dei cervidi. [→ ill. *zoologia*]

palcoscènico *s. m.* (*pl. -ci*) **1** Palco di assi di legno sul quale agiscono gli attori | Settore della sala teatrale occupato dal palco medesimo e dalla scena. [→ ill. *teatro*] **2** (*fig.*) Arte del teatro.

palèo *s. m.* **1** Trottola conica che si fa girare con una sferza. **2** (*bot.*) Graminacea con infiorescenza allargata, comune nei prati.

palèo- *primo elemento:* in parole dotte composte significa 'antico': *paleocristiano, paleografia, paleolitico.*

paleoantropologia *s. f.* (*pl. -gìe*) Scienza che studia i reperti fossili umani.

paleocène *s. m.* (*geol.*) Prima parte del Paleogene.

paleocristiàno *agg.* Relativo al cristianesimo antico, dei primi secoli.

paleògene *s. m.* (*geol.*) Primo periodo e sistema dell'era cenozoica.

paleogeografìa *s. f.* Scienza che studia le condizioni geografiche della Terra nei vari periodi della storia geologica.

paleografìa *s. f.* Scienza che studia le antiche scritture.

paleogràfico *agg.* (*pl. m. -ci*) Della paleografia.

paleògrafo *s. m.* (*f. -a*) Studioso di paleografia.

paleolìtico **A** *agg.* (*pl. m. -ci*) Detto del periodo più antico dell'età della pietra. **B** *s. m.* Periodo paleolitico.

paleontologìa *s. f.* (*pl. -gìe*) Scienza che si occupa dello studio dei resti organici fossili, della loro origine, evoluzione e distribuzione geografica e temporale. [→ ill. *paleontologia*]

paleontològico *agg.* (*pl. m. -ci*) Della paleontologia.

paleontòlogo *s. m.* (*f. -a; pl. m. -gi*) Studioso di paleontologia.

paleozòico **A** *agg.* (*pl. m. -ci*) Detto della seconda era della storia geologica caratterizzata dalla comparsa delle prime forme di vita. **B** *s. m.* Era paleozoica.

paleozoologìa *s. f.* (*pl. -gìe*) Scienza che studia gli animali comparsi nel corso delle ere geologiche.

palerìa **1** Insieme di pali usati in agricoltura e in edilizia. **2** (*gener.*) Insieme di pali di vario materiale e funzione: *una tenda completa di* –.

palermitàno *agg.; anche s. m.* (*f. -a*) Di Palermo.

palesàre **A** *v. tr.* (*io palésо*) Manifestare, rendere noto: – *un segreto*; SIN. Mostrare, rivelare, svelare. **B** *v. intr. pron. e rifl.* Manifestarsi o farsi vedere.

palése *agg.* Che si manifesta in modo chiaro ed evidente: *errore* –; *voto* –; *sei in* – *contraddizione.*

palèstra *s. f.* **1** Presso gli antichi greci e romani, luogo, spec. all'aperto, destinato agli esercizi ginnici. **2** Ampio locale chiuso, opportunamente attrezzato per l'esecuzione di esercizi ginnici, di allenamenti sportivi e sim. **3** Esercizio atletico che si può fare in una palestra: *un'ora di* –. **4** (*fig.*) Esercizio per rafforzare le capacità intellettuali o morali: *la scuola è* – *di vita.*

paletnologìa *s. f.* (*pl. -gìe*) Scienza che studia le attività di tipi umani estinti.

paletnològico *agg.* (*pl. m. -ci*) Della paletnologia.

paletnòlogo *s. m.* (*f. -a; pl. m. -gi*) Studioso di paletnologia.

paletot /*fr.* pal'to/ *s. m. inv.* (*pl. fr. paletots* /pal'to/) Cappotto, soprabito.

palétta *s. f.* **1** *Dim. di pala* (1). **2** Arnese a forma di piccola pala, usato per radunare o raccogliere o come giocattolo per bambini, e sim. [→ ill. *bar, cucina, giochi, nettezza urbana, stoviglie*] **3** Disco con manico usato dal capostazione per dare il segnale di partenza ai treni. **4** Elemento costitutivo del distributore o della girante delle turbine a vapore e a gas. **5** (*anat.*) Scapola | Rotula.

palettàta *s. f.* **1** Quantità di roba che sta in una paletta. **2** Colpo di paletta.

palettatùra *s. f.* Nelle macchine quali compressori, turbine e sim., complesso delle pale o delle palette disposte sulle parti mobili o fisse.

palétto *s. m.* **1** *Dim. di palo.* **2** Leva di ferro o altro materiale, spec. da infiggere nel terreno per vari usi. **3** Spranga di ferro scorrevole entro staffette usata come chiavistello di porta o finestra.

palificàre *v. intr.* (*io palìfico, tu palìfichi; aus. avere*) **1** (*raro*) Costruire palizzate. **2** Conficcare pali nel terreno.

palificazióne *s. f.* **1** Operazione del palificare | Insieme dei pali che consolidano le fondamenta di un edificio. **2**

paleontologia

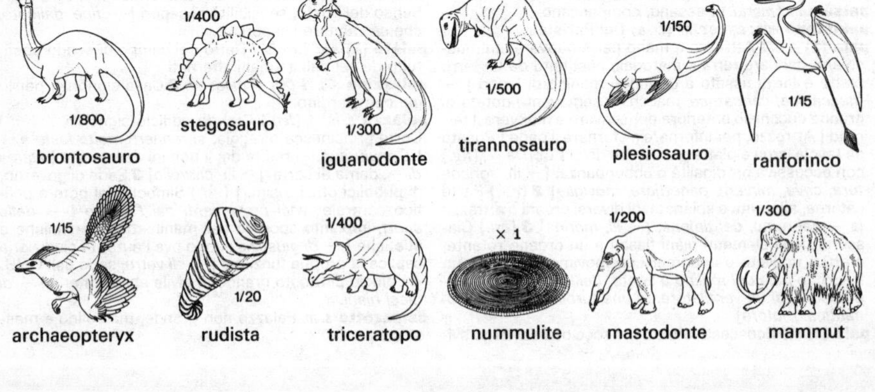

× 200 spore fossili
1/10 graptoliti
1/10 trilobite
1/1000 sigillaria
1/10 ammonite
1/100 ittiosauro
1/800 brontosauro
1/400 stegosauro
1/300 iguanodonte
1/500 tirannosauro
1/150 plesiosauro
1/15 ranforinco
1/15 archaeopteryx
1/20 rudista
1/400 triceratopo
× 1 nummulite
1/200 mastodonte
1/300 mammut

Insieme dei pali che sorreggono linee telegrafiche, telefoniche o elettriche.

palina *s. f.* **1** Asta di legno verniciata a tratti alternati bianchi e rossi che si conficca verticalmente nel terreno per indicare un allineamento. **2** Asta metallica indicatrice di direzione.

palindromo *agg.* Detto di parola, frase, verso o cifra che si possono leggere sia da sinistra che da destra (es. *anilina*).

palingènesi *s. f.* **1** In talune religioni, rinnovamento finale del mondo dopo la distruzione. **2** (*est.*) Rinnovamento di istituti, di concezioni, e sim.: – *politica*.

palinodia *s. f.* **1** Componimento poetico scritto per ritrarre quanto affermato in opera precedente. **2** (*est.*) Scritto o discorso con cui si smentiscono precedenti affermazioni.

palinsèsto *s. m.* **1** Manoscritto antico su pergamena, nel quale la scrittura sia stata sovrapposta ad altra precedente raschiata o cancellata. **2** (*scherz.*) Vecchio scritto leggibile con difficoltà perché molto cancellato. **3** (*tv*) Schema delle trasmissioni radiotelevisive previste in programmazione.

pàlio *s. m.* Drappo ricamato o dipinto che in epoca medievale si dava in premio al vincitore di una gara, in occasione di grandi feste pubbliche | La gara stessa: *correre il* –; *il* – *di Siena* | *Mettere q.c. in* –, promettere come premio di gara.

paliòtto *s. m.* Paramento che copre la parte anteriore dell'altare cristiano, di stoffa, legno, marmo, avorio o materiali preziosi variamente ornati. [→ ill. *religione*]

palischérmo o *palischèrmo s. m.* Grossa imbarcazione a remi o a vela.

palissàndro *s. m.* Legno pregiato di color violaceo scuro, ricavato da alberi tropicali, usato per mobili e lavori fini di ebanisteria.

palizzàta *s. f.* Serie di pali infissi nel terreno, per recingere, proteggere, rafforzare e sim.

pàlla (1) *s. f.* **1** Oggetto o corpo sferico: *una* – *di neve*; *una* – *di vetro*; *sassi simili a palle* | (*fam.*) – *dell'occhio*, globo oculare | – *di piombo*, (*fig.*) cosa o persona pesantissima. **2** Sfera da gioco in gomma, cuoio o altro materiale | *Non essere in* –, (*fig.*) sbagliare molto, spec. nel gioco | *Prendere la* – *al balzo*, (*fig.*) cogliere l'occasione favorevole | Unito a varie specificazioni, forma il nome di diversi giochi o sport: *pallavolo* | – *ovale*, rugby. [→ ill. *giochi, sport*] **3** Peso che un tempo i carcerati portavano attaccato ai piedi con una catena: – *del forzato* | *Mettere la* – *al piede a q.c.*, (*fig.*) ostacolarlo | *essere una* – *al piede di q.c.*, (*fig.*) rappresentare per lui un ostacolo, un grosso peso. **4** Proiettile delle artiglierie antiche, di forma sferica, di varia grandezza e peso. **5** Pallottola: – *di fucile* | *Partire come una* – *di schioppo*, (*fig.*) a tutta velocità. **6** Sferetta di legno, bianca o nera, per votazioni | – *nera*, voto contrario | – *bianca*, voto favorevole. **7** *al pl. volg.* Testicoli.

pàlla (2) *s. f.* Veste ampia, talare, delle dame romane, delle divinità e dei musicisti greci. [→ ill. *vesti*]

pàlla (3) *s. f.* Quadrato di lino bianco che copre il calice o la patena durante la messa. [→ ill. *religione*]

pallabàṣe *s. f.* (*sport*) Baseball.

pallacanèstro *s. f.* Gioco di origine statunitense, cui partecipano due squadre di cinque elementi ciascuna, che cercano di inviare la palla manovrata con le mani in un canestro di rete fissato a un tabellone posto in alto all'estremità del settore avversario del campo; SIN. Basket. [→ ill. *sport*]

pallacòrda *s. f.* **1** Antico gioco d'origine italiana, dal quale è derivato il tennis. **2** Luogo ove si praticava questo gioco.

palladiàna *s. f.* Pavimentazione a mosaico, di grandi lastre irregolari, di marmo o pietra.

pallàdio (1) *s. m.* **1** Statua che raffigura Pallade Atena (che era venerata a Troia in quanto si riteneva avesse il potere di rendere inespugnabile la città). **2** (*fig., lett.*) Difesa, protezione.

pallàdio (2) *agg.* (*lett.*) Di Pallade Atena.

pallàdio (3) *s. m.* Elemento chimico, metallo nobile, bianco-argenteo, che può adsorbire notevoli quantità di idrogeno; usato come catalizzatore per parti delicate di strumenti di precisione e, in lega con l'oro, per monili; SIMB. Pd.

pallamàglio *s. m. o f.* Antico gioco consistente nell'inviare con un martello di legno una palla di legno a una certa distanza o in buche.

pallamàno *s. f.* Gioco che si pratica fra due squadre di 11 giocatori l'una, con regole molto simili a quelle del calcio, ma con la differenza che la palla va toccata esclusivamente con le mani.

pallamùro *s. f.* Gioco tra due squadre i cui componenti devono lanciare o ribattere una palla contro un muro.

pallanotista o *pallanuotista s. m. e f.* (*pl. m. -i*) Chi pratica lo sport della pallanuoto.

pallanuòto *s. f.* Gioco che si pratica in acqua tra due squadre di sette elementi ciascuna che cercano di segnare punti inviando la palla nella porta avversaria.

pallavolista *s. m. e f.* (*pl. m. -i*) Chi pratica lo sport della pallavolo.

pallavólo *s. f.* Gioco tra due squadre di sei elementi ciascuna, i quali devono, con le mani, rinviarsi al di sopra della rete sistemata sulla linea centrale del campo un pallone, colpendolo prima che tocchi terra, non più di tre volte nella stessa parte del campo.

palleggiàre **A** *v. intr.* (*io palléggio; aus. avere*) Esercitarsi con la palla, facendola saltellare con le mani, con la testa o con i piedi. **B** *v. tr.* (*io palléggio*) Far oscillare morbidamente: *palleggiava la lancia prima di scagliarla.* **C** *v. rifl. rec.* (*fig.*) Attribuirsi scambievolmente colpe, responsabilità e sim.: *si stanno palleggiando la decisione.*

palleggiatóre *s. m.* Chi palleggia.

palléggio *s. m.* Esercizio del palleggiare.

pallet /*ingl.* 'pælit/ *s. m. inv.* (*pl. ingl. pallets* /'pælits/) (*org. az.*) Piattaforma di legno o cartone, trasportabile con carrelli elevatori, sopra la quale vengono disposti a pila imballaggi di spedizione, tenuti insieme con mezzi idonei e aventi tutti un'identica destinazione. [→ ill. *magazzinaggio*]

pallettóne *s. m. spec. al pl.* Grossi pallini sferici da caccia.

palliàre *v. tr.* (*io pàllio*) **1** Vestire di pallio. **2** (*fig.*) Dissimulare sotto falsa apparenza: – *la propria invidia.*

palliativo *s. m.* **1** Rimedio che attenua i sintomi della malattia, senza intervenire direttamente sulla causa. **2** (*fig.*) Rimedio momentaneo che attenua gli effetti di q.c. lasciando intatte le cause.

pallidézza *s. f.* (*raro*) Pallore.

pàllido *agg.* **1** Privo del suo colorito naturale: *volto* – | – *di timore, d'ira*, per il timore, per l'ira; SIN. Cereo, smorto. **2** Tenue, scialbo: *blu, azzurro* –. **3** (*fig.*) Debole, evanescente: *luce pallida* | *Non aver la più pallida idea di q.c.*, non saperne assolutamente nulla.

pallìna *s. f.* **1** *Dim. di palla.* [→ ill. *giochi*] **2** Sferetta di vetro o terracotta con cui giocano i bambini.

pallìno *s. m.* **1** *Dim. di palla.* **2** La più piccola delle bilie da biliardo | Nel gioco delle bocce, boccino. [→ ill. *giochi*] **3** *spec. al pl.* Piccola munizione sferica, di piombo, per fucili da caccia. [→ ill. *cacciatore*] **4** *al pl.* Dischetti di varia grandezza e colore, stampati o tessuti su stoffa: *camicetta a pallini.* **5** (*fig.*) Fissazione, mania: *ha il* – *di viaggiare* | (*fam.*) *Andare a* –, andare a genio.

pàllio *s. m.* **1** Mantello di lana quadrato o rettangolare portato dagli antichi Greci e Romani. **2** Stola lunga e stretta, di lana bianca, ornata di sei croci nere e di frange, che il Papa e gli arcivescovi portano sulle spalle nelle cerimonie solenni. [→ ill. *religione*]

pallonàio o (*dial.*) *pallonàro s. m.* **1** Fabbricante o venditore di palloni. **2** (*fig., merid.*) Chi dice fandonie. **3** Chi gonfia i palloni dei giocatori.

pallonàta *s. f.* **1** Colpo di pallone. **2** (*fig.*) Bugia, esagerazione.

palloncino *s. m.* **1** *Dim. di pallone.* **2** Giocattolo, costituito di un globo di membrana elastica colorata, gonfiato con gas più leggero dell'aria e trattenuto dal salire per mezzo di un filo. [→ ill. *giochi*] **3** Lampioncino di carta per illuminazione, spec. in occasioni festive.

pallóne *s. m.* **1** Grossa palla vuota e rigonfia | (*fig.*) – *gonfiato*, persona boriosa e di nessun valore | (*fig., fam.*) *Avere, sentirsi la testa come un* –, essere intontito per la stanchezza | (*fig., fam.*) *Essere nel* –, essere confuso e frastornato. **2** (*sport*) Palla di grosse dimensioni costituita da due involucri, quello esterno di materiale più resistente, quello interno atto a essere gonfiato d'aria | *Gioco del* –, gioco del calcio. [→ ill. *sport*] ***3*** Aerostato | – *frenato*, ancorato con una o più funi al suolo per servire da osservatorio, segnale o altro | – *sonda*, che porta strumenti per il rilevamento in quota di vari elementi meteorologici o fisici. [→ ill. *aeronautica, meteorologia*] ***4*** (*chim.*) Recipiente di vetro di forma sferica. [→ ill. *chimica*]

pallonétto *s. m.* ***1*** *Dim. di pallone.* ***2*** Nel calcio, tiro spiovente non molto alto e forte, per inviare la palla a un compagno vicino o in rete | Nel tennis, colpo che si dà alla palla dal basso verso l'alto per imprimerle una traiettoria alta.

pallóre *s. m.* Colore smorto, spec. del viso.

pallòttola *s. f.* ***1*** *Dim. di palla.* ***2*** Pallina di materiale solido: *una – di carta.* ***3*** Proiettile lanciato dalle armi da fuoco portatili.

pallottolière *s. m.* Arnese che porta pallottole di colore e materiale vario infilate in più ordini, utile per semplici operazioni aritmetiche. [→ ill. *giochi*]

pallovàle *s. f.* (*sport*) Rugby.

pàlma (1) *s. f.* Palmo della mano | *Giungere le palme*, in atto di preghiera | *Portare in – di mano*, (*fig.*) tenere caro, stimare moltissimo | *Mostrare q.c. in – di mano*, (*fig.*) mostrare apertamente.

pàlma (2) *s. f.* ***1*** Pianta legnosa monocotiledone delle Spadiciflore, a fusto non ramificato, con foglie grandi alla sommità, pennate o flabellate | – *da datteri*, che dà frutti a bacca bruna con un seme duro | – *da cocco*, cocco. [→ ill. *piante* 15] ***2*** Ramo di palma o d'ulivo che, benedetto nella domenica delle Palme, è distribuito ai fedeli a memoria dell'entrata di Gesù in Gerusalemme | *Domenica delle Palme*, quella che precede la domenica di Pasqua. ***3*** Corona o ramo di palma che gli antichi Greci o Romani assegnavano in segno di vittoria | (*fig.*) Premio, vittoria: *riportare la –*.

palmàre *agg.* ***1*** (*anat.*) Del palmo: *muscolo –*. ***2*** (*fig.*) Che appare evidente senza necessità di essere provato: *errore –*; SIN. Lampante.

palmàto *agg.* Che ha forma di palmo | *Piede –*, piede, proprio dei palmipedi, che ha le dita unite da una membrana | *Foglia palmata*, composta di foglioline tutte inserite a uno stesso livello e disposte a ventaglio. [→ ill. *botanica, zoologia*]

Pàlme *s. f. pl.* Famiglia di piante legnose monocotiledoni delle Spadiciflore con fusto a dimensione variabile, foglie a ciuffo sull'apice, fiori poco appariscenti in infiorescenze a spadice.

palménto *s. m.* Macina del mulino | Insieme delle macine, dell'attrezzatura del mulino | *Mangiare a quattro palmenti*, mangiare avidamente e (*fig.*) procurarsi guadagni, anche illeciti, da più fonti.

palméto *s. m.* Piantagione di palme.

palmétta *s. f.* ***1*** *Dim. di palma* (2). ***2*** Antico elemento decorativo di tipo vegetale formato da lobi stilizzati e in numero dispari. [→ ill. *elemento ornamentale*] ***3*** Forma di potatura di piante da frutto, per cui si lasciano sviluppare i rami opposti rispetto al fusto principale. [→ ill. *agricoltura*]

palminèrvio *agg.* Detto di foglia con le nervature che irradiano dalla base della lamina divergendo a ventaglio. [→ ill. *botanica*]

palmìpede ***A*** *s. m.* Denominazione generica di tutti gli uccelli con piedi palmati. ***B*** *anche agg.: uccello –*.

palmìzio *s. m.* ***1*** Palma da datteri. ***2*** Ramo grande e intrecciato di palma o d'ulivo che si benedice in chiesa nella funzione della domenica delle Palme.

pàlmo *s. m.* ***1*** Spazio e distanza compresa tra l'estremità del pollice e del mignolo della mano aperta e distesa | (*fig.*) *Restare con un – di naso*, deluso | *Con un – di lingua fuori*, di cane ansimante per la corsa | *Conoscere a – a –*, alla perfezione, nei minimi particolari; SIN. Spanna. ***2*** (*tosc.*) Palma della mano. ***3*** Antica misura di lunghezza corrispondente a un quarto del metro, cioè a cm 25.

pàlo *s. m.* ***1*** Lungo legno tondeggiante appuntito a un'estremità, che si conficca nel suolo per recingere, sostenere e sim. | *Dritto come un –*, di persona che sta rigida e impettita. [→ ill. *circo*] ***2*** Lungo elemento in materiale vario usato in fondazioni o come struttura di linee elettriche. ***3*** (*fig., gerg.*) Chi sta di guardia mentre i compagni compiono un furto: *fare il –, da –*. ***4*** Nel gioco del calcio, la traversa e l'una o l'altra delle due aste verticali che delimitano la porta. [→ ill. *sport*] ***5*** (*arald.*) Pezza che occupa verticalmente la terza parte dello scudo. [→ ill. *araldica*]

palombàro *s. m.* Chi esegue lavori sott'acqua munito di scafandro e di particolari attrezzature. [→ ill. *copricapo*]

palómbo *s. m.* ***1*** Squalo di piccole dimensioni, mediterraneo, snello, con pelle liscia e carni commestibili. [→ ill. *animali* 7] ***2*** Colombo selvatico.

palpàbile *agg.* ***1*** Che si può palpare, toccare; CONTR. Impalpabile. ***2*** (*fig.*) Che è chiaro, manifesto: *un – errore*.

palpàre *v. tr.* ***1*** Tastare: *– la schiena di un animale.* ***2*** (*med.*) Esaminare con la palpazione.

palpàta *s. f.* L'atto del palpare una volta e in fretta.

palpazióne *s. f.* (*med.*) Esame di un organo mediante le percezioni tattili e termiche delle mani.

pàlpebra *s. f.* (*anat.*) Piega cutaneo-mucosa che protegge il bulbo oculare: *– superiore, inferiore.* [→ ill. *anatomia umana*]

palpebràle *agg.* (*anat.*) Della palpebra | *Rima –*, apertura tra le palpebre.

palpeggiàre *v. tr.* (*io palpéggio*) Palpare a lungo e con insistenza ma senza premere troppo.

palpitànte *part. pres. di palpitare; anche agg.* Che palpita, che è vivo | (*fig.*) Emotivamente intenso, eccitato e sim.: *attesa –*; *essere – d'amore*; SIN. Fremente, vibrante | (*fig.*) *Notizia di – attualità*, di grande e vivo interesse.

palpitàre *v. intr.* (*io pàlpito; aus. avere*) ***1*** Sussultare per frequenti e irregolari movimenti: *il cuore gli palpitava violentemente*; SIN. Pulsare. ***2*** (*fig.*) Essere in preda a sentimenti o sensazioni molto intense: *– di gioia* | *– per qc.*, essere in ansia per lui.

palpitazióne *s. f.* ***1*** (*med.*) Aumento della frequenza dei battiti cardiaci con spiacevole sensazione di contrazione. ***2*** (*fig.*) Viva commozione o emozione.

pàlpito *s. m.* ***1*** Singolo battito del cuore. ***2*** Agitazione dovuta a intensi sentimenti: *– d'amore*.

paltò *s. m.* Adattamento di *paletot*; SIN. Cappotto.

paltoncìno *s. m.* ***1*** *Dim. di paltò.* ***2*** Cappotto per bambino | Soprabito per signora.

paludaménto *s. m.* ***1*** Mantello militare usato spec. dai generali dell'antica Roma. ***2*** (*est.*) Abito ampio e regale | (*spreg.*) Abito di cattivo gusto.

paludàre ***A*** *v. tr.* ***1*** Vestire con il paludamento | (*est.*) Ammantare | (*spreg.*) Vestire con abiti eccessivamente ricchi. ***2*** (*fig.*) Riempire di fronzoli. ***B*** *v. rifl.* (*fam.*) Vestirsi con abiti sontuosi ma inadatti.

paludàto *agg.* ***1*** Vestito con abiti vistosi e spesso inadatti. ***2*** (*fig.*) Solenne, importante: *stile –*.

palùde *s. f.* Tratto di terreno depresso e malsano di solito ricoperto di acqua bassa e di vegetazione. [→ ill. *marina*]

paludóso *agg.* Di palude: *acque paludose* | Caratterizzato da paludi, ricco di paludi: *terreno –, zona paludosa.*

palùstre *agg.* Di palude: *vegetazione –*.

palvése V. *pavese*.

pàmpa /*sp.* 'pampa/ *s. f. inv.* (*pl. sp. pampas* /'pampas/) Vasta pianura stepposa nel Perù, nella Bolivia e nell'Argentina.

pamphlet /*fr.* pã'flɛ, *ingl.* 'pæmflit/ *s. m. inv.* (*pl. fr. pamphlets* /pã'flɛ/; *pl. ingl. pamphlets* /'pæmflits/) Scritto polemico o satirico.

pampìneo *agg.* (*lett.*) Di pampino.

pàmpino *s.m.* ***1*** Foglia della vite. ***2*** *spec. al pl.* Vite.

pan- *primo elemento*: in parole dotte o scientifiche significa 'tutto': *panarabismo, panorama, panteismo.*

panacèa *s. f.* Rimedio che guarisce tutti i mali (*anche fig.*).

panafricanìsmo *s. m.* Movimento politico tendente all'unificazione di tutti i popoli africani.

pànama *s. m. inv.* Cappello maschile di paglia bianca pregiatissima intrecciato finemente con fibre di una palma dell'America centrale | La fibra stessa.

panamènse *agg.; anche s. m. e f.* Di Panama.

panamericanìsmo *s. m.* Movimento politico che mira a collegare sotto la direzione degli Stati Uniti i popoli dell'intera America.

panarabiṣmo *s. m.* Movimento politico tendente all'unificazione di tutti i popoli arabi.

panàre *v. tr.* Impanare.

panàrio *agg.* Del pane: *industria panaria.*

panaṣiatismo *s. m.* Movimento politico tendente all'unificazione di tutti i popoli asiatici.

pànca *s. f.* Sedile per più persone, solitamente di un asse orizzontale su quattro piedi. [→ ill. *mobili*]

pancake /*ingl.* 'pænkeik/ *s. m. inv.* (*pl. ingl. pancakes* /'pænkeiks/) Cosmetico solido da spalmare sul viso per dare un colore e un aspetto uniforme alla pelle.

pancarrè *s. m. inv.* Pane in cassetta.

pancétta *s. f.* **1** *Dim. di pancia.* **2** (*fam.*) Ventre piuttosto pronunciato, per adipe | *Metter su la* –, ingrassare. **3** Lardo striato di carne della regione ventrale del suino | – *affumicata*, bacon. [→ ill. *macelleria, salumi*]

panchétto *s. m.* **1** *Dim. di panca.* **2** Sgabello.

panchina *s. f.* **1** *Dim. di panca.* **2** Sedile in ferro, legno o pietra per più persone: *le panchine dei giardini* | *Sedere, stare in* –, (*fig.*) guidare una squadra calcistica come allenatore. [→ ill. *giardino pubblico*] **3** (*est., gerg.*) Allenatore: *le decisioni della* – | Negli sport a squadre, i giocatori di riserva a disposizione durante la partita.

pància *s. f.* (*pl. -ce*) **1** (*pop., fam.*) Ventre: *aver male di, alla,* – | *Mettere, far* –, ingrassare | *A* – *piena, vuota*, dopo aver mangiato, senza mangiare | *Grattarsi la* –, (*fig.*) oziare | *Tenersi la* – *per le risa*, sbellicarsi per le risa. **2** (*fig.*) Rigonfiamento che si forma su superfici lisce: *il muro ha fatto* – | (*fig.*) Parte rigonfia e tondeggiante di recipienti e sim.: *la* – *del fiasco.* [→ tav. *proverbi* 323, 324]

panciàta *s. f.* **1** Urto della pancia contro una superficie, per caduta o altro: *dare una* – *in terra.* **2** Scorpacciata.

pancièra *s. f.* **1** Maglia tubolare in lana o tessuto elastico, per proteggere l'addome dal freddo o per contenere la parete addominale; SIN. Ventriera. **2** Parte dell'armatura che protegge la pancia. [→ ill. *armi*]

panciòlle *vc.* (*tosc.*) *Solo nella loc. avv. in* –, a pancia all'aria e (*est.*) con tutta comodità e senza far nulla: *starsene sdraiato sul letto in* –.

pancióne o (*dial.*) *panzóne s. m.* (*f. -a* nel sign. 2) **1** *Accr. di pancia.* **2** (*fam.*) Persona con una grossa pancia.

panciòtto *s. m.* Gilé. [→ ill. *vesti*]

panciùto *agg.* **1** Che ha una grande pancia: *uomo* –. **2** (*est.*) Che ha forma arrotondata e sporgente: *vaso* –.

pancóne *s. m.* **1** *Accr. di panca.* **2** Grossa asse di legno.

pancòtto *s. m.* Sorta di minestra preparata con pane bollito e condito con sale, burro, formaggio grattuggiato e, talvolta, salsa di pomodoro.

pancràzio *s. m.* Presso gli antichi Greci, competizione che comprendeva la lotta e il pugilato.

pàncreas *s. m.* (*anat.*) Ghiandola addominale annessa all'apparato digerente, situata nell'angolo duodenale, avente una secrezione esterna di succo pancreatico e una interna di insulina. [→ ill. *anatomia umana*]

pancreàtico *agg.* (*pl. m. -ci*) (*anat.*) Del pancreas | *Succo* –, contenente enzimi digestivi.

pancreatina *s. f.* Ormone secreto dalla mucosa duodenale che promuove la secrezione del pancreas.

pancristiàno *agg.* Detto di movimento che tende a ricostruire l'unità delle chiese cristiane.

pancromàtico *agg.* (*pl. m. -ci*) (*fot.*) Detto di emulsione sensibile a luce di tutte le lunghezze d'onda visibili dall'occhio umano.

pànda *s. m. inv.* Mammifero dei Carnivori, montano dell'Himalaia, simile a un grosso gatto, con una pelliccia delicatissima e pregiata, nera sul ventre e ruggine sul dorso | – *gigante*, bianco e nero, grande quanto un orso e con coda brevissima. [→ ill. *animali* 20]

Pandanàli *s. f. pl.* (*sing. -e*) Ordine di piante monocotiledoni. [→ ill. *piante* 15]

pandemìa *s. f.* Epidemia a larghissima estensione, senza limiti di regione o di continente.

pandemònio *s. m.* Grande confusione.

pandètte *s. f. pl.* **1** Ampie trattazioni di diritto romano pubblicate da antichi giureconsulti. **2** Parte del Digesto di Giustiniano.

pandit /*indostano* 'paŋdit/ *s. m. inv.* In India, titolo attribuito ai dotti, spec. agli studiosi di sanscrito.

pandólce *s. m.* Sorta di panettone, tradizionale a Genova per le feste natalizie.

pandòro *s. m.* Dolce tipico di Verona, a pasta soffice di color giallo dorato [→ ill. *dolciumi*]

pàne (1) *s. m.* **1** Alimento che si ottiene cuocendo al forno un impasto di farina, solitamente di frumento e acqua, condito con sale e fatto lievitare: – *fresco, raffermo, stantio* | – *bianco*, di farina di frumento | – *nero, integrale*, con farina contenente anche la crusca | *Stare, mettere qc. a* – *e acqua*, punire qc. con tale limitazione del vitto | *Mancare il* –, essere all'estremo limite della miseria | *Per un tozzo di* –, (*fig.*) per pochissimo, a bassissimo prezzo | *Buono come il* –, (*fig.*) di persona d'ottimo carattere | (*fig.*) *Non è* – *per i suoi denti*, è cosa superiore alle sue capacità | (*fig.*) *Trovar* – *per i propri denti*, aver dinanzi una grande difficoltà, un superiore severo, un avversario valoroso | (*est.*) Vitto o mezzo di sostentamento: *il nostro* – *quotidiano* | *Perdere il* –, restare senza lavoro | *Mangiare il* – *a ufo, a tradimento*, vivere facendosi mantenere | *Guadagnarsi il* –, lavorare per vivere. [→ ill. *pane, cesta, coltello*] **2** Ciascuna delle forme in cui vien cotta la pasta lievitata: *un* – *di due etti* | – *in cassetta*, a forma di parallelepipedo. **3** Tipo di pasta dolce variamente confezionata | *Pan di Spagna*, dolce a base di farina, fecola di patate, uova, zucchero e burro | – *santo, speziale*, ciambella condita con miele, spezie e frutta candita, tipica di Bologna. **4** (*fig.*) Nutrimento spirituale: *il* – *della scienza* | *Il* – *degli angeli*, l'Eucarestia e (*fig.*) ogni nutrimento dell'anima | *Spezzare il* – *della scienza*, insegnare. **5** Massa di sostanze, spec. alimentari o metalliche in forma di parallelepipedo. [→ ill. *metallurgia*] **6** Terra lasciata intorno alle radici di piante da trapiantare. **7** (*bot.*) *Albero del* –, artocarpo. [→ tav. *proverbi* 60, 115, 205, 285, 351, 356, 372]

pàne (2) *s. m.* Spira del maschio della vite; SIN. Filetto.

panegìrico *s. m.* (*pl. -ci*) **1** Opera in prosa o poesia di tono oratorio e con fini celebrativi. **2** Scritto o discorso in lode di qc., spec. della Madonna o di un Santo. **3** (*fig.*) Eccessiva esaltazione: *ha intessuto un* – *attorno alla sua opera.*

panegirista *s. m. e f.* (*pl. m. -i*) Chi scrive o dice panegirici (*anche fig.*).

panellènico *agg.* (*pl. m. -ci*) Che riguarda tutti i Greci uniti.

panelleniṣmo *s. m.* Movimento politico tendente all'unificazione di tutti i popoli di stirpe greca.

panèllo *s. m.* **1** *Dim. di pane.* **2** Residuo solido della spre-

pane

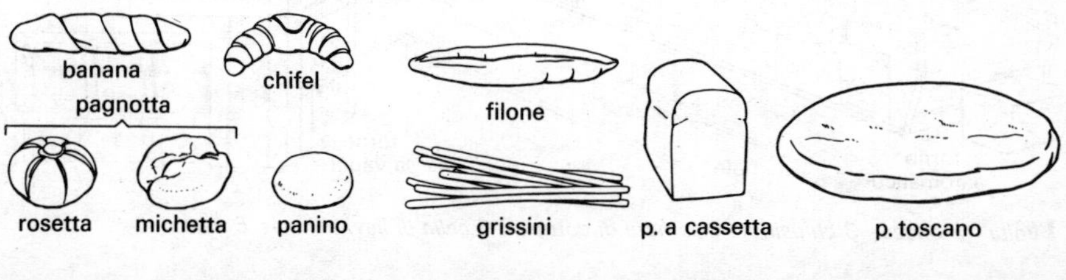

banana

chifel

pagnotta

filone

rosetta

michetta

panino

grissini

p. a cassetta

p. toscano

mitura di semi oleosi, usato in pani per alimentazione di bestiame.

paneréccio V. *patereccio.*

panettatrice *s. f.* Macchina che confeziona il burro in pani, nei burrifici.

panetterìa *s. f.* Luogo dove si fa o si vende il pane.

panettière *s. m.* (*f. -a*) Chi fa o vende il pane; SIN. Fornaio. [→ ill. *panettiere*]

panettóne *s. m.* Tipico dolce milanese a forma di cupola, tradizionalmente consumato nelle feste natalizie, ottenuto facendo cuocere al forno un impasto di farina, uova, burro, zucchero, uva sultanina e dadetti di cedro candito. [→ ill. *dolciumi*]

pànfilo *s. m.* **1** Nave a vela e a remi simile alla galera, ma più piccola, usata nel Mediterraneo nei sec. XIV e XV. **2** Nave da diporto; SIN. Yacht. [→ ill. *spiaggia*]

panfòrte *s. m.* Dolce tipico di Siena, di forma tonda e schiacciata, ottenuto legando con poca farina mandorle, nocciole, canditi, zucchero, droghe. [→ ill. *dolciumi*]

pangermanésimo *s. m.* Movimento politico tendente all'unificazione di tutti i popoli germanici.

pangolino *s. m.* Mammifero asiatico africano dei Maldentati, privo di denti, con corpo rivestito di robuste squame cornee embricate, forti artigli e lunghissima lingua vischiosa per catturare gli insetti. [→ ill. *animali* 16]

pangrattàto *s. m.* Pane raffermo ridotto in briciole con la grattugia.

pània *s. f.* **1** Sostanza vischiosa estratta dalle bacche del vischio e usata per catturare piccoli uccelli; SIN. Vischio. **2** (*est.*) Qualunque sostanza appiccicosa. **3** (*fig.*) Lusinga, inganno, trappola: *cadere nella* –.

panicàto *agg.* Detto di carne bovina o suina che presenta panicatura.

panicatùra *s. f.* Malattia dei suini e dei bovini che presentano cisticerchi nei muscoli.

pànico (1) ***A*** *agg.* (*pl. m. -ci*) **1** Improvviso e intenso, *nella loc. timor* –. **2** (*lett.*) Della natura e del suo divenire in quanto manifestazioni dirette dalla divinità: *sentimento* – *della vita.* ***B*** *s. m.* Timore repentino che annulla la ragione: *essere in preda al* –; SIN. Sgomento, terrore.

panìco (2) *s. m.* (*pl. -chi*) Pianta erbacea delle Glumiflore con infiorescenze a pannocchia, coltivata per l'alimentazione degli uccelli.

panicolàto *agg.* Che ha forma di pannocchia.

panièra *s. f.* **1** Cesta bassa di vimini, grande e con due manici. [→ ill. *cesta*] **2** Panierata.

panieràio *s. m.* Chi fa o vende panieri.

panieràta *s. f.* Quantità di roba che sta nel paniere o nella paniera.

panière *s. m.* **1** Cesto di vimini, a fondo generalmente circolare, con un solo manico in cui si può infilare il braccio | – *sfondato,* (*fig.*) si dice di persona che mangia o spende moltissimo | *Guastare, rompere le uova nel* – *a qc.,* (*fig.*) mandare all'aria i suoi piani. [→ ill. *cesta*] **2** Panierata: *un* – *di fichi.* **3** (*econ.*) Insieme dei prodotti di largo consumo e di servizi in base ai quali viene calcolato l'indice del costo della vita.

panierìno *s. m.* **1** *Dim. di paniere.* **2** Cestino che i bambini portano a scuola, con la colazione.

panificàre ***A*** *v. tr.* (*io panifico, tu panifichi*) Usare per fare il pane: – *la farina.* ***B*** *v. intr.* (*aus. avere*) Fare il pane.

panificatóre *s. m.* (*f. -trice*) Chi fa il pane.

panificazióne *s. f.* Lavorazione del pane.

panifìcio *s. m.* **1** (*raro*) Arte della fabbricazione del pane. **2** Luogo ove si fabbrica il pane.

panifòrte *s. m.* Pannello di legno, ottenuto rivestendo un telaio di listelli con due fogli di compensato, usato soprattutto per infissi interni.

paninàro *s. m.* (*f. -a*) Giovane di famiglia gener. agiata che ostenta, con un abbigliamento ricercato e costoso, la sua condizione di privilegio.

panìno *s. m.* Piccolo pane, spec. rotondo: – *imbottito, ripieno.* [→ ill. *pane*]

paninotèca *s. f.* Locale pubblico specializzato in panini, tramezzini e sim.

panislamismo *s. m.* Movimento politico tendente all'u-

macchine e attrezzi del panettiere

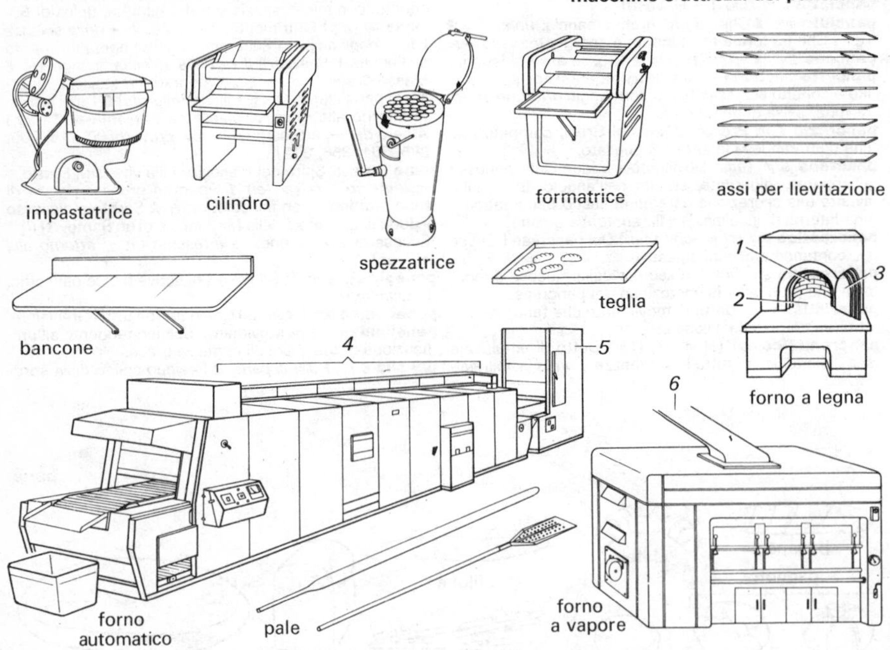

1 volta 2 bocca 3 chiusino 4 camera di cottura 5 cella di lievitazione 6 camino

nificazione di tutti i popoli islamici.
panişmo *s. m.* Senso o sentimento panico.
panlogişmo *s. m.* Qualsiasi dottrina filosofica che postuli l'assoluta identità di razionale e di reale.
pànna (1) *s. f.* Parte grassa del latte, ottenuta per affioramento spontaneo | – *montata*, sbattuta fino a conferirle consistenza soffice e schiumosa.
pànna (2) *s. f.* **1** Manovra effettuata da un veliero orientando opportunamente la velatura, in modo da arrestare la nave e poterla poi rimettere in moto facilmente: *mettere in* –; *essere in* –. **2** Guasto, avaria, spec. di automobili: *l'auto è in* –; SIN. Panne.
panne /*fr.* pan/ *s. f. inv.* Panna (2).
panneggiaménto *s. m.* Disposizione delle pieghe in un abito e sim.
panneggiàre ***A*** *v. intr.* (*io pannéggio; aus. avere*) Drappeggiare. ***B*** *v. tr.* (*raro*) Addobbare.
pannéggio *s. m.* Drappeggio.
pannèllo *s. m.* **1** Panno sottile | Pezza di tessuto piuttosto piccola | Tela non troppo consistente. **2** Riquadro decorativo spec. di legno, spesso dipinto, scolpito, intarsiato. **3** Qualsiasi elemento, spec. di chiusura o riparo, racchiuso in un telaio portante | – *isolante*, lastra di materiale vario che si applica alle pareti per isolarle dall'umidità o dai suoni | – *radiante*, negli impianti di riscaldamento, elemento inglobato in pareti, soffitti o pavimenti, costituito spec. da una serpentina percorsa da acqua calda. [→ ill. *porta, strada*] **4** (*elettr.*) Quadro sul quale vengono portati i comandi e gli strumenti indicatori di apparecchiature. [→ ill. *telefonia*] **5** Lembo di tessuto fissato per un solo lato su abiti femminili eleganti.
pannìcolo *s. m.* (*anat.*) Membrana | – *adiposo*, strato di grasso nel tessuto sottocutaneo.
pannilàno v. *pannolano.*
pànno *s. m.* **1** Tessuto, stoffa. **2** Tessuto di lana cardata, pesante, peloso, per cappotti, abiti pesanti, tappeti da biliardo e sim. | (*est.*) Pezza di lana grossa: – *da stirare* | – *funebre, mortuario*, drappo steso sulla bara. [→ ill. *giochi, scuola*] **3** Parte o pezzo di tessuto, destinato a vari usi: *coprirsi con un* – | *Essere bianco come un* – *lavato*, essere molto pallido. **4** *spec. al pl.* Abiti, vesti: *panni estivi, invernali* | *Stringersi ai panni di qc.*, stargli sempre vicino o, (*fig.*) fargli fretta | *Non stare, non entrare nei propri panni*, (*fig.*) essere contentissimo | *Mettersi nei panni di qc.*, (*fig.*) immaginare d'essere nelle sue stesse condizioni | *Stringere i panni addosso a qc.*, (*fig.*) metterlo alle strette | *Tagliare i panni addosso a qc.*, parlarne male | *Sapere di che panni qc. veste*, (*fig.*) conoscere ciò che pensa, desidera, vuole. **5** (*fig.*) Pellicola che si forma alla superficie di alcuni liquidi quando si raffreddano o se restano esposti all'aria: *il* – *dell'inchiostro* | Membrana: *il* – *dell'uovo.* [→ tav. *proverbi* 141, 209]
pannòcchia *s. f.* **1** Infiorescenza a grappolo in cui ciascuno dei rami laterali forma a sua volta grappoli. [→ ill. *botanica*] **2** Spiga di mais, miglio, panico e altre graminacee.
pannogràfico *agg.* (*pl. m. -ci*) *Nella loc. lavagna pannografica*, riquadro di panno su cui si possono disporre figure di cartone o plastica.
pannolàno o *pannilàno s. m.* (*pl. pannilàni*) Tessuto di sola lana.
pannolènci *s. m.* Panno leggero molto compatto: *bambole, cuscini di* –.
pannolino (1) *s. m.* **1** *Dim. di panno.* **2** Pezzuola di lino, cotone e sim., usata spec. per l'igiene della donna e dei neonati. [→ ill. *puericultura*]
pannolino (2) *s. m.* (*pl. pannilini*) Tessuto di lino.
panòplia *s. f.* **1** Complesso delle parti di un'armatura intera. **2** Trofeo d'armi appeso a un muro.
panoràma *s. m.* (*pl. -i*) **1** Veduta generale di un luogo, zona e sim.: *il* – *della città.* **2** (*fig.*) Complesso di dati e problemi inerenti un settore dell'attività umana: *il* – *politico.* **3** (*gerg.*) Grande fondale ricurvo, per dare l'illusione del cielo nel teatro.
panoràmica *s. f.* **1** Fotografia ripresa con apparecchio panoramico. **2** Ripresa cinematografica ottenuta mediante il movimento orizzontale della macchina da presa ruotante su se stessa; CFR. Carrellata. **3** Strada con vista panoramica.
panoramicità *s. f.* L'essere panoramico.
panoràmico *agg.* (*pl. m. -ci*) **1** Di panorama (*anche fig.*): *inquadratura panoramica*; *esame* – *della situazione politica.* **2** Che consente di vedere un panorama: *strada panoramica* | *Apparecchio* –, apparecchio fotografico che abbraccia un campo di presa molto ampio | *Schermo* –, in cinematografia, schermo molto ampio, ad ampio angolo di campo. [→ ill. *cinematografia, luna park*]
panpepàto *s. m.* Dolce a base di farina impastata con miele, mandorle, canditi.
pansé *s. f.* Adattamento di *pensée.*
panşlavişmo *s. m.* Movimento politico tendente all'unificazione di tutti i popoli slavi.
pantagruèlico *agg.* (*pl. m. -ci*) Degno di Pantagruel, personaggio di un romanzo di Rabelais, dotato di formidabile appetito: *pranzo, appetito* –.
pantalonàia *s. f.* Confezionatrice di pantaloni.
pantalóne ***A*** *s. m. spec. al pl.* Calzoni. [→ ill. *vesti*] ***B*** *in funzione di agg. inv.* (*posposto al s.*) *Nella loc. gonna* –, detto di gonna tagliata a foggia di largo pantalone.
pantàno *s. m.* **1** Terreno con acqua bassa e stagnante. **2** (*fig.*) Intrigo, impiccio: *un* – *di guai.*
pantanóso *agg.* Pieno d'acqua e di fango: *terreno* –.
panteişmo *s. m.* Dottrina filosofico-religiosa che identifica Dio, inteso come principio supremo di unificazione, con la natura del mondo.
panteista *s. m. e f.* (*pl. m. -i*) Chi segue il panteismo.
panteistico *agg.* (*pl. m. -ci*) Del panteismo.
pànteon v. *pantheon.*
pantèra *s. f.* **1** (*zool.*) Leopardo | – *nera*, esemplare nero di leopardo frequente nelle isole della Sonda. **2** (*gerg.*) Automobile veloce degli agenti di Pubblica Sicurezza.
pàntheon o *pànteon s. m.* **1** Tempio dedicato a tutte le divinità: *il Pantheon di Roma.* **2** (*est.*) Tempio dove sono sepolti gli uomini illustri di una nazione.
pantoclastìa *s. f.* Mania di distruzione.
pantòfola *s. f.* Calzatura da casa, di morbida pelle, di velluto, di panno, con suola pieghevole. [→ ill. *calzatura*]
pantofolàio ***A*** *s. m.* (*f. -a*) **1** Chi confeziona o vende pantofole. **2** (*fig., spreg.*) Chi ama e ricerca innanzitutto il quieto vivere, spec. per indolenza. ***B*** *agg.* Indolente, inattivo: *carattere* –.
pantofolerìa *s. f.* Fabbrica di pantofole | Luogo in cui si vendono pantofole.
pantògrafo *s. m.* **1** Strumento per impicciolire e ingrandire disegni, formato da un parallelogrammo articolato, con una punta tracciante, che si passa sul modello, e una punta scrivente. [→ ill. *disegnatore, misure*] **2** Dispositivo sul tetto dei locomotori elettrici per la presa di corrente dalla linea aerea di alimentazione. [→ ill. *ferrovia*]
pantomìma *s. f.* **1** Azione scenica costituita da semplici gesti degli attori, talvolta accompagnata da musica. **2** (*fig.*) Comunicazione per via di gesti, spec. di chi vuol farsi intendere nascostamente.
pantomìmico *agg.* (*pl. m. -ci*) Di pantomima.
pantomìmo *s. m.* **1** Pantomima. **2** Chi esegue una pantomima.
pantoptòsi *s. f.* (*med.*) Abbassamento generale dei visceri.
panzàna *s. f.* Fandonia, frottola.
panzanèlla *s. f.* Vivanda rustica costituita da pane raffermo, bagnato e condito con sale, olio, aceto, pomodoro e basilico.
panzaròtto *s. m.* Grosso raviolo di pasta sfoglia, ripieno di mozzarella, prosciutto crudo, uova e altro, fritto in olio e strutto.
panzer /*ted.* 'pantsər/ *s. m. inv.* **1** Carro corazzato. **2** (*fig.*) Persona dura e decisa che travolge ogni ostacolo o difficoltà.
panzóne v. *pancione.*
pàolo *s. m.* Moneta d'argento dello Stato pontificio del valore di dieci soldi.
paonàzzo ***A*** *agg.* Di colore bluastro o violaceo. ***B*** *s. m.* **1** Il colore paonazzo. **2** Veste paonazza.
pàpa *s. m.* (*pl. -i*) **1** Capo e sommo sacerdote della chiesa cattolica, vicario di Gesù Cristo in terra e successore di

Pietro: – *Giovanni*; – *Roncalli, Montini* | *A ogni morte di* –, (*fig.*) molto raramente | *Stare, vivere come un* –, condurre vita comoda e agiata. **2** Carta dei tarocchi. [→ tav. *proverbi* 273]

papà *s. m.* (*fam.*) Padre | (*spreg.*) *Figlio di* –, chi vive sulle ricchezze e sul prestigio di famiglia.

papàbile **A** *agg.* **1** Di cardinale che può uscire eletto papa dal conclave. **2** (*est.*) Di persona che, candidata a una carica, ha buone probabilità di essere eletta. **B** *anche s. m.*

papàia *s. f.* Albero tropicale delle Parietali, che ha foglie palmate a ciuffo in cima al tronco non ramificato e grosso frutto commestibile, detto melone dei tropici. [→ ill. *piante* 5]

papaina *s. f.* Enzima che si ricava dalla papaia, usato come farmaco dell'apparato digerente.

papàle *agg.* **1** Di papa: *benedizione, corte, croce* –. [→ ill. *araldica*] **2** *Nella loc. avv.* – –, con assoluta e quasi brusca franchezza: *gli dissi* – – *che doveva andarsene*.

papalina *s. f.* Piccolo copricapo ornato spesso da una nappa, un tempo usato da uomini anziani spec. in casa. [→ ill. *copricapo*]

papalino **A** *agg.* (*iron.*, *spreg.*) Papale, pontificio: *soldati papalini*. **B** *s. m.* **1** Soldato pontificio. **2** Chi militava politicamente a favore del potere temporale dei papi.

paparàzzo *s. m.* Fotoreporter (dal cognome di un fotografo di un film di F. Fellini).

papàsso *s. m.* **1** Prete orientale. **2** Prete ortodosso.

papàto *s. m.* **1** Titolo, carica e dignità di papa | Durata di tale carica. **2** Governo papale.

Papaveràcee *s. f. pl.* Famiglia di piante erbacee delle Papaverali, con foglie alterne, fiori vistosi, frutto a capsula, contenenti latice bianco. [→ ill. *piante* 5]

Papaveràli *s. f. pl.* (*sing.* -*e*) Ordine di piante dicotiledoni. [→ ill. *piante* 5]

papaverina *s. f.* Alcaloide dell'oppio, usato in medicina per le proprietà antispastiche.

papàvero *s. m.* Pianta erbacea annua delle Papaverali con foglie dentate, fiori grandi e solitari a quattro petali e frutto a capsula | – *selvatico*, rosolaccio | – *da oppio*, dalla cui capsula immatura si ricava l'oppio | *Gli alti papaveri*, (*fig.*) le persone di maggior importanza, i pezzi grossi. [→ ill. *piante* 5] [→ tav. *locuzioni* 4]

pàpera *s. f.* **1** Femmina del papero. **2** (*fig.*, *fam.*) Donna stupida; SIN. Oca. **3** (*fig.*) Errore involontario nel dire una parola, una frase o, spec. recitando, una battuta.

paperina *s. f.* **1** *Dim. di papera.* **2** Scarpetta bassa da donna con suola flessibile; SIN. Ballerina. [→ ill. *calzatura*]

pàpero *s. m.* (*f.* -*a*) **1** Oca giovane, maschio. **2** (*fig.*, *fam.*) Uomo inetto e sciocco.

papésco *agg.* (*pl. m.* -*schi*) Del papa.

papéssa *s. f.* **1** Donna che, secondo la leggenda, fu elevata al papato: *la* – *Giovanna*. **2** (*fig.*, *scherz.*) Donna che vive nell'agiatezza.

papier collé /*fr.* pa'pje kɔ'le/ *loc. sost. m.* (*pl. fr. papiers collés* /pa'pje kɔ'le/) Rappresentazione artistica costituita, in genere, da quadri su cui vengono incollati pezzi di carta colorata, vetro o stoffa.

Papilionàcee *s. f. pl.* Famiglia di piante, erbacee o legnose delle Rosali con frutto a legume, fiori a cinque petali dei quali uno più grande ed eretto, detto vessillo, e i due ventrali solitamente saldati fra loro a formare la carena. [→ ill. *piante* 9, 10]

papilionàta *agg.* (*bot.*) Detto di corolla irregolare a cinque petali, di cui il superiore è più grande ed eretto, i due laterali simmetrici e i due inferiori uguali e saldati [→ ill. *botanica*]

papilla *s. f.* **1** (*anat.*) Qualsiasi prominenza più o meno elevata | – *ottica*, zona rilevata della retina dove il nervo ottico penetra nel bulbo oculare | – *gustativa*, formazione sensitiva della lingua atta a percepire i sapori. [→ ill. *anatomia umana, zoologia*] **2** (*bot.*) Piccola prominenza frequente nell'epidermide dei petali ai quali conferisce l'aspetto vellutato.

papillàre *agg.* Di papilla.

papillon /*fr.* papi'jɔ̃/ *s. m. inv.* (*pl. fr. papillons* /papi'jɔ̃/) Cravatta annodata a farfalla.

papiràceo *agg.* Di papiro: *rotolo* –.

papiro *s. m.* **1** Pianta erbacea perenne delle Liliflore con rizoma strisciante e alti fusti portanti infiorescenze in spighe, dai quali gli antichi egiziani ottenevano fogli per scrivere. [→ ill. *piante* 17] **2** Foglio per scrivere ottenuto dalla lavorazione della pianta omonima | Testo scritto su tale foglio. **3** (*fig.*) Foglio o documento scritto o stampato. **4** (*gerg.*) Foglio con disegni, simboli e sim. rilasciato alle matricole dell'università dagli studenti più anziani.

papirologia *s. f.* (*pl.* -*gie*) Scienza che studia gli antichi papiri.

papiròlogo *s. m.* (*f.* -*a*; *pl. m.* -*gi*, *pop.* -*ghi*) Studioso di papirologia.

papismo *s. m.* **1** Insieme delle istituzioni e delle dottrine cattoliche che riconoscono l'autorità del papa. **2** I papisti nel loro insieme.

papista *s. m. e f.* (*pl. m.* -*i*) Seguace del papismo | Cattolico, spec. nella polemica protestante.

pàppa *s. f.* **1** Minestrina di pane o semolino cotto in acqua o brodo, usata spec. per bambini appena slattati o persone anziane. **2** (*spreg.*) Minestra troppo cotta | – *molle*, (*fig.*) persona priva di energia. **3** (*gener.*) Cibo, spec. nel linguaggio infantile | *Mangiare la* – *in capo a qc.*, (*fig.*) essere più alto o più abile, o più furbo di lui | *Volere la* – *fatta, scodellata*, voler ottenere q.c. senza fare fatica. **4** – *reale*, sostanza, prodotta dall'ape operaia, che serve da alimento alle larve destinate a diventare regine e alle api regine stesse.

pappafico *s. m.* (*pl.* -*chi*) Vela quadra più alta dell'albero di trinchetto; SIN. Velaccino.

pappagallésco *agg.* (*pl. m.* -*schi*) (*fig.*) Da pappagallo: *risposta pappagallesca*.

pappagallismo *s. m.* **1** (*raro*) Inclinazione a rifare meccanicamente cose dette o fatte da altri. **2** (*fam.*) Contegno di chi importuna le donne per strada.

pappagàllo *s. m.* **1** Uccello arrampicatore, con la parte superiore del becco ricurva e l'inferiore corta, lingua carnosa e piumaggio dai colori vivaci. **2** (*fig.*) Persona che ripete o copia meccanicamente parole e gesti altrui | *A* –, in modo meccanico. **3** (*fig.*) Chi per strada rivolge complimenti alle donne, molestandole. **4** Recipiente di forma particolare in cui un malato può orinare rimanendo a letto. **5** Ripetitore a nastro magnetofonico usato per dare informazioni varie agli abbonati al telefono.

pappagòrgia *s. f.* (*pl.* -*ge*) Adipe che si forma tra il mento e la gola delle persone grasse.

pappardèlla *s. f.* **1** *spec. al pl.* Lasagne cotte in acqua o in brodo e condite con sugo di carne spec. di lepre. **2** (*fig.*) Discorso o scritto lungo e noioso.

pappàre *v. tr.* **1** Mangiare con grande ingordigia: *s'è pappato tutto in un baleno*. **2** (*fig.*) Lucrare illecitamente: *ha pappato anche i guadagni dei soci*.

pappàta *s. f.* Mangiata (*anche fig.*).

pappatàci *s. m.* **1** (*zool.*) Flebotomo | *Febbre da* –, malattia infettiva virale, ad andamento benigno, trasmessa dai pappataci. **2** (*fig.*) Persona che per proprio utile tollera in silenzio cose disonoranti.

pappatóre *s. m.* (*f.* -*trice*) Chi pensa solo a pappare (*anche fig.*).

pappatòria *s. f.* **1** (*fam.*) Il mangiare abbondantemente e bene. **2** (*fig.*) Vantaggio pratico: *non lo interessano gli onori, ma solo la* –.

pappina *s. f.* **1** *Dim. di pappa.* **2** (*med.*) Impiastro di semi di lino. **3** (*fig.*, *fam.*) Ramanzina.

pàppo (1) *s. m.* (*bot.*) Appendice leggera e piumosa di alcuni frutti e semi.

pàppo (2) *s. m.* Nel linguaggio infantile, il pane, il cibo in genere.

pappóne *s. m.* (*f.* -*a*) **1** (*fam.*) Mangiatore, divoratore (*anche fig.*). **2** (*dial.*, *spreg.*) Protettore di prostitute.

pàprica o *pàprika* *s. f.* Droga alimentare ottenuta polverizzando dopo essiccamento i frutti piccanti di alcune varietà di peperoni.

pap-test /*ingl.* 'paptest, pap'tɛst/ *s. m. inv.* (*pl. ingl. pap-tests* /'paptests, pap'tɛsts/) (*med.*) Metodo diagnostico dei tumori al collo dell'utero al primo stadio.

pàra *s. f.* Varietà di caucciù estratta dal latice dell'albero della gomma (dalla città brasiliana di *Parà* dove la si produce): *suole di* –.

parà *s. m. inv.* Paracadutista.

pàra- *primo elemento*: in numerose parole composte indica vicinanza, somiglianza o deviazione, contrapposizione: *paramagnetico*; *paramilitare*; *paradosso*.

paràbasi o *paràbaṣe s. f.* Parte della commedia greca in cui il coro si rivolge direttamente al pubblico e gli parla a nome del poeta.

parabèllum *s. m. inv.* **1** Pistola automatica adottata nel 1908 dall'esercito germanico. **2** Fucile mitragliatore con caricatore a tamburo schiacciato.

paràbile *agg.* Che si può parare: *tiro —*; CONTR. Imparabile.

paràbola (1) *s. f.* **1** (*mat.*) Sezione d'un cono circolare retto ottenuta con un piano parallelo a una generatrice | Traiettoria descritta da un proiettile nell'aria. **2** (*fig.*) Modo di procedere di ogni avvenimento, che incomincia a decadere dopo aver raggiunto il massimo splendore: *essere al vertice della — artistica.*

paràbola (2) *s. f.* Racconto allegorico a fine morale: *— evangelica.*

parabòlico *agg.* (*pl. m. -ci*) (*mat.*) Che ha forma di parabola: *specchio —.*

parabolóne *s. m.* Chiacchierone, fanfarone.

parabórdo *s. m.* (*mar.*) Riparo di forma sferica o cilindrica che si pone ai fianchi di una nave per attutire gli urti e gli sfregamenti. [→ ill. *marina*]

parabràce *s. m. inv.* Riparo di ferro per contenere la brace nel focolare o nel caminetto.

parabréẓẓa *s. m. inv.* Elemento trasparente anteriore, in vetro o materia plastica, che protegge il guidatore di un veicolo, aeromobile e sim. dal vento o dalla pioggia. [→ ill. *automobile*]

paracadutàre *v. tr.* Lanciare dall'alto col paracadute: *— uomini, medicinali.*

paracadùte *s. m. inv.* (*aer.*) Dispositivo per frenare un corpo in caduta, costituito da una grande calotta di tessuto che, aprendosi a mo' d'ombrello, rallenta la discesa del corpo stesso. [→ ill. *aeronautica, meteorologia*]

paracadutiṣmo *s. m.* Tecnica e attività che riguardano i paracadute e i lanci.

paracadutista *s. m. e f.* (*pl. m. -i*) Chi è addestrato a lanciarsi dall'aereo col paracadute; SIN. Parà.

paracàrro *s. m.* Piolo di pietra o cemento posto a lato della strada per indicarne il margine. [→ ill. *strada*]

paracentèṣi o *paracèntesi s. f.* (*med.*) Puntura evacuativa di cavità naturali: *— timpanica.*

paracinesìa *s. f.* (*med.*) Alterata coordinazione dei movimenti muscolari.

paracólpi *s. m.* **1** Dischetto di gomma applicato a porte o finestre, che ne attutisce gli eventuali colpi contro il muro. **2** Paraurti.

paràcqua *s. m. inv.* (*dial.*) Ombrello.

paradenite *s. f.* (*med.*) Infiammazione del tessuto attorno a una ghiandola.

paradènti *s. m.* Tipo di apparecchio di gomma dura usato dai pugili a protezione dei denti.

paradentite *s. f.* (*med.*) Infiammazione del paradenzio.

paradentòṣi *s. f.* (*med.*) Processo degenerativo dei tessuti circostanti il dente; SIN. Piorrea alveolare.

paradènzio *s. m.* (anat.) Insieme dei tessuti che sostengono e fissano il dente.

paradigma *s. m.* (*pl. -i*) **1** (*ling.*) Insieme tipico delle forme flesse che assume un morfema lessicale combinato con le sue desidenze dei casi o verbali: *i paradigmi dei verbi latini.* **2** (*raro*) Esemplare, modello.

paradigmàtico *agg.* (*pl. m. -ci*) **1** (*ling.*) Che è proprio delle unità di lingua considerate fuori dal contesto; CONTR. Sintagmatico. **2** (*est.*) Che serve di modello, di esempio.

paradiṣea *s. f.* Uccello tropicale onnivoro con vistoso piumaggio nel maschio, caratteristico per due ciuffi laterali di penne allungatissime; SIN. Uccello del paradiso. [→ ill. *animali* 13]

paradiṣìaco *agg.* (*pl. m. -ci*) **1** Di, del paradiso. **2** (*fig.*) Che fa pensare al paradiso per la sua bellezza, perfezione, tranquillità e sim.: *luogo —*; SIN. Celestiale.

paradiṣo *s. m.* **1** Nella teologia cattolica, condizione di eterna beatitudine dei giusti che, dopo la morte, godono la visione di Dio. **2** Luogo in cui si gode di tale beatitudine | *— terrestre*, giardino nel quale, secondo il Genesi, Dio pose Adamo ed Eva prima del peccato originale | *Guadagnarsi il —*, vivere virtuosamente | *Andare in —*, morire | *Volare in —*, morire, spec. in riferimento a bambino innocente | (*fig.*) *Sentirsi in —*, essere oltremodo felice | (*fig.*) *Stare in — a dispetto dei santi*, avere accesso dove si è mal visti e indesiderati. **3** (*fig.*) Luogo delizioso: *questo posto è un —* | *Paradisi artificiali*, stati di beatitudine prodotti da droghe | *Un volto di —*, assai bello e dolce | (*est.*) Completa felicità: *è stata un'ora di —.* **4** (*zool.*) *Uccello del —*, paradisea. [→ tav. *proverbi* 295]

paradossàle *agg.* Che è o pare assurdo, insensato, irragionevole | (*est.*) Bizzarro, stravagante.

paradossalità *s. f.* L'essere paradossale.

paradòsso (1) *s. m.* **1** Asserzione incredibile, in netto contrasto con la comune opinione: *è un — quello che dici*; SIN. Assurdità. **2** Legge fisica il cui enunciato, pur essendo esatto, sembra errato.

paradòsso (2) *s. m.* Rilievo murario o di terra, nelle opere fortificate o nelle trincee, per protezione delle spalle dei difensori.

paràfa *s. f.* Sigla da apporsi in calce a un documento, spec. diplomatico; SIN. Paraffo.

parafàngo *s. m.* (*pl. -ghi*) Riparo davanti o sulla ruota di un veicolo, o vano della carrozzeria dell'autoveicolo che copre in parte la ruota e limita gli spruzzi. [→ ill. *automobile, ciclo e motociclo*]

parafernàle *agg.* Di bene proprietà della moglie non costituito in dote, e di cui essa ha l'amministrazione e il godimento.

paraffina *s. f.* (*chim.*) Sostanza chiara e traslucida, costituita di un miscuglio di idrocarburi solidi, che si ricava dai residui della distillazione del petrolio, usata per candele, isolanti elettrici, lubrificanti e per unguenti in farmacia | *Guanto di —, prova della —*, mezzo di accertamento dell'uso di un'arma da fuoco.

paraffinàre *v. tr.* (*coniug. come raffinare*) Cospargere o impregnare di paraffina.

paraffìnico *agg.* (*pl. m. -ci*) Di paraffina.

paràffo *s. m.* (*raro*) Parafa.

parafiàmma A *agg. inv.* Resistente alle fiamme: *paratia —.* **B** *s. m. inv.* Protezione applicata alla canna di un'arma da fuoco per coprirne la fiammata.

parafraṣàre *v. tr.* (*io paràfraṣo*) Esporre un testo con parole proprie atte a chiarirlo, ampliarlo e sim.: *— un canto dell'Eneide* | (*spreg.*) Ripetere o copiare peggiorando: *— le opere altrui.*

paràfraṣi *s. f.* Ripetizione di un testo mediante circonlocuzioni o aggiunte esplicative.

parafraṣìa *s. f.* (*psicol.*) Uso inappropriato di parole o frasi.

parafràste *s. m.* (*raro, lett.*) Chi parafrasa.

parafràstico *agg.* (*pl. m. -ci*) Che contiene o costituisce parafrasi.

parafrenìa *s. f.* (*psicol.*) Disturbo mentale, di tipo schizofrenico, in cui viene mantenuto un certo contatto con il mondo esterno.

parafùlmine *s. m.* Apparato per attirare la scarica del fulmine e renderne innocui gli effetti, consistente in un'asta di ferro sistemata sul tetto e messa in comunicazione, tramite una grossa fune metallica, con la terra umida o l'acqua di un pozzo.

paràggio *s. m.* **1** *spec. al pl.* Tratto di mare vicino a un dato luogo. **2** *spec. al pl.* Luoghi circostanti, vicinanze: *fare una passeggiata nei paraggi.*

paragócce *agg. inv.* Detto di tappo con beccuccio, applicato a bottiglie di liquore, olio e sim., per impedire lo sgocciolio del liquido.

paragòge *s. f.* (*ling.*) Epitesi.

paragonàbile *agg.* Che si può paragonare; SIN. Comparabile, confrontabile.

paragonàre A *v. tr.* (*io paragóno*) **1** Mettere a paragone, a confronto: *— un poeta con, a, un altro*; *— due scrittori tra loro*; SIN. Comparare, confrontare, raffrontare. **2** Ritenere simile o analogo: *paragoniamo questa linea a una retta.* **B** *v. rifl.* Porsi a confronto: *vuole paragonarsi con lui.*

paragóne *s. m.* **1** Analisi o esame comparativo tra due o più persone o cose, che dà luogo a un giudizio o a una scelta: *fare un —* | *Mettere, mettersi a — di, con*, paragonare, paragonarsi | *Termini del —*, i due elementi tra cui si stabilisce il confronto | *Stare, reggere al —*, poter essere paragonato a qc. o a q.c. senza sfigurare | *Non reggere al —*, essere decisamente inferiore | *In*

—, *a — di*, in confronto a, di; SIN. Raffronto. **2** Esempio, confronto fra due elementi analoghi: *portare un* —. **3** (*lett.*) Perfetto esemplare | *Essere senza —, non avere paragoni*, di cosa o persona unica nel suo genere, che eccelle sugli altri. **4** (*chim.*) Pietra di paragone (v. *pietra*) | *Pietra di* —, (*fig.*) termine di comparazione. [→ tav. *locuzioni* 83]

paragrafàre *v. tr.* (*io paràgrafo*) Spartire in paragrafi, contrassegnare con paragrafi.

paràgrafo *s. m.* **1** Ciascuna delle parti in cui è divisa la materia di un'opera, documento, e sim.: *i primi paragrafi del capitolo.* **2** Rappresentazione grafica di un paragrafo.

paraguaiàno o *paraguayàno* /paragwa'jano/ *agg.; anche s. m.* (*f. -a*) Del Paraguay.

paralipòmeni *s. m. pl.* **1** Libri storici inclusi nel canone della Bibbia. **2** (*est.*) Opera che costituisce la continuazione di un'opera precedente.

paràlisi *s. f.* **1** Soppressione della motilità volontaria e della funzione sensoriale | — *infantile*, poliomielite. **2** (*fig.*) Totale arresto delle normali funzioni di q.c.: *la — dell'industria.*

paralìtico **A** *agg.* (*pl. m. -ci*) Che è colpito da paralisi. **B** *anche s. m.* (*f. -a*).

paralizzàre *v. tr.* (*io paralizzo*) **1** Rendere paralitico. **2** (*fig.*) Impedire l'andamento di q.c.: *la crisi economica paralizza il commercio.*

paralizzàto *part. pass. di paralizzare; anche agg.* Colpito da paralisi (*anche fig.*).

parallàsse *s. f.* (*fis.*) Spostamento apparente di un punto rispetto a un altro situato a diversa distanza dall'osservatore, che si verifica quando l'osservatore si sposta in direzione perpendicolare alla congiungente i due punti.

parallàttico *agg.* (*pl. m. -ci*) Relativo alla parallasse.

parallèla *s. f.* **1** (*mat.*) Retta parallela. **2** *al pl.* Strumento usato per tracciare righe parallele. **3** *al pl.* Attrezzo ginnico costituito da due sbarre orizzontali e parallele, sostenute da quattro supporti posti alle quattro estremità. [→ ill. *sport*]

parallelepìpedo **A** *s. m.* (*mat.*) Poliedro le cui facce sono sei parallelogrammi, a due a due opposti e uguali | — *rettangolo*, con facce rettangolari. **B** *agg.* Detto di oggetto avente la forma di un parallelepipedo. [→ ill. *geometria, cristalli*]

parallelinèrvio *agg.* (*bot.*) Detto di foglia con nervature parallele dall'inserzione all'apice. [→ ill. *botanica*]

parallelismo *s. m.* **1** (*mat.*) Qualità di enti paralleli. **2** (*fig.*) Procedimento simmetrico di fenomeni corrispondenti: *vi è — tra i due fatti.*

parallèlo **A** *agg.* **1** (*mat.*) Detto di due rette complanari, o di due piani, o di una retta e un piano nello spazio, che non s'incontrano. **2** (*est.*) Detto di cose equidistanti: *binari paralleli.* **3** (*fig.*) Che corrisponde o fa riscontro a q.c.: *il fenomeno sociale è — a quello economico.* **B** *s. m.* **1** (*mat.*) — *d'una superficie di rotazione*, intersezione d'una superficie di rotazione con un piano perpendicolare all'asse di rotazione. **2** (*geogr.*) Ciascuno dei circoli minori della sfera terrestre idealmente tracciati parallelamente all'equatore. [→ ill. *geografia*] **3** Comparazione: *istituire un — tra due opere.* **4** *Nella loc. in* —, detto di componenti elettrici tra loro collegati in modo che siano soggetti alla stessa tensione.

parallelogràmma o *parallelogràmmo s. m.* (*pl. -i*) (*mat.*) Quadrilatero avente i lati opposti paralleli. [→ ill. *geometria*]

paralogismo *s. m.* (*filos.*) Ragionamento errato dal punto di vista formale.

paralogìstico *agg.* (*pl. m. -ci*) (*filos.*) Di paralogismo.

paralùce *s. m. inv.* (*fot.*) Dispositivo applicabile all'obbiettivo per difenderlo da raggi di luce diretti; SIN. Parasole. [→ ill. *fotografo*]

paralùme *s. m.* Schermo di stoffa, vetro, carta colorata e sim. per attenuare la luce di una lampada.

paramagnètico *agg.* (*pl. m. -ci*) Detto di sostanza o corpo che presenta paramagnetismo.

paramagnetismo *s. m.* (*fis.*) Fenomeno per cui un materiale immerso in un campo magnetico esterno si magnetizza.

paramàno *s. m.* **1** Manopola. **2** Mattone grande ad angoli regolari vivi, di terra più fine, per rivestimento ornamentale esterno.

paramècio *s. m.* Animale dei Protozoi ciliati unicellulare con corpo ovoidale ricoperto di brevi ciglia, presente in tutte le acque stagnanti.

paramèdico *agg.; anche s. m.* (*pl. m. -ci*) Che (o chi) lavora nel settore della medicina con compiti che non richiedono il titolo di medico: *personale* —.

paraménto *s. m.* **1** Ciò che serve per ornare, addobbare e sim. | *Paramenti sacri*, gli oggetti posti sull'altare e i drappi con cui si addobba la chiesa. **2** Indumento, veste, ornamento usati dal sacerdote nelle funzioni sacre: *paramenti liturgici.* **3** Ognuna delle superfici laterali di una struttura muraria | Rivestimento di un muro con una protezione o superficie di abbellimento: *un — di piastrelle.* [→ ill. *diga*]

paramètrico *agg.* (*pl. m. -ci*) (*mat.*) Attinente a un parametro | *Equazioni parametriche*, equazioni le cui variabili sono a loro volta funzioni di un'altra variabile.

paràmetro *s. m.* **1** (*mat.*) Variabile di un'equazione parametrica | Costante arbitraria | Grandezza in qualche modo significativa. **2** (*fig.*) Punto di riferimento, criterio di giudizio: *usa come — la sua rettitudine.* **3** Valore numerico cui corrispondono diversi livelli salariali.

paramilitàre *agg.* Che segue principi simili a quelli propri di un organismo militare.

paramìne *s. m. inv.* (*mar.*) Attrezzo che permette di evitare le mine subacquee.

paramontùra *s. f.* Lembo di stoffa cucito all'interno degli abiti come rifinitura.

parancàre *v. intr.* (*io parànco, tu parànchi*) Lavorare con paranchi.

parànco *s. m.* (*pl. -chi*) Sistema meccanico composto di carrucole fisse e mobili collegate da funi o catene, in modo da poter sollevare grossi pesi con piccolo sforzo. [→ ill. *sollevamento*]

paranìnfo *s. m.* (*f. -a*) **1** Presso gli antichi Greci, colui che accompagnava la sposa a casa del marito: — *delle nozze.* **2** (*est.*) Mezzano di matrimoni.

paranòia *s. f.* (*psicol.*) Malattia mentale caratterizzata da idee deliranti di persecuzione, di grandezza, e sim., in personalità che per il resto sono normali.

paranòico **A** *agg.* (*pl. m. -ci*) Di paranoia: *sintomi paranoici.* **B** *agg.; anche s. m.* (*f. -a*) Affetto da paranoia.

paranormàle *agg.* **1** In metapsichica, detto dei fenomeni che si presentano non soggetti alle normali leggi fisiche e psichiche, propri di medianismo, telepatia, spiritismo e sim. **2** Che non è del tutto normale: *reazione* —.

paranormalità *s. f.* Carattere dei fenomeni paranormali.

paranza *s. f.* **1** Grande barca con un albero a vela latina e fiocco, usata nel Tirreno per la pesca a coppie. [→ ill. *marina, pesca*] **2** Rete da pesca a strascico, con sacco e ali tenute aperte da divaricatori, trainata dalla paranza. [→ ill. *pesca*]

paraòcchi *s. m.* Ciascuno dei due pezzi di cuoio cuciti lateralmente alla testiera del cavallo affinché questo non si adombri | *Avere i paraocchi*, (*fig.*) ignorare più o meno volutamente cose evidenti. [→ ill. *finimenti*]

parapètto *s. m.* **1** Riparo di varia altezza ai bordi di terrazzi, balconi, ponti, e sim., per ragioni di sicurezza. [→ ill. *casa*] **2** (*mar.*) Parte della murata dal ponte di coperta in su. **3** (*mil.*) Riparo in muratura nelle antiche fortezze e di terra nelle moderne trincee.

parapìglia *s. m. inv.* Confusione improvvisa di persone e di cose; SIN. Tafferuglio.

parapiòggia *s. m. inv.* Ombrello.

paraplegìa *s. f.* (*pl. -gie*) (*med.*) Paralisi totale di due arti, spec. degli inferiori.

paraplègico *agg.; anche s. m.* (*f. -a; pl. m. -ci*) Affetto da paraplegia.

parapòdio *s. m.* (*zool.*) Appendice non articolata propria di alcuni anellidi, in numero di due per ogni metamero. [→ ill. *zoologia*]

parapsìchico *agg.* (*pl. m. -ci*) Detto di fenomeno che appartiene alla sfera psichica ma non è spiegabile sulla base della psicologia normale.

parapsicologìa *s. f.* (*pl. -gie*) Settore della psicologia che tratta di fenomeni che sembrano non rientrare nell'ambito di ciò che è retto dalle leggi naturali, quali la telepatia, la chiaroveggenza e sim.

paràre ***A*** *v. tr.* ***1*** Abbigliare qc. o addobbare q.c. con paramenti: *– a festa la chiesa.* ***2*** Mettere al riparo: *– la pelle dai raggi del sole* | (*est.*) Schermare: *si parò gli occhi con una mano.* ***3*** Scansare difendendosi (*anche fig.*): *– una stoccata, un pugno* | *– il colpo,* (*fig.*) difendersi o rispondere adeguatamente a critiche o attacchi | Nel calcio e sim., compiere una parata, anche ass.: *– un tiro difficile; non è riuscito a –.* ***B*** *v. intr.* (*aus. avere*) Andare a finire, tendere: *non capisco dove vuoi andare a –.* ***C*** *v. rifl.* ***1*** Presentarsi, opporsi: *gli si parò dinnanzi.* ***2*** Abbigliarsi con paramenti. ***3*** Difendersi, schermirsi: *pararsi da un ostacolo.*

paraṣànga *s. f.* Antica misura persiana corrispondente a circa 6 km di lunghezza.

parascènio *s. m.* Ognuna delle due parti laterali della scena del teatro greco classico, che raffigurava edifici o portici. [→ ill. *teatro*]

parascolàstico *agg.* (*pl. m. -ci*) Che ha funzione integrativa complementare rispetto alla scuola: *corso –.*

paraselène *s. m.* Effetto provocato dall'atmosfera terrestre per cui accanto alla Luna sono visibili una o più immagini lunari spostate.

parasimpàtico ***A*** *agg.* (*pl. m. -ci*) (*anat.*) Detto di una delle due sezioni del sistema nervoso vegetativo. ***B*** *s. m.* Sistema nervoso parasimpatico.

parasintètico *agg.* (*pl. m. -ci*) (*ling.*) Detto di vocabolo composto, derivato da un nome con l'aggiunta di un prefisso e di un suffisso (es. *abbellire, intavolare*).

parasóle ***A*** *s. m. inv.* ***1*** Ombrello da sole. ***2*** (*fot.*) Speciale paraluce per macchine professionali. ***B*** *in funzione di agg. inv.* (*posposto al s.*) Che protegge dal sole: *aletta –.* [→ ill. *automobile*]

paraspìgolo *s. m.* Elemento di ferro, legno o plastica, sagomato, che serve a proteggere gli spigoli dei muri.

parassìta ***A*** *agg.* (*pl. m. -i*) ***1*** Detto di organismo animale o vegetale che vive utilizzando materiale organico di un altro essere vivente e causando danno a quest'ultimo. ***2*** (*fig.*) Che non è utile ma anzi è di peso a un gruppo, una società e sim.: *ente –.* ***3*** (*fis.*) Detto di fenomeno che perturba una trasmissione radiofonica, telefonica e sim. ***B*** *s. m.* ***1*** Ogni organismo parassita, animale o vegetale. ***2*** (*fig.*) Chi vive nell'ozio, sfruttando il lavoro altrui.

parassitàrio *agg.* Relativo ai parassiti (*anche fig.*): *vita parassitaria; ente –.*

parassìtico *agg.* (*pl. m. -ci*) Di, da parassita.

parassitiṣmo *s. m.* ***1*** (*biol.*) Rapporto tra un parassita e il suo ospite. ***2*** (*fig.*) Tendenza a vivere da parassita in seno alla società.

parassitologìa *s. f.* (*pl. -gie*) Branca della biologia che studia i parassiti quali origine di malattie per l'uomo.

paràsta *s. f.* (*arch.*) Lesena.

parastatàle ***A*** *agg.* Di ente pubblico di cui lo Stato si vale per servizi di carattere nazionale. ***B*** *s. m. e f.* Chi lavora in un ente parastatale.

parastìnchi *s. m.* Cuscinetto usato dagli atleti in vari sport a protezione degli stinchi.

paràta (1) *s. f.* ***1*** Difesa, protezione rispetto a colpi, offese e sim. ***2*** (*sport*) Nel calcio, intervento del portiere per impedire che la palla entri nella propria porta | Nella scherma e nel pugilato, movimento per difendersi dai colpi dell'avversario.

paràta (2) *s. f.* ***1*** Situazione, risultato, *solo nella loc. vista la mala –*, visto il pericolo insito in q.c., la piega sfavorevole assunta da un avvenimento. ***2*** Sfoggio, mostra | *Abito da –*, di gala. ***3*** Rivista militare, rassegna: *sfilare in –.*

paratàssi *s. f.* (*ling.*) Procedimento sintattico con cui si pongono l'una accanto all'altra due proposizioni, lasciandole autonome (es. *leggeva e pensava*); SIN. Coordinazione; CONTR. Ipotassi.

paratìa *s. f.* ***1*** Ciascuno dei tramezzi posti all'interno di una nave per dividere gli ambienti della parte immersa | *Paratie stagne*, fornite di porte stagne che possono chiudersi prontamente in caso di falla per impedire l'allagamento totale della nave. ***2*** Specie di barriera di protezione impiegata per eseguire opere in muratura in vicinanza di acque.

paratìfo *s. m.* (*med.*) Infezione simile al tifo, prodotta da un particolare tipo di salmonella.

paratiròide *s. f.* (*anat.*) Ciascuna delle quattro piccole ghiandole a secrezione interna, site dietro i lobi tiroidei. [→ ill. *anatomia umana*]

paràto ***A*** *part. pass. di parare; anche agg.* Addobbato, ornato. ***B*** *s. m.* ***1*** Cortinaggio: *il – delle finestre.* ***2*** Rivestimento, di tessuto o carta, per pareti e sim.: *carta da parati.* ***3*** (*mar.*) Ciascuno dei grossi pezzi di quercia posti di traverso sopra lo scalo al momento del varo di una nave.

paratóia *s. f.* (*idraul.*) Saracinesca mobile di legno o metallo che regola il deflusso dell'acqua attraverso canali o corsi d'acqua naturali. [→ ill. *diga*]

paraùrti *s. m.* ***1*** Traversa o altra struttura anteriore e posteriore che protegge dagli urti la carrozzeria dell'autoveicolo. [→ ill. *automobile*] ***2*** (*ferr.*) Apparecchio montato alle estremità dei binari tronchi, provvisto di respingenti per impedire ai treni di oltrepassare il limite dei binari.

paravènto *s. m.* Arnese mobile costituito da due o più pannelli collegati da cerniere, usato come divisorio di ambienti o protezione dalla vista altrui | *Far da – a qc.*, coprirne o dissimularne le malefatte. [→ ill. *mobili*]

parcàre *v. tr.* ***1*** Disporre in un parco artiglierie, autoveicoli e sim. ***2*** (*raro*) Parcheggiare.

parcèlla *s. f.* ***1*** Nota delle spese e competenze di un professionista relativa alle sue prestazioni professionali. ***2*** (*dir.*) Particella.

parcellàre *agg.* ***1*** Che è diviso in parcelle, detto di terreno. ***2*** (*med.*) Relativo a una piccola parte: *frattura –.*

parcellazióne *s. f.* Divisione di un terreno di grandi dimensioni in piccoli appezzamenti.

parcheggiàre *v. tr.* (*io parchéggio*) ***1*** Lasciare un veicolo in sosta, anche ass.: *– la macchina in centro; dove hai parcheggiato?* ***2*** Effettuare la manovra di parcheggio: *qui non è facile –*; SIN. Posteggiare.

parchéggio *s. m.* ***1*** Piazzale o parte di via urbana o sotterraneo, in cui si possono lasciare in sosta le automobili, entro spazi delimitati da strisce; SIN. Posteggio. [→ ill. *spiaggia, sport*] ***2*** Sosta di un veicolo negli appositi spazi: *è vietato il –* | Manovra per parcheggiare: *qui il – è agevole.*

parchettatùra *s. f.* Copertura a parquet di un pavimento.

parchìmetro o *parcòmetro s. m.* Apparecchio a orologio che registra la durata della sosta di un autoveicolo in un parcheggio a pagamento.

pàrco (1) *s. m.* (*pl. -chi*) ***1*** Terreno boscoso piuttosto esteso, spesso recintato e adibito a usi particolari | Giardino molto grande, abbondantemente alberato, privato o pubblico | *– nazionale*, zona tutelata da apposite leggi per impedire alterazioni ai suoi aspetti geologici, faunistici, floristici e sim. ***2*** Spazio adibito a deposito di determinati materiali, spec. automobili, artiglieria e sim. ***3*** Complesso di determinati materiali o mezzi di uso bellico o pacifico | *– mobile*, complesso di autoveicoli con funzioni di collegamento fra i reparti di grosse unità | *– ferroviario*, complesso del materiale mobile delle ferrovie.

pàrco (2) *agg.* (*pl. m. -chi*) ***1*** Sobrio, frugale, parsimonioso: *– nel bere.* ***2*** Avaro: *– nello spendere.*

parcòmetro V. *parchimetro.*

pardon /*fr.* par'dɔ̃/ *inter.* Si usa come formula di cortesia per scusarsi di q.c

parècchio ***A*** *agg. indef.* (*pl. m. parècchi; pl. f. parècchie*) ***1*** Che è in quantità, misura o numero più che sufficiente: *farò parecchie spese; c'è – vento oggi.* ***2*** Con valore neutro in espressioni ellittiche: *mi fermerò –; ho – da fare*; SIN. Alquanto. ***B*** *pron. indef.* Chi (o ciò che) è in quantità, misura, numero più che sufficiente: *ci vuole volontà e io ne ho parecchia; l'hanno visto in parecchi.* ***C*** *avv.* Alquanto, in misura notevole: *mi sembri – dimagrito.*

pareggiàbile *agg.* Che si può pareggiare; CONTR. Impareggiabile.

pareggiaménto *s. m.* Uguagliamento | Livellamento: *– di un terreno* | Parificazione: *il – di una scuola* | In un bilancio e sim., pareggio.

pareggiàre ***A*** *v. tr.* (*io paréggio*) ***1*** Rendere pari, togliendo dislivelli, sporgenze e sim.: *– il terreno* | (*est.*) Far quadrare: *– i conti*; SIN. Livellare. ***2*** Eguagliare: *per senno pareggia Salomone.* ***B*** *v. intr. e tr.* (*aus. intr. avere*) Ottenere un pareggio in una partita: *le due squadre hanno pareggiato; – con qc.; – un incontro.* ***C*** *v. rifl.* Adeguarsi, equipararsi: *pareggiarsi a qc.* **D** *v. intr. pron.* Essere pari.

pareggiàto *part. pass. di pareggiare; anche agg.* **1** Reso pari | Uguagliato. **2** *Scuola pareggiata*, legalmente equiparata a una scuola statale; SIN. Parificato.

paréggio *s. m.* **1** Pareggiamento | Nel bilancio, eguaglianza delle entrate con le uscite. **2** (*sport*) Risultato di parità conseguito da due squadre al termine di una gara.

parèlio *s. m.* (*astron.*) Fenomeno analogo al paraselene, ma riguardante il Sole.

paremìa *s. f.* Proverbio, adagio contenente talora l'enunciazione di un dogma giuridico.

paremiografìa *s. f.* Raccolta di proverbi, adagi e sim.

parènchima *s. m.* (*pl. -i*) **1** (*anat.*) Sostanza caratteristica di un organo: *— epatico.* **2** (*bot.*) Tessuto vegetale definitivo formato di cellule vive, che adempiono importanti funzioni: *— clorofilliano.*

parentàdo *s. m.* **1** Legame di parentela. **2** Insieme dei parenti.

parènte *s. m. e f.* **1** Chi è unito ad altra persona da vincoli di parentela | *Parenti stretti*, fratelli, zie, cugini e sim. | *— acquisito*, che diviene tale in seguito a un matrimonio. **2** (*lett.*) Genitore. **3** (*fig.*) Ciò che è molto simile a q.c. d'altro: *l'appetito è — della fame.* [→ tav. *proverbi* 325]

parentèla *s. f.* **1** Vincolo di sangue che unisce persone discendenti l'una dall'altra o da un ascendente comune | *— spirituale*, rapporto religioso che si instaura con la somministrazione del battesimo o della cresima fra il battezzato o il cresimato e il padrino. **2** Insieme dei parenti. **3** (*fig.*) Rapporto di affinità: *fra i due concetti vi è una certa —.*

parenteràle *agg.* (*med.*) Che non segue la via gastroenterica: *somministrare un farmaco per via —* | *Introduzione —*, per via intramuscolare, sottocutanea o endovenosa.

parèntesi *s. f.* **1** Frase non legata al periodo principale, che serve a chiarirlo, ampliandone o precisandone il senso, o a limitare la portata di un'affermazione e sim. | *Fra —*, per inciso | (*est.*) Digressione: *dopo questa breve —, riprendiamo il nostro argomento.* **2** Segno grafico della parentesi: *— tonda, quadra, graffa.* Le *parentesi tonde* si usano in coppia per racchiudere un inciso di commento, di spiegazione o di ampliamento in un discorso: *lo strano individuo* (*che poi era una spia*) *si comportava in modo sospetto.* L'eventuale segno di punteggiatura dove si apre la parentesi va posto dopo la parentesi di chiusura: *Mi disse: 'Ogni cosa a suo tempo'* (*è la sua frase preferita*)*. Poi se ne andò.* Le parentesi tonde si usano da sole dopo una lettera o un numero in un elenco: *a*), *b*), *c*) oppure *1°*), *2°*), *3°*), ecc. Le *parentesi quadre* si usano in coppia come parentesi distinte dalla tonda per evitare sovrapposizioni, oppure per inserire indicazioni o precisazioni che non fanno parte del testo: *A Trieste* [*Joyce*] *conobbe Italo Stevo.* (V. nota d'uso PUNTEGGIATURA) **3** (*fig.*) Intervallo di tempo dotato di caratteristiche diverse da quelle dei periodi che lo precedono o lo seguono: *una — di riposo.*

parentètico *agg.* (*pl. m. -ci*) Di parentesi, che costituisce una parentesi: *periodo —.*

parèo *s. m.* Indumento tipico delle isole del Pacifico, consistente in un rettangolo di cotone stampato a vistosi motivi da avvolgere attorno al corpo. [→ ill. *vesti*]

parére **A** *v. intr.* (*pres. io pàio, tu pàri, egli pàre, noi paiàmo, raro pariàmo, voi paréte, essi pàiono; pass. rem. io pàrvi, poet. pàrsi, tu parésti; fut. io parrò; congv. pres. io pàia, noi paiàmo, voi paiàte, essi pàiano; condiz. pres. io parrèi; part. pres. parvènte; part. pass. pàrso; dif. dell'imperat.; aus. essere*) **1** Apparire, sembrare: *— buono, cattivo; pare impossibile ma è così; pareva un uomo onesto* | *Non mi pare vero!*, per esprimere grande soddisfazione, gioia e sim. **2** Pensare, essere dell'opinione: *ti pare di avere agito bene?; mi parve che fosse il momento di intervenire* | *Che te ne pare?*, cosa ne pensi? | *Ti pare, non ti pare?*, lo ritieni giusto, equo e sim.? **3** (*fam.*) Volere: *faccio quello che mi pare.* **B** *v. intr. impers.* (*aus. essere*) Sembrare: *pare che tu non capisca.* **C** *in funzione di s. m.* **1** Opinione personale, soggettiva | *A mio —*, secondo me | *Mutar —*, cambiare opinione | *Essere del — di*, giudicare, stimare, pensare; SIN. Avviso. **2** Idea personale che si dà o si richiede ad altri relativamente a certi fatti: *è necessario il — di un tecnico*; SIN. Consiglio.

pàresi o *parèsi* *s. f.* (*med.*) Riduzione della motilità muscolare.

parestesìa *s. f.* (*med.*) Sensazione patologica spontanea, come formicolio o vellicamento.

paretàio *s. m.* **1** Tesa stabile per uccelli, con appostamento in muratura e due grandi reti a scatto, che coprono un boschetto. **2** (*fig.*) Trappola.

paréte *s. f.* **1** (*arch.*) Muro interno di edifici, generalmente di piccolo spessore per dividere i vani | *Tra le pareti domestiche*, in casa e (*fig.*) nell'ambito della famiglia. **2** Struttura che chiude o delimita uno spazio, una cavità e sim.: *le pareti di una grotta, di una cellula.* [→ ill. *cellula, fisica, nucleare, stoviglie*] **3** (*fig.*) Riparo, ostacolo: *una — d'odio.* **4** Nell'alpinismo, fianco scosceso e ripido di un monte, anche coperto di ghiaccio: *la — nord del Cervino.*

parètico *agg.; anche s. m.* (*f. -a; pl. m. -ci*) Affetto da paresi.

pargolétto **A** *s. m.* (*f. -a*) (*lett.*) *Dim. di pargolo.* **B** *agg.* (*lett.*) Di, da fanciullo.

pàrgolo **A** *s. m.* (*f. -a*) (*lett.*) Bambino, fanciullo. **B** *agg.* (*lett.*) Piccolo.

pàri (1) **A** *agg.* **1** Uguale, che corrisponde esattamente: *essere — di età; essere — per condizione sociale; essere — in bellezza; un coraggio — alla sua astuzia* | *Di — passo*, con passo uguale e (*fig.*) contemporaneamente. **2** Privo di sporgenze, rientranze, pendenze, dislivelli e sim.: *superficie —* | *Mettere in, a —*, pareggiare | *A pie' —*, coi piedi uniti e a una stessa altezza e (*fig.*) completamente: *saltare a pie' — un capitolo.* **3** (*fig.*) Di giochi o scommesse che terminano con uno stesso punteggio; di giocatori che non vincono e non perdono: *la partita è —; per ora siamo —.* **4** (*fig.*) Adeguato, sufficiente: *essere — alle necessità del momento.* **5** (*mat.*) Detto di cifra o numero divisibile per due; CONTR. Dispari. **6** *Nella loc. agg. e avv. alla —*, detto di chi svolge un lavoro presso una famiglia ricevendo da questa soltanto il vitto e l'alloggio; SIN. Au-pair. **B** *avv.* In modo pari: *andare —* | (*iter.*) *— —*, alla lettera: *ha copiato — — il mio tema*; (*fam.*) direttamente, subito: *è venuto — — da me.* **C** *s. m.* **1** Uguaglianza, parità: *mettere, mettersi in —* | *Rendere — a —*, la pariglia | *Al — di*, come: *siamo abili al — di lui* | *In —*, sulla stessa linea, sullo stesso piano e (*fig.*) al corrente: *mettere in — due mensole; mettersi in — con le ultime notizie.* **2** Numero pari: *puntare sul —.* **D** *s. m. e f.* Chi è dello stesso grado, livello o condizione: *tratta con i — tuoi* | *Trattare qc. da — a —*, come se fosse della medesima condizione | *Da par suo*, come si addice a una persona del suo rango | *Non avere, non trovare —*, eccellere in q.c. | *Senza —*, incomparabile, eccellente.

pàri (2) *s. m.* **1** Titolo che si davano reciprocamente le persone di uguale condizione. **2** Ciascuno dei primi ufficiali della corona che insieme con il sovrano costituivano la corte suprema di giustizia. **3** Membro della camera alta del Parlamento britannico.

pària (1) *s. m. inv.* **1** In India, persona appartenente alla casta più bassa, o esclusa da ogni casta. **2** (*est.*) Persona di infima condizione sociale: *i — della società.*

parìa (2) *s. f.* (*raro*) Dignità e titolo di pari.

parietàle **A** *agg.* **1** Eseguito su parete: *graffiti parietali.* **2** (*anat.*) *Osso —*, osso piatto, laterale della volta cranica | *Sutura —*, che unisce le due ossa parietali. **B** *s. m.* (*anat.*) Osso parietale.

Parietàli *s. f. pl.* (*sing. -e*) Ordine di piante erbacee o legnose dicotiledoni, con fiori a cinque petali e foglie con stipole. [→ ill. *piante* 5]

parificàre *v. tr.* (*io parìfico, tu parìfichi*) Rendere uguale: *— gli obblighi e i diritti* | *— una scuola privata*, riconoscerle la stessa validità di una scuola statale.

parificàto *part. pass. di parificare; anche agg.* Reso uguale, pareggiato | *Scuola parificata*, pareggiata.

parificazióne *s. f.* Riconoscimento di pari validità spec. giuridica e amministrativa; SIN. Equiparazione.

parigìno *agg.; anche s. m.* (*f. -a*) Di Parigi.

parìglia *s. f.* **1** Coppia o paio di oggetti uguali | Coppia di carte da gioco uguali o combinazione di due dadi che, lanciati, danno lo stesso numero. **2** Coppia di cavalli da tiro uguali. ***3*** Uguale trattamento, *usato spec. nella loc. rendere la* –, ricambiare un torto, un'offesa e sim.

parigràdo *s. m. e f. inv.* Chi è di grado uguale.

pariménti *avv.* (*lett.*) Ugualmente, nello stesso modo: *sono – belli.*

pàrio *agg.* Dell'isola di Paro, nell'Egeo | *Marmo* –, di color avorio, usato nell'antichità per statue.

paripennàto *agg.* Detto di foglia pennata composta, con numero pari di foglioline. [→ ill. *botanica*]

parisìllabo ***A*** *agg.* Che ha un numero pari di sillabe: *verso* –; CONTR. Imparisillabo. ***B*** *s. m.* Nome della terza declinazione latina, che ha lo stesso numero di sillabe nel nominativo e nel genitivo.

parità *s. f.* ***1*** Condizione o stato di ciò che è pari, rapporto di uguaglianza o equivalenza: *la – di tutti i cittadini di fronte alla legge* | *– salariale*, principio secondo il quale lavori uguali debbono essere egualmente retribuiti indipendentemente da età, sesso, razza o religione. ***2*** (*sport*) Punteggio uguale, ottenuto da due avversari in una competizione | *In* –, a pari punteggio: *portarsi in* –.

paritàrio *agg.* Che è in condizione di parità: *trattamento* –.

paritètico *agg.* (*pl. m. -ci*) Di parità | *Commissione paritetica*, formata di un ugual numero di rappresentanti delle varie parti e avente il potere di risolvere controversie.

pàrka *s. m.* Indumento impermeabile con cappuccio, fatto di pelle di foca e sim., indossato dagli eschimesi. [→ ill. *vesti*]

parlàbile *agg.* Che si può parlare: *lingua* –.

parlamentàre (1) *v. intr.* (*io parlaménto; aus. avere*) ***1*** Trattare a voce con i rappresentanti di forze belligeranti per stabilire accordi su questioni di reciproco interesse: *– per una tregua.* ***2*** (*est.*) Stare a colloquio con qc., spec. per concludere trattative.

parlamentàre (2) ***A*** *agg.* ***1*** Del parlamento, o a esso relativo: *commissione, inchiesta* – | *Governo* –, regime politico caratterizzato dal controllo esercitato dal parlamento che condiziona la vita e l'azione del governo. ***2*** (*fig.*) Pieno di tatto, correttezza e dignità (*anche scherz.*): *contegno* –. ***B*** *s. m. e f.* ***1*** Membro del parlamento: *i deputati e i senatori sono parlamentari.* ***2*** Chi è inviato per iniziare, svolgere o concludere trattative.

parlamentarismo *s. m.* ***1*** Regime parlamentare. ***2*** (*spreg.*) Degenerazione del regime parlamentare.

parlaménto *s. m.* ***1*** Assemblea politica rappresentativa dello Stato moderno, mediante la quale il popolo, attraverso i suoi rappresentanti eletti, partecipa all'esercizio del potere per la formazione delle leggi e il controllo politico del governo. ***2*** Edificio ove si riunisce questa assemblea. [→ ill. *parlamento*] ***3*** Assemblea, convegno: *recarsi a* –.

parlànte ***A*** *part. pres. di parlare; anche agg.* ***1*** Che parla. ***2*** (*fig.*) Evidente, lampante: *prova* –. ***3*** Che è così intensamente espressivo da sembrare vivo: *ritratto* –. ***B*** *s. m.* ***1*** Chi parla o è dotato di favella. ***2*** (*ling.*) Soggetto che produce gli enunciati | Soggetto che fa uso di una determinata lingua.

parlantina *s. f.* (*fam.*) Grande facilità e scioltezza di parola.

parlàre ***A*** *v. intr.* (*aus. avere*) ***1*** Articolare dei suoni o emettere suoni articolati: *il bambino ha imparato a* –; *– a voce bassa, in tono agitato* | *– a fior di labbra*, sussurrando appena le parole. ***2*** Comunicare per mezzo delle parole, manifestare con le parole pensieri, sentimenti e sim.: *– con chiarezza*; *– chiaro, liberamente, apertamente* | (*fig., scherz.*) *– in punta di forchetta*, con affettazione | *Con rispetto parlando*, formula di scusa con cui si usa precedere o concludere un discorso non troppo conveniente | *– a caso, a vanvera*, dire cose senza senso | *– da solo*, rivolgendosi a se stesso ad alta voce come a un immaginario interlocutore | *– tra sé, tra sé e sé, dentro di sé*, ragionare da solo, in silenzio o sottovoce | (*fig.*) *– come un libro stampato*, dire cose esatte, giuste. ***3*** Rivelare notizie riservate o segrete: *il prigioniero ha parlato* | Dire ciò che si sa su determinati fatti: *il testimone non vuole* –. ***4*** Intrattenersi conversando: *– su questioni delicate, delle ultime no-*

parlamento

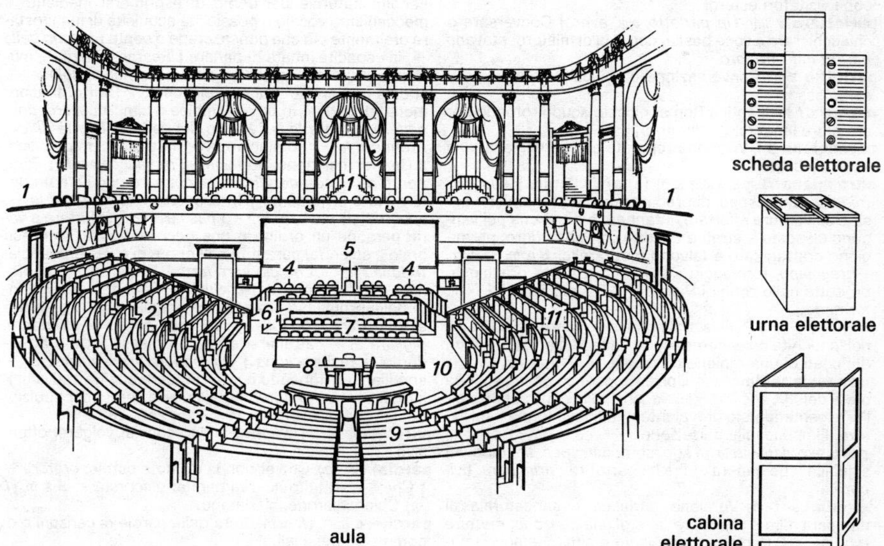

aula

1 tribuna per il pubblico 2 banchi della destra 3 settore 4 banchi della presidenza, della segreteria e dei servizi 5 seggio del presidente 6 corridoio per le votazioni 7 banchi del governo 8 tavolo degli stenografi 9 banchi del centro 10 emiciclo 11 banchi della sinistra

vità | – *del più e del meno*, sostenere una conversazione banale | *Con chi credi di –?*, si dice a chi usa un tono troppo confidenziale o scorretto | Conferire: *vorrei – con l'ufficio reclami.* **5** Rivolgersi a qc.: *quando ti parlo, rispondimi* | (*fig.*) – *al vento, al muro, al deserto*, a chi non vuole assolutamente ascoltare | – *con qc. a quattrocchi*, nella massima segretezza. **6** Tenere un discorso, una predica: – *al popolo*; – *in una riunione, alla radio, dal pulpito*; – *contro q.c.* | – *a braccio, a braccia*, improvvisando. **7** Trattare, discutere: – *di letteratura* | *Non voglio più sentirne* –, l'argomento è chiuso | *Per ora non se ne parla*, (*fig.*) non se ne fa nulla | *Far – di sé*, divenire oggetto di chiacchiere, critiche e sim., o divenire famoso. **8** Rendere palese un'intenzione, un progetto: – *di cambiar casa*; *quei due parlano di matrimonio.* **9** (*fig.*) Esprimersi con mezzi diversi dalla parola: – *con gli occhi, a gesti* | – *coi piedi*, tirar calci e (*fig.*) dire spropositi. **10** Agire o influire sui sentimenti o sulla sensibilità: *azioni che parlano al cuore*; *quegli oggetti le parlano di lui.* **11** (*fig.*) Essere significativo, vivace, espressivo: *occhi che parlano* | Avere importanza determinante: *i fatti parlano da soli.* **B** *v. tr.* (*ling.*) Comunicare con altri parlanti secondo un sistema definito proprio di una data comunità linguistica: – *inglese* | – *turco, arabo, ostrogoto*, (*fig.*) parlare in modo incomprensibile. **C** *v. rifl. rec.* **1** Rivolgersi la parola: *si parlarono senza conoscersi* | (*est.*) Essere in buoni rapporti: *non si parlano più.* **2** (*pop.*) Amoreggiare: *quei due si parlano da vari mesi.* **D** *in funzione di s. m.* **1** Discorso, parola: *un – turpe.* **2** Parlata: *il – toscano.* [→ tav. *proverbi* 298]

parlàta *s. f.* Modo del parlare, caratteristico quanto ad accento e terminologia: *la – lombarda.*

parlàto A *part. pass. di parlare; anche agg.* **1** Che appartiene al parlare corrente, quotidiano, popolare: *lingua parlata*; *linguaggio* –; CONTR. Scritto, letterario. **2** Detto di film e sim., dotato di colonna sonora; CONTR. Muto. **B** *s. m.* **1** (*fam.*) Cinema parlato | Commento parlato di un film | *Colonna del* –, colonna sonora. **2** Tipo di recitazione teatrale piana e colloquiale. **3** Il linguaggio quotidiano, in contrapposizione a quello scritto o letterario.

parlatóre *s. m.* (*f. -trice*) Persona che parla bene, esprimendosi con scioltezza e proprietà.

parlatòrio *s. m.* In conventi, collegi, carceri, luogo in cui gli ospiti degli stessi possono incontrarsi e conversare con i visitatori esterni.

parlottàre *v. intr.* (*io parlòtto; aus. avere*) Conversare o chiacchierare a voce bassa, con aria di mistero: *stavano parlottando tra loro.*

parlottìo *s. m.* Conversazione o chiacchierio animato e sommesso.

pàrma *s. f.* Nell'antica Roma, piccolo scudo rotondo per armatura leggera. [→ ill. *armi*]

parmigiàna *s. f.* Vivanda preparata alla parmigiana: *una – di zucchine.*

parmigiàno A *agg.; anche s. m.* (*f. -a*) Di Parma | *Alla parmigiana*, detto spec. di preparazioni gastronomiche basate su verdure affettate, infarinate e fritte, che poi vengono disposte a strati e condite con pomodoro, parmigiano grattuggiato e talvolta mozzarella. **B** *s. m. Nella loc.* – *reggiano*, formaggio stagionato a pasta granulosa, prodotto nelle zone di Parma e di Reggio Emilia. [→ ill. *formaggi*]

parnàṣo *s. m.* **1** Poesia, dal nome del monte della Grecia nell'antichità considerato sede delle Muse. **2** L'insieme dei poeti di una regione o nazione: *il – italiano.*

parnassianéṣimo *s. m.* Corrente poetica della seconda metà del XIX sec., in Francia, che volle contrapporre all'arte sentimentale prevalente una nuova forma espressiva d'impeccabile perfezione.

-paro *secondo elemento*: in agg. composti spec. sostantivati significa 'che genera', 'che ha partorito': *primipara, oviparo.*

parodìa *s. f.* **1** Versione burlesca e caricaturale di un'opera, film e sim.: *fare la – di una canzone, mettere q.c. in* –. **2** Persona, organismo e sim. che sono un'imitazione scadente di ciò che dovrebbero essere: *una – di governo.*

parodiàre *v. tr.* (*io paròdio*) Imitare qc. o q.c. malamente o in modo ridicolo.

parodìsta *s. m. e f.* (*pl. m. -i*) Chi esegue parodie.

parodìstico *agg.* (*pl. m. -ci*) Di parodia; SIN. Caricaturale.

pàrodo *s. m.* **1** Canto di entrata del coro nella tragedia greca | Parte del dramma che veniva recitata dal coro dopo il prologo, al suo ingresso nell'orchestra. **2** Negli antichi teatri greci, ciascuno degli accessi che immettevano nell'orchestra.

paròla *s. f.* **1** Insieme organico di suoni o di segni grafici con cui l'uomo riesce, parlando o scrivendo, a comunicare dei contenuti mentali | Termine, vocabolo: *l'italiano è una lingua ricca di parole* | *Nel vero senso della* –, secondo il suo preciso significato | *Nel senso più ampio della* –, nella sua accezione più estesa | *Non capire una sola* –, nulla | *Dire q.c. in, con, una* –, (*fig.*) brevemente | – *per* –, letteralmente: *copiare q.c. – per* – | *Giochi di parole*, freddure | *Giro di parole*, frase | *Togliere, levare la – di bocca a qc.*, dire una parola che qc. sta per dire. **2** *spec. al pl.* Termine o vocabolo, in quanto elemento costitutivo di un discorso o di un ragionamento: *non ho udito le vostre parole*; *parole di rabbia, di gioia* | *Parole sante!*, (*fig.*) si dice per sottolineare la giustezza di un'affermazione | *Non avere parole, non trovare le parole per*, non riuscire a esprimersi in maniera adeguata | *Non ci sono parole per*, la realtà è superiore ad ogni possibilità espressiva | (*fig.*) *Parole di fuoco*, accese da una passione | *Buone parole*, gentili, affettuose | *Male parole*, dure, offensive | *Parole grosse*, ingiuriose | *Venire a parole*, litigare | *Scambio di parole*, discussione o conversazione | *Uomo di poche parole*, persona che parla poco | *Misurare, pesare le parole*, fare molta attenzione a quello che si dice. **3** *spec. al pl.* Ragionamento, discorso: *sono parole che non convincono nessuno* | Consiglio, insegnamento: *seguire le parole di qc.* **4** Espressione, frase: *non ha avuto una sola – di pentimento* | *Spendere una buona – per qc.*, parlare in suo favore | *Metterci una buona* –, intervenire a favore di qc. | (*fig.*) *In una* –, per concludere | *In* –, di cui si tratta: *la persona in* – | *L'ultima* –, la frase conclusiva | – *d'ordine*, quella usata per reciproco riconoscimento tra militari in particolari mansioni e (*fig.*) intesa, accordo o motto che riassume l'essenza di un'azione comune. **5** *spec. al pl.* Chiacchiere, ciance: *basta con le parole*; *a parole sembra tutto facile* | (*fig.*) *È una –!*, è facile a dirsi, ma non a farsi | *Belle parole*, grandi promesse destinate a non essere mantenute. **6** Facoltà naturale dell'uomo di esprimersi mediante il meccanismo vocale o possibilità acquisita di manifestare oralmente ciò che pensa, crede o sente | *Il dono della* –, la capacità innata di parlare | *Restare senza* –, muto per stupore, sorpresa e sim. | *Gli manca solo la* –, si dice di animale molto intelligente. **7** Diritto di esprimersi, di parlare in un'assemblea e sim.: *ricevere, concedere, negare la* –. **8** Atto del parlare: *libertà di* – | *Prendere la* –, cominciare a parlare, spec. in pubblico. **9** Cenno, menzione: *non una* –, *mi raccomando* | *Fare, non fare – con qc. di q.c.*, accennare con lui a un determinato argomento | Intesa, *spec. nelle loc. darsi la* –, accordarsi; *passare la – o passar* –, trasmettere a varie persone un ordine o una decisione. **10** Promessa orale e solenne, garantita dall'onore di chi la pronuncia: *ti do la mia – che ciò sarà fatto* | *Essere di* –, mantenere ciò che si promette | *Sulla* –, fidandosi interamente della promessa orale, senza esigere alcuna garanzia scritta: *dare q.c. sulla* –; *ti credo sulla* – | *Prendere, pigliare in* –, attenersi a una promessa fatta e attenderne la realizzazione | *Riprendersi, rimangiarsi la* –, annullare un impegno o interrompere una trattativa unilateralmente | *Restituire la* –, ridare libertà di pattuizione. [→ tav. *proverbi* 2, 194, 245, 256, 283]

parolàccia *s. f.* (*pl. -ce*) Parola sconcia, volgare, offensiva.

parolàio A *agg.* Che abbonda di vuote parole: *oratore* – | Che è costituito solo di parole: *discorso* –. **B** *s. m.* (*f. -a*) Chiacchierone, ciarlatano.

parolière *s. m.* (*f. -a*) Autore delle parole di canzoni o di commedie musicali.

parolìna *s. f.* **1** *Dim. di parola.* **2** Parola graziosa, gentile e sim. **3** Breve cenno o discorso spec. confidenziale, o di biasimo: *devo dirti una* –.

parolóna *s. f.* Parola molto lunga | Termine enfatico, ampolloso, e vuoto.

parolóne *s. m.* Parolona.

parònimo *s. m.* (*ling.*) Parola o sequenza di parole di forma simile ma di significato diverso (es. *collisione* e *collusione*); CFR. Sinonimo.

paronomàsia *s. f.* Figura retorica consistente nell'accostare parole aventi suono e forma simili ma significato diverso (es. *chi dice donna dice danno*).

parossìsmo *s. m.* **1** (*med.*) Massima intensità nelle manifestazioni di una malattia. **2** (*geol.*) Fase di più violenta attività di una eruzione. **3** (*fig.*) Massima intensità: *il – dell'odio, dell'amore.*

parossìstico *agg.* (*pl. m. -ci*) **1** (*med.*) Che è caratterizzato da parossismo. **2** Di massima intensità: *grida parossistiche.*

parossìtono *agg.* Detto di parola, spec. greca, con l'accento sulla penultima sillaba.

paròtide A *s. f.* (*anat.*) Ghiandola salivare posta in una loggia fra il montante mandibolare e l'orecchio. **B** *anche agg.*: *ghiandole parotidi.*

parotite *s. f.* (*med.*) Infiammazione delle ghiandole parotidi | *– epidemica*, malattia da virus, molto contagiosa, che colpisce le ghiandole salivari; SIN. Orecchioni.

parpagliòla o *parpaiòla s. f.* Piccola moneta coniata nell'Italia settentrionale dal XIV sec.

parquet /*fr.* par'kɛ/ *s. m. inv.* (*pl. fr. parquets* /par'kɛ/) Pavimento a listelli di legno, variamente disposti.

parricìda o (*lett.*) *patricìda s. m. e f.* (*pl. m. -i*) Chi ha ucciso il proprio padre.

parricìdio *s. m.* Omicidio commesso contro il padre.

parrocchétto *s. m.* **1** Correntemente, pappagallo. [→ ill. *animali* 14] **2** (*mar.*) Vela quadra intermedia, semplice o doppia, dell'albero di trinchetto. [→ ill. *marina*]

parròcchia *s. f.* **1** Nel diritto canonico, ciascuna delle porzioni di territorio di una diocesi, con assegnazione di un determinato popolo di fedeli e di un ecclesiastico che provvede alla cura delle anime. **2** Chiesa nella quale ha sede il parroco e sono tenuti i registri parrocchiali | Ufficio in cui il parroco svolge la sua attività. **3** Insieme dei fedeli che appartengono alla giurisdizione di un parroco. **4** (*fig.*) Insieme ristretto di persone legate da interessi di settore.

parrocchiàle *agg.* Di parroco o parrocchia: *chiesa –.*

parrocchiàno *s. m.* (*f. -a*) Chi appartiene a una parrocchia o abita in essa.

pàrroco *s. m.* (*pl. -ci, raro -chi*) Ecclesiastico cui viene canonicamente assegnata una parrocchia; SIN. Curato, prevosto.

parrùcca *s. f.* **1** Acconciatura di capelli posticci, per moda, per travestimento, per nascondere la calvizie e sim. **2** (*scherz.*) Capigliatura zazzeruta. **3** (*fig.*) *spec. al pl.* Persona d'idee superate, antiquate, reazionarie.

parrucchière *s. m.* (*f. -a*) Barbiere | *– per signora*, chi acconcia i capelli delle donne. [→ ill. *parrucchiere*]

parrucchìno *s. m.* Parrucca per uomo, che copre soltanto la metà anteriore o posteriore del capo.

parruccóne *s. m.* (*f. -a*) Persona vecchia, di idee arretrate.

pàrsec /*ingl.* 'pa:sek/ *s. m. inv.* (*pl. ingl. parsecs* /'pa:seks/) Unità di misura delle distanze stellari, pari a 3,26 anni luce.

parsimònia *s. f.* **1** Virtù di chi è parsimonioso | Frugalità economica: *spendere con –*; CONTR. Prodigalità. **2** (*fig.*) Moderazione, scarsità: *parlare con –.*

parsimonióso *agg.* **1** Parco, sobrio, frugale: *vita parsimoniosa*; CONTR. Prodigo. **2** (*fig.*) Che evita l'eccesso, l'esagerazione: *– di aggettivi.*

partàccia *s. f.* (*pl. -ce*) **1** Brutto ruolo: *gli hanno assegnato una –.* **2** Duro rimprovero; SIN. Scenata. **3** Cattiva figura.

pàrte *s. f.* **1** Ogni singola unità in cui si divide o si può dividere un tutto | Pezzo, frazione: *le parti di una macchina, di una statua, di un edificio*; *l'opera è divisa in quattro parti* | *Farsi in quattro, in cento parti*, (*fig.*) fare molte cose contemporaneamente o dedicarsi a q.c. con grande entusiasmo | *Essere – di q.c.*, esserne un elemento costitutivo | *Far – di q.c.*, essere un elemento di essa | *Prendere – a q.c.*, parteciparvi | (*fig.*) *Essere, mettere qc., a – di q.c.*, sapere q.c. o farla sapere a qc. | *A –*, in disparte | (*fig.*) *In –*, non completamente, non del tutto: *in – hai ragione.* **2** Con riferimento a esseri viventi: *le parti vegetanti di un albero*; *colpire un uomo nelle parti vitali* | *Parti delicate*, organi genitali | *Parti molli*, deretano. **3** Paese, plaga, regione: *venire dalle parti d'occidente* | *Dalle parti di*, vicino, presso | *Da ogni –*, da ogni luogo, tutt'attorno | *In ogni –*, dappertutto. **4** Lato, banda, faccia: *la – destra, sinistra, superiore, inferiore* | *Da una –*, in un canto e (*fig.*) in un certo senso: *da una – sono contento che sia finita così* | *D'altra –*, (*fig.*) d'altronde, del resto | *Non sapere da che – voltarsi*, (*fig.*) non sapere che cosa decidere | *Passare da – a –*, trafiggere | (*fig.*) *Da, per – di*, per conto di: *vengo da – di tuo fratello* | *Da, per – mia*, per ciò che mi riguarda. **5** Direzione, verso: *da che – vieni?* | (*fig.*) *Da un anno a questa –*, da un anno a oggi | (*fig.*) *Da qualche tempo a questa –*, da un po' di tempo in qua. **6** Nucleo, settore: *la – sensitiva dell'uomo*; *la – corrotta della società.* **7** Quantità limitata, numero determinato: *una – di noi fu invitata alla cerimonia* | *In –*, limitatamente a una certa quantità | *La maggior –*, il maggior numero | *La miglior –*, le cose o persone migliori. **8** Fazione, partito: *– di destra, di sinistra* | *Lotte di –*, tra due o più fazioni | *Spirito di –*, parzialità | *Stare, mettersi, dalla – di qc.*, condividerne le idee | *Prendere – tra due gruppi*, dichiararsi in favore di uno | *Essere senz'arte né –*, essere uno spiantato privo d'ogni risorsa. **9** (*dir.*) Soggetto di un rapporto giuridico sostanziale: *le parti di un contratto* | Soggetto di un rapporto giuridico processuale diverso dall'autorità giudiziaria: *le parti in causa* | *Essere – in causa*, in un processo e (*fig.*) essere direttamente interessato a q.c. | *– lesa*, nel linguaggio giuridico, persona offesa dal reato. **10** Quota o porzione materiale o ideale spettante, nell'ambito di una divisione, a un determinato soggetto: *voglio la mia – di utili*; *devono riconoscergli la sua – di merito* | *Fare le parti*, dividere q.c. e distribuire una parte a ciascuno | (*fig.*) *Fare la – del leone*, prendersi la quota maggiore, il pezzo migliore e sim. o prendersi

arnesi del parrucchiere

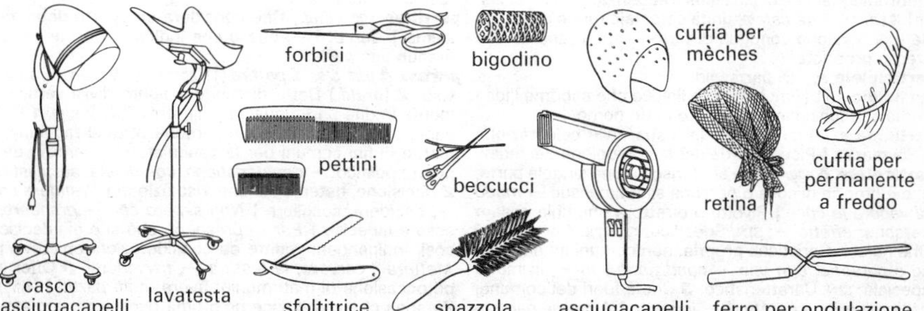

tutto | (*fig.*) *L'occhio, l'orecchio, vuole la sua* –, è necessario soddisfare anche le esigenze estetiche. **11** Azione scenica di un singolo attore, e complesso delle battute da lui recitate. **12** Brano di una composizione musicale costituita da più pezzi | Musica di un pezzo riservata a ogni singolo esecutore. **13** (*fig.*) Compito, dovere, ruolo: *mi sono assunto la – più ingrata* | *Fare una, la* –, svolgere il compito affidato | (*fam.*) Figura: *fare la – dello stupido.* **14** (*fig.*) Modo di agire, spec. sgradevole, e sim.: *da te non mi sarei mai aspettato una simile* – | *Fare una brutta* –, *una – poco bella,* una partaccia. [→ tav. *proverbi* 199; → tav. *locuzioni* 50]

partecipàbile *agg.* Che si può partecipare: *notizia* –.

partecipànte *part. pres. di partecipare; anche agg. e s. m. e f.* Che (o chi) partecipa a q.c.

partecipàre A *v. intr.* (*io partécipo; aus. avere*) **1** Essere presente a un avvenimento: – *a un banchetto, alla gioia di qc.*; SIN. Intervenire | Manifestare interessamento ai sentimenti altrui: – *al lutto, alla gioia di qc.* **2** Essere o diventare partecipe: *ogni uomo partecipa della natura animale.* **B** *v. tr.* **1** Fare oggetto di annunzio, comunicazione e sim.: – *le nozze agli amici*; SIN. Comunicare. **2** (*lett.*) Dare od ottenere in parte.

partecipazióne *s. f.* **1** Attiva presenza ad un avvenimento che interessa una cerchia più o meno ampia di persone: *la sua – alla cerimonia*; SIN. Adesione, intervento | Partecipe interessamento ai sentimenti altrui: *esprimere la propria – alla gioia, al dolore di qc.* **2** Annunzio | Biglietto con cui si comunicano matrimoni, nascite, battesimi e sim. **3** (*econ.*) Cointeressenza in una società, da parte di altre società, di enti o di privati | – *statale,* cointeressenza dello Stato in grandi aziende produttive e finanziarie.

partécipe *agg.* Che fa parte, che prende parte: *essere – della gioia comune.*

parteggiàre *v. intr.* (*io partéggio; aus. avere*) Stare dalla parte di qc.: – *per i poveri.*

partenogènesi *s. f.* Tipo di riproduzione normale in alcuni invertebrati e piante inferiori, in cui l'uovo si sviluppa senza fecondazione.

partenogenètico *agg.* (*pl. m. -ci*) Che è nato o si riproduce mediante partenogenesi.

partenopèo *agg.* (*lett.*) Napoletano.

partènte *part. pres. di partire* (2)*; anche agg. e s. m. e f.* Che (o chi) sta per partire.

partènza *s. f.* **1** Atto del partire: *la – dei soldati* | *Essere in* –, stare per partire | *Punto di* –, in cui ha inizio il moto di q.c. o di qc. e (*fig.*) origine: *il punto di – di una ricerca.* **2** (*sport*) Inizio di una gara di corsa: *segnale di* – | Azione, modo di iniziare la gara | – *irregolare, falsa,* che va ripetuta. **3** Principio o ripresa della corsa di un veicolo: *la – del treno* | Luogo da cui si parte. ● CONTR. Arrivo. [→ ill. *ferrovia*]

parterre /*fr.* par'tɛr/ *s. m. inv.* (*pl. fr. parterres* /par'tɛr/) **1** Insieme delle aiuole ornamentali di un giardino all'italiana. **2** Posto di platea nelle sale per spettacoli pubblici.

particèlla *s. f.* **1** (*ling.*) Morfema grammaticale non autonomo che si unisce a morfemi lessicali: *particelle avverbiali* (*ci, vi*); *particelle pronominali* (*mi, ti,* ecc.). **2** (*fis.*) – *elementare,* costituente della materia privo di ulteriore struttura e indivisibile (ad es. il protone o l'elettrone) | – *alfa, beta, gamma,* emesse nei processi radioattivi, rispettivamente nuclei di elio, elettroni, onde elettromagnetiche di altissima frequenza. [→ ill. *nucleare*] **3** (*dir.*) – *catastale,* unità catastale rurale costituita da una porzione contigua di terreno appartenente allo stesso proprietario.

participiàle *agg.* Di participio.

particìpio *s. m.* (*ling.*) Modo infinitivo che esprime l'idea verbale in funzione di attributo di un nome.

partìcola *s. f.* Frammento dell'ostia nella celebrazione della messa | Piccola ostia per la comunione dei fedeli.

particolàre A *agg.* **1** Che si riferisce a una singola parte, che è proprio di cosa o persona singola: *il suo – modo di vedere le cose* | Rivolto o diretto a una sola cosa o persona: *affetto* –; SIN. Specifico; CONTR. Generale. **2** Che ha caratteristiche proprie, non comuni ad altre cose o persone: *è in una – condizione* | *In* –, in modo speciale; SIN. Caratteristico. **3** Che è fuori del comune, dell'ordinario: *è dotato di – ingegno* | *Amicizie particolari,* legami a sfondo omosessuale. **B** *s. m.* **1** Ciò che si riferisce a una singola parte o a cosa o persona singola; CONTR. Generale. **2** Ogni elemento che fa parte di un tutto: *i particolari di un avvenimento* | Singola parte: *i particolari di un dipinto.*

particolareggiàre *v. tr. e intr.* (*io particolaréggio; aus. avere*) Dare grande rilievo o importanza ai particolari.

particolareggiàto *part. pass. di particolareggiare; anche agg.* Dettagliato e minuzioso: *un piano molto* –.

particolarìsmo *s. m.* Tendenza a favorire con parzialità persone, enti o gruppi.

particolarìstico *agg.* (*pl. m. -ci*) Che dimostra particolarismo.

particolarità *s. f.* **1** Natura, aspetto particolare: *data la – del caso*; SIN. Peculiarità. **2** Elemento o circostanza particolare: *descrivere ogni* –. **3** Specifica caratteristica.

partigiàna *s. f.* Antica arma in asta di media lunghezza col ferro a lama di daga con due fili. [→ ill. *armi*]

partigianerìa *s. f.* Faziosità.

partigianésco *agg.* (*pl. m. -schi*) Di, da partigiano | Fazioso.

partigiàno A *agg.* **1** Di parte: *spirito* – | Che manca di obiettività e imparzialità: *giudizio* –. **2** Dei partigiani: *guerra partigiana.* **B** *s. m.* (*f. -a*) **1** Difensore di una parte o di un partito: *farsi – dei poveri.* **2** Appartenente a formazione armata irregolare che svolge azioni di guerriglia nel territorio nazionale invaso dal nemico | Durante la seconda guerra mondiale, chi appartenne ai movimenti di resistenza contro i nazisti e i loro alleati.

partire (1) A *v. tr.* (*io partisco,* (*lett.*) *pàrto, tu partisci,* (*lett.*) *pàrti*) **1** (*lett.*) Tagliare in varie parti. **2** (*lett.*) Suddividere tra due o più persone | Spartire. **B** *v. intr. pron.* **1** (*lett.*) Separarsi. **2** (*lett.*) Allontanarsi | *Partirsi dal mondo,* morire.

partìre (2) *v. intr.* (*io pàrto; aus. essere*) **1** Allontanarsi da q.c. o da qc., mettersi in viaggio o in cammino verso una determinata destinazione: – *da casa*; – *per Roma, per le vacanze, in treno, a piedi, con la nave* | (*est.*) Andarsene: *ho deciso di – domani*; CONTR. Arrivare. **2** (*fig.*) Avere inizio: *il muro parte dalla torre* | (*fig.*) Trarre origine: *tutti i guai sono partiti da ciò.* **3** Prendere il via in una gara di corsa: *i corridori sono partiti.* **4** Dare inizio alla proiezione di un film. **5** (*fig., fam.*) Guastarsi, rompersi: *è partito il televisore.* **6** (*fig., fam.*) Prendersi una sbronza: *gli basta poco per* –. [→ tav. *locuzioni* 75]

partita *s. f.* **1** Elemento o sezione in cui si possono suddividere usci, finestre, coperchi di casse e sim.: *finestra a due partite.* **2** Quantità di merce comprata o venduta in blocco: *una – di grano.* **3** Ogni registrazione scritta in un conto: – *semplice, doppia* | *Saldare una* –, (*fig.*) dare o ricevere ciò che si deve o si merita | *Aggiustare, regolare ogni* –, (*fig.*) non lasciare nulla in sospeso. **4** (*fig.*) Sfida, cimento, competizione | *Abbandonare la* –, rinunciare alla competizione. **5** Competizione fra due giocatori o due squadre: *una – di calcio.* **6** (*fig.*) Azione collettiva spec. di svago o divertimento: – *di caccia.* **7** (*mus.*) Serie di variazioni | Composizione affine alla suite.

partìtico *agg.* (*pl. m. -ci*) Di partito.

partitìsmo *s. m.* Tendenza a risolvere i problemi del Paese nell'ambito dei partiti.

partitìssima *s. f.* Incontro, spec. di calcio, di grande attesa o di alto livello.

partitìvo *agg.* (*ling.*) Che considera una parte di un insieme | *Genitivo* –, quello che indica il tutto di cui si prende una parte.

partito A *part. pass. di partire* (1)*; anche agg.* **1** (*raro*) Suddiviso. **2** (*arald.*) Detto di scudo o figura divisi verticalmente in due parti uguali. [→ ill. *araldica*] **B** *s. m.* **1** Organizzazione politica di più persone volta al raggiungimento di fini comuni per la conquista e l'esercizio del potere politico: – *democristiano, comunista, socialista.* **2** Decisione, determinazione, risoluzione | *Prendere un* –, decidere, scegliere | *Non sapere che – prendere,* essere indeciso | *Per – preso,* perché si è già deciso così, indipendentemente da considerazioni obiettive | *Mettere il cervello, la testa a* –, ravvedersi. **3** Offerta od occasione di matrimonio: *avere molti partiti* | (*est.*) Persona che costituisce un'ottima occasione di matri-

monio, spec. per ricchezza: *il miglior – della città.* **4** Condizione, stato: *trovarsi a mal –.* **5** Espediente, risorsa | *Trarre – da q.c.*, trarne vantaggio.
partitocrazìa *s. f.* (*spreg.*) Predominio del sistema dei partiti che si sostituiscono alle istituzioni rappresentative nella direzione della vita politica nazionale.
partitóre **A** *s. m.; anche agg.* (*f. -trice*) (*lett.*) Chi (o che) fa le parti e distribuisce. **B** *s. m.* Apparecchio mediante il quale si può effettuare una ripartizione di grandezze fisiche, energia, materia e sim.
partitùra *s. f.* Sistema di scrivere la musica per molte parti | Complesso di pentagrammi, posti l'uno sotto l'altro e riuniti tutti da una graffa, sui quali si scrivono le parti, per le singole voci o strumenti, da eseguirsi simultaneamente.
partizióne *s. f.* **1** Suddivisione in due o più parti; SIN. Spartizione. **2** Parte, sezione: *le partizioni del testo.* [→ ill. *araldica*]
partner /*ingl.* 'pa:tnə/ *s. m. e f. inv.* (*pl. ingl. partners* /'pa:tnəz/) Chi fa coppia con altra persona nel teatro, nello sport, nella danza | Ognuna delle due persone legate fra loro da un rapporto amoroso o sessuale.
partnership /*ingl.* 'pa:tnəʃip/ *s. f. inv.* (*pl. ingl. partnerships* /'pa:tnəʃips/) Accordo di natura politica, economica e sim. fra due o più nazioni.
pàrto (1) *s. m.* **1** Atto del partorire. **2** Creatura partorita. **3** (*fig.*) Opera: *– dell'ingegno*; *– poetico* | *– della fantasia*, falsità, invenzione. [→ tav. *locuzioni* 76]
pàrto (2) *s. m.* Appartenente a un'antica popolazione stanziata nei pressi del Caspio | *Freccia del –*, quella che i Parti scagliavano fuggendo a cavallo; (*fig.*) allusione offensiva che giunge inaspettata.
partoriènte **A** *part. pres. di partorire; anche agg.* Che partorisce. **B** *s. f.* Donna che sta partorendo o che deve partorire.
partorìre *v. tr.* (*io partorìsco, tu partorìsci*) **1** (*med.*) Espellere il feto dall'organismo materno. **2** (*fig.*) Produrre con la mente, con l'ingegno (*spec. scherz.*): *ha partorito una nuova invenzione.* **3** (*fig.*) Cagionare, causare: *– odio, danno.*
part time /*ingl.* 'pa:t 'taim/ *loc. agg. inv. e avv.; anche loc. sost. m. inv.* Detto di lavoro che occupa soltanto metà, o circa, della giornata lavorativa; CFR. Full time.
party /*ingl.* 'pa:ti/ *s. m. inv.* (*pl. ingl. parties* /'pa:tiz/) Trattenimento, ricevimento.
parure /*fr.* pa'ryr/ *s. f. inv.* (*pl. fr. parures* /pa'ryr/) **1** Completo di biancheria femminile | Insieme coordinato di lenzuola e federe. **2** Insieme di gioielli, orecchini, collana, bracciale e anello.
parvenu /*fr.* parvə'ny/ *s. m. inv.* (*pl. fr. parvenus* /parvə'ny/) Persona di non elevato grado sociale, arricchitasi rapidamente, che mostra atteggiamenti propri dello stato raggiunto, ma conserva la mentalità della primitiva condizione.
parvènza *s. f.* **1** (*lett.*) Apparenza. **2** (*fig.*) Ombra, velo: *una – di bontà.*
parziàle *agg.* **1** Relativo a una o più parti o elementi: *esame – della situazione*; CONTR. Totale. **2** Che propende per una parte e tende a favorirla: *giudice –*; CONTR. Imparziale.
parzialità *s. f.* **1** L'essere parziale | Tendenza a favorire una parte; CONTR. Imparzialità. **2** Azione o comportamento che favorisce una parte.
parziarietà *s. f.* (*dir.*) Proprietà di parziario.
parziàrio *agg.* (*dir.*) Detto di obbligazione con più soggetti, ciascuno dei quali può chiedere o eseguire una parte di prestazione.
pascàl *s. m. inv.* (*fis.*) Unità di pressione, uguale alla pressione esercitata dalla forza di 1 N agente perpendicolarmente su una superficie di 1 m^2. SIMB. Pa.
pàscere **A** *v. tr.* (*pres. io pàsco, tu pàsci; pass. rem. io pascètti* o *pascéi, tu pascésti; part. pass. pasciùto*) **1** Mangiare, detto di animali erbivori: *– l'erba.* **2** Menare al pascolo: *– gli armenti* | (*est.*) Nutrire, detto di esseri umani: *– i propri figli.* **3** (*fig.*) Alimentare: *– la mente con la lettura.* **B** *v. intr.* (*aus. avere* nel sign. 1, *essere* nel sign. 2) **1** Pascolare: *portare le pecore a –.* **2** (*lett.*) Nutrirsi. **C** *v. rifl.* **1** Prendere alimento, nutrimento, (*anche fig.*) *pascersi di ghiande*; *pascersi di illusioni.* **2** (*fig.*) Appagarsi, dilettarsi: *i suoi occhi si pascevano dello spettacolo.* [→ tav. *proverbi* 84]
pascià *s. m. inv.* Titolo di dignitario turco | *Stare come un –*, (*fig.*) in mezzo alle comodità.
pasciùto *part. pass. di pascere; anche agg.* Ben nutrito.
pascolàre **A** *v. tr.* (*io pàscolo*) Guidare alla pastura gli erbivori domestici: *– i buoi.* **B** *v. intr.* (*aus. avere*) Brucare o cibarsi nei pascoli, detto degli animali.
pàscolo *s. m.* **1** Distesa erbosa su cui pasturano gli animali: *– montano* | (*est.*) Erba di pastura. **2** Atto del pascolare: *condurre i buoi al –* |Permanenza degli animali erbivori sui pascoli: *divieto di –.* **3** (*fig.*) Alimento o nutrimento spirituale.
paso doble /*sp.* 'paso 'doble/ *loc. sost. m. inv.* Danza spagnola dei primi del Novecento.
pàsqua *s. f.* **1** Nell'ebraismo, festa che commemora la liberazione dalla schiavitù d'Egitto | Nel cristianesimo, solennità della resurrezione di Cristo. **2** *Pasqua*, festa liturgica cattolica che cade nella domenica seguente al primo plenilunio dopo il 21 marzo: *– di Resurrezione* | *– alta, bassa*, che è in ritardo o in anticipo rispetto al tempo in cui ricorre normalmente | (*pop.*) *Celebrare, fare la –*, comunicarsi nel periodo pasquale. **3** (*raro*) Festa | *Essere contento come una –*, contentissimo. [→ tav. *proverbi* 246, 274, 326]
pasquàle *agg.* Di, della Pasqua: *agnello –.*
pasquétta *s. f.* **1** (*pop., dial.*) Il primo lunedì dopo Pasqua. **2** (*est.*) Gita che si usa fare il primo lunedì dopo Pasqua.
pasquinàta *s. f.* **1** Satira spec. a contenuto politico che si affiggeva a Roma fra i sec. XVI e XIX alla statua di Pasquino. **2** (*est.*) Satira politica.
pàssa *vc.* (prima pers. dell'imperat. pres. di *passare*) *Nella loc. avv. e –* (preceduta da un numerale), e oltre, e più: *avrà trent'anni e –.*
passàbile *agg.* Accettabile, discreto.
passacàglia *s. m. o f.* Antica danza a basso ostinato e con variazioni, scritta in misura ternaria semplice ed eseguita in movimento grave.
passacàvo *s. m.* Pezzo metallico sagomato per accogliere e dirigere i cavi d'ormeggio sulla coperta di una nave.
passafièno *s. m. inv.* Botola tra il fienile e la sottostante stalla.
passàggio *s. m.* **1** Transito per un luogo o in uno spazio, percorrendolo, attraversandolo e sim.: *il – dei turisti per la città*; *fare ala al – di un corteo* | *Il – di una strada*, il suo attraversamento. **2** *Nella loc. avv. e agg. di –*, di sfuggita: *gli ho parlato solo di –*; (*est.*) di luogo per cui si è soliti passare: *locale di –*; (*est.*) detto di chi si ferma solo per poco tempo: *turisti di –.* **3** Insieme di animali, persone o veicoli che passano: *un intenso – di automobili.* [→ ill. *ferrovia, strada*] **4** Apertura o varco che consente di passare: *aspettare qc. al –*; *chiudere ogni –* | *– pedonale*, zona della carreggiata ove i pedoni possono attraversare la strada | *– a livello*, intersezione della ferrovia con una strada a uno stesso livello. **5** Traversata in nave di persone o cose e relativo prezzo. **6** Ospitalità su di un veicolo in viaggio: *offrire un –.* **7** (*fig.*) Cambiamento, mutamento: *– dal caldo al freddo.* **8** (*fig.*) Brano o passo di un testo, di un autore: *i passaggi più belli del romanzo.* **9** (*mus.*) Episodio nel corso di un pezzo | Complesso di più note sopra una sillaba. **10** Nel calcio, invio del pallone a un compagno di squadra: *– di piede.*
passamanerìa *s. f.* **1** Complesso di passamani. [→ ill. *passamaneria*] **2** Fabbrica o negozio di passamani.
passamàno (1) *s. m.* Passaggio di cose per le mani di più persone disposte come a catena: *scaricare le pietre col sistema del –.*
passamàno (2) *s. m.* Bordura, spighetta, nastro, cordone, treccia per guarnizione di abiti, tappezzerie, tendaggi e sim.
passamontàgna *s. m. inv.* Berretto di maglia di lana con alto risvolto che abbassato protegge il viso lasciando solo una fessura per gli occhi. [→ ill. *copricapo*]
passanàstro *s. m.* Tramezzo di ricamo o pizzo con occhielli in cui si passa il nastro per guarnizione.
passànte **A** *part. pres. di passare; anche agg.* **1** Che passa. **2** (*arald.*) Detto di quadrupede raffigurato in atto di camminare. **B** *s. m. e f.* Persona che passa. **C** *s. m.* Listino di tessuto o cuoio attraverso il quale passa una cinghia o cintura | Occhiello metallico in cui scorre la lenza nella canna da lancio. [→ ill. *abbigliamento, pesca*]
passaparòla *s. m. inv.* Modo di trasmettere rapidamente

e sottovoce un ordine da un capo all'altro di una fila di soldati facendolo ripetere da ciascuno di essi al vicino successivo.

passapòrto *s. m.* Documento personale che conferisce al cittadino la facoltà di uscire dal territorio nazionale per entrare in altri Stati.

passàre ***A*** *v. intr.* (*aus. essere*) ***1*** Percorrere il tratto o lo spazio che separa due luoghi, andando dall'uno all'altro | Transitare, spec. senza fermarsi: – *per la strada, attraverso i campi*; *l'aria passa per i bronchi* | *Di qui non si passa*, attraverso questo luogo non è possibile il transito | – *inosservato*, non farsi notare o non essere notato | – *sopra a q.c.*, percorrere il tratto superiore e (*fig.*) lasciar correre | – *avanti a qc.*, superarlo mentre si cammina e (*fig.*) ottenere risultati migliori | – *sotto q.c.*, percorrere lo spazio sottostante | *Ne è passata di acqua sotto i ponti!*, (*fig.*) molte cose sono accadute da allora | – *oltre*, – *via*, andare avanti senza fermarsi (*anche fig.*). ***2*** (*fig.*) Estendersi o snodarsi attraverso: *la ferrovia passa per il paese.* ***3*** Andare o venire a trovarsi momentaneamente, mentre si viaggia, ci si sposta e sim.: *vedrò di – a salutarvi* | (*fig.*) – *per la mente, il capo, la testa*, di idea che si presenta all'improvviso. ***4*** Muoversi, scorrere in mezzo a q.c.: *il corteo passa tra la folla.* ***5*** (*fig.*) Esistere, esserci, intercorrere: *tra questo e quello passa, ci passa, una bella differenza.* ***6*** Entrare o uscire attraverso un'apertura: – *per la porta*; *il vino passa per, attraverso, i filtri* | (*fig.*) – *per il rotto della cuffia*, cavarsela per un pelo, farcela a malapena. ***7*** (*fig.*) Vivere, svolgersi, attraverso ostacoli di vario genere: *è passato per vicissitudini d'ogni sorta.* ***8*** (*fig.*) Eccedere in q.c.: – *di cottura.* ***9*** Andare altrove, mutare sede: *passiamo in giardino*; *passano da una regione all'altra* | (*fig.*) – *al nemico*, disertare. ***10*** (*fig.*) Essere trasferito da una ad altre cose o persone: – *di padre in figlio, di casa in casa* | – *di bocca in bocca*, di cosa detta da più persone, una dopo l'altra | Essere tramandato: *passerà alla storia* | (*fig.*) Mutare da uno stato a un altro: – *dallo stato liquido a quello gassoso*; – *a nuove nozze* | – *a miglior vita*, (*euf.*) morire. ***11*** (*fig.*) Allontanarsi, non essere o non esserci più: – *di mente, di moda.* ***12*** (*fig.*) Andare avanti, mutando argomento: *passa a parlare d'altro.* ***13*** (*fig.*) Essere promosso: *pensi di – all'esame di maturità?* ***14*** (*fig.*) Essere approvato: *la proposta è passata* | (*fig.*) Essere ammesso, tollerato: *il film non è niente di speciale, ma può* – | *Per questa volta, passi!*, per questa volta saremo tolleranti. ***15*** (*fig.*) Essere considerato: – *per un genio* | *Far – qc. per, da, stupido*, fargli fare la figura dello stupido | *Farsi – per tonto*, e sim., comportarsi in modo da farsi ritenere tale. ***16*** Trascorrere: *i giorni passano veloci* | Esaurirsi: *la gioventù passa presto.* ***B*** *v. tr.* ***1*** Attraversare: – *il fiume a guado.* ***2*** (*raro*) Percorrere | – *in rassegna, in rivista*, scorrere con gli occhi un gruppo di militari allineati, camminando davanti a loro e (*fig.*) esaminare q.c. in modo completo | – *per le armi*, uccidere nemici catturati | (*fig.*) Leggere rapidamente: – *il giornale.* ***3*** Trafiggere, trapassare, *spec. nella loc.* – *da parte a parte.* ***4*** Far entrare o uscire q.c. attraverso un'apertura: – *il cavo negli anelli di sostegno.* ***5*** Ridurre in poltiglia con apposito arnese da cucina: – *le patate.* ***6*** Strofinare con q.c. o applicare q.c. su una superficie: – *un cencio sui mobili.* ***7*** Dare o porgere q.c.: *passami quel libro* | Assegnare periodicamente: *gli passa un assegno mensile.* ***8*** Comunicare, trasmettere: – *a qc. una notizia* | (*fig.*) – *la voce*, far sapere | (*fig.*) – *parola*, comunicare a chi di dovere | *Passo!*, parlando per radio o per radiotelefono, formula usata per segnalare a chi ascolta che gli si cede la linea. ***9*** Oltrepassare, sorpassare (*anche fig.*): *ha passato la cinquantina* | – *il segno, la misura*, (*fig.*) eccedere in q.c., spec. in difetti | – *ogni limite*, essere eccessivo, spec. nel male. ***10*** Affrontare e riuscire a superare: – *gli esami* | – *un guaio*, uscire a fatica da una situazione molto critica | *Passarla*, scamparla: *l'ha passata bella*; *non credo che la passerà liscia* | (*est.*) Subire, soffrire, sopportare: *ho passato una grande umiliazione.* ***11*** Promuovere, approvare: *mi hanno passato in quinta.* ***12*** Trascorrere il proprio tempo in qualche modo o luogo: – *le vacanze al mare* | – *un brutto quarto d'ora*, (*fig.*) venire a trovarsi in una pessima situazione | *Passarsela*, vivere, spec. riguardo alle condizioni economiche: *come te la passi?* ***C*** *in funzione di s. m. solo sing.* Decorso: *il passar del tempo.* [→ tav. *proverbi* 327; → tav. *locuzioni* 77, 78]

passàta *s. f.* ***1*** Avvenimento di breve durata: *una – di pioggia.* ***2*** Passo di selvaggina. ***3*** Breve occhiata, rapida lettura: *dare una – al giornale* | *Di* –, rapidamente, di sfuggita. ***4*** Lo scorrere in fretta con q.c. sulla superficie di un oggetto: *una – di straccio per pulire.* ***5*** Spalmatura: *una – di vernice.* ***6*** Breve rosolatura, scottatura: *dare una – alla verdura in padella.* ***7*** Salsa, succo di pomodoro, spec. in barattolo.

passatèllo ***A*** *s. m. spec. al pl.* Pasta romagnola di pangrattato, uova, formaggio e spezie, passata attraverso i fori di un apposito utensile da cucina e cotta in brodo. ***B*** *agg.* (*scherz.*) Alquanto sciupato o vecchio.

passatèmpo *s. m.* Occupazione svolta al solo scopo di distrarsi | *Per* –, tanto per fare qualcosa: *lavorare per* –; SIN. Diversivo, hobby.

passatista *s. m. e f.* (*pl. m. -i*) Chi rifiuta ogni innovazione rispetto alle tradizioni del passato, spec. in campo sociale, politico, artistico.

passàto ***A*** *part. pass. di passare; anche agg.* ***1*** Detto di tempo ormai lontano rispetto all'attuale: *mesi passati* | Precedente, scorso: *l'anno, il secolo* –. ***2*** Che si è verificato in epoche trascorse: *gioie passate*; *un amore* – | (*est.*) Superato: *usanze passate* | *Acqua passata*, (*fig.*) di avvenimento già trascorso e ormai privo di importan-

passamaneria

alamaro, banda, gallone, bordino, pompon, cordoncino, bordo, cordone, treccia, dragona, nastrino, spighetta, pizzetta, frangia, fiocco, pendaglio

za. ***3*** (*est.*) Che ha superato i limiti fissati: *arrosto — di cottura* | (*fig.*) *Bellezza passata*, che non ha più la freschezza giovanile. ***B*** *s. m.* ***1*** Tempo già trascorso | Ciò che in tale tempo è avvenuto: *rimpiangere il —* | *Avere un —*, avere avuto molte esperienze | *Avere un — burrascoso*, aver tenuto una condotta criticabile; CONTR. Futuro. ***2*** (*ling.*) Tempo del verbo che colloca l'enunciato in un momento che precede l'istante presente: *— prossimo*; *— remoto*. ***3*** Minestra a base di verdura o legumi ridotti in poltiglia con un apposito utensile da cucina. [→ tav. *proverbi* 5]

passatóia *s. f.* Striscia di tappeto o stuoia stesa lungo un corridoio o su una scala.

passatóio *s. m.* Pietra o insieme di pietre che permettono di attraversare a piedi asciutti un piccolo corso d'acqua.

passatóre *s. m.* Chi, un tempo, traghettava i viaggiatori da una sponda all'altra dei fiumi.

passatùtto *s. m. inv.* Utensile da cucina per passare verdure, patate, legumi.

passaverdùra *s. m. inv.* Utensile da cucina per passare verdure, legumi e sim. [→ ill. *cucina*]

passeggèro ***A*** *agg.* Che passa, che è di passaggio | Che dura poco, che passa presto (*spec. fig.*): *dolori passeggeri*; *capriccio —*; SIN. Caduco, momentaneo, temporaneo, transitorio. ***B*** *s. m.* (*f. -a*) Chi viaggia, spec. su nave o aereo | Viandante, passante. [→ ill. *aeronautica, marina*]

passeggiàre ***A*** *v. intr.* (*io passéggio; aus. avere*) Andare a spasso o a passeggio, per lo più a piedi: *— da solo, con qc., sotto braccio a un amico* | (*est.*) Camminare avanti e indietro. ***B*** *v. tr.* ***1*** (*raro, lett.*) Percorrere. ***2*** Condurre a mano un animale facendolo camminare: *— il cavallo*.

passeggiàta *s. f.* ***1*** Camminata, o (*est.*) breve gita in macchina, compiuta senza fretta e senza una meta particolare, spec. per svago: *una — attraverso i campi*. ***2*** Luogo o via destinata al passeggio: *città ricca di passeggiate*. [→ ill. *spiaggia*]

passeggiatrice *s. f.* (*euf.*) Prostituta di strada; SIN. Peripatetica.

passeggino *s. m.* Seggiolino montato su ruote, per portare a passeggio i bambini. [→ ill. *puericultura*]

paséggio *s. m.* ***1*** Lenta e gener. breve camminata lungo strade e luoghi frequentati: *l'ora del —* | *Abito da —*, adatto per andare a passeggio, spec. nel pomeriggio. ***2*** Luogo destinato al pubblico passeggio. ***3*** (*est., pop.*) Insieme delle persone che passeggiano: *il — sul corso*.

passe-partout /*fr.* pas par'tu/ *s. m. inv.* (*pl. fr. passe-partouts* /pas par'tu/) ***1*** Chiave che può aprire più serrature diverse. ***2*** (*fig.*) Soluzione idonea a ogni problema. ***3*** Riquadro di cartone o tessuto messo tra la cornice e il margine esterno di un disegno, dipinto e sim. per dare loro maggior risalto.

passeràcei *s. m. pl.* Ordine di uccelli la cui struttura generale del corpo richiama quella del passero.

passeràio *s. m.* ***1*** Pigolio di molti passeri. ***2*** (*fig.*) Cicaleccio.

passerèlla *s. f.* ***1*** Piccolo ponte fisso o mobile destinato al passaggio di pedoni | Piccolo ponte mobile che permette ai passeggeri di una nave o di un aereo di salire a bordo o di scenderne. ***2*** Portello per l'attraversamento dei binari, nelle stazioni sprovviste di sottopassaggi. ***3*** Sorta di pedana che, all'altezza del piano scenico, circonda l'orchestra e su cui si svolge l'esibizione finale degli attori e del corpo di ballo | Lunga pedana su cui le indossatrici presentano i modelli di una collezione.

pàssero *s. m.* (*f. -a*) Uccello dal piumaggio grigio misto di bruno e nero, becco corto conico, che si nutre di insetti e di cereali. [→ ill. *animali* 13]

passeròtto *s. m.* ***1*** *Dim. di passero.* ***2*** Passero giovane. ***3*** (*fig.*) Indovinello a prima vista complicato e tuttavia di facile soluzione.

passìbile *agg.* Che può essere oggetto di condanna: *l'imputato è — dell'ergastolo* | Che può subire alterazioni: *prezzo — d'aumento*.

passiflòra *s. f.* Pianta rampicante delle Parietali con foglie persistenti verde gaio, bellissimi fiori di forma insolita e frutto a bacca. [→ ill. *piante* 5]

Passifloràcee *s. f. pl.* Famiglia di piante delle Parietali, legnose, rampicanti con viticci, fiori vistosi e frutti a bacca. [→ ill. *piante* 5]

passim /*lat.* 'passim/ *avv.* In bibliografia, indica che una citazione è presente in vari punti del testo in oggetto.

passino *s. m.* Colino di rete metallica.

passio /*lat.* 'passjo/ *s. m. inv.* Parti dei vangeli che si riferiscono alla passione e morte di Gesù Cristo.

passionàle *agg.* Di passione | Che subisce profondamente la passione, spec. amorosa: *temperamento —* | *Delitto —*, commesso per passione amorosa.

passionalità *s. f.* Carattere di passionale.

passióne *s. f.* ***1*** Sofferenza fisica | *— di Gesù Cristo*, patimenti e morte di Gesù | *— secondo San Giovanni, San Luca*, narrazione della passione nei singoli evangeli | *Settimana di —*, quella che precede la settimana santa. ***2*** Intima e profonda pena, sofferenza dello spirito: *avere l'animo colmo di —*; *morire di —*. ***3*** Sentimento intenso e veemente che può dominare l'uomo inducendolo a compiere azioni degne di biasimo: *la — dell'ira, della gelosia*. ***4*** Violento amore sensuale: *una — folle* | Persona oggetto di tale amore. ***5*** (*est.*) Interesse, inclinazione o predilezione molto spiccata: *la — della pesca* | Ciò che è oggetto di tale predilezione | *Per —*, per puro diletto. ***6*** Parzialità nel sentire, nell'agire, nel giudicare.

passionista *s. m.* (*pl. -i*) Chierico regolare della congregazione fondata da San Giovanni della Croce e approvata da Benedetto XIV nel XVIII sec.

passista *s. m.* (*pl. -i*) Corridore ciclista dotato di attitudini speciali per percorsi pianeggianti e gare a cronometro; CFR. Velocista, scalatore.

passito ***A*** *agg.* Detto di vino amabile fatto con uva passa. ***B*** *s. m.* Vino passito.

passivànte *agg.* Che rende passivo il verbo: *si —*.

passività *s. f.* ***1*** Condizione di passivo | Inerzia, apatia. ***2*** Insieme di valori inscritti nel passivo di un bilancio. • CONTR. Attività.

passivo ***A*** *agg.* ***1*** Che subisce l'azione o è atto a subirla: *organo —* | (*est.*) Che si dimostra privo di volontà o di iniziativa e di ciò che manifesta tale attitudine: *individuo, atteggiamento —*. ***2*** (*ling.*) Detto di forma verbale in cui il soggetto grammaticale 'subisce' l'azione: (es. *il libro è letto da me*). ***3*** Detto di operazione contabile che attesta l'andamento negativo di operazioni finanziarie. • CONTR. Attivo. ***B*** *s. m.* ***1*** Forma verbale passiva. ***2*** Insieme degli elementi negativi del patrimonio di un'azienda | *Bilancio in —*, se gli elementi negativi superano gli attivi | *Segnare, registrare al —*, (*fig.*) subire un insuccesso.

pàsso (1) *agg.* Appassito: *uva passa*.

pàsso (2) *s. m.* ***1*** Ognuno dei movimenti che l'uomo o gli animali compiono, con gli arti inferiori, per camminare: *passi regolari, malfermi* | *A gran passi*, con passi molto lunghi e (*fig.*) rapidamente | *A passi da gigante*, realizzando rapidi progressi | *Allungare il —*, camminare più in fretta | *Senza muovere un —*, stando fermi e (*fig.*) senza far nulla | *Fare il — secondo la gamba*, (*fig.*) comportarsi secondo le proprie forze, le proprie possibilità spec. economiche | *Primi passi*, quelli che il bambino fa imparando a camminare e (*fig.*) gli inizi in un'attività, arte e sim. | *Un primo — verso q.c.*, (*fig.*) conquista iniziale | *A ogni —*, (*fig.*) molto spesso | *— —*, *— a —*, *un — dopo l'altro*, piano piano, lentamente (*anche fig.*) | *Fare due, quattro passi*, (*fig.*) passeggiare | *Segnare il —*, alzare e abbassare i piedi alternativamente restando fermi e (*fig.*) non progredire più in q.c. | *Tornare sui propri passi*, retrocedere e (*fig.*) ricominciare q.c. | *Fare un — avanti*, (*fig.*) anticipare un fatto, spec., narrando o scrivendo | (*fig.*) *Fare qualche — avanti in q.c.*, migliorare, avanzare verso un risultato e sim. | *Fare un — indietro*, (*fig.*) richiamare q.c. che già si è detto o scritto. ***2*** Breve spazio che si può misurare o percorrere con un passo: *è a pochi passi da qui*. ***3*** Andatura: *avanzare con — spedito* | *Di buon —*, con andatura piuttosto veloce | *A — d'uomo*, con la stessa velocità di un uomo che cammina, detto spec. di veicoli | (*fig.*) *A — di lumaca, di tartaruga*, molto lentamente | *Andare al —*, camminare tutti con la stessa andatura | *Perdere il —*, la cadenza delle marce | *Di pari —*, *d'un —*, *a un —*, con la stessa andatura, e (*fig.*) in modo simile | *Di questo —*, (*fig.*) se si continua così: *di questo — non so dove andremo a finire* | (*est.*) Rumore prodotto dal passo: *ho udito dei passi* | (*est.*) Orma, impronta: *seguiremo i loro passi.* **4** Movimento dei piedi nel ballo: *— strascicato* | (*est.*) Movimento caratteristico di un ballo: *— di valzer* | Danza: *— doppio.* **5** (*fig.*) Iniziativa posta in essere per uno scopo determinato: *fare i passi necessari per q.c.* | (*fig.*) Mossa, risoluzione, decisione: *un — audace* | *Fare un — falso*, rischiare di cadere e (*fig.*) fare una mossa sbagliata. **6** (*fig.*) Brano: *un — di Tacito; passi scelti* | (*mus.*) Passaggio. **7** Antica unità di misura lineare, variabile nel tempo e nel luogo da circa m 1,50 a m 2. **8** Nel linguaggio tecnico, distanza costante fra due elementi di una successione qualsiasi | *— della vite*, distanza tra due filetti successivi | *— della ruota dentata*, distanza fra gli assi di due denti successivi della stessa ruota | *— dell'elica*, spazio di cui avanza un'elica di nave o aereo durante un giro. **9** Nei veicoli stradali, distanza che intercorre fra l'asse delle ruote anteriori e quello delle ruote posteriori. **10** (*cinem.*) Distanza che intercorre fra i centri di due interlinee successive di una pellicola cinematografica: *— normale, ridotto* (a 35 o 16 mm).

pàsso (3) *s. m.* **1** Passaggio: *il — della frontiera; il — dei colombacci* | *Uccelli di —*, che si vedono in una data regione solo durante le migrazioni stagionali. **2** Luogo attraverso il quale si passa: *lasciare libero il —* | *— carraio, — carrabile*, accesso di un fondo privato alla via pubblica. **3** Valico: *— del Cenisio.* **4** Varco: *contendere il — a qc.* **5** Facoltà o diritto di passare: *proibire il —* | *Cedere il —*, far passare qc. per primo, in segno di rispetto.

pàsta *s. f.* **1** Massa molle di materia molto viscosa, ottenuta da solidi stemperati in liquidi o riscaldati sino a ottenerne il rammollimento: *— di vetro, di argilla, di cemento, di legno.* **2** Farina stemperata in acqua, rimestata e ridotta in una massa soda e duttile: *spianare la —* | *— alimentare*, impasto di semolino e farina di grano, non fermentato, essiccato in varie forme, da cuocersi per consumarsi in brodo o asciutta | *Avere le mani in —*, (*fig.*) essere pratico, essere a conoscenza di q.c. **3** Correntemente, pasta alimentare: *— al sugo.* [→ ill. *pasta*] **4** Impasto per dolce o torta: *— frolla, sfoglia.* **5** (*fig.*) Indole: *essere di buona —* | *Essere una — d'uomo*, avere un ottimo carattere. **6** Dolce di piccole dimensioni, gener. farcito con crema, cioccolato e sim.: *paste alla crema.* [→ ill. *bar*] **7** Preparato farmaceutico molle, spec. per uso esterno: *— dentifricia.*

pastàio *s. m.* (*f. -a*) Chi fabbrica o vende paste alimentari.

pastasciùtta o *pàsta asciùtta s. f.* (*pl. pastasciùtte* o *paste asciùtte*) Pasta alimentare di varie fogge, cotta in acqua bollente e variamente condita, tipica della cucina italiana.

pasteggiàre *v. intr.* (*io pastéggio; aus. avere*) Cenare o pranzare, spec. con una vivanda abituale: *— a bistecche; — con vino.*

pastèlla *s. f.* Farina spenta nell'acqua e sbattuta con olio e sale, usata per fritture.

pastèllo A *s. m.* **1** Cannello costituito da un impasto solido di colori usato per dipingere su carta. [→ ill. *pittore*] **2** Dipinto a pastello. **B** *in funzione di agg. inv.* (*posposto al s.*) Di tonalità tenue: *verde —.*

pastétta *s. f.* **1** Pastella. **2** (*fig.*) Broglio elettorale | (*est.*) Imbroglio, frode.

pasticca *s. f.* Pastiglia.

pasticcère V. *pasticciere.*

pasticceria *s. f.* **1** Arte della preparazione dei dolciumi. **2** Laboratorio o negozio di dolciumi. **3** Quantità assortita di paste dolci.

pasticciàre *v. tr.* (*io pasticcio*) Fare q.c. in modo errato, disordinato e confuso: *— un disegno, un compito* | ass. Fare pasticci.

pasticciàto *agg.* Detto di vivanda cucinata con formaggio, burro e sugo di carne.

pasticcière o *pasticcère s. m.* (*f. -a*) Chi fa o vende dolciumi.

pasticcino *s. m.* Piccola pasta dolce.

pasticcio *s. m.* **1** Vivanda ricoperta di pasta e cotta al forno: *— di fegato d'oca.* **2** (*fig.*) Lavoro, scritto o discorso confuso e disordinato. **3** (*fig.*) Faccenda imbrogliata e confusa, situazione difficile e compromettente: *togliere qc. dai pasticci; cacciarsi nei pasticci; combinare dei pasticci*; SIN. Imbroglio. **4** (*mus.*) Opera teatrale o pezzo strumentale scritto in collaborazione da diversi compositori.

pasticcióne A *s. m.* (*f. -a* nel sign. 2) **1** *Accr. di pasticcio.*

pasta

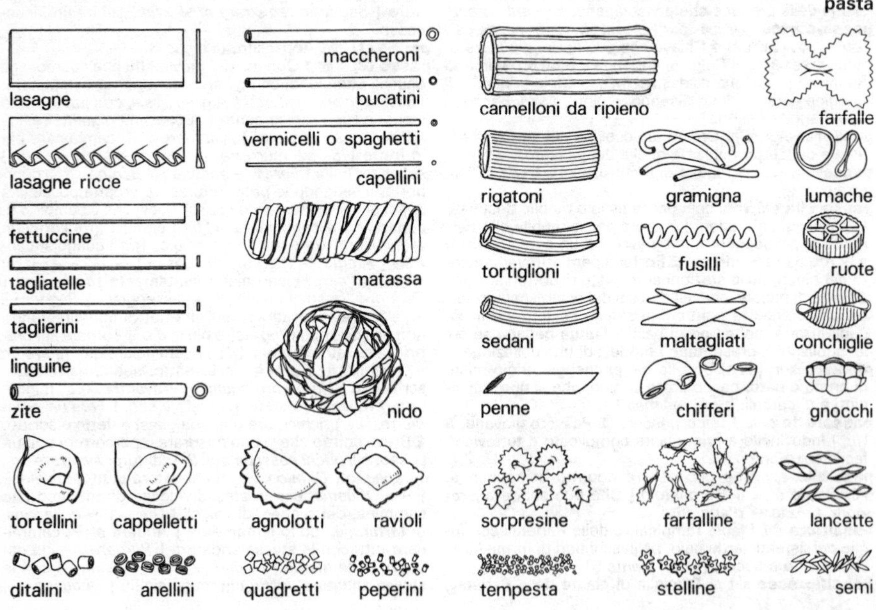

2 Persona che è solita far pasticci. ***B*** *agg.* Detto di chi è solito agire in modo confuso e disordinato: *impiegato* —.

pastiche /*fr.* pas'tiʃ/ *s. m. inv.* (*pl. fr. pastiches* /pas'tiʃ/) Opera letteraria o artistica il cui autore ha imitato lo stile di altri.

pastièra *s. f.* Tipica torta napoletana a base di pasta frolla ripiena di grano bollito, ricotta, canditi e cioccolata. [→ ill. *dolciumi*]

pastificàre *v. tr.* (*io pastifico, tu pastifichi*) Preparare paste alimentari.

pastificio *s. m.* Fabbrica di paste alimentari.

pastìglia *s. f.* ***1*** Dischetto di sostanza commestibile medicamentosa o no, che si scioglie in bocca; SIN. Pasticca. ***2*** Impasto di gesso e colla usato un tempo per decorare mobili o oggetti.

pastina *s. f.* ***1*** *Dim. di pasta.* ***2*** Pasta per brodo, di formato minuto. ***3*** Pasticcino.

pastinàca *s. f.* ***1*** Pianta erbacea delle Umbellali, spontanea nelle zone umide, con ombrelle composte di fiori gialli e radice carnosa commestibile. ***2*** Pesce cartilagineo dei Raiformi, con coda lunga e sottile e corpo a forma di rombo munito di aculei.

pàsto *s. m.* ***1*** Assunzione di cibo quotidiana e a ore determinate, da parte dell'uomo e degli animali | *Saltare il* —, non mangiare | *Vino da* —, adatto per pasteggiare. ***2*** (*est.*) L'insieme dei cibi consumati in un pasto: — *frugale, sostanzioso* | *Dare q.c. in — al pubblico*, (*fig.*) esporla alla curiosità di tutti.

pastóia *s. f.* ***1*** Fune che si applica al pastorale dei cavalli o di altri animali al pascolo. ***2*** (*fig.*) Impedimento, impaccio: *liberarsi dalle pastoie.* ***3*** (*veter.*) Parte della zampa di alcuni ungulati compresa fra il nodello e la corona. [→ ill. *bue*]

pastóne *s. m.* ***1*** Miscuglio di acqua e farina di vario tipo con cui si nutrono vari animali: *il — per i polli* | (*est., spreg.*) Cibo, spec. a base di pasta, troppo cotto. ***2*** (*fig., spreg.*) Disordinata mescolanza: *un — d'idee.* ***3*** Servizio che la redazione di un giornale elabora mettendo insieme informazioni di varie fonti.

pastoràle (1) ***A*** *agg.* ***1*** Di, da pastore | *Poesia* —, che si finge composta da pastori, o che ne rappresenta la vita. ***2*** (*est.*) Sacerdotale | (*est.*) Del vescovo: *lettera* —, quella che il Vescovo invia ai parroci, agli ecclesiastici e ai fedeli di una diocesi nella sua qualità di pastore di anime. ***B*** *s. f.* Lettera pastorale.

pastoràle (2) *s. f.* Composizione musicale di carattere dolce e idillico.

pastoràle (3) *s. m.* Bastone alto, con manico ricurvo, insegna della dignità vescovile. [→ ill. *religione*]

pastoràle (4) *s. m.* Osso del piede del cavallo che costituisce la prima falange. [→ ill. *cavallo*]

pastóre *s. m.* (*f. -a* nei sign. 1, 2) ***1*** Chi custodisce e pastura le greggi. ***2*** (*fig.*) Uomo rozzo e impacciato. ***3*** (*fig.*) Guida di popoli, nazioni e sim. | Chi ha cura di anime o giurisdizione spirituale | Nelle comunità riformate, ecclesiastico o laico designato dalla comunità al governo di essa: — *evangelico, battista.* ***4*** Denominazione di un elevato numero di razze canine spec. da gregge e da difesa: — *tedesco, bergamasco, belga.* [→ ill. *cane*]

pastorellerìa *s. f.* (*spreg.*) Poesia pastorale sdolcinata e retorica.

pastorìzia *s. f.* Arte di allevare e utilizzare animali domestici, spec. gli ovini.

pastorizio *agg.* Della pastorizia.

pastorizzàre *v. tr.* (*io pastorìzzo*) Sottoporre a pastorizzazione (dal nome dello scienziato francese L. Pasteur, che inventò il metodo di sterilizzare il latte e altri liquidi).

pastorizzatóre *s. m.* ***1*** Apparecchio per pastorizzare. ***2*** Operaio addetto alla pastorizzazione.

pastorizzazióne *s. f.* Metodo di sterilizzazione di liquidi alimentari, spec. del latte, consistente nello scaldare il liquido stesso fino a 75 °C per poi raffreddarlo subito; CFR. Sterilizzazione.

pastosità *s. f.* L'essere pastoso.

pastóso *agg.* ***1*** Che ha la morbidezza della pasta: *materia pastosa.* ***2*** (*fig.*) Privo di elementi contrastanti o sgradevoli: *colore, stile* — | *Voce pastosa*, carezzevole e calda | *Vino* —, di buon corpo e di gusto pieno ed equilibrato.

pastràno *s. m.* Cappotto maschile pesante, usato spec. da militari.

pastùra *s. f.* ***1*** Il pascolare | Luogo ove trovano da nutrirsi le bestie: *condurre le pecore alla* — | Cibo per bestiame. ***2*** Insieme di esche gettate in acqua dal pescatore per attirare il pesce.

pasturàre ***A*** *v. tr.* ***1*** Condurre e tenere al pascolo: — *le greggi* | — *i pesci*, gettare loro la pastura. ***2*** (*fig.*) Alimentare, nutrire. ***B*** *v. rifl.* Alimentarsi.

patàcca *s. f.* ***1*** Moneta grande ma quasi senza valore. ***2*** (*fig.*) Cosa o persona di nessun valore | Oggetto da nulla venduto a caro prezzo ad acquirenti sprovveduti. ***3*** (*fig., scherz.*) Distintivo, medaglia. ***4*** (*fig., fam.*) Macchia di sudiciume, spec. di grasso.

pataccàro *s. m.* (*merid.*) Chi vende monete o altri oggetti falsi, facendoli credere preziosi.

pataccóne *s. m.* ***1*** (*fig.*) *Accr. di patacca.* ***2*** (*fig., fam.*) Orologio da tasca grosso e vecchio. ***3*** (*fig., fam.*) Chi è solito riempirsi gli abiti di macchie.

patàgio *s. m.* (*zool.*) Membrana cutanea che nei pipistrelli è tesa fra il tronco, gli arti e le dita, mentre in altri mammiferi funge da ala o da paracadute. [→ ill. *zoologia*]

pataràcchio V. *pateracchio.*

pataria *s. f.* Movimento religioso e sociale riformistico, che si oppose alla decadenza e alla corruzione del costume ecclesiastico nel sec. XI.

patarino ***A*** *s. m.* Seguace del movimento della pataria. ***B*** *agg.* Dei patarini.

patàta *s. f.* ***1*** Pianta erbacea delle Tubiflorali con fiori in corimbi, bacche polpose con molti semi e tuberi commestibili | *Occhi della* —, gemme che si trovano sul tubero e servono per moltiplicare la pianta | — *americana, dolce*, batata. [→ ill. *piante* 12] ***2*** Tubero commestibile di tale pianta | — *bollente*, (*fig.*) argomento, situazione e sim. che scotta, di difficile soluzione: *passare la — bollente a qc.* | *Spirito di* —, (*fig.*) scherzo che vorrebbe essere spiritoso ma risulta insulso | *Sacco di patate*, (*fig.*) persona goffa. [→ ill. *verdura*]

pataticoltùra *s. f.* Coltivazione delle patate.

patatina *s. f.* ***1*** *Dim. di patata.* ***2*** Patata novella. ***3*** *spec. al pl.* Patate tagliate in varie forme e fritte.

patatràc ***A*** *inter.* Riproduce il rumore di q.c. che crolla o si sfascia. ***B*** *s. m.* Crollo rovinoso, disastro (*anche fig.*)

patavìno *agg.; anche s. m.* (*f. -a*) (*lett.*) Padovano.

pâté /*fr.* pa'te/ *s. m. inv.* (*pl. fr. pâtés* /pa'te/) Preparazione a base di carni o altro, crema e salsa, passata al setaccio.

patèlla *s. f.* Mollusco dei Gasteropodi commestibile, con conchiglia a cono molto basso che aderisce alle rocce litorali col piede a ventosa. [→ ill. *animali* 4]

patèma *s. m.* (*pl. -i*) Sofferenza morale, afflizione | — *d'animo*, stato d'ansia, di timore.

patèna *s. f.* Piccolo disco d'oro o di argento con il quale il sacerdote copre il calice e sul quale deposita le particelle dell'ostia consacrata. [→ ill. *religione*]

patentàto *agg.* ***1*** Munito di patente: *medico* —. ***2*** (*fig., scherz.*) Perfetto, bell'e buono (gener. come raff. di epiteti ingiuriosi): *furfante* —.

patènte (1) *agg.* ***1*** Chiaro, evidente, manifesto: *una — ingiustizia.* ***2*** (*dir.*) *Lettera* —, documento conferito dallo Stato d'origine al console, e mediante il quale quest'ultimo è legittimato ad agire. ***3*** (*arald.*) *Croce* —, con i bracci allargantisi verso le estremità. [→ ill. *araldica*]

patènte (2) *s. f.* ***1*** Concessione amministrativa a esercitare una data attività o professione | Documento che certifica tale concessione. ***2*** (*per anton.*) Patente di guida: *prendere, rinnovare la* —. ***3*** (*fig.*) Pubblica qualifica: *dare a qc. la — di stupido.*

patentino *s. m.* Patente temporanea e limitata.

pàtera *s. f.* Bassa ciotola o tazza priva di manici usata nel mondo antico greco-romano per libagioni alle divinità.

pateràcchio o *pataràcchio s. m.* ***1*** (*pop., tosc.*) Accordo o contratto, spec. matrimoniale. ***2*** (*est., spreg.*) Patto, accordo poco chiaro raggiunto mediante compromessi, opportunismi e sim., spec. in campo politico.

pateréccio o *paneréccio s. m.* Processo infiammatorio acuto circoscritto delle dita, spec. della regione circostante alle unghie; SIN. Giradito.

paternàle *s. f.* Rimprovero severo e solenne; SIN. Ramanzina.
paternalişmo *s. m.* **1** Forma di governo che affida il potere a un sovrano assoluto i cui provvedimenti in favore del popolo sono considerati atti di personale benevolenza che prescindono dal riconoscimento di diritti al popolo stesso. **2** (*est.*) Atteggiamento benevolo e protettivo da parte del datore di lavoro nei confronti dei suoi dipendenti.
paternalista *s. m.* (*pl.* -*i*) Fautore del paternalismo.
paternalistico *agg.* (*pl. m.* -*ci*) Relativo a paternalismo | Improntato a paternalismo.
paternità *s. f.* **1** Condizione di padre: *gli obblighi della* —. **2** (*bur.*) Indicazione del nome e delle generalità paterne. **3** (*fig.*) Appartenenza di un'opera, di un'invenzione e sim. a una determinata persona.
patèrno *agg.* **1** Di, del padre: *casa paterna.* **2** Da padre: *i suoi paterni consigli.*
paternòster o *pater noster* /*lat.* 'pater 'nɔster/ *loc. sost. m. inv.* Padrenostro.
paternòstro *s. m.* **1** Adattamento di *paternoster.* **2** Grano maggiore della corona del rosario, corrispondente alla recitazione di un paternostro.
patètico **A** *agg.* (*pl. m.* -*ci*) Che è mesto e malinconico e desta tristezza e commozione: *caso, dramma* —. **B** *s. m. solo sing.* Caso, situazione o genere commovente: *rifuggire dal* —. **C** *s. m.* (*f.* -*a*) Chi assume atteggiamenti svenevoli e sentimentali.
patetişmo *s. m.* Sentimentalismo languido.
pàthos o *pàtos s. m.* Particolare intensità di sentimento, alta liricità di un'opera d'arte.
-patìa *secondo elemento* **1** In parole composte, fa riferimento a sentimenti o passioni: *antipatia, apatia, simpatia, telepatia.* **2** Nella terminologia medica, si riferisce a disturbi a quanto indicato dal primo componente: *cardiopatia.*
patìbile *agg.* Che si può patire.
patibolàre *agg.* Degno del patibolo | *Faccia* —, da delinquente.
patìbolo *s. m.* Luogo d'esecuzione capitale | (*est.*) Palco su cui s'innalza la forca, la ghigliottina e sim.: *andare al* —; *mandare qc. al* —.
-pàtico *secondo elemento*: in aggettivi corrispondenti ai sostantivi in -*patìa*: *antipatico, cardiopatico.*
patiménto *s. m.* Dolore, privazione, sofferenza.
pàtina *s. f.* **1** Strato verdastro o d'altro colore prodottosi per ossidazione su oggetti metallici antichi. **2** Vernice o colore dati artificialmente, per contraffazione o imitazione dell'antico, a bronzi, medaglie e sim. | Colla, allume e sim. spalmata sulla carta da stampare per darle lucentezza. **3** (*med.*) — *linguale*, strato bianco-giallastro sulla lingua, come segno di cattiva digestione o malattie dell'apparato digerente.
patinàre *v. tr.* (*io pàtino*) Dare la patina.
patinàto *part. pass. di patinare; anche agg.* Ricoperto di patina: *carta patinata.*
patinatùra *s. f.* Operazione del patinare | Rivestimento di patina.
patinóso *agg.* **1** Simile a patina. **2** Coperto da patina.
patio /*sp.* 'patjo/ *s. m.* (*pl. sp. patios* /'patjos/) Cortile interno di casa spagnola o in stile spagnolo, delimitato da un porticato, con vasche e fontane.
patire **A** *v. tr.* (*io patisco, tu patisci*) **1** Subire q.c. | Subire q.c. di doloroso, molesto e sim.: — *ingiurie, offese, il freddo* | *Far — q.c. a qc.*, costringerlo a subire dolori; SIN. Soffrire. **2** Sopportare, tollerare: *non — l'arroganza.* **B** *v. intr.* (*aus. avere*) **1** Soffrire: — *di fegato*; — *ai polmoni*; — *per le umiliazioni ricevute.* **2** Guastarsi, sciuparsi, deteriorarsi: *il fieno patisce per l'umidità.* **3** (*raro*) Essere danneggiato: — *nei propri averi.*
patito **A** *part. pass. di patire; anche agg.* Sofferente, deperito: *organismo* — | *Faccia patita*, smunta. **B** *s. m.* (*f.* -*a*) **1** Innamorato. **2** Chi prova viva attrazione quasi fanatica verso persone, cose o forme di attività: *i patiti del calcio.*
patofobìa *s. f.* Paura morbosa delle malattie.
patogènesi *s. f.* (*med.*) Modalità d'insorgenza di una malattia.
patògeno *agg.* Che genera malattia: *germe* —.
patognomònico *agg.* (*pl. m.* -*ci*) (*med.*) Di sintomo che serve a riconoscere una malattia.
patologìa *s. f.* (*pl.* -*gie*) **1** Parte della medicina che studia le cause e l'evoluzione delle malattie. **2** (*est.*) Malattia.
patològico *agg.* (*pl. m.* -*ci*) Di patologia | *Fenomeno* —, morboso | *Caso* —, (*fig., scherz.*) persona strana, situazione anormale e bizzarra.
patòlogo *s. m.* (f. -*a*; *pl. m.* -*gi*) Studioso di patologia.
pàtos V. *pathos.*
patòsi *s. f.* Malattia in genere.
pàtria *s. f.* **1** Paese comune ai componenti di una nazione, cui essi si sentono legati come individui e come collettività, sia per nascita sia per motivi psicologici, storici, culturali e sim.: *ogni uomo ama la propria* — | Città e luogo natale | — *celeste*, Paradiso. **2** (*est.*) Luogo o punto d'origine: *l'Australia è la — dei canguri.*
patriàrca *s. m.* (*pl.* -*chi*) **1** Presso antiche popolazioni, capo di una grande famiglia, dotato di poteri assoluti sui propri discendenti. **2** (*est.*) Vecchio capofamiglia dotato di numerose discendenze. **3** Ciascuno degli antenati e capi di famiglie che, nelle genealogie dell'Antico Testamento, vissero nei tempi anteriori a Mosè. **4** Capo di ciascuna delle chiese orientali autonome: — *della chiesa russo-ortodossa.* **5** Titolo di onore attribuito a vescovi o prelati: — *di Venezia.*
patriarcàle *agg.* **1** Di, da patriarca. **2** Detto di sistema familiare che faccia capo al padre di famiglia e abbia un regime di vita semplice e austero | Che si fonda sul patriarcato: *società* —.
patriarcàto *s. m.* **1** Organizzazione della famiglia basata sull'autorità paterna e sulla trasmissione dei diritti ai membri maschili. **2** Dignità, sede del patriarca.
patricida V. *parricida.*
patrigno *s. m.* Il nuovo marito della madre rispetto a chi è orfano di padre.
patrilineàre o *patrilìneo agg.* In etnologia, detto di discendenza calcolata in linea paterna; CONTR. Matrilineare.
patrimoniàle **A** *agg.* Di patrimonio: *rendita* —. **B** *s. f.* Imposta sul patrimonio.
patrimònio *s. m.* **1** (*dir.*) Complesso dei beni appartenenti a una persona fisica o giuridica: — *personale*; — *pubblico*, — *dello Stato* | *Mangiarsi un* —, dilapidarlo. **2** (*fig.*) Complesso di beni culturali, sociali e spirituali, ereditato attraverso i tempi, di cui dispone una persona o una collettività: — *spirituale.*
pàtrio *agg.* **1** Del padre: *patria potestà.* **2** Della patria: *amor* —.
patriòta *s. m. e f.* (*pl. m.* -*i*) Chi ama la patria e lo dimostra, spec. lottando per essa.
patriottàrdo *agg.; anche s. m.* (*f.* -*a*) Che (o chi) ostenta un patriottismo esagerato e fanatico.
patriòttico *agg.* (*pl. m.* -*ci*) Di, da patriota.
patriottişmo *s. m.* Sentimento di vivo amore e devozione verso la patria.
patrìstica *s. f.* (*relig.*) Patrologia.
patrìstico *agg.* (*pl. m.* -*ci*) Che si riferisce ai Padri della Chiesa.
patriziàto *s. m.* **1** Classe dei patrizi. **2** (*est.*) Aristocrazia.
patrizio *agg.; anche s. m.* (*f.* -*a*) **1** Nell'antica Roma, appartenente all'ordine senatorio. **2** (*est.*) Di nobile stirpe: *famiglia patrizia.* [→ ill. *araldica*]
patrocinàre *v. tr.* (*io patrocino*) **1** (*dir.*) Difendere, assistere e rappresentare un cliente in giudizio: — *una causa.* **2** (*est.*) Proteggere, sostenere: — *la candidatura di qc.*
patrocinatóre *s. m.* (*f.* -*trìce*) **1** (*dir.*) Chi è abilitato dalla legge a esercitare il patrocinio. **2** Protettore, sostenitore: — *delle lettere.*
patrocìnio *s. m.* (*dir.*) Difesa, assistenza e rappresentanza in giudizio: *svolgere un* — | (*est.*) Protezione, sostegno da parte di personalità, istituzioni e sim.
patrologìa *s. f.* (*pl.* -*gie*) **1** Studio storico, filologico e teologico delle opere dei Santi Padri e delle loro dottrine; SIN. Patristica. **2** Raccolta delle opere dei Santi Padri.
patròlogo *s. m.* (*pl.* -*gi*) Studioso di patrologia.
patron /*fr.* pa'trɔ̃/ *s. m. inv.* (*pl. fr. patrons* /pa'trɔ̃/) **1** Padrone | Nel linguaggio sportivo, organizzatore di un giro ciclistico, spec. quello di Francia. **2** Modello in carta di abito.
patròna *s. f.* Santa protettrice.
patronàle *agg.* Di patrono.

patronàto *s. m.* **1** (*lett.*) Protezione da parte di una personalità, istituzione e sim.: *sotto l'alto – del Capo dello Stato.* **2** Istituzione benefica con fini assistenziali nei confronti di certe categorie: *– scolastico.* **3** Istituto canonico che riconosce al patrono la facoltà di presentare un chierico perché sia immesso dall'autorità ecclesiastica in una chiesa o in un beneficio vacanti.

patronéssa *s. f.* Signora che fa parte di istituti assistenziali o è dedita a opere di beneficenza.

patronimìa *s. f.* Norma secondo cui i figli derivano il loro nome dal padre.

patronìmico *s. m.* (*pl. -ci*) Nome derivato da quello del padre o dell'avo.

patròno *s. m.* (*f. -éssa* nel sign. 4) **1** (*dir.*) Difensore di un cliente. **2** Nel diritto romano, chi affrancava uno schiavo, mantenendo nei suoi confronti una serie di diritti e doveri. **3** Santo scelto a protettore particolare di una chiesa, di una città, di un'istituzione: *San Francesco – d'Italia.* **4** Promotore o socio benemerito di un'istituzione di beneficenza.

pàtta (1) *s. f.* **1** Striscia di tessuto che ricopre l'abbottonatura di giacche o cappotti. **2** Lembo di tessuto che ricopre l'apertura della tasca. [→ ill. *abbigliamento*]

pàtta (2) *s. f.* Pareggio nel gioco: *far –* | *Far pari e –*, (*fig.*) pareggiare una situazione.

patteggiàre **A** *v. tr.* (*io pattéggio*) Trattare per giungere a un accordo: *– la resa.* **B** *v. intr.* (*aus. avere*) **1** Essere in trattative, fare accordi: *– con i nemici.* **2** Scendere a patti, a compromessi e sim.: *fu costretto a – coi ricattatori.*

pattinàggio *s. m.* **1** Sport praticato mediante l'impiego dei pattini da ghiaccio o a rotelle: *– su ghiaccio*; *– a rotelle.* **2** Esercizio del pattinare.

pattinàre *v. intr.* (*aus. avere*) **1** Scivolare coi pattini da ghiaccio o correre con i pattini a rotelle. **2** (*est.*) Scivolare in modo alternato sull'uno o sull'altro sci.

pattinatóio *s. m.* Pista da pattinaggio.

pattinatóre *s. m.* (*f. -trìce*) Chi pratica il pattinaggio.

pàttino (1) *s. m.* **1** Ciascuno dei due attrezzi che si applicano alle scarpe di chi pratica lo sport del pattinaggio | *– da ghiaccio*, costituito da una lama d'acciaio durissimo leggermente incurvata | *– a rotelle*, costituito da una piastra metallica montata su quattro ruote; SIN. Schettino. [→ ill. *sport*] **2** (*mecc.*) Elemento che striscia su una superficie per guidare il moto di un dato organo. **3** (*aer.*) Elemento destinato a strisciare sul terreno a scopo protettivo, di frenamento all'atterraggio o sostitutivo delle ruote su ghiaccio, neve, sabbia: *velivolo a pattini.* [→ ill. *aeronautica*]

pattìno (2) *s. m.* (*mar.*) Moscone.

pàtto *s. m.* **1** Accordo o convenzione stabilita tra due o più parti: *rispettare, sciogliere il –* | *Stare ai patti*, rispettare ogni elemento dell'accordo | *Rompere il –*, non rispettarlo | *Venire, scendere a patti*, trattare (*anche fig.*) | *Fare i patti col diavolo*, (*fig.*) accordarsi con chiunque pur di ottenere ciò che si vuole | (*est.*) Promessa: *– d'onore.* **2** Condizione: *a questi patti non accetto* | *A nessun –*, a nessuna condizione | *A – che, col – di*, a condizione che. [→ tav. *proverbi* 328]

pattùglia *s. f.* Piccolo gruppo di soldati o agenti dell'ordine pubblico incaricati di compiti operativi particolari: *– di ricognizione.*

pattugliaménto *s. m.* Azione svolta da una pattuglia incaricata di compiti di vigilanza.

pattugliàre **A** *v. intr.* (*io pattùglio; aus. avere*) Andare in pattuglia. **B** *v. tr.* Sorvegliare con una pattuglia: *pattugliano i confini.*

pattuìre *v. tr.* (*io pattuìsco, tu pattuìsci*) Patteggiare, anche ass.: *– la resa.*

pattuìto **A** *part. pass. di pattuire; anche agg.* Stabilito, concordato. **B** *s. m.* Ciò che si è deciso: *versare il –.*

pattuizióne *s. f.* Determinazione del contenuto e delle modalità di un patto, contratto, accordo e sim.: *– del prezzo di q.c.*

pattùme *s. m.* Immondizia, spazzatura.

pattumièra *s. f.* Cassetta o altro recipiente per la spazzatura.

patùrnia *s. f. spec. al pl.* (*pop.*) Malumore, stizza: *avere le paturnie.*

paulònia *s. f.* Albero delle Tubiflorali, ornamentale, originario del Giappone, con grossi grappoli di fiori azzurro-violacei che sbocciano prima delle foglie.

pauperìṣmo *s. m.* **1** Fenomeno per cui, mancando risorse naturali e capitali, o in conseguenza di guerre, carestie, crisi economiche, si ha una larga diffusione della miseria tra i meno abbienti di una popolazione. **2** Ideale di assoluta povertà proprio di alcuni ordini religiosi cristiani.

paùra *s. f.* **1** Intenso turbamento misto a preoccupazione e inquietudine per q.c. di reale o di immaginario che è, o sembra, atto a produrre gravi danni o a costituire un pericolo: *– della morte, della guerra*; *battere i denti per la –* | *Fare, mettere – a qc.*, spaventarlo | *Essere morto, mezzo morto, di –*, essere molto spaventato | *Essere brutto da far –*, molto brutto; SIN. Spavento; CONTR. Coraggio. **2** Timore, preoccupazione: *ho – che sia tardi.* [→ tav. *proverbi* 261]

pauróso *agg.* **1** Che incute paura: *incidente –* | (*est., fam.*) Straordinario: *ha una memoria paurosa*; SIN. Spaventoso. **2** Che ha sempre paura: *è – come una lepre*; SIN. Pavido.

pàuṣa *s. f.* **1** Breve intervallo, momento di sosta. **2** (*mus.*) Interruzione del suonare e cantare per un periodo più o meno lungo.

pavàna *s. f.* Danza italiana nobile e cerimoniosa, in quattro tempi, dell'età barocca.

pavé /*fr.* pa've/ *s. m. inv.* (*pl. fr. pavés* /pa've/) Strada lastricata, selciato.

paventàre **A** *v. tr.* (*io pavènto*) (*lett.*) Temere. **B** *v. intr.* (*aus. avere*) **1** (*lett.*) Aver paura. **2** Adombrarsi, spaventarsi, detto spec. di animali.

paveṣàre *v. tr.* (*io pavéṣo*) **1** Ornare la nave con il pavese. **2** (*est.*) Abbellire con tappeti, arazzi: *– i balconi a festa.*

paveṣàta *s. f.* (*mar.*) Tela dipinta con cui si coprono le murate della nave.

pavése o *pavéṣe*, (*raro*) *palvése* *s. m.* **1** Grande scudo rettangolare largo circa un metro e alto il doppio, usato nelle milizie medievali. **2** (*mar.*) Gala di bandiere: *gran –.* [→ ill. *bandiera*]

pàvido **A** *agg.* Pauroso: *animo –* | Pieno di paura: *sguardo –.* **B** *s. m.* (*f. -a*) Persona pavida.

pavimentàle *agg.* Del pavimento: *mosaico –.*

pavimentàre *v. tr.* (*io paviménto*) Dotare di pavimento: *– una strada.*

pavimentatóre *s. m.* Operaio che mette in opera pavimenti.

pavimentazióne *s. f.* **1** Operazione del pavimentare. **2** Parte superiore del corpo stradale: *– a lastricato, ad acciottolato* | Pavimento.

paviménto *s. m.* Copertura del suolo di un locale con materiali vari come mattonelle, marmo, tasselli di legno e sim. [→ ill. *casa*]

pavoncèlla *s. f.* Uccello con corpo slanciato, ali lunghe, becco sottile e diritto, e un ciuffo di penne nella parte posteriore del capo, che vive presso le paludi e si nutre di piccoli animali acquatici. [→ ill. *animali* 14]

pavóne *s. m.* (*f. -a* o *-éssa*) **1** Uccello originario dell'India e di Ceylon, noto per la bellissima coda del maschio | (*fig.*) *Fare il –*, pavoneggiarsi, gloriarsi | (*fig.*) *Farsi bello con le penne del –*, attribuirsi i meriti altrui e gloriarsene. [→ ill. *animali* 11] **2** (*fig.*) Persona fatua e vanagloriosa.

pavoneggiàrsi *v. intr. pron.* (*io mi pavonéggio*) Compiacersi eccessivamente di se stesso.

pavònia *s. f.* Farfalla notturna i cui maschi, bruno-giallastri, hanno antenne pennate e appariscenti e le femmine sono di colore grigio-roseo.

pazientàre *v. intr.* (*io paziènto; aus. avere*) Avere pazienza: *vi prego di – un poco.*

paziènte **A** *agg.* Che sa accettare con serenità avversità e contrattempi | (*est.*) Che sa attendere senza insofferenza e nervosismo | Che esprime pazienza: *sguardo –*; CONTR. Impaziente. **B** *s. m. e f.* Chi è affetto da una malattia e quindi sottoposto a cure mediche, analisi e sim.

paziènza *s. f.* **1** Virtù di chi sa tollerare a lungo e serenamente tutto ciò che risulta sgradevole, irritante o doloroso | *Perdere la –*, irritarsi | *Scappare la –*, arrabbiarsi | *La – di Giobbe*, la massima pazienza di cui un essere umano è capace | (*est.*) Precisione e meticolosità: *lavoro di abilità e di* — | *La — di un certosino*, massima calma e precisione in un lavoro | *Gioco di* —, in cui occorrono calma, riflessione e diligenza; CONTR. Impazienza. **2** Abito dei membri di alcuni ordini e congregazioni religiose cattoliche, privo di maniche e aperto lateralmente. [→ ill. *religione*]

pazzaménte *avv.* Da pazzo, come un pazzo | (*fig.*) In modo esagerato (spesso con valore iperbolico): *divertirsi* —; *essere — innamorato*.

pazzarièllo *s. m.* A Napoli, banditore di vino, pasta e sim. che va per le strade seguito da suonatori di grancassa, vestito con abiti variopinti.

pazzeggiàre *v. intr.* (*io pazzéggio; aus. avere*) Far pazzie, comportarsi in modo stravagante.

pazzerèllo *agg.* (*f. -a*) **1** Alquanto pazzo. **2** (*fig.*, *scherz.*) Capriccioso: *vento* —.

pazzerellóne *agg.; anche s. m.* (*f. -a*) **1** *Accr. di pazzerello.* **2** Detto di chi è allegro, spensierato e scherza volentieri; SIN. Mattacchione.

pazzésco *agg.* (*pl. m. -schi*) **1** Di, da pazzo: *comportamento* — | (*fam.*) Incredibile, straordinario: *ha una cultura pazzesca.* **2** (*fig.*) Assurdo, irragionevole: *una spiegazione pazzesca.*

pazzìa *s. f.* **1** Alterazione mentale; SIN. Insania. **2** (*est.*) Stravaganza. **3** Azione stravagante, comportamento strano: *una delle sue solite pazzie.* **4** (*fig.*) Cosa assurda, irragionevole: *convincerlo sarebbe una* —!

pàzzo **A** *agg.; anche s. m.* (*f. -a*) **1** Detto di chi mostra alterazione nelle proprie facoltà mentali: — *da legare.* **2** (*est.*) Detto di chi si comporta in modo insensato: *è corso via come un pazzo* | *Nella loc. essere — di*, ha valore iperbolico: *essere — d'amore, di gioia* | *Andare — per q.c.*, essere fortemente attratto: *va — per il ballo* | (*est.*) Bizzarro. **B** *agg.* Strano, stravagante: *un gesto un po'* — | Eccessivo: *spese pazze.*

pazzòide *agg.; anche s. m. e f.* Che (o chi) è alquanto strano e stravagante.

peàna *s. m.* (*pl. -i*) **1** Canto corale in onore di Apollo o altra divinità. **2** Discorso, scritto e sim. di vittoria o esaltazione.

pebrìna *s. f.* Malattia del baco da seta, che si manifesta con piccole macchie scure.

pècari *s. m.* Mammifero americano degli Ungulati, simile al cinghiale, con pelame ispido, rossiccio, collare bianco e denti canini molto sviluppati rivolti in basso. [→ ill. *animali* 18]

pècca *s. f.* Vizio, difetto | Imperfezione, menda.

peccaminóso *agg.* **1** Che ha in sé il peccato: *pensiero* — | Che è pieno di peccato: *passato* —. **2** Che spinge al peccato: *lettura peccaminosa.*

peccàre *v. intr.* (*io pècco, tu pècchi; aus. avere*) **1** Commettere peccato. **2** Commettere errori: — *di leggerezza, per troppa bontà, contro la grammatica* | Presentare difetti, carenze e sim.: *un ragionamento che pecca sul piano logico.*

peccàto *s. m.* **1** Comportamento umano che costituisce violazione della legge etica e divina | Nella dottrina cattolica, libera o volontaria trasgressione della legge divina | — *originale*, quello della disobbedienza a Dio, commesso da Adamo e da Eva, trasmesso a tutti gli uomini e redento con il battesimo | *Brutto come il* —, (*fig.*) di persona o cosa bruttissima | (*est.*) Vita peccaminosa: *vivere nel* —; SIN. Colpa. **2** (*fig.*) Errore, fallo: — *di gioventù.* **3** Rammarico, dispiacere, rincrescimento: *è un vero — che il vetro si sia rotto*; *che — che tu non sia qui!* [→ tav. *proverbi* 329]

peccatóre *s. m.* (*f. -trice*) Chi pecca o ha peccato. [→ tav. *proverbi* 322]

pécchia *s. f.* Ape.

pecchióne *s. m.* **1** *Accr. di pecchia.* **2** Fuco.

péce *s. f.* Massa nera di varia consistenza e di aspetto bituminoso, ottenuta come residuo della distillazione dei catrami; usata nella pavimentazione di strade, nella copertura di tetti e terrazze, per cartoni e copertoni catramati e altro | — *greca*, colofonia.

pechblènda *s. f.* (*miner.*) Uraninite.

pechinése **A** *agg.; anche s. m. e f.* Di Pechino. **B** *s. m.* Cagnolino di lusso con pelo lungo e setoso. [→ ill. *cane*]

peck /*ingl.* pek/ *s. m. inv.* (*pl. ingl. pecks* /peks/) Unità di misura inglese di capacità per liquidi, pari a 9,09 litri.

pècora *s. f.* **1** Mammifero ruminante degli Ungulati diffuso con molte razze in tutto il mondo e allevato spec. per la lana, la carne, la pelle, il latte | — *nera*, (*fig.*) chi spicca negativamente in un gruppo. [→ ill. *animali* 17] **2** (*fig.*) Persona docile, sottomessa e priva di volontà. [→ tav. *proverbi* 14, 79]

pecoràggine *s. f.* Sottomissione dovuta a viltà e a mancanza d'intelligenza.

pecoràio *s. m.* (*f. -a*) **1** Guardiano di pecore. **2** (*fig.*) Persona rozza e maleducata.

pecoràme *s. m.* **1** Quantità di pecore. **2** (*fig.*) Moltitudine di persone che si comportano come pecore.

pecorèlla *s. f.* **1** *Dim. di pecora.* **2** Piccola pecora. **3** Nuvoletta bianca, che nella forma ricorda una pecorella: *cielo a pecorelle.* [→ tav. *proverbi* 112]

pecorino **A** *agg.* Di pecora | *Formaggio* —, salato, di lattero intero di pecora. **B** *s. m.* Formaggio pecorino. [→ ill. *formaggi*]

pecoróne **A** *s. m.* (*f. -a, raro*) **1** *Accr. di pecora.* **2** (*fig.*) Uomo sciocco e vile, che accetta senza reagire imposizioni e violenze. **B** *agg.* (*raro*) Inetto, vile: *gente pecorona.*

pecorùme *s. m.* Quantità di persone che si comportano in modo vile e servile.

pectìna *s. f.* Sostanza organica complessa contenuta spec. nella frutta, in radici, alghe, e usata in medicina e cosmesi, nella preparazione di sciroppi, marmellate e sim.

peculàto *s. m.* (*dir.*) Illecito penale dell'incaricato di un pubblico servizio che si appropria di denaro o altra cosa appartenente alla pubblica amministrazione e di cui egli ha il possesso per ragione del suo ufficio.

peculiàre *agg.* Che è particolare di q.c. o di qc.: *la duttilità è una caratteristica — di questo metallo.*

peculiarità *s. f.* L'essere peculiare | (*est.*) Carattere peculiare: *una — del latino*; SIN. Particolarità.

pecùlio *s. m.* **1** Nel diritto romano, somma di denaro che il capofamiglia affidava in amministrazione al proprio figlio. **2** (*est.*, *scherz.*) Gruzzolo.

pecùnia *s. f.* (*lett.* o *scherz.*) Denaro.

pecuniàrio *agg.* Relativo al denaro: *questione pecuniaria* | Valutabile in denaro: *danno* —.

pedàggio *s. m.* Tassa corrisposta per il transito di veicoli in determinati luoghi: — *autostradale.*

pedagogìa *s. f.* (*pl. -gìe*) Teoria dell'educazione mirante a determinare i fini del processo educativo e i modi più atti a conseguirli.

pedagògico *agg.* (*pl. m. -ci*) Di pedagogia.

pedagogìsmo *s. m.* L'uniformarsi ciecamente a un determinato metodo pedagogico.

pecora

pecora

montone

agnello

pedagogista *s. m. e f.* (*pl. m. -i*) Chi si dedica allo studio della pedagogia.
pedagògo *s. m.* (*f. -a; pl. m. -ghi*) Istitutore di fanciulli | (*lett.*) Guida intellettuale.
pedalàbile *agg.* Di strada percorribile in bicicletta senza eccessivo sforzo.
pedalàre *v. intr.* (*aus. avere*) Azionare un congegno o una macchina a pedali, spec. una bicicletta | (*est.*) Andare in bicicletta.
pedalàta *s. f.* **1** Spinta data col piede sul pedale della bicicletta. **2** Modo di pedalare.
pedalatóre *s. m.* (*f. -trice*) Chi pedala.
pedàle *s. m.* **1** Qualsiasi organo azionato col piede per il comando di meccanismi vari | Parte della bicicletta su cui il ciclista preme con il piede per muovere il veicolo. [→ ill. *ciclo e motociclo, giochi, tessuto*] **2** Meccanismo applicato ad alcuni strumenti musicali, con diverse funzioni: *il — dell'organo, del pianoforte.* [→ ill. *strumenti musicali*] **3** Striscia di cuoio usata dal calzolaio per tenere ferma la scarpa in lavorazione sulle ginocchia. **4** Parte inferiore di un tronco d'albero.
Pedaliàcee *s. f. pl.* Famiglia di piante erbacee delle Tubiflorali, tropicali o subtropicali, cui appartiene il sesamo. [→ ill. *piante* 13]
pedalièra *s. f.* **1** Ruota dentata collegata ai pedali della bicicletta. **2** (*aer.*) Dispositivo su cui agiscono i piedi del pilota per il governo dell'aereo. **3** (*mus.*) Tastiera dell'organo azionata dai piedi | L'insieme dei pedali e del loro sostegno, in un pianoforte. [→ ill. *strumenti musicali*]
pedalìno *s. m.* (*dial.*) Calzino, spec. da uomo.
pedàna *s. f.* **1** Struttura per appoggiarvi i piedi: *la — di un tavolo.* [→ ill. *bar, carro e carrozza*] **2** Attrezzo costituito da una tavola inclinata di legno su cui si batte il piede per prendere lo slancio nel salto in alto | Spazio in terra battuta su cui l'atleta prende la rincorsa per eseguire le gare di lancio e di salto | Ripiano di legno su cui vengono disputati gli incontri di scherma. [→ ill. *sport*] **3** Tappeto | *— da letto*, scendiletto.
pedànte *agg.; anche s. m. e f.* **1** (*spreg.*) Che (o chi) cura eccessivamente il rispetto delle regole grammaticali o d'altro genere | (*est.*) Che (o chi) agisce o lavora con esasperata minuziosità; SIN. Pignolo. **2** Che (o chi) nello scrivere imita servilmente i classici.
pedanteggiàre *v. intr.* (*io pedantéggio; aus. avere*) Fare il pedante.
pedanterìa *s. f.* Caratteristica di pedante | Minuzia o sottigliezza da pedante; SIN. Meticolosità, pignoleria.
pedantésco *agg.* (*pl. m. -schi*) (*spreg.*) Eccessivamente minuzioso e sottile: *critica pedantesca.*
pedàta *s. f.* **1** Impronta lasciata dal piede, spec. dell'uomo. **2** Colpo dato col piede: *prendere qc. a pedate*; SIN. Calcio. **3** Parte orizzontale di un gradino su cui si appoggia il piede. [→ ill. *scala*]
pedemontàno *agg.* Che si trova ai margini di catene o massicci montuosi: *strada pedemontana.*
pederàsta *s. m.* (*pl. -i*) Chi pratica la pederastia.
pederastìa *s. f.* Omosessualità maschile, spec. verso i fanciulli.
pedèstre *agg.* **1** (*raro*) Che va a piedi: *milizia —.* **2** Che è qualitativamente poco pregevole, che ha tono e stile banali: *discorso —.*
pediàtra *s. m. e f.* (*pl. m. -i*) Medico specialista in pediatria.
pediatrìa *s. f.* Parte della medicina che studia le malattie del bambino.
pediàtrico *agg.* (*pl. m. -ci*) Di pediatria: *bilancia pediatrica.* [→ ill. *bilancia, puericultura*]
pedicèllo (1) *s. m.* **1** Singolo gambo del fiore. **2** (*zool.*) *— ambulacrale*, organo di locomozione o di adesione degli echinodermi.
pedicèllo (2) *s. m.* **1** Piccolo verme | Pidocchio. **2** (*centr.*) Foruncoletto, comedone.
pedicolàre *agg.* Di pidocchio.
pediculòṣi *s. f.* Malattia da pidocchi.
pedicùre A *s. m. e f. inv.* Chi, per mestiere, è specializzato nell'igiene e nella cosmesi dei piedi. **B** *s. m.* Trattamento curativo o estetico dei piedi.
pedigree /*ingl.* 'pedigri:/ *s. m. inv.* (*pl. ingl. pedigrees* /'pedigri:z/) Genealogia di un animale di razza | Certificato genealogico.
pedilùvio *s. m.* Immersione dei piedi in acqua calda o fredda, anche medicata, per cura.
pedina *s. f.* **1** Ciascuno dei dischetti di legno, plastica e sim. con cui si gioca a dama | *Muovere una —*, spostarla da una casella all'altra secondo le regole del gioco; (*fig.*) utilizzare qc. o q.c. per i propri fini. [→ ill. *giochi*] **2** (*fig.*) Persona di scarsa importanza, che agisce per impulso o volontà altrui | (*fig.*) *Essere una — nelle mani di qc.*, essere solo un suo strumento.
pedinàre *v. tr.* Seguire qc. con circospezione, spiandone ogni mossa.
pedissequo A *agg.* Che si adegua passivamente e senza alcun contributo personale alle idee, ai metodi, allo stile e sim., di qc. **B** *anche s. m.* (*f. -a; raro*).
pedivèlla *s. f.* Braccio di leva che unisce il pedale della bicicletta al perno di movimento.
pèdo *s. m.* **1** Bastone nodoso usato per guidare le greggi dai pastori. **2** Una delle insegne del pontefice, costituita da un bastone diritto sormontato da un crocifisso.
pedologìa (1) *s. f.* (*pl. -gìe*) Scienza che studia i rapporti tra i bambini e le istituzioni (famiglia, scuola, società).
pedologìa (2) *s. f.* (*pl. -gìe*) Scienza che studia i terreni naturali, vegetali, e agrari.
pedòmetro *s. m.* Strumento di aspetto simile a un orologio, che segna il numero di passi compiuti da una persona.
pedonàle *agg.* Detto di strada, spazio e sim. riservato ai pedoni: *passaggio —; isola —.* [→ ill. *strada*]
pedonalizẓàre *v. tr.* (*io pedonalìẓẓo, tu pedonalìẓẓi*) Riservare un quartiere o una strada urbana al transito pedonale, escludendone gli automezzi.
pedóne *s. m.* (*f. -a* nel sign. 1) **1** Chi cammina a piedi, spec. contrapposto a chi si sposta con un veicolo; *viale riservato ai pedoni.* **2** Ciascuno dei sedici pezzi minori del gioco degli scacchi. [→ ill. *giochi*]
pedùccio *s. m.* **1** *Dim. di piede.* **2** Zampetto di maiale, agnello, capretto. **3** Parte più bassa dell'imposta delle volte a vela o a crociera.
pedùla *s. f. spec. al pl.* Calzatura con suola leggera e flessibile, usata dagli alpinisti [→ ill. *alpinista, calzatura*]
pedùle *s. m.* Parte della calza o del calzino che ricopre il piede.
peduncolàre *agg.* Di peduncolo.
peduncolàto *agg.* Fornito di peduncolo.
pedùncolo *s. m.* **1** (*bot.*) Struttura più o meno sottile che sostiene un organo, spec. la porzione terminale del ramo che porta il fiore. [→ ill. *botanica*] **2** (*zool.*) Organo di forma sottile che sostiene un corpo o parti di esso. **3** (*anat.*) Parte allungata prominente di un organo.
peeling /*ingl.* 'pi:liŋ/ *s. m. inv.* (*pl. ingl. peelings* /'pi:liŋz/) Procedimento di abrasione superficiale della prima pelle del viso, usato in cosmesi per eliminare impurità.
pegamòide *s. m. o f.* Nome commerciale di un finto cuoio ottenuto industrialmente.
pèggio A *avv.* (*compar. di male*) **1** In modo peggiore: *agisce sempre —.* **2** In modo meno soddisfacente, meno adeguato: *oggi mi sento —; gli affari vanno —* | *Cambiare in —*, peggiorare | *Andare di male in —*, peggiorare sempre | *O, —*, correggendo per inciso un'affermazione precedente: *potrebbe essere rimandato o, —, bocciato.* **3** Meno chiaramente, meno distintamente: *senza occhiali vedo —.* **4** Meno (*davanti a un part. pass. forma un compar. di minoranza, mentre, preceduto da un art. det., forma un sup. rel.*): *sono — informato di te; questo è il lavoro riuscito —.* • CONTR. Meglio. **B** *in funzione di agg. inv.* **1** Peggiore (spec. come predicato di 'essere', 'parere', 'sembrare'): *questa stoffa è — dell'altra; mi sembri — di tuo fratello* | *Alla —, alla meno —*, (*ell.*) come si può, in qualche modo: *farò alla —.* **2** Meno opportuno, meno preferibile (con valore neutro): *se non te ne vai subito domani sarà —; — per me, per te!* • CONTR. Meglio. **C** *in funzione di s. m. e f. inv.* La cosa peggiore (con valore neutro): *questo è il — che tu potessi fare* | *Avere la —*, avere la sorte peggiore, restare battuto | *Alla —, alla meno —*, nella peggiore delle ipotesi; (*est.*) in qualche modo, più male che bene: *alla — dormiremo in macchina; un lavoro fatto alla —.* [→ tav. *proverbi* 66]
peggioraménto *s. m.* Cambiamento in peggio: *— della salute, del tempo, della situazione economica.*
peggioràre A *v. tr.* (*io peggióro*) Rendere peggiore: *— la*

propria situazione; CONTR. Migliorare. **B** *v. intr.* (*aus. essere* o *avere*) Diventare peggiore: *l'allievo ha peggiorato nel profitto.* **C** *in funzione di s. m. solo sing.* Peggioramento: *il — della malattia.*

peggiorativo **A** *agg.* Atto a peggiorare. **B** *s. m.* (*ling.*) Affisso o morfema lessicale che implica un giudizio negativo, una sfumatura spregiativa (es.: *-accio, -astro*).

peggióre **A** *agg.* (*compar. di cattivo*) **1** Inferiore per qualità, pregio, condizione, capacità e sim.: *ha scelto il tessuto —; sei il — di tutti gli alunni*; CONTR. Migliore. **2** Meno utile, vantaggioso, comodo e sim.: *nel — dei casi.* **B** *s. m. e f.* Persona più cattiva moralmente, meno pregevole, meno bella e sim. [→ tav. *proverbi* 286]

pegmatite *s. f.* (*miner.*) Roccia eruttiva in filoni, caratterizzata da cristalli molto grossi.

pégno *s. m.* **1** Bene mobile, del debitore o di un terzo, che viene consegnato al creditore o a un terzo designato dalle parti a garanzia dell'adempimento di un'obbligazione. **2** Nei giochi di società, oggettino depositato da chi perde e riscattabile solo a penitenza fatta. **3** (*fig.*) Segno, testimonianza: *un — d'amore.*

péi *prep. art. m. pl.* (composta dalla prep. *per* e dall'art. *i*. Si usa nel linguaggio lett., davanti a parole m. pl. che cominciano per consonante che non sia *gn, ps, s impura, x, z*).

peignoir /fr. pɛ'ɲwar/ *s. m. inv.* (*pl. fr. peignoirs* /pɛ'ɲwar/) Mantellina che si posa sulle spalle per pettinarsi.

pél *prep. art.* (*poet.*) V. *il* per gli usi ortografici.

pelagianismo *s. m.* Dottrina eretica di Pelagio, affermatasi nel V sec., che negava il peccato originale e sosteneva la possibilità di salvarsi con le sole opere senza la necessità della grazia.

pelàgico *agg.* (*pl. m. -ci*) Che vive o si trova in alto mare: *fauna pelagica.*

pèlago *s. m.* (*pl. -ghi*) **1** (*lett.*) Alto mare. **2** (*fig.*) Insieme di cose fastidiose e spiacevoli: *si è invischiato in un — di impegni.*

pelàme *s. m.* Mantello, vello animale.

pelandróne *s. m.* (*f. -a*) Scansafatiche.

pelandronite *s. f.* (*fam., scherz.*) Il vizio d'essere fannullone e scansafatiche; SIN. Pigrizia.

pelapatàte *s. m. inv.* Sorta di coltello da cucina per sbucciare le patate; SIN. Sbucciapatate. [→ ill. *cucina*]

pelàre **A** *v. tr.* (*io pélo*) **1** Privare dei peli, delle penne e sim.: *— un pollo, la selvaggina* | *— le viti, un ramo*, strapparne le foglie | (*scherz.*) Radere a zero: *gli hanno pelato il cranio.* **2** Privare della pelle o della buccia: *— castagne, patate*; SIN. Sbucciare. [→ ill. *coltello, cucina*] **3** (*fig.*) Levar quasi la pelle per troppo calore o per troppo freddo, anche ass.: *un vento gelido che pela la faccia.* **4** (*fig.*) Esaurire, quanto a risorse finanziarie, praticando prezzi troppo alti: *— i clienti.* **B** *v. intr. pron.* Perdere i capelli.

pelargònio *s. m.* (*bot.*) Correntemente, geranio.

pelàta *s. f.* **1** Asportazione di peli, penne e sim.: *dare una — al pollo* | (*fig.*) Imposizione di una spesa eccessiva per prezzi troppo alti | (*scherz.*) Rasatura dei capelli **2** Testa parzialmente o totalmente calva | Zona calva della testa.

pelàto **A** *part. pass. di pelare; anche agg.* Privato dei capelli, delle penne, della buccia | *Testa pelata*, calva | *Pomodori pelati*, interi e senza buccia. **B** *s. m.* **1** (*fam.*) Uomo calvo. **2** *spec. al pl.* Pomodori pelati: *una scatola di pelati.*

pelatùra *s. f.* Operazione del pelare | Pelata.

pellàccia *s. f.* (*pl. -ce*) **1** *Pegg. di pelle.* **2** (*fig.*) Persona molto resistente alle fatiche | (*fig., spreg.*) Persona rotta a tutte le astuzie.

pellàgra *s. f.* Malattia da carenza di vitamina PP, con lesioni cutanee e disturbi nervosi.

pellagróso *agg.; anche s. m.* (*f. -a*) Affetto da pellagra.

pellàio *s. m.* Conciatore o venditore di pelli.

pellàme *s. m.* Pelli conciate.

pèlle *s. f.* **1** Cute: *— vellutata* | *Non stare più nella —*, (*fig.*) non potersi contenere per l'allegrezza o l'impazienza | *Avere la — dura*, (*fig.*) resistere alle fatiche, agli strapazzi | *A fior di —*, superficialmente | (*est.*) Buccia: *la — del fico, della mela* | *Levare la —*, pelare, sbucciare. **2** Pelle conciata d'animale: *borsa di —*; SIN. Cuoio | Pelle da conciare | *— da tamburo*, comunemente di capra, non concia e (*fig.*) di persona senza scrupoli. **3** Tonaca, crosta, rivestimento o strato superficiale di q.c.: *la — del muro* | *— d'uovo*, mussola finissima, per biancheria | *— di diavolo*, tela ruvida di cotone | (*fig.*) Superficie | (*fig.*) *In —*, alla superficie | (*fig.*) *—*, alla superficie, senza approfondire. **4** (*fig., fam.*) Vita, corpo: *lasciarci, salvare la —* | *Fare la —*, uccidere | *Amici per la —*, inseparabili anche in situazioni critiche | *Riportare la — a casa*, ritornare vivo dopo aver corso un pericolo. [→ tav. *proverbi* 303]

pellegrina *s. f.* Corta mantellina che copre appena le spalle, fissata in genere alla giacca.

pellegrinàggio *s. m.* **1** (*raro*) Peregrinazione, esilio. **2** (*est.*) Viaggio di penitenza e devozione ai luoghi santi | (*est.*) Viaggio e visita a persone o luoghi celebri: *un — a Caprera.* **3** Insieme di pellegrini che viaggiano.

pellegrinàre *v. intr.* (*aus. avere*) Andare in pellegrinaggio.

pellegrino **A** *agg.* **1** Che viaggia: *falcone —.* **2** (*lett.*) Forestiero, straniero. **B** *s. m.* (*f. -a*) **1** (*raro*) Viandante, viaggiatore: *l'uomo è un — sulla terra.* **2** Chi viaggia per visitare luoghi santi o celebri.

pelleróssa o *pelliróssa* *s. m. e f.* (*pl. pellirósse*) Indigeno del Nord America.

pelletteria *s. f.* **1** Produzione e commercio di oggetti in pelle, come valigie, borsette, cinture, guanti e sim. **2** Insieme di oggetti di pelle lavorata. **3** Negozio in cui si vendono tali oggetti.

pellettière *s. m.* Chi produce o vende oggetti di pelletteria.

pellicàno *s. m.* **1** Grosso uccello tropicale con enorme becco munito, nella parte inferiore, di un sacco dilatabile per immagazzinare il cibo, spec. pesci. [→ ill. *animali* 9] **2** (*med.*) Leva dentaria.

pellicceria *s. f.* **1** Negozio e laboratorio di pellicciaio. **2** Quantità di pellicce confezionate.

pellìccia *s. f.* (*pl. -ce*) **1** Mantello di un animale formato di peli folti e piuttosto lunghi. **2** Pelle di animale conciata, col suo pelo morbido e lucente. **3** Indumento realizzato con pelliccia o foderato di pelliccia conciata e lavorata. [→ ill. *abbigliamento*] **4** (*arald.*) Particolare campo dello scudo, distinto dal colore e dal metallo, costituito da ermellino o vaio. [→ ill. *araldica*]

pelliccìaio *s. m.* (*f. -a* nei sign. 1, 2) **1** Chi lavora o vende pellicce. **2** Conciatore di pelli per pellicce. **3** Insetto dei Coleotteri le cui larve sono molto dannose a lane, pellicce e sim.

pellìcola *s. f.* **1** Pelle o membrana molto sottile | Squama. **2** Striscia di celluloide, di acetato di cellulosa o di un altro supporto con una delle facce cosparse di un'emulsione fotosensibile, atta a registrare le immagini raccolte dall'obiettivo della macchina fotografica o cinematografica. [→ ill. *cinematografia, fotografo*] **3** Film, racconto cinematografico.

pellicolàre *agg.* Di pellicola.

pellirόssa V. *pellerossa.*

pellùcido *agg.* Semitrasparente.

pélo *s. m.* **1** Produzione cornea filiforme di origine epidermica presente sul corpo dell'uomo e dei mammiferi | Insieme dei peli di una persona o di un animale | *Fare il — e il contropelo*, radersi per un verso poi per il contrario; (*fig.*) criticare spietatamente | *Di primo —*, di ragazzo al quale comincia a spuntare la barba e (*fig.*) di persona inesperta | *Non torcere un — a qc.*, (*fig.*) non fargli il minimo male | *Lisciare il —*, (*fig.*) adulare | (*fig.*) *Avere il — al cuore, sullo stomaco*, essere crudele, insensibile | (*fig.*) *Non avere peli sulla lingua*, parlare con assoluta sincerità | (*fig.*) *Cercare il — nell'uovo*, essere minuzioso e pignolo fino all'assurdo. [→ ill. *zoologia*] **2** Cellula allungata dell'epidermide vegetale | *— radicale*, che si trova sulle radici con funzione di assorbimento. [→ ill. *botanica*] **3** Fibra tessile ricavata dal pelo di diversi animali. **4** Peluria dei panni di lana | *Dare il — ai panni*, mediante la garzatura. **5** Pelliccia: *collo di —.* **6** La superficie di un liquido: *il — dell'acqua.* **7** (*fig.*) Minima frazione di tempo, minima cosa: *per un — non ho perduto il treno; c'è mancato un — che cadessi* | *Essere a un — da*, essere lì lì per. [→ tav. *proverbi* 179]

pelosità *s. f.* L'essere peloso.

pelóso *agg.* Che ha molto pelo, che è ricoperto di peli: *uomo —; mani pelose* | (*fig.*) *Carità pelosa*, fatta per interesse; SIN. Villoso.

pelòta /*sp.* pe'lota/ *s. f. inv.* (*pl. sp. pelotas* /pe'lotas/) Gioco di origine basca cui partecipano due squadre di tre giocatori ciascuna, i quali con un attrezzo di vimini adattato a una mano per mezzo di un guanto di cuoio, cercano di rinviare la palla lanciata contro un muro dagli avversari.
pèlta *s. f.* Scudo leggero con anima di legno o di vimini, a forma di mezzaluna o semicircolare. [→ ill. *armi*]
peltàsta *s. m.* (*pl. -i*) Soldato di armatura leggera.
peltàto *agg.* **1** Armato di pelta. **2** (*bot.*) Detto di foglia tondeggiante, inserita su un picciolo al centro di essa.
peltràio *s. m.* Artigiano che lavora il peltro.
péltro *s. m.* Lega di stagno con piombo e antimonio o con zinco e mercurio, d'aspetto simile all'argento, per vasellame da tavola e oggetti decorativi.
peluche /*fr.* pə'lyʃ/ *s. f. inv.* Tessuto con pelo lungo e morbido, usato spec. per pupazzi e sim.
pelùria *s. f.* Minuta villosità, insieme di peli sottili e morbidi: *ha le braccia ricoperte di —*.
pèlvi *s. f. inv.* (*anat.*) Bacino.
pèlvico *agg.* (*pl. m. -ci*) **1** (*anat.*) Di pelvi. **2** (*zool.*) *Pinne pelviche*, le due pinne dei pesci articolate con la cintura pelvica. [→ ill. *zoologia*]
pemmican /*ingl.* 'pemikən/ *s. m. inv.* Cibo a base di carne di renna o di pesce, seccata e affumicata, tipico dei pellirosse | Carne seccata, compressa o polverizzata, usata spec. nelle spedizioni polari.
péna *s. f.* **1** Danno fisico o morale sancito dalla legge come conseguenza del reato e inflitto dall'autorità giudiziaria mediante processo: *— di morte* | *— detentiva*, restrittiva della libertà personale | *— pecuniaria*, multa, ammenda. **2** Castigo dell'anima per i peccati commessi: *— dell'inferno, del purgatorio.* **3** (*est.*) Punizione: *pene corporali* | *A, sotto, — di*, (*fig.*) con minaccia di: *sotto — di morte*; SIN. Castigo. **4** Sofferenza fisica o morale: *i suoi guai e le sue pene* | *Soffrire le pene dell'inferno*, (*fig.*) essere in preda a tormenti indicibili; SIN. Cruccio, dolore. **5** Angoscia e pietà dovute alle sofferenze altrui: *è una — vederlo soffrire così* | *Far —*, muovere a pietà | *Essere in —*, essere angosciato o preoccupato per qc. o q.c. **6** Stento, fatica: *li vedemmo inerpicarsi con gran — sul monte* | *Prendersi, darsi — di*, affaticarsi | *Valere, non valere la —*, mettere, non mettere conto | *A —, a gran —, a mala —*, con grande difficoltà. [→ tav. *proverbi* 16, 285]
penàle **A** *agg.* Che concerne le pene giudiziarie: *azione —* | *Diritto —*, complesso di atti legislativi alla cui inosservanza è ricollegata l'applicabilità di una pena o di una misura di sicurezza; CFR. Civile. **B** *s. f.* Clausola penale | Somma stabilita dalla stessa: *pagare una —*.
penalista *s. m. e f.* (*pl. m. -i*) Esperto di diritto penale.
penalità *s. f.* **1** Sanzione spec. pecuniaria. **2** (*sport*) Entità della penalizzazione, in punti o in secondi.
penalizzàre *v. tr.* **1** Punire con una penalizzazione un concorrente che ha commesso un'irregolarità: *il vincitore è stato penalizzato di un minuto.* **2** (*est.*) Danneggiare | Trascurare: *— la famiglia rispetto al lavoro.*
penalizzazióne *s. f.* Svantaggio inflitto a un concorrente in una gara sportiva per condotta irregolare.
penalty /*ingl.* 'penlti/ *s. m. o f. inv.* (*pl. ingl. penalties* /'penltiz/) (*sport*) Punizione | Nel calcio, calcio di rigore.
penàre *v. intr.* (*io péno; aus. avere*) **1** Patire, soffrire: *— in carcere.* **2** Durare fatica: *penarono molto a uscire da quella situazione*; SIN. Faticare, stentare.
penàti *s. m. pl.* **1** Presso gli antichi Romani, divinità che proteggevano la famiglia, la casa, la patria. **2** (*fig.*) Casa, patria: *tornare ai propri —*.
pencolàre *v. intr.* (*io pèncolo; aus. avere*) **1** Pendere di qua e di là, non stare saldo; SIN. Vacillare. **2** (*fig.*) Essere irresoluto, indeciso: *— fra due opposte soluzioni*; SIN. Tentennare.
pendàglio *s. m.* Oggetto che pende | Ciondolo, monile | (*fig.*) *— da forca*, delinquente. [→ ill. *passamaneria*]
pendant /*fr.* pɑ̃'dɑ̃/ *s. m. inv.* (*pl. fr. pendants* /pɑ̃'dɑ̃/) Riscontro di cose, mobili, oggetti in coppia, disposti simmetricamente o in modo complementare: *questa consolle è il — di quell'altra.*
pendènte **A** *part. pres. di pendere; anche agg.* Che pende | (*dir.*) *Carichi pendenti*, procedimenti penali a carico. **B** *s. m.* **1** Ciondolo, orecchino. [→ ill. *gioielli*] **2** Pendio.
pendènza *s. f.* **1** Condizione di ciò che è pendente: *la — di una torre.* **2** Rapporto fra la differenza di quota di due punti e la loro distanza in orizzontale, relativamente a strade, canali, e sim.: *la strada ha una — dell'8%.* **3** (*dir.*) Incertezza in cui si trova un processo in corso. **4** Questione non risolta | Conto non liquidato: *definire, sistemare una —*.
pèndere *v. intr.* (*pass. rem. io pendéi o pendètti, tu pendésti; part. pass. pendùto, raro; aus. avere*) **1** Essere appeso, sospeso o attaccato a q.c., gravitando verso il basso: *il quadro pende dal chiodo; una spada gli pendeva dal fianco* | (*fig.*) *— dalle labbra, dalle parole, dai cenni di qc.*, essere attentissimo. **2** Essere inclinato o piegato rispetto al proprio asse: *— a destra, a sinistra*; *la torre di Pisa pende.* **3** Essere più o meno spostato verso il basso | *La bilancia pende dalla sua parte*, (*fig.*) il momento gli è favorevole. **4** (*fig.*) Incombere: *una terribile minaccia pende su di noi.* **5** (*fig.*) Essere in attesa di decisione: *la causa pende dinanzi ai giudici* | Tentennare: *pende, e non si decide mai.* **6** (*fig.*) Propendere: *è indeciso, ma credo penda verso la nostra soluzione.*
pendice *s. f. spec. al pl.* Parte di terreno in pendio: *le pendici del monte.*
pendio *s. m.* **1** Pendenza: *essere in —*. **2** Luogo in pendenza.
pèndola *s. f.* Orologio a pendolo.
pendolàre (1) *v. intr.* (*io pèndolo; aus. avere*) Muoversi in modo simile all'oscillazione del pendolo.
pendolàre (2) **A** *agg.* Detto di movimento che assomiglia a quello del pendolo. **B** *agg.; anche s. m. e f.* Detto di chi, abitando in un luogo diverso da quello in cui svolge il proprio lavoro, si sposta giornalmente utilizzando mezzi di trasporto spec. pubblici.
pendolino (1) *s. m.* **1** *Dim. di pendolo.* **2** Pendolo usato da rabdomanti per i loro esperimenti.
pendolino (2) *s. m.* Piccolo uccello che costruisce un nido a forma di fiasco appeso a un ramo.
pèndolo *s. m.* **1** (*fis.*) Corpo sospeso a un filo e oscillante intorno a un asse fisso. [→ ill. *fisica*] **2** Pendola. [→ ill. *orologio*] **3** Peso pendente da un filo per stabilire il perpendicolo | Filo a piombo.
pèndulo *agg.* (*lett.*) Che pende.
pène *s. m.* (*anat.*) Organo esterno, erettile, dell'apparato urogenitale maschile. [→ ill. *anatomia umana*]
penepiàno *s. m.* (*geogr.*) Regione leggermente ondulata o quasi pianeggiante modellata dall'azione degli agenti esogeni protrattasi per lunghe ere geologiche.
pènero *s. m.* Lembo dell'ordito non tessuto, lasciato come frangia ornamentale.
penetràbile *agg.* Che si può facilmente penetrare; CONTR. Impenetrabile.
penetràle *s. m.* **1** Nell'antica Roma, la parte più interna e nascosta della casa o del tempio. **2** (*fig.*) *spec. al pl.* Parte più intima: *i penetrali dell'animo.*
penetrànte *part. pres. di penetrare; anche agg.* **1** Che penetra | *Odore —*, acuto. **2** (*fig.*) Che giunge o indaga in profondità: *osservazione —*.
penetrànza *s. f.* Penetrazione | Attitudine di un corpo a penetrare in un mezzo fluido.
penetràre **A** *v. intr.* (*io pènetro; aus. essere e avere*) **1** Spingersi dentro, spec. a fatica, aprendosi un varco: *il chiodo penetra nella parete*; *la lama penetrò a fondo nelle carni.* **2** Introdursi. **B** *v. tr.* **1** Trapassare (*anche fig.*): *pareva volesse penetrarlo con quello sguardo acuto.* **2** Riuscire a comprendere perfettamente: *— il significato di un'allegoria.*
penetrativo *agg.* Atto a penetrare.
penetrazióne *s. f.* **1** Introduzione, insinuazione dentro un materiale compatto o un luogo chiuso: *la — di un cuneo nel legno*; *capacità di —* | (*fig.*) Diffusione entro q.c.: *la — di nuove idee.* **2** (*fig.*) Attitudine a capire; SIN. Acutezza, perspicacia.
penicillina *s. f.* Antibiotico isolato dal fungo *Penicillium notatum.*
penicillio *s. m.* Muffa a forma di minuti cespi da cui si innalzano ife a ciuffo, alcune patogene, altre utili per l'estrazione della penicillina.
penicillo *s. m.* (*bot.*) Parte di organo vegetale in forma di filamento.
peninsulàre *agg.* Di penisola.

penìsola *s. f.* Terra circondata dalle acque eccetto una parte che è unita al continente.

penitènte ***A*** *agg.* Che si pente dei propri peccati. ***B*** *s. m. e f.* ***1*** Chi fa penitenza. ***2*** Chi accede al sacramento della penitenza; CONTR. Impenitente.

penitènza *s. f.* ***1*** Pentimento e dolore per il male commesso. ***2*** Qualunque privazione o punizione cui ci si sottopone coscientemente, a scopo riparatorio e sim.: *fustigarsi per* –. ***3*** (*relig.*) Uno dei sette sacramenti, secondo la dottrina cattolica istituito da Gesù Cristo per rimettere i peccati commessi dopo il battesimo (oggi è denominata anche 'sacramento della riconciliazione') | – *sacramentale*, opera buona o preghiera imposta dal confessore a castigo e a correzione del peccatore. ***4*** Castigo o punizione che si dà spec. ai fanciulli. ***5*** In giochi infantili o di società, prova d'abilità o azione ridicola imposta al perdente.

penitenziàle *agg.* Di penitenza.

penitenziàrio ***A*** *agg.* ***1*** Che concerne l'organizzazione delle istituzioni carcerarie. ***2*** Relativo all'espiazione di una pena detentiva. ***B*** *s. m.* Istituto carcerario.

penitenzière *s. m.* Confessore che, nelle cattedrali, ha autorità di assolvere dai peccati i casi riservati al vescovo.

pénna *s. f.* ***1*** Formazione cornea della pelle caratteristica degli uccelli, costituita da un asse centrale, la cui parte basale (*calamo*) è inserita sulla pelle, mentre la parte rimanente (*rachide*) porta il vessillo | *Cane da* –, il cui compito è fermare o puntare selvaggina alata | *Lasciarci, rimetterci le penne*, (*fig.*) morire o subire danni gravissimi | (*est.*) Piuma: *cuscino di* –. [→ ill. *zoologia*] ***2*** Ornamento del cappello alpino | *Penne nere*, gli alpini. ***3*** Strumento per scrivere rappresentato un tempo da una penna d'oca lavorata e poi da un'asticciola di materiale vario munito di pennino di metallo, anch'essa oggi non più in uso | – *stilografica*, dotata di un serbatoio per l'inchiostro | – *a sfera, a feltro*, munita di un serbatoio con inchiostro semisolido e su cui al posto del pennino vi è una sferetta scorrevole o una punta di feltro | *Dar di* –, cancellare | (*fig.*) *Lasciare q.c. nella* –, dimenticare di scrivere q.c. | *Saper tenere la – in mano*, (*fig.*) sapere scrivere | *Uomo di* –, colto, istruito | (*est.*) Scrittore: *una buona* –. [→ ill. *penna da scrivere, disegnatore, meteorologia, telegrafia, ufficio*] ***4*** Parte assottigliata del martello, opposta alla bocca. [→ ill. *martello*] ***5*** Parte della freccia opposta alla punta. ***6*** *spec. al pl.* Pasta alimentare in forma romboidale, corta e bucata. [→ ill. *pasta*]

pennàcchio *s. m.* ***1*** Ciuffo o mazzo di penne, per ornamento. ***2*** (*fig.*) Fiocco di fumo e sim.: *un – di fumo usciva dalla ciminiera.* ***3*** (*arch.*) Zona di raccordo fra i piedritti e la calotta di una cupola, in ambienti a pianta quadrata o poligonale. [→ ill. *architettura*]

pennaiòlo *s. m.* (*f.* -*a*) ***1*** (*raro*) Chi vende penne. ***2*** (*spreg.*) Pennivendolo.

pennarèllo *s. m.* Nome commerciale di un tipo di penna a feltro, con tratto piuttosto spesso. [→ ill. *disegnatore, ufficio*]

pennàto ***A*** *agg.* ***1*** Pennuto. ***2*** Detto di foglia composta formata di foglioline disposte ai lati di un asse. [→ ill. *botanica*] ***B*** *s. m.* Attrezzo adunco di ferro per potare le viti. [→ ill. *agricoltura*]

pennatosètto *agg.* (*bot.*) Detto di foglia pennata con foglioline disposte a destra e a sinistra della nervatura principale. [→ ill. *botanica*]

pennècchio *s. m.* Quantità di lana, lino e sim. che si mette in una sola volta sulla rocca.

pennellàre *v. tr. e intr.* (*io pennèllo; aus. avere*) Passare il pennello su una superficie.

pennellàta *s. f.* ***1*** Tratto, tocco, di pennello | Maniera di usare il pennello. ***2*** (*fig.*) Elemento descrittivo di particolare vivacità.

pennellatùra *s. f.* Distribuzione di farmaci liquidi su cute o mucose, mediante pennello.

pennelleggiàre *v. tr.* (*io pennelléggio*) Dipingere col pennello.

pennelléssa *s. f.* Grosso pennello piatto. [→ ill. *pittore*]

pennellifìcio *s. m.* Fabbrica di pennelli.

pennèllo (1) *s. m.* ***1*** Mazzetto di peli animali o artificiali fissati all'estremità di un'asticciola o di un manico per dipingere, imbiancare, verniciare e sim. | (*fig.*) *A* –, perfettamente: *l'abito gli sta a* –. [→ ill. *barbiere, edilizia, pittore, toilette e cosmesi*] ***2*** Struttura appoggiata alla sponda di un corso d'acqua e sporgente nell'alveo per allontanare la corrente dalla sponda stessa. ***3*** Fascio di raggi luminosi, uscenti da una sorgente luminosa puntiforme, che passano attraverso un'apertura piccolissima | – *elettronico*, sottile fascetto di elettroni in un tubo catodico. [→ ill. *elettronica*]

pennèllo (2) *s. m.* Bandiera di segnalazione a forma di triangolo allungato. [→ ill. *bandiera*]

pennichèlla *s. f.* (*rom.*) Sonnellino, spec. pomeridiano.

penninèrvio *agg.* Detto di foglia con una nervatura centrale da cui se ne staccano altre disposte come le barbe di una penna. [→ ill. *botanica*]

pennìno *s. m.* Piccola lamina metallica opportunamente sagomata per scrivere, innestata al cannello della penna. [→ ill. *penna da scrivere*]

pennivéndolo *s. m.* (*f.* -*a*) (*spreg.*) Scrittore o giornalista disonesto, che serve chi lo paga meglio.

pennóne *s. m.* ***1*** Stendardo molto lungo usato dalla cavalleria fino alla metà del sec. XVIII | Grande bandiera di forma allungata. ***2*** (*mar.*) Antenna orizzontale di legno o di ferro, cui è inserito il lato superiore delle vele quadre. [→ ill. *marina*] ***3*** Asta di bandiera.

pennùto ***A*** *agg.* Fornito di penna. ***B*** *s. m.* Uccello, volatile.

penny /*ingl.* 'peni/ *s. m. inv.* (*pl. ingl. pence* /pens/) Moneta inglese un tempo pari a 1/12 di scellino, attualmente alla centesima parte di una sterlina.

penómbra *s. f.* ***1*** Semioscurità. ***2*** (*fis., astron.*) Zona parzialmente illuminata che si manifesta, tra quella tutta illuminata e quella in ombra, quando la sorgente luminosa non è puntiforme. [→ ill. *astronomia*]

penóso *agg.* ***1*** Che dà pena, che muove a compassione. ***2*** Molesto, faticoso, *lavoro* –.

pensàbile *agg.* Che si può pensare, immaginare; CONTR. Impensabile.

pensaménto *s. m.* (*raro*) Pensata | Meditazione.

pensànte *part. pres. di pensare; anche agg.* Che pensa e ragiona.

pensàre ***A*** *v. intr.* (*io pènso; aus. avere*) ***1*** Possedere e utilizzare precise facoltà mentali: *gli esseri umani pensano* | (*est.*) Riflettere, meditare: *è bene – prima di agire; – tra sé, in cuor suo* | *Pensarci su*, riflettere attentamente su q.c. ***2*** Tenere il pensiero fisso su q.c. o qc.: *penso sempre a voi; pensa al domani* | (*est.*) Ricordare:

penna da scrivere

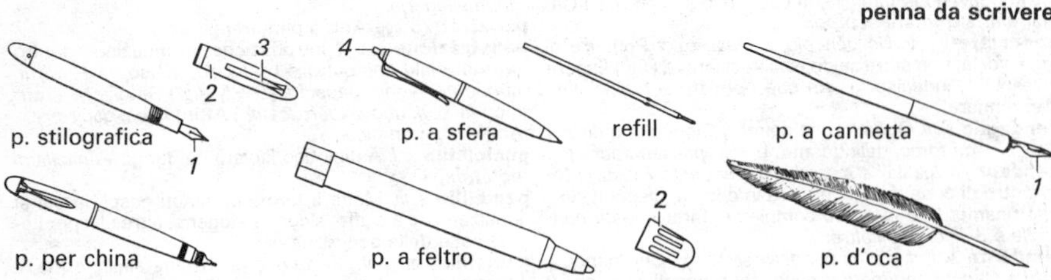

1 pennino 2 cappuccio 3 fermaglio 4 pulsante

penso ai bei giorni trascorsi. ***3*** Badare a q.c., occuparsi di qc. o di q.c.: *pensa ai fatti tuoi* | Provvedere: *ci penso io.* ***4*** Ragionare in base a determinati criteri e convincimenti: *non tutti parlano come pensano.* ***B*** *v. tr.* ***1*** Esaminare col pensiero, raffigurarsi nella mente: *cosa stai pensando?*; *chi avrebbe potuto — una cosa simile di lui?* ***2*** Considerare con attenzione: *pensa quale terribile esperienza è stata*; SIN. Meditare, riflettere. ***3*** Escogitare, inventare: *ne pensa sempre una nuova* | *Una ne fa e una* (*o cento*) *ne pensa*, di chi riesce sempre a trovare nuovi trucchi, astuzie e sim. ***4*** Credere, supporre, ritenere: *penso che sbagli*; *non penso che sia facile risolvere la situazione.* ***5*** Avere in animo: *che cosa pensi di fare?* [→ tav. *proverbi* 150]

pensàta *s. f.* Idea, trovata.

pensatóio *s. m.* (*scherz.*) Luogo in cui ci si ritira a meditare, a pensare.

pensatóre ***A*** *agg.* (*f.* *-trìce*) Che pensa: *mente pensatrice.* ***B*** *s. m.* ***1*** Chi si dedica sistematicamente all'attività del pensare | *Libero* —, chi sostiene la piena libertà di coscienza in campo religioso. ***2*** Filosofo.

pensée /*fr.* pɑ̃'se/ *s. f. inv.* (*pl. fr.* *pensées* /pɑ̃'se/) (*bot.*) Viola del pensiero.

pensierino *s. m.* ***1*** Piccolo e superficiale pensiero | *Fare un — su q.c., farci un* —, desiderarla. ***2*** (*fam.*) Attenzione delicata che si manifesta con doni e sim. ***3*** Primo esercizio di composizione per gli alunni delle scuole elementari.

pensièro *s. m.* ***1*** Attività e facoltà del pensare: *il — è proprio degli esseri razionali*; *libertà di —* | *Andare col — a q.c., a qc.*, pensare a q.c., a qc. | *Fermare il — su q.c., su qc.*, fissare la mente su q.c., su qc. | *Essere sopra* —, distratto | (*est.*) Attività e facoltà del riflettere, immaginare, giudicare, supporre: *essere assorto in profondi pensieri*; SIN. Riflessione. ***2*** Il contenuto di ogni singolo atto del pensare, riflettere, immaginare e sim.: *uno strano, un cattivo —* | Ciò che si pensa: *tacere il proprio* —; SIN. Idea. ***3*** Modo di pensare, giudicare e sim.: *cercare di capire il — di qc.* | Espressione o manifestazione di un certo modo di pensare: *i suoi pensieri sono raccolti in un volume.* ***4*** Ansia, preoccupazione: *stare in — per qc.* | *Dar pensieri a qc.*, causargli preoccupazioni | *Non darsi — di q.c., di qc.*, non preoccuparsi | *Senza pensieri*, spensieratamente. ***5*** (*fam.*) Atto, comportamento e sim. particolarmente attento: *un — gentile, delicato* | (*fam.*) Dono: *che grazioso —!*

pensieróso *agg.* Pieno di pensieri, assorto in pensieri; SIN. Meditabondo, pensoso.

pensile ***A*** *agg.* ***1*** (*lett.*) Che pende o sta sospeso nell'aria. ***2*** Che è sollevato da terra mediante sostegni vari: *scaffale —* | *Giardino* —, con archi e colonne e (*est.*) collocato su un terrazzo. [→ ill. *casa*] ***B*** *s. m.* Mobiletto pensile. [→ ill. *mobile*]

pensilina *s. f.* Struttura sporgente da un edificio oppure isolata e poggiante su colonne, per riparare spec. dalla pioggia persone o cose: *le pensiline della stazione.* [→ ill. *ferrovia*]

pensionàbile *agg.* ***1*** Che può essere collocato in pensione: *impiegato —* | Che consente di andare in pensione: *età* —. ***2*** Che si prende come base ai fini del computo della pensione: *quota — dello stipendio* | Che si può computare ai fini della pensione: *anni non pensionabili.*

pensionaménto *s. m.* Provvedimento mediante il quale un lavoratore è collocato a riposo.

pensionànte *s. m. e f.* Chi sta a pensione presso qc.; SIN. Dozzinante.

pensionàre *v. tr.* (*io pensióno*) (*raro*) Collocare un lavoratore in pensione.

pensionàto ***A*** *part. pass. di pensionare; anche agg.* Che riceve una pensione. ***B*** *s. m.* (*f.* *-a* nel sign. 1) ***1*** Che riceve una pensione. ***2*** Istituto che accoglie persone spec. sole, fornendo loro vitto e alloggio, dietro il pagamento di una somma stabilita.

pensióne *s. f.* ***1*** Attribuzione obbligatoria al prestatore di lavoro, da parte dello Stato o di altri enti pubblici o privati, di una somma periodica di indennità in seguito alla cessazione del rapporto di lavoro per sopraggiunti limiti di età o di servizio o per invalidità o ai familiari aventi diritto per la morte dello stesso | Condizione di chi riceve tale attribuzione: *essere, andare, mettersi in* —. ***2*** Importo da pagarsi per vitto e alloggio in alberghi e sim.; SIN. Retta. ***3*** Fornitura di vitto e alloggio, dietro pagamento di un importo stabilito | (*est.*) Locanda o casa privata che ospita pensionanti.

pensionìstico *agg.* (*pl. m.* *-ci*) (*bur.*) Che riguarda le pensioni: *sistema* —.

pensosità *s. f.* Condizione di chi è pensoso.

pensóso *agg.* ***1*** Assorto in pensieri, meditazioni; SIN. Pensieroso | Propenso alla meditazione: *carattere* —; SIN. Meditabondo. ***2*** (*lett.*) Che si preoccupa per qc. o per q.c.: *essere — degli altri.*

pènta- *primo elemento*: in parole composte scientifiche significa 'cinque': *pentagono, pentagramma.*

pentacòrdo *s. m.* (*mus.*) Lira a cinque corde | Sistema di cinque suoni e di quattro intervalli.

pentadàttilo *agg.* Detto di arto con cinque dita.

pentadecàgono *s. m.* Poligono con quindici lati.

pentaèdro *s. m.* Poliedro a cinque facce.

pentagonàle *agg.* Che ha forma di pentagono.

pentàgono *s. m.* Poligono con cinque vertici. [→ ill. *geometria*]

pentagràmma *s. m.* (*pl.* *-i*) Insieme delle cinque righe orizzontali parallele e degli spazi fra esse compresi su cui si scrivono le note e le pause musicali.

pentagrammàto *agg.* Detto di un foglio di carta coperto da pentagrammi.

pentàmero *agg.* (*bot.*) Detto di fiore a 5 petali e 5 sepali.

pentàmetro *s. m.* Verso della poesia greca e latina formato da due commi ognuno dei quali consta di due dattili e di una sillaba lunga.

pentàno *s. m.* (*chim.*) Idrocarburo alifatico saturo a cinque atomi di carbonio, presente nel petrolio greggio.

pentapartito *s. m.* Governo basato sull'accordo di cinque partiti.

pentatèuco *s. m. solo sing.* I primi cinque libri dell'Antico Testamento, ispirati da Dio a Mosè.

pèntathlon o *pèntatlon s. m.* Gara atletica in cinque prove | *— moderno*, complesso di cinque prove di cinque sport diversi: equitazione, scherma, tiro, nuoto e corsa campestre.

pentatlèta *s. m. e f.* (*pl. m.* *-i*) Atleta specialista di pentathlon.

pèntatlon V. *pentathlon.*

pentavalènte *agg.* ***1*** (*chim.*) Detto di atomo che può combinarsi con cinque atomi di idrogeno. ***2*** Detto di sostanza che presenta nella sua molecola cinque identici gruppi funzionali.

pentecostàle ***A*** *agg.* Della Pentecoste. ***B*** *s. m. spec. al pl.* Membri di una delle sette o chiese cristiane di origine americana, che ritengono possibile rinnovare, nelle assemblee dei fedeli, il miracolo che si verificò nei riguardi degli apostoli nel giorno della Pentecoste.

pentecòste *s. f.* Solennità che cade cinquanta giorni dopo la Pasqua, a commemorazione della discesa dello Spirito Santo.

pentemìmera *agg. solo f.* (*letter.*) Detto di cesura metrica che si trova dopo due piedi e mezzo.

pentiménto *s. m.* ***1*** Dolore o rimorso che si prova per ciò che si è o non si è fatto; SIN. Ravvedimento. ***2*** (*fig.*) Cambiamento di idee, propositi, opinioni.

pentirsi *v. intr. pron.* (*io mi pènto*) ***1*** Provare dolore, sentire rimorso per ciò che si è o non si è fatto: *— dei propri peccati*; *mi pento di averti offeso*; SIN. Ravvedersi. ***2*** Essere insoddisfatto di q.c.: *mi pento di aver seguito i tuoi consigli*; SIN. Rammaricarsi. ***3*** Cambiare parere.

pentito ***A*** *part. pass. di pentirsi; anche agg.* Che si è pentito (che ha cambiato idea). ***B*** *s. m.; anche agg.* (*f.* *-a*) Terrorista, o altro criminale, disposto a collaborare con la giustizia ottenendo attenuanti, benefici o riduzioni di pena.

pèntodo o (*evit.*) *pentòdo s. m.* Tubo elettronico con triplice griglia, e perciò con 5 elettrodi.

péntola *s. f.* ***1*** Recipiente di metallo, coccio o porcellana con due manici, nel quale cuociono le vivande | *— a pressione*, munita di chiusura ermetica e valvola di sicurezza, usata per abbreviare notevolmente i tempi di cottura dei cibi | *Qualcosa bolle in* —, (*fig.*) qualcosa si sta segretamente preparando | *Sapere ciò che bolle in* —, (*fig.*) essere al corrente di ciò che si sta preparando. [→ ill. *cucina*] ***2*** Quantità di cibo e sim. che è o può essere contenuta in una pentola: *una — di fagioli.* [→

tav. *proverbi* 171, 175]

pentolàccia *s. f.* (*pl. -ce*) **1** *Pegg. di pentola.* **2** Gara in cui i partecipanti bendati colpiscono con un bastone una pentola di coccio piena di regali che sta sospesa in alto.

pentolàio *s. m.* (*f. -a*) Chi fa o vende pentole.

pentolàta *s. f.* **1** Quantità di roba contenuta in una pentola. **2** Colpo di pentola.

pentolino *s. m.* **1** *Dim. di pentola.* **2** Quantità di cibo contenuta in un pentolino.

pentotàl o *pentothàl s. m.* Nome commerciale di un derivato barbiturico usato come anestetico; SIN. (*pop.*) Siero della verità.

pentrite *s. f.* (*chim.*) Composto chimico usato come potente esplosivo dirompente.

penùltimo A *agg.* Che in una sequenza, una serie, e sim. precede immediatamente l'ultimo. **B** *anche s. m.* (*f. -a*).

penùria *s. f.* Mancanza, scarsezza, scarsità: *— di grano.*

penzolàre *v. intr. e* (*raro*) *intr. pron.* (*io pènzolo; aus. intr. avere*) Pendere, spec. oscillando: *— dai rami.*

penzolóni *avv.* Stando sospeso in alto, in modo da pendere nel vuoto: *stare —* | Dondoloni: *starsene con le braccia — lungo i fianchi* | *A —*, penzolando.

peòcio *s. m.* (*zool.*; *dial.*) Cozza, mitilo.

peón /*sp.* pe'on/ *s. m. inv.* (*pl. sp. peones* /pe'ones/) Lavoratore giornaliero non qualificato, meticcio o indiano, dell'America Meridionale, in condizioni di estrema povertà.

peóne *s. m.* Adattamento di *peón.*

peònia *s. f.* Pianta erbacea delle Policarpali con corto rizoma e radici a tubero, fiori grandissimi e solitari a cinque petali, spontanea sui monti. [→ ill. *piante* 4]

pepaiòla *s. f.* Vasetto di legno o vetro in cui si tiene il pepe | Macinino da tavola per il pepe.

pepàre *v. tr.* (*io pépo*) Condire con pepe.

pepàto *part. pass. di pepare; anche agg.* **1** Condito con pepe | Piccante: *sapore troppo —.* **2** (*fig.*) Di una vivacità acre e pungente: *un caratterino —.*

pépe *s. m.* **1** Arbusto rampicante delle Piperali di cui si usano i frutti come spezie. [→ ill. *piante* 3] **2** Spezie dal caratteristico sapore piccante, fornita dalla pianta omonima | (*fig.*) *Persona tutto —*, molto briosa e arguta | (*fig.*) *Un grano di —*, detto di persona piccola e vivacissima. [→ ill. *spezie*] **3** *— di Caienna*, peperoncino rosso molto piccante, posto in commercio intero o macinato. [→ ill. *spezie*]

peperini *s. m. pl.* Pastina da brodo simile a granelli di pepe. [→ ill. *pasta*]

peperino *s. m.* Tufo ben cementato tipico del Lazio.

peperita o *piperita agg. f.* Detto di varietà di menta.

peperonàta *s. f.* Pietanza di peperoni in padella con pomodori e cipolla.

peperoncino *s. m.* Varietà di peperone piccante i cui frutti vengono usati come spezie: *— rosso.*

peperóne *s. m.* **1** Pianta erbacea delle Tubiflorali a fusto eretto, foglie ovate, glabre, e frutto a bacca, coltivata in molte varietà. [→ ill. *piante* 12] **2** Frutto commestibile di tale pianta | *Diventare rosso come un —*, arrossire violentemente. [→ ill. *verdura*]

pepièra *s. f.* Piccolo recipiente nel quale si tiene il pepe in polvere a tavola; CFR. Pepaiola.

pepita *s. f.* Piccola massa levigata di metallo nobile, che si è staccata dal primitivo giacimento per rotolare in sabbie alluvionali: *una — d'oro.*

pèplo *s. m.* Abito femminile nell'antica Grecia, costituito da un lungo e largo lembo di tessuto, passato sotto il braccio destro e fissato con una fibbia metallica sulla spalla sinistra. [→ ill. *vesti*]

pepònide *s. f.* Frutto carnoso con pericarpo duro caratteristico delle Cucurbitacee (melone, zucca, cetriolo e sim.). [→ ill. *botanica*]

pèppola *s. f.* Passeriforme simile al fringuello ma con capo nero, ali fulve e dorso bianco e nero.

pèpsi *s. f.* (*med.*) Digestione.

pepsina *s. f.* Enzima prodotto dallo stomaco che trasforma le proteine in sostanze meno complesse.

pèptico *agg.* (*pl. m. -ci*) Che concerne la digestione | Della pepsina.

peptide *s. m.* Composto organico azotato, tappa intermedia della demolizione delle proteine ad amminoacidi.

peptóne *s. m.* **1** Prodotto della digestione delle sostanze proteiche. **2** Sostanza ottenuta per idrolisi enzimatica delle proteine.

pér *prep.* (*una delle prep. proprie semplici. Fondendosi con gli art. det., dà origine alle prep. art. lett. o poet. m. sing. pél; péllo; m. pl. péi; pégli; f. sing. pélla; f. pl. pélle*) **I** Stabilisce diverse relazioni dando luogo a molti complementi **1** Compl. di moto attraverso luogo (*anche fig.*): *passerò — Torino; guardare — il buco della serratura; cosa ti passa — il cervello?* | Lungo, secondo (indica il senso, la modalità di un movimento): *lasciarsi andare — la corrente; correre giù — i boschi.* **2** Compl. di moto a luogo: *prendo l'aereo — Parigi; parto — il mare* | (*fig.*) Verso (indica inclinazione): *ha una passione — il gioco.* **3** Compl. di stato in luogo (*anche fig.*): *sdraiatevi — terra; cos'hai — la testa?* **4** Compl. di tempo continuato: *ha piovuto — tutta la notte; ho aspettato — anni.* **5** Compl. di tempo determinato: *ci rivedremo — Natale.* **6** Compl. di mezzo: *me l'ha detto — telefono; posta — via aerea.* **7** Compl. di causa: *è diventato livido — la rabbia.* **8** Compl. di scopo o fine: *fare q.c. — divertimento; costume — il mare.* **9** Compl. di vantaggio e svantaggio: *bisogna sacrificarsi — i figli; pensa solo — sé; peggio — loro* | Indica destinazione: *c'è una lettera — te.* **10** Compl. di modo o maniera: *facevano — gioco; chiamami — nome* | (*est.*) Indica il modo in cui si prende qc. o q.c.: *mi ha preso — un braccio.* **11** Compl. di prezzo: *l'ho comprato — mille lire; te lo cedo — poco.* **12** Compl. di stima: *ha valutato il quadro — due milioni.* **13** Compl. di misura o estensione: *la strada è interrotta — dieci chilometri; la torre s'innalza — cento metri.* **14** Compl. di limitazione: *è molto ammirata — la sua bellezza; — questa volta ti perdono.* **15** Compl. distributivo: *entrate uno — uno; in fila — tre* | (*est.*) Indica la percentuale: *ho un interesse del cinque — cento* | Indica le operazioni matematiche della moltiplicazione e divisione: *dieci — dieci è uguale a cento; dieci diviso — dieci è uguale a uno.* **16** Compl. di colpa: *è stato processato — alto tradimento.* **17** Compl. di pena: *è stato multato — vari milioni.* **18** Compl. predicativo: *ho avuto — maestro tuo fratello.* **19** Compl. escl. e vocativo: *— Giove!; — Bacco!; — tutti i diavoli!* | In nome di (introduce un'invocazione, un giuramento, una promessa): *— l'amor del cielo!; — carità!; ve lo giuro — l'anima mia.* **20** Indica scambio o sostituzione: *ti avevo scambiato — un altro.* **II** Introduce varie specie di proposizioni **1** Prop. finale con il v. all'inf.: *sono venuto — parlarti.* **2** Prop. causale con il v. all'inf.: *è stato assolto — non aver commesso il fatto.* **3** Prop. consecutiva con il v. all'inf.: *è abbastanza grande — andare a scuola.* **4** Prop. concessiva con il v. al cong.: *— poco che sia è meglio che niente.* **III** Ricorre nella formazione di molte loc. **1** Nelle loc. *essere, stare —*, essere in procinto di: *stavo — uscire; ero quasi — picchiarlo.* **2** Loc. avv.: *— tempo; — ora; — il momento; — lungo; — largo; — diritto; — traverso; — di più; — certo; — fermo; — l'appunto;* ecc. **3** Loc. cong.: *— il che; — la qual cosa; — il fatto che; — via che; — ciò che; — ciò.*

péra *s. f.* **1** Frutto carnoso commestibile del pero | *Cascare come una — cotta, matura*, con grande facilità e (*fig.*) innamorarsi subito | *Essere come una — cotta*, essere molle, fiacco (*spec. fig.*). [→ ill. *frutta*] **2** Oggetto di forma oblunga, simile a una pera | *— della luce*, interruttore a forma di pera. **3** Piccolo apparecchio igienico di gomma per clisteri e irrigazioni. [→ ill. *medicina e chirurgia*] **4** (*scherz.*) Testa: *grattarsi la —.* **5** (*gerg.*; *fig.*) Iniezione di droga, spec. eroina. [→ tav. *proverbi* 12, 336]

peràcido *s. m.* Acido ossigenato in cui sono presenti atomi di ossigeno legati fra di loro oltre che con gli altri atomi.

peràltro *avv.* Del resto, d'altra parte.

perànco *avv.* (*lett.*) Ancora, finora: *non si è — veduto.*

perbàcco *inter.* (*fam.*) Esprime disappunto, meraviglia e sim.: *—, questa è bella!*

perbène A *agg. inv.* Onesto, probo, costumato: *un giovane —*; SIN. Ammodo. **B** *avv.* In maniera esatta, ordinata, con cura e scrupolo: *fate le cose —.*

perbenismo *s. m.* Desiderio di apparire costumati e ligi alla morale sociale comune (*spec. spreg.*); SIN. Conformismo.

perboràto *s. m.* Sale ottenuto in generale per azione dell'acqua ossigenata o dei perossidi alcalini sui borati | — *di sodio*, usato come sbiancante, deodorante e disinfettante.

percàlle *s. m.* Tessuto di cotone molto leggero, per grembiuli, vestaglie, camicie da uomo.

percènto *s. m. inv.* Somma determinata in base a percentuale.

percentuàle A *agg.* Che è stabilito in proporzione a cento: *interesse* —. **B** *s. f.* **1** Rapporto tra due grandezze espresso in centesimi. Normalmente i numeri che indicano valori percentuali si scrivono in cifre seguite dal simbolo %: *20% di sconto; i prezzi sono aumentati mediamente del 7%.* Talvolta, in contesti più discorsivi, si usa l'espressione 'per cento': *il 90 per cento degli alunni; un successo al cento per cento.* (v. nota d'uso NUMERO) **2** Provvigione.

percentualizzàre *v. tr.* Ricavare percentuali da dati matematici o statistici.

percepibile *agg.* Che si può percepire.

percepire *v. tr.* (*io percepisco, tu percepisci*) **1** Assumere i dati della realtà esterna mediante i sensi o l'intuito: — *q.c. con gli occhi, con l'udito*; SIN. Sentire. **2** Ricevere, riscuotere: — *un compenso adeguato.*

percettìbile *agg.* Che si può percepire, distinguere e apprendere; CONTR. Impercettibile.

percettibilità *s. f.* Condizione di percettibile.

percettività *s. f.* Facoltà di percepire.

percettivo *agg.* **1** Atto a percepire. **2** Che concerne la percezione.

percettóre *s. m.* (*f.* -*trìce*) Chi percepisce una somma o un reddito.

percezióne *s. f.* **1** Assunzione, presa di coscienza dei dati della realtà esterna mediante i sensi o l'intuito: — *di un rumore*; — *di un pericolo.* **2** Attività conoscitiva. **3** Riscossione di una somma o di un reddito.

perché A *avv.* Per quale ragione (in prop. interr. dirette o indirette con valore causale o finale): — *ti ostini tanto?*; *spiegami — lo fai* | Seguito dalla negazione 'non' in espressioni interr. che equivalgono a un invito a fare q.c.: — *non restate a cena con noi?* **B** *cong.* **1** Poiché, per la ragione che, per il fatto che (introduce una prop. caus. con il v. all'indic. o al congv.): *non sono venuto — s'era fatto tardi.* **2** Affinché (introduce una prop. finale con il v. al congv.); *le leggi sono state fatte — siano applicate.* **3** Cosicché, talché, che (introduce una prop. consecutiva con il v. al congv.): *è troppo forte — gli altri possano batterlo.* **C** *in funzione di s. m. inv.* **1** Motivo, causa, scopo, ragione: *l'ha fatto senza un* — | (*fam.*) *Il — e il percome*, tutte le ragioni: *voglio sapere il — e il percome.* **2** Interrogativo, incertezza, dubbio: *i — della vita.* [→ tav. *proverbi* 88, 182]

perciò *cong.* Per questa ragione (con valore concl.): *sono arrabbiato, — me ne vado.*

perclorato *s. m.* Sale dell'acido perclorico, usato spec. in pirotecnica.

perclòrico *agg.* (*pl. m.* -*ci*) Detto di acido del cloro, a grado massimo di ossidazione, ottenuto distillando nel vuoto un perclorato con acido solforico.

percolàre *v. tr. e intr.* (*aus. intr. essere*) Eseguire la percolazione.

percolazióne *s. f.* Passaggio lento di un liquido dall'alto verso il basso attraverso una massa filtrante solida.

percóme *s. m. inv.* (*fam.*) *Solo nella loc. perché e —, il perché e il —*, tutte le ragioni di q.c.

percorrènza *s. f.* Spazio, tempo e prezzo di un percorso coperto da pubblici mezzi di trasporto.

percórrere *v. tr.* (*coniug. come correre*) **1** Compiere un dato tragitto: — *una strada*; — *10 chilometri a piedi.* **2** Attraversare: — *una regione.*

percorrìbile *agg.* Che si può percorrere: *strada — a piedi.*

percórso A *part. pass. di percorrere; anche agg.* Compiuto | Attraversato. **B** *s. m.* Tratto percorso o da percorrere | Tempo impiegato per attraversare tale tratto: *ho dormito per tutto il* —; SIN. Tragitto.

percòssa *s. f.* **1** Colpo violento dato o ricevuto. **2** (*fig.*) Colpo avverso: *le percosse della sventura.*

percòsso *part. pass. di percuotere; anche agg.* Battuto, picchiato.

percotitóre *s. m.; anche agg.* (*f.* -*trìce*) (*raro*) Chi (o che) percuote.

percuòtere A *v. tr.* (*pass. rem. io percòssi; tu percuotésti; part. pass. percòsso; in tutta la coniug. la o dittonga preferibilmente in uo se tonica, tranne quando preceda ss*) **1** Colpire violentemente e ripetutamente allo scopo di far male: — *qc. con le mani* | *Percuotersi il petto*, battersi il petto in segno di pentimento, dolore e sim. | Colpire con violenza, rovinosamente: *la folgore percosse la quercia incendiandola* | Battere, urtare: — *il tamburo.* **2** Ferire (*anche fig.*): *lo percosse con la spada.* **3** (*fig.*) Affliggere, perseguitare, tormentare: *una terribile pestilenza percosse l'Europa.* **4** (*fig.*) Addolorare, commuovere: *le sventure altrui percuotono l'animo dei buoni* | Agitare con sensazioni molto intense: *quelle immagini allucinanti percossero la sua fantasia.* **B** *v. rifl. rec.* Picchiarsi l'un l'altro | Combattersi.

percussióne *s. f.* **1** Atto del percuotere | Colpo, urto violento | *Fucile a* —, fornito di percussore | *Strumenti a* —, che si suonano mediante percussione o scuotimento. [→ ill. *strumenti musicali*] **2** (*med.*) Parte della semeiotica che studia i suoni prodotti percuotendo la superficie del corpo.

percussóre *s. m.* **1** (*raro*) Chi percuote. **2** Congegno che nelle armi da fuoco serve per agire sulla capsula del bossolo del proiettile, provocando l'esplosione della miscela fulminante e quindi la deflagrazione della carica di lancio.

perdènte A *part. pres. di perdere; anche agg.* Che perde. **B** *s. m. e f.* Chi perde, spec. in gare o competizioni.

pèrdere A *v. tr.* (*pass. rem. io pèrsi o perdéi o perdètti, tu perdésti; part. pass. pèrso o perdùto*) **1** Cessare di avere, di possedere q.c. che prima si aveva: *durante la guerra ha perso tutta la famiglia* | — *la vita*, morire | *Non avere nulla da* —, non possedere nulla e quindi non correre rischi patrimoniali e (*fig.*) non doversi preoccupare per la propria situazione in quanto già compromessa | (*est.*) Non avere più, restare senza q.c.: — *un braccio, la vista* | — *la bussola*, (*fig.*) il raziocinio | — *l'anima*, (*fig.*) dannarsi | — *le staffe*, (*fig.*) non riuscire più a controllare le proprie reazioni | — *la tramontana, il lume degli occhi*, non essere padrone di sé | — *la voce*, diventare rauco | — *la favella*, diventare muto | — *la memoria*, non riuscire a ricordare | — *il colore*, sbiadire, impallidire | — *i capelli*, diventare calvo | — *l'abitudine*, non essere più avvezzo | — *il credito, la stima, la fiducia di qc. o presso qc.*, non stimare più qc. o non esserne più stimati | — *l'onore*, essere disonorato | — *il filo del discorso*, smarrire il nesso, deviare da un ragionamento e non riuscire più a tornarvi | (*fig.*) — *la faccia*, fare una pessima figura | — *la ragione, l'uso della ragione*, impazzire (*anche fig.*) | — *la testa*, diventare come pazzo per timore, dolore e sim. | — *la pazienza*, inquietarsi e reagire | Non avere più una persona, a causa di morte: — *un figlio in guerra*; — *la moglie.* **2** Smarrire: — *il cappello, gli occhiali.* **3** Lasciarsi sfuggire q.c. per ritardo, negligenza o altro: — *il treno, la lezione.* **4** Rimetterci: *vendendo a questo prezzo io ci perdo* | — *terreno*, ritirarsi di fronte al nemico cedendogli le proprie posizioni e (*fig.*) venirsi a trovare in difficoltà. **5** Sciupare, sprecare: *perde il suo tempo* | — *colpi*, detto di motore a scoppio difettoso; (*fig.*) non essere più efficiente. **6** Mandare in rovina: *la sua dabbenaggine ha perduto lui e i soci.* **7** Concludere con risultati negativi, anche ass.: *ho perso la scommessa*; CONTR. Vincere. **8** Lasciare uscire, sfuggire o scorrere q.c. per lesione, spacco, ferita e sim., anche ass.: *perde sangue dalla ferita*; *il tubo del gas perde.* **9** *Nella loc. lasciare* —, non curare più, ignorare: *lascia — le sue chiacchiere*; *lascialo —!* **B** *v. intr.* (*aus. avere*) Scendere a un piano o livello inferiore: *la faccenda ha perso d'importanza.* **C** *v. intr. pron.* **1** Smarrirsi (*anche fig.*): *perdersi per Milano, alla stazione, nella boscaglia, tra la folla* | *Perdersi in un bicchier d'acqua*, spaventarsi per nulla | *Perdersi d'animo*, scoraggiarsi. **2** Svanire: *il suono si perde nell'aria* | *Perdersi alla vista*, non essere più visibile. **3** Rovinarsi: *per quella donna si perderà.* [→ tav. *proverbi* 80, 95, 179, 309; → tav. *locuzioni* 79]

perdiàna *inter.* (*euf.*) Esprime disappunto, impazienza, meraviglia e sim.

perdìbile *agg.* (*raro*) Che si può perdere.

perdifiàto *vc. Solo nella loc. avv.* a —, a più non posso, fino a esaurire tutto il fiato che si ha in corpo: *chiamare, gridare a —.*

perdigiórno *s. m. e f. inv.* Chi ama starsene in ozio, chi non ha voglia di far nulla.

perdìnci *inter.* (*euf.*) Esprime disappunto, impazienza, meraviglia e sim.

perdindirindina *inter.* Perdinci.

perdio o *pér Dìo inter.* (*pop.*) Esprime disappunto, ira, meraviglia e sim.

pèrdita *s. f.* **1** Cessazione del possesso di q.c. che prima si aveva: *la — del patrimonio, della vita* | Morte: *piangere la — di un caro amico*; *subire gravi perdite.* **2** Diminuzione, esaurimento: *una progressiva — delle forze* | (*fig.*) *A — d'occhio*, fin dove la vista può arrivare. **3** Eccedenza dei costi sui ricavi in qualsiasi operazione economica | Sciupio, spreco: *— di tempo.* **4** Sconfitta: *una — al gioco.* **5** Fuoriuscita irregolare di fluidi: *una — di gas.* **6** Diminuzione dell'energia disponibile: *— per attrito, per dissipazione termica.*

perditèmpo **A** *s. m. inv.* Ciò che causa inutile perdita di tempo. **B** *s. m. e f. inv.* Persona che non combina nulla, che non lavora.

perdizióne *s. f.* Rovina spec. morale, dannazione dell'anima: *il vizio lo condurrà alla —.*

perdonàbile *agg.* Degno di perdono, che merita il perdono; CONTR. Imperdonabile.

perdonare **A** *v. tr.* (*io perdóno*) **1** Assolvere qc. dalla colpa commessa, condonare a qc. l'errore compiuto: *ti perdono perché sei stato sincero*; CONTR. Vendicare. **2** Considerare con indulgenza e comprensione: *bisogna — all'età certe manie* | *— a se stesso*, indulgere. **3** Scusare: *perdonate il disturbo.* **B** *v. intr.* (*aus. avere*) Concedere il perdono | *Che non perdona*, inesorabile. **C** *v. rifl. rec.* Assolversi vicendevolmente. [→ tav. *proverbi* 329]

perdóno *s. m.* **1** Remissione di una colpa e del relativo castigo: *ti chiedo —*; *domandare — alla persona offesa.* **2** Remissione dei peccati concessa dalla Chiesa a chi si reca in determinati santuari e si trovi in determinate condizioni per fruirne | (*est.*) Luogo in cui si accorda l'indulgenza: *il — di Assisi.* **3** Scusa: *ti chiedo — per il ritardo.*

perduràre *v. intr.* (*aus. essere* o *avere* nel sign. 1, *avere* nel sign. 2) **1** Durare a lungo, ancora: *il maltempo perdura*; SIN. Permanere. **2** Persistere, perseverare: *— nei propositi di vendetta.*

perdutaménte *avv.* In modo appassionato: *amare qc. —.*

perdùto *part. pass. di perdere; anche agg.* **1** Che non serve più: *braccio —.* **2** (*fig.*) Che è smarrito, sbigottito: *sentirsi —* | *Vedersi —*, senza scampo. **3** Corrotto: *uomo —* | *Donna perduta*, prostituta | *Anima perduta*, dannata.

peregrinàre *v. intr.* (*aus. avere*) Vagare: *— senza sosta*; *— di luogo in luogo*; SIN. Errare, vagabondare.

peregrinazióne *s. f.* Il vagare da luogo a luogo senza una meta prestabilita.

peregrìno *agg.* (*fig.*) Raro, strano, singolare: *idee peregrine.*

perènne *agg.* **1** Che dura da tempo e durerà per sempre: *monumento eretto a — ricordo dei caduti* | *Fonte —*, che non cessa di fornire acqua | (*est.*) Eterno: *nevi perenni* | Continuo, senza interruzioni. **2** Detto di vegetale che vive più di due anni.

perennità *s. f.* Perpetuità.

perènto *agg.* (*dir.*) Annullato, estinto: *contratto, credito —.*

perentorietà *s. f.* L'essere perentorio.

perentòrio *agg.* **1** Che non ammette discussioni, obiezioni e sim.: *tono —.* **2** Che non ammette dilazioni: *termine —.*

perenzióne *s. f.* (*dir.*) Provvedimento amministrativo che elimina dall'elenco dei residui i debiti anteriori ai due, tre anni ancora da pagare.

perequàre *v. tr.* (*io perèquo*) **1** Pareggiare, distribuire equamente: *— imposte*; CONTR. Sperequare. **2** (*stat.*) Compiere una perequazione.

perequativo *agg.* Che tende a perequare.

perequazióne *s. f.* **1** Equa distribuzione; SIN. Pareggiamento. **2** (*stat.*) Procedimento per livellare le irregolarità nelle distribuzioni statistiche.

perétta *s. f.* **1** Piccola pera. **2** Interruttore a pulsante, di forma allungata. **3** Piccolo apparecchio igienico di gomma, a forma di pera, per clisteri e irrigazioni.

perfettaménte *avv.* In modo perfetto | (*evit.*) Proprio, del tutto: *hai — ragione.*

perfettìbile *agg.* Che può migliorarsi o essere migliorato fino a raggiungere la perfezione: *l'uomo è un essere moralmente —.*

perfettibilità *s. f.* (*lett.*) L'essere perfettibile.

perfètto **A** *agg.* **1** Condotto o giunto a compimento, compiutamente realizzato: *opera perfetta* | (*est.*) Totale, completo: *silenzio —.* **2** Privo di difetti, errori, mancanze, lacune e sim.: *conoscenza perfetta*; *è un — galantuomo.* ● CONTR. Imperfetto. **B** *s. m.* (*ling.*) Tempo esprimente un'azione compiuta nel passato.

perfezionàbile *agg.* Che si può perfezionare.

perfezionaménto *s. m.* Completamento di q.c. in tutte le sue parti: *— di un lavoro* | Miglioramento | Specializzazione | *Corso di —*, nel quale si approfondisce qualche ramo speciale degli studi già compiuti.

perfezionàre **A** *v. tr.* (*io perfezióno*) **1** Rendere perfetto. **2** Portare a compimento. **B** *v. intr. pron.* **1** Diventare perfetto | (*est.*) Procedere verso maggiore completezza, conoscenza e sim.: *la scienza si perfeziona continuamente*; SIN. Affinarsi. **2** Frequentare corsi di perfezionamento: *perfezionarsi in diritto.*

perfezionativo *agg.* Atto a perfezionare.

perfezióne *s. f.* **1** Stato o condizione di ciò che è perfetto | *A —*, in modo perfetto; CONTR. Imperfezione. **2** Realizzazione totale e completa: *l'insetto si evolve per giungere alla —.* **3** Eccellenza in doti e qualità, spec. morali: *mi decanta ogni sua —.*

perfezionìsmo *s. m.* Aspirazione a raggiungere un impossibile ideale di perfezione.

perfezionìsta *s. m. e f.* (*pl. m. -i*) Chi pecca di perfezionismo.

perfezionìstico *agg.* (*pl. m. -ci*) Di perfezionismo o di perfezionista.

perfìdia *s. f.* **1** L'essere perfido. **2** Atto o azione perfida.

pèrfido *agg.* Che rivela subdola e sleale malvagità: *un — consiglio.*

perfìno *avv.* Finanche, addirittura: *lo ha ammesso — lui.*

perforàbile *agg.* Che si può perforare.

perforaménto *s. m.* (*raro*) Perforazione.

perforànte *part. pres. di perforare; anche agg.* Che perfora | (*anat.*) *Arteria, vena —*, che attraversano organi.

perforàre *v. tr.* (*io perfóro*) Forare da parte a parte: *— una montagna* | Forare in profondità; SIN. Traforare.

perforàto *part. pass. di perforare; anche agg.* Che presenta fori | (*elab.*) *Scheda perforata*, cartoncino contenente dati sotto forma di perforazioni che possono essere lette da una serie di macchine per finalità e funzioni varie. [→ ill. *elaborazione dati*]

perforatóre **A** *agg.* (*f. -trice*) Che perfora: *oggetto —.* [→ ill. *miniera, ufficio*] **B** *s. m.* (*f. -trice* nel sign. 3) **1** Utensile usato per eseguire fori. **2** (*elab.*) *— di schede, di banda*, unità di uscita di un elaboratore che converte in perforazioni su scheda o su banda i segnali ricevuti. [→ ill. *elaborazione dati*] **3** In un centro meccanografico, persona addetta all'uso di perforatrici o verificatrici manuali di schede.

perforatrìce *s. f.* **1** (*elab.*) Macchina che consente la perforazione manuale o automatica di schede o bande. [→ ill. *elaborazione dati*] **2** Macchina per eseguire fori nelle rocce. [→ ill. *cava, miniera*]

perforazióne *s. f.* **1** Foratura di q.c. da parte a parte: *— della pelle, del tessuto* | Penetrazione in profondità eseguendo uno o più fori: *— del terreno, della roccia.* [→ ill. *petrolio*] **2** (*elab.*) Operazione preventiva all'elaborazione consistente nella conversione, per mezzo delle apposite macchine, dei dati da elaborare sotto forma di perforazioni su schede meccanografiche o su nastri di carta. **3** Serie di fori regolari delle pellicole fotografiche e cinematografiche. [→ ill. *cinematografia*] **4** (*med.*) Condizione patologica di rottura di un organo cavo.

performance /*ingl.* pəˈfɔːməns/ *s. f. inv.* (*pl. ingl. performances* /pəˈfɔːmənsiz/) Nel linguaggio sportivo, prova, prestazione fornita, risultato conseguito da un atleta o da un cavallo | (*est.*) Risultato, spec. artistico.

perfosfàto *s. m.* Fertilizzante chimico artificiale, derivan-

te da lavorazione di minerali fosfatici.
pergamèna *s. f.* **1** Pelle di agnello, pecora o capra, macerata in calce, indi seccata e levigata, usata un tempo per scrivervi sopra e ora per rilegature di lusso, diplomi, paralumi. **2** (*est.*) Documento scritto su pergamena.
pergamenàceo *agg.* Di pergamena.
pèrgamo *s. m.* Piccola costruzione in legno o pietra, collocata in alto, spec. nelle chiese, per poter parlare a molti ascoltatori.
pèrgola (1) *s. f.* **1** Intreccio di sostegni formati da intelaiature o graticciati a foggia di tetti per allevare piante erbacee o rampicanti. **2** Nella basilica cristiana, colonnato posto su un parapetto. [→ ill. *basilica cristiana*]
pèrgola (2) *s. f.* (*arald.*) Pezza risultante dalla combinazione di un palo abbassato e di uno scaglione rovesciato riunentisi al centro dello scudo, in forma di Y.
pergolàto *s. m.* **1** Pergola grande o serie di pergole. **2** Sistema di allevamento della vite i cui tralci vengono collocati su sostegni e intelaiature. [→ ill. *agricoltura*]
pèri- *pref.* **1** In parole composte significa 'intorno', 'giro': *pericardio, perifrasi, perimetro.* **2** In astronomia, indica il punto di maggior vicinanza a un astro: *perielio.*
periànzio *s. m.* (*bot.*) Insieme del calice e della corolla del fiore.
pericàrdio *s. m.* (*anat.*) Membrana fibro-sierosa che avvolge il cuore.
pericardìte *s. f.* (*med.*) Infiammazione del pericardio.
pericàrpo o *pericàrpio s. m.* (*bot.*) Parte del frutto che circonda i semi.
pericolànte *part. pres. di pericolare; anche agg.* Che minaccia di crollare (*anche fig.*) | *Situazione economica* —, sull'orlo di una crisi.
pericolàre *v. intr.* (*io pericolo; aus. avere*) **1** (*raro*) Trovarsi o essere in pericolo: — *nella tempesta.* **2** Minacciare di crollare: *la casa pericola* | (*fig.*) Essere in procinto di finire, di esaurirsi: *la sua fiducia sta pericolando.*
pericolo *s. m.* **1** Circostanza, situazione o complesso di circostanze che possono provocare un grave danno: *essere, trovarsi in* —; *c'è* — *di morte* | *Non c'è* —, non v'è nulla da temere | *Essere fuori* —, aver superato il momento critico; SIN. Rischio. **2** Fatto o persona pericolosa: *evitare, scansare, scongiurare il* — | — *pubblico*, persona pericolosa per l'intera società. **3** (*fig., fam.*) Probabilità, possibilità: *non c'è* — *ch'io vinca.*
pericolosità *s. f.* L'essere pericoloso.
pericolóso *agg.* **1** Pieno di rischi e di pericoli: *viaggio, affare* —; *curva pericolosa*; SIN. Rischioso. **2** Che può fare del male: *amicizia pericolosa* | *Gioco* —, nel calcio, intervento compiuto in modo da poter danneggiare l'avversario con cui si viene a contatto.
pericòndrio *s. m.* (*anat.*) Tessuto fibroso che avvolge la cartilagine.
peridotìte *s. f.* (*miner.*) Roccia eruttiva molto basica costituita in prevalenza da peridoto.
peridòto *s. m.* (*miner.*) Olivina.
periduodenìte *s. f.* Infiammazione dei tessuti circostanti il duodeno.
perièlio *s. m.* Il punto più vicino al Sole nell'orbita che un corpo descrive attorno a esso; CONTR. Afelio. [→ ill. *astronomia*]
periferìa *s. f.* **1** Circonferenza, perimetro. **2** Parte o zona esterna rispetto a un centro: *il sangue va dal cuore alla* —; *la* — *della città.*
perifèrico *agg.* (*pl. m. -ci*) **1** Di periferia, posto in periferia: *zona periferica.* **2** (*fig.*) Marginale: *annotazioni periferiche.*
perifrasàre *v. tr.* (*io perìfraso*) (*raro*) Usare perifrasi.
perìfrasi *s. f.* Giro di parole per mezzo del quale si definisce una cosa o si cerca di non esprimerla direttamente; SIN. Circonlocuzione.
perifràstico *agg.* (*pl. m. -ci*) Espresso con perifrasi.
perigastrìte *s. f.* (*med.*) Infiammazione dei tessuti che circondano lo stomaco.
perigèo *s. m.* Il punto più vicino alla Terra di un corpo che descrive un'orbita attorno a essa; CONTR. Apogeo.
perigònio *s. m.* (*bot.*) Parte del fiore composta dall'insieme dei tepali.
perimetràle *agg.* Di perimetro | Che è posto lungo il perimetro: *muro* —.
perìmetro *s. m.* **1** (*mat.*) Linea di contorno di una figura chiusa | Misura della sua lunghezza: *il* — *di un poligono.* **2** (*est.*) Fascia esterna: — *del campo.*
perinatàle *agg.* Relativo al periodo che precede e segue immediatamente la nascita: *mortalità* —.
perinèo *s. m.* (*anat.*) Insieme delle parti molli che chiudono in basso il bacino e quindi l'addome.
periodàre **A** *v. intr.* (*io periodo; aus. avere*) Costruire periodi nel parlare o nello scrivere. **B** *in funzione di s. m.* Modo di scrivere: *un* — *ampolloso.*
periodicaménte *avv.* Con periodicità.
periodicìsta *s. m. e f.* (*pl. m. -i*) Redattore o collaboratore di periodici.
periodicità *s. f.* Natura di ciò che è periodico | Regolare ripetizione nel tempo.
periòdico **A** *agg.* (*pl. m. -ci*) **1** Di periodo | *Grandezza periodica*, che varia regolarmente nel tempo. **2** Che avviene o appare a regolari intervalli di tempo o di spazio: *i periodici attacchi di un male* | (*mat.*) *Numero* —, numero nella cui rappresentazione decimale le cifre, dopo la virgola, si ripetono periodicamente da un certo punto in poi. **B** *s. m.* Pubblicazione che esce a intervalli di tempo regolari.
periodizzàre *v. tr.* Dividere il corso del tempo in periodi: — *la storia.*
periodo *s. m.* **1** Intervallo di tempo qualificato da fatti e caratteri particolari: *un* — *storico interessante.* **2** (*ling.*) Unione di due o più proposizioni con senso compiuto. **3** (*geol.*) Intervallo di tempo geologico in cui è suddivisa un'era. **4** (*mus.*) Frase musicale composta da due gruppi di proposizioni corrispondenti fra loro. **5** (*fis.*) Tempo nel corso del quale una certa grandezza soggetta a variazioni periodiche compie un ciclo completo. **6** (*mat.*) Quantità minima che, aggiunta alla variabile indipendente d'una funzione periodica, non altera il valore della funzione. **7** (*med.*) Fase di una malattia o di un fenomeno biologico. **8** (*astron.*) — *di rivoluzione*, intervallo di tempo tra due successivi passaggi di un astro a uno stesso punto della sua orbita | — *di rotazione*, tempo che un astro impiega a fare un giro intorno a se stesso.
periodontìte *s. f.* (*med.*) Infiammazione dei tessuti alveolo-dentari.
periodònto *s. m.* (*anat.*) Tessuto che circonda la radice dentaria.
periòstio *s. m.* (*anat.*) Strato fibroso che riveste le ossa.
periostìte *s. f.* (*med.*) Infiammazione del periostio.
peripatètica *s. f.* Prostituta che batte il marciapiede; SIN. Passeggiatrice.
peripatètico *agg.; anche s. m.* (*pl. m. -ci*) Aristotelico.
peripezìa *s. f.* **1** Nel dramma antico, mutazione per inopinato colpo di fortuna. **2** *spec. al pl.* Fortunosa vicenda: *dopo molte peripezie riuscì a fuggire.*
pèriplo *s. m.* **1** Circumnavigazione: *il* — *di Magellano.* **2** (*letter.*) Descrizione di un viaggio marittimo, tipica della letteratura greco-latina.
perire *v. intr.* (*pres. io perisco, tu perisci; congv. pres. io perisca; aus. essere*) **1** Essere distrutto, andare in rovina; SIN. Soccombere. **2** Morire, spec. di morte non naturale: — *in un disastro aereo* | (*est.*) Finire, estinguersi (*anche fig.*): *una razza che perirà.* **3** (*fig.*) Languire: — *per amore.* [→ tav. *proverbi* 50]
periscòpico *agg.* (*pl. m. -ci*) Del periscopio.
periscòpio *s. m.* Strumento ottico a prismi che consente l'osservazione di oggetti a quota diversa, come se si guardasse tramite un cannocchiale orizzontale; usato spec. nei sommergibili o nei carri armati. [→ ill. *armi*]
perispòmeno *agg.* (*ling.*) Di parola greca con l'accento circonflesso sull'ultima sillaba.
perissodàttilo *agg.; anche s. m.* Detto di mammifero erbivoro ungulato in cui le dita degli arti sono ridotte, in numero dispari e il terzo dito è il più sviluppato. [→ ill. *zoologia*]
peristàlsi *s. f.* (*anat.*) Movimento di contrazione dei visceri muscolari cavi, spec. del tubo digerente, con effetto di avanzamento progressivo del loro contenuto.
peristàltico *agg.* (*pl. m. -ci*) Di peristalsi: *movimento* —.
peristìlio *s. m.* Cortile con portici e colonne, posto all'interno della casa greca e romana.
peritàle *agg.* (*dir.*) Di un perito, che fa parte di una perizia: *relazione* —.
peritàrsi *v. intr. pron.* (*io mi pèrito*) Non osare, per timi-

dezza o altro: — *di agire.*

perito (1) *part. pass. di perire; anche agg.* Distrutto, morto.

perito (2) **A** *agg.* Che è particolarmente esperto in un'arte o scienza. **B** *s. m.* (*f. -a;* v. nota d'uso FEMMINILE) **1** Chi, per la profonda conoscenza di un'arte o scienza, può pronunciare pareri, giudizi e sim.: *un — calligrafo.* **2** Titolo di studio conferito mediante diploma da vari istituti tecnici: — *chimico.*

peritoneàle *agg.* (*anat.*) Di peritoneo.

peritonèo *s. m.* (*anat.*) Membrana sierosa che riveste le pareti interne dell'addome e avvolge quasi tutti gli organi addominali.

peritonite *s. f.* (*med.*) Infiammazione del peritoneo.

peritùro *agg.* (*lett.*) Destinato a perire (*anche fig.*); CONTR. Imperituro.

perìzia *s. f.* **1** Grande e comprovata abilità in q.c.: *la sua — di scrittore è fuor di dubbio*; SIN. Maestria; CONTR. Imperizia. **2** Nella procedura civile o penale, giudizio tecnico di un perito: — *calligrafica.*

periziàre *v. tr.* (*io perizio*) Fare la perizia di q.c.: — *una tenuta agricola.*

perizòma *s. m.* (*pl. -i*) Fascia che cinge i fianchi e scende a coprire i genitali, portata da popolazioni primitive.

pèrla **A** *s. f.* **1** Piccolo globo di colore per lo più chiaro, opalescente, che si forma all'interno di certi molluschi e spec. dell'ostrica perlifera, prezioso come ornamento: — *naturale, orientale* | — *coltivata,* ottenuta dall'uomo con l'introduzione di un corpo estraneo nella conchiglia | — *artificiale, falsa,* ottenuta con vari metodi a imitazione di quelle vere. [→ ill. *gioielli*] **2** (*fig.*) Cosa che ha la forma o il colore della perla, o che è bella e preziosa come una perla: *le perle della rugiada*; *Portofino, la — della Liguria.* **3** (*fig.*) Persona eccellente per qualità e doti: *una — di galantuomo*; *quel ragazzo è una vera —.* **4** Piccola sfera di gelatina indurita contenente sostanze medicamentose. [→ ill. *medicina e chirurgia*] **B** *in funzione di agg. inv.* (*posposto al s.*) *Spec. nella loc. grigio —,* detto di colore lattiginoso e opalescente.

perlàceo *agg.* Di perla: *candore —.*

pér la quàle **A** *in funzione di agg. inv.* (*fam.*) Perbene, raccomandabile: *è un ragazzo —*; *è un tipo poco —.* **B** *in funzione di avv.* (*fam.*) In maniera soddisfacente, bene: *oggi non mi sento tanto —.*

perlàto *agg.* **1** Che ha il colore, la lucentezza della perla | *Riso, orzo —,* ridotto liscio e bianco. **2** Che è ornato di perle: *diadema —.*

perlìfero *agg.* Che produce perle: *ostriche perlifere.*

perlìna *s. f.* **1** *Dim. di perla.* [→ ill. *medicina e chirurgia*] **2** Oggetto di vetro o altro a forma di perla, adoperato spec. per fare collane e sim. **3** Ciascuna delle tavolette di legno che congiunte tra loro costituiscono un perlinato. **4** Ciascuno dei piccoli rilievi tondi disposti a corona lungo il margine di certe monete: *un cerchio di perline.*

perlinàto **A** *agg.* Detto di schermo per proiezioni cinematografiche, cosparso di microscopiche perline di speciale vetro in modo da ottenere il massimo potere riflettente. **B** *s. m.* **1** Cerchio di perline che delimita il campo della moneta o della medaglia. **2** Tavolato di rivestimento nelle costruzioni edili.

perlinguàle *agg.* Che avviene attraverso la mucosa linguale: *assorbimento —.*

perlomèno o *pér lo méno avv.* **1** A dir poco (con valore restrittivo): *vale — un milione.* **2** Almeno (con valore limitativo): *potevi — chiedermelo.*

perlopiù o *pér lo più avv.* Nella maggioranza dei casi, quasi sempre: — *noi pranziamo presto.*

perlustràre *v. tr.* Percorrere ispezionando sistematicamente e attentamente: — *la campagna.*

perlustrazióne *s. f.* Giro di attenta, sistematica ispezione e vigilanza: *andare in —.*

permàle *s. m.* (*tosc.*) Risentimento, spesso per malinteso.

permalosità *s. f.* L'essere permaloso.

permalóso **A** *agg.* Che s'impermalisce anche per parole o atti insignificanti. **B** *anche s. m.* (*f. -a*). ● SIN. Suscettibile.

permanènte **A** *part. pres. di permanere; anche agg.* Che rimane, che continua a essere | *Esposizione —,* che non viene chiusa mai | *Reato —,* quando la condotta del reo perdura nel tempo. **B** *s. f.* Ondulazione duratura dei capelli. [→ ill. *parrucchiere*]

permanènza *s. f.* **1** Continua e durevole esistenza o presenza: *la — della crisi.* **2** Soggiorno continuato: *la mia — in città* | *Buona —!,* augurio fatto da chi parte a chi resta.

permanére *v. intr.* (*pres. io permàngo, tu permàni, egli permàne, noi permaniàmo, voi permanéte, essi permàngono; pass. rem. io permàsi o permàṣi, tu permanésti, egli permàse o permàṣe; fut. io permarrò; congv. pres. io permànga, noi permaniàmo, voi permaniàte, essi permàngano; condiz. pres. io permarrèi; part. pass. permàso o permàṣo, raro permànso; aus. essere*) **1** Continuare a essere, durare: *le condizioni del paziente permangono gravi*; SIN. Perdurare. **2** Continuare a stare: — *in un luogo.*

permanganàto *s. m.* Sale dell'acido permanganico | — *di potassio,* energico ossidante usato come antisettico e nell'industria chimica.

permangànico *agg.* (*pl. m. -ci*) (*chim.*) Detto di ossiacido del manganese contenente la maggior parte di ossigeno.

permeàbile *agg.* Che si può permeare, che assorbe acqua o altro fluido: *corpo —*; CONTR. Impermeabile. [→ ill. *geografia*]

permeabilità *s. f.* Condizione o qualità di ciò che è permeabile; CONTR. Impermeabilità.

permeàre *v. tr.* (*io pèrmeo*) **1** Passare e diffondersi profondamente in un corpo, detto di liquidi, gas e sim.: *l'acqua ha permeato il terreno.* **2** (*fig.*) Penetrare profondamente determinando influenze su qc. o q.c.: *la cultura greca ha permeato la latina.*

permésso **A** *part. pass. di permettere; anche agg.* Reso possibile, autorizzato | *È —?,* forma di cortesia con cui si chiede di entrare o di passare. **B** *s. m.* **1** Autorizzazione | Atto, frase e sim. con cui a qc. è concesso di fare q.c.: *chiedere il — prima di entrare*; CONTR. Divieto, proibizione. **2** Breve licenza concessa a militari, impiegati e sim. di stare lontani dal reparto, ufficio e sim.: *un — di otto giorni*; *otto giorni di —.*

perméttere *v. tr.* (*coniug. come mettere*) **1** Dare facoltà o licenza: — *di dire*; *permettete che entri?* | Rendere possibile: — *l'entrata del corteo* | Autorizzare: — *il comizio* | *Permetti?, permettete?,* formule di cortesia con cui si chiede il permesso di fare o dire q.c.; CONTR. Proibire, vietare. **2** Unito al pron. rifl. come compl. di termine, prendersi la libertà: *mi permetto di dirle che ha agito male.*

permiàno *agg.; anche s. m.* (*geol.*) Permico.

pèrmico **A** *s. m.* (*pl. -ci*) (*geol.*) Ultimo periodo del Paleozoico. **B** *anche agg.: periodo —.*

permissìbile *agg.* Che si può permettere.

permissióne *s. f.* (*lett.*) Permesso.

permissivismo *s. m.* Atteggiamento di eccessiva tolleranza, spec. in campo educativo.

permissìvo *agg.* **1** (*lett.*) Che permette. **2** Che mostra eccessiva tolleranza, spec. nel campo educativo.

pèrmuta *s. f.* (*dir.*) Contratto avente per oggetto il reciproco trasferimento della proprietà di cose, o di altri diritti, da un contraente all'altro.

permutàbile *agg.* Che si può permutare.

permutaménto *s. m.* Permutazione.

permutàre *v. tr.* (*io pèrmuto*) **1** Barattare, cambiare: — *merci, valori*; SIN. Scambiare. **2** (*mat.*) Scambiare di posto: *in una proporzione si possono — i medi e gli estremi.*

permutatóre *s. m.* (*f. -trice*) Chi permuta | — *telefonico,* dispositivo di collegamento fra la centrale e la rete degli abbonati.

permutazióne *s. f.* **1** (*raro*) Scambio mediante permuta | Scambio, conversione. **2** (*mat.*) Ciascuno dei gruppi allineati che si possono fare con un certo numero di oggetti diversi cambiandone l'ordine.

pernàcchia *s. f.* Rumore volgare che si fa con la bocca per esprimere disprezzo, dileggio e sim.

pernice *s. f.* Uccello con corpo rotondeggiante e piumaggio che varia di colore secondo le specie | — *grigia,* starna | — *bianca,* con piumaggio bianco nell'inverno e bruno macchiettato sul dorso nell'estate. [→ ill. *animali* 11]

perniciósa *s. f.* Febbre malarica violenta con alta temperatura e delirio.

perniciόso *agg.* Malefico, molto dannoso | *Anemia perniciosa*, malattia caratterizzata da una forte diminuzione dei globuli rossi; SIN. Dannoso, deleterio, nocivo.
pèrno o *pèrnio s. m.* **1** (*mecc.*) Organo d'accoppiamento che permette a una parte di macchina di ruotare rispetto all'altra: *il — della bilancia, dell'orologio.* [→ ill. *forbici*] **2** (*fig.*) Sostegno principale: *il — del racconto, della famiglia*; SIN. Fulcro.
pernottaménto *s. m.* Permanenza in un luogo durante la notte.
pernottàre *v. intr.* (*io pernòtto; aus. avere*) Trascorrere la notte: *— da un amico, in albergo.*
péro *s. m.* Pianta arborea e arbustiva allo stato selvatico, delle Rosali, con foglie glabre che compaiono insieme ai fiori bianchi in corimbi, e frutti commestibili. [→ ill. *piante* 8]
però *cong.* **1** Ma (con più forte valore avversativo): *ciò non ti sarà gradito, — è giusto.* **2** Tuttavia, nondimeno (con valore concessivo): *se non puoi andarci, devi — provvedere in qualche modo.*
perocché *cong.* (*lett.*) Poiché.
perόne o *pèrone s. m.* (*anat.*) Osso esterno della gamba; SIN. Fibula. [→ ill. *anatomia umana*]
peronòspora o *peronòspera s. f.* **1** Fungo parassita di piante coltivate che forma sulla pagina inferiore delle foglie macchie biancastre | *— della vite*, parassita della vite di cui colpisce le foglie e i frutti. **2** Malattia causata da tale fungo.
peroràre A *v. tr.* (*io pèroro o peròro*) Difendere una persona o un'idea con particolare calore: *— la causa di qc.* **B** *v. intr.* (*aus. avere*) Fare o pronunciare una perorazione.
perorazióne *s. f.* **1** Discorso in difesa. **2** Parte conclusiva di un'orazione che cerca di suscitare commozione in chi ascolta; CONTR. Esordio.
peròssido *s. m.* Composto contenente due atomi di ossigeno legati fra loro, con effetto disinfettante e decolorante | *— d'idrogeno*, acqua ossigenata.
perpendicolàre A *agg.* **1** Che segue la direzione del filo a piombo. **2** (*mat.*) Che forma angolo retto: *rette, piani perpendicolari*; *retta — a un piano.* **B** *s. f.* Retta perpendicolare.
perpendicolarità *s. f.* (*raro*) Condizione, posizione o direzione perpendicolare.
perpendìcolo *s. m.* Linea segnata dal filo a piombo | *A —*, secondo la perpendicolare.
perpetràre *v. tr.* (*io pèrpetro*) Commettere o mandare a effetto, spec. azioni illecite o disoneste: *— un misfatto, un delitto.*
perpètua *s. f.* Domestica di un sacerdote.
perpetuàre A *v. tr.* (*io perpètuo*) Rendere perpetuo: *— un ricordo* | Rendere durevole: *— l'opera di un benefattore*; SIN. Immortalare. **B** *v. intr. pron.* Eternarsi.
perpetuatóre *s. m.; anche agg.* (*f. -trìce*) Chi (o che) perpetua.
perpetuità *s. f.* Durata ininterrotta e perenne: *la — del tempo.*
perpètuo *agg.* **1** Che dura sempre, che non finisce mai: *felicità perpetua*; *moto —*; SIN. Eterno, perenne. **2** Continuo, ininterrotto: *la sua perpetua indecisione ci danneggia.*
perplessità *s. f.* L'essere perplesso; SIN. Incertezza, indecisione, irresolutezza, titubanza.
perplèsso *agg.* Incerto, titubante, irresoluto: *atteggiamento —*; SIN. Dubbioso, indeciso.
perquiṣire *v. tr.* (*io perquiṣisco, tu perquiṣisci*) Cercare frugando o rovistando in un luogo o su una persona, per trovare cose nascoste, spec. riguardanti un reato: *— una stanza*; *— qc.*
perquiṣizióne *s. f.* Ricerca minuziosa volta a ritrovare cose nascoste, spec. riguardanti un reato.
perscrutàbile *agg.* (*lett.*) Che si può perscrutare; CONTR. Imperscrutabile.
perscrutàre *v. tr.* (*coniug. come scrutare*) (*raro, lett.*) Investigare, scrutare.
persecutóre *s. m.; anche agg.* (*f. -trìce*) Chi (o che) perseguita.
persecutòrio *agg.* Caratteristico di chi perseguita: *metodo —.*
persecuzióne *s. f.* **1** Vessazione od oppressione implacabile: *la — degli ebrei.* **2** (*fig.*) Continua ed esasperante molestia: *le sue visite sono una vera —.* **3** (*psicol.*) *Delirio, mania di —*, credenza, non giustificata dalla realtà, di essere vittima di vessazioni a opera di altre persone.
perseguìbile *agg.* (*dir.*) Che può essere causa di un'azione penale.
perseguìre *v. tr.* (*pres. io perséguo; pass. rem. io perseguìi, tu perseguìsti*) Cercare di raggiungere: *— uno scopo.*
perseguitàre *v. tr.* (*io perséguito*) **1** Fare oggetto di persecuzione: *— i nemici* | Cercare di catturare: *— i fuggiaschi.* **2** (*fig.*) Infastidire o molestare senza sosta: *mi perseguitano coi loro doni.*
perseguitàto *part. pass. di perseguitare; anche agg. e s. m.* (*f. -a*) Che (o chi) subisce o ha subito una persecuzione: *i perseguitati politici.*
perseverànza *s. f.* Fermezza e costanza di propositi, opinioni e opere: *mostrare — nella fede*; SIN. Costanza, pertinacia, tenacia.
perseveràre *v. intr.* (*io persèvero; aus. avere*) Persistere con fermezza in q.c.: *— in un'impresa*; SIN. Continuare, insistere.
persiàna *s. f.* Imposta esterna di finestra formata da stecche intelaiate trasversalmente e inclinate in modo da lasciar passare l'aria e difendere dalla luce. [→ ill. *casa, finestra*]
persiàno A *agg.; anche s. m.* (*f. -a*) Della Persia. **B** *agg.* Originario della Persia | *Gatto —*, con corpo massiccio, arti corti e robusti, testa larga e pelo abbondante e soffice di varie tinte. **C** *s. m.* **1** Gatto persiano. [→ ill. *gatto*] **2** Pelliccia simile all'astrakan, fornita dagli agnelli di razza karakul.
pèrsico (1) *agg.* (*pl. m. -ci*) Persiano, spec. in termini geografici: *golfo —.*
pèrsico (2) *s. m.* (*zool.*) Pesce persico.
persìno *avv.* Perfino.
persistènte *part. pres. di persistere; anche agg.* Che persiste, dura.
persistènza *s. f.* **1** Continua durata: *la — del cattivo tempo.* **2** Perseveranza, ostinazione.
persìstere *v. intr.* (*pass. rem. io persistéi o persistètti, tu persistésti; part. pass. persistìto; aus. avere*) **1** Continuare con fermezza e costanza, quasi con ostinazione: *— nell'errore*; *— a sostenere q.c.*; SIN. Insistere, perseverare. **2** Durare a lungo: *la febbre persiste.*
pèrso *part. pass. di perdere; anche agg.* Smarrito, non più trovato | *Tempo —*, impiegato male | *Mettere, dare per —*, considerare come perduto. [→ tav. *proverbi* 309]
persóna *s. f.* **1** Essere umano in quanto tale: *una — nota, sconosciuta* | *Per interposta —*, per mezzo di un intermediario | *In —*, personalmente. **2** Essere umano in quanto membro della società, dotato di particolari qualità, investito di specifiche funzioni e sim.: *la — del re è sacra.* **3** Corpo e figura umana: *curare la propria —* | *Conoscere di —*, direttamente. **4** Soggetto di diritto | *— fisica*, singolo individuo | *— giuridica*, organismo unitario costituito da un complesso di persone fisiche e di beni cui lo Stato riconosce capacità giuridica. **5** (*ling.*) Categoria grammaticale basata sul riferimento ai partecipanti alla comunicazione | *Prima —*, quella che parla | *Seconda —*, quella a cui si parla | *Terza —*, quella di cui si parla.
personàggio *s. m.* **1** Persona assai rappresentativa e ragguardevole: *un — politico di primo piano.* **2** (*fig., scherz.*) Tipo: *uno strano —.* **3** (*est.*) Persona che agisce o che è rappresentata in un'opera artistica.
personal computer /*ingl.* 'pəːsnal kəm'pjuːtə/ o, *acrt.*, *personal* /*ingl.* 'pəːsnal/ *loc. sost. m. inv.* (*pl. ingl. personal computers* /'pəːsnal kəm'pjuːtəz/) Elaboratore elettronico di piccole dimensioni utilizzato spec. per calcoli professionali, contabilità domestica o di piccole aziende e sim. [→ ill. *elaborazione elettronica dei dati*]
personàle A *agg.* **1** Della persona, relativo alla persona, all'individuo: *opinione —* | *Motivi personali*, che riguardano se stessi | *Biglietto —*, che vale solo per chi lo possiede. **2** (*ling.*) *Pronome —*, che rappresenta una delle tre persone grammaticali | *Costruzione —*, con un soggetto determinato. **B** *s. m.* **1** Complesso degli addetti a un dato ufficio o servizio. **2** Figura fisica, in quanto forma e aspetto della persona: *avere un bel —.* **3** L'insieme degli elementi che costituiscono la sfera indivi-

duale di una persona. ***C*** *s. f.* Esposizione delle opere di un singolo artista vivente.

personalismo *s. m.* ***1*** Dottrina etico-politica che asserisce il primato dei valori spirituali della persona. ***2*** Tendenza ad agire in base al proprio interesse | Favoritismo.

personalista *s. m. e f.* (*pl. m. -i*) Chi persegue interessi personali.

personalistico *agg.* (*pl. m. -ci*) Di, da personalista.

personalità *s. f.* ***1*** Condizione di ciò che è personale. ***2*** (*psicol.*) Insieme dei tratti del temperamento e delle qualità di un individuo. ***3*** Chi occupa una posizione di rilievo, gode di particolare stima, considerazione, notorietà: *una — della cultura.* ***4*** Il fatto di essere persona giuridica: *la — dello Stato.*

personalizzàre *v. tr.* Dare un'impronta personale | Adattare ai gusti, alle necessità e sim. di una persona o categoria di persone: *— un ambiente.*

personalménte *avv.* ***1*** Di persona, con la propria persona: *intervenire —.* ***2*** Per quanto riguarda qc.: *noi — non la pensiamo così.*

personificàre *v. tr.* (*io personìfico, tu personìfichi*) ***1*** Rappresentare concretamente, a guisa di persona, q.c. di astratto: *— l'avarizia.* ***2*** Essere simbolo di q.c.: *il Presidente della Repubblica personifica lo Stato.*

personificazióne *s. f.* Rappresentazione concreta, sotto forma di persona, di q.c. di astratto | Figurazione concreta, simbolo: *è la — dell'avarizia.*

perspicàce *agg.* ***1*** Che sa penetrare con la vista o con l'intelligenza nell'intimo delle cose: *ingegno, mente —.* ***2*** (*est.*) Lungimirante: *provvedimento —.*

perspicàcia *s. f.* (*pl. -cie*) L'essere perspicace.

perspicuità *s. f.* L'essere perspicuo.

perspìcuo *agg.* Evidente, chiaro: *discorso —.*

perspiràre *v. tr. e intr.* (*coniug. come spirare; aus. avere*) Eliminare acqua mediante perspirazione.

perspirazióne *s. f.* Eliminazione di acqua dal corpo attraverso la cute, indipendentemente dalla sudorazione.

persuadére ***A*** *v. tr.* (*pass. rem. io persuàsi, tu persuadésti; part. pass. persuàso*) ***1*** Indurre qc. a credere, dire o fare q.c.: *lo persuasero a partire*; *mi hanno persuaso della verità* | *Persuade poco,* di cosa o persona che non ispira fiducia; SIN. Convincere. ***2*** Muovere all'assenso, ottenere un consenso: *non siamo riusciti a persuaderlo.* ***B*** *v. rifl.* ***1*** Indursi a credere, a fare e sim.: *si persuase a intervenire.* ***2*** Capacitarsi: *non riesco a persuadermi di quanto mi dite.*

persuadìbile *agg.* (*raro*) Persuasibile.

persuasìbile *agg.* ***1*** Di persona che si può facilmente persuadere. ***2*** (*raro*) Di ciò che si può far credere: *storia non —.*

persuasióne *s. f.* ***1*** Opera di convincimento nei confronti di qc. perché creda, dica o faccia q.c.: *con lui ci vuole la —.* ***2*** Opinione, convinzione.

persuasìva *s. f.* Facoltà o capacità di persuadere.

persuasìvo *agg.* ***1*** Atto a persuadere: *parole persuasive.* ***2*** Che ottiene consenso, successo.

persuasóre *s. m.* (*come f. persuaditrìce*) Chi persuade o è abile nel persuadere | *Persuasori occulti,* gli esperti nella tecnica pubblicitaria, e i relativi mezzi, che condizionano le scelte dei consumatori agendo sui loro meccanismi psicologici.

pertànto *cong.* ***1*** Perciò, quindi (con valore concl.): *piove, — non esco.* ***2*** Tuttavia (con valore concessivo e sempre preceduto dalla negazione): *so che è inutile, non — insisterò.*

pèrtica *s. f.* ***1*** Lungo bastone, palo sottile: *— d'equilibrio.* [→ ill. *circo*] ***2*** Attrezzo ginnico per gli esercizi di arrampicata, consistente in un'asta di legno liscia e rotonda fissata a terra e al soffitto. ***3*** Misura di superficie agraria con valori variabili secondo i luoghi | Misura di lunghezza. ***4*** (*fig., fam.*) Persona molto alta e magra.

perticóne *s. m.* (*f. -a* nel sign. 2) ***1*** *Accr. di pertica.* ***2*** (*fig., fam.*) Uomo alto e molto magro.

pertinàce *agg.* Molto tenace e costante: *volontà —* | Che dimostra pertinacia: *insistenza —.*

pertinàcia *s. f.* (*pl. -cie*) Grande fermezza e costanza in propositi, idee, azioni; SIN. Perseveranza.

pertinènte *agg.* Che attiene o riguarda q.c. o qc.: *la risposta non è — al tema che trattiamo.*

pertinènza *s. f.* ***1*** Condizione o qualità di ciò che è pertinente. ***2*** (*dir.*; *raro*) Competenza: *— per materia.* ***3*** *spec. al pl.* Cose accessorie destinate a servizio o a ornamento di un'altra cosa principale.

pertósse *s. f.* Malattia infettiva epidemica acuta delle vie respiratorie, caratterizzata da accessi di tosse convulsiva, che colpisce spec. i bambini; SIN. (*pop.*) Tosse canina, tosse convulsa.

pertùgio *s. m.* Buco, foro | (*est.*) Apertura o passaggio molto angusti: *nascondersi in un —.*

perturbaménto *s. m.* Perturbazione.

perturbàre ***A*** *v. tr.* (*coniug. come turbare*) Rendere gravemente turbato, agitato, scosso e sim. (*anche fig.*): *— l'ordine pubblico, l'animo di qc.* ***B*** *v. intr. pron.* Agitarsi o turbarsi gravemente.

perturbatóre *s. m.; anche agg.* (*f. -trìce*) Chi (o che) perturba.

perturbazióne *s. f.* ***1*** Grande confusione e disordine. ***2*** (*fig.*) Intenso turbamento dell'animo. ***3*** (*astron.*) Irregolarità nell'orbita di un pianeta dovuta all'effetto gravitazionale di altri pianeti. ***4*** *— atmosferica,* o, ass., *—,* depressione, cattivo tempo.

perugìno *agg.; anche s. m.* (*f. -a*) Di Perugia.

peruviàno *agg.; anche s. m.* (*f. -a*) Del Perù.

pervàdere *v. tr.* (*pass. rem. io pervàsi, tu pervadésti; part. pass. pervàso*) Invadere diffondendosi ovunque (*anche fig.*): *il terrore pervase l'animo di molti.*

pervenìre *v. intr.* (*coniug. come venire; aus. essere*) ***1*** Giungere (*anche fig.*): *una lettera pervenne al nostro indirizzo.* ***2*** Venire in proprietà: *gli pervenne un podere.*

perversióne *s. f.* Comportamento anormale e socialmente condannato, spec. nella sfera sessuale.

perversità *s. f.* ***1*** Carattere di perverso; SIN. Malvagità. ***2*** Azione perversa.

pervèrso *agg.* Molto malvagio, profondamente incline al male: *intenzioni perverse* | Vizioso.

pervertiménto *s. m.* Perversione; SIN. Depravazione.

pervertìre ***A*** *v. tr.* (*io pervèrto*) Rendere corrotto, perverso: *— i cuori, gli animi*; SIN. Depravare. ***B*** *v. intr. pron.* Divenire corrotto e perverso.

pervertito *part. pass. di pervertire; anche agg. e s. m.* (*f. -a*) Che (o chi) dimostra perversione.

pervertitóre *s. m.; anche agg.* (*f. -trìce*) Chi (o che) perverte.

pervicàce *agg.* Che insiste o si accanisce con ostinazione e caparbietà: *peccatore —*; SIN. Ostinato.

pervicàcia *s. f.* (*pl. -cie*) Natura o carattere di pervicace; SIN. Ostinazione.

pervinca ***A*** *s. f.* Pianta erbacea delle Genzianali con foglie scure e lucenti e fiori azzurro-violacei. [→ ill. *piante* 11] ***B*** *s. m. inv.* Colore azzurro-violaceo.

pèrvio *agg.* (*lett.*) Facilmente accessibile, che permette il passaggio: *luogo —*; CONTR. Impervio.

pésa *s. f.* ***1*** Operazione del pesare. ***2*** Luogo dove si compiono le operazioni di peso | Apparecchiatura per pesare veicoli o grossi carichi.

pesage /*fr.* pəˈzaʒ/ *s. m. inv.* (*pl. fr. pesages* /pəˈzaʒ/) Negli ippodromi, recinto ove si pesano i fantini per le corse al galoppo.

pesalèttere *s. m. inv.* Piccola bilancia per pesare la corrispondenza al fine di adeguarne l'affrancatura. [→ ill. *bilancia, ufficio*]

pesànte *part. pres. di pesare; anche agg.* ***1*** Detto di cosa il cui peso è elevato o superiore alla media: *una sedia —* | *Industria —,* complesso delle industrie meccaniche, metallurgiche e siderurgiche. ***2*** (*est.*) Che agisce con forza | *Gioco —,* nel calcio e sim., falloso e scorretto. ***3*** (*est.*) Che impaccia con un'impressione di pesantezza: *testa —* | *Sonno —,* profondo | *Cibo —,* difficile da digerire. ***4*** Che esige notevole sforzo, resistenza e sim.: *lavoro —.* ***5*** (*fig.*) Che opprime, annoia e sim.: *silenzio —*; *persona —* | *Aria —,* afosa, greve | *Battuta —,* di cattivo gusto, volgare. ***6*** (*fig.*) Tardo nei movimenti: *andatura —* | (*est.*) Sovraccarico: *stile —.* ***7*** Grande, grave, preoccupante: *una — responsabilità*; *situazione economica —*; *pesanti danni.*

pesantézza *s. f.* ***1*** L'essere pesante; CONTR. Leggerezza. ***2*** Senso di peso, dovuto a varie cause: *— di stomaco.*

pesapersóne *agg. inv.* Detto di bilancia usata per controllare il peso corporeo. [→ ill. *bilancia*]

pesàre ***A*** *v. tr.* (*io péso*) ***1*** Sottoporre qc. o q.c. ad apposite misurazioni per stabilirne il peso: – *un bambino, una partita di merci.* ***2*** (*fig.*) Sottoporre q.c. ad attenta analisi, per valutarne l'importanza, il significato e sim.: *bisogna – il pro e il contro della proposta* | – *le parole*, pensarci bene prima di pronunciarle | *Far – la propria autorità*, (*fig.*) servirsene come di un forte mezzo di persuasione o gloriarsene; SIN. Ponderare. ***B*** *v. intr.* (*aus. avere o essere*) ***1*** Avere un determinato peso: – *un chilo* | (*est.*) Essere pesante: *come pesa questa valigia!* ***2*** (*fig.*) Essere o riuscire gravoso, duro, spiacevole: *sapessi come mi pesa scrivere!* | – *sullo stomaco*, (*fig.*) di cibo indigesto | – *sulla coscienza*, di cattiva azione che produce continuo rimorso. ***3*** (*fig.*) Essere in grado di influire su q.c. in modo determinante: *decisioni che peseranno sul nostro futuro.* ***4*** (*fig.*) Incombere: *una grave minaccia pesa su di lui.* ***C*** *v. rifl.* Sottoporsi alle necessarie misurazioni per conoscere il proprio peso.

pesàta *s. f.* ***1*** Operazione del pesare, spec. con la bilancia. ***2*** Quantità di roba pesata in una volta.

pesatóre *s. m.* (*f. -trìce*) Chi pesa.

pesatùra *s. f.* Misurazione del peso.

pèsca (1) *s. f.* Frutto del pesco. [→ ill. *frutta*]

pésca (2) *s. f.* ***1*** Attività del pescare: *andare a –; barca da –* | – *subacquea*, che si fa nuotando sotto il pelo dell'acqua con particolari attrezzature | (*est.*) L'insieme dei pesci e sim. presi in un'unica uscita: – *abbondante, povera.* [→ ill. *pesca*] ***2*** Specie di lotteria con biglietti in parte bianchi e in parte recanti un numero cui corrisponde un premio: – *di beneficenza.* [→ ill. *luna park*]

pescàggio *s. m.* Immersione di una nave dal pelo dell'acqua alla chiglia.

pescàia *s. f.* Sbarramento di legno, pietra e sim. lungo il corso di un fiume | (*est.*) Chiusa.

pescàre ***A*** *v. tr.* (*io pésco, tu péschi*) ***1*** Tendere insidie ai pesci o altri animali acquatici con rete, amo, nassa, fiocina e sim., allo scopo di catturarli: – *tonni, anguille* | – *nel torbido*, (*fig.*) intorbidare le cose per trarne profitto | (*est.*) Recuperare o tirar fuori dall'acqua: – *un annegato; ho pescato il mio orologio.* ***2*** (*fig.*) Riuscire a trovare: *dove hai pescato quel libro?* ***3*** Prendere a caso una carta da gioco dal mazzo, un pezzo di domino dal mucchio e sim. ***4*** Tirare a sorte biglietti di lotteria: – *nell'urna.* ***B*** *v. intr.* (*aus. avere*) Detto di nave, avere lo scafo immerso nell'acqua per una certa altezza. [→ tav. *locuzioni* 80]

pescarése *agg.; anche s. m. e f.* Di Pescara.

pesca

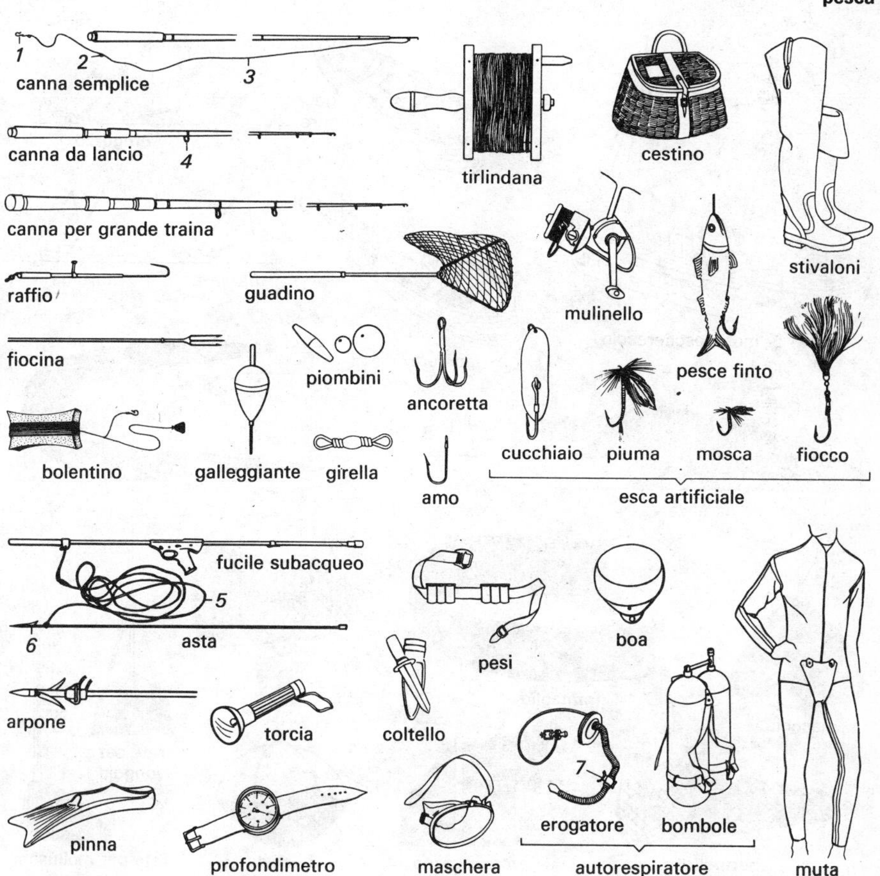

1 amo 2 galleggiante 3 lenza 4 passante 5 sagola 6 arpone 7 boccaglio

➡

pescàta *s. f.* Atto del pescare | Quantità di pesce pescato in una sola volta.

pescatóre *s. m.* (*f. -trice* nel sign. 1) **1** Chi esercita la pesca. **2** (*min.*) Attrezzo con cui si estraggono dai fori di sonda oggetti accidentalmente cadutivi.

pescatrice *s. f.* (*zool.*) Rana pescatrice.

pésce A *s. m.* **1** Ogni animale vertebrato acquatico appartenente alla classe dei Pesci | – *ago*, con corpo sottilissimo e scheletro osseo, molto comune nel Mediterraneo | – *dorato, rosso*, carassio | – *gatto*, delle acque dolci americane ed europee, caratterizzato da scheletro osseo, capo tozzo e lunghi barbigli impiantati attorno alla bocca | – *lucerna*, osseo, grigio brunastro, con occhi piccoli, bocca rivolta verso l'alto, che può rigonfiare fortemente l'addome | – *luna*, a corpo compresso, scheletro osseo, dai magnifici colori rosso, azzurro, rosa e argento, comune nei mari caldi | – *martello*, squalo con capo arrotondato estendentesi lateralmente con due lobi alle cui estremità stanno gli occhi | – *palla*, osseo, massiccio e spinoso, con grossi caratteristici denti e capacità di rigonfiarsi a palla | – *persico*, osseo, d'acqua dolce con corpo compresso verdastro e strisce nere | – *ragno*, trachino | – *rondine*, osseo, con pinne pettorali sviluppate, spec. le superiori che gli consentono voli planati sull'acqua; SIN. Rondine di mare | – *San Pietro*, osseo, comune nel Mediterraneo, con capo e corpo compressi lateralmente, piastre ossee al margine dorsale e ventrale e piume dorsali e anali a raggi cartilaginei | – *sega*, cartilagineo, con caratteristico rostro munito ai lati di robusti denti, raro nel Mediterraneo | – *spada*, osseo, privo di squame, nero, con il muso allungato in una spada appuntita, pescato per le carni pregiate | – *tigre*, piranha | – *trombetta*, pesciolino osseo a corpo ellissoidale e allungato, con muso tubolare e occhi sviluppatissimi | – *volante*, pesce osseo marino con grandi pinne pettorali, capace di balzare sull'acqua | (*fig.*) – *d'aprile*, burla che si usa fare il primo giorno d'aprile | (*fig.*) *Sano come un* –, in perfetta salute | (*fig.*) *Muto come un* –, detto di chi tace ostinatamente | (*fig.*) *Nuotare come un* –, molto bene | (*fig.*) *Non sapere che pesci prendere*, non sapere come agire | (*fig.*) *Sentirsi un – fuor d'acqua*, detto di chi si trova a disagio in una data situazione | (*fig.*) *Non essere né carne né* –, non essere ben definito né definibile | *Buttarsi a – su q.c.*, accoglierla con entusiasmo | *Prendere qc. a pesci in faccia*, (*fig.*) trattare qc. in modo villano. [→ ill. *animali* 7, 8, 9, *pesca*, *zoologia*] **2** Carne degli animali vertebrati acquatici | – *azzurro*, acciughe, sar-

pesca

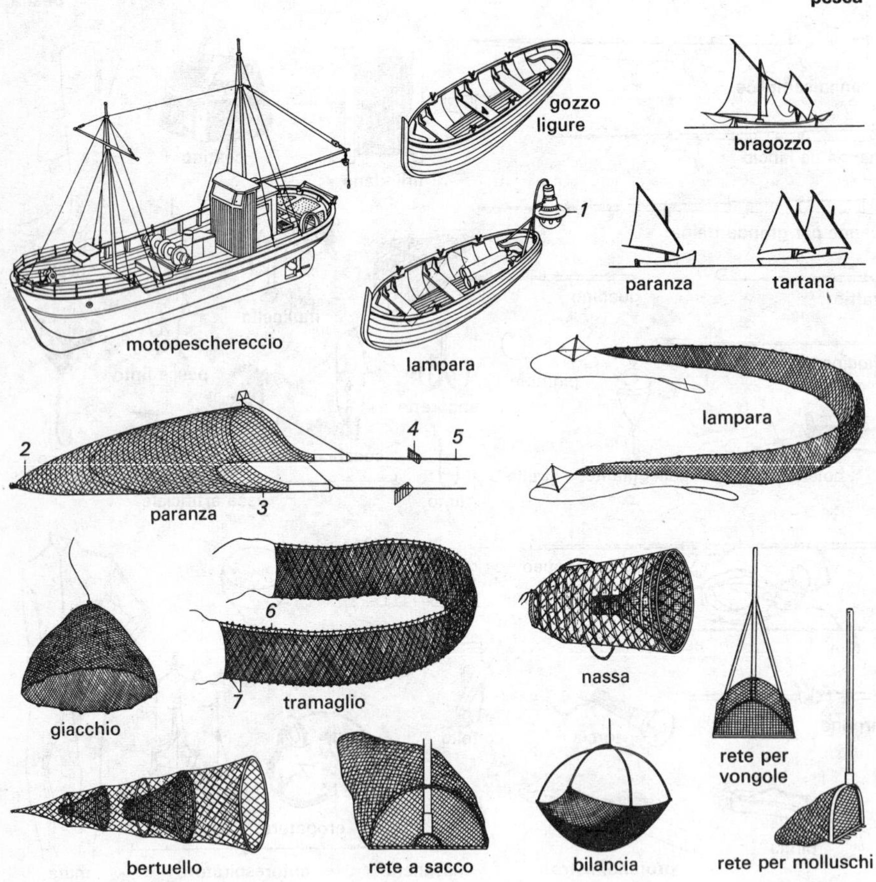

1 lampara 2 sacco 3 braccio 4 divergente 5 cavo di traino 6 galleggiante 7 piombi

←

dine, sgombri. **3** Pietanza di pesce: – *fritto.* [→ ill. *coltello, stoviglie*] **4** In tipografia, salto di composizione. **B** *al pl.* **1** *Pesci*, classe di animali vertebrati acquatici forniti di pinne, con corpo rivestito di squame o scaglie, respirazione branchiale, scheletro cartilagineo o osseo | *Pesci cartilaginei, ossei*, a seconda del tipo di scheletro. **2** *Pesci*, dodicesimo e ultimo segno dello Zodiaco che domina il periodo tra il 19 febbraio e il 20 marzo. [→ ill. *zodiaco*] [→ tav. *proverbi* 53, 186, 187, 251]

pescecàne *s. m.* (*pl. pescicàni o pescecàni*) **1** Correntemente, squalo aggressivo o feroce. **2** (*fig.*) Commerciante, industriale e sim., che si è arricchito approfittando senza scrupoli di una situazione bellica.

pescheréccio A *agg.* (*pl. f. -ce*) (*raro*) Pescoso. **B** *s. m.* Imbarcazione piuttosto grossa attrezzata per la pesca. [→ ill. *marina*]

pescherìa *s. f.* Negozio ove si vende pesce.

peschéto *s. m.* Piantagione di peschi.

peschicoltùra *s. f.* Coltivazione del pesco.

peschièra *s. f.* Vivaio per pesci.

pesciaiòla *s. f.* **1** Venditrice di pesce. **2** Pesciera.

pesciaiòlo o (*lett.*) *pesciaiuòlo s. m.* (*f. -a*) Venditore di pesce.

pescièra *s. f.* Recipiente ovale per lessarvi il pesce, con un secondo fondo sollevabile. [→ ill. *cucina*]

pesciolìno *s. m.* **1** *Dim. di pesce.* **2** (*zool.*) – *d'argento*, acciughina.

pescivéndolo *s. m.* (*f. -a*) Venditore di pesce al mercato o in una bottega.

pèsco *s. m.* (*pl. -schi*) Alberetto delle Rosali a foglie lanceolate e seghettate, fiori rosei che appaiono prima delle foglie, frutti commestibili. [→ ill. *piante* 8]

pescosità *s. f.* L'essere pescoso.

pescóso *agg.* Ricco di pesce: *mare* –.

peṣeta /*sp.* pe'seta/ *s. f.* (*pl. sp. pesetas* /pe'setas/; *pl. it. peṣète*) Unità monetaria della Spagna e di altri paesi.

pesìsta *s. m. e f.* (*pl. m. -i*) Chi pratica la specialità atletica del lancio del peso o del sollevamento pesi.

pesìstica *s. f.* Sollevamento pesi.

péso (1) *s. m.* **1** Forza di attrazione della Terra sui corpi posti alla sua superficie, proporzionale alla loro massa, dipendente dalla latitudine e dall'altezza sul livello del mare | – *atomico*, peso dell'atomo di un elemento chimico, assunta come unità la sedicesima parte del peso dell'atomo di ossigeno | – *molecolare*, somma dei pesi atomici degli elementi che fanno parte della molecola | – *specifico*, rapporto fra il peso di una sostanza e quello di ugual volume di acqua distillata a 4 °C | – *equivalente*, peso di un elemento che si può combinare con un grammo di idrogeno | – *lordo*, complessivo della merce e dell'imballaggio | – *netto*, della sola merce | – *morto*, quanto pesa un animale ucciso; (*est.*) tara di una merce; (*fig.*) persona che non ha iniziativa né autonomia | *Pigliare, sollevare di* –, alzare qc. o q.c. da terra di slancio | *Prendere q.c. di – da un libro*, (*fig.*) copiarla integralmente | *Rubare sul* –, di venditore che inganna il compratore diminuendo il peso di ciò che vende | *A – d'oro*, (*fig.*) a carissimo prezzo | (*est.*) Senso di pesantezza: *sentire un – alla testa.* **2** Oggetto metallico graduato che serve nelle operazioni di pesatura | *Unità di* –, chilogrammo. [→ ill. *misure*] **3** Corpo molto pesante | Ciascuno dei pezzi di piombo che il sommozzatore porta alla cintura per equilibrare la spinta idrostatica | (*est.*) Carico, fardello: *portare pesi.* [→ ill. *pesca*] **4** (*sport*) Attrezzo metallico di forma sferica impiegato in classiche gare di lancio: *getto del* –. [→ ill. *sport*] **5** Ciascuna delle categorie specificate da una determinazione in cui sono suddivisi pugili, lottatori e gli atleti che praticano il sollevamento pesi: *pesi mosca, pesi gallo, pesi piuma, pesi medi, pesi massimi.* **6** (*fig.*) Autorità, rilievo, valore: *il – delle sue parole è notevole* | *Dare* –, attribuire importanza. **7** (*fig.*) Ciò che grava sull'uomo opprimendolo e causandogli preoccupazioni: *il – della famiglia, degli anni* | *Liberarsi di un* –, di q.c. o di qc. che molesta | *Essere di – a qc.*, riuscirgli poco gradito o farsi mantenere | Onere finanziario: *il – di un'ipoteca.*

péso (2) /*sp.* 'peso/ *s. m. inv.* (*pl. sp. pesos* /'pesos/) Unità monetaria circolante in Bolivia, Colombia, Cuba, Repubblica Dominicana, Filippine, Messico, Uruguay.

pessimìṣmo *s. m.* **1** Dottrina filosofica basata sulla credenza della costante prevalenza del male sul bene; CONTR. Ottimismo. **2** Tendenza a giudicare le cose dal loro lato peggiore.

pessimìsta A *s. m. e f.* (*pl. m. -i*) Chi giudica negativamente, con pessimismo; CONTR. Ottimista. **B** *agg.* Pessimistico.

pessimìstico *agg.* (*pl. m. -ci*) Di, da pessimista.

pèssimo *agg.* (*sup. di cattivo*) **1** Che è il peggiore fra tutti, il più cattivo di tutti: *essere di – umore* | *Essere in pessimi rapporti con qc.*, essere quasi nemici. **2** Che è assolutamente riprovevole, sotto ogni punto di vista: *una pessima vita* | *Un – elemento*, persona totalmente priva di buone qualità. **3** Molto brutto: *un – aspetto.* • CONTR. Ottimo.

pésta *s. f.* **1** (*raro*) Strada battuta, con orme d'uomini o d'animali. **2** *spec. al pl.* Orme: *seguire le peste di qc.* **3** *al pl.* (*fig.*) Situazione complicata e difficile: *trovarsi, essere, restare nelle peste.*

pestàggio *s. m.* Violenta bastonatura.

pestàre *v. tr.* (*io pésto*) **1** Sottoporre alla pressione del piede: – *le erbe, i fiori* | – *i piedi*, batterli a terra, per ira o sim. | – *i piedi a qc.*, (*fig.*) fare q.c. che lo molesti o lo danneggi. **2** Ridurre q.c. in frantumi o in polvere mediante colpi continui e ripetuti, con il pestello e sim.: – *il sale, il pepe* | (*fig.*) – *l'acqua nel mortaio*, fare una fatica inutile. **3** Riempire di botte: *gli hanno pestato la faccia.*

pestàta *s. f.* Atto del pestare (*anche fig.*).

pestatùra *s. f.* **1** Operazione del pestare. **2** Pestaggio.

pèste *s. f.* **1** Malattia infettiva acuta, epidemica, che si manifesta in forma bubbonica o in forma polmonare. **2** Denominazione di varie malattie di animali: – *bovina, suina.* **3** (*fig.*) Fetore, puzzo. **4** (*fig.*) Calamità, rovina: *la corruzione è la – della società* | (*fig.*) *Dire – e corna di qc.*, parlarne malissimo. **5** (*fig.*) Persona, spec. bambino, molto vivace e turbolenta: *quel ragazzino è una vera* –.

pestèllo *s. m.* **1** Arnese col quale si pesta nel mortaio. **2** Arnese, usato in fonderia, per comprimere la terra refrattaria nelle formature; SIN. Piletta. [→ ill. *macelleria, metallurgia*]

pesticciàre *v. tr.* (*io pesticcio*) Calpestare con frequenza.

pesticìda *s. m.* (*pl. -i*) Prodotto usato nella lotta chimica contro gli organismi nocivi alle colture agricole.

pestìfero *agg.* **1** Che porta peste. **2** (*fig.*) Che ammorba l'aria di fetore: *esalazioni pestifere.* **3** (*fig.*) Dannoso, esiziale, funesto: *animale* – | Estremamente noioso e molesto: *ragazzino* –.

pestilènza *s. f.* **1** Epidemia di peste. **2** (*fig.*) Calamità, rovina, flagello. **3** (*fig.*) Fetore.

pestilenziàle *agg.* **1** Di pestilenza. **2** (*fig.*) Estremamente dannoso: *la sua – influenza.* **3** (*fig.*) Fetido: *miasmi pestilenziali.*

pésto A *agg.* Che ha subìto ammaccature, pestature (*anche fig.*): *è tutto – per le percosse* | *Occhio* –, livido per un colpo ricevuto o cerchiato da profonde occhiaie | (*fig.*) *Buio* –, fitto, totale. **B** *s. m.* **1** Poltiglia o insieme di cose pestate. **2** Salsa di basilico e aglio pestati, con formaggio pecorino e olio, condimento tipico della cucina genovese.

pètalo *s. m.* (*bot.*) Ognuno degli elementi del fiore che costituiscono la corolla. [→ ill. *botanica*]

petàrdo *s. m.* **1** Antico mortaio da attaccare direttamente alla porta o al muro da abbattere. **2** Rudimentale bombetta di carta che si fa esplodere durante feste e sim. **3** Detonante, posto sulle rotaie, che esplode al passaggio del treno per richiamare l'attenzione del macchinista o segnalare pericoli.

pètaṣo *s. m.* (*archeol.*) Cappello a falda larga proprio dei viaggiatori e dei cacciatori. [→ ill. *copricapo*]

petécchia *s. f.* Piccola emorragia puntiforme.

petecchiàle *agg.* Che è caratterizzato da petecchie: *tifo* –.

petit-four /*fr.* pə'ti 'fur/ *s. m. inv.* (*pl. fr. petits-fours* /pə'ti 'fur/) Pasticcino da tè a base di pasta di mandorle.

petit-gris /*fr.* pə'ti 'gri/ *s. m. inv.* (*pl. fr. petits-gris* /pə'ti 'gri/) Tipo di pelliccia morbida confezionata con pelli di scoiattoli siberiani.

petizióne *s. f.* **1** Domanda, istanza, supplica. **2** (*dir.*) Richiesta avanzata ai massimi organi dello Stato da un congruo numero di cittadini elettori. **3** (*filos.*) – *di principio*, procedimento logico consistente nel considerare come premessa di un argomento la conclusione che si intende dimostrare.

péto *s. m.* Fuoriuscita di gas dall'intestino.

-peto *secondo elemento*: in parole composte indica movimento, tendenza verso q.c.: *centripeto*; CONTR. *-fugo*.

petràia V. *pietraia*.

petrarchismo *s. m.* Imitazione dello stile del Petrarca.

petrarchìsta *s. m. e f.* (*pl. m. -i*) Seguace del petrarchismo.

petrodòllaro o *petroldollaro s. m. spec. al pl.* L'insieme dei dollari accumulati dai Paesi produttori di petrolio, depositati spec. presso banche europee.

petrogènesi *s. f.* (*geol.*) Origine e formazione delle rocce, spec. eruttive e metamorfiche.

petrografia *s. f.* Scienza che studia la composizione e la struttura delle rocce.

petrolchìmica *s. f.* Ramo dell'industria chimica che utilizza come materie prime il petrolio grezzo e i gas naturali del sottosuolo, ottenendone etilene, acetilene, idrogeno, materie plastiche, gomme sintetiche, fibre e sim.

petrolchìmico *agg.* (*pl. m. -ci*) Di petrolchimica.

petroldòllaro V. *petrodollaro*.

petrolièra *s. f.* Nave per il trasporto dei combustibili liquidi. [→ ill. *petrolio*]

petrolière *s. m.* **1** Addetto alla lavorazione del petrolio. **2** (*pop.*) Industriale petrolifero.

petrolièro *agg.* Che riguarda l'estrazione, la lavorazione e il trasporto del petrolio.

petrolìfero *agg.* Che contiene petrolio: *giacimento* – | Che lavora e distribuisce petrolio: *industria petrolifera*. [→ ill. *petrolio*]

petròlio *s. m.* Miscuglio oleoso di idrocarburi gassosi liquidi e solidi, estratto dal sottosuolo e sottoposto a distillazione e ad altri trattamenti per ottenere benzine e prodotti vari quali oli combustibili, lubrificanti, paraffina, vaselina, pece e sim. [→ ill. *petrolio, illuminazione, porto, riscaldamento*]

petroniàno *agg.; anche s. m.* (*f. -a*) (*lett.*) Bolognese.

petróso V. *pietroso*.

pettégola *s. f.* Uccello di palude con becco molto lungo e zampe alte e sottili.

pettegolàre *v. intr.* (*io pettégolo; aus. avere*) Fare pettegolezzi su qc.

pettegolézzo *s. m.* Chiacchiera da pettegolo | Discorso malizioso e indiscreto su qc. o sulla sua condotta: *fare dei pettegolezzi su qc.*; SIN. Diceria.

pettegolìo *s. m.* Frequente e insistente pettegolare.

pettégolo *agg.; anche s. m.* (*f. -a*) Che (o chi) fa chiacchiere e commenti maliziosi su altre persone; SIN. Chiacchierone, linguacciuto.

pettinàre A *v. tr.* (*io pèttino*) **1** Ravviare o riordinare i capelli col pettine o con la spazzola; CONTR. Spettinare. **2** Sottoporre le fibre tessili alla pettinatura. **B** *anche v. rifl.*

pettinàta *s. f.* Atto del pettinare.

pettinàto A *part. pass. di pettinare; anche agg.* **1** Ravviato col pettine. **2** *Filato* –, ottenuto seguendo il ciclo di lavorazione della filatura a pettine. **B** *s. m.* Tessuto di lana ottenuto con filati pettinati.

pettinatrìce *s. f.* **1** Donna che pettina e acconcia i capelli femminili. **2** Macchina tessile che esegue la pettinatura.

pettinatùra *s. f.* **1** Riordinamento dei capelli col pettine o con la spazzola | (*est.*) Acconciatura dei capelli. **2** Trasformazione della lana greggia in nastro di pettinato.

pèttine *s. m.* **1** Arnese per ravviare o tenere fermi i capelli, costituito da una fila di denti tenuti insieme da una costola, di corno, materia plastica, e sim. | – *a coda*, col manico lungo e sottile | *Parcheggio a* –, in cui le auto si dispongono perpendicolari al marciapiede. [→ ill. *barbiere, parrucchiere, toilette e cosmesi*] **2** (*zool.*) Mollusco dei Bivalvi a conchiglia tondeggiante con rilievi irradianti dalla cerniera, con una valva convessa e l'altra piana. [→ ill. *animali* 5] **3** Organo del telaio formato da un riquadro di fitte stecche parallele tra cui passano i fili dell'ordito. [→ ill. *tessuto*] **4** Ferro a sei denti che simboleggia i sestieri della città, posto come ornamento sulla prua delle gondole veneziane. [→ ill. *marina*] **5** Utensile in quattro parti montato sulla filiera automatica per filettare. [→ tav. *proverbi* 374]

petting /*ingl.* 'petiŋ/ *s. m. inv.* Complesso di pratiche amorose ed erotiche che non giungono all'atto sessuale completo.

pettìno *s. m.* **1** *Dim. di petto.* **2** Parte del grembiule che risale sul petto | Davantino di abito femminile in tessuto contrastante | Petto staccabile e inamidato della camicia maschile; SIN. Pettorina. [→ ill. *abbigliamento*]

pettirósso *s. m.* Piccolo e vivace uccello buon cantore, con piumaggio abbondantissimo e colorato di rosso sul collo e sul petto. [→ ill. *animali* 13]

pètto *s. m.* **1** (*anat.*) Parte anteriore del torace umano, fra il collo e l'addome | *Battersi il – con le mani*, in segno di dolore, pentimento e sim. | *Mettersi una mano sul* –, per dimostrare la propria lealtà. **2** Insieme degli organi racchiusi nella gabbia toracica, spec. i polmoni | *Debole di* –, che si ammala facilmente di bronchite e sim. | *Male di* –, polmonite, pleurite, tisi | *Malato di* –, tisico | *Do di* –, il più acuto che un tenore possa emettere | *Voce di* –, la più naturale. **3** Seno femminile: *il – materno* | *Tenere un bambino al* –, allattarlo. **4** Negli animali, parte del corpo compresa fra l'attaccatura del collo e l'inizio del ventre | Nelle bestie da tiro, parte anteriore del tronco sotto l'accollatura. [→ ill. *zoologia*] **5** Carne bovina o equina della regione toracica: *punta di* – | Negli uccelli commestibili, carne che copre lo sterno: – *di tacchino*. [→ ill. *macelleria*] **6** Parte dell'abito che ricopre il petto: – *della camicia* | *Giacca, cappotto a doppio* –, con una parte sovrapposta all'altra e con due file di bottoni. [→ ill. *abbigliamento, armi*] **7** (*fig.*) Forza, energia: *aver – a, per, q.c.* | *Prendere di* –, affrontare q.c. o qc. con franchezza ed energia. **8** (*fig.*) Fronte o parte anteriore in genere | *Dar di* –, urtare frontalmente | *A* –, al confronto | – *a* –, a fronte a fronte. **9** (*fig.*) Cuore, animo: *tenere in – un segreto*.

pettoràle A *agg.* **1** Del petto: *muscolo gran* – | *Croce* –, portata dal vescovo sul petto. [→ ill. *anatomia umana, cavallo, religione*] **2** (*zool.*) *Pinne pettorali*, le due pinne dei pesci articolate col cinto toracico. [→ ill. *zoologia*] **B** *s. m.* **1** Striscia di cuoio che passa davanti al petto del cavallo. **2** Quadrato di stoffa con un numero, portato sul petto da concorrenti di gare sportive, spec. di sci e marcia.

pettorìna *s. f.* **1** Lembo di tessuto con cui le donne usavano coprire il seno. **2** Pettino.

pettorùto *agg.* **1** Che ha petto forte, robusto. **2** (*est.*) Che ha un portamento impettito.

petulànte *agg.* **1** Che usa modi arroganti e impertinenti | Che dimostra petulanza: *discorso* –. **2** Noioso: *che donna –!*

petulànza *s. f.* Atteggiamento insolente e sfacciato | Importunità.

petùnia *s. f.* Pianta erbacea delle Tubiflorali coltivata per i bei fiori a campanula. [→ ill. *piante* 12]

pèzza *s. f.* **1** Pezzo di tessuto, in genere: *una – di lino, di flanella, di lana* | *Pezze da piedi*, con cui un tempo i soldati si fasciavano i piedi, usandole al posto delle calze | (*fig.*) *Trattare qc. come una pezza da piedi*, maltrattare qc. umiliandolo. **2** Pezzo di tessuto o altro usato per riparare q.c. di rotto | *Mettere una* –, rappezzare e (*fig.*) rimediare alla meno peggio una situazione; SIN. Toppa. **3** Avvolgimento di molti metri di tessuto così come viene dalla fabbrica al commerciante | (*est.*) Stoffa, tessuto: *bambola di* –. **4** Tratto di terra coltivata. **5** (*raro, lett.*) Tratto di spazio o di tempo | *Da gran, da lunga*, –, da molto tempo. **6** (*bur.*) Carta, documento | *Pezze d'appoggio*, documenti giustificativi. **7** (*arald.*) *Pezze onorevoli*, le varie figure sullo scudo. [→ ill. *araldica*] **8** Nel XVI e XVIII sec., grossa moneta d'oro e d'argento multipla dell'unità monetaria.

pezzàto A *agg.* Detto di tipo di mantello di animale che presenta pezzature. **B** *s. m.* Cavallo pezzato.

pezzatùra (1) *s. f.* Chiazza bianca su mantello di animale di colore diverso e viceversa.

pezzatùra (2) *s. f.* Divisione in pezzi e dimensione degli stessi.

pezzènte *s. m. e f.* Chi vive di elemosina | (*est.*) Persona miserabile, meschina; SIN. Straccione.

pezzenterìa *s. f.* (*raro*) L'essere pezzente.

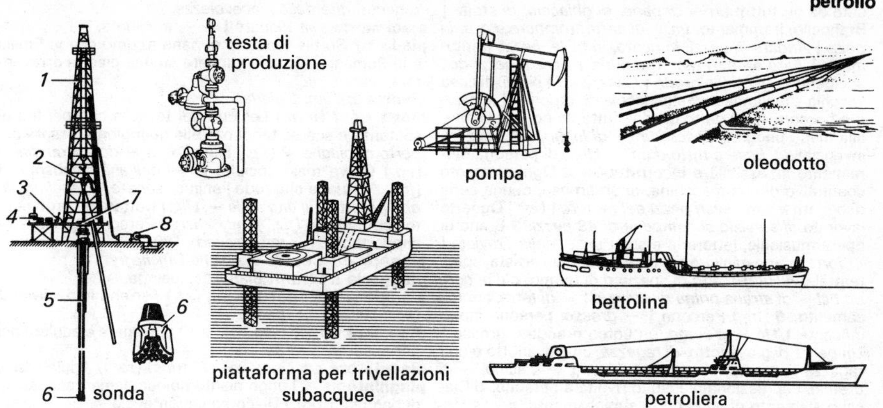

1 torre di perforazione 2 testa d'iniezione del fango 3 argano 4 gruppo motore 5 asta 6 scalpello 7 tavola di rotazione 8 pompa del fango

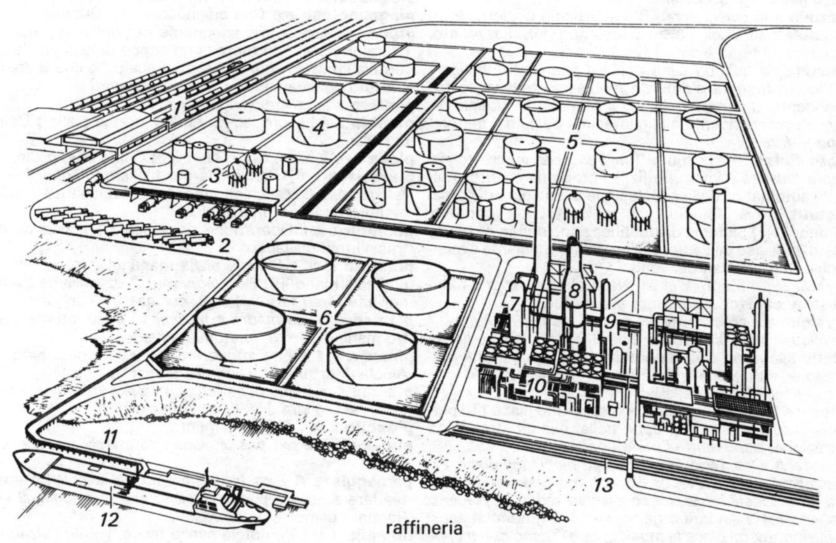

raffineria

1 scalo ferroviario 2 piazzale di sosta e carico delle autocisterne 3 serbatoio per prodotti gassosi 4 serbatoio per prodotti liquidi 5 deposito dei prodotti raffinati 6 deposito del petrolio greggio 7 torre di distillazione sotto vuoto 8 forno di riscaldamento del greggio 9 torre di distillazione a pressione atmosferica 10 condensatori 11 molo petroli 12 petroliera 13 oleodotto

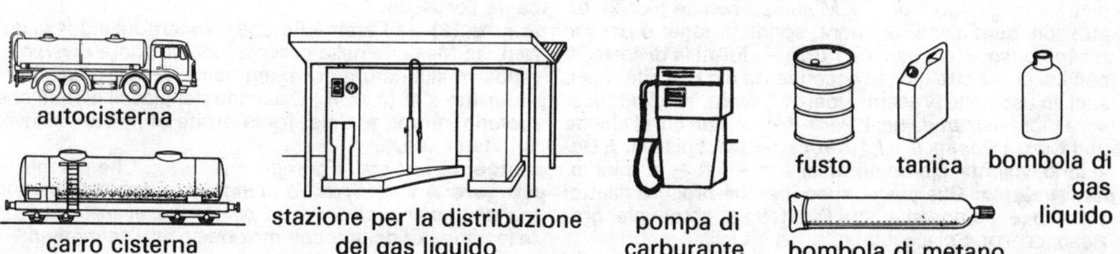

pèzzo *s. m.* **1** Parte di materiale solido separata o staccata da un tutto: *un — di pane, di ghiaccio, di stoffa* | Brandello, frammento: *un — di carta*; *rompere q.c. a, in pezzi* | *Andare in pezzi, in cento, in mille, pezzi*, frantumarsi | *Fare a pezzi q.c.*, romperla | *Fare a pezzi qc.*, ucciderlo o, (*fig.*) denigrarlo | *Cadere a, in pezzi*, di cosa vecchia e malandata che minaccia di rompersi | *A pezzi e a bocconi*, (*fig.*) detto di cosa fatta un po' per volta e alla meno peggio | *Essere un — di legno*, (*fig.*) essere insensibile | *Essere tutto d'un —*, (*fig.*) di persona moralmente inflessibile e incorruttibile. **2** Ogni elemento costitutivo di una macchina, di un arnese, di una serie di oggetti e sim.: *i vari pezzi del motore* | (*est.*) Oggetto lavorato: *il servizio si compone di 48 pezzi.* **3** Brano di opera musicale, letteraria e sim.: *un — della Traviata* | *— forte*, brano migliore del repertorio d'un artista, spec. teatrale. **4** (*fig.*) Tratto di spazio o di tempo: *c'è ancora un bel — di strada prima di arrivare* | *— di terra*, appezzamento. **5** (*fig.*) Persona | *— grosso*, persona molto influente | *Un — d'uomo*, un uomo grande e grosso | *Un bel — di giovanotto, di ragazza*, un giovanotto o una ragazza piuttosto robusti e ben fatti | *— d'asino*, *— di cretino*, espressione di insulto rivolta a persona. **6** Ciascun elemento di un capo di abbigliamento: *il — superiore del tailleur.* [→ ill. *abbigliamento*] **7** Qualunque arma di artiglieria: *— da 75 mm.* | *— da novanta*, (*fig.*) nel linguaggio della mafia, mafioso potente e temuto; (*est.*) personaggio potente. **8** Articolo di giornale: *un — di cronaca.* **9** Ciascun veicolo che compone un treno, esclusa la locomotiva. **10** Ciascuno dei 32 elementi con cui si gioca agli scacchi.

pezzùllo *s. m.* (*mer.*, *gerg.*) Breve articolo di giornale.

pezzuòla *s. f.* Piccolo pezzo di tessuto | (*est.*) Fazzoletto, da naso, da testa e sim. | (*est.*) Cencio.

pfennig /*ted.* 'pfɛnix/ *s. m. inv.* (*pl. ted. pfennige* /'pfɛnigə/) **1** Piccola moneta d'argento medievale tedesca corrispondente al denaro italiano. **2** Moneta divisionale tedesca corrispondente alla centesima parte del marco.

phòn V. *fon.*

photo finish /*ingl.* 'foutə 'finiʃ/ *loc. sost. m. inv.* (*pl. ingl. photo finishes* /'foutə 'finiʃiz/) Fotografia o ripresa filmata automatica della conclusione di una gara di corsa.

photofit /*ingl.* 'foutoufit/ *s. m. inv.* (*pl. ingl. photofits* /'foutoufits/) Sistema di identificazione criminale per ricostruire il viso dell'autore di un delitto mediante il montaggio di particolari del volto.

phylum /*lat.* 'filum/ *s. m. inv.* Nella classificazione naturalistica, categoria superiore alla classe.

physique du rôle /*fr.* fi'zik dy rol/ *loc. sost. m. inv.* (*pl. fr. physiques du rôle* /fi'zik dy rol/) Aspetto esteriore adatto alla parte che uno interpreta e (*est.*) a una professione, situazione e sim.: *ha il — del seduttore.*

pi *s. m. o f. inv.* Nome della lettera *p.*

piacènte *part. pres. di piacere; anche agg.* Che piace | Di persona che, pur se non proprio bella, esercita una certa attrazione: *nonostante l'età è ancora —.*

piacére A *v. intr.* (*pres. io piàccio, tu piàci, egli piàce, noi piacciàmo, voi piacéte, essi piàcciono; pass. rem. io piàcqui, tu piacésti; congv. pres. io piàccia; part. pass. piaciùto; aus. essere*) **1** Andare a genio, riuscire gradito ai sensi o alla mente: *mi piace la musica*; *quell'uomo non mi piace*; *gli piace scrivere*; SIN. Garbare. **2** Desiderare, volere: *sia come vi piace* | *Se piace a Dio, a Dio piacendo*, se Dio lo vorrà | *Piaccia a Dio!*, così fosse | *Piaccia o non piaccia*, si voglia o no. **3** Sembrare giusto, lodevole, opportuno: *piacque al Senato che la guerra continuasse.* **B** *in funzione di s. m.* **1** Godimento fisico o spirituale: *dare, provare —*; *i piaceri della tavola* | Voluttà: *i piaceri della carne*; SIN. Diletto, soddisfazione. **2** Divertimento, distrazione: *viaggio di —* | *Minuti piaceri*, le piccole distrazioni quotidiane. **3** Onore, soddisfazione: *è per me un immenso — conoscerla* | *Con —*, formula di cortesia con cui si accetta q.c., si acconsente a q.c. e sim. | *—!*, escl. in uso nelle presentazioni. **4** Favore, servigio: *ricevere molti piaceri da qc.* | *Per —!*, escl. con cui si chiede un favore | *Fammi il —!*, (*iron.*) smettila, finiscila. **5** Desiderio, volontà: *siamo pronti al suo —* | *A —*, a volontà.

piacévole *agg.* Che piace, spec. perché procura diletto: *stare in — compagnia*; SIN. Dilettevole, gradevole, grazioso; CONTR. Spiacevole.

piacevolézza *s. f.* **1** L'essere piacevole. **2** Facezia, scherzo: *dire delle piacevolezze.*

piaciménto *s. m.* Piacere | *A —*, a volontà.

piàda *s. f.* Sottile focaccia di pane azzimo che in Emilia e in Romagna si suole cuocere su una piastra arroventata.

piadìna *s. f. Dim. di piada.*

piàga *s. f.* **1** (*med.*) Lesione del tessuto con perdita di sostanza e scarsa tendenza alla guarigione: *essere coperto di piaghe.* **2** (*fig.*) Flagello: *la — della grandine* | (*est.*) Grave male sociale: *la — dell'analfabetismo.* **3** (*fig.*) Afflizione che rode l'animo: *sanare le vecchie piaghe* | *Mettere il dito sulla —*, (*fig.*) trattare un argomento scottante. **4** (*fig.*, *fam.*, *scherz.*) Persona noiosa e insopportabile. [→ tav. *proverbi* 180]

piagàre *v. tr.* Coprire di piaghe (*anche fig.*).

piaggerìa *s. f.* (*raro*) Blandizia, lusinga.

piàggia *s. f.* (*pl. -ge*) **1** (*raro*, *lett.*) Terreno in declivio. **2** (*poet.*) Territorio, paese.

piaggiàre *v. tr.* (*io piàggio*) (*lett.*) Lusingare e adulare qc. per esserne favoriti.

piaggiatóre *s. m.; anche agg.* (*f. -trìce*) (*raro*) Adulatore.

piagnistèo *s. m.* Lungo pianto noioso, lamentoso, spec. di bambini | (*est.*) Discorso lamentevole.

piagnóne *s. m.* (*f. -a*) (*fam.*) Chi piange o si lamenta in continuazione.

piagnucolaménto *s. m.* Lungo pianto sommesso.

piagnucolàre *v. intr.* (*io piagnùcolo; aus. avere*) Piangere sommessamente a lungo; SIN. Frignare.

piagnucolìo *s. m.* Un continuo piagnucolare.

piagnucolóne *s. m.* (*f. -a*) Chi è solito piagnucolare.

piagnucolóso *agg.* Che piagnucola; SIN. Querulo.

piàlla *s. f.* Arnese del falegname per spianare, assottigliare, lisciare: è formata di un ceppo di legno dalla cui feritoia centrale sporge il ferro a scalpello che vi sta incassato obliquamente. [→ ill. *falegname*]

piallàre *v. tr.* Lavorare con la pialla.

piallàta *s. f.* Lavoro, spec. rapido, con la pialla | Colpo di pialla.

piallatóre *s. m.; anche agg.* (*f. -trìce*) Chi (o che) pialla.

piallatrìce *s. f.* **1** Macchina per piallare il legno. [→ ill. *falegname*] **2** Macchina utensile per spianare superfici metalliche. [→ ill. *meccanica*]

piallatùra *s. f.* Operazione del piallare | L'insieme dei trucioli tolti piallando.

piallétto *s. m.* **1** Piccola pialla maneggiabile anche con una sola mano. [→ ill. *falegname*] **2** Utensile da cucina per affettare i tartufi. [→ ill. *cucina*]

piamàdre o **pìa màdre** *s. f.* (*anat.*) La più interna delle tre meningi. [→ ill. *anatomia umana*]

piàna *s. f.* **1** Pietra squadrata per stipiti di finestra. **2** Aiuola di orto. **3** Terreno pianeggiante.

pianàle *s. m.* Piano di carico di un autocarro, di un carro ferroviario e sim. [→ ill. *carro e carrozza*]

piancìto *s. m.* (*dial.*) Pavimento.

pianeggiànte *part. pres. di pianeggiare; anche agg.* Che è in piano.

pianeggiàre A *v. intr.* (*io pianéggio; aus. avere*) Essere o tendere a essere piano: *declivio che pianeggia.* **B** *v. tr.* Rendere piano: *— la strada.*

pianèlla *s. f.* **1** Pantofola senza tacco. [→ ill. *calzatura*] **2** Mattone sottile per pavimentazione e copertura di tetti.

pianeròttolo *s. m.* **1** Struttura orizzontale che collega due rampe di una scala. [→ ill. *scala*] **2** In alpinismo, spiazzo su rocce ripide.

pianéta (1) *s. m.* (*pl. -i*) **1** (*astron.*) Corpo celeste privo di luce propria che orbita con traiettoria ellittica attorno al Sole. **2** (*fig.*) Destino, sorte. **3** Foglietto stampato recante l'oroscopo.

pianéta (2) *s. f.* Paramento che il sacerdote indossa durante la Messa e nelle processioni, di colore diverso in rapporto alla natura della cerimonia. [→ ill. *religione*]

pianetìno *s. m.* (*astron.*) Ciascuno dei piccoli pianeti che ruotano intorno al Sole, fra le orbite di Marte e Giove; SIN. Asteroide.

piangènte *part. pres. di piangere; anche agg.* Che piange.

piàngere A *v. intr.* (*pres. io piàngo, tu piàngi; pass. rem. io piànsi, tu piangésti; part. pass. piànto; aus. avere*) **1** Versare lacrime per dolore, commozione o altri sentimenti: —

in silenzio, singhiozzando, a calde lacrime; — *per le ingiustizie patite*; — *sulle sventure della nazione*; — *di gioia, di rabbia* | — *sul latte versato*, (*fig.*) rammaricarsi inutilmente di una malefatta già commessa; CONTR. Ridere. **2** Soffrire molto: — *dentro di sé* | (*fig.*) *Mi piange il cuore*, ne soffro moltissimo. **3** Gocciolare, stillare: *la linfa piange dai rami spezzati*. **B** *v. tr.* **1** Versare, emettere: — *lacrime d'odio* | Esprimere con voce di pianto: — *versi*. **2** Deplorare, lamentare: — *la morte di qc.* | — *miseria*, ostentarla, o esagerarla a parole | (*est.*) Rimpiangere: — *il bene perduto*. **3** Espiare con pianto: — *i propri peccati*. **C** *in funzione di s. m. solo sing.* Pianto: *occhi rossi dal* —. [→ tav. *proverbi* 54, 87, 305]

pianificàbile *agg.* Che si può o si deve pianificare.

pianificàre *v. tr.* (*io pianìfico, tu pianìfichi*) **1** (*raro*) Pareggiare, livellare. **2** Progettare e organizzare q.c. mediante un piano preciso.

pianificatóre *s. m.* (*f. -trìce*) Chi fa un piano, spec. economico.

pianificazióne *s. f.* Organizzazione di q.c. mediante un piano preciso: — *di un'attività* | Regolazione, programmazione dell'attività economica spec. con intervento dello Stato.

pianista *s. m. e f.* (*pl. m. -i*) Chi suona il pianoforte, spec. professionalmente.

pianìstico *agg.* (*pl. m. -ci*) **1** Di, da pianista. **2** Che si riferisce alla musica per pianoforte: *concerto* —.

piàno (1) **A** *agg.* **1** Che ha superficie uguale in ogni sua parte, senza sporgenze o avvallamenti, e distesa secondo la linea orizzontale: *strada, tavola, piana*. **2** (*geom.*) Che giace in un piano: *figura piana* | *Geometria piana*, che studia le figure giacenti in un piano; CONTR. Solido. **3** (*fig.*) Agevole, facile: *faccenda piana* | Chiaro, intelligibile: *scrittura piana*. **4** Detto di parola con l'accento sulla penultima sillaba | Detto di verso che finisce con una parola piana. **B** *avv.* **1** Adagio, senza fretta: *cammina* — | (*fig.*) Con prudenza e cautela: *posalo* — | (*fig.*) *Andarci* —, agire prudentemente. **2** A bassa voce: *parla più* —. • CONTR. Forte. [→ tav. *proverbi* 108] (v. nota d'uso ACCENTO)

piàno (2) *s. m.* **1** (*mat.*) Superficie geometrica in cui una linea retta che unisca qualsiasi coppia di punti che a essa appartenga, giace interamente sul piano. **2** Superficie piana: — *stradale* | *In* —, orizzontalmente | — *di controllo*, piattaforma di ghisa o granito dove vengono appoggiati i pezzi per operazioni di tracciatura e controllo | (*ferr., autom.*) Pianale. [→ ill. *ferrovia, meccanica, mobili*] **3** Zona di pianura: *la strada scende al* —. **4** Livello: *il — delle acque* | *Porre sullo stesso* —, allo stesso livello (*anche fig.*) | *Porre su un altro* —, a un livello più alto o più basso; (*fig.*) esaminare q.c. da un diverso punto di vista. **5** (*cine., fot.*) Distanza del soggetto di un'immagine dall'obiettivo o dall'osservatore | *Primo* —, parte del soggetto più vicina | *Di primo* —, *di secondo* —, (*fig.*) di chi (o di ciò che) ha grande importanza o rilievo, o un'importanza relativa. [→ ill. *cinematografia*] **6** (*aer.*) Corpo molto appiattito rispetto alla sua estensione usato per ottenere azioni aerodinamiche | — *di coda*, impennaggio. **7** (*geol.*) Unità stratigrafica in cui si suddivide la serie comprendente tutte le rocce formatesi durante un'età | — *di faglia*, superficie lungo la quale due lembi rocciosi si spostano l'uno relativamente all'altro. [→ ill. *geografia*] **8** (*miner.*) — *di simmetria*, tale da dividere un cristallo in due parti speculari e simmetriche. **9** Ciascuno degli ordini sovrapposti in cui si divide secondo l'altezza un edificio: *primo, terzo* — | — *nobile*, in un palazzo, quello padronale. [→ ill. *casa*] **10** Palco, costruzione di tavole o altro in piano: — *d'assi* | — *scenico*, superficie del palcoscenico dove agiscono gli attori. **11** (*mecc.*) — *inclinato*, macchina semplice usata per facilitare il sollevamento di un corpo, usando una forza inferiore al suo peso. [→ ill. *fisica*]

piàno (3) *s. m.* **1** Disegno industriale che rappresenta un oggetto, una macchina, una costruzione e sim. in proiezione su di una superficie piana. **2** Programma che determina i mezzi, i compiti e i tempi per conseguire alla scadenza un determinato risultato | — *regolatore*, atto amministrativo che determina la futura configurazione di una zona di insediamento e di un nucleo urbano preesistente | — *di sviluppo economico*, complesso di provvedimenti elaborati dallo Stato per garantire uno sviluppo equilibrato dell'economia. **3** Progetto, proposito: *mandare a monte i piani di qc.*

piàno (4) *s. m. Acrt. di pianoforte.*

piàno-bar *s. m. inv.* Locale pubblico con intrattenimento musicale, aperto spec. nelle ore serali e notturne.

pianofòrte *s. m.* Grande strumento a tastiera, con corde metalliche messe in vibrazione da martelletti azionati dai tasti | — *a coda*, orizzontale | — *verticale*, con cassa verticale. [→ ill. *strumenti musicali*]

pianòla *s. f.* Pianoforte meccanico in cui il movimento di due pedali fa svolgere un rotolo di carta con fori corrispondenti alle varie note.

pianòro *s. m.* Pianura posta in una zona elevata.

pianotèrra *s. m. inv.* Pianterreno.

piàno terréno V. *pianterreno*.

piànta *s. f.* **1** Ogni vegetale, erbaceo, arbustivo o arboreo. [→ ill. *piante*] **2** (*anat.*) Parte inferiore del piede | (*est.*) Parte inferiore della scarpa: *stivali a — larga*. **3** Rappresentazione grafica in scala, ottenuta sezionando con un piano orizzontale, o proiettando verticalmente sul piano orizzontale, oggetti, pezzi meccanici, costruzioni, terreni e sim.: *la — di un edificio* | (*est.*) Carta topografica: *la — di una città* | (*est.*) Disegno che rappresenta la disposizione di cose o persone in un dato luogo: *la — di una classe*. [→ ill. *geografia*] **4** Ruolo, organico: *essere in — stabile*. **5** (*fig.*) *Di sana* —, totalmente, integralmente. [→ tav. *proverbi* 228]

piantàggine *s. f.* Pianta erbacea delle Plantaginali comune nei prati, con foglie a rosetta con un lungo picciolo, e fiori verdognoli in spighe.

piantagióne *s. f.* **1** (*raro*) Lavoro del mettere a dimora piante arboree. **2** Area di terreno occupata da piante coltivate della stessa specie: — *di caffè, tabacco, cotone* | Insieme di alberi o piante coltivati. [→ ill. *agricoltura*]

piantagràne *s. m. e f. inv.* Persona pedante e puntigliosa che procura fastidiose complicazioni.

piantàna *s. f.* Sostegno verticale, spec. metallico, per librerie e scaffalature | Lampada a stelo.

piantàre **A** *v. tr.* **1** Mettere nel terreno semi, germogli e altri organi vegetali atti a svilupparsi in pianta: — *cavoli*; — *un terreno a cavoli*. **2** Conficcare profondamente nel terreno o in qualunque altro materiale solido: — *la bandiera, i pali del telegrafo* | — *chiodi*, (*fig.*) fare debiti | (*est.*) Collocare o posare saldamente: — *l'accampamento* | — *le tende*, accamparsi | (*fig.*) — *una grana*, sollevare questioni noiose e spiacevoli. **3** (*fig.*) Abbandonare, lasciare in modo improvviso e brusco: — *la fidanzata, il marito* | — *in asso qc.*, abbandonarlo a se stesso | *Piantarla*, finirla | *Piantala!*, finiscila, smetti di dire o di fare q.c. **B** *v. intr. pron.* Conficcarsi: *la freccia si piantò lontano dal bersaglio*; SIN. Ficcarsi. **C** *v. rifl.* Fermarsi in un luogo senza accennare ad andarsene | *Piantarsi di fronte a qc.*, fronteggiarlo risolutamente.

piantàto *part. pass. di piantare; anche agg.* **1** Messo nel terreno, coltivato. **2** (*est.*) Solido, robusto: *un ragazzo ben* —. **3** (*fig.*) Di persona che sta immobile, impettita.

piantatóre *s. m.* (*f. -trice*) **1** Chi pianta. **2** Proprietario di una o più piantagioni: — *di caffè*.

piantatrice *s. f.* Macchina per piantare bulbi e tuberi, spec. patate.

pianterréno o *piàn terréno, piàno terréno* *s. m.* Piano di casa a livello del suolo stradale; SIN. Pianoterra.

piànto (1) *part. pass. di piangere; anche agg.* Rimpianto, compianto.

piànto (2) *s. m.* **1** Versamento di lacrime per sfogo di dolore o altri sentimenti: — *dirotto, irrefrenabile*; *rompere, scoppiare in* — | Lacrime: *un — di gioia, d'ira* | *Sciogliersi in* —, versare abbondantissime lacrime. **2** Afflizione, dolore, lutto: *tutta la nazione è in* —. **3** Cosa, persona, avvenimento e sim. che è causa di dolore o tristezza | (*scherz.*) Cosa o persona noiosa e deludente. **4** Fuoruscita di liquido da ferite prodotte sulle radici o sul fusto di un vegetale.

piantonàre *v. tr.* (*io piantóno*) Sottoporre a vigilanza esercitata da un piantone: — *una casa*.

piantóne *s. m.* **1** (*bot.*) Pollone radicato staccato dal ceppo della pianta e posto direttamente a dimora. **2** Soldato senza armi comandato per servizi interni di caserma,

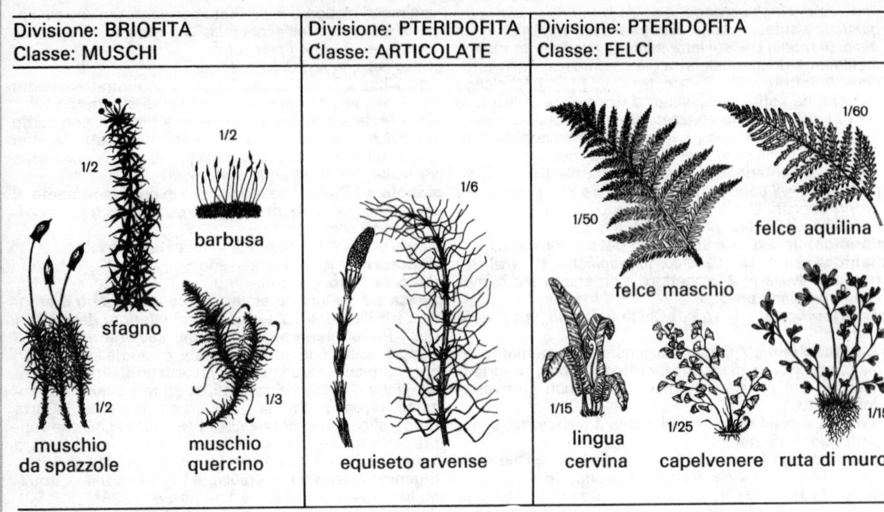

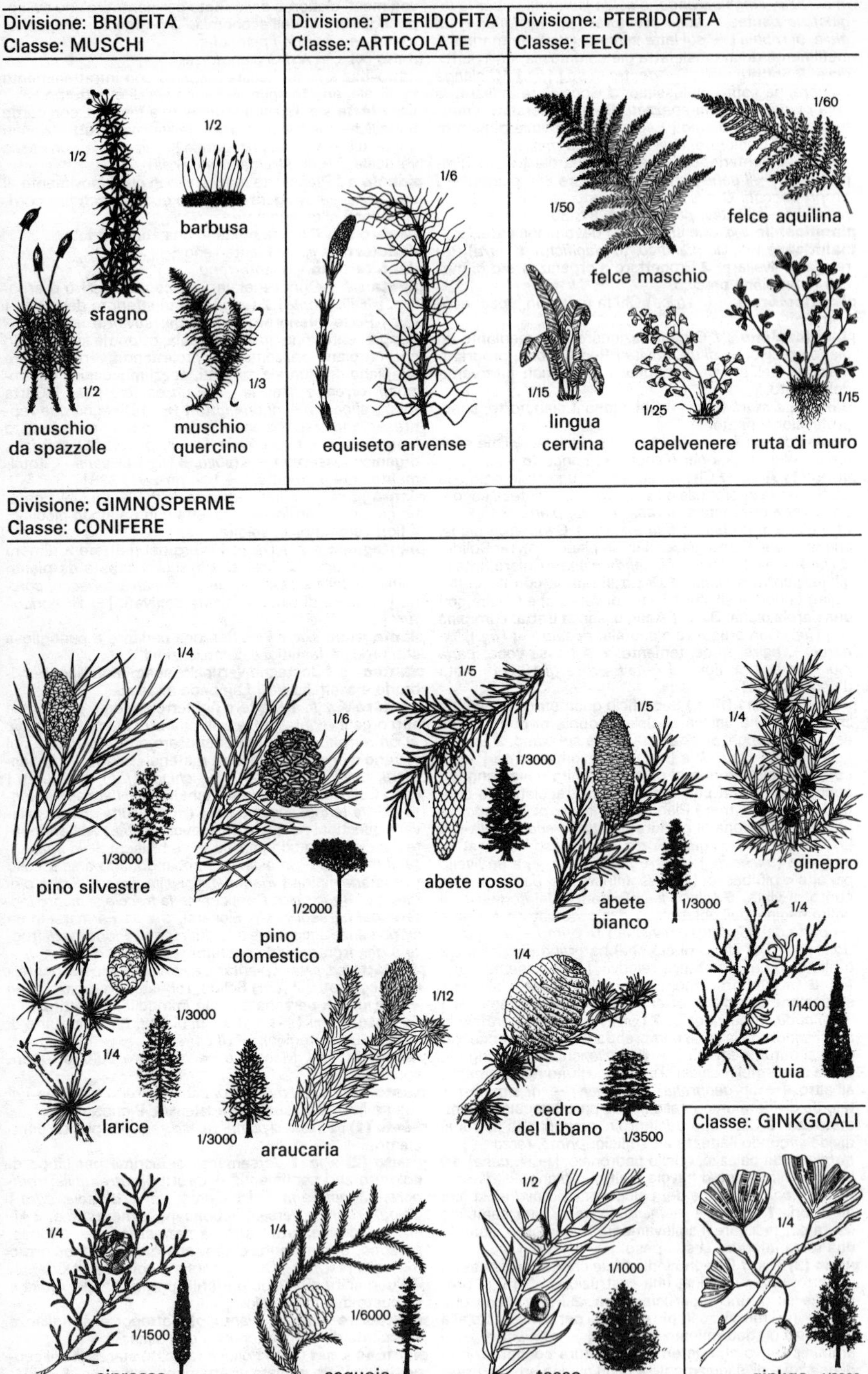

Divisione: GIMNOSPERME
Classe: CONIFERE

1/4
1/3000
pino silvestre

1/6
1/2000
pino
domestico

1/5
1/3000
abete rosso

1/5
1/3000
abete
bianco

1/4
ginepro

1/3000
1/4
larice

1/12
1/3000
araucaria

1/4
1/3500
cedro
del Libano

1/4
1/1400
tuia

1/4
1/1500
cipresso

1/4
1/6000
sequoia

1/2
1/1000
tasso

Classe: GINKGOALI

1/4
1/2000
ginkgo

Divisione: ANGIOSPERME Classe: DICOTILEDONI

Ordine: FAGALI

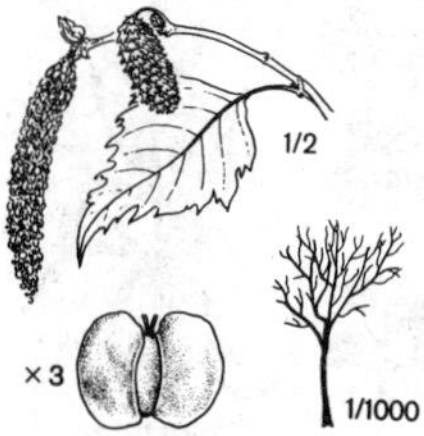

1/2
×3
1/1000
betulla (Betulacee)

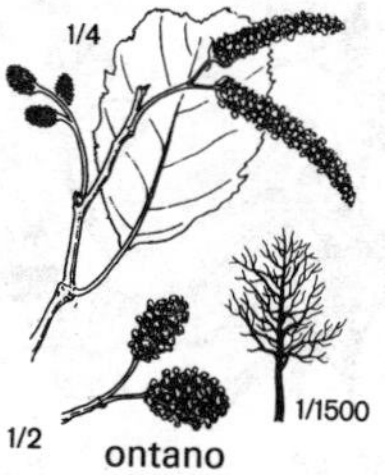

1/4
1/2
1/1500
ontano (Betulacee)

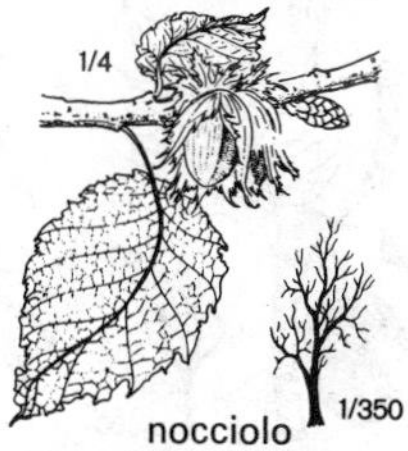

1/4
1/350
nocciolo (Betulacee)

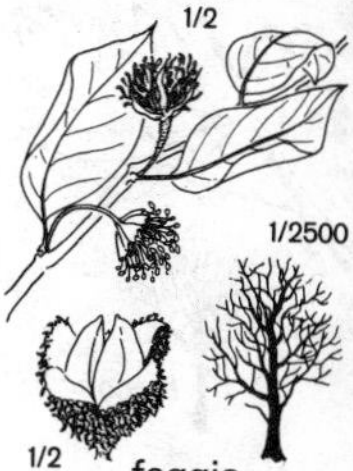

1/2
1/2500
1/2
faggio (Fagacee)

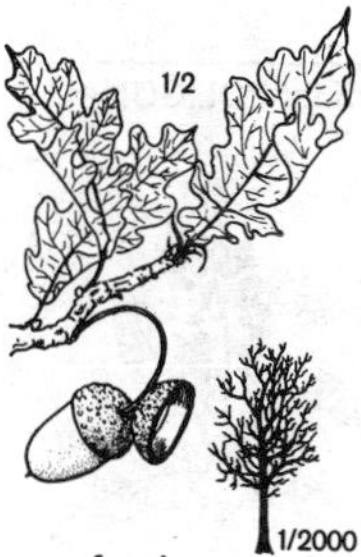

1/2
1/2000
farnia (Fagacee)

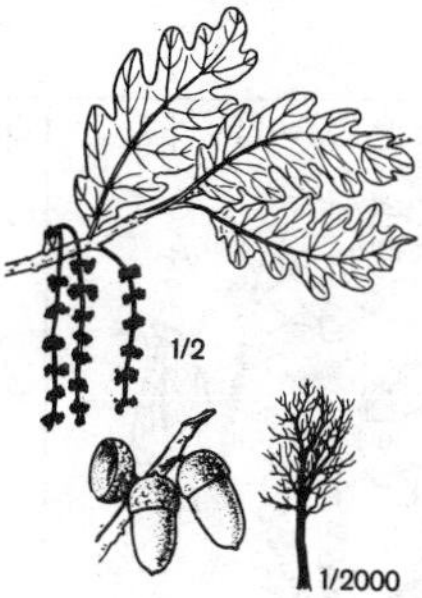

1/2
1/2000
rovere (Fagacee)

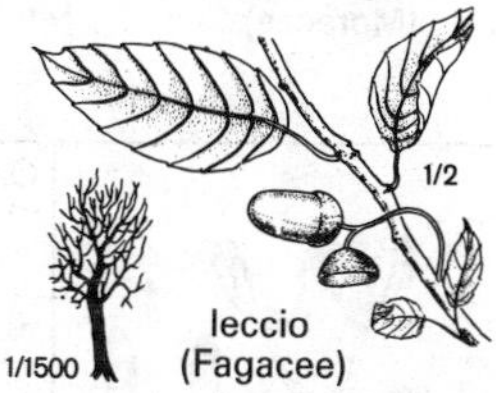

1/2
1/1500
leccio (Fagacee)

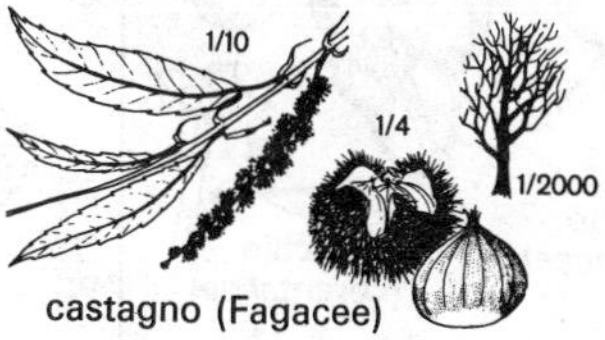

1/10
1/4
1/2000
castagno (Fagacee)

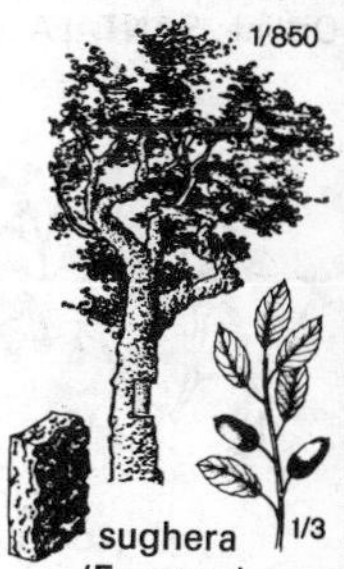

1/850
1/3
sughera (Fagacee)

Ordine: IUGLANDALI

1/4
1/2
1/1000
noce (Iuglandacee)

Ordine: SALICALI

1/2
1/650
salice piangente (Salicacee)

1/2
1/200
salice da vimini (Salicacee)

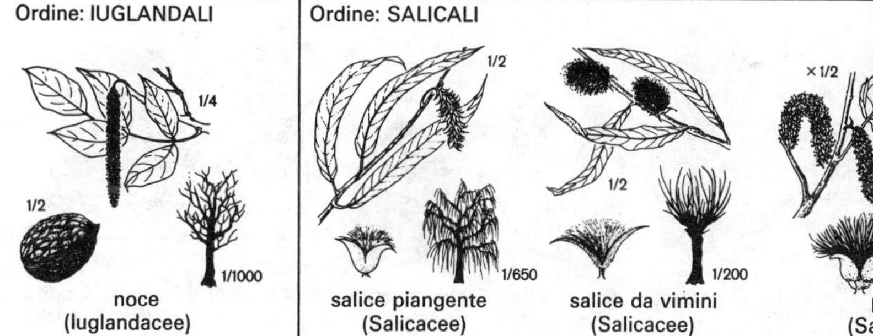

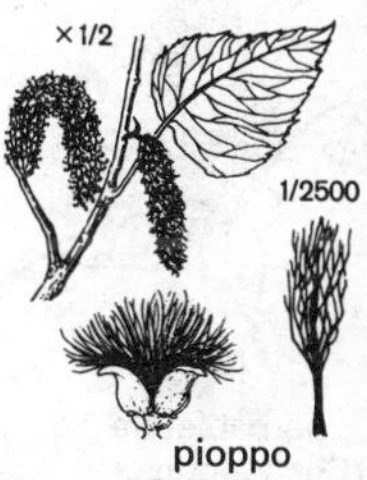

×1/2
1/2500
pioppo (Salicacee)

Ordine: URTICALI

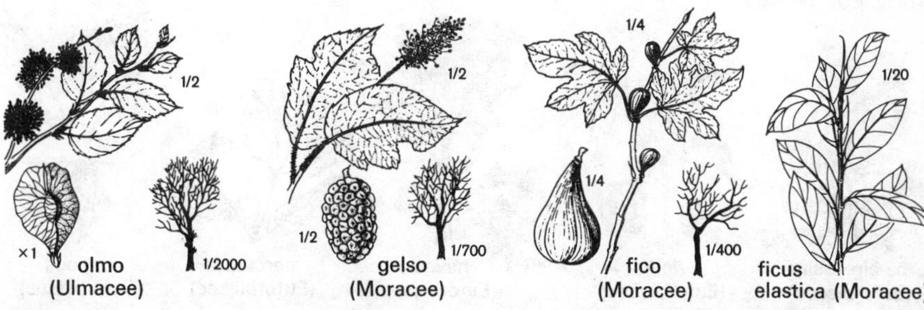

1/2
×1
1/2000
olmo (Ulmacee)

1/2
1/2
1/700
gelso (Moracee)

1/4
1/4
1/400
fico (Moracee)

1/20
ficus elastica (Moracee)

Divisione: ANGIOSPERME Classe: DICOTILEDONI

segue Ordine: URTICALI

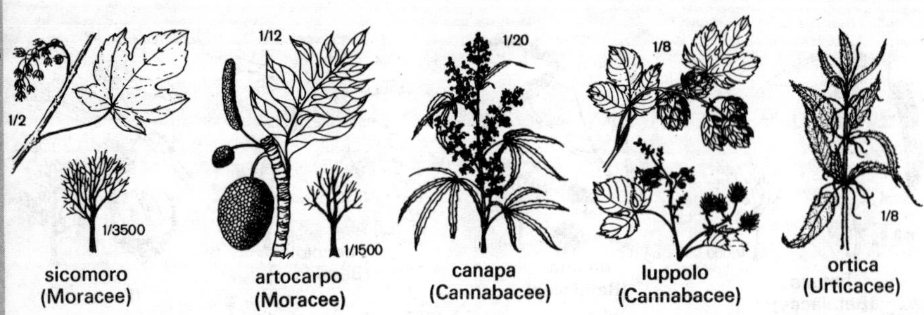

Ordine: SANTALALI

Ordine: PIPERALI

Ordine: POLIGONALI

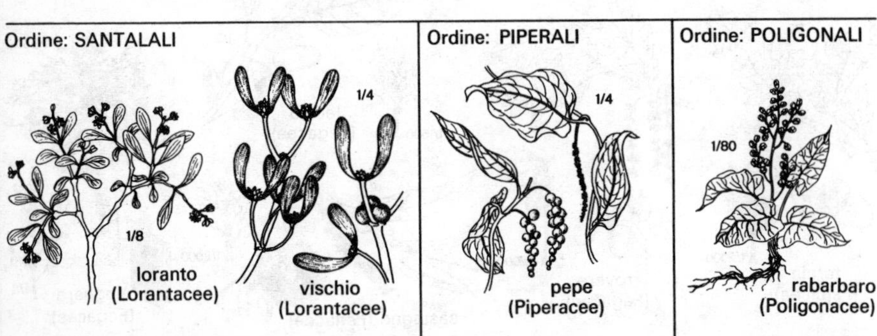

Ordine: CENTROSPERMALI

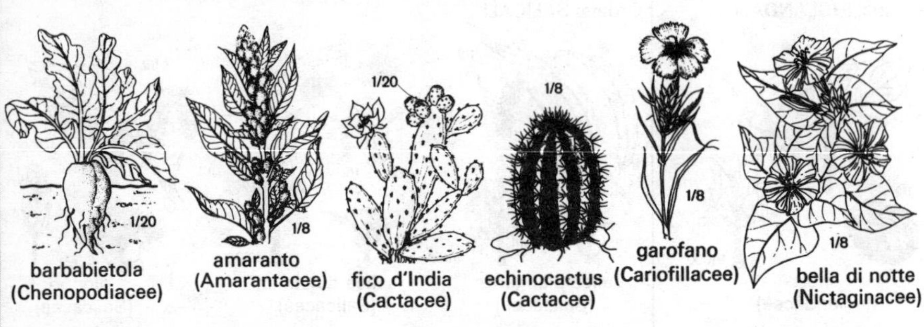

Ordine: EUFORBIALI

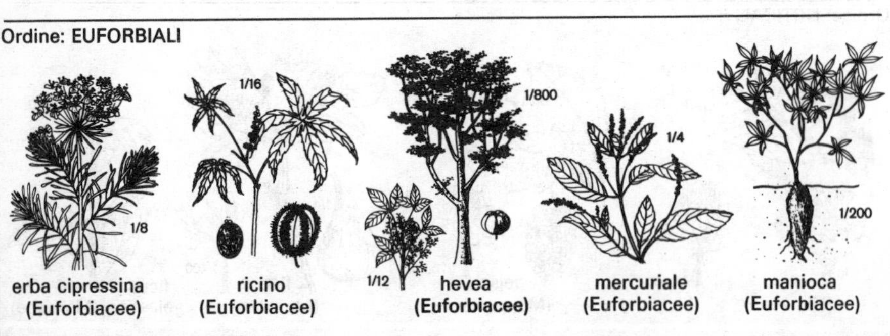

Divisione: ANGIOSPERME Classe: DICOTILEDONI

segue Ordine: EUFORBIALI

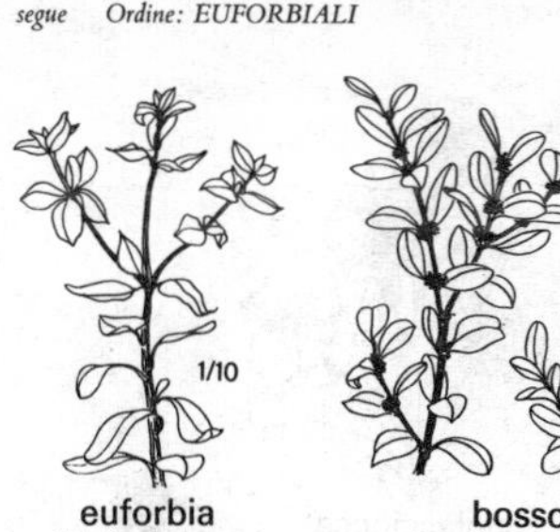

euforbia (Euforbiacee)

bosso (Euforbiacee)

croton dei giardinieri (Euforbiacee)

Ordine: AMAMELIDALI

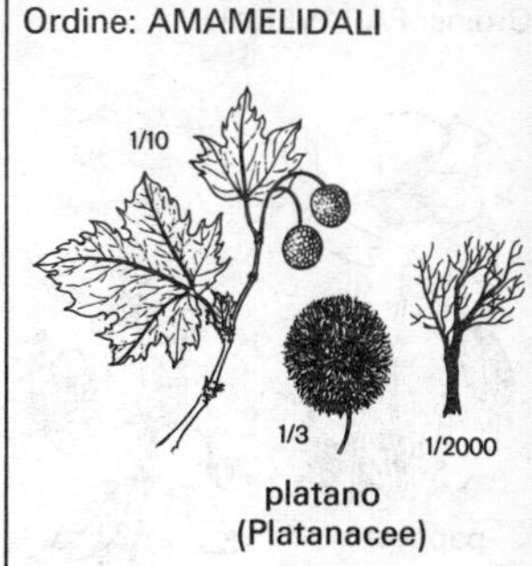

platano (Platanacee)

Ordine: POLICARPALI

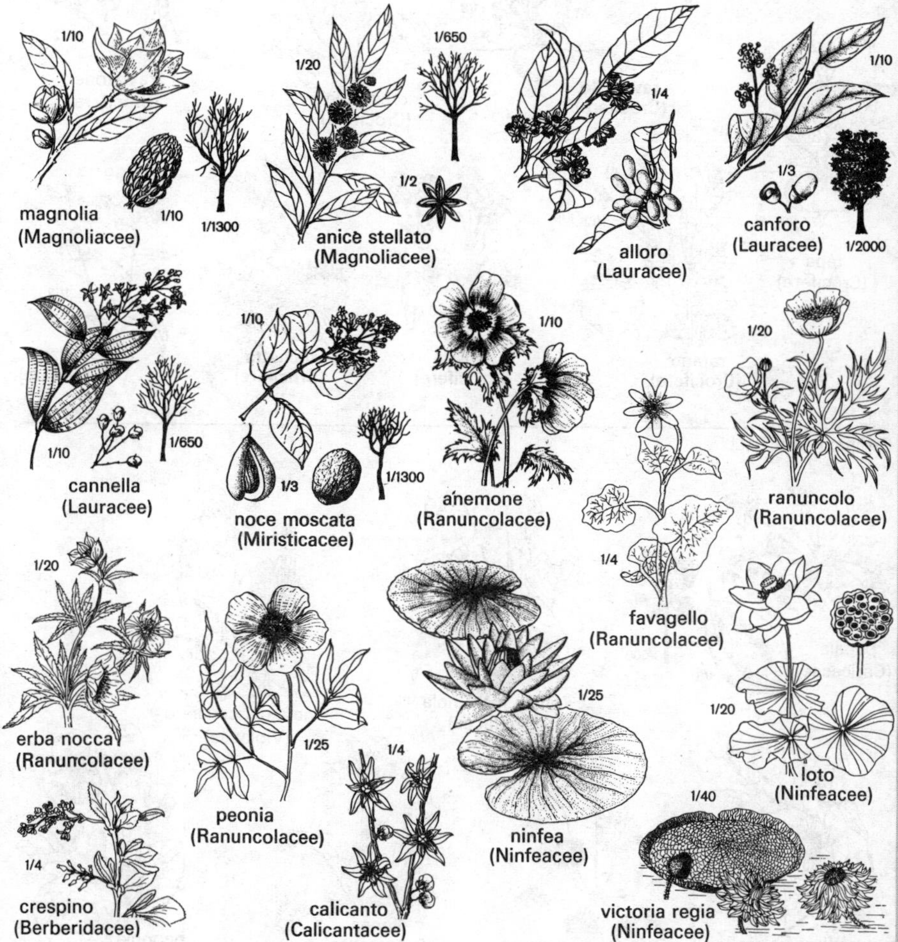

1/10 — 1/10 — 1/1300
magnolia (Magnoliacee)

1/20 — 1/650 — 1/2
anice stellato (Magnoliacee)

1/4
alloro (Lauracee)

1/10 — 1/3 — 1/2000
canforo (Lauracee)

1/10 — 1/650
cannella (Lauracee)

1/10 — 1/3 — 1/1300
noce moscata (Miristicacee)

1/10
anemone (Ranuncolacee)

1/4
favagello (Ranuncolacee)

1/20
ranuncolo (Ranuncolacee)

1/20
erba nocca (Ranuncolacee)

1/25
peonia (Ranuncolacee)

1/25
ninfea (Ninfeacee)

1/20
loto (Ninfeacee)

1/4
crespino (Berberidacee)

1/4
calicanto (Calicantacee)

1/40
victoria regia (Ninfeacee)

Divisione: ANGIOSPERME Classe: DICOTILEDONI

Ordine: PAPAVERALI

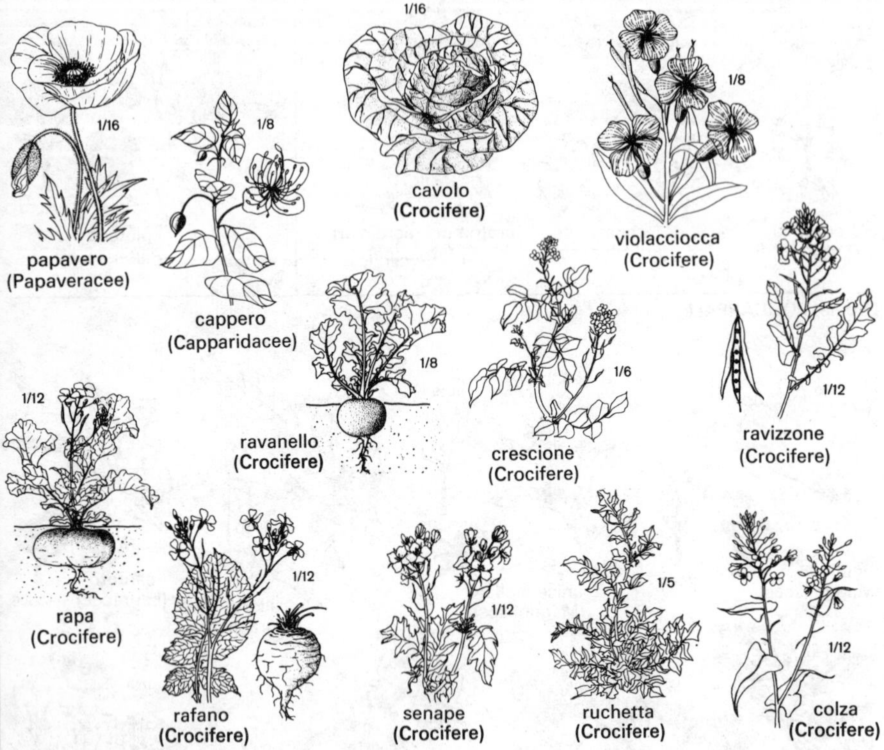

1/16
papavero
(Papaveracee)
1/8
cappero
(Capparidacee)
1/16
cavolo
(Crocifere)
1/8
violacciocca
(Crocifere)
1/8
ravanello
(Crocifere)
1/6
crescione
(Crocifere)
1/12
ravizzone
(Crocifere)
1/12
rapa
(Crocifere)
1/12
rafano
(Crocifere)
1/12
senape
(Crocifere)
1/5
ruchetta
(Crocifere)
1/12
colza
(Crocifere)

Ordine: PARIETALI

1/50
papaia
(Caricacee)
1/8
1/600
1/6
viola mammola
(Violacee)
1/8
viola del pensiero
(Violacee)
1/8
passiflora
(Passifloracee)
1/2
drosera
(Droseracee)
1/6
dionea
(Droseracee)
1/8
begonia
(Begoniacee)

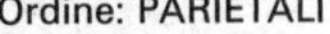

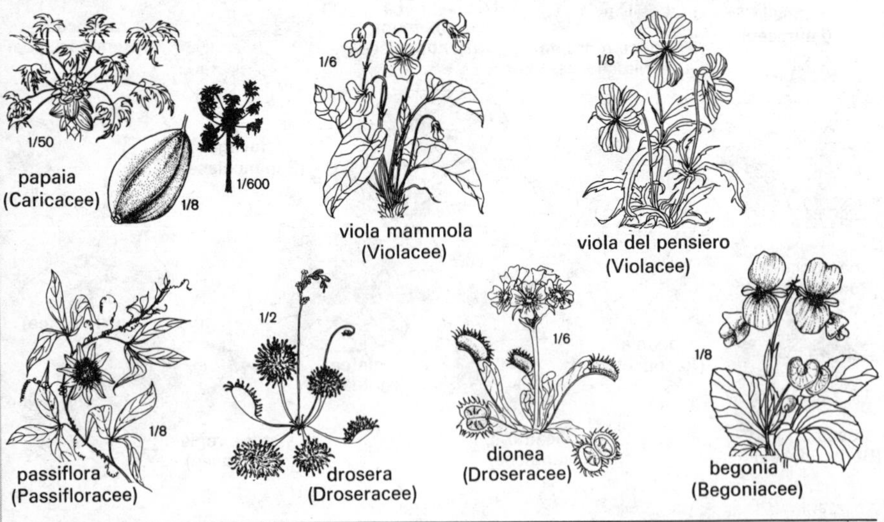

Divisione: ANGIOSPERME Classe: DICOTILEDONI

Ordine: GUTTIFERALI

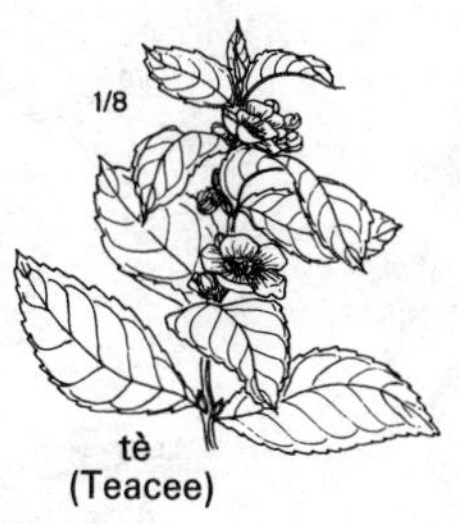

tè (Teacee)

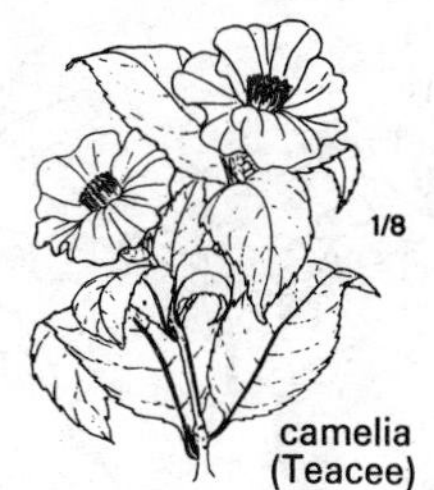

camelia (Teacee)

Ordine: MALVALI

malva (Malvacee)

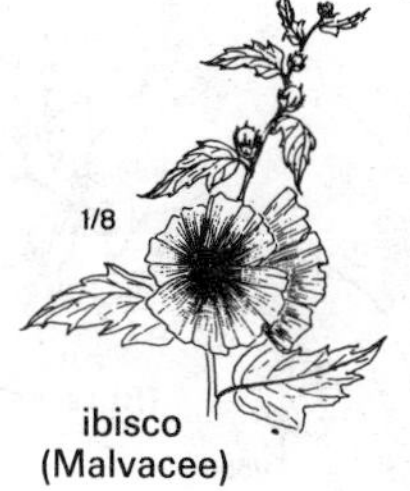

ibisco (Malvacee)

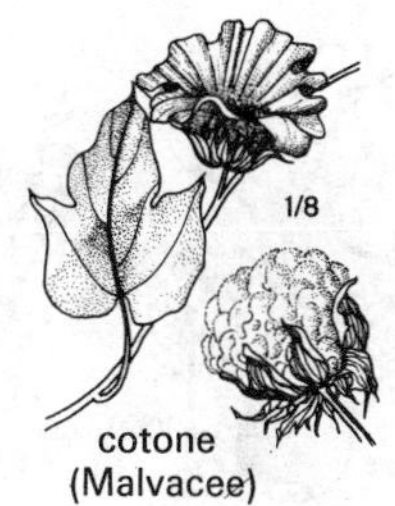

cotone (Malvacee)

altea (Malvacee)

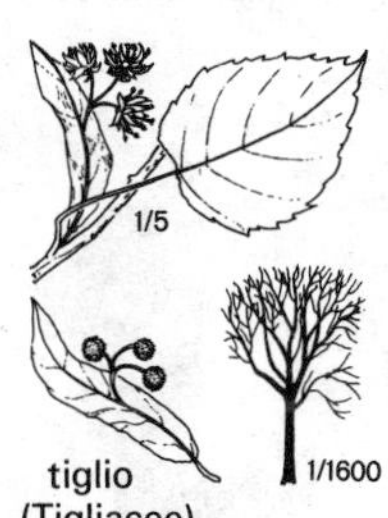

tiglio (Tigliacee)

corcoro (Tigliacee)

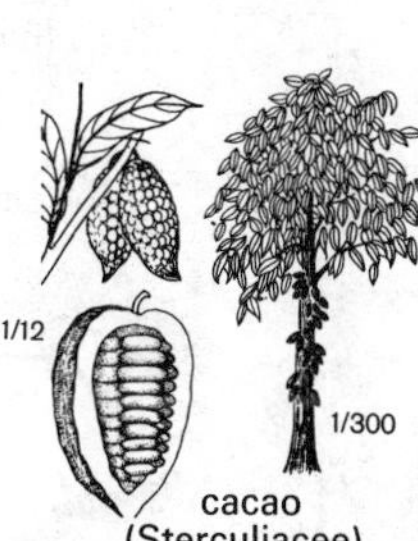

cacao (Sterculiacee)

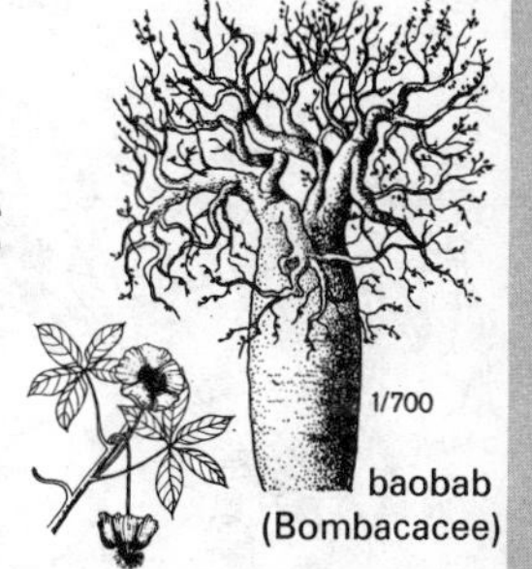

baobab (Bombacacee)

Ordine: GERANIALI

geranio (Geraniacee)

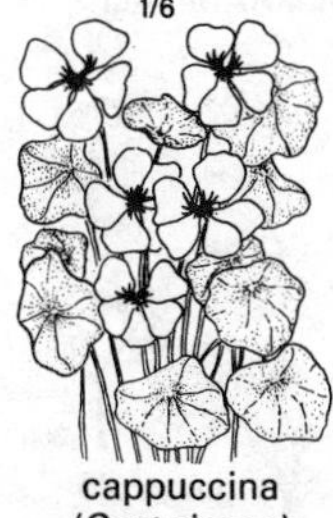

cappuccina (Geraniacee)

lino (Linacee)

coca (Eritroxilacee)

acetosella (Oxalidacee)

Divisione: ANGIOSPERME Classe: DICOTILEDONI

Ordine: TEREBINTALI

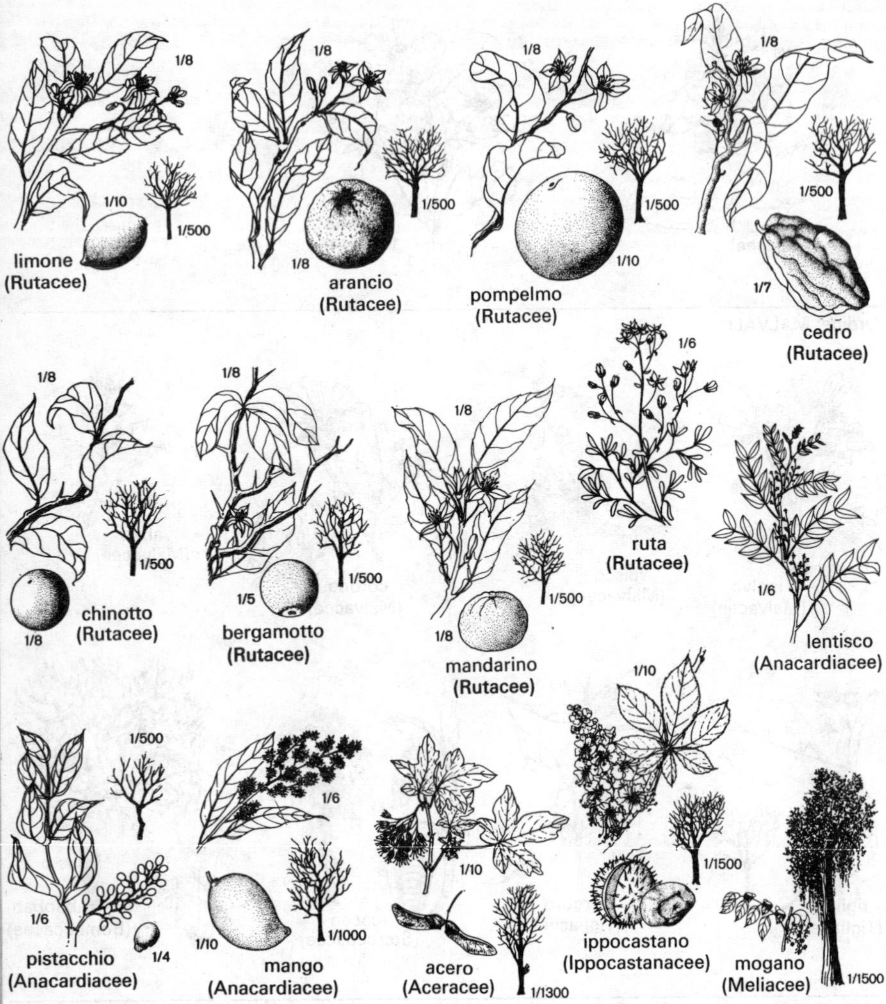

1/8
1/10
1/500
limone
(Rutacee)
1/8
1/500
1/8
arancio
(Rutacee)
1/8
1/500
1/10
pompelmo
(Rutacee)
1/8
1/500
1/7
cedro
(Rutacee)
1/8
1/500
1/8
chinotto
(Rutacee)
1/8
1/500
1/5
bergamotto
(Rutacee)
1/8
1/500
1/8
mandarino
(Rutacee)
1/6
ruta
(Rutacee)
1/6
lentisco
(Anacardiacee)
1/500
1/6
1/4
pistacchio
(Anacardiacee)
1/6
1/1000
1/10
mango
(Anacardiacee)
1/10
acero
(Aceracee)
1/1300
1/10
1/1500
ippocastano
(Ippocastanacee)
mogano
(Meliacee)
1/1500

Ordine: CELASTRALI

1/6
mate
(Celastracee)
1/5
agrifoglio
(Celastracee)

Ordine: RAMNALI

1/3
1/5
1/350
giuggiolo
(Ramnacee)
1/6
vite
(Vitacee)

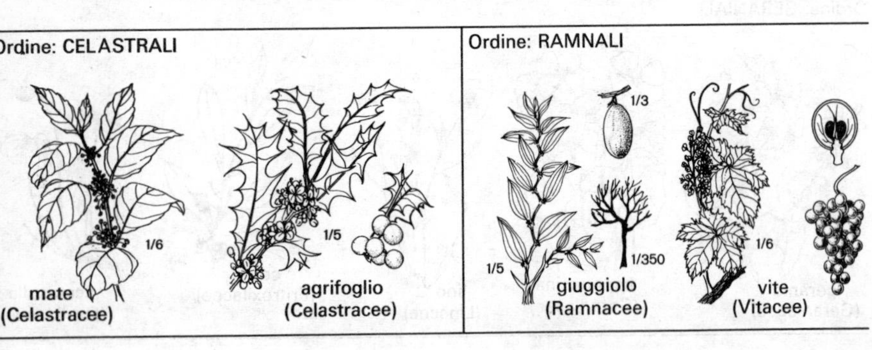

Divisione: ANGIOSPERME Classe: DICOTILEDONI

Ordine: MIRTALI

1/6
1/6000
eucalipto (Mirtacee)

1/5
mirto (Mirtacee)

1/5
1/1300
chiodo di garofano (Mirtacee)

1/3
fucsia (Enoteracee)

1/5
1/5
1/300
melograno (Punicacee)

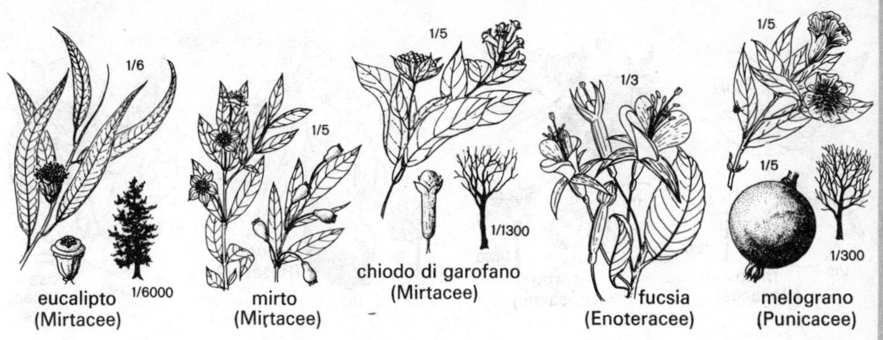

Ordine: ROSALI

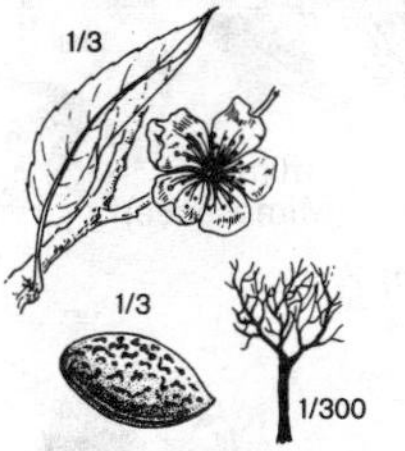

1/3
1/3
1/300
mandorlo (Rosacee)

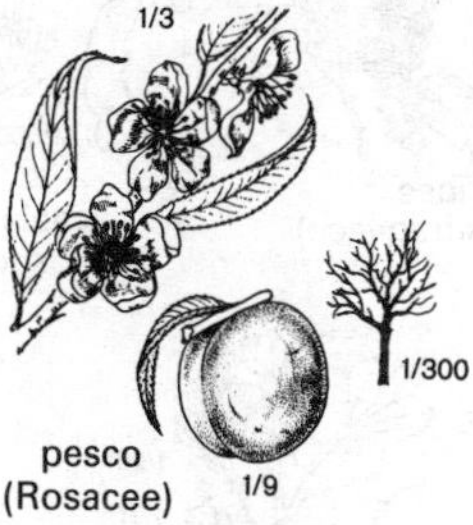

1/3
1/300
1/9
pesco (Rosacee)

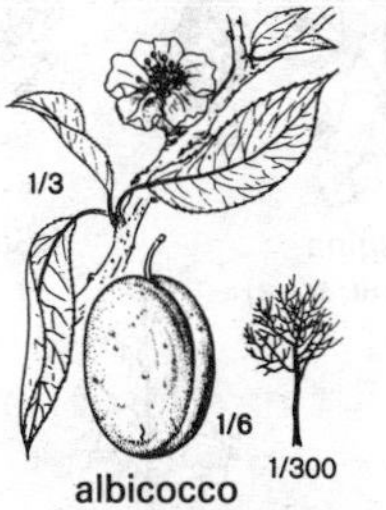

1/3
1/6
1/300
albicocco (Rosacee)

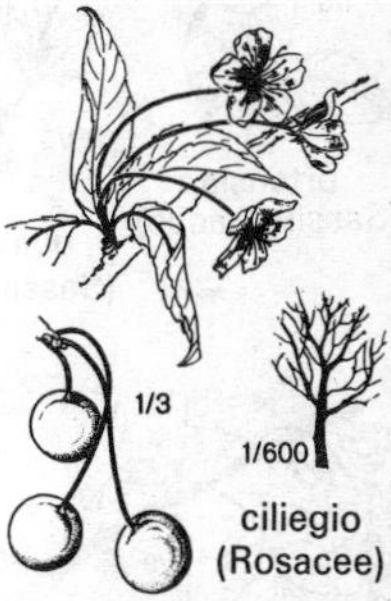

1/3
1/600
ciliegio (Rosacee)

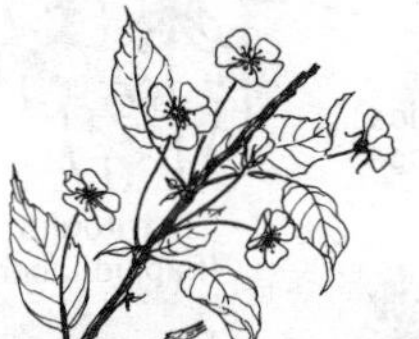

1/3
1/300
marasco (Rosacee)

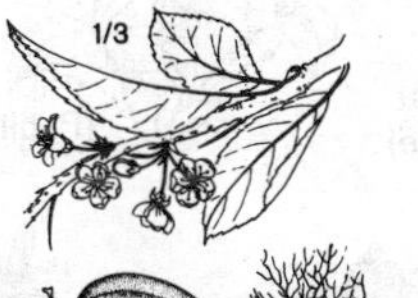

1/3
1/5
1/300
susino (Rosacee)

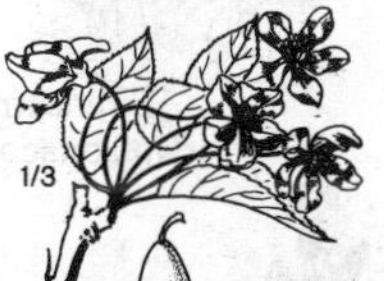

1/3
1/10
1/500
pero (Rosacee)

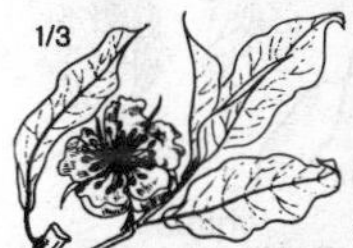

1/3
1/3
1/200
nespolo (Rosacee)

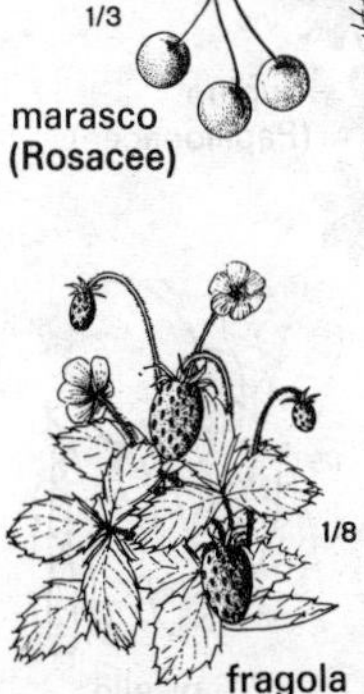

1/8
fragola (Rosacee)

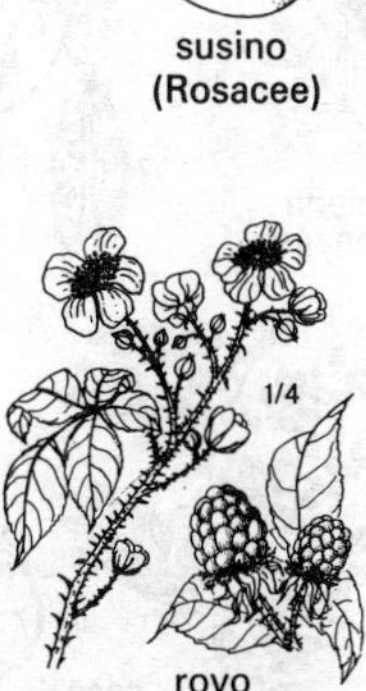

1/4
rovo (Rosacee)

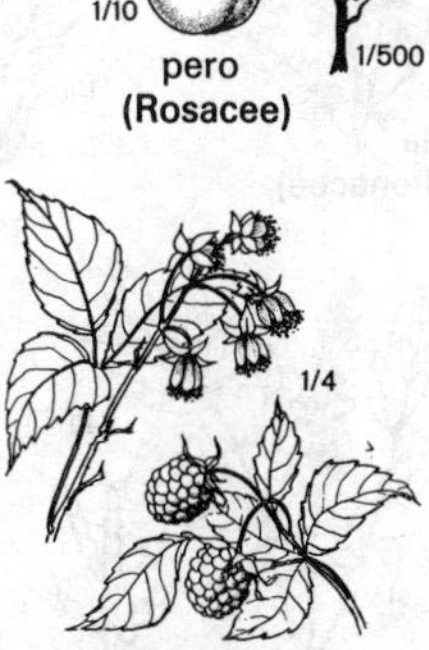

1/4
lampone (Rosacee)

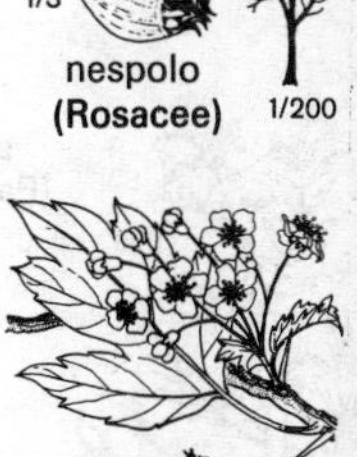

1/4
biancospino (Rosacee)

Divisione: ANGIOSPERME   Classe: DICOTILEDONI

segue   *Ordine: ROSALI*

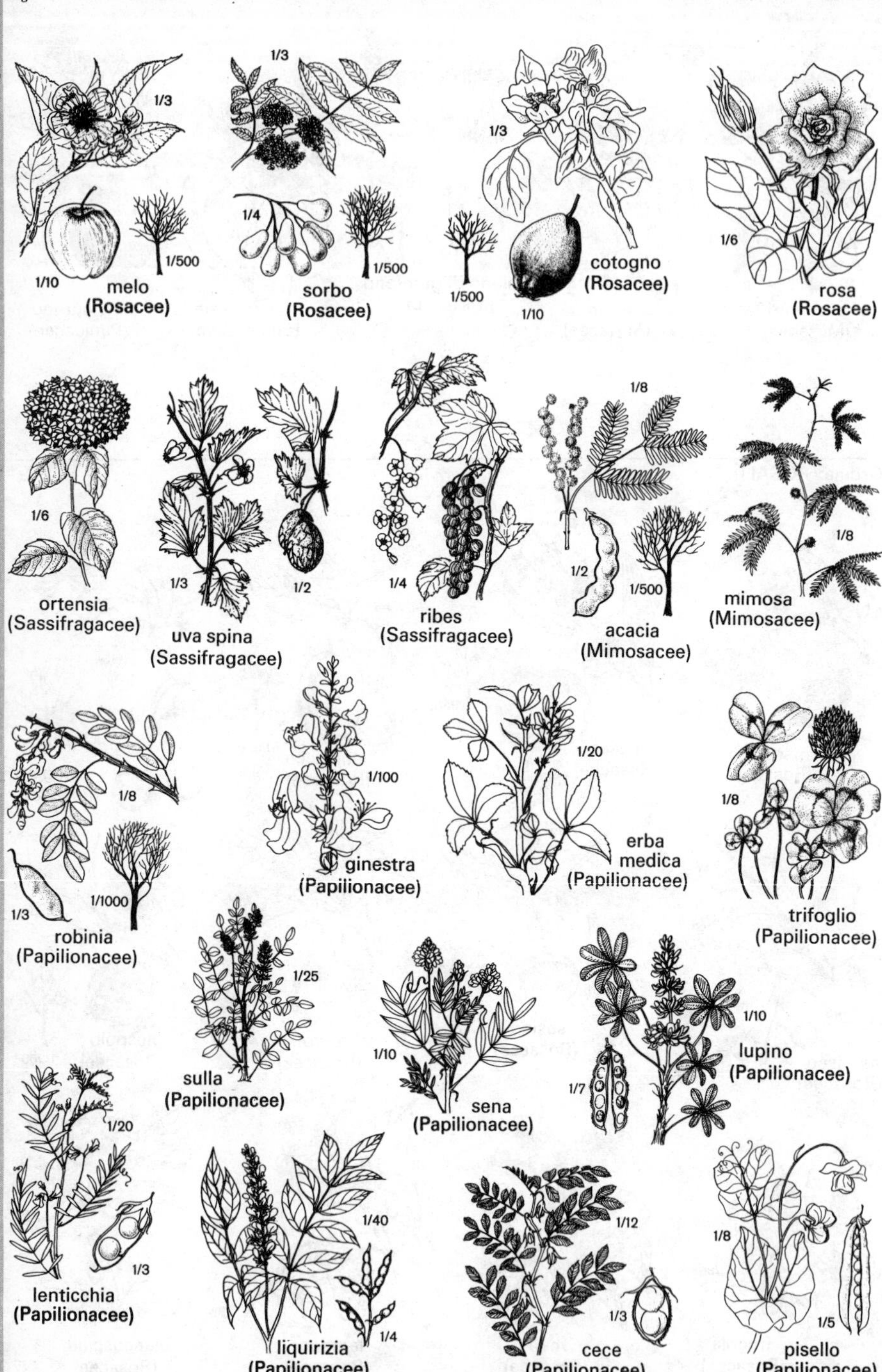

Divisione: ANGIOSPERME Classe: DICOTILEDONI

segue Ordine: ROSALI

1/8 1/6 fagiolo (Papilionacee)

1/8 1/6 fava (Papilionacee)

1/4 1/3 soia (Papilionacee)

1/10 veccia (Papilionacee)

1/7 glicine (Papilionacee)

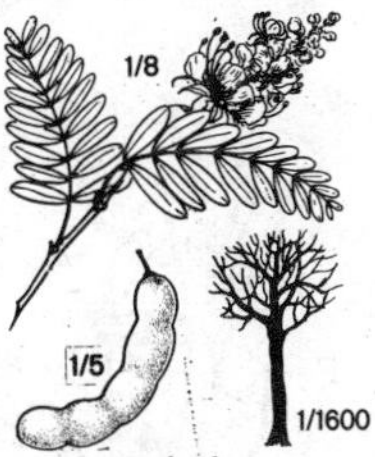

1/8 1/5 1/1600 tamarindo (Papilionacee)

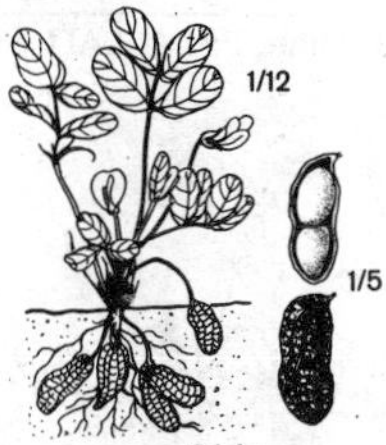

1/12 1/5 arachide (Papilionacee)

1/10 vulneraria (Papilionacee)

1/10 cicerchia (Papilionacee)

1/12 1/4 1/700 carrubo (Papilionacee)

Ordine: UMBELLALI

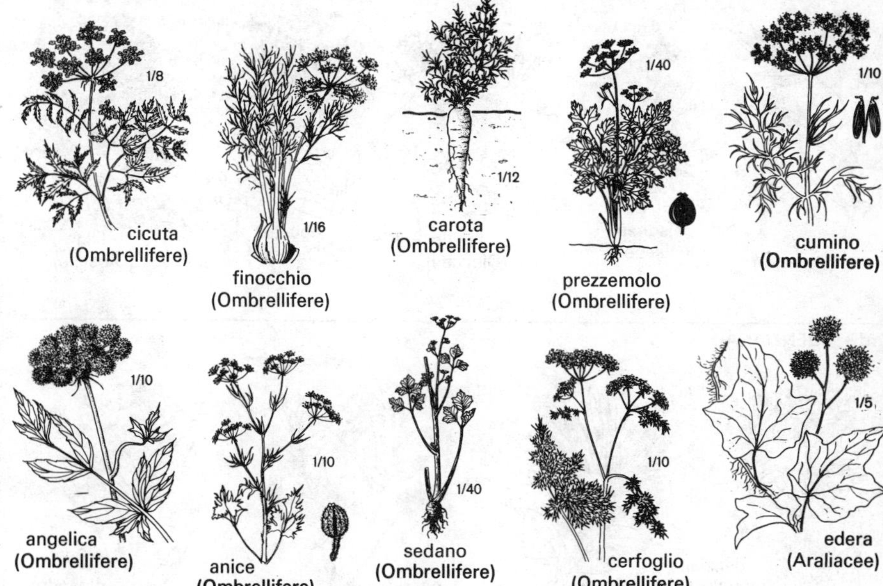

Divisione: ANGIOSPERME   Classe: DICOTILEDONI

Ordine: ERICALI

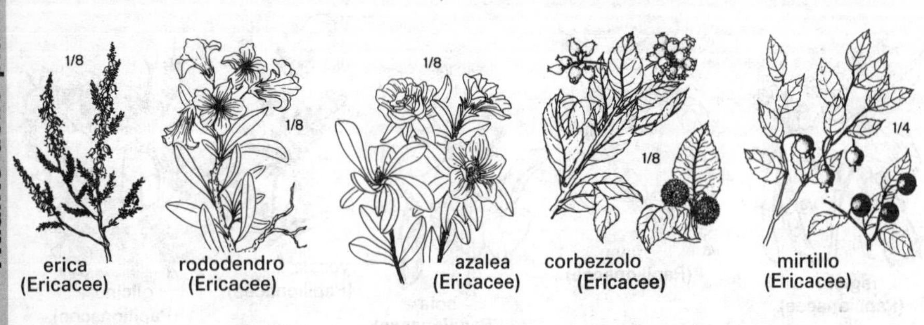

Ordine: EBENALI

Ordine: PRIMULALI

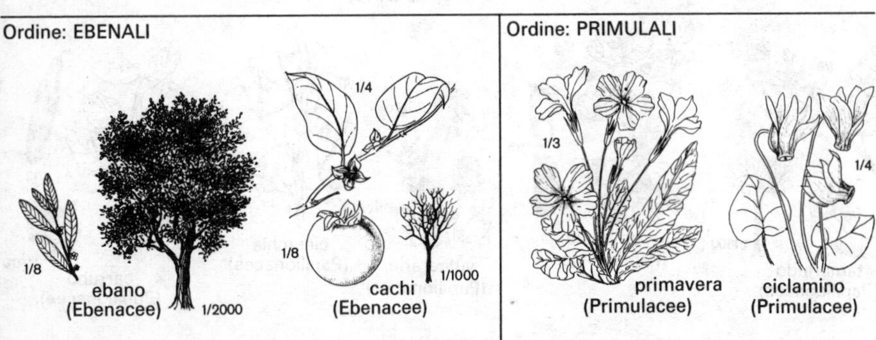

Ordine: LIGUSTRALI

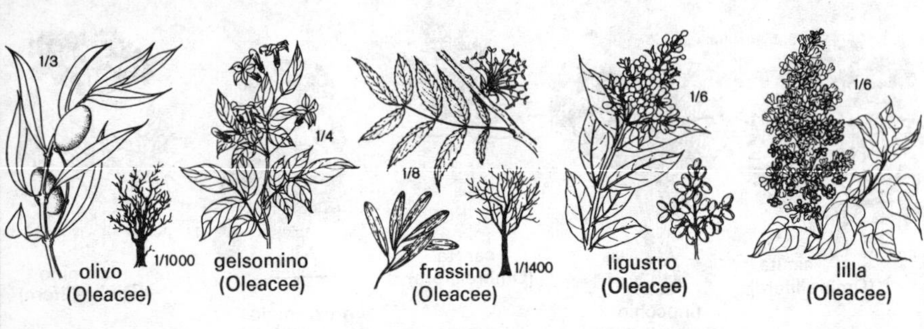

Ordine: GENZIANALI

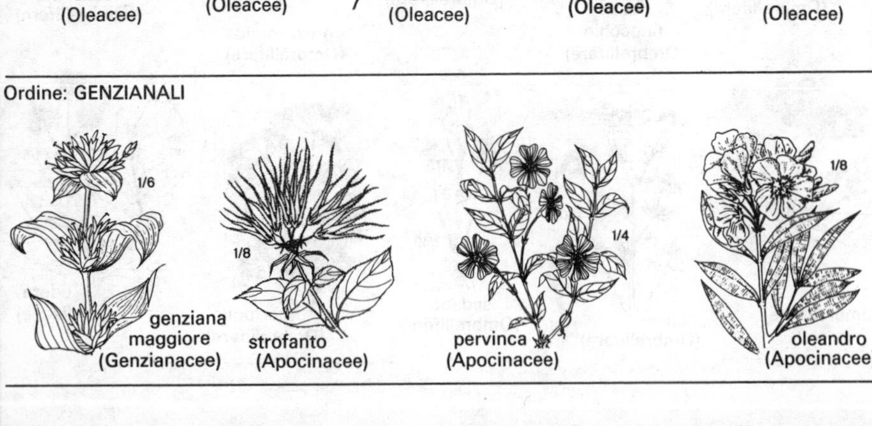

Divisione: ANGIOSPERME Classe: DICOTILEDONI

Ordine: TUBIFLORALI

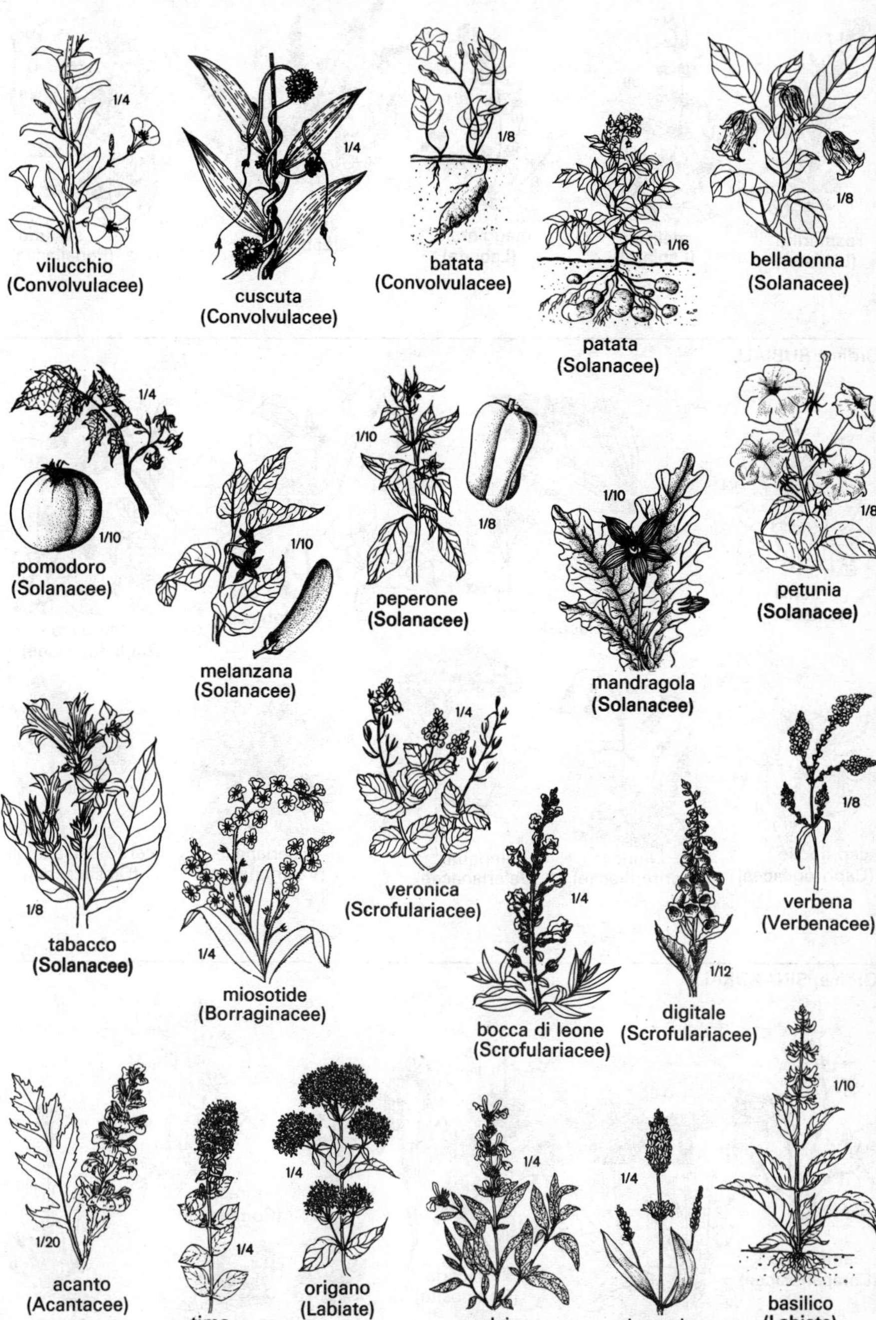

vilucchio (Convolvulacee)
cuscuta (Convolvulacee)
batata (Convolvulacee)
patata (Solanacee)
belladonna (Solanacee)
pomodoro (Solanacee)
melanzana (Solanacee)
peperone (Solanacee)
mandragola (Solanacee)
petunia (Solanacee)
tabacco (Solanacee)
miosotide (Borraginacee)
veronica (Scrofulariacee)
bocca di leone (Scrofulariacee)
digitale (Scrofulariacee)
verbena (Verbenacee)
acanto (Acantacee)
timo (Labiate)
origano (Labiate)
salvia (Labiate)
lavanda (Labiate)
basilico (Labiate)

Divisione: ANGIOSPERME Classe: DICOTILEDONI

segue *Ordine: TUBIFLORALI*

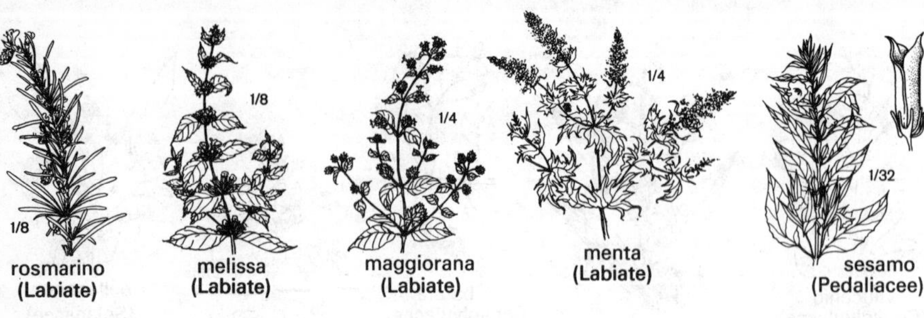

rosmarino (Labiate)

melissa (Labiate)

maggiorana (Labiate)

menta (Labiate)

sesamo (Pedaliacee)

Ordine: RUBIALI

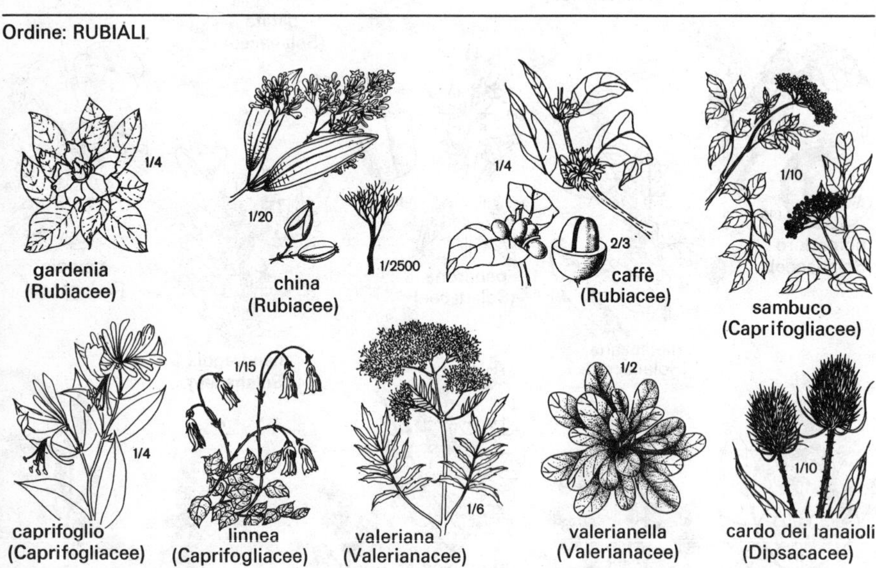

gardenia (Rubiacee)

china (Rubiacee)

caffè (Rubiacee)

sambuco (Caprifogliacee)

caprifoglio (Caprifogliacee)

linnea (Caprifogliacee)

valeriana (Valerianacee)

valerianella (Valerianacee)

cardo dei lanaioli (Dipsacacee)

Ordine: SINANDRALI

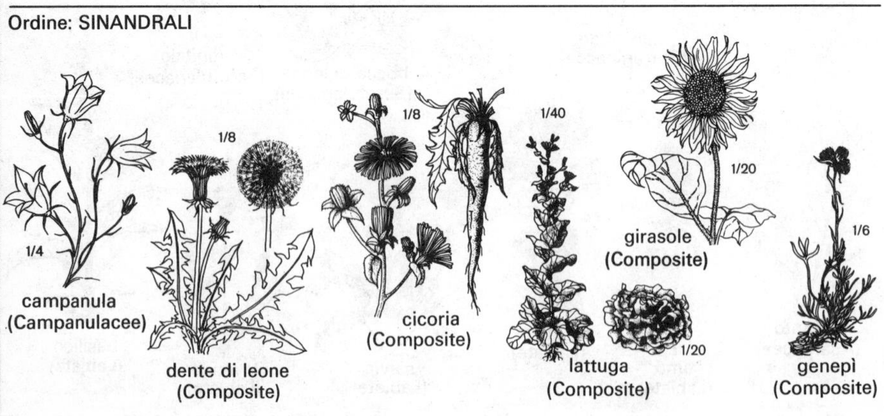

campanula (Campanulacee)

dente di leone (Composite)

cicoria (Composite)

lattuga (Composite)

girasole (Composite)

genepì (Composite)

Divisione: ANGIOSPERME Classe: DICOTILEDONI

segue *Ordine: SINANDRALI*

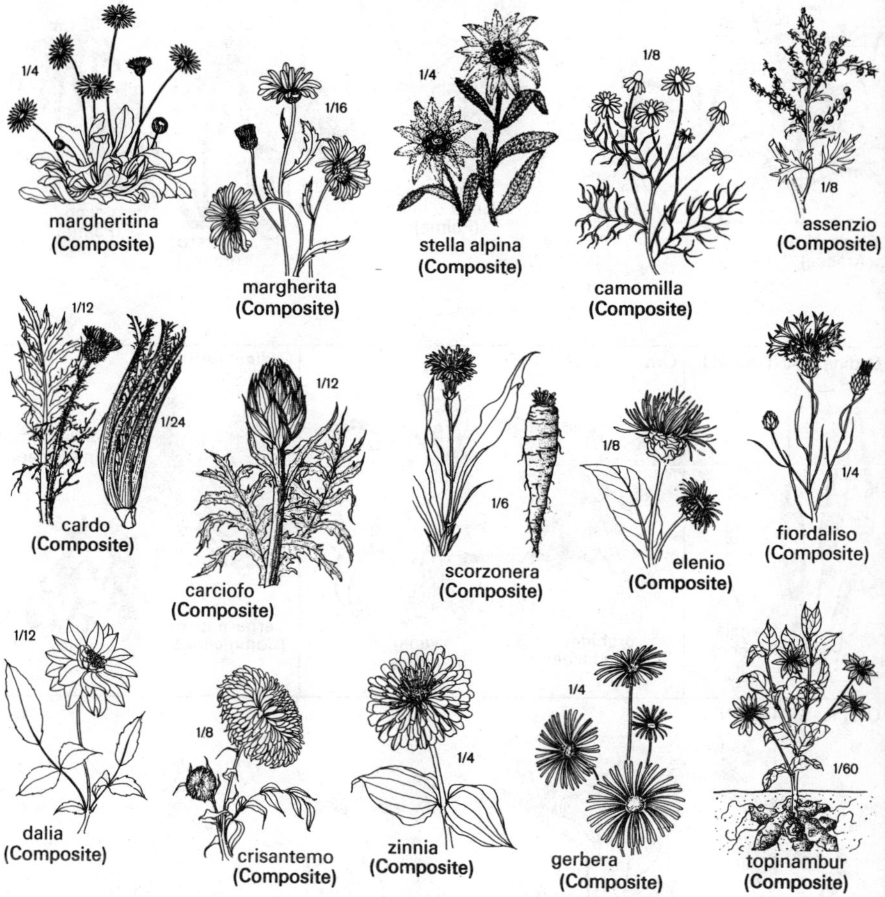

1/4
margheritina
(Composite)
1/16
margherita
(Composite)
1/4
stella alpina
(Composite)
1/8
camomilla
(Composite)
1/8
assenzio
(Composite)
1/12
1/24
cardo
(Composite)
1/12
carciofo
(Composite)
1/6
scorzonera
(Composite)
1/8
elenio
(Composite)
1/4
fiordaliso
(Composite)
1/12
dalia
(Composite)
1/8
crisantemo
(Composite)
1/4
zinnia
(Composite)
1/4
gerbera
(Composite)
1/60
topinambur
(Composite)

Ordine: CUCURBITALI

1/20
1/25
zucca
(Cucurbitacee)
1/12
1/12
zucchina
(Cucurbitacee)
1/8
1/4
cetriolo
(Cucurbitacee)
1/8
1/16
cocomero
(Cucurbitacee)
1/8
1/20
melone
(Cucurbitacee)

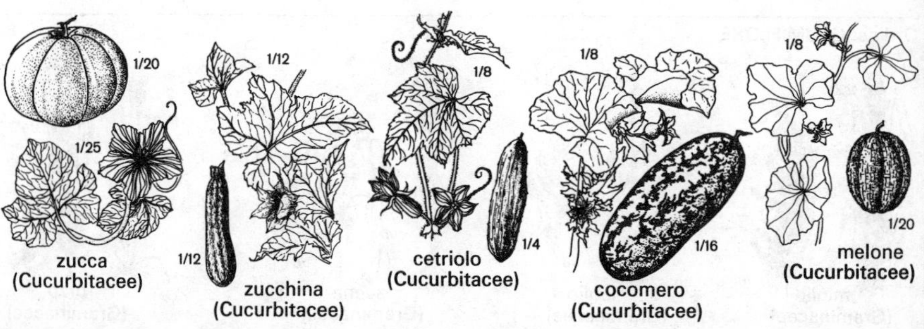

Divisione: ANGIOSPERME Classe: MONOCOTILEDONI

Ordine: SPADICIFLORE

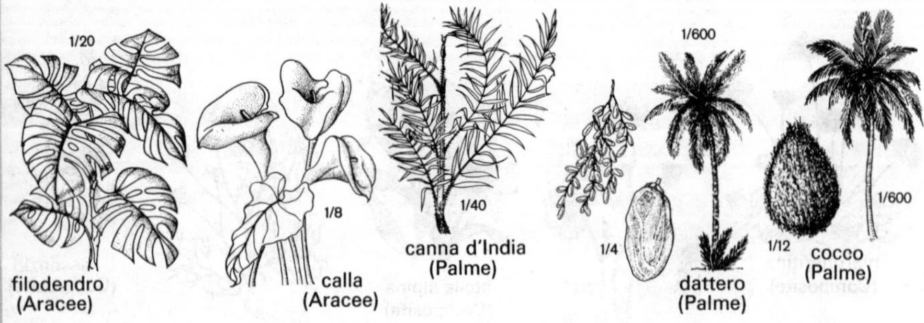

Ordine: PANDANALI

Ordine: GINANDRE

Ordine: FARINOSE

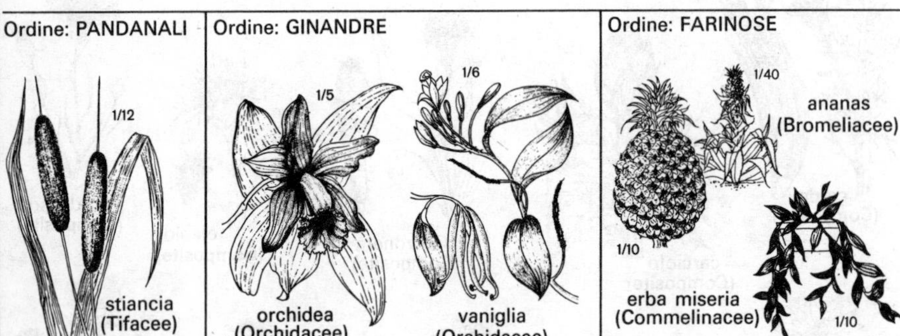

Ordine: SCITAMINEE

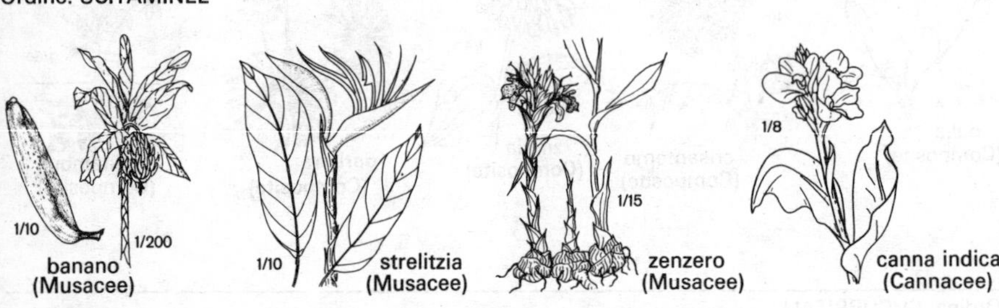

Ordine: GLUMIFLORE

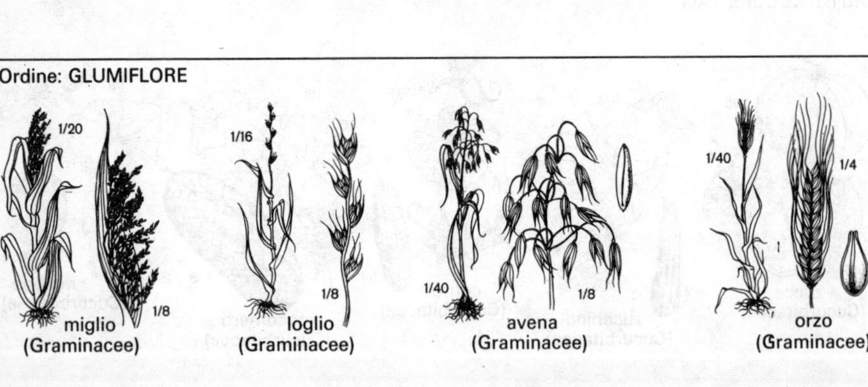

segue Ordine: GLUMIFLORE

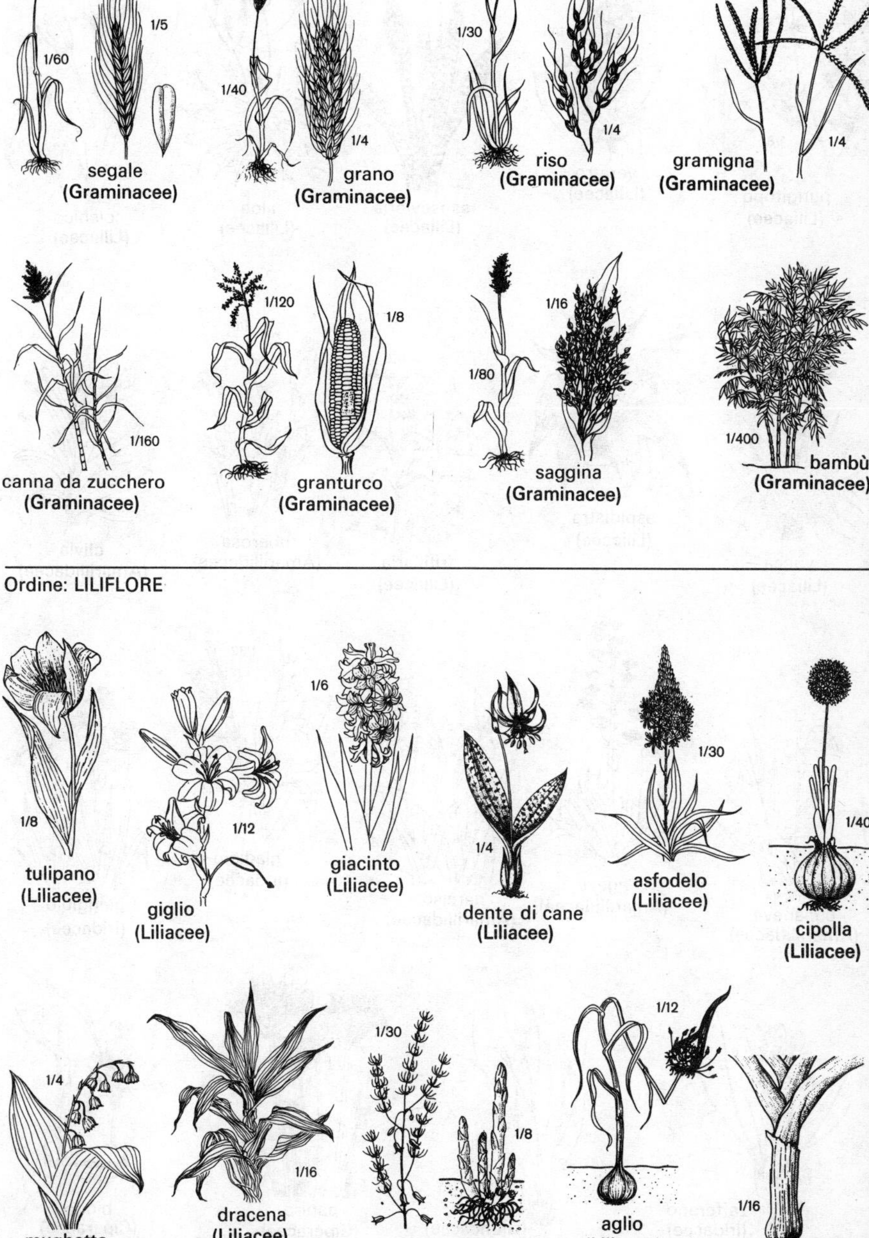

Divisione: ANGIOSPERME Classe: MONOCOTILEDONI

segue Ordine: LILIFLORE

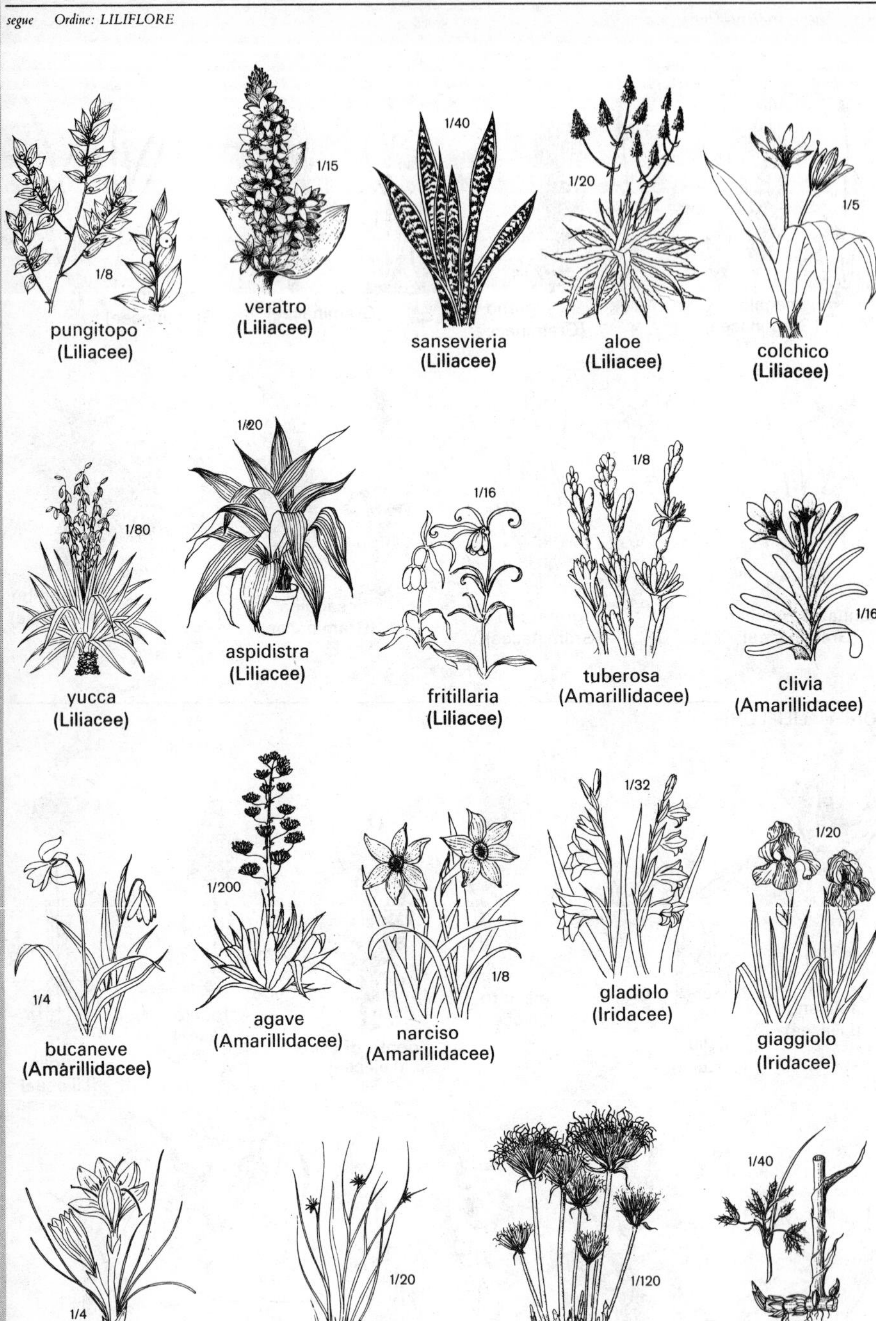

d'ufficio, di vigilanza e sim. ***3*** (*est.*) Chiunque stia fermo a vigilare qc. o q.c.: *stare di —*. ***4*** Negli autoveicoli, asse che collega il volante agli organi dello sterzo. [→ ill. *automobile*]

pianùra *s. f.* Larga estensione di territorio in superficie piana | *— alluvionale*, costituita di depositi fluviali.

pianùzza *s. f.* Pesce osseo marino con corpo ovale, appiattito, e due occhi sul lato destro.

piàre *v. intr.* (*aus. avere*) (*raro*) Pigolare.

piàstra *s. f.* ***1*** Lastra di legno, metallo, pietra, calcestruzzo, vetro o altro, di vario spessore, adibita a usi diversi | *— della serratura*, la parte piana, visibile, della serratura | (*est.*) Fornello elettrico nel piano di cottura di una cucina. [→ ill. *elettricità, riscaldamento, tessuto*] ***2*** Parte costitutiva delle antiche armature. ***3*** Insieme dei congegni di accensione delle antiche armi da fuoco portatili ad avancarica. [→ ill. *armi*] ***4*** Parte dell'orologio ove sono collocati i vari meccanismi. [→ ill. *orologio*] ***5*** Antica moneta d'argento coniata in Italia nel XVI sec. | Moneta turca ed egiziana del XVII sec. | Unità monetaria del Vietnam del Sud | Moneta divisionale di Libano, Libia, Egitto, Siria e Turchia.

piastrèlla *s. f.* ***1*** *Dim. di piastra.* ***2*** Laterizio di cemento smaltato, maiolica, marmo artificiale, porcellana o altro per coprire pavimenti o rivestire muri. ***3*** Sasso spianato di cui si servono i ragazzi per certi giochi.

piastrellàre ***A*** *v. tr.* (*io piastrèllo*) Rivestire con piastrelle. ***B*** *v. intr.* (*aus. avere*) Rimbalzare su terreno o acqua come una piastrella lanciata tangenzialmente, per errore di manovra o eccesso di velocità: detto di aereo in decollo o atterraggio, e di motoscafo in corsa.

piastrellìsta *s. m.* (*pl. -i*) Operaio che fabbrica o mette in opera piastrelle.

piastrìna *s. f.* ***1*** *Dim. di piastra.* ***2*** *— di riconoscimento*, piastrino. ***3*** (*anat.*) Elemento del sangue senza nucleo, importante nel meccanismo della coagulazione.

piastrìno *s. m.* ***1*** *Dim. di piastra.* ***2*** *— di riconoscimento*, medaglione contenente le generalità e i dati matricolari del combattente che lo porta al collo per essere identificato qualora cada in battaglia.

piastróne *s. m.* (*zool.*) Parte ventrale del carapace delle testuggini. [→ ill. *zoologia*]

piattabànda *s. f.* (*pl. piattebànde*) (*arch.*) Arco a intradosso poco rialzato, costruito di mattoni o conci di pietra su una luce piccola, porta o finestra.

piattafórma *s. f.* (*pl. piattefórme*) ***1*** Superficie piana di varia estensione, formata da terreno spianato e battuto: *— stradale*, parte della strada limitata dalla massicciata e dai due cigli | (*geogr.*) *— continentale*, area sommersa, sino a 200 m di profondità, che circonda i continenti. ***2*** Struttura piana, gener. elevata da terra: *— di lancio* | *— girevole*, dispositivo per girare carri, locomotive e altro. [→ ill. *astronautica, ferrovia, fisica, petrolio*] ***3*** Parte anteriore e posteriore delle vetture tranviarie e sim. per il manovratore e per posti in piedi. ***4*** (*fig.*) Programma politico di base che ispira l'azione di un movimento, un partito, un governo e sim. | Base di partenza per una trattativa, spec. nell'ambito sindacale.

piattèllo *s. m.* ***1*** Disco a forma di piatto per vari usi: *il — del candeliere*. [→ ill. *tornio*] ***2*** Bersaglio mobile di forma appiattita e tondeggiante che viene lanciato in aria da un'apposita macchina e al quale si spara col fucile: *tiro al —*.

piattézza *s. f.* (*raro*) L'essere piatto (*spec. fig.*).

piattìna *s. f.* ***1*** Carrello piatto per il trasporto degli utensili, in miniere o cantieri edili. ***2*** Conduttore elettrico piatto e sottile. [→ ill. *elettricità*] ***3*** Nastro metallico per rinforzo, guarnizione, e sim.

piattìno *s. m.* ***1*** *Dim. di piatto.* ***2*** Sottocoppa per bicchierino, tazzina, e sim.

piàtto ***A*** *agg.* ***1*** Che ha forma larga e schiacciata e superficie priva di rilievi o concavità: *berretto —*; *paesaggio —*. ***2*** (*mat.*) Detto di angolo di 180°. ***3*** Detto di diagramma costituito da una linea uniforme pressoché orizzontale, segno di assenza di variazioni nell'andamento del fenomeno rappresentato: *tracciato, elettroencefalogramma —*. ***4*** (*fig.*) Fiacco, privo di rilievo e originalità: *conversazione piatta*. ***B*** *s. m.* ***1*** Recipiente quasi piano, solitamente tondo, di porcellana o ceramica, nel quale si servono e si mangiano le vivande | *— fondo*, per la minestra | *— ovale, da portata*, per recare in tavola le vivande. [→ ill. *stoviglie*] ***2*** (*est.*) Quantità di cibo contenuta in un piatto: *un — di riso* | Cibo, vivanda: *piatti ricercati* | *— tipico*, vivanda caratteristica di una regione, città, paese e sim. ***3*** Ciascuna portata di un pranzo | *Primo —*, minestra | *Secondo —*, pietanza | *— forte*, quello più sostanzioso e (*fig.*) parte migliore di uno spettacolo, del repertorio di un artista e sim. ***4*** Parte piana di q.c.: *il — della lama* | *Colpire di —*, con la parte piatta della spada e sim. ***5*** (*est.*) Qualsiasi oggetto di forma piatta e tondeggiante: *il — della bilancia, del giradischi*. [→ ill. *bilancia, orologiaio, suono*] ***6*** (*mus.*) *spec. al pl.* Dischi di ottone o bronzo incavati nella faccia interna, con due prese esterne centrali, che si battono fra loro a colpi striscianti alternati. [→ ill. *strumenti musicali*] ***7*** In vari giochi di carte, il denaro della posta che i giocatori mettono in un apposito recipiente e il recipiente stesso | (*fig.*) *Il — piange*, le poste sono misere, o mancano del tutto. ***8*** In legatoria, quadrante. [→ ill. *stampa*]

piàttola *s. f.* ***1*** Pidocchio del pube. [→ ill. *animali* 2] ***2*** (*fig.*) Persona noiosa e importuna.

piattonàre *v. tr.* (*io piattóno*) Colpire di piatto, con la parte piatta della spada e sim.

piattonàta *s. f.* Colpo di sciabola o di spada dato col piatto della lama.

piàzza *s. f.* ***1*** Elemento della città originato dall'allargamento di una via, con funzione di nodo nella rete stradale, svariate funzioni urbanistiche e importanza architettonica: *— del Duomo* | *Scendere in —*, dimostrare pubblicamente, manifestare | *Fare — pulita di q.c. o di qc.*, sgomberare totalmente e (*fig.*) spazzare via chi o ciò che è molesto, nocivo | (*est., raro*) Area, spazio libero | *Andare in —*, (*fig., scherz.*) diventare calvo. ***2*** Luogo in cui si svolgono operazioni commerciali, affari e sim.: *la — di Milano* | Nel linguaggio teatrale, città provvista di teatro. ***3*** Posto | *Piazze d'onore*, nella classifica di una gara, il secondo, il terzo e talvolta anche il quarto posto | *Letto a una —*, singolo | *Letto a due piazze*, matrimoniale. ***4*** (*fig.*) Gente radunata in piazza: *la — fu presa dal panico* | *Mettere in —*, far conoscere a tutti. ***5*** (*mil.*) Fortezza, campo trincerato: *— da guerra* | *— d'armi*, luogo spazioso per le esercitazioni delle truppe; (*fig.*) luogo particolarmente vasto. [→ tav. *proverbi* 32, 35]

piazzafòrte *s. f.* (*pl. piazzefòrti*) ***1*** (*mil.*) Città o cittadina fortificata, che serve spec. come base per un corpo di operazioni. ***2*** (*est., fig.*) Luogo, zona e sim. in cui si trova raccolto il nucleo più importante di un movimento, un partito e sim.

piazzàle *s. m.* ***1*** Piazza con almeno un lato non edificato e dal quale si domina una vista panoramica: *— Michelangelo a Firenze*. ***2*** Area recintata contenente gli impianti d'esercizio e i servizi di una stazione, di un'autostazione o di un'aerostazione. [→ ill. *aeroporto, cava, ferrovia, petrolio*]

piazzaménto *s. m.* ***1*** (*raro*) Sistemazione nel punto appropriato. ***2*** Posto ottenuto in una classifica.

piazzàre ***A*** *v. tr.* ***1*** Collocare, situare nel punto e nel luogo più adatti: *— la mitragliatrice in posizione di tiro*. ***2*** Vendere un prodotto su una piazza commerciale | *— la merce*, collocarla. ***B*** *v. rifl.* ***1*** Conquistare una piazza, un posto, in gare e sim.: *piazzarsi onorevolmente* | Conquistare una piazza d'onore. ***2*** Collocarsi in una buona posizione: *è riuscito a piazzarsi nel posto desiderato*.

piazzàta *s. f.* Scenata rumorosa e volgare.

piazzàto ***A*** *part. pass. di piazzare; anche agg.* ***1*** Collocato, situato | Di chi ha una solida posizione: *negli affari è ben —*. ***2*** Nell'ippica, detto di cavallo che occupa una posizione premiata nell'ordine di arrivo, generalmente il secondo e il terzo posto. ***B*** *s. m.* Cavallo piazzato.

piazzìsta *s. m. e f.* (*pl. m. -i*) Intermediario alla compravendita incaricato di promuovere operazioni in una piazza commerciale | Commesso viaggiatore.

piazzòla *s. f.* ***1*** *Dim. di piazza.* ***2*** Spiazzo per la sosta o il parcheggio ai lati di una strada o di un'autostrada. [→ ill. *strada*] ***3*** Tratto di terreno sistemato per reggere il peso dell'artiglieria portata su di esso.

pica *s. f.* (*zool.*) Gazza.

picacìsmo *s. m.* (*med.*) Perversione del gusto per anomalie nervose o gravidanza.

picador /*sp.* pika'dor/ *s. m. inv.* (*pl. sp. picadores* /pika'dores/) Cavaliere che nella corrida attacca il toro con una picca.

picarésco *agg.* (*pl. m. -schi*) Detto di genere letterario tipico della letteratura spagnola, in cui sono narrate avventure aventi come protagonista il picaro.

pìcaro /*sp.* 'pikaro/ *s. m.* (*pl. sp. pícaros* /'pikaros/; *pl. it. picari*) **1** Popolano sfrontato, astuto e furfante, che figura in opere letterarie spagnole. **2** (*fig.*) Vagabondo, mascalzone.

pìcca (1) *s. f.* **1** Arma in asta terminante con punta acuta di ferro, usata anticamente dai soldati di fanteria | (*est.*) Soldato armato di picca. **2** *al pl.* Seme delle carte da gioco francesi | *Contare quanto il re o il fante di picche*, nulla | *Rispondere picche*, negativamente, con un rifiuto. [→ ill. *giochi*]

pìcca (2) *s. f.* Puntiglio, risentimento, ostinazione: *fare q.c. per* –.

piccànte *agg.* **1** Di sapore e odore forti e pungenti: *salsa* –. **2** (*fig.*) Sapido, mordace: *satira* – | Un po' spinto: *battuta* –.

piccàrsi *v. intr. pron.* (*io mi picco, tu ti picchi*) **1** Presumere o pretendere puntigliosamente: *si picca di saperne più di voi.* **2** Impermalirsi: – *con qc.*

piccàta *s. f.* **1** Colpo di picca. **2** Fettina di vitello cotta al burro con prezzemolo tritato e limone.

picchè *s. m.* Adattamento di *piqué.*

picchettàggio *s. m.* Attività di sorveglianza volta a impedire il crumiraggio, esercitata da lavoratori o sindacalisti in occasione di scioperi.

picchettaménto *s. m.* **1** Picchettazione. **2** Picchettaggio.

picchettàre *v. tr.* (*io picchétto*) **1** Piantare nel terreno picchetti, per delimitare allineamenti, confini e sim. **2** Esercitare il picchettaggio: *gli operai picchettano la fabbrica.*

picchettatóre *s. m.* Operaio che pianta i picchetti.

picchettazióne *s. f.* Operazione consistente nell'infiggere picchetti sul terreno, spec. per segnare il tracciato di lavori da eseguire.

picchétto (1) *s. m.* **1** Paletto che si conficca nel terreno per usi vari. [→ ill. *tenda*] **2** (*mil.*) Gruppo di soldati a cavallo o a piedi che in tempo di guerra era tenuto pronto nel campo per intervenire in armi al primo comando | *Ufficiale di* –, che sovrintende per ventiquattro ore alle operazioni comuni in caserma. **3** Gruppo di scioperanti o rappresentanti sindacali che sostano davanti alle sedi di lavoro per impedirne l'accesso ai crumiri.

picchétto (2) *s. m.* Gioco di carte diffuso in Francia, giocato da due persone con un mazzo di trentadue carte.

picchiàre A *v. tr.* (*io picchio*) **1** Colpire o battere ripetutamente: – *i pugni sul tavolo;* – *l'incudine col martello.* **2** Percuotere: *l'hanno picchiato selvaggiamente.* **B** *v. intr.* (*aus. avere*) **1** Dare o battere colpi: – *alla porta.* **2** (*fig.*) Insistere: *picchia e ripicchia, è riuscito a spuntarla.* **C** *v. intr. e* (*raro*) *tr.* (*aus. avere*) (*aer.*) Abbassare la prora, rispetto al pilota, con variazione di assetto e di traiettoria: *l'aereo picchia;* CONTR. Cabrare. **D** *v. rifl. rec.* Percuotersi l'un l'altro.

picchiàta *s. f.* **1** Breve serie di colpi: *una* – *all'uscio.* **2** Quantità di percosse: *gli hanno dato una solenne* –. **3** (*aer.*) Volo veloce d'un aereo con prora verso il basso su traiettoria ripida.

picchiatèllo *agg.; anche s. m.* (*f. -a*) (*scherz.*) Detto di chi è un po' strambo, stravagante.

picchiatóre *s. m.* (*f. -trice*) **1** Chi picchia | Chi compie, spec. per conto d'altri, atti intimidatori di violenza fisica. **2** Pugile dotato di molta forza e aggressività.

picchière *s. m.* Soldato armato di picca.

picchiettàre A *v. tr. e intr.* (*io picchiétto; aus. avere*) **1** Picchiare con colpi piccoli e leggeri. **2** (*mus.*) Eseguire, con lo stesso colpo d'arco, una serie di note musicali brevi e staccate su uno strumento ad arco. **B** *v. tr.* Punteggiare con piccoli tocchi di colore: – *una parete di rosso.*

picchiettatùra *s. f.* **1** Atto del picchiettare. **2** Insieme di piccole macchie di colore.

picchiettìo *s. m.* Atto del picchiettare continuo, spec. con colpi piccoli e leggeri.

pìcchio (1) *s. m.* Colpo dato picchiando e relativo rumore.

pìcchio (2) *s. m.* Uccello dal becco robustissimo e dalla lunga lingua, specializzato nell'arrampicarsi sui tronchi. [→ ill. *animali* 9]

picchiòtto *s. m.* Battiporta di forme diverse, spesso artisticamente lavorato in bronzo o ferro; SIN. Batacchio.

piccinerìa *s. f.* Meschinità di mente, di sentimenti | Azione meschina, gretta.

piccinìna *s. f.* **1** *Dim. di piccino.* **2** (*sett.*) Ragazzina che fa le commissioni per modiste o sarte.

piccìno A *agg.* **1** Molto piccolo per età o dimensione: *è ancora troppo* – *per capire* | *Farsi* –, rimpicciolirsi per passare inosservato. **2** (*fig., spreg.*) Meschino, gretto: *mente piccina.* **B** *s. m.* (*f. -a*) Bambino.

picciòlo *s. m.* (*bot.*) Asse che sostiene il lembo fogliare e lo collega al fusto | (*est.*) Gambo del frutto. [→ ill. *botanica*]

piccionàia *s. f.* **1** Luogo o piccola torre ove si tengono i piccioni. **2** Sottotetto, soffitta. **3** (*scherz.*) Loggione del teatro e i suoi frequentatori.

piccióne *s. m.* (*f. -a*) Colombo | – *viaggiatore*, usato per trasportare messaggi, in quanto capace di ritornare al luogo da cui è partito | *Tiro al* –, gara di tiro a volo nella quale i partecipanti cercano di abbattere con un colpo di fucile un piccione fatto uscire da una cassetta. [→ tav. *locuzioni* 85]

picciòtto *s. m.* **1** In Sicilia, giovanotto **2** Nella gerarchia della mafia, il grado più basso.

pìcco *s. m.* (*pl. -chi*) **1** Vetta in posizione isolata, con punta acuminata e fianchi scoscesi | *A* –, a perpendicolo | *Colare, andare a* –, affondare, detto di nave e (*fig.*) andare in rovina. [→ ill. *geografia*] **2** (*mar.*) Asta inclinata verso l'alto sulla faccia poppiera di un albero, che serve a sostenere la randa e, quando è sull'albero di poppa, porta all'estremità la sagola per la bandiera nazionale. **3** (*stat.*) In un diagramma rappresentativo di un fenomeno, punto o insieme di punti che indicano il valore massimo di una grandezza variabile. [→ ill. *marina*]

piccolézza *s. f.* **1** Condizione di piccolo. **2** Insufficienza, pochezza: *scusate la* – *del dono* | (*est.*) Inezia, sciocchezza. **3** (*fig.*) Grettezza, meschinità: – *d'animo.*

pìccolo A *agg.* (*compar. di magg. minóre o più piccolo; sup. mìnimo o piccolìssimo*) **1** Che è inferiore alla misura ordinaria per altezza, larghezza, numero, estensione, vastità, intensità e sim.: *piccola statura*; *monte, fiume, esercito* –. **2** Che è scarso, insufficiente: *una piccola somma.* **3** Che è minore rispetto a ciò che si assume come termine implicito di confronto: *il* – *San Bernardo;* – *imprenditore.* **4** Che ha breve durata: – *viaggio.* **5** Che è in giovane età: *avere un figlio* –. **6** Di poco conto, di scarsa importanza: *un* – *errore; una piccola svista* | (*est.*) Modesto: *una piccola festa.* **7** Di modeste condizioni economiche, di basso livello sociale e sim.: *piccola borghesia;* – *borghese.* **8** (*fig.*) Gretto, insignificante, meschino: *animo, cervello* –. ● CONTR. Grande. **B** *s. m.* (*f. -a nel sign. 1*) **1** Bambino: *giochi per i piccoli* | (*est.*) Cucciolo di un animale. **2** *Nelle loc. avv. in* –, in proporzioni ridotte | *Nel mio* –, nell'ambito delle mie limitate possibilità. [→ tav. *proverbi* 186, 217]

picconàta *s. f.* Colpo di piccone.

piccóne *s. m.* Attrezzo a mano con ferro a due punte e lungo manico, per cavar minerali, rompere il suolo duro, abbattere muri, e sim. [→ ill. *edilizia, miniera*]

picconière *s. m.* Operaio che lavora di piccone.

piccóso *agg.* Che è permaloso, puntiglioso.

piccòzza *s. f.* Attrezzo a forma di piccone usato in alpinismo spec. nelle ascensioni su ghiaccio. [→ ill. *alpinista*]

pìceo *agg.* Che è di pece o assomiglia a pece.

pick-up /*ingl.* 'pik ʌp/ *s. m. inv.* (*pl. ingl. pick-ups* /'pik ʌps/) Dispositivo comprendente una puntina, usato come rivelatore del suono inciso su disco; SIN. Fonorivelatore. [→ ill. *suono*]

pìcnic /*ingl.* pik'nik/ *s. m. inv.* (*pl. ingl. picnics* /pik'niks/) Colazione o merenda all'aperto, durante una scampagnata | (*est.*) Scampagnata.

picnòmetro *s.m.* (*fis.*) Piccolo vaso di vetro usato per determinare con opportune pesate la densità di liquidi e solidi. [→ ill. *chimico, fisica*]

pìco- *primo elemento*: anteposto a un'unità di misura la di-

vide per mille miliardi, cioè la moltiplica per 10^{12}.
pìcrico *agg.* (*pl. m.* -*ci*) Detto di acido giallo cristallino, impiegato come esplosivo, in pirotecnica, nell'analisi chimica e in medicina.
pidocchierìa *s. f.* Avarizia o meschinità sordida | Azione indegna per taccagneria o grettezza.
pidòcchio *s. m.* **1** Piccolo insetto attero, con arti muniti di uncini e apparato boccale pungitore e succhiatore, parassita di vari mammiferi. **2** (*est.*) – *delle piante*, afide. [→ ill. *animali* 2] **3** (*fig.*, *spreg.*) Persona avara e meschina.
pidocchióso *agg.* **1** Pieno di pidocchi. **2** (*fig.*) Taccagno, sordido, avaro.
piè *s. m.* **1** (*lett.*) Forma tronca di 'piede' | *A ogni – sospinto*, a ogni momento | *Saltare a – pari q.c.*, saltare a piedi uniti e (*fig.*) tralasciare intenzionalmente di fare q.c. **2** *Nella loc. a – di*, in fondo, nella parte inferiore di q.c.: *a – di pagina.*
pièce /*fr.* pjɛs/ *s. f. inv.* (*pl. fr. pièces* /pjɛs/) Opera teatrale.
pied-à-terre /*fr.* pjeta'tɛ:r/ *s. m. inv.* Piccolo appartamento diverso da quello abituale, per recapito o per dimora occasionale.
pied-de-poule /*fr.* 'pjɛ də 'pul/ *s. m. inv.* Stoffa con disegno a quadrettini irregolari di due o più colori, imitanti l'impronta della zampa di pollo.
piède *s. m.* (*raro o lett. troncato in piè*) **1** (*anat.*) Segmento distale dell'arto inferiore del corpo umano: *avere piedi grandi, piccoli* | (*fig.*, *pop.*) *Piedi dolci*, delicati | (*fig.*, *spreg.*) *Piedi piatti*, cameriere o poliziotto nel linguaggio dei romanzi polizieschi | *Camminare in punta di piedi*, per non fare rumore | *Sentirsi mancare il terreno, la terra, sotto i piedi*, (*fig.*) sentirsi in pericolo | *Mettere un – in fallo*, perdere l'equilibrio e (*fig.*) commettere un errore | (*fig.*) *Andare coi piedi di piombo*, con estrema cautela | *Mettersi, venire, essere tra i piedi di qc.*, (*fig.*) seccarlo con la propria insistenza | *Levarsi, togliersi dai piedi*, (*pop.*) andarsene | (*fig.*) *Prendere –*, rafforzarsi o diffondersi | *Essere, stare in piedi*, in posizione eretta | *Mettere in piedi*, (*fig.*) allestire, preparare | *Tenere in piedi*, (*fig.*) mantenere, conservare | *Cadere in piedi*, (*fig.*) uscire senza danno da situazioni pericolose | *Da capo a piedi*, da cima a fondo | *Ai piedi del letto*, nella parte opposta a quella in cui si posa il capo | *Mettersi qc. sotto i piedi*, (*fig.*) umiliarlo, maltrattarlo | *Puntare i piedi*, (*fig.*) incaponirsi, ostinarsi | *Mettere i piedi al muro*, ostinarsi in una decisione | (*fig.*) *Fatto coi piedi*, detto di cosa fatta malissimo | *Avere tutti ai propri piedi*, (*fig.*) detto di persona molto corteggiata o amata | *Andare a piedi*, camminando | *Essere, restare a piedi*, (*fig.*) senza risorse o aiuti | (*fig.*) *Su due piedi*, subito, all'improvviso. **2** (*zool.*) Negli animali a due o quattro zampe, la parte estrema di ciascuna di esse che, nella deambulazione, poggia sul terreno | Nei Molluschi, porzione del corpo a funzione deambulatoria. [→ ill. *macelleria, zoologia*] **3** Oggetto la cui forma ricorda quella di un piede | – *di porco*, palo di ferro piegato a zampa per rimuovere legna grossa; ferro divaricato in cima per forzare usci. [→ ill. *calzolaio, sollevamento*] **4** (*fig.*) Parte o estremità inferiore di q.c.: *ai piedi della montagna* | Base o sostegno di q.c.: *i piedi della tavola, del divano.* [→ ill. *mobili*] **5** (*fig.*) Condizione, stato: *porre su un – di parità* | *Essere sul – di pace, di guerra*, detto di esercito a seconda che sia costituito dalla sola forza prevista per il tempo di pace o dalla forza totale per la guerra | *Essere sul – di guerra*, (*fig.*) pronto a combattere | *A – libero*, detto di imputato non in stato di arresto. [→ ill. *giustizia*] **6** Unità di misura di lunghezza inglese equivalente a 30,48 centimetri. **7** In metrica, combinazione di due o più sillabe che può essere misura di verso o elemento costitutivo di misura. [→ tav. *proverbi* 235; → tav. *locuzioni* 6, 28]
piedino *s. m. Dim. di piede* | *Fare –*, toccarsi con i piedi sotto il tavolo, come segno d'intesa spec. amoroso.
piedipiàtti *s. m.* (*spreg.*) Poliziotto.
piedistàllo o *piedestàllo s. m.* **1** Struttura con funzioni di sostegno e di base: – *di una statua.* [→ ill. *circo*] **2** Elemento architettonico, talora interposto tra la colonna e il suolo, composto da una parte prismatica e modanature inferiori e superiori | *Mettere qc. su un –*, (*fig.*) idealizzarlo, esaltarlo.
piedritto *s. m.* (*arch.*) Qualunque elemento verticale con funzione portante nelle costruzioni. [→ ill. *ponte*]
piègа *s. f.* **1** Forma curva, arcuata, ripiegata e sim., in q.c. di uniforme o rettilineo: *gonna, abito a pieghe* | Punto in cui q.c. si piega: *la – del braccio.* **2** Segno che resta quando si piega q.c.: *la – dei pantaloni.* [→ ill. *abbigliamento*] **3** (*geol.*) Curvatura più o meno serrata di rocce stratificate o scistose. [→ ill. *geografia*] **4** (*fig.*) Sinuosità: *le pieghe del discorso* | *Ragionamento che non fa una –*, dritto, chiaro | (*est.*) Parte intima, nascosta: *nelle pieghe della coscienza.* **5** (*fig.*, *fam.*) Andamento | *Prendere una brutta, una cattiva –*, volgere verso un esito negativo.
piegabàffi *s. m.* Mascherina di tela legata dietro la nuca per tenere in piega i baffi.
piegaciglia *s. m. inv.* Arnese per voltare in su le ciglia.
piegafèrro *s. m.* Attrezzo costituito di un'asta di acciaio piegata a doppio uncino, usato per piegare le sbarre delle strutture in cemento armato. [→ ill. *edilizia*]
piegaménto *s. m.* (*raro*) Piegatura | Flessione.
piegàre A *v. tr.* (*io piègo, tu pièghi*) **1** Rendere curvo, arcuato, spigoloso e sim.: – *un giunco, un filo di ferro* | – *le gambe, le braccia*, fletterle; CONTR. Raddrizzare. **2** Avvolgere con ordine, accostando un capo o un lembo di q.c. al capo o lembo opposto: – *un tovagliolo*; *piegate il foglio in quattro parti.* **3** Inchinare, curvare (*anche fig.*): – *la testa, il capo* | – *la fronte*, in segno di reverenza, umiltà e sim. **4** (*fig.*) Indurre, persuadere, domare: – *qc. alla propria volontà.* **B** *v. intr.* (*aus. avere*) **1** Essere o divenire curvo (*anche fig.*): – *sotto un peso.* **2** Assumere una certa direzione, curvatura, pendenza: – *a destra, in avanti.* **C** *v. rifl. e intr. pron.* **1** Incurvarsi, pendere. **2** (*fig.*) Arrendersi, cedere: *si piegò ai suoi voleri.*
piegàta *s. f.* Rapida piegatura.
piegatrìce *s. f.* In varie tecnologie, macchina per piegare materiali o prodotti vari.
piegatùra *s. f.* **1** Conferimento o assunzione di una forma curva, arcuata, spigolosa e sim.: – *di un arto* | Avvolgimento | (*est.*) Punto in cui q.c. si piega o è piegato e segno che ne resta. **2** In legatoria, operazione con cui il foglio disteso di ciascuna segnatura viene trasformato in fascicolo.
pieghettàre *v. tr.* (*io pieghétto*) Eseguire pieghe minute e ravvicinate su un tessuto.
pieghettatùra *s. f.* Operazione del pieghettare | (*est.*) Insieme di piccole pieghe.
pieghévole A *agg.* **1** Che si piega o si può piegare con facilità: *giunco, ramo –*; SIN. Flessibile. **2** Che si può ripiegare su se stesso: *tavolo –.* [→ ill. *campeggiatore, ciclo e motociclo, porta*] **3** (*fig.*) Arrendevole, cedevole: *animo, carattere –.* **B** *s. m.* Stampato composto di poche facciate recante un messaggio pubblicitario, un'offerta di vendita e sim.
pieghevolézza *s. f.* L'essere pieghevole; SIN. Flessibilità.
piegóne *s. m. Accr. di piega* nel sign. 2.
pielite *s. f.* (*med.*) Infiammazione della pelvi renale.
pielografia *s. f.* (*med.*) Indagine radiologica del rene e delle vie urinarie.
piemontése *agg.*; *anche s. m. e f.* Del Piemonte.
pièna *s. f.* **1** Fase di massima portata di un corso di acqua. **2** (*fig.*) Impetuosa abbondanza o intensità: *la – degli affetti.* **3** Grande folla e calca di gente che occupa e riempie un luogo: – *di popolo.*
pienézza *s. f.* **1** Condizione di ciò che è pieno. **2** (*fig.*) Impeto, foga: *la – di un sentimento.*
pièno A *agg.* **1** Che contiene tutta la quantità di cui è capace: *bicchiere –* | *Con la bocca piena*, mentre si mangia e prima di avere ingoiato il cibo | *Respirare a pieni polmoni*, gonfiandoli d'aria al massimo | *A piene vele*, con le vele gonfie di vento | *La misura è piena*, (*fig.*) la sopportazione, la pazienza e sim. stanno per esaurirsi | – *come un uovo*, zeppo | *A piene mani*, (*fig.*) con grande abbondanza | (*est.*) Completamente ingombro: *tavolo – di carte*; SIN. Colmo, zeppo; CONTR. Vuoto. **2** Che abbonda o è carico di q.c. (*anche fig.*): *casa piena d'ogni ben di Dio* | Invaso, pervaso: *avere l'animo – di tristezza* | (*fam.*) Sazio: *a stomaco –* | – *fino agli occhi, fino alla gola*, completamente sazio | (*fig.*) *Esser – di qc.*, averne abbastanza. **3** Massiccio: *muro –* | *Fianchi*

pieni, rotondi, abbondanti; CONTR. Vuoto. **4** *Punto* –, ricamo che si esegue ricoprendo con punti fitti il motivo da ricamare. [→ ill. *tessuto*] **5** (*fig.*) Completo, perfetto, totale: *con – rispetto dell'autorità; ottenere una piena guarigione* | *In piena notte*, nelle ore più buie | *Luna piena*, che si vede per intero | *In – inverno*, nei mesi più freddi | *A piena voce*, a tutta voce. [→ ill. *astronomia*] **B** *s. m.* **1** Parte piena o massiccia di q.c. **2** Fase o momento culminante: *nel – dell'estate* | *In* –, del tutto, completamente. **3** Carico completo: *fare il – di benzina*. [→ tav. *proverbi* 135, 323, 394]

pienóne *s. m.* (*fam.*) Grande folla, di spettatori e sim.

pienòtto *agg.* Che è piuttosto grasso e abbondante di forme.

pierrot /*fr.* pje'ro/ *s. m. inv.* (*pl. fr. pierrots* /pjɛ'ro/) Maschera del teatro francese, dal tipico costume bianco a grossi bottoni neri.

pietà *s. f.* **1** Sentimento di compassione che si prova dinanzi alle sofferenze altrui: *provare, sentire* –; *muovere qc. a* – | *Senza –, senz'alcuna –, senz'ombra di* –, in modo spietato | *Fare* –, (*fam.*) detto di cosa o persona particolarmente sgraziata, poco attraente, o di lavoro malfatto e sim.; SIN. Commiserazione, misericordia. **2** Rispetto e amore verso qc.: – *filiale*. **3** Devozione, culto: *pratiche di* –. **4** Nelle arti figurative, composizione rappresentante la Madonna che tiene in grembo il Cristo morto: *la – di Michelangelo*.

pietànza *s. f.* Vivanda servita a tavola, spec. come secondo piatto.

pietanzièra *s. f.* Piccolo recipiente metallico a chiusura ermetica, atto a contenere vivande.

pietiṣmo *s. m.* **1** Corrente religiosa protestante dei sec. XVII e XVIII che professava la preminenza della vita interiore su ogni altra manifestazione religiosa. **2** (*spreg.*) Religiosità affrettata e apparente | Manifestazione insincera, eccessiva e sim. di pietà.

pietista *s. m. e f.* (*pl. m. -i*) **1** Seguace del pietismo. **2** (*spreg.*) Persona che manifesta pietismo.

pietistico *agg.* (*pl. m. -ci*) **1** Di pietismo o pietista. **2** (*spreg.*) Improntato a pietismo: *atteggiamento* –.

pietóso *agg.* **1** Che sente pietà, compassione: – *verso il prossimo, nei confronti di chi soffre*; SIN. Caritatevole, misericordioso. **2** Che muove a pietà: *racconto* – | *Essere ridotto in uno stato* –, essere conciato male; SIN. Compassionevole; CONTR. Impietoso. **3** Che dimostra pietà | *Bugia pietosa*, detta per evitare un dolore. **4** Pieno di rispetto e tenerezza: *figlio – verso i genitori*. [→ tav. *proverbi* 180]

piètra *s. f.* Frantume di roccia usato come materiale da costruzione o per ornamento: *muro di* – | – *concia*, concio | – *preziosa*, ogni gemma dell'oreficeria di maggior valore | – *dura*, con apparenza simile al marmo ma di maggior durezza | – *sintetica*, simile a una vera ma ottenuta in laboratorio | – *artificiale*, ottenuta con vari materiali e sistemi | – *falsa*, di vetro o altro a imitazione di una gemma | – *di paragone*, varietà di diaspro nero usata spec. in passato per riconoscere il titolo dell'oro; (*fig.*) termine di confronto | – *litografica*, pietra calcarea usata per il disegno e la stampa litografica | *Età della* –, periodo della preistoria in cui l'uomo usava armi e attrezzi di pietra | – *sepolcrale*, coperchio, in marmo o altro, di tomba | *Di* –, duro come la roccia (*anche fig.*): *cuore di* – | *Farsi di* –, restare immobile, impietrire | *Porre la prima* –, iniziare una costruzione con particolari festeggiamenti e (*fig.*) dare inizio a q.c. | *Mettere una – sopra a q.c.*, (*fig.*) non parlarne più | (*fig.*) – *dello scandalo*, chi è causa di scandalo, discordia e sim. [→ ill. *edilizia, gioielli*] [→ tav. *proverbi* 7; → tav. *locuzioni* 82, 83, 98]

pietràia o (*lett.*) *petràia s. f.* **1** Massa o mucchio di pietre | (*est.*) Luogo sassoso. **2** Cava di pietre.

pietràme *s. m.* Ammasso di pietre | Insieme di pietre lavorate o di una determinata pezzatura, impiegate nelle costruzioni edili e stradali. [→ ill. *strada*]

pietrificàre A *v. tr.* (*io pietrìfico, tu pietrìfichi*) **1** Rendere di pietra o simile alla pietra. **2** (*fig.*) Irrigidire per timore, stupore o altro: *lo pietrificò con una secca risposta*. **B** *v. intr. pron.* **1** Divenire di pietra o simile alla pietra. **2** (*fig.*) Rimanere di stucco, di sasso: *pietrificarsi per lo stupore*.

pietrìna *s. f.* **1** *Dim. di pietra*. **2** Piccolo cilindro di cerio e ferro che provoca scintille negli accenditori automatici.

pietrìsco *s. m.* (*pl. -schi*) Materiale sciolto composto di frammenti irregolari di roccia frantumata; usato per massicciate, terrapieni e sim. [→ ill. *cava, strada*]

pietróso o (*lett.*) *petróso agg.* **1** Di pietra: *tana pietrosa* | Simile alla pietra: *materiale* –. **2** Pieno di pietre: *terreno* –; SIN. Sassoso. **3** (*fig., lett.*) Duro o aspro come la pietra.

pievanìa *s. f.* Giurisdizione del pievano.

pievàno *s. m.* Sacerdote rettore di una pieve.

piève *s. f.* **1** Chiesa parrocchiale dalla quale dipendevano altre chiese e filiali. **2** Pievania.

piẹzoelettricità *s. f.* (*fis.*) Generazione di cariche elettriche sulla superficie di alcuni cristalli, come il quarzo, per compressione o dilatazione meccanica in alcune direzioni.

piẹzoelèttrico *agg.* (*pl. m. -ci*) (*fis.*) Della piezoelettricità.

piẹzometrìa *s. f.* (*fis.*) Misurazione della compressibilità dei liquidi.

piẹzomètrico *agg.* (*pl. m. -ci*) (*fis.*) Della piezometria | *Colonna, pozzo* –, opera idraulica che protegge le condotte forzate da sbalzi di pressione. [→ ill. *diga*]

piẹzòmetro *s. m.* **1** Strumento di misura della compressibilità dei solidi e dei liquidi. **2** Tubo che, inserito in una condotta idraulica, dà, tramite l'altezza ivi raggiunta dal liquido, l'indicazione della sua pressione.

pifferàio *s. m.* Suonatore di piffero.

pìffero *s. m.* **1** Strumento musicale a fiato lungo poco più di un palmo, comunemente tutto d'un pezzo. **2** Chi suona il piffero.

pigiàma *s. m.* (*pl. pigiàma o pigiàmi*) Indumento da letto o da casa maschile e femminile, composto di giacca e pantaloni | – *palazzo*, abito da sera femminile con pantaloni molto ampi. [→ ill. *abbigliamento*]

pigia pigia *s. m. inv.* Calca, folla.

pigiàre *v. tr.* (*io pigio*) Sottoporre a pressione di varia intensità e durata: – *la terra coi piedi* | – *l'uva*, pestarla per fare il mosto | Di persona, spingere, anche ass.: *la folla lo pigiava*.

pigiàta *s. f.* Singolo atto del pigiare.

pigiatóio *s. m.* Arnese per pigiare a mano l'uva.

pigiatrice *s. f.* Macchina per schiacciare l'uva facendola passare fra due rulli. [→ ill. *vino*]

pigiatùra *s. f.* Operazione del pigiare, spec. l'uva.

pigionànte *s. m. e f.* Chi abita in una casa presa in affitto oppure sta a pigione presso qc.

pigióne *s. f.* **1** (*dir.*) Corrispettivo della locazione di un immobile: *il pagamento della* –. **2** Locazione di un bene immobile. • SIN. Affitto.

pigliamósche *s. m. inv.* Uccello molto piccolo con piumaggio bruno e bianco che vive nei boschi e si nutre di insetti. [→ ill. *animali* 13]

pigliàre A *v. tr.* (*io piglio*) (*fam.*) Prendere, (*anche fig.*) spec. con forza. **B** *v. intr.* (*aus. avere*) Attecchire, detto di un vegetale. [→ tav. *proverbi* 53, 94]

pigliatùtto *agg. inv.* In una varietà del gioco della scopa, detto di asso che prende tutte le carte in tavola.

piglio (1) *s. m.* Modo e atto del pigliare | *Dar di* –, afferrare q.c. e (*fig.*) incominciare q.c.

piglio (2) *s. m.* **1** Espressione, atteggiamento: *mi parlò con – severo*. **2** (*fig.*) Tono: *novella dal – colorito*.

pigmentàre *v. tr.* (*io pigménto*) Far assumere un dato colore, per l'azione di pigmenti.

pigmentàrio *agg.* Concernente il pigmento.

pigmentazióne *s. f.* **1** (*biol.*) Distribuzione del pigmento in un organo o in un animale. **2** Metodo di tintura delle fibre tessili con coloranti.

pigménto *s. m.* **1** Sostanza organica colorata presente nelle cellule dei tessuti animali e vegetali cui conferisce la colorazione caratteristica. **2** Sostanza colorata naturale e artificiale, usata in polvere finissima come base di pitture e vernici.

pigmèo A *s. m.* (*f. -a*) **1** Aborigeno della foresta equatoriale, di statura molto piccola. **2** (*fig.*) Chi è molto basso di statura. **B** *anche agg.*: *popolazione pigmea*.

pìgna o *pìna s. f.* **1** (*bot.*) Correntemente, falso frutto delle piante conifere; SIN. Strobilo, cono. **2** (*est.*) Oggetto o cumulo di oggetti a forma di pigna: – *di caramelle*. **3** Parte del muro che si eleva a triangolo per reggere gli spioventi del tetto. **4** Coperchio bucherellato all'esterno di un tubo aspirante per evitare l'assorbimento di materiali solidi.

pignàtta *s. f.* **1** Pentola. **2** Mattone forato per solaio. [→ ill. *edilizia*]

pignoccàta *s. f.* Dolce siciliano di farina fritta in olio, pistacchi e miele, in forma di pigna.

pignolerìa *s. f.* L'essere pignolo | Azione da pignolo; SIN. Pedanteria.

pignolésco *agg.* (*pl. m. -schi*) Di, da pignolo.

pignòlo *agg.; anche s. m.* (*f. -a*) Detto di chi eccede in meticolosità e precisione, diventando perciò seccatore e molesto; SIN. Pedante.

pignóne (1) *s. m.* In costruzioni idrauliche, punta degli argini trasversali esposta all'azione della corrente dei corsi d'acqua, sagomata in modo da ridurre i vortici.

pignóne (2) *s. m.* In un sistema di ingranaggi, la ruota dentata di diametro minore che ingrana in una ruota più grande.

pignoràbile *agg.* (*dir.*) Che può essere sottoposto a pignoramento.

pignoraménto *s. m.* (*dir.*) Atto con cui si inizia l'espropriazione forzata processuale, consistente in un'ingiunzione che l'ufficiale giudiziario fa al debitore di astenersi da atti che possano sottrarre alla garanzia di uno o più creditori dati beni.

pignoràre *v. tr.* (*io pìgnoro o evit. pignòro*) (*dir.*) Sottoporre a pignoramento: — *un immobile*; CONTR. Spignorare.

pignoratìzio *agg.* (*dir.*) Che è garantito da pegno: *credito* —.

pigolàre *v. intr.* (*io pìgolo; aus. avere*) **1** Emettere pigolii: *i pulcini pigolano.* **2** (*fig.*) Lamentarsi, piagnucolare.

pigolìo *s. m.* Verso breve e sommesso di piccoli pennuti.

pigrìzia *s. f.* Carattere o natura di pigro; SIN. Indolenza, infingardaggine, neghittosità.

pìgro *agg.* **1** Di persona restia ad agire, a prendere iniziative, a muoversi e sim.: *studente* — | Proprio di persona pigra: *movimento* —. **2** Che rende pigro, sonnolento: *il — inverno.* **3** (*est., fig.*) Lento, tardo: *intelligenza pigra.*

pìla (1) *s. f.* **1** Serie di vari oggetti sovrapposti l'uno all'altro: *una — di libri.* **2** Sorgente di forza elettromotrice costituita da una cella elettrolitica fra gli elettrodi della quale si stabilisce una differenza di potenziale in virtù delle reazioni chimiche che avvengono nell'interno | — *atomica,* — *nucleare,* reattore nucleare. [→ ill. *elettricità, fisica*] **3** Piedritto intermedio di un ponte. [→ ill. *ponte*]

pìla (2) *s. f.* **1** Recipiente fisso per acqua o altri liquidi. **2** Vaschetta di pietra o marmo posta all'ingresso delle chiese, per contenere l'acqua benedetta.

pilàf **A** *s. m. inv.* Riso cotto al forno con burro, cipolla e poco brodo, in modo che riesca sgranato. **B** *anche agg.*: *riso* —.

pilàre *v. tr.* Liberare il riso dalla pula.

pilàstro *s. m.* **1** Elemento costruttivo di pietra, mattoni, cemento armato, acciaio, di sezione generalmente quadrangolare, destinato a sostenere archi, architravi, travi e sim. [→ ill. *religione, scala*] **2** (*fig.*) Chi (o ciò che) costituisce la base, l'elemento fondamentale in un contesto: *quell'atleta è il — della squadra*; SIN. Colonna.

pilatùra *s. f.* Operazione con cui si trasforma il risone in riso mercantile, spogliandolo con macchine apposite del pericarpo e del tegumento.

pìleo *s. m.* **1** Presso gli antichi Romani, berretto emisferico. [→ ill. *copricapo*] **2** Parte superiore del capo degli uccelli.

pileorìza *s. f.* (*bot.*) Guaina cellulare che incappuccia l'apice della radice proteggendolo e facilitando la penetrazione nel terreno.

pilétta *s. f.* Pestello. [→ ill. *metallurgia*]

pilìfero *agg.* **1** Del pelo: *apparato* —. **2** Che è ricoperto di peli: *zona pilifera.*

pillàcchera *s. f.* **1** (*tosc.*) Schizzo di fango che macchia l'abito. **2** (*fig.*) Magagna: *una — sulla coscienza.*

pillàre *v. tr.* Battere col pillo.

pìllo *s. m.* **1** Tipo di mazzeranga di legno che serve a battere e calcare la terra, per fare massicciate e sim. **2** Pestello.

pìllola *s. f.* **1** Preparazione farmaceutica a forma sferica, d'uso orale, ottenuta mescolando al farmaco un eccipiente, e ricoperta da uno strato di gelatina, cheratina o sim. [→ ill. *medicina e chirurgia*] **2** (*per anton.*) Pillola anticoncezionale. **3** (*fig.*) Cosa spiacevole, situazione difficile da sopportare o da accettare: *una — amara*; *inghiottire la* — | (*fig.*) *Indorare la* —, cercare di rendere meno gravoso qualcosa di spiacevole. [→ tav. *locuzioni* 56]

pillottàre *v. tr.* (*io pillòtto*) Versare a gocce sulle carni allo spiedo il grasso che si è raccolto nella ghiotta, mediante il pillotto.

pillòtto *s. m.* Mestolo con beccuccio per pillottare l'arrosto.

pìlo *s. m.* Giavellotto in legno della fanteria romana, provvisto di una punta in ferro.

pilóne *s. m.* **1** Piedritto alto e robusto, in grado di resistere a forze notevoli, spec. per sostegno di cupola o arcata di ponte. [→ ill. *ponte*] **2** Traliccio metallico di sostegno delle teleferiche e sim. [→ ill. *funivia*] **3** (*sport*) Nel rugby, ciascuno dei due giocatori della prima linea.

pilòro *s. m.* (*anat.*) Anello terminale dello stomaco con funzione di sfintere, posto tra lo stomaco e il duodeno.

pilòta **A** *s. m. e f.* (*pl. m. -i*) **1** Chi guida una nave durante la navigazione. **2** Chi manovra un'automobile o un aeromobile | — *automatico*, autopilota. **B** *in funzione di agg. inv.* (*posposto al s.*) **1** Detto di ciò che funge o può fungere da guida: *luce* —. **2** Detto di ciò che costituisce una prima applicazione pratica di nuovi metodi: *scuola, classe* —.

pilotàggio *s. m.* Tecnica riguardante la condotta delle automobili, degli aerei e delle navi.

pilotàre *v. tr.* (*io pilòto*) Guidare nave, aeromobile, autoveicolo.

pilotìna *s. f.* Battello che guida le navi nei porti | Battello che porta il pilota a bordo della nave. [→ ill. *porto*]

piluccàre *v. tr.* (*io pilùcco, tu pilùcchi*) **1** Spiccare e mangiare uno per volta gli acini di un grappolo d'uva | (*est.*) Mangiare sbocconcellando, a pezzettini: — *un biscotto.* **2** (*fig.*) Spillare quattrini | Arraffare qua e là quel che si può.

pimentàre *v. tr.* (*io piménto*) Condire una vivanda con pimento.

piménto *s. m.* Spezie piccante, affine al pepe, fornita da una pianta dell'America tropicale.

pimpànte *agg.* **1** (*fam.*) Sgargiante, vistoso. **2** (*est.*) Vivace, allegro: *una ragazza tutta* —.

pimpinèlla *s. f.* Pianta erbacea delle Ombrellifere coltivata per i frutti che profumano di anice.

pìna V. *pigna.*

pinacotèca *s. f.* Edificio destinato a conservare, raccogliere ed esporre opere pittoriche.

pinàstro *s. m.* (*bot.*) Pino marittimo.

pince /*fr.* pɛ̃s/ *s. f. inv.* (*pl. fr. pinces* /pɛ̃s/) Piccola piega che si fa per riprendere l'ampiezza del tessuto e per modellare l'abito sul corpo.

pince-nez /*fr.* 'pɛ̃s'ne/ *s. m. inv.* Occhiali privi di stanghetta che una molla tiene fissi al naso.

pindàrico *agg.* (*pl. m. -ci*) Del poeta greco Pindaro: *ode pindarica* | *Volo, estro* —, brusco passaggio da un argomento a un altro.

pineàle *agg.* Che ha forma di pigna | (*anat.*) *Ghiandola, corpo* —, epifisi.

pinèlla *s. f.* Carta del due nel gioco della canasta.

pinéta *s. f.* Bosco di pini. [→ ill. *spiaggia*]

pìngere *v. tr.* (*pres. io pìngo, tu pìngi; pass. rem. io pìnsi, tu pingésti; part. pass. pìnto*) (*poet.*) Dipingere (*anche fig.*).

ping-pòng /*ingl.* piŋ 'pɔŋ/ *s. m. inv.* Nome commerciale di un gioco simile al tennis che si svolge su tavolo diviso da una reticella tra due o quattro contendenti. [→ ill. *giochi, sport*]

pìngue *agg.* **1** Adiposo, grasso: *corpo* —. **2** Fertile e ricco di vegetazione: *la — pianura.* **3** (*fig.*) Lauto, ricco, abbondante: — *guadagno*; *pingui messi.*

pinguèdine *s. f.* Eccessiva grassezza.

pinguìno *s. m.* **1** Uccello acquatico, gregario, con portamento eretto, buon nuotatore, con ali ridotte a moncherini e quindi inetto al volo. [→ ill. *animali* 10] **2** Gelato da passeggio, di panna rivestita di cioccolato.

pinìfero *agg.* Che produce pini o pigne.

pinna (1) *s. f.* **1** Organo atto al nuoto e alla stabilizzazione degli animali acquatici | – *dei pesci*, arto formato da una lamina membranosa sostenuto da raggi cartilaginei, cornei o ossei | *Pinne dei cetacei*, le due pettorali, che derivano dagli arti anteriori modificati per adattamento al nuoto, mentre quella caudale e quella dorsale sono lobi carnosi. [→ ill. *zoologia*] **2** Spatola di gomma che il nuotatore applica ai piedi per agevolare il nuoto. [→ ill. *pesca*] **3** (*aer.*, *mar.*) Piccolo piano sporgente da un corpo con funzioni di stabilità. **4** (*anat.*) Ala o aletta del naso: – *nasale*.
pinna (2) *s. f.* Mollusco dei Bivalvi a conchiglia triangolare molto allungata, bruno marrone, con carni dure e bisso molto ricercato. [→ ill. *animali* 5]
pinnàcolo (1) *s. m.* **1** Guglia di forma piramidale o conica caratteristica dello stile gotico | Sommità di edificio. **2** (*est.*) Sottile vetta di montagna. [→ ill. *geografia*]
pinnàcolo (2) *s. m.* Gioco eseguito con un mazzo di 52 carte, affine al ramino.
pinnula *s. f.* Ciascuna delle piccole pinne che si trovano dietro la pinna dorsale e anale di certi pesci.
pino *s. m.* **1** Albero sempreverde delle Conifere con foglie aghiformi in numero da due a cinque riunite in fascetti e frutto a cono | – *marittimo*, molto ricco di resina; SIN. Pinastro | – *silvestre*, di montagna, fornisce legno, trementina e catrame vegetale | – *domestico*, mediterraneo, con chioma a ombrello, pigna con semi commestibili | *Olio di* –, essenza aromatica oleosa ricavata da conifere. [→ ill. *piante* 1] **2** Il legno di tale albero, usato spec. in costruzioni. **3** (*poet.*) Albero della nave | (*est.*) Nave stessa. **4** – *vulcanico*, nube a forma di pino mediterraneo, di gas, ceneri e vapori, emessa da un vulcano attivo.
pinòcchio *s. m.* Pinolo.
pinòlo *s. m.* Seme commestibile dei pini, spec. del pino domestico.
pinot /*fr.* pi'no/ *s. m. inv.* Vino giallo paglierino chiaro, asciutto, leggermente amarognolo, prodotto spec. nelle Tre Venezie dal vitigno omonimo.
pìnta *s. f.* Antica misura di volume per fluidi, di circa mezzo litro, oggi usata in Inghilterra e in America.
pin-up girl /*ingl.* 'pin ʌp 'gəːl/ *loc. sost. f. inv.* (*pl. ingl. pin-up girls* /'pin ʌp 'gəːlz/) Ragazza dall'aspetto seducente la cui immagine viene riprodotta spec. su riviste, rotocalchi, e materiale pubblicitario.
pinza *s. f.* **1** *spec. al pl.* Utensile costituito da due branche d'acciaio, unite da una cerniera, usato per afferrare, stringere, strappare e sim. [→ ill. *bar, calzolaio, chimico, fotografo, magazzinaggio, meccanica, orologiaio, stampa*] **2** (*med.*) Strumento di presa a due branche dentate o no: – *chirurgica*. [→ ill. *medicina e chirurgia*] **3** (*zool.*) Ciascuna delle chele dei crostacei e degli scorpioni.
pinzàre *v. tr.* **1** Mordere con le pinze o col pungiglione: *i granchi pinzano*. **2** (*raro*) Stringere con le pinze.
pinzatrice *s. f.* Cucitrice.
pinzatùra *s. f.* Puntura, morso.
pinzétta *s. f.* **1** *Dim. di pinza*. **2** Piccolo strumento a forma di pinza usato spec. da filatelici e orologiai, e in cosmetica. [→ ill. *orologiaio, toilette e cosmesi*]
pinzillàcchera *s. f.* (*scherz.*) Inezia.
pinzimònio *s. m.* (*tosc.*) Condimento di olio, pepe e sale in cui s'intingono crudi sedani, carciofi, peperoni e sim.
pinzòchero *s. m.* (*f. -a*) **1** Appartenente a un movimento trecentesco di terziari francescani che rifiutava l'obbedienza all'autorità ecclesiastica. **2** (*spreg.*) Bigotto, bacchettone.
pio *agg.* **1** Che è profondamente devoto alla propria religione: *fanciulla pia* | (*est.*) Che manifesta religiosità, devozione e sim.: *atteggiamento* – | *Luoghi pii*, santuari, chiese; SIN. Religioso. **2** Pietoso, caritatevole, misericordioso: *opere pie*. **3** Profondamente buono e magnanimo: *il* – *Enea*. **4** (*fig.*) Vano, irrealizzabile: *un* – *desiderio*; *una pia illusione*.
piògeno *agg.* (*med.*) Che produce pus.
pioggerèlla *s. f.* Pioggia uniforme, minuta e sottile.
piòggia *s. f.* (*pl. -ge*) **1** Precipitazione atmosferica di particelle d'acqua sotto forma di gocce con diametro superiore a mezzo millimetro | – *acida*, acqua piovana inquinata dai residui di combustione contenuti in fumi industriali, dannosa spec. per colture e vegetazioni. **2** (*est.*) Grande quantità di cose che scendono dall'alto: *una* – *di fiori* | (*fig.*) Gran numero: *c'è stata una* – *d'errori* | (*fig.*) *Nella loc.* a –, che si verifica in modo casuale e indiscriminato: *interventi a* –. [→ tav. *locuzioni* 48]
piòlo *s. m.* **1** Legnetto o pezzo di metallo cilindrico aguzzo a un'estremità, che si conficca in terra, nel muro, in travi o in altre strutture, per legare, appendere o bloccare q.c.: *il* – *dell'attaccapanni* | *Scala a pioli*, portatile, con gli scalini costituiti da pioli trasversali tenuti insieme da due aste verticali ('staggi'). [→ ill. *ferramenta, scala, sega*] **2** Cavicchio con cui si fanno i buchi per le piantine. **3** Piccolo pilastro di pietra o bronzo davanti a portoni di palazzi o monumenti, per delimitazione, riparo, ornamento.
piombàre (1) *v. intr.* (*io piómbo; aus. essere*) **1** Cadere a piombo, essere perfettamente perpendicolare: *l'abito piomba benissimo*. **2** Cadere dall'alto, di peso o all'improvviso: *un meteorite piombò nel lago* | (*fig.*) Sprofondare: – *nella disperazione*. **3** Gettarsi con impeto: *i rinforzi piombarono sul nemico*. **4** (*fig.*) Giungere all'improvviso: *è piombato a casa mia in piena notte*.
piombàre (2) *v. tr.* (*io piómbo*) Chiudere o sigillare col piombo: – *i carri ferroviari*; – *un dente*.
piombatùra *s. f.* **1** Chiusura, rivestimento, otturazione col piombo: *la* – *delle merci*. **2** Quantità di piombo usata per appesantire q.c., chiudere una cavità, e sim.
piombìfero *agg.* Che dà piombo.
piombino *s. m.* **1** Pezzetto di piombo di forme diverse utilizzato per vari scopi | – *della lenza*, per mantenere la lenza verticalmente in acqua | – *della rete*, ciascuno dei pezzi di piombo che si assicurano all'orlo inferiore della rete per tenerla tesa verso il basso | *Mettere i piombini a una gonna*, appesantirne la parte inferiore con appositi pezzetti di piombo, perché cada bene. [→ ill. *pesca*] **2** Cilindretto di piombo appeso alla cordicella del filo a piombo. **3** Scandaglio a mano che termina con un cilindretto di piombo. **4** Dischetto di piombo per sigillare pacchi e sim. [→ ill. *magazzinaggio, posta*] **5** Arnese per liberare la conduttura del gabinetto.
piómbo *s. m.* **1** Elemento chimico, metallo, molle, di colore grigio, diffuso in natura spec. come solfuro dal quale si ricava; usato per accumulatori, per antidetonanti e per leghe speciali; SIMB. Pb | *Camere di* –, grandi camere a forma di parallelepipedo in lamiera di piombo, usate nel processo di fabbricazione dell'acido solforico | *Pesare come* –, essere pesantissimo | *Di* –, (*fig.*) di peso: *lo sollevarono di* – | *Cadere di* –, di schianto | (*fig.*) *Avere, sentirsi sotto una cappa di* –, sentirsi oppressi da q.c. | (*fig.*) *Procedere coi piedi di* –, con estrema cautela | (*est.*) Cosa molto pesante. **2** (*est.*) Oggetto fatto di piombo | *Filo a* –, filo al quale è attaccato un corpo pesante, usato per avere una linea di riferimento verticale | *A* –, perpendicolarmente. [→ ill. *edilizia*] **3** Sigillo di piombo: *il* – *della dogana* | Proiettile d'arma da fuoco: *il* – *nemico*. **4** *spec. al pl.* Lastre, lamine e sim. usate per rivestimenti, intelaiature e sim.: *i piombi del tetto*. **5** Lega tipografica | Composizione tipografica. [→ tav. *locuzioni* 6]
piombóso *agg.* **1** Che contiene piombo o che ha il colore del piombo. **2** Detto di composto di piombo.
pióne *s. m.* (*fis. nucl.*) Tipo di mesone.
pionière *s. m.* (*f. -a* nel sign. 2) **1** Guastatore | Zappatore | Soldato del Genio. **2** (*fig.*) Chi per primo si dedica con coraggio a nuove scoperte o ricerche: *i pionieri del West*; *un grande* – *della scienza*.
pionierismo *s. m.* Attività di pioniere.
pionieristico *agg.* (*pl. m. -ci*) Di, da pioniere.
pio pio **A** *inter.* Riproduce il pigolio dei pulcini e degli uccellini di nido | Si usa come richiamo per i pulcini. **B** *s. m. inv.* Pigolio.
pioppàia *s. f.* Piantagione di pioppi.
pioppéto *s. m.* Luogo piantato a pioppi.
pioppìcolo *agg.* Della pioppicoltura.
pioppicoltóre *s. m.* Chi si dedica alla coltivazione del pioppo.
pioppicoltùra *s. f.* Coltivazione del pioppo.
piòppo *s. m.* Albero delle Salicali con foglie espanse, lungo picciolo e amenti maschili penduli, di rapido accrescimento, coltivato per trarne cellulosa | – *bianco*, a

foglie bianche nella pagina inferiore; SIN. Gattice. [→ ill. *piante* 2]

piorrèa *s. f.* (*med.*) Scolo di pus | – *alveolare*, paradentosi.

piòta *s. f.* **1** (*lett.*) Piede o pianta del piede. **2** Zolla di terra coperta d'erba.

piotàre *v. tr.* (*io piòto*) Ricoprire con zolle erbose.

piovàno *agg.* Di pioggia: *acqua piovana.*

piovàsco *s. m.* (*pl. -schi*) Colpo di vento accompagnato da pioggia.

piòvere ***A*** *v. intr. impers.* (*pass. rem. piòvve; part. pass. piovùto; aus. essere o avere*) **1** Cadere, venire giù, detto di pioggia: – *a dirotto, a scrosci* | *Tanto tuonò che piovve,* (*fig.*) detto al verificarsi di q.c. che è stata minacciata per molto tempo | *Piove sul bagnato,* (*fig.*) si dice quando si aggiungono altri guai a chi ne ha già | (*fig., fam.*) *Non ci piove,* con riferimento a ciò che è certo, su cui non si discute. **2** Gocciolare o trapelare della pioggia: *in questa casa ci piove.* ***B*** *v. intr.* (*aus. essere*) **1** Scendere dall'alto, come pioggia (*anche fig.*): *la luce piove dall'abbaino* | – *dal cielo,* (*fig.*) detto di cosa che si desidera e che giunge senza alcuno sforzo. **2** Affluire in gran numero: *piovono telegrammi e notizie.* **3** Essere spiovente, in pendenza: *il tetto piove verso il cortile.* [→ tav. *proverbi* 337]

piovigginàre *v. intr. impers.* (*pioviggina; aus. essere o avere*) Piovere minutamente.

piovìggine *s. f.* (*meteor.*) Precipitazione di piccole particelle di acqua sotto forma di gocce.

piovigginóso *agg.* Detto di tempo, cielo, periodo e sim. in cui pioviggina.

piovìschio *s. m.* Pioggia leggera.

piovosità *s. f.* **1** L'essere piovoso. **2** Quantità di precipitazioni meteoriche cadute in un determinato periodo | Numero dei giorni di pioggia in un anno, in un certo luogo.

piovóso ***A*** *agg.* **1** Che è caratterizzato da piogge frequenti: *estate piovosa.* **2** Che porta o minaccia pioggia: *tempo* –. ***B*** *s. m.* Quinto mese del calendario repubblicano francese.

piòvra *s. f.* **1** Cefalopode decapode di grosse dimensioni. **2** (*fig.*) Ente o individuo che sfrutta q.c. o qc. fino a esaurirne ogni possibile profitto: *le piovre dello Stato.*

pipa (1) *s. f.* **1** Arnese per fumare, formato di un piccolo recipiente gener. tondeggiante ('fornello') di legno e sim., nel quale si calca il tabacco, e di un cannello per aspirare: *caricare, fumare, la* –. [→ ill. *fumatore*] **2** Quantità di tabacco contenuta nel fornello della pipa. **3** (*est.*) Oggetto che per la forma ricorda una pipa: *la – del vetraio.* **4** (*fig., scherz.*) Naso, spec. grosso. [→ tav. *locuzioni* 41]

pipa (2) *s. f.* Animale degli Anfibi, senza coda, privo di denti e di lingua, le cui uova si sviluppano in alveoli cutanei sul dorso della femmina.

pipàre *v. intr.* (*aus. avere*) Fumare la pipa.

pipàta *s. f.* **1** Fumata di pipa. **2** Quantità di tabacco che sta in una pipa.

Piperàcee *s. f. pl.* Famiglia di piante erbacee o arbustive delle Piperali, spesso rampicanti, ricche di oli essenziali. [→ ill. *piante* 3]

Piperàli *s. f. pl.* (*sing. -e*) Ordine di piante dicotiledoni, per lo più liane tropicali, con fiori in spighe allungate, frutto a bacca o drupa. [→ ill. *piante* 3]

piperita V. *peperita.*

pipétta *s. f.* Tubo di vetro mediante il quale si preleva per aspirazione una certa quantità di liquido. [→ ill. *chimico, misure*]

pipì *s. f.* (*inft.*) Urina: *fare* –.

pipiàre *v. intr.* (*io pipìo; aus. avere*) Pigolare.

pipistrèllo *s. m.* **1** Mammifero degli Insettivori, con abitudini crepuscolari, capace di volare avendo gli arti anteriori foggiati ad ala. [→ ill. *animali* 17, *zoologia*] **2** Mantello maschile senza maniche e con mantellina, da indossare la sera.

pipita *s. f.* **1** Malattia degli uccelli e spec. dei polli che si manifesta con una pellicola bianca sulla punta della lingua. **2** Pellicola cutanea che si solleva ai bordi delle unghie della mano.

pippiolino *s. m.* Puntina che limita a volte un merletto o un ricamo.

piqué /*fr.* pi'ke/ *s. m. inv.* (*pl. fr. piqués* /pi'ke/) Stoffa di cotone di due tessuti applicati uno sull'altro e uniti da punti che formano disegni in rilievo.

pìra *s. f.* (*lett.*) Catasta di legna innalzata per bruciare i cadaveri o per mettere a morte col fuoco i condannati al rogo.

piramidàle *agg.* **1** Che ha forma di piramide. **2** (*fig.*) Madornale: *sproposito* –.

piràmide *s. f.* **1** (*mat.*) Poliedro che ha una faccia o base poligonale mentre le altre sono triangoli che, da un punto (detto vertice) situato fuori del suo piano, proiettano i suoi lati | *A* –, a forma di piramide. [→ ill. *geometria*] **2** Monumento sepolcrale a forma di piramide, riservato spec. ai Faraoni egizi. [→ ill. *monumenti archeologici*] **3** Oggetto o catasta di oggetti a forma di piramide. **4** Formazione o struttura a forma di piramide | (*anat.*) *Piramidi del Malpighi,* formazioni piramidali nell'interno del rene. [→ ill. *agricoltura, anatomia umana, geografia*]

piramidóne *s. m.* Nome commerciale di un prodotto chimico ad azione analgesica e antipiretica.

piranha /*port.* pi'raɲa/ *s. m. inv.* (*pl. port. piranhas* /pi'raɲaʃ/) Pesce osseo delle acque dolci sudamericane, che vive in branchi, ha denti affilati e robusti, è aggressivo e molto vorace. [→ ill. *animali* 8]

piràta ***A*** *s. m.* (*pl. -i*) **1** Chi si dedica alla pirateria | (*est.*) – *della strada,* chi, dopo aver investito qc., non lo soccorre | – *del cielo, dell'aria,* dirottatore di aerei. **2** (*fig.*) Individuo senza scrupoli che, per il proprio vantaggio, estorce denaro, sfrutta e sim. ***B*** *in funzione di agg. inv.* **1** Che esercita la pirateria: *nave* –. **2** (*fig.*) Che sfrutta e depreda il prossimo. **3** Detto di trasmittente radiofonica o televisiva che si inserisce abusivamente su normali circuiti: *radio* –.

pirateggiàre *v. intr.* (*io piratéggio; aus. avere*) **1** Esercitare la pirateria: – *sui mari.* **2** (*fig.*) Fare ruberie.

piraterìa *s. f.* **1** Qualsiasi atto illegittimo di violenza commesso a fini personali dall'equipaggio o dai passeggeri di una nave. **2** (*fig.*) Ruberia.

piratésco *agg.* (*pl. m. -schi*) Di, da pirata (*anche fig.*).

pireliòmetro *s. m.* Strumento usato per misurare l'intensità della radiazione solare giunta effettivamente al suolo.

pirenàico *agg.* (*pl. m. -ci*) Dei Pirenei.

piressìa *s. f.* (*med.*) Febbre.

pirètico *agg.* (*pl. m. -ci*) Di febbre.

pirètro *s. m.* Pianta composita sericea, cespugliosa, a capolini bianco giallastri che, polverizzati, sono usati come insetticida.

pirex *s. m.* Nome commerciale di vetro pirofilo usato per recipienti da laboratorio e domestici.

pìrico *agg.* (*pl. m. -ci*) Che ha relazione col fuoco, che produce fuoco | *Polvere pirica,* da sparo.

pirifórme *agg.* Che ha forma simile a quella di una pera.

pirite *s. f.* (*miner.*) Bisolfuro di ferro in cristalli cubici dalla lucentezza metallica e dal colore giallo chiaro.

pirìtico *agg.* (*pl. m. -ci*) Di pirite.

piro- *primo elemento:* in parole composte significa 'fuoco', 'calore' o 'che funziona a vapore': *pirofobia, pirotecnica, piroscafo* | Nella terminologia medica, significa 'febbre': *pirogeno.*

piroclàstico *agg.* (*pl. m. -ci*) Relativo all'emissione di materiali solidi nell'atmosfera da parte di un vulcano: *attività piroclastica* | Detto dei materiali stessi.

piroétta *s. f.* **1** Figura di danza, del ballerino che ruota su se stesso poggiando su un solo piede. **2** Rotazione del ginnasta che parte e arriva nella stessa posizione. **3** (*est.*) Capriola, giravolta.

piroettàre *v. intr.* (*io piroétto; aus. avere*) Fare piroette.

piròfila *s. f.* Tegame da cucina fabbricato con materiale pirofilo.

piròfilo *agg.* Detto di sostanza, spec. vetro, che non si altera a contatto col fuoco.

pirofobìa *s. f.* (*psicol.*) Timore ossessivo del fuoco.

pirofòrico *agg.* (*pl. m. -ci*) Detto di sostanza che a contatto con l'aria s'infiamma spontaneamente o dà scintille per semplice sfregamento.

piròforo *s. m.* Correntemente, ognuno dei due generi di insetti coleotteri i cui adulti emettono una vivida luce dall'addome.

piròga *s. f.* Imbarcazione scavata in un tronco o fatta con cortecce cucite, con liane, con pelli e sim., costruita da popolazioni antiche e moderne, spec. extraeuropee. [→ ill. *marina*]

pirògeno *agg.; anche s. m.* Detto di farmaco che provoca una reazione febbrile, usato in terapia per combattere germi sensibili a temperature intorno ai 40 °C o per stimolare la difesa dell'organismo; CONTR. Antipiretico.

pirografia *s. f.* Incisione su legno, cuoio, cartone, eseguita con una punta metallica arroventata | Disegno ottenuto con tale tecnica.

piroġràfico *agg.* (*pl. m. -ci*) Che riguarda la pirografia.

pirolegnóso *agg.* Relativo alla distillazione del legno.

pirolisi *s. f.* Piroscissione.

pirolușite *s. f.* (*miner.*) Biossido di manganese, in cristalli o masse fibrose, da cui si estrae manganese.

piròmane *agg.; anche s. m. e f.* (*psicol.*) Affetto da piromania.

piromanìa *s. f.* (*psicol.*) Impulso ossessivo e irresistibile ad appiccare il fuoco.

piromanzìa *s. f.* Tecnica divinatoria per trarre presagi dall'osservazione delle fiamme.

pirometrìa *s. f.* Parte della fisica tecnica che studia i metodi per la misurazione delle elevate temperature.

piròmetro *s. m.* Strumento per la misurazione delle alte temperature. [→ ill. *misure*]

piro piro *s. m. inv.* Uccello ittiofago con zampe e becco sottili, piumaggio di color grigio o bruno e bianco inferiormente, vivente presso gli stagni o i fiumi.

piròpo *s. m.* (*miner.*) Varietà di granato color rosso sangue.

piròscafo *s. m.* Bastimento munito di macchina a vapore.

piroscissióne *s. f.* Processo (applicato soprattutto al petrolio) di trasformazione dei composti e dei materiali costituiti da grandi molecole in prodotti più semplici per mezzo dell'alta temperatura; SIN. Cracking, pirolisi.

pirosfèra *s. f.* Involucro concentrico del globo terrestre, sottostante alla litosfera. [→ ill. *geografia*]

piròsseno *s. m.* Denominazione di minerali costituiti da silicati di calcio, ferro, magnesio e sim., di formula variabile, gener. in cristalli prismatici.

pirotècnica *s. f.* Arte di fare i fuochi artificiali.

pirotècnico ***A*** *agg.* (*pl. m. -ci*) Concernente la pirotecnica o i fuochi d'artificio: *spettacolo —*. ***B*** *s. m.* ***1*** Chi prepara i fuochi artificiali. ***2*** Stabilimento militare in cui si preparano bossoli, spolette, munizioni.

pirrotite *s. f.* (*miner.*) Solfuro di ferro con eccesso di zolfo in cristalli lamellari di color giallo bronzo.

pisàno ***A*** *agg.; anche s. m.* (*f. -a*) Di Pisa. ***B*** *agg.* (*arald.*) *Croce pisana*, con quattro bracci che si dipartono dal centro e terminano in punte decorate ognuna di tre palline. [→ ill. *araldica*]

piscatòrio *agg.* Relativo ai pescatori | *Anello —*, del papa, con l'immagine di S. Pietro, pescatore di anime.

pìscia *s. f.* (*pl. -sce*) (*volg.*) Orina.

pisciàre *v. intr. e tr.* (*io piscio; aus. avere*) ***1*** (*volg.*) Mingere, orinare | (*volg., est.*) Perdere: *un recipiente che piscia acqua da ogni parte.* ***2*** (*volg., fig.*) Versare o dare, spec. a poco a poco: *— denari.*

pisciàta *s. f.* (*volg.*) Atto dell'orinare | Quantità di orina che si emette in una volta.

pisciatóio *s. m.* (*volg.*) Orinatoio.

piscicoltóre *s. m.* Allevatore di pesci.

piscicoltùra *s. f.* Tecnica dell'allevamento dei pesci.

pisciforme *agg.* Che ha forma di pesce.

piscina *s. f.* Vasca di dimensioni medie o grandi, usata per fare il bagno e per nuotare | Complesso di opere che serve per l'esercizio del nuoto e che comprende, oltre la vasca natatoria, tutti i servizi accessori. [→ ill. *spiaggia*]

piscio *s. m.* (*volg.*) Orina.

piscióne *s. m.* (*f. -a*) (*volg.*) Chi piscia spesso.

pisèllo *s. m.* ***1*** Pianta annua rampicante delle Papilionacee, con foglie composte terminate da viticci, grandi fiori a corolla papilionata, frutti con semi commestibili. [→ ill. *piante* 9] ***2*** Legume della pianta omonima, contenente numerosi semi commestibili. [→ ill. *verdura*] ***3*** (*dial.*) Pene, spec. dei bambini.

pișolàre *v. intr.* (*io pișolo; aus. avere*) (*fam.*) Dormicchiare un poco.

pișolino *s. m. Dim. di pisolo.*

pìșolo *s. m.* (*fam.*) Sonno breve e leggero.

pispigliàre *v. intr.* (*io pispìglio; aus. avere*) (*raro*) Bisbigliare.

pispìglio (1) *s. m.* (*raro*) Bisbìglio.

pispiglio (2) *s. m.* (*raro*) Bisbiglio.

pìspola *s. f.* ***1*** Uccello facilmente addomesticabile, con piumaggio scuro striato sul dorso e chiaro sul ventre, stazionario sui monti italiani. [→ ill. *animali* 12] ***2*** (*fig.*) Frottola. ***3*** (*fig.*) Donnina vivace e piacente. ***4*** Fischietto d'osso per imitare il fischio di vari uccelli.

pissidàto *agg.* (*bot.*) *Nella loc. lichene —*, lichene con tallo ricco di ramificazioni. [→ ill. *lichene*]

pìsside *s. f.* ***1*** Nella liturgia cattolica, vaso di argento o di altro metallo, dorato all'interno, con coperchio, nel quale si conservano le particole consacrate. [→ ill. *religione*] ***2*** (*bot.*) Frutto secco deiscente, in cui la parte superiore si apre a coperchio mentre l'inferiore è a forma di coppa. [→ ill. *botanica*]

pissi pissi ***A*** *inter.* Riproduce il sibilo e il bisbiglio che si fanno con le labbra parlottando piano. ***B*** *s. m.* Bisbiglio, parlottio.

pista *s. f.* ***1*** Traccia, orma (*spec. fig.*): *la — del nemico; seguire una nuova — in un'indagine.* ***2*** Impianto sportivo costituito da un circuito su cui si svolgono corse atletiche, ciclistiche, ippiche, automobilistiche | Percorso su neve battuta per la pratica dello sci da fondo o da discesa. [→ ill. *sport*] ***3*** Spazio libero di forma per lo più circolare: *— da ballo.* [→ ill. *circo*] ***4*** (*aer.*) Striscia pavimentata per il decollo e l'atterraggio di aerei: *— di volo* | *— di rullaggio*, pista che collega la pista di volo con l'aerostazione. [→ ill. *aeroporto*] ***5*** In pellicole cinematografiche, e sim., ciascuna delle linee lungo cui si registrano gli impulsi elettrici corrispondenti a suoni e sim. [→ ill. *cinematografia*]

pistàcchio ***A*** *s. m.* ***1*** Albero delle Terebintali con foglie imparipennate rosse e frutto simile a un'oliva, con seme verde commestibile. [→ ill. *piante* 7] ***2*** Seme commestibile di tale pianta. [→ ill. *spezie*] ***B*** *in funzione di agg. inv.* (*posposto al s.*) Che ha il colore della mandorla del pistacchio: *verde —*.

pistillo *s. m.* (*bot.*) Organo femminile del fiore formato dall'ovario, dallo stilo e dallo stimma. [→ ill. *botanica*]

pistòla *s. f.* ***1*** Arma da fuoco portatile individuale, a canna corta, impugnata gener. con una sola mano: *— automatica, mitragliatrice.* [→ ill. *armi*] ***2*** *— a spruzzo*, arnese a forma di pistola per verniciatura uniforme mediante aria compressa.

pistolèro /*sp.* pisto'lero/ *s. m.* Abile tiratore di pistola, spec. in film o narrazioni di avventure.

pistolettàta *s. f.* Colpo di pistola.

pistolétto *s. m.* Pistola lunga usata un tempo dalla cavalleria. [→ ill. *armi*]

pistolòtto *s. m.* Scritto o discorso esortativo o che esprime enfasi e retorica.

pistóne *s. m.* ***1*** Stantuffo, spec. di motore a combustione interna. [→ ill. *fisica, motore*] ***2*** (*mus.*) Meccanismo che, negli ottoni, permette di abbassare un suono modificando l'intonazione. [→ ill. *strumenti musicali*] ***3*** Schioppetto corto, di grosso calibro.

pitagòrico ***A*** *agg.* (*pl. m. -ci*) Di Pitagora o della scuola filosofica da lui fondata | *Tavola pitagorica*, tabella per la moltiplicazione dei primi dieci numeri naturali. ***B*** *s. m.* Seguace della dottrina di Pitagora.

pitagorișmo *s. m.* Complesso delle dottrine professate dagli antichi pitagorici.

pitàle *s. m.* (*pop.*) Orinale.

pitcher /*ingl.* 'pitʃ'ə/ *s. m. inv.* (*pl. ingl. pitchers* /'pitʃəz/) Nel gioco del baseball, lanciatore.

pitecàntropo *s. m.* Preominide, vissuto al principio del Quaternario, i cui resti furono rinvenuti a Giava.

pitirìași *s. f.* (*med.*) Affezione della pelle caratterizzata spec. da abbondante desquamazione.

pitoccàre *v. tr. e intr.* (*io pitòcco, tu pitòcchi; aus. avere*) ***1*** Mendicare, accattare. ***2*** (*fig.*) Chiedere con insistenza, umiliandosi: *— un favore.*

pitoccherìa *s. f.* ***1*** (*spreg.*) Condizione di chi è pitocco. ***2*** Azione o comportamento da pitocco. • SIN. Taccagneria, tirchieria.

pitòcco *s. m.; anche agg.* (*f. -a; pl. m. -chi*) ***1*** (*raro*) Pezzente, mendicante, accattone. **2** (*fig.*) Tirchio, taccagno.

pitóne *s. m.* Serpente arboricolo e non velenoso, lungo fino a 10 m, di cui sono note diverse specie che vivono nei paesi tropicali. [→ ill. *animali* 7]

pitonéssa *s. f.* **1** Profetessa; SIN. Pizia. **2** (*fig.*) Chiromante, indovina.

pittima (1) *s. f.* Uccello con lunghe zampe, becco diritto lungo e sottile con il quale cerca fra il fango animaletti di cui si nutre. [→ ill. *animali* 15]

pittima (2) *s. f.* **1** Impiastro, cataplasma. **2** (*fig.*) Persona o cosa noiosa e importuna.

pittografia *s. f.* Sistema di scrittura che utilizza disegni figurativi al fine della comunicazione scritta.

pittogràmma *s. m.* (*pl. -i*) Disegno di vario tipo che riproduce il contenuto di un messaggio senza riferirsi ad alcuna forma linguistica parlata.

pittóre *s. m.* (*f. -trìce*) **1** Chi conosce ed esercita l'arte del dipingere. [→ ill. *pittore*] **2** Decoratore, imbianchino.

pittorésco **A** *agg.* (*pl. m. -schi*) **1** (*raro*) Di pittore. **2** (*est.*) Di paesaggio, scena, e sim. aventi caratteristiche particolarmente espressive: *luogo* –. **3** (*fig.*) Di qualsiasi espressione anche non pittorica che ha caratteristiche di efficace vivacità: *parlare in modo* –. **B** *s. m. solo sing.* Ciò che è pittoresco: *ricerca del* –.

pittoricità *s. f.* L'essere pittorico.

pittòrico *agg.* (*pl. m. -ci*) **1** Di pittura: *stile* –. **2** (*fig.*) Che ha potenza o tecnica espressiva analoga a quella della pittura.

pittùra *s. f.* **1** Arte, tecnica, attività del dipingere | (*est.*) Scuola pittorica: *la – italiana del Trecento* | (*est.*) Opera pittorica: *una – del Caravaggio.* **2** (*fig.*) Descrizione o rappresentazione non pittorica ricca di espressività. **3** (*pop.*) Vernice.

pitturàre *v. tr.* **1** Dipingere | (*fam.*) *Pitturarsi il viso, gli occhi e sim.*, truccarsi. **2** Ricoprire di vernice o di tinta: *– una carrozza.*

pitùita *s. f.* Flusso, catarro.

pituitàrio *agg.* Della pituita | (*anat.*) *Ghiandola pituitaria*, ipofisi.

più **A** *avv.* **1** In maggiore quantità, in maggiore misura o grado (*se posposto al v. può introdurre una prop. compar., se è seguito da un agg. o da un avv. forma il compar. di maggioranza mentre, se in tali condizioni è preceduto dall'art. det., forma il superl. rel.; il secondo termine di paragone può essere espresso o sottinteso*): *queste sono le cose che – amo; devi studiare – di quanto tu ora non faccia; sarà una impresa – difficile; è – tardi di quanto pensassi; è il – buono degli uomini* | *– che*, premesso ad agg. e avv. dà loro valore di superl. ass.: *è – che onesto* | *– o meno, poco – poco meno*, quasi, circa | *Di –*, in maggior misura; *costa molto di –* | *Né – né meno*, proprio, per l'appunto | *Tanto –, molto –, ancor –*, a maggior ragione; CONTR. Meno. **2** Oltre (in frasi negative indica cessazione, fine, esaurimento di q.c.): *non parlo –; non disse – niente; non voglio – vederlo* | *Non poterne –*, essere all'estremo della sopportazione | *Per di –*, inoltre | *A – non posso*, (*fam.*) quanto più è possibile: *gridare a – non posso.* **3** Indica addizione nell'operazione matematica: *due – tre fa cinque* | Nelle misurazioni della temperatura, indica temperature superiori a zero gradi centigradi: *la minima registrata nella notte è di – uno* | Nelle votazioni scolastiche indica eccedenza: *ha preso sette –*; CONTR. Meno. **B** *prep.* Oltre a, con l'aggiunta di: *lo stipendio è di lire trecentomila – gli straordinari.* **C** *agg.* **1** Maggiore di quantità: *ci vuole – denaro; ho impiegato – tempo del previsto.* CONTR. Meno. **2** Maggiore in numero o misura: *oggi c'è – gente; – persone vengono e meglio è.* **3** Più di uno, parecchi, molti: *si è discusso per – giorni.* **4** Con valore neutro in espressioni elittiche: *ho riscosso – di te; – di così non potevo fare* | *Essere da –*, essere superiore: *io sono da – di te.* **D** *in funzione di s. m.* **1** La maggior cosa (con valore neutro): *il – è fatto* | La parte maggiore; CONTR. Meno. **2** Simbolo dell'addizione o di una quantità positiva; CONTR. Meno. **3** La maggioranza (sempre preceduto all'art. det. pl.): *i – non sono d'accordo* | (*pop.*) *Passare nel numero dei –*, (*euf.*) morire. [→ tav. *proverbi* 5, 81, 82, 85, 86, 146, 188, 189, 210, 213, 372, 389, 390, 391]

piucchepperfètto o (*evit.*) *piuccheperfètto* *s. m.* (*ling.*) Tempo esprimente un'azione del passato anteriore a un'altra anch'essa passata.

piùma **A** *s. f.* **1** Penna più corta e più morbida che riveste gli uccelli: *guanciale di –* | *Leggero come una –*, leggerissimo | (*pesca*) Esca artificiale costituita da una pinna che maschera un amo. [→ ill. *pesca*] **2** Lanugine, peluria | *Mettere le prime piume*, la prima barba. **3** *spec. al pl.* (*lett.*) Guanciali, cuscini: *adagiarsi sulle piume.* **B** *in funzione di agg. inv.* (*posposto al s.*) *Solo nella loc.* *peso –*, nel pugilato, nella lotta, nella pesistica, una delle categorie di peso più leggere in cui sono suddivisi gli atleti.

piumàggio *s. m.* Insieme delle penne e delle piume che rivestono un uccello.

piumàto *agg.* Coperto od ornato di piume: *cappello –*.

piumino *s. m.* **1** Negli uccelli, l'insieme delle piume, più piccole delle penne di contorno, che limitano la dispersione del calore. **2** Grosso guanciale imbottito di piume che si pone sulla coperta ai piedi del letto | Saccone di piume usato come coperta | Giubbotto imbottito di piuma d'oca. **3** Specie di batuffolo di piume di cigno o d'o-

strumenti del pittore

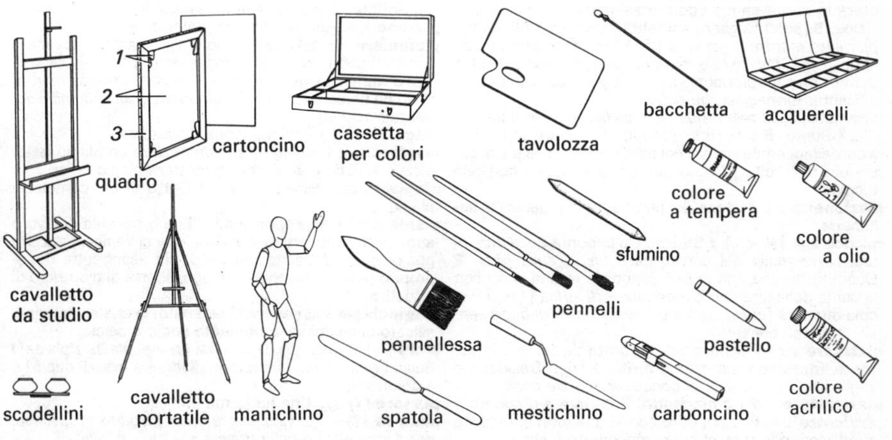

1 chiavi 2 tela 3 telaio

ca per darsi la cipria o il talco. [→ ill. *barbiere, toilette e comesi*] **4** Ciuffo di piume fissate a un sottile bastone, per spolverare i mobili. **5** Proiettile per fucile ad aria compressa, con punta metallica e minuscolo ciuffo di piume posteriore.

piumóne *s. m.* Nome commerciale di una trapunta imbottita di materiale sintetico | Specie di cappotto o giaccone imbottito di piuma d'oca.

piumóso *agg.* **1** Coperto o pieno di piume. **2** (*fig.*) Leggero o soffice come piuma.

piuttòsto **A** *avv.* **1** Più facilmente, più spesso: *fa — caldo che freddo* | Più volentieri: *prendere — una bevanda calda.* **2** Alquanto: *oggi mi sento — stanco.* **B** *nelle loc. cong.* — *di, che* Anziché (*introduce una prep. compar. con il v. al congv. o all'inf.*): *preferisco che muoia — che tradisca*; *fa mille cose — che studiare.*

piva *s. f.* Cornamusa | *Tornarsene con le pive nel sacco*, (*fig.*) avendo concluso poco, delusi e scornati.

pivellino *s. m. Dim. di pivello.*

pivèllo *s. m.* (*f. -a*) **1** Novellino, principiante. **2** Giovincello pretenzioso e vanesio.

piviàle *s. m.* Paramento sacro cattolico costituito da un lungo mantello, aperto davanti e unito da un fermaglio, usato spec. nella benedizione. [→ ill. *religione*]

pivière *s. m.* Uccello di piccole dimensioni, becco corto e lunghe ali a punta. [→ ill. *animali* 15]

pivieréssa *s. f.* Piccolo uccello simile al piviere che vive lungo le coste marine.

pivot /*fr.* pi'vo/ *s. m. inv.* (*pl. fr. pivots* /pi'vo/) Nella pallacanestro, giocatore che costituisce il perno dell'attacco.

pìzia *s. f.* Sacerdotessa e profetessa di Apollo.

pìzio *agg.* Epiteto di Apollo.

pizza *s. f.* **1** Sottile focaccia di pasta lievitata, condita con olio, mozzarella, pomodoro, alici o altro e cotta in forno, tipica dell'Italia meridionale | (*est.*) Specie di focaccia rustica o di schiacciata. **2** (*fig.*) Cosa o persona estremamente noiosa. **3** (*gerg.*) Pellicola cinematografica custodita in un'apposita scatola rotonda e piatta.

pizzaiòlo *s. m.* (*f. -a*) Chi fa le pizze.

pizzàrda *s. f.* Cappello a due punte portato nella Roma ottocentesca dalle guardie municipali.

pizzardóne *s. m.* (*centr.*) Vigile urbano.

pizzeria *s. f.* Pubblico esercizio in cui si fanno, si vendono e si consumano pizze.

pizzétta *s. f.* Tipo di passamaneria usata per bordare spec. tende da finestra. [→ ill. *passamaneria*]

pizzicàgnolo *s. m.* (*f. -a*) Venditore al minuto di salumi, formaggi, e sim.

pizzicàre **A** *v. tr.* (*io pìzzico, tu pìzzichi*) **1** Stimolare col proprio sapore piccante o frizzante: *le bevande gassate pizzicano la lingua.* **2** Prendere o stringere accostando la punta del pollice e dell'indice: *— un braccio.* **3** Pungere, pinzare: *l'ha pizzicato una vespa.* **4** (*mus.*) Far vibrare la corda stringendola tra il pollice e le due dita vicine. **5** (*pop.*) Cogliere sul fatto: *i carabinieri lo hanno pizzicato mentre fuggiva.* **6** (*fig.*) Punzecchiare, stuzzicare: *— qc. con parole ironiche.* **B** *v. intr.* (*aus. avere*) **1** Sentire prurito, pizzicore: *mi pizzica il palato.* **2** Essere piccante: *formaggio che pizzica.*

pizzicàto **A** *part. pass. di pizzicare; anche agg.* Stretto fra due dita | Punto. **B** *s. m.* (*mus.*) Modo di suonare strumenti a corde facendole vibrare col polpastrello della parte superiore delle dita | Brano di musica eseguita con tale tecnica.

pizzicheria *s. f.* Bottega del pizzicagnolo | Generi di salumeria.

pìzzico *s. m.* (*pl. -chi*) **1** Stretta, tra la punta delle dita, di una parte molle del corpo: *dare un — sulla gota.* **2** Quantità di roba che si può prendere in una volta con la punta delle dita ravvicinate: *un — di farina* | (*est.*) Piccola quantità (*anche fig.*): *non avere un — di buon senso.* **3** Morso d'insetto.

pizzicóre *s. m.* **1** Sensazione prodotta da ciò che è piccante, frizzante e sim.; SIN. Prurito. **2** (*fig.*) Desiderio o voglia improvvisa: *il — di conoscere nuove cose.*

pizzicottàre *v. tr.* (*io pizzicòtto*) Prendere a pizzicotti.

pizzicòtto *s. m.* Pizzico, dato con le dita, con intenzione affettuosa, per grossolano complimento e sim.

pizzo *s. m.* **1** Punta o estremità di q.c.: *— dello scialle* | Sommità di una montagna. **2** Merletto, trina. **3** Barbetta a punta, sul solo mento [→ ill. *barba*]

pizzutèllo *s. m.* Varietà di uva da tavola con acini lunghi, arcuati, molto dolci.

placàbile *agg.* Che si può o si deve placare; CONTR. Implacabile.

placàre **A** *v. tr.* (*io plàco, tu plàchi*) Rendere calmo, quieto, tranquillo: *— l'ira di qc.* | Mitigare, sedare: *— gli stimoli della fame*; SIN. Calmare, chetare, pacificare, sopire. **B** *v. intr. pron.* Farsi calmo, ricondursi alla tranquillità.

plàcca *s. f.* **1** Lastra o lamina sottile di metallo, di varie dimensioni, adatta a usi diversi. [→ ill. *cucina, tessuto*] **2** Piastra metallica recante incise varie indicazioni, usata come stemma, mezzo di riconoscimento e sim. **3** (*elettr.*) Piastra di un accumulatore. **4** Elettrodo a potenziale positivo in un tubo elettronico. **5** (*med.*) Formazione cutanea o mucosa, spec. tondeggiante | *— batterica*, materiale di origine spec. alimentare che tende ad accumularsi sulla superficie dei denti favorendo il formarsi della carie.

placcàggio *s. m.* Nel rugby, l'azione di arrestare un avversario in corsa e in possesso della palla afferrandolo alle gambe o alla cintura.

placcàre *v. tr.* (*io plàcco, tu plàcchi*) **1** Rivestire un oggetto di una lamina metallica. **2** Nel rugby, arrestare mediante placcaggio: *— un avversario.*

placcatùra *s. f.* Rivestimento di oggetto con una lamina metallica.

placchétta *s. f.* **1** *Dim. di placca.* [→ ill. *elettronica*] **2** Bassorilievo di piccole dimensioni. **3** Nelle montature da occhiali, ciascuna delle due alette che poggiano ai lati del naso.

placebo /*lat.* pla'tʃɛbo/ *s. m. inv.* (*farm.*) Ogni preparato privo di sostanze attive, somministrato spec. per suggestionare un paziente facendogli credere che si tratta di una cura reale.

placènta *s. f.* **1** (*anat.*) Organo aderente alla parete dell'utero con funzione di nutrire il feto al quale fornisce gli elementi per l'accrescimento attraverso il cordone ombelicale, e che viene espulsa dopo il parto. **2** (*bot.*) La parete più interna dell'ovario, alla quale sono attaccati gli ovuli.

placentàre *agg.* (*anat.*) Di placenta.

placentàti *s. m. pl.* (*zool.*) Mammiferi forniti di placenta.

placet /*lat.* 'platʃet/ *s. m. inv.* (*dir.*) Formula con la quale da parte di un'autorità si approvava una pubblicazione.

placidità *s. f.* L'essere placido; SIN. Flemma, tranquillità.

plàcido *agg.* Completamente calmo e tranquillo: *mare —*; *uomo —*; SIN. Flemmatico, pacifico, tranquillo.

plàcito *s. m.* **1** Nel diritto feudale, giudizio pubblico | (*est.*) Nel diritto feudale, decisione emanata da una autorità giudiziaria. **2** Opinione espressa da persona autorevole in materia di filosofia.

plafond /*fr.* pla'fɔ̃/ *s. m. inv.* (*pl. fr. plafonds* /pla'fɔ̃/) **1** (*raro*) Soffitto. **2** (*fig.*) Limite massimo: *il — del credito.*

plafóne *s. m.* Adattamento di *plafond.*

plafonièra *s. f.* **1** Apparecchio d'illuminazione applicato contro il soffitto o in esso incassato. **2** (*cine.*) Dispositivo d'illuminazione costituito da molte lampade montate su un unico telaio. [→ ill. *cinematografia, illuminazione, televisione*]

plàga *s. f.* (*lett.*) Regione, zona della terra.

plagiàre *v. tr.* (*io plàgio*) **1** Commettere un plagio letterario o artistico. **2** (*dir.*) Commettere plagio su qc.

plagiàrio *agg.; anche s. m.* (*f. -a*) Detto di chi commette plagio.

plàgio *s. m.* **1** Appropriazione totale o parziale di lavoro altrui, letterario, artistico e sim., che si voglia spacciare per proprio. **2** Illecito penale di chi assoggetta qc. al proprio potere, privandolo di ogni libertà di giudizio e di iniziativa.

plagioclàșio *s. m.* (*miner.*) Feldspato, in cristalli tabulari, silicato di alluminio contenente sodio o calcio.

plaid /'plɛd, *ingl.* plæd/ *s. m. inv.* (*pl. ingl. plaids* /'plædz/) Scialle o coperta di lana, con disegni a grandi quadri e a colori vivaci.

planàre (1) *agg.* Che ha forma piana.

planàre (2) *v. intr.* (*aus. avere*) (*aer.*) Volare in discesa, per il solo effetto della gravità.

planària *s. f.* (*zool.*) Animale invertebrato dei Platelminti, con corpo appiattito, che vive nelle acque dolci. [→ ill. *animali* 1]

planàta *s. f.* Discesa effettuata planando.

plància *s. f.* (*pl.* *-ce*) **1** Ponte di comando di una nave. **2** Passerella che permette di salire o scendere da una nave attraccata alla banchina.

plàncton o *plànkton* *s. m. inv.* (*biol.*) L'insieme degli esseri viventi animali e vegetali fluttuanti nelle acque marine o dolci.

planctònico *agg.* (*pl. m.* *-ci*) Del plancton.

planetàrio ***A*** *agg.* Di pianeta, attinente ai pianeti | *Sistema* –, l'insieme di tutti i pianeti che orbitano intorno al Sole o gener. a una stessa stella. ***B*** *s. m.* **1** Macchina che proietta la sfera celeste e i fenomeni che vi si possono osservare sulla parte interna di una cupola raffigurante la volta celeste | (*est.*) Locale in cui si fa tale proiezione. **2** (*mecc.*) Ingranaggio del differenziale negli autoveicoli.

plàni- *primo elemento*: in parole composte scientifiche indica figura piana o rappresentazione in piano: *planimetria, planisfero.*

planimetrìa *s. f.* **1** Parte della geometria che tratta delle figure piane. **2** Parte della topografia che studia strumenti e metodi atti a rappresentare una zona di superficie terrestre su un piano. **3** Rappresentazione grafica in pianta di terreni o fabbricati.

planimètrico *agg.* (*pl. m.* *-ci*) Di planimetria.

planìmetro *s. m.* Strumento che permette di misurare l'area di una figura piana, percorrendone il contorno con una punta.

planisfèro *s. m.* Rappresentazione grafica piana di tutta la superficie terrestre. [→ ill. *geografia*]

planitùdine *s. f.* Condizione di una superficie piana.

plànkton V. *plancton.*

plantàre ***A*** *agg.* Relativo alla pianta del piede. ***B*** *s. m.* Protesi ortopedica per correggere la curvatura della pianta del piede.

plantigrado *s. m.* (*f.* *-a*) **1** Mammifero che poggia sul terreno metacarpo o metatarso e dita. [→ ill. *zoologia*] **2** (*fig.*, *fam.*, *spreg.*) Persona di movimenti lenti o pesanti o di mente tarda.

plàṣma *s. m.* (*pl.* *-i*) **1** Parte liquida del sangue, di colore giallognolo, costituita da acqua, sali, proteine, lipidi e glucosio. **2** (*fis.*) Gas ionizzato costituito da ioni positivi e da elettroni liberi. **3** (*miner.*) Varietà di calcedonio verde.

plaṣmàbile *agg.* Che si può plasmare, formare (*anche fig.*): *creta* –; *carattere* –.

plaṣmacèllula *s. f.* (*biol.*) Cellula voluminosa del sistema reticolo-endoteliale, che partecipa alla produzione degli anticorpi.

plaṣmàre *v. tr.* **1** Lavorare secondo il modello voluto una materia informe e morbida: *plasma il blocco di creta* | (*est.*) Fare, realizzare, anche con parole o immagini: *il mondo fu plasmato attraverso i millenni*; SIN. Modellare. **2** (*fig.*) Formare con l'esempio, l'insegnamento, l'educazione: – *il carattere dei giovani.*

plaṣmodiàle *agg.* Di plasmodio.

plaṣmòdio *s. m.* **1** (*biol.*) Massa di citoplasma contenente molti nuclei. **2** Genere di Protozoi cui appartengono tre specie che sono agenti della malaria.

plàstica *s. f.* **1** Arte di modellare figure in rilievo. **2** (*med.*) Intervento correttivo di lesioni o malformazioni organiche: – *facciale.* **3** Sostanza ad alto peso molecolare che per riscaldamento diventa pastosa e può venir stampata a formare oggetti vari.

plasticàre *v. tr.* (*io plàstico, tu plàstichi*) **1** Modellare materie plastiche, quali la creta e la cera | Formare immagini in rilievo. **2** Impregnare o rivestire di materia plastica.

plasticatóre *s. m.* (*f.* *-trice*) Chi modella oggetti, figure in creta, cartapesta, stucco.

plasticità *s. f.* **1** Condizione o qualità di una sostanza solida di subire deformazioni permanenti. **2** Risalto degli elementi plastici di un'opera, spec. figurativa.

plàstico ***A*** *agg.* (*pl. m.* *-ci*) **1** Atto a essere plasmato, che ha morbida consistenza: *la plastica creta*; *materie plastiche* | *Esplosivo* –, mescolato con cere e oli, cui si può dare la forma voluta. **2** Che plasma o che è atto a plasmare: *arti plastiche* | *Chirurgia plastica*, che utilizza tessuti viventi per sostituirne altri mancanti o per ricostruire parti malformate o deformate del corpo. **3** Che è plasmato o modellato in rilievo: *rappresentazione plastica di una regione.* **4** (*est.*) Che è formato in modo armonioso: *corpo* –. **5** (*est.*) Che crea o suggerisce l'idea del rilievo, del movimento armonico: *effetto* –. ***B*** *s. m.* **1** Rappresentazione topografica in rilievo su scala ridotta | Modello, in gesso o altro materiale, di una costruzione: *il* – *di una città.* **2** Esplosivo plastico: *ordigno al* –.

plastìdio *s. m.* (*biol.*) Organulo caratteristico presente nelle cellule vegetali. [→ ill. *cellula*]

plastificànte ***A*** *part. pres. di plastificare; anche agg.* Che plastifica. ***B*** *s. m.* Sostanza che si aggiunge ad altre, quali materie plastiche e vernici, per migliorarne la plasticità e la stabilità.

plastificàre *v. tr.* (*io plastifico, tu plastifichi*) **1** Portare allo stato plastico un materiale solido. **2** Rivestire con uno strato di plastica.

plastificazióne *s. f.* Operazione del plastificare.

plastilìna *s. f.* Nome commerciale di un prodotto plastico composto di zinco, zolfo, caolino, cera e olio, usato per modellare in scultura. [→ ill. *giochi*]

plastron /*fr.* plas'trɔ̃/ *s. m. inv.* (*pl. fr. plastrons* /plas'trɔ̃/) Larga cravatta maschile annodata piatta e fermata da una spilla che si porta con alcuni abiti da cerimonia.

Platanàcee *s. f. pl.* Famiglia di piante arboree delle Amamelidali con foglie palmato-lobate, fiori in capolini sferoidali, frutti ad achenio riuniti in infruttescenze globose. [→ ill. *piante* 4]

plàtano *s. m.* Albero delle Amamelidali con grandi foglie palmate e lobate e infruttescenze globose pendule avvolte da peluria. [→ ill. *piante* 4]

platèa *s. f.* **1** Settore piano e più basso della sala teatrale, posto davanti al palcoscenico, riservato al pubblico. [→ ill. *teatro*] **2** (*est.*) Insieme degli spettatori che occupano la platea: *tutta la* – *applaudiva* | Pubblico in genere: *la televisione ha una* – *di milioni di persone.* **3** (*edil.*) Blocco di muratura, costituito da archi e volte rovesce, o da una piattaforma con nervature in cemento armato, esteso a tutta la base della costruzione soprastante. **4** Zona marina con rilievo a sommità pianeggiante: – *continentale*; SIN. Piattaforma.

plateàle *agg.* **1** (*raro*) Volgare: *scenata* –. **2** Evidente, fatto quasi con ostentazione: *offesa* –.

plateàtico *s. m.* (*pl.* *-ci*) Tassa dovuta al Comune per l'utilizzazione del suolo pubblico.

plateau /*fr.* pla'to/ *s. m. inv.* (*pl. fr. plateaux* /pla'to/) **1** Vassoio. **2** Cassetta aperta di legno o cartone per l'imballaggio di prodotti ortofrutticoli. [→ ill. *contenitore*]

Platelmìnti *s. m. pl.* (*sing.* *-a*) Tipo di invertebrati vermiformi a corpo appiattito, che non presentano metameria e sono spesso parassiti. [→ ill. *animali* 1, *zoologia*]

plàtina *s. f.* Specie di macchina tipografica piana | Piano di pressione, mobile, che fa parte della macchina omonima.

platinàre *v. tr.* (*io plàtino*) **1** Ricoprire una superficie con platino. **2** Dare il colore e la lucentezza del platino ai capelli, decolorandoli.

platinatùra *s. f.* Operazione del platinare | Rivestimento di platino.

platìnico *agg.* (*pl. m.* *-ci*) Di composto del platino.

platinìfero *agg.* Che contiene platino.

plàtino *s. m.* Elemento chimico, metallo nobile bianco-argenteo presente in natura allo stato nativo e in alcuni minerali; molto duttile e malleabile, usato in gioielleria, per leghe speciali, per apparecchiature scientifiche e nell'industria | *Spugna di* –, massa porosa di platino, usata come catalizzatore. SIMB. Pt.

platonicaménte *avv.* In modo scevro di ogni sensualità.

platònico ***A*** *agg.* (*pl. m.* *-ci*) **1** Che si riferisce al filosofo greco Platone, al suo pensiero, alle sue opere. **2** (*est.*) Detto di sentimento nobile, scevro d'ogni sensualità: *amore* –. **3** (*fig.*) Che è concepito nella mente e non si traduce nella realtà: *un desiderio* –. ***B*** *s. m.* Chi segue la filosofia di Platone.

platoniṣmo *s. m.* **1** Dottrina filosofica di Platone. **2** (*est.*) Ogni atteggiamento filosofico che assume a proprio fondamento la filosofia di Platone.

plaudènte *part. pres. di plaudire; anche agg.* Che applaude.

plàudere *v. intr.* (*lett.*) Plaudire.

plaudire *v. intr.* (*io plàudo; aus. avere; raro nei tempi composti*) **1** (*lett.*) Applaudire. **2** (*fig.*) Manifestare consenso, approvazione: – *a una iniziativa.*

plauṣibile *agg.* **1** (*lett.*) Che merita applausi, consensi. **2** Che si può accettare in quanto sembra logico, giusto, razionale: *ragioni plausibili.*

plauṣibilità *s. f.* L'essere plausibile.

plàuṣo *s. m.* **1** (*lett.*) Applauso. **2** (*fig.*) Approvazione, lode: *il – dell'intera nazione*; SIN. Acclamazione, elogio.

plàustro *s. m.* Carro anticamente usato dai Romani.

playback /*ingl.* 'pleibæk/ *s. m. inv.* (*pl. ingl. playbacks* /'pleibæks/) Sincronizzazione di una ripresa cinematografica o televisiva con una colonna sonora creata in sala di doppiaggio.

playboy /*ingl.* 'pleibɔi/ *s. m. inv.* (*pl. ingl. playboys* /'pleibɔiz/) Uomo danaroso e piacente che ama e pratica la vita mondana.

playmaker /*ingl.* 'pleimeikə/ *s. m. inv.* (*pl. ingl. playmakers* /'pleimeikəz/) Nella pallacanestro, giocatore che imposta e guida l'attacco contro il canestro avversario.

play-off /*ingl.* 'plei'ɔ:f/ *s. m. inv.* Nel basket, serie di partite per la vittoria finale fra le quattro squadre meglio classificate nei due gironi del campionato.

plebàglia *s. f.* (*spreg.*) La parte meno evoluto della plebe | (*est.*) Gentaglia, marmaglia.

plèbe *s. f.* **1** Nell'antica Roma, complesso dei cittadini sprovvisti di privilegi | (*est.*) Il popolo in contrapposizione ai nobili. **2** Insieme delle classi economicamente e socialmente meno evolute di una nazione o città.

plebèo **A** *agg.* **1** Della plebe: *famiglia plebea* | Proprio della plebe o del popolo: *usanza plebea.* **2** (*fig.*) Volgare, triviale: *insulto* –. **B** *s. m.* (*f. -a*) **1** Nell'antica Roma, cittadino appartenente alla plebe. **2** Chi appartiene alla classe popolare.

plebiscitàrio *agg.* **1** Del plebiscito. **2** (*fig.*) Unanime: *approvazione plebiscitaria.*

plebiscito *s. m.* **1** Presso gli antichi Romani, decreto fatto dall'assemblea della plebe. **2** (*dir.*) Istituto con cui il popolo è chiamato ad approvare o disapprovare un fatto che riguarda la struttura dello Stato o del governo. **3** (*fig.*) Consenso unanime: *un vero – di lodi.*

plèiade **A** *s. f.* Gruppo eletto di persone dotate di caratteristiche analoghe: *una – di poeti.* **B** *s. f. pl.* (*astron.*) Caratteristica formazione di sette stelle nella costellazione del Toro.

pleistocène *s. m.* (*geol.*) Primo periodo dell'era quaternaria, nel quale sono comprese le glaciazioni e compare l'uomo.

plenàrio *agg.* **1** Pieno o compiuto in ogni sua parte, che raggiunge la completezza numerica: *assemblea plenaria.* **2** Totale: *consenso* – | *Indulgenza plenaria*, remissione dell'intera pena temporale dovuta per i peccati già rimessi.

plenicòrno *agg.* Detto di corno formato da protuberanze delle due bozze frontali e il cui astuccio esterno si sfalda e cade una volta all'anno. [→ ill. *zoologia*]

plenilunàre *agg.* Di plenilunio.

plenilùnio *s. m.* Fase della Luna che, trovandosi in opposizione al Sole, è tutta illuminata; SIN. Luna piena.

plenipotenziàrio *agg.; anche s. m.* Detto di chi è investito di pieni poteri nelle trattative e nella conclusione di un accordo, spec. di politica internazionale | *Ministro* –, agente diplomatico, di grado immediatamente inferiore a quello di ambasciatore, posto a capo di una legazione.

plenitùdine *s. f.* (*lett.*) Pienezza.

plenum /*lat.* 'plɛnum/ *s. m. inv.* Riunione plenaria di organi rappresentativi statuali e di partito, in vari Stati.

pleocroiṣmo *s. m.* (*miner.*) Diversa colorazione assunta da un cristallo birifrangente, visto per trasparenza, col variare della rotazione a cui è sottoposto.

pleonàṣmo *s. m.* Abbondanza di parole al di là delle semplici esigenze dell'enunciato (es. *a me mi piace*; *un'isola circondata dal mare*).

pleonàstico *agg.* (*pl. m. -ci*) **1** Di pleonasmo. **2** (*est.*) Superfluo.

pleṣiosàuro *s. m.* Grande rettile fossile dal collo lungo e arti a pinne, vissuto dal Trias al Cretaceo. [→ ill. *paleontologia*]

plessimetro *s. m.* **1** (*med.*) Strumento di corno, plastica o metallo per la percussione indiretta. **2** (*mus.*) Metronomo.

plèsso *s. m.* **1** (*anat.*) Formazione anatomica a reticolo: – *nervoso*, – *venoso.* [→ ill. *anatomia umana*] **2** (*fig.*, *bur.*) Complesso di organizzazioni affini e coordinate | Scuola elementare o gener. istituto scolastico.

plètora *s. f.* **1** (*med.*) Stato costituzionale caratterizzato da corpulenza e aspetto sanguigno. **2** (*fig.*) Eccessiva abbondanza che determina conseguenze negative: *una – di impiegati.*

pletòrico *agg.* (*pl. m. -ci*) **1** Che è affetto da pletora | Di pletora. **2** (*fig.*) Sovrabbondante, eccessivo.

plèttro *s. m.* **1** Strumento usato anticamente dai Greci per fare vibrare le corde della lira. **2** Minuscola lamina d'avorio, osso, metallo o celluloide a forma di mandorla, atta a far risonare le corde tese su di una cassa armonica.

plèura *s. f.* (*anat.*) Doppia membrana sierosa che riveste i polmoni e aderisce alla superficie costale del torace.

plèurico *agg.* (*pl. m. -ci*) Di pleura.

pleurite *s. f.* (*med.*) Infiammazione della pleura.

pleuritico **A** *agg.* (*pl. m. -ci*) Della pleurite. **B** *agg.; anche s. m.* (*f. -a*) Affetto da pleurite.

pleurocentèṣi o *pleurocènteṣi* *s. f.* (*med.*) Puntura evacuativa del cavo pleurico.

plexiglàs /pleksi'glas/ o *plèxiglas* /'plɛksiglas/ *s. m. inv.* Nome commerciale di materia plastica acrilica sostitutiva del vetro.

plica *s. f.* **1** (*anat.*) Ripiegamento della cute o di una mucosa. **2** (*mus.*) Nota secondaria succedente a nota principale.

plico *s. m.* (*pl. -chi*) Insieme di lettere, documenti e sim. racchiusi in un involucro.

plinto *s. m.* **1** (*arch.*) Parte inferiore della base della colonna o del pilastro | – *di fondazione*, che si slarga entro il terreno per ripartire il sovrastante carico. [→ ill. *architettura*] **2** (*arald.*) Piccolo quadrilatero di metallo o colorato.

pliocène *s. m.* (*geol.*) Ultimo periodo dell'era cenozoica o terziaria.

plissé /*fr.* pli'se/ **A** *agg. inv.* Di tessuto pieghettato a macchina, a pieghe ravvicinate e ben marcate. **B** *s. m. inv.* (*pl. fr. plissés* /pli'se/) Tessuto plissé.

plissettàto *agg.* Adattamento di *plissé.*

ploràre *v. intr.* (*io plòro; aus. avere*) (*poet.*) Piangere, gemere.

plotóne *s. m.* **1** Suddivisione organica della compagnia di talune armi e specialità: – *di fanteria* | – *d'esecuzione*, quello incaricato dell'esecuzione di un condannato per mezzo della fucilazione. **2** Nel ciclismo, gruppo di corridori: – *di testa.*

plotter /*ingl.* 'plɔtə/ *s. m. inv.* (*pl. ingl. plotters* /plɔtəz/) (*elab.*) Unità di un elaboratore elettronico che stampa i risultati dell'elaborazione sotto forma di grafici o disegni. [→ ill. *elaborazione elettronica dei dati*]

plùmbeo *agg.* **1** Di piombo | Simile al piombo, spec. per il colore grigio scuro: *cielo* –. **2** (*fig.*) Oltremodo noioso e pesante | *Atmosfera plumbea*, opprimente, soffocante.

plum-cake /*ingl.* plʌm 'keik/ *s. m. inv.* (*pl. ingl. plum-cakes* /plʌm 'keiks/) Dolce a base di farina, uova, burro e uva passa, cotto al forno in stampo rettangolare. [→ ill. *dolciumi*]

plurale **A** *agg.* Che si riferisce a più persone o cose. **B** *s. m.* (*gramm.*) Caso grammaticale della categoria del numero, che esprime pluralità. ● CONTR. Singolare.

pluraliṣmo *s. m.* **1** Qualsiasi dottrina filosofica che asserisce che la pluralità delle sostanze costituenti il mondo è irriducibile a una sostanza unica. **2** Dottrina politica che riconosce la pluralità delle varie componenti sociali, politiche, culturali e sim. e sostiene il loro diritto ad esprimersi ed organizzarsi autonomamente; CONTR. Totalitarismo.

pluralista *s. m. e f.* (*pl. m. -i*) Chi segue o si ispira al pluralismo.

pluralistico *agg.* (*pl. m. -ci*) Del pluralismo.

pluralità *s. f.* **1** Molteplicità. **2** Numero o quantità maggiore: *ottenere la – dei voti.*

pluralizzàre *v. tr.* Mettere al plurale: – *un aggettivo.*

plùri- *primo elemento*: in parole composte significa 'più di uno' o indica quantità superiore al normale: *pluriaggravato, pluridecorato, pluriclasse.*

pluriaggravàto *agg.* (*dir.*) Detto di reato con più circostante aggravanti: *furto —.*

pluricellulàre *agg.* (*biol.*) Di essere vivente formato da più cellule.

pluriclàsse *s. f.* Insieme di classi elementari affidate a un unico maestro.

pluricoltùra *s. f.* (*agr.*) Ordinamento colturale comprendente più specie coltivate in una stessa azienda agricola.

pluridecoràto *agg.; anche s. m.* Che (o chi) è stato insignito di più decorazioni.

pluridimensionàle *agg.* Che ha più dimensioni.

pluriennàle *agg.* Che ha la durata di molti anni: *corso — di studi.*

pluriènne *agg.* Detto di pianta che fiorisce dopo qualche anno di sviluppo vegetativo.

plurigemellàre *agg.* Di parto con più di due figli.

plurilateràle *agg.* Multilaterale.

plurilìngue *agg.* (*ling.*) Che si serve di più lingue: *territorio —*; CONTR. Monolingue.

plùrimo *agg.* Molteplice.

plurimotóre *s. m.* Aereo con più motori.

plurinazionàle *agg.* Che comprende più nazioni o nazionalità: *organizzazione —.*

plurinominàle *agg.* Di sistema elettorale basato su collegi elettorali ciascuno dei quali elegge più rappresentanti popolari: *scrutinio —*; CONTR. Uninominale.

pluripartìtico *agg.* (*pl. m. -ci*) Che concerne più partiti | *Stato —*, che ammette l'esistenza di più partiti politici.

plurireattóre *s. m.* Velivolo con più reattori.

plurisecolàre *agg.* Che dura da molti secoli.

plurisìllabo *agg.* Detto di parole formate da più sillabe.

pluristàdio *agg.* (*aer.*) Che ha più di uno stadio | *Missile —*, costituito da più stadi che si distaccano dopo aver esaurito la propria carica di propellenti.

pluriùso *agg. inv.* Che si può adibire a vari usi: *mobile —.*

plusvalènza *s. f.* Aumento di valore di un bene rispetto al suo costo.

plusvalóre *s. m.* Nella teoria marxista, la differenza, di cui il capitalista si appropria, fra il valore della merce prodotta dal lavoratore e il valore della retribuzione corrisposta a quest'ultimo.

plùteo *s. m.* **1** Antica macchina guerresca a forma di paravento semicircolare, usata per riparare gli assedianti. **2** Pannello di marmo o legno, spesso decorato, che unito ad altri forma un parapetto; usato nelle chiese per recinzioni di altari, presbiterio o coro. **3** Specie di leggio o armadio usato in alcune biblioteche per conservare codici preziosi.

plutòcrate *s. m. e f.* Nella società capitalistica, chi, grazie alla propria ricchezza, influisce in misura determinante sulla vita politica e sociale.

plutocràtico *agg.* (*pl. m. -ci*) Di plutocrazia o di plutocrate.

plutocrazìa *s. f.* **1** Predominio politico di individui o gruppi detentori di grandi ricchezze. **2** Insieme dei plutocrati.

plutóne (o *Plutone* nel sign. 1) *s. m.* **1** (*astron.*) Nono e ultimo pianeta in ordine di distanza dal Sole, dal quale dista in media circa 6 miliardi di chilometri. **2** Corpo geologico intrusivo che si forma entro la crosta terrestre per solidificazione di un magma.

plutònio *s. m.* Elemento chimico transuranico, metallico, radioattivo, artificiale, usato nei reattori e nelle bombe nucleari. SIMB. Pu.

pluviàle *agg.* Della pioggia.

plùvio *agg.* (*lett.*) Piovoso.

pluviometrìa *s. f.* Misurazione della pioggia tramite il pluviometro.

pluviomètrico *agg.* (*pl. m. -ci*) Di pluviometro.

pluviòmetro *s. m.* Strumento per la misura della quantità delle precipitazioni atmosferiche che cadono in un determinato intervallo di tempo. [→ ill. *meteorologia, misure*]

pneumàtico **A** *agg.* (*pl. m. -ci*) **1** Che si può gonfiare immettendo aria: *materassino —* | *Macchina pneumatica*, strumento per rarefare l'aria in un recipiente. [→ ill. *campeggiatore, fisica, spiaggia, vigili del fuoco*] **2** Che funziona ad aria compressa: *martello —*; *posta pneumatica.* [→ ill. *cava, edilizia, martello, miniera, strada*] **B** *s. m.* Parte della ruota dell'autoveicolo costituita dal copertone che contiene la camera d'aria con aria in pressione. [→ ill. *automobile, ciclo e motociclo*] (V. nota d'uso ELISIONE e TRONCAMENTO)

pneumectomìa *s. f.* (*med.*) Asportazione chirurgica di un polmone.

pnèumo- *primo elemento*: in parole composte scientifiche indica presenza di aria o gas, o fa riferimento alla respirazione: *pneumografia, pneumotorace* | In parole composte della terminologia medica, significa 'polmone' o 'polmonite': *pneumopatia.*

pneumocòcco *s. m.* (*pl. -chi*) Batterio a forma di minutissimi granuli riuniti per lo più a coppie, avvolti da una capsula, agente della polmonite.

pneumografìa *s. f.* (*med.*) Registrazione dei movimenti respiratori.

pneumògrafo *s. m.* (*med.*) Apparecchio per la registrazione grafica dei movimenti respiratori.

pneumotoràce *s. m.* (*med.*) Raccolta di aria nella cavità pleurica | *— artificiale*, cura della tubercolosi polmonare consistente nell'immobilizzare il polmone mediante immissione di azoto o aria filtrata nel cavo pleurico fino a cicatrizzazione delle lesioni tubercolari.

po' *avv.* Forma tronca di 'poco'. (V. nota d'uso ELISIONE e TRONCAMENTO)

pochade /*fr.* pɔ'ʃad/ *s. f. inv.* (*pl. fr. pochades* /pɔ'ʃad/) Genere teatrale leggero simile al vaudeville, ma senza musica.

pochette /*fr.* pɔ'ʃɛt/ *s. f. inv.* (*pl. fr. pochettes* /pɔ'ʃɛt/) **1** Sorta di piccolo violino apparso in Francia sul finire del XVI sec. **2** Borsetta femminile piccola e senza manici, da tenersi in mano.

pochézza *s. f.* **1** Scarsezza: *— di mezzi.* **2** (*fig.*) Povertà, meschinità: *— di cuore, d'ingegno.*

pocket book /*ingl.* 'pɔkit buk/ *loc. sost. s. m. inv.* (*pl. ingl. pocket books* /'pɔkit buks/) Volume in brossura, in edizione economica, di formato adatto a entrare nelle tasche; SIN. Tascabile.

pòco **A** *avv.* (troncato in *po'*; si elide nella loc. *poc'anzi*) **1** In piccola misura, scarsamente: *parla —, hai dormito troppo —; sei — educato; sta — bene* | Per breve tempo: *mi tratterrò —; è uno spettacolo che dura —* | *Non —*, parecchio, assai: *mi piace non —* | *— o nulla*, pochissimo | *A — a —*, piano piano, per gradi; CONTR. Molto. **2** *Nelle loc. un poco, un po'*, parecchio; non molto (con valore attenuativo): *vorrei stare un — in pace; fammi un po' ridere!* | (*enf.*) Dunque (in espressioni di incoraggiamento, di minaccia, di comando e sim.): *senti un po' quello che devo dirti.* **B** *agg. indef.* **1** Che è in piccola quantità o misura o in numero scarso: *spende — denaro; ho incontrato poche persone; ha poca pazienza*; CONTR. Molto. **2** Piccolo: *lo aggiusterai con poca spesa* | Insufficiente, inadeguato: *ha poca salute; è persona di — ingegno* | Breve, corto (con riferimento a tempo e a spazio): *ha fatto poca strada*; CONTR. Molto. **3** Con valore neutro in espressioni ellittiche: *mi tratterrò —; hanno speso —* | *Ci corre —*, c'è poca distanza e (*fig.*) c'è poca differenza | *A dir —*, almeno, come minimo: *ci vorrà, a dir —, un'ora* | *Per — non*, quasi | *C'è — da ridere, da scherzare* e sim., non è proprio il caso di ridere, scherzare e sim. | *Da —*, di poco conto, di scarsa importanza: *è un lavoro da —* | *Sapere di —*, essere insipido (*anche fig.*) | *Ci vuol — a*, è facile: *ci vuol — a capirlo.* **4** Parecchio, alquanto, *nelle loc. un poco, un po'*: *questa sottana sembra un po' corta.* **C** *pron. indef.* Chi (o ciò che) è in piccola quantità o misura o numero: *pochi sanno quello che hai fatto.* **D** *in funzione di s. m. solo sing.* Piccola quantità: *il — che guadagna gli basta* | *Un — di*, una piccola quantità, una piccola dose di (seguito da un compl. partitivo): *versami un po' d'acqua.* [→ tav. *proverbi* 2, 25, 90, 265, 272, 308, 330]

podàgra *s. f.* (*med.*) Gotta del piede.

podàgrico *agg.* (*pl. m. -ci*) Di podagra.

podagróso **A** *agg.* Di podagra. **B** *s. m.* (*f. -a*) Chi è affetto da podagra.

podàlico *agg.* (*pl. m. -ci*) Che concerne il podice | *Parto —*, in cui il feto si presenta con la parte inferiore del corpo, anziché con la testa.

podalìrio *s. m.* Farfalla gialla a strisce nere con prolungamenti sulle due ali posteriori.
poderàle *agg.* Del podere: *casa* —.
poderànte ***A*** *agg.* Che coltiva e conduce un podere: *colono* —. ***B*** *s. m. e f.* ***1*** Chi è padrone di uno o più poderi. ***2*** Chi coltiva e conduce un podere.
podére *s. m.* (*agr.*) Fondo di qualche ampiezza con casa colonica.
poderóso *agg.* Che ha forza, nerbo e gagliardia sia materiale che intellettuale; SIN. Potente.
podestà *s. m.* ***1*** Capo del comune medievale, che rendeva giustizia e guidava l'esercito in guerra. ***2*** Durante il regime fascista, capo dell'amministrazione municipale, di nomina regia.
pòdice *s. m.* (*med.*) Parte inferiore del tronco, nel feto.
pòdio *s. m.* ***1*** Basamento di templi e di edifici in genere. ***2*** Palco provvisorio e sopraelevato eretto per oratori, personalità e sim.: *salire sul* —; *arringare la folla dal* —. ***3*** Piano di legno rialzato su cui sta in piedi il direttore d'orchestra.
podismo *s. m.* Parte dell'atletica leggera che comprende ogni tipo di corsa e di marcia.
podista *s. m. e f.* (*pl. m. -i*) Atleta che pratica la marcia o un tipo di corsa a piedi.
podistico *agg.* (*pl. m. -ci*) Di podismo o dei podisti.
podofillina *s. f.* Resina estratta dal rizoma del podofillo ad azione purgativa.
podofillo *s. m.* Erba americana perenne delle Barberidacee con fiori a otto petali bianchi e rizoma medicinale.
podologìa *s. f.* (*pl. -gie*) Parte della veterinaria che studia l'anatomia, la fisiologia e l'igiene del piede degli animali, spec. del cavallo.
podòmetro *s. m.* Strumento atto alla misurazione del piede del cavallo per la ferratura.
poèma *s. m.* (*pl. -i*) ***1*** Composizione poetica di ampie dimensioni e di carattere narrativo o didascalico: *i poemi di Omero* | — *in prosa*, genere letterario di contenuto lirico ma in forma di narrazione prosastica | — *sinfonico*, composizione sinfonica ispirata a un tema letterario o pittorico. ***2*** (*est.*) Scritto molto lungo e prolisso. ***3*** (*fig.*) Cosa mirabile, straordinaria: *questo panorama è un* — | (*fig., scherz.*) Persona o cosa eccessivamente ridicola e stravagante.
poemétto *s. m.* Poema di piccole dimensioni e di vario argomento; — *didascalico*.
poesìa *s. f.* ***1*** Arte e tecnica dell'esprimere in forma metrica esperienze, idee, emozioni, fantasie e sim.: — *epica, drammatica, lirica, didascalia, satirica, pastorale*; CFR. Prosa ***2*** Maniera tipica di un poeta o di una scuola di praticare tale arte: *la* — *del Leopardi*; *la* — *del Romanticismo* | (*est.*) Il complesso della produzione poetica di un'epoca o di una cultura: *la* — *moderna*; *la* — *latina*. ***3*** Singolo componimento in versi, spec. breve: *recitare una* —. ***4*** (*gener.*) Forma metrica: *scrivere in* —. ***5*** (*est.*) Senso di elevata tensione spirituale, in qualsiasi opera d'arte: *un quadro pieno di* —. ***6*** (*fig.*) Capacità di commuovere e di suscitare emozioni, sentimenti, fantasie: *la* — *della notte*. ***7*** Evasione dalla realtà, utopia: *non si può vivere di* —.
poèta *s. m.* (*f. -éssa; pl. m. -i*) ***1*** Chi compone poesie: — *dialettale, classico* | (*est.*) Chi, scrivendo in prosa o in versi, sa interpretare poeticamente la realtà. ***2*** (*est., fig.*) Persona dotata di grande sensibilità e immaginazione: *avere un animo di* — | (*pop., spreg.*) Persona priva di doti e capacità pratiche, che persegue ideali ritenuti utopistici dai più.
poetàre *v. intr.* (*io poèto; aus. avere*) Comporre in versi, scrivere poesie.
poetàstro *s. m.* (*f. -a*) (*spreg.*) Pessimo poeta.
poetéssa *s. f.* Donna che compone poesie.
poètica *s. f.* ***1*** Arte del poetare | Trattato sull'arte della poesia. ***2*** Insieme delle concezioni artistiche di uno scrittore, un movimento, un'epoca: *le poetiche del Novecento*.
poeticità *s. f.* Qualità di ciò che è poetico.
poeticizzàre *v. tr.* Rendere poetico.
poètico ***A*** *agg.* (*pl. m. -ci*) ***1*** Di, del poeta: *estro* — | (*est.*) Che nasce dall'immaginazione del poeta: *un personaggio* — *e non storico*. ***2*** Di, della poesia: *licenza poetica* | (*est.*) Che ha carattere di poesia: *pagine poetiche*. ***3*** (*fig.*) Da poeta: *animo* — | (*fig., scherz.*) Eccessivamente fantasioso o sentimentale | (*antifr.*) Grossolano, volgare: *che discorsi poetici!* ***B*** *s. m. solo sing.* Ciò che contiene o esprime poesia.
pòggia *s. f.* (*pl. -ge*) ***1*** (*mar.*) Lato di sottovento di una nave. ***2*** Paranco che, fissato all'estremità inferiore dell'antenna, serviva a orientare opportunamente la vela latina.
poggiàre (1) ***A*** *v. tr.* (*io pòggio*) Appoggiare: — *la mano sul braccio a qc.* | Posare. ***B*** *v. intr.* (*aus. avere*) Sostenersi, basarsi (*anche fig.*): *l'edificio poggia su solide fondamenta*.
poggiàre (2) *v. intr.* (*io pòggio; aus. avere*) ***1*** (*mar.*) Allargare la prora dalla direzione del vento, per prenderlo più favorevolmente nelle vele | Assumere una rotta che allontana dalla tempesta. ***2*** (*est.*) Effettuare uno spostamento accostandosi a q.c.
poggiatèsta *s. m. inv.* Accessorio automobilistico che si applica alla sommità dei sedili spec. anteriori di un'autovettura.
pòggio *s. m.* Piccola altura; SIN. Collina.
poggiòlo *s. m.* Terrazzino.
pogrom /*russo* pa'grom/ *s. m. inv.* Sommossa popolare antisemita, sfociante generalmente in saccheggi e massacri.
pòh *inter.* Esprime disprezzo o disgusto.
pòi ***A*** *avv.* ***1*** In seguito, in un tempo o in un momento successivo: *se ne riparlerà* —; *prima l'uno e* — *l'altro* | *Prima o* —, un giorno o l'altro, una volta o l'altra | *In* —, in avanti nel tempo: *d'ora in* — *le cose cambiano* | *Per* —, per dopo: *lascialo per* — | *Il giorno, la settimana, il mese, l'anno* —, seguente; CONTR. Prima. ***2*** In un luogo o punto più lontano o seguente nello spazio: *prima c'è il cinema,* — *la casa* | In una posizione successiva in una serie e sim.: *prima c'è il due,* — *il tre*. ***3*** Inoltre, in secondo luogo: — *considera che il tempo è poco* | Posposto, si usa per introdurre il seguito di un discorso o un altro argomento: *quanto* — *al compenso, se ne parlerà un'altra volta*. ***4*** Dunque, infine (sempre posposto ad altre parole): *che cosa ho detto* — *di male?* | (*enf.*) *E* —*?*, e allora, e in seguito? | (*enf.*) Con valore ints.: *questa* — *è bella!* ***B*** *in funzione di s. m.* Il tempo futuro, l'avvenire: *bisognare pensare al* —; *il prima e il* —; *il senno del* —. [→ tav. *proverbi* 135]
poiàna *s. f.* Uccello rapace diurno con occhi ben sviluppati, ali lunghe, non appuntite. [→ ill. *animali* 10]
poiché o *pòi ché cong.* ***1*** Dato che, dal momento che, per il fatto che (introduce una prop. caus. con il v. all'indic.): — *è tardi rimandiamo a domani la conclusione*. ***2*** (*lett.*) Dopo che (introduce una prop. temp. con il v. all'indic.): *poi che ebbe detto ciò che doveva, se ne andò*.
pòinter /*ingl.* 'pɔintə/ *s. m. inv.* (*pl. ingl.* *pointers* /'pɔintəz/) Cane inglese da ferma, robusto ed elegante, dal mantello bianco macchiato di nero o di marrone. [→ ill. *cane*]
pois /*fr.* pwa/ *s. m. inv.* Pallino: *stoffa a* —.
pòker /*ingl.* 'poukə/ *s. m. inv.* Gioco d'azzardo a carte d'origine americana, in cui vince chi ha la combinazione di valore maggiore e più alta | Nel gioco omonimo, combinazione di quattro carte uguali: *un* — *d'assi*.
pokerista *s. m. e f.* (*pl. m. -i*) Giocatore di poker.
polàcca *s. f.* ***1*** Antica danza polacca, di carattere solenne e movimento moderato. ***2*** Stivaletto femminile allacciato con stringhe. ***3*** Giacca con alamari e bordure di pelliccia, in uso nell'Ottocento.
polàcco *agg.; anche s. m.* (*f. -a; pl. m. -chi*) Della Polonia.
polàre *agg.* ***1*** Del polo o dei poli | *Stella* —, la stella più vicina al polo artico, l'ultima della coda dell'Orsa Minore | *Calotta* —, porzione di superficie terrestre limitata da uno dei due circoli polari con al centro uno dei due poli. [→ ill. *astronomia, fisica, geografia, ottica*] ***2*** (*chim.*) *Legame* —, legame ionico.
polarimetrìa *s. f.* (*fis.*) Misura della rotazione del piano di polarizzazione della luce nell'attraversare una sostanza.
polarìmetro *s. m.* (*fis.*) Strumento di misura del grado di polarizzazione della luce e della rotazione che il piano di polarizzazione subisce, nel passare la luce stessa attraverso certe sostanze.

polarità *s. f.* **1** Proprietà di un corpo o di un apparecchio di presentare proprietà fisiche opposte in parti opposte: – *magnetica, elettrica* | Il polo stesso: – *positiva.* **2** (*fig.*) Convergenza verso poli d'attrazione opposti: *la – di due teorie.*

polarizzàre **A** *v. tr.* **1** (*fis.*) Ottenere una polarizzazione. **2** (*fig.*) Far convergere totalmente su di sé o su qc.: – *l'attenzione.* **B** *v. intr. pron.* (*fig.*) Volgersi od orientarsi verso qc. o q.c.

polarizzàto *part. pass. di polarizzare; anche agg.* Che subisce polarizzazione.

polarizzatóre **A** *s. m.* Ciò che provoca la polarizzazione della luce. **B** *anche agg.*: *strumento –.*

polarizzazióne *s. f.* **1** (*fis.*) Fenomeno capace di determinare in un certo ente fisico una polarità | – *della luce*, trasformazione della luce naturale, che si propaga con vibrazioni trasversali in tutte le direzioni perpendicolari a quelle di propagazione, in luce polarizzata, che si diffonde cioè con vibrazioni contenute in un determinato piano. **2** (*fig.*) Attrazione, convergenza verso qc. o q.c.

polaròid **A** *s. m. inv.* **1** Nome commerciale di un materiale polarizzatore costituito, in genere, da sostanze trasparenti contenenti cristalli opportunamente orientati, usato spec. per lenti e vetri speciali. **2** Procedimento fotografico che consente di ottenere il positivo già pronto pochi secondi dopo la ripresa. [→ ill. *fisica*] **B** *s. f.* Apparecchio fotografico che utilizza tale procedimento.

pòlca o *pòlka* *s. f.* Danza originaria della Boemia, rapida e di cadenza marcata, in voga sino ai primi del Novecento.

pòlder /*ol.* 'pɔldər/ *s. m. inv.* In Olanda, terreno bonificato, sotto il livello del mare, difeso da argini.

polèmica *s. f.* **1** Vivace controversia orale o scritta: *entrare in – con qc. su q.c.* **2** Discussione animosa, priva di obiettività, sovente fine a se stessa: *finitela con le vostre polemiche.*

polemicità *s. f.* L'essere polemico.

polèmico *agg.* (*pl. m. -ci*) **1** Che ha atteggiamenti battaglieri ed esprime in modo deciso e aggressivo le proprie idee: *è uno spirito –.* **2** Tipico o caratteristico della polemica: *tono –* | (*est.*, *spreg.*) Volutamente provocatorio: *intervento –.*

polemista *s. m. e f.* (*pl. m. -i*) **1** Chi scrive opere polemiche | (*est.*) Chi sostiene con audacia e combattività le proprie idee. **2** Chi predilige la polemica.

polemizzàre *v. intr.* (*aus. avere*) **1** Intrattenere una vivace contesa: – *su q.c.* **2** Discutere animosamente, spesso per partito preso o per amore di controversia.

polèna *s. f.* Immagine di animale, o di figura statuaria sacra o profana, scolpita per ornamento sulla prua di un'imbarcazione.

polènta *s. f.* **1** Cibo di farina di granturco cotta in acqua nel paiolo rimestando l'impasto. **2** (*fig.*) Miscuglio pastoso simile alla polenta.

polentóne *s. m.* (*f. -a*) **1** Persona lenta e pigra. **2** Mangiatore di polenta, epiteto (*spreg. o scherz.*) dato dagli abitanti dell'Italia meridionale a quelli dell'Italia settentrionale.

poleografia *s. f.* Disciplina geografica che studia la genesi e lo sviluppo delle città.

pole position /*ingl.* poul pə'siʃən/ *loc. sost. f. inv.* (*pl. ingl. pole positions* /poul pə'siʃənz/) Nelle corse automobilistiche, la posizione di partenza in prima fila e più interna nella pista e quindi la più vantaggiosa.

pòli- *primo elemento*: in parole composte spec. scientifiche indica molteplicità: *policlinico, policromia, politeismo.*

-poli *secondo elemento*: in parole composte significa 'città': *acropoli, metropoli, tendopoli.*

poliachènio *s. m.* Frutto secco indeiscente sincarpico, che a maturità si separa in due o più logge. [→ ill. *botanica*]

poliambulatòrio *s. m.* Luogo di visita e di prima cura dei malati, dotato di più ambulatori per le diverse specialità mediche e chirurgiche.

poliammide *s. f.* (*chim.*) Polimero caratterizzato dalla ricorrenza, nella molecola, del gruppo ammidico.

poliandria *s. f.* Istituzione sociale per cui una donna ha contemporaneamente più mariti; CONTR. Poliginia; CFR. Poligamia.

poliarchia *s. f.* Governo di molti; CONTR. Monarchia, oligarchia.

poliartrite *s. f.* (*med.*) Infiammazione di più articolazioni contemporaneamente.

Policarpàli *s. f. pl.* (*sing. -e*) Ordine di piante dicotiledoni i cui fiori hanno molti stami e gineceo policarpico che dà origine a più frutti. [→ ill. *piante* 4]

policàrpico *agg.* (*pl. m. -ci*) Detto di gineceo costituito da due o più carpelli liberi.

policeman /*ingl.* pə'li:smən/ *s. m. inv.* (*pl. ingl. policemen* /pə'li:smən/) Nei paesi anglosassoni, agente di polizia.

policèntrico *agg.* (*pl. m. -ci*) Che ha più centri.

policentrismo *s. m.* Schieramento politico basato su una pluralità di centri di potere.

policlade *s. m.* (*zool.*) Animale invertebrato dei Platelminti delle acque marine con colori vivaci e corpo che spesso assomiglia a una larga foglia. [→ ill. *animali* 1]

policlìnico *s. m.* (*pl. -ci*) Istituto ospedaliero a più padiglioni per le diverse specialità mediche e chirurgiche.

policromàre *v. tr.* (*io polìcromo*) Rendere policromo.

policromàtico *agg.* (*pl. m. -ci*) **1** Di molti colori. **2** Detto di luce composta di più componenti monocromatiche.

policromìa *s. f.* **1** Varietà di colori. **2** Arte di dipingere o decorare statue, edifici e sim. con colori vari. ● CONTR. Monocromia.

policromo *agg.* Di più colori; CONTR. Monocromo.

polidattilia *s. f.* (*med.*) Malformazione congenita con presenza di dita in soprannumero alle mani o ai piedi.

polidàttilo *agg.; anche s. m.* (*f. -a*) Affetto da polidattilia.

polièdrico *agg.* (*pl. m. -ci*) **1** (*mat.*) Proprio di un poliedro. **2** (*fig.*) Che ha molteplici aspetti, attività, interessi e sim.: *individuo, ingegno –.*

polièdro *s. m.* (*mat.*) Figura solida limitata da poligoni piani.

poliennàle *agg.* Che dura più anni: *contratto –.*

polièstere **A** *s. m.* Materia plastica ottenuta per condensazione fra acidi organici e alcol entrambi polivalenti. **B** *anche agg.*: *prodotti poliesteri.*

poliestesìa *s. f.* (*med.*) Alterazione della sensibilità cutanea per cui il contatto di una punta viene avvertito come se fosse multiplo.

polietilène *s. m.* Materia plastica ottenuta per polimerizzazione dell'etilene, usata per materiali elettrici, per avvolgere prodotti alimentari e per la fabbricazione di svariati oggetti; SIN. Politene.

polifagìa *s. f.* (*pl. -gie*) **1** (*biol.*) Nutrizione a base di più sostanze. **2** (*med.*) Fame insaziabile; SIN. Bulimia.

polifàse *agg.* (*elettr.*) Di sistema di più correnti o tensioni alternate, sfasate tra loro, ma con somma nulla dei valori istantanei.

polifonìa *s. f.* (*mus.*) Molteplicità di suoni | Componimento a molte voci o strumenti | Musica vocale o strumentale con più parti o voci che esprimono ciascuna una speciale melodia.

polifònico *agg.* (*pl. m. -ci*) Della polifonia.

polifonismo *s. m.* Tendenza a usare la polifonia.

poligala *s. f.* Pianticella cespugliosa medicinale delle Terebintali, a fusti sottili, foglie lanceolate e fiori in grappoli biancastri terminali.

poligamìa *s. f.* **1** Unione coniugale di un uomo con più donne o di una donna con più uomini; CONTR. Monogamia. **2** Abitudine del maschio di molti animali di accoppiarsi con parecchie femmine o viceversa. **3** (*bot.*) Presenza di fiori ermafroditi e unisessuati sullo stesso individuo vegetale.

poligàmico *agg.* (*pl. m. -ci*) Della poligamia.

poligamo *agg.; anche s. m.* (*f. -a*) **1** Che (o chi) pratica la poligamia: *tribù poligama.* **2** (*bot.*) Detto di individuo vegetale caratterizzato da poligamia.

poligènesi *s. f.* Origine molteplice: – *del linguaggio, delle razze.*

poligenètico *agg.* (*pl. m. -ci*) Di poligenesi.

poligenismo *s. m.* Dottrina che attribuisce origine molteplice alle razze umane.

poliginìa *s. f.* Istituzione sociale per cui un uomo ha contemporaneamente più mogli; CONTR. Poliandria; CFR. Poligamia.

poliglòtta o *poliglotto* *agg.; anche s. m. e f.* (*pl. m. -i*) Detto di chi parla molte lingue | *Libro –*, stampato in più lingue.

Poligonàcee *s. f. pl.* Famiglia di piante erbacee delle Poligonali con foglie semplici con picciolo avvolto alla base da una specie di guaina, fiori piccoli ermafroditi, frutto ad achenio. [→ ill. *piante* 3]

poligonàle ***A*** *agg.* Che ha forma o sezione di poligono. ***B*** *s. f.* Linea spezzata che spec. in topografia collega i punti che servono di base in un rilevamento.

Poligonàli *s. f. pl.* (*sing.* -*e*) Ordine di piante erbacee dicotiledoni, distribuite su tutto il globo. [→ ill. *piante* 3]

polìgono *s. m.* ***1*** (*mat.*) Figura piana limitata da segmenti di linee rette | – *regolare*, equilatero ed equiangolo. ***2*** – *di tiro*, zona adibita a esercitazioni di tiro per armi portatili o per artiglierie.

poligrafàre *v. tr.* (*io polìgrafo*) Trarre copie col poligrafo.

poligrafìa *s. f.* Riproduzione, in varie copie, di scritti o disegni | (*est.*) La copia stessa.

poligràfico ***A*** *agg.* (*pl. m.* -*ci*) ***1*** Che concerne la poligrafia. ***2*** Di sistema di stampa a macchina | *Officina poligrafica*, che usa vari modi d'impressione. ***B*** *s. m.* Operaio di uno stabilimento poligrafico.

polìgrafo ***A*** *s. m.* Duplicatore per ufficio, ora in disuso. ***B*** *agg.; anche s. m.* Detto di chi scrive su molti argomenti: *scrittore* –.

polimatèrico *agg.* (*pl. m.* -*ci*) Costituito di più materiali, detto spec. di opera artistica.

polimerìa *s. f.* (*chim.*) Polimerismo.

polimèrico *agg.* (*pl. m.* -*ci*) Di polimeria.

polimerismo *s. m.* (*chim.*) Condizione di polimero.

polimerizzàre ***A*** *v. tr.* Sottoporre a polimerizzazione. ***B*** *v. intr. pron.* Subire la polimerizzazione.

polimerizzazióne *s. f.* (*chim.*) Reazione e conseguente formazione di macromolecole.

polìmero ***A*** *s. m.* Composto chimico organico ad alto peso molecolare ottenuto da due o più monomeri mediante reazioni di polimerizzazione. ***B*** *anche agg.*: *composto* –.

polìmetro ***A*** *s. m.* Componimento poetico in metri diversi. ***B*** *anche agg.*: *componimento* –.

polimòrfico *agg.* (*pl. m.* -*ci*) Di polimorfismo.

polimorfismo *s. m.* ***1*** (*chim.*, *miner.*) Proprietà di sostanza chimicamente definita di dare origine a differenti tipi di reticoli cristallini. ***2*** (*biol.*) Contemporanea esistenza di individui morfologicamente diversi in una stessa popolazione.

polimòrfo *agg.* Di elemento o composto chimico che presenta polimorfismo.

polinevrìte o *polineurìte s. f.* (*med.*) Affezione infiammatoria che colpisce più nervi.

polinomiàle *agg.* Di polinomio.

polinòmio *s. m.* (*mat.*) Somma di monomi.

pòlio *s. f. inv. Acrt. di poliomielite.*

poliomielìte *s. f.* Malattia infettiva acuta virale che colpisce i centri motori del midollo spinale con conseguente paralisi muscolare; SIN. (*pop.*) Paralisi infantile.

poliomielìtico *agg.; anche s. m.* (*f.* -*a*; *pl. m.* -*ci*) Che (o chi) è affetto da poliomielite, o ne subisce i postumi.

polipàio *s. m.* ***1*** Colonia di polipi. ***2*** Scheletro di sostegno delle colonie di celenterati.

polipeptìde *s. m.* (*chim.*) Sostanza costituita da un certo numero di amminoacidi.

polipnèa *s. f.* (*med.*) Aumento di frequenza degli atti respiratori.

pòlipo *s. m.* ***1*** Animale dei Celenterati a sacco che aderisce per la base al substrato e che all'estremità opposta ha la bocca circondata da tentacoli. [→ ill. *zoologia*] ***2*** (*med.*) Tumore benigno delle mucose in forma di escrescenza tondeggiante.

polipòide *agg.* Che ha forma di polipo.

polipòlio *s. m.* Forma di mercato caratterizzata dall'esistenza di un numero imprecisato di venditori dello stesso bene, o servizio; CONTR. Monopolio; CFR. Oligopolio.

polìporo *s. m.* Genere di funghi che crescono sui tronchi, vivi o morti. [→ ill. *fungo*]

polipòsi *s. f.* Malattia caratterizzata dalla presenza di polipi: – *intestinale*.

polipropilène *s. m.* Materia plastica ottenuta per polimerizzazione del propilene.

polipsònio *s. m.* Forma di mercato caratterizzata dall'esistenza di un numero imprecisato di compratori dello stesso bene o servizio.

poliptòto o *polittòto s. m.* Figura retorica per la quale uno stesso vocabolo è usato in funzioni diverse a breve distanza (es. *per che cosa lottasse, a che cosa aspirasse, non si seppe mai*).

polìre *v. tr.* (*io polisco, tu polisci*) ***1*** Levigare. ***2*** (*fig.*) Perfezionare: – *una frase, un verso*.

polirème *s. f.* Nave a più ordini di remi sovrapposti.

poliritmìa *s. f.* (*mus.*) Utilizzazione simultanea di strutture ritmiche diverse.

polis /*gr.* 'pɔlis/ *s. f. inv.* Struttura politica tipica dell'antica civiltà greca, caratterizzata dalla partecipazione di tutti i cittadini al governo della città.

polisaccàride *s. m.* (*chim.*) Glucide formato da molecole di zuccheri semplici.

polisemìa *s. f.* (*ling.*) Proprietà di un segno linguistico di avere più significati.

polisèmo *agg.* Che ha più significati.

polisènso ***A*** *agg.* Che ha più significati. ***B*** *s. m.* Gioco enigmistico incentrato su un vocabolo o su una frase che ha più significati.

polisìllabo ***A*** *s. m.* (*ling.*) Parola formata da più di una sillaba. ***B*** *anche agg.*: *parola polisillaba*. ● CONTR. Monosillabo.

polisìndeto *s. m.* Accumulo di congiunzioni coordinanti che legano parole e frasi (es. *e mangia e beve e dorme*); CONTR. Asindeto.

polisolfùro *s. m.* (*chim.*) Composto contenente atomi di zolfo in numero superiore alla massima valenza del metallo con cui sono combinati.

polisportivo *agg.* Relativo a più sport.

polìsta *s. m.* (*pl.* -*i*) Chi pratica lo sport del polo.

polistiròlo *s. m.* Materia plastica ottenuta per polimerizzazione dello stirolo, usata come isolante elettrico e per lo stampaggio di oggetti vari. [→ ill. *magazzinaggio*]

politeàma *s. m.* (*pl.* -*i*) Costruzione usata per vari tipi di spettacolo.

politècnico ***A*** *agg.* (*pl. m.* -*ci*) Che concerne o tratta più scienze o arti applicate. ***B*** *s. m.* Istituto ove s'insegnano vari rami delle scienze fisiche, chimiche e matematiche e le loro applicazioni | Scuola d'applicazione per ingegneri.

politeìsmo *s. m.* Carattere delle religioni fondate sulla credenza in più dei; CONTR. Monoteismo.

politeìsta *s. m. e f.; anche agg.* (*pl. m.* -*i*) Chi (o che) segue il politeismo.

politeìstico *agg.* (*pl. m.* -*ci*) Di politeismo.

politemàtico *agg.* (*pl. m.* -*ci*) (*mus.*) Detto di componimento costruito su molti temi.

politène *s. m.* (*chim.*) Polietilene.

polìtica *s. f.* ***1*** Scienza e arte di governare lo Stato: – *interna, estera*. ***2*** Modo di agire di chi partecipa al governo della vita pubblica: *la* – *di Napoleone*; – *spregiudicata, ingenua*; *darsi alla* – | – *militante*, quella dei partiti. ***3*** (*est.*) Atteggiamento mantenuto in vista del raggiungimento di determinati fini: – *aziendale*; – *dei prezzi*. ***4*** (*fig.*) Accortezza, astuzia o furberia nell'agire o nel parlare.

politicaménte *avv.* Dal punto di vista politico | (*fig.*) Con accortezza, sagacia e sim.

politicànte *agg.; anche s. m. e f.* (*spreg.*) Detto di chi si dedica all'attività politica senza disporre della necessaria preparazione o unicamente per soddisfare le proprie ambizioni.

politicità *s. f.* L'essere politico.

politicizzàre *v. tr.* Imporre una finalità politica a un'attività, un discorso e sim.: – *uno sciopero* | Sensibilizzare qc. dal punto di vista politico.

politicizzazióne *s. f.* Attribuzione o assunzione di un carattere politico: *la* – *di un discorso* | Sensibilizzazione dal punto di vista politico: *la* – *dei giovani*.

polìtico ***A*** *agg.* (*pl. m.* -*ci*) ***1*** Che concerne la politica: *partito, libro, giornale* – | *Diritti politici*, di partecipare alla formazione degli organi statali e al loro funzionamento; CFR. Civile | *Elezioni politiche*, dei deputati e senatori al Parlamento | *Delitto* –, determinato da motivi politici; CONTR. Comune | *Scienze politiche*, la legislazione, l'economia, l'amministrazione | *Economia politica*, che si occupa dell'attività umana dal punto di vista economico | *Prezzo* –, fissato dallo Stato e diverso da quello di mercato | *Uomo* –, che possiede la scienza e l'arte del governo. ***2*** (*raro*) Che tende per natura a organizzarsi socialmente: *l'uomo è animale —*. ***B*** *s. m.* ***1*** Uomo politico. ***2*** (*fig.*) Persona che sa parlare e agire con astuzia e tatto in ogni situazione. ***C*** *s. m. solo sing.* Sfera pubblica, sociale e sim. di una persona; CONTR. Personale, privato.

politicóne *s. m.* (*f. -a*) (*fam.*) Persona molto abile e accorta nell'agire.

politologìa *s. f.* Disciplina che studia i sistemi politici.

politòlogo *s. m.* (*f. -a; pl. m. -gi o -ghi*) Studioso di politologia | (*est.*) Esperto di problemi politici.

politonàle *agg.* ***1*** Detto di composizione musicale moderna che ammette diverse tonalità simultanee e indipendenti. ***2*** (*fig.*) Detto di opera letteraria individuata da più toni stilistici, culturali e sim.

politonalità *s. f.* L'essere politonale.

polìttico *s. m.* (*pl. -ci*) Dipinto o rilievo in avorio, terracotta, alabastro e sim., suddiviso architettonicamente in più pannelli, destinato all'altare di una chiesa.

polittòto V. *poliptoto*.

politùra *s. f.* Levigazione accurata di una superficie o di un oggetto.

poliuretàno *s. m.* Materia plastica usata per fibre sintetiche e nella preparazione di vernici.

poliùria *s. f.* (*med.*) Aumento della quantità di urina eliminata in 24 ore.

polivalènte *agg.* ***1*** Detto di elemento chimico che può combinarsi con uno stesso elemento in proporzioni diverse dando origine a composti diversi | Di composto che ha più gruppi funzionali: *acido, alcol, ammina —*. ***2*** (*fig.*) Che vale per più usi: *espressione —*. • CONTR. Monovalente.

polivalènza *s. f.* ***1*** Proprietà degli elementi polivalenti. ***2*** (*fig.*) L'essere polivalente.

polivinile *s. m.* (*chim.*) Prodotto di polimerizzazione di composti vinilici | *Cloruro di —*, importante materia plastica.

polivinìlico *agg.* (*pl. m. -ci*) Di polivinile.

polizìa *s. f.* ***1*** Attività amministrativa diretta alla tutela dell'ambito sociale contro i danni che a esso potrebbero derivare dall'attività degli individui. ***2*** Complesso degli organi e degli individui con cui è esercitata tale attività: *essere ricercato dalla —* | *Agente di —*, agente di pubblica sicurezza | *— giudiziaria*, organo dello Stato incaricato di prendere notizia dei reati e di ricercarne i colpevoli | *— sanitaria*, che ha per fine la tutela della pubblica sanità | *— tributaria*, con compiti di rilevamento sulle evasioni fiscali e di repressione del contrabbando | *— stradale*, con compito di disciplinare il traffico stradale.

polizïàno *agg.; anche s. m.* (*f. a-*) Di Montepulciano.

poliziésco *agg.* (*pl. m. -schi*) ***1*** Della polizia | *Romanzo, film —*, il cui intreccio è costituito da indagini della polizia su di un delitto. ***2*** (*spreg.*) Che si fonda sulla violenza e l'arbitrio: *governo —*.

poliziòtto ***A*** *s. m.* (*f. -a*) Agente di polizia. ***B*** *in funzione di agg. inv.* (*posposto al s.*) ***1*** Detto di cane ammaestrato per aiuto e difesa dei poliziotti. ***2*** Detto di donna che presta servizio nella Polizia.

pòlizza *s. f.* Scrittura privata contenente l'obbligazione di una parte di pagare una data somma o di consegnare una data quantità di cose alla controparte: *— di assicurazione*.

polizzàrio *s. m.* Registro di polizze.

polizzìno *s. m.* Documento che accompagna piccoli carichi di merce.

pòlka V. *polca*.

pólla *s. f.* Vena d'acqua sorgiva.

pollàio *s. m.* ***1*** Edificio o recinto per polli. ***2*** (*fig., fam.*) Luogo sporco, disordinato e chiassoso: *hanno ridotto la casa un —* | (*est., fam.*) Confusione.

pollaiòlo *s. m.* (*f. -a*) Chi compra e vende polli.

pollàme *s. m.* Animali pennuti da cortile.

pollànca *s. f.* (*dial.*) Pollastra | Tacchina giovane.

pollàre *v. intr.* (*io póllo; aus. essere*) Scaturire.

pollàstra *s. f.* ***1*** Gallina giovane. ***2*** (*fig., scherz.*) Ragazzotta piacente e ingenua.

pollastrèlla *s. f. Dim. di pollastra.*

pollàstro *s. m.* (*f. -a*) ***1*** Pollo giovane. ***2*** (*fig., scherz.*) Uomo ingenuo, semplicione, credulone.

pollerìa *s. f.* Negozio di pollame.

pòllice *s. m.* ***1*** Primo dito della mano o comunque dell'arto anteriore dei mammiferi | *Avere il — verde*, (*fig.*) detto di chi è abile nel giardinaggio. [→ ill. *zoologia*] ***2*** Misura di lunghezza inglese, pari alla trentaseiesima parte della yard, cioè a cm 2,54.

pollicoltóre *s. m.* (*f. -trice*) Chi si dedica all'allevamento dei polli.

pollicoltùra *s. f.* Allevamento razionale dei polli.

pòlline *s. m.* (*bot.*) Elemento fecondatore delle piante fanerogame che si presenta come una polvere per lo più gialla formata da minutissimi granuli.

pollìnico *agg* (*pl. m. -ci*) Del polline.

pollìno *agg.* Di, dei polli | *Occhio —*, formazione callosa tra due dita dei piedi.

pollinòsi *s. f.* Malattia allergica provocata da pollini.

pollivéndolo *s. m.* (*f. -a*) Venditore di pollame.

póllo *s. m.* ***1*** Gallo o gallina, spec. sotto l'aspetto culinario: *— arrosto, lesso* | *Conoscere i propri polli*, (*fig.*) sapere molto bene con chi si ha a che fare | (*fig.*) *Far ridere i polli*, dire o combinare delle enormità; di cosa, essere balorda e ridicola | *Alzarsi, andare a letto coi polli*, (*fig.*) alzarsi o coricarsi molto presto. ***2*** (*fig.*) Individuo inesperto e credulone, che si può ingannare facilmente.

pollóne *s. m.* Giovane germoglio che si sviluppa da un ramo o dal rizoma di una pianta.

polluzióne (1) *s. f.* (*med.*) Emissione episodica, involontaria di sperma durante il sonno.

polluzióne (2) *s. f.* Inquinamento ambientale.

polmonàre *agg.* Del polmone: *arteria —*. [→ ill. *anatomia umana*]

polmonària *s. f.* Erba delle Borraginacee che cresce nei boschi e ha foglie verdi a macchie bianche e fiori violacei in grappoli.

polmonàto *agg.* Di animale che respira mediante i polmoni.

polmóne *s. m.* ***1*** Ciascuno dei due organi respiratori presenti nei vertebrati a respirazione aerea, contenuto nella cavità toracica | *Avere buoni polmoni*, (*fig.*) detto di chi parla o canta a voce molto alta | *A pieni polmoni*, gonfiandoli al massimo d'aria e (*fig.*) con tutta la forza del proprio respiro: *respirare, gridare, a pieni polmoni* | *— d'acciaio*, respiratore automatico che determina movimenti passivi della parete toracica quando esiste paralisi dei muscoli respiratori. [→ ill. *anatomia umana, medicina e chirurgia*] ***2*** (*fig.*) Ciò che permette un continuo e regolare ricambio dell'ossigeno: *le zone verdi sono il — della città*. ***3*** (*fig.*) Ciò che stimola la vita e lo sviluppo di q.c.: *il turismo è un — della nostra economia*.

polmonìte *s. f.* Infiammazione del polmone.

pòlo (1) *s. m.* ***1*** (*geom.*) Ciascuna delle due estremità del diametro di una sfera. [→ ill. *fisica*] ***2*** Ciascuno dei due punti estremi dell'asse sul quale la Terra ruota da ponente a levante nelle ventiquattro ore: *— geografico, Nord, Sud*. [→ ill. *fisica, geografia*] ***3*** (*est.*) Regione polare | *Dall'uno all'altro —*, (*fig.*) in ogni parte della terra. ***4*** (*fig.*) Estremità, spec. molto lontana o antitetica: *siamo ai poli opposti*. ***5*** (*fis.*) Uno dei due punti di un sistema materiale nei quali sono concentrate quantità fisiche opposte o che ivi presentano la massima o la minima intensità | *— positivo, negativo*, ciascuna delle due terminazioni di un magnete, di un conduttore elettrizzato, di una pila elettrica | *Poli magnetici terrestri*, punti della Terra verso i quali si orienta un ago calamitato, non coincidenti con i poli geografici. [→ ill. *elettricità*] ***6*** (*fig.*) Punto o elemento centrale, di attrazione o guida: *quella regione è il — di sviluppo industriale del paese*. ***7*** Punto assunto come origine nelle coordinate polari.

pòlo (2) *s. m.* Gioco praticato da due squadre di quattro cavalieri ciascuna, che cercano di fare punti inviando con una mazza una palla nella porta avversaria.

pòlo (3) *s. f. inv.* Indumento di maglia simile alla camicia con breve allacciatura a tre o quattro bottoni.

polonaise /*fr.* pɔlɔ'nɛz/ *s. f. inv.* (*pl. fr. polonaises* /pɔlɔ'nɛz/) (*mus.*) Polacca.

polònio *s. m.* Elemento chimico, metallo radioattivo, presente in piccolissime quantità nei minerali uraniferi. SIMB. Po.

pólpa *s. f.* ***1*** Parte carnosa di un frutto: *la — dell'ananas*.

[→ ill. *botanica*] **2** Carne macellata muscolosa senz'osso e senza grasso. [→ ill. *macelleria*] **3** (*anat.*) Tessuto molle | — *dentaria*, insieme dei tessuti contenuti nella cavità del dente. [→ ill. *anatomia umana, zoologia*] **4** (*pop.*) *spec. al pl.* Parte più carnosa delle gambe.

polpàccio *s. m.* Gruppo muscolare posteriore della gamba sotto il ginocchio.

polpacciùto *agg.* **1** Polposo. **2** Che ha grossi polpacci: *gambe polpacciute.*

polpastrèllo *s. m.* Parte carnosa della falange distale delle dita della mano.

polpétta *s. f.* **1** Vivanda di carne tritata, condita con ingredienti vari e ridotta in forma tonda o schiacciata, fritta o cotta in tegame | (*fig., scherz.*) *Fare polpette di qc.*, conciarlo male. **2** Boccone avvelenato per cani o altri animali.

polpettóne *s. m.* **1** Grosso pezzo cilindrico di carne tritata, condito e cucinato come le polpette. **2** (*fig.*) Opera o discorso confuso e incoerente: *quel romanzo è un — storico.*

pólpo *s. m.* Mollusco marino dei Cefalopodi, commestibile, con otto tentacoli muniti di due serie di ventose. [→ ill. *animali* 5]

polpóso *agg.* **1** Detto di frutta, ricco di polpa. **2** Che ha la consistenza della polpa.

polpùto *agg.* Detto di corpo umano o di sue parti, ricco di polpa: *gambe polpute.*

polsino *s. m.* **1** *Dim. di polso.* **2** Fascia liscia in cui viene ripresa l'ampiezza delle maniche nelle camicie, chiusa con bottoni o gemelli. [→ ill. *abbigliamento*]

pólso *s. m.* **1** Regione compresa tra avambraccio e mano. [→ ill. *orologio*] **2** (*med.*) Dilatazione ritmica dei vasi sanguigni determinata dalle contrazioni cardiache: — *regolare, debole, frequente* | *Tastare il — a qc.*, (*fig.*) cercare di conoscerne intenzioni, capacità con domande abili e apparentemente insignificanti. **3** (*raro*) Salute fisica. **4** (*fig.*) Forza di carattere, energia morale e spirituale: *uomo di —.*

pólta *s. f.* Polenta di farina bianca o di fave.

poltàceo *agg.* Simile per consistenza alla polenta.

poltìglia *s. f.* **1** Composto molto liquido di farine o polveri, commestibile o no: — *di crusca* | (*est.*) Cibo divenuto colloso e molliccio per eccesso di cottura | (*fig.*) *Ridurre qc. in —*, conciarlo male. **2** Fango liquido.

poltrire *v. intr.* (*io poltrisco, tu poltrisci; aus. avere*) **1** Starsene in pigro riposo: — *nel letto.* **2** Vivere neghittosamente: — *nell'ozio.* ● SIN. Oziare.

poltróna *s. f.* **1** Ampia e comoda sedia generalmente imbottita e dotata di braccioli. [→ ill. *barbiere, medicina e chirurgia, mobili, spiaggia, ufficio*] **2** In teatro, posto nelle prime file della platea. **3** (*fig.*) Carica o impiego, spec. di grado elevato, che si suppone comporti un lavoro poco faticoso e molto redditizio: *per conservarsi la — farebbe qualsiasi cosa.*

poltronàggine *s. f.* Abituale pigrizia.

poltroncina *s. f.* **1** *Dim. di poltrona.* [→ ill. *bar, puericultura*] **2** In una platea teatrale, posto d'ordine arretrato rispetto alle poltrone.

poltróne A *agg.* Detto di chi predilige l'ozio e la vita comoda; SIN. Neghittoso, ozioso. **B** *s. m.* (*f. -a*) Persona poltrona.

poltronerìa *s. f.* Vizio di chi è poltrone; SIN. Neghittosità, ozio.

poltronìssima *s. f.* Nei teatri, poltrona di primissima fila.

pólvere *s. f.* **1** Terra arida scomposta in minutissimi frammenti che, per la sua leggerezza, può sollevarsi dal suolo, fluttuare nell'aria e ricadere depositandosi su persone e cose: *la — delle strade non asfaltate*; *libri coperti di —* | *Mangiare la —*, respirarla restando in un luogo polveroso e (*fig.*) essere superato da qc. in q.c. | *Far mangiare la — a qc.*, superarlo in velocità e (*fig.*) avere la meglio su di lui in un'attività | *Buttare, gettare la — negli occhi a qc.*, (*fig.*) illuderlo | *Mordere la —*, si dice di chi muore sul campo di battaglia e (*fig.*) di chi resta sconfitto e umiliato. **2** Qualsiasi materiale solido scomposto in minutissimi frammenti: — *di carbone, d'oro, di vetro* | *In —*, ridotto in minutissime particelle: *cioccolato in —* | (*fig.*) *Ridurre qc. in —*, annientarlo. **3** Polvere pirica o da sparo | *Sentire odore di —*, percepire il caratteristico odore della polvere pirica bruciata e (*fig.*) presentire imminenti battaglie o lotte | *Dar fuoco alle polveri*, iniziare le ostilità (*anche fig.*). **4** Secondo il racconto biblico, la terra con cui fu plasmato il primo uomo, e ciò che dell'uomo resta dopo il disfacimento del suo cadavere: *fummo fatti di — e in — ritorneremo.* [→ tav. *proverbi* 62]

polverièra *s. f.* **1** Magazzino adibito a deposito di munizioni, esplosivi, artifizi vari. **2** (*fig.*) Paese o zona in cui esiste uno stato di guerra latente che può sfociare, da un momento all'altro, in eventi bellici: *il Medio Oriente è una —.*

polverificio *s. m.* Stabilimento in cui si fabbricano esplosivi.

polverina *s. f.* **1** *Dim. di polvere.* **2** Sostanza medicinale in polvere. **3** (*gerg.*) Stupefacente in polvere, spec. cocaina.

polverìo *s. m.* Quantità di polvere che si solleva per il vento o altra causa.

polverizzàbile *agg.* Che si può polverizzare.

polverizzàre A *v. tr.* **1** Macinare o frantumare in minutissime particelle. **2** (*est.*) Ridurre in goccioline minutissime; SIN. Nebulizzare. **3** Cospargere di polvere: *polverizzate il dolce con zucchero vanigliato.* **4** (*fig.*) Annientare, annullare, distruggere: *se mi si ripresenta, lo polverizzo* | (*est.*) Superare con molta larghezza: — *un record.* **B** *v. intr. pron.* Ridursi in polvere.

polverizzatóre A *agg.* (*f. -trice*) Che polverizza: *dispositivo —.* **B** *s. m.* Apparecchio impiegato per polverizzare una sostanza solida o liquida. [→ ill. *motore*]

polverizzazióne *s. f.* Operazione del polverizzare.

polveróne *s. m.* Grande quantità di polvere sollevata dal vento, da persone o animali che camminano, o da veicoli in transito | *Sollevare un gran —*, (*fig.*) comportarsi in modo da confondere la situazione.

polveróso *agg.* **1** Coperto di polvere: *scaffale —.* **2** (*lett.*) Che solleva e fa volare la polvere.

polverulènto *agg.* **1** Che ha forma o consistenza di polvere. **2** (*lett.*) Che è coperto di polvere.

polverùme *s. m.* Quantità di polvere che ricopre luoghi od oggetti lasciati in abbandono.

pomàio o *pomàrio s. m.* Frutteto, pometo.

pomàta *s. f.* Preparazione farmaceutica o cosmetica per uso esterno, di consistenza molle.

pomellàto *agg.* Detto di mantello equino che presenta pomellature.

pomellatùra *s. f.* Insieme di peli neri riuniti in macchie vagamente tondeggianti, su mantelli equini di fondo bianco.

pomèllo *s. m.* **1** *Dim. di pomo.* **2** Piccolo pomo, per impugnatura od ornamento. **3** Parte rilevata e tondeggiante della gota, corrispondente allo zigomo.

pomeridiàno *agg.* Di, del pomeriggio: *ore pomeridiane* | Che ha luogo nel pomeriggio: *spettacolo —.*

pomerìggio *s. m.* Parte del giorno compresa tra il mezzogiorno e la sera.

pomèrio *s. m.* Nell'antica Roma, spazio circostante le mura sul quale era vietato arare e costruire abitazioni.

pométo *s. m.* Piantagione razionale di pomi.

pomettàto *agg.* Che ha forma di piccolo pomo | *Croce pomettata*, con tre globetti a ogni estremità. [→ ill. *araldica*]

pómice *s. f.* Roccia effusiva a pasta vitrea, composta di silicati di allumina, soda e potassa, assai porosa, più leggera dell'acqua, su cui galleggia; usata spec. come abrasivo.

pomiciàre A *v. tr.* (*io pómicio*) (*raro*) Pulire, levigare con la pomice. **B** *v. intr.* (*aus. avere*) (*pop., scherz.*) Abbandonarsi a effusioni amorose spec. in pubblico.

pomicióne *s. m.* (*f. -a*) (*pop.*) Chi si abbandona a effusioni amorose, spec. in luogo pubblico.

pomicoltóre *s. m.* Coltivatore di alberi da frutto.

pomicoltùra *s. f.* Arte del coltivare le piante da frutto.

pomidòro V. *pomodoro.*

pómo *s. m.* **1** Mela: *una cesta di pomi* | (*est., pop.*) Melo. **2** (*est.*) Ogni frutto simile alla mela | (*est.*) Falso frutto commestibile, la cui parte carnosa deriva dal ricettacolo rigonfiato. [→ ill. *botanica*] **3** Oggetto simile per forma a una mela, destinato a vari usi od ornamentale: *il — della sella*; *il manico del bastone è ornato da un — d'avorio.* [→ ill. *bandiera, casa*] **4** (*anat.*) — *d'Adamo*, prominenza della cartilagine tiroidea della laringe nella parte anteriore del collo.

pomodòro o (*pop.*) *pomidòro* s. m. (*pl. pomodòri, o* (*pop.*) *pomidòri*, (*dial.*) *pomidòro*) **1** Pianta erbacea annua delle Tubiflorali, originaria dell'America, con fusto rampicante e frutto a bacca. [→ ill. *piante* 12] **2** Frutto di tale pianta, costituito da una bacca rossa carnosa e sugosa, commestibile: *salsa di* – | *Diventare rosso come un* –, arrossire violentemente. [→ ill. *verdura*]

pómolo *s. m.* Impugnatura tondeggiante di porte, cassetti, bastoni e sim. [→ ill. *ferramenta*]

pomologìa *s. f.* (*pl. -gie*) Studio della frutta e della sua coltivazione.

pómpa (1) *s. f.* **1** Dimostrazione di magnificenza e grandiosità in occasione di avvenimenti importanti: *la cerimonia si svolse con grande* –; SIN. Sfarzo, sontuosità. **2** Sfarzosa manifestazione di ricchezza: *vestire con* – | *In* – *magna*, (*scherz.*) con eleganza e lusso vistosi; SIN. Lusso.

pómpa (2) *s. f.* **1** Macchina destinata a compiere lo spostamento di sostanze liquide, gassose o solide allo stato granulare o polverulento: – *aspirante, premente*; – *della bicicletta*. [→ ill. *ciclo e motociclo, fisica, giardiniere, miniera, motore, petrolio, vigili del fuoco*] **2** Tubo ripiegato e mobile, negli strumenti musicali a fiato, che si può alzare e abbassare. **3** (*fam.*) Distributore di benzina, lungo le strade.

pompàggio *s. m.* Operazione del pompare.

pompàre *v. tr.* (*io pómpo*) **1** Trarre o immettere liquido con una pompa: – *benzina nel serbatoio*. **2** Gonfiare d'aria: – *uno pneumatico*. **3** (*fig.*) Esagerare la portata di q.c.: – *una notizia*.

pompàta *s. f.* Operazione del pompare in una volta | (*est.*) Quantità di liquido o di gas immesso o estratto in una sola volta con una pompa.

pompèlmo *s. m.* **1** Albero delle Terebintali, alto fino a 7 metri, con frutti a grappolo. [→ ill. *piante* 7] **2** Frutto commestibile di tale pianta, grosso, di color giallo canarino: *spremuta di* –. [→ ill. *frutta*]

pompière *s. m.* Vigile del fuoco. [→ ill. *copricapo*]

pompìsta *s. m. e f.* (*pl. m. -i*) Chi è addetto a un distributore o pompa di benzina.

pompon /*fr.* pɔ̃'pɔ̃/ *s. m. inv.* (*pl. fr. pompons* /pɔ̃'pɔ̃/) Fiocco o nappa di seta, lana o altro, per ornamento. [→ ill. *passamaneria*]

pomposità *s. f.* L'essere pomposo.

pompóso *agg.* **1** Solenne e fastoso: *festa pomposa* | Sfarzoso e appariscente: *vesti pompose*. **2** (*mus.*) Maestoso, solenne. **3** (*fig.*) Vanaglorioso e ostentatamente solenne: *parlare con tono* –.

pònce *s. m.* Adattamento di *punch*.

poncho /*sp.* 'pontʃo/ *s. m. inv.* (*pl. sp. ponchos* /'pontʃos/) Indumento tipico dell'America latina costituito da un grande quadrato di lana con apertura centrale circolare in cui passa la testa. [→ ill. *vesti*]

pòncio *s. m.* Adattamento di *poncho*.

ponderàbile *agg.* **1** Che si può pesare: *materia* –. **2** (*fig.*) Che si può o si deve ponderare: *decisione* –. • CONTR. Imponderabile.

ponderàle *agg.* Relativo al peso: *esame* –.

ponderàre *v. tr. e intr.* (*io pòndero; aus. avere*) **1** (*raro*) Pesare. **2** (*fig.*) Considerare q.c. con attenzione e cura, valutandone vantaggi e svantaggi; SIN. Calcolare, soppesare, valutare.

ponderatézza *s. f.* Caratteristica di chi è solito riflettere seriamente prima di agire; CONTR. Impulsività.

ponderàto *part. pass. di ponderare; anche agg.* Ben vagliato e giudicato: *decisione ponderata*.

ponderazióne *s. f.* Attenta riflessione.

ponderóso *agg.* **1** Pesante: *carico* – | (*est.*) Che richiede sforzo e fatica fisica. **2** (*fig.*) Di grande mole o importanza: *trattato* –.

ponènte *s. m.* **1** Parte dell'orizzonte ove si vede tramontare il Sole; SIN. Occidente, ovest. **2** Vento fresco che spira da ovest. [→ ill. *geografia*] [→ tav. *proverbi* 168]

ponentìno *s. m.* Fresca brezza di mare che spira nei pomeriggi e nelle sere estive, a Roma.

pontàto *agg.* Munito di ponte, detto di imbarcazione.

pónte A *s. m.* **1** Manufatto tramite il quale una via di comunicazione può superare un corso d'acqua, una vallata, una via preesistente: – *ad arco*; – *di legno, pietra, cemento armato, acciaio*; – *levatoio* | – *galleggiante*, su barche o pontoni | – *sospeso*, con impalcatura sorretta da grossi cavi | *Gettare un* –, costruirlo e (*fig.*) istituire un collegamento | *Tagliare un* –, interrompere il transito | (*fig.*) *Tagliare, rompere i ponti con qc.*, troncare ogni rapporto | *Fare a qc. i ponti d'oro*, promettergli grandi vantaggi. [→ ill. *ponte, castello, strada*] **2** Qualunque struttura di collegamento | – *radio*, collegamento radio fra due stazioni a portata ottica per la trasmissione di comunicazioni telefoniche, programmi televisivi e sim. | – *aereo*, rapida successione di aerei

ponte

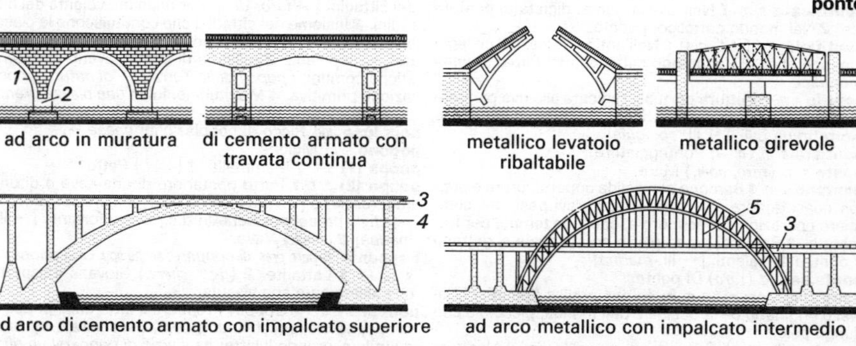

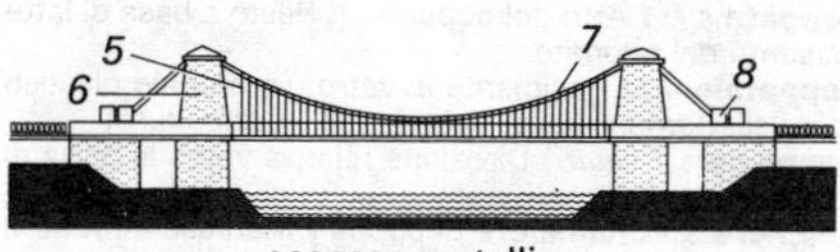

sospeso metallico

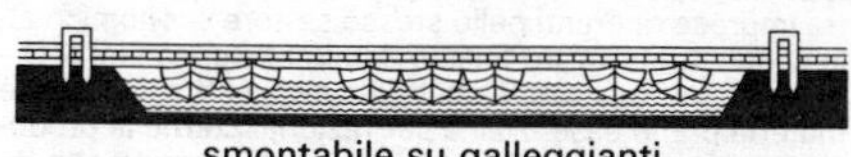
smontabile su galleggianti

1 volta 2 pila 3 impalcato 4 piedritto 5 tirante 6 pilone 7 cavo portante 8 ancoraggio

che trasportano uomini o cose fra punti altrimenti irraggiungibili, per condizione di emergenza. [→ ill. *telefonia*] **3** Ciascuno dei pavimenti di legno o di lamiera di ferro che dividono l'interno dello scafo di una nave nel senso dell'altezza | – *di manovra*, coperta, tolda | – *di volo, di lancio*, pista di portaerei. [→ ill. *marina*] **4** Impalcatura provvisoria sulla quale salgono i muratori per continuare l'innalzamento della fabbrica o per farvi restauri e sim. **5** Assale motore di un autoveicolo completo degli organi di collegamento e trasmissione. **6** Apparecchio di protesi dentaria sorretto da denti naturali. **7** Posizione arcuata che assume a terra un atleta: *essere in –*. **8** (*anat.*) – *di Varolio*, parte dell'encefalo situata al di sopra del bulbo e ventralmente al cervelletto. [→ ill. *anatomia umana*] **9** Vacanza che si ha quando un giorno lavorativo viene a trovarsi fra due giorni festivi, ed è considerato festivo anch'esso. **B** *in funzione di agg. inv.* (*posposto a un s.*) (*fig.*) Detto di ciò che, spec. nell'ambito politico o legislativo, collega due momenti cronologicamente successivi e caratterizzati da diverse scelte ideologiche: *governo, legge, –*. [→ tav. *proverbi* 4, 18]

pontéfice *s. m.* **1** Nell'ordinamento religioso degli antichi Romani, sacerdote di uno dei collegi che presiedevano al culto | – *massimo*, capo del collegio dei pontefici. **2** Nel cattolicesimo, il Papa: *Sommo –*.

ponteggiatóre *s. m.* Operaio edile che mette in opera i ponti o ponteggi; SIN. Pontista.

pontéggio *s. m.* Complesso delle opere provvisorie di legno o di acciaio, per sostenere operai e materiali durante la costruzione di un'opera. [→ ill. *edilizia*]

ponticèllo *s. m.* **1** Piccolo ponte. **2** Tavoletta d'acero fissata sul coperchio degli strumenti ad arco, fornita di tacche sulle quali passano le corde, tra il capotasto e la cordiera. [→ ill. *strumenti musicali*] **3** Parte di una montatura da occhiali che unisce tra loro i due cerchi ove sono le lenti. **4** Protezione di forma curva del grilletto delle armi da fuoco portatili. [→ ill. *armi*] **5** Collegamento metallico fra i vari elementi di un accumulatore. [→ ill. *elettricità*]

pontière *s. m.* Soldato del genio addetto alla costruzione e al riattamento di ponti.

pontificàle **A** *agg.* **1** Nell'antica Roma, di pontefice. **2** Nel mondo cattolico, del Papa o del vescovo: *paramenti pontificali.* **3** (*scherz.*) Volutamente maestoso e solenne: *assumere un'aria –*. **B** *s. m.* **1** Cerimonia liturgica celebrata da un vescovo con abiti pontificali. **2** Libro del rituale proprio del vescovo.

pontificàre *v. intr.* (*io pontìfico, tu pontìfichi; aus. avere*) **1** Celebrare il pontificale. **2** (*fig., scherz.*) Assumere modi e toni da grande personaggio.

pontificàto *s. m.* **1** Nell'antica Roma, dignità di pontefice. **2** Nel mondo cattolico, papato.

pontifìcio *agg.* (*pl. f. -cie*) **1** Nell'antica Roma, del collegio dei pontefici. **2** Nel mondo cattolico, del Papa: *stemmi pontifici.*

pontìle *s. m.* Struttura portuale radicata alla riva per consentire l'ormeggio di natanti, costituita da un impalcato sorretto da pali. [→ ill. *spiaggia*]

pontìsta *s. m.* (*pl. -i*) Ponteggiatore.

pònto *s. m.* (*raro, poet.*) Mare.

pontóne *s. m.* **1** Barcone con solida coperta, prora e poppa quasi quadre, per trasportare gravi pesi, per compiere operazioni di recupero e, spec. un tempo, per traghetto. **2** Barca di fondo piatto con la quale si gettano i ponti galleggianti. [→ ill. *marina*]

pontuàle *agg.* (*raro*) Di ponte.

pony /*ingl.* 'pouni/ *s. m. inv.* (*pl. ingl. ponies* /'pouniz/) Cavallo originario della Scozia e dell'Irlanda, piccolo e con lungo pelo.

ponzàre **A** *v. intr.* (*io pónzo; aus. avere*) (*scherz.*) Meditare o pensare intensamente. **B** *v. tr.* (*fig., scherz.*) Elucubrare, macchinare: *cosa stai ponzando?*

pool /*ingl.* pu:l/ *s. m. inv.* (*pl. ingl. pools* /pu:lz/) **1** Accordo tra imprese operanti nello stesso settore economico allo scopo di realizzare finalità comuni | Consorzio. **2** Organismo internazionale costituito per gestire in comune materie prime essenziali e per razionalizzarne la produzione: *il – dell'oro.* **3** (*est.*) Gruppo di persone che lavorano insieme per uno stesso fine: – *di giornalisti sportivi*; SIN. Equipe.

pop /*ingl.* pɔp/ *agg. inv.* Detto di genere artistico che per i suoi contenuti trova ampia diffusione spec. fra i giovani: *musica –*.

pop-art /*ingl.* 'pɔp a:t/ *s. f. inv.* Forma artistica d'avanguardia, di origine americana, che trae ispirazione dagli aspetti più immediati della civiltà dei consumi.

pop-corn /*ingl.* 'pɔp kɔ:n/ *s. m. inv.* Chicchi di granoturco fatti scoppiare sul fuoco.

pòpe *s. m. inv.* Nella religione greco-ortodossa, prete.

popeline /*fr.* pɔpə'lin/ *s. f. inv.* Tessuto di qualsiasi fibra caratterizzato dall'ordito più fine della trama.

pòplite *s. m.* (*anat.*) Regione posteriore del ginocchio.

poplitèo *agg.* Del poplite. [→ ill. *anatomia umana*]

popò **A** *s. f.* (*inft.*) Escremento. **B** *s. m.* Deretano.

popolaménto *s. m.* Atto del popolare | Presenza di popolazione in un territorio.

popolàno **A** *agg.* **1** Che fa parte del popolo | Che è tipico del popolo: *detto –*. **2** Che appoggia e sostiene il popolo: *politica popolana.* **B** *s. m.* (*f. -a*) Chi per condizione fa parte delle classi popolari.

popolàre (1) **A** *v. tr.* (*io pòpolo*) **1** Rendere abitato, fornire di popolazione: – *una terra deserta*; CONTR. Spopolare | Abitare: *gli animali che popolano la foresta.* **2** Riempire di gente: – *un teatro.* **B** *v. intr. pron.* **1** Diventare popolato. **2** Riempirsi di gente.

popolàre (2) *agg.* **1** Relativo al popolo, inteso come moltitudine di cittadini: *plauso –*. **2** Relativo al popolo, inteso come classe socialmente ed economicamente meno elevata: *interessi popolari.* **3** Che proviene dal popolo, che è diffuso tra il popolo: *canzone, musica –*. **4** Fatto o realizzato per il popolo: *case popolari.* **5** Che gode il favore del popolo, che è largamente conosciuto o diffuso: *attore –*; CONTR. Impopolare. **6** Democratico: *governo –*.

popolarésco *agg.* (*pl. m. -schi*) Del popolo, conforme ai suoi gusti e mentalità: *uso –*.

popolarità *s. f.* **1** L'essere popolare. **2** Favore che qc. o q.c. ha presso il popolo.

popolarizzàre *v. tr.* (*raro*) Rendere popolare, diffondere tra il popolo: – *la scienza*; SIN. Divulgare.

popolazióne *s. f.* **1** Insieme delle persone che abitano un luogo: *la – della campagna, della città* | (*fig.*) Insieme di animali o cose che caratterizzano un luogo: – *marina, degli abissi.* **2** (*est.*) Nazione, popolo: *una – civile.*

popolìno *s. m.* (*spreg.*) Infima parte del popolo, costituita da individui ignoranti, creduloni, superstiziosi e sim.

pòpolo *s. m.* **1** Complesso degli abitanti, inseriti in un ordinamento civile, di uno Stato o di una città: *il – italiano; il – di Firenze* | *A voce di –*, per unanime richiesta dei cittadini | *A furor di –*, per unanime volontà dei cittadini. **2** Insieme dei cittadini che costituiscono le classi economicamente e socialmente meno elevate | *Donna del –*, popolana. **3** Insieme di uomini aventi caratteristiche comuni: *i popoli della Terra* | – *di natura*, popolazione primitiva. **4** Moltitudine, folla: *una piazza gremita di –*.

popolóso *agg.* Ricco di popolazione: *paese –*.

popóne *s. m.* Melone.

póppa (1) *s. f.* **1** Mammella. **2** (*poet.*) Petto.

póppa (2) *s. f.* **1** Parte posteriore di una nave o di una imbarcazione | *Avere il vento in –, andare col vento in –*, (*fig.*) procedere bene in q.c., avere fortuna. [→ ill. *marina*] **2** (*poet.*) Nave.

poppànte **A** *part. pres. di poppare; anche agg.* Che poppa. **B** *s. m. e f.* **1** Lattante. **2** (*fig., scherz.*) Giovane inesperto che assume un'aria vissuta.

poppàre *v. tr.* (*io póppo*) Prendere il latte dalla poppa o dal poppatoio, succhiando | (*est.*) Succhiare q.c. come quando si prende il latte: *ha il vizio di popparsi un dito.*

poppàta *s. f.* **1** Atto del poppare. **2** Pasto a base di latte assunto dal neonato.

poppatóio *s. m.* Recipiente in vetro o materiale plastico per l'allattamento artificiale. [→ ill. *puericultura*]

poppavìa *s. f.* (*mar.*) Direzione relativa verso la parte di poppa.

poppière *s. m.* Rematore di poppa | Marinaio addetto a operare a poppavia.

poppièro *agg.* Attinente al lato di poppa.

populazionìsmo *s. m.* Dottrina politica e sociale favorevole a incrementi demografici.

populismo *s. m.* **1** Movimento politico russo della fine del XIX sec. che aspirava alla formazione di una società socialista di tipo contadino. **2** (*est.*) Ideologia di movimento politico o artistico che vede nel popolo un modello etico e sociale.

populista *s. m. e f.; anche agg.* (*pl. m. -i*) Fautore del populismo.

populistico *agg.* (*pl. m. -ci*) Del populismo.

pòrca *s. f.* (*agr.*) Striscia di terreno piuttosto stretta e più o meno rilevata fra due solchi.

porcàio (1) *s. m.* Guardiano di porci.

porcàio (2) *s. m.* **1** Luogo sudicio. **2** (*fig.*) Luogo o ambiente profondamente immorale.

porcàta *s. f.* Azione vile e indegna | Porcheria.

porcellàna (1) *s. f.* **1** Piccolo animale marino dei Crostacei di color rosso giallastro con chele setolose. **2** Materiale ceramico, a pasta vetrificata, impermeabile, traslucida, a fine struttura granulosa, usato per lavori artistici, stoviglie, crogioli, isolanti elettrici e sim. **3** (*est.*) Oggetto di porcellana.

porcellàna (2) *s. f.* Pianta erbacea delle Centrospermali, con fiori gialli e foglie carnose.

porcellanàto *agg.* Detto di ciò che è rivestito di uno smalto bianco e traslucido: *bagno* –.

porcellino *s. m.* (*f. -a*) **1** *Dim. di porcello.* **2** (*zool.*) – *d'India*, cavia | – *di terra*, onisco.

porcèllo *s. m.* (*f. -a*) **1** Maiale di pochi mesi. **2** (*fig., scherz.*) Persona sudicia o di costumi riprovevoli.

porcellóne *s. m.* (*f. -a*) **1** *Accr. di porcello.* **2** (*fig., scherz.*) Persona sudicia o moralmente riprovevole.

porcheria *s. f.* **1** Sporcizia, sudiciume. **2** (*fig.*) Cosa fatta in modo pessimo: *che – quel film!* | (*est.*) Cibo, bevanda e sim. preparati male. **3** (*fig.*) Azione disonesta. **4** Discorso, parola o atto che offende il pudore altrui: *non fa altro che dire porcherie.*

porchétta *s. f.* Maialino cotto intero al forno o allo spiedo con ripieno di lardo, erbe aromatiche e droghe.

porciglióne *s. m.* Uccello con becco lungo e leggermente incurvato, ali brevi, zampe lunghe e sottili, denso piumaggio, che vive presso le paludi e si ciba di animali acquatici. [→ ill. *animali* 15]

porcile *s. m.* **1** Fabbricato rurale destinato al ricovero dei suini. **2** (*fig.*) Luogo estremamente sudicio.

porcino A *agg.* Di porco: *carne porcina* | *Occhio* –, piccolo e incassato, come gli occhi del porco. **B** *s. m.* Fungo commestibile delle Boletacee con cappello bruno o rossiccio e micelio in simbiosi con castagni, querce, pini. [→ ill. *fungo*]

pòrco A *s. m.* (*f. -a; pl. m. -ci*) **1** Maiale | *Grasso come un* –, molto grasso | *Sudicio come un* –, estremamente sporco | *Mangiare come un* –, essere avido o goloso. **2** Carne di maiale macellato: – *salato.* **3** (*fig.*) Persona moralmente sudicia, viziosa e volgare. **B** *in funzione di agg.* **1** (*spreg.*) Indecente, schifoso: *questa porca vita.* **2** (*volg.*) Esprime ira, rabbia, disappunto, impazienza, e sim. *nelle loc. inter.*: – *mondo!*; – *cane!*; – *Giuda!* e sim.

porcospino *s. m.* (*pl. porcospini*) **1** (*zool.*) Istrice. **2** (*fig.*) Persona molto burbera.

pòrfido *s. m.* Roccia magmatica effusiva composta in prevalenza da quarzo e ortoclasio, usata per monumenti, pavimentazioni e sim.

porfireo *agg.* (*lett.*) Di porfido.

pòrgere A *v. tr.* (*pres. io pòrgo, tu pòrgi; pass. rem. io pòrsi, tu porgésti; part. pass. pòrto*) **1** Tendere q.c. a qc. perché possa afferrarla, impadronirsene, stringerla e sim.: *gli porse il foglio*; *mi porse la mano* | – *la mano*, (*fig.*) aiutare, soccorrere | – *orecchio*, ascoltare | – *ascolto*, prestare attenzione. **2** (*fig.*) Offrire, dare: – *l'occasione.* **B** *v. intr.* (*aus. avere*) Declamare, recitare: *sa – con grazia ed eleganza.*

porgitóre *s. m.* (*f. -trice*) (*raro*) Chi porge, cioè parla accompagnandosi coi gesti: *è un abile* –.

Poriferi *s. m. pl.* (*zool.*) Spugne.

pòrno *agg. inv.* Pornografico: *film* –.

pornografia *s. f.* Descrizione e rappresentazione di cose oscene.

pornogràfico *agg.* (*pl. m. -ci*) Relativo a pornografia | Basato sulla pornografia: *libro* –.

pornògrafo *s. m.* (*f. -a*) Chi scrive, disegna o rappresenta pornografie.

pòro *s. m.* **1** Ognuno degli orifizi del condotto escretore della ghiandola sudoripara sulla cute | (*fig.*) *Sprizzare rabbia, veleno, invidia da ogni* –, essere incattivito o invidioso | (*fig.*) *Sprizzare salute, felicità da tutti i pori, da ogni* –, essere molto sano, molto felice, e sim. **2** Ognuno dei piccoli forellini aperti verso l'esterno nei corpi solidi: *i pori del legno, della carta.* [→ ill. *fungo*]

porosità *s. f.* **1** L'essere poroso. **2** (*fis.*) Proprietà generale dei corpi di avere spazi fra le molecole che li compongono.

poróso *agg.* Ricco di pori: *pelle porosa.*

pórpora *s. f.* **1** Sostanza colorante rossa usata dagli antichi, secreta da ghiandole del tegumento di gasteropodi marini. **2** Colore vermiglio: *cielo di* – | *Essere, diventare, farsi di* –, (*fig.*) arrossire violentemente. **3** Tessuto tinto con la porpora | (*est.*) Veste realizzata con tale tessuto | (*est.*) Dignità e titolo di cardinale: *aspirare alla* –.

porporàto A *agg.* Vestito, ornato di porpora. **B** *s. m.* Cardinale.

porporina *s. f.* **1** Sostanza colorante rossa. **2** Polvere metallica finissima usata per ricoprire oggetti vari e per ottenere effetti particolari.

porporino *agg.* Purpureo, vermiglio: *labbra porporine.*

pórre A *v. tr.* (*pres. io póngo, tu póni, egli póne, noi poniàmo, voi ponéte, essi póngono; pass. rem. io pósi, tu ponésti, egli póse, noi ponémmo, voi ponéste, essi pósero; fut. io porrò; congv. pres. io pónga, noi poniàmo, voi poniàte, essi póngano; condiz. io porrèi; ger. ponèndo; part. pass. pósto*) **1** Mettere: – *a tavola, in un cassetto, da parte, al riparo*; *posero a confronto i due imputati.* **2** Collocare, posare: *gli pose una mano sul capo*; – *le basi di un edificio* | Stabilire, piantare (*anche fig.*): – *le tende* | – *confini, limiti*, limitare, contenere (*anche fig.*). **3** Dedicare, spec. in iscrizioni tombali o commemorative: *gli amici riconoscenti posero.* **4** (*fig.*) Sostenere come ipotesi, supporre: *poniamo che non sia vero.* **5** In molti casi il significato del verbo è determinato dal complemento che lo segue | – *una domanda*, rivolgerla | – *una questione, un problema*, impostarli | – *mente a q.c.*, considerarla con attenzione | – *gli occhi, lo sguardo*, fissarli su q.c. o qc. | (*fig.*) – *freno*, contenere, frenare | – *fine, termine*, concludere | – *in essere*, realizzare | – *in esecuzione*, cominciare a realizzare. **B** *v. rifl.* Mettersi: *porsi a sedere, in marcia, in cammino.*

pòrro *s. m.* **1** Ortaggio erbaceo delle Liliflore con bulbo a tuniche biancastre, piccolo e ovoide. [→ ill. *piante* 16, *verdura*] **2** (*med.*) Piccola escrescenza cutanea, dura e tondeggiante.

pòrta A *s. f.* (*pl. -e*) **1** Apertura praticata in una parete o in una recinzione per crearvi un passaggio | Serramento che si applica all'apertura per aprirla o chiuderla a piacere: – *interna, esterna* | – *di sicurezza*, in pubblici locali, vano che in caso d'incendio permette un rapido sfollamento | *Fuori di* –, *fuori* –, in periferia | *Essere alle porte*, (*fig.*) essere vicinissimo | *Mettere qc. alla* –, scacciarlo | *Prendere la* –, andarsene | *Chiudere la* – *in faccia a qc.*, (*fig.*) rifiutargli ogni aiuto | *Battere a tutte le porte*, (*fig.*) domandare a tutti spec. aiuto materiale | *Trovare la – chiusa, tutte le porte chiuse*, (*fig.*) ottenere solo rifiuti | *Indicare la – a qc.*, (*fig.*) invitarlo ad andarsene | *Aprire la* –, concedere a qc. di entrare in particolari ambienti: *gli si aprirono le porte dell'Accademia* | (*fig.*) *Sfondare una – aperta*, tentare cose già fatte da altri, dire cose già dette, sostenere tesi che nessuno contesta | (*dir.*) *A porte chiuse*, a cui il pubblico non può assistere: *udienza a porte chiuse.* [→ ill. *casa, porta*] **2** *al pl.* Imposte, battenti: *le porte bronzee del Battistero.* **3** Sportello: *la – dell'armadio.* **4** In vari giochi della palla, struttura di grandezza varia posta alle due estremità del campo, entro la quale i giocatori delle due squadre contrapposte cercano vicendevolmente di mandare la palla o il disco per ottenere un punto a proprio vantaggio: *tirare in* – | Nello sci, passaggio obbligato per i concorrenti delle gare di slalom. [→ ill. *sport*] **5** (*geogr.*) Valico di montagna | – *del ghiacciaio*, bocca. **B** *in funzione di agg. inv.* (*posposto a un s.*) (*anat.*) *Solo nella loc. vena* –, vena che raccoglie il sangue dallo stomaco, dall'intestino e dalla milza convogliandolo al fegato. [→

ill. *anatomia umana*]

portaàcqua *s. m. e f. inv.* **1** Acquaiolo. **2** Portaborracce.

portaàghi *s. m.* Strumento chirurgico a forma di pinza per manovrare gli aghi da sutura. [→ ill. *medicina e chirurgia*]

portabagàgli *s. m.* **1** Facchino. **2** Arnese metallico che si applica ai veicoli in genere e che consente il trasporto di pacchi, involti e sim.

portabandièra *s. m. e f. inv.* **1** Chi ha il compito di portare la bandiera. **2** (*fig.*) Chi è alla testa dei difensori di una dottrina: *fu per anni il — del surrealismo.*

portabiancheria *s. m. inv.* Mobiletto o custodia di varia forma e materia usato per contenere la biancheria da lavare.

portàbile *agg.* Che si può portare: *abito —*.

portàbiti *s. m.* Arnese per appendervi gli abiti evitando che si sgualciscano.

portaborràcce *s. m. inv.* Nelle gare ciclistiche, gregario addetto al rifornimento di bevanda per il capitano; SIN. Portaacqua.

portabórse *s. m. inv.* Chi, lavorando per un personaggio potente, si mostra disponibile fino al servilismo; SIN. Galoppino.

portabottìglie *s. m. inv.* Arnese a scaffali atto a riporvi orizzontalmente le bottiglie. [→ ill. *vino*]

portabùrro *s. m. inv.* Burriera.

portacàrte *s. m. inv.* Borsa di pelle o altro per mettervi carte, documenti, libri.

portacénere *s. m. inv.* Vasetto o piattino per deporvi la cenere delle sigarette e dei sigari.

portachiàvi *s. m.* Piccolo arnese di varia foggia e materiale, per riporvi o portare le chiavi.

portacipria *s. m. inv.* Scatoletta con piumino e specchietto, tenuta in borsetta dalle donne.

portacolóri *s. m.* Atleta o fantino che gareggia per i colori di una società, di una casa industriale e sim.

portadischi *s. m.* Album o mobiletto per dischi fonografici.

portadólci *s. m.* Arnese da tavola composto di vari piatti disposti concentricamente rispetto a una asticciola di sostegno, usato per servire dolci.

portaelicòtteri *s. f.* Nave attrezzata con elicotteri, per operazioni di sbarco o caccia ai sommergibili.

portaèrei *s. f.* Grande nave da guerra, con ampio ponte di volo dal quale partono e sul quale atterrano gli aerei imbarcati sulla nave stessa. [→ ill. *marina*]

portaferiti *s. m.* Soldato addetto al trasporto dei feriti.

portafiammiferi *s. m.* Scatoletta o vasetto per tenervi i fiammiferi.

portafinèstra *s. f.* (*pl. portefinèstre*) Finestra di balcone o terrazzo apribile fino al pavimento. [→ ill. *casa*]

portafióri *s. m.* Vaso o sostegno per fiori recisi in fioriera.

portafòglio o *portafògli* nei sign. 1, 2 *s. m.* **1** Busta di pelle per banconote e sim. | *Gonna a —*, aperta e sovrapposta largamente sul davanti o sul dietro. **2** (*est.*) Borsa per documenti e sim., usata da uomini d'affari o politici. **3** (*fig.*) Funzione o carica di ministro: *il — degli Esteri* | *Senza —*, detto di membro del governo che abbia dignità o titolo di ministro, senza essere preposto ad alcun dicastero particolare. **4** Complesso delle cambiali, dei titoli e sim. esistenti presso una banca o un'impresa.

portafortùna **A** *s. m. inv.* Amuleto. **B** *anche agg.*: *ciondolo —*.

portafrùtta *s. m. inv.* Fruttiera.

portagiòie *s. m. inv.* Cofanetto, spesso artisticamente lavorato, in cui si pongono i gioielli.

portagioièlli *s. m.* Portagioie.

portaimmondìzie *s. m. inv.* Pattumiera.

portaimprónta *s. m.* Strumento del dentista usato per prendere l'impronta per le protesi. [→ ill. *medicina e chirurgia*]

portalàmpada *s. m. inv.* Dispositivo cilindrico cavo di metallo e porcellana in cui si avvita la lampadina elettrica.

portàle *s. m.* **1** Grande porta di chiese e palazzi con decorazioni e ornati. [→ ill. *religione*] **2** Struttura di costruzioni fatta di due montanti solidali con una sovrastante traversa.

portalèttere *s. m. e f. inv.* Chi ha il compito di recapitare lettere a domicilio; SIN. Postino. [→ ill. *posta*]

portamàlgama *s. m.* Strumento del dentista usato per le otturazioni. [→ ill. *medicina e chirurgia*]

portaménto *s. m.* **1** Modo di camminare, di muoversi e di atteggiare la persona. **2** (*fig.*) Modo di procedere, di comportarsi; SIN. Condotta.

portamina *s. m. inv.* Matita nel cui interno è un cannellino recante una mina che si può estrarre premendo un pulsante. [→ ill. *disegnatore*]

portamissili *agg.* Che è atto a portare missili e a farli partire: *aereo —*.

portamonéte *s. m. inv.* Oggetto in pelle o altro materiale, a forma di piccolo sacchetto, per riporvi monete spicciole e sim. [→ ill. *borsa*]

portamunizióni *s. m.* Soldato addetto a portare le cassette di munizioni.

portànte **A** *part. pres. di portare; anche agg.* **1** Che porta. **2** Detto di struttura avente funzioni di sostegno | *Muro —*, che regge il peso di una costruzione. [→ ill. *funivia, ponte*] **3** (*aer.*) *Piano —*, superficie alare di un aereo su cui agisce la portanza. **B** *s. m.* Ambio del cavallo.

portantina *s. f.* **1** Sedia da viaggio, spesso coperta da baldacchino, portata da due uomini per mezzo di stanghe laterali. **2** Lettiga per ammalati.

portantino *s. m.* (*f. -a* nel sign. 2) **1** Chi reggeva la portantina. **2** Negli ospedali, inserviente addetto al trasporto degli ammalati.

portànza *s. f.* **1** Portata massima di q.c. **2** (*aer.*) Componente della resistenza dell'aria sull'ala di un velivolo, diretta verso l'alto, tale da sorreggere il velivolo stesso.

portaobiettivi *agg.* Detto di dispositivo cui sono applicati obiettivi cinematografici, microscopici e sim.: *torretta —*. [→ ill. *ottica*]

portaoggètti **A** *agg.* Che serve a contenere oggetti vari: *vano —* | *Vetrino —*, vetrino su cui si appoggiano i preparati da osservare al microscopio. [→ ill. *automobile*] **B** *s. m.* Vetrino portaoggetti.

portaòlio *s. m. inv.* Piccolo strumento appuntito dell'orologiaio per lubrificare meccanismi. [→ ill. *orologiaio*]

porta

1 2 3 4 5 6 7

a un battente girevole a due battenti scorrevole pieghevole

1 cardine 2 cornice 3 zoccolo 4 maniglia e serratura 5 pannello 6 bussola 7 ala

portaombrèlli *s. m.* Supporto fornito di vaschetta ove si raccoglie l'acqua, oppure vaso di forma allungata, ove porre l'ombrello.

portaórdini *s. m.* Soldato incaricato del recapito di dispacci a mano.

portapàcchi *s. m.* **1** Portabagagli, spec. per cicli e moto. **2** Chi, in un negozio o magazzino, è addetto alla consegna a domicilio di pacchi.

portapénne *s. m. inv.* **1** Asticciola, cannello per infilarvi il pennino. **2** Astuccio per le penne.

portaposàte *s. m. inv.* Sorta di vassoio a bordi rialzati e diviso in più scomparti contenente, separati, i vari tipi di posate.

portàre A *v. tr.* (*io pòrto*) **1** Sostenere su di sè qc. o q.c. per muoverlo, spostarlo e sim.: *– un pacco, un involto; – i libri in mano, lo zaino sulle spalle* | *– qc. in trionfo*, sollevarlo in alto sulle braccia, al di sopra di tutti, per festeggiarlo | (*fig.*) *– legna al bosco, acqua al mare, vasi a Samo, nottole ad Atene*, fare cose inutili | (*fig.*) *– qc. alle stelle, sugli scudi*, esaltarlo. **2** Consegnare, recare, dare (*anche fig.*): *mi hanno portato questo regalo; portatemi il conto; – q.c. in dote* | (*fig.*) *– aiuto, soccorso*, aiutare, soccorrere. **3** Prendere o tenere con sé, spec. quando si viaggia: *portarsi le provviste, un abito pesante.* **4** (*fig.*) Proporre o designare e fornire di adeguati appoggi: *– qc. come candidato* | (*est.*, *fig.*) Addurre, presentare: *– un esempio.* **5** Condurre: *– i bambini a spasso; la strada che porta al mio paese.* **6** Fare arrivare: *hanno portato l'acquedotto fino a qui* | (*fig.*) *Qual buon vento ti porta?*, quale felice circostanza ti ha fatto giungere fin qui? | *– l'acqua al proprio mulino*, (*fig.*) badare al proprio utile. **7** Trascinare con sé: *la corrente porta relitti d'ogni genere* | *– via*, detto di cosa, asportare, strappare o rubare: *mi hanno portato via il portafogli* | *Portarsi via*, detto di cose, conquistarle, acquistarle o rubarle. **8** Guidare manovrando: *– l'automobile* | *– in porto*, detto di nave, condurla all'attracco e (*fig.*) far giungere q.c. alla conclusione. **9** (*fig.*) Indurre: *ecco a cosa ti ha portato l'ambizione.* **10** Causare, generare, produrre: *– la neve, la pioggia; – danno; – fortuna.* **11** Reggere o sostenere su di sé: *le travi portano il tetto* | (*est.*) Avere la forza di sostenere: *è un animale che porta carichi pesanti.* **12** Avere indosso: *– un abito elegante, un fiore all'occhiello* | Usare abitualmente: *– gli occhiali* | Tenere: *– i capelli lunghi* | Avere: *– un braccio al collo; portiamo un nome onorato.* **13** (*fig.*) Nutrire sentimenti nei confronti di qc.: *mi hai offeso ma non ti porto rancore* | *– rispetto*, rispettare | *– pazienza*, pazientare. **14** Sopportare: *– con dignità il proprio dolore* | *– bene gli anni*, conservarsi bene, quanto all'aspetto e alle forze, rispetto agli anni che si hanno. **B** *v. intr. pron.* **1** Trasferirsi, recarsi: *portarsi sul luogo del disastro; la vettura si portò sulla destra.* **2** Comportarsi, agire: *con noi si è sempre portato da galantuomo.* **3** Stare, di salute: *come ti porti?; portarsi bene.* [→ tav. *proverbi* 16, 225, 227, 246, 370]

portaritràtti *s. m.* Cornice o custodia per mettere in vista fotografie o ritratti.

portariviste *s. m. inv.* Mobiletto nel quale si conservano giornali e riviste.

portarossétto *s. m. inv.* Custodia metallica per il rossetto.

portasapóne *s. m. inv.* Vaschetta o scatoletta per mettervi il sapone.

portascì *s. m.* Attrezzo metallico che si monta sul tetto degli autoveicoli per trasportare gli sci.

portasciugamàno *s. m.* (*pl. portasciugamàni*) Arnese di varia foggia e materiale per reggere gli asciugamani.

portasigarétte *s. m. inv.* Astuccio di varia foggia e materiale per tenervi le sigarette.

portasìgari *s. m.* Astuccio di cuoio o altro per tenervi i sigari.

portaspazzolìno *s. m. inv.* Astuccio per riporre lo spazzolino da denti.

portaspìlli *s. m.* Cuscinetto sul quale si appuntano gli spilli.

portàta *s. f.* **1** Ciascuna delle vivande o piatti che si servono in un pranzo. [→ ill. *stoviglie*] **2** Capacità di carico di un veicolo o mezzo di trasporto: *verificare la – di un autotreno.* **3** Gittata massima di un proietto. **4** (*fig.*) Limite o punto cui si può arrivare con determinati mezzi: *il prezzo non è alla nostra –* | *Alla – di tutti*, accessibile a tutti | *A – di mano*, di cosa che si tiene a disposizione. **5** (*fig.*) Capacità, calibro, potenza: *il loro ingegno è di uguale –.* **6** (*fig.*) Importanza, valore: *evento di grande –.* **7** (*fis.*) Volume di acqua che passa in una sezione di un corso d'acqua in un minuto secondo: *fiume con una grande – d'acqua.*

portàtile *agg.* Che si può trasportare. [→ ill. *pittore, radio, suono, televisione*]

portàto A *part. pass. di portare; anche agg.* **1** Che è già stato usato: *abito –.* **2** Che è per natura incline a q.c.: *essere – allo studio.* **B** *s. m.* Prodotto, risultato: *il – del progresso tecnico.*

portatóre *s. m.* (*f. -trìce*) **1** Chi porta o trasporta | Latore. **2** Chi trasporta, spec. a mano o a spalla, carichi in zone selvagge, d'alta montagna o disabitate. **3** (*med.*) Individuo che ospita germi patogeni senza risentirne l'azione. **4** *– di handicap*, handicappato. **5** Chi detiene titoli nominativi così da poter esercitare i diritti in essi incorporati | *Al –*, pagabile al portatore: *titolo al –.*

portatovagliòlo *s. m.* (*pl. portatovagliòli*) Busta o anello di materiale vario in cui si ripone il tovagliolo.

portauòvo *s. m.* Piccolo calice per presentare in tavola e consumare uova con il guscio. [→ ill. *stoviglie*]

portautensili *s. m.* In macchine utensili, supporto a cui si fissa l'utensile.

portavalóri A *s. m.* Presso banche e agenzie di credito, persona incaricata del trasporto di denaro liquido, assegni e sim. **B** *anche agg.*: *cassetta –.* [→ ill. *ufficio*]

portavàṣi *s. m.* Sostegno per vasi da fiori | Vaso di porcellana, metallo e sim. che ne nasconde uno di terracotta con fiori o pianta ornamentale.

portavivànde *s. m. inv.* Cesta o carrello atti a trasportare cibi già pronti. [→ ill. *carrello*]

portavóce A *s. m. inv.* (*mar.*) Megafono | Tubo metallico con imboccatura concava alle due stremità per trasmettere la voce da un punto all'altro, dalla plancia alle macchine e sim. **B** *s. m. e f. inv.* (*fig.*) Chi espone e rende noto il pensiero di altri, parlando in sua vece: *il – del governo.*

porte-enfant /*fr.* 'pɔrt ɑ̃'fɑ̃/ *s. m. inv.* Sorta di sacco di stoffa con la parte posteriore imbottita, nel quale si poneva il neonato per tenerlo in braccio | (*est.*) Sorta di culla portatile. [→ ill. *puericultura*]

portèllo *s. m.* **1** *Dim. di porta.* **2** Piccola porta tagliata in un portone di strada. **3** (*est.*) Apertura chiusa da battente: *– di nave, aereo.* [→ ill. *aeronautica*] **4** Sportello di armadio.

portellóne *s. m.* (*aer.*, *mar.*) Ampio sportello nella fusoliera di un velivolo o nel fianco di una nave.

portènto *s. m.* Avvenimento o fatto straordinario, fuori della norma | Ciò che ha effetti eccezionali, quasi miracolosi: *questa medicina è un –*; SIN. Prodigio | Persona prodigiosamente dotata.

portentóso *agg.* Che costituisce un portento: *fatto –* | Eccezionalmente valido: *atleta –.*

porticàto A *s. m.* Serie di portici con carattere essenzialmente monumentale. **B** *agg.* Coperto da portici.

pòrtico *s. m.* (*pl. -ci*) **1** Luogo di passaggio o sosta, ampiamente aperto all'esterno, con pilastri o colonne di sostegno della copertura o dell'edificio sovrastante. **2** Nelle case rurali, riparo per animali o attrezzi costituito da un tetto poggiante su pilastri o colonne. [→ ill. *architettura, strada*]

portièra *s. f.* **1** Sportello di autoveicolo. **2** Tenda pesante disposta davanti alle porte per riparo o per ornamento. [→ ill. *automobile*]

portieràto *s. m.* Incarico o mansione di portiere in un caseggiato.

portière *s. m.* (*f. -a* nel sign. 1) **1** Portinaio, spec. di edifici pubblici o alberghi. **2** Nel calcio e sim., giocatore che difende la porta della propria squadra.

portinàia *s. f.* **1** Donna che tiene una portineria. **2** Moglie del portinaio.

portinàio A *s. m.* (*f. -a*) Chi esercita mansioni di custode e sorvegliante alla porta di abitazioni. **B** *agg.* Che custodisce e sorveglia la porta di un convento: *frate –.*

portineria *s. f.* Stanza o appartamento del portinaio, gener. accanto all'ingresso principale di una casa.

pòrto (1) *s. m.* **1** Atto del portare, *solo nella loc.* — *d'armi*, il portare armi con sé e (*est.*) il documento che l'autorizza: *ottenere il — d'armi.* **2** Spesa di trasporto: *pagare il — della merce.*

pòrto (2) *part. pass. di porgere; anche agg.* (*raro*) Teso, avvicinato | Offerto.

pòrto (3) *s. m.* **1** Spazio di mare protetto dove le navi possono sostare con sicurezza al riparo dalle onde e dalle correnti, compiere le operazioni di sbarco e di imbarco dei passeggeri, rifornimenti e riparazioni | — *naturale*, ricavato in una insenatura della costa | — *artificiale*, delimitato da moli e frangiflutti | — *militare*, riservato alle navi da guerra | — *canale*, sbocco di un canale adibito a porto | — *di mare*, (*fig.*) luogo chiassoso, disordinato e pieno di gente. [→ ill. *porto, geografia, spiaggia*] **2** (*fig.*) Meta ultima, conclusione auspicata e desiderata: *giungere in —; condurre in — un affare.* [→ tav. *proverbi* 207]

pòrto (4) *s. m. inv.* Vino liquoroso portoghese, di colore brillante e dal sottile aroma.

portoghése ***A*** *agg.; anche s. m. e f.* Del Portogallo. ***B*** *s. m. e f.* (*fig.*) Chi entra senza pagare in luoghi di pubblico spettacolo (l'espressione deriva dal fatto che a Roma nel sec. XVIII i portoghesi poterono partecipare a una rappresentazione teatrale senza pagare il biglietto).

portolàno *s. m.* (*mar.*) Libro che descrive minuziosamente le caratteristiche di una costa sotto l'aspetto idrografico, meteorologico, nautico.

portóne *s. m.* Grande porta che dà sulla strada, di palazzo o casamento. [→ ill. *strada*]

portòro *s. m.* Marmo giallo e nero di Portovenere.

portuàle ***A*** *agg.* Del porto: *zona —.* ***B*** *s. m.* Lavoratore del porto.

portuàrio *agg.* Di porto: *lavori portuari.*

portulàca *s. f.* Pianta ornamentale, originaria dell'America, delle Centrospermali con bei fiori a tinte vivaci.

portuóso *agg.* Fornito di porti: *regione portuosa.*

porzióne *s. f.* **1** Parte, quota (*anche fig.*): *una — dell'eredità.* **2** Quantità di cibo servita, destinata o prevista per ogni commensale.

pòsa *s. f.* **1** Collocazione, sistemazione in luogo appropriato: *la — della prima pietra.* **2** Quiete, riposo: *lavorare senza —.* **3** (*fot.*) Tempo necessario alla corretta esposizione di una pellicola | *Teatro di —*, studio cinematografico dove esistono le attrezzature per le riprese. **4** Atteggiamento assunto da chi deve essere ritratto. **5** Atteggiamento innaturale e affettato: *assumere pose da intellettuale.* **6** Sedimento lasciato da un liquido in un recipiente.

posacàvi *s. f.* Nave attrezzata per deporre cavi elettrici

porto

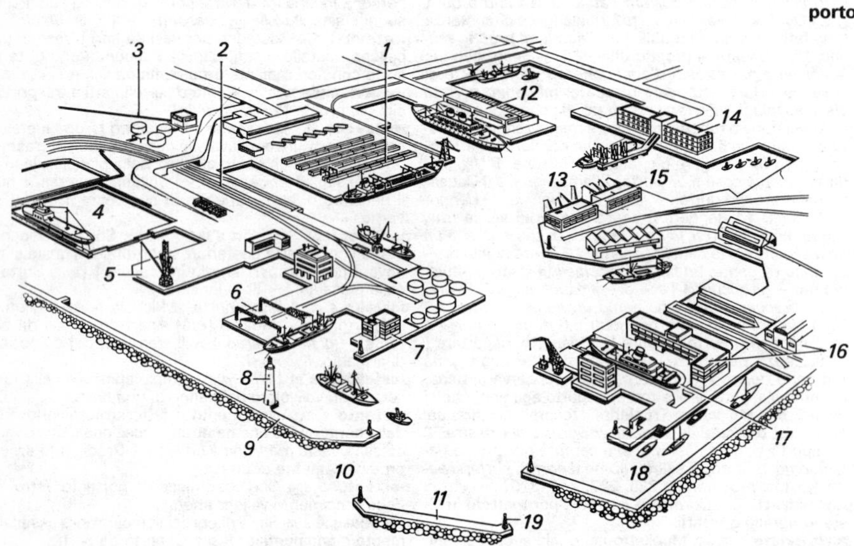

1 calata container 2 scalo ferroviario 3 oleodotto 4 darsena dei petroli 5 molo 6 calata del carbone 7 sanità 8 faro 9 diga foranea 10 imboccatura 11 antemurale 12 stazione marittima 13 scalo merci 14 silo 15 magazzini delle merci 16 cantieri 17 bacino di carenaggio 18 porticciolo per imbarcazioni 19 fanale

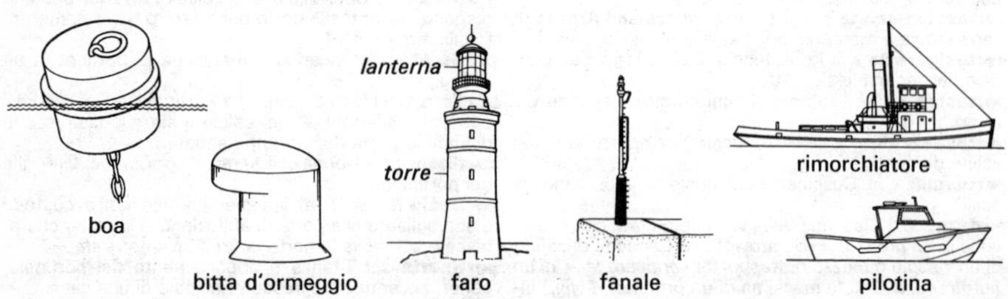

sottomarini.

posacénere *s. m. inv.* Portacenere.

posafèrro *s. m. inv.* Supporto per posarvi il ferro da stiro caldo.

posamìne *s. m. e f. inv.* Nave da guerra attrezzata per collocare mine in mare.

posapiàno *s. m. e f. inv.* (*scherz.*) Persona lenta in ogni suo atto.

posàre ***A*** *v. tr.* (*io pòso*) Mettere giù: — *la penna, il carico a terra* | — *le armi,* (*fig.*) cessare le ostilità. ***B*** *v. intr.* (*aus. essere*) ***1*** Avere come base (*anche fig.*): *la casa posa sulla roccia; la nostra tesi posa sui fatti.* ***2*** (*fig.*) Darsi delle arie, assumere atteggiamenti affettati: — *a grande personaggio.* ***3*** Detto di liquidi, depositare sul fondo del recipiente le particelle più pesanti: *lascia che il caffè posi.* ***C*** *v. intr. pron.* Appoggiarsi o sostare su q.c. (*anche fig.*): *l'ape si posa sui fiori.*

posàta *s. f.* ***1*** Ciascuno degli arnesi (cucchiaio, coltello, forchetta e sim.) che si posano in tavola davanti al commensale per prendere, dividere, portare alla bocca le vivande. [→ ill. *stoviglie*] ***2*** Posto apparecchiato a tavola.

posateria *s. f.* Assortimento di posate.

posatézza *s. f.* L'essere posato.

posàto *part. pass. di posare; anche agg.* ***1*** Grave, lento: *un incidere* —. ***2*** (*fig.*) Di persona che agisce con accortezza e ponderazione; SIN. Riflessivo.

posatóio *s. m.* ***1*** Luogo od oggetto su cui si può posare q.c. ***2*** Amo o verghetta ove si posa un uccello in gabbia o un pollo nel pollaio.

posatóre *s. m.* (*f. -trice*) Chi è affettato nei modi allo scopo di darsi importanza.

posatùra *s. f.* Fondo, deposito, sedimento.

poṣbèllico V. *postbellico.*

poscritto *s. m.* Ciò che si aggiunge a una lettera e sim., dopo averla già conclusa e firmata.

poṣdatàre e deriv. V. *postdatare* e deriv.

poṣdomàni *avv.* (*lett.*) Dopodomani.

poṣitiva *s.f.* (*fot.*) Immagine positiva.

poṣitiviṣmo *s. m.* ***1*** Indirizzo filosofico della seconda metà del XIX sec. che intendeva estendere il metodo delle scienze positive a tutti i settori dell'attività umana. ***2*** Tendenza a preoccuparsi solo degli aspetti e dei problemi pratici della vita.

poṣitivista *s. m. e f.* (*pl. m. -i*) ***1*** Chi segue il positivismo. ***2*** Persona che bada al concreto.

poṣitività *s. f.* L'essere positivo.

poṣitivo ***A*** *agg.* ***1*** Che è stabilito da qc. o da q.c., che risale a un'azione storicamente individuabile: *diritto* —; CONTR. Naturale. ***2*** Che contiene un'affermazione: *termine* —; *giudizio* —. ***3*** Che è reale, concreto o si fonda su elementi concreti: *dato* — | *Scienze positive,* matematica, fisica e scienze naturali | (*est.*) Certo, sicuro: *notizia positiva* | *Di* —, con certezza: *lo so di* —. ***4*** Che bada alla realtà, alla concretezza, lasciando da parte sogni e fantasie: *ragionamenti positivi* | (*est., spreg.*) Che, nelle proprie azioni, è mosso prevalentemente dal calcolo: *è un individuo* —, *non certo un idealista.* ***5*** Che conferma, fornisce una definitiva certezza: *l'indagine si è conclusa in modo* — | (*med.*) Detto di analisi di laboratorio il cui risultato conferma una diagnosi. ***6*** Che agisce o avviene nel modo voluto e sperato, che è comunque buono, favorevole, vantaggioso e sim.: *risultato* —; *il lato* — *di una faccenda*; CONTR. Negativo. ***7*** In varie scienze e tecnologie, detto convenzionalmente di q.c. in opposizione a ciò che, altrettanto convenzionalmente, è definito negativo: *cariche elettriche positive*; *polo* —; *ione* —. [→ ill. *elettricità*] ***8*** (*mat.*) Detto di numero maggiore di zero. ***9*** (*fot.*) Detto di immagine fotografica ottenuta dal negativo mediante stampa, nella quale la disposizione delle luci e delle ombre è uguale a quella dell'oggetto fotografato; CONTR. Negativo. ***10*** (*ling.*) Detto di aggettivo o avverbio che non esprime gradazione maggiore o minore. ***B*** *s. m. solo sing.* ***1*** Ciò che concretamente esiste: *il* — *e l'eventuale.* ***2*** Ciò che è sicuro, certo: *hai saputo q.c. di* —?

poṣitróne *s. m.* (*fis.*) Antiparticella dell'elettrone, caratterizzata da una massa uguale a quella dell'elettrone e da una carica elettrica unitaria positiva.

poṣitùra *s. f.* Modo di stare, di essere collocato: *la* — *di un oggetto* | Atteggiamento, posa.

poṣizionàre *v. tr.* (*tecnol.*) Fare assumere a un oggetto una posizione determinata.

poṣizióne *s. f.* ***1*** Luogo in cui una cosa è situata o si trova, spec. in relazione alla realtà circostante: *la* — *di una casa, di un astro.* ***2*** (*mil.*) Luogo difeso o da conquistare | *Guerra di* —, quella che si svolge fra avversari fermi nelle rispettive trincee. ***3*** Atteggiamento del corpo, della persona, di un arto: *assumere una* — *comoda*; *l'uomo cammina in* — *eretta.* ***4*** (*fig.*) Modo di atteggiare il proprio spirito di fronte alle circostanze: *la sua* — *politica è nettissima* | *Prendere* —, assumere un atteggiamento deciso | (*fig.*) Modo di essere in relazione a un complesso di fatti: *la mia* — *nei suoi confronti si fa difficile.* ***5*** (*fig.*) Condizione economica e sociale | *Farsi una* —, avere successo, raggiungere l'agiatezza.

poṣologìa *s. f.* (*pl. -gie*) Prescrizione della quantità di farmaci da somministrare.

poṣpórre *v. tr.* (*coniug. come porre*) ***1*** Porre o collocare dopo (*anche fig.*). ***2*** Rimandare a un momento successivo: — *un viaggio*; SIN. Posticipare. ● CONTR. Anteporre.

posposizióne *s. f.* Collocazione in una posizione successiva ad un'altra | Rinvio, dilazione.

pòssa *s. f.* Forza, potere, potenza | *A tutta* —, con tutte le forze disponibili.

possedére *v. tr.* (*coniug. come sedere*) ***1*** Avere in proprietà, dominio o signoria: — *campi, automobili* | (*fig.*) Avere in sé: *possiede molte virtù.* ***2*** (*fig.*) Dominare totalmente: *non lasciarti* — *dall'ira.*

possediménto *s. m.* ***1*** (*raro*) Modo e atto del possedere. ***2*** Ciò che si possiede, spec. terreni o territori: *i possedimenti olandesi nelle Indie.*

posseditóre *s. m.* (*f. -trice*) (*raro*) Possessore.

possènte *agg.* Di grande forza o potere (*anche fig.*): *voce, ingegno* —.

possessióne *s. f.* (*raro*) Possesso.

possessivo *agg.* ***1*** Che indica l'appartenenza a persona o a cosa: *aggettivo, pronome* —. ***2*** Di possesso: *tono, istinto* — | Che ha tendenza a dominare in campo affettivo: *amore* —.

possèsso *s. m.* ***1*** Piena disponibilità di q.c.: *il* — *della libertà* | (*est.*) Padronanza: *essere nel pieno* — *delle proprie facoltà mentali.* ***2*** (*dir.*) Potere su una cosa che si manifesta in un'attività corrispondente all'esercizio della proprietà o di altro diritto reale. ***3*** *spec. al pl.* Possedimenti terrieri; SIN. Proprietà.

possessóre *s. m.* (*come f. posseditrice*) Chi ha q.c. in possesso.

possessòrio *agg.* (*dir.*) Che concerne il possesso | *Azione possessoria,* che assicura una tutela provvisoria del possessore spogliato o molestato nel suo possesso | *Giudizio* —, procedimento speciale che sorge con la messa in atto di un'azione possessoria.

possìbile ***A*** *agg.* ***1*** Che può essere, accadere: *prospettare ogni soluzione* —; SIN. Eventuale; CONTR. Impossibile. ***2*** Che si può fare o porre in essere: *agire con la maggior diligenza* —; SIN. Fattibile. ***B*** *s. m. solo sing.* ***1*** Ciò che può essere, accadere, verificarsi: *nei limiti del* —. ***2*** Ciò che si può fare: *faremo tutto il* —.

possibiliṣmo *s. m.* Atteggiamento, spec. politico, che non rifiuta aprioristicamente alcuna soluzione o possibilità.

possibilista *agg.; anche s. m. e f.* (*pl. m. -i*) Che (o chi) dà prova di possibilismo.

possibilità *s. f.* ***1*** Condizione o qualità di possibile; SIN. Eventualità. ***2*** Capacità, facoltà: *non ho la* — *di aiutarti.* ***3*** *spec. al pl.* Mezzi materiali o morali: *le mie* — *sono limitate.*

possibilménte *avv.* Se è possibile.

possidènte *s. m. e f.* Chi dispone di proprietà immobiliari.

post- *pref.* (anche *pos-* davanti a parola che comincia per consonante) Con valore temporale, significa 'poi', 'dopo': *postbellico*; CONTR. Pre-.

pòsta *s. f.* ***1*** Punto o posto determinato, assegnato per una sosta. ***2*** Luogo in cui il cacciatore attende da fermo la selvaggina | *Stare, mettersi alla* —, (*fig.*) spiare qc. | *Fare la* — *a qc.*, cercare di soprenderlo. ***3*** Fermata, tappa per carrozze, viaggiatori o corrieri, collocata un tempo sulle grandi strade di comunicazione. ***4*** Servizio pubblico per la spedizione e il recapito della corrispondenza: *spedire per* — | — *pneumatica*, per brevi distanze, entro bossoli sospinti da aria compressa in tubi metallici | *Piccola* —, rubrica giornalistica formata da lettere dei lettori a cui la redazione del giornale fornisce una risposta. [→ ill. *posta*] **5** *al pl.* Amministrazione che cura il servizio postale e luogo ove ha sede. **6** Corrispondenza: *spedire la* —. **7** Somma che si punta al gioco o che si impegna in una scommessa: *raddoppiare la* — | *Giocare, rischiare una — molto alta*, (*fig.*) azzardare molto. **8** (*raro, lett.*) Piacere, volontà: *a sua* — | *A bella* —, deliberatamente.

postagiro *s. m.* (*pl. -o e -i*) Operazione mediante la quale chi dispone di conto corrente postale fa trasferire ad altro correntista una data somma.

postàle **A** *agg.* Della posta, attinente al servizio delle poste: *servizio* — | *Cartolina, biglietto* —, che si vendono già affrancati con francobollo stampato. [→ ill. *posta*] **B** *s. m.* Nave, treno o altro mezzo di comunicazione adibiti al servizio postale. [→ ill. *ferrovia*]

postàre **A** *v. tr.* (*io pòsto*) **1** (*raro*) Collocare a posto. **2** Disporre sul terreno per l'impiego armi o soldati. **B** *v. intr. pron.* Collocarsi, fermarsi.

postazióne *s. f.* Tratto di terreno occupato da una arma pesante o da un pezzo di artiglieria | (*est.*) Luogo dove si colloca un'apparecchiatura: — *microfonica*.

postbèllico o (*raro*) *poșbèllico agg.* (*pl. m. -ci*) Proprio dell'epoca susseguente a una guerra; CONTR. Prebellico.

postconciliàre *agg.* Posteriore a un concilio, spec. al Concilio Vaticano II. [→ ill. *religione*]

postdatàre o *poșdatàre v. tr.* (*coniug. come datare*) Segnare su una lettera o documento una data posteriore a quella reale.

postdatazióne o *poșdatazióne s. f.* Atto, effetto del postdatare.

posteggiàre (1) *v. tr.* (*io postèggio*) (*raro*) Fare la posta a qc. spec. per coglierlo alla sprovvista.

posteggiàre (2) *v. tr. e intr.* (*io postéggio; aus. avere*) Sistemare in un posteggio: — *l'auto*; SIN. Parcheggiare.

posteggiatóre *s. m.* (*f. -trìce*) Custode delle automobili nei posteggi.

postéggio *s. m.* **1** Luogo in cui i veicoli in servizio pubblico sostano in attesa di clienti | Luogo in cui si lasciano in custodia veicoli; SIN. Parcheggio. **2** Posto spettante dietro pagamento a un rivenditore e alla sua merce, in piazze o mercati.

postelegràfico **A** *agg.* (*pl. m. -ci*) Che concerne i servizi postali e telegrafici. **B** *s. m.* (*f. -a*) Chi è addetto a tali

posta

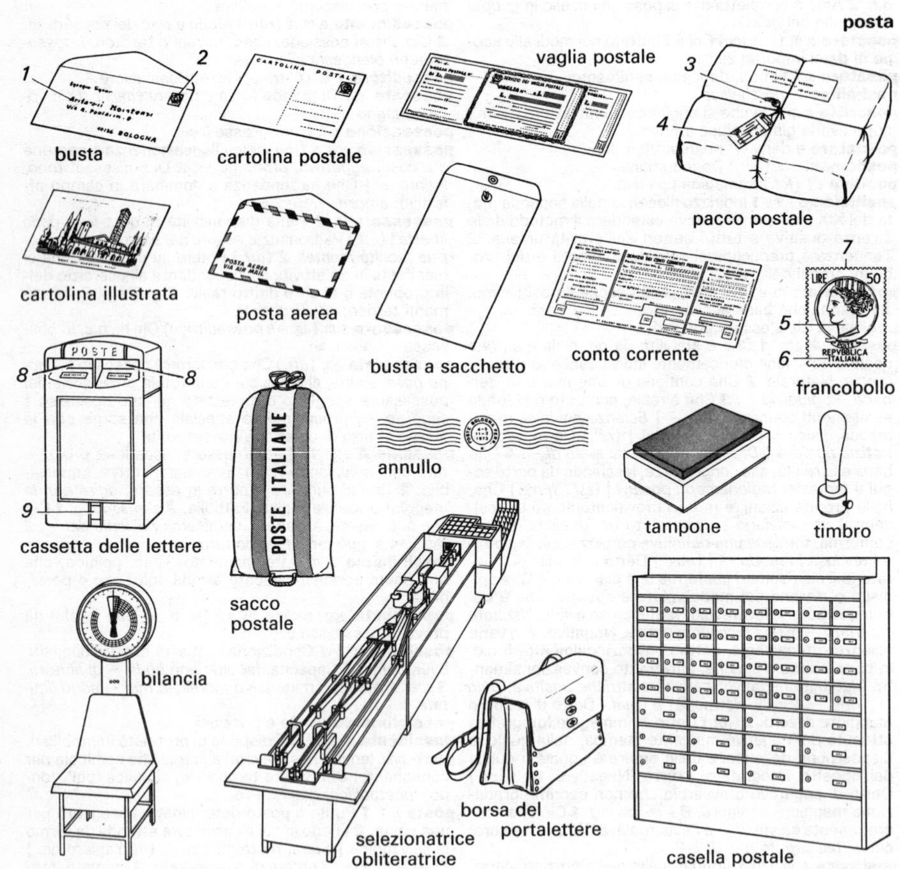

1 indirizzo 2 affrancatura 3 piombino 4 bollettino di spedizione 5 soggetto 6 dicitura 7 dentellatura 8 bocca 9 ora di levata

servizi.
postelegrafònico ***A*** *agg.* (*pl. m. -ci*) Che concerne i servizi postali, telegrafici e telefonici. ***B*** *s. m.* (*f. -a*) Chi è addetto a tali servizi.
postelementàre *agg.* Detto dei corsi di studio che seguono quelli elementari.
postèma *s. f.* (*med.*; *raro*) Ascesso.
poster /*ingl.* 'poustə/ *s. m. inv.* (*pl. ingl. posters* /'poustəz/) Riproduzione a stampa di opere d'arte, fotografie e sim., da appendere alle pareti.
postergàre *v. tr.* (*io postèrgo, tu postèrghi*) ***1*** (*lett.*) Gettare q.c. dietro le proprie spalle | (*fig.*) Trascurare, disprezzare. ***2*** Postillare con note a tergo.
posterióre ***A*** *agg.* Che sta dietro: *la parte — della casa* | Che viene dopo: *scritto —*; CONTR. Anteriore. ***B*** *s. m.* Deretano.
posteriorità *s. f.* L'essere posteriore.
posterità *s. f.* ***1*** Discendenza. ***2*** Insieme di coloro che nasceranno e vivranno dopo di noi.
postèrla V. *postierla.*
pòstero *s. m. spec. al pl.* Discendente lontano, uomo di epoche successive: *il giudizio dei posteri.*
postfazióne *s. f.* Scritto che si pone a conclusione di un libro, gener. non ad opera dell'autore; CONTR. Prefazione.
posticcia *s. f.* (*pl. -ce*) Insieme di piante arboree, spec. per la difesa di argini.
posticcio ***A*** *agg.* (*pl. f. -ce*) Detto di ciò che è artificiale, finto e sostituisce q.c. di naturale che manca: *capelli posticci.* ***B*** *s. m.* ***1*** Toupet. ***2*** Appezzamento di terreno dove si pongono provvisoriamente le piante prima del trapianto.
posticipàre *v. tr.* (*io posticipo*) Rinviare q.c. rispetto al tempo precedentemente fissato: *— un appuntamento*; SIN. Posporre, prorogare; CONTR. Anticipare.
posticipazióne *s. f.* Rinvio ad un momento successivo.
postièrla o *postèrla s. f.* Piccola porta di torri, mura, castelli per il passaggio di una persona per volta. [→ ill. *castello*]
postiglióne *s. m.* Chi guidava i cavalli delle vetture di posta | Cocchiere di carrozza signorile, che guidava cavalcando un cavallo della pariglia.
postilla *s. f.* Breve annotazione, collocata di solito nel margine esterno delle pagine di un libro o di un documento scritto; SIN. Chiosa, codicillo, glossa, nota.
postillàre *v. tr.* Fare postille; SIN. Annotare, chiosare.
postime *s. m.* Pianticella da trapiantare allevata in vivaio: *— di abete.*
postino *s. m.* ***1*** Portalettere. ***2*** (*gener.*) Chi porta messaggi: *il — dei rapitori.*
postmilitàre *agg.* Successivo al servizio militare.
postmodèrno o *post-moderno agg.* ***1*** (*arch.*) Detto delle correnti fiorite alla fine degli anni '70, che tendono al superamento degli schemi funzionali dell'architettura razionalistica. ***2*** (*est.*) Detto di comportamento o atteggiamento sul piano del costume che tende al recupero di valori del passato.
pósto (1) *part. pass. di porre; anche agg.* ***1*** Collocato, situato. ***2*** Supposto, ammesso | *— che*, dato che | *— ciò*, premesso questo.
pósto (2) *s. m.* ***1*** Luogo determinato assegnato a qc. o a q.c.: *mettere ogni cosa al suo —* | *Essere a —*, in ordine | *Mettere a —*, riordinare e (*fig.*) redarguire qc. | *Essere a — con la coscienza*, avere la coscienza tranquilla | *Tenere le mani a —*, stare fermo con le mani, non toccare ciò che non si deve | *Tenere la lingua a —*, controllare il proprio linguaggio | (*fig.*) *Avere la testa a —*, essere saggio | (*fig.*) *Essere una persona a —*, degna di fiducia. ***2*** Spazio libero | (*est.*) Spazio circoscritto riservato a un determinato fine | *— letto*, ciascuna delle stanze o letti disponibili in alberghi, ospedali e sim. | (*est.*) Sedile, sedia o sim. in luoghi o mezzi pubblici: *automobile con cinque posti*; *prenotare un — in platea* | Con riferimento ad aule scolastiche: *torna al tuo —*. [→ ill. *circo*] ***3*** Luogo assegnato a ogni soldato nei ranghi del reparto | *— di guardia*, luogo ove risiede una guardia | *— di blocco*, lungo una via di comunicazione, luogo ove vengono collocati sbarramenti, per controllare persone e mezzi in transito; (*ferr.*) cabina contenente i comandi degli apparecchi di segnalazione e protezione. ***4*** Incarico, impiego, ufficio: *un — di segretario* | *Mettere, mettersi a —*, procurare ad altri o a sé una buona sistemazione. ***5*** Località, luogo, posizione: *un — ignorato dai turisti* | *Sul —*, in quella determinata località di cui si parla o in cui ci si trova: *mi trovavo sul — quando accadde la disgrazia* | (*est.*) Locale pubblico in genere: *un — dove si mangia bene.*
postònico *agg.* (*pl. m. -ci*) (*ling.*) Detto di sillaba che segue quella accentata.
postoperatòrio *agg.* Che segue a una operazione chirurgica.
postprandiàle *agg.* (*lett.*) Successivo al pranzo: *passeggiata —*.
postrèmo *agg.* (*lett.*) Ultimo.
postribolo *s. m.* (*lett.*) Casa di prostituzione; SIN. Bordello.
postscriptum /*lat.* post'skriptum/ *s. m. inv.* Poscritto.
postulànte ***A*** *part. pres. di postulare; anche agg.* Che postula. ***B*** *s. m. e f.* ***1*** Chi postula. ***2*** Chi chiede di essere ammesso come novizio in un ordine religioso.
postulàre *v. tr.* (*io pòstulo*) ***1*** Chiedere con insistenza: *— cariche.* ***2*** Chiedere l'ammissione a un ordine religioso. ***3*** (*filos.*) Considerare come vera, per ragioni particolari, una proposizione non evidente né dimostrata.
postulàto ***A*** *part. pass. di postulare; anche agg.* Chiesto con insistenza. ***B*** *s. m.* (*filos.*, *mat.*) Proposizione non dimostrata ma ammessa ugualmente come vera in quanto necessaria per fondare un procedimento o una dimostrazione: *i postulati di Euclide.*
pòstumo ***A*** *agg.* ***1*** Che è nato dopo la morte del padre: *figlio —*. ***2*** Di opera pubblicata dopo la morte dell'autore: *gli scritti postumi del Manzoni* | (*est.*) Detto di ciò che avviene tardi: *gloria postuma.* ***B*** *s. m.* ***1*** Effetto tardivo o conseguenza di una malattia. ***2*** *spec. al pl.* Complesso dei fatti conseguenti a q.c.: *i postumi della congiuntura.*
postùra *s. f.* ***1*** (*raro*) Posizione. ***2*** (*med.*) Atteggiamento abituale del corpo.
postvocàlico *agg.* (*pl. m. -ci*) (*ling.*) Detto di suono che viene dopo una vocale.
potàbile *agg.* Che si può bere senza pregiudizio per la salute: *acqua —*.
potage /*fr.* pɔ'ta:ʒ/ *s. m. inv.* (*pl. fr. potages* /pɔ'ta:ʒ/) Minestra passata, normalmente di verdura.
potamologìa *s. f.* (*pl. -gie*) Disciplina geografica che studia i fiumi.
potàre *v. tr.* (*io póto*) ***1*** Tagliare ad arte rami di alberi per conferire una determinata forma alla pianta, regolare la produzione dei frutti e sim., anche ass. ***2*** (*fig.*) Tagliare.
potàssa *s. f.* Carbonato di potassio usato nella fabbricazione di alcuni vetri e di saponi molli.
potàssico *agg.* (*pl. m. -ci*) (*chim.*) Di composto del potassio.
potàssio *s. m.* Elemento chimico, metallo alcalino bianco-argenteo che reagisce violentemente con l'acqua, molto diffuso in natura nei suoi composti che sono usati per fertilizzanti, in farmacia, in fotografia, in enologia. SIMB. K.
potatóio *s. m.* Strumento per potare.
potatóre *s. m.* (*f. -trice*) Chi pota.
potatùra *s. f.* Operazione del potare | Insieme di rami tagliati. [→ ill. *agricoltura, forbici, giardiniere*]
potènte ***A*** *agg.* ***1*** Che può molto, in senso fisico o morale; SIN. Poderoso. ***2*** Che sviluppa grande potenza: *i potenti aviogetti* | Di grande efficacia: *medicamento —*. ***B*** *s. m.* Chi ha grande potere e influenza: *i potenti della Terra.*
potentino *agg.; anche s. m.* (*f. -a*) Di Potenza.
potènza *s. f.* ***1*** Natura o qualità di potente: *— economica*; *— militare.* ***2*** Grande forza, energia o intensità: *— delle onde*; *la — delle armi moderne* | Grande capacità: *la — della sua mente*; SIN. Vigore. ***3*** Individuo, gruppo, categoria o Stato che dispone di qualità, capacità e mezzi eccezionali | *Grandi potenze*, gli Stati che eccellono in campo economico e militare. ***4*** (*filos.*) Possibilità di produrre o di subire mutamenti: *— attiva, passiva* | *In —*, allo stato di possibilità. ***5*** (*fis.*) Lavoro compiuto nell'unità di tempo da una macchina: *— di un motore* | *— elettrica*, lavoro prodotto nell'unità di tempo da una corrente elettrica. [→ ill. *elettricità, fisica*] ***6*** (*mat.*) Nu-

mero che si ottiene elevando a un certo esponente quello dato | *All'ennesima* —, (*fig.*) in massimo grado. **7** (*geol.*) Spessore di uno strato di roccia o di minerale.

potenziàle **A** *agg.* **1** Che dispone della possibilità di realizzarsi: *attitudini potenziali.* **2** (*ling.*) Di forma verbale che esprime una possibilità: *congiuntivo* —. **B** *s. m.* **1** (*fis.*) Grandezza caratteristica di particolari campi di forza il cui valore dipende dalla posizione | *Differenza di — elettrico,* rapporto fra il lavoro compiuto per spostare una carica da un punto all'altro di un campo elettrico e la carica elettrica. **2** Tensione elettrica, differenza di potenziale, misurata in volt. **3** (*fig.*) Complesso delle possibilità disponibili in un ente: — *nucleare di uno Stato.*

potenzialità *s. f.* Caratteristica fondamentale di tutto ciò che è in potenza.

potenziaménto *s. m.* Rafforzamento del grado di efficienza di q.c.: — *delle industrie chimiche.*

potenziàre *v. tr.* (*io potènzio*) Portare a un alto grado di efficienza: — *il turismo.*

potenziàto *part. pass. di potenziare; anche agg.* **1** Che è stato portato a un alto grado di efficienza. **2** (*arald.*) Croce potenziata, con i bracci a forma di T. [→ ill. *araldica*]

potenziòmetro *s. m.* Strumento per misurare le differenze di potenziale fra i diversi punti di un circuito elettrico. [→ ill. *elettronica*]

potére **A** *v. intr.* (*pres. io pòsso, tu puòi, egli può, noi possiàmo, voi potéte, essi pòssono; imperf. io potévo, noi potevàmo, essi potévano; pass. rem. io potéi, raro potètti, tu potésti, essi potérono, raro potèttero; fut. io potrò; condiz. pres. io potrèi, tu potrésti, egli potrèbbe, essi potrèbbero; congv. pres. io pòssa, tu pòssa, essi pòssano; congv. imperf. io potéssi; ger. potèndo; part. pres. potènte, lett. possènte; part. pass. potùto; aus. avere* se usato ass.; *come v. servile ha l'aus. del v. a cui si accompagna: sono potuto partire; ho potuto mangiare*) **1** Avere la possibilità, la facoltà, il diritto, il permesso (seguito da un infinito espresso o sottinteso): *posso uscire quando voglio*; *voi non potete parlare*; *non può mangiare cibi pesanti*; *posso sedermi?* **2** Essere possibile, probabile, desiderabile, lecito, consentito, e sim. (seguito da un infinito espresso o sottinteso): *tutto può accadere*; *potrebbe tornare adesso*; *potessimo trovare un po' di pace!*; *qui non si può fumare* | *Può essere che, può darsi che,* è possibile che. **3** Disporre dei mezzi necessari (seguito da un infinito spec. sottinteso): *mi ha chiesto di aiutarlo, ma non posso* (*aiutarlo*); *si salvi chi può* (*salvarsi*). **4** Avere forza vigore, efficacia: *l'esempio può più della parola* | Avere autorità, importanza: *tu puoi molto presso il ministro* | Riuscire a fare, a ottenere: *l'amore può tutto.* **5** Ricorre in *alcune loc. a più non posso,* con la massima forza | *Non poterne più,* non essere più in grado di sopportare qc. o q.c. **B** *in funzione di s. m.* **1** Possibilità concreta di fare q.c.: *non ho poteri per risolvere il problema* | Virtù, potenza, forza: *poteri soprannaturali.* **2** Capacità di influenzare in modo determinante persone o situazioni: *ha il — di convincermi.* **3** Balìa, possesso: *il nemico è in nostro* —. **4** Autorità suprema nell'ambito di una comunità o di uno Stato: *la sete del* —; SIN. Comando. **5** (*dir.*) Capacità, accordata dall'ordinamento a un soggetto di diritto di modificare la propria o l'altrui sfera giuridica: — *legislativo, esecutivo, giudiziario* | *Pieni poteri,* detto dei documenti ufficiali di cui sono muniti gli agenti diplomatici segreti. **6** (*fis.*) Proprietà di un corpo o di un sistema | — *calorifico,* quantità di calore sviluppata dalla combustione di un kg di combustibile liquido o solido. **7** Possibilità, capacità | — *d'acquisto,* quantità di beni e servizi che può essere acquistata con una unità monetaria. [→ tav. *proverbi* 190, 294, 299, 346]

potestà *s. f.* **1** Potere: *avere — di vita e di morte su qc.* **2** (*dir.*) Potere conferito dalla legge per il perseguimento di un interesse superiore | *Patria* —, complesso di poteri e doveri spettanti ai genitori sui figli minorenni non emancipati. **3** *al pl.* Angeli della terza gerarchia.

potestativo *agg.* (*dir.*) Detto di diritto che può essere esercitato nei confronti di un'altra persona senza alcuna cooperazione di quest'ultima.

potòrio *agg.* (*lett.*) Attinente al bere.

pot-pourri /*fr.* 'po pu'ri/ *s. m. inv.* (*pl. fr. pots-pourris* /'po pu'ri/) **1** Piatto di carni e verdure varie cotte insieme alla rinfusa. **2** (*fig.*) Scelta di arie musicali o passi letterari tratti da varie composizioni. **3** (*est.*) Accozzaglia, guazzabuglio.

pouf /*fr.* puf/ *s. m. inv.* (*pl. fr. poufs* /puf/) Grosso sgabello cilindrico tutto imbottito. [→ ill. *mobili*]

poule /*fr.* pul/ *s. f. inv.* (*pl. fr. poules* /pul/) **1** Puntata al gioco, posta. **2** (*sport*) Gruppo di squadre o atleti in una competizione.

pouponnière /*fr.* pupɔ'njɛr/ *s. f. inv.* (*pl. fr. pouponnières* /pupɔ'njɛr/) Asilo-nido.

pour cause /*fr.* pur koz/ *loc. avv.* Con buone ragioni: *non ho voluto vederlo, e* —.

pourparler /*fr.* purpar'le/ *s. m. inv.* (*pl. fr. pourparlers* /purpar'le/) Colloquio preliminare a un accordo: *avere un — con qc.*

poveràccio *s. m.* (f. *-a*) Persona che suscita compassione.

poverèllo *s. m.; anche agg.* (*f. -a*) Persona povera ma umile e buona | *Il — d'Assisi,* S. Francesco.

poverétto *s. m.; anche agg.* (*f. -a*) Persona infelice, degna di compassione.

poverino *s. m.; anche agg.* (*f. -a*) Persona degna di commiserazione (*talvolta iron.*).

pòvero **A** *agg.* **1** Che dispone di scarsi mezzi di sussistenza, che non ha sufficienti risorse economiche: *studente* —; *famiglia, nazione povera* | — *in canna,* poverissimo; SIN. Disagiato; CONTR. Ricco. **2** Che dimostra indigenza, miseria: *casa povera e disadorna.* **3** Che scarseggia o è privo di q.c.: *fiume — d'acqua* | Sterile, misero: *terreno* — | *Parole povere,* prive di eleganza o scarse di contenuto | *In parole povere,* parlando senza perifrasi o metafore; CONTR. Ricco. **4** Che desta pietà e commiserazione per indigenza, deformità, infelicità, sfortuna e sim.: *un — storpio*; *quel — ragazzo non guarirà più* | (*fig., fam.*) *Un — diavolo, un — Cristo,* un poveraccio, un infelice | Che desta a un tempo compassione e disprezzo: *sei un — stupido*; — *ingenuo, cosa credi di fare?* **5** (*fam.*) Defunto: *la povera nonna.* **B** *s. m.* (*f. -a*) Chi non ha ricchezze o dispone a malapena dello stretto necessario per vivere; CONTR. Ricco. [→ tav. *proverbi* 190, 211; → tav. *locuzioni* 40] (V. nota d'uso ELISIONE e TRONCAMENTO)

povertà *s. f.* **1** L'essere povero; SIN. Indigenza, miseria; CONTR. Ricchezza. **2** Difetto, scarsezza: — *d'acqua* | (*fig.*) Meschinità: — *di spirito.*

poveruòmo *s. m.* Uomo che ispira compassione e commiserazione.

pozióne *s. f.* **1** Bevanda medicamentosa. **2** (*fig.*) Bevanda dall'effetto prodigioso.

pózza *s. f.* **1** Piccolo fosso pieno d'acqua. **2** Quantità di liquido caduto o versato a terra e raccolto in un solo punto: *una — di sangue.*

pozzànghera *s. f.* Pozza fangosa d'acqua, spec. piovana.

pozzétto *s. m.* **1** *Dim. di pozzo.* **2** (*mar.*) Nelle imbarcazioni da diporto, spazio a poppa con ponte su cui si sta seduti. **3** Apertura di accesso a una fognatura.

pózzo *s. m.* **1** Scavo più o meno profondo, per lo più verticale e a sezione circolare, eseguito nel suolo e rivestito di muratura o legnami, per raggiungere falde idriche o giacimenti minerari | — *petrolifero,* di grande profondità, per raggiungere sacche petrolifere o metanifere. [→ ill. *diga, miniera*] **2** Buca o cavità molto profonda | — *nero,* cella sotterranea in cui si raccolgono le materie provenienti dalle latrine e dagli scarichi quando non c'è fognatura | — *di bordo,* cassone di ferro per le provviste d'acqua sulle navi. [→ ill. *luna park*] **3** (*fig.*) Quantità molto grande: *avere un — di soldi* | (*fig.*) — *di scienza,* persona estremamente colta | (*fig.*) *Essere, volerci il — di S. Patrizio,* disporre o abbisognare di inesauribili ricchezze. **4** (*mar.*) — *dell'elica,* spazio, ricavato a poppa nello scafo di una nave, ove gira l'elica. [→ ill. *marina*]

pozzolàna *s. f.* (*pl. pozzolàne*) (*miner.*) Tufo recente, poco cementato, di colore grigio o rossastro, usato per far malte idrauliche.

praghése *agg.; anche s. m. e f.* Di Praga.

pragmàtica *s. f.* Parte della linguistica che studia le relazioni intercorrenti tra il linguaggio e chi lo usa.

pragmàtico *agg.* (*pl. m. -ci*) Rivolto all'attività pratica: *un atteggiamento — e realistico* | Prammatico.

pragmatismo *s. m.* Indirizzo filosofico contemporaneo

per il quale la funzione fondamentale dell'intelletto non è quella di consentire una conoscenza della realtà, ma quella di consentire un'azione efficace su di essa.
pragmatista *s. m. e f.* (*pl. m. -i*) Chi segue la filosofia del pragmatismo.
pragmatistico *agg.* (*pl. m. -ci*) Del pragmatismo.
pràho /'prao/ *s. m. inv.* Nave a vela e a remi di vario tipo, di origine malese. [→ ill. *marina*]
pràia *s. f.* (*dial.*) Riva, spiaggia.
pralina *s. f.* Specie di confetto costituito da una mandola tostata e passata nello zucchero bruciato.
prammàtica *s. f.* **1** Prammatica sanzione. **2** Pratica prescritta e seguita per consuetudini stabili in materia di relazioni civili e sociali, *spec. nella loc. essere di —.*
prammàtico *agg.* (*pl. m. -ci*) **1** (*raro*) Pragmatico. **2** *Prammatica sanzione*, nel Medioevo e nell'età moderna, disposizione di carattere generale emanata dai sovrani.
pranoterapìa *s. f.* Terapia consistente nell'imporre le mani sulla parte malata di una persona.
pranzàre *v. intr.* (*aus. avere*) Consumare il pranzo: *— in trattoria, a casa.*
pranzétto *s. m.* **1** Pranzo semplice, non impegnativo. **2** Pranzo ricco di leccornie.
prànzo *s. m.* **1** Pasto principale del giorno, a mezzogiorno o alla sera. [→ ill. *casa*] **2** Lauto ed elegante banchetto cui partecipano numerosi convitati: *— di gala.* **3** Ora in cui normalmente si va a tavola, spec. a mezzogiorno: *vediamoci dopo —.*
praseodimio *s. m.* Elemento chimico metallo del gruppo delle terre rare. SIMB. Pr.
pràssi *s. f.* **1** L'attività pratica; CONTR. Teoria. **2** Procedura corrente: *seguire la —.*
prataiòlo **A** *agg.* Dei prati: *gallina prataiola.* **B** *s. m.* Fungo delle Agaricacee a cappello prima bianco e poi bruno, comune, commestibile. [→ ill. *fungo*]
pratènse *agg.* (*bot.*) Di prato, che cresce in un prato: *fiore —.*
pratería *s. f.* **1** Associazione vegetale tipica di climi continentali caratterizzata da erbe, per lo più graminacee e leguminose. **2** Vasto terreno erboso.
pràtica *s. f.* **1** (*filos.*) Complesso delle azioni che si propongono la realizzazione dell'utile e del bene morale. **2** Attività rivolta a operare, eseguire o effettuare concretamente q.c.; CONTR. Teoria | *Mettere in —*, attuare | *— religiosa, devota*, atto di devozione | *In —*, praticamente. **3** Esercizio concreto di un'attività e abilità con esso conseguita: *la — di un'arte; è dedito alla — del bene.* **4** Esperienza: *i giovani non hanno — della vita* | Familiarità o continuata relazione con qc.: *ho una certa — con lui.* **5** *spec. al pl.* Trattative necessarie per conseguire uno scopo o raggiungere un risultato: *le pratiche per l'acquisto della casa* | (*est.*) Insieme di documenti relativi a un determinato affare | (*est.*) L'affare stesso. [→ ill. *ufficio*] [→ tav. *proverbi* 389]
praticàbile **A** *agg.* **1** Che può essere messo in pratica: *attività —.* **2** Di luogo dove si può andare e passare facilmente: *una foresta poco —*; CONTR. Impraticabile. **B** *s. m.* Passerella mobile o fissa usata per collocarvi parte della scenografia, o sulla quale possono stare gli attori durante l'azione scenica.
praticabilità *s. f.* L'essere praticabile.
praticàccia *s. f.* (*pl. -ce*) **1** (*raro*) Pratica difficile o complessa. **2** (*fam.*) Limitata conoscenza di un'attività ottenuta unicamente con il suo esercizio pratico e priva di ogni base teorica.
praticaménte *avv.* **1** In modo pratico. **2** In realtà, in sostanza: *essere — sicuro di vincere.*
praticantàto *s. m.* Esercizio pratico di una professione precedente a quello effettivo.
praticànte **A** *part. pres. di praticare; anche agg.* Che pratica | Che pratica attivamente una religione: *cattolico —.* **B** *s. m. e f.* Chi fa un tirocinio professionale.
praticàre **A** *v. tr.* (*io pràtico, tu pràtichi*) **1** Mettere in pratica: *— la legge, la giustizia*; SIN. Attuare. **2** Esercitare: *— la professione legale*; SIN. Professare. **3** Frequentare: *— un ambiente, una persona.* **4** Eseguire, fare: *— un'incisione, uno sconto.* **B** *v. intr.* (*aus. avere*) Essere in rapporti d'amicizia o intrattenere relazioni con qc.: *— con qc.* | Essere assiduo frequentatore di un luogo: *— in una città.*
praticità *s. f.* L'essere pratico, comodo.
pràtico **A** *agg.* (*pl. m. -ci*) **1** Che si riferisce a cose e attuazioni concrete: *problema —* | *Metodo —*, nell'insegnamento, quello che insiste più sulle applicazioni concrete dei principi di una disciplina che sulla loro enunciazione teorica; CONTR. Teorico. **2** Che è aderente alla realtà e tende a realizzazioni concrete: *ingegno, carattere —* | *All'atto —*, in pratica. **3** Che è adatto a essere usato facilmente e utilmente: *un utensile —.* **4** Ricco di esperienza e abilità in un lavoro o professione: *operaio — del mestiere* | Conoscitore: *sono — della città.* **B** *s. m.* Persona che tende alle attuazioni pratiche.
praticolo *agg.* Di animale che vive spec. in praterie.
praticóna *s. f.* Levatrice, o sim., che presta illecitamente la sua opera per pratiche abortive.
praticóne *s. m.* (*f. -a*) Chi esercita un'arte o una professione ignorandone i principi teorici e valendosi solo della pratica.
pratile *s. m.* Nono mese del calendario repubblicano francese.
pratìvo *agg.* **1** Tenuto a prato. **2** Che cresce nei prati: *erbe prative.*
pràto *s. m.* **1** Estensione di terra non coltivata e ricoperta d'erba. [→ ill. *giardino pubblico, sport*] **2** Terreno coltivato a foraggio.
pratolìna *s. f.* (*bot.*) Margheritina.
pràvo *agg.* (*lett.*) Malvagio, perverso.
pre- *pref.* **1** Indica un rapporto di anteriorità nel tempo: *preannunciare, prevedere, preavviso, preistoria.* **2** Nella terminologia scientifica e anatomica, significa 'davanti': *prealpino, premolare.* **3** Indica preferenza, superiorità e sim.: *prediletto, predominio.*
preaccennàre *v. tr.* (*io preaccénno*) Accennare o menzionare prima.
preadolescènte *s. m. e f.* Chi ha un'età compresa fra gli 11 e i 14 anni.
preagònico *agg.* (*pl. m. -ci*) Che precede l'agonia: *stato —.*
preallarme *s. m.* (*mil.*) Segnale che precede e preannunzia il segnale di allarme.
prealpìno *agg.* Delle Prealpi.
preàmbolo *s. m.* **1** Parole introduttive di un discorso, di una trattazione, di un'opera. **2** (*fam.*) Premessa cerimoniosa e inutile.
preannunziàre o *preannunciàre v. tr.* (*io preannùnzio*) Annunziare precedentemente: *la lettera preannunzia il suo arrivo.*
preannùnzio o *preannùncio s. m.* Annuncio dato in precedenza.
preatlètico **A** *s. m.* (*pl. -ci*) Esercizio preparatorio eseguito prima di passare all'esecuzione dell'attività specialistica. **B** *anche agg.*
preavvertire *v. tr.* (*io preavvèrto*) Avvertire prima di q.c.
preavvisàre *v. tr.* (*coniug. come avvisare*) Avvisare prima.
preavvìso *s. m.* **1** Avviso preventivo. **2** (*dir.*) Comunicazione anticipata della volontà di una delle parti di recedere da un contratto, spec. di lavoro.
prebèllico *agg.* (*pl. m. -ci*) Che precede immediatamente una guerra.
prebènda *s. f.* **1** Rendita stabile di un beneficio ecclesiastico. **2** (*est.*) Guadagno, lucro.
precampionàto *agg. inv.; anche s. m.* (*sport*) *Nella loc. partita —, o partita di —*, partita amichevole disputata nel periodo che precede l'inizio del campionato.
precanceróso *agg.* (*med.*) Che precede o tende a trasformarsi in tumore maligno.
precariàto *s. m.* Condizione di lavoratore precario, spec. nella scuola.
precarietà *s. f.* Natura di precario; SIN. Incertezza; CONTR. Stabilità.
precàrio **A** *agg.* **1** Temporaneo, incerto, provvisorio: *domicilio —* | Malsicuro, instabile: *situazione economica precaria* | *Salute precaria*, cagionevole. **2** Detto di lavoratore assunto con contratto a termine, spec. nel settore pubblico. **B** *s. m.* (*f. -a*) Lavoratore precario.
precauzionàle *agg.* Che ha valore di precauzione: *provvedimento —.*
precauzióne *s. f.* **1** Cautela, circospezione: *agire con —.* **2** Misura, provvedimento atto a evitare possibili danni, effetti negativi e sim.: *prendere le dovute precauzioni.*

prèce *s. f.* (*lett.*) Preghiera.

precedènte ***A*** *part. pres. di precedere; anche agg.* Che precede: *i giorni precedenti il matrimonio.* ***B*** *s. m.* ***1*** Atto o avvenimento che apre la via ad altri, analoghi ma successivi nel tempo | *Senza precedenti*, detto di cosa mai verificatasi prima; (*est.*) eccezionale: *un freddo senza precedenti* | *Creare, stabilire un* —, fare q.c. che in futuro può giustificare cose analoghe. ***2*** Ogni dato relativo alla vita di un individuo, anteriore rispetto a un certo momento: *precedenti familiari, di lavoro* | *Precedenti penali*, condanne per reati riportate da chi è attualmente imputato.

precedènza *s. f.* ***1*** Il precedere q.c. o qc. ***2*** Diritto di passare prima: *dare, avere, concedere la* — | *Strada con diritto di* —, ove chi circola gode di precedenza assoluta. ***3*** Priorità | *In* —, prima di q.c.

precèdere *v. tr. e intr.* (*pres. io precèdo; pass. rem. io precedètti o precedéi, tu precedésti; part. pass. precedùto; aus. avere*) ***1*** Andare innanzi: *la guida ci precedeva*; CONTR. Seguire. ***2*** Essere anteriore, accadere prima: *il lampo precede il tuono.*

precessióne *s. f.* ***1*** Movimento di lenta rotazione dell'asse di un giroscopio, di una trottola e, sim., in senso contrario a quello della rotazione dell'oggetto. ***2*** (*astron.*) Fenomeno per cui i punti equinoziali descrivono tutta l'eclittica in circa 26.000 anni.

precettàre *v. tr.* (*io precètto*) ***1*** (*raro*) Comandare con un precetto scritto. ***2*** Richiamare alle armi i militari in congedo | Disporre per la requisizione di automezzi, quadrupedi e altri mezzi occorrenti per l'esercito in guerra | (*est.*) Richiamare in servizo gli addetti a servizi di pubblica utilità, nell'ambito di uno sciopero.

precettista *s. m. e f.* (*pl. m. -i*) (*raro*) Chi dà precetti | (*spreg.*) Chi limita il proprio insegnamento all'enunciazione di regole, formule e precetti.

precettìstica *s. f.* ***1*** Insieme di regole e precetti inerenti una determinata disciplina. ***2*** Insegnamento per formule e precetti.

precètto ***A*** *s. m.* ***1*** (*relig.*) Nella dottrina cattolica, legge con cui la Chiesa prescrive ai fedeli alcuni atti di religione e determinate astinenze: *i cinque precetti della Chiesa*; — *pasquale* | *Festa di* —, con obbligo della Messa e dell'astensione dal lavoro. ***2*** Insegnamento, norma, regola: *precetti morali, civili, religiosi.* ***3*** Atto consistente nell'intimazione di adempiere l'obbligo risultante da un titolo esecutivo entro un dato termine. ***4*** Ordine di richiamo alle armi per mobilitazione e per istruzione. ***B*** *in funzione di agg. inv.* (*posposto al s.*) *Nella loc. cartolina* —, documento recante la chiamata alle armi.

precettóre *s. m.* (*f. -trice*) Chi, privatamente, cura l'istruzione e l'educazione dei giovani; SIN. Istitutore.

precipitànte ***A*** *part. pres. di precipitare; anche agg.* Che precipita. ***B*** *s. m.* (*chim.*) Composto che, aggiunto a una soluzione, provoca in questa la formazione di un precipitato.

precipitàre ***A*** *v. tr.* (*io precìpito*) ***1*** Gettare con impeto dall'alto in basso: — *in mare la zavorra.* ***2*** (*fig.*) Fare q.c. in gran fretta e senza riflettere: — *un giudizio.* ***3*** (*chim.*) Separare sostanze da soluzioni mediante aggiunta di opportuni reattivi. ***B*** *v. intr.* (*aus. essere*) ***1*** Cadere con velocità e violenza verso il basso: — *da una rupe*; SIN. Cascare. ***2*** (*fig.*) Piombare in miseria, andare in rovina; SIN. Crollare. ***3*** (*fig.*) Evolvere verso una conclusione rapida e affrettata: *la situazione economica sta precipitando.* ***4*** (*chim.*) Separarsi dalla soluzione e depositarsi sul fondo. ***C*** *v. rifl.* Gettarsi dall'alto: *precipitarsi nel vuoto.* ***D*** *v. intr. pron.* Recarsi in gran fretta: *precipitarsi al lavoro.*

precipitàto ***A*** *part. pass. di precipitare; anche agg.* ***1*** Caduto a precipizio. ***2*** Affrettato. ***B*** *s. m.* ***1*** (*mus.*) Notazione di movimento molto veloce. ***2*** (*chim.*) Sostanza che si separa da una soluzione per aggiunta di un reattivo precipitante e si deposita sul fondo del recipiente.

precipitatòre *s. m.* Apparecchio elettrostatico per liberare l'aria da polveri e fumi.

precipitazióne *s. f.* ***1*** Caduta verso il basso | — *atmosferica*, particelle di acqua cristallizzate o amorfe, che cadono da nubi e raggiungono la superficie terrestre. ***2*** (*fig.*) Fretta eccessiva nel fare o dire q.c.: *parlare con* —.

precìpite *agg.* (*lett.*) Che cade col capo all'ingiù.

precipitevolissimevolménte *avv.* (*scherz.*) A gran precipizio.

precipitóso *agg.* ***1*** Che cade o corre con impeto: *pioggia precipitosa* | (*est.*) Velocissimo: *fuga precipitosa.* ***2*** (*fig.*) Che agisce senza ponderazione | Che è fatto con precipitazione: *decisione precipitosa.*

precipìzio *s. m.* ***1*** Luogo dirupato dal quale si può facilmente cadere | *A* —, con fortissima pendenza; (*fig.*) con grande fretta: *correre, parlare a* —. ***2*** (*fig.*) Baratro, rovina, perdizione: *essere sull'orlo del* —.

precìpuo *agg.* Primo in ordine d'importanza: *lo scopo — della ricerca*; SIN. Principale.

precisaménte *avv.* ***1*** In modo preciso. ***2*** Esattamente, proprio: *è — quello che volevo.*

precisàre *v. tr.* Rendere preciso con dati di fatto, determinazioni di luogo, tempo o significato: — *i termini di una controversia*; SIN. Circostanziare, specificare.

precisazióne *s. f.* Definizione, determinazione atta a precisare: — *della natura di un problema* | Chiarimento teso a puntualizzare un pensiero, una notizia e sim.

precisióne *s. f.* L'essere preciso | Assoluta esattezza | *Di* —, detto di strumento molto esatto o di lavoro molto accurato; CONTR. Imprecisione. [→ ill. *bilancia, fisica, orafo e argentiere*]

preciso *agg.* ***1*** Esatto: *sono le dieci precise* | Ben determinato in ogni elemento: *idee precise* | *È mio — dovere*, lo devo fare proprio io; CONTR. Impreciso. ***2*** Che fa le cose con esattezza: *impiegato* —; SIN. Diligente. ***3*** Che è perfettamente uguale: *due abiti precisi.*

preclàro *agg.* (*lett.*) Illustre, insigne.

preclùdere *v. tr.* (*pass. rem. io preclùsi, tu precludésti; part. pass. preclùso*) Impedire o vietare totalmente: — *il cammino, la fuga.*

preclusióne *s. f.* Impedimento, ostacolo, esclusione.

preclusivo *agg.* Che preclude.

preclùso *part. pass. di precludere; anche agg.* Impedito.

precòce *agg.* Che matura innanzi tempo: *frutti precoci* | Che avviene prima del tempo normale prevedibile: *vecchiaia* —; SIN. Prematuro; CONTR. Tardivo.

precocità *s. f.* L'essere precoce.

precolombiàno *agg.* Detto di ciò che in America è anteriore all'arrivo di C. Colombo: *vaso* —. [→ ill. *monumenti archeologici*]

precompressióne *s. f.* Compressione preventiva | Sistema costruttivo consistente nel provocare in travi di calcestruzzo una preventiva sollecitazione a pressione mediante cavi tesi di acciaio.

precomprèsso *part. pass. di precomprimere; anche agg. e s. m.* Trave o elemento di cemento che ha subito compressione.

precomprìmere *v. tr.* (*coniug. come comprimere*) Applicare la tecnica della precompressione.

preconcètto ***A*** *agg.* Detto di idea, giudizio o concetto che ci si forma su q.c. o qc. prima di averne conoscenza diretta: *antipatia preconcetta.* ***B*** *s. m.* Idea o convinzione preconcetta; SIN. Pregiudizio.

preconfezionàre *v. tr.* Confezionare in anticipo, secondo certi modelli, detto spec. di abiti.

precongressuàle *agg.* Precedente a un congresso: *dibattito* —.

preconizzàre *v. tr.* ***1*** (*lett.*) Annunciare pubblicamente. ***2*** Annunciare la nomina di vescovi e di cardinali fatta dal papa in concistoro. ***3*** Presagire, preannunziare: — *a qc. una folgorante carriera.*

preconóscere *v. tr.* (*coniug. come conoscere*) Conoscere q.c. prima del suo verificarsi.

precònscio *s. m.* (*psicol.*) Contenuto mentale non presente alla coscienza in un dato momento, ma che può essere richiamato alla coscienza quando si vuole; CFR. Inconscio.

precordiàle *agg.* Del precordio.

precòrdio *s. m.* ***1*** (*anat.*) Regione toracica corrispondente al cuore. ***2*** *al pl.* (*lett.*) Petto, cuore, come sede dei sentimenti e degli affetti: *gli intimi precordi.*

precórrere *v. tr.* (*coniug. come correre*) Prevenire, anticipare: *avvenimenti che precorrono i tempi* | *Non voler — gli eventi*, attendere il momento opportuno per agire.

precorritóre *s. m.; anche agg.* (*f. -trice*) Chi (o che) precorre: *annuncio — di sventure.*

precostituìre *v. tr.* (*io precostituisco, tu precostituisci*)

Costituire in precedenza.

precòtto *agg.; anche s. m.* Detto di alimento sottoposto a cottura totale o parziale prima della vendita.

precursóre ***A*** *agg.* (*come f. precorritrice*) Che precorre, fa presagire: *un lampo — del tuono.* ***B*** *s. m.* Antesignano: *un — della psicanalisi.*

prèda *s. f.* ***1*** Ciò che si toglie ad altri con la forza durante rapine, saccheggi e sim.: *pirati in cerca di —; prede di guerra.* ***2*** Animale preso durante la caccia: *carniere ricco di —.* ***3*** (*fig.*) Balìa, potere **|** *Darsi in — a q.c.*, abbandonarsi senza reagire: *darsi in — alla disperazione* **|** *Essere in — a q.c.*, esserne violentemente dominato: *era in — all'alcol.*

predàre *v. tr.* (*io prèdo*) Sottrarre o strappare con la violenza: *— oggetti preziosi* **|** Mettere a sacco: *— la città.*

predatóre ***A*** *agg.* (*f. -trìce*) ***1*** Che preda: *esercito —.* ***2*** Detto di animale rapace che vive predando altri animali. ***B*** *s. m.* ***1*** Predone. ***2*** Animale predatore.

predecessóre *s. m.* (*f. -a*) ***1*** Chi ha preceduto qc. in un ufficio, carica, attività e sim.: *il — del ministro.* ***2*** *spec. al pl.* Chi è vissuto prima dell'attuale generazione: *i nostri predecessori*; SIN. Antenati.

predèlla *s. f.* ***1*** Largo gradino di legno che fa da base a un mobile: *la — della cattedra* **|** Gradino ampio dell'altare. ***2*** Parte inferiore del polittico e della pala d'altare, divisa in più parti. [→ ill. *religione*]

predellìno *s. m.* ***1*** *Dim. di predella.* ***2*** Gradino di accesso su vettura, carrozza e sim.; SIN. Montatoio.

predestinàre *v. tr.* (*io predestino o raro predèstino*) ***1*** Predisporre il corso della vita umana, che è proprio di Dio. ***2*** (*lett.*) Destinare in precedenza.

predestinàto *part. pass. di predestinare; anche agg.* Che è stato destinato a q.c. molto tempo prima.

predestinazióne *s. f.* ***1*** Corso degli avvenimenti già stabilito in precedenza; SIN. Destino. ***2*** (*relig.*) Ordine stabilito da Dio riguardo al corso della vita umana.

predestinazionișmo *s. m.* Dottrina cristiana del V sec., secondo la quale ogni uomo è predestinato da Dio alla salvezza o alla dannazione.

predeterminàre *v. tr.* (*io predetèrmino*) Determinare anticipatamente.

predétto *part. pass. di predire; anche agg.* Di cui si è parlato o scritto in precedenza: *nel — libro*; *per i predetti motivi.*

prediàle *agg.* Che concerne i terreni, i fondi rustici: *imposta —; servitù —.*

prèdica *s. f.* ***1*** Sermone rivolto dal sacerdote ai fedeli, in genere dal pulpito, su argomento sacro **|** *Da che pulpito viene la —!*, (*fig., iron.*) detto di persona che elargisce consigli moraleggianti, totalmente in contrasto col suo modo d'agire. ***2*** (*fig.*) Ramanzina, rimprovero **|** (*est., fam.*) Lungo e noioso discorso di ammonizione e sim.

predicàre ***A*** *v. tr.* (*io prèdico, tu prèdichi*) ***1*** Rivolgere la predica ai fedeli **|** Dare annuncio pubblico, per mezzo di predicazione, di una verità, o di un'impresa: *— la Crociata, l'Evangelo.* ***2*** Andare insegnando a molti: *— la pace, la verità.* ***3*** Esaltare e lodare pubblicamente: *— la grandezza di qc.* ***B*** *v. intr.* (*aus. avere*) ***1*** Parlare esortando, insegnando e sim.: *— al popolo* **|** (*fig.*) *— al deserto, al vento* e sim., sprecare le proprie parole con chi non vuole ascoltare. ***2*** Discorrere come un predicatore, con affettazione.

predicativo *agg.* (*ling.*) Che concerne il predicato **|** Che ha funzione di predicato **|** Detto del verbo *essere* quando è usato non nel suo significato di *esistere, trovarsi* e sim., ma semplicemente come copula di una proposizione (es. *è bello*).

predicàto *s. m.* (*ling.*) Parte della proposizione che indica ciò che si dice del soggetto **|** *— verbale*, costituito da una forma verbale (es. *io leggo*) **|** *— nominale*, costituito da una forma nominale e da una copula (es. *tu sei buono*) **|** *Essere in —*, essere fra coloro che hanno le maggiori probabilità di ottenere una dignità o carica.

predicatóre ***A*** *agg.* (*f. -trice*) Che predica **|** *Frate —*, domenicano. ***B*** *s. m.* ***1*** Sacerdote che predica. ***2*** Sostenitore di un'idea **|** (*fig., scherz.*) Chi fa sermoni o prediche di tono moraleggiante.

predicatòrio *agg.* Di, da predicatore (*anche spreg.*): *tono —.*

predicazióne *s. f.* Atto del predicare **|** (*raro*) Predica.

predicòzzo *s. m.* (*fam., scherz.*) Ammonizione o esortazione di tono amichevole: *fare un — a qc.*; SIN. Ramanzina.

predilètto *part. pass. di prediligere; anche agg. e s. m.* (*f. -a*) Che (o chi) è amato più degli altri, è preferito a tutti gli altri.

predilezióne *s. f.* ***1*** Spiccata preferenza: *ha — per la musica.* ***2*** Ciò che si predilige.

prediligere *v. tr.* (*dif. del part. pres.; coniug. come diligere*) Amare qc. o q.c. più d'ogni altra persona o cosa.

prèdio *s.m.* Podere, fondo: *— rustico.*

predìre *v. tr.* (*coniug. come dire*) Dire o annunciare eventi prima che accadano: *gli predisse molte sventure*; SIN. Profetizzare, pronosticare.

predispórre ***A*** *v. tr.* (*coniug. come porre*) ***1*** Preparare e sistemare ciò che serve a q.c.: *— tutto per la partenza*; SIN. Preordinare. ***2*** Rendere psicologicamente capace di accettare e sostenere eventi o notizie emozionanti: *— qc. a una disgrazia.* ***B*** *v. rifl.* Prepararsi a q.c.: *predisporsi a una grave decisione.*

predisposizióne *s. f.* ***1*** Preparazione in vista di q.c.: *curare la — di ogni cosa.* ***2*** (*med.*) Insieme delle caratteristiche dell'organismo che favoriscono l'insorgere di una malattia. ***3*** Inclinazione, attitudine: *avere — al disegno.*

predizióne *s. f.* Atto del predire **|** Ciò che si predice; SIN. Profezia, vaticinio.

predominànte *part. pres. di predominare; anche agg.* Che predomina.

predominàre ***A*** *v. intr.* (*io predòmino; aus. avere*) Essere prevalente e imporsi su altre cose o persone: *è abituato a — su tutti*; SIN. Prevalere. ***B*** *v. tr.* Vincere, sopraffare.

predominio *s. m.* ***1*** Supremazia: *il — della ragione.* ***2*** Preponderanza.

predóne *s. m.* Chi vive di saccheggi e ruberie; SIN. Predatore.

preeșistènte *part. pres. di preesistere; anche agg.* Che esisteva prima di altre cose.

preeșistènza *s. f.* Il preesistere.

preeșistere *v. intr.* (*coniug. come esistere; aus. essere*) Esistere prima di altre cose.

prefabbricàre *v. tr.* (*io prefàbbrico, tu prefàbbrichi*) Costruire con la tecnica della prefabbricazione.

prefabbricàto *part. pass. di prefabbricare; anche agg.* Detto di elementi edili fabbricati in precedenza **|** *Casa prefabbricata*, montata in sede con elementi prefabbricati. [→ ill. *edilizia*]

prefabbricazióne *s. f.* In edilizia, procedimento consistente nel preparare a parte i vari elementi costitutivi di un edificio e di montarli poi sul posto.

prefàzio *s. m.* ***1*** Orazione alternata fra celebrante e fedeli, che precedeva il canone della messa. ***2*** Musica che accompagna tale orazione.

prefazionàre *v. tr.* (*io prefazióno*) Fare una prefazione.

prefazióne *s. f.* Scritto che si premette a un libro per dichiararne gli intendimenti, gener. non ad opera dell'autore; CONTR. Postfazione.

preferènza *s. f.* Opinione o atto di chi preferisce, presceglie o antepone qc. o q.c. ad altro **|** *Dare la — a qc. o a q.c.*, preferire **|** *Voto di —*, (*ell.*) —, voto dato a uno o più candidati della lista prescelta.

preferenziàle *agg.* Di preferenza **|** *Voto —*, che individua un candidato prescelto.

preferìbile *agg.* Che si deve preferire: *questa è la soluzione —.*

preferibilménte *avv.* Con preferenza.

preferire *v. tr.* (*io preferìsco, tu preferisci*) Anteporre ad altro nella valutazione e nella scelta: *al mare preferisco la montagna* **|** Volere piuttosto: *— la morte al disonore*; SIN. Preporre.

preferito *part. pass. di preferire; anche agg. e s. m.* (*f. -a*) Che (o chi) è prediletto, favorito; SIN. Beniamino.

prefestivo *agg.* Che viene prima di una festa: *giorno —.*

prefettìzio *agg.* Del, relativo al prefetto nel sign. 2: *palazzo —* **|** *Commissario —*, funzionario che, per vari motivi, il prefetto incarica della temporanea amministrazione di un comune.

prefètto *s. m.* ***1*** Nell'antica Roma, magistrato con competenze amministrative, politiche o militari. ***2*** Pubblico funzionario rappresentante del governo nella provincia.

3 Titolo di ciascuno dei cardinali che presiedono le Sacre Congregazioni della curia romana. *4* Chi è a capo di una camerata in collegi, seminari e sim.

prefettùra *s. f.* *1* Titolo, ufficio, dignità del prefetto. *2* Circoscrizione su cui egli esercita la propria potestà | Sede del prefetto.

prèfica *s. f.* *1* Donna pagata per piangere e lodare un morto. *2* (*fig., scherz.*) Chi piange disgrazie presenti o future.

prefìggere *v. tr.* (*coniug. come figgere*) Fissare o stabilire prima di agire: — *un termine; prefiggersi uno scopo.*

prefiguràre *v. tr.* (*coniug. come figurare*) Rappresentare simbolicamente cose, persone o eventi futuri: *Abele prefigura Cristo.*

prefigurativo *agg.* Detto dei dipinti e dei tracciati eseguiti dall'uomo in età preistorica.

prefigurazióne *s. f.* Rappresentazione simbolica di cose, persone o eventi futuri.

prefissàre *v. tr.* Fissare, stabilire in precedenza: —, *prefissarsi un obiettivo.*

prefisso **A** *part. pass. di prefiggere; anche agg.* (*raro*) Prestabilito. **B** *s. m.* *1* (*ling.*) Affisso che compare in posizione iniziale in un'unità lessicale (es. *pre-figgere*); CONTR. Suffisso. *2* (*tel.*) Serie di cifre da comporre prima del numero telefonico di un abbonato per chiamarlo in teleselezione.

prefissoide *s. m.* (*ling.*) Elemento formativo usato come primo membro di parole composte (es. *aero-porto*).

pregàre *v. tr.* (*io prègo, tu prèghi*) *1* Rivolgersi a qc. chiedendo qualcosa con umiltà: *ti prego di restare; vi prego nel nome di Dio; pregò suo padre di aiutarlo* | *Farsi* —, non concedere facilmente ciò che viene chiesto; SIN. Supplicare. *2* Rivolgersi a Dio, alla divinità, come atto di devozione o per chiedere aiuto, protezione e sim.: — *la Madonna* | ass. Dire preghiere: — *per i propri cari.* *3* Invitare cortesemente: *non si disturbi, la prego!* [→ tav. *proverbi* 110]

pregévole *agg.* *1* Di pregio: *opera* —; SIN. Pregiato; CONTR. Dozzinale. *2* Degno di stima, di considerazione; CONTR. Spregevole.

preghièra *s. f.* *1* Manifestazione fondamentale della vita religiosa consistente nel rivolgersi a Dio o al mondo divino con la parola o con la mente, per chiedere, ringraziare o glorificare. *2* (*est.*) Domanda umile e pressante; SIN. Supplica | (*est.*) Cortese invito: *con preghiera di risposta.*

pregiàre **A** *v. tr.* (*io prègio*) (*lett.*) Considerare, stimare. **B** *v. rifl.* (*bur.*) Sentirsi onorato: *mi pregio di farle sapere che...*

pregiatissimo *agg.* *1* *Sup. di pregiato.* *2* Molto stimato, nelle intestazioni epistolari.

pregiàto *part. pass. di pregiare; anche agg.* Che è tenuto in pregio, che ha valore; SIN. Pregevole.

prègio *s. m.* *1* Valore, qualità: *oggetto di* —; *avere molti pregi personali.* *2* Decoro, onore, stima: *acquistare, perdere* — | *Avere gran* —, essere grandemente stimato | *Tenere in* —, stimare | (*est.*) Ciò che conferisce pregio: *questo è il — della verità.*

pregiudicàre *v. tr.* (*io pregiùdico, tu pregiùdichi*) Compromettere, nuocere, danneggiare: — *l'esito di q.c.*

pregiudicàto **A** *part. pass. di pregiudicare; anche agg.* Compromesso, danneggiato. **B** *s. m.* (*f. -a*) Persona che ha ricevuto condanna o è stata in prigione; CONTR. Incensurato.

pregiudiziàle **A** *agg.* Detto di ciò che deve essere esaminato e deciso prima di ogni ulteriore azione o decisione | *Questione* —, questione su cui l'autorità giudiziaria nel processo civile deve pronunciarsi con precedenza su altre questioni. **B** *s. f.* Questione pregiudiziale.

pregiudizialità *s. f.* (*dir.*) Rapporto d'ordine logico che lega le questioni pregiudiziali alle questioni che possono essere decise nel processo dopo la soluzione di quelle.

pregiudiziévole *agg.* Che può portare pregiudizio, danno.

pregiudìzio *s. m.* *1* Idea od opinione errata, anteriore alla diretta conoscenza di fatti o persone, fondata su convincimenti tradizionali e comuni ai più, atta a impedire un giudizio spassionato: *avere pregiudizi verso, contro, nei confronti di qc.* | (*est.*) Superstizione: *pregiudizi popolari*; SIN. Preconcetto, prevenzione. *2* Danno: *recare — a qc.*

pregnànte *agg.* *1* (*lett.*) Pregno, gravido. *2* (*ling.*) Detto di termine o costruzione che contengono un senso che non è esplicitamente enunciato. *3* (*est., fig.*) Ricco di significati: *concetto* —.

pregnànza *s. f.* (*ling.*) Ricchezza di significati.

prégno *agg.* *1* Gravido, riferito a donna o a mammifero femmina in genere. *2* (*fig.*) Saturo, impregnato: *muro — d'umidità; animo — d'odio.*

prègo (1) *s. m.* (*pl. -ghi*) (*lett.*) Preghiera.

prègo (2) *inter.* Si usa come formula di cortesia, rispondendo a chi ringrazia o chiede scusa o invitando qc. ad accomodarsi, ad accettare q.c., e sim.: *'Grazie' '—!'*; —, *sedetevi.*

pregrèsso *agg.* (*bur.*) Detto di ciò che si è verificato, è maturato e sim. in un momento precedente all'attuale: *anzianità pregressa.*

pregustàre *v. tr.* (*coniug. come gustare*) Gustare in anticipo col pensiero q.c. che si presenta come molto gradevole e desiderabile: — *le vacanze al mare.*

preistòria *s. f.* *1* Periodo dell'evoluzione e dello stabilirsi delle razze e delle culture umane di cui non rimangono documenti scritti, ma di cui si possono ricostruire gli avvenimenti in base a reperti archeologici. *2* (*raro*) Scienza che studia tale periodo. *3* (*est., fig.*) Le prime e remote origini di un fenomeno, di una disciplina e sim.: *la — della sociologia.*

preistòrico *agg.* (*pl. m. -ci*) *1* Anteriore al tempo conosciuto dalla storia. *2* (*fig., scherz.*) Molto vecchio e fuori moda: *automobile preistorica.*

prelatìzio *agg.* Di, da prelato.

prelàto *s. m.* Dignitario ecclesiastico cattolico con giurisdizione ordinaria o con titolo soltanto onorifico.

prelavàggio *s. m.* Lavaggio preliminare di breve durata, spec. in macchina lavabiancheria e lavastoviglie.

prelazióne *s. f.* *1* Preferenza accordata per legge o per convenzione a parità di condizioni a un dato soggetto nell'acquisto di un dato bene. *2* Diritto di uno o più creditori di precedere gli altri creditori in sede di riparto del ricavato dalla espropriazione del comune debitore.

prelevaménto *s. m.* *1* Ritiro di merci, materiali e sim. *2* Operazione bancaria con cui si ottiene la disponibilità di una somma depositata: *effettuare un* — | (*est.*) Somma prelevata.

prelevàre *v. tr.* (*io prelèvo*) *1* Detrarre somme o beni da una massa o deposito di denari o cose: — *500.000 lire dal conto in banca*; CONTR. Depositare. *2* Prendere e portar via qc. da un luogo, con la forza o d'autorità: *i carabinieri l'hanno prelevato da casa.*

prelibàre *v. tr.* (*lett.*) Assaggiare o degustare anticipatamente.

prelibatézza *s. f.* Gusto prelibato.

prelibàto *part. pass. di prelibare; anche agg.* Eccellente, squisito: *vino, sapore* —.

prelièvo *s. m.* *1* Prelevamento | — *fiscale*, decurtazione operata dallo Stato sui redditi dei contribuenti. *2* (*med.*) Sottrazione di una parte di tessuto o di liquido organico per ricerca, analisi o terapia.

preliminàre **A** *agg.* Iniziale, introduttivo, preparatorio: *discussione* —; *atti preliminari all'istruzione.* **B** *s. m.* Elemento o parte iniziale o preparatoria di q.c.: *i preliminari del trattato.*

prelùdere *v. intr.* (*pass. rem. io prelùṣi, tu preludésti; part. pass. prelùṣo; aus. avere*) *1* Preannunciare con segni indicatori: *tutto ciò prelude alla guerra.* *2* Preparare e introdurre, mediante discorsi o altro che costituiscono una premessa: *la musica prelude al dramma.*

preludiàre *v. intr.* (*io prelùdio; aus. avere*) *1* (*mus.*) Far preludio. *2* Preludere.

prelùdio *s. m.* *1* (*mus.*) Specie di fantasia che serve d'introduzione a una fuga e sim. | Prefazione strumentale dell'opera: — *del Tristano e Isotta.* *2* (*fig.*) Segno premonitore: *il — della burrasca.* *3* Discorso di introduzione e di preparazione: *questo è il — al mio intervento.*

prelùṣo *part. pass. di preludere* (*raro*) Preannunciato.

pre-maman /*fr.* pre ma'mã/ **A** *s. m. inv.* Abito o indumento di taglio molto ampio, studiato per una futura mamma. **B** *anche agg. inv.*: *abito* —.

prematrimoniàle *agg.* Che precede il matrimonio: *visita* —.

prematùro **A** *agg.* Che si verifica o è fatto prima del tempo giusto, in anticipo sui termini normali: *parto* — | *Notizie premature*, relative a fatti non ancora accertati; SIN. Precoce; CONTR. Tardivo. **B** *s. m.* (*f. -a*) Neonato venuto alla luce tra la ventisettesima settimana e il termine della gestazione.

premeditàre *v. tr.* (*io premèdito*) Preparare q.c. nella mente, meditandola a lungo prima di effettuarla: — *un delitto.*

premeditazióne *s. f.* Maturazione, preparazione e valutazione delle modalità e degli effetti di q.c. prima di effettuarla: *agire con fredda* — | (*dir.*) Il premeditare, considerato una circostanza aggravante speciale dei reati di omicidio e di lesioni personali: *omicidio con* —.

prèmere **A** *v. tr.* (*pass. rem. io preméi o premètti, tu preméstì; part. pass. premùto*) **1** Comprimere o schiacciare col peso o con la forza: — *q.c. con le mani*; SIN. Pigiare, pressare. **2** (*raro*) Stringere: — *q.c. tra le mani.* **3** (*fig.*) Opprimere, gravare: — *qc. con imposte.* **4** (*fig.*) Inseguire incalzando: — *il nemico in fuga.* **B** *v. intr.* (*aus. avere*) **1** Esercitare una pressione: — *sulla ferita* | (*fig.*) — *su qc.*, cercare di indurlo a q.c. con pressioni morali. **2** Gravare, scaricarsi (*anche fig.*): *l'onere delle tasse preme su di noi.* **3** (*fig.*) Importare, stare a cuore: *è una faccenda che mi preme.*

premèssa *s. f.* **1** Enunciazione, idea che serve d'introduzione e chiarimento a ciò che si dirà in seguito. **2** (*filos.*) In un sillogismo, ciascuna delle due prime proposizioni da cui se ne ricava una terza che rappresenta la conclusione. • CONTR. Conclusione.

premésso *part. pass. di premettere; anche agg.* Detto prima | *Ciò* —, dopo aver detto ciò | — *che*, considerato che.

premestruàle *agg.* Che precede la mestruazione: *disturbi premestruali.*

preméttere *v. tr.* (*coniug. come mettere*) Dire o porre prima: *desidero* — *alcune considerazioni.*

premiàndo *s. m.* (*f. -a*) (*raro*) Persona designata per un premio.

premiàre *v. tr.* (*io prèmio*) Riconoscere e ricompensare con un premio il valore di qc. o di q.c.

premiàto *part. pass. di premiare; anche agg. e s. m.* (*f. -a*) Che (o chi) ha ricevuto un premio.

premiazióne *s. f.* Atto del premiare | (*est.*) Cerimonia della distribuzione dei premi.

premier /*ingl.* 'premjə/ *s. m. inv.* (*pl. ingl. premiers* /'premjəz/) Primo ministro inglese | (*est.*) Presidente del consiglio dei ministri.

première /*fr.* prə'mjɛr/ *s. f. inv.* (*pl. fr. premières* /prə'mjɛr/) **1** Prima rappresentazione di uno spettacolo. **2** Sarta che dirige un laboratorio.

preminènte *agg.* Di preminenza: *posizione* — | Che è in posizione di preminenza: *problema* —.

preminènza *s. f.* Superiorità rispetto ad altre cose o persone.

prèmio **A** *s. m.* **1** Esplicito riconoscimento del valore o del merito di q.c.: *meritare, desiderare, un* — | (*est.*) Segno tangibile di tale riconoscimento: *primo* —; *distribuire i premi*; SIN. Ricompensa. **2** Competizione in cui si premiano i vincitori: — *di atletica leggera, di pittura, letterario* | Denominazione di varie competizioni: — *Nobel, Campiello.* **3** Vincita di lotterie, estrazioni a sorte e sim.: *il primo* — *è di un milione* | — *di consolazione*, concesso a chi, pur essendo rimasto escluso dai premi principali, abbia determinati requisiti. **4** Nei contratti a termine di borsa, somma pagata da uno dei contraenti per riservarsi la facoltà di eseguire o risolvere il contratto | — *di assicurazione*, somma pagata all'assicuratore perché assuma i rischi degli assicurati. **5** Indennità speciale concessa da ente pubblico o privato ai propri dipendenti: — *di produzione.* **B** *in funzione di agg. inv.* (*posposto al s.*) Detto di ciò che è concesso a titolo di premio: *viaggio* —.

premistòffa *s. m. inv.* Pezzo della macchina da cucire che preme la stoffa e la fa scorrere.

premistóppa *s. m. inv.* Dispositivo che comprime le guarnizioni avvolgenti parti di macchine in movimento per renderne ermetica la tenuta, in presenza di fluidi in pressione.

prèmito *s. m.* Contrazione della muscolatura addominale, intestinale o uterina.

premitùra *s. f.* Pressione, pigiatura.

premolàre **A** *agg.* Che è situato davanti ai molari. **B** *s. m.* Dente compreso tra i canini e i molari. [→ ill. *anatomia umana*]

premonitóre *agg.* (*f. -trìce*) Che avverte in anticipo, che mette sull'avviso: *segni premonitori.*

premonizióne *s. f.* Intuizione, conoscenza paranormale che si avrebbe di avvenimenti futuri.

premorièmza *s. f.* Il morire prima di un'altra persona o prima di un dato termine.

premorìre *v. intr.* (*coniug. come morire; aus. essere*) Morire prima di un altro o prima di un dato termine.

premòrte *s. f.* (*raro*) Premorienza.

premunìre **A** *v. tr.* (*io premunisco, tu premunìsci*) Predisporre o preparare con mezzi atti alla difesa, alla resistenza e sim. (*anche fig.*): — *qc. contro i danni.* **B** *v. rifl.* Armarsi o provvedersi di q.c. (*anche fig.*): *premunirsi di un titolo*; *premunirsi contro i danni.*

premunizióne *s. f.* **1** (*raro*) Adozione di mezzi opportuni alla difesa nei confronti di q.c. (*anche fig.*). **2** (*med.*) Aumentata resistenza organica verso una malattia infettiva: — *contro la tubercolosi.*

premùra *s. f.* **1** Fretta, urgenza; *avere* — | *Far* — *a qc.*, sollecitarlo. **2** Cura, sollecitudine: *sarà mia* — *scriverti.* **3** *spec. al pl.* Atto gentile e sollecito: *circondare qc. di premure.*

premuràre **A** *v. tr.* Sollecitare. **B** *v. intr. pron.* Darsi premura: *si premurò di avvertirmi.*

premuróso *agg.* **1** (*raro*) Che ha premura, fretta. **2** Pieno di premure, attenzioni, riguardi; SIN. Sollecito.

prenàscere *v. intr.* (*coniug. come nascere; aus. essere*) (*raro*) Nascere prima di un altro.

prenatàle *agg.* Precedente alla nascita.

prèndere **A** *v. tr.* (*pass. rem. io prési, tu prendésti; part. pass. préso*) **1** Porre le mani, le zampe, o vari strumenti sopra o attorno a cose, persone, animali, per afferrarli, tenerli, sollevarli, far loro assumere una determinata posizione, impadronirsene e sim. | Afferrare: — *qc. per le braccia*; — *il cavallo per le briglie*; — *q.c. per il manico* | — *il toro per le corna*, (*fig.*) affrontare con decisione una persona o una situazione problematica | — *qc. per il bavero, per il naso*, (*fig.*) burlarsene, canzonarlo | — *di mira qc.*, (*fig.*) bersagliarlo con i propri scherzi o cercare di nuocergli | — *qc. per il collo*, (*fig.*) approfittare della situazione in cui si trova | — *qc., q.c., di peso*, afferrarlo e tenerlo sollevato | *Da* — *con le molle*, (*fig.*) da trattare o valutare con precauzione: *un tipo, una notizia, da* — *con le molle.* **2** Portare con sé: *prendi l'ombrello* | Utilizzare, usare: — *il tram* | Acquistare: *prendimi le sigarette* | Ritirare; *passo a* — *il vestito* | *Andare a* — *qc.*, recarsi nel luogo in cui qc. si trova per poi ritornare insieme. **3** Ricevere: *prende lezioni di inglese*; *la stanza prende luce dalla finestra* | Percepire: — *un misero stipendio* | Ottenere mediante pattuizioni: — *in affitto una casa.* **4** Rubare: *gli hanno preso tutto.* **5** Catturare: *hanno preso il fuggitivo*; *è difficile* — *pesci in questa zona* | — *un granchio*, (*fig.*) sbagliare in modo grossolano | Cogliere, sorprendere | — *qc. in fallo, con le mani nel sacco, in flagrante*, sorprenderlo proprio mentre fa q.c. di male | — *qc. in castagna*, coglierlo mentre sbaglia | Conquistare: — *una città* | — *per fame*, costringere gli assediati alla resa per mancanza di viveri | — *d'assalto*, conquistare con un assalto | Impadronirsi (*anche fig.*): *mi prese il sonno.* **6** (*fig.*) Occupare: *il mobile prende troppo spazio.* **7** Misurare, calcolare, valutare: — *la lunghezza di q.c.* **8** (*fig.*) Trattare: *non so* — *le persone* | — *qc. per il suo verso, per il verso giusto*, nel modo e col tono più adatto | — *qc. con le buone, con le cattive*, trattarlo con modi gentili o violenti. **9** Scegliere qc. come compagno, collaboratore, dipendente e sim.: *dovremo* — *una domestica* | Scegliere un cammino, una direzione: *non so quale strada* —. **10** Immettere nel proprio corpo, mangiando, bevendo o respirando: — *un po' di cibo*; *ha bisogno di* — *una boccata d'aria.* **11** Assumere: — *le sembianze di qc.* | (*fig.*) Derivare, ereditare: *è un'abitudine che abbiamo preso da voi.* **12** Credere, giudicare: *ti avevo preso per un uomo serio* | (*fig.*) — *tutto per oro colato*, credere a tutto | (*est.*) Scambiare: *ti avevo preso per mio fratello* | (*fig.*) — *fischi per fiaschi, lucciole per lanterne*, scambiare tra loro due cose

| *Per chi mi prendi?*, chi credi ch'io sia? | Intendere, interpretare: *ha preso le mie parole come un'offesa.* ***13*** Giungere a una risoluzione: *ho preso le mie decisioni.* ***14*** Subire: – *uno spavento, il raffreddore* | Buscare: – *un pugno* | *Prenderle, prenderne*, essere picchiato. ***15*** Darsi, spec. seguito da un compl. che ne determina il significato | *Prendersi cura di qc., di q.c.*, occuparsene con grande attenzione | *Prendersi pensiero di qc. o di q.c.*, preoccuparsene | *Prendersi gioco di qc. o di q.c.*, burlarsene. ***16*** Nei casi seguenti assume significati diversi determinati dal complemento oggetto | – *le armi*, armarsi | – *il velo*, farsi monaca | – *commiato*, accomiatarsi | – *fuoco*, accendersi, incendiarsi (*anche fig.*) | – *il mare*, cominciare a navigare | – *terra*, approdare | – *la mano a qc.*, detto di cavallo, sfuggire al controllo di chi guida e (*fig.*) sfuggire alla disciplina di q.c. | – *le mosse*, cominciare | – *origine*, derivare | – *parte a*, parteciparvi | (*fig.*) – *piede*, affermarsi, aver successo | – *posizione*, (*fig.*) decidere in un senso piuttosto che in un altro | – *posto*, sedersi | – *atto*, accettare e rammentare | – *quota*, innalzarsi | – *sonno*, addormentarsi | – *servizio*, cominciare a lavorare in un luogo | – *stanza*, domiciliarsi, stabilirsi | – *tempo*, indugiare | (*fig.*) – *voga*, diffondersi, affermarsi | – *il volo*, involarsi (*anche fig.*) | – *forma*, formarsi | – *il sole*, fare la cura del sole. ***17*** Unito al pronome *la* indeterminato, indica varie reazioni emotive | *Prendersela con qc.*, sfogare su di lui la propria ira | *Prenderla larga, alla lontana, da lontano* e sim., parlare molto prima di giungere alla sostanza | *Prendersela*, preoccuparsi, adirarsi, risentirsi e sim.: *non te la* –. ***B*** *v. intr.* (*aus. avere*) ***1*** Muoversi andando in una certa direzione: – *a destra*; *prese per i campi.* ***2*** Seguito dalla prep. *a*, seguito a sua volta da un infinito, cominciare, dare inizio: – *a dire, a fare.* ***3*** Detto di piante, attecchire: *il rampicante non ha preso.* ***4*** Detto del fuoco, appiccarsi: *la fiamma non prende.* ***5*** Detto di colla o altri materiali che devono indurire, rapprendersi o solidificarsi: *il cemento non prende.* ***C*** *v. rifl. rec.* ***1*** Andare d'accordo. ***2*** Azzuffarsi, attaccarsi: *prendersi a pugni* | Afferrarsi: *prendersi per i capelli.* [→ tav. *proverbi* 202, 242; → tav. *locuzioni* 84, 85, 86]

prendibile *agg.* Che si può prendere.

prendisóle ***A*** *agg.* Che consente di prendere il sole: *telo* –. [→ ill. *spiaggia*] ***B*** *s. m. inv.* Abito femminile estivo, privo di maniche e molto scollato.

prenditóre *s. m.* (*f. -trice*) ***1*** Chi prende. ***2*** – *di una cambiale*, persona cui la cambiale stessa deve essere pagata.

prenóme *s. m.* ***1*** Nell'antica Roma, nome personale che si prepone a quello della famiglia. ***2*** Nome proprio di una persona; SIN. Nome di battesimo.

prenotàre ***A*** *v. tr.* (*io prenòto*) Fissare in precedenza: *devo – una camera.* ***B*** *v. rifl.* Mettersi in nota per ottenere q.c. prima di un altro: *prenotarsi per un palco.*

prenotazióne *s. f.* Accordo o contratto consistente nel fissare in precedenza q.c.: *annullare, disdire una* – | Documento che comprova tale accordo o contratto.

prènsile *agg.* Detto di organo animale atto ad afferrare. [→ ill. *zoologia*]

preoccupànte *part. pres. di preoccupare; anche agg.* Che preoccupa.

preoccupàre ***A*** *v. tr.* (*io preòccupo*) Mettere o tenere in apprensione, in pensiero: *un'assenza che preoccupa*; SIN. Impensierire. ***B*** *v. intr. pron.* Stare in pensiero, in ansia: *preoccuparsi per la salute di q.c.*; SIN. Impensierirsi.

preoccupàto *part. pass. di preoccupare; anche agg.* Che è in apprensione, in ansia.

preoccupazióne *s. f.* ***1*** Stato d'animo, condizione di chi è in apprensione, in ansia e sim.: *mostrare a tutti la propria* – | Pensiero che provoca timore, ansietà e sim.: *la sua salute desta qualche* –; SIN. Inquietudine. ***2*** Persona, cosa o fatto che preoccupa: *il suo futuro è la mia* –.

preolimpiònico *agg.* (*pl. m. -ci*) Detto di gara, selezione e sim. disputata per scegliere gli atleti da inviare alle olimpiadi.

preominidi *s. m. pl.* (*sing. -e*) In antropologia, forme ancestrali dell'uomo.

preordinaménto *s. m.* Modo e atto del preordinare.

preordinàre *v. tr.* (*io preórdino*) ***1*** Organizzare o preparare q.c. in anticipo, rispetto al fine che si intende raggiungere; SIN. Predisporre, prestabilire. ***2*** Predestinare.

preparàre ***A*** *v. tr.* ***1*** Rendere q.c. pronta all'uso, fornendola di tutto il necessario o lavorandola nel modo dovuto: – *il letto*; – *il terreno per la semina*; SIN. Approntare. ***2*** (*fig.*) Mettere q.c. o qc. nelle condizioni necessarie ad affrontare una data situazione: – *l'animo a una notizia.* ***3*** Predisporre, con opere e iniziative adeguate: *hanno preparato per te accoglienze incredibili* | – *un esame, un concorso*, studiare in vista di un esame, di un concorso. ***4*** Elaborare: – *un testo di storia.* ***5*** (*fig.*) Tenere in serbo per qc.: *solo Dio sa cosa ci prepara il futuro.* ***B*** *v. rifl.* ***1*** Predisporsi a q.c. (*anche fig.*): *prepararsi a un viaggio*; SIN. Accingersi. ***2*** Essere in procinto di manifestarsi: *si preparano annate di carestia.*

preparativo ***A*** *agg.* (*raro*) Preparatorio. ***B*** *s. m. spec. al pl.* Tutto ciò che è necessario fare per realizzare q.c.: *i preparativi del viaggio.*

preparàto ***A*** *part. pass. di preparare; anche agg.* ***1*** Disposto, pronto. ***2*** Che conosce e sa svolgere alla perfezione una data attività: *uno studioso molto – nel suo campo.* ***B*** *s. m.* ***1*** Prodotto terapeutico ottenuto manipolando opportunamente varie sostanze. ***2*** – *anatomico*, dissezione sul cadavere per accertarne le caratteristiche anatomiche. ***3*** Oggetto predisposto sul suo supporto per l'osservazione al microscopio.

preparatóre *s. m.* (*f. -trice*) Chi prepara.

preparatòrio *agg.* Che prepara, che è atto a preparare: *lezioni preparatorie.*

preparazióne *s. f.* ***1*** Realizzazione di quanto è necessario perché q.c. sia pronto all'uso o allo scopo voluti: *la – della cena.* ***2*** Complesso di nozioni teoriche acquisite che permettono di fare q.c.: – *tecnica, letteraria, giuridica*; SIN. Competenza. ***3*** Addestramento cui ci si sottopone in previsione di una data attività: – *agli esami.*

prepensionaménto *s. m.* Pensionamento anticipato.

preponderànte *part. pres. di preponderare; anche agg.* Che ha maggior peso, forza, importanza, rispetto ad altre cose analoghe: *partito* –; SIN. Prevalente.

preponderànza *s. f.* L'essere preponderante; SIN. Prevalenza.

preponderàre *v. tr.* (*io prepòndero; aus. avere*) (*raro*) Prevalere.

prepórre *v. tr.* (*coniug. come porre*) ***1*** Porre innanzi: – *l'articolo al nome.* ***2*** (*lett.*) Mettere a capo: – *qc. all'amministrazione della città.* ***3*** (*fig.*) Preferire: – *qc. ad altri.*

prepositivo *agg.* (*ling.*) Detto di parte del discorso che si prepone a un'altra | *Locuzione prepositiva*, che funge da preposizione (es. *dalle parti di*).

preposizióne *s. f.* (*ling.*) Parte invariabile del discorso che indica la relazione di una parola con un'altra | *Preposizioni improprie* o *avverbiali*, che possono fungere anche da avverbi (es. *davanti, sopra*) | *Preposizioni articolate*, congiunte con l'articolo (es. *alla, sul*).

prepósto ***A*** *part. pass. di preporre; anche agg.* Anteposto. ***B*** *s. m.* Prevosto.

prepotènte ***A*** *agg.* ***1*** (*lett.*) Che è superiore ad altri per potenza. ***2*** Che tende a sorverchiare gli altri e vuole tutto secondo la propria volontà: *ragazzo capriccioso e* –. ***3*** (*fig.*) Violento e irresistibile: *bisogno, desiderio* –. ***B*** *s. m. e f.* Persona prepotente.

prepotènza *s. f.* ***1*** Carattere, natura di prepotente: *agire con* –. ***2*** Atto, comportamento e sim. da prepotente; SIN. Sopruso.

prepotére *s. m.* Potere esagerato.

prepùbere *agg.* Relativo alla prepubertà.

prepubertà *s. f.* Periodo precedente alla pubertà.

prepùzio *s. m.* (*anat.*) Piega epiteliale che ricopre il glande.

preraffaellismo *s. m.* La corrente artistica dei preraffaelliti.

preraffaellita ***A*** *agg.* (*pl. m. -i*) Relativo ai preraffaelliti. ***B*** *s. m. e f.* Appartenente a un gruppo di pittori e poeti inglesi della metà del sec. XIX che prediligevano e imitavano l'arte anteriore al Rinascimento per la sua semplicità.

preriscaldaménto *s. m.* Riscaldamento parziale di una sostanza, già destinata a un processo termico | – *dell'aria*, destinata alla combustione in una caldaia o ad alimentare un altro forno.

prerogativa *s. f.* **1** Vantaggio speciale concesso per legge alla carica, qualità, posizione della persona: *prerogative parlamentari.* **2** (*est.*) Caratteristica tipica: *la rettitudine è la sua –.*

présa *s. f.* **1** Modo e atto del prendere, dell'afferrare | *Venire alle prese con qc.*, (*fig.*) venire a contesa | (*fig.*) *Essere alle prese con q.c.*, cimentarsi con q.c. di particolarmente difficile. **2** Atto con cui il cane da caccia immobilizza un selvatico coi denti: *cane da –.* **3** Effetto del prendere | *Far –*, detto di determinati oggetti, mordere: *l'ancora fa – sul fondo*; detto di materiali che devono indurire, rapprendersi: *cemento a – rapida*; *la colata comincia a fare –*; (*fig.*) colpire: *fatti che fanno – sul pubblico.* **4** Tutto ciò che serve per prendere, per afferrare: *la – del coperchio* | *Dar –*, (*fig.*) fornire l'occasione e il pretesto a q.c.: *dar – alle critiche.* **5** Quadratino di stoffa imbottita per maneggiare recipienti o oggetti vari quando sono molto caldi. **6** Derivazione di liquidi, gas o energia da un condotto principale a uno secondario: *– d'acqua, di luce* | *– d'aria*, orifizio d'aspirazione dell'aria per aerazione, raffreddamento, combustione e sim. | Ciò che permette e regola tale derivazione: *la – del gas.* [→ ill. *motore, radio, televisione*] **7** Dispositivo telefonico fissato al muro e dentro il quale viene inserita una o più spine | *– di corrente elettrica*, punto di un circuito elettrico di alimentazione predisposto per eseguire un collegamento scomponibile con un apparecchio utilizzatore. [→ ill. *elettricità, telefonia*] **8** Piccola quantità che si può prendere in una volta con la punta delle dita: *una – di sale.* **9** Nel calcio, azione del portiere che blocca con le mani il pallone tirato in porta da un avversario: *– a terra.* [→ ill. *sport*] **10** Occupazione, conquista: *la – della Bastiglia.* **11** Nei casi seguenti il significato del termine è determinato dal complemento che lo accompagna | *– in giro*, canzonatura | *– di posizione*, (*fig.*) l'assumere un determinato atteggiamento favorevole o sfavorevole a qc. o a q.c. | *– di possesso*, atto con cui si acquista la disponibilità materiale di q.c. **12** (*cine.*) Complesso delle operazioni con cui vengono fissate sulla pellicola le scene di un film: *macchina da –* | *In – diretta*, detto di ciò che viene ripreso durante il suo svolgimento. [→ ill. *cinematografia*]

preşàgio *s. m.* **1** Segno premonitore: *tristi presagi di guerra* | Presentimento. **2** Previsione, profezia: *trarre presagi.*

preşagire *v. tr.* (*io preşagisco, tu preşagisci*) **1** Presentire: *– una tragedia.* **2** Prevedere, pronosticare: *– il futuro.*

preşàgo *agg.* (*pl. m. -ghi*) Che ha presentimento del futuro, che sente e prevede l'avvenire: *era quasi – della sua sorte.*

presalàrio *s. m.* Assegno di studio corrisposto dallo Stato allo studente universitario, per merito o disagiate condizioni economiche.

preşbiopìa *s. f.* Difetto della vista dovuto a perdita di elasticità del cristallino, comunemente per vecchiaia, per cui si vedono gli oggetti lontani meglio dei vicini; SIN. Presbitismo.

prèşbite *agg.; anche s. m. e f.* Affetto da presbiopia.

preşbiteràle *agg.* Del presbiterato.

preşbiteràto *s. m.* Sacerdozio cattolico | Grado dell'ordine maggiore consistente nell'ordinazione sacerdotale.

preşbiterianéşimo *s. m.* Dottrina e carattere organizzativo delle chiese protestanti di origine calvinista e puritana, nelle quali il governo è affidato al consiglio di laici e di ecclesiastici.

preşbiteriàno **A** *agg.* Del presbiterianesimo. **B** *s. m.* (*f. -a*) Aderente alla chiesa presbiteriana.

preşbitèrio *s. m.* **1** (*arch.*) Parte della chiesa circostante l'altare maggiore, sopraelevata di alcuni gradini e recintata da balaustra, riservata al clero officiante. [→ ill. *basilica cristiana, religione*] **2** (*est.*) Casa parrocchiale contigua alla chiesa.

preşbitero *s. m.* In origine, ciascuno degli anziani che amministravano le prime comunità cristiane; in seguito, prete, sacerdote, ministro.

preşbitişmo *s. m.* (*med.*) Presbiopia.

prescégliere *v. tr.* (*coniug. come scegliere*) Scegliere a preferenza, preferire di gran lunga: *lo hanno prescelto come dirigente.*

prescélto *part. pass. di prescegliere; anche agg. e s. m.* (*f. -a*) Che (o chi) è stato preferito ad altri o ad altro.

presciènte o *presciente* *agg.* (*lett.*) Che conosce il futuro, l'avvenire.

presciènza o *prescienza* *s. f.* **1** Cognizione che Dio ha del futuro. **2** (*est.*) Conoscenza anticipata del futuro.

prescindere *v. intr.* (*pass. rem. io prescindéi, raro prescissi, tu prescindésti; part. pass. prescisso, raro; aus. avere*) Fare astrazione da ciò che non si ritiene rilevante: *– dai commenti* | *Prescindendo, a – da*, lasciando da parte, non considerando: *a – dalla morale.*

prescolàre *agg.* Prescolastico.

prescolàstico *agg.* (*pl. m. -ci*) Che precede l'età scolare: *età prescolastica.*

prescrivere **A** *v. tr.* (*coniug. come scrivere*) Ordinare secondo determinati criteri o norme: *– una medicina.* **B** *v. intr. pron.* Cadere in prescrizione.

prescrizionàle *agg.* Di prescrizione.

prescrizióne *s. f.* **1** Atto, del prescrivere. **2** Norma, regola, precetto: *le prescrizioni della chiesa.* **3** In una ricetta medica, l'elenco dei medicinali prescritti con le relative modalità di assunzione. **4** (*dir.*) Estinzione di un diritto quando il titolare non lo esercita per il tempo determinato dalla legge | *– penale*, estinzione del reato o della pena col decorrere di un periodo di tempo indicato dalla legge.

preselezióne *s. f.* Selezione preliminare | (*tecnol.*) Sistema di selezione anticipata delle operazioni di un apparecchio.

presèlla *s. f.* **1** Parte della briglia che nel cavalcare si tiene stretta in mano. **2** Arnese di acciaio per ribattere i bordi di lamiere chiodate.

presenile *agg.* (*med.*) Che si manifesta prima dell'età senile.

preşentàbile *agg.* Che si può presentare | (*est.*) Che si può esibire senza vergognarsene.

preşentàre **A** *v. tr.* (*io preşènto*) **1** Far vedere a qc., sottoporre alla vista, all'esame o al giudizio di qc. (*anche fig.*): *– un documento*; *presenterò la proposta all'assemblea.* **2** (*fig.*) Prospettare: *è un affare che presenta numerosi vantaggi.* **3** Offrire, porgere (*anche fig.*): *– un dono*; *– gli ossequi* | *– le armi*, sulla posizione di attenti, portare l'arma verticalmente davanti al corpo col braccio sinistro disteso e il destro piegato, in segno di onore. **4** Esporre, volgere: *– il viso al sole.* **5** Mostrare al pubblico: *– l'ultimo tipo d'automobile* | *– la moda*, mostrare con una sfilata i modelli più recenti | Esibire in pubblico, spec. per dare spettacolo: *– uno spettacolo.* **6** Proporre: *– la propria candidatura.* **7** Far conoscere qc. ad altra persona: *le presento mio cugino*; *presentami ai tuoi amici* | (*est.*) Introdurre in un ambiente, raccomandare a qc.: *– qc. in società*; *ha chiesto di essere presentato al professore.* **B** *v. rifl.* **1** Recarsi di persona: *presentarsi al distretto, in comune.* **2** Comparire in giudizio. **3** Farsi vedere: *non ti vergogni a presentarti così?* **4** Farsi conoscere, dicendo il proprio nome: *permetta che io mi presenti.* **C** *v. intr. pron.* **1** Capitare, accadere: *si presentò un caso strano.* **2** Offrirsi, prospettarsi: *non so se mi si presenterà una simile occasione.* **3** Apparire, mostrarsi: *il problema si presenta grave.*

preşentatóre *s. m.* (*f. -trìce*) **1** Chi presenta. **2** Chi presenta al pubblico i vari numeri di uno spettacolo.

preşentazióne *s. f.* **1** Esibizione di q.c. a qc.: *la – di un documento*; *la – dei nuovi modelli al pubblico* | (*bur.*) Inoltro: *– di certificati.* **2** Discorso o nota introduttiva con cui si presenta al pubblico qc. o q.c. **3** Circostanza del far conoscere una persona ad altre | *Fare le presentazioni*, presentare fra loro persone che non si conoscono ancora | Raccomandazione: *una lettera di – per il ministro.*

preşènte (1) **A** *agg.* **1** Che è nel luogo di cui si parla o al quale ci si riferisce: *essere – alla lezione*; *i deputati presenti in Parlamento* | (*fig.*) *Aver – qc., q.c.*, ricordarsene | (*fig.*) *Tener – qc., q.c.*, tenerne conto, farvi assegnamento | *Far – q.c. a qc.*, farla notare | *Essere – a se stesso*, avere la completa padronanza di sé; CONTR. Assente. **2** Che è in corso di svolgimento proprio ora, nella nostra epoca: *nel – mese*; *la – genera-*

zione | *Tempo* –, l'oggi | Attuale: *la – situazione è complessa.* **3** Questo: *la – lettera.* **4** (*ling.*) Detto di tempo del verbo che colloca l'enunciato nel momento della produzione del discorso. **B** *s. m. e f.* Chi è presente: *i presenti possono intervenire* | *Esclusi i presenti*, si dice per lasciar fuori da critiche e sim. la persona con cui si sta parlando. **C** *s. m.* **1** Tempo, epoca, momento attuale | *Al* –, attualmente. **2** (*ling.*) Tempo presente | *– storico*, tempo che talvolta sostituisce il passato nelle narrazioni. **D** *s. f.* Lettera che si sta scrivendo: *con la – ti comunico le ultime notizie.*

presènte (2) *s. m.* Dono, regalo.

presentiménto *s. m.* Sensazione anticipata e confusa, vago presagio: *un – di vittoria* | *Avere un* –, presentire.

presentìre *v. tr. e intr.* (*io presènto; aus. avere*) Prevedere confusamente, in base a sensazioni o impressioni soggettive: *presentivo il suo rifiuto*; SIN. Indovinare.

presènza *s. f.* **1** L'essere in un determinato luogo: *non è gradita la – di estranei* | *Fare atto di* –, recarsi in un luogo per semplice formalità | *Di* –, personalmente; CONTR. Assenza. **2** Esistenza: *notare la – di grassi.* **3** Cospetto, *spec. nella loc. alla, in, – di; in – di testimoni*; *alla – del Papa* | *In mia* –, al mio cospetto. **4** (*fig.*) Prontezza: *– di spirito.* **5** Aspetto esteriore: *una ragazza di bella* –.

presenziàre *v. tr. e intr.* (*io presènzio; aus. avere*) Assistere di persona, essere presente: *– la cerimonia*; *– al rito.*

presèpe *s. m.* Presepio.

presèpio *s. m.* **1** (*lett.*) Stalla, mangiatoia, spec. quella in cui fu posto Gesù. **2** Ricostruzione tradizionale dalla nascita di Gesù, fatta nelle case e nelle chiese nel periodo di Natale, con figure di materiale vario. **3** Rappresentazione iconografica della natività di Gesù.

preservàre *v. tr.* (*io presèrvo*) Tenere lontano o salvaguardare da danni, pericoli e sim.: *– i giovani dalla corruzione.*

preservativo **A** *agg.* Atto a preservare. **B** *s. m.* Sottile guaina elastica, usata come profilattico e come anticoncezionale maschile.

preservazióne *s. f.* Difesa, protezione, da danni, pericoli e sim.; SIN. Salvaguardia.

prèside *s. m. e f.* Capo di un istituto d'istruzione secondaria. (V. nota d'uso ACCENTO)

presidènte *s. m.* (*f. -éssa;* V. nota d'uso FEMMINILE) Colui che sovraintende, coordina e dirige l'attività di un'assemblea, di un ente pubblico o privato, di un organo collegiale e sim. | *Presidente della Repubblica*, capo di uno Stato retto a repubblica. [→ ill. *giustizia, parlamento*]

presidentéssa *s. f.* **1** Donna investita della presidenza. **2** Moglie del presidente.

presidènza *s. f.* **1** Ufficio, carica di preside o di presidente | Durata di tale carica. **2** Sede di chi ricopre la carica di preside o di presidente. [→ ill. *parlamento*] **3** Personale che assiste il preside o il presidente nelle sue funzioni.

presidenziàle *agg.* **1** Del presidente, della presidenza: *seggio* –. **2** Di presidente della Repubblica | *Repubblica* –, in cui il Capo dello Stato è anche capo del governo o comunque dispone di poteri esecutivi determinanti.

presidiàre *v. tr.* (*io presìdio*) **1** Occupare con truppe un luogo a scopo di difesa: *– una fortezza.* **2** (*fig.*) Difendere, proteggere.

presìdio *s. m.* **1** Complesso di truppe poste a guardia o a difesa di una località, di un'opera fortificata, di un caposaldo, e luogo ove risiedono; SIN. Guarnigione. **2** Circoscrizione territoriale sottoposta a un'unica autorità militare. **3** (*bur.*) Complesso di strutture sanitarie. **4** (*fig.*) Difesa, protezione. (V. nota d'uso ACCENTO)

presidium *s. m. inv.* Presidenza, in organi rappresentativi di Stato o di partito in alcuni paesi comunisti europei.

presièdere **A** *v. tr.* (*pres. io presièdo, pass. rem. io presiedéi o presiedètti, tu presiedésti*) **1** Reggere con ufficio e funzioni di presidente: *– un'adunanza.* **2** Dirigere con ufficio e funzioni di preside: *– un liceo.* **B** *v. intr.* (*aus. avere*) **1** Stare a capo, come presidente o come preside: *– a una discussione, a una scuola.* **2** (*fig.*) Essere di guida: *– a un'impresa.*

préso *part. pass. di prendere; anche agg.* Afferrato, catturato | Attratto, intento, occupato e sim.: *essere tutto – nello studio* | *Per partito* –, perché si è già deciso così.

prèssa *s. f.* **1** Calca o ressa di più persone. **2** (*raro, dial.*) Premura, fretta: *avere* –. **3** Macchina atta a comprimere un materiale in fucinatura fino a ridurlo alla forma desiderata. [→ ill. *metallurgia*] **4** Macchina industriale per la stiratura, costituita essenzialmente da una piastra riscaldata fissa e da una mobile che le si contrappone. [→ ill. *lavatura e stiratura*]

pressaforàggio *s. m. inv.* Macchina agricola da raccolta che comprime il foraggio in balle.

press-agent /*ingl.* 'preseidʒənt/ *loc. sost. m. e f. inv.* (*pl. ingl. press-agents* /'preseidʒənts/) Chi cura le relazioni con la stampa per conto di una persona in vista, un ente e sim.

pressànte *part. pres. di pressare; anche agg.* Urgente, impellente.

pressappochìsmo *s. m.* Comportamento di chi, spec. nel lavoro, si accontenta di risultati approssimativi o scarsi.

pressappochista *s. m. e f.* (*pl. m. -i*) Chi tende al pressappochismo.

pressappòco *avv.* All'incirca, a un dipresso: *hanno – la medesima età.*

pressàre *v. tr.* (*io prèsso*) **1** Premere forte, schiacciando: *– carta, tessuti* | Premere con la pressa. **2** (*fig.*) Incalzare o sollecitare in modo insistente: *– qc. con richieste di aiuti.*

pressatóre *s. m.* Operaio addetto alla pressatura.

pressatùra *s. f.* Operazione del comprimere, spec. mediante pressa.

pressèlla *s. f.* Arnese del fabbro ferraio usato per premere, schiacciare, e sim. [→ ill. *meccanica*]

pressìbile *agg.* Che si può pressare.

pressing /*ingl.* 'presiŋ/ *s. m. inv.* (*sport*) In vari giochi di palla, azione incalzante di contrasto sull'avversario.

pressino *s. m.* Nel macinadosatore, arnese che preme la quantità di caffè da macinare. [→ ill. *bar*]

pressióne *s. f.* **1** Atto del premere | Forza esercitata su un corpo, una superficie e sim. **2** Grandezza fisica definita come rapporto fra la componente normale della forza premente su una superficie e la superficie stessa | *– atmosferica*, forza esercitata dall'atmosfera, in virtù del suo peso, su di una superficie determinata. [→ ill. *petrolio*] **3** *– sanguigna*, forza esercitata dal sangue sulle pareti del sistema sanguifero, spec. delle arterie: *misurarsi la* –. **4** (*fig.*) Insistenza incalzante per indurre qc. a fare q.c.: *subire pressioni politiche* | *Far – su qc.*, insistere con forza per costringerlo o indurlo a q.c. | (*fig.*) *Essere sotto* –, essere costretto a un'attività continua e impegnativa.

prèsso **A** *avv.* Nelle vicinanze (spec. preceduto da altri avv.): *abita qui* –; *venire più* – | *Di, da* –, da vicino: *gli inseguitori incalzano da* – | *A un di* –, pressappoco: *saranno a un di – tre metri.* **B** *prep.* **1** Vicino a, accanto a: *ha una villa – Napoli; siediti – la finestra* | (*est.*) In casa di: *abita – i genitori* | *Nella loc. avv. – di* (davanti a un pron. pers. atono): *lo accolse – di sé.* **2** (*est., fig.*) Indica un rapporto o una relazione, spec. di dipendenza, con una persona o un ambiente: *ha lavorato – di noi*; *ambasciatore – la Santa Sede* | Nell'opinione di (indica relazioni sociali): *ha molto prestigio – la corte* | Nelle opere di, nel pensiero di, e sim.: *troviamo qualche riferimento – alcuni antichi scrittori* | Nell'ambiente, nella cerchia di: *questa moda si è diffusa velocemente – i giovani.* **C** *s. m. pl.* Luoghi vicini, dintorni: *nei pressi di Roma.*

pressoché *avv.* (*lett.*) Quasi, circa: *la sala è – piena.*

pressofusióne *s. f.* Operazione che consiste nell'iniettare sotto pressione il metallo fuso nella forma.

pressurizzàre *v. tr.* Sottoporre a pressurizzazione.

pressurizzazióne *s. f.* (*tecnol., aer.*) Operazione con cui un ambiente o un impianto viene mantenuto a una pressione interna superiore a quella esterna, per assicurarne in certi casi l'abitabilità a qualsiasi quota.

prestabilire *v. tr.* (*io prestabilisco, tu prestabilisci*) Stabilire prima: *– le condizioni*; SIN. Preordinare.

prestanóme *s. m. e f. inv.* Chi permette l'uso del proprio nome per firmare contratti, opere e sim. in luogo della

persona realmente interessata che rimane incognita.
prestànte *agg.* Che ha bella presenza.
prestànza *s. f.* Qualità di chi è prestante.
prestàre ***A*** *v. tr.* (*io prèsto; part. pass. prestàto*) ***1*** Dare denaro o altro con patto di restituzione: – *un libro.* ***2*** Concedere, porgere, dare: – *fede, obbedienza, giuramento* | – *orecchio*, ascoltare | – *attenzione*, fare attenzione. ***B*** *v. rifl. e intr. pron.* ***1*** Offrirsi, adoperarsi: *prestarsi a fare q.c.* ***2*** Essere adatto per q.c.: *il raso si presta per quell'abito.*
prestatóre *s. m.* (*f. -trìce*) Che presta | – *di lavoro, d'opera*, lavoratore subordinato.
prestavóce *s. m. e f. inv.* Chi presta la propria voce per doppiare film e sim.
prestazióne *s. f.* ***1*** Opera o attività fornita da persone, animali o cose | Lavoro che può fare una macchina, potenza che può sviluppare: *le prestazioni del motore.* ***2*** (*dir.*) Contenuto dell'obbligazione costituito dal contegno del debitore.
prestézza *s. f.* (*raro*) Prontezza, celerità.
prestidigitatóre *s. m.* (*f. -trice*) Prestigiatore.
prestidigitazióne *s. f.* Arte del prestigiatore.
prestigiatóre *s. m.* (*f. -trìce*) Chi fa giochi di prestigio; SIN. Illusionista, prestidigitatore.
prestigio *s. m.* ***1*** Potere di incutere riverenza, rispetto e sim. per le proprie qualità o la propria fama. ***2*** Illusione ottenta con destrezza o altri trucchi ingegnosi | *Giochi di* –, di destrezza manuale.
prestigióso *agg.* Che colpisce per importanza, fascino e sim.: *personalità prestigiosa.*
prèstito *s. m.* ***1*** Cessione di danaro o altro con patto di restituzione: *dare in, a* –, prestare | *Prendere q.c. in, a* –, farsi prestare q.c. ***2*** Quantità od oggetto che si dà ad altri o si prende da altri con patto di restituzione. ***3*** Denaro dato a prestito | – *pubblico*, quello contratto dallo Stato con emissione di titoli. ***4*** – *linguistico*, adozione di elementi di tradizione linguistica diversa.
prèsto ***A*** *avv.* ***1*** Fra poco, entro breve tempo: *ritorneremo* –. ***2*** Rapidamente, in fretta, con sollecitudine: *fai più* – *che puoi* | *Al più* –, nel più breve tempo possibile | (*est., fig.*) Facilmente: *è* – *detto; si fa* – *a criticare.* ***3*** In anticipo, prima del tempo stabilito: *è ancora* – *per dare un giudizio* | (*est.*) Di buon'ora: *partiremo domattina* –; CONTR. Tardi. ***B*** *agg.* ***1*** (*lett.*) Sollecito, rapido, spedito: – *di mano.* ***2*** (*lett.*) Pronto, acconcio, preparato.
prèsule *s. m.* Vescovo, prelato.
preșùmere o *presùmere v. tr.* (*pass. rem. io preșùnsi o presùnsi, tu preșuméstì o presuméstì; part. pass. preșùnto o presunto*) ***1*** Ritenere, credere, in base a elementi vaghi e generici: *presumo che cambierai idea*; SIN. Supporre. ***2*** Avere la pretesa, l'ardire: *presume di sapere tutto*; SIN. Pretendere. ***3*** Nutrire una ingiustificata ed esagerata stima: – *troppo di sé.*
preșumìbile o *presumìbile agg.* Che si può presumere.
preșuntìvo o *presuntìvo agg.* ***1*** Di presunzione: *giudizio* –. ***2*** Prevedibile in base a ricerche o analisi preventive: *somma presuntiva.*
preșùnto o *presùnto part. pass. di presumere; anche agg.* Supposto, ritenuto tale: *il* – *colpevole* | *Morte presunta*, quella non derivante da dati certi, ma dichiarata con sentenza del tribunale, nei confronti di un assente del quale non si abbiano notizie da almeno dieci anni.
preșuntuosità o *presuntuosità s. f.* L'essere presuntuoso.
preșuntuóso o *presuntuóso* ***A*** *agg.* Che pecca di presunzione. ***B*** *s. m.* (*f. -a*) Persona presuntuosa.
preșunzióne o *presunzióne s. f.* ***1*** Opinione, congettura: *è solo una* –. ***2*** Opinione esagerata del proprio valore e della propria importanza: *peccare di* –; SIN. Immodestia.
presuppórre *v. tr.* (*coniug. come porre*) ***1*** Immaginare o prevedere in anticipo: *presuppongo che questa faccenda finirà male; presuppongo di sì.* ***2*** Implicare come premessa: *il tuo intervento presuppone una totale conoscenza dei fatti.*
presupposizióne *s. f.* ***1*** Congettura o supposizione anteriore. ***2*** Ciò che si presuppone: *una* – *errata.*
presuppósto ***A*** *part. pass. di presupporre; anche agg.* Previsto in anticipo. ***B*** *s. m.* ***1*** Presupposizione, ipotesi. ***2*** Premessa: *questo* – *è errato.*
prêt-à-porter /*fr.* 'prɛt a pɔr'te/ *s. m. inv.* (*pl. fr. prêt-à-porter* /'prɛt a pɔr'te/) Capo di vestiario confezionato in serie in un'ampia gamma di taglie.
pretàttica *s. f.* Nel linguaggio sportivo, atteggiamento di voluta vaghezza tenuto da un allenatore alla vigilia di una gara circa la formazione della squadra, la tattica e sim.
prète *s. m.* ***1*** Sacerdote secolare cattolico o di chiese cristiane e, talvolta, di altre confessioni religiose. [→ ill. *copricapo*] ***2*** Intelaiatura di legno che si infila nel letto sotto le lenzuola e regge lo scaldino. [→ tav. *proverbi* 151]
pretendènte *s. m. e f.* Chi vuole per sé q.c. o qc.: *un* – *al trono* | Corteggiatore.
pretèndere ***A*** *v. tr.* (*coniug. come tendere*) ***1*** Esigere o reclamare in base a un preciso diritto: – *una giusta retribuzione.* ***2*** Volere per forza, a ogni costo e spesso ingiustamente: – *onori*; – *di fare i propri comodi*; SIN. Esigere. ***3*** Presumere: – *di avere sempre ragione.* ***4*** Voler far credere: *pretende che il Sole giri intorno alla Terra.* ***B*** *v. intr.* (*aus. avere*) Ambire, aspirare: – *al trono* | – *alla mano di una donna*, desiderarla in moglie.
pretensióne *s. f.* ***1*** Pretesa, esigenza, necessità: *pretensioni esagerate.* ***2*** Prepotenza, arroganza, alterigia: *parlare con* –. ***3*** Ricchezza e ricercatezza ostentate, molto appariscenti ma prive di gusto.
pretenzióso o *pretensióso agg.* Pieno di pretese: *uomo* –; *arredamento* –.
prèter- *pref.*: in parole composte dotte significa 'oltre', 'al di là': *preterintenzionale.*
preterintenzionàle *agg.* (*dir.*) Detto di delitto in cui l'evento dannoso è andato oltre l'intenzione dell'autore: *omicidio* –.
preterintenzionalità *s. f.* (*dir.*) L'essere preterintenzionale.
preterizióne *s. f.* Figura retorica con la quale si finge di non voler dire una cosa nel momento stesso in cui si dice (es. *non ti dico la paura che ho avuto*).
pretésa *s. f.* ***1*** Richiesta energica e legittima: *avanzare una* – | Bisogno o esigenza di agi, comodità e sim.: *non ho pretese* | *Senza pretese*, modesto: *una ragazza senza pretese*; semplice, alla buona: *un pranzo senza pretese.* ***2*** Esigenza eccessiva e ingiustificata | *Avere la* – *di*, pretendere di: *non avrai la* – *di farmi credere simili fandonie!* ***3*** (*fig.*) Ricerca esagerata di effetti estetici: *abito pieno di pretese.*
pretéso *part. pass. di pretendere; anche agg.* Supposto, ritenuto tale: *il* – *errore di qc.* | Dubbio, opinabile: *il suo* – *coraggio.*
pretèsta *s. f.* Nell'antica Roma, toga listata di porpora portata dai giovani e dai magistrati.
pretèsto *s. m.* ***1*** Scusa addotta per giustificare q.c. che si è fatto o per nascondere la verità: *addurre pretesti.* ***2*** Appiglio, motivo, occasione: *fornire un* – *di critica*; *è un* – *per intervenire.*
pretestuóso *agg.* ***1*** Addotto come pretesto: *motivo* –. ***2*** (*raro*) Che si avvale di pretesti.
pretònico *agg.* (*pl. m. -ci*) (*ling.*) Protonico.
pretóre *s. m.* (v. nota d'uso FEMMINILE) ***1*** Nel diritto romano, magistrato che amministrava la giustizia. ***2*** (*dir.*) Magistrato che nel proprio mandamento esplica funzioni giurisdizionali in materia civile relativamente a cause di limitato valore, in materia penale per reati di minore gravità.
pretoriàno *s. m.* Soldato che componeva la guardia del corpo degli imperatori romani.
pretòrio (1) *agg.* Del pretore: *decisione pretoria* | *Albo* –, che espone al pubblico atti ufficiali.
pretòrio (2) *s. m.* ***1*** Nell'accampamento romano, tenda del comandante generale. ***2*** Edificio ove il pretore rendeva ragione.
prètto *agg.* ***1*** Schietto: *vino* –. ***2*** (*fig.*) Puro e tipico: *parlare con* – *accento toscano.*
pretùra *s. f.* ***1*** Nel diritto romano, ufficio del pretore. ***2*** Magistratura impersonata nel pretore | Sede ove il pretore esplica la propria funzione.
prevalènte *part. pres. di prevalere; anche agg.* Che prevale: *opinione* –; SIN. Preponderante.
prevalènza *s. f.* ***1*** Maggioranza, preponderanza, supe-

riorità: *essere in — numerica* | *In* —, per la maggior parte. **2** Altezza alla quale si può sollevare un liquido mediante una pompa.

prevalére **A** v. intr. (coniug. come valere; aus. essere o avere) **1** Valere di più, avere maggiore importanza, forza, capacità, e sim.: *prevale su tutti per virtù; è l'opinione che prevale tra le altre*; SIN. Predominare. **2** Vincere: *il nemico prevalse.* **B** v. intr. pron. (*raro*) Servirsi senza discrezione di qc. o di q.c.

prevaricàre v. intr. (*io prevàrico, tu prevàrichi;* aus. avere) **1** Agire contrariamente all'onestà o all'onore. **2** Abusare del potere per trarne vantaggi personali.

prevaricatóre s. m.; anche agg. (f. *-trice*) (*raro*) Chi (o che) prevarica.

prevaricazióne s. f. (*dir.*) Reato di chi abusa del proprio potere per trarne vantaggi personali | (*gener.*) Abuso.

prevedére v. tr. (coniug. come vedere, ma nel futuro anche io *prevederò*) **1** Vedere in anticipo con la mente: — *il futuro*; SIN. Indovinare. **2** Ritenere possibile, probabile o certo un evento prima che si realizzi: — *la carestia*; SIN. Presagire. **3** Considerare e disciplinare: *il caso non è previsto dalla legge.*

prevedibile agg. Che si può prevedere: *esito* —; CONTR. Imprevedibile.

preveggènte agg. (*lett.*) Cauto, previdente.

preveggènza s. f. L'essere preveggente.

prevéndita s. f. Vendita anticipata, spec. di biglietti per spettacoli o avvenimenti sportivi.

prevenire v. tr. (coniug. come venire) **1** Precedere qc. giungendo prima di lui: — *l'avversario sul traguardo.* **2** Anticipare qc. o q.c. agendo o parlando prima di altri: *volevo aiutarti ma mi hanno prevenuto*; — *una domanda.* **3** Impedire che q.c. si manifesti, provvedendo adeguatamente in anticipo: *tentarono di — la disgrazia.* **4** Preavvertire, preavvisare: — *qc. con un telegramma*; *vi prevenni del nostro arrivo.*

preventivàre v. tr. Calcolare o notare una spesa prima che si manifesti | Fare il preventivo.

preventivo **A** agg. Che previene o serve a prevenire: *intervento* — | *Carcere* —, anteriore alla sentenza, prima e durante il processo | *Censura preventiva*, esercitata sugli scritti da pubblicare, per prevenire la violazione delle leggi | *Cura preventiva*, atta a prevenire una malattia. **B** s. m. Calcolo presuntivo di una spesa fatto al principio di un esercizio o prima di iniziare un lavoro o di costituire un'azienda.

preventòrio s. m. Istituto dove si praticano cure preventive contro la tubercolosi o altre malattie.

prevenùto **A** part. pass. di prevenire; anche agg. Preavvisato | (*est.*) Che ha dei preconcetti, delle prevenzioni su q.c. o qc.: *è — contro tutti.* **B** s. m. (*raro*) Imputato.

prevenzióne s. f. **1** Attuazione dei provvedimenti più adeguati ad impedire che si manifesti q.c. di dannoso, pericoloso e sim.: — *dei reati, delle malattie.* **2** Giudizio preventivo o anticipata disposizione d'animo, spec. negativa: *avere prevenzioni nei confronti di qc.*; SIN. Pregiudizio. **3** In diritto del lavoro, complesso di regole che i datori di lavoro devono osservare per impedire infortuni sul luogo di lavoro.

previdènte agg. Che prevede e provvede in anticipo per evitare conseguenze dannose; SIN. Provvido, prudente; CONTR. Imprevidente.

previdènza s. f. **1** Qualità di chi è previdente; SIN. Prudenza. **2** Insieme di provvedimenti a carattere assistenziale disposti a favore di una categoria di persone | — *sociale*, complesso di istituti giuridici che tendono a prevenire o riparare i danni che possono derivare ai lavoratori.

previdenziàle agg. Relativo alla previdenza sociale: *contributo* —.

prèvio agg. Precedente: *l'esame — del documento* | — *pagamento*, dopo che è avvenuto il pagamento.

previsióne s. f. **1** Conoscenza, valutazione anticipata di q.c. prima che si verifichi: — *della spesa*; *l'esito ha superato ogni* — | *In — di*, prevedendo. **2** Ciò che si prevede | — *del tempo*, oggetto della meteorologia pratica.

previsto **A** part. pass. di prevedere; anche agg. Visto, considerato, in anticipo. **B** s. m. **1** Entità o quantità prevista: *spendere meno del* —. **2** Tempo o momento previsto: *protrarsi oltre il* —.

prevòsto s. m. (*sett.*) Parroco.

preziosismo s. m. **1** Ricercatezza, preziosità. **2** Nel Seicento francese, corrente letteraria caratterizzata da una esasperata ricerca formale.

preziosità s. f. **1** Qualità di ciò che è prezioso. **2** Eleganza ricercata e piena di affettazione.

prezióso **A** agg. **1** Che ha molto valore, prezzo molto alto o grande pregio: *scrigno, metallo* —. [→ ill. *gioielli*] **2** (*fig.*) Che è caro per la sua bellezza, la sua rarità, il suo pregio: *un manoscritto* —; *consigli preziosi.* **3** (*fig.*) Ricercato, affettato: *eleganza preziosa* | *Stile* —, di una raffinatezza artificiosa. **4** (*fig., fam.*) Detto di persona che non si fa vedere o trovare con facilità: *farsi, diventare* —. **B** s. m. (f. *-a* nel sign. 2) **1** Oggetto prezioso. **2** (*fam.*) Chi si fa desiderare, chi non si fa spesso vedere: *fare il* —.

prezzémolo s. m. Pianta erbacea delle Umbellali, bienne, con infiorescenza a ombrella, foglie frastagliate, aromatiche, utili in cucina | (*fig.*) *Essere come il —, essere il — di ogni minestra*, intrufolarsi dappertutto, detto spec. di persona. [→ ill. *piante* 10, *verdura*]

prèzzo s. m. **1** Valore di scambio delle merci | Somma di denaro necessaria per acquistare un bene | Nella vendita, corrispettivo in denaro dovuto dal compratore al venditore. **2** (*est.*) Ciò che si dà in cambio di q.c.: *il — della libertà* | *Pagare, acquistare a caro* —, (*fig.*) con grandi sacrifici | *Non ha* —, di ciò che ha un valore inestimabile. **3** (*est.*) Cartellino con indicazione del prezzo. [→ ill. *supermercato*] **4** (*raro, fig.*) Pregio, stima: *avere qc. in grande* —.

prezzolàre v. tr. (*io prèzzolo*) Pagare, assoldare, qc. spec. per fini malvagi: — *sicari.*

prezzolàto part. pass. di prezzolare; anche agg. Assoldato, spec. per fini malvagi: *soldato* —.

prìa avv. (*poet.*) Prima.

prigióne s. f. **1** Luogo adibito alla custodia dei condannati che espiano la pena o degli imputati in attesa di giudizio | spec. al pl. Edificio adibito a prigione; SIN. Carcere, galera. **2** (*fig.*) Stanza buia e stretta | (*fig.*) Luogo in cui ci si sente oppressi per mancanza di libertà o eccessiva disciplina: *il collegio per lui era una* —.

prigionìa s. f. Condizione di chi è prigioniero; SIN. Carcerazione.

prigionièro **A** agg.; anche s. m. (f. *-a*) **1** Che (o chi) è stato rinchiuso ed è privo della libertà: *uccello — in gabbia.* **2** Che (o chi) è stato catturato, spec. in guerra. **B** agg. Che subisce limitazioni nella sua libertà di movimento | (*est.*) Che non è moralmente libero: *è — delle convenzioni sociali.*

prillàre v. intr. (aus. *avere*) (*dial.*) Girare attorno a se stesso.

prima (1) **A** avv. **1** Nel tempo anteriore, in precedenza, per l'addietro: *l'ho conosciuto molto* — | *Le cose, le usanze di* —, di una volta, di un tempo | — *o poi*, una volta o l'altra; CONTR. Dopo, poi. **2** (*fam.*) Più presto, più rapidamente: *credevo di fare* — | *Quanto* —, il più presto possibile: *ti scriverò quanto* —. **3** In un luogo, in un punto che precede: — *veniva la bandiera, poi il reggimento.* **4** In primo luogo, per prima cosa: — *il dovere e poi il piacere.* **B** Nella loc. prep. — *di* **1** Indica anteriorità nel tempo: *ti telefonerò — della partenza*; *arriverò — di te* | — *di tutto*, in primo luogo: — *di tutto l'onestà.* **2** Indica precedenza nello spazio: *c'è una galleria — del bivio.* **C** Nelle loc. cong. — *di*, — *che* **1** Introduce una prop. temp. che indica anteriorità con il v. all'inf. o al congv.: *rifletti bene — di decidere*; *ha saputo la notizia — che fosse resa pubblica.* **2** Piuttosto di, piuttosto che (introduce una prop. compar. con il v. all'inf.): *si sarebbe fatto uccidere — di tradirlo.* [→ tav. *proverbi* 83, 84, 303]

prima (2) s. f. **1** Prima classe di una scuola: *frequentare la* —; — *liceo.* **2** Nella divisione della giornata canonica, la prima ora del giorno. **3** Prima rappresentazione: — *teatrale.* **4** Prima marcia nel cambio degli autoveicoli. **5** Atteggiamento schermistico: *invito di* —. **6** Prima scalata alpinistica di una parete.

primariàto s. m. Incarico di primario.

primàrio **A** agg. **1** Che precede gli altri in una successione | *Scuola primaria*, materna ed elementare | (*geol.*) *Era primaria*, era paleozoica | (*econ.*) *Attività primaria*, l'agricoltura; CFR. Secondario, terziario. **2** Che è primo per importanza, valore e sim.: *motivo* —; SIN. Principale. ***B*** *s. m.* ***1*** Medico che dirige un reparto ospedaliero. ***2*** Avvolgimento induttore di un trasformatore. [→ ill. *elettricità*]

primàte *s. m.* Vescovo o arcivescovo che gode di prerogative onorifiche in una regione.

Primàti *s. m. pl.* (*sing.* -*e*) Ordine di mammiferi i cui rappresentanti hanno arti plantigradi, muso con pochi peli o glabro e dentatura completa. [→ ill. *animali* 21]

primaticcio *agg.* (*pl. f.* -*ce*) Detto di frutto che matura prima di altri della stessa specie.

primatista *s. m. e f.* (*pl. m.* -*i*) Chi detiene un primato, spec. sportivo.

primàto *s. m.* ***1*** Superiorità assoluta di qc. o q.c. in un determinato campo o attività: *conquistare un* —; — *artistico, letterario.* ***2*** Risultato massimo ottenuto in una specialità sportiva: *battere un* —.

primavèra *s. f.* ***1*** Stagione dell'anno che dura dal 21 marzo al 22 giugno. [→ ill. *astronomia*] ***2*** (*est.*) Clima mite, particolarmente benigno: *l'eterna — di certe regioni.* ***3*** (*fig.*) Inizio favorevole, giovinezza: *la — della vita.* ***4*** (*fig., lett.*) Periodo di un anno: *avere molte primavere.* ***5*** (*bot.*) Primula spontanea dal fiore giallo e calice a tubo priva di caule. [→ ill. *piante* 11] [→ tav. *proverbi* 384]

primaverile *agg.* Di, della primavera.

primeggiàre *v. intr.* (*io priméggio; aus. avere*) ***1*** Essere, apparire primo o tra i primi. ***2*** Avere il primato in q.c.: — *nell'industria*; SIN. Dominare.

prime rate /*ingl.* 'praim 'reit/ *loc. sost. m. inv.* (*pl. ingl. prime rates* /'praim 'reits/) Tasso minimo d'interesse che le banche praticano alla migliore clientela.

primièra *s. f.* Antico gioco a carte italiano | Nel gioco della scopa e dello scopone, combinazione di carte dei quattro semi che dà diritto a un punto.

primièro ***A*** *agg. num. ord.* (*poet.*) Primo. ***B*** *agg.* (*raro, lett.*) Primitivo. ***C*** *s. m.* La prima parte della parola nel gioco enigmistico della sciarada.

primigènio *agg.* ***1*** Che è generato per primo: *lingua primigenia* | (*est.*) Che ha origine oscura, misteriosa: *le forze primigenie della natura.* ***2*** Che risale all'origine del mondo: *l'uomo* —.

primìpara *s. f.* Donna che è al primo parto.

primitivìsmo *s. m.* Tendenza alla rivalutazione dei modi di vita dei primitivi.

primitivo ***A*** *agg.* ***1*** Originario, proprio di un periodo iniziale: *significato* —. ***2*** (*lett.*) Che si riferisce a un periodo anteriore all'attuale. ***3*** (*fig.*) Rozzo, rudimentale: *metodi primitivi.* ***4*** (*ling.*) *Nome* —, dal quale si formano i derivati e i composti. ***B*** *agg.; anche s. m.* (*f.* -*a*) ***1*** Appartenente alle popolazioni della preistoria o a civiltà ritenuta arcaica nei confronti di altre più progredite: *i primitivi indoeuropei*; *un — della Nuova Zelanda.* ***2*** (*fig.*) Detto di chi si dimostra semplice e credulone, o anche rozzo. ***C*** *s. m.* Nelle arti figurative, artista operante prima del Rinascimento: *i primitivi senesi.*

primìzia *s. f.* ***1*** Frutto, ortaggio, fiore ottenuto presto nella stagione mediante colture anticipate. ***2*** (*est.*) Notizia molto fresca, non ancora divulgata.

prìmo ***A*** *agg. num. ord.* ***1*** Corrispondente al numero uno in una successione, in una classificazione, in una serie: *il — piano di un edificio*; *il — volume di un'opera* | *Di — grado*, del grado più basso, inferiore: *ustioni di — grado* | *In — grado*, nella prima fase del giudizio: *fu condannato in appello mentre in — grado lo avevano assolto* | *Minuto* —, la sessantesima parte di un'ora. ***2*** Che è al principio di q.c. nell'ordine di tempo: *le prime ore del giorno*; *i primi passi di un bambino* | *In un — tempo, momento*, dapprima, sul momento | *A prima vista*, subito | *A tutta prima, sulle prime*, in un primo momento | *Prima maniera*, identico per modi e qualità a come qc. o q.c. si presenta alle origini: *un Picasso prima maniera.* ***3*** Principale, fondamentale: *il tuo — dovere è quello di studiare* | *In — luogo*, principalmente, anzitutto. ***4*** Che è in posizione di superiorità assoluta: *vincere il — premio* | Con valore superl., *il — albergo della città* | — *cittadino*, il presidente della Repubblica, o anche il sindaco | *Di prim'ordine*, eccellente. ***5*** (*mat.*) Detto di numero intero che non ha altri divisori oltre se stesso e il numero 1. ***B*** *s. m.* (*f.* -*a* nel sign. 1) ***1*** Chi (o ciò che) è primo in una successione, in una classificazione, in una serie: *il — che vedi è mio fratello* | *Il — che capita*, una persona qualsiasi che si incontra per caso | *Il — venuto*, una persona qualsiasi, sconosciuta o estranea; CONTR. Ultimo. ***2*** (*ell.*) Prima portata di un pasto: *oggi salterò il* —. ***3*** Il primo giorno di una settimana, di un mese, di un anno: *il — di luglio* | *al pl.* I primi anni di un secolo: *sui primi del Novecento*; CONTR. Ultimo. ***4*** (*ell.*) Unità di misura del tempo, equivalente a 60 secondi: *sono le cinque e dieci primi.* ***5*** Unità di misura degli angoli, equivalente a 1/60 di grado. [→ tav. *proverbi* 68, 231; → tav. *locuzioni* 98]

primogènito *agg.; anche s. m.* (*f.* -*a*) (*pl. m. primogèniti*) Detto di chi è stato generato per primo.

primogenitóre *s. m.* (*f.* -*trìce; pl. primogenitóri o primigenitóri*) ***1*** Primo genitore, secondo la Bibbia. ***2*** (*raro*) *spec. al pl.* Antenato.

primogenitùra *s. f.* Condizione del figlio primogenito.

primordiàle *agg.* Dei primordi | Originario | (*est., fig.*) Arretrato: *una tecnica* —.

primòrdio *s. m. spec. al pl.* Inizio, prima manifestazione: *i primordi della letteratura*; SIN. Principio.

prìmula *s. f.* Pianta erbacea delle Primulali, spontanea nelle regioni temperate, con foglie basali a rosetta e fiori con calice tubuloso e corolla imbutiforme, solitari o in infiorescenze a ombrella.

Primulàcee *s. f. pl.* Famiglia di piante erbacee delle Primulali con calice a cinque denti, corolla regolare gamopetala. [→ ill. *piante* 11]

Primulàli *s. f. pl.* (*sing.* -*e*) Ordine di piante dicotiledoni diffuse nelle regioni temperate e fredde dell'emisfero settentrionale. [→ ill. *piante* 11]

princesse /*fr.* prɛ̃'sɛs/ *s. f. inv.* (*pl. fr. princesses* /prɛ̃'sɛs/) Abito femminile semplice, in un solo pezzo. [→ ill. *abbigliamento*]

principàle ***A*** *agg.* Che è primo per grado, importanza, autorità: *la regione* —; *le principali famiglie* | *Via* —, la più importante | *Proposizione* —, da cui dipendono una o più proposizioni; SIN. Precipuo, primario; CONTR. Secondario. ***B*** *s. m.* Padrone di un negozio, un'azienda, una ditta, dal quale dipendono impiegati.

principalménte *avv.* Soprattutto, in primo luogo.

principàto *s. m.* ***1*** Nobiltà e titolo di principe | Stato retto da chi ha titolo principesco: *il — di Monaco.* ***2*** Signoria, monarchia: *il — di Augusto.*

prìncipe ***A*** *s. m.* (*f.* -*éssa*) ***1*** (*gener.*) Sovrano | (*est.*) *Il — delle tenebre*, Lucifero. ***2*** Sovrano di un principato: *il — di Monaco.* ***3*** Membro non regnante di una famiglia reale | Figlio di sovrano regnante. | — *ereditario*, destinato alla successione del trono per diritto ereditario | — *consorte*, marito d'una sovrana regnante | (*est.*) — *della chiesa*, cardinale | — *di Galles*, (*fig.*) tipo di tessuto a quadri formati da linee incrociate | — *azzurro*, nelle favole, principe nobile e buono che sposa o salva la protagonista; (*est.*) lo sposo ideale. ***4*** Persona insignita del grado di nobiltà superiore a quello di duca | *Stare, vivere come un* —, negli agi. [→ ill. *araldica*] ***5*** (*fig.*) Chi eccelle fra tutti per i suoi meriti | *Il — degli apostoli*, S. Pietro | — *del foro*, avvocato di grande abilità e prestigio. ***6*** *spec. al pl.* Soldati della legione romana che combattevano in seconda linea. ***B*** *agg.* ***1*** (*raro*) Principale. ***2*** (*edit.*) *Nella loc. edizione* —, la prima di un'opera letteraria, spec. stampata nei secoli XV e XVI. (V. nota d'uso ACCENTO)

principésco *agg.* (*pl. m.* -*schi*) Di, da principe | (*est.*) Lussuoso: *abitazione principesca.*

principéssa *s. f.* Sovrana di un principato | Moglie o figlia di un principe.

principessìna *s. f.* Figlia, giovane o nubile, di un principe.

principiànte *s. m. e f.* Chi è agli inizi dell'apprendimento di una scienza, un'arte, una disciplina; SIN. Esordiente.

principiàre ***A*** *v. tr.* (*io princìpio*) Cominciare, dare inizio: — *un discorso.* ***B*** *v. intr.* (*aus. avere* se il sogg. è una persona, *essere* se il sogg. è inanimato) Avere principio.

princìpio *s. m.* ***1*** Atto del principiare | *Prendere* —, cominciare | *Dare* —, avviare; SIN. Inizio; CONTR. Fine. ***2*** Tempo, fase iniziale: *il — dell'anno* | *I principi della civiltà*, i primordi | *In, al* —, prima | *Dal* —, dall'inizio; SIN. Inizio. ***3*** Origine, causa: *il — di ogni vostro male* | (*lett.*)

Il – dell'universo, Dio. **4** Concetto fondamentale di una dottrina, una scienza, una disciplina: *i principi della logica.* **5** Legge fisica di grande generalità: *il – di Archimede* | Norma generale scaturita dal ragionamento e che informa tutta la pratica: *un uomo di saldi principi morali*; SIN. Canone. **6** – *attivo*, sostanza avente una specifica attività farmacologica o di altro genere. (V. nota d'uso ACCENTO)

princiṣbécco *s. m.* (*pl. -chi*) Lega di rame, stagno e zinco, simile d'aspetto all'oro.

prióra *s. f.* Superiora di un convento di suore.

prioràto *s. m.* Ufficio, dignità di priore.

prióre *s. m.* (*f. -a*) **1** Superiore di monastero in alcuni ordini religiosi. **2** Capo di confraternita. **3** Superiore o alto dignitario in alcuni ordini cavallereschi. **4** Nel modo medievale e rinascimentale, magistrato capo di un organo giudiziario; membro del collegio al vertice dello Stato in molti comuni.

priorità *s. f.* **1** Anteriorità, precedenza nel tempo: *la – della scoperta* | *Avere la –*, avere diritto di precedenza. **2** Precedenza ideale che q.c. di più valido o urgente ha su ogni altra cosa.

prioritàrio *agg.* Che deve avere la priorità: *scelta prioritaria.*

prisco *agg.* (*pl. m. -schi*) (*poet.*) Antico.

priṣma *s. m.* (*pl. -i*) **1** (*mat.*) Poliedro avente per basi due poligoni uguali su piani paralleli e per facce laterali i parallelogrammi ottenuti congiungendo i vertici corrispondenti delle due basi. [→ ill. *cristalli, geometria, meccanica*] **2** (*fis.*) Solido trasparente a forma di prisma utilizzato per produrre rifrazione o riflessione o dispersione della luce. [→ ill. *fisica, ottica*]

priṣmàtico *agg.* (*pl. m. -ci*) Di prisma, che ha forma di prisma.

prìstino *agg.* Di prima, anteriore nel tempo.

privacy /*ingl.* 'praivəsi/ *s. f. inv.* (*pl. ingl. privacies* /'praivəsiz/) La vita privata di ciascuno, e la relativa riservatezza.

privàre **A** *v. tr.* Rendere privo qc. o q.c.: *– del posto, della compagnia*; SIN. Togliere. **B** *v. rifl.* Togliere q.c. a se stesso: *privarsi del necessario.*

privataménte *avv.* Da privato: *studiare –* | In via privata, in forma privata.

privatézza *s. f.* Intimità privata.

privatista *s. m. e f.* (*pl. m. -i*) Chi frequenta una scuola privata o studia privatamente.

privativa *s. f.* Facoltà esclusiva di godere vantaggi, di fabbricare o vendere prodotti, che lo Stato riserva a sé o attribuisce ad altri: *lo Stato ha la – del sale* | *– industriale*, diritto dell'inventore di sfruttare commercialmente la propria invenzione.

privativo *agg.* **1** Che ha potere di privare | Che denota privazione. **2** (*ling.*) Detto di elemento componente di parola che serve a esprimere la mancanza di una qualità (es. *in-adatto*).

privatizzàre *v. tr.* Trasferire ai privati un'impresa già pubblica.

privàto **A** *agg.* **1** Che è proprio della persona in sé o della persona singola: *interessi privati*; *diritto –.* **2** Non pubblico o comune ad altre persone: *faccenda private* | Comune a poche persone: *cappella privata* | *In –*, lontano da altre persone. ● CONTR. Pubblico. **B** *s. m.* (*f. -a*) Semplice cittadino, non investito di cariche pubbliche. **C** *s. m. solo sing.* Tutto ciò che si riferisce alla vita privata di una persona: *interferire nel – di qc.*

privazióne *s. f.* **1** Atto del privare | Rimozione, perdita: *la – di ogni diritto.* **2** Il privarsi, spec. volontariamente, di q.c. di necessario, di utile o di gradito; SIN. Rinuncia.

privilegiàre *v. tr.* (*io privilègio*) Concedere un privilegio | (*est.*) Preferire rispetto ad altro: *– il lavoro rispetto alla famiglia.*

privilegiàto **A** *part. pass. di privilegiare; anche agg.* **1** Che è favorito da un privilegio | *Creditore –*, che ha diritto di prelazione sugli altri. **2** (*est.*) Che gode di uno o più privilegi, facilitazioni: *classi privilegiate* | (*est.*) Che è migliore, più favorevole e sim.: *condizione privilegiata.* **B** *s. m.* (*f. -a*) Chi è fornito di particolari privilegi.

privilègio *s. m.* **1** Documento sovrano o pontificio medievale di concessione, donazione di diritti o prerogative, di immunità o di esenzione da tributi. **2** Esenzione, immunità, franchigia. **3** (*est.*) Onore speciale: *non a tutti capita il – di conoscerlo* | Dote particolare: *ha il – di essere sempre calmo.*

prìvo *agg.* (*sempre seguito dalla prep. di*) Che manca di q.c. (*anche fig.*): *essere – dei genitori, di ingegno*; SIN. Sprovvisto.

prò (1) *prep.* In favore di: *lotteria – mutilati*; CONTR. Contro.

prò (2) *s. m.* Utilità, vantaggio, giovamento: *andrà tutto a nostro –*; *a che –?* | *Fa buon –*, giova alla salute, detto di cibo o bevanda.

pro- (1) *pref.* **1** Significa 'fuori' o 'davanti' o indica estensione: *proclamare, procedere, progredire.* **2** Indica gli ascendenti o i discendenti: *progenitori, pronipote.* **3** Significa 'invece di', 'in luogo di': *proconsole, prosindaco.*

pro- (2) *pref.*: in parole composte esprime anteriorità, priorità: *proboscide, profeta, prognosi, prologo.*

proàvo *s. m.* (*f. -a*) Bisnonno, bisavolo.

probàbile *agg.* Credibile, verosimile, in base ad argomenti abbastanza sicuri: *è una congettura molto –*; CONTR. Improbabile.

probabiliṣmo *s. m.* Dottrina filosofica secondo la quale non esistono proposizioni assolutamente certe ma soltanto più o meno probabili.

probabilìstico *agg.* (*pl. m. -ci*) Del probabilismo.

probabilità *s. f.* **1** Carattere di ciò che è probabile. **2** La misura in cui si giudica che un avvenimento sia realizzabile o probabile: *ha una sola – di salvarsi.* **3** Concetto matematico che dà la misura del possibile in eventi aleatori | Rapporto fra il numero dei casi favorevoli al verificarsi di un evento e il numero dei casi possibili.

probabilménte *avv.* Con probabilità: *– partirò oggi.*

probàndo *s. m.* (*f. -a*) Chi desidera essere accolto in un ordine religioso.

probànte *agg.* Che prova, dà la prova: *argomento poco –*; SIN. Convincente.

probativo *agg.* Che serve, è atto o tende a provare: *argomentazione probativa.*

probatòrio *agg.* Che costituisce elemento di prova: *documenti probatori.*

probità *s. f.* Virtù di chi è probo; SIN. Onestà, rettitudine.

problèma *s. m.* **1** Quesito cui si cerca di dare una risposta o una soluzione, partendo da certe premesse e seguendo un ragionamento logico: *un – matematico.* **2** (*fig.*) Questione complicata, situazione difficile: *il – della scuola.* **3** (*fig.*) Persona della quale non si riesce a conoscere i pensieri o a spiegare le azioni: *quel bambino è un – per tutti.*

problemàtica *s. f.* Complesso dei problemi di una scienza, una questione e sim.

problematiciṣmo *s. m.* Nella filosofia contemporanea, indirizzo di pensiero che tende a considerare la vita come continua ricerca sempre aperta alla proposizione di nuovi problemi.

problematicità *s. f.* L'essere problematico.

problemàtico *agg.* (*pl. m. -ci*) **1** (*raro*) Attinente al problema: *dati problematici.* **2** (*fig.*) Non facile a intendersi e a spiegare: *teoria problematica* | Dubbio, incerto, difficoltoso: *accordo –.*

pròbo *agg.* (*lett.*) Di coscienza e vita onesta; SIN. Integro, onesto, retto.

proboscidàto *agg.* (*zool.*) Fornito di proboscide.

probòscide *s. f.* **1** Appendice muscolosa prensile tipica degli elefanti, alla cui estremità si trovano le narici. [→ ill. *zoologia*] **2** Organo per pungere e succhiare, tipico di alcuni insetti.

probovìro *s. m.* (*pl. probiviri*) **1** Un tempo, arbitro esplicante funzioni di conciliazione in materia di diritto del lavoro. **2** (*est.*) Attualmente, persona di particolare fama e prestigio, chiamata a esercitare funzioni di controllo, conciliazione e sim.

procàccia *s. m. e f. inv.* Chi s'incarica, dietro compenso, di fare commissioni o di trasportare merci, lettere, pacchi da un luogo all'altro.

procacciàre *v. tr.* (*io procàccio*) Trovare il modo di avere, procurare q.c.: *– il pane*; SIN. Procurare.

procacciatóre *s. m.* (*f. -trice*) Chi procaccia.

procàce *agg.* (*lett.*) Sfacciato | Licenzioso, sfrontato, provocante: *donna –.*

procacità *s. f.* (*lett.*) L'essere procace.

pro capite /*lat.* prɔ 'kapite/ *loc. agg. e avv.* A testa, a ciascuno: *assegnare una somma —*.
procèdere *v. intr.* (*pass. rem. io procedètti o procedéi, tu procedésti; part. pass. procedùto; aus. essere* nei sign. 1, 3, 5; *aus. avere* nei sign. 2, 4, 6, 7) **1** Andare avanti, camminare avanzando | *— oltre*, seguitare il cammino. **2** (*fig.*) Seguitare, progredire in ciò che si è intrapreso: *— nel discorso*; *procediamo con ordine*. **3** Essere condotto a termine, seguire il proprio corso, detto di cosa: *gli affari procedono bene*; *tutto procede a gonfie vele*. **4** Comportarsi, operare: *— con onestà, da galantuomo*. **5** Derivare, provenire: *tutto ciò procede dalla vostra ignoranza*. **6** Dare inizio a: *— all'esame del progetto*. **7** Esercitare un'azione in giudizio: *— contro qc.*
procedibile *agg.* (*dir.*) Di giudizio che può essere o può avere corso ulteriore: *appello —*.
procediménto *s. m.* **1** Svolgimento, corso | (*fig.*) Modo di comportarsi. **2** Maniera di condurre un'operazione o di risolvere un problema; SIN. Metodo. **3** Nel diritto processuale, processo.
procedùra *s. f.* **1** (*raro*) Modo di procedere. **2** Complesso delle formalità che si debbono osservare nel caso di procedimenti spec. giudiziari: *osservare la —*. **3** Nella prassi giuridica, diritto processuale: *codice di — civile*; *codice di — penale*.
proceduràle *agg.* (*dir.*) Di procedura.
procedurista *s. m.* (*pl. -i*) **1** Giurista esperto di diritto processuale. **2** Esperto di procedura nei lavori d'ufficio.
procèlla *s. f.* (*lett.*) Tempesta, burrasca.
procellària *s. f.* Uccello grande volatore, nero e bianco, che vola sfiorando le onde e nidifica sulle scogliere; SIN. Uccello delle tempeste. [→ ill. *animali* 14]
procellóso *agg.* **1** (*lett.*) Tempestoso. **2** (*fig.*) Agitato da discordie, tumulti: *tempi procellosi*.
processàbile *agg.* Che si può processare.
processàre *v. tr.* (*io procèsso*) Sottoporre a processo, spec. penale: *— qc. per rapina*.
processionària *s. f.* Farfalla notturna, grigio bruna, pelosa, i cui bruchi si spostano in ordinate processioni quando escono dai nidi per portarsi sugli alberi e divorare le foglie.
processióne *s. f.* **1** Corteo di sacerdoti e di laici che procedono in fila portando immagini sacre, reliquie e sim. **2** (*est.*) Fila di persone o di automezzi che vanno nella stessa direzione: *una — di dimostranti*.
procèsso *s. m.* **1** (*raro*) Atto del procedere, dell'avanzare | Successione di fenomeni legati fra di loro: *un — storico*. **2** Metodo da seguire per ottenere un determinato scopo, una data sostanza o uno speciale trattamento: *un semplice — logico*; *— chimico*; *il — della cardatura della lana*. **3** (*dir.*) Svolgimento pratico di attività tese alla formazione di provvedimenti giurisdizionali | Pubblico dibattito, udienza: *assistere a un —* | (*est.*) Complesso degli incartamenti relativi a un dato processo: *esaminare il —* | *— verbale*, redazione di un verbale | *Fare il — alle intenzioni*, (*fig.*) giudicare qc. basandosi su supposizioni e non sui fatti obiettivi.
processuàle *agg.* Del processo: *atto —*.
procinto *s. m. Solo nella loc. in — di*, sul punto di: *essere in — di partire*.
procióne *s. m.* Piccolo mammifero nordamericano dei Carnivori, con abitudini notturne, pelliccia grigia e coda bianca e nera. [→ ill. *animali* 20]
proclàma *s. m.* Appello, bando solenne.
proclamàre **A** *v. tr.* **1** Rendere pubblico solennemente: *— una legge*. **2** (*est.*) Affermare decisamente: *— l'innocenza di qc.* **B** *v. rifl.* Dichiararsi, affermarsi in pubblico: *si è proclamato vincitore*.
proclamazióne *s. f.* **1** Atto del proclamare. **2** Riconoscimento solenne: *la — dei nostri diritti*.
pròclisi *s. f.* (*ling.*) Processo per cui una parola atona si appoggia alla parola tonica seguente (ad. es. *il cane* si pronuncia *ilcàne*); CONTR. Enclisi.
proclìtico *agg.* (*pl. m. -ci*) (*ling.*) Detto di parola soggetta a proclisi. (v. nota d'uso ACCENTO)
proclive *agg.* (*lett.*) Disposto, incline, propenso: *— all'indulgenza*.
procómbere *v. intr.* (*pass. rem. io procombètti o procombéi, tu procombésti; oggi dif. del part. pass. e dei tempi composti*) (*lett.*) Cadere bocconi.
proconsolàto *s. m.* Titolo, ufficio del proconsole e sua durata.
procònsole *s. m.* Nel diritto romano, console a cui il senato prorogava il comando per un anno affidandogli il governo di una provincia.
procrastinàre *v. tr.* (*io procràstino*) Differire al domani, rimandare: *— i pagamenti*; SIN. Prorogare, rinviare.
procreàre *v. tr.* (*io procrèo*) Generare.
procreazióne *s. f.* Generazione.
procùra *s. f.* **1** Negozio giuridico con ui si trasferisce ad altri il potere di rappresentanza | Atto scritto con cui si conferisce tale potere. **2** Titolo, ufficio e sede di procuratore della Repubblica.
procuràre *v. tr.* **1** Provvedere, fare in modo che si faccia q.c.: *— che non avvengano disordini* | Cercare di avere, di ottenere: *—, procurarsi un impiego*; SIN. Procacciare. **2** Provocare, causare: *— guai, malanni*.
procuratìa *s. f.* **1** Nella Repubblica di Venezia, carica di procuratore di S. Marco. **2** Residenza dei procuratori di S. Marco a Venezia.
procuratóre *s. m.* (*f. -trice;* v. nota d'uso FEMMINILE) **1** Chi rappresenta qc. | (*dir.*) Chi è munito di una procura | *— legale*, laureato in giurisprudenza abilitato a rappresentare una parte nei giudizi civili e penali | (*sport*) Manager, spec. di un pugile. **2** Magistrato con funzioni di pubblico ministero. **3** In antichi ordinamenti, alto magistrato con funzioni amministrative.
procuratòrio *agg.* Di procuratore.
pròda *s. f.* Sponda, riva.
pròde *agg.; anche s. m.* (*lett.*) Valoroso.
prodézza *s. f.* **1** Qualità di chi è prode; SIN. Valore. **2** Impresa, opera da prode | (*fam.*) Sforzo, rischio eccessivo affrontato per imprudenza, vanteria o sim.: *bella —!*, bella bravata!
prodière *s. m.* Marinaio cui è affidato il servizio, il remo o le manovre di prua.
prodièro *agg.* **1** Che sta a prua: *cannone —*. **2** Di bastimento che in linea di fila ne precede un altro.
prodigalità *s. f.* **1** L'essere prodigo; CONTR. Avarizia, parsimonia. **2** Atto da prodigo.
prodigàre **A** *v. tr.* (*io pròdigo, tu pròdighi*) **1** Spendere largamente: *— tutte le proprie sostanze*; CONTR. Lesinare. **2** (*fig.*) Dare con larghezza talora eccessiva: *— lodi*. **B** *v. rifl.* Adoperarsi con ogni mezzo: *prodigarsi per i propri cari*.
prodigio **A** *s. m.* **1** Fenomeno che non rientra nell'ordine naturale delle cose; SIN. Portento. **2** Fatto, opera e sim. che desta meraviglia, ammirazione: *i prodigi della tecnica* | (*est.*) Persona eccezionalmente dotata: *quel pianista è un —*. **B** *in funzione di agg. inv.* (*posposto al s.*) *Nella loc. bambino —*, con eccezionali doti intellettuali o artistiche.
prodigióso *agg.* **1** Che ha del prodigio o suscita meraviglia: *effetti prodigiosi*; SIN. Portentoso. **2** Raro, straordinario, eccezionale: *memoria prodigiosa*.
pròdigo **A** *agg.* (*pl. m. -ghi*) **1** Che dà o spende senza misura | *Figliol —*, (*fig.*) chi, dopo un periodo di dissipazione o traviamento, si ravvede e torna sulla buona strada; CONTR. Avaro, parsimonioso. **2** (*fig.*) Generoso, liberale: *— di premure*. **B** *s. m.* (*f. -a*) Chi dona con eccessiva larghezza. [→ tav. *proverbi* 22]
proditòrio *agg.* Da traditore | Compiuto a tradimento: *omicidio —*.
prodótto **A** *part. pass. di produrre; anche agg.* Fatto, fabbricato | Causato. **B** *s. m.* **1** Tutto ciò che la terra produce, o che deriva da un'attività umana: *i prodotti dell'agricoltura, dell'industria*. [→ ill. *metallurgia, petrolio*] **2** Risultato di attività e operazioni varie: *un — della fantasia*. **3** (*mat.*) Moltiplicazione | Risultato di una moltiplicazione.
pròdromo *s. m.* **1** Segno precorrente, principio di q.c.: *i prodromi della guerra* | *spec. al pl.* Sintomo che precede una malattia. **2** (*arch.*) Porta principale collocata nella facciata di un edificio monumentale.
prodùrre **A** *v. tr.* (*pres. io prodùco, tu prodùci; pass. rem. io prodùssi, tu producésti; fut. io produrrò; congv. pres. io prodùca; condiz. pres. io produrrèi, tu produrrésti; part. pres. producènte; part. pass. prodótto*) **1** Far nascere, dare frutto: *albero che produce molti frutti*. **2** Dare, fornire, come risultato di lavorazioni e trasformazioni: *la miniera produce ferro*; *il vino è prodotto dalla cantina sociale* | (*est.*)

Fabbricare: *la ditta produce mobili.* **3** Dare vita, con riferimento a creazioni intellettuali: *un ingegno che ha prodotto grandi opere.* **4** Causare un fenomeno, comportare una conseguenza: *l'esplosione ha prodotto gravi danni; prodursi una lesione.* **5** Presentare: *— una tessera* | Allegare: *— un documento.* **B** *v. rifl.* Esibirsi: *prodursi in pubblico.*

produttività *s. f.* Possibilità di produrre | Misura dell'efficienza di un sistema produttivo.

produttivo *agg.* **1** Che produce | Atto a produrre: *campo —*; SIN. Fecondo. **2** Che riguarda la produzione: *metodi produttivi* | *Ciclo —*, periodo di tempo in cui si compie una produzione. **3** Che dà un utile: *impresa produttiva*; SIN. Redditizio. • CONTR. Improduttivo (nei sign. 1 e 3).

produttóre **A** *s. m.* (*f. -trice*) **1** Chi produce. **2** Impresario cinematografico, finanziatore e organizzatore della produzione di film. **3** Chi è incaricato di procurare ordini e clienti a un'impresa. **B** *anche agg.* Che produce: *paese — di caffè.*

produzióne *s. f.* **1** (*raro*) Generazione, procreazione. **2** Tutto ciò che si fa o si produce in ogni ramo dell'umana attività | Opera dell'ingegno o di un'attività creatrice. **3** Organizzazione produttiva di un film. **4** Atto del produrre in giudizio: *— di testimoni.*

proèmio *s. m.* Introduzione, prefazione.

profanàre *v. tr.* **1** Privare della santità cose, persone o luoghi sacri: *— un altare.* **2** (*est.*) Contaminare, macchiare (*anche fig.*): *— il ricordo di qc.*

profanatóre *s. m.; anche agg.* (*f. -trìce*) Chi (o che) profana.

profanazióne *s. f.* **1** Il profanare. **2** (*fig.*) Violazione, contaminazione, grave offesa.

profanità *s. f.* Carattere di ciò che è profano | Atto profano.

profàno **A** *agg.* **1** Che non è sacro, bensì mondano, terreno: *storia profana*; CONTR. Sacro. **2** Che viola la santità, la religiosità di q.c.: *mano profana.* **3** Che non è degno di sentire o toccare ciò che è sacro: *orecchio —*; SIN. Empio, sacrilego. **B** *s. m.* (*f. -a*) **1** Chi non è consacrato, non è iniziato alla vita religiosa. **2** Chi non si intende di q.c.: *siamo tutti profani di arte greca.* **C** *s. m. solo sing.* Ciò che non è sacro: *il sacro e il —.*

proferire o *profferire* **A** *v. tr.* (*pres. io proferisco, tu proferisci; pass. rem. io proferii o proffèrsi, tu proferisti; part. pass. proferito o proffèrto*) **1** Pronunziare: *— un nome* | Dire, esprimere, spc. in tono solenne: *— un voto.* **2** (*lett.*) Offrire, esibire. **B** *v. rifl.* Offrirsi.

professàre **A** *v. tr.* (*io profèsso*) **1** Dichiarare pubblicamente un determinato sentimento: *— la propria opinione*; *— gratitudine verso qc.* | Far conoscere con atti e parole di aderire a un'idea: *— il socialismo.* **2** Esercitare una professione, anche ass.: *— la medicina; quell'avvocato non professa*; SIN. Praticare. **B** *v. rifl.* Dichiararsi: *professarsi grato verso qc.*

professionàle *agg.* **1** Che concerne la professione esercitata: *diritti professionali* | *Segreto —*, quello al quale sono tenuti alcuni professionisti | *Malattia —*, causata dal tipo di lavoro o dalle condizioni in cui si svolge | *Scuola —*, che offre al termine degli studi una preparazione qualificata in vari rami di discipline tecniche. **2** Di reo che vive abitualmente dei proventi del reato: *delinquente —.*

professionalità *s. f.* **1** Carattere professionale di una attività. **2** Condizione di chi svolge una professione | (*est.*) Capacità di svolgere il proprio lavoro con competenza ed efficienza: *mancare di —.*

professionalizzàre *v. tr.* Rendere professionale | Ispirare a criteri di professionalità.

professióne *s. f.* **1** Pubblica dimostrazione di un sentimento, una credenza, un'opinione: *— d'amicizia.* **2** Solenne e pubblica promessa con la quale i religiosi si impegnano all'osservanza dei voti di castità, povertà e obbedienza e delle regole proprie dell'ordine. **3** Attività spec. intellettuale dalla quale si ricava un certo guadagno: *esercitare una —; la — dell'avvocato* | *Libera —*, che si esercita senza dipendere da altri; CFR. Mestiere.

professionismo *s. m.* **1** Condizione di chi è professionista. **2** Nel linguaggio sportivo, esercizio di sport per professione; CONTR. Dilettantismo.

professionista *s. m. e f.* (*pl. m. -i*) **1** Chi esercita una professione. **2** Chi pratica una specialità sportiva come professione retribuita; CONTR. Dilettante.

profèsso **A** *s. m.* (*f. -a*) Religioso che ha fatto professione solenne. **B** *anche agg.: frate —.*

professoràle *agg.* Di, da professore: *dignità —* | (*spreg.*) Pedantesco: *aria —.*

professoràto *s. m.* Carica di professore.

professóre *s. m.* (*f. -éssa*) **1** Chi insegna nelle scuole secondarie o all'università. **2** (*pop., gener.*) Chi insegna q.c. | (*est.*) Persona colta | (*est., spreg.*) Persona saccente e pedante: *quante aria da —!* | *— d'orchestra*, ogni componente di un'orchestra sinfonica.

professorino *s. m.* Professore giovane e poco esperto.

professoróne *s. m.* Professore dotto e noto (*anche iron.*).

profèta *s. m.* (*f. -éssa; pl. -i*) **1** Chi predice o prevede gli avvenimenti, ispirato da Dio: *i profeti dell'Antico Testamento.* **2** (*est.*) Chi prevede o pretende di rivelare il futuro | *Cattivo —*, chi predice avvenimenti che poi non si realizzano.

profetàre *v. tr. e intr.* (*io profèto; aus. avere*) **1** Parlare in nome di Dio per divina ispirazione. **2** (*est.*) Prevedere, annunziare il futuro: *— la rovina*; SIN. Vaticinare.

profètico *agg.* (*pl. m. -i*) Di, da profeta: *spirito —*; SIN. Fatidico.

profetizzàre *v. tr. e intr.* (*aus. avere*) **1** Parlare per divina ispirazione. **2** (*est.*) Indovinare, predire il futuro.

profezia *s. f.* **1** Rivelazione fatta dal profeta, annunzio di avvenimento futuro. **2** (*est.*) Predizione.

profferire V. *proferire.*

proffèrta *s. f.* Offerta, proposta: *profferte amorose.*

proficuo *agg.* Utile, giovevole; SIN. Vantaggioso.

profilàre **A** *v. tr.* **1** Delineare i contorni di q.c. **2** Ornare un vestito con una sottile bordatura in contrasto di colore. **3** Nel lavoro di cesello, tracciare linee e disegni col profilatoio. **4** Passare una barra metallica al laminatoio, per ottenerne un profilato. **5** (*aer.*) Dare forma di buona penetrazione aerodinamica: *— una carenatura.* **B** *v. intr. pron.* **1** Mostrarsi di profilo. **2** (*fig.*) Apparire imminente o possibile: *si profila una crisi.*

profilàssi *s. f.* Insieme dei provvedimenti atti a prevenire la diffusione delle malattie, spec. infettive.

profilàto **A** *part. pass. di profilare; anche agg.* **1** Ben delinato. **2** Filettato. **B** *s. m.* Trave a sbarra metallica ottenuta al laminatoio, e la cui sezione trasversale presenta un profilo determinato. [→ ill. *ferramenta, metallurgia*]

profilatóio *s. m.* Cesello a bordi arrotondati e non taglienti, per incisioni su metallo.

profilàttico **A** *agg.* (*pl. m. -ci*) Di profilassi | Che previene le malattie: *cura profilattica.* **B** *s. m.* Preservativo.

profilatùra *s. f.* Operazione del profilare | Il profilo eseguito.

profilo *s. m.* **1** Linea di contorno di q.c.: *il — degli Appennini.* **2** Linea di contorno o sagoma di un corpo | *— alare*, contorno di una qualsiasi sezione alare fatto parallelamente al piano di simmetria dell'ala. **3** Linea del volto osservata di fianco | *Figura di —*, presentata di fianco e non di fronte. **4** (*letter.*) Breve studio critico e biografico. **5** Sommaria descrizione delle caratteristiche di q.c. o qc.: *annotare i profili dei propri dipendenti* | *Sotto il —*, per quanto riguarda, in relazione a: *sotto il — morale.* **6** Sottile bordatura di colore o tessuto diverso per guarnire un indumento.

profiterole /fr. prɔfitəˈrɔl/ *s. f. inv.* (*pl. fr. profiteroles* /prɔfitəˈrɔl/) Piccolo bignè | Dolce formato da tali bignè. [→ ill. *dolciumi*]

profittàre *v. intr.* (*aus. avere*) **1** Fare profitto: *— negli studi*; SIN. Progredire. **2** Ricavare profitto: *— di un'occasione.*

profittatóre *s. m.* (*f. -trice*) Chi sfrutta per il proprio vantaggio persone e circostanze.

profittévole *agg.* Utile, fruttuoso.

profitto *s. m.* **1** Utile, vantaggio, giovamento materiale o spirituale: *trarre — da una cura* | (*fig.*) *Mettere q.c. a —*, utilizzarlo razionalmente; SIN. Frutto, guadagno. **2** (*fig.*) Progresso in un campo del sapere, in un'arte, in una disciplina: *far — negli studi.* **3** Eccedenza del ricavo lordo delle vendite sul costo totale di produzione; SIN. Utile, guadagno.

proflùvio *s. m.* **1** Abbondante flusso di liquido: *un — di lacrime.* **2** (*fig.*) Grande quantità di cose che si susseguono senza interruzione: *un — di lamentele.*

profondàre ***A*** *v. tr.* (*io profóndo*) ***1*** (*raro*) Mandare, mettere a fondo: *— le radici.* ***2*** Rendere più profondo: *— il canale.* ***B*** *v. rifl. e intr. pron.* ***1*** Immergersi, andare a fondo: *la nave si è profondata nel mare.* ***2*** (*fig.*) Addentrarsi con la mente.

profóndere ***A*** *v. tr.* (*coniug. come fondere*) Spargere copiosamente: *— lodi* | *— denaro,* scialacquare. ***B*** *v. intr. pron.* Esprimersi con grande calore o ricchezza di parole: *si profuse in ringraziamenti.*

profondimetro *s. m.* Apparecchio per misurare la profondità, usato dai subacquei. [→ ill. *pesca*]

profondità *s. f.* ***1*** Condizione di ciò che è profondo (*anche fig.*): *la — di una grotta*; *— di pensiero.* ***2*** *spec. al pl.* Luogo profondo: *le — marine* | (*fig.*) Parte più intima e segreta: *le — dell'animo umano.* ***3*** Distanza, calcolata lungo la verticale, tra il limite superiore di un corpo o di una massa e il suo fondo: *la — di un pozzo, del mare.* ***4*** Spazio prospettico offerto da una rappresentazione figurativa: *la — dei film in tre dimensioni.*

profóndo ***A*** *agg.* ***1*** Di ciò che presenta una notevole profondità, nel sign. 3: *lago —, valle profonda.* ***2*** (*est.*) Che penetra molto addentro: *profonde radici* | *Ferita profonda,* che s'interna molto | (*fig.*) *Sguardo —,* che cerca di penetrare nell'intimo dell'interlocutore | *Sospiro —,* che viene dal fondo del petto | *Notte profonda,* avanzata | (*fig.*) *Discorso —,* ricco di significati | Che costituisce la parte più profonda di q.c.: *nel — inferno.* ***3*** (*est.*) Detto della parte più interna o meridionale di regione geografica: *il — Sud.* ***4*** (*fig.*) Caratterizzato da grande vastità di dottrina: *concetto —* | (*est.*) Detto di chi conosce a fondo un argomento: *essere — in una scienza.* ***5*** (*fig.*) Di sentimento molto intenso: *nutrire un — rancore.* ***B*** *s. m.* ***1*** Profondità, fondo (*anche fig.*): *nel — dell'Oceano*; *nel — dell'animo.* ***2*** (*psicol.*) Inconscio: *psicanalisi del —.*

profórma o *pro forma* /*lat.* prɔ 'fɔrma/ ***A*** *loc. avv.; anche agg.* Per pura formalità. ***B*** *s. m. inv.* Formalità: *un semplice —.*

pròfugo *agg.; anche s. m.* (*f. -a; pl. m. -ghi*) Che (o chi) è costretto ad allontanarsi dalla propria patria e a cercare rifugio altrove: *Enea — da Troia*; *— politico.*

profumàre ***A*** *v. tr.* Spargere, dare il profumo. ***B*** *v. rifl.* Aspergersi la pelle, i capelli, o i vestiti di profumo. ***C*** *v. intr.* (*aus. avere*) Mandare buon odore: *l'aria profuma.*

profumataménte *avv.* In modo generoso, lauto: *pagare qc. —.*

profumàto *part. pass. di profumare; anche agg.* Intriso di profumo | Che manda profumo; SIN. Odoroso.

profumeria *s. f.* ***1*** Arte del preparare profumi | Laboratorio o negozio del profumiere. ***2*** *spec. al pl.* Assortimento di profumi e cosmetici.

profumièra *s. f.* Vaso per custodirvi o bruciarvi profumi.

profumière *s. m.* (*f. -a*) Fabbricante o venditore di profumi e cosmetici.

profumièro *agg.* Che concerne i profumi.

profùmo *s. m.* ***1*** Esalazione odorosa gradevole, naturale o artificiale: *il — dei fiori*; SIN. Fragranza. ***2*** Soluzione più o meno concentrata di essenze odorose variamente combinate. [→ ill. *toilette e cosmesi*] ***3*** (*fig.*) Senso sottile, delicato: *un — di poesia.*

profusióne *s. f.* ***1*** Copioso spargimento. ***2*** (*fig.*) Grande abbondanza: *una — di parole* | (*fig.*) Eccessiva prodigalità e liberalità nello spendere.

profùso *part. pass. di profondere; anche agg.* Versato copiosamente | Elargito con prodigalità: *tesori profusi.*

progènie *s. f. inv.* ***1*** (*lett.*) Stirpe, prole, discendenza. ***2*** (*spreg.*) Genia, gentaglia.

progenitóre *s. m.* (*f. -trice*) Capostipite di una famiglia, una stirpe | Avo, antenato.

progesteróne *s. m.* (*med.*) Ormone secreto dall'ovaio e dalla placenta, che favorisce l'impianto dell'uovo fecondato nella mucosa uterina e regola la fisiologia della maternità.

progettàre *v. tr.* (*io progètto*) ***1*** Ideare q.c. e proporre il modo di attuarla: *— una spedizione*; SIN. Meditare. ***2*** Ideare una costruzione compiendo i relativi calcoli e disegni per la sua realizzazione; SIN. Disegnare.

progettazióne *s. f.* Elaborazione, realizzazione di un progetto.

progettista *s. m. e f.* (*pl. m. -i*) ***1*** Chi è autore di un progetto. ***2*** Chi prepara progetti, spec. industriali, per professione.

progettistica *s. f.* Attività di ideare e realizzare progetti industriali.

progètto *s. m.* ***1*** Piano di lavoro, ordinato e particolareggiato, per eseguire q.c. ***2*** Idea, proposito, anche vago, bizzarro o difficilmente attuabile: *un — di matrimonio*; *fare troppi progetti*; SIN. Intenzione, proponimento, proposito. ***3*** Insieme di calcoli, disegni, elaborati necessari a definire l'idea in base alla quale realizzare una costruzione o una macchina.

progettuàle *agg.* Di progetto | Relativo a un progetto e alla sua elaborazione.

proglòttide *s. f.* (*zool.*) Ciascuno dei segmenti in cui è diviso il corpo di alcuni platelminti. [→ ill. *zoologia*]

prognatismo *s. m.* (*anat.*) Sporgenza in avanti della mandibola.

prognàto *agg.; anche s. m.* (*f. -a*) Affetto da prognatismo.

prògnosi *s. f.* (*med.*) Giudizio clinico sulla evoluzione futura della malattia: *— riservata, fausta.*

prognòstico *agg.* (*pl. m. -ci*) Di prognosi.

progràmma *s. m.* (*pl. -i*) ***1*** Enunciazione verbale o scritta di ciò che è necessario o che ci si propone di fare: *il — della manifestazione* | Proposito, progetto: *ha fatto un — per la serata* | Trasmissione radiotelevisiva: *i programmi della serata.* [→ ill. *televisione*] ***2*** Piano di lavoro e di studi da realizzare entro un certo periodo scolastico: *— d'esame*; *svolgere il —.* ***3*** Opuscolo contenente le informazioni essenziali su uno spettacolo distribuito in teatri o in sale di concerto | *Fuori —,* (*fig.*) cosa inaspettata, imprevista. ***4*** Insieme delle istruzioni, opportunamente codificate, destinate a risolvere un determinato problema per mezzo di un elaboratore elettronico.

programmàre *v. tr.* ***1*** Esporre e concretare un programma | Includere in un programma: *— uno spettacolo.* ***2*** Redigere un programma di elaborazione per un sistema elettronico. ***3*** Formulare un programma economico.

programmàtico *agg.* (*pl. m. -ci*) Relativo a un programma: *dichiarazioni programmatiche.*

programmatóre *s. m.* (*f. -trice*) ***1*** Persona addetta alla redazione dei programmi in base ai quali operano i sistemi elettronici per l'elaborazione dei dati. ***2*** Chi sostiene o attua la programmazione economica.

programmazióne *s. f.* ***1*** Elaborazione, realizzazione di un programma | Inclusione in un programma: *— di un film.* ***2*** Impostazione di un'attività economica sulla base di piani stabiliti in conformità degli obiettivi che si vogliono raggiungere, e creazione di un sistema atto a controllare che i risultati corrispondano ai programmi. ***3*** Stesura di un programma per calcolatore elettronico. ***4*** *— educativa, didattica,* nella scuola dell'obbligo, progetto organico per l'insegnamento-apprendimento; CFR. Curricolo.

programmista *s. m. e f.* (*pl. m. -i*) ***1*** Chi è addetto alla preparazione di programmi. ***2*** Chi commenta i programmi radio-televisivi.

progredire *v. tr.* (*io progredisco, tu progredisci; aus. avere* con sogg. di persona, *essere* con sogg. di cosa) Procedere verso il compimento di q.c.: *il lavoro progredisce* | Fare progressi; SIN. Avanzare, migliorare; CONTR. Regredire.

progredito *part. pass. di progredire; anche agg.* Avanzato: *una tecnica progredita*; CONTR. Primordiale | Che ha raggiunto un alto livello civile, sociale e sim.: *un paese —.* ● CONTR. Arretrato, primitivo.

progressióne *s. f.* ***1*** Atto del progredire | Aumento che si manifesta con regolarità e continuità: *essere in — costante*; CONTR. Regresso. ***2*** (*mat.*) *— aritmetica,* successione di numeri tali che la differenza fra due numeri consecutivi sia costante | *— geometrica,* successione di numeri tali che il rapporto di due numeri consecutivi sia costante | *Aumentare in — geometrica,* (*fig.*) rapidamente. ***3*** (*mus.*) Reiterata ripetizione di un medesimo passaggio fatta da una stessa parte.

progressismo *s. m.* Atteggiamento di chi è progressista.

progressista ***A*** *s. m. e f.* (*pl. m. -i*) Fautore di tendenze innovatrici in campo politico, economico e sociale. ***B*** *anche agg.: movimento —.*

progressivaménte *avv.* Con progressione | Gradatamente.
progressività *s. f.* L'essere progressivo.
progressivo *agg.* **1** Che va avanti seguendo un andamento più o meno regolare e continuo: *aumento* –. **2** (*dir.*) Di aliquota che aumenta col crescere della base imponibile: *imposta progressiva.*
progrèsso *s. m.* **1** Avanzamento, evoluzione di q.c. verso il suo compimento: *il – del nostro lavoro*; CONTR. Regresso. **2** Profitto, miglioramento: *fare progressi negli studi.* **3** Perfezionamento nelle conoscenze, nelle relazioni sociali, nei costumi, nei mezzi di vita: *il secolo del* –.
proibire *v. tr.* (*io proibisco, tu proibisci*) **1** Comandare di non fare q.c.: – *a qc. di entrare*; – *le adunanze*; SIN. Vietare; CONTR. Permettere. **2** Impedire: *il vento proibisce di navigare.*
proibitivo *agg.* **1** Che ha potere di proibire: *decreto* – | Che mira a proibire: *provvedimento* –. **2** (*est.*) Che impedisce o limita il fare q.c.: *tempo* – | *Prezzo* –, altissimo, tale da allontanare il compratore.
proibito *part. pass. di proibire; anche agg.* Vietato | *Frutto* –, quello che Dio proibì di mangiare ad Adamo ed Eva; (*est.*) cosa impossibile ad aversi e quindi molto desiderata.
proibizióne *s. f.* Ordine, imposizione di non fare q.c.; SIN. Divieto; CONTR. Permesso.
proibizionismo *s. m.* Proibizione di produrre e vendere bevande alcoliche attuata spec. negli Stati Uniti dal 1919 al 1933.
proibizionista *s. m. e f.; anche agg.* (*pl. m. -i*) Sostenitore del proibizionismo.
proibizionistico *agg.* (*pl. m. -ci*) Del proibizionismo o dei proibizionisti.
proiettàre *v. tr.* (*io proiètto*) **1** Gettare, scagliare fuori o avanti: *i paracadutisti furono proiettati dall'aereo.* **2** (*fig.*) Protendere lontano nel tempo: – *le proprie ambizioni nel futuro.* **3** (*cine.*) Riprodurre su uno schermo una diapositiva o un fotogramma a mezzo di proiettore. **4** (*mat.*) Eseguire una proiezione.
proiettificio *s. m.* Stabilimento per la fabbricazione di proiettili.
proièttile *s. m.* Qualunque corpo che può essere lanciato spec. da un'arma da fuoco. [→ ill. *armi*]
proiettivo *agg.* Che riguarda la proiezione | *Geometria proiettiva*, studio delle proprietà delle figure ottenute l'una dall'altra con operazioni di proiezione.
proiètto *s. m.* **1** Corpo lanciato da un pezzo di artiglieria. **2** – *vulcanico*, frammento solido lanciato da un vulcano in eruzione.
proiettóre *s. m.* **1** Apparecchio che convoglia un fascio luminoso in una determinata direzione: – *di autoveicoli.* [→ ill. *automobile, illuminazione*] **2** Apparecchio atto a proiettare immagini su uno schermo. [→ ill. *cinematografia, fotografo, scuola*]
proiezióne *s. f.* **1** Lancio. **2** Trasmissione di un'immagine luminosa su di uno schermo. **3** Rappresentazione di una figura spaziale su di un piano usando sistemi diversi | – *cartografica*, procedimento che, nella costruzione di una carta geografica, consente di portare su un piano la superficie curva della Terra | – *cilindrica*, proiezione geografica ottenuta proiettando la superficie della terra su una superficie cilindrica e sviluppando poi il cilindro sul piano | – *conica*, proiezione geografica ottenuta proiettando la superficie della Terra su una superficie conica e sviluppando poi il cono sul piano | – *prospettica*, eseguita secondo le leggi della prospettiva. [→ ill. *geografia*] **4** (*stat.*) – *elettorale*, previsione dei risultati di una elezione in base ai dati ricavati da un campione di votanti o dai primi risultati conosciuti.
prolàsso *s. m.* (*med.*) Fuoruscita di un viscere dalla cavità in cui è contenuto attraverso un'apertura naturale.
pròle *s. f.* **1** Insieme dei figli facenti parte di una famiglia; SIN. Figliolanza. **2** (*est.*) Generazione, progenie.
prolegòmeni *s. m. pl.* Discorso introduttivo a un'opera | Trattato introduttivo allo studio di un autore o di una scienza.
prolèssi *s. f.* **1** (*ling.*) Procedimento sintattico consistente nel trasferire nella frase principale una parola o un sintagma della subordinata (es. *Questo vorrei chiarire, che non ne sapevo niente*). **2** Figura retorica consistente nel prevenire un'obiezione, confutandola (es. *E non è vero, come qualcuno potrebbe pensare, che...*).
proletariàto *s. m.* La classe e la condizione dei lavoratori salariati.
proletàrio **A** *s. m.* **1** Nel diritto romano, cittadino privo del censo sufficiente per l'iscrizione in una delle cinque classi in cui era diviso il popolo. **2** Lavoratore dipendente salariato, che vive del reddito del propro lavoro. **B** *agg.* Dei proletari, del proletariato: *la classe proletaria.*
proletarizzàre *v. tr.* Ridurre a condizione proletaria.
proliferàre *v. intr.* (*io prolìfero; aus. avere*) **1** (*biol.*) Crescere per proliferazione. **2** (*fig.*) Sorgere e diffondersi moltiplicandosi con grande rapidità: *una moda che sta proliferando.*
proliferazióne *s. f.* **1** (*biol.*) Processo di produzione di nuove cellule per divisione delle precedenti | Insieme di cellule prodotte per divisione di altre. **2** (*fig.*) Rapida espansione.
prolìfero *agg.* (*biol.*) Che genera per proliferazione.
prolificàre *v. intr.* (*io prolìfico, tu prolìfichi; aus. avere*) **1** (*biol.*) Generare altri organismi della stessa specie. **2** Generare prole, detto di uomini e animali. **3** (*fig.*) Riprodursi, espandersi.
prolificità *s. f.* L'essere prolifico.
prolìfico *agg.* (*pl. m. -ci*) **1** Che genera o ha generato molta prole: *donna prolifica.* **2** (*fig.*) Fecondo: *scrittore* –.
prolissità *s. f.* L'essere prolisso; SIN. Verbosità; CONTR. Concisione.
prolisso *agg.* Che si diffonde troppo nei discorsi o negli scritti: *scrittore* – | Esteso, particolareggiato: *racconto* –; SIN. Verboso; CONTR. Conciso.
pro loco /*lat.* prɔ 'lɔko/ *loc. sost. f. inv.* Organizzazione tipica di località di villeggiatura avente lo scopo di favorire attività artistiche o di potenziare il turismo (vc. latina, propriamente 'in favore del luogo').
pròlogo *s. m.* (*pl. -ghi*) **1** Scena costituita da un monologo introduttivo di un'opera teatrale | Personaggio che recita quella scena; CONTR. Epilogo. **2** (*fig.*) Fatto o serie di fatti che precedono una manifestazione più ampia di uno stesso fenomeno.
prolùdere *v. intr.* (*pass. rem. io prolùsi, tu proludésti; part. pass. prolùso; aus. avere*) **1** Pronunciare una prolusione. **2** Cominciare a parlare.
prolùnga *s. f.* **1** Qualunque elemento atto ad allungare attrezzi, macchine e sim. | Pezzo di filo elettrico che termina a un capo con una spina e all'altro con una presa, usato per allungare il cavo di alimentazione di uno strumento: *la – della televisione.* **2** Carro a quattro ruote per il servizio d'artiglieria.
prolungàbile *agg.* Che si può prolungare.
prolungaménto *s. m.* **1** Allungamento, estensione, prosecuzione nello spazio o nel tempo. **2** Ciò che prolunga q.c. o si aggiunge per prolungare q.c.
prolungàre **A** *v. tr.* (*io prolùngo, tu prolùnghi*) Rendere più lungo nello spazio o nel tempo: – *una linea, l'attesa.* **B** *v. intr. pron.* **1** Estendersi nello spazio o nel tempo: *un tracciato che si prolunga all'infinito.* **2** Indugiare in un discorso.
prolusióne *s. f.* **1** Discorso introduttivo. **2** Prima lezione tenuta da un professore assumendo una cattedra universitaria.
prolùso (*raro*) *part. pass. di proludere.*
prolùvie *s. f. inv.* (*lett.*) Inondazione, piena.
promemòria *s. m. inv.* Scritto conciso per ricordare q.c. a sé o ad altri.
proméssa *s. f.* **1** Impegno formale a fare q.c. o a comportarsi in un dato modo: *mantenere la –, mancare a una* – | – *di marinaio*, (*fig.*) quella che viene subito dimenticata. **2** (*fig.*) Chi intraprende un'attività con ottimi risultati: *una giovane – del teatro.* [→ tav. *proverbi* 312]
proméssso **A** *part. pass. di promettere; anche agg.* Fatto sperare | *Terra promessa*, quella che Dio doveva concedere agli Ebrei e (*fig.*) luogo felice, cosa lungamente desiderata | *Sposi promessi*, fidanzati. **B** *s. m.* (*f. -a*) Fidanzato.
promèteo o *promèzio s. m.* Elemento chimico radioattivo, metallo delle terre rare, non noto in natura ma ottenuto nelle pile atomiche. SIMB. Pm.
promettènte *part. pres. di promettere; anche agg.* Che pro-

mette | Che fa sperare in buoni esiti futuri: *attore* –.

prométtere ***A*** *v. tr.* (*pass. rem. io promisi, tu promettésti; part. pass. proméesso*) ***1*** Impegnarsi a fare q.c. o a comportarsi in un dato modo: – *un impiego*; – *di riflettere prima di agire* | – *mari e monti, mirabilia*, fare promesse eccessive. ***2*** Far presagire determinati esiti, anche ass.: *il bel tempo promette di durare*; *il suo sguardo non promette nulla di buono*; *un ragazzo che promette*. ***B*** *v. rifl.* Impegnarsi, votarsi: *promettersi a Dio*.

promèzio V. *prometeo*.

prominènte *agg.* Che sporge in fuori da una superficie, o ha una parte che sporge: *naso* –; SIN. Sporgente.

prominènza *s. f.* L'essere prominente | Parte che sporge; SIN. Sporgenza.

promiscuità *s. f.* L'essere promiscuo | Presenza in uno stesso luogo o convivenza promiscua di persone di due sessi.

promiscuo ***A*** *agg.* ***1*** Costituito di cose o persone mescolate fra di loro in modo confuso e indistinto: *generi promiscui* | *Scuola promiscua*, per allievi dei due sessi | *Matrimonio* –, fra persone che non sono della stessa razza o religione. ***2*** (*ling.*) Detto di nome di animale avente un'unica forma grammaticale per designare il maschio o la femmina (es. *aquila*). ***B*** *s. m.* Autoveicolo per il trasporto misto di persone o cose.

promontòrio *s. m.* (*geogr.*) Alta sporgenza della costa sul mare.

promòsso ***A*** *part. pass. di promuovere; anche agg.* Che ha conseguito una promozione, un avanzamento. ***B*** *s. m.* (*f. -a*) Allievo ammesso a una classe superiore; CONTR. Respinto, bocciato.

promotion /*ingl.* prəˈmouʃən/ *s. f. inv.* (*pl. ingl. promotions* /prəˈmouʃənz/) Attività diretta a sviluppare nel consumatore la conoscenza, l'uso, il bisogno di un prodotto e aumentarne quindi la vendita; SIN. Promozione delle vendite.

promotóre ***A*** *s. m.* (*f. -trìce*) Chi promuove q.c.: *i promotore dell'impresa*; SIN. Iniziatore. ***B*** *anche agg.*: *il comitato* –.

promozionàle *agg.* Relativo alla promozione delle vendite.

promozióne *s. f.* ***1*** Passaggio di un alunno a una classe superiore di studi | Avanzamento di una persona a una posizione di maggior responsabilità nell'ambito della sua attività. ***2*** (*sport*) Passaggio di una squadra a una serie o divisione superiore, alla fine di un campionato: *lotta per la* –; CONTR. Retrocessione. ***3*** – *delle vendite*, promotion.

promulgàre *v. tr.* (*io promùlgo, tu promùlghi*) ***1*** Fare oggetto di promulgazione: – *una legge*. ***2*** (*est.*) Diffondere, divulgare: – *una teoria*.

promulgatóre *s. m.* (*f. -trìce*) Chi promulga.

promulgazióne *s. f.* Atto con cui il presidente della Repubblica dichiara formalmente valida e operante una legge.

promuòvere *v. tr.* (*pass. rem. io promòssi, tu promovésti; part. pass. promòsso*; in tutta la coniug. la *o* dittonga preferibilmente in *uo* se tonica tranne davanti a *-ss-*) ***1*** Dare impulso a q.c. per farla avanzare e progredire: – *le ricerche scientifiche*. ***2*** Proporre, dare inizio: – *i festeggiamenti*. ***3*** Fare avanzare a un grado maggiore, a una classe superiore: – *dalla quarta alla quinta*. ***4*** Stimolare, provocare: – *sudore, vomito*.

prònao *s. m.* (*arch.*) Porticato nella facciata di templi antichi, di chiese e di edifici moderni classicheggianti.

pronazióne *s. f.* (*med.*) Movimento di rotazione dell'avambraccio per cui il palmo della mano è portato verso il basso; CONTR. Supinazione.

pronipóte *s. m. e f.* ***1*** Figlio o figlia di un nipote o di una nipote. ***2*** *spec. al pl.* Discendenti.

pròno *agg.* ***1*** (*lett.*) Piegato in giù, volto verso terra; CONTR. Supino. ***2*** (*fig.*) Propenso: – *all'amore*.

pronóme *s. m.* (*ling.*) Parte variabile del discorso che fa le veci del nome: – *personale, dimostrativo, possessivo, interrogativo, relativo*.

pronominàle *agg.* Che si riferisce a pronome | *Particella* –, forma atona del pronome personale.

pronosticàre *v. tr.* (*io pronòstico, tu pronòstichi*) Preannunziare; SIN. Predire.

pronòstico *s. m.* (*pl. -ci*) Predizione di avvenimenti: *fare un* –; *il* – *non si è avverato* | *Godere il favore del* –, essere dato come vincitore alla vigilia di una gara.

prontaménte *avv.* Senza indugio, subito.

prontézza *s. f.* L'essere pronto; SIN. Intuito, lestezza, rapidità.

prónto ***A*** *agg.* ***1*** Di ciò che si trova in condizione di poter essere usato subito: *il pranzo è* –. ***2*** Di persona che è in condizione di poter fare subito q.c.: *sono* – *a partire*. ***3*** Che non indugia, rapido: *cemento a pronta presa* | – *soccorso*, servizio adibito all'immediata assistenza medica dei feriti, malati e sim. | *Pagare a pronti contanti*, senza dilazioni | *Pagare a pronta cassa*, alla consegna della merce | *Ingegno* –, vivo, brillante | *Risposta pronta*, adatta, calzante, oltre che immediata. ***4*** Facile, propenso: *essere* – *all'ira*. ***B*** *in funzione di inter.* Usato all'inizio di una conversazione telefonica: –, *chi parla?*

prontuàrio *s. m.* Libro, fascicolo, manuale in cui sono esposte con ordine le notizie su una data materia: *il* – *dell'ingegnere*.

prònubo *s. m.* (*f. -a*) ***1*** Nell'antica Roma, chi assisteva lo sposo nel rito nuziale. ***2*** (*est., lett.*) Chi protegge un'unione amorosa o favorisce un matrimonio; SIN. Paraninfo. ***3*** Animale che favorisce l'impollinazione di una pianta.

pronunciamiento /*sp.* pronunθjaˈmjento/ *s. m. inv.* (*pl. sp. pronunciamientos* /pronunθjaˈmjentos/) Colpo di stato originato da una ribellione di militari.

pronunciàre e deriv. V. *pronunziare* e deriv.

pronùnzia o *pronùncia* *s. f.* ***1*** Articolazione dei suoni che compongono una lingua e modo di proferirli. ***2*** Insieme degli elementi caratterizzanti una lingua o una parlata: – *fiorentina, settentrionale*. ***3*** (*est.*) Modo di parlare: *non riesco a capire la sua* –.

pronunziàbile o *pronunciàbile* *agg.* Che si può pronunziare.

pronunziàre o *pronunciàre* ***A*** *v. tr.* (*io pronùnzio*) ***1*** Proferire, accomodando gli organi vocali nell'espressione dei suoni: *non riuscire a* – *alcune consonanti*. ***2*** Dire: *ha pronunziato poche parole di circostanza* | Dichiarare pubblicamente e in modo solenne: – *un giuramento* | – *una sentenza*, emetterla | – *un giudizio su qc.* ***B*** *v. intr. pron.* Manifestare la propria opinione: *pronunziarsi contro, a favore di qc.*

pronunziàto o *pronunciàto* *part. pass. di pronunziare; anche agg.* ***1*** Pubblicato, dichiarato, emesso: *sentenza pronunziata*. ***2*** Rilevato, spiccato, marcato (*anche fig.*): *lineamenti pronunziati*.

propagàbile *agg.* Che si può propagare.

propagànda *s. f.* ***1*** Opera e azione esercitate sull'opinione pubblica per diffondere determinate idee o per conoscere prodotti commerciali: – *elettorale, televisiva*. ***2*** (*fam.*) Complesso di notizie scarsamente attendibili perché alterate dai propalatori: *non fidatevi, è solo* –.

propagandàre *v. tr.* Diffondere con la propaganda.

propagandista *s. m. e f.* (*pl. m. -i*) ***1*** Chi fa propaganda. ***2*** Chi svolge un'attività lavorativa alle dipendenze di una ditta propagandandone i prodotti.

propagandìstico *agg.* (*pl. m. -ci*) Fatto per propaganda: *lancio* – *di un prodotto*.

propagàre ***A*** *v. tr.* (*io propàgo, tu propàghi*) ***1*** (*biol.*) Moltiplicare mediante la riproduzione. ***2*** (*fig.*) Diffondere, spargere dappertutto: – *una fede*; SIN. Divulgare. ***B*** *v. intr. pron.* Spargersi, diffondersi (*anche fig.*): *il contagio si è propagato in breve tempo*.

propagatóre *s. m.; anche agg.* (*f. -trìce*) Chi (o che) propaga.

propagazióne *s. f.* ***1*** Diffusione: *la* – *di una dottrina*. ***2*** Diffusione di una specie animale o vegetale per cause naturali o artificiali. ***3*** (*fis.*) Fenomeno che comporta un passaggo di energia attraverso la materia o il vuoto: – *della luce, del suono, del calore*; SIN. Trasmissione.

propagginàre *v. tr.* (*io propàggino*) ***1*** Riprodurre piante per propaggine. ***2*** (*est., raro*) Propagare.

propagginazióne *s. f.* Sistema di riproduzione delle piante ottenuta curvando i rami nel terreno in modo che mettano radici e possano essere staccati dalla pianta madre come piante nuove.

propàggine *s. f.* ***1*** Ramo piegato e in parte sotterrato perché metta radici e, staccato dalla pianta madre, costituisca una nuova pianta. [→ ill. *agricoltura*] ***2*** (*fig.*)

Diramazione.

propalàre *v. tr.* Rendere palese, noto a tutti, spec. ciò che andrebbe celato: — *un segreto.*

propalatóre *s. m.* (*f.* -*trìce*) Chi propala.

propalazióne *s. f.* Divulgazione, spec. di ciò che andrebbe celato.

propàno *s. m.* (*chim.*) Idrocarburo gassoso della serie paraffinica, contenuto nel petrolio; usato come combustibile domestico e come agente frigorifero.

proparossìtono *agg.* (*ling.*) Detto di parola, spec. greca, con l'accento sulla terzultima sillaba.

propedèutica *s. f.* Complesso di nozioni preliminari necessarie allo studio di una scienza.

propedèutico *agg.* (*pl. m.* -*ci*) Che serve di introduzione a una scienza e sim.: *trattato* —.

propellènte ***A*** *agg.* Che dà una spinta in avanti: *carica* —. ***B*** *s. m.* Materiale combustibile liquido o solido che, bruciato in coppia con un altro, sviluppa calore e gas combusti; usato per la propulsione di razzi, missili e sim.

propèndere *v. intr.* (*pass. rem. io propendéi o propési, tu propendésti; part. pass. propènso, raro propendùto; aus. avere*) Essere favorevole, incline verso qc. o q.c.: *propendo per lui*; — *per l'indulgenza.*

propensióne *s. f.* ***1*** L'essere propenso a qc. o a q.c.: *ho — a crederlo innocente.* ***2*** Tendenza naturale, inclinazione: *avere — per la matematica.*

propènso *part. pass. di propendere; anche agg.* Favorevole, incline: *sono — a perdonarlo.*

propergòlo *s. m.* (*chim.*) Propellente.

properispòmeno *agg.* (*ling.*) Detto di parola greca con l'accento circonflesso sulla penultima sillaba.

propilène *s. m.* (*chim.*) Idrocarburo gassoso prodotto nella scissione del petrolio che, per polimerizzazione, dà il polipropilene.

propilèo *s. m.* (*archeol.*) *spec. al pl.* Porticati antistanti le porte di un tempio, di un palazzo o di una città.

propina *s. f* ***1*** (*bur.*) Compenso ai professori componenti una commissione esaminatrice. ***2*** Sportula.

propinàre *v. tr.* Dare da bere q.c. di nocivo (*anche fig., scherz.*): — *veleni*; *ci ha propinato molte raccomandazioni.*

propìnquo *agg.* ***1*** (*lett.*) Legato da vincoli di parentela. ***2*** Vicino.

propiziàre *v. tr.* (*io propìzio*) Rendere propizio, favorevole: — *gli dei*; *propiziarsi i giudici*; SIN. Cattivarsi.

propiziatóre *s. m.; anche agg.* (*f.* -*trìce*) Chi (o che) propizia.

propiziatòrio *agg.* Che serve a propiziare: *rito* —.

propiziazióne *s. f.* Atto inteso a placare e rendersi benevola la divinità con preghiere e sim.: *sacrifici di* —.

propìzio *agg.* ***1*** Favorevole, benigno: *tempo — per la caccia.* ***2*** Opportuno, adatto: *momento* —.

proponènte *part. pres. di proporre; anche agg. e s. m. e f.* Che (o chi) fa una proposta.

proponìbile *agg.* Che si può proporre.

proponiménto *s. m.* Proposito preso fra sé e sé, intenzione; SIN. Progetto.

propórre *v. tr.* (*coniug. come porre*) ***1*** Suggerire q.c. che si ritiene utile, giusta, opportuna: — *un esempio.* ***2*** (*fig.*) Presentare q.c. all'esame, alla discussione di qc.: — *una questione*; — *la candidatura di qc.* | Designare: — *qc. presidente.* ***3*** Stabilire, determinare: — *di visitare Roma*; *proporsi una meta.* [→ tav. *proverbi* 257]

proporzionàle *agg.* ***1*** Attinente alla proporzione, che è in proporzione | *Imposta* —, quando l'aliquota resta costante pur aumentando la base imponibile | *Sistema* —, sistema elettorale che attribuisce ai diversi partiti politici un numero di rappresentanti in proporzione ai suffragi ottenuti; CFR. Maggioritario. ***2*** (*mat.*) Detto di grandezze che mantengono un rapporto costante | *Inversamente* —, detto di ciascuna delle due sequenze di numeri o grandezze, quando il rapporto fra un elemento e l'inverso dell'elemento corrispondente è costante.

proporzionalità *s. f.* ***1*** L'essere proporzionale. ***2*** (*mat.*) Sussistenza d'una proporzione.

proporzionàre *v. tr.* (*io proporzióno*) Modificare q.c. in una misura tale da farle acquistare debita corrispondenza con un'altra: — *il vestito al corpo*; SIN. Adeguare.

proporzionàto *part. pass. di proporzionare; anche agg.* Che ha convenienti proporzioni: *cappello* — | *Corpo* —, le cui parti armonizzano tra loro | (*est.*) Conforme, adeguato: — *ai bisogni*; CONTR. Sproporzionato.

proporzióne *s. f.* ***1*** Rapporto di misura fra elementi che sono comunque legati fra di loro: *la ricompensa è in — al merito* | Simmetria delle varie parti di un tutto o delle parti rispetto al tutto: — *tra le varie membra del corpo* | *In* —, proporzionalmente, nella misura conveniente | *Avere, non avere il senso delle proporzioni*, dimostrare o meno un conveniente equilibrio nei giudizi o nei comportamenti | *Mancante di* —, sproporzionato; SIN. Corrispondenza. ***2*** (*mat.*) Relazione fra quattro termini ordinati, in modo che il rapporto tra i primi due sia uguale al rapporto tra gli ultimi due (es. *3 sta a 5 come 6 sta a 10*; oppure *3:5 = 6:10*). ***3*** *spec. al pl.* Dimensione, grandezza: *occupare vaste proporzioni*; *movimento di grandi proporzioni.*

propositìvo *agg.* Che contiene o esprime un proposito o una proposta: *atteggiamento* —.

propòsito *s. m.* ***1*** Fermo proponimento di fare q.c. o di seguire un dato comportamento: *perseverare nel — di cambiare vita*; *smuovere qc. dal* — | *Uomo, donna di* —, risoluti, tenaci | *Di* —, apposta, con tutta l'intenzione: *fare q.c. di* — | (*est.*) Fine, scopo: *perdere tempo senza* —; SIN. Intendimento, intenzione, progetto. ***2*** Materia di un discorso: *vorrei spiegazioni in* — | *In, a — di*, quanto a | *Capitare, venire a* —, nel momento più adatto | *Fuori di* —, inopportuno, intempestivo.

proposizióne *s. f.* ***1*** (*filos.*) Enunciato verbale di un giudizio. ***2*** (*ling.*) Unità elementare in cui si esprime un pensiero compiuto. ***3*** Nella retorica, inizio di scritto o poema con dichiarazione del tema affrontato.

propósta *s. f.* Atto del proporre | Ciò che viene presentato alla considerazione e alla decisione altrui: *una — d'impiego*; *ha rifiutato la nostra* — | — *di legge*, progetto di legge presentato, da altri che non sia il Governo, al Parlamento per la discussione. [→ tav. *proverbi* 332]

propretóre *s. m.* Nel diritto romano, pretore a cui il senato prorogava di un anno la durata della carica affidandogli il governo di una provincia.

propriaménte *avv.* ***1*** Realmente, veramente: *era — lei* | In modo specifico, particolare: *medicamento — indicato contro l'emicrania.* ***2*** In senso proprio: *il vocabolo va inteso* — | Con proprietà di linguaggio: *parlare, scrivere* — | — *detto*, a rigore di termini.

proprietà *s. f.* ***1*** Qualità, facoltà, caratteristica particolare che distingue una persona o cosa dalle altre: *le — delle erbe*; *le — fisiche dei corpi.* ***2*** Diritto di godere e disporre delle cose in modo pieno ed esclusivo, entro i limiti e con l'osservanza degli obblighi sabiliti dalla legge: *difesa della* — | — *letteraria, artistica*, diritto patrimoniale d'autore; CFR. Possesso. ***3*** Ciò che si possiede: *ha varie* —. ***4*** Precisione di significato | Uso di parole o frasi appropriate: *parlare con* —. ***5*** Qualità intrinseche di certi enti matematici: — *associativa, dissociativa, distributiva.*

proprietàrio *s. m.* (*f.* -*a*) Chi è possessore legittimo di q.c.

pròprio ***A*** *agg.* ***1*** Che è strettamente inerente e appartenente a qc. o a q.c., che non è comune ad altri: *il linguaggio è — dell'uomo*; *vino di produzione propria*; SIN. Caratteristico, tipico. ***2*** Anteposto a un s. ha valore possessivo: *la propria famiglia*; *il — corpo* | Rafforza un agg. poss.: *l'ho sentito con le mie proprie orecchie.* ***3*** (*ling.*) *Senso* —, non estensivo o figurativo, riferito a parole, frasi e sim. | (*gramm.*) Detto di nome che si riferisce soltanto a un essere o a una cosa presi in particolare (es. *Giovanni, Roma*); CONTR. Comune. ***4*** Che esprime con esattezza quello che è nelle intenzioni di chi parla o scrive: *usare un linguaggio* —; CONTR. Improprio. ***5*** Adatto, decoroso, conveniente: *vestito* —. ***B*** *agg. poss. di 3ª pers. sing. e pl.* Indica peculiarità, appartenenza, possesso, esclusivi del sogg., e sostituisce 'suo' e 'loro' di preferenza quando il sogg. è un pron. indef., sempre quando è usato in proposizione impers.: *Luigi ama il — padre*; *ognuno è padrone in casa propria*; *bisogna curare la propria salute.* ***C*** *avv.* ***1*** Precisamente, per l'appunto: *i fatti si svolsero — così* | Veramente, davvero: *ora sto — bene!* ***2*** Affatto: *non ne ho — voglia.* ***D*** *s. m. solo sing.* Ciò che appartiene strettamente a una persona: *avere del* —; *rimetterci del* — | *Loc. avv. in* —, di proprietà personale: *avere terreno in* —; (*est.*) per conto proprio: *avere un negozio in* —; (*fig.*) personalmente: *rispondere in — di q.c.*

propugnàre *v. tr.* (*raro*) Difendere combattendo | (*fig.*) Sostenere validamente: *— una teoria.*

propugnatóre *s. m.* (*f. -trice*) (*raro*) Chi sostiene validamente q.c.

propulsióne *s. f.* **1** Operazione con cui s'imprime a un veicolo la spinta necessaria al suo moto: *— a elica, a getto.* **2** (*fig.*) Impulso per realizzare un avanzamento spec. nell'ambito economico: *dare — al turismo.*

propulsivo *agg.* Che determina, trasmette una propulsione: *spinta propulsiva.*

propulsóre *s. m.* Apparato che comunica a un veicolo la spinta necessaria per ottenere il suo moto.

pròra *s. f.* **1** Parte anteriore di qualsiasi nave o imbarcazione, a forma di cuneo più o meno acuto, per fendere l'acqua; SIN. Prua. [→ ill. *marina*] **2** (*aer.*) Parte anteriore di un aeromobile. **3** Direzione, orientamento di nave o aeromobile. **4** (*fig., lett.*) Nave.

proravìa *s. f.* (*mar.*) Parte che guarda verso la prora | *A* —, verso prora.

pròroga *s. f.* Differimento, dilazione.

prorogàbile *agg.* Che si può prorogare; CONTR. Improrogabile.

prorogàre *v. tr.* (*io pròrogo, tu pròroghi*) Differire, rimandare una scadenza: *— l'iscrizione*; SIN. Posticipare, procrastinare, rinviare.

prorompènte *part. pres. di prorompere; anche agg.* Che prorompe | Impetuoso.

prorómpere *v. intr.* (*coniug. come rompere; aus. avere*) Uscire con impeto, violenza (*anche fig.*): *il torrente proruppe dagli argini* | *— in lacrime*, scoppiare in pianto.

pròṣa *s. f.* **1** Forma di espressione non sottomessa alle regole della versificazione | *— d'arte*, componimento prosastico condotto con la massima cura di stile. **2** Opera scritta in prosa: *le prose del Tasso* | Complesso di opere in prosa: *la — italiana del Novecento* | *Teatro di* —, ass. —, genere teatrale drammatico: *stagione di* —. **3** (*fig.*) Ciò che appare meschino, troppo quotidiano: *la — della vita.*

proṣaicità *s. f.* **1** (*raro*) L'essere prosaico. **2** (*fig.*) Banalità della vita quotidiana.

proṣàico *agg.* (*pl. m. -ci*) **1** (*raro*) Che concerne la prosa. **2** (*fig.*) Che è alieno da poesia e da sentimento: *discorso* — | (*fig.*) Che manca di spiritualità e pensa solo alle necessità della vita: *uomo* —.

proṣàpia *s. f.* (*lett.*) Stirpe, schiatta.

proṣàstico *agg.* (*pl. m. -ci*) **1** Scritto in prosa: *opere prosastiche.* **2** Che ha il tono dimesso e discorsivo della prosa, detto spec. di versi o poesie.

proṣatóre *s. m.* (*f. -trice*) Scrittore in prosa.

proscènio *s. m.* Parte anteriore del palcoscenico compresa fra l'arco scenico e l'orchestra | *Palchi di* —, quelli che danno sul palcoscenico. [→ ill. *teatro*]

proscìmmia *s. f.* Ogni mammifero dei Primati arboricolo, notturno, di piccole dimensioni con coda molto lunga e grandi occhi.

prosciògliere *v. tr.* (*coniug. come sciogliere*) **1** Liberare da impedimenti o impegni: *— qc. da un obbligo.* **2** Nel processo penale, emanare nei confronti di un imputato una sentenza di proscioglimento.

proscioglimènto *s. m.* **1** Liberazione da impedimenti o impegni. **2** Nel processo penale, dichiarazione di non doversi procedere nei confronti dell'imputato.

prosciugamènto *s. m.* Il prosciugare o il prosciugarsi.

prosciugàre **A** *v. tr.* (*io prosciùgo, tu prosciùghi*) Rendere asciutto, liberando dall'acqua: *— terreni.* **B** *v. intr. pron.* Diventare asciutto.

prosciùtto *s. m.* Coscia di maiale salata e fatta seccare | (*scherz.*) *Orecchie foderate di* —, quelle di chi non sente o non vuole sentire. [→ ill. *macelleria, salumi*]

proscritto **A** *part. pass. di proscrivere; anche agg.* Colpito da proscrizione. **B** *s. m.* Esule.

proscrìvere *v. tr.* (*coniug. come scrivere*) **1** Colpire con proscrizione: *— un cittadino.* **2** (*est.*) Esiliare, bandire: *— i ribelli.* **3** (*fig.*) Abolire, vietare: *— certe idee.*

proscrizióne *s. f.* **1** Nell'antica Roma, pubblico avviso di vendita all'incanto di beni di un debitore. **2** Esilio, bando | *Lista di* —, elenco delle persone proscritte. **3** (*fig.*) Allontanamento, abolizione, divieto: *la — di un'iniziativa.*

prosecuzióne *s. f.* Continuazione | (*est.*) Ciò che costituisce il seguito di q.c.: *la — della strada.*

proseguimènto *s. m.* Continuazione, prosecuzione ulteriore: *— dei lavori* | *Buon* —!, buona continuazione.

proseguire **A** *v. tr.* (*io proséguo*) Seguitare, continuare: *— il cammino*; *— gli studi.* **B** *v. intr.* (*aus. avere* riferito a persona, *essere* o *avere* riferito a cose) Procedere, andare avanti: *i lavori sono proseguiti fino a oggi* | Persistere: *— negli studi.*

proṣelitiṣmo *s. m.* Opera di chi cerca di fare proseliti, spec. con impegno.

proṣèlito *s. m.* (*f. -a*) Chi da poco si è convertito a una religione o ha abbracciato le idee di una dottrina: *i proseliti del socialismo.*

proṣènchima *s. m.* (*pl. -i*) (*bot.*) Tessuto di sostegno costituito di fibre molto resistenti.

prosièguo *s. m.* (*bur.*) Proseguimento, seguito | *In — di tempo*, in seguito.

prosit /*lat.* 'prɔzit/ *inter.* **1** Esprime formula augurante la fruizione spirituale del sacrificio della messa, che si fa al sacerdote dopo la celebrazione. **2** Esprime augurio e si usa spec. nei brindisi o rivolgendosi a chi starnutisce; SIN. Salute.

proṣodìa *s. f.* (*ling.*) Studio delle caratteristiche di una lingua relative ad accento, tono, intonazione, quantità.

proṣòdico *agg.* (*pl. m. -ci*) Che si riferisce alla prosodia.

proṣopopèa *s. f.* **1** Figura retorica che consiste nel rappresentare come persone parlanti cose inanimate o astratte. **2** (*fig.*) Aria di gravità e solennità eccessive: *la — dei pedanti.*

prosperàre *v. intr.* (*io pròspero; aus. avere*) Crescere in modo sempre più soddisfacente | Crescere rigogliosamente: *in questa regione prospera la vite* | *— in salute*, essere sano; SIN. Fiorire.

prosperità *s. f.* Condizione di prospero; SIN. Agiatezza, floridezza.

pròspero *agg.* **1** Che procede nel modo migliore e apporta prosperità: *evento* — | (*est.*) Favorevole, felice: *annata prospera.* **2** Prosperoso: *ragazza prospera.*

prosperóso *agg.* **1** Prospero, felice: *regione prosperosa.* **2** Sano, robusto | *Ragazza, donna prosperosa*, fiorente, formosa.

prospettàre **A** *v. tr.* (*io prospètto*) **1** (*raro*) Guardare davanti: *il museo prospetta una piazza.* **2** (*fig.*) Mostrare, esporre: *— le circostanze.* **B** *v. intr.* (*aus. essere*) Affacciarsi su un luogo: *il giardino prospetta sul lago.* **C** *v. rifl.* Presentarsi in un dato aspetto: *la situazione si prospetta difficile.*

prospèttico *agg.* (*pl. m. -ci*) Di prospettiva (*anche fig.*): *proiezione prospettica*; *sbaglio* —.

prospettiva *s. f.* **1** Rappresentazione piana d'una figura spaziale, che riproduce la visione che della figura ha un osservatore in una certa posizione | *In* —, disegnato secondo le regole della prospettiva | *Errore di* —, (*fig.*) errore di valutazione. **2** Disegno in prospettiva. **3** Veduta, panorama. **4** (*fig.*) Previsione, possibilità: *la — di una promozione è vana* | *spec. al pl.* Possibilità di futuri sviluppi: *una situazione senza prospettive.*

prospètto *s. m.* **1** Rappresentazione grafica della parte anteriore di una costruzione. **2** Veduta di ciò che sta davanti a chi guarda | *Guardare di* —, mettendosi di fronte all'oggetto. **3** Ciò che sta di fronte: *il — di una villa.* **4** Tabella, specchietto riassuntivo: *il — delle lezioni.*

prospettóre *s. m.* Chi esegue ricerche minerarie sul terreno.

prospezióne *s. f.* Esplorazione del sottosuolo condotta con vari metodi e per molti scopi: *— geofisica, magnetica, sismica.*

prospiciènte *agg.* Che dà, guarda, è volto verso un luogo: *casa — il mare.*

prossenèta *s. m.* (*pl. -i*) (*lett.*) Sensale, mezzano | (*spreg.*) Ruffiano.

prossimàle *agg.* (*anat.*) Più vicino all'asse mediano del corpo.

prossimamènte *avv.* Tra poco tempo.

prossimità *s. f.* L'essere prossimo (*anche fig.*) | *In — di*, nelle vicinanze di.

pròssimo **A** *agg.* **1** Molto vicino nello spazio: *il giardino* è — *alla casa* | Che è vicino a toccare una condizione, uno stato: *è — a pentirsi, ai vent'anni* | Che è vicino a qc. per relazioni sociali, parentela, consanguineità: *parente* —. **2** Il più vicino di tutti nel tempo futuro: *il mese* —. **3** (*ling.*) *Passato* —, tempo del verbo che esprime un'azione del passato i cui effetti durano ancora nel presente. **B** *s. m.* **1** Nella dottrina cristiana, ciascun uomo: *ama il — tuo come te stesso.* **2** (*est.*) Umanità in genere.

pròstata *s. f.* (*anat.*) Ghiandola dell'apparato urogenitale maschile, situata nella parte inferiore della vescica. [→ ill. *anatomia umana*]

prostatectomia *s. f.* (*chir.*) Intervento di asportazione alla prostata.

prostàtico *agg.* (*pl. m. -ci*) Della prostata.

prostatite *s. f.* (*med.*) Infiammazione della prostata.

prosternàre A *v. tr.* (*io prostèrno*) (*lett.*) Gettare a terra. **B** *v. rifl.* Piegarsi, gettarsi a terra, in segno di umiltà o sottomissione.

pròstesi *s. f.* (*ling.*) Protesi.

pròstilo *s. m.* (*arch.*) Tempio con una serie di colonne sulla facciata anteriore.

prostituire A *v. tr. e rifl.* (*io prostituisco, tu prostituìsci*) Concedere ad altri per interesse ciò che secondo i principi morali non può costituire oggetto di lucro: — *la propria dignità* | (*per anton.*) Concedersi a rapporti sessuali per denaro o altri interessi, detto spec., ma non soltanto, di donne: *donna che si prostituisce per mantenere i figli.* **B** *v. tr.* Indurre alla prostituzione: — *la moglie.*

prostitùta *s. f.* Donna che si prostituisce; SIN. Donna di malaffare, donna di strada, donna perduta, meretrice, mondana.

prostituzióne *s. f.* Avvilente asservimento, per interesse, di valori, capacità e sim.: — *dell'ingegno, della cultura* | (*per anton.*) Attività consistente nel prostituirsi: *istigare alla* —; — *femminile, maschile.*

prostràre A *v. tr.* (*io pròstro*) **1** Distendere a terra. **2** Fiaccare: *la malattia lo prostra* | (*fig.*) Abbattere, umiliare; SIN. Accasciare. **B** *v. rifl.* **1** Gettarsi ai piedi. **2** (*fig.*) Abbassarsi, umiliarsi.

prostrazióne *s. f.* **1** Inchino profondo, sino in terra | (*fig.*) Abbattimento, umiliazione. **2** Stato di profonda stanchezza fisica e di depressione psichica; SIN. Accasciamento, avvilimento.

protagonismo *s. m.* Funzione di protagonista | (*spreg.*) Il voler essere ad ogni costo un protagonista.

protagonista *s. m. e f.* (*pl. m. -i*) **1** Attore che interpreta il personaggio principale. **2** (*est.*) Il personaggio principale di un'opera narrativa | (*est.*) Chi ha una parte di primo piano in vicende reali: *un — della vita politica.*

pròtasi *s. f.* **1** (*ling.*) Proposizione che esprime la condizione in un periodo ipotetico; CFR. Apodosi. **2** Parte introduttiva dei poemi classici.

protèggere *v. tr.* (*pres. io protèggo, tu protèggi; pass. rem. io protèssi, tu proteggésti; part. pass. protètto*) **1** Coprire q.c. come una difesa, un riparo (*anche fig.*): *la fodera protegge la stoffa*; SIN. Difendere, riparare. **2** Soccorrere, difendere: — *gli indigenti*; SIN. Tutelare. **3** Favorire un'attività cercando di incrementarla: — *la produzione del vino.*

protèico *agg.* (*pl. m. -ci*) Che contiene proteine; SIN. Proteinico.

proteifórme *agg.* Che prende varie forme (*spec. fig.*): *ingegno* —.

proteina *s. f.* Ciascuna delle sostanze organiche azotate, costituite dalla combinazione di amminoacidi, presenti negli organismi animali e vegetali per i quali è indispensabile; SIN. Protide.

proteìnico *agg.* (*pl. m. -ci*) Proteico.

protèndere A *v. tr.* (*coniug. come tendere*) Stendere, distendere in avanti: — *le braccia.* **B** *v. rifl.* Spingersi, sporgersi in avanti: *protendersi dalla finestra.*

pròteo *s. m.* **1** Anfibio oviparo, con branchie persistenti, occhi rudimentali, arti ridotti, privo di pigmento; vive spec. nelle grotte del Carso e della Dalmazia. [→ ill. *animali* 6] **2** (*fig.*) Chi cambia spesso il proprio modo di pensare o di comportarsi.

protèrvia *s. f.* Ostinazione piena di arroganza e di superbia.

protèrvo *agg.* Arrogante e insolente.

pròtesi *s. f.* **1** (*med.*) Apparecchio sostitutivo di un organo mancante o asportato: — *dentaria, ortopedica.* [→ ill. *medicina e chirurgia*] **2** (*ling.*) Sviluppo di un elemento non etimologico in sede iniziale di parola (es. *iscritto, istrada*); SIN. Prostesi.

protèsta *s. f.* **1** Espressione e manifestazione decisa della propria opposizione: *una clamorosa — verbale.* **2** Testimonianza pubblica di un sentimento, un'idea, una convinzione: *grandi proteste di gratitudine.*

protestànte *agg.; anche s. m. e f.* Che (o chi) segue le dottrine del protestantesimo.

protestantésimo *s. m.* **1** Insieme delle confessioni religiose che derivano dalla riforma luterana. **2** Concezione religiosa dei protestanti.

protestàre A *v. tr.* (*io protèsto*) **1** Dichiarare, attestare formalmente: — *la propria gratitudine.* **2** (*dir.*) Fare un protesto: — *una cambiale.* **B** *v. intr.* (*aus. avere*) Dichiarare la propria disapprovazione: — *contro il riarmo.* **C** *v. rifl.* Dichiararsi: *protestarsi innocente.*

protestatàrio *agg.* Che contiene una protesta: *atto* —.

protèsto *s. m.* (*dir.*) Solenne constatazione del mancato pagamento o della mancata accettazione di un titolo di credito effettuata da un pubblico ufficiale: — *di una cambiale.*

protettivo *agg.* Che serve, mira o tende a proteggere: *medicamento* —; *atteggiamento* —. [→ ill. *nucleare*]

protètto A *part. pass. di proteggere; anche agg.* Difeso, riparato | Favorito. **B** *s. m.* (*f. -a*) Persona che gode della protezione di qc.

protettoràto *s. m.* **1** Nel diritto internazionale, rapporto posto in essere tra due Stati in base a un accordo bilaterale che impone al primo l'obbligo della tutela internazionale del secondo, e gli concede una certa ingerenza nei suoi affari esteri. **2** (*est.*) Territorio dello Stato protetto.

protettóre A *s. m.* (*f. -trice*) **1** Chi protegge, difende qc. o ha cura di certi interessi: *un — dei diseredati.* **2** (*euf.*) Chi vive sfruttando i guadagni di una prostituta. **B** *agg.* Che difende, aiuta, soccorre: *società protettrice degli animali* | *Santo* —, patrono.

protezióne *s. f.* **1** Difesa, riparo da danni, pericoli e sim.: *una fortezza a — della città* | — *civile*, quella fornita dallo Stato alle popolazioni colpite da gravi catastrofi o calamità naturali. [→ ill. *sport*] **2** Opera di assistenza e tutela nei confronti di persone, interessi o istituzioni: *la — dell'infanzia abbandonata.* **3** Favoreggiamento, parzialità: *ha ottenuto il posto per mezzo di protezioni.*

protezionismo *s. m.* Politica economica tendente a difendere la produzione agricola o industriale nazionale dalla concorrenza estera, mediante varie disposizioni, tra cui principalmente l'imposizione di alte tariffe doganali sulle importazioni.

protezionista A *s. m.* (*pl. -i*) Chi sostiene il protezionismo. **B** *agg.* Protezionistico.

protezionistico *agg.* (*pl. m. -ci*) Del protezionismo.

protide *s. m.* (*biol.*) Proteina.

pròtiro *s. m.* **1** Arco sorretto da due colonne, che orna la porta centrale d'ingresso di alcune chiese e basiliche. [→ ill. *basilica cristiana*] **2** Vestibolo nella casa greco-romana.

pròto *s. m.* (*edit.*) Chi ha la responsabilità diretta del reparto composizione, e funzioni di coordinamento e controllo sull'intero ciclo produttivo.

pròto- *primo elemento*: in parole composte spec. dotte o scientifiche significa 'primo' nel tempo o nello spazio (*protocollo, protoromantico*) o per importanza (*protomedico*) | In parole composte della terminologia biologica, zoologica o botanica, indica organismo strutturalmente semplice: *protoplasma, protozoo.*

protoattìnio *s. m.* Elemento chimico, metallo radioattivo del gruppo degli attinidi, contenuto in piccolissime quantità nella pechblenda. SIMB. Pa.

protocollàre (1) *v. tr.* (*io protocòllo*) (*bur.*) Mettere a protocollo: — *le lettere.*

protocollàre (2) *agg.* **1** Riguardante le norme del protocollo. **2** (*fig.*) Conforme all'uso, alla prassi.

protocollista *s. m. e f.* (*pl. m. -i*) Impiegato addetto al protocollo.

protocòllo *s. m.* **1** Complesso delle formule iniziali nei documenti medievali. **2** Registro su cui vengono annotati gli atti notarili o concernenti l'attività di enti. **3** Accordo internazionale, spec. accessorio ad altro. **4** Complesso di norme che riguardano il cerimoniale diplomatico: *contravvenire al —*.

protomàrtire *s. m.* Primo martire e assertore della fede, appellativo di Santo Stefano.

pròtome *s. f.* Testa umana o animale, in rilievo, usata nell'arte antica come elemento decorativo.

protomèdico *s. m.* (*pl.* *-ci*) Nei secoli passati, archiatra di corte o primario d'ospedale.

protomotèca *s. f.* Raccolta di protomi.

protóne *s. m.* (*fis.*) Particella elementare di carica positiva uguale, in valore assoluto, a quella dell'elettrone, di massa unitaria, costituente, insieme con i neutroni, il nucleo atomico. [→ ill. *nucleare*]

protònico (1) *agg.* (*pl. m.* *-ci*) (*fis.*) Relativo al protone.

protònico (2) *agg.* (*pl. m.* *-ci*) (*ling.*) Detto di sillaba che precede quella accentata; SIN. Pretonico.

protonotàrio *s. m.* **1** Anticamente, nella curia romana, prelato incaricato di ricevere gli atti dei concistori e dei processi di beatificazione. **2** Primo cancelliere della Curia imperiale.

protoplàsma *s. m.* (*pl.* *-i*) (*biol.*) La sostanza, la materia vivente di una cellula.

protoplasmàtico *agg.* (*pl. m.* *-ci*) Del protoplasma.

protoràce *s. m.* (*zool.*) Il primo dei tre segmenti in cui è diviso il torace degli insetti. [→ ill. *zoologia*]

protoromàntico *agg.; anche s. m.* (*f.* *-a*; *pl. m.* *-ci*) Che (o chi) precorre il romanticismo.

protosincrotróne *s. m.* (*fis.*) Sincrotrone idoneo ad accelerare protoni.

protòssido *s. m.* (*chim.*) Primo grado di combinazione di un elemento con l'ossigeno | *— d'azoto*, gas esilarante.

protòtipo A *s. m.* **1** Modello, esemplare primitivo: *il — dei sottomarini.* **2** Perfetto esemplare: *il — degli imbroglioni.* **B** *agg.* Di prima ideazione o costruzione: *strumento —*.

protòttero *s. m.* Pesce osseo delle acque interne dell'Africa, che in caso di necessità può respirare in ambiente aereo.

Protozòi *s. m. pl.* (*sing.* *-oo*) Tipo di animali unicellulari, spesso microscopici, diffusi ovunque, nelle acque e nel terreno, anche parassiti. [→ ill. *animali* 1, *zoologia*]

protozòico *agg.* (*pl. m.* *-ci*) (*geol.*) Archeozoico.

protràrre A *v. tr.* (*coniug. come trarre*) Prolungare, allungare nel tempo: *— gli studi* | Differire: *hanno protratto l'incontro di una settimana.* **B** *v. intr. pron.* Prolungare, durare: *l'incontro si protrasse fino alle cinque.*

protràttile *agg.* Che si può spingere in avanti, in fuori: *unghia —*.

protrazióne *s. f.* Prolungamento nel tempo.

protrùdere *v. tr. e intr.* (*pass. rem. io protrùsi, tu protrudésti; part. pass. protrùso; aus. essere*) (*med.*) Sporgere in fuori.

protrusióne *s. f.* (*med.*) Anormale sporgenza di un organo: *— labiale.*

protuberànza *s. f.* Gonfiezza sporgente | *— solare*, getto o arco di gas brillante che si manifesta oltre la cromosfera solare, di durata varia; SIN. Sporgenza. [→ ill. *astronomia*]

protutèla *s. f.* Ufficio del protutore.

protutóre *s. m.* Persona nominata dal giudice tutelare per rappresentare il minore in caso di conflitto di interessi tra questi e il tutore.

pròva *s. f.* **1** Ogni esperimento compiuto per accertare le qualità di una cosa, dimostrare il valore o la giustezza di un'affermazione, verificare le attitudini di qc. o controllare il funzionamento di una macchina: *sottoporre a — una lega metallica; mettere qc. alla —; prove di velocità* | *Essere a — di bomba*, essere molto resistente | *A tutta —*, provato, sperimentato | *Mettere un abito in —*, farlo indossare al cliente durante la lavorazione per eventuali modifiche | Esame: *— scritta di italiano.* **2** Cimento cui ci si assoggetta per dimostrare di possedere determinate qualità: *alla — dei fatti* | *— del fuoco*, durissima e rivelatrice. **3** Testimonianza, documento, elemento, che dimostra l'autenticità di un fatto o la veridicità di un'affermazione: *una — certa, irrefutabile, decisiva; fino a — contraria.* **4** (*dir.*) Rappresentazione o argomento di un fatto, positivo o negativo, che attiene soprattutto al processo: *insufficienza di prove.* **5** Dimostrazione che dà la conferma di q.c.: *dar — di coraggio.* **6** (*teatr.*) Ogni rappresentazione preparatoria di uno spettacolo | *— generale*, quella che precede immediatamente la rappresentazione. **7** (*mat.*) Dimostrazione di un teorema | Verifica dell'esattezza di un'operazione aritmetica: *— del nove.*

provàre A *v. tr.* (*io pròvo*) **1** Cercare di conoscere, sperimentare, mediante una o più prove, le qualità di q.c. o le capacità di qc.: *— la resistenza del vetro; — un abito.* **2** Fare la prova, anche ass.: *bisogna — per credere*; SIN. Tentare. **3** Conoscere mediante esperienza: *— la fedeltà di qc.* | Sentire dentro di sé: *— stupore, gioia.* **4** Mettere alla prova, cimentare: *quell'esperienza lo ha duramente provato.* **5** Mostrare con prove il valore, la verità di un fatto: *— la legge di gravità; — di aver capito.* **B** *v. intr. pron.* **1** Esercitarsi, tentare: *provarsi a cominciare.* **2** Cimentarsi, misurarsi: *provarsi nell'uso delle armi.*

provàto *part. pass. di provare; anche agg.* **1** Dimostrato con prova: *sincerità provata.* **2** Fedele, sicuro: *amico —*. **3** Affaticato: *truppe provate.*

proveniènza *s. f.* **1** Il provenire | (*fig.*) Origine, derivazione: *la — delle vostre disgrazie.* **2** Luogo di origine.

provenìre *v. intr.* (*coniug. come venire; aus. essere*) **1** Venire da un luogo: *merci che provengono dall'America.* **2** (*fig.*) Avere, trarre origine: *ciò proviene dalla tua leggerezza.*

provènto *s. m.* Entrata, rendita, guadagno.

provenzàle *agg.; anche s. m. e f.* Della Provenza.

proverbiàle *agg.* **1** Che ha le caratteristiche di proverbio o appartiene a un proverbio: *sapienza —*. **2** (*fig.*) Passato in proverbio: *la sua avarizia è —*.

provèrbio *s. m.* Detto breve e spesso arguto, di origine popolare e molto diffuso, che contiene massime, norme, consigli fondati sull'esperienza | *Passare in —*, diventare esempio tipico di q.c.

provétta *s. f.* **1** Recipiente tubolare di vetro, chiuso a un'estremità, usato per analisi di laboratorio. [→ ill. *chimico*] **2** Piccolo elemento di forma stabilita di metallo, lega o altro, sul quale si fanno prove per stabilire le caratteristiche di resistenza del materiale; SIN. Provino.

provétto *agg.* Che ha esperienza, conoscenza sicura di q.c.: *essere — in un'arte.*

provincia *s. f.* (*pl.* *-ce o -cie*) **1** Originariamente, sfera di competenza di un magistrato e poi paese di conquista soggetto a Roma e amministrato da un magistrato romano. [→ ill. *araldica*] **2** Ente autarchico territoriale di amministrazione statale indiretta, intermedio tra il Comune e la Regione, retto da una giunta e da un Presidente eletti dal Consiglio provinciale. **3** Complesso degli abitanti di una provincia. **4** (*est.*) Piccolo centro rispetto al capoluogo: *noia della vita di —*. **5** Nel diritto canonico, circoscrizione che comprende più diocesi e che è retta da un arcivescovo.

provinciàle A *agg.* **1** Che appartiene alla provincia: *amministrazione —* | *Consiglio —*, organo deliberativo di tutte le materie di maggiore importanza attribuite alla provincia | *Giunta —*, organo della provincia con funzioni esecutive, di controllo e di giurisdizione in campo amministrativo. **2** Che vive o è nato in provincia | (*spreg.*) Che ha mentalità arretrata, gusti rozzi. **3** *Padre —*, chi è a capo della provincia religiosa in alcuni ordini e congregazioni. **B** *s. m. e f.* Persona nativa, abitante della provincia | (*fig., spreg.*) Che manifesta una mentalità arretrata, gusti rozzi e sim. **C** *s. f.* Strada provinciale.

provincialìsmo *s. m.* **1** Stato, condizione di chi è provinciale | (*spreg.*) Mentalità da provinciale. **2** (*ling.*) Forma propria della lingua di un'area circoscritta.

provincializzàre A *v. tr.* (*raro*) Trasferire in proprietà alla provincia. **B** *v. intr. pron.* Acquisire mentalità provinciale.

provìno *s. m.* **1** Breve prova di recitazione cinematografica cui viene sottoposto un aspirante attore. **2** Campione di materiale da sottoporre a una determinata prova di resistenza o altro; SIN. Provetta. **3** Strumento che serve a determinare la densità dei liquidi, e sim. **4** (*fot.*) Copia fotografica usata per scegliere le immagini da ingrandire.

provocànte *part. pres. di provocare; anche agg.* **1** Che provoca. **2** Che eccita il desiderio erotico: *sguardo —*.

provocàre *v. tr.* (*io pròvoco, tu pròvochi*) **1** Cagionare, promuovere: *— il vomito* | Sollecitare: *— un decreto;*

SIN. Causare, determinare, occasionare. **2** Eccitare, muovere, spingere: — *il riso, la pietà* | Irritare qc. con un comportamento ostile o con ingiurie | (*est.*) Comportarsi in modo provocante, detto spec. di donna.

provocatìvo *agg.* **1** Che provoca. **2** Detto di medicinale che promuove una funzione.

provocatóre *s. m.; anche agg.* (*f. -trice*) Chi (o che) provoca, spec. all'ira, alla violenza | *Agente* —, persona che induce altri a commettere reato per poterlo denunciare, o provoca incidenti che si risolvono a favore di un mandante.

provocatòrio *agg.* Che contiene una provocazione: *cartello* —.

provocazióne *s. f.* **1** Atto del provocare qc. o q.c. | Istigazione mediante atti, ingiurie e sim. a una reazione violenta. **2** (*dir.*) Circostanza attenuante del reato prevista per chi ha reagito in stato d'ira determinato da un fatto ingiusto altrui.

pròvola *s. f.* Cacio fresco di forma sferica od oblunga, per lo più di latte di bufala, tipico dell'Italia meridionale.

provolóne *s. m.* Formaggio crudo a pasta dura, dolce o piccante, in forma di grossa pera o di globo. [→ ill. *formaggi*]

provvedére A *v. intr.* (*pres. io provvédo; pass. rem. io provvidi, tu provvedésti; part. pass. provvedùto o provvìsto; aus. avere*) **1** Agire con previdenza procurando ciò che è utile: *provvedi perché si possa partire subito* | Disporre quanto occorre per un bisogno: — *alla sistemazione dei disoccupati.* **2** Prendere le misure più opportune per ottenere un determinato fine: *il governo ha già provveduto.* **B** *v. tr.* **1** Procacciare, procurare: — *il carbone per l'inverno.* **2** Fornire, rifornire, dotare: — *l'esercito di vettovaglie.* **C** *v. rifl.* Premunirsi, fornirsi: *provvedersi del lasciapassare.*

provvediménto *s. m.* **1** Misura di previdenza, cautela preventiva: *prendere un* — | — *disciplinare*, punizione. **2** (*dir.*) Atto con cui lo Stato esplica il suo potere: — *amministrativo, giudiziario.*

provveditoràto *s. m.* **1** Ufficio di provveditore. **2** Organismo dipendente da un Ministero e avente lo scopo di provvedere al coordinamento di attività analoghe nell'ambito di una provincia: — *agli studi* | Edificio in cui si trova tale organismo.

provveditóre *s. m.* (*f. -trice*) Titolo di chi, nell'ambito di una provincia, ente o associazione, è a capo del settore amministrativo: *il* — *agli studi.*

provvidènza *s. f.* **1** *spec. al pl.* Provvedimento gener. pubblico in favore di chi ne ha necessità: *provvidenze per i terremotati.* **2** Ordine con il quale Dio regge e protegge la creazione e guida lo sviluppo della storia | Assistenza benevola di Dio a favore delle creature: *sperare nella* —. **3** (*fig.*) Avvenimento felice e inaspettato: *la tua venuta è una* — | Persona che fa del bene. [→ tav. *proverbi* 247]

provvidenziàle *agg.* **1** Che costituisce una provvidenza. **2** (*est.*) Che viene molto a proposito: *pioggia* —.

pròvvido *agg.* **1** (*lett.*) Che provvede. **2** Che opera con preveggenza e saggezza; SIN. Previdente; CONTR. Improvvido. **3** Utile, opportuno.

provvigióne *s. f.* Tipo di retribuzione generalmente corrisposta ad agenti o rappresentanti e commisurata agli affari procacciati.

provviṣorietà *s. f.* L'essere provvisorio; SIN. Precarietà.

provviṣòrio *agg.* Che ha durata, compiti e sim. assai limitati nel tempo: *impiego* — | *In via provvisoria*, temporaneamente, per adesso.

provvista *s. f.* **1** Il provvedere ciò che è necessario materialmente a sé, alla famiglia o a una comunità: *fare* — *per l'inverno.* **2** Ciò che si è provveduto a mettere da parte per necessità materiali proprie o altrui: *le provviste sono esaurite*; SIN. Riserva.

prozio *s. m.* (*f. -a*) Zio del padre o della madre rispetto al figlio di questi ultimi.

prùa *s. f.* (*mar.*) Prora.

prudènte *agg.* **1** Che usa misura e ponderazione nel parlare o nell'agire | (*est.*) Che cerca di evitare il pericolo: *guidatore* —; SIN. Cauto, circospetto, giudizioso, previdente; CONTR. Imprudente. **2** Ispirato alla prudenza: *contegno* —; SIN. Assennato.

prudènza *s. f.* **1** Il vivere, l'operare con senno e saggezza. **2** Nella teologia cattolica, prima delle quattro virtù cardinali. **3** Atteggiamento di chi sa evitare inutili rischi agendo con cautela e assennatezza; SIN. Previdenza; CONTR. Imprudenza.

prudenziàle *agg.* Consigliato dalla prudenza: *misure prudenziali*; SIN. Precauzionale.

prùdere *v. intr.* (*pass. rem. io prudéi o prudètti, tu prudésti; dif. del part. pass. e dei tempi composti*) Dare prurito | *Sentirsi* — *le mani*, avere voglia di picchiare, di azzuffarsi | *Sentirsi* — *la lingua*, avere desiderio di parlare.

pruderie /*fr.* prydə'ri/ *s. f. inv.* (*pl. fr. pruderies* /prydə'ri/) Eccessivo pudore che si rivela quasi esclusivamente nelle forme esteriori della condotta morale.

prueggiàre *v. intr.* (*io pruéggio; aus. avere*) (*mar.*) Affrontare il mare di prora, procedendo a piccola velocità per evitare danni allo scafo.

prùgna *s. f.* (*bot.*) Susina.

prùgno *s. m.* (*bot.*) Susino.

prùgnola *s. f.* Frutto del prugnolo.

prùgnolo *s. m.* Arbusto delle Rosali a rami divergenti terminanti in lunghe spine, piccole foglie, fiori bianchi, frutti violetti aspri; SIN. Pruno.

pruina *s. f.* **1** (*poet.*) Brina, brinata. **2** (*bot.*) Cera secreta in minuti granuli a produrre un rivestimento biancastro su frutti o foglie.

prunàio *s. m.* **1** Pruneto. **2** (*fig.*) Situazione poco chiara o di difficile soluzione; SIN. Ginepraio.

prunéto *s. m.* Luogo pieno di pruni.

prùno *s. m.* **1** (*bot.*) Prugnolo. **2** Spina del prugnolo.

prurìgine *s. f.* **1** (*lett.*) Prurito (*anche fig.*). **2** (*med.*) Malattia cutanea caratterizzata da prurito e da lesioni cutanee.

pruriginóso *agg.* **1** Che provoca prurito. **2** (*fig.*) Stuzzicante, eccitante, spec. dal punto di vista sensuale: *racconto* —.

prurito *s. m.* **1** Sensazione cutanea sgradevole che induce a grattarsi; SIN. Pizzicore. **2** (*fig.*) Voglia improvvisa; SIN. Capriccio, ghiribizzo.

prùssico *agg.* (*pl. m. -ci*) (*chim.*) Detto dell'acido cianidrico.

psammografia *s. f.* Studio fisico e chimico delle sabbie.

psammoterapia *s. f.* (*med.*) Cura mediante applicazione di sabbia calda.

psèudo- *primo elemento* (*pseud- davanti a vocale*): in parole composte dotte o scientifiche significa 'falso', o indica somiglianza esteriore, qualità apparente o affinità con quanto designato dal secondo componente, talora con valore spreg.: *pseudoartrosi, pseudoletterato, pseudoprofeta.*

pseudoacàcia *s. f.* (*pl. -cie*) (*bot.*) Robinia.

pseudoletteràto *s. m.* (*f. -a*) (*spreg.*) Chi posa a letterato senza esserlo.

pseudomorfòṣi *s. f.* (*miner.*) Fenomeno per cui minerali cristallini cambiano la composizione chimica ma non la forma esterna dei cristalli.

pseudònimo A *s. m.* Nome fittizio: *gli pseudonimi dei divi cinematografici.* **B** *agg.* (*raro*) Di testo letterario noto o pubblicato con un nome diverso da quello vero di chi lo ha scritto.

pseudòpo *s. m.* Rettile con corpo lungo, arti anteriori mancanti e posteriori rudimentali, di colore giallo-bruno.

pseudopòdio *s. m.* (*biol.*) Prolungamento di protoplasma emesso da certe cellule o da protozoi per la locomozione o la fagocitosi. [→ ill. *zoologia*]

psicanàliṣi o *psicoanàliṣi* *s. f.* Teoria psicologica e tecnica psicoterapeutica, fondate da S. Freud (1856-1939) e basate sull'analisi dei processi psichici inconsci e dei conflitti tra le varie sfere della psiche.

psicanalista o *psicoanalista* *s. m. e f.* (*pl. m. -i*) Medico o psicologo che pratica la psicanalisi.

psicanalitico o *psicoanalitico* *agg.* (*pl. m. -ci*) Di psicanalisi.

psicanalizzàre *v. tr.* Sottoporre a terapia psicanalitica: — *un paziente.*

psicastenia o *psicoastenia* *s. f.* (*psicol.*) Nevrosi caratterizzata da ansia e idee ossessive.

psicastènico A *agg.* (*pl. m. -ci*) Di psicastenia. **B** *agg.; anche s. m.* (*f. -a*) Affetto da psicastenia.

psiche (1) *s. f.* Complesso delle funzioni psicologiche negli organismi viventi.

psiche (2) *s. f.* Grande specchio con sostegni laterali, usato un tempo per camere da letto.

psichedèlico *agg.* (*pl. m.* -*ci*) **1** Che rende manifesto il pensiero, detto spec. di droghe allucinogene che avrebbero il potere di dare la sensazione, a chi le usa, di liberarlo mentalmente dalle sovrastrutture delle convenzioni sociali. **2** Detto di figurazione o composizione musicale che si ispira agli effetti visivi e sonori prodotti sull'uomo dall'uso di droghe allucinogene: *spettacolo* —.

psichiàtra *s. m. e f.* (*pl. m.* -*i*) Medico specialista in psichiatria.

psichiatrìa *s. f.* Branca della medicina che tratta della prevenzione, diagnosi e cura delle malattie psichiche o mentali.

psichiàtrico *agg.* (*pl. m.* -*ci*) Della psichiatria.

psìchico *agg.* (*pl. m.* -*ci*) Attinente alla psiche: *trauma* —.

psico- *primo elemento* (*psic- davanti a vocale*): in parole composte spec. della terminologia filosofica, medica e scientifica indica relazione con la psiche: *psicodramma, psicologia, psicofarmaco.*

psicoanàliṣi e deriv. V. *psicanalisi* e deriv.

psicoastenìa V. *psicastenia.*

psicodiagnòstica *s. f.* Insieme dei procedimenti per la diagnosi psicologica dell'individuo.

psicodràmma *s. m.* (*pl.* -*i*) (*psicol.*) Rappresentazione scenica usata come tecnica terapeutica di certi disturbi psichici.

psicofàrmaco *s. m.* (*pl.* -*ci o* -*chi*) Farmaco che provoca effetti psichici; SIN. Tranquillante.

psicofìṣico *agg.* (*pl. m.* -*ci*) Psichico e fisico insieme | Detto di reazioni psichiche e fisiche aventi stretti rapporti tra loro.

psicogèneṣi *s. f.* Nascita e sviluppo della vita psichica | Origine psichica di un sintomo.

psicologìa *s. f.* (*pl.* -*gie*) **1** Scienza che studia il comportamento e i processi mentali dell'uomo e dell'animale | — *evolutiva*, quella che studia lo sviluppo psichico degli individui o dei gruppi | — *del profondo*, quella che studia i processi inconsci. **2** Conoscenza dell'anima umana studiata e scrutata nel suo intimo. **3** Maniera di pensare o di sentire di un individuo o una categoria di individui, osservata attraverso determinate reazioni: *la — degli adolescenti.*

psicologicaménte *avv.* Dal punto di vista psicologico.

psicològico *agg.* (*pl. m.* -*ci*) **1** Di psicologia, che è studiato dalla psicologia: *analisi psicologica.* **2** Che riguarda l'anima: *mondo* —. **3** Relativo all'esperienza interiore e alla sua formazione: *osservazione psicologica.*

psicologìṣmo *s. m.* **1** Qualsiasi tendenza filosofica che tende a interpretare i problemi su basi psicologiche. **2** Preponderanza dell'elemento psicologico in un'opera letteraria e sim.

psicòlogo *s. m.* (*f.* -*a*; *pl. m.* -*gi*) **1** Studioso di psicologia. **2** (*est.*) Chi conosce profondamente l'anima umana.

psicometrìa *s. f.* Misurazione dei fenomeni psichici attraverso l'impiego di test mentali o attraverso applicazione di metodi statistici o matematici.

psicomotòrio *agg.* Che riguarda i rapporti reçiproci fra funzioni motorie, sensoriali e cognitive.

psicomotricità *s. f.* Insieme di teorie e pratiche terapeutiche che riguardano le capacità psicomotorie, spec. in rapporto all'età evolutiva.

psiconevròṣi *s. f.* Nevrosi i cui sintomi sono l'espressione di un conflitto psichico.

psicopatìa *s. f.* (*gener.*) Malattia mentale | (*est.*) Qualsiasi disturbo della personalità.

psicopàtico A *agg.* (*pl. m.* -*ci*) Di psicopatia | *Personalità psicopatica*, d'individuo con disturbi del comportamento non dovuti a malattia mentale ma ad alterazioni del carattere. **B** *agg.; anche s. m.* (*f.* -*a*) Affetto da psicopatia.

psicopatologìa *s. f.* (*pl.* -*gìe*) Studio delle malattie mentali.

psicopatòlogo *s. m.* (*f.* -*a*; *pl. m.* -*gi*) Studioso di psicopatologia.

psicopedagogìa *s. f.* Branca della psicologia che si occupa dei fenomeni psicologici in funzione dei problemi didattici e pedagogici.

psicòṣi *s. f.* **1** Malattia mentale con grave alterazione della personalità, caratterizzata da allucinazioni, delirio, perdita di contatto con il mondo esterno. **2** (*est.*) Fenomeno di esaltazione o eccitazione collettiva: *la — delle armi nucleari.*

psicosomàtico *agg.* (*pl. m.* -*ci*) Che riguarda la mente e il corpo | *Medicina psicosomatica*, che studia le ripercussioni dei fenomeni psichici sull'organismo | *Malattia psicosomatica*, malattia di origine psichica con sintomi somatici o fisiologici.

psicotècnica *s. f.* Applicazione di procedimenti psicologici, allo scopo di migliorare l'orientamento, la qualificazione e la selezione professionale.

psicotècnico A *agg.* (*pl. m.* -*ci*) Della psicotecnica. **B** *s. m.* Chi si occupa di psicotecnica.

psicoterapèuta *s. m. e f.* (*pl. m.* -*i*) Psicoterapista.

psicoterapèutico *agg.* (*pl. m.* -*ci*) (*raro*) Psicoterapico.

psicoterapìa *s. f.* Cura dei disturbi mentali e dei disadattamenti attraverso una tecnica psicologica fondata sul rapporto tra medico e paziente.

psicoteràpico *agg.* (*pl. m.* -*ci*) Di psicoterapia: *sistema* —.

psicoterapìsta *s. m. e f.* (*pl. m.* -*i*) Chi pratica la psicoterapia; SIN. Psicoterapeuta.

psicòtico A *agg.* (*pl. m.* -*ci*) Che riguarda la psicosi. **B** *agg.; anche s. m.* (*f.* -*a*) Affetto da psicosi.

psicòtropo *agg.* Di farmaco che agisce o influisce sui processi psicologici.

psicròmetro *s. m.* Strumento che misura l'umidità relativa dell'aria dalla differenza di temperatura di due termometri, uno dei quali ha il bulbo mantenuto bagnato a mezzo di una garza imbevuta di acqua, mentre l'altro è secco. [→ ill. *meteorologia*]

psittacòṣi *s. f.* Malattia virale dei pappagalli, che si trasmette all'uomo colpendo spec. l'apparato polmonare.

psorìaṣi *s. f.* (*med.*) Affezione cutanea cronica a tipo desquamativo.

pss o *pst inter.* Riproduce il sibilo leggero che si emette per imporre silenzio o per richiamare l'attenzione di qc.

Pteridòfite *s. f. pl.* (*sing.* -*a*) Divisione di piante con radici, fusto e foglie, ma prive di fiori e semi, che presentano alternanza di generazione con predominanza della fase asessuata. [→ ill. *piante* 1]

pterigòti *s. m. pl.* Sottoclasse di insetti alati, provvisti di antenne e con sistema tracheale.

pteròide *s. m.* Pesce marino osseo degli Scorpenidi, con ampie pinne pettorali e spine velenose.

pterosàuri *s. m. pl.* (*sing.* -*o*) Ordine di rettili mesozoici adattati al volo, in cui la membrana alare era sostenuta da un solo dito degli arti anteriori, molto sviluppato.

ptialìna *s. f.* (*med.*) Enzima, contenuto nella saliva, che trasforma le sostanze amidacee insolubili in zuccherine solubili.

ptialìṣmo *s. m.* (*med.*) Aumento della secrezione salivare.

ptilòṣi *s. f.* (*med.*) Caduta delle ciglia per infiammazione palpebrale.

ptomaìna *s. f.* Sostanza che si forma nella putrefazione degli organismi animali.

ptòṣi *s. f.* (*med.*) Abbassamento di un organo, spec. di un viscere.

puàh *inter.* Esprime disprezzo, disgusto e sim.

pubalgìa *s. f.* (*med.*) Qualsiasi sensazione dolorosa avvertita nella zona pubica.

pubblicàbile *agg.* Che si può pubblicare.

pubblicàno *s. m.* Nel diritto romano, aggiudicatario di appalti per forniture, opere pubbliche e riscossione di imposte.

pubblicàre *v. tr.* (*io pùbblico, tu pùbblichi*) **1** Palesare al pubblico, rendere di pubblico dominio: — *un'ordinanza.* **2** Fare uscire in pubblico uno scritto, un disegno, un'opera letteraria, un giornale.

pubblicazióne *s. f.* **1** Divulgazione, notificazione al pubblico: — *di una sentenza* | Diffusione in pubblico per mezzo della stampa: — *di un giornale, di un libro.* **2** Opera che viene pubblicata per mezzo della stampa: *una — periodica.* **3** *Pubblicazioni matrimoniali,* (*ell.*) *pubblicazioni*, documento recante le indicazioni anagrafiche degli sposi, esposto in municipio e, nel matrimonio religioso, in chiesa prima del matrimonio.

pubblicìṣmo *s. m.* Insieme dei mezzi di pubblica informazione attraverso i quali si diffonde la propaganda.

pubblicista *s. m. e f.* (*pl. m. -i*) **1** Chi collabora in modo saltuario a riviste, giornali e sim. **2** Chi è esperto di diritto pubblico.
pubblicistica *s. f.* **1** Attività svolta da giornalisti nella pubblicazione di articoli, libelli politici e sim. **2** Complesso di pubblicazioni di attualità.
pubblicistico *agg.* (*pl. m. -ci*) **1** Di pubblicistica. **2** Di diritto pubblico.
pubblicità *s. f.* **1** L'essere pubblico. **2** Divulgazione, diffusione tra il pubblico: *fare – a una notizia.* **3** Attività aziendale diretta a far conoscere l'esistenza di un bene o servizio e a incrementarne il consumo e l'uso: *agenzia di –.* **4** (*est.*) Qualsiasi forma di annuncio diretto al pubblico per scopi commerciali: *– radiofonica, televisiva.*
pubblicitàrio **A** *agg.* Che si riferisce o serve alla pubblicità: *manifesto –.* [→ ill. *strada*] **B** *s. m.* (*f. -a*) Chi lavora nella pubblicità.
pubblicizzàre *v. tr.* Promuovere la conoscenza, spec. di prodotti industriali con la pubblicità.
pùbblico **A** *agg.* (*pl. m. -ci*) **1** Che concerne, riguarda la collettività: *la pubblica utilità; pericolo –* | *Salute pubblica,* tutela degli interessi del popolo | *Bene –,* che appartiene allo Stato o alla comunità | *Debito –,* l'insieme di tutti i prestiti contratti dallo Stato | *Diritto –,* complesso degli atti legislativi che regolano l'organizzazione e l'attività dello Stato | *Pubbliche relazioni,* V. *relazione.* **2** Che è di tutti: *opinione pubblica* | Che tutti conoscono e giudicano: *è una faccenda di dominio –* | Fatto di fronte a tutti: *cerimonia pubblica* | *In –,* di fronte a un gran numero di persone. **3** Che è accessibile a tutti, è posto al servizio della collettività: *giardini pubblici.* ● CONTR. Privato. **B** *s. m.* Numero indeterminato di persone considerate nel loro complesso e aventi spesso interessi comuni: *luogo aperto al –.* [→ ill. *circo, giustizia, parlamento, sport, ufficio*]
pùbe *s. m.* (*anat.*) Osso che forma la parte anteriore del bacino | (*est.*) Parte del corpo umano, di forma triangolare, che sovrasta l'osso del pube. [→ ill. *anatomia umana*]
puberàle *agg.* Della pubertà.
pùbere *agg.; anche s. m. e f.* Adolescente che è nella pubertà.
pubertà *s. f.* Periodo di sviluppo e di inizio dell'attività delle ghiandole sessuali.
pubescènte *agg.* **1** (*bot.*) Di organo vegetale ricoperto di fitti peli. **2** (*lett.*) Che comincia a entrare nella pubertà.
pùbico *agg.* (*pl. m. -ci*) (*anat.*) Del pube.
public relations /*ingl.* 'pʌblik ri'leiʃənz/ *loc. sost. f. pl.* Pubbliche relazioni.
pudding /*ingl.* 'pudiŋ/ *s. m. inv.* (*pl. ingl. puddings* /'pudiŋz/) Budino.
puddinga *s. f.* (*miner.*) Roccia formata da elementi pietrosi tondeggianti uniti da cemento siliceo o calcareo.
pudènde *s. f. pl.* (*raro*) Genitali esterni.
pudibóndo *agg.* (*lett.*) Che mostra grande pudore: *fanciulla pudibonda.*
pudicìzia *s. f.* Atteggiamento di grande riservatezza e forte senso del pudore; SIN. Verecondia; CONTR. Impudicizia.
pudìco *agg.* (*pl. m. -chi*) **1** Che mostra di avere pudicizia, detto di persona: *donna pudica* | Che rivela pudicizia: *sguardo –;* SIN. Verecondo; CONTR. Impudico. **2** (*lett.*) Modesto, timido, riservato.
pudóre *s. m.* **1** Sentimento di riserbo e vergogna nei confronti di quanto riguarda la sfera sessuale: *offendere il – altrui;* SIN. Pudicizia, verecondia. **2** (*est.*) Senso di discrezione, ritegno, riguardo: *non aver – a dire q.c.;* CONTR. Spudoratezza.
pueblo /*sp.* 'pweblo/ *s. m. inv.* (*pl. sp. pueblos* /'pweblos/) Particolare tipo di villaggio primitivo tuttora presente nell'Arizona e nel Nuovo Messico, costituito per lo più di case agglomerate e terrazzate con accesso mediante scale a pioli.
puericultóre *s. m.* Medico specializzato in puericultura.
puericultrìce *s. f.* Infermiera abilitata all'assistenza di neonati e bambini della prima infanzia.
puericultùra *s. f.* Scienza che studia le caratteristiche morfologiche e di sviluppo del bambino; SIN. Pedologia. [→ ill. *puericultura*]
puerile *agg.* **1** Di, da fanciullo: *età –;* SIN. Infantile. **2** (*spreg.*) Che rivela leggerezza o immaturità: *discorso –.*
puerilità *s. f.* **1** (*spreg.*) L'essere puerile. **2** (*spreg.*) Atto, discorso puerile.
puerìzia *s. f.* (*lett.*) Età puerile.
puerpera *s. f.* Donna che ha appena partorito.
puerperàle *agg.* Relativo al puerperio.
puerpèrio *s. m.* Periodo che segue il parto, della durata approssimativa di sei settimane.
pugilàto *s. m.* Sport di combattimento nel quale due atleti si attaccano e si difendono servendosi dei soli pugni protetti da guantoni; SIN. Boxe. [→ ill. *sport*]
pugilatóre *s. m.* Pugile.
pùgile *s. m.* Atleta che pratica il pugilato; SIN. Boxeur, pugilatore.
pugilìstico *agg.* (*pl. m. -ci*) Del pugilato o dei pugili.
pugliése *agg.; anche s. m. e f.* Della Puglia.
pùgna *s. f.* (*lett.*) Battaglia (*anche fig.*).
pugnàce *agg.* (*lett.*) Bellicoso, battagliero.
pugnalàre *v. tr.* Ferire, uccidere con un pugnale.
pugnalàta *s. f.* Colpo, ferita di pugnale | (*fig.*) Colpo improvviso e inferto a tradimento che reca dolore: *la sua fuga è stata una – per tutti.*
pugnalatóre *s. m.* (*f. -trìce*) Chi pugnala.
pugnàle *s. m.* Arma bianca corta a due tagli e con punta acuminata | *Colpo di –,* pugnalata. [→ ill. *armi*]
pugnàre *v. intr.* (*aus. avere*) (*lett.*) Combattere.
pugnitòpo V. *pungitopo.*
pùgno *s. m.* **1** Mano serrata con le dita strette forte insieme per tenere q.c. o per colpire: *allargare il –; stringere la spada in –* | *Tenere qc. in –,* averlo in proprio potere | *Avere q.c. in –,* (*fig.*) essere sicuro di ottenerla | *Mostrare il –,* minacciare | Mano chiusa o che sta per chiudersi: *stringere i pugni* | *Firmare di proprio –,* di propria mano. **2** Colpo dato col pugno: *tirare pugni* | *Fare a pugni,* lottare, azzuffarsi e (*fig.*) essere in contrasto. **3** Ciò che si stringe in un pugno: *un – di sale* | (*est.*) Quantità minima o trascurabile: *un – di gente.*
puh /phu/ *inter.* Esprime fastidio, disgusto, e sim.
pùla *s. f.* Rivestimento dei semi di cereali o altre piante che si stacca con la trebbiatura; SIN. Lolla.
pùlce *s. f.* **1** Insetto di piccole dimensioni, agile saltatore, con corpo compresso lateralmente e privo di ali, apparato boccale pungitore e succhiatore, che si nutre di sangue dell'uomo o degli animali domestici | *– nell'orecchio,* (*fig.*) sospetto, pensiero molesto e sim. [→ ill. *animali* 3] **2** Gioco al quale partecipano più giocatori che tentano di far saltare gettoni d'osso o di plastica sopra quelli dell'avversario | *Mercato delle pulci,* mercato di oggetti vecchi o usati. [→ ill. *giochi*]
pulcèlla o *pulzèlla* *s. f.* (*raro, lett.*) Fanciulla, vergine | *La – d'Orléans,* Giovanna d'Arco.
pulciàio *s. m.* Luogo pieno di pulci.
pulcianèlla *s. f.* Fiasco molto panciuto di capacità di circa mezzo litro o 3/4 di litro, usato spec. per i vini di Orvieto. [→ ill. *vino*]
pulcinèlla *s. m. inv.* **1** Maschera napoletana | *Il segreto di –,* quello che tutti conoscono. **2** (*fig.*) Persona volubile e sciocca.
pulcino *s. m.* **1** Il nato della gallina da poco uscito dall'uovo | Qualunque uccello che ancora non esce dal nido | *Bagnato, inzuppato come un –,* bagnato fradicio | *– bagnato,* (*fig.*) persona timida dall'aria mortificata | *– nella stoppa,* persona impacciata, irresoluta. [→ ill. *gallo*] **2** (*est., fam.*) Bambino molto piccolo. **3** Ognuno dei giovanissimi giocatori che formano una squadra di allievi di una società calcistica.
pulciόso *agg.* Che ha molte pulci.
pulédro *s. m.* (*f. -a*) Giovane equino. [→ ill. *cavallo*]
puléggia *s. f.* (*pl. -ge*) Ruota montata su albero rotante che trasmette o riceve il moto mediante cinghie. [→ ill. *cava*]
pùlica *s. f.* Bollicina che si forma durante la lavorazione in vetro, gesso, cera, metallo.
pulimentàre *v. tr.* (*io puliménto*) Levigare pietra, metallo, legno, a mano o a macchina.
pulìre *v. tr.* (*io pulìsco, tu pulìsci*) **1** Levare il sudicio usando vari mezzi o procedimenti: *– la casa; pulirsi le mani;* SIN. Nettare; CONTR. Sporcare. **2** Polire.
pulìta *s. f.* Atto del pulire in una volta sola e rapidamente.
pulitézza *s. f.* (*raro*) Pulizia.

puericultura
succhiotto
poppatoio
anello per dentizione
culla
lettino
vasino
sonagli
bilancia pediatrica
lettino
pieghevole
porte-enfant
poltroncina
seggiolone
girello
box
bagnetto
carrozzina
passeggino
redini
pannolino
svedese
pannolino
mutandine
impermeabili
ciripà
tutina
pupazzo
bavaglino
cuffia
pagliaccetto
scarpine

pulito *agg.* **1** Privo di sudiciume o sporcizia: *casa pulita*; CONTR. Sporco. **2** Detto di persona o parte del corpo che rivelano un'accurata pulizia: *bambino* –; *capelli puliti*; CONTR. Sporco. **3** (*fig.*) Leale, onesto e sim.: *animo* – | *Gioco* –, corretto e tecnicamente perfetto | *Avere la coscienza pulita*, essere tranquillo, sicuro di non avere colpe; CONTR. Sporco. **4** (*fig., fam.*) Privo di denari. **5** (*est.*) Detto di energia che non inquina l'ambiente | Detto di armamento che non fa uso di energia nucleare.

pulitóre *s. m.* (*f. -trice*) Chi pulisce.

pulitrìce *s. f.* **1** Macchina per levigare e lucidare marmo o legno. **2** Macchina per ripulire il grano dalla pula e altri frammenti.

pulitùra *s. f.* Operazione del pulire | Spesa per pulire q.c.: *quanto per la* –? | *Dare l'ultima* –, dare l'ultima mano a un lavoro.

pulizìa *s. f.* **1** Stato, aspetto di ciò che è pulito; SIN. Nettezza; CONTR. Sporcizia. **2** Atto del pulire | *Fare le pulizie*, pulire la casa | *Fare* –, (*fig.*) sgombrare, far piazza pulita.

pùllman /*ingl.* 'pulmən/ *s. m. inv.* (*pl. ingl. pullmans* /'pulmənz/) **1** Tipo speciale di elegante carrozza ferroviaria. **2** Autopullman.

pullòver /*ingl.* 'pul'ouvə/ *s. m. inv.* (*pl. ingl. pullovers* /'pul'ouvəz/) Maglietta di lana o cotone senza bottoni, che si infila dal capo. [→ ill. *abbigliamento*]

pullulàre *v. intr.* (*io pùllulo; aus. avere*) Spuntare, venir fuori in grande quantità (*anche fig.*): *pullulavano le iniziative*.

pulmìno *s. m.* Piccolo autopullman.

pulpìte *s. f.* (*med.*) Infiammazione della polpa dentale.

pùlpito *s. m.* Nelle chiese, tribuna o palco sopraelevato, destinato alla predicazione | *Montare in* –, (*fig.*) mettersi a parlare in tono declamatorio, pieno di prosopopea. [→ ill. *religione*]

pulsànte **A** *part. pres. di pulsare; anche agg.* Che pulsa. [→ ill. *zoologia*] **B** *s. m.* **1** Bottone che si spinge per azionare un meccanismo. [→ ill. *penna da scrivere*] **2** Bottone che premuto apre o chiude un circuito elettrico, spec. di una lampada o di un campanello. [→ ill. *campana e campanello*]

pulsantièra *s. f.* Pannello destinato a sostenere una serie di pulsanti di comando o segnalazione.

pùlsar *s. f. o m. inv.* Oggetto astronomico dalle dimensioni simili a quelle di un pianeta, relativamente vicino alla Terra, che emette impulsi radio con regolarità (vc. ingl. composta da *puls(ating) (st)ar*, stella pulsante).

pulsàre *v. intr.* (*aus. avere*) **1** Dare battiti: *il cuore pulsa regolarmente*; SIN. Palpitare. **2** (*est.*) Essere pieno di vita, di movimento, di fervore: *il traffico della metropoli pulsa*.

pulsazióne *s. f.* Sensazione tattile di urto che si percepisce in corrispondenza del cuore e delle arterie superficiali.

pulsióne *s. f.* **1** Impulso, spinta | (*est.*) Spinta emotiva. **2** Nella psicanalisi, insieme di tendenze istintive a soddisfare bisogni primitivi.

pulsoreattóre *s. m.* (*aer.*) Tipo di reattore in cui l'aria comburente entra direttamente nella camera di combustione, quando la pressione interna diventa minore di quella esterna.

pulvinàre *s. m.* **1** Letto sul quale i Romani antichi deponevano le immagini degli dei. **2** Letto matrimoniale degli imperatori romani.

pulvìno *s. m.* Elemento architettonico di pietra liscia o lavorata compreso tra il capitello e l'imposta di due o più archi. [→ ill. *architettura*]

pulviscolàre *agg.* (*raro*) Di pulviscolo.

pulvìscolo *s. m.* Polvere minutissima | – *atmosferico*, complesso delle particelle solide o sospese nella atmosfera e attorno alle quali si condensa il vapore acqueo per formare le nubi | – *radioattivo*, complesso delle particelle radioattive liberate da un'esplosione nucleare.

pulzèlla V. *pulcella*.

pùma *s. m. inv.* Mammifero americano dei Carnivori di forme snelle, con capo piccolo, colorazione fulva; cacciatore abilissimo, corre, salta e si arrampica sugli alberi; SIN. Coguaro. [→ ill. *animali* 20]

punch (1) /*ingl.* pʌntʃ/ *s. m. inv.* (*pl. ingl. punches* /'pʌntʃiz/) Bevanda preparata con acqua bollente, rum o altro liquore, zucchero e scorza di limone. [→ ill. *stoviglie*]

punch (2) /*ingl.* pʌntʃ/ *s. m. inv.* (*pl. ingl. punches* /'pʌntʃiz/) Nel pugilato, pugno secco di notevole potenza.

punchingbag /*ingl.* 'pʌntʃiŋ'bæg/ *s. m. inv.* (*pl. ingl. punchingbags* /'pʌntʃiŋ'bægz/) Involucro ripieno di sabbia o segatura, sospeso a una corda, che, in allenamento, il pugile colpisce per rinforzare il pugno.

punchingball /*ingl.* 'pʌntʃiŋ'bɔ:l/ *s. m. inv.* (*pl. ingl. punchingballs* /'pʌntʃiŋ'bɔ:lz/) Palla di cuoio o gomma fissata con cordoni elastici al pavimento e al soffitto, che il pugile colpisce per allenamento. [→ ill. *sport*]

pungènte *part. pres. di pungere; anche agg.* **1** Che punge. **2** Intenso, acuto: *freddo* – | Acre: *odore* –. **3** (*fig.*) Che offende, provoca, urta e sim.: – *ironia*.

pùngere *v. tr.* (*pres. io pùngo, tu pùngi; pass. rem. io pùnsi, tu pungésti; part. pass. pùnto*) **1** Ferire lievemente penetrando nella pelle o in una superficie con una punta acuminata: – *una vena con un ago*. **2** Dare la sensazione di una puntura, pizzicando o irritando, anche ass.: *l'ortica punge la pelle*; *il freddo punge*. **3** (*raro, lett.*) Spronare | (*lett., fig.*) Stimolare: *mi punge il desiderio di vedervi*. **4** (*fig.*) Offendere, punzecchiare, ferire con parole: – *la vanità di qc.* | – *qc. sul vivo*, colpirlo dove è più sensibile. [→ tav. *proverbi* 353]

pungiglióne *s. m.* Aculeo addominale di alcuni insetti che serve a inoculare il veleno prodotto da apposite ghiandole.

pungitòpo o *pugnitòpo* *s. m.* Pianta cespugliosa sempreverde delle Liliflore con rizoma orizzontale e polloni eretti duri e rigidi, superiormente trasformati in cladodi simili a foglie aculeate, portanti fiori verdastri e bacche rosse. [→ ill. *piante* 17]

pungolàre *v. tr.* (*io pùngolo*) **1** Colpire, stimolare col pungolo. **2** (*fig.*) Stimolare.

pùngolo *s. m.* **1** Lungo bastone acuminato o con punta di ferro, per stimolare i buoi al lavoro. **2** (*fig.*) Incitamento, sprone: *il* – *della fame*; SIN. Stimolo.

punìbile *agg.* Che deve essere punito: *reato* –.

Punicàcee *s. f. pl.* Famiglia di piante arboree o arbustive con frutto diviso da diaframmi in logge con molti semi. [→ ill. *piante* 8]

punìre *v. tr.* (*io punisco, tu punisci*) Sottoporre a una pena: *la legge punisce i colpevoli*; SIN. Castigare.

punitìvo *agg.* Che tende a punire.

punitóre *s. m.; anche agg.* (*f. -trice*) Chi (o che) punisce.

punizióne *s. f.* **1** Somministrazione di una pena: *la* – *dei colpevoli* | Pena, castigo: *una* – *severa*. **2** Nel calcio e altri sport, tiro decretato dall'arbitro contro la squadra che ha commesso un fallo; SIN. Penalty.

punk /*ingl.* pʌŋk/ **A** *s. m. e f. inv.* (*pl. ingl. punks* /pʌŋks/) Seguace di un movimento giovanile sorto nella seconda metà degli anni Settanta, che adotta segni esteriori esagerati quali il trucco vistoso e i capelli tinti in colori vivaci, e comportamenti spesso violenti. **B** *anche agg. inv.*: *moda* –.

pùnta (1) *s. f.* **1** Estremità aguzza e pungente di q.c.: *la* – *del coltello, di uno spillo, della lancia* | *Prendere q.c. di* –, (*fig.*) direttamente | (*fig.*) *Prendere qc. di* –, affrontarlo bruscamente | Estremità superiore, parte terminale: *la* – *della vela* | *La* – *del campanile*, la cima | *Camminare in* – *di piedi*, reggendosi quasi sulle dita per non fare rumore | *Scrivere in* – *di penna*, (*fig.*) con ricercatezza | *Avere q.c. sulla* – *delle dita*, conoscerla molto bene | *Avere q.c. sulla* – *della lingua*, stare per ricordarla. [→ ill. *coltello, ferramenta, scultore, tessuto, zoologia*] **2** (*est.*) Massima frequenza, maggiore intensità di un fenomeno: *la* – *delle partenze si è avuta ieri* | *Ore di* –, quelle di maggior traffico, consumo di energia e sim. **3** (*est.*) La parte più avanzata di un raggruppamento di individui: *pattuglia di* – | Nel calcio, ognuno degli avanti che hanno il compito di realizzare: *un attacco con due punte* | *Uomo di* –, chi emerge per le sue ottime qualità. **4** Frammento, scaglia, minima parte: *una* – *di formaggio*. **5** (*arald.*) Pezza triangolare movente dal basso e con il vertice al centro dello scudo | (*est.*) Parte inferiore dello scudo. **6** (*geogr.*) Sommità aguzza di un monte | Piccola sporgenza costiera. **7** – *tacco*, nella guida automobilistica, manovra per cui il piede destro aziona contemporaneamente con la punta il freno e con il tacco l'acceleratore o viceversa. **8** Utensile destinato all'esecuzione di fori o cave: *— del trapano, della perforatrice.* [→ ill. *meccanica, miniera, trapano*]

pùnta (2) *s. f.* Atteggiamento del cane da caccia quando punta la selvaggina.

puntàle *s. m.* Guarnimento, spec. metallico, che si applica all'estremità inferiore di alcuni oggetti per evitare il logoramento dell'uso o proteggerli dagli urti: *il — dell'ombrello.* [→ ill. *abbigliamento*]

puntaménto *s. m.* Operazione mediante la quale un'arma da fuoco o un'artiglieria viene disposta in modo che la traiettoria passi per il bersaglio. [→ ill. *armi*]

puntàre (1) ***A*** *v. tr.* **1** Appoggiare un oggetto, spec. appuntito, su una superficie cercando di premervi con il proprio peso: *— un chiodo nel muro* | *— i gomiti sul tavolo* | *— i piedi a terra,* (*fig.*) ostinarsi, impuntarsi. **2** Drizzare, rivolgere verso una direzione, un punto: *— la lancia* | *— un'arma da fuoco,* dirigerne la linea di mira sul bersaglio. **3** Scommettere, anche ass.: *— cento lire; — sull'asso.* ***B*** *v. intr.* (*aus. avere*) **1** Avanzare risolutamente in una determinata direzione: *— su una città per conquistarla* | (*fig.*) *— al successo,* impegnarsi con tutte le forze per raggiungerlo. **2** (*fig.*) Fare assegnamento su q.c. per raggiungere un determinato fine: *— solo sulle proprie forze.*

puntàre (2) *v. tr.* Appuntare, segnare con un punto: *— le assenze.*

puntàre (3) *v. tr.* **1** Rimanere immobili dinanzi all'odore del selvatico, detto del cane da ferma: *— una lepre.* **2** (*est.*) Guardare fissamente.

puntasécca *s. f.* Tecnica d'incisione, con cui s'incide la lastra direttamente con una punta d'acciaio.

puntaspilli *s. m.* Portaspilli.

puntàta (1) *s. f.* **1** Colpo, tiro di punta | Nel calcio, rapida azione offensiva. **2** Gita di breve durata, prolungamento di un viaggio: *una — a Firenze.* **3** (*mil.*) Incursione rapida e decisa per offendere o esplorare.

puntàta (2) *s. f.* Scommessa al gioco | La somma di denaro che si punta: *raddoppiare la —.* [→ ill. *giochi*]

puntàta (3) *s. f.* Ciascuna delle parti in cui si dividono un'opera, anche televisiva o radiofonica, un racconto, un servizio giornalistico e sim., che vengono pubblicate o trasmesse in riprese successive.

puntatóre *s. m.* (*f. -trice*) **1** Chi punta. **2** Servente di un pezzo d'artiglieria che agisce sugli strumenti di puntamento per disporre la bocca da fuoco nel modo voluto. **3** Chi scommette denaro al gioco.

punteggiaménto *s. m.* (*raro*) Atto del punteggiare | Insieme di punti o di piccole macchie.

punteggiàre *v. tr.* (*io puntéggio*) **1** Segnare con un punto | Forare con una serie di punti: *— una stoffa.* **2** (*fig.*) Intercalare, inframmezzare: *— un discorso di errori.*

punteggiatùra *s. f.* **1** Operazione del punteggiare | Serie di punti. **2** L'essere cosparso di punti o di piccole macchie. **3** (*ling.*) Interpunzione. La punteggiatura è un elemento fondamentale del testo scritto. Il suo scopo è, da un lato, riprodurre le pause, l'espressività, l'intonazione della lingua parlata; dall'altro, di evidenziare le componenti grammaticali e sintattiche di una frase o di un discorso, separandone o segnalandone le varie parti. Poche sono le regole fisse della punteggiatura. Il suo uso dipende molto dallo stile dello scrivente, dalle sue intenzioni espressive. Si tratta comunque di uno strumento essenziale che permette di comprendere o esprimere meglio i contenuti di un messaggio comunicativo. (v. note d'uso BARRA, PARENTESI, PUNTO, TRATTINO, VIRGOLA, VIRGOLETTA)

puntéggio *s. m.* Numero di punti riportati da chi partecipa a una gara sportiva, un esame, un gioco.

puntellaménto *s. m.* Applicazione di puntelli.

puntellàre ***A*** *v. tr.* (*io puntèllo*) Sorreggere, sostenere con puntelli (*anche fig.*): *— i rami; — la propria tesi.* ***B*** *v. rifl.* Sostenersi, reggersi.

puntellatùra *s. f.* Operazione del puntellare | Insieme di puntelli.

puntèllo *s. m.* **1** Trave posta obliquamente a sostegno di muro o dell'armatura di una galleria e sim. | Bastone obliquo che impedisce a una porta di aprirsi o di chiudersi. **2** (*fig.*) Appoggio, sostegno: *cercare un — per la vecchiaia* | *Andare avanti a forza di puntelli,* a forza di aiuti, rimedi, sovvenzioni.

punterìa *s. f.* **1** Asta metallica che comanda l'apertura delle valvole nei motori a combustione interna. [→ ill. *meccanica, motore*] **2** (*mil.*) Meccanismo di cui è dotato un pezzo di artiglieria per eseguire il puntamento. [→ ill. *armi*]

punteruòlo *s. m.* **1** Ferro sottile e appuntito per fare o allargare fori. [→ ill. *calzolaio*] **2** (*zool.*) *— del grano,* calandra.

puntifórme *agg.* Che ha la forma di un punto, o è piccolo come un punto: *macchia —.*

puntìglio *s. m.* Ostinazione di chi sostiene q.c. solo per orgoglio o per partito preso | (*est.*) Grande volontà: *si è impegnato con —.*

puntiglióso *agg.* Che si ostina con puntiglio; SIN. Caparbio.

puntìna *s. f.* **1** *Dim. di punta.* **2** Chiodino con o senza testa, usato da calzolai e falegnami | Tipo di chiodino con testa larga e gambo corto e sottile per fissare fogli su tavoli, pannelli e sim. [→ ill. *disegnatore, ferramenta*] **3** Minuscola punta metallica o di diamante fissata alla testina del grammofono. **4** *spec. al pl.* Pasta da minestra in forma di piccole punte. **5** (*mecc.*) Contatto mobile inserito nello spinterogeno.

puntinìsmo *s. m.* (*pitt.*) Divisionismo.

puntìno *s. m.* *Dim. di punto* (1) | *Mettere i puntini sulle i,* dire le cose come stanno, precisare un concetto | *A —,* benissimo, come si deve: *fare q.c. a —.* [→ tav. *locuzioni* 66]

puntizzatóre *s. m.* (*mecc.*) Scalpello appuntito per segnare con piccoli punti una traccia sui pezzi da lavorare. [→ ill. *officina meccanica*]

pùnto (1) ***A*** *s. m.* **1** (*mat.*) Ente fondamentale della geometria, considerato privo di dimensioni | *Di — in bianco,* all'improvviso | *Essere a un — morto,* in una situazione da cui non si vede possibilità d'uscita | *— di vista,* (*fig.*) prospettiva, modo personale di giudicare. **2** (*mar.*) Posizione di una nave, determinata dalle sue coordinate geografiche, latitudine e longitudine | *Fare, prendere il —,* rilevare la posizione | (*fig.*) *Fare il — su una questione,* definirne esattamente i termini. **3** Segno grafico formato da un tocco della punta della penna che individua la i minuscola e, posto al termine di un periodo, il suo senso compiuto | *— interrogativo, esclamativo,* segni grafici che connotano l'intonazione interrogativa o esclamativa di un periodo | *Punti di sospensione, sospensivi,* serie di punti posti in fine di un periodo per connotarne una prosecuzione logica implicita | *Fare —,* (*fig.*) fermarsi | *Mettere i punti sulle i,* (*fig.*) chiarire, precisare bene. **4** Oggetto, segno molto piccolo o piccolo come un punto: *le stelle appaiono come punti* | *— nero,* (*fig.*) azione moralmente riprovevole nella condotta di qc. | (*anat.*) *— cieco,* punto della retina ove si espande il nervo ottico, insensibile alla luce | Macchiolina: *insetto a punti rossi.* **5** Luogo determinato, preciso: *da quel — si gode una bella vista* | *— iniziale, di partenza,* (*fig.*) quello dal quale procede un ragionamento o una azione | Posto: *- di ritrovo* | *— di vendita,* negozio in cui si vende un dato prodotto. **6** Passo di un discorso, di uno scritto, di un trattato: *un — della Divina Commedia* | (*est.*) Argomento di una discussione: *abbiamo già affrontato molti punti* | *Venire al —,* esaminare la questione più importante | *Questo è il —,* questa è la questione più difficile, più importante | *Trattare — per —,* con ordine, precisione e in modo particolareggiato | *— d'onore,* questione delicata, che coinvolge l'onore di qc. **7** Istante, attimo, momento: *cogliere il — giusto* | *— critico,* (*fig.*) momento difficile | *Arrivare a buon —,* al momento giusto | *Essere sul — di partire,* stare per partire | *In — di morte,* vicino a morire | *A mezzogiorno in —,* a mezzogiorno preciso. **8** Termine, segno, limite: *essere a buon —; arrivate fino a questo —?* | *Di tutto —,* completamente: *essere vestito di tutto —* | Momento culminante di processo, un'azione: *il — di cottura* | (*tecnol.*) *Mettere a — un dispositivo,* predisporlo perché funzioni | (*fig.*) *Mettere a — un problema,* precisarne i termini. **9** Ogni unità che costituisca un elemento di valutazione del merito di un esaminando, della posizione di un giocatore, del vantaggio di un concorrente, ecc.:

essere promosso con il massimo dei punti | *Dare dei punti a qc.*, (*fig.*) superarlo in q.c. | Espressione della variazione di fenomeni misurati numericamente: *un — di contingenza.* **10** Tratto di filo tra due fori che segnano l'entrata e l'uscita dell'ago nel tessuto: *punti lunghi, fitti*; *— erba*, *— a smerlo* | *Dare un —*, fare una rapida cucitura. [→ ill. *tessuto*] **11** (*med.*) Elemento di filo o di metallo che viene posto a chiusura di una ferita: *mettere, togliere, i punti.* [→ ill. *medicina e chirurgia*] **12** (*fis.*) Valore di determinate grandezze che caratterizza e individua particolari fenomeni: *— di ebollizione dell'acqua* | *— critico*, (*fig.*) momento particolarmente difficile. **13** *— tipografico*, unità di misura corrispondente a un dodicesimo di riga o a mm 0,376. **B** *avv.* Niente affatto, per nulla (spec. preceduto dalla negazione): *non sono — stanco*; *non ci vede —*. **C** *agg. indef.* (*tosc.*) Niente, alcuno: *non ha punta voglia di studiare.* [→ tav. *locuzioni* 29]

PUNTO

Tra i segni di punteggiatura il **punto, o punto fermo,** indica la pausa più lunga e si pone generalmente alla fine di una frase. Dopo il punto è necessario usare la lettera maiuscola: *Ora devo proprio andare. Ne riparleremo domani.* Il punto fermo si alterna talvolta nell'uso con il punto e virgola e i due punti, in qualche caso anche con la virgola: la scelta dipende da un particolare stile o da accentuazioni diverse che si vogliono conferire al testo. Il punto fermo si usa anche nelle abbreviazioni: *sim.*, *es.*, *ecc.*; è bene ricordare che il punto alla fine di una abbreviazione fa anche, quando serve, da punto finale di un periodo e quindi non va raddoppiato. ATTENZIONE: il simbolo delle unità di misura non è mai seguito dal punto: *35 cm*, *12 Kg*, *3 °C*, ecc.
Il **punto e virgola** indica una pausa più lunga di quella indicata dalla virgola, ma più breve del punto fermo. Divide in genere i termini di un elenco se sono di una certa lunghezza o contengono delle virgole (v. nota d'uso VIRGOLA). Si usa talvolta al posto di congiunzioni che indichino rapporti di tempo, di causa, ecc.: *Tornò a casa molto tardi; i suoi genitori erano andati a letto.*
I **due punti** indicano una sospensione del discorso e servono a introdurre un elenco: *Gli ingredienti sono: burro, zucchero, farina e uova*; a introdurre un discorso diretto o una citazione: *Mi rispose: 'Conosci già il mio parere'*; *Come dice l'art. 34 della Costituzione: 'La scuola è aperta a tutti'*; oppure a chiarire il contenuto della frase precedente: *I suoi propositi erano incrollabili: mai avrebbe rinunciato a quell'incarico.* In qualche caso i due punti vengono usati al posto di una congiunzione (causa, temporale e sim.) per dare al periodo un tono di maggior vivacità: *Uscì: e non ne aveva voglia* (al posto di *sebbene non ne avesse voglia*); *Si alzò da tavola: era ormai sazio* (al posto di *poiché era ormai sazio*).
Il **punto esclamativo** indica il tono di un'esclamazione che esprime sorpresa, gioia, dolore, avvertimento e sim. o che costituisce un ordine perentorio: *Smettila!*; *Attenzione!* Di solito il punto esclamativo si pone alla fine di un periodo ed è seguito da iniziale maiuscola: *Smettetela con questo chiasso! Così non si può lavorare.* Talvolta è posto dopo una parola all'inizio di frase o separa una successione di frasi esclamative; in questi casi può essere seguito da iniziale minuscola: *Ah! non me lo sarei mai aspettato*; *Che agitazione! che rumore! che andirivieni di persone!*; *Attenzione! la trave sta cedendo!*
Il **punto interrogativo o punto di domanda** indica il tono di domanda alla fine di una frase o anche di una sola parola: *Che ore sono?*; *Come?* Normalmente la parola che segue il punto interrogativo vuole l'iniziale maiuscola; tuttavia — come per il punto esclamativo — in determinati casi si può usare l'iniziale minuscola: *Perché? che vuoi dire?*; *Come se la sarebbe cavata? quale risposta avrebbe dato? come avrebbe reagito alle accuse?*
Talvolta il punto esclamativo e interrogativo si possono usare insieme per dare ad un'espressione un tono insieme di domanda e di sdegno: *Ma è impazzito?!*; *Davvero!?*
I **punti (o puntini) di sospensione** indicano una sospensione del discorso ed esprimono imbarazzo, allusione, reticenza, ammiccamento e sim.: *Mah... non so*; *Tra lui e lei... mi capisci?*; *Tanto va la gatta al lardo...* (accennando al proverbio senza citare la seconda parte: *che ci lascia lo zampino*). Se i punti di sospensione coincidono con la fine di una frase, la parola seguente ha l'iniziale maiuscola: *Non mi convince... Meglio rimandare la decisione* (v. note d'uso MAIUSCOLA e PUNTEGGIATURA).

pùnto (2) *part. pass. di pungere; anche agg.* Che ha subito puntura | (*fig.*) Irritato, offeso: *sentirsi — sul vivo.*
puntóne *s. m.* (*arch.*) Ciascuna delle due travi inclinate destinate a sostenere l'orditura del tetto. [→ ill. *architettura*]
puntuàle *agg.* **1** Che prende in considerazione ogni particolare: *precisazione —*. **2** Di persona che fa le cose al tempo dovuto, con la precisione richiesta: *essere — nel pagamento* | Che non ritarda: *treno —*.
puntualità *s. f.* L'essere puntuale.
puntualizzàre *v. tr.* Definire con precisione, fare il punto di una situazione.
puntualizzazióne *s. f.* Precisazione atta a fare il punto di una questione.
puntùra *s. f.* **1** Atto del pungere | Ferita procurata dal penetrare nella pelle di un oggetto a punta: *una — di spillo.* **2** (*med.*) Introduzione di un ago nell'organismo per prelevare del tessuto o per iniettare un liquido | *— lombare*, praticata a livello della quarta vertebra lombare. **3** (*pop.*) Iniezione. **4** Dolore, trafittura simile a quelli procurati da un oggetto appuntito: *sentire una — a una spalla.* **5** (*fig.*) Allusione maligna; SIN. Frecciata.
puntùto *agg.* Munito di punta: *bastone —*.
punzecchiaménto *s. m.* Atto del punzecchiare (*spec. fig.*).
punzecchiàre A *v. tr.* (*io punzécchio*) **1** Pungere leggermente e spesso. **2** (*fig.*) Molestare, ferire con motti dispettosi. **B** *v. rifl. rec.* Infastidirsi reciprocamente con parole o atti.
punzecchiatùra *s. f.* Puntura leggera, spec. d'insetto | (*fig.*) Frecciata, allusione maligna.
punzonàre *v. tr.* (*io punzóno*) **1** Imprimere col punzone. **2** Nello sport, contrassegnare con un bollo a punzone i veicoli partecipanti a una gara.
punzonatóre *s. m.* (*f. -trìce*) Chi esegue la punzonatura.
punzonatrìce *s. f.* Macchina, costituita da un punzone mobile e una matrice, per eseguire fori su lamiere o per ritagliare rondelle.
punzonatùra *s. f.* Operazione del punzonare.
punzóne *s. m.* Asticciola in acciaio duro, con una estremità profilata a lettera, numero o sigla, che serve per marcare metalli, cuoio, cartone e sim. | Elemento mobile di una punzonatrice o di una macchina per tranciare. [→ ill. *calzolaio, meccanica, orafo e argentiere, orologiaio*]
punzonièra *s. f.* Custodia per punzoni. [→ ill. *orologiaio*]
pùpa (1) *s. f.* **1** Bambola. **2** (*pop.*) Bambina, fanciulla.
pùpa (2) *s. f.* (*zool.*) Forma di passaggio dalla condizione di larva a quella di insetto perfetto, propria degli insetti a metamorfosi completa. [→ ill. *ape*]
pupàttola *s. f.* **1** Bambola. **2** (*fig.*) Ragazza, donna, dai lineamenti aggraziati ma inespressivi.
pupazzétto *s. m.* **1** *Dim. di pupazzo.* **2** Figura di personaggi in caricature.
pupàzzo *s. m.* **1** Figura disegnata, scolpita o variamente lavorata che rappresenta, in scala minore, la persona umana; SIN. Fantoccio. [→ ill. *giochi, puericultura*] **2** (*fig.*) Persona leggera o debole.
pupilàre *v. intr.* (*aus. avere*) Stridere, gridare del pavone.
pupilla *s. f.* **1** Apertura situata nell'iride e destinata al passaggio della luce. [→ ill. *anatomia umana*] **2** (*est.*) Iride: *avere le pupille nere* | Occhio: *con le pupille asciutte* | (*fig.*) *La — dei propri occhi*, ciò che è particolarmente caro e prezioso.
pupillàre (1) *agg.* (*anat.*) Della pupilla.
pupillàre (2) *agg.* Del pupillo: *beni pupillari.*
pupillo *s. m.* (*f. -a*) **1** Minorenne soggetto a tutela. **2** (*est.*)

Chi gode di particolare protezione o della predilezione di qc.: *è il — dei parenti.*
pùpo *s. m.* (*f. -a*) **1** (*fam.*) Bambino piccolo. **2** Burattino siciliano: *il teatro dei pupi.*
purché *cong.* A patto che, a condizione che (introduce una prop. condiz. con il v. al congv.): *ti aspetterò — tu faccia presto; lo porterò con me — stia buono.*
purchessìa *agg. indef. inv.* Qualunque, qualsiasi (*sempre posposto al s.*): *mandami dei libri —.*
pùre A *cong.* (*troncato in pur*) **1** Tuttavia, nondimeno (con valore avversativo): *è assai giovane, — ha buon senso.* **2** Anche se, sebbene (introduce una prop. concessiva con il v. al gerundio o al congv.): *— volendo, non riuscirei a farlo; mi dessero — un milione, non accetterei.* **B** *avv.* **1** Anche (con valore aggiuntivo): *verrò io e — mia moglie; importa a te, ma importa molto — a me.* **2** (*pleon.*) Con valore raff. in espressioni di incoraggiamento e di rimprovero: *te l'avevo pur detto di stare attento!* **3** (*lett.*) Proprio, davvero: *è — vero ciò che dici.* **C** *nella loc. cong. pur di* Al fine di, solo con la volontà di (intoduce una prop. finale impl. con il v. all'inf.): *darei qualsiasi cosa pur di saperlo.*
purè *s. m.* Vivanda di patate cotte e passate, talvolta con aggiunta di latte | Passato di verdura.
purèa *s. f.* Purè.
purézza *s. f.* Qualità di ciò che è puro: *la — dei cristallo* | (*fig.*) Integrità, castità.
pùrga *s. f.* **1** Medicamento che favorisce l'espulsione del contenuto intestinale; SIN. Purgante, lassativo. **2** Operazione tecnologica del purgare da impurità o da scorie: *la — delle pelli.* **3** Drastica operazione volta a eliminare i propri oppositori politici, attuata nell'ambito di regimi autoritari da chi detiene il potere.
purgànte A *part. pres. di purgare; anche agg.* Che purga | *Anime purganti*, quelle del Purgatorio. **B** *s. m.* Purga.
purgàre A *v. tr.* (*io pùrgo, tu pùrghi*) **1** Curare con un purgante | Dare una purga. **2** Liberare da impurità, scorie o sudiciume: *— l'aria dai miasmi* | (*fig.*) *— uno scritto*, eliminare oscenità o allusioni troppo spinte | (*fig.*) Epurare: *— un'amministrazione*; SIN. Purificare. **3** (*fig.*) Espiare: *— le colpe.* **B** *v. rifl.* **1** Prendere la purga. **2** (*fig.*) Purificarsi da colpe, peccati.
purgatìvo *agg.* Che ha capacità di purgare.
purgàto *part. pass. di purgare; anche agg.* Liberato da impurità, scorie e sim. | *Stile —*, castigato | *Edizione purgata*, dalla quale sono state eliminate oscenità o cose ritenute sconvenienti.
purgatòrio *s. m.* **1** Nella dottrina cattolica, luogo e condizione in cui le anime dei morti, ancora in condizione di peccato, si trovano per completare la purificazione prima di ascendere al paradiso. **2** (*est.*) Grande pena e tormento: *essere in un —.*
purificàre A *v. tr.* (*io purìfico, tu purìfichi*) **1** Liberare da scorie o impurità: *— l'oro, il vino* | (*fig.*) Liberare da passioni, colpe: *— la propria coscienza*; SIN. Depurare, purgare. **2** Liberare persona, cosa o luogo dall'impurità per renderla sacra. **B** *v. intr. pron.* Diventare puro (*anche fig.*).
purificatóio *s. m.* Panno di lino con il quale il celebrante, durante la messa, asciuga il calice, le dita e le labbra. [→ ill. *religione*]
purificatóre A *s. m.* (*f. -trìce*) Chi purifica. **B** *anche agg.*
purificatòrio *agg.* Atto a purificare: *rito —.*
purificazióne *s. f.* **1** Liberazione da scorie e impurità o, (*fig.*) da passioni, tentazioni e sim.: *— dei metalli; — della mente.* **2** In molte religioni, rito con il quale si libera una persona, cosa o luogo da ciò che contrasta con il sacro.
purìṣmo *s. m.* **1** Corrente linguistica della prima metà del sec. XIX che propugnò l'uso di una lingua italiana pura, lontana dagli influssi stranieri. **2** Ogni teoria linguistica moderna che si colleghi ai capisaldi di tale indirizzo.
purista *s. m. e f.; anche agg.* Fautore del purismo.
purìstico *agg.* (*pl. m. -ci*) **1** Di purismo. **2** Di, da purista.
purità *s. f.* Purezza (*anche fig.*).
puritanéṣimo *s. m.* **1** Movimento rigorista inglese e scozzese del sec. XVII, che riconosceva come unica fonte di vita la Bibbia e predicava una morale molto severa. **2** (*est.*) Atteggiamento di chi esagera in rigore, ostentando uno sterile moralismo.
puritàno A *agg.* **1** Del puritanesimo. **2** (*est.*) Dettato da un'esagerata intransigenza moralistica: *timore —.* **B** *s. m.* (*f. -a*) **1** Seguace del puritanesimo. **2** (*est.*) Persona che ostenta rigidità di principi morali.
pùro A *agg.* **1** Di sostanza che non è mescolata ad altre: *argento —* | *Vino —*, pretto | *Acqua pura*, limpida | *Caffè —*, non diluito | *Aria pura*, sana | *Razza pura*, senza incroci. **2** Di disciplina non applicata: *matematica pura.* **3** Mero, solo, schietto, semplice: *la pura verità* | *Il — necessario*, lo stretto necessario. **4** (*fig.*) Non contaminato, non macchiato da colpa o peccato: *anima pura*; SIN. Immacolato, incorrotto, mondo; CONTR. Impuro. **B** *s. m.* (*f. -a*) **1** Chi tiene fede con intransigenza alle proprie convinzioni morali, politiche, intellettuali. **2** Corridore, atleta dilettante.
purosàngue A *agg. inv.* Di animale, spec. cavallo da corsa, discendente da individui della stessa razza | (*est.*, *scherz.*) Di persona che discende da famiglia da tempo stabilita in una regione: *romano —.* **B** *s. m. e f. inv.* Animale, spec. cavallo, purosangue.
purtròppo *avv.* Disgraziatamente, malauguratamente: *— è così; — è vero.*
purulènto *agg.* Di pus | Che contiene pus.
purulènza *s. f.* **1** Quantità di sostanza purulenta. **2** L'essere purulento.
pus *s. m.* Essudato che si forma nei tessuti in seguito a un processo infiammatorio, costituito spec. da globuli bianchi in degenerazione; SIN. (*pop.*) Marcia.
puṣillànime A *agg.* Che denota debolezza d'animo e mancanza di volontà. **B** *s. m. e f.* Persona pusillanime; SIN. Vigliacco, vile.
puṣillanimità *s. f.* L'essere pusillanime; SIN. Vigliaccheria, viltà.
pùstola *s. f.* (*med.*) Lesione cutanea circoscritta che contiene pus.
pustolóso *agg.* Di pustola | Ricoperto di pustole.
puszta /*ungh.* 'pusta/ *s. f.* Vasta pianura stepposa dell'Ungheria, ove prospera l'allevamento dei bovini ed equini.
putacàṣo *avv.* Per ipotesi: *se, —, diventassi miliardario, cosa faresti?* | *— che*, metti il caso che: *— che tu riceva il permesso, avvisami subito.*
putativo *agg.* Che è ritenuto autentico anche se non è tale: *padre —.*
putifèrio *s. m.* Grande schiamazzo e clamore sollevati da un litigio, una scenata, un diverbio.
putipù *s. m.* Strumento musicale folcloristico napoletano.
putire *v. intr.* (*io putìsco o pùto, tu putìsci o pùti; aus. avere*) (*lett.*) Mandare puzzo.
putizza *s. f.* Emissione fredda di acido solfidrico di origine vulcanica da condotti del suolo.
putrèdine *s. f.* **1** Processo di putrefazione: *segno di —* | Sostanza organica in putrefazione o putrefatta: *— cadaverica.* **2** (*fig.*) Corruzione morale.
putrefàre A *v. intr. e intr. pron.* (*coniug. come fare; aus. essere*) Subire un processo di putrefazione; SIN. Imputridire. **B** *v. tr.* Fare andare in putrefazione.
putrefàtto *part. pass. di putrefare; anche agg.* **1** Andato in putrefazione. **2** (*fig.*) Che ha subito un processo di disfacimento morale: *società putrefatta.* • SIN. Marcio.
putrefazióne *s. f.* **1** Decomposizione delle sostanze organiche dovuta a fermentazione con sviluppo di prodotti volatili nauseanti. **2** (*fig.*) Corruzione morale.
putrèlla *s. f.* Trave metallica con profilo a doppio T, usata per solai e altre costruzioni.
putrescènte *agg.* Che è in via di putrefazione (*anche fig.*).
putrescibile *agg.* Che è soggetto a putrefarsi.
putrescina *s. f.* (*chim.*) Sostanza organica azotata che si forma durante la putrefazione della carne dei tessuti animali.
pùtrido A *agg.* **1** Che è in stato di putrefazione: *acqua putrida*; SIN. Marcio | Prodotto da putrefazione: *odore —.* **2** (*fig.*) Corrotto moralmente. **B** *s. m.* Corruzione.
putridùme *s. m.* **1** Insieme di cose marce, putride; SIN. Fradiciume. **2** (*fig.*) Sozzura, corruzione morale.
putsch /*ted.* putʃ/ *s. m. inv.* Complotto, colpo di mano di un gruppo politico armato, allo scopo di prendere il potere: *tentare un —.*
puttàna *s. f.* (*volg.*) **1** Prostituta | *Figlio di —*, (*fig.*, *spreg.*) Individuo senza scrupoli, mascalzone. **2** (*est.*, *spreg.*)

Persona opportunista e corruttibile.
pùtto *s. m.* (*f.* -*a*) **1** (*raro*) Fanciullino, bambino. **2** Amorino.
pùzza *s. f.* (*dial.*) Puzzo.
puzzàre *v. intr.* (*aus. avere*) **1** Mandare, fare puzzo: *la carne avariata puzza.* **2** (*fig.*) Dare fastidio, stancare | Costituire un pericolo, una preoccupazione: *la faccenda comincia a* —. **3** (*fig., fam.*) Non tenere nella giusta o dovuta considerazione: *gli puzza la ricchezza* | Sembrare, dare l'impressione: *mi puzza di ladro.* [→ tav. *proverbi* 187]
puzzle /*ingl.* pʌzl/ *s. m. inv.* (*pl. ingl.* puzzles /pʌzlz/) **1** Gioco di pazienza consistente nel ricostruire una immagine accostando frammenti di forma varia. [→ ill. *giochi*] **2** Cruciverba.
pùzzo *s. m.* **1** Odore corrotto, cattivo odore | Cosa che puzza; SIN. Lezzo. **2** (*fig.*) Indizio, sentore: *c'è — di inganno.*
pùzzola *s. f.* Mammifero carnivoro predatore di forme snelle, con zampe corte e unghiute, pelliccia rugginosa sul dorso e nera sul ventre, capace di emettere, per difesa, gas puzzolenti. [→ ill. *animali* 20]
puzzolènte *agg.* Che manda puzzo; SIN. Fetido.
puzzonàta *s. f.* **1** (*centr., volg.*) Azione disonesta. **2** Cosa riuscita molto male.
puzzóne *s. m.* (*f.* -*a*) **1** (*centr., volg.*) Chi fa puzzo o ha addosso molto puzzo. **2** (*centr., fig.*) Persona spregevole, disonesta.

q *s. f. o m. inv.* Quindicesima lettera dell'alfabeto italiano.
qua A *avv.* **1** In questo luogo, in questo posto (si riferisce al luogo vicino a chi parla o in cui si trova chi parla o comunque comunica e ha valore più indeterminato di 'qui'): *venite —; portamelo —* | *Sono — io, siamo — noi*, eccomi, eccoci | (*fig.*) A questo punto: *— viene il difficile.* **2** (*pleon., raff.*) Preceduto da 'questo': *cosa vuole questo —?; prendi questa roba —.* **3** *Nella loc. avv.* in —, verso questa parte: *guarda in —* | A oggi, a questa parte (con valore temp.): *da un anno in —; da un po' di tempo in —.* **4** *Nella loc. avv.* di —, da, di questo luogo: *di — non mi muovo* | (*fig.*) *Essere più di là che di —*, essere sul punto di morire | *Andare di — e di là*, in vari luoghi gironzolando | *Di —, di là, di su, di giù*, in ogni luogo | *Per di —*, per questo luogo | *Al di —*, da questa parte: *al di — c'è la Francia, al di là la Svizzera.* **B** *Nelle loc. prep.* *di — da, al di — di*, dalla parte di q.c. vicino o in cui si trova chi parla: *di — dal fiume; al di — dei monti.* (V. nota d'uso ACCENTO)
quaccherismo *s. m.* Movimento religioso protestante, fondato in Inghilterra verso la metà del sec. XVI, diffuso anche negli Stati Uniti, che predica il ritorno a una vita semplice e a un culto privo di cerimonie e di riti.
quàcchero o *quàcquero* **A** *s. m.* (*f.* -*a*) **1** Chi segue il quaccherismo. **2** (*fig.*) Persona che pratica un'insolita semplicità di vita. **B** *agg.* Di, da quacchero.
quadèrna *s. f.* Quaterna, al lotto e alla tombola.
quadèrno *s. m.* Fascicolo di più fogli uniti insieme e ricoperti con cartoncino, spec. per uso scolastico. [→ ill. *scuola*]
quadràbile *agg.* (*raro*) Che si può quadrare o far quadrare.
quadragèsima *s. f.* (*raro*) Quaresima.
quadragèsimo *agg. num. ord.; anche s. m.* (*lett.*) Quarantesimo.
quadrangolàre *agg.* **1** (*mat.*) Che ha forma di quadrangolo | Relativo a un quadrangolo. **2** (*sport*) *Incontro —*, o ass. —, disputato da squadre di quattro nazioni o società sportive.
quadràngolo A *agg.* Che ha quattro angoli. **B** *s. m.* Poligono con quattro vertici.
quadrànte *s. m.* **1** (*mat.*) Parte d'un piano compresa fra due semirette perpendicolari uscenti dallo stesso punto | Ciascuna delle quattro parti in cui è diviso un cerchio da due suoi diametri perpendicolari tra loro. **2** Superficie che, in uno strumento di misura, porta la scala graduata: *— dell'orologio.* [→ ill. *orologio*] **3** Ciascuno dei settori di 90° della bussola, compresi tra i punti cardinali. **4** *— solare*, strumento per dare l'ora mediante l'ombra di un oggetto. **5** Antico strumento astronomico per determinare l'altezza delle stelle al loro passaggio in meridiano. **6** In legatoria, ciascuno dei due cartoni che formano la copertura del libro rilegato.
quadràre A *v. tr.* **1** (*mat.*) Calcolare l'area di una figura bidimensionale | Costruire un quadrato che abbia la stessa area di una figura bidimensionale. **2** Dare forma quadra. **3** (*mat.*) Elevare al quadrato. **B** *v. intr.* (*aus. essere e avere*) **1** In contabilità, corrispondere esattamente: *le uscite non quadrano con le entrate.* **2** Essere esatto, detto di un calcolo e sim.: *il tuo conto non quadra.* **3** Coincidere, concordare: *la descrizione quadra con la realtà.* **4** (*fig., fam.*) Andare a genio: *il tuo ragionamento non mi quadra* | Convincere.
quadràtico *agg.* (*pl. m.* -*ci*) (*mat.*) Di secondo grado: *equazione quadratica.*
quadràto (1) *part. pass. di quadrare; anche agg.* **1** Che ha la forma di un quadrato geometrico: *tavolo —.* **2** (*fig.*) Solido, robusto, gagliardo: *petto —; spalle quadrate.* **3** (*fig.*) Assennato, equilibrato, giudizioso: *mente, testa quadrata.*
quadràto (2) *s. m.* **1** (*mat.*) Quadrangolo regolare, con i lati e gli angoli uguali. [→ ill. *geometria*] **2** (*mat.*) Se-

conda potenza di un numero. **3** Pezzo o frammento di forma quadrata: *un — di stoffa.* **4** (*mil.*) Formazione usata un tempo dalla fanteria per difendersi dalle cariche di cavalleria | (*fig.*) *Fare —*, coalizzarsi. **5** (*sport*) Piattaforma quadrata, delimitata da un triplice ordine di corde tese tra quattro pali posti agli angoli, per competizioni pugilistiche; SIN. Ring. [→ ill. *sport*] **6** (*mar.*) Sala riservata agli ufficiali e ai sottufficiali per i pasti o per svago. **7** *— magico*, gioco enigmistico consistente nell'indovinare parole che, disposte nelle caselle di un quadrato, siano leggibili sia verticalmente sia orizzontalmente.

quadratùra *s. f.* **1** Riduzione in forma quadrata | Riquadro, scomparto quadrato | *— mentale*, chiarezza e solidità di idee | (*fig.*) Esatta corrispondenza: *— dei conti.* **2** (*mat.*) Calcolo dell'area di una figura | Determinazione d'un quadrato avente la stessa area di una figura data | *La — del cerchio*, problema classico, insolubile con la riga e il compasso; (*est.*) problema insolubile. **3** (*mat.*) Operazione, risultato, dell'elevazione alla seconda potenza. **4** (*astron.*) Di due astri che si trovino a longitudini differenti di 90°: *marea di —*. [→ ill. *geografia*]

quadrèllo *s. m.* (*pl. quadrèlla, f.* nel sign. 1) **1** (*lett.*) Freccia, dardo. **2** Pezzetto cucito nell'interno della biforcazione delle dita del guanto. **3** Mattonella quadrata per pavimento o rivestimento. **4** Lombata del vitello, dell'agnello o del maiale macellati. [→ ill. *macelleria*]

quadrerìa *s. f.* Raccolta o galleria di quadri.

quadrettàre *v. tr.* (*io quadrétto*) Suddividere in quadretti.

quadrettàto *part. pass. di quadrettare; anche agg.* Formato di più quadretti.

quadrettatùra *s. f.* Suddivisione in quadretti | Disegno a quadretti.

quadrétto *s. m.* **1** *Dim. di quadro* (2). **2** Piccolo quadrato | Piccolo riquadro. **3** (*fig.*) Spettacolo, scenetta (*anche iron.*): *un bel — familiare.* **4** *spec. al pl.* Pasta minuta da brodo a forma di piccoli quadrati; SIN. Quadruccio. [→ ill. *pasta*]

quàdri- *primo elemento*: in parole composte significa 'di quattro', 'che ha quattro': *quadricromia, quadrifoglio, quadrimotore*; SIN. Tetra-.

quadricìpite *s. m.* (*anat.*) Muscolo anteriore della coscia.

quadricromìa *s. f.* Procedimento fotomeccanico per ottenere riproduzioni a stampa nelle tinte originali sovrapponendo quattro colori; SIN. Tetracromia.

quadridimensionàle *agg.* Che ha quattro dimensioni; SIN. Tetradimensionale.

quadriennàle **A** *agg.* **1** Che dura quattro anni. **2** Che ricorre ogni quattro anni. **B** *s. f.* Esposizione d'arte che si fa ogni quattro anni.

quadriènnio *s. m.* Spazio di tempo di quattro anni.

quadrifòglio *s. m.* **1** Correntemente, pianticina di trifoglio anomala per la presenza di quattro foglioline invece di tre. **2** Intersezione di due autostrade il cui complesso di raccordi ricorda in pianta la forma del quadrifoglio.

quadriga *s. f.* Antico cocchio cui si aggiogavano quattro cavalli affiancati.

quadrigèmino *agg.* **1** Detto di parto in cui nascono quattro gemelli. **2** (*zool.*) *Lamina quadrigemina*, regione dorsale del mesencefalo dei mammiferi.

quadrigètto *s. m.* Aeroplano con quattro motori a reazione; SIN. Quadrireattore.

quadriglia *s. f.* Vivace danza di società a coppie contrapposte, ricca di figure, in voga nell'Ottocento.

quadrigliàti *s. m. pl.* Gioco di carte simile al tressette, che si gioca tra due coppie.

quadrilàtero **A** *agg.* Che ha quattro lati: *figura quadrilatera.* **B** *s. m.* **1** Figura geometrica piana con quattro lati. **2** Antica opera di fortificazione di pianta quadrangolare | Durante la dominazione austriaca, territorio di forma pressoché quadrata, difeso da quattro piazzeforti situate a Peschiera, Verona, Mantova e Legnago. **3** Nel gioco del calcio, blocco dello schieramento costituito dai mediani e dalle mezze ali con compiti difensivi e offensivi.

quadrilùngo *agg.* (*pl. m. -ghi*) (*raro*) Di figura quadrangolare più lunga che larga.

quadrilùstre *agg.* (*lett.*) Ventennale.

quadrimestràle *agg.* **1** Di quadrimestre. **2** Della durata di un quadrimestre. **3** Che avviene ogni quadrimestre.

quadrimèstre *s. m.* Periodo di quattro mesi | Ciascuno dei due periodi in cui può dividersi l'anno scolastico.

quadrimotóre *s. m.* Aeroplano provvisto di quattro motori.

quadrinòmio *s. m.* (*mat.*) Somma algebrica di quattro monomi.

quadripartìre *v. tr.* (*io quadripartìsco, tu quadripartìsci*) Dividere in quattro parti.

quadripartìto (1) *part. pass. di quadripartire; anche agg.* Diviso in quattro parti.

quadripartìto (2) **A** *agg.* Che concerne quattro partiti: *accordo —.* **B** *s. m.* Governo di quattro partiti alleati.

quadripètalo *agg.* Che ha quattro petali.

quadripòlo *s. m.* (*elettr.*) Circuito elettrico a quattro morsetti.

quadrireattóre *s. m.* Quadrigetto.

quadrirème *s. f.* Nave da guerra del periodo classico a quattro ordini di remi.

quadrisìllabo **A** *agg.* Che ha quattro sillabe. **B** *s. m.* Parola formata da quattro sillabe | Verso quaternario.

quadrittòngo *s. m.* (*pl. -ghi*) (*ling.*) Successione di quattro elementi vocalici in una sillaba (es. *aiuola*).

quadrivio *s. m.* Luogo donde si dipartono quattro strade o dove due si incrociano | *Arti del —*, nel sistema pedagogico medievale, l'aritmetica, la geometria, la musica e l'astronomia; CFR. Trivio.

quàdro (1) *agg.* **1** Di forma quadrata: *mattone —*. [→ ill. *marina, tessuto*] **2** (*fig.*) Robusto | (*fig.*) *Testa quadra*, di chi è logico e raziocinante e (*spreg.*) di chi è lento nel capire.

quàdro (2) *s. m.* **1** Pittura su tavola o su tela messa in telaio: *un — del Botticelli.* [→ ill. *pittore*] **2** Oggetto, pezzo o spazio quadrato: *un — di legno*; *un — metallico.* [→ ill. *giochi*] **3** (*fig.*) Descrizione ampia e organica: *— clinico*; *fare un — della situazione* | *— politico*, la situazione politica in atto. **4** (*fig.*) Scena, figura, immagine: *un — commovente.* **5** (*fig.*) Foglio o tabella contenente dati e informazioni di vario genere: *un — riassuntivo*; *— sinottico.* **6** In varie tecnologie, pannello recante dispositivi di controllo, comando e sim., applicati su macchinari o veicoli: *— di manovra, di distribuzione.* [→ ill. *elettricità*] **7** Ogni parte, con scena unitaria, in cui può essere suddiviso un atto di un'opera teatrale: *dramma in un atto e quattro quadri* | *—!*, escl. con cui nelle sale cinematografiche si protesta per l'imperfetta proiezione della pellicola. **8** (*mar.*) *— di poppa*, parte estrema piana superiore della poppa con il nome della nave. [→ ill. *marina*] **9** *— svedese*, grande attrezzo da ginnastica composto di aste orizzontali e verticali parallele che intersecandosi formano dei quadrati. [→ ill. *sport*] **10** *al pl.* Dirigenti di un partito, sindacato e sim.: *i quadri socialisti.* **11** *al pl.* Coloro che rivestono un grado nella gerarchia militare. **12** *al pl.* In un'azienda, i dipendenti che svolgono mansioni di direzione, organizzazione o controllo. **13** *al pl.* Uno dei quattro semi delle carte da gioco francesi. [→ ill. *giochi*]

quadrùccio *s. m.* **1** *Dim. di quadro* (2). **2** *spec. al pl.* Quadretto.

quadrùmane **A** *agg.* Che ha quattro mani, detto della scimmia. **B** *s. m.* (*raro*) Scimmia.

quadrunviràto o *quadrumviràto s. m.* Nell'antica Roma, collegio formato di quattro magistrati | (*est.*) Gruppo di quattro persone con funzioni direttive.

quadrùnviro o *quadrùmviro s. m.* Membro del quadrunvirato.

quadrùpede **A** *agg.* Detto di animale che ha quattro zampe. **B** *s. m.* Animale a quattro zampe.

quadruplicàre **A** *v. tr.* (*io quadrùplico, tu quadrùplichi*) Moltiplicare per quattro | (*est.*) Accrescere grandemente: *— gli sforzi.* **B** *v. intr. pron.* Aumentare di quattro volte.

quadruplicazióne *s. f.* Atto, effetto del quadruplicare.

quadrùplice *agg.* Che si compone di quattro elementi, anche diversi tra loro.

quàdruplo **A** *agg.* Che è quattro volte maggiore | Costituito da quattro parti uguali o simili: *filo —.* **B** *s. m.* Quantità quattro volte maggiore.

quaggiù *avv.* In questo luogo, posto in basso rispetto alla persona cui ci si rivolge: *sono — in cortile* | (*est.*) Indica un luogo posto al Sud: *— gli inverni sono miti* | (*fig.*)

Sulla terra, in questo mondo: *le misere cose di* –; CONTR. Quassù.

quàglia *s. f.* Piccolo uccello migratore commestibile dal piumaggio bruniccio macchiettato che vive nella vegetazione bassa. [→ ill. *animali* 11]

quàlche *agg. indef. m. e f. solo sing.* **1** Alcuni, non molti (indica una quantità indefinita, ma non grande): *ha ancora – dubbio*; *aspetto da – ora.* **2** Uno (con valore indeterminato): *hai – libro da prestarmi?*; *conosci – persona influente?* | – *volta*, – *giorno*, una volta o l'altra, un giorno o l'altro | *In – modo*, alla meno peggio, in un modo o nell'altro. **3** Un certo (seguito da un s. astratto): *è un uomo di – rilievo*; *ho – ragione per dubitare.*

quàlche còsa V. *qualcosa.*

qualchedùno V. *qualcuno.*

qualcòsa o *quàlche còsa pron. indef. m. e f. solo sing.* **1** Una o più cose (con valore neutro e concordato con il genere m., esprime indeterminatezza): *hai bisogno di –?*; *fateci sapere –*; *si è rotto –* | *È già –*, non è poco, è meglio di niente | – *mi dice*, ho un presentimento | – *come*, nientemeno che: *ho già speso – come venti milioni.* **2** Con valore più determinato seguito da 'altro' o da un compl. partitivo: *vorrei qualcos'altro da mangiare*; *c'è – di poco chiaro in lui.*

qualcùno o (*pop., dial.*) *qualchedùno pron. indef. solo sing.* (Si può troncare davanti a parola che comincia per consonante; si tronca sempre davanti a *'altro'* e si elide davanti ad *'altra'*: *qualcun altro*; *qualcun'altra*) (V. nota d'uso ELISIONE e TRONCAMENTO) **1** Alcuni, non molti (riferito a cose o a persone indica una quantità indefinita ma non grande): *ho visto – dei suoi quadri*; *conosci qualcuna di quelle persone?* **2** Uno (riferito a persona, *raro* a cosa): *sento avvicinarsi –*; – *ha suonato alla porta* | *Ne ha fatta, detta, combinata qualcuna delle sue*, una delle sue marachelle. **3** Persona di una certa importanza, di un certo valore: *nel campo dei suoi studi è ormai –*; *spera di diventare –.*

quàle **A** *agg. interr. m. e f.* (*pl. m. e f.* quàli. Si tronca davanti a parole che cominciano per vocale, spec. davanti alle forme del v. *essere*, e anche davanti a parole che cominciano per consonante spec. in alcune espressioni entrate nel linguaggio comune: *qual è*; *qual era*; *qual sono*; *per la qual cosa*; *in un certo qual modo*) ATTENZIONE: poiché si tratta di troncamento e non di elisione, non si apostrofa mai: *qual è e non qual'è.* (V. nota d'uso ELISIONE e TRONCAMENTO) Si usa nelle prop. interr. dirette e indirette e nelle prop. dubitative per domandare la qualità, l'identità, la natura o anche il numero o l'entità di q.c. o di qc.: – *decisione posso prendere?*; *non si sapeva – uomo egli fosse*; *dimmi con – gente sei stato*; – *velocità puoi raggiungere?* **B** *agg. escl. m. e f.* (*enf.*) Si usa per sottolineare la qualità di q.c. o di qc.: – *orrore!*; – *coraggio!* **C** *agg. rel. m. e f.* Come quello che (spec. in correlazione con 'tale', anche se sottinteso): *il successo fu – si sperava*; *il successo fu tale – si sperava* | (*est.*) Della qualità di: *scrittori quali Leopardi e Manzoni* | Come, per esempio: *alcuni artropodi, – la tarantola, hanno un veleno mortale* | *Tale –, tale e –, tal –*, somigliantissimo, identico: *è tale – suo nonno.* **D** *pron. interr. m. e f.* Si usa nelle prop. interr. dirette e indirette e nelle prop. dubitative per domandare la qualità, la natura, l'identità di q.c. o di qc.: – *dei due scegli?*; *se vuoi dei libri, dimmi quali preferisci.* **E** *pron. rel. m. e f.* Che, cui (sempre preceduto dall'art. det., come sogg. e compl., riferito a cosa o a persona): *sono andato dal principale il – mi ha rassicurato*; *ho incontrato alcuni amici ai quali ho parlato*; *il libro del – parli*; *il paese nel – abito.* **F** *pron. indef. m. e f. correl.* Alcuni, altri, gli uni, gli altri, l'uno, l'altro e sim.: *di quei fiori – è bianco – è rosso*; *giunsero gli ospiti, quali riposati, quali stanchi.* **G** *avv.* (*pop.*) In qualità di, con funzione di: *io, – rappresentante della stampa, ho diritto di assistere.* **H** *in funzione di s. m.* (*poet.*) Qualità. [→ tav. *proverbi* 332]

qualìfica *s. f.* **1** Titolo o attributo derivante da un giudizio sulle qualità naturali o le capacità acquisite. **2** Denominazione della specifica posizione del prestatore di lavoro relativamente alle sue mansioni. **3** Titolo professionale: – *di dottore.*

qualificàbile *agg.* Che si può qualificare; CONTR. Inqualificabile.

qualificànte *part. pres. di qualificare; anche agg.* Che qualifica | Significativo, rilevante: *i punti qualificanti di un accordo.*

qualificàre **A** *v. tr.* (*io qualìfico, tu qualìfichi*) **1** Giudicare e definire in base a precise qualità: – *qc. come un buon padre*; *lo qualifico tra i migliori* | (*est.*) Caratterizzare, distinguere: *un aspetto che qualifica l'intero programma.* **2** Preparare allo svolgimento di un'attività attribuendo specifiche cognizioni: – *un operaio.* **B** *v. rifl.* **1** Attribuirsi una qualifica: *qualificarsi come ingegnere.* **2** Ottenere una qualifica superando precise prove o esami: *qualificarsi a un concorso.* **3** Nello sport, superare turni eliminatori e partecipare a una fase successiva.

qualificatìvo *agg.* Che serve a qualificare | *Aggettivo –*, che indica una qualità.

qualificàto *part. pass. di qualificare; anche agg.* **1** Fornito di qualità | (*est.*) Che si distingue per capacità, ceto e sim.: *una delle famiglie più qualificate.* **2** Dotato di una precisa qualifica professionale: *tecnico, operaio –* | (*est.*) Abile, esperto: *è un medico molto –* | *Essere – per q.c., a fare q.c.*, disporre della necessaria preparazione.

qualificazióne *s. f.* **1** Attribuzione, determinazione della qualità di q.c. | Acquisizione da parte del lavoratore di una specifica capacità tecnica e professionale: *corso di –* | (*raro*) Qualifica. **2** (*sport*) Gara che un atleta o una squadra devono superare per poter partecipare a una competizione.

qualità *s. f.* **1** Insieme di elementi materiali che definiscono la natura di qc. o di q.c., e ne permettono la valutazione: *una merce di – buona*; *la – di un materiale* | *Di prima –*, qualitativamente ottimo | *Salto di –*, mutamento, rinnovamento radicale. **2** Proprietà morale o spirituale che caratterizza una persona e permette di darne un giudizio: *essere dotato di buone –*; SIN. Requisito. **3** Dote, virtù, pregio: *l'intelligenza è la sua unica –.* **4** Specie, genere: *ogni – di fiori*; *oggetti di varie –.* **5** (*lett.*) Condizione, titolo | *In – di*, nella veste di: *in – di medico.* **6** (*filos.*) Modo di essere di un qualsiasi oggetto.

qualitativaménte *avv.* Per quanto riguarda la qualità.

qualitatìvo **A** *agg.* Attinente alla qualità | *Analisi qualitativa*, operazione chimica atta a riconoscere i vari componenti di una sostanza. **B** *s. m.* Qualità: *il – della merce.*

qualóra *cong.* (*poet.* troncato in *qualór*) Nel caso che (introduce una prop. condiz. con il v. al congv.): – *avvenissero dei mutamenti, informatemi.*

qualsìasi *agg. indef. m. e f.* (*pl.* *qualsìasi se posposto al s., raro, lett.* *qualsiansi se preposto al s.*) Qualunque: *per lui farei – cosa*; *è un uomo –.*

qualsisìa *agg. indef. m. e f.* (*pl. raro qualsisìano*) (*lett.*) Qualsiasi.

qualsivòglia *agg. indef. m. e f.* (*pl. raro qualsivògliano*) (*lett.*) Qualsiasi.

qualùnque **A** *agg. indef. m. e f. solo sing.* **1** L'uno o l'altro che sia, senza fare differenza: *telefona a – ora*; *passami un giornale –* | (*spreg.*) Posposto a un s., esprime mancanza di doti, qualità: *è un medico –*; *è una donnetta –* | *L'uomo –*, l'uomo comune, l'uomo medio. **2** (*est., enf.*) Ogni: *voglio riuscire a – costo.* **B** *agg. indef. rel. m. e f.* L'uno o l'altro, il quale (introduce una prop. rel. con il v. al congv.): – *sia stato il movente, devono essere puniti.*

qualunquìsmo *s. m.* **1** Movimento d'opinione italiano della seconda metà degli anni '40, che auspicava una forma di Stato puramente amministrativa, senza la presenza di partiti politici. **2** (*est.*) Indifferenza verso le grandi questioni politiche e sociali.

qualunquìsta **A** *s. m. e f.* (*pl. m. -i*) **1** Seguace del qualunquismo. **2** (*est.*) Chi dimostra indifferenza verso le ideologie e i problemi politici e sociali. **B** *agg.* Qualunquistico.

qualunquìstico *agg.* (*pl. m. -ci*) Di qualunquismo o di qualunquista.

qualvòlta *cong.* (*raro, lett.*) Ogni volta che.

quàndo **A** *avv.* In quale tempo o momento (nelle prop. interr. dirette e indirette): – *arriverà tuo fratello?*; *fammi sapere – verrai* | *Da –*, da quanto o quale tempo: *da – sei qui?* | *Di –*, di quale periodo: *di – sono questi scritti?* | *A –*, per quale periodo: *a – le nozze?* | *Per –*, per quale tempo, epoca | *Fino a –*, fino a che tempo | *Di – in –*, di tanto in tanto. **B** *cong.* **1** Nel tempo o nel momento in cui (introduce una prop. temp. con il v. all'indic. o al congv.): — *sarai grande, capirai meglio*; *verrò — avrò finito* | *Quand'ecco*, e proprio in quel momento. **2** Introduce una prop. escl. con il v. all'indic. ed esprime meraviglia, dolore, rammarico e sim.: — *si dice le disgrazie!* **3** Nel quale, in cui (preceduto da un s. introduce una prop. relativa con il v. all'indic.): *lo vidi lo stesso giorno — ci siamo incontrati.* **4** Mentre, laddove (con valore avversativo): *ha voluto parlare — gli conveniva tacere.* **5** Se, qualora (introduce una prop. condiz. con il v. all'indic. o al congv.): — *tu lo volessi comprare, potrei aiutarti*; — *c'è la salute, c'è tutto.* **6** Giacché, dal momento che (introduce una prop. caus., con il v. all'indic.): — *ti dico che non lo so, non lo so davvero.* **C** *in funzione di s. m. inv.* Il momento, la circostanza, il tempo: *vorrei avere notizie sul come e sul —*. [→ tav. *proverbi* 31, 190, 333, 334, 335, 336, 337, 338]

quàntico *agg.* (*pl. m. -ci*) (*fis.*) Quantistico.

quantificàre *v. tr.* (*io quantìfico, tu quantìfichi*) Valutare in termini di quantità o di numero: — *i danni.*

quantificazióne *s. f.* Valutazione in termini di quantità o numero: — *delle spese.*

quantìstico *agg.* (*pl. m. -ci*) (*fis.*) Relativo ai quanti e alla teoria dei quanti.

quantità *s. f.* **1** Entità valutabile o misurabile per numero, peso o grandezza: *dimmi la — di cibo che desideri.* **2** Gran numero, abbondanza: *una grande — di gente* | *In —*, in abbondanza. **3** (*ling.*) In prosodia, durata di una sillaba. **4** (*mat.*) Elemento suscettibile di numerazione o misurazione: — *geometriche.*

quantitativaménte *avv.* Per quanto riguarda la quantità.

quantitativo **A** *agg.* **1** Che concerne la quantità | *Analisi quantitativa*, operazione chimica atta a stabilire le quantità dei vari componenti di una sostanza. **2** (*ling.*) Che è fondato sulla quantità delle sillabe: *poesia quantitativa greco-latina.* **B** *s. m.* Quantità: *un grosso — di merce.*

quantizzàre *v. tr.* (*fis.*) Applicare i principi della teoria dei quanti.

quànto (1) **A** *agg. interr.* (*f. quànta; pl. m. quànti; pl. f. quànte.* Si può elidere davanti a parole che cominciano per vocale: *quant'era?*) Si usa nelle prop. interr. dirette e indirette e nelle prop. dubitative per domandare la quantità, la misura, il numero di q.c. o di qc.: — *tempo impiegherai?*; *quante volte ti ha scritto?*; *non mi ha detto quanti anni ha.* **B** *agg. escl. enf.* Si usa per sottolineare la quantità, la misura, il numero di q.c. o di qc.: *quante storie racconta!*; — *tempo sprecato!* **C** *agg. rel.* Tutto quello che: *prendi quanti libri vuoi*; *avrà — denaro gli occorre.* **D** *pron. interr.* Si usa nelle prop. interr. dirette e indirette e nelle prop. dubitative per domandare la quantità, la misura, il numero di qc. o di q.c.: *quante me ne hai portate?*; *in quanti eravate?* | *Quanti ne abbiamo oggi?*, che giorno è del mese? | Quanto tempo: — *starai via?*; *da — sei qui?* | (*est.*) Quanta strada: — *c'è di qui alla farmacia?* | Quanto denaro: — *costa questo vestito?* **E** *pron. rel.* **1** *al pl.* Tutti coloro che, tutti quelli che: *potranno intervenire quanti hanno l'invito*; *prendine quanti ne vuoi.* **2** Nella quantità, nella misura che (in correl. con 'tanto'): *dovrai comprare tanti libri quante sono le materie di studio.* **3** Quello che (con valore neutro): *devi dargli — ti chiede.* **F** *in funzione di s. m.* La quantità, l'entità: *il — e il come.*

quànto (2) **A** *avv.* **1** In quale misura o quantità (nelle prop. interr. dirette e indirette e nelle prop. escl.): — *hai mangiato?*; — *sono contento!* **2** Nella misura, nella quantità che (nelle prop. rel.): *aggiungi sale — basta*; *studierò — posso* | (*In*) — *a*, per ciò che riguarda: *in — alle mie intenzioni, esse non ti riguardano.* **3** Come (nei compar. di uguaglianza o nelle prop. compar.): *è tanto buona — è bella*; *non sono così ingenua — tu immagini* | — *mai*, come mai, moltissimo: *ha riso — mai*; *è una ragazza — mai semplice.* **4** Seguito da un agg. o da un avv. compar., dà loro valore di superl. rel.: *farò — più presto potrò*; *verrò — prima.* **5** *Nella loc. avv. in —*, come, in qualità di: *in — capofamiglia ho dei precisi doveri.* **B** *Nella loc. cong. in —*, perché, per il fatto che (introduce una prop. caus. con il v. all'indic.): *non sono venuto in — temevo di disturbarti.* **C** *Nella loc. cong. per —*, nonostante che, anche se (introduce una prop. concessiva con il v. al congv.): *per — sia difficile, una soluzione deve esserci.* [→ tav. *proverbi* 12]

quànto (3) *s. m.* (*fis.*) Quantità estremamente piccola, non ulteriormente divisibile, di grandezze fisiche | — *d'azione*, costante di Planck | *Teoria dei quanti*, ogni teoria fisica in cui la costante di Planck ha un ruolo essenziale; SIN. Quantum.

quantoméno *avv.* Al minimo, almeno.

quantum /*lat.* 'kwantum/ *s. m. inv.* (*fis.*) Quanto.

quantùnque *cong.* Sebbene, benché (introduce una prop. concessiva con il v. al congv.): *non era in casa, — lo avessi avvertito del mio arrivo.*

quarànta [40 nella numerazione araba, XL o XXXX in quella romana] **A** *agg. num. card. inv.* Indica una quantità composta di quattro decine. **B** *s. m. inv.* Il numero quaranta, il valore che vi corrisponde e il segno che lo rappresenta.

quarantèna *s. f.* **1** Spazio di tempo di quaranta giorni. **2** Periodo di isolamento di quaranta giorni di persone, animali o cose sospette di portare i germi di malattie infettive contagiose | *Mettere qc. in —*, (*fig.*) tenerlo lontano in disparte | *Mettere in — una notizia*, (*fig.*) aspettarne l'attendibilità prima di confermarla.

quarantènne *agg.; anche s. m. e f.* Che (o chi) ha quarant'anni.

quarantènnio *s. m.* Spazio di tempo di quaranta anni.

quarantèṣimo **A** *agg. num. ord.* Corrispondente al numero quaranta in una sequenza. **B** *s. m.* Ciascuna delle quaranta parti uguali di una stessa quantità.

quarantìna *s. f.* **1** Complesso di quaranta, o circa quaranta, unità. **2** I quarant'anni nell'età dell'uomo: *essere sulla —.*

quarantóre *s. f. pl.* Esposizione solenne del Sacramento per la durata di quaranta ore consecutive e relativa pratica devota.

quarantòtto [48 nella numerazione araba, XLVIII in quella romana] **A** *agg. num. card. inv.* Indica una quantità composta di quaranta unità più otto. **B** *s. m. inv.* **1** Il numero quarantotto, il valore che vi corrisponde e il segno che lo rappresenta. **2** (*fig., fam.*) Confusione, subbuglio, baccano | *Mandare a carte —*, mandare all'aria, mandare al diavolo (con riferimento al 1848 e ai moti rivoluzionari avvenuti in quell'anno).

quarèṣima *s. f.* Periodo di penitenza di 40 giorni, dalle Ceneri al sabato santo: *osservare la Quaresima* | (*fig.*) *Lungo come la —*, di persona o cosa prolissa, molesta.

quareṣimàle **A** *agg.* Della quaresima. **B** *s. m.* **1** Predica composta e recitata per la quaresima. **2** Biscotto duro a forma di lettera dell'alfabeto, tradizionale durante la quaresima.

quark /kwark; *ingl.* kwɔrk; *ted.* kvark/ *s. m. inv.* (*fis.*) Ognuna delle ipotetiche particelle fondamentali che si ritiene costituiscano le particelle elementari.

quàrta *s. f.* **1** Quarta classe di un ciclo di studi: *ripetere la —.* **2** Negli autoveicoli, la quarta marcia o velocità | *Partire in —*, (*fig.*) iniziare q.c. con la massima energia. **3** (*mus.*) Intervallo abbracciante quattro note della scala diatonica. **4** Quarta parte. **5** (*mar.*) Ognuna delle trentadue suddivisioni della rosa della bussola marina. [→ tav. *locuzioni* 75]

quartàna *s. f.* (*med.*) Febbre intermittente, per lo più di origine malarica, che insorge ogni quarto giorno.

quartazióne *s. f.* Aggiunta di argento all'oro, così da avere una lega formata per tre quarti dal primo e per un quarto dal secondo.

quartettìsta *s. m. e f.* (*pl. m. -i*) **1** Chi fa parte di un quartetto. **2** Chi compone musica per quartetti.

quartétto *s. m.* **1** Gruppetto di quattro persone che pensano in modo analogo e agiscono di comune accordo, in modo spec. negativo o singolare. **2** (*mus.*) Composizione per quattro strumenti o quattro voci | Complesso di esecutori di tali brani.

quartière *s. m.* **1** Nucleo più o meno autonomo all'interno di un agglomerato urbano | *I quartieri alti*, il settore più elevato e più elegante di una città. **2** (*mil.*) Complesso di fabbricati adibiti ad alloggio di truppe | *Quartier generale*, in una grande unità mobilitata, riunione di tutti gli elementi necessari al funzionamento del comando; (*fig.*) insieme di persone che dirigono e organizzano q.c. e luogo in cui si riuniscono | *Dare, non dare —*, (*fig.*) accettare, non accettare la resa | *Chiedere —*, arrendersi | *Senza* —, (*fig.*) detto di lotta condotta senza esclusione di colpi. **3** (*tosc.*) Appartamento. **4** (*arald.*) Quarto. **5** Parte posteriore della calzatura che copre il calcagno e il collo del piede. [→ ill. *calzatura*] [→ tav. *locuzioni* 60]

quartierino *s. m.* **1** *Dim. di quartiere.* **2** Piccolo appartamento.

quartina *s. f.* **1** Strofa di quattro versi, variamente rimati. **2** Blocco di quattro francobolli attaccati. **3** (*mus.*) Gruppo di quattro note che complessivamente equivalgono a tre o a sei. **4** Formato grande di carta, spec. da lettere.

quartino *s. m.* **1** Quarta parte di una misura di capacità, spec. di litro | Recipiente bollato che contiene un quarto di litro, spec. di vino. **2** Serie di quattro pagine stampate, risultante da un foglio piegato in due. **3** Strumento a fiato più piccolo del clarinetto e della medesima forma.

quàrto ***A*** *agg. num. ord.* Corrispondente al numero quattro in una sequenza | *La quarta dimensione*, nella meccanica relativistica, il tempo | *Il — potere*, la stampa giornalistica, come mezzo capace di influenzare l'opinione pubblica | *Il — Stato*, in Francia, prima della Rivoluzione Francese, il proletariato | *Quarta malattia*, malattia esantematica dell'infanzia simile alla scarlattina. ***B*** *s. m.* (*f. -a* nel sign. 3) **1** Ciascuna delle quattro parti uguali di una stessa quantità, o (*gener.*) delle quattro parti di un insieme: *un — dell'eredità* | *Un — di bue, d'agnello, di pollo, di capretto, di coniglio* e sim., ciascuno dei quattro pezzi in cui si divide l'animale già macellato | *Un — d'ora*, periodo di tempo corrispondente alla quarta parte di un'ora, cioè a quindici minuti primi | *— d'ora*, (*est.*) breve periodo di tempo: *vivere un — d'ora di celebrità* | *Passare un brutto — d'ora*, vivere un momento di grande ansia | *Primo* —, prima fase della luna | *Ultimo* —, terza fase della luna | *In* —, in tipografia, detto di foglio su ognuna delle cui facce vengono stampate quattro pagine | *Soprabito tre quarti*, ass. *un tre quarti*, soprabito di un quarto più corto del normale | *I quarti* (*di finale*), nelle gare o tornei a eliminazione, fase che segue gli ottavi di finale e qualifica i concorrenti che disputeranno le semifinali. [→ ill. *astronomia, geografia*] **2** La quarta parte di un litro spec. di vino, olio e sim. e (*est.*) recipiente di vetro bollato in cui lo si misura o lo si serve nei locali pubblici: *un — di vino*; *beviamo un —*; *bottiglie da un —*; *un — di latte.* **3** Chi (o ciò che) viene al quarto posto: *manca il — per giocare a scopa*; *basta gelati! è il — che mangi.* **4** (*arald.*) Quarta parte dello scudo | *Avere quattro quarti di nobiltà*, avere quattro ascendenti nobili.

quartùltimo o *quart'ùltimo agg.; anche s. m.* (*f. -a*) Che (o chi) in una sequenza, una serie e sim. sta al quarto posto partendo a contare dall'ultimo.

quarzìfero *agg.* Che contiene quarzo.

quarzite *s. f.* Roccia silicea formata in prevalenza da quarzo.

quàrzo *s. m.* Biossido di silicio in cristalli a prismi esagonali, spec. trasparenti, spesso geminati, caratterizzati dal fenomeno della piezoelettricità: *lampada, orologio al —.*

quarzóso *agg.* Che contiene quarzo.

quàsar /ˈkwazər/ *s. m. o f. inv.* (*astron.*) Sistema apparentemente stellare, a enorme distanza dalla Terra, che emette una gran quantità di energia (da vc. ingl., propriamente *quas(i) (st)ar* 'quasi stella', 'simile a una stella').

quàṣi ***A*** *avv.* **1** Circa, poco meno che: *è — un litro*; *pesa — un quintale*; *ha — quarant'anni* | Pressoché, a un dipresso: *siamo — arrivati*; *ho — finito* | *— mai*, molto raramente: *non lo trovo — mai in casa.* **2** Forse (con funzione attenuativa): *direi — di aver finito*; *— — me ne andrei.* **3** Come se fosse: *sembra — diamante.* **4** Ormai, per poco (non): *— cadevo*; *— m'investiva.* ***B*** *cong.* Come se (introduce una prop. modale con il v. al congv.): *dà ordini — fosse lui il padrone.*

quàssia *s. f.* Alberetto tropicale delle Terebintali, con foglie opposte, fiori rossi raccolti in grappoli, dotato di proprietà medicinali.

quàssio *s. m.* Legno che si ricava dalla quassia.

quassù *avv.* In questo luogo, posto in alto rispetto alla persona cui ci si rivolge: *sono — in terrazzo* | (*est.*) Indica un luogo in montagna o posto al Nord: *— fa molto freddo*; CONTR. Quaggiù.

quatèrna *s. f.* **1** Nel gioco del lotto, combinazione di quattro numeri, vincenti se estratti sulla stessa ruota | Nella tombola, serie di quattro numeri estratti su un'unica fila di una cartella. **2** Insieme di persone o cose da sottoporre a ulteriore scelta.

quaternàrio ***A*** *agg.* **1** Di quattro unità o elementi | *Verso* —, formato di quattro sillabe. **2** Appartenente all'era neozoica: *era quaternaria.* ***B*** *s. m.* **1** Verso di quattro sillabe. **2** L'ultima era geologica, caratterizzata da forti oscillazioni climatiche, dalle glaciazioni e dalla comparsa dell'uomo sulla Terra.

quàtto *agg.* Che sta chinato e basso, per lo più in silenzio, per celarsi alla vista: *avanzare — —.*

quattordicènne *agg.; anche s. m. e f.* Che (o chi) ha quattordici anni.

quattordicèṣimo ***A*** *agg. num. ord.* Corrispondente al numero quattordici in una sequenza. ***B*** *s. m.* Ciascuna delle quattordici parti uguali di una stessa quantità.

quattórdici [14 nella numerazione araba, XIV in quella romana] ***A*** *agg. num. card.* Indica una quantità composta di dieci unità più quattro. ***B*** *s. m. inv.* Il numero quattordici, il valore che vi corrisponde e il segno che lo rappresenta | *Le* —, le due dopo mezzogiorno.

quattrìno *s. m.* **1** Moneta di rame o d'argento di quattro denari coniata in Italia intorno al XIV sec. [→ ill. *moneta*] **2** (*est.*) Quantità minima di denaro | *Non avere un —*, *il becco di un —*, essere in bolletta | *Non valere un —*, non valere nulla. **3** *spec. al pl.* Denari: *essere pieno di quattrini* | *Far quattrini*, guadagnare molto | *Buttare i quattrini*, (*fig.*) spenderli malamente | (*fig.*) *Fior di quattrini*, grande quantità di denaro.

quàttro [4 nella numerazione araba, IV o IIII in quella romana] ***A*** *agg. num. card. inv.* **1** Indica una quantità composta di tre unità più una: *le — stagioni*; *i — punti cardinali* | *Gridare q.c. ai — venti*, renderla di pubblico dominio | *Parlare a quattr'occhi*, in confidenza, senza testimoni | *Avere quattr'occhi*, (*scherz.*) portare gli occhiali. **2** (*est.*) Pochi, alcuni (per indicare una piccola quantità): *abito a — passi* | *Fare — chiacchiere*, discorrere in tutta familiarità e senza impegno | *Fare — salti*, ballare in famiglia o tra amici | (*spreg.*) *— gatti*, (*fig.*) pochissime persone. ***B*** *s. m. inv.* **1** Il numero quattro, il valore che vi corrisponde e il segno che lo rappresenta | *Le* —, le ore quattro del mattino e (*fam.*) le ore sedici | *Tiro a* —, a quattro cavalli | *Fare le scale a — a* —, salendo quattro gradini per volta e (*est.*) velocissimamente | *Farsi in* —, (*fig.*) adoperarsi con ogni mezzo, impegnarsi a fondo; *mi faccio in — per lui* | *Dirne — a qc.*, fargli una scenata | *Fare il diavolo a* —, (*fig.*) fare molto rumore e confusione | *In — e quattr'otto*, (*fig.*) in un attimo. **2** *— con*, *— senza*, nel canottaggio, imbarcazione montata da quattro vogatori, con o senza timoniere. [→ tav. *proverbi* 290; → tav. *locuzioni* 45]

quattròcchi o *quattr'òcchi* nel sign. 3 *s. m.* **1** Uccello acquatico nero con riflessi verdi e due macchie chiare sotto gli occhi. **2** (*fig., fam., scherz.*) Persona che porta gli occhiali. **3** *Nella loc. avv. a* —, v. *quattro.*

quattrocentésco *agg.* (*pl. m. -schi*) Del sec. XV, del Quattrocento.

quattrocentista *s. m. e f.* (*pl. m. -i*) **1** Artista, scrittore del Quattrocento. **2** Atleta specialista della gara dei quattrocento metri.

quattrocentìstico *agg.* (*pl. m. -ci*) Del Quattrocento, dei quattrocentisti.

quattrocènto [400 nella numerazione araba, CD in quella romana] ***A*** *agg. num. card. inv.* Indica una quantità composta di quattro volte cento unità. ***B*** *s. m. inv.* Il numero quattrocento, il valore che vi corrisponde e il segno che lo rappresenta | *Il Quattrocento*, il sec. XV.

quattrofòglie *s. m. inv.* (*arald.*) Figura che rappresenta un fiore stilizzato a quattro petali.

quebracho /*sp.* keˈbratʃo/ *s. m. inv.* (*pl. sp. quebrachos* /keˈbratʃos/) **1** Nome di varie piante che danno un legno durissimo usato spec. per fabbricare bocce, traversine ferroviarie e mobili. **2** Legno che se ne ricava.

quégli *pron. dimostr. m. solo sing.* (*lett.*) Quella persona (come soggetto): *— mi fermò e mi parlò.* (v. nota d'uso ELISIONE E TRONCAMENTO)

quéi *pron. dimostr. m. solo sing.* (*raro, lett.*) Quegli, davanti a parole che cominciano per consonante. (v. nota d'uso ELISIONE E TRONCAMENTO)

quéllo o *quél* **A** *agg. dimostr.* *Quello* al singolare maschile si tronca in *quel* davanti a consonante: *quel giornale, quel micio, quel cantante*; rimane però *quello* davanti a *s impura, z, x, gn*, e (più raramente) *ps* e *pn*: *quello stupido, quello zero, quello sbaglio*. Sia *quello* che *quella* si elidono sempre davanti a vocale tonica: *quell'altro, quell'ala*; si possono elidere davanti a vocale atona: *quell'assemblea* (ma anche *quella assemblea*), *quell'uscita* (ma anche *quella uscita*). Al plurale diventa *quei* davanti a consonante: *quei computer, quei programmi, quei tipi*; diventa però *quegli* (che si elide in *quegl'* molto raramente solo davanti a parola che comincia per *i*: *quegl'idioti*) davanti a vocale oppure a *s impura, z, x, gn* e (più raramente) *ps* e *pn*: *quegli uomini, quegli sciatori, quegli zaini*. La forma femminile plurale *quelle* generalmente non si elide: *quelle amicizie, quelle industrie, quelle urla*. (v. nota d'uso ELISIONE e TRONCAMENTO) **1** Indica persona, animale o cosa, lontana sia da chi parla, o comunque comunica, sia dalla persona cui ci si rivolge, relativamente allo spazio o al tempo, o anche come interesse o condizione (*sempre preposto al s.*): *quell'uomo grida; vedi quel lago laggiù?* | *Ne dice, ne pensa, ne fa di quelle!*, (*ell.*) di sciocchezze incredibili | *Ne abbiamo viste e sentite di quelle!*, (*ell.*) di cose che destano straordinario stupore o riprovazione | *In —, in quella*, (*ell.*) in tale preciso istante: *in quella arrivò una macchina*. **2** Indica persona, animale o cosa, di cui si è trattato poco prima o che comunque è già nota a chi ascolta: *quei fatti ebbero gravi conseguenze* | *Una di quelle*, (*ell., euf.*) una prostituta. **3** (*pop.*) Si usa per chiamare una persona di cui non si sappia o non si voglia dire il nome: *ehi, quell'uomo!* **B** *pron. dimostr.* (si tronca al *m. sing.* in *quel* spec. davanti a 'che' e nell'espressione *in quel di*, nel territorio di. Il *m. pl.* *quei* si usa solo nell'espressione *quei di*, gli abitanti di) **1** Indica persona, animale o cosa, lontana sia da chi parla, o comunque comunica, sia dalla persona cui ci si rivolge: *quella è la mia automobile; il tuo posto è —; guardate quella laggiù!* | *È tornato — di ieri*, la persona che era già venuta ieri | Contrapposto o correl. di 'questo': *preferisci questo o —?* **2** (*lett.*) Indica, fra due persone, animali o cose menzionate, quella nominata per prima: *attendiamo Giovanni e Paolo: questo da Roma, — da Bari*. **3** Colui, ciò (seguito dal pron. rel.): *quelli che lo sapevano sono fuggiti; ho fatto — che potevo per te* | Come, quanto (seguito dal pron. rel.): *è finito meglio di quel che credevamo*. **4** *Nelle loc. in, da quel di*, nel territorio di: *stanno in quel di Bergamo*. [→ tav. *proverbi* 39, 49, 66, 151, 231, 291, 294, 339, 376; → tav. *locuzioni* 41]

quercéto *s. m.* Bosco di querce o terreno piantato a querce.

quèrcia *s. f.* (*pl. -ce*) **1** Albero di alto fusto delle Fagali, con foglie lobate, fiori pendenti, frutti a ghianda, tipico delle zone collinose | *— da sughero*, sughera. **2** Legno della pianta omonima, duro e pesante. **3** *— marina*, alga bruna con fronde piatte munite di vescicole piene d'aria. [→ ill. *alga*]

quercino *agg.* Di quercia.

querèla *s. f.* **1** (*dir.*) Atto con cui la persona offesa da un reato denuncia lo stesso all'autorità giudiziaria, chiedendo che si proceda penalmente contro il colpevole. **2** (*lett.*) Lamento.

querelànte *part. pres. di querelare; anche agg. e s. m. e f.* Che (o chi) propone o ha proposto querela.

querelàre **A** *v. tr.* (*io querèlo*) Proporre querela contro qc.: *— per calunnia, per ingiuria*. **B** *v. intr. pron.* Lamentarsi, rammaricarsi.

querelàto *part. pass. di querelare; anche agg. e s. m.* (*f. -a*) Detto di persona contro cui è stata proposta querela.

querelle /*fr.* kəˈrɛl/ *s. f. inv.* (*pl. fr. querelles* /kəˈrɛl/) Disputa, polemica, spec. su problemi culturali.

querimònia *s. f.* (*lett.*) Lamentela, spec. per un danno o torto ricevuto.

quèrulo *agg.* **1** Che ha tono lamentoso: *voci querule*; SIN. Lamentevole. **2** Che si lamenta spesso: *un vecchio —*; SIN. Piagnucoloso.

queșito *s. m.* Interrogativo, problema.

quésti *pron. dimostr. m. solo sing.* (*lett.*) Questa persona (spec. come sogg.) | La seconda nominata di due persone di cui si fa menzione: *sono giunti Giovanni e Paolo; — era atteso, quegli no*.

questionàre *v. intr.* (*io questióno; aus. avere*) **1** Discutere, disputare: *— di politica*. **2** Venire a diverbio, litigare: *— con qc. su q.c.*

questionàrio *s. m.* Prospetto di domande su un dato argomento, da sottoporre a più persone spec. nell'ambito di inchieste | (*est.*) Foglio su cui sono scritte le domande.

questióne *s. f.* **1** Problema, quesito: *proporre, affrontare, risolvere una —* | (*raro*) Dubbio: *mettere q.c. in —*. **2** Controversia, disputa: *è sorta una — su questo argomento* | *Essere in —*, in discussione | *Il caso in —*, di cui si discute. **3** Litigio, diverbio: *ha avuto una — col fratello* | (*est.*) Causa, lite: *sono in — per l'eredità*. **4** Problema politico o sociale di cui si studia la soluzione: *— meridionale; — del divorzio*. [→ tav. *locuzioni* 87]

quésto **A** *agg. dimostr.* **1** Indica persona, animale o cosa vicina a chi parla o comunque comunica, relativamente allo spazio o al tempo, o anche come interesse e condizione (*sempre preposto al s.*): *— bambino cresce in fretta; chi è questa persona?; questa notizia mi allieta* | (*enf.*) Sostituisce l'agg. poss. 'mio': *l'ho visto con questi occhi* | *Quest'anno, — mese*, nell'anno, nel mese in corso | *Questa notte*, nella notte passata o in quella prossima | *Uno di questi giorni*, pochi giorni fa, o fra qualche giorno | *Quest'oggi*, oggi stesso. **2** Indica persona, animale, cosa di cui si è trattato poco prima o di cui si tratterà poco dopo: *queste vicende lo hanno colpito*. **3** Simile, di tale genere: *con — caldo non si resiste*. **B** *pron. dimostr.* **1** Indica persona, animale o cosa vicina a chi parla o comunque comunica: *— è mio cugino; il tuo posto è —; preferisci — o quello?* **2** Indica persona, animale o cosa di cui si sta trattando: *— rispose che non ne sapeva niente* | In alcune espressioni di meraviglia, stupore, disappunto e sim.: *questa è veramente bella!; questa poi ...!; questa poi è grossa; sentite questa!* **3** (*lett., correl.*) Indica, fra due persone, animali o cose, quella nominata per seconda: *attendiamo Giovanni e Paolo: — da Roma, quello da Bari*. **4** Ciò, la cosa di cui si parla: *— non devi dirlo* | *Con tutto —*, nonostante ciò | *E con —?*, e allora? | *A — siamo arrivati!*, a tale punto. [→ tav. *proverbi* 317]

questóre *s. m.* **1** Nel diritto romano, magistrato minore con funzioni stabilite dal senato. **2** Pubblico funzionario preposto ai servizi di polizia nella città capoluogo di provincia.

quèstua *s. f.* Richiesta e raccolta di elemosina o di offerte: *andare alla —* | (*est.*) Accatto; SIN. Colletta.

questuànte *part. pres. di questuare; anche agg. e s. m. e f.* Che (o chi) questua.

questuàre **A** *v. intr.* (*io quèstuo; aus. avere*) Chiedere denaro o altro in dono o in elemosina. **B** *v. tr.* Elemosinare (*spec. fig.*).

questùra *s. f.* **1** Nel diritto romano, ufficio del questore. **2** Organo amministrativo costituito dal questore e dai suoi dipendenti e sede in cui gli stessi esplicano la loro funzione.

questurino *s. m.* (*pop.*) Agente della questura.

qui *avv.* **1** In questo luogo, in questo posto (si riferisce al luogo vicino a chi parla o in cui si trova chi parla o comunque comunica; ha valore più determinato di 'qua'): *— non c'è nessuno; io abito —; aspettami —; vieni — dentro; — dietro c'è un bar* | In questa parte del corpo: *sento male —* | (*pleon., raff.*) Preceduto da 'questo': *chi sarebbe questo —?* **2** In questo momento, in questo punto: *— finisce la mia storia; — comincia il bello; — ti volevo!* **3** *Nelle loc. avv. da, di —*, da questo luogo: *muoviti da —; spostati di —* | *Abita giù di —*, da queste parti | *È di —*, è originario di questo luogo | *Di — in avanti*, da ora in poi (con valore temp.) | *Di — a una settimana, a un mese*, e sim., tra una settimana, un mese e sim. (v. nota d'uso ACCENTO)

quid /*lat.* ˈkwid/ *pron.* Indica qualche cosa di indeterminato e di indefinibile: *in lui c'è un — che non convince*.

quiescènte *agg.* **1** Che è in stato di riposo o d'inerzia. **2** (*fig.*) Acquiescente.

quiescènza *s. f.* **1** Stato di riposo o di inerzia | *Porre in —*, di impiegati e sim., mettere in pensione | *Trattamen-*

to di —, pensione. ***2*** Fase di sospensione dell'attività vulcanica fra due eruzioni. ***3*** (*fig.*) Acquiescenza.

quietànza *s. f.* Dichiarazione del creditore di aver ricevuto il pagamento | Documento contenente tale dichiarazione.

quietanzàre *v. tr.* Rilasciare quietanza.

quietàre ***A*** *v. tr.* (*io quièto*) ***1*** Rendere calmo e tranquillo, ricondurre alla quiete; SIN. Pacificare, sedare. ***2*** (*fig.*) Appagare, contentare. ***B*** *v. intr. pron.* Mettersi in quiete.

quiète *s. f.* ***1*** Mancanza di movimento, stato di ciò che è immobile | Stato di tranquillità esterna, non turbata da agitazioni e da rumori. ***2*** Calma, pace.

quietìṣmo *s. m.* ***1*** Dottrina religiosa che riteneva la contemplazione mistica preminente sugli atti di culto esteriore. ***2*** (*est.*) Indifferenza nei riguardi di ogni attività pratica.

quietìsta *s. m. e f.* (*pl. m. -i*) ***1*** Chi segue il quietismo. ***2*** (*est.*) Persona indifferente, che ama il quieto vivere.

quietìstico *agg.* (*pl. m. -ci*) ***1*** Del quietismo. ***2*** (*est.*) Indifferente, apatico.

quièto *agg.* ***1*** Calmo, fermo, immobile: *mare* —. ***2*** Privo di rumore, disordine o agitazione: *una quieta cittadina di provincia.* ***3*** (*fig.*) Alieno da brighe, discordie, disordini: *un uomo* —; *amare la vita quieta* | *Il — vivere*, vita scevra di noie e pericoli. ● SIN. Tranquillo; CONTR. Agitato, movimentato.

quinàrio *s. m.; anche agg.* Verso di cinque sillabe.

quìnci ***A*** *avv.* ***1*** (*lett.*) Poi (con valore temp.) | *Da — innanzi*, d'ora in poi | (*raro*) *Da — addietro*, finora. ***2*** (*lett.*) Di qua, da una parte (in correl. con 'quindi'). ***B*** *in funzione di s. m.* (*scherz., iron.*) *Solo nelle loc. parlare in — e quindi, stare sul — e sul quindi*, parlare o comportarsi con affettazione.

quincónce *s. m. inv.* ***1*** Moneta di bronzo dell'Italia antica del valore di cinque once e contrassegnata da cinque globetti disposti come i punti sui dadi. ***2*** Disposizione di oggetti in file sfalsate di mezzo intervallo: *piantagione a* —. [→ ill. *agricoltura*]

quìndi ***A*** *avv.* ***1*** In seguito, poi: *gli scrissi, — mi recai da lui.* ***2*** (*lett.*) Di qui, di lì. ***3*** (*lett.*) Per quel luogo. ***4*** (*lett.*) Di là, dall'altra parte (in correl. con 'quinci'). ***B*** *cong.* ***1*** Perciò, di conseguenza (con valore conclusivo): *hai sbagliato, — pagherai.* ***2*** Per tale motivo (introduce una prop. caus. con il v. all'indic.): *non conosco i fatti, — non posso giudicare.* ***C*** *in funzione di s. m.* (*scherz., iron.*) *Solo nelle loc. parlare in quinci e —, stare sul quinci e sul —*, parlare o comportarsi con affettazione.

quindicènne *agg.; anche s. m. e f.* Che (o chi) ha quindici anni.

quindicènnio *s. m.* Spazio di tempo di quindici anni.

quindicèṣimo ***A*** *agg. num. ord.* Corrispondente al numero quindici in una sequenza. ***B*** *s. m.* Ciascuna delle quindici parti uguali di una stessa quantità.

quìndici [15 nella numerazione araba, XV in quella romana] ***A*** *agg. num. card.* Indica una quantità composta di quattordici unità più una. ***B*** *s. m. inv.* Il numero quindici, il valore che vi corrisponde e il segno che lo rappresenta | *Le* —, le tre del pomeriggio.

quindicìna *s. f.* ***1*** Complesso di quindici, o circa quindici, unità. ***2*** (*fam.*) Periodo di quindici, o circa quindici, giorni. ***3*** (*est.*) Paga di quindici giorni.

quindicinàle ***A*** *agg.* ***1*** Che dura quindici giorni. ***2*** Che ricorre ogni quindici giorni: *rivista* —. ***B*** *s. m.* Rivista quindicinale.

quinquagenàrio ***A*** *agg.* (*lett.*) Che ha cinquanta anni d'età. ***B*** *s. m.* (*raro*) Cinquantenario.

quinquagèṣima *s. f.* Nel calendario liturgico, ultima domenica di carnevale, che precede di cinquanta giorni la Pasqua.

quinquennàle ***A*** *agg.* ***1*** Che dura cinque anni. ***2*** Che ricorre ogni cinque anni. ***B*** *s. m.* (*raro*) Ricorrenza del quinto anno da un avvenimento memorabile.

quinquènnio *s. m.* Spazio di tempo di cinque anni.

quinta *s. f.* ***1*** Elemento di scena consistente in un telaio alto e stretto posto, spesso a coppie, sui lati del palcoscenico | *Fra le quinte*, nascostamente, fuori degli sguardi del pubblico | (*fig.*) *Stare dietro le quinte*, partecipare a un'azione tenendosi nascosto. ***2*** Quinta classe in un corso di studi. ***3*** Negli autoveicoli, la quinta marcia o velocità. ***4*** (*mus.*) Intervallo che abbraccia cinque note della scala diatonica. [→ tav. *locuzioni* 2]

quintàle *s. m.* Unità di peso equivalente a 100 kg.

quintàna (1) *s. f.* (*med.*) Febbre che compare ogni quinto giorno.

quintàna (2) *s. f.* Giostra nella quale i concorrenti, armati di lancia, corrono a cavallo contro un fantoccio abbigliato da saraceno, cercando di colpirne lo scudo senza essere scavalcati.

quintèrno *s. m.* Gruppo di cinque fogli piegati in due e inseriti l'uno dentro l'altro.

quintessènza *s. f.* ***1*** Per gli alchimisti, parte più pura delle cose, ottenuta dopo cinque distillazioni | Prodotto intermedio nella purificazione di certi oli essenziali. ***2*** (*fig.*) Intima natura, verità profonda: *la — di q.c.* ***3*** (*fig.*) Perfetto esempio: *è la — dei bugiardi.*

quintétto *s. m.* ***1*** (*mus.*) Composizione per cinque strumenti o cinque voci | Complesso degli esecutori di brani del genere. ***2*** Gruppetto di cinque persone che agiscono di comune accordo, spesso in modo negativo o singolare.

quintino *s. m.* Recipiente bollato che contiene un quinto di litro.

quìnto ***A*** *agg. num. ord.* Corrispondente al numero cinque in una sequenza | *Il — potere*, il cinema e la televisione, come mezzi di propaganda | *La quinta colonna*, complesso delle persone che, in un paese belligerante, agiscono segretamente a favore di una potenza nemica. ***B*** *s. m.* (*f. -a* nel sign. 2) ***1*** Ciascuna delle cinque parti uguali di una stessa quantità | *Cessione del* —, debito fatto sullo stipendio e che si sconta rilasciando il quinto dello stipendio per un certo tempo. ***2*** Chi (o ciò che) viene al quinto posto. [→ tav. *locuzioni* 88]

quintùltimo *agg.; anche s. m.* (*f. -a*) Che (o chi) sta al quinto posto, partendo a contare dall'ultimo, in una sequenza, in una serie e sim.

quintuplicàre ***A*** *v. tr.* (*io quintùplico, tu quintùplichi*) Moltiplicare per cinque. ***B*** *v. intr. pron.* Aumentare di cinque volte.

quintùplice *agg.* Che si compone di cinque elementi, anche diversi tra loro.

quintuplo ***A*** *agg.* Che è cinque volte maggiore | Costituito da cinque parti uguali o simili: *filo* —. ***B*** *s. m.* Quantità cinque volte maggiore.

qui pro quo /*lat.* 'kwi prɔ'kwɔ/ *loc. sost. m. inv.* Equivoco.

quisling /kwisling; *norv.* kvislin/ *s. m. inv.* Capo di governo fantoccio creato dai nazisti nel periodo 1943-'45 | (*est.*) Uomo politico asservito agli invasori del proprio paese (dal n. di *V. Quisling*, capo del governo norvegese che collaborò con i tedeschi invasori dal 1940 al '45).

quisquìlia *s. f.* Minuzia, bazzecola; SIN. Inezia.

quìvi *avv.* ***1*** (*lett.*) Lì, là. ***2*** (*lett.*) Allora, a quel punto, in quel momento (con valore temporale).

quiz /*ingl.* kwiz/ *s. m. inv.* (*pl. ingl. quizzes* /'kwiziz/) Quesito su argomento specifico che si pone ai partecipanti a esami o a giochi a premi.

quorum /*lat.* 'kwɔrum/ *s. m. inv.* (*dir.*) Numero legale | — *costitutivo*, numero minimo di partecipanti necessario per la valida costituzione di una assemblea.

quòta *s. f.* ***1*** Parte di una somma dovuta o spettante a ciascuno in una ripartizione: *ricevere la propria* —. ***2*** (*dir.*) Ciascuna delle parti di un bene spettante a ciascuno degli aventi diritto: — *di partecipazione dei soci a una società.* ***3*** In geometria, distanza di un punto da un piano orizzontale prefissato. ***4*** (*est.*) Altitudine di un punto del terreno rispetto al livello medio marino, e segno numerico che la rappresenta: *siamo a — 2000* | (*est.*) Altezza di un aeromobile rispetto al suolo: *volare a bassa* — | *Prendere, perdere* —, detto di un aeromobile, innalzarsi o abbassarsi. ***5*** (*mar.*) Profondità di un punto immerso nell'acqua rispetto alla superficie di questa. ***6*** In un disegno tecnico, misura delle diverse parti dell'oggetto rappresentato. ***7*** Negli ippodromi, la proporzione offerta dagli allibratori per le scommesse su ciascun cavallo | — *del totalizzatore*, quella determinata dalla divisione tra la somma incassata per tutte le scommesse e quella incassata per il cavallo vincente.

quotàre ***A*** *v. tr.* (*io quòto*) ***1*** Obbligare per una quota: — *qc. per mille lire.* ***2*** Assegnare il prezzo a un titolo in un listino di borsa. ***3*** (*fig.*) Valutare, stimare. ***B*** *v. intr. pron.* Partecipare a una contribuzione impegnandosi a pagare

una certa somma.
quotàto *part. pass. di quotare; anche agg.* **1** Valutato, apprezzato: *professionista* —. **2** Munito di quote | *Disegno* —, con indicazione numerica delle dimensioni dell'oggetto rappresentato.
quotazióne *s. f.* **1** Atto del quotare | Prezzo assegnato a un titolo in un listino: — *del dollaro.* **2** (*fig.*) Valutazione di una persona, relativa all'attività che essa svolge: *un attore la cui — è piuttosto in ribasso.*
quotidianaménte *avv.* Tutti i giorni | Con molta frequenza.
quotidianità *s. f.* (*raro*) L'essere quotidiano.
quotidiàno ***A*** *agg.* Di ogni giorno, di tutti i giorni: *passeggiata quotidiana*; SIN. Giornaliero | (*est.*) Solito, ordinario. ***B*** *s. m.* Giornale quotidiano.
quotizzàre *v. tr.* Suddividere in quote.
quòto *s. m.* (*mat.*) Quoziente di divisione senza resto.
quoziènte *s. m.* **1** (*mat.*) Risultato della divisione | Numero che, moltiplicato per il divisore, quando si aggiunga al prodotto il resto, dà il dividendo. **2** — *elettorale*, numero di voti che un candidato deve conseguire per essere eletto. **3** Numero, indice che esprime un rapporto spec. statistico: — *di natalità, di mortalità* | (*sport*) — *reti*, nel calcio e sim., la cifra ottenuta dividendo il numero delle reti realizzate per quello delle reti subite da una squadra | (*psicol.*) — *d'intelligenza*, rapporto fra età mentale ed età cronologica di una persona.

r *s. f. o m. inv.* Sedicesima lettera dell'alfabeto italiano.
ra- V. *ri-*.
rabàrbaro *s. m.* **1** Pianta erbacea delle Poligonali dal cui rizoma si ricava una sostanza amara usata in medicina. [→ ill. *piante* 3] **2** Liquore tonico e digestivo preparato col rizoma della pianta omonima.
rabberciàre *v. tr.* (*io rabbèrcio*) Accomodare in qualche modo: — *una stuoia* | (*fig.*) Correggere alla meglio: — *brutti versi*; SIN. Raffazzonare, rappezzare.
rabberciatùra *s. f.* Atto del rabberciare | Ciò che viene rabberciato.
ràbbia *s. f.* **1** Malattia virale trasmessa dal morso di mammiferi, spec. cane e lupo, attraverso l'inoculazione di saliva, e caratterizzata da sintomi nervosi con senso di angoscia e dolorosi crampi muscolari; SIN. Idrofobia. **2** (*fig.*) Sdegno, furore, grande irritazione: *essere in preda alla* —; *consumarsi dalla* —; SIN. Collera. **3** Dispetto, stizza: *la sua fortuna mi fa* —. **4** Accanimento: *si difende con* — | (*est.*) Furia violenta e disordinata di cose inanimate: *la — del vento.*
ràbbico *agg.* (*pl. m. -ci*) (*med.*) Di rabbia: *virus* —.
rabbìno *s. m.* Anticamente, dottore della legge nella religione ebraica | Ministro del culto nella religione ebraica.
rabbióso *agg.* **1** Affetto da rabbia: *cane* —. **2** Pieno di rabbia, reso violento dall'ira: *discorso* —; *un vecchio* —; SIN. Arrabbiato, collerico. **3** (*est.*) Furioso, furente: *odio* — | (*est.*) Smodato, violento: *affetto* —, *fame rabbiosa.*
rabbonire ***A*** *v. tr.* (*io rabbonisco, tu rabbonisci*) Rendere di nuovo buono, calmo; SIN. Calmare. ***B*** *v. intr. pron.* Calmarsi, placarsi.
rabbrividire *v. intr.* (*io rabbrividìsco, tu rabbrividisci; aus. essere*) **1** Avere, sentire i brividi: — *al gelo.* **2** Provare i brividi per paura, orrore e sim.; SIN. Fremere, inorridire.
rabbuffàre ***A*** *v. tr.* **1** Scompigliare, disordinare, sconvolgere: — *i capelli a qc.* **2** (*fig.*) Fare un rabbuffo. ***B*** *v. intr. pron.* Turbarsi minacciando tempesta, detto del tempo.
rabbùffo *s. m.* Forte rimprovero, spec. con intonazione minacciosa; SIN. Sgridata.
rabbuiàre ***A*** *v. intr.* (*io rabbùio; aus. essere*) Diventare buio. ***B*** *v. intr. pron.* Oscurarsi (*anche fig.*): *l'orizzonte si rabbuia; rabbuiarsi per l'ira.*
rabdomànte *s. m. e f.* Chi esercita la rabdomanzia.
rabdomàntico *agg.* (*pl. m. -ci*) Di rabdomante.
rabdomanzia *s. f.* Tecnica divinatoria tendente a localizzare, attraverso le vibrazioni di una bacchetta, sorgenti d'acqua o giacimenti di minerali.
rabescàre *v. tr.* (*io rabésco, tu rabéschi*) Arabescare.
rabésco *s. m.* (*pl. -chi*) Arabesco.
rabicàno *agg.* Detto di mantello equino che presenta peli bianchi sparsi qua e là sul corpo.
raccapezzàre ***A*** *v. tr.* (*io raccapézzo*) **1** Riuscire a trovare, a mettere insieme q.c. con grande sforzo: — *un po' di denaro.* **2** Riuscire a comprendere o a spiegare: — *il senso di un discorso.* ***B*** *v. intr. pron.* Venire a capo di q.c.: *non mi ci raccapezzo.*
raccapricciànte *part. pres. di raccapricciare; anche agg.* Che desta raccapriccio: *visione* —; SIN. Orripilante.
raccapricciàre ***A*** *v. intr.* (*io raccapriccio; aus. essere; raro nei tempi composti*) Provare raccapriccio: — *alla vista di q.c.*; SIN. Inorridire. ***B*** *v. intr. pron.* Sentirsi inorridire.
raccapriccio *s. m.* Grave turbamento provocato da orrore o paura.
raccàre *v. intr.* Nel linguaggio dei marinai, vomitare per il mal di mare.
raccattafièno *s. m. inv.* Rastrello meccanico a scarico intermittente per la raccolta di foraggi.
raccattapàlle *s. m. e f. inv.* Ragazzo che raccoglie le palle sui campi da tennis o i palloni durante le partite di calcio per renderli ai giocatori.
raccattàre *v. tr.* **1** Raccogliere da terra: — *il libro caduto*; — *cicche.* **2** Mettere insieme, radunare: — *modi di dire.*

raccattatùra *s. f.* **1** Atto del raccattare: – *delle olive.* **2** Ciò che si raccatta.

racchétta *s. f.* Attrezzo di legno o di leggera lega metallica, costituito da un manico di forma prismatica e da un telaio ovale con una cordatura a rete di budello ritorto o di nailon, usato nel gioco del tennis | *Sport della* –, il tennis | Attrezzo analogo di forma più piccola e col piano battente gommato o ricoperto di sughero, per il gioco del ping-pong | – *da neve,* attrezzo che si applica sotto gli scarponi per procedere sulla neve fresca | – *da sci,* bastone metallico o di altro materiale alla cui estremità appuntita è fissata una rotella, usato dallo sciatore per mantenersi in equilibrio, prendere velocità e sim. [→ ill. *giochi, sport*]

ràcchio (1) *s. m.* Piccolo grappolo di pochi chicchi maturati male, che viene lasciato sulla vite dopo la vendemmia.

ràcchio (2) *agg.; anche s. m.* (*f.* -*a*) (*pop.*) Detto di chi è sgraziato, goffo.

racchiùdere *v. tr.* (*coniug. come chiudere*) Contenere: *biblioteca che racchiude molti tesori* | (*fig.*) Implicare.

raccògliere A *v. tr.* (*coniug. come cogliere*) **1** Prendere, levare, sollevare da terra q.c. o qc.: – *un ciottolo;* – *i feriti dal campo* | (*fig.*) – *un'allusione,* mostrare di averla capita; SIN. Cogliere. **2** Prendere i frutti della terra o i prodotti agricoli: – *le patate, il fieno* | (*est.*) Ricavare, trarre (*anche fig.*): – *il frutto delle proprie fatiche* | (*fig.*) Ottenere, incontrare: – *l'approvazione di tutti.* **3** Radunare, mettere insieme (*anche fig.*): – *denaro per una colletta* | Mettere insieme per fare collezione: – *francobolli* | Riunire per dare rifugio, soccorrere, proteggere: – *i bambini abbandonati* | (*fig.*) Concentrare in un punto, spec. per potenziare: – *le proprie energie.* **4** Riunire le parti di q.c., per ripiegarlo, avvolgerlo, ecc.: – *i lembi di una bandiera.* **5** Accogliere, accettare (*anche fig.*): – *l'eredità, il consiglio.* **B** *v. rifl.* **1** Riunire le membra, comporsi, accomodarsi. **2** Volgere la mente, l'attenzione: *raccogliersi su un problema* | Concentrarsi: *raccogliersi in se stesso.* **C** *v. intr. pron.* Riunirsi in un luogo o stringersi attorno a qc.: *raccogliersi in piazza; tutti si raccolsero attorno all'oratore* | Ammassarsi, addensarsi, detto di cose: *l'acqua si raccolse a valle.* [→ tav. *proverbi* 67, 77, 96]

raccogliménto *s. m.* **1** (*raro*) Raccolta. **2** Concentrazione intellettuale o spirituale: *pregare con grande* –.

raccogliticcio A *agg.* (*pl. f.* -*ce*) Raccolto, preso qua e là o scelto a caso (*anche fig.*): *truppe raccogliticce.* **B** *s. m.* Insieme di cose o persone riunite in modo casuale e disordinato.

raccoglitóre *s. m.* (*f.* -*trice* nel sign. 1) **1** Chi raccoglie, spec. chi compila antologie, testi letterari e sim.: – *di proverbi russi.* **2** Custodia per documenti, francobolli, monete e sim. **3** (*gener.*) Vaschetta o sim., usata in varie tecnologie per la raccolta di q.c.: *il* – *del pluviometro.* [→ ill. *bar, meteorologia*]

raccoglitrice *s. f.* Macchina per la raccolta di prodotti agricoli. [→ ill. *agricoltura*]

raccòlta *s. f.* **1** (*gener.*) Atto del raccogliere. [→ ill. *miniera*] **2** Insieme di cose riunite e ordinate seguendo un dato ordine: *una* – *di libri, di quadri;* SIN. Collezione. **3** Segnale dato un tempo con le trombe e con i tamburi per fare riunire i soldati sotto la propria insegna | *Suonare a* –, dare il segnale. **4** Adunata, massa: *una grande* – *di gente* | *Chiamare a* –, riunire, raccogliere.

raccòlto A *part. pass. di raccogliere; anche agg.* **1** Preso da terra | Radunato, ottenuto: *i fondi raccolti* | Riunito, ripiegato: *capelli raccolti sulla nuca.* **2** (*fig.*) Dignitoso, composto: *atteggiamento* – | Ben disposto, tranquillo, detto di luoghi: *casa raccolta* | Contenuto, detto di sentimenti: *una gioia raccolta* | Concentrato, intento: – *in preghiera.* **B** *s. m.* Insieme dei frutti raccolti o da raccogliersi nell'annata.

raccomandàbile *agg.* Che si può o si deve raccomandare.

raccomandàre A *v. tr.* **1** Affidare alle cure e al favore altrui persone o cose molto care perché siano protette e custodite: – *la famiglia a un amico* | – *l'anima a Dio,* (*fig.*) essere in punto di morte. **2** (*lett.*) Commettere, affidare: – *q.c. alla memoria.* **3** Assicurare a sostegno, legando o attaccando saldamente: – *l'ancora a una corda.* **4** Indicare all'attenzione altrui qc. perché venga favorito, appoggiato in un esame, un concorso e sim. **5** Consigliare con insistenza: – *la disciplina.* **B** *v. rifl.* Chiedere, implorare protezione, grazia, favore: *si raccomandava ai giudici* | Affidarsi: *mi raccomando al vostro buon senso.*

raccomandàta *s. f.* Lettera registrata dalle Poste previo pagamento e consegnata al destinatario che ne firma la ricevuta.

raccomandatàrio *s. m.* (*f.* -*a*) **1** Persona cui è diretta una raccomandazione. **2** Agente incaricato dagli armatori di provvedere a tutte le necessità della nave al suo arrivo in porto.

raccomandàto A *part. pass. di raccomandare; anche agg.* Affidato alle cure, all'attenzione altrui | *Lettera raccomandata,* raccomandata. **B** *s. m.* (*f.* -*a*) Persona raccomandata | (*scherz.*) – *di ferro,* chi si afferma perché appoggiato costantemente da qc.

raccomandazióne *s. f.* **1** Affidamento alla altrui sollecitudine, protezione e sim. **2** Segnalazione di qc. all'attenzione altrui perché venga favorito in un esame, concorso e sim.: *lettera di* –. **3** Consiglio, esortazione insistente: *seguire la* – *del medico.*

raccomodàre *v. tr.* (*io raccòmodo*) Rassettare, riparare (*anche fig.*): – *una situazione.*

raccomodatùra *s. f.* Riparazione | Spesa della riparazione | Rassettatura.

racconciàre A *v. tr.* (*pres. io raccóncio*) Rimettere in buono stato (*anche fig.*): – *strade.* **B** *v. intr. pron.* Rimettersi al bello, detto del tempo.

racconciatùra *s. f.* Rassettatura.

raccontàbile *agg.* Che si può raccontare.

raccontàre *v. tr.* (*pres. io raccónto*) **1** Riferire parole o avvenimenti, spec. a voce | *Raccontano che ...,* si va dicendo che... | *Poterla* –, averla scampata bella | *Uomo che la sa* –, che ha faccia tosta e spaccia menzogne | *Raccontarne delle belle, di cotte e di crude, di tutti i colori,* riferire cose incredibili, strane. **2** Narrare, in tono non solenne, spec. per iscritto: *mi racconta dei suoi viaggi.*

raccónto *s. m.* **1** Esposizione, narrazione: *il* – *delle sue avventure.* **2** Ciò che viene raccontato: *un* – *fantastico.* **3** (*letter.*) Componimento letterario in prosa, più breve di un romanzo ma più lungo di una novella: *un* – *di Tolstoi.*

raccorciàre *v. tr.* (*io raccórcio*) Accorciare.

raccordàre *v. tr.* (*io raccòrdo*) Collegare con un raccordo: – *due autostrade.*

raccòrdo *s. m.* **1** Congiunzione, collegamento. **2** Parte, segmento, pezzo che ne tiene congiunti tra loro altri | – *anulare,* circonvallazione periferica urbana, spec. a Roma | – *stradale, autostradale,* per collegare fra loro strade principali o autostrade; SIN. Bretella | – *ferroviario,* tratto di binario che collega uno stabilimento, un porto e sim. a uno scalo ferroviario. [→ ill. *strada*]

raccostaménto *s. m.* Ravvicinamento | (*fig.*) Raffronto.

raccostàre *v. tr.* (*io raccòsto*) **1** Accostare di più, ravvicinare. **2** (*fig.*) Mettere in relazione, raffrontare: – *due colori contrastanti.*

raccozzàre *v. tr.* (*io raccòzzo*) Congiungere, riunire alla peggio.

racèmo *s. m.* **1** Grappolo, spec. d'uva. **2** Motivo decorativo composto da volute stilizzate di tralci vegetali.

racemóso *agg.* (*bot.*) Detto di infiorescenza simile a racemo.

racer /*ingl.* 'reisə/ *s. m. inv.* (*pl. ingl.* *racers* /'reisəz/) Motoscafo da regata.

rachialgia *s. f.* (*pl.* -*gie*) (*med.*) Dolore alla colonna vertebrale.

rachicentèsi o *rachicènteşi s. f.* (*med.*) Estrazione di liquido cefalo-rachidiano mediante puntura del midollo spinale a scopo diagnostico o terapeutico.

ràchide *s. f. o m.* **1** (*anat.*) Colonna vertebrale. **2** Nervatura principale delle foglie. **3** Asse delle penne e delle piume degli uccelli. [→ ill. *zoologia*]

rachidèo *agg.* Rachidiano.

rachidiàno *agg.* Della colonna vertebrale.

rachìtico A *agg.* (*pl. m.* -*ci*) **1** Di rachitismo | Affetto da rachitismo: *arti rachitici.* **2** (*fig.*) Poco sviluppato: *piante rachitiche.* **B** *agg.; anche s. m.* (*f.* -*a*) Affetto da rachitismo.

rachitismo *s. m.* **1** (*med.*) Disturbo dello sviluppo, in particolare dello scheletro, per carenza di vitamina D. **2** (*fig.*) Debolezza, difetto di sviluppo.

racimolàre *v. tr.* (*io racimolo*) **1** Cogliere i racimoli che sono rimasti sotto le viti dopo la vendemmia. **2** (*fig.*) Raggranellare.

racimolo *s. m.* Grappoletto d'uva.

racket /*ingl.* 'rækit/ *s. m. inv.* (*pl. ingl. rackets* /'rækits/) **1** Forma di estorsione attuata spec. dai malviventi nordamericani con intimidazioni e violenze. **2** Organizzazione della malavita che attua tale forma di estorsione: *il — delle scommesse.*

ràda *s. f.* Piccolo golfo naturale o artificiale antistante un porto.

radància o *redància s. f.* Asola di metallo intorno alla quale si avvolge il cappio di estremità della fune o del cavo di acciaio, per essere protetto dall'attrito di ganci, caviglie e sim. [→ ill. *ferramenta*]

ràdar **A** *s. m. inv.* Apparecchio che permette la localizzazione di oggetti mobili e fissi mediante la riflessione su di essi delle onde elettromagnetiche emesse dall'apparecchio stesso (sigla dall'ingl. *ra(dio) d(etecting) a(nd) r(anging)*, 'radio-rivelatore e misuratore di distanza') | *— ottico*, radar che impiega un fascio di luce laser, invece che di microonde. [→ ill. *marina*] **B** *in funzione di agg.* (*posposto al s.*) Che si riferisce al radar o che avviene mediante questo: *schermo —* | (*pop.*) *Uomo —*, controllore di volo.

radarista *s. m.* (*pl. -i*) Operatore addetto a un'apparecchiatura radar.

radaristica *s. f.* Studio delle tecniche d'impiego, spec. militare, del radar.

raddensàre **A** *v. tr.* (*io raddènso*) Rendere denso o più denso: *— un composto.* **B** *v. intr. pron.* Diventare più denso.

raddobbàre *v. tr.* (*io raddòbbo*) Riparare, racconciare una nave.

raddòbbo *s. m.* Operazione del raddobbare.

raddolcìre **A** *v. tr.* (*io raddolcisco, tu raddolcisci*) **1** Fare diventare dolce o più dolce: *— una bevanda.* **2** (*fig.*) Rendere meno fiero, aspro. **B** *v. intr. pron.* Diventare meno rigido, detto del tempo | Rabbonirsi.

raddoppiaménto *s. m.* **1** Accrescimento in misura doppia | (*fig.*) Aumento, intensificazione. **2** (*ling.*) Ripetizione fonetica o grafica di un elemento di una parola.

raddoppiàre **A** *v. tr.* (*io raddóppio*) **1** Fare diventare doppio: *— la multa, la paga.* **2** (*est.*) Accrescere, aumentare (*anche fig.*): *— le premure.* **B** *v. intr.* (*aus. essere e avere* nel sign. 1, *avere* nei sign. 2, 3) **1** Diventare doppio. **2** Eseguire il raddoppio, detto del cavallo. **3** Eseguire il raddoppio giocando a biliardo.

raddóppio *s. m.* **1** Raddoppiamento. **2** Inserimento di un secondo binario su una linea a binario semplice. **3** Andatura del cavallo consistente nel far precedere la levata degli arti anteriori a quella dei posteriori. **4** (*mus.*) Ripetizione della stessa nota, all'unisono o all'ottava. **5** Al biliardo, doppio cammino su un'unica linea della palla colpita, da una sponda all'altra: *tiro di —.*

raddrizzàbile *agg.* Che si può raddrizzare.

raddrizzaménto *s. m.* **1** Conferimento o assunzione della primitiva forma diritta | (*fig.*) Correzione. **2** Trasformazione di una corrente alternata in continua o pulsante.

raddrizzàre **A** *v. tr.* **1** Fare tornare diritto: *— una lama piegata*; CONTR. Piegare. **2** (*fig.*) Rimettere nel giusto: *— le opinioni di qc.* **3** (*fis.*) *— una corrente alternata*, trasformarla in corrente continua o pulsante. **B** *v. rifl.* Rimettersi diritto. [→ tav. *locuzioni* 89]

raddrizzatóre *s. m.* (*fis.*) Dispositivo che permette il passaggio della corrente in un solo verso e perciò la trasformazione della corrente alternata in continua o pulsante. [→ ill. *elettricità*]

raddrizzatrìce *s. f.* Macchina per raddrizzare barre, profilati, lamiere di ferro e sim.

raddrizzatùra *s. f.* Operazione del raddrizzare.

radènte *part. pres. di radere; anche agg.* **1** Che passa rasente: *tiro —.* **2** (*fis.*) *Attrito —*, resistenza incontrata da un corpo nel suo moto di strisciamento su un altro.

radènza *s. f.* Movimento radente.

ràdere **A** *v. tr.* (*pass. rem. io ràsi, tu radésti; part. pass. ràso*) **1** Liberare dai peli passando il rasoio: *— le guance.* **2** Abbattere, diroccare: *— al suolo un intero quartiere.* **3** (*fig.*) Rasentare, toccare strisciando: *— terra camminando.* **B** *v. rifl.* Tagliarsi i peli | (*fam.*) Farsi la barba.

radézza *s. f.* L'essere rado.

radiàle (1) **A** *agg.* **1** Del raggio di un cerchio: *linea —* | *Strada —*, strada di uscita veloce da un centro urbano. **2** (*astron.*) *Velocità —*, proiezione della velocità di un corpo celeste sulla direzione di osservazione. **B** *s. f.* **1** Linea radiale. **2** Linea tranviaria che s'irraggia dal centro alla periferia di una città.

radiàle (2) *agg.* (*anat.*) Del radio: *polso —.* [→ ill. *anatomia umana*]

radiànte (1) *part. pres. di radiare* (1); *anche agg.* Che manda raggi o calore: *pannello —* | (*med.*) *Terapia —*, attuata a mezzo di radiazioni.

radiànte (2) *s. m.* (*mat.*) Angolo al centro che sottende un arco di cerchio lungo quanto il raggio.

radiàre (1) *v. intr.* (*io ràdio; aus. avere*) (*raro*) Mandare raggi.

radiàre (2) *v. tr.* (*io ràdio*) Cancellare il nome di una persona da un elenco per espellerla: *— un medico dall'albo professionale.*

radiàto *agg.* (*bot.*) Detto di fiori della periferia delle ombrelle, più grandi dei centrali e a petali ineguali.

radiatóre *s. m.* **1** Qualunque corpo in grado di emettere radiazioni. **2** Apparecchio a colonne o a parete ondulata destinato a riscaldare un ambiente. [→ ill. *casa, riscaldamento*] **3** Apparecchio che irradia energia termica per il raffreddamento dell'acqua di circolazione o dell'olio lubrificante nei motori a combustione interna e sim. [→ ill. *automobile, elettricità*]

radiazióne (1) *s. f.* (*fis.*) Forma di propagazione dell'energia elettromagnetica sotto forma di onde elettromagnetiche o di corpuscoli | Insieme delle onde o dei corpuscoli così propagati: *radiazioni atomiche, solari.*

radiazióne (2) *s. f.* Cancellazione del nome di una persona da un elenco, come sanzione verso iscritti a una società, partito, associazione e sim.: *— di un medico dall'albo professionale.*

ràdica *s. f.* **1** Saponaria | Radice legnosa di una specie di Erica, adoperata per fabbricare pipe e oggetti ornamentali. **2** (*pop., dial.*) Radice | *— di noce*, legno pregiato, ottenuto dalla radice del noce.

radicàle **A** *agg.* **1** (*bot.*) Della radice: *apparato —* | *Assorbimento —*, che avviene per mezzo dei peli della radice. [→ ill. *botanica*] **2** (*ling.*) Di elemento che appartiene alla radice. **3** (*fig.*) Che sostiene mutamenti e trasformazioni sostanziali | Proprio del radicalismo e (*est.*) di ogni profonda trasformazione politica e sociale. **B** *s. m. e f.* **1** (*ling.*) Radice di un vocabolo. **2** Sostenitore del radicalismo | Membro del partito radicale. **C** *s. m.* **1** (*mat.*) Espressione in cui un numero compare sotto il segno di radice. **2** (*chim.*) Gruppo di atomi che, senza costituire una molecola stabile, agisce come un tutto.

radicalismo *s. m.* **1** Movimento filosofico sorto in Inghilterra tra il XVIII e il XIX sec. e che propone radicali riforme di tutte le istituzioni tradizionali. **2** (*est.*) Atteggiamento di chi affronta le questioni con risoluta intransigenza.

radicalménte *avv.* **1** Dalla radice, dall'origine: *curare un male —.* **2** (*fig.*) In modo completo, totale: *sono — diversi.*

radicaménto *s. m.* Attecchimento | (*fig.*) Profonda, stabile penetrazione: *il — di un'abitudine.*

radicàndo *s. m.* (*mat.*) Espressione posta sotto segno di radice.

radicàre **A** *v. intr.* (*io ràdico, tu ràdichi; aus. essere*) Mettere radici (*anche fig.*). **B** *v. intr. pron.* (*fig.*) Attaccarsi, inserirsi profondamente: *quei pregiudizi si sono radicati nella mente di molti*; SIN. Attecchire.

radìcchio *s. m.* (*bot.*) Correntemente, cicoria.

radìce *s. f.* **1** Organo delle piante cormofite per lo più sotterraneo, che fissa il vegetale al terreno e assorbe l'acqua e i sali disciolti | *Radici avventizie*, che si sviluppano sul fusto e sulle foglie per tenere fissata la pianta al sostegno | *— aerea*, che si stacca dal ramo e scende fino al suolo | *Mettere —*, (*fig.*) diffondersi, detto di idee e sentimenti | *Mettere —, radici, in un luogo*, stabilirvisi definitivamente. [→ ill. *botanica*] **2** (*est., fig.*) Parte bassa di q.c. | — *dentaria*, parte del dente infissa nell'alveolo | — *di una montagna*, base. [→ ill. *anatomia umana, zoologia*] **3** (*ling.*) Elemento irriducibile di una parola e parte fondamentale di una famiglia di parole. **4** (*mat.*) — *di un numero*, numero che, elevato a una certa potenza, dà il numero dato | — *quadrata* (*seconda*), *cubica* (*terza*), *quarta*, ecc., numero che elevato rispettivamente alla seconda o alla terza o alla quarta, ecc. potenza dà il numero assegnato. **5** (*fig.*) Origine, principio: *la prima — del male.*

radichétta *s. f.* (*bot.*) Radice secondaria che si stacca da quella principale | Giovane radice dell'embrione.

radicolàre *agg.* **1** (*bot.*) Della radice. **2** (*anat.*) Relativo alle radici dei nervi.

radicolite *s. f.* (*med.*) Infiammazione delle radici nervose.

radiestesìa V. *radioestesia.*

ràdio (1) *s. m.* (*anat.*) Una delle due ossa dell'avambraccio, dalla parte del pollice. [→ ill. *anatomia umana*]

ràdio (2) o *ràdium s. m.* Elemento chimico, metallo alcalino-terroso, presente nei minerali di uranio, fortemente radioattivo, chimicamente molto reattivo; usato spec. in radioterapia contro i tumori. SIMB. Ra.

ràdio (3) A *s. f. inv.* **1** *Acrt. di radiofonia, radiotelefonia, radiotelegrafia* | *Acrt. di radioricevitore*: *accendere la —* | (*est.*) *Acrt. di radiotrasmissione*: *ascoltare la —.* [→ ill. *marina, radio*] **2** Stazione da cui vengono irradiate trasmissioni radiofoniche: *— Londra.* **B** *in funzione di agg. inv.* (*posposto al s.*) *Nella loc. onda —*, radioonda | (*est.*) Che emette, riceve o utilizza le radioonde: *ponte —*; *contatto —* | *Giornale —*, notiziario trasmesso per radio | *Via —*, per mezzo delle onde radio: *collegarsi via —.* [→ ill. *telefonia*]

ràdio- *primo elemento* di parole scientifiche e tecniche composte. **1** Indica relazione con radiazioni di varia natura: *radiostella, radioestesia.* **2** Fa riferimento al radio, alla radioattività (*radioisotopo, radioattivo*) o ai raggi X (*radiografia*). **3** Fa riferimento alle onde elettromagnetiche e alle loro applicazioni: *radiofonia, radiotecnica.*

radioabbonàto *s. m.* (*f. -a*) Chi è abbonato alle radioaudizioni.

radioamatóre *s. m.* (*f. -trice*) Dilettante che effettua e riceve radiotrasmissioni utilizzando bande di frequenza autorizzate.

radio

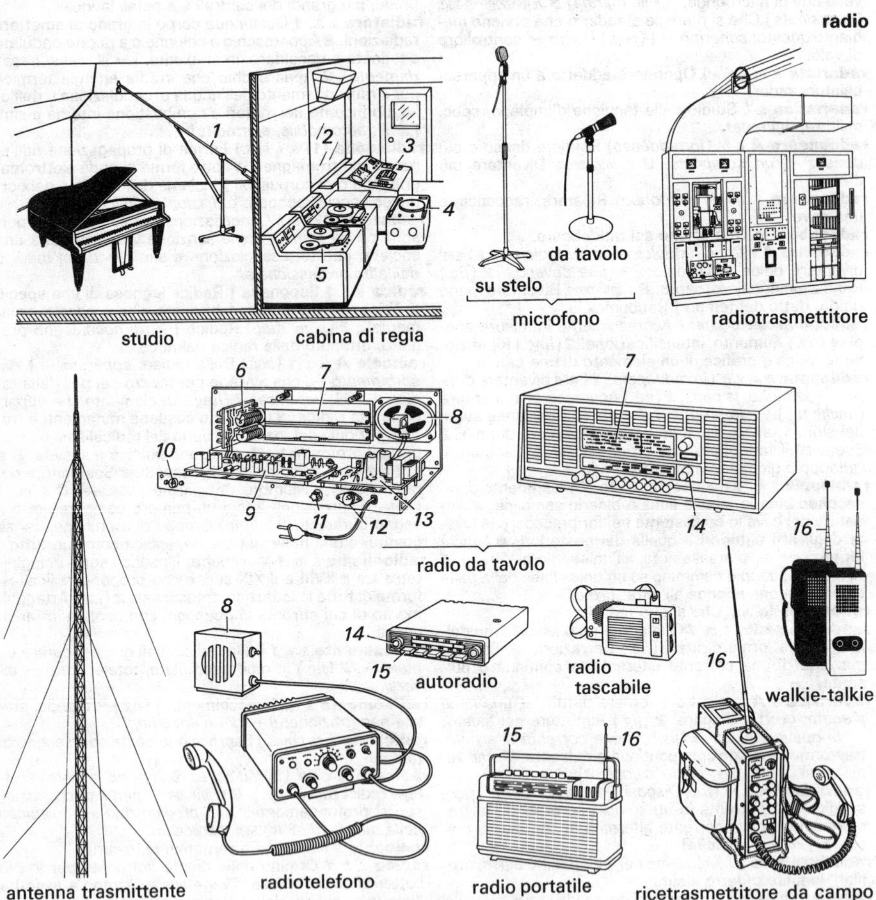

1 giraffa 2 finestra a doppio vetro 3 console di comando e controllo 4 giradischi 5 registratore 6 stadio di sintonizzazione 7 scala 8 altoparlante 9 stadio di rivelazione 10 presa dell'antenna ricevente 11 fusibile 12 cambiatensioni 13 stadio di amplificazione 14 manopola 15 tasto 16 antenna a stilo

radioascoltatóre *s. m.* (*f.* *-trice*) Chi ascolta le radiodiffusioni.
radioassistènza *s. f.* Assistenza alla navigazione aerea o marittima per mezzo di apparecchi radioelettrici.
radioassistere *v. tr.* Facilitare la navigazione aerea o marittima mediante metodi e apparecchi radioelettrici.
radioastronomìa *s. f.* Branca dell'astronomia che studia le radioonde di natura cosmica, ricevendole con i radiotelescopi.
radioattività *s. f.* Proprietà di alcune sostanze di emanare dal nucleo una particolare specie di raggi in grado di attraversare corpi opachi, impressionare lastre fotografiche, produrre fluorescenza e fosforescenza, rendere i gas conduttori dell'elettricità.
radioattìvo *agg.* Dotato di radioattività.
radioaudizióne *s. f.* Ascolto di radiotrasmissioni.
radiobiologìa *s. f.* Studio degli effetti biologici delle radiazioni.
radiobùssola *s. f.* (*aer.*) Radiogoniometro di bordo che dà il rilevamento della stazione emittente.
radiocarbònio *s. m.* Isotopo radioattivo del carbonio, usato per ricerche chimiche, biologiche e archeologiche.
radiocèntro *s. m.* Complesso delle attrezzature di un centro di radiodiffusione.
radiocollegaménto *s. m.* Collegamento per mezzo di onde radio.
radiocomandàre *v. tr.* Comandare a distanza mediante mezzi radio.
radiocomandàto *agg.* Comandato a distanza con mezzi radio: *aereo* —.
radiocomàndo *s. m.* Comando a distanza con mezzi radio.
radiocomunicazióne *s. f.* Comunicazione telegrafica o telefonica, attuata per mezzo di radioonde.
radiocrònaca *s. f.* Cronaca di avvenimenti trasmessa per radio durante il loro svolgimento.
radiocronista *s. m. e f.* (*pl. m.* *-i*) Chi fa radiocronache.
radiodiagnòstica *s. f.* Parte della radiologia che studia le applicazioni delle radiazioni nella diagnosi delle malattie.
radiodiffóndere *v. tr.* (*coniug. come diffondere*) Diffondere mediante radiotrasmissioni.
radiodiffusióne *s. f.* Diffusione di notiziari, cronache, musica e sim. fatta da stazioni radiotrasmittenti apposite.
radiodràmma *s. m.* (*pl.* *-i*) Opera drammatica scritta per la radio.
radioelèttrico *agg.* (*pl. m.* *-ci*) Della radio e dei fenomeni elettrici a essa connessi.
radioestesìa o *radiestesìa* *s. f.* Facoltà di captare anche a distanza radiazioni di oggetti o esseri viventi, che si manifesta con oscillazioni di un pendolino sostenuto dal ricercatore.
radiofàro *s. m.* Stazione radiotrasmittente terrestre, posta in posizione nota, che permette ad aerei e navi di rilevare la loro posizione e regolare la rotta.
radiofonìa *s. f.* Radiotelefonia.
radiofònico *agg.* (*pl. m.* *-ci*) Radiotelefonico | Detto di apparecchio ricevente le emissioni radioelettriche da apposite stazioni.
radiofonògrafo *s. m.* Radiogrammofono.
radiofòto *s. f. inv.* Immagine fotografica trasmessa mediante radiotelefotografia.
radiofrequènza *s. f.* Frequenza delle radioonde.
radiofurgóne *s. m.* Automezzo attrezzato per le trasmissioni radiofoniche.
radiogoniòmetro *s. m.* Strumento che consente di determinare la direzione e la provenienza di onde elettromagnetiche, usato spec. per regolare la rotta a bordo di navi o aeromobili.
radiografàre *v. tr.* (*io radiògrafo*) Ritrarre mediante radiografia | (*fig.*) Analizzare minuziosamente.
radiografìa *s. f.* Impressione di lastra sensibile mediante i raggi X | (*est.*) Lastra così impressionata | (*fig.*) Analisi approfondita e minuziosa: — *dei risultati elettorali.*
radiogràfico *agg.* (*pl. m.* *-ci*) Della radiografia: *apparecchio* —. [→ ill. *medicina e chirurgia*]
radiogràmma (1) *s. m.* (*pl.* *-i*) Radiotelegramma.
radiogràmma (2) *s. m.* (*pl.* *-i*) Lastra sensibile impressionata mediante raggi X.
radiogrammòfono *s. m.* Apparecchio che riunisce un radioricevitore e un riproduttore di dischi fonografici.
radioisòtopo *s. m.* (*chim.*) Isotopo radioattivo, naturale o artificiale, di un elemento. [→ ill. *nucleare*]
radiolàrio *s. m.* Animale marino unicellulare dei Protozoi, a volte in colonie con un'impalcatura di sostegno minerale per lo più silicea, i cui depositi costituiscono la farina fossile. [→ ill. *animali* 1]
radiolarite *s. f.* Roccia silicea molto dura, a frattura concoide, dovuta spec. al deposito di involucri di radiolari.
radiolina *s. f.* **1** *Dim. di radio.* **2** Radio a transistor.
radiologìa *s. f.* Studio delle proprietà e delle applicazioni diagnostiche e terapeutiche dei raggi X.
radiològico *agg.* (*pl. m.* *-ci*) Della radiologia.
radiòlogo *s. m.* (*f.* *-a; pl. m.* *-gi*) Specialista di radiologia.
radiomessàggio *s. m.* Messaggio trasmesso per radio.
radiòmetro *s. m.* Strumento per la misura delle radiazioni per mezzo del loro effetto termico.
radioónda *s. f.* Onda hertziana.
radiopilòta *s. m.* (*pl.* *-i*) Dispositivo che, a bordo di aeromobili, può essere radiocomandato a fare le veci del pilota.
radioprotezióne *s. f.* Studio dei metodi atti ad evitare i danni biologici delle radiazioni.
radioricevènte ***A*** *agg.* Atto a ricevere le radioonde | *Apparecchio* —, radioricevitore. ***B*** *s. f.* **1** Radioricevitore. **2** Stazione radioricevente.
radioricevitóre *s. m.* Apparecchio radioricevente.
radioricezióne *s. f.* Ricezione di radiotrasmissioni.
radiorilevaménto *s. m.* Nella navigazione aerea radioassistita, rilevamento con radiogoniometro o radar.
radioscopìa *s. f.* (*med.*) Esame radiologico diretto, visivo, mediante raggi X su schermo fluorescente.
radioscòpico *agg.* (*pl. m.* *-ci*) Della radioscopia.
radiosegnàle *s. m.* Segnale per mezzo di radioonde.
radiosità *s. f.* L'essere radioso (*anche fig.*).
radióso *agg.* **1** Raggiante, sfolgorante (*anche fig.*): *sole* —; *bellezza radiosa.* **2** (*fig.*) Felice, gioioso: *sorriso* —.
radiosónda *s. f.* Strumento provvisto di radiotrasmittente, portato in quota mediante palloni sonda, che invia al suolo i dati meteorologici raccolti. [→ ill. *meteorologia*]
radiosorgènte *s. f.* (*astron.*) Corpo celeste la cui emissione di radioonde può essere captata dai radiotelescopi.
radiospìa *s. f.* Radiotrasmettitore miniaturizzato usato per captare di nascosto conversazioni o telefonate e trasmetterle a una stazione ricevente.
radiostazióne *s. f.* Stazione radiotrasmittente.
radiosvèglia *s. f.* Apparecchio radio la cui accensione all'ora desiderata è comandata da un orologio a sveglia.
radiotàxi o *radiotassì* *s. m.* Auto pubblica munita di apparecchio radio ricevente e trasmittente, che viene indirizzata sul luogo richiesto da una centrale cui fanno capo tutte le chiamate dei clienti.
radiotècnica *s. f.* Scienza e tecnica che si occupa spec. delle radioonde e dei mezzi per produrle, trasmetterle e riceverle.
radiotècnico ***A*** *agg.* (*pl. m.* *-ci*) Della radiotecnica. ***B*** *s. m.* Chi si occupa di radiotecnica.
radiotelefonìa *s. f.* Trasmissione di conversazioni telefoniche mediante onde elettromagnetiche.
radiotelefònico *agg.* (*pl. m.* *-ci*) Della radiotelefonia.
radiotelèfono *s. m.* Apparecchio che consente la comunicazione telefonica mediante onde magnetiche. [→ ill. *radio*]
radiotelefotografìa *s. f.* Trasmissione a distanza di fotografie, disegni e sim. per mezzo di onde elettromagnetiche.
radiotelegrafìa *s. f.* Trasmissione di messaggi telegrafici per mezzo di onde elettromagnetiche; SIN. Marconigrafia.
radiotelegràfico *agg.* (*pl. m.* *-ci*) Della radiotelegrafia.
radiotelegrafista *s. m. e f.* (*pl. m.* *-i*) Operatore di una stazione radiotelegrafica; SIN. Marconista.
radiotelegràmma *s. m.* (*pl.* *-i*) Comunicazione radiotelegrafica; SIN. Marconigramma.
radiotelescòpio *s. m.* Complesso radioricevente, con grandi antenne fisse o mobili, adatto a captare le ra-

dioonde di natura cosmica. [→ ill. *astronomia*]
radiotelevișióne *s. f.* L'insieme degli impianti e delle trasmissioni radiofoniche e televisive.
radiotelevișivo *agg.* Della radiotelevisione.
radioterapèutico *agg.* (*pl. m.* -*ci*) Della radioterapia.
radioterapìa *s. f.* Parte della radiologia che studia le possibilità di applicazione delle radiazioni nella cura delle malattie, spec. dei tumori.
radiotrașméttere *v. tr.* (*coniug. come trasmettere*) Trasmettere per radio.
radiotrașmettitóre *s. m.* Apparecchio per la trasmissione a mezzo onde radio. [→ ill. *radio*]
radiotrașmissióne *s. f.* Trasmissione di segnali, programmi, messaggi e sim. per mezzo di onde elettromagnetiche.
radiotrașmittènte ***A*** *part. pres. di radiotrasmettere; anche agg.* Che trasmette per radio. ***B*** *s. f.* Insieme delle apparecchiature e degli impianti per eseguire radiotrasmissioni.
radioutènte *s. m. e f.* Chi possiede un apparecchio radioricevente e paga il canone prescritto per l'uso.
ràdium V. *radio* (2).
ràdo *agg.* ***1*** Che non ha compattezza, spessore, non è strettamente congiunto nelle sue parti: *tela rada*; CONTR. Fitto. ***2*** Che non è folto: *barba rada*; CONTR. Folto. ***3*** Non frequente nel tempo: *incontri molto radi* | *Di* —, raramente.
ràdon *s. m.* Elemento chimico, gas nobile radioattivo, emanazione del radio da cui si genera per perdita di una particella alfa. SIMB. Rn.
radunàre ***A*** *v. tr.* ***1*** Riunire, adunare in uno stesso luogo: — *il popolo sulla piazza*; SIN. Convocare. ***2*** (*est.*) Ammassare, accumulare: — *tesori.* ***B*** *v. intr. pron.* Raccogliersi, riunirsi.
radunàta *s. f.* ***1*** Il radunare o il radunarsi in un luogo. ***2*** Adunanza, riunione di persone.
radùno *s. m.* Riunione di più persone in un luogo, spec. per una manifestazione sportiva, celebrativa e sim.: — *motociclistico*; — *di alpini.*
radùra *s. f.* ***1*** Parte rada di q.c. ***2*** Spazio privo di alberi in un bosco.
ràfano *s. m.* Pianta erbacea delle Papaverali, coltivata per le radici piccanti, con foglie pelose e dentate, fiori di vari colori in grappoli, frutti a siliqua. [→ ill. *piante* 5]
ràffa *s. f. Nella loc. avv. di riffa o di* —, in un modo o nell'altro, in ogni modo: *vogliono guadagnarci sopra di riffa o di* —.
raffaellésco *agg.* (*pl. m.* -*schi*) ***1*** Proprio del pittore Raffaello Sanzio. ***2*** (*est.*) Elegante, fine, puro: *profilo* —; *grazia raffaellesca.*
raffazzonaménto *s. m.* Accomodamento fatto alla bell'e meglio | Lavoro raffazzonato.
raffazzonàre *v. tr.* (*io raffazzóno*) Accomodare, abbellire alla meglio una cosa mal fatta o mal riuscita: — *un vestito, un quadro*; SIN. Rabberciare.
raffazzonatóre *s. m.* (*f.* -*trice*) Chi raffazzona.
rafférma *s. f.* ***1*** Conferma in un ufficio, un incarico. ***2*** Vincolo volontario a prolungare il servizio militare oltre il termine previsto.
raffermàre ***A*** *v. tr.* (*io rafférmo*) ***1*** (*tosc.*) Riconfermare q.c. o qc. in un ufficio, una carica. ***2*** Rinnovare l'obbligo al servizio militare. ***B*** *v. intr. e intr. pron.* (*aus. essere*) (*tosc.*) Diventare duro, sodo o raffermo. ***C*** *v. rifl.* (*mil.*) Rinnovare la ferma.
raffermo *agg.* Non fresco, un po' indurito, detto spec. del pane.
ràffica *s. f.* ***1*** Variazione improvvisa della velocità del vento | *Vento a raffiche*, che soffia con buffi improvvisi e violenti; SIN. Folata. ***2*** Serie di colpi consecutivi sparati con un'arma automatica a tiro continuo: — *di mitra.* ***3*** (*fig.*) Rapida successione: *una* — *di insolenze.*
raffiguràre *v. tr.* ***1*** Riconoscere alla figura, all'aspetto. ***2*** Figurare, rappresentare: *quell'affresco raffigura un paesaggio.* ***3*** Simboleggiare: *la lonza dantesca raffigura la lussuria.*
raffigurazióne *s. f.* ***1*** Rappresentazione figurativa: *una* — *della Crocifissione.* ***2*** (*est.*) Rappresentazione simbolica: *la colomba è la* — *della pace.*
raffilàre *v. tr.* ***1*** Affilare nuovamente: — *le forbici.* ***2*** Pareggiare tagliando a filo: — *i capelli.*
raffilatùra *s. f.* Operazione del raffilare.
raffinaménto *s. m.* Purificazione, raffigurazione | (*fig.*) Affinamento, miglioramento: — *del gusto.*
raffinàre ***A*** *v. tr.* ***1*** Purificare prodotti greggi con opportuni trattamenti chimici o fisici: — *l'olio.* ***2*** (*fig.*) Sgrossare, ingentilire: — *la propria educazione*; SIN. Dirozzare. ***B*** *v. intr. pron.* Affinarsi, ingentilirsi.
raffinatézza *s. f.* ***1*** (*fig.*) Qualità di raffinato; SIN. Finezza. ***2*** Ciò che è raffinato, squisito: *raffinatezze della tavola.*
raffinàto ***A*** *part. pass. di raffinare; anche agg.* ***1*** Sottoposto a raffinazione: *zucchero* —. [→ ill. *petrolio*] ***2*** (*fig.*) Ricercato, squisito: *pranzo* — | Perfezionato (in contesti negativi): *agire con raffinata crudeltà* | Che ama le squisitezze e gli agi della vita; SIN. Fine, signorile. ***B*** *s. m.* (*f.* -*a*) Chi ha gusti raffinati.
raffinatóre ***A*** *agg.* (*f.* -*trice*) Che raffina: *macchina raffinatrice.* ***B*** *s. m.* ***1*** Chi raffina. ***2*** Macchina per raffinare.
raffinazióne *s. f.* Operazione industriale consistente nel rendere più pura una sostanza grezza | — *del petrolio*, distillazione frazionata del petrolio greggio per separarne i vari componenti.
raffinerìa *s. f.* Stabilimento ove si esegue la raffinazione di prodotti industriali, spec. del petrolio. [→ ill. *petrolio*]
ràffio *s. m.* ***1*** Arnese di ferro a denti uncinati, con manico, per afferrare oggetti. ***2*** Gancio in acciaio metallico per arpionare il pesce. [→ ill. *pesca*]
rafforzaménto *s. m.* Conferimento o acquisizione di una maggiore forza, saldezza, intensità e sim.: — *di una guarnigione*; — *di un'idea.*
rafforzàre ***A*** *v. tr.* (*io raffòrzo*) Fare diventare più forte, saldo, resistente (*anche fig.*): — *un muro*; — *un dubbio*; SIN. Confermare, consolidare, fortificare. ***B*** *v. intr. pron.* Fortificarsi.
rafforzativo *agg.* ***1*** Che rafforza. ***2*** (*ling.*) Detto di elemento che serve ad accrescere l'intensità espressiva di una parola o di una frase.
raffreddaménto *s. m.* Abbassamento, diminuzione della temperatura | (*fig.*) Diminuzione di intensità affettiva, perdita di ardore e sim.: — *di un desiderio, di un'amicizia.* | *Impianto, circuito di* —, apparecchiatura per smaltire il calore prodotto da una macchina o da un motore, mediante circolazione d'aria, d'acqua e sim. [→ ill. *elettricità, nucleare*]
raffreddàre ***A*** *v. tr.* (*io raffréddo*) ***1*** Fare diventare freddo o più freddo: — *una bevanda.* ***2*** (*fig.*) Rendere meno fervido, vivo, intenso: — *l'interesse per qc.* ***B*** *v. intr. pron.* ***1*** Diventare freddo. ***2*** (*fig.*) Perdere l'ardore, il fervore o diminuire di intensità: *la loro amicizia si è raffreddata.*
raffreddàto *part. pass. di raffreddare; anche agg.* Reso freddo o più freddo: *motore* — *ad aria* | Che ha preso freddo o che ha il raffreddore.
raffreddóre *s. m.* Infiammazione acuta delle mucose del naso e della faringe.
raffrenàre ***A*** *v. tr.* (*io raffréno*) (*lett.*) Tenere in freno (*anche fig.*). ***B*** *v. rifl.* Limitarsi, contenersi.
raffrontàre *v. tr.* (*io raffrónto*) Confrontare due cose o persone per coglierne disparità e somiglianze: — *due manoscritti*; SIN. Paragonare, riscontrare.
raffrónto *s. m.* Confronto fra due cose o persone; SIN. Paragone, riscontro.
ràfia *s. f.* ***1*** Palma dell'Africa orientale che fornisce, con le foglie giovani, fibre per lavori di intreccio, corde, materiale da imballaggio. ***2*** Fibra tessile ricavata dalla pianta omonima.
ràgade *s. f.* Lesione cutanea in forma di fessura senza tendenza alla cicatrizzazione: — *del capezzolo*; — *anale.*
raganèlla *s. f.* ***1*** Anfibio senza coda, più piccolo della rana, verde chiaro, con dita terminate da ventosa, che conduce vita arborea. [→ ill. *animali* 6] ***2*** Strumento musicale formato da una ruota montata su un perno, attorno alla quale è fissato un telaio con una lamina che strisciando contro i denti della ruota produce un suono stridente.
ràgas *s. m. pl.* Gonnellino proprio del costume maschile sardo.
ragàzza *s. f.* ***1*** Giovinetta, fanciulla, adolescente | Figlia femmina. ***2*** Giovane donna | Donna nubile, signorina | — *madre*, che ha un figlio senza essere sposata | (*euf.*) — *allegra*, di facili costumi. ***3*** (*fam.*) Innamorata, fidan-

zata: *la sua — l'ha lasciato.*

ragazzàglia *s. f.* (*spreg.*) Insieme di ragazzi sguaiati e villani.

ragazzàta *s. f.* Azione da ragazzo, compiuta con leggerezza e senza riflessione; SIN. Bambinata.

ragàzzo *s. m.* (*f. -a*) **1** Giovinetto, fanciullo, adolescente | *Da —*, nell'età in cui si è ragazzi | (*euf.*) *— di vita*, adolescente già sulla strada della corruzione | Figlio maschio. **2** Giovanotto | Adulto, spec. privo di esperienza: *non fare il —.* **3** Garzone: *— di bottega.* **4** (*fam.*) Innamorato, fidanzato: *avere il —.*

raggelàre A *v. intr. e intr. pron.* (*io raggèlo; aus. essere*) (*raro*) Gelare di più o di nuovo (*anche fig.*): *— a una notizia.* **B** *v. tr.* Gelare completamente (*spec. fig.*): *con uno sguardo mi ha raggelato.*

raggiànte *part. pres. di raggiare; anche agg.* **1** Che manda raggi | (*fis.*) Che si irradia, si diffonde, detto di luce, calore e sim. **2** (*fig.*) Molto contento, esultante: *dopo la promozione era —.*

raggiàre A *v. intr.* (*io ràggio; aus. avere*) **1** Emanare raggi: *il sole raggia* | (*est.*) Splendere, risplendere (*anche fig.*): *una forte luce raggia nell'oscurità.* **2** Propagarsi, diffondersi, detto della luce, del calore, della radiazione in genere. **B** *v. tr.* (*fig.*) Riflettere, mandare raggi (*anche fig.*).

raggiàto *part. pass. di raggiare; anche agg.* Disposto a raggi: *simmetria raggiata.*

raggièra *s. f.* **1** Cerchio, fascio di raggi che si dipartono da un punto | *A —*, a forma di raggiera: *acconciatura a —.* **2** Parte dell'ostensorio a forma di raggi.

ràggio *s. m.* **1** Fascia di radiazioni luminose di piccolissima sezione rispetto al tragitto che si considera | *ass.* Raggio solare, sole: *un — mite, pallido.* [→ ill. *astronomia*] **2** (*fig.*) Lampo, sprazzo, guizzo, di intensità o durata limitata: *un — di speranza; un tenue — d'intelligenza.* **3** Sottile fascio di fotoni o particelle elementari | *Raggi alfa, beta, gamma*, radiazioni emesse dalle sostanze radioattive | *Raggi infrarossi*, onde elettromagnetiche invisibili, che si trovano di qua del rosso nello spettro visibile | *Raggi Röntgen, X*, oscillazioni elettromagnetiche per le quali sono trasparenti i corpi otticamente opachi, ma di densità non elevata | *Raggi ultravioletti*, raggi invisibili che si trovano subito oltre il violetto nello spettro visibile. [→ ill. *elettronica, fisica, nucleare*] **4** (*geom.*) In un cerchio, distanza dal centro alla circonferenza; in una sfera, distanza dal centro alla superficie. **5** (*est.*) Distanza intorno a un punto fisso: *ci siamo mossi entro un — di dieci metri* | *— d'azione*, (*fig.*) ambito, spazio in cui q.c. ha effetto | *A breve, a largo —*, di osservazione, esplorazione, incursione, compiute a breve o a grande distanza a giro d'orizzonte. **6** Ciascuno dei legni o dei grossi fili d'acciaio che in una ruota congiungono il mozzo al cerchio. [→ ill. *ciclo e motociclo*] **7** Ala di un edificio carcerario.

raggiràre *v. tr.* **1** (*raro*) Girare intorno. **2** (*fig.*) Circuire, ingannare, abbindolare: *si è lasciato — con poche parole*; SIN. Imbrogliare.

raggìro *s. m.* Inganno, imbroglio: *cadere in un —.*

raggiùngere *v. tr.* (*coniug. come giungere*) **1** Arrivare a riunirsi con qc. nella corsa, nel cammino e sim.: *— qc. a metà strada; — il fuggitivo.* **2** (*est.*) Arrivare a cogliere, colpire, toccare q.c.: *— il bersaglio* | (*est.*) Toccare un luogo: *— la vetta.* **3** (*fig.*) Conseguire, ottenere: *— la meta, il proprio intento.*

raggiungìbile *agg.* Che si può raggiungere (*anche fig.*); SIN. Accessibile; CONTR. Irraggiungibile.

raggiungiménto *s. m.* Il raggiungere qc. | (*fig.*) Conseguimento, ottenimento: *il — di un fine, di un accordo.*

raggiustàre o *riaggiustàre* **A** *v. tr.* **1** Rimettere in ordine, aggiustare di nuovo (*anche fig.*): *— un vestito.* **2** (*fig.*) Comporre, conciliare: *— una lite.* **B** *v. rifl. rec.* Pacificarsi, riconciliarsi.

raggomitolàre A *v. tr.* (*io raggomìtolo*) Aggomitolare, aggomitolare di nuovo. **B** *v. rifl.* (*fig.*) Rannicchiarsi.

raggranellàre *v. tr.* (*io raggranèllo*) Mettere insieme poco per volta e a fatica (*anche fig.*): *— una piccola somma*; SIN. Racimolare.

raggrinzàre A *v. tr.* Fare diventare grinzoso. **B** *v. intr. e intr. pron.* (*aus. essere*) Fare le grinze, corrugarsi, detto di stoffa, pelle e sim.

raggrinzìre *v. tr., intr. e intr. pron.* (*io raggrinzìsco, tu raggrinzìsci; aus. intr. essere*) Raggrinzare.

raggrumàre A *v. tr.* Far rapprendere in grumi. **B** *v. intr. pron.* Rapprendersi in grumi.

raggruppaménto *s. m.* **1** Riunione in uno o più gruppi. **2** Insieme di cose o persone raggruppate; SIN. Gruppo.

raggruppàre A *v. tr.* Riunire in uno o più gruppi. **B** *v. intr. pron.* Riunirsi in un gruppo.

raggruzzolàre *v. tr.* (*io raggrùzzolo*) Mettere insieme formando un gruzzolo.

ragguagliàre *v. tr.* (*io ragguàglio*) **1** Ridurre al pari | (*raro*) Livellare: *— una strada.* **2** Paragonare: *non è possibile — il loro reddito.* **3** Fornire ragguagli: *non mancherò di ragguagliarvi sul fatto.*

ragguàglio *s. m.* **1** (*lett.*) Confronto, paragone. **2** Informazione, notizia precisa: *dare ampi ragguagli.*

ragguardévole *agg.* **1** Degno di riguardo, di stima, di considerazione; SIN. Insigne, notevole. **2** Cospicuo, ingente, detto di cosa: *una somma —.*

ragguardevolézza *s. f.* L'essere ragguardevole.

ràgia *s. f.* (*pl. -gie o -ge*) Resina che cola dal fusto di alcune conifere.

ragià o *rajah s. m. inv.* Titolo che indicava originariamente i re indiani, esteso poi a principi e alti dignitari.

ragionaménto *s. m.* **1** Riflessione per arrivare a una conclusione seguendo un procedimento logico | Argomentazione, dimostrazione: *perdersi in inutili ragionamenti.* **2** (*filos.*) Operazione mentale mediante la quale si inferisce una conclusione da una o più proposizioni precedentemente date. **3** (*gener.*) Discorso.

ragionàre *v. intr.* (*io ragióno; aus. avere*) **1** Usare la ragione per riflettere, discorrere o argomentare con rigore logico: *parla senza —* | Considerare, discutere ragionevolmente: *— su tutto* | Pensare assennatamente: *è un uomo che ragiona*; SIN. Riflettere. **2** (*pop.*) Discorrere, conversare, parlare: *— di un affare.*

ragionàto *part. pass. di ragionare; anche agg.* Che segue la ragione, che ha una logica: *discorso —.*

ragionatóre *s. m.* (*f. -trice*) Chi ragiona o ha la capacità di ragionare bene.

ragióne *s. f.* (*troncato in ragión in alcune loc.: a ragion veduta; la ragion di Stato; la ragion d'essere e sim.*) **1** La facoltà di pensare stabilendo rapporti e legami tra i concetti, di giudicare bene discernendo il vero dal falso, il giusto dall'ingiusto: *le bestie non hanno la —; il dominio della — sui sensi; l'età della —* | *Perdere l'uso, il lume della —*, impazzire. **2** Argomentazione, prova, dimostrazione usate per persuadere qc., confutare un ragionamento o dimostrarne la validità: *è una — inoppugnabile* | *Non ascoltare, non sentire —*, non lasciarsi convincere | *A maggior —*, con prove più sicure | *A ragion veduta*, avendo ben valutato la situazione. **3** Appartenenza di diritto, competenza: *non è di sua —* | *A chi di —*, a chi spetta | *Di pubblica —*, noto a tutti. **4** Legittimo motivo che spiega un fatto o un'azione: *la — sta dalla parte sua* | *Avere — da vendere*, essere nettamente nel giusto | *Dare — a qc.*, riconoscere la giustezza dei suoi argomenti | *A —*, giustamente, di diritto; CONTR. Torto | *Di santa —*, in abbondanza, fortemente: *picchiare qc. di santa —* | (*est.*) Causa, motivo: *ragioni di famiglia, di forza maggiore* | *Farsi una —*, rassegnarsi | *La — ultima*, il fine | (*fig.*) *Domandare, chiedere, rendere — di q.c.*, domandare, chiedere, rendere conto, giustificazione di q.c. **5** Misura, rapporto, proporzione: *in — del 20 per cento* | *In — di*, come, quanto a. **6** *— sociale*, nome delle società commerciali non aventi possibilità giuridica | *La ragion di Stato*, l'esigenza superiore dello Stato, a cui va sacrificata ogni altra considerazione. **7** (*mat.*) In una progressione aritmetica o geometrica, la differenza o il rapporto costante fra ciascun termine e il precedente. [→ tav. *proverbi* 109, 120, 143, 324, 395]

ragionerìa *s. f.* **1** Scienza che studia la regolamentazione delle funzioni amministrative e del controllo contabile di un'azienda. **2** Complesso di impiegati che, in un'azienda, in un ente e sim., si occupano dei settori contabile e amministrativo, e il relativo ufficio | *— generale dello Stato*, organo del ministero del Tesoro preposto al controllo delle erogazioni di somme da parte dello Stato.

ragionévole *agg.* **1** Che è dotato di ragione: *l'uomo è un essere —*; SIN. Razionale. **2** Che si lascia guidare dalla ragione; SIN. Equilibrato, riflessivo. **3** Conforme alla ragione o al buon senso, detto di cose: *sospetti ragionevoli*; SIN. Legittimo, giustificato. **4** Giusto, conveniente: *prezzo* —; SIN. Adeguato; CONTR. Esagerato, eccessivo.

ragionevolézza *s. f.* L'essere ragionevole.

ragionière *s. m.* (*f. -a;* V. nota d'uso FEMMINILE) Chi ha studiato e conseguito il diploma di ragioneria | Chi esercita la ragioneria.

ragionierìstico *agg.* (*pl. m. -ci*) **1** Che concerne la ragioneria. **2** (*est.*) Troppo scrupoloso e attento ai particolari più minuti: *procedimento* —.

raglàn *agg. inv.; anche s. m.* Detto di una particolare attaccatura di manica che parte dal collo con cuciture oblique fin sotto l'ascella: *manica* —; *cappotto alla* —.

ragliàre A *v. intr.* (*io ràglio; aus. avere*) **1** Emettere il caratteristico verso alto e stridulo, dell'asino. **2** (*fig.*) Gridare, parlare, cantare sgradevolmente. **B** *v. tr.* (*fig.*) Cantare male | Dire cose prive di senso: — *un discorso.*

ràglio *s. m.* **1** Grido dell'asino. **2** (*fig.*) Canto sgradevole.

ràgna *s. f.* **1** (*lett.*) Ragnatela. **2** Zona logora di tessuto. **3** Grande rete verticale che si tende ai passi obbligati degli uccelli. **4** (*fig.*) Inganno, insidia.

ragnatéla *s. f.* **1** Dispositivo a rete che il ragno fabbrica per catturare gli insetti di cui si nutre. **2** (*fig.*) Intreccio sottile e tenace di legami, inganni e sim. atto a irretire qc. o a impedirne la libera attività: *una — di frodi.* **3** (*fig.*) Tessuto molto leggero o logorato.

ragnatùra *s. f.* Parte logora di una stoffa.

ràgno *s. m.* Animale degli Aracnidi con corpo diviso in capotorace e addome uniti da un sottile peduncolo, otto zampe e ghiandole addominale il cui secreto, coagulando all'aria, forma il caratteristico filo. [→ ill. *zoologia*]

ragtime /*ingl.* 'rægtaim/ *s. m. inv.* Tipo di musica sincopata da considerare quale immediato predecessore del jazz.

ragù *s. m.* Sugo di carne cotta in umido con pomodori e droghe, per condire spec. la pastasciutta | Stufato.

ragutièra *s. f.* Salsiera per il ragù. [→ ill. *stoviglie*]

rài *s. m. pl.* (*poet.*) Raggi luminosi | Occhi.

ràia *s. f.* (*zool.*) Razza.

raid /*ingl.* 'reid/ *s. m. inv.* (*pl. ingl. raids* /'reidz/) **1** Viaggio lungo e difficoltoso, compiuto come impresa sportiva. **2** Incursione, scorreria, spec. aerea.

ràion o *ràyon s. m.* Nome commerciale di fibra tessile artificiale ottenuta a partire dalla cellulosa e usata come sostituto della seta.

rajah /*fr.* ra'ʒa, *ingl.* 'ra:dʒə/ (*pl. fr. rajahs* /ra'ʒa/, *pl. ingl. rajahs* /'ra:dʒəz/) V. *ragià.*

ralenti /*fr.* ralã'ti/ *s. m. inv.* (*pl. fr. ralentis* /ralã'ti/) (*cine., tv*) Rallentatore.

ralinga *s. f.* Cavo cucito intorno alla vela per rinforzo del bordo.

ralingàre *v. tr.* (*io ralingo, tu ralinghi*) **1** (*mar.*) Guarnire le vele di ralinghe. **2** (*mar.*) Volgere la vela in modo che presenti la ralinga al vento.

ràlla *s. f.* **1** (*mecc.*) Anello di ferro o bronzo entro il quale gira un perno, avente funzione di supporto di spinta per alberi verticali. **2** Untume nero che si forma intorno al mozzo della ruota.

rallargàre o *riallargàre* **A** *v. tr.* (*io rallàrgo, tu rallàrghi*) Allargare ulteriormente. **B** *v. intr. pron.* Allargarsi ulteriormente.

rallegraménto *s. m.* **1** (*raro*) Insorgenza di un senso di gioia e di allegria. **2** *spec. al pl.* Congratulazione: *vi faccio i miei rallegramenti*; SIN. Felicitazione.

rallegràre A *v. tr.* (*io rallégro*) Rendere allegro, mettere allegria: — *l'animo* | Rendere più lieto: *la sua presenza rallegra la festa*; SIN. Allietare. **B** *v. intr. pron.* **1** Diventare allegro o più allegro. **2** Congratularsi: *mi rallegro con voi per il buon affare*; SIN. Felicitarsi.

rallentaménto *s. m.* **1** Diminuzione di velocità: — *della corsa* | Diminuzione, attenuazione di intensità, frequenza e sim.: — *del lavoro*; — *dell'inflazione.* **2** (*cine., tv*) Tecnica di ripresa cinematografica che determina, in proiezione, un effetto di minor velocità rispetto all'azione reale.

rallentàre A *v. tr.* (*io rallènto*) **1** Rendere meno veloce: — *la corsa*; CONTR. Affrettare. **2** ass. Diminuire la velocità: *il veicolo rallenta*; CONTR. Accelerare. **3** (*fig.*) Diminuire di intensità: — *la sorveglianza* | — *le visite*, diradarle. **B** *v. intr. pron.* (*fig.*) Diventare più lento, meno intenso.

rallentatóre *s. m.* (*f. -trìce*) **1** Chi rallenta. **2** (*cine., tv*) Dispositivo per il rallentamento | *Al* —, di proiezione effettuata con la tecnica del rallentamento; (*fig.*) molto lentamente.

rallifórmi *s. m. pl.* (*sing. -e*) Ordine di uccelli carenati, con lungo collo e becco e zampe lunghe, cui appartengono le gru.

rally /*ingl.* 'ræli/ *s. m. inv.* (*pl. ingl. rallies* /'ræliz/) Manifestazione automobilistica di durata e di regolarità su strada a velocità limitata, in cui l'itinerario o gli itinerari si concludono in un medesimo luogo e tempo fissati in precedenza.

ramadàn *s. m. inv.* Nono mese del calendario musulmano, in cui vi è l'obbligo dello stretto digiuno dall'alba al tramonto.

ramages /*fr.* ra'maʒ/ *s. m. pl.* Disegno di stoffa o biancheria a rami e fiori | *Stoffa a* —, damascata.

ramàglia *s. f.* Insieme di frasche e rami tagliati.

ramàio *s. m.* Artigiano che ripara e vende recipienti in rame.

ramaiòlo *s. m.* Grande cucchiaio da cucina con lungo manico, per rimestare e versare cibi liquidi. [→ ill. *cucina*]

ramanzina *s. f.* Lungo rimprovero; SIN. Paternale, predicozzo.

ramàre *v. tr.* **1** Ricoprire una superficie metallica con un sottile strato di rame. **2** Dare il solfato di rame alle viti o ad altre piante.

ramàrro *s. m.* Rettile simile alla lucertola, di colore verdastro, che vive nei prati, boschi, sassaie, cacciando insetti. [→ ill. *animali* 6]

ramàto A *part. pass. di ramare; anche agg.* **1** Che ha colore rossiccio come il rame: *barba ramata.* **2** Che contiene rame o sali di rame: *acqua ramata.* **B** *s. m.* Soluzione di solfato di rame per irrorare le viti.

ramatùra (1) *s. f.* **1** Operazione del ramare una superficie metallica | Sottile rivestimento di rame. **2** Irrorazione di piante con solfato di rame e sim.

ramatùra (2) *s. f.* Insieme dei rami di una pianta.

ramàzza *s. f.* **1** Scopa grossolana di rami, per spazzare terra o neve. [→ ill. *nettezza urbana, scopa*] **2** (*gerg.*) Soldato comandato per ramazzare.

ramazzàre *v. tr.* Spazzare con la ramazza.

ràme *s. m.* **1** Elemento chimico, metallo rosso chiaro diffuso in natura sia allo stato nativo sia sotto forma di sali; buon conduttore dell'elettricità e del calore, si lega facilmente ad altri metalli per formare leghe adatte ad applicazioni in tutti i campi industriali: *il bronzo è una lega di — e stagno*; SIMB. Cu | *Solfato di* —, usato per prevenire e combattere la peronospora della vite e altre malattie. **2** *al pl.* Recipienti di rame per la cucina. **3** Incisione su rame: *un pregevole — d'autore.*

ramèico *agg.* (*pl. m. -ci*) Detto di composto del rame bivalente: *sali rameici.*

rameóso *agg.* Detto di composto del rame monovalente.

ramerino *s. m.* (*bot.; tosc.*) Rosmarino.

ramétto *s. m. Dim. di ramo.*

ramiè *s. m.* **1** Pianta erbacea perenne delle Urticacee, con foglie bianche inferiormente, che fornisce fibre tessili. **2** Fibra tessile ottenuta da tale pianta.

ramìfero (1) *agg.* (*raro*) Che contiene rame.

ramìfero (2) *agg.* Ricco di rami.

ramificàre A *v. intr.* (*io ramìfico, tu ramìfichi; aus. avere*) Produrre rami. **B** *v. intr. pron.* (*fig.*) Biforcarsi, diramarsi: *la strada si ramifica.*

ramificàto *part. pass. di ramificare; anche agg.* Che ha rami.

ramificazióne *s. f.* **1** Produzione e disposizione dei rami in una pianta. [→ ill. *botanica*] **2** (*est.*) Diramazione, espansione: *le ramificazioni di una società.*

ramina *s. f.* **1** Scaglia che si stacca nella lavorazione del rame. **2** Reticolato di fili di rame o di altro metallo. **3** Matassina di paglia d'acciaio per pulitura di pentole, lustratura di metalli e sim.

ramingàre *v. intr.* (*io ramingo, tu ramìnghi; aus. avere*) (*lett.*) Andare ramingo.

ramingo *agg.* (*pl. m. -ghi*) Che va errando senza mai fermarsi e non ha una meta precisa: *andare — per il mondo.*

ramino *s. m.* Gioco di carte tra più giocatori, con due mazzi di 52 carte completi di jolly.
rammagliàre *v. tr.* (*io rammàglio*) Aggiustare le maglie: *— le calze.*
rammagliatrìce *s. f.* Donna che per mestiere riprende le sfilature delle calze.
rammagliatùra *s. f.* Lavoro del rammagliare | Segno che ne rimane.
rammaricàre ***A*** *v. tr.* (*io rammàrico, tu rammàrichi*) Affliggere, amareggiare: *il tuo comportamento lo rammarica.* ***B*** *v. intr. pron.* Sentire rincrescimento: *si è molto rammaricato della disgrazia* | Lamentarsi, lagnarsi: *non fa che rammaricarsi*; SIN. Pentirsi.
rammàrico *s. m.* (*pl. -chi*) Espressione di rincrescimento | Amarezza, afflizione: *provare — per q.c.* | Lamento, lagnanza: *ti esprimo il mio —.*
rammendàre *v. tr.* (*io rammèndo*) Eseguire rammendi.
rammendatóre *s. m.* (*f. -trìce*) ***1*** Chi esegue rammendi per professione. ***2*** Operaio tessile addetto alla rammendatura.
rammendatùra *s. f.* ***1*** Rammendo | Spesa del rammendo. ***2*** Operazione di apparecchiatura dei tessuti, per correggere eventuali difetti di tessitura e orditura.
rammèndo *s. m.* Lavoro che si fa per ricostruire o rinforzare trama e ordito in un tessuto strappato o molto usato | Parte rammendata. [→ ill. *tessuto*]
rammentàre ***A*** *v. tr.* (*io ramménto*) ***1*** Ricordare, fare menzione: *— il passato.* ***2*** Richiamare alla memoria: *— la propria vita* | *— una persona*, ricordarne la figura per la somiglianza. • SIN. Ricordare. ***B*** *v. intr. pron.* Ricordarsi: *mi rammenterò di voi.*
rammodernàre *v. tr.* (*io rammodèrno*) Rimodernare.
rammolliménto *s. m.* ***1*** Fenomeno per cui q.c. assume una consistenza molle: *— della cera* | (*fig.*) Infiacchimento: *— del carattere.* ***2*** (*med.*) Lesione di un organo per cui questo perde la sua normale consistenza | *— cerebrale*, lesione cerebrale da insufficiente vascolarizzazione.
rammollire ***A*** *v. tr.* (*io rammollisco, tu rammollisci*) Fare diventare molle: *— la cera* | (*fig.*) Indebolire: *gli ozi lo hanno rammollito.* ***B*** *v. intr. e intr. pron.* (*aus. essere*) Diventare molle (*anche fig.*): *invecchiando si è rammollito.*
rammollito *part. pass. di rammollire; anche agg. e s. m.* (*f. -a*) Che (o chi) rivela poca energia o carattere, spec. morale.
rammorbidire ***A*** *v. tr.* (*io rammorbidisco, tu rammorbidisci*) Rendere morbido o più morbido: *— un metallo* | (*fig.*) Mitigare, raddolcire. ***B*** *v. intr. e intr. pron.* (*aus. essere*) Diventare morbido.
Ramnàcee *s. f. pl.* Famiglia di piante arboree o arbustive delle Ramnali, spesso rampicanti, con piccoli fiori verdastri o giallastri riuniti in infiorescenze ascellari. [→ ill. *piante* 7]
Ramnàli *s. f. pl.* (*sing. -e*) Ordine di piante legnose dicotiledoni, delle regioni temperate o tropicali. [→ ill. *piante* 7]
ràmno *s. m.* Arbusto delle Ramnali talvolta spinoso, con foglie alterne od opposte, fiori piccoli e frutti a drupa con più noccioli.
ràmo *s. m.* ***1*** Suddivisione primaria del fusto delle piante, che a sua volta può dividersi in rami secondari, rametti, ramoscelli | *— secco*, (*fig.*) persona, azienda, attività improduttiva, troppo costosa o inutile | (*fig.*) *Avere un — di pazzia*, essere strano, stravagante. [→ ill. *botanica*] ***2*** Tutto ciò che sporge a forma di ramo da un corpo principale: *i rami delle corna dei cervi* | *I rami della croce*, i bracci | *— di un fiume*, corso secondario che si stacca dal principale | *— di una strada*, biforcazione | *I rami del Parlamento*, ciascuna delle due Camere del Parlamento. ***3*** Partizione, specialità di una disciplina o di una scienza: *un — della zoologia* | (*est.*) Materia di studio, disciplina: *quello è il suo —*; SIN. Campo. ***4*** Linea di parentela, di consanguineità: *discendere da un — cadetto.*
ramolàccio *s. m.* (*bot.*) Varietà coltivata di rafano.
ramoscèllo *s. m.* Piccolo ramo. [→ ill. *botanica*]
ramosità *s. f.* L'essere ramoso.
ramóso *agg.* Fornito di rami: *quercia ramosa* | Ramificato: *corna ramose.*
ràmpa *s. f.* ***1*** Piano lievemente inclinato che forma ampi scalini a pedata inclinata e alzata piccolissima. [→ ill. *architettura*] ***2*** Parte di una scala costituita da una serie di gradini fra un pianerottolo e l'altro. [→ ill. *casa, scala*] ***3*** (*est.*) Salita ripida. ***4*** (*aer.*) Sistema di guide per il lancio di aerei, missili e sim.: *— di lancio.* [→ ill. *armi*] ***5*** (*ferr.*) *— di accesso*, piano inclinato per l'accesso di veicoli o animali a un piano caricatore. ***6*** (*arald.*; *raro*) Zampa anteriore di animali provvista di artigli.
rampànte ***A*** *part. pres. di rampare; anche agg.* ***1*** Che si arrampica (*anche fig.*) | (*arald.*) Detto dei quadrupedi levati sulle zampe posteriori. [→ ill. *araldica*] ***2*** (*arch.*) Detto di arco con dislivello tra i due piani d'imposta. [→ ill. *architettura*] ***B*** *s. m.* Parte di una scala costituita da una serie non interrotta di gradini compresa fra un pianerottolo e l'altro.
rampàre *v. intr.* (*aus. avere*) ***1*** (*raro*) Arrampicarsi. ***2*** Tentare di colpire o ghermire con gli arti anteriori, detto di animale.
rampicànte ***A*** *part. pres. di rampicare; anche agg.* Che si arrampica | *Pianta —*, che cresce abbarbicandosi a muri e sim. [→ ill. *botanica*] ***B*** *s. m.* ***1*** Pianta rampicante. [→ ill. *botanica*] ***2*** *al pl.* Nelle vecchie tassonomie animali, ordine di uccelli arboricoli con piedi a quattro dita, due rivolte in avanti e due indietro, atti ad arrampicarsi.
rampicàre *v. intr.* (*io ràmpico, tu ràmpichi; aus. essere e avere*) (*raro*) Aggrapparsi, arrampicarsi, detto spec. di animali e di piante.
rampicatóre *agg.* (*f. -trìce*) Che si arrampica.
rampichino *s. m.* ***1*** (*bot.*) Rampicante. ***2*** (*zool.*) Piccolo uccello abile nel camminare sui tronchi, con becco a sciabola per catturare insetti.
rampino *s. m.* ***1*** *Dim. di rampa.* ***2*** Ferro, chiodo, gancio fatto a uncino, per sostenere o afferrare. [→ ill. *ferramenta*] ***3*** (*mar.*) Ferro a tre o quattro uncini usato per ripescare dal fondo oggetti caduti in mare. ***4*** (*fig.*) Pretesto, cavillo: *si attacca a ogni —.*
rampógna *s. f.* (*lett.*) Rimprovero, spec. aspro e duro.
rampognàre *v. tr.* (*io rampógno*) (*lett.*) Biasimare, rimproverare duramente.
rampollàre *v. intr.* (*io rampóllo; aus. essere*) ***1*** Zampillare, scaturire dal suolo, detto di acqua: *la sorgente rampolla dalla montagna.* ***2*** Germogliare, nascere dal seme, detto di piante. ***3*** (*fig.*) Discendere, detto di stirpe o famiglia | (*est., fig.*) Avere origine.
rampóllo *s. m.* ***1*** Getto d'acqua che scorre | Vena d'acqua che scaturisce dal suolo. ***2*** Germoglio nato su fusto o ramo vecchio di pianta. ***3*** (*fig.*) Discendente diretto di una famiglia.
rampóne *s. m.* ***1*** Fiocina grande ad ali lunghe taglienti e snodate usata per la pesca dei cetacei. ***2*** Ferro piegato a uncino | Ferro dentato applicabile alle scarpe di chi deve arrampicarsi su alberi, pali e sim. | In alpinismo, ciascuno degli attrezzi che si fissano sotto la suola degli scarponi per procedere su neve dura o su ghiaccio. [→ ill. *alpinista*]
ramponière *s. m.* Marinaio addetto a lanciare il rampone nella caccia alle balene.
ràna ***A*** *s. f.* ***1*** Animale degli Anfibi, senza coda, a pelle liscia, denti nella mascella superiore e zampe posteriori atte al salto | *— verde*, comune, abbondante in paludi e risaie | *Nuoto a —*, stile di nuoto con movimento delle braccia e delle gambe che agiscono come gli arti dell'anfibio. [→ ill. *rana, animali* 6] ***2*** *— pescatrice*, pesce osseo a capo largo e appiattito su cui sono impiantate appendici filamentose erettili, bocca enorme e denti robusti; SIN. Pescatrice. [→ ill. *animali* 8] ***B*** *in funzione di agg. inv.* (*posposto al s.*) *Nella loc. uomo —*, sommozzatore.
ranch /*ingl.* raːntʃ/ *s. m. inv.* (*pl. ingl. ranches* /ˈraːntʃiz/) Fattoria per l'allevamento di animali, nel Middle e Far West americano e nel Canada.
rancho /*sp.* ˈrantʃo/ *s. m. inv.* (*pl. sp. ranchos* /ˈrantʃos/) Fattoria per l'allevamento del bestiame, nel Messico e nel sud del Far West americano.
rancidézza *s. f.* L'essere rancido.
rancidità *s. f.* Alterazione degli oli e dei grassi per ossidazione all'aria.
ràncido ***A*** *agg.* ***1*** Detto di sostanze grasse che, per un processo di ossidazione, assumono un sapore sgradevole di stantio: *burro —.* ***2*** (*fig.*) Vecchio, antiquato, sorpassato: *idee rancide.* ***B*** *s. m. solo sing.* Sapore e odore

delle sostanze irrancidite.

rancidùme *s. m.* **1** Puzzo di rancido | Cose rancide. **2** (*fig.*) Cose vecchie, antiquate.

ràncio (1) *s. m.* Pasto dei soldati e dei marinai: *ora del —; distribuzione del —.*

ràncio (2) *agg.* (*poet.*) Arancio.

rancóre *s. m.* Sentimento di odio, sdegno, risentimento tenuto nascosto; SIN. Livore.

rànda *s. f.* **1** Nelle attrezzature navali, vela aurica trapezoidale allacciata all'albero e inferita superiormente al picco e in basso alla boma | Nelle imbarcazioni da diporto, vela maggiore. [→ ill. *marina*] **2** Arnese da carradore o bottaio per disegnare ruote o doghe. **3** Regolo mobile che serve ai muratori per disegnare archi sul muro.

randàgio *agg.* (*pl. f. -ge o -gie*) **1** (*lett.*) Che procede vagando, senza accompagnarsi con altri; SIN. Ramingo, vagabondo. **2** Di animale domestico senza padrone o fuori dal branco: *cane —.*

randeggiàre *v. tr.* (*io randéggio*) Spingere la nave con vele di randa.

randellàre *v. tr.* (*io randèllo*) Colpire con il randello.

randellàta *s. f.* Colpo di randello; SIN. Bastonata.

randèllo *s. m.* **1** Bastone piuttosto grosso. **2** Bastone corto e incurvato.

ranétta V. *renetta.*

ranforinco *s. m.* (*pl. -chi*) Rettile volatore del Giurassico fornito di denti acuminati e di lunga coda. [→ ill. *paleontologia*]

ranger /*ingl.* 'reindʒə/ *s. m. inv.* (*pl. ingl. rangers* /'reindʒəz/) (*mil.*) Soldato di un reparto di truppe d'assalto.

ranghinatóre *s. m.* Macchina agricola per compiere varie operazioni nella fienagione. [→ ill. *agricoltura*]

ràngo *s. m.* (*pl. -ghi*) **1** Schiera, riga, ordinanza | *In —*, al proprio posto nel reparto inquadrato | *Uscire dai ranghi*, dallo schieramento | *Rientrare nei ranghi*, reinserirsi e (*fig.*) rinunciare a un'azione contraria alle direttive. **2** (*est.*) Grado, condizione sociale: *gente di basso —.*

ranista *s. m. e f.* (*pl. m. -i*) Nuotatore specialista nel nuoto a rana.

rannicchiàre **A** *v. tr.* (*io rannicchio*) Contrarre, ripiegare in piccolo spazio, come in una nicchia: *— le spalle.* **B** *v. rifl.* Raccogliersi come in una nicchia: *rannicchiarsi in un angolo.*

rànno *s. m.* Acqua di cenere che si fa passare bollente attraverso i panni da lavare | *Perdere il — e il sapone*, (*fig.*) perdere tempo e fatica.

rannuvolaménto *s. m.* Formazione, addensamento di nubi | (*fig.*) Espressione di turbamento.

rannuvolàre **A** *v. tr.* (*io rannùvolo*) Coprire di nuvole, oscurare (*spec. fig.*): *la rabbia ti rannuvola la mente.* **B** *v. intr. pron.* **1** Ricoprire di nuvole: *l'orizzonte si è rannuvolato.* **2** (*fig.*) Turbarsi, oscurarsi in volto.

ranòcchia *s. f.* Ranocchio.

ranocchiàia *s. f.* Luogo pieno di ranocchi.

ranocchiésco *agg.* (*pl. m. -schi*) Di, da ranocchio (*spec. spreg.*).

ranòcchio *s. m.* **1** (*fam.*) Rana verde. **2** (*fig., scherz.*) Persona di bassa statura e sgraziata. **3** (*fig., fam., scherz.*) Bambino.

rantolàre *v. intr.* (*io ràntolo; aus. avere*) Mandare rantoli | (*est.*) Agonizzare.

rantolìo *s. m.* Atto del rantolare frequente o continuato.

ràntolo *s. m.* **1** Respiro ansimante proprio degli agonizzanti. **2** Rumore prodotto dal passaggio dell'aria nelle vie respiratorie quando in esse è presente un secreto fluido o vischioso.

rantolóso *agg.* Che ha il rantolo.

Ranuncolàcee *s. f. pl.* Famiglia di piante erbacee delle Policarpali, con foglie divise o composte, fiori con petali ridotti e sepali che sembrano petali. [→ ill. *piante* 4]

ranùncolo *s. m.* Pianta erbacea annua o perenne delle Policarpali con fiori gialli o bianchi o rosa e frutto ad achenio.

ràpa **A** *s. f.* **1** Pianta delle Papaverali, coltivata, con piccoli fiori dorati, foglie utili come foraggio e grossa radice carnosa commestibile | Radice della rapa | *Cima di —*, foglie giovani e steli fioriferi commestibili della rapa | *Non valere una —*, non valere niente | *Voler cavare sangue da una —*, (*fig.*) pretendere da qc. ciò che non può dare. [→ ill. *piante* 5, *verdura*] **2** (*scherz.*) Testa rasata o calva. **3** (*fig.*) Persona sciocca: *quel ragazzo è una —.* **B** *in funzione di agg. inv.* (*posposto al s.*) *Nella loc. cavolo —*, varietà di cavolo, con il caule ingrossato alla base. [→ tav. *proverbi* 133]

rapàce **A** *agg.* Che è pronto a ghermire ciò che non gli appartiene: *lupo —* | (*est., fig.*) Avido, pieno di brama: *sguardo —.* **B** *s. m.* Ogni uccello predatore con becco adunco e unghie da artiglio. [→ ill. *zoologia*]

rapacità *s. f.* L'essere rapace.

rapàre **A** *v. tr.* Radere i capelli. **B** *v. rifl.* Radersi o farsi radere a zero i capelli.

rapàta *s. f.* Operazione del rapare.

rapè *agg. inv.* **1** Detto di tappeto logoro, con l'ordito in vista. **2** Detto di tabacco da fiuto ottenuto in origine raspando un pezzo di tabacco.

raperino *s. m.* (*zool.*) Verzellino.

raperónzolo *s. m.* Campanulacea perenne con fiori violetti in lunga pannocchia e foglie commestibili come la radice carnosa a fittone.

ràpida *s. f.* **1** Tratto del fiume con pendenza e corrente forti. **2** Nei treni, congegno per la frenatura d'emergenza.

rapidità *s. f.* **1** L'essere rapido; SIN. Prontezza, sveltezza, velocità; CONTR. Lentezza. **2** (*fot.*; *impr.*) Sensibilità di un'emulsione fotografica.

ràpido **A** *agg.* **1** Che si sposta rapidamente: *veicolo —* | (*est.*) Di azione, movimento, molto veloce: *una rapida mossa* | (*est.*) Veloce: *— come il vento*; SIN. Svelto; CONTR. Lento. **2** Che avviene in breve tempo: *una rapida occhiata*; *un — esame*; SIN. Breve. **B** *s. m.* Treno viaggiatori a elevata velocità che si ferma solo in alcune stazioni importanti.

rapiménto *s. m.* **1** Delitto di chi sottrae e trattiene qc. con la forza, la violenza, l'inganno: *progettare un —*; SIN. Ratto. **2** Nel linguaggio mistico, l'essere sollevati dalla realtà naturale nella contemplazione delle realtà divine; SIN. Estasi. **3** (*fig.*) Emozione profonda.

rapina *s. f.* **1** Delitto di chi s'impossessa di cosa mobile altrui sottraendola a chi la detiene mediante violenza o minaccia: *— a mano armata.* **2** (*est.*) Ruberia, estorsione: *con le sue rapine è diventato ricco* | *Uccelli da —*, rapaci. **3** Cose sottratte con rapina: *occultare la —.* **4** (*lett.*) Forza travolgente.

rapinàre *v. tr.* Portare via mediante rapina | (*est.*) Fare ruberie: *ha rapinato molto denaro* | Derubare con rapina: *lo hanno rapinato dei gioielli.*

rapinatóre *s. m.* (*f. -trice*) Chi rapina.

rapinóso *agg.* **1** (*lett.*) Rapido, travolgente: *torrente —.* **2** (*fig.*) Violentemente seducente: *sguardo —.*

rapire *v. tr.* (*pres. io rapisco, tu rapisci; part. pass. rapito*) **1** Portare via a forza o con la frode: *— la preda* | Condurre

rana

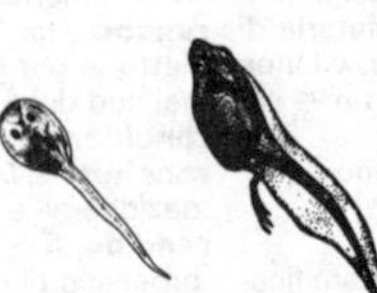

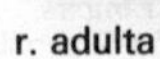

uova — uovo con embrione — girino (in diverse fasi di sviluppo) — r. adulta

con sé qc. con la violenza, l'inganno e la seduzione: — *una donna* | (*est.*) Ghermire, rubare: — *il pane di bocca.* **2** (*fig.*) Attrarre completamente l'attenzione, l'affetto, il sentimento: *è una musica che rapisce*; SIN. Estasiare.

rapitóre *s. m.; anche agg.* (*f. -trice*) Chi (o che) rapisce.

rappacificaménto *s. m.* Rappacificazione.

rappacificàre **A** *v. tr.* (*io rappacìfico, tu rappacìfichi*) Rimettere in pace: — *due nemici* | (*est.*) Quietare, calmare: — *gli animi*; SIN. Riconciliare. **B** *v. rifl. rec.* Riconciliarsi.

rappacificazióne *s. f.* Riconciliazione.

rappattumàre **A** *v. tr.* Fare tornare d'accordo o in pace, spesso non definitivamente. **B** *v. rifl. e rifl. rec.* Rappacificarsi in qualche modo.

rappellàre *v. tr.* (*io rappèllo*) (*lett.*) Richiamare.

rappezzaménto *s. m.* Riparazione eseguita mettendo il pezzo mancante | Rabberciatura (*anche fig.*).

rappezzàre *v. tr.* (*io rappèzzo*) **1** Aggiustare mettendo il pezzo mancante | Rattoppare. **2** (*fig.*) Mettere insieme, comporre alla meglio: — *uno scritto.* • SIN. Rabberciare, rattoppare.

rappezzatùra *s. f.* Rappezzo.

rappèzzo *s. m.* **1** Operazione del rappezzare | Parte rappezzata. **2** Pezzo aggiunto per rimediare a una rottura o a una mancanza.

rappigliàre **A** *v. tr.* (*io rappìglio*) (*raro*) Rapprendere, coagulare. **B** *v. intr. pron.* (*raro*) Coagularsi, rassodarsi.

rapportàbile *agg.* Che si può rapportare.

rapportàre **A** *v. tr.* (*io rappòrto*) **1** Riferire, riportare: — *una notizia.* **2** Riferire l'una all'altra due grandezze o due quantità per stabilire un rapporto fra di loro: — *due redditi* | Confrontare: — *due fenomeni.* **3** Riprodurre con le dovute proporzioni disegni, progetti e sim.: — *un bozzetto.* **B** *v. intr. pron.* Confrontarsi, riferirsi.

rapportatóre *s. m.* Strumento che serve a riportare un angolo e a misurarlo.

rappòrto *s. m.* **1** Relazione, informazione, denuncia: *fare un — della situazione*; *farò — ai superiori* | Resoconto scritto che contiene i fatti che si vogliono far conoscere: *stendere un —.* **2** (*mil.*) Relazione scritta per notificare avvenimenti, mancanze disciplinari, incidenti, fatti d'armi e sim. | *Chiamare a —*, mediante apposita convocazione | *Mettersi a —*, per esporre al proprio superiore questioni personali di servizio. **3** Connessione, relazione, dipendenza: *non c'è — tra i due fenomeni*; *— di causa ed effetto* | (*dir.*) — *di causalità*, rapporto immediato che deve intercorrere tra un fatto e un evento perché si producano gli effetti previsti dalla legge. **4** (*fig.*) Punto di vista: *sotto ogni —* | *Per, in, — a*, rispetto a, relativamente a. **5** Relazione fra persone o fra persone e organismi: — *di amicizia, di parentela*; *essere in buoni rapporti*; *i rapporti con il governo* | — *giuridico*, relazione tra soggetti giuridici | *Avere rapporti intimi con qc.*, avere una relazione sessuale. **6** Nel linguaggio scientifico e tecnico, quoziente tra due numeri o grandezze. **7** Nel ciclismo, cambio di velocità. **8** In tessitura, disegno da stampare su stoffa | (*est.*) Punto di congiungimento che segna il ripetersi del disegno su un tessuto stampato.

rapprèndere **A** *v. tr.* (*coniug. come prendere*) Rendere denso, solido. **B** *v. intr. pron. e intr.* (*aus. essere*) Rappigliarsi, coagularsi.

rappresàglia *s. f.* **1** Misura coercitiva presa da uno Stato nei confronti di un altro come reazione a un illecito commesso da quest'ultimo nei confronti del primo: *compiere una —.* **2** Reazione violenta contro qc. per riaffermare i propri diritti o vendicarsi di q.c.: *uccidere per —.*

rappresentàbile *agg.* Che si può rappresentare.

rappresentànte **A** *part. pres. di rappresentare; anche agg.* Che rappresenta. **B** *s. m. e f.* **1** Chi rappresenta un ente, una società e sim. | — *sindacale, aziendale*, in un'azienda, lavoratore designato a rappresentare gli iscritti alle confederazioni sindacali e a coordinare e dirigere la loro attività sindacale. **2** (*fig.*) Chi simboleggia un periodo, una corrente, una disciplina: *è un tipico — della pop art.* **3** Chi per legge o per procura compie un'attività o svolge una funzione in nome e per conto d'altri | — *popolare*, l'eletto a una data carica | — *di commercio*, ass. —, intermediario che effettua operazioni commerciali in nome e per conto di una ditta.

rappresentànza *s. f.* **1** Opera svolta in nome e per conto d'altri | *In — di*, per conto, a nome di: *partecipare a una cerimonia in — del capo dello Stato* | (*est.*) Immagine di decoro connessa a una data carica: *spese di —*; *sale di —.* **2** Compimento di attività giuridica in nome e per conto di altri | — *nazionale*, il Parlamento. **3** Ufficio, incarico, mansione del rappresentante commerciale.

rappresentàre *v. tr.* (*io rapprésènto*) **1** Rendere visibile, percepibile, evidente la realtà mediante una rappresentazione grafica, scultorea e sim.: — *di profilo, in primo piano, al naturale* | (*est.*) Descrivere, narrare: *è un testo che rappresenta bene la realtà*; SIN. Raffigurare. **2** Compiere un'attività giuridica in nome e per conto di altri. **3** Simboleggiare: *la lupa rappresenta l'avarizia* | Essere, costituire: *questo rappresenta una sconfitta.* **4** Recitare, portare in scena: — *l'Amleto.* **5** Interpretare e difendere con la debita autorità interessi e sentimenti: — *una minoranza, una nazione* | (*est.*) Parlare, operare in nome di altri: *in questo momento rappresenta tutti noi.*

rappresentativa *s. f.* **1** Squadra rappresentativa. **2** Gruppo di persone designate a rappresentare enti, partiti e sim.

rappresentatività *s. f.* Capacità di essere rappresentativo.

rappresentativo *agg.* **1** Che rappresenta, che è atto a rappresentare: *immagine rappresentativa* | *Squadra rappresentativa*, compagine di atleti scelti a rappresentare una città, una regione, una nazione | (*stat.*) *Campione —*, quello che rispecchia le caratteristiche della popolazione da cui è prelevato e quindi permette di effettuare stime e previsioni attendibili. **2** (*dir.*) Fondato sulla rappresentanza | *Sistema —*, sistema di governo esercitato da rappresentanti popolari.

rappresentazióne *s. f.* **1** Raffigurazione di aspetti della realtà o di contenuti concettuali o immaginari per mezzo di immagini grafiche, scultoree e sim.: *la — di una scena fantastica* | (*est.*) Descrizione, narrazione: *una — della realtà comunale.* **2** (*filos.*) Operazione conoscitiva in base alla quale un oggetto risulta più o meno chiaramente presente alla coscienza | Contenuto mentale il cui oggetto non è presente. **3** Spettacolo presentato al pubblico | *Sacra —*, dramma di carattere religioso. **4** — *grafica*, diagramma dell'andamento di un fenomeno o di una funzione.

rapsodia *s. f.* **1** L'arte del rapsodo e il genere di poesia epica da lui recitata. **2** Brano di poesia epica recitato in pubblico. **3** (*mus.*) Componimento composto di reminiscenze di varie melodie nazionali popolari: — *ungherese.*

rapsòdico *agg.* (*pl. m. -ci*) **1** Di rapsodo o rapsodia: *composizione rapsodica.* **2** Frammentario: *lettura rapsodica.*

rapsodista *s. m. e f.* (*pl. m. -i*) **1** Rapsodo. **2** (*mus.*) Compositore di rapsodie.

rapsòdo *s. m.* Recitatore di rapsodie.

raptus /*lat.* 'raptus/ *s. m. inv.* **1** Impulso improvviso a compiere azioni spesso violente e aggressive senza coscienza di ciò che si esegue. **2** (*est.*) Momento di ispirazione, breve e improvviso.

rara avis /*lat.* 'rara 'avis/ *loc. sost. f. inv.* Persona o cosa eccezionale o particolarmente apprezzabile.

raraménte *avv.* Rare volte: *lo vedo —.*

rarefàre **A** *v. tr.* (*pres. io rarefàccio o rarefò, tu rarefài, egli rarefà; imp. rarefà o rarefa' o rarefài; nelle altre forme, coniug. come fare*) Fare diventare meno denso o più rado: — *l'aria.* **B** *v. intr. pron.* Diventare rado, perdere densità.

rarefazióne *s. f.* Diminuzione di densità: — *dell'aria* | Diminuzione di intensità, di frequenza: — *delle visite*; — *del traffico.*

rarità *s. f.* **1** L'essere raro: *la — del caso.* **2** Cosa rara, singolare; SIN. Curiosità.

ràro *agg.* **1** Che si trova, si incontra raramente: *animali rari* | *Bestia rara*, (*fig.*) cosa, fenomeno che escono dalla norma o persona eccezionale. **2** Singolare, prezioso perché non comune: *ingegno —* | *Gas —*, gas nobile. **3** Che avviene poche volte in un determinato periodo di tempo: *visite rare*; SIN. Infrequente. **4** (*chim.*) *Terre rare*, gruppo di minerali, spec. fosfati e silicati, che contengono elementi trivalenti detti anch'essi terre rare. [→ tav. *proverbi* 319]

ras *s. m. inv.* **1** In Etiopia, titolo dato ai capi preposti al

governo di determinate province. **2** (*fig., spreg.*) Autorità locale che agisce dispoticamente.
rasàre o * raṣàre* **A** *v. tr.* **1** Tagliare i peli col rasoio: – *la barba* | – *a zero*, tagliare i capelli fino alla radice, generalmente per punizione. **2** Pareggiare levando le sporgenze: – *la siepe.* **B** *v. rifl.* Tagliarsi i peli col rasoio | (*fam.*) Farsi la barba.
rasatèllo o *raṣatèllo s. m.* Rasato leggero molto apprettato.
rasàto o *raṣàto* **A** *part. pass. di rasare; anche agg.* **1** A cui sono stati tagliati i peli. **2** Detto di tessuto molto liscio | *Maglia rasata*, quella che si ottiene lavorando un ferro a diritto e l'altro a rovescio. **B** *s. m.* Tessuto liscio, lucente come il raso.
rasatrìce o *raṣatrìce s. f.* Macchina per rasare feltri, pellami e sim.
rasatùra o *raṣatùra s. f.* Operazione del rasare o del rasarsi | Ciò che viene asportato radendo.
raschiaménto *s. m.* **1** Operazione del raschiare. **2** Intervento chirurgico consistente nel raschiare la pelle, un osso o la cavità di un organo: – *uterino.*
raschiàre **A** *v. tr.* (*io ràschio*) Fregare con forza per appianare, ripulire una superficie o eliminarne croste e sporgenze: – *il muro con una lama.* **B** *v. intr.* (*aus. avere*) Fare il raschio per eliminare catarro o richiamare l'attenzione di qc.
raschiàta *s. f.* Atto del raschiare, spec. una sola volta e in fretta.
raschiatóio *s. m.* **1** Strumento per raschiare. **2** Nei motori a scoppio, anello applicato allo stantuffo che raschia l'olio dalla parete del cilindro.
raschiatùra *s. f.* **1** Operazione del raschiare | Il segno che ne rimane. **2** Ciò che è stato raschiato.
raschiétto *s. m.* **1** Arnese per raschiare | Piccola lamina con manico per raschiare via dalla carta macchie, parole e sim. [→ ill. *meccanica, orafo e argentiere*] **2** Strumento per la raschiatura di muri, assiti e sim. **3** Ferro piatto infisso presso l'uscio di casa, per raschiar via il fango dalla suola delle scarpe.
raschìno *s. m.* Arnese per raschiare.
ràschio *s. m.* **1** Rumore che si produce con la gola per liberarsi dal catarro o attirare l'attenzione di qc.: *fare il* –. **2** (*est.*) Senso di prurito, di irritazione alla gola.
rasciugàre **A** *v. tr.* (*pres. io rasciùgo, tu rasciùghi*) (*raro, tosc.*) Fare diventare asciutto (*anche fig.*): – *le lacrime.* **B** *v. intr. pron.* Diventare asciutto.
raṣentàre *v. tr.* (*io raṣènto*) **1** Camminare rasente a q.c. o accostarsi a q.c. fino quasi a toccarla: – *la riva.* **2** (*fig.*) Avvicinarsi molto a q.c.: – *l'ottantina;* – *il ridicolo* | – *il codice penale*, agire poco onestamente, tanto da commettere quasi dei reati. ● SIN. Sfiorare.
raṣènte *prep.* Molto vicino, quasi sfiorando, in un movimento continuato: *camminare* – *il muro* | *Nella loc. prep.* – *a*: *stava* – *alla parete.*
ràso o *ràṣo* **A** *part. pass. di radere; anche agg.* **1** Rasato. [→ ill. *tessuto*] **2** Privo di asperità, di sporgenze | *Fare tabula rasa*, cacciare tutti o esaurire, consumare, eliminare tutto. **3** (*est.*) Pieno, ma non colmo, detto di misure di capacità o altro | *Bicchiere* –, pieno fino all'orlo. **B** *s. m.* **1** (*raro*) Parte liscia, senza asperità, di q.c. **2** Tessuto di qualsiasi fibra caratterizzato dall'intreccio minimo dei fili, per cui il tessuto prende aspetto liscio e lucente. [→ ill. *tessuto*] **C** *prep. Nella loc. avv.* – *terra*, rasente la terra e (*fig.*) di basso livello: *volare* – *terra; discorsi* – *terra.*
rasoiàta o *raṣoiàta s. f.* Colpo di rasoio.
rasóio o *raṣóio s. m.* Coltello affilatissimo d'acciaio fino, senza punta, con grossa costola e manico mobile d'osso o metallo, per radere barba e capelli | – *di sicurezza*, con lama a doppio taglio cambiabile e protetta da piastrine per evitare tagli | – *elettrico*, costituito da una fresa in rapido movimento dietro un pettine metallico e comandato da un motorino incorporato | *Camminare sul filo del* –, (*fig.*) essere in una situazione rischiosa, pericolosa. [→ ill. *barbiere, toilette e cosmesi*]
ràspa (1) *s. f.* Lima a scagliette acute e rilevate, che strisciando rodono legno, metallo e sim. [→ ill. *calzolaio, falegname, scultore*]
ràspa (2) *s. f.* Ballo d'origine messicana, simile alla samba, figurato e collettivo.
raspàre **A** *v. tr.* **1** Levigare, asportare con la raspa: – *il legno.* **2** (*est.*) Irritare la gola, detto del vino o di altre bevande frizzanti. **3** Grattare con le unghie o percuotere la terra con le zampe anteriori, detto spec. di animali, anche ass.: *il cane raspa il cortile.* **4** (*fig., pop.*) Rubare: *ha raspato quello che poteva.* **B** *v. intr.* (*aus. avere*) **1** Produrre un rumore simile a un raschio | Grattare, raschiare: *questa spazzola raspa troppo.* **2** (*fig., spreg.*) Scrivere come grattando.
raspatùra *s. f.* Operazione del raspare | Scarto che resta dopo aver raspato q.c.
raspìno *s. m.* Arnese di acciaio per raspare.
ràspo *s. m.* **1** Grappolo d'uva da cui sono stati levati gli acini. **2** Tipo di tridente con i rebbi piegati a squadra.
raspóllo *s. m.* Grappolo di uva con chicchi radi.
rassegàre *v. intr. e intr. pron.* (*io rassègo, tu rasséghi; aus. essere*) (*tosc.*) Rapprendersi come sego, detto di brodo, condimento e sim.
rasségna *s. f.* **1** (*mil.*) Rivista: *passare in* –. **2** (*est.*) Esame accurato di persone o cose: *fare la* – *dei libri di una biblioteca* | Esame minuzioso di fatti, circostanze, avvenimenti. **3** Resoconto accurato di avvenimenti, pubbliche rappresentazioni e sim.: *la* – *degli spettacoli teatrali* | Descrizione ordinata del contenuto di libri e pubblicazioni. **4** Mostra, esposizione: – *cinematografica.*
rassegnàre **A** *v. tr.* (*io rasségno*) Consegnare, presentare: – *le dimissioni.* **B** *v. intr. pron.* Rimettersi alla volontà altrui o accettare con rassegnazione q.c. di inevitabile: *abbiamo dovuto rassegnarci alla sua intransigenza.*
rassegnazióne *s. f.* **1** (*raro*) Rinuncia a un incarico. **2** Disposizione d'animo di chi è pronto ad accettare la volontà altrui o q.c. di ineluttabile: *soffrire con* –.
rasserenaménto *s. m.* Ricomparsa del sereno | (*fig.*) Ritorno a una situazione, stato d'animo e sim. privi di turbamento.
rasserenàre **A** *v. tr.* (*io rasseréno*) Rendere sereno: – *l'aria* | (*fig.*) Liberare da timore, turbamento e sim.: *la tua venuta lo ha rasserenato.* **B** *v. intr. e intr. pron.* (*aus. essere*) Diventare, ritornare sereno (*anche fig.*).
rasserenatóre *s. m.; anche agg.* (*f. -trìce*) (*raro*) Chi (o che) rasserena.
rassettàre o *riassettàre* **A** *v. tr.* (*pres. io rassètto*) **1** Mettere, rimettere in ordine; SIN. Riordinare. **2** Accomodare, riparare, aggiustare. **B** *v. rifl.* Mettersi in ordine curando il proprio aspetto esteriore.
rassettatùra *s. f.* **1** Ripristino di un assetto normale, ordinato e sim. **2** Riparazione, aggiustamento.
rassicuràre **A** *v. tr.* Fare diventare sicuro liberando da sospetto, dubbio, paura; SIN. Tranquillizzare. **B** *v. intr. pron.* Diventare sicuro, tranquillo.
rassicurazióne *s. f.* Il rassicurare | Parola, discorso che rassicura.
rassodaménto *s. m.* Attività rivolta a rendere sodo o più sodo: *provvedere al* – *di un terreno* | Indurimento.
rassodànte *part. pres. di rassodare; anche agg.* Detto di preparato che ridà elasticità e compattezza al tessuto cutaneo: *crema* –.
rassodàre **A** *v. tr.* (*io rassòdo*) **1** Rendere sodo o più sodo: – *la terra.* **2** Consolidare, rinsaldare: – *la propria autorità.* **B** *v. intr. e intr. pron.* (*aus. essere*) Diventare sodo, indurire.
rassomigliànte *part. pres. di rassomigliare; anche agg.* Che rassomiglia.
rassomigliànza *s. f.* L'essere rassomigliante.
rassomigliàre **A** *v. intr. e intr. pron.* (*io rassomìglio; aus. intr. essere e avere*) Parere, esser simile a qc.: *rassomiglia a suo fratello.* **B** *v. rifl. rec.* Essere simile l'uno all'altro.
rastrellaménto *s. m.* **1** Operazione del rastrellare. **2** Ispezione sistematica di una data zona da parte di forze militari o di polizia, per ricerca, controllo, perquisizione e sim.
rastrellàre *v. tr.* (*io rastrèllo*) **1** Radunare in mucchio col rastrello: – *il fieno* | Ripulire col rastrello: – *i viali.* **2** Percorrere in armi una zona occupata per eliminare forze nemiche residue: – *una zona di guerra* | Controllare perquisendo, da parte di forze di polizia o militari: *stanno rastrellando la zona.*
rastrellàta *s. f.* **1** Operazione del rastrellare | Quantità di erba, fieno e sim. che si afferra in una sola volta col rastrello. **2** Colpo di rastrello.

rastrellièra *s. f.* **1** Specie di rastrello a lunghi pioli, fissato al muro sopra la mangiatoia, per mettervi il fieno. [→ ill. *stalla*] **2** Arnese fissato al muro spec. sopra l'acquaio, su cui si mettono i piatti appena lavati per farli sgocciolare. **3** Arnese da appendere al muro, usato per reggere o esporre armi, piatti e sim.

rastrèllo *s. m.* **1** Attrezzo di legno o ferro, formato da un regolo munito di denti paralleli, assicurato a un lungo manico, per riunire foglie, foraggi, sassi e sim. o affinare e livellare la superficie del terreno | – *scopa*, con denti lunghi ed elastici, usato spec. dai giardinieri. [→ ill. *agricoltura, giardiniere*] **2** Macchina adibita alla raccolta o al trasporto del fieno: – *meccanico*. **3** Arnese con cui il croupier rastrella sul tavolo da gioco le puntate perdenti. **4** Ciascun piolo della rastrelliera.

rastremàre **A** *v. tr.* (*io rastrèmo*) Restringere verso l'alto, detto di colonne | (*est.*) Ridurre verso l'alto lo spessore di una struttura portante. **B** *v. intr. pron.* Restringersi verso l'alto.

rastremazióne *s. f.* Riduzione progressiva, dal basso verso l'alto, del diametro o dello spessore di una struttura portante: – *di una colonna, della pila di un ponte*.

rasùra o *rașùra s. f.* **1** Materiale che si asporta radendo. **2** Cancellatura degli antichi manoscritti spec. di pergamena.

ràta *s. f.* **1** Quota, parte in cui viene frazionato il pagamento di una somma entro un limite di tempo determinato e spec. a intervalli regolari: – *trimestrale, annuale*. **2** – *di caricazione, di scarico*, quantità di merce che deve essere caricata o scaricata da una nave in un giorno.

ratafià *s. m.* Liquore ottenuto da succhi di frutta, alcool, zucchero e sostanze aromatiche.

rateàle *agg.* Della rata | Eseguito a rate: *pagamento* –.

rateàre *v. tr.* (*io ràteo*) **1** Dividere in rate un pagamento. **2** (*est.*) Dividere nel tempo.

rateazióne *s. f.* Divisione in rate di un pagamento.

rateizzàre *v. tr.* Dividere un importo in rate | Stabilire importo e scadenza delle rate.

rateizzazióne *s. f.* Rateazione | Determinazione dell'importo e della scadenza delle rate.

ràteo *s. m.* Voce del bilancio relativa a costi e ricavi maturati nell'esercizio considerato ma che verranno pagati o riscossi nel futuro esercizio | – *d'interesse*, quota d'interessi correnti dal giorno dell'ultimo godimento a quello della negoziazione.

ratièra *s. f.* Dispositivo del telaio tessile che alza i fili dell'ordito secondo il disegno del tessuto, per il passaggio della navetta.

ratìfica *s. f.* **1** (*dir.*) Dichiarazione di assunzione in proprio degli effetti giuridici conseguenti all'attività del rappresentante non munito di procura che ha ecceduto dai limiti in essa fissati. **2** Nel diritto internazionale, atto ufficiale che convalida a tutti gli effetti un trattato internazionale. **3** (*est.*) Convalida: *la – di una nomina*.

ratificàre *v. tr.* (*io ratìfico, tu ratìfichi*) **1** Emanare la ratifica. **2** (*est.*) Confermare, riconoscere come stabilito: – *una promozione*.

ratificazióne *s. f.* (*raro*) Approvazione, conferma.

rat musqué /*fr.* 'ra mys'ke/ *loc. sost. m. inv.* Pelliccia di topo muschiato.

ràto *agg.* (*dir.*) Confermato, riconosciuto | *Matrimonio – e non consumato*, in diritto canonico, quello che, non essendo stato consumato, può essere sciolto.

rattenére **A** *v. tr.* (*coniug. come tenere*) (*lett.*) Trattenere, cercare di frenare (*anche fig.*): – *qc. per un braccio*; – *le lacrime, l'ira*. **B** *v. rifl. e intr. pron.* **1** Sostare, fermarsi. **2** (*fig.*) Moderarsi da manifestazioni eccessive di sentimenti.

rattizzàre o *riattizzàre v. tr.* **1** Attizzare. **2** Attizzare di nuovo.

ràtto (1) *s. m.* **1** (*dir.*) Delitto di chi a scopo di matrimonio o di libidine sottrae o ritiene taluno con violenza, minaccia o inganno. **2** Rapimento di donna: *il – di Elena*.

ràtto (2) **A** *agg.* (*lett.*) Veloce, rapido. **B** *avv.* (*lett.*) Velocemente | Subito. **C** *Nelle loc. cong.* – *che*, – *come* (*lett.*), appena (introduce una prop. temp. con il v. all'indic.).

ràtto (3) *s. m.* Mammifero dei Roditori affine al topo, ma di dimensioni maggiori. [→ ill. *animali* 16]

rattoppàre *v. tr.* (*io rattòppo*) **1** Riparare mettendo toppe: – *un abito*. **2** (*fig.*) Aggiustare alla meglio: – *un componimento*. ● SIN. Rappezzare.

rattoppatùra *s. f.* Rattoppo.

rattòppo *s. m.* **1** Lavoro del rattoppare | Parte rattoppata | Materiale usato per rattoppare. **2** (*fig.*) Rimedio provvisorio, sommario.

rattrappìre **A** *v. tr.* (*io rattrappisco, tu rattrappisci*) Produrre un lieve irrigidimento delle membra in modo da rendere faticoso o difficile il movimento. **B** *v. intr. pron.* Subire una contrazione, un lieve irrigidimento.

rattristàre **A** *v. tr.* Far diventare triste; SIN. Addolorare, affliggere; CONTR. Allietare. **B** *v. intr. pron.* Diventare triste.

raucèdine *s. f.* Alterazione della voce per infiammazione delle corde vocali.

ràuco *agg.* (*pl. m. -chi*) **1** Che ha voce roca per raucedine, infreddatura o altro | Basso, quasi soffocato, detto della voce. **2** (*est.*) Debole, fioco, detto di suono.

ravanèllo *s. m.* (*bot.*) Varietà di rafano con radici ingrossate, esternamente rosse, commestibili. [→ ill. *piante* 5, *verdura*]

ravanéto *s. m.* Luogo dove, nelle cave di marmo o pietra, si accumulano i materiali di scarto.

raveggiòlo *s. m.* (*tosc.*) Formaggio tenero di latte di pecora o capra, da mangiare fresco.

ravièra *s. f.* Piccolo piatto oblungo in cui si servono gli antipasti. [→ ill. *stoviglie*]

raviòlo *s. m. spec. al pl.* Pezzetto di pasta all'uovo con ripieno di verdura, ricotta, carne o altro. [→ ill. *pasta*]

ravizzóne *s. m.* Pianta erbacea annua o bienne delle Papaverali molto simile al cavolo con foglie superiori abbraccianti il fusto, coltivata per i semi oleiferi; SIN. Navone. [→ ill. *piante* 5]

ravvaloràre *v. tr.* (*io ravvalóro*) Rafforzare il valore di q.c.

ravvedérsi *v. intr. pron.* (*coniug. come vedere*) Riconoscere i propri errori e cercare di tenersene lontano per l'avvenire; SIN. Pentirsi.

ravvediménto *s. m.* Riconoscimento, a parole e nei fatti, dei propri errori; SIN. Pentimento.

ravviàre **A** *v. tr.* (*io ravvìo*) Rimettere a posto, in ordine: – *una matassa*; *ravviarsi i capelli*. **B** *v. rifl.* (*fig.*) Rimettersi in ordine.

ravviàta *s. f.* Atto del ravviare, del ravviarsi in fretta.

ravvicinaménto *s. m.* **1** Nuovo o maggiore avvicinamento | (*fig.*) Accostamento, confronto. **2** Principio di riconciliazione o la riconciliazione stessa: *è prossimo il suo – alla famiglia*.

ravvicinàre **A** *v. tr.* **1** Avvicinare di più: – *due oggetti*. **2** (*fig.*) Confrontare, raffrontare: – *due mentalità opposte fra loro*. **3** (*fig.*) Rappacificare: *dopo molti sforzi li ho ravvicinati*. **B** *v. rifl. e rifl. rec.* (*fig.*) Rappacificarsi.

ravviluppàre **A** *v. tr.* Avviluppare in modo stretto: – *i piedi freddi in un panno*. **B** *v. intr. pron.* Avvolgersi intrecciandosi, facendo viluppo.

ravvișàbile *agg.* Che si può ravvisare.

ravvișàre *v. tr.* **1** Riconoscere qc. dai lineamenti del viso, dalle caratteristiche fisiche. **2** (*est., raro*) Distinguere, percepire: *in questo quadro si ravvisa lo stile di Leonardo*.

ravvivàre **A** *v. tr.* **1** Far tornare in vita qc. o q.c., rianimare: – *un malato* | (*est.*) Dare nuovo vigore: – *le forze* | – *un utensile, una lima, una mola*, ripristinarne le condizioni di taglio. **2** (*fig.*) Restituire entusiasmo, rendere più vivace: – *gli spiriti*. **B** *v. intr. pron.* Riprendere vigore, forza, energia (*anche fig.*).

ravvòlgere **A** *v. tr.* (*coniug. come volgere*) Avvolgere più volte: – *un lenzuolo* | Avvolgere coprendo completamente: – *l'ammalato nella coperta*. **B** *v. rifl.* Avvolgersi strettamente in q.c.: *ravvolgersi in un mantello*.

ravvolgiménto *s. m.* **1** (*raro*) Avvolgimento ripetuto, completo o stretto. **2** Tortuosità, giro.

ravvoltolàre **A** *v. tr.* (*io ravvòltolo*) Avvolgere senza cura e in fretta. **B** *v. rifl.* Avvilupparsi in fretta in q.c.

ràyon V. *raion*.

raziocinànte *part. pres. di raziocinare; anche agg.* Dotato di raziocinio.

raziocinàre *v. intr.* (*aus. avere*) Ragionare in modo equilibrato e sensato, con raziocinio.

raziocìnio *s. m.* **1** Facoltà di esercitare la ragione in modo equilibrato | (*est.*) Ragione. **2** Ragionamento.

razionàle **A** *agg.* **1** Che ha la ragione, che è provvisto di ragione: *anima* —; SIN. Ragionevole; CONTR. Irrazionale. **2** Che procede dalla ragione pura e astratta: *ordine* —. **3** Fondato sulla scienza o su un procedimento scientifico: *metodo* —; SIN. Rigoroso. **4** Studiato rigorosamente e realizzato con metodo: *architettura* —; *mobile* — | (*est.*) Che antepone la praticità all'estetica: *abbigliamento* —; SIN. Funzionale. **5** Che si sviluppa per deduzione logica da principi: *meccanica* —. **6** (*mat.*) Detto di numero esprimibile con un intero o con una frazione. **B** *s. m. solo sing.* Ciò che è razionale: *distinguere il — dall'irrazionale.*

razionalismo *s. m.* **1** Dottrina filosofica in base alla quale la ragione rappresenta la condizione necessaria di ogni conoscenza. **2** (*est.*) Convinzione della superiorità della ragione sull'intuizione.

razionalista A *s. m. e f.* (*pl. m. -i*) Chi segue o si ispira al razionalismo | (*est.*) Chi al di sopra del sentimento afferma i valori della ragione. **B** *agg.* Razionalistico.

razionalistico *agg.* (*pl. m. -ci*) **1** Che concerne il razionalismo o i razionalisti. **2** (*est.*) Che è proprio di chi crede alla superiorità della ragione.

razionalità *s. f.* **1** Facoltà di ragionare: *la — distingue l'uomo dall'animale.* **2** L'essere razionale, comprensibile dalla ragione. **3** L'essere concepito con un criterio razionale, perfettamente rispondente allo scopo: *la — di un arredamento*; SIN. Funzionalità. **4** (*mat.*) Proprietà di una grandezza di essere esprimibile con un numero razionale.

razionalizzàre *v. tr.* **1** Rendere razionale, più adeguato e rispondente allo scopo: *— i programmi scolastici.* **2** Affrontare in termini razionali: *— un problema difficile.*

razionaménto *s. m.* Provvedimento del razionare, spec. generi alimentari.

razionàre *v. tr.* (*io razióno*) **1** Dividere in razioni: *— la carne.* **2** Assegnare a ciascuno una razione fissa di generi alimentari o di beni di consumo, allo scopo di disciplinare il consumo durante particolari periodi di emergenza.

razióne *s. f.* **1** Porzione che è stato stabilito di dare ogni volta a ciascuno (*anche fig.*): *ricevere una doppia — di acqua.* **2** Quantità di generi alimentari o di beni di consumo che è stato stabilito di assegnare a ciascuno durante un periodo di razionamento.

ràzza (1) *s. f.* **1** Insieme degli individui di una specie animale o vegetale che si differenziano da altri gruppi della stessa specie per uno o più caratteri costanti e trasmissibili ai discendenti: *razze bovine, equine* | *Animali da* —, allevati per destinarli alla riproduzione | *Fare* —, riprodursi | *Far — a sé*, non essere paragonabile a nessun altro e (*fig.*) non cercare la compagnia degli altri. **2** *Nelle loc. agg. di* —, *di pura* —, detto di animale o vegetale che possiede al massimo grado di purezza le caratteristiche della sua razza; (*fig.*) di persona fornita di grandi doti nella sua attività: *cane di* —; *attore di* —. **3** Suddivisione degli abitanti della terra secondo determinati caratteri fisici, tipici di ogni gruppo: *— bianca, nera, gialla.* **4** Generazione, discendenza, schiatta. **5** Specie, qualità, sorta, tipo (*spec. fig.*): *frutta di varie razze*; *che — di educazione hai?*

ràzza (2) *s. f.* Pesce cartilagineo a corpo romboidale, coda lunga, denti sulla mandibola e sulla mascella, colore mimetico con il fondo marino; SIN. Raia. [→ ill. *animali* 7]

ràzza (3) *s. f.* Ciascuna delle aste che collegano la periferia di una puleggia o ruota al mozzo.

razzatóre *s. m.* Animale che trasmette alla discendenza le sue pregevoli caratteristiche zootecniche, e quindi destinato alla riproduzione.

razzatùra *s. f.* **1** (*raro*) Insieme di disegni o segni a forma di raggi. **2** (*est.*) Striscioline rosse simili a raggi che compaiono sulla pelle per infiammazione o altro.

razzia *s. f.* Scorreria compiuta da truppe irregolari o da ladri armati per devastare e saccheggiare | (*est.*) Furto, ruberia, spec. di animali: *la volpe fece — nel pollaio*; SIN. Saccheggio.

razziàle *agg.* Che riguarda la razza: *pregiudizi razziali.*

razziàre *v. tr.* (*io razzio*) Fare razzia: *— pecore*; SIN. Saccheggiare.

razziatóre *s. m.; anche agg.* (*f. -trice*) Chi (o che) fa razzia.

razzismo *s. m.* Teoria che esalta le qualità superiori di una razza e afferma la necessità di conservarla pura da ogni commistione con altre razze, respingendo queste o tenendole in uno stato di inferiorità.

razzista A *s. m. e f.* (*pl. m. -i*) Chi segue il razzismo. **B** *agg.* Razzistico.

razzistico *agg.* (*pl. m. -ci*) Di, da razzista.

ràzzo *s. m.* **1** Fuoco artificiale aereo, costituito da un tubo pieno di polvere pirica come carica propulsiva, recante un miscuglio di sostanze che accendendosi producono luci colorate, detonazioni e sim. per spettacoli o segnalazioni: *accendere, lanciare un* — | (*fig.*) *Scappare, correre, partire a* —, *come un* —, a grande velocità. **2** (*aer.*) Reattore dotato di autopropulsione; SIN. Endoreattore. [→ ill. *motore*] **3** (*est.*) Veicolo propulso da un endoreattore: *— nucleare* | *— vettore*, quello utilizzato per mettere in orbita o trasportare nello spazio un carico utile. **4** (*aer.*) Missile o proietto non guidato: *— terra-aria.* **5** (*aer.*; *impr.*) Missile guidato.

razzolàre *v. intr.* (*io ràzzolo; aus. avere*) **1** Raspare in terra, come fanno i polli per trovare cibo. **2** (*est.*, *scherz.*) Frugare, rovistare: *perché stai razzolando nel mio cassetto?* [→ tav. *proverbi* 159]

re (1) *s. m. inv.* **1** Sovrano di un grande Stato | Principe che ha la somma autorità e il potere sovrano: *— assoluto, costituzionale* | *Re dei Re, Re celeste, Re del cielo*, Dio | *Vita da* —, felice, comoda | *Stare come un* —, stare molto comodo. [→ ill. *araldica*] **2** Persona dotata di particolari qualità che la fanno eccellere in qualche campo o nella sua professione (*anche spreg.* o *iron.*): *è il — dei cantanti*; *il — dei mascalzoni.* **3** Animale che supera gli altri per forza o bellezza: *il leone è il — degli animali* | Ciò che presenta particolari caratteristiche di grandezza o qualità: *il Po è il — dei fiumi italiani.* **4** La più alta figura, come numero, delle carte da gioco: *— di picche.* **5** Pezzo principale nel gioco degli scacchi: *dare scacco matto al* —. [→ ill. *giochi*] **6** (*zool.*) *— delle aringhe*, regaleco | *— di quaglie*, uccello di colore simile alla quaglia che vive nelle zone aperte e si nutre di animaletti acquatici | *— di triglie*, piccolo pesce osseo marino, di colore scarlatto con grossa testa dagli occhi voluminosi e il cui maschio fa sviluppare le uova nella cavità boccale. [→ tav. *proverbi* 280] (V. nota d'uso ACCENTO)

re (2) *s. m. inv.* Seconda delle note musicali della scala in do. (V. nota d'uso ACCENTO)

re- *pref.* di verbi e loro derivati: esprime spec. ripetizione di un'azione, anche in senso contrario: *reiterare, reagire, reazione, respingere* | V. anche *ri-*.

reagènte A *part. pres. di reagire; anche agg.* Che reagisce. **B** *s. m.* Sostanza che partecipa a una reazione chimica.

reagìre *v. intr.* (*io reagìsco, tu reagìsci; aus. avere*) **1** Agire contro, rispondere con un'azione propria a una violenza subita: *— alle insolenze di qc.* | Rispondere a una terapia o a uno stimolo: *l'organismo non reagisce alle cure.* **2** Prendere parte a una reazione chimica.

reàle (1) A *agg.* **1** Che concerne la realtà oggettiva, che ha un'effettiva esistenza: *oggetto — e non immaginario* | *Un fatto* —, veramente accaduto; CONTR. Irreale. **2** Inerente a una cosa: *contratto* —. **3** (*mat.*) Detto di numero razionale o irrazionale, positivo o negativo. **B** *s. m. solo sing.* Ciò che esiste nella realtà oggettiva; CONTR. Ideale.

reàle (2) A *agg.* **1** Del re, attinente al re: *palazzo* — | *La coppia* —, il re e la regina. [→ ill. *copricapo*] **2** (*fig.*) Detto di ciò che si distingue per le più alte qualità nel proprio ambito: *aquila* — | *Pasta* —, per dolci, a base di mandorle | *Scala* —, nel poker, sequenza di cinque carte dello stesso seme, in ordine progressivo. **B** *s. m. pl.* Coppia formata dal re e dalla regina.

realismo *s. m.* **1** Ogni dottrina filosofica che riconosce alle cose un'esistenza reale indipendente dall'attività del soggetto. **2** Senso concreto della realtà di chi si basa soprattutto sull'esperienza pratica e non cede a idealismi e fantasie; CONTR. Idealismo. **3** Nelle arti figurative e nella letteratura, corrente che si prefigge una rappresentazione obiettiva della realtà: *il — di Zola.*

realista (1) *s. m. e f.* (*pl. m. -i*) **1** Chi segue il realismo. **2** Chi prende in considerazione soprattutto gli aspetti reali, concreti di q.c.

realista (2) *s. m. e f.* (*pl. m. -i*) Chi sostiene un sovrano spodestato e una monarchia | *Essere più — del re*, (*fig.*) chi difende q.c. con più impegno e rigore dei diretti interessati.

realìstico *agg.* (*pl. m.* -*ci*) **1** Che considera soprattutto la realtà materiale e si fonda su di essa. **2** Che concerne il realismo filosofico e artistico.

realizzàbile *agg.* **1** Che può essere realizzato; SIN. Attuabile, eseguibile, fattibile; CONTR. Irrealizzabile. **2** Che si può trasformare in moneta: *bene* –.

realizzàre A *v. tr.* **1** Rendere reale q.c. attuandola praticamente: – *una promessa*; SIN. Attuare, effettuare, eseguire. **2** Nel calcio e sim., segnare: – *un gol.* **3** (*fig.*) Comprendere esattamente: – *l'importanza di un avvenimento.* **4** Ridurre in moneta: – *titoli.* **B** *v. intr.* (*aus. avere*) Guadagnare. **C** *v. intr. pron.* Attuarsi nella realtà: *un sogno che si è realizzato.* **D** *v. rifl.* Concretare le proprie aspirazioni e capacità: *realizzarsi nel lavoro.*

realizzatóre *s. m.* (*f.* -*trice*) **1** Chi realizza. **2** Chi realizza un gol e sim.

realizzazióne *s. f.* Attuazione pratica di q.c.: *la* – *di una speranza* | – *scenica,* messa in scena teatrale; SIN. Effettuazione, esecuzione.

realìzzo *s. m.* **1** Riscossione, conversione in denaro di titoli e sim. **2** Vendita forzata di merci, a prezzo inferiore a quello corrente.

realménte *avv.* In modo effettivo, e non immaginario: *è accaduto.*

realtà *s. f.* **1** Ciò che ha un'esistenza reale | Complesso delle cose concrete, materiali. **2** Condizione di ciò che è reale, vero, materiale | Verità reale: *verificare la* – *di un fatto* | *In* –, in effetti, veramente.

reàme *s. m.* (*lett.*) Regno.

reàto *s. m.* Infrazione di un comando o divieto posto da una norma penale | *Corpo del* –, oggetto che ha permesso l'esecuzione del reato o il bottino derivatone.

reattànza *s. f.* (*elettr.*) Resistenza di un'induttanza o di un condensatore al passaggio di una corrente alternata.

reattino *s. m.* (*zool.*) Scricciolo.

reattività *s. f.* L'essere reattivo.

reattivo A *agg.* **1** Che ha capacità di reagire o favorisce una reazione. **2** (*elettr.*) Relativo alla reattanza o che la possiede. **B** *s. m.* **1** Composto specifico che serve nell'analisi chimica per il riconoscimento o il dosaggio di altre sostanze. **2** (*psicol.*) – *mentale,* test mentale.

reattóre *s. m.* **1** (*aer.*) Motore a reazione | (*est.*) Aeroplano fornito di tale motore. **2** – *nucleare,* dispositivo che utilizza una reazione nucleare a catena per fornire energia termica. [→ ill. *nucleare*]

reazionàrio *agg; anche s. m.* (*f.* -*a*) Che (o chi) auspica il ritorno a sistemi politici autoritari | (*est.*) Retrogrado, fortemente conservatore e ostile al progresso.

reazióne *s. f.* **1** Risposta, con un'azione propria, a un'azione, una violenza, un'offesa subita: *la* – *della folla; una* – *eccessiva.* **2** (*polit.*) Complesso di azioni, iniziative e sim. tese a ristabilire un sistema politico autoritario | (*est.*) Complesso di forze, tendenze, correnti, di carattere conservatore e fautrici di regimi e strutture politiche autoritarie | (*est.*) Insieme di forze reazionarie: *battersi contro la* –. **3** (*est., gener.*) Posizione ideologica o atteggiamento pratico ostile al progresso. **4** (*fis.*) Forza con cui un corpo risponde a quella da cui è sollecitato: *a ogni azione corrispondente una* – *uguale e contraria* | *A* –, detto di motore, aereo e sim. che sfrutta il principio della reazione | *Aereo a* –, aviogetto. **5** – *chimica,* trasformazione di una o più sostanze in altre chimicamente diverse | – *a catena,* serie di reazioni in ognuna delle quali si formano prodotti necessari per lo sviluppo di quelle successive. **6** – *nucleare,* fenomeno che consiste nella variazione di costituzione dei nuclei atomici che prendono parte al fenomeno stesso in cui sono ottenute trasformazioni di massa in energia. **7** (*biol.*) Ogni fenomeno di risposta a uno stimolo | *Tempo di* –, l'intervallo tra la presentazione di uno stimolo e la risposta di un soggetto.

rébbio *s. m.* Ciascuna delle punte di una forca, di una forchetta e sim. | Ciascuno dei due bracci del diapason. [→ ill. *fisica, stoviglie*]

reboànte o (*evit.*) *roboànte agg.* **1** Che rimbomba: *voce* –. **2** (*fig., spreg.*) Di grande effetto ma privo di contenuto: *una* – *oratoria.*

rebus /*lat.* 'rebus/ *s. m. inv.* **1** Gioco enigmistico in cui la parola o la frase da indovinare è suggerita da figure, lettere, note musicali, segni matematici e sim. **2** (*fig.*) Persona o cosa incomprensibile; SIN. Enigma.

recalcitràre V. *ricalcitrare.*

recapitàre *v. tr.* (*io recàpito*) Portare e consegnare q.c. a un indirizzo o a una persona: – *una lettera; ho fatto* – *il plico a casa tua.*

recàpito *s. m.* **1** Luogo in cui si può trovare qc. o gli si possono far pervenire lettere e sim.: *avere il* – *presso un amico.* **2** Consegna di lettere e sim.

recàre A *v. tr.* (*io rèco, tu rèchi*) **1** Portare, condurre: – *q.c. in dono a qc.* **2** Avere su di sé: *il foglio reca la firma del ministro.* **3** Arrecare, cagionare, produrre: *non vorrei recarvi disturbo.* **4** Riportare, ridurre: – *q.c. alla memoria.* **B** *v. intr. pron.* Andare: *recarsi in ufficio, a scuola.*

recèdere *v. intr.* (*pass. rem. io recedètti, o recedéi, tu recedésti; part. pass. recedùto, raro, lett. recèsso; aus. avere, raro essere*) **1** (*raro*) Arretrare, indietreggiare: – *di un passo.* **2** (*fig.*) Tirarsi indietro: – *da un impegno.* **3** (*dir.*) Esercitare il recesso: – *dal rapporto di lavoro.*

recensióne *s. f.* **1** Esame critico di un'opera letteraria di recente pubblicazione, con giudizio sul suo valore e pregio | (*est.*) Analogo esame nei confronti di spettacoli, concerti, trasmissioni, mostre e sim. **2** In filologia, scelta dell'esatta lezione di un testo fra tutte le varianti raccolte.

recensire *v. tr.* (*io recensisco, tu recensisci*) Sottoporre a recensione.

recensóre *s. m.* (*f.* -*a*) Chi fa una recensione.

recènte *agg.* Fatto o accaduto da poco: *scoperte recenti* | *Di* –, poco tempo fa, negli ultimi tempi.

recenteménte *avv.* Da poco tempo.

recentìssime *s. f. pl.* (*giorn.*) Le ultime notizie della notte; SIN. Ultimissime | (*est.*) Sezione del giornale, di solito nella pagina precedente gli avvisi pubblicitari, che comprende le ultime notizie.

recepire *v. tr.* (*io recepìsco, tu recepisci*) Accogliere, ricevere, far proprio: *Leopardi recepì la filosofia dell'illuminismo* | Capire, rendersi conto.

rècere *v. intr.* (*oggi dif. usato spec. alla terza pers. sing. dell'indic. pres. rèce, all'inf. pres. e in qualche forma dei tempi composti; part. pass. reciùto; aus. avere*) (*raro*) Vomitare.

recessióne *s. f.* **1** Ritiro, rinuncia: – *da un impegno* | (*dir.*) Recesso. **2** Ristagno degli affari e dell'attività economica in genere.

recessività *s. f.* (*biol.*) Tendenza di certi caratteri ereditari a rimanere latenti per ricomparire nei discendenti.

recessivo *agg.* **1** (*biol.*) Detto di carattere ereditario che non compare in tutte le generazioni. **2** (*econ.*) Della recessione.

recèsso (1) *s. m.* **1** (*raro*) Il recedere | *Accesso e* – *della marea,* il flusso e il riflusso. **2** Parte o zona nascosta, solitaria, recondita (*anche fig.*): *penetrare nei recessi della giungla; celare q.c. nei recessi della propria anima.* **3** Atto giuridico con cui un soggetto di un rapporto giuridico dichiara di non volere più esserne parte: – *da un contratto.* **4** (*med.*) Arresto nell'evoluzione di una malattia.

recèsso (2) *part. pass.* di *recedere* (*raro, lett.*) Arretrato, indietreggiato.

recettività V. *ricettività.*

recettivo V. *ricettivo.*

recettóre o (*raro*) *ricettóre* **A** *s. m.* **1** Chi (o ciò che) riceve | (*fis.*) – *di radioonde,* radioricevitore. **2** (*biol.*) Apparato od organo nervoso capace di reagire a stimoli specifici. **B** *agg.* (*f.* -*trìce*) Che riceve | (*biol.*) Atto a ricevere stimoli: *apparato* –.

recidere A *v. tr.* (*pass. rem. io recìsi, tu recidésti; part. pass. recìso*) Tagliare con un solo colpo: – *l'erba con la falce* | – *il capo,* mozzarlo | – *un arto,* troncarlo; SIN. Troncare. **B** *v. intr. pron.* (*raro*) Fendersi, tagliarsi, screpolarsi.

recidiva *s. f.* **1** (*dir.*) Condizione personale del recidivo. **2** (*med.*) Ricomparsa di una malattia già guarita o in via di guarigione; SIN. Ricaduta.

recidivàre *v. intr.* **1** (*dir.*) Essere recidivo: – *in un reato.* **2** Ricomparire, detto di malattia.

recidivo *agg.; anche s. m.* (*f.* -*a*) **1** Detto di chi, dopo essere stato condannato per un reato, ne commette un altro. **2** (*est.*) Detto di chi ripete più volte lo stesso errore. **3** Detto di chi ricade nella stessa malattia.

recingere *v. tr.* (*coniug. come cingere*) Cingere tutto intorno: – *q.c. di mura.*

recintàre *v. tr.* Circondare o chiudere con un recinto: — *un podere.*
recinto ***A*** *part. pass. di recingere; anche agg.* Cinto tutt'attorno. ***B*** *s. m.* ***1*** Spazio cinto all'intorno da mura, siepi, steccati e sim. [→ ill. *stalla*] ***2*** Ciò che recinge q.c.: *un — in muratura.*
recinzióne *s. f.* ***1*** Operazione del recingere, del recintare. ***2*** Ciò che recinge q.c.: *una — metallica*; SIN. Recinto. [→ ill. *strada*]
recipiènte *s. m.* Contenitore di forma e materiali diversi, spec. per prodotti liquidi.
reciprocàre *v. tr.* (*io reciproco, tu reciprochi*) (*raro*) Avvicendare alternativamente: — *le vibrazioni.*
reciprocità *s. f.* L'essere reciproco.
reciproco ***A*** *agg.* (*pl. m. -ci*) ***1*** Scambievole, vicendevole: *stima reciproca*; SIN. Mutuo. ***2*** (*mat.*) Detto di numero che, moltiplicato per il numero dato, dà per risultato 1. ***3*** Detto di forma verbale con la quale si esprime una azione scambievole tra due o più persone. ***B*** *s. m.* (*mat.*) Numero reciproco: *2/3 è il — di 3/2.*
recisióne *s. f.* ***1*** (*raro*) Taglio netto. ***2*** (*fig.*) Decisione e franchezza nel dire q.c.: *parlare con estrema —.*
reciso *part. pass. di recidere; anche agg.* ***1*** Tagliato. ***2*** (*fig.*) Brusco, risoluto: *risposta recisa*; SIN. Categorico.
rècita *s. f.* Rappresentazione di un'opera teatrale.
rècital /*ingl.* ri'saitl/ *s. m. inv.* (*pl. ingl. recitals* /ri'saitlz/) Esibizione solistica di un attore, cantante o danzatore.
recitànte ***A*** *part. pres. di recitare; anche agg.* Detto di voce che in una composizione musicale abbia il compito di recitare un testo. ***B*** *s. m. e f.* Chi recita | Attore a cui veniva affidata la parte narrativa in un'opera cantata.
recitàre ***A*** *v. tr.* (*io rècito*) ***1*** Dire ad alta voce ciò che si è studiato e imparato a memoria: — *una poesia* | Leggere ad alta voce: — *un discorso.* ***2*** Declamare: — *i versi di qc.* ***3*** Sostenere un ruolo, avere una parte in spettacoli teatrali, cinematografici e sim.: *ha recitato l'Amleto.* ***B*** *v. intr.* (*aus. avere*) ***1*** Esercitare il mestiere di attore | Sostenere un ruolo in uno spettacolo teatrale, cinematografico e sim. ***2*** (*est.*) Esprimersi in modo innaturale e affettato. ***3*** (*est.*) Affermare, dire, con riferimento a norme legislative: *così recita l'art. 1° della Costituzione.*
recitativo ***A*** *agg.* Della recitazione | Che si deve dire recitando. ***B*** *s. m.* (*mus.*) Discorso recitato con suoni senza rigore di tempo e senza frasi e periodi ritmici, modulando come richiede il testo.
recitazióne *s. f.* Atto del recitare: *la — di una poesia* | Arte, tecnica del recitare: *scuola di —* | Modo in cui un attore recita: *una — nervosa.*
reclamàre ***A*** *v. intr.* (*aus. avere*) Protestare mediante lamentele o reclami: — *contro un provvedimento ingiusto, presso l'autorità.* ***B*** *v. tr.* ***1*** Chiedere con forza ciò che si deve avere o di cui si deve poter disporre: — *i propri diritti*; SIN. Pretendere. ***2*** (*fig.*) Abbisognare: *una casa che reclama una ripulita.*
réclame /*fr.* re'klam/ *s. f. inv.* (*pl. fr. réclames* /re'klam/) ***1*** Propaganda di un prodotto commerciale: *fare — a un prodotto* | Appello insistente atto a richiamare l'attenzione dei possibili compratori | *Fare — a qc. o a q.c.*, (*fig.*) svelarne le buone qualità. ***2*** (*est.*) Ciascuno dei mezzi audiovisivi con cui si reclamizza un prodotto.
reclamista *s. m.* (*pl. -i*) ***1*** Agente di pubblicità. ***2*** (*est.*) Chi sa e ama mettersi in vista.
reclamìstico *agg.* (*pl. m. -ci*) ***1*** Che ha carattere o scopo di réclame: *campagna reclamistica.* ***2*** (*fig., spreg.*) Privo di serietà e fatto con rumorosa esibizione: *intervento —.*
reclamizzàre *v. tr.* Fare réclame a un prodotto.
reclàmo *s. m.* ***1*** Protesta o lamentela espressa a voce o per iscritto a chi di dovere: *presentare un — al Ministero*; SIN. Rimostranza. ***2*** Documento con cui si reclama.
reclinàbile *agg.* Che si può reclinare: *sedile —.*
reclinàre ***A*** *v. tr.* ***1*** Piegare di lato e in giù: *reclinò il capo*; SIN. Chinare. ***2*** Inclinare e adagiare su q.c.: — *la testa sul tavolo.* ***B*** *v. intr.* (*aus. avere*) Piegarsi in contrario: *la nave inclinava a sinistra, poi reclinava a destra.*
reclùdere *v. tr.* (*pass. rem. io reclùsi, tu recludésti; part. pass. recluso*) (*lett.*) Rinchiudere | Imprigionare.
reclusióne *s. f.* ***1*** Isolamento, clausura. ***2*** (*dir.*) Pena detentiva prevista per i delitti, da scontarsi in uno degli stabilimenti a ciò destinati.
reclùso ***A*** *part. pass. di recludere; anche agg.* Rinchiuso. ***B*** *s. m.* (*f. -a*) (*dir.*) Chi sta scontando una reclusione.
reclusòrio *s. m.* Stabilimento penale.
rècluta *s. f.* ***1*** Militare da poco tempo sotto le armi; SIN. Coscritto. ***2*** (*fig.*) Chi è nuovo in una professione o attività | Chi è da poco entrato a far parte di un gruppo.
reclutaménto *s. m.* ***1*** Assunzione di personale | Reperimento di nuovi aderenti. ***2*** Complesso delle disposizioni con le quali si provvede alla scelta e alla raccolta degli uomini atti alle armi; SIN. Arruolamento.
reclutàre *v. tr.* (*io rècluto*) ***1*** Procedere alle operazioni previste dalle leggi sul reclutamento. ***2*** (*est.*) Ricercare e assumere: — *operai* | Trovare nuovi aderenti: — *nuovi iscritti a un partito.*
recòndito *agg.* ***1*** Lontano e nascosto: *luogo —.* ***2*** (*fig.*) Occulto, misterioso: *le recondite ragioni del suo agire.*
rècord /*ingl.* 'rekɔ:d/ ***A*** *s. m. inv.* (*pl. ingl. records* /'rekɔ:dz/) (*sport*) Primato | Elenco delle gare disputate da un atleta con i relativi risultati conseguiti. ***B*** *in funzione di agg. inv.* (*posposto al s.*) Detto di persona o cosa la cui superiorità è assoluta rispetto ad altre: *cifra —.*
recordman /*ingl.* 'rekɔ:dmən/ *s. m. inv.* (*pl. ingl. recordmen* /'rekɔ:dmən/) Primatista: *un — del salto in alto.*
recriminàre ***A*** *v. tr.* (*io recrimino*) ***1*** (*raro*) Ritorcere l'accusa contro chi accusa. ***2*** Riconsiderare con rammarico e dispetto ciò che si è detto o fatto: — *un giudizio imprudente.* ***B*** *v. intr.* (*aus. avere*) Continuare ad affliggersi, ricominciare a lamentarsi: *smetti di — su ciò che è stato.*
recriminatòrio *agg.* Di recriminazione.
recriminazióne *s. f.* ***1*** Ritorsione di un'accusa. ***2*** Lagnanza, lamentela verso q.c. che si è detto o fatto: *basta con le recriminazioni!*
recrudescènza *s. f.* Improvviso rivivere o aggravarsi di q.c. che sembrava in via di estinzione: *una — dell'epidemia, del freddo.*
recto /*lat.* 'rekto/ *s. m.* Faccia o pagina anteriore di un foglio; CONTR. Verso.
recuperàre e deriv. V. *ricuperare* e deriv.
redància V. *radancia.*
redarguìbile *agg.* Che si può redarguire.
redarguìre *v. tr.* (*io redarguìsco, tu redarguìsci*) Rimproverare, riprendere: — *aspramente il colpevole.*
redàtto *part. pass. di redigere; anche agg.* Compilato, scritto.
redattóre *s. m.* (*f. -trice*) ***1*** Chi redige, stende atti, documenti e sim. ***2*** Scrittore di giornale periodico | Giornalista che negli uffici della redazione rivede le notizie e gli articoli da pubblicare | — *capo*, caporedattore. ***3*** Chi, presso case editrici, cura e segue le fasi necessarie alla pubblicazioni di libri, riviste, enciclopedie e sim.
redazionàle *agg.* Pertinente a redattore o a redazione | *Articolo —*, articolo non firmato la cui responsabilità ricade sulla redazione.
redazióne *s. f.* ***1*** Stesura: *curare la — di un articolo.* ***2*** Attività del redattore. ***3*** (*est.*) Complesso dei redattori | Ufficio in cui i redattori svolgono la loro attività. ***4*** Composizione del giornale, nei suoi vari articoli. ***5*** Ciascuno dei testi parzialmente diversi in cui appare un'opera letteraria: *Boccaccio fece tre redazioni della vita di Dante.*
redàzza *s. f.* (*mar.*) Fascio di filacce fissato a un manico di scopa, con cui si asciuga il ponte dopo il lavaggio.
redde rationem /*lat.* 'rɛdde rat'tsjonem/ *loc. sost. m. inv.* Giudizio finale, resa dei conti, spec. in frasi di tono solenne, sarcastico, scherzoso e sim.: *venire al —.*
redditièrе *s. m.* (*f. -a*) Chi percepisce redditi, spec. chi fruisce di redditi elevati.
redditività *s. f.* Capacità di produrre reddito.
redditìzio *agg.* Che dà reddito: *podere —*; SIN. Produttivo.
rèddito *s. m.* Entrata netta, espressa in moneta, che un individuo o un ente realizza in un dato periodo di tempo tramite l'impiego di capitali, l'esercizio di un'attività economica o professionale, la prestazione di un servizio: *dichiarazione dei redditi.*
redènto ***A*** *part. pass. di redimere; anche agg.* Affrancato, liberato: *un popolo —.* ***B*** *s. m.* (*f. -a*) Chi è stato riscattato dal peccato a opera del Cristo.
redentóre ***A*** *agg.; anche s. m.* (*f. -trice*) Che (o chi) redime: *opera redentrice.* ***B*** *s. m.* *Il Redentore*, Gesù Cristo salvatore.

redenzióne *s. f.* **1** Liberazione, riscatto: *la – degli schiavi.* **2** Nel cristianesimo, liberazione del genere umano dalle conseguenze del peccato originale, operata a mezzo dell'incarnazione e della passione di Gesù Cristo.

redibitòrio *agg.* (*dir.*) Che dà luogo a risoluzione di un contratto di compravendita | *Azione redibitoria*, che spetta al compratore.

redigere *v. tr.* (*pres. io redigo, tu redigi; pass. rem. io redàssi, raro redigéi, raro redigètti, tu redigésti; part. pass. redàtto*) Stendere, scrivere, compilare: *– una lettera, un dizionario.*

redìmere A *v. tr.* (*pass. rem. io redènsi, tu redimésti; part. pass. redènto*) Affrancare, liberare da ciò che opprime e reca danno, dolore, umiliazione e sim.: *– qc. dalla prigionia.* **B** *v. rifl.* Liberarsi, riscattarsi: *redimersi dal male.*

redimìbile *agg.* **1** Che si può redimere. **2** Detto di debito pubblico che lo Stato ha contratto nei confronti dei cittadini, impegnandosi a corrispondere l'interesse alla scadenza e a restituire il capitale entro un dato periodo di tempo; CONTR. Irredimibile.

redimibilità *s. f.* L'essere redimibile.

redimìto *agg.* (*poet.*) Incoronato.

rèdine *s. f.* **1** Ciascuna delle due strisce di cuoio attaccate al morso del cavallo per guidarlo; SIN. Briglia. [→ ill. *finimenti*] **2** (*fig.*) Comando, direzione, governo: *le redini dello Stato.* **3** Moderno tipo di dande collegate a una sorta di cintura che cinge il bambino. [→ ill. *puericultura*]

redingote /*fr.* rədɛ̃'gɔt/ *s. f. inv.* (*pl. fr. redingotes* /rədɛ̃'gɔt/) **1** Giacca lunga fino al ginocchio, spaccata dietro per cavalcare. [→ ill. *vesti*] **2** Cappotto attillato in vita, in genere lungo e allargato verso il fondo.

redire *v. intr.* (*io rièdo;* in tutta la coniug. la *e* diventa *ie* se tonica; *aus. essere*) (*raro, poet.*) Ritornare.

redivìvo A *agg.* **1** Che è tornato in vita: *padre –.* **2** Che presenta le caratteristiche di una persona defunta: *è un Raffaello –.* **B** *s. m.* (*f. -a*) Chi è tornato in vita.

redolènte *agg.* (*poet.*) Olezzante.

rèduce *agg.; anche s. m. e f.* Detto di chi torna sano e salvo in patria dall'esilio, dalla prigionia o da una rischiosa impresa: *un – dalla Germania.*

réfe *s. m.* Filato ritorto di lino, cotone, canapa o altra fibra, comunemente usato per fare cuciture.

referendàrio A *s. m.* **1** Funzionario delle cancellerie bizantine e regie medievali. **2** Membro di un organo collegiale che ha il compito di studiare una questione e riferirne al consiglio: *– della Corte dei Conti.* **B** *agg.* Del referendum: *voto, istituto –.*

referèndum *s. m. inv.* **1** Istituto giuridico con cui il popolo è chiamato a pronunciarsi mediante votazione su questioni di interesse nazionale o regionale. **2** (*stat.*) Indagine che permette un sondaggio dell'opinione pubblica, spec. per ricerche di mercato.

referènte A *agg.* Che riferisce, senza pervenire a decisioni: *riunione in sede –;* CONTR. Deliberante. **B** *s. m.* **1** (*ling.*) Realtà extra-linguistica o situazione a cui il segno o il messaggio linguistico rinvia. **2** (*est.*) Punto di riferimento.

referènza *s. f.* **1** *spec. al pl.* Complesso dei dati informativi inerenti alle qualità e attitudini spec. professionali di qc. o all'affidabilità di un'azienda: *presentare, chiedere, le referenze* | (*ling.*) Funzione in base alla quale un segno linguistico rinvia al mondo extra-linguistico. **2** Persona che è in grado di rilasciare tali informazioni: *una – di prim'ordine.*

referenziàre A *v. tr.* (*io referènzio*) Munire di buone referenze. **B** *v. intr.* (*aus. avere*) Allegare la referenza di cui si dispone.

refèrto *s. m.* Relazione clinica | Notizia di reato che le persone esercenti una professione sanitaria sono per legge obbligate a fornire all'autorità giudiziaria.

refettòrio *s. m.* Grande sala da pranzo comune, in conventi, collegi e sim.

refezióne *s. f.* Colazione del mezzogiorno, spec. nella scuola. [→ ill. *cesta*]

refilàre *v. tr.* Tagliare i margini di una pubblicazione, in modo da avere un formato perfettamente squadrato.

refill /*ingl.* 'ri:fil/ *s. m. inv.* (*pl. ingl. refills* /'ri:filz/) Tubetto o cartuccia contenente la quantità di sostanza necessaria per la ricarica di penne, accendisigari a gas, vaporizzatori di profumo e sim. [→ ill. *penna da scrivere*]

reflazióne *s. f.* (*econ.*) Processo mediante il quale si determina un rientro dell'inflazione.

rèflex /*ingl.* 'ri:fleks/ *s. m. inv.* Macchina da presa fotografica o cinematografica avente un mirino a vetro smerigliato che mediante un sistema di specchi raccoglie in dimensioni esattamente uguali l'immagine che si esprime sulla pellicola.

rèfluo *agg.* Che fluisce indietro | *Sangue –*, che ritorna da un organo.

reflùsso *s. m.* (*raro, lett.*) Riflusso.

rèfolo *s. m.* Leggero soffio di vento.

refrain /*fr.* rə'frɛ̃/ *s. m. inv.* (*pl. fr. refrains* /rə'frɛ̃/) **1** (*lett.*) Ritornello di pochi versi alla fine di ogni stanza. **2** (*mus.*) Periodo musicale che ricorre alla fine di ogni stanza della canzone.

refrattarietà *s. f.* **1** L'essere refrattario. **2** Caratteristica di un materiale di resistere senza fondere o rammollirsi ad alte temperature.

refrattàrio *agg.* **1** Detto di materiale atto a resistere, senza alterazioni notevoli, a elevate temperature: *terra refrattaria.* [→ ill. *metallurgia*] **2** (*med.*) Che non reagisce allo stimolo. **3** (*fig.*) Inerte a stimoli, negato totalmente per q.c.: *carattere – alla commozione.*

refrigerànte A *part. pres.* di *refrigerare; anche agg.* Che dà refrigerio. **B** *s. m.* **1** Apparecchiatura per raffreddare fluidi caldi: *– a serpentina, di Mohr.* [→ ill. *chimico*] **2** Fluido usato nelle macchine utensili per raffreddare il pezzo e l'utensile durante la lavorazione | Fluido che, circolando in un reattore nucleare, sottrae calore al combustibile.

refrigeràre A *v. tr.* (*io refrìgero*) **1** Rinfrescare: *– la bocca* | Placare dando refrigerio: *– la sete.* **2** Compiere una refrigerazione. **B** *v. rifl.* Rinfrescarsi.

refrigeratìvo *agg.* Atto a refrigerare.

refrigeratóre A *agg.* (*f. -trice*) Che refrigera | Nei frigoriferi, detto del gas liquefatto che evaporando sottrae calore. **B** *s. m.* **1** Ciò che serve a refrigerare. **2** Apparecchio destinato a refrigerare corpi sottraendo loro calore a mezzo di fluidi intermediari freddi. [→ ill. *bar*]

refrigerazióne *s. f.* **1** (*raro*) Rinfrescamento. **2** Procedimento atto a diminuire la temperatura di fluidi o di corpi in genere. **3** Processo di conservazione temporanea di merci deteriorabili, mediante l'abbassamento della loro temperatura.

refrigèrio *s. m.* **1** Sensazione piacevole di fresco. **2** (*fig.*) Piacevole sollievo fisico o morale: *ciò che dici è di – alla mia anima.*

refurtìva *s. f.* Complesso di beni che sono stati oggetto di furto.

refùso *s. m.* Lettera di altro stile, serie o famiglia usata erroneamente in una composizione | (*est.*) Errore di stampa.

regalàre *v. tr.* **1** Dare in regalo a qc.: *– un libro;* SIN. Donare. **2** Concedere per generosità, a titolo di favore e sim. | *Regalarsi un sigaro, una giornata di riposo* e sim., procurarseli. **3** Vendere a buon mercato: *una stoffa così, per quel prezzo è regalata.*

regàle *agg.* **1** Proprio di re: *dignità –.* **2** Degno di re: *portamento –.*

regalèco *s. m.* (*pl. -ci*) Pesce osseo marino, lungo fino a sei metri, con corpo flessuoso, nastriforme, di colore argenteo e rosso, che vive spec. in profondità; SIN. (*pop.*) Re delle aringhe.

regalìa *s. f.* **1** Dono in denaro. **2** In epoca medievale, diritto spettante al sovrano, o ad altra autorità per concessione del sovrano. **3** *al pl.* Prestazione in natura di polli, uova, frutta o altro, del contadino al proprietario per patto colonico.

regalità *s. f.* **1** Condizione, stato o diritto di re. **2** L'essere regale, splendido.

regàlo *s. m.* **1** Ciò che si regala o si deve regalare: *regali di Natale* | *Fare un –*, regalare q.c. a qc. | *Dare q.c. in –*, regalarla; SIN. Dono. **2** Cosa gradita, che fa piacere: *la vostra visita è stata un vero –.*

regàta *s. f.* Gara di velocità tra imbarcazioni a remi, a vela, a motore.

regèsto *s. m.* **1** Repertorio cronologico degli atti governativi, comunali, privati. **2** Riassunto del contenuto di un documento o di un atto.

reggènte **A** *part. pres. di reggere; anche agg.* Che regge | *Proposizione* –, che regge una proposizione subordinata | *Capitani reggenti*, nella Repubblica di S. Marino, i due capi dello Stato. **B** *s. m. e f.* Chi governa come sovrano lo Stato nel caso di minorità, malattia o assenza del re. **C** *s. f.* Proposizione reggente.

reggènza *s. f.* Titolo, ufficio e dignità di reggente | Durata di tale ufficio.

règgere **A** *v. tr.* (*pres. io règgo, tu règgi; pass. rem. io rèssi, tu reggésti; part. pass. rètto*) **1** Tenere stretto q.c. o qc. perché stia ritto, in equilibrio: *in due reggevano il ferito*; SIN. Sostenere. **2** Sorreggere qc. o q.c., sopportandone il peso: – *un pacco, un carico* | (*fig.*) – *l'anima, il fiato coi denti*, essere in agonia. **3** Sopportare (*anche fig.*): *non* – *il peso di qc.* | – *il mare*, di imbarcazione tale da resistere alle burrasche | – *l'acqua*, essere impermeabile, detto di stoffa | – *il vino*, non ubriacarsi pur bevendone parecchio. **4** Richiedere un determinato costrutto sintattico: *questo verbo regge il dativo.* **5** Guidare, regolare, dirigere: – *un'impresa*; – *il carro* | Essere a capo: *resse per anni la Prefettura*; SIN. Governare. **B** *v. intr.* (*aus. avere*) **1** Resistere (*anche fig.*): *non reggo più alla fatica* | – *al paragone*, non sfigurare se paragonato ad altre cose o persone | *Non mi regge il cuore, l'animo di...*, non ho il coraggio di. **2** Durare: *è un vino che non regge.* **3** Essere coerente, logico, valido: *un discorso che non regge.* **C** *v. rifl. o intr. pron.* **1** Stare o tenersi ritto, in piedi, in equilibrio. **2** (*fig.*) Dominarsi, controllarsi: *non mi reggo più a sentire tante sciocchezze.* **3** Governarsi: *il nostro Stato si regge a repubblica.* **D** *v. rifl. rec.* Sostenersi o aiutarsi l'un l'altro.

reggétta *s. f.* Nastro di metallo, plastica o sim. usato per legare un imballaggio.

reggettatrice *s. f.* Apparecchio per tendere e bloccare la reggetta. [→ ill. *magazzinaggio*]

règgia *s. f.* (*pl. -ge*) **1** Dimora del re, palazzo reale. **2** (*fig.*) Abitazione di grande sfarzo.

reggiàno *agg.; anche s. m.* (*f. -a*) Di Reggio Emilia.

reggìbile *agg.* Che si può reggere.

reggicàlze *s. m. inv.* Cintura con nastri elastici e mollette con cui si fissano le calze. [→ ill. *abbigliamento*]

reggilibro *s. m.* Arnese piegato ad angolo retto per tenere in piedi una fila di libri.

reggimentàle *agg.* Che fa parte del reggimento: *comando* –.

reggiménto *s. m.* **1** (*raro*) Modo e atto del reggere, del governare. **2** Unità organica, tattica, disciplinare, amministrativa, al comando di un colonnello. **3** (*fig.*) Moltitudine: *ho in casa un* – *di persone.*

reggìno *agg.; anche s. m.* (*f. -a*) Di Reggio Calabria.

reggipètto *s. m.* **1** Reggiseno. **2** Nel finimento del cavallo, striscia di cuoio che sostiene il pettorale.

reggiséno *s. m.* Fascia di tessuto o pizzo modellata da cuciture e con sottili bretelle, per sorreggere il seno femminile. [→ ill. *abbigliamento*]

reggitóre *s. m.* (*f. -trìce*) (*lett.*) Chi regge, guida, governa | – *di popoli*, governante | *Il sommo* –, Dio.

regìa *s. f.* (*pl. -gìe*) **1** Opera di coordinamento generale e di direzione artistica di uno spettacolo teatrale, cinematografico, radiofonico o televisivo. [→ ill. *radio, televisione*] **2** (*fig.*) Organizzazione accurata di cerimonia, manifestazione e sim.: *l'abile* – *del corteo.* **3** Professione, attività di regista.

regicìda *s. m. e f.* (*pl. m. -i*) Chi si è reso colpevole di regicidio.

regicìdio *s. m.* Uccisione di re o di regina.

regìme o (*raro*) *règime s. m.* **1** Forma di governo, sistema politico: – *repubblicano, monarchico* | (*spreg.*) Governo autoritario, dittatoriale. **2** (*dir.*) Complesso organico di norme che disciplinano uno o più istituti giuridici: – *patrimoniale della famiglia.* **3** Regola di vita, in particolare riguardo alla dieta: – *alimentare* | – *latteo*, tipo di alimentazione a base di latte | *Essere a* –, seguire una determinata dieta. **4** Andamento di un fenomeno in un certo periodo di tempo | – *di corso d'acqua*, modo col quale è distribuita la portata durante l'anno | – *torrentizio*, con forti e brusche variazioni di portata. **5** Insieme di condizioni che caratterizzano il funzionamento regolare di una macchina: *velocità di* –.

regìna **A** *s. f.* **1** Moglie del re. **2** Donna che regna, essendo a capo di una monarchia: *la* – *d'Inghilterra.* **3** (*fig.*) Donna che eccelle e primeggia tra le altre: *è una* – *di bellezza* | *La* – *della festa*, colei che è più ammirata di tutte. **4** (*est.*) Cosa che eccelle, primeggia o si fa preferire tra altre simili: *la rosa è* – *dei fiori* | *La* – *del mare*, Venezia | (*bot.*) – *dei vigneti*, uva precoce da tavola dall'acino grosso, giallo-dorato, con aroma di moscato. **5** (*zool.*) Femmina feconda delle formiche, api, vespe, termiti. [→ ill. *ape*] **6** Il pezzo più potente del gioco degli scacchi: *scacco alla* –. [→ ill. *giochi*] **7** Carta da gioco raffigurante una regina: – *di cuori*; SIN. Donna. **B** *agg. solo f.* Che è regina: *ape, uva,* –. [→ ill. *ape*]

reginétta *s. f.* **1** Giovane regina. **2** Titolo conferito a una ragazza che primeggia in un concorso di bellezza.

règio *agg.* (*pl. f. -gie*) **1** Del re, in quanto capo di una monarchia: *titolo* –. **2** Dello Stato retto a monarchia: *il* – *esercito.*

regionàle *agg.* Della regione in generale o di una in particolare: *struttura* –; *legislazione* –.

regionalìsmo *s. m.* **1** Eccessivo interesse e amore per la propria regione. **2** Tendenza politica favorevole alle autonomie regionali. **3** (*ling.*) Fenomeno linguistico proprio di una regione.

regionalìsta **A** *s. m. e f.* (*pl. m. -i*) **1** Chi è partigiano della propria regione. **2** Chi sostiene il regionalismo. **B** *anche agg.*

regionalìstico *agg.* (*pl. m. -ci*) Di, da regionalista.

regióne *s. f.* **1** Porzione della terra, del cielo o dello spazio dotata di caratteristiche sue proprie: – *boreale.* **2** Plaga, territorio: *la* – *dei grandi laghi.* **3** Ente di amministrazione statale indiretta, autonomo e autarchico, che esercita attività nell'interesse dello Stato oltre che proprio | – *a statuto speciale*, a cui è riconosciuta una più ampia autonomia. **4** (*anat.*) Particolare suddivisione topografica dell'organismo a scopo descrittivo: – *dorsale, lombare.* **5** (*fig.*) Campo, dominio: *le meravigliose regioni della scienza.*

regìsta *s. m. e f.* (*pl. m. -i*) **1** Responsabile del coordinamento, dell'impostazione e del risultato artistico di uno spettacolo | *Aiuto* –, assistente del regista durante la lavorazione di un film o la preparazione di uno spettacolo. **2** (*fig.*) Chi organizza e dirige una cerimonia, una manifestazione pubblica e sim.

registràbile *agg.* Che si può registrare: *spesa* –.

registràre *v. tr.* **1** Scrivere in un registro, anche a fini amministrativi: – *le nascite*; – *una spesa.* **2** (*est.*) Prendere nota, ricordare: *la storia registra i fatti* | Tener conto di q.c.: – *un atto di generosità.* **3** Trascrivere, per mezzo di un apparecchio registratore, direttamente in un grafico la grandezza misurata. **4** Fissare suoni o immagini su supporti adatti, dischi, pellicole e sim. **5** Mettere a punto un congegno o una macchina.

registratóre **A** *agg.* (*f. -trice*) Che registra | Detto di strumento di misura provvisto di organo scrivente che traccia un diagramma dei valori assunti dalla grandezza misurata in funzione del tempo: *barometro, termometro* –. **B** *s. m.* **1** Che registra. **2** Apparecchio o strumento per registrare, spec. suoni | – *di cassa*, macchina da calcolo scrivente utilizzata in negozi e sim., che fornisce uno scontrino con la prova dell'avvenuto pagamento e registra, totalizzandoli su nastro, gli importi incassati. [→ ill. *radio, scuola, suono, supermercato, televisione*] **3** Grossa cartella di cartone per la raccolta della corrispondenza o di documenti. [→ ill. *ufficio*]

registrazióne *s. f.* **1** Iscrizione in un registro: *la* – *di un incasso* | Annotazione su pubblici registri: – *di un contratto*; – *di una nascita*; – *di una ditta.* **2** Messa a punto: – *di un orologio.* **3** Trascrizione in un grafico di una grandezza registrata: – *di una scossa sismica.* [→ ill. *meteorologia*] **4** Operazione con cui si fissano suoni o immagini su supporti adatti a riprodurli: – *di un disco.* **5** (*radio, tv*) Programma trasmesso successivamente all'esecuzione e quindi non in diretta | Locale in cui viene eseguita la registrazione.

registro *s. m.* **1** Libro, quaderno, fascicolo in cui si prende nota di q.c. **2** (*dir.*) Documento pubblico in cui si annotano atti o fatti giuridici: – *di nascita* | *Imposta di* –, dovuta sugli atti scritti in genere | *Ufficio del* –, organo periferico dello Stato che accerta e riscuote le imposte sugli affari. **3** Congegno per la messa a punto di un meccanismo. **4** (*mus.*) Parte dell'estensione della voce o di uno strumento | *Cambiare* –, (*fig.*) cambiare contegno, modo di fare. [→ ill. *strumenti musicali*] **5** Ampiezza dei suoni della voce umana | (*ling.*) Uso dei diversi modi linguistici a seconda del contesto: – *colloquiale*; – *colto*. **6** In tipografia, perfetta concordanza di posizione fra due o più elementi costituenti un unico insieme | *Mettere a* –, far concordare la posizione di due o più dei suddetti elementi. [→ tav. *locuzioni* 17]

regnànte *part. pres. di regnare; anche agg. e s. m. e f.* Che (o chi) regna.

regnàre *v. intr.* (*io régno; aus. avere*) **1** Essere a capo di uno Stato monarchico esercitandovi l'autorità e le funzioni di re. **2** (*est.*) Avere potere, dominio (*anche fig.*): *i Turchi regnarono in Oriente* | (*fig.*) Essere presente, diffuso: *qui regna la concordia.* **3** Allignare, prosperare, detto di piante: *in questa regione regna l'ulivo.*

régno *s. m.* **1** Stato monarchico retto da un re | *Il Regno Unito*, l'Inghilterra | (*est.*) Territorio posto sotto l'autorità di un re | (*est.*) Dominio, sovranità di re e sua durata: *sotto il* – *di Luigi XIV.* **2** (*est.*) Luogo di dimora, di potere, di predominio di qc. o q.c. (*anche fig.*): *il* – *di Dio*; *l'Antartide è il* – *dei ghiacci* | *Essere nel proprio* –, (*fig.*) sentirsi a proprio agio, nell'ambiente adatto | *Il* – *beato*, il Paradiso | *Il* – *delle tenebre*, l'Inferno | *Il* – *della fantasia*, il mondo della fantasia | *Il* – *animale, vegetale, minerale*, il modo tradizionale in cui si suddividono tutti i corpi naturali. [→ tav. *proverbi* 280]

règola *s. f.* **1** Andamento più o meno ordinato e costante di un complesso di eventi: *fenomeni al di fuori di ogni* – | *Fare* –, rappresentare la norma | *Essere eccezione alla* –, essere fuori della norma. **2** (*est.*) Precetto, norma indicativa di ciò che si deve fare in certe circostanze: *trasgredire, osservare, la* –; *avere una* – *di vita* | *Essere in* –, essere nella situazione ideale o richiesta per fare q.c. | *Essere in* – *verso qc.*, avere mantenuto un contegno ineccepibile nei suoi confronti | *Avere le carte in* –, (*fig.*) essere in condizione di aspirare a q.c. in virtù dei requisiti posseduti | Norma, prescrizione, frutto dell'esperienza o della consuetudine: *le regole della buona educazione* | *Per vostra norma e* –, affinché vi sappiate regolare | *Fare q.c. a* – *d'arte*, in modo perfetto; SIN. Canone, criterio. **3** Metodo che permette la risoluzione di problemi o l'applicazione di determinati assunti: *la* – *del tre semplice.* **4** (*ling.*) Nella grammatica tradizionale, norma prescrittiva per parlare o scrivere secondo il modello dominante | In linguistica, ipotesi descrittiva sul funzionamento grammaticale della lingua. **5** Misura, modo: *avere* – *nello spendere.* **6** Complesso delle norme con le quali generalmente il fondatore disciplina la vita comunitaria e gli obblighi degli appartenenti a un ordine religioso o a una congregazione: – *di S. Benedetto.* **7** *al pl.* Mestruazioni. [→ tav. *proverbi* 287]

regolàbile *agg.* Che si può regolare.

regolamentàre (1) *agg.* (*bur.*) Del regolamento | Conforme al regolamento: *distanza* –.

regolamentàre (2) *v. tr.* (*io regolaménto*) Sistemare con l'emanazione di un regolamento: – *il traffico della valuta.*

regolamentazióne *s. f.* Assoggettamento a una disciplina, un regolamento e sim.: – *del diritto di sciopero.*

regolaménto *s. m.* **1** Regolazione | Modificazione rivolta a migliorare: – *delle acque fluviali* | – *di conti*, (*gerg.*) soluzione violenta di vertenze, spec. nella malavita. **2** Complesso delle norme per mezzo delle quali si dirige o si conduce q.c.: *attenersi al* –; – *scolastico.*

regolàre (1) **A** *v. tr.* (*io règolo*) **1** Ordinare, sistemare, in base a una regola: – *la circolazione stradale.* **2** (*est.*) Governare, guidare, dirigere, detto di autorità, principi morali o leggi: *leggi fisiche regolano l'universo.* **3** Ridurre, limitare: – *le spese.* **4** Modificare il funzionamento di q.c. allo scopo di migliorarlo: – *un apparecchio* | – *un fiume*, mantenerne ottimale il regime. **5** Sistemare nel modo migliore (*anche fig.*): – *una questione* | – *un conto*, pagarlo | – *i conti con qc.*, (*fig.*) risolvere una discussione o un litigio con la vendetta. **B** *v. rifl.* **1** Avere un comportamento adatto alle circostanze: *non sapere come regolarsi con qc.*; SIN. Procedere. **2** Tenersi nel giusto limite senza eccedere: *regolarsi nel mangiare*; SIN. Moderarsi.

regolàre (2) *agg.* **1** Che segue o mantiene una regola: *andamento* – | *Esercito* –, reclutato e ordinato secondo le leggi; SIN. Metodico, normale; CONTR. Irregolare. **2** Che non contravviene le norme dettate dall'esperienza o la consuetudine: *una domanda* –. **3** Che non rivela irregolarità o imperfezioni: *lineamenti regolari.* **4** In geometria, detto di poligono con lati uguali e angoli uguali: *esagono* – | Detto di poliedro con facce uguali e regolari: *ottaedro* –. [→ ill. *geometria*] **5** (*ling.*) Detto di fatto linguistico conforme a un tipo considerato dominante | *Verbi regolari*, che seguono i tipi stabiliti di coniugazione.

regolarità *s. f.* L'essere regolare; SIN. Normalità; CONTR. Irregolarità.

regolarizzàre *v. tr.* Rendere regolare.

regolarizzazióne *s. f.* Sistemazione atta a rendere regolare.

regolarménte *avv.* **1** Secondo le regole: *modulo compilato* –. **2** Ordinatamente: *alunni seduti* –. **3** Con regolarità costante (*anche iron.*): *arriva* – *in ritardo.*

regolàta *s. f.* Messa a punto, spec. frettolosa | (*fig., fam.*) *Darsi una* –, agire in maniera più ragionevole.

regolatézza *s. f.* L'essere regolato nelle proprie abitudini di vita.

regolàto *part. pass. di regolare* (1); *anche agg.* **1** Ordinato, governato da una regola. **2** Moderato: *essere* – *nel bere*; CONTR. Sregolato.

regolatóre **A** *agg.* (*f. -trice*) Che regola, fissa le norme: *principio* –; *piano* –. **B** *s. m.* **1** Chi regola. **2** Meccanismo che regola il funzionamento di q.c. [→ ill. *agricoltura, cinematografia, fisica, miniera, tessuto*]

regolazióne *s. f.* Assoggettamento a una regola: – *del traffico* | Modificazione per migliorare il funzionamento di q.c.: – *di un apparecchio*; *vite di* –; – *di un fiume.*

règolo (1) *s. m.* **1** Listello, di legno o metallo, per vari usi | Asta di legno che serve al muratore per verificare se i mattoni sono ben allineati o se l'intonaco è spianato a dovere. **2** Striscia rettangolare di materiale solido | – *calcolatore*, strumento per eseguire rapidamente calcoli approssimati, costituito da due parti, una fissa e l'altra scorrevole su di essa, su ciascuna delle quali è riportata una scala.

règolo (2) *s. m.* **1** (*spreg., lett.*) Re avente scarsa potenza e piccolo dominio. **2** Piccolo uccello verdastro, con sottile becco appuntito e canto melodioso.

regredire *v. intr.* (*io regredisco, tu regredisci; part. pass. regredito o regrèsso; aus. essere*) Tornare indietro (*anche fig.*); CONTR. Progredire.

regredito *part. pass. di regredire; anche agg.* Tornato indietro; SIN. Regresso.

regressióne *s. f.* **1** Atto del regredire. **2** (*geol.*) Arretramento, presso il mare, della linea di spiaggia, con conseguente emersione di aree già sommerse. **3** (*biol.*) Retrocessione di una malattia o di un fenomeno biologico. **4** (*psicol.*) Ritorno a una fase primigenia, detto spec. di facoltà intellettive: – *all'infanzia.*

regressivo *agg.* Che regredisce, tende alla regressione: *andamento* – *di un fenomeno.*

regrèsso (1) *s. m.* **1** Il regredire | (*fig.*) Scadimento, decadenza; CONTR. Progresso. **2** Diritto di ripetere da altri nei casi previsti dalla legge ciò che si è pagato a un creditore: *diritto di* –.

regrèsso (2) *part. pass. di regredire* (*raro*) Regredito.

reiètto *agg.; anche s. m.* (*f. -a*) Detto di chi è respinto, allontanato come indegno di aiuto o considerazione: *un* – *della società.*

reiezióne *s. f.* **1** (*raro*) Il ripudiare, respingere. **2** Atto con cui un organo giudiziario respinge una domanda avanzata da un cittadino.

reificazióne *s. f.* Nel marxismo, alienazione.

reimbarcàre **A** *v. tr.* (*io reimbàrco, tu reimbàrchi*) Imbarcare di nuovo: – *i passeggeri.* **B** *v. intr. pron.* Imbarcarsi di nuovo.

reimbàrco *s. m.* (*pl. -chi*) Nuovo imbarco.

reincàrico *s. m.* (*pl. -chi*) Nuovo incarico o conferma di un incarico precedente.

reincarnàre **A** *v. tr.* Ripetere in modo molto somigliante le fattezze di qc.: *quel bambino reincarna il nonno.* **B** *v. rifl.* Assumere un nuovo corpo, secondo le credenze relative alla reincarnazione.

reincarnazióne *s. f.* **1** In alcune religioni, il trasmigrare dell'anima, dopo la morte, in altro corpo, umano, animale o vegetale, fino alla liberazione finale dal ciclo delle esistenze. **2** (*fig.*) Chi assomiglia moltissimo a qc. nel fisico, nel carattere, nel modo di agire: *è la — del padre.*

reingàggio *s. m.* Atto dell'ingaggiare di nuovo | *Premio di —*, nel calcio e sim., somma corrisposta al calciatore per un ulteriore ingaggio da parte della società.

reingrèsso *s. m.* Nuovo ingresso, spec. in seno a comunità, associazioni e sim.

reinnestàre o *rinnestàre v. tr.* (*io reinnèsto*) Compiere un nuovo innesto.

reinseriménto *s. m.* Nuovo inserimento: *— nella società.*

reinserìre **A** *v. tr.* (*io reinserìsco, tu reinserìsci*) Inserire nuovamente qc. o q.c. in un complesso di cui faceva parte: *— qc. in un ambiente.* **B** *v. rifl.* Rimettersi in un determinato ambiente.

reintegràre **A** *v. tr.* (*io reintegro*) **1** Fare ritornare q.c. nello stato in cui era prima (*anche fig.*): *— le energie con la ginnastica.* **2** Rimettere di nuovo qc. in una certa posizione, secondo i suoi diritti: *— un impiegato nel suo ufficio.* **B** *v. rifl.* Riprendere le proprie funzioni, il proprio posto e sim.

reintegrativo *agg.* Atto a reintegrare.

reintegrazióne *s. f.* **1** Ricostituzione dello stato, della interezza precedente (*anche fig.*): *— di un deposito; — delle forze.* **2** Ricollocazione di qc. nella posizione, ufficio e sim. precedente.

reinvestìre e deriv. V. *rinvestire* e deriv.

reità *s. f.* Condizione di reo.

reiteràre *v. tr.* (*io reitero*) (*lett.*) Replicare q.c. che si è già fatto: *— le promesse.*

reiterataménte *avv.* Più volte.

reiteràto *part. pass. di reiterare; anche agg.* Ripetuto.

reiterazióne *s. f.* **1** Ripetizione. **2** Figura retorica che consiste nel ripetere la stessa idea con sinonimi.

relais /*fr.* rəˈlɛ/ *s. m. inv.* (*elettr.*) Relè.

relativa *s. f.* (*ling.*) Proposizione relativa.

relativaménte *avv.* In modo relativo | *— a*, per quanto riguarda.

relativismo *s. m.* Dottrina della relatività della conoscenza.

relativista *s. m. e f.* (*pl. m. -i*) Chi segue una dottrina filosofica relativistica.

relativìstico *agg.* (*pl. m. -ci*) Che si riferisce al relativismo.

relatività *s. f.* **1** L'essere relativo: *la — di un'opinione* | *— della conoscenza*, dottrina che fa dipendere la conoscenza dalla costituzione organica e mentale del soggetto conoscente e dal rapporto tra soggetto e oggetto. **2** Principio fisico matematico attestante l'inesistenza di osservatori o di sistemi di riferimento privilegiati per lo studio dei fenomeni meccanici e fisici, e quindi l'inesistenza d'uno spazio e d'un tempo assoluti | Teoria della meccanica e della fisica fondata sul principio di relatività.

relativizzàre *v. tr.* Rendere relativo.

relativo *agg.* **1** Che ha rapporto, relazione con q.c.: *risposta relativa alle domande.* **2** Che si riferisce, è attinente a q.c.: *addurre le relative prove* | *Pronome —*, che richiama un nome o una frase antecedente | *Proposizione relativa*, subordinata che specifica un termine della reggente o fa da opposizione a esso. **3** Che non ha valore o significato in sé ma rispetto a q.c. con cui ha un rapporto: *una felicità relativa* | *Tutto è —*, le situazioni cambiano a seconda del punto di vista di chi le esamina. **4** (*mat.*) *Numero —*, numero dotato di segno; CONTR. Assoluto. **5** (*fis.*) Detto di metodo di misura in cui si determina il rapporto fra la grandezza da misurare e quella della stessa specie assunta come unità di misura.

relatóre **A** *agg.* (*f. -trice*) Che riferisce, riporta: *ufficiale, giudice —.* [→ ill. *giustizia*] **B** *s. m.* Chi ha l'incarico di riferire su determinate questioni dopo un esame personale o una discussione collegiale.

relàx /*ingl.* riˈlæks/ *s. m. inv.* Stato di riposo fisico e psichico.

relazionàre **A** *v. tr.* (*io relazióno*) Ragguagliare qc. su q.c. **B** *v. intr.* (*aus. avere*) Intessere una relazione, spec. amorosa.

relazióne *s. f.* **1** Modo, qualità del rapporto fra due cose, due o più fenomeni e sim. | Stretto nesso esistente tra due o più concetti, fatti, fenomeni ognuno dei quali richiama direttamente e immediatamente l'altro: *la — tra materia e forma* | *In — a*, in rapporto a. **2** (*mat.*) Legame o rapporto esistente tra due o più grandezze: *— di uguaglianza.* **3** Rapporto o legame di natura economica, affettiva e sim. tra persone: *— di amicizia* | *Non avere relazioni*, non avere amicizie | *Avere una — con un uomo, con una donna*, avere rapporti amorosi | *Relazioni umane*, teoria sociologica e di organizzazione aziendale che rivaluta l'elemento umano del lavoro | *Relazioni pubbliche*, complesso di attività volte a influenzare favorevolmente la pubblica opinione intorno a persone, istituzioni, aziende e sim. **4** Rapporto scritto od orale su un dato argomento.

relè *s. m.* (*elettr.*) Apparecchio che, percepita una variazione in un circuito di alimentazione o comando, determina un'altra variazione in uno o più circuiti comandati.

relegàre *v. tr.* (*io rèlego, tu rèleghi*) Mandare via qc. e costringerlo a vivere in una sede lontana e sgradita: *fu relegato in un'isola sperduta* | (*fig.*) Mettere come in disparte; SIN. Confinare.

relegazióne *s. f.* Allontanamento di qc. con l'obbligo di risiedere in una sede lontana e sgradita | (*fig.*) Isolamento, emarginazione.

religióne *s. f.* **1** Complesso delle narrazioni mitiche, delle norme etiche e salvifiche e dei culti che esprimono, nel corso della storia, la relazione delle varie società umane con il mondo divino: *storia delle religioni.* [→ ill. *religione*] **2** Complesso dei comportamenti che corrispondono al sentimento di dipendenza della creatura dal mondo divino | *— monoteistica*, che riconosce un Dio unico | *— politeistica*, che è fondata sulla credenza di una pluralità di rappresentazioni divine. **3** Rispetto devoto e fervido per entità astratte profondamente sentite o per sentimenti nobili: *la — dell'arte, della famiglia* | *Con —*, con intenso raccoglimento. **4** Solennità, santità che incute rispetto.

religiosità *s. f.* **1** Sentimento che esprime l'esperienza religiosa sul piano individuale. **2** L'essere religioso. **3** Scrupolosa esattezza: *eseguire gli ordini con —.*

religióso **A** *agg.* **1** Della religione, di una religione: *insegnamento —, rito —* | (*est.*) Che è fatto in conformità alle norme della religione: *matrimonio —.* **2** Che osserva la religione: *persona religiosa*; SIN. Pio. **3** (*fig.*) Reverente, rispettoso | Scrupoloso: *eseguire un lavoro con religiosa attenzione.* **B** *s. m.* (*f. -a*) Chi appartiene a un ordine o a una congregazione religiosa.

reliquàrio V. *reliquiario.*

reliquia *s. f.* **1** (*lett.*) *spec. al pl.* Ciò che rimane di q.c. o di qc. **2** Ciò che resta del corpo, delle vesti o degli oggetti appartenuti a un santo o a un beato | (*fig., scherz.*) *Tenere q.c. o qc. come una —*, con estrema cura. **3** (*fig.*) Ciò che resta di q.c. di molto caro, grandioso o nobile: *reliquie del passato.*

reliquiàrio o *reliquàrio s. m.* Urna in cui si conservano le reliquie.

relitto *s. m.* **1** Rottame, avanzo di naufragio, spec. abbandonato in mare | Carcassa di nave sulla costa. **2** (*fig.*) Chi è ridotto in misere condizioni economiche o sociali: *un — umano.*

remainder /*ingl.* riˈmeində/ *s. m. inv.* (*pl. ingl. remainders* /riˈmeindəz/) Copia di un volume che costituisce giacenza di magazzino e che è venduto dall'editore a prezzo ridotto.

remake /*ingl.* ˈriːˈmeik/ *s. m. inv.* (*pl. ingl. remakes* /ˈriː-ˈmeiks/) Nuova versione di un vecchio film di successo; SIN. Rifacimento.

remàre *v. intr.* (*io rèmo; aus. avere*) Manovrare i remi per imprimere il movimento a un'imbarcazione; SIN. Vogare.

remàta *s. f.* **1** Il remare, spec. piuttosto a lungo. **2** Colpo di remo.

rematóre *s. m.* (*f. -trice*) Chi rema.

remeggiàre *v. intr.* (*io reméggio; aus. avere*) **1** Remare. **2** (*fig., lett.*) Muoversi come chi adopera i remi, detto spec. di uccelli.

reméggio *s. m.* Atto del remeggiare (*spec. fig.*).

remigànte **A** *part. pres. di remigare; anche agg.* Che remiga | *Penne remiganti*, penne delle ali degli uccelli che co-

1
2
3
4
5
6
7
8
9
10
11
12
altare
lampada
ostensorio
13
velo
10
14
calice
palla
patena
pisside
velo
conopeo
leggio
messale
ampolline
secchiello
turibolo
navicella
borsa
aspersorio

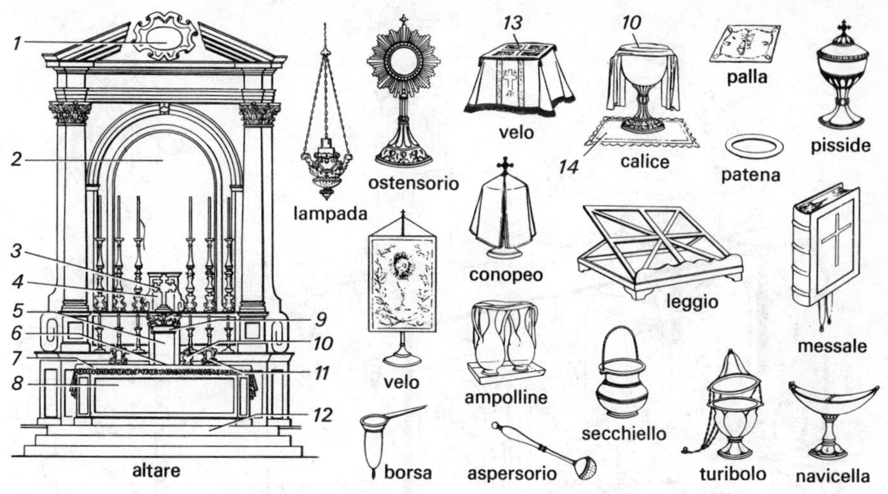

1 cartiglio 2 pala 3 crocifisso 4 residenza 5 conopeo 6 mensa 7 tovaglia 8 paliotto 9 ciborio 10 purificatoio 11 cartagloria 12 predella 13 borsa 14 corporale

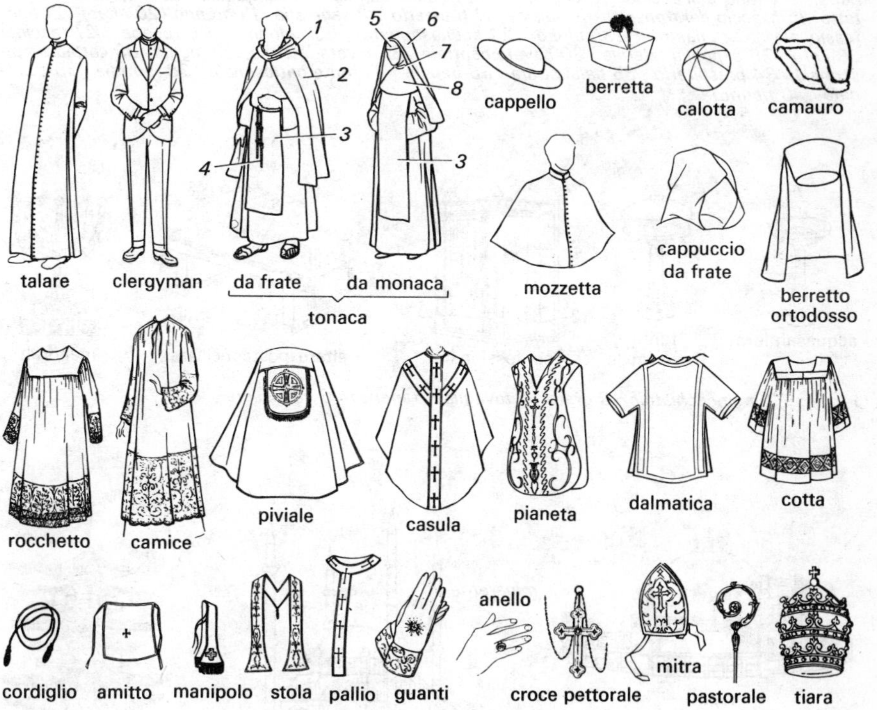

talare
clergyman
1
2
3
4
da frate
5
6
7
8
3
da monaca
tonaca
cappello
berretta
calotta
camauro
mozzetta
cappuccio da frate
berretto ortodosso
rocchetto
camice
piviale
casula
pianeta
dalmatica
cotta
cordiglio
amitto
manipolo
stola
pallio
guanti
anello
croce pettorale
mitra
pastorale
tiara

1 cappuccio 2 cocolla 3 pazienza 4 cordiglio 5 frontale 6 velo 7 soggolo 8 bavero ➡

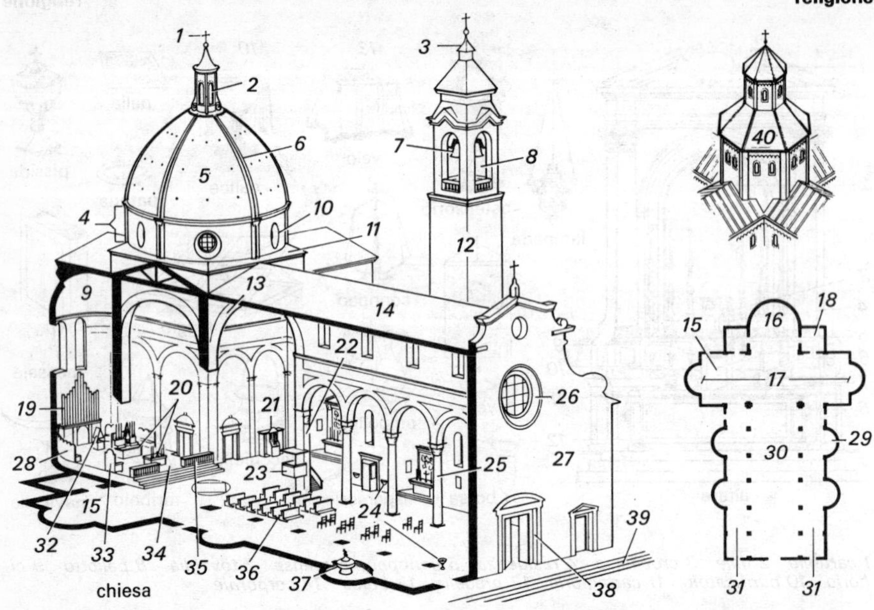

1 croce 2 lanterna 3 cuspide 4 tamburo 5 cupola 6 costolone 7 campana 8 cella campanaria 9 catino dell'abside 10 occhio 11 base della cupola 12 campanile 13 arco trionfale 14 tetto 15 braccio del transetto 16 abside 17 transetto 18 sagrestia 19 organo 20 altare 21 confessionale 22 pilastro 23 pulpito 24 acquasantiera 25 colonna 26 rosone 27 facciata 28 coro 29 cappella laterale 30 navata centrale 31 navata laterale 32 leggio 33 cattedra episcopale 34 presbiterio 35 balaustrata 36 banchi 37 fonte battesimale 38 portale 39 scalinata 40 tiburio

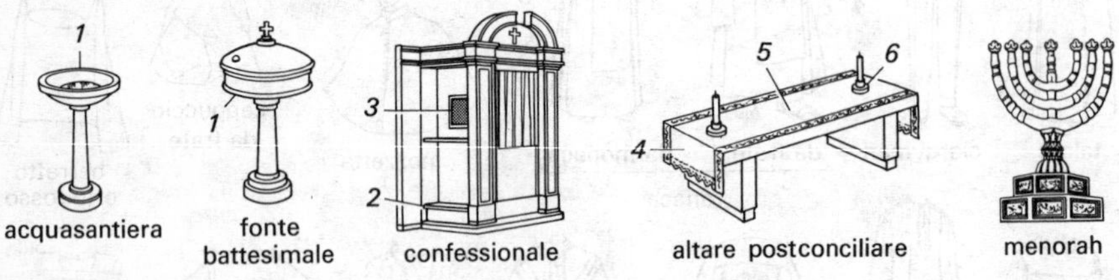

1 vasca 2 inginocchiatoio 3 grata 4 tovaglia 5 mensa 6 candeliere

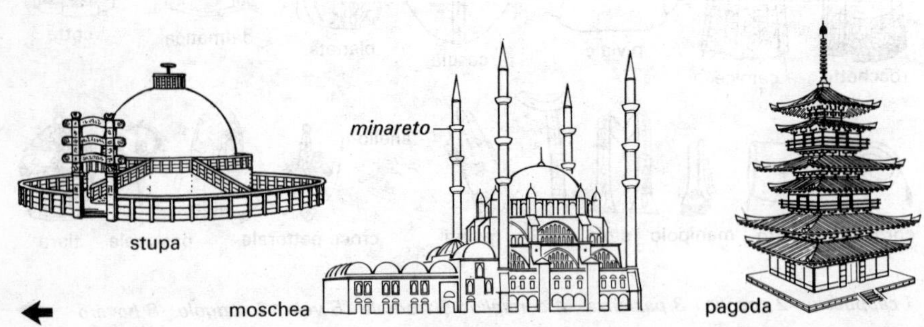

stituiscono le superfici portanti per il volo. [→ ill. *zoologia*] **B** *s. m. e f.* (*lett.*) Chi rema. **C** *s. f. pl.* (*zool.*) Penne remiganti.

remigàre *v. intr.* (*io rèmigo, tu rèmighi; aus. avere*) **1** (*raro, lett.*) Remare. **2** Battere le ali volando con moto uguale.

reminiscènza *s. f.* **1** Ricordo vago di q.c. lontano nel tempo e che si era quasi dimenticato. **2** Passo di un componimento letterario, musicale o sim. che desta il ricordo di un altro e talvolta denuncia una imitazione più o meno accentuata.

remisier /*fr.* rəmi'zje/ *s. m. inv.* (*pl. fr. remisiers* /rəmi'zje/) Intermediario fra l'agente di cambio e il cliente.

remissìbile *agg.* Che si può rimettere, perdonare.

remissióne *s. f.* **1** Perdono, condono parziale o totale: *– delle colpe* | (*fig.*) Scampo, salvezza (*anche scherz.*): *chiacchierava senza –* | *– di querela,* manifestazione della volontà di togliere effetto a una querela, ciò che determina l'estinzione del reato. **2** Abbandono delle proprie teorie e convinzioni per rimettersi a quelle di altri: *la vostra – ai superiori è indiscutibile.*

remissività *s. f.* L'essere remissivo; SIN. Acquiescenza, docilità.

remissìvo *agg.* **1** Che si rimette senza sforzo al parere, al volere altrui | Docile: *un bambino –*; SIN. Condiscendente, sottomesso. **2** Che serve a rimettere una pena e sim.: *formula remissiva.*

remittènza *s. f.* Diminuzione della febbre senza comunque ritornare ai livelli normali.

rèmo *s. m.* Lunga asta, spec. di legno, con estremità larga a forma di pala, che immersa nell'acqua permette, agendo da leva, il movimento di un natante. [→ ill. *marina*] [→ tav. *locuzioni* 108]

rèmora (1) *s. f.* **1** (*lett.*) Indugio, freno: *porre una – alla corruzione.* **2** Scia laterale di nave.

rèmora (2) *s. f.* Pesce osseo marino con corpo slanciato, che ha sul capo un disco adesivo a ventosa con cui si attacca ad altri pesci, tartarughe o navi per farsi trasportare. [→ ill. *animali* 8]

remòto *agg.* **1** Che è molto lontano nel tempo: *le cause remote di un avvenimento* | (*ling.*) *Passato –*, tempo del verbo che esprime un'azione del passato definitivamente compiuta. **2** (*lett.*) Che è molto lontano nello spazio.

remuneràre e deriv. V. *rimunerare* e deriv.

réna V. *arena* (1).

renaiòlo *s. m.* Chi per mestiere cava la rena e la trasporta.

renàle *agg.* (*anat.*) Del rene: *arteria –* | *Capsula –*, fascia adiposa che avvolge e protegge il rene. [→ ill. *anatomia umana*]

renàno *agg.* Del fiume Reno | Della regione attraversata da questo fiume | *Bottiglia renana,* da vino, di forma cilindrica e affusolata e capacità di circa 3/4 di litro. [→ ill. *vino*]

renard /*fr.* rə'nar/ *s. m. inv.* (*pl. fr. renards* /rə'nar/) Nel linguaggio della moda, pelliccia di volpe.

rèndere **A** *v. tr.* (*pass. rem. io rési, raro, lett. rendéi, raro, lett. rendètti, tu rendésti; part. pass. réso*) **1** Ridare a qc. ciò che si è avuto da lui, gli è stato preso o ha perduto: *– il denaro prestato; l'operazione gli ha reso la vista* | *– l'anima a Dio,* morire | *– giustizia a qc.,* riconoscerne i diritti | *– la pariglia,* (*fig.*) vendicarsi di un torto | *– il saluto a qc.,* salutarlo a propria volta | *– merito,* ricompensare | *A buon –*, con la promessa di restituire alla prima occasione, detto di favori e sim. | (*est.*) Dare: *– lode, omaggio a qc.* | *– grazie,* ringraziare | *– onore,* onorare | *– un servizio,* farlo, prestarlo | *– conto,* dare ragione, spiegare | *Rendersi conto di q.c.,* cercare di comprenderne le ragioni; SIN. Restituire. **2** Fruttare, produrre, anche ass.: *podere che rende bene* | Dare buoni risultati: *a scuola non rende.* **3** (*est.*) Raffigurare: *– con un disegno l'aspetto di q.c.* | Rappresentare, descrivere, esprimere: *una poesia che rende lo stato d'animo dell'autore* | *– l'idea,* riuscire a spiegarsi in modo chiaro | Tradurre: *– un verso in francese* | *– parola per parola,* fedelmente, alla lettera. **4** Far diventare, produrre un determinato effetto: *la solitudine lo ha reso arido* | *– q.c. di pubblica ragione,* diffonderne la conoscenza. **5** (*lett.*) Emettere, fare uscire: *– un sospiro; – luce, suono.* **B** *v. intr. pron.* **1** Far in modo di essere o di apparire: *rendersi certo.* **2** Dirigersi, recarsi in un dato luogo. [→ tav. *proverbi* 339]

rendez-vous /*fr.* rã'de 'vu/ *s. m. inv.* **1** (*raro*) Appuntamento. **2** Incontro, su un'orbita determinata, di due astronavi o mezzi spaziali e loro eventuale aggancio.

rendicónto *s. m.* **1** Atto del rendere i conti | (*est.*) Resoconto, consuntivo: *il – di un anno di studio.* **2** Narrazione particolareggiata.

rendiménto *s. m.* **1** (*raro*) Resa. **2** Misura dell'efficienza della manodopera che si esprime come rapporto fra il tempo assegnato preventivamente per eseguire il lavoro e il tempo effettivamente impiegato | Capacità di produrre: *tecnico a scarso –.* **3** Reddito, frutto: *il – di un podere.* **4** Rapporto tra l'energia ottenuta in forma utile da una macchina e quella spesa: *– di un motore.*

rèndita *s. f.* **1** Reddito, utile derivante dalla pura proprietà di un bene, dalla vendita di un immobile, da un investimento di capitale e sim. | *Vivere di –*, (*est.*) senza lavorare. **2** (*borsa*) Titolo obbligazionario che rappresenta un debito irredimibile dello Stato.

rène *s. m.* (*anat.*) **1** Ciascuna delle due ghiandole poste nella parte posteriore alta dell'addome, sui due lati, con la funzione di secernere l'urina. [→ ill. *anatomia umana*] **2** (*med.*) *– artificiale,* apparecchio che serve a depurare il sangue, usato come terapia d'urgenza in malattie renali. [→ ill. *medicina e chirurgia*]

renèlla *s. f.* (*med.*) Sabbia delle vie renali.

renétta o *ranétta* **A** *s. f.* Varietà di melo dal frutto di sapore acidulo | Frutto di tale albero. **B** *anche agg. solo f. mela –.*

réni o *rèni s. f. pl.* Regione lombare | (*fig.*) *Avere le – rotte,* essere molto stanco.

renifórme *agg.* Che ha forma di rene: *foglia, bacinella –.* [→ ill. *botanica*]

rènio *s. m.* Elemento chimico, metallo raro simile al platino, estratto spec. da minerali del rame. SIMB. Re.

renitènte **A** *agg.* Che fa resistenza, spec. opponendosi alla volontà di qc.: *essere – ai consigli di qc.* **B** *s. m.* Chi è renitente | *– alla leva,* chi commette il reato di renitenza alla leva.

renitènza *s. f.* **1** L'essere renitente; SIN. Riluttanza. **2** (*dir.*) *– alla leva,* illecito del cittadino che, iscritto nella lista di leva, senza legittimo motivo non si presenta all'esame personale e all'arruolamento.

rènna *s. f.* **1** Tozzo mammifero ruminante degli Ungulati con corna nel maschio e nella femmina, coda breve, arti robusti e zoccoli larghi adatti a camminare sulla neve delle regioni artiche in cui vive. [→ ill. *animali* 18] **2** Pelle conciata dell'animale omonimo.

renóso V. *arenoso.*

rentrée /*fr.* rã'tre/ *s. f. inv.* (*pl. fr. rentrées* /rã'tre/) **1** Ritorno in teatro di un attore assente per lungo tempo dalle scene. **2** Ricomparsa di qc. in un ambiente dopo lunga assenza: *ha fatto la sua – in società.*

rèo **A** *s. m.* (*f. -a*) **1** Colpevole di un reato: *– di furto; – confesso.* **2** (*lett.*) Persona malvagia. **B** *agg.* (*lett.*) Uso a fare il male, crudele: *gente rea.*

reòforo *s. m.* Filo metallico conduttore di corrente elettrica.

reògrafo *s. m.* Apparecchio per la registrazione di correnti elettriche rapidamente variabili.

reologìa *s. f.* Scienza che studia gli equilibri raggiunti nella materia deformata per azione di sollecitazioni.

reòmetro *s. m.* Strumento usato per misurare correnti elettriche.

reoscòpio *s. m.* Strumento che rivela la corrente elettrica.

reòstato *s. m.* Resistore a resistenza variabile inserito nei circuiti elettrici percorsi da una corrente della quale si vuole poter variare l'intensità. [→ ill. *elettricità, fisica*]

repàrto *s. m.* **1** (*raro*) Il ripartire. **2** Suddivisione di un complesso aziendale, ospedaliero, di una comunità e sim. | *– di truppa,* qualsiasi unità organica costitutiva di altra d'ordine superiore. [→ ill. *stalla*]

repêchage /*fr.* rəpɛ'ʃaʒ/ *s. m. inv.* (*pl. fr. repêchages* /rəpɛ'ʃaʒ/) (*sport*) Gara di recupero dei concorrenti battuti nelle fasi eliminatorie.

repellènte *part. pres. di repellere; anche agg.* Che respinge, allontana | (*fig.*) Che ripugna, disgusta; SIN. Ripugnante.

repèllere **A** *v. tr.* (*pres. io repèllo; pass. rem. io repùlsi, tu* *repellésti; part. pass. repùlso*) (*raro, lett.*) Respingere. ***B*** *v. intr.* (*aus. avere*) Disgustare, essere ripugnante: *è una soluzione che mi repelle.*

repentàglio *s. m.* Grave rischio e pericolo | *Mettere a* –, esporre al rischio.

repènte (1) *agg.* (*poet.*) Improvviso, subitaneo | *Di* –, all'improvviso.

repènte (2) *avv.* (*lett.*) All'improvviso.

repentinità *s. f.* L'essere repentino.

repentìno *agg.* Che accade, si manifesta, all'improvviso: *morte repentina.*

reperìbile *agg.* Che si può reperire; CONTR. Irreperibile.

reperiménto *s. m.* Ritrovamento, spec. dopo una ricerca: – *di un indizio*; – *di fondi.*

reperìre *v. tr.* (*pres. io reperìsco, tu reperìsci; part. pass. reperito; lett. repèrto*) Trovare, ritrovare.

repertàre *v. tr.* (*io repèrto*) Produrre come reperto: – *prove al processo.*

repèrto *s. m.* ***1*** Ciò che è stato trovato dopo una ricerca scientifica. ***2*** (*med.*) Descrizione di ciò che si è trovato con un esame medico.

repertòrio *s. m.* ***1*** Complesso dei lavori teatrali di cui una compagnia dispone per le rappresentazioni | Complesso delle opere o dei brani che un attore o un cantante conoscono. ***2*** Elenco ordinato e facilmente consultabile di notizie o dati su vari argomenti: – *bibliografico.*

replay /*ingl.* 'ri:'plei/ *s. m. inv.* (*pl. ingl. replays* /'ri:'pleiz/) (*tv*) In una trasmissione in diretta, spec. di gare sportive, ripetizione di una fase di particolare interesse subito dopo che questa è avvenuta.

rèplica *s. f.* ***1*** Ulteriore ripetizione di q.c.: *la – di un tentativo fallito* | Ciò che viene o è stato replicato. ***2*** Obiezione: *contro l'evidenza non c'è* –. ***3*** (*teatr.*) Ogni rappresentazione che segue la prima | Ripetizione di trasmissione radiofonica o televisiva. ***4*** Riproduzione o facsimile di un'opera artistica eseguita da uno stesso autore.

replicàbile *agg.* Che si può replicare.

replicàre *v. tr.* (*io rèplico, tu rèplichi*) ***1*** Ripetere q.c.: – *un atto.* ***2*** Rispondere a voce o per iscritto, anche ass.: – *poche parole*; *non ho nulla da* – | (*est.*) Contraddire.

reportage /*fr.* rəpɔr'taʒ/ *s. m. inv.* (*pl. fr. reportages* /rəpɔr'taʒ/) ***1*** Articolo di giornale scritto dopo una inchiesta del reporter. ***2*** (*est.*) Inchiesta trasmessa per radio o per televisione o filmata.

reporter /*ingl.* ri'pɔ:tə/ *s. m. inv.* (*pl. ingl. reporters* /ri'pɔ:təz/) Giornalista che descrive fatti e avvenimenti o per esserne stato testimone oculare o per aver raccolto informazioni su di essi.

repressióne *s. f.* ***1*** Impedimento, per mezzo della forza, di ciò che tende a sconvolgere spec. un assetto politico o sociale: – *di un tumulto.* ***2*** (*psicol.*) Impedimento volontario, cosciente, della soddisfazione di un impulso.

repressìvo *agg.* Che serve a reprimere.

reprèsso *part. pass. di reprimere; anche agg.* Tenuto a freno, domato: *ira repressa*; *impulsi repressi.*

repressóre *s. m.* (*come f. reprimitrìce*) Chi reprime.

reprimènda *s. f.* Severa sgridata.

reprìmere ***A*** *v. tr.* (*pass. rem. io reprèssi, tu reprimésti; part. pass. reprèsso*) ***1*** Raffrenare la forza o l'impeto di q.c. che tende a prorompere: – *la violenza, l'ira, lo sdegno*; SIN. Trattenere. ***2*** Arrestare con la forza ciò che tende a rivoluzionare o a sconvolgere spec. un determinato assetto politico, sociale, economico e sim.: – *un movimento rivoluzionario.* ***B*** *v. rifl.* Frenarsi, dominarsi, trattenersi.

reprint /*ingl.* ri'print/ *s. m. inv.* (*pl. ingl. reprints* /ri'printz/) Opera letteraria o scientifica ristampata in facsimile da edizione precedente divenuta rara.

rèprobo ***A*** *agg.* Che è disapprovato e condannato da Dio | (*est.*) Che è cattivo, ribelle. ***B*** *anche s. m.* (*f. -a*).

reps /*fr.* rɛps/ *s. m. inv.* Tessuto pesante a coste rilevate.

reptazióne *s. f.* (*zool.*) Locomozione caratteristica dei rettili.

repùbblica o, talvolta, *Repùbblica s. f.* Forma di governo rappresentativo, il cui presidente viene eletto dai cittadini o dal parlamento per un periodo determinato: *la – italiana.*

repubblicàno ***A*** *agg.* ***1*** Di repubblica, appartenente alla repubblica: *governo* –. ***2*** Che è favorevole alla repubblica. ***B*** *s. m.* (*f. -a*) Sostenitore della repubblica.

repubblichìno ***A*** *agg.* Della repubblica sociale italiana. ***B*** *s. m.* (*f. -a*) (*spreg.*) Aderente alla Repubblica sociale italiana creata dal fascismo (1943-1945).

repulisti /*lat.* repu'listi/ o *ripulisti s. m. inv. Solo nella loc.* (*fam., scherz.*) *fare* –, consumare tutto, portare via tutto.

repulsióne *s. f.* ***1*** (*fis.*) Tendenza di due corpi a respingersi fra loro | Forza che provoca in due corpi la tendenza a respingersi tra loro. ***2*** V. *ripulsione.*

repulsìvo V. *ripulsivo.*

repùlso V. *ripulso.*

reputàre o (*raro*) *riputàre* ***A*** *v. tr.* (*io rèputo*) Considerare, stimare, credere: – *q.c. utile,* – *qc. intelligente*; SIN. Giudicare, ritenere. ***B*** *v. rifl.* Stimarsi, credersi: *reputarsi intelligente.*

reputazióne o (*raro*) *riputazióne s. f.* Opinione nei riguardi di qc.: *godere di buona* – | *Rovinarsi la* –, perdere la stima in cui si era tenuti.

rèquie *s. f. solo sing.* Riposo, quiete da noie e affanni | *Senza* –, senza mai smettere.

requiem /*lat.* 'rɛkwjem/ *s. m. o f. inv.* ***1*** Principio della preghiera cattolica per le anime dei morti, con il quale si indica la preghiera stessa | *Messa di* –, in suffragio delle anime dei defunti. ***2*** (*fig., pop.*) Ufficio funebre.

requirènte *agg.* (*dir.*) Inquirente: *organo giudiziario* –.

requiṣìre *v. tr.* (*io requiṣìsco, tu requiṣìsci*) Prendere d'autorità, esigere la disponibilità di q.c. per adibirla a usi pubblici: – *un edificio per adibirlo a ospedale.*

requiṣìto *s. m.* Qualità che si richiede per ottenere un incarico o per aspirare a q.c.: *i requisiti per l'ammissione al concorso*; SIN. Condizione.

requiṣitòria *s. f.* ***1*** Atto con cui il Pubblico Ministero presenta le proprie richieste al giudice che deve decidere. ***2*** (*est.*) Discorso di severo rimprovero rivolto a qc.

requiṣizióne *s. f.* Sequestro disposto d'autorità.

résa *s. f.* ***1*** L'arrendersi, l'abbandonare ogni difesa davanti al nemico. ***2*** Atto del rendere: *chiedere la – di un prestito* | – *dei conti,* rendiconto delle spese fatte per altri e (*fig.*) momento di affrontare le proprie responsabilità; SIN. Restituzione. ***3*** Merce invenduta: *una – di libri.* ***4*** Rapporto fra le grandezze che entrano in gioco in un'operazione e ne caratterizzano la convenienza: *100 kg di farina danno una – di 121 kg di pane*; SIN. Rendimento.

rescìndere *v. tr.* (*pass. rem. io rescìssi, tu rescindésti; part. pass. rescisso*) ***1*** (*lett.*) Tagliare, rompere, fare a pezzi. ***2*** (*dir.*) Eliminare con efficacia retroattiva gli effetti di un negozio quando sussiste una sproporzione originaria tra le prestazioni in esso dedotte: – *un contratto.*

rescindìbile *agg.* Che si può rescindere.

rescissióne *s. f.* (*dir.*) Annullamento con efficacia retroattiva.

rescìsso *part. pass. di rescindere; anche agg.* Eliminato, annullato.

rescrìtto *s. m.* ***1*** Risposta risolutiva che davano gli imperatori romani su quesiti di magistrati, funzionari o privati. ***2*** Atto normativo dell'autorità ecclesiastica su questioni teologiche o disciplinari.

resecàre *v. tr.* (*io rèseco, tu rèsechi*) (*med.*) Sottoporre a resezione.

resèda *s. f.* Pianta erbacea delle Papaverali a fusto ramoso e fiori giallo-verdastri a grappolo; SIN. (*pop.*) Amorino.

resezióne *s. f.* (*med.*) Asportazione di una parte di organo: – *gastrica.*

residence /*ingl.* 'rezidəns/ *s. m. inv.* (*pl. ingl. residences* /rezi'dənsiz/) Complesso alberghiero costituito da piccoli appartamenti completamente arredati | (*est.*) Complesso di abitazioni in cui alcuni servizi sono centralizzati.

residènte ***A*** *agg.* Che risiede, ha fissa dimora: – *all'estero* | *Ministro* –, agente diplomatico di grado immediatamente inferiore a quello di ministro plenipotenziario. ***B*** *s. m.* ***1*** Chi ha fissa dimora in un luogo. ***2*** Ministro residente.

residènza *s. f.* ***1*** Il risiedere; SIN. Soggiorno. ***2*** Luogo in cui si risiede: *cambiare* –; CFR. Dimora, domicilio | Sede fissa: *la – del governo è a Roma.* ***3*** (*est.*) Edificio in cui si abita. ***4*** Tronetto al centro dell'altare, per esporvi il

SS. Sacramento. [→ ill. *religione*]

residenziàle *agg.* Di residenza | *Quartiere, zona* –, zona di una città urbanisticamente destinata a costruzioni di abitazione.

residuàle *agg.* Di residuo.

residuàre *v. intr.* (*io resìduo; aus. essere*) Costituire il residuo.

residuàto ***A*** *part. pass. di residuare; anche agg.* Che resta, rimane. ***B*** *s. m.* Rimanenza, residuo: – *bellico.*

resìduo ***A*** *agg.* Che resta, avanza, rimane; SIN. Restante, rimanente. ***B*** *s. m.* ***1*** Quello che resta da operazioni, processi, somme di denaro o altro (*anche fig.*) | – *di bilancio*, somma stanziata e non utilizzata nell'anno. ***2*** Quello che resta di una sostanza dopo trattamenti chimici o fisici.

resiliènte *agg.* Che ha resilienza.

resiliènza *s. f.* Capacità di un materiale di resistere a urti senza spezzarsi.

rèṣina *s. f.* Prodotto naturale o sintetico con spiccate proprietà plastiche | – *naturale*, prodotto trasparente di consistenza molle o pastosa, di origine spec. vegetale | – *sintetica*, prodotto organico ad alto peso molecolare, ottenuto artificialmente, impiegato nell'industria come costituente principale delle materie plastiche.

reṣinàceo *agg.* Che contiene resina.

reṣinàre *v. tr.* (*io rèṣino*) Sottoporre a resinatura: – *una conifera*; – *un tessuto.*

reṣinàto *part. pass. di resinare; anche agg.* Trattato, aromatizzato, con resina: *vino* –.

reṣinatùra *s. f.* ***1*** Operazione dell'estrarre e raccogliere resina da piante resinose. ***2*** Apprettatura di tessuti con resine artificiali.

reṣinìfero *agg.* Che produce resina.

reṣinóso *agg.* Di resina, che ha proprietà e qualità di resina.

resipiscènte *agg.* (*lett.*) Che si ravvede da un errore.

resipiscènza *s. f.* (*lett.*) Il pentirsi del male commesso riconoscendolo.

resistènte *part. pres. di resistere; anche agg.* Che resiste | Tenace, durevole: – *alla fatica.*

resistènza *s. f.* ***1*** Sforzo contrario che si oppone alla azione di qc. o q.c.: *la* – *del nemico.* ***2*** (*fis.*) Ogni forza che si opponga al moto del punto materiale o del corpo a cui è applicata. [→ ill. *fisica*] ***3*** Proprietà fisica, consistente nell'opporsi o nel contrastare determinati fenomeni ed effetti | – *elettrica*, impedimento che una corrente incontra passando per un circuito. [→ ill. *fisica, metallurgia, riscaldamento*] ***4*** (*mil.*) Fase dell'azione difensiva durante la quale si tende a logorare le forze dell'attaccante in attesa di poter prendere l'iniziativa. ***5*** Opposizione che impedisce lo svolgimento, la realizzazione, il compimento di q.c.: *hanno vinto la* – *dei genitori al loro matrimonio.* ***6*** Capacità di non lasciarsi rompere, annientare, spezzare, frammentare e sim.: *la* – *di un materiale* | (*est.*) Capacità di resistere allo sforzo fisico, intellettuale o all'abbattimento morale: *avere* – *alla fatica*; *gara di* –. ***7*** *Resistenza*, movimento di lotta politico-militare sorto in tutti i paesi d'Europa contro i nazisti e i regimi da questi sostenuti durante la seconda guerra mondiale.

resistenziàle *agg.* Della Resistenza.

resìstere *v. intr.* (*pass. rem. io resistèi, o resistètti, tu resistésti; part. pass. resistìto; aus. avere*) ***1*** Stare fermo e saldo contro una forza che si oppone, senza lasciarsi abbattere, annientare, spezzare, ecc.: – *ai colpi, alla pressione, a un urto* | (*est.*) Opporsi: – *all'invasione*; CONTR. Cedere. ***2*** Perdurare in una data situazione senza ricevere danno, anche ass.: *pianta che resiste al freddo*; *non posso* –.

resistività *s. f.* (*elettr.*) Resistenza di un conduttore omogeneo e isotermo, di lunghezza e sezione unitarie.

resistóre *s. m.* Conduttore a due morsetti che costituisce una resistenza e che, percorso da corrente elettrica, provoca una caduta di tensione. [→ ill. *elettricità, elettronica*]

resocontìsta *s. m. e f.* (*pl. m. -i*) Chi fa il resoconto di avvenimenti vari.

resocónto *s. m.* ***1*** Rapporto dettagliato su sedute, adunanze, avvenimenti di rilievo. ***2*** (*est.*) Minuta esposizione di q.c.: *ti farò il* – *del viaggio.*

respingènte ***A*** *part. pres. di respingere; anche agg.* Che respinge. ***B*** *s. m.* Organo di repulsione, con molla a spirale, adottato nelle testate dei veicoli ferroviari. [→ ill. *ferrovia*]

respìngere *v. tr.* (*coniug. come spingere*) ***1*** Spingere, rimandare indietro con più o meno forza allontanando da sé (*anche fig.*): – *l'aggressore*; – *le accuse di qc.* ***2*** Rifiutare di accogliere: – *una proposta* | – *qc. a un esame*, bocciarlo.

respìnta *s. f.* ***1*** Spinta indietro, contraria. ***2*** (*sport*) Azione di rilanciare la palla verso il settore avversario; SIN. Rinvio | Parata del portiere senza bloccare la palla: – *di pugno, di piede.*

respìnto ***A*** *part. pass. di respingere; anche agg.* ***1*** Rimandato indietro. ***2*** Rifiutato | Bocciato. ***B*** *s. m.* (*f. -a*) Chi è stato riprovato a un esame; SIN. Bocciato.

respiràbile *agg.* Che si può respirare: *aria* –; CONTR. Irrespirabile.

respiràre ***A*** *v. intr.* (*aus. avere*) ***1*** Compiere la respirazione: – *con i polmoni, con le branchie* | Inspirare ed espirare: – *a pieni polmoni* | (*est.*) Vivere: *il moribondo respira ancora* | (*est.*) Sentirsi fisicamente a proprio agio: *in questa stanza non si respira.* ***2*** (*fig.*) Avere sollievo, sentirsi riposato da una fatica: *ora che il pericolo è passato, finalmente respiro.* ***B*** *v. tr.* Far entrare ed espellere aria o altro.

respiratóre *s. m.* ***1*** (*med.*) Apparecchio che favorisce o regola la respirazione. ***2*** Apparecchiatura per la respirazione di ossigeno, per mezzo di una maschera, nei voli ad alta quota. ***3*** Tubo rigido munito di un boccaglio che impedisce l'entrata dell'acqua durante l'immersione subacquea.

respiratòrio *agg.* Che serve alla respirazione: *sistema* –. [→ ill. *anatomia umana*]

respirazióne *s. f.* Processo fondamentale di tutti gli esseri viventi che assumono ossigeno ed emettono anidride carbonica | – *artificiale*, attuazione di una ventilazione polmonare simile a quella spontanea mediante manovre manuali o mezzi meccanici.

respìro *s. m.* ***1*** Atto del respirare | Movimento della respirazione: *avere il* – *regolare, affannoso* | *Fino all'ultimo* –, fino alla morte | *Mandare l'ultimo* –, morire | *Mandare un* –, provare sollievo. ***2*** (*fig.*) Sollievo, riposo: *godere di un momento di* – | Pausa, interruzione: *lavorare senza* –. ***3*** (*fig.*) Portata ideologica, estensione culturale, vastità e intensità d'ispirazione e sim.: *opera di ampio* –.

responsàbile ***A*** *agg.* ***1*** Che deve rendere ragione delle proprie o altrui azioni: *sono* – *della tua condotta.* ***2*** Che è consapevole delle conseguenze derivanti dalla propria condotta: *è un ragazzo* – | Che rivela senso di responsabilità: *tenere un comportamento* –; CONTR. Irresponsabile. ***B*** *s. m. e f.* Chi deve rispondere di q.c.: *i responsabili della vita politica.*

responsabilità *s. f.* ***1*** L'essere responsabile: *assumersi le proprie* – | Condizione di chi è responsabile di q.c.: – *morale, civile.* ***2*** (*dir.*) Sottomissione, disposta dalla legge, alla sanzione in conseguenza alla violazione di un dovere giuridico.

responsabiliẓẓàre ***A*** *v. tr.* Rendere consapevole: – *le masse* | Far assumere una responsabilità. ***B*** *v. intr. pron.* Assumersi una responsabilità.

responsabiliẓẓazióne *s. f.* Conferimento, assunzione di consapevolezza o responsabilità.

respónso *s. m.* ***1*** (*lett.*) Risposta di un oracolo. ***2*** Risposta data spec. con tono solenne (*anche iron.*): *la commissione ha dato il suo* –.

responsòrio *s. m.* Risposta del coro al solista nella funzione cantata.

rèssa *s. f.* Insieme di gente che si muove disordinatamente, spec. spingendo e urtando; SIN. Calca.

rèsta (1) *s. f.* ***1*** (*bot.*) Arista. ***2*** Lisca di pesce.

rèsta (2) *s. f.* Ferro applicato al lato destro del petto della corazza per appoggiarvi la lancia in posizione per colpire: *lancia in* – | (*fig.*) *Partire con la lancia in* –, attaccare qc. o q.c. con decisione. [→ ill. *armi*]

rèsta (3) *s. f.* ***1*** Filza di cipolle, agli e sim. riuniti a formare una treccia. ***2*** Lungo cavo di canapa per trascinare la rete nella pesca d'altura.

restànte *A* part. pres. di restare; anche agg. Che resta; SIN. Residuo, rimanente. *B* s. m. Ciò che resta.

restàre v. intr. (*io rèsto; aus. essere*) *1* Fermarsi, arrestarsi: *restiamo un po' all'ombra a riposarci* | Rimanere in un luogo, spec. per un certo tempo: — *a pranzo da qc.* *2* Continuare a stare in un certo atteggiamento o in una certa posizione: — *in rapporti cordiali con qc.*; — *indietro rispetto agli altri* | (*est.*) Sopravvivere: *pensiamo a quelli che restano*; SIN. Rimanere. *3* Trovarsi in una determinata situazione a conclusione di fatti, avvenimenti, processi vari: — *orfano*; *la nave è restata in secco* | — *a piedi*, perdere il treno, l'autobus o altri mezzi di locomozione e (*fig.*) rimanere escluso da q.c. | — *a bocca asciutta*, rimanere senza cibo e (*fig.*) non aver potuto godere di q.c. | — *con un palmo di naso*, trovarsi deluso | — *a bocca aperta, senza fiato, di stucco, di sale*, molto meravigliato | — *al verde*, senza denaro | — *sul colpo, restarci*, morire all'improvviso | Assumere un certo atteggiamento: — *persuaso, sconvolto.* *4* Rimanere d'avanzo: *ci resta ancora molto da fare* | *Non resta che*, si deve solo. *5* Essere situato: *l'edificio resta sul lato sinistro.* *6* (*lett.*) Cessare.

restaurant /fr. rɛstɔ'rã/ s. m. inv. (pl. fr. *restaurants* /rɛstɔ'rã/) Ristorante.

restauràre v. tr. (*io restàuro*) *1* Restituire allo stato primitivo opere d'arte o altri manufatti, rifacendoli, riparandoli o rinnovandoli: — *un affresco.* *2* Rimettere in vita: — *consuetudini dimenticate*; SIN. Ripristinare.

restauratóre s. m. (f. *-trìce*) Chi restaura.

restaurazióne s. f. *1* (*raro*) Operazione del restaurare quadri, edifici, sculture e sim. *2* Ristabilimento di forme di governo, dinastie e sim.

restàuro s. m. Operazione del restaurare edifici, opere d'arte, manufatti e sim. | Ciò che si è restaurato.

restio *A* agg. *1* Detto di cavallo o altro animale da carico che non vuole andare avanti: *mulo* —. *2* (*est.*) Detto di persona che è riluttante a fare q.c.: *essere — a chiedere favori*; SIN. Ritroso. *B* s. m. Difetto di animale restio: *cavallo che ha il* —.

restituìbile agg. Che si può o si deve restituire.

restituire v. tr. (*io restituìsco, tu restituìsci*) *1* Ridare quello che si è tolto a qc. o che è stato prestato, donato o dato in consegna: — *i prigionieri*; — *il denaro avuto* | Dare di nuovo a qc. q.c. che aveva perduto: *la cura gli ha restituito energia*; SIN. Rendere. *2* (*lett.*) Rimettere nello stato di prima: — *qc. nel suo grado.*

restituzióne s. f. *1* Atto del restituire; SIN. Resa. *2* (*lett.*) Reintegrazione, ristabilimento: *la — dei Medici a Firenze.*

rèsto s. m. *1* Ciò che rimane di q.c. o che ancora manca per completare q.c.: *faremo il — del viaggio in treno* | *Fare il* —, compiere l'opera | *Del* —, per altro. *2* (*mat.*) — *d'una divisione*, quantità che aggiunta al prodotto del divisore per il quoziente dà il dividendo. *3* Differenza in denaro che spetta a chi paga un bene, un servizio e sim. con una somma superiore a quella dovuta: *lasciare il — di mancia.* *4* al pl. Ciò che rimane di q.c. che si è consumato col passare del tempo: *i resti di una necropoli* | Avanzi: *i resti della colazione* | *Resti mortali*, salma, cadavere.

restringere *A* v. tr. (pres. *io restringo, tu restringi*; pass. rem. *io restrìnsi, tu restringésti*; part. pass. *ristrétto*) *1* Diminuire il volume o limitare l'estensione di q.c.: *la cottura restringe i cibi*; *il lavaggio ha ristretto l'abito.* *2* (*fig.*) Limitare, ridurre: — *le spese.* *B* v. intr. pron. *1* Farsi più stretto o più ridotto in estensione: *la strada si restringe.* *2* Raccogliersi per occupare meno spazio: *restringetevi sul divano.*

restringiménto s. m. *1* Diminuzione di volume o di estensione: *il — di una stoffa* | Punto in cui q.c. si restringe o è ristretto. *2* (*med.*) Riduzione di volume: — *arterioso*; SIN. Stenosi.

restrittivo agg. Che restringe o è atto a restringere, a limitare: *legge restrittiva.*

restrizióne s. f. *1* (*raro*) Atto del restringere. *2* (*fig.*) Limitazione: *restrizioni alla libertà di stampa* | (*fig.*) Riserva che limita un'affermazione, una promessa: — *mentale.*

resurrezióne v. *risurrezione.*

resuscitàre v. *risuscitare.*

retàggio s. m. *1* (*lett.*) Eredità. *2* (*fig.*) Patrimonio spirituale che viene dagli antenati.

retàta s. f. *1* Gettata di rete | Quantità di pesce o uccelli catturati in una rete. *2* (*fig.*) Cattura di più persone eseguita con grande rapidità: *una — della polizia.*

réte s. f. *1* Strumento di fune, o di filo tessuto a maglia, per prendere pesci, uccelli o altri animali: *gettare, tirare la* — | — *a strascico*, trainata da barche, radente il fondo, per raccogliere nel sacco tutto ciò che incontra | (*fig.*) Agguato: *cadere nella* — | (*fig.*) Insidia, inganno: *tendere la — a qc.* | *Prendere qc. alla* —, (*fig.*) riuscire a ingannarlo. [→ ill. *pesca*] *2* (*est.*) Intrecciatura di filo o altro destinato a vari usi | — *metallica*, spec. di fil di ferro zincato, a chiusura di finestre, recinti e sim. | — *del letto*, quella di metallo su cui poggia il materasso | — *per la spesa*, sorta di borsa traforata, in spago o nylon | — *per i capelli*, cuffia a maglia per mantenere in ordine i capelli | — *da ostruzione*, ostruzione di cavi posta all'imboccatura dei porti per impedirne il forzamento da parte di mezzi subacquei, incursori e sim. [→ ill. *borsa, circo, ferramenta, sport, strada*] *3* (*sport*) Nel calcio, porta: *tirare a* — | (*fig.*) Punto segnato, gol: *segnare una* — | Nel tennis, nella pallavolo e sim., maglia di corda che divide il campo in due parti uguali. [→ ill. *giochi, sport*] *4* Omento usato per ravvolgervi fegatelli di maiale da friggere o arrostire allo spiedo. *5* Insieme di linee, reali o meno, che si intersecano formando come le maglie di una rete: — *autostradale, ferroviaria, elettrica, idrografica.* *6* Intreccio di vasi sanguigni o di nervi. *7* (*fig., est.*) Intreccio, insieme organizzato di q.c.: *una fitta — di amicizie* | — *commerciale*, il sistema di filiali, agenzie e sim. che svolgono l'attività di diffusione e vendita dei prodotti di un'azienda | (*radio, tv*) Sistema coordinato di trasmissioni o di stazioni trasmittenti: *la — 1 della RAI*; *una — televisiva privata.*

reticèlla s. f. *1* Dim. di rete. *2* Cuffia a maglia per tenere in ordine i capelli. *3* (*chim.*) Elemento divisorio di rete metallica coperta in parte di amianto usata in laboratorio per impedire il contatto diretto tra fiamma e recipiente. *4* — *Auer*, in apparecchi d'illuminazione a gas, rete impregnata di speciali sali, che a contatto con la fiamma sprigionano intensa luce. [→ ill. *illuminazione*]

reticènte agg. Che tace per nascondere q.c. che dovrebbe dire: *testimone* —.

reticènza s. f. *1* L'essere reticente | *Senza* —, senza tacere nulla. *2* Figura retorica consistente nell'interrompere il discorso lasciando però intendere ciò che non si dice (es. *io sono buono e paziente, ma...*).

reticolàre (1) agg. Che ha forma di reticolo.

reticolàre (2) v. tr. (*io reticolo*) (*raro*) Disporre, tracciare un reticolo.

reticolàto *A* part. pass. di reticolare (2); anche agg. Fatto a reticolo. *B* s. m. *1* Intreccio di linee a forma di rete o di reticolo | — *delle parole incrociate*, schema in forma di rete entro le cui caselle bianche devono essere scritte le lettere delle parole trovate. *2* (*mil.*) Ostacolo costituito da intreccio di filo spinato.

reticolo s. m. *1* Disegno, struttura, avente forma di una rete: — *geografico* | — *cristallino*, configurazione delle posizioni degli atomi in un cristallo idealmente perfetto. *2* Serie di fili sottilissimi, o di sottili incisioni su vetro, incrociati e giacenti sul piano focale di un cannocchiale o telescopio. [→ ill. *fisica*] *3* (*zool.*) Seconda cavità dello stomaco dei ruminanti. [→ ill. *zoologia*]

retifórme agg. Che ha forma di rete.

rètina (1) s. f. (*anat.*) Membrana del fondo oculare sensibile alle stimolazioni luminose. [→ ill. *anatomia umana*]

retìna (2) s. f. *1* Dim. di rete. *2* Reticella per trattenere i capelli. [→ ill. *parrucchiere*]

retinàre v. tr. *1* Munire di rete o reticolato. *2* (*tecnol.*) Fornire un materiale di una struttura a elementi incrociati a rete metallica: — *il vetro.* *3* Nella riproduzione delle immagini per la stampa, scomposizione con un retino dei chiaroscuri dell'originale.

retìnico agg. (pl. m. *-ci*) (*anat.*) Della retina: *emorragia retinica.*

retìno s. m. *1* Dim. di rete. *2* (*edit.*) Lastra costituita da due vetri d'ottica, con cui si ottiene la scomposizione dei chiaroscuri di un'immagine in punti completamente

neri di diametro proporzionale alla tonalità dell'originale in quel punto. ***3*** Pellicola che porta impresse serie di piccoli punti di varia densità e che si applica su disegni e sim. per ottenere effetti di grigio più o meno intenso. [→ ill. *disegnatore*] ***4*** Piccola rete usata spec. per i pesci pescati o per catturare le farfalle.
rètore *s. m.* ***1*** Nell'antica Grecia, chi svolgeva la professione di oratore | Cultore e maestro di retorica. ***2*** (*spreg.*) Chi, scrivendo o parlando, si compiace di frasi artefatte e ampollose.
retòrica *s. f.* ***1*** Arte e tecnica del parlare e dello scrivere con efficacia persuasiva, secondo vari sistemi di regole espressive. ***2*** (*est.*, *spreg.*) Modo di scrivere o di parlare pieno di ornamenti o di ampollosità; SIN. Ridondanza. ***3*** (*est.*) Insistenza formale e superficiale in gesti, forme di vita, atteggiamenti: *la — del patriottismo.*
retòrico ***A*** *agg.* (*pl. m. -ci*) ***1*** Di retorica | *Figura retorica*, forma stilistica che mira a ottenere maggior efficacia nel discorso. ***2*** (*spreg.*) Vuoto e ampolloso: *esprimersi in modo —*; SIN. Ridondante. ***B*** *s. m.* (*raro*) Maestro di retorica.
retràrre V. *ritrarre.*
retràttile *agg.* Che si può ritrarre o può essere ritratto: *carrello —*; *unghie retrattili.*
retrattilità *s. f.* L'essere retrattile.
retràtto *s. m.* (*dir.*) Riscatto.
retribuire *v. tr.* (*io retribuisco, tu retribuisci*) Compensare per la prestazione d'opera o rispetto ai meriti, anche ass.: *— un operaio*; SIN. Ricompensare, rimunerare.
retributivo *agg.* Che serve a retribuire | Della retribuzione.
retribuzióne *s. f.* Atto del retribuire | Compenso spettante al prestatore d'opera per il lavoro compiuto; SIN. Ricompensa, rimunerazione.
retrivo ***A*** *agg.* ***1*** (*raro*) Tardivo. ***2*** (*fig.*) Che è contrario e ostile al progresso, più per ignoranza che per convinzione; SIN. Retrogrado. ***B*** *s. m.* (*f. -a*) Persona retriva.
rètro ***A*** *avv.* ***1*** (*poet.*) Dietro | *Vedi —*, nei rimandi, vedi nella facciata posteriore di un foglio, di una pagina e sim. ***2*** (*raro*) Indietro: *vade — Satana.* ***B*** *s. m. inv.* Parte posteriore di q.c.: *il — del palazzo.*
rètro- *pref.*: in parole composte indica posizione arretrata o posteriore, o movimento all'indietro (con valore temporale e spec. spaziale): *retroattivo*, *retrobottega*, *retrocedere*, *retroguardia*, *retrospettivo.*
retroattività *s. f.* L'essere retroattivo.
retroattivo *agg.* (*dir.*) Che produce effetti da un momento anteriore al suo sorgere: *legge retroattiva.*
retroazióne *s. f.* ***1*** Retroattività. ***2*** (*ing.*) In un sistema di controllo, collegamento del segnale in uscita con l'ingresso | (*est.*) Effetto retroattivo, rimbalzo all'indietro di un'azione o di un fenomeno.
retrobócca *s. f.* Parte posteriore della cavità boccale.
retrobottéga *s. m. o f.* (*pl. m. retrobottéga, f. retrobottéghe*) Piccola stanza dietro una bottega usata spec. come deposito o ripostiglio.
retrocàrica *s. f. Solo nella loc. avv. a —*, detto di arma che si carica dalla culatta.
retrocèdere ***A*** *v. intr.* (*pass. rem. io retrocèssi o retrocedéi o retrocedètti, tu retrocedésti; part. pass. retrocèsso o retrocedùto; aus. essere*) Farsi indietro (*anche fig.*): *la squadra è retrocessa in serie B*; *— da una decisione*; SIN. Indietreggiare. ***B*** *v. tr.* Fare tornare a un grado, una posizione inferiore: *— un militare.*
retrocessióne *s. f.* ***1*** Indietreggiamento. ***2*** Massima punizione disciplinare inflitta a militari o impiegati resisi immeritevoli. ***3*** (*sport*) Passaggio di una squadra di calcio, pallacanestro e sim. da una serie superiore a quella immediatamente inferiore; CONTR. Promozione.
retrocucìna *s. m. o f. inv.* Stanzino posto dietro la cucina.
retrodatàre *v. tr.* ***1*** (*bur.*) Indicare su un documento una data anteriore a quella corrente. ***2*** Assegnare a un testo letterario, a un prodotto artistico e sim. una data anteriore a quella vera; CONTR. Postdatare.
retrodatazióne *s. f.* (*bur.*) Atto, effetto del retrodatare.
retroflessióne *s. f.* Ripiegamento indietro, spec. di organi del corpo umano.
retroflèsso *agg.* ***1*** Ripiegato indietro. ***2*** (*ling.*) Detto di suono nella cui articolazione la parte anteriore della lingua è volta in alto e indietro.
retrògrado ***A*** *agg.* ***1*** (*biol.*) Caratterizzato da movimento all'indietro. ***2*** (*astron.*) *Moto — degli astri*, opposto al moto solare. ***3*** (*fig.*) Che ama le usanze del passato ed è ostile al progresso; SIN. Retrivo. ***B*** *s. m.* (*f. -a*) Persona retrograda.
retroguàrdia *s. f.* Reparto che un'unità in movimento distacca sul tergo per garantirsi dalle offese del nemico | *Essere, stare alla —*, (*fig.*) tenersi indietro per paura, senza seguire gli altri nelle loro iniziative e decisioni; CONTR. Avanguardia.
retrogùsto *s. m.* Residuo caratteristico di sapore presentato da un vino dopo la degustazione.
retromàrcia *s. f.* (*pl. -ce*) Marcia indietro, spec. di veicoli, e meccanismo che la comanda | Dispositivo della cinepresa che permette di filmare su un tratto di pellicola già impressionata.
retropàlco *s. m.* (*pl. -chi*) Parte finale del palcoscenico, contenente il materiale scenografico preparato per lo spettacolo.
retroràzzo *s. m.* Razzo ausiliario che, in un veicolo spaziale, ha azione frenante.
retròrso *agg.* (*bot.*) Detto di pelo o aculeo rivolto verso la base dell'organo che lo porta.
retroscèna ***A*** *s. f.* Parte del palcoscenico dietro la scena non esposta allo sguardo del pubblico. ***B*** *s. m. inv.* ***1*** Ciò che avviene dietro la scena. ***2*** (*fig.*) Maneggio nascosto: *i — della politica.*
retrospettiva *s. f.* Mostra, esposizione che ha lo scopo di illustrare l'evoluzione di un artista, di un movimento artistico, di un'epoca.
retrospettivo *agg.* Rivolto indietro, spec. nel tempo: *sguardo —*; *mostra retrospettiva.*
retrostànte *agg.* Che è collocato dietro: *la casa e il cortile —.*
retrotèrra *s. m. inv.* ***1*** Territorio immediatamente intorno a una città marittima | (*est.*) Zona che fa capo, spec. economicamente, a un porto: *il — di Genova*; SIN. Hinterland. ***2*** (*fig.*) Complesso di interessi economici, politici e sim. che gravitano attorno a un'attività | (*fig.*) Complesso di idee o situazioni che fanno da sfondo alla maturazione di eventi o alla formazione di un individuo o di gruppi sociali; SIN. Background.
retrovéndita *s. f.* Trasferimento dal compratore al venditore della proprietà della cosa antecedentemente venduta al primo dal secondo.
retroversióne *s. f.* ***1*** Rivolgimento all'indietro. ***2*** Versione nella lingua originale di un passo che da essa era stato tradotto in altre lingue.
retrovìa *s. f. spec. al pl.* Zona posteriore dell'area della battaglia, di cui costituisce base per l'alimentazione tattica e logistica.
retrovisivo *agg.* Che vede o fa vedere indietro: *specchio —.*
retrovisóre ***A*** *s. m.* In un autoveicolo, piccolo specchio orientabile, interno o esterno, che serve per controllare ciò che avviene dietro. [→ ill. *automobile, ciclo e motociclo*] ***B*** *anche agg.*: *specchietto —.*
rètta (1) *s. f. Solo nella loc. dar —*, porgere ascolto, attenzione: *dai — ai consigli di tua madre.*
rètta (2) *s. f.* Pensione che paga chi è ospite in un convitto: *pagare la — del collegio.*
rètta (3) *s. f.* Ente fondamentale della geometria avente una sola dimensione e costituito di infiniti punti.
rettàle *agg.* (*anat.*) Del retto.
rettaménte *avv.* ***1*** In modo retto, onesto: *agire —.* ***2*** In modo esatto: *interpretare — un testo.*
rettangolàre *agg.* Che ha la forma di un rettangolo.
rettàngolo ***A*** *agg.* Detto di angolo retto | *Triangolo —*, che ha un angolo retto. [→ ill. *geometria*] ***B*** *s. m.* ***1*** Quadrilatero avente tutti gli angoli retti. [→ ill. *geometria*] ***2*** (*sport*) Campo di calcio: *— di gioco.*
rettìfica *s. f.* ***1*** Modificazione rivolta a correggere: *— dei confini* | Correzione di un'affermazione inesatta pubblicata su un giornale e sim. ***2*** Operazione di finitura eseguita dalla mola sulla superficie di un pezzo.
rettificàbile *agg.* Che si può rettificare.
rettificàre *v. tr.* (*io rettìfico, tu rettìfichi*) ***1*** Rendere retto, raddrizzare: *— una strada*; *— una curva* | *— il tiro*, portarlo alla massima esattezza possibile. ***2*** (*fig.*) Correggere: *— un errore.* ***3*** Operare una finitura di precisione

su una superficie metallica mediante rettificatrice. ***4*** (*chim.*) Sottoporre a rettificazione.
rettificatóre *s. m.* ***1*** (*chim.*) Apparecchio in cui si compie la rettificazione. ***2*** Operaio addetto a una rettificatrice.
rettificatrice *s. f.* Macchina utensile che esegue la finitura della superficie di un pezzo facendovi strisciare sopra una mola rotante. [→ ill. *meccanica*]
rettificazióne *s. f.* ***1*** Modificazione rivolta a rendere rettilineo | (*fig.*) Rettifica. ***2*** (*chim.*) Particolare distillazione che permette una migliore separazione dei componenti la miscela da distillare. ***3*** (*elettr.*) Trasformazione di una corrente alternata in corrente continua o pulsante.
rettifilo *s. m.* Rettilineo.
rèttile (1) *s. m.* ***1*** Ogni animale appartenente alla classe dei Rettili. [→ ill. *zoologia*] ***2*** (*fig.*, *spreg.*) Persona vile e malvagia.
rèttile (2) *agg.* (*bot.*) Detto di organo strisciante sul terreno.
Rèttili *s. m. pl.* Classe di vertebrati eterotermi con corpo rivestito di squame cornee e talvolta forniti di dermascheletro osseo, a respirazione polmonare e riproduzione ovipara, ovovivipara o vivipara. [→ ill. *animali* 6]
rettilineo ***A*** *agg.* ***1*** Che segue la linea retta: *direzione rettilinea*; CONTR. Curvilineo. ***2*** (*fig.*) Che è perfettamente onesto e coerente: *una condotta morale rettilinea.* ***B*** *s. m.* Strada o tratto di strada, ferrovia e sim. in linea retta; SIN. Rettifilo. [→ ill. *strada*]
rettitùdine *s. f.* ***1*** (*raro*) L'essere diritto. ***2*** (*fig.*) L'essere moralmente coerente: *– di vita*; SIN. Dirittura, onestà, probità.
rètto (1) ***A*** *agg.* ***1*** Che non si volge o si piega in nessuna parte: *linea retta* | *Caso –*, nominativo o accusativo. [→ ill. *geometria*] ***2*** (*mat.*) Detto di angolo che è metà di un angolo piatto. ***3*** Che è leale, onesto, buono: *una persona retta e sincera*; SIN. Onesto, probo. ***4*** Corretto, giusto, esatto: *fare un uso – di un vocabolo.* ***B*** *s. m. solo sing.* Ciò che è giusto e onesto: *il – e il vero.* ***C*** *s. m.* ***1*** Parte anteriore di un foglio | Lato di una moneta su cui si trova la figura. ***2*** (*anat.*) Ultimo tratto del tubo digerente | Muscolo dell'addome e del femore. [→ ill. *anatomia umana*]
rètto (2) *part. pass. di reggere; anche agg.* Sorretto, sostenuto.
rettoràto *s. m.* Dignità, ufficio del rettore | Edificio in cui risiede il rettore.
rettóre ***A*** *s. m.* (*f. -trice*) ***1*** Chi regge o è a capo di convitti, comunità e sim.: *il – dell'università.* ***2*** (*lett.*) Chi regge, governa | *– del cielo*, Dio. ***3*** In diritto canonico, ecclesiastico che regge un collegio, una chiesa non parrocchiale. ***B*** *agg.* Che regge spec. un collegio, una scuola, una chiesa non parrocchiale e sim.: *padre –.*
rèuma *s. m.* (*pl. -i*) Reumatismo.
reumàtico *agg.* (*pl. m. -ci*) Di reumatismo: *dolori reumatici.*
reumatismo *s. m.* Malattia che colpisce con forme infiammatorie più organi, spec. il sistema articolare e il miocardio; SIN. Reuma.
reumatizzàre ***A*** *v. tr.* Procurare un reumatismo. ***B*** *v. intr. pron.* Prendersi un reumatismo.
revanscismo *s. m.* Atteggiamento politico nazionalista fondato sulla volontà di rivincita nei confronti di altri Stati, dopo una sconfitta bellica.
revanscista *s. m. e f.; anche agg.* (*pl. m. -i*) Sostenitore del revanscismo.
reverendissimo *agg.* (*sup. di reverendo*) Titolo onorifico riservato ai prelati: *– monsignore.*
reverèndo ***A*** *agg.* Titolo onorifico dei membri del clero cattolico e di ecclesiastici di alcune chiese riformate. ***B*** *s. m.* (*fam.*) Prete, sacerdote.
reverènte V. *riverente.*
reverènza V. *riverenza.*
reverenziàle o *riverenziàle agg.* Fatto con riverenza: *inchino –* | Causato da riverenza: *timore –.*
revers /*fr.* rəˈvɛr/ *s. m. inv.* Risvolto di giacca o di mantello.
reversìbile *agg.* ***1*** Che si può invertire, attuare in senso inverso: *il rapporto causa-effetto non è –*; CONTR. Irreversibile. ***2*** Detto di processo, ciclo, trasformazione fisica, spec. termodinamica, che si può fare avvenire nei due versi opposti. ***3*** (*dir.*) Detto di quota di pensione che alla morte del beneficiario dev'essere corrisposta a determinati congiunti dello stesso.
reversibilità *s. f.* L'essere reversibile.
reversióne *s. f.* ***1*** (*dir.*) Devoluzione dei beni di una persona giuridica ad altro soggetto indicato nell'atto di fondazione. ***2*** (*biol.*) Comparsa di caratteri somatici o psichici riconducibili a caratteri di progenitori lontani.
revisionàre *v. tr.* (*io revisióno*) Sottoporre a revisione.
revisióne *s. f.* Attenta analisi di q.c. volta a controllare, correggere, modificare: *la – di un componimento*; *promuovere la – di un processo* | *– di un motore*, operazione di controllo e manutenzione necessaria per garantirne una perfetta efficienza.
revisionismo *s. m.* ***1*** Atteggiamento, spec. di gruppi, partiti o stati, favorevole a rivedere o modificare l'assetto politico stabilito dai trattati internazionali o i principi fondamentali di un'ideologia. ***2*** Corrente del marxismo ispirata a principi di moderazione e attenuazione della lotta di classe.
revisionista ***A*** *s. m. e f.* (*pl. m. -i*) Chi sostiene il revisionismo. ***B*** *agg.* Revisionistico.
revisionistico *agg.* (*pl. m. -ci*) Del revisionismo o dei revisionisti.
revisóre *s. m.* (*f. -a, raro*) Chi è incaricato di una revisione.
revival /*ingl.* riˈvaivəl/ *s. m. inv.* (*pl. ingl. revivals* /riˈvaivəlz/) Riproposta, ritorno di attualità di motivi, tendenze, correnti del passato: *il – degli anni '60.*
revivalismo *s. m.* Movimento interno di una religione tendente a rinnovarne lo spirito, con il ritorno alle forme originarie.
reviviscènza o *riviviscènza s. f.* ***1*** Ripresa delle attività vitali. ***2*** (*fig.*) Risveglio di sentimenti, idee, fatti culturali, ecc.
rèvoca *s. f.* ***1*** Annullamento. ***2*** (*dir.*) Negozio giuridico unilaterale con cui un soggetto priva di effetti un altro precedente negozio o atto giuridico: *– di un mandato.*
revocàbile *agg.* Che si può ritirare, annullare; CONTR. Irrevocabile.
revocabilità *s. f.* L'essere revocabile.
revocàre *v. tr.* (*io rèvoco, tu rèvochi*) ***1*** (*lett.*) Richiamare (*anche fig.*). ***2*** Annullare, disdire: *– un ordine.*
revocatòrio *agg.* Di revoca | *Azione revocatoria*, diretta a rendere inefficace un atto di alienazione di un bene del proprio patrimonio compiuto dal debitore in frode dei creditori.
revocazióne *s. f.* Revoca | (*dir.*) Impugnazione di una sentenza già definitiva.
revòlver /*ingl.* riˈvɔlvə/ *s. m. inv.* (*pl. ingl. revolvers* /riˈvɔlvəz/) Rivoltella.
revolveràta *s. f.* Colpo di revolver.
revulsióne o *rivulsióne s. f.* Spostamento del sangue da una parte all'altra del corpo.
revulsivo o *rivulsivo* ***A*** *s. m.* Farmaco che provoca sulla cute un'irritazione locale accompagnata da bolle. ***B*** *agg.* Che provoca dilatazione vascolare.
reziàrio *s. m.* Nell'antica Roma, gladiatore che, armato di tridente e di rete, cercava di avvolgere l'avversario armato prima di colpirlo.
rézzo *s. m.* ***1*** Soffio d'aria fresca. ***2*** (*poet.*) Luogo fresco e ombroso.
RH o *Rh s. m. inv.* (*biol.*) Fattore antigene del sangue, la cui presenza (RH+) o assenza (RH–) nel sangue umano è ereditaria (vc. da *Rh(esus)*, n. scientifico di una scimmia il cui sangue lo possiede).
rhum V. *rum.*
ri- o *ra-*, *rin- pref.* di verbi e loro derivati: esprime ripetizione (*ricadere, ritentare, rivedere*), ritorno a fase anteriore (*rialzare, ritrovare*), intensità (*rinchiudere, ricercare, risvegliare*), oppure conferisce un valore nuovo al verbo di derivazione (*rilegare, riprodurre*) | Si alterna con *re-*, del quale è meno letterario: *ricuperare, recuperare.*
ria *s. f. inv.* Insenatura costiera abbastanza stretta, derivata dall'invasione del mare in una valle fluviale perpendicolare alla costa.
riabbassàre *v. tr.* Abbassare di nuovo.
riabbàttere *v. tr.* Abbattere di nuovo.
riabbottonàre *v. tr. e rifl.* (*io riabbottóno*) Abbottonare ancora, di nuovo.

riabbracciàre **A** *v. tr.* (*io riabbràccio*) Tornare ad abbracciare | (*est.*) Vedere di nuovo qc. dopo un certo periodo: *desidero tanto riabbracciarti.* **B** *v. rifl. rec.* Abbracciarsi di nuovo.
riabilitàre **A** *v. tr.* (*io riabìlito*) **1** Rendere qc. di nuovo abile a q.c. **2** (*dir.*) Reintegrare nell'esercizio dei diritti mediante provvedimento giudiziale: *– un fallito.* **3** (*fig.*) Rendere nuovamente la stima: *il suo gesto lo riabilita agli occhi di tutti.* **4** Ripristinare. **B** *v. intr. pron.* Rendersi nuovamente degno di stima.
riabilitativo *agg.* Relativo a riabilitazione: *terapia riabilitativa.*
riabilitazióne *s. f.* Ritorno, restituzione a una normale attività, efficienza e sim. | (*fig.*) Reintegrazione nella stima, nella considerazione e sim. perdute o compromesse | (*dir.*) Reintegrazione nell'esercizio dei diritti.
riabituàre **A** *v. tr.* (*io riabìtuo*) Abituare di nuovo. **B** *v. intr. pron.* Prendere di nuovo un'abitudine: *riabituarsi a fumare.*
riaccèndere **A** *v. tr.* (*coniug. come accendere*) Accendere nuovamente (*anche fig.*): *– il fuoco.* **B** *v. intr. pron.* Tornare ad accendersi (*anche fig.*).
riaccennàre *v. tr.* (*io riaccénno*) Accennare di nuovo o a propria volta: *– a un episodio.*
riacchiappàre *v. tr.* (*fam.*) Acchiappare di nuovo.
riaccomodàre **A** *v. tr.* (*io riaccòmodo*) Accomodare di nuovo. **B** *v. rifl. rec.* (*fig.*) Tornare in buoni rapporti con qc.: *riaccomodarsi con qc.*
riaccompagnàre **A** *v. tr.* Accompagnare di nuovo o a propria volta. **B** *v. rifl. rec.* Unirsi di nuovo in compagnia con qc.
riaccostàre **A** *v. tr.* (*io riaccòsto*) Accostare di nuovo. **B** *v. intr. pron.* Accostarsi nuovamente (*anche fig.*): *riaccostarsi a un muro.*
riacquistàre **A** *v. tr.* **1** Tornare ad acquistare. **2** Recuperare ciò che si era perduto (*anche fig.*). **B** *v. intr.* (*aus. avere*) (*lett.*) Avvantaggiarsi di nuovo.
riacquisto *s. m.* **1** Atto del riacquistare. **2** Ciò che si riacquista.
riacutizzàre **A** *v. tr.* Rendere di nuovo più acuto (*spec. fig.*): *il freddo gli ha riacutizzato i dolori.* **B** *v. intr. pron.* Farsi di nuovo più acuto: *la malattia si è riacutizzata.*
riadattaménto *s. m.* Adattamento a un nuovo uso: *– di un abito* | Nuovo inserimento o integrazione in un ambiente e sim.
riadattàre **A** *v. tr.* Adattare di nuovo: *– un abito.* **B** *v. intr. pron.* Tornare ad adattarsi.
riaddormentàre **A** *v. tr.* (*io riaddorménto*) Addormentare di nuovo. **B** *v. intr. pron.* Riprendere il sonno interrotto.
riaffacciàre **A** *v. tr.* (*io riaffàccio*) Affacciare di nuovo. **B** *v. rifl. e intr. pron.* Affacciarsi di nuovo | (*fig.*) Ripresentarsi: *mi si riaffaccia alla memoria il suo viso.*
riaffermàre **A** *v. tr.* (*io riafférmo*) **1** Affermare in modo più deciso; SIN. Confermare. **2** (*raro, lett.*) Tornare ad affermare. **B** *v. rifl.* Dimostrare di nuovo i propri meriti, le proprie capacità.
riafferràre *v. tr.* (*io riaffèrro*) Afferrare di nuovo.
riaffezionàre **A** *v. tr.* (*io riaffezióno*) Affezionare di nuovo: *– qc. a un amico.* **B** *v. intr. pron.* Tornare ad affezionarsi.
riaggiustàre V. *raggiustare.*
riaggravàre **A** *v. tr.* Aggravare di nuovo. **B** *v. intr. pron.* Tornare ad aggravarsi.
riallacciàre **A** *v. tr.* (*io riallàccio*) Allacciare di nuovo (*anche fig.*): *– un'amicizia.* **B** *v. rifl.* (*fig.*) Ricongiungersi, ricollegarsi.
riallargàre V. *rallargare.*
riallungàre **A** *v. tr.* (*io riallùngo, tu riallùnghi*) Allungare di nuovo. **B** *v. intr. pron.* Allungarsi di nuovo.
riàlto *s. m.* Luogo rilevato da terra.
rialzaménto *s. m.* **1** Ulteriore elevazione di q.c.: *– di una casa* | Rialzo, parte rialzata. **2** (*fig.*) Aumento di prezzi, temperatura e sim.
rialzàre **A** *v. tr.* **1** Alzare di nuovo | Sollevare da terra: *– l'animale colpito.* **2** Aumentare l'altezza di q.c.: *– il muro di cinta.* **3** (*fig.*) Fare salire: *– i prezzi.* **B** *v. intr.* (*aus. essere*) **1** Aumentare di prezzo: *le azioni rialzano*; SIN. Rincarare. **2** Salire, elevarsi: *la temperatura rialza.* **C** *v. rifl.* Sollevarsi o sollevarsi di nuovo (*anche fig.*): *rialzarsi da terra.* **D** *v. intr. pron.* Salire a valori più alti: *il termometro si è rialzato.*
rialzàto *part. pass. di rialzare; anche agg.* Alzato di nuovo | *Piano – di una casa*, posto poco più in alto del livello stradale. [→ ill. *casa*]
rialzista *s. m.* (*pl. -i*) Chi, in borsa, compie speculazioni al rialzo.
riàlzo *s. m.* **1** (*raro*) Rialzamento. **2** Rincaro, aumento, spec. di prezzi | Aumento del corso del titoli in borsa | *Giocare al –*, compiere speculazioni nella previsione di un rialzo dei titoli; (*fig.*) in una trattativa, aumentare le proprie pretese | *Le sue azioni sono in –*, (*fig.*) va aumentando in considerazione e sim. presso gli altri. **3** Sporgenza: *un – del terreno.*
riamàre *v. tr.* Amare di nuovo | Corrispondere qc. in amore: *essere riamato da qc.*
riammalàre *v. intr. e intr. pron.* (*aus. essere*) Ammalarsi di nuovo.
riamméttere *v. tr.* (*coniug. come mettere*) Ammettere di nuovo in un luogo o un ambiente qc. che ne era stato espulso: *– un alunno a scuola.*
riammissìbile *agg.* Che si può riammettere.
riammissióne *s. f.* Nuova ammissione in un ambiente di chi ne era stato escluso.
riammogliàre **A** *v. tr.* (*io riammóglio*) (*raro*) Ridare moglie. **B** *v. intr. pron.* Riprendere moglie.
riandàre **A** *v. intr.* (*coniug. come andare; aus. essere*) Andare di nuovo: *– in un luogo.* **B** *v. tr.* **1** (*lett.*) Ripetere uno stesso percorso. **2** (*fig.*) Ripassare con la memoria: *– il passato.*
rianimàre **A** *v. tr.* (*io riànimo*) **1** Rimettere in salute, in forze, restituire vigore: *il riposo lo rianima.* **2** (*fig.*) Ridare coraggio, fiducia. **B** *v. intr. pron.* **1** Riprendere forza, vigore: *il ferito si rianimò lentamente.* **2** (*fig.*) Riprendere animo, coraggio: *alle sue parole ci rianimammo.* **3** (*fig.*) Tornare attivo, pieno di movimento.
rianimazióne *s. f.* **1** Restituzione, recupero di forze o (*fig.*) di coraggio, fiducia e sim. | (*fig.*) Ripresa di movimento e attività: *la – delle vie cittadine.* **2** (*med.*) Insieme di pratiche atte a recuperare la funzione cardio-circolatoria acutamente venuta meno | *Centro di –*, per il recupero dei malati con grave depressione delle funzioni circolatorie e respiratorie.
riannessióne *s. f.* Nuova annessione.
riannèttere *v. tr.* (*coniug. come annettere*) Annettere di nuovo: *– una zona.*
riannodàre **A** *v. tr.* (*io riannòdo*) Annodare di nuovo (*anche fig.*): *– le cocche di un fazzoletto*; *– una relazione amorosa.* **B** *v. intr. pron.* Annodarsi di nuovo.
riapertùra *s. f.* **1** Nuova apertura di ciò che era chiuso: *– di una ferita.* **2** Ripresa di attività o di rapporti col pubblico, di luoghi, enti, istituti: *la – delle scuole.*
riapparìre *v. intr.* (*coniug. come apparire; aus. essere*) Apparire di nuovo.
riapparizióne *s. f.* Il riapparire: *la – dei sintomi di una malattia*; SIN. Ricomparsa.
riappropriàrsi *v. intr. pron.* **1** Prendere di nuovo possesso. **2** Riacquistare la gestione autonoma di un bene non materiale: *– del tempo libero.*
riapprovàre *v. tr.* (*io riappròvo*) Approvare di nuovo: *– una proposta.*
riaprìre **A** *v. tr.* (*coniug. come aprire*) **1** Aprire di nuovo: *– una cassa* | *– una ferita*, (*fig.*) rimuovere un dolore. **2** (*fig.*) Riprendere un'attività, una funzione, spec. nei riguardi del pubblico: *– un negozio, una scuola.* **B** *v. intr. pron.* Aprirsi nuovamente.
riarmaménto *s. m.* Riarmo | Messa in opera di nuove strutture, attrezzature e sim.: *– di una nave.*
riarmàre **A** *v. tr.* **1** Armare di nuovo: *– un paese.* **2** Rimettere in sesto, in efficienza. **B** *v. rifl.* Fornirsi di nuove armi.
riarmatùra *s. f.* Rinforzo con nuove strutture, spec. in edilizia: *– di un muro.*
riàrmo *s. m.* Nuovo o maggiore armamento | *Corsa al –*, fase durante la quale uno Stato aumenta le spese militari e incrementa il potenziale bellico.
riàrso *agg.* Secco per eccessiva aridità: *terra riarsa*; SIN. Arido.
riasciugàre *v. tr.* (*io riasciùgo, tu riasciùghi*) Asciugare di nuovo.
riascoltàre *v. tr.* (*io riascólto*) Ascoltare di nuovo: *– un*

concerto.
riassalire *v. tr.* (*coniug. come assalire*) Tornare ad assalire.
riassaporàre *v. tr.* (*io riassapóro*) Assaporare di nuovo (*anche fig.*): – *il successo.*
riassestaménto *s. m.* Risistemazione spec. per ristabilire l'efficienza di una struttura produttiva | Ritorno a una condizione di stabilità: – *di un terreno.*
riassestàre ***A*** *v. tr.* (*io riassèsto*) ***1*** Assestare di nuovo ciò che era in disordine o in cattivo stato (*anche fig.*). ***2*** Rimettere in ordine. ***B*** *v. rifl. e intr. pron.* Assestarsi di nuovo.
riassettàre V. *rassettare.*
riassètto *s. m.* ***1*** Atto del riassettare (*anche fig.*): *il – di una stanza.* ***2*** Nuovo ordinamento: *il – delle carriere statali.*
riassicuràre ***A*** *v. tr.* ***1*** Assicurare di nuovo. ***2*** Assicurare rinnovando il contratto di assicurazione. ***B*** *v. rifl.* Assicurarsi di nuovo.
riassicurazióne *s. f.* ***1*** Il riassicurare o il riassicurarsi. ***2*** (*dir.*) Contratto con cui l'assicuratore assicura in tutto o in parte presso un altro assicuratore i rischi assunti nei confronti dei propri assicurati.
riassorbìre ***A*** *v. tr.* (*io riassòrbo o riassorbisco, tu riassòrbi o riassorbisci*) ***1*** Assorbire di nuovo | Assorbire del tutto (*anche fig.*): *i guadagni saranno riassorbiti da altri investimenti.* ***2*** (*fig.*) Nel linguaggio del ciclismo, raggiungere uno o più corridori in fuga: *il fuggitivo venne riassorbito dal gruppo.* ***B*** *v. intr. pron.* Essere nuovamente assorbito.
riassùmere *v. tr.* (*coniug. come assumere*) ***1*** Riprendere: – *le funzioni* | Accogliere come lavoratore subordinato qc. già stato alle proprie dipendenze: – *un operaio.* ***2*** Condensare il contenuto di scritti o discorsi: – *una novella*; SIN. Ricapitolare, riepilogare, sintetizzare.
riassumìbile *agg.* Che si può riassumere.
riassuntìvo *agg.* Che serve a riassumere, a compendiare: *capitolo* – | Che contiene un riassunto: *cenno* –.
riassùnto ***A*** *part. pass. di riassumere; anche agg.* Assunto di nuovo | Compendiato. ***B*** *s. m.* Discorso o scritto che riassume altri discorsi o scritti; SIN. Compendio, riepilogo, sunto.
riassunzióne *s. f.* Nuova assunzione.
riattaccàre ***A*** *v. tr.* (*io riattàcco, tu riattàcchi*) ***1*** Attaccare di nuovo: – *un gancio.* ***2*** Riprendere, dopo una breve sosta: – *battaglia.* ***3*** ass. (*fam.*) Interrompere una telefonata. ***B*** *v. rifl.* Tornare ad attaccarsi (*anche fig.*).
riattaménto *s. m.* Riparazione volta a restituire efficienza.
riattàre *v. tr.* Riparare o racconciare per rendere q.c. nuovamente atta all'uso: – *una strada.*
riattivàre *v. tr.* Attivare di nuovo rimettendo in moto, in efficienza: – *una linea tranviaria.*
riattivazióne *s. f.* Ripristino dell'attività o del funzionamento di q.c.
riattizzàre V. *rattizzare.*
riavére ***A*** *v. tr.* (*io riò, tu riài, egli rià, essi riànno, nelle altre forme coniug. come avere*) ***1*** Avere di nuovo: – *la parola* | Avere in restituzione: *non riesco a – i miei libri.* ***2*** Recuperare, riacquistare: *riebbe la vista.* ***3*** Sollevare, ridare energia. ***B*** *v. intr. pron.* ***1*** Recuperare vigore, rimettersi in salute: *dopo la lunga infermità sta riavendosi* | (*fig.*) Tornare ad avere dominio di sé: *riaversi dallo spavento* | ass. Rinvenire: *non riesce a riaversi.* ***2*** Rifarsi da perdite economiche, dissesti finanziari e sim.
riavvicinaménto *s. m.* Nuovo o ulteriore avvicinamento | (*fig.*) Riconciliazione.
riavvicinàre ***A*** *v. tr.* Avvicinare di nuovo, rimettere vicino (*anche fig.*). ***B*** *v. rifl.* Riaccostarsi (*anche fig.*): *si è riavvicinato ai genitori.* ***C*** *v. rifl. rec.* Avvicinarsi di nuovo reciprocamente.
riavvòlgere ***A*** *v. tr.* (*coniug. come volgere*) Avvolgere di nuovo. ***B*** *v. intr. pron. e rifl.* Tornare ad avvolgersi.
riavvolgiménto *s. m.* Operazione del riavvolgere. [→ ill. *fotografo*]
ribadìre ***A*** *v. tr.* (*io ribadisco, tu ribadìsci*) ***1*** Ritorcere col martello la punta del chiodo conficcato e farla rientrare nel legno affinché stringa più forte. ***2*** (*fig.*) Confermare, rafforzare con altre ragioni o nuovi argomenti: – *l'accusa.* ***B*** *v. intr. pron.* (*fig.*) Confermarsi, diventare più saldo.
ribaditrìce *s. f.* Macchina per ribadire ribattini, chiodi foggiando una nuova testa dall'altra parte della chiodatura.
ribaditùra *s. f.* ***1*** Operazione del ribadire. ***2*** Parte ribadita di un chiodo.
ribalderìa *s. f.* ***1*** L'essere ribaldo. ***2*** Azione da ribaldo.
ribàldo *s. m.* ***1*** (*mil.*) Guastatore del sec. XIII. ***2*** Tristo, scellerato, briccone.
ribàlta *s. f.* ***1*** Piano, sportello e sim. che, imperniato orizzontalmente, può essere alzato e abbassato | (*est.*) Cassettone munito di piano ribaltabile che fa da scrittoio | *Letto a* –, col piano imperniato a una parete o a un mobile. [→ ill. *mobili*] ***2*** Lunga tavola di legno fissata con cerniere al proscenio, che, se ribaltata, impediva alle luci di proscenio di illuminare la scena | Proscenio | *Salire alla* –, (*fig.*) acquistare notorietà e importanza. [→ ill. *teatro*]
ribaltàbile *agg.* Che si può ribaltare: *sedile* –.
ribaltaménto *s. m.* Capovolgimento, rovesciamento.
ribaltàre ***A*** *v. tr.* Mandare sottosopra, rovesciare: – *una carrozza.* ***B*** *v. intr. e intr. pron.* (*aus. essere*) Rovesciarsi, andare sottosopra.
ribaltìna *s. f.* ***1*** Piccola scrivania a ribalta, spec. antica. ***2*** (*edit.*) Parte della sovraccoperta di un libro ripiegata in dentro, in cui sono succintamente riportate notizie riguardanti l'autore.
ribassàre ***A*** *v. tr.* Scemare, diminuire, detto di prezzi e sim.: *la concorrenza ribassa i prezzi.* ***B*** *v. intr.* (*aus. essere*) Diventare più basso (*spec. fig.*).
ribassìsta *s. m.* (*pl. -i*) Chi, in borsa, compie speculazioni al ribasso.
ribàsso *s. m.* ***1*** Diminuzione, calo, abbassamento, detto di prezzi o valori | *Ondata di* –, repentino e simultaneo abbassamento di prezzi su tutti i generi | *Vendere a, al* –, praticando forti sconti | *Essere in* –, (*fig.*) avere perduto stima, importanza, autorità. ***2*** (*borsa*) Diminuzione nel corso dei titoli | *Giocare al* –, compiere speculazioni in previsione di un ribasso dei titoli. • CONTR. Rialzo.
ribàttere *v. tr.* ***1*** Tornare a battere: – *le coperte* | Battere più volte, anche frequentemente: *battere e – un chiodo.* ***2*** Battere di rimando, per respingere: – *la palla* | (*fig.*) Rintuzzare, respingere: – *il colpo* | (*fig.*) Contraddire, replicare, anche ass.: – *le accuse nemiche*; *non ha il coraggio di* –; SIN. Confutare.
ribattezzàre *v. tr.* (*io ribattézzo*) ***1*** Battezzare di nuovo. ***2*** (*fig.*) Dare un nuovo nome o un nome diverso: *hanno ribattezzato molte vie.*
ribattìno *s. m.* Elemento in acciaio dolce o rame costituito da un gambo munito di testa che, ribadito, serve da collegamento di parti metalliche.
ribattùta *s. f.* ***1*** Atto del ribattere, spec. in una sola volta. ***2*** (*sport*) Nei giochi di palla, colpo con cui questa viene rinviata.
ribèca *s. f.* Antico strumento a tre corde suonato mediante archetto.
ribellàre ***A*** *v. tr.* (*io ribèllo*) (*raro*) Rendere ribelle contro l'autorità costituita, la legge e sim.: – *una città.* ***B*** *v. intr. pron.* ***1*** Sollevarsi spec. in armi contro un'autorità, un governo, un sovrano: *i vescovi si ribellarono al papa*; SIN. Insorgere. ***2*** (*est.*) Rifiutare di ubbidire: *ribellarsi alla legge.*
ribèlle ***A*** *agg.* ***1*** Che insorge contro l'autorità costituita, la legge e sim.: *i soldati ribelli saranno condannati.* ***2*** (*est.*) Che rifiuta di ubbidire: *ragazzo – all'autorità paterna* | (*est.*) Indocile: *temperamento* –. ***B*** *s. m. e f.* Chi si ribella in armi, o si oppone violentemente a qc. o q.c.; SIN. Rivoltoso, sedizioso, sovversivo.
ribellióne *s. f.* Sollevamento, spec. in armi e contro un'autorità costituita; SIN. Rivolta, sommossa | (*est.*) Opposizione, reazione.
ribellìsmo *s. m.* Tendenza a ribellarsi | Attivismo protestatario, spec. politico.
ribellìstico *agg.* (*pl. m. -ci*) Dei ribelli, della ribellione | Proprio del ribellismo.
ribes *s. m.* Arbusto delle Rosali con foglie dentate, fiori poco appariscenti a grappolo e frutti a bacca commestibili | Il frutto di tale arbusto. [→ ill. *frutta, piante* 9]
ribòbolo *s. m.* (*tosc.*) Motto proverbiale, arguto e vivace.
riboccàre *v. intr.* (*io ribócco, tu ribócchi; aus. essere* se il sogg. è il liquido, *avere* se il sogg. è il recipiente) Tra-

boccare, essere molto pieno, sovrabbondante (*anche fig.*): *scuola che ribocca di alunni.*

ribolliménto *s. m.* **1** Nuova o intensa bollitura | (*est.*) Sommovimento simile alla bollitura: – *del vino*; – *del mare.* **2** (*fig.*) Tumultuosa agitazione emotiva: – *dell'ira.* **3** Detonazione imperfetta della dinamite, con sviluppo di vapori nitrosi.

ribollìre A *v. intr.* (*io ribóllo, tu ribólli; aus. avere*) **1** Bollire di nuovo | Bollire: *l'acqua comincia a* –. **2** Agitarsi in superficie o fermentare: *il vino sta ribollendo* | (*fig.*) Agitarsi, accendersi, riscaldarsi: *il sangue ribolle per lo sdegno.* **B** *v. tr.* Fare bollire di nuovo.

ribollitùra *s. f.* Operazione del ribollire | Ciò che viene ribollito.

ribonuclèico *agg.* (*pl. m. -ci*) Detto di acido che si trova sia nel nucleo sia nel citoplasma delle cellule, la cui funzione principale è la sintesi proteica. SIMB. RNA; CFR. DNA.

ribòsio *s. m.* Zucchero a cinque atomi di carbonio contenuto nell'acido ribonucleico.

ribrézzo *s. m.* Senso di repulsione, di schifo od orrore: *provare* – *del sangue*; *ho* – *della sua malvagità*; SIN. Ripugnanza, schifo.

ributtànte *part. pres. di ributtare; anche agg.* Che provoca schifo, nausea, orrore; SIN. Ripugnante, schifoso.

ributtàre A *v. tr.* **1** Buttare di nuovo. **2** Buttare fuori: *il canale ributta le scorie* | Vomitare: *ha ributtato la cena.* **3** Respingere, ricacciare con forza (*anche fig.*): – *i nemici.* **B** *v. intr.* (*aus. avere*) **1** Suscitare ribrezzo, schifo, repulsione: *la sua sfacciataggine ributta*; SIN. Ripugnare. **2** Tornare a germogliare, a mettere foglie. **C** *v. rifl.* Buttarsi di nuovo.

ricacciàre A *v. tr.* (*io ricàccio*) **1** Mandare via, respingere di nuovo: *è stato ricacciato dal locale.* **2** Cacciare, allontanare con violenza (*anche fig.*): – *l'invasore.* **3** Mandare giù, cacciare indietro (*spec. fig.*): *ricaccia in gola le tue ingiurie.* **4** Rificcare, rimettere con forza: – *il palo nel terreno.* **B** *v. rifl.* Cacciarsi dentro di nuovo.

ricadére *v. intr.* (*coniug. come cadere; aus. essere*) **1** Cadere di nuovo (*anche fig.*): – *in terra*; – *nel peccato* | Capitare di nuovo: – *nelle mani dei nemici*; SIN. Ricascare. **2** Pendere, detto di abiti o di parte di essi, di tende, festoni e sim.: *il mantello le ricade in un drappeggio.* **3** Scendere a terra, detto di cose lanciate in alto: *il sasso gli ricadde ai piedi.* **4** Riversarsi su qc.: *il biasimo ricadrà su di lui.*

ricadùta *s. f.* **1** Nuova caduta | Discesa a terra | – *radioattiva*, fall-out. **2** (*med.*) Ripresa dei sintomi patologici di una malattia già guarita o in via di guarigione.

ricalcàre *v. tr.* (*io ricàlco, tu ricàlchi*) **1** Calcare di nuovo, o di più: – *le tracce di qc.*; *ricalcarsi il cappello in testa* | – *le orme di qc.*, (*fig.*) agire seguendo l'esempio di qc. **2** Riprodurre un disegno facendone un calco. **3** (*fig.*) Riprodurre, imitare: *ha ricalcato il suo programma politico.*

ricalcitràre o *recalcitràre v. intr.* (*io ricàlcitro; aus. avere*) **1** Tirare calci o indietreggiare impuntandosi, detto di cavalli, muli, asini e sim. **2** (*fig.*) Opporsi, fare resistenza a q.c.: *ricalcitrava di fronte alla disciplina.*

ricàlco *s. m.* (*pl. -chi*) Operazione, tecnica del ricalcare | Copia ottenuta con tale tecnica | *Contabilità a* –, che si vale di carta ricalcante e compie più registrazioni simultaneamente.

ricamàre *v. tr.* **1** Eseguire a mano o a macchina un ricamo, anche ass.: – *in bianco.* **2** (*fig.*) Curare molto la forma, facendo molte correzioni e badando eccessivamente ai particolari: – *i periodi di un racconto.* **3** (*fig., spreg.*) Riferire un fatto aggiungendo particolari inventati, anche ass.

ricamatóre *s. m.* (*f. -trice*) **1** Chi esegue per professione ricami. **2** (*fig.*) Chi cura eccessivamente q.c., spec. una composizione artistica.

ricambiàre A *v. tr.* (*io ricàmbio*) **1** Contraccambiare: – *la cortesia.* **2** Cambiare di nuovo: – *le fodere alle poltrone.* **B** *v. rifl. rec.* Scambiarsi.

ricàmbio *s. m.* **1** Atto del ricambiare: *il* – *degli auguri* | *In* –, in contraccambio | Effetto del ricambiare, del sostituire | *Pezzo di* –, pezzo nuovo di macchina da sostituire ad altro fuori uso. **2** (*med.*) Funzione di trasformazione e utilizzazione delle sostanze per le necessità dell'organismo: *malattie del* –; SIN. Metabolismo.

ricàmo *s. m.* **1** Operazione del ricamare: *scuola di* –; *aghi da* –; *disegno per* –. [→ ill. *forbici, tessuto*] **2** Lavoro eseguito con l'ago su un tessuto per abbellirlo. **3** (*fig.*) Finissima opera artistica. **4** *spec. al pl.* (*fig.*) Aggiunta fantastica a un racconto, una descrizione e sim.

ricantàre *v. tr.* **1** Cantare di nuovo. **2** (*fam.*) Dire e ridire ripetendo in modo insistente o noioso: *non fa che* – *in pubblico le tue lodi.*

ricapitolàre *v. tr.* (*io ricapitolo*) **1** Ridire in succinto, per sommi capi: – *un lungo discorso*; SIN. Riassumere, riepilogare. **2** (*est.*) Ripetere, ridire.

ricapitolazióne *s. f.* Riepilogo per sommi capi.

ricàrica *s. f.* Nuovo caricamento | Dispositivo atto a ricaricare.

ricaricàre *v. tr.* (*io ricàrico, tu ricàrichi*) **1** Caricare nuovamente q.c.: – *il fucile.* **2** (*elettr.*) Fornire energia elettrica a un accumulatore dopo che esso è stato scaricato.

ricascàre *v. intr.* (*io ricàsco, tu ricàschi; aus. essere*) (*fam.*) Cascare di nuovo (*spec. fig.*): – *nello stesso errore*; SIN. Ricadere.

ricàsso *s. m.* Parte più larga della lama del fioretto o della spada italiana.

ricattàre *v. tr.* **1** Fare qc. oggetto di ricatto. **2** Estorcere q.c. a qc. minacciandolo di svelare cose per lui compromettenti: *lo ricattava con la minaccia di uno scandalo.*

ricattatóre A *s. m.* (*f. -trìce, pop. -tóra*) Chi ricatta. **B** *anche agg.*

ricattatòrio *agg.* Che serve a ricattare: *lettera ricattatoria.*

ricàtto *s. m.* Estorsione di denaro o altro ingiusto profitto compiuta con minacce.

ricavàbile *agg.* Che si può ricavare.

ricavàre *v. tr.* **1** (*raro*) Cavare di nuovo. **2** Cavare fuori, estrarre, spec. mediante una trasformazione: *da quell'uva si ricava un ottimo vino* | Riuscire a ottenere: *da lui non ricavai nulla.* **3** Arrivare a comprendere, dedurre, capire: *da quel libro si ricavano notizie interessanti.* **4** Ottenere un utile, un guadagno: *dai suoi terreni ricava di che vivere.*

ricavàto A *part. pass. di ricavare; anche agg.* Tratto fuori | Dedotto. **B** *s. m.* **1** Ciò che si è riusciti a ottenere da una vendita o da altra iniziativa: *il* – *di una lotteria*; SIN. Guadagno, profitto. **2** (*fig.*) Vantaggio, frutto, utilità.

ricàvo *s. m.* **1** Operazione del cavare, del trarre fuori | Materiale estratto mediante tale operazione. **2** Corrispettivo che deriva da una vendita o da una prestazione | (*est.*) Ricavato, utile, guadagno (*anche fig.*).

ricchézza *s. f.* **1** Condizione di chi è ricco di beni materiali, di denaro | (*fig.*) Abbondanza di beni spirituali o di doti intellettuali: – *d'animo*; CONTR. Povertà. **2** (*econ.*) Ogni bene economico | *Imposta di* – *mobile*, imposta sui redditi di capitale e lavoro, non su terreni o fabbricati. **3** Complesso di sostanze possedute da chi è ricco: *accumulare ricchezze.* **4** Ciò che si possiede o bene che appare di grande valore al possessore: *quella casetta è la sua* –. **5** (*est.*) Complesso dei beni materiali e spirituali che costituiscono le risorse di un luogo: *la* – *dell'Arabia è il petrolio.* **6** Abbondanza (*anche fig.*): *la* – *di vocaboli della lingua cinese*; CONTR. Povertà.

ricciarèllo *s. m.* Pasta dolce di mandorle, a rombo o losanga, specialità di Siena. [→ ill. *dolciumi*]

rìccio (1) A *agg.* (*pl. f. -ce*) **1** Ricciuto, detto di capelli, barba o pelo di animali: *chioma riccia.* **2** (*est.*) Che non è liscio o ha forma di spirale: *insalata riccia.* [→ ill. *verdura*] **B** *s. m.* **1** Ciocca di capelli o peli inanellati. **2** (*est.*) Oggetto, cosa a forma di riccio: *ricci di burro* | (*mus.*) Chiocciola | Truciolo: *ricci di legno.* [→ ill. *cinematografia*]

rìccio (2) *s. m.* **1** Piccolo mammifero degli Insettivori che dorsalmente porta un rivestimento di aculei e che può avvolgersi a palla per difesa | – *di mare*, animale marino degli Echinodermi a forma più o meno sferica, con aculei mobili che hanno scopo difensivo e locomotorio; SIN. Echino. [→ ill. *animali* 17] **2** Scorza spinosa della castagna. **3** Grossa trave armata di lunghe punte di ferro, usata in antico dai difensori per impedire al nemico l'accesso alle brecce.

rìcciolo A *s. m.* (*pop.*) Ciocca di capelli inanellati. [→ ill.

acconciatura] **B** agg. (*raro*) Ricciuto.

ricciolùto agg. **1** (*tosc.*) Che ha riccioli. **2** Che ha forma di ricciolo.

ricciùto agg. Che ha capelli o peli ricci: *capo* – | (*est.*) Riccio, inanellato: *velluto* –.

ricco A agg. (pl. m. *-chi*) **1** Che è fornito di beni, sostanze, denaro, oltre il normale: *un – mercante*; *– a palate, a milioni*; SIN. Danaroso, facoltoso. **2** (*est.*) Che è fornito abbondantemente di elementi di varia natura o qualità: *città ricca di monumenti*; *testo – di citazioni* | *Terra ricca*, che dà molti frutti | *Vegetazione ricca*, lussureggiante | *Drappeggio* –, con abbondanza di pieghe | *Fantasia ricca*, vivace, sbrigliata; SIN. Abbondante. **3** (*chim.*) Di sostanza che contiene un'elevata percentuale di un dato elemento o composto. **4** Ingente per valore, prezioso: *una ricca merce* | (*est.*) Che esprime ricchezza in quanto è vistoso, lussuoso o sfarzoso: *un – corteo* | (*fig., fam.*) Molto gradito e desiderato: *farsi una ricca dormita*. **5** Che fornisce ricchezza o un cospicuo reddito, detto di cosa: *una ricca miniera*. **B** s. m. (f. *-a*) Chi è abbondantemente fornito di beni e di mezzi per vivere. • CONTR. Povero. [→ tav. *proverbi* 161, 190]

ricèdere v. tr. e intr. (coniug. come *cedere*; aus. *avere*) **1** Cedere di nuovo. **2** Cedere ciò che è stato acquistato o ciò che è stato già ceduto.

ricérca s. f. **1** Attività rivolta a cercare qc. o q.c. con molta cura e impegno: *la – di un colpevole*; *fare, promuovere, una* –. **2** Indagine condotta con sistematicità e tendente ad accrescere o a verificare il complesso di cognizioni, documenti, teorie, leggi inerenti a una determinata disciplina o argomento: *una erudita – filologica*; *una – su Giulio Cesare* | *– di mercato*, analisi del mercato con lo scopo di prevedere nel tempo l'entità della domanda di un dato bene | *– operativa*, studio dei problemi organizzativi volto a determinare i criteri economici su cui conviene basare le soluzioni ottimali dei problemi stessi | *– pura*, che ha per solo intento l'accrescimento delle conoscenze scientifiche | *– applicata*, volta a fini pratici.

ricercàre v. tr. (*io ricérco, tu ricérchi*) **1** Tornare a cercare. **2** Cercare con cura e impegno: *– un oggetto smarrito* | Tentare di scoprire: *– la verità*.

ricercatézza s. f. **1** L'essere ricercato; SIN. Affettazione. **2** spec. al pl. Frase o atto troppo ricercati.

ricercàto part. pass. di *ricercare*; anche agg. **1** Che è sottoposto a ricerca, a indagine. **2** Che è richiesto, apprezzato da molti: *conversatore* –. **3** Che è troppo elegante: *vestito* – | Manierato, affettato: *stile* –; SIN. Elaborato.

ricercatóre s. m. (f. *-trice*) **1** Chi ricerca qc. o q.c. | Chi si dedica a una ricerca. **2** Apparecchio usato per ricercare: *– di mine*.

ricetrasmettitóre A s. m. Apparecchiatura che riceve e trasmette segnali telegrafici, telefonici o radiofonici. **B** anche agg. [→ ill. *radio*]

ricetrasmittènte agg.; anche s. f. Ricetrasmettitore.

ricètta s. f. **1** Ordinazione di farmaci scritta e firmata dal medico con relative modalità d'uso. **2** (*est.*) Rimedio, espediente (*anche fig.*): *una buona – per la tua pigrizia*. **3** Prescrizione per la preparazione di un composto, una bevanda, una pietanza, contenente anche l'indicazione degli ingredienti.

ricettàcolo s. m. **1** Luogo che contiene, riceve qc. o q.c.: *quella casa è un – di pellegrini*; SIN. Ricovero. **2** (*bot.*) Parte terminale dilatata del peduncolo fiorale. [→ ill. *botanica*]

ricettàre (1) v. tr. (*io ricètto*) **1** (*raro, lett.*) Dare ricetto, ricovero. **2** (*dir.*) Rendersi colpevole di ricettazione.

ricettàre (2) v. tr. (*io ricètto*) Prescrivere mediante ricetta.

ricettàrio s. m. **1** Raccolta di ricette di vario tipo. **2** Blocco di fogli stampati con l'intestazione del medico per scrivere ricette.

ricettatóre s. m. (f. *-trice*) (*dir.*) Chi è colpevole di ricettazione.

ricettazióne s. f. Reato di chi acquista, riceve od occulta cose di provenienza illecita al fine di procurare a sé o ad altri un profitto.

ricettività o *recettività* s. f. **1** L'essere ricettivo. **2** Possibilità di contrarre una malattia. **3** Particolare sensibilità di un apparecchio ricevente a una o più frequenze. **4** Capacità che un luogo ha di ospitare spec. turisti: *– alberghiera*.

ricettivo o *recettivo* agg. **1** Atto a ricevere, spec. sensazioni, impressioni, nozioni e sim.: *mente ricettiva*. **2** Di individuo che può essere colpito da una malattia. **3** Capace di accogliere, ospitare.

ricètto s. m. (*lett.*) Luogo che dà rifugio.

ricettóre V. *recettore*.

ricevènte A part. pres. di *ricevere*; anche agg. Che riceve | Detto di ciò che, spec. nell'attrezzatura radiofonica, è destinato alla ricezione: *apparecchio* –. [→ ill. *radio, televisione*] **B** s. m. e f. Chi riceve.

ricévere v. tr. (pass. rem. *io ricevéi* o *ricevètti, tu ricevésti*) **1** Accogliere, accettare, prendere ciò che viene dato, consegnato, inviato, somministrato o conferito con solennità: *– un'eredità, un regalo, un pacco* | Riscuotere | Prendere in pagamento: *dichiaro di aver ricevuto diecimila lire* | Subire, sostenere: *– l'urto nemico* | Ammettere, detto di persona: *– un novizio in convento*; CONTR. Dare. **2** Ammettere in sé per trattenere o contenere: *quel campeggio riceve più di mille persone* | Prendere, trarre dal di fuori: *la stanza riceve luce dal cortile*. **3** Avere, provare, sentire: *– dolore, gioia*. **4** Accogliere all'arrivo, spec. in modo cordiale o con onori: *– l'ospite* | Ammettere alla propria presenza o a un'udienza: *– i clienti* | ass. Tenere ricevimento, ammettere a visitare: *il venerdì non ricevo*. **5** Raccogliere segnali di tipo telefonico, radiofonico e sim.: *– una trasmissione*.

ricevimènto s. m. **1** Accoglimento di ciò che viene consegnato: *– di una lettera*. **2** Ammissione di una persona in un luogo, anche in modo solenne o secondo un cerimoniale: *il – del nuovo socio*; *il – dell'ambasciatore*; SIN. Accoglienza. **3** Trattenimento offerto a vari invitati.

ricevitóre A s. m.; anche agg. (f. *-trice*) (*raro*) Chi (o che) riceve; SIN. Ricevente. [→ ill. *fisica*] **B** s. m. **1** Persona, ufficio o ente incaricato di riscuotere somme per conto d'altri, spec. per conto dello Stato: *– del registro*. **2** (*tecnol.*) Apparecchio, dispositivo od organo atto a ricevere e rivelare l'energia emessa da una sorgente | *– telefonico*, (*ell.*) –, capsula inserita nel microtelefono, che riceve la corrente telefonica e la trasforma in onde sonore; (*est.*) microtelefono: *abbassare il* – | *– telegrafico*, apparecchio che consente la ricezione e la rivelazione dei segnali telegrafici. [→ ill. *fisica*] **3** Nel baseball, giocatore della difesa, piazzato dietro la casa-base, che ha il compito di ricevere la palla tirata dal lanciatore e mancata dal battitore.

ricevitorìa s. f. Luogo in cui si accolgono o ricevono spec. somme di denaro: *– del totocalcio, del lotto*.

ricevùta s. f. Dichiarazione che si rilascia al ricevimento di q.c., spec. di una somma di denaro | *Accusare* –, dichiarare il ricevimento di q.c.

ricezióne s. f. **1** (*raro*) Ricevimento. **2** Processo con cui viene captata un'onda elettromagnetica.

richiamàre A v. tr. **1** Chiamare di nuovo | *– sotto le armi*, chiamare di nuovo in servizio, per istruzione o per mobilitazione, i militari in congedo | *– l'aereo*, manovrare un aereo in modo da farlo cabrare. **2** Chiamare per fare tornare indietro (*anche fig.*): *– dall'esilio*; *– qc. per trasferirlo*; *– alla realtà*. **3** (*fig.*) Far tornare alla mente; SIN. Rievocare. **4** Fare accorrere, far venire: *– folla* | (*fig.*) *– l'attenzione*, farla dirigere su un determinato oggetto. **5** Riprendere, rimproverare: *– i disubbidienti*. **6** Citare, riportare: *richiamò un verso del Tasso*. **B** v. intr. pron. Riferirsi, rifarsi: *mi richiamo al regolamento*.

richiamàto part. pass. di *richiamare*; anche agg. e s. m. Militare già in congedo chiamato di nuovo alle armi.

richiàmo s. m. **1** Nuova chiamata: *– alle armi* | Sollecitazione a tornare indietro: *– della flotta* | (*fig.*) Invito, avvertimento, spec. con tono di rimprovero: *– al dovere*; *un severo – dei superiori*. **2** Segno, gesto, mezzo con cui si richiama qc. o q.c.: *un flebile* –. **3** Mezzo, modo per attirare: *la pubblicità di quel prodotto è un potente* – | Allettamento, attrazione: *il grande – della natura* | *Uccello da* –, che serve ad attirare gli uccelli a una tesa. [→ ill. *cacciatore*] **4** Segno che in uno scritto rimanda ad altra parte della pagina.

richiedènte part. pres. di *richiedere*; anche agg. e s. m. e f. Che (o chi) richiede q.c., spec. documenti.

richièdere v. tr. (part. pass. *richièsto*; nelle altre forme coniug.

come chiedere) **1** Chiedere di nuovo: *gli ho richiesto il suo parere.* **2** Domandare con insistenza o con decisione per ottenere q.c.: — *aiuto, assistenza* | (*bur.*) Chiedere il rilascio di un documento: — *la carta di identità.* **3** Domandare per sapere: *ti richiedo notizie dei tuoi parenti* | Volere in restituzione: — *il libro prestato.* **4** Esigere, pretendere: *richiedo tutta la vostra attenzione.*
richièsta *s. f.* **1** Atto del richiedere: *una — di matrimonio* | Compenso per una prestazione. **2** Domanda, petizione: *mi presento a sua —* | *A — dell'interessato,* in seguito alla domanda dell'interessato | Domanda di replica di uno spettacolo: *si recita a — generale.* **3** (*bur.*) Domanda con la quale si chiede il rilascio di un documento | Foglio o modulo su cui si stende tale domanda.
richiùdere **A** *v. tr.* (*coniug. come chiudere*) Chiudere di nuovo: *richiudi subito la finestra* | Chiudere ciò che di solito non viene aperto: — *la cassaforte.* **B** *v. intr. pron.* Tornarsi a chiudere.
riciclàggio *s. m.* Operazione del riciclare (*anche fig.*).
riciclàre *v. tr.* **1** Riutilizzare all'interno di un processo produttivo materiale di scarto: — *rottami* | Depurare acqua o aria impura per riutilizzarle. **2** (*est.*) Riqualificare professionalmente: — *i tecnici di un'azienda.* **3** (*fig.*) Rimettere in circolazione beni spec. di provenienza illecita mediante operazioni consentite dalla legge: — *denaro sporco.*
ricìngere *v. tr.* (*coniug. come cingere*) Cingere di nuovo.
rìcino *s. m.* Pianta arbustiva o erbacea delle Euforbiali di origine tropicale, con larghe foglie palmate e lobate, fiori in grappoli, frutto a capsula spinosa, grossi semi da cui si estrae un olio purgativo, lubrificante e industriale. [→ ill. *piante* 3]
ricinolèico *agg.* (*pl. m. -ci*) Detto di ossiacido, principale costituente dell'olio di ricino.
rickèttsia /rik'kɛtsja/ *s. f.* Batterio con forma a bastoncino o tondeggiante, responsabile di varie malattie nell'uomo.
ricògliere *v. tr.* (*coniug. come cogliere*) (*raro*) Cogliere di nuovo: *ti ho ricolto in fallo.*
ricognitóre *s. m.* **1** Chi compie una ricognizione. **2** Aereo per ricognizione.
ricognizióne *s. f.* **1** (*dir.*) Riconoscimento. **2** Attività aerea, terrestre o marittima intesa ad accertare le forze, le posizioni nemiche e le condizioni poste a un'azione tattica, logistica o tecnica | (*est.*) Missione informativa.
ricollegàre **A** *v. tr.* (*io ricollégo, tu ricolléghi*) Collegare di nuovo, ricongiungere | (*fig.*) Collegare insieme stabilendo relazioni: — *due ragionamenti.* **B** *v. rifl.* Riferirsi: *mi ricollego al tuo discorso.* **C** *v. rifl. rec.* Legarsi insieme, all'interno di un medesimo ordine di fatti: *questi due fenomeni si ricollegano.*
ricollocàre *v. tr.* (*io ricòlloco, tu ricòllochi*) Collocare di nuovo.
ricolmàre *v. tr.* (*io ricólmo*) **1** Colmare di nuovo. **2** Colmare del tutto, riempire (*spec. fig.*): — *di gentilezze i propri ospiti.*
ricólmo *agg.* Ben colmo (*anche fig.*): *coppa ricolma di vino.*
ricoloràre **A** *v. tr.* (*io ricolóro*) Colorare di nuovo. **B** *v. intr. pron.* Colorarsi di nuovo.
ricominciàre **A** *v. tr.* (*io ricomìncio*) Cominciare da capo: *ricominciò la lettera* | Riprendere a dire, fare, produrre: — *il lavoro.* **B** *v. intr.* (*aus. essere* nel sign. 1, *avere* nel sign. 2) **1** Avere nuovamente inizio: *l'inverno è ricominciato.* **2** Cominciare di nuovo: *ho ricominciato a studiare*; SIN. Riprendere.
ricomparìre *v. intr.* (*coniug. come comparire; aus. essere*) Comparire di nuovo: *ricompare il sole.*
ricompàrsa *s. f.* Riapparizione.
ricompènsa *s. f.* Contraccambio che si dà per un servizio reso, un favore ricevuto o come premio di un'azione lodevole | — *al valor militare,* distinzione onorifica per un atto di valore compiuto in guerra; SIN. Premio, retribuzione.
ricompensàre *v. tr.* (*io ricompènso*) Dare una ricompensa: — *qc. per i suoi servigi*; SIN. Premiare, retribuire.
ricomperàre V. *ricomprare.*
ricompórre **A** *v. tr.* (*coniug. come comporre*) **1** Comporre di nuovo: — *una lettera.* **2** Riordinare, ricostruire: — *un fatto* | — *il viso,* riassumere un atteggiamento composto. **B** *v. intr. pron.* Riacquistare il controllo di sé e della propria espressione.
ricomposizióne *s. f.* **1** Nuova composizione, spec. tipografica | Riunione delle parti di q.c. **2** (*ling.*) Procedimento per il quale uno degli elementi di un composto riprende la forma primitiva.
ricompràre o *ricomperàre* *v. tr.* (*io ricómpro*) Comprare di nuovo.
ricomunicàre **A** *v. tr.* (*io ricomùnico, tu ricomùnichi*) **1** Comunicare di nuovo. **2** Assolvere dalla scomunica. **B** *v. intr.* (*aus. avere*) Avere di nuovo comunicazione, relazione, rapporto con qc.: *ricomunicherò con te.* **C** *v. intr. pron.* Comunicarsi di nuovo.
riconcentràre **A** *v. tr.* (*io riconcèntro*) **1** Concentrare nuovamente. **2** Raccogliere in un sol punto (*anche fig.*): *ci hanno riconcentrati nella piazza.* **3** Sottoporre a ulteriore concentrazione una soluzione o una miscela. **B** *v. rifl.* Raccogliersi in se stesso.
riconciliàre **A** *v. tr.* (*io riconcilio*) **1** Fare tornare d'accordo o in buona armonia: — *due Stati in guerra*; SIN. Rappacificare. **2** Fare riacquistare: *la tua umiltà ti riconcilia la nostra stima.* **B** *v. rifl. rec.* Tornare in pace o in armonia: *riconciliarsi con qc.*
riconciliatóre *s. m.; anche agg.* (*f. -trice*) Chi (o che) riconcilia.
riconciliazióne *s. f.* **1** Ristabilimento di una condizione di pace, armonia e sim. **2** *Sacramento della —,* nella religione cattolica, altra denominazione del sacramento della penitenza, dopo il Concilio Vaticano Secondo.
riconducìbile *agg.* Che si può ricondurre.
ricondùrre *v. tr.* (*coniug. come condurre*) **1** Condurre di nuovo: *ci ricondusse a casa* | (*fig.*) Far risalire a un fatto, una teoria e sim. precedenti; SIN. Riportare. **2** Riportare al luogo di partenza (*anche fig.*): — *il bestiame alla stalla.*
riconférma *s. f.* **1** Ulteriore conferma: *ottenere la — nell'incarico.* **2** Nel calcio, rinnovo del contratto di ingaggio a un giocatore.
riconfermàre *v. tr.* (*io riconférmo*) Confermare di nuovo: *vi riconfermo la bella notizia* | Confermare: — *qc. in un incarico.*
riconfortàre **A** *v. tr.* (*io riconfòrto*) **1** Confortare di nuovo o di più. **2** (*est.*) Ristorare, sollevare. **B** *v. intr. pron.* Riprendere conforto.
riconfrontàre *v. tr.* (*io riconfrónto*) Confrontare di nuovo.
ricongiùngere **A** *v. tr.* (*coniug. come giungere*) Congiungere di nuovo: — *le parti divise*; SIN. Riunire. **B** *v. rifl. e rifl. rec.* Congiungersi di nuovo, riunirsi, detto di persone: *ricongiungersi alla famiglia.*
ricongiungiménto *s. m.* Nuovo congiungimento | Riunione.
ricongiunzióne *s. f.* Ricongiungimento, spec. di cose.
riconnèttere **A** *v. tr.* (*coniug. come connettere*) Connettere di nuovo o in modo migliore. **B** *v. intr. pron.* Connettersi, collegarsi di nuovo.
riconoscènte *part. pres. di riconoscere; anche agg.* Che esprime, contiene riconoscenza: *parole riconoscenti*; SIN. Grato.
riconoscènza *s. f.* Sentimento di chi è riconoscente del bene ricevuto; SIN. Gratitudine.
riconóscere **A** *v. tr.* (*coniug. come conoscere*) **1** Ravvisare cosa o persona nota: — *qc. alla voce.* **2** Distinguere, conoscere realmente: *nessuno di voi sa — la buona cucina* | Identificare: *non ha documenti per farsi —* | Comprendere il significato di q.c., spec. per averlo sperimentato: *il cavallo riconosce la briglia.* **3** (*dir.*) Attribuire, a opera dello Stato, la personalità giuridica: — *una società* | Dichiarare proprio: — *un figlio.* **4** Nel diritto internazionale, dichiarare di accettare come esistente: — *un nuovo Stato.* **5** Ammettere, confessare: — *il proprio errore.* **6** Verificare con attenzione le condizioni di q.c. per prenderne cognizione, detto spec. di luoghi. **B** *v. rifl.* (*raro*) Avere coscienza di sé, dei propri difetti, del proprio temperamento.
riconoscìbile *agg.* Che si può riconoscere; CONTR. Irriconoscibile.
riconosciménto *s. m.* **1** Identificazione di cosa o persona: *segnale di —* | Segno distintivo che serve a far riconoscere qc. o q.c.: *perdere il —.* **2** Accettazione: —

del nuovo Stato | Ammissione: – *di un errore.* **3** Nei drammi, scoperta di parentela, amicizia e sim. tra persone prima ignote tra loro; SIN. Agnizione. **4** Apprezzamento | Ricompensa: *un premio come – dei meriti di qc.*

riconoscitìvo *agg.* Che fa riconoscere.

riconquìsta *s. f.* Nuova conquista o recupero di ciò che era stato perduto.

riconquistàre *v. tr.* Conquistare di nuovo combattendo: – *un territorio* | Ricuperare ciò che era stato perduto: – *la fiducia degli amici.*

riconsacràre *v. tr.* Consacrare di nuovo.

riconségna *s. f.* Atto del riconsegnare | Cerimonia durante la quale si riconsegna q.c.

riconsegnàre *v. tr.* (*io riconségno*) **1** Consegnare di nuovo. **2** Restituire a qc. ciò che aveva affidato ad altri in consegna, che aveva smarrito o che gli era stato tolto: – *i documenti.*

riconsideràre *v. tr.* (*io riconsìdero*) **1** Considerare di nuovo o con maggiore attenzione: – *una questione.* **2** Riflettere ancora su q.c.

riconvenìre A *v. intr.* (*coniug. come venire; aus. avere*) Convenire nuovamente: *riconveniamo che tu hai ragione.* **B** *v. tr.* In un processo, proporre da parte del convenuto, a propria volta e nello stesso giudizio, domande giudiziali contro l'attore.

riconvenzióne *s. f.* (*dir.*) Azione del riconvenire.

riconversióne *s. f.* (*econ.*) Riorganizzazione e radicale trasformazione di orientamenti, apparati e processi produttivi: – *tecnologica delle aziende.*

riconvertìre *v. tr.* (*coniug. come convertire*) **1** Convertire nuovamente. **2** (*econ.*) Sottoporre a riconversione.

riconvocàre *v. tr.* (*io ricònvoco, tu ricònvochi*) Convocare di nuovo: – *qc. a domicilio.*

riconvocazióne *s. f.* Nuova convocazione.

ricopertùra *s. f.* Atto del ricoprire | Ciò con cui si ricopre.

ricopiàre *v. tr.* (*io ricòpio*) Copiare di nuovo | Trascrivere in bella copia: – *una lettera.*

ricopiatùra *s. f.* Nuova copiatura | Trascrizione.

ricoprìbile *agg.* Che si può ricoprire.

ricoprìre A *v. tr.* (*coniug. come coprire*) **1** Coprire di nuovo. **2** Coprire bene per preservare: – *i mobili con un panno* | Rivestire: – *le poltrone nuove.* **3** Colmare, elargire abbondantemente (*anche fig.*): – *di polvere*; – *qc. di denaro, di carezze.* **4** Nascondere, celare, occultare (*anche fig.*): *la terra ricopre le spoglie.* **5** Assumere, occupare, detto di incarico, ufficio: *ricopre una carica importante.* **B** *v. rifl.* Rivestirsi, coprirsi di nuovo | (*est., fig.*) Ripararsi, difendersi.

ricordànza *s. f.* (*poet.*) Ricordo, memoria.

ricordàre A *v. tr.* (*io ricòrdo*) **1** Serbare memoria, avere presente nella memoria: – *i giorni passati con voi* | Rinnovare nella memoria: *lapide che ricorda i caduti*; SIN. Rammentare; CONTR. Dimenticare. **2** Richiamare alla memoria propria o di altri: *ricordate la promessa*; *ti ricordo l'appuntamento* | Rassomigliare: – *i lineamenti della madre*; SIN. Rammentare, rievocare. **3** Nominare, menzionare: *vi ricordiamo spesso nei nostri discorsi.* **4** Commentare: – *una battaglia.* **B** *v. intr. pron.* Avere nella memoria, serbare il ricordo: *ricordarsi del bene ricevuto.*

ricordìno *s. m.* **1** *Dim. di ricordo.* **2** Oggettino che serve a ricordare qc. o q.c. **3** Cartoncino con immagine sacra e una dedica a ricordo di persone scomparse o di ricorrenze.

ricòrdo *s. m.* **1** Richiamo alla mente di qc. o q.c.: *perdersi nel – del passato*; *te lo offro per –.* **2** Memoria di persone o fatti appartenenti al passato: *il – di lui la perseguita* | Tradizione orale o scritta, spec. di avvenimenti storici: *di quelle imprese si è perduto ogni –.* **3** Ciò che viene ricordato: *ricordi scolastici.* **4** Ciò che serve a fare ricordare qc. o q.c. o a rinnovarne la memoria: *ricordi turistici*; – *di famiglia* | Vestigia: *i ricordi della civiltà cretese.*

ricorrèggere A *v. tr.* (*coniug. come correggere*) Correggere di nuovo o con cura: – *le bozze.* **B** *v. rifl.* Ravvedersi.

ricorrènte A *part. pres. di ricorrere; anche agg.* **1** Che ricorre | *Motivo* –, che ritorna abbastanza frequentemente in un'opera musicale o in un testo letterario, critico e sim. | *Febbre* –, che si ripete presentando le stesse caratteristiche. **2** Che fa o ha fatto ricorso: *parte –.* **B** *s. m. e f.* Chi fa o ha fatto ricorso.

ricorrènza *s. f.* **1** Ritorno, ricomparsa periodica. **2** (*est.*) Festa che ritorna ogni anno.

ricórrere A *v. intr.* (*coniug. come correre; aus. essere*) **1** (*raro*) Correre nuovamente: *siamo ricorsi a cercarti* | Correre indietro tornando al punto di partenza (*spec. fig.*): – *con la memoria al passato.* **2** Ripresentarsi periodicamente, a intervalli: *un fenomeno che ricorre spesso* | Tornare nel tempo: *domani ricorre una festa solenne.* **3** Rivolgersi a qc. per ottenere q.c.: – *a un amico per aiuto*; – *al medico* | Fare appello: – *alla bontà di qc.* | Utilizzare: – *al dizionario* | – *alla violenza, alla maniera forte* e sim., usare la forza, la violenza. **4** (*dir.*) Rivolgersi all'autorità giudiziaria o amministrativa, proponendo ricorso: – *al tribunale*; – *contro una sentenza* | – *in Cassazione*, impugnare una sentenza per questioni di diritto portandola all'esame della corte di Cassazione. **B** *v. tr.* Tornare a correre: *ha ricorso i cento metri.*

ricórso A *part. pass. di ricorrere; anche agg.* Ripetuto, ritornato. **B** *s. m.* **1** Atto dell'indirizzarsi a q.c. o a qc. per cercare aiuto, protezione, sollievo: *fare – a una medicina più efficace*; – *ai superiori.* **2** Istanza diretta all'autorità giudiziaria o amministrativa per ottenere la tutela di un diritto o di un interesse | (*est.*) Documento contenente tale istanza: *redigere un –.* **3** Il ripresentarsi periodicamente di fatti, avvenimenti, fenomeni spec. storici.

ricostituènte A *part. pres. di ricostituire; anche agg.* Che ricostituisce, rinvigorisce. **B** *s. m.* Preparato medicamentoso che cura un deperimento o previene le conseguenze del superlavoro fisico o psichico.

ricostituìre A *v. tr.* (*io ricostituìsco, tu ricostituìsci*) **1** Costituire di nuovo: – *il governo.* **2** (*fig.*) Dare nuovo vigore: – *l'organismo affaticato.* **3** Redigere nuovamente un documento mancante ricostruendone il contenuto: – *un atto distrutto.* **B** *v. intr. pron.* **1** Costituirsi nuovamente: *la società si è ricostituita su nuove basi.* **2** Rimettersi in buona salute.

ricostituzióne *s. f.* Nuova costituzione: – *di un'associazione.*

ricostruìre *v. tr.* (*io ricostruìsco, tu ricostruìsci*) **1** Costruire di nuovo: – *un edificio.* **2** Rifare un testo, pervenuto mutilato o alterato, su dati, documenti, frammenti: – *un verso* | Ricomporre lo svolgimento di fatti secondo una serie di dati certi o di ipotesi: *la polizia ricostruì la sparatoria.*

ricostruttóre *s. m.; anche agg.* (*f. -trìce*) Chi (o che) ricostruisce.

ricostruzióne *s. f.* **1** Nuova costruzione, rifacimento di ciò che era distrutto, deteriorato e sim. | (*fig.*) Ricomposizione dello svolgimento di fatti o avvenimenti: – *di un incidente* | (*est.*) Parte o elemento ricostruito. **2** Complesso di iniziative volte a riparare danni morali e materiali causati da una guerra.

ricòtta *s. f.* Latticino ottenuto dalla ricottura del siero di latte, residuato dalla fabbricazione del formaggio, con aggiunta di siero acido. [→ ill. *formaggi*]

ricottùra *s. f.* **1** Nuova o ulteriore cottura. **2** Trattamento termico consistente nel riscaldare un metallo e lasciarlo raffreddare lentamente, eliminandone le tensioni interne, eventualmente prodotte dalla tempera.

ricoveràre A *v. tr.* (*io ricóvero*) **1** Dare ricovero, anche ass.: – *un ferito in clinica* | Offrire asilo o riparo: – *i cavalli nella stalla.* **2** Rinchiudere in uno stabilimento appositamente destinato all'esecuzione di misure di sicurezza detentive: – *in un manicomio giudiziario.* **B** *v. intr. pron.* (*aus. essere*) Ripararsi, rifugiarsi: *si ricoverarono in un bosco.*

ricoveràto *part. pass. di ricoverare; anche agg. e s. m.* (*f. -a*) Ospite o degente di un ricovero, ospizio, ospedale e sim.

ricóvero *s. m.* **1** Trasferimento in un luogo di cura, assistenza e sim.: *ordinare il – in ospedale.* **2** Luogo in cui si può trovare rifugio, salvezza, protezione: *cercammo – dall'acquazzone sotto una tettoia*; SIN. Rifugio, riparo. [→ ill. *stalla*] **3** Ospizio dove sono accolte persone anziane o indigenti.

ricreàre A *v. tr.* (*io ricrèo*) **1** Creare di nuovo. **2** Ristorare, sollevare, confortare, consolare, anche ass.: *è una* bevanda che ricrea il fisico. **3** (*est.*) ass. Divertire, rallegrare: *un passatempo che ricrea.* **B** *v. rifl.* **1** Sollevarsi, svagarsi. **2** (*est.*) Divertirsi.

ricreativo *agg.* Atto a ricreare: *gioco* — | Che tende a ricreare il corpo e lo spirito: *circolo* —.

ricreatòrio A *agg.* (*raro*) Ricreativo. **B** *s. m.* Luogo, istituto in cui i ragazzi, dopo gli impegni scolastici, sono accolti a scopo ricreativo.

ricreazióne *s. f.* **1** (*raro*) Nuova creazione. **2** Ristoro, riposo dal lavoro | Pausa tra un periodo e l'altro di lavoro o di studio: *mezz'ora di* —. **3** Ciò che ricrea, distrae.

ricrédere A *v. intr.* (*aus. avere*) (*raro*) Credere nuovamente. **B** *v. intr. pron.* Credere diversamente da prima, cambiando opinione e convincendosi del contrario: *lo ritenevo onesto ma mi sono ricreduto.*

ricréscere A *v. intr.* (*coniug. come crescere; aus. essere*) **1** Crescere di nuovo. **2** (*dial.*) Aumentare di volume, crescere alla vista: *è una minestra che ricresce.* **B** *v. tr.* (*raro*) Fare crescere di nuovo.

ricréscita *s. f.* **1** Nuova crescita. **2** Aumento di volume.

rictus /*lat.* 'riktus/ *s. m. inv.* Atteggiamento stirato delle labbra per spasmo dei muscoli facciali.

ricucire *v. tr.* (*io ricùcio*) **1** Cucire di nuovo | Cucire uno strappo. **2** (*fig.*) Mettere insieme elementi diversi, detto di scritti, componimenti letterari e sim.: *con vecchie frasi ha ricucito una novella*; SIN. Accozzare. **3** (*chir.*) Rimarginare, suturare. **4** (*fig.*) Ricomporre una controversia.

ricucitùra *s. f.* **1** Operazione del ricucire | Segno del rammendo. **2** (*fig.*) Accozzamento di elementi diversi, detto di scritti e sim. **3** (*fig.*) Risoluzione di un contrasto.

ricuòcere *v. tr.* (*coniug. come cuocere*) **1** Cuocere di nuovo o di più: *bisogna* — *l'arrosto.* **2** Eseguire la ricottura di un metallo.

ricuperàbile o *recuperàbile agg.* Che si può ricuperare (*anche fig.*); CONTR. Irrecuperabile.

ricuperabilità o *recuperabilità s. f.* Condizione di ricuperabile.

ricuperàre o *recuperàre v. tr.* (*io recùpero*) **1** Riacquistare nel possesso o nell'uso ciò che era nostro o che ci era stato tolto: — *i propri beni*; — *la vista*; SIN. Riprendere. **2** Portare in salvo: — *i pericolanti* | (*fig., est.*) Rendere di nuovo valido, utile e sim.: — *un tossicodipendente.* **3** Riprendere persone o cose gettate o perdute in mare: — *naufraghi.* **4** Rimontare uno svantaggio, anche ass.: — *il tempo perduto.* **5** (*sport*) Eseguire il ricupero, anche ass.: *la squadra ricupererà domani.* **6** Utilizzare materiali, sostanze o energie che andrebbero perdute: — *i cascami.*

ricuperatóre o *recuperatóre s. m.* (*f. -trice*) **1** Chi ricupera. **2** Qualunque congegno che serve a ricuperare q.c. **3** Nelle armi automatiche, sistema di caricamento che utilizza il rinculo del blocco otturatore per espellere il bossolo e per introdurre una cartuccia. **4** Apparecchio che, in impianti industriali, serve a utilizzare calore che altrimenti andrebbe disperso. [→ ill. *metallurgia*]

ricùpero o *recùpero s. m.* **1** Riacquisto del possesso o della disponibilità di q.c.: — *del bottino* | (*fig., est.*) Restituzione di validità, funzionalità, utilità e sim.: — *del centro storico, il* — *degli handicappati* | *Capacità di* —, capacità di riacquistare forza, energia in breve tempo. **2** Cosa, oggetto ricuperato: *i ricuperi del campo di battaglia.* **3** Rimonta di uno svantaggio preesistente. **4** (*sport*) Prova tra concorrenti eliminati che permette al vincitore di essere riammesso alla competizione | Nel calcio e sim., partita disputata dopo un rinvio determinato da cause di forza maggiore: *disputare il* — | *Minuti di* —, quelli che l'arbitro concede oltre il tempo regolamentare per compensare interruzioni precedenti.

ricùrvo *agg.* Curvo, curvato: *dorso* — *del delfino* | Molto curvo: *bastone* — | (*est.*) Vecchio e malfermo sulle gambe: *un vecchio* —.

ricuṣa *s. f.* Atto del ricusare; SIN. Rifiuto.

ricuṣàbile *agg.* Che si può ricusare.

ricuṣàre A *v. tr.* Non volere, non accettare: — *il cibo* | Rifiutare di fare q.c.: — *di ricevere qc.* **B** *v. intr. pron.* Rifiutarsi, non acconsentire: *ricusarsi di parlare.*

ricuṣazióne *s. f.* **1** (*raro, lett.*) Ricusa. **2** (*dir.*) Richiesta volta a far sì che un funzionario giudiziario, un consulente tecnico e sim. non esplichino la loro funzione non sussistendo tutte le condizioni necessarie: — *di un giudice.*

ridacchiàre *v. intr.* (*io ridàcchio; aus. avere*) Ridere a più riprese e a brevi tratti, senza compiacenza, ma con intonazione maligna o canzonatoria.

ridancìàno *agg.* **1** Di persona facile al riso, che ride di gusto e spesso: *ragazzo* —. **2** Che fa ridere di gusto: *novella ridanciana.*

ridàre A *v. tr.* (*pres. io ridò, tu ridài, egli ridà; imp. ridà o rida' o ridài; nelle altre forme coniug. come dare*) **1** Dare di nuovo: *ridammi il tuo indirizzo.* **2** Restituire, rendere: *non mi ha ridato il libro.* **B** *v. intr.* (*aus. avere*) **1** (*pop.*) Riprodursi, manifestarsi ancora: *ci ha ridato fuori la febbre.* **2** (*raro*) Incappare, capitare di nuovo: — *nella rete.*

ridarèlla *s. f.* (*fam.*) Desiderio di ridere o riso continuo: *avere la* —.

ridda *s. f.* **1** Antico ballo in cui le persone giravano velocemente tenendosi per mano e cantando. **2** (*est.*) Moto disordinato e convulso di cose o persone intorno a q.c. (*anche fig.*): *una* — *di automobili*; *una* — *di ipotesi.*

ridènte *part. pres. di ridere; anche agg.* Che ride | Piacevole, ameno, dilettevole: *paese* —.

rìdere A *v. intr.* (*pass. rem. io risi, tu ridésti; part. pass. rìso; aus. avere*) **1** Mostrare allegrezza, spec. spontanea e improvvisa, con particolare contrazione e increspamento dei muscoli della faccia e con suoni caratteristici: — *fragorosamente, a piena gola* | — *sotto i baffi*, di nascosto, con malizia | — *dietro, alle spalle*, deridere | *Far* — *i polli*, dire stupidaggini, o mostrarsi goffo e ridicolo | *Non c'è nulla da* —, è una cosa seria | (*est.*) Mostrare gioia: *i suoi occhi ridono*; CONTR. Piangere. **2** (*fig., lett.*) Brillare, splendere: *il cielo ride* | (*fig., lett.*) Mostrare bellezza, vivacità di colori. **B** *v. intr. pron.* **1** Burlarsi, farsi beffe: *ridersi di qc.* **2** Non fare conto, non temere: *mi rido delle vostre minacce.* [→ tav. *proverbi* 87, 88, 342]

ridestàre A *v. tr.* (*pres. io ridésto; part. pass. ridestàto, lett. ridésto*) **1** Destare di nuovo; SIN. Risvegliare. **2** (*fig.*) Ravvivare: — *la fiamma* | (*fig.*) Riaccendere, rinfocolare: — *l'odio.* **B** *v. intr. pron.* **1** Tornare a svegliarsi. **2** (*fig.*) Risorgere, riaccendersi.

ridicolàggine *s. f.* **1** L'essere ridicolo. **2** Atto, detto, ridicolo.

ridicolézza *s. f.* **1** L'essere ridicolo. **2** Ciò che è ridicolo | Cosa da poco, inezia.

ridicolizẓàre *v. tr.* Fare apparire ridicolo, volgere in ridicolo.

ridìcolo A *agg.* **1** Che muove il riso perché goffo, strano, grottesco o insulso: *aspetto* —. **2** (*est.*) Che non si deve prendere in considerazione perché meschino, inadeguato, troppo esiguo: *è un compenso* — *rispetto al nostro lavoro.* **B** *s. m. solo sing.* Essenza di ciò che è ridicolo o desta il riso | Fatto dell'essere ridicolo | *Porre qc. in* —, ridicolizzare.

ridimensionaménto *s. m.* Riorganizzazione | (*fig.*) Riduzione a dimensioni più limitate: — *di un'azione politica.*

ridimensionàre A *v. tr.* (*io ridimensióno*) **1** Riorganizzare e ristrutturare, spec. un complesso industriale, per adeguarlo a mutate circostanze: — *una industria.* **2** (*fig.*) Ridurre alle giuste proporzioni: — *uno scrittore.* **B** *v. intr. pron.* Ridursi a giuste proporzioni o a proporzioni minori.

ridipìngere *v. tr.* (*coniug. come dipingere*) Dipingere di nuovo | Ritoccare.

ridìre *v. tr.* (*imp. ridì o ridi'; nelle altre forme coniug. come dire*) **1** Dire di nuovo: *mi ridisse dove abitava* | Ripetere di frequente: *dire e* — *le stesse cose.* **2** Riferire cose sentite o comunicate da altri | Riportare con leggerezza cose dette da altri in confidenza. **3** Narrare, raccontare: *non riesco a* — *tutto ciò che ho visto.* **4** Dire in contrario | Criticare, biasimare, anche ass.: *non trovar nulla da* —.

ridiscéndere *v. tr. e intr.* (*coniug. come scendere; aus. intr. essere*) Scendere di nuovo: — *le scale*; — *dall'alto.*

ridiscórrere *v. intr.* (*coniug. come discorrere; aus. avere*) Discorrere di nuovo.

ridispórre *v. tr.* (*coniug. come porre*) Disporre di nuovo, un'altra volta: — *la partenza.*

ridistribuire *v. tr.* (*io ridistribuisco, tu ridistribuisci*) Distribuire di nuovo o in modo diverso: — *i doni.*

ridiventàre *v. intr.* (*io ridivènto; aus. essere*) Diventare di nuovo.

ridomandàre *v. tr.* **1** Domandare di nuovo | Domandare con insistenza: *non fa che — le stesse cose.* **2** Richiedere q.c. affinché venga restituita: *ti ridomando i miei libri.*

ridonàre *v. tr.* (*io ridóno*) **1** Donare di nuovo | Ridare, restituire: *le tue parole mi ridonano fiducia.* **2** Donare a propria volta.

ridondànte *part. pres. di ridondare; anche agg.* Sovrabbondante, eccessivo: *un discorso — di luoghi comuni*; SIN. Retorico.

ridondànza *s. f.* L'essere ridondante; SIN. Retorica, sovrabbondanza.

ridondàre *v. intr.* (*io ridóndo; aus. essere*) **1** (*lett.*) Abbondare, traboccare, sovrabbondare: *il vestito ridonda di ornamenti.* **2** (*raro*) Riuscire, risolversi: *— a onore, in danno, di qc.*

ridòsso *s. m.* Riparo eretto alle spalle di q.c. | *A —*, a riparo; (*est.*) dietro, alle spalle: *si mise a — della montagna* | *Essere a — di qc.*, (*fig.*) incalzarlo, spec. minacciosamente.

ridótta *s. f.* Opera fortificata di secondaria importanza | Postazione.

ridótto **A** *part. pass. di ridurre; anche agg.* Portato a un determinato stato o condizione: *essere — male* | Che ha subito una riduzione: *prezzo —.* **B** *s. m.* **1** Ambiente adiacente una sala teatrale o cinematografica, per la sosta e la conversazione del pubblico durante gli intervalli di uno spettacolo. [→ ill. *teatro*] **2** (*mil.*) Ridotta.

riducènte *part. pres. di ridurre; anche agg.* Che riduce | (*chim.*) *Sostanza —*, capace di togliere ossigeno ad altre | *Crema —*, crema dimagrante.

riducìbile *agg.* **1** Che si può ridurre. **2** Che può essere ricondotto a una certa condizione: *— all'ubbidienza*; CONTR. Irriducibile. **3** (*chim.*) Detto di sostanza che può subire una riduzione.

ridùrre **A** *v. tr.* (*pres. io ridùco, tu ridùci; pass. rem. io ridùssi, tu riducésti; part. pass. ridótto*) **1** Ricondurre, portare al luogo di partenza o a quello dovuto (*spec. fig.*): *— a casa il bambino smarrito* | Raccogliere, adunare: *— il gregge all'ovile* | Riuscire a portare con opera di persuasione qc. a una determinata condizione: *— un ragazzo insofferente alla disciplina*; *— qc. al silenzio.* **2** Far diventare, rendere: *— il vestito un cencio*; *— qc. cieco* | Adattare: *— un testo per le scuole.* **3** Far diventare più piccolo o più breve: *— le spese*; *— i tempi di lavoro* | (*fig.*) Restringere; SIN. Abbreviare, rimpiccolire. **4** Portare una persona a una condizione peggiore di quella considerata normale: *la febbre l'ha ridotto uno scheletro*; *— qc. in fin di vita.* **5** Costringere a comportarsi in un determinato modo: *— il prigioniero a ribellarsi.* **6** (*mat.*) Semplificare con opportune operazioni: *— una frazione ai minimi termini.* **7** (*chim.*) Sottoporre una sostanza a riduzione. **B** *v. intr. pron.* **1** Venire a essere in una condizione peggiore di quella considerata normale: *si è ridotto a non poter più camminare*; *ridursi all'elemosina* | *Ridursi all'ultimo*, fare le cose all'ultimo momento | Restringersi, diminuire, detto di cose: *ridursi alla metà.* **2** Rifugiarsi, ritirarsi: *ridursi in un'isola.* [→ tav. *proverbi* 29]

riduttìvo *agg.* **1** Relativo a riduzione. **2** (*fig.*) Che riduce l'importanza di q.c.: *conclusioni riduttive*; SIN. Limitativo.

riduttóre **A** *s. m.* (*f. -trice*) **1** Chi riduce o ha la funzione di ridurre. **2** Dispositivo che regola la trasmissione di un moto rotatorio diminuendo il numero di giri. **3** Dispositivo che fa diminuire il valore d'una grandezza fisica: *— di corrente, di pressione.* **B** *agg.* (*chim.*) Che riduce: *agente —.*

riduzióne *s. f.* **1** Atto del ridurre a una determinata condizione: *— alla ragione.* **2** Diminuzione di numero o di quantità: *una — del dieci per cento* | Sconto. **3** Adattamento: *— teatrale, musicale.* **4** (*mat.*) Passaggio ad altra forma o espressione più semplice. **5** Riproduzione secondo una scala prestabilita: *compasso di —.* **6** (*med.*) Operazione con cui si riportano alla posizione naturale le parti: *— di una frattura.* **7** (*chim.*) Reazione per la quale una sostanza perde ossigeno o acquista idrogeno o diminuisce di valenza.

riècco *avv.* **1** Ecco di nuovo, ecco un'altra volta: *— la pioggia!* **2** Si unisce ai pron. pers. atoni in posizione enclitica: *rieccoci qua*; *rieccoli!*

riecheggiaménto *s. m.* Atto del riecheggiare (*spec. fig.*).

riecheggiàre **A** *v. intr.* (*io riechéggio; aus. essere*) Echeggiare, echeggiare di nuovo: *nelle tue pagine riecheggiano molti ricordi letterari.* **B** *v. tr.* Restituire l'eco (*spec. fig.*): *quel romanzo riecheggia cadenze manzoniane.*

rièdere *v. intr.* (*ricostruito sul pres. indic. di redire per cui segue una coniug. regolare; aus. essere*) (*lett.*) Redire, ritornare.

riedificàre *v. tr.* (*io riedìfico, tu riedìfichi*) Edificare di nuovo: *— una casa distrutta.*

riedificazióne *s. f.* Nuova edificazione.

riedizióne *s. f.* **1** Nuova edizione: *la — di un testo esaurito.* **2** (*est.*) Rappresentazione rinnovata di un'opera teatrale o ristampa di un vecchio film. **3** (*fig.*) Riproposta, ripresentazione: *una — del governo precedente.*

rieducàre *v. tr.* (*io rièduco, tu rièduchi*) **1** Educare di nuovo e meglio | Sottoporre a nuova e diversa educazione individui anormali fisicamente o psichicamente: *— i ciechi.* **2** Riportare membra o funzioni menomate a una normale attività: *— una mano paralizzata.*

rieducazióne *s. f.* **1** Educazione nuova e migliore a scopo spec. correttivo: *— di un ragazzo ribelle* | Educazione specifica di individui con insufficienze psicofisiche: *— dei ciechi.* **2** (*med.*) Recupero di funzionalità: *— dell'udito.*

rielaboràre *v. tr.* (*io rielàboro*) Elaborare di nuovo o con criteri diversi.

rielaborazióne *s. f.* Nuova elaborazione, spec. con criteri diversi.

rielèggere *v. tr.* (*coniug. come eleggere*) Eleggere di nuovo.

rieleggìbile *agg.* Che si può rieleggere.

rielezióne *s. f.* Nuova elezione alla stessa carica.

riemèrgere *v. intr.* (*coniug. come emergere; aus. essere*) Emergere di nuovo | Tornare alla superficie.

riemersióne *s. f.* Nuova emersione | Ritorno in superficie.

riempiménto *s. m.* Operazione del riempire | (*edil.*) *Materiale di —*, insieme di ghiaia, sabbia e sim. usato per livellare o alzare il terreno | (*fig.*) Compilazione integrale: *— di un modulo.*

riempìre **A** *v. tr.* (*coniug. come empire*) **1** Fare ben pieno (*anche fig.*): *— la botte di vino* | *— una lacuna*, colmarla; CONTR. Svuotare. **2** Compilare moduli, schede e sim. scrivendo ciò che si richiede accanto allo stampato. **B** *v. intr. pron.* Diventare pieno (*anche fig.*): *il cane si è riempito di pulci.* **C** *v. rifl.* Mangiare troppo.

riempitìvo **A** *agg.* Che riempie o è atto a riempire. **B** *s. m.* **1** Ciò che serve solo a riempire e non ha particolare importanza: *quel viaggio è solo un —*; *fare da —.* **2** Materia che serve a riempire un vuoto.

riempitùra *s. f.* Operazione del riempire | Ciò che serve a riempire.

rientràbile *agg.* Retrattile: *carrello —.*

rientraménto *s. m.* **1** (*raro*) Modo, atto del rientrare. **2** Punto, parte in cui una linea o un corpo rientrano: *c'è un — nel muro.*

rientrànte **A** *part. pres. di rientrare; anche agg.* Che rientra. **B** *s. m.* Nelle fortificazioni, angolo con la concavità rivolta verso l'esterno.

rientrànza *s. f.* Parte che rientra.

rientràre **A** *v. intr.* (*io riéntro; aus. essere*) **1** Entrare di nuovo nel luogo da dove si era usciti: *— in casa* | ass. Tornare alla propria abitazione: *non — tardi* | Tornare in una certa condizione o ambiente: *— nell'ordine* | (*fig.*) *— nelle grazie di qc.*, essere di nuovo benvoluti da qc. | *— in sé*, riassumere il controllo delle proprie azioni | *— in possesso*, ricuperare. **2** (*est.*) Ritirarsi: *— nei propri confini* | Restringersi, accorciarsi: *questa stoffa bagnandosi rientra.* **3** Presentare concavità e rientranze. **4** Essere compreso, contenuto: *il tuo caso non rientra in quelli noti.* **B** *v. tr.* (*raro*) Fare entrare di nuovo.

rientràto *part. pass. di rientrare; anche agg.* **1** Entrato di nuovo. **2** (*fig.*) Che non ha avuto modo di riuscire, svilupparsi, farsi valere: *tentativo —.*

riéntro *s. m.* **1** Atto del rientrare: *l'ora del —* | Ritorno di veicolo spaziale nell'atmosfera terrestre. **2** Accorciamento o restringimento, spec. di stoffa bagnata.

riepilogàre *v. tr.* (*io riepìlogo, tu riepìloghi*) Fare un riepilogo, dire in breve: *— un racconto*; SIN. Riassumere, ricapitolare.

riepilogo *s. m.* (*pl.* *-ghi*) Compendio riassuntivo di scritti o discorsi; SIN. Riassunto, ricapitolazione.

riesàme *s. m.* Nuovo esame, spec. più approfondito e preciso: *occorre un — della questione.*

riesaminàre *v. tr.* (*io riesàmino*) Esaminare di nuovo o da capo: *— un candidato.*

rièssere *v. intr.* (*pass. rem. io rifùi, tu rifósti, egli rifù; nelle altre forme coniug. come essere; aus. essere*) Essere di nuovo: *dobbiamo — presto a casa* | *Ci risiamo!*, ritorna una situazione spiacevole.

riesumàre *v. tr.* (*io riesùmo*) **1** Dissotterrare, togliere dalla tomba: *— un cadavere.* **2** (*fig.*) Portare alla luce, far tornare attuale: *— una vecchia moda.*

riesumazióne *s. f.* Disseppellimento | (*fig.*) Riproposta di ciò che era ignorato, dimenticato e sim.

rievocàre *v. tr.* (*io rièvoco, tu rièvochi*) Evocare di nuovo | Richiamare alla memoria altrui o propria: *— un avvenimento* | Commemorare; SIN. Ricordare.

rievocazióne *s. f.* Atto del rievocare | Ciò che viene rievocato | Commemorazione.

rifaciménto *s. m.* Nuova realizzazione spec. di un'opera letteraria e sim. | L'opera rifatta.

rifàre **A** *v. tr.* (*pres. io rifàccio o rifò, tu rifài, egli rifà; imper. rifà o rifa' o rifài; nelle altre forme coniug. come fare*) **1** Fare di nuovo, un'altra volta, ciò che si ritiene erroneo o mal fatto: *— il compito sbagliato; — q.c. di sana pianta.* **2** Fare di nuovo ciò che è andato distrutto o deteriorato o perduto (*anche fig.*): *— il tetto; rifarsi una cultura* | Riparare, accomodare: *— i polsini alla camicia* | *— il letto*, riassettarlo. **3** Compiere un'azione un'altra volta: *— sempre lo stesso discorso* | *— la strada*, percorrerla un'altra volta. **4** (*lett.*) Rendere nuovamente: *— sano un ammalato* | Rieleggere, eleggere: *— qc. presidente* | *Rifarsi l'occhio*, (*fig.*) ricrearsi con una vista gradevole | *Rifarsi la bocca, lo stomaco*, (*fig.*) ingerire cibi graditi dopo aver mangiato q.c. di sgradevole. **5** Imitare: *— l'andatura di qc.* | *— il verso*, imitare, spec. a scopo caricaturale. **6** Compensare, risarcire: *ti rifarò i danni.* **7** Cucinare di nuovo o in modo diverso: *— il pesce fritto in umido.* **B** *v. intr. pron.* **1** Diventare nuovamente: *rifarsi socialista* | Ritornare sano o in buone condizioni economiche: *dopo la malattia si è rifatto.* **2** Prendersi la rivincita: *rifarsi di una perdita.* **3** Cominciare, prendere le mosse: *rifarsi dal principio.*

rifasciàre *v. tr.* (*io rifàscio*) Tornare a fasciare | Fasciare, fasciare bene: *— un bambino.*

riferìbile *agg.* **1** Che può essere riportato, ripetuto: *segreto non —.* **2** Che può riguardare, richiamarsi: *le tue parole sono riferibili alla questione.*

riferiménto *s. m.* **1** Allusione, cenno che rimanda a q.c.: *trovare un — alla situazione attuale; riferimenti letterari.* **2** Relazione, rapporto, richiamo: *facciamo — a ciò che sapete* | (*bur.*) *In, con, — a*, riferendosi a: *con — alla vostra lettera* | *Punto di —*, elemento atto a facilitare l'orientamento (*anche fig.*). **3** Ciò cui ci si riconduce per determinati confronti o misurazioni.

riferìre **A** *v. tr.* (*io riferìsco, tu riferìsci*) **1** Ridire fatti, notizie, discorsi e sim.: *— gli ultimi avvenimenti*; SIN. Riportare. **2** Ascrivere, riportare q.c. a un inizio, un principio: *— gli effetti alle cause.* **B** *v. intr. pron.* Rimettersi in relazione: *mi riferisco alla questione a voi nota* | Accennare, alludere: *non capisco a che cosa vogliate riferirvi.* **C** *v. intr.* (*aus. avere*) Presentare una relazione, spec. su cose di propria competenza: *— per iscritto all'autorità.*

rìffa (1) *s. f.* Lotteria privata, avente per premio un oggetto di valore.

rìffa (2) *s. f.* (*tosc.*) Violenza, prepotenza | *Di —*, di prepotenza: *ha voluto entrarci di —* | *Di — o di raffa*, a ogni costo, in ogni modo.

rifiatàre *v. intr.* (*aus. avere*) **1** Mandare fuori il fiato, respirare | (*fig.*) Provare sollievo | *Lavorare senza —*, (*fig.*) senza posa. **2** Pronunciare una parola: *ho ascoltato senza —.*

rificcàre **A** *v. tr.* (*io rificco, tu rificchi*) Ficcare di nuovo. **B** *v. rifl.* Ficcarsi di nuovo.

rifilàre *v. tr.* **1** (*raro*) Filare di nuovo. **2** Tagliare a filo: *— un orlo* | Rifinire i bordi di pezzi meccanici. **3** (*pop.*) Dare, dire tutto di seguito: *— un ceffone; — una serie di domande.* **4** (*fam.*) Dare per buona q.c. falsa o cattiva: *— un quadro falso* | Affibbiare: *— un'incombenza sgradita.*

rifilatrìce *s. f.* Macchina utensile per rifilare.

rifilatùra *s. f.* Operazione del rifilare.

rifinìre **A** *v. tr.* (*io rifinìsco, tu rifinìsci*) **1** Finire di nuovo. **2** Finire completamente | Portare del tutto a compimento: *— un'opera d'arte.* **3** (*tosc.*) Consumare del tutto: *— i propri beni* | (*tosc.*) Ridurre in cattive condizioni economiche o di salute. **B** *v. intr.* (*aus. avere*) (*tosc.*) Convincere, soddisfare completamente: *la tua tesi non rifinisce.*

rifinitézza *s. f.* **1** L'essere rifinito, compiuto. **2** (*tosc.*) L'essere spossato, sfinito, spec. per languore allo stomaco.

rifinìto *part. pass. di rifinire; anche agg.* **1** Portato del tutto a compimento. **2** (*tosc.*) Sfinito, molto stanco.

rifinitóre *s. m.* (*f.* *-trìce*) Operaio addetto a lavori di rifinitura.

rifinitùra *s. f.* **1** Compimento integrale, perfezionamento. **2** Guarnizione.

rifioriménto *s. m.* Rifioritura (*spec. fig.*).

rifiorìre **A** *v. intr.* (*io rifiorìsco, tu rifiorìsci; aus. essere*) **1** Tornare a fiorire: *a maggio rifioriscono le rose* | (*fig.*) Riprendere vigore, energia, attività: *rifioriscono gli studi.* **2** Ricoprirsi di macchie, muffa, ruggine: *le pagine di quell'antico codice sono rifiorite.* **B** *v. tr.* (*lett.*) Fare fiorire: *la primavera rifiorisce i prati.*

rifioritùra *s. f.* **1** Nuova fioritura di una pianta. **2** (*fig.*) Nuovo sviluppo di q.c. **3** (*est.*) Abbellimento, frangia. **4** Il ricomparire su di una superficie di macchie di vario tipo: *sul muro c'è una — di muffa.*

rifiutàbile *agg.* Che si può rifiutare.

rifiutàre **A** *v. tr.* **1** Non accettare o non voler ricevere: *— i consigli; — la merce* | (*est.*) Non sopportare, non tollerare: *— il sole*; SIN. Respingere; CONTR. Accettare. **2** Non voler fare: *— di fare parte di un partito* | Negare di concedere: *— il consenso.* **B** *v. intr. pron.* Non voler acconsentire, fare e sim., spec. con decisione: *si rifiutò di intervenire.*

rifiùto *s. m.* **1** Negazione opposta da chi respinge o non accetta q.c.: *il — di un incarico.* **2** Diniego, ricusa: *rispondere con un —; opporre un deciso —.* **3** (*fig.*) Cosa o persona considerata di nessun valore: *mettere, buttare tra i rifiuti* | *Rifiuti della società*, la gente peggiore, la canaglia | *Merce di —*, di scarto | *Acque di —*, quelle restituite gener. inquinate dopo l'utilizzo in varie attività. **4** *al pl.* Immondizie: *raccolta dei rifiuti.* [→ ill. *cesta, giardino pubblico, strada*]

riflessióne *s. f.* **1** (*raro*) Riflesso. **2** (*fis.*) Fenomeno per cui un raggio che incontri una superficie riflettente viene respinto in modo che il raggio riflesso e il raggio incidente facciano angoli uguali rispetto alla normale sul punto d'incidenza, risultando le sue semirette su un medesimo piano: *— delle onde elettromagnetiche, del suono.* **3** (*fig.*) Il ripiegarsi della mente su se stessa: *è necessaria una lunga —* | *Essere senza —*, essere leggero, incauto | Pensiero, ragionamento frutto di attenta considerazione: *sono riflessioni giuste.*

riflessività *s. f.* L'essere riflessivo | Abitudine alla riflessione.

riflessìvo *agg.* **1** (*raro*) Atto a riflettere: *raggio —.* **2** Che è avvezzo a considerare attentamente le cose: *mente riflessiva*; SIN. Giudizioso, ponderato; CONTR. Impulsivo. **3** (*ling.*) Detto di verbo in cui l'azione compiuta dal soggetto si riflette sul soggetto stesso.

riflèsso (1) *s. m.* **1** Luce o gener. radiazione che ha subito una riflessione | Riverbero: *ripararsi dal — del sole.* **2** (*fig.*) Ripercussione, conseguenza: *i riflessi della crisi politica* | *Per —*, in modo indiretto | *Di —*, per azione riflessa, di rimbalzo. **3** (*med.*) Risposta motoria, involontaria, a uno stimolo che parte da un organo periferico di senso | *— condizionato*, risposta nuova o modificata provocata da un dato stimolo dopo il condizionamento.

riflèsso (2) *part. pass. di riflettere; anche agg.* **1** Che ha subito riflessione: *raggio —.* **2** Che non è frutto di iniziativa personale, ma di riflessione su idee o azioni altrui: *risposta riflessa.*

riflettènte *part. pres. di riflettere; anche agg.* Che riflette: *superficie —.* [→ ill. *fisica*]

riflèttere **A** *v. tr.* (*pres. io riflètto; pass. rem. io riflettéi, o raro* *riflèssi*, spec. nei sign. A, *tu riflettésti; part. pass. riflèsso*, nei sign. A e C, *riflettùto* nel sign. B) **1** (*fis.*) Rinviare secondo le leggi della riflessione: *una lamina speculare riflette i raggi.* **2** Rimandare: *lo specchio riflette le immagini* | (*fig.*) Rispecchiare, manifestare: *il tuo discorso riflette la scarsa considerazione che hai di noi.* **B** *v. intr.* (*aus. avere*) Rivolgere la mente, considerare con attenzione: *— sui fatti* | *Agire senza —*, con leggerezza; SIN. Meditare, pensare, ragionare. **C** *v. rifl.* **1** Essere riflesso. **2** (*fig.*) Ripercuotersi, influire: *la sua debolezza si riflette su di noi.*

riflettóre *s. m.* **1** Ogni dispositivo atto a riflettere energia radiante | Dispositivo, spec. a specchio concavo metallico, che riflette i raggi luminosi emessi da una sorgente proiettandoli a distanza. [→ ill. *cinematografia, circo, medicina e chirurgia, sport, teatro, televisione*] **2** Telescopio il cui obiettivo è costituito da uno specchio. [→ ill. *ottica*] **3** (*rad.*) Elemento di una antenna per radiocomunicazioni, che potenzia la capacità dell'antenna stessa. [→ ill. *televisione*]

riflettùto *part. pass. di riflettere; anche agg.* Pensato, considerato.

rifluire *v. intr.* (*io rifluìsco, tu rifluìsci; aus. essere*) **1** Tornare a scorrere, scorrere nuovamente (*anche fig.*): *il sangue rifluì nelle vene.* **2** Scorrere indietro o nella direzione contraria al flusso normale: *l'acqua del mare rifluisce verso i fiumi.* **3** Tornare ad affluire (*anche fig.*): *le merci rifluivano sul mercato.*

riflùsso *s. m.* **1** Flusso o scorrimento in senso contrario (*anche fig.*). **2** Flusso di sangue in una parte del corpo. **3** Periodo di sei ore durante il quale la marea si abbassa. **4** (*fig.*) Tendenza a riscoprire valori e comportamenti appartenenti al passato o ritenuti superati.

rifocillàre **A** *v. tr.* Ristorare con bevande, cibi o altro: *— lo stomaco.* **B** *v. rifl.* Ristorarsi mangiando o bevendo q.c.

rifóndere *v. tr.* (*coniug. come fondere*) **1** Tornare a fondere | (*est., fig.*) Ricomporre cambiando o modificando: *— uno scritto.* **2** (*fig.*) Risarcire, rimborsare, restituire: *— i danni.*

rifórma *s. f.* **1** Modificazione volta a dare un ordine nuovo e migliore, a trasformare una situazione, una società e sim.: *— elettorale*; *la — dell'insegnamento universitario.* **2** L'insieme dei movimenti religiosi originati dalla dottrina di Lutero, estesi dalla Germania ad altre regioni d'Europa, i quali intendono recuperare i valori originali dell'Evangelo e delle Scritture | *— cattolica*, controriforma. **3** Invio in congedo assoluto del militare inabile al servizio.

riformàbile *agg.* Che si può riformare.

riformàre **A** *v. tr.* (*io rifórmo*) **1** Formare di nuovo | Rimettere nell'ordine primitivo: *— la schiera.* **2** Dare nuova forma, allo scopo di migliorare, rinnovare, riordinare q.c.: *— lo Stato*; *— la società*; SIN. Cambiare, innovare. **3** Apportare modificazioni al corpo dottrinale o istituzionale di una religione, di una chiesa, di un ordine. **4** Porre in congedo assoluto il militare inabile permanentemente al servizio per infermità. **B** *v. intr. pron.* Tornare a formarsi: *si è riformato il ghiaccio.*

riformàto **A** *part. pass. di riformare; anche agg.* **1** Formato di nuovo. **2** Modificato | *Chiesa riformata*, ciascuna delle chiese derivate dalla riforma protestante. **B** *s. m.* (*f. -a*) Seguace della riforma protestante. **C** *s. m.* Chi è inabile al servizio militare.

riformatóre *s. m.; anche agg.* (*f. -trìce*) Chi (o che) riforma o è autore di una riforma, spec. religiosa o politica.

riformatòrio *s. m.* Casa di correzione per minorenni traviati.

riformìsmo *s. m.* Tendenza a modificare con riforme e metodi legali l'assetto sociale e la struttura dello Stato.

riformìsta **A** *s. m. e f.* (*pl. m. -i*) Seguace del riformismo. **B** *agg.* Riformistico.

riformìstico *agg.* (*pl. m. -ci*) Del riformismo.

rifornimènto *s. m.* **1** Operazione del rifornire o del rifornirsi di q.c.: *fare — di benzina.* **2** Attività logistica diretta a ripristinare dotazioni o scorte di tutto quanto necessita l'esercito per vivere, muoversi e combattere: *— di viveri.* **3** *spec. al pl.* Ciò che serve a rifornire.

rifornìre **A** *v. tr.* (*io rifornisco, tu rifornisci*) Fornire di nuovo: *— qc. di armi* | Approvvigionare di nuovo: *— la casa del necessario.* **B** *v. rifl.* Fornirsi di nuovo di q.c.: *rifornirsi di vino.*

rifornitóre *s. m.; anche agg.* Chi (o che) rifornisce.

rifrangènza *s. f.* (*fis.*) Proprietà per cui certi mezzi danno luogo alla rifrazione.

rifràngere **A** *v. tr.* (*part. pass. rifrànto* nei sign. A 1 e B 1, *rifràtto* nei sign. A 2 e B 2; *per le altre forme coniug. come frangere*) **1** (*raro*) Frangere, spezzare di nuovo o di più. **2** (*fis.*) Far subire una rifrazione. **B** *v. intr. pron.* **1** Spezzarsi, rompersi deviando. **2** (*fis.*) Subire una rifrazione.

rifrattòmetro *s. m.* **1** (*fis.*) Strumento per misurare l'indice di rifrazione di sostanze trasparenti, solide o liquide. [→ ill. *ottica*] **2** (*med.*) Strumento per la misura della vista, mediante il quale si può stabilire se un occhio è normale o difettoso.

rifrattóre **A** *agg.* (*f. -trice*) Che rifrange. [→ ill. *ottica*] **B** *s. m.* **1** Dispositivo che realizza nelle lampade una buona illuminazione, sfruttando la rifrazione. **2** Telescopio il cui obiettivo è costituito da lenti. [→ ill. *ottica*]

rifraziòne *s. f.* (*fis.*) In propagazioni ondulatorie, fenomeno per cui un raggio incidente, passando da un mezzo a un altro di diversa densità e proprietà ottiche varia, secondo certe leggi, la direzione di propagazione: *— del suono, della luce, di onde elettromagnetiche.*

rifréddo **A** *agg.* Che è stato fatto raffreddare, detto spec. di cibo. **B** *s. m.* Cibo cotto e conservato che si mangia freddo.

rifrìggere **A** *v. tr.* (*coniug. come friggere*) **1** Friggere di nuovo. **2** (*fig.*) Ridire o ripresentare le stesse cose tentando di farle apparire nuove o diverse: *— vecchie idee.* **B** *v. intr.* (*aus. avere*) Friggere a lungo.

rifritto **A** *part. pass. di rifriggere; anche agg.* **1** Fritto di nuovo. **2** (*fig.*) Privo di novità, di originalità: *discorso fritto e —.* **B** *s. m.* Cattivo odore o sgradevole sapore di cibi rifritti.

rifuggìre **A** *v. intr.* (*coniug. come fuggire; aus. essere*) **1** Fuggire di nuovo: *il prigioniero è rifuggito.* **2** (*fig.*) Aborrire, avere in orrore: *rifuggo dal credere a queste atrocità*; *— dalle bassezze.* **B** *v. tr.* (*raro*) Scansare, fuggire: *— la fatica.*

rifugiàrsi *v. intr. pron.* (*io mi rifùgio*) Cercare rifugio, ricovero, sicurezza: *ci rifugiammo in Francia* | (*fig.*) Cercare conforto, aiuto morale: *ci rifugiamo spesso nella lettura.*

rifugiàto **A** *part. pass. di rifugiarsi; anche agg.* Che ha trovato rifugio. **B** *s. m.* (*f. -a*) Individuo costretto, in seguito a vicende politiche, ad abbandonare lo Stato nel quale ha stabile dimora, per cercare rifugio in un altro Stato.

rifùgio *s. m.* **1** Asilo, riparo, difesa, protezione materiale e morale: *trovare — durante una tempesta*; *cercare — dalle avversità* | (*econ.*) *Beni —*, quelli che conservano il loro potere d'acquisto nel tempo, spec. durante l'inflazione. **2** Luogo che offre riparo, protezione | *— alpino*, costruzione in muratura o in legno che serve come base alpinistica | *— della gioventù*, istituto che ospita e mantiene giovani, spec. privi di mezzi economici o di famiglia | (*mil.*) Locale protetto a prova di bombardamento: *— antiaereo.* **3** (*est.*) Ritrovo: *quel bar è un — di sfaccendati.* **4** Persona a cui si ricorre per aiuto, protezione e sim.: *quell'amico è il suo —.*

rifùlgere *v. intr.* (*part. pass. rifùlso, raro; nelle altre forme coniug. come fulgere; aus. essere o avere*) Risplendere, brillare (*spec. fig.*): *— di bellezza.*

rifusióne *s. f.* Nuova fusione | (*fig.*) Rifacimento | (*fig.*) Risarcimento: *chiedere la — dei danni.*

rìga *s. f.* **1** Linea diritta o segno lineare in rilievo, incavato, tracciato o prodotto su di una superficie: *tessuto a righe.* **2** (*est.*) Serie di persone, animali o cose disposte una di fianco all'altra nella medesima linea: *una — di soldati, di alberi, di carri* | *Rompere le righe*, detto di militari o atleti in formazione allineata, sciogliere tale formazione | *Mettere in — qc.*, ridurlo all'obbedienza | *Uscire dalla —*, (*fig.*) uscire dall'ordinario | *Rimettersi in —*, (*fig.*) tornare all'obbedienza. **3** Serie di parole disposte in una linea diritta orizzontale: *pagina di trenta righe* | *Leggere tra le righe*, (*fig.*) intendere ciò che è sottinteso in uno scritto | Contenuto di una o più righe scritte o stampate: *di quel romanzo ho letto poche righe* | *Scrivere due righe*, una breve lettera. **4** Scriminatura, divisione dei capelli: *farsi la — a destra.* **5** Striscia di legno, metallo, materiale plastico atta a tracciare segmenti di retta. [→ ill. *disegnatore, meccanica, tessuto*] **6** (*fis.*) *Righe spettrali*, negli spettri luminosi, righe brillanti od oscure, prodotte le prime da emissione e le seconde da assorbimento di energia luminosa | Linea orizzontale che il pennello elettronico descrive sullo schermo del televisore. [→ ill. *televisione*]

rigàglia *s. f.* **1** *spec. al pl.* Interiora e cresta di pollo o altro volatile: *fettuccine con rigaglie.* **2** Cascame di seta, scarto del bozzolo.

rigàgnolo *s. m.* Piccolo rivo | Piccolo corso d'acqua che scorre nella parte più bassa delle strade dopo la pioggia.

rigàre **A** *v. tr.* (*io rìgo, tu rìghi*) Tracciare una o più righe, segnare rigando: — *una superficie con il lapis* | — *una pagina, un foglio*, tracciarvi righe diritte per scrivere ordinatamente. **B** *v. intr.* (*aus. avere*) *Solo nella loc.* — *diritto*, (*fig.*) comportarsi facendo il proprio dovere.

rigatino *s. m.* Tessuto di cotone a righe minute per grembiuli.

rigàto *part. pass. di rigare; anche agg.* Solcato o segnato da righe: *volto* — *di sudore.*

rigatóne *s. m.* **1** Arnese per rigare il terreno da seminare o piantare. **2** *spec. al pl.* Sorta di cannelloni scanalati, per pasta asciutta. [→ ill. *pasta*]

rigatterìa *s. f.* **1** (*raro*) Bottega del rigattiere. **2** Ciò che viene venduto dal rigattiere | (*est.*) Quantità di cose vecchie.

rigattière *s. m.* (*f. -a, raro*) Chi acquista e rivende roba vecchia, usata o fuori uso.

rigatùra *s. f.* **1** Operazione del rigare. **2** Insieme di righe: *la* — *di una pagina.* **3** Insieme delle righe ricavate nella faccia interna della canna di un'arma da fuoco o della bocca da fuoco di un'artiglieria, per imprimere al proietto un moto rotatorio intorno al suo asse.

rigèlo *s. m.* Fenomeno per cui il ghiaccio, dopo essersi fuso a causa di un aumento di pressione, si riforma al cessare di tale pressione.

rigeneràbile *agg.* Che si può rigenerare.

rigeneràre **A** *v. tr.* (*io rigènero*) **1** Generare di nuovo | (*fig.*) Far risorgere l'antica grandezza, gloria, dignità: — *una società* | (*est.*) Rendere di nuovo efficiente: — *le forze.* **2** (*biol.*) Riformare, da parte di un organismo, le parti o gli organi accidentalmente lesi o perduti. **3** Ripristinare in una sostanza peculiari attitudini perdute: — *la gomma.* **B** *v. intr. e intr. pron.* (*aus. essere*) **1** (*biol.*) Riprodursi, ricostituirsi, detto di tessuti animali e vegetali. **2** (*fig.*) Nascere a nuova vita: *rigenerarsi nel battesimo.*

rigenerativo *agg.* Che riguarda la rigenerazione: *processo* —.

rigeneràto **A** *part. pass. di rigenerare; anche agg.* Sottoposto a rigenerazione | *Gomma rigenerata*, rifusa | *Lana rigenerata*, tratta da vecchi tessuti. **B** *s. m.* Prodotto che si ottiene con la rigenerazione.

rigeneratóre *s. m.; anche agg.* (*f. -trice*) Chi (o che) rigenera (*anche fig.*).

rigenerazióne *s. f.* **1** Riproduzione, ricostituzione di organismi animali o vegetali | (*fig.*) Rinascita. **2** Ripristino delle peculiari attitudini perdute o attenuate di una sostanza: — *di un tessuto.* **3** Nella teologia cristiana, conseguenza del battesimo, che comporta la trasformazione spirituale dell'uomo e la sua salvezza.

rigettàre **A** *v. tr.* (*io rigètto*) **1** Gettare di nuovo: — *il sasso.* **2** Fondere di nuovo: — *una campana.* **3** (*bot.*) Germogliare. **4** Buttare indietro: *il mare rigettò i rifiuti* | (*fig.*) Respingere, non accogliere: — *una domanda.* **5** (*pop.*) Vomitare, anche ass.: — *la colazione.* **B** *v. rifl.* Gettarsi di nuovo (*anche fig.*). **C** *v. intr.* (*aus. essere*) Ridar fuori, rifiorire: *sull'intonaco rigettano le macchie sottostanti.*

rigètto *s. m.* **1** Rifiuto ad accogliere q.c., spec. una domanda, un ricorso e sim. **2** Ciò che viene rigettato, rifiutato. **3** (*bot.*) Pollone. **4** (*biol.*) Fenomeno di espulsione di un organo o tessuto innestato, non appartenente alla struttura originaria di un individuo: *crisi di* — (*anche fig.*).

righèllo *s. m.* Asticella a sezione quadrata, usata per tracciare righe. [→ ill. *ufficio*]

righino *s. m.* **1** *Dim. di rigo.* **2** Righello. **3** Linea di composizione che non raggiunge la fine della giustezza | — *ladro*, quello di due o tre lettere soltanto.

rigidézza *s. f.* **1** L'essere rigido. **2** (*fis.*) Qualità di un corpo solido espressa dal rapporto fra il carico applicato e la deformazione subita: — *di una lastra, di una molla, di una trave*; — *a flessione, a torsione, a trazione.* **3** (*fig.*) Durezza, severità: *la* — *di un giudizio*; SIN. Inflessibilità, rigore.

rigidità *s. f.* **1** L'essere rigido (*anche fig.*): *la* — *del ferro*; *soffrire per la* — *del clima.* **2** (*med.*) Mancanza di movimento | — *cadaverica*, indurimento muscolare e blocco delle articolazioni per coagulazione delle proteine muscolari.

rìgido *agg.* **1** Duro, non elastico, indeformabile, non facilmente piegabile o perforabile (*anche fig.*): *struttura rigida*; *berretto* — | Non articolato: *membra rigide* | Duro perché irrigidito dal freddo: *dita rigide.* [→ ill. *sport, uniforme militare*] **2** Estremamente freddo, detto del clima: *è stato un inverno* —; CONTR. Mite. **3** (*fig.*) Severo, austero, rigoroso, inflessibile: *magistrato* —; *educazione rigida*; CONTR. Flessibile.

rigiocàre *v. intr. e tr.* (*io rigiuòco, o rigiòco, tu rigiuòchi o rigiòchi;* in tutta la coniug. la *o* dittonga preferibilmente in *uo* se tonica; *aus. avere*) Giocare di nuovo, tornare a mettere in gioco.

rigiràre **A** *v. tr.* **1** Girare di nuovo o più volte: — *q.c. tra le mani* | Andare e venire continuamente: *girare e* — *la città* | (*fig.*) — *il discorso*, cambiare argomento | — *qc.*, farlo agire secondo la propria volontà | *Saperla* —, *rigirarla*, maneggiare accortamente una situazione per trarne vantaggio. **2** Percorrere girando attorno: — *la montagna.* **B** *v. intr.* (*aus. avere*) Muoversi, andare in giro (*anche fig.*): — *a lungo per la città*; — *sullo stesso argomento.* **C** *v. rifl.* Voltarsi indietro, rivoltarsi: *ci rigirammo a guardarlo*; *si è rigirato nel letto tutta la notte.*

rigiro *s. m.* **1** Giro ripetuto intorno a q.c. o in senso opposto seguendo lo stesso cammino | Movimento circolare | (*fig.*) Viluppo, garbuglio: *rigiri di parole.* **2** (*fig.*) Imbroglio, intrigo: *essere vittima di un* —; SIN. Raggiro.

rìgo *s. m.* (*pl. -ghi*) **1** Linea tracciata su fogli e sim., con penna, matita, ecc.: *tracciare un* — *sotto una parola* | Riga di scrittura o di stampa e il suo contenuto. **2** (*mus.*) Gruppo di righe orizzontali parallele su cui si scrive la musica, determinando il grado di elevazione delle note.

rigóglio *s. m.* **1** (*bot.*) Grande sviluppo, talora eccessivo, assunto da un vegetale. **2** (*est.*) Esuberanza di vigore, forza, energia: *un grande* — *di giovinezza*; SIN. Floridezza.

rigogliosità *s. f.* L'essere rigoglioso.

rigogliόso *agg.* **1** (*bot.*) Che si sviluppa con rigoglio. **2** (*fig.*) Pieno di vigore, salute, energia; SIN. Florido.

rigògolo *s. m.* Uccello con piumaggio giallo dorato e macchie nere, canto melodioso, di passo estivo in Italia; SIN. Oriolo.

rigonfiaménto *s. m.* **1** Nuova gonfiatura di q.c.: — *di un tubolare.* **2** Nuovo o comunque sensibile aumento di volume | Punto in cui q.c. si rigonfia; SIN. Gonfiore.

rigonfiàre **A** *v. tr.* (*io rigónfio*) Gonfiare di nuovo: — *il pallone.* **B** *v. intr.* (*aus. essere*) Lievitare, crescere di volume, detto spec. di pasta. **C** *v. intr. pron.* Diventare gonfio di nuovo.

rigónfio **A** *agg.* Tumido, molto gonfio. **B** *s. m.* Cosa gonfia o parte gonfia.

rigóre *s. m.* **1** (*lett.*) Rigidità | Freddo intenso, clima rigido: *il* — *della stagione invernale.* **2** (*med.*) Spasmo, contrattura. **3** Grado di severità di talune punizioni disciplinari | *Arresti di* —, per gli ufficiali e per i marescialli. **4** Austerità, rigorosità; *il* — *della vita del penitente* | *A stretto* —, stando rigorosamente a ciò che è prescritto | *Di* —, prescritto rigorosamente; SIN. Rigidezza. **5** (*sport*) *Area di* —, nel calcio, zona antistante la porta nella quale i falli intenzionali dei giocatori sono puniti con il calcio di rigore | *Calcio di* —, (*ell.*) —, battuto da undici metri contro la porta difesa dal solo portiere per fallo grave in area di rigore; SIN. Penalty. [→ ill. *sport*] **6** Metodo, procedimento coerente con le premesse: *il* — *della logica* | *A rigor di termini*, secondo il preciso significato delle parole | *A rigor di logica*, secondo logica.

rigorìsmo *s. m.* Rigorosità eccessiva nel seguire o applicare ciò che prescrivono leggi, teorie, ideologie e sim. | Severità eccessiva: *peccare di* —; CONTR. Lassismo.

rigorista *s. m. e f.* (*pl. m. -i*) **1** Chi è eccessivamente severo, rigido o rigoroso. **2** Calciatore abile nel realizzare

i calci di rigore.
rigorosità *s. f.* **1** L'essere rigoroso; SIN. Severità | Coerenza rispetto alle premesse. **2** (*raro*) Atto, comportamento rigido, severo.
rigoróso *agg.* **1** Di persona che agisce con rigore, rigidità o severità; *giudice, esaminatore* — | Che denota rigidità o è concepito in modo rigoroso: *ordine* —; SIN. Severo. **2** Che si attiene strettamente a leggi, norme e sim.: *definizione rigorosa*; SIN. Esatto, preciso | Coerente rispetto alle premesse: *ragionamento* —.
rigovernàre *v. tr.* (*io rigovèrno*) **1** Lavare e asciugare stoviglie, anche ass. **2** Curare, pulire e dare da mangiare ad animali: — *cavalli*.
rigovernatùra *s. f.* Operazione del rigovernare | *La — dei piatti*, l'acqua sudicia con la quale si sono rigovernate le stoviglie | *Sapere di* —, avere preso il cattivo odore dell'acqua con la quale si sono lavati i piatti.
riguadagnàre *v. tr.* Guadagnare di nuovo: — *una forte somma* | Ricuperare, riacquistare ciò che si era perduto: — *il tempo perduto*.
riguardàre **A** *v. tr.* **1** Guardare di nuovo, tornare a guardare: *lo guardava e riguardava*. **2** (*raro*) Guardare attentamente o intensamente: *riguardava la scena*. **3** Considerare, stimare, tenere in conto di: — *qc. come nemico*. **4** Concernere, appartenere, riferirsi, detto di cosa: *la discussione riguarda la scuola*; *per quel che mi riguarda, non lo vedrò*. **5** Custodire con cura e attenzione: *è un regalo prezioso: riguardalo*. **B** *v. intr.* (*aus. avere*) (*raro*) Aver riguardo: — *alla fatica*. **C** *v. rifl.* Aver riguardo di sé: *riguardarsi dai pericoli* | Aver cura della propria salute, anche ass.: *riguardati!*
riguardàta *s. f.* Atto del riguardare una sola volta e in fretta | Ripassata: *dare una — alla lezione*.
riguàrdo *s. m.* **1** Cura, attenzione, cautela nel toccare, usare q.c. o nel non importunare e disturbare qc.: *avere — del vestito nuovo*; *maneggiare q.c. con* — | *Non aver riguardi nell'agire*, agire liberamente | *Fare* —, usare attenzione | *Avere — di qc.*, avere soggezione, timore. **2** Cura, precauzione nei confronti della propria salute: *dovrai stare in — per non riammalarti*. **3** Stima, rispetto, considerazione: *l'ho fatto per — tuo* | *Persona di* —, degna di stima, ragguardevole. **4** Relazione, attinenza: *quello che dici non ha — con la nostra domanda* | — *a*, in relazione a, per quello che si riferisce a.
riguardóso *agg.* Che usa riguardi nei confronti di qc. o di q.c.: *essere — verso tutti*; SIN. Rispettoso; CONTR. Irriguardoso.
rigurgitàre **A** *v. intr.* (*io rigùrgito; aus. avere* se il sogg. è il luogo, *essere* se il sogg. è il liquido) Fare gorgo e gonfiarsi per poi sgorgare fuori con impeto o scorrere indietro, per ostacolo che ne impedisce il corso o troppa pienezza, detto di liquidi e sim. (*anche fig.*): *il canale rigurgitò all'improvviso*; *il cinema rigurgita di spettatori*; SIN. Traboccare. **B** *v. tr.* Fare uscire liquido dalla bocca: — *latte*.
rigùrgito *s. m.* **1** Ritorno vorticoso all'indietro, detto di acque troppo gonfie o arrestate da un ostacolo (*anche fig.*): *il — del fiume*. **2** (*fig.*) Improvviso e violento ritorno, spec. di breve durata: *il — della dittatura* | Ciò che rigurgita (*anche fig.*): *un — di latte*.
rilanciàre *v. tr.* (*io rilàncio*) **1** Lanciare di nuovo o a propria volta: — *un sasso*. **2** Fare un'offerta maggiore in un'asta: — *un'offerta*. **3** Nel gioco del poker, aumentare la somma puntata dal giocatore precedente: — *la posta*. **4** (*fig.*) Fare tornare attuale, degno di attenzione: — *una moda*.
rilàncio *s. m.* **1** Nuovo lancio | Lancio effettuato di rimando. **2** Aumento di un'offerta, una puntata e sim. rispetto a quella di altri. **3** (*fig.*) Riproposta: — *di una moda* | Nuovo sviluppo: — *economico*.
rilasciaménto *s. m.* Rilassamento; SIN. Allentamento.
rilasciàre **A** *v. tr.* (*io rilàscio*) **1** Lasciare di nuovo. **2** (*bur.*) Dare, concedere, consegnare: — *un certificato*. **3** Liberare: — *un prigioniero*. **4** (*raro*) Allentare, sciogliere: — *il freno*. **B** *v. rifl. rec.* Lasciarsi, separarsi di nuovo: *dopo un litigio si sono rilasciati*.
rilàscio *s. m.* **1** Liberazione: *il — di un detenuto*. **2** (*bur.*) Consegna, concessione: *il — di un documento*. **3** Svincolo, detto di merci.
rilassaménto *s. m.* Distensione fisica o psichica: — *muscolare*; — *dei nervi* | (*fig.*) Allentamento, scadimento: — *morale*; — *della disciplina*.
rilassàre **A** *v. tr.* Allentare, distendere, spec. una tensione fisica: — *i nervi* | (*fig.*) Rendere meno rigido, duro, stretto: — *la disciplina, la sorveglianza*. **B** *v. rifl.* Distendersi, sollevarsi, fisicamente e spiritualmente. **C** *v. intr. pron.* Infiacchirsi, scadere: *la moralità si sta rilassando*.
rilassatézza *s. f.* Rilassamento (*spec. fig.*): *una grande — morale*.
rilavàre *v. tr.* Lavare di nuovo o meglio.
rilegàre *v. tr.* (*io rilégo, tu riléghi*) **1** Legare di nuovo. **2** Mettere una copertina definitiva, spesso lussuosa e artistica, a un volume. **3** Incastonare pietre preziose.
rilegatóre *s. m.* (*f. -trìce*) Chi rilega libri.
rilegatùra *s. f.* Operazione, tecnica del rilegare | Legatura: — *in pelle*.
rilèggere *v. tr.* (*coniug. come leggere*) Leggere di nuovo | Leggere con attenzione per correggere.
rilènto *avv.* Nella loc. avv. *a* —, particolarmente piano, più piano del normale o del previsto: *i lavori procedono troppo a* —.
rilettùra *s. f.* Operazione del rileggere.
rilevaménto *s. m.* **1** Individuazione, determinazione di un fatto o di un fenomeno | (*stat.*) Rilevazione | — *fiscale*, accertamento di redditi a fini fiscali | — *topografico*, complesso delle operazioni atte a determinare gli elementi necessari alla rappresentazione topografica di una certa zona di terreno. **2** (*mar.*) Angolo compreso tra la direzione di un oggetto e una direzione fissa di riferimento. **3** Subentro in un'attività, ditta, società e sim.
rilevànte *part. pres. di rilevare; anche agg.* Importante, considerevole: *un — aumento*; SIN. Notevole, saliente; CONTR. Irrilevante.
rilevànza *s. f.* **1** (*raro*) Rilievo. **2** Importanza.
rilevàre **A** *v. tr.* (*io rilèvo*) **1** (*raro*) Levare di nuovo: *rilevarsi gli occhiali*. **2** Ricavare, trarre con il ragionamento (*anche fig.*): *da quel libro non si rileva niente di interessante* | Venire a conoscere, apprendere: — *una notizia da un giornale*. **3** Mettere in evidenza q.c. che appare importante per esaminarla, discuterla, controbatterla: — *una grossa mancanza* | Notare, osservare: *rilevo che avete dimenticato di rispondere*. **4** Fare oggetto di rilevazione statistica | (*est.*) Raccogliere dati su q.c. per delineare, descrivere, rappresentare: — *i fatti più importanti*. **5** Compiere un rilevamento topografico. **6** Assumere a proprio carico, subentrando a qc. in q.c.: — *una ditta* | — *il pacchetto azionario di una società*, mediante l'acquisto delle relative azioni. **7** Sostituire, dare il cambio: — *la guardia di turno* | (*est.*) Andare a prendere per accompagnare altrove: — *qc. allo stadio*. **B** *v. intr.* (*aus. avere*) Alzarsi, sollevarsi, fare rilievo: *i ricami rilevano di un centimetro sul tessuto*. **C** *v. intr. pron.* Alzarsi, sollevarsi (*anche fig.*).
rilevatàrio *s. m.* (*f. -a*) Chi acquista un negozio, una ditta, o subentra ad altri nell'esercizio di azienda in stato di fallimento.
rilevàto **A** *part. pass. di rilevare; anche agg.* Individuato | Rialzato, sporgente. [→ ill. *strada*] **B** *s. m.* **1** Rialzo del terreno. **2** Tratto di strada che si trova a quota più alta del terreno naturale, limitato da scarpate naturali o muri di sostegno. [→ ill. *strada*]
rilevatóre *s. m.* **1** Chi effettua un rilevamento. **2** Strumento per effettuare rilevamenti; SIN. Detector.
rilevazióne *s. f.* **1** Rilevamento | Osservazione. **2** (*stat.*) Insieme di operazioni con cui si raccolgono dati individuali di un fenomeno collettivo.
rilièvo *s. m.* **1** Stacco, risalto di ciò che sporge o si staglia su di una superficie di sfondo. **2** Tecnica scultorea che fa emergere le figure dal fondo su cui sono scolpite con maggiore o minore stacco: *alto* —, *basso* — | Evidenza plastica. **3** Parte rilevata o scolpita. **4** (*geogr.*) Complesso delle alture di una regione. **5** (*fig.*) L'aver importanza, rilevanza, risalto: *cose di nessun* — | *Mettere in* —, segnalare all'attenzione; SIN. Evidenza. **6** Osservazione, nota, spec. critica: *hanno fatto molti rilievi su di lui*. **7** Insieme di osservazioni per delineare, chiarire, rappresentare un fatto: *importanti rilievi storici*; — *topografico*.
rilievografìa *s. f.* Complesso delle tecniche di stampa a

rilievo.
rilievogràfico agg. (pl. m. -ci) Di rilievografia.
rilòga s. f. Sostegno per tende, fornito di una piccola guida in cui scorre la tenda stessa mossa da tiranti. [→ ill. *tenda*]
rilucènte part. pres. di rilucere; anche agg. Che riluce, scintilla.
rilùcere v. intr. (coniug. come lucere; dif. del part. pass. e dei tempi composti) Essere lucente.
riluttànte part. pres. di riluttare; anche agg. Che si dimostra restio, contrario, a compiere una data azione: *essere — a partire*; SIN. Ritroso.
riluttànza s. f. **1** Condizione, atteggiamento di chi è riluttante; SIN. Ritrosia. **2** Grandezza fisica espressa dal rapporto tra la forza magnetica applicata a un circuito magnetico e il flusso magnetico prodotto nel circuito stesso.
riluttàre v. intr. (aus. avere) Essere restio, contrario a fare q.c.: *riluttava a partire.*
rìma (1) s. f. **1** Consonanza per identità di suono di due o più parole dalla vocale accentata alla fine: *— piana, tronca, sdrucciola* | *— baciata*, di due versi consecutivi | *— alternata*, di versi che rimano alternativamente | *Terza —*, metro della terzina | *Sesta —*, metro della sestina | *Ottava —*, metro dell'ottava | *Nona —*, stanza di nove versi | *Decima —*, strofa di dieci endecasillabi | *Dire, cantare q.c. in —*, (*fig.*) parlare chiaro e tondo. **2** spec. al pl. (*est.*) Versi. [→ tav. *locuzioni* 91]
rima (2) s. f. **1** Fessura, crepatura. **2** (*med.*) Orifizio lineare: *— boccale, palpebrale.*
rimalmèzzo s. f. inv. Rima posta alla metà di un verso.
rimandàre v. tr. **1** Mandare ancora, di nuovo: *ci ha rimandato una lettera.* **2** Mandare indietro per ridare, restituire: *— il denaro prestato* | Rinviare: *— la palla.* **3** Far tornare al luogo di provenienza: *— in patria* | Respingere: *— il regalo.* **4** Differire, rinviare: *— a domani la gita* | (*est.*) Giudicare insufficiente un allievo rinviandolo a sostenere un'altra prova nell'apposita sessione autunnale: *— in latino.* **5** Consigliare qc. di ricorrere a q.c. di già letto o ascoltato per avere informazioni: *— a un'altra pagina del testo.* [→ tav. *proverbi* 294; → tav. *locuzioni* 90]
rimandàto A part. pass. di rimandare; anche agg. Rinviato. **B** s. m. (f. -a) Allievo rinviato a sostenere un'altra prova nella sessione autunnale di esami.
rimàndo s. m. **1** Rinvio, spec. di qc. al luogo di provenienza | *Di —*, di ritorno, da capo. **2** Dilazione. **3** Segno, parola che in un testo rimanda altrove il lettore.
rimaneggiaménto s. m. Ricomposizione | Cambiamento di cariche, rimpasto: *— del governo.*
rimaneggiàre v. tr. (io rimanéggio) **1** Maneggiare ancora, di nuovo. **2** In tipografia, modificare la composizione di un brano. **3** Ricostituire cambiando l'ordine o rifare mutando il significato: *— la lista.*
rimanènte A part. pres. di rimanere; anche agg. Che rimane; SIN. Residuo, restante. **B** s. m. Ciò che rimane: *il — della merce.* **C** s. m. e f. spec. al pl. Chi rimane, gli altri.
rimanènza s. f. Ciò che rimane | Avanzo.
rimanère v. intr. (pres. *io rimàngo, tu rimàni, egli rimàne, noi rimaniàmo, voi rimanéte, essi rimàngono*; pass. rem. *io rimàsi, tu rimanésti*; fut. *io rimarrò*; congv. pres. *io rimànga*; condiz. pres. *io rimarrèi, tu rimarrésti*; part. pass. *rimàsto*; aus. *essere*) **1** Fermarsi in un luogo, restare: *oggi rimango in casa; rimarremo a Napoli* | Restare in proprietà: *i suoi beni rimarranno al figlio* | ass. Restare tanto fortemente meravigliato, addolorato e sim. da non saper che dire: *a vederlo sono rimasto* | Durare, persistere: *— in carica* | Essere posto, situato: *la nostra casa rimane sul mare.* **2** Risultare, trovarsi in una determinata condizione: *— confuso, meravigliato, vedovo* | *— all'asciutto*, restare senza denaro | *— in asso*, venire abbandonato bruscamente | *— indietro*, lasciarsi superare (*anche fig.*) | *Rimanerci*, restare ingannato o (*fam.*) morire | Trovarsi d'accordo: *non so come sono rimasti.* **3** Essere d'avanzo: *non gli è rimasto un soldo* | Restare, mancare: *non ti rimane che accettare* | Sopravvivere: *gli è rimasto un solo parente.*
rimangiàre v. tr. (io rimàngio) Mangiare ancora, di nuovo | *Rimangiarsi la promessa, la parola*, ritrattare.
rimarcàre (1) v. tr. (io rimàrco, tu rimàrchi) (*raro*) Marcare di nuovo.
rimarcàre (2) v. tr. (io rimàrco, tu rimàrchi) (*bur.*) Notare, rilevare.
rimarchévole agg. (*bur.*) Notevole.
rimàrco s. m. (pl. -chi) (*bur.*) Nota, rilievo critico.
rimàre A v. intr. (aus. avere) Far rima: *due parole che rimano tra loro; 'fiore' rima con 'amore'.* **B** v. tr. **1** Comporre in rima. **2** Mettere in versi.
rimarginàre A v. tr. (io rimàrgino) **1** Ricongiungere i margini di una ferita. **2** (*fig.*) Lenire: *— una piaga del cuore.* **B** v. intr. e intr. pron. (aus. essere) Cicatrizzarsi.
rimàrio s. m. Vocabolario in cui sono raggruppate le voci che rimano, di un testo letterario o di una intera lingua, seguendo l'ordine alfabetico delle rime dalla vocale accentata: *— dantesco.*
rimaritàre A v. tr. Maritare di nuovo. **B** v. intr. pron. Riprendere marito o moglie.
rimasticàre v. tr. (io rimàstico, tu rimàstichi) **1** Masticare di nuovo | (*est.*) Ruminare. **2** Tornare con la mente a q.c.: *— un'offesa* | Rimettere assieme alla meglio o ripetere monotonamente: *— vecchie nozioni.*
rimasticatùra s. f. Ulteriore masticatura | Ciò che viene rimasticato | (*fig., spreg.*) Ripetizione priva di originalità.
rimasùglio s. m. Ciò che rimane, avanza ed è generalmente di poco valore.
rimatóre s. m. (f. -trice) **1** Nella letteratura delle origini, poeta: *i rimatori dello stilnovismo.* **2** Chi compone versi perfetti tecnicamente ma privi di ispirazione poetica.
rimbalzàre v. intr. (aus. essere o avere) **1** Balzare in direzione contraria, detto di corpo che urta contro un ostacolo: *il pallone rimbalzò sul muro.* **2** (*fig.*) Trasmettersi, spec. con rapidità: *la novità è rimbalzata dappertutto.*
rimbalzèllo s. m. Gioco di ragazzi consistente nel lanciare a fior d'acqua una piastrella, sì da farla rimbalzare il maggior numero possibile di volte.
rimbàlzo s. m. **1** Balzo in direzione contraria di un corpo che urta contro un ostacolo | *Di —*, (*fig.*) non direttamente, di riflesso. **2** Deviazione dalla sua traiettoria di un proiettile o missile quando urta obliquamente contro un ostacolo: *tiro di —.*
rimbambiménto s. m. Ritorno a condizioni mentali tipiche di un bambino | Stato di chi è rimbambito.
rimbambìre v. intr. e intr. pron. (io rimbambisco, tu rimbambisci; aus. essere) (*spreg.*) Tornare quasi bambino perdendo il senno e l'equilibrio.
rimbambìto part. pass. di rimbambire; anche agg. e s. m. (f. -a) Detto di chi non ha più la capacità di ragionare.
rimbeccàre A v. tr. (io rimbécco, tu rimbécchi) **1** Beccare a propria volta, detto di uccelli. **2** (*fig.*) Contraddire vivacemente: *— una malignità.* **B** v. rifl. rec. **1** Combattere beccandosi, detto di uccelli. **2** (*fig.*) Rimandarsi risposte pronte e pungenti.
rimbécco s. m. (pl. -chi) Atto del rimbeccare (*anche fig.*) | *Di —*, rimbeccando qc.
rimbecillìre A v. tr. (io rimbecillìsco, tu rimbecillìsci) Rendere imbecille. **B** v. intr. e intr. pron. (aus. essere) Diventare imbecille.
rimbecillìto part. pass. di rimbecillire; anche agg. e s. m. (f. -a) Detto di chi è diventato imbecille.
rimboccàre v. tr. (io rimbócco, tu rimbócchi) **1** Arrovesciare, ripiegare all'estremità: *— un sacco, un lenzuolo* | *Rimboccarsi le maniche*, (*fig.*) mettersi a lavorare con impegno. **2** (*raro*) Imboccare di nuovo.
rimboccatùra s. f. Operazione del rimboccare | Parte che si arrovescia quando si rimbocca.
rimbócco s. m. (pl. -chi) Rimboccatura.
rimbombànte part. pres. di rimbombare; anche agg. Che rimbomba | *Frasi, parole, rimbombanti*, ricche di sonorità ma vuote di contenuto; SIN. Risonante.
rimbombàre A v. intr. (io rimbómbo; aus. essere e avere) Fare un gran rumore, echeggiando in modo cupo; SIN. Rintronare, risuonare. **B** v. tr. (*lett.*) Fare risuonare.
rimbómbo s. m. Il rimbombare | Suono, rumore che echeggia in modo cupo.
rimborsàbile agg. Che si può rimborsare.
rimborsàre v. tr. (io rimbórso) Restituire a qc. il denaro che ha speso per conto d'altri, che ha dato in prestito, e sim.: *ti rimborserò ciò che mi hai anticipato.*
rimbórso s. m. Restituzione a qc. di denaro speso per conto d'altri, prestato e sim.: *effettuare un —* | *— di*

banca, modo di pagamento della merce acquistata, emettendo tratta non direttamente sul compratore ma su una banca da lui indicata.

rimboscaménto *s. m.* Rimboschimento.

rimboscàre *v. tr.* (*io rimbòsco, tu rimbòschi*) Compiere il rimboschimento di un terreno: – *le montagne.*

rimboschiménto *s. m.* Insieme di opere attuate per ricostituire terreni boschivi degradati o distrutti.

rimboschìre ***A*** *v. tr.* (*io rimboschisco, tu rimboschìsci*) Ricostituire un bosco piantando alberi. ***B*** *v. intr.* (*aus. essere*) Diventare di nuovo boscoso, detto di luoghi, terreni e sim.

rimbrottàre ***A*** *v. tr.* (*io rimbròtto*) Rimproverare, spec. rinfacciando. ***B*** *v. rifl. rec.* Rinfacciarsi torti scambievolmente.

rimbròtto *s. m.* Atto del rimbrottare | Frasi, parole che servono a rimbrottare; SIN. Rimprovero.

rimbucàre ***A*** *v. tr.* (*io rimbùco, tu rimbùchi*) Imbucare di nuovo. ***B*** *v. intr. pron.* Rientrare nella buca per nascondersi di nuovo, detto spec. di animali.

rimediàbile *agg.* Che si può rimediare; CONTR. Irrimediabile.

rimediàre ***A*** *v. intr.* (*io rimèdio; aus. avere*) ***1*** Portare rimedio: – *ai danni sofferti*; SIN. Ovviare, riparare. ***2*** Provvedere. ***B*** *v. tr.* (*fam.*) Mettere insieme, procurare (*anche fig.*): *non sappiamo come* – *la colazione* | Accomodare alla meglio: – *uno strappo nei pantaloni.*

rimèdio *s. m.* ***1*** Medicamento, farmaco, medicina, mezzo di varia natura con cui si guarisce o si combatte una malattia: – *contro l'influenza.* ***2*** (*est.*) Provvedimento che mette riparo a una situazione negativa o elimina una difficoltà: *trovare, porre* – *a q.c.* [→ tav. *proverbi* 15, 28]

rimembrànza *s. f.* (*lett.*) Atto del rimembrare | Ciò che si rimembra.

rimembràre *v. tr.* (*io rimèmbro*) (*poet.*) Ricordare, richiamare alla mente.

rimenàre *v. tr.* (*io riméno*) ***1*** Menare di nuovo. ***2*** Dimenare, maneggiare | (*fig.*) Strapazzare.

rimeritàre *v. tr.* (*io rimèrito*) (*lett.*) Ricompensare, rendere merito: – *qc. di una buona azione.*

rimescolaménto *s. m.* ***1*** Operazione del rimescolare. ***2*** (*est., fig.*) Rimaneggiamento, mutamento | (*fig.*) Turbamento improvviso e violento.

rimescolàre ***A*** *v. tr.* (*io riméscolo*) ***1*** Mescolare di nuovo. ***2*** Mescolare meglio e a lungo: – *la polenta* | – *le carte*, scozzarle | (*fig.*) – *il sangue*, turbare, agitare; SIN. Rimestare. ***B*** *v. intr. pron.* ***1*** Agitarsi per un turbamento, detto del sangue. ***2*** Mischiarsi a un gruppo, confondersi fra altri, detto di persone: *rimescolarsi tra la folla.* ***3*** Agitarsi, andare sottosopra, detto di cose.

rimescolìo *s. m.* ***1*** Atto del mescolare frequente e continuo, spec. di persone. ***2*** (*fig.*) Turbamento.

riméssa *s. f.* ***1*** Azione del rimettere: – *in scena.* ***2*** (*sport*) Nei giochi della palla, rimando della palla in campo quando sia uscita dal terreno di gioco o dopo una sospensione della partita | *Giocare di* –, rispondere alle iniziative dell'avversario senza attaccare (*anche fig.*). ***3*** Ricovero del bestiame | Deposito in magazzino di derrate, raccolti e sim. | Il magazzino stesso. ***4*** Locale, edificio in cui si raccolgono veicoli di vario tipo. ***5*** Invio di denaro o di merce | *Rimesse degli emigranti*, quantità di denaro che gli emigranti inviano in patria. ***6*** Scapito, perdita: *vendere a* –. ***7*** Nuovo germoglio di pianta.

rimessàggio *s. m.* Ricovero in un apposito locale, detto spec. d'imbarcazioni, roulotte e sim.

riméssso ***A*** *part. pass. di rimettere; anche agg.* ***1*** Messo di nuovo. ***2*** Ristabilito. ***3*** Condonato. ***B*** *s. m.* ***1*** Tarsia in legno di diversi colori. ***2*** Ritocco fatto nel dipingere. ***3*** Parte di tessuto ripiegato per eseguire l'orlatura.

rimestàre *v. tr.* (*io riméstо*) ***1*** Mestare di nuovo e a lungo, anche ass.: – *la salsa*; SIN. Rimescolare. ***2*** (*fig.*) Riagitare e dibattere, anche ass.: – *vecchie questioni.*

riméttere ***A*** *v. tr.* (*coniug. come mettere*) ***1*** Mettere di nuovo: *rimettersi il cappello in testa* | – *piede*, ritornare | Riportare a uno stato precedente: – *a posto, in ordine* | – *qc. in salute*, ristabilirlo | – *insieme*, ricongiungere | – *in piedi*, (*fig.*) far risorgere. ***2*** Riprodurre, tornare a dare, mettere, anche ass.: – *le radici*; *è una pianta che continua a* –. ***3*** Rimandare, rinviare: – *la palla.* ***4*** Trasferire, assegnare, affidare ad altri: – *al giudizio altrui la decisione.* ***5*** Perdonare, condonare: – *la pena, il debito.* ***6*** (*fam.*) Subire un danno, una perdita: – *q.c. di tasca propria*; *rimetterci la pelle.* ***7*** Differire, rimandare: – *la gita a una stagione migliore.* ***8*** Inviare, mandare, spec. denaro o valori: – *un assegno* | Rilasciare, recapitare. ***9*** Vomitare, anche ass.: – *il cibo*; *gli veniva da* –. ***B*** *v. intr. pron.* ***1*** Mettersi di nuovo: *si è rimesso al lavoro.* ***2*** Ristabilirsi, detto di persona: *si è rimesso in salute* | *Rimettersi in carne*, ingrassare | *Rimettersi dallo spavento*, riaversi | Rasserenarsi: *il tempo si è rimesso al buono.* ***3*** Appellarsi alla volontà altrui: *si sono rimessi al giudizio del più anziano.*

rimiràre ***A*** *v. tr.* ***1*** Mirare di nuovo, o con ammirazione: – *il paesaggio.* ***2*** Mirare con più attenzione o con meraviglia | (*est.*) Considerare: – *la natura del fenomeno.* ***B*** *v. intr.* (*aus. avere*) Guardare prendendo di nuovo la mira (*anche fig.*): – *al bersaglio.* ***C*** *v. rifl.* Guardarsi con compiacimento: *rimirarsi allo specchio.*

rimișuràre *v. tr.* Misurare di nuovo.

rimmel *s. m.* Nome commerciale di cosmetico, liquido o in pasta, usato per scurire le ciglia.

rimodernaménto *s. m.* Rinnovamento, adattamento a ciò che è moderno.

rimodernàre ***A*** *v. tr.* (*io rimodèrno*) Rendere moderno o più moderno: – *la facciata di una casa*; – *le proprie idee* | Riadattare secondo la moda: – *un vestito*; SIN. Rinnovare. ***B*** *v. intr. pron.* Adattarsi a ciò che è moderno.

rimodernatùra *s. f.* Atto del rimodernare | Spesa sostenuta per rimodernare q.c.

rimónta *s. f.* ***1*** Nuovo montaggio: – *di un motore.* ***2*** (*sport*) Azione progressiva di ricupero dello svantaggio, da parte di un atleta o di una squadra. ***3*** Risalita, percorso contro corrente, contro vento e sim.: – *degli uccelli migratori*; – *dei salmoni.* ***4*** Nelle antiche pratiche logistiche, reclutamento dei quadrupedi per l'esercito in sostituzione di quelli vecchi. ***5*** Galleria inclinata che parte da una galleria di livello per raggiungere dal basso un giacimento di minerale. ***6*** Sostituzione della tomaia nella riparazione delle scarpe.

rimontàre ***A*** *v. tr.* (*io rimónto*) ***1*** Montare di nuovo. ***2*** Compiere la rimonta di un distacco, di uno svantaggio. ***3*** Percorrere contro corrente, contro vento e sim. | – *un promontorio*, doppiarlo. ***4*** Rimettere a nuovo la parte anteriore della scarpa. ***5*** Rifornire di cavalli reparti o soldati di cavalleria. ***B*** *v. intr.* (*aus. essere*) ***1*** Montare nuovamente: – *a cavallo, su per le scale.* ***2*** (*fig.*) Risalire: *la fondazione di Roma rimonta al 753 a.C.*

rimorchiàre *v. tr.* (*io rimòrchio*) ***1*** Tirare un galleggiante o un veicolo avariato o lento agganciandolo a un altro: – *una nave.* ***2*** (*fig.*) Trascinarsi dietro q.c. o qc. | (*fig.*) Indurre qc. a fare q.c. controvoglia: *non ha personalità e si lascia* – *da tutti.*

rimorchiatóre ***A*** *s. m.* Nave di piccole dimensioni e di grande potenza che serve per rimorchiare navi all'entrata e all'uscita di porti. [→ ill. *marina, porto*] ***B*** *anche agg.* (*f. -trice*) Che rimorchia.

rimòrchio *s. m.* ***1*** Il rimorchiare | *Prendere a* –, agganciare un veicolo per eseguire l'operazione del rimorchio. ***2*** Qualsiasi veicolo privo di motore, trainato da un altro veicolo o motrice. ***3*** Cavo, catena e sim. usati per rimorchiare spec. imbarcazioni.

rimòrdere ***A*** *v. tr.* (*coniug. come mordere*) ***1*** Mordere di nuovo. ***2*** (*fig.*) Tormentare, dare rimorso: *è un pensiero che rimorde la coscienza.* ***B*** *v. rifl. rec.* Mordersi di nuovo l'un l'altro.

rimòrso *s. m.* Tormento, cruccio, procurato dalla coscienza di aver fatto male: *essere preso dal* –; SIN. Pentimento.

rimostrànza *s. f.* L'esprimere le proprie ragioni o la propria protesta contro un torto patito: *fare le proprie rimostranze* | Parole con cui si rimostra; SIN. Reclamo.

rimostràre ***A*** *v. tr.* (*io rimóstro*) Mostrare di nuovo. ***B*** *v. intr.* (*aus. avere*) Far conoscere i propri motivi, le proprie ragioni: *hanno rimostrato alle autorità.*

rimovìbile *agg.* Che si può rimuovere (*anche fig.*); CONTR. Irremovibile.

rimozióne *s. f.* ***1*** Spostamento e allontanamento di q.c. dal luogo dove si trova: – *di una lapide* | (*fig.*) Eliminazione: – *di un ostacolo.* ***2*** Sospensione, destituzione da una carica, da un ufficio e sim.: — *dall'impiego.* **3** (*psicol.*) Repressione inconsapevole di sentimenti o tendenze istintive inaccettabili dalla coscienza e fonti di ansia.

rimpacchettàre *v. tr.* (*io rimpacchétto*) Impacchettare di nuovo.

rimpallàre *v. intr.* (*aus. avere*) Nel gioco del biliardo, fare rimpallo.

rimpàllo *s. m.* **1** Nel calcio, rimbalzo del pallone verso chi l'ha tirato dopo aver colpito un giocatore o un palo della porta. **2** Nel biliardo, ritorno della palla su quella che l'ha colpita.

rimpannucciàre **A** *v. tr.* (*io rimpannùccio*) **1** Rivestire con nuovi panni. **2** (*fig.*) Far tornare in buone condizioni economiche. **B** *v. intr. pron.* Migliorare le proprie condizioni finanziarie.

rimpastàre *v. tr.* **1** Impastare di nuovo. **2** (*fig.*) Rimaneggiare, ricomporre: — *un ministero.*

rimpàsto *s. m.* Operazione del rimpastare | (*fig.*) Rimaneggiamento | — *ministeriale,* sostituzione di uno o più ministri in un governo senza aprire formalmente una crisi.

rimpatriàre **A** *v. intr.* (*io rimpàtrio; aus. essere*) Tornare in patria. **B** *v. tr.* Rimandare, fare tornare in patria.

rimpatriàta *s. f.* (*fam.*) Il ritrovarsi di amici di solito abitanti lontano l'uno dall'altro o che non si incontravano da tempo.

rimpàtrio *s. m.* Ritorno in patria.

rimpètto **A** *avv.* (*raro*) Di fronte, di faccia. **B** *nelle loc. prep.* — *a,* a — *di,* di fronte a: — *al monumento* | (*fig.*) In confronto a, a paragone di: — *a lui io valgo la metà.* **C** *in funzione di s. m.* La parte anteriore di q.c.: — *della casa.*

rimpiàngere *v. tr.* (*coniug. come piangere*) **1** (*raro*) Rammentare piangendo. **2** Rammentare con rammarico chi o ciò che si è perduto e di cui si sente ancora il desiderio: — *un caro amico.*

rimpiànto **A** *part. pass. di rimpiangere; anche agg.* Rammentato con rammarico. **B** *s. m.* Ricordo dolente e nostalgico di qc. o q.c. che si è perduto.

rimpiattàre **A** *v. tr.* Appiattare, nascondere bene. **B** *v. rifl.* Nascondersi appiattandosi: *andare a rimpiattarsi.*

rimpiattìno *s. m.* Gioco di ragazzi, uno dei quali deve scovare i compagni che si sono nascosti e toccarli prima che essi raggiungano la tana.

rimpiazzàre *v. tr.* (*bur.*) Mettere al posto di un altro: — *un impiegato* | Sostituire, detto di cosa.

rimpiàzzo *s. m.* Il rimpiazzare | Persona o cosa che rimpiazza.

rimpiccolìre o *rimpicciolìre* **A** *v. tr.* (*io rimpiccolisco, tu rimpiccolisci*) Rendere più piccolo; SIN. Ridurre. **B** *v. intr. e intr. pron.* (*aus. essere*) Diventare più piccolo.

rimpinguàre *v. tr.* (*io rimpìnguo*) Impinguare di più o di nuovo.

rimpinzàre **A** *v. tr.* Riempire troppo (*anche fig.*): — *il discorso di fandonie*; SIN. Satollare. **B** *v. rifl.* Riempirsi eccessivamente di cibo: *rimpinzarsi di dolci.*

rimpolpàre **A** *v. tr.* (*io rimpólpo*) **1** Rimettere in carne, in salute. **2** (*fig.*) Accrescere, arricchire. **B** *v. intr. pron.* Ingrassarsi, rimettersi in carne.

rimpossessàrsi *v. intr. pron.* (*io mi rimpossèsso*) Impossessarsi di nuovo.

rimpoverìre **A** *v. tr.* (*io rimpoverisco, tu rimpoverisci*) Far diventare di nuovo povero o più povero. **B** *v. intr. e intr. pron.* (*aus. essere*) Diventare di nuovo povero o più povero.

rimproveràre *v. tr.* (*io rimpròvero*) **1** Biasimare qc. per farlo ravvedere, cambiare, migliorare e sim.: — *uno scolaro*; SIN. Ammonire, riprendere, sgridare. **2** (*raro*) Rinfacciare q.c. brontolando: *gli rimprovera la scarsa attenzione che gli concede.*

rimpròvero *s. m.* Espressione di biasimo e ammonizione; SIN. Ammonimento, rimbrotto.

rimugghiàre *v. intr.* (*io rimùgghio; aus. avere*) **1** Mugghiare di nuovo. **2** (*fig.*) Echeggiare con un suono lungo e lamentoso, simile a un muggito, detto del vento, della tempesta e sim.

rimuggìre *v. intr.* (*coniug. come muggire; aus. avere*) Muggire di nuovo.

rimuginàre *v. tr. e intr.* (*io rimùgino; aus. avere*) **1** Agitare, mescolare, frugando, cercando, rivoltando q.c. **2** (*fig.*) Ripensare a lungo: — *un'idea.*

rimuneràre o *remuneràre v. tr.* (*io rimùnero*) **1** (*lett.*) Ricompensare, contraccambiare, spec. per un servizio, un beneficio ricevuto: — *qc. con un'onorificenza*; SIN. Retribuire. **2** ass. Dare profitto: *un'azienda che non rimunera.*

rimunerativo o *remunerativo agg.* Atto a rimunerare | Che dà sufficiente compenso: *lavoro* —.

rimuneratóre o *remuneratóre s. m.* (*f. -trìce*) (*raro*) Chi rimunera.

rimunerazióne o *remunerazióne s. f.* Atto del rimunerare | Ciò con cui si rimunera; SIN. Retribuzione.

rimuòvere **A** *v. tr.* (*coniug. come muovere*) **1** (*raro*) Muovere di nuovo. **2** Spostare, scostare, allontanare (*anche fig.*): — *un ostacolo* | (*fig.*) Distogliere: — *qc. da un proposito.* **3** Deporre, destituire: *hanno rimosso dal loro ufficio i funzionari.* **4** (*psicol.*) Compiere una rimozione. **B** *v. intr. pron.* Allontanarsi da un'idea, da un pensiero: *rimuoversi da un proposito.*

rimutàre **A** *v. tr.* Mutare di nuovo, anche per riordinare o riformare: — *parere su q.c.* **B** *v. intr.* (*aus. essere*) Cambiare di nuovo.

rin- v. *ri-*.

rinalgìa *s. f.* (*pl. -gìe*) (*med.*) Dolore al naso.

rinascènza *s. f.* (*lett.*) Rinascita (*spec. fig.*) | *La Rinascenza,* il Rinascimento.

rinàscere *v. intr.* (*coniug. come nascere; aus. essere*) **1** Nascere di nuovo. **2** Tornare a vegetare, a germogliare, a fiorire, detto di piante | Spuntare di nuovo, detto di peli, capelli, unghie. **3** (*fig.*) Risorgere, rinnovarsi, ridestarsi, detto di sentimenti, idee, usi e sim.: *è rinata in lui una grande fiducia* | *Sentirsi* —, ritrovare la serenità, la gioia di vivere; SIN. Rivivere.

rinascimentàle *agg.* Del Rinascimento.

rinasciménto *s. m.* **1** Rinascita delle arti, della cultura e sim. **2** *Rinascimento,* movimento culturale sorto in Italia alla fine del XIV sec. e diffusosi in tutta Europa fino al sec. XVI, caratterizzato dall'uso rinnovato della lingua e letteratura latina classica, dal libero rifiorire delle arti, degli studi, della politica, dei costumi.

rinàscita *s. f.* **1** Nuova nascita | Nuova crescita: — *delle unghie.* **2** (*fig.*) Nuova manifestazione di vitalità: — *culturale*; — *dell'economia.*

rincagnàrsi *v. intr. pron.* (*raro*) Atteggiarsi come il muso del cane, detto del volto umano.

rincagnàto *part. pass. di rincagnarsi; anche agg.* Tozzo e schiacciato, detto di viso umano, naso e sim.

rincalzàre *v. tr.* **1** (*lett.*) Sostenere qc. o q.c. perché non cada (*anche fig.*). **2** (*est.*) Rinforzare, assicurare alla base fermando con più sostegni: — *un muro con grossi pali*; — *un terrapieno* | — *piante,* raccogliere terra intorno al fusto per sostenerlo | — *un mobile,* impedire che tentenni ponendogli sotto un tassello di legno, un ritaglio di gomma e sim. | — *il letto,* piegare e fermare le lenzuola e le coperte sotto il materasso, al piede e ai lati.

rincàlzo *s. m.* **1** Consolidamento, rinforzo, sostegno | Ciò con cui si rincalza (*anche fig.*): *mettere un* — *al tavolo* | *Di* —, a sostegno, in aiuto. **2** Aliquota di forze tenuta a disposizione delle minori unità per intervenire nel combattimento se necessario. **3** (*sport*) Giocatore di riserva.

rincantucciàre **A** *v. tr.* (*io rincantùccio*) Mettere in un cantuccio. **B** *v. rifl.* Nascondersi in un cantuccio.

rincaràre **A** *v. tr.* Aumentare il prezzo di q.c. rendendolo più caro: — *il pane* | — *la dose,* aggravare un danno, un dispiacere; SIN. Rialzare. **B** *v. intr.* (*aus. essere*) Crescere di prezzo: *è rincarato l'affitto.*

rincàro *s. m.* Aumento di prezzo di merci o generi vari | — *della vita,* aumento del costo della vita.

rincasàre *v. intr. e intr. pron.* (*aus. essere*) Rientrare a casa.

rinchìte *s. f.* Insetto con elitre larghe e striate, livrea verde o azzurro dorato, provvisto di un piccolo rostro, che con le foglie fabbrica cartocci in cui depone le uova; SIN. (*pop.*) Sigaraio.

rinchiùdere **A** *v. tr.* (*coniug. come chiudere*) Chiudere dentro per segregare, proteggere o assicurare meglio da furti o altri pericoli: — *i gioielli in cassaforte.* **B** *v. rifl.* **1** Chiudersi dentro per appartarsi, isolarsi, segregarsi o difendersi: *si sono rinchiusi nella sala a discutere.* **2**

Chiudersi in se stesso.
rinchiùso **A** *part. pass. di rinchiudere; anche agg.* Chiuso dentro | *Aria rinchiusa*, non rinnovata da tempo. **B** *s. m.* Luogo completamente chiuso e senz'aria | (*est.*) Recinto.
rincitrullìre **A** *v. tr.* (*io rincitrullìsco, tu rincitrullìsci*) Far diventare citrullo. **B** *v. intr.* (*aus. essere*) Diventare citrullo.
rincivilìre **A** *v. tr.* (*io rincivilìsco, tu rincivilìsci*) Rendere civile o più civile. **B** *v. intr. e intr. pron.* Diventare civile o più civile.
rincoglionìre **A** *v. tr.* (*io rincoglionìsco, tu rincoglionìsci*) (*volg.*) Rendere coglione. **B** *v. intr. e intr. pron.* (*aus. essere*) (*volg.*) Diventare coglione. • SIN. Rincretinire.
rincollàre *v. tr.* (*io rincòllo*) Incollare di nuovo.
rincominciàre *v. tr.* (*io rincomìncio*) Incominciare di nuovo.
rincontràre *v. tr.* (*io rincóntro*) Incontrare di nuovo.
rincóntro *s. m.* **1** Atto del rincontrare o del rincontrarsi. **2** *al pl.* Segni o tagli che gli artigiani fanno sui vari pezzi per vedere se combaciano.
rincoràre o *rincuoràre v. tr.* (*io rincuòro, pop. rincòro;* in tutta la coniug. la *o* dittonga preferibilmente in *uo* se tonica) Dare nuovo o maggior coraggio; SIN. Confortare, incoraggiare.
rincórrere **A** *v. tr.* (*coniug. come correre*) Inseguire, correre dietro: – *un ragazzo per strada.* **B** *v. rifl. rec.* Corrersi dietro l'un l'altro.
rincórsa *s. f.* Breve corsa, spec. per prendere lo slancio.
rincréscere *v. intr.* (*coniug. come crescere; aus. essere*) Sentire rincrescimento e causare dispiacere: *mi rincresce che tu sia malato.* [→ tav. *proverbi* 251]
rincresciménto *s. m.* Dispiacere arrecato da q.c. di non molto grave; SIN. Rammarico.
rincretinìre **A** *v. tr.* (*io rincretinìsco, tu rincretinìsci*) Rendere cretino | (*est.*) Confondere, stordire. **B** *v. intr. e intr. pron.* (*aus. essere*) Diventare cretino. • SIN. Rimbecillire.
rincrudiménto *s. m.* Inasprimento, aggravamento.
rincrudìre **A** *v. tr.* (*io rincrudìsco, tu rincrudìsci*) (*raro*) Rendere più crudo | (*fig.*) Esacerbare di nuovo o di più: *hanno rincrudito la sua sofferenza.* **B** *v. intr. e intr. pron.* (*aus. essere*) (*fig.*) Diventare più crudo, duro, aspro.
rinculàre *v. intr.* (*aus. avere*) **1** Indietreggiare senza voltare le spalle. **2** Arretrare, detto di un'arma portatile o di una bocca da fuoco, all'atto dello sparo.
rincùlo *s. m.* **1** Indietreggiamento effettuato senza voltarsi. **2** Moto retrogrado di un'arma da fuoco all'atto dello sparo.
rincuoràre V. *rincorare.*
rincupìre **A** *v. tr.* (*io rincupìsco, tu rincupìsci*) Fare diventare cupo, di nuovo o di più. **B** *v. intr. e intr. pron.* (*aus. essere*) Diventare cupo, di nuovo o di più.
rinegoziàre *v. tr.* (*io rinegòzio*) Negoziare di nuovo | Rimettere in discussione in una trattativa quanto già negoziato.
rinfacciàre *v. tr.* (*io rinfàccio*) **1** Gettare in faccia a qc. parole che gli rimproverino un difetto, una colpa, un errore e sim.: *rinfacciava al giovane la sua viltà.* **2** Rammentare a qc. in modo umiliante ciò che si è fatto per lui: – *un beneficio.*
rinfiancàre *v. tr.* (*io rinfiànco, tu rinfiànchi*) **1** Rinforzare una costruzione sui fianchi. **2** (*est., fig.*) Rafforzare, sostenere: – *un'ipotesi con nuovi elementi.*
rinfiànco *s. m.* (*pl. -chi*) Atto del rinfiancare.
rinfocolaménto *s. m.* Atto del rinfocolare | (*fig.*) Eccitazione, istigazione: – *dell'odio.*
rinfocolàre **A** *v. tr.* (*io rinfòcolo*) **1** Attizzare di nuovo il fuoco. **2** (*fig.*) Infiammare, accendere di più, detto di sentimenti o passioni: – *l'odio*; SIN. Fomentare. **B** *v. intr. pron.* Riaccendersi (*anche fig.*).
rinfoderàre *v. tr.* (*io rinfòdero*) **1** Mettere di nuovo nel fodero | (*est.*) Ritrarre: – *gli artigli.* **2** (*fig.*) Rinunciare a dire, a fare: – *una proposta.*
rinforzaménto *s. m.* Il rinforzare.
rinforzàre **A** *v. tr.* (*io rinfòrzo*) Rendere più forte, rinvigorire: – *i muscoli* | Rendere più saldo, stabile: – *un edificio* | (*fig.*) Rafforzare, avvalorare: – *un'autorità.* **B** *v. intr. e intr. pron.* (*aus. essere*) Diventare più forte.
rinfòrzo *s. m.* **1** Conferimento di maggior forza, vigore, stabilità e sim.; SIN. Rafforzamento | Ciò con cui si rinforza q.c.: *mettere un – ai tacchi* | Sostegno, aiuto, appoggio. **2** (*mil.*) Assegnazione di forze a un'unità a incremento di quelle in organico: *inviare rinforzi.*
rinfrancàre **A** *v. tr.* (*io rinfrànco, tu rinfrànchi*) Rendere franco, sicuro, di nuovo o di più. **B** *v. intr. pron.* Diventare più franco, sicuro.
rinfrescaménto *s. m.* Il rinfrescare o il rinfrescarsi.
rinfrescànte **A** *part. pres. di rinfrescare; anche agg.* Che rinfresca. **B** *s. m.* (*fam.*) Medicina che attenua uno stato di infiammazione.
rinfrescàre **A** *v. tr.* (*io rinfrésco, tu rinfréschi*) **1** Rendere fresco di nuovo: – *la camera con un ventilatore.* **2** (*fam.*) Diminuire lo stato infiammatorio. **3** Ritoccare, restaurare | (*fig.*) – *la memoria a qc.*, fargli ricordare q.c. (*spec. iron.*). **B** *v. intr.* (*aus. essere*) **1** Diventare fresco o più fresco (*anche impers.*): *la stagione è rinfrescata*; *comincia a* –. **2** Farsi più gagliardo, detto del vento. **C** *v. rifl.* Ristorarsi, spec. con bevande fresche | Lavarsi, ripulirsi dopo un viaggio, una fatica: *mi sono rinfrescato con una doccia.*
rinfrescàta *s. f.* **1** Il rinfrescare della temperatura: *con l'autunno è venuta una bella* –. **2** Azione volta a procurarsi refrigerio con un bagno e sim. o con bevande fresche, per caldo o stanchezza.
rinfrésco *s. m.* (*pl. -schi*) Servizio di bevande fresche, cibi leggeri, dolci che si offrono in occasione di feste, ricevimenti e sim.: *essere invitati a un* – | *al pl.* Cibi e bevande che vengono offerti.
rinfùṣa *s. f. Solo nella loc. avv. alla* –, in modo disordinato e confuso, senza distinzione: *libri e carte gettati alla* –.
ring /*ingl.* riŋ/ *s. m. inv.* (*pl. ingl. rings* /riŋz/) **1** Nel pugilato, quadrato. **2** (*econ.*) Accordo fra imprese per incettare una materia prima o un prodotto. **3** Filatoio continuo, nel quale il filo riceve la torsione passando attraverso un anello, trascinato per attrito dal fuso che gira a grande velocità.
ringalluzzìre **A** *v. tr.* (*io ringalluzzìsco, tu ringalluzzìsci*) (*scherz.* o *iron.*) Far diventare animoso, fiero o vivace come un galletto. **B** *v. intr. e intr. pron.* (*aus. essere*) (*scherz.* o *iron.*) Diventare o mostrarsi fiero e animoso come un galletto.
ringalluzzìto *part. pass. di ringalluzzire; anche agg.* Vivace, vispo.
ringentilìre **A** *v. tr.* (*io ringentilìsco, tu ringentilìsci*) Ingentilire di nuovo o di più. **B** *v. intr. e intr. pron.* (*aus. essere*) Diventare più gentile, più amabile.
ringhiàre *v. intr.* (*io rìnghio; aus. avere*) **1** Digrignare i denti mandando un brontolio minaccioso, detto dei cani o di altri animali. **2** (*fig.*) Parlare a denti stretti, con irritazione o in tono ostile.
ringhièra *s. f.* Parapetto costituito di barre o tubi di metallo variamente disposti e foggiati per scale, ballatoi e terrazzi. [→ ill. *casa, scala*]
rìnghio *s. m.* Atto del ringhiare | Brontolio rabbioso di chi ringhia.
ringhióso *agg.* **1** Che ringhia: *cane* –. **2** (*fig.*) Che parla a denti stretti e in tono minaccioso: *vecchio* –.
ringiovaniménto *s. m.* Ripristino o recupero di un aspetto giovanile.
ringiovanìre **A** *v. tr.* (*io ringiovanìsco, tu ringiovanìsci*) Rendere giovane: *questa vacanza ti ringiovanirà.* **B** *v. intr. e intr. pron.* (*aus. essere*) Tornare giovane nell'aspetto, nel vigore fisico (*anche fig.*).
ringoiàre *v. tr.* (*io ringóio*) **1** Ingoiare di nuovo. **2** (*fig.*) Rimangiare, ritrattare: *ha ringoiato le sue maldicenze.*
ringranàre *v. tr.* Seminare di nuovo grano o altro cereale sul medesimo terreno.
ringrandìre **A** *v. tr.* (*io ringrandìsco, tu ringrandìsci*) Fare diventare grande di nuovo o di più. **B** *v. intr. e intr. pron.* (*aus. essere*) Diventare grande di nuovo o di più.
ringraziaménto *s. m.* Espressione, dimostrazione di gratitudine: *visita di* – | *spec. al pl.* Mezzo con cui si ringrazia.
ringraziàre *v. tr.* (*io ringràzio*) Esprimere gratitudine, rendere grazie a qc. di q.c.: – *qc. della cortesia, per il favore reso.*
ringuainàre *v. tr.* (*io ringuaìno o evit. ringuàino*) Inguainare di nuovo: – *la spada.*
rinìte *s. f.* (*med.*) Infiammazione della mucosa nasale.
rinnegaménto *s. m.* Disconoscimento, ripudio di un vincolo, una fede e sim.

rinnegàre *v. tr.* (*io rinnégo, tu rinnéghi*) Dichiarare di non voler riconoscere una persona alla quale si era legati da vincolo d'affetto, di amicizia o di parentela: *fu rinnegato da tutti i suoi amici*; — *il proprio figlio* | Negare di voler osservare o riconoscere una fede, un'idea: — *il socialismo*; SIN. Sconfessare.
rinnegàto **A** *part. pass. di rinnegare; anche agg.* Disconosciuto. **B** *agg. e s. m.* (*f. -a*) Che (o chi) rinnega o ha rinnegato una fede, un'idea, una dottrina.
rinnestàre V. *reinnestare.*
rinnovàbile *agg.* Che si può o si deve rinnovare | Detto di fonte di energia non soggetta a esaurimento (es. vento, sole, maree).
rinnovaménto *s. m.* **1** Cambiamento innovatore | (*fig.*) Trasformazione sociale, culturale e sim. **2** Sostituzione di ciò che è vecchio con il nuovo: — *degli impianti.*
rinnovàre **A** *v. tr.* (*io rinnòvo;* la *o* dittonga raramente in *uo* e solo se tonica) **1** Rendere nuovo: — *lo spettacolo* | — *la facciata di un edificio*, restaurarla | (*fig.*) — *l'aria*, cambiarla aprendo porte o finestre. **2** Ripetere, fare di nuovo: — *la domanda* | — *un contratto.* **3** Sostituire il vecchio con il nuovo: — *il guardaroba*; SIN. Rimodernare. **4** (*tosc.*) Mettere q.c. per la prima volta: — *un vestito.* **B** *v. intr. pron.* **1** Diventare o tornare nuovo (*anche fig.*). **2** Ripetersi, avvenire di nuovo: *è un fenomeno che si rinnova spesso.*
rinnovatóre *s. m.; anche agg.* (*f. -trice*) Chi (o che) rinnova, spec. in senso morale o spirituale.
rinnovazióne *s. f.* Rinnovamento | Rinnovo.
rinnovellàre *v. tr.* (*io rinnovèllo*) (*poet.*) Rinnovare.
rinnòvo *s. m.* **1** Rinnovamento | Ripetizione, riconferma: — *di un contratto.* **2** (*agr.*) Insieme dei lavori che precedono un nuovo ciclo colturale.
rìno- *primo elemento:* in parole scientifiche composte significa 'naso': *rinoceronte, rinoscopia.*
rinoceróonte *s. m.* Mammifero degli Ungulati con testa voluminosa e lungo muso portante uno o due corni | — *africano*, generalmente nero con due corni | — *indiano*, con un solo corno e colore grigio bruno. [→ ill. *animali* 19]
rinoiatrìa *s. f.* (*med.*) Cura delle affezioni nasali.
rinolalìa *s. f.* (*med.*) Disturbo della voce, quando acquista risonanza nasale.
rinologìa *s. f.* (*med.*) Studio delle affezioni del naso.
rinomànza *s. f.* (*lett.*) Fama, celebrità: *salire in* —.
rinomàto *agg.* Famoso, celebre: *scrittore* —.
rinoplàstica *s. f.* Intervento chirurgico di plastica per correggere deformazioni del naso.
rinorragìa *s. f.* (*pl. -gie*) (*med.*) Emorragia dal naso.
rinorrèa *s. f.* (*med.*) Scolo di liquido dal naso.
rinoscopìa *s. f.* Esame endoscopico delle cavità nasali.
rinquàrto *s. m.* Nel gioco del biliardo, colpo alla palla avversaria per il quale essa colpisce i birilli o il pallino dopo aver toccato tre sponde.
rinsaccàre **A** *v. tr.* (*io rinsàcco, tu rinsàcchi*) **1** (*raro*) Insaccare ancora o di nuovo. **2** Scuotere un sacco facendolo battere sul terreno per comprimere il contenuto, anche ass. **B** *v. intr. e intr. pron.* (*aus. essere*) **1** Stare con la testa affondata nelle spalle. **2** Sussultare cavalcando o camminando.
rinsaldàre **A** *v. tr.* Rendere più saldo, più robusto: — *un'amicizia.* **B** *v. intr. pron.* Diventare più saldo.
rinsanguàre **A** *v. tr.* (*io rinsànguo*) (*fig.*) Rinvigorire, ridare forza, energia. **B** *v. intr. pron.* Riprendere forza, vigore.
rinsanìre *v. intr.* (*io rinsanìsco, tu rinsanìsci; aus. essere*) Ricuperare la sanità, spec. mentale.
rinsavìre *v. intr.* (*io rinsavìsco, tu rinsavìsci*) Ricuperare il senno.
rinsecchìre **A** *v. intr.* (*io rinsecchìsco, tu rinsecchìsci; aus. essere*) Diventare secco | (*est.*) Diventare magro, asciutto, detto di persona. **B** *v. tr.* (*raro*) Rendere secco.
rinserràre **A** *v. tr.* (*io rinsèrro*) Serrare di nuovo | Rinchiudere: — *il prigioniero.* **B** *v. rifl.* Chiudersi, serrarsi dentro: *si è rinserrato in casa.*
rintanàre **A** *v. tr.* (*raro*) Ricacciare nella tana. **B** *v. intr. pron.* **1** Rifugiarsi nella tana. **2** (*fig.*) Nascondersi, rifugiarsi.
rintavolàre *v. tr.* (*io rintàvolo*) Intavolare di nuovo: — *un discorso.*
rintelaiàre *v. tr.* (*io rintelàio*) Intelaiare di nuovo.
rintelàre *v. tr.* (*io rintélo*) Effettuare la rintelatura.
rintelatùra *s. f.* Operazione di restauro di un dipinto su tela, consistente nell'incollare una o più tele nuove sul retro dell'originale.
rinterràre **A** *v. tr.* (*io rintèrro*) **1** Interrare di nuovo. **2** Colmare, riempire di terra: — *una palude.* **B** *v. intr. pron.* Colmarsi di terra.
rintèrzo *s. m.* Nel biliardo, colpo consistente nel battere la palla avversaria in modo che tracci un triangolo.
rintoccàre *v. intr.* (*io rintócco, tu rintócchi; aus. avere e essere*) Suonare a tocchi staccati, detto di campane, orologi e sim.: *il pendolo rintoccherà tra poco.*
rintócco *s. m.* (*pl. -chi*) Tocco ripetuto e staccato di una campana: *lugubri rintocchi* | (*est.*) Replica delle ore battute da un orologio.
rintontìre **A** *v. tr.* (*io rintontìsco, tu rintontìsci*) Intontire di più o di nuovo. **B** *v. intr. e intr. pron.* (*aus. essere*) Diventare tonto di nuovo o di più.
rintoppàre **A** *v. tr.* (*io rintòppo*) Intoppare, incontrare di nuovo: *abbiamo rintoppato quel seccatore.* **B** *v. intr. e intr. pron.* (*aus. essere e avere*) Imbattersi ancora, di nuovo.
rintorpidìre **A** *v. tr.* (*io rintorpidìsco, tu rintorpidìsci*) Intorpidire di nuovo o di più (*anche fig.*): — *le membra.* **B** *v. intr. pron.* Intorpidirsi di nuovo o di più (*anche fig.*).
rintracciàbile *agg.* Che si può rintracciare.
rintracciàre *v. tr.* (*io rintràccio*) Trovare dopo avere seguito una traccia: — *la selvaggina* | (*est.*) Trovare dopo lunga e laboriosa ricerca: — *il colpevole.*
rintronaménto *s. m.* Rimbombo | Stordimento.
rintronàre **A** *v. intr.* (*io rintròno;* in tutta la coniug. arcaica, la *o* può dittongare in *uo* se tonica*; aus. essere e avere*) Risuonare in modo grave e fragoroso, detto del tuono o di un rumore simile; SIN. Rimbombare. **B** *v. tr.* **1** Assordare, stordire: *l'altoparlante ci rintrona le orecchie.* **2** Scuotere con un gran rimbombo: *il temporale ha fatto — il quartiere.*
rintuzzàre *v. tr.* **1** Rendere ottusa, ribattere una punta: — *la lancia.* **2** (*fig.*) Reprimere, soffocare: — *la superbia* | Ribattere, rimbeccare: — *un'accusa.*
rinunciàre e deriv. V. *rinunziare* e deriv.
rinùnzia o *rinùncia s. f.* (*pl. -zie, -ce*) **1** Atto del rinunziare: *notificare la* — *all'impiego* | Documento con cui si rinunzia a q.c. **2** Rifiuto volontario di soddisfazioni, beni | *spec. al pl.* (*est.*) Privazione, sacrificio: *si assoggetta a molte rinunzie.*
rinunziàre o *rinunciàre v. intr.* (*io rinùnzio; aus. avere*) Rifiutare spontaneamente q.c. di cui si ha, o si dovrebbe di diritto avere, la proprietà: — *all'eredità, all'impiego* | Decidere di astenersi dal fare q.c.: — *ai piaceri del mondo*; SIN. Abbandonare.
rinunziatàrio o *rinunciatàrio* **A** *agg.* Che rinunzia troppo facilmente a diritti o vantaggi: *atteggiamento* —. **B** *anche s. m.* (*f. -a*).
rinvangàre *v. tr.* (*io rinvàngo, tu rinvànghi*) (*raro*) Rivangare.
rinvaṣàre *v. tr.* In floricoltura, trasportare da un vaso a uno maggiore una pianta in sviluppo.
rinveniménto (1) *s. m.* Ritrovamento, scoperta: — *di un tesoro.*
rinveniménto (2) *s. m.* **1** Recupero dei sensi dopo uno svenimento. **2** Operazione che serve a fare ritrovare freschezza, morbidezza, volume a q.c. **3** Trattamento termico degli acciai temperati e delle leghe leggere per conferire le migliori condizione di lavorabilità.
rinvenìre (1) *v. tr.* (*coniug. come venire*) Ritrovare, riuscire a trovare: — *il portafoglio perduto* | Scoprire con il ragionamento: — *le cause del fenomeno.*
rinvenìre (2) *v. intr.* (*coniug. come venire; aus. essere*) **1** Ricuperare i sensi, la curiosità, le forze, detto di persona. **2** Tornare alla primitiva freschezza, morbidezza o riacquistare volume dilatandosi, detto spec. di alimenti essiccati: *mettere a — funghi secchi.* **3** (*sport*) Rimontare.
rinverdìre **A** *v. tr.* (*io rinverdìsco, tu rinverdìsci*) **1** Far ritornare verde: — *un ramo.* **2** (*fig.*) Far rifiorire, ravvivare: — *la speranza* | (*fig., fam.*) Far tornare vigoroso, forte: — *le membra.* **B** *v. intr. e intr. pron.* (*aus. essere*) **1** Ritornare verde. **2** (*fig.*) Rinnovarsi.
rinvestìre o *reinvestìre v. tr.* (*io rinvèsto*) Investire di nuovo spec. i proventi di precedenti investimenti.
rinviàre *v. tr.* (*io rinvìo*) **1** Inviare a propria volta, di nuo-

vo, in restituzione: – *una risposta* | Respingere, ridare: – *la palla*. **2** Rimandare: *si rinvia alla nota a piè di pagina*. **3** Aggiornare, differire: – *un appuntamento, una causa*; SIN. Posticipare, procrastinare, prorogare.

rinvigoriménto *s. m.* Conferimento o ripresa di nuovo o maggior vigore (*anche fig.*); SIN. Rafforzamento.

rinvigorìre **A** *v. tr.* (*io rinvigorìsco, tu rinvigorìsci*) Ridare vigore, rendere vigoroso di nuovo o di più (*anche fig.*): – *un partito politico*; SIN. Irrobustire. **B** *v. intr. e intr. pron.* (*aus. essere*) Riprendere vigore, forza, gagliardia (*anche fig.*).

rinvilìre **A** *v. tr.* (*io rinvilìsco, tu rinvilìsci*) Abbassare il prezzo, spec. in modo considerevole: – *il prezzo del frumento*. **B** *v. intr. e intr. pron.* (*aus. essere*) Diminuire di prezzo.

rinvìo *s. m.* **1** Il rinviare | Nei giochi di palla, respinta: *tiro di* –. **2** Rimando, in un testo, un'opera letteraria: *pagina con molti rinvii*. **3** Differimento, aggiornamento: *il – di un incontro* | (*dir.*) – *a giudizio*, provvedimento con cui si dichiara doversi far luogo a giudizio penale nei confronti dell'imputato. **4** In alpinismo, cordino o fettuccia annodata ad anello e munita di moschettoni usata per facilitare le manovre di assicurazione e lo scorrimento della corda durante la progressione. [→ ill. *alpinista*]

rinvòlgere **A** *v. tr.* (*coniug. come volgere*) Involgere di nuovo o più strettamente | Involgere. **B** *v. rifl.* Ravvolgersi, ravvoltarsi.

rinvoltàre *v. tr.* (*io rinvòlto*) Involtare di nuovo, o meglio.

rinzaffàre *v. tr.* Dare al muro la prima crosta di intonaco | Turare crepe con malta.

rinzàffo *s. m.* Primo intonaco a contatto con il paramento rustico, eseguito di solito con malta idraulica.

rìo (1) *s. m.* **1** (*lett.*) Piccolo corso d'acqua, ruscello. **2** Nella laguna veneta, diramazione di un canale.

rìo (2) *agg.* (*lett.*) Reo | (*poet.*, *fig.*) Malvagio, perverso.

rioccupàre **A** *v. tr.* (*io riòccupo*) Occupare di nuovo: – *le posizioni perdute*. **B** *v. intr. pron.* Occuparsi di nuovo di qc. o q.c.: *ci rioccuperemo di voi*.

rioccupazióne *s. f.* Nuova occupazione di un luogo.

rionàle *agg.* Pertinente al rione: *mercato* –.

rióne *s. m.* Quartiere di una città.

riordinaménto *s. m.* Ripristino dell'ordine precedente: – *di una stanza* | Disposizione, organizzazione di q.c. secondo un ordine diverso e migliore: – *degli studi*; SIN. Riordino.

riordinàre *v. tr.* (*io riórdino*) **1** Rimettere in ordine, in assetto: – *gli scaffali*; SIN. Rassettare | Mettere in un ordine diverso, migliore: – *lo Stato*. **2** Impartire di nuovo un ordine | (*comm.*) Ordinare di nuovo una merce e sim.

riordinatóre *s. m.*; *anche agg.* (*f. -trice*) Chi (o che) riordina.

riórdino *s. m.* (*bur.*) Riordinamento.

riorganizzàre **A** *v. tr.* Organizzare di nuovo o meglio. **B** *v. rifl.* Organizzarsi di nuovo o meglio.

riorganizzatóre *s. m.* (*f. -trice*) Chi riorganizza.

riorganizzazióne *s. f.* Nuova o migliore organizzazione di q.c.

riottosità *s. f.* (*lett.*) L'essere riottoso.

riottóso *agg.* (*lett.*) Litigioso, attaccabrighe | (*est.*) Caparbio, indocile, restio: – *all'ubbidienza*.

ripa *s. f.* **1** (*lett.*) Sponda, riva erta che fiancheggia un corso d'acqua o cinge un lago. **2** (*lett.*) Argine di fossato o burrone.

ripagàre *v. tr.* (*io ripàgo, tu ripàghi*) **1** Pagare di nuovo. **2** Ricompensare, pagare a sua volta (*anche iron.*): *ti ripagherò della tua cortesia* | – *con la stessa moneta*, contraccambiare il male allo stesso modo. **3** Risarcire, indennizzare.

riparàre (1) **A** *v. tr.* **1** Difendere da un pericolo, un attacco, un danno: – *il torace con la corazza*; – *qc. con il proprio corpo*; SIN. Proteggere. **2** Cercare di mettere rimedio a un male, un danno, un errore: – *un'ingiustizia, un torto*; SIN. Ovviare, rimediare. **3** Rimettere in buono stato, aggiustare: – *le scarpe rotte*. **B** *v. intr.* (*aus. avere*) Provvedere, mettere rimedio: – *a una mancanza*. **C** *v. rifl.* Mettersi al riparo: *ripararsi dall'assalto nemico* | Trovare rifugio materiale: *ripararsi in una capanna*.

riparàre (2) *v. intr.* (*aus. essere*) Rifugiarsi, spec. per sfuggire a traversie politiche, persecuzioni e sim.: *ripararammo in Francia*.

riparàto (1) *part. pass. di riparare* (1); *anche agg.* Aggiustato, sistemato | Protetto, difeso: *un porto – dal vento*.

riparàto (2) *part. pass. di riparare* (2); *anche agg.* Che ha riparo, rifugio.

riparatóre *s. m.*; *anche agg.* (*f. -trìce*) Chi (o che) ripara.

riparazióne *s. f.* **1** Azione volta a eliminare o attenuare gli effetti negativi di un danno, un'offesa, un errore e sim.: *dopo le offese è necessaria una* – | (*est.*) *Esami di* –, quelli che uno studente deve sostenere in una sessione autunnale | (*est.*; *dir.*) *Riparazioni di guerra*, risarcimento dei danni a persone. **2** Accomodatura di oggetti rotti o guasti. [→ ill. *miniera*]

ripàrio *agg.* (*lett.*) Che vive sulle rive: *pianta riparia*.

riparlàre *v. intr.* (*aus. avere*) Parlare di nuovo, un'altra volta | *Ne riparleremo!*, detto per rimandare un discorso ad altro momento, talora con tono di minaccia.

ripàro *s. m.* **1** Protezione da un danno, un pericolo, un'offesa e sim.: *cercare – contro i colpi*. **2** Ciò che è posto a difesa: *un – di sassi* | Schermo: *la siepe è un – alla vista*. **3** Cavità in una parete rocciosa atta a servire come rifugio di fortuna; SIN. Ricovero. **4** Rimedio, provvedimento: *mettere – a q.c.*; *correre ai ripari* | *Senza* –, senza rimedio.

ripartìre (1) *v. intr.* (*io ripàrto*; *aus. essere*) Partire di nuovo: *è ripartito per l'Australia*.

ripartìre (2) *v. tr.* (*io ripartìsco, tu ripartìsci*) **1** Dividere in più parti: – *il guadagno* | Ordinare, dopo aver diviso in gruppi secondo un criterio prestabilito: – *le lettere secondo la data*; SIN. Suddividere. **2** Assegnare ciò che è stato già diviso: – *le incombenze fra i dipendenti*.

ripartitóre *s. m.* (*f. -trìce*) **1** (*raro*) Chi ripartisce. **2** Negli uffici postali, impiegato addetto allo smistamento della corrispondenza. **3** Apparato centrale con cui si controlla una vasta rete elettrica.

ripartizióne *s. f.* **1** Suddivisione | Ogni parte di q.c. che è stata ripartita. **2** Distribuzione secondo un criterio prestabilito. **3** Reparto di un'amministrazione.

ripassàre **A** *v. tr.* **1** Passare di nuovo. **2** Tornare su quanto si è fatto allo scopo di ritoccarlo, controllarlo, perfezionarlo: – *uno scritto per correggerlo*; – *la lezione*. **B** *v. intr.* (*aus. essere*) Ritornare, farsi rivedere in un luogo: *ripasseremo da casa*.

ripassàta *s. f.* **1** Atto del ripassare con una nuova mano di lavoro o con la mente, spec. in fretta: *dare una – alla lezione*; SIN. Rifinitura, revisione. **2** (*fam.*) Ammonizione severa.

ripàsso *s. m.* **1** Passaggio di ritorno: – *degli uccelli migratori*. **2** Ripetizione sistematica di una materia scolastica.

ripàtica *s. f.* Diritto di sbarcare cose o persone o attraccare natanti alle sponde di fiumi, laghi e sim. | (*est.*) Tassa dovuta per l'esercizio di tale diritto.

ripensaménto *s. m.* **1** Ulteriore considerazione: *un – del fatto*. **2** Cambiamento di idea.

ripensàre **A** *v. intr.* (*io ripènso*; *aus. avere*) **1** Pensare di nuovo, tornare a pensare, a riflettere | (*est.*) Riflettere, meditare: *prima di parlare, ripensa bene*. **2** Cambiare pensiero, parere: *ci ho ripensato*. **3** Riandare con la mente a cose o persone lontane: *ripenso all'adolescenza*. **B** *v. tr.* (*lett.*) Riconsiderare, rievocare.

ripentìrsi *v. intr. pron.* (*io mi ripènto*) **1** Pentirsi di nuovo. **2** Tornare indietro da una decisione.

ripercórrere *v. tr.* (*coniug. come percorrere*) Percorrere di nuovo (*anche fig.*).

ripercuòtere **A** *v. tr.* (*coniug. come percuotere*) **1** Percuotere di nuovo, o più volte. **2** Riflettere, respingere indietro: *lo specchio ripercuote le immagini*. **B** *v. intr. pron.* **1** Rimbalzare, riflettersi, riverberare: *i raggi si ripercuotono sul muro*. **2** Provocare un urto, una brusca scossa, a causa di un contraccolpo (*anche fig.*): *la mancanza di interesse al lavoro si ripercuote sul rendimento*.

ripercussióne *s. f.* **1** Riflessione, diffusione indiretta: – *della luce, del suono*. **2** (*fig.*) Contraccolpo, riflesso, conseguenza: *le ripercussioni del Trattato di Versailles*.

ripescàre *v. tr.* (*io ripésco, tu ripéschi*) **1** Pescare di nuovo: *ho ripescato una trota* | Riprendere su dall'acqua q.c. che vi era caduto: – *un cadavere*. **2** (*fig.*) Ritrovare dopo molte ricerche: *abbiamo ripescato quelle vecchie fotografie*.

ripetènte **A** *part. pres. di ripetere*; *anche agg.* Che ripete. **B** *s. m. e f.* Chi ripete un anno scolastico.

ripètere **A** *v. tr.* (*io ripèto*) **1** Replicare, eseguire nuovamente: – *un esperimento* | Ottenere di nuovo, ancora: *ha ripetuto il trionfo dell'anno scorso.* **2** Ridire, tornare a dire: – *la domanda* | – *la lezione*, spiegarla di nuovo o ripassarla. **3** (*dir.*) Chiedere q.c. a titolo di restituzione: – *il pagamento di una somma.* **B** *v. rifl.* Ridire o rifare in altra forma cosa già detta o fatta: *è un artista che si ripete* | (*est.*) Dire o fare sempre le stesse cose: *i vecchi si ripetono facilmente.* **C** *v. intr. pron.* Tornare a succedere: *il fenomeno si è ripetuto tale e quale.*

ripetìbile *agg.* Che si può o si deve ripetere; CONTR. Irripetibile.

ripetitività *s. f.* Caratteristica di ciò che è ripetitivo.

ripetitivo *agg.* Detto di ciò che viene rifatto, ridetto, replicato più volte: *lavoro* –; *discorso* –.

ripetitóre **A** *agg.* (*f. -trice*) Che ripete | *Stazione ripetitrice*, impianto di telecomunicazione avente lo scopo di ricevere e ritrasmettere, cioè ripetere, amplificati i relativi segnali. [→ ill. *televisione*] **B** *s. m.* **1** Chi ripete. **2** Insegnante che, dietro compenso, impartisce lezioni private. **3** (*mar.*) Nave fuori linea che ripeteva alle navi lontane i segnali dell'ammiraglia. **4** Apparecchiatura radiofonica o televisiva atta a ricevere il segnale elettrico emesso da un trasmettitore e a ritrasmetterlo opportunamente ampliato.

ripetizióne *s. f.* **1** Nuova, ulteriore effettuazione, manifestazione e sim. di q.c.: – *di una gara*; *la* – *di un fenomeno* | *Arma a* –, provvista di meccanismo che accelera l'esecuzione del caricamento. [→ ill. *armi*] **2** Nuova trattazione di argomenti scolastici già svolti: – *della grammatica* | Lezione privata: *andare a* –; *dare ripetizioni.* **3** (*dir.*) – *dell'indebito*, diritto di ottenere la restituzione di ciò che è stato pagato indebitamente.

ripetutaménte *avv.* Spesso, più volte: *l'ho* – *ammonito.*

ripetùto *part. pass. di ripetere; anche agg.* Numeroso, frequente: *ripetute accuse.*

ripiàno *s. m.* **1** Superficie, zona piana. **2** Palchetto di scaffale, armadio, mobile in genere.

ripicca *s. f.* Dispetto fatto in risposta a un dispetto ricevuto: *fare q.c. per* –; SIN. Ripicco.

ripicchiàre *v. tr.* (*io ripicchio*) **1** Picchiare di nuovo, spec. ass.: *abbiamo sentito* – *alla porta.* **2** (*fig.*) ass. Insistere, tornare a domandare.

ripicco *s. m.* (*pl. -chi*) Ripicca.

ripidézza *s. f.* L'essere ripido.

rìpido *agg.* Malagevole a salire per la forte pendenza; SIN. Erto.

ripiegaménto *s. m.* **1** Nuovo o ripetuto piegamento | Piegamento su se stesso o all'interno: – *di un tavolo.* **2** (*mil.*) Indietreggiamento verso posizioni arretrate. **3** (*fig.*) Raccoglimento in se stesso.

ripiegàre **A** *v. tr.* (*io ripiègo, tu ripièghi*) **1** Piegare di nuovo. **2** Piegare più volte, a più doppi: – *il lenzuolo, il fazzoletto.* **3** Congiungere quasi le estremità, piegando su se stesso: – *le ginocchia.* **B** *v. intr.* (*aus. avere*) **1** Indietreggiare sotto la pressione del nemico o per raggiungere posizioni arretrate. **2** (*fig.*) Trovare ripiego: *quest'anno ripiegheremo su vacanze poco costose.* **C** *v. intr. pron.* Incurvarsi, piegarsi, flettersi: *i rami si ripiegano sotto la neve.* **D** *v. rifl.* (*fig., raro*) Rivolgersi in sé, su se stesso: *ripiegarsi nella malinconia.*

ripiegatùra *s. f.* Nuova piegatura | Piegatura su se stesso o all'interno.

ripiègo *s. m.* (*pl. -ghi*) Espediente, trovata, via d'uscita per liberarsi da una difficoltà | *Per* –, per rimediare, non potendo fare di meglio | *Di* –, di cosa meno soddisfacente rispetto a un'altra.

ripièna *s. f.* Materiale, costituito da rocce o argille, con cui si riempiono i vuoti lasciati dall'estrazione del minerale. [→ ill. *miniera*]

ripièno **A** *agg.* Del tutto pieno: *vaso* – *di acqua* | *Stomaco* – *di cibo*, gonfio | *Panino* –, imbottito | (*fig.*) Invaso, pervaso: *sentirsi* – *di contentezza.* **B** *s. m.* **1** Ciò che serve a riempire q.c. **2** Miscuglio pastoso di ingredienti vari, per farcire una vivanda: *il* – *del tacchino.* [→ ill. *pasta*]

ripigliàre **A** *v. tr.* (*io ripìglio*) **1** (*fam.*) Pigliare di nuovo: – *fiato* | Ricuperare, riacquistare: – *vigore, forza*; SIN. Riprendere. **2** Ricominciare, riattaccare: – *il discorso.* **3** Riaccettare, riammettere: – *qc. al proprio servizio.* **B** *v. intr.* (*aus. avere*) Rinvenire, riaversi, detto di piante, alberi e sim.

ripiombàre *v. intr. e tr.* (*io ripiómbo; aus. intr. essere*) Piombare di nuovo (*spec. fig.*).

ripiòvere *v. intr. e tr.* (*io ripiòvo; aus. intr. essere*) Piovere di nuovo.

ripopolaménto *s. m.* Nuovo o maggiore popolamento | Accrescimento della popolazione animale in una zona o ambiente con l'immissione di nuovi esemplari o la protezione di quelli esistenti: – *di una riserva.*

ripopolàre **A** *v. tr.* (*io ripòpolo*) Popolare di nuovo: – *una terra abbandonata* | Accrescere la popolazione animale: – *un lago.* **B** *v. intr. pron.* Tornare a popolarsi.

ripórre **A** *v. tr.* (*coniug. come porre*) **1** Collocare di nuovo al suo posto: – *la spada nel fodero.* **2** Porre di nuovo: *ha riposto la sua candidatura alla presidenza.* **3** Mettere da parte: – *q.c. nel solaio* | Mettere in un luogo adatto per custodire, riparare: – *i gioielli in cassaforte.* **4** Porre con certezza un sentimento in qc. o q.c.: *ripongo in te tutta la mia fiducia.* **B** *v. rifl.* **1** Mettersi di nuovo: *riporsi a sedere.* **2** Mettersi da parte, nascondersi.

riportàre **A** *v. tr.* (*io ripòrto*) **1** Portare di nuovo. **2** Ricondurre al luogo di origine o di residenza abituale: – *le chiavi al padrone.* **3** Riferire, portare in risposta: – *notizie* | Citare, allegare: – *un brano di un autore famoso.* **4** Ridurre, trasportare: – *un disegno in piccolo.* **5** (*fig.*) Conseguire, acquistare, ottenere: – *l'approvazione di tutti.* **6** (*mat.*) Eseguire un riporto. **B** *v. intr. pron.* **1** Tornare con la mente a usanze o tempi passati: *ci riportiamo al Medio Evo.* **2** Richiamarsi, riferirsi: *ci riportiamo a ciò che è stato detto.* **3** Trasferirsi di nuovo: *riportarsi a Roma.*

ripòrto *s. m.* **1** Trasferimento al luogo d'origine o in altro luogo opportuno o a chi di dovere | *Materiale di* –, sabbia, ghiaia, detriti trasportati in altro luogo per colmare una depressione o formare un argine | *Cane da* –, da caccia abituato a riportare la selvaggina. **2** (*mat.*) Cifra dell'ordine superiore ottenuta nell'addizionare una colonna di numeri, quando la somma delle unità di quell'ordine sia maggiore di 9. **3** Contratto con cui si trasferisce la proprietà di titoli di credito. **4** Parte di tessuto eguale o contrastante applicata su un abito a formare guarnizione | Ricamo di pregio applicato su stoffa diversa.

riposànte *part. pres. di riposare* (2); *anche agg.* Che dà riposo | Calmo, tranquillo, detto di persona.

riposàre (1) **A** *v. tr.* (*io ripòso*) Posare di nuovo o più stabilmente: – *in terra la cassa.* **B** *v. rifl.* Posarsi di nuovo.

riposàre (2) **A** *v. intr.* (*io ripòso; aus. avere*) **1** Fermarsi, cessare dal fare q.c. | *Senza* –, senza posa | Ristorarsi, rinfrescarsi, interrompendo il lavoro o la fatica, per dare sollievo al corpo o alla mente | – *sugli allori*, (*fig.*) contentarsi delle posizioni raggiunte e non fare altro per migliorarle. **2** (*est.*) Dormire: *abbiamo riposato tutta la notte* | (*euf.*) – *in pace*, dormire il sonno eterno, essere morti. **3** Non produrre rimanendo temporaneamente non coltivata, detto di terra: *i campi hanno bisogno di* –. **4** Poggiare, essere posato: *l'uccello riposa su di un ramo.* **B** *v. tr.* Fare riposare, dare quiete: – *le membra stanche.* **C** *v. intr. pron.* Prendere ristoro: *durante le ferie ci riposeremo.* [→ tav. *locuzioni* 32]

riposàto *part. pass. di riposare* (2); *anche agg.* (*lett.*) Tranquillo, calmo, libero da turbamenti.

ripòso *s. m.* **1** Cessazione o interruzione di attività, fatica e sim.: *lavorare senza* –; *tre giorni di* – | (*est.*) Ristoro, sollievo: *un po' di* – *te lo meriti* | (*est.*) Sonno: *buon* –! | (*euf.*) *L'eterno* –, la morte. **2** (*est.*) Persona, cosa, luogo riposante: *la campagna è il miglior* –. **3** (*lett.*) Quiete, tranquillità. **4** Stato di chi cessa dal proprio servizio attivo, spec. nell'ambito dell'organizzazione militare: *andare, collocare a* –; *ufficiale a* –. **5** Posizione di militari e ginnasti in cui essi lasciano la posizione di attenti e ne assumono un'altra più rilassata. **6** Letargo | Quiescenza | – *del terreno*, il lasciare un campo senza coltura e non lavorarlo per un certo tempo.

ripostìglio *s. m.* Luogo o spazio dove si può riporre o tenere in serbo o nascosto q.c. (*anche fig.*). [→ ill. *automobile, casa*]

ripósto **A** *part. pass. di riporre; anche agg.* Appartato, recondito: *luoghi riposti* | Segreto, nascosto: *i più riposti pensieri.* **B** *s. m.* (*merid.*) Deposito di alimentari.

riprèndere **A** *v. tr.* (*coniug. come prendere*) **1** Prendere di nuovo, un'altra volta; SIN. Ripigliare. **2** Prendere di nuovo ciò che si è dato, prestato, affidato in custodia: — *il soprabito al guardaroba.* **3** Rioccupare, riconquistare: — *la fortezza perduta.* **4** Acquistare di nuovo (*anche fig.*): — *quota*; — *vigore* | (*fig.*) — *i sensi*, rinvenire; SIN. Ricuperare. **5** Tornare a colpire, a sorprendere, ad assalire, detto di malattia o vizio: *la febbre lo ha ripreso.* **6** Ricominciare dopo un periodo di pausa: — *la guerra, il cammino* | ass. Soggiungere, continuare: *ascoltò attentamente e riprese: '...'.* **7** Biasimare, ammonire: — *il bambino*; SIN. Rimproverare. **8** Riprodurre una fisionomia o altro in un disegno, ritratto e sim.: — *un panorama dal vero.* **9** Eseguire una ripresa cinematografica o fotografica. **10** Ritoccare una cucitura per restringere l'abito in quel punto: *riprendere l'abito in vita.* **B** *v. intr. pron.* **1** Ricuperare vigore, forza, energia: *dopo la morte dell'amico non si riprende.* **2** Correggersi, ravvedersi: *era sulla cattiva strada, ma si riprese.* **C** *v. intr.* (*aus. avere*) **1** Ricominciare: *riprese a gridare.* **2** Riprendere vigore: *dopo la pioggia, le piante hanno ripreso.*

riprensìbile *agg.* (*lett.*) Degno di riprensione.

riprensióne *s. f.* (*lett.*) Rimprovero, biasimo, critica, disapprovazione: *degno di* —.

riprensìvo *agg.* (*lett.*) Che serve a riprendere, criticare, biasimare | Che contiene critiche, biasimo: *parole riprensive.*

riprèsa *s. f.* **1** Nuovo inizio, continuazione dopo una pausa o un'interruzione: *la — delle ostilità* | *A più riprese*, ricominciando più volte | Rappresentazione teatrale ripetuta a distanza di un certo tempo dalla fine dell'ultima serie delle rappresentazioni stesse. **2** Ricupero di vitalità, energia, intensità e sim.: *una lenta — dopo la malattia*; *il commercio è in rapida —* | — *economica*, fase positiva del ciclo economico, successiva a una recessione. **3** Attitudine di un motore ad accelerare rapidamente: *automobile con buona —* | (*est.*) L'accelerazione stessa. **4** Nel calcio e sim., il secondo dei due tempi di una partita | Nel pugilato, ciascuno dei periodi di tempo di un incontro durante i quali i due avversari combattono. **5** Piega cucita per restringere o modellare un abito. **6** (*cine.*) Operazione del ritrarre le scene da proiettare. [→ ill. *cinematografia*]

ripreṣentàre **A** *v. tr.* (*io ripreṣènto*) Presentare di nuovo. **B** *v. rifl.* Tornare a presentarsi: *si sono ripresentati al concorso.*

ripristinàre *v. tr.* (*io ripristino*) Rimettere nello stato primitivo | Restaurare: — *un edificio* | (*fig.*) Rinnovare: — *l'ordine.*

riprìstino *s. m.* Ristabilimento, reintegrazione nell'uso: — *di una consuetudine* | Restauro: — *di un palazzo antico* | Riattivazione: — *dei collegamenti telefonici.*

riproducìbile *agg.* Che si può riprodurre.

riprodùrre **A** *v. tr.* (*coniug. come produrre*) **1** Produrre di nuovo. **2** Eseguire una copia il più fedele possibile all'originale: — *una statua marmorea in gesso* | (*est.*) Stampare in molti esemplari: — *q.c. per la stampa.* **3** (*fig.*) Riferire, trascrivere, rappresentare fedelmente: — *il pensiero di qc.* **B** *v. intr. pron.* **1** Moltiplicarsi con le generazioni, detto di animali o piante. **2** Rigenerarsi, riformarsi.

riproduttìvo *agg.* Atto a riprodurre: *facoltà riproduttiva.*

riproduttóre **A** *agg.* (*f. -trice*) Che riproduce o è attinente alla riproduzione: *apparato —.* **B** *s. m.* **1** Chi riproduce. **2** Animale destinato alla riproduzione. **3** Apparecchio atto a riprodurre q.c. | — *a cuffia*, apparecchio per l'ascolto gener. in cuffia, di nastri e cassette registrati. [→ ill. *suono*]

riproduzióne *s. f.* **1** Ripetizione: — *di un fenomeno.* **2** (*biol.*) Proprietà fondamentale degli esseri viventi di generare nuovi individui, che garantisce il perpetuarsi della specie. **3** Realizzazione di una copia fedele all'originale | Moltiplicazione di copie a stampa | (*fig.*) Rappresentazione. **4** Emissione di suoni incisi su disco o registrati su nastro magnetico.

ripromèttere *v. tr.* (*coniug. come promettere*) **1** Promettere di nuovo, a propria volta. **2** Sperare, aspettarsi: *ci ripromettiamo un buon raccolto* | Promettere a se stesso: *mi riprometto di ubbidirgli.*

ripropórre *v. tr., rifl. e intr. pron.* (*coniug. come proporre*) Proporre di nuovo.

ripropósta *s. f.* Ripetizione di una proposta.

ripròva *s. f.* Nuova prova fatta per confermarne una precedente | Conferma | *A* —, a conferma; SIN. Verifica.

riprovàre (1) **A** *v. tr.* (*io ripròvo*) **1** Provare di nuovo: — *un abito.* **2** Dimostrare ulteriormente: *questo riprova la vostra buona volontà.* **B** *v. intr. e intr. pron.* (*aus. intr. avere*) Cimentarsi di nuovo in q.c.: — *a leggere*; *riprovarsi in una gara.*

riprovàre (2) *v. tr.* (*io ripròvo*) (*lett.*) Disapprovare, rifiutare: *tutti riprovano la sua condotta* | — *qc. agli esami*, bocciare; SIN. Biasimare, condannare.

riprovazióne *s. f.* (*lett.*) Disapprovazione; SIN. Condanna.

riprovévole *agg.* (*lett.*) Che merita riprovazione: *azione* —; SIN. Biasimevole.

ripubblicàre *v. tr.* (*io ripùbblico, tu ripùbblichi*) Pubblicare di nuovo.

ripubblicazióne *s. f.* Nuova pubblicazione.

ripudiàre *v. tr.* (*io ripùdio*) **1** Non riconoscere q.c. che ci appartiene come nostro, respingere qc. al quale si è legati da amore, amicizia, parentela: — *i genitori.* **2** (*est.*) Dichiarare fermamente di non voler più accettare: — *un'opinione.*

ripùdio *s. m.* **1** Disconoscimento, rifiuto di q.c. che ci appartiene o di qc. cui si è legati da un vincolo | (*est.*) Sconfessione: — *di un'ideologia.* **2** Nel diritto matrimoniale di alcuni popoli, formale dichiarazione del marito alla moglie di volere rompere il vincolo coniugale.

ripugnànte *part. pres. di ripugnare; anche agg.* Che ripugna; SIN. Disgustoso, nauseante, repellente, ributtante.

ripugnànza *s. f.* **1** Contrarietà, avversione, disgusto: *abbiamo — per la violenza*; SIN. Idiosincrasia, nausea, ribrezzo, ripulsione. **2** Riluttanza, renitenza: *ha — a ubbidire.*

ripugnàre *v. intr.* (*aus. avere*) **1** Suscitare avversione fisica o spirituale: *bevanda che ripugna*; SIN. Disgustare, nauseare, ributtare. **2** Essere contrario, avverso materialmente o spiritualmente: *ciò ripugna alla nostra coscienza.*

ripulìre **A** *v. tr.* (*io ripulisco, tu ripulisci*) **1** Pulire di nuovo. **2** Nettare bene, far tornare di nuovo pulito | Rubare tutto: *i ladri hanno ripulito la cassaforte* | Pulire togliendo il superfluo: — *un ramo* | — *i piatti*, mangiare tutto ciò che è stato portato in tavola. **3** (*fig.*) Perfezionare, rivedere e correggere bene: — *dei versi.* **4** (*lett., fig.*) Dirozzare, ingentilire: *la buona educazione lo ha ripulito.* **B** *v. rifl.* **1** Lavarsi, pettinarsi, mettersi abiti decenti. **2** (*fig.*) Incivilirsi, ingentilirsi.

ripulìsti V. *repulisti.*

ripulìta *s. f.* Atto del ripulire o del ripulirsi in una sola volta e spec. in modo sbrigativo.

ripulitùra *s. f.* Operazione del ripulire | Ciò che si accumula o si toglie nel ripulire q.c.: *la — di un cassetto.*

ripùlsa *s. f.* (*lett.*) Rifiuto nei confronti di una domanda, una richiesta, una petizione.

ripulsióne o *repulsióne s. f.* **1** Reazione che esprime avversione e ripugnanza verso qc. o q.c. che si rifiuta violentemente: *provare — per la guerra.* **2** Azione del respingere.

ripulsìvo o *repulsìvo agg.* **1** Che suscita ripulsione. **2** Che serve a respingere: *forza ripulsiva.*

ripùlso o (*raro, lett.*) *repùlso part. pass. di repellere; anche agg. e s. m.* (*lett.*) Reietto.

ripùngere *v. tr.* (*coniug. come pungere*) Pungere, ferire di nuovo.

riputàre V. *reputare.*

riputazióne V. *reputazione.*

riquadràre **A** *v. tr.* Ridurre in quadro, in forma quadrata: — *una pietra* | (*fig.*) — *la testa, il cervello, a qc.*, abituarlo a pensare e a giudicare bene. **B** *v. intr.* (*aus. essere e avere*) **1** (*raro*) Misurare in superficie: *sala che riquadra sei metri.* **2** (*fig., raro*) Corrispondere: *il tuo discorso mi riquadra poco.*

riquadratùra *s. f.* Riduzione in forma quadrata | Delimitazione con un riquadro.

riquàdro *s. m.* **1** Spazio quadro, porzione quadrangolare di una superficie. **2** Spazio quadro di parete o soffitto, dipinto e talora delimitato da modanature. [→ ill. *casa*]

riqualificàre ***A*** *v. tr.* Qualificare di nuovo o meglio: – *gli investimenti* | Dare una diversa o migliore qualifica professionale. ***B*** *v. rifl.* Acquisire una diversa o migliore qualifica professionale.

riqualificazióne *s. f.* Acquisizione di una qualificazione professionale superiore da parte di un lavoratore.

risàcca *s. f.* Ritorno disordinato e impetuoso dell'onda respinta da un ostacolo. [→ ill. *geografia*]

risàia *s. f.* Terreno coltivato a riso, e perciò atto a contenere l'acqua in cui la coltura va sommersa.

risaldàre *v. tr.* ***1*** Saldare di nuovo o meglio. ***2*** Saldare i pezzi di un oggetto rotto: – *un vaso.*

risalìre ***A*** *v. tr.* (*coniug. come salire*) Salire di nuovo: – *le scale* | – *un fiume*, navigare verso la sorgente. ***B*** *v. intr.* (*aus. essere*) ***1*** Salire di nuovo, tornare salendo da dove si era discesi: – *a cavallo, in casa.* ***2*** (*fig.*) Rincarare: *i prezzi risalgono.* ***3*** (*fig.*) Ritornare con la mente ad avvenimenti passati: – *alla prima giovinezza* | (*fig.*) Spingere un'indagine all'origine di q.c.: – *alla causa del fenomeno.* ***4*** Rimontare a tempi più o meno passati: *la costruzione di quel ponte risale al secolo scorso.*

risalìta *s. f.* Atto del risalire | *Mezzo di* –, funivia, seggiovia, o qualsiasi impianto atto a riportare gli sciatori all'inizio delle piste. [→ ill. *astronautica*]

risaltàre ***A*** *v. tr. e intr.* (*aus. intr. avere e essere*) Saltare di nuovo. ***B*** *v. intr.* (*aus. avere*) ***1*** Sporgere da una superficie: *il bassorilievo risalta sulla colonna* | (*est.*) Spiccare nitidamente o chiaramente, detto di colori, disegni, pitture o suoni. ***2*** (*fig.*) Emergere, detto di persona: *risaltava su tutti il suo coraggio* | (*fig.*) Apparire evidente, detto di fatti; SIN. Spiccare.

risàlto *s. m.* ***1*** Il risaltare | Spicco, rilievo, appariscenza | *Dare* –, *mettere in* –, fare spiccare. ***2*** Rilievo roccioso.

risanàbile *agg.* Che si può risanare.

risanaménto *s. m.* ***1*** (*raro*) Guarigione | Bonifica. ***2*** (*fig.*) Riassetto, miglioramento di ciò che è in condizioni di inefficienza, degrado e sim.: – *economico*; – *urbanistico.*

risanàre ***A*** *v. tr.* ***1*** Rendere di nuovo sano; SIN. Guarire. ***2*** Rendere salubre o abitabile: – *una zona paludosa.* ***3*** (*fig.*) Emendare, riparare, riassestare: – *il bilancio.* ***B*** *v. intr.* (*aus. essere*) Ricuperare la salute.

risanatóre *s. m.; anche agg.* (*f. -trìce*) Chi (o che) risana (*anche fig.*).

risapére *v. tr.* (*coniug. come sapere*) Venire a sapere da altri, anche ass.: *risaprò presto ciò che vai dicendo*; *si venne a* –.

risapùto *part. pass. di risapere; anche agg.* Noto a tutti: *è* – *che sei disonesto.*

risarcìbile *agg.* Che si può risarcire.

risarciménto *s. m.* Compenso, riparazione di un danno materiale o morale | Somma con cui si risarcisce.

risarcìre *v. tr.* (*io risarcisco, tu risarcisci*) Compensare un danno materiale o riparare un danno morale: – *la perdita della casa*; – *un'offesa* | Rifare qc. di un danno o dei danni compensandolo con denaro o altro: *lo hanno risarcito dei danni di guerra*; SIN. Ripagare.

risàta *s. f.* Atto del ridere, spec. a lungo e in modo sonoro.

riscaldaménto *s. m.* ***1*** Operazione del riscaldare | Aumento della temperatura. [→ ill. *petrolio*] ***2*** Mezzo o impianto per riscaldare un edificio: – *a carbone, elettrico* | – *centrale*, con un solo generatore di calore per tutti gli appartamenti di un fabbricato | – *autonomo*, per ogni appartamento di un fabbricato. [→ ill. *riscaldamento, casa*] ***3*** Attività ginnica preparatoria compiuta dagli atleti per scaldare e sciogliere i muscoli prima di una competizione o di esercizi molto impegnativi: *fare dieci minuti di* –. ***4*** (*pop.*) Riscaldo.

riscaldàre ***A*** *v. tr.* ***1*** Scaldare di nuovo, rimettere al fuoco ciò che è diventato freddo: – *la minestra.* ***2*** Rendere caldo: *il sole riscalda la terra.* ***3*** (*fig.*) Eccitare, infiammare, accendere: *idee che riscaldano la testa.* ***4*** (*est.*) Indurre riscaldo: *è un cibo che riscalda.* ***B*** *v. rifl.* Riprendere calore: *riscaldarsi al sole.* ***C*** *v. intr. pron.* ***1*** Diventare caldo. ***2*** (*fig.*) Infervorarsi, accendersi: *è un oratore che si riscalda facilmente.*

riscaldatóre *s. m.* (*f. -trìce*) Apparecchio atto a produrre il riscaldamento di un fluido.

riscàldo *s. m.* (*pop.*) Blanda infiammazione della pelle o intestinale; SIN. Riscaldamento.

riscattàbile *agg.* Che si può o si deve riscattare.

riscattàre ***A*** *v. tr.* ***1*** Riacquistare con denaro o altro qc. o q.c. che si era ceduto ad altri o che ci era stato sottratto: – *un prigioniero.* ***2*** (*dir.*) Eliminare gli effetti di un contratto liberandosi dall'obbligo con lo stesso assunto: – *una rendita.* ***3*** (*fig.*) Redimere, liberare: – *la propria vita con un atto di coraggio.* ***B*** *v. rifl.* Liberarsi dal disonore, da una vita meschina o disonesta.

riscàtto *s. m.* ***1*** Riacquisto, liberazione con denaro o altro di chi o di ciò che ci era stato sottratto: *trattare il* – *dei prigionieri* | (*fig.*) Redenzione, liberazione spec. da uno stato di sottomissione, disonore e sim.: *il* – *di un popolo.* ***2*** (*dir.*) Atto con cui il debitore, mediante il pagamento di una somma, si libera da un obbligo assunto; SIN. Retratto. ***3*** Prezzo che si dovrebbe pagare o che si paga per riscattare qc. o q.c.: *il* – *dei prigionieri.*

riscégliere *v. tr.* (*coniug. come scegliere*) Scegliere di nuovo.

rischiaraménto *s. m.* Conferimento, aumento di luminosità, chiarezza, limpidezza e sim. | Rasserenamento | (*fig.*) Chiarimento.

rischiaràre ***A*** *v. tr.* ***1*** Rendere chiaro o più chiaro ciò che è scuro, fosco, torbido, annebbiato: – *la stanza con una lampada* | – *un colore*, renderlo meno carico | – *la voce*, renderla limpida; SIN. Illuminare. ***2*** (*fig.*) Illuminare, rendere perspicace: – *la mente.* ***B*** *v. intr. e intr. pron.* (*aus. essere*) Farsi chiaro o più chiaro (*anche fig.*) | Schiarire, rasserenarsi, detto del tempo | Diventare limpido, sonoro, detto della voce.

rischiàre ***A*** *v. tr.* (*io rìschio*) Mettere a repentaglio, anche ass.: – *tutto per tutto.* ***B*** *v. intr.* (*aus. avere*) Correre il rischio: – *di morire.*

rìschio *s. m.* ***1*** Possibilità di conseguenze dannose o negative a seguito di circostanze non sempre prevedibili: *correre un* –; *mettersi, esporsi a un* – | *A* – *del committente, del mittente*, di merce i cui eventuali danni subiti durante il viaggio saranno sopportati dal committente o dal mittente; SIN. Pericolo. ***2*** Evento pericoloso | Pericolo più o meno imminente: *c'è il* – *di una polmonite* | *A tuo* – *e pericolo*, assumendoti tutte le conseguenze, anche negative.

rischióso *agg.* Pieno di rischio: *vita rischiosa*; SIN. Pericoloso.

risciacquàre *v. tr.* (*io risciàcquo*) ***1*** Sciacquare nuovamente. ***2*** Passare panni, stoviglie o altro in acqua chiara per eliminare residui di sapone o di altro detersivo | – *i panni in Arno*, adeguarsi al linguaggio toscano. ***3*** Pulire lavando con acqua o altro liquido: – *le damigiane con aceto.*

risciacquàta *s. f.* ***1*** Il risciacquare una sola volta e in fretta. ***2*** (*fig., fam.*) Sgridata.

risciacquatùra *s. f.* ***1*** Operazione del risciacquare. ***2*** Acqua, liquido in cui è stato risciacquato q.c.

risciàcquo *s. m.* ***1*** (*raro*) Risciacquatura | Una delle fasi del ciclo di funzionamento di una lavatrice o lavastoviglie. ***2*** Liquido che serve a risciacquare. ***3*** (*med.*) Collutorio.

risciò *s. m.* Carrozzella a due ruote trainata da un uomo, usata in Cina e altri paesi asiatici.

risciògliere *v. tr.* (*coniug. come sciogliere*) Sciogliere di nuovo.

riscontàre *v. tr.* (*io riscónto*) Presentare allo sconto ad altre banche cambiali di terzi già scontate.

riscónto *s. m.* Operazione del riscontare.

riscontràbile *agg.* Che si può riscontrare.

riscontràre ***A*** *v. tr.* (*io riscóntro*) ***1*** Mettere di fronte due cose, due fatti, due fenomeni per rilevarne le corrispondenze e le differenze: – *due documenti*; SIN. Raffrontare. ***2*** Verificare, controllare, le condizioni o il funzionamento di q.c.: – *il peso di q.c.* | Riconoscere, rilevare dopo un esame più o meno attento: *non abbiamo riscontrato irregolarità.* ***B*** *v. intr.* (*aus. avere*) Risultare uguale, accordarsi, corrispondere: *le date dei due documenti riscontrano.*

riscóntro *s. m.* ***1*** Confronto di due cose, fenomeni e sim. per rilevarne le corrispondenze e le differenze | *Mettere*

apparecchi di riscaldamento

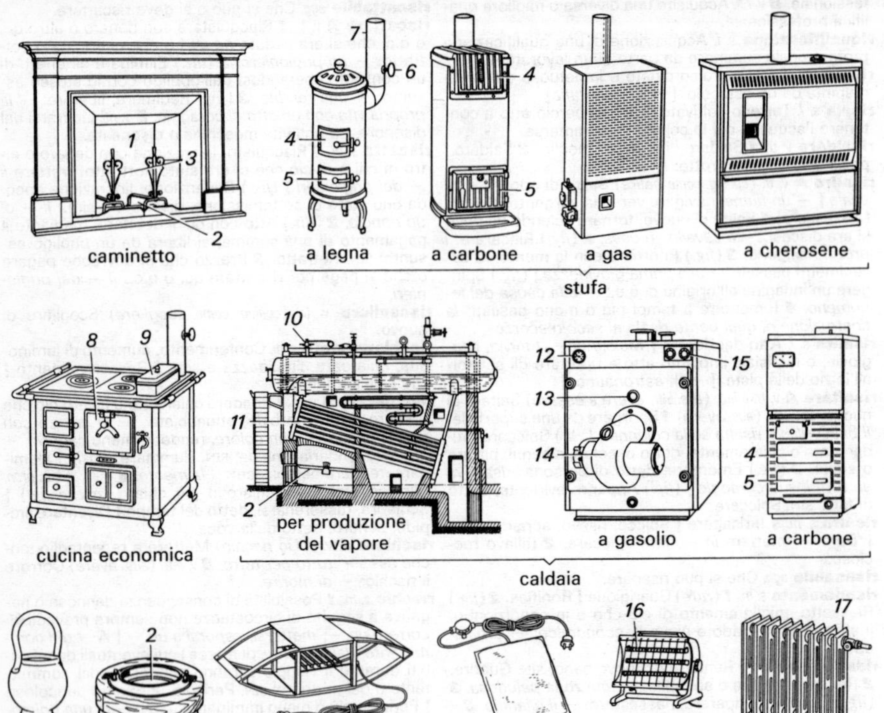

caminetto
a legna
a carbone
a gas
a cherosene
stufa
cucina economica
per produzione del vapore
a gasolio
a carbone
caldaia
scaldino
braciere
scaldaletto
termoforo
stufa elettrica
radiatore

1 bocca 2 focolare 3 alare 4 sportello del combustibile 5 sportello della cenere 6 valvola 7 canna fumaria 8 forno 9 vaschetta dell'acqua 10 valvola di sicurezza 11 tubi vaporizzatori 12 termometro 13 spia di controllo 14 bruciatore 15 termostato 16 resistenza 17 elemento

scalda acqua
a carbone
forno a legna
forno a vapore
a gas
a gas
elettrico
a petrolio
bollitore
cucina a gas
fornello
a legna
elettrico

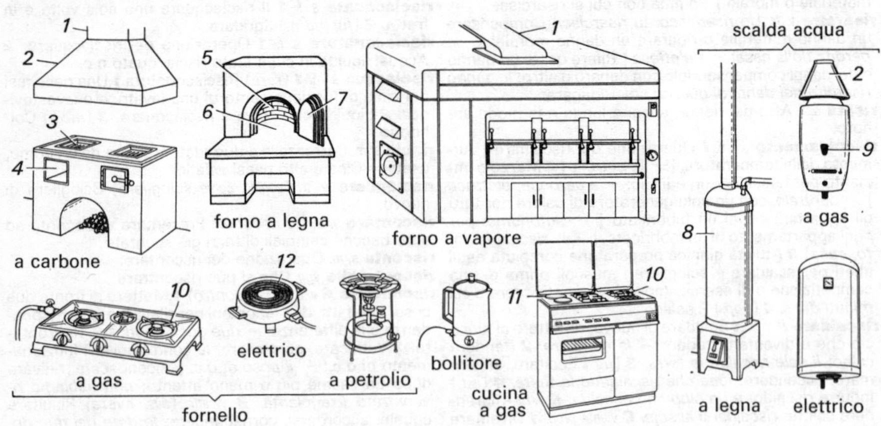

1 canna fumaria 2 cappa 3 graticola 4 fornello 5 volta 6 bocca 7 chiusino 8 boiler 9 fiammella di sicurezza 10 fuoco 11 piastra 12 resistenza

a –, mettere a paragone, confrontare | Collazione: *un attento – dei due codici* | Revisione, verifica, controllo: *fare il – dei conti* | Riprova, conferma. [→ ill. *meccanica*] **2** Posizione di contro, di fronte, dirimpetto di due cose: *non so quale sia il – delle due finestre* | (*est.*) Corrispondenza di posizioni e forme: *questi quadri sono a –* | *Di –*, in corrispondenza esatta, di fronte | *Fare –*, corrispondere | *Avere, trovare –*, avere rapporto, corrispondere | *Avere, trovare –*, avere rapporto, corrispondenza; SIN. Raffronto. **3** (*est.*) Corrente d'aria che si produce tra aperture poste l'una di fronte all'altra. **4** Corrispondenza tra due meccanismi che s'incastrano. **5** (*bur.*) Lettera di risposta. **6** Ufficio di una banca addetto alla verifica delle operazioni prima di autorizzare il pagamento e l'incasso.

riscoprire **A** *v. tr.* (*coniug. come scoprire*) Scoprire di nuovo. **B** *v. rifl.* Scoprirsi di nuovo.

riscórrere *v. tr.* (*coniug. come scorrere*) Scorrere di nuovo o in senso contrario.

riscòssa *s. f.* Riconquista di ciò che era stato occupato o conquistato dal nemico o di diritti che erano stati tolti da un oppressore: *incitare alla –; è cominciata la – morale.*

riscossióne *s. f.* Ritiro, incasso di una somma di denaro.

riscotibile o *riscuotibile agg.* Che si può o si deve riscuotere.

riscotiménto *s. m.* **1** Risveglio dal sonno, dal torpore e sim. **2** (*raro*) Riscossione.

riscrivere **A** *v. tr.* (*coniug. come scrivere*) Scrivere di nuovo, spec. in forma migliore: *non si stanca di – il suo romanzo.* **B** *v. intr.* (*aus. avere*) Scrivere in risposta: *dobbiamo – agli amici.*

riscuòtere **A** *v. tr.* (*coniug. come scuotere*) **1** Scuotere di nuovo o più forte. **2** Scuotere energicamente per risvegliare: *– qc. dal torpore.* **3** Ricevere, ritirare, percepire una somma dovuta come compenso, retribuzione, onorario e sim.: *– la pigione, un credito, le tasse.* **4** (*fig.*) Riportare, conseguire, ottenere: *– onori, il biasimo generale.* **B** *v. intr. pron.* **1** Scuotersi per improvvisa paura, stupore o meraviglia. **2** Risvegliarsi da torpore o sonno, riprendersi da uno svenimento o da un momento di distrazione (*anche fig.*): *riscuotersi dall'inerzia.*

riscuotibile V. *riscotibile.*

risecàre *v. tr.* (*io riséco, tu riséchi*) Tagliare, togliere via (*anche fig.*): *– i rami di una pianta.*

risedére **A** *v. intr.* (*coniug. come sedere; aus. essere*) Sedere di nuovo. **B** *v. intr. pron.* **1** Sedersi di nuovo. **2** (*raro*) Abbassarsi sgonfiandosi.

riséga *s. f.* Diminuzione dello spessore di un muro in corrispondenza di un piano superiore.

riseminàre *v. tr.* (*io risémino*) Seminare di nuovo (*anche fig.*).

risentiménto *s. m.* **1** Nuova manifestazione di una malattia o di un dolore: *– reumatico* | Ripercussione di una malattia su un altro organo. **2** Reazione di sdegno o di irritazione provocata da un'ingiuria, un'offesa e sim.

risentire **A** *v. tr.* (*io risènto*) **1** Sentire di nuovo: *risento un rumore sospetto* | Ascoltare ancora. **2** Sentire vivamente, soffrendo per danni morali o materiali: *– la perdita del padre.* **3** Riportare, come conseguenza di q.c.: *risentiamo molti vantaggi da quella situazione.* **B** *v. intr.* (*aus. avere*) Mostrare, provare gli effetti di cause più o meno lontane: *– della cattiva educazione.* **C** *v. intr. pron.* **1** (*lett.*) Svegliarsi, destarsi | Ricuperare i sensi. **2** Offendersi, reagire a un'offesa, a una provocazione e sim.: *si sono risentiti per il vostro comportamento.*

risentito *part. pass. di risentire; anche agg.* **1** Che mostra risentimento. **2** Che si fa sentire in tutta la sua intensità, forza, velocità: *polso –.*

riserbàre *v. tr.* (*io risèrbo*) Serbare nuovamente.

riserbatézza V. *riservatezza.*

riserbàto V. *riservato.*

risèrbo *s. m.* Atteggiamento di discrezione, prudenza, riguardo, nel proprio modo di agire; SIN. Riservatezza, ritegno.

riserìa o *risièra s. f.* Stabilimento per la lavorazione del riso.

risèrva *s. f.* **1** Destinazione di q.c. esclusivamente a sé, ad altri o a determinati fini | *– di caccia e pesca*, diritto esclusivo di caccia e di pesca, e territorio in cui vige tale diritto | (*est.*) Territorio in cui le popolazioni indigene, sottoposte al controllo dei bianchi, possono vivere secondo le loro tradizioni | *– naturale*, zona di territorio regolamentata per la protezione delle specie animali e vegetali che vi vivono. **2** Accantonamento di q.c. per servirsene a tempo opportuno: *farsi una –* | Ciò che si tiene in serbo per essere utilizzato: *riserve di viveri; le riserve di grassi nell'organismo*; SIN. Provvista | *Di –*, di scorta | (*autom.*) La quantità minima di carburante residuo nel serbatoio di un autoveicolo: *essere, viaggiare in –* | (*econ.*) Parte ideale del capitale netto formata da utili non distribuiti | *– metallica*, fondo d'oro e d'argento che le banche di emissione debbono tenere immobilizzato a garanzia della carta moneta | *– legale*, quella che la legge prescrive per certi tipi di società | (*mil.*) Aliquota di forze a disposizione del comandante di una grande unità per essere impiegata in caso di necessità | (*mil.*) Insieme dei cittadini sottoposti a obbligo militare e che non sono in servizio attivo | (*sport*) Atleta che deve sostituire il titolare in una formazione qualora questi non potesse gareggiare. **3** Restrizione, limitazione posta all'approvazione di q.c.: *fare una – ben precisa; accettare con –* | (*dir.*) Accordo in virtù del quale gli effetti di un determinato atto giuridico vengono differiti: *– di impugnazione* | *– mentale*, pensiero che limita la portata di una dichiarazione non conforme alla volontà interna del dichiarante.

riservàre *v. tr.* (*io risèrvo*) **1** Tenere in serbo q.c. per disporne all'occorrenza in favore di determinate persone o in vista di precisi scopi: *abbiamo riservato per la conclusione gli argomenti più convincenti.* **2** Tenere a disposizione q.c. per sé o per altri: *ti abbiamo riservato un posto in prima fila.*

riservatézza o (*raro*) *riserbatézza s. f.* L'essere riservato; SIN. Riserbo.

riservàto o (*raro*) *riserbàto part. pass. di riservare; anche agg.* **1** Particolarmente destinato per qc.: *posto –* | Privato, segreto: *informazione riservata.* **2** Pieno di riserbo: *– nel parlare*; SIN. Contegnoso, sostenuto.

riservìsta *s. m.* (*pl. -i*) Soldato appartenente alla riserva.

riṣguàrdo *s. m.* (*edit.*) Foglio, posto all'inizio e alla fine di un libro, che copre da una parte il cartone della copertina e dall'altra i fogli di apertura e chiusura del volume. [→ ill. *stampa*]

risìbile *agg.* Che muove un riso di scherno, di compatimento: *difetto –* | Ridicolo: *gesto –.*

riṣicàre **A** *v. tr.* (*io riṣico, tu riṣichi*) (*tosc.*) Rischiare. **B** *v. intr.* (*aus. avere*) (*raro, tosc.*) Correre un rischio. [→ tav. *proverbi* 76]

risìcolo *agg.* Concernente la coltivazione del riso o la sua produzione.

risicoltóre *s. m.* Coltivatore di riso.

risicoltùra *s. f.* Coltivazione del riso.

risièdere *v. intr.* (*io risièdo*, in tutta la coniug. conserva il dittongo *ie* in posizione tonica e atona; *aus. avere*) **1** Avere sede, domicilio, dimora fissa: *risiediamo a Torino* | Essere posto, sistemato, detto di cosa: *la fabbrica risiede nella valle.* **2** (*fig.*) Stare, consistere: *la causa del suo successo risiede nella sua intraprendenza.*

risièra *s. f.* V. *riseria.*

risièro *agg.* Relativo al riso: *mercato –.*

risìna *s. f.* Riso minuto o ridotto in frantumi, utilizzato come becchime.

riṣìpola *s. f.* (*med.; pop.*) Erisipela.

rìṣma *s. f.* **1** Unità di conteggio commerciale della carta equivalente a 500 fogli per quella da stampa | Ogni pacco confezionato con tale numero di fogli. **2** (*fig., spreg.*) Genere, qualità: *due individui della stessa –.*

riso (1) *s. m.* (*pl. risa, f.*) **1** Dimostrazione di allegrezza, con particolare movimento dei muscoli della faccia e suoni caratteristici: *– beffardo, sguaiato* | *Muovere il –*, suscitarlo | *Mettere, volgere in –*, ridicolizzare | *Sganasciarsi dalle risa*, ridere rumorosamente e di gusto. **2** (*est.*) Aspetto ridente e gioioso: *il – della primavera.* **3** (*poet.*) Bocca. [→ tav. *proverbi* 191, 192]

riso (2) *s. m.* **1** Pianta erbacea delle Glumiflore, coltivata sommersa in acqua, di origine asiatica, con fusto glabro, pannocchia con spighette di un solo fiore e cariossidi commestibili. [→ ill. *piante* 16] **2** I granelli commestibili della pianta omonima: *– in brodo* | *– sbramato,* liberato dalla lolla | — *brillato*, trattato in modo da renderlo lucido.

risolàre o *risuolàre* v. tr. (*io risuòlo, pop. risòlo;* in tutta la coniug. la *o* dittonga in *uo* se tonica) Rimettere nuove suole.

risolatùra o *risuolatùra* s. f. **1** Operazione del risolare. **2** Parte logora della suola che viene sostituita con una nuova.

risolìno s. m. Riso appena accennato di scherno, canzonatura e sim.

risollevàre A v. tr. (*io risollèvo*) **1** Sollevare di nuovo | (*fig.*) Rialzare da una condizione di scadimento: *risollevò le sorti dell'industria.* **2** Confortare, ricreare: — *lo spirito.* **B** v. rifl. Sollevarsi di nuovo (*anche fig.*).

risòlto part. pass. di *risolvere;* anche agg. Dissolto, chiarito | Deciso, deliberato.

risolùbile agg. Che si può risolvere; CONTR. Irresolubile.

risolutézza s. f. L'essere risoluto; CONTR. Esitazione.

risolutivo agg. **1** Che risolve: *formula risolutiva.* **2** Che influisce decisamente sull'esito, la conclusione di q.c.: *fase risolutiva del processo*; SIN. Decisivo.

risolùto part. pass. di *risolvere;* anche agg. Sicuro, deciso ad agire in un determinato modo, detto di persona: *siamo risoluti a partire* | Franco e ardito, detto di atteggiamento, discorso e sim. | Di persona che mantiene fermamente le proprie convinzioni e decisioni: *un uomo — e costante*; SIN. Energico.

risolutóre s. m. (f. *-trìce*) Chi risolve q.c. (*anche fig.*): — *di problemi.*

risoluzióne s. f. **1** Scioglimento, chiarimento: — *di un dubbio* | Soluzione: *la — di un problema.* **2** Decisione, determinazione: *abbiamo preso la — di scrivergli* | Deliberazione finale presa da un'assemblea. **3** Scomposizione in varie parti o in vari elementi: *operare la — di un composto chimico.* **4** (*mat.*) Determinazione delle soluzioni. **5** Esito favorevole di una malattia.

risòlvere A v. tr. (*pres. io risòlvo; pass. rem. io risolvéi* o *risolvètti* o *risòlsi, tu risolvésti, part. pass. risòlto, raro risolùto*) **1** (*raro*) Sciogliere in liquido: — *le nubi in acqua* | Dissolvere uno stato di tensione, sciogliere un intrigo, una difficoltà: — *una controversia, una sciarada* | — *un problema*, trovarne le soluzioni | — *un contratto*, eliminarne retroattivamente gli effetti. **2** Scomporre, dividere in parti: — *q.c. nelle sue molecole.* **3** Decidere, deliberare, stabilire: *hanno risolto di firmare la pace.* **4** (*med.*) Facilitare la guarigione: — *una malattia con terapie intensive.* **B** v. intr. (*aus. avere*) Riuscire a concludere. **C** v. intr. pron. **1** (*raro*) Sciogliersi, stemperarsi. **2** (*fig.*) Ridursi, andare a finire in: *tutto si è risolto in un insuccesso.* **3** Decidersi uscendo da perplessità, esitazioni: *si sono risolti a bocciarlo.*

risolvìbile agg. Che si può risolvere.

risommàre (1) v. tr. (*io risómmo*) Sommare di nuovo.

risommàre (2) v. intr. (*io risómmo; aus. essere*) (*raro*) Ritornare a galla.

risommèrgere v. tr. (*coniug. come sommergere*) Sommergere di nuovo.

risonànte part. pres. di *risonare;* anche agg. Che risuona, sonoro; SIN. Rimbombante.

risonànza s. f. **1** (*fis.*) Fenomeno per cui un sistema meccanico o acustico o elettrico, sotto l'azione di forze esterne periodiche, tende a vibrare con intensità elevata. [→ ill. *fisica*] **2** Il riflettersi, l'amplificarsi dei suoni, della voce. **3** (*fig.*) Emozione, interesse, prodotti da fatti, discorsi, avvenimenti che vengono ampiamente discussi o commentati: *il fatto ha avuto vasta —.*

risonàre o *risuonàre* **A** v. tr. (*io risuòno, pop. risòno;* in tutta la coniug. la *o* dittonga in *uo* se tonica) Suonare di nuovo: — *uno strumento.* **B** v. intr. (*aus. essere* e *avere*) **1** Suonare di nuovo: *suona e risuona.* **2** Rendere un suono lungo e cupo, detto di corpi percossi | Produrre risonanza facendo riecheggiare i suoni; SIN. Rimbombare. **3** Ripercuotersi, echeggiare, diffondersi: *mi risuonano nella mente le sue promesse.*

risonatóre A agg. (f. *-trìce*) (*raro*) Che risuona. **B** s. m. Dispositivo che genera risonanza o entra in risonanza se opportunamente eccitato.

risóne s. m. Riso grezzo, quale si ottiene dalla trebbiatura, prima delle altre lavorazioni.

risórgere v. intr. (*pres. io risórgo, tu risórgi; pass. rem. io risórsi, tu risorgésti; part. pass. risórto; aus. essere*) **1** Sorgere di nuovo (*anche fig.*): *risorgono delle difficoltà.* **2** Risuscitare, tornare in vita (*anche fig.*): *Gesù Cristo risorse dal sepolcro.* **3** (*fig.*) Sollevarsi, riaversi, detto di persona: *è risorto dalla malattia* | (*fig.*) Riprendersi, rifiorire, detto di fenomeni spirituali: *dovunque risorge la cultura.*

risorgimentàle agg. Che concerne il Risorgimento.

risorgiménto s. m. **1** Ritorno alla vita, rinascita (*spec. fig.*): — *delle arti.* **2** *Risorgimento*, periodo storico tra la fine del '700 e il 1870 in cui si compie il processo di formazione dello stato unitario italiano.

risorgìva s. f. Sorgente alimentata da una falda freatica che affiora in pianura. [→ ill. *geografia*]

risorgìvo agg. Detto di acque sotterranee quando escono alla superficie.

risórsa s. f. **1** Mezzo che può venire in aiuto in caso di necessità: *la sua intelligenza è piena di risorse* | *Uomo di molte risorse*, che sa districarsi in situazioni complicate. **2** Mezzi di cui si dispone e che possono costituire sorgente di guadagno o di ricchezza: *ha esaurito tutte le sue risorse.*

risospìngere v. tr. (*coniug. come spingere*) **1** Sospingere di nuovo. **2** Ricacciare indietro.

risostenére v. tr. (*coniug. come sostenere*) Sostenere di nuovo.

risòtto s. m. Riso cotto in brodo sino a completo assorbimento di questo, e condito in vari modi.

risovvenire A v. tr. (*coniug. come sovvenire*) (*lett.*) Sovvenire di nuovo, tornare a soccorrere. **B** v. intr. e (*raro*) intr. pron. (*aus. essere*) (*lett.*) Ritornare alla mente: *mi risovvengo di lui.*

risparmiàre A v. tr. (*io rispàrmio*) **1** Non consumare, non sprecare: — *fatica, denaro* | Non spendere o non usare per tenere da parte: — *la biancheria nuova* | — *gli occhi*, non stancarli | — *le gambe, il fiato*, camminare, parlare poco | ass. Spendere poco: *questo mese bisogna —.* **2** Fare a meno di q.c. o di fare q.c.: *ci risparmieremo di venire fino da te* | Non affaticare qc.: *cerca di — tua madre.* **3** Non togliere, concedere: — *la vita a qc.* | Riguardare, salvare: *la morte non risparmia nessuno.* **B** v. rifl. Aver riguardo di sé, delle proprie condizioni fisiche: *è un atleta che non sa risparmiarsi.*

risparmiatóre s. m. (f. *-trìce*) Chi risparmia, spec. denaro.

rispàrmio s. m. **1** Limitazione del consumo o dell'uso | Limitazione delle spese; CONTR. Spreco. **2** Quota del reddito disponibile sottratta al consumo e accantonata per il futuro.

rispecchiàre v. tr. e rifl. (*io rispècchio*) **1** Specchiare di nuovo. **2** Riflettere l'immagine: *il lago rispecchia il paesaggio* | (*fig.*) Esprimere: *parole che rispecchiano bene la situazione.*

rispedire v. tr. (*io rispedisco, tu rispedisci*) **1** Spedire di nuovo. **2** Spedire di rimando: *gli ho rispedito la sua lettera.*

rispettàbile agg. **1** Meritevole, degno di rispetto: *persona —* | (*est.*) Onesto, dabbene: *famiglia molto —.* **2** (*impr.*) Considerevole: *patrimonio —.*

rispettabilità s. f. L'essere rispettabile.

rispettàre v. tr. (*io rispètto*) **1** Dimostrare la propria stima, circondare di rispetto, ossequio, riverenza: — *i genitori, i superiori, gli anziani.* **2** Considerare tanto stimabile da non doversi offendere, violare, profanare, ledere: — *le idee, le opinioni, i diritti altrui* | *Farsi —*, far valere la propria volontà e autorità | — *se stesso*, non venir meno alla propria dignità | — *la propria firma*, (*fig.*) fare onore al proprio nome. **3** Osservare secondo le prescrizioni: — *le feste, la legge, gli ordini* | — *la grammatica*, seguirne le regole | — *un consiglio*, metterlo in pratica.

rispettivaménte avv. Per quel che riguarda ciascuna delle persone o cose menzionate, secondo l'ordine | Relativamente, in paragone.

rispettivo agg. Concernente la persona o la cosa nominata: *le tue amiche e i rispettivi mariti.*

rispètto s. m. **1** Sentimento che nasce da stima e da considerazione verso persone ritenute superiori, verso principi o istituzioni: *nutrire un profondo — per il proprio padre*; *avere — per le libertà democratiche* | *Parlare, trattare con —*, in modo rispettoso | *Persona degna di*

—, pregevole moralmente | *spec. al pl.* Cerimonia, segno di riverenza: *presentare a qc. i propri rispetti*; SIN. Deferenza. **2** Sentimento che ci trattiene dall'offendere gli altri, ledere i loro diritti o menomare i loro beni: *portare — ai propri simili* | *Mancare di — verso qc.*, offenderne i diritti, i sentimenti o l'onore | *Tenere in —*, farsi rispettare, incutere soggezione | *Perdere il —*, perdere la propria autorità | *Con — parlando*, formula che attenua espressioni poco pulite o poco rispettose. **3** Osservanza, ossequio a un ordine, una regola, una legge e sim.: *non avere — per le norme del galateo* | *Zona di —*, nella quale la costruzione è vietata o sottoposta a precisi vincoli. **4** (*raro*) Riguardo, considerazione | Modo particolare di giudicare qc. o q.c.: *sotto un certo — hai ragione* | *— a*, in relazione a, a paragone di. **5** (*letter.*) Componimento amoroso di origine popolare, costituito da una stanza generalmente in ottava o sesta rima, diffuso spec. in Toscana.

rispettóso *agg.* Che è pieno di rispetto, detto di persona: *essere — verso i superiori* | Che dimostra rispetto, detto di cosa; SIN. Deferente, ossequioso, riguardoso; CONTR. Irrispettoso.

rispiegàre *v. tr.* (*io rispiègo, tu rispièghi*) **1** Spiegare di nuovo. **2** (*fig.*) Dare una spiegazione più accurata.

risplendènte *part. pres. di risplendere; anche agg.* Che risplende.

risplèndere *v. intr.* (*coniug. come splendere; aus. essere e avere; raro* nei tempi composti) **1** Avere splendore, brillare, mandare splendore: *il sole risplende nel cielo.* **2** (*fig.*) Rifulgere, distinguersi su molti: *è un ragazzo che risplende per bontà.*

rispolveràre *v. tr.* (*io rispólvero*) Spolverare di nuovo (*anche fig.*): *— un mobile*; *— un'idea.*

rispondènte *part. pres. di rispondere; anche agg.* **1** Che risponde. **2** (*est.*) Proporzionato, armonico, conveniente: *ornamento — all'edificio.*

rispondènza *s. f.* **1** L'essere rispondente, conforme: *la — della parola al pensiero.* **2** Riflesso, ripercussione di un effetto, di un'azione: *il fatto ebbe — immediata in tutti noi.*

rispóndere **A** *v. intr.* (*pres. io rispóndo, pass. rem. io rispósi, tu rispondésti, part. pass. rispósto; aus. avere*) **1** Parlare a propria volta a chi ha rivolto una domanda, replicare a un discorso, dare risposta a uno scritto: *— a una domanda, a una lettera, al telefono*; *— a voce, per iscritto*; *mi ha risposto di sì*; *gli fu risposto di tacere* | *— a tono*, con le parole adatte o vivacemente | *— per le rime*, ribattere con vivacità. **2** Replicare vivacemente, resistere confutando: *— a un superiore.* **3** Servirsi di mezzi vari che non siano le parole per replicare a un discorso o altro: *— con un sorriso, con un'alzata di spalle* | Far seguire un'azione a un'altra, in segno di risposta: *— al tiro nemico*; *— alle parole con l'azione.* **4** (*fig.*) Esaudire, soddisfare: *tutto risponde alle nostre speranze* | (*fig.*) Quadrare, corrispondere: *ciò risponde al caso nostro* | Avere reazioni reciproche: *le due parti rispondono.* **5** Obbedire a una sollecitazione, a un impulso, a un ordine: *il cavallo risponde alla briglia.* **6** Essere responsabile: *tutti rispondiamo delle nostre azioni.* **7** Essere situato, guardare, aprirsi: *la veranda risponde sul giardino.* **8** (*fig.*) Riflettersi, ripercuotersi: *è un dolore che risponde in un'altra parte del corpo.* **9** Giocare una carta del seme già giocato da altri: *— a picche.* **B** *v. tr.* Dare in risposta: *— poche parole* | *— picche*, rispondere in modo brusco e negativo. [→ tav. *locuzioni* 91]

risposàre **A** *v. tr.* (*io rispòso*) Sposare di nuovo. **B** *v. intr. pron.* Sposarsi di nuovo.

rispósta *s. f.* **1** Atto del rispondere: *dare una — a qc.* | Ciò che si risponde: *— breve, esauriente* | Parole, lettera o sim. con cui si risponde: *la — al biglietto* | Responso: *aspettiamo la — del medico* | *In, per —, a*, rispondendo. **2** Azione che fa seguito a un'altra: *è la — alle vostre provocazioni.* **3** Nella scherma, colpo vibrato subito dopo aver parato l'azione di offesa avversaria | *Fare a botta e —*, (*fig.*) scambiarsi battute, spec. vivaci. **4** Reazione a un impulso, a una manovra: *la — del freno è insufficiente* | *— condizionata*, riflesso condizionato. [→ tav. *proverbi* 332]

rispuntàre **A** *v. intr.* (*aus. essere*) **1** Spuntare di nuovo. **2** (*fig.*) Riapparire, ricomparire, detto di persona. **B** *v. tr.* Accorciare di nuovo le piante.

rìssa *s. f.* Zuffa fra due o più persone con scambio di epiteti ingiuriosi e di percosse.

rissaiòlo *agg.* Facile ad attaccar rissa.

rissàre *v. intr.* (*aus. avere*) Fare rissa.

rissóso *agg.* Facile alla rissa, detto di persona: *un vecchio —* | Che è tipico di chi è facile alla rissa: *carattere —.*

ristabiliménto *s. m.* **1** Ripristino, ricostituzione: *— di un'alleanza.* **2** Recupero delle forze, della salute; SIN. Guarigione.

ristabilìre **A** *v. tr.* (*io ristabilisco, tu ristabilisci*) **1** Stabilire di nuovo (*anche fig.*): *hanno ristabilito l'orario estivo* | Rimettere in vigore: *— l'autorità di qc.* **2** Rendere di nuovo sano, rimettere in salute: *il riposo lo ha ristabilito.* **B** *v. intr. pron.* Rimettersi in salute, riacquistare le forze.

ristagnàre (1) **A** *v. intr.* (*aus. avere*) **1** Diventare stagnante, paludoso, detto di acque correnti | (*est.*) Cessare di scorrere, detto di vari liquidi: *il sangue ristagna.* **2** (*fig.*) Diminuire la propria attività o l'intensità fino quasi a fermarsi: *l'industria alberghiera ristagna.* **B** *v. intr. pron.* Fermarsi, cessare di scorrere, detto di acque correnti e spec. di altri liquidi. **C** *v. tr.* (*raro*) Far diventare stagnante.

ristagnàre (2) *v. tr.* Saldare con stagno.

ristagnatùra *s. f.* Operazione del saldare di nuovo con lo stagno.

ristàgno *s. m.* **1** Arresto dello scorrimento di acque correnti o di liquidi in genere. **2** (*est., fig.*) Fase di arresto nello sviluppo di un'attività o fenomeno spec. economico o culturale: *c'è un preoccupante — negli affari.*

ristàmpa *s. f.* Atto dello stampare nuovamente | Opera ristampata.

ristampàre *v. tr.* Fare una nuova stampa | Ripubblicare senza mutamenti sostanziali: *— una rivista esaurita.*

ristàre *v. intr.* (*pres. io ristò, tu ristài, egli ristà, imp. ristà o rista' o ristài, nelle altre forme coniug. come stare; aus. essere*) **1** (*lett.*) Fermarsi un poco, sostare. **2** (*fig., lett.*) Cessare: *non ristava dal lamentarsi.*

ristoppàre *v. tr.* (*io ristóppo*) (*mar.*) Richiudere con stoppa o altro.

ristoppiàre *v. tr.* (*io ristóppio*) Seminare un terreno non riposato che presenta la stoppia dell'anno precedente.

ristorànte **A** *s. m.* Locale pubblico nel quale si consumano i pasti. [→ ill. *spiaggia, strada*] **B** *in funzione di agg. inv.* (*posposto al s.*) *Nelle loc. carrozza, vettura, albergo* e sim. —, ove si servono anche i pasti.

ristoràre **A** *v. tr.* (*io ristòro*) Dare ristoro, restituire energia, anche ass.: *— il corpo stanco* | Rifocillare: *— lo stomaco.* **B** *v. rifl.* Rifocillarsi, riposarsi, rinfrescarsi: *ci ristoreremo con una bella dormita.*

ristoratóre **A** *agg.* (*f. -trìce*) Che ristora: *cibo —.* **B** *s. m.* **1** Gestore di ristorante. **2** (*raro*) Ristorante.

ristorazióne *s. f.* Allestimento e consegna su scala industriale di pasti completi per comunità: *— collettiva.*

ristòro *s. m.* Ripresa di energia e vigore: *trovare — dalla fatica nel sonno* | (*fig.*) Conforto, sollievo | Ciò che ristora fisicamente o spiritualmente.

ristrettézza *s. f.* **1** L'essere ristretto. **2** (*fig.*) Angustia, scarsità: *c'è una grande — di denaro* | *spec. al pl.* Condizione che impone privazioni: *vivere in grandi ristrettezze.* **3** (*fig.*) Povertà, grettezza: *— d'idee.*

ristrétto **A** *part. pass. di ristringere e di restringere; anche agg.* **1** Stretto dentro, racchiuso: *paese — tra i monti.* **2** (*fig.*) Rigoroso, preciso, rigido: *significato, uso —*; CONTR. Estensivo. **3** Stretto, angusto, dallo spazio insufficiente: *appartamento —* | Limitato, scarso come quantità: *un — numero di inviti* | *Pranzo, ricevimento —*, riservato a pochi intimi | *Mezzi ristretti*, insufficienti a vivere comodamente. **4** Condensato, non diluito: *brodo —* | Ridotto di volume: *sugo —* | Riassunto: *romanzo — in poche pagine.* **5** Gretto, meschino: *mente ristretta.* **B** *s. m.* Riassunto, compendio.

ristrìngere **A** *v. tr.* (*coniug. come stringere*) Stringere di nuovo. **B** *v. intr. pron.* Farsi stretto o più stretto.

ristrutturàre *v. tr.* Dare una nuova struttura, spec. con riferimento ad aziende e industrie.

ristrutturazióne *s. f.* Trasformazione delle strutture, spec. nell'ambito industriale | (*edil.*) Opera di restauro e ripristino di edifici.

ristuccàre *v. tr.* (*io ristùcco, tu ristùcchi*) **1** Stuccare di nuovo. **2** (*fig.*) Saziare fino alla nausea: *sono cibi che ristuccano tutti* | Annoiare.

ristùcco *agg.* (*pl. m. -chi*) Stufo, infastidito | Sazio: *essere stucco e — di q.c.*

ristudiàre *v. tr.* (*io ristùdio*) Studiare di nuovo o meglio.

risucchiàre *v. tr.* (*io risùcchio*) **1** Succhiare di nuovo. **2** Attirare in un risucchio.

risùcchio *s. m.* Vortice provocato da incontro di correnti, dal moto delle eliche, da una nave che affonda.

risultànte **A** *part. pres. di risultare; anche agg.* Che risulta. **B** *s. m.; f.* nel sign. 2 **1** (*fis.*) Forza la cui azione equivale a quella del sistema di forze date. **2** (*fig.*) Risultato ottenuto da una serie di esperimenti: *la — di anni di ricerche è nulla.*

risultànza *s. f.* Risultato definitivo fornito da operazioni, azioni varie e sim.

risultàre *v. intr.* (*aus. essere*) **1** Provenire, derivare come conseguenza: *dal loro disaccordo risulteranno molti danni*; SIN. Conseguire. **2** Scaturire come conclusione definitiva da indagini, ricerche e sim.: *la sua colpevolezza risulta da tutte le testimonianze.* **3** (*est.*) Rivelarsi, dimostrarsi: *le vostre preoccupazioni risultano infondate* | Riuscire: *è risultato eletto.*

risultàto **A** *part. pass. di risultare* Derivato come conseguenza. **B** *s. m.* Ciò che rappresenta l'esito di cause, operazioni, fatti vari; SIN. Effetto, esito. [→ ill. *sport*]

risuolàre e deriv. V. *risolare* e deriv.

risuonàre e deriv. V. *risonare* e deriv.

risurreziòne o *resurreziòne* *s. f.* **1** Atto del risorgere. **2** In molte religioni, il ricostruirsi del corpo e dello spirito o anche del solo spirito dell'uomo dopo la morte | *— della carne*, verità di fede secondo la quale i giusti risorgeranno con corpo glorioso e perfetto e non soggetto più a morte | *— di Cristo*, avvenuta tre giorni dopo la sua morte | *Pasqua di —*, commemorazione della resurrezione del Cristo, come festa mobile dei cristiani. **3** (*est., fig.*) Rifioritura: *la — di usi dimenticati.*

risuscitàre o *resuscitàre* **A** *v. tr.* (*io risùscito*) **1** Richiamare in vita: *— un morto* | *Bevanda che fa —*, che riconforta, rinvigorisce. **2** (*fig.*) Rimettere in uso, restaurare: *— un'usanza* | (*fig.*) Suscitare di nuovo, ravvivare: *— l'arte.* **B** *v. intr.* (*aus. essere*) **1** Ritornare in vita: *Cristo risuscitò il terzo giorno*; SIN. Risorgere. **2** Riprendersi nel fisico o nello spirito.

rișvegliàre **A** *v. tr.* (*io rișvéglio*) **1** Svegliare, ridestare: *— qc. dal sonno.* **2** (*fig.*) Scuotere, riscuotere spec. richiamando all'azione: *— i pigri* | (*fig.*) Richiamare, ravvivare: *— la memoria* | (*fig.*) Stimolare: *— l'appetito.* **B** *v. intr. pron.* **1** Svegliarsi, svegliarsi di nuovo. **2** (*fig.*) Riscuotersi dall'inerzia morale.

rișvéglio *s. m.* **1** Il risvegliare o il risvegliarsi dal sonno | Momento in cui avviene il risveglio. **2** (*fig.*) Ritorno all'operosità: *il — dell'industria.*

rișvòlto *s. m.* **1** Parte di indumento rovesciato in fuori: *i risvolti della giacca*; *pantaloni col —.* [→ ill. *abbigliamento*] **2** Parte della sopraccoperta di un libro ripiegata all'interno; SIN. Aletta, bandella. [→ ill. *stampa*] **3** (*fig.*) Aspetto, conseguenza poco appariscente ma comunque importante: *i risvolti politici di una situazione.* **4** Struttura muraria secondaria che continua i motivi e le funzioni della struttura principale. [→ ill. *strada*]

ritagliàre *v. tr.* (*io ritàglio*) **1** Tagliare di nuovo. **2** Tagliare seguendo le linee esterne che chiudono un disegno o altro: *— un'immagine.*

ritàglio *s. m.* **1** Ciò che si toglie ritagliando seguendo i contorni di q.c.: *ritagli di giornale.* **2** Pezzo avanzato dopo che è stata tagliata via la parte che serve a q.c. | (*fig.*) *— di tempo*, breve periodo che si riesce a sottrarre al lavoro o ad altre attività importanti.

ritardàre **A** *v. intr.* (*aus. avere*) Indugiare a giungere: *la posta ritarda* | Essere in ritardo | Essere indietro, detto dell'orologio. **B** *v. tr.* Fare andare più lento: *— il moto* | Fare arrivare più tardi: *mi ha fatto — tuo fratello* | Rimandare, differire: *— il pagamento.*

ritardatàrio *s. m.* (*f. -a*) **1** Chi non è puntuale o arriva in ritardo. **2** Chi indugia a fare q.c.

ritàrdo *s. m.* **1** Superamento del termine stabilito o opportuno: *il treno è in —*; *— nel pagamento*; *giungere, partire in —* | Il periodo di tempo in cui si ritarda: *un — di mezz'ora* | *Riguadagnare, rimettere il —*, aumentare la velocità per ricuperare il tempo perduto | *— mentale*, rallentamento nello sviluppo delle facoltà intellettive | Rallentamento: *c'è un — nel motore*; CONTR. Anticipo. **2** (*mus.*) Prolungamento dell'effetto di una nota nell'accordo successivo.

ritégno *s. m.* Freno, riserbo, riguardo: *non aver — a dir ciò che pensi* | (*est.*) *Aver —*, titubare, pentirsi | Misura, discrezione, controllo: *spendere con —.*

ritempràre o (*raro*) *ritemperàre* **A** *v. tr.* (*io ritèmpro*) **1** Ridare la tempra. **2** (*fig.*) Rafforzare, rinvigorire: *— le forze.* **B** *v. rifl.* (*fig.*) Riprendere vigore, forza: *si è ritemprato nelle sventure.*

ritenére **A** *v. tr.* (*coniug. come tenere*) **1** (*raro*) Tenere di nuovo. **2** Trattenere, contenere, arrestare, fermare: *— le lacrime*; *non poter — la piena* | *Non poter — cibo*, vomitare | (*fig., lett.*) Frenare, reprimere, controllare: *— le ingiurie.* **3** Trattenere parte di una cosa o di una somma dovuta a qc.: *mi hanno ritenuto il cinque per cento.* **4** Credere, giudicare, stimare: *ritengo che sia un bene non giudicare nessuno*; *lo ritengo onesto*; SIN. Considerare, opinare, reputare. **B** *v. rifl.* **1** Stimarsi, considerarsi: *si ritiene arrivato.* **2** (*lett.*) Trattenersi dal fare q.c.

ritentàre *v. tr.* (*io ritènto*) **1** Tentare di nuovo, anche ass.: *— l'impresa.* **2** Indurre di nuovo in tentazione.

ritentiva *s. f.* Facoltà del fermare nella mente cose vedute, imparate, sentite; SIN. Memoria.

ritentivo *agg.* (*raro*) Atto a ritenere | Che fa ricordare: *capacità ritentiva.*

ritenùta *s. f.* **1** Il trattenere, contenere q.c. (*anche fig.*). **2** Detrazione da un importo che si paga.

ritenziòne *s. f.* **1** Contenimento, mantenimento. **2** (*med.*) Impedita eliminazione di elementi dall'organismo: *— urinaria.*

ritingere *v. tr.* (*coniug. come tingere*) **1** Tingere di nuovo. **2** Tingere di un altro colore: *— un vestito.*

ritintùra *s. f.* Nuova tintura, con lo stesso o con un altro colore.

ritiràre **A** *v. tr.* **1** Tirare di nuovo: *— il pallone.* **2** Tirare indietro, ritrarre: *— la mano.* **3** (*est.*) Far tornare indietro, richiamare: *— un ambasciatore in patria.* **4** (*est.*) Farsi dare, consegnare: *— un pacco, il passaporto* | Riscuotere: *— lo stipendio* | Togliere dalla circolazione: *— monete fuori corso.* **5** (*fig.*) Revocare, annullare, disdire: *— un decreto*; *— una promessa.* **B** *v. rifl.* **1** Tirarsi indietro con il proprio corpo: *si ritirò per non essere travolto* | Indietreggiare di fronte a un pericolo: *tutto l'esercito si ritirò.* **2** (*est.*) Allontanarsi da un luogo frequentato per rientrare a casa: *ci ritireremo a tarda notte* | Ricoverarsi, raccogliersi, appartarsi: *ritirarsi in convento, al sicuro* | *Ritirarsi in se stesso*, raccogliersi in sé a meditare | *Ritirarsi nel proprio guscio*, (*fig.*) evitare ogni contatto con gli altri. **3** Abbandonare un'attività, spec. definitivamente: *si è ritirato dalla politica* | Rinunziare a prendere parte o a condurre a termine: *ritirarsi da un esame* | Disdire: *si sono ritirati dalla scommessa.* **C** *v. intr. pron.* **1** Restringersi, accorciarsi, detto di tessuti: *questa maglia si è ritirata.* **2** Scorrere via, defluire: *dopo l'inondazione il mare si ritirò.* [→ tav. *locuzioni* 92]

ritiràta *s. f.* **1** Arretramento, ripiegamento spec. di forze militari | *Battere in —*, (*fig.*) andarsene in gran fretta o rinunciare a q.c. | *Fare una — strategica*, (*fig.*) coprire un insuccesso cercando scuse non valide. **2** Rientro in caserma dei soldati al termine della libera uscita. **3** (*fig.*) Latrina, gabinetto di decenza.

ritiràto *part. pass. di ritirare; anche agg.* **1** Tirato indietro. **2** Appartato, isolato, solitario: *starsene —* | *Uomo —*, che ha pochi rapporti sociali.

ritiro *s. m.* **1** Atto del ritirare, presa in consegna: *— di un pacco* | Richiamo: *— della flotta* | Revoca: *— del passaporto* | Annullamento, disdetta: *— di una proposta* | Riscossione: *— dello stipendio* | Esclusione dalla circolazione: *— di un farmaco nocivo.* **2** (*est.*) Atto del ritirarsi in un luogo appartato, isolato: *un — in montagna* | *— collegiale*, riunione di una squadra o di un atleta, sotto la guida dell'allenatore, in luogo idoneo alla preparazione per una gara impegnativa | Luogo lontano e appartato dove si può trovare quiete, solitudine o riposo. **3** Allontanamento da un ufficio, da un'attività pubblica o privata: *il — dall'impiego di qc.* | Rinuncia a una gara, a una competizione. **4** Diminuzione delle dimensioni di un corpo.

ritmàre *v. tr.* Adattare a un certo ritmo: — *la corsa*; SIN. Cadenzare.

rìtmica *s. f.* Arte e scienza del ritmo musicale e metrico.

ritmicità *s. f.* L'essere ritmico.

rìtmico *agg.* (*pl. m. -ci*) **1** Che imprime il ritmo. **2** Pertinente, conforme a ritmo. **3** Detto del verso fondato sugli accenti, come in italiano, invece che sulla quantità delle sillabe, come in latino.

rìtmo *s. m.* **1** Successione regolare nel tempo di suoni, accenti, cadenze, movimenti e sim. (*anche fig.*): *il — della danza, del cuore.* **2** Ordine nella successione dei suoni di un brano musicale. **3** Movimento cadenzato risultante dal ripetersi degli accenti metrici a intervalli determinati nella struttura di una poesia. **4** (*fig.*) Il succedersi più o meno ordinato di varie fasi all'interno di un fenomeno: *il — della vita* | Il succedersi nello spazio di forme architettoniche: *il — di un porticato.*

ritmologìa *s. f.* Studio dei ritmi.

rìto *s. m.* **1** (*relig.*) Comportamento tipico di un culto, fissato dalla tradizione, che tende a realizzare il rapporto con il mondo divino. **2** Modo e ordine con cui si compiono le funzioni sacre: *il — del battesimo* | Liturgia: — *ambrosiano* | Cerimonia religiosa: — *nuziale.* **3** (*est.*) Usanza, costume: *il — prescrive di rispettare gli anziani* | Cerimonia: *sposarsi con — civile* | *Di —*, usuale, consueto | *È di — che*, avviene di solito, abitualmente. **4** (*dir.*) Procedura: *eccezione di —.*

ritoccàre *v. tr.* (*io ritócco, tu ritócchi*) **1** Toccare di nuovo. **2** (*fig.*) Tornare su q.c. per correggere, ravvivare, abbellire o cambiare: — *un disegno, una poesia* | *Ritoccarsi le labbra*, ravvivarne il trucco.

ritoccàta *s. f.* Atto del ritoccare rapidamente e in una sola volta.

ritoccatóre *s. m.* (*f. -trìce*) Chi ritocca: — *di lastre fotografiche.*

ritócco *s. m.* (*pl. -chi*) Ulteriore intervento su q.c. per correggere, ravvivare, cambiare e sim.: *dare un leggero — a un quadro* | — *dei prezzi, delle tariffe*, revisione; (*euf.*) aumento.

ritògliere *v. tr.* (*coniug. come togliere*) **1** Togliere di nuovo. **2** Riprendere ciò che si era dato ad altri o che ci era stato sottratto: — *il maltolto.*

ritòrcere **A** *v. tr.* (*coniug. come torcere*) **1** Torcere di nuovo o con energia. **2** Torcere in senso contrario | (*fig.*) — *un'accusa*, rivolgerla contro chi l'ha fatta. **3** (*tess.*) Eseguire la ritorcitura. **B** *v. intr. pron.* Rivolgersi indietro.

ritorcitùra *s. f.* Operazione tessile del ritorcere insieme più fili.

ritornàre **A** *v. intr.* (*io ritórno; aus. essere*) **1** Venire di nuovo nel luogo, nello stato, nella condizione in cui si era venuti prima o da cui si era partiti: — *indietro, a casa, a Roma* | — *in sé*, riacquistare i sensi | — *su q.c.*, considerare, studiare di nuovo. **2** Ricomparire, ripresentarsi: *gli è ritornata la febbre; ritorna il cattivo tempo.* **3** Tornare a essere, diventare di nuovo: — *buono, calmo.* **4** (*lett.*) Volgersi, riuscire: *ciò ritornerà in danno.* **B** *v. rifl.* (*raro*) Rivolgersi indietro.

ritornèllo *s. m.* **1** Verso o gruppo di versi che si ripetono all'interno di una struttura poetica. **2** Ripetizione di un brano di una composizione musicale e segno che lo indica. **3** (*fig.*) Parole, discorso ripetuti con monotonia troppe volte: *lo rimprovera sempre con lo stesso —.*

ritórno *s. m.* **1** Rientro nel luogo da cui si era partiti o in cui si era già venuti: — *in patria; la via del —;* — *al lavoro* | *Essere di —*, essere appena tornato | *Nel —*, ritornando | *Avere q.c. di —*, avere q.c. in restituzione | *Biglietto di andata e —*, il cui prezzo viene conteggiato in base a una tariffa ridotta | (*fig.*) Recupero di una condizione o di uno stato: — *al dovere, all'onestà* | — *di fiamma*, nei motori a benzina, fenomeno per cui i gas incendiati ritornano al carburatore; (*fig.*) rinascita improvvisa di una passione spec. amorosa. **2** *Girone di —*, (*ell.*) —, nel calcio e sim. il secondo di due gruppi di partite di campionato, in cui le squadre si incontrano tutte fra loro una seconda volta invertendo la sede.

ritorsióne *s. f.* Il rivolgere un'accusa, un rimprovero, un'argomentazione contro chi li ha mossi | ass. Rappresaglia.

ritòrto **A** *part. pass. di ritorcere; anche agg.* Contorto: *ramo —* | Attorcigliato: *filo —.* **B** *s. m.* Filato ottenuto con la ritorcitura di più capi.

ritradùrre *v. tr.* (*coniug. come tradurre*) **1** Tradurre di nuovo. **2** Tradurre su di una traduzione | Tradurre di nuovo nella lingua originale.

ritràrre o (*raro*) **retràrre** **A** *v. tr.* (*coniug. come trarre*) **1** Tirare indietro, tirare via o dalla parte contraria: — *la mano;* — *gli occhi da qc.* | (*fig.*) Allontanare, distogliere: — *qc. da un pericolo.* **2** Ricavare, ottenere (*anche fig.*): — *una discreta rendita.* **3** Riprodurre, rappresentare una figura con il disegno, la pittura, la fotografia e sim.: — *le sembianze di qc.;* — *al naturale, dal vero* | ass. *Farsi —*, farsi fare un ritratto | (*est.*) Rappresentare, raccontare: — *una situazione a fosche tinte.* **B** *v. intr.* (*aus. avere*) (*raro*) Avere somiglianza: *quel ragazzo ritrae dal padre.* **C** *v. rifl.* Farsi indietro | (*fig.*) Ritirarsi, sottrarsi dal fare: *ritrarsi da un proposito.*

ritrasméttere *v. tr.* (*coniug. come trasmettere*) Trasmettere di nuovo.

ritrattàbile *agg.* Che si può ritrattare.

ritrattàre **A** *v. tr.* **1** Disdire, ritirare una propria affermazione come non più giusta o vera: — *un'opinione.* **2** Dichiarare falsa una testimonianza o una perizia. **B** *v. rifl.* Fare la ritrattazione di quanto affermato in precedenza.

ritrattazióne *s. f.* Atto del ritrattare | Scritto con cui si ritratta pubblicamente q.c.

ritrattìsta *s. m. e f.* (*pl. m. -i*) **1** Chi fa ritratti. **2** (*est.*) Scrittore particolarmente abile nel ritrarre personaggi, o nel descrivere luoghi o avvenimenti.

ritrattìstica *s. f.* Parte della pittura o scultura che si dedica ai ritratti | (*est.*) L'insieme delle opere prodotte: *la — dell'Ottocento.*

ritràtto **A** *part. pass. di ritrarre; anche agg.* **1** Tirato indietro. **2** Rappresentato. **B** *s. m.* **1** Opera d'arte che rappresenta una figura umana: — *a figura intera, a olio, fotografico* | (*est.*) Descrizione letteraria di luoghi, persone, avvenimenti: *ha fatto un raccapricciante — dell'ultima guerra.* **2** (*fig.*) Immagine, figura umana che ha somiglianza con cose o persone: *sembri il — della fame.*

ritrazióne *s. f.* Trazione all'indietro o all'interno | Diminuzione, restringimento.

ritrìto *agg.* **1** (*raro*) Tritato molto o molte volte. **2** (*fig.*) Ridetto, ripetuto più volte: *argomento trito e —.*

ritrosìa *s. f.* L'essere ritroso, restio ad acconsentire a q.c. | L'essere poco socievole; SIN. Riluttanza.

ritróso **A** *agg.* **1** Che va all'indietro, all'opposto, in senso contrario: *cammino —* | *Andare a —*, andare all'indietro (*anche fig.*). **2** Restio a consentire a q.c. o ad accettare q.c.: *siamo ritrosi ad assistere al vostro matrimonio*; SIN. Riluttante. **3** Che vuole avere poco a che fare con gli altri: *carattere —.* **B** *s. m.* (*pesca*) In alcune reti da pesca, imboccatura a imbuto volta all'indietro, in cui il pesce entra facilmente senza poi poter uscire.

ritrovaménto *s. m.* Rinvenimento, spec. dopo una ricerca | (*est.*) Ciò che viene ritrovato; SIN. Scoperta.

ritrovàre **A** *v. tr.* (*io ritròvo*) **1** Rinvenire una cosa perduta, smarrita o una persona che non si vedeva da tempo: — *il cappello, un amico d'infanzia* | (*fig.*) Ricuperare, riacquistare: — *la salute* | (*fig.*) Riuscire a trovare, vedere, scoprire dopo una ricerca più o meno laboriosa: — *il cammino, l'errore, il filo del discorso.* **2** Trovare di nuovo: *le rondini ritrovano il loro nido.* **B** *v. rifl. rec.* Incontrarsi di nuovo: *ci siamo ritrovati in un bar* | Trovarsi di nuovo insieme. **C** *v. rifl.* **1** Venire a trovarsi in una situazione all'improvviso: *si sono ritrovati bruscamente nella miseria.* **2** Raccapezzarsi, orientarsi: *con quel buio non si ritrovano.*

ritrovàto **A** *part. pass. di ritrovare; anche agg.* Rinvenuto | Trovato di nuovo. **B** *s. m.* **1** Tutto ciò che si scopre con indagini, studi, ricerche di vario genere: *i moderni ritrovati della cosmesi.* **2** Espediente per risolvere una situazione.

ritrovatóre *s. m.* (*f. -trìce*) Chi ritrova.

ritròvo *s. m.* **1** Il ritrovarsi insieme per chiacchierare, passare il tempo, divertirsi. **2** Luogo frequentato da persone che si ritrovano.

rìtta *s. f.* (*lett.*) Mano destra.

rìtto **A** *agg.* **1** Diritto in piedi, eretto, detto di persona | *Stare —*, stare in piedi | Posto con il vertice in su e con l'altro capo in giù, detto di cosa: *conficcare un palo — in terra* | *— come un fuso*, (*fig.*) in posizione rigidamente verticale | Levato in alto, alzato: *stare col naso —* | *Capelli ritti*, alzati per lo spavento. **2** (*tosc.*) Destro: *andare a man ritta*. **B** *s. m.* **1** Elemento verticale con funzione di sostegno, spec. in edilizia o architettura. **2** (*sport*) Ciascuna delle due aste graduate che reggono i supporti su cui poggia l'asticella che dev'essere superata nelle gare di salto in alto e con l'asta. **3** Faccia principale, diritto: *il — d'una stoffa*; CONTR. Rovescio.

rituàle **A** *agg.* **1** Che appartiene a un rito, a una cerimonia. [→ ill. *maschera*] **2** (*est.*) Conforme all'uso, all'abitudine: *accolsero il festeggiato con i rituali auguri*. **B** *s. m.* **1** Insieme dei riti o comportamenti cultuali esterni di una religione. **2** Insieme delle cerimonie proprie di una festa o di una liturgia: *— della Pasqua*; SIN. Cerimoniale. **3** Insieme di regole che disciplinano lo svolgimento di un rito | (*est.*) Cerimoniale.

ritualismo *s. m.* Prevalenza delle osservanze cultuali esteriori sugli altri elementi di una religione.

ritualista *s. m. e f.* (*pl. m. -i*) **1** Chi è esperto in riti e rituali. **2** Chi attribuisce funzione preminente ai comportamenti rituali in una religione.

ritualistico *agg.* (*pl. m. -ci*) Di rito e di rituale.

ritualità *s. f.* Qualità di ciò che è rituale.

rituffàre **A** *v. tr.* Tuffare di nuovo. **B** *v. rifl.* Tuffarsi di nuovo (*anche fig.*).

rituràre *v. tr.* Turare di nuovo.

riudire *v. tr.* (*coniug. come udire*) Udire di nuovo (*anche fig.*).

riunióne *s. f.* **1** (*raro*) Ricongiunzione | Ricomposizione in un insieme unitario. **2** Il riunirsi di persone divise che si ricongiungono o si riconciliano: *la — dei due sposi è fallita* | Adunanza di più persone per discutere, conversare o assistere a un avvenimento: *un'animata — politica*. **3** Complesso di gare disputate in uno o più giorni: *— di pugilato*.

riunire **A** *v. tr.* (*io riunisco, tu riunisci*) **1** Unire di nuovo: *— parti disgiunte* | Mettere di nuovo insieme cose o persone: *— i fogli sparsi*; SIN. Ricongiungere. **2** Riconciliare: *hanno riunito padre e figlio*. **3** Mettere insieme nello stesso luogo cose o persone: *— i francobolli in una scatola*; *— gli impiegati nell'ufficio*; SIN. Convocare. **B** *v. intr. pron.* **1** Tornare a stare insieme: *i fratelli decisero di riunirsi alla famiglia*. **2** Adunarsi, fare una riunione: *i soci si sono riuniti per discutere*. **C** *v. rifl. rec.* Tornare insieme: *i due sposi si sono riuniti*.

riunito **A** *part. pass. di riunire; anche agg.* Associato, consociato: *ospedali riuniti*. **B** *s. m.* Complessa apparecchiatura dentistica che unisce in un'unica e funzionale struttura vari strumenti. [→ ill. *medicina e chirurgia*]

riuscire *v. intr.* (*coniug. come uscire; aus. essere*) **1** Tornare a uscire, ritrovare l'uscita: *l'acqua riesce dal canale*. **2** Sboccare, fare capo, detto di cose o persone: *la strada riesce nella valle* | Arrivare: *il corridoio riesce in giardino*. **3** Avere esito, andare a finire, detto di fatti, imprese, lavori: *— bene, secondo i desideri* | ass. Sortire buon effetto: *l'esperimento non è riuscito* | Risultare: *— utile, vano*. **4** Raggiungere il fine, lo scopo, detto di persona: *siamo riusciti all'esame* | Aver fortuna, successo, anche ass.: *per lui è facile — nella carriera* | Venire a capo di q.c. dopo studi, ricerche e sim.: *siamo riusciti a portare a termine un'importante scoperta*; CONTR. Fallire. **5** Essere capace, saper fare q.c.: *non tutti riescono a imparare le lingue* | Avere attitudine: *— in disegno*. **6** Apparire, dimostrarsi: *riesce gradito a tutti*.

riuscita *s. f.* Esito, risultato: *la buona, cattiva — di un'impresa* | Buona prova: *un abito che ha fatto —*; SIN. Successo.

riutilizzàre *v. tr.* Utilizzare di nuovo cose già usate destinandole anche a usi diversi dal primitivo.

riva *s. f.* **1** Estrema parte di terra che limita le acque di un mare, un fiume, un lago, un ruscello | Spiaggia, litorale: *le rive del Tirreno*. **2** Estremità, orlo, margine.

rivaccinàre **A** *v. tr.* Vaccinare di nuovo. **B** *v. rifl.* Sottoporsi di nuovo a vaccinazione.

rivaccinazióne *s. f.* Nuova vaccinazione.

rivàle *agg.; anche s. m. e f.* Che (o chi) compete con altri per l'amore di qc. | (*est.*) Concorrente, competitore: *gli atleti rivali*; *sono rivali nella professione*.

rivaleggiàre *v. intr.* (*io rivaléggio; aus. avere*) Comportarsi da rivale | Competere con altri in q.c.: *— nella politica* | (*fig.*) Stare quasi alla pari con qc.: *— con i più forti*.

rivalérsi *v. intr. pron.* (*coniug. come valere*) **1** Valersi di nuovo (*anche fig.*): *mi rivarrò dei tuoi consigli*. **2** Prendersi una rivincita o soddisfazione su qc.: *non è bene — sui più deboli*.

rivalicàre *v. tr.* (*io rivàlico, tu rivàlichi*) Valicare di nuovo.

rivalità *s. f.* Fatto dell'essere rivali | Sentimento di reciproca emulazione: *un'antica — politica*; SIN. Antagonismo.

rivàlsa *s. f.* **1** Compensazione per rifarsi di un danno subito: *cercare una — alla sconfitta* | (*fig.*) Soddisfazione, successo che permette di rifarsi nei confronti di qc. **2** Tratta spiccata dal beneficiario o dal giratario sul girante precedente in caso di mancato pagamento di una cambiale alla scadenza.

rivalutàre *v. tr.* (*io rivalùto o rivàluto*) **1** Valutare di nuovo. **2** Cambiare il valore di q.c., elevandolo: *— la moneta* | (*fig.*) Riconoscere il valore di cosa o persona che era stata sottovalutata o mal giudicata: *— una commedia stroncata dai critici*.

rivalutazióne *s. f.* Accrescimento del valore di q.c.: *— della lira* | (*fig.*) Riconoscimento del valore di q.c. o qc. che era stato mal giudicato o sottovalutato.

rivangàre *v. tr. e intr.* (*io rivàngo, tu rivànghi*) **1** Vangare di nuovo. **2** (*fig.*) Riandare con la mente, discorsi o altro a cose vecchie, incresciose o spiacevoli, sulle quali sarebbe meglio sorvolare: *— il passato*; *ti sconsiglio di — in quella faccenda*.

rivedére **A** *v. tr.* (*coniug. come vedere*) **1** Vedere, incontrare di nuovo: *— il proprio paese* | *— il sole, la luce*, tornare all'aperto e (*fig.*) in libertà | (*scherz.*) *Beato chi ti rivede, chi non muore si rivede*, saluti rivolti a chi si era perso di vista o non si faceva vivo da tempo. **2** Leggere di nuovo, per capire o ricordare meglio: *— alcuni capitoli di un romanzo* | Ripassare: *— la lezione*. **3** Riesaminare per correggere o per controllare: *— un processo*; *— le liste elettorali* | Verificare: *— i conti* | Ritoccare: *— i prezzi* | (*fig.*) *— le bucce a qc.*, ricercare nel suo operato difetti, errori, mancanze; SIN. Controllare. **B** *v. rifl. rec.* Incontrarsi di nuovo, vedersi insieme un'altra volta: *ci rivedremo dopo le ferie* | *A rivederci*, saluto prima di una breve separazione | *Ci rivedremo!*, (*scherz.*) *ci rivedremo a Filippi!*, formula di congedo con cui si minaccia una prossima vendetta o rivincita. [→ tav. *locuzioni* 93]

rivedibile *agg.* **1** Che si può o si deve rivedere. **2** Detto di iscritto di leva riconosciuto temporaneamente inabile al servizio militare e rinviato alla successiva chiamata.

rivedùta *s. f.* Atto del rivedere in una volta e rapidamente; SIN. Riguardata, revisione.

rivelàre **A** *v. tr.* (*io rivélo*) **1** Dire apertamente ciò che non è noto, è poco chiaro o nascosto: *— un segreto*. **2** Trasmettere la verità, da parte di Dio, all'uomo. **3** Dare indizio, segno: *questo discorso rivela la sua cultura* | (*est.*) Manifestare; SIN. Palesare. **4** Rendere osservabili fenomeni non percepibili ai sensi: *apparecchio per — gli elettroni*. **B** *v. rifl.* Mostrarsi, dimostrarsi | Farsi conoscere o apprezzare nella propria natura: *rivelarsi onesto*; *si è rivelato un ottimo attore*.

rivelatóre **A** *agg.* (*f. -trice*) Che rivela: *fenomeno —*. **B** *s. m.* **1** Chi rivela. **2** Ogni strumento che rivela fenomeni di vario tipo | *— di particelle*, che segnala il passaggio di particelle elementari: *— a scintillazione, a contatore* | (*fig., est.*) Indizio, sintomo. [→ ill. *fisica*] **3** Nelle telecomunicazioni e nei radar, organo che consente di separare l'informazione originale da un segnale modulato. **4** Bagno che serve a sviluppare le negative fotografiche, rivelando l'immagine impressa sulla superficie sensibile.

rivelazióne *s. f.* **1** Divulgazione di ciò che non è noto, è poco chiaro, segreto e sim.: *— di notizie riservate* | Ciò che viene rivelato. [→ ill. *radio*] **2** Il manifestarsi di Dio all'uomo in modo soprannaturale; SIN. Teofania. **3** Testo scritto, tradizione orale che contengono la verità rivelata da Dio, e cioè Bibbia, Sacra Scrittura, Corano. **4** Improvvisa e inaspettata apparizione di qualità in una persona, e la persona stessa che rivela tali qualità: *il suo umorismo è stata una —*; *è lui la vera — del campionato*.

rivéndere *v. tr.* (*coniug. come vendere*) Vendere di nuovo.

rivendicàre ***A*** *v. tr.* (*io rivéndico, tu rivéndichi*) ***1*** Vendicare di nuovo. ***2*** Chiedere giudizialmente da parte del proprietario la restituzione della cosa e il riconoscimento del proprio diritto: *— un bene.* ***3*** (*est.*) Lottare per un diritto o per un bene morale sottratto ingiustamente: *— il diritto di sciopero.* ***4*** Avocare a sé la responsabilità di un'azione: *— un attentato.* ***5*** Restituire, far ricuperare: *— la libertà a una nazione.* ***B*** *v. intr. pron.* Vendicarsi di nuovo.

rivendicativo *agg.* Che riguarda una rivendicazione spec. sindacale.

rivendicatóre *s. m.; anche agg.* (*f. -trice*) Chi (o che) rivendica.

rivendicazióne *s. f.* ***1*** Richiesta, da parte del proprietario, della restituzione di q.c. o del riconoscimento di un diritto | (*est.*) Riaffermazione di un proprio legittimo diritto: *— della priorità di una scoperta* | *Rivendicazioni sindacali*, richieste economiche e normative nell'ambito sindacale. ***2*** Attribuzione a sé della responsabilità di un'azione.

rivendicazionismo *s. m.* Tendenza a promuovere frequenti azioni rivendicative: *il — sindacale.*

rivéndita *s. f.* ***1*** Atto del rivendere. ***2*** Negozio per la vendita di merci al minuto.

rivenditóre *s. m.* (*f. -trice*) Chi rivende, spec. al minuto | Chi rivende oggetti di seconda mano.

rivendùgliolo *s. m.* (*f. -a*) Rivenditore al minuto di cose poco costose.

riverberàre ***A*** *v. tr.* (*io rivèrbero*) Riflettere la luce o mandare luce riflessa: *lo specchio riverbera i raggi del sole* | (*est.*) Riflettere il calore o mandare calore riflesso. ***B*** *v. intr. pron.* Riflettersi, ripercuotersi, detto della luce e del calore | (*fig.*) Venire di riflesso: *il suo entusiasmo si riverbera su tutti.*

riverberazióne *s. f.* ***1*** Riflessione della luce | Irradiazione di calore. ***2*** (*fis.*) In acustica, fenomeno di riflessione del suono, determinato dalle pareti di un ambiente.

rivèrbero *s. m.* ***1*** Atto del riverberare o del riverberarsi | Luce, calore, suono che vengono riverberati: *— del sole* | *Di —*, di riflesso (*anche fig.*). ***2*** Calore che irraggia la sera da muri, strade o altri corpi lungamente battuti dal sole. ***3*** Disco concavo di metallo per far riverberare la luce: *lampada a —.*

riverènte o (*raro*) *reverènte part. pres. di riverire; anche agg.* Che rivela riverenza; SIN. Ossequioso; CONTR. Irriverente.

riverènza o (*raro*) *reverènza s. f.* ***1*** Rispetto pieno di soggezione verso qc., osservanza rispettosa nei confronti di q.c.: *— verso i genitori*; SIN. Ossequio. ***2*** Inchino, genuflessione o cenno di genuflessione in segno di riverenza: *fare una profonda —.*

riverenziàle V. *reverenziale.*

riverire *v. tr.* (*io riverisco, tu riverisci*) ***1*** Rispettare con timore: *— i genitori.* ***2*** Salutare molto rispettosamente: *La riverisco!*; SIN. Ossequiare.

riverniciàre *v. tr.* (*io rivernicio*) Verniciare di nuovo.

riversàre ***A*** *v. tr.* (*io rivèrso*) ***1*** Versare di nuovo. ***2*** Versare, rovesciare addosso (*spec. fig.*): *— nel lavoro le proprie energie*; *— le responsabilità su qc.* ***B*** *v. intr. pron.* (*fig.*) Affluire, spargersi, uscire in folla: *gli spettatori si riversarono all'aperto.*

rivèrso *agg.* (*lett.*) Supino.

rivestiménto *s. m.* ***1*** Avvolgimento o copertura a scopo protettivo, ornamentale e sim. | (*fig.*, *raro*) Esercizio di una carica, un ufficio e sim. ***2*** Ciò che serve a rivestire. [→ ill. *edilizia, metallurgia*]

rivestire ***A*** *v. tr.* (*io rivèsto*) ***1*** Vestire di nuovo (*anche fig.*). ***2*** Vestire, indossare: *— la tuta* | (*fig.*) Assumere: *ciò riveste un carattere di segretezza.* ***3*** Ricoprire, foderare | *— un muro*, ricoprirlo di calce, gesso, marmo, legno, materiali ceramici. ***4*** Foderare, avvolgere come in una veste, per preservare dall'usura, ornare e sim.: *— il divano con una stoffa vivace.* ***5*** (*fig.*) Ricoprire una carica, un ufficio, una dignità: *— il grado di generale.* ***B*** *v. rifl.* ***1*** Vestirsi di nuovo (*anche fig.*). ***2*** Cambiarsi i vestiti o provvedersi di nuovi abiti. ***3*** Mettersi, indossare: *rivestirsi della corazza.*

rivestitùra *s. f.* Operazione del rivestire | Materiale impiegato per rivestire q.c.

rivettàre *v. tr.* (*io rivétto*) Unire con rivetti.

rivétto *s. m.* Ribattino. [→ ill. *ferramenta*]

rivièra *s. f.* ***1*** Porzione abbastanza lunga di riva: *la — ligure.* ***2*** (*sport*) Ostacolo artificiale dei concorsi ippici, costituito da un fossato pieno d'acqua e da una piccola siepe.

rivieràsco *agg.* (*pl. m. -schi*) Che abita una riviera | Costiero, litoraneo, detto di cosa.

rivìncere *v. tr.* (*coniug. come vincere*) ***1*** Vincere di nuovo. ***2*** Vincere a propria volta, ricuperando ciò che si era perduto: *— una somma perduta al gioco.*

rivìncita *s. f.* ***1*** Seconda partita concessa a chi ha perduto perché possa rifarsi: *chiedere la —.* ***2*** (*est.*) Affermazione, successo che permette di rivalersi su qc., vendicarsi di q.c., rifarsi di una sconfitta e sim.: *tenterà la — alle prossime elezioni*; SIN. Rivalsa.

rivisitàre *v. tr.* (*io rivìsito*) ***1*** Visitare di nuovo. ***2*** (*fig.*) Riesaminare, interpretare secondo nuovi criteri spec. una produzione letteraria: *— la narrativa dell'ultimo decennio.*

rivìsta *s. f.* ***1*** Atto del rivedere; SIN. Revisione. ***2*** Schieramento delle truppe e loro presentazione alla persona cui si devono rendere gli onori | Ispezione di vario genere da parte di ufficiale incaricato: *— alle armi*; SIN. Rassegna. ***3*** Periodico, o rubrica di giornale, in cui si esaminano eventi o si trattano argomenti scientifici, letterari, politici e sim. | (*gener.*, *est.*) Periodico illustrato di attualità. ***4*** Spettacolo comico-musicale di varietà in cui si recita, si canta e si danza.

rivistaiòlo *agg.* ***1*** Da spettacolo di varietà, da rivista. ***2*** (*spreg.*) Frivolo, superficiale: *battuta rivistaiola.*

rivivere ***A*** *v. intr.* (*coniug. come vivere; aus. essere*) ***1*** Vivere di nuovo, riacquistare la vita. ***2*** (*fig.*) Riacquistare forza, vigore: *mi pare di —* | (*fig.*) Tornare in uso, rifiorire, detto di usi, tradizioni e sim.: *sono istituzioni che non rivivranno*; SIN. Rinascere. ***3*** Continuare a vivere in altra persona, rinnovarsi: *— nella memoria di qc.* ***B*** *v. tr.* Tornare a vivere: *— una vita più tranquilla.*

riviviscènza V. *reviviscenza.*

rìvo *s. m.* ***1*** Breve e piccolo corso d'acqua; SIN. Ruscello. ***2*** Liquido di varia natura che scorre: *un — di lacrime.*

rivolére *v. tr.* (*coniug. come volere*) ***1*** Volere di nuovo. ***2*** Richiedere ciò che si è prestato o si è perduto (*anche fig.*): *rivoglio i miei dischi.*

rivòlgere ***A*** *v. tr.* (*coniug. come volgere*) ***1*** Volgere di nuovo: *— il cammino in una direzione.* ***2*** Volgere intorno più volte. ***3*** Volgere verso una direzione: *— gli occhi al cielo.* ***4*** Volgere dalla parte opposta o indietro: *ha rivolto gli occhi per non vedermi.* ***B*** *v. rifl.* ***1*** Voltarsi indietro, in giro, dalla parte opposta o in una determinata direzione: *mi rivolsi a cercare i compagni.* ***2*** Ricorrere per informazioni: *rivolgersi a una guardia.*

rivolgiménto *s. m.* ***1*** Sconvolgimento, rovesciamento: *— di stomaco.* ***2*** (*fig.*) Cambiamento più o meno pacifico dell'ordine civile, di istituzioni, situazioni politiche e sim.

rivolo *s. m.* Rivo, ruscello.

rivòlta *s. f.* Improvvisa ribellione accompagnata da tumulti; SIN. Insurrezione, sommossa; CFR. Rivoluzione.

rivoltànte *part. pres. di rivoltare; anche agg.* Che disgusta, ripugna.

rivoltàre ***A*** *v. tr.* (*io rivòlto*) ***1*** Voltare nuovamente. ***2*** Voltare dall'altra parte: *— un quadro* | Voltare più volte: *— l'insalata* | Mettere il rovescio al posto del diritto: *— una federa.* ***3*** Provocare disgusto, sconvolgere: *questa pietanza mi rivolta lo stomaco* | (*fig.*) Causare ripugnanza morale: *il tuo cinismo ci rivolta.* ***B*** *v. rifl.* Volgersi indietro, in giro, dalla parte opposta. ***C*** *v. intr. pron.* ***1*** Organizzare una sommossa, una rivolta: *rivoltarsi all'autorità.* ***2*** Mutarsi, cambiarsi, detto del tempo o di situazioni. ***3*** Sconvolgersi, turbarsi: *mi si rivoltò lo stomaco.*

rivoltàta *s. f.* Rapida girata dalla parte opposta.

rivoltèlla *s. f.* Pistola a ripetizione in cui le cartucce sono contenute in un tamburo che, girando, le presenta all'orifizio posteriore della canna. [→ ill. *armi*]

rivoltellàta *s. f.* Colpo di rivoltella.

rivoltolàre ***A*** *v. tr.* (*io rivòltolo*) Voltolare di nuovo | Rivoltare in giro. ***B*** *v. rifl.* Voltolarsi più volte.

rivoltolio *s. m.* Continuo e prolungato rivoltolare.

rivoltóso ***A*** *agg.* Che è in rivolta o si rivolta, detto di persona: *operai rivoltosi* | Relativo a una rivolta, che costituisce rivolta: *movimento —*; SIN. Ribelle. ***B*** *s. m.* (*f. -a* *raro*) Chi partecipa a una rivolta.

rivoluzionàre *v. tr.* (*io rivoluzióno*) **1** Fare insorgere contro un ordine sociale o politico. **2** (*fig.*) Cambiare radicalmente: *il progresso ha rivoluzionato la nostra vita* | (*fig.*) Mutare un ordine sconvolgendo: *mi hai rivoluzionato la scrivania*; SIN. Sovvertire.

rivoluzionàrio **A** *agg.* **1** Della rivoluzione: *governo* — | *Tribunale* —, istituito e funzionante durante una rivoluzione | Che suscita o partecipa a una rivoluzione: *ideali rivoluzionari.* **2** (*fig.*) Che rinnova radicalmente: *iniziativa rivoluzionaria.* **B** *s. m.* (*f.* *-a*) Chi promuove una rivoluzione.

rivoluzionarismo *s. m.* Ideologia che tende a modificare con la rivoluzione un determinato contesto politico-sociale.

rivoluzióne *s. f.* **1** Violento rivolgimento dell'ordine politico-sociale costituito, tendente a mutare radicalmente governi, istituzioni, rapporti economico-sociali e sim.: *la — francese; la — d'ottobre.* **2** (*est., fig.*) Rapida e radicale trasformazione economico-sociale, dovuta a nuove scoperte scientifiche e tecnologiche: *la — industriale inglese* | (*est., fig.*) Profondo rinnovamento in campo artistico, scientifico e sim.: *la — copernicana.* **3** (*fig., fam.*) Confusione, turbamento: *il suo arrivo ha portato la — in casa.* **4** Movimento di un corpo intorno a un centro o asse: *— della ruota.* **5** (*astron.*) Moto di un corpo celeste che descrive un'orbita attorno a un altro: *la — della Terra attorno al Sole.* [→ ill. *astronomia*]

rivulsióne V. *revulsione.*

rivulsivo V. *revulsivo.*

rizoàtono *agg.* (*ling.*) Detto di parola che non ha l'accento sulla sillaba radicale ma sul prefisso o sul suffisso (es. *casetta*); CONTR. Rizotonico.

rizòbio *s. m.* Batterio che si sviluppa sulle radici di leguminose e fissa azoto atmosferico.

rizòma *s. m.* (*pl.* *-i*) Fusto orizzontale simile a una radice, sotterraneo o strisciante in superficie, che costituisce un organo di riserva. [→ ill. *botanica*]

rizomatóso *agg.* Detto di vegetale che ha rizoma.

rizomòrfo *agg.* Che ha forma di radice.

rizotònico *agg.* (*pl. m.* *-ci*) (*ling.*) Detto di parola che ha l'accento sulla sillaba radicale (es. *casa*); CONTR. Rizoatono.

rìzza *s. f.* (*mar.*) Sistema di cavi o catene capace di trattenere oggetti mobili di grandi dimensioni durante i movimenti della nave.

rizzàre **A** *v. tr.* **1** Mettere, alzare in modo che stia ritto: *— una tenda, una bandiera* | *— il capo,* (*fig.*) risentirsi o farsi rispettare | *— la coda, il pelo, la cresta,* (*fig.*) imbaldanzirsi | *— gli orecchi,* (*fig.*) prestare attenzione. **2** Costruire, innalzare, fabbricare: *— un edificio.* **B** *v. rifl.* Alzarsi ritto in piedi: *rizzarsi da terra.* **C** *v. intr. pron.* Diventare ritto: *gli si rizzarono i capelli.*

RNA *s. m. inv.* (*biol.*) Acido ribonucleico, che si trova sia nel nucleo che nel citoplasma delle cellule, la cui funzione principale è la sintesi proteica (sigla dell'ingl. *RiboNucleic Acid*); CFR. DNA.

roàno **A** *s. m.* Mantello equino formato di peli bianchi, rossi e neri mescolati. **B** *anche agg.*: *mantello* —.

roast beef /*ingl.* 'roust bi:f/ *loc. sost. m. inv.* Carne di manzo, tagliata nello scannello o nella lombata, arrostita a fuoco vivo, ma mantenuta rosea internamente. [→ ill. *macelleria*]

ròba *s. f.* **1** Ciò che di materiale si possiede e che serve in genere alle necessità del vivere: *consumare tutta la propria* — | *— di casa,* mobili, arredi, suppellettili, ecc. **2** Ogni oggetto materiale e la materia di cui è fatto: *chi ha portato questa —?; non sappiamo di che — è fatto* | *— di valore,* oggetti preziosi | Cibo, bevanda: *c'è — per un mese* | Pensiero, discorso: *come puoi dire questa —?* | *Che —!,* che cosa strana, inconsueta | Affare, faccenda: *non è — che ti riguardi* | (*fam.*) *— da matti, da chiodi, da cani,* cose molto riprovevoli o fuori del comune. **3** Stoffa: *— di lana* | (*est.*) Abito, indumento: *— d'inverno; avere molta — indosso.* **4** Merce, mercanzia, articolo: *— di scarto, di prima qualità; vetrina piena di* —.

róbbia *s. f.* Pianta erbacea delle Rubiali, le cui radici macinate danno una polvere usata un tempo per tingere in rosso.

robe-manteau /*fr.* 'rɔb mã'to/ *loc. sost. f. inv.* (*pl. fr.* *robes-manteaux* /'rɔb mã'to/) Abito femminile di modello simile a un cappotto, abbottonato sul davanti.

robinia *s. f.* Pianta arborea leguminosa delle Rosali con rami armati di spine appaiate, foglie imparipennate, fiori bianchi, odorosi, in grappoli; SIN. Pseudoacacia. [→ ill. *piante* 9]

robiòla *s. f.* Formaggio dolce, tenero, non stagionato, della Lombardia, confezionato in panetti rettangolari. [→ ill. *formaggi*]

robivècchi *s. m.* Chi compra oggetti usati e li rivende.

roboànte V. *reboante.*

robóne *s. m.* Antica veste ampia indossata un tempo da dottori e magistrati.

ròbot o (*evit.*) *robot* /ro'bo/ *s. m. inv.* **1** Dispositivo meccanico che riproduce i movimenti e gener. l'aspetto esterno dell'uomo o di animali | Apparecchio automatico destinato a sostituire l'uomo in attività faticose o costose. **2** (*est., fig.*) Chi agisce in modo meccanico. ● SIN. Automa.

robòtica *s. f.* Parte della cibernetica che si occupa della costruzione dei robot.

robotizzàre **A** *v. tr.* Fornire di robot: *— un impianto.* **B** *v. intr. pron.* Trasformarsi in seguito all'introduzione di robot.

robustézza *s. f.* L'essere robusto; SIN. Forza.

robùsto *agg.* **1** Che possiede forza, energia, detto di persona: *un bambino* — | Resistente, vigoroso, detto del corpo o delle sue parti: *costituzione robusta*; SIN. Forte. **2** Che si piega difficilmente, solido, detto di cosa: *una catena robusta* | *Pianta robusta,* ben radicata. **3** (*fig.*) Intrepido, saldo, coraggioso: *animo* — | *Stile* —, efficace, molto espressivo. **4** (*fig.*) Acuto, pronto, vigoroso: *ingegno* —.

rocàggine *s. f.* Condizione di roco.

rocaille /*fr.* rɔ'kaj/ *s. f. inv.* (*pl. fr.* *rocailles* /rɔ'kaj/) Motivo decorativo a conchiglie o volute, tipico dello stile rococò francese.

rocambolésco *agg.* (*pl. m.* *-schi*) Detto di azione così avventurosa e audace da parere incredibile, o portata a termine con grande spericolatezza.

rócca (1) *s. f.* **1** Arnese per filare a mano, costituito da un'asta a una cui estremità rigonfia si assicura la lana che si fa poi scorrere, ritorcendola a mano, sul fuso. [→ ill. *tessuto*] **2** Tubo intorno al quale si avvolge il filato, destinato all'ordito.

ròcca (2) *s. f.* Fortezza di grandi dimensioni costruita di solito in luogo elevato.

roccafòrte *s. f.* (*pl.* *rocchefòrti o roccafòrti*) **1** Fortezza, città fortificata. **2** (*fig.*) Luogo, ambiente, in cui ci si sente forti, o dove si riscuotono molti consensi: *l'ufficio è la sua* —.

roccatrice *s. f.* Macchina tessile destinata alla roccatura di un filato; SIN. Incannatoio, rocchettiera. [→ ill. *tessuto*]

roccatùra *s. f.* Operazione con cui si avvolge in un'unica rocca il filato svolto da più confezioni.

rocchettièra *s. f.* (*tess.*) Roccatrice.

rocchétto (1) *s. m.* **1** Piccolo cilindro, di legno forato o di metallo a estremità sporgenti, sul quale è avvolto un filato per cucire o per tessere. [→ ill. *tessuto*] **2** (*est.*) Piccolo gomitolo cilindrico: *un — di filo da ricamo.* [→ ill. *tessuto*] **3** Ruota avente minor numero di denti di una coppia di ruote dentate. [→ ill. *ciclo e motociclo, meccanica*] **4** (*cine.*) Meccanismo per avvolgere la pellicola cinematografica. [→ ill. *cinematografia*]

rocchétto (2) *s. m.* Sopravveste liturgica di lino bianco con pizzo, portata dal papa, dai vescovi e dai prelati. [→ ill. *religione*]

ròcchio *s. m.* **1** Ciascuno degli elementi pressoché cilindrici del fusto di una colonna. **2** (*est.*) Pezzo piuttosto tozzo, di forma cilindrica: *un — di legno.*

ròccia *s. f.* (*pl.* *-ce*) **1** Aggregato di minerali dovuto a fenomeni geologici | *— metamorfica,* derivante da profonde modificazioni di rocce eruttive o di rocce sedimentarie | *— sedimentaria,* dovuta a deposito di materiale solido trasportato dall'acqua o dall'aria | *— eruttiva,* derivante dal consolidamento di un magma | *— madre,* in cui si è formato un minerale. [→ ill. *miniera*] **2** Masso di pietra affiorante, balza scoscesa: *una — ap-*

puntita. [→ ill. *alpinista*]

rocciatóre *s. m.* (*f. -trìce*) Nell'alpinismo, arrampicatore. [→ ill. *alpinista*]

roccióso *agg.* Pieno di rocce | Che ha natura di roccia.

ròcco *s. m.* (*pl. -chi*) Bastone o pastorale degli arcivescovi e di alcuni vescovi, ritorto in cima, con piccola torre e croce.

rock /*ingl.* 'rɔk/ ***A*** *s. m. inv. Acrt. di rock and roll.* ***B*** *in funzione di agg. inv.: complesso —.*

rock and roll /*ingl.* 'rɔk ənd 'roul/ *loc. sost. m. inv.* Genere musicale d'origine nordamericana, ricco di movimento, popolarissimo tra i giovani anche come ballo.

ròco *agg.* (*pl. m. -chi*) Rauco, detto di persona; *essere — per il mal di gola* | Fioco, poco limpido, detto di suono, voce o altro.

rococò ***A*** *s. m.* Stile settecentesco d'origine francese caratterizzato da mobili e oggetti di forma capricciosa, e da elementi decorativi quali foglie, volute, conchiglie. ***B*** *agg.* ***1*** Che appartiene a tale stile: *mobile —.* ***2*** (*est.*) Goffo, lambiccato: *pettinatura —.*

rodàggio *s. m.* ***1*** Operazione consistente nel fare funzionare una macchina o un motore nuovi per un certo tempo senza superare i limiti di velocità indicati dal costruttore e senza sforzi eccessivi per consentire l'assestamento dei vari organi: *automobile in —.* ***2*** (*fig.*) Tempo necessario per adattarsi a persone, luoghi, ambienti nuovi.

rodàre *v. tr.* (*io ròdo*) Sottoporre a rodaggio (*anche fig.*).

rodeo /*sp.* ro'deo/ *s. m. inv.* (*pl. sp. rodeos* /ro'deos/) Gara tra cow-boy, consistente nel cavalcare senza sella o nell'atterrare cavalli e torelli non ancora domati.

ródere ***A*** *v. tr.* (*pres. io ródo; pass. rem. io rósi, tu rodésti; part. pass. róso*) ***1*** Tritare, sgretolare, rosicchiare con i denti: *— l'osso; il tarlo rode il legno* | *— un osso duro,* (*fig.*) avere a che fare con qc. o q.c. di difficile. ***2*** Consumare, distruggere a poco a poco (*anche fig.*): *— il ferro con la lima; essere roso dal rimorso.* ***B*** *v. rifl.* (*fig.*) Consumarsi, tormentarsi intimamente: *rodersi di rabbia.*

rodiàre *v. tr.* (*io ròdio*) Rivestire i metalli di un sottilissimo strato di rodio.

rodigìno *agg.; anche s. m.* (*f. -a*) Di Rovigo.

rodiménto *s. m.* ***1*** Atto del rodere | Logoramento, lenta distruzione (*anche fig.*): *il — della rabbia.* ***2*** (*fig.*) Tormento interiore.

ròdio *s. m.* Elemento chimico, metallo del gruppo del platino, presente in sabbie aurifere; usato, tra l'altro, per catalizzatori. SIMB. Rh.

roditóre ***A*** *agg.* (*f. -trìce*) (*lett.*) Che rode (*anche fig.*): *verme —.* ***B*** *s. m. pl. Roditori,* ordine di mammiferi privi di canini ma con incisivi sviluppatissimi a crescita continua, frugivori od onnivori, spesso dannosi. [→ ill. *animali* 16]

rododèndro *s. m.* Arbusto delle Ericali caratteristico della flora alpina, con fusto tortuoso, foglie coriacee e fiori rossi in grappoli. [→ ill. *piante* 11]

rodomónte *s. m.* Chi fa il prepotente, vanta azioni strabilianti e si cimenta in imprese temerarie per affermare la propria superiorità (dal nome di un personaggio dell''Orlando Furioso' di L. Ariosto).

rogànte ***A*** *part. pres. di rogare; anche agg.* (*raro*) Che roga. ***B*** *s. m. e f.* Parte che stipula un contratto notarile.

rogàre *v. tr.* (*io rògo, tu ròghi*) ***1*** Richiedere a una autorità giudiziaria, da parte di un altro organo giudiziario, di compiere determinate incombenze processuali. ***2*** Stipulare un contratto alla presenza di un notaio.

rogatàrio *s. m.* (*dir.*) Chi, su richiesta del rogante, stende un atto notarile.

rogatóre *s. m.* Negli atti notarili, rogante.

rogatòria *s. f.* (*dir.*) Atto con cui un'autorità giudiziaria richiede a un'altra di compiere determinate incombenze processuali.

rogatòrio *agg.* Di rogatoria | *Atto —,* eseguito in adempimento di una rogatoria.

rogazióne *s. f.* ***1*** Richiesta di uno o più privati a un notaio di redigere il documento di un negozio giuridico. ***2*** *al pl.* Processioni penitenziali cattoliche di propiziazione per il buon esito delle semine e dei raccolti.

róggia o *ròggia s. f.* (*pl. -ge*) (*sett.*) Fossa irrigatoria derivata da un fiume.

rògito *s. m.* Atto pubblico redatto da un notaio.

rógna *s. f.* ***1*** Scabbia. ***2*** (*bot.*) *— nera delle patate,* fungo i cui sporangi stanno nell'interno della pianta ospite e producono ingenti danni | *— nera dell'ulivo,* malattia dovuta a un batterio che penetra nei tessuti formando tumori di varia grandezza. ***3*** (*fig., fam.*) Cosa o persona che costituiscono una persistente molestia; SIN. Guaio.

rognonàta *s. f.* Pietanza di rognoni.

rognóne *s. m.* ***1*** Rene di bestia macellata; SIN. Arnione. ***2*** (*est.*) Pietanza di rognoni.

rognóso *agg.* ***1*** Affetto da rogna. ***2*** (*fig.*) Misero, meschino, noioso, detto di persona | Fastidioso.

rògo o *rógo s. m.* (*pl. -ghi*) ***1*** Catasta di legna su cui si bruciavano i cadaveri e i condannati a morirvi | Supplizio del fuoco. ***2*** (*est.*) Falò, incendio: *un — di libri.*

rolìno V. *ruolino.*

rollàre o *rullàre v. intr.* (*io ròllo; aus. avere*) Oscillare intorno all'asse longitudinale, detto di aereo e natante.

rollàta *s. f.* Repentina oscillazione di rollio, di aereo o natante.

rollè *s. m.* Carne disossata di petto di vitello o altro steccata di lardo, arrotolata e arrostita.

rollìno V. *rullino.*

rollìo *s. m.* Oscillazione di aereo o natante intorno al proprio asse longitudinale; CFR. Beccheggio.

romagnòlo *agg.; anche s. m.* (*f. -a*) Della Romagna.

romàico *agg.; anche s. m.* (*pl. m. -ci*) Della lingua greca moderna.

romàncio *agg.; anche s. m.* Della lingua neolatina parlata nella regione svizzera dei Grigioni.

romanésco *agg.; anche s. m.* (*pl. m. -schi*) Della Roma attuale | Del dialetto parlato nella Roma attuale.

romànico ***A*** *agg.* (*pl. -ci*) Detto dello stile affermatosi nell'Europa occidentale a partire dal sec. XI, caratterizzato in architettura da volte a botte o a crociera, in pittura e scultura da una plasticità rude ed essenziale. ***B*** *s. m. solo sing.* Stile, periodo romanico.

romanìsmo *s. m.* ***1*** Modo di dire proprio della lingua di Roma. ***2*** Opinione di chi parteggia per l'autorità della curia pontificia. ***3*** Entusiasmo per Roma, per ciò che è romano e sim.

romanìsta *s. m. e f.* (*pl. m. -i*) ***1*** Studioso di diritto romano. ***2*** Studioso di filologia romanza. ***3*** Studioso di antichità romane. ***4*** Sostenitore o giocatore della squadra di calcio della Roma.

romanìstica *s. f.* ***1*** Insieme degli studi di diritto romano. ***2*** Filologia romanza.

romanità *s. f.* ***1*** L'essere romano | Spirito, tradizione, civiltà della Roma antica. ***2*** Insieme dei popoli sottoposti alla giurisdizione dell'antica Roma.

romanizzàre ***A*** *v. tr.* Rendere romano per lingua, istituzioni, costumi e sim. ***B*** *v. intr. pron.* (*raro*) Diventare simile ai romani per costumi e modi.

romàno (1) ***A*** *agg.; anche s. m.* (*f. -a*) ***1*** Dell'antica Roma | *Numeri romani,* quelli rappresentati da lettere (es. *V, X, D, M;* CFR. Arabo). [→ ill. *monumenti archeologici, armi, bandiera*] ***2*** Della Roma moderna | *Fare alla romana,* in trattoria o altrove, pagare ciascuno per sé. ***B*** *agg.* Relativo alla chiesa cattolica o di Roma: *chiesa cattolica apostolica romana.*

romàno (2) *s. m.* Contrappeso della stadera, che scorre lungo lo stilo. [→ ill. *bilancia*]

romanticherìa *s. f.* Affettazione di sentimenti e atteggiamenti romantici.

romanticìsmo *s. m.* ***1*** Movimento culturale affermatosi nell'Europa del XIX sec. che, opponendosi all'illuminismo e al classicismo, propugnò una nuova visione del mondo e un tipo di sensibilità basati sul culto delle tradizioni e della storia, sull'individualismo animato dalla fantasia e dal sentimento, sulla coscienza dei complessi rapporti che legano l'uomo a una civiltà moderna. ***2*** In arte e letteratura, atteggiamento improntato a tale movimento: *il — di Byron, di Manzoni.* ***3*** Eccessiva sentimentalità: *il — dei giovani;* SIN. Sentimentalismo.

romàntico ***A*** *agg.* (*pl. m. -ci*) ***1*** Che è proprio del romanticismo: *sinfonia romantica.* ***2*** Che è di indole appassionata o incline alla malinconia e all'evasione fantastica, detto di persona: *una ragazza romantica;* SIN. Sentimentale. ***3*** Che ispira vaghi sentimenti di malinconia, detto di luoghi o paesaggi o altro. ***B*** *s. m.* (*f. -a*) ***1*** Seguace del romanticismo. *2* Persona incline alle suggestioni fantastiche, al sentimentalismo.

romanticùme *s. m.* (*spreg.*) Caratteristica comune di opere ispirate a un romanticismo deteriore | (*est.*) Complesso di atteggiamenti pieni di languida sentimentalità o di esagerata passione.

romànza *s. f.* *1* Componimento poetico di carattere narrativo e sentimentale, in versi brevi con ritornello, affermatosi in Italia durante l'epoca romantica; SIN. Ballata romantica. *2* (*mus.*) Aria di carattere semplice e patetico analoga alla romanza in poesia.

romanzàre *v. tr.* Raccontare un fatto aggiungendo al vero elementi romanzeschi: — *un viaggio.*

romanzésco *agg.* (*pl. m. -schi*) *1* Attinente al romanzo | *Poema* —, che tratta di cavalieri e di dame, come nei romanzi francesi medievali. *2* (*fig.*) Di avventura o avvenimento così singolare o straordinario da apparire inverosimile: *amori romanzeschi.*

romanzétto *s. m.* *1* *Dim. di romanzo.* *2* (*fig.*) Fatto narrato con alterazioni e aggiunte fantasiose. *3* (*fig.*) Relazione, avventura amorosa.

romanzière *s. m.* (*f. -a*) Chi compone romanzi.

romànzo (1) *agg.* Detto di ciascuna lingua derivata dal latino | *Filologia romanza*, studio filologico delle lingue e delle letterature romanze.

romànzo (2) *s. m.* *1* Nel mondo classico, ampia narrazione continua, complessa e avventurosa, spesso con mescolanza di stili e toni narrativi: *i romanzi alessandrini* | Nel mondo medievale, ampia narrazione in volgare di fatti di argomento cavalleresco, eroico e amoroso: *i romanzi del ciclo bretone.* *2* Nel mondo moderno, ampio componimento narrativo, fondato su grandi temi sociali o ideologici, sullo studio dei costumi, dei caratteri o dei sentimenti: *i romanzi di Dostoevskij* | — *storico*, misto di storia e d'invenzione | — *educativo, filosofico*, con finalità morali o speculative | — *epistolare*, in cui la vicenda emerge da un carteggio, spec. tenuto dai protagonisti | — *d'appendice*, pubblicato in appendice a giornali e (*spreg.*) opera letteraria macchinosa e aperta ai gusti più grossolani del pubblico | — *fiume*, lunghissimo | — *nero*, con storie truci e tragiche | — *giallo*, poliziesco | — *rosa*, con zuccherose vicende d'amore sempre a lieto fine. *3* (*fig.*) Storia incredibile: *la sua vita sembra un* —.

rómba *s. f.* (*raro*) Rumore cupo, rintronamento che dura per un certo tempo.

rombàre *v. intr.* (*io rómbo; aus. avere*) Fare romba o produrre un rombo prolungato | (*est.*) Fare strepito, ronzio, rumore.

rómbico *agg.* (*pl. m. -ci*) (*mat.*) Proprio d'un rombo, a forma di rombo. [→ ill. *cristalli*]

rómbo (1) *s. m.* Rumore grave e forte.

rómbo (2) *s. m.* (*mat.*) Quadrilatero equilatero; SIN. Losanga. [→ ill. *geometria*]

rómbo (3) *s. m.* Pesce osseo marino commestibile, il cui corpo ha forma grossolanamente romboidale. [→ ill. *animali* 8]

rómbo (4) *s. m.* *1* (*mar.*) Linea direttrice sulla quale cammina un bastimento. *2* Figura quadrilunga che nella sua diagonale maggiore esprime la direzione delle 32 principali direzioni di vento.

rombododecaèdro *s. m.* (*mat.*) Poliedro con 12 facce rombiche uguali. [→ ill. *cristalli*]

romboèdrico *agg.* (*pl. m. -ci*) Che ha forma di romboedro.

romboèdro *s. m.* (*mat.*) Poliedro con sei rombi uguali per facce. [→ ill. *cristalli*]

romboidàle *agg.* Che ha forma di romboide.

rombòide *s. m.* (*mat.*) Parallelogramma.

romèno V. *rumeno.*

romèo ***A*** *s. m.* (*f. -a*) Pellegrino che andava a Roma o in Terrasanta | (*est.*) Pellegrino. ***B*** *agg.* Percorso dei pellegrini che andavano a Roma: *strada romea.*

romitàggio *s. m.* Eremitaggio.

romìto ***A*** *agg.* (*lett.*) Solitario: *luogo* —. ***B*** *s. m.* Eremita.

romitòrio *s. m.* *1* Eremitaggio, eremo. *2* (*est.*) Luogo solitario.

rómpere ***A*** *v. tr.* (*pres. io rómpo; pass. rem. io rùppi o* (*evit.*) *rompéi, tu rompésti; part. pass. rótto*) *1* Spezzare, scindere, dividere q.c. in più parti spec. con la forza, rapidamente o senza precisione: — *un bastone*; — *il pane in tre parti* | Infrangere: — *un vetro* | Stritolare, spaccare: — *un osso* | — *le ossa, la faccia a qc.*, picchiarlo con violenza | — *le orecchie*, infastidire con eccessivo rumore | *Rompersi le gambe*, (*fig.*) stancarsi molto camminando | *Rompersi la schiena, l'osso del collo* e sim., (*fig.*) lavorare con grande fatica | — *le scatole, le tasche, l'anima*, (*pop.*) infastidire, annoiare | — *le file, le righe*, spezzare l'ordine di uno schieramento | — *il ghiaccio*, (*fig.*) vincere la freddezza iniziale di una conversazione, un rapporto e sim.; SIN. Infrangere, spaccare. *2* Dividere, spezzare per aprirsi un varco: — *la corrente con i remi*; — *la folla, la calca.* *3* Guastare, deteriorare (*anche fig.*): — *l'orologio* | — *l'incantesimo*, turbare un'atmosfera perfettamente serena o felice. *4* Interrompere (*anche fig.*): — *il digiuno, il silenzio* | — *l'andatura*, quando il cavallo passa all'andatura di galoppo in una corsa al trotto | — *gli indugi*, porre fine a una fase di attesa e agire | *Romperla con qc.*, interrompere rapporti di amicizia, di affetto con qc. *5* (*fig.*) Non rispettare, violare un obbligo morale: — *un accordo.* ***B*** *v. intr.* (*aus. avere*) *1* Frangersi, detto dell'acqua. *2* Troncare un'amicizia, venire in contrasto: *ha rotto con il padre.* *3* (*pop.*) Annoiare, infastidire. *4* Scoppiare, prorompere: — *in pianto.* *5* Straripare: *il fiume ruppe in più punti.* ***C*** *v. intr. pron.* Spezzarsi, infrangersi. [→ tav. *proverbi* 4, 89; → tav. *locuzioni* 94]

rompicàpo *s. m.* *1* Indovinello, rebus. *2* Fastidio, preoccupazione | Persona o cosa che sono causa di tale molestia. *3* (*est.*) Problema di difficile o impossibile soluzione.

rompicòllo *s. m.* *1* Persona priva di considerazione e che può portare alla rovina se stessa o gli altri. *2* *Nella loc. avv.* *a* —, a rotta di collo, precipitosamente e pericolosamente: *scendere le scale a* —.

rompighiàccio *s. m.* *1* Nave appositamente costruita e attrezzata per aprirsi la strada nei mari polari rompendo la crosta di ghiaccio che li ricopre. [→ ill. *marina*] *2* Arnese a punta col quale si rompe il ghiaccio.

rompiménto *s. m.* Rottura | (*fig., pop.*) — *di scatole*, noia, seccatura.

rompiscàtole *s. m. e f. inv.* (*pop.*) Chi dà noia, fastidio.

rompitóre *s. m.* (*f. -trìce*) (*raro*) Chi rompe.

rónca *s. f.* Roncola.

roncatùra *s. f.* Operazione del tagliare i rami con la ronca.

ronciglio *s. m.* Ferro adunco per uncinare; SIN. Uncino.

rónco *s. m.* (*pl. -chi*) (*med.*) Rumore bronchiale di tonalità bassa e sonora.

róncola *s. f.* Attrezzo con lama ricurva, di diverse dimensioni, fissata a un manico di legno; SIN. Ronca. [→ ill. *agricoltura, giardiniere*]

róncolo *s. m.* Coltello da giardinaggio e vendemmia, con lama ricurva e manico pieghevole.

rónda *s. f.* Servizio armato svolto da più militari a scopo di vigilanza, spec. notturna | *Cammino di* —, spazio per il passaggio delle ronde lungo la merlatura delle cortine e delle torri o lungo i parapetti dei terrapieni | *Fare la* — *a un luogo*, sorvegliarlo | *Fare la* — *a una donna*, (*fig.*) corteggiarla.

rondeau /*fr.* rɔ̃:do/ *s. m. inv.* (*pl. fr. rondeaux* /rɔ̃:do/) *1* Piccolo componimento di vario metro della poesia francese antica. *2* Composizione musicale formata da diverse apparizioni di un ritornello inframmezzate da parti intermedie dette strofe. *3* Isola spartitraffico circolare all'incrocio di più strade.

rondèlla *s. f.* Dischetto metallico forato che si infila sotto il dado del bullone; SIN. Rosetta. [→ ill. *ferramenta, meccanica*]

róndine *s. f.* *1* Uccello insettivoro con lunghe ali falcate, coda forcuta, piumaggio densissimo nero sul dorso e bianco sul ventre | *A coda di* —, detto di ciò che ha una estremità che si allarga e termina a doppia punta. [→ ill. *animali* 13] *2* — *di mare*, uccello con corpo molto slanciato, becco lungo e sottile, che si nutre di pesci. [→ ill. *animali* 10] *3* — *di mare*, pesce rondine. [→ ill. *animali* 8]

rondinèlla *s. f.* *Dim. di rondine.*

rondinìno *s. m.* *1* *Dim. di rondine.* *2* Piccolo nato dalla rondine.

rondinòtto *s. m.* *1* *Dim. di rondine.* *2* Rondinino.

rondiṣmo *s. m.* Movimento letterario sorto in Italia dopo il 1919 e improntato a un classicismo che trovava spec. in Leopardi un modello di stile (dal nome della rivista romana *La Ronda*).

rondista *s. m.* (*pl.* *-i*) Seguace del rondismo.

rondò *s. m.* Adattamento di *rondeau.*

rondóne *s. m.* Uccello tutto nero con gola bianca, con sagoma analoga a quella della rondine. [→ ill. *animali* 10]

ronfàre *v. intr.* (*io rónfo; aus. avere*) **1** (*fam.*) Russare forte. **2** (*est.*) Fare le fusa, detto del gatto.

röntgen /*ted.* 'rœntgən/ o *Roentgen s. m. inv.* Unità di misura dell'intensità di radiazione X che, per effetto ionizzante, libera da un cm^3 d'aria un'unità di carica elettrica CGS.

röntgenterapìa /'rœntgəntera'pia/ *s. f.* Uso dei raggi Röntgen nella cura di certe malattie.

ronẓàre *v. intr.* (*io rónẓo; aus. avere*) **1** Emettere un caratteristico rumore sordo e vibrante, detto di zanzare, vespe, mosconi, api e sim. e (*est.*) di aeroplani, frecce, e sim. | (*est.*) Volare, detto di insetti: *non ronza una mosca.* **2** (*fig.*) Girare, mulinare: *troppe idee ti ronzano in testa.* **3** (*fig.*) Rigirare intorno a un luogo o persona | *– intorno a una ragazza*, corteggiarla.

ronẓino *s. m.* Cavallo di razza inferiore o di scarto; SIN. Brenna, rozza.

ronẓio *s. m.* Rumore continuato di insetti che ronzano | (*est.*) Rumore sordo e vibrante simile al ronzare di insetti volanti.

roof garden /*ingl.* 'ru:f 'ga:dən/ *loc. sost. m. inv.* (*pl. ingl. roof gardens* /'ru:f 'ga:dənz/) Grande terrazza sul tetto di un edificio, adorna di piante, adibita a bar, ristorante e sim.

ròrido *agg.* (*poet.*) Rugiadoso.

ròṣa A *s. f.* **1** Arbusto delle Rosali fornito di spine ricurve, con foglie composte e seghettate e fiori grandi variamente profumati e colorati | *– del Giappone*, camelia. [→ ill. *piante* 9] **2** Fiore di tale pianta: *rose rosse* | *La stagione delle rose*, la primavera | *Il mese delle rose*, maggio | *Fresco come una –*, in ottime condizioni fisiche | *All'acqua di rose*, privo di impegno, di efficacia. **3** (*poet.*) Colorito rosa delle guance o delle labbra. **4** (*fig.*) Gruppo di persone fra cui verrà fatta una scelta: *la – dei candidati.* **5** Macchia rosea lasciata sulla pelle da punture di insetti, morsi e sim. **6** Proiezione dei pallini da caccia che fuoriesce dalla canna, prendendo una forma circolare. **7** *– dei venti*, figura circolare applicata alla bussola con l'indicazione delle direzioni intermedie a quelle dei quattro punti cardinali. [→ ill. *geografia, marina*] **8** (*zool.*) Base cornea di forma circolare delle corna del cervo. [→ ill. *zoologia*] **B** *s. m. inv.* Colore intermedio tra il bianco e il rosso. **C** *agg. inv.* Che ha color rosa: *vestito, nuvole, –* | *Maglia –*, indossata dal corridore ciclista che è in testa alla classifica del giro d'Italia; (*est.*) il corridore stesso | *Vedere tutto –*, essere ottimista | (*fig.*) *Stampa, romanzo –*, di tono sentimentale e galante, destinato al pubblico femminile. [→ tav. *proverbi* 288, 353]

Roṣàcee *s. f. pl.* Famiglia di piante erbacee o arbustive delle Rosali, con fiori regolari a cinque petali, foglie alterne dentate e stipolate. [→ ill. *piante* 8, 9]

roṣàceo *agg.* **1** (*raro*) Di colore rosa. **2** (*bot.*) Detto di corolla a cinque petali tipica delle Rosacee. [→ ill. *botanica*]

roṣàio *s. m.* Arboscello di rosa | Numerose piante di rosa riunite.

Roṣàli *s. f. pl.* (*sing. -e*) Ordine di piante dicotiledoni, con fiori a corolla sovente di 5 petali. [→ ill. *piante* 8]

roṣalìa v. *rosolia.*

roṣàrio *s. m.* **1** Nel cattolicesimo, pratica devota consistente nella recitazione di tre gruppi di cinque decine di avemarie, precedute ciascuna da un pater noster, da un gloria patri e da uno dei misteri | Corona di grani che si usa per accompagnare la recitazione del rosario. **2** (*est., fig.*) Sequela di fatti che si susseguono con regolarità: *un – di insolenze.*

roṣàto A *agg.* **1** Di colore di rosa: *labbra rosate.* **2** (*raro*) Di rosa. **B** *s. m.* **1** (*raro*) Colore che appare all'orizzonte verso l'aurora. **2** Vino di colore rosato.

ròṣbif *s. m.* Adattamento di *roast beef.*

rosé /*fr.* ro'ze/ *agg. e s. m. inv.* Rosato, detto di vino.

ròṣeo A *agg.* Di colore di rosa: *viso –* | (*fig.*) *Avvenire –*, che appare lieto. **B** *s. m.* Colorito roseo delle guance o del viso.

roṣèola *s. f.* Eruzione generalizzata o localizzata di chiazze rosse con tendenza alla risoluzione rapida.

roṣéto *s. m.* Luogo piantato a rose.

roṣétta *s. f.* **1** *Dim. di rosa* (A). **2** Diamante di lieve spessore tagliato a forma di piramide sfaccettata. **3** Pagnottella tonda, lavorata nella parte superiore come una rosa. [→ ill. *pane*] **4** (*mecc.*) Rondella.

rosicànti *s. m. pl.* (*sing. -e*) (*zool.*) Roditori.

rosicàre *v. tr.* (*io rósico, tu rósichi*) **1** Rodere leggermente e a poco a poco. **2** (*fig.*) Riuscire a guadagnare, a strappare q.c. [→ tav. *proverbi* 76]

rosicchiàre *v. tr.* (*io rosicchio*) Rodere di continuo e leggermente: *– un osso* | Mangiucchiare.

roṣignòlo *s. m.* (*lett., poet.*) Usignolo.

roṣmarino *s. m.* Pianta arbustiva delle Tubiflorali con foglie piccole, lineari, coriacee, usate come aromatico in culinaria. [→ ill. *piante* 13, *verdura*]

róso *part. pass. di rodere; anche agg.* Corroso | Consumato.

roṣolàccio *s. m.* Pianta erbacea infestante delle Papaverali, con fiori rossi inferiormente macchiati di nero; in alcune varietà coltivato come ornamento.

roṣolàre A *v. tr.* (*io ròṣolo*) Fare cuocere lentamente carne o altre vivande in modo che prendano una crosta tendente al rosso. **B** *v. intr. pron.* **1** Cuocersi lentamente assumendo una crosta bruno-rossastra. **2** (*fig., est.*) *Nella loc. rosolarsi al sole*, abbronzarsi prendendo a lungo il sole.

roṣolatùra *s. f.* Tipo di lenta cottura con formazione di una crosta bruno-rossastra.

roṣolìa o (*evit.*) *roṣalìa s. f.* Malattia virale spec. infantile che si manifesta con arrossamento cutaneo.

roṣolièra *s. f.* Servizio di bottiglia e bicchierini per rosolio e bevande simili.

roṣòlio *s. m.* Liquore preparato con alcol, zucchero e acqua nella stessa proporzione, con in più un'essenza che gli dà il nome: *– di menta.*

roṣóne *s. m.* **1** Motivo ornamentale composto di motivi vegetali raggruppati attorno a un bottone centrale, per ornare soffitti, lacunari, medaglioni. **2** Vetrata circolare con motivi raggianti, a forma di rosa o ruota, posta sopra la porta centrale di facciate delle chiese romaniche e gotiche. [→ ill. *architettura, religione*]

ròspo *s. m.* **1** Animale anfibio, senza coda, dal corpo tozzo e dalla pelle spessa e verrucosa, ricca di ghiandole che secernono un liquido acre e irritante | *Ingoiare un –*, (*fig.*) tollerare un fatto spiacevole | *Sputare il –*, (*fig.*) esprimere liberamente un motivo di preoccupazione o sim. tenuto celato a lungo. [→ ill. *animali* 6] **2** (*fig., spreg.*) Persona di aspetto molto sgradevole.

rossàstro *agg.* Che tende al colore rosso.

rosseggiàre *v. intr.* (*io rosséggio; aus. avere*) Apparire rosso o tendere al rosso: *le nuvole rosseggiano.*

rossétta *s. f.* Pipistrello dell'Africa e dell'Asia meridionale, con muso volpino e pelliccia rossastra.

rossétto *s. m.* **1** Colorante rosso. **2** Cosmetico pastoso per colorare labbra o guance. [→ ill. *toilette e cosmesi*]

rósso A *agg.* **1** Che è del colore del sangue vivo, della porpora, del rubino e sim.: *abito, vino –*; *bandiera, camicia rossa* | *Capelli rossi*, fulvi o rossicci | *Diventare –*, arrossire per vergogna, pudore, commozione. **2** Ispirato, amministrato da partiti socialisti e comunisti: *regioni rosse.* **B** *s. m.* (*f. -a* nel sign. 3) **1** Il colore rosso. **2** Ciascuna delle sostanze naturali o artificiali, organiche o inorganiche usate come coloranti: *– di anilina, – inglese.* **3** Persona che ha i capelli rossi. **4** Aderente a un partito di sinistra. **5** Luce rossa del semaforo: *passare col –.* **6** Materia rossa | *– d'uovo*, tuorlo. **7** (*banca*) *Nella loc. essere, andare in –*, essere a debito. [→ tav. *proverbi* 345]

róssola *s. f.* Fungo con cappello vivacemente colorato, gambo liscio, privo di volva e anello, che comprende specie commestibili e velenose. [→ ill. *fungo*]

rossóre *s. m.* Colore rosso | Colorito rosso della pelle spec. del viso, per pudore, vergogna, ira o rabbia.

ròsta *s. f.* (*arch.*) Inferriata semicircolare o semiellittica a forma di raggiera, posta gener. sopra l'architrave di una porta per dar luce o aria all'interno.

rosticcerìa *s. f.* Bottega dove si preparano e si vendono arrosti o altre vivande, spec. fritte.

rosticcière *s. m.* (*f.* *-a*) Gestore di una rosticceria.

rostràto *agg.* Fornito di rostro: *uccello* – | *Colonna rostrata*, nell'antica Roma, monumento commemorativo costituito da una colonna ornata coi rostri tolti alle navi nemiche.

ròstro *s. m.* **1** Becco, spec. quello adunco dei rapaci. **2** Trave sporgente dalla parte inferiore della prua delle antiche navi da guerra; SIN. Sperone. **3** *al pl.* Tribuna per gli oratori nel foro dell'antica Roma. **4** Estremità sagomata della pila di un ponte nel senso della corrente.

ròta *s. f.* **1** V. *ruota*. **2** *Tribunale della Sacra Rota*, organo giudiziario ordinario della S. Sede, con competenza contenziosa e penale.

rotàbile A *agg.* Girevole | Percorribile da veicoli a ruota: *strada* – | *Materiale* –, complesso dei veicoli ferroviari, e sim. **B** *s. f.* Strada carrozzabile.

rotacişmo *s. m.* (*ling.*) Passaggio di una consonante all'articolazione *r*.

rotacizzàre *v. tr.* Modificare un suono per rotacismo.

rotàia *s. f.* **1** Solco o striscia che lascia la ruota in terra. **2** (*mecc.*) Guida metallica, gener. appaiata in un binario, costituente il piano di rotolamento delle ruote di un veicolo ferroviario o sim. | *Uscire dalla* –, (*fig.*) deviare dal retto cammino. [→ ill. *edilizia, ferrovia, sollevamento, strada*]

rotànte o (*raro*) *ruotànte* *part. pres. di rotare; anche agg.* Che ruota.

rotàre o *ruotàre* **A** *v. intr.* (*io ruòto, pop., lett. ròto*, in tutta la coniug. la *o* dittonga preferibilmente in *uo* se tonica; *aus. avere*) **1** Muoversi girando attorno: *la Terra ruota attorno al Sole*; SIN. Girare. **2** Volare a larghe ruote: *il rapace rotava sul gregge.* **B** *v. tr.* **1** Volgere in giro, spec. con velocità ed energia: – *il braccio.* **2** (*fig.*) Avvicendare: – *le colture.*

rotativa *s. f.* Macchina da stampa in cui matrice e organo di pressione sono cilindrici. [→ ill. *stampa*]

rotativista *s. m.* (*pl.* *-i*) Operaio addetto alla rotativa.

rotativo *agg.* Che ha un moto rotatorio: *pompa rotativa*; *schedario* –. [→ ill. *ufficio*]

rotàto *agg.* **1** (*raro*) Fornito di ruote. **2** Che ricorda la forma della ruota. [→ ill. *botanica*]

rotatòria *s. f.* Segnale stradale che indica l'obbligo, per la circolazione, di ruotare intorno a un'isola rotazionale.

rotatòrio *agg.* Del moto di rotazione di un corpo attorno a se stesso: *moto* – *della Terra.*

rotazionàle *agg.* Della rotazione | *Isola* –, area rialzata circolare all'incrocio di più strade.

rotazióne *s. f.* **1** Movimento circolare attorno a q.c. | Movimento di un corpo che gira intorno a un asse passante per il proprio baricentro: – *terrestre.* [→ ill. *fisica, petrolio*] **2** (*mat.*) Operazione consistente nel muovere una figura piana o spaziale in modo che la distanza di ciascun suo punto da ogni punto d'una retta resti costante. **3** (*fig.*) Avvicendamento, ordinato susseguirsi di cicli chiusi: *la* – *delle cariche* | – *agraria*, successione delle colture su uno stesso appezzamento della durata di due o più anni.

roteàre A *v. intr.* (*io ròteo; aus. avere*) Volgersi più volte e continuamente in giro. **B** *v. tr.* Volgere rapidamente intorno: – *gli occhi.*

rotèlla *s. f.* **1** Piccola ruota. [→ ill. *cucina, ferramenta, metro, mobili, sport*] **2** Piccola ruota di un meccanismo: *le rotelle dell'orologio* | *Gli manca una* –, *qualche* –, (*fig.*) di persona strana, non molto equilibrata. **3** Piccolo scudo rotondo e convesso, con imbracciatura interna. [→ ill. *armi*]

rotellìsta *s. m. e f.* (*pl. m.* *-i*) Chi pratica gli sport in cui vengono impiegati i pattini a rotelle.

rotişmo *s. m.* Sistema di ruote dentate che si ingranano fra loro per la trasmissione del moto.

rotocàlco *s. m.* (*pl.* *-chi*) **1** Sistema di stampa rotativo, con matrici incise in incavo, usato spec. per i periodici illustrati. **2** Periodico illustrato, spec. settimanale, realizzato con il sistema rotocalcografico.

rotocalcografìa *s. f.* Procedimento di stampa in rotocalco | Stabilimento in cui si stampa in rotocalco.

rotocalcogràfico *agg.* (*pl. m.* *-ci*) Della rotocalcografia.

rotolaménto *s. m.* Spostamento di q.c. in modo che rotoli su se stesso | Movimento compiuto girando su di sé | (*est.*) Ruzzolone.

rotolàre A *v. tr.* (*io ròtolo*) **1** Far girare più volte su se stesso un corpo di forma tondeggiante: – *un masso per la china.* **2** (*raro*) Arrotolare: – *stoffa*; CONTR. Srotolare. **B** *v. intr.* (*aus. essere*) Venire avanti girando su di sé, a guisa di ruota o sim.: *il pallone rotola nel prato* | Ruzzolare: – *dalle scale.* **C** *v. rifl.* Girarsi su di sé, detto di persone: *si rotolava sul pavimento.*

rotolìo *s. m.* Atto del rotolare continuo.

ròtolo *s. m.* **1** Involto cilindrico: *un* – *di carta* | Ciò che è stato arrotolato: *un* – *di stoffa.* **2** (*fam.*) *Nella loc. avv. a rotoli*, a precipizio e (*fig.*) in malora, in rovina: *un'impresa che va a rotoli.*

rotolóni *avv.* **1** Rotolando: *cadere* – | *Anche nella loc. avv. a* –. **2** (*fig.*) *Nella loc. avv. a* –, in malora, a rotoli: *i suoi piani sono andati a* –.

rotónda *s. f.* **1** Costruzione di forma rotonda o quasi rotonda. **2** Terrazza a pianta più o meno circolare: *la* – *di uno stabilimento balneare.*

rotondeggiànte *part. pres. di rotondeggiare; anche agg.* Che ha forma rotonda.

rotondeggiàre *v. intr.* (*io rotondéggio; aus. avere*) Avere forma rotonda o quasi rotonda.

rotondità *s. f.* **1** L'essere rotondo: *la* – *della Terra.* **2** *spec. al pl.* Forma rotonda, spec. delle membra: *corpo pieno di* –.

rotóndo *agg.* **1** Che ha forma di globo, di palla, ruota, cerchio, cilindro e sim.: *la Terra è rotonda, ma non perfettamente* | *Vaso* –, cilindrico | *Punta rotonda*, arrotondata | *Tavola rotonda*, a forma circolare. [→ ill. *botanica*] **2** (*fig.*) Che ha un giro largo, armonioso, sonoro, detto di discorso scritto o parlato: *periodo* –.

rotóre *s. m.* **1** Nelle macchine elettriche, parte destinata a ruotare. [→ ill. *motore*] **2** Sistema rotante per trarne azioni fluido-dinamiche | – *di elicottero*, grande elica con funzioni di sostentazione e propulsione. [→ ill. *aeronautica*]

rotòrico *agg.* (*pl. m.* *-ci*) Pertinente a rotore.

rotovìa *s. f.* Funicolare terrestre che corre su pista con carrello e ruote gommate.

rótta (1) *s. f.* **1** Rottura, *in alcune loc.*: *a* – *di collo*, a precipizio, in grande fretta | *Essere in* – *con qc.*, aver troncato le buone relazioni. **2** Rottura dell'argine di un corso d'acqua | (*est.*) Breccia, spaccatura. **3** Grave sconfitta, disfatta: *mettere, fuggire in* –.

rótta (2) *s. f.* **1** (*gener.*) Percorso seguito da una nave o da un aeromobile: *fare* – *per New York* | – *di collisione*, (*fig.*) linea di contrasto radicale e violento | *Cambiare* –, (*fig.*) mutare linea di condotta. **2** *Angolo di* –, (*ell.*) –, angolo compreso fra una direzione fissa di riferimento e la direzione della prora della nave o dell'aeromobile: *calcolare la* – | *Ufficiale di* –, incaricato di calcolarla e di sorvegliare che sia seguita.

rottamazióne *s. f.* Attività di recupero di materiale metallico per le fonderie.

rottàme *s. m.* **1** Frammento o insieme di frammenti di cose rotte: *rottami di ferro* | Ammasso di cose rotte o di meccanismi che non funzionano: *quella nave è ormai un* –. **2** (*fig.*) Persona molto provata nel fisico o nel morale.

rótto A *part. pass. di rompere; anche agg.* **1** Spezzato, infranto. **2** Pesto, malconcio: *ossa rotte.* **3** Resistente, ben avvezzo a q.c. (*anche spreg.*): – *alle intemperie*; – *al vizio.* **B** *s. m.* **1** (*raro*) Rottura | *Passare per il* – *della cuffia*, riuscire a cavarsela con poco o nessun danno. **2** Spiccioli di una cifra tonda: *mille lire e rotti.* [→ tav. *locuzioni* 113]

rottùra *s. f.* **1** Divisione, spaccatura, frantumazione di q.c. che ne compromette l'integrità: *la* – *di un vetro*; *la* – *degli argini* | *Carico di* –, sollecitazione capace di rompere un materiale | Frattura: – *di un braccio* | (*fig., pop.*) – *di scatole*, noia, seccatura | (*est.*) Parte dove q.c. è rotto: *saldare le rotture.* **2** Guasto, deterioramento (*anche fig.*): – *dei freni*; – *di un'atmosfera.* **3** Interruzione, cessazione: *la* – *dei negoziati* | Violazione: *la* – *della tregua.* **4** Cessazione di rapporti in seguito a discordia o controversia | (*est.*) *Film di* –, che rifiuta gli schemi, nel contenuto o nella forma. **5** Sfondamento: – *del fronte.*

ròtula *s. f.* (*anat.*) Osso sesamoide contenuto nel tendine del muscolo anteriore della coscia, che partecipa alla formazione e articolazione del ginocchio. [→ ill. *anatomia umana*]

roulette /*fr.* ru'lɛt/ *s. f. inv.* (*pl. fr. roulettes* /ru'lɛt/) Gioco d'azzardo in cui vince chi indovina il numero o il colore su cui s'arresta una pallina gettata su un piatto girevole. [→ ill. *giochi*]

roulotte /*fr.* ru'lɔt/ *s. f. inv.* (*pl. fr. roulottes* /ru'lɔt/) Rimorchio di autovettura, attrezzato spec. come abitazione per campeggi o viaggi; SIN. Caravan. [→ ill. *campeggiatore*]

round /*ingl.* 'raund/ *s. m. inv.* (*pl. ingl. rounds* /'raundz/) Nel pugilato, ripresa.

routine /*fr.* ru'tin/ *s. f. inv.* (*pl. fr. routines* /ru'tin/) Monotona ripetizione di comportamenti e modi di pensare, a scapito della creatività | (*est.*) Pratica professionale.

rovènte *agg.* (*raro*) Del colore del fuoco | Caldo, infuocato (*anche fig.*): *ferro, dolore* —; SIN. Ardente.

róvere *s. m. o f.* Pianta arborea delle Fagali che può raggiungere grandi dimensioni e fornisce un legno molto robusto | (*est.*) Legno di tale albero. [→ ill. *piante* 2]

roveréto *s. m.* Bosco di roveri.

rovèscia *s. f.* (*pl. -sce*) (*raro*) Lato opposto al diritto | *Alla* —, al contrario, all'opposto.

rovescìabile *agg.* Che si può rovesciare.

rovesciaménto *s. m.* **1** Versamento. **2** Inversione, capovolgimento | Atterramento, abbattimento (*anche fig.*): — *di un governo* | (*fig.*) Cambiamento totale, capovolgimento: — *delle alleanze.*

rovesciàre **A** *v. tr.* (*io rovèscio*) **1** Versare in giù, abbondantemente e con forza (*anche fig.*): — *olio sul pavimento; rovesciarsi la minestra addosso;* — *insulti su qc.* | (*fig.*) Riversare: — *la colpa su qc.* **2** Voltare sottosopra, dalla parte opposta al diritto: — *la terra, un abito* | (*fig.*) — *la situazione*, farla mutare radicalmente; SIN. Capovolgere, invertire. **3** Gettare per terra chi o ciò che era in piedi o diritto: — *una sedia;* — *qc. urtandolo* | (*fig.*) — *un governo*, abbatterlo. **4** (*mil.*) Atterrare, abbattere: — *una città.* **B** *v. intr. pron.* **1** Cadere giù: *si è rovesciata la bottiglia* | Capovolgersi: *la barca si rovesciò* | Lasciarsi cadere, detto di persone: *rovesciarsi su una poltrona.* **2** Versarsi fuori uscendo da un recipiente: *il vino si rovescia sulla tovaglia* | Cadere dall'alto: *la cascata si rovescia a valle.* **3** (*fig.*) Accorrere in gran numero: *la folla si rovesciò nelle strade.*

rovesciàta *s. f.* Tiro al volo mediante il quale un calciatore colpisce la palla inviandola verso la parte opposta a quella cui è volto.

rovèscio **A** *agg.* (*pl. f. -sce*) Voltato in senso contrario, dalla parte opposta al diritto | *A* —, in posizione capovolta e (*fig.*) in modo opposto a quello giusto | *Intendere, capire a* —, nel significato opposto a quello esatto; CONTR. Diritto. [→ ill. *tessuto*] **B** *s. m.* **1** (*raro*) Atto del rovesciarsi, del cadere giù con forza e improvvisamente | (*fig.*) — *di fortuna*, grave dissesto finanziario | (*est., fig.*) Disgrazia: *è vittima di molti rovesci.* **2** Lato opposto al diritto: *il* — *di una stoffa* | (*fig.*) Modo opposto al giusto, al normale: *capisce sempre il* — | *Per diritto e per* —, in ogni modo; CONTR. Diritto. **3** Lato secondario di una moneta o di una medaglia | *Il* — *della medaglia*, (*fig.*) il lato negativo di una situazione. [→ ill. *moneta*] **4** Precipitazione violenta di breve durata: — *di pioggia.* **5** Nel tennis, colpo di rinvio effettuato portando la racchetta in direzione della parte del braccio libero e colpendo quindi la palla con la faccia corrispondente al dorso della mano.

rovescióne *s. m.* **1** Scroscio di pioggia violento e improvviso. **2** Colpo dato di rovescio con la mano o con un'arma.

rovéto *s. m.* Luogo pieno di rovi o di piante.

rovìna *s. f.* **1** Caduta, crollo: *la* — *del ponte* | (*est.*) Grave deterioramento: *un antico palazzo in* —. **2** Cosa che è caduta, precipitata, rovinata | *spec. al pl.* Ruderi, avanzi di edifici antichi o demoliti con azione violenta: *le rovine di Troia;* SIN. Macerie. **3** Sfacelo, scempio, disfacimento di istituzioni, governi, civiltà: *la* — *della nazione è irreparabile* | (*est.*) Danno gravissimo, disastro economico o morale: *mandare, andare in* —; SIN. Devastazione. **4** (*fig.*) Chi (o ciò che) è causa del danno: *è stata la* — *della famiglia.*

rovinàre **A** *v. intr.* (*aus. essere*) **1** Cadere già crollando con impeto e fragore: *l'edificio è rovinato.* **2** Precipitare, cadere dall'alto: *le acque della cascata rovinano a valle.* **B** *v. tr.* **1** Far cadere, demolire, provocando un crollo o una frana: — *un ponte.* **2** Guastare, sciupare: *rovinarsi la salute.* **3** (*fig.*) Mandare in sfacelo, in miseria: *la guerra rovina l'economia.* **C** *v. rifl.* Danneggiarsi gravemente: *rovinarsi con il gioco.*

rovinìo *s. m.* **1** Caduta, franamento continui: — *di pietre.* **2** Fracasso di cose che rovinano.

rovinóso *agg.* **1** Che porta rovina: *tempesta rovinosa.* **2** Impetuoso, furioso: *fiume* —.

rovistàre *v. tr.* Cercare dappertutto, spec. facendo rumore, mettendo in disordine ecc.: — *i cassetti, le tasche;* SIN. Frugare.

róvo *s. m.* Pianta arbustiva delle Rosali, con fusti sdraiati, angolosi, aculeati, foglie bianche inferiormente, fiori rosei e frutti eduli detti more. [→ ill. *piante* 8]

royalty /*ingl.* 'rɔiəlti/ *s. f. inv.* (*pl. ingl. royalties* /'rɔiəltiz/) Percentuale sugli utili corrisposta a chi concede lo sfruttamento di giacimenti petroliferi, miniere, brevetti e sim. | Percentuale che l'editore paga all'autore per ogni copia di libro venduto.

ròzza *s. f.* Cavallo di poco pregio perché poco agile o vecchio e pieno di acciacchi; SIN. Brenna, ronzino.

rozzézza *s. f.* L'essere rozzo; SIN. Grossolanità, zotichezza.

rózzo *agg.* **1** Che non è lavorato, che è così come si trova in natura: *lana rozza* | Scabro, ruvido: *panno* — | Di lavoro non ornato né levigato: *mobile* — | (*est.*) Grossolano: *versi rozzi;* SIN. Grezzo. **2** (*fig.*) Non ingentilito né raffinato dall'educazione, dalle buone maniere, dalla cultura, detto di persona | Semplice, schietto: *parole rozze* | (*spreg.*) Zotico, villano: *modi rozzi;* SIN. Grossolano, selvatico.

rùba *s. f.* (*raro*) Rapina | *Andare a* —, trovare rapidamente i compratori, detto di merci varie.

rubacchiàre *v. tr.* (*io rubàcchio*) Rubare di quando in quando, poco per volta, qua e là.

rubacuòri **A** *s. m. e f.* Chi fa innamorare o si attira tutte le simpatie. **B** *anche agg.*

rubamàzzo *s. m.* Gioco di carte consistente nel rubarsi l'un l'altro i vari mazzetti, qualora si abbia in mano una carta uguale a quella posta in cima a uno di essi.

rubàre *v. tr.* **1** Prendere con la violenza o di nascosto ciò che appartiene ad altri: — *una valigia, dei gioielli* | (*fig.*) — *un segreto*, carpirlo. **2** (*est., fig.*) Sottrarre qc. o q.c. che è di altri o in stretti rapporti con altri: — *la moglie a un amico* | — *il cuore*, (*fig.*) fare innamorare | (*fig.*) — *tempo a qc.*, farglielo perdere, spec. nei confronti di q.c. di importante | (*fig.*) — *ore al sonno*, impiegare in altro modo le ore destinate al riposo | (*fig.*) — *il mestiere a qc.*, fare q.c. che è di competenza di altri | (*fig.*) — *un'invenzione*, farla passare per propria. **3** ass. Commettere un furto: *hanno rubato in banca* | — *sul peso*, farlo aumentare con frode | — *a man salva*, rubare più che si può, sicuri di non essere scoperti. [→ tav. *proverbi* 25, 90, 217]

rubàsca *s. f.* Camiciotto del costume nazionale maschile russo, allacciato da un lato e stretto alla vita da una fascia. [→ ill. *vesti*]

rubàto *part. pass. di rubare; anche agg.* **1** Sottratto indebitamente ad altri. **2** (*mus.*) Detto di tempo eseguito con una certa elasticità per ottenere particolari effetti espressivi.

rùbbio *s. m.* (*pl. rùbbi, m. o rùbbia, f.*) Antica misura per aridi dell'Italia centrale.

ruberìa *s. f.* **1** Il rubare con inganno, anche continuato; SIN. Ladreria. **2** Saccheggio, rapina, violenta estorsione.

Rubiàcee *s. f. pl.* Famiglia di piante erbacee o legnose delle Rubiali, con foglie intere o seghettate sempre stipolate, fiori piccoli in cime o grappoli. [→ ill. *piante* 13]

Rubiàli *s. f. pl.* (*sing. -e*) Ordine di piante dicotiledoni. [→ ill. *piante* 13]

rubicóndo *agg.* Di colore rosso vivo o rosseggiante, detto spec. del viso o di sue parti.

rubìdio *s. m.* Elemento chimico, metallo alcalino simile al potassio, nei minerali del quale è presente in piccolissime quantità. SIMB. Rb.

rubinetteria *s. f.* Insieme di rubinetti.
rubinétto *s. m.* Organo manovrabile di intercettazione o di regolazione del flusso di un liquido o gas in una tubazione. [→ ill. *bagno*]
rubino *s. m.* **1** Varietà rossa di corindone usata come pietra preziosa. **2** (*fig., lett.*) Colore vermiglio delle labbra.
rubizzo *agg.* Di aspetto ancora fresco e florido, di colorito sano, detto spec. di persona anziana: *un vecchio —.*
rùblo *s. m.* (*pl. -i*) Unità monetaria dell'URSS, divisa in cento copechi.
rubrica o (*evit.*) **rùbrica** *s. f.* **1** Quaderno coi margini a scaletta segnati con le lettere dell'alfabeto per indirizzi e appunti di vario genere. [→ ill. *ufficio*] **2** (*est.*) Sezione di un giornale, trasmissione radiofonica o televisiva relativa a un determinato argomento: *— teatrale.* **3** Intestazione, richiamo o prospetto in un libro, codice, manoscritto e sim., spec. se scritto con inchiostro rosso.
rubricàre *v. tr.* (*io rubrìco o evit. rùbrico, tu rubrichi o evit. rùbrichi*) **1** Presso gli antichi amanuensi, porre rubriche in un codice. **2** Annotare in una rubrica.
ruchétta *s. f.* Pianta erbacea delle Papaverali le cui foglie aromatiche si mescolano con l'insalata. [→ ill. *piante* 5]
rùde *agg.* **1** (*lett.*) Rozzo, grossolano, detto di persona. **2** Che rivela una durezza franca e risoluta, ma non grossolana, detto di persona o di cosa: *un — uomo dei campi.*
rùdere *s. m.* **1** *spec. al pl.* Avanzo di edifici, costruzioni o monumenti antichi: *i ruderi del Foro romano* | *spec. al pl.* (*fig.*) Memoria, testimonianza: *i ruderi di un'antica grandezza.* **2** (*fig.*) Persona ridotta in pessime condizioni fisiche o morali.
rudézza *s. f.* L'essere rude.
rudimentàle *agg.* **1** Elementare, limitato a una fase iniziale di apprendimento: *nozioni rudimentali.* **2** (*est.*) Informe, non ben definito.
rudiménto *s. m.* **1** *spec. al pl.* Principio elementare di un'arte o di una disciplina: *i rudimenti della geometria* | *spec. al pl.* Avviamento, primo ammaestramento. **2** (*est.*) Abbozzo, accenno: *— di ali.*
rudista *s. m.* Mollusco fossile dei Bivalvi, lungo fino a 1 m, con conchiglia spessa a forma conica, vissuto nel Cretaceo. [→ ill. *paleontologia*]
ruffianerìa *s. f.* L'essere ruffiano, o il vivere facendo il ruffiano | Atto da ruffiano (*anche fig.*).
ruffianésco *agg.* (*pl. m. -schi*) Di, da ruffiano.
ruffiàno *s. m.* (*f. -a*) **1** Chi, spec. per denaro, agevola gli amori altrui; SIN. Mezzano, paraninfo. **2** (*est.*) Chi dà aiuto in faccende losche. **3** (*est.*) Chi cerca di ingraziarsi qc. o di ottenere favori con una subdola adulazione.
rùga *s. f.* Grinza, crespa della pelle.
rugbista *s. m.* (*pl. -i*) Giocatore di rugby.
rùgby /*ingl.* 'rʌgbi/ *s. m. inv.* Gioco che si svolge tra due squadre di quindici uomini che possono toccare il pallone di forma ovale sia con le mani che coi piedi, cercando di fare delle mete; SIN. Palla ovale.
ruggènte *part. pres. di ruggire; anche agg.* Che ruggisce | *Anni ruggenti*, quelli compresi tra il 1920 e il 1929, così detti per la febbrile corsa al benessere.
rùgghio *s. m.* (*lett.*) Ruggito | (*est.*) Cupo urlo, rumore assordante e prolungato.
rùggine *A s. f.* **1** Ossido idrato di ferro che si genera, per effetto dell'aria umida, sul ferro, formando uno strato non aderente che si sgretola. **2** (*bot.*) Denominazione di varie malattie delle piante | *— del grano, dei cereali*, fungo che attacca le Graminacee con pustole rossastre che poi divengono strie nerastre pulverulente. **3** (*fig.*) Malanimo, rancore, astio: *avere della — con qc.* **B** *in funzione di agg. inv.* (*posposto al s.*) Detto di colore tra il marrone e il rosso scuro tendente al giallastro.
rugginóso *agg.* **1** Coperto di ruggine: *ferro —.* **2** (*est.*) Di colore simile a quello della ruggine: *macchie rugginose.*
ruggire *A v. intr.* (*io ruggìsco, tu ruggìsci, egli ruggìsce lett. rùgge, noi ruggiàmo, voi ruggìte, essi ruggìscono, lett. rùggono; aus. avere*) **1** Urlare nel modo caratteristico, detto del leone e di altre belve. **2** (*fig.*) Strepitare, gridare orribilmente, detto dell'uomo | (*fig.*) Rumoreggiare fragorosamente, detto di cose: *la tempesta ruggisce.* **B** *v. tr.* (*fig.*) Urlare a gran voce e in tono iroso (*anche fig.*): *— vendetta.*
ruggito *s. m.* **1** Atto del ruggire | Voce del leone. **2** Urlo rabbioso o sdegnato | Strepito, fragore: *il — del vento.*
rugiàda *s. f.* Deposito su oggetti al suolo di goccioline d'acqua provenienti dalla condensazione del vapore acqueo contenuto nell'aria | *Punto di —*, temperatura a cui l'aria deposita rugiada.
rugiadóso *agg.* **1** (*raro*) Di rugiada. **2** Bagnato, asperso di rugiada: *prato —* | (*est.*) Lacrimoso, umido: *occhi rugiadosi.*
rugliàre *v. intr.* (*io rùglio; aus. avere*) **1** Brontolare cupamente o minacciosamente, detto di animali. **2** Rumoreggiare, risuonare, detto di elementi naturali: *la cascata ruglia sordamente.*
rùglio *s. m.* Il rugliare.
rugosità *s. f.* L'essere rugoso.
rugóso *agg.* Pieno, coperto di rughe: *volto —*; SIN. Grinzoso.
rullàggio *s. m.* **1** Circolazione o corsa a terra per il decollo o l'atterraggio di un aereo sulle ruote del carrello. [→ ill. *aeroporto*] **2** (*sport*) Rullata.
rullàre (1) *v. intr.* (*aus. avere*) **1** Risuonare, detto del tamburo battuto con colpi rapidi e frequenti. **2** (*aer.*) Eseguire il rullaggio. **3** Nell'atletica, eseguire coi piedi il movimento della rullata. **4** V. *rollare.*
rullàre (2) *v. tr.* Comprimere, spianare con un rullo: *— un terreno.*
rullàta *s. f.* **1** Rullaggio. **2** (*sport*) Movimento per il quale il piede dal tallone alla punta tocca progressivamente il terreno, nel passo della marcia e nell'azione di stacco nei salti in alto, lungo e triplo.
rullatùra *s. f.* (*agr.*) Compressione del terreno mediante rulli.
rullìno o **rollìno** *s. m.* **1** *Dim. di rullo.* **2** Rotolo di pellicola fotografica. [→ ill. *fotografo*]
rullìo *s. m.* Un continuo rullare di tamburi.
rùllo *s. m.* **1** Il rullare del tamburo battuto a colpi concitati e continui. **2** Cilindro a sezione piena, cava o profilata, girevole attorno al proprio asse | *— compressore*, per comprimere e livellare il terreno | *— inchiostrato*, uno di quelli che depongono sulla matrice il velo d'inchiostro da trasferire sulla carta. [→ ill. *armi, magazzinaggio, stampa, ufficio*] **3** Rotolo di pellicola. **4** (*mecc.*) Rotolo di carta speciale con perforazioni per pianola. **5** *al pl.* Apparecchiatura impiegata dai ciclisti per l'allenamento nei mesi invernali, formata da cilindri mobili su cui la bicicletta funziona senza spostarsi.
rum o *rhum* *s. m.* Acquavite derivante dalla distillazione della canna da zucchero.
rùmba *s. f.* Danza afrocubana, vivace, di ritmo binario sincopato.
rumèno o *romèno* *agg.; anche s. m.* (*f. -a*) Della Romania.
ruminànte *part. pres. di ruminare; anche agg.* Che rumina.
ruminànti *s. m. pl.* (*sing. -e*) Gruppo di mammiferi degli Ungulati, privi di incisivi e canini superiori, ma con molari e premolari molto sviluppati e stomaco composto di quattro cavità. [→ ill. *zoologia*]
ruminàre *v. tr.* (*io rùmino*) **1** Detto di ruminanti, far ritornare il cibo dal rumine alla bocca per masticarlo con cura. **2** (*fig.*) Masticare a lungo il cibo. **3** (*fig.*) Riconsiderare attentamente: *— fra sé e sé un progetto.*
ruminazióne *s. f.* Particolare tipo di digestione proprio dei ruminanti, che fanno ritornare il cibo dal rumine alla bocca per masticarlo con cura.
rùmine *s. m.* La più ampia delle quattro cavità dello stomaco dei ruminanti, a forma di sacco, la prima a ricevere il cibo; CFR. Abomaso, omaso, reticolo. [→ ill. *zoologia*]
rumóre *s. m.* **1** Ogni fenomeno acustico gener. irregolare e non musicale, spec. se sgradevole o molesto: *— lieve, nocivo; lotta contro i rumori.* **2** (*est.*) Strepito, fracasso: *il — mi ha destato.* **3** (*fig.*) Chiacchiera, diceria, scalpore: *la notizia ha destato — in città; si è fatto molto — per nulla.* **4** (*raro*) Tumulto, rivolta di popolo.
rumoreggiaménto *s. m.* Rumore continuo, ripetuto | (*est.*) Espressione di disapprovazione e ostilità da parte di folla, pubblico e sim.
rumoreggiàre *v. intr.* (*io rumoréggio; aus. avere*) **1** Fare rumore a lungo e ripetutamente. **2** (*est.*) Mostrare disapprovazione: *i presenti cominciarono a — per la lunga attesa.*
rumorìo *s. m.* Rumore continuato, frequente.

rumorista *s. m. e raro f.* (*pl. m. -i*) Tecnico addetto alla produzione degli effetti da inserire nella colonna sonora di un film.

rumorosità *s. f.* L'essere rumoroso.

rumoróso *agg.* Che fa molto rumore: *traffico* — | Che è pieno di rumore: *strada rumorosa*; SIN. Chiassoso; CONTR. Silenzioso.

rùna *s. f.* Segno di scrittura nell'alfabeto degli antichi popoli nordici.

rùnico *agg.* (*pl. m. -ci*) (*ling.*) Che si riferisce alle rune: *alfabeto* —.

ruolìno o (*raro*) *rolino s. m.* **1** *Dim. di ruolo.* **2** — *di marcia*, (*fig.*) lista, in successione cronologica, di una serie di compiti da portare a termine, con l'indicazione dei tempi assegnati a ciascuna fase operativa.

ruòlo *s. m.* **1** Elenco di pratiche giudiziarie secondo l'ordine in cui devono essere trattate davanti a una determinata autorità: — *d'udienza.* **2** Elenco di persone redatto nelle più varie organizzazioni a fini amministrativi: *ruoli dell'esercito*; — *delle imposte* | Numero ed elenco dei lavoratori la cui assunzione si configura come relativamente stabile: *personale di* —. **3** Parte sostenuta da un personaggio in novelle, racconti, romanzi, rappresentazioni teatrali o cinematografiche, ecc.: *il protagonista ha il* — *di seduttore* | (*est., fig.*) Funzione, parte, ufficio: *svolgere il* — *di guida.* **4** (*est.*) Atteggiamento di un individuo legato alle sue funzioni all'interno di un gruppo o sistema sociale: *sostenere un* — *sgradito* | (*est., fig.*) Influenza, importanza: *avere un* — *determinante in q.c.*

ruòta o (*pop.*) *ròta s. f.* **1** Parte di macchina, normalmente circolare, girevole attorno a un asse e, in dati casi, rotolante sul terreno o rotaia | — *a raggi*, il cui cerchio è collegato al mozzo da razze o raggi: usata per cicli, motocicli e auto sportive | — *di scorta*, di cui sono dotati gli automezzi per la pronta sostituzione di altra avariata | — *dentata*, con denti periferici, per ingranare con altra ruota o cinghia dentata | — *del mulino*, le cui pale, fatte girare dall'acqua o dal vento, trasmettono il moto alla macina | — *libera*, nelle biciclette, meccanismo che permette il movimento della ruota posteriore anche quando i pedali sono fermi | *A* — *libera*, (*fig.*) senza controllo o freno: *parlare a* — *libera* | *Arrivare a* —, nel ciclismo, a brevissima distanza da un altro corridore | *Seguire qc. a* —, stargli a brevissima distanza | *Tenere la* —, non farsi distaccare | *Mettersi alla* —, farsi tirare | *La* — *della fortuna*, (*fig.*) l'instabilità della fortuna o delle condizioni umane | *Ungere la* —, *le ruote*, (*fig.*) corrompere con denaro per ottenere q.c. | *Mettere i bastoni tra le ruote*, (*fig.*) sollevare impedimenti o difficoltà alla realizzazione di q.c. | *L'ultima, la quinta,* — *del carro*, (*fig.*) chi non conta niente. [→ ill. *carro e carrozza, ciclo e motociclo, fisica, meccanica, orologio*] **2** (*mar.*) Pezzo principale dell'ossatura che, partendo dall'estremità della chiglia in forma arcuata, sorge sino alla punta anteriore e posteriore della nave | *Timone di* —, a poppa | — *del timone*, con la quale si governa il timone senza mai perdere di vista la bussola. [→ ill. *marina*] **3** Disco girevole mosso orizzontalmente sul quale il vasaio dà la forma tonda ai vasi di terra | Pezzo di arenaria circolare per arrotare lame. **4** Rotella d'acciaio azionata da un mollone che trae scintille per accendere l'innesco nelle antiche armi da fuoco: *moschetto a* —. **5** In un convento, cassetta rotonda che, girando su di un perno nell'apertura del muro, serve per la consegna di generi vari. **6** Urna girevole del lotto | Ciascuna delle dieci sedi di estrazione. **7** Antico supplizio consistente nel lasciar morire il condannato legato supino a una ruota girevole. **8** Tutto ciò che ha forma di ruota, di cerchio, di disco: — *della roulette*; *ritagliare una* — *nella carta* | Nei luna park, grande struttura metallica di forma circolare, girevole, a cui sono sospese cabine | *A* —, a forma circolare | *Mantello a* —, formato da un cerchio di stoffa forato nel centro | *Fare la* —, (*fig.*) pavoneggiarsi | *Fare la* — *a una donna*, (*fig., scherz.*) farle la corte. [→ ill. *giochi, luna park*] **9** (*fig.*) Veloce succedersi di fatti, avvenimenti: *la vita è una* —. **10** Tipo di pasta alimentare a forma di piccola ruota. [→ ill. *pasta*] [→ tav. *locuzioni* 99]

ruotàre e deriv. v. *rotare* e deriv.

rùpe *s. f.* Roccia erta e scoscesa.

rupèstre *agg.* **1** Di rupe | Costituito prevalentemente da rupi: *paesaggio* —. **2** Eseguito su rupi o pareti rocciose: *incisioni rupestri.*

rùpia *s. f.* Unità monetaria circolante in India, Indonesia e vari altri paesi d'Asia e d'Africa.

rupìcolo *agg.* Detto di animale o vegetale che vive sulle rocce.

ruràle **A** *agg.* Della campagna | Che riguarda la campagna. **B** *s. m.* Chi abita, lavora nella campagna.

ruscèllo *s. m.* Breve corso d'acqua; SIN. Rivo.

rush /*ingl.* rʌʃ/ *s. m. inv.* Sforzo finale compiuto da un atleta o da un cavallo per vincere una corsa.

rùspa *s. f.* Macchina semovente costituita da una specie di benna munita di cassa a forma parallelepipeda con due lati aperti, e di denti con i quali disgrega e scava lo strato di terra che poi viene raccolta nella cassa e scaricata.

ruspànte *part. pres. di ruspare; anche agg.* Detto di pollo che si alleva lasciandolo libero di razzolare sul terreno.

ruspàre **A** *v. intr.* (*aus. avere*) Razzolare per cercare cibo, detto dei polli. **B** *v. tr.* Livellare con la ruspa.

russàre *v. intr.* Fare rumore, dormendo, con il respiro.

rùsso **A** *agg.; anche s. m.* (*f. -a*) Della Russia. **B** *agg.* **1** Che concerne la Russia, il suo popolo e i suoi costumi | *Alfabeto* —, cirillico. [→ ill. *copricapo*] **2** (*est.*) Detto di cosa cui si attribuisce tradizionalmente origine russa | *Insalata russa*, piatto freddo di verdure varie lessate, tagliate a dadini e condite con maionese | *Montagne russe*, nei luna-park, sorta di ferrovia in miniatura con tracciato a forti dislivelli.

rusticàno *agg.* Di persona rustica, campagnola | *Cavalleria rusticana*, codice dell'onore che rispecchia una tradizione contadina e popolana.

rusticità *s. f.* L'essere rustico.

rùstico **A** *agg.* (*pl. m. -ci*) **1** Di campagna, appartenente alla campagna: *casetta rustica*; SIN. Campagnolo. **2** (*fig.*) Non molto socievole, né molto raffinato di modi, detto di persona: *un ragazzo* — *e selvaggio* | (*est.*) Timido, scontroso; SIN. Selvatico, zotico. **3** Che imita la rozzezza campagnola, detto di lavoro, edificio e sim. **B** *s. m.* **1** Fabbricato annesso alle fattorie o ville nel quale alloggiano i contadini o vengono riposti gli attrezzi. **2** Edificio privo ancora delle opere di rifinitura. **3** *spec. al pl.* Formella circolare di pasta cotta al forno, farcita di ripieno piccante.

rùta *s. f.* Pianta perenne delle Terebintali che cresce nei luoghi aridi e ha fiori gialli a cinque petali, glabra, con odore intenso, usata per aromatizzare liquori | — *di muro*, piccola felce comune sulle rocce e sui muri con foglie piccole, coriacee, verde cupo. [→ ill. *piante* 7, *verdura*]

Rutàcee *s. f. pl.* Famiglia di piante generalmente legnose delle Terebintali ricche di ghiandole oleifere, comprendente gli agrumi. [→ ill. *piante* 7]

rutènio *s. m.* Elemento chimico, il più raro dei metalli del gruppo del platino, assai duro e fragile, impiegato per particolari leghe. SIMB. Ru.

rutherford /*ingl.* 'rʌðəfəd/ *s. m. inv.* (*fis.*) Unità di misura della radiazione ionizzante corrispondente a una quantità di materiale radioattivo in cui si abbiano 10^6 decadimenti al secondo.

rutherfòrdio *s. m.* Nome proposto per l'elemento transuranico di numero atomico 104. SIMB. Rf.

rutilànte *agg.* (*lett.*) Rosso acceso | (*gener.*) Risplendente.

rùtilo (1) *agg.* (*lett.*) Rosseggiante, fulvo.

rùtilo (2) *s. m.* (*miner.*) Biossido di titanio in cristalli prismatici di colore rosso.

ruttàre **A** *v. intr.* (*aus. avere*) Emettere rutti. **B** *v. tr.* **1** (*fig.*) Dire volgarità, ingiurie: — *bestemmie.* **2** (*lett.*) Eruttare.

rùttile *agg.* (*bot.*) Che si rompe trasversalmente a maturità | Che si apre di scatto lanciando lontano i semi.

rùtto *s. m.* Aria proveniente dallo stomaco che viene fatta uscire rumorosamente dalla bocca.

ruttóre *s. m.* Dispositivo che interrompe la corrente elettrica in un circuito.

ruvidézza *s. f.* L'essere ruvido.

ruvidità *s. f.* Ruvidezza.

rùvido *agg.* **1** Non liscio, non levigato: — *al tatto*; *cor-*

teccia ruvida; CONTR. Liscio. **2** (*fig.*) Di persona che ha maniere rozze, carattere aspro: *uomo — nel parlare.*

ruzzàre *v. intr.* (*aus. avere*) Fare chiasso, strepitare, agitarsi, detto di animali | Giocare, saltare o correre per gioco, detto di bambini.

rùzzo *s. m.* **1** Il ruzzare | Strepito, chiasso di chi ruzza. **2** Voglia, puntiglio, capriccio.

rùzzola *s. f.* Girella di legno che si fa rotolare a gara a forza di braccia o aiutandosi con una corda.

ruzzolàre **A** *v. intr.* (*io rùzzolo; aus. essere*) Cadere, rotolando o rivoltandosi: *— dalle scale*; SIN. Capitombolare. **B** *v. tr.* Fare girare per terra q.c. come se fosse una ruzzola: *— un sasso.*

ruzzolàta *s. f.* **1** Colpo di ruzzola. **2** Ruzzolone.

ruzzolóne *s. m.* Caduta che si fa ruzzolando | *Fare un —*, (*fig.*) perdere il potere, l'autorità o avere un rovescio finanziario; SIN. Capitombolo.

ruzzolóni *avv.* Ruzzolando: *finì — per terra*; *fece le scale —.*

s *s. f. o m. inv.* Diciassettesima lettera dell'alfabeto italiano | *Curva a —*, formata da due curve successive in senso contrario.

s- *pref.* **1** Fa assumere significato contrario ai verbi, sostantivi o aggettivi cui è premesso: *sfiorire, sgonfiare, slegare*; *sfiducia, scontento, sleale.* **2** Ha valore privativo peggiorativo: *scostumato, sgrammaticato*; *sragionare.* **3** Indica allontanamento: *sfornare, svaligiare, sfuggire.* **4** Ha valore privativo: *sfamare, sbucciare, spolverare.* **5** Ha valore intensivo: *sbeffeggiare, scancellare.* **6** Ha funzioni semplicemente derivative: *scadere, sbracciarsi, sdoppiare.*

sàbato *s. m.* Sesto giorno della settimana civile | *— Santo*, quello precedente la domenica di Pasqua.

sabàudo *agg.* Della casa Savoia: *stemma —.*

sàbba *s. m.* (*pl. sàbba o sàbbati*) Nelle credenze relative alla stregoneria medievale, riunione settimanale notturna di streghe e stregoni.

sabbàtico *agg.* (*pl. m. -ci*) Di sabato, *spec. nella loc. anno —*, il settimo, nel quale gli antichi ebrei si astenevano dai lavori campestri e dalla riscossione dei crediti.

sàbbia **A** *s. f.* **1** Tritume di minerali a forma di granelli, provenienti dalla demolizione naturale di rocce preesistenti: *la — del mare, del deserto, vulcanica* | *Sabbie mobili*, spec. in zone paludose, depositi di sabbia impregnati d'acqua da cui difficilmente si può uscire | *Costruire sulla —*, (*fig.*) fare q.c. destinato a non durare | *Seminare nella —*, (*fig.*) fare q.c. di inutile. [→ ill. *cava*] **2** *al pl.* (*med.*) Concrezione a piccoli granuli delle vie biliari o urinarie. **B** *in funzione di agg. inv.* (*posposto a un s.*) Che ha colore tra il beige e il grigio chiaro.

sabbiàre *v. tr.* (*io sàbbio*) **1** (*raro*) Coprire di sabbia. **2** (*tecnol.*) Sottoporre a sabbiatura.

sabbiatrice *s. f.* Macchina per la smerigliatura di lastre di vetro o la pulitura di oggetti metallici. [→ ill. *metallurgia*]

sabbiatùra *s. f.* **1** Trattamento di alcune forme reumatiche con copertura di sabbia calda o medicamentosa. **2** (*tecn.*) Operazione di finitura, mediante lancio di sabbia, di pezzi metallici | Smerigliatura mediante sabbia.

sabbióne *s. m.* Sabbia mescolata con molta ghiaia. [→ ill. *strada*]

sabbionìccio *s. m.* Terreno sabbioso.

sabbióso *agg.* **1** Che contiene molta sabbia: *riva sabbiosa.* **2** Che è simile a sabbia: *materiale —.*

sabina *s. f.* (*bot.*) Arbusto velenoso delle Conifere che forma cespugli molto ramosi e dalle cui radici si estrae un liquido usato in medicina.

sabotàggio *s. m.* **1** Reato di chi danneggia gli edifici o gli strumenti destinati alla produzione agricola o industriale, ostacola il funzionamento dei servizi pubblici e sim.: *— delle linee elettriche.* **2** (*fig.*) Qualsiasi atto inteso a intralciare la realizzazione di q.c.: *il — di una riunione, della produzione.*

sabotàre *v. tr.* (*io sabòto*) Compiere sabotaggio (*anche fig.*): *— la produzione.*

sàcca *s. f.* **1** Sacco floscio, largo e poco profondo, di materiale vario, usato per tenervi viveri, indumenti, biancheria e sim.: *— da viaggio, da notte* | Grande borsa da lavoro o da spiaggia. [→ ill. *valigeria*] **2** Curvatura, insenatura, rientranza: *le sacche di un fiume* | *Far —*, formare una rientranza. [→ ill. *metallurgia*] **3** Formazione cava, spec. in organi o tessuti animali o vegetali: *— di pus.* **4** Area della battaglia in cui un complesso di grandi unità viene a trovarsi rinserrato da preponderanti forze nemiche che lo hanno accerchiato. [→ tav. *proverbi* 61]

saccaràşi *s. f.* (*chim.*) Enzima che trasforma il saccarosio in glucosio e fruttosio.

saccàride *s. m.* (*chim.*) Glucide.

saccarìfero *agg.* **1** Che contiene zucchero: *piante saccarifere.* **2** Che si riferisce alla produzione dello zucche-

ro: *industria saccarifera.*
saccarificàre *v. tr.* (*io saccarìfico, tu saccarìfichi*) Sottoporre a saccarificazione.
saccarificazióne *s. f.* Operazione consistente nel trasformare carboidrati in zuccheri.
saccarìna *s. f.* Sostanza, derivata dal toluolo, a elevato potere dolcificante usata, in luogo dello zucchero, nelle diete spec. per diabetici.
saccaròide *s. m.* Minerale che ha aspetto simile allo zucchero.
saccarometrìa *s. f.* Disciplina che studia l'insieme dei metodi, per lo più ottici, adatti alla determinazione quantitativa del saccarosio in soluzione.
saccaròmetro *s. m.* Strumento atto a determinare la concentrazione di saccarosio in soluzione.
saccaromicèti *s. m. pl.* (*sing. -e*) Funghi microscopici, unicellulari, che formano colonie e provocano fermentazioni.
saccaròṣio *s. m.* (*chim.*) Disaccaride costituènte lo zucchero comune in commercio; contenuto spec. nella barbabietola e nalla canna da zucchero.
saccàta *s. f.* Quantità di roba che può essere contenuta in un sacco.
saccènte ***A*** *agg.* Che presume di sapere e in realtà non sa. ***B*** *anche s. m. e f.*
saccenterìa *s. f.* Atteggiamento saccente.
saccheggiàre *v. tr.* (*io sacchéggio*) Fare preda e bottino di tutto quanto è possibile, portando rovina e devastazione: — *città, villaggi* | (*est.*) Derubare, svaligiare: — *una banca*; SIN. Depredare, razziare.
saccheggiatóre *s. m.* (*f. -trice*) Chi saccheggia.
sacchèggio *s. m.* Depredazione, razzia di tutto quanto è possibile.
sacchétto *s. m.* ***1*** Piccolo sacco di materiale vario, usato per contenere o trasportare merci od oggetti diversi | *A* —, a sacco: *giacca a* —. [→ ill. *contenitore, posta*] ***2*** Quantità di roba contenuta in un sacchetto.
saccifórme *agg.* Che ha forma di sacco.
sàcco (1) *s. m.* (*pl. sàcchi*) ***1*** Recipiente di tela, grossa carta o altro materiale, piuttosto lungo e stretto, aperto in alto, usato per contenere materiali in pezzi o in polvere | *Tela di, da* —, tela ruvida, a trama larga, con cui si confezionano i sacchi | *A* —, detto di abiti che cadono diritti, senza modellature: *linea, abito a* — | *Colmare il* —, (*fig.*) oltrepassare i limiti | *Vuotare il* —, (*fig.*) dire tutto ciò che si sa o si pensa, senza riserve | *Mettere qc. nel* —, (*fig.*) ingannarlo | *Cogliere qc. con le mani nel* —, (*fig.*) coglierlo in flagrante | *Tornare, tornarsene con le pive nel* —, (*fig.*) deluso, senza avere combinato nulla | *Farina del proprio* —, (*fig.*) opera propria, non plagiata. [→ ill. *contenitore, nettezza urbana, posta*] ***2*** Ciò che è contenuto in un sacco: *un — di caffè.* ***3*** Antica unità di misura di capacità per aridi. ***4*** (*fig., fam.*) Gran numero: *avere un — di quattrini*; *prendere un — di botte.* ***5*** Tela da sacco | (*est.*) Rozza veste, spec. di eremiti, penitenti e sim. ***6*** (*est.*) Recipiente, di materiale vario e adibito a usi diversi, simile nella forma a un sacco: — *da viaggio* | — *alpino, da alpinista, da montagna*, zaino di tela impermeabile, portato in spalla da alpinisti ed escursionisti | — *a pelo*, copertura in forma di sacco, talvolta impermeabile, imbottito di piumino o di materiale sintetico, usato per dormire all'aperto o in luoghi non riscaldati | — *piuma*, sacco a pelo imbottito di piumino usato prevalentemente dagli alpinisti per dormire all'addiaccio | — *da bivacco*, sacco a pelo totalmente impermeabile, leggero e poco ingombrante, usato dagli alpinisti durante le lunghe ascensioni per dormire in parete | *Fare colazione al* —, all'aperto, durante un'escursione, con viveri portati in un sacco da montagna o sim. [→ ill. *alpinista, campeggiatore, pesca, sport*] ***7*** (*est., fig.*) Formazione cava, più o meno simile a un sacco, in organismi animali o vegetali: — *lacrimale.* ***8*** (*fig., scherz.*) Banconota da mille lire: *costa cinque sacchi.* [→ tav. *proverbi* 290]
sàcco (2) *s. m.* (*pl. sàcchi*) Saccheggio: *il — di Roma.*
saccòccia *s. f.* (*pl. -ce*) (*dial.*) Tasca.
saccóne *s. m.* ***1*** *Accr. di sacco.* ***2*** Specie di materasso ripieno di foglie di granturco o di paglia.
sacèllo *s. m.* ***1*** Piccola cappella, oratorio. ***2*** Presso i Romani, luogo scoperto e recintato, con altare dedicato a una divinità.
sacerdotàle *agg.* Di, da sacerdote.
sacerdòte *s. m.* (*f. -éssa*) ***1*** Ministro proprio di una religione o di un culto: — *cattolico, di Giove* | *Sommo, gran* —, nell'ebraismo antico, capo dei sacerdoti del tempio | *Sommo* —, nella religione cattolica, il papa. ***2*** (*fig.*) Chi esercita la propria attività con particolare passione: *sacerdoti della giustizia.*
sacerdotéssa *s. f.* Donna che in alcune religioni esercita il ministero sacerdotale.
sacerdòzio *s. m.* ***1*** Condizione, dignità, ufficio propri del sacerdote e della sacerdotessa. ***2*** Mediazione sacerdotale fra il gruppo e la divinità.
sacràle (1) *agg.* Che ha carattere sacro: *cerimonia* —.
sacràle (2) *agg.* (*anat.*) Dell'osso sacro.
sacralgìa *s. f.* (*pl. -gìe*) (*med.*) Dolore del sacro.
sacralità *s. f.* Caratteristica di ciò che è sacro o sacrale.
sacramentàle ***A*** *agg.* ***1*** Che si riferisce a un sacramento. ***2*** (*fig., scherz.*) Abituale, rituale: *la — partenza per la villeggiatura.* ***B*** *s. m. al pl.* (*relig.*) Atti rituali e cose che, distinte dai sacramenti, hanno natura di veicoli di grazia attuale e producono benefici spirituali: *le orazioni sono sacramentali.*
sacramentàre ***A*** *v. tr.* (*io sacraménto*) ***1*** Amministrare i sacramenti, spec. l'eucarestia. ***2*** Giurare | (*est.*) Affermare risolutamente: *sacramenta di non sapere nulla.* ***3*** (*pop.*) Imprecare, bestemmiare. ***B*** *v. rifl.* Ricevere i sacramenti.
sacraménto *s. m.* ***1*** Nella teologia cattolica, segno sensibile, sacro, istituito permanentemente da Gesù Cristo quale mezzo di santificazione e di salvezza: *i sacramenti sono sette: battesimo, cresima, comunione, penitenza* (o *della Riconciliazione*, dopo il Concilio Vaticano Secondo), *estrema unzione* (o *degli Infermi*, dopo il Concilio Vaticano Secondo), *ordine sacro, matrimonio* | *Fare q.c. con tutti i sacramenti,* (*fig., fam.*) con tutte le regole. ***2*** (*per anton.*) Eucarestia, ostia consacrata: *il Santissimo Sacramento.*
sacràrio *s. m.* ***1*** Parte del tempio in cui viene conservata l'immagine di un dio. ***2*** Edificio consacrato alla memoria di persone che sono oggetto di comune venerazione: *il — dei caduti.* ***3*** (*fig.*) Ciò che è considerato sacro, intimo, riservato: *il — della famiglia.*
sacràto V. *sagrato.*
sacrestàno V. *sagrestano.*
sacrestìa V. *sagrestia.*
sacrificàle *agg.* Di sacrificio.
sacrificàre ***A*** *v. tr.* (*io sacrìfico, tu sacrìfichi*) ***1*** Nelle religioni pagane, offrire un sacrificio al dio o agli dei: — *capre, buoi.* ***2*** ass. Nella religione cattolica, celebrare la Messa. ***3*** Rinunziare a q.c. cui si tiene molto per il conseguimento di un dato fine: — *i propri interessi per il benessere generale.* ***4*** Mortificare le doti di qc. o di q.c. costringendolo a una sistemazione inferiore a quella desiderata o meritata: *che peccato — quel bel mobile in un angolo!* ***B*** *v. rifl.* ***1*** Offrirsi in sacrificio. ***2*** Sopportare privazioni per il benessere altrui: *i genitori si sacrificano per i figli.* ***C*** *v. intr.* (*aus. avere*) Fare atto e opera di devozione, ossequio, e sim.: — *alla bellezza.*
sacrificàto *part. pass. di sacrificare; anche agg.* ***1*** Offerto in sacrificio. ***2*** Che è costretto a subire privazioni: *vita sacrificata.* ***3*** Non valorizzato: *in quel lavoro è* —.
sacrificio o (*lett.*) *sacrifizio s. m.* ***1*** Atto rituale con cui si dedica una cosa materiale a un dio al fine di incrementare la potenza divina, di pacificarne la collera, di propiziarsela e sim.: *compiere un* —; *offrire una vittima in — a Giunone.* ***2*** Nella teologia cattolica: — *della Messa*, in cui la vittima che si offre volontariamente è il Cristo | — *divino, santo,* — *dell'altare*, la Messa. ***3*** (*est.*) Offerta non materiale fatta a Dio o agli dei in segno di devozione: *offrire in — a Dio le proprie pene.* ***4*** Offerta della vita per la realizzazione di un ideale: *fare — di sé.* ***5*** Grave privazione subita volontariamente: *studia a costo di grandi sacrifici*; SIN. Rinunzia.
sacrilègio *s. m.* ***1*** Profanazione di ciò che è sacro e consacrato. ***2*** (*fig.*) Mancanza di rispetto verso persone o cose che ne sono degne: *è un — insultare i genitori.*
sacrìlego *agg.* (*pl. m. -ghi*) ***1*** Che commette o ha commesso un sacrilegio: *ladro* —. ***2*** (*est.*) Empio, irriverente: *parole sacrileghe.*

sacripànte *s. m.* Uomo grande e grosso che incute timore (dal nome di un personaggio dei romanzi cavallereschi).
sacrista o *sagrista s. m.* (*pl. -i*) Sagrestano | *– del papa*, prelato domestico che regola le funzioni liturgiche del Papa.
sacristìa V. *sagrestia*.
sàcro (1) ***A*** *agg.* ***1*** Che appartiene alla divinità, che partecipa della potenza divina: *luoghi sacri*; *le sacre reliquie* | *Il – fonte*, il fonte battesimale | *Libri sacri*, *Sacra scrittura*, la Bibbia | *La Sacra famiglia*, Gesù, Giuseppe e Maria | *Fuoco –*, nell'antica Roma, quello tenuto sempre acceso dalle vestali; CONTR. Profano. ***2*** (*est.*) Che è degno di rispetto, ossequio, venerazione: *l'ospite è –* | (*est.*) Inviolabile, intangibile: *il giuramento è –*. ***3*** Consacrato, dedicato: *l'amore è – a Venere*. ***B*** *s. m. solo sing.* Ciò che è sacro: *il – e il profano*.
sàcro (2) ***A*** *s. m.* (*anat.*) Osso posteriore del bacino, formato dalla fusione di cinque vertebre sacrali. [→ ill. *anatomia umana*] ***B*** *anche agg.*: *osso –*.
sacrosànto *agg.* ***1*** Sacro e santo: *il nome – di Dio*. ***2*** Inviolabile, sicuro da ogni offesa: *diritto –* | (*est.*) Indubitabile: *verità sacrosanta* | Giustissimo, meritato: *ricevere una sacrosanta lezione*.
sàdico ***A*** *agg.* (*pl. m. -ci*) Che ha carattere di sadismo, che dimostra sadismo. ***B*** *agg.; anche s. m.* (*f. -a*) Affetto da sadismo.
sadismo *s. m.* ***1*** (*psicol.*) Tendenza ad associare la soddisfazione sessuale con l'infliggere dolori al compagno o alla compagna; CONTR. Masochismo. ***2*** (*est.*) Crudeltà inutile e fine a se stessa.
sadomasochismo *s. m.* (*psicol.*) Coesistenza in uno stesso soggetto di sadismo e masochismo.
saétta *s. f.* ***1*** (*lett.*) Freccia, dardo. ***2*** Fulmine (*anche fig.*): *correre come una –*. ***3*** Lancetta dell'orologio. ***4*** Asta inclinata della capriata del tetto | Rinforzo di intelaiature, travi e puntoni. ***5*** Utensile del trapano per eseguire grandi fori nel legno. [→ ill. *falegname, trapano*] ***6*** (*geom.*) Distanza fra la corda di un arco e il più lontano dei punti di questo.
saettàre *v. tr.* (*io saétto*) ***1*** (*lett.*) Colpire con saette. ***2*** Scagliare saette | (*est., fig.*) Emanare raggi, detto del sole | (*est., fig.*) Lanciare: *– parole, sguardi*. ***3*** Nel calcio, segnare con un tiro rapido e di grande forza: *– la palla in rete*.
saettatóre *s. m.* (*f. -trice*) (*lett.*) Chi lancia saette.
saettifórme *agg.* (*bot.*) Detto di foglia triangolare e piuttosto stretta; SIN. Sagittato. [→ ill. *botanica*]
saettóne *s. m.* ***1*** (*zool.*) Colubro di Esculapio. ***2*** (*edil.*) Saetta | Puntone obliquo. [→ ill. *architettura, circo*]
safàri *s. m. inv.* Partita di caccia grossa nell'Africa orientale e centrale.
safèna *s. f.* (*anat.*) Vena superficiale dell'arto inferiore. [→ ill. *anatomia umana*]
sàffico *agg.* (*pl. m. -ci*) ***1*** Detto di verso della poesia greca e latina con un numero fisso di sillabe. ***2*** Caratterizzato da saffismo: *amore –*.
saffismo *s. m.* Omosessualità femminile (dal nome della poetessa greca Saffo a cui la tradizione attribuì tale tendenza sessuale).
sàga *s. f.* Racconto tradizionale germanico | (*est.*) Storia romanzata di una famiglia o di un personaggio.
sagàce *agg.* ***1*** (*lett.*) Che ha l'odorato fino: *cane –*; *le sagaci nari*. ***2*** (*fig.*) Accorto, scaltro, avveduto; SIN. Oculato.
sagàcia *s. f.* (*pl. -cie*) Qualità di sagace; SIN. Oculatezza.
sagacità *s. f.* Sagacia.
saggézza *s. f.* Qualità di saggio; SIN. Senno.
saggiàre *v. tr.* (*io sàggio*) ***1*** Fare il saggio di un metallo prezioso per conoscere il grado di purezza. ***2*** (*est.*) Provare la natura, le caratteristiche, di qc. o di q.c.: *– l'avversario, il terreno*.
saggiatóre *s. m.* (*f. -trice*) ***1*** Chi saggia i metalli preziosi per provarne la purezza. ***2*** Bilancia di precisione per il saggio dei metalli preziosi. ***3*** Specie di scalpello per assaggiare il formaggio.
saggiatùra *s. f.* Operazione del saggiare metalli preziosi.
saggina *s. f.* Pianta erbacea delle Glumiflore, con infiorescenza a pannocchia, foglie larghe e piatte, alta fino a tre metri; coltivata come foraggio fresco e per le cariossidi utili come becchime; SIN. Sorgo. [→ ill. *piante 16*]
sagginàre *v. tr.* Ingrassare animali, spec. maiali e volatili: *– i tordi*.
sàggio (1) ***A*** *agg.* (*pl. f. -ge*) Che pensa, agisce e sim. con accortezza, prudenza, assennatezza: *l'età rende saggi* | Che rivela saggezza: *un – consiglio*; SIN. Savio. ***B*** *s. m.* (*f. -a*) Persona saggia | Sapiente: *i sette famosi saggi*.
sàggio (2) *s. m.* ***1*** Operazione sperimentale che mira a saggiare le qualità, le proprietà, il valore e sim. di q.c.: *– dell'oro*. ***2*** Campione da cui si possono desumere le caratteristiche del tutto cui appartiene: *un – di olio* | *Copia di –*, esemplare gratuito spedito dall'editore per pubblicità. ***3*** Prova in cui ci si cimenta per mostrare agli altri le proprie attitudini, la maturità o il grado di preparazione raggiunti: *dare – di sé*; *dare – della propria bravura*. ***4*** Tasso dell'interesse o dello sconto.
sàggio (3) *s. m.* Ricerca, indagine scritta su di un particolare problema, evento, personaggio, animata da uno studio documentario: *un – sul diritto pubblico*.
saggista *s. m. e f.* (*pl. m. -i*) Chi scrive saggi.
saggìstica *s. f.* ***1*** Arte e tecnica dello scrivere saggi. ***2*** Genere letterario dei saggi.
saggìstico *agg.* (*pl. m. -ci*) Che si riferisce ai saggi letterari.
sagittàle *agg.* ***1*** (*raro*) Di saetta. ***2*** (*anat.*) Che ha direzione dall'avanti all'indietro | *Sutura –*, fra le ossa parietali.
sagittàrio *s. m.* (*f. -a*) ***1*** Arciere. ***2*** *Sagittario*, nono segno dello zodiaco, che domina il periodo fra il 23 novembre e il 21 dicembre. [→ ill. *zodiaco*]
sagittàto *agg.* (*bot.*) Saettiforme.
sàglia V. *saia*.
sàgola *s. f.* (*mar.*) Sottile cima per alzare bandiere e sim. | Cavetto che unisce la freccia al fucile per pesca subacquea. [→ ill. *pesca*]
sàgoma *s. f.* ***1*** Profilo, linea, forma esterna di edifici, mobili, vetture e sim. | Sezione di una carreggiata | *– limite*, sezione trasversale di ingombro massimo dei veicoli, spec. ferroviari. [→ ill. *ferrovia*] ***2*** Modello, profilo in legno, cartone o altro per l'esecuzione artigianale o industriale di lavori vari. [→ ill. *disegnatore*] ***3*** Nel tiro a segno, riproduzione stilizzata di uomo o animale che viene incollata su un telaio. [→ ill. *sport*] ***4*** (*fig., fam.*) Tipo bizzarro, ricco di idee originali: *lo sai che sei proprio una –?*
sagomàre *v. tr.* (*io sàgomo*) Dare, delineare la sagoma: *– la carrozzeria di un'auto*.
sagomatùra *s. f.* ***1*** Operazione del sagomare. ***2*** Sagoma.
sàgra *s. f.* ***1*** Festa nell'anniversario della consacrazione di una chiesa. ***2*** (*est.*) Festa popolare con fiera e mercato.
sagràto o (*lett.*) *sacràto s. m.* Spazio, spesso sopraelevato, antistante la chiesa che, consacrato, godeva originariamente di immunità.
sagrestàno o *sacrestàno s. m.* (*f. -a*) Custode della sagrestia e degli arredi sacri.
sagrestìa o *sacrestìa, sacristìa s. f.* Locale nella chiesa, quasi sempre adiacente al coro, nel quale si conservano i paramenti, gli arredi sacri, i libri liturgici e sim. [→ ill. *religione*]
sagrì *s. m.* Piccolo squalo a corpo slanciato, con due pinne dorsali aculeate.
sagrista V. *sacrista*.
sagù *s. m.* Farina alimentare ricavata dal midollo di parecchie specie di palme equatoriali.
sahariàna /saa'rjana/ *s. f.* Ampia giacca di tela con grandi tasche sul petto e sui fianchi e con cintura.
sàhib /'saib/ o *sahìb* /saib/ *s. m. inv.* Nel linguaggio coloniale inglese, padrone e (*est.*) uomo bianco.
sàia o (*evit.*) *sàglia s. f.* Armatura dei tessuti per cui questi si presentano con fini rigature oblique o spinate. [→ ill. *tessuto*]
saint-honoré /*fr.* sẽt ɔnɔ're/ *s. m. inv.* Dolce formato da una corona di bignè alla crema posti su un disco di pasta sfoglia e inframmezzati di panna montata (dal nome di rue *Saint-Honoré*, via di Parigi, in cui abitava il pasticciere che l'ideò). [→ ill. *dolciumi*]
sàio *s. m.* Abito degli appartenenti ad alcuni ordini men-

dicanti: *il — dei francescani* | *Vestire, prendere il —*, abbracciare la vita religiosa.

sakè o *sàke s. m. inv.* Bevanda alcolica ottenuta dalla fermentazione del riso, tipica del Giappone; SIN. Vino di riso.

sàla (1) *s. f.* Locale ampio e spazioso in edifici pubblici e privati, destinato a usi di rappresentanza, di riunione, tecnici e sim.: *— da pranzo, da ballo, cinematografica; — delle pompe, degli argani* | *— d'aspetto*, nelle stazioni, uffici, ambulatori e sim., quella destinata alla gente in attesa | *— di convegno*, nelle caserme, locale organizzato a mo' di circolo per lo svago dei soldati durante le ore libere | *— corse*, locale pubblico per scommesse sui risultati delle gare ippiche | *— di lettura*, nelle biblioteche, quella riservata alla lettura dei libri | *— macchine*, ampio locale ove si trovano motori, spec. su navi | *— operatoria*, negli ospedali, quella ove si svolgono le operazioni chirurgiche | *— di scherma, d'armi*, palestra destinata all'insegnamento della scherma | *— stampa*, locale in cui i giornalisti scrivono e trasmettono al giornale i propri servizi. [→ ill. *cinematografia, marina, miniera, televisione*]

sàla (2) *s. f.* In carri o carrozze ferroviarie, asse delle ruote che entra nel mozzo.

sàla (3) *s. f.* (*bot.*) Biodo.

salàcca *s. f.* **1** (*pop.*) Aringa o altro pesce simile conservato sotto sale o affumicato. **2** (*est.*) Cibo misero. **3** (*fig.*) Persona magra, patita.

salàce *agg.* Lascivo, eccitante: *motti salaci* | (*est.*) Mordace, pungente: *epigrammi salaci*.

salacità *s. f.* L'essere salace.

salagióne *s. f.* Salatura, spec. del pesce, per conservarlo.

salàma *s. f.* Salame tondeggiante da cuocere: *— da sugo*. [→ ill. *salumi*]

salamàndra *s. f.* Animale degli Anfibi, con lunga coda, corpo giallo e nero, a macchie, bocca ampia, che vive negli ambienti umidi | *— nera*, più piccola, di colore nero, che vive nella regione alpina ed è vivipara. [→ ill. *animali* 6]

salamànna *s. f.* Uva pregiata da tavola, di colore giallo ambrato, con grossi acini.

salàme *s. m.* **1** Carne suina tritata e salata, insaccata in budelli con cubetti di grasso e grani di pepe. [→ ill. *salumi*] **2** (*fig.*) Persona goffa, impacciata.

salamelècco *s. m.* (*pl. -chi*) Atto di ossequio, saluto, complimento, eccessivamente cerimonioso.

salamòia *s. f.* Soluzione acquosa concentrata di sale da cucina per conservarvi olive e altri alimenti.

salamoiàre *v. tr.* (*io salamòio*) Mettere in salamoia: *— le olive*.

salangàna *s. f.* Uccelletto affine al rondone, il cui nido, costruito con una sostanza gommosa secreta da ghiandole mandibolari che all'aria indurisce, è considerato commestibile da alcune popolazioni orientali.

salàre *v. tr.* Trattare un cibo con sale per dargli sapore o per conservarlo: *— la carne, la minestra* | (*fig., dial.*) *— la scuola, una lezione*, non andarvi.

salariàle *agg.* Di salario: *aumento —*.

salariàre *v. tr.* (*io salàrio*) Retribuire con un salario | (*est.*) Assumere a pagamento.

salariàto ***A*** *part. pass. di salariare; anche agg.* Retribuito con un salario. ***B*** *s. m.* (*f. -a*) Chi presta la propria opera dietro corresponsione di un salario.

salàrio *s. m.* Retribuzione del lavoratore dipendente, spec. degli operai | *— nominale*, considerato in termini monetari | *— reale*, valutato in termini di potere d'acquisto della moneta.

salassàre *v. tr.* **1** Praticare un salasso. **2** (*fig.*) Spremere molto denaro.

salàsso *s. m.* **1** Intervento con cui si sottrae all'organismo, da una vena, una quantità più o meno grande di sangue. **2** (*fig.*) Sborso di una notevole somma di denaro.

salatìno *s. m.* Biscottino salato da consumare con aperitivi o tè.

salàto ***A*** *part. pass. di salare; anche agg.* **1** Che contiene sale | Che contiene troppo sale; CONTR. Insipido. **2** (*fig.*) Che ha un prezzo troppo elevato: *conto —* | *Pagarla salata*, scontarla duramente. **3** (*fig.*) Pungente, mordace, arguto: *discorso —*. ***B*** *s. m.* **1** Sapore salato. **2** Salume, affettato.

salatùra *s. f.* Operazione del salare.

salcìccia V. *salsiccia*.

salcìgno *agg.* **1** Di salice: *fronde salcigne* | (*est.*) Detto di legname, nodoso, difficile a lavorarsi. **2** (*tosc.*) Detto di carne dura, tigliosa. **3** (*fig., tosc.*) Detto di persona, segaligno, intrattabile.

sàlda *s. f.* Soluzione di amido, gomma o sim. in acqua, usata come appretto per i tessuti.

saldaménto *s. m.* **1** Atto del saldare. **2** (*med.*) Cicatrizzazione, ricongiunzione.

saldàre ***A*** *v. tr.* **1** Congiungere fra loro due o più pezzi, in modo da formare un tutto organico | (*fig.*) Coordinare concetti. **2** Unire due pezzi metallici con la saldatura; *— un tubo; — con lo stagno*. **3** Pareggiare il dare con l'avere di un conto: *— il conto*. ***B*** *v. intr. pron.* Cicatrizzarsi.

saldatóre *s. m.* **1** Chi esegue saldature | Operaio addetto a una saldatrice. [→ ill. *maschera, spazzola*] **2** Utensile per saldare.

saldatrìce *s. f.* Apparecchiatura ad arco o a resistenza che realizza la saldatura elettrica. [→ ill. *meccanica*]

saldatùra *s. f.* **1** Operazione del saldare | *— elettrica ad arco*, grazie al calore prodotto dall'arco voltaico, con metallo di apporto | *— autogena*, tra due pezzi dello stesso metallo, direttamente con la fusione o la fiamma ossidrica | (*est.*) Punto in cui si salda. **2** (*fig.*) Congiunzione, coordinazione: *non vi è — fra i due temi del film*. **3** Periodo che intercorre tra la fine di un fenomeno e l'inizio di un altro analogo | (*est.*) Ciò che assicura la continuità durante tale periodo.

saldézza *s. f.* L'essere saldo.

sàldo (1) *agg.* **1** (*lett.*) Compatto, intero, privo di rotture: *legno —* | Massiccio, tutto d'un pezzo. **2** (*lett.*) Che ha consistenza materiale. **3** (*est.*) Resistente, forte: *il cuore è ancora —* | (*est.*) Fisso, stabile: *questa scala sembra poco salda*; SIN. Incrollabile. **4** (*fig.*) Fermo, costante, irremovibile: *essere — nei propri principi* | Fondato su valide ragioni: *argomentazioni salde*.

sàldo (2) *s. m.* **1** In un conto, differenza fra il complesso delle partite attive e il complesso delle partite passive. **2** Somma ancora dovuta per estinguere un debito già parzialmente soddisfatto: *darà il — a fine mese* | Completa estinzione di un debito: *pagare a —*. **3** Merce rimasta alla fine di una partita, messa in vendita a basso prezzo.

sàle *s. m.* **1** Composto chimico ottenuto per combinazione di un acido con una base | *— comune, — da cucina*, costituito da cloruro sodico, contenuto spec. nell'acqua del mare, presente nel sottosuolo come salgemma | *— inglese, amaro*, epsomite | *— marino*, cloruro di sodio derivante dall'evaporazione dell'acqua del mare | *Sali da bagno*, cristalli di sostanze cosmetiche o medicamentose che si sciolgono nell'acqua del bagno. [→ ill. *toilette e cosmesi*] **2** (*est.*) Cloruro di sodio: *— grosso, fino; mettere il — nel brodo* | (*fig.*) *Rimanere di —*, restare attonito. **3** (*fig.*) Senno, giudizio: *avere poco — in zucca* | *Intendere con un grano di —*, con discernimento e avvedutezza. **4** (*fig.*) Arguzia, mordacità: *parole senza —*.

salesiàno ***A*** *agg.* Che si riferisce a S. Francesco di Sales e alla congregazione dei salesiani. ***B*** *s. m.* (*f. -a*) Membro laico o ecclesiastico della congregazione fondata da S. Giovanni Bosco.

salgèmma *s. m. inv.* Cloruro di sodio in cristalli incolori o in masse cristalline biancastre, presente in giacimenti minerari.

Salicàcee *s. f. pl.* Famiglia di piante legnose delle Salicali, con fiori raccolti in amenti, frutti a capsula contenenti semi muniti di un ciuffo di peli. [→ ill. *piante* 2]

Salicàli *s. f. pl.* (*sing. -e*) Ordine di piante legnose dicotiledoni, molto diffuse nelle zone temperate e umide. [→ ill. *piante* 2]

sàlice *s. m.* Pianta legnosa delle Salicali, frequente nei luoghi umidi, con foglie allungate od ovali, fiori in amenti, frutto a capsula | *— piangente*, coltivato a scopo ornamentale per i rami ripiegati verso terra | *— da vimini*, i cui rami servono per lavori di intreccio. [→ ill. *piante* 2]

salicéto *s. m.* Terreno piantato a salici.

salicilàto *s. m.* (*chim.*) Sale dell'acido salicilico, usato

spec. in medicina.
salicìlico *agg.* (*pl. m. -ci*) (*chim.*) Detto di ossiacido aromatico presente in molti fiori e piante, usato in medicina.
salicilizzazióne *s. f.* Preservazione di sostanze mediante salicilato: — *di conserve.*
salicìna *s. f.* (*chim.*) Sostanza medicinale contenuta nella corteccia di salici e pioppi, usata spec. come febbrifugo.
sàlico *agg.* (*pl. m. -ci*) Che si riferisce ai Franchi Salii | *Legge salica*, nella quale le donne venivano escluse dalla successione al trono.
salïènte A *agg.* **1** (*lett.*) Che sale. **2** Sporgente, prominente. **3** (*fig.*) Importante, notevole: *caratteristiche salienti*; SIN. Rilevante. **B** *s. m.* **1** Salienza. **2** Sporgenza in avanti del fronte di uno schieramento di truppe. **3** (*arch.*) Elemento orientato verso l'alto.
salïènza *s. f.* Sporgenza, prominenza.
salièra *s. f.* Vasetto nel quale si tiene il sale in tavola. [→ ill. *stoviglie*]
salìfero *agg.* Che contiene o produce sale.
salificàre *v. tr.* (*io salìfico, tu salìfichi*) (*chim.*) Fare reagire una base con un acido, o gener. due sostanze, per ottenere un sale.
salìgno *agg.* **1** Di sale, simile al sale: *pietra saligna.* **2** Che è impregnato di salsedine: *marmo* —.
salìna (1) *s. f.* Serie di compartimenti stagni o vasche litorali in cui si immette l'acqua del mare, per ricavare il sale mediante evaporazione | Miniera di salgemma.
salìna (2) *s. f.* (*dial.*) Sale da cucina.
salinàio *s. m.* Chi lavora in una salina.
salinàre *v. intr.* (*aus. avere*) Estrarre il sale nelle saline.
salinatùra *s. f.* Operazione per estrarre il sale dalle acque del mare.
salinità *s. f.* Rapporto tra la massa di sale contenuta in una data quantità di acqua e la quantità di acqua stessa.
salìno *agg.* **1** Di sale: *sostanza salina.* **2** Che contiene sale: *acque saline.*
salìre A *v. intr.* (*pres. io sàlgo, tu sàli, egli sàle, noi saliàmo, voi salìte, essi sàlgono; fut. io salirò; pass. rem. io salìi; congv. pres. io sàlga, noi saliàmo, voi saliàte, essi sàlgano; condiz. pres. io salirèi; ger. salèndo; part. pres. salènte o salïènte; aus. essere*) **1** Andare verso l'alto o verso un luogo più alto, a piedi e per gradi: — *sul tetto, per le scale* | — *da qc.*, andare in casa sua per intrattenervisi | Montare: — *su una sedia*; — *sul tram* | — *al trono*, divenire re | — *in cattedra*, (*fig.*) fare il saccente. **2** Andare verso l'alto o verso un luogo più alto con mezzo diverso dai piedi e con movimento regolare e continuo: — *con l'ascensore, in ascensore.* **3** Andare verso l'alto, levarsi in volo (*anche fig.*): *l'aereo sale fino a tremila metri* | — *al paradiso, al cielo*, (*fig., euf.*) morire | — *rossore al viso*, avvampare | Sorgere: *la luna sale.* **4** Ergersi | Essere in salita: *il sentiero sale dolcemente.* **5** (*fig.*) Pervenire a una condizione migliore: — *nella stima degli altri*; — *in ricchezza*; — *in grado*; — *da umile stato.* **6** (*fig.*) Crescere d'intensità, numero, quantità, livello e sim.: *la voce salì di un tono; la temperatura è salita* | Rincarare: *i prezzi salgono.* ● CONTR. Scendere. **B** *v. tr.* Percorrere andando dal basso verso l'alto: — *le scale*; CONTR. Scendere. [→ tav. *proverbi* 183; → tav. *locuzioni* 95]
saliscèndi o *saliscèndi s. m.* **1** Chiusura rustica per porte e finestre. [→ ill. *ferramenta, finestra*] **2** Alternanza di salite e di discese.
salìta *s. f.* **1** Atto del salire | *Strada in* —, ripida, che sale. **2** Luogo, strada, per cui si sale: *camminare in* —. ● CONTR. Discesa.
salìva *s. f.* Liquido incolore, filante, prodotto dalle ghiandole salivari e riversato nella bocca.
salivàre (1) o *salivàle agg.* Di saliva: *ghiandola* —.
salivàre (2) *v. intr.* (*aus. avere*) Produrre saliva.
salivazióne *s. f.* Produzione ed escrezione della saliva.
sàlma *s. f.* **1** (*poet.*) Corpo umano, rispetto all'anima. **2** Corpo di una persona defunta: *traslazione della* —; SIN. Cadavere. **3** Misura italiana di capacità per aridi e liquidi | Misura italiana di superficie.
salmàstro A *agg.* Che contiene sale: *acque salmastre* | Che ha il sapore del sale: *vento* —. **B** *s. m.* Sapore, odore di salsedine.
salmeggiàre *v. intr.* (*io salméggio; aus. avere*) Cantare, recitare salmi: — *a Dio.*
salmerìa *s. f.* (*mil.*) *spec. al pl.* Insieme di quadrupedi adibiti al trasporto di armi, munizioni, viveri | Insieme dei materiali così trasportati.
salmerìsta *s. m.* (*pl. -i*) Soldato addetto alle salmerie di un reparto.
salmì *s. m.* Intingolo preparato con pezzi di selvaggina macerati in vino poi cotti in un sugo piccante e aromatico: *lepre in* —.
salmìsta *s. m.* (*pl. -i*) Poeta autore di salmi.
salmistràto *agg. Nella loc. lingua salmistrata*, lingua di bue strofinata con salnitro e sale, lasciata in salamoia indi lessata.
sàlmo *s. m.* Nella Bibbia, ciascuna delle centocinquanta composizioni religiose destinate al canto. [→ tav. *proverbi* 375]
salmodìa *s. f.* Canto di salmi | Modo di cantare i salmi.
salmodiàre *v. intr.* (*io salmòdio; aus. avere*) Cantare salmi, spec. in coro.
salmóne A *s. m.* Pesce osseo con carni molto pregiate, che abita le acque fredde dell'Atlantico e si riproduce nei fiumi. [→ ill. *animali* 9] **B** *in funzione di agg. inv.* Che ha colore rosa carico tendente all'arancione.
salmonèlla *s. f.* (*biol.*) Batterio che, assunto con acqua o alimenti, può provocare infezioni intestinali sia negli uomini sia negli animali.
salmonellòsi *s. f.* (*med.*) Malattia procurata da salmonelle che colpisce spec. l'intestino.
salnìtro *s. m.* (*pop.*) Nitrato di potassio, usato come concime e nella preparazione della polvere nera.
salóne (1) *s. m.* **1** *Accr. di sala* (1). **2** Ampia sala con particolari funzioni di rappresentanza: — *da ballo.*
salóne (2) *s. m.* **1** Mostra di prodotti artigianali o industriali che ha luogo periodicamente: *il — dell'automobile, della moda* | Edificio in cui tale mostra si svolge. **2** Negozio di barbiere o di parrucchiere.
saloon /*ingl.* sə'lu:n/ *s. m. inv.* (*pl. ingl. saloons* /sə'lu:nz/) Sala, salone | Caratteristico locale pubblico degli Stati Uniti d'America, ove si consumano bevande alcoliche.
salopette /*fr.* salɔ'pɛt/ *s. f. inv.* (*pl. fr. salopettes* /salɔ'pɛt/) Specie di calzoni forniti di bretelle e pettorina a modo di grembiule.
salottièro *agg.* Di, da salotto | (*est.*) Vacuo, superficiale, frivolo: *discorsi salottieri.*
salòtto *s. m.* **1** Stanza, generalmente non molto grande e arredata con cura, per ricevimento, conversazione e sim. **2** (*est.*) Riunione mondana, culturale, artistica e sim.: — *letterario*; *tiene — ogni venerdì* | (*est.*) Insieme delle persone che partecipano a tali riunioni.
sàlpa *s. f.* Animale dei Cordati, marino con corpo sacciforme, trasparente.
salpàre A *v. tr.* Sollevare dal fondo del mare: — *una mina, l'ancora.* **B** *v. intr.* (*aus. essere*) **1** Partire dal luogo dell'ancoraggio: — *da Napoli per New York.* **2** (*fig., scherz.*) Partire, andarsene.
salpìnge *s. f.* **1** (*anat.*) Condotto tubolare dell'apparato genitale interno femminile che va dall'ovaio all'utero. **2** (*archeol.*) Tromba.
salpingìte *s. f.* (*med.*) Infiammazione della salpinge.
sàlsa (1) *s. f.* Condimento più o meno denso o cremoso, preparato a parte per aggiungere sapore a certe vivande: — *di pomodoro*; — *verde* | Sugo, intingolo | *Cucinare q.c. in tutte le salse*, (*fig.*) presentare una stessa cosa in modi diversi.
sàlsa (2) *s. f.* Pozza di fango ribollente per emissione di metano dal sottosuolo.
salsamenterìa *s. f.* (*dial.*) Salumeria.
salsaparìglia *s. f.* Liliacea rampicante dell'America centrale il cui rizoma, duro e tenace, è usato nella medicina popolare.
salsèdine *s. f.* L'essere salso: *la — del mare* | Residuo secco lasciato dall'acqua salata.
salsìccia o (*pop.*) *salcìccia s. f.* (*pl. -ce*) Carne suina tritata e insaccata, con sale e aromi, nelle budelle di minor diametro del maiale | (*fig., fam.*) *Fare salsicce di qc.*, malmenarlo violentemente. [→ ill. *salumi*]
salsicciàio *s. m.* Chi fa o vende salsicce.
salsicciòtto *s. m.* Grossa salsiccia da mangiarsi cruda.
salsièra *s. f.* Piccolo recipiente usato per portare la salsa in tavola. [→ ill. *stoviglie*]

sàlso ***A*** *agg.* Che contiene sale, che sa di sale: *l'acqua salsa del mare.* ***B*** *s. m.* Salsedine.

salsoiòdico *agg.* (*pl. m. -ci*) Che contiene cloruro e ioduro di sodio | Detto di acque, fanghi e sim. che contengono tali sali.

saltabécca *s. f.* (*zool.; pop.*) Cavalletta.

saltabeccàre *v. intr.* (*io saltabécco, tu saltabécchi; aus. avere*) Camminare a salti, come la saltabecca.

saltamartino *s. m.* ***1*** (*pop.*) Grillo. ***2*** (*fig.*) Bambino vivace e irrequieto.

saltàre ***A*** *v. intr.* (*aus. avere* se si indica l'azione in sé, *essere* se si indica l'azione con riferimento a un punto di partenza o di arrivo, e negli usi fig.) ***1*** Sollevarsi di slancio da terra rimanendo per un attimo con entrambi i piedi privi di appoggio e ricadendo poi sul punto di partenza o poco più lontano: *prendere lo slancio per* —; *ho saltato a piedi pari* | — *dalla gioia*, manifestare tale sentimento in modo vivace e rumoroso | Compiere un balzo in modo da ricadere su un punto diverso da quello di partenza: — *dalla finestra, in mare, a terra, giù da una sedia* | — *agli occhi*, avventarsi contro qc. e (*est., fig.*) di cosa che si manifesta con chiara evidenza: *la sua innocenza salta agli occhi* | — *in testa, in mente*; — *il capriccio, il ticchio, il grillo*, e sim., di idea, pensiero, capriccio e sim. che si manifestano improvvisamente e senza alcun motivo plausibile | (*fig.*) — *la mosca al naso*, perdere la pazienza, arrabbiarsi | — *fuori*, apparire improvvisamente | — *su a fare, a dire* e sim. fare, dire e sim. all'improvviso, inaspettatamente. ***2*** Schizzare, uscir fuori con impeto: *le schegge saltarono fino al soffitto* | — *in aria*, di ciò che viene squarciato e lanciato in aria da uno scoppio | *Fare* —, distruggere in modo violento, spec. con un'esplosione: *i ribelli fecero — la ferrovia* | *Farsi — le cervella*, uccidersi con un colpo di pistola, spec. diretto alla tempia. ***3*** Salire, montare: — *in groppa al cavallo, sul tram in corsa.* ***4*** (*fig.*) Passare da un punto a un altro a esso non logicamente connesso: *saltare al capitolo seguente* | — *di palo in frasca*, passare da un argomento a un altro completamente diverso in modo brusco e illogico. ***B*** *v. tr.* ***1*** Oltrepassare con un salto: — *una siepe.* ***2*** (*fig.*) Omettere, spec. nel parlare, nello scrivere, nel leggere e sim.: *ho saltato due parole*; *saltate il primo capitolo* | — *il pasto, il pranzo, la cena* e sim., non consumarli. ***3*** Rosolare a fiamma viva, con olio o burro: — *la carne.* [→ tav. *proverbi* 317, 346]

saltarèllo *s. m.* Danza di carattere brioso, degli Abruzzi e della Ciociaria.

saltatóre ***A*** *agg.* (*f. -trice*) ***1*** Che salta: *insetto* —. ***2*** Detto di cavallo o altro animale abile nel salto. ***B*** *s. m.* (*sport*) Atleta specialista delle gare di salto.

saltatóri *s. m. pl.* (*sing. -e*) Sottoclasse di Anfibi privi di coda con zampe posteriori atte al salto.

saltellàre *v. intr.* (*io saltèllo; aus. avere*) ***1*** Avanzare a salti piccoli e frequenti. ***2*** (*fig.*) Palpitare, battere: *sento il cuore saltellarmi nel petto.*

saltèllo *s. m.* Piccolo salto.

salterellàre *v. intr.* (*io salterèllo; aus. avere*) Fare salti piccoli e frequenti.

salterèllo *s. m.* ***1*** Saltello. ***2*** Fuoco d'artificio dentro cartucce strette a più pieghe, che scoppiando saltella. ***3*** (*mus.*) Asticciola facente parte della meccanica del clavicembalo, che serve a pizzicare le corde dello strumento.

saltèrio (1) *s. m.* (*mus.*) Antico strumento a dieci corde, a forma di cetra o di triangolo | Strumento piano con cassa a forma di trapezio, sul cui coperchio sono varie corde metalliche.

saltèrio (2) *s. m.* Libro dei Salmi.

saltimbànco *s. m.* (*f. -a; pl. -chi*) ***1*** Acrobata che si esibisce nei circhi, nelle feste paesane e sim. ***2*** (*fig., spreg.*) Professionista, uomo politico, artista e sim. privo di serietà professionale.

saltimbòcca *s. m. inv.* Fettina di vitello arrotolata con prosciutto e salvia, rosolata in tegame; specialità della cucina romana.

sàlto *s. m.* ***1*** Atto del saltare | Movimento per cui il corpo, abbassato sulle gambe, si solleva con rapidissima contrazione dei muscoli a una certa altezza dal suolo: *fare un* —; *spiccare il* — | — *nel buio*, (*fig.*) impresa, decisione, le cui conseguenze appaiono molto incerte | (*fam.*) *Fare due, quattro salti*, ballare un po', in famiglia o tra amici. [→ ill. *vigili del fuoco*] ***2*** (*sport*) Nell'atletica leggera, successione di movimenti che portano allo stacco da terra del corpo che, dopo una traiettoria in aria, ricade sul terreno: — *in alto, in lungo, con l'asta, triplo* | — *mortale*, eseguito compiendo un giro completo su se stessi | *Fare i salti mortali*, (*fig.*) affrontare grandi difficoltà per riuscire in un intento. [→ ill. *sport*] ***3*** (*est.*) Spostamento rapido e sbrigativo: *farò un — in città* | Brevissima visita: *domani farò un — da te* | Brevissimo spazio di tempo: *in un — arrivo a scuola.* ***4*** (*est.*) Brusco dislivello: *il — di una cascata.* ***5*** (*fig.*) Rapido passaggio da un punto a un altro: *con la promozione a direttore ha fatto un bel* — | — *di qualità*, mutamento qualitativo vistoso e radicale nelle conseguenze | Omissione, lacuna: *nel libro c'è un — di una pagina* | Sbalzo: — *di temperatura.* ***6*** (*cuc.*) *Nella loc. avv.* *al* —, di cibo rosolato in tegame a fuoco vivo.

saltràto *s. m.* Nome commerciale di sali cristallini, profumati, emollienti, decongestionanti.

saltuariaménte *avv.* Di rado, in modo discontinuo.

saltuarietà *s. f.* L'essere saltuario.

saltuàrio *agg.* Che procede senza ordine, con frequenti interruzioni: *visite saltuarie.*

salùbre o (*evit.*) *sàlubre agg.* (*sup. salubèrrimo*) Che dà salute, che giova alla salute: *clima, aria* —; SIN. Salutare, sano; CONTR. Insalubre.

salubrità *s. f.* Qualità di ciò che è salubre.

salumàio *s. m.* (*f. -a*) Salumiere.

salùme *s. m. spec. al pl.* Qualunque prodotto lavorato di carne suina. [→ ill. *salumi*]

salumerìa *s. f.* Negozio in cui si vendono salumi.

salumière *s. m.* (*f. -a*) Chi vende salumi.

salumificio *s. m.* Fabbrica di salumi.

salutàre (1) *agg.* ***1*** Che dà salute, che è di giovamento alla salute: *medicina* —; SIN. Salubre. ***2*** (*fig.*) Che salva da eventuali pericoli: *consiglio* —.

salutàre (2) ***A*** *v. tr.* ***1*** Rivolgere a qc. che si incontra o da cui ci si accomiata parole esprimenti deferenza, rispetto, amicizia e sim.: — *con un inchino*; — *togliendosi il cappello*; — *i presenti*; *salutami tuo padre* | *Saluto, salutando*, e sim. *affettuosamente, caramente, cordialmente* e sim., formule usate nelle clausole epistolari di cortesia. ***2*** Accogliere con manifestazioni di gioia, plauso, approvazione: *il suo arrivo fu salutato da un lungo applauso* | (*gener.*) Accogliere, ricevere: *fu salutato con una salva di fischi* | (*est.*) Considerare con compiacimento e ammirazione: *salutiamo in lui un nuovo poeta.* ***3*** (*lett.*) Proclamare, acclamare: *lo salutarono presidente dell'assemblea.* ***B*** *v. rifl. rec.* Scambiarsi saluti nell'incontrarsi o nel separarsi.

salutazióne *s. f.* (*lett.*) Atto del salutare | — *angelica*, parole rivolte dall'angelo a Maria nell'annunciazione.

salùte ***A*** *s. f.* ***1*** Stato di benessere fisico e psichico dell'organismo umano derivante dal buon funzionamento di tutti gli organi: *essere in* —; *essere pieno di* —; *avere una — di ferro*; *sembrare, essere il ritratto della* — | *Bere alla — di qc.*, in suo onore; SIN. Sanità. ***2*** (*gener.*) Complesso delle condizioni fisiche in cui si trova un organismo umano: *chiedere notizie della — di qc.*; *essere preoccupato della — di qc.* ***3*** (*lett.*) Salvezza, salvamento: *la — pubblica* | — *eterna*, la salvazione dell'anima, il Paradiso. ***4*** (*est.*) Ciò che contribuisce a mantenere buone le condizioni fisiche di un organismo: *l'aria del mare è tanta* — | (*euf.*) *Casa di* —, clinica psichiatrica. ***B*** *in funzione di inter.* Si usa come espressione augurale spec. nei brindisi o a chi starnuta: — *e figli maschi!*

salutifero *agg.* (*lett.*) Che è vantaggioso per la salute fisica o morale.

salutista *s. m. e f.* (*pl. m. -i*) ***1*** Chi ha troppe cure e preoccupazioni per la propria salute. ***2*** Chi appartiene all'esercito della salvezza.

salùto *s. m.* ***1*** Atto del salutare | Gesto, parole con cui si manifesta ad altri riverenza, rispetto, simpatia, affetto e sim.: *rivolgere, ricevere un* —; *fare un cenno di* — | *Levare, togliere, il — a qc.*, cessare di salutarlo per rancore, sdegno, disistima | — *militare*, che si esegue portando la mano destra distesa alla visiera del berretto. ***2*** (*est.*) Breve discorso formale in occasione di riunioni pubbliche: *rivolgere un — agli intervenuti.* **3** *spec. al pl.* Formula di cortesia, spec. in clausole epistolari: *cari saluti.*

sàlva *s. f.* **1** Sparo simultaneo di più armi da fuoco o pezzi d'artiglieria, eseguito in segno d'onore o in occasione di feste | *Colpi a —*, privi di proiettili. **2** (*fig.*) Manifestazione improvvisa, violenta e simultanea di q.c.: *— di applausi, di fischi.*

salvàbile **A** *agg* Che si può salvare. **B** *s. m. Solo nella loc.* (*fam.*) *salvare il —*, tutto ciò che si può salvare.

salvacondótto *s. m.* Permesso scritto, rilasciato dall'autorità spec. militare competente, che autorizza a entrare e circolare in zone operative e militarizzate o in territori occupati.

salvadanàio *s. m.* Recipiente di metallo, terracotta e sim., munito di una fessura attraverso la quale si introducono i denari da conservare.

salvadorègno *agg.; anche s. m.* (*f. -a*) Del Salvador.

salvagènte *s. m.* (*pl. salvagènti o salvagènte,* nel sign. 1, inv. nel sign. 2) **1** (*gener.*) Qualsiasi apparecchio in grado di mantenere a galla chi vi si appoggi o lo indossi | Cintura di salvataggio: *— a giubbotto, a ciambella.* [→ ill. *marina, sport*] **2** Isola spartitraffico. [→ ill. *strada*]

salvagócce *s. m. inv.* Speciale tappo o guarnizione che si applica alle bottiglie per evitare che ne colino gocce.

salvaguardàre **A** *v. tr.* Custodire, difendere, proteggere: *— il proprio onore*; SIN. Tutelare. **B** *v. rifl.* Difendersi, ripararsi: *salvaguardarsi da un pericolo.*

salvaguàrdia *s. f.* Custodia, difesa: *a — della libertà*; SIN. Tutela.

salvaménto *s. m.* **1** Liberazione da un pericolo. **2** (*raro*) Salvataggio: *battello di —.*

salvamotóre *s. m.* (*mecc.*) Interruttore automatico per proteggere i motori elettrici da forti variazioni di tensione o di carico.

salvapùnte *s. m. inv.* Piccolo cappuccio che ripara la punta di matite, penne e sim.

salvàre **A** *v. tr.* **1** Trarre fuori da un pericolo, rendere salvo: *— un naufrago* | Sottrarre alla morte: *— la vita,* (*pop.*) *la pelle, a qc.* **2** Difendere da pericoli, minacce e sim.: *la naftalina salva la lana dalle tarme* | *— le apparenze,* (*pop.*) *la faccia,* riuscire a far apparire meno grave del reale un insuccesso, un'azione non buona e sim., per non perdere il rispetto della gente. **B** *v. rifl.* **1** Sottrarsi a un grave pericolo, spec. mortale: *salvarsi in un incidente; salvarsi dalla morte.* **2** Trovare scampo, rifugio: *si salvò sulle montagne.* **3** Difendersi, proteggersi: *salvarsi dalla maldicenza.* **4** Acquistarsi la salvezza in senso religioso. [→ tav. *proverbi* 388; → tav. *locuzioni* 96, 97]

salvastrèlla *s. f.* Pianta erbacea aromatica delle Rosali, spontanea, con foglie imparipennate a foglioline ovali seghettate e fiori in capolini rossastri.

salvatàcco *s. m.* (*pl. -chi*) Pezzetto di gomma o sim. che si applica al tacco di una scarpa per non farlo consumare.

salvatàggio *s. m.* **1** Insieme di operazioni aventi lo scopo di salvare persone o cose in grave pericolo: *operare un —; scialuppa di —.* [→ ill. *marina*] **2** (*fig.*) Aiuto dato a persone, società e sim., per salvarle da una situazione particolarmente grave: *il — di una banca.*

salvatóre **A** *s. m.* (*f. -trìce*) Chi salva: *il — della patria* | *Il Salvatore,* Gesù Cristo. **B** *agg.* Che dà la salvezza spirituale: *fede salvatrice.*

salvavita *agg. e s. m. inv.* Nome commerciale di apparecchiatura da applicare agli impianti elettrici come sistema di sicurezza.

salvazióne *s. f.* Salvezza, in senso spirituale: *— dell'anima.*

sàlve *inter.* (*lett., fam.*) Si usa come espressione di saluto augurale: *—!, come va?*

salve regina /*lat.* 'salve re'dʒina/ o *salveregìna s. f. o* (*raro*) *m.* (*pl. salveregina o salveregìne*) Orazione a Maria Vergine che si recita nel Rosario.

salvézza *s. f.* **1** Condizione di salvo: *c'è ancora una possibilità di —.* **2** (*est.*) Chi (o ciò che) ha salvato o può salvare: *sei stato la mia —.*

sàlvia *s. f.* Suffrutice delle Tubiflorali, con foglie rugose coperte di peluria grigia, fortemente odorose, usate come condimento o in medicina. [→ ill. *piante* 12, *verdura*]

salviétta *s. f.* **1** Tovagliolo, spec. di carta. **2** (*dial.*) Asciugamano.

salvìfico *agg.* (*pl. m. -ci*) (*lett.*) Che dà la salvezza dell'anima.

sàlvo **A** *agg.* Che è scampato a un pericolo, anche grave,

salumi

prosciutto salame mortadella zampone salsiccia

cotechino culatello pancetta soppressata cacciatorino würstel

bresaola ciccioli coppa di testa capocollo salama da sugo

senza riportarne alcun danno: *uscire — da un'impresa* | Fuori pericolo: *i dottori dicono che è —* | Libero dall'inferno, non dannato: *preghiamo perché la sua anima sia salva.* ***B*** *s. m. Nella loc. in —*, al sicuro, lontano da ogni pericolo: *mettere, mettersi in —.* ***C*** *prep.* Eccetto, all'infuori di: *il negozio è aperto tutti i giorni — la domenica* | *— il caso che,* tranne che | *— errore od omissione,* clausola conclusiva nelle fatture o nei conti quale riserva per eventuali errori. ***D*** *nella loc. cong. — che,* a meno che, eccetto il caso che (introduce una prop. eccettuativa con il v. all'indic., al congv., all'inf.): *tollera tutto — che si rida di lui.*

sàmara *s. f.* (*bot.*) Frutto secco indeiscente con pericarpo allargato in un'ala membranosa e un solo seme all'interno. [→ ill. *botanica*]

samàrio *s. m.* (*chim.*) Elemento chimico delle terre rare dotato di debole radioattività. SIMB. Sm.

samaritàno ***A*** *agg.* Di Samaria, antica città della Palestina. ***B*** *s. m.* (*f. -a*) ***1*** Abitante di Samaria. ***2*** Appartenente a una setta giudaica abitante la Samaria | *Il buon —,* secondo il Vangelo, quello che soccorse un giudeo ferito sebbene questi appartenesse a un popolo nemico; (*est.*) persona buona e caritatevole.

sàmba *s. f. o m.* Ballo in tempo moderato e con accompagnamento sincopato.

sambernàrdo V. *San Bernardo.*

sambùca (1) *s. f.* ***1*** Antico strumento musicale a corde. ***2*** (*lett.*) Zampogna. ***3*** Antica macchina da guerra per dare la scalata alle mura.

sambùca (2) *s. f.* Liquore simile all'anisetta, tipico del Lazio.

sambùco (1) *s. m.* (*pl. -chi*) Pianta arbustiva delle Rubiali con fusto e rami ricchi di midollo, grandi infiorescenze bianchicce a ombrello e piccole bacche nere. [→ ill. *piante* 13]

sambùco (2) *s. m.* (*pl. -chi*) Barca attrezzata con vele latine, usata nel Mar Rosso. [→ ill. *marina*]

sammarinése *agg.; anche s. m. e f.* Di San Marino.

samovàr *s. m. inv.* Recipiente di metallo usato per ottenere e conservare l'acqua bollente per il tè, tipico della Russia.

sampàn o *sampàng s. m. inv.* Imbarcazione fluviale a remi dell'Estremo Oriente. [→ ill. *marina*]

sampietrìno o *sanpietrìno s. m.* ***1*** A Roma, operaio addetto alla manutenzione della basilica di San Pietro. ***2*** Moneta d'argento romana del Senato coniata nel XIII sec. ***3*** Pietra usata per la pavimentazione di molte strade di Roma e di piazza San Pietro.

sampiètro *s. m.* (*zool.*) Pesce S. Pietro.

samurài *s. m.* Nobile giapponese di una particolare casta che poteva esercitare le armi.

sanàbile *agg.* ***1*** Che si può sanare: *ferita —;* CONTR. Insanabile. ***2*** (*dir.*) Che può essere corretto o reso valido: *negozio giuridico —.*

sanàre ***A*** *v. tr.* ***1*** Rendere sano, guarire (*anche fig.*): *— un ammalato; il tempo sanerà il suo dolore.* ***2*** (*est.*) Correggere una situazione difficile riportandola alla normalità: *— un bilancio.* ***B*** *v. intr. pron.* Guarire (*spec. fig.*).

sanatòria *s. f.* (*dir.*) Eliminazione, nei modi indicati dalla legge, della causa di invalidità di un atto giuridico.

sanatoriàle *agg.* Di sanatorio.

sanatòrio (1) *agg.* (*dir.*) Di atto diretto a sanare irregolarità di un precedente atto.

sanatòrio (2) *s. m.* Edificio che ospita gli ammalati di forme tubercolari.

San Bernàrdo o *sambernàrdo s. m.* (*pl. San Bernàrdi* o *San Bernàrdo*) Razza di cani da soccorso molto grossi, con pelo lungo o corto, testa grossa e mantello bianco a chiazze marroni. [→ ill. *cane*]

sancìre *v. tr.* (*io sancisco, tu sancisci*) ***1*** Imporre d'autorità, da parte della legge; SIN. Sanzionare, statuire. ***2*** (*est.*) Dare carattere stabile e decisivo: *— un diritto con l'uso.*

sancta sanctorum /*lat.* 'sankta sank'tɔrum/ *loc. sost. m. inv.* ***1*** La parte più interna del tempio di Gerusalemme, accessibile soltanto al sommo sacerdote | Tabernacolo sull'altare dove si conserva il SS. Sacramento. ***2*** (*fig.*) Luogo riservato e accessibile a pochi (*anche scherz.*).

sanctus /*lat.* 'sanktus/ *s. m. inv.* Espressione liturgica di glorificazione di Dio, ripetuta tre volte | Parte della Messa in cui è recitata tale formula.

sanculòtto *s. m.* (*f. -a*) ***1*** Durante la Rivoluzione Francese, nome con cui gli aristocratici designavano i rivoluzionari, a causa della loro adozione dei pantaloni lunghi in luogo di quelli corti. ***2*** (*est.*) Rivoluzionario estremista.

sàndalo (1) *s. m.* Albero tropicale delle Santalali da cui si ricava un'essenza odorosa.

sàndalo (2) *s. m.* Calzatura estiva composta di una suola e di una tomaia a strisce di cuoio o stoffa. [→ ill. *calzatura*]

sàndalo (3) *s. m.* (*mar.*) Barca a fondo piatto in uso nella laguna veneta per trasportare merci.

sandolìno *s. m.* (*mar.*) Imbarcazione a fondo piatto con poppa e prua aguzze, capace di una o due persone, con un solo remo a pala doppia.

sandràcca *s. f.* Resina estratta da un albero delle Conifere.

sandwich /'sɛnduitʃ, *ingl.* 'sænwidʒ, 'sænwitʃ/ ***A*** *s. m. inv.* (*pl. ingl. sandwiches* /sænwidʒiz, 'sænwitʃiz/) Panino imbottito. ***B*** *in funzione di agg. inv.* (*posposto al s.*) *Nella loc. uomo —,* che porta in giro due cartelloni pubblicitari, uno appeso al petto e l'altro alle spalle.

sanfedìsmo *s. m.* ***1*** Attività delle bande armate di contadini nell'Italia meridionale, organizzate per la prima volta dall'Esercito della Santa Fede, alla fine del XVIII sec., per combattere la Repubblica partenopea | Attività di numerose sette reazionarie, attive nello Stato pontificio, dopo la Restaurazione. ***2*** (*est.*) Atteggiamento politico reazionario e clericale.

sanfedìsta *s. f. e m.* (*pl. m. -i*) ***1*** Seguace del sanfedismo. ***2*** (*est.*) Reazionario, clericale.

sanforizzàre *v. tr.* Sottoporre i tessuti di cotone al processo di sanforizzazione.

sanforizzazióne *s. f.* Trattamento consistente in una stiratura a caldo del tessuto bagnato per rendere ulteriormente irrestringibili i tessuti di cotone.

sangàllo *s. m.* Varietà di pizzo o di tessuto a pizzo per abiti da sera, camicette e sim.

sangiovése *s. m.* Vino da pasto, prodotto con uva del vitigno omonimo, di color rosso carico.

sangrìa /*sp.* san'gria/ *s. f. inv.* Bibita composta di acqua, vino spec. rosso, zucchero, arancia e limone, servita ghiacciata, talvolta con frutta in infusione.

sàngue ***A*** *s. m.* (*oggi dif. del pl.*) ***1*** Liquido circolante nel sistema artero-venoso dei Vertebrati, costituito da una parte liquida detta plasma e da elementi corpuscolati rappresentati da globuli rossi, globuli bianchi e piastrine: *fare l'esame del —; trasfusione di —; goccia di —; essere rosso come il —* | *Bistecca al —,* poco cotta, ancora un po' sanguinante | Effusione di sangue: *lago, pozza di —* | *Battere, percuotere, picchiare, qc. a —,* con tanta violenza da farlo sanguinare | *Duello all'ultimo —,* fino alla morte dell'avversario | (*est.*) Ferimento, omicidio, morte: *c'è stato spargimento di —* | *Fatto di —,* delitto, strage | *Pagare q.c. col —,* rimetterci la vita | *Dare, versare, il proprio — per la patria,* morire per essa | *Offesa che va lavata col —,* che va vendicata con la morte dell'offensore | *Soffocare una rivolta nel —,* domarla con uccisioni e stragi. ***2*** (*fig.*) Spirito, forza, vigore | *Sudare —,* durare grande fatica | *Costare —,* costare grande fatica. ***3*** (*fig.*) Stato d'animo, sentimento, cuore | *Guastarsi il —, farsi — cattivo,* irritarsi, arrabbiarsi | *Non esserci, non correre, buon —,* non esserci simpatia, cordialità | *Sentirsi rimescolare, ribollire, il —,* provare ira, sdegno | *Piangere lacrime di —,* di amaro pentimento | *Avere q.c. nel —,* sentirsene fortemente attratti | *Avere il — bollente, il — caldo,* essere facile preda dell'entusiasmo, delle passioni | *— freddo,* perfetta padronanza dei propri nervi | *A — caldo,* nel pieno dell'entusiasmo, dell'ira, della passione | *Calma e — freddo,* invito alla riflessione e alla calma. ***4*** (*fig.*) Famiglia, parentela, discendenza, stirpe: *vincoli del —; legami di —* | *Quelli del proprio —,* i propri parenti | *— del proprio —,* i figli | *Principe di — reale, principe del —,* discendente di una famiglia reale. ***5*** (*zoot.*) Insieme dei caratteri ereditari insiti in una razza | *Puro —,* animale di razza pura. ***6*** (*fig.*) Tutto ciò che si possiede, denaro, lavoro e sim.: *succhiare il — altrui.* ***B*** *in funzione di agg. inv.* (*posposto a un sost.*) Che ha colore rosso vivo e intenso: *un tramonto color —.* [→ tav. *proverbi* 36, 38, 133, 192,

193]

sanguemìsto *s. m.* (*pl. sanguemisti*) Nella genetica umana, meticcio | Nella genetica animale, incrocio.

sanguétta *s. f.* (*pop.*) Sanguisuga.

sanguìfero *agg.* Che porta, produce sangue.

sanguificàre ***A*** *v. tr. e intr.* (*io sanguìfico, tu sanguìfichi; aus. avere*) Produrre sangue. ***B*** *v. intr. pron.* Trasformarsi in sangue.

sanguìgna *s. f.* Argilla ferruginosa di tono rosso più o meno scuro usata per disegnare.

sanguìgno ***A*** *agg.* ***1*** Di, del sangue: *gruppo —, pressione sanguigna.* [→ ill. *zoologia*] ***2*** Che abbonda di sangue: *costituzione sanguigna.* ***3*** (*lett.*) Che ha colore simile al sangue: *uva sanguigna.* ***B*** *s. m.* Colore del sangue.

sanguinàccio *s. m.* Vivanda a base di sangue di maiale, fatto friggere con sale e farina | Insaccato di sangue e grasso di maiale.

sanguinànte *part. pres. di sanguinare; anche agg.* Che sanguina.

sanguinàre *v. intr.* (*io sànguino; aus. avere*) ***1*** Versare, stillare sangue: *la ferita sanguina.* ***2*** Provocare grave dolore: *quell'ingiuria mi sanguina.*

sanguinària *s. f.* Papaveracea dell'America settentrionale il cui rizoma è usato come droga medicinale.

sanguinàrio ***A*** *agg.* ***1*** Incline a ferire o uccidere: *pazzo —.* ***2*** (*est.*) Che si avvale dell'omicidio e della violenza per i propri fini spec. politici: *tiranno —.* ***B*** *anche s. m.* (*f. -a*): *Maria la Sanguinaria.*

sànguine *s. m.* Pianta erbacea delle Umbellali comunissima nelle siepi come arbusto, con fiori bianchi e drupe nere.

sanguinèlla *s. f.* (*bot.*) Sanguine.

sanguinolènto *agg.* Sanguinante, che cola sangue: *carne sanguinolenta.*

sanguinóso *agg.* ***1*** Pieno di sangue, lordo di sangue: *mani sanguinose.* ***2*** Che avviene con molto spargimento di sangue: *combattimento —.* ***3*** (*fig.*) Che fa soffrire molto: *ingiuria sanguinosa.*

sanguisùga *s. f.* ***1*** Animale degli Anellidi, di acqua dolce, frequente sui fondi melmosi, che si nutre succhiando sangue dei vertebrati; un tempo usato per fare salassi; SIN. (*pop.*) Mignatta, sanguetta. [→ ill. *animali* 1] ***2*** (*fig.*) Persona avida di denaro altrui. ***3*** (*fig.*) Persona importuna e noiosa.

sanità *s. f.* ***1*** Stato del corpo che può compiere tutte le sue funzioni, buona salute: *la — di un organo*; *— di mente*; SIN. Salute. ***2*** L'essere sano moralmente: *— di principi.* ***3*** Salubrità: *— dell'aria.* ***4*** Organismo preposto alla cura di ciò che concerne la salute pubblica: *Ministero della —.* [→ ill. *porto*]

sanitàrio ***A*** *agg.* Della sanità: *condizioni sanitarie* | Che si riferisce alla sanità pubblica: *provvedimenti sanitari* | *Ufficiale —*, medico comunale dell'ufficio di Sanità | *Cordone —*, sistema di sorveglianza inteso a isolare una zona colpita da malattie infettive | *Impianti sanitari*, apparecchiature destinate all'igiene della persona e all'eliminazione dei rifiuti organici. ***B*** *s. m.* ***1*** (*bur.*) Medico. ***2*** *al pl.* Impianti sanitari.

sannìta *agg.; anche s. m. e f.* (*pl. m. -i*) Di un'antica popolazione italica stanziatasi nella zona nord-orientale della Campania nel IV sec. a.C.

sannìtico *agg.* (*pl. m. -ci*) ***1*** Del Sannio | Dei Sanniti. ***2*** (*arald.*) *Scudo — antico, moderno*, rettangolare con il lato inferiore ogivale e a forma di graffa. [→ ill. *araldica*]

sàno ***A*** *agg.* ***1*** Che è esente da malattie, infermità, disturbi, che gode buona salute fisica e psichica: *ragazzo — e robusto*; *essere — di mente* | *— e salvo*, illeso, incolume | *— come un pesce*, sanissimo; CONTR. Malato. ***2*** Che rivela buona salute: *colorito —.* ***3*** Non guasto, non alterato da difetti: *denti bianchi e sani.* ***4*** Giovevole alla salute: *clima —*; SIN. Salubre. ***5*** Intero, integro, non rotto: *il vaso è arrivato —* | *Di sana pianta*, completamente, da cima a fondo: *rifare q.c. di sana pianta.* ***6*** (*fig.*) Onesto, moralmente retto. ***B*** *s. m.* (*f. -a*) Persona sana: *i sani e i malati.* [→ tav. *proverbi* 108]

sanrocchino *s. m.* Corta mantella un tempo usata dai pellegrini.

sànsa *s. f.* Residuo della macinazione e torchiatura delle olive.

sanscritista *s. m. e f.* (*pl. m. -i*) Chi studia la lingua e la letteratura sanscrita.

sànscrito ***A*** *s. m. solo sing.* Antica lingua indiana della famiglia indoeuropea. ***B*** *anche agg.*

sansevièria *s. f.* Pianta rizomatosa delle Liliflore ornamentale con foglie radicali lanceolate striate di verde chiaro o giallo. [→ ill. *piante* 17]

sans façon /*fr.* sã fa'sõ/ *loc. avv.* Alla buona.

santabàrbara *s. f.* (*pl. santebàrbare*) In una nave da guerra, deposito di munizioni.

Santalàli *s. f. pl.* (*sing. -e*) Ordine di piante dicotiledoni, parassite su diverse piante, con foglie coriacee, fiori in spighe o glomeruli, frutto a bacca. [→ ill. *piante* 3]

santarellina *s. f.* (*iron.*) Ragazza che si finge innocente e ingenua.

santerèllo *s. m.* (*f. -a*) ***1*** *Dim. di santo* (B). ***2*** (*iron.*) Chi, in contrasto con i suoi reali sentimenti, ostenta pietà religiosa, devozione, umiltà e sim.

santificànte *part. pres. di santificare; anche agg.* Che santifica, che fa santo: *grazia —.*

santificàre ***A*** *v. tr.* (*io santìfico, tu santìfichi*) ***1*** Sottrarre all'uso profano, rendere santo una persona, un tempio, un luogo: *il matrimonio santifica l'amore.* ***2*** Dichiarare santo. ***3*** (*est.*) Venerare con devozione: *— il nome di Dio* | *— le feste*, osservare le norme religiose che riguardano i giorni dedicati a Dio e al suo culto. ***B*** *v. rifl.* Divenire santo.

santificazióne *s. f.* Atto del santificare | Inclusione nel novero dei Santi; SIN. Canonizzazione.

santimònia *s. f.* (*spreg.*) Ipocrita affettazione di santità di vita.

santino *s. m.* ***1*** *Dim. di santo* (B). ***2*** Piccola immagine sacra su cui è riprodotta la figura di un santo.

santissimo ***A*** *agg.* (abbr. *SS.*) ***1*** *Sup. di santo.* ***2*** Che esige il massimo rispetto e la massima venerazione, detto di cose religiose: *la Santissima Trinità* | *— sacramento*, ostia consacrata, ostia esposta in ostensorio. ***B*** *s. m.* (*ell.*) Santissimo Sacramento.

santità *s. f.* ***1*** Qualità, condizione di ciò che è santo: *la — di un rito, di una preghiera* | Stato di chi, nella vita terrena, si è ispirato ai principi religiosi, in conformità alla volontà divina: *vivere, morire, in odore di —.* ***2*** Qualità propria di Dio e di tutto ciò che gli appartiene. ***3*** Qualità di sacro e inviolabile: *la — della famiglia.* ***4*** Integrità di vita e di costumi: *— di opere.* ***5*** Titolo attribuito al Pontefice: *Vostra Santità.*

sànto ***A*** *agg.* *Santo* si tronca in *san* davanti a nome che comincia per consonante o per *i semiconsonante* (cioè seguita da vocale): *san Carlo, san Francesco, san Gennaro, san Jacopo*; mantiene però la forma *santo* davanti a *s impura*: *santo Stefano.* Davanti a vocale generalmente si elide: *sant'Ignazio, sant'Ilario, sant'Uffizio.* Nel femminile mantiene la forma *santa*, che per lo più elide in *sant'* davanti a vocale: *santa Marta, sant'Anna.* Si scrive generalmente con la minuscola per indicare la persona ed anche la festività: *oggi è sant'Ambrogio*; si scrive con la maiuscola quando è un titolo a sé stante (*il Santo ha fatto la grazia*), quando indica personalità, istituzione o sim. (*Santo Padre, Santa Sede, Terra Santa*) o quando indica una chiesa col nome del Santo: *una visita a Sant'Ambrogio, a San Miniato.* Si abbrevia spesso in *s.* o *S.* al singolare (*s. Antonio, S. Marco*) e in *ss.*, *SS.* o *Ss.* al plurale: *i ss. Pietro e Paolo.* (v. note d'uso ELISIONE e TRONCAMENTO e MAIUSCOLA) ***1*** Che deve essere rispettato e venerato in quanto sancito da una norma morale, civile o sim.: *il giuramento è —.* ***2*** Attributo proprio di Dio: *Spirito Santo.* ***3*** (*est.*) Che appartiene, si riferisce a Dio e alla religione: *il — nome di Dio*; *la santa Chiesa*; *la santa Messa*; *settimana santa*; *anno —*; *olio —* | *Città santa*, Gerusalemme | *Terra Santa*, la Palestina | *Il — padre*, il papa | *La santa Sede*, la chiesa cattolica, la curia romana. ***4*** Che è stato dichiarato santo dalla Chiesa e come tale è venerato: *i santi martiri.* ***5*** (*ell.*) Seguito dal nome proprio del santo indica il giorno in cui ne viene celebrata la festa, la chiesa che gli è intitolata, l'effigie che lo rappresenta: *verrò per Santo Stefano*; *in San Pietro.* ***6*** Pio, religioso: *il — timore di Dio* | (*est.*) Buono, giusto, probo: *condurre una vita santa.* ***7*** (*fig., fam.*) Salutare, efficace, utile: *rimedio —.* ***8*** Anteposto a un s. ha valore raff. nelle loc. fam. *santa fretta*; *tutto il — giorno*; *in santa pace* | *Di santa ragio-*

ne, con piena ragione, con forza. ***B*** *s. m.* (*f.* *-a* nei sign. 1, 2) ***1*** Chi ha raggiunto la perfezione nella vita religiosa | Chi gode della visione beatifica di Dio ed è elevato al culto attraverso il processo di beatificazione e canonizzazione: *il — patrono della città*; *il — del giorno* | *Avere qualche — dalla propria*, avere molta fortuna spec., in situazioni rischiose | *Avere dei santi in Paradiso*, avere un protettore particolarmente influente | *Non sapere a che — votarsi*, non sapere a chi rivolgersi, trovandosi in stato di bisogno | *Non c'è santi* (*che tengano*), non c'è niente che possa impedire un dato fatto. ***2*** (*est.*) Persona dotata di grande virtù, bontà e sim.: *fare una vita da —*; *avere una pazienza da —* | *Non essere uno stinco di —*, essere tutt'altro che un galantuomo. ***3*** Immagine che rappresenta un santo. [→ tav. *proverbi* 26, 71, 110, 201, 295, 327, 348; → tav. *locuzioni* 19, 34, 71]

santocchierìa *s. f.* (*raro*) Atto, comportamento da santocchio.

santòcchio *s. m.* (*f.* *-a*) Bigotto, ipocrita, bacchettone.

santóne *s. m.* (*f.* *-a* nel sign. 2) ***1*** Eremita, asceta che, in religioni non cristiane, è circondato di fama di santità. ***2*** (*spreg.*) Bacchettone, bigotto.

santonina *s. f.* (*chim.*) Sostanza medicamentosa usata contro gli ascaridi, contenuta nelle estremità fiorite di alcune specie di Artemisia.

santoréggia *s. f.* (*bot.*) Satureia.

santuàrio *s. m.* ***1*** Luogo sacro | (*fig.*) Luogo in cui si custodiscono gli affetti, le memorie, i sentimenti più sacri e intimi: *il — della coscienza*. ***2*** Chiesa cattolica che è centro di particolari devozioni o nella quale sono conservate reliquie. ***3*** Parte interiore di un tempio. ***4*** (*est.*) Asilo, rifugio inaccessibile: *— dei guerriglieri*.

sànza V. *senza*.

sanzionàre *v. tr.* (*io sanzióno*) ***1*** Dare la sanzione (*anche fig.*); SIN. Sancire. ***2*** Punire con sanzioni.

sanzióne *s. f.* ***1*** Approvazione di un atto legislativo o amministrativo da parte dell'autorità competente: *la legge ha ottenuto la — del Parlamento*. ***2*** (*fig.*) Approvazione, conferma: *ha ottenuto la — dei superiori*. ***3*** (*est.*) Evento dannoso cui i destinatari della legge debbono soggiacere in caso di trasgressione della stessa: *— civile, penale, amministrativa*.

sapére ***A*** *v. tr.* (*pres. io so, tu sài, egli sa, noi sappiàmo, voi sapéte, essi sànno; fut. io saprò; pass. rem. io sèppi, tu sapésti; congv. pres. io sàppia, noi sappiàmo, voi sappiàte, essi sàppiano; condiz. pres. io saprèi, tu saprésti; imper. sàppi, sappiàte; ger. sapèndo; part. pass. sapùto; dif. del part. pres.* ATTENZIONE! *so* e *sa* non vanno accentati. V. nota d'uso ACCENTO) ***1*** Possedere conoscenze e nozioni apprese mediante lo studio, l'informazione, l'applicazione, l'insegnamento e sim.: *— il francese, la lezione, la parte*; *— q.c. a memoria* | Seguito da un partitivo, indica conoscenza generica superficiale: *— di musica*; *— di tutto* | ass. Essere particolarmente dotto: *un uomo che sa*; *colui che sa*. ***2*** Possedere una serie di nozioni, spec. pratiche, derivanti dall'esperienza, dall'esercizio e sim.: *— il proprio mestiere* | *— il fatto proprio*, di persona particolarmente abile nel suo lavoro | *Saperla lunga*, essere molto astuto | *— dove il diavolo tiene la coda*, essere molto scaltro. ***3*** Conoscere per aver visto, provato, esperimentato: *— che cos'è la vita*; *— come va il mondo*; *— del mondo*. ***4*** Avere conoscenza di un determinato fatto o circostanza: *sai che ore sono?* | Venire a conoscenza di un fatto: *venni a — che aveva tradito*; *vuole — i fatti nostri* | *Fare — q.c. a qc.*, informarlo, riferire: *fammi — quando partirai* | *Non volerne sapere di qc., di q.c.*, disinteressarsene | *Sappi, sappiate, vi basti —* e sim. formule usate per ammonire, mettere in guardia e sim.: *sappi che questa è l'ultima che combini!* | *Sai, sapete* e sim. *com'è*, formula usata per sottolineare l'ovvietà di ciò che si sta dicendo o l'inevitabilità e quasi la fatalità di ciò che si racconta | *Si sa*, formula usata per sottolineare l'ovvietà di quanto si sta dicendo, spec. negli incisi | *Dio sa*, formula usata per sottolineare la veridicità di ciò che si sta dicendo | *Per quanto io sappia, che io sappia, che io mi sappia* e sim., per quello che è a mia conoscenza | *Chi sa*, formula usata per esprimere dubbio e incertezza. ***5*** Conoscere i motivi di un determinato fatto: *so perché ha agito così* | Avere ben chiara nella mente una linea di condotta: *so come devo comportarmi*. ***6*** In funzione servile, seguito da un infinito, indica la capacità di compiere l'azione espressa dall'infinito stesso: *— leggere, scrivere, correre, ballare, nuotare, cavalcare*; *sa giocare a tennis*; *bisogna saper fare di tutto*. ***B*** *v. intr.* (*aus. avere*) ***1*** Avere sapore: *questo pane sa di sale* | *— di poco*, avere poco sapore; (*fig.*) destare scarso interesse | *— di nulla, di niente*, non avere sapore; (*fig.*) non avere valore | Avere odore: *la stanza sa di chiuso*. ***2*** Dare una determinata impressione: *mi sa che non sia vero*. ***C*** *in funzione di s. m. solo sing.* Complesso di nozioni, conoscenze e sim. che l'uomo possiede: *i rami del —*. [→ tav. *proverbi* 12, 66, 86, 91, 92, 171, 197]

sapidità *s. f.* (*lett.*) L'essere sapido.

sàpido *agg.* ***1*** (*lett.*) Saporito, gustoso. ***2*** (*fig.*) Arguto, spiritoso: *novelle sapide*.

sapiènte ***A*** *agg.* ***1*** Che possiede vaste conoscenze. ***2*** Che mostra abilità ed esperienza nello svolgimento della propria professione: *medico —*. ***3*** Che rivela capacità, perizia: *un — tocco delle mani*. ***B*** *s. m. e f.* Persona dotata di saggezza e sapienza.

sapientóne *s. m.* (*f.* *-a*) Chi ostenta un sapere che spesso non possiede.

sapiènza *s. f.* ***1*** Il più alto grado di conoscenza delle cose: *— umana, divina* | Sapere profondo unito a doti morali e spirituali: *la — degli antichi*. ***2*** Uno dei sette doni dello Spirito Santo | Uno dei libri dell'Antico Testamento. ***3*** Antica denominazione di alcune università italiane: *la Sapienza di Pisa*.

saponàceo *agg.* Che ha natura di sapone.

saponàio *s. m.* Chi fabbrica o vende sapone.

saponària *s. f.* Pianticella erbacea delle Centrospermali, che forma cespi vellutati fra le rupi, la cui radice veniva usata come detersivo.

saponàrio *agg.* Che si riferisce al sapone.

saponàta *s. f.* ***1*** Acqua con sapone disciolto | Schiuma abbondante fatta da quest'acqua. [→ ill. *barbiere*] ***2*** (*fig.*, *pop.*) Adulazione.

sapóne *s. m.* Sale alcalino di acidi grassi a elevato numero di atomi di carbonio, usato spec. come detergente: *— da bucato, da toeletta* | (*est.*) Pezzo di sapone | (*fig.*, *pop.*) *Dare — a qc.*, adularlo. [→ ill. *lavatura e stiratura, toilette e cosmesi*]

saponeria *s. f.* Saponificio.

saponétta (1) *s. f.* Pezzo di sapone per la pulizia personale, spec. profumato.

saponétta (2) *s. f.* Orologio piatto da tasca, in uso nel sec. XIX.

saponièra *s. f.* Piccola scatola, di materiale e forma varia, usata per tenervi le saponette.

saponière *s. m.* ***1*** Operaio di un saponificio. ***2*** Chi commercia in saponi.

saponièro *agg.* Che si riferisce al sapone o alla sua produzione.

saponificàre *v. tr.* (*io saponìfico, tu saponìfichi*) Sottoporre a saponificazione.

saponificatóre *s. m.* (*f.* *-trice*) Chi è addetto alla saponificazione.

saponificazióne *s. f.* Operazione che permette di trasformare i grassi e gli oli in sapone | (*gener.*) Idrolisi di qualsiasi derivato degli acidi.

saponificio *s. m.* Stabilimento per la fabbricazione del sapone.

saponina *s. f.* (*chim.*) Glucoside che si ricava dalla radice della saponaria, ad azione tossica ed emolitica, che forma con l'acqua soluzioni schiumose.

saponóso *agg.* Simile al sapone.

sapóre *s. m.* ***1*** Sensazione, gradevole o sgradevole, prodotta da determinate sostanze sugli organi del gusto: *— buono, cattivo, dolce, amaro* | (*est.*) Proprietà per cui determinate sostanze producono tale sensazione: *il — aspro del limone*; SIN. Gusto. ***2*** (*fig.*) Particolare modo di esprimere ciò che si sente o si pensa: *frasi di — amaro* | ass. Insieme di caratteristiche che attraggono: *complimento privo di —* | *Dare — a q.c.*, renderla attraente, interessante.

saporire *v. tr.* (*io saporisco, tu saporisci*) Dare sapore.

saporitaménte *avv.* ***1*** Con sapore. ***2*** (*fig.*) Di gusto: *dormire —*.

saporito *part. pass. di saporire; anche agg.* ***1*** Che ha sapore, che ha buon sapore: *i frutti di mare sono molto saporiti*; SIN. Gustoso. **2** Che eccede leggermente nel sale, ma senza risultare sgradevole; CONTR. Insipido. **3** (*fig.*) Che si fa con piacere, con gusto: *farsi una saporita risata* | Arguto: *storiella saporita*.

saporosità *s. f.* L'essere saporoso.

saporóso *agg.* Che ha sapore gradevole | (*fig.*) Gustoso.

saprofitismo *s. m.* Modo di nutrizione proprio di vegetali privi di clorofilla che utilizzano sostanze organiche in decomposizione.

sapròfito A *agg.* Detto di vegetale soggetto a saprofitismo. **B** *anche s. m.*

sapropèl *s. m.* Fanghiglia organica formata per putrefazione, in ambiente subacqueo, di sostanza organica, da cui derivano bitumi, petroli o anche calcari e scisti bituminosi.

saputèllo *agg.; anche s. m.* (*f.* *-a*) Detto di chi, essendo in giovanissima età, si atteggia con una certa petulanza a persona adulta.

sapùto A *part. pass. di sapere; anche agg.* **1** Noto, conosciuto | (*lett.*) Che sa | *Fare — qc.*, informarlo. **2** (*est.*, *lett.*) Saggio. **B** *agg.; anche s. m.* (*f.* *-a*) Detto di chi ostenta la propria cultura.

sarabànda *s. f.* **1** Danza orientale dapprima di carattere sfrenato, trasformatasi in forma lenta e poi grave. **2** (*fig.*) Chiasso, confusione.

saràcca *s. f.* Salacca.

saràcco *s. m.* (*pl.* *-chi*) Sega a lama trapezoidale, libera a un capo e all'altro fermata a una corta impugnatura. [→ ill. *falegname, sega*]

saracèno A *s. m.* Musulmano, spec. nell'antica terminologia risalente alle crociate. **B** *agg.* **1** Dei Saraceni. **2** *Grano —*, V. *grano*.

saracinésca *s. f.* **1** Chiusura metallica per porte e finestre formata di elementi avvolgibili su rullo e scorrenti verticalmente su guide laterali | Apparecchio per aprire e chiudere il deflusso di un liquido. **2** Anticamente, cancellata di ferro o di travi calata con catene o funi per sbarrare l'accesso al castello o alla città. [→ ill. *castello*]

saracìno *agg.; anche s. m.* (*pop.*) Saraceno.

sàrago *s. m.* Pesce osseo dei fondali marini, con corpo compresso striato di scuro e carni pregiate. [→ ill. *animali* 8]

sarcàsmo *s. m.* Ironia amara e pungente mossa da animosità verso qc.

sarcàstico *agg.* (*pl. m.* *-ci*) Che contiene, esprime, dimostra, sarcasmo: *parole sarcastiche*.

sarchiàre *v. tr.* (*io sàrchio*) Smuovere il terreno con piccole zappe o con attrezzi per aerarlo e liberarlo delle malerbe.

sarchiatóre *s. m.* (*f.* *-trice*) Chi sarchia.

sarchiatrice *s. f.* Macchina agricola a traino animale o meccanico per sarchiare | Zappatrice. [→ ill. *agricoltura*]

sarchiatùra *s. f.* Lavoro, tempo e spesa del sarchiare.

sarchièllo *s. m.* Piccola zappa per orto e giardino. [→ ill. *giardiniere*]

sàrchio *s. m.* Piccola zappa a manico lungo e pala stretta, che serve a smuovere il terreno e a togliere le erbe infestanti.

sarcòfago *s. m.* (*pl.* *-ghi o -gi*) Cassone in pietra, marmo, terracotta, alabastro, legno che racchiude uno o più defunti.

sarcòma *s. m.* (*pl.* *-i*) (*med.*) Tumore maligno originato da un tessuto connettivo.

sarcomatòsi *s. f.* (*med.*) Manifestazione plurima di sarcomi.

sarcoplàsma *s. m.* (*pl.* *-i*) (*biol.*) Citoplasma delle cellule e delle fibre muscolari.

sàrda *s. f.* (*zool.*) Sardina.

sardèlla *s. f.* **1** (*zool.*) Sardina. **2** Sardina in salamoia o in barile.

sardigna *s. f.* **1** Anticamente, luogo fuori porta ove si ammucchiavano le carogne e i rifiuti della macellazione. **2** (*dial.*) Reparto del macello adibito alla distruzione delle carni infette.

sardina *s. f.* Pesce osseo verde olivastro e argenteo sul ventre, con carni commestibili; SIN. Sarda, sardella. [→ ill. *animali* 9]

sardismo *s. m.* **1** Movimento per l'autonomia amministrativa sarda, formatosi dopo la prima guerra mondiale. **2** Forma linguistica propria del dialetto sardo.

sardista *agg.; anche s. m. e f.* (*pl. m.* *-i*) Seguace del sardismo.

sàrdo *agg.; anche s. m.* (*f.* *-a*) Della Sardegna.

sardònia *s. f.* Pianta della Ranuncolacee, velenosa, con foglie palmate e fiori gialli.

sardònica *s. f.* (*bot.*) Sardonia.

sardònico *agg.* (*pl. m.* *-ci*) Maligno, ironico, beffardo, detto di riso o di espressione del volto: *riso —*; *ghigno —*.

sargàsso *s. m.* Alga bruna oceanica galleggiante con tallo frondoso laminare con margini seghettati. [→ ill. *alga*]

sàri *s. m.* Ampia veste delle donne indiane, che copre il petto girando su una spalla e lasciando scoperta l'altra. [→ ill. *vesti*]

sarissa *s. f.* Lunga asta usata dai Macedoni in guerra.

sarménto *s. m.* Fusto lungo e sottile, prostrato o rampicante con foglie distanziate, che produce gemme che si fissano originando nuove piante | Tralcio di vite, edera o altre piante rampicanti.

sarmentóso *agg.* Che è ricco di sarmenti.

saròng *s. m. inv.* Veste propria di entrambi i sessi dell'arcipelago malese, generalmente di seta. [→ ill. *vesti*]

sarrussòfono *s. m.* (*mus.*) Strumento di ottone a colonna d'aria conica, messa in vibrazione a mezzo di un'ancia doppia.

sàrta *s. f.* Donna che taglia e confeziona abiti, spec. femminili.

sàrtia o (*evit.*) *sartia* *s. f.* (*pl.* *sàrtie o evit. sartie*) (*mar.*) Ciascuno dei cavi che, disposti lateralmente, servono a fissare l'albero nelle navi o nelle barche a vela. [→ ill. *marina*]

sartiàme *s. m.* Cordame, sartie.

sartiàre *v. tr.* (*io sàrtio*) (*mar.*) Far scorrere nelle pulegge e sim. una manovra.

sàrto *s. m.* (*f.* *-a*) Chi esegue abiti su misura per un cliente | (*est.*) Ideatore ed esecutore di modelli per una casa di moda. [→ ill. *metro, strumenti di misura, tessuto*]

sartoria *s. f.* Casa di mode | Insieme dei sarti e delle loro attività: *la — italiana*.

sartoriàle *agg.* Di sartoria o dei sarti.

sartòrio *s. m.* (*anat.*) Muscolo lungo e stretto della coscia, dall'anca al ginocchio. [→ ill. *anatomia umana*]

sassafràsso o *sassofràsso* *s. m.* Pianta arborea delle Policarpali, dell'America settentrionale, utilizzata per il suo legname aromatico e la corteccia in medicina come diuretico.

sassàia *s. f.* **1** Luogo pieno di sassi | Strada sassosa. **2** Riparo di sassi costruito in zone franose.

sassaiòla *s. f.* Lancio ripetuto di sassi | Battaglia coi sassi, spec. fra ragazzi.

sassàta *s. f.* Colpo di sasso.

sassèlla *s. m. inv.* Vino rosso rubino, dal profumo delicato e persistente, tipico della Valtellina.

sassèllo *s. m.* Uccello poco più piccolo del tordo comune, bruno sul dorso e rossastro sui fianchi.

sasséto *s. m.* Terreno coperto di sassi.

sassifraga *s. f.* Pianta erbacea rupestre delle Rosali con rosette di foglie carnose e fiori in grappoli.

Sassifragàcee *s. f. pl.* Famiglia di piante erbacee o legnose delle Rosali, coltivate per ornamento o per i frutti. [→ ill. *piante* 9]

sàsso *s. m.* **1** Pietra, di forma e dimensioni varie, così come si trova in natura | Masso, blocco, macigno: *il nudo, il duro —* | (*fig.*) *Essere un —, essere di —, essere duro come un —*, essere duro d'animo | *Avere un cuore di —*, essere crudele e spietato | *Rimanere di —*, profondamente stupito, sorpreso. **2** Materia pietrosa: *— arenoso, da calce*. **3** Ciottolo, frammento di pietra: *tirare sassi a qc.* | (*fig.*) *Far piangere i sassi, fare pena ai sassi*, di persona, cosa, situazione, particolarmente triste o ridicola. **4** Parete rocciosa e scoscesa di un monte | Luogo sassoso: *i sassi alpestri*. **5** (*lett.*) Pietra sepolcrale.

sassofonista o *saxofonista* *s. m. e f.* (*pl. m.* *-i*) Chi suona il sassofono.

sassòfono o *saxòfono* *s. m.* (*mus.*) Strumento di ottone la cui colonna d'aria racchiusa in un tubo conico è posta in vibrazione a mezzo di un'ancia simile a quella del clarinetto. [→ ill. *strumenti musicali*]

sassofràsso V. *sassafrasso.*

sàssola o *sèssola s. f.* (*mar.*) Cucchiaia di legno di forma rettangolare con corta impugnatura, con la quale si toglie l'acqua dalle imbarcazioni.

sàssone *agg.; anche s. m. e f.* Della Sassonia.

sassóso *agg.* Pieno di sassi; SIN. Pietroso.

sàtana *s. m. inv.* Nel Cristianesimo, spirito del male.

satanàsso *s. m.* **1** (*pop.*) Satana. **2** (*est.*) Persona violenta, furiosa: *gridare come un* – | Persona irrequieta, sempre in attività.

satànico *agg.* (*pl. -ci*) **1** Di Satana: *culto satanico.* **2** (*fig.*) Che rivela perfidia, malignità.

satanișmo *s. m.* Indirizzo proprio di alcune sette religiose che praticano il culto dello spirito del male.

satèllite A *s. m.* **1** (*lett.*) Guardia del corpo, sgherro. **2** (*est.*) Seguace, persona di fiducia | (*spreg.*) Chi sta continuamente al fianco di una persona autorevole e potente tributandogli cieca obbedienza. **3** (*astron.*) Corpo celeste oscuro che orbita attorno a un pianeta: *i satelliti di Giove.* **4** (*aer.*) – *artificiale*, oggetto messo in orbita mediante un razzo vettore intorno a un corpo celeste, gener. la Terra, a scopo di comunicazione, osservazione, ricerca e sim.: – *meteorologico* | – *attivo*, contenente anche sistemi di comunicazione e usato come stazione ripetitrice per telecomunicazioni, assistenza alla navigazione aerea e marittima, osservazione meteorologica, ricerca di risorse terrestri e ricognizione militare. [→ ill. *astronautica, meteorologia, telefonia, televisione*] **5** (*mecc.*) Ruota dentata, montata su braccio mobile di un sistema di ruote. **B** *in funzione di agg.* (*posposto a un s.*) Che sta attorno | *Stato, partito* –, che dipende politicamente da un altro.

satin /*fr.* sa'tɛ̃/ *s. m. inv.* (*pl. fr. satins* /sa'tɛ̃/) Tessuto di cotone che imita all'apparenza e al tatto la seta.

satinàre *v. tr.* Conferire lucentezza serica a carte e a stoffe.

satinatùra *s. f.* Operazione del satinare.

sàtira *s. f.* **1** Componimento poetico che critica argutamente le debolezze umane | Insieme dei componimenti satirici di un autore, un periodo, una letteratura. **2** (*est.*) Discorso o scritto che mette in ridicolo ambienti, modi di vivere e sim.

satireggiàre A *v. tr.* (*io satiréggio*) Mettere in satira: – *i costumi.* **B** *v. intr.* (*aus. avere*) Fare della satira | Scrivere satire.

satirésco *agg.* (*pl. m. -schi*) Di, da satiro.

satirìași *s. f.* Esagerazione morbosa del desiderio sessuale nell'uomo.

satìrico A *agg.* (*pl. m. -ci*) Di satira, che ha caratteri di satira: *discorso* –. **B** *s. m.* Scrittore di satire.

satirióne *s. m.* Fungo velenoso con gambo bianco e cappello con alveoli grigio-olivastri viscosi e puzzolenti. [→ ill. *fungo*]

sàtiro *s. m.* **1** Nella mitologia greco-romana, divinità dei boschi, avente figura umana, con piedi e orecchie caprini. **2** (*fig.*) Uomo lascivo.

sativo *agg.* Atto a essere seminato: *campo* –.

satollàre A *v. tr.* (*io satóllo*) Rendere satollo; SIN. Rimpinzare, saziare. **B** *v. intr. pron.* Riempirsi di cibo: *satollarsi di dolci.*

satóllo *agg.* Sazio, pieno di cibo. [→ tav. *proverbi* 121]

satrapìa *s. f.* Nell'impero persiano, distretto governato da un satrapo | Dignità di satrapo | Durata di tale dignità.

sàtrapo *s. m.* (*f. -éssa*) **1** Nell'impero persiano, dignitario messo a capo di un distretto. **2** (*fig.*) Chi approfitta della propria carica, posizione e sim. per spadroneggiare sugli altri.

saturàbile *agg.* Che si può saturare.

saturàre A *v. tr.* (*io sàturo*) **1** Sciogliere sostanze in un solvente fino alla massima concentrazione possibile. **2** (*fig.*) Riempire eccessivamente: – *il mercato di automobili; saturarsi il cervello di date.* **B** *v. intr. pron.* Riempirsi, saziarsi (*anche fig.*).

saturazióne *s. f.* **1** Massima concentrazione possibile di una sostanza: *la – di un composto chimico* | (*fig.*) Massimo riempimento: – *del mercato.* **2** (*fis.*) Condizione in cui un aumento in una causa di qualsiasi tipo non produce un ulteriore aumento nell'effetto risultante | *Punto di* –, temperatura alla quale il vapore di una sostanza diventa saturo, cioè inizia la liquefazione | *Arrivare, giungere a* –, *al punto di* –, (*fig.*) averne abbastanza, non sopportare oltre e sim.

saturèia *s. f.* Pianta erbacea aromatica delle Tubiflorali con caule rossastro, foglie lanceolate e fiori bianchi punteggiati di rosa o violetti nella specie selvatica; SIN. Santoreggia.

saturnàle A *agg.* (*lett.*) Del dio Saturno. **B** *s. m. al pl.* Presso gli antichi romani, feste popolari celebrate a dicembre, in onore di Saturno.

satùrnia *s. f.* Farfalla notturna spesso di grandi dimensioni, con corpo tozzo e peloso, livrea bruno-grigia con una macchia a occhio di pavone su ogni ala; le sue larve sono voracissime divoratrici di qualsiasi vegetale. [→ ill. *animali* 2]

satùrnio A *agg.* (*lett.*) Del dio Saturno | *Terra saturnia*, l'Italia che, secondo la leggenda, ebbe Saturno come re. **B** *agg.; anche s. m.* Verso della poesia latina delle origini.

saturnișmo *s. m.* (*med.*) Intossicazione cronica da piombo.

Satùrno (1) *s. m.* (*astron.*) Sesto pianeta in ordine di distanza dal sole, dal quale dista in media 1428 milioni di km; è circondato da anelli e se ne conoscono 11 satelliti.

satùrno (2) *s. m.* Nell'alchimia medievale, piombo.

sàturo *agg.* **1** (*chim., fis.*) Che ha raggiunto la saturazione | *Soluzione satura*, in cui non si può sciogliere ulteriore sostanza | *Vapore* –, che è a contatto con fase liquida e in equilibrio con essa. **2** (*fig.*) Pieno, traboccante: *sguardi saturi di odio* | *Mercato* –, che non è più in grado di assorbire un prodotto.

sàuna *s. f.* **1** Bagno a vapore alternato con docce fredde e massaggi, tipico dei popoli finnici. **2** Luogo ove si fa questo bagno.

sàuri *s. m. pl.* Rettili con corpo allungato, quattro arti talora rudimentali, pelle rivestita di squame, riproduzione ovipara.

sàuro A *agg.* Detto di mantello equino con peli di colore variato dal biondo al rosso. **B** *s. m.* Cavallo sauro.

savàna *s. f.* Formazione vegetale di alte erbe e alberi sparsi, estesa ai margini della foresta equatoriale, con alterne stagioni secche e umide.

savarin /*fr.* sava'rɛ̃/ *s. m. inv.* (*pl. fr. savarins* /sava'rɛ̃/) Dolce a forma di ciambella, il cui impasto è simile a quello del babà.

saviézza *s. f.* L'essere savio.

sàvio A *agg.* **1** Che ha senno, saggezza, prudenza | Quieto, posato, giudizioso, detto spec. di bambini; SIN. Saggio. **2** Che è in pieno possesso delle proprie facoltà mentali: *agire da persona savia*; CONTR. Matto. **B** *s. m.* **1** Uomo assennato, accorto. **2** Chi è in pieno possesso delle proprie facoltà mentali; CONTR. Matto. **3** Uomo dotato di grande esperienza e sapienza: *i sette savi di Grecia.* **4** Nel Medioevo e nel Rinascimento, magistrato anziano ed esperto.

savoiàrdo A *agg.; anche s. m.* (*f. -a*) Della Savoia. **B** *s. m.* Biscotto soffice e oblungo, a base di farina, uova e zucchero. [→ ill. *dolciumi*]

savoir-faire /*fr.* sa'vwar 'fɛr/ *loc. sost. m. inv.* Capacità di destreggiarsi in ogni evenienza con tatto ed eleganza.

savonaròla *s. f.* Tipo di sedia o poltrona, di antica origine toscana, costituita da stecche ondulate e incrociate, da braccioli diritti e da una spalliera di cuoio, stoffa o legno. [→ ill. *mobili*]

sax *s. m. inv. Acrt. di saxofono.*

saxòfono e deriv. V. *sassofono* e deriv.

saziàbile *agg.* Che si può saziare; CONTR. Insaziabile.

saziàre A *v. tr.* (*io sàzio*) **1** Soddisfare interamente la fame, l'appetito, il desiderio di cibo, anche ass.: – *la fame; è un cibo che sazia* | (*est.*) Nauseare, stuccare, anche ass.: *i gelati saziano*; SIN. Sfamare, satollare. **2** (*fig.*) Soddisfare completamente: – *il desiderio di gloria* | (*est.*) Annoiare. **B** *v. intr. pron.* **1** Riempirsi di cibo fino alla completa soddisfazione dell'appetito: *saziarsi di dolci.* **2** (*fig.*) Appagarsi, contentarsi: *non si sazia di contemplarla.*

sazietà *s. f.* L'essere sazio (*anche fig.*) | *A* –, fino a essere sazio e (*est.*) in abbondanza.

sàzio *agg.* **1** Che ha mangiato fino a soddisfare completamente la fame, l'appetito, il desiderio di cibo: *essere — di frutta*; SIN. Pieno, satollo. **2** (*est.*) Che è completamente appagato in ogni desiderio fino a provare quasi un senso di noia: *essere — di divertimenti* | (*est.*) Nauseato, stufo: *sono ormai — di questa vita.* [→ tav. *proverbi* 122]

ṣbaciucchiàre ***A*** *v. tr.* (*io sbaciùcchio*) Baciare ripetutamente spec. in modo sdolcinato. ***B*** *anche v. rifl. rec.*

ṣbadatàggine *s. f.* L'essere sbadato; SIN. Disattenzione, inavvedutezza, sventatezza.

ṣbadàto *agg.; anche s. m.* (*f. -a*) Detto di chi non bada a quello che fa e agisce senza riflettere; SIN. Disattento, inavveduto, sventato.

ṣbadigliàre *v. intr.* (*io ṣbadiglio; aus. avere*) Fare sbadigli: *— di noia*; *— per il sonno.*

ṣbadìglio *s. m.* Atto respiratorio accessorio che consiste in una lenta inspirazione a bocca aperta seguita da una breve espirazione, cui si accompagnano caratteristici rumori e stiramenti delle braccia e del tronco.

ṣbafàre *v. tr.* (*pop.*) Mangiare con avidità | Mangiare a ufo, anche ass.

ṣbafàta *s. f.* (*pop.*) Mangiata abbondante, spec. a ufo.

ṣbafatóre *s. m.* (*f. -trìce*) (*pop.*) Chi sbafa.

ṣbàfo *s. m.* Atto dello sbafare, *spec. nella loc. avv. a —*, a spese d'altri: *vivere a —.*

ṣbagliàre ***A*** *v. tr.* (*io ṣbàglio*) **1** Compiere un'azione ottenendo un risultato impreciso, non esatto, errato: *— il colpo, la mira*; *— i conti* | Fare una cattiva scelta: *ha sbagliato mestiere.* **2** Confondere una persona o una cosa con un'altra simile: *— strada, indirizzo.* ***B*** *v. intr.* (*aus. avere*) **1** Commettere un errore: *— di molto* | Equivocare: *— di persona* | Commettere una colpa: *se ha sbagliato, paghi*; SIN. Errare. **2** Lavorare in modo impreciso, non esatto: *— nel prendere una misura*; *— a tradurre.* **3** Comportarsi in modo non giusto, non adatto: *sbagli a parlare così.* ***C*** *v. intr. pron.* Essere in errore, giudicare erroneamente: *credevo che fosse colpevole, ma mi sono sbagliato.* [→ tav. *proverbi* 347]

ṣbagliàto *part. pass. di sbagliare; anche agg.* **1** Fatto male: *mossa sbagliata.* **2** Erroneo: *giudizio —* | Che è contrario a precise norme: *pronuncia sbagliata.*

ṣbàglio *s. m.* **1** Imprecisione, inesattezza: *fare uno —*; *— di calcolo.* **2** Equivoco, disattenzione | *Per —*, in seguito a disattenzione; SIN. Cantonata, svista. **3** Colpa morale: *sono sbagli di gioventù.* • SIN. Errore.

ṣbalestraménto *s. m.* Insorgenza di uno stato di disagio, disordine, dissesto e sim. | Condizione di chi è sbalestrato.

ṣbalestràre ***A*** *v. intr.* (*io ṣbalèstro; aus. avere*) **1** Sbagliare il colpo tirando con la balestra. **2** (*est., fig.*) Divagare, parlare in modo irragionevole. ***B*** *v. tr.* **1** Gettare, scagliare: *il vento sbalestrò la barca contro gli scogli.* **2** (*fig.*) Assegnare a una sede lontana: *— un impiegato in una zona disagevole.*

ṣbalestràto *part. pass. di sbalestrare; anche agg.* **1** Che si sente a disagio: *è — nella nuova città.* **2** Disordinato, spostato: *vita sbalestrata.*

ṣballàre (1) ***A*** *v. tr.* Disfare, aprire la balla. ***B*** *v. intr.* (*aus. essere*) **1** In alcuni giochi di carte, oltrepassare il numero dei punti stabiliti, perdendo la posta. **2** Sbagliare per eccesso uscendo dai limiti fissati: *— nel fare un conto.*

ṣballàre (2) *v. tr.* (*pop.*) Raccontare balle, fandonie: *sballarle grosse.*

ṣballàto ***A*** *part. pass. di sballare* (1); *anche agg.* Privo di fondamento, di logica: *discorso —.* ***B*** *agg.; anche s. m.* (*gerg.*) Disordinato, spostato | Detto di chi è sotto l'effetto della droga.

ṣbàllo *s. m.* **1** Operazione del togliere da un imballo. **2** (*gerg.*) Effetto della droga.

ṣballottaménto *s. m.* Scuotimento continuo in qua e in là.

ṣballottàre *v. tr.* (*io ṣballòtto*) Agitare in qua e in là, come una palla.

ṣbalordiménto *s. m.* Manifestazione di profondo stupore, meraviglia e sim.

ṣbalordìre ***A*** *v. tr.* (*io ṣbalordìsco, tu ṣbalordìsci*) **1** Far perdere i sensi, stordire: *— qc. con un pugno.* **2** Frastornare, intontire | (*est.*) Turbare profondamente: *lo spettacolo ci sbalordì tutti.* ***B*** *v. intr.* (*aus. avere*) **1** Rimanere privo di sensi. **2** (*est.*) Rimanere profondamente impressionato: *a quella notizia sbalordì.*

ṣbalorditìvo *agg.* Che fa sbalordire | Incredibile, straordinario, esagerato: *prezzo —.*

ṣbalzàre (1) ***A*** *v. tr.* **1** Far balzare, lanciare violentemente: *fu sbalzato da cavallo.* **2** (*fig.*) Allontanare improvvisamente da una carica, un ufficio, una sede e sim. ***B*** *v. intr.* (*aus. essere*) **1** Balzare di scatto (*anche fig.*): *— da una sedia.* **2** Rimbalzare.

ṣbalzàre (2) *v. tr.* Modellare figure e ornamentazioni a sbalzo.

ṣbalzatóre *s. m.* (*f. -trìce*) Chi esegue lavori a sbalzo.

ṣbàlzo (1) *s. m.* **1** Rapido e inatteso spostamento: *avanzare a sbalzi.* **2** (*fig.*) Oscillazione improvvisa | *A sbalzi*, a salti, senza continuità.

ṣbàlzo (2) *s. m.* Arte del modellare figure e ornati su lastre d'oro, argento, rame e altri metalli con i ceselli mediante spinta dal rovescio.

ṣbancàre (1) ***A*** *v. tr.* (*io ṣbànco, tu ṣbànchi*) **1** In un gioco d'azzardo, vincere tanto da superare la somma disponibile da chi tiene banco. **2** (*fig.*) Mandare in rovina: *le ultime spese lo hanno sbancato.* ***B*** *v. intr. pron.* (*fig.*) Rovinarsi economicamente.

ṣbancàre (2) *v. tr.* (*io ṣbànco, tu ṣbànchi*) Asportare uno strato di terreno, un banco di roccia e sim.

ṣbandaménto (1) *s. m.* **1** Dispersione in direzioni diverse, spec. di truppe sotto l'attacco nemico. **2** (*fig.*) Dispersione di membri di un gruppo sociale, familiare e sim. che provoca scompiglio morale: *lo — del dopoguerra.*

ṣbandaménto (2) *s. m.* **1** Inclinazione laterale di aereo o natante: *— a dritta, a sinistra.* **2** Deviazione di autoveicoli dalla linea di guida, per eccesso di velocità, strada ghiacciata e sim. **3** (*fig.*) Allontanamento da principi e idee ritenuti precedentemente validi: *— politico* | (*est.*) Confusione, disorientamento.

ṣbandàre (1) ***A*** *v. tr.* **1** Smobilitare un esercito. **2** (*raro*) Disperdere, sparpagliare: *— la folla.* ***B*** *v. intr. pron.* **1** Separarsi andando in direzioni diverse. **2** (*fig.*) Dividersi perdendo il senso di coesione preesistente: *la famiglia si è sbandata dopo il disastro.*

ṣbandàre (2) *v. intr.* (*aus. avere*) **1** Detto di nave, ruotare intorno all'asse longitudinale, rimanendo inclinata su un fianco. **2** Procedere serpeggiando o di traverso, detto di autoveicoli. **3** (*fig.*) Deviare verso idee ritenute peggiori rispetto ad altre precedenti: *la rivoluzione sbanda verso l'anarchia.*

ṣbandàta *s. f.* Atto dello sbandare, spec. di nave o di veicolo | (*fig.*) *Prendersi una — per qc.*, innamorarsene violentemente.

ṣbandàto *part. pass. di sbandare* (1); *anche agg. e s. m.* (*f. -a*) Disperso | Che (o chi) manifesta uno stato di disorientamento morale e ideologico dovuto a gravi avvenimenti esteriori o a conflitti interiori.

ṣbandieràre *v. tr.* (*io ṣbandièro*) **1** Fare sventolare le bandiere in segno di festa. **2** (*fig.*) Ostentare: *— i propri meriti.*

ṣbandìre *v. tr.* (*io ṣbandìsco, tu ṣbandìsci*) (*lett.*) Dare il bando, bandire.

ṣbàndo *s. m. Nella loc. allo —*, alla deriva, subendo passivamente gli eventi: *governo allo —.*

ṣbaraccàre *v. tr.* (*io ṣbaràcco, tu ṣbaràcchi*) (*fam.*) Togliere di mezzo | ass. Andarsene da un luogo portandosi dietro la propria roba.

ṣbaragliàre *v. tr.* (*io ṣbaràglio*) **1** Mettere in rotta il nemico: *— le schiere avversarie* | Disperdere, mettere in fuga: *la polizia sbaragliò i dimostranti.* **2** (*est.*) Infliggere una dura sconfitta in gare sportive, lotte politiche e sim.

ṣbaràglio *s. m.* Disfatta, rotta | *Mettere qc. allo —*, esporlo a un grave pericolo | *Buttarsi allo —*, avventurarsi in un'impresa rischiosa senza prendere alcuna precauzione.

ṣbarazzàre ***A*** *v. tr.* Liberare una persona, una cosa, un luogo, da tutto ciò che ingombra: *— qc. da un peso*; *— una stanza dai mobili.* ***B*** *v. rifl.* Liberarsi da chi (o da ciò che) procura impiccio o fastidio: *sbarazzarsi di un intruso.*

ṣbarazzìno ***A*** *s. m.* (*f. -a*) Ragazzo irrequieto e vivace; SIN. Monello. ***B*** *agg.* Di, da sbarazzino: *modi sbarazzini.*

ṣbarbàre **A** *v. tr.* Radere la barba. **B** *v. rifl.* Radersi, farsi la barba.

ṣbarbatèllo *s. m.* Ragazzo giovane, immaturo e privo di esperienza che ostenta una certa presunzione di sapere.

ṣbarbettatùra *s. f.* (*agr.*) Soppressione delle radici eventualmente emesse al di sopra del punto d'innesto.

ṣbarbìno *s. m.* (*f.* -*a*) (*sett.*) Adolescente smaliziato, ma con aria innocente.

ṣbarcàre **A** *v. tr.* (*io ṣbàrco, tu ṣbàrchi*) **1** Fare scendere a terra da un'imbarcazione persone o cose: — *passeggeri, merci* | (*est.*) Fare scendere da un qualsiasi mezzo di trasporto: *l'autobus ci sbarca in centro.* **2** (*fig.*) — *il lunario*, riuscire a vivere alla meno peggio a forza di sacrifici. **B** *v. intr.* (*aus. essere*) **1** Scendere a terra, spec. da una nave: *sbarcammo a Napoli.* **2** Mettere piede su un territorio nemico, spec. come operazione offensiva eseguita da soldati giunti con mezzi navali: *gli alleati sbarcarono di notte.*

ṣbàrco *s. m.* **1** Scarico di merci, trasferimento, discesa a terra di persone da un'imbarcazione: *lo — dei passeggeri* | Operazione militare offensiva consistente nel metter piede su una zona costiera controllata dal nemico: *lo — in Normandia* | *Mezzo da —*, speciale nave a ridotta immersione con grande portello anteriore per consentire lo sbarco diretto di truppe e materiali sulla costa. [→ ill. *marina*] **2** Luogo in cui si sbarca.

ṣbàrra *s. f.* **1** Asta, spranga di materiale vario, usata spec. per limitare, impedire, chiudere, un passaggio e sim. | *Essere dietro le sbarre*, (*fig.*) essere in prigione. [→ ill. *metro*] **2** Tramezzo che nell'aula giudiziaria separa la parte riservata ai giudici da quella ove stanno gli imputati | (*est.*) *Presentarsi alla —*, in tribunale, come imputato. **3** (*gener.*) Bastone, spranga: *il ladro lo colpì con una —* | Barra: *la — del timone.* [→ ill. *carro e carrozza*] **4** (*sport*) Attrezzo ginnico composto da due sostegni e da un corrente: *esercizi alla —.* [→ ill. *sport*] **5** (*arald.*) Pezza formata da una striscia che attraversa il campo di uno scudo diagonalmente dall'angolo sinistro del capo all'angolo destro della punta. [→ ill. *araldica*]

ṣbarraménto *s. m.* **1** Atto dello sbarrare. **2** Insieme di strutture atte a impedire un passaggio o una via di comunicazione: — *stradale*; *uno — di travi* | *Diga di —*, diga di ritenuta. [→ ill. *strada*]

ṣbarràre *v. tr.* **1** Chiudere con una sbarra o con sbarre. **2** (*est.*) Ostacolare, impedire il passaggio: *un mendicante gli sbarrò il passo.* **3** Spalancare in seguito a forte stupore, paura, terrore, detto degli occhi: *a quelle parole sbarrò gli occhi.*

ṣbarràto **A** *part. pass. di sbarrare; anche agg.* **1** Chiuso con sbarre | *Assegno —*, assegno bancario su cui sono state poste due sbarre parallele, a indicare che il trattario può pagare solo a un proprio cliente o a una banca. **2** (*arald.*) Detto di scudo col campo costituito da sbarre in regola in numero di sei, a smalti alternati. **3** Spalancato, detto degli occhi. **B** *s. m.* (*arald.*) Scudo sbarrato.

ṣbarrétta *s. f.* **1** *Dim. di sbarra.* **2** Segno grafico costituito da una linea orizzontale, verticale od obliqua.

ṣbarrìsta *s. m. e f.* (*pl. m.* -*i*) Ginnasta o acrobata specialista negli esercizi alla sbarra.

ṣbassàre *v. tr.* **1** Abbassare, fare più basso. **2** (*raro, fig.*) Diminuire.

ṣbastìre *v. tr.* (*io ṣbastìsco, tu ṣbastìsci*) Scucire togliendo l'imbastitura.

ṣbatacchiaménto *s. m.* Violento e ripetuto sbattimento.

ṣbatacchiàre **A** *v. tr.* (*io ṣbatàcchio*) Sbattere violentemente e ripetutamente in qua e in là: *il vento sbatacchia le porte.* **B** *v. intr.* (*aus. avere*) Sbattere violentemente: *la porta sbatacchia.*

ṣbàttere **A** *v. tr.* **1** Battere forte e ripetutamente: — *le ali, i tappeti, i piedi per terra.* **2** Gettare violentemente: — *la porta*; — *q.c. per terra* | — *q.c. in faccia*, presentarlo con sdegno | — *la porta in faccia a qc.*, rifiutargli un aiuto. **3** (*est., fig.*) Cacciare qc. in malo modo: — *qc. fuori della porta* | Urtare contro q.c.: *la nave sbattè la prua contro gli scogli* | *Non sapere dove — la testa*, (*fig.*) essere in stato di grave incertezza o difficoltà. **4** Agitare una sostanza spec. liquida, affinché assuma consistenza, si amalgami con altre e sim.: — *la panna per farla montare.* **5** (*volg.*) Possedere carnalmente. **6** (*fig., fam.*) Conferire un colorito pallido, un aspetto smorto, anche ass.: *quel verde ti sbatte il viso; è un colore che sbatte.* **B** *v. intr. pron.* Agitarsi, dibattersi | (*fig., volg.*) *Sbattersi di q.c., sbattersene*, disinteressarsene. **C** *v. intr.* (*aus. avere*) Battere violentemente: *la porta sbatte* | Scuotersi, gonfiarsi, per il vento: *le vele sbattono.*

ṣbattezzàre **A** *v. tr.* (*io ṣbattéẓẓo*) **1** Costringere ad abbandonare la religione cristiana. **2** (*raro*) Cambiare nome a qc. **B** *v. intr. pron.* **1** Rinnegare la religione cristiana. **2** Cambiare nome. **3** Esser pronto a fare qualsiasi cosa: *si sbattezzerebbe per andare alla festa.*

ṣbattighiàccio *s. m. inv.* Shaker.

ṣbattiménto *s. m.* Lo sbattere, lo sbattersi: — *di porte.*

ṣbattitóre **A** *s. m.; anche agg.* (*f.* -*trìce*) Chi (o che) sbatte. **B** *s. m.* Elettrodomestico munito di un frullino per sbattere uova, maionese, creme.

ṣbattiuòva *s. m. inv.* Frusto o frullino per le uova.

ṣbattùta *s. f.* Atto dello sbattere una volta.

ṣbattùto *part. pass. di sbattere; anche agg.* **1** Frullato: *uovo —.* **2** (*fig.*) Abbattuto, pallido: *viso —.*

ṣbavàre **A** *v. intr.* (*aus. avere*) **1** Mandare bava dalla bocca. **2** Spandersi al di fuori della linea di contorno, detto di colore, vernice e sim.: *il rossetto ha sbavato.* **B** *v. tr.* Sporcare di bava: *i bambini sbavano i vestiti.* **C** *v. rifl.* Sporcarsi di bava.

ṣbavatùra *s. f.* **1** Atto dello sbavare | Strascico di bava. **2** Traccia di colore che esce dalla linea di contorno. **3** (*fig.*) Divagazione, allontanamento dal tema principale, in scritti, narrazioni e sim.

ṣbeccàre *v. tr.* (*io ṣbécco, tu ṣbécchi*) Rompere un recipiente di terracotta, porcellana o sim. facendone saltare il beccuccio.

ṣbellicàrsi *v. intr. pron.* (*io mi ṣbellìco, tu ti ṣbellìchi*) *Nelle loc.* *sbellicarsi dalle risa, dal ridere*, ridere smodatamente.

ṣbendàre *v. tr.* (*io ṣbèndo o ṣbéndo*) Levare la benda o le bende: — *una ferita.*

ṣbèrla *s. f.* (*dial.*) Schiaffo, manrovescio.

ṣberlèffo *s. m.* **1** Sfregio sul viso. **2** Gesto, espressione di scherno: *fare uno — a qc.*

ṣbertucciàre *v. tr.* (*io ṣbertùccio*) **1** Gualcire, trattare come un cencio: — *un cappello.* **2** (*est.*) Schernire, beffare.

ṣbevazzàre *v. intr.* (*aus. avere*) (*spreg.*) Bere molto, in modo sregolato.

ṣbiadìre **A** *v. intr. e intr. pron.* (*io ṣbiadìsco, tu ṣbiadìsci; aus. essere*) Perdere intensità e vivacità, detto di colori; SIN. Scolorire. **B** *v. tr.* Far pedere il colore: *il sole ha sbiadito la tappezzeria.*

ṣbiadìto *part. pass. di sbiadire; anche agg.* **1** Che ha perduto il colore: *tessuto —.* **2** (*fig.*) Scialbo, privo di vivacità: *stile —* | Sfiorito: *bellezza sbiadita.*

ṣbiànca *s. f.* Nell'industria tessile e cartaria, candeggio, imbianchimento.

ṣbiancàre **A** *v. tr.* (*io ṣbiànco, tu ṣbiànchi*) **1** Far diventare bianco: — *un lenzuolo.* **2** Sottoporre q.c. all'operazione di sbianca. **B** *v. intr. e intr. pron.* (*aus. essere*) Diventare bianco | Impallidire: *si sbiancò in viso.*

ṣbianchìre **A** *v. tr.* (*io ṣbianchìsco, tu ṣbianchìsci*) **1** Far diventare bianco. **2** Tuffare carne o verdura in acqua bollente. **B** *v. intr.* (*aus. essere*) Sbiancare.

ṣbicchieràta *s. f.* Atto del bere in allegra compagnia.

ṣbièco **A** *agg.* (*pl. m.* -*chi*) Non diritto, fuori di squadra: *muro, pavimento —* | Obliquo, storto | *A —, di —*, obliquamente: *mettere di —* | *Guardare di —*, guardare di traverso. **B** *s. m.* Tessuto tagliato obliquo rispetto al dritto filo.

ṣbigottiménto *s. m.* Manifestazione di profondo turbamento, sconcerto, sgomento e sim.

ṣbigottìre **A** *v. tr.* (*io ṣbigottìsco, tu ṣbigottìsci*) Turbare profondamente, in modo da far quasi perdere la capacità di reagire: *le notizie sbigottirono l'intera città*; SIN. Sconcertare, sgomentare. **B** *v. intr. e intr. pron.* (*aus. essere*) Turbarsi profondamente, perdersi d'animo.

ṣbilanciàre **A** *v. tr.* (*io ṣbilàncio*) **1** Far perdere l'equilibrio, far traboccare da una parte. **2** (*fig.*) Causare difficoltà nei programmi fissati: *il viaggio improvviso mi sbilancia gli appuntamenti* | Dissestare economicamente. **B** *v. intr.* (*aus. avere*) Perdere l'equilibrio, pendere da una parte: *il carico sbilancia su un fianco.* **C** *v. intr. pron.* Non contenersi nell'agire o nel parlare, andare oltre i limiti della prudenza: *con quelle parole si è sbilanciato.*

ṣbilàncio *s. m.* **1** Squilibrio, disegualità. **2** Saldo, somma da iscriversi a pareggio di un conto.

ṣbilènco *agg.* (*pl. m. -chi*) Storto, pendente da una parte, detto spec. di persona: *vecchietta sbilenca* | (*fig.*) Malfatto, balordo: *ragionamento —.*

ṣbirciàre *v. tr.* (*io ṣbìrcio*) **1** (*raro*) Socchiudere gli occhi per vedere meglio | (*est.*) Guardare attentamente: *— un quadro; — qc. da capo a piedi.* **2** (*fam.*) Guardare di sfuggita: *— una vetrina.*

ṣbirciàta *s. f.* Atto dello sbirciare in fretta e una sola volta: *dare una — alla vetrina.*

ṣbirràglia *s. f.* Insieme di sbirri o, (*spreg.*) di poliziotti.

ṣbirrésco *agg.* (*pl. m. -schi*) Di, da sbirro | Brutale, violento.

ṣbirro (1) o *birro s. m.* **1** Anticamente, agente di polizia, guardia. **2** (*spreg.*) Poliziotto, sgherro.

ṣbirro (2) *s. m.* (*mar.*) Specie di nodo che tiene legato il paranco a un albero o a un cavo.

ṣbiẓẓarrire **A** *v. tr.* (*io ṣbiẓẓarrisco, tu ṣbiẓẓarrisci*) Togliere i capricci, i vizi. **B** *v. intr. pron.* Sfogare i propri capricci o desideri.

ṣbloccaménto *s. m.* Liberazione da un blocco (*anche fig.*).

ṣbloccàre **A** *v. tr.* (*io ṣblòcco, tu ṣblòcchi*) **1** Liberare da un blocco: *— un meccanismo* | (*fig.*) Eliminare ostacoli, impedimenti: *— una situazione.* **2** (*fig.*) Svincolare abolendo limitazioni e divieti: *— gli affitti.* **B** *v. intr.* (*aus. avere*) Nel biliardo, rimbalzare della palla avversaria dalla buca verso la quale era stata mal diretta.

ṣblòcco *s. m.* (*pl. -chi*) Eliminazione di ostacoli, impedimenti, vincoli (*spec. fig.*): *lo — dei fitti.*

ṣbòbba *s. f.* (*pop.*) Minestra, brodaglia o sim. dall'aspetto e dal sapore sgradevoli.

ṣboccàre **A** *v. intr.* (*io ṣbócco, tu ṣbócchi; aus. essere*) **1** Mettere foce, detto di corsi d'acqua: *non tutti i fiumi sboccano nel mare;* SIN. Sfociare. **2** Aver fine, detto di strade: *molte strade sboccano in piazza Maggiore.* **3** Arrivare in un dato luogo, detto di persone: *la colonna degli scioperanti sboccò in piazza.* **4** (*fig.*) Andare a finire, concludersi: *il malcontento generale sboccò in una rivolta.* **B** *v. tr.* **1** Togliere da un recipiente una parte del liquido che lo riempie: *— un fiasco.* **2** Rompere all'imboccatura: *— un vaso.*

ṣboccàto *agg.* **1** Che non ha freno, ritegno, nel parlare, nello scrivere e sim. **2** Che ha l'imboccatura rotta, detto di recipienti: *fiasco —.*

ṣbocciàre *v. intr.* (*io ṣbòccio; aus. essere*) **1** Aprirsi, schiudersi, detto di fiori, delle gemme e sim. **2** (*fig.*) Nascere, avere origine: *la poesia sboccia nell'animo.*

ṣbòccio *s. m.* Lo sbocciare dei fiori.

ṣbócco *s. m.* (*pl. -chi*) **1** Lo sboccare: *— di acque* | Luogo in cui sfocia un fiume, mette capo una strada e sim. | (*est.*) Uscita, apertura: *stanza senza —* | (*fig.*) Esito, conclusione: *situazione senza sbocchi.* **2** Fuoruscita | *— di sangue,* (*pop.*) emottisi. **3** (*econ.*) Collocamento dei prodotti sul mercato | Complesso degli acquirenti di un prodotto.

ṣbocconcellàre (1) *v. tr.* (*io ṣbocconcèllo*) Mangiare a piccoli bocconi, spec. svogliatamente: *— pasticcini.*

ṣbocconcellàre (2) *v. tr.* (*io ṣbocconcèllo*) Sboccare leggermente recipienti di terracotta.

ṣbòffo *s. m.* Rigonfiamento, spec. di abiti femminili; SIN. Sbuffo.

ṣbollentàre *v. tr.* (*io ṣbollènto*) Immergere cibi, spec. verdure, nell'acqua bollente, tenendoveli pochissimo tempo.

ṣbollire *v. intr.* (*io ṣbollisco o ṣbóllo, tu ṣbollisci o ṣbólli; aus. avere* nel sign. 1, *essere* nel sign. 2) **1** Cessare di bollire. **2** (*fig.*) Calmarsi, placarsi, raffreddarsi: *la rabbia gli è sbollita.*

ṣbolognàre *v. tr.* (*io ṣbológno*) **1** (*fam.*) Appioppare monete false o fuori corso | (*est.*) Dare via oggetti difettosi o inutili. **2** (*fig.*) Levarsi di torno: *— un seccatore.*

ṣbòrnia *s. f.* (*pop.*) Ubriacatura; SIN. Sbronza.

ṣborniàre **A** *v. tr.* (*io ṣbòrnio*) (*pop., raro*) Ubriacare. **B** *v. intr. pron.* Ubriacarsi; SIN. Sbronzarsi.

ṣborsàre *v. tr.* (*io ṣbórso*) Tirar fuori denaro dalla borsa | (*est.*) Pagare in contanti: *— diecimila lire.*

ṣbórso *s. m.* Atto dello sborsare | Denaro sborsato.

ṣbottàre *v. intr.* (*io ṣbòtto; aus. essere*) Erompere, scoppiare: *— in un pianto dirotto; — a piangere* | Non riuscire a trattenere le parole.

ṣbottàta *s. f.* Manifestazione di sentimenti o pensieri a lungo trattenuti.

ṣbòtto *s. m.* Sbottata.

ṣbottonàre **A** *v. tr.* (*io ṣbottóno*) Aprire un indumento facendo uscire i bottoni dagli occhielli; CONTR. Abbottonare. **B** *v. rifl.* (*fig., fam.*) Confidarsi, parlare liberamente, rivelare: *è un tipo che non si sbottona.*

ṣbozzàre *v. tr.* (*io ṣbòzzo*) **1** Dare la prima forma alla materia da scolpire o lavorare: *— il marmo, il legno* | (*est.*) Tracciare le linee essenziali di una figura, un dipinto e sim. **2** (*fig.*) Delineare in modo sintetico: *— un discorso.*

ṣbozzatóre *s. m.* (*f. -trice*) **1** Chi sbozza. **2** Operaio che digrossa il blocco di marmo prima di passarlo allo scultore.

ṣboẓẓimàre *v. tr.* (*io ṣbòẓẓimo*) Levare la bozzima.

ṣbòzzo *s. m.* Atto dello sbozzare | Abbozzo.

ṣbozzolàre (1) *v. tr.* (*io ṣbòzzolo*) Levare i bozzoli del baco da seta dal bosco.

ṣbozzolàre (2) *v. intr.* (*io ṣbòzzolo; aus. avere*) Uscire dal bozzolo, detto della crisalide.

ṣbracàre **A** *v. tr.* (*io ṣbràco, tu ṣbràchi*) Togliere i pantaloni. **B** *v. rifl.* Togliersi i pantaloni | (*est.*) Allentare un'abbottonatura per maggiore comodità | *Sbracarsi dalle risa,* ridere smodatamente.

ṣbracàto *part. pass. di sbracare; anche agg.* **1** Che è senza calzoni | Che è vestito in modo trasandato. **2** (*fig.*) Sboccato, sguaiato: *riso —.*

ṣbracciàrsi *v. intr. pron.* (*io mi sbràccio*) **1** Denudarsi le braccia tirandosi su le maniche: *— fino al gomito* | Indossare vestiti privi di maniche. **2** Muovere le braccia facendo grandi gesti: *si sbraccia a salutare.* **3** (*fig.*) Darsi d'attorno in ogni modo per q.c. o per qc.: *— per farsi notare.*

ṣbracciàto *part. pass. di sbracciarsi; anche agg.* **1** Che ha le braccia nude. **2** Che ha le maniche molto corte, o ne è privo, detto di indumento.

ṣbràccio *s. m.* (*sport*) Movimento del braccio nell'esecuzione del lancio del disco e sim. o del pallone.

ṣbraitàre *v. intr.* (*io ṣbràito; aus. avere*) Gridare, strepitare, vociare: *— contro qc.*

ṣbramàre *v. tr.* Spogliare il risone delle glumelle con lo sbramino.

ṣbramìno *s. m.* Macchina per togliere le glumelle e l'embrione al risone.

ṣbranaménto *s. m.* Riduzione in pezzi e brandelli, da parte di belve o rapaci.

ṣbranàre **A** *v. tr.* **1** Fare a pezzi, divorare: *la tigre sbrana il vitello* | (*est.*) Lacerare; SIN. Dilaniare. **2** (*est., fig.*) Causare grande dolore: *una paura che sbrana l'anima.* **3** (*fig.*) Detestare qc. e tentare con ogni mezzo di nuocergli: *— l'avversario.* **B** *v. rifl. rec.* (*fig.*) Detestarsi e tentare con ogni mezzo di nuocersi reciprocamente: *le due rivali si sbranano tra loro.*

ṣbrancàre **A** *v. tr.* (*io ṣbrànco, tu ṣbrànchi*) Fare uscire dal branco: *— gli agnelli dal gregge* | Disperdere il branco | Disperdere un gruppo di persone: *la polizia sbrancò i curiosi.* **B** *v. intr. pron.* Uscire dal branco | (*est.*) Sparpagliarsi, fuggire.

ṣbrattàre *v. tr.* Liberare da ciò che imbratta, insudicia, impiccia: *— le strade; — la tavola.*

ṣbreccàre *v. tr.* (*io ṣbrécco, tu ṣbrécchi*) Rompere all'orlo un vaso, un piatto e sim.

ṣbrecciàre *v. tr.* (*io ṣbréccio*) Rompere facendo breccia.

ṣbrégo *s. m.* (*sett.*) Strappo.

ṣbrendolàre *v. intr.* (*io ṣbrèndolo o ṣbréndolo; aus. avere*) (*tosc.*) Cadere a brandelli: *quel vestito sbrendola da ogni parte.*

ṣbrèndolo o *ṣbréndolo s. m.* (*tosc.*) Brandello cascante di abito.

ṣbrendolóne *s. m.* (*f. -a*) (*tosc.*) Chi indossa un abito con molti sbrendoli.

ṣbriciolaménto *s. m.* Riduzione in briciole | Spargimento di briciole | (*est.*) Distruzione.

ṣbriciolàre **A** *v. tr.* (*io ṣbriciolo*) Ridurre in briciole: *— un biscotto.* **B** *v. intr. pron.* Ridursi in briciole.

ṣbrigàre ***A*** *v. tr.* (*io ṣbrigo, tu ṣbrìghi*) ***1*** Porre fine con sollecitudine a quello che si sta facendo: *– una faccenda, una pratica.* ***2*** (*est.*) Prendere congedo da una persona dopo averne soddisfatte le richieste: *in un attimo sbrigo il cliente.* ***B*** *v. intr. pron.* ***1*** Fare presto, in fretta: *sbrigati a vestirti*; SIN. Spicciarsi. ***2*** Liberarsi di qc. o di q.c.: *sbrigarsi di una noia.*

ṣbrigatìvo *agg.* ***1*** Che serve a sbrigare presto: *modi sbrigativi* | Che si fa in fretta: *lavoro –*; SIN. Spiccio. ***2*** Deciso, risoluto nell'agire: *un tipo –.*

ṣbrigliàre ***A*** *v. tr.* (*io ṣbriglio*) Levare la briglia | (*fig.*) Togliere ogni freno: *– la fantasia.* ***B*** *v. intr. pron.* (*fig.*) Perdere ogni freno.

ṣbrigliatézza *s. f.* L'essere sbrigliato.

ṣbrigliàto *part. pass. di sbrigliare; anche agg.* Libero da freni (*spec. fig.*).

ṣbrinaménto *s. m.* Operazione per rimuovere lo strato di ghiaccio che si accumula sulle superfici di raffreddamento negli impianti frigoriferi.

ṣbrinàre *v. tr.* Sottoporre a sbrinamento.

ṣbrinatóre *s. m.* Nei frigoriferi domestici, dispositivo automatico che ne arresta periodicamente il funzionamento per compiere lo sbrinamento.

ṣbrindellàre ***A*** *v. tr.* (*io ṣbrindèllo*) Ridurre a brindelli. ***B*** *v. intr.* (*aus. avere e essere; raro nei tempi composti*) Cadere a brandelli: *il vestito sbrindella qua e là.*

ṣbrindellàto *part. pass. di sbrindellare; anche agg.* Lacero.

ṣbrindèllo *s. m.* (*pop.*) Brindello.

ṣbrindellóne *s. m.* (*f. -a*) Sbrendolone.

ṣbrinz *s. m. inv.* Formaggio svizzero da tavola in grandi forme, a pasta dura e cotta.

ṣbrodolaménto *s. m.* Atto dello sbrodolare o dello sbrodolarsi | Macchia, sudiciume | (*fig.*) Espressione prolissa.

ṣbrodolàre ***A*** *v. tr.* (*io ṣbròdolo*) ***1*** Insudiciare di brodo, di sugo, di unto e sim.: *– la tovaglia.* ***2*** (*fig.*) Rendere prolisso un discorso, uno scritto: *sbrodolò una lunga conferenza.* ***B*** *v. rifl.* Insudiciarsi con brodo, sugo, unto o sim., spec. mangiando.

ṣbrodolóne *s. m.* (*f. -a*) ***1*** Chi è solito sbrodolarsi, spec. mangiando o bevendo. ***2*** (*fig.*) Chi è prolisso, noioso, nello scrivere o nel parlare.

ṣbrogliàre ***A*** *v. tr.* (*io ṣbròglio*) ***1*** Sciogliere nodi, grovigli | *– una matassa*, trovarne il bandolo e (*fig.*) trovare la soluzione di una faccenda complicata | (*mar.*) *– le vele*, sciogliere gli imbrogli. ***2*** (*fig.*) Risolvere una questione intricata e complessa: *devo – un affare delicato.* ***3*** Sgombrare, sbarazzare: *– un armadio.* ***B*** *v. rifl.* (*fig.*) Liberarsi da un imbroglio, da un pasticcio.

ṣbrónza o *ṣbrónẓa s. f.* (*fam.*) Ubriacatura, sbornia.

ṣbronzàrsi o *ṣbronẓàrsi v. rifl.* (*io mi ṣbronzo o ṣbronẓo*) (*fam.*) Prendere una sbronza; SIN. Sborniarsi, ubriacarsi.

ṣbrónzo o *ṣbrónẓo agg.* (*fam.*) Ubriaco.

ṣbruffàre *v. tr.* ***1*** Spruzzare un liquido dalla bocca o dal naso. ***2*** (*fig.*) Raccontare imprese esagerate, spec. vantandosene, anche ass. ***3*** (*fig.*) Corrompere con doni e sim.

ṣbruffàta *s. f.* Atto dello sbruffare una volta.

ṣbrùffo *s. m.* ***1*** Atto dello sbruffare | Liquido sbruffato. ***2*** (*fig.*) Denaro, dono che si dà per q.c.

ṣbruffóne *s. m.* (*f. -a*) (*dial.*) Spaccone.

ṣbucàre *v. intr.* (*io ṣbùco, tu ṣbùchi; aus. essere*) ***1*** Uscire dalla buca, dalla tana, detto di animali | (*est.*) Uscire da un luogo buio, chiuso. ***2*** Apparire improvvisamente.

ṣbucciapatàte *s. m. inv.* Pelapatate.

ṣbucciàre ***A*** *v. tr.* (*io ṣbùccio*) ***1*** Levare la buccia: *– le castagne*; SIN. Pelare. ***2*** Produrre una piccola ferita: *si è sbucciato il gomito*; SIN. Spellare. ***3*** Nel calcio, mancare la palla o colpirla solo di striscio. ***B*** *v. intr. pron.* Spogliarsi dell'involucro, cambiare la pelle: *un rettile che si sbuccia a primavera.*

ṣbucciatóre *s. m.* (*f. -trice* nel sign. 1) ***1*** Chi sbuccia. ***2*** Coltellino da cucina per sbucciare frutta, verdura e sim.

ṣbucciatùra *s. f.* ***1*** Asportazione della buccia; SIN. Pelatura. ***2*** Ferita superficiale; SIN. Spellatura.

ṣbudellàre ***A*** *v. tr.* (*io ṣbudèllo*) ***1*** Aprire il ventre di un animale per farne uscire le interiora. ***2*** Ferire in modo grave al ventre. ***B*** *v. rifl. rec.* Fare alle coltellate. ***C*** *v. rifl.* (*fig.*) *Nella loc. sbudellarsi dalle risa*, ridere a più non posso.

ṣbuffànte *part. pres. di sbuffare; anche agg.* ***1*** Che sbuffa. ***2*** Detto di abito o di parte di abito, spec. femminile, rigonfio, a sboffi.

ṣbuffàre *v. intr.* (*aus. avere*) ***1*** Soffiare forte, per sforzo fisico, impazienza, noia, collera e sim., detto di persona: *– per il caldo* | Soffiare, detto del cavallo. ***2*** Gettare buffi di fumo: *la locomotiva arriva sbuffando.*

ṣbuffàta *s. f.* Atto dello sbuffare, spec. di persona.

ṣbùffo *s. m.* ***1*** Atto dello sbuffare | (*est.*) Soffio impetuoso: *uno – di vento.* ***2*** Sboffo.

ṣbugiardàre *v. tr.* Dimostrare che una persona è bugiarda, svergognarla: *– qc. in pubblico.*

ṣbullettàre ***A*** *v. tr.* (*io ṣbullétto*) Togliere le bullette. ***B*** *v. intr.* (*aus. avere*) Detto di intonaco, coprirsi di buchi, per effetto del rigonfiamento e della successiva caduta dei pezzettini di calce non bene spenta.

ṣbullonàre *v. tr.* (*io ṣbullóno*) Togliere i bulloni.

ṣbuẓẓàre ***A*** *v. tr.* (*tosc.*) Aprire il buzzo: *– i polli* | (*est., pop.*) Ferire gravemente al ventre. ***B*** *v. intr. pron.* (*fig., fam.*) Aprirsi lasciando uscire il contenuto: *il materasso si è sbuzzato.*

scàbbia *s. f.* Malattia pruriginosa della pelle, causata dalla femmina di un acaro che scava cunicoli e produce vescicole nella pelle, spec. nelle pieghe cutanee; SIN. Rogna.

scabbióso *agg.; anche s. m.* (*f. -a*) Affetto da scabbia.

scabìno *s. m.* Nel diritto franco, funzionario eletto dal popolo per l'organizzazione e il funzionamento dei tribunali.

scabrézza *s. f.* L'essere scabro.

scàbro *agg.* ***1*** Ruvido, aspro al tatto, non liscio: *superficie scabra.* ***2*** (*lett., fig.*) Pietroso, brullo, detto di terreno. ***3*** Conciso, essenziale: *stile –.*

scabrosità *s. f.* ***1*** L'essere scabroso (*spec. fig.*). ***2*** Punto ruvido di q.c.

scabróso *agg.* ***1*** Scabro, non liscio né piano. ***2*** (*est.*) Difficile, malagevole: *percorso –.* ***3*** (*est., fig.*) Non facile da intendere, risolvere e sim.: *problema –* | Non facile da trattare per la materia delicata che coinvolge: *argomenti scabrosi.*

scacchiàre *v. tr.* (*io scàcchio*) Togliere in primavera i cacchi o germogli inutili.

scacchiatùra *s. f.* Soppressione dei getti inutili lungo il tronco e i rami.

scacchièra *s. f.* Tavola quadrata divisa in sessantaquattro scacchi, alternati a due colori, per giocare a scacchi o a dama. [→ ill. *giochi*]

scacchière *s. m.* Parte di un teatro di operazioni belliche con propria individualità geografica e strategica | *Cancelliere dello –*, ministro delle finanze e del tesoro inglese.

scacchìsta *s. m. e f.* (*pl. m. -i*) Chi gioca a scacchi.

scacchìstico *agg.* (*pl. m. -ci*) Di scacchista: *circolo –.*

scacciacàni ***A*** *s. m. o f.* Pistola che spara a salve, usata per spaventare o nei giochi infantili. ***B*** *anche in funz. di agg.: pistola –.*

scacciapensièri *s. m.* (*mus.*) Piccolo strumento costituito da una lamina metallica che, collocata dinanzi all'apertura della bocca, si pone in vibrazione per mezzo di un dito. [→ ill. *strumenti musicali*]

scacciàre *v. tr.* (*io scàccio*) ***1*** Mandare via bruscamente: *– qc. di casa*; *– le mosche*; SIN. Cacciare. ***2*** (*fig.*) Far dileguare, far passare: *– la malinconia, la noia.* [→ tav. *proverbi* 78]

scacciàta *s. f.* Atto dello scacciare.

scaccìno *s. m.* Inserviente addetto alla pulizia della chiesa.

scàcco *s. m.* (*pl. -chi*) ***1*** *al pl.* Antichissimo gioco di origine indiana, con trentadue pezzi che si muovono nelle sessantaquattro caselle della scacchiera. [→ ill. *giochi*] ***2*** Ciascuno dei pezzi del gioco degli scacchi. ***3*** Mossa della partita che minaccia un pezzo importante dell'avversario: *– alla regina* | *Dare – matto al re*, mettere il re avversario nell'impossibilità di difendersi; v. anche *scaccomatto.* ***4*** (*fig.*) Insuccesso, sconfitta: *ricevere, subire uno –* | *Tenere qc. in –*, tenerlo in stato di inferiorità. ***5*** Ciascuno dei quadratini della scacchiera. ***6*** (*est.*) Piccolo riquadro: *stoffa a scacchi.*

scaccografìa *s. f.* Trascrizione con sigle e numeri delle

mosse di una partita a scacchi.
scaccomàtto o *scàcco màtto* s. m. solo sing. **1** Nel gioco degli scacchi, mossa con cui si mette l'avversario nell'impossibilità di muoversi ponendo fine alla partita. **2** (*fig.*) Sconfitta definitiva.
scadènte part. pres. di scadere; anche agg. **1** Di poco pregio, di qualità inferiore: *prodotto* —. **2** Insufficiente, scarso: *è — in matematica.*
scadènza s. f. **1** Termine di tempo in cui cessa di aver valore un documento, in cui si deve eseguire un pagamento, adempiere un'obbligazione e sim. **2** (*est.*) Pagamento da eseguire, obbligazione da adempiere e sim. **3** Periodo di tempo entro il quale si compie o deve compiersi un evento, spec. nelle loc. *a breve, a lunga* —.
scadenzàre v. tr. (*io scadènzo*) Nel linguaggio tributario, mettere a scadenza stabilendo la data entro cui dovrà essere compiuto un dato atto.
scadenzàrio s. m. Libro che registra in ordine cronologico le scadenze.
scadére v. intr. (coniug. come cadere; aus. essere) **1** Perdere pregio, valore, stima, forza e sim.: — *nell'opinione pubblica.* **2** Giungere al termine fissato per un pagamento, per compiere una pratica, alla fine della validità di un documento e sim.: *la patente è scaduta.* **3** (*mar.*) Spostarsi lateralmente per effetto del vento o della corrente | Rimanere indietro rispetto a un'altra nave per minore velocità.
scadiménto s. m. Decadenza, declino.
scafàndro s. m. Speciale indumento impermeabile, generalmente metallico e dotato di dispositivi vari, che consente di operare sott'acqua, nell'alta atmosfera, nello spazio, tra le fiamme e sim.: *lo — dei palombari, degli astronauti, dei pompieri.*
scafàre **A** v. tr. **1** (*dial.*) Togliere dal baccello. **2** (*dial., est.*) Rendere meno rozzo, goffo. **B** v. intr. pron. (*dial.*) Acquistare spigliatezza, disinvoltura: *devi scafarti, ragazzo mio.*
scaffalàre v. tr. **1** Munire di scaffali una parete o una stanza. **2** Mettere negli scaffali: — *i libri.*
scaffalatùra s. f. **1** Atto dello scaffalare. **2** Serie di scaffali. [→ ill. *magazzinaggio, supermercato, ufficio*]
scaffàle s. m. Tipo di mobile composto da una serie di ripiani sovrapposti sui quali si ripongono libri od oggetti di qualsiasi genere. [→ ill. *mobili, ufficio*]
scafista s. m. (pl. *-i*) Operaio addetto alla manutenzione di scafi di navi o di aerei.
scàfo s. m. **1** (*mar.*) Nelle navi, barche, idrovolanti e sim., la struttura cui è affidato il galleggiamento. **2** Nucleo centrale corazzato di un carro armato. [→ ill. *armi*]
-scàfo secondo elemento: in parole composte indica natante, le cui caratteristiche sono specificate dal primo elemento: *aliscafo, batiscafo, motoscafo.*
scafocefalia s. f. (*med.*) Alterazione di forma del cranio, che appare allungato in alto.
scagionàre **A** v. tr. (*io scagióno*) Scolpare, scusare; SIN. Discolpare, giustificare. **B** v. rifl. Scolparsi: *scagionarsi da una colpa.*
scàglia s. f. **1** (*zool.*) Ciascuna delle placchette ossee che formano il dermascheletro dei pesci. **2** (*est., gener.*) Falda, placca, frammento di spessore e dimensioni varie e di forma appiattita: *scaglie di pietra.*
scagliàre (1) **A** v. tr. (*io scàglio*) **1** Gettare via con forza, spec. lontano: — *sassi, pietre*; SIN. Scaraventare, tirare. **2** (*fig.*) Pronunciare con rabbia: — *insulti.* **B** v. rifl. **1** Avventarsi, gettarsi, lanciarsi: *scagliarsi contro qc.* **2** (*fig.*) Inveire, aggredire con ingiurie. [→ tav. *locuzioni* 98]
scagliàre (2) **A** v. tr. (*io scàglio*) Rompere in scaglie. **B** v. intr. pron. Rompersi in scaglie.
scagliòla s. f. **1** Polvere di gesso utilizzata variamente nell'edilizia per la prontezza della presa. **2** Erba delle Graminacee a spiga nuda verde e bianca i cui semi si usano come mangime per gli uccelli.
scaglionaménto s. m. Ripartizione in scaglioni | (*est.*) Distribuzione a distanza, a intervalli: — *delle ferie.*
scaglionàre v. tr. (*io scaglióno*) Disporre a scaglioni: — *le truppe* | Disporre a intervalli opportunamente calcolati: — *i pagamenti.*
scaglióne (1) s. m. **1** Ampio gradino spec. sulle pendici di un monte. **2** (*arald.*) Pezza formata da una banda e da una sbarra, moventi dagli angoli inferiori dello scudo, riunite e terminanti al centro.
scaglióne (2) s. m. Ciascuno dei gruppi di soldati o sim. che sono disposti, o marciano, uno dietro l'altro a distanze determinate | (*est.*) Gruppo di persone opportunamente divise | (*econ.*) Frazionamento del reddito imponibile in quote successive.
scaglióne (3) s. m. Ciascuno dei quattro denti canini dei cavalli.
scaglióso agg. **1** Pieno di scaglie, fatto a scaglie: *pelle scagliosa.* **2** Che si divide in scaglie: *pietre scagliose.*
scagnòzzo s. m. (f. *-a* nei sign. 2, 3) **1** prete povero e privo di dignità che va in cerca di messe e sim. per guadagnare q.c. **2** (*est.*) Professionista, artista di poco valore. **3** (*spreg.*) Tirapiedi.
scàla s. f. **1** In un edificio, elemento architettonico costituito da una o più serie di scalini, dette rampe, intervallate da pianerottoli, che serve a superare dislivelli, posando il piede su elementi piani detti pedate: — *di pietra*; — *di servizio* | — *a chiocciola*, scala elicoidale su pianta circolare, con pedate triangolari | — *mobile*, scala a gradini articolati e mobili, per il trasporto rapido di passeggeri in edifici con intenso traffico di persone. [→ ill. *casa, scala*] **2** al pl. Scalinata: *salire le scale.* [→ ill. *teatro*] **3** (*est.*) Apparecchio di legno, metallo o altro, eventualmente spostabile, costituito da due montanti laterali che recano infissi una serie di pioli orizzontali su cui si poggiano i piedi per salire: — *a pioli*; — *di corda, di legno* | — *a libretto*, doppia e con cerniere nella parte superiore, quindi apribile e capace di sorreggersi senza bisogno di appoggi | — *aerea*, o — *Porta*, costituita di vari pezzi innestabili uno sull'altro e montata su un veicolo. [→ ill. *scala, sport, supermercato, vigili del fuoco*] **4** — *di misura*, in uno strumento di misura, la parte dove si legge il valore della grandezza misurata: *la — della*

scala

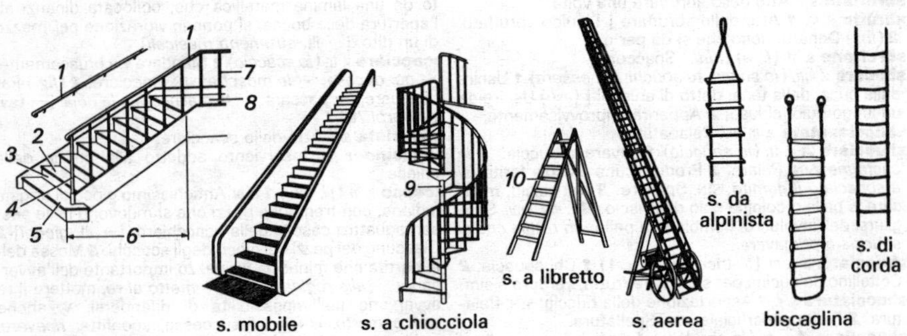

1 corrimano 2 pedata 3 alzata 4 pilastrino 5 gradino 6 rampa 7 ringhiera 8 pianerottolo 9 anima 10 piolo

bilancia. [→ ill. *bilancia, elettricità, elettronica, fotografo, radio*] **5** (*econ.*) — *mobile dei salari, degli stipendi*, sistema di adeguamento dei salari e degli stipendi all'andamento del costo della vita mediante scatti dell'indennità di contingenza. **6** In varie scienze e tecnologie, sequenza convenzionale di valori che esprimono l'intensità di un fenomeno o di una grandezza | — *termometrica*, che esprime i valori della temperatura | — *Celsius*, — *centigrada*, scala termometrica, con la quale si indica con 0° la temperatura del ghiaccio fondente e con 100° quella dell'acqua bollente | — *Fahrenheit*, in cui il ghiaccio fondente segna 32 °F e l'acqua bollente 212 °F | — *Kelvin*, in cui il ghiaccio fondente segna 273,15 °K e il cui grado equivale al grado Celsius. **7** In cartografia, rapporto fra una lunghezza presa sul disegno e la corrispondente lunghezza naturale ridotta all'orizzonte: *carta geografica in — da uno a venticinquemila* | (*est.*, *fig.*) *Su larga —, su piccola —, su — ridotta*, in grande, in piccolo, in proporzioni minori. [→ ill. *geografia*] **8** (*geol.*) — *sismica*, scala di intensità dei terremoti | — *Mercalli*, suddivisa in 12 gradi, per misurare l'intensità di un terremoto in base agli effetti prodotti | — *Richter*, suddivisa in 9 gradi, per valutare l'intensità dei terremoti. **9** Nel gioco del poker, serie di cinque carte di valore crescente | — *quaranta*, gioco di carte simile al ramino. **10** (*mat.*) Successione crescente o decrescente di numeri reali. **11** (*miner.*) — (*di*) *Mohs*, scala di durezza dei minerali. **12** — *musicale*, la successione ordinata di suoni su cui si basa un sistema musicale; SIN. Gamma. **13** — *dei colori*, successione di colori ordinati dal più chiaro al più scuro. **14** — *della difficoltà*, in alpinismo, sistema di classificazione delle difficoltà di un'ascensione secondo sei gradi di difficoltà progressive. [→ tav. *proverbi* 183]

scalandróne *s. m.* (*mar.*) Parte di uno scalo che si prolunga in mare a pendio.

scalàre (1) *agg.* **1** Disposto a scala. **2** (*mat.*) Detto di grandezza individuata solo da un numero reale, spec. in contrapposizione a grandezza vettoriale.

scalàre (2) *v. tr.* **1** Salire, per mezzo di una scala, fino alla sommità: — *le mura*. **2** (*sport*) In alpinismo, fare un'ascensione: — *il Cervino* | Nel ciclismo, fare una scalata. **3** Detrarre | — *un debito*, estinguerlo con pagamenti rateali. **4** Disporre in ordine decrescente: — *i capelli*.

scalàta *s. f.* **1** Atto dello scalare (*anche fig.*) | *Dare la — a q.c.*, (*fig.*) cercare di ottenerla. **2** (*sport*) In alpinismo, arrampicata, ascensione | Nel ciclismo, superamento di una salita.

scalatóre *s. m.* (*f. -trìce*) **1** Chi scala. **2** (*sport*) In alpinismo, arrampicatore | Nel ciclismo, corridore abile nei percorsi di montagna.

scalcagnàto *part. pass. di scalcagnare; anche agg.* **1** Che ha i calcagni consumati, che è senza calcagno, detto di scarpa. **2** (*est.*) Male in arnese, malridotto, detto di persona: *un poveraccio tutto —*; SIN. Scalcinato.

scalcàre *v. tr.* (*io scàlco, tu scàlchi*) Trinciare le carni cotte per la mensa.

scalciàre *v. intr.* (*io scàlcio; aus. avere*) Tirare calci, detto spec. di animali.

scalcinàre A *v. tr.* Levare la calcina dai muri. **B** *v. intr. pron.* (*raro*) Perdere la calcina.

scalcinàto *part. pass. di scalcinare; anche agg.* **1** Che ha perso la calcina: *muro —*. **2** (*fig.*) Malridotto, in cattivo stato: *appartamento —*; SIN. Scalcagnato.

scàlco *s. m.* (*pl. -chi*) **1** Anticamente, servo incaricato di trinciare le carni a tavola | (*est.*) Maggiordomo. **2** (*raro*) Trinciatura della carne cotta.

scaldaàcqua o *scaldàcqua s. m. inv.* Apparecchio, a gas o elettrico, usato per scaldare acqua, spec. per uso domestico. [→ ill. *elettrodomestici, riscaldamento*]

scaldabàgno *s. m.* (*pl. scaldabàgno o scaldabàgni*) Scaldaacqua di uso domestico.

scaldabànchi *s. m. e f. inv.* Chi, a scuola, non ascolta le lezioni e non ne ricava alcun profitto.

scaldàcqua v. *scaldaacqua*.

scaldalètto *s. m.* (*pl. scaldalètti o scaldalètto*) Arnese per scaldare il letto. [→ ill. *riscaldamento*]

scaldapànche *s. m. e f. inv.* Scaldabanchi.

scaldapièdi *s. m.* Arnese, di forma e materiale vari, usato per scaldarsi i piedi.

scaldàre A *v. tr.* **1** Rendere caldo o più caldo: — *l'acqua*. **2** (*fig.*) Agitare, eccitare: *l'entusiasmo lo scalda subito*. **B** *v. rifl.* Procurarsi calore: *scaldarsi al fuoco*. **C** *v. intr. pron.* **1** Divenire caldo o più caldo. **2** (*fig.*) Eccitarsi, appassionarsi | Accalorarsi: *scaldarsi nel discutere* | Perdere il controllo di se stesso: *su, non scaldarti tanto!*

scaldàta *s. f.* Atto dello scaldare, spec. in fretta e una sola volta.

scaldavivànde *s. m. inv.* Arnese per tenere in caldo le vivande che si servono in tavola. [→ ill. *carrello*]

scaldìno *s. m.* Vaso di rame, terracotta o sim. che viene riempito di brace e usato per scaldarsi, spec. le mani; SIN. Caldano. [→ ill. *riscaldamento*]

scalèa *s. f.* Scalinata all'aperto che dà accesso a chiese, edifici monumentali e sim.

scalèno *agg.* (*mat.*) Detto di triangolo con i tre lati disuguali o di trapezio con i lati a due a due disuguali. [→ ill. *geometria*]

scalenoèdro *s. m.* Solido geometrico le cui dodici facce sono triangoli scaleni uguali | In cristallografia, una delle forme semplici di cristalli. [→ ill. *cristalli*]

scalèo *s. m.* Scala a pioli doppia con maschietto in cima che si apre ad angolo | Mobile di legno o metallo a due o tre scalini con larghi ripiani.

scalétta *s. f.* **1** *Dim. di scala*. [→ ill. *circo*] **2** Primo abbozzo di narrazione cinematografica, televisiva e sim.; CFR. Sceneggiatura. **3** Abbozzo scritto, rapido e sommario, di un discorso, relazione e sim. **4** (*fam.*) Disuguaglianza nel taglio dei capelli.

scalfàre *v. tr.* Allargare lo scalfo.

scalfìre *v. tr.* (*io scalfisco, tu scalfisci*) Incidere, intaccare alla superficie: — *il cristallo* | Ferire leggermente: *scalfirsi un dito*.

scalfittùra *s. f.* Leggera incisione | Lesione superficiale.

scàlfo *s. m.* Parte della manica che si attacca alla spalla.

scalìgero *agg.* **1** Che si riferisce ai Della Scala, antichi signori di Verona. **2** (*est.*) Di Verona: *città scaligera*. **3** Che si riferisce al teatro della Scala di Milano.

scalinàre *v. tr.* (*sport*) In alpinismo, gradinare.

scalinàta *s. f.* Scala di notevoli dimensioni, che dà accesso a edifici spec. monumentali; SIN. Gradinata. [→ ill. *religione*]

scalìno *s. m.* **1** Elemento costruttivo di cui si compone la scala, con un tratto piano orizzontale e uno verticale, corrispondente a un passo umano in salita. **2** (*sport*) In alpinismo, gradino. **3** (*fig.*) Grado, condizione: *scendere di uno — nella scala sociale*.

scalmàna *s. f.* **1** Malessere causato da brusco raffreddamento dopo essersi riscaldati | Vampata di calore al viso. **2** (*fig.*) Infatuazione, entusiasmo eccessivo: *prendersi una — per qc.*

scalmanàrsi *v. intr. pron.* **1** Affaticarsi, sudare, nel correre, nel fare q.c. in fretta e sim. **2** (*fig.*) Darsi da fare con grande impegno: *non scalmanarti a cercarlo* | Scaldarsi nel dire, nel parlare.

scalmanàto A *part. pass. di scalmanarsi; anche agg.* Sudato, trafelato. **B** *agg. e s. m.* (*f. -a*) Turbolento, fanatico.

scalmièra *s. f.* Incavo sul bordo di un'imbarcazione, in cui viene appoggiato il remo.

scàlmo *s. m.* Caviglia di legno o ferro nella quale lavora il remo | — *a forcella*, che ritiene il remo sopra la caviglia forcuta. [→ ill. *marina*]

scàlo *s. m.* **1** Graticolato di travi a pendio verso l'acqua, che prolungano il cantiere per varare il bastimento o tirarlo in secco. **2** (*est.*) Complesso di attrezzature necessarie all'arrivo, alla sosta e alla partenza di merci e passeggeri, in stazioni ferroviarie, aeroporti e sim. | — *merci*, in una stazione o in un porto, complesso di tutto quanto è adibito alle operazioni relative al traffico delle merci | — *aereo*, luogo ove gli aerei possono sostare, rifornirsi, sbarcare e imbarcare carichi e sim. [→ ill. *ferrovia, petrolio, porto*] **3** Fermata intermedia per imbarcare o sbarcare passeggeri o merci, per fare rifornimento e sim.: *volo senza —*. **4** Luogo in cui si fa scalo.

scalógna *s. f.* Iettatura, sfortuna.

scalognàto *agg.* Sfortunato, disgraziato.

scalóne *s. m.* Scala interna di palazzo, di imponenti proporzioni.

scalòppa *s. f.* Scaloppina.

scaloppìna *s. f.* Fettina di carne di vitello, cotta a fuoco vivo, talora con aggiunta di vino.
scalpàre *v. tr.* Privare dello scalpo.
scalpellàre *v. tr.* (*io scalpèllo*) Lavorare con lo scalpello per incidere, intagliare, scheggiare e sim.: – *il marmo*.
scalpellìno *s. m.* Operaio che lavora pietre e marmo con lo scalpello.
scalpèllo *s. m.* ***1*** Utensile da taglio di acciaio, usato nella lavorazione a mano di legni, pietre e metalli, e su cui si picchia col martello | Utensile analogo mosso dall'aria compressa. [→ ill. *cava, edilizia, falegname, meccanica, miniera*] ***2*** Strumento usato dallo scultore | *Arte dello* –, la scultura | *Un valente* –, un valente scultore. [→ ill. *scultore*] ***3*** (*chir.*) Strumento tagliente per operare sulle ossa. [→ ill. *medicina e chirurgia*] ***4*** Attrezzo usato per perforare pozzi, spec. petroliferi. [→ ill. *petrolio*]
scalpicciàre *v. intr.* (*io scalpiccio; aus. avere*) Camminare strisciando i piedi sul terreno.
scalpiccìo *s. m.* Atto dello scalpicciare continuo | Rumore che si fa scalpicciando.
scalpitàre *v. intr.* (*io scàlpito; aus. avere*) Pestare il terreno con gli zoccoli, in segno di impazienza o irrequietezza, detto spec. del cavallo | (*est., fig.*) Dimostrare impazienza.
scalpitìo *s. m.* Atto dello scalpitare continuo.
scàlpo *s. m.* Cuoio capelluto che i pellirosse asportavano dal cranio del nemico vinto per conservarlo come trofeo.
scalpóre *s. m.* Manifestazione rumorosa, risentimento, indignazione e sim. | *Destare, fare* –, fare parlare molto di sé; SIN. Chiasso, clamore, rumore.
scaltrézza *s. f.* L'essere scaltro; SIN. Astuzia, furberia.
scaltrìre ***A*** *v. tr.* (*io scaltrisco, tu scaltrisci*) Rendere scaltro, accorto, avveduto: *l'esperienza lo ha scaltrito*. ***B*** *v. intr. pron.* ***1*** Diventare scaltro, o più scaltro. ***2*** Acquistare padronanza nell'esercizio di un mestiere.
scàltro *agg.* Che possiede astuzia, avvedutezza, esperienza, unite a una certa malizia: *commerciante* –; SIN. Astuto, furbo.
scalzacàne o *scalzacàni s. m. e f.* ***1*** (*spreg.*) Persona misera e malvestita. ***2*** Chi manca di abilità e capacità nell'esercizio del proprio mestiere.
scalzapèlli *s. m.* Arnese usato per scalzare le pelli dalle unghie. [→ ill. *toilette e cosmesi*]
scalzàre ***A*** *v. tr.* ***1*** Togliere le scarpe e le calze: – *i piedi*. ***2*** Rimuovere il terreno intorno a radici di piante. ***3*** (*fig.*) Smuovere dalla base: – *un muro* | Indebolire con accuse e calunnie: – *l'autorità di qc.* | Manovrare in modo da togliere qc. dal posto che occupa: *è riuscito a – il collega*. ***B*** *v. rifl.* Togliersi le scarpe e le calze.
scàlzo *agg.* ***1*** Che non ha né scarpe né calze: *camminare, andare* – | *A piedi scalzi*, a piedi nudi. ***2*** (*relig.*) Detto di appartenenti ad alcuni ordini che vanno senza calze, con i soli sandali ai piedi: *carmelitani scalzi*.
scambiàre ***A*** *v. tr.* (*io scàmbio*) ***1*** Prendere una persona o una cosa per un'altra, per errore, distrazione e sim.: *ti ha scambiato per tua madre*. ***2*** Dare, prendere una cosa altrui confondendola con un'altra simile propria: *al cinema mi hanno scambiato il cappello*. ***3*** Fare uno scambio: – *un disco con un libro*; SIN. Permutare. ***4*** Discorrere, conversare, *spec. nelle loc.*: – *una parola, due parole*; – *impressioni, opinioni*. ***B*** *v. rifl. rec.* Darsi, dirsi, farsi e sim. scambievolmente: *scambiarsi sguardi, confidenze*.
scambiatóre *s. m.* (*f.* -*trice* nel sign. 1) ***1*** Chi scambia. ***2*** Dispositivo atto a trasferire spec. energia termica da un fluido a un altro: – *di calore*.
scambiévole *agg.* Vicendevole, reciproco.
scàmbio *s. m.* ***1*** Erronea confusione di una persona o cosa con un'altra, per distrazione e sim.: *uno – di persona*. ***2*** Cessione reciproca: – *di prigionieri* | Contraccambio: – *di doni, di auguri* | Manifestazione vicendevole: – *di idee, di opinioni, di vedute*. ***3*** Cessione di un bene contro un altro | *Libero* –, commercio non gravato di dazi protettivi. ***4*** (*ferr.*) Dispositivo che effettua uno dei raccordi possibili fra più binari confluenti, per consentire il passaggio dei veicoli ferroviari o tramviari; SIN. Deviatoio. [→ ill. *ferrovia*]
scambìsta *s. m.* (*pl.* -*i*) ***1*** Addetto a uno scambio ferroviario. ***2*** Chi svolge attività di scambio.
scamiciàrsi *v. rifl.* (*io mi scamicio*) Togliersi la giacca rimanendo in maniche di camicia.
scamiciàto ***A*** *part. pass. di scamiciarsi; anche agg.* Che è in maniche di camicia. ***B*** *s. m.* Abito femminile costituito da una tunica scollata e priva di maniche indossata su una camicetta o una maglietta. [→ ill. *abbigliamento*]
scamòrza *s. f.* ***1*** Formaggio tenero non fermentato, in forma di pera o fiaschetta, fabbricato con latte di vacca. [→ ill. *formaggi*] ***2*** (*fig., scherz.*) Persona di scarso valore intellettuale, di scarsa abilità e sim.
scamosciàre *v. tr.* (*io scamòscio o scamóscio*) Conciare le pelli in modo da farle sembrare di camoscio.
scamosciàto *part. pass. di scamosciare; anche agg.* Detto di pellame ottenuto per concia all'olio di pelli ovine.
scamosciatùra *s. f.* Operazione dello scamosciare.
scamozzàre *v. tr.* (*io scamòzzo*) Potare un albero in modo da lasciare solo il tronco.
scampagnàta *s. f.* Gita in campagna.
scampanàre ***A*** *v. intr.* (*aus. avere*) ***1*** Suonare a distesa, detto delle campane. ***2*** Allargarsi sul fondo, detto di abiti. ***B*** *v. tr.* Modellare q.c. secondo una forma a campana: – *una gonna*.
scampanàto *part. pass. di scampanare; anche agg.* Detto di abito che si allarga sul fondo.
scampanellàre *v. intr.* (*io scampanèllo; aus. avere*) Suonare un campanello con forza e insistenza.
scampanellàta *s. f.* Suonata di campanello forte e prolungata.
scampanellìo *s. m.* Prolungato suono di campanello.
scampanìo *s. m.* Prolungato suono di campane a distesa.
scampàre ***A*** *v. tr.* Salvare da un male, da un grave pericolo e sim.: – *qc. dalla morte* | Evitare un male, un grave pericolo: – *le malattie, la morte* | *Scamparla, scamparla bella, scamparla per miracolo* e sim., uscire indenne da un grave pericolo. ***B*** *v. intr.* (*aus. essere*) Uscire illeso da un grave pericolo, un male e sim.: *riuscì a – al disastro*.
scampàto ***A*** *part. pass. di scampare; anche agg.* Evitato: *gioire per lo – pericolo*. ***B*** *agg.; anche s. m.* (*f.* -*a*) Che (o chi) si è salvato da un grave pericolo: *gli scampati al disastro*.
scàmpo (1) *s. m.* Salvezza, preservazione da un grave pericolo, da un male e sim.: *trovare un via di* –; *cercare – nella fuga* | *Non c'è via di* –, non c'è più niente da fare.
scàmpo (2) *s. m.* Animale marino dei Crostacei, roseo, con grosse chele, antenne sottili e carni pregiate. [→ ill. *animali* 3]
scàmpolo *s. m.* ***1*** Avanzo di una pezza di tessuto, generalmente venduto a prezzo ridotto. ***2*** (*est.*) Pezza, avanzo, rimasuglio: – *di terreno, di tempo*.
scanalàre *v. tr.* Incavare longitudinalmente legno, pietra, metallo e sim., formando come un piccolo canale: – *una colonna*.
scanalatùra *s. f.* ***1*** Operazione dello scanalare. ***2*** Incavo ricavato longitudinalmente su q.c. [→ ill. *architettura*]
scandagliàre *v. tr.* (*io scandàglio*) ***1*** Misurare la profondità di mari, laghi e sim., mediante lo scandaglio. ***2*** (*fig.*) Tentare di conoscere: – *le intenzioni di qc.*
scandàglio *s. m.* ***1*** Strumento per la misurazione di profondità di mari, laghi e sim. ***2*** Operazione dello scandagliare. ***3*** (*fig.*) Calcolo, esame preventivo: *fare uno – delle intenzioni di qc.*
scandalìsmo *s. m.* Tendenza a inventare scandali, per attirare l'interesse della gente.
scandalìstico *agg.* (*pl. m.* -*ci*) Che tende a provocare scandali: *settimanale* –.
scandalizzàre ***A*** *v. tr.* Dare scandalo | Suscitare sdegno con atti, discorsi, comportamenti scandalosi: *scandalizza tutti col suo linguaggio sboccato*. ***B*** *v. intr. pron.* Provare sdegno, vergogna, per atti e discorsi contrari alla morale o al decoro: *si scandalizzò a quella proposta*.
scàndalo *s. m.* ***1*** Sconvolgimento della coscienza, della sensibilità, della moralità altrui suscitato da atto o discorso contrario alle leggi della morale o del decoro: *dare* –; *essere di* –; *gridare allo* – | Atto, discorso, avvenimento e sim. che suscitano sdegno o riprovazione: *quel film è un vero* –. ***2*** Fatto che presenta aspetti contrastanti con la morale corrente e suscita l'interesse

e la curiosità dell'opinione pubblica: *lo — della droga.* **3** (*est.*) Clamore indesiderato attorno a un avvenimento spiacevole: *se non paghiamo farà uno —.* [→ tav. *locuzioni* 82]

scandalóso *agg.* **1** Che dà scandalo, che è causa di scandalo: *libro —.* **2** (*scherz.*) Grandissimo, eccessivo: *hai una fortuna scandalosa!*

scàndere *v. tr.* (*pass. rem. io scandéi o scandètti, tu scandésti; dif. del part. pass.*) (*raro*) Scandire.

scàndio *s. m.* Elemento chimico, metallo del gruppo delle terre rare. SIMB. Sc.

scandìre *v. tr.* (*io scandisco, tu scandisci*) **1** Isolare l'uno dall'altro i piedi del verso; SIN. Scandere. **2** (*est.*) Pronunciare le parole in modo lento e distinto, staccando le sillabe; SIN. Cadenzare. **3** In televisione, analizzare mediante un fascio elettronico tutti i punti in sequenza di un'immagine da trasmettere.

scannàre *v. tr.* **1** Uccidere, spec. animali, tagliando la canna della gola: *— una pecora* | (*est.*) Uccidere brutalmente; SIN. Sgozzare. [→ ill. *macelleria*] **2** (*fig.*) Opprimere con tasse, prezzi e sim. troppo gravosi: *— qc. con le usure.*

scannatóio *s. m.* **1** Luogo in cui si scannano gli animali da macello. **2** (*fig.*) Locale equivoco, in cui si attira gente ricca per spillarle denaro.

scannatóre *s. m.* (*f. -trìce*) Chi scanna.

scannellàre *v. tr.* (*io scannèllo*) Ornare di scanalature.

scannèllo *s. m.* Taglio magro di carne bovina, nella regione del culaccio più vicina alla coscia.

scanner /*ingl.* 'skænə/ *s. m. inv.* (*pl. ingl. scanners* /'skænəz/) In varie tecnologie di ricerca scientifica, dispositivo elettronico che può esplorare una certa zona o parte di un oggetto in esame.

scànno *s. m.* Sedile, seggio isolato o facente parte di un ordine, che si trova spec. in luoghi particolarmente solenni: *gli scanni del tribunale.*

scansafatiche *s. m. e f. inv.* Chi ha poca voglia di lavorare.

scansàre **A** *v. tr.* **1** Allontanare, rimuovere, trarre da parte: *— un mobile dalla parete.* **2** Schivare, evitare: *— un colpo* | (*est.*) Sfuggire a situazioni pericolose: *— una difficoltà* | (*est.*) Evitare una persona: *devi — quella compagnia.* **B** *v. intr. pron.* Farsi da parte per far largo ad altri.

scansìa *s. f.* Mobile a ripiani usato per contenere libri, carte, oggetti vari | Scaffale. [→ ill. *bar*]

scansióne *s. f.* **1** Divisione del verso nei suoi elementi costitutivi. **2** (*scient.*) Metodo di esplorazione scientifica basato sull'impiego di onde elettromagnetiche, ultrasuoni e sim.

scànso *s. m. Nella loc. prep. a — di,* per evitare, per prevenire: *a — di equivoci.*

scantinàre *v. intr.* (*aus. avere*) **1** (*raro*) Uscire di tono nel suonare uno strumento a corda. **2** (*raro, fig.*) Dire q.c. che non si doveva: *— nel parlare.*

scantinàto *s. m.* Piano dell'edificio interamente o parzialmente sotto il livello del terreno.

scantonàre **A** *v. tr.* (*io scantóno*) Togliere gli spigoli: *— un tavolo.* **B** *v. intr.* Voltare rapidamente l'angolo di una strada, spec. per sfuggire a qc. | (*est.*) Svignarsela | (*fig.*) Evitare un argomento, cambiare discorso.

scanzonàto *agg.* Che evita, con scherzosa ironia, di prendere le cose sul serio.

scapacciόne *s. m.* Colpo dato con la mano aperta sulla parte posteriore del capo.

scapatàggine *s. f.* **1** L'essere scapato; SIN. Sventatezza. **2** Azione da persona scapata.

scapàto *agg.; anche s. m.* (*f. -a*) Che (o chi) non ha la testa a posto | Che (o chi) è senza giudizio; SIN. Sventato.

scapestratàggine *s. f.* **1** L'essere scapestrato. **2** Azione da persona scapestrata.

scapestràto *agg.; anche s. m.* (*f. -a*) Che (o chi) conduce una vita licenziosa, dissoluta.

scapezzàre *v. tr.* (*io scapézzo*) Scapitozzare.

scapicollàrsi *v. intr. pron.* (*io mi scapicòllo*) (*dial.*) Precipitarsi a rompicollo giù per un pendio | (*est., fig.*) Affannarsi per un dato scopo.

scapigliàre **A** *v. tr.* (*io scapiglio*) Scompigliare i capelli; SIN. Scarmigliare. **B** *v. rifl. e intr. pron.* Scompigliarsi i capelli.

scapigliàto **A** *part. pass. di scapigliare; anche agg.* **1** Che ha i capelli scompigliati | Sfrenato, dissoluto. **2** Detto di artista aderente alla scapigliatura. **B** *s. m.* Artista aderente alla scapigliatura.

scapigliatùra *s. f.* **1** Dissolutezza e sfrenatezza di vita. **2** Movimento letterario e artistico sorto alla fine del XIX sec. in ambiente lombardo, che, in opposizione al gusto borghese, proponeva un'arte realistica, libera nelle forme, aperta agli influssi della cultura europea.

scapitàre *v. intr.* (*io scàpito; aus. avere*) Ricevere un danno materiale o morale: *— nella stima.*

scàpito *s. m.* Perdita di guadagno, di denaro: *vendere a —* | Danno materiale o morale: *con grave — dell'onore; ciò ti reca —* | *A — di,* con pregiudizio, danno: *agisce così a — della nostra amicizia.*

scapitozzàre *v. tr.* (*io scapitòzzo*) Tagliare a capitozza, scamozzare: *— i gelsi*; SIN. Scapezzare.

scàpo *s. m.* **1** Fusto di colonna. **2** (*bot.*) Asse fiorifero privo di foglie che parte dalla radice.

scàpola *s. f.* (*anat.*) Ciascuna delle due ossa piatte, triangolari, della parete posteriore del torace, cui si articolano la clavicola e la testa dell'omero. [→ ill. *anatomia umana*]

scapolàre (1) *agg.* (*anat.*) Della scapola.

scapolàre (2) *s. m.* Parte dell'abito monastico, striscia di stoffa con apertura per la testa, pendente sul petto e sul dorso | Distintivo dei terziari carmelitani e di altre confraternite, consistente in due piccoli pezzi di stoffa con immagine sacra riuniti da nastri che poggiano sulle spalle.

scapolàre (3) **A** *v. tr.* (*io scàpolo*) **1** (*mar.*) Passare oltre un ostacolo. **2** (*fig., fam.*) Evitare una situazione difficile o pericolosa. **B** *v. intr.* (*aus. essere*) (*fam.*) Sottrarsi a una situazione difficile o pericolosa: *— da un pericolo.*

scàpolo *agg.; anche s. m.* Detto di chi non è ammogliato; SIN. Celibe.

scapolóne *s. m.* (*fam.*) Uomo piuttosto anziano rimasto scapolo.

scappaménto *s. m.* **1** Scarico dei gas combusti dai motori a scoppio e sim. e complesso di tubazioni per convogliarli all'aria aperta. **2** Parte dell'orologio che, a intervalli regolari, libera a uno a uno i denti di una ruota collegata con gli ingranaggi che muovono le lancette.

scappàre *v. intr.* (*aus. essere*) **1** Sottrarsi con la fuga a un pericolo, un rischio, un danno e sim.: *il ladro scappò col bottino* | *Di qui non si scappa,* la situazione ha una scelta obbligata | Fuggire: *— di casa.* **2** Correre, allontanarsi in fretta: *scappo in ufficio.* **3** Sfuggire: *lasciarsi — l'occasione.* **4** (*fig.*) Sfuggire inavvertitamente, detto di cose o sentimenti che non si riesce a trattenere o a controllare: *mi è scappato di mente il tuo indirizzo* | Non potersi contenere ed erompere, detto di stimolo fisico, bisogno, e sim.: *mi scappa da ridere.* **5** Uscire fuori da ciò che contiene, copre, protegge: *il vestito gli scappa dal cappotto.* **6** (*fig.*) Fare, dire e sim. inaspettatamente e inconsideratamente: *— fuori a dire; scappò in un'imprecazione.*

scappàta *s. f.* **1** Breve visita: *fare una — in centro.* **2** Espressione inaspettata e inconsiderata; SIN. Uscita. **3** Mancanza commessa per debolezza, leggerezza, imprudenza: *è una — giovanile.*

scappatèlla *s. f.* **1** *Dim. di scappata.* **2** Trasgressione temporanea e non grave a certe leggi morali solitamente accettate: *— coniugale.*

scappatóia *s. f.* Espediente per uscire da una situazione difficile, pericolosa e sim.; SIN. Sotterfugio.

scappellàre **A** *v. tr.* (*io scappèllo*) **1** Privare del cappello. **2** (*raro*) Salutare levandosi il cappello: *— un superiore.* **B** *v. rifl.* Levarsi il cappello per salutare, in segno di rispetto.

scappellàta *s. f.* Atto dello scappellarsi.

scappellòtto *s. m.* Leggero scapaccione dato in modo confidenziale: *prendere qc. a scappellotti.*

scapricciàre **A** *v. tr.* (*io scapriccio*) Levare un capriccio o i capricci. **B** *v. intr. pron.* Togliersi un capriccio, i capricci.

scarabàttola V. *carabattola.*

scarabàttolo *s. m.* Elegante stipetto a vetri in cui si conservano oggetti pregiati.

scarabèo *s. m.* Insetto a corpo tozzo protetto da un tegumento durissimo, ali atte al volo e gli ultimi segmenti delle antenne trasformati in lamelle | *— sacro,* con livrea nera e zampe anteriori atte a plasmare in palline lo sterco di mammiferi che viene trasportato in buchette del terreno e utilizzato come riserva di cibo | – *rinoceronte*, il cui maschio porta sul capo un corno arcuato. [→ ill. *animali* 3]

scarabocchiàre *v. tr.* (*io scarabòcchio*) **1** Coprire di scarabocchi; SIN. Sgorbiare. **2** (*fig.*) Scribacchiare svogliatamente: – *una lettera.*

scarabòcchio *s. m.* **1** Macchia d'inchiostro fatta scrivendo | Parola mal scritta, illeggibile, che sembra una macchia; SIN. Sgorbio. **2** Disegno fatto alla peggio. **3** (*fig.*) Persona piccola e mal fatta.

scaracchiàre *v. intr.* (*io scaràcchio; aus. avere*) (*pop.*) Emettere sputi catarrosi.

scaràcchio *s. m.* (*pop.*) Sputo catarroso.

scarafàggio *s. m.* Insetto con corpo piatto e lucido di color bruno scuro, che infesta le abitazioni. [→ ill. *animali* 2]

scaramàntico *agg.* (*pl. m. -ci*) Di, relativo a, scaramanzia: *gesto* –.

scaramanzìa *s. f.* Parola, gesto, segno e sim. che, nella superstizione popolare, libera dal malocchio o difende da esso: *fare q.c. per* –; SIN. Scongiuro.

scaramàzza *agg. solo f.; anche s. f.* Detto di perla di forma non perfetta, non perfettamente sferica.

scaramùccia *s. f.* (*pl. -ce*) **1** Scontro breve e non decisivo tra forze di scarsa consistenza. **2** (*fig.*) Piccola polemica: *scaramucce letterarie*; SIN. Schermaglia.

scaraventàre **A** *v. tr.* (*io scaravènto*) **1** Scagliare con impeto: *scaraventò i libri dalla finestra.* **2** (*fig.*) Trasferire in una sede molto lontana da quella attuale: *lo hanno scaraventato in un'isola.* **B** *v. intr. pron.* Gettarsi con impeto: *scaraventarsi contro, addosso a qc.*

scarceràre *v. tr.* (*io scàrcero*) Liberare dal carcere; CONTR. Carcerare.

scarcerazióne *s. f.* Liberazione di un detenuto dal carcere; CONTR. Carcerazione.

scardassàre *v. tr.* **1** Cardare la lana con lo scardasso. **2** (*fig.*) Maltrattare.

scardassatùra *s. f.* Operazione dello scardassare.

scardàsso *s. m.* Arnese a denti uncinati per pettinare la lana.

scardinàre *v. tr.* (*io scàrdino*) Levare con forza dai cardini: – *una finestra.*

scàrica *s. f.* **1** Sparo simultaneo di più armi da fuoco: – *di fucileria.* **2** Grande quantità di cose che si scaricano, cadono, colpiscono e sim.: – *di grandine, di sassi*; – *di pugni*; SIN. Rovescio. **3** Violenta evacuazione: – *intestinale.* **4** – *elettrica*, passaggio di cariche elettriche, violento e subitaneo, generalmente accompagnato da scintilla e rumore, da un conduttore a un altro a potenziale diverso. [→ ill. *fisica*]

scaricabarili o *scaricabarìle s. m.* Gioco di ragazzi che si fa a coppie, e consiste nel sollevarsi a vicenda, volgendosi le spalle l'un l'altro e tenendosi per le braccia | *Fare a* –, (*fig.*) incolparsi l'un l'altro.

scaricaménto *s. m.* Atto dello scaricare; SIN. Scarico.

scaricàre **A** *v. tr.* (*io scàrico, tu scàrichi*) **1** Levare il carico: – *il carro* | Deporre il carico: – *le valigie in terra* | Portare a destinazione: *l'automobile ci scaricò in piazza.* **2** (*est.*) Svuotare: *bisogna* – *la cisterna* | – *un'arma*, vuotarla dei proiettili. **3** Mettere foce, detto di corsi d'acqua: *il fiume scarica le sue acque in mare.* **4** (*fig.*) Rendere libero da un peso morale: – *la propria coscienza di un peccato* | Far ricadere su altri: – *le proprie responsabilità su qc.* **5** Scagliare (*anche fig.*): – *ingiurie* | Sparare: *gli scaricò contro la rivoltella.* **6** (*fis.*) Privare della carica elettrica: – *l'elettroscopio.* **B** *v. rifl.* **1** Togliersi un peso di dosso. **2** (*fig.*) Liberarsi da un peso morale. **3** ass. (*fig.*) Allentare la propria tensione fisica e psichica: *per scaricarmi, ogni sera faccio una lunga passeggiata.* **C** *v. intr. pron.* **1** Mettere foce, versarsi, detto di corsi d'acqua. **2** Scoppiare: *il fulmine si è scaricato nel giardino.* **3** Di orologio o accumulatore, perdere la carica.

scaricatóio *s. m.* **1** Luogo adibito allo scarico. **2** Deposito di merci di rifiuto o di scarico. **3** Canale di scarico.

scaricatóre **A** *s. m.* **1** Operaio addetto al carico e allo scarico di merci: *gli scaricatori del porto.* **2** Dispositivo per lo scarico: – *per carri.* **B** *anche agg.* (*f. -trice*) Che scarica: *fossato* –.

scàrico (1) *agg.* (*pl. m. -chi*) **1** Libero dal carico: *carro* –. **2** Privo, vuoto (*spec. fig.*): *coscienza scarica di rimorsi.* **3** Che ha esaurito la carica: *batteria scarica* | *Fucile* –, senza cartucce. • CONTR. Carico.

scàrico (2) *s. m.* (*pl. -chi*) **1** Rimozione di un carico dal mezzo che lo sostiene o lo trasporta: – *delle merci* | Svuotamento: *lo* – *di un serbatoio.* **2** Abbandono di rifiuti, immondizie e sim.: *divieto di* – | Luogo in cui vengono scaricati rifiuti, immondizie e sim.: *lo* – *dei rifiuti.* [→ ill. *strada*] **3** (*raro, fig.*) Discarico, giustificazione: *a mio, a tuo, a suo* –. **4** In varie tecnologie, eliminazione di materiale: *tubo di* – | (*est.*) Dispositivo che consente lo scarico. [→ ill. *miniera*] **5** Quarta e ultima parte del funzionamento del motore a scoppio, che consiste nell'espulsione dei prodotti della combustione | *Tubo di* –, nei motori a scoppio, parte del tubo di scappamento. [→ ill. *motore*] **6** Uscita di merce o denaro: *registro di carico e* –.

scarificàre *v. tr.* (*io scarìfico, tu scarìfichi*) (*chir.*) Incidere alla superficie.

scarificazióne *s. f.* (*chir.*) Incisione superficiale della cute o della mucosa per terapia o profilassi.

scariòla V. *scarola.*

scariolànte *s. m.* Tra la fine dell' '800 e l'inizio del '900, bracciante che trasportava la terra con la carriola.

scarlattina *s. f.* Malattia infettiva acuta a carattere contagioso e diffusivo, prodotta da streptococco: caratterizzata da angina, esantema puntiforme e tendenza alla desquamazione.

scarlàtto **A** *agg.* Che ha un colore rosso molto vivace: *guance scarlatte.* **B** *s. m.* Il colore scarlatto.

scarmigliàre **A** *v. tr.* (*io scarmiglio*) Spettinare, scompigliare i capelli; SIN. Scapigliare. **B** *v. rifl. e intr. pron.* Spettinarsi, scompigliarsi i capelli.

scarnificàre *v. tr.* (*io scarnìfico, tu scarnìfichi*) **1** Levare la carne che sta attorno: – *un'unghia.* **2** Lacerare, strappare la carne.

scarnificazióne *s. f.* Eliminazione, lacerazione della carne attorno alle ossa, membrane e sim.

scarnìre *v. tr.* (*io scarnisco, tu scarnisci*) **1** Liberare dalla carne che sta attorno: – *un'unghia.* **2** (*fig.*) Rendere scarno, spoglio: – *il linguaggio.*

scàrno *agg.* **1** Magro, affilato: *viso* –. **2** (*fig.*) Povero di contenuto: *trattazione scarna.* **3** (*fig.*) Ridotto all'essenziale, spoglio: *linguaggio* –.

scaròla o *scariòla s. f.* Varietà di indivia | (*dial.*) Lattuga, cicoria. [→ ill. *verdura*]

scàrpa (1) *s. f.* **1** Insieme della tomaia e suola che copre il piede nella parte superiore e inferiore: *quale numero di scarpe porti?* | *Fare le scarpa a qc.*, (*fig.*) fargli del male nascondendosi sotto una falsa apparenza di amico | *Rimetterci anche le scarpe*, rovinarsi economicamente in un affare sfortunato | *Morire con le scarpe ai piedi, mettere le scarpe al sole*, morire di morte improvvisa e violenta | *Non esser degno di lustrare le scarpe a qc.*, essergli molto inferiore. [→ ill. *calzatura, abbigliamento, armi, puericultura, spazzola, sport*] **2** (*fig., fam.*) Persona incapace: *al gioco sei proprio una* –. **3** Ferro incurvato che agisce da freno sulla ruota di carro o carrozza | Cuneo di puntello che si pone sotto la ruota di un veicolo fermo su terreno in pendenza. **4** Sostegno della barra falciante posto alle estremità. [→ tav. *proverbi* 119]

scàrpa (2) *s. f.* Scarpata | *A* –, in pendio. [→ ill. *strada*]

scarpàio *s. m.* **1** (*raro*) Calzolaio. **2** Venditore ambulante di scarpe.

scarpàta *s. f.* Superficie laterale di un terreno o terrapieno a forte pendenza | (*geogr.*) – *continentale*, tratto della parte sommersa dei continenti che salda la piattaforma continentale al fondo degli oceani. [→ ill. *strada*]

scarpétta *s. f.* **1** *Dim. di scarpa* (1). **2** Scarpa da bambino o da donna | Scarpa bassa e leggera, spec. per usi sportivi: – *da arrampicata.* [→ ill. *alpinista, sport*]

scarpièra *s. f.* Mobile per riporvi le scarpe.

scarpinàre *v. intr.* (*aus. avere*) (*fam.*) Camminare a lungo e con fatica.

scarpinàta *s. f.* (*fam.*) Camminata lunga e faticosa.

scarpìno *s. m.* **1** *Dim. di scarpa* (1). **2** Calzatura elegante che lascia scoperta gran parte del piede.

scarpóne *s. m.* Grossa scarpa con suola doppia o chiodata. [→ ill. *alpinista, calzatura*]

scarròccio *s. m.* Moto di un natante che va un po' di traverso rispetto alla chiglia.

scarrozzàre ***A*** *v. tr.* (*io scarròzzo*) Portare qua e là in giro, con la carrozza o con altro veicolo: *— un ospite per la città.* ***B*** *v. intr.* (*aus. avere*) Andare qua e là in giro.

scarrozzàta *s. f.* Passeggiata in carrozza o con altro veicolo.

scarrucolàre (1) *v. intr.* (*io scarrùcolo; aus. avere*) Scorrere sulla girella della carrucola, detto di funi, catene e sim.

scarrucolàre (2) *v. tr.* (*io scarrùcolo*) Togliere la fune o la catena dalla carrucola.

scarruffàre ***A*** *v. tr.* Arruffare i capelli. ***B*** *v. intr. pron.* Arruffarsi i capelli.

scarseggiàre *v. intr.* (*io scarséggio; aus. avere*) Essere scarso: *i viveri scarseggiano* | Avere scarsezza di q.c.: *la stanza scarseggia di luce*; SIN. Mancare.

scarsèlla *s. f.* Anticamente, borsa di cuoio per il denaro tenuta appesa al collo o alla cintura | *Mettere mano alla —*, accingersi a sborsare denaro | (*dial.*) Tasca. [→ ill. *borsa*]

scarsézza *s. f.* L'essere scarso; SIN. Mancanza, penuria; CONTR. Abbondanza.

scarsità *s. f.* Scarsezza; SIN. Carestia.

scàrso *agg.* ***1*** Manchevole, insufficiente, inadeguato, rispetto a quanto sarebbe necessario: *raccolto, nutrimento —* | *Tempi scarsi*, di carestia | (*est.*) Mancante, povero di q.c.: *essere — di ingegno* | *Essere — a quattrini*, averne pochi; CONTR. Abbondante. ***2*** Inferiore di poco alla misura fissata: *è un chilo —.*

scartabellàre *v. tr.* (*io scartabèllo*) Scorrere in fretta e piuttosto disordinatamente le pagine di un libro o sim. alla ricerca di ciò che interessa: *— vocabolari, schedari.*

scartafàccio *s. m.* Quaderno di più fogli, anche non legati insieme, usato per minute, per prendere appunti e sim. | Libro malridotto.

scartaménto *s. m.* (*ferr.*) Distanza fra due rotaie misurata fra le facce interne | *— normale*, di 1435 mm | *— ridotto*, da 600 a 1100 mm | *A — ridotto*, (*fig.*) in proporzioni inferiori a quelle normali.

scartàre (1) *v. tr.* Togliere un oggetto dalla carta in cui è avvolto: *— un regalo.*

scartàre (2) *v. tr.* ***1*** Eliminare le carte da gioco che si hanno in più o si rifiutano: *— un fante.* ***2*** Eliminare, mettere da parte, come non buono, non utile, non idoneo e sim.: *— un'ipotesi.*

scartàre (3) ***A*** *v. intr.* (*aus. avere*) Deviare bruscamente dal proprio cammino, piegarsi da una parte, detto di veicoli o animali. ***B*** *v. tr.* (*sport*) Nel calcio, *— un avversario*, superarlo eludendone l'intervento.

scartàta *s. f.* Brusca deviazione da una parte: *una — del cavallo.*

scartavetràre *v. tr.* (*io scartavétro*) (*fam.*) Levigare con la carta vetrata.

scartina *s. f.* ***1*** Carta da gioco di poco valore. ***2*** (*fig., fam.*) Persona che non vale nulla.

scàrto (1) *s. m.* ***1*** Eliminazione di carte da gioco. ***2*** Insieme delle carte scartate. ***3*** Esclusione in base ad una scelta: *fare lo — dei libri, dei vestiti.* ***4*** Ciò che viene scartato in quanto inutile, non buono e sim.: *— di fabbrica.* ***5*** (*fig.*) Persona che non vale niente: *è uno — d'uomo.* ***6*** Gioco enigmistico consistente nel trovare una parola scartando qualche lettera da un'altra.

scàrto (2) *s. m.* ***1*** Salto brusco, improvviso spostamento laterale del cavallo e di veicoli. ***2*** (*est.*) Deviazione. ***3*** Differenza, distacco: *fra i due concorrenti c'è uno — di cinque punti.*

scartocciàre *v. tr.* (*io scartòccio*) ***1*** Disfare un cartoccio. ***2*** Levare le brattee o cartocci alle spighe di mais.

scartòffia *s. f.* (*scherz.* o *spreg.*) *spec. al pl.* Incartamento, pratica di ufficio, foglio di studio e sim.

scassaquìndici *s. m.* Gioco simile alla morra, che si svolge fra due giocatori.

scassàre (1) *v. tr.* Estrarre dalla cassa.

scassàre (2) ***A*** *v. tr.* ***1*** Arare il terreno a notevole profondità. ***2*** (*fam.*) Rompere, rovinare: *ha scassato la bicicletta nuova.* ***B*** *v. intr. pron.* (*fam.*) Rompersi, rovinarsi.

scassinàre *v. tr.* Rompere per aprire con la forza: *— porte, finestre.*

scassinatóre *s. m.* (*f. -trice*) Chi scassina | Chi compie furti con scasso.

scàsso *s. m.* ***1*** (*dir.*) Azione violenta e delittuosa tendente a rompere determinate difese | *Furto con —*, aggravato da effrazione. ***2*** Lavorazione profonda del terreno per piantarvi alberi, vivai e sim.

scatarràre *v. intr.* (*aus. avere*) Tossire ed emettere catarro.

scatenaménto *s. m.* Sollevazione impetuosa e violenta: *— della folla* | Manifestazione improvvisa e violenta: *— dell'odio.*

scatenàre ***A*** *v. tr.* (*io scatèno*) ***1*** (*raro*) Liberare dalla catena. ***2*** (*fig.*) Sollevare, incitare: *— il popolo alla rivolta.* ***B*** *v. rifl.* (*raro*) Liberarsi dalla catena. ***C*** *v. intr. pron.* (*fig.*) Sollevarsi, agitarsi con furia: *scatenarsi contro qc.*

scatenàto *part. pass. di scatenare; anche agg.* Privo di freno | *Essere, sembrare un diavolo —*, essere infuriato, agitato o sempre in movimento.

scàtola *s. f.* ***1*** Contenitore con coperchio, a forma cilindrica o parallelepipeda, di limitate dimensioni, realizzato con materiali diversi e destinato a contenere svariati prodotti | Quantità di roba contenuta in una scatola: *una — di pomodori pelati, di confetti* | *Comprare, accettare* e sim. *a — chiusa*, (*fig.*) senza controllare ciò che si compra o si accetta, perché si ha in esso completa fiducia | *Caratteri, lettere, di —*, (*fig.*) grandi, cubitali | (*pop., fig.*) *Rompere le scatole a qc.*, infastidirlo, seccarlo. [→ ill. *contenitore, magazzinaggio*] ***2*** (*est.*) Oggetto, elemento, a forma di scatola, destinato a contenere o a custodire q.c. | *— armonica, musicale*, carillon | *— cranica*, involucro osseo della testa | *— di derivazione*, contenitore ove si effettuano le derivazioni di energia elettrica | *— nera*, apparecchio elettronico collocato nella parte posteriore degli aerei, che registra e custodisce tutti i dati del volo. [→ ill. *automobile*]

scatolàme *s. m.* ***1*** Insieme di scatole. ***2*** Commestibili vari conservati in scatola.

scatolàre *agg.* Che ha forma di scatola.

scatolificio *s. m.* Stabilimento in cui si fabbricano scatole.

scatologìa *s. f.* Trattazione scherzosa di argomenti triviali.

scattànte *part. pres. di scattare; anche agg.* Che scatta | Svelto, agile: *figura —.*

scattàre ***A*** *v. intr.* (*aus. essere e avere* nel sign. 1, *essere* nei sign. 2, 3) ***1*** Liberarsi dallo stato di tensione, detto di congegni, molle e sim.: *il grilletto è scattato.* ***2*** (*est.*) Balzare, muoversi repentinamente: *— in piedi, sull'attenti, alla partenza* | Aumentare di colpo la velocità durante una corsa. ***3*** (*fig.*) Prorompere in manifestazioni o parole d'ira, d'insofferenza e sim.: *non gli si può parlare che subito scatta.* ***B*** *v. tr.* Eseguire una fotografia: *— un'istantanea.*

scattering /*ingl.* 'skætəriŋ/ *s. m. inv.* (*fis.*) Diffusione, deviazione, sparpagliamento di particelle, in seguito a un urto.

scattista *s. m. e f.* (*pl. m. -i*) Atleta dotato di scatto | Nell'atletica, specialista delle gare di velocità su breve percorso.

scàtto *s. m.* ***1*** Liberazione di un congegno, molla e sim. da uno stato di tensione: *lo — dell'otturatore.* ***2*** Dispositivo, congegno e sim. che funziona a scatto | Nelle armi da fuoco, dente mobile che tiene il cane o il percussore nella posizione di sparo | (*est.*) Rumore che un congegno fa scattando: *udire uno —.* [→ ill. *coltello, fotografo, orologio*] ***3*** Balzo, movimento brusco e impetuoso: *ebbe uno —* | *Di —*, con impeto repentino | *A scatti*, con movimenti bruschi. ***4*** Accelerazione massima, rapida e improvvisa della velocità | Azione per cui un atleta assume di colpo un'andatura assai veloce | Capacità fisica di compiere tale azione: *atleta dotato di —.* ***5*** Unità tariffaria nel servizio telefonico. ***6*** (*fig.*) Manifestazione di ira, collera, nervosismo e sim.: *uno — d'ira.* ***7*** (*fig.*) Aumento di grado, di livello: *— d'anzianità; — di stipendio.*

scaturìgine *s. f.* ***1*** (*lett.*) Sorgente. ***2*** (*lett., fig.*) Origine: *le scaturigini della filosofia.*

scaturìre *v. intr.* (*io scaturìsco, tu scaturìsci; aus. essere*) ***1*** Zampillare dalla terra, dalla roccia e sim., detto spec. di acque; SIN. Sgorgare. ***2*** (*fig.*) Derivare, avere origine: *da ciò scaturiscono interessanti conseguenze.*

scavalcàre **A** *v. tr.* (*io scavàlco, tu scavàlchi*) **1** Gettare giù da cavallo. **2** Passare al disopra: — *un ostacolo.* **3** Superare chi si trova in posizione più avanzata: *ha scavalcato tutti i concorrenti.* **B** *v. intr.* (*aus. essere*) (*raro*) Scendere da cavallo.

scavàre *v. tr.* **1** Rendere cavo, vuoto: *la goccia scava la pietra.* **2** Formare una cavità nel terreno: — *una buca, un fosso* | — *il collo di un abito*, allargarne il giro. **3** (*fig.*) Indagare, studiare a fondo, spec. ass.: *a forza di — seppi che mentiva.* **4** Riportare alla luce: — *una città sepolta* | (*fig.*) Trovare, escogitare: *dove avrà scavato questa storia?* [→ tav. *proverbi* 7]

scavàto *part. pass. di scavare; anche agg.* Che ha subito uno scavo | (*fig.*) Di volto magro e sofferente.

scavatóre **A** *agg.; anche s. m.* (*f. -trice*) Chi (o che) scava: *macchina scavatrice.* **B** *s. m.* **1** Macchina per eseguire scavi o movimenti di terreno. **2** Operaio addetto a lavori di scavo.

scavatrice *s. f.* Escavatrice.

scavatùra *s. f.* **1** (*raro*) Operazione dello scavare | Terra, materiale scavato. **2** Scavo, scollo, di un vestito.

scavezzacòllo **A** *s. m.* (*pl. scavezzacòlli, raro scavezzacòllo*) Precipizio, discesa ripida | (*est.*) Caduta rovinosa | *A* —, a precipizio, di gran furia: *correre a* —. **B** *s. m. e f.* (*fig.*) Persona, spec. giovane, che conduce una vita sregolata.

scavezzàre *v. tr.* (*io scavézzo*) **1** Scapezzare. **2** Rompere, spezzare.

scavino *s. m.* Arnese domestico usato per svuotare frutta, ortaggi e sim.

scàvo *s. m.* **1** Operazione dello scavare: *lavori di* — | Luogo scavato. [→ ill. *cava*] **2** (*archeol.*) Esplorazione scientifica del terreno per ricercare manufatti dell'antichità. **3** Incavo, incavatura: *lo — del collo della camicia.*

scazzottàre **A** *v. tr.* (*io scazzòtto*) (*pop.*) Prendere a cazzotti. **B** *v. rifl. rec.* (*pop.*) Prendersi a cazzotti.

scazzottàta *s. f.* (*pop.*) Scambio reciproco di cazzotti.

scégliere *v. tr.* (*pres. io scélgo, tu scégli; fut. io sceglierò; pass. rem. io scélsi, tu scegliésti; congv. pres. io scélga; cond. pres. io sceglierèi, tu sceglierésti; part. pass. scélto*) **1** Indicare, prendere, tra più persone, cose, soluzioni e sim. quella che, secondo un determinato criterio, sembra la migliore: — *una stoffa, una professione, una casa*; — *qc. per moglie*; — *qc. in moglie.* **2** Prendere la parte migliore separandola da quella peggiore: — *fior da fiore.* **3** Preferire: *ha scelto l'amore.*

sceglitóre *s. m.* (*f. -trice*) **1** Chi sceglie. **2** Operaio addetto a operazioni di scelta.

sceicco *s. m.* (*pl. -chi*) **1** Capo dei clan delle tribù beduine che governa grazie al prestigio personale o alla ricchezza. **2** Presso i musulmani, titolo di distinzione.

scelleratàggine *s. f.* **1** L'essere scellerato. **2** Atto, comportamento da scellerato.

scelleratézza *s. f.* **1** L'essere scellerato; SIN. Infamia. **2** Inclinazione naturale al male, al delitto.

scelleràto **A** *agg.* **1** Che si è macchiato di atroci delitti: *mani scellerate*; SIN. Infame, sciagurato. **2** Malvagio, cattivo, tristo, detto di cose: *parole scellerate.* **B** *s. m.* (*f. -a*) Persona scellerata.

scellino *s. m.* **1** Unità monetaria inglese, pari alla ventesima parte della sterlina, in uso fino al 1971. **2** Unità monetaria dell'Austria.

scèlta *s. f.* **1** Atto dello scegliere: *fare una* — | *Di prima* —, di prima qualità | Possibilità, facoltà di scegliere: *qui c'è poca* — | *A* —, come si preferisce. **2** Parte migliore: *una — di liriche*; SIN. Selezione.

sceltézza *s. f.* Qualità di ciò che è scelto.

scélto *part. pass. di scegliere; anche agg.* **1** Indicato, preso e sim., in base a una scelta: *poesie scelte* | (*est.*) Di ottima qualità: *frutta scelta.* **2** (*est.*) Elegante, raffinato, distinto: *uno — pubblico.* **3** Particolarmente abile e addestrato in una disciplina: *tiratore* —.

scemàre **A** *v. tr.* (*io scémo*) Ridurre, diminuire: — *il prezzo.* **B** *v. intr.* (*aus. essere*) Venir calando, diminuire di energia, intensità, quantità: — *di peso, di autorità*; *le forze vanno scemando*; SIN. Calare.

scemàta *s. f.* Sciocchezza, banalità | Comportamento, frase da scemo.

scemènza *s. f.* **1** L'essere scemo; SIN. Imbecillità. **2** Atto, parola, atteggiamento e sim., da scemo; SIN. Scempiaggine, sciocchezza.

scémo **A** *agg.* **1** (*raro*) Che non è pieno, non è intero: *luna scema* | Detto di arco a sesto ribassato. [→ ill. *architettura*] **2** Che manca di giudizio, di senno, di intelligenza, detto di persona: *ragazza scema* | (*est.*) Insulso, privo di valore e di significato: *libro, film,* —; SIN. Imbecille, sciocco. **B** *s. m.* (*f. -a*) Persona scema.

scempiàggine *s. f.* **1** (*raro*) L'essere scempio, scemo. **2** Atto, parola, comportamento, da scempio (1); SIN. Scemenza, sciocchezza.

scempiàre *v. tr.* (*io scémpio*) Rendere scempio, sdoppiare.

scémpio (1) **A** *agg.* Semplice, non doppio: *filo, fiore* —. **B** *agg.; anche s. m.* (*f. -a*) Sciocco, scemo.

scémpio (2) *s. m.* **1** Strazio, grave tormento | *Fare — di qc.*, straziarlo | Massacro, strage. **2** (*fig.*) Deturpazione, spec. di ciò che possiede un valore particolare: *quel grattacielo è uno — della piazza.*

scèna *s. f.* **1** Parte unitaria del dramma teatrale, in cui agiscono i medesimi attori: *entrare in* — | *Mettere in* —, rappresentare | *Andare in* —, essere rappresentato spec. per la prima volta. **2** (*est.*) *spec. al pl.* Teatro | *Darsi alle scene*, intraprendere la carriera teatrale | *Ritirarsi dalle scene*, abbandonare la carriera teatrale. **3** Parte dell'antico teatro greco costituita dalla piattaforma su cui recitavano gli attori e dalla parete che le faceva da sfondo | (*est.*) Palcoscenico: *salire sulla* — | Insieme degli elementi scenografici fissi o montati sul palcoscenico | *Cambiamento di* —, (*fig.*) mutamento improvviso e radicale. [→ ill. *teatro*] **4** Luogo in cui avviene, o si finge avvenuta, l'azione teatrale: *nell'ultimo atto del Faust la — è in paradiso.* [→ ill. *televisione*] **5** Azione, comportamento dei personaggi sulla scena | *Fare* —, possedere la capacità di dominare l'attenzione degli spettatori | *Non avere* —, essere goffo, impacciato nel recitare. **6** Momento unitario dell'azione drammatica | — *madre*, quella più importante, fondamentale; (*est.*, *fig.*) in un litigio, una scenata e sim., momento in cui si raggiunge l'acme. **7** (*est.*, *fig.*) Attività, vita umana | *Scomparire, uscire dalla — politica, letteraria* e sim., abbandonare tali attività | *Scomparire, uscire dalla — del mondo*, morire. **8** (*est.*) Spettacolo naturale: *l'incantevole — dell'alta montagna.* **9** Avvenimento, paesaggio, fatto oggetto di rappresentazione artistica: *il bassorilievo rappresenta scene di caccia.* **10** *spec. al pl.* Ostentazione di sentimenti o passioni: *ti prego di non fare scene.*

scenàrio *s. m.* **1** Insieme dei fondali e delle quinte che costituiscono la scena di un'azione teatrale, cinematografica o televisiva. **2** (*est.*) Paesaggio, spec. naturale, che fa da sfondo a un avvenimento: *l'incomparabile — della costa ligure.*

scenarista *s. m. e f.* (*pl. m. -i*) Soggettista o sceneggiatore cinematografico.

scenàta *s. f.* Violenta manifestazione di sdegno, ira e gelosia, accompagnata da urla e sim.

scéndere **A** *v. intr.* (*pres. io scéndo; pass. rem. io scési, tu scendésti; part. pass. scéso; aus. essere*) **1** Muoversi dall'alto verso il basso, o verso un luogo più basso: — *dal colle*; — *in cantina*; — *all'inferno* | Smontare: — *da cavallo, dal tram*; — *di sella*; CONTR. Salire. **2** Provenire da un luogo posto più a settentrione: *il Barbarossa scese in Italia nel 1154.* **3** Sostare, prendere alloggio: — *a una locanda.* **4** Presentarsi, *nelle loc.*: — *in lizza, in campo, nell'agone* e sim., presentarsi per combattere, per gareggiare (*anche fig.*) | — *in piazza*, prendere parte a una manifestazione popolare di protesta. **5** Essere in pendenza: *la strada scende.* **6** (*fig.*) Indursi, piegarsi: — *a più miti consigli* | Abbassarsi: — *a suppliche* | Pervenire a una condizione peggiore: — *di grado.* **7** (*fig.*) Diminuire di intensità, valore, livello e sim.: *la voce è scesa di tono*; *la temperatura scende sotto lo zero* | Calare: *scende la notte* | Pendere: *i capelli le scendono sulle spalle*; CONTR. Salire. **B** *v. tr.* Percorrere andando dall'alto verso il basso: — *le scale*; CONTR. Salire. [→ tav. *proverbi* 183]

scendilètto *s. m. inv.* Piccolo tappeto che si stende accanto al letto.

sceneggiàre *v. tr.* (*io scenéggio*) Ridurre un soggetto narrativo in forma adatta per il teatro, per il cinema o per la televisione.

sceneggiàta *s. f.* **1** Genere teatrale napoletano che culmina in una canzone di successo che dà il titolo allo spettacolo. **2** Messinscena artificiosa.
sceneggiàto **A** *part. pass. di sceneggiare; anche agg.* Adattato per il teatro e sim. **B** *s. m.* Rappresentazione televisiva gener. a puntate di un soggetto narrativo spesso tratto da un'opera letteraria.
sceneggiatóre *s. m.* (*f. -trice*) Autore di sceneggiature.
sceneggiatùra *s. f.* Testo definitivamente elaborato di un film o di un programma televisivo, con le annotazioni tecniche necessarie al lavoro di produzione; CFR. Scaletta.
scenétta *s. f.* Scena comica di breve durata | (*est.*) Episodio che suscita ilarità.
scènico *agg.* (*pl. m. -ci*) Della scena.
scenografìa *s. f.* **1** Arte di inventare e disegnare le scene. **2** Insieme degli elementi scenici montati per uno spettacolo.
scenogràfico *agg.* (*pl. m. -ci*) **1** Di, da scenografia. **2** (*fig.*, *spreg.*) Appariscente, sfarzoso: *matrimonio* —.
scenògrafo *s. m.* (*f. -a*) **1** Realizzatore di bozzetti scenici teatrali. **2** Creatore della scenografia cinematografica o televisiva.
scenotècnica *s. f.* Tecnica dell'allestimento scenico.
scèpsi *s. f.* (*filos.*) Atteggiamento di dubbio nei confronti dei risultati conseguiti da un processo conoscitivo, che costituisce punto di partenza per ulteriori ricerche.
sceriffo *s. m.* **1** In Inghilterra, chi è preposto all'amministrazione della giustizia in una contea | Negli Stati Uniti, capo della polizia in una provincia. **2** (*est.*) Sorvegliante, guardia privata che presta servizio per enti, istituti privati o semplici cittadini.
scèrnere *v. tr.* (*pres. io scèrno; pass. rem. io scèrsi o scernéi o scernètti, tu scernésti; dif. del part. pass.* per cui si usa *scernito*) **1** (*lett.*) Discernere, distinguere. **2** (*lett.*) Cernere, scegliere.
scervellàrsi *v. intr. pron.* (*io mi scervèllo*) Stillarsi il cervello, perdere la testa su un problema, una questione e sim., particolarmente complicati: — *su, intorno a un compito*; SIN. Lambiccarsi.
scervellàto *agg.; anche s. m.* (*f. -a*) Che (o chi) è privo di giudizio, di criterio.
scésa *s. f.* **1** Atto dello scendere. **2** Strada in pendio, discesa: *la — è molto ripida.* **3** (*fig.*) Capriccio, ghiribizzo, *nella loc.* — *di testa.*
scetticișmo *s. m.* **1** Indirizzo filosofico secondo cui l'uomo si astiene dal giudizio e perciò consegue un'inalterabile imperturbabilità. **2** (*est.*) Inclinazione a dubitare di tutto.
scèttico **A** *agg.* (*pl. m. -ci*) **1** Che concerne e interessa lo scetticismo. **2** (*est.*) Incredulo, incline a dubitare di tutto: — *sull'effetto della cura.* **B** *s. m.* (*f. -a*) **1** Chi segue lo scetticismo. **2** (*est.*) Persona scettica.
scèttro *s. m.* **1** Simbolo della maestà | (*est.*) Potere monarchico. **2** (*est.*, *fig.*) Potere assoluto, primato in una disciplina, un'arte, uno sport e sim.
sceveràre *v. tr.* (*io scévero o scèvero*) **1** (*lett.*) Separare, distinguere. **2** (*fig.*) Vagliare.
scévro *agg.* (*lett.*) Privo, esente: *essere — di colpa.*
schèda *s. f.* **1** Cartoncino destinato a registrare dati secondo criteri prestabiliti e a essere raccolto, opportunamente ordinato, con altri analoghi, in uno schedario | — *bibliografica*, destinata a registrare i dati di un'opera conservata in una biblioteca | — *perforata*, rettangolo di cartone su cui, mediante fori, vengono riportati, secondo un particolare codice, i dati da introdurre in una macchina meccanografica o in un calcolatore elettronico | — *magnetica*, quella che, inserita nell'apposita fessura di un'apparecchio telefonico, ne consente il funzionamento. [→ ill. *elaborazione dati*] **2** Modulo stampato su carta o cartone di vario formato usato nel compimento di attività burocratiche e amministrative | — *elettorale*, quella su cui l'elettore deve esprimere il proprio voto in un'elezione | — *bianca*, quella che l'elettore consegna senza avervi espresso il proprio voto | — *di valutazione*, nella scuola dell'obbligo, quella che gli insegnanti compilano per ogni alunno. [→ ill. *parlamento*, *telefonia*]
schedàre *v. tr.* (*io schèdo*) **1** Registrare su apposita scheda dati relativi a persone o cose a scopo di consultazione, studio e sim. **2** Registrare negli schedari della polizia.
schedàrio *s. m.* **1** Raccolta di schede ordinate nei modi più atti a consentirne la consultazione e la manipolazione. **2** (*est.*) Mobile o dispositivo destinato alla raccolta e alla consultazione di schede; SIN. Casellario. [→ ill. *ufficio*]
schedarista *s. m. e f.* (*pl. m. -i*) Persona addetta alla gestione di schedari.
schedàto **A** *part. pass. di schedare; anche agg.* Sottoposto a schedatura: *un libro non ancora —.* **B** *s. m.* (*f. -a*) Persona registrata negli schedari della polizia per precedenti penali, per ragioni politiche o sim.
schedatóre *s. m.* (*f. -trìce*) Chi è addetto alla compilazione di schede.
schedatùra *s. f.* Operazione dello schedare.
schedina *s. f.* **1** *Dim. di scheda.* **2** Foglietto predisposto per i giochi del totocalcio, totip ed enalotto.
schéggia *s. f.* (*pl. -ge*) Frammento di legno, pietra o sim. che si stacca da un corpo.
scheggiàre **A** *v. tr.* (*io schéggio*) Fendere, rompere, facendo schizzare via una o più schegge: — *un piatto.* **B** *v. intr. pron.* Rompersi in schegge.
scheggiatùra *s. f.* Rottura con formazione di schegge | Punto in cui un oggetto è scheggiato | Insieme delle schegge saltate via.
schelètrico *agg.* (*pl. m. -ci*) **1** Di scheletro. [→ ill. *anatomia umana*] **2** (*est.*) Scarno, estremamente magro: *corpo —.* **3** (*fig.*) Essenziale, ridotto al minimo: *componimento —.*
scheletrire **A** *v. tr.* (*io scheletrisco, tu scheletrisci*) Ridurre come uno scheletro. **B** *v. intr. pron.* Ridursi come uno scheletro.
scheletrito *part. pass. di scheletrire; anche agg.* **1** Secco, nudo: *ramo —.* **2** (*fig.*) Ridotto al minimo, all'essenziale: *stile* —.
schèletro *s. m.* **1** (*anat.*) Complesso delle ossa e delle cartilagini che costituiscono l'apparato di sostegno del corpo dell'uomo e degli altri vertebrati | *Sembrare uno —*, *essere ridotto uno —*, essere molto magro. [→ ill. *anatomia umana*] **2** (*est.*) Ossatura, struttura di sostegno: — *di una nave* | (*fig.*) Schema, trama: — *di un romanzo.* [→ ill. *zoologia*]
schélmo *s. m.* **1** (*mar.*) Palischermo. **2** (*mar.*) Spazio tra due scalmi.
schèma *s. m.* (*pl. -i*) **1** Complesso delle linee principali di un disegno, un progetto, un fenomeno e sim.: *lo — di un aereo* | Insieme di segni grafici convenzionali che danno l'idea del funzionamento di una macchina o impianto senza attinenza alla forma visibile di essi: *lo — d'un impianto elettrico.* [→ ill. *elettronica*] **2** Trama, abbozzo, progetto: *lo — di un romanzo* | — *di legge*, disegno, proposta. **3** Sistema, modello che non ammette variazioni, mutamenti o innovazioni, spec. in campo letterario, artistico, politico: *rinnovare i vecchi schemi.*
schematicità *s. f.* L'essere schematico.
schemàtico *agg.* (*pl. m. -ci*) **1** Che rappresenta q.c. nelle sue linee essenziali: *racconto —*; SIN. Sommario. **2** (*spreg.*) Rigido, limitato: *ragionamento —.*
schematișmo *s. m.* Tendenza a procedere per schemi.
schematizzàre *v. tr.* Semplificare q.c. riducendola alle sue linee principali ed essenziali.
schematizzazióne *s. f.* Semplificazione, riduzione in forma schematica.
scheràno *s. m.* (*lett.*) Sgherro, sicario.
schérma o *schèrma* *s. f.* Sport di combattimento che si pratica con le armi bianche, cioè fioretto, sciabola e spada. [→ ill. *maschera*]
schermàglia *s. f.* Discussione vivace, condotta con abili mosse di attacco e di difesa; SIN. Scaramuccia.
schermàre *v. tr.* (*io schérmo o schèrmo*) Fare schermo, riparare con uno schermo: — *un riflettore.*
schermatùra *s. f.* Operazione dello schermare | (*est.*) Ciò che viene usato per schermare.
schermidóre o *schermitóre* *s. m.* (*f. -dora, -tora, -trice*) Chi pratica lo sport della scherma.
schermire **A** *v. intr.* (*io schermisco, tu schermisci; aus. avere*) Tirare di scherma. **B** *v. tr.* Difendere, riparare: *schermirsi il viso dal sole.* **C** *v. rifl.* Sottrarsi abilmente: *schermirsi da domande importune.*

schermitóre V. *schermidore*.
schérmo o *schèrmo* *s. m.* **1** Riparo, difesa (*anche fig.*): *farsi — di q.c.* **2** Qualsiasi dispositivo atto a sottrarre una determinata regione dello spazio all'influenza di un campo di forze: *— elettrico, magnetico* | *— luminescente* o *fluorescente*, superficie di materiale trasparente a cui aderisce uno strato di sostanza resa luminescente da radiazioni elettromagnetiche e da particelle dotate di una certa energia. [→ ill. *elettronica, fisica, nucleare*] **3** Superficie bianca su cui vengono proiettate le immagini della pellicola fotografica e cinematografica | *— televisivo*, parte anteriore del cinescopio | *Piccolo —*, lo schermo televisivo, la televisione | *Grande —*, il cinematografo. [→ ill. *cinematografia, ottica, televisione*] **4** (*est.*) Cinematografo: *divi dello —*.
schermografàre *v. tr.* (*io schermògrafo*) Eseguire la schermografia.
schermografìa *s. f.* Ripresa fotografica delle immagini da raggi X prodotte su uno schermo fluorescente.
schermogràfico *agg.* (*pl. m. -ci*) Di schermografia: *centro —*.
schernìre *v. tr.* (*io schernisco, tu schernìsci*) Deridere, dileggiare con disprezzo insultante; SIN. Irridere.
schernitóre *s. m.; anche agg.* (*f. -trìce*) Chi (o che) schernisce.
schèrno *s. m.* **1** Atto dello schernire: *farsi — di qc.* **2** Parole, gesti, atti e sim. con i quali si schernisce; SIN. Derisione, irrisione. **3** Chi viene schernito.
scherzàre **A** *v. intr.* (*io schérzo; aus. avere*) **1** Giocare allegramente, trastullarsi: *i bambini scherzano tra loro.* **2** (*lett.*) Muoversi, agitarsi graziosamente: *il vento scherza fra i suoi capelli.* **3** Agire, parlare e sim. alla leggera, senza serietà, dicendo arguzie e motti di spirito, prendendosi gioco di qc. o di q.c. e sim.: *è un tipo a cui piace —*; *scherza su tutto* | *Non scherzo*, dico davvero, sul serio | *C'è poco da —, non si scherza* e sim., si fa sul serio | *— col fuoco, con la morte* e sim., agire in modo leggero e imprudente in un'impresa pericolosa; SIN. Motteggiare. **B** *v. tr.* (*dial., pop.*) Schernire. [→ tav. *proverbi* 113, 348]
scherzévole *agg.* (*lett.*) Scherzoso.
schérzo *s. m.* **1** Atto dello scherzare: *volgere q.c. in —*; *mettere da parte gli scherzi* | *Senza scherzi*, sul serio | *Per —*, non sul serio | *Non* (*saper*) *stare allo —*, essere facile a offendersi; SIN. Celia, divertimento. **2** Gesto, atto, parola e sim. fatto o detto scherzando | *— di natura*, qualunque cosa fuori dell'ordinario; (*est.*) persona, animale, cosa, mal fatti o ripugnanti | *Scherzi d'acqua*, zampilli d'acqua disposti in modo da produrre particolari effetti | *Scherzi di luce*, particolari effetti di luce; SIN. Motteggio. **3** (*antifr.*) Tiro, sorpresa sgradevole: *la malattia gli ha fatto un brutto —.* **4** (*fig.*) Cosa che, a farsi in determinate circostanze o da determinate persone, non presenta alcuna difficoltà: *oggi andare da Roma a New York è uno —.* **5** (*mus.*) Brano capriccioso, bizzarro. [→ tav. *proverbi* 136, 349]
scherzóso *agg.* **1** Che ama scherzare: *cagnolino —.* **2** Che è detto o fatto scherzando: *tono —.*
schettinàggio *s. m.* Pattinaggio a rotelle.
schettinàre *v. intr.* (*io schèttino; aus. avere*) Pattinare con i pattini a rotelle.
schèttino *s. m.* Pattino a rotelle.
schiàccia *s. f.* (*pl. -ce*) **1** Tipo di caccia proibita per uccelli, che rimangono schiacciati sotto una lastra di pietra in bilico. **2** Arnese di due dischi imperniati come le forbici, sui quali si versa la pasta per fare cialde, ostie.
schiacciaménto *s. m.* **1** Alterazione della forma originaria dovuta a forte compressione. **2** (*astron.*) *— degli astri*, diminuzione del raggio polare rispetto a quello equatoriale per astri in rotazione. [→ ill. *fisica*]
schiaccianóci *s. m.* Arnese da tavola a tenaglia, per schiacciare noci, nocciole, mandorle. [→ ill. *cucina*]
schiacciànte *part. pres. di schiacciare; anche agg.* **1** Che schiaccia. **2** (*fig.*) Che vince ogni dubbio: *prova —*; SIN. Indiscutibile.
schiacciapatàte *s. m. inv.* Arnese da cucina per schiacciare le patate bollite. [→ ill. *cucina*]
schiacciàre **A** *v. tr.* (*io schiàccio*) **1** Calcare e comprimere fortemente in modo da far perdere la forma originaria, ammaccare, rompere e sim.: *— il ferro col martello*; *— le patate* | Pigiare forte: *la folla mi schiaccia* | *— un pisolino*, dormire brevemente. **2** (*fig.*) Deformare, rendere piatto: *quel modello ti schiaccia la figura.* **3** (*fig.*) Annientare sotto il peso della forza fisica o morale: *— l'avversario*; *— qc. con prove evidenti.* **4** (*sport*) Nella pallavolo, nel tennis e nel ping-pong, *— la palla*, rinviarla con una schiacciata. **B** *v. intr. pron.* Perdere la forma originaria diventando piatto, ammaccato e sim.
schiacciasàssi *s. m.* Macchina fornita di rullo compressore, usata per la compressione della pavimentazione stradale.
schiacciàta *s. f.* **1** Atto dello schiacciare in una volta. **2** Pestata, ammaccatura. **3** Focaccia appiattita. **4** (*sport*) Nella pallavolo, nel tennis e nel ping-pong, forte colpo con cui si rimanda una palla alta a battere sul terreno avversario; SIN. Smash.
schiacciàto *part. pass. di schiacciare; anche agg.* **1** Che ha perduto la forma originaria in seguito a forte compressione. **2** Piatto, compresso: *naso —.*
schiacciatùra *s. f.* Schiacciamento | Punto in cui un oggetto è schiacciato.
schiaffàre **A** *v. tr.* Mettere con malgarbo e in fretta: *— i libri in un angolo*; *— qc. in prigione.* **B** *v. intr. pron.* Buttarsi, gettarsi con malgarbo: *si è schiaffato in poltrona.*
schiaffeggiàre *v. tr.* (*io schiafféggio*) **1** Prendere a schiaffi. **2** (*fig.*) Colpire con forza: *gli spruzzi gli schiaffeggiano il viso.*
schiàffo *s. m.* **1** Colpo dato sulla guancia a mano aperta: *prendere qc. a schiaffi* | *Avere una faccia da schiaffi*, avere un atteggiamento irritante; SIN. Ceffata, ceffone. **2** (*fig.*) Umiliazione, mortificazione: *— morale.* **3** *Tiro di —*, nel biliardo, il colpire con la propria la palla avversaria dopo averla fatta rimbalzare contro la sponda.
schiamazzàre *v. intr.* (*aus. avere*) Emettere gridi rauchi e scomposti, detto delle galline e di volatili | Vociare, strepitare, di persone.
schiamazzatóre *s. m.* (*f. -trice*) Chi schiamazza.
schiamàzzo *s. m.* Atto dello schiamazzare; SIN. Chiasso, strepito.
schiantàre **A** *v. tr.* **1** Rompere, spezzare con forza e violenza: *il temporale schianta gli alberi.* **2** Provocare uno schianto, un grande dolore, *spec. nella loc.* *— il cuore.* **B** *v. intr. pron.* Scoppiare, rompersi violentemente: *la barca si schiantò contro lo scoglio*; SIN. Fracassarsi. **C** *v. intr.* (*aus. essere*) (*fam.*) Scoppiare, crepare: *— dalla fatica, dal dolore, dal ridere.*
schiànto *s. m.* **1** Scoppio, rottura subitanea e violenta. **2** Rumore improvviso prodotto da ciò che si schianta: *lo — del tuono.* **3** (*fig.*) Dolore improvviso e lancinante: *provare uno — al cuore.* **4** (*fig., fam.*) Persona o cosa aggressivamente bella: *è uno — di ragazza.* **5** *Nella loc. avv. di —*, all'improvviso e con violenza.
schiàppa *s. f.* **1** Lunga scheggia di legno. **2** (*fig.*) Persona che si dimostra incapace e inesperta nel lavoro, nel gioco, nello sport e sim.
schiariménto *s. m.* **1** Aumento di luminosità, trasparenza, limpidezza e sim. | (*est.*) Rasserenamento. **2** (*fig.*) Spiegazione, delucidazione.
schiarìre **A** *v. tr.* (*io schiarisco, tu schiarisci*) Rendere chiaro o più chiaro: *— un colore*; *schiarirsi i capelli.* **B** *v. intr. e intr. pron.* (*aus. essere*) **1** Diventare chiaro o più chiaro: *i capelli si sono schiariti.* **2** Farsi chiaro, tornare sereno: *il cielo schiarisce.* **C** *v. intr. impers.* (*aus. essere e avere*) **1** Tornare sereno: *dopo il temporale schiarirà.* **2** Farsi giorno: *in estate schiarisce presto.*
schiarita *s. f.* Rasserenamento | (*fig.*) Miglioramento: *è prevista una — nei loro rapporti.*
schiàtta *s. f.* (*lett.*) Stirpe, discendenza.
schiattàre *v. intr.* (*aus. essere*) Scoppiare, crepare (*spec. fig.*): *— di rabbia.*
schiavìsmo *s. m.* Sistema economico-sociale fondato sulla schiavitù.
schiavìsta **A** *s. m. e f.* (*pl. m. -i*) Chi sostiene lo schiavismo. **B** *agg.* Schiavistico.
schiavìstico *agg.* (*pl. m. -ci*) Che si riferisce allo schiavismo e agli schiavisti.
schiavitù *s. f.* **1** Condizione di chi è schiavo: *ribellarsi alla —*; *ridurre in —* | *Vivere in —*, di animale selvatico tenuto in costrizione. **2** Mancanza di libertà: *la — dell'Italia sotto l'Austria.* **3** (*fig.*) Soggezione ad altre per-

sone, a passioni, abitudini e sim.: *la — della famiglia, del fumo.*

schiavizzàre *v. tr.* (*io schiavìzzo*) Ridurre in schiavitù | (*est.*) Sottoporre a un'autorità dispotica: *— la moglie.*

schiàvo A *s. m.; anche agg.* (*f.* -a) **1** Chi (o che) è totalmente privo della libertà individuale e gener. di ogni diritto, soggetto interamente alla proprietà privata di un padrone. **2** Chi (o che) soffre soggezione, padronanza e sim. che vincolano e impediscono la sua libertà: *popolo —; essere — dei pregiudizi.* **B** *agg. Alla schiava*, (*ell.*) alla maniera degli schiavi | *Sandali alla schiava*, legati al piede da lacci che salgono oltre la caviglia.

schidionàre *v. tr.* (*io schidióno*) (*raro*) Infilare sullo schidione.

schidionàta *s. f.* Quantità di carne che si può infilare in una sola volta sullo schidione.

schidióne *s. m.* Spiedo lungo e sottile nel quale si infilzano volatili per cuocerli arrosto.

schièna *s. f.* Regione dorsale del corpo | *Filo della —*, spina dorsale | *Colpire alla —*, a tradimento | *Curvare la —*, dimostrarsi umile, sottomesso | *Rompersi la —*, lavorare troppo | *Voltare la —*, andarsene, fuggire | (*raro*) Groppa di animale: *trasportare q.c. a — di mulo*; SIN. Dorso.

schienàle *s. m.* **1** Parte di sedia, poltrona, divano, cui si appoggia la schiena; SIN. Spalliera. [→ ill. *mobili*] **2** Schiena di animale da macello | Midollo spinale di bestia macellata. **3** Parte della corazza che copre la schiena.

schienàta *s. f.* **1** Colpo dato con la schiena. **2** (*sport*) Colpo della lotta, con il quale si pone l'avversario con la testa e le spalle al tappeto.

schièra *s. f.* **1** Reparto di soldati armati disposti su una stessa linea nel senso della fronte. **2** (*est.*) Moltitudine ordinata di persone o di animali: *— di collegiali, di angeli* | (*est.*) Gruppo di persone che hanno q.c. in comune: *la — dei critici, dei giornalisti* | *A schiere*, in gran quantità; SIN. Stuolo.

schieraménto *s. m.* **1** Ordinamento in schiera | Disposizione sul terreno di unità militari, opere di difesa e sim. **2** Composizione di una squadra di giocatori e loro disposizione in campo. **3** Insieme di persone, mezzi e sim. che si trovano uniti nel sostenere e difendere una idea: *lo — dei partiti di sinistra.*

schieràre A *v. tr.* (*io schièro*) **1** Ordinare in schiera: *— l'esercito a battaglia.* **2** (*est.*) Disporre in file ordinate: *— i libri negli scaffali.* **B** *v. rifl.* **1** Ordinarsi in schiera: *schierarsi in ordine di combattimento.* **2** (*fig.*) Prendere posizione tra i difensori o gli oppositori di una persona, un'idea, una polemica: *schierarsi con qc., dalla parte di qc., contro qc.*

schiettézza *s. f.* L'essere schietto; SIN. Franchezza, sincerità.

schiètto *agg.* **1** Puro, scevro di contaminazioni e di mescolanze: *oro —* | *Linguaggio —*, non mescolato con elementi dialettali o stranieri. **2** (*est.*) Sano, scevro di magagne, imperfezioni: *frutta schietta.* **3** (*est.*) Semplice, privo di ornamenti eccessivi: *vestire in modo —.* **4** Agile e asciutto: *magro e —.* **5** (*fig.*) Sincero, leale: *parole schiette*; SIN. Franco.

schifàre A *v. tr.* **1** Avere a schifo, in dispregio: *— una compagnia.* **2** Fare schifo, provocare disgusto: *vedere certi film mi schifa.* **B** *v. intr. pron.* Provare schifo, nausea: *si è schifato della carne.*

schifézza *s. f.* **1** L'essere schifoso. **2** (*est.*) Cosa schifosa, ripugnante.

schifiltóso *agg.; anche s. m.* (*f.* -a) Detto di chi ha gusti difficili, esigenti: *è — nel mangiare*; SIN. Schizzinoso, sofistico.

schifo (1) *s. m.* Senso di ripugnanza, nausea, disgusto: *provare, sentire —* | *Fare —*, destare ripugnanza; (*est.*) essere fatto male; (*est.*) dare pessimi risultati: *oggi la squadra ha fatto —*; SIN. Ribrezzo.

schifo (2) *s. m.* Anticamente, battello per servizio di nave grande, per i marinai | Imbarcazione da corsa, lunga e sottile, per un solo vogatore.

schifosàggine *s. f.* L'essere schifoso | Cosa, azione schifosa.

schifóso *agg.* **1** Che dà senso di schifo: *piaghe schifose*; SIN. Ributtante, stomachevole. **2** Detto di persona che si comporta in modo contrario al pudore e alla decenza. **3** (*est., pop.*) Molto scadente: *scrive in modo —.* **4** (*antifr., pop.*) Grande, smisurato: *avere una fortuna schifosa.*

schinière *s. m.* Pezzo di armatura a foggia tubolare a difesa dello stinco.

schioccàre A *v. tr.* (*io schiòcco, tu schiòcchi*) Agitare, muovere in modo da produrre uno schiocco: *— la frusta, le dita.* **B** *v. intr.* (*aus. avere*) Produrre uno schiocco: *— con le dita.*

schiòcco *s. m.* (*pl.* -chi) Rumore secco e sonoro, simile a quello che si ottiene agitando rapidamente una frusta in aria.

schiodàre *v. tr.* (*io schiòdo*) Privare dei chiodi | Aprire togliendo i chiodi.

schiodatùra *s. f.* Atto dello schiodare.

schioppettàta *s. f.* Colpo sparato con lo schioppo o il fucile.

schiòppo *s. m.* (*gener.*) Arma da fuoco portatile, fucile | *A un tiro di —*, a breve distanza (cioè alla distanza cui può giungere una palla da schioppo).

schiribizzo V. *sghiribizzo.*

schisi *s. f.* (*med.*) Scissione, fenditura.

schisto e deriv. V. *scisto* e deriv.

schiùdere A *v. tr.* (*coniug. come chiudere*) Aprire appena e lentamente (*anche fig.*): *— le labbra al sorriso.* **B** *v. intr. pron.* **1** Venire fuori, uscire dal chiuso o da ciò che chiude. **2** (*fig.*) Manifestarsi.

schiùma *s. f.* **1** Aggregato instabile di piccole bolle che si forma alla superficie dei liquidi per effetto dell'ebollizione o di un'agitazione violenta o del gorgogliamento in essi di aria o gas | *Fare — alla bocca, avere la — alla bocca*, (*fig.*) essere in preda a un accesso di collera. **2** (*fig.*) Feccia, rifiuto: *la — della società*; CONTR. Crema.

schiumaiòla o *schiumaròla s. f.* Sorta di paletta bucherellata, leggermente concava, usata in cucina per schiumare la pentola. [→ ill. *cucina*]

schiumàre (1) *v. tr.* Togliere la schiuma.

schiumàre (2) *v. intr.* (*aus. avere*) **1** Fare schiuma: *la birra schiuma.* **2** (*fig.*) Essere sopraffatto dall'ira: *— di rabbia.*

schiumaròla V. *schiumaiola.*

schiumògeno A *agg.* Detto di sostanza che, aggiunta a un liquido, favorisce la formazione e il mantenimento della schiuma. **B** *s. m.* Estintore.

schiumóso *agg.* **1** Che è simile a schiuma: *latte —.* **2** Che fa schiuma: *sapone —.*

schiùsa *s. f.* Lo schiudersi, spec. delle uova di animali: *la — dei pulcini.*

schivàre *v. tr.* Scansare, evitare: *— un colpo, una persona.*

schivàta *s. f.* Mossa fatta per schivare un colpo.

schivo *agg.* **1** Che è alieno dal ricercare ciò che comunemente si desidera: *— di lodi; mostrarsi — a frequentare la società.* **2** Ritroso, sdegnoso.

schizofrenìa *s. f.* (*psicol.*) Gruppo di disturbi mentali caratterizzato da un'alterazione profonda del rapporto con la realtà, da dissociazione mentale, autismo e altri disturbi.

schizofrènico A *agg.* (*pl. m.* -ci) Di schizofrenia. **B** *agg.; anche s. m.* (*f.* -a) Affetto da schizofrenia.

schizòide A *agg.* Che assomiglia, con caratteri molto attenuati, e senza uscire dalla normalità, allo schizofrenico: *personalità —.* **B** *anche s. m. e f.*

schizomicète *s. m.* (*biol.*) Batterio.

schizotimìa *s. f.* (*psicol.*) Tendenza a un comportamento schizoide.

schizzàre A *v. tr.* **1** Emettere schizzi di sostanza liquida o semiliquida: *il rubinetto schizza acqua* | *— salute*, (*fig.*) mostrare un aspetto sano | *— veleno*, (*fig.*) manifestare invidia o rancore | *— fuoco dagli occhi*, (*fig.*) manifestare grande collera. **2** Insudiciare con schizzi: *si è schizzato il vestito di vino.* **3** (*fig.*) Disegnare alla grossa, con pochi tratti rapidi ed essenziali: *— un ritratto* | (*est.*) Descrivere per sommi capi: *mi ha schizzato un quadro della situazione*; SIN. Abbozzare, delineare. **B** *v. intr.* (*aus. essere*) **1** Zampillare con getto impetuoso, detto di sostanza liquida: *l'acqua schizza dalla fontana.* **2** (*est.*) Saltar fuori, scappare via: *l'anguilla schizza nell'acqua; — come un fulmine; — dal letto* | (*fig.*) *Gli occhi schizzano dalla testa, dalle orbite* e sim., per esprimere uno stato di grande agitazione.

schizzàta *s. f.* Atto dello schizzare | Schizzo.

schizzatóio *s. m.* Arnese a pompa per schizzare.

schizzétto *s. m.* **1** (*med.*) Siringa per lavature esterne o di cavità. **2** Giocattolo con pompetta per schizzare acqua o altro liquido addosso alla gente. **3** (*scherz.*) Piccolo fucile di poca efficacia.

schizzinóso *agg.; anche s. m.* (*f. -a*) Detto di chi è difficile a contentarsi, ad adattarsi e sim.; SIN. Schifiltoso, sofistico.

schìzzo *s. m.* **1** Getto, spruzzo di sostanza liquida o semiliquida | Liquido o sim., schizzato: *– d'acqua* | Macchia prodotta dal liquido o sim., schizzato. **2** Primo rapido disegno tracciato dall'artista che vuol fissare un tema | Prima idea di un'opera letteraria; SIN. Abbozzo.

schnauzer /*ted.* 'ʃnautsər/ *s. m. inv.* Cane da guardia caratteristico per il suo pelo ispido e la barba rigida. [→ ill. *cane*]

schnorchel /*ted.* 'ʃnɔrxəl/ *s. m. inv.* Dispositivo che consente ai sommergibili, navigando in immersione, di ricambiare l'aria per la respirazione e l'alimentazione dei motori Diesel e di ricaricare le batterie: consiste in un tubo affiorante alla superficie, munito di una valvola che impedisce l'entrata dell'acqua.

schola cantorum /*lat.* 'skɔla kan'tɔrum/ *loc. sost. f. inv.* Recinto per i cantori spesso sopraelevato, frequente nelle basiliche antiche. [→ ill. *basilica cristiana*]

schooner /*ingl.* 'skuːnə/ *s. m. inv.* (*pl. ingl. schooners* /'skuːnəz/) Yacht a due o più alberi.

sci *s. m.* **1** Ciascuno dei due attrezzi costituiti da un'assicella di materiale leggero ed elastico, quale plastica, metallo, legno e sim., a punta ricurva verso l'alto, atto a scivolare sulla neve | *– da fondo*, adatti alla marcia sulla neve | *– d'acqua, nautici*, analoghi a quelli da neve ma di larghezza maggiore, usati per scivolare sull'acqua trainati da un motoscafo. [→ ill. *sport*] **2** Attività sportiva praticata con gli sci: *gara di –; praticare lo –*.

scìa *s. f.* (*pl. scie*) Traccia spumosa che un'imbarcazione lascia dietro di sé sulla superficie dell'acqua: *navigare nell'altrui –* | (*est.*) Traccia, odore, profumo e sim. che una persona o una cosa lasciano dietro di sé nel passare | *Mettersi sulla –, seguire la – di qc.*, (*fig.*) imitarlo.

scià *s. m.* Titolo dei sovrani di Persia.

sciàbica *s. f.* **1** Rete a strascico per piccole profondità, costituita da due ali e un sacco a maglie diverse. **2** (*zool.*) Gallinella d'acqua.

sciàbile *agg.* Nel linguaggio sciistico, detto di neve che si presta all'uso degli sci.

sciàbola *s. f.* **1** Arma manesca da taglio e punta a lunga lama più o meno curva, affilata nella parte convessa. [→ ill. *armi*] **2** Una delle tre armi della scherma, il cui colpo è valido sia di punta che di taglio o controtaglio; CFR. Fioretto, spada.

sciabolàre A *v. tr.* (*io sciàbolo*) Colpire con la sciabola: *– il nemico.* **B** *v. intr.* (*aus. avere*) Dare sciabolate.

sciabolàta *s. f.* Colpo di sciabola.

sciabolatóre *s. m.* (*f. -trice*) **1** Che dà sciabolate. **2** Chi pratica la scherma di sciabola.

sciabordàre A *v. tr.* (*io sciabórdo*) Agitare un liquido nel recipiente che lo contiene | Agitare un oggetto immerso in un liquido. **B** *v. intr.* (*aus. avere*) Battere contro la riva o la chiglia di una nave o sim., detto di piccole onde.

sciabordìo *s. m.* Lo sciabordare continuo, spec. di onde.

sciacàllo *s. m.* **1** Mammifero dei Carnivori affine al lupo, di colore rosso fulvo, attivo di notte, che si nutre anche di carogne. [→ ill. *animali* 19] **2** (*fig.*) Chi ruba nelle case o nei luoghi abbandonati o distrutti in seguito a guerre, catastrofi e sim. **3** (*fig.*) Persona avida e vile.

sciacchetrà *s. m.* Vino bianco pregiato prodotto nella zona delle Cinque Terre, in Liguria.

sciacquàre *v. tr.* (*io sciàcquo*) Lavare una o più volte con acqua, spec. per togliere ogni residuo di sapone o altra sostanza detergente: *– i bicchieri* | *Sciacquarsi la bocca*, fare sciacqui con acqua o altro liquido; (*est.*) bere una piccola quantità di q.c. | (*fig.*) *Sciacquarsi la bocca sul conto di q.c.*, sparlarne.

sciacquàta *s. f.* Atto dello sciacquare una volta e in fretta.

sciacquatùra *s. f.* **1** Operazione dello sciacquare. **2** Acqua servita per sciacquare | (*est., spreg.*) Minestra, bevanda e sim. di sapore sgradevole.

sciacquìo *s. m.* **1** Lavaggio continuato. **2** Sciabordio | Rumore di piccole onde.

sciàcquo *s. m.* **1** Lavaggio ripetuto della bocca, spec. a scopo igienico o curativo. **2** Liquido che si usa per sciacquarsi la bocca.

sciacquóne *s. m.* Dispositivo del water-closet per cui l'acqua si scarica dal serbatoio nel vaso.

sciaguattàre A *v. tr.* (*tosc.*) Sciacquare, sbattere nell'acqua: *– i panni.* **B** *v. intr.* (*aus. avere*) **1** Diguazzare in un recipiente non completamente pieno, detto di liquidi. **2** Diguazzare in un liquido.

sciagùra *s. f.* Disgrazia di estrema gravità | (*est.*) Sfortuna, destino avverso; SIN. Calamità, disastro, sventura.

sciaguratàggine *s. f.* L'essere sciagurato | Azione, comportamento sciagurato.

sciaguràto A *agg.* **1** Perseguitato dalla sciagura: *famiglia sciagurata*; SIN. Sventurato. **2** Che arreca sciagura: *evento –* | (*est.*) Malaugurato: *di chi è la sciagurata idea?* **3** Iniquo, malvagio, scellerato: *madre sciagurata.* **B** *s. m.* (*f. -a*) **1** Persona colpita dalla sciagura; SIN. Disgraziato. **2** Persona che arreca sciagure: *è l'ultimo delitto di quello sciagurato*; SIN. Scellerato.

scialacquàre *v. tr.* (*io scialàcquo*) **1** Spendere con eccessiva prodigalità, sperperare, dissipare, anche ass.: *ha scialacquato il patrimonio di famiglia*; SIN. Dilapidare. **2** (*fig.*) Profondere, prodigare: *– complimenti.*

scialacquatóre *s. m.* (*f. -trice*) Chi scialacqua; SIN. Dilapidatore, dissipatore.

scialacquìo *s. m.* (*raro*) Lo scialacquare continuo e disordinato; SIN. Dissipazione.

scialàcquo *s. m.* Spreco, sperpero, profusione: *– di capitali.*

scialacquóne *s. m.* (*f. -a*) (*pop.*) Chi ha l'abitudine di scialacquare, di dissipare.

scialàppa V. *gialappa.*

scialàre A *v. tr.* (*raro*) Dissipare, spendere senza risparmio: *ha scialato tutto quello che aveva.* **B** *v. intr.* (*aus. avere*) Fare vita comoda, lussuosa.

scialbàre *v. tr.* (*raro*) Imbiancare, intonacare: *– una stanza.*

sciàlbo *agg.* **1** Pallido, scolorito, smorto: *colore –.* **2** (*fig.*) Privo di personalità, di carattere.

scialbóre *s. m.* L'essere scialbo.

scialìtico *agg.* (*pl. m. -ci*) Detto di dispositivo illuminante che evita la formazione di ombre | *Lampada scialitica*, che sovrasta e illumina il tavolo operatorio. [→ ill. *medicina e chirurgia*]

sciallàto *agg.* Fatto a forma di scialle: *collo –.*

sciàlle *s. m.* Lembo di tessuto, seta o lana, spesso frangiato, di forma triangolare o rettangolare, per proteggere le spalle. [→ ill. *abbigliamento*]

sciàlo *s. m.* **1** Sperpero, spreco | *Fare – di q.c.*, consumarne senza riguardo o economia. **2** Pompa, magnificenza, sfoggio.

sci alpinismo o *sci-alpinismo* o *scialpinismo loc. sost. m. inv.* Attività sportiva con gli sci, consistente in ascensioni ed escursioni in montagna.

scialùppa *s. f.* Barca maggiore a vela e a remi a bordo delle navi per eventuali servizi: *– di salvataggio.*

sciamannàre A *v. tr.* (*tosc.*) Trattare senza ordine e riguardo: *– un abito nuovo.* **B** *v. rifl.* (*tosc.*) Scomporsi nelle vesti e nella persona.

sciamannàto *part. pass. di sciamannare; anche agg.* Disordinato, scomposto nelle vesti.

sciamàno *s. m.* Nelle religioni siberiane e nord-americane, personaggio dotato di eccezionali poteri, che fa da intermediario con il mondo celeste e infernale, guarisce le malattie e accompagna le anime nel regno dei morti.

sciamàre *v. intr.* (*aus. avere* nel sign. 1, *essere* nel sign. 2) **1** Raccogliersi in sciame, formare un nuovo sciame, detto delle api. **2** (*fig.*) Partire, allontanarsi in massa, da un luogo.

sciamatùra *s. f.* Uscita delle api in sciame.

sciàme *s. m.* **1** Gruppo di api che in primavera esce dall'alveare raccogliendosi attorno alla vecchia regina per creare una nuova colonia. **2** (*astron.*) Gruppo di meteore che viaggiano con velocità uguali in direzioni concordi. **3** (*geol.*) *– sismico*, rapido succedersi di scosse sismiche di lieve entità. **4** (*fig.*) Moltitudine di persone, animali o cose, in movimento: *uno — di scolari, di isole* | *A sciami*, in gran quantità.

sciampàgna *s. m.* (*raro*) *f.* (*pl. sciampàgna o sciampàgne, f.*) Adattamento di *champagne.*

sciampagnòtta *agg. solo f.; anche s. f.* Detto di bottiglia per vino spumante di forma cilindrica e affusolata, di capacità di circa 3/4 di litro. [→ ill. *vino*]

sciancàre **A** *v. tr.* (*io sciànco, tu sciànchi*) Rendere sciancato. **B** *v. intr. pron.* Diventare sciancato.

sciancàto **A** *part. pass. di sciancare; anche agg.* **1** Storpio. **2** Che non si regge in piedi, malandato: *mobile —*. **B** *s. m.* (*f. -a*) Persona sciancata.

sciancràto *agg.* Detto di abito scavato nel punto di vita.

sciangài *s. m.* Gioco da tavola consistente nel lasciar cadere alla rinfusa numerosi bastoncini di legno o plastica e nel raccoglierli uno per uno senza muovere quelli vicini o sovrapposti. [→ ill. *giochi*]

sciantósa *s. f.* Canzonettista, spec. di caffè concerto.

sciàntung *s. m.* Adattamento di *shantung.*

sciaràda *s. f.* Gioco enigmistico consistente nell'indovinare una parola della quale sono state indicate le parti in cui essa può venire scomposta (es. *indo-vino*).

sciàre (1) *v. intr.* (*aus. avere*) Spostarsi con gli sci su terreno coperto di neve | Praticare lo sport dello sci.

sciàre (2) *v. intr.* (*aus. avere*) (*mar.*) Vogare a ritroso mandando la poppa innanzi.

sciàrpa *s. f.* Lembo di tessuto più o meno stretto, ma lungo, che si avvolge attorno al collo come ornamento o per proteggersi dal freddo | Fascia che portano a tracolla o attorno alla vita pubblici funzionari o militari in occasioni speciali. [→ ill. *abbigliamento*]

sciatalgìa *s. f.* (*pl. -gìe*) (*med.*) Sciatica.

sciàtica *s. f.* (*med.*) Nevralgia del nervo sciatico, caratterizzata da dolori all'anca e all'arto inferiore e da difficoltà nel camminare.

sciàtico *agg.* (*pl. m. -ci*) (*anat.*) Detto del principale nervo del plesso sacrale, che dal bacino va alla parte posteriore della gamba. [→ ill. *anatomia umana*]

sciatóre *s. m.* (*f. -trice*) Chi scia | Atleta che pratica lo sport dello sci. [→ ill. *copricapo*]

sciatòrio *agg.* Sciistico.

sciatterìa *s. f.* L'essere sciatto | Atto, comportamento e sim. di persona sciatta; SIN. Trascuratezza.

sciattézza *s. f.* Sciatteria.

sciàtto *agg.* Negligente, trasandato, nella cura della propria persona, nel lavoro e sim.; SIN. Trascurato.

sciattóne *s. m.* (*f. -a*) (*fam.*) Persona sciatta.

scìbile *s. m.* Tutto ciò che si può conoscere, sapere, apprendere: *i rami dello —; lo — umano.*

sciccherìa *s. f.* (*pop.*) Eleganza | Cosa elegante.

science fiction /*ingl.* 'saiəns 'fikʃən/ *loc. sost. f. inv.* Fantascienza.

sciènte o *sciènte agg.* (*raro, lett.*) Che sa.

scienteménte o *scienteménte avv.* In modo consapevole | Con piena cognizione.

scientificaménte *avv.* In modo scientifico | Per quanto concerne la scienza.

scientìfico *agg.* (*pl. m. -ci*) **1** Che è proprio della scienza, che si riferisce alla scienza: *ricerca scientifica.* **2** Che si fonda sulle scienze, o le ha come oggetto: *società scientifica.* **3** Che usa metodi caratteristici di una scienza: *piano di azione —*.

scientìsmo *s. m.* Dottrina secondo cui il solo sapere valido è quello della scienza.

sciènza *s. f.* **1** (*raro*) Conoscenza, cognizione | *Di certa —*, certamente | *Con —*, con cognizione della cosa. **2** Conoscenza esatta e ragionata che deriva dallo studio, dall'esperienza, dall'osservazione: *amore della —* | *Uomo di —*, uomo colto | *Arca, pozzo di —*, persona dottissima | *Spezzare il pane della —*, insegnare | *Avere — infusa*, (*fam.*) pretendere di sapere tutto senza che ciò sia giustificato da adeguati studi. **3** Complesso dei risultati dell'attività speculativa umana volta alla conoscenza di cause, leggi, effetti intorno a un determinato ordine di fenomeni, e basata sul metodo, lo studio e l'esperienza | *— pura*, fine a se stessa | *— applicata*, i cui risultati sono utilizzati per applicazioni tecniche. **4** *spec. al pl.* Insieme di discipline con caratteri di affinità: *scienze storiche, economiche.* **5** *al pl.* Insieme di discipline fondate sul calcolo e sull'osservazione, come matematica, fisica, chimica e sim.: *le scienze e le lettere* | (*per anton.*) Le scienze naturali: *essere interrogato in scienze.*

scienziàto *s. m.* (*f. -a*) Chi si dedica allo studio della scienza o di una scienza.

scifo *s. m.* Vaso greco troncoconico provvisto di due anse orizzontali all'altezza dell'orlo.

sciìstico *agg.* (*pl. m. -ci*) Relativo allo sport dello sci e agli sciatori: *stagione sciistica*; SIN. Sciatorio.

sciìta *s. m. e f.* (*pl. m. -i*); *anche agg.* Musulmano che sostiene il diritto esclusivo del califfo Alì, genero di Maometto, e dei suoi discendenti a governare la comunità dei fedeli.

scilinguàgnolo *s. m.* **1** (*raro*) Frenulo della lingua. **2** (*fig.*) Parlantina | *Avere lo — sciolto*, parlare molto e velocemente.

scilla *s. f.* Pianta erbacea bulbosa delle Liliflore, con foglie basali e fiori a sei tepali bianchi, azzurri o rossi in infiorescenze a racemo.

scillaro *s. m.* Crostaceo marino con corpo tozzo, privo di chele e con antenne a lamella.

scimitàrra *s. f.* Corta sciabola con lama larga ricurva a un taglio, usata fin dai tempi più antichi dai Persiani. [→ ill. *armi*]

scìmmia *s. f.* **1** Ogni mammifero dei Primati con corpo coperto di peli a eccezione della faccia, alluce opponibile e dentatura simile a quella dell'uomo. **2** (*fig.*) Persona di aspetto sgradevole e di maniere dispettose, d'animo maligno e sim. | Chi contraffà e imita gesti, voce, maniere altrui.

scimmiésco *agg.* (*pl. m. -schi*) Di, da scimmia (*spec. spreg.*): *movimenti scimmieschi.*

scimmiottàre *v. tr.* (*io scimmiòtto*) **1** Beffeggiare qc. riproducendone in maniera ridicola i gesti, il modo di parlare o di muoversi. **2** Imitare in maniera goffa: *— usanze straniere*; SIN. Contraffare.

scimmiòtto *s. m.* **1** Scimmia piccola e giovane. **2** (*fig.*) Persona brutta e malfatta. **3** (*fig., fam., scherz.*) Bambino, spec. piccolo.

scimpanzé *s. m.* Scimmia africana piuttosto alta, robusta, a pelame scuro, con arti anteriori più lunghi dei posteriori, di carattere docile, vivace e addomesticabile. [→ ill. *animali* 21]

scimunitàggine *s. f.* L'essere scimunito | Atto da scimunito.

scimunìto *agg.; anche s. m.* (*f. -a*) Detto di chi è sciocco, scemo, senza cervello.

scinco *s. m.* (*pl. -chi*) Rettile con muso appuntito, zampe robuste, squame lucide ed embricate, che vive sprofondato nelle sabbie. [→ ill. *animali* 6]

scìndere **A** *v. tr.* (*pass. rem. io scìssi, tu scindésti; part. pass. scisso*) **1** Separare, dividere (*spec. fig.*): *— un partito*; *— le proprie responsabilità.* **2** (*chim.*) Frazionare un composto in altri più semplici. **B** *v. intr. pron.* Dividersi nettamente: *la società si scisse in due.*

scindìbile *agg.* Che si può scindere; CONTR. Inscindibile.

scintigrafìa *s. f.* (*med.*) Esame diagnostico di un organo mediante isotopi radioattivi.

scintigràmma *s. m.* (*pl. -i*) (*med.*) Tracciato che si ottiene come risultato della scintigrafia.

scintilla *s. f.* **1** Fenomeno transitorio di fuoco nettamente localizzato che sprizza da carboni e legna accesi, metalli roventi battuti e sim. | *— elettrica*, scarica elettrica, breve, con effetti luminosi, acustici, termici, meccanici. **2** (*fig.*) Illuminazione, sprazzo: *la — del genio.* **3** (*fig.*) Motivo, causa: *la — che fece scoppiare la lite.*

scintillàre *v. intr.* (*aus. avere*) **1** Emettere scintille. **2** Risplendere di vivi sprazzi di luce | Sfavillare, luccicare: *gli occhi le scintillano di contentezza.* **3** (*astron.*) Presentare il fenomeno della scintillazione atmosferica.

scintillazióne *s. f.* **1** (*lett.*) Scintillio. **2** (*astron.*) Fluttuazione rapida della posizione apparente delle stelle e della loro luminosità, dovuta a perturbazioni dell'atmosfera terrestre. **3** (*fis.*) Emissione di radiazioni luminose da parte di sostanze sottoposte a irradiazione.

scintillìo *s. m.* **1** (*raro*) Emissione di scintille. **2** Continua e intensa emanazione di vivi sprazzi di luce: *— di vetrine illuminate* | (*est.*) Luccichio, sfavillio: *— degli occhi.*

scintoìsmo o *shintoìsmo s. m.* Religione nazionale dell'antico Giappone, fondata sul culto delle forze naturali

e sull'origine divina dell'Imperatore.
scintoista o *shintoista* ***A*** *s. m. e f.* (*pl. m. -i*) Fedele dello scintoismo. ***B*** *agg.* Dello scintoismo e degli scintoisti.
sciocàre V. shoccare.
sciocchézza *s. f.* ***1*** L'essere sciocco. ***2*** Azione, parola, fatta o detta senza riflettere; SIN. Scemenza, scempiaggine. ***3*** Cosa da nulla, inezia: *non preoccuparti per questa —*.
sciòcco ***A*** *agg.* (*pl. m. -chi*) ***1*** (*tosc.*) Che è privo, o quasi privo, di sale: *brodo —*. ***2*** Che non ha giudizio, senno, criterio, intelligenza, detto di persona | Insulso, stolido: *riso, sorriso, —*; SIN. Credulone, gonzo, grullo, scemo. ***B*** *s. m.* (*f. -a*) Persona sciocca.
sciogliìbile *agg.* Che si può sciogliere.
sciògliere ***A*** *v. tr.* (*pres. io sciòlgo, tu sciògli; fut. io scioglierò; pass. rem. io sciòlsi, tu sciogliésti; part. pass. sciòlto*) ***1*** Disfare, rendere libero, ciò che si trova legato, avvolto, intrecciato e sim.: *— un nodo; — un pacco, i capelli* | *— la lingua*, parlare dopo una certa reticenza | (*lett.*) *— un canto*, innalzarlo. ***2*** Liberare persone o animali da ciò che li tiene legati: *— i buoi dal giogo.* ***3*** Fare soluzione: *— il sale nell'acqua* | Portare allo stato liquido: *il calore scioglie il ghiaccio.* ***4*** Porre fine a un impegno, un'obbligazione e sim.: *— una società, una compagnia* | Adempiere: *— un voto* | Liberare una persona da un impegno o un obbligo assunto: *— qc. da un voto.* ***5*** Porre fine a una riunione di persone riunite per uno scopo comune: *— una seduta, un'associazione.* ***6*** Spiegare, risolvere: *— un quesito, un problema.* ***7*** Rendere agile o più agile: *— i muscoli, le gambe.* ***8*** Unire due o più sostanze in una soluzione. ***B*** *v. rifl.* Liberarsi, svincolarsi, da ciò che tiene legato (*anche fig.*): *sciogliersi dai lacci, da un obbligo.* ***C*** *v. intr. pron.* Liquefarsi, fondersi: *la neve si scioglie al sole.* [→ tav. *proverbi* 335]
scioglilìngua *s. m. inv.* Frase o serie di parole difficili a pronunciarsi rapidamente a causa di particolari accostamenti di vocali e di consonanti.
scioglimento *s. m.* ***1*** Liberazione da ciò che tiene legato, avvolto, intrecciato e sim.: *— di un pacco; — di un cane dalla catena* | *— dei muscoli*, (*fig.*) movimento atto a renderli elastici e sciolti. ***2*** (*fig.*) Determinazione della decadenza, della cessazione di attività di un gruppo, assemblea, riunione e sim.: *— del Parlamento; — di un corteo* | Risoluzione, annullamento di un impegno, obbligazione e sim.: *— di un contratto* | Adempimento: *— di un voto* | Spiegazione: *— di un quesito.* ***3*** (*chim.*) Soluzione | Liquefazione, fusione: *lo — dei ghiacci.* ***4*** (*fig.*) Conclusione, epilogo: *il dramma ha uno — inatteso.*
sciolìna *s. f.* Preparato che si applica sotto gli sci per accrescerne la scorrevolezza.
sciolinàre *v. tr.* Applicare la sciolina sugli sci.
sciolinatùra *s. f.* Operazione dello sciolinare.
scioltézza *s. f.* ***1*** L'essere sciolto. ***2*** Agilità, destrezza, nei movimenti | Disinvoltura nel parlare e nel comportarsi.
sciòlto *part. pass. di sciogliere; anche agg.* ***1*** Reso libero da legami, intrecci e sim. | *Essere di lingua sciolta*, parlare con facilità | *A briglia sciolta*, di gran carriera | *Abito —*, abbastanza ampio; SIN. Agile. ***2*** Che è privo di legami, vincoli, connessioni, concatenazioni | *Versi sciolti*, non rimati.
scioperànte *part. pres. di scioperare; anche agg. e s. m. e f.* Partecipante a uno sciopero.
scioperàre *v. intr.* (*io sciòpero; aus. avere*) Astenersi dal lavoro aderendo a uno sciopero.
scioperatàggine *s. f.* L'essere scioperato | Comportamento da scioperato.
scioperàto *agg.; anche s. m.* (*f. -a*) Detto di chi non ha voglia di lavorare e vive alla giornata; SIN. Sfaccendato, sfaticato.
sciòpero *s. m.* Astensione collettiva dal lavoro da parte di lavoratori, per raggiungere determinati fini d'ordine economico, sindacale o politico: *diritto di —* | *— articolato*, attuato per settori | *— generale*, di tutti gli addetti a tutti i settori economici | *— a catena*, con astensioni dal lavoro a breve distanza fra loro | *— a scacchiera*, realizzato in tempi diversi dagli addetti alle diverse fasi della produzione | *— a singhiozzo*, con brevi intervalli di lavoro | *— bianco*, consistente nell'eseguire il lavoro attuando con puntigliosa meticolosità le norme e i regolamenti | *— della fame*, astensione volontaria dal cibo in segno di protesta.
sciorinàre *v. tr.* ***1*** Spiegare, stendere all'aria: *— il bucato.* ***2*** (*fig.*) Mettere in mostra, ostentare: *— la propria merce.*
sciovìa *s. f.* Impianto di traino meccanico funicolare di cui si servono gli sciatori per risalire le piste; SIN. Ski-lift. [→ ill. *funivia*]
sciovinìsmo *s. m.* Nazionalismo esagerato e fanatico.
sciovinìsta *s. m. e f.* (*pl. m. -i*) Chi dà prova di sciovinismo.
sciovinìstico *agg.* (*pl. m. -ci*) Di sciovinismo, di, da sciovinista.
scipitàggine *s. f.* Scipitezza.
scipitézza *s. f.* L'essere scipito.
scipìto *agg.* ***1*** Privo di sapore, insipido: *carne scipita.* ***2*** (*fig.*) Sciocco, privo di spirito: *barzelletta scipita.*
scippàre *v. tr.* ***1*** Fare uno scippo. ***2*** (*fig., est.*) Privare qc. di ciò che sembrava acquisito: *— qc. della vittoria.*
scippatóre *s. m.* (*f. -trice*) Chi fa uno scippo.
scìppo *s. m.* Furto compiuto strappando violentemente q.c. di mano o di dosso a qc., spec. in una pubblica via.
sciròcco *s. m.* (*pl. -chi*) Vento caldo da sud-est, proveniente dall'Africa, che si arricchisce di umidità attraversando il Mediterraneo. [→ ill. *geografia, meteorologia*]
sciroppàre *v. tr.* (*io sciròppo*) Preparare la frutta in uno sciroppo zuccherato per conservarla | (*fig.*) *Sciropparsi qc. o q.c.*, sopportare con pazienza persona o cosa noiosa.
sciròppo *s. m.* Soluzione concentrata di zucchero in acqua o in un succo di frutta, sovente con aggiunta di medicamenti. [→ ill. *medicina e chirurgia*]
sciroppóso *agg.* ***1*** Che ha la densità di uno sciroppo: *liquido, vino, —.* ***2*** (*fig.*) Che eccede in sentimentalismo, in languidezza e sim.: *romanzo —.*
scìsma *s. m.* (*pl. -i*) Separazione da una chiesa o da una comunità, rifiutandone l'autorità e costituendosi in chiesa o in comunità autonoma.
scismàtico ***A*** *agg.* (*pl. m. -ci*) Che si riferisce a scisma. ***B*** *s. m.* Chi provoca uno scisma.
scìssile *agg.* Che si sfalda o si scinde.
scissióne *s. f.* ***1*** Separazione, divisione: *— di un partito* | (*chim.*) Frazionamento di un composto | *— nucleare*, scissione del nucleo atomico prodotta con bombardamento di neutroni; SIN. Fissione; CONTR. Fusione. ***2*** (*biol.*) Processo di riproduzione agamica in cui l'individuo si divide in due.
scissionìsmo *s. m.* Tendenza a provocare scissioni all'interno del proprio partito.
scissionìsta *s. m. e f.* (*pl. m. -i*) Chi aderisce a un movimento scissionistico.
scissionìstico *agg.* (*pl. m. -ci*) Dello scissionismo o degli scissionisti.
scìsso *part. pass. di scindere; anche agg.* Separato, diviso.
scissùra *s. f.* ***1*** Fessura | (*anat.*) *— cerebrale*, fenditura fra le circonvoluzioni cerebrali. ***2*** (*raro, fig.*) Discordia, dissidio.
scìsto o (*raro*) *schisto* *s. m.* Roccia scistosa.
scistosità *s. f.* (*miner.*) Facile divisibilità in piani paralleli di alcune rocce.
scistóso o (*raro*) *schistóso* *agg.* (*miner.*) Detto di roccia che presenta scistosità.
Scitamìnee *s. f. pl.* Ordine di piante monocotiledoni tropicali comprendente piante utili nell'alimentazione, aromatiche, ornamentali. [→ ill. *piante* 15]
sciupàre ***A*** *v. tr.* ***1*** Ridurre in cattivo stato: *— un indumento nuovo; sciuparsi la salute*; SIN. Guastare, rovinare. ***2*** (*est.*) Impiegare senza ricavare alcuna utilità: *— tempo, fatica* | Dissipare, spendere male: *— denaro*; SIN. Sprecare. ***B*** *v. intr. pron.* Ridursi in cattivo stato: *gli indumenti delicati si sciupano* | Deperire nel fisico: *si è sciupata a studiare.*
sciupìo *s. m.* Spreco continuo o abituale: *— di tempo, di denaro.*
sciùpo *s. m.* (*raro*) Spreco, sperpero.
sciupóne *s. m.* (*f. -a*) Chi sciupa molto; SIN. Sprecone.
sciuscià *s. m.* Ragazzino che fa il lustrascarpe | Dopo la seconda guerra mondiale, ragazzo che si prestava a umili servizi o trafficava più o meno illecitamente, per guadagnarsi da vivere.
scivolàre *v. intr.* (*io scivolo; aus. essere e avere nel sign.*

1, *essere* nel sign. 2) ***1*** Scorrere leggermente e rapidamente su una superficie liscia, levigata o in pendenza: – *sul ghiaccio* | Sdrucciolare, perdere l'equilibrio. ***2*** (*est.*) Sfuggire dalle mani, venir meno alla presa: *l'anguilla scivola via* | *Far – q.c. in tasca a qc.*, dargliela di nascosto | Cercare di evitare incontri, colloqui e sim., detto di persona | (*fig.*) – *su un argomento*, evitarlo.

scivolàta *s. f.* ***1*** Atto dello scivolare; SIN. Scivolone. ***2*** Derapata verso il lato basso dell'aereo | – *d'ala*, figura acrobatica di velivoli, consistente in una scivolata generalmente ripida e prolungata, nella direzione dell'ala più bassa.

scivolo *s. m.* ***1*** Piano inclinato, spec. quello utilizzato in varie tecnologie per fare scivolare materiali, macchine e sim. in una data direzione. ***2*** Gioco costituito da un piano inclinato su cui ci si lascia scivolare in acqua, sulla sabbia e sim. [→ ill. *giochi*]

scivolóne *s. m.* ***1*** Lunga scivolata | (*est.*) Caduta: *fare uno –*. ***2*** (*fig.*) Grave errore o peccato | Sconfitta inaspettata: – *dell'Inter a Como.*

scivolóso *agg.* ***1*** Detto di superficie su cui si scivola con facilità; SIN. Sdrucciolevole. ***2*** Che sfugge alla presa | (*fig.*) Detto di persona, che nasconde le sue vere intenzioni dietro un'apparenza cortese.

sclèra *s. f.* (*anat.*) Porzione biancastra, non trasparente, della membrana esterna dell'occhio; SIN. Sclerotica.

scleràle *agg.* Della sclera.

sclerènchima *s. m.* (*pl. -i*) Tessuto vegetale di cellule con membrana totalmente ispessita per lignificazione o mineralizzazione.

sclerodermìa *s. f.* Malattia che rende la pelle dura, sclerotica.

scleròmetro *s. m.* Apparecchio, misuratore della durezza, che determina la forza necessaria perché una punta scalfisca un dato materiale.

sclerosàre *v. tr.* (*io scleròso*) Rendere sclerotico.

scleròsi o *sclèrosi* *s. f.* ***1*** (*biol.*) Indurimento, perdita di elasticità dei tessuti. ***2*** (*fig.*) Perdita di vitalità: *la – della vita politica.*

scleròtica *s. f.* (*anat.*) Sclera.

scleròtico *agg.; anche s. m.* (*f. -a; pl. m. -ci*) Affetto da sclerosi (*anche fig.*).

sclerotizzàre ***A*** *v. tr.* (*fig.*) Irrigidire, rendere inerte un'ideologia, un sistema economico e sim. ***B*** *v. intr. pron.* ***1*** (*med.*) Subire un processo di sclerosi. ***2*** (*fig.*) Irrigidirsi, perdere elasticità.

scòcca *s. f.* ***1*** Insieme dell'ossatura e dei rivestimenti esterni di una carrozzeria d'automobile | – *portante*, carrozzeria portante. [→ ill. *automobile*] ***2*** Serpa di carrozza.

scoccàre ***A*** *v. tr.* (*io scòcco, tu scòcchi*) ***1*** Tirare, scagliare, con forza: – *una freccia, un pugno.* ***2*** Battere le ore, detto degli orologi a suoneria: *l'orologio scoccò le sei.* ***3*** (*fig.*) Rivolgere con impeto: – *un bacio.* ***B*** *v. intr.* (*aus. essere*) ***1*** Battere, detto delle ore: *scoccano le sei.* ***2*** Sprigionarsi, balenare: *è scoccata una scintilla.*

scocciàre ***A*** *v. tr.* (*io scòccio*) (*fam.*) Importunare, infastidire, seccare. ***B*** *v. intr. pron.* (*fam.*) Seccarsi, annoiarsi.

scocciatóre *s. m.* (*f. -trìce*) (*fam.*) Persona noiosa, importuna e seccatrice; SIN. Seccatore.

scocciatùra *s. f.* (*fam.*) Seccatura, noia.

scòcco *s. m.* (*pl. -chi*) Atto dello scoccare.

scodàre *v. tr.* (*io scódo*) Privare della coda.

scodèlla *s. f.* ***1*** Piatto fondo, usato spec. per servire la minestra | Quantità di cibo contenuta in una scodella: *due scodelle di minestra.* ***2*** Ciotola, tazza, priva di manico. [→ ill. *cucina*]

scodellàre *v. tr.* (*io scodèllo*) ***1*** Versare minestra o altri cibi, spec. brodosi, nella scodella: – *la minestra.* ***2*** (*fig., fam., scherz.*) Dire, dare, fare e sim. con grande facilità: – *bugie, fandonie.*

scodellino *s. m.* ***1*** *Dim. di scodella.* ***2*** Nelle antiche armi da fuoco ad avancarica, mensoletta concava per la polvere d'innesco. ***3*** (*pitt.*) Piccolo contenitore per il diluente. [→ ill. *pittore*]

scodinzolàre *v. intr.* (*io scodìnzolo; aus. avere*) ***1*** Dimenare la coda: *il cane scodinzola in segno di festa.* ***2*** (*fig., pop.*) Dimenarsi camminando, detto spec. di donna.

scodinzolìo *s. m.* Continuo dimenamento della coda.

scòglia *s. f.* (*lett.*) Involucro corneo deposto dai rettili con la muta.

scoglièra *s. f.* Successione di scogli che affiorano o emergono dal mare. [→ ill. *spiaggia*]

scòglio *s. m.* ***1*** Porzione di roccia che emerge dalle acque del mare. [→ ill. *geografia*] ***2*** (*est., lett.*) Rupe, masso scosceso. ***3*** (*fig.*) Ostacolo, grave difficoltà: *questo è uno – per il buon esito del progetto.*

scogliόso *agg.* Pieno di scogli: *mare –*.

scoiàre o *scuoiare* *v. tr.* (*io scuòio, pop. scòio; in tutta la coniug. la o dittonga preferibilmente in uo se tonica*) Levare la pelle ad animali uccisi.

scoiàttolo *s. m.* Mammifero dei Roditori con grandi occhi vivaci e lunga coda, arboricolo e vivacissimo. [→ ill. *animali* 16]

scolabottiglie *s. m. inv.* Struttura, spec. metallica, su cui s'infilano le bottiglie capovolte a scolare. [→ ill. *vino*]

scolapàsta V. *colapasta.*

scolapiàtti *s. m.* Arnese in cui si ripongono i piatti lavati, perché ne scoli l'acqua.

scolàre (1) ***A*** *v. tr.* (*io scólo*) Estrarre da un recipiente il liquido, o il residuo di liquido, in esso contenuto: – *le bottiglie prima di riempirle* | Far sgocciolare da verdure, cibi o sim. l'acqua in cui sono stati cotti o lavati: – *la pasta, l'insalata* | *Scolarsi una bottiglia*, berne tutto il contenuto. ***B*** *v. intr.* (*aus. essere*) Scorrere verso il basso, detto di liquidi.

scolàre (2) *agg. Solo nella loc. età* –, da cui hanno inizio gli obblighi scolastici.

scolarésca *s. f.* Insieme degli scolari di una classe, di una scuola, di un istituto.

scolarétto *s. m.* (*f. -a*) ***1*** *Dim. di scolaro.* ***2*** (*est., fig.*) Persona ingenua o goffa.

scolarità *s. f.* Indice di frequenza scolastica.

scolarizzazióne *s. f.* Attuazione di provvedimenti atti a recuperare all'istruzione obbligatoria quanti ne sono rimasti esclusi | Attuazione dell'obbligo scolastico.

scolàro *s. m.* (*f. -a*) ***1*** Chi frequenta una scuola, spec. dell'ordine inferiore. ***2*** Discepolo di un maestro o di una scuola: *gli scolari del De Sanctis.*

scolàstica *s. f.* Complesso delle dottrine filosofiche sviluppatesi nel corso del Medioevo.

scolasticità *s. f.* L'essere scolastico (*spec. spreg.*).

scolàstico ***A*** *agg.* (*pl. m. -ci*) ***1*** Che si riferisce alla scuola, che riguarda la scuola: *legislazione scolastica*; *libri scolastici.* [→ ill. *scuola*] ***2*** (*fig., spreg.*) Che risente troppo di schemi, regole, principi, della scuola. ***3*** Che si riferisce alla scolastica. ***B*** *s. m.* Seguace della filosofia scolastica.

scolatóio *s. m.* Piano inclinato su cui si pone roba da scolare.

scolatùra *s. f.* Operazione dello scolare | Materia scolata.

scoliàste o *scoliàsta* *s. m.* (*pl. -i*) Anticamente, chiosatore di antichi poeti.

scòlice *s. m.* Estremità cefalica del corpo di alcuni platelminti, munita di ventose o uncini con cui si attacca ai tessuti dell'ospite: *lo – della tenia.* [→ ill. *zoologia*]

scòlio (1) *s. m.* Chiosa, annotazione.

scolìo (2) *s. m.* Continuo scorrimento di un liquido verso il basso.

scolìosi *s. f.* (*med.*) Deviazione laterale a larga curvatura della colonna vertebrale.

scoliòtico *agg.; anche s. m.* (*f. -a; pl. m. -ci*) Affetto da scoliosi.

scollacciàrsi *v. rifl.* (*io mi scollàccio*) Indossare abiti troppo scollati.

scollacciàto *part. pass. di scollacciarsi; anche agg.* ***1*** Che è troppo scollato. ***2*** (*fig.*) Licenzioso, immorale: *discorsi scollacciati.*

scollaménto *s. m.* ***1*** Distacco di cose incollate tra loro. ***2*** (*fig.*) Perdita di coesione spec. tra organismi politici e sim.: – *fra i partiti della maggioranza.*

scollàre (1) ***A*** *v. tr.* (*io scòllo*) Modellare con le forbici la parte anteriore di un indumento, aprendola in corrispondenza della parte da cui esce il collo: – *un vestito, una camicia.* ***B*** *v. intr. pron.* Vestire abiti eccessivamente aperti sul petto.

scollàre (2) ***A*** *v. tr.* (*io scòllo*) Staccare cose incollate fra loro. ***B*** *v. intr. pron.* Disgiungersi, sconnettersi, detto di cose incollate fra loro.

scollàto *part. pass. di scollare* (1); *anche agg.* **1** Che lascia scoperto il collo, il petto, le spalle, detto di abito | *Scarpa scollata*, che lascia scoperto il collo del piede; CONTR. Accollato. **2** Che indossa un abito scollato: *signore scollate.*

scollatùra (1) *s. f.* **1** Esecuzione dello scollo a un indumento. **2** Apertura di un indumento, spec. femminile, sul collo, sul petto o sulle spalle. [→ ill. *abbigliamento*]

scollatùra (2) *s. f.* Distacco di cose incollate tra loro; SIN. Scollamento.

scòllo *s. m.* Apertura di un indumento, spec. femminile, sul collo, sul petto o sulle spalle.

scolmatóre *s. m.* Canale che scarica l'eccesso delle piene di un fiume convogliandone le acque in altro di portata maggiore, in un lago o nel mare.

scólo *s. m.* **1** Scorrimento di un liquido verso il basso | Materia che scola | Condotto attraverso cui un liquido scola. [→ ill. *agricoltura, miniera*] **2** (*med.*) Fuoriuscita di umori | (*volg.*) Blenorragia.

scolopèndra *s. f.* Piccolo animale dei Chilopodi a corpo appiattito diviso in anelli (ognuno fornito di un paio di arti), bruno, agile, dotato di veleno per paralizzare le prede. [→ ill. *animali* 4]

scolòpio *s. m.* Membro della comunità religiosa regolare delle Scuole Pie, fondata da S. Giuseppe Calasanzio.

scoloraménto *s. m.* (*raro*) Diminuzione, perdita del colore.

scoloràre A *v. tr.* (*io scolóro*) Far perdere il colore. **B** *v. intr. pron.* (*aus. essere*) Perdere il colore, la vivacità del colore.

scoloriménto *s. m.* Attenuazione, offuscamento, perdita della vivacità e dell'intensità del colore: *tinta soggetta a —.*

scolorina *s. f.* Nome commerciale di un preparato a carattere ossidante, atto a togliere macchie d'inchiostro dalla carta e dai tessuti.

scolorire A *v. tr.* (*io scolorisco, tu scolorisci*) **1** Far perdere il colore. **2** (*fig.*) Far perdere vivezza, intensità: *il tempo ha scolorito l'episodio*; SIN. Sbiadire. **B** *v. intr. e intr. pron.* (*aus. essere*) Perdere il colore, la vivacità del colore | (*est.*) Impallidire: *scolorirsi in volto.*

scolpàre A *v. tr.* (*io scólpo*) Liberare da un'accusa, da una colpa. **B** *v. rifl.* Difendersi da un'accusa, da una colpa.

scolpire *v. tr.* (*io scolpisco, tu scolpisci*) **1** Lavorare pietra, marmo, legno, metallo e sim. in modo da formare una o più figure: *— il marmo* | Ritrarre con la scultura: *— una statua.* **2** Incidere: *scolpirono i loro nomi su un tronco d'albero.* **3** (*fig.*) Imprimere, fissare: *— un ricordo nell'anima.*

scolpito *part. pass. di scolpire; anche agg.* **1** Inciso in pietra, marmo e sim. | Adorno di sculture, di fregi: *marmo —.* **2** (*fig.*) Distinto, rilevato: *carattere ben —.*

scólta o scòlta *s. f.* Sentinella, guardia: *fare la —.*

scombiccheràre *v. tr.* (*io scombìcchero*) (*raro*) Scrivere, disegnare malamente, scarabocchiare.

scombinàre *v. tr.* **1** Scomporre, disordinare cose combinate, messe insieme. **2** Mandare a monte: *— un matrimonio.*

scombinàto *part. pass. di scombinare; anche agg. e s. m.* (*f. -a*) Che (o chi) è sconclusionato e stravagante.

scómbro V. *sgombro.*

scombuiàre *v. tr.* (*io scombùio*) (*raro*) Disordinare, mettere sossopra.

scombussolaménto *s. m.* Sconvolgimento, turbamento, disordine.

scombussolàre *v. tr.* (*io scombùssolo*) Causare disordine, confusione | Confondere, frastornare: *la giornata faticosa ci ha scombussolati*; SIN. Sconvolgere.

scombussolìo *s. m.* Grande scombussolamento.

scomméssa *s. f.* **1** Atto dello scommettere, nel sign. di *scommettere* (2). **2** Somma impegnata nello scommettere: *la — è di centomila lire.*

scomméttere (1) *v. tr.* (*coniug. come mettere*) Disunire cose o parti commesse fra loro.

scomméttere (2) *v. tr.* (*coniug. come mettere*) **1** Fare una previsione, fra due o più persone, impegnandosi reciprocamente a pagare una data somma o a soddisfare un dato impegno, secondo che il risultato dell'evento su cui si discute dimostrerà esatte o inesatte le previsioni degli uni o degli altri: *— diecimila lire*; *— un pranzo*; *— sull'esito delle elezioni.* **2** (*est.*) Affermare con certezza: *scommetto che oggi piove.* **3** Puntare denaro al gioco, anche ass.: *— due contro dieci.*

scommettitóre *s. m.* (*f. -trìce*) Chi fa scommesse.

scomodàre A *v. tr.* (*io scòmodo*) Mettere in una situazione scomoda: *scusa se ti scomodo per passare* | Arrecare disagio, disturbo: *non — il medico per un raffreddore.* **B** *v. intr.* (*aus. avere*) Causare disagio, spec. di natura economica: *mi scomoda fare un prestito.* **C** *v. rifl.* Muoversi dal luogo in cui ci si trova | Fare q.c. che arreca disagio, disturbo: *perché ti sei scomodato a farmi un regalo?*; SIN. Disturbarsi.

scomodità *s. f.* L'essere scomodo | Posizione, situazione scomoda.

scòmodo (1) *agg.* **1** Che non è comodo, che arreca disagio, disturbo, fastidio: *posizione scomoda*; *località scomoda da raggiungere*; SIN. Disagevole, malagevole. **2** Che non si sente a proprio agio, detto di persona: *su questo treno si sta scomodi.*

scòmodo (2) *s. m.* Incomodo, disturbo.

scompaginàre A *v. tr.* (*io scompàgino*) **1** Turbare l'ordine, la struttura, l'armonia di q.c. (*anche fig.*). **2** In tipografia, disfare le pagine. **3** Rovinare la legatura di libri, quaderni e sim. **B** *v. intr. pron.* Scomporsi, disgregarsi: *l'unità dello Stato si è scompaginata.*

scompaginazióne *s. f.* In tipografia, operazione dello scompaginare.

scompagnàre *v. tr.* Dividere due o più cose che, accompagnate tra loro, costituiscono un unico complesso: *— un servizio di piatti*; SIN. Spaiare.

scompagnàto *part. pass. di scompagnare; anche agg.* Spaiato: *calze scompagnate.*

scomparìre *v. intr.* (*pres. io scompàio* nel sign. 1, *scomparìsco* nel sign. 2, *tu scompàri* nel sign. 1, *scomparisci* nel sign. 2; *pass. rem. io scompàrvi* nel sign. 1, *scomparii* nel sign. 2, *tu scomparìsti; part. pass. scompàrso* nel sign. 1, *scomparito* nel sign. 2; *aus. essere*) **1** Sottrarsi alla vista, detto di persona o cosa che prima era presente o visibile: *la luce appare e scompare a intervalli*; SIN. Sparire. **2** (*fig.*) Fare poca o cattiva figura: *di fronte alla vostra impresa, noi scompariamo* | Non avere spicco, non risaltare: *in quell'angolo il quadro scomparisce.*

scompàrsa *s. f.* Atto dello scomparire | (*euf.*) Morte.

scompàrso A *part. pass. di scomparire; anche agg.* Che non è più presente o visibile. **B** *s. m.* (*f. -a*) (*euf.*) Persona morta.

scompartiménto *s. m.* **1** (*raro*) Divisione in parti. **2** Ciascuna porzione in cui è suddiviso uno spazio. **3** Compartimento ferroviario.

scompartire *v. tr.* (*io scompartisco* o *scompàrto, tu scompartisci* o *scompàrti*) Dividere in parti: *— un terreno.*

scompàrto *s. m.* Scompartimento.

scompensàre *v. tr.* (*io scompènso*) Alterare, rompere un equilibrio.

scompensàto A *part. pass. di scompensare; anche agg.* Privo di equilibrio. **B** *agg.; anche s. m.* (*med.*) Detto di chi è in stato di scompenso, spec. cardiaco.

scompènso *s. m.* **1** Mancanza di compensazione. **2** (*med.*) Stato di anormalità fra richieste funzionali e capacità di risposta di un organo: *— cardiaco.*

scompiacére *v. intr.* (*coniug. come piacere; aus. avere*) Mostrarsi scortese nei confronti di qc. rifiutandogli ciò che desidera: *non voglio — a nessuno.*

scompigliàre *v. tr.* (*io scompiglio*) Mettere in disordine, in scompiglio: *ha scompigliato la casa* | *— i capelli*, arruffarli.

scompiglio *s. m.* Grande confusione, disordine, agitazione.

scomponibile *agg.* Che si può scomporre.

scomponibilità *s. f.* L'essere scomponibile.

scompórre A *v. tr.* (*coniug. come porre*) **1** Disfare ciò che era stato composto in un insieme ordinato: *— gli elementi di una libreria.* **2** Disfare una composizione tipografica. **3** Separare un tutto unico nelle parti che lo compongono | (*mat.*) Fare in parti: *— un numero in fattori.* **4** Disordinare, scompigliare: *scomporsi le vesti.* **5** Turbare profondamente: *la notizia le scompose i lineamenti.* **B** *v. intr. pron.* Alterarsi, mostrare turbamento: *è un* *tipo che non si scompone.*

scompoṣizióne *s. f.* Smontaggio di una composizione ordinata | Separazione di un tutto unico nelle parti che lo compongono.

scompostézza *s. f.* L'essere scomposto.

scompósto *part. pass. di scomporre; anche agg.* **1** Disfatto | Separato, suddiviso. **2** Sconveniente, sguaiato: *atteggiamento —*. **3** (*fig.*) Che manca di equilibrio, di coesione: *stile —*.

scomùnica *s. f.* Pena o censura di diritto canonico comportante l'esclusione dalla comunione dei fedeli, con i relativi effetti definiti dai canoni | *Avere la — addosso,* (*fig.*) essere perseguitato dalle disgrazie.

scomunicàre *v. tr.* (*io scomùnico, tu scomùnichi*) **1** Infliggere la scomunica. **2** Escludere dal proprio ambiente, riprovare pubblicamente: *la famiglia lo ha scomunicato.*

scomunicàto *part. pass. di scomunicare; anche agg. e s. m.* (*f. -a*) Colpito da scomunica.

sconcertànte *part. pres. di sconcertare; anche agg.* Che sconcerta, disorienta.

sconcertàre ***A*** *v. tr.* (*io sconcèrto*) **1** Alterare l'ordine, lo svolgimento, il funzionamento: *— i piani, i progetti*; SIN. Sconvolgere. **2** Turbare profondamente, disorientare: *è una notizia che sconcerta tutti*; SIN. Sbigottire. ***B*** *v. intr. pron.* Rimanere disorientato.

sconcertàto *part. pass. di sconcertare; anche agg.* Turbato profondamente.

sconcèrto *s. m.* Mancanza o cessazione di armonia, di tranquillità | Turbamento, sconvolgimento.

sconcézza *s. f.* L'essere sconcio | Azione, parola sconcia.

sconciàre *v. tr.* (*io scóncio*) (*raro*) Guastare, deformare.

scóncio ***A*** *agg.* (*pl. f. -ce*) Brutto, deforme, schifoso: *corpo —* | Vergognoso, turpe, osceno: *atti sconci.* ***B*** *s. m.* **1** Cosa sconcia. **2** Cosa fatta male: *questa traduzione è uno —*.

sconcluṣionàto *agg.* **1** Che manca di conclusione, di ordine, di coerenza: *discorso, racconto —*; SIN. Sconnesso. **2** Che ragiona senza ordine e coerenza.

scondìto *agg.* Che non è condito o è scarso di condimento.

sconfessàre *v. tr.* (*io sconfèsso*) **1** Non ammettere o non riconoscere più ciò che si era fatto, detto o professato in precedenza: *— la propria fede politica*; SIN. Rinnegare. **2** Rinnegare pubblicamente ciò che è fatto, detto o professato da altri: *il partito sconfessò la dichiarazione del segretario*; SIN. Smentire.

sconfessióne *s. f.* **1** Rinnegamento di ciò che si era fatto, detto o professato. **2** Pubblica smentita, disapprovazione e sim. di un'iniziativa altrui.

sconficcàre *v. tr.* (*io sconfìcco, tu sconfìcchi*) Levare ciò che è conficcato: *— i chiodi.*

sconfìggere (1) *v. tr.* (*pres. io sconfiggo, tu sconfiggi; pass. rem. io sconfissi, tu sconfiggésti; part. pass. sconfitto*) **1** Vincere in combattimento. **2** (*est.*) Superare uno o più avversari in gare.

sconfìggere (2) *v. tr.* (*pres. io sconfiggo, tu sconfiggi; pass. rem. io sconfissi, tu sconfiggésti; part. pass. sconfitto*) Sconficcare.

sconfinaménto *s. m.* Superamento, spec. non autorizzato, di un confine | (*fig.*) Superamento del limite fissato ad un argomento; SIN. Digressione, divagazione.

sconfinàre *v. intr.* (*aus. avere o raro essere*) **1** Uscire dal confine, entrare in territorio di altri: *truppe italiane hanno sconfinato in Austria.* **2** (*fig.*) Varcare i limiti fissati: *ha sconfinato dal tema assegnato.*

sconfinàto *part. pass. di sconfinare; anche agg.* Senza limiti, immenso, infinito: *potere —*.

sconfìtta *s. f.* **1** Disfatta totale di un esercito in combattimento. **2** (*est.*) Perdita, grave insuccesso: *— elettorale* | Insuccesso in una gara sportiva. • CONTR. Vittoria.

sconfìtto *part. pass. di sconfiggere* (1)*; anche agg. e s. m.* (*f. -a*) Che (o chi) ha subito una sconfitta.

sconfortànte *part. pres. di sconfortare; anche agg.* Che sconforta, deprime.

sconfortàre ***A*** *v. tr.* (*io sconfòrto*) Togliere coraggio, fiducia, speranza; SIN. Scoraggiare. ***B*** *v. intr. pron.* Perdersi d'animo.

sconfortàto *part. pass. di sconfortare; anche agg.* Avvilito, depresso.

sconfòrto *s. m.* Stato di grave abbattimento dell'animo, di afflizione, di avvilimento; SIN. Scoraggiamento.

scongelàre *v. tr.* (*io scongèlo*) Riportare a temperatura ambiente gli alimenti surgelati.

scongiuràre *v. tr.* **1** (*lett.*) Costringere con esorcismi o magie uno spirito maligno a lasciare la persona o la cosa che ne è posseduta: *— Satana.* **2** (*fig.*) Pregare insistentemente, supplicare: *ti scongiuro in nome di Dio*; *lo scongiurava per amore della madre.* **3** (*fig.*) Allontanare, scansare: *— un pericolo.*

scongiùro *s. m.* Atto rituale per allontanare spiriti malefici e demoni | Nelle superstizioni popolari, atto e formula contro il malocchio; SIN. Scaramanzia.

sconnessióne *s. f.* Mancanza di connessione.

sconnèsso *part. pass. di sconnettere; anche agg.* **1** Non connesso. **2** (*fig.*) Privo di nesso, di logica, di coerenza: *discorso —*; SIN. Sconclusionato.

sconnessùra *s. f.* L'essere sconnesso | Punto in cui una cosa è sconnessa.

sconnèttere ***A*** *v. tr.* (*coniug. come connettere*) Separare, disgiungere, cose connesse tra loro. ***B*** *v. intr.* (*aus. avere*) (*fig.*) Non connettere: *l'ubriaco sconnette.*

sconoscènte *part. pres. di sconoscere; anche agg.* Che non è riconoscente.

sconoscènza *s. f.* Mancanza di riconoscenza.

sconóscere *v. tr.* (*coniug. come conoscere*) (*raro*) Disconoscere: *— i meriti altrui.*

sconosciùto ***A*** *part. pass. di sconoscere; anche agg.* **1** Che non è conosciuto: *paese —* | Oscuro, privo di fama: *scrittore —* | Che non è mai stato provato o sperimentato prima: *sensazione sconosciuta*; SIN. Ignoto; CONTR. Conosciuto. **2** Di cui non è stata ancora accertata la natura: *malattia sconosciuta.* ***B*** *s. m.* (*f. -a*) Persona di cui si ignora l'identità.

sconquassàre *v. tr.* **1** Scuotere con violenza in modo da rompere, danneggiare, rovinare e sim. **2** Provocare indisposizione, malessere fisico.

sconquàsso *s. m.* **1** Violento, rovinoso scuotimento | Distruzione, danneggiamento. **2** (*fig.*) Rovina, scompiglio.

sconsacràre *v. tr.* Togliere il carattere sacro a un luogo, un ambiente, un oggetto.

sconsideratézza *s. f.* L'essere sconsiderato; SIN. Avventatezza, imprudenza.

sconsideràto ***A*** *agg.* (*f. -a*) Che non considera, non riflette prima di agire | Che rivela mancanza di riflessione: *gesto —*; SIN. Avventato, corrivo, imprudente, incauto. ***B*** *s. m.* (*f. -a*) Persona sconsiderata.

sconsigliàre *v. tr.* (*io sconsiglio*) Non consigliare: *ti sconsiglio quel vestito* | Dissuadere dal fare, dal dire o sim.: *lo sconsigliò dal tentare l'affare.*

sconsigliàto *agg.* Che è privo di giudizio, di riflessione.

sconsolànte *part. pres. di sconsolare; anche agg.* Che toglie conforto, speranza e sim.

sconsolàre ***A*** *v. tr.* (*io sconsólo*) Privare di consolazione, sollievo, conforto. ***B*** *v. intr. pron.* Diventare privo di conforto, speranza e sim.

sconsolàto *part. pass. di sconsolare; anche agg.* **1** Che è privo di consolazione, che non può essere consolato: *vedova sconsolata*; SIN. Inconsolabile. **2** Che esprime dolore, sconforto, desolazione: *espressione sconsolata*; SIN. Desolato. [→ tav. *proverbi* 70]

scontàbile *agg.* Che si può scontare.

scontànte *part. pres. di scontare; anche agg. e s. m.* Che (o chi) esegue operazioni di sconto.

scontàre *v. tr.* (*io scónto*) **1** Detrarre da un conto | *— una cambiale*, ottenerne il pagamento prima della scadenza, lasciando una somma a compenso dell'anticipato pagamento | *— un debito*, estinguerlo con pagamenti rateali | Praticare un ribasso sul prezzo. **2** Pagare per un male commesso: *— un peccato* | Patire le conseguenze di uno sbaglio: *— un errore* | Espiare la pena prevista per il reato commesso: *deve — dieci anni di carcere.* **3** Prevedere un evento, spec. spiacevole: *il fallimento della società era scontato.* **4** Nella critica letteraria e artistica, superare influssi, modelli, tecniche e sim. altrui, assimilandoli in modo originale nella propria opera.

scontatàrio *s. m.* Chi cede una cambiale allo sconto.

scontàto *part. pass. di scontare; anche agg.* **1** Detratto da un

conto. *2* Espiato. *3* Previsto.
scontentàre *v. tr.* (*io scontènto*) Non accontentare, lasciare insoddisfatto, inappagato e sim.
scontentézza *s. f.* L'essere scontento; SIN. Insoddisfazione.
scontènto (1) *agg.* Non contento, insoddisfatto: *essere — di q.c.*
scontènto (2) *s. m.* Sentimento di insoddisfazione, di scontentezza.
scontista *s. m. e f.* (*pl. m. -i*) Chi paga anticipatamente cambiali.
scónto *s. m.* *1* (*dir.*) Contratto con cui una banca, previa deduzione di un interesse, anticipa al cliente l'importo di crediti non ancora scaduti: *— bancario.* *2* Compenso spettante a chi paga anticipatamente un debito | Estinzione di un debito. *3* Ribasso praticato dal venditore sul prezzo abitualmente praticato.
scontràre *A* *v. tr.* (*io scóntro*) Incontrare: *— qc. per strada.* *B* *v. intr. pron.* *1* (*raro*) Imbattersi: *scontrarsi in qc.* *2* Andare a cozzare con violenza contro q.c., detto spec. di veicoli in movimento: *un motociclista si scontrò con l'autotreno.* *C* *v. rifl. rec.* *1* Cozzare con violenza l'uno contro l'altro, detto spec. di veicoli in movimento. *2* Venire a combattimento: *le fazioni nemiche si scontrarono in piazza.* *3* (*fig.*) Divergere: *le loro opinioni si scontrano.*
scontrino *s. m.* Piccolo biglietto di riscontro che comprova un pagamento, testimonia il diritto a una prestazione e sim.
scóntro *s. m.* *1* Cozzo violento di due o più veicoli; SIN. Collisione, urto. *2* Mischia, combattimento | Combattimento di breve durata tra forze contrapposte di limitata consistenza. *3* (*sport*) Nella scherma, combattimento tra due contendenti. *4* (*fig.*) Violenta manifestazione di opinioni divergenti: *avere uno — con qc.*; SIN. Conflitto.
scontrosità *s. f.* *1* L'essere scontroso. *2* Azione, parola e sim. da persona scontrosa.
scontróso *agg.* Che ha un carattere poco socievole, che è facile a offendersi e a irritarsi.
sconveniènte *agg.* *1* Che manca di convenienza, decoro, garbo e sim.: *risposta —*; SIN. Indecente, indecoroso. *2* Che manca di convenienza economica: *prezzi sconvenienti.* • CONTR. Conveniente.
sconveniènza *s. f.* *1* Mancanza di convenienza, decoro, opportunità; SIN. Indecenza. *2* L'essere sconveniente.
sconvenire *v. intr. e intr. pron.* (*coniug. come convenire; aus. essere*) (*lett.*) Disdirsi, non essere degno, adatto, opportuno.
sconvolgènte *part. pres. di sconvolgere; anche agg.* Che impressiona, turba profondamente.
sconvòlgere *A* *v. tr.* (*coniug. come volgere*) *1* Causare un profondo turbamento fisico o morale: *una notizia che sconvolse il mondo*; SIN. Scombussolare, sconcertare. *2* Mettere in disordine, in agitazione, in scompiglio (*anche fig.*): *il vento sconvolge le carte.* *B* *v. intr. pron.* Turbare profondamente (*anche fig.*).
sconvolgiménto *s. m.* Profondo, grave perturbamento, agitazione, scompiglio (*anche fig.*); SIN. Scombussolamento.
scoop /*ingl.* sku:p/ *s. m. inv.* (*pl. ingl. scoops* /sku:ps/) Colpo giornalistico.
scoordinaménto *s. m.* Mancanza di coordinamento | Incapacità di coordinare le idee.
scooter /*ingl.* 'sku:tə/ *s. m. inv.* (*pl. ingl. scooters* /'skutəz/) *1* Motoscuter. *2* Imbarcazione a vela fornita di due chiglie che, sotto l'azione del vento, è in grado di slittare sul ghiaccio.
scooterista /skute'rista/ V. *scuterista.*
scópa (1) *s. f.* (*bot.*; *pop.*) Erica.
scópa (2) *s. f.* Arnese per spazzare i pavimenti. [→ ill. *scopa*]
scópa (3) *s. f.* Gioco di carte tra due giocatori o due coppie, con un mazzo di 40 carte | Presa del gioco omonimo, quando non si lasciano carte sul tavolo: *fare —.*
scopàre *v. tr.* (*io scópo*) *1* Spazzare il pavimento, pulire il suolo con la scopa, anche ass. *2* (*volg.*) Possedere sessualmente | (*est.*) ass. Avere rapporti sessuali.
scopàta *s. f.* *1* Atto dello scopare. *2* Colpo dato con la scopa. *3* (*volg.*) Coito.
scopatóre *s. m.* (*f. -trice*) Chi scopa.
scoperchiàre *v. tr.* (*io scopèrchio*) Scoprire levando il coperchio: *— una pentola* | (*est.*) Togliere la copertura.
scopèrta *s. f.* *1* Raggiungimento della conoscenza di ciò che prima era ignoto a tutti: *la — dell'America*; *la — di un tesoro sepolto*; *la — delle leggi del pendolo* | (*iron.*) *Che —!*; *che bella —!*; *fare la —* e sim., detto di cose che tutti sanno, o sono a tutti evidenti | Individuazione: *la — del colpevole*; *la — di un nuovo cantante.* *2* Esplorazione, ricognizione.
scopèrto *A* *part. pass. di scoprire; anche agg.* *1* Privo di copertura, di riparo, di tetto: *terrazzo —* | *Dormire —*, senza coperte. *2* Privo, parzialmente o completamente, di indumenti: *braccia scoperte* | *A capo —*, senza cappello. *3* *Assegno —*, quando il conto corrente da cui è tratto non presenta la necessaria disponibilità. *4* Visibile | *Giocare a carte scoperte*, tenendole sulla tavola visibili a tutti; (*fig.*) agire senza finzioni. *5* (*fig.*) Aperto, franco, *spec. nelle loc. avv. a viso —, a fronte scoperta.* *B* *s. m.* Luogo aperto, libero alla vista, non riparato, *nella loc. allo —*: *dormire, pernottare allo —.*
-scopia *secondo elemento:* in parole composte dotte o scientifiche significa 'esame': *endoscopia.*
scopiazzàre *v. tr.* (*spreg.*) Copiare male, rabberciando qua e là.
scopièra *s. f.* Armadio per tenere le scope.
scopino *s. m.* (*dial.*) Spazzino.
-scòpio *secondo elemento:* in parole scientifiche composte indica strumenti per l'osservazione di determinati fenomeni: *giroscopio, microscopio, telescopio.*
scòpo *s. m.* Fine, intento, proposito che si vuole raggiungere e alla cui realizzazione è rivolto tutto un modo di agire: *ottenere, prefiggersi, raggiungere, uno —* | (*est.*) Persona, cosa che costituisce uno scopo: *i figli sono lo — dei suoi sacrifici.*
scòpola V. *scoppola.*
scopolamina *s. f.* (*chim.*) Alcaloide contenuto in alcune piante delle Solanacee, usato come sedativo.
scopóne *s. m.* Gioco a carte simile alla scopa, in cui si distribuiscono in una sola volta tutte le carte del mazzo ai quattro giocatori.
scoppiàre (1) *v. intr.* (*io scòppio; aus. essere*) *1* Spaccarsi improvvisamente, a causa dell'eccessiva tensione, pienezza o forza interna, producendo un grande fragore:

scopa

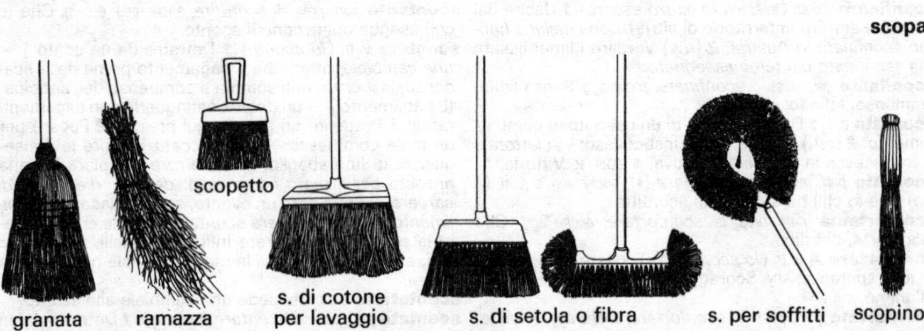

la caldaia è scoppiata | Esplodere, detto di arma o di materiale esplosivo: *è scoppiata una bomba*; *fecero — molti petardi*; SIN. Deflagrare. **2** (*fig.*) Prorompere: *— in pianto*; *— a piangere* | Crepare: *— dal caldo, dal ridere.* **3** (*fig.*) Non riuscire a frenarsi: *devo dirgli tutto, altrimenti scoppio.* **4** (*fig.*) Manifestarsi in modo improvviso e violento: *è scoppiata una rivolta.* **5** Nel linguaggio sportivo, cedere improvvisamente per esaurimento delle energie: *— in salita.* **6** (*fig.*) Non reggere a condizioni eccezionali di traffico.

scoppiàre (2) *v. tr.* (*io scòppio*) Dividere cose o persone accoppiate tra loro.

scoppiettàre *v. intr.* (*io scoppiétto; aus. avere*) **1** Fare scoppi piccoli e frequenti: *la legna che brucia scoppietta.* **2** (*fig.*) Risuonare: *la stanza scoppietta di risate.*

scoppiettìo *s. m.* Uno scoppiettare continuo.

scòppio *s. m.* **1** Improvvisa e fragorosa spaccatura per eccessiva tensione o forza interna: *lo — di un palloncino* | Esplosione, detonazione: *lo — di una bomba*; *motore a —*; *camera di —* | *A — ritardato*, (*fig.*) di azione o reazione che ha luogo in ritardo rispetto a ciò che l'ha provocata; SIN. Deflagrazione. [→ ill. *motore*] **2** (*est.*) Rumore provocato da uno scoppio. **3** (*fig.*) Improvvisa e violenta manifestazione di avvenimenti gravi o pericolosi: *lo — della peste* | Improvvisa e violenta manifestazione di sentimenti o stati d'animo: *uno — di risa.*

scòppola o *scòpola s. f.* (*dial.*) Colpo dato con la mano sulla nuca | (*fig.*) Batosta.

scopriménto *s. m.* Atto dello scoprire | *— di una statua*, cerimonia inaugurale.

scoprìre **A** *v. tr.* (*coniug. come coprire*) **1** Liberare da ciò che copre, ripara, chiude, nasconde e sim.: *— una pentola, una casa* | *— una statua, una lapide e sim.*, inaugurarla | Liberare dai panni, dagli indumenti e sim. che coprono il corpo o una sua parte: *un colpo di vento le scoprì le gambe* | *Scoprirsi il capo*, togliersi il cappello in segno di ossequio. **2** Lasciare privo di protezione: *— il petto* | *— il fianco*, esporsi agli attacchi degli avversari. **3** Rendere visibile: *— i denti nel sorridere* | Palesare, manifestare: *— le proprie intenzioni* | *— le carte, il gioco*, (*fig.*) rivelare i propri piani. **4** Arrivare a conoscere, e a far conoscere agli altri, l'esistenza di fatti, luoghi, cose, persone, prima ignoti: *— la verità*; *— una congiura, un poeta, un'attrice*; SIN. Inventare, rinvenire. **B** *v. rifl.* **1** Liberarsi dei panni che coprono il corpo o una sua parte | Alleggerirsi degli indumenti: *in primavera non bisogna scoprirsi.* **2** Rivelare il proprio modo di pensare, di agire e sim. **3** Uscire dai ripari, venire in luogo aperto: *per attaccare aspettate che il nemico si scopra.* **4** (*sport*) Nel pugilato, abbandonare la posizione di guardia in modo da dare la possibilità all'avversario di mettere a segno un colpo. [→ tav. *proverbi* 95, 335]

scopritóre *s. m.* (*f. -trìce*) Chi scopre; chi rivela cose prima ignote.

scoraggiaménto *s. m.* Stato d'animo di chi è scoraggiato; SIN. Demoralizzazione, sconforto.

scoraggiàre **A** *v. tr.* (*io scoràggio*) Togliere il coraggio, fiaccare nell'energia e nei propositi: *la sconfitta scoraggiò l'esercito*; SIN. Demoralizzare, sconfortare; CONTR. Incoraggiare. **B** *v. intr. pron.* Perdere il coraggio, la fiducia.

scoraménto *s. m.* (*lett.*) Stato d'animo di chi è scorato.

scoràre *v. tr.* (*io scuòro o scòro;* in tutta la coniug. la *o* dittonga preferibilmente in *uo* se tonica) (*lett.*) Avvilire, scoraggiare.

scoràto *part. pass. di scorare; anche agg.* Avvilito, scoraggiato.

scorbùtico **A** *agg.* (*pl. m. -ci*) Di scorbuto. **B** *agg.; anche s. m.* (*f. -a*) **1** Affetto da scorbuto. **2** (*fig.*) Detto di chi ha un carattere difficile e bisbetico.

scorbùto o *scòrbuto s. m.* Malattia dovuta a carenza di vitamina C, caratterizzata da grave deperimento ed emorragie.

scorciàre **A** *v. tr.* (*io scórcio*) **1** Rendere più corto. **2** Rappresentare in scorcio: *— un paesaggio.* **B** *v. intr. pron.* Divenire più corto. **C** *v. intr. e intr. pron.* (*aus. essere*) Apparire in scorcio.

scorciatóia *s. f.* **1** Strada secondaria con un percorso più breve rispetto alla strada principale. **2** (*fig.*) Mezzo più rapido, più spiccio.

scórcio *s. m.* **1** Rappresentazione di un oggetto che giace su un piano obliquo rispetto all'osservatore in modo da apparire, secondo le norme di una visione prospettica, accorciato | *Di —*, di sfuggita, da lontano. **2** Breve tempo che resta alla fine di un'epoca, di un periodo, di una stagione e sim.: *— di secolo.*

scordàre (1) **A** *v. tr.* (*io scòrdo*) Dimenticare, non ricordare più: *— un nome, le offese ricevute* | Tralasciare di fare q.c. per distrazione: *ha scordato di telefonarmi.* **B** *v. intr. pron.* Dimenticarsi: *scordarsi di un nome.* [→ tav. *proverbi* 150]

scordàre (2) **A** *v. tr.* (*io scòrdo*) Guastare l'accordatura a uno strumento. **B** *v. intr. pron.* **1** Essere in disaccordo. **2** Perdere l'accordatura.

score /*ingl.* skɔ:/ *s. m. inv.* (*pl. ingl.* scores /skɔ:z/) **1** Punti segnati al bridge | Taccuino segnapunti. **2** Punteggio finale di una partita.

scoréggia *s. f.* (*pl. -ge*) (*pop.*) Emissione rumorosa di gas intestinali.

scoreggiàre *v. intr.* (*io scoréggio; aus. avere*) (*pop.*) Fare scoregge.

scòrfano *s. m.* (*f. -a* nel sign. 2) **1** (*zool.*) Scorpena. **2** (*fig., pop.*) Persona molto brutta.

scòrgere *v. tr.* (*pres. io scòrgo, tu scòrgi; pass. rem. io scòrsi, tu scorgésti; part. pass. scòrto*) **1** Riuscire a vedere, discernere, riconoscere: *— una luce*; *— qc. da lontano*; SIN. Intravedere. **2** (*fig.*) Accorgersi di q.c.: *— un pericolo, un inganno.*

scòria *s. f.* **1** Residuo della fusione di minerali costituito dalle impurità del minerale e dalle materie prime aggiuntevi per fonderlo. **2** Brandello di lava, spesso spugnoso, espulso da un vulcano. **3** (*fis.*) *Scorie radioattive*, materiali di rifiuto radioattivi, di un reattore o di un impianto nucleare. **4** (*fig.*) Residuo privo di valore, parte deteriore.

scornàre **A** *v. tr.* (*io scòrno*) **1** Rompere le corna. **2** (*fig.*) Svergognare, mettere in ridicolo. **B** *v. intr. pron.* **1** Rompersi le corna. **2** (*fig.*) Fallire in ciò che si è intrapreso traendone delusione e vergogna.

scòrno *s. m.* Vergogna, profonda umiliazione, cui spesso s'aggiungono beffe e ridicolo.

scorpacciàta *s. f.* Grande mangiata, fino alla sazietà.

scorpèna *s. f.* Pesce marino dei Perciformi con testa corazzata e munita di spine, ghiandole velenifere connesse ai raggi delle pinne e carni commestibili; SIN. Scorfano.

scorpiòide *agg.* Detto di ramificazione simpodica in cui si ha accrescimento sempre dalla stessa parte per atrofia dei rami di un lato. [→ ill. *botanica*]

scorpióne *s. m.* **1** Animale degli Aracnidi con addome che si prolunga in una falsa coda sormontata all'apice da un pungiglione ricurvo velenoso e chele robuste per catturare la preda. [→ ill. *animali* 4] **2** *Scorpione*, ottavo segno dello Zodiaco, che domina il periodo tra il 24 ottobre e il 22 novembre. [→ ill. *zodiaco*] **3** (*fig.*) Persona brutta e maligna.

scorporàre *v. tr.* (*io scòrporo*) Suddividere in più porzioni beni, spec. terreni, precedentemente riuniti e appartenenti a uno stesso proprietario.

scòrporo *s. m.* Suddivisione in più porzioni di un bene economico | Porzione di beni scorporata.

scorrazzàre **A** *v. intr.* Correre in qua e in là, spec. per divertimento: *i ragazzi scorrazzano in giardino.* **B** *v. tr.* Percorrere rapidamente: *ha scorrazzato mezzo mondo.*

scórrere **A** *v. intr.* (*coniug. come correre; aus. essere*) **1** Muoversi lungo un percorso tracciato, dentro un condotto, su un supporto e sim.: *la fune scorre nella carrucola*; *il sangue scorre nelle vene.* **2** Correre rapidamente, senza incontrare ostacoli: *il film scorre sullo schermo* | Procedere bene: *il ragionamento non scorre.* **3** Trascorrere, passare: *il tempo scorre rapido.* **B** *v. tr.* **1** Fare scorrerie: *— un territorio.* **2** Percorrere con lo sguardo, leggere in fretta: *— un libro.*

scorrerìa *s. f.* Incursione di banditi, soldati nemici e sim. in un territorio per devastarlo.

scorrettézza *s. f.* L'essere scorretto | (*est.*) Atto, discorso scorretto.

scorrètto *agg.* **1** Che non è corretto, che contiene degli errori: *compito —*; SIN. Errato. **2** Che non è conforme ai principi dell'educazione, dell'onestà, del garbo e sim.: *gesto —*; *essere — nell'agire* | Falloso: *giocatore —*. **3**

Licenzioso, intemperante: *assumere una posa scorretta*; SIN. Sconveniente.

scorrévole *agg.* **1** Che scorre: *nastro —*. [→ ill. *finestra, porta*] **2** Che scorre facilmente: *inchiostro —*. **3** Che procede con scioltezza, agilità, disinvoltura: *discorso —*.

scorrevolézza *s. f.* L'essere scorrevole (*spec. fig.*).

scorribànda *s. f.* **1** Breve scorreria di una banda armata. **2** Rapida escursione: *facciamo una — in città?* **3** (*fig.*) Rapida digressione in una materia estranea ai propri interessi e studi abituali.

scorriménto *s. m.* **1** Movimento lungo un percorso tracciato, un condotto e sim. | *Strada di —*, strada urbana di comunicazione veloce. **2** (*fis.*) Deformazione elastica dei corpi, consistente nello slittamento di strati l'uno sull'altro, dovuta a sollecitazione di taglio o torsione.

scórsa *s. f.* Lettura rapida e superficiale: *dare una — al giornale*.

scórso **A** *part. pass. di scorrere; anche agg.* Detto del più recente tempo già passato: *l'anno, il secolo —* | (*lett.*) Trascorso, passato. **B** *s. m.* Errore involontario, sfuggito per fretta o distrazione: *uno — di penna*.

scorsóio *agg.* Che è fatto per scorrere, *spec. nella loc. nodo —*, nodo fatto all'estremità di una fune, in modo tale da formare un laccio che quanto più si tira tanto più si stringe. [→ ill. *nodo*]

scòrta *s. f.* **1** Attività di accompagnamento a scopo di sorveglianza, protezione e sim.: *fare la — a qc.*; *essere di — a qc.* **2** (*est.*) Persona o insieme di persone che scortano: *fare da —* | (*mil.*) Drappello o reparto armato al seguito di persone, convogli e sim. per dare protezione contro eventuali offese nemiche. **3** Provvista di beni e materiali vari accantonata per essere usata in caso di necessità: *fare — di medicinali* | *Di —*, di tutto ciò che si conserva per i casi imprevisti: *ruota di —*. **4** *al pl.* Capitale agrario dell'azienda | *Scorte vive*, bestiame | *Scorte morte*, macchine, attrezzi.

scortàre *v. tr.* (*io scòrto*) Fare la scorta, accompagnare per proteggere, difendere, onorare: *— un prigioniero*.

scortecciàre **A** *v. tr.* (*io scortéccio*) **1** Togliere la corteccia: *— un tronco*. **2** (*est.*) Togliere l'intonaco, il colore, la vernice, lo strato superficiale di q.c. **B** *v. intr. pron.* Perdere la corteccia, l'intonaco, la vernice e sim.

scortése *agg.* Che manca di cortesia, garbo, gentilezza, educazione; SIN. Sgarbato, villano; CONTR. Cortese.

scortesìa *s. f.* L'essere scortese | Atto, discorso, scortese; SIN. Inurbanità, sgarbo, villania; CONTR. Cortesia.

scorticàre *v. tr.* (*io scórtico, tu scórtichi*) **1** Levare la pelle ad animali uccisi. **2** Produrre una leggera lacerazione della pelle: *il chiodo m'ha scorticato un dito*. **3** (*fig.*) Richiedere prezzi esagerati: *in quel ristorante scorticano i clienti*. **4** (*fig.*) Esaminare con eccessiva severità. [→ tav. *proverbi* 213]

scorticatóre *s. m.* (*f. -trìce*) **1** Chi scortica. **2** (*fig.*) Strozzino, usuraio.

scorticatùra *s. f.* **1** Operazione dello scorticare. **2** Abrasione della pelle.

scortichìno *s. m.* **1** Chi scortica le bestie macellate. **2** Coltello per scorticare. **3** (*fig.*) Strozzino, usuraio.

scòrza *s. f.* **1** Parte esterna della corteccia degli alberi, costituita da sughero ed epidermide, che si spacca o distacca a lembi, scaglie o strisce. **2** (*est.*) Buccia di alcuni frutti: *— del limone, dell'arancia*. [→ ill. *botanica*] **3** (*est.*) Pelle di alcuni animali: *la — del serpente*. **4** (*est., fig.*) Pelle umana. **5** (*fig.*) Aspetto superficiale: *sotto una ruvida — si nasconde un timido*.

scorzonéra *s. f.* Pianta erbacea delle Sinandrali spontanea dei prati alpini e appenninici, con fiori gialli e varietà coltivate per le radici commestibili dopo cottura. [→ ill. *piante* 14, *verdura*]

scoscéndere o *scoscèndere* **A** *v. tr.* (*pres. io scoscéndo o scoscèndo; pass. rem. io scoscési, tu scoscendésti; part. pass. scoscéso*) (*lett.*) Rompere, spaccare con forza: *— alberi, rami*. **B** *v. intr. e intr. pron.* (*aus. essere*) **1** Rovinare, franare. **2** (*lett.*) Aprirsi, spaccarsi.

scoscendiménto *s. m.* **1** (*raro*) Violenta rottura. **2** Luogo scosceso. **3** Frana rapida e improvvisa | Caduta di rocce.

scoscéso *part. pass. di scoscendere; anche agg.* Che presenta una notevole pendenza: *luogo, pendio —*.

scosciàre *v. tr.* (*io scòscio*) **1** Slogare le cosce, spec. in seguito a cadute. **2** Rompere le cosce di un animale cucinato: *— un pollo*.

scòscio *s. m.* **1** Movimento di danza in cui il ballerino divarica al massimo le gambe. **2** Incavatura tra le cosce dei calzoni.

scòssa *s. f.* **1** Movimento, spostamento violento in più direzioni | Balzo, sussulto improvviso: *una — di terremoto* | *— elettrica*, senso di tremito che si riceve dalla scarica di una corrente elettrica | *A scosse*, a balzi: *camminare a scosse*. **2** (*fig.*) Grande dolore, profondo turbamento e sim.

scòsso *part. pass. di scuotere; anche agg.* Agitato, profondamente turbato.

scossóne *s. m.* Brusca scossa improvvisa (*anche fig.*).

scostànte *part. pres. di scostare; anche agg.* Che allontana da sé, che suscita antipatia.

scostàre **A** *v. tr.* (*io scòsto*) **1** Allontanare una persona o una cosa da un'altra cui stava vicino: *— un tavolo dal muro*. **2** Evitare, sfuggire: *ora che è malato tutti lo scostano*. **3** ass. Allontanare un'imbarcazione da un'altra, dalla riva o sim. **B** *v. intr.* (*aus. avere*) (*raro*) Rimanere scostato: *la poltrona scosta dalla parete*. **C** *v. rifl. e intr. pron.* **1** Allontanarsi da una cosa o da una persona cui si stava vicino. **2** (*fig.*) Deviare: *scostarsi dalle proprie abitudini*.

scostumatézza *s. f.* L'essere scostumato | Atto, discorso da persona scostumata; SIN. Dissolutezza.

scostumàto *agg.; anche s. m.* (*f. -a*) Che (o chi) ha cattivi costumi, è privo di freni morali; SIN. Dissoluto; CONTR. Costumato.

scotch /*ingl.* skɔtʃ/ *s. m. inv.* **1** Whisky scozzese. **2** Nome commerciale di un nastro autoadesivo. [→ ill. *ufficio*]

scotennàre *v. tr.* (*io scoténno*) **1** Levare la cotenna, spec. ai maiali macellati. **2** (*est.*) Levare il cuoio capelluto: *alcuni popoli primitivi usavano — i nemici*.

scotennatóre *s. m.; anche agg.* (*f. -trìce*) Chi (o che) scotenna.

scotennatùra *s. f.* **1** Operazione dello scotennare i maiali. **2** Usanza di togliere al nemico ucciso il cuoio capelluto per ornarsene la persona, tipica di alcuni popoli primitivi.

scotiménto o *scuotiménto* *s. m.* Atto dello scuotere.

scòtola *s. f.* Stecca di legno o ferro per scotolare lino o canapa.

scotolàre *v. tr.* (*io scòtolo*) Battere lino o canapa con la scotola o con apposita macchina per separare le fibre tessili dalle legnose.

scotòma *s. m.* (*med.*) Difetto nel campo visivo causato da lesione di un punto qualsiasi delle vie ottiche.

scòtta (1) *s. f.* (*mar.*) Cavo di manovra che serve a tirare gli angoli inferiori delle vele per distenderle al vento. [→ ill. *marina*]

scòtta (2) *s. f.* Siero che rimane nella caldaia quando si fa il formaggio o la ricotta.

scottadìto *vc. Solo nella loc. avv. a —*, di vivande arrostite, sbollentate e sim. e subito mangiate: *abbacchio a —*.

scottànte *part. pres. di scottare; anche agg.* **1** Che scotta. **2** (*fig.*) Grave, urgente, che necessita una pronta soluzione: *problemi scottanti*.

scottàre **A** *v. tr.* (*io scòtto*) **1** Dare senso di bruciore, produrre un'ustione, a causa dell'accostamento a una fonte di calore intenso, al fuoco, ai raggi solari e sim.: *la fiamma mi ha scottato una mano*; SIN. Bruciare, ustionare. **2** (*est.*) Sottoporre a brevissima cottura: *— la carne*. **3** (*fig.*) Recare irritazione, dolore, dispiacere: *è stato scottato da quelle parole*. **B** *v. rifl. e intr. pron.* Prodursi un'ustione, un senso di bruciore, a causa dell'accostamento a una fonte di calore intenso, al fuoco, ai raggi solari e sim. **C** *v. intr.* (*aus. avere*) **1** Emettere molto calore, tanto da poter bruciare: *oggi il sole scotta* | Essere troppo caldo: *mi scotta la fronte* | *Gli scotta la terra sotto i piedi*, è impaziente di andarsene. **2** (*fig.*) Causare profondo interesse, viva preoccupazione: *è una questione che scotta*. **D** *v. intr. pron.* Passare attraverso esperienze spiacevoli rimanendone amareggiato: *con le donne si è scottato diverse volte*.

scottàta *s. f.* Atto dello scottare leggermente, spec. cibi.

scottatùra *s. f.* **1** Lo scottare, lo scottarsi. **2** Ustione: *pomata contro le scottature*. **3** (*fig.*) Esperienza spiacevole che lascia un senso di delusione.

scòtto *s. m.* (*raro, lett.*) Conto che si paga all'asta | (*fig.*) *Pagare lo* –, pagare il fio.

scout /*ingl.* 'skaut/ **A** *s. m. e f. inv.* (*pl. ingl. scouts* /'skauts/) Boy-scout. **B** *in funzione di agg. inv.* (*posposto al s.*) Che si riferisce ai boy-scout: *raduno* –.

scoutiṣmo /skau'tizmo/ *s. m.* Movimento giovanile fondato nel 1908 da R. Baden-Powel, che si propone di sviluppare nei giovani l'interesse alla vita democratica, di favorire il loro spirito d'avventura, di porli a diretto contatto con la natura.

scoutìstico /skau'tistiko/ *agg.* (*pl. m. -ci*) Che è proprio dello scoutismo.

scovàre *v. tr.* (*io scóvo*) **1** Fare uscire dal covo: – *la lepre.* **2** (*fig.*) Riuscire a trovare: *ho scovato un negozietto molto conveniente.*

scovolìno *s. m.* Arnese filiforme di feltro per pulire pipe, pistole, bottiglie e sim. [→ ill. *fumatore*]

scóvolo *s. m.* Spazzola cilindrica inastata per nettare l'interno della bocca da fuoco o della canna di un'arma da fuoco.

scòzia *s. f.* (*arch.*) Modanatura concava, usata spesso nelle basi delle colonne. [→ ill. *elemento ornamentale*]

scozzàre *v. tr.* (*io scòzzo*) Mescolare le carte da gioco.

scozzése **A** *agg.; anche s. m. e f.* Della Scozia. **B** *agg.* Detto di ciò cui si attribuisce tradizionalmente origine o sim., scozzese | *Stoffa, tessuto* –, caratterizzati dal disegno variamente quadrettato a colori contrastanti | *Doccia* –, fatta alternando acqua calda e acqua fredda; (*est., fig.*) successione rapida di avvenimenti piacevoli e spiacevoli. **C** *s. f.* Antica danza popolare della Scozia, accompagnata dal suono della cornamusa. [→ tav. *locuzioni* 30]

scozzonàre *v. tr.* (*io scozzóno*) **1** Domare e ammaestrare, spec. cavalli. **2** (*fig.*) Dare i primi rudimenti di un mestiere, di una disciplina e sim.: – *qc. nel latino.*

scrambler /*ingl.* 'skræmblə/ *s. m. inv.* (*pl. ingl. scramblers* /'skræmbləz/) Moto sportiva dal manubrio alto e largo, ruote piccole e ben distanziate dal parafango.

scrànna *s. f.* Sedia dottorale con braccioli e schienale alto.

screanzàto *agg.; anche s. m.* (*f. -a*) Che (o chi) non ha creanza, educazione; SIN. Maleducato, villano.

screditàre **A** *v. tr.* (*io scrédito*) Danneggiare nella reputazione e nella stima; SIN. Diffamare, disonorare. **B** *v. intr. pron.* Agire in modo da danneggiare la propria reputazione: *si è screditato agli occhi di tutti.*

scrédito *s. m.* Discredito.

screening /*ingl.* 'skri:niŋ/ *s. m. inv.* (*pl. ingl. screenings* /'skri:niŋz/) (*biol., med.*) Indagine di massa gener. su soggetti esposti ad alto rischio di malattie | (*est.*) Qualunque indagine atta a selezionare qc. o q.c.

scremàre *v. tr.* (*io scrèmo*) **1** Privare il latte della crema. **2** (*fig.*) Selezionare.

scrematrice *s. f.* Macchina centrifuga per scremare il latte.

scrematùra *s. f.* Operazione dello scremare.

screpolàre **A** *v. tr.* (*io scrèpolo*) Aprire crepe piccole e sottili in più punti: *il vento mi screpola le labbra.* **B** *v. intr. pron. e intr.* (*aus. essere*) Aprirsi in crepe piccole e sottili.

screpolatùra *s. f.* Formazione di crepe piccole e sottili | Parte screpolata.

screziàre *v. tr.* (*io scrèzio*) Macchiare di più colori | Variare un fondo con macchie di più colori.

screziatùra *s. f.* **1** L'essere screziato. **2** Serie di macchie di colore.

scrèzio *s. m.* Discordia, dissenso, nato tra persone prima in armonia tra loro; SIN. Dissapore.

scrìba *s. m.* (*pl. -i*) **1** Nel periodo romano e medievale, scrivano di professione. **2** Nel Giudaismo, ciascuno degli esegeti che interpretarono la Bibbia e sistemarono la tradizione orale, associati nell'Evangelo ai Farisei.

scribacchiàre *v. tr.* (*io scribàcchio*) Scrivere malamente e pigramente | (*spreg.*) Scrivere cose senza valore.

scribacchìno *s. m.* (*f. -a, raro*) **1** Scrittore privo di valore. **2** Impiegato adibito a lavori di poco conto.

scricchiolaménto *s. m.* Emissione di un rumore secco e crepitante.

scricchiolàre *v. intr.* (*io scricchiolo; aus. avere*) **1** Mandare un suono secco e crepitante, detto spec. di cosa dura, secca o sim. che si fende o si rompe: *il pane scricchiola sotto i denti* | Mandare un cigolio nel muoversi, nello spostarsi e sim.: *la sedia scricchiola sotto il nostro peso.* **2** (*fig.*) Dare segni iniziali di incrinature nella continuità di un rapporto, nella stabilità di istituzioni e sim.: *il governo scricchiola.*

scricchiolìo *s. m.* **1** Uno scricchiolare continuo. **2** (*fig.*) Segno iniziale di incrinatura.

scricciolo *s. m.* **1** Uccelletto con piccola coda diritta e corta, denso piumaggio bruno-rossiccio, voce trillante e melodiosa; SIN. Reattino. [→ ill. *animali* 13] **2** (*fig.*) Persona piccola e gracile.

scrigno *s. m.* Piccolo forziere, per conservarvi gioielli, oggetti preziosi e sim. | (*fig.*) *Essere uno* – *di virtù, di bontà* e sim., essere molto virtuoso, molto buono e sim.

scriminatùra *s. f.* Nella pettinatura, linea di spartizione dei capelli. [→ ill. *acconciatura*]

scrìmolo *s. m.* **1** Orlo, bordo, ciglio. **2** (*geogr.*) Cresta montuosa con un versante in dolce declivio e l'altro a precipizio.

scristianiẓẓàre **A** *v. tr.* Togliere la fede cristiana. **B** *v. intr. pron.* Abbandonare la fede cristiana.

scriteriàto *agg.; anche s. m.* (*f. -a*) Che (o chi) è privo di criterio, di giudizio, di senno; SIN. Insensato.

scrìtta *s. f.* **1** Parola, frase, insieme di parole o di frasi scritte su un foglio, un cartello, una lapide e sim. **2** Obbligo, patto steso per scritto.

scrìtto **A** *part. pass. di scrivere; anche agg.* **1** Espresso mediante la scrittura | *Legge scritta*, spesso in opposizione a quella naturale | *Lingua scritta*, di uso letterario e meno corrente di quella parlata | *Norma scritta*, codificata in un testo; CONTR. Orale. **2** Destinato, decretato: *era* – *che fosse così.* **3** (*fig.*) Impresso: *il suo nome è* – *nel mio cuore.* **B** *s. m.* **1** Qualunque notazione, espressione, comunicazione realizzata mediante la scrittura. **2** Cosa scritta | Opera, lavoro, saggio letterario, scientifico e sim.: *scritti scelti.* **3** *Nelle loc. avv. per* –, *in* –, per mezzo di uno scritto | *Mettere q.c. per, in* –, scriverla.

scrittóio *s. m.* Tavola per scrivere. [→ ill. *mobili*]

scrittóre *s. m.* (*f. -trice*) **1** Chi scrive opere letterarie in prosa. **2** (*raro*) Autore di uno scritto: *lo* – *di queste lettere.* **3** Nel Medioevo, funzionario di cancelleria.

scrittòrio *agg.* (*lett.*) Che serve per scrivere: *materiale* –.

scrittùra *s. f.* **1** Atto dello scrivere: *apprendere l'uso della* – | Modo di scrivere: – *maiuscola, minuscola* | (*est.*) Calligrafia: – *leggibile, illeggibile.* **2** Stesura per iscritto: *affidare q.c. alla* –. **3** (*lett.*) Opera storica, letteraria e sim. **4** (*per anton.*) La Bibbia: *la Sacra Scrittura.* **5** (*dir.*) Documento | – *privata*, sottoscritta dal dichiarante. **6** Contratto stipulato fra un attore, un musicista e sim. e un impresario per una prestazione artistica. **7** *spec. al pl.* Note scritte relative a fenomeni della gestione di un'azienda: *scritture contabili.*

scritturàle (1) **A** *agg.* Che deriva da scrittura. **B** *s. m.* **1** Scrivano, copista. **2** Soldato che svolge in un ufficio compiti di scrivano.

scritturàle (2) **A** *agg.* Che si riferisce alla Sacra Scrittura. **B** *s. m.* Chi si attiene all'interpretazione letterale della Sacra Scrittura.

scritturàre *v. tr.* **1** Impegnare con un contratto di scrittura un attore, un musicista e sim. **2** Annotare su libri o scritture, spec. contabili.

scritturista *s. m. e f.* (*pl. m. -i*) Chi è esperto nelle Sacre Scritture.

scrivanìa *s. f.* Mobile per scrivere, di forma e dimensioni varie, solitamente provvisto di cassetti. [→ ill. *mobili, ufficio*]

scrivàno *s. m.* **1** Impiegato che redige o copia documenti di ufficio. **2** Copista, amanuense.

scrivènte *part. pres. di scrivere; anche agg. e s. m. e f.* Che (o chi) scrive, spec. un'opera letteraria, una domanda, un esposto e sim.

scrìvere *v. tr.* (*pass. rem. io scrìssi, tu scrivésti; part. pass. scritto*) **1** Esprimere idee, suoni e sim. tracciando su una superficie segni grafici convenzionali, lettere, cifre, note musicali e sim.: *carta da* –; – *con la matita, col gesso*; – *musica, una lettera*; – *a mano, a macchina*; – *in francese.* [→ ill. *penna da scrivere, ufficio*] **2** Esprimere una parola usando i segni grafici a essa appropriati: *cuore si scrive con la 'c' e non con la 'q'.* **3** Annotare per mezzo della scrittura: — *appunti* | Redigere un documento: — *una domanda.* **4** Rendere noti i propri pensieri per mezzo della scrittura: *scrisse ciò che l'ira gli dettava; ha deciso di — le sue memorie.* **5** Comporre un'opera letteraria, teatrale, scientifica, musicale e sim., anche ass.: — *un poema;* — *in versi;* — *su Dante* | — *in, su, un giornale, una rivista* e sim., collaborarvi. **6** Comunicare con altre persone mediante rapporti epistolari, anche ass.: — *lettere;* — *alla moglie; è un anno che non scrive.* **7** Detto di scrittori, affermare, sostenere, nelle proprie opere: *come scrive Cicerone...* **8** (*fig., lett.*) Imprimere, fissare: — *q.c. nella mente, nel cuore.*

scroccàre *v. tr.* (*io scròcco, tu scròcchi*) **1** (*fam.*) Ottenere, assicurarsi q.c. a spese d'altri, anche ass.: — *un pranzo.* **2** (*est.*) Ottenere senza alcun merito: — *lo stipendio.*

scroccatóre *s. m.* (*f. -trìce*) Chi scrocca o tenta di scroccare.

scròcco (1) *s. m.* (*pl. -chi*) Atto dello scroccare | *A, di* —, a ufo, a spese d'altri: *vivere a* —.

scròcco (2) *s. m.* (*pl. -chi*) Scatto | Suono prodotto dallo scatto | *Coltello a* —, a serramanico.

scroccóne *s. m.* (*f. -a*) Chi ha l'abitudine di scroccare.

scròfa *s. f.* **1** Femmina del maiale | Femmina del cinghiale. [→ ill. *maiale*] **2** (*fig., spreg.*) Donna di cattivi costumi.

scròfola *s. f.* (*med.*) Ingrossamento delle ghiandole linfatiche del collo, spesso di natura tubercolare.

scrofolòsi *s. f.* (*med.*) Scrofola diffusa.

scrofolóso **A** *agg.* Di scrofola. **B** *s. m.* (*f. -a*) Chi è affetto da scrofolosi.

Scrofulariàcee *s. f. pl.* Famiglia di piante erbacee o legnose delle Tubiflorali, con foglie opposte dentate, fiori solitari o in racemi, frutti a capsula o bacca. [→ ill. *piante* 12]

scrollàre **A** *v. tr.* (*io scròllo*) Scuotere con forza: — *un ramo* | — *il capo,* tentennarlo in segno di disapprovazione | — *le spalle,* alzarle in segno di indifferenza | *Scrollarsi q.c. di dosso,* togliersela movendosi energicamente. **B** *v. intr. pron.* **1** Muoversi energicamente. **2** (*fig.*) Scuotersi dall'abbattimento, dall'indifferenza.

scrollàta *s. f.* Energico scuotimento | — *di spalle,* leggero movimento delle spalle, in segno di indifferenza, disprezzo e sim.

scròllo *s. m.* Brusco scuotimento in direzioni diverse: *dare uno — a un albero.*

scrosciànte *part. pres. di scrosciare; anche agg.* Che scroscia | Fragoroso, impetuoso.

scrosciàre *v. intr.* (*io scròscio; aus. essere e avere*) **1** Riversarsi facendo un rumore forte e assordante, detto di acque: *la pioggia scroscia.* **2** (*fig.*) Susseguirsi rapidamente producendo un rumore simile a quello di acque scroscianti: *al suo apparire gli applausi scrosciarono.*

scròscio *s. m.* Violenta e rumorosa caduta d'acqua: *uno — di pioggia* | (*fig.*) Rapido susseguirsi di fenomeni rumorosi: — *di applausi, di risate* | *A* —, con impeto, con violenza: *piove a* —.

scrostàre **A** *v. tr.* (*io scròsto*) **1** Levare la crosta a una ferita. **2** (*est.*) Levare la parte più esterna e superficiale: — *l'intonaco.* **B** *v. intr. pron.* Perdere la crosta, lo strato superficiale.

scrostatùra *s. f.* Atto dello scrostare | Parte scrostata.

scròto *s. m.* (*anat.*) Sacco muscolo-membranoso in cui sono contenuti i testicoli. [→ ill. *anatomia umana*]

scrùpolo *s. m.* **1** Timore, apprensione che turba l'animo facendo considerare colpa o peccato ciò che in realtà non è tale: — *religioso, morale, di coscienza; farsi — di q.c.* | (*est.*) Riguardo, premura: *non ha nessuno — a chiedere favori* | *Gente senza scrupoli,* disonesta. **2** Meticolosa diligenza nell'adempimento di un dovere, di un compito: *lavoro fatto con* —. **3** Antica unità di peso, equivalente alla 24ª parte dell'oncia.

scrupolosità *s. f.* L'essere scrupoloso; SIN. Coscienziosità, diligenza, meticolosità.

scrupolóso *agg.* **1** Che è pieno di scrupoli, spec. di natura religiosa o morale. **2** Che agisce con coscienza, senso di responsabilità, diligenza: *funzionario attivo e* —; SIN. Coscienzioso, diligente, meticoloso. **3** Che è eseguito con precisione e accuratezza: *resoconto* —.

scrutàre *v. tr.* Esaminare, indagare con attenzione per vedere, trovare, capire: — *l'orizzonte, le intenzioni di qc., la causa di q.c.*

scrutatóre **A** *s. m.* (*f. -trìce*) **1** (*lett.*) Chi scruta. **2** (*dir.*) Persona addetta allo scrutinio delle schede in una votazione. **B** *agg.* (*lett.*) Che scruta: *occhio* —.

scrutinàre *v. tr.* **1** (*raro, lett.*) Indagare. **2** (*dir.*) Procedere allo spoglio delle schede di una votazione. **3** Decidere sui voti da assegnare agli alunni.

scrutinatóre *s. m.* (*f. -trìce*) **1** (*lett.*) Chi scrutina. **2** (*dir.*) Scrutatore.

scrutìnio *s. m.* **1** Spoglio dei voti in una votazione | — *segreto,* in cui non è resa palese l'identità dei votanti | — *di lista,* in cui si vota una lista di candidati. **2** Operazione mediante la quale un'apposita commissione di insegnanti valuta il profitto degli alunni di una classe.

scucìre **A** *v. tr.* (*io scùcio*) **1** Disfare una o più cuciture | Disgiungere parti cucite insieme: — *le maniche di un abito.* **2** (*pop.*) Pagare, sborsare: *scuci i soldi.* **B** *v. intr. pron.* Perdere la cucitura.

scucìto *part. pass. di scucire; anche agg.* **1** Non più cucito. **2** (*fig.*) Sconnesso, incoerente: *discorso* —.

scucitùra *s. f.* Operazione dello scucire | Rottura di una cucitura | Parte scucita.

scuderìa *s. f.* **1** Impianto edilizio che ospita i cavalli ed è attrezzato per il loro ricovero e allevamento | Complesso di cavalli, spec. da corsa, di uno stesso proprietario | (*est.*) Organizzazione di una scuderia. **2** (*est.*) Nell'automobilismo, complesso delle macchine da corsa che gareggiano per una casa.

scudétto *s. m.* **1** Distintivo tricolore che gli atleti vincitori di un campionato nazionale portano sulla maglia nella stagione successiva. **2** Distintivo a forma di scudo sulla manica sinistra della giubba, con l'emblema dell'unità o ente di appartenenza. [→ ill. *uniforme militare*]

scudièro *s. m.* **1** Valletto d'armi, che portava lo scudo del cavaliere al cui servizio si trovava. **2** Titolo di un dignitario di corte.

scudisciàre *v. tr.* (*io scudiscio*) Percuotere con lo scudiscio.

scudisciàta *s. f.* Colpo di scudiscio.

scudìscio *s. m.* Frustino flessibile di legno, cuoio o sim. per incitare il cavallo.

scùdo (1) *s. m.* **1** Difesa di forma varia e materiali resistenti diversi che, infilata nel braccio sinistro, serve a difendere il corpo | *Portare qc. sugli scudi,* esaltarlo | *Levata, alzata di scudi,* dimostrazione ostile, ribellione. [→ ill. *armi*] **2** Riparo in lamiera d'acciaio fissato agli affusti di pezzi d'artiglieria e mitragliere, per proteggere da schegge e proiettili. [→ ill. *armi*] **3** (*est.*) Struttura di rivestimento e protezione | Elemento protettivo e di lavoro che si adotta nello scavo delle gallerie, avente la sagoma della galleria stessa. **4** (*fig.*) Difesa, riparo: *fare, farsi — di, con q.c.* | — *aereo, missilistico, nucleare,* insieme delle forze a protezione e difesa di uno Stato. **5** (*zool.*) Ciascuna delle piastre ossee del dermascheletro delle testuggini e dei coccodrilli. [→ ill. *zoologia*] **6** (*arald.*) Parte essenziale dello stemma, formata dal campo e dalle sue eventuali partizioni, su cui sono poste pezze e figure | — *crociato,* il simbolo del partito della Democrazia Cristiana. [→ ill. *araldica*] **7** Grande meccanismo di scavo di gallerie per metropolitane e sim.

scùdo (2) *s. m.* Moneta d'oro o d'argento di vario valore portante lo scudo del principe o dello Stato emittente effigiato su una delle facce.

scùffia *s. f.* **1** Cuffia. **2** (*fig., pop.*) Forte innamoramento: *avere una — per qc.* **3** Capovolgimento di un'imbarcazione, *spec. nella loc. fare* —.

scugnìzzo *s. m.* (*centr.*) Monello napoletano | (*est.*) Monello di strada.

sculacciàre *v. tr.* (*io sculàccio*) Percuotere con la mano aperta sul sedere, spec. i bambini.

sculacciàta *s. f.* Colpo, insieme di colpi, dati sculacciando.

sculaccióne *s. m.* Forte sculacciata.

sculettàre *v. intr.* (*io sculétto; aus. avere*) Dimenare le anche e il sedere camminando.

scultóre *s. m.* (*f. -trìce*) Chi esercita la scultura. [→ ill. *scultore*]

scultòreo o *scultòrio* spec. nel sign. 1 *agg.* **1** Che si riferisce alla scultura. **2** (*est.*) Statuario: *atteggiamento* —. **3** (*fig.*) Incisivo, forte, rilevato: *stile* —.

scultùra *s. f.* **1** Arte e tecnica dello scolpire. **2** (*est.*) Opera scolpita.
scuòcere *v. intr. e intr. pron.* (*coniug. come cuocere; aus. essere*) Cuocersi eccessivamente.
scuoiàre e deriv. V. *scoiare* e deriv.
scuòla ***A*** *s. f.* **1** Istituzione che persegue finalità educative attraverso un programma di studi o di attività metodicamente ordinate: *— elementare, media, universitaria* | *— materna*, per i bambini dai tre ai cinque anni | *— dell'obbligo*, che dev'essere frequentata per legge da tutti i cittadini | *— pubblica*, che dipende direttamente dall'amministrazione dello Stato | *— privata*, gestita da privati. **2** Insieme delle istituzioni scolastiche vigenti in un paese: *riforma della —*. **3** (*est.*) Attività che ha per scopo l'insegnamento metodico di una disciplina, un'arte, un mestiere e sim.: *— di taglio, di danza* | *— guida*, autoscuola | Periodo di tempo durante il quale ha luogo l'attività della scuola: *oggi ho tre ore di —*. **4** Sede in cui si svolge l'attività scolastica: *la — è in via Castiglione* | (*est.*) Edificio scolastico. [→ ill. *scuola*] **5** Complesso di insegnanti, alunni e sim. facenti parte di una scuola: *tutta la — è in festa.* **6** (*fig.*) Ammaestramento, pratica, esercizio: *crescere alla — del dolore* | Ammonimento, esempio: *questo ti serva di —*. **7** Insieme di poeti, artisti, filosofi, scienziati e sim. che seguono e sviluppano la dottrina di uno stesso maestro: *la — del De Sanctis.* **8** Insieme dei discepoli di un grande maestro (*anche spreg.*): *un dipinto di —* | (*spreg.*) *Si sente troppo la —, sa di —* e sim., di opera in cui l'originalità dell'autore non riesce a superare l'influsso dell'insegnamento. **9** (*sport*) *Alta —*, in equitazione, complesso di esercizi di alto grado di virtuosismo. ***B*** *in funzione di agg. inv.* (*posposto a un s.*) Che ha lo scopo di istruire, ammaestrare e sim.: *cantiere —* | *Nave —*, per giovani aspiranti, novizi, mozzi.
scuòlabus o *scuolabùs s. m.* Autobus per il trasporto degli scolari.
scuòtere ***A*** *v. tr.* (*pres. io scuòto; pass. rem. io scòssi, tu scotésti; part. pass. scòsso;* in tutta la coniug. la *o* dittonga preferibilmente in *uo* se tonica, tranne quando preceda *ss*) **1** Sbattere con violenza facendo muovere in più direzioni: *il vento scuote gli alberi* | *— il capo, la testa*, in segno di scontentezza o dubbio | *— le spalle*, in segno di indifferenza | *— qc.*, scrollarlo con forza: *— qc. dal sonno*; SIN. Scrollare. **2** (*fig.*) Agitare, eccitare, anche ass.: *questo ronzio scuote i nervi* | Turbare, commuovere: *le sue parole mi scossero.* ***B*** *v. intr. pron.* **1** Scrollarsi, con movimento repentino: *a quel fragore tutti si scossero.* **2** (*fig.*) Agitarsi, turbarsi, commuoversi: *è un tipo che non si scuote mai.* ***C*** *v. intr.* (*aus. avere*) Dondolare: *ho un dente che scuote.*
scuotiménto V. *scotimento.*
scùre *s. f.* Utensile per abbattere alberi e lavorare il legname, costituito da una lama d'acciaio in cui è inserito un manico di legno.
scurétto *s. m.* Scuro, spec. di piccola finestra.
scurire ***A*** *v. tr.* (*io scurìsco, tu scurìsci*) Rendere scuro o più scuro. ***B*** *v. intr. pron.* (*aus. essere*) Diventare scuro o più scuro. ***C*** *v. intr. impers.* (*aus. essere e avere*) Annottare: *già scurisce.*
scùro (1) ***A*** *agg.* **1** Che è privo, parzialmente o completamente, di luce: *notte scura.* **2** Detto di colore che ha toni cupi e spenti. **3** Posposto a un agg. qual. dei colori, col quale costituisce una loc. inv., indica tonalità più cupa di quella espressa dall'agg. qual.: *verde, rosso, —*; *vestiti verde —*. **4** (*fig.*) Fosco, turbato, torvo: *essere — in volto.* **5** (*fig.*) Che è difficile a comprendersi: *linguaggio —*. • CONTR. Chiaro. **6** (*fig.*) Triste, penoso: *tempi scuri.* ***B*** *s. m.* **1** Buio, oscurità: *lo — del pozzo* | *Essere allo — di q.c.*, (*fig.*) non esserne informato. **2** Colore scuro, tonalità scura. **3** Parte ombreggiata o tratteggiata di un'opera pittorica.
scùro (2) *s. m.* Ciascuna delle ante cieche in legno all'interno di finestre e porte per oscurare gli ambienti. [→ ill. *finestra*]
scurrile *agg.* Che dimostra una comicità licenziosa, triviale e sguaiata; SIN. Sboccato, volgare.
scurrilità *s. f.* L'essere scurrile | Atto, parola, scurrile; SIN. Trivialità, volgarità.
scùṣa *s. f.* **1** Atto dello scusare: *chiedere, domandare —*; SIN. Perdono | Espressione, manifestazione del proprio rincrescimento: *presentare le proprie scuse a qc.* **2** Parole, argomenti e sim. con cui ci si scusa: *lettera di —*. **3** Argomento che, costituendo una giustificazione dell'errore in cui si è caduti, ne attenua la gravità: *il suo ritardo trova una — nel traffico intenso.* **4** Pretesto: *sono tutte scuse.*
scuṣàbile *agg.* Che si può scusare.
scuṣànte *s. f.* Motivo addotto a discolpa.
scuṣàre ***A*** *v. tr.* **1** Scagionare una persona dall'errore che ha commesso o che le viene attribuito: *non bisogna — sempre i figli.* **2** Addurre a scusa, a discolpa: *l'inesperienza lo scusa dell'accaduto.* **3** Perdonare, spec. in formule di cortesia, anche ass.: *scusi il ritardo*; *scusi, che ore sono?* ***B*** *v. rifl.* Difendersi, chiedere scusa: *scusarsi dell'assenza.* [→ tav. *proverbi* 99]
scùter *s. m.* Adattamento di *scooter.*
scuterìsta o *scooterìsta s. m. e f.* (*pl. m. -i*) Chi viaggia in motoscuter.
ṣdamàre *v. intr.* (*aus. avere*) Nel gioco della dama, essere costretto a muovere una propria pedina dall'ultima fila.
ṣdaziàre *v. tr.* (*io ṣdàzio*) Liberare una merce dal dazio di cui è gravata attraverso il pagamento del dazio stesso.
ṣdebitàre ***A*** *v. tr.* Rendere libero dai debiti. ***B*** *v. rifl.* Rendersi libero dai debiti | (*fig.*) Disobbligarsi: *sdebitarsi con qc. di q.c.*
ṣdegnàre ***A*** *v. tr.* (*io ṣdégno*) **1** Avere in dispregio, respingere qc. o q.c. ritenendolo indegno: *— gli amici interessati*; SIN. Spregiare. **2** (*lett., tosc.*) Provocare sdegno, risentimento: *la sua risposta mi ha sdegnato*; SIN. Indignare. ***B*** *v. intr. pron.* Adirarsi, indignarsi: *sdegnarsi con, contro, qc.*; SIN. Corrucciarsi.
ṣdégno *s. m.* Sentimento di riprovazione, indignazione, ira e sim. provocato da chi o da ciò che sembra indegno, intollerabile: *muovere lo —*; SIN. Corruccio, indignazione.
ṣdegnosità *s. f.* L'essere sdegnoso.
ṣdegnóso *agg.* Che sente e dimostra sdegno per tutto quanto sembra in contrasto coi propri gusti, coi propri principi e sim.: *essere — di viltà* | Che esprime sdegno: *sguardo —*; SIN. Sprezzante.
ṣdentàre ***A*** *v. tr.* (*io ṣdènto*) Rompere uno o più denti, spec. a una macchina o a un congegno. ***B*** *v. intr. pron.*

strumenti dello scultore

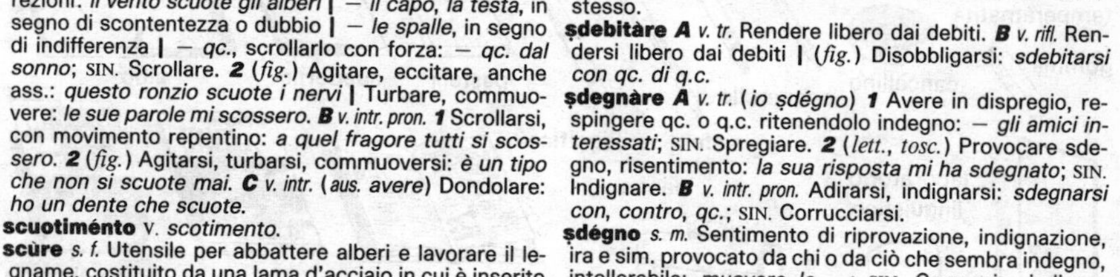

trespolo
stecche
sgorbia
banco
subbia
gradina
scalpello
trapano a corda
unghia
raspa
martellina
mazzuolo
compasso sferico
compasso a tre punte

aula scolastica

1 lavagna 2 cattedra 3 bibliotechina di classe 4 banco 5 tavola murale 6 carta murale 7 lavagna di panno 8 globo geografico 9 televisore

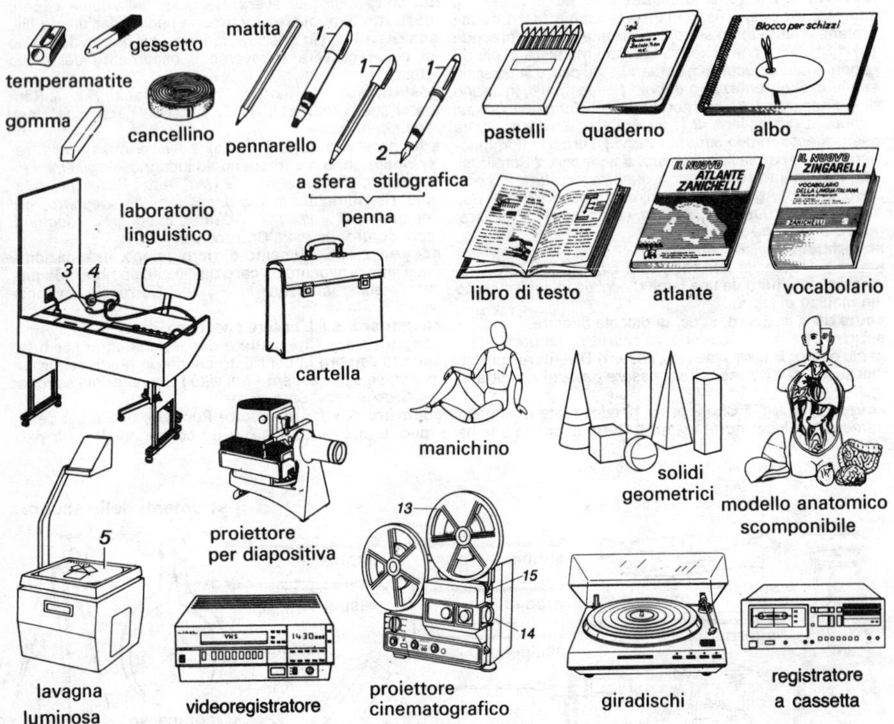

1 cappuccio 2 pennino 3 microfono 4 cuffia 5 trasparente 6 bobina 7 rocchetto trasportatore 8 obiettivo

Rompersi, perdere i denti.

ṣdentàti *s. m. pl.* (*zool.*) Maldentati.

ṣdentàto *agg.; anche s. m.* (*f.* -*a*) Che (o chi) non ha denti, o ha perso i denti.

ṣdilinquiménto *s. m.* Lo sdilinquirsi | (*fig.*) Svenevolezza, smanceria.

ṣdilinquìre ***A*** *v. tr.* (*io ṣdilinquìsco, tu ṣdilinquìsci*) (*raro*) Rendere languido, svenevole. ***B*** *v. intr. pron.* (*aus. essere*) ***1*** Venir meno, andare in deliquio: *mi sdilinquisco dalla fame.* ***2*** (*fig.*) Essere eccessivamente tenero, svenevole.

ṣdoganàre *v. tr.* Svincolare la merce trattenuta in dogana pagando i diritti doganali.

ṣdolcinatézza *s. f.* L'essere sdolcinato | Atto, discorso e sim. sdolcinato; SIN. Svenevolezza.

ṣdolcinàto *agg.* ***1*** (*raro*) Che è troppo dolce. ***2*** (*fig.*) Languido, svenevole: *maniere sdolcinate.*

ṣdolcinatùra *s. f.* Atto, discorso, comportamento sdolcinato.

ṣdoppiaménto *s. m.* ***1*** Divisione in due parti. ***2*** (*psicol.*) *— della personalità*, dissociazione della personalità nella schizofrenia.

ṣdoppiàre (1) *v. tr.* (*io ṣdóppio*) Rendere semplice ciò che è doppio.

ṣdoppiàre (2) ***A*** *v. tr.* (*io ṣdóppio*) Scindere in due parti. ***B*** *v. intr. pron.* Dividersi in due.

ṣdottoreggiàre *v. intr.* (*io ṣdottoréggio; aus. avere*) Parlare in tono saputo e saccente.

ṣdràia *s. f.* Sedia a sdraio.

ṣdraiàre ***A*** *v. tr.* (*io ṣdràio*) Mettere a giacere: *— un bambino sul letto.* ***B*** *v. rifl.* Mettersi a giacere: *sdraiarsi sull'erba.*

ṣdraiàto *part. pass. di sdraiare; anche agg.* Che si trova disteso | Detto di organo vegetale che si sviluppa adagiato sul terreno: *fusto —.*

ṣdràio *s. m.* Atto dello sdraiarsi, posizione di chi è sdraiato, *spec. nella loc. avv. a —*, sdraiato: *stare a —* | *Sedia a —*, (*ell.*) *—*, costituita da un telaio regolabile cui è fissata una robusta tela, sulla quale ci si può sdraiare. [→ ill. *mobili, spiaggia*]

ṣdrammatiẓẓàre *v. tr.* Togliere carattere drammatico a un avvenimento o a una notizia.

ṣdrucciolàre *v. intr.* (*io ṣdrùcciolo; aus. essere e avere* nel sign. 1, 2, *essere* nel sign. 3) ***1*** Cadere a causa dell'improvviso scorrere del piede su una superficie liscia o su q.c. che non offre appiglio: *ha sdrucciolato sul sapone*; *è sdrucciolato giù per la china.* ***2*** (*fig., raro*) Incorrere in q.c. di sconveniente: *— in un argomento scabroso.* ***3*** (*fig., raro*) Sorvolare: *— su un argomento delicato.*

ṣdrucciolévole *agg.* Detto di ciò su cui si sdrucciola facilmente (*anche fig.*); SIN. Scivoloso.

ṣdrùcciolo (1) ***A*** *agg.* Che ha l'accento sulla terzultima sillaba: *parola sdrucciola* | *Verso —*, che finisce con parola sdrucciola, e ha una sillaba di più rispetto alla misura normale. ***B*** *s. m.* Verso sdrucciolo. (v. nota d'uso ACCENTO)

ṣdrùcciolo (2) *s. m.* ***1*** (*raro*) Atto dello sdrucciolare. ***2*** Inclinazione del terreno | Sentiero in pendio.

ṣdrucciolóne *s. m.* Caduta fatta sdrucciolando.

ṣdrucciolóni *avv.* Sdrucciolando: *scendere — per una china.*

ṣdrucciolóso *agg.* Sdrucciolevole.

ṣdrucìre *v. tr.* (*io ṣdrucìsco o ṣdrùcio, tu ṣdrucìsci o ṣdrùci*) ***1*** Scucire strappando: *— una camicia.* ***2*** (*est.*) Lacerare, stracciare: *— un panno.*

ṣdùtto *agg.* ***1*** (*lett., dial.*) Sottile, magro, esile. ***2*** Logoro. ***3*** Detto di pianta che non cresce bene.

sé (1) *cong.* (*raro, lett.*) Così, voglia il cielo che (introduce una prop. ottativa).

sé (2) ***A*** *cong.* ***1*** Nel caso, nell'eventualità che (introduce una prop. condiz. subordinata con il v. all'indic. o al congv.): *resta pure, — preferisci*; *— fosse arrivato, mi avrebbe avvertito.* ***2*** (*enf.*) Nel caso che, qualora (introduce una prop. incidentale con valore attenuativo o deprecativo, con il v. all'indic. o al congv.): *non lo venderei neanche — lo pagassero a peso d'oro* | *— Dio vuole*, finalmente: *— Dio vuole ce l'ho fatta!* ***3*** *Nella loc. cong. — non*, eccetto, tranne che (introduce una prop. eccettuativa implicita con il v. all'inf.): *non puoi fare altro — non ubbidire* | Soltanto (in espressioni negative): *non ho parlato — non con lui.* ***4*** Poiché, dato che, dal momento che (introduce una prop. caus. con il v. all'indic.): *— ti hanno detto così, non c'è più niente da fare.* ***5*** *Nella loc. cong. come —*, quasi, nella maniera di (introduce una prop. compar. ipotetica con il v. al congv.): *agisce come — fosse lui il padrone.* ***6*** Introduce una prop. dubitativa, semplice o disgiuntiva, con il v. al congv., all'indic. o all'inf.: *vedi — puoi aiutarmi*; *vedrò — sia il caso di aiutarlo*; *vedrò — aiutarlo.* ***7*** Introduce una prop. interr. indiretta con il v. al congv., all'indic. o all'inf.: *non so — potrò partire*; *non so — scrivere o telefonare.* ***8*** Come, quanto (introduce una prop. dubitativa con valore modale con il v. all'indic. o al congv.): *tu sai — mi è dispiaciuto farlo.* ***B*** *in funzione di s. m. inv.* ***1*** Condizione: *accetto la proposta, c'è solo un —.* ***2*** Esitazione, incertezza, dubbio: *con tutti i suoi — non conclude nulla.* (v. nota d'uso ACCENTO)

sé (3) *pron. pers. atono m. e f. di terza pers. sing. e pl.* (forma che il pron. *si* assume davanti ai pron. atoni *la, le, li, lo* e alla particella *ne*) ***1*** A sé (come compl. di termine, sia encl. sia procl.): *— lo vide innanzi.* ***2*** Con valore pleon. sia encl. sia procl.: *— lo bevve tutto*; *— la spassa allegramente.*

sé ***A*** *pron. pers. di terza pers. m. e f. sing. e pl.* ***1*** Indica, con valore rifl., le persone cui si riferisce il sogg. stesso e si usa al posto di *'lui', 'lei', 'loro'* nei vari compl. quando non vi sia reciprocità d'azione: *parlare di —*; *pensano solo a —*; *lo hanno allontanato da —*; raff. da *'stesso'* e *'medesimo'*: *si preoccupano solo di — stessi*; *lo fa per — medesimo* | *Essere pieno di —*, essere vanitoso, borioso | *Essere chiuso in —*, essere introverso | *Tenere q.c. per —*, non riferirla a nessuno | *Dentro di —, fra — e —*, nel proprio intimo | *Essere, non essere in —*, essere, non essere nel pieno possesso delle facoltà mentali | *Essere fuori di —*, perdere il senno | *Rientrare in —*, riprendere i sensi e (*est.*) rientrare in possesso delle proprie facoltà mentali | *Da —*, senza l'aiuto o l'intervento d'altri: *farsi giustizia da —* | *Va da —*, è ovvio, è naturale: *va da — che dovete arrangiarvi.* ***2*** Si usa come compl. ogg. in luogo del pron. atono *'si'*, quando gli si vuole dare particolare rilievo: *cerca di scusare — e incolpa gli altri* | Se seguito da *stesso*, anche senza accento: *se la prende con se stesso.* ***B*** *in funzione di s. m.* La propria coscienza: *nel suo — pensa di riuscire.* [→ tav. *proverbi* 54, 57, 316, 336] (v. nota d'uso ACCENTO)

sebàceo *agg.* Del sebo | *Ghiandola sebacea*, annessa alla cute, che produce sebo. [→ ill. *zoologia*]

sebbène *cong.* Benché, quantunque (introduce una prop. concessiva con il v. al congv.): *— fosse in ritardo, lo fecero entrare.*

sèbo *s. m.* Sostanza grassa secreta dalle ghiandole sebacee della cute.

seborrèa *s. f.* Aumento e alterazione della secrezione del sebo.

secànte ***A*** *agg.* (*mat.*) Che interseca, che ha punti comuni. ***B*** *s. f.* ***1*** (*mat.*) Retta secante. ***2*** Funzione trigonometrica, reciproca del coseno.

sécca *s. f.* ***1*** Rilievo del fondo del mare che impedisce o rende difficile la navigazione: *dare in —*; *dare nelle secche.* ***2*** (*fig.*) Difficoltà, stato di necessità, pericolo, *spec. nelle loc.*: *lasciare qc. sulle secche*; *essere, restare, in —.* ***3*** (*dial.*) Aridità, siccità.

seccànte *part. pres. di seccare; anche agg.* (*fig.*) Noioso, fastidioso.

seccàre ***A*** *v. tr.* (*io sécco, tu sécchi*) ***1*** Rendere secco, privare dell'umidità: *il caldo ha seccato il raccolto.* ***2*** Prosciugare, vuotare dell'acqua: *— una sorgente.* ***3*** (*fig.*) Esaurire, svigorire: *la sventura ha seccato la sua vena di artista.* ***4*** (*fig.*) Importunare, infastidire, annoiare: *mi secca con continue telefonate.* ***B*** *v. intr.* (*aus. essere*) Diventare secco. ***C*** *v. intr. pron.* ***1*** Diventare secco, perdere l'umidità: *le piante si sono seccate.* ***2*** Prosciugarsi, diventare asciutto (*anche fig.*). ***3*** (*fig.*) Annoiarsi, infastidirsi, stancarsi: *si è seccato di aspettare.*

seccàto *part. pass. di seccare; anche agg.* ***1*** Reso secco. ***2*** (*fig.*) Infastidito, irritato.

seccatóre *s. m.* (*f.* -*trice*) Chi importuna, infastidisce, annoia; SIN. Scocciatore.

seccatùra *s. f.* ***1*** (*raro*) Operazione del seccare. ***2*** (*fig.*)

Ciò che reca noia, disturbo, fastidio; SIN. Molestia, scocciatura.

seccherèllo *s. m.* (*tosc.*) Frammento, rimasuglio di pane secco.

secchézza *s. f.* L'essere secco | Magrezza.

sécchia *s. f.* **1** Recipiente di metallo, legno e sim. a forma di cono tronco, con manico curvo a semicerchio, usato spec. per attingere acqua. **2** Quantità di liquido contenuta in una secchia | *A secchie*, in grande quantità. **3** (*fam.*, *spreg.*) Alunno di intelligenza e capacità limitate che raggiunge buoni risultati grazie a una continua applicazione; SIN. Secchione. **4** Antica unità di misura per liquidi.

secchièllo *s. m.* **1** Contenitore a forma di piccolo secchio. [→ ill. *bar, giochi, religione*] **2** Borsetta, di forma simile a un secchio, che si porta con lunga tracolla sulla spalla.

secchiellóne *s. m.* **1** *Accr. di secchiello.* **2** Contenitore per liquidi di forma tronco-conica con manico. [→ ill. *contenitore*]

sécchio *s. m.* Recipiente di forma simile a quella della secchia, e di dimensioni gener. più grandi. [→ ill. *edilizia*]

secchióne *s. m.* (*f.* *-a* nel sign. 2) **1** Grosso secchio. [→ ill. *metallurgia*] **2** (*fam.*, *spreg.*) Secchia nel sign. 3.

sécco A *agg.* (*pl. m.* *-chi*) **1** Che è privo di umidità, di acqua: *aria secca*; *vento* — | Arido: *pelle secca* | Asciutto, esausto: *sorgente secca*; SIN. Asciutto, riarso. **2** Essiccato, disseccato: *rami, fiori secchi* | *Pane* —, raffermo. **3** Molto magro: *essere lungo e — come un chiodo.* **4** (*fig.*) Privo di garbo, di grazia, di cordialità: *un no* —; *risposta secca* | Privo di morbidezza, ricchezza, vivacità, detto di stile artistico o letterario. **5** (*fig.*) Improvviso, netto: *colpo* — | *Colpo, accidente, tiro* —, colpo apoplettico | *Fare — qc.*, ucciderlo fulmineamente | *Restarci* —, morire sul colpo. **6** Detto di vino, non dolce | Detto di liquore, non dolce e molto alcolico. **7** Nel gioco del lotto, detto di combinazione, giocata sola, su una sola ruota: *ambo, terno* —. **B** *s. m.* **1** Luogo asciutto, privo di acqua o di umidità: *tirare in — una barca* | (*fig.*, *pop.*) *Lasciare qc. in* —, abbandonarlo in mezzo alle difficoltà | (*fig.*, *pop.*) *Rimanere in, a* —, rimanere abbandonato in mezzo alle difficoltà. **2** Aridità, siccità: *tempo di gran* —. **3** *Nella loc. a* —, senz'acqua | *Lavatura a* —, eseguita con sostanze chimiche | *Murare a* —, senza calcina. [→ ill. *edilizia, lavatura e stiratura*] [→ tav. *proverbi* 161]

seccùme *s. m.* Insieme di rami, foglie, frutta o altra cosa secca.

secentésco o *seicentésco* *agg.* (*pl. m.* *-schi*) Del Seicento, del sec. XVII.

secentismo *s. m.* Gusto letterario dominante nell'Europa del XVII sec., caratterizzato dall'esasperato artificio delle forme.

secentista *s. m. e f.* (*pl. m.* *-i*) (*lett.*) Scrittore, artista del Seicento.

secentistico *agg.* (*pl. m.* *-ci*) Che si riferisce al Seicento.

secènto V. *seicento.*

secèrnere *v. tr.* (*pres. io secèrno; part. pass. secrèto; oggi usato spec. nelle terze pers. sing. e pl. dei tempi semplici*) Produrre sostanze varie da riservare nell'organismo, detto delle ghiandole.

secessióne *s. f.* **1** Ritiro, defezione di un gruppo dall'unità sociale, militare, politica e sim. di cui faceva parte: *la — dei plebei sul Monte Sacro.* **2** (*dir.*) Separazione di parte del territorio da uno Stato, senza il consenso di quest'ultimo | *Guerra di* —, negli Stati Uniti d'America, quella dal 1861 al 1865 tra gli Stati del Nord, favorevoli alla soppressione della schiavitù, e quelli del Sud, contrari, che si erano staccati dalla confederazione.

secessionismo *s. m.* Comportamento di chi è secessionista.

secessionista *s. m. e f.* (*pl. m.* *-i*) Chi partecipa a una secessione.

séco *forma pron.* (*lett.*) Con sé, presso di sé.

secolàre *agg.* **1** Che ha uno o più secoli: *quercia* — | Che dura da secoli: *tradizione* —. **2** Che si verifica ogni secolo: *guerre secolari.* **3** Che appartiene al secolo, alla vita laica e civile, spec. in contrapposizione a ecclesiastico: *abito* — | *Clero* —, gli ecclesiastici che non appartengono a ordini o congregazioni e vivono a contatto con i laici. **4** Mondano, terreno, spec. in contrapposizione a spirituale: *bene* —.

secolarità *s. f.* (*lett.*) Durata secolare.

secolarizzàre *v. tr.* Sottoporre a secolarizzazione.

secolarizzazióne *s. f.* Riduzione a vita laica di chi ha ricevuto ordini religiosi o vive secondo regola conventuale.

sècolo *s. m.* **1** Spazio di tempo di cento anni | Periodo di tempo generalmente non lungo ma che tale sembra o si vuol far sembrare: *è un — che ti aspetto.* **2** Periodo chiaramente determinato nella storia, ma di durata temporale piuttosto vaga: *il — di Augusto*; *il — delle grandi scoperte* | *Il — della riforma religiosa*, il Cinquecento | *Il — di Luigi XIV*, il Seicento | *Il — dei lumi, del razionalismo*, il Settecento | *Il — delle grandi invenzioni*, l'Ottocento. **3** Epoca in cui si vive, tempo attuale: *la moda del* — | *Avvenimento del* —, che desta grande risonanza e viene considerato caratteristico dell'epoca in cui si è verificato | *Figlio del* —, persona particolarmente rappresentativa della generazione cui appartiene | *Roba dell'altro* —, ormai superata. **4** *al pl.* (*gener.*) Tempo: *dall'inizio dei secoli* | *Nel buio, nella notte, dei secoli*, nel passato più lontano | *Per tutti i secoli*, eternamente. **5** Vita mortale, terrena, spec. in contrapposizione alla vita eterna. **6** Vita mondana, spec. in contrapposizione alla vita religiosa: *ritirarsi dal* — | *Abbandonare il* —, darsi a vita monastica | *Al* —, loc. preposta al nome e cognome di un religioso o (*est.*) di chi ha adottato uno pseudonimo: *padre Alessandro, al — Mario Rossi.*

secónda A *s. f.* **1** (*ell.*) Seconda classe di una scuola. **2** (*ell.*) Seconda marcia di un cambio di velocità. **3** (*mus.*) Intervallo che abbraccia due gradi successivi della scala musicale. **4** (*sport*) Atteggiamento schermistico | Azione difensiva: *parata di* —. **5** *Nella loc. avv. a* —, nel senso della corrente di un corso d'acqua o nella direzione in cui spira il vento; (*fig.*) in modo favorevole: *andare, navigare a* —; *tutto gli va a* —. **B** *Nella loc. cong. a — che*, come, secondo che (introduce una prop. modale con il v. al congv.): *mi regolerò per uscire a — che tu venga o no.* **C** *Nella loc. prep. a — di*, conformemente a: *decideremo a — delle circostanze.*

secondàre *v. tr.* (*io secóndo*) **1** Favorire, aiutare, assecondare: — *i desideri di qc.* **2** (*lett.*) Accompagnare, seguire nello stesso verso: — *un movimento.*

secondariaménte *avv.* In secondo luogo | In grado minore, meno importante.

secondàrio A *agg.* **1** Che, in una successione, viene dopo il primo | *Scuole secondarie*, che seguono le primarie. **2** Che, in ordine di importanza, valore e sim. viene dopo il principale: *questione secondaria* | *Proposizione secondaria*, che dipende da un'altra; SIN. Accessorio; CONTR. Principale. **B** *s. m.* (*geol.*) Era mesozoica.

secondino *s. m.* Guardia carceraria; SIN. Carceriere.

secóndo (1) A *agg. num. ord.* **1** Corrispondente al numero due in una sequenza, in una successione: *essere al — anno di vita* | *Per* —, con funzione appositiva: *sono stata chiamata per seconda* | *Seconda colazione*, quella di mezzogiorno | *Il — caso*, il genitivo | *Innalzare un numero alla seconda*, alla seconda potenza, elevarlo al quadrato | *Minuto* —, sessantesima parte di un minuto primo. **2** (*est.*) Altro, nuovo e differente rispetto al primo: *è stato per noi un — padre* | *Avere un — fine*, uno scopo nascosto e diverso da quello dichiarato. **3** (*est.*) Inferiore per valore, pregio, costo, importanza e sim.: *cabina di seconda classe*; *albergo di second'ordine* | *Passare in seconda linea*, perdere importanza | *Notizia, informazione, di seconda mano*, (*fig.*) avuta tramite terze persone | *Oggetti di seconda mano*, che si vendono già usati. **4** (*lett.*) Favorevole, prospero, propizio: *avere la fortuna seconda.* **B** *s. m.* (*f.* *-a* nel sign. 1) **1** Chi (o ciò che) è secondo in sequenza. **2** (*ell.*) La seconda portata di un pranzo. **3** Unità di misura di tempo, pari a 1/86.400 del giorno solare medio, cioè alla sessantesima parte di un minuto primo. SIMB. s | *In un* —, (*fig.*) in un attimo, subito: *sono pronta in un* — | Unità di misura d'angoli, pari alla 3600ª parte di grado. SIMB. ″ [→ ill. *orologio*] **4** Nei duelli, padrino: *mandare i secondi* | Nel pugilato, assistente del pugile. **5** (*mar.*) Ufficiale che viene dopo il capitano o il comandante. [→ tav. *proverbi* 141]

secóndo (2) A *prep.* **1** Lungo, nella direzione di: *la navi-*

gazione — *il vento è più veloce.* **2** (*fig.*) Nel modo richiesto, voluto, prescritto o indicato: *agire — coscienza; comportarsi — le regole.* **3** Stando a: — *la mia opinione sbagli* | — *me, lui, noi* e sim., stando a come la penso io, lui, noi e sim. **4** In rapporto a, in proporzione a: *saranno premiati ciascuno — il merito.* **5** In base a, in dipendenza di: *agiremo — il caso; so comportarmi — le circostanze.* **B** *cong.* (*lett.*) Nella maniera in cui (introduce una prop. modale con il v. all'indic.): *comportati — si conviene.*

secondoché *cong.* **1** Come, nel modo che (introduce una prop. modale con il v. all'indic.): *agisce — gli piace.* **2** Nel caso che, nell'ipotesi che (introduce una prop. condiz., con il v. al congv.): — *lo voglia o meno, andrò a trovarlo.*

secondogènito *agg.; anche s. m.* (*f.* -*a*) Detto di chi è nato per secondo.

secondogenitùra *s. f.* Condizione di chi è secondogenito.

secrétaire /*fr.* sәkre'tɛr/ *s. m. inv.* (*pl. fr. secrétaires* /sәkre'tɛr/) Mobile a due corpi, di cui l'inferiore con cassetti o ante e il superiore con facciata ribaltabile per scrivere. [→ ill. *mobili*]

secrèto **A** *part. pass. di secernere* (*raro*) Elaborato. **B** *s. m.* (*biol.*) Prodotto di secrezione.

secretòrio *agg.* Della secrezione: *dotto —.*

secreziòne *s. f.* (*biol.*) Attività di produzione e di emissione da parte di ghiandole di sostanze utili all'organismo.

sèdano *s. m.* **1** Pianta erbacea delle Umbellali, coltivata come ortaggio con foglie aromatiche | — *a costola*, di cui si mangiano le lunghe coste fogliari | — *rapa*, di cui si mangia la radice molto ingrossata. [→ ill. *piante* 10, *verdura*] **2** *al pl.* Pasta di media pezzatura a forma cilindrica ricurva. [→ ill. *pasta*]

sedàre *v. tr.* (*io sèdo*) Calmare, placare, quietare: — *il dolore* | Reprimere: — *la rivolta.*

sedatìvo **A** *agg.* Che calma, spec. il dolore. **B** *s. m.* Farmaco che calma l'azione di un organo o di un sistema, spec. del sistema nervoso.

sède *s. f.* **1** Seggio | *Oggi solo nelle loc. Sede apostolica; Sede di Pietro;* — *papale; Santa Sede*, la sede del Papa come rappresentante del governo di tutta la Chiesa cattolica; (*est.*) il governo stesso della Chiesa | — *vacante*, periodo di interregno fra la morte di un papa e l'elezione del successore. **2** Luogo di residenza, dimora, domicilio: *prendere — in un luogo.* **3** Città, luogo, edificio, in cui esplica la sua attività un'autorità, un ufficio, un ente e sim.: *la — del governo; Bologna è — di un'antica università.* **4** Luogo dove sono le sezioni più importanti di un'azienda: *la — centrale di una società.* **5** Luogo in cui si svolge, spec. temporaneamente, una determinata attività: *Venezia è la — di un importante festival* | (*est.*) Spazio predisposto per ricevere, contenere e sim. q.c. | — *stradale*, parte della strada riservata ai veicoli. **6** Parte, organo del corpo in cui prende origine una malattia. **7** *Nella loc. in — di*, nel momento in cui si svolge q.c.: *in — di esami* | *In — referente*, detto di una commissione parlamentare che esamina una legge solo per riferire all'assemblea plenaria | *In — legislativa*, quando la commissione approva definitivamente una legge | *In separata —*, (*fig.*) in privato.

sedentàrio **A** *agg.* **1** Che si svolge stando seduti, che comporta poco movimento: *vita sedentaria.* **2** Detto di persona, che si muove poco. **B** *s. m.* (*f.* -*a*) Persona sedentaria.

sedènte *part. pres. di sedere; anche agg.* **1** Che siede. **2** (*arald.*) Detto dei quadrupedi posati sul treno posteriore.

sedére **A** *v. intr.* (*pres. io sièdo, lett. sèggo, tu sièdi, egli siède, noi sediàmo, voi sedéte, essi sièdono; fut. io sederò o siederò; pass. rem. io sedéi o sedètti, tu sedésti, essi sedèttero; imper. sièdi, sedéte; congv. io sièda, lett. sègga, noi sediàmo, voi sediàte, essi sièdano, lett. sèggano; condiz. pres. io sederèi o siederèi, tu sederésti; ger. sedèndo; part. pres. sedènte; aus. essere*) **1** Posare le parti posteriori del corpo sopra un appoggio qualsiasi, piegando le gambe o tenendole distese, accavallate, incrociate e sim.: — *su una sedia, in poltrona, in grembo a qc.* | *Mettersi a —, mettersi seduto*, sedersi e (*fig.*) mettersi a riposo | *Non stare mai a —*, (*fig.*) essere sempre in movimento. **2** Esercitare il proprio ufficio in un luogo o in una circostanza che richiedono lo stare seduti: — *in adunanza, in uditorio, in confessionale;* — *in giudizio* | — *in cattedra*, insegnare e (*est.*) sdottoreggiare | — *alla cattedra di San Pietro*, essere papa | — *in trono*, regnare. **3** (*lett.*) Essere situato: *la villa siede tra il piano e il monte.* **B** *v. intr. pron.* Compiere i movimenti necessari per posarsi con le parti posteriori del corpo sopra un appoggio qualsiasi, tenendo le gambe variamente piegate. **C** *in funzione di s. m.* **1** Atto del sedere. **2** Parte posteriore del corpo, su cui si siede.

sèdia *s. f.* Sedile per una sola persona costituito da una spalliera, un piano orizzontale e gener. quattro gambe unite o no da traverse: — *imbottita, impagliata;* SIN. Seggiola | — *curule*, usata dagli antichi magistrati romani, simbolo del potere giudiziario | — *gestatoria*, trono mobile sul quale il papa è portato dai sediari | — *elettrica*, tipo di pena capitale consistente nella folgorazione del condannato mediante meccanismo elettrico inserito in un sedile. [→ ill. *mobili, campeggiatore, spiaggia, ufficio*]

sediàrio *s. m.* Chi è addetto a reggere la sedia gestatoria papale.

sedicènne *agg.; anche s. m. e f.* Detto di chi ha sedici anni.

sedicènte *agg.* Che dice di essere ciò che non è: *un — dottore.*

sedicèsimo **A** *agg. num. ord.* Corrispondente al numero sedici in una sequenza | *Il secolo XVI*, gli anni dal 1501 al 1600. **B** *s. m.* Ciascuna delle sedici parti uguali di una stessa quantità | *In —*, in legatoria, tipo di formato ottenuto piegando un foglio in sedici parti; (*fig., scherz.*) di ridotte dimensioni.

sédici [16 nella numerazione araba, XVI in quella romana] **A** *agg. num. card.* Indica una quantità composta di dieci unità più sei. **B** *s. m.* Il numero sedici e il segno che lo rappresenta.

sedile *s. m.* Qualunque arnese fatto per sedervi, di forma e materiale vari | Sostegno su cui poggia la botte. [→ ill. *bagno, mobili, vino*]

sedimentàre *v. intr.* (*io sediménto; aus. essere e avere*) Depositarsi sul fondo, detto di particelle solide sospese in un liquido | (*fig.*) Fissarsi stabilmente, consolidarsi nel tempo, detto di idee e sim.

sedimentàrio *agg.* Che deriva, o è formato, da sedimentazioni: *rocce sedimentarie.*

sedimentaziòne *s. f.* **1** Deposizione spontanea o provocata, sul fondo di un recipiente, di particelle che si trovano in sospensione in un liquido: — *del sangue.* **2** (*geol.*) Azione della corrente dell'acqua fluviale che, diminuendo di velocità, lascia depositare il materiale trasportato depositando pietrisco, ciottoli e banchi di sabbia.

sediménto *s. m.* **1** Strato di sostanza solida che si deposita per gravità sul fondo di un recipiente contenente un liquido torbido. **2** (*geol.*) Materiale depositato alla superficie terrestre per effetto della sedimentazione.

sediòlo *s. m.* (*sport*) Sulky.

sediziòne *s. f.* Ribellione, sommossa di popolo contro l'autorità costituita.

sedizióso **A** *agg.* Che è causa o effetto di sedizione: *notizie sediziose.* **B** *s. m.* (*f.* -*a*) Persona sediziosa; SIN. Ribelle, sovversivo.

seducènte *part. pres. di sedurre; anche agg.* Che alletta, incanta, affascina.

sedùrre *v. tr.* (*pres. io sedùco, tu sedùci; pass. rem. io sedùssi, tu seducésti; part. pass. sedótto*) **1** Trascinare al male con lusinghe, allettamenti, inganni; SIN. Irretire. **2** Circuire una ragazza o una donna allo scopo di avere rapporti intimi con lei. **3** (*est.*) Attrarre, avvincere: *l'idea mi seduce.*

sedùta *s. f.* **1** Lo stare seduto. **2** Adunanza di più persone per discutere, esaminare, deliberare: *le sedute del parlamento.* **3** Posa di modello, o di persona che fa da modello, per ritratti in pittura o scultura | Incontro che un professionista ha nel suo studio con un cliente per una cura, una visita, un parere: *avere una — con il dentista.*

seduttóre *s. m.; anche agg.* (*f.* -*trice*) Chi (o che) seduce, spec. una fanciulla; SIN. Conquistatore.

seduzióne *s. f.* **1** (*lett.*) Istigazione al male con lusinghe, inganni e sim. | Attività rivolta a circuire una donna per avere con lei rapporti intimi. **2** (*est.*) Attrazione, fascino: *la — di uno sguardo; la — di una musica* | Ciò che seduce, tentazione: *le seduzioni del mondo.*

séga *s. f.* **1** Attrezzo o macchina per tagliare in due legno o metallo facendovi penetrare con moto alternato o continuo una lama dentata d'acciaio. [→ ill. *cava, falegname, sega*] **2** (*fig., volg.*) Masturbazione maschile.

ségale o *ségala s. f.* Pianta erbacea delle Glumiflore, con poche foglie lanceolate e cariossidi allungate e grigiastre | *— cornuta*, malattia della segale provocata da un fungo. [→ ill. *botanica, piante* 16]

segalìgno *agg.* **1** (*raro*) Segalino. **2** (*fig.*) Detto di persona lunga e magra ma sana.

segalìno *agg.* Di segale: *pane —.*

segantino *s. m.* Chi per mestiere sega i tronchi.

segaòssa *s. m. inv.* Sega a mano o elettrica per segare le ossa delle bestie macellate. [→ ill. *macelleria*]

segàre *v. tr.* (*io ségo, tu séghi*) **1** Dividere in due o più parti mediante la sega: *— un tronco.* **2** Recidere, tagliare, anche ass.: *— la gola.* **3** Stringere tanto forte da solcare la pelle: *la cintura troppo stretta mi sega i fianchi.*

segatrice *s. f.* Macchina utensile, azionata da un motore, che taglia metalli, legnami, marmi e sim.: *— a disco, a nastro.* [→ ill. *falegname, meccanica, sega*]

segatùra *s. f.* **1** Atto del segare. **2** Complesso degli elementi minuti del materiale segato.

sèggio *s. m.* **1** (*lett.*) Sedia importante e solenne destinata ad alti personaggi, trono: *— reale, episcopale, papale.* **2** (*est.*) Sedia, sedile in cui siedono personaggi autorevoli nell'esercizio delle loro funzioni: *— della presidenza, dei deputati* | Ciascuno dei posti assegnati a un partito politico in base ai voti ottenuti nelle elezioni politiche o amministrative: *il partito liberale ha perso tre seggi.* [→ ill. *parlamento*] **3** *— elettorale*, luogo ove si svolgono le operazioni di voto, di spoglio delle schede e di calcolo dei risultati per una elezione | Commissione incaricata di tali operazioni.

sèggiola *s. f.* (*tosc.*) Sedia.

seggiolàio *s. m.* Chi fabbrica, ripara o vende seggiole.

seggiolino *s. m.* **1** *Dim. di seggiola* [→ ill. *medicina e chirurgia*]. **2** Sedia piccola e bassa per bambini | Seggiola pieghevole.

seggiolóne *s. m.* Grande e pesante sedile per una persona | Alto sedile per bambini munito di un piano ribaltabile che serve d'appoggio al piatto e impedisce al bambino seduto di cadere in avanti. [→ ill. *mobili, puericultura*]

seggiovia *s. f.* Teleferica costituita da un sistema di seggiolini uniti, mediante un'asta metallica, a una fune azionata con movimento continuo, per superare dislivelli in montagna. [→ ill. *funivia*]

segheria *s. f.* Stabilimento per la segatura a macchina di tronchi.

seghettàre *v. tr.* (*io seghétto*) Dentellare come la lama di una sega.

seghétto *s. m.* **1** *Dim. di sega.* **2** Tipo di sega a mano, spec. per metalli | Sega a un solo manico per tagliare piccoli rami. [→ ill. *sega, agricoltura, giardiniere, meccanica, orafo e argentiere*]

segmentàre **A** *v. tr.* (*io segménto*) **1** Dividere in segmenti. **2** (*fig.*) Dividere ulteriormente ciò che è già diviso. **B** *v. intr. pron.* Dividersi in segmenti.

segmentazióne *s. f.* **1** Divisione in segmenti. **2** (*biol.*) Divisione dell'uovo in blastomeri, che costituisce l'inizio della formazione dell'embrione.

segménto *s. m.* **1** (*geom.*) Porzione di retta compresa fra due suoi punti | *— circolare*, parte di cerchio delimitata da una corda, o compresa fra due corde parallele | *— sferico*, parte di sfera delimitata da un piano secante, o compresa fra due piani secanti paralleli. **2** Parte di un corpo qualsiasi compreso fra due estremi | (*biol.*) Sezione del corpo di vari animali. **3** Piccola striscia, parte tagliata: *un — di stoffa.* **4** (*fig.*) Sezione, parte.

segnacàso *s. m.* Elemento grammaticale che, premesso al nome, ne indica il caso in cui andrebbe posto in latino.

segnàcolo *s. m.* (*lett.*) Segno, simbolo.

segnaleménto *s. m.* Uso di segnali spec. per disciplinare il traffico: *— marittimo.*

segnalàre **A** *v. tr.* **1** Trasmettere, comunicare per mezzo di segnali: *— un arrivo, una partenza.* **2** (*fig.*) Far conoscere: *mi segnalò un caso interessante* | Raccomandare: *il candidato è stato segnalato da persone autorevoli.* **B** *v. rifl.* Distinguersi, farsi notare: *segnalarsi nell'arte.*

segnalàto *part. pass. di segnalare; anche agg.* **1** Fatto conoscere. **2** Insigne, illustre: *persona di — valore* | Eccezionale, cospicuo: *segnalate imprese.*

segnalatóre *s. m.* **1** Chi segnala | Persona addetta ai servizi di segnalazione. **2** Strumento per segnalazioni.

segnalazióne *s. f.* **1** Atto del segnalare | Trasmissione per segnale: *segnalazioni ottiche.* [→ ill. *spiaggia*] **2** (*est.*) Trasmissione di notizie. **3** (*fig.*) Indicazione di qc. o di q.c. di cui conviene interessarsi: *la — di un giovane pittore.*

segnàle *s. m.* **1** Segno convenuto col quale si dà notizia, avvertimento e sim. di q.c.: *— ottico, acustico* | *— orario*, indicazione dell'ora trasmessa dalla radio o dalla televisione | *— stradale*, simbolo, disegno, cartello o luce indicante una prescrizione o un divieto relativi alla circolazione stradale. [→ ill. *bandiera, strada*] **2** (*est.*) Dispositivo ottico o acustico atto a emettere segnali | *— d'allarme*, nei treni, dispositivo con cui il viaggiatore, in caso di necessità, può fermare il treno. [→ ill. *ferrovia*] **3** *— elettrico*, trasmesso tramite un circuito elettrico o per via radio. [→ ill. *elettronica*]

segnalètica *s. f.* Insieme di segnali: *— stradale.*

segnalètico *agg.* (*pl. m. -ci*) Che segnala, serve a riconoscere | *Dati segnaletici*, quelli che caratterizzano una persona e ne permettono il riconoscimento.

segnalibro *s. m.* Laccetto, striscia di stoffa, cartoncino, che si mette fra le pagine di un libro per ritrovare pron-

sega

1 fune 2 nottola 3 piolo 4 traversa 5 staggio 6 lama

tamente la pagina voluta.
segnalìnee *s. m. inv.* (*sport*) Guardalinee.
segnapósto *s. m.* Biglietto o targhetta indicante il posto assegnato a qc. in riunioni, congressi, pranzi ufficiali.
segnaprèzzo *s. m.* Cartellino su cui è indicato il prezzo di una merce esposta al pubblico.
segnapùnti ***A*** *s. m. e f.* Persona addetta alla segnatura dei punti di una partita, spec. di pallacanestro. ***B*** *s. m.* Lavagnetta o sim. su cui si segnano i punti fatti al gioco. [→ ill. *giochi*]
segnàre ***A*** *v. tr.* (*io ségno*) ***1*** Notare, rilevare, mediante uno o più segni: — *le note in margine a un libro.* ***2*** Indicare mediante un segno particolare: — *la pagina con un segnalibro*; *una linea bianca segna il confine* | — *il passo*, nella marcia, marcarlo ritmicamente; (*fig.*) non procedere. ***3*** (*est.*) Prendere nota di ciò che è necessario ricordare: *segnarsi un indirizzo* | Registrare: — *la spesa*; — *a debito, a credito.* ***4*** Indicare | — *a dito*, esporre alla riprovazione generale | Indicare, mediante la lancetta, la colonna di mercurio e sim., detto di orologi, termometri e sim.: *l'orologio segna le ore.* ***5*** (*fig.*) Annunciare, rappresentare: *il suono delle campane segna il mezzogiorno.* ***6*** Scalfire, lasciare il segno: *il diamante segna il vetro.* ***7*** (*sport*) Nel calcio e sim., realizzare un punto a favore della propria squadra, anche ass.: — *un goal nel secondo tempo.* ***B*** *v. rifl.* Farsi il segno della croce.
segnataménte *avv.* (*lett.*) In modo particolare, speciale.
segnatàsse *s. m. inv.* Francobollo speciale che, applicato sulla corrispondenza con affrancatura insufficiente, indica la tassa da pagare.
segnatèmpo *s. m. inv.* Marcatempo.
segnatóre *s. m.* (*f. -trìce*) (*raro*) Chi segna.
segnatùra *s. f.* ***1*** Notazione, indicazione mediante uno o più segni | Nel calcio e sim., complesso dei punti realizzati da una squadra in una partita. ***2*** Sistema di cifre, o di lettere e cifre, stabilito per identificare ogni unità archivistica o bibliografica in rapporto alla sua collocazione. ***3*** Numero, lettera e sim. che in un volume indica l'esatta progressione dei gruppi di pagine, che sono state stampate su un unico foglio, poi piegato e legato. [→ ill. *stampa*]
segnavènto *s. m. inv.; anche agg. inv.* Banderuola o elemento simile, posto generalmente sui tetti delle case, per indicare la direzione del vento.
segnavìa *s. m. inv.* In alpinismo, contrassegno di itinerario costituito da un segno convenzionale posto sulle rocce lungo la via da percorrere.
ségnico *agg.* (*pl. m. -ci*) (*ling.*) Che concerne un segno.
ségno *s. m.* ***1*** Indizio, accenno palese da cui si possono trarre deduzioni, conoscenze e sim.: *segni premonitori*; *nell'aria c'è — di scirocco* | Contrassegno, elemento distintivo: *segni di riconoscimento* | *Segni caratteristici*, imperfezioni fisiche, spec. lievi, quali nei, cicatrici e sim., che rendono più rapido il riconoscimento di una persona. ***2*** Gesto, atto, parola e sim. che manifesta un determinato modo di essere: *dare segni di gioia*; *non dà — di andarsene* | *Non dare segni di vita*, essere o sembrare esanime; (*est.*) non dare più notizie di sé da lungo tempo | *In, come, — di*, come prova, attestazione di: *gli porse la mano in — di amicizia* | — *della Croce*, atto con il quale il cristiano traccia, sul proprio corpo, con la mano destra, la croce. ***3*** Cenno, gesto: *mi fece — di fermarmi.* ***4*** Qualunque espressione grafica, punto, linea, curva, figura e sim. convenzionalmente assunta a rappresentare un'entità, spec. astratta: *segni alfabetici, algebrici*; *segni di punteggiatura* | — *di croce*, tracciato dagli analfabeti in sostituzione della firma | — *astronomico*, simbolo | — *dello zodiaco*, ciascuna delle dodici parti in cui anticamente veniva diviso lo zodiaco a partire dall'equinozio di primavera. ***5*** Traccia, impronta visibile lasciata da un corpo su una superficie: *sulla sabbia c'è il — dei tuoi passi*; *sul letto c'è il — di un corpo* | *Lasciare il —*, (*fig.*) rimanere impresso, avere conseguenze. ***6*** Linea, figura e sim. che si traccia per contrassegnare il punto a cui si è arrivati, o si deve arrivare: *fate un — a pagina dieci* | *Tenere, perdere, il —*, il punto in cui si è interrotta la lettura | Limite, misura: *passare, oltrepassare, il —.* ***7*** Punto, grado: *è arrivato a questo —?* | *A —*, a punto, in sesto | *Mettere una macchina a —*, metterla in grado di funzionare bene | *Mettere, tenere, qc. a —*, richiamarlo ai suoi doveri | *Avere la testa a —*, essere pienamente padrone di se stesso | *Per filo e per —*, punto per punto. ***8*** Bersaglio | *Tiro a —*, sport che consiste nello sparare con armi da fuoco a bersagli fissi e mobili | *Mettere a — un colpo*, colpire il bersaglio | *Cogliere, colpire, dare, nel —*, mirare giusto e (*est., fig.*) indovinare | *Fallire il —*, sbagliare la mira (*anche fig.*) | *Essere fatto — a, di*, essere oggetto di: *è fatto — all'esecrazione generale.*
ségo V. *sevo*.
segóso *agg.* Che contiene sego.
segregàre ***A*** *v. tr.* (*io sègrego, tu sègreghi*) Allontanare, appartare, isolare dal gruppo: — *un prigioniero pericoloso.* ***B*** *v. intr. pron.* Isolarsi.
segregàto *part. pass. di segregare; anche agg.* Separato | Solitario, in disparte: *vivere — dal mondo.*
segregazióne *s. f.* ***1*** Isolamento dagli altri | Condizione di chi è segregato. ***2*** — *razziale*, sistema di separazione delle razze applicato nell'Africa del Sud, per cui i bianchi costringono i negri a vivere in apposite riserve.
segregazionismo *s. m.* Politica di segregazione razziale.
segregazionista *s. m. e f.* (*pl. m. -i*) Chi sostiene il segregazionismo.
segréta *s. f.* ***1*** Calotta sottile o cuffia di maglia di acciaio indossata sotto l'elmo, a protezione del capo. ***2*** Cella bassa, angusta e priva di finestre.
segretariàto *s. m.* Carica di segretario e sua durata | Luogo ove il segretario lavora | Uffici e persone facenti capo a un segretario.
segretàrio *s. m.* (*f. -a* nel sign. 2) ***1*** Anticamente, persona di fiducia di un principe | *Il — fiorentino*, Niccolò Machiavelli. ***2*** Chi è addetto a una persona o a un ufficio con l'incarico di svolgere mansioni esecutive di fiducia e di curare il buon svolgimento del lavoro. ***3*** Chi, nell'esercizio delle proprie funzioni, dirige un'organizzazione: — *dell'ONU*; — *del partito* | — *di Stato*, nel governo degli Stati Uniti d'America, ministro degli Esteri.
segreterìa *s. f.* ***1*** Ufficio, carica di segretario | Insieme delle persone addette a una segreteria. [→ ill. *parlamento*] ***2*** — *telefonica*, servizio pubblico di informazioni a disposizione degli abbonati al telefono; apparecchio che registra le telefonate in arrivo e risponde con un messaggio registrato. [→ ill. *telefonia*]
segretézza *s. f.* L'essere segreto.
segréto (1) *agg.* ***1*** (*lett.*) Appartato, nascosto: *luogo —.* ***2*** Occulto, celato, che non dev'essere divulgato: *uscita segreta*; *passaggio —.* ***3*** Che è fatto di nascosto dagli altri: *matrimonio —* | *In —*, di nascosto. ***4*** Che è accessibile soltanto a pochi | *Voto —*, quando il votante resta anonimo; CONTR. Palese | *Fondi segreti*, del cui impiego non si deve rendere conto. ***5*** Che non rivela agli altri la sua vera identità: *agente —.* ***6*** Che sa custodire quanto gli viene confidato senza riferirlo ad altri: *è una persona segreta e fidata.* ***7*** Privato, particolare | *Cameriere —*, dignitario della corte pontificia, laico o ecclesiastico. [→ tav. *proverbi* 95]
segréto (2) *s. m.* ***1*** Ciò che si tiene celato nel proprio animo senza rivelarlo a nessuno: *quel — se lo porterà nella tomba.* ***2*** Ciò che è conosciuto da pochi e che non dev'essere divulgato ad altri: *custodire un —* | (*scherz.*) *Il — di Pulcinella*, cosa che tutti sanno | — *di Stato*, notizia che nell'interesse della sicurezza dello Stato deve rimanere segreta. ***3*** Vincolo con cui ci si impegna a non divulgare ciò che è segreto o molto riservato: — *professionale*; — *della confessione.* ***4*** Metodo particolare con cui una persona raggiunge determinati scopi: *conosce il — per essere felice*; *possiede il — del successo.* ***5*** Congegno, serratura e sim., complicato e particolare: *il — del forziere, del baule.* ***6*** Parte recondita, intimità, *spec. nella loc. nel — di*: *nel — del proprio animo.*
seguàce ***A*** *agg.* (*raro, lett.*) Che segue. ***B*** *s. m. e f.* Chi segue una dottrina, una scuola, una corrente, un maestro e sim.: *i seguaci del marxismo.*
seguènte *part. pres. di seguire; anche agg.* Che segue, che viene dopo; SIN. Consecutivo, successivo.
segùgio *s. m.* ***1*** Cane da seguito con testa allungata, orecchie ampie e pendenti, corpo snello e asciutto, pelo corto. [→ ill. *cane*] ***2*** (*fig.*) Agente di polizia.
seguìre ***A*** *v. tr.* (*pres. io séguo, tu ségui; pass. rem. io seguìi,*

tu seguisti) **1** Camminare dopo, andare dietro a un altro, o ad altri, che precede, guida, scorta e sim.: – *la guida; lo seguii per le scale* | Accompagnare (*anche fig.*): *lo segue dappertutto*; CONTR. Precedere. **2** Procedere, avanzare lungo una direzione determinata: – *la rotta, la via giusta.* **3** (*fig.*) Accettare e professare un'idea, un'opinione, una dottrina: – *l'aristotelismo* | Farsi seguace di un maestro: – *Marx* | Attenersi a quanto detto da altri: – *le prescrizioni dei medici* | Osservare, conformarsi: – *la moda.* **4** (*fig.*) Tenere dietro con lo sguardo, l'udito, l'attenzione e sim.: – *qc. con lo sguardo;* – *i propri pensieri* | Fare attenzione, anche ass.: *segui quello che dico?* **B** *v. tr. e intr.* (*aus. intr. essere*) Venire dopo, nel tempo o in una successione, una serie, una disposizione e sim.: *nel nostro alfabeto la B segue la A; nel nostro alfabeto alla A segue la B.* **C** *v. intr.* (*aus. essere*) **1** Venire dopo in un racconto, un discorso, una citazione e sim.: *mi disse ciò che segue...* **2** Derivare, venire di conseguenza: *ne seguì una disgrazia.* **3** Accadere, avvenire: *sono cose che seguono!* **4** Continuare, spec. di libri, giornali e sim.: *il testo segue a pag. 12.* [→ tav. *locuzioni* 99]

seguitàre **A** *v. tr.* (*io séguito*) **1** Seguire. **2** Continuare, proseguire: – *un discorso.* **B** *v. intr.* (*aus. avere e essere* nel sign. 1, *essere* nel sign. 2) **1** Continuare, durare: *ha seguitato a dire.* **2** (*lett.*) Venire dopo, di seguito.

séguito *s. m.* **1** Gruppo di persone che costituiscono l'accompagnamento, il corteo, la scorta di un personaggio autorevole: *la regina e il suo* –; SIN. Codazzo. **2** Insieme di discepoli, ammiratori, seguaci di una dottrina, una scuola, un maestro. **3** Aderenza, favore: *avere molto* –. **4** Sequela, strascico, serie: *è un – di disgrazie.* **5** Continuazione, proseguimento: *il – della storia* | Conseguenza, risultato: *la cosa ebbe un* – | *Di* –, senza interruzione | *In* –, in un secondo tempo. **6** Inseguimento, *spec. nella loc. cane da* –, adibito unicamente a scovare o inseguire selvaggina da pelo. [→ ill. *cane*]

sèi [6 nella numerazione araba, VI in quella romana] **A** *agg. num. card. inv.* Indica una quantità composta di cinque unità più una. **B** *s. m.* Il numero sei e il segno che lo rappresenta.

seicentésco V. *secentesco.*

seicènto o (*lett., tosc.*) *secènto* [600 nella numerazione araba, DC in quella romana] **A** *agg. num. card. inv.* Indica una quantità composta di sei centinaia. **B** *s. m. inv.* Il numero seicento e il segno che lo rappresenta | *Il Seicento*, il secolo XVII: *la musica del Seicento.* **C** *s. f. inv.* Autovettura utilitaria di circa seicento cm^3 di cilindrata.

seiènne *agg.* (*raro*) Che ha sei anni.

seigiórni o *sèi giórni s. f.* Gara ciclistica su pista della durata di sei giorni, disputata da coppie di corridori che si alternano in corsa.

seigiornista *s. m.* (*pl. -i*) Corridore ciclista che prende parte alle seigiorni.

sélce *s. f.* **1** Roccia costituita in prevalenza da silice colloidale, molto dura. **2** *spec. al pl.* Pezzo di selce squadrato, per pavimentazioni stradali.

selciàre *v. tr.* (*io sélcio*) Pavimentare con lastre o cubetti.

selciàto **A** *part. pass. di selciare; anche agg.* Pavimentato. **B** *s. m.* Pavimento costituito spec. di selci a forma di parallelepipedi rettangoli, per strade, piazze, cortili.

selciatóre *s. m.* Addetto alla selciatura.

selciatùra *s. f.* Operazione del selciare | Selciato | Modo in cui è stato fatto il selciato.

selcióso *agg.* Di selce | Simile a selce.

selènico (1) *agg.* (*pl. m. -ci*) (*raro, lett.*) Della luna.

selènico (2) *agg.* (*pl. m. -ci*) Detto di minerale contenente selenio.

selènio *s. m.* Elemento chimico spesso presente in alcune piriti, impiegato come catalizzatore in reazioni organiche, nella decorazione di ceramiche, nella colorazione del vetro, nelle cellule fotoelettriche. SIMB. Se.

selenita *s. m. e f.* (*pl. m. -i*) Ipotetico abitante della Luna.

selenite *s. f.* Varietà di gesso in grossi cristalli.

selèno- *primo elemento*: in parole composte indica riferimento alla Luna: *selenografia.*

selenografìa *s. f.* Descrizione della superficie della Luna.

selenologìa *s. f.* (*pl. -gie*) Studio della Luna e della sua formazione.

selenòlogo *s. m.* (*f. -a; pl. m. -gi*) Studioso di selenologia.

selenòṣi *s. f.* Malattia professionale provocata da intossicazione da selenio.

selettività *s. f.* **1** L'essere selettivo. **2** (*elettr.*) Idoneità di un radioricevitore a selezionare trasmissioni di diverse lunghezze d'onda di valore prossimo tra di loro.

selettivo *agg.* **1** Capace di selezionare: *mente selettiva.* **2** Che tende a selezionare. **3** Basato sulla selezione: *schedatura selettiva.* **4** (*elettr.*) Che presenta selettività.

selettóre *s. m.* Dispositivo che permette di ricevere una determinata gamma d'onda nei radioricevitori e televisori | In telefonia, ciascuna delle apparecchiature automatiche che sono messe in opera per collegare due utenti | (*est.*) Dispositivo di selezione. [→ ill. *telefonia, tessuto*]

selezionaménto *s. m.* Atto del selezionare; SIN. Selezione.

selezionàre *v. tr.* (*io selezióno*) Sottoporre a selezione: – *il bestiame.*

selezionatóre *s. m.; anche agg.* (*f. -trice*) Chi (o che) seleziona | (*sport*) Tecnico che opera la scelta degli atleti per la formazione di una squadra rappresentativa. [→ ill. *suono*]

selezionatrìce *s. f.* (*elab.*) Macchina per selezionare e ordinare schede perforate. [→ ill. *elaborazione dati*]

selezióne *s. f.* **1** Scelta degli elementi migliori o più adatti a un determinato fine: *operare una* –; – *dei candidati.* [→ ill. *cava*] **2** Valutazione delle attitudini di un candidato in occasione dell'assunzione. **3** (*biol.*) – *naturale*, processo per il quale, nella lotta biologica per l'esistenza, gli individui meno dotati vengono eliminati | – *artificiale*, scelta degli individui migliori compiuta dall'uomo per ottenere con la riproduzione razze con pregi particolari. **4** Insieme di cose o persone scelte: *una – dei migliori atleti; una – di prose*; SIN. Scelta. **5** (*telef.*) Atto con cui si forma un numero telefonico a mezzo del disco combinatore.

self-control /*ingl.* 'self kən'troul/ *s. m. inv.* Capacità di controllare i propri nervi, autocontrollo.

self-government /*ingl.* 'self 'gʌvnmənt/ *s. m. inv.* (*pl. ingl. self-governments* /'self 'gʌvnmənts/) Governo autonomo.

self-made man /*ingl.* 'self 'meid 'mæn/ *loc. sost. m. inv.* (*pl. ingl. self-made men* /'self 'meid 'mən/) Uomo che si è fatto da sé, e nulla deve alla nascita, ai favori altrui o alla fortuna.

self-service /*ingl.* 'self 'sə:vis/ *s. m. inv.* **1** Tecnica di vendita che permette ai clienti di servirsi da soli. **2** (*est.*) Ristorante o negozio, in cui ci si serve da sé.

sèlla *s. f.* **1** Arnese solitamente di cuoio che si pone sulla schiena di un equino per cavalcarlo comodamente: *cavallo da* – | *Montare in* –, a cavallo | *Stare in* –, stare a cavallo. [→ ill. *finimenti*] **2** (*est.*) Sedile di vari mezzi di locomozione che si montano a cavalcioni: *la – della bicicletta.* **3** (*fig.*) Posizione eminente, carica importante, *spec. nelle loc.: sbalzare, levare, cavare qc. di* –. **4** (*geogr.*) Valico attraverso una dorsale montuosa. [→ ill. *geografia*] **5** Taglio di carne del vitello e dell'agnello macellati costituito dalla parte lombare. [→ ill. *macelleria*]

sellàio *s. m.* Chi fabbrica o ripara selle e oggetti di cuoio.

sellàre *v. tr.* (*io sèllo*) Mettere la sella, anche ass.

sellerìa *s. f.* Bottega del sellaio.

sellìno *s. m.* **1** *Dim. di sella.* **2** Parte del finimento sulla schiena del cavallo da tiro. **3** Sella per biciclette, motociclette e sim. [→ ill. *ciclo e motociclo*]

seltz /sèlts, *fr.* sɛls/ o *sèlz s. m. inv.* Acqua addizionata di anidride carbonica, che si usa per allungare liquori, aperitivi e sim. [→ ill. *bar*]

sélva *s. f.* **1** Bosco esteso con folto sottobosco; SIN. Foresta. **2** (*fig.*) Moltitudine grande e confusa di persone o cose.

selvaggìna *s. f.* Qualunque animale commestibile che vive allo stato selvaggio, oggetto di caccia.

selvàggio **A** *agg.* (*pl. f. -ge*) **1** Che vive, cresce nelle selve, nelle foreste: *piante selvagge.* **2** (*est.*) Che è privo di coltivazione e di vita umana, detto di luogo: *valle selvaggia* | Orrido: *gola selvaggia.* **3** Che esprime una società ancora primitiva: *riti selvaggi* | (*est.*) Rozzo, rustico: *natio borgo* –; SIN. Incivile. **4** (*fig.*) Disumano, crudele: *un — assassino* | Violento: *amore —; vento —.* **5** *Sciopero —*, attuato in un modo che danneggia fortemente la produzione oppure, nell'ambito dei pubblici servizi, che lede gli interessi degli utenti dei servizi stessi. **B** *agg.; anche s. m.* (*f. -a*) Che (o chi) vive al di fuori della civiltà, in una società ancora primitiva.

selvatichézza *s. f.* **1** L'essere selvatico. **2** (*lett.*) Rozzezza, mancanza di cultura.

selvàtico A *agg.* (*pl. m. -ci*) **1** Detto di pianta, che cresce e si sviluppa spontaneamente. **2** Detto di animale, che cresce e vive in libertà, spec. in contrapposizione a domestico e ad addomesticato: *lo scoiattolo è un animale —.* **3** Detto di persona poco socievole, priva di garbo; SIN. Rozzo, rustico. **B** *s. m.* **1** Odore, sapore e sim. caratteristico della selvaggina. **2** Qualunque animale da pelo o da penna, oggetto di caccia.

selvaticùme *s. m.* Insieme di cose o persone selvatiche.

selvicoltóre o *silvicoltóre s. m.* Chi pratica la selvicoltura.

selvicoltùra o *silvicoltùra s. f.* Scienza che si occupa della conservazione, utilizzazione e costituzione delle foreste.

selvóso *agg.* **1** Coperto di selve. **2** (*fig.*) Fittamente ricoperto di capelli, peli e sim.

sèlz V. *seltz.*

semafòrico *agg.* (*pl. m. -ci*) Del semaforo.

semaforista *s. m.* (*pl. -i*) Addetto alla manovra di un semaforo.

semàforo *s. m.* **1** Apparecchio di segnalazione luminosa che serve a disciplinare il traffico dei veicoli e dei pedoni negli incroci stradali. [→ ill. *strada*] **2** Stazione costiera per vedetta e comunicazioni, in grado di trasmettere e ricevere segnali ottici con le navi.

sé mài o *semmài cong.* Qualora, nel caso che (introduce una prop. condiz. subordinata di un periodo ipotetico con il v. al congv.): *— arrivasse il medico, chiamatemi.*

semantèma *s. m.* (*pl. -i*) (*ling.*) Elemento che esprime il significato fondamentale di una parola (es. *stud-* in *studente*); CFR. Morfema.

semàntica *s. f.* Studio del significato delle parole.

semàntico *agg.* (*pl. m. -ci*) **1** Che concerne il significato delle parole. **2** Della semantica.

semasiologìa *s. f.* (*pl. -gie*) (*ling.*) Studio del significato e del mutamento di significato di ogni parola.

sembiànte *s. m.* **1** (*poet.*) Aspetto, apparenza | *In —, in sembianti*, in apparenza. **2** (*est., poet.*) Viso.

sembiànza *s. f.* **1** (*poet.*) Somiglianza, *spec. nella loc. a — di.* **2** Sembiante, aspetto. **3** *spec. al pl.* Lineamenti, fattezze, spec. aggraziate.

sembràre A *v. intr.* (*io sémbro; aus. essere*) Avere l'aspetto, l'apparenza, la sembianza, di altra persona o cosa: *mi sembri tuo fratello*; *sembrava un galantuomo*; SIN. Parere. **B** *v. intr. impers.* (*aus. essere*) Dare l'impressione: *sembra che tutto vada bene.*

séme *s. m.* **1** (*bot.*) Corpo riproduttivo delle piante fanerogame, derivato dall'ovulo fecondato che contiene l'embrione della nuova pianta | *Olio di semi*, ricavato da semi o frutti di piante varie diverse dall'olivo (quali arachide, mais, soia, ecc.). [→ ill. *botanica, spezie*] **2** (*est., pop.*) Nocciolo: *i semi delle ciliegie.* **3** Sperma. **4** (*lett.*) Razza, discendenza. **5** (*fig.*) Origine, principio: *il — della discordia.* **6** Ciascuno dei quattro simboli o colori in cui si dividono le carte da gioco, cioè *cuori, quadri, picche, fiori*, nelle carte francesi e *coppe, denari, bastoni, spade* nelle carte napoletane. **7** *al pl.* Pastina da brodo a forma di semi di cereali. [→ ill. *pasta*]

semeiòtica *s. f.* (*med.*) Studio dei segni e dei sintomi delle malattie e dei modi per rilevarle; SIN. Semiologia.

seménta (1) *s. f.* Atto del seminare, spec. il grano | Epoca in cui si semina.

seménta (2) V. *semente.*

sementàre *v. tr.* (*io seménto*) Spargere la semente, anche ass.

seménte o *seménta* (2) *s. f.* Seme destinato alla semina, che si raccoglie e conserva per seminare.

semènza *s. f.* **1** Semente. **2** *spec. al pl.* (*pop.*) Semi di zucca salati e abbrustoliti. **3** (*fig.*) Origine. **4** Bullettame minuto da scarpe. [→ ill. *ferramenta*]

semenzàio *s. m.* **1** Terreno destinato alla semina per ottenere piantine da trapiantare in vivaio o a dimora. **2** (*fig.*) Luogo di primo sviluppo.

semenzàle *s. m.* (*agr.*) Piantina ottenuta da seme.

semestràle *agg.* **1** Che dura sei mesi: *corso —.* **2** Che avviene ogni sei mesi: *pagamento —.*

semèstre *s. m.* **1** Spazio di tempo di sei mesi. **2** (*est.*) Somma che si paga o si riscuote ogni semestre.

sèmi- *primo elemento*: in parole composte significa 'metà' o 'quasi': *semiaperto, seminfermo.*

semiacèrbo *agg.* Detto di frutto non ancora del tutto maturo.

semianalfabèta *agg.; anche s. m. e f.* (*pl. m. -i*) Detto di chi stenta a leggere e scrivere | (*est.*) Ignorante.

semiapèrto *agg.* Mezzo aperto, socchiuso.

semiàsse *s. m.* **1** (*mecc.*) Ciascuno dei due alberi che trasmettono il moto dal differenziale alle ruote dell'autoveicolo. [→ ill. *automobile*] **2** (*mat.*) Semiretta d'un asse cartesiano, a partire dall'origine.

semiautomàtico *agg.* (*pl. m. -ci*) Detto di macchina in grado di eseguire automaticamente tutte le operazioni tranne alcune | Detto di meccanismo in grado di compiere una certa operazione solo se azionato di volta in volta. [→ ill. *armi*]

semicérchio *s. m.* Metà d'un cerchio | Segmento circolare staccato da un diametro.

semichiùso *agg.* Quasi chiuso.

semicingolàto A *agg.* Detto di veicolo munito di cingoli di trazione e di ruote anteriori sterzanti. **B** *anche s. m.*

semicircolàre *agg.* Che ha forma di semicerchio.

semicirconferènza *s. f.* Metà di una circonferenza.

semiconduttóre *s. m.* Sostanza con proprietà intermedie fra quelle dei conduttori e quelle degli isolanti.

semiconsonànte *s. f.* (*ling.*) Semivocale.

semicùpio *s. m.* **1** Piccola vasca da bagno in cui si sta seduti. **2** Bagno fatto in un semicupio.

semideponènte A *agg.* Detto di verbo latino che in alcuni tempi, nel perfetto e nei tempi da esso derivati, si coniuga come deponente. **B** *anche s. m.*

semidio *s. m.* (*f. semidèa; pl. m. semidèi*) **1** Nella mitologia greco-romana, chi è nato da una divinità e da un essere umano. **2** (*fig., iron.*) Persona superiore agli altri, o che si crede tale.

semiellittico *agg.* (*pl. m. -ci*) Che ha forma di una mezza ellisse.

semifinàle *s. f.* Gara destinata alla selezione dei concorrenti per l'ammissione alle finali.

semifinalista *s. m. e f.* (*pl. m. -i*) Concorrente che si è qualificato per la semifinale.

semifréddo A *agg.* Detto di un particolare tipo di dolce che viene conservato e servito molto freddo, ma non congelato. **B** *anche s. m.*

semilavoràto A *agg.* Detto di prodotto che ha subito una parziale lavorazione, e viene impiegato in un successivo processo produttivo che lo utilizza come materia prima. [→ ill. *metallurgia*] **B** *anche s. m.*

semilibertà *s. f.* (*dir.*) Opportunità per determinati detenuti di uscire dal carcere nelle ore diurne per lavorare.

semilunàre *agg.* Che ha forma di mezzaluna | (*anat.*) *Osso —*, osso del carpo | *Valvole semilunari*, che impediscono il riflusso del sangue dalle arterie aorta e polmonare al cuore. [→ ill. *anatomia umana*]

semilùnio *s. m.* Epoca in cui la luna è al primo o all'ultimo quarto.

semimetàllo *s. m.* (*raro*) Metallo caratterizzato da elevata fragilità.

semimpermeàbile *agg.* Che è parzialmente impermeabile.

sémina *s. f.* Atto del seminare | Epoca in cui si semina; SIN. Seminagione, seminatura.

seminàbile *agg.* Che si può seminare.

seminagióne *s. f.* (*lett.*) Semina.

seminàle *agg.* **1** Che si riferisce al seme. **2** Che si riferisce allo sperma. [→ ill. *anatomia umana*]

seminàre *v. tr.* (*io sémino*) **1** Spargere il seme, le sementi, anche ass.: *— il grano*; *— un terreno a grano.* **2** (*fig.*) Spargere qua e là, lasciar cadere: *semina i suoi vestiti per la stanza.* **3** (*fig.*) Diffondere, suscitare: *— discordia.* **4** Nel linguaggio sportivo, distaccare con facilità gli avversari: *— gli inseguitori.* [→ tav. *proverbi* 67, 77, 96; → tav. *locuzioni* 100]

seminàrio *s. m.* **1** Istituto per la preparazione dei chierici. **2** Esercitazione universitaria di carattere specialistico | Istituto o aula ove tali esercitazioni hanno luogo. **3** (*est.*) Tecnica di aggiornamento o addestramento di dirigenti, spec. aziendali.

seminarista *s. m.* (*pl. -i*) **1** Chierico o laico di un seminario. **2** (*est., fig.*) Giovane inesperto e ingenuo.

seminàto A *part. pass. di seminare; anche agg.* **1** Cosparso di semi. **2** Cosparso, disseminato (*anche fig.*): *sentiero — di fiori.* **3** (*arald.*) Detto dello scudo o di una figura cosparsi di figure più piccole. **B** *s. m.* Terreno seminato | *Uscire dal, fuori del —*, (*fig.*) deviare dall'argomento trattato.

seminatóre *s. m.* (*f. -trice*) Chi semina. [→ tav. *locuzioni* 100]

seminatrice *s. f.* Macchina per la semina | *— di precisione*, per la semina in fila di semi isolati a distanza prestabilita. [→ ill. *agricoltura*]

seminatùra *s. f.* (*raro*) Semina.

seminfermità *s. f.* Infermità parziale: *— di mente.*

seminférmo *agg.; anche s. m.* (*f. -a*) Detto di chi è parzialmente infermo.

seminterràto *s. m.* Piano di edificio i cui locali sono in parte sotto il livello stradale. [→ ill. *casa*]

seminùdo *agg.* Mezzo nudo, quasi nudo.

semiografia *s. f.* Scrittura abbreviata, per mezzo di segni convenzionali.

semiologia *s. f.* (*pl. -gie*) **1** Teoria e studio di ogni tipo di segno linguistico, visivo, gestuale ecc., prodotto in base a un codice comunemente accettato; SIN. Semiotica. **2** (*raro; med.*) Semeiotica.

semioscurità *s. f.* Oscurità parziale.

semiòtica *s. f.* **1** Semiologia. **2** (*med.; raro*) Semeiotica.

semipermeàbile *agg.* Che consente il passaggio solo di date sostanze: *membrana —.*

semipiàno *s. m.* (*geom.*) Insieme dei punti del piano che stanno da una parte rispetto a una retta di esso.

semipièno *agg.* Mezzo pieno, quasi pieno.

semirètta *s. f.* (*geom.*) Ognuna delle parti in cui una retta è divisa da un suo punto.

semirimòrchio *s. m.* Rimorchio stradale la cui parte anteriore, priva di ruote, poggia sulla parte posteriore di un trattore, su cui è articolata.

semisèrio *agg.* Che sta fra il serio e il faceto: *opera semiseria.*

semisfèra *s. f.* (*geom.*) Ciascuna delle due parti di una sfera determinate da un piano passante per il centro.

semispàzio *s. m.* (*geom.*) Insieme dei punti dello spazio che stanno da una stessa parte rispetto a un piano.

semìta A *s. m. e f.* (*pl. m. -i*) Chi appartiene ai popoli abitanti in ampie zone del Medio Oriente, dell'Africa settentrionale e dell'Etiopia, con fortissime radici culturali in tempi preistorici e storici. **B** *agg.* Semitico.

semitàppa *s. f.* Nei giri ciclistici, ciascuna delle due parti in cui è divisa qualche tappa.

semìtico *agg.* (*pl. m. -ci*) Dei semiti.

semitòno *s. m.* (*mus.*) Intervallo di mezzo tono, dodicesima parte dell'ottava nella scala temperata.

semitrasparènte *agg.* Che è quasi trasparente; SIN. (*lett.*) Pellucido.

semivìvo *agg.* (*lett.*) Più morto che vivo.

semivocàle *s. f.* (*ling.*) Vocale che, in determinati contesti, ha funzione di consonante (es. la *u* in *uomo*; la *i* in *pianta*); SIN. Semiconsonante.

semmài A *cong.* V. *se mai.* **B** *avv.* Tutt'al più, caso mai.

sémola *s. f.* **1** Farina a grana grossa, che si ottiene dalla macinazione dei semi di alcuni cereali, spec. grano duro e mais | Crusca. **2** (*pop.*) Efelidi, lentiggini.

semolàto *agg.* Detto di zucchero raffinato.

semolìno *s. m.* **1** Farina di riso o di grano duro macinata grossa, usata per minestre o per budini. **2** (*est.*) Minestra fatta con tale farina.

semovènte A *agg.* Che si muove da sé, che ha la proprietà del moto. **B** *s. m.* Pezzo d'artiglieria installato su un veicolo corazzato cingolato che ne costituisce l'affusto mobile. [→ ill. *armi*]

sempitèrno *agg.* (*lett.*) Che è sempre esistito e non avrà mai fine.

sémplice (1) A *agg.* **1** Che consta di un solo elemento, spec. in contrapposizione a doppio: *filo, consonante —.* **2** Che consta di un solo elemento e non ha nulla di aggiunto o mescolato, spec. in contrapposizione a composto: *i tempi semplici di un verbo.* **3** Elementare, privo di complicazioni o difficoltà: *ragioni semplici da capire*; SIN. Facile; CONTR. Complicato. **4** Privo di ornamenti eccessivi: *vestito, decorazione, arredamento —* | Privo di affettazione, di ricercatezza: *stile —*; *vita —*; SIN. Naturale. **5** Detto di persona, schietto, sincero, senza malizia: *gente —* | Inesperto, ingenuo: *una contadina — e rozza* | (*est.*) Sciocco: *che anima —!* **6** Preposto a un s. ha valore enfatico e rafforzativo e significa 'solamente, nient'altro che': *è una — domanda*; *mi basta una — firma.* **7** Posposto a un s. indica il grado più basso di una carriera, una gerarchia e sim.: *segretario —*; *soldato —.* **B** *s. m. e f.* Persona schietta, priva di malizia e spesso sciocca.

sémplice (2) *s. m. spec. al pl.* Erba medicinale | Farmaco, rimedio composto con erbe medicinali.

sempliceménte *avv.* **1** In modo semplice. **2** Soltanto: *desidero — parlarti.*

sempliciòne *s. m.* (*f. -a*) Chi è ingenuo, sincero, alla buona; SIN. Minchione.

sempliciòtto *agg.; anche s. m.* (*f. -a*) Detto di chi è eccessivamente ingenuo o poco accorto.

semplicismo *s. m.* Maniera troppo semplice e superficiale di ragionare.

semplicista A *s. m. e f.* (*pl. m. -i*) Chi ragiona con semplicismo. **B** *agg.* Semplicistico.

semplicìstico *agg.* (*pl. m. -ci*) Che pecca di semplicismo.

semplicità *s. f.* **1** Qualità di semplice. **2** Naturalezza, disinvoltura, sobrietà: *— di modi, di stile.* **3** Inesperienza, ingenuità.

semplificàre A *v. tr.* (*io semplìfico, tu semplìfichi*) Rendere semplice o più semplice | *— una frazione*, ridurla ai minimi termini; CONTR. Complicare. **B** *v. intr. pron.* Diventare più semplice, più facile.

semplificazióne *s. f.* Riduzione a una forma semplice o più semplice.

sèmpre *avv.* **1** Senza interruzione, senza termine di tempo (indica continuità ininterrotta): *Dio — è stato e — sarà*; *è — stato così* | (*raff.*) *Per —*, per tutto il tempo, per l'eternità: *Dio regnerà per —* | *Una volta per —*, una sola volta, una volta per tutte | *Da —*, fin dall'origine, da lunghissimo tempo: *il mondo è così da —* | *Di —*, di tutti i tempi: *è la storia di —.* **2** Continuamente, con persistenza: *arrivate — tardi.* **3** Ogni volta: *ho telefonato, ma era — occupato.* **4** Ancora: *fai — lo stesso lavoro?* **5** Ma, però, a patto che: *vorrei uscire, — col tuo permesso.* **6** Nondimeno, pur tuttavia (con valore concessivo): *è anziano, ma — agile.* [→ tav. *proverbi* 23, 39, 80, 109, 167, 170, 236, 355]

sèmpre che *cong.* Purché, ammesso che (introduce una prop. condiz. con il v. al congv.): *lo farò, — tu lo voglia.*

sempreverde A *agg.* Detto di vegetale che non rimane mai completamente privo di foglie. **B** *anche s. m. o f.*

semprevìvo *s. m.* Erba delle Crassulacee con foglie carnose a rosetta e fiori rossicci.

sèna o **sènna** *s. f.* Pianta arbustiva delle Rosali con foglie composte da fogliole oblunghe, appuntite, usate in medicina, fiori gialli in grappoli, frutto a legume. [→ ill. *piante* 9]

sènapa V. *senape.*

senapàto *agg.* Che contiene senape.

sènape o *sènapa* **A** *s. f.* **1** Pianta erbacea delle Papaverali coltivata per i semi giallo rossastri o rosso nerastri finemente zigrinati, impiegati in medicina e in culinaria. [→ ill. *piante* 5, *spezie*] **2** Salsa piccante a base di farina di senape. **B** *in funzione di agg. inv.* (*posposto a un s.*) Che ha colore intermedio tra il marrone e il giallo spento.

senapièra *s. f.* Vasetto per contenere la salsa di senape.

senapismo *s. m.* Cataplasma revulsivo fatto con farina di senape.

senàrio A *agg.* Detto di verso di sei piedi | Detto di verso di sei sillabe. **B** *anche s. m.*

senàto o gener. *Senàto* nel sign. 2 *s. m.* **1** Nell'antica Roma, consiglio a fianco del magistrato e dell'assemblea popolare nel governo della cosa pubblica. **2** Uno dei due rami del Parlamento. **3** *— accademico*, organo deliberativo universitario costituito dai presidi delle facoltà. **4** (*est.*) Sede del senato: *recarsi in —* | Riunione del senato.

senatóre *s. m.* (*f. -trice*) Membro del Senato.
senatoriàle *agg.* Di, da senatore.
senatòrio *agg.* (*lett.*) Del senato o dei senatori.
senegalése *agg.; anche s. m. e f.* Del Senegal.
senescènte *agg.* (*lett.*) Che sta invecchiando, che è nel periodo della senescenza.
senescènza *s. f.* Insieme dei fenomeni involutivi e di esaurimento di molte funzioni organiche che seguono al periodo di accrescimento di un organo.
senile *agg.* Di, da vecchio.
senilismo *s. m.* Vecchiezza prematura.
senilità *s. f.* (*lett.*) Vecchiaia.
senior /*lat.* 'sẽnjor/ ***A*** *agg. inv.* (*abbr. sen.*) ***1*** Posposto a nomi propri di persona significa 'più vecchio', ed è usato in caso di omonimie nell'ambito di una stessa famiglia: *Luigi Barzini* —. ***2*** Detto di professionista che ha una vasta e pluriennale esperienza di lavoro: *ingegnere* —. • CONTR. Junior. ***B*** *agg. inv.; anche s. m. e f.* (*pl. seniores*) (*sport*) Appartenente a una categoria superiore.
sènna V. *sena.*
sénno *s. m.* Facoltà di discernere, giudicare, agire e sim. con sensatezza, prudenza, saviezza | *Il* — *di poi*, il dare consigli riguardo a q.c. che, ormai risolto e concluso, rende inutile ogni commento; SIN. Criterio, discernimento, saggezza. [→ tav. *proverbi* 135]
sennonché o *senonché* nel sign. 1 *cong.* ***1*** (*lett.*) Tranne che, fuorché (introduce una prop. eccettuativa con il v. all'indic.): *non so altro — bisogna riuscire.* ***2*** Ma: *volevo uscire, — me l'hanno impedito.*
séno (1) *s. m.* ***1*** Petto | (*est.*) Petto muliebre: — *eburneo, candido* | *Tenere un neonato al* —, allattarlo. ***2*** (*euf.*) Ventre materno: *frutto del suo* —; *portare un figlio in* —. ***3*** Spazio situato sotto un indumento che copre il petto: *trarre q.c. di* —; *nascondere q.c. in* —. ***4*** (*fig.*) Intimità della coscienza: *nutrire un sentimento in* —. ***5*** Sinuosità, piega: *il — della veste, della toga* | Parte interna, cavità: *nel — della terra.* ***6*** *Nella loc. in — a*, entro, nell'ambito: *in — alla famiglia.* ***7*** (*anat.*) Cavità | *Seni paranasali*, cavità delle ossa della faccia e della volta cranica, comunicanti con il naso | *Seni frontali*, una delle tre coppie di seni paranasali scavata nell'osso frontale. [→ ill. *anatomia umana*] ***8*** Insenatura | Porzione di mare che si insinua dentro terra. [→ tav. *locuzioni* 3]
séno (2) *s. m.* (*mat.*) Funzione trigonometrica | — *d'un angolo*, numero, mai maggiore di uno, che esprime il rapporto fra la distanza d'un punto del secondo lato dal primo e la distanza dello stesso punto dal vertice.
se no o (*raro*) *sennò avv.* (*fam.*) Altrimenti, in caso contrario: *fai presto, — me ne vado.*
senonché V. *sennonché.*
sensàle *s. m.* Mediatore, agente.
sensatézza *s. f.* Qualità di sensato.
sensàto *agg.* Che ha, che dimostra buon senso, giudizio, assennatezza; SIN. Ragionevole.
sensazionàle *agg.* Che suscita grande curiosità, interesse, commozione.
sensazióne *s. f.* ***1*** Stato elementare e non analizzabile della coscienza determinato da uno stimolo esterno e interno: — *di calore*; — *di dolore.* ***2*** (*gener.*) Impressione, presentimento. ***3*** Senso di viva impressione, stupore, sorpresa, interesse e sim. *spec. nelle loc. fare* —, *gran* —, *molta* —.
senserìa *s. f.* Attività svolta dal sensale | Compenso spettante al sensale.
sensìbile *agg.* ***1*** Che si apprende, si percepisce, mediante i sensi: *mondo* —; *esperienza* —. ***2*** Che si manifesta ai sensi in modo evidente: *rumore, suono* —. ***3*** Che riceve impressioni attraverso i sensi: *l'uomo è un essere* — | Che risponde in modo intenso a uno stimolo: *gli occhi sono sensibili alla luce artificiale.* ***4*** Che sente in modo particolarmente intenso determinate situazioni emotive, ambientali e sim.: *ha un carattere troppo* —; SIN. Sensitivo; CONTR. Insensibile. ***5*** (*tecnol.*) Detto di strumento di misura che avverte fortemente le variazioni della grandezza da misurare. ***6*** (*fot.*) *Materiale* —, ricoperto da una speciale emulsione che lo rende atto a essere impressionato dalla luce.
sensibilità *s. f.* ***1*** Facoltà di ricevere impressioni mediante i sensi. ***2*** Disposizione a sentire vivamente emozioni, sentimenti, affetti. ***3*** Facoltà di uno strumento di reagire a un minimo di sollecitazione.
sensibilizzàre *v. tr.* ***1*** Rendere sensibile o più sensibile. ***2*** (*fig.*) Rendere cosciente, consapevole: *occorre — politicamente i giovani.*
sensismo *s. m.* Dottrina filosofica per cui la sensazione rappresenta la condizione necessaria e sufficiente di ogni conoscenza.
sensista *s. m. e f.* (*pl. m. -i*) Chi segue il sensismo.
sensistico *agg.* (*pl. m. -ci*) Del sensismo.
sensitiva *s. f.* Mimosacea con fiori rosa e foglie composte che si ripiegano appena toccate.
sensitività *s. f.* L'essere sensitivo.
sensitivo ***A*** *agg.* ***1*** Atto a sentire attraverso i sensi: *facoltà sensitiva.* ***2*** Della sensazione: *sistema nervoso* —. ***3*** Detto di persona che si lascia facilmente influenzare da situazioni emotive: *natura troppo sensitiva*; SIN. Sensibile. ***B*** *s. m.* (*f. -a*) ***1*** Persona sensitiva. ***2*** Persona che può ricevere impressioni o comunicazioni medianiche.
sènso *s. m.* ***1*** Facoltà di sentire, ricevere, impressioni prodotte da stimoli esterni: *organi del* —; *i cinque sensi* | *Sesto* —, presunta capacità intuitiva di avvertire ciò che sfugge ai più. ***2*** *al pl.* Coscienza di sé e delle proprie azioni: *perdere, recuperare i sensi.* ***3*** *al pl.* Sensualità: *vita dei sensi.* ***4*** Percezione di sensazioni fisiche, spec. vaghe: *avvertire un — di benessere.* ***5*** Avvertimento di determinate situazioni psichiche: *sentire un — di vuoto*; *provare un — di vergogna* | Impressione, spec. sgradevole, *nella loc. fare* —: *quell'uomo mi fa* —. ***6*** Criterio generale intuitivo, discretivo, intellettivo: *avere — della giustizia, della proporzione* | — *comune*, maniera ordinaria e semplice di intendere e giudicare | — *pratico*, capacità di affrontare e risolvere i fatti della vita pratica. ***7*** *spec. al sing.* Significato espresso da una parola, una frase e sim.: *spiegare il — di un vocabolo*; *nel vero — della parola* | *Ripetere q.c. a* —, ripetere con parole proprie il contenuto di ciò che si è letto | *Costruzione a* —, senza rigore grammaticale | *Doppio* —, parola, frase e sim. che si presta a una doppia interpretazione, spec. licenziosa | Significato logico di un fatto, un atteggiamento e sim.: *in quello che fai non c'è* —. ***8*** Modo: *rispondere in — affermativo* | *In un certo* —, sotto un certo aspetto. ***9*** Direzione, verso: *nel — della lunghezza, della larghezza*; *nel — opposto* | — *unico*, l'unica direzione in cui è consentito ai veicoli di percorrere una strada | — *vietato*, direzione in cui non è consentito ai veicoli di transitare.
sensóre *s. m.* ***1*** (*fis.*) Dispositivo che, in un sistema di controllo, rileva i valori di una grandezza fisica. ***2*** (*est.*) Sistema di sicurezza di un alloggio, ufficio e sim., basato sull'impiego di raggi infrarossi, ultrasuoni, microonde.
sensoriàle *agg.* Che concerne le attività di senso.
sensòrio (1) *agg.* Del senso, dei sensi.
sensòrio (2) *s. m.* Complesso delle funzioni sensoriali.
sensuàle *agg.* ***1*** Relativo o incline ai piaceri dei sensi: *godimento* — | Che è sensibile e incline ai desideri sessuali: *uomo, donna* —. ***2*** Che rivela o stimola sensibilità ai desideri sessuali: *voce* —.
sensualità *s. f.* L'essere sensuale.
sensuóso *agg.* (*lett.*) Che si riferisce ai sensi, alla sensualità, detto spec. di atteggiamenti.
sentènza *s. f.* ***1*** Decisione del giudice su una questione a lui sottoposta. ***2*** (*raro, lett.*) Avviso, parere, opinione: *mutare* —. ***3*** Breve frase che esprime concisamente un principio, una norma, spec. di natura morale.
sentenziàre *v. tr. e intr.* (*io sentènzio; aus. avere*) ***1*** Giudicare con sentenza: *il tribunale sentenziò che fosse liberato*; *hanno sentenziato la pena di morte.* ***2*** Giudicare con sussiego e con scarsa competenza.
sentenzióso *agg.* ***1*** Ricco di sentenze: *libro* —. ***2*** (*est.*) Che ha forma di sentenza: *stile* —. ***3*** Che fa uso eccessivo di massime e di sentenze.
sentièro *s. m.* ***1*** Viottolo, gener. stretto, che in luoghi campestri o montani si è formato in seguito al frequente passaggio di persone e animali. [→ ill. *strada*] ***2*** (*fig.*) Via: *è sul — del vizio.*
sentimentàle ***A*** *agg.* ***1*** Che si riferisce al sentimento o ai sentimenti. ***2*** Che prova sentimenti teneri, gentili, malinconici, anche in modo affettato; SIN. Romantico. ***B*** *s. m. e f.* Persona sentimentale.
sentimentalismo *s. m.* Tendenza a una sentimentalità

esagerata | Azione, parola e sim. sentimentale; SIN. Romanticismo.

sentimentalità *s. f.* L'essere sentimentale.

sentiménto *s. m.* **1** Coscienza, consapevolezza di sé, della propria esistenza, delle proprie azioni: *avere — di sé* | *Perdere, riacquistare il — di sé*, la propria dignità | *Perdere i sentimenti*, svenire e (*est.*) entrare in agonia | (*pop.*) *Fare q.c. con tutti i sentimenti*, con ogni cura. **2** Consapevolezza dell'esistenza di q.c. diverso da sé e modo di sentirlo dentro di sé: *il — della famiglia è vivo in tutti noi.* **3** Ogni moto dell'animo, affetto, passione, emozione e sim., chiuso dentro di sé o manifestato agli altri: *— di gioia, di allegria*; *siamo legati da un — d'amicizia.* **4** *spec. al pl.* Modo di pensare, di sentire, di comportarsi moralmente: *persona di nobili sentimenti.* **5** *al sing.* ass. Sfera affettiva, emozionale, spec. in contrapposizione a ragione: *parlare al —* | *Toccare la corda del —*, portarsi su argomenti capaci di commuovere.

sentìna *s. f.* **1** Parte più bassa e interna della nave, dove si raccolgono gli scoli. **2** (*fig.*) Ricettacolo di brutture, scelleratezze e sim.

sentinèlla *s. f.* Soldato armato che vigila a protezione di persone o cose militari | *Fare la —, stare di —, montare di —, essere di —*, eseguire il servizio di sentinella.

sentìre **A** *v. tr.* (*io sènto*) **1** Acquistare conoscenze dal mondo esterno attraverso gli organi dei sensi | Apprendere con l'udito: *— un suono, un rumore*; *sento dei passi*; *ho sentito qc. suonare*; *ho sentito suonare*; SIN. Udire | Consultare: *voglio — il medico* | Venire a sapere: *hai sentito la notizia?*; *se ne sentono delle belle sul suo conto* | Assistere a: *— la Messa*; *vado a — la Traviata* | Apprendere con l'olfatto: *— un odore, un profumo* | Apprendere col gusto: *— un sapore*; *senti com'è buono questo dolce* | Assaggiare: *senti se la minestra è cotta* | Apprendere col tatto: *senti la morbidezza di questa lana.* **2** Provare una sensazione fisica generale o localizzata in una parte del corpo, o anche accompagnata da sensazioni psichiche: *— caldo, freddo, fame, sete*; *— male alla testa*; *— dolore, tristezza*; *sentirsi un nodo in gola* | *Il cavallo sente il freno*, è sensibile al freno; SIN. Percepire. **3** Provare le conseguenze di q.c.: *— la fatica, la noia*; *— gli anni.* **4** Accorgersi, avere sentore di q.c.: *— la presenza di qc.*; *sento che quell'uomo non è sincero.* **5** Provare un sentimento, o un insieme di sentimenti: *— affetto per qc.*; *— rimorso* | Avere coscienza di un sentimento, di una situazione emotiva: *sento degli obblighi verso di voi.* **6** Essere in grado di ammirare, gustare, comprendere q.c.: *— la musica, la poesia* | ass. Essere dotato di alti sentimenti morali: *— altamente, nobilmente.* **B** *v. intr.* (*aus. avere*) Avere odore, sapore, di q.c.: *le cantine sentono di muffa.* **C** *v. rifl.* **1** Provare una sensazione fisica o psichica: *sentirsi bene*; *sentirsi debole*; *sentirsi svenire*; *sentirsi a proprio agio.* **2** Provare un sentimento: *sentirsi commosso*; *sentirsi in obbligo verso qc.* | Essere disposto a: *non mi sento di uscire* | (*fam.*) *Sentirsela*, essere disposto, avere la forza: *non me la sento di fare sacrifici.* **D** *in funzione di s. m. solo sing.* (*lett.*) Sentimento, sensibilità: *donna di alto —.* [→ tav. *proverbi* 49, 126, 286, 305, 324, 395; → tav. *locuzioni* 101]

sentitaménte *avv.* Con tutto il sentimento: *ringraziare qc. —.*

sentito *part. pass. di sentire; anche agg.* **1** Appreso mediante l'udito | *Per — dire*, per conoscenza indiretta. **2** Vivo, sincero, cordiale, spec. in clausole epistolari: *sentiti ringraziamenti.*

sentóre *s. m.* **1** Impressione o informazione vaga e indistinta: *ho avuto — di qualche novità in ufficio.* **2** Profumo odore: *— di rose.*

sènza o (*raro, lett.*) *sànza* **A** *prep.* **1** Privo di (indica mancanza e regge il compl. di privazione): *è un povero orfano — padre e — madre*; *sono rimasto — soldi*; *mangia — sale* | raff. *Non —*, con: *ho perdonato non — fatica.* **2** Escludendo, con assenza di (regge il compl. d'esclusione): *è stata operata — anestesia*; *me ne sono andato — cerimonie* | *— numero*, innumerevole | *— riposo, — sosta, — tregua*, incessantemente | *— indugio*, subito | *— dubbio, senz'altro*, con certezza | *— impegno*, non assumendosi alcun impegno. **3** (*elettr.*) *— fili*, detto di comunicazione che avviene tramite radioonde. **B** *cong.* Non (introduce una prop. esclusiva, con valore modale, con il v. all'inf., o, *nella loc. cong.* *— che*, con il v. al congv.): *ho trascorso tutta la notte — dormire*; *è uscito — che io lo sapessi.* [→ tav. *proverbi* 88, 173, 185, 283, 284, 285, 287, 288, 352, 372; → tav. *locuzioni* 60]

senzadìo *s. m. e f. inv.* Chi non crede in Dio | (*est.*) Chi è privo di scrupoli morali.

senzatétto *s. m. e f. inv.* Chi non ha tetto, casa, alloggio in cui ripararsi.

senziènte *agg.* (*lett.*) Che è dotato di senso, di sensibilità.

sèpalo *s. m.* (*bot.*) Ciascuna delle foglioline che formano il calice di un fiore. [→ ill. *botanica*]

separàbile *agg.* Che si può separare; CONTR. Inseparabile.

separàre **A** *v. tr.* (*io sepàro o sèparo*) **1** Disgiungere, disunire, persone o cose vicine, unite o mescolate fra loro: *— i letti*; *— due litiganti*; SIN. Allontanare. **2** Tenere distinto: *— il bene dal male.* **3** Tenere diviso, fare da ostacolo fra due, anche ass.: *le Alpi separano l'Italia dalla Francia.* **B** *v. rifl. e rifl. rec.* Dividersi, rompendo un rapporto di lavoro, amicizia, affetto e sim.: *si è separato definitivamente dal socio* | Di coniugi, disfare la convivenza.

separataménte *avv.* **1** In modo separato. **2** Uno alla volta.

separatismo *s. m.* Movimento tendente a stabilire l'organizzazione statale autonoma di una regione rispetto allo stato di cui fa parte.

separatista *s. m. e f.* (*pl. m. -i*) Chi sostiene il separatismo; CONTR. Unionista.

separatistico *agg.* (*pl. m. -ci*) Del separatismo e dei separatisti.

separativo *agg.* (*raro*) Atto a separare.

separàto **A** *part. pass. di separare; anche agg.* **1** Disgiunto, non più unito. **2** Detto di coniuge, che ha cessato di convivere con l'altro. **B** *s. m.* (*f. -a*) Coniuge separato.

separatóre **A** *s. m.; anche agg.* (*f. -trìce*) Chi (o che) separa. [→ ill. *elettricità*] **B** *s. m.* Apparecchio per selezionare sostanze o prodotti diversi | *— magnetico*, per liberare da un insieme le parti ferrose. [→ ill. *chimico*]

separazióne *s. f.* **1** Allontanamento, divisione di persone o cose unite, congiunte o mescolate tra loro | Distacco: *una triste —.* **2** Condizione di chi è separato | *— personale dei coniugi*, cessazione della convivenza.

séparé /*fr.* sepa're/ *s. m. inv.* (*pl. fr. séparés* /sepa're/) Salottino appartato, in caffè, ristoranti, locali pubblici.

sepiolite *s. f.* (*miner.*) Silicato idrato di magnesio in masse omogenee, compatte, bianche o grigiastre.

sepolcràle *agg.* **1** Di, da sepolcro: *monumento, lapide —.* **2** (*fig.*) Triste, mesto: *buio —.*

sepolcréto *s. m.* Cimitero in cui sono più tombe | Cimitero antico.

sepólcro *s. m.* **1** Monumento funebre che custodisce e insieme commemora un defunto illustre | *Santo Sepolcro*, quello di Gesù Cristo a Gerusalemme | *Scendere nel —*, morire | *— imbiancato*, ipocrita, secondo quanto Gesù dice nel Vangelo agli scribi e ai farisei, paragonandoli a sepolcri imbiancati che, belli all'aspetto esteriore, dentro sono pieni di ogni marciume. **2** *spec. al pl.* (*pop.*) Luogo in cui viene conservato il SS. Sacramento per la comunione dopo la messa del giovedì santo e per l'azione liturgica del venerdì santo | (*dial.*) Speciale addobbo delle chiese nella settimana santa. [→ tav. *locuzioni* 102]

sepólto **A** *part. pass. di seppellire; anche agg.* **1** Seppellito | *Morto e —*, (*fig., pop.*) di persona o cosa dimenticata e non cercata più da nessuno. **2** (*fig.*) Immerso, sprofondato: *essere — nel sonno.* **3** (*fig.*) Occultato, nascosto: *segreto — nel proprio cuore.* **B** *s. m.* (*f. -a*) Persona morta e seppellita.

sepoltùra *s. f.* **1** Seppellimento | *Dare —*, seppellire | Cerimonia funebre. **2** Luogo in cui viene sepolto un morto.

seppelliménto *s. m.* Deposizione nella tomba o sottoterra; SIN. Inumazione.

seppellìre **A** *v. tr.* (*pres. io seppellisco, tu seppellisci; part. pass. sepólto o seppellito*) **1** Deporre nella tomba; SIN. Inumare. **2** Mettere sottoterra, spec. per nascondere: *— un oggetto rubato* | Nascondere: *ha sepolto l'arma* *nel solaio* | Ricoprire: *la strada è sepolta dalla neve*; SIN. Sotterrare. **3** (*fig.*) Dimenticare, non parlare più di q.c.: – *il passato*. **B** *v. intr. pron.* (*fig.*) Stare rinchiuso, appartato: *seppellirsi in casa, tra i libri.*

seppellito *part. pass. di seppellire; anche agg.* Deposto nella tomba, o sottoterra.

seppellitóre *s. m.* (*f.* *-trìce*) Chi seppellisce.

séppia **A** *s. f.* Mollusco marino dei Cefalopodi commestibile con corpo ovale, depresso e bocca circondata da dieci tentacoli | *Osso di* –, formazione calcarea corrispondente a una conchiglia interna rudimentale | *Nero di* –, liquido nero secreto dall'animale per nascondersi. [→ ill. *animali* 5] **B** *in funzione di agg. inv.* (*posposto a un s.*) Che ha colore intermedio tra il grigio e il bruno.

seppùre *cong.* **1** Se anche, ammesso pure che (introduce una prop. condiz. con valore concessivo con il v. al congv.): *lo farò – dovessi rimetterci del mio.* **2** Anche se (introduce una prop. incisiva condiz. con il v. all'indic. ed esprime dubbio): *il suo appoggio, – ci sarà, non servirà.*

sèpsi *s. f.* (*med.*) Infezione e suppurazione delle ferite.

sequèla *s. f.* Serie di cose e fatti, spec. sgradevoli, che accadono uno di seguito all'altro; SIN. Filza.

sequènza (1) *s. f.* Nella liturgia di rito romano, canto che viene dopo l'alleluia | Inno contenente le lodi del Santo.

sequènza (2) *s. f.* **1** Serie ordinata di cose, fatti e sim. **2** In varie tecnologie, serie di elementi, dati, operazioni e sim. successivi: – *di lavorazione di un pezzo.* **3** Serie di inquadrature cinematografiche che esprimono un nucleo narrativo unitario | (*est.*) Serie di elementi narrativi, poetici e sim. **4** Nel poker e giochi affini, serie progressiva di carte.

sequestràbile *agg.* Che si può sequestrare.

sequestràre *v. tr.* (*io sequèstro*) **1** (*dir.*) Disporre o eseguire un sequestro. **2** (*est.*) Togliere dalla circolazione q.c. il cui uso è vietato da determinate norme, principi, regole e sim.: – *un giornale.* **3** (*dir.*) Privare qc. della libertà personale | (*est.*) Costringere a rimanere isolato, a stare fermo in un luogo e sim.: – *un malato per motivi igienici.*

sequestratàrio *s. m.* Chi custodisce beni sequestrati.

sequestràto **A** *part. pass. di sequestrare; anche agg.* Di cosa o persona sottoposta a sequestro: *bene* –. **B** *s. m.* (*f.* *-a*) Proprietario o possessore di beni sottoposti a sequestro.

sequèstro *s. m.* **1** Provvedimento legale che rende un bene indisponibile a chi lo detiene. **2** – *di persona*, reato di chi priva taluno della libertà personale.

sequòia *s. f.* Gigantesco albero americano delle conifere, sempreverde, alto fino a 100 metri. [→ ill. *piante* 1]

séra *s. f.* **1** Tarda parte del giorno che va dal tramonto al principio della notte: *scende la* –; *si fa* – | *Da mattina a* –, *da mane a* –, continuamente, senza interruzione | *Giornale della* –, edito nel pomeriggio; CONTR. Mattina. **2** Periodo di tempo compreso tra l'ora di cena, o dopocena, e la notte: *esco spesso di* – | *Abito da* –, da società. **3** (*fig., poet.*) Vecchiaia | Morte. [→ tav. *proverbi* 345]

seraccàta *s. f.* Nel linguaggio alpinistico, tratto di ghiacciaio suddiviso in seracchi.

seràcco *s. m.* (*pl.* *-chi*) Nel linguaggio alpinistico, blocco di ghiaccio di vari metri di altezza a forma di guglia, originato dal frantumarsi della superficie di un ghiacciaio.

seràfico *agg.* (*pl. m.* *-ci*) **1** Di, da serafino: *ardore* –. **2** (*fig., fam.*) Tranquillo, sereno, pacifico.

serafino *s. m.* Nella teologia cattolica, ciascuno degli angeli che formano il primo coro della prima gerarchia.

seràle *agg.* Della sera: *ore serali* | Che ha luogo di sera: *passeggiata* –; *scuola* –.

seràta *s. f.* **1** Periodo della sera con riguardo alla sua durata, al modo di trascorrerla e alle condizioni atmosferiche: *le lunghe serate invernali.* **2** (*est.*) Festa, ricevimento e sim. che ha luogo di sera: *una – a teatro* | – *di gala*, spettacolo, festa, ballo e sim. particolarmente elegante; speciale recita compiuta per un attore | – *d'onore*, spettacolo dato in onore di qc. | Recita di una compagnia teatrale, dedicata a una particolare circostanza: – *d'addio.*

serbàre **A** *v. tr.* (*io sèrbo*) **1** Mettere da parte q.c. in luogo sicuro per servirsene a suo tempo: – *denaro per la vecchiaia.* **2** Conservare, mantenere, custodire: – *un segreto, una promessa*; – *qc. in vita* | Nutrire in sé: – *rancore verso qc.* **B** *v. rifl.* Conservarsi, mantenersi: *serbarsi puro.* [→ tav. *proverbi* 97]

serbatóio *s. m.* **1** Recipiente di varia forma e grandezza atto a contenere spec. gas o liquidi per la loro conservazione o come scorta per il loro consumo. [→ ill. *armi, automobile, bagno, cava, ciclo e motociclo, elettricità, ferrovia, magazzinaggio, motore, petrolio, teatro*] **2** Recipiente che nelle armi da fuoco portatili contiene le cartucce per il tiro a ripetizione. **3** – *magmatico*, spazio interno alla crosta terrestre occupato da un magma, che può essere in comunicazione con l'esterno attraverso un condotto vulcanico. [→ ill. *geografia*]

sèrbo *s. m.* Atto del serbare, *solo nella loc.* *in* –: *mettere, tenere, avere q.c. in* –.

serenàre **A** *v. tr. e intr. pron.* (*io seréno*) (*lett.*) Rasserenare. **B** *v. intr.* (*aus. avere*) (*raro, lett.*) Accamparsi o dormire all'aria aperta.

serenàta *s. f.* **1** Cantata con accompagnamento musicale che si fa o si fa fare di sera all'aperto presso la casa dell'amata. **2** (*mus.*) Composizione vocale e strumentale, a volte in parecchi tempi.

serenèlla *s. f.* (*bot.*; *pop.*) Lillà.

serenissima **A** *agg. solo f.* Titolo attribuito alla Repubblica di Venezia. **B** *s. f.* *La Serenissima*, la repubblica di Venezia.

serenissimo *agg.* **1** *Sup. di sereno.* **2** Titolo attribuito ai principi cadetti di famiglie reali.

serenità *s. f.* **1** Qualità di sereno (*anche fig.*); SIN. Tranquillità. **2** Titolo adulatorio rivolto ai principi.

seréno **A** *agg.* **1** Chiaro, limpido, sgombro di nuvole e privo di vento: *cielo, mattino* –. **2** (*fig.*) Quieto, tranquillo, libero da turbamento o preoccupazioni: *animo* –; *pensieri sereni* | Imparziale: *giudizio* –; SIN. Calmo. **B** *s. m.* **1** Cielo, tempo sereno | *È tornato il* –, (*fig.*) è tornata la calma, la quiete. **2** Aria aperta: *dormire al* –.

sergènte *s. m.* **1** Grado relativo al primo gradino della gerarchia dei sottufficiali | – *maggiore*, grado immediatamente superiore a quello di sergente. **2** (*fig.*) Persona di carattere duro e dispotico. **3** Arnese usato in falegnameria per stringere i pezzi di legno appena incollati.

serial /*ingl.* 'siəriəl/ *s. m. inv.* (*pl. ingl.* *serials* /'siəriəlz/) Trasmissione radiofonica o televisiva facente parte di una serie nella quale ricorre lo stesso protagonista.

seriàle *agg.* **1** Ordinato secondo una serie. **2** Detto di musica basata su successioni preordinate di suoni; SIN. Dodecafonico.

seriàre *v. tr.* (*io sèrio*) Ordinare secondo una serie.

seriazióne *s. f.* Operazione dell'ordinare secondo una serie | (*stat.*) Successione ordinata delle frequenze di un fenomeno.

sericeo *agg.* **1** (*lett.*) Simile alla seta: *lucentezza sericea.* **2** (*bot.*) Rivestito di peli setosi.

sericite *s. f.* (*miner.*) Varietà di mica sfaldabile in sottilissime lamelle.

sèrico *agg.* (*pl. m.* *-ci*) (*lett.*) Di seta | (*fig.*) Simile alla seta: *capelli serici.*

sericolo *agg.* Della sericoltura.

sericoltóre *s. m.* Chi esercita la sericoltura.

sericoltùra *s. f.* Bachicoltura e produzione della seta greggia.

sèrie *s. f. inv.* **1** Successione ordinata di cose, fatti, persone, connesse tra loro e disposte secondo un certo criterio d'ordine: *una – di colpi, di avvenimenti, di guai* | *In* –, di continuo, senza interruzione. **2** Insieme di francobolli di diverso valore facenti parte della stessa emissione. **3** (*gener.*) Successione, sequenza. **4** Molteplicità di pezzi finiti uguali fra loro e prodotti con identico processo: *lavorazione in* –. **5** Suddivisione comprendente atleti o squadre in base al loro valore: *squadre di – A*; *campionato di – B* | *Di – B*, (*est., fig.*) di seconda scelta, di scarto: *cittadino di – B.* **6** (*chim.*) Gruppo di composti organici aventi formula e proprietà affini: – *dell'acetilene, delle paraffine.*

serietà *s. f.* Qualità di serio; CONTR. Frivolezza.

serigrafia *s. f.* Metodo di stampa in cui l'inchiostro viene fatto passare attraverso le maglie di un tessuto di seta, preventivamente otturate nelle zone non stampanti | Stampa così ottenuta.

sèrio A *agg.* **1** Che nel modo di agire denota attenta considerazione dei fatti e delle loro conseguenze, coscienza dei propri doveri e sim.: *ditta seria*; *è una persona seria* | Che ha rispetto della propria moralità e del proprio onore, detto spec. di donna; CONTR. Frivolo. **2** Severo, accigliato e cupo: *viso, sguardo* –. **3** Detto di cosa, importante, grave: *le condizioni del malato sono serie*; *argomento* –; *opera seria*. **B** *s. m. solo sing.* Ciò che è serio | *Sul* –, davvero, senza scherzi | *Fare sul* –, avere intenzioni serie | *Prendere q.c. sul* –, affrontarla con impegno.
serióre *agg.* (*lett.*) Che accade o si manifesta in epoca posteriore.
serióso *agg.* Serio, grave, spec. in modo ostentato o ironico.
serittèrio *s. m.* Organo del baco da seta in cui si forma la massa del materiale che uscirà da una filiera naturale come filo.
sermoncino *s. m.* **1** *Dim. di sermone.* **2** Breve poesia che a Natale si fa recitare ai bambini davanti al presepio.
sermóne *s. m.* **1** (*lett.*) Lingua, linguaggio. **2** Discorso. **3** Discorso fatto ai fedeli raccolti in chiesa per illuminarli su argomenti di religione o di morale | Predica rivolta ai fedeli. **4** Discorso di ammonimento, lunga riprensione: *fare un* – *a qc.* **5** Componimento morale, quasi satirico, in versi sciolti.
sermoneggiàre *v. intr.* (*io sermonéggio; aus. avere*) (*raro*) Fare sermoni.
seròtino o (*evit.*) *serotino agg.* **1** (*lett.*) Di sera. **2** Tardivo, che matura o fiorisce tardi: *frutto* –.
serotonina *s. f.* (*biol.*) Sostanza che si trova negli organismi animali, dotata fra l'altro di azione protettiva sui capillari.
sèrpa *s. f.* Cassetta a due posti su cui siede il cocchiere a destra | Sedile coperto di diligenza, situato dietro la cassetta del cocchiere.
serpàio *s. m.* **1** Luogo pieno di serpi. **2** Chi cattura e addomestica serpenti.
sèrpe *s. f. e* (*dial., lett.*) *m.* **1** Serpente | Biscia | *Scaldare, scaldarsi una* – *in seno*, beneficare chi si rivelerà ingrato. **2** (*fig.*) Persona perfida e ipocrita. [→ tav. *proverbi* 242; → tav. *locuzioni* 3]
serpeggiànte *part. pres. di serpeggiare; anche agg.* Che ha andamento tortuoso; SIN. Sinuoso.
serpeggiàre *v. intr.* (*io serpéggio; aus. avere*) **1** Procedere con movimento tortuoso, simile a quello dei serpenti: *la strada serpeggiando arriva fino in cima.* **2** (*fig.*) Circolare occultamente, prima di manifestarsi in forma più ampia: *il malcontento serpeggia tra la popolazione.*
serpentàrio *s. m.* Uccello africano divoratore di serpenti, con lunghe zampe, ciuffo di penne erigibili sulla nuca e coda con penne timoniere molto lunghe. [→ ill. *animali* 10]
serpènte *s. m.* **1** Ogni animale dei Rettili avente corpo allungato, cilindrico, senza arti, rivestito di squame e, in alcune specie, ghiandole secernenti liquidi velenosi, situate nella testa | – *a sonagli*, crotalo | – *dagli occhiali*, cobra | – *di mare*, serpente che vive in mare e sulla terra ferma, vivacemente colorato | – *di mare*, (*fig.*) notizia falsa ma sensazionale, pubblicata da un giornale per interessare il pubblico | *Fossa dei serpenti*, (*fig.*) manicomio. **2** Pelle conciata dell'animale omonimo. **3** (*fig.*) Persona malvagia e maligna. [→ tav. *proverbi* 325]
serpentifórme *agg.* (*raro*) Che ha forma di serpente.
serpentina (1) *s. f.* Grossa artiglieria antica.
serpentina (2) *s. f.* **1** Roccia costituita in prevalenza da serpentino. **2** (*chim.*) Serpentino (2). [→ ill. *chimico*]
serpentina (3) *s. f.* Linea serpeggiante: *sentiero a* –.
serpentino (1) *agg.* Di serpente: *pelle serpentina* | Che ha forma, colore, qualità e sim. di serpente (*anche fig.*): *lingua serpentina.*
serpentino (2) *s. m.* **1** Associazione di diversi silicati idrati di magnesio e di ferro, di colore verde con screziature. **2** (*chim.*) Tubo a spirale usato per scambiare calore fra un fluido che circola all'interno e uno che circola all'esterno; SIN. Serpentina (2).
sèrpere *v. intr.* (*io sèrpo; dif. del part. pass. e dei tempi composti*) (*lett.*) Serpeggiare.
serpigine *s. f.* Irritazione serpiginosa.
serpiginóso *agg.* (*med.*) Detto di irritazione cutanea che ha decorso tortuoso.
sérqua *s. f.* **1** Dozzina: *una* – *di uova.* **2** (*est.*) Grande numero o quantità: *una* – *di pugni.*
sèrra (1) *s. f.* Ambiente chiuso, di solito protetto da grandi vetrate o fogli di materia plastica, ove si coltivano piante in condizioni climatiche particolari | *Essere allevato in una* –, *essere un fiore di* – e sim., (*fig.*) di persona delicata e cagionevole. [→ ill. *agricoltura, giardino pubblico*]
sèrra (2) *s. f.* Catena montuosa allungata e senza forti avvallamenti.
serradàdi *s. m.* Arnese per avvitare i dadi.
serrafila A *s. m. e f.* (*pl. -e*) Ultimo ginnasta di una fila. **B** *s. f.* Nave che marcia all'estremità di un reparto.
serrafilo *s. m.* Congegno a vite o a pinzetta per eseguire collegamenti elettrici.
serràglio (1) *s. m.* Raccolta di animali rari, esotici o sim., a scopo di spettacolo o attrazione | Luogo in cui tali animali sono raccolti.
serràglio (2) *s. m.* In Turchia, residenza dei potenti o del sultano.
serramànico *s. m. Solo nella loc. coltello a* –, a lama mobile, fissata al manico con un dente a scatto. [→ ill. *coltello*]
serràme *s. m.* Qualunque dispositivo atto a serrare porte, finestre e sim.
serraménto *s. m.* Complesso degli infissi e delle imposte nelle chiusure di finestre e porte.
serrànda *s. f.* Chiusura a saracinesca.
serràre A *v. tr.* (*io sèrro*) **1** Chiudere in modo da impedire il passaggio, il transito e sim.: – *la porta.* **2** Stringere con forza, chiudere stringendo: – *i pugni, le mani, gli occhi.* **3** *Nella loc.* – *le file, le fila*, accostarsi, di più persone riunite in fila, le une alle altre. **4** Rendere più intenso, più rapido: – *il ritmo di lavoro.* **5** Premere, incalzare | – *il nemico*, incalzarlo da presso. **B** *v. intr.* (*aus. avere*) (*tosc.*) Combaciare, commettere: *la finestra non serra.* **C** *v. rifl.* Stringersi, chiudersi.
serràta *s. f.* Sospensione dell'attività imprenditoriale da parte del datore di lavoro, al fine di imporre la sua volontà ai prestatori d'opera in occasione di controversie salariali o come rappresaglia.
serràte *s. m. inv.* (*sport*) *Nella loc.* – *finale*, vigorosa azione collettiva d'attacco sul finire di una partita.
serràto *part. pass. di serrare; anche agg.* **1** Chiuso, fitto, compatto | Folto: *schiere serrate.* **2** (*fig.*) Stringato, conciso: *ragionamento* – | Veloce, incalzante: *ritmo* –.
serratùra *s. f.* Congegno meccanico, manovrabile gener. con una chiave, per chiudere con sicurezza porte, cancelli, cassetti e sim. | – *di sicurezza*, munita di dispositivo che ne impedisce il funzionamento se non si usa la chiave legittima. [→ ill. *ferramenta, porta*]
sèrto *s. m.* (*lett.*) Ghirlanda, corona: – *di fiori.*
sèrva *s. f.* **1** Donna di servizio (*spec. spreg.*). **2** (*fig., spreg.*) Persona meschina, di mentalità ristretta.
servàggio *s. m.* (*lett.*) Stato di servitù morale, sociale, politica.
servènte A *part. pres. di servire; anche agg.* Che serve | *Cavalier* –, damerino, cicisbeo. **B** *s. m.* Soldato addetto al servizio di un pezzo d'artiglieria.
serventése V. *sirventese.*
servibile *agg.* **1** Che si può servire a tavola. **2** Che si può utilizzare; CONTR. Inservibile.
servìgio *s. m.* Azione compiuta a beneficio di altri senza mirare ad alcuna ricompensa: *rendere un* – *a qc.*; *i servigi resi alla patria.*
servile *agg.* **1** Di servi, che si riferisce ai servi: *lavoro, mestiere* – | *Opera, lavoro* –, opera soprattutto manuale che costituisce, nella dottrina cristiana, violazione del precetto festivo. **2** (*spreg.*) Basso, vile, privo di dignità: *animo* –. **3** (*gramm.*) *Verbo* –, che si unisce con un altro di modo infinito per esprimere possibilità, volontà, dovere e sim. (quale *dovere, potere, volere*).
servilismo *s. m.* Inclinazione a sottomettersi eccessivamente agli altri, spec. per interesse; SIN. Cortigianeria.
servilità *s. f.* Servilismo.
servire A *v. tr. e intr.* (*io sèrvo; aus. avere*) **1** Essere in stato di schiavitù, di soggezione ad altri: – *lo straniero.* **2** Lavorare alle dipendenze altrui, detto di domestici: – *una famiglia ricca*; – *come cameriere* | Esercitare un'attivi-

tà militare: — *in marina* | — *lo Stato*, esercitare un pubblico impiego | — *Dio, il Signore, al Signore*, scegliere la vita ecclesiastica | — *Messa*, rispondere al celebrante e assisterlo nella celebrazione. **3** Detto di bottegai, commercianti e sim., fornire ciò che occorre al cliente: *in quel negozio sono pochi a* — | Avere come cliente abituale: *da dieci anni serviamo di scarpe la famiglia Rossi.* **4** Presentare le vivande in tavola: — *a tavola, in tavola, un rinfresco.* **B** *v. tr.* Adoperarsi ai bisogni altrui, essere utile agli altri: — *la patria.* **C** *v. intr.* (*aus. essere*, nei sign. 1, 2, *avere* nel sign. 3) **1** Giovare, essere utile: *molti animali servono all'uomo*; *a che servirebbe fuggire?* | Svolgere bene la propria funzione: *le gambe lo servono ancora* | Fare l'ufficio di: *quanto è accaduto ti servirà di esempio.* **2** (*fam*) Bisognare, occorrere: *mi serve un libro.* **3** (*sport*) Nel tennis e nel ping-pong, effettuare il servizio. **D** *v. intr. pron.* **1** Usare, adoperare: *posso servirmi della tua macchina?* | Giovarsi di q.c., o dell'operato di qc.: *ci servimmo di un interprete* | Prendere ciò che viene offerto: *serviti pure.* **2** Essere cliente abituale: *da molti anni mi servo in quel negozio.*

servita *s. m.* (*pl. -i*) Religioso dei Servi di Maria, ordine fondato in Firenze nel Duecento.

servitorame *s. m.* Insieme di servitori.

servitóre *s. m.* (*f. -tóra*) **1** Chi presta servizio in case private. **2** (*est.*) Chi si dedica con devozione e fedeltà a servire una persona, un ideale e sim.: — *dello Stato.*

servitù *s. f.* **1** Condizione, stato di chi è servo: *vivere, ridurre in* —; *liberare, liberarsi dalla* — | Prigionia, cattività: *animale nato in* —. **2** (*fig.*) Ciò che obbliga a un'applicazione intensa e continua: *la* — *della famiglia.* **3** Insieme delle persone di servizio. **4** (*dir.*) Limitazione del diritto di proprietà: — *di passaggio* | — *legale*, imposta dalla legge.

serviziàle *s. m.* (*raro*) Clistere.

serviziévole *agg.* Che presta volentieri la sua opera, il suo aiuto.

servìzio *s. m.* **1** (*raro*) Atto del servire e condizione di chi è servo | (*est., euf.*) L'essere a completa disposizione di q.c. o qc.: *essere al* — *di un ideale.* **2** Attività lavorativa prestata in casa altrui come domestico: *prendere, mettere a* —; *andare a* — | *Donna a mezzo* —, che lavora solo per mezza giornata | *Scala, porta di* —, riservate alla servitù e ai fornitori. **3** Attività lavorativa di un prestatore di lavoro subordinato, spec. pubblico impiegato: *anzianità di* —; *essere al* — *dello Stato.* **4** — *militare*, quello svolto sotto le armi | Singola prestazione cui è tenuto il militare: — *di caserma*, — *armato.* [→ ill. *uniforme militare*] **5** Incarico particolare conferito a un inviato o collaboratore di giornale, ente radiofonico, televisivo e sim., e l'articolo o il reportage preparati in base a tale incarico: — *speciale del giornale radio.* **6** (*fig.*) Favore, cortesia, spec. antifr.: *ti ringrazio del* — *che mi hai reso.* **7** (*econ.*) *spec. al pl.* Effetti economicamente utili di beni materiali o di attività umane. **8** (*pop.*) Faccenda, affare: *ho vari servizi da fare* | (*euf.*) Bisogno corporale. **9** Serie di prestazioni organizzate su vasta scala dallo Stato, da un ente pubblico e sim., destinate a provvedere ai bisogni di una collettività: — *sociale, postale.* [→ ill. *parlamento*] **10** Insieme di oggetti che servono a un determinato scopo: — *di piatti.* **11** Insieme di attrezzature destinate a un determinato scopo: — *antincendio.* [→ ill. *astronautica, strada*] **12** *al pl.* In un'abitazione, complesso di vani e attrezzature destinate alla cucina e agli apparecchi igienici. **13** (*sport*) Nel tennis e nel ping-pong, ciascun colpo con cui il giocatore mette la palla in gioco quando ciò gli spetta.

sèrvo *s. m.* (*f. -a* nei sign. 1, 2, 3) **1** Chi è in stato di servitù (*anche fig.*): *i servi dello straniero*; *essere* — *delle passioni.* **2** Chi presta la propria opera come domestico. **3** (*est.*) Chi si dedica con devozione e fedeltà a servire una persona, un ideale e sim. | — *di Dio*, cristiano morto in fama di santità | — *dei servi di Dio*, formula usata dai papi in segno di umiltà. **4** — *muto*, tavolino posto vicino alla tavola da pranzo per servirsi da soli. [→ ill. *mobili*]

servocomàndo *s. m.* Comando a mezzo di servosistema o servomeccanismo.

servofréno *s. m.* (*autom.*) Servomeccanismo comandato gener. dal freno a pedale, per amplificare la forza esercitata sul pedale dal guidatore.

servomeccanismo *s. m.* Meccanismo che, anche se comandato dall'uomo, attinge a una sorgente non muscolare l'energia per il funzionamento.

servomotóre *s. m.* Motore ausiliario a comando manuale o automatico, destinato a eseguire manovre che richiedono sforzo.

servosistèma *s. m.* (*pl. -i*) (*tecnol.*) Sistema di regolazione in cui una grandezza variabile d'uscita, detta asservita, varia al variare di una grandezza indipendente d'ingresso, detta di comando.

servostèrzo *s. m.* (*autom.*) Dispositivo comandato dal volante di guida, destinato a ridurre lo sforzo che il guidatore esercita sul volante per sterzare.

sèsamo *s. m.* Pianta tropicale erbacea delle Tubiflorali dai cui semi si estrae un olio commestibile | *Apriti* —!, secondo una novella orientale, formula magica; (*est., fig.*) aiuto prodigioso. [→ ill. *piante* 13, *spezie*]

sesamòide *s. m.* (*anat.*) Ciascuna delle piccole ossa contenute nello spessore di tendini o di capsule articolari.

sesquipedàle *agg.* (*lett.*) Grande, enorme.

sèssa *s. f.* Variazione periodica di livello dell'acqua di un lago o di un mare interno, dovuta a un moto pendolare.

sessagenàrio *agg.; anche s. m.* (*f. -a*) (*lett.*) Detto di chi ha sessant'anni di età.

sessagèsima *s. f.* Seconda domenica anteriore alla prima domenica di Quaresima, che cade circa sessanta giorni prima di Pasqua.

sessagesimàle *agg.* (*fis.*) Detto di divisione successiva di sessantesimi, come quella del grado angolare e dell'ora nella misura del tempo.

sessagèsimo *agg. num. ord.; anche s. m.* (*lett.*) Sessantesimo.

sessànta [60 nella numerazione araba, LX in quella romana] **A** *agg. num. card. inv.* Indica una quantità composta di sei decine | *Gli anni* —, in un secolo, quelli compresi fra i sessanta e i sessantanove. **B** *s. m. inv.* Il numero sessanta e il segno che lo rappresenta.

sessantenàrio **A** *agg.* **1** (*raro*) Che ha sessant'anni, detto di cosa o di persona. **2** Che ricorre ogni sessant'anni. **B** *s. m.* Ricorrenza del sessantesimo anno da un avvenimento memorabile.

sessantènne *agg.; anche s. m. e f.* Detto di chi ha sessant'anni.

sessantènnio *s. m.* Spazio di tempo di sessant'anni.

sessantèsimo **A** *agg. num. ord.* Corrispondente al numero sessanta in una sequenza. **B** *s. m.* Ciascuna delle sessanta parti uguali di una stessa quantità.

sessantina *s. f.* **1** Complesso di sessanta o circa sessanta unità. **2** I sessant'anni nell'età dell'uomo.

sessantottésco *agg.* (*pl. m. -chi*) Che si riferisce alla contestazione spec. studentesca del 1968.

sessantòtto [68 nella numerazione araba, LXVIII in quella romana] **A** *agg. num. card. inv.* Indica una quantità composta di sei decine più otto unità. **B** *s. m. inv.* Il numero sessantotto e il segno che lo rappresenta | *Il* —, *il '68*, l'anno 1968, quello in cui esplose il movimento di contestazione spec. studentesca | (*est., fam.*) Il movimento di contestazione esploso nel 1968.

sessènnio *s. m.* (*lett.*) Periodo di tempo di sei anni.

sèssile *agg.* Detto di organo o formazione non peduncolata: *foglia, fiore* —.

sessióne *s. f.* Seduta o serie di sedute collegiali e periodiche di un'assemblea, un consiglio e sim.

sessismo *s. m.* Tendenza a valutare le capacità delle persone sulla base del sesso.

sessista *agg.; anche s. m. e f.* (*pl. m. -i*) Che (o chi) valuta le persone in base al sesso.

sèsso *s. m.* **1** Insieme dei caratteri che in individui della stessa specie contraddistinguono soggetti diversamente predisposti alla funzione riproduttiva | — *forte*, gli uomini | — *debole, gentil* —, le donne. **2** (*est.*) L'attività sessuale sul piano individuale e sociale: *il tema del* —. **3** Organi genitali.

sèssola *v. sassola.*

sessuàle *agg.* Che si riferisce al sesso.

sessualità *s. f.* **1** Carattere o qualità di ciò che è sessuale. **2** Complesso dei caratteri sessuali.

sessuàto *agg.* Detto di essere vivente provvisto di organi della riproduzione.

sessuofobìa *s. f.* (*psicol.*) Paura morbosa del sesso.

sessuologia *s. f.* Studio dei fenomeni, anche psicologici e sociali, relativi al sesso.
sèsta (1) *s. f.* **1** Ora canonica corrispondente al mezzogiorno; SIN. Ora sesta. **2** (*mus.*) Intervallo che abbraccia sei gradi.
sèsta (2) *s. f. spec. al pl.* (*raro*) Compasso.
sestànte *s. m.* Strumento ottico per misurare l'angolo formato dalle visuali di due oggetti, spec. l'altezza degli astri sull'orizzonte, munito di un settore circolare ampio sessanta gradi. [→ ill. *marina, ottica*]
sestèrzio *s. m.* Piccola moneta romana originariamente d'argento, poi di bronzo, del valore di due assi e mezzo, poi di quattro assi. [→ ill. *moneta*]
sestétto *s. m.* **1** Insieme di sei persone che fanno la medesima cosa contemporaneamente. **2** (*mus.*) Pezzo a sei parti vocali o strumentali.
sestière *s. m.* **1** Anticamente, ciascuna delle sei parti in cui erano divise alcune città italiane. **2** Oggi, ciascuna delle sei parti in cui è divisa la città di Venezia.
sestina *s. f.* **1** Canzone di sei stanze, ciascuna di sei endecasillabi, con rime ripetute dalla prima stanza per tutte le altre, così che la seguente le prende dalla precedente | Stanza di sei endecasillabi, di cui i primi quattro a rima alternata, e gli ultimi a rima baciata; SIN. Sesta rima. **2** (*mus.*) Figura ritmica comprendente sei note la cui durata complessiva è uguale a quella di quattro note della stessa specie.
sèsto (1) **A** *agg. num. ord.* Corrispondente al numero sei in una sequenza | *Ora sesta*, sesta | *Sesta rima*, sestina | *– grado*, in alpinismo, limite superiore della scala delle difficoltà | *– continente*, mondo subacqueo; l'Antartide. **B** *s. m.* Ciascuna delle sei parti uguali di una stessa quantità.
sèsto (2) *s. m.* (*arch.*) Curvatura di un arco | *Arco a tutto –*, semicircolare | *Arco a – acuto*, costituito dall'intersezione di due archi di cerchio formanti un vertice. [→ ill. *architettura*]
sèsto (3) *s. m.* Disposizione normale, ordine: *essere, mettere, porre in, a –* | *Sentirsi fuori –, fuori di –*, non essere in condizioni normali.
sestogradista *s. m. e f.* (*pl. m. -i*) Arrampicatore che compie scalate su vie di sesto grado.
sestùltimo *agg.; anche s. m.* (*f. -a*) Che (o chi) sta al sesto posto, partendo a contare dall'ultimo, in una sequenza.
sèstuplo **A** *agg.* Che è sei volte maggiore, relativamente ad altra cosa analoga. **B** *s. m.* Quantità sei volte maggiore.
set /*ingl.* set/ *s. m. inv.* (*pl. ingl. sets* /sets/) **1** Ciascuna partita di un incontro di tennis, composta di giochi o games. **2** Luogo in cui vengono fatte le riprese cinematografiche. **3** Serie di oggetti dello stesso tipo: *un – di valigie*.
séta *s. f.* **1** Fibra tessile prodotta dal baco da seta, costituita dai filamenti continui, lunghi fino a 800 m, con i quali il baco forma i bozzoli | *– artificiale*, denominazione data un tempo alle fibre artificiali di cellulosa | *– selvatica*, prodotta da bachi selvatici, non allevati | (*est.*) Tessuto di seta. [→ ill. *baco da seta*] **2** (*est.*) Cosa sottile, morbida e vellutata: *capelli di –*.
setacciàre *v. tr.* (*io setàccio*) **1** Separare le parti più grossolane da quelle più fini dei cereali macinati: *– la farina*. **2** (*fig.*) Esaminare con accuratezza: *– un archivio*.
setacciatùra *s. f.* Operazione del setacciare.
setàccio *s. m.* Apparecchio costituito da una rete di seta, tela, crine o fili metallici, usato per separare i prodotti della macinazione dei cereali o di altro, secondo la grossezza | *Passare al –*, (*fig.*) esaminare accuratamente, vagliare. [→ ill. *cucina, giochi*]
setàceo *agg.* Che per finezza, morbidezza, lucentezza e sim. è simile alla seta.
setaiòlo *s. m.* Chi lavora o commercia in seta.
setàle *s. m.* (*pesca*) Finale.
séte *s. f.* **1** Sensazione che spinge l'individuo ad assumere acqua | *Bruciare, morire* e sim. *di –*, essere molto assetato. **2** (*est.*) Aridità, secchezza, delle piante, del terreno e sim.: *la terra ha –*. **3** (*fig.*) Ardente desiderio: *– di denaro, di sangue*.
seterìa *s. f.* **1** Setificio. **2** *al pl.* Filati e tessuti di seta.
setificio *s. m.* Stabilimento per la lavorazione della seta.
sétola (1) *s. f.* **1** Pelo grosso, duro, rigido, che si ottiene da alcuni animali come il maiale, il cinghiale, il cavallo. [→ ill. *scopa*] **2** (*est., scherz.*) Pelo duro di barba, capello ispido. **3** Spazzola di setole, spec. quella usata in tipografia per ripulire i caratteri dall'inchiostro.
sétola (2) *s. f.* **1** (*pop.*) Ragade. **2** (*veter.*) Fenditura longitudinale dell'unghia degli equini.
setolóso *agg.* Pieno, rivestito di setole | Ispido come una setola.
sètta *s. f.* **1** Gruppo di persone che professano una particolare dottrina politica, filosofica, religiosa e sim. in contrasto con quella riconosciuta o professata dai più. **2** Società segreta.
settànta [70 nella numerazione araba, LXX in quella romana] **A** *agg. num. card. inv.* Indica una quantità composta di sette decine | *Gli anni –*, in un secolo, quelli compresi fra i settanta e i settantanove. **B** *s. m. inv.* Il numero settanta e il segno che lo rappresenta.
settantenàrio **A** *agg.* **1** (*raro*) Che ha settant'anni, detto di cosa o di persona. **2** Che ricorre ogni settant'anni. **B** *s. m.* Ricorrenza del settantesimo anno da un avvenimento memorabile.
settantènne *agg.; anche s. m. e f.* Detto di chi ha settant'anni.
settantènnio *s. m.* Spazio di tempo di settant'anni.
settantèsimo **A** *agg. num. ord.* Corrispondente al numero settanta in una sequenza. **B** *s. m.* Ciascuna delle settanta parti uguali di una stessa quantità.
settantina *s. f.* **1** Complesso, serie di settanta o circa settanta unità. **2** I settant'anni nell'età dell'uomo.
settàrio **A** *agg.* **1** Di setta, che si riferisce a una setta: *movimento –*. **2** (*fig.*) Fazioso: *spirito –*. **B** *s. m.* **1** Seguace di una setta. **2** Persona faziosa.
settarìsmo *s. m.* Tendenza ad accentuare l'esclusivismo e lo spirito di setta.
sètte [7 nella numerazione araba, VII in quella romana] **A** *agg. num. card. inv.* Indica una quantità composta di sei unità più una | *Elevare, portare qc. ai – cieli*, (*fig.*) esaltarlo facendone le lodi | *Avere – spiriti come i gatti*, avere una vitalità eccezionale. **B** *s. m.* **1** Il numero sette e il segno che lo rappresenta. **2** (*fam.*) Strappo, spec. nella stoffa, a forma della cifra araba.
settebèllo *s. m.* **1** Sette di quadri o di denari, che nel gioco della scopa vale un punto. **2** (*ferr.*) Tipo di elettrotreno a sette elementi, attualmente non più in servizio.
settecentésco *agg.* (*pl. m. -schi*) Del Settecento, del sec. XVIII.
settecentista *s. m. e f.* (*pl. m. -i*) Scrittore, artista del Settecento.
settecènto [700 nella numerazione araba, DCC in quella romana] **A** *agg. num. card. inv.* Indica una quantità composta di sette centinaia. **B** *s. m. inv.* Il numero settecento e il segno che lo rappresenta | *Il Settecento*, il sec. XVIII.
settèmbre *s. m.* Nono mese dell'anno nel calendario gregoriano, di 30 giorni. [→ tav. *proverbi* 354]
settembrino *agg.* Di settembre.
settèmviro *s. m.* Nell'antica Roma, ciascuno degli appartenenti a un collegio di sette magistrati.
settenàrio **A** *agg.* Detto di verso di sette piedi e mezzo | Detto di verso di sette sillabe. **B** *s. m.* Verso settenario.
settennàle *agg.* **1** Che dura da sette anni. **2** Che ricorre ogni sette anni.
settènne *agg.* **1** Che ha sette anni, detto di cosa o di persona. **2** Che dura da sette anni.
settènnio *s. m.* (*lett.*) Spazio di tempo di sette anni.
settentrionàle **A** *agg.* **1** Che si trova a settentrione: *Europa –* | Che guarda verso settentrione: *lato – del portico*; CONTR. Meridionale. **2** Che proviene da settentrione: *venti settentrionali*. **B** *s. m. e f.* Chi è nativo della zona settentrionale di un paese.
settentrionalìsmo *s. m.* **1** Tendenza politica ed economica italiana a porre il Nord dell'Italia in una posizione di predominio rispetto al Sud. **2** Particolarità dei dialetti settentrionali.
settentrióne *s. m.* **1** Nord. **2** (*gener.*) Regione posta a nord in un dato paese | Insieme di regioni situate a nord in un dato paese. ● CONTR. Meridione, mezzogiorno.
sètte ottàvi *loc. sost. m.* Giaccone lungo che ricopre di

sette ottavi la lunghezza dell'abito che accompagna.
sètter /*ingl.* 'setə/ *s. m. inv.* (*pl. ingl. setters* /'setəz/) Cane da ferma di origine inglese, di grossa taglia, elegante, con orecchie pendenti e lungo pelo setoso. [→ ill. *cane*]
setticemìa *s. f.* (*med.*) Stato morboso infettivo caratterizzato dalla penetrazione e dalla permanenza di germi patogeni nel sangue.
setticlàvio *s. m.* (*mus.*) Complesso delle sette chiavi musicali.
sèttico *agg.* (*pl. m. -ci*) (*med.*) Relativo a sepsi | Che produce sepsi.
sèttile *agg.* Che è tagliato in lamine | Detto di materiale facile a essere tagliato.
settimàna *s. f.* **1** Periodo di sette giorni, spec. dal lunedì alla domenica successiva | – *corta*, suddivisione dell'orario di lavoro settimanale in cinque giorni anziché in sei | *Fine* –, i giorni di sabato e di domenica in quanto dedicati al riposo e allo svago | – *santa*, quella antecedente la Pasqua | – *grassa*, l'ultima di carnevale. **2** Salario corrispondente a una settimana di lavoro. **3** (*est., gener.*) Periodo di circa sette giorni.
settimanàle **A** *agg.* Della settimana, di ogni settimana: *lavoro, orario* –. **B** *s. m.* Periodico che esce ogni settimana.
settimanalménte *avv.* Ogni settimana.
settimino **A** *agg.; anche s. m.* (*f. -a*) Detto di chi è nato al settimo mese di gravidanza. **B** *s. m.* (*mus.*) Pezzo a sette parti, vocali o strumentali.
sèttimo **A** *agg. num. ord.* Corrispondente al numero sette in una sequenza | *Essere al – cielo*, (*fig.*) essere al colmo della gioia. **B** *s. m.* Ciascuna delle sette parti uguali di una stessa quantità. [→ tav. *locuzioni* 95]
sètto *s. m.* (*anat.*) Parete, membrana che divide una cavità dall'altra: – *nasale*.
settóre (1) **A** *s. m.* Chi pratica la sezione dei cadaveri: – *anatomico*. **B** *in funzione di agg.* (*posposto al s.*) *Nella loc. perito* –, chi pratica la sezione dei cadaveri per fini legali.
settóre (2) *s. m.* **1** (*mat.*) – *circolare*, parte d'un cerchio compresa in un angolo il cui vertice è nel centro | – *sferico*, parte di sfera compresa entro un cono circolare il cui vertice è nel centro. **2** Zona a forma di settore circolare. [→ ill. *marina, parlamento*] **3** (*est., gener.*) Spazio materialmente o idealmente delimitato: – *di attacco*. **4** (*fig.*) Ramo, campo di un'attività: *il – della ricerca scientifica* | – *primario*, insieme delle attività economiche produttive agricole | – *secondario*, insieme delle attività industriali | – *terziario*, insieme dei servizi.
settoriàle *agg.* **1** Che si riferisce a un settore, spec. economico. **2** (*fig.*) Particolare, circoscritto: *interessi settoriali*.
settorialismo *s. m.* Tendenza a vedere i problemi particolari, perdendo la visione d'insieme.
settuagenàrio *agg.; anche s. m.* (*f. -a*) (*lett.*) Detto di chi ha settant'anni di età.
settuagèsima *s. f.* Terza domenica anteriore alla prima domenica di Quaresima, che cade circa settanta giorni prima di Pasqua.
settuagèsimo *agg. num. ord.; anche s. m.* (*lett.*) Settantesimo.
sèttuplo **A** *agg.* Che è sette volte maggiore, relativamente ad altra cosa analoga. **B** *s. m.* Quantità sette volte maggiore.
severità *s. f.* L'essere severo; SIN. Austerità, rigorosità; CONTR. Indulgenza.
sevèro *agg.* **1** Rigorosamente legato a certi principi etici e sociali: *una famiglia severa e intransigente*. **2** Alieno dall'indulgenza, dai compromessi: *esaminatore* –; SIN. Rigoroso; CONTR. Indulgente. **3** (*est.*) Austero, serio, grave: *aspetto* –. **4** Sobrio, privo di elementi esornativi, spec. con riferimento alle arti plastiche e figurative.
sevìzia *s. f. spec. al pl.* Tormento fisico e morale, tortura crudele.
seviziàre *v. tr.* (*io sevìzio*) Usare sevizie, assoggettare a sevizie | (*fig.*) Maltrattare.
seviziatóre *s. m.* (*f. -trice*) Chi sevizia.
sévo o *ségo s. m.* Grasso di equini, ovini e spec. bovini, usato in saponeria per fabbricare candele e per estrarne varie sostanze grasse.
sex appeal /*ingl.* 'seks ə'pi:l/ *loc. sost. m. inv.* Fascino costituito prevalentemente da fattori erotici.
sex-shop /*ingl.* 'seks ʃɔp/ *s. m. inv.* (*pl. ingl. sex-shops* /'seks ʃɔps/) Negozio in cui si vendono oggetti che riguardano ogni aspetto dell'attività sessuale.
sexy /*ingl.* 'seksi/ *agg. inv.* Eroticamente conturbante, dotato di sex appeal: *donna* –.
sezionaménto *s. m.* Divisione in sezioni | (*med.*) Dissezione.
sezionàre *v. tr.* (*io sezióno*) **1** Dividere in sezioni. **2** (*med.*) Praticare una sezione.
sezióne *s. f.* **1** (*med.*) Separazione di organi o tessuti per incisione chirurgica. **2** (*mat.*) Intersezione di una figura piana con una retta, o di una superficie con un piano | – *aurea*, parte di un segmento che sia media proporzionale fra l'intero segmento e la parte rimanente. **3** Nel disegno tecnico, rappresentazione di un oggetto come se fosse tagliato. **4** (*fig.*) Ripartizione, suddivisione attuata nell'ambito di enti, organizzazioni, istituti, uffici e sim.: *la – C del nostro liceo*; *le sezioni del Tribunale*. **5** Parte di una trattazione: *il manuale è diviso in dieci sezioni*.
sfaccendàre *v. intr.* (*io sfaccèndo; aus. avere*) Compiere con zelo una serie di lavori, spec. domestici.
sfaccendàto *agg.; anche s. m.* (*f. -a*) **1** Detto di chi non ha occupazione di sorta. **2** Detto di chi non ha voglia di lavorare; SIN. Fannullone, scioperato.
sfaccettàre *v. tr.* (*io sfaccétto*) Fare le faccette alle pietre preziose.
sfaccettatùra *s. f.* Operazione dello sfaccettare | Parte sfaccettata.
sfacchinàre *v. intr.* (*aus. avere*) Fare un lavoro faticoso, pesante, come quello di un facchino.
sfacchinàta *s. f.* Lavoro fisicamente affaticante | (*est.*) Lavoro, compito faticoso.
sfacciatàggine *s. f.* L'essere sfacciato | Azione sfacciata; SIN. Impertinenza, impudenza, sfrontatezza.
sfacciàto **A** *agg.* **1** Detto di persona che non ha modestia, ritegno, pudore; SIN. Impertinente, impudente, sfrontato. **2** Vistoso, chiassoso: *colore* –. **3** Detto di cavallo che presenta una macchia bianca sulla fronte. **B** *s. m.* (*f. -a*) Persona sfacciata.
sfacèlo *s. m.* **1** Dissoluzione di un organo o di un membro. **2** (*fig.*) Disfacimento, rovina: *casa in* –.
sfagiolàre *v. intr.* (*io sfagiòlo; aus. essere*) (*pop., fam.*) Andare a genio: *quel tizio non mi sfagiola*.
sfagliàre (1) *v. tr. e intr.* (*io sfàglio; aus. avere*) Nel gioco, disfarsi di una carta: – *un fante*.
sfagliàre (2) *v. intr.* (*io sfàglio; aus. avere*) Fare uno scarto improvviso, detto di animale.
sfàglio (1) *s. m.* Atto dello scartare al gioco.
sfàglio (2) *s. m.* Scarto veloce e imprevedibile di un cavallo adombrato o di un animale selvatico.
sfàgno *s. m.* (*bot.*) Muschio con ramificazioni regolari, foglioline prive di nervature, colore verde biancastro. [→ ill. *piante* 1]
sfaldàbile *agg.* Che si può sfaldare.
sfaldaménto *s. m.* Spaccatura, divisione in falde | (*fig.*) Disgregazione.
sfaldàre **A** *v. tr.* Dividere in falde. **B** *v. intr. pron.* **1** Dividersi in falde. **2** (*fig.*) Disgregarsi.
sfaldatùra *s. f.* **1** Sfaldamento. **2** Proprietà di molti cristalli di rompersi secondo superfici piane.
sfalsàre *v. tr.* **1** Disporre due o più oggetti verticalmente od orizzontalmente in modo che non risultino allineati: – *i piani di un armadio*. **2** Deviare: – *il tiro*.
sfamàre **A** *v. tr.* Levare la fame; SIN. Saziare. **B** *v. rifl.* Levarsi la fame.
sfangaménto *s. m.* Operazione per asportare dal minerale utile le parti terrose che vi aderiscono.
sfangàre **A** *v. tr.* (*io sfàngo, tu sfànghi*) **1** Nettare dal fango. **2** Sottoporre i minerali a sfangamento. **B** *v. intr.* (*aus. essere o avere*) (*raro*) Uscire dal fango.
sfàre *v. tr. e intr. pron.* (*pres. io sfàccio o sfò, tu sfài; nelle altre forme coniug. come fare*) Disfare.
sfarfallaménto (1) *s. m.* Uscita dal bozzolo.
sfarfallaménto (2) *s. m.* **1** Variazione ritmica di luminosità dell'immagine cinematografica o televisiva. **2** Farfallamento di valvole o ruote.
sfarfallàre (1) *v. intr.* (*aus. avere*) Uscire dal bozzolo, detto della crisalide divenuta farfalla.
sfarfallàre (2) *v. intr.* (*aus. avere*) **1** Volare qua e là come

una farfalla. **2** (*fig.*) Mostrare incostanza, leggerezza: *sfarfalla da un'amicizia all'altra.* **3** (*fam.*) Commettere errori grossolani. **4** Provocare un effetto di sfarfallio, detto di proiettori cinematografici, lampade fluorescenti e sim. [→ tav. *proverbi* 58]

sfarfallìo *s. m.* **1** Uno sfarfallare continuo. **2** Sfarfallamento (2).

sfarfallóne *s. m.* (*fam.*) Grave errore; SIN. Sproposito, svarione.

sfarinàre A *v. tr.* Ridurre in farina: – *il frumento* | (*est.*) Ridurre in polvere simile a farina. **B** *v. intr. e intr. pron.* (*aus. intr. avere*) Ridursi in farina.

sfàrzo *s. m.* Grande sfoggio di ricchezze e di lusso appariscente; SIN. Fasto, pompa.

sfarzosità *s. f.* L'essere sfarzoso; SIN. Sontuosità.

sfarzóso *agg.* Pieno di sfarzo, fatto con sfarzo; SIN. Fastoso, sontuoso.

sfaṣaménto *s. m.* **1** (*elettr.*) Differenza di fase tra due grandezze alternate di ugual periodo. **2** (*fig.*, *fam.*) Stato di disorientamento, di confusione.

sfaṣàre *v. tr.* **1** (*elettr.*) Assegnare alla differenza di fase fra due grandezze alternative valori diversi da zero. **2** (*fig.*, *fam.*) Disorientare.

sfaṣàto *part. pass. di sfasare; anche agg.* **1** Detto di motore, che è fuori fase. **2** (*fig.*, *fam.*) Che appare disorientato e stordito.

sfasciàre (1) *v. tr.* (*io sfàscio*) Levare dalle fasce: – *un bambino* | Disfare la fasciatura.

sfasciàre (2) A *v. tr.* (*io sfàscio*) **1** Rompere, sconquassare: – *una porta.* **2** Abbattere mura, opere di fortificazione. **B** *v. intr. pron.* **1** Rompersi, sconquassarsi. **2** (*fig.*) Perdere la snellezza, l'agilità del corpo, detto spec. di donna.

sfàscio *s. m.* Sfacelo, rovina totale: *il paese è allo* –.

sfasciùme *s. m.* **1** Insieme di cose sfasciate | (*geol.*) Ammasso di terriccio e detriti di pareti rocciose. **2** (*fig.*, *spreg.*) Sfacelo.

sfatàre *v. tr.* **1** (*raro*) Togliere l'incantesimo. **2** (*est.*) Dimostrare inattendibile, inconsistente, ciò in cui si credeva: – *una leggenda.*

sfaticàto *agg.; anche s. m.* (*f.* *-a*) Detto di chi non ha voglia di lavorare; SIN. Fannullone, scioperato.

sfàtto *part. pass. di sfare; anche agg.* **1** Troppo cotto: *minestra sfatta* | Troppo maturo. **2** Di persona, appesantita, avvizzita, nel corpo.

sfavillàre *v. intr.* (*aus. avere*) **1** Mandare faville | (*est.*) Risplendere di luce intensa: *il diamante sfavilla*; SIN. Luccicare, splendere. **2** (*fig.*) Mostrare intensamente un sentimento: *il suo viso sfavilla di gioia.*

sfavillìo *s. m.* Uno sfavillare continuo.

sfavóre *s. m.* Contrarietà, disfavore | *A* –, a danno, a svantaggio.

sfavorévole *agg.* Contrario, avverso; CONTR. Favorevole.

sfebbràre *v. intr.* (*io sfèbbro; aus. essere*) Cessare di avere la febbre.

sfegatàrsi *v. intr. pron.* (*io mi sfégato*) Adoperarsi in ogni modo, con fatica, sforzi e sim. per la riuscita di q.c.: *non sfegatarti per difenderlo.*

sfegatàto A *part. pass. di sfegatarsi; anche agg.* Appassionato, sviscerato: *è un giocatore* –. **B** *s. m.* (*f.* *-a*) (*fam.*) Persona impetuosa, violenta.

sfenòide *s. m.* (*anat.*) Osso impari mediano della base del cranio, tra l'etmoide e l'occipite.

sfèra *s. f.* **1** (*geom.*) Solido geometrico i cui punti hanno, da un punto fisso detto centro, distanza non superiore a un numero dato, detto raggio. [→ ill. *geometria*] **2** (*est.*) Corpo, oggetto, strumento a forma di sfera: – *di metallo* | – *di cristallo*, usata dagli indovini per prevedere il futuro | – *celeste*, quella che idealmente ci circonda e nella quale abbiamo l'impressione che avvengano i fenomeni celesti | *A* –, sferico | *Penna a* –, in cui il pennino è costituito da una sfera di materiale vario, cui affluisce un inchiostro particolare denso e pastoso | *A sfere*, che contiene un certo numero di sfere | *Cuscinetto a sfere*, tipo di cuscinetto a rotolamento, che contiene sfere d'acciaio | (*est.*) Formazione sferica. [→ ill. *meccanica, penna da scrivere, scuola*] **3** Parte dell'ostensorio comprendente vari elementi simbolici. **4** (*dial.*) Lancetta di orologio. **5** (*fig.*) Condizione, grado sociale: *essere nelle alte sfere.* **6** (*fig.*) Ambito, campo, settore: – *d'azione.*

sfericità *s. f.* L'essere sferico.

sfèrico *agg.* (*pl. m.* *-ci*) **1** Proprio della sfera. **2** A forma di sfera. [→ ill. *scultore*]

sferistèrio *s. m.* Luogo adibito al gioco del pallone a bracciale, del tamburello e sim.

sferoidàle *agg.* Che ha forma di sferoide.

sferòide *s. m.* Solido approssimativamente sferico.

sferragliàre *v. intr.* (*io sferràglio; aus. avere*) Produrre un forte rumore di ferri smossi.

sferràre A *v. tr.* (*io sfèrro*) **1** Togliere i ferri dai piedi di cavalli e sim. **2** Liberare dai ferri, dalle catene, chi è imprigionato. **3** (*fig.*) Tirare, lanciare con forza: – *un calcio.* **B** *v. intr. pron.* **1** Perdere i ferri dai piedi, detto di cavalli e sim. **2** (*raro*) Liberarsi dai ferri, dalle catene. **3** Avventarsi con impeto: *sferrarsi contro qc.*

sferruzzàre *v. intr.* (*aus. avere*) Lavorare a maglia coi ferri.

sfèrula *s. f.* (*lett.*) Piccola sfera.

sfèrza *s. f.* **1** Frusta. **2** (*fig.*) Ciò che colpisce violentemente, come una sferza: *la* – *del caldo* | (*est.*) Acerba riprensione: *la* – *della critica.*

sferzànte *part. pres. di sferzare; anche agg.* Che sferza | (*fig.*) Pungente: *ironia* –.

sferzàre *v. tr.* (*io sfèrzo*) **1** Battere con la sferza; SIN. Frustare. **2** (*fig.*) Riprendere, biasimare aspramente.

sferzàta *s. f.* **1** Colpo di sferza. **2** (*fig.*) Critica pungente.

sfiammàre A *v. tr.* Attenuare l'infiammazione. **B** *v. intr.* (*aus. avere*) Fare molta fiamma bruciando.

sfiancàre A *v. tr.* (*io sfiànco, tu sfiànchi*) **1** Rompere nei fianchi, nelle parti laterali. **2** (*est.*) Spossare, togliere ogni forza; SIN. Stremare. **3** Segnare marcatamente con un incavo il punto della vita. **B** *v. intr. pron.* **1** Rompersi nei fianchi. **2** (*est.*) Cedere per troppo sforzo.

sfiatàre A *v. intr.* (*aus. avere* nel sign. 1, *avere e essere* nel sign. 2) **1** Mandare fuori fiato, vapori. **2** Sfuggire da un'apertura naturale o artificiale, detto di vapori, gas e sim.: *il gas sfiata dalla tubazione.* **B** *v. intr. pron.* **1** Perdere il timbro, detto di strumenti musicali. **2** (*fam.*) Perdere il fiato a parlare, a gridare: *si sfiata a rimproverarlo*; SIN. Sgolarsi.

sfiatatóio *s. m.* **1** Dispositivo di cui possono essere muniti serbatoi, tubazioni, macchine, gallerie e sim., che serve a lasciar sfuggire all'esterno aria, gas o vapori indesiderati. **2** (*zool.*) Apertura sulla parte dorsale del capo dei cetacei, da cui vengono emessi getti di vapore.

sfiàto *s. m.* Sfiatatoio. [→ ill. *metallurgia*]

sfibbiàre *v. tr.* (*io sfibbio*) Aprire, slacciare sciogliendo la fibbia o le fibbie: – *un abito.*

sfibràre *v. tr.* **1** Privare delle fibre. **2** Indebolire, svigorire: *il lavoro lo sfibra*; SIN. Estenuare.

sfibràto *part. pass. di sfibrare; anche agg.* **1** Privato delle fibre. **2** Spossato, privo di energia.

sfida *s. f.* Invito a battersi con le armi o a misurarsi in una gara, spec. sportiva | (*fig.*) Provocazione: *parole di* – | (*est.*) Atteggiamento competitivo verso qc. o q.c.

sfidànte *part. pres. di sfidare; anche agg. e s. m. e f.* Che (o chi) sfida qc. con le armi o in una gara sportiva; SIN. Sfidatore.

sfidàre A *v. tr.* **1** Invitare un avversario a battersi con le armi o a misurarsi in una gara, spec. sportiva: – *qc. a duello, alla corsa.* **2** (*est.*) Incitare qc. a dire, fare e sim. q.c. che si ritiene impossibile: *ti sfido a presentarmi le prove di quanto dici* | (*fam.*) ass. *Sfido! Sfido io! Sfido che...*, escl. che sottolineano l'ovvietà di un dato fatto. **3** (*fig.*) Affrontare con coraggio: – *il pericolo, la morte.* **B** *v. rifl. rec.* Mandarsi la sfida, chiamarsi l'un l'altro a misurarsi con le armi o in una gara.

sfidàto *part. pass. di sfidare; anche agg. e s. m.* (*f.* *-a*) Che (o chi) ha ricevuto una sfida.

sfidatóre *s. m.; anche agg.* (*f.* *-trice*) (*lett.*) Sfidante.

sfidùcia *s. f.* (*pl.* *-cie*) Mancanza di fiducia | *Voto di* –, quello con cui il Parlamento fa cadere il Governo; CONTR. Fiducia.

sfiduciàre A *v. tr.* (*io sfidùcio*) Privare della fiducia. **B** *v. intr. pron.* Perdere la fiducia.

sfigmomanòmetro *s. m.* Apparecchio per la misurazione della pressione sanguigna nelle arterie. [→ ill. *medicina e chirurgia*]

sfiguràre A *v. tr.* Deturpare la figura, i lineamenti. **B** *v.*

intr. (*aus.* avere) Fare cattiva figura: *di fronte a noi sfigurate.*

sfilacciàre ***A*** *v. tr.* (*io sfilàccio*) Ridurre in filacce, sfilare un tessuto. ***B*** *v. intr. e intr. pron.* (*aus.* essere) ***1*** Ridursi in filacce. ***2*** (*fig.*) Disgregarsi.

sfilacciàto ***A*** *part. pass. di* sfilacciare; *anche agg.* Ridotto in filacce. ***B*** *s. m.* Cotone o altro ricavato dalla sfilacciatura degli stracci.

sfilacciatùra *s. f.* ***1*** Riduzione in filacce | Parte sfilacciata | (*fig.*) Disgregazione. ***2*** Operazione tessile per ricavare fibre dagli stracci.

sfilàre (1) ***A*** *v. tr.* ***1*** Disfare l'infilato: — *l'ago* | — *il rosario*, recitare il rosario; (*fig.*) dire ogni sorta di male su qc. ***2*** Togliere di dosso: *sfilarsi le scarpe.* ***3*** Levare qualche filo spec. da un tessuto: — *l'orlo di un lenzuolo.* ***B*** *v. intr. pron.* ***1*** Uscire o sfuggire dal filo, dall'infilato: *la collana si è sfilata.* ***2*** Disfarsi nel filato, detto di tessuto.

sfilàre (2) *v. intr.* (*aus.* essere e avere) ***1*** Procedere in fila: — *tra due ali di popolo* | Passare in fila davanti a superiori, autorità, pubblico, durante una rivista, detto di reparti inquadrati: — *in parata.* ***2*** (*fig.*) Susseguirsi, succedersi, spec. rapidamente: *nella sua mente sfilano mille pensieri.*

sfilàta *s. f.* ***1*** Passaggio di persone, animali o mezzi disposti in fila | — *di moda*, presentazione dei nuovi modelli. ***2*** Serie di cose disposte in fila: *una* — *di pini.*

sfilatino *s. m.* (*dial.*) Forma allungata di pane.

sfilàto ***A*** *part. pass. di* sfilare (1); *anche agg.* Privato dei fili. ***B*** *s. m.* Ricamo eseguito sfilando alcuni fili di un tessuto e riunendo in maniera diversa quelli rimasti onde ottenere svariati motivi.

sfilza *s. f.* Lunga serie, grande numero; SIN. Catena, sequela.

sfinge *s. f.* ***1*** Nella mitologia egizia, mostro con corpo leonino e testa umana, che propone enigmi insolubili. ***2*** (*fig.*) Persona enigmatica. ***3*** Farfalla delle Sfingidi, con corpo robusto e peloso, ali strette e appuntite, abitudini crepuscolari.

sfiniménto *s. m.* Grave prostrazione; SIN. Languore, spossatezza.

sfinìre ***A*** *v. tr.* (*io sfinìsco, tu sfinìsci*) Provocare uno stato di grave prostrazione, lasciare senza forze, anche ass.: *la fatica lo sfinisce*; SIN. Spossare. ***B*** *v. intr. pron.* Perdere la capacità di resistenza, le energie, la forza.

sfinitézza *s. f.* Stato di grave prostrazione, mancanza di forza, energia e sim.

sfintère *s. m.* (*anat.*) Muscolo anulare: — *anale.*

sfioràre (1) *v. tr.* (*io sfióro*) Passare accanto toccando leggermente: *l'aereo sfiora l'acqua* | Trattare superficialmente: — *un argomento* | Essere molto vicino al conseguimento di q.c.: — *il successo*; SIN. Rasentare.

sfioràre (2) *v. tr.* (*io sfióro*) Scremare, privare della panna, del fiore: — *il latte.*

sfioratóre *s. m.* Dispositivo che impedisce che la superficie libera di un serbatoio o di un canale superi una quota massima stabilita. [→ ill. *diga*]

sfiorìre *v. intr.* (*io sfiorìsco, tu sfiorìsci; aus. essere*) ***1*** Perdere il fiore, appassire. ***2*** (*fig.*) Perdere la freschezza, il rigoglio giovanile.

sfirèna *s. f.* Voracissimo pesce osseo marino dal muso allungato, con mandibola prominente e denti robusti, apprezzato per le sue carni; SIN. Luccio di mare.

sfittàre ***A*** *v. tr.* Rendere sfitto. ***B*** *v. intr. pron.* Rimanere sfitto.

sfitto *agg.* Non affittato: *appartamento* —.

sfizio *s. m.* (*merid.*) Voglia, capriccio, divertimento: *levarsi lo* — *di q.c.*

sfizióso *agg.* (*region.*) Attraente | Che soddisfa un capriccio.

sfocàre o *sfuocàre v. tr.* (*io sfuòco o sfòco, tu sfuòchi o sfòchi;* in tutta la coniug. la *o* dittonga preferibilmente in *uo* se tonica) Attenuare la nitidezza di una immagine, spec. fotografica.

sfocàto o *sfuocàto part. pass. di* sfocare; *anche agg.* Che non è ben delineato: *personaggio* —.

sfocatùra o *sfuocatùra s. f.* Imprecisione di un'immagine fotografica dovuta a difettosa messa a fuoco.

sfociàre ***A*** *v. tr.* (*io sfócio*) (*raro*) Rendere più larga la foce di un corso d'acqua. ***B*** *v. intr.* (*aus. essere, raro avere*) ***1*** Mettere foce: *i fiumi sfociano nel mare*; SIN. Sboccare. ***2*** (*fig.*) Concludersi: *la divergenza di opinioni sfociò in una rissa.*

sfócio *s. m.* ***1*** Atto dello sfociare. ***2*** (*fig.*) Soluzione, esito: *trovare uno* — *nel lavoro.*

sfoderàre (1) *v. tr.* (*io sfòdero*) ***1*** Levare dal fodero | — *la spada*, sguainarla. ***2*** (*fig.*) Mostrare, in modo improvviso e inaspettato | Ostentare, sfoggiare: — *la propria cultura.*

sfoderàre (2) *v. tr.* (*io sfòdero*) Levare la fodera: — *una giacca.*

sfoderàto *part. pass. di* sfoderare (2); *anche agg.* Privo di fodera: *impermeabile* —.

sfogàre ***A*** *v. tr.* (*io sfógo, tu sfóghi*) Dare libera manifestazione a sentimenti, passioni, stati d'animo, fino a quel punto repressi. ***B*** *v. intr.* (*aus.* essere) ***1*** Uscire dal chiuso: *il gas sfoga attraverso il tubo.* ***2*** Prorompere in manifestazioni esteriori, detto di passioni o sentimenti a lungo trattenuti: *il malcontento sfogò in una rivolta.* ***C*** *v. intr. pron.* ***1*** Alleggerirsi delle proprie pene confidandole a qc.: *si è sfogato con me.* ***2*** Soddisfare un desiderio, un istinto: *sfogarsi a correre* | *Sfogarsi su qc.*, far ricadere ingiustamente su di lui la propria ira.

sfoggiàre ***A*** *v. tr.* (*io sfòggio*) ***1*** Possedere, indossare, con compiaciuta ostentazione, q.c. di elegante: — *una pelliccia nuova.* ***2*** (*fig.*) Ostentare: — *erudizione.* ***B*** *v. intr.* (*aus.* avere) Fare sfoggio: — *nel vestire* | Vivere con pompa e sfarzo.

sfòggio *s. m.* ***1*** Ostentazione di lusso, sfarzo. ***2*** (*fig.*) Ostentazione delle proprie doti: *fare* — *di erudizione*; SIN. Mostra.

sfòglia *s. f.* ***1*** Falda, lamina sottilissima. ***2*** Sottile strato di pasta all'uovo | *Pasta* —, pasta a base di burro e farina, che, per cottura, si sfalda in sottili strati.

sfogliàre (1) ***A*** *v. tr.* (*io sfòglio*) Levare le foglie: — *un ramoscello.* ***B*** *v. intr. pron.* Perdere le foglie.

sfogliàre (2) ***A*** *v. tr.* (*io sfòglio*) Scorrere rapidamente le pagine di un libro, un giornale, una rivista e sim., senza soffermarsi troppo. ***B*** *v. intr. pron.* Ridursi in lamine sottili.

sfogliàta (1) *s. f.* Rapida scorsa data a un libro e sim.

sfogliàta (2) *s. f.* Torta di pasta sfoglia con ripieno. [→ ill. *dolciumi*]

sfogliatèlla *s. f.* Piccolo dolce di pasta sfoglia ripiegata e farcita. [→ ill. *dolciumi*]

sfogliatùra *s. f.* Operazione dello sfogliare un albero, un ramo e sim. | — *del gelso*, per alimentare i bachi da seta | — *della vite*, per soleggiare i grappoli.

sfógo *s. m.* (*pl. -ghi*) ***1*** Fuoriuscita da un ambiente chiuso, esalazione | Passaggio attraverso cui sgorgano liquidi, gas, vapori e sim. | *Senza* —, chiuso, angusto, detto di ambienti: *stanza senza* —. ***2*** Sblocco, apertura: *un paese senza* — *sul mare.* ***3*** (*fig.*) Libera manifestazione di stati d'animo, sentimenti, passioni e sim.: *cercare* — *nel pianto.* ***4*** (*pop.*) Eruzione cutanea.

sfolgorànte *part. pres. di* sfolgorare; *anche agg.* Che sfolgora, risplende.

sfolgoràre *v. intr.* (*io sfólgoro; aus. avere*) Risplendere di luce intensa (*anche fig.*).

sfolgorio *s. m.* Uno sfolgorare continuo.

sfollagènte *s. m. inv.* Bastone piuttosto corto, rivestito di gomma, usato dalla polizia in occasione di tumulti, disordini e sim.

sfollaménto *s. m.* ***1*** Atto dello sfollare: *lo* — *della scuola.* ***2*** Diminuzione di personale.

sfollàre ***A*** *v. tr.* (*io sfóllo o sfòllo*) ***1*** Sgombrare dall'affollamento: *sfollate la piazza!* ***2*** Diminuire il personale di un'azienda. ***B*** *v. intr.* (*aus.* essere) ***1*** Diradarsi della folla. ***2*** Allontanarsi dai centri popolosi, o da luoghi esposti alle offese del nemico, in tempo di guerra: — *in campagna*; — *dalla città.*

sfollàto *part. pass. di* sfollare; *anche agg. e s. m.* (*f. -a*) Che (o chi) si è trasferito in luogo diverso da quello di residenza abituale, per evitare offese belliche, epidemie, frane, alluvioni e sim.

sfoltiménto *s. m.* Atto dello sfoltire.

sfoltire ***A*** *v. tr.* (*io sfoltisco, tu sfoltisci*) Rendere meno folto: — *un bosco.* ***B*** *v. intr. pron.* Diventare meno folto.

sfoltita *s. f.* Rapido sfoltimento.

sfoltitrice *s. f.* Tipo di rasoio a mano libera con lama seghettata per sfoltire i capelli. [→ ill. *parrucchiere*]

sfondaménto *s. m.* ***1*** Rottura del fondo | (*est.*) Apertura di un passaggio per mezzo della forza. **2** Rottura e penetrazione del fronte nemico.

sfondàre **A** *v. tr.* (*io sfóndo*) **1** Rompere il fondo: — *una cassa di legno.* **2** (*est.*) Schiantare, aprirsi un passaggio: — *una porta, una parete* | — *una porta aperta,* (*fig.*) dire o fare q.c. già detta o fatta da altri | Scassinare: — *una bottega.* **3** Rompere il fronte difensivo nemico e penetrarvi. **B** *v. intr.* (*aus. avere*) Affermarsi, avere successo: *ha sfondato nel cinema.* **C** *v. intr. pron.* Rompersi nel fondo: *il baule si sfonda.*

sfondàto **A** *part. pass. di sfondare; anche agg.* **1** Che ha il fondo rotto: *piatto* —. **2** (*fam.*) Insaziabile, ingordo. **3** *Nella loc.* (*fam.*) *ricco* —, enormemente ricco. **B** *s. m.* Tipo di decorazione pittorica che apre pareti, volte, soffitti e cupole su visioni di liberi cieli e prospettive architettoniche.

sfóndo *s. m.* **1** Incassatura di archi o volte per dipingervi ornati e figure. **2** Campo di un quadro nel quale è dipinto il soggetto: *figure di* —. **3** Parte ultima di una scena teatrale. **4** In un campo visivo, la parte più distante rispetto a chi guarda: *uno* — *di boschi.* **5** — *piega,* nell'abbigliamento, rovescio di un piegone doppio. **6** (*fig.*) Ambiente storico, sociale e sim. in cui si svolge una data azione: *il romanzo ha per* — *la guerra di secessione.*

sfondóne *s. m.* (*fam.*) Sbaglio madornale.

sforbiciàre **A** *v. tr.* (*io sfòrbicio*) Tagliare qua e là con le forbici, anche ass. **B** *v. intr.* (*aus. avere*) (*sport*) Eseguire una sforbiciata.

sforbiciàta *s. f.* **1** Colpo di forbici. **2** (*sport*) Nel calcio, nel nuoto, nel salto in alto e nel sollevamento pesi, rapido movimento a forbice delle gambe.

sformàre *v. tr.* (*io sfórmo*) **1** Alterare nella forma: — *le scarpe.* **2** Levare dalla forma: — *un dolce.*

sformàto **A** *part. pass. di sformare; anche agg.* Che è alterato nella forma; SIN. Deforme. **B** *s. m.* Vivanda a base di verdure, carni, formaggi, o altro, cotta in stampi.

sfornàre *v. tr.* (*io sfórno*) **1** Estrarre dal forno i prodotti già cotti. **2** (*fig.*) Produrre in abbondanza: *quel produttore sforna un film al mese.*

sfornìre *v. tr.* (*io sfornisco, tu sfornisci*) Privare dei rifornimenti, delle provviste.

sfortùna *s. f.* Cattiva fortuna, sorte avversa; SIN. Disgrazia, scalogna; CONTR. Fortuna.

sfortunataménte *avv.* Per cattiva sorte.

sfortunàto *agg.* **1** Che è perseguitato dalla sfortuna, dalla sorte avversa: *essere* — *al gioco*; SIN. Disgraziato, scalognato. **2** Che non ha avuto o non ha fortuna: *un'impresa sfortunata*; SIN. Infausto. • CONTR. Fortunato.

sforzàre **A** *v. tr.* (*io sfòrzo*) **1** Sottoporre a sforzo: — *il motore dell'auto* | — *le vele,* spiegarne al vento il maggior numero possibile. **2** Usare la forza, per aprire o cercare di aprire q.c.: — *una porta* | Scassinare: — *uno scrigno.* **3** Costringere, fare forza su qc.: — *qc. a parlare.* **B** *v. intr. pron.* Adoperarsi con tutte le forze per il raggiungimento di un fine: *sforzarsi di studiare*; *sforzarsi a tacere.*

sforzàto *part. pass. di sforzare; anche agg.* **1** Fatto per forza. **2** Non naturale, artificioso: *sorriso* —.

sfòrzo *s. m.* **1** Impiego di forza straordinaria, fisica o psichica: *fare uno* — *di volontà*; *fare uno* — *per riuscire in q.c.* | *Fare ogni* —, *tutti gli sforzi, tutti i propri sforzi per...,* mettere tutto il proprio impegno in q.c. | *Con* —, con difficoltà | *Senza* —, con facilità. **2** (*mecc.*) Forza interna generata da sollecitazioni esterne nelle strutture di macchine o costruzioni.

sfóttere **A** *v. tr.* (*pop.*) Farsi gioco di qc.: *lo sfottono per la sua inesperienza.* **B** *v. rifl. rec.* Prendersi in giro l'un l'altro.

sfracellàre **A** *v. tr.* (*io sfracèllo*) Rompere, schiacciare, massacrare, con urti o colpi di grande violenza: *la frana sfracellò il paese.* **B** *v. intr. pron.* Rimanere schiacciato, massacrato, in seguito a urti o colpi di grande violenza.

sfragìstica *s. f.* Scienza che studia i sigilli e le gemme lavorate.

sfrangiàre *v. tr.* (*io sfràngio*) Ridurre in frange l'orlo di un tessuto: — *una coperta.*

sfratàrsi *v. intr. pron.* Uscire da un ordine religioso, lasciare la tonaca di frate.

sfrattàre **A** *v. tr.* Obbligare, da parte dell'autorità giudiziaria, o (*est.*) di un privato, il detentore di un immobile ad abbandonare lo stesso. **B** *v. intr.* (*aus. avere*) Andare via da un paese, un fondo, una casa.

sfrattàto *part. pass. di sfrattare; anche agg. e s. m.* (*f. -a*) Che (o chi) ha ricevuto uno sfratto.

sfràtto *s. m.* Obbligo di abbandonare un immobile: *subire lo* —.

sfrecciàre *v. intr.* (*io sfréccio; aus. essere*) Passare veloce come una freccia: *gli aerei sfrecciano nel cielo.*

sfregaménto *s. m.* **1** Movimento ripetuto su una superficie. **2** (*med.*) Rumore prodotto dall'attrito tra i due foglietti di una membrana sierosa: — *pleurico.*

sfregàre **A** *v. tr.* (*io sfrégo, tu sfréghi*) **1** Passare più volte con la mano, o con un oggetto tenuto in mano, su una superficie, esercitando una certa pressione: *sfregarsi gli occhi*; — *la gomma sul foglio*; SIN. Strofinare. **2** Fare uno o più sfregi: — *il muro con la sedia.* **B** *v. tr. e intr.* (*aus. avere*) Urtare di striscio.

sfregiàre **A** *v. tr.* (*io sfrégio o sfrègio*) Rovinare con uno o più sfregi: — *l'avversario.* **B** *v. intr. pron.* Prodursi uno sfregio.

sfregiàto **A** *part. pass. di sfregiare; anche agg.* Deturpato da uno sfregio. **B** *s. m.* (*f. -a*) Chi ha il viso deturpato da uno sfregio.

sfrégio *s. m.* **1** Taglio, ferita, cicatrice e sim. che altera o deturpa il viso | (*est.*) Graffio: *la scrivania è piena di sfregi.* **2** (*fig.*) Grave offesa, disonore: *fare, ricevere, uno* —.

sfrenàre **A** *v. tr.* (*io sfréno o sfrèno*) **1** (*raro*) Togliere il freno. **2** (*fig.*) Lasciare libero da ogni freno, moderazione, controllo: — *le passioni.* **B** *v. intr. pron.* (*fig.*) Abbandonarsi senza ritegno o controllo ai propri impulsi: *sfrenarsi nel bere.*

sfrenatézza *s. f.* **1** L'essere sfrenato. **2** *spec. al pl.* Atto, comportamento sfrenato. • SIN. Licenziosità.

sfrenàto *part. pass. di sfrenare; anche agg.* Che non possiede o non sente correzione o ritegno: *ambizione sfrenata* | Eccessivo, smodato: *lusso* —.

sfrìdo *s. m.* **1** Calo cui vanno soggette le merci nelle operazioni di carico, scarico e sim. **2** (*mecc.*) Percentuale di materiale asportato durante la lavorazione di un pezzo.

sfrigolàre *v. intr.* (*io sfrìgolo; aus. avere*) Emettere continui scoppiettii, nel friggere o sim. | (*est.*) Scoppiettare, crepitare.

sfrigolìo *s. m.* Uno sfrigolare continuo.

sfrondàre **A** *v. tr.* (*io sfróndo*) **1** Levare, diradare le fronde: — *un albero.* **2** (*fig.*) Eliminare tutto ciò che è superfluo: — *un discorso.* **B** *v. intr. pron.* Perdere le fronde.

sfrontatézza *s. f.* L'essere sfrontato; SIN. Impudenza, sfacciataggine.

sfrontàto *agg.; anche s. m.* (*f. -a*) Detto di chi commette o dice cose in sé vergognose senza provarne vergogna; SIN. Impudente, sfacciato.

sfruttaménto *s. m.* **1** Conseguimento del massimo rendimento possibile: — *di un terreno, di una miniera.* **2** Ricavo di un vantaggio ingiusto, illecito o immorale dal lavoro o gener. da un'attività altrui.

sfruttàre *v. tr.* **1** Far rendere al terreno più del normale, senza sostenerlo con adeguate concimazioni. **2** (*fig.*) Trarre grande utile dal lavoro altrui senza rimunerarlo convenientemente: — *gli operai* | — *una donna,* farsi mantenere da lei. **3** (*est.*) Mettere a profitto: — *l'occasione.*

sfruttàto *part. pass. di sfruttare; anche agg. e s. m.* (*f. -a*) Che (o chi) è sottoposto a sfruttamento.

sfruttatóre *s. m.* (*f. -trice*) Chi sfrutta.

sfuggènte *part. pres. di sfuggire; anche agg.* Che sfugge | Ambiguo, non chiaro: *sguardo* —; SIN. Elusivo.

sfuggévole *agg.* Che è facile a sfuggire.

sfuggìre **A** *v. tr.* (*io sfùggo, tu sfùggi*) Schivare, evitare: — *un pericolo, una discussione*; SIN. Eludere. **B** *v. intr.* (*aus. essere*) **1** Riuscire a sottrarsi a qc. o a q.c.: — *agli inseguitori.* **2** Cadere, scappare inavvertitamente, detto di cose (*anche fig.*): *mi sfugge il piatto di mano*; *mi è sfuggito un errore* | Parlare senza riflettere: *gli sfuggì di bocca il nome del complice.* **3** Far passare senza notare, senza prestare la dovuta attenzione: *nulla sfugge alla sua osservazione* | Dimenticare: *mi sfugge di mente il suo nome.*

sfuggìta *s. f.* Atto dello sfuggire | *Di* —, rapidamente, in fretta: *ci siamo salutati di* —.

sfumàre A *v. tr.* **1** Diminuire gradatamente la tonalità di un colore | Far rilevare un disegno con tenui passaggi dal chiaro allo scuro. **2** (*est.*) Attenuare gradatamente l'intensità di un suono, di una voce e sim. **3** (*est.*) Accorciare gradatamente, dall'alto verso il basso, i capelli, spec. sulla nuca. **B** *v. intr.* (*aus. essere*) **1** Dissolversi, dileguarsi: *la nebbia sfuma lentamente* | (*fig.*) Andare in fumo, svanire: *il nostro sogno è sfumato.* **2** Diminuire gradualmente d'intensità, detto della tonalità di un colore: *un blu che sfuma nell'azzurro.*

sfumàto A *part. pass. di sfumare; anche agg.* **1** Detto di colore che diminuisce gradatamente di tonalità: *rosso* — | (*fig.*) Dissolto, svanito. **2** (*fig.*) Vago, indefinito: *sentimento* —. **3** Detto di tessuto stirato con ferro caldissimo. **B** *s. m.* Chiaroscuro estremamente sottile nei passaggi dalla luce all'ombra.

sfumatùra *s. f.* **1** Passaggio di tono dal chiaro allo scuro o viceversa, di un medesimo colore: *una delicata* — *di rosa.* **2** Leggero e sapiente effetto di stile in un'opera letteraria, musicale e sim.: *una prosa ricca di sfumature* | — *di significato*, lieve mutamento di significato. **3** (*fig.*) Particolare intonazione di voce, lieve accenno e sim. esprimenti un moto dell'animo: *una* — *di ironia, di scherno.* **4** Taglio graduato dei capelli sulla nuca. [→ ill. *acconciatura*]

sfumìno *s. m.* Piccolo rotolo cilindrico di pelle, seta o carta, usato per sfumare disegni. [→ ill. *disegnatore*]

sfùmo *s. m.* Tecnica consistente nell'attenuare i tratti di un disegno eseguito a matita o a carboncino sfregandovi sopra un pezzo di carta, stoffa e sim.

sfuocàre e deriv. v. *sfocare* e deriv.

sfuriàre *v. tr. e intr.* (*io sfùrio; aus. avere*) (*raro*) Sfogare l'ira con discorsi o atti violenti.

sfuriàta *s. f.* **1** Sfogo violento di impazienza, ira, rabbia e sim. | Rabbuffo, rimprovero furioso: *fare una* — *a qc.* **2** (*est.*) Pioggia o tempesta breve e violenta.

sfùṣo *agg.* **1** Sciolto, reso liquido: *strutto* —. **2** (*dial.*) Detto di merce che si vende sciolta, non confezionata: *vino* —.

ṣgabèllo *s. m.* Sedile in legno per una persona, senza spalliera, talora con due braccioli ai lati corti, retto da tre o da quattro gambe. [→ ill. *mobili*]

ṣgabuẓẓìno *s. m.* Stanzino, bugigattolo, usato spec. come ripostiglio.

ṣgambàre *v. intr. e intr. pron.* (*aus. intr. essere*) Camminare a lunghi passi | Camminare molto in fretta.

ṣgambàta *s. f.* **1** Camminata lunga e faticosa. **2** (*sport*) Sgambatura.

ṣgambatùra *s. f.* Piccola corsa, breve passeggiata, che si fa compiere a un cavallo, e (*est.*) agli atleti, per riscaldare i muscoli prima di uno sforzo.

ṣgambettàre A *v. intr.* (*io ṣgambétto; aus. avere*) **1** Dimenare le gambe in qua e in là, stando seduti o sdraiati. **2** Camminare a passi piccoli e veloci. **B** *v. tr.* Fare cadere qc. mediante uno sgambetto: *il calciatore fu sgambettato in area di rigore.*

ṣgambétto *s. m.* Mossa con cui si fa inciampare e cadere qc. che cammina | *Fare lo* — *a qc.*, (*fig.*) prendere il suo posto servendosi di mezzi sleali.

ṣganasciàre A *v. tr.* (*io ṣganàscio*) Slogare le ganasce: — *qc. con un pugno.* **B** *v. intr. pron.* Slogarsi le ganasce: *sganasciarsi dalle risa.*

ṣganascióne o (*dial.*) ṣganassóne *s. m.* (*dial.*) Ceffone.

ṣganciaménto *s. m.* **1** Liberazione, distacco da un gancio o dai ganci | — *di bombe*, bombardamento aereo. **2** (*mil.*) Interruzione del contatto col nemico per evitare il combattimento.

ṣganciàre A *v. tr.* (*io ṣgàncio*) **1** Liberare dal gancio o dai ganci: — *un rimorchio* | — *veicoli*, staccarli dagli altri | — *bombe, siluri*, lanciarli. **2** (*fig., fam.*) Sborsare denaro, spec. malvolentieri e dopo continue richieste: *sgancia i soldi.* **B** *v. intr. pron.* **1** Liberarsi dal gancio. **2** Rompere il contatto col nemico. **3** (*fig., fam.*) Riuscire a liberarsi di chi (o di ciò che) è inadatto, inopportuno, molesto e sim.: *sganciarsi da un ambiente equivoco.*

ṣgàncio *s. m.* Sganciamento di bombe e sim. da un aereo.

ṣgangheràre A *v. tr.* (*io ṣgànghero*) Levare dai gangheri: — *la porta* | (*est.*) Sfasciare: — *un baule.* **B** *v. intr. pron.* (*scherz.*) Sganasciarsi.

ṣgangheràto *part. pass. di sgangherare; anche agg.* **1** Che è stato tolto dai gangheri. **2** (*est.*) Sconnesso, illogico: *periodo, stile* — | Volgare, sguaiato: *risata sgangherata* | Male in arnese.

ṣgarbatàggine *s. f.* L'essere sgarbato | Atto, parola sgarbata.

ṣgarbatézza *s. f.* Sgarbataggine.

ṣgarbàto *agg.; anche s. m.* (*f. -a*) **1** Che (o chi) non ha garbo né grazia: *voce sgarbata*; CONTR. Garbato. **2** Che (o chi) non ha cortesia nei rapporti con gli altri: *ragazzo* —; SIN. Scortese, villano.

ṣgarberìa *s. f.* Atto, frase o comportamento sgarbato.

ṣgàrbo *s. m.* **1** (*raro*) Mancanza di garbo nel trattare. **2** Atto sgarbato, villano: *fare uno* — *a qc.* ● SIN. Scortesia, villania.

ṣgargiànte *agg.* Che ha colore intenso e vivo: *rosso* —; SIN. Chiassoso, vistoso.

ṣgarràre *v. tr. e intr.* (*aus. avere*) Commettere inesattezze, imprecisioni, errori e sim.

ṣgàrro *s. m.* **1** Atto dello sgarrare | Mancanza di esattezza, di precisione. **2** Nel linguaggio della malavita spec. meridionale, offesa, onta.

ṣgàrẓa *s. f.* (*zool.*) Airone cenerino.

ṣgarzìno *s. m.* Piccola lama usata da grafici e disegnatori per cancellare mediante raschiatura.

ṣgattaiolàre *v. intr.* (*io ṣgattàiolo; aus. avere*) Uscire con grande sveltezza attraverso un'apertura, come fa il gatto | (*est.*) Allontanarsi silenziosamente, senza farsi notare.

ṣgelàre *v. tr. e intr.* (*io ṣgèlo; aus. intr. essere*) Disgelare.

ṣgèlo *s. m.* Disgelo.

ṣghémbo *agg.* **1** Che è storto, tortuoso: *soffitto* — | *A* —, a sghimbescio, per storto: *camminare a* —. **2** (*geom.*) Detto di rette che non appartengono allo stesso piano; SIN. Obliquo.

ṣgheronàto *agg.* Detto di abito, allargato mediante l'inserimento di uno o più gheroni.

ṣghèrro *s. m.* **1** Uomo d'armi al servizio di un privato | (*est.*) Uomo d'armi prepotente e violento. **2** (*spreg.*) Funzionario di polizia di un governo non libero.

ṣghiacciàre A *v. tr.* (*io ṣghiàccio*) Ricondurre ciò che è ghiacciato a una temperatura normale o più elevata: — *la carne surgelata.* **B** *v. intr. e intr. pron.* (*aus. intr. essere*) Diventare meno ghiacciato.

ṣghignazzaménto *s. m.* Atto dello sghignazzare | Sghignazzata.

ṣghignazzàre *v. intr.* (*aus. avere*) Ridere in modo rumoroso, con intenzione di scherno.

ṣghignazzàta *s. f.* Risata provocatoria.

ṣghimbèscio *agg.* (*pl. f. -sce*) Sghembo, obliquo, storto, *spec. nelle loc. a* —, *di* —.

ṣghiribìẓẓo o ṣghiribìzzo, (*pop.*) *schiribiẓẓo, schiribizzo s. m.* Ghiribizzo.

ṣgobbàre *v. intr.* (*io ṣgòbbo; aus. avere*) (*fam.*) Applicarsi a un lavoro, a uno studio e sim. con grande impegno e costanza: — *sui libri, a tavolino.*

ṣgobbàta *s. f.* (*fam.*) Sforzo prolungato e senza soste, spec. sul lavoro e nello studio.

ṣgòbbo *s. m.* Atto dello sgobbare | Sforzo.

ṣgobbóne *s. m.* (*f. -a*) Chi si applica allo studio o al lavoro con grande fatica e impegno, spec. per compensare la limitata intelligenza.

ṣgocciolàre (1) *v. intr.* (*io ṣgócciolo; aus. essere*) Cadere a gocciole: *la pioggia sgocciola sui vetri.*

ṣgocciolàre (2) A *v. tr.* (*io ṣgócciolo*) **1** Far cadere a gocciole: *hai sgocciolato l'acqua sul tavolo.* **2** Vuotare un recipiente delle ultime gocce di liquido in esso contenuto: — *un fiasco.* **B** *v. intr.* (*aus. avere*) Vuotarsi delle ultime gocce di liquido contenuto, detto di recipienti: *la botte ha sgocciolato.*

ṣgocciolatóio *s. m.* **1** Recipiente atto a raccogliere ciò che sgocciola. **2** Scolapiatti.

ṣgocciolatùra *s. f.* Caduta a gocciole | Gocciole cadute o residue.

ṣgocciolìo *s. m.* Uno sgocciolare continuo.

ṣgócciolo *s. m.* Sgocciolatura, *spec. nella loc. agli sgoccioli*, al finire, al termine, agli ultimi residui di q.c.: *essere, trovarsi agli sgoccioli.*

ṣgolàrsi *v. intr. pron.* (*io mi ṣgólo*) Affaticare la voce nel cantare, nel parlare, nel gridare: — *a far lezione*; SIN. Sfiatarsi.

sgomberàre V. *sgombrare*.

sgómbero o *sgómbro* (2) *s. m.* **1** Liberazione di un luogo da ciò che lo ingombra o da chi lo occupa. **2** Evacuazione, allontanamento: *lo — dei feriti.* **3** Cambiamento di casa, di abitazione; SIN. Trasloco.

sgombranéve *s. m.* Macchina munita di una presa elicoidale che morde e sgretola la neve, gettandola a lato della strada o della superficie da sgombrare.

sgombràre o *sgomberàre*, spec. nel sign. 2 *v. tr.* (*io sgómbro*) **1** Liberare un luogo da ciò che lo ingombra (*anche fig.*): — *la strada* | Liberare un luogo andandosene o obbligando chi lo occupa ad andarsene: — *dai dimostranti.* **2** Evacuare un luogo, anche ass.: — *il paese*; *l'esercito comincia a —* | Lasciare libero un appartamento trasferendosi altrove con le proprie masserizie: *bisogna — il palazzo.* **3** Portare via ciò che costituisce ingombro: — *la propria roba.*

sgómbro (1) *agg.* Libero, vuoto da ingombri (*anche fig.*): *mente sgombra dalle passioni.*

sgómbro (2) V. *sgombero*.

sgómbro (3) o *scómbro s. m.* Pesce osseo blu metallico con strie sinuose nere, apprezzato per le carni bianche e sode; SIN. (*pop.*) Lacerto, maccarello. [→ ill. *animali* 9]

sgomentàre **A** *v. tr.* (*io sgoménto*) Produrre sgomento; SIN. Sbigottire, spaventare. **B** *v. intr. pron.* Provare sgomento, perdersi d'animo: *sgomentarsi di q.c.*

sgoménto (1) *s. m.* Stato di turbamento, depressione, ansia, provocato da avvenimenti esterni; SIN. Panico, sbigottimento, spavento.

sgoménto (2) *agg.* Che esprime sgomento.

sgominàre *v. tr.* (*io sgòmino*) Sconfiggere, sbaragliare, mettere in fuga rovinosa.

sgomitàre *v. tr.* (*io sgómito*) Farsi largo a gomitate.

sgomitolàre **A** *v. tr.* (*io sgomitolo*) Disfare un gomitolo. **B** *v. intr. pron.* Disfarsi, detto di gomitoli.

sgommàre **A** *v. tr.* (*io sgómmo*) **1** Togliere l'ingommatura. **2** Trattare la seta con soluzioni saponose per liberarla dalla sericina. **B** *v. intr. pron.* Perdere l'ingommatura.

sgommatùra *s. f.* Operazione dello sgommare la seta.

sgonfiaménto *s. m.* Eliminazione o perdita di aria o gas da una cavità elastica | Riduzione di un gonfiore.

sgonfiàre **A** *v. tr.* (*io sgónfio*) **1** Togliere parzialmente o totalmente aria o gas da una cavità elastica: — *un salvagente*; CONTR. Gonfiare. **2** (*est.*) Togliere il gonfiore: *un bagno ti sgonfierà le caviglie.* **3** (*fig.*) Sminuire l'eccessiva considerazione che si ha di sé o di altri: — *la superbia* | — *una notizia*, toglierle importanza. **B** *v. intr. pron. e intr.* (*aus. essere*) **1** Perdere la gonfiezza. **2** (*fig.*) Perdere la superbia.

sgonfiàto *part. pass. di sgonfiare; anche agg.* Che ha perso il gonfiore.

sgónfio (1) *agg.* Sgonfiato; CONTR. Gonfio.

sgónfio (2) *s. m.* Rigonfiatura di abito.

sgonnellàre *v. intr.* (*io sgonnèllo; aus. avere*) (*fam.*) Mostrarsi molto affaccendata dandosi importanza, detto di donna | (*est.*) Andare in giro qua e là.

sgórbia o *sgòrbia s. f.* Scalpello a taglio incavato che serve al falegname e all'intagliatore per fare sgusci e canali. [→ ill. *falegname, scultore*]

sgorbiàre *v. tr.* (*io sgòrbio*) Imbrattare con sgorbi; SIN. Scarabocchiare.

sgorbiatùra *s. f.* Atto dello sgorbiare | Sgorbio.

sgòrbio *s. m.* **1** Macchia d'inchiostro fatta per disattenzione, disavventura e sim., spec. scrivendo | (*est.*) Parola scritta male | (*est.*) Scritto, disegno e sim. malfatto; SIN. Fregaccio, scarabocchio. **2** (*fig.*) Persona brutta e sgraziata.

sgorgàre **A** *v. intr.* (*io sgórgo, tu sgórghi; aus. essere*) **1** Uscire con impeto e in abbondanza, detto di liquidi: *l'acqua sgorga dalla sorgente.* **2** (*fig.*) Venire direttamente: *queste parole sgorgano dal cuore*; SIN. Scaturire. **B** *v. tr.* Liberare un condotto da ciò che lo ostruisce.

sgórgo *s. m.* (*pl. -ghi*) Atto dello sgorgare.

sgottàre *v. tr.* (*io sgòtto*) (*mar.*) Togliere l'acqua da una imbarcazione con la sassola.

sgozzàre *v. tr.* (*io sgózzo*) **1** Scannare: — *un capretto.* **2** (*fig.*) Imporre condizioni da usura prestando denaro.

sgradévole *agg.* Che non si gradisce; CONTR. Gradevole.

sgradìre *v. tr.* (*io sgradìsco, tu sgradìsci*) (*raro*) Mal gradire, non accettare: — *un invito.*

sgradito *part. pass. di sgradire; anche agg.* Che non è gradito.

sgraffiatùra *s. f.* (*pop.*) Graffiatura.

sgraffignàre *v. tr.* (*fam.*) Portare via di nascosto e destramente: — *il portafoglio a qc.*

sgràffio *s. m.* (*pop.*) Graffio.

sgrammaticàre *v. intr.* (*io sgrammàtico, tu sgrammàtichi; aus. avere*) Fare errori di grammatica parlando o scrivendo.

sgrammaticàto *part. pass. di sgrammaticare; anche agg.* **1** Che, parlando o scrivendo, fa molti errori di grammatica. **2** Che è pieno di errori di grammatica: *tema —.*

sgrammaticatùra *s. f.* Errore di grammatica.

sgranaménto *s. m.* Atto dello sgranare frutti e sim.

sgranàre (1) **A** *v. tr.* Far uscire i grani di un frutto dalla loro sede: — *i fagioli* | — *il rosario*, (*fig.*) recitarlo, facendo scorrere fra le dita i grani della catena | (*fam.*, *fig.*) — *gli occhi*, spalancarli. **B** *v. intr. pron.* Disfarsi, rompersi.

sgranàre (2) *v. tr.* (*mecc.*) Togliere dall'ingranaggio | Disinserire una o più parti da un ingranaggio | Disfare un ingranaggio.

sgranatrice *s. f.* **1** Macchina ad azionamento meccanico per sgranare le pannocchie di mais già scartocciate. **2** Macchina per la sgranatura del cotone, cioè per liberare la fibra dai semi.

sgranatùra *s. f.* **1** Operazione dello sgranare. **2** Operazione di distacco del cotone dai semi effettuata dalla sgranatrice.

sgranchire *v. tr.* (*io sgranchisco, tu sgranchisci*) Sciogliere gli arti o il corpo dall'irrigidimento dovuto all'immobilità, al freddo e sim.: *sgranchirsi le gambe.*

sgranocchiàre *v. tr.* (*io sgranòcchio*) (*fam.*) Mangiare con gusto, a piccoli morsi, cibi che crocchiano sotto i denti: — *pasticcini.*

sgrassàre *v. tr.* **1** Rendere privo o povero di grasso: — *il brodo.* **2** (*est.*) Ripulire da macchie di unto: — *un vestito.*

sgravàre **A** *v. tr.* Liberare, alleggerire, alleviare da un peso (*spec. fig.*): — *le spalle dal carico.* **B** *v. intr. pron.* Liberarsi, alleggerirsi (*anche fig.*): *sgravarsi di una responsabilità.* **C** *v. intr. e intr. pron.* (*aus. intr. avere*) Partorire.

sgràvio *s. m.* **1** Liberazione, alleggerimento da un peso (*spec. fig.*): — *fiscale.* **2** (*fig.*) Eliminazione di pesi morali, *nelle loc. a — di, per — di*: *a — di coscienza devi confessare.*

sgraziàto *agg.* Privo di grazia, di garbo, di armonia; CONTR. Aggraziato.

sgretolaménto *s. m.* Rottura in piccole schegge o frammenti; SIN. Frantumazione | (*fig.*) Lenta distruzione.

sgretolàre **A** *v. tr.* (*io sgrétolo*) Ridurre in piccole schegge o frammenti: *l'umidità sgretola l'intonaco* | (*fig.*) Distruggere a poco a poco. **B** *v. intr. pron.* Rompersi in schegge.

sgretolìo *s. m.* Continuo sgretolamento | Rumore prodotto da q.c. che si sgretola.

sgridàre *v. tr.* Riprendere severamente, gridando | (*est.*) Rimproverare, spec. bambini.

sgridàta *s. f.* Severo rimprovero spec. a voce alta; SIN. Rabbuffo.

sgrillettàre *v. intr.* (*io sgrillétto; aus. avere*) Sfrigolare, crepitare, di cibo che frigge.

sgrinfia V. *grinfia*.

sgrommàre *v. tr.* (*io sgrómmo*) Ripulire dalla gromma: — *le botti*; SIN. Sgrumare.

sgrondàre **A** *v. tr.* (*io sgróndo*) Vuotare un recipiente delle ultime gocce di liquido: — *un fiasco.* **B** *v. intr.* (*aus. avere* nel sign. 1, *essere* nel sign. 2) **1** Grondare: *l'albero sgronda di acqua.* **2** Fare scolare verso il basso il liquido che riempie un recipiente o impregna un oggetto: *metti l'ombrello a —.*

sgróndo *s. m.* Atto dello sgrondare | Acqua, liquido, che sgronda.

sgroppàre (1) *v. tr.* (*io sgróppo*) Sciogliere un groppo, un nodo: — *la corda.*

sgroppàre (2) **A** *v. tr.* (*io sgròppo*) Rovinare la groppa a cavalli, bestie da soma e sim. | (*est.*) Stancare, affaticare. **B** *v. intr.* (*aus. avere*) Compiere una sgroppata, detto

di cavalli. **C** *v. intr. pron.* Stancarsi, sfiancarsi.
ṣgroppàta *s. f.* **1** Movimento mediante il quale gli arti pelvici del cavallo vengono sollevati ed estesi posteriormente. **2** Breve cavalcata. **3** (*sport*) Nel ciclismo, corsa breve di allenamento.
ṣgropponàre *v. intr. e intr. pron.* (*io ṣgroppóno; aus. intr. avere*) (*fam.*) Sgobbare, faticare.
ṣgrossaménto *s. m.* Eliminazione di ciò che è inutile o superfluo | (*fig.*) Dirozzamento, affinamento.
ṣgrossàre A *v. tr.* (*io ṣgròsso*) **1** Togliere il superfluo a un oggetto per portarlo alla forma voluta | (*est.*) Dare la prima forma a un lavoro: *— un blocco di marmo.* **2** (*fig.*) Rendere meno rozzo. **B** *v. intr. pron.* Raggentilirsi, dirozzarsi.
ṣgrossatùra *s. f.* Operazione dello sgrossare.
ṣgrovigliàre *v. tr.* (*io ṣgrovìglio*) Disfare un groviglio (*anche fig.*): *— un gomitolo.*
ṣgrumàre *v. tr.* Sgrommare.
ṣguaiatàggine *s. f.* L'essere sguaiato | Atto, discorso e sim. sguaiato.
ṣguaiàto A *agg.* **1** Che manca di decoro, educazione, decenza: *donna sguaiata.* **2** Scomposto, volgare: *gesto —.* **B** *s. m.* (*f. -a*) Persona sguaiata.
ṣguainàre *v. tr.* (*io ṣguaìno*) Estrarre dalla guaina (*anche fig.*): *— la sciabola*; CONTR. Inguainare.
ṣgualcìre A *v. tr.* (*io ṣgualcìsco, tu ṣgualcìsci*) Deformare con pieghe e grinze, spec. stoffa o carta; SIN. Spiegazzare. **B** *v. intr. pron.* Prendere pieghe, grinze.
ṣgualdrìna *s. f.* Donna dal comportamento contrario alle norme di pudore, morale e onestà prevalenti | (*est.*) Puttana.
ṣguàncio *s. m.* Spalletta di porta o finestra tagliata obliquamente dietro lo stipite.
ṣguàrdo *s. m.* **1** Atto del guardare | Occhiata: *dare, gettare, uno —* | *Al primo —*, a prima vista, subito | Occhiata che esprime uno stato d'animo: *— languido, furtivo.* **2** Complesso delle funzioni dei due occhi considerati insieme: *fin dove arriva lo —* | (*est.*) Occhi: *alzare lo —.* **3** Veduta: *uno — sul mare.*
ṣguarnìre *v. tr.* (*io ṣguarnìsco, tu ṣguarnìsci*) **1** Rendere privo di guarnizioni. **2** Levare mezzi e truppe da un settore, da una fortezza e sim.
ṣguàttero *s. m.* (*f. -a*) Aiutante cuoco, addetto ai più umili servizi di cucina.
ṣguazzàre *v. intr.* (*aus. avere*) **1** Stare nell'acqua muovendosi e sollevando schizzi e spruzzi: *— nella vasca.* **2** Trovarsi a proprio agio: *io nel freddo ci sguazzo.* **3** (*fig.*) Avere q.c. in abbondanza: *— nell'oro.* **4** Sbattere, sciaguattare, detto di liquido nel fondo di un recipiente: *l'acqua sguazza nel secchio.*
ṣguìncio o *squìncio s. m.* (*raro, tosc.*) Sbieco, sghembo, *spec. nelle loc. avv. a, di —.*
ṣguinzagliàre *v. tr.* (*io ṣguinzàglio*) **1** Sciogliere dal guinzaglio: *— i cani.* **2** (*fig.*) Mettere alle calcagna di qc.: *— i poliziotti dietro a un ladro.*
ṣguisciàre *v. intr.* (*io ṣguìscio; aus. essere*) (*tosc.*) Sgusciare (2).
ṣgusciàre (1) A *v. tr.* (*io ṣgùscio*) Togliere dal guscio: *— piselli, fave.* **B** *v. intr.* (*aus. essere*) Uscire dal guscio dell'uovo, detto degli uccelli. **C** *v. intr. pron.* **1** Uscire dal guscio. **2** Perdere la spoglia, detto di rettili.
ṣgusciàre (2) *v. intr.* (*io ṣgùscio; aus. essere*) **1** Scappare via, scivolare di mano: *— come un'anguilla.* **2** (*fig.*) Sottrarsi a q.c. di sgradito, indesiderato e sim.
ṣgusciatùra *s. f.* Operazione del togliere dal guscio.
ṣgùscio *s. m.* **1** Modanatura a profilo concavo. **2** Sorta di sgorbia per argentieri e cesellatori.
shake /*ingl.* 'ʃeik/ *s. m. inv.* (*pl. ingl. shakes* /'ʃeiks/) Ballo moderno a ritmo veloce.
shaker /*ingl.* 'ʃeikə/ *s. m. inv.* (*pl. ingl. shakers* /'ʃeikəz/) Recipiente nel quale, scuotendoli, si mescolano i vari ingredienti di un cocktail. [→ ill. *bar*]
shampoo /*ingl.* ʃæm'pu:/ *s. m. inv.* (*pl. ingl. shampoos* /ʃæm'pu:z/) Miscela detersiva liquida o in polvere, usata per lavare i capelli. [→ ill. *toilette e cosmesi*]
shampooing /*ingl.* ʃæm'pu:iŋ/ *s. m. inv.* Lavatura e frizione dei capelli con lo shampoo.
shantung /*ingl.* ʃæn'tʌŋ/ *s. m. inv.* Tessuto di seta originario della Cina, con superficie ineguale.
shèrpa /'ʃɛrpa, *ingl.* 'ʃə:pə/ *s. m. inv.* (*pl. ingl. sherpa* /'ʃə:pə/, *sherpas* /'ʃə:pəz/) Popolo abitante lungo le frontiere del Nepal e del Tibet che fornisce le guide e i portatori per le spedizioni sull'Himalaia.
sherry /*ingl.* 'ʃeri/ *s. m. inv.* Vino bianco liquoroso prodotto nel territorio di Jerez, in Spagna.
shetland /*ingl.* 'ʃetlənd/ *s. m. inv.* Filato o tessuto ruvido e peloso, ricavato dalla lana di pecora delle omonime isole britanniche.
shimmy /*ingl.* 'ʃimi/ *s. m. inv.* **1** Ballo di origine nordamericana, simile al fox-trot ma di ritmo più vivace. **2** Farfallamento delle ruote e conseguente forte vibrazione dell'avantreno degli autoveicoli.
shintoiṣmo /ʃinto'izmo/ e deriv. V. *scintoismo* e deriv.
shock /*ingl.* ʃɔk/ *s. m. inv.* (*pl. ingl. shocks* /ʃɔks/) **1** Condizione morbosa caratterizzata da abbassamento improvviso di tutte le facoltà vitali. **2** (*est.*) Emozione improvvisa e violenta. • SIN. Choc.
shockàre o *shoccàre v. tr.* Sbalordire, emozionare fortemente.
shopping /*ingl.* 'ʃɔpiŋ/ *s. m. inv.* **1** Piccole compere, spec. di prodotti voluttuari, fatte girando qua e là per i negozi. **2** Particolare tipo di sacchetto con manici. [→ ill. *borsa, contenitore*]
short /*ingl.* ʃɔ:t/ *s. m. inv.* (*pl. ingl. shorts* /ʃɔ:ts/) Cortometraggio cinematografico.
shorts /*ingl.* ʃɔ:ts/ *s. m. pl.* Corti calzoncini da uomo o da donna. [→ ill. *abbigliamento*]
show /*ingl.* 'ʃou/ *s. m. inv.* (*pl. ingl. shows* /'ʃouz/) Spettacolo di varietà | Spettacolo televisivo leggero o di varietà.
showboat /*ingl.* 'ʃoubout/ *s. m. inv.* (*pl. ingl. showboats* /'ʃoubouts/) Battello attrezzato a teatro, frequente durante il XIX sec. sui grandi fiumi dell'America del Nord.
show-down /*ingl.* ʃou daun/ *loc. sost. m. inv.* Il mettere le carte in tavola | Prova di forza.
showman /*ingl.* 'ʃoumən/ *s. m. inv.* (*pl. ingl. showmen* /'ʃoumən/) Attore o presentatore, animatore principale di varie forme di spettacolo e dotato di molta simpatia e comunicativa.
shrapnel /*ingl.* ʃræpnl/ *s. m. inv.* (*pl. ingl. shrapnels* /ʃræpnlz/) Granata contenente pallette e una piccola carica che, azionata da una spoletta a tempo, esplode a una prestabilita altezza dall'obiettivo proiettando le pallette a guisa di altrettanti proiettili.
shunt /*ingl.* ʃʌnt/ *s. m. inv.* (*pl. ingl. shunts* /ʃʌnts/) Conduttore elettrico che viene inserito fra due punti di un circuito allo scopo di deviare parte della corrente.
shuttle /*ingl.* 'ʃʌtl/ *s. m. inv.* (*pl. ingl. shuttles* /'ʃʌtliz/) *Acrt. di space-shuttle.*
si (1) *pron. pers. atono di terza pers. sing. e pl.* (formando gruppo con altri pron. atoni si pospone a *mi, ti, ci, vi, gli* | Assume la forma *se* davanti ai pron. atoni *la, le, li, lo* e alla particella *ne* | Si usa in posizione procl. con i v. al modo finito (e *poet.* o *bur.* con i v. di modo inf., part., ger.), in posizione encl. con i v. di modo inf., part. e ger.: *— lava*; *non — fa credito*; *nascondersi*; *vistosi perduto*; *affittansi camere*) **1** Sé (come compl. ogg. encl. e procl. nella coniug. dei v. rifl. e rifl. rec.): *— rade ogni mattina*; *può pettinarsi meglio*; *— aiutano fra loro*; *non possono sopportarsi.* **2** Sé (encl. e procl. nella coniug. dei v. intr. pron.): *— sono pentiti dell'acquisto*; *— stupisce di tutto.* **3** A sé (come compl. di termine, encl. e procl. nella coniug. dei v. rifl. apparenti): *— è tolto due denti*; *non — è fatta male*; *mangiarsi le unghie* | Per sé: *— è comprato un vestito.* **4** Uno, qualcuno (premesso alla terza pers. sing. di tutti i tempi, di tutti i verbi, dà loro la forma impers.): *— dice che sia molto ricco*; *tra poco — parte.* **5** Premesso alla terza pers. sing. e pl. di tutti i tempi semplici di un verbo nella forma attiva, lo rende passivo: *queste cose — usavano una volta*; *non — fa credito.* (V. note d'uso ACCENTO ed ELISIONE e TRONCAMENTO)
si (2) *s. m. inv.* (*mus.*) Ultima delle sette note. (V. nota d'uso ACCENTO)
sì (1) A *avv.* **1** Si usa come affermazione di ciò che viene domandato o proposto: *'vuoi uscire con noi?' '—'* | *Dire, rispondere, accennare, fare di —*, accettare, dare risposta affermativa | *Se —*, in caso affermativo: *pensaci, e se —, telefona* | *E — che*, e pensare, e dire che; CONTR. No. **2** In una prop. disgiuntiva o in contrapposizione con un altro termine: *voglio una risposta: o — o no!* | *Uno*

— *e uno no*, uno ogni due, alternativamente | *Un giorno — e uno no*, a giorni alterni | *— o no?*, esprime impazienza: *volete finirla, — o no?* **3** (*enf.*) Davvero, proprio: *questa — che è nuova!* **B** *s. m.* **1** Assenso, risposta affermativa: *per noi è —; gli sposi hanno pronunciato il —* | *La lingua del —*, l'italiano. **2** *spec. al pl.* Voto, risposta favorevole: *i — sono stati più dei no.* (v. nota d'uso ACCENTO)

sì (2) **A** *avv.* (*lett.*) Tanto, talmente (preposto a un agg. o un avv.): *non ho mai visto nessuno agire — freddamente; una donna — bella.* **B** *cong.* A tal punto (in correl. con 'che' introduce una prop. consec. con il v. all'indic., al condiz., o al congv., in correl. con 'da', introduce una prop. consec. con il v. all'inf.) In modo che: *provvediamo — da non essere colti alla sprovvista* | *Fare — che, fare — da*, fare in modo che, da: *fate — che nessuno rimanga scontento.*

sia *cong.* Tanto, così, non solo, come (introduce una prop. disgiuntiva sempre in correl. con 'sia', 'che', 'o', 'quanto', 'come' e sim.): *voglio essere informato — di giorno, — di notte; non è mai stanco, — che lavori, — che non lavori; verremo — io che lui.*

sial *s. m. inv.* (*geol.*) Strato superficiale della sfera terrestre, sovrastante il sima, caratterizzato da prevalenza di silicati alluminiferi. [→ ill. *geografia*]

siamése **A** *agg.; anche s. m. e f.* Del Siam. **B** *agg.* **1** *Fratelli siamesi*, gemelli uniti per una parte del corpo; (*fig.*, *scherz.*) persone che stanno sempre insieme. **2** *Gatto —*, color avana con mascherina scura, estremità delle zampe e della coda scure, e occhi azzurri. **C** *s. m.* Gatto siamese. [→ ill. *gatto*]

sibarìta *s. m. e f.* (*pl. m. -i*) **1** Abitante dell'antica città di Sibari. **2** (*fig.*) Persona dedita ai piaceri e al lusso più raffinato.

sibarìtico *agg.* (*pl. m. -ci*) **1** Di Sibari o dei sibariti. **2** (*fig.*) Voluttuoso, lussuoso.

sibèria *s. f.* (*fam.*) Luogo molto freddo.

siberiàno *agg.; anche s. m.* (*f. -a*) Della Siberia.

sibilànte **A** *agg.* (*ling.*) Detto di suono nella cui articolazione l'aria espirata produce un effetto di sibilo. **B** *s. f.* Consonante sibilante.

sibilàre *v. intr.* (*io sìbilo; aus. avere*) Emettere fischi molto acuti.

sibilla *s. f.* **1** Presso i Greci e i Romani, profetessa che, ispirata da Apollo, concedeva presagi e oracoli. **2** (*fig.*, *scherz.*) Donna che predice il futuro.

sibillìno *agg.* **1** Che si riferisce alla Sibilla. **2** (*fig.*) Oscuro, misterioso: *parole sibilline.*

sìbilo *s. m.* Fischio acuto, sottile e continuo.

sic /*lat.* sik/ *avv.* Così, proprio così (posto tra parentesi dopo una parola o un'intera frase, richiama su di essa l'attenzione rilevandone l'inesattezza, l'errore o la stranezza).

sica *s. f.* Pugnale con lama ricurva e aguzza, proprio degli antichi Traci.

sicàrio *s. m.* Chi uccide o commette azioni malvage per mandato altrui.

siccativo *agg.* Detto di composto che ha la facoltà di indurire o di fare indurire le sostanze alle quali viene mescolato.

sicché *cong.* **1** Così che, di modo che (introduce una prop. consec. con il v. all'indic.): *si è comportato male, — ho dovuto punirlo.* **2** E perciò, e quindi (introduce una prop. concl. con il v. all'indic.): *non trovammo nessuno, — tornammo a casa.* **3** ass. Allora, dunque, e così: *—? si parte o no?*

siccità *s. f.* Periodo di tempo caratterizzato da scarsezza o mancanza di pioggia: *la — ha rovinato il raccolto* | (*gener.*) Aridità, secchezza: *la — dell'aria*; CONTR. Umidità.

siccitóso *agg.* Di siccità.

siccóme *cong.* **1** Poiché, giacché (introduce una prop. caus. con il v. all'indic.): *— insiste, non è facile rifiutare.* **2** Come, nel modo in cui (introduce una prop. modale con il v. all'indic.): *— vuole la tradizione.* **3** (*lett.*) Come, in qual modo (introduce una prop. dichiarativa con il v. all'indic., al congv. o al condiz.): *ti raccontai — la conobbi.*

sic et simpliciter /*lat.* sik ɛt sim'plitʃiter/ *loc. avv.* Senza altra aggiunta.

siciliàno *agg.; anche s. m.* (*f. -a*) Della Sicilia. [→ ill. *dolciumi*]

sicofànte *s. m.* **1** Nella Grecia antica, accusatore di professione | Nella Roma antica, imbroglione. **2** (*est.*, *lett.*) Delatore, spia.

sicomòro *s. m.* Grande albero africano delle Urticali da cui gli antichi egizi ricavavano il legno per i sarcofagi | (*est.*) Frutto di tale albero. [→ ill. *piante* 3]

sicònio *s. m.* (*bot.*) Infiorescenza e infruttescenza formata da un ricettacolo carnoso chiuso, sulle cui pareti interne sono inseriti fiorellini da cui si origineranno piccoli acheni. [→ ill. *botanica*]

sicòsi *s. f.* (*med.*) Suppurazione diffusa dei peli del viso.

sìculo *agg.; anche s. m.* (*f. -a*) **1** Dei Siculi, antichi abitanti della Sicilia. **2** (*est.*, *lett.*, *scherz.*) Siciliano.

sicumèra *s. f.* Ostentazione di grande sicurezza di sé.

sicùra *s. f.* Congegno di sicurezza che nelle armi da fuoco portatili consente di bloccare il meccanismo di sparo | (*est.*) Congegno che impedisce il funzionamento di un meccanismo. [→ ill. *armi*]

sicurézza *s. f.* **1** Condizione o qualità di sicuro: *la — del viaggio, della strada* | *Per maggior —*, per evitare che si verifichi q.c. di spiacevole | *Margine, limite di —*, oltre il quale sussistono reali possibilità di pericolo | *Cassette di —*, collocate in camere corazzate, predisposte dalle banche perché i clienti vi possano riporre ciò che vogliono | *Congegno, dispositivo di —*, quello che impedisce il funzionamento accidentale dei più vari meccanismi | *Valvola di —*, per impedire lo scoppio di caldaie e sim. | *Lampada di —*, per minatori, che si spegne in presenza del grisou | *Vetro di —*, infrangibile | *Pubblica —*, attività della pubblica amministrazione diretta alla tutela dell'ordine pubblico; (*est.*) apparato che esplica tale attività | *Agente di pubblica —*, agente di polizia. [→ ill. *miniera, riscaldamento, spiaggia, toilette e cosmesi*] **2** Qualità, condizione di chi è sicuro di sé; SIN. Baldanza. **3** Certezza: *ho la — della vittoria.*

sicùro **A** *agg.* **1** Che è scevro di qualsiasi timore, che si sente tranquillo, quieto: *essere — da un pericolo.* **2** Che non presenta pericoli: *strada sicura* | Che è immune da pericoli, che è ben difeso: *mura sicure.* **3** Che sa con certezza, detto di persona: *sono — di averlo visto*; SIN. Certo. **4** Che nel comportarsi mostra abilità, perizia, fiducia in se stesso, mancanza di esitazioni o timori: *è molto — nel maneggiare le armi; non mi sento — per l'esame* | (*fam.*) *Essere, mostrarsi, — del fatto proprio*, di chi agisce sapendo bene ciò che vuole | Che non sbaglia: *colpisce con mira sicura*; CONTR. Insicuro. **5** Che non dà motivo di sospetto, dubbio e sim.: *la notizia è sicura* | Fidato, detto di persona: *quello è un amico —.* **6** Che dà la certezza di avvenire secondo le previsioni: *il guadagno è —* | *Andare a colpo —*, (*fig.*) affrontare un'impresa sapendo in anticipo quale ne sarà lo svolgimento o l'esito | *Di —*, con certezza, senza dubbio; SIN. Certo, immancabile. **7** Detto di congegno che funziona perfettamente: *macchina sicura.* **B** *in funzione di avv.* Certamente, sì, certo (spec. nelle risposte): *'verrai con me?' 'Ma —!'.* **C** *s. m. solo sing.* **1** Ciò che è sicuro, certo | *Dare q.c. per —*, averne la certezza | *Dare per — che...*, essere certo che. **2** Luogo sicuro, protetto, esente da pericoli | *Camminare sul —*, in un luogo sicuro; (*fig.*) non correre alcun pericolo.

sicurtà *s. f.* Sicurezza.

sidecar /*ingl.* 'saidka:/ *s. m. inv.* (*pl. ingl.* *sidecars* /'saidka:z/) Carrozzino di motocicletta | Motocarrozzetta.

sideràle *agg.* Sidereo.

sidèreo *agg.* Che si riferisce agli astri, ai corpi celesti e allo spazio cosmico.

siderite *s. f.* (*miner.*) Carbonato di ferro in cristalli lucenti, o in masserelle giallastre.

siderurgìa *s. f.* Branca della metallurgia che concerne la preparazione e lavorazione del ferro a partire dai minerali.

siderùrgico **A** *agg.* (*pl. m. -ci*) Della siderurgia. **B** *s. m.* Operaio, impiegato, dell'industria siderurgica.

si dice *loc. sost. m. pl.* Affermazione corrente, diceria: *stando ai —, è molto ricco.*

sìdro *s. m.* Bevanda a bassa gradazione alcolica ottenuta dalla fermentazione di succhi di frutta, spec. di mele; SIN. Vino di mele.

siemens /*ted.* 'zi:mənsl/ *s. m. inv.* (*elettr.*) Unità elettrica di misura della conduttanza; SIMB. S.
sienite *s. f.* Roccia feldspatica composta di ortoclasio, plagioclasio e orneblenda, cui spesso si associano piccole quantità di quarzo e biotite.
sièpe *s. f.* **1** Riparo di piante, rami o materiali diversi intorno a orti, campi, giardini e sim. | — *viva, naturale*, con piante vegetanti | — *morta, artificiale*, con frasche, rami secchi e sim. [→ ill. *forbici, giardino pubblico, strada*] **2** (*fig.*) Quantità di persone o cose disposte insieme in modo da formare un riparo o un ostacolo: *una — di poliziotti.*
sièro *s. m.* **1** Liquido giallo verdastro, torbido, che resta nella caldaia dopo la separazione del formaggio. **2** Parte liquida del sangue quale si separa dalle parti solide per effetto della coagulazione | Preparato medicamentoso dal sangue di animali contenenti anticorpi per determinate malattie infettive.
sierologìa *s. f.* Studio delle proprietà dei sieri.
sieroprofilàssi *s. f.* (*med.*) Profilassi mediante siero.
sierósa *s. f.* (*anat.*) Membrana di rivestimento delle grandi cavità del corpo umano: — *pleurica.*
sierosità *s. f.* L'essere sieroso.
sieróso *agg.* Di siero | Simile a siero: *liquido —.*
sieroterapìa *s. f.* Cura di malattie infettive mediante siero di animali opportunamente trattati contenenti anticorpi specifici.
sieroteràpico *agg.* (*pl. m.* -*ci*) Della sieroterapia: *istituto —.*
sièrra /*sp.* 'sjerra/ *s. f.* Contrafforte montuoso con creste seghettate, caratteristico della Spagna e dell'America meridionale.
sièsta *s. f.* Breve riposo dopo il pasto di mezzogiorno, spec. nella stagione calda.
siffàtto *agg.* (*raro*) Così fatto, tale.
sifilide *s. f.* Grave malattia infettiva trasmessa con il contatto venereo dal microrganismo Treponema pallido; SIN. Lue, mal francese.
sifilìtico ***A*** *agg.* (*pl. m.* -*ci*) Della sifilide. ***B*** *agg.; anche s. m.* (*f.* -*a*) Affetto da sifilide.
sifóne *s. m.* **1** Conduttura idraulica che porta un liquido da un serbatoio a un altro posto a livello inferiore, toccando quote superiori al livello dell'acqua nel serbatoio più alto | Conduttura idraulica grazie alla quale l'acqua di un canale passa sotto un ostacolo. [→ ill. *fisica, strada*] **2** Specie di bottiglia molto resistente, atta a contenere acqua gassata la cui fuoriuscita si ottiene premendo una levetta.
sigaràia *s. f.* **1** Operaia di una manifattura di tabacco. **2** Venditrice di sigari e sigarette in caffè, teatri, sale da ballo.
sigaràio *s. m.* (*f.* -*a* nel sign. 1) **1** Operaio che lavora il tabacco in una manifattura. **2** (*zool.*) Rinchite.
sigarétta *s. f.* **1** Cilindretto di carta velina ripieno di tabacco trinciato, da fumare. [→ ill. *fumatore*] **2** (*per est.*) Oggetto dalla forma simile a quella di una sigaretta.
sigarétto *s. m.* Sigaretta rivestita di foglia di tabacco, anziché di carta. [→ ill. *fumatore*]
sigaro *s. m.* Piccolo rotolo di foglie di tabacco essiccate, da fumare. [→ ill. *fumatore*]
sigillàre *v. tr.* **1** Chiudere con un sigillo: — *un plico.* **2** (*est.*) Chiudere bene, ermeticamente: — *una botte di vino.*
sigillària *s. f.* Pianta fossile tipica del carbonico superiore, con fusto eretto, midollo sviluppato e foglie lineari. [→ ill. *paleontologia*]
sigillatùra *s. f.* Operazione del sigillare.
sigillo *s. m.* **1** Impronta su materia molle, spec. cera, metallo e sim., ottenuta con una matrice incisa in negativo | (*est.*) La matrice stessa. **2** (*dir.*) Segno materiale che si appone su locali al fine di impedire che alcuno vi penetri o su documenti al fine di autenticarli: *apporre i sigilli* | *Violazione dei sigilli*, reato di chi rompe i sigilli. **3** (*est.*) Qualsiasi mezzo usato per sigillare: *mettere un — al cassetto.*
sigla *s. f.* **1** Abbreviatura di una o più parole, spec. di nomi di enti, ditte, associazioni e sim., generalmente formata dalle loro iniziali: *ACI è la — dell'Automobile Club d'Italia.* **2** — *musicale*, breve brano musicale che introduce uno spettacolo o annuncia un comunicato commerciale radiofonico o televisivo.
siglàre *v. tr.* Apporre la propria sigla.
siglàrio *s. m.* Elenco di sigle, con le relative spiegazioni.
sìgma (1) *s. m. inv.* Nome della diciottesima lettera dell'alfabeto greco.
sìgma (2) *s. m.* (*anat.*) Tratto dell'intestino crasso, tra colon discendente e retto.
significànte ***A*** *part. pres. di significare; anche agg.* **1** Significativo: *occhiata —.* **2** Importante: *indizio —.* ● CONTR. Insignificante. ***B*** *s. m.* (*ling.*) Aspetto fonico del segno linguistico; CFR. Significato.
significàre *v. tr.* (*io signìfico, tu signìfichi*) **1** (*lett.*) Esprimere pensieri, sentimenti, idee e sim. mediante il linguaggio, o mediante cenni e gesti: — *il proprio pensiero a qc.*; — *q.c. per lettera.* **2** Voler dire, avere un dato senso o significato, detto di parole, locuzioni e sim.: *la parola 'osfialgia' significa 'sciatica'* | Essere indizio, segnale: *che cosa significa il tuo atteggiamento?* **3** Avere importanza: *per lui quella donna significa la vita.*
significativo *agg.* **1** Che serve a significare: *parola significativa di verità.* **2** Ricco di significato: *sguardo —.*
significàto *s. m.* **1** Concetto racchiuso in un qualunque mezzo di espressione: *il — di una parola, di un simbolo, di un disegno*; SIN. Senso. **2** (*ling.*) Elemento concettuale del segno linguistico; CFR. Significante | Contenuto semantico, mentale, emotivo di una qualsiasi espressione linguistica, parola o frase.
significazióne *s. f.* (*raro*) Atto del significare | Significato.
signóra *s. f.* **1** (*lett.*) Padrona, dominatrice: *Venezia fu la — dei mari* | *Nostra Signora*, la Madonna, Maria Vergine. **2** Padrona di casa, per i domestici. **3** Titolo di reverenza di una donna sposata: *la — Maria*; *la — Bianchi.* **4** Moglie: *il professor Rossi e —.* **5** (*gener.*) Persona di sesso femminile: *una — vuole parlarti.* **6** Donna che mostra gentilezza nel trattare, raffinatezza di gesti e abitudini. **7** Donna ricca: *vivere da —.*
signóre *s. m.* (troncato in *signór* davanti a nomi propri o comuni, titoli e sim.; *f.* -*a*) **1** Anticamente, possessore di un dominio | Principe, sovrano: *i Medici erano i signori di Firenze.* **2** (*est.*) Padrone: *il — del castello* | Padrone di casa, per i domestici. **3** *Signore,* (*per anton.*) Dio, Gesù Cristo: *Signore Iddio*; *Dio Signore*; *Nostro Signore.* **4** Titolo di reverenza premesso o al nome, o al cognome, o al nome e cognome, o al titolo di un uomo: *ecco il signor Ettore*; *è in casa il signor Bianchi?* **5** Persona di sesso maschile. **6** *al pl.* Insieme di persone, anche di sesso diverso: *servite subito i signori.* **7** Uomo che mostra gentilezza nel trattare, raffinatezza di gesti e abitudini e sim. **8** Uomo ricco. [→ tav. *proverbi* 211]
signoreggiàre ***A*** *v. tr.* (*io signoréggio*) **1** Tenere sotto la propria autorità: — *un paese.* **2** (*fig.*) Tenere a freno: — *le passioni.* ***B*** *v. intr.* (*aus. avere*) Esercitare un dominio: — *su un paese.*
signorìa *s. f.* **1** Condizione di signore, facoltà di comandare | Dominio, potestà: *essere sotto la — di qc.* **2** Forma di governo instauratasi in molte città italiane nella seconda metà del sec. XIII, caratterizzata dall'accentramento dei poteri comunali in una sola persona. **3** Anticamente, titolo di onore attribuito a persona autorevole.
signorile *agg.* **1** Di signore. **2** Che è caratteristico di chi possiede educazione, gentilezza; SIN. Distinto, raffinato.
signorilità *s. f.* L'essere signorile.
signorina *s. f.* **1** Appellativo di una donna non sposata. **2** Donna giovane non ancora sposata | Donna non sposata: *è rimasta —*; SIN. Zitella | Fanciulla in età puberale: *è già —* | Fanciulla cresciuta rapidamente: *si è fatta una —!*
signorino *s. m.* Figlio giovane del padrone di casa, per i domestici.
signornò *avv.* No, signore (come forma rispettosa di risposta negativa).
signoróne *s. m.* (*f.* -*a*) (*fam.*) Persona molto ricca.
signoròtto *s. m.* Signore di un piccolo dominio o di una modesta proprietà.
signorsì *avv.* Sì, signore (come forma rispettosa di risposta affermativa).
silènte *agg.* (*lett.*) Silenzioso, tacito.
silenziàre *v. tr.* (*io silènzio*) **1** (*raro*) Ridurre al silenzio. **2** Rendere il più silenziosi possibile motori e sim.

silenziatóre *s. m.* **1** Dispositivo inserito sul tubo di scappamento dei motori a combustione interna per attenuare il rumore provocato dai gas di scarico. **2** Nelle armi da fuoco portatili, dispositivo che attutisce il rumore dello sparo.

silènzio *s. m.* **1** Mancanza completa di suoni, rumori, voci e sim. | (*mil.*) *Ridurre al* –, annullare l'azione di bocche da fuoco nemiche. **2** Cessazione del parlare, astensione dal parlare: *raccomandare, esigere, il* – | *Fare* –, tacere | *Rompere il* –, cominciare a parlare dopo aver taciuto | *Costringere l'avversario al* –, metterlo a tacere confutandolo | *Chiesa del* –, denominazione polemica delle chiese cristiane dei paesi a regime socialista | – *stampa*, astensione o divieto di pubblicare notizie rispetto a un fatto o a una persona. **3** (*est.*) Mancanza di corrispondenza epistolare: *questo lungo* – *mi preoccupa.* **4** Oblio, dimenticanza: *avvolgere un fatto nel* – | *Cadere nel* –, essere dimenticato | *Vivere nel* –, senza far parlare di sé | *Passare q.c. sotto* –, tralasciare di parlarne. **5** Segnale di tromba che impone il silenzio e stabilisce l'inizio del riposo notturno dei soldati. **6** Regola religiosa o monastica che obbliga a tacere e ad astenersi da qualsiasi rumore. [→ tav. *proverbi* 194]

silenzióso *agg.* **1** Privo di rumori, quieto, detto di luogo o di tempo: *notte silenziosa*; CONTR. Rumoroso. **2** Che non fa rumore: *motore* –. **3** Che parla poco, taciturno, detto di persona.

silfide *s. f.* **1** Compagna e sposa del silfo. **2** (*fig.*) Donna snella, agile e graziosa.

silfo *s. m.* Nella mitologia nordica, spiritello delle foreste, delle acque e delle caverne.

silhouette /fr. si'lwɛt/ *s. f. inv.* (*pl. fr. silhouettes* /sil'wɛt/) **1** Modo di rappresentare figure, spec. ritratti, di profilo, indicandone i contorni pieni contro un fondo contrastante. **2** (*est.*) Sagoma, linea, forma del corpo.

silicàto *s. m.* **1** (*miner.*) Minerale costituente essenziale di quasi tutte le rocce, contenente silicio strettamente legato con ossigeno e altri elementi. **2** (*chim.*) Sale degli acidi silicici.

silice *s. f.* (*miner.*) Biossido di silicio molto diffuso in natura, sia in cristalli ben sviluppati, come il quarzo, sia in aggregati microcristallini.

siliceo *agg.* Di silice | Che contiene silice.

silìcico *agg.* (*pl. m. -ci*) Di silicio: *acido* –.

silìcio *s. m.* Elemento chimico molto diffuso in natura ma non allo stato libero, metalloide bruno, semiconduttore usato in leghe e in componenti elettronici. SIMB. Si.

silicizzàto *agg.* Detto spec. di roccia che si è arricchita di silice.

silicóne *s. m.* (*chim.*) Polimero composto da catene di atomi di ossigeno e di silicio e radicali organici usato, in forma liquida o solida, come lubrificante, mastice, materiale isolante.

silicòși *s. f.* Malattia polmonare provocata da inalazione di polvere di silicio.

siliqua *s. f.* (*bot.*) Frutto secco indeiscente che si apre in due valve e porta i semi attaccati a un setto mediano. [→ ill. *botanica*]

sillaba *s. f.* **1** Elemento della parola formato da un suono o da un complesso di suoni raggruppati. **2** Niente, nessuna parola, con valore raff. *nelle loc.* (*fam.*) *non dire, non proferire, non capire, una* –.

SILLABA

Quando dobbiamo spezzare una parola alla fine della riga per andare a capo, si presenta il problema concreto della divisione in sillabe: *i-so-la* o *is-o-la? pas-ta* o *pa-sta? pa-rco* o *par-co? a-cca-nto* o *ac-can-to?* E come comportarsi quando c'è di mezzo un apostrofo, ad es. se dobbiamo dividere *nell'/officina?* Per risolvere questi dubbi è importante conoscere le regole per la divisione dei vocaboli in sillabe. Le ricordiamo brevemente con gli opportuni esempi:

- una vocale iniziale di parola seguita da una consonante semplice (cioè non raddoppiata né unita con altre consonanti) fa sillaba a sé: *a-la, e-re-mo, i-so-la, o-pa-co, u-ti-le*;
- una consonante semplice fa sillaba con la vocale che segue: *vo-la-re, ro-to-lo, te-go-la, pa-ri-fi-ca-re*;
- le consonanti doppie si dividono a metà: *ac-can-to, at-trez-zo, stel-la, oc-chio, an-nes-so, ber-ret-to, soq--qua-dro*; si comporta analogamente il gruppo *cq* (assimilato a *qq*): *ac-qua, nac-que*;
- nel caso di due o tre consonanti diverse tra loro:
  a) se si tratta di un gruppo di consonanti che nella nostra lingua possono venire a trovarsi in principio di parola, allora tale gruppo **non si divide** e fa sillaba con la vocale che segue: *o-stri-ca, ve-tro, qua-dro, a-gro, vi-bra-re.* Infatti in italiano abbiamo parole che cominciano con *str-*: *stret-to, stra-da*; parole che comincia con *tr-*: *tra-ma, tre-no*; con *spr-*: *spro-lo-quio, spro-na-re*; con *dr-*: *dram-ma, dre-nag-gio*; con *gr-*: *gran-de, grep-pia*; con *br-*: *bra-vo, bre-ve.* In questo gruppo va considerata la *s impura* (cioè la *s* seguita da consonante), che si unisce sempre alle consonanti che seguono e mai alla vocale che precede: *pa-sta, a-stro, o-spi-te* e **non** *pas-ta, as-tro*, ecc.;
  b) se invece si tratta di un gruppo di due o più consonanti che nella nostra lingua non possono venire a trovarsi in principio di parola, allora tale gruppo **si divide:** la prima consonante del gruppo va con la vocale precedente, l'altra o le altre con la vocale della sillaba che segue: *ar-ma, tec-ni-ca, par-co, rit-mo, lam-po, en-tra-re, ol-trag-gio.* Non ci sono infatti in italiano parole che cominciano con *rm-* né con *cn-* e neppure con *rc-*, con *tm-*, con *mp-*, con *ntr-* o con *ltr-*;
- le vocali che formano dittongo o trittongo non si possono dividere: *cau-sa, buoi.* Si possono invece dividere due vocali che formano iato: *pa-u-ra, sci-a-re.* Per evitare errori è consigliabile tuttavia non andare mai a capo con una vocale, dividendo quindi: *pau-ra, scia-re, quie-te, ae-reo*, ecc.;
- nel caso in cui si giunga in fin di riga con un apostrofo, è consigliabile mantenere l'integrità della sillaba che comprende l'apostrofo. Perciò si dividerà: *del--l'a-mi-ca, quel-l'uo-mo, nel-l'i-so-la.* È da evitare invece la divisione *della/anima, quello/uomo, la/isola*, che modifica il testo originale ed è sgradevole alla lettura. Tende ad affermarsi invece, specialmente sui giornali, l'uso di lasciare l'apostrofo (senza trattino, in quanto non si tratta di divisione di sillaba) in fin di riga: perciò *dell'/anima, quell'/uomo, l'/isola.* Tale uso, benché sia oggetto di discussione tra i linguisti, non è scorretto e va perciò segnalato;
- nel caso in cui si debba dividere in fin di riga una parola composta contenente un trattino (ad es. *guerra russo-giapponese, fox-terrier*) è opportuno segnare il trattino due volte, una in fin di riga (*russo-/, fox-/*), l'altra all'inizio della riga seguente (*-giapponese, -terrier*). Infatti la presenza di un solo trattino in fin di riga eliminerebbe dal testo un'informazione preziosa, quella dell'esistenza del trattino in mezzo alle due parole che altrimenti potrebbero invece essere state scritte *russogiapponese* o *foxterrier.*

sillabàre *v. tr.* (*io sillabo*) Proferire le parole staccando le sillabe, anche ass.; SIN. Compitare.

sillabàrio *s. m.* Testo scolastico sul quale gli scolari delle prime classi della scuola primaria imparano a leggere e a scrivere secondo il metodo sillabico; SIN. Abbecedario.

sillabazióne *s. f.* Modo, atto del sillabare.

sillàbico *agg.* (*pl. m. -ci*) Di sillaba | *Accento* –, che cade su una sillaba della parola.

sillabo *s. m.* **1** (*raro*) Indice, sommario. **2** Elenco di ottanta proposizioni estratte da vari documenti pontifici di Pio IX, le quali condannano le posizioni ideologiche e politiche moderne, considerate come errori del nostro tempo.

sillèssi *s. f.* Costruzione a senso (es. *la gente arrivavano*).

silloge *s. f.* (*lett.*) Raccolta di decreti, editti, scritture, brani di uno o più scrittori.

sillogișmo *s. m.* Tipo di ragionamento deduttivo formale tale che, date due proposizioni, dette premesse, ne segua di necessità una terza, detta conclusione.

sillogistica *s. f.* Parte della logica che tratta del sillogismo.

sillogìstico *agg.* (*pl. m. -ci*) Che concerne il sillogismo | Che procede per sillogismi.

sillogizzàre **A** *v. tr.* Dedurre per sillogismi. **B** *v. intr.* (*aus. avere*) Argomentare con sillogismi.

silo *s. m.* (*pl. sili, evit. silos*) Fabbricato in muratura, cemento armato, lamiera e sim. a forma spec. cilindrica, contenente merci e prodotti spec. in polvere o in grani: *– per grano, per foraggio.* [→ ill. *cava, edilizia, magazzinaggio, miniera, porto, stalla*]

silòfono e deriv. V. *xilofono* e deriv.

silografìa o *xilografìa s. f.* Tecnica d'incisione in cui si asportano dalla faccia piana d'una tavoletta di legno le parti non costituenti il disegno | Stampa così ottenuta.

silogràfico o *xilogràfico agg.* (*pl. m. -ci*) Della silografia.

silògrafo o *xilògrafo s. m.* Chi esegue incisioni silografiche.

silologìa *s. f.* Studio dei legnami e delle piante.

silòmetro *s. m.* Apparecchio usato per misurare la velocità di una nave.

siluraménto *s. m.* **1** Danneggiamento di una nave con uno o più siluri. **2** (*fig.*) Improvvisa, brusca rimozione da un incarico; SIN. Esautoramento | (*fig.*) Determinazione del fallimento di q.c.: *– di un'iniziativa.*

silurànte **A** *part. pres. di silurare; anche agg.* Detto di nave, aereo e sim. dotati di lanciasiluri. **B** *s. f.* Nave silurante.

siluràre *v. tr.* **1** Colpire con un siluro. **2** (*fig.*) Privare improvvisamente del comando: *– un generale.* **3** (*fig.*) Mandare a monte: *– una proposta di legge.*

siluratóre *s. m.; anche agg.* (*f. -trìce*) Chi (o che) silura.

silurìano *agg.; anche s. m.* (*geol.*) Secondo periodo del Paleozoico.

silùrico *agg.; anche s. m.* (*pl. m. -ci*) Siluriano.

silurifìcio *s. m.* Stabilimento per la fabbricazione dei siluri.

siluriforme *agg.* Che ha forma di siluro.

siluripèdio *s. m.* (*mar.*) Impianto di collaudo per siluri.

silùro (1) *s. m.* *– d'Europa*, pesce osseo d'acqua dolce, carnivoro, vorace, con testa grandissima munita di sei bargigli, pelle nuda e viscida. [→ ill. *animali* 8]

silùro (2) *s. m.* **1** Grosso proiettile fusiforme carico di esplosivi, che, lanciato mediante uno speciale tubo ad aria compressa, prosegue sott'acqua grazie a un proprio motore e a un organo di direzione, e scoppia urtando contro un corpo solido. [→ ill. *armi*] **2** (*fig.*) Manovra tendente a screditare, esautorare qc. o far fallire q.c.

silvàno *agg.* (*lett.*) Di selva.

silvèstre *agg.* Di selva, che vive nelle selve: *fiore –.*

silvia (1) *s. f.* Uccello piccolo o piccolissimo con zampe sottili e becco diritto e poco robusto.

silvia (2) *s. f.* (*bot.*) Anemone dei boschi.

silvìcolo *agg.* Che riguarda i boschi: *patrimonio –* | Che vive nei boschi: *animale –.*

silvicoltùra e deriv. V. *selvicoltura* e deriv.

sim- V. *sin-.*

sima *s. m.* (*geol.*) Livello inferiore della litosfera a composizione basica e densità elevata. [→ ill. *geografia*]

simbiónte *s. m.* Individuo vivente in simbiosi.

simbiòsi *s. f.* **1** (*biol.*) Associazione fra individui di specie diversa che vivono in stretta relazione con reciproco vantaggio. **2** (*fig.*) Stretto rapporto fra fatti o persone: *la – tra storia e filosofia.*

simbiòtico *agg.* (*pl. m. -ci*) Di simbiosi.

simboleggiàre *v. tr.* (*io simboléggio*) Significare, rappresentare con simboli.

simbòlica *s. f.* Scienza che studia i simboli e il loro uso; SIN. Simbologia.

simbòlico *agg.* (*pl. m. -ci*) **1** Di simbolo. **2** Che ha natura di simbolo: *gesto –*; SIN. Emblematico. **3** Che si esprime mediante simboli: *linguaggio –.*

simbolìsmo *s. m.* **1** L'essere simbolico. **2** Uso di particolari simboli per rappresentare q.c.: *il – della fisica* | Complesso dei simboli usati per rappresentare q.c. **3** In arte e letteratura, impiego, spec. sistematico, di simboli | Corrente letteraria di origine francese, diffusasi in Europa nella seconda metà del XIX sec., che vedeva nel simbolo un archetipo della poesia e una proiezione di situazioni esistenziali.

simbolista **A** *s. m. e f.* (*pl. m. -i*) Seguace del simbolismo, in letteratura. **B** *agg.* Simbolistico.

simbolìstico *agg.* (*pl. m. -ci*) Del simbolismo.

sìmbolo *s. m.* **1** Elemento materiale, oggetto, figura animale, persona e sim., considerato rappresentativo di un'entità astratta: *la bandiera è il – della patria.* **2** Nelle discipline scientifiche, espressione grafica convenzionalmente assunta a rappresentare un qualsiasi ente: *'m' è il – della massa.* **3** Abbreviazione convenzionale formata da una o due lettere, usata per designare un elemento chimico: *Cl è il – del cloro.* **4** Segno.

simbologìa *s. f.* Simbolica.

similàre *agg.* Simile, omogeneo, della stessa natura: *prodotti similari.*

sìmile **A** *agg.* (*sup. similìssimo, o simìllimo*) **1** Che nelle qualità, nell'aspetto e sim. presenta parziale identità con altra, o altre, persone o cose: *avere gusti simili*; *persone di – condizione*; *quell'albero è – a una quercia*; SIN. Affine, analogo; CONTR. Dissimile. **2** Tale, di tale fatta, di tale sorta: *con gente – non si può parlare.* **3** (*mat.*) Che ha uguale forma ma diversa estensione: *triangoli simili.* **B** *s. m.* (*raro, lett.*) Cosa simile | *E simili*, per indicare un seguito di cose dello stesso genere di quelle già nominate. **C** *s. m. e f.* **1** Persona della stessa condizione. **2** *spec. al pl.* Il prossimo: *amare i propri simili.* [→ tav. *proverbi* 313]

similitùdine *s. f.* **1** (*raro, lett.*) Somiglianza, conformità. **2** Figura retorica che consiste nel paragonare una cosa a un'altra; SIN. Comparazione. **3** (*mat.*) Proprietà di due figure geometriche di essere l'una esatto ingrandimento dell'altra.

similòro *s. m.* Lega di zinco, stagno e rame, gialla come l'oro.

similpèlle *s. f. inv.* Materiale sintetico simile alla pelle naturale, per valigie, borse e sim.

simmetrìa *s. f.* **1** (*gener.*) In un oggetto, un corpo, un insieme, disposizione dei vari elementi che lo compongono, tale che rispetto a un dato punto, asse o piano cui si fa riferimento vi sia tra essi piena corrispondenza di forma, dimensione, posizione e sim.; CONTR. Asimmetria. **2** Armonia di proporzioni, combinazioni e sim.

simmètrico *agg.* (*pl. m. -ci*) Che ha simmetria, che è dotato di simmetria; CONTR. Asimmetrico.

simonìa *s. f.* Nel diritto canonico, delitto consistente nel vendere o comprare cose sacre.

simonìaco **A** *agg.; anche s. m.* (*f. -a; pl. m. -ci*) Detto di chi si rende colpevole di simonia. **B** *agg.* Che deriva da simonia: *beni simoniaci.*

simpamìna *s. f.* Nome commerciale di un farmaco stimolante del sistema nervoso.

simpatètico *agg.* (*pl. m. -ci*) (*lett.*) Che è in perfetto accordo con le caratteristiche di altra persona o cosa.

simpatìa *s. f.* **1** Attrazione e inclinazione istintiva verso, persone o cose: *avere, provare, sentire – per, verso qc. o q.c.*; CONTR. Antipatia. **2** Qualità di chi è simpatico. **3** (*med.*) Tendenza delle parti dell'organismo a subire le stesse malattie. **4** (*est.*) Fenomeno per cui in oggetti non posti a contatto tra loro si verificano le stesse modificazioni: *scoppio per –.*

simpàtico (1) **A** *agg.* (*pl. m. -ci*) **1** Che desta simpatia: *essere – a qc.* | (*est.*) Divertente, gradevole, piacevole: *compagnia simpatica*; SIN. Amabile; CONTR. Antipatico. **2** *Inchiostro –*, che non lascia traccia sulla carta, e diviene visibile solo per mezzo di reagenti chimici. **B** *s. m.* (*f. -a*) Persona simpatica.

simpàtico (2) *s. m.* (*pl. -ci*) (*med.*) Sistema nervoso che, posto al di fuori dal sistema nervoso centrale, presiede alle funzioni della vita vegetativa; CFR. Vago.

simpatizzànte *part. pres. di simpatizzare; anche agg. e s. m. e f.* Che (o chi) ha o dimostra affinità di opinioni con un movimento, un partito e sim. pur senza aderirvi completamente.

simpatizzàre *v. intr.* (*aus. avere*) Entrare in simpatia, riuscire simpatico: *– con qc.* | (*est.*) Avere affinità di sentimenti, idee, opinioni con persone, movimenti, ideologie: *– per il marxismo.*

simplex /*lat.* 'simpleks/ *s. m. inv.* Collegamento telefonico nel quale l'abbonato dispone interamente di una linea; CONTR. Duplex.

simpòdico *agg.* (*pl. m. -ci*) (*bot.*) Detto di ramificazione nella quale uno dei due rami che si formano a ciascuna biforcazione cresce più dell'altro, in modo da simulare

la presenza di un ramo principale. [→ ill. *botanica*]
simpòṣio *s. m.* **1** (*lett.*) Banchetto, convito. **2** Convegno organizzato per consentire a studiosi e ricercatori di discutere questioni di comune interesse.
simulàcro *s. m.* **1** Statua, immagine, spec. di divinità, personaggi illustri e sim. **2** (*lett.*, *fig.*) Immagine lontana dal vero: *un — dell'antica potenza.*
simulàre *v. tr.* (*io sìmulo*) **1** Far parere che ci sia q.c. che in realtà non c'è: *— un sentimento*; SIN. Fingere. **2** (*raro*) Imitare: *— il verso del merlo.* **3** (*tecnol.*) Riprodurre q.c. artificialmente in modo che sembri vero: *— un volo.*
simulatóre *s. m.* (*f. -trìce* nel sign. 1) **1** Chi simula. **2** Dispositivo per addestrare piloti di aeromobili, navigatori spaziali e sim., riproducendo condizioni di funzionamento e di ambiente.
simulatòrio *agg.* Fatto con simulazione.
simulazióne *s. f.* **1** Finzione che fa apparire ciò che in realtà non è | (*raro*) Imitazione | *— di reato*, illecito di chi afferma falsamente essere avvenuto un reato o ne simula le tracce. **2** (*tecnol.*) Riproduzione artificiale di q.c.
simultaneità *s. f.* L'essere simultaneo; SIN. Contemporaneità.
simultàneo *agg.* Che avviene o si fa nel medesimo tempo: *avvenimento — a un altro.*
simùn *s. m. inv.* Vento caldo e secco che soffia nei deserti africani sollevando nuvole di sabbia.
sin- *pref.* (subisce assimilazione davanti a parole che iniziano con *l-*, *m-*, *r-*, *s-*, e la *-n-* si muta in *-m-* davanti a *b-* e *p-*) Indica unione, connessione, completamento, contemporaneità: *sillaba, simpatia, simmetria, sintassi, sintonia.*
sinagòga *s. f.* **1** Edificio destinato al culto religioso degli ebrei | Tempio | Adunanza di israeliti. **2** (*est.*) Nazione, religione ebraica.
sinalèfe *s. f.* (*ling.*) Fusione di due o più articolazioni vocaliche in una sola; CONTR. Dialefe.
Sinandràli *s. f. pl.* (*sing. -e*) Ordine di piante dicotiledoni con fiori pentameri. [→ ill. *piante* 13]
sinàpsi *s. f.* Collegamento tra due cellule nervose che si trasmettono l'un l'altra l'impulso nervoso.
sinartròṣi *s. f.* Giuntura tra due ossa.
sincàrpico *agg.* (*pl. m. -ci*) (*bot.*) Sincarpo.
sincàrpio *s. m.* (*bot.*) Frutto unico all'aspetto, ma composto di tanti frutti riuniti fra loro.
sincàrpo *agg.* (*bot.*) Detto di organo vegetale formato di parti saldate fra loro; SIN. Sincarpico.
sinceràre ***A*** *v. tr.* (*io sincèro*) (*lett.*) Rendere certo, convinto, della verità di q.c. ***B*** *v. intr. pron.* Accertarsi, assicurarsi: *sincerarsi di q.c.*
sincerità *s. f.* Qualità di sincero; SIN. Franchezza, schiettezza.
sincèro *agg.* **1** Puro, genuino, non alterato | Oggi *solo nelle loc. olio, vino e sim. —.* **2** Che nell'agire, nel parlare e sim. esprime con assoluta verità ciò che sente o pensa: *devi essere — con tuo padre*; SIN. Franco, schietto; CONTR. Bugiardo, insincero. **3** (*est.*) Alieno da simulazione o da finzione: *dolore, pianto —.*
sinché *cong.* (*raro*) Finché.
sinclinàle *s. f.* (*geol.*) Piega di una roccia con la concavità verso l'alto. [→ ill. *geografia*]
sincopàre *v. tr.* (*io sincopo*) **1** Sottoporre una parola a sincope. **2** Effettuare sincopi in musica.
sincopàto *part. pass. di sincopare; anche agg.* Detto di stile o di brano musicale caratterizzato da sincopi.
sincope *s. f.* **1** (*ling.*) Caduta di un suono o di un gruppo di suoni all'interno di una parola (es. *protettore* da *proteggitore*). **2** (*med.*) Improvvisa e completa perdita di coscienza, con sospensione dell'attività cardiaca e respiratoria. **3** (*mus.*) Nota in contrattempo, equivalente al valore riunito delle due note che la precedono e la seguono.
sincretiṣmo *s. m.* **1** Fusione di elementi mitologici, culturali e dottrinari di varie religioni. **2** Conciliazione arbitraria di dottrine filosofiche tra loro inconciliabili. **3** (*gramm.*) Fenomeno per il quale una forma adempie più di una funzione.
sincrociclotróne *s. m.* (*fis.*) Ciclotrone in cui il campo elettrico acceleratore è modulato in frequenza.
sincronia *s. f.* **1** L'essere sincrono: *essere, stare in — con q.c.* **2** (*ling.*) Carattere dei fatti linguistici osservati indipendentemente dalla loro evoluzione storica; CONTR. Diacronia.
sincrònico *agg.* (*pl. m. -ci*) **1** Sincrono. **2** (*ling.*) Relativo a, basato sulla sincronia; CONTR. Diacronico.
sincroniṣmo *s. m.* **1** L'essere sincrono. **2** Contemporaneità di fatti o fenomeni diversi | Nella tecnica cinematografica e televisiva, contemporaneità di immagini e di suoni a esse attinenti.
sincronizzàre *v. tr.* **1** Rendere sincroni due fenomeni periodici e le macchine collegate (*anche fig.*). **2** (*cine.*) In un film, abbinare esattamente le immagini e i suoni a esse attinenti.
sincronizzatóre *s. m.* **1** Apparecchio atto a sincronizzare: *— di alternatori.* **2** Dispositivo facente parte del cambio di velocità degli autoveicoli.
sincronizzazióne *s. f.* Conseguimento di una perfetta coincidenza, di un'esatta corrispondenza.
sìncrono *agg.* **1** Che avviene nel medesimo tempo: *movimento — con altri.* **2** (*lett.*) Contemporaneo: *fatti sincroni.*
sincrotróne *s. m.* (*fis.*) Acceleratore di particelle su una traiettoria circolare per elettroni o protoni.
sindacàbile *agg.* Che si può sindacare; CONTR. Insindacabile.
sindacàle (1) *agg.* (*raro*) Del sindaco.
sindacàle (2) *agg.* Del sindacato.
sindacaliṣmo *s. m.* Programma mirante a organizzare i lavoratori in sindacati al fine di garantirne gli interessi nei confronti dei datori di lavoro.
sindacalista *s. m. e f.* (*pl. m. -i*) **1** Chi sostiene il sindacalismo. **2** Dirigente e membro di un sindacato.
sindacalizzàre *v. tr.* Organizzare in sindacato | Rendere sensibile alle idee e agli scopi del sindacato.
sindacàre *v. tr.* (*io sìndaco, tu sìndachi*) **1** Esaminare minutamente, controllare l'operato di persone, enti, amministrazioni e sim. **2** (*fig.*) Sottoporre a controlli o critiche: *— la vita privata di qc.*
sindacàto (1) *s. m.* (*raro*) Controllo minuzioso dell'attività di un subordinato.
sindacàto (2) *s. m.* **1** Organizzazione dei membri di una categoria operante sul mercato del lavoro: *— dei lavoratori*; *— dei dirigenti d'azienda.* **2** Correntemente, associazione rappresentativa dei lavoratori dipendenti: *sindacati di categoria.* **3** (*econ.*) Accordo a carattere monopolistico fra più imprese (quali il cartello, il pool, il trust).
sindacatóre *s. m.; anche agg.* (*f. -trìce*) Detto di chi sindaca (*anche fig.*).
sìndaco *s. m.* (*anche f.; f. scherz. -chessa; pl. -ci*; V. nota d'uso FEMMINILE) **1** Capo dell'amministrazione comunale. **2** *al pl.* Nella società per azioni, professionista avente l'obbligo di vigilare sull'osservanza della legge e dell'atto costitutivo.
sindèreṣi *s. f.* **1** Nella filosofia medievale, facoltà per cui è possibile distinguere il bene dal male. **2** (*est.*, *fam.*) Capacità di connettere: *perdere la —.*
sindone *s. f.* Presso gli antichi Ebrei, lenzuolo di lino in cui avvolgere i morti | *Sacra Sindone*, secondo la tradizione cattolica, lenzuolo nel quale fu avvolto Gesù morto e che porta impressa l'immagine del corpo di lui.
sìndrome *s. f.* Insieme di sintomi che caratterizzano una malattia | *— di Down*, mongolismo.
sinecùra *s. f.* **1** Beneficio ecclesiastico senza obbligo di uffizi e funzioni. **2** (*est.*) Ufficio, occupazione, di poca responsabilità.
sinèddoche *s. f.* Figura retorica che consiste nell'esprimere un'idea con una parola adoperata normalmente per indicare un'idea diversa ma avente con la prima un rapporto di quantità (es.: la parte per il tutto: *vela* per *barca a vela*; il singolare per il plurale: *il cane è un animale fedele*; il genere per la specie: *il felino* per *il gatto*).
sine die /*lat.* 'ṣine 'die/ *loc. avv.* Senza fissare una scadenza, a giorno indeterminato: *rimandare —.*
sinèdrio *s. m.* **1** Nell'antichità greca, assemblea, consiglio, senato. **2** Presso gli antichi ebrei, supremo organo legislativo. **3** (*fig.*) Complesso, consesso.
sinèreṣi *s. f.* (*ling.*) Fusione di due articolazioni vocaliche in un'unica sillaba; CONTR. Dieresi.
sinergia *s. f.* (*med.*) Azione simultanea di vari organi per

compiere una determinata funzione.
sinergìsmo *s. m.* Potenziamento dell'effetto terapeutico prodotto dall'associazione di due o più farmaci.
sìnfisi *s. f.* (*anat.*) Articolazione fissa in cui il mezzo di unione dei due capi ossei è rappresentato da tessuto fibroso.
sinfonìa *s. f.* **1** Composizione orchestrale, di solito in quattro movimenti | Brano strumentale preposto a un'opera o a un oratorio. **2** (*fig.*) Complesso armonioso di suoni, colori e sim. **3** (*fig.*, *fam.*, *antifr.*) Complesso sgradevole di suoni, rumori, grida e sim.
sinfònico *agg.* (*pl. m.* -*ci*) (*mus.*) Di sinfonia. [→ ill. *strumenti musicali*]
singhiozzàre *v. intr.* (*io singhiózzo; aus. avere*) **1** Avere il singhiozzo. **2** Piangere a singhiozzi, dirottamente: – *per il dolore.* **3** (*fig.*) Andare avanti a scatti, a balzi.
singhiózzo *s. m.* **1** Movimento respiratorio spastico, caratterizzato da repentina contrazione del diaframma cui si associa una brusca e parziale chiusura della glottide; SIN. Singulto. **2** *spec. al pl.* Rapida successione di inspirazioni ed espirazioni accompagnate da pianto convulso: *scoppiare, prorompere in singhiozzi.* **3** (*fig.*) Sbalzo, frequente interruzione, *nelle loc.* *a* –, *a singhiozzi*: *procedere a* –; *sciopero a* –.
singleton /*ingl.* 'siŋgltən/ *s. m. inv.* (*pl. ingl. singletons* /'siŋgltənz/) Nel bridge, unica carta di un dato seme posseduta da un giocatore.
singolàre A *agg.* **1** (*lett.*) Che si riferisce a un singolo individuo. **2** (*est.*) Unico, caratteristico: *ha un modo – di parlare* | Raro, insolito: *donna di – bellezza*; SIN. Originale. **B** *s. m.* **1** (*gramm.*) Caso grammaticale della categoria del numero che esprime singolarità; CONTR. Plurale. **2** (*sport*) Incontro disputato tra due giocatori: – *di tennis.*
singolarità *s. f.* L'essere singolare; SIN. Originalità.
sìngolo A *agg.* **1** Che è considerato in sé, separatamente dagli altri: *i singoli casi.* **2** Che è costituito da un solo elemento: *cabina singola.* **B** *s. m.* **1** Uomo, individuo. **2** Tipo di collegamento telefonico che utilizza una coppia di fili per ogni abbonato. **3** (*sport*) Nel tennis, incontro disputato tra due giocatori | Nel canottaggio, imbarcazione a un solo vogatore.
singùlto *s. m.* Singhiozzo.
siniscàlco *s. m.* (*pl.* -*chi*) Nell'alto Medioevo, ufficiale di palazzo incaricato di sovrintendere al servizio di tavola della mensa del re.
sinistra *s. f.* **1** Mano sinistra. **2** Parte sinistra, lato sinistro: *alla mia* –; *girare a* – | *A destra e a* –, da ogni parte, di qua e di là | *Tenere la* –, mantenersi sul lato sinistro di una strada. **3** (*mar.*) Parte sinistra della nave (V. anche *babordo*). **4** Insieme delle forze politiche i cui rappresentanti, in Parlamento, siedono a sinistra del Presidente | (*est.*) Ala radicale, progressista in un partito o raggruppamento. [→ ill. *parlamento*]
sinistràre *v. tr.* Danneggiare, colpire con un sinistro: *il terremoto ha sinistrato la regione.*
sinistràto *part. pass. di sinistrare; anche agg. e s. m.* (*f.* -*a*) Che (o chi) è stato colpito, danneggiato, da un sinistro.
sinistrìsmo *s. m.* **1** (*raro*) Mancinismo. **2** Tendenza politica e culturale a portarsi verso posizioni ideologiche di sinistra.
sinistro A *agg.* **1** Che è dalla parte del cuore: *mano sinistra.* **2** Che è a sinistra rispetto a un punto di riferimento: *tasca sinistra.* **3** (*fig.*) Non favorevole, contrario, avverso: *presagi sinistri* | Minaccioso, bieco: *sguardo* –. **B** *s. m.* **1** Evento fortuito dannoso, disgrazia. **2** Nel linguaggio sportivo, piede sinistro, mano sinistra, pugno sinistro: *colpire di* –.
sinistròide *s. m. e f.; anche agg.* Chi (o che) manifesta simpatie politiche per la sinistra.
sinistròrso A *agg.* **1** Che è volto o può volgersi da destra verso sinistra. **2** (*fis.*) Detto del verso di rotazione che all'osservatore appare come contrario a quello delle sfere dell'orologio. **B** *agg.; anche s. m.* (*f.* -*a*) Sinistroide.
sìno *prep.* (troncato in *sin.* Ha gli stessi sign. di 'fino'. Si preferisce l'una o l'altra forma per evitare la cacofonia: – *a Firenze*) Fino: *sin lassù*; *aspetterò – a domani.*
sinodàle *agg.* Attinente a sinodo | *Età* –, quella, non inferiore ai quarant'anni, prescritta per le donne che possono andare a servizio di un prete.
sinòdico *agg.* (*pl. m.* -*ci*) (*astron.*) *Rivoluzione sinodica*, intervallo di tempo tra due successive congiunzioni di un pianeta col Sole.
sìnodo *s. m.* Riunione di sacerdoti, vescovi, prelati, per decidere su questioni di fede.
sinologìa *s. f.* Scienza che studia la lingua, la letteratura, la civiltà dei cinesi.
sinòlogo *s. m.* (*f.* -*a*; *pl. m.* -*gi o* -*ghi*) Chi si occupa di sinologia.
sinonimìa *s. f.* Condizione di intercambiabilità di parole, senza sostanziali variazioni di significato | (*est.*) Sinonimo.
sinònimo *s. m.* (*ling.*) Vocabolo che ha lo stesso significato fondamentale di un altro.
sinòpia *s. f.* **1** Terra rossa usata per tracciare il disegno negli affreschi. **2** Disegno preparatorio di un affresco tracciato sull'intonaco.
sinóra *avv.* Finora.
sinòssi *s. f.* (*lett.*) Prospetto della materia di un trattato | Compendio.
sinòttico *agg.* (*pl. m.* -*ci*) Esposto, presentato in forma di sinossi: *tavole sinottiche di letteratura* | *Evangeli sinottici*, gli Evangeli di S. Matteo, di S. Marco e di S. Luca, che presentano numerosi elementi comuni.
sinòvia *s. f.* (*anat.*) Liquido contenuto nelle cavità articolari.
sinoviàle *agg.* Di sinovia: *membrana* –.
sinovite *s. f.* Infiammazione della membrana sinoviale, che colpisce spec. il ginocchio.
sintàgma *s. m.* (*pl.* -*i*) Gruppo minimo di elementi significativi che forma l'unità base nella struttura sintattica di una frase.
sintagmàtico *agg.* (*pl. m.* -*ci*) Che è proprio delle unità di lingua considerate in successione nell'ambito del contesto; CONTR. Paradigmatico.
sintantoché *cong.* (*enf.*) Finché.
sintàssi *s. f.* La parte della grammatica che contiene le regole di combinazione degli elementi lessicali e significativi, e quindi della formazione delle frasi.
sintàttico *agg.* (*pl. m.* -*ci*) Attinente alla sintassi.
sinterizzàre *v. tr.* Agglomerare in una massa solida, di forma voluta, particelle di polveri metalliche, mediante conveniente riscaldamento e pressione.
sinterizzazióne *s. f.* Operazione del sinterizzare | Metallurgia delle polveri.
sìntesi *s. f.* **1** (*filos.*) Momento in cui si realizza l'unità dialettica fra tesi e antitesi | Metodo che procede dal semplice al composto; CONTR. Analisi. **2** (*est.*) Riduzione a un'unità di più idee, concetti, nozioni e sim.: – *di elementi diversi.* **3** Esposizione conclusiva, riassuntiva: *dimmi la – di quello che hai letto.* **4** Operazione di riunione delle parti divise in chirurgia. **5** (*chim.*) Processo per cui si ottengono composti a partire dagli elementi componenti o da composti più semplici | – *clorofilliana*, fotosintesi.
sinteticaménte *avv.* In modo sintetico | Per via di sintesi.
sintètico *agg.* (*pl. m.* -*ci*) **1** Di sintesi, che procede per via di sintesi: *metodo* – | Capace di sintesi: *intelligenza sintetica*; CONTR. Analitico. **2** (*est.*) Ridotto all'essenziale: *trattazione sintetica*; SIN. Succinto. **3** Detto di lingue che esprimono i rapporti grammaticali per mezzo di modificazioni interne della parola. **4** Detto di sostanze, prodotti e sim., ottenuti artificialmente per mezzo di sintesi chimiche: *fibre sintetiche*; SIN. Artificiale.
sintetizzàre *v. tr.* Riunire in sintesi; SIN. Riassumere.
sintetizzatóre *s. m.* (*mus.*) Strumento elettronico molto complesso in grado di produrre ogni tipo di suono e di effetto sonoro.
sintogràmma *s. m.* (*pl.* -*i*) Dispositivo che in un apparecchio radioricevente rende visibile l'operazione di sintonia.
sintomàtico *agg.* (*pl. m.* -*ci*) **1** (*med.*) Di sintomo. **2** (*fig.*) Significativo: *questo silenzio è* –.
sintomatologìa *s. f.* Insieme di sintomi | Studio dei sintomi delle malattie, al fine di formulare una diagnosi.
sìntomo *s. m.* **1** Elemento caratteristico di una malattia individuato dall'osservatore. **2** (*fig.*) Indizio.
sintonìa *s. f.* **1** (*fis.*) Accordo, concordanza di frequenza tra un trasmettitore e un ricevente. **2** (*fig.*) Accordo, ar-

monia: *essere in — con qc.*
sintònico *agg.* (*pl. m. -ci*) Di sintonia.
sintonizzàre ***A*** *v. tr.* Portare in risonanza su di una determinata frequenza uno o più circuiti elettrici a questo predisposti. ***B*** *v. intr. pron.* Porsi in sintonia | (*fig.*) Essere in accordo con qc.
sintonizzatóre *s. m.* Negli impianti ad alta fedeltà, apparecchio che consente la ricezione dei programmi radiofonici. [→ ill. *suono*]
sintonizzazióne *s. f.* Operazione del sintonizzare. [→ ill. *radio*]
sinuosità *s. f.* L'essere sinuoso; SIN. Tortuosità.
sinuóso *agg.* Che si svolge alternando convessità e concavità: *corso — del fiume*; SIN. Serpeggiante, tortuoso.
sinusite *s. f.* (*med.*) Infiammazione dei seni paranasali.
sinusoidàle *agg.* Di sinusoide.
sinusòide *s. f.* (*mat.*) Curva rappresentativa della funzione trigonometrica seno.
sionismo *s. m.* Movimento sorto nell'Ottocento tendente a costituire uno stato ebraico in Palestina.
sionista *s. m. e f.* (*pl. m. -i*) Chi sostiene il sionismo.
siór V. *sor.*
sipariétto *s. m.* ***1*** *Dim. di sipario.* ***2*** Leggero sipario supplementare usato durante le mutazioni di scena | Breve numero eseguito davanti al siparietto durante le mutazioni di scena.
sipàrio *s. m.* Pesante tendaggio posto tra palcoscenico e sala teatrale che nasconde al pubblico la scena | *Calare il — su q.c.*, (*fig.*) concluderla. [→ ill. *teatro*]
sire *s. m.* ***1*** Signore, sovrano. ***2*** Titolo usato per rivolgersi al re.
sirèna (1) *s. f.* ***1*** Nella mitologia greco-romana, mostro marino in forma di donna con la parte inferiore di pesce, il cui canto affascinava i naviganti. [→ ill. *araldica*] ***2*** (*est.*) Donna allettatrice, incantevole.
sirèna (2) *s. f.* Apparecchio che genera segnali acustici continui e intensi, usato da alcuni stabilimenti industriali, da veicoli di impiego urgente, per allarmi aerei in guerra e sim.
siriàno *agg.; anche s. m.* (*f. -a*) Della Siria.
sìrima o *sìrma s. f.* (*letter.*) Seconda parte della stanza della canzone.
sirìnga *s. f.* ***1*** Strumento musicale a fiato, formato di una o più canne tenute insieme da cera o corda, usato spec. dagli antichi pastori della Grecia. [→ ill. *strumenti musicali*] ***2*** Cilindro di vetro o plastica con stantuffo per iniezioni. [→ ill. *medicina e chirurgia*] ***3*** Arnese da cucina a stantuffo usato per introdurre la crema nei bignè e per decorare torte. [→ ill. *cucina*]
siringàre *v. tr.* (*io siringo, tu siringhi*) (*med.*) Introdurre la siringa | (*raro*) Cateterizzare.
siringatùra *s. f.* Operazione del siringare; SIN. Cateterismo.
sirma V. *sirima.*
sirte *s. f.* ***1*** Bassofondo di sabbie mobili, pericoloso per la navigazione. ***2*** (*fig., lett.*) Insidia.
sirventése o *servéntese s. m.* Componimento strofico di origine provenzale, di contenuto originariamente politico, poi morale, religioso e sim.
sìsal *s. f.* Fibra tessile ricavata dalle foglie di una varietà di agave.
sìsma o *sismo s. m.* Movimento della crosta terrestre; SIN. Terremoto.
sismicità *s. f.* Caratteristica di una regione di essere soggetta a frequenti scosse di terremoto.
sìsmico *agg.* (*pl. m. -ci*) Dei sismi, attinente ai terremoti.
sìsmo V. *sisma.*
sìsmo- o *-sismo primo e secondo elemento*: in parole scientifiche composte fa riferimento a terremoto: *sismografo, sismologo, bradisismo.*
sismògrafo *s. m.* Strumento di registrazione delle vibrazioni della crosta terrestre.
sismogràmma *s. m.* (*pl. -i*) Diagramma tracciato da un sismografo mentre si manifesta il movimento tellurico.
sismologia *s. f.* Parte della geofisica che studia le scosse telluriche.
sismòlogo *s. m.* (*f. -a; pl. m. -gi*) Studioso di sismologia.
sissignóre *inter.* (*ints.*) Sì (si usa come risposta affermativa rivolgendosi a un superiore).
sistèma *s. m.* (*pl. -i*) ***1*** Pluralità di elementi materiali coordinati tra loro in modo da formare un complesso organico soggetto a date regole | (*astron.*) Insieme di corpi celesti appartenenti a un unico complesso organico: *— solare* | (*biol.*) Insieme di organi, animali o vegetali, che svolgono una funzione vitale ben definita: *— nervoso*; *— fogliare* | *— ecologico*, ambiente | Insieme di organi, meccanismi, elementi strutturali destinati a utilizzazioni tecniche: *— di ingranaggi* | *— idrografico, fluviale*, insieme dei fiumi di una data zona | (*econ.*) *— monetario*, complesso delle monete aventi corso legale in uno Stato. [→ ill. *anatomia umana*] ***2*** Pluralità di elementi astratti coordinati fra loro | (*fis.*) Corpi, elementi o enti che, per essere considerati cumulativamente o per le loro proprietà, costituiscono un insieme: *— di punti, — ottico* | (*mus.*) Insieme di regole che governano i rapporti armonici: *— tonale, dodecafonico.* ***3*** Insieme dei dati convenzionalmente stabiliti che consentono di misurare una grandezza: *— di misura* | *— metrico decimale*, sistema di misura basato sul principio che si passa da un'unità all'altra di una stessa grandezza, moltiplicando o dividendo per una potenza di 10 | *— CGS*, sistema assoluto di unità di misura, avente per unità fondamentali il centimetro, il grammo massa e il secondo. ***4*** *— di trattamento automatico delle informazioni*, qualunque insieme di apparecchiature che permette il trattamento automatico di informazioni. ***5*** Pluralità di elementi disposti secondo determinati criteri di ordinamento | (*miner.*) Ciascuno dei gruppi in cui si suddividono i cristalli secondo la forma | (*chim.*) *— periodico degli elementi*, classificazione degli elementi chimici in base al loro numero atomico e alla forma massima di combinazione. ***6*** Complesso di teorie, principi, ragionamenti, logicamente connessi e riferentisi a uno stesso argomento | Insieme dei principi ispiratori delle discipline relative a un istituto o a un complesso di istituti: *— processuale*; *— elettorale* | Teoria matematica o filosofica che si propone di spiegare il meccanismo dei sistemi astronomici: *— tolemaico*; *— copernicano* | Metodo seguito nel realizzare, organizzare q.c.: *nuovi sistemi di riscaldamento* | Metodo che tende a razionalizzare i giochi incentrati su pronostici: *un — sicuro per vincere al Totocalcio* | Nel calcio, schieramento tattico diretto a realizzare una più efficace marcatura degli avversari. ***7*** (*fig.*) Ordine che si segue nelle proprie azioni: *— di vita*; *cambiare —* | (*fig., fam.*) Modo, maniera: *questo non è il — di studiare*; *il — forte.* ***8*** Insieme di valori, norme e istituzioni che sono alla base di un modello di società, comunità e sim.: *integrarsi nel —.*
sistemàre ***A*** *v. tr.* (*io sistèmo*) ***1*** (*raro*) Organizzare in sistema: *— lo Stato.* ***2*** Ordinare, mettere in assetto: *la casa* | Mettere al proprio posto: *— le carte.* ***3*** Risolvere, definire: *— una faccenda.* ***4*** (*est.*) Dare un alloggio adeguato: *ha sistemato la famiglia in un appartamento*; SIN. Collocare. ***5*** Procurare un'occupazione: *ha sistemato il figlio in banca.* ***6*** Far sposare, spec. in modo economicamente vantaggioso: *ha sistemato le figlie.* ***7*** (*fam.*) Dare una punizione, un castigo: *se non studi ti sistemo io.* ***B*** *v. rifl.* ***1*** Trovare un alloggio adeguato. ***2*** Trovare un'occupazione: *si è sistemato alle Poste.* ***3*** Sposarsi: *si è sistemato con una bella ragazza.*
sistemàtica *s. f.* Branca della biologia che studia le norme che consentono di classificare gli organismi viventi in base ai loro caratteri.
sistematicità *s. f.* L'essere sistematico.
sistemàtico ***A*** *agg.* (*pl. m. -ci*) ***1*** Che si riferisce al sistema | Che è conforme a un sistema: *ordine —.* ***2*** Che si svolge secondo un sistema: *classificazione sistematica.* ***3*** Rigido e tenace nell'attenersi a un sistema, detto di persona: *ricercatore —*; SIN. Metodico. ***4*** Fatto per principio: *opposizione sistematica.* ***B*** *s. m.* (*f. -a*) Studioso che si occupa della classificazione degli esseri viventi.
sistemazióne *s. f.* ***1*** Ordinamento di un sistema, in una classificazione. ***2*** Disposizione in un assetto opportuno. ***3*** Risoluzione, definizione: *— di una lite.* ***4*** Collocazione in un alloggio adeguato | (*est.*) Impiego, posto di lavoro: *trovare una buona —* | (*est.*) Matrimonio.
sistèmico *agg.* (*pl. m. -ci*) Relativo a un sistema.
sistemista *s. m. e f.* (*pl. m. -i*) Chi gioca scommettendo secondo un certo sistema.
sistola *s. f.* Tubo di canapa impermeabile, gomma o pla-

stica, per innaffiare.

sistole *s. f.* (*med.*) Fase di contrazione del muscolo cardiaco.

sistro *s. m.* In Egitto e a Roma, strumento sacro del culto di Iside consistente in una lamina metallica ripiegata attraversata da verghette mobili, che risuonano alla scossa.

sitibóndo *agg.* **1** (*lett.*) Che ha sete. **2** (*lett.*, *fig.*) Avido, bramoso: — *di onori.*

sit-in /*ingl.* 'sit in/ *loc. sost. m. inv.* Raduno di dimostranti che, stando seduti per terra, occupano luoghi pubblici a scopo di protesta.

sito (1) *s. m.* (*lett.*) Luogo, località.

sito (2) *s. m.* (*tosc.*) Cattivo odore, tanfo.

sito (3) *agg.* (*lett.*) Situato, collocato.

sitofobìa *s. f.* Avversione morbosa per il cibo.

sitologìa *s. f.* Scienza dell'alimentazione.

situàre *v. tr.* Porre, collocare: *l'albergo è situato sulla costa*; *la villa è situata a oriente.*

situazióne *s. f.* **1** Condizione, stato di qc. o di q.c. **2** Circostanza, complesso di circostanze: *trovarsi in una brutta* — | *Essere, mostrarsi, all'altezza della* —, sapersi comportare nel modo più adatto alla circostanza in cui ci si trova.

sivièra *s. f.* Grande secchio metallico, rivestito di materiale refrattario, nel quale viene colato dal forno il metallo liquido. [→ ill. *metallurgia*]

sizìgia *s. f.* (*pl.* *-gie*) (*astron.*) Posizione della Luna quando essa si trova pressoché allineata col Sole e la Terra: *le sizigie corrispondono alla Luna nuova e alla Luna piena.*

sizigiàle *agg.* Relativo o che si verifica alle sizigie: *marea* —. [→ ill. *geografia*]

skài *s. m.* Nome commerciale di un tipo di pelle sintetica.

skate-board /*ingl.* 'skeitbɔ:d/ *s. m. inv.* (*pl. ingl.* *skate-boards* /'skeitbɔ:dz/) Specie di monopattino a quattro piccole ruote.

skating /*ingl.* 'skeitiŋ/ *s. m. inv.* Pattinaggio, su ghiaccio e a rotelle.

skèleton /*ingl.* 'skelitn/ *s. m. inv.* (*pl. ingl.* *skeletons* /'skelitnz/) Slitta monoposto a pattini d'acciaio che sviluppa notevole velocità. [→ ill. *slitta*]

sketch /*ingl.* sketʃ/ *s. m. inv.* (*pl. ingl.* *sketches* /'sketʃiz/) Breve numero parlato, o parlato e cantato, di carattere comico, eseguito da uno o più attori.

ski-lift /*ingl.* 'ski:lift/ *s. m. inv.* (*pl. ingl.* *ski-lifts* /'ski:lifts/) Sciovia.

ski-stopper /*ingl.* 'ski:stɔpə/ *s. m. inv.* (*pl. ingl.* *ski-stoppers* /'ski:stɔpəz/) Dispositivo metallico a due punte per arrestare lo sci in caso di caduta.

skunk /*ingl.* skʌŋk/ *s. m. inv.* (*pl. ingl.* *skunks* /skʌŋks/) **1** (*zool.*) Moffetta. **2** (*est.*) Pelliccia di moffetta.

ṣlabbràre **A** *v. tr.* Rovinare, rompere ai labbri, agli orli: — *una tazza* | Lacerare i margini di una ferita. **B** *v. intr.* (*aus.* *essere* e *avere*) Traboccare: *l'acqua slabbra dal secchio.* **C** *v. intr. pron.* Subire una rottura o una lacerazione agli orli, ai labbri o ai margini.

ṣlabbratùra *s. f.* Rottura, lacerazione agli orli | Parte slabbrata.

ṣlacciàre **A** *v. tr.* (*io ṣlàccio*) Sciogliere dal laccio, da ciò che allaccia: — *i bottoni della giacca.* **B** *v. intr. pron.* Sciogliersi da ciò che allaccia, detto di cosa.

ṣlàlom *s. m. inv.* (*sport*) Nello sci, gara di discesa lungo un tracciato delineato da una serie di passaggi obbligati segnati da coppie di paletti ('porte') | — *speciale*, con porte molto ravvicinate | — *gigante*, su un percorso molto maggiore rispetto allo speciale, con un numero di porte più distanziate | (*est.*) In altri sport, ogni percorso con passaggi obbligati: *canoa da* —.

ṣlalomista *s. m. e f.* (*pl. m.* *-i*) Specialista delle gare di slalom.

slam /*ingl.* slæm/ *s. m. inv.* (*pl. ingl.* *slams* /slæms/) Nel bridge, serie di dodici o tredici prese di carte fatte in una manche dalla stessa coppia di giocatori.

ṣlanciàre **A** *v. tr.* (*io ṣlàncio*) (*raro*) Lanciare con impeto. **B** *v. rifl.* Gettarsi con impeto e accanimento (*anche fig.*): *slanciarsi nella mischia, contro il nemico.* **C** *v. intr. pron.* Protendersi.

ṣlànciato *agg.* Che ha corporatura alta e snella: *ragazza slanciata.*

ṣlàncio *s. m.* **1** Atto dello slanciarsi: *con uno — fu sul treno* | *Prendere lo* —, prendere la rincorsa | *Di* —, di scatto. **2** (*fig.*) Impeto, impulso irrefrenabile: *uno — di passione.*

slang /*ingl.* slæŋ/ *s. m. inv.* Linguaggio particolare di determinate categorie o classi di persone usato in luogo di quello usuale; SIN. Gergo.

ṣlargàre **A** *v. tr.* (*io ṣlàrgo, tu ṣlàrghi*) Accrescere in larghezza, in ampiezza. **B** *v. intr. pron.* **1** Diventare più largo. **2** Lasciare maggior larghezza: *slargatevi un po'.*

ṣlàrgo *s. m.* (*pl.* *-ghi*) Punto in cui si allarga una strada, un terreno o sim.

ṣlattaménto *s. m.* Svezzamento.

ṣlattàre *v. tr.* Levare a un bambino il latte materno; SIN. Svezzare.

ṣlavàto *agg.* **1** Che ha un colore sbiadito, smorto, scialbo: *tinta slavata.* **2** (*fig.*) Che manca di vivacità, forza espressiva: *stile* —.

ṣlavìna *s. f.* Massa di neve che scivola da un pendio montano.

ṣlaviṣmo *s. m.* **1** Parola o locuzione di origine slava. **2** Tendenza degli slavi a costituirsi in unità.

ṣlavistica *s. f.* Studio comparativo delle lingue, letterature e culture degli slavi.

ṣlàvo *agg.; anche s. m.* (*f.* *-a*) Dei popoli che abitano la parte orientale dell'Europa | *Lingue slave*, gruppo di lingue della famiglia indeuropea.

ṣleàle *agg.* **1** Che manca di lealtà, di senso dell'onore. **2** Che è fatto in modo sleale. ● CONTR. Leale.

ṣlealtà *s. f.* L'essere sleale; CONTR. Lealtà.

sleeping-car /*ingl.* 'sli:piŋ ka:/ *s. m. inv.* (*pl. ingl.* *sleeping-cars* /'sli:piŋ ka:z/) (*ferr.*) Vettura letto.

ṣlegàre **A** *v. tr.* (*io ṣlégo, tu ṣléghi*) **1** Sciogliere da un legame: — *un pacco*; CONTR. Legare. **2** (*fig.*, *lett.*) Liberare. **B** *v. intr. pron.* Sciogliersi da un legame.

ṣlegàto *part. pass. di slegare; anche agg.* **1** Non rilegato: *libro* —. **2** (*fig.*) Sconnesso, non coerente: *frasi slegate.*

slinky /*ingl.* 'sliŋki/ *s. f. inv.* Molla elicoidale di acciaio lunga, sottile, molto flessibile ed elastica, usata come giocattolo e come modello didattico in esperimenti sulle oscillazioni. [→ ill. *fisica*]

slip /*ingl.* slip/ *s. m. inv.* (*pl. ingl.* *slips* /slips/) Mutandine cortissime, maschili o femminili, anche da bagno. [→ ill. *abbigliamento*]

ṣlitta *s. f.* **1** Veicolo privo di ruote, a trazione animale o a mezzo fune, che si sposta su superfici coperte da ghiaccio o da neve. [→ ill. *slitta*] **2** (*gener.*) Congegno scorrevole, su guide, di macchine utensili o altre. [→ ill. *fotografo*]

ṣlittaménto *s. m.* **1** Scivolata, detto spec. di autoveicoli

slitta

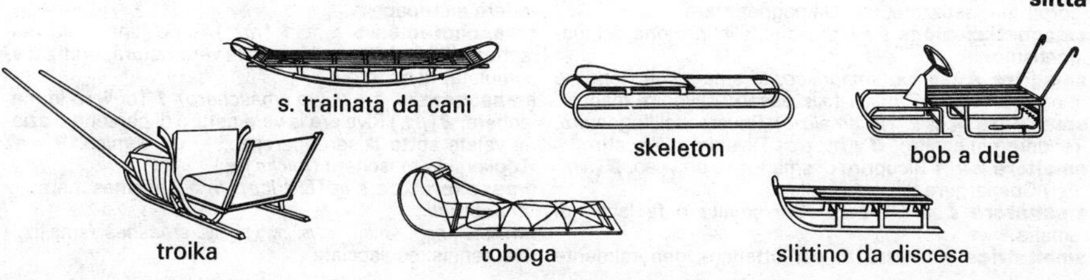

| Il girare a vuoto, spec. delle ruote di un autoveicolo. **2** (*fig.*) Ribasso di monete. **3** (*fig.*) Deviazione dalla linea politica tradizionale di un partito e sim. **4** (*fig.*) Differimento a una data successiva.

ṣlittàre *v. intr.* (*aus. avere* nel sign. 1, *essere e avere* nei sign. 2, 3, 4, 5) **1** Andare in slitta. **2** Scivolare su superfici bagnate, gelate o sim. per mancanza di attrito, detto spec. di autoveicoli: *la macchina slitta sulla neve* | Girare su se stesse, a vuoto, detto delle ruote di autoveicoli. **3** (*fig.*) Allontanarsi dalla linea di condotta tradizionalmente seguita, spec. nell'ambito politico: *il partito slitta a sinistra.* **4** (*fig.*) Ribassare, detto di monete: *la sterlina tende a —.* **5** (*fig.*) Ritardare.

ṣlittovìa *s. f.* Funicolare terrestre nella quale il veicolo, una slitta, corre su una pista di neve.

ṣlivoviz *s. m. inv.* Distillato di prugne, molto diffuso in Jugoslavia e nelle campagne friulane.

slògan /*ingl.* 'slougən/ *s. m. inv.* (*pl. ingl. slogans* /'slougənz/) Breve frase che esprime in modo sintetico ed efficace un concetto, usata nella propaganda e nella pubblicità.

ṣlogàre **A** *v. tr.* (*io ṣlògo, tu ṣlòghi*) Produrre una slogatura. **B** *v. intr. pron.* Riportare una slogatura: *mi si è slogata una mano.*

ṣlogatùra *s. f.* (*gener.*) Distorsione, lussazione articolare.

ṣloggiàre **A** *v. tr.* (*io ṣlòggio*) Cacciare da un alloggio, da un luogo. **B** *v. intr.* (*aus. avere*) Andarsene da un alloggio, da un luogo | (*fam.*) Andarsene: *sloggia di qui.*

ṣlombàre **A** *v. tr.* (*io ṣlómbo*) (*raro*) Sfiancare, indebolire. **B** *v. intr. pron.* Sfiancarsi.

sloop /*ingl.* 'slu:p/ *s. m. inv.* (*pl. ingl. sloops* /'slu:ps/) Piccola nave da guerra di scorta e di vigilanza, usata nella prima guerra mondiale | Piccola e media imbarcazione da diporto a vela, armata a cutter. [→ ill. *marina*]

slot-machine /*ingl.* 'slɔt mə'ʃi:n/ *s. f. inv.* (*pl. ingl. slot-machines* /'slɔt mə'ʃi:nz/) Apparecchio automatico o a gettone, installato in un pubblico locale, che consente la vincita di premi in denaro o in natura.

slow /*ingl.* slou/ *s. m. inv.* Fox-trot a ritmo lento.

slum /*ingl.* slʌm/ *s. m. inv.* (*pl. ingl. slums* /slʌmz/) Quartiere di case povere e malsane.

ṣmaccàto *agg.* **1** Troppo dolce, nauseante: *dolce —.* **2** (*fig.*) Esagerato, eccessivo: *lodi smaccate.*

ṣmacchiàre *v. tr.* (*io ṣmàcchio*) Togliere le macchie.

ṣmacchiatóre *s. m.* (*f. -trice*) **1** Chi per mestiere smacchia i vestiti. **2** Sostanza usata per eseguire la smacchiatura.

ṣmacchiatùra *s. f.* Operazione dello smacchiare.

ṣmàcco *s. m.* (*pl. -chi*) Insuccesso, sconfitta umiliante: *subire uno —.*

ṣmagliànte *part. pres. di smagliare* (2); *anche agg.* **1** Splendente: *tinta —.* **2** (*fig.*) Acceso di viva luminosità: *sorriso —.*

ṣmagliàre (1) **A** *v. tr.* (*io ṣmàglio*) **1** Rompere, disfare le maglie: *lo spillo mi ha smagliato le calze.* **2** (*raro*) Provocare smagliature sulla cute. **B** *v. intr. pron.* **1** Rompersi, disfarsi, detto delle maglie, spec. di calze femminili. **2** Presentare smagliature, detto della cute: *le si è smagliata la pelle.*

ṣmagliàre (2) *v. intr.* (*raro, lett.*) Brillare, splendere.

ṣmagliàto *part. pass. di smagliare* (1); *anche agg.* Che presenta smagliature: *calza smagliata.*

ṣmagliatùra *s. f.* **1** Negli indumenti a maglia, rottura dovuta al disfacimento di una o più maglie. **2** (*med.*) Linea atrofica sulla cute. **3** (*fig.*) Mancanza di coesione fra le varie parti di un insieme: *il film mostra varie smagliature.*

ṣmagnetizzàre *v. tr.* (*fis.*) Privare del magnetismo un corpo magnetizzato; SIN. Demagnetizzare.

ṣmagnetizzazióne *s. f.* Riduzione, eliminazione del magnetismo.

ṣmagrìre **A** *v. tr.* (*io ṣmagrìsco, tu ṣmagrìsci*) Rendere magro. **B** *v. intr. e intr. pron.* (*aus. essere*) Divenire magro.

ṣmaliziàre **A** *v. tr.* (*io ṣmalìzio*) Privare dell'ingenuità, rendere più scaltro. **B** *v. intr. pron.* Divenire più scaltro.

ṣmaltàre *v. tr.* **1** Ricoprire di smalto: *— un vaso.* **2** (*lett., fig.*) Cospargere di colori brillanti.

ṣmaltatóre *s. m.* (*f. -trìce*) Chi smalta o fa lavori di smalto.

ṣmaltatrice *s. f.* Attrezzo per ottenere, generalmente mediante calore, la smaltatura delle immagini fotografiche positive. [→ ill. *fotografo*]

ṣmaltatùra *s. f.* Operazione dello smaltare | Smalto applicato.

ṣmalterìa *s. f.* Fabbrica di oggetti smaltati.

ṣmaltìre *v. tr.* (*io ṣmaltìsco, tu ṣmaltìsci*) **1** Digerire: *è difficile — questo cibo* | Far passare: *— la sbornia.* **2** (*raro, fig.*) Tollerare, sopportare: *— un'ingiuria.* **3** Vendere completamente: *in pochi giorni smaltì tutte le confezioni.* **4** Dare scolo ad acque, immondizie e sim.

ṣmaltista *s. m. e f.* (*pl. m. -i*) Artigiano che decora in smalto.

ṣmàlto *s. m.* **1** Massa vetrosa di composizione varia, generalmente opaca, colorata o no, usata per rivestire e decorare superfici metalliche o ceramiche. **2** Oggetto smaltato, spec. artistico. **3** *— per unghie*, cosmetico usato per colorare o rendere brillanti le unghie. [→ ill. *toilette e cosmesi*] **4** (*anat.*) Sostanza dura, bianca, che ricopre la corona dentaria. [→ ill. *anatomia umana, zoologia*] **5** (*arald.*) *al pl.* Nome generico dei metalli e dei colori. **6** (*fig.*) Capacità combattiva, impeto agonistico, *spec. nella loc. perdere lo —.*

ṣmammàre *v. intr.* (*aus. avere*) (*dial., pop.*) Levarsi di torno, andarsene via: *su ragazzi, smammate!*

ṣmancerìa *s. f. spec. al pl.* Leziosaggini; SIN. Moina, svenevolezza.

ṣmanceróso *agg.* Che fa smancerie; SIN. Svenevole.

ṣmània *s. f.* **1** Agitazione, inquietudine, fisica e psichica dovute a impazienza, nervosismo, fastidio: *avere, sentirsi, la —; avere la — addosso.* **2** (*fig.*) Desiderio intenso: *— di successo*; SIN. Brama.

ṣmaniàre *v. intr.* (*io ṣmànio; aus. avere*) **1** Agitarsi, dare in ismanie: *— per la febbre.* **2** (*fig.*) Desiderare fortemente: *smania di partire.*

ṣmanieràto *agg.* Che non ha buone maniere.

ṣmanióso *agg.* **1** Che ha la smania, che è pieno di smanie. **2** Bramoso: *— di partire.*

ṣmantellaménto *s. m.* Atto dello smantellare.

ṣmantellàre *v. tr.* (*io ṣmantèllo*) **1** Abbattere le mura di una città, di una piazzaforte: *— un'opera di difesa.* **2** Demolire il fasciame di una nave. **3** (*est.*) Demolire, rendere inefficiente: *— i macchinari di una fabbrica.*

ṣmarcàre **A** *v. tr.* (*io ṣmàrco, tu ṣmàrchi*) Nel calcio e sim., fare in modo che un compagno si sottragga alla marcatura dell'avversario. **B** *v. rifl.* Sfuggire al controllo di un avversario.

ṣmargiassàta *s. f.* Atto, discorso da smargiasso; SIN. Fanfaronata, gradassata, spacconata.

ṣmargiàsso *s. m.* Chi si vanta di aver compiuto o di poter compiere imprese eccezionali; SIN. Ammazzasette, fanfarone, gradasso, spaccone.

ṣmarginàre *v. tr.* (*io ṣmàrgino*) In tipografia, disfare una forma; CONTR. Marginare.

ṣmarriménto *s. m.* **1** Lo smarrire, l'avere smarrito; SIN. Perdita. **2** Momentanea perdita di coscienza, di lucidità. **3** Turbamento, sbigottimento: *un attimo di —.*

ṣmarrìre **A** *v. tr.* (*io ṣmarrìsco, tu ṣmarrìsci*) Non trovare più, non sapere più dove trovare ciò che prima si possedeva o si sapeva dove cercare: *— gli occhiali* | (*fig.*) *— la ragione*, impazzire. **B** *v. intr. pron.* **1** Non trovare più la strada: *smarrirsi nel bosco.* **2** (*fig.*) Turbarsi: *alla notizia si smarrì.*

ṣmarrito *part. pass. di smarrire; anche agg.* Perduto: *ufficio oggetti smarriti* | (*fig.*) Sbigottito, confuso: *apparire —* | Che mostra smarrimento: *sguardo —*; SIN. Disorientato.

ṣmascellàre **A** *v. tr.* (*io ṣmascèllo*) (*raro*) Slogare le mascelle. **B** *v. intr. pron. Solo nella loc. smascellarsi dalle risa*, ridere a crepapelle.

ṣmascheraménto *s. m.* **1** (*raro*) Rimozione della maschera. **2** (*fig.*) Rivelazione della vera natura, prima dissimulata, di qc. o q.c.

ṣmascheràre **A** *v. tr.* (*io ṣmàschero*) **1** Togliere la maschera. **2** (*fig.*) Rivelare la vera natura di persone o azioni velate sotto false apparenze: *— un nemico.* **B** *v. rifl.* Togliersi la maschera (*anche fig.*).

ṣmascheratóre *s. m.* (*f. -trìce*) (*fig.*) Chi smaschera: *— di imbrogli.*

smash /*ingl.* smæʃ/ *s. m. inv.* (*pl. ingl. smashes* /smæʃiz/) Nel tennis, schiacciata.

ṣmaterializzàre ***A*** *v. tr.* Liberare dalla materia, dalla realtà materiale. ***B*** *v. intr. pron.* Liberarsi dalla materia, dalla realtà materiale.
ṣmazzàta *s. f.* Parte di una partita a carte che corrisponde alla distribuzione di un intero mazzo.
ṣmembraménto *s. m.* ***1*** (*raro*) Atto dello smembrare un corpo. ***2*** (*fig.*) Frazionamento di un complesso organico in più parti.
ṣmembràre *v. tr.* (*io ṣmèmbro*) ***1*** (*raro*) Tagliare a pezzi un corpo. ***2*** (*fig.*) Frazionare un complesso organico in più parti: – *uno Stato.*
ṣmemoràre ***A*** *v. intr.* (*io ṣmèmoro; aus. essere*) Perdere la memoria. ***B*** *v. intr. pron.* (*raro, lett.*) Dimenticarsi di tutto.
ṣmemoratàggine *s. f.* L'essere smemorato | Atto da smemorato.
ṣmemoràto *part. pass. di smemorare; anche agg. e s. m.* (*f. -a*) Detto di chi ha perduto la memoria | (*est.*) Detto di chi è sbadato, disattento.
ṣmentìre ***A*** *v. tr.* (*io ṣmentìsco, tu ṣmentìsci*) ***1*** Negare, dimostrare falso ciò che altri asserisce o ha asserito: *ha smentito ogni voce sul suo conto* | Sbugiardare: – *un testimone.* ***2*** Non riconoscere ciò che si era precedentemente affermato: *il testimone smentì la deposizione*; SIN. Contraddire, sconfessare. ***3*** Deludere le aspettative altrui: – *la propria fama.* ***B*** *v. rifl.* Agire in modo contrario a quello abituale: *neppure in questa occasione si è smentito* | *Non smentirsi mai*, rimanere coerente con la propria linea di condotta.
ṣmentìta *s. f.* Negazione di asserzioni altrui | Sconfessione, ritrattazione di ciò che si era precedentemente affermato | Parola, azione che smentisce.
ṣmeraldìno *agg.* Di colore verde smeraldo.
ṣmeràldo ***A*** *s. m.* ***1*** Varietà di berillo di colore verde, limpido e puro, usato come pietra preziosa. ***2*** (*poet.*) Colore verde. ***B*** *in funzione di agg. inv.* (*posposto a un s.*) Che ha colore verde vivo e brillante.
ṣmerciàre *v. tr.* (*io ṣmèrcio*) Vendere, spacciare, la merce.
ṣmèrcio *s. m.* Vendita di merci.
ṣmèrgo *s. m.* (*pl. -ghi*) Uccello simile all'anatra, abile nel nuoto, con becco lungo e più alto che largo terminante a uncino.
ṣmerigliàre *v. tr.* (*io ṣmerìglio*) ***1*** Strofinare con smeriglio o altro abrasivo per lucidare e levigare. ***2*** Lavorare con lo smeriglio per rendere traslucido un oggetto trasparente.
ṣmerigliàto *part. pass. di smerigliare; anche agg.* ***1*** Ricoperto di polvere di smeriglio: *carta smerigliata.* ***2*** Reso traslucido mediante smerigliatura: *vetro* –. [→ ill. *fisica*]
ṣmerigliatóre *s. m.* (*f. -trìce*) Operaio che esegue lavori di smerigliatura.
ṣmerigliatrìce *s. f.* Macchina impiegata per smerigliatura. [→ ill. *metallurgia*]
ṣmerigliatùra *s. f.* Operazione dello smerigliare.
ṣmeriglio (1) *s. m.* ***1*** Varietà di corindone finemente granulare. ***2*** Polvere dello smeriglio, usata per lucidare e sim.
ṣmeriglio (2) *s. m.* Piccolo falco macchiettato di bianco e nero, aggressivo.
ṣmerlàre *v. tr.* (*io ṣmèrlo*) Orlare a punto a smerlo: – *una tovaglia.*
ṣmèrlo *s. m.* Orlatura a festone eseguita per rifinire biancheria personale o da casa | *Punto a* –, quello a punti fitti e regolari fermati da piccoli nodi. [→ ill. *tessuto*]
ṣméttere ***A*** *v. tr.* (*coniug. come mettere*) ***1*** Interrompere momentaneamente o definitivamente ciò che si sta facendo: – *il lavoro, gli studi*; *smettetela!* ***2*** Non indossare più, non usare più, detto di indumenti: – *un abito.* ***B*** *v. intr.* (*aus. avere*) Non continuare ciò che si sta facendo: *smetti di parlare.*
ṣmezzàre *v. tr.* (*io ṣmèzzo*) Dividere a metà.
ṣmidollàre ***A*** *v. tr.* (*io ṣmidóllo*) ***1*** Levare il midollo o la midolla: – *una canna.* ***2*** (*fig.*) Svigorire. ***B*** *v. intr. pron.* (*raro, fig.*) Svigorirsi.
ṣmidollàto *part. pass. di smidollare; anche agg. e s. m.* (*f. -a*) Che (o chi) è privo di forza fisica o di energia morale.
ṣmielàre *v. tr.* (*io ṣmièlo*) Levare il miele dai favi.
ṣmielatóre *s. m.* Macchina centrifuga per smielare i favi. [→ ill. *apicoltore*]
ṣmielatùra *s. f.* Operazione dello smielare.
ṣmilitarizzàre *v. tr.* ***1*** Restituire alla condizione civile. ***2*** Privare un paese, un territorio, di qualsiasi installazione militare.
ṣmilitarizzazióne *s. f.* ***1*** Restituzione alla condizione civile. ***2*** Eliminazione di qualsiasi installazione militare da un territorio.
ṣmilzo *agg.* Che ha corporatura magra e snella.
ṣminuìre *v. tr.* (*io ṣminuìsco, tu ṣminuìsci*) Rendere minore (*spec. fig.*): – *l'importanza di q.c.*
ṣminuzzàre ***A*** *v. tr.* ***1*** Ridurre in pezzettini: – *i biscotti.* ***2*** (*fig.*) Esporre con minuzia: – *il resoconto di un fatto.* ***B*** *v. intr. pron.* Ridursi in pezzettini.
ṣmistaménto *s. m.* Operazione dello smistare.
ṣmistàre *v. tr.* ***1*** Disfare una mescolanza separandone i componenti. ***2*** Ripartire i carri di un treno secondo le rispettive destinazioni. ***3*** (*sport*) Nel calcio, – *il pallone*, passarlo a un compagno di squadra.
ṣmiṣuràto *agg.* Che eccede le normali misure, che non si può misurare: *spazio* –; *amore* –; SIN. Immenso, incommensurabile.
ṣmitizzàre *v. tr.* Togliere il carattere di mito | Attribuire a un personaggio, a un movimento e sim. una valutazione più realistica di quella avuta precedentemente: *bisogna* – *il Romanticismo.*
ṣmobilitàre *v. tr.* (*io ṣmobìlito*) ***1*** Riportare le forze armate mobilitate all'organizzazione di pace; CONTR. Mobilitare. ***2*** (*fig.*) Riportare alla situazione di normalità ciò che prima si era mobilitato.
ṣmobilitazióne *s. f.* Complesso delle operazioni necessarie per smobilitare.
ṣmoccolàre ***A*** *v. tr.* (*io ṣmòccolo*) Levare il moccolo | Accorciare lo stoppino o il lucignolo carbonizzato: – *una candela.* ***B*** *v. intr.* (*aus. avere*) (*pop.*) Bestemmiare.
ṣmoccolatóio *s. m.* Arnese per smoccolare, a forma di forbici con un piccolo incavo nella parte superiore in cui si chiude la smoccolatura.
ṣmoccolatùra *s. f.* ***1*** Operazione dello smoccolare. ***2*** Parte carbonizzata del lucignolo o dello stoppino.
ṣmodàto *agg.* Che eccede la giusta misura: *ambizione smodata*; SIN. Immoderato, intemperante.
ṣmoderatézza *s. f.* L'essere smoderato; SIN. Intemperanza.
ṣmoderàto *agg.* Che eccede la moderazione, i giusti limiti: *essere* – *nel bere.*
ṣmog /*ingl.* smɔg/ *s. m. inv.* Insieme di nebbia, fumo e altri residui di combustione che inquinano l'atmosfera spec. dei grandi centri industriali.
smoking /'zmɔking, *ingl.* 'smoukiŋ/ *s. m. inv.* Abito maschile da sera, gener. nero, a volte con giacca bianca o colorata. [→ ill. *abbigliamento*]
ṣmonacàre ***A*** *v. tr.* (*io ṣmònaco, tu ṣmònachi*) Far abbandonare lo stato e l'abito monastico. ***B*** *v. intr. pron.* Abbandonare lo stato e l'abito monastico.
ṣmontàbile *agg.* Che si può smontare: *libreria* –. [→ ill. *ponte*]
ṣmontàggio *s. m.* Scomposizione di meccanismi, macchine e sim. nei vari pezzi costitutivi.
ṣmontàre ***A*** *v. tr.* (*io ṣmónto*) ***1*** Far scendere da un mezzo di trasporto: *smontami in centro.* ***2*** Scomporre un meccanismo nei pezzi che lo compongono: – *un orologio* | – *pietre preziose*, toglierle dal castone. ***3*** Far sgonfiare, afflosciare, sostanze liquide o semiliquide, sbattute o frullate: *il caldo smonta la panna.* ***4*** (*fig.*) Rendere privo di entusiasmo, fiducia in sé: *la tua risposta mi ha smontato.* ***B*** *v. intr.* (*aus. essere* nei sign. 1, 2, *essere* e *avere* nei sign. 3, 4) ***1*** Scendere giù: – *dalla scala* | Scendere da un mezzo di trasporto: – *dal tram.* ***2*** Terminare il proprio turno di lavoro e sim.: – *di guardia.* ***3*** Schiarire, scolorire, stingere, detto di colori. ***4*** Sgonfiarsi, detto di sostanze liquide battute: *il soufflé smonta.* ***C*** *v. intr. pron.* Perdere l'entusiasmo, la fiducia in se stessi: *non si smonta mai.*
ṣmòrfia (1) *s. f.* ***1*** Contrazione del viso, tale da alterarne il normale aspetto, dovuta a spiacevoli sensazioni: *una* – *di dolore.* ***2*** Atto svenevole, lezioso.
ṣmòrfia (2) *s. f.* (*merid.*) Manuale usato nel gioco del lotto, contenente il valore numerico di immagini ricavate da sogni o da altri avvenimenti.
ṣmorfióso ***A*** *agg.* Che ha l'abitudine di fare smorfie:

bambino — | Lezioso, svenevole. **B** *s. m.* (*f.* -*a*) Persona smorfiosa.

ṣmòrto *agg.* **1** Che ha un colorito pallido, spento: *faccia smorta*; SIN. Pallido. **2** Che è privo di splendore e vivacità, detto di colori: *rosso* —. **3** (*fig.*) Che è privo di vigore espressivo: *stile* —.

ṣmorzaménto *s. m.* Riduzione progressiva, attenuazione di intensità, forza e sim.

ṣmorzàre A *v. tr.* (*io ṣmòrzo*) **1** (*dial.*) Spegnere: — *il fuoco, l'incendio*. **2** (*fig.*) Attutire, estinguere: — *la sete*. **3** Diminuire d'intensità, forza e sim.: — *i suoni* | — *le tinte*, attenuarne la vivacità | (*tosc.*) — *un lume*, attenuarne la luce. **B** *v. intr. pron.* Spegnersi.

ṣmorzàta *s. f.* (*sport*) Nel tennis, colpo dato alla palla in modo da diminuirne la velocità e farla cadere nel campo avversario appena oltre la rete.

ṣmorzatóre *s. m.* (*mus.*) Ognuna delle bacchettine ricoperte di flanella o feltro che, passando sulle corde del pianoforte, contengono la sonorità.

ṣmottaménto *s. m.* Frana, generalmente lenta, di un terreno imbevuto d'acqua.

ṣmottàre *v. intr.* (*io ṣmòtto; aus. essere*) Franare.

ṣmozzicàre *v. tr.* (*io ṣmózzico, tu ṣmózzichi*) **1** Tagliare in piccoli pezzi: — *un dolce*. **2** (*fig.*) Abbreviare qua e là, spec. malamente: — *il discorso*.

ṣmùngere *v. tr.* (*coniug. come mungere*) **1** (*raro*) Mungere fino all'ultimo. **2** (*fig.*) Inaridire, togliere la floridezza. **3** (*fig.*) Sfruttare, togliere denaro: — *i cittadini con le tasse*.

ṣmùnto *part. pass. di smungere; anche agg.* Pallido, emaciato: *viso* —; *essere* — *in viso*.

ṣmuòvere A *v. tr.* (*coniug. come muovere*) **1** Spostare un oggetto pesante vincendo la resistenza che esso offre: *riuscimmo a* — *l'armadio*. **2** (*fig.*) Allontanare da un proposito: *bisogna smuoverlo da questa idea* | Riuscire a piegare alla propria volontà: *con preghiere e suppliche smosse l'animo del padre* | Riuscire a far abbandonare uno stato di inerzia: *beato chi riesce a smuoverlo!* **B** *v. intr. pron.* **1** Spostarsi per non essere ben connesso, legato, piantato e sim.: *con la piena del fiume si sono smosse le barche*. **2** (*fig.*) Cambiare proposito: *si è smosso dalla sua posizione*.

ṣmuràre *v. tr.* **1** Disfare il murato. **2** Togliere dal muro ciò che vi era infisso: — *una lapide*.

ṣmussàre A *v. tr.* **1** Privare dell'angolo vivo, arrotondare o spianare uno spigolo con un taglio inclinato: — *uno stipite* | Far perdere il filo a una lama: — *un coltello*. **2** (*fig.*) Togliere asprezza: — *il proprio carattere*. **B** *v. intr. pron.* Perdere il filo, la punta, detto di lame.

ṣmussatùra *s. f.* Operazione dello smussare | Parte smussata.

ṣmùsso *s. m.* **1** Smussatura. **2** Arrotondamento o spianamento degli spigoli di pezzi metallici.

snack-bar /*ingl.* 'snæk ba:/ *s. m. inv.* Bar ove si consumano anche spuntini.

ṣnaturàre *v. tr.* Far cambiar natura, far degenerare la natura di qc.: *il vizio snatura l'uomo* | (*est.*) Alterare, deformare: — *l'opinione di qc*.

ṣnaturàto *agg.; anche s. m.* (*f.* -*a*) Che (o chi) si comporta in modo contrario ai sentimenti, ai principi, ai doveri e sim. della natura umana: *padre* —.

ṣnazionalizzàre *v. tr.* **1** Privare dei caratteri nazionali: — *una popolazione*; CONTR. Nazionalizzare. **2** (*econ.*) Ripristinare la proprietà e la gestione privata di attività economiche.

ṣnebbiàre *v. tr.* (*io ṣnébbio*) **1** Sgombrare dalla nebbia. **2** (*fig.*) Rendere più chiaro | Liberare da ciò che impedisce la comprensione: — *la mente*.

ṣnellézza *s. f.* L'essere snello.

ṣnelliménto *s. m.* (*raro*) Conferimento, acquisizione di snellezza | (*fig.*) Semplificazione atta a rendere più rapida ed efficiente l'esecuzione di q.c.: — *della burocrazia*; — *di una procedura*.

ṣnellìre A *v. tr.* (*io ṣnellisco, tu ṣnellisci*) **1** Rendere snello, o più snello, anche ass. **2** (*fig.*) Rendere più rapido, più efficiente: — *i servizi pubblici*. **B** *v. intr. pron.* Diventare snello, o più snello.

ṣnèllo *agg.* **1** Agile, svelto, leggero nei movimenti. **2** Che ha forma slanciata, sottile ed elegante: *ragazza snella*. **3** (*fig.*) Spigliato, scevro da ogni elemento superfluo: *architettura snella*.

ṣnervaménto *s. m.* **1** Logorio psico-fisico. **2** Deformazione irreversibile che certi materiali, come il ferro, presentano prima di rompersi.

ṣnervànte *part. pres. di snervare; anche agg.* Che snerva, infiacchisce: *attesa* —; SIN. Spossante.

ṣnervàre A *v. tr.* (*io ṣnèrvo*) Infiacchire i nervi, spossare nel fisico e nel morale. **B** *v. intr. pron.* Diventare fiacco.

ṣnervàto *part. pass. di snervare; anche agg.* Fiaccato, estenuato.

ṣnidàre *v. tr.* **1** Far uscire un animale dalla tana o dal nido: — *una lepre*; SIN. Stanare. **2** (*fig.*) Fare uscire qc. da un nascondiglio.

snipe /*ingl.* 'snaip/ *s. m. inv.* (*pl. ingl. snipes* /'snaips/) Imbarcazione da regata.

snòb /*ingl.* snɔb/ **A** *s. m. e f. inv.* (*pl. ingl. snobs* /snɔbz/) Chi ammira e imita tutto ciò che è caratteristico dei ceti e degli ambienti più elevati | Chi affetta distinzione e singolarità di gusti e di maniere. **B** *agg. inv.* Degli snob: *gusti* —.

ṣnobbàre *v. tr.* (*io ṣnòbbo*) Umiliare qc. fingendo indifferenza nei suoi confronti.

ṣnobiṣmo *s. m.* L'essere snob | Atto, comportamento da snob.

ṣnobìstico *agg.* (*pl. m.* -*ci*) Relativo a snobismo | Tipico dello snob.

ṣnocciolàre *v. tr.* (*io ṣnòcciolo*) **1** Togliere il nocciolo dalla frutta. **2** (*fig.*) Proferire rapidamente: — *bugie, orazioni* | Dire per filo e per segno: *snocciolò tutto il fatto*. **3** (*fig., fam.*) Metter fuori denaro in abbondanza.

ṣnocciolatóio *s. m.* Arnese atto a estrarre il nocciolo da olive, ciliegie, prugne e sim.

ṣnodàbile *agg.* Che si può snodare. [→ ill. *ufficio*]

ṣnodàre A *v. tr.* (*io ṣnòdo*) **1** Disfare il nodo: — *una fune, una corda*. **2** Sciogliere e sveltire nei movimenti: *un po' di ginnastica ti snoderà le gambe* | — *la lingua*, cominciare a parlare. **3** Rendere mobile e pieghevole un elemento rigido. **B** *v. intr. pron.* **1** Piegarsi. **2** Articolarsi in varie direzioni, detto di elementi rigidi: *la tubazione si snoda in due parti*. **3** Avere un andamento serpeggiante: *la strada si snoda lungo il monte*.

ṣnodatùra *s. f.* **1** Operazione dello snodare | Punto in cui un oggetto si snoda. **2** Snodo.

ṣnòdo *s. m.* Giunzione articolata tra due pezzi in modo che possano muoversi l'uno rispetto all'altro.

ṣnudàre *v. tr.* **1** Denudare: *snudarsi il petto*. **2** Levare dal fodero: — *la spada*.

soàve (1) *agg.* **1** Che riesce grato, dolce, piacevole, ai vari sensi: *odore, profumo*, —; — *al gusto, al tatto*. **2** Che infonde calma, tranquillità: *visione* —; SIN. Dolce.

soàve (2) *s. m. inv.* Vino giallo paglierino chiaro, secco, prodotto in provincia di Verona.

soavità *s. f.* Qualità di soave.

sobbalzàre *v. intr.* (*aus. avere*) **1** Fare sbalzi continui, detto di cose. **2** Trasalire, dare un balzo: — *al sentire un nome*. ● SIN. Sussultare.

sobbàlzo *s. m.* Balzo, scossa continuata spec. di veicoli | Trasalimento; SIN. Sussulto.

sobbarcàre A *v. tr.* (*io sobbàrco, tu sobbàrchi*) Sottoporre a una seria responsabilità: — *qc. a una spesa*. **B** *v. rifl.* Solo nella loc. *sobbarcarsi a q.c.*, assumersi un impegno gravoso: *non voglio sobbarcarmi a un così grosso sacrificio*.

sobbollìre *v. intr.* (*io sobbóllo; aus. avere*) **1** Bollire piano. **2** (*raro, fig.*) Cominciare a manifestarsi, detto di passioni e sim.

sobbórgo *s. m.* (*pl.* -*ghi*) **1** Anticamente, borgo contiguo o vicino alla città. **2** Piccolo centro abitato nelle immediate vicinanze di una grande città.

sobillàre *v. tr.* Istigare di nascosto a manifestazioni di ostilità: — *gli animi*; *farsi* — *da qc*.

sobillatóre A *s. m.* (*f.* -*trice*) Chi sobilla. **B** *anche agg.*

sobrietà *s. f.* L'essere sobrio; SIN. Frugalità, moderazione.

sòbrio *agg.* **1** Parco, temperante, moderato, nel mangiare e nel bere o nel soddisfare altri istinti naturali; SIN. Frugale, morigerato. **2** (*fig.*) Alieno da eccessi o superfluità.

socchiùdere *v. tr.* (*coniug. come chiudere*) Chiudere non completamente, lasciando un'apertura: — *la porta*.

sòccida *s. f.* Contratto con cui due parti si associano per l'allevamento di bestiame e l'esercizio delle attività a esso connesse.

soccidànte *s. m. e f.* Chi, nella soccida, conferisce generalmente il capitale.

soccidàrio *s. m.* Chi, nella soccida, conferisce generalmente il lavoro.

sòcco *s. m.* (*pl. -chi*) Calzare usato dagli antichi nella commedia. [→ ill. *calzatura*]

soccombènte ***A*** *part. pres. di soccombere; anche agg.* Che cede, è vinto | (*dir.*) Di parte di un processo le cui pretese sono state riconosciute in tutto o in parte infondate dal giudice. ***B*** *s. m. e f.* Parte soccombente.

soccómbere *v. intr.* (*pres. io soccómbo; pass. rem. io soccombéi o soccombètti, tu soccombésti; non usato nei tempi composti*) ***1*** Non reggere, essere costretto a cedere: – *alla violenza.* ***2*** Restare vinto | – *in giudizio*, perdere una causa giudiziaria | Morire; SIN. Perire.

soccórrere ***A*** *v. tr. e intr.* (*pass. rem. io soccórsi, tu soccorrésti; part. pass. soccórso; aus. avere*) Accorrere in aiuto, dare aiuto: – *chi è in pericolo*; SIN. Aiutare. ***B*** *v. intr.* (*aus. essere*) (*lett.*) Venire alla mente, sovvenire: *non mi soccorre quell'indirizzo.*

soccorritóre ***A*** *s. m.* (*f. -trice*) Chi soccorre. ***B*** *anche agg.*

soccórso *s. m.* ***1*** Aiuto prestato a chi si trova in stato di grande bisogno o pericolo: *dare, prestare – a qc.*; *gridare al –* | *Pronto –*, prima assistenza prestata a persona malata; luogo di prima cura | (*fig., scherz.*) – *di Pisa*, inutile e tardivo, con riferimento a quello che i pisani, assediati dai fiorentini, attesero invano dall'imperatore Massimiliano. [→ ill. *cane, funivia*] ***2*** (*est.*) Sussidio, sovvenzione: *un – in denaro.* ***3*** *spec. al pl.* Rifornimenti, rinforzi: *i soccorsi agli assediati.*

socialdemocràtico ***A*** *agg.* (*f. -a; pl. m. -ci*) Della socialdemocrazia. ***B*** *agg.; anche s. m.* (*f. -a*) ***1*** Sostenitore della socialdemocrazia. ***2*** Appartenente al Partito Socialista Democratico Italiano.

socialdemocrazìa *s. f.* Socialismo di tipo riformista, che rifiuta i metodi rivoluzionari.

sociàle *agg.* ***1*** Che fa vita associata | *Animale –*, (*per anton.*) l'uomo. ***2*** Che si riferisce alla società umana: *doveri sociali* | *Ordine –*, condizione di una società caratterizzata dall'assenza di conflitti che possano compromettere l'equilibrio. ***3*** Che si riferisce all'ambiente in cui si svolge la propria vita, per tutto ciò che concerne il lavoro, i rapporti con gli altri e sim.: *rapporti, convenzioni sociali.* ***4*** Che tende a garantire benessere e sicurezza a tutti i cittadini: *previdenza –.* ***5*** Che si riferisce a un'associazione, una società: *attività –, capitale –.* ***6*** Che si svolge tra i membri di un'associazione, di una società: *pranzo –.* ***7*** Di alleato | *Guerre sociali*, insorte tra i membri di una stessa confederazione.

socialismo *s. m.* Teoria e movimento politico-economico che propugnano il possesso dei mezzi di produzione da parte delle classi lavoratrici per realizzare l'uguaglianza politica, sociale ed economica di tutti gli uomini.

socialista ***A*** *agg.* (*pl. m. -i*) Del socialismo. ***B*** *agg.; anche s. m. e f.* ***1*** Sostenitore del socialismo. ***2*** Appartenente al Partito Socialista Italiano.

socialistico *agg.* (*pl. m. -ci*) Del socialismo.

socialità *s. f.* ***1*** Tendenza umana alla convivenza sociale. ***2*** Complesso di rapporti esistenti fra gli appartenenti a una determinata società o a un determinato ambiente | (*est.*) Consapevolezza di tali rapporti.

socializzàre ***A*** *v. tr.* ***1*** Trasferire la proprietà dei mezzi di produzione allo Stato e la loro gestione a organismi democratici. ***2*** Educare un individuo spec. giovane alle relazioni di gruppo. ***B*** *v. intr.* Intrattenere rapporti sociali nell'ambiente in cui si vive.

socializzazióne *s. f.* ***1*** Trasferimento alla collettività della proprietà e gestione di attività economiche. ***2*** Processo di apprendimento e adattamento alle norme sociali prevalenti.

socialménte *avv.* In modo sociale | Dal punto di vista sociale.

società *s. f.* ***1*** Unione tra esseri viventi con scopi comuni da raggiungere: *vivere in –.* ***2*** Gruppo umano costituito al fine di sviluppare la cooperazione tra gli individui e caratterizzato da particolari strutture di relazioni gerarchiche: – *umana, civile*; *essere utile alla –*; *essere bandito dalla –.* ***3*** (*zool.*) Associazione di individui di una specie animale che vivono insieme e fanno fronte alle necessità della comunità dividendosi i compiti: *la – delle api, delle formiche.* ***4*** Associazione di persone aventi determinati fini comuni: – *sportiva*; – *di mutuo soccorso* | *L'onorata –*, la camorra napoletana e (*est.*) la mafia. ***5*** (*dir.*) Contratto con cui due o più persone conferiscono beni e servizi per l'esercizio di un'attività economica, allo scopo di dividerne gli utili | – *per azioni*, in cui le quote sociali sono rappresentate da azioni. ***6*** (*est.*) Unione di due o più persone che decidono di partecipare insieme a un affare: *fare – con qc.*; *mettersi in – con qc.*; *fare un affare in – con qc.* ***7*** Ceto elevato, aristocratico, mondano: *l'alta, la buona –*; *debuttare in –* | *Abito da –*, per ricevimenti e feste mondane | *Giochi di –*, passatempi da salotto. ***8*** Compagnia di certe persone: *amare, fuggire la –.*

societàrio *agg.* (*dir.*) Della società, che riguarda la società.

sociévole *agg.* ***1*** Che ama e cerca la compagnia dei suoi simili: *uomo, animale –.* ***2*** (*lett.*) Che vive facilmente in società: *l'uomo è un essere –.* ***3*** Che sta volentieri in compagnia: *è un tipo molto –* | (*est.*) Che è cortese e affabile nei rapporti con gli altri.

socievolézza *s. f.* L'essere socievole.

sòcio *s. m.* (*f. -a*) ***1*** Chi partecipa con altri a q.c.: *i soci dell'impresa.* ***2*** Chi è parte di un contratto di società: *soci fondatori.* ***3*** Membro di un'associazione, di un circolo e sim.: – *del circolo sportivo.*

sociobiologìa *s. f.* (*pl. -gie*) Studio delle basi biologiche, spec. genetiche, del comportamento sociale dell'uomo e degli animali.

socioculturàle *agg.* Relativo al livello sociale e culturale di un individuo o gruppo.

socioeconòmico *agg.* (*pl. m. -ci*) Detto di fenomeno colto insieme nei suoi aspetti economici e sociali.

sociologìa *s. f.* Scienza che studia i vari fenomeni e processi della società umana.

sociològico *agg.* (*pl. m. -ci*) Della sociologia.

sociòlogo *s. m.* (*f. -a; pl. m. -gi*) Studioso di sociologia.

sociosanitàrio *agg.* Relativo all'assistenza medica pubblica.

socràtico ***A*** *agg.* (*pl. m. -ci*) Di Socrate, famoso filosofo ateniese | *Metodo –*, maieutica. ***B*** *s. m.* Chi segue la filosofia di Socrate.

sòda *s. f.* ***1*** Nome commerciale del carbonato di sodio, ottenuta industrialmente dal cloruro di sodio col processo Solvay; usata nella produzione dei saponi, dei detersivi, della carta, del vetro | – *caustica*, nome commerciale dell'idrossido di sodio, ottenuta industrialmente per elettrolisi del cloruro sodico; usata per fabbricare saponi, nelle industrie della carta, della cellulosa e sim. ***2*** Acqua gassosa artificiale simile al seltz usata per allungare bevande alcoliche.

sodàglia *s. f.* Terreno non dissodato.

sodalìzio *s. m.* ***1*** Associazione, società | – *sportivo*, società sportiva. ***2*** (*lett.*) Comunanza di vita di compagni, amici e sim.

sodàre *v. tr.* (*io sòdo*) Rassodare un tessuto con la gualchiera.

sodatrìce *s. f.* (*tess.*) Macchina per eseguire la follatura dei panni di lana.

sodatùra *s. f.* Operazione del sodare i feltri per cappelli.

soddisfacènte *part. pres. di soddisfare; anche agg.* Che soddisfa | Esauriente.

soddisfàre *v. tr. e intr.* (*pres. io soddisfàccio o soddisfò o soddìsfo, tu soddisfài o soddìsfi, egli soddisfà o soddìsfa, noi soddisfacciàmo o evit. soddisfiàmo, voi soddisfàte, essi soddisfànno o soddìsfano; fut. io soddisfarò o fam. soddisferò, congv. pres. io soddisfàccia o soddìsfi, noi soddisfacciàmo o evit. soddisfiàmo, voi soddisfacciàte o evit. soddisfiàte, essi soddisfàcciano o soddìsfino; condiz. pres. io soddisfarèi o fam. soddisferèi, tu soddisfarésti o fam. soddisferésti, nelle altre forme coniug. come fare; aus. avere*) ***1*** Adempiere, appagare: – *una domanda*; – *a una domanda.* ***2*** Contentare: – *il pubblico, i lettori* | Piacere: *la tua idea non mi soddisfa.* ***3*** Eseguire ciò che è dovuto, richiesto e sim.: – *i propri impegni*; – *ai propri impegni* | – *a un debito*, pagarlo | Dare soddisfazione, fare ammenda: – *un'offesa*; – *a un'offesa.* ***4*** Essere in corrispondenza, in accordo: *la teoria soddisfa le premesse*; *la teoria soddisfa alle premesse*.

soddisfàtto *part. pass. di soddisfare; anche agg.* **1** Che è completamente appagato nei desideri, nelle richieste e sim.: *essere, dichiararsi, mostrarsi,* —; CONTR. Insoddisfatto. **2** Pagato, adempiuto: *debito* —.

soddisfazióne *s. f.* **1** Adempimento di ciò che è dovuto, richiesto e sim.: — *di un debito* | Riparazione di offesa, danno e sim.: *chiedere, ricevere,* — *di q.c.* **2** Compiacimento che prova chi è soddisfatto: *ebbe la* — *di essere premiato* | Contentezza, gioia: *le soddisfazioni della vita*; SIN. Piacere; CONTR. Insoddisfazione.

sòdico *agg.* (*pl. m. -ci*) Del sodio.

sòdio *s. m.* Elemento chimico, metallo alcalino bianco argenteo, ottenuto in generale per elettrolisi del cloruro sodico fuso, presente in natura nei suoi sali. SIMB. Na. [→ ill. *illuminazione*]

sòdo A *agg.* **1** Compatto, duro al tatto, privo di parti vuote o molli: *carni sode* | *Uova sode*, bollite nell'acqua col guscio. **2** Pesante, forte: *mani sode* | (*ell.*) *Darle, prenderle, sode*, picchiare, essere picchiato duramente. **3** (*fig.*) Saldo, solido: *argomenti sodi* | Ponderato, fondato, serio: *cultura soda*. **B** *in funzione di avv.* **1** Con forza, duramente: *picchiare* —. **2** Con intensità, con serietà: *lavorare* —. **3** Profondamente: *dormire* —. **C** *s. m.* **1** Terreno duro, massiccio: *costruire sul* —. **2** Consistenza, reale valore, *spec. nella loc.* *esserci del* —; *c'è del* — *in quell'affare* | *Venire al* —, parlare dell'argomento più importante.

sodomia *s. f.* Omosessualità maschile | Rapporto sessuale contro natura.

sodomita *s. m.* (*pl. -i*) Chi è dedito alla sodomia.

sofà *s. m.* Tipo di sedile basso, imbottito e ricoperto di tessuto, con schienali e braccioli. [→ ill. *mobili*]

sofferènte *part. pres. di soffrire; anche agg. e s. m. e f.* Che (o chi) soffre.

sofferènza *s. f.* **1** Patimento nel fisico o nel morale. **2** Ritardo nel pagamento di un debito | *Cambiale in* —, non pagata alla scadenza.

soffermàre A *v. tr.* (*io soffèrmo*) Fermare per breve tempo: — *lo sguardo su q.c.* **B** *v. intr. pron.* Fermarsi alquanto: *soffermarsi a parlare*; SIN. Sostare, trattenersi.

soffèrto *part. pass. di soffrire; anche agg.* **1** Subito, patito: *gli affanni sofferti*. **2** Detto di manifestazione spirituale o artistica che riveli la sofferenza interiore da cui ha avuto origine: *un quadro* — | (*est.*) Di ciò che rivela travaglio, fatica e sim.: *una vittoria sofferta*.

soffiàre A *v. tr.* (*io sóffio*) **1** Spingere fuori con forza dalla bocca fiato, aria, fumo e sim.: — *l'aria col mantice* | *Soffiarsi il naso*, liberarlo dal muco espellendo questo attraverso le narici. **2** — *il vetro*, lavorarlo con il soffio a caldo, usando la canna da vetraio. **3** (*pop.*) Riferire in segreto, spec. con intenzioni maligne: — *una parola nell'orecchio a qc.* | ass. Fare la spia: *i due arrestati hanno soffiato*. **4** Nel gioco della dama, eliminare la pedina avversaria che non ha compiuto una mossa obbligatoria. **5** (*est.*) Portare via ciò che appartiene o spetta ad altri: *gli ha soffiato il posto*. **B** *v. intr.* (*aus. avere*) **1** Spingere con forza il fiato dalle labbra semichiuse, gonfiando le gote: — *sulla minestra bollente* | — *sul fuoco, nel fuoco*, perché si accenda o si ravvivi; (*fig.*) aizzare. **2** Sbuffare per ira, impazienza, stanchezza, fatica e sim.: — *di rabbia*. **3** Spirare, detto di venti: *vento che soffia da nord-est*.

soffiàta *s. f.* **1** Atto del soffiare una volta. **2** (*pop.*) Comunicazione di notizia riservata o segreta fatta da anonimi | Spiata.

soffiatóre *s. m.* (*f. -trice*) **1** Operaio vetraio che, soffiando nella canna, fa assumere al vetro la forma desiderata. **2** (*fig., pop.*) Spia.

soffiatùra *s. f.* Operazione del soffiare, spec. nella lavorazione del vetro.

sòffice o *sóffice agg.* Che si piega e cede con facilità alla pressione: *lana morbida e* —; SIN. Morbido.

soffieria *s. f.* Impianto atto a fornire aria sotto pressione, per altiforni, convertitori e sim.

soffiétto *s. m.* **1** Piccolo mantice a mano per accendere o ravvivare il fuoco, per dare lo zolfo alle viti e sim. **2** Mantice di carrozza. **3** Dispositivo allungabile, di pelle o tela, posto fra il dorso e la parte anteriore di un apparecchio fotografico. **4** Articolo o brano di giornale inteso a esaltare persona od opera, anche non meritevole.

sóffio *s. m.* **1** Atto del soffiare. **2** Aria, fiato, vento e sim. emesso nel soffiare | *In un* —, *d'un* —, in un attimo. **3** (*fig., lett.*) Ispirazione: *il* — *dell'arte*. **4** Leggero rumore, leggero ronzio: *il* — *del ventilatore*. **5** (*med.*) Rumore patologico che si ascolta sul cuore o in corrispondenza dell'albero respiratorio.

soffióne (1) *s. m.* **1** Canna di ferro per ravvivare il fuoco soffiando. **2** Emissione violenta di vapori e gas surriscaldati e sotto pressione, da condotti e spaccatura del suolo: — *boracifero*. [→ ill. *geografia*]

soffióne (2) *s. m.* (*bot.*) Dente di leone.

soffitta *s. f.* Vano a tetto, solaio.

soffittàre *v. tr.* Munire di soffitto.

soffittatùra *s. f.* Rivestimento per soffitti che nasconde la travatura.

soffitto *s. m.* Superficie inferiore di un solaio o di una volta che fa da cielo a un ambiente. [→ ill. *casa, scopa*]

soffocaménto *s. m.* Impedimento della respirazione.

soffocànte *part. pres. di soffocare; anche agg.* Che soffoca | (*fig.*) Opprimente: *atmosfera* — | *Gas* —, aggressivo chimico che agisce sulle vie respiratorie.

soffocàre A *v. tr.* (*io sòffoco, tu sòffochi*) **1** Impedire di respirare: *questo caldo mi soffoca* | Uccidere impedendo di respirare: *Otello soffocò Desdemona* | — *le fiamme*, spegnerle. **2** (*fig.*) Far sì che q.c. non appaia, non si manifesti: — *uno scandalo, una passione* | — *q.c. nel sangue*, reprimerla con uccisioni, tumulti. **3** Opprimere privando dell'aria e della luce: — *il grano*. **B** *v. intr. e intr. pron.* (*aus. essere*) Non poter respirare: *qui si soffoca dal caldo*.

soffocàto *part. pass. di soffocare; anche agg.* Impedito nella respirazione: *morire* — | (*fig.*) Represso, impedito: *grido, gemito* —.

soffocazióne *s. f.* Soffocamento | (*fig.*) Oppressione | (*est., fig.*) Repressione: — *di una ribellione*.

soffóndere A *v. tr.* (*coniug. come fondere*) (*lett.*) Cospargere, colorire delicatamente. **B** *v. intr. pron.* (*lett.*) Cospargersi, colorirsi: *il viso le si soffuse di rossore*.

soffriggere A *v. tr.* (*coniug. come friggere*) Far friggere leggermente, a fuoco basso. **B** *v. intr.* (*aus. avere*) Friggere leggermente.

soffrire A *v. tr.* (*pres. io sòffro; pass. rem. io soffrii o soffèrsi, tu soffristi; part. pres. soffrènte o sofferènte; part. pass. soffèrto*) **1** Patire dolori fisici o morali: — *gravi tormenti* | — *le pene dell'inferno*, (*fig.*) soffrire molto | Sopportare situazioni particolarmente penose: — *la fame, la sete*. **2** Sopportare, tollerare: *non posso* — *i rumori* | Avere in antipatia: *non posso* — *le persone ipocrite*. **B** *v. intr.* (*aus. avere*) **1** Patire dolori fisici o morali: *quella donna ha molto sofferto*. **2** Essere soggetto a un disturbo, a una malattia: — *di mal di testa*; — *agli occhi*. **3** Andare a male, avvizzire, detto di piante.

soffritto *s. m.* Battuto di cipolla e odori, che si fa soffriggere prima di aggiungervi la carne.

soffùso *part. pass. di soffondere; anche agg.* (*lett.*) Cosparso, colorito: *viso* — *di rossore*.

sofisma *s. m.* (*pl. -i*) Ragionamento apparentemente logico, ma in realtà falso e capzioso; SIN. Cavillo.

sofista *s. m.* (*pl. -i*) **1** Nel mondo greco dei sec. V e IV a.C., maestro di retorica e di saggezza. **2** (*est.*) Chi si serve di sofismi.

sofistica *s. f.* Indirizzo filosofico in Grecia, nei secoli V e IV a.C.

sofisticàre A *v. intr.* (*io sofistico, tu sofistichi; aus. avere*) Ragionare per sofismi: — *su tutto*. **B** *v. tr.* Alterare con frode gli alimenti posti in commercio: — *il vino*; SIN. Adulterare.

sofisticàto *part. pass. di sofisticare; anche agg.* **1** Adulterato: *vino* —. **2** Che mostra raffinatezza e ricercatezza eccessive: *donna sofisticata*. **3** Detto di congegno e sim. ad altissimo grado di perfezione tecnologica.

sofisticatóre *s. m.* (*f. -trice*) Chi sofistica una merce.

sofisticazióne *s. f.* Alterazione fraudolenta di un prodotto spec. alimentare; SIN. Adulterazione.

sofisticheria *s. f.* **1** L'essere sofistico. **2** Ragionamento sofistico.

sofistico A *agg.* (*pl. m. -ci*) **1** Che concerne i sofisti o la sofistica. **2** Che è eccessivamente scrupoloso, cavilloso. **B** *agg.; anche s. m.* (*f. -a*) Detto di chi è esigente, schizzinoso, di gusti difficili; SIN. Schifiltoso, schizzinoso.

softball /*ingl.* sɔftbɔːl/ *s. m. inv.* Gioco simile al baseball, su un campo di dimensioni minori.

software /*ingl.* 'sɔft'wɛə/ *s. m. inv.* (*pl. ingl. softwares* /'sɔft'wɛəz/) **1** L'insieme dei linguaggi e dei programmi che permettono di svolgere le elaborazioni di un sistema elettronico. **2** (*est.*) L'insieme dei programmi necessari per una data attività tecnologica. • CFR. Hardware.

soggettista *s. m. e f.* (*pl. m. -i*) Autore di soggetti cinematografici, televisivi e sim.

soggettivàre *v. tr.* Rendere soggettivo | Interpretare i fatti e le cose in modo soggettivo.

soggettivìsmo *s. m.* **1** Dottrina filosofica secondo cui i valori o i criteri di verità risultano essere determinati dagli stati d'animo del soggetto. **2** (*est.*) Modo di interpretare i fatti secondo il proprio pensiero. • CONTR. Oggettivismo.

soggettivìsta *s. m. e f.* (*pl. m. -i*) Chi segue il soggettivismo; CONTR. Oggettivista.

soggettivìstico *agg.* (*pl. m. -ci*) Del soggettivismo | Tipico del soggettivista; CONTR. Oggettivistico.

soggettività *s. f.* L'essere soggettivo.

soggettivo *agg.* **1** Che deriva dal modo di sentire, pensare e giudicare propri dell'individuo in quanto tale: *opinione soggettiva*; CONTR. Oggettivo. **2** (*gramm.*) Del soggetto | *Proposizione soggettiva*, che fa da soggetto.

soggètto (1) *agg.* **1** Sottomesso all'autorità o al potere altrui, a un obbligo, a una condizione: *essere — a vigilanza speciale.* **2** (*est.*) Esposto a un'azione proveniente dall'esterno: *il paese è — a frane* | Detto di persona, che soffre con una certa continuità di un disturbo: *va — a forti emicranie.*

soggètto (2) *s. m.* **1** Argomento, tema: *il — della conversazione*; *allontanarsi dal — trattato* | *Battuta a —*, improvvisata dall'attore in scena | *Film a —*, narrativo, non documentario. [→ ill. *posta*] **2** (*filos.*) L'io in quanto realtà pensante; CONTR. Oggetto. **3** (*gramm.*) La persona o la cosa che fa o subisce l'azione espressa dal verbo o si trova nella condizione indicata dal verbo. **4** (*med.*) Individuo, persona: *— anemico, isterico.* **5** (*fam.*) Persona, tipo (spec. *iron.* o *spreg.*): *quel tuo amico è un bel —.* **6** Suddito.

soggezióne *s. f.* **1** Condizione di chi è soggetto: *— alla volontà altrui*; SIN. Sottomissione. **2** Riguardo timoroso, rispetto misto a imbarazzo e timore che si prova nel trovarsi in ambienti nuovi, o al cospetto di persone importanti: *dare, ispirare —*; *avere — di qc. o di q.c.*

sogghignàre *v. intr.* (*aus. avere*) Fare sogghigni, in segno di disprezzo, sarcasmo, ironia.

sogghigno *s. m.* Ghigno dissimulato.

soggiacére *v. intr.* (*coniug. come giacere; aus. essere o avere*) Essere sottoposto, soggetto: *— alla volontà altrui*; SIN. Sottostare.

soggiogàre *v. tr.* (*io soggiógo, tu soggióghi*) **1** Debellare, mettere sotto il proprio dominio: *Napoleone soggiogò regni e imperi*; SIN. Sottomettere. **2** (*fig.*) Dominare.

soggiornàre *v. intr.* (*io soggiórno; aus. avere*) Trattenersi nello stesso luogo per un certo numero di giorni: *— in Riviera.*

soggiórno *s. m.* **1** Permanenza per un certo periodo di tempo in un luogo: *luogo di —* | *Imposta di —*, corrisposta all'ente locale da chi temporaneamente dimora in località distinte da quelle della propria residenza. **2** Luogo in cui si soggiorna. **3** Stanza di dimensioni relativamente ampie dove si vive normalmente durante il giorno. [→ ill. *casa*]

soggiùngere *v. tr. e intr.* (*coniug. come giungere; aus. avere*) Dire in aggiunta a quanto già detto, riprendendo il discorso.

soggiuntivo A *agg.* (*raro*) Che soggiunge, che unisce. **B** *s. m.* (*gramm.*) Congiuntivo.

soggólo *s. m.* **1** Benda a largo nastro che passa sotto il mento. **2** Benda, velo che le monache portano sotto o intorno alla gola. [→ ill. *religione*] **3** Striscia di cuoio che si porta sotto il mento, nei copricapi militari.

sòglia *s. f.* **1** Parte inferiore del vano della porta, spesso formata da una lastra di marmo, che comprende tutta la lunghezza dell'apertura. **2** (*est.*) Porta, entrata, ingresso: *fermarsi sulla —.* **3** (*fig.*) Primordio, principio: *essere alla, sulla, — della vecchiaia*; *l'inverno è alle soglie.* **4** (*fis.*) Limite inferiore, valore minimo, perché un agente produca un certo effetto | *— di udilibilità*, intensità di un'onda sonora nell'aria, al di sotto della quale il suono non viene più udito. **5** (*psicol.*) Punto in cui uno stimolo è ancora capace di provocare una risposta specifica da un organismo.

sòglio *s. m.* **1** Trono, seggio di un sovrano: *— reale, imperiale.* **2** Sede, regno di un sovrano.

sògliola *s. f.* Pesce osseo marino, dal corpo appiattito, di colore variabile su un lato, mimetico con i fondali sabbiosi, di carni pregiate. [→ ill. *animali* 9]

sognànte *part. pres. di sognare; anche agg.* Che sogna | Che sembra sognare: *sguardo —* | Da sogno: *atmosfera —.*

sognàre A *v. tr.* **1** Vedere, credere di vedere, dormendo, in sogno: *ho sognato mio padre*; *ho sognato di morire* | Anche col compl. dell'ogg. interno: *— un brutto sogno.* **2** (*fig.*) Desiderare ardentemente: *sogno una casa in campagna*; SIN. Vagheggiare. **3** (*fig.*) Illudersi, sperare invano (*spec. pleon.*): *non sognarti di venire con me.* **4** (*fig.*) Immaginare, supporre, q.c. di completamente inaspettato, spec. in frasi interrogative o negative: *chi avrebbe mai sognato di rivederti?* **B** *v. intr.* (*aus. avere*) Fare sogni: *i bambini sognano molto* | (*fig.*) Fantasticare | *— a occhi aperti*, immaginare cose lontane dalla realtà. **C** *v. intr. e intr. pron.* (*aus. intr. avere*) Vedere, credere di vedere, in sogno: *ho sognato di mio padre*; *mi sono sognato di mio padre.*

sognatóre A *s. m.* (*f. -trìce*) **1** Chi sogna. **2** (*fig.*) Chi è portato a fantasticare. **B** *anche agg.*

sógno *s. m.* **1** Sequenza di immagini più o meno coerenti che si presentano durante il sonno: *fare un —*; *vedere qc. in —* | (*fam.*) *Nemmeno, neppure, neanche per —*, assolutamente no. **2** Fantasia, cosa lontana dalla realtà: *era solo un —*; *è stato un —* | Illusione in cui è dolce cullarsi: *i sogni della gioventù.* **3** Persona, cosa molto bella: *quella ragazza è un —.*

sòia *s. f.* Pianta erbacea cespugliosa delle Rosali, con frutto a baccello peloso e semi usati per mangime e per l'estrazione dell'olio. [→ ill. *piante* 10]

soirée /*fr.* swa're/ *s. f. inv.* (*pl. fr. soirées* /swa're/) Festa mondana, elegante che ha luogo la tarda sera.

sòl (1) *s. m. inv.* (*mus.*) Quinta delle sette note. (V. nota d'uso ACCENTO)

sòl (2) *s. m. inv.* Sospensione finissima di sostanze colloidali in acqua o altro liquido.

solàio *s. m.* **1** Struttura orizzontale a travi di legno, travetti di ferro e laterizi, cemento armato, che nei fabbricati sopporta il pavimento dei singoli piani e i carichi gravanti su di essi | Soffitta. [→ ill. *casa*] **2** (*tosc.*) Nelle case rurali, locale sotto il tetto con un lato aperto.

Solanàcee *s. f. pl.* Famiglia di piante erbacee o legnose delle Tubiflorali, con fiori solitari o riuniti in infiorescenze cimose, frutto a bacca o capsula. [→ ill. *piante* 12]

solàre (1) *agg.* **1** Attinente al Sole: *raggio —* | *Orologio —*, meridiana | *Sistema —*, insieme del Sole e dei corpi che gravitano intorno a esso. [→ ill. *astronomia*] **2** Di congegno e sim. atto a fornire energia solare: *pannello —* | *Batteria —*, che per funzionare utilizza i raggi del Sole. [→ ill. *solare*] **3** (*poet.*) Luminoso, radioso. **4** (*fig., lett.*) Lampante, evidente.

solàre (2) o (*lett.*) **suolàre** *v. tr.* (*io suòlo, pop. sòlo; in tutta la coniug. la o dittonga preferibilmente in uo se tonica*) Mettere la suola alle scarpe.

solarium /*lat.* so'larjum/ *s. m. inv.* Terrazzo esposto, adatto per la cura del sole.

solatìo A *agg.* Che è esposto al sole, a mezzogiorno: *terreno —*; SIN. Soleggiato. **B** *s. m.* Luogo volto a mezzogiorno. • CONTR. Bacìo.

solatùra o *suolatùra* *s. f.* Operazione del solare | La suola applicata.

solcàre *v. tr.* (*io sólco, tu sólchi*) **1** Fendere con solchi prodotti dall'aratro: *— il campo.* **2** (*fig.*) Fendere l'acqua detto di imbarcazioni: *— il mare.* **3** (*fig.*) Lasciare un solco, un segno, una ruga e sim.: *un fulmine solcò il cielo.*

solcatóre A *s. m.; anche agg.* (*f. -trìce*) (*lett.*) Chi (o che) solca. **B** *s. m.* (*agr.*) Organo della seminatrice che apre i piccoli solchi nei quali è posto il seme.

solcatùra *s. f.* Operazione del solcare un terreno | Il solco prodotto.

sólco *s. m.* (*pl.* -*chi*) **1** Scavo aperto nel terreno con aratro, solcatore, zappa e sim. | *Uscire dal* –, (*fig.*) deviare, divagare. [→ ill. *agricoltura*] **2** (*est.*) Incavatura simile a un solco impressa su una superficie: *i solchi delle ruote*; *il – di un disco per grammofono* | (*est.*) Scia, spec. di imbarcazioni.

solcòmetro *s. m.* Apparecchio che serve a misurare la velocità di una nave.

soldatàglia *s. f.* (*spreg.*) Quantità di soldati disordinati e indisciplinati.

soldatésca *s. f.* Quantità di soldati (*spec. spreg.*).

soldatésco *agg.* (*pl. m.* -*schi*) Da soldato (*spec. spreg.*).

soldatino *s. m.* **1** *Dim. di soldato.* **2** Figurina di soldato di piombo o plastica, usata come balocco. [→ ill. *giochi*]

soldàto *s. m.* (*f. raro* -*a*, *scherz.* -*éssa*; V. nota d'uso FEMMINILE) **1** Anticamente, chi esercitava a pagamento il mestiere delle armi. **2** (*gener.*) Militare | *Fare il* –, *andare* –, prestare servizio di leva | *Tornare da* –, tornare a casa dopo aver compiuto il servizio di leva. **3** Gradino più basso della gerarchia militare: *gli ufficiali e i soldati.* **4** *spec. al pl.* (*gener.*) Uomini armati, unità di truppa: *soldati a cavallo.* **5** (*fig.*) Chi esercita una missione, lotta per un ideale, con coraggio e abnegazione: – *della fede.*

sòldo *s. m.* **1** Antica moneta europea derivata dal solido del tardo Impero romano | Ventesima parte della lira sino all'inizio della seconda guerra mondiale | *A* – *a* –, un soldo dopo l'altro | *Quattro soldi*, poco denaro (*anche spreg.*). **2** (*est.*) Quantità minima di denaro, scarso valore, *nelle loc.*: *essere senza un* –; *non avere un* –; *roba da pochi soldi*; *non valere un* –, *un* – *bucato.* **3** *al pl.* (*gener.*) Denari, quattrini: *essere pieno di soldi* | *Fare i soldi*, arricchire | *Mettere da parte i soldi*, risparmiare. **4** Anticamente, paga del soldato mercenario | *Prendere al* –, reclutare a mercede | *Andare, essere, al* – *di qc.*, andare, essere al suo servizio | Paga militare, stipendio.

sóle o gener. *Sole* nel sign. 1 *s. m.* **1** (*astron.*) La stella più vicina alla Terra attorno alla quale orbitano i pianeti con i loro satelliti: *i raggi del* –; *levata, tramonto del* – | *Sotto il* –, sulla Terra: *nulla di nuovo sotto il* –. [→ ill. *astronomia, geografia*] **2** (*est.*) Luce solare: *giornata senza* –; *il riflesso del* – | *Occhiali da* –, usati per proteggere gli occhi dalle radiazioni solari | *Orologio a* –, meridiana | *Essere esposto al* –, a mezzogiorno | (*scherz.*) *Vedere il* – *a scacchi*, essere in prigione | *Essere chiaro come il* –, essere evidente | *Alla luce del* –, senza nascondere nulla | *Avere q.c. al* –, (*fig.*) possedere qualche immobile | Luce, calore del sole: *il* – *batte, dardeggia, picchia* | *Prendere il* –, *fare la cura del* –, esporre il corpo ai raggi solari. **3** (*gener.*) Ogni corpo celeste che irradia luce propria; SIN. Stella. **4** (*poet.*) Giorno. **5** (*fig.*) Simbolo di splendore, bellezza, potenza e sim.: *essere bello come il* – | *Re Sole*, appellativo di Luigi XIV, re di Francia. **6** (*fig., poet.*) Persona amata sopra ogni altra. [→ tav. *proverbi* 337]

solécchio *s. m. Nelle loc. fare, farsi* –, farsi schermo con la mano aperta, per evitare che una luce troppo viva colpisca gli occhi.

solecìsmo *s. m.* Uso errato di forme linguistiche.

soleggiàre *v. tr.* (*io soléggio*) Esporre al sole, spec. per asciugare: – *il grano.*

soleggiàto *part. pass. di soleggiare; anche agg.* Bene esposto al sole: *camera soleggiata*; SIN. Solatio.

solènne *agg.* **1** Che si celebra con cerimonia particolare: *funzione* – | *Messa* –, cantata. **2** Formale: *negozio giuridico* –. **3** (*antifr.*) Grosso, matricolato: *hai detto una* – *sciocchezza*; *sei un* – *briccone* | Molto forte,

energia solare

pannello solare

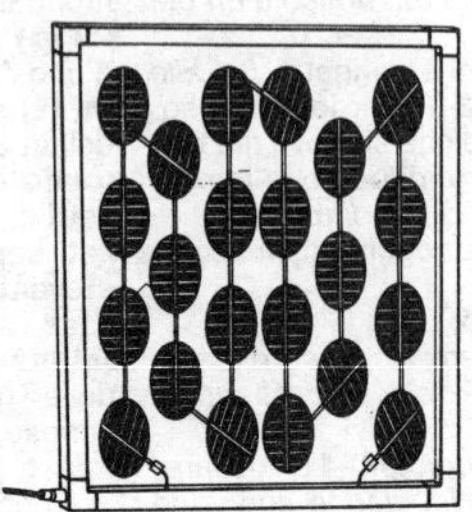

cella solare

centrale elettrica a forno solare

forno solare

grave: *castigo* —. **4** Imponente, serio, maestoso: *portamento* —.

solennità *s. f.* **1** L'essere solenne; SIN. Maestosità. **2** Ricorrenza, festività solenne: *la — della Pasqua.*

solennizzàre *v. tr.* Celebrare con solennità: *— il giorno della Vittoria.*

solenòide *s. m.* (*elettr.*) Avvolgimento cilindrico di filo conduttore disposto a elica, nel cui interno, al passaggio della corrente, si manifesta un intenso campo magnetico. [→ ill. *fisica*]

solère A *v. intr.* (*pres. io sòglio, tu suòli, egli suòle, noi sogliàmo, voi soléte, essi sògliono; pass. rem. io soléi, tu solésti, raro; congv. pres. io sòglia, noi sogliàmo, voi sogliàte, essi sògliano; part. pass. sòlito; dif. del fut., del condiz. pres. e imperf., dell'imper., del part. pres. e di tutti i tempi composti; per queste forme si usa la loc. essere sòlito; è sempre seguito da un v. all'inf.*) Avere l'uso, la consuetudine, il costume: *i saggi sogliono parlar poco.* **B** *v. intr. impers.* (*aus. essere*) Essere solito, consueto: *come si suol dire.*

solèrte *agg.* Che adempie alle proprie mansioni con cura e diligenza estrema: *impiegato* —; SIN. Alacre, sollecito.

solèrzia *s. f.* L'essere solerte; SIN. Alacrità, sollecitudine.

solétta o *suoletta s. f.* **1** *Dim. di suola.* **2** Pedule della calza che ricopre la pianta e la punta del piede. **3** Suola di feltro o sughero che si inserisce nella scarpa affinché sia più aderente al piede. [→ ill. *calzatura*] **4** Lastra, di piccolo spessore di cemento armato, per solaio. **5** Rivestimento della faccia inferiore dello sci.

sòlfa *s. f.* **1** Solfeggio: *cantare, battere, la* —. **2** (*fig.*) Ripetizione monotona e noiosa di suoni, parole, discorsi, atti e sim.: *è sempre la stessa* —.

solfàra *s. f.* Miniera di zolfo di natura sedimentaria.

solfàre *v. tr.* (*io sólfo*) (*agr.*) Solforare.

solfatàra o (*raro*) *zolfatàra s. f.* Emissione di gas e vapori caldi solforosi di origine vulcanica da condotti e fenditure del suolo.

solfàto *s. m.* Sale o estere dell'acido solforico.

solfeggiàre *v. tr. e intr.* (*io solféggio; aus. avere*) (*mus.*) Leggere un brano musicale secondo il sofeggio: *— uno spartito.*

solféggio *s. m.* (*mus.*) Esercizio volto allo studio degli intervalli e del ritmo.

solfìdrico *agg.* (*pl. m. -ci*) Detto di acido velenoso con caratteristico odore di uova marce, ottenuto per sintesi o trattando un solfuro metallico con acidi.

solfìfero *agg.* Che contiene zolfo.

solfitàre *v. tr.* Trattare mosto o zucchero greggio con anidride solforosa.

solfìto *s. m.* Sale o estere dell'acido solforoso.

sólfo V. *zolfo.*

solforàre *v. tr.* (*io sólforo*) **1** (*agr.*) Coprire di polvere di zolfo a scopo anticrittogamico: *— le viti*; SIN. Solfare. **2** (*chim.*) Esporre ai vapori di zolfo.

solforàto *agg.* Che contiene zolfo, che è trattato con zolfo | *Idrogeno* —, acido solfidrico.

solforatrìce *s. f.* Apparecchio per distribuire lo zolfo nei trattamenti antiparassitari.

solfòrico *agg.* (*pl. m. -ci*) Detto di composto dello zolfo esavalente: *anidride solforica* | *Acido* —, liquido oleoso, pesante, incolore, fortemente corrosivo, di uso svariatissimo nell'industria chimica.

solforóso *agg.* Detto di composto dello zolfo tetravalente.

solfùro *s. m.* Sale dell'acido solfidrico.

solidàle *agg.* **1** (*dir.*) Di creditore o debitore che dà garanzia per l'intero debito o credito. **2** (*fig.*) Che divide con altri opinioni, propositi, idee: *dichiararsi — con qc.* **3** (*mecc.*) Detto di elemento di un meccanismo rigidamente collegato a un altro.

solidarietà *s. f.* **1** Qualità di chi è solidale con altri. **2** Sentimento di fratellanza, di vicendevole aiuto, esistente fra i membri di una collettività: *la — nazionale.* **3** (*dir.*) Nelle obbligazioni con più soggetti, vincolo in forza del quale ciascun creditore ha diritto di esigere l'intero credito e ciascun debitore può essere costretto a pagare tutto il debito.

solidarizzàre *v. intr.* (*aus. avere*) Dichiararsi solidale: *— con qc.*

solidificàre A *v. tr.* (*io solidìfico, tu solidìfichi*) Rendere solido, spec. un liquido. **B** *v. intr. e intr. pron.* (*aus. essere*) Diventare solido.

solidificazióne *s. f.* Passaggio di un corpo dallo stato liquido a quello solido: *punto, calore di* —.

solidità *s. f.* L'essere solido.

sòlido A *agg.* **1** Detto di corpo difficilmente deformabile dato l'elevato valore della forza di coesione fra le sue molecole: *stato* —; *corpi solidi, liquidi e gassosi*; CONTR. Liquido. **2** (*geom.*) Tridimensionale | *Geometria solida*, che studia le figure geometriche solide; CONTR. Piano. **3** Stabile, resistente: *edificio* — | Forte, robusto: *un paio di solide braccia.* **4** (*fig.*) Ben basato, ben fondato: *offrire solide garanzie.* **5** (*dir.*) *Nella loc. in* —, in qualità di parte di un'obbligazione solidale: *creditori, debitori in* —. **B** *s. m.* **1** Corpo solido: *fisica dei solidi.* **2** (*mat.*) Figura geometrica a tre dimensioni situata nello spazio. [→ ill. *scuola*]

soliflussióne *s. f.* (*geogr.*) Soliflusso.

soliflùsso *s. m.* Scivolamento di terreno imbevuto d'acqua frequente lungo i pendii montani di regioni umide e fredde.

solilòquio *s. m.* Discorso tra sé e sé.

sóling *s. m.* Grande imbarcazione a vela da regata, a scafo tondo e deriva fissa. [→ ill. *marina*]

solingo *agg.* (*pl. m. -ghi*) **1** (*lett.*) Detto di luogo, non frequentato. **2** (*lett.*) Detto di persona o animale, solitario.

solino *s. m.* **1** Colletto staccato per camicia da uomo. **2** Bavero azzurro listato di bianco dei marinai. [→ ill. *uniforme militare*]

solipsismo *s. m.* Tesi filosofica in base alla quale il soggetto pensante non ammette altra realtà al di fuori di se stesso | (*est., lett.*) Soggettivismo.

solista A *s. m. e f.* (*pl. m. -i*) **1** Cantante o strumentista che segue una pagina da solo o con accompagnamento. **2** Ballerino o ballerina con ruolo principale. **B** *anche agg.: cantante, ballerino,* —.

solìstico *agg.* (*pl. m. -ci*) Di, da solista.

solitaménte *avv.* Abitualmente, per lo più.

solitàrio A *agg.* **1** Che fugge ogni compagnia | Che è solo, isolato, appartato: *passeggero* —. **2** Detto di luogo, non frequentato. **3** Detto di animale che vive isolato: *passero* —. **B** *s. m.* **1** Ogni gioco a carte che si fa da soli. **2** Brillante incastonato da solo spec. in un anello | (*est.*) Anello su cui è montato un solitario.

sòlito A *agg.* **1** Che non si differenzia da quello delle altre volte: *troviamoci al — bar*; *prendere il — tram* | Di situazione che si ripete frequentemente e sempre uguale: *ha fatto un'altra delle solite sciocchezze*; (*ell.*) *ne ha fatta un'altra delle solite* | Di persona con caratteristiche immutate: *è il — ottimista*; (*ell.*) *sei sempre il* —; SIN. Abituale, consueto, ordinario, usuale. **2** *Nella loc. essere* —, solere, usato in unione con un v. all'inf., preceduto o no dalla prep. di: *sono solita* (*di*) *leggere prima di addormentarmi.* **B** *s. m. solo sing.* Ciò che è consueto, che deriva da lunga abitudine: *fa più caldo del* — | *Al* —, come sempre | *Di* —, d'abitudine.

solitùdine *s. f.* **1** Stato di chi è, di chi vive solo. **2** Luogo solitario, non frequentato: *le solitudini alpine.*

sollazzàre A *v. tr.* Divertire, rallegrare. **B** *v. intr. pron.* Divertirsi, ricrearsi.

sollàzzo *s. m.* (*lett.*) Piacere, divertimento | *Dare, recare* —, *essere di* —, recare piacere, divertire.

sollecitàre *v. tr.* (*io sollécito*) **1** Far fretta a qc. affinché esegua al più presto ciò che gli si chiede: *— un operaio perché finisca il lavoro*; *— una risposta.* **2** Chiedere con insistenza: *— missioni, incarichi.* **3** Stimolare, spronare: *— la fantasia*; *— qc. a muoversi.* **4** (*mecc.*) Sottoporre a sollecitazione.

sollecitazióne *s. f.* **1** Invito, richiesta di una rapida esecuzione di q.c.: *lettera di* —. **2** (*fig.*) Incitamento. **3** (*fis.*) Forza o movimento applicato a un corpo.

sollécito (1) *agg.* **1** (*lett.*) Che si dà cura, pensiero, per qc. o per q.c.: *— dell'educazione dei figli*; SIN. Premuroso. **2** Che agisce senza indugio e con zelo: *essere — nell'adempiere il proprio dovere*; SIN. Alacre, zelante. **3** Che è detto o fatto in modo pronto e solerte: *risposta sollecita.*

sollécito (2) *s. m.* (*bur.*) Sollecitazione: *fare un* —.

sollecitùdine *s. f.* **1** L'essere sollecito; SIN. Alacrità, impegno, interessamento, premura, solerzia, zelo. **2** (*lett.*) Affanno, preoccupazione per qc. o q.c.

solleóne *s. m.* ***1*** Periodo compreso tra la seconda metà di luglio e la prima decade di agosto, quando il Sole si trova nel segno zodiacale del Leone. ***2*** (*est.*) Grande caldo estivo; SIN. Canicola.

solleticaménto *s. m.* (*raro*) Leggero sfregamento che provoca solletico | (*fig.*) Piacevole eccitamento | (*fig.*) Lusinghiero allettamento.

solleticàre *v. tr.* (*io sollético, tu sollétichi*) ***1*** Stuzzicare provocando il solletico: *— i piedi a qc.* ***2*** (*fig.*) Eccitare, stimolare piacevolmente: *— l'appetito, la vanità di qc.*

sollético *s. m.* (*pl. -chi*) ***1*** Sensazione piacevole o fastidiosa da sfregamento lieve della cute: *fare il — a qc.* ***2*** (*fig.*) Eccitamento, stimolo piacevole: *il — dell'amor proprio.*

sollevàbile *agg.* Che si può sollevare.

sollevaménto *s. m.* ***1*** Spostamento verso una posizione più alta. [→ ill. *sollevamento*] ***2*** *— pesi*, specialità dell'atletica pesante consistente nel sollevare da terra con la forza delle braccia particolari attrezzi di peso graduato.

sollevàre ***A*** *v. tr.* (*io sollèvo*) ***1*** Levare su, spostare verso una posizione più alta: *— qc. da terra*; SIN. Alzare, elevare, issare. ***2*** (*fig.*) Innalzare: *— una preghiera a Dio.* ***3*** (*fig.*) Porre in una condizione migliore: *— qc. dalla miseria* | Rendere libero da un onere materiale o morale: *— qc. da un lavoro faticoso* | Dar sollievo, conforto: *il calmante lo solleverà un po'.* ***4*** (*fig.*) Fare insorgere: *— il popolo contro il tiranno.* ***5*** (*fig.*) Far sorgere: *— una questione, una protesta.* ***B*** *v. intr. pron.* ***1*** Levarsi verso l'alto | Rizzarsi, levarsi su: *sollevarsi da terra.* ***2*** (*fig.*)

sollevamento

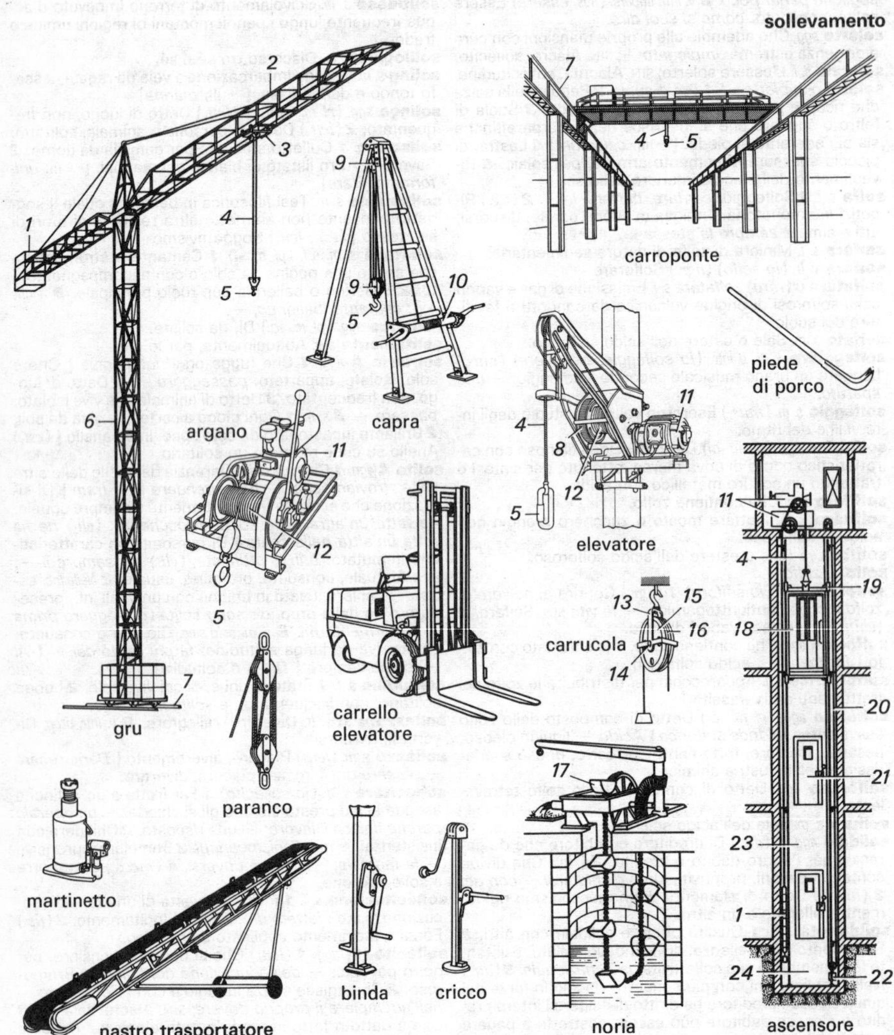

1 contrappeso 2 braccio 3 carrello 4 cavo 5 gancio 6 torre a traliccio 7 rotaia 8 argano 9 paranco 10 verricello 11 motore 12 tamburo 13 staffa 14 perno 15 disco 16 gola 17 tazza 18 cabina 19 pattino 20 guide 21 porta del piano 22 tenditore 23 pozzo 24 fossa

Provar sollievo. **3** (*fig.*) Ribellarsi, insorgere: *sollevarsi contro il tiranno.*

sollevàto *part. pass. di sollevare; anche agg.* **1** Levato più in alto. **2** (*fig.*) Rianimato, confortato: *essere, sentirsi, apparire,* –.

sollevatóre *s. m.; anche agg.* (*f. -trice*) Chi (o che) solleva | – *di pesi*, pesista.

sollevazióne *s. f.* **1** (*raro*) Innalzamento | (*fig.*) Sollievo. **2** Insurrezione, rivolta armata.

sollièvo *s. m.* Alleviamento di sofferenza fisica o morale | Conforto | *Tirare un respiro di* –, sentirsi sollevato da una preoccupazione.

sollucheràre *v. tr.* (*io sollùchero*) (*raro, tosc.*) Mandare in solluchero.

sollùchero o (*tosc.*) *sollùcchero s. m. Solo nelle loc. andare, mandare in* –, provare, far provare, un senso di intimo orgoglio, di compiacimento.

solmiṣazióne *s. f.* (*mus.*) Sistema introdotto per individuare i suoni attraverso l'uso delle sillabe *ut, re, mi, fa, sol, la.*

sólo A *agg.* (*poet.* troncato in *sól al m. sing. e al f. sing. nella loc. una sol volta*) **1** Che è senza compagnia, che non ha nessuno accanto, vicino o insieme: *stare, starsene* –; *tutto* –. **2** *Nella loc. da* –, senza l'aiuto o l'intervento di altri: *faccio tutto da me* –; (*fam.*) *faccio tutto da* –. **3** *spec. al pl.* Che è in compagnia unicamente della persona di cui si parla, escludendo chiunque altro: *cenammo soli* | *Da – a –, a – a –*, limitatamente alle persone di cui si parla. **4** Posposto a un agg. num. ha valore restrittivo e significa 'solamente, nient'altro che': *andammo noi tre soli.* **5** Preceduto dall'art. indet. *un*, dall'art. det., dall'agg. num. *uno* o da un agg. dimostr. ha valore restrittivo e significa 'unico, singolo': *c'è un – Dio*; *la verità è una sola.* **6** *al pl.* preposto a un s. ha valore restrittivo e significa 'nessun altro che': *ingresso riservato ai soli soci.* **7** Detto di cosa, semplice, senza aggiunte: *non si vive di – pane.* **8** Che risulta dall'unione di più cose uguali tra loro: *gridare a una sola voce.* **B** *in funzione di avv.* Solamente, soltanto: – *Dio può fare ciò.* **C** *in funzione di cong. Nella loc.* – *che*, purché, basta che (introduce una prop. subordinata condiz. con il v. al congv.): – *che tu lo voglia, potrai venire.* **D** *s. m.* (*mus.*) *Nella loc. a* –, pezzo eseguito da una sola voce o da un solo strumento. [→ tav. *proverbi* 243, 266]

solstiziàle *agg.* Di solstizio.

solstìzio *s. m.* Istante e punto dell'eclittica in cui il Sole cessa di allontanarsi dall'equatore celeste e comincia a riavvicinarvisi | – *d'estate*, 22 giugno | – *d'inverno*, 22 dicembre; CFR. Equinozio. [→ ill. *astronomia*]

soltànto *avv.* Unicamente, semplicemente: *è arrivato – ora*; *ho fatto – un errore.*

solùbile *agg.* **1** Che si può sciogliere: – *in acqua.* **2** Che si può risolvere, spiegare: *problema* –. ● CONTR. Insolubile.

solubilità *s. f.* **1** (*chim.*) Proprietà di una sostanza consistente nel formare una soluzione con una o più altre. **2** (*fig.*) Condizione di ciò che è solubile.

solùto *s. m.* In una soluzione, la sostanza disciolta.

solutóre *s. m.* (*f. -trice*) Che risolve, spec. un gioco, un enigma e sim.

soluzióne *s. f.* **1** Scioglimento di una sostanza in un liquido | Risultato di tale operazione: *una – di sale in acqua* | (*chim.*) Insieme fisicamente omogeneo di solvente e soluto. **2** (*mat.*) Risoluzione. **3** Spiegazione: – *di un quesito.* **4** Modo in cui si risolve o si spiega q.c.: *escogitare una* –. **5** Appianamento di complicazione: *venire a una* –. **6** Pagamento di un debito | *Pagare in un'unica* –, in una sola volta. **7** Interruzione, *solo nella loc.* – *di continuità*, interruzione nella continuità temporale o spaziale di un fenomeno.

solvènte A *agg.* **1** (*chim.*) Detto di sostanza, generalmente liquida atta a portare in soluzione altre sostanze senza alterarne la natura. **2** Detto di chi è in grado di fare fronte alle passività con mezzi normali di pagamento: *debitore* –; CONTR. Insolvente. **B** *s. m.* Sostanza solvente. **C** *s. m. e f.* Persona solvente.

solvènza *s. f.* Capacità di fare fronte ai propri impegni finanziari.

solvìbile *agg.* **1** Che è in grado di adempiere le obbligazioni assunte. **2** Che si può pagare: *debito* –. ● CONTR. Insolvibile.

solvibilità *s. f.* L'essere solvibile.

sòma (1) *s. f.* **1** Carico posto sulla groppa di un quadrupede | *Bestia da* –, atta al trasporto di carichi; (*fig.*) chi si sottopone a un lavoro eccessivo e sfibrante. **2** (*fig., lett.*) Onere morale. **3** (*fig., lett.*) Oppressione, spec. politica. **4** Unità di misura per materiali e derrate, usata prima dell'adozione del sistema metrico decimale.

sòma (2) *s. m.* (*pl. -i*) (*biol., med.*) Corpo dell'uomo o degli animali.

sòmalo *agg.; anche s. m.* (*f. -a*) Della Somalia.

somaràggine *s. f.* L'essere somaro (*solo fig.*) | Atto da somaro.

somàro A *s. m.* (*f. -a*) **1** Asino, bestia da soma. **2** (*fig.*) Persona ignorante | Ragazzo dallo scarso rendimento scolastico. **B** *in funzione di agg.* Ignorante: *medico* –.

somàtico *agg.* (*pl. m. -ci*) (*biol.*) Relativo al corpo umano o degli animali: *tratti somatici.*

somatiẓẓàre *v. intr.* (*aus. avere*) Convertire disturbi psichici inconsci in sintomi organici o funzionali.

sombrèro /*sp.* som'brero/ *s. m. inv.* (*pl. sp. sombreros* /som'breros/) Copricapo a cupola alta e a tesa larga piatta o rialzata, tipico della Spagna, dell'America latina e del Messico. [→ ill. *copricapo*]

someggiàre *v. tr. e intr.* (*io soméggio; aus. avere*) Trasportare a soma.

somière *s. m.* **1** (*lett.*) Bestia da soma. **2** Cassa dell'organo.

somigliànte *part. pres. di somigliare; anche agg.* Che somiglia a qc. o a q.c.; SIN. Corrispondente.

somigliànza *s. f.* L'essere somigliante | (*lett.*) *A* –, in modo simile: *a immagine e – di Dio.*

somigliàre A *v. tr. e intr.* (*io somìglio; aus. intr. essere e avere*) Essere simile ad altra persona o cosa: *somiglia a suo padre*; *somiglia suo padre.* **B** *v. tr.* (*lett.*) Paragonare, far similitudine: *l'Ariosto somigliò la verginella a una rosa.* **C** *v. rifl. rec.* Essere simili.

sómma *s. f.* **1** Risultato di un'addizione di più addendi: *la – ascende, ammonta, a mille.* **2** Addizione: *fare la* – | – *algebrica*, fatta con addendi positivi e negativi | *Tirare le somme*, eseguire un'addizione e (*fig.*) venire a una conclusione; CONTR. Sottrazione. **3** Determinata quantità di denaro: *depositare una – in banca.* **4** Complesso risultante dall'insieme di più cose: *la – degli affari.* **5** Sostanza, essenzialità: *questa è la – del discorso.* **6** V. *summa.*

sommàcco *s. m.* (*pl. -chi*) Pianta arbustiva delle Terebintali di cui si usano rami, corteccia e foglie ricchi di tannino.

sommàre A *v. tr.* (*io sómmo*) **1** Eseguire un'addizione; SIN. Addizionare; CONTR. Sottrarre. **2** (*est.*) Aggiungere (*anche fig.*): *al guadagno devi – la fatica per fare il lavoro.* **B** *v. intr.* (*aus. avere e essere*) Ammontare, ascendere: *le offerte sommano a un milione.*

sommàrio (1) *agg.* **1** Fatto, esposto per sommi capi: *racconto* –; SIN. Schematico. **2** Condotto con formalità semplificate rispetto a quelle ordinarie: *procedimento* – | *Giustizia sommaria*, procedimento giurisdizionale per cui la legge prevede forme abbreviate | (*est.*) *Giustizia, esecuzione sommaria*, sbrigativa, al di fuori delle procedure di legge.

sommàrio (2) *s. m.* **1** Trattazione ristretta e fatta per sommi capi: – *della storia d'Italia*; SIN. Compendio. **2** Sunto in stile telegrafico del contenuto di un articolo di giornale; CFR. Occhiello. [→ ill. *stampa*]

sommelier /*fr.* sɔmə'lje/ *s. m. inv.* (*pl. fr. sommeliers* /sɔmə'lje/) Nei ristoranti di lusso, esperto addetto al servizio dei vini.

sommèrgere *v. tr.* (*pres. io sommèrgo, tu sommèrgi; part. pass. sommèrso*) **1** Coprire interamente, detto di acqua che dilaga: *l'acqua sommerse l'intera vallata* | Affondare, mandare a fondo: *alte onde sommersero l'imbarcazione.* **2** (*fig.*) Estinguere, far dimenticare: *il tempo sommerge ogni ricordo.*

sommergìbile A *agg.* Che si può sommergere. **B** *s. m.* Unità da guerra atta a navigare in superficie e anche in immersione. [→ ill. *marina*]

sommergibilista *s. m.* (*pl. -i*) Marinaio di un sommergibile.

sommèrso A *part. pass. di sommergere; anche agg.* Coperto interamente dalle acque | (*fig.*) *Economia sommersa*, parte di reddito che sfugge a ogni controllo fiscale o statistico. ***B*** *s. m.* Economia sommersa.

somméssо *agg.* ***1*** Sottomesso, umile: *essere — a qc.* ***2*** Basso, contenuto, detto di suono: *voce sommessa.*

sommier /*fr.* sɔ'mje/ *s. m. inv.* (*pl. fr. sommiers* /sɔ'mje/) Divano letto.

somministràre *v. tr.* Dare, fornire: *— viveri ai poveri.*

somministraziόne *s. f.* Atto del somministrare | Cosa somministrata: *una — di medicine.*

sommissióne *s. f.* Atteggiamento umile e dimesso: *avere — per qc.*

sommità *s. f.* ***1*** Parte più alta, cima, vertice: *la — della collina*; SIN. Vetta. ***2*** (*fig.*) Eccellenza, sommo grado.

sómmo ***A*** *agg.* ***1*** Che è il più alto di tutti: *somma vetta.* ***2*** (*fig.*) Che è superiore a ogni altro, spec. in una gerarchia, una valutazione e sim.: *il — Sacerdote* | *Il — Pontefice*, il papa | Massimo: *ho per lui — rispetto* | *In — grado*, al massimo | Eccellente, insigne: *un — maestro* | *Il — poeta*, Dante. ***3*** *Nella loc. per sommi capi*, limitandosi ai punti più rilevanti. ***B*** *s. m.* Sommità, colmo, apice (*anche fig.*): *il — del cielo; raggiungere il — del successo.*

sommòssa *s. f.* Sollevazione popolare; SIN. Insurrezione, ribellione, rivolta, tumulto.

sommoviménto *s. m.* ***1*** Atto del sommuovere | Stato di chi è sommosso. ***2*** Tumulto, sollevazione.

sommozzatóre *s. m.* ***1*** Nuotatore subacqueo capace di eseguire, restando immerso anche senza speciale attrezzatura, lavori di una certa durata; SIN. Uomo rana. ***2*** (*mil.*) Nuotatore operante nei reparti d'assalto della marina.

sommuòvere *v. tr.* (*coniug. come muovere*) ***1*** (*lett.*) Smuovere con violenza (*anche fig.*). ***2*** (*fig.*) Istigare alla rivolta: *— il popolo contro l'oppressore.*

sonaglièra *s. f.* Fascia di cuoio o tela con sonagli pendenti, che si mette al collo di cavalli, muli, asini.

sonàglio *s. m.* ***1*** Piccolo globo cavo di rame, bronzo e sim., con due fori tondi collegati da una fessura, contenente una pallottolina di ferro che urtando contro le pareti tintinna. [→ ill. *giochi, puericultura*] ***2*** (*zool.*) *Serpente a sonagli*, crotalo.

sonànte *part. pres. di sonare; anche agg.* ***1*** Che suona | *Moneta —*, metallica; (*est.*) moneta contante. ***2*** (*fig.*) Che ha proporzioni clamorose: *punteggio —.*

sònar /*ingl.* 'souna:/ *s. m. inv.* (*pl. ingl. sonars* /'souna:z/) Ecogoniometro (vc. ingl., abbr. di *so(und) n(avigation) a(nd) r(anging)*, 'navigazione e misurazione per mezzo del suono').

sonàre o *suonàre* ***A*** *v. tr.* (*io suòno, pop., lett. sòno;* in tutta la coniug. la *o* dittonga preferibilmente in *uo* se tonica) ***1*** Far emettere suoni a uno strumento, spec. secondo determinate regole, anche ass.: *— l'arpa, l'organo, il pianoforte; stasera l'orchestra non suona.* ***2*** Eseguire sonando: *— un valzer.* ***3*** Percuotere un oggetto perché mandi suono: *— un bicchiere.* ***4*** Annunziare col suono: *la campana suona l'Avemaria*; *l'orologio suona le cinque.* ***5*** (*fig.*) Parlare, dire francamente: *la sonerò chiara a quel tipo.* ***6*** (*fam.*) Picchiare: *guarda che te le suono!* ***7*** (*fam.*) Imbrogliare, raggirare: *— qc.*; *sonarla a qc.* ***B*** *v. intr.* (*aus. avere* nei sign. 1, 3, 5*; essere* nel sign. 2*; essere e avere* nei sign. 4, 6) ***1*** Mandare, emettere suono: *sta sonando il telefono* | Rendere suono, detto di strumenti musicali: *questo tasto suona male.* ***2*** Essere annunziato da un suono: *l'Avemaria suona di sera*; *sono già sonate le cinque?* ***3*** Rintoccare, detto delle campane: *— a distesa, a martello.* ***4*** (*lett.*) Risonare, rimbombare. ***5*** Essere sonatore: *quel pianista suona in teatro.* ***6*** Rendere un'impressione di grazia, di armonia: *questo verso non suona bene.* ***C*** *v. tr. e intr.* (*aus. intr. essere*) (*lett.*) Significare, esprimere: *le sue parole suonano condanna*; *in greco 'soma' suona 'corpo'.* [→ tav. *proverbi* 117]

sonàta *s. f.* ***1*** Produzione di suoni per mezzo di uno strumento, un congegno, un oggetto e sim. ***2*** Composizione strumentale da eseguirsi con pochi strumenti. ***3*** (*fam.*) Spesa forte, conto salato: *vedrete che — in quel negozio!* ***4*** (*fam.*) Imbroglio: *prendersi una —.*

sonàto o *suonàto part. pass. di sonare; anche agg.* ***1*** Emesso mediante uno strumento, detto di suono. ***2*** Compiuto, finito: *ha quarant'anni sonati.* ***3*** (*fig.*) Nel linguaggio sportivo, detto di pugile le cui facoltà fisiche e mentali sono gravemente menomate per i colpi ricevuti: *pugile —.* ***4*** (*fig.*) Rimbambito: *deve proprio essere —.*

sonatóre o *suonatóre s. m.* (*f. -trìce*) Chi suona uno strumento musicale | (*fam.*) *Buonanotte sonatori, buonanotte ai sonatori*, non c'è altro da fare, la faccenda è chiusa e sim. [→ tav. *proverbi* 39]

sónda ***A*** *s. f.* ***1*** Macchina per la perforazione profonda del suolo ed eventualmente il prelievo di campioni delle rocce attraversate. [→ ill. *petrolio*] ***2*** (*fis., tecnol.*) Dispositivo per rilevazioni e misurazioni particolari. ***3*** (*aer.*) *— spaziale*, veicolo lanciato dall'uomo nello spazio e munito di strumenti per rilevazioni scientifiche: *— lunare, solare*; *— meteorologica* | *— atmosferica*, razzo o pallone per ricerche scientifiche negli strati alti dell'atmosfera. ***4*** (*med.*) Strumento tubolare per dilatare un organo o per esplorarlo, o per aspirarne il contenuto o introdurre liquidi: *— gastrica.* [→ ill. *medicina e chirurgia*] ***B*** *in funzione di agg.* (*posposto al s.*) *nella loc. pallone —*, piccolo aerostato munito di strumenti per registrare la pressione, la temperatura e sim. delle regioni aeree attraversate. [→ ill. *meteorologia*]

sondàggio *s. m.* ***1*** Esame esplorativo mediante sonda. ***2*** (*fig.*) Indagine, inchiesta, compiuta per conoscere q.c., saggiare eventuali reazioni e sim.: *— d'opinioni.*

sondàre *v. tr.* (*io sóndo*) ***1*** Esaminare con la sonda: *— il fondo del mare.* ***2*** (*fig.*) Saggiare, cercare di conoscere: *— le intenzioni di qc.*

soneria o *suoneria s. f.* Dispositivo meccanico in certi orologi per suonare le ore.

sonettista *s. m. e f.* (*pl. m. -i*) Chi compone sonetti.

sonétto *s. m.* Composizione lirica formata di quattordici endecasillabi, variamente rimati, di cui i primi otto formano due quartine e gli altri sei formano due terzine.

sònico *agg.* (*pl. m. -ci*) Relativo alla velocità del suono: *barriera sonica.*

sònito *s. m.* (*poet.*) Suono, strepito.

sonnacchióso *agg.* Pieno di sonno; SIN. Sonnolento.

sonnambulismo *s. m.* Stato caratteristico di chi, durante il sonno, intraprende azioni più o meno complesse senza svegliarsi.

sonnàmbulo *agg.; anche s. m.* (*f. -a*) Affetto da sonnambulismo.

sonnecchiàre *v. intr.* (*io sonnécchio; aus. avere*) Stare fra la veglia e il sonno; SIN. Dormicchiare.

sonnellino *s. m.* Sonno non profondo né lungo.

sonnìfero ***A*** *agg.* (*raro, lett.*) Che provoca il sonno: *sostanze sonnifere.* ***B*** *s. m.* Preparato medicinale che provoca il sonno.

sónno *s. m.* ***1*** Stato fisiologico di sospensione delle attività psichiche coscienti e dell'iniziativa motoria soprattutto in rapporto alla vita di relazione: *— tranquillo, agitato*; *dormire di un — tranquillo* | *Prendere —*, addormentarsi | *Rubare tempo, ore, al —, perdere il —*, dormire meno del necessario | *Dormire sonni tranquilli*, vivere in tranquillità | *Difendere i propri sonni*, difendere la propria tranquillità | (*fig.*) *L'ultimo —, il — eterno*, la morte. ***2*** (*med.*) *Malattia del —*, tripanosomiasi. ***3*** Senso di torpore, di inerzia, di pesantezza, che induce a dormire | *Cadere, cascare, dal —, essere morto di —*, avere molto sonno | *Far venire —, mettere —*, (*fig.*) essere causa di grande noia. ***4*** (*fig.*) Calma, silenzio: *un paese immerso nel —.*

sonnolènto *agg.* ***1*** Che è assonnato, pieno di sonno; SIN. Sonnacchioso. ***2*** Che induce al sonno: *pomeriggio —.*

sonnolènza *s. f.* ***1*** Torpore che assale chi sente necessità di dormire. ***2*** (*fig.*) Pigrizia, lentezza.

sòno V. *suono.*

sonorista *s. m. e f.* (*pl. m. -i*) Chi, nelle riprese del cinema parlato, si occupa della colonna sonora del film.

sonorità *s. f.* ***1*** L'essere sonoro. ***2*** (*fis.*) Proprietà di un ambiente di riverberare i suoni.

sonorizzàre ***A*** *v. tr.* ***1*** (*ling.*) Trasformare un suono sordo nel corrispondente sonoro. ***2*** (*cine.*) Compiere una sonorizzazione. ***B*** *v. intr. pron.* (*ling.*) Subire una sonorizzazione.

sonorizzazióne *s. f.* ***1*** (*ling.*) Passaggio di un suono sordo al corrispondente suono sonoro. ***2*** (*cine.*) Aggiunta della colonna sonora a un film.

sonòro ***A*** *agg.* ***1*** Che dà suono, che risuona | Che dà risonanza: *volta sonora.* ***2*** Che ha un suono forte, chiaro: *voce sonora.* ***3*** (*fig.*) Enfatico, altisonante: *frasi sonore* | Notevole: *una sonora sconfitta.* ***4*** (*ling.*) Detto di consonante la cui emissione è accompagnata da vibrazioni laringee. ***5*** (*cine.*) *Colonna sonora*, striscia di pellicola ove sono registrati i suoni | *Cinema* —, che fa uso della colonna sonora; CONTR. Muto. ***B*** *s. m.* ***1*** Cinema sonoro. ***2*** Parte sonora di una ripresa cinematografica.

sontuosità *s. f.* L'essere sontuoso; SIN. Fastosità, pompa, sfarzosità.

sontuóso *agg.* Pieno di lusso, fasto, sfarzo: *ricevimento* —; SIN. Fastoso, sfarzoso.

soperchierìa o *soverchierìa s. f.* Sopraffazione, prepotenza, atto arrogante.

sopìre *v. tr.* (*io sopisco, tu sopisci*) ***1*** (*lett.*) Addormentare, assopire. ***2*** (*fig.*) Acquietare, calmare; SIN. Placare.

sopóre *s. m.* Stato di rilassamento fisico e psichico simile al sonno, da cui differisce per la non completa sospensione della coscienza.

soporìfero *agg.* ***1*** Che dà sopore. ***2*** (*fig.*, *scherz.*) Noioso, che fa venire sonno: *film* —.

soppàlco *s. m.* (*pl. -chi*) In un edificio, locale accessorio ricavato suddividendo orizzontalmente ambienti di notevole ampiezza.

soppànno *s. m.* Tipo di fodera pesante per mantelli o per interno di scarpe.

sopperìre *v. intr.* (*io sopperisco, tu sopperisci; aus. avere*) Far fronte: — *a un bisogno*; SIN. Supplire.

soppesàre *v. tr.* (*io soppéso*) ***1*** Giudicare il peso di un oggetto alzando e abbassando ripetutamente la mano su cui lo si tiene. ***2*** (*fig.*) Esaminare con cura: — *i vantaggi e gli svantaggi*; SIN. Ponderare.

soppiantàre *v. tr.* Riuscire subdolamente o slealmente a sostituire altri in una posizione, in un impiego e sim.

soppiàtto *agg. Nella loc. avv. di* —, di nascosto, badando a non farsi scorgere: *agire di* —.

sopportàbile *agg.* Che si può sopportare; SIN. Tollerabile; CONTR. Insopportabile.

sopportabilità *s. f.* L'essere sopportabile.

sopportàre *v. tr.* (*io soppòrto*) ***1*** Reggere, sostenere su di sé: *il pavimento non sopporta carichi pesanti.* ***2*** (*fig.*) Sostenere un disagio, un onere e sim.: — *una perdita.* ***3*** (*fig.*) Soffrire, patire: — *miserie, dolori.* ***4*** (*fig.*) Resistere a situazioni più o meno disagevoli senza risentirne: — *il freddo, il caldo* | Tollerare: *non sopporto le persone maleducate.*

sopportazióne *s. f.* ***1*** (*raro*) Capacità di reggere, sostenere. ***2*** Pazienza, tolleranza: *spirito, capacità di* —. ***3*** Atteggiamento di malcelata sufficienza, degnazione e sim.: *mi tratta con un'aria di* —.

soppressàta o *soprassàta s. f.* Salume di carne di maiale macinata e ben calcata. [→ ill. *salumi*]

soppressióne *s. f.* ***1*** Abolizione, annullamento, eliminazione. ***2*** Uccisione violenta.

sopprèsso *part. pass. di sopprimere; anche agg.* ***1*** Abolito. ***2*** Ucciso violentemente.

sopprìmere *v. tr.* (*pass. rem. io soppressi, tu sopprimésti; part. pass. soppresso*) ***1*** Abolire, annullare: — *una legge* | Eliminare: — *un giornale.* ***2*** Uccidere, togliere di mezzo: — *un testimone pericoloso.*

sópra o (*lett.*) *sòvra* ***A*** *prep.* ***1*** Indica una posizione più elevata rispetto a q.c.: *metti un coperchio* — *la pentola*; *mettiti il cappotto* — *le spalle*; *sono al di* — *di ogni sospetto*; CONTR. Sotto. ***2*** Indica il disporsi di cose in posizioni gradatamente più alte e (*fig.*) il succedersi di q.c. a ritmo incalzante: *abito un appartamento* — *il negozio*; *restituirò i denari uno* — *l'altro*; *mi rivolge domande* — *domande.* ***3*** Addosso: *la pioggia scende* — *i campi*; *la maledizione è scesa* — *il nostro capo.* ***4*** Con il valore temporale di 'dopo': *bevi un po' di vino* — *la pastasciutta.* ***5*** Oltre, più in su di: *cento metri* — *il livello del mare*; *è già* — *i sessant'anni* | Al di là da, più a Nord di: — *l'equatore* | Superiore a: *si dovrà spendere* — *i dieci milioni.* ***6*** Intorno a, riguardo a: *considerazioni* — *la situazione politica* | *Tornare* — *una decisione*, rimetterla in discussione | *Avere delle idee* — *qc. o q.c.*, farci assegnamento | *Giocare, puntare* — *un numero*, puntare su quel numero una somma di denaro. ***7*** Più di, più che: *è meritevole* — *tutti gli altri*; *lo amo* — *ogni cosa.* ***B*** *avv.* ***1*** In luogo o posizione o parte più elevata rispetto ad altra: *sotto è di ferro, ma* — *è ricoperto in plastica* | *Più* —, più in alto: *appoggialo più* — | (*est.*) Al piano superiore: *la mamma è* — *che fa i letti.* ***2*** Precedentemente: *con riferimento a quanto detto* —. ***3*** Oltre: *cerca di passar* — | *Berci* —, per mandare giù e (*fig.*) per dimenticare q.c. | *Dormirci* —, (*est.*, *fig.*) rimandare al giorno seguente o a tempo indeterminato una decisione. ***C*** *in funzione di agg. inv.* Superiore, più alto: *l'errore è nella riga* —. ***D*** *in funzione di s. m. inv.* La parte superiore, più alta, soprastante. [→ tav. *locuzioni* 41]

sópra- o *sovra- pref.* (*sopr-* o *sovr-* davanti a vocale) ***1*** Indica che una cosa si trova sopra un'altra: *sopracciglio.* ***2*** Indica aggiunta: *soprattassa.* ***3*** Esprimere superamento di un limite, eccesso: *sopravvalutare.* ***4*** Indica superiorità di grado: *sovrintendente.* ***5*** Esprime trascendenza: *soprannaturale.* ***6*** Conferisce all'aggettivo valore di superlativo: *sopraffino.*

sopràbito *s. m.* Cappotto leggero per la mezza stagione.

sopraccennàto *agg.* Predetto, suddetto.

sopracciglìare V. *sopracciliare.*

sopracciglio *s. m.* (*pl. sopraccigli, m., o sopracciglia, f.*) Arco peloso sul margine superiore della cavità orbitaria. [→ ill. *anatomia umana*]

sopracciliàre o *sopraccigliàre agg.* Del sopracciglio: *arcata* —.

sopracciò *s. m. e f.* ***1*** Soprintendente. ***2*** (*fig.*) Chi vuole comandare, imporre la propria volontà.

sopraccitàto *agg.* Citato in precedenza.

sopraccóda *s. f. o m.* (*pl. sopraccóde, f., o sopraccóda, m.*) Insieme delle penne copritrici sopra le remiganti della coda degli uccelli.

sopraccopèrta o *sovraccopèrta* nel sign. A ***A*** *s. f.* ***1*** Coperta che si pone per ornamento sopra il letto. ***2*** Foglio di carta avvolto intorno a un volume per proteggere la copertina e utilizzato a scopo pubblicitario. [→ ill. *stampa*] ***3*** (*mar.*) Tutto ciò che sta sul ponte di coperta. ***B*** *in funzione di avv.* nelle costruzioni navali, sul ponte di coperta: *salite* —.

sopraddétto *agg.* Detto prima, suddetto.

sopraddominànte o *sopradominànte s. f.* (*mus.*) In armonia, sesto grado della scala maggiore e minore.

sopraedificàre e deriv. V. *sopredificare* e deriv.

sopraelevàre e deriv. V. *soprelevare* e deriv.

sopraffàre *v. tr.* (*pres. io sopraffàccio o sopraffò, tu sopraffài, egli sopraffà; nelle altre forme, coniug. come fare*) Soverchiare, dominare, usando prepotenza: — *i deboli* | Superare, vincere (*anche fig.*): — *l'avversario in battaglia.*

sopraffattóre *s. m.; anche agg.* (*f. -trice*) Chi (o che) sopraffà.

sopraffazióne *s. f.* Violenta imposizione; SIN. Soperchieria, sopruso.

sopraffìno *agg.* Molto fino, eccellente: *pranzo* — | (*fig.*) Raffinato, straordinario: *astuzia sopraffina.*

sopraffusióne *s. f.* Condizione instabile di un corpo che si trova allo stato liquido pur trovandosi a temperatura inferiore a quella di solidificazione.

sopraggitto *s. m.* Cucitura molto fitta per unire due pezzi di tessuto. [→ ill. *tessuto*]

sopraggiùngere ***A*** *v. intr.* (*coniug. come giungere; aus. essere*) ***1*** Arrivare improvvisamente: *sopraggiunse un messaggero* | Arrivare in aggiunta ad altri: *è sopraggiunto un nuovo ospite.* ***2*** Accadere improvvisamente: *è sopraggiunta una difficoltà* | Accadere in aggiunta ad altro: *sono sopraggiunte complicazioni.* ***B*** *v. tr.* ***1*** Cogliere di sorpresa: *lo sopraggiunse un malore.* ***2*** Raggiungere: *fu sopraggiunto dai cani.*

sopraggiùnta *s. f.* Nuova aggiunta | *Per* —, per di più.

sopraindicàto o *soprindicàto agg.* Indicato precedentemente.

sopralluògo *s. m.* (*pl. -ghi*) ***1*** Ispezione di luoghi disposta ed eseguita di persona dall'autorità giudiziaria. ***2*** (*est.*, *gener.*) Visita, ispezione compiuta direttamente sul luogo.

sopràlzo *s. m.* Parte di edificio eseguita successivamente alla costruzione principale.

soprammànica *s. f.* Mezza manica che si infila a protezione della manica della giacca.

soprammercàto *vc. Solo nella loc. avv. per* —, per giunta, per di più.

soprammèttere *v. tr.* (*coniug. come mettere*) (*raro*) Mettere sopra.

soprammòbile *s. m.* Oggetto artistico che si pone per ornamento sopra un mobile.

sopràna *s. f.* Sopravveste senza maniche indossata sulla veste da alcuni seminaristi.

sopranazionàle e deriv. V. *soprannazionale* e deriv.

soprannaturàle o *sovrannaturàle* **A** *agg.* Che trascende la natura | Che si manifesta al di fuori dell'ordine della natura: *ordine* — | Che si produce o si manifesta nell'uomo, in virtù della grazia, in forme che superano la sua natura: *grazia* —. **B** *s. m. solo sing.* Ciò che trascende la natura.

soprannazionàle o *sopranazionàle agg.* Che gode della soprannazionalità; SIN. Supernazionale.

soprannazionalità o *sopranazionalità s. f.* Autonomia e ampiezza dei poteri e funzioni di date organizzazioni internazionali rispetto agli stati membri delle stesse: *la — della CECA.*

soprannóme *s. m.* Nome particolare che, spec. in determinati ambienti, si sostituisce al vero nome e cognome di una persona: *Gianfrancesco Barbieri è noto con il — di 'il Guercino'.*

soprannominàre *v. tr.* (*io soprannòmino*) Designare con un soprannome.

soprannumeràrio *agg.* Che è in soprannumero.

soprannùmero **A** *avv.* Oltre il numero prestabilito: *ho carte e penne* — | *Anche nella loc. avv. in* —: *gli impiegati sono in* —. **B** *in funzione di agg. inv.* Più dell'usuale o del prestabilito: *il lavoro — verrà pagato a parte.*

sopràno **A** *agg.* (*raro*) Che sta sopra, spec. usato in toponomastica in contrapposizione a *sottano*: *Petralia Soprana e Petralia Sottana.* **B** *s. m.; anche agg.* La più acuta voce femminile. **C** *s. m. e f.* (*pl. sopràni, m., soprano, f.*) Chi canta con voce di soprano.

soprappensièro o *sópra pensièro avv.* Assorto nei propri pensieri in modo da non prestare attenzione a ciò che avviene intorno: *essere* —.

soprappiù o *sovrappiù s. m.* Ciò che si dà o si ha in più | Ciò che è in più: *quel vestito nuovo è un* — | *Di —, per* —, per giunta, in aggiunta, per di più.

soprappòrta o *sovrappòrta s. f.* **1** Ornamento scultorio o pittorico sovrastante l'architrave o il fregio di una porta nell'interno di un edificio. **2** Finestrino situato sopra una porta, per dare più aria all'ambiente.

soprapprèzzo o *sovrapprèzzo s. m.* Somma pagata in più oltre il prezzo ordinario.

soprapprofitto o *sovrapprofitto s. m.* (*econ.*) Profitto eccedente il livello normale, in genere dovuto ad avvenimenti eccezionali.

soprascàrpa *s. f. spec. al pl.* Calzatura impermeabile indossata sopra le scarpe, spec. per proteggerle dalla pioggia; SIN. Caloscia. [→ ill. *calzatura*]

soprascritta *s. f.* **1** (*raro*) Indirizzo di lettere o sim. **2** (*raro*) Iscrizione su lapidi, cartelli.

soprasensìbile o *sovrasensibile agg.* Detto di ciò di cui è impossibile avere conoscenza sensibile.

soprassàlto *s. m.* Movimento del corpo brusco e repentino: *avere, fare, un* — | *Di* —, con un sussulto, con un movimento brusco; (*èst.*) d'un tratto.

soprassàta V. *soppressata.*

soprassedére *v. intr.* (*coniug. come sedere; aus. avere*) Differire l'esecuzione di q.c., aspettare prima di decidere o di agire: *è meglio — a questo lavoro.*

soprassegnàre *v. tr.* (*io soprasségno*) Segnare al disopra | Contrassegnare.

soprassòldo *s. m.* Aumento di paga per particolari incarichi o servizi.

soprassuòla *s. f.* Mezza suola in gomma sulla parte anteriore della scarpa.

soprassuòlo *s. m.* **1** Strato coltivabile del terreno. **2** Insieme delle piante arboree di un terreno.

soprastampàre e deriv. V. *sovrastampare* e deriv.

soprastàre *v. intr.* (*pres. io soprastò, tu soprastài, egli soprastà; nelle altre forme coniug. come stare; aus. essere*) **1** Stare a capo, essere superiore; CONTR. Sottostare. **2** (*raro, lett.*) Dominare.

soprastruttùra V. *sovrastruttura.*

sopratònica *s. f.* (*mus.*) Secondo grado della scala maggiore o minore.

soprattàcco *s. m.* (*pl. -chi*) Pezzo di cuoio o gomma che si applica al tacco nella parte superiore.

soprattàssa o *sovrattàssa s. f.* Sanzione fiscale costituita da una somma di denaro di ammontare pari all'imposta, o a una frazione o a un multiplo della stessa | (*gener.*) Tassa supplementare.

soprattassàre *v. tr.* Gravare di soprattassa.

soprattènda *s. f.* Ciascuna delle due strisce di tessuto poste ai lati di una tenda spec. per ornamento. [→ ill. *tenda*]

soprattùtto *avv.* Prima o più d'ogni altra cosa: *ciò che conta è — l'onestà.*

sopravalutàre e deriv. V. *sopravvalutare* e deriv.

sopravanzàre **A** *v. tr.* (*raro*) Superare. **B** *v. intr.* (*aus. essere*) Avanzare, restare d'avanzo: *il tempo che ci sopravanza.*

sopravànzo *s. m.* Ciò che sopravanza.

sopravvalutàre o *sopravalutàre v. tr.* (*io sopravvalùto o sopravvàluto*) Considerare con eccessiva stima persone o cose: — *il nemico*; CONTR. Sottovalutare.

sopravvalutazióne o *sopravalutazióne s. f.* Valutazione eccessiva.

sopravveniènza *s. f.* (*raro*) Arrivo improvviso o in aggiunta | Evento che sopravviene.

sopravvenìre *v. intr.* (*coniug. come venire; aus. essere*) **1** Sopraggiungere, arrivare all'improvviso o in aggiunta ad altro: *sopravvenne il maestro.* **2** Accadere, succedere all'improvviso: *sono sopravvenute complicazioni.*

sopravvènto **A** *avv.* Dal lato da cui spira il vento. **B** *in funzione di agg. inv.* Detto del fianco di una montagna esposto all'azione diretta del vento: *versante* —. **C** *in funzione di s. m.* **1** (*mar.*) Lato da cui spira il vento, rispetto all'asse longitudinale della nave. **2** (*fig.*) Predominio, posizione vantaggiosa: *avere il — su qc.*

sopravvèste *s. f.* Veste interamente aperta sul davanti in modo da lasciar vedere l'abito sottostante, tipica spec. del Medioevo.

sopravvissùto *part. pass. di sopravvivere; anche agg. e s. m.* (*f. -a*) **1** Che (o chi) è rimasto in vita dopo la morte di altri. **2** (*fig.*) Che (o chi) ha una mentalità arretrata.

sopravvivènza *s. f.* Condizione o stato di chi sopravvive.

sopravvìvere *v. intr.* (*fut. io sopravvivrò o sopravviverò; condiz. pres. io sopravvivrèi o sopravviverèi, tu sopravvivrésti o sopravviverésti; nelle altre forme coniug. come vivere; aus. essere*) **1** Continuare a vivere dopo la morte di altre persone: *è sopravvissuto al figlio* | Scampare a disgrazie, sciagure: *sopravvissero al naufragio.* **2** (*fig.*) Rimanere vivo: — *nella memoria degli altri.* **3** (*fig.*) Perdurare.

sopredificàre o *sopraedificàre v. tr.* (*io sopredìfico, tu sopredìfichi*) Edificare sopra un preesistente edificio.

sopredificazióne o *sopraedificazióne s. f.* Costruzione sopra un edificio preesistente.

soprelevàre o *sopraelevàre v. tr.* (*io soprelèvo*) Alzare il fabbricato di uno o più piani | Elevare al disopra del piano normale: — *una strada.*

soprelevàta o *sopraelevàta s. f.* Ferrovia, strada, curva soprelevata, su viadotto o terrapieno. [→ ill. *strada*]

soprelevàto o *sopraelevàto part. pass. di soprelevare; anche agg.* Elevato al disopra del piano normale.

soprelevazióne o *sopraelevàzione s. f.* **1** Costruzione di uno o più piani su un fabbricato preesistente | Elevamento sopra il piano normale | Parte soprelevata di una costruzione. **2** (*ferr.*) Dislivello esistente tra le due rotaie di un binario in curva.

soprindicàto V. *sopraindicato.*

soprintendènte o *sovrintendènte* **A** *part. pres. di soprintendere; anche agg.* Che soprintende. **B** *s. m. e f.* **1** Chi soprintende all'esecuzione di q.c.: *il — ai lavori.* **2** Funzionario statale con mansioni direttive e di vigilanza nei settori di Belle Arti e Antichità e in uffici del Ministero per i beni culturali e ambientali.

soprintendènza o *sovrintendènza s. f.* **1** Atto, attività del soprintendere. **2** Ufficio distaccato del Ministero per i beni culturali e ambientali, con il compito di tutelare il patrimonio artistico o archeologico di una zona: — *alle antichità.*

soprintèndere o *sovrintèndere v. intr.* (*pass. rem. io soprintési, tu soprintendésti; part. pass. soprintéso; aus. avere*) Avere la cura e il comando di q.c. | Vigilare sulla regolare esecuzione di un lavoro: — *alla costruzione di una chiesa.*

soprósso *s. m.* (*pop.*) Callo osseo.

sopruso *s. m.* Prepotenza, soperchieria, sopraffazione: *fare un — a qc.*; SIN. Arbitrio.

soqquàdro *s. m.* Confusione, scompiglio, grande disordine: *mettere a —.*

sòr o (*sett.*) *siór s. m.* (*f. sòra*) (*pop.*) Signore (si usa davanti a nomi propri, comuni o titoli).

sòrba *s. f.* **1** Frutto del sorbo, simile a una piccola pera arrotondata. **2** (*dial., fig.*) Botta, percossa.

sorbettàre *v. tr.* (*io sorbétto*) **1** Gelare un liquido per farne un sorbetto. **2** (*fam., fig.*) Sopportare controvoglia persone o cose moleste.

sorbettièra *s. f.* Recipiente cilindrico di rame stagnato, circondato di ghiaccio e sale da cucina per ridurre a sorbetto il liquido contenuto.

sorbétto *s. m.* Preparazione simile al gelato, a base di sciroppi o succhi di frutta.

sorbìre *v. tr.* (*io sorbisco, tu sorbisci*) **1** Prendere lentamente una bevanda, aspirando a sorsi: — *un liquore*; *sorbirsi un gelato*; SIN. Sorseggiare. **2** (*fig.*) Sopportare con rassegnazione ma controvoglia persone e cose moleste.

sòrbo *s. m.* Albero delle Rosali con foglie pennate e frutti commestibili. [→ ill. *piante* 9]

sórcio *s. m.* (*f. sórca, dial.*) Topo | (*fig.*) *Far vedere i sorci verdi a qc.*, sbalordire con azioni stupefacenti; (*est.*) suscitare paura.

sordàstro *agg.; anche s. m.* (*f. -a*) Affetto da disturbi di udito.

sordidézza *s. f.* **1** L'essere sordido; SIN. Sozzura. **2** Grettezza, spilorceria.

sòrdido *agg.* **1** Sporco, sozzo (*anche fig.*): *un — vizio.* **2** (*fig.*) Avaro, spilorcio: *un — strozzino.*

sordina *s. f.* Utensile applicabile a uno strumento a corda, a fiato o a percussione, per attutirne il suono: *mettere la —* | *In —*, senza far rumore; (*fig.*) di nascosto. [→ ill. *strumenti musicali*]

sordità *s. f.* **1** Riduzione più o meno grave dell'udito. **2** Mancanza di sensibilità.

sórdo A *agg.* **1** Che è affetto da sordità: *essere — dalla nascita*; *essere — da un orecchio* | *Essere — spaccato*, *— come una campana*, completamente privo dell'udito. **2** (*fig.*) Che non presta orecchio, che non ascolta: *rimase — ai nostri inviti.* **3** Che ha poca sonorità, detto di ambiente: *teatro —* | Cupo, smorzato: *rumore —* | *Lima sorda*, che limando non fa rumore; (*est., fig.*) chi agisce copertamente. **4** (*fig.*) Tacito, celato, che non si fa sentire: *dolore, rancore —.* **5** (*ling.*) Detto di consonante la cui emissione è priva di vibrazioni laringee. **B** *s. m.* (*f. -a*) Chi è affetto da sordità | *Fare il —*, fingere di non sentire. [→ tav. *proverbi* 286]

sordomutismo *s. m.* Mutismo derivante dalla sordità congenita o acquisita prima dei cinque anni di vita.

sordomùto *agg.; anche s. m.* (*f. -a*) Affetto da sordomutismo.

sorèlla A *s. f.* **1** Ciascuna delle persone di sesso femminile nate dallo stesso padre e dalla stessa madre | (*dir.*) Parente di sesso femminile in linea collaterale di secondo grado | *Sorelle di latte*, non consanguinee, ma allattate contemporaneamente dalla medesima nutrice. **2** (*fig.*) Cosa dotata di natura affine ad altra: *la malignità è — dell'invidia.* **3** Suora. **B** *in funzione di agg.* (*posposto al s.*) Che ha relazione di affinità con altra cosa simile: *nazioni sorelle.*

sorellànza *s. f.* **1** Relazione che intercorre tra sorelle. **2** (*est.*) Reciproco legame fra cose simili.

sorellàstra *s. f.* Sorella che ha in comune con gli altri figli della stessa famiglia solo il padre o la madre.

sorgènte *s. f.* **1** Acqua che sgorga dal terreno | Punto in cui l'acqua scaturisce dal terreno: *le sorgenti del Tevere.* [→ ill. *geografia*] **2** (*fis.*) Corpo che emette onde elettromagnetiche o elastiche o radiazioni corpuscolari e sim.: *— luminosa.* [→ ill. *fisica*] **3** (*fig.*) Origine, causa: *l'odio è — di ogni male.*

sórgere A *v. intr.* (*pres. io sórgo, tu sórgi; pass. rem. io sórsi, tu sorgésti; part. pass. sórto; aus. essere*) **1** Alzarsi, da sedere e da giacere, detto di persone: *— a parlare*; *— dal letto.* **2** Stare in posizione alta, eretta, detto di cose: *il monte sorge maestoso.* **3** Riapparire all'orizzonte per effetto della rotazione della Terra, detto degli astri: *il Sole non è ancora sorto*; CONTR. Tramontare. **4** Scaturire, detto di acqua o corsi d'acqua: *un ruscello sorge dal sasso.* **5** (*fig.*) Nascere, venire a crearsi: *mi è sorto un sospetto* | Venir su improvvisamente: *sorse una tempesta.* **6** (*fig.*) Assurgere, elevarsi: *— a grande potenza.* **B** *s. m. solo sing.* Il riapparire degli astri all'orizzonte: *il — del Sole.*

sorgiva *s. f.* (*lett.*) Sorgente d'acqua.

sorgivo *agg.* **1** Di sorgente: *acque sorgive.* **2** (*fig.*) Fresco, spontaneo: *stile —.*

sórgo *s. m.* (*pl. -ghi*) (*bot.*) Saggina.

soriàno A *s. m.* (*f. -a*) Gatto di razza europea tigrata, con pelo corto di colore vario, dotato di forme massicce e di mantello striato. **B** *anche agg.: gatto —.*

sormontàre A *v. tr.* (*io sormónto*) Montare al disopra: *le acque sormontano gli argini* | (*fig.*) Superare, vincere: *— gli ostacoli.* **B** *v. intr.* (*aus. essere*) **1** Salire di grado, d'importanza. **2** Sovrapporsi.

sornióne A *agg.* Che non lascia trapelare quel che sente o pensa, tenendo un atteggiamento apparentemente tranquillo e indifferente. **B** *s. m.* (*f. -a*) Persona sorniona.

sòro *s. m.* (*bot.*) Ciascuna delle formazioni simili a prominenze rossastre situate sulla pagina inferiore delle foglie delle felci.

sororàle *agg.* (*lett.*) Di, da sorella.

soròsio *s. m.* (*bot.*) Infruttescenza formata da drupe saldate fra loro.

sorpassàre *v. tr.* **1** Superare: *— qc. in altezza*; *— qc. di un palmo.* **2** Detto di veicoli, oltrepassare un altro veicolo compiendo un'apposita manovra, anche ass.: *non si può — sulla destra.* **3** (*fig.*) Sopravanzare: *— qc. in intelligenza.*

sorpassàto A *part. pass. di sorpassare; anche agg.* Superato, non più attuale: *mentalità sorpassata.* **B** *s. m.* (*f. -a*) Chi è già stato superato da altri nelle idee, nei metodi e sim.

sorpàsso *s. m.* Atto, manovra del sorpassare, spec. veicoli: *compiere un —* | (*fig.*) Superamento in una classifica, competizione e sim. [→ ill. *strada*]

sorprendènte *part. pres. di sorprendere; anche agg.* Che provoca meraviglia, sorpresa, stupore: *fatto —* | (*est.*) Eccezionale: *effetto —*; SIN. Stupefacente.

sorprèndere A *v. tr.* (*coniug. come prendere*) **1** Prendere a un tratto, improvvisamente: *il temporale l'ha sorpreso per strada.* **2** Cogliere all'improvviso, spec. durante il compimento di q.c. di disonesto: *sorpresero il ladro in flagrante* | *— la buona fede di qc.*, ingannarlo. **3** Meravigliare vivamente, anche ass.: *la sua imprudenza ci sorprende.* **B** *v. intr. pron.* Meravigliarsi vivamente: *non si sorprende di nulla.*

sorprésa *s. f.* **1** Iniziativa improvvisa e inaspettata: *fare una — a qc.* | *Di —*, all'improvviso, senza preavviso: *agire di —*; SIN. Improvvisata. **2** Fatto che cagiona meraviglia, stupore, dolore e sim.: *il tuo arrivo è proprio una —.* **3** Meraviglia, stupore.

sorpresina *s. f.* **1** *Dim. di sorpresa.* **2** *spec. al pl.* Sorta di pasta piccola di forma conica. [→ ill. *pasta*]

sorrèggere A *v. tr.* (*coniug. come reggere*) **1** Sostenere, reggere dal disotto: *sorreggi il bambino mentre si alza.* **2** (*fig.*) Confortare, aiutare: *i suoi consigli mi sorreggono nel dolore.* **B** *v. rifl.* Tenersi ritto, reggersi in piedi.

sorridènte *part. pres. di sorridere; anche agg.* Che sorride.

sorrìdere A *v. intr.* (*coniug. come ridere; aus. avere*) **1** Ridere leggermente, con un lieve movimento della bocca e degli occhi: *— dolcemente*; *— di piacere.* **2** (*fig.*) Apparire favorevole, propizio: *la vita sorride ai fanciulli.* **3** (*fig.*) Destare piacere, riuscire gradito: *l'idea di partire mi sorride.* **B** *v. tr.* (*lett.*) Dire sorridendo. **C** *v. rifl. rec.* Scambiarsi reciproci sorrisi.

sorriso *s. m.* **1** Riso leggero, con un lieve movimento della bocca e degli occhi: *— di gioia, di sdegno*; *fare, abbozzare un —.* **2** (*fig., lett.*) Letizia, bellezza: *il — della natura.*

sorsàta *s. f.* Quantità di liquido bevuta in un sorso.

sorseggiàre *v. tr.* (*io sorséggio*) Bere a piccoli sorsi: *— un liquore*; SIN. Sorbire.

sórso *s. m.* **1** Quantità di liquido che si beve in una volta: *un — d'acqua*; *bere q.c. a piccoli sorsi* | *In un —*, tutto in una volta. *2* (*est.*) Piccola quantità di liquido: *vorrei un — d'acqua.*

sòrta *s. f.* (*pl. sòrte, raro sòrti*) Specie, qualità, genere: *ogni — di gente* | (*ell.*) *Di* —, di nessun tipo, di nessuna specie: *senza spesa di —.*

sòrte *s. f.* *1* Ipotetica forza misteriosa e sovrumana che si immagina presiedere agli avvenimenti umani e regolarne lo svolgimento: *la — ha voluto così*; *sperare nella —* | *Tentare la —*, tentare la fortuna, spec. al gioco; SIN. Caso, destino, fato. *2* Condizione che tale ipotetica forza riserba agli uomini: *essere contento, scontento della propria —* | *Avere, toccare in —*, ottenere q.c. indipendentemente dalla propria volontà | Vita, condizione futura: *decidere della — di qc.* | *Abbandonare qc. alla sua —*, a quello che sarà il suo destino, senza soccorrerlo. *3* Evento fortuito, caso imprevisto: *ebbe la — di conoscerlo* | *Per —*, per caso | *A —*, a caso | *Estrarre, tirare a —*, sorteggiare. [→ tav. *proverbi* 257]

sorteggiàre *v. tr.* (*io sortéggio*) Scegliere qc. o q.c., assegnare q.c. a qc., mediante metodi basati sulla sorte: *— i nuovi consiglieri.*

sortéggio *s. m.* Scelta, estrazione mediante metodi basati sulla sorte.

sortilègio *s. m.* Magia, operazione di incantesimo.

sortìre (1) *v. tr.* (*io sortisco, tu sortisci*) *1* (*lett.*) Assegnare in sorte, destinare. *2* Avere in sorte | Ottenere: *la cura ha sortito il suo effetto.*

sortìre (2) *v. intr.* (*io sòrto; aus. essere*) *1* Uscire a sorte, per sorteggio: *il 67 non è sortito.* *2* (*pop.*) Uscire.

sortìta *s. f.* *1* Azione delle truppe assediate per assaltare di sorpresa gli assedianti. *2* Entrata in scena di un personaggio. *3* (*pop.*) Uscita. *4* Battuta, frase spiritosa: *senti che sortite!*

sórto *part. pass. di sorgere* (*raro*) Emerso, spuntato.

sorvegliànte *s. m. e f.* Chi sorveglia.

sorveglianza *s. f.* Attività di controllo e vigilanza su persone o cose: *affidare a qc. la — di q.c.*

sorvegliàre *v. tr.* (*io sorvéglio*) *1* Tenere d'occhio o sotto controllo persone o cose: *la polizia sorveglia le strade.* *2* Vigilare: *— la casa.*

sorvegliàto *part. pass. di sorvegliare; anche agg. e s. m.* (*f. -a*) Che (o chi) è sottoposto a sorveglianza.

sorvolàre *v. tr. e intr.* (*io sorvólo; aus. avere*) *1* Volare sopra: *— una città*; *— su una città.* *2* (*fig.*) Passar sopra senza considerare e sim.: *— un particolare*; *— su un particolare.*

sorvólo *s. m.* (*aeron.*) Passaggio in volo al di sopra di una zona.

S.O.S. /ˈɛsse ɔ ˈɛsse/ *s. m.* Segnale internazionale di richiesta di soccorso per navi, aerei e sim. consistente in un gruppo di lettere dell'alfabeto Morse emesso mediante radiotelegrafia, segnali luminosi o altri mezzi di trasmissione a distanza | *Lanciare un —*, (*fig.*) chiedere aiuto, soccorso (interpretata gener. come sigla dell'espressione ingl. *Save Our Souls* 'salvate le nostre anime').

soscrizióne *s. f.* Breve dicitura apposta di solito alla fine di un volume, in cui vengono dichiarati i nomi dello stampatore e dell'editore.

sòsia *s. m. inv.* Persona che somiglia tanto a un'altra da poter essere scambiata per quella.

sospèndere *v. tr.* (*pass. rem. io sospési, tu sospendésti; part. pass. sospéso*) *1* Attaccare q.c. in alto, per una estremità, lasciandola penzolare: *— un lampadario al soffitto.* *2* (*fig.*) Interrompere per un dato periodo di tempo: *— le ricerche* | *— i pagamenti*, non far fronte temporaneamente ai propri impegni. *3* (*fig.*) Privare per qualche tempo dell'esercizio di un ufficio, una carica e sim., spec. a scopo punitivo: *— un funzionario dall'impiego.*

sospensióne *s. f.* *1* Sistemazione di q.c. in alto, in modo che penzoli | Posizione di chi (o di ciò che) è sospeso: *stare in —*; *lume a —.* [→ ill. *bilancia*] *2* (*chim.*) Dispersione di particelle solide in un liquido o liquide in un gas | *— colloidale*, in cui la sostanza sospesa è fatta di particelle minutissime. *3* Dispositivo meccanico che nei veicoli collega elasticamente la carrozzeria agli assali delle ruote, generalmente mediante molle a balestra. [→ ill. *automobile*] *4* Interruzione: *— del lavoro* | Dilazione, differimento: *— di una seduta.* *5* Sanzione disciplinare o pena accessoria che comporta la temporanea esclusione da un impiego o la temporanea privazione di diritti o di privilegi: *— dall'esercizio di una professione*; *— dalle lezioni.* *6* Figura retorica con la quale si annuncia vagamente una cosa che poi si dirà compiutamente. *7* (*fig.*) Incertezza, apprensione.

sospensiva *s. f.* (*bur.*) Proposta di sospendere q.c. che sta per essere discusso o attuato.

sospensivo *agg.* Che sospende | Che è atto a sospendere.

sospensóre *s. m.* Dispositivo che serve a tenere sospeso q.c.

sospensòrio *A agg.* Detto di formazione anatomica con funzione di sostegno: *legamento —.* *B s. m.* Tipo di cinto usato per sostenere lo scroto durante l'esercizio di alcuni sport.

sospéso *part. pass. di sospendere; anche agg.* *1* Sollevato e sostenuto in alto. [→ ill. *giochi, ponte*] *2* Interrotto, differito: *la seduta è sospesa.* *3* Che è in attesa di una definizione, *spec. nella loc. in —* | *Avere un conto in —*, in attesa di essere saldato. *4* Incerto, ansioso | *Stare col fiato —*, trattenendo il respiro, per forte emozione o sim.

sospettàbile *agg.* Che si può sospettare; CONTR. Insospettabile.

sospettàre *A v. tr.* (*io sospètto*) *1* Credere qc. colpevole di un reato basandosi su indizi, supposizioni e sim.: *— qc. di tradimento*; *lo sospettano dell'uccisione della moglie*; *sospettano che abbia ucciso la moglie.* *2* Possedere indizi sufficienti per ritenere che q.c. sia diverso da ciò che sembra: *sospetto un tranello*; SIN. Subodorare. *3* Credere, pensare, immaginare: *non sospettavo in voi tanta crudeltà.* *B v. intr.* (*aus. avere*) *1* Nutrire sospetti di colpevolezza nei confronti di qc.: *la polizia sospetta della moglie.* *2* Diffidare.

sospètto (1) *A agg.* Che desta diffidenza, che fa temere, sospettare: *persona sospetta.* *B s. m.* Persona sospetta.

sospètto (2) *s. m.* *1* Diffidenza, dubbio, nei confronti di altri, della loro condotta in determinate circostanze, della loro responsabilità: *dare, destare —*; *guardare qc. con —*; *mettere in —*; *avere, nutrire dei sospetti*; *avere dei sospetti su qc.* *2* Timore, presentimento: *ho il — che voglia ingannarmi.* [→ tav. *proverbi* 55]

sospettóso *agg.* Che è facile al sospetto; SIN. Diffidente.

sospìngere *v. tr.* (*coniug. come spingere*) *1* Spingere in avanti, con movimento lieve e continuo: *il vento li sospinse al largo.* *2* (*fig.*) Spronare, incitare: *— qc. a fare q.c.*

sospiràre *A v. intr.* (*aus. avere*) Emettere sospiri, in segno di angoscia, desiderio, dolore e sim.: *— per la felicità perduta.* *B v. tr.* *1* Desiderare ardentemente: *— la patria lontana.* *2* (*est.*) Aspettare con ansia: *— le vacanze* | *Farsi —*, farsi attendere.

sospìro *s. m.* *1* Profonda e lenta inspirazione, seguita da uguale espirazione, che dà luogo a un rumore simile a quello di un soffio ed è indice di turbamento spirituale: *un — di dolore, di sollievo*; *fare, mandare un —.* *2* (*lett.*) Cosa sospirata. *3* (*lett.*) Respiro | *Dare, mandare, rendere l'ultimo —, l'estremo —*, morire. *4* (*lett.*) Soffio di vento.

sospiróso *agg.* *1* Che sospira | Malinconico, triste: *fanciulla sospirosa.* *2* Pieno di sospiri.

sossópra *avv.* (*dial., lett.*) Sottosopra.

sòsta *s. f.* *1* Fermata in un luogo per un tempo piuttosto breve: *far —*, *fare una —* | *Divieto di —*, zona urbana ove non è permesso parcheggiare autoveicoli. [→ ill. *petrolio, strada*] *2* (*est.*) Pausa, tregua, interruzione spec. breve: *lavorare senza —.*

sostantivàre *v. tr.* Rendere sostantivo.

sostantìvo *A agg.* Detto della categoria del nome che serve a indicare persone, animali, cose, qualità | *Verbo —*, il verbo essere. *B s. m.* Nome sostantivo: *'libro' è un —.*

sostànza *s. f.* *1* (*filos.*) Essenza necessaria di una cosa o di un fatto | *— materiale*, la sostanza considerata come sostrato di tutti i fenomeni fisici | *— spirituale*, la sostanza considerata come sostrato di tutti i fenomeni psichici. *2* (*gener.*) Qualunque materia: *— liquida, gassosa, organica, inorganica* | (*gener.*) Composto chimico: *sostanze medicinali.* *3* Parte importante, fondamentale di q.c.: *badare alla — e non alla forma*; *la — del fatto* |

In –, in conclusione. **4** Parte nutritiva di un alimento: *cibo di* –, *di poca* –. **5** *spec. al pl.* Patrimonio, ricchezza: *dilapidare le proprie sostanze.*

sostanziàle *agg.* **1** (*filos.*) Che costituisce, o appartiene a una sostanza; CONTR. Accidentale. **2** Che è di fondamentale valore o importanza: *la parte* – *del programma*; SIN. Essenziale.

sostanzialità *s. f.* Carattere di ciò che è sostanziale.

sostanziàre **A** *v. tr.* (*io sostànzio*) (*raro, lett.*) Fornire di sostanza. **B** *v. intr. pron.* Ricevere sostanza, diventare sostanziale.

sostanzióso *agg.* **1** Che ha o dà sostanza, nutrimento: *pasto* –. **2** (*fig.*) Che dà giovamento allo spirito: *insegnamento* –.

sostàre *v. intr.* (*io sòsto; aus. avere*) **1** Soffermarsi in un luogo per un periodo di tempo piuttosto breve: *sostammo a Milano*; *sostano in un albergo.* **2** Fare una pausa: – *dal lavoro.*

sostégno *s. m.* **1** Ciò che sostiene, serve di appoggio, supporto e sim.: *il* – *del tetto.* **2** (*fig.*) Chi (o ciò che) è d'aiuto ad altri materialmente o moralmente: *è il* – *della famiglia.*

sostenére **A** *v. tr.* (*coniug. come tenere*) **1** Reggere su di sé il peso di q.c.: *gli stipiti sostengono l'architrave* | Mantenere fermo: *bisogna* – *il muro con puntelli.* **2** (*fig.*) Prendere su di sé un onere morale o materiale: – *le spese della famiglia* | – *gli esami*, darli | – *una parte*, interpretarla. **3** (*fig.*) Mantenere alto: – *i prezzi.* **4** (*fig.*) Aiutare, proteggere: *lo sostenne molto nella disgrazia* | Difendere, patrocinare: – *la candidatura di qc.*; SIN. Caldeggiare, favorire, fiancheggiare. **5** (*fig.*) Nutrire, dare vigore: *un cibo che sostiene le forze.* **6** (*fig.*) Asserire con convinzione: – *una tesi, un'idea*; SIN. Affermare. **7** (*fig.*) Tollerare: *è un tipo che sostiene bene il vino* | Resistere: – *l'assalto del nemico.* **B** *v. rifl.* **1** Tenersi dritto: *la vecchia si sostiene col bastone.* **2** (*fig.*) Mantenersi vigoroso, attivo: *beve per sostenersi.* **C** *v. intr. pron.* Stare dritto.

sostenìbile *agg.* Che si può sostenere (*spec. fig.*): *ipotesi* –; CONTR. Insostenibile.

sosteniménto *s. m.* **1** (*raro*) Sostegno. **2** (*fig.*) Sostentamento | Nutrimento.

sostenitóre **A** *s. m.* (*f. -trìce*) (*raro*) Chi sostiene | (*fig.*) Difensore, propugnatore: *i sostenitori della riforma*; SIN. Fautore. **B** *agg.* Che difende, propugna.

sostentaménto *s. m.* Mantenimento in condizioni soddisfacenti di vita e di nutrimento | Ciò che è necessario per sostentare: *mezzi di* –.

sostentàre **A** *v. tr.* (*io sostènto*) Dare quanto abbisogna per vivere: – *qc. del necessario*; SIN. Mantenere. **B** *v. rifl.* Mantenersi in vita, in forze: *il poveretto non ha di che sostentarsi.*

sostentazióne *s. f.* **1** Sostentamento. **2** L'equilibrio col quale un aereo, un natante, un missile si sostiene nell'elemento che gli è proprio.

sostenutézza *s. f.* L'essere sostenuto.

sostenùto **A** *part. pass. di sostenere; anche agg.* **1** Che non dà confidenza, che mostra riservatezza e austerità: *essere* – *con qc.*; SIN. Compassato, riservato. **2** Elevato, alieno da modi volgari: *prosa sostenuta.* **3** (*mus.*) Di movimento largo e grave. **4** (*sport*) Intenso e duraturo: *andatura sostenuta.* **5** Che si mantiene elevato: *prezzo* –. **B** *s. m.* (*f. -a*) Chi tiene un atteggiamento riservato.

sostituìbile *agg.* Che si può sostituire; CONTR. Insostituibile.

sostituìre **A** *v. tr.* (*io sostituisco, tu sostituisci*) **1** Mettere una persona o una cosa al posto di un'altra: *sostituì un tappeto nuovo a quello logoro* | Togliere qc. dal posto che occupa, mettendo un altro al suo posto: *bisogna* – *il vecchio cassiere con uno più giovane*; SIN. Rimpiazzare. **2** Prendere il posto di un'altra persona o cosa: *un supplente sostituisce il professore.* **B** *v. rifl.* Prendere il posto di un'altra persona o cosa: *il figlio si è sostituito al padre.*

sostitutìvo *agg.* Atto a sostituire.

sostitùto *s. m.* (*f. -a*) Chi fa le veci di un'altra persona.

sostituzióne *s. f.* Cambiamento, nello stesso posto o funzione, di una persona o cosa con un'altra: – *di una ruota* | *In* – *di*, in luogo di.

sostràto o *substràto s. m.* **1** Strato sottostante a un altro: *un* – *di roccia.* **2** (*ling.*) Lingua parlata sostituita da un'altra | Influenza che la vecchia lingua esercita sulla nuova da cui è stata sostituita. **3** (*fig.*) Ciò che costituisce la base, l'elemento fondamentale di q.c.: *il* – *ideologico di un romanzo.*

soteriologìa *s. f.* Nelle religioni, dottrina che riguarda la salvezza.

sottàbito *s. m.* (*fam.*) Sottoveste.

sottacére *v. tr.* (*coniug. come tacere*) Tacere intenzionalmente q.c. che si sa, per ingannare.

sottacéto o *sótt'acéto* nei sign. A, B **A** *avv.* A bagno nell'aceto: *lasciare la carne* –. **B** *in funzione di agg. inv.* Conservato nell'aceto: *cipolline* –. **C** *in funzione di s. m. pl.* Prodotti alimentari conservati sottaceto.

sottalimentazióne *s. f.* V. *sottoalimentazione.*

sottàna *s. f.* **1** Indumento femminile indossato sotto ad altro indumento | Parte inferiore del vestito femminile | Gonna | (*fig.*) *Stare sempre attaccato, cucito, alla* – *della mamma*, di bambino che non si separa mai dalla madre e (*est., spreg.*) di adulto ancora soggetto alla madre. **2** *spec. al pl.* (*fam.*) Donna: *correre dietro alle sottane.* **3** Veste talare nera dei preti.

sottàno *agg.* Che sta sotto, usato spec. in toponomastica in contrapposizione a *soprano* (1): *Petralia Sottana e Petralia Soprana.*

sottàrco *s. m.* (*pl. -chi*) (*arch.*) Faccia anteriore della struttura di un arco; SIN. Intradosso.

sottécchi *avv.* Con gli occhi socchiusi per non fare intendere le proprie intenzioni, *spec. nella loc. di* –: *guardare qc.* –, *di* –.

sottèndere *v. tr.* (*coniug. come tendere*) (*mat.*) Unire i due estremi di un arco di circonferenza con una corda.

sottentràre *v. intr.* (*io sottèntro; aus. essere*) Subentrare, succedere: – *a qc. in q.c.*

sotterfùgio *s. m.* Accorgimento fondato sulla finzione, la menzogna, usato per uscire da situazioni imbarazzanti o pericolose: *ricorrere a un* –; SIN. Scappatoia.

sottèrra *avv.* Sottoterra.

sotterraménto *s. m.* **1** Collocazione sotto terra | Occultamento sotto terra: *il* – *di un tesoro.* **2** Seppellimento; SIN. Inumazione.

sotterrànea *s. f.* Ferrovia il cui tracciato si snoda sottoterra.

sotterràneo **A** *agg.* **1** Che è sotto terra: *ferrovia sotterranea* | Che giunge di sottoterra: *fragore* –. **2** (*fig.*) Nascosto, segreto: *manovre sotterranee.* **B** *s. m.* Locale costruito a una certa profondità sotto il livello del terreno.

sotterràre *v. tr.* (*io sottèrro*) **1** Collocare sotterra: – *i semi* | Nascondere sotto terra: – *un tesoro.* **2** Seppellire: – *i morti*; SIN. Inumare.

sotterràto *part. pass. di sotterrare; anche agg.* Messo sottoterra | *Morto e* –, morto da molto tempo e (*fig.*) dimenticato, superato.

sottéso *part. pass. di sottendere; anche agg.* **1** (*mat.*) Detto dell'arco di circonferenza i cui estremi sono uniti da una corda. **2** (*lett.*) Venato, improntato: *una prosa sottesa di amarezza.*

sottigliézza *s. f.* **1** L'essere sottile. **2** (*fig.*) Acume, finezza: – *d'ingegno.* **3** *spec. al pl.* Sofisticheria, pedanteria: *perdersi in sottigliezze.*

sottìle **A** *agg.* **1** Che ha uno spessore molto limitato, o più limitato del normale: *corda, filo* –; – *come un foglio di carta.* **2** (*est.*) Che ha forma snella e slanciata: *caviglie sottili* | (*fig.*) *Voce* –, di tono esile, lieve | (*pop.*) *Mal* –, tisi. **3** (*fig.*) Puro, fresco, leggero: *aria* –; *venticello* – | *Profumo* –, delicato. **4** (*fig.*) Acuto, fine: *vista, odorato* –. **5** (*fig.*) Che è in grado di penetrare addentro alle questioni cogliendone ogni sfumatura: *ingegno, intelligenza* – | (*est.*) Sofistico, cavilloso: *disputa, argomentazione* –. **B** *s. m. solo sing. Nelle loc. andare per il* –, *guardare al* –, badare alle minuzie.

sottilizzàre *v. intr. e tr.* (*aus. avere*) Esaminare una questione indugiando in sottigliezze.

sottilménte *avv.* **1** In modo sottile. **2** Con acume | Diligentemente: *studiare* – *un problema.*

sottinsù o *sótt'in su, sótto in su avv. Solo nella loc. avv. di* –, dal basso verso l'alto: *guardare qc. di* –.

sottintèndere *v. tr.* (*coniug. come intendere*) **1** Capire q.c. non espressamente detta, ma in qualche modo implicita in quanto si è detto: *l'allusione lascia* – *il suo rifiuto.* **2**

Tacere q.c. che si può facilmente capire: — *il verbo in una proposizione* | (*est.*) Implicare, comportare: *il lavoro sottintende dei sacrifici.*

sottintéso ***A*** *part. pass. di sottintendere; anche agg.* Non espresso: *soggetto* —. ***B*** *s. m.* Giudizio, opinione e sim. non espresso ma intuibile dal contesto: *parlare a, per sottintesi.*

sótto ***A*** *prep.* (si può elidere davanti a parola che cominci per vocale: *sott'acqua*) ***1*** Indica posizione inferiore rispetto a q.c.: *pose un piattino — la bottiglia*; — *il soprabito indossa un vestito*; *infilarsi — le coperte* | *Ridere — i baffi*, (*fig.*) sorridere senza farsi vedere | *Finire — il treno*, — *una macchina* e sim., rimanerne travolto o schiacciato; CONTR. Sopra. ***2*** Indica luogo più basso o posizione inferiore, sottostante o sottomessa rispetto a q.c.: *si è nascosto — il letto*; *passeggiare — i portici* | *Essere, andare — le armi*, (*fig.*) nell'esercito per compiere il servizio militare | — *il sole*, nel mondo: *niente di nuovo — il sole* | Vicinissimo: *avere q.c. — il naso.* ***3*** Ai piedi di: *ti aspetto — casa.* ***4*** Più in basso di: *portare le gonne — il ginocchio*; *essere — il livello del mare* | Inferiore a, meno di: *il peso è — il quintale* | Al di qua di, a sud di: *trenta chilometri — Milano.* ***5*** (*fig.*) Esprime il concetto di dipendenza, soggezione, subordinazione, sudditanza: *avere parecchi operai — di sé*; *gemere — la tirannia* | (*est.*) Durante il governo di: *patì — Ponzio Pilato.* ***6*** (*fig.*) Indica vigilanza, custodia, difesa e sim.: *il minore è — la mia tutela*; *l'associazione nasce — buoni auspici* | Nell'influsso di: *essere nato — una buona stella.* ***7*** (*fig.*) Indica lo stato in cui si trova qc. su cui incombe q.c. o una situazione minacciosa: *finire — processo*; *vivere — l'incubo di una guerra.* ***8*** Con valore modale indica come q.c. si compie o si presenta: *caffè confezionato — vuoto*; *si presenta — l'apparenza più innocente.* ***9*** A causa di: *ho agito — l'impulso del momento.* ***10*** Verso, nell'imminenza di, durante: *gli ho scritto — Natale*; *ci siamo visti — gli esami.* ***B*** *avv.* ***1*** In luogo o posizione o parte più bassa rispetto ad altra: *è più bello — che sopra* | (*est.*) Al piano inferiore | (*iter., ints.*) In fondo e (*fig.*) dentro di sé, nell'intimo: *si mostrava spiacente, ma — era contento* | *Qui c'è — q.c.*, c'è q.c. di poco chiaro | *Farsi* —, avvicinarsi prudentemente ma con decisione | *Mettere, tenere — qc.*, sopraffarlo, piegarlo alla propria volontà | *Mettersi* —, dare inizio con accanimento a un'attività; CONTR. Sopra. ***2*** Oltre: *dirò meglio — di che cosa si tratti* | *Vedi* —, vedi in nota. ***3*** Addosso (spec. con riferimento alla nuda pelle o alle parti intime del corpo): — *non porto mai la maglia.* ***C*** *in funzione di agg. inv.* Inferiore, più basso: *leggi la riga* —. ***D*** *in funzione di s. m. inv.* La parte inferiore, più bassa: *il — delle seggiole.* [→ tav. *proverbi* 356]

sótto- *pref.* (*sott-*, davanti a vocale) ***1*** Indica un oggetto, una parte e sim. sotto ad altri: *sottabito, sottopassaggio.* ***2*** Indica inferiore di grado e funzione: *sottosegretario, sottotenente.* ***3*** Indica inferiorità quantitativa rispetto al normale o al necessario: *sottoccupazione.* ***4*** Indica suddivisione: *sottocommissione.* ***5*** In composizione con verbi: *sottolineare, sottoscrivere.*

sottoalimentazióne *s. f.* Alimentazione, nutrimento inadeguato al bisogno di qc.

sottoascèlla *s. f.* Doppia lunetta, di cotone da un lato e impermeabile dall'altro, disposta all'interno del giromanica per assorbire il sudore.

sottobànco *avv.* Di nascosto: *vendere* —.

sottobicchière *s. m.* Tondino che si pone sotto il bicchiere per non macchiare il tavolo.

sottobòsco *s. m.* (*pl.* *-schi*) ***1*** Insieme di tutti gli arbusti minori ed erbe che nascono nei boschi d'alto fusto. ***2*** (*fig.*) Insieme di persone che vivono e agiscono, spec. in modo illecito, ai margini di un'attività: *il — cinematografico.*

sottobottiglia *s. m.* (*pl.* *sottobottiglie* o *sottobottiglia*) Tondino che a tavola si pone sotto la bottiglia.

sottobràccio *avv.* Con il braccio infilato in quello di un'altra persona: *tenere qc.* —.

sottòcchio *avv.* Davanti agli occhi.

sottoccupàto o *sottooccupato agg.; anche s. m.* (*f.* *-a*) Detto di chi è soggetto a sottoccupazione.

sottoccupazióne o *sottooccupazione s. f.* Occupazione dei lavoratori per un periodo di ore o giornate lavorative inferiore al normale.

sottochiàve *avv.* Chiuso a chiave: *tengo i documenti* —.

sottocipria *s. m. e f. inv.* Cosmetico che si stende sul viso, come base per la cipria.

sottoclàsse *s. f.* Nella tassonomia animale e vegetale, ciascuna delle categorie sistematiche in cui è suddivisa una classe.

sottocóda *s. m. inv.* ***1*** Finimento per equini. ***2*** Piumaggio che negli uccelli ricopre la parte posteriore dell'addome.

sottocommissióne *s. f.* Ogni gruppo in cui si può dividere una commissione.

sottoconsùmo *s. m.* Insufficienza del consumo complessivo di una collettività.

sottocopèrta ***A*** *s. f.* (*mar.*) Tutto ciò che sta sotto il ponte di coperta, in contrapposizione a *sopraccoperta.* ***B*** *in funzione di avv.* Sotto il ponte di coperta: *scendere* —.

sottocòppa *s. m. o f.* (*pl.* *sottocòppa, m., sottocòppe, f.*) ***1*** Piattino o centrino che viene posto sotto il bicchiere o la tazza. ***2*** Riparo posto sotto la coppa dell'olio negli autoveicoli.

sottocòsto ***A*** *avv.* A un prezzo inferiore a quello di costo: *vendere* —. ***B*** *in funzione di agg. inv.* Che si è pagato meno di quanto costa: *merce* —.

sottocultùra *s. f.* Cultura scadente, deteriore.

sottocutàneo *agg.* Della sottocute.

sottocùte ***A*** *s. m.* Strato di tessuto immediatamente sotto la cute. ***B*** *in funzione di avv.* Sotto la cute: *iniettare q.c.* —.

sottodominànte *s. f.* (*mus.*) Quarto grado della scala musicale diatonica.

sottoespórre *v. tr.* (*coniug. come esporre*) (*fot.*) Dare alla pellicola una esposizione di luce insufficiente.

sottoesposizióne *s. f.* (*fot.*) Esposizione troppo breve.

sottofamiglia *s. f.* Nella tassonomia animale e vegetale, ciascuna delle categorie sistematiche in cui è suddivisa una famiglia.

sottofondazióne *s. f.* Parte inferiore della fondazione costituita di uno strato di calcestruzzo con bassa dosatura di cemento per livellare la superficie di appoggio e ripartire i carichi.

sottofóndo *s. m.* ***1*** Terreno che serve di appoggio alle sovrastrutture stradali. ***2*** Commento musicale che accompagna l'azione scenica di un film o di un programma televisivo.

sottogàmba *avv.* Con eccessiva disinvoltura e leggerezza: *prendere un esame* —; *fare q.c.* —.

sottogóla *s. m. e f. inv.* Cinghietta di cuoio che passando sotto la gola fissa berretti e sim., spec. nelle uniformi militari.

sottogónna *s. f.* Gonna di tessuto rigido indossata sotto a un abito ampio per tenerlo gonfio.

sottogovèrno *s. m.* Insieme delle attività di favoritismo e corruttela svolte da chi detiene i poteri pubblici per avvantaggiare i propri elettori e consolidare la propria posizione politica | (*est.*) Persone ed enti che svolgono tale attività.

sottogrùppo *s. m.* Ciascuno dei gruppi minori in cui si suddivide un gruppo.

sottolineàre *v. tr.* (*io sottolineo*) ***1*** Segnare con una linea una parola o una frase per farla spiccare nel contesto: *sottolineò il brano da tradurre*; — *q.c. in blu.* ***2*** (*fig.*) Dare risalto: — *la riservatezza di un incarico* | — *una frase, una parola, nel parlare*, dirla con maggiore intensità.

sottolineatùra *s. f.* Atto del sottolineare | Parte sottolineata | (*fig.*) Accentuazione.

sott'òlio o *sottòlio* ***A*** *avv.* A bagno nell'olio: *conservare un cibo* —. ***B*** *in funzione di agg. inv.* Conservato nell'olio: *sardine* —.

sottomàno ***A*** *avv.* ***1*** A portata di mano: *ho — ciò che mi occorre.* ***2*** Con la mano voltata a palmo in giù: *tirare la palla* —. ***3*** (*fig.*) Di nascosto: *mi ha passato un biglietto* —. ***B*** *s. m.* ***1*** Cartella che si tiene sulla scrivania per scrivervi sopra. ***2*** Rimunerazione aggiunta allo stipendio | Mancia.

sottomarino ***A*** *agg.* Che è sotto la superficie marina: *cavo* —. ***B*** *s. m.* (*mar.*) Nave da guerra che naviga quasi sempre sotto la superficie del mare. [→ ill. *marina*]

sottomésso *part. pass. di sottomettere; anche agg.* Rispet-

toso, docile; SIN. Remissivo.
sottométtere **A** *v. tr.* (*coniug. come mettere*) **1** (*raro*) Mettere sotto: – *i buoi al giogo.* **2** Assoggettare, soggiogare: – *una popolazione al proprio dominio.* **3** (*lett.*) Subordinare: – *il senso alla ragione.* **4** (*raro*) Sottoporre: *sottomise il fatto alla nostra attenzione.* **B** *v. intr. pron.* Piegarsi ai voleri altrui.
sottomissióne *s. f.* **1** Atto del sottomettere | Cedimento ai voleri altrui: *fare atto di – a qc.* **2** Condizione di chi è sottomesso | (*est.*) Remissività, ubbidienza; SIN. Soggezione.
sottomùltiplo **A** *s. m.* (*mat.*) Quantità contenuta un numero intero di volte in un'altra | Divisione di un numero. **B** *anche agg.*: *quantità sottomultipla di un'altra.*
sottooccupàto V. *sottoccupato.*
sottooccupazióne V. *sottoccupazione.*
sottopàlco *s. m.* (*pl. -chi*) Parte del palcoscenico posta sotto il piano scenico.
sottopància *s. m. inv.* Larga striscia di cuoio o di robusta tela che passando sotto la pancia del cavallo tiene ferma la sella. [→ ill. *finimenti*]
sottopassàggio *s. m.* **1** Opera stradale sottostante a un'altra per evitare un incrocio in superficie | – *pedonale*, che permette ai pedoni di passare sotto una strada o una piazza. [→ ill. *strada*] **2** Nelle stazioni ferroviarie, passaggio sotterraneo che permette l'accesso dei viaggiatori ai marciapiedi di partenza evitando l'attraversamento dei binari. [→ ill. *ferrovia*]
sottopiàtto *s. m.* Piatto usato in tavola per poggiarvi un altro piatto.
sottopiède *s. m.* **1** Parte di cuoio interna, nella scarpa, a contatto con il piede. **2** Passante che, passando sotto al piede, tiene il calzone ben teso.
sottopórre **A** *v. tr.* (*coniug. come porre*) **1** (*raro*) Porre sotto. **2** (*raro*) Assoggettare; SIN. Sottomettere. **3** Indurre ad affrontare o a subire q.c. di gravoso: *sottopose l'alunno a una lunga interrogazione.* **4** (*fig.*) Presentare: – *le proprie opere alla critica.* **B** *v. intr. pron.* Sottomettersi: *sottoporsi alla legge* | Affrontare q.c., spec. spiacevole: *sottoporsi a un intervento chirurgico.*
sottopòsto **A** *part. pass. di sottoporre; anche agg.* Esposto: *essere – ai pericoli.* **B** *s. m.* Chi, in un rapporto di lavoro, è subordinato ad altri.
sottoprodótto *s. m.* Prodotto ottenuto come bene di qualità inferiore, rispetto al prodotto principale.
sottoproduzióne *s. f.* Eccedenza della domanda sull'offerta effettiva nel mercato di un dato bene.
sottoproletariàto *s. m.* Nella società capitalistica, il gruppo sociale più povero e privo di coscienza politica.
sottoproletàrio *s. m.* (*f. -a*) Membro del sottoproletariato.
sottórdine *s. m.* **1** Nella tassonomia animale e vegetale, ciascuna delle categorie sistematiche in cui è diviso un ordine. **2** *Nella loc. avv. in* –, in grado subordinato, alle dipendenze di qc.: *essere in – a tutti* | Di importanza secondaria: *questione in –.*
sottoscàla *s. m. inv.* Vano sotto una rampa di scala, spesso utilizzato come ripostiglio.
sottoscritto **A** *part. pass. di sottoscrivere; anche agg.* Approvato con una firma: *i patti sottoscritti.* **B** *s. m.* (*f. -a*) Chi scrive e firma un'istanza, una domanda, spec. designando se stesso in terza persona: *il – chiede che...*
sottoscrittóre *s. m.* (*f. -trìce*) Chi sottoscrive: *i sottoscrittori della richiesta.*
sottoscrìvere **A** *v. tr.* (*coniug. come scrivere*) Scrivere il proprio nome sotto una lettera, un foglio, un atto e sim. **B** *v. tr. e intr.* (*aus. avere*) Dare la propria adesione a un'impresa, a un'iniziativa, spec. di solidarietà, anche con l'impegno di versare una data somma: – *una petizione*; – *a un programma*; – *diecimila lire.*
sottoscrizióne *s. f.* **1** Atto del sottoscrivere. **2** Raccolta di firme o di fondi per un'iniziativa, spec. di solidarietà.
sottosegretariàto *s. m.* Ufficio di sottosegretario | Complesso dei sottosegretari.
sottosegretàrio *s. m.* (*f. -a*; V. nota d'uso FEMMINILE) Segretario di grado inferiore | Collaboratore diretto del ministro segretario di Stato.
sottosópra **A** *avv.* **1** Alla rovescia, in modo capovolto: *quella cassa è –.* **2** (*est., fig.*) In uno stato di grande disordine, scompiglio, confusione: *mettere – la casa* | In grande agitazione, turbamento: *mi sento –.* **B** *in funzione di agg. inv.* Turbato, confuso: *ho la testa –.* **C** *in funzione di s. m. inv.* Confusione, scompiglio.
sottospècie *s. f. inv.* **1** Ciascuna delle categorie sistematiche, come varietà o razza, in cui è suddivisa una specie botanica o zoologica. **2** (*est.*) Ogni possibile varietà di q.c. (*spec. spreg.*): *certi romanzi sono una – della letteratura.*
sottostànte *part. pres. di sottostare; anche agg.* Che è posto sotto.
sottostàre *v. intr.* (*pres. io sottostò, tu sottostài, egli sottostà; nelle altre forme coniug. come stare; aus. essere*) **1** (*raro, lett.*) Stare sotto; CONTR. Soprastare. **2** (*fig.*) Essere sottoposto: – *alle minacce di qc.* | Affrontare: – *a una prova*; SIN. Soggiacere.
sottostazióne *s. f.* Impianto per la trasformazione dell'energia elettrica al fine di alimentare servizi speciali o la rete di distribuzione dell'energia.
sottosterzànte *agg.* Detto di autoveicolo che tende ad allargare la curva, ossia ad attenuare l'effetto dello sterzo.
sottosuòlo *s. m.* **1** Nel terreno, parte o strato che si trova al di sotto del suolo. **2** Locale posto parzialmente o totalmente sotto il livello del suolo.
sottoṣviluppàto *agg.* Detto di paese o regione in condizione di sottosviluppo.
sottoṣvilùppo *s. m.* Condizione di arretratezza sociale ed economica in cui si trova una collettività nei confronti di sistemi economici più avanzati.
sottotenènte *s. m.* Primo grado della gerarchia degli ufficiali.
sottotèrra **A** *avv.* Sotto la terra, sotto la superficie del suolo: *nascondere q.c. –* | *Andare –*, (*euf.*) morire | *Essere –*, (*euf.*) essere morto. **B** *in funzione di agg. inv.* (*raro*) Sotterraneo: *locale –.* **C** *in funzione di s. m. inv.* Ambiente sotterraneo.
sottotétto *s. m.* Spazio tra le falde del tetto e il solaio che copre l'ultimo piano di un edificio. [→ ill. *casa*]
sottotìtolo *s. m.* Titolo secondario, spec. esplicativo del titolo principale | (*cine.*) Didascalia. [→ ill. *stampa*]
sottovalutàre *v. tr.* (*io sottovalùto o evit. sottovàluto*) Valutare persone o cose al disotto del reale o del giusto; CONTR. Sopravvalutare.
sottovàṣo *s. m.* Vaso o piatto in cui si pone un vaso da fiori.
sottovènto **A** *avv.* Dal lato opposto a quello da cui spira il vento: *navigare –.* **B** *in funzione di agg. inv.* Detto del fianco di una montagna opposto a quello sopravvento. **C** *in funzione di s. m.* (*mar.*) Posizione contraria a quella di sopravvento.
sottovèste *s. f.* Indumento che si indossa sotto al vestito; SIN. Sottabito. [→ ill. *abbigliamento*]
sottovia *s. f.* Strada urbana che passa sotto altre strade per consentire il transito veloce.
sottovóce *avv.* A voce bassa: *parlare –.*
sottovuòto *avv.* Col metodo impiegato per una lunga conservazione del prodotto mediante eliminazione dell'ossigeno dal contenitore.
sottraèndo *s. m.* (*mat.*) Secondo termine d'una sottrazione | Quantità che, aggiunta alla differenza, dà il minuendo.
sottràrre **A** *v. tr.* (*coniug. come trarre*) **1** Levare via: – *q.c. alla vista altrui* | Liberare, salvare: – *qc. a, da un pericolo.* **2** (*fig.*) Rapire, rubare: – *un documento a qc.* **3** (*mat.*) Eseguire una sottrazione; SIN. Defalcare; CONTR. Sommare. **B** *v. rifl.* Sfuggire, liberarsi, evitare: *sottrarsi a un pericolo.*
sottrazióne *s. f.* **1** Rimozione, furto, rapimento attuato con l'inganno: – *di denaro.* **2** (*mat.*) Operazione che a due quantità (minuendo e sottraendo) ne associa una terza, detta differenza, che aggiunta al sottraendo dà il minuendo; CONTR. Addizione, somma.
sottufficiàle *s. m.* Nella gerarchia militare, grado intermedio tra i graduati di truppa e gli ufficiali, comprendente sergente, sergente maggiore e maresciallo.
soubrette /*fr.* su'brɛt/ *s. f. inv.* (*pl. fr. soubrettes* /su'brɛt/) Nel teatro di varietà, prima attrice, ballerina e cantante.
soufflé /*fr.* su'fle/ *s. m. inv.* (*pl. fr. soufflés* /su'fle/) Vivanda a base di passati di carne, formaggio e chiare d'uovo montate a neve, cotta al forno in modo che, al calore,

si gonfi.
souplesse /*fr.* su'plɛs/ *s. f. inv.* (*pl. fr. souplesses* /su'plɛs/) **1** Agilità di un atleta nei suoi movimenti. **2** (*fig.*) Elasticità mentale per cui ci si adatta a circostanze e ad ambienti; SIN. Flessibilità.
souvenir /*fr.* suvə'nir/ *s. m. inv.* (*pl. fr. souvenirs* /suvə'nir/) Oggetto che si riporta da un viaggio per ricordo.
sovchoz /*russo* səf'xɔs/ *s. m. inv.* Nell'Unione Sovietica, azienda agricola statale.
sovcòs *s. m.* Adattamento di *sovchoz.*
sovènte *avv.* (*lett.*) Spesso.
soverchiàre A *v. tr.* (*io sovèrchio*) **1** (*lett.*) Sormontare, oltrepassare: *il fiume in piena soverchia le sponde.* **2** (*fig.*) Sopraffare: *— i deboli.* **B** *v. intr.* (*aus avere*) Sovrabbondare.
soverchiatóre V. *soperchiatore.*
soverchierìa V. *soperchieria.*
sovèrchio A *agg.* (*lett.*) Eccessivo, esagerato, sovrabbondante. **B** *s. m.* (*lett.*) Ciò che è in più.
sovesciàre *v. tr.* (*io sovèscio*) (*agr.*) Trattare con la tecnica del sovescio.
sovèscio *s. m.* Sotterramento, con l'aratura, di piante appositamente coltivate per arricchire il terreno di materia organica.
sovièt o (*evit.*) *sòviet s. m. inv.* Nella rivoluzione sovietica del 1917, comitato esecutivo di operai e soldati | Consiglio di delegati eletti dai lavoratori.
soviètico A *agg.; anche s. m.* (*f. -a; pl. m. -ci*) Dell'Unione Sovietica. **B** *agg.* Dei soviet, formato dai soviet.
sóvra- V. *sopra-.*
sovrabbondànte *part. pres. di sovrabbondare; anche agg.* Che sovrabbonda | (*ling.*) *Nome —*, che ha due plurali di genere diverso, gener. con significato differente (es. *ciglio,* che al pl. fa *cigli* o *ciglia*).
sovrabbondànza *s. f.* Soverchia abbondanza | *In —*, in misura superiore al fabbisogno; SIN. Ridondanza.
sovrabbondàre *v. intr.* (*io sovrabbóndo; aus. essere e avere*) Abbondare molto: *questa zona sovrabbonda in, di frutta.*
sovraccaricàre *v. tr.* (*io sovraccàrico, tu sovraccàrichi*) Caricare oltre le capacità di resistenza (*anche fig.*): *— qc. di lavoro.*
sovraccàrico A *agg.* (*pl. m. -chi*) Eccessivamente carico: *il treno è — di passeggeri.* **B** *s. m.* Carico eccessivo (*anche fig.*).
sovraccopèrta V. *sopraccoperta.*
sovracorrènte *s. f.* Corrente elettrica eccessiva in un circuito.
sovraespórre o *sovrespórre v. tr.* (*coniug. come esporre*) Dare un'esposizione eccessiva a un materiale fotografico.
sovraesposizióne *s. f.* (*fot.*) Esposizione eccessiva.
sovraffaticàre A *v. tr.* (*io sovraffatico, tu sovraffatichi*) (*raro*) Affaticare eccessivamente. **B** *v. intr. pron.* Sottoporsi a fatica eccessiva.
sovraffollaménto *s. m.* Eccesso di folla in un luogo spec. chiuso.
sovraffollàto *agg.* Troppo affollato.
sovrainnèsto *s. m.* Innesto eseguito su una pianta già innestata.
sovralimentàto *agg.* Detto di motore o di dispositivo elettrico quando la tensione di alimentazione è di valore superiore a quella normale.
sovralimentazióne *s. f.* **1** Alimentazione, nutrimento eccessivo rispetto al bisogno di un organismo. **2** (*mecc.*) Alimentazione forzata di un motore a scoppio.
sovrallenaménto *s. m.* (*raro*) Superallenamento.
sovràna *s. f.* Antica moneta d'oro inglese del valore di venti scellini. [→ ill. *moneta*]
sovranità *s. f.* **1** (*dir.*) Potestà suprema di comando: *— statale* | *— popolare,* potere supremo riconosciuto alla collettività popolare. **2** Diritto e qualità di sovrano: *esercitare la —.* **3** (*fig.*) Superiorità.
sovrannaturàle V. *soprannaturale.*
sovràno A *agg.* **1** Che sta sopra. **2** Del capo di uno Stato retto a monarchia: *decreto —.* **3** Sommo, superiore a ogni altro: *maestro —.* **4** (*dir.*) Dotato del sommo potere di comando: *la Costituzione è sovrana.* **B** *s. m.* (*f. -a*) **1** Chi sta sopra. **2** Capo di uno Stato retto a monarchia | *I sovrani,* la coppia costituita da chi esercita il potere sovrano e dal coniuge.
sovraoccupazióne *s. f.* Occupazione dei lavoratori per un periodo di ore o giornate superiore al normale; CONTR. Sottoccupazione.
sovrappàsso *s. m.* (*raro*) Cavalcavia.
sovrappiù V. *soprappiù.*
sovrapponìbile *agg.* Che si può sovrapporre.
sovrappopolàre *v. tr.* (*io sovrappòpolo*) Popolare un territorio in maniera eccessiva.
sovrappopolazióne *s. f.* Popolazione in eccesso rispetto alle possibilità di un dato territorio.
sovrappórre A *v. tr.* (*coniug. come porre*) **1** Porre q.c. sopra ad altro: *— un foglio al disegno.* **2** (*fig.*) Anteporre. **B** *v. intr. pron.* **1** Porsi sopra ad altro. **2** Venire ad aggiungersi a ciò che già c'era.
sovrappòrta V. *soprapporta.*
sovrapposizióne *s. f.* Collocazione, disposizione di q.c. sopra ad altro | (*fig.*) Prevalenza | (*fig.*) Aggiunta: *— di problemi.*
sovrappósto *part. pass. di sovrapporre; anche agg.* **1** Posto sopra. **2** Detto di fucile le cui canne sono accoppiate verticalmente. [→ ill. *cacciatore*]
sovrapprèzzo V. *soprapprezzo.*
sovrapproduzióne *s. f.* Eccedenza dell'offerta sulla domanda effettiva nel mercato di un dato bene.
sovrapprofitto V. *soprapprofitto.*
sovrascorriménto *s. m.* (*geol.*) Dislocazione tettonica di una vasta zolla rocciosa che viene sospinta sopra altri terreni durante il corrugamento di una catena montuosa.
sovrasensibile V. *soprasensibile.*
sovrastàmpa o *soprastàmpa s. f.* Segno, sigla, scritta e sim. impressa sul francobollo per modificarne l'uso e le caratteristiche.
sovrastampàre o *soprastampàre v. tr.* Imprimere una stampa su un'altra stampa.
sovrastànte *part. pres. di sovrastare; anche agg.* Che sovrasta (*anche fig.*).
sovrastàre *v. tr. e intr.* (*aus. intr. essere*) **1** Stare sopra: *il monte sovrasta la valle*; *il monte sovrasta alla valle.* **2** (*fig.*) Essere imminente: *una minaccia lo sovrasta*; *una minaccia gli sovrasta*; SIN. Incombere. **3** (*fig.*) Essere superiore: *— i competitori*; *— a tutti.*
sovrasterzànte *agg.* Detto di autoveicolo che tende a stringere la curva, ossia a esaltare l'effetto dello sterzo.
sovrastruttùra o *soprastruttùra s. f.* **1** Parte superiore di un complesso strutturale | *— d'una nave,* quel che sta sopra il ponte principale. **2** Secondo l'ideologia marxista, tutto ciò che, come la politica, la religione, l'arte, la filosofia e sim., appare come espressione culturale e istituzionale di un determinato modo di produzione. **3** (*fig.*) Aggiunta inutile.
sovratensióne *s. f.* In un circuito elettrico, innalzamento della tensione al disopra dei valori normali.
sovrattàssa V. *soprattassa.*
sovreccitàbile *agg.* Che si può facilmente sovreccitare.
sovreccitàre A *v. tr.* (*io sovrèccito*) Mettere in grande agitazione. **B** *anche v. intr. pron.*
sovreccitazióne *s. f.* Stato di grave eccitazione fisica e psichica.
sovrespórre V. *sovraesporre.*
sovrimpòsta o *sovrimpósta s. f.* Addizionale a una imposta.
sovrimpressióne *s. f.* Impressione di due o più immagini sulla stessa pellicola.
sovrintèndere e deriv. V. *soprintendere* e deriv.
sovrumàno *agg.* **1** Superiore a chi, a ciò che è umano. **2** (*est., fig.*) Molto grande, eccelso: *sapienza sovrumana.*
sovvenìre A *v. tr.* (*coniug. come venire*) (*lett.*) Aiutare, soccorrere: *— l'amico*; *— qc. di denaro.* **B** *v. intr.* (*aus. avere*) Venire in aiuto: *— ai poveri.* **C** *v. intr. pron.* Tornare a mente, venire alla memoria: *non mi sovvengo di te.* **D** *s. m.* (*raro, lett.*) Ricordo.
sovventóre *s. m.* (*f. -trice*) Chi fa una sovvenzione.
sovvenzionàre *v. tr.* (*io sovvenzióno*) Aiutare con una sovvenzione: *— una azienda*; SIN. Sussidiare.
sovvenzióne *s. f.* Aiuto in denaro; SIN. Sussidio.
sovversióne *s. f.* Sovvertimento spec. della struttura sociale e politica.
sovversivìsmo *s. m.* Tendenza a essere sovversivo.

sovversìvo *A agg.* Atto a sovvertire. *B agg.; anche s. m.* (*f.* *-a*) **1** Che (o chi) tenta di rovesciare le istituzioni dello Stato; SIN. Ribelle, sedizioso. **2** (*est.*) Ribelle, nei confronti delle tradizioni.

sovvertiménto *s. m.* Profondo sconvolgimento a fini distruttivi.

sovvertìre *v. tr.* (*io sovvèrto*) Rovinare, mandare sossopra | Alterare profondamente, nella struttura sociale o politica: *— l'ordine pubblico*; SIN. Rivoluzionare.

sovvertitóre *s. m.; anche agg.* (*f. -trìce*) Chi (o che) sovverte.

sozzerìa *s. f.* (*dial.*) Cosa, azione turpe.

sózzo *agg.* **1** Sporco, lordo, imbrattato: *mani sozze di unto.* **2** (*fig.*) Sordido, turpe, immorale: *ambiente —*; SIN. Immondo.

sozzùme *s. m.* Quantità di cose sozze.

sozzùra *s. f.* **1** L'essere sozzo; SIN. Sordidezza. **2** Cosa sozza | (*fig.*) Cosa turpe.

spaccalégna *s. m. inv.* Chi per mestiere spacca legna da ardere.

spaccamontàgne *s. m. inv.* Spaccone.

spaccamónti *s. m.* Spaccamontagne.

spaccaòssa *s. m. inv.* Coltello a lama larga e pesante per spaccare le ossa dei pezzi di carne. [→ ill. *macelleria*]

spaccapiètre *s. m. inv.* Chi per mestiere spacca i sassi per adattarli alla pavimentazione delle strade.

spaccàre *A v. tr.* (*io spàcco, tu spàcchi*) Spezzare, in due o più parti mediante azione violenta: *— la legna*; *— le pietre con lo scalpello* | *— le pietre*, (*fig.*) detto di sole cocente | (*fig.*) *— il minuto*, di orologio esattissimo | (*fig.*) *— il cuore*, di pianto, o sim. molto penoso; SIN. Rompere. *B v. intr. pron.* Rompersi.

spaccàta *s. f.* **1** Atto dello spaccare in una volta. **2** Nella ginnastica e nella danza, posizione di massima apertura delle gambe che vengono a trovarsi in linea orizzontale.

spaccàto *A part. pass. di spaccare; anche agg.* **1** Spezzato in due o più parti. **2** (*fig.*) Patente, manifesto: *bugiardo —* | Tale e quale: *quel bambino è suo fratello —*. **3** (*fig.*, *tosc.*) Dalla pronuncia fortemente scolpita: *parlare fiorentino —*. *B s. m.* Rappresentazione di un edificio o altro oggetto eseguita mediante sezione verticale.

spaccatùra *s. f.* **1** Operazione dello spaccare. **2** Punto in cui q.c. si spacca o si è spaccata | Fenditura. **3** (*fig.*) Cessazione di rapporti in seguito a contrasto, disaccordo e sim.

spacchettàre *v. tr.* (*io spacchétto*) Disfare un pacchetto.

spacchétto *s. m.* **1** *Dim. di spacco.* **2** Breve spacco ai lati o nel dietro della giacca da uomo.

spacciàre *A v. tr.* (*io spàccio*) **1** (*raro*) Sbrigare, spicciare: *— le proprie faccende.* **2** Vendere, in quantità notevole: *— la propria merce.* **3** Mettere in circolazione: *— moneta falsa* | Far passare una cosa o una persona per un'altra: *— ottone per oro.* **4** (*fam.*) Dichiarare inguaribile: *i medici lo hanno spacciato.* *B v. rifl.* Dare a credere di essere: *spacciarsi per gran signore.*

spacciatóre *s. m.* (*f. -trìce*) Chi spaccia, spec. cose illecite: *— di moneta falsa.*

spàccio *s. m.* **1** Immissione in circolazione, spec. di cose illecite: *— di biglietti falsi*; *— di droga.* **2** Vendita al pubblico: *questa merce ha molto —*. **3** Bottega per la vendita al minuto spec. di generi alimentari | Nelle caserme, locale dove si vendono generi alimentari vari.

spàcco *s. m.* (*pl. -chi*) **1** Spaccatura, fenditura | (*agr.*) *Innesto a —*, eseguito inserendo le marze all'estremità dello spacco praticato al ramo o al tronco della pianta da innestare | (*est.*) Vano, apertura. **2** Taglio, strappo: *farsi uno — nell'abito.* **3** Lungo taglio sul davanti, sul dietro o su un lato della gonna.

spacconàta *s. f.* Azione, parola da spaccone; SIN. Fanfaronata, smargiassata.

spaccóne *s. m.* (*f. -a*) Chi è solito attribuirsi virtù, meriti, capacità, eccezionali; SIN. Ammazzasette, fanfarone, smargiasso.

space shuttle /*ingl.* speis 'ʃʌtl/ *s. m. inv.* (*pl. ingl. space shuttles* /speis 'ʃʌtlz/) (*aer.*) Navetta spaziale.

spàda *s. f.* **1** Arma bianca da punta e taglio costituita da una lama di acciaio rettilinea, appuntita e con uno o due fili | *Sguainare, snudare la —*, toglierla dal fodero e (*est.*) iniziare un combattimento | *Rimettere, riporre la — nel fodero*, riporvela e (*est.*) smettere un combattimento | *Mettere, passare a fil di —*, uccidere trapassando con la spada | *A — tratta*, (*fig.*) con slancio | *— di Damocle*, quella, trattenuta da un crine di cavallo, che Dionigi il giovane fece pendere dal soffitto sul trono ove sedeva il favorito Damocle per convincerlo della conturbante incertezza del potere; (*fig.*) minaccia sempre presente | *Cameriere di cappa e —*, nella corte pontificia, dignitario con titolo e incarico onorifico. [→ ill. *armi*] **2** Una delle tre armi della scherma, il cui colpo è valido solo se arriva di punta; CFR. Fioretto, sciabola. **3** Simbolo della Giustizia. **4** *spec. al pl.* Uno dei quattro semi delle carte da gioco italiane. [→ ill. *giochi*] [→ tav. *proverbi* 50, 206, 275; → tav. *locuzioni* 103]

spadaccino *s. m.* (*f. -a*) Chi mostra abilità nell'adoperare la spada.

spadàio *s. m.* Fabbricante di spade.

spàdice *s. m.* (*bot.*) Infiorescenza a spiga formata da un asse ingrossato e carnoso con fiori sessili avvolto da una spata fogliacea. [→ ill. *botanica*]

Spadiciflòre *s. f. pl.* Ordine di piante monocotiledoni con infiorescenze a spadice. [→ ill. *piante* 15]

spadino *s. m.* Piccola spada per uso militare e civile. [→ ill. *armi*]

spadista *s. m. e f.* (*pl. m. -i*) Chi pratica la scherma di spada.

spadóna *A s. f.* Varietà coltivata di pero dal frutto allungato, verde, sugoso e saporito, che matura in agosto. *B anche agg. solo f.: pera —*.

spadóne *s. m.* **1** *Accr. di spada.* [→ ill. *armi*] **2** Spada a lama lunga e larga a due tagli a uso della cavalleria di grave armatura.

spadroneggiàre *v. intr.* (*io spadronéggio; aus. avere*) Fare da padrone senza averne il diritto.

spaeṣàto *agg.* Che sente disagio e imbarazzo per essere fra persone estranee, o troppo dissimili, o in ambiente diverso dal proprio e sim.

spaghettàta *s. f.* (*pop.*) Scorpacciata di spaghetti.

spaghétto (1) *s. m.* **1** *Dim. di spago* (1). **2** *spec. al pl.* Pasta alimentare lunga e sottile, non bucata, da minestra asciutta. [→ ill. *pasta*]

spaghétto (2) *s. m.* (*dial.*) Paura, fifa: *prendersi uno —*.

spaginàre *v. tr.* (*io spàgino*) Disfare l'impaginatura.

spagliàre (1) *A v. tr.* (*io spàglio*) Levare la paglia che copre o riveste: *— seggiole.* *B v. intr.* (*aus. avere*) **1** Muovere la paglia nelle stalle, detto di animali: *i buoi spagliano.* **2** (*raro*) Alimentarsi con paglia, detto di animali. *C v. intr. pron.* Perdere la paglia che copre o riveste.

spagliàre (2) *v. intr.* (*io spàglio; aus. essere*) Uscire dal proprio letto e distendersi per la pianura, detto di acque.

spàglio *s. m.* Lo spagliare delle acque | *Seminare a —*, distribuendo il seme in modo sparso.

spagnòla *s. f.* Morbo spagnolo.

spagnolésco *agg.* (*pl. m. -schi*) Proprio del modo magniloquente e appariscente considerato tipico degli spagnoli.

spagnolétta *s. f.* **1** (*raro*) Sigaretta. **2** Cilindro di cartoncino su cui si avvolge cotone o seta da cucire | Filato così avvolto. [→ ill. *tessuto*] **3** Serrame per finestra costituito da una sottile spranga lunga quanto l'imposta e con ganci alle estremità, che si comanda mediante una maniglia. **4** (*bot.*; *dial.*) Arachide.

spagnoliṣmo *s. m.* **1** Parola o locuzione di origine spagnola. **2** Usanza, moda spagnola | Gusto del fastoso, considerato tipico degli spagnoli.

spagnòlo *A agg.; anche s. m.* (*f. -a*) Della Spagna. *B agg.* (*med.*) *Morbo —*, grave forma influenzale diffusasi in forma epidemica nel 1918.

spàgo (1) *s. m.* (*pl. -ghi*) Funicella di piccolo diametro, fatta con due soli fili spec. di canapa | *Dare — a qc.*, (*fig.*) secondarlo, incoraggiarlo. [→ tav. *locuzioni* 26]

spàgo (2) *s. m.* (*pl. -ghi*) (*fam.*) Paura, fifa: *prendersi uno —*.

spaiàre *v. tr.* (*io spàio*) Separare chi o ciò che è appaiato; SIN. Scompagnare.

spaiàto *part. pass. di spaiare; anche agg.* Detto di cosa separata che prima faceva paio.

spalancàre *A v. tr.* (*io spalànco, tu spalànchi*) Aprire interamente: *— la porta* | *— gli occhi*, aprirli bene per osservare per meraviglia, timore o sim. | — *la bocca*, per gridare, sbadigliare, per meraviglia e sim. ***B*** *v. intr. pron.* Aprirsi del tutto.

spalàre (1) *v. tr.* (*mar.*) Sollevare dall'acqua le pale dei remi tenendole orizzontali e distese sull'acqua.

spalàre (2) *v. tr.* Levare via con la pala: — *la neve*.

spalatóre *s. m.* (*f. -trìce*) Chi spala neve o terra.

spalatrice *s. f.* Macchina per ammassare e smuovere materiali sciolti, spec. cereali.

spàlla *s. f.* ***1*** (*anat.*) Radice dell'arto superiore | *A* —, sulle spalle: *trasportare q.c. a* — | *Mettere il fucile a* —, tenerlo raccomandato a una cinghia che passa sulla spalla | *Articolo di* —, in alto a destra, nella pagina di un giornale | *Alzare le spalle, stringersi nelle spalle*, per esprimere rinuncia a fare o a dire, pensando che sarebbe inutile; (*est.*) disinteressarsi di q.c. | *Sulle spalle*, su di sé | *Prendersi q.c. sulle spalle*, assumersene la responsabilità | *Avere la famiglia sulle spalle*, doverla mantenere | *Gettare la responsabilità sulle spalle di qc.*, addossargliela | *Avere x anni sulle spalle*, avere quella data età, spec. avanzata | *Vivere alle spalle di qc.*, a suo carico, a sue spese | *Avere buone spalle*, essere forte, anche moralmente | *al pl.* Parte di dietro, dorso, schiena | *Voltare le spalle a qc.*, mostrare noncuranza, disprezzo | *Avere le spalle quadrate, le spalle grosse*, avere chi difende e protegge | *Gettarsi q.c. dietro le spalle*, non volersene più curare | *Alle spalle di qc. o di q.c.*, dietro | *Ridere alle spalle di qc.*, farsi beffe in sua assenza | *Sparlare alle spalle di qc.*, dirne male in sua assenza | *Prendere, colpire, alle spalle*, di sorpresa, imprevedibilmente | *Guardarsi alle spalle, guardarsi le spalle*, difendersi da eventuali insidie | *Mettere qc. con le spalle al muro*, costringerlo a far fronte alle sue responsabilità. [→ ill. *sport*] ***2*** (*zool.*) Nei quadrupedi, regione della parete toracica intimamente collegata all'arto anteriore | Taglio di carne del quarto anteriore. [→ ill. *macelleria, maiale*] ***3*** Negli indumenti, parte che copre la spalla. ***4*** Falda di montagna o collina. ***5*** (*arch.*) Piedritto d'arco o volta | — *di un ponte*, ciascuno dei piedritti di estremità. ***6*** (*fig.*) Attore che nel teatro di rivista sostiene il ruolo di contraddittore del comico, per dargli la battuta. ***7*** Nella faccia superiore del fusto di un carattere tipografico, parte non occupata dalla lettera. [→ ill. *stampa*]

spallàccio *s. m.* ***1*** Parte dell'armatura antica a protezione della spalla sulla connessura fra la corazza e il bracciale. [→ ill. *armi*] ***2*** Ciascuna delle cinghie di cuoio o tela mediante cui si portano a spalla gli zaini.

spallàta *s. f.* ***1*** Urto dato con la spalla. ***2*** Alzata di spalle, per indifferenza, disprezzo e sim.

spalleggiàre ***A*** *v. tr.* (*io spalléggio*) ***1*** Sostenere, proteggere, dando aiuto e appoggio: — *qc. contro qc. altro*. ***2*** (*mil.*) Trasportare sulle spalle: — *i cannoni*. ***B*** *v. rifl. rec.* Difendersi a vicenda.

spallétta *s. f.* ***1*** Parapetto di un ponte. ***2*** Parte rialzata del terreno, che serve di argine a un fiume. ***3*** Strombatura di porta o finestra, nella quale sono infisse le imposte.

spallièra *s. f.* ***1*** Parte di sedia, poltrona e sim. che serve ad appoggiarvi le spalle sedendo; SIN. Schienale. ***2*** Elemento verticale sovrastante il letto da capo e da piedi. ***3*** (*agr.*) Sistema consistente nel disporre in filare, su intelaiatura appoggiata di solito a un muro, piante da frutto e ornamentali: *viti a* —; *una* — *di gelsomini*. [→ ill. *giardino pubblico*] ***4*** Attrezzo ginnico costituito da più montanti cui sono infissi orizzontalmente pioli o aste. [→ ill. *sport*]

spallina *s. f.* ***1*** Ornamento della giubba, sopra la spalla, di varia foggia e dimensione, che serve anche come distintivo. ***2*** Striscia più o meno larga di tessuto che regge grembiuli, sottovesti e sim. | Negli abiti maschili, imbottitura nelle spalle. [→ ill. *abbigliamento*]

spallùccia *s. f.* (*pl. -ce*) ***1*** *Dim. di spalla*. ***2*** *Nella loc. fare spallucce*, stringersi nelle spalle in segno di indifferenza, disprezzo o sim.

spallucciàta *s. f.* Alzata di spalle.

spalmàre *v. tr.* Stendere con uniformità una sostanza pastosa od oleosa su una superficie solida: — *il burro sul pane*; — *il pane di burro*.

spalmatrice *s. f.* Macchina per rivestire di gomma o di appretto un tessuto, una carta e sim.

spalmatùra *s. f.* Operazione dello spalmare.

spàlto *s. m.* ***1*** Massa di terra antistante il fosso delle antiche opere fortificate. ***2*** *al pl.* Gradinata dello stadio: *la folla sugli spalti*.

spampanàre ***A*** *v. tr.* (*io spàmpano*) Privare le viti dei pampini. ***B*** *v. intr. pron.* Perdere i pampini | Detto dei fiori, spec. delle rose, allargarsi molto dei petali e stare per cadere.

spampanatùra *s. f.* Operazione dello spampanare.

spanàre ***A*** *v. tr.* Guastare l'impanatura o filettatura della vite. ***B*** *v. intr. pron.* Perdere la filettatura.

spanciàre ***A*** *v. tr.* (*io spàncio*) ***1*** (*raro*) Sbudellare, sventrare. ***2*** (*aer.*) Cabrare un velivolo fino ad alta incidenza. ***B*** *v. intr.* (*aus. avere*) ***1*** Battere la pancia sull'acqua nel tuffarsi. ***2*** (*aer.*) Detto di velivoli, procedere cabrando fino ad alta incidenza. ***C*** *v. intr. pron.* (*fig.*) *Nella loc. spanciarsi dalle risa, dal ridere*, ridere a crepapelle.

spanciàta *s. f.* ***1*** Colpo dato battendo con la pancia. ***2*** (*aer.*) Cabrata di un veicolo fino ad alta incidenza. ***3*** Scorpacciata: *farsi una* — *di q.c.*

spàndere ***A*** *v. tr.* (*pass. rem. io spandéi, raro spandètti, raro spànsi, tu spandésti; part. pass. spànto*) ***1*** Distendere su un piano spec. ampio e con una certa regolarità: — *il grano sull'aia*. ***2*** Versare, spargere: — *un liquido sul tavolo* | — *lacrime*, piangere. ***3*** (*fig., lett.*) Divulgare, diffondere, propagare: — *una notizia*. ***4*** Scialacquare, sperperare, *spec. nella loc. spendere e* —. ***B*** *v. intr. pron.* ***1*** Spargersi, allargarsi. ***2*** Diffondersi. ***3*** (*lett.*) Riversarsi: *la folla si spande per le strade*.

spandicéra *s. m. inv.* Sorta di pattino con lungo manico, per spandere uniformemente la cera.

spandiconcime *s. m. inv.* Macchina per spandere sul terreno fertilizzanti e correttivi.

spandifièno *s. m. inv.* Macchina per spargere e rivoltare il fieno in modo uniforme.

spaniàre ***A*** *v. tr.* (*io spànio*) Liberare un uccello preso alla pania. ***B*** *v. intr. pron.* Liberarsi dalla pania | (*fig.*) Disimpacciarsi.

spaniel /*ingl.* 'spænjəl/ *s. m. inv.* (*pl. ingl. spaniels* /'spænjəlz/) Razza di cani da salotto o da caccia, di piccola statura, a muso rincagnato, orecchie pendenti e lungo pelame ondulato. [→ ill. *cane*]

spànna *s. f.* ***1*** Larghezza della mano aperta e distesa tra le estremità del pollice e del mignolo; SIN. Palmo. ***2*** (*est.*) Piccola quantità | *Essere alto una* —, essere molto piccolo.

spannàre *v. tr.* Levare la panna al latte.

spannocchiàre *v. tr.* (*io spannòcchio*) Togliere le pannocchie alle piante di mais.

spaparacchiàrsi o *spaparanzàrsi v. rifl.* Abbandonarsi, talora in modo scomposto, su una poltrona, divano e sim.

spappagallàre *v. intr.* (*aus. avere*) Fare il pappagallo, parlando senza pensare, ripetendo senza capire.

spappolàre ***A*** *v. tr.* (*io spàppolo*) Ridurre in pappa, in poltiglia: — *la carne per troppa cottura*. ***B*** *v. intr. pron.* Ridursi in poltiglia.

spàragio e deriv. V. *asparago* e deriv.

sparagnino *agg.; anche s. m.* (*f. -a*) (*dial., spreg.*) Che (o chi) mostra eccessiva parsimonia nello spendere.

sparàre (1) ***A*** *v. tr.* Sventrare con lungo taglio: — *il pesce*. ***B*** *v. rifl.* (*fig.*) *Nella loc. spararsi per qc.*, essere pronto a fare tutto per lui.

sparàre (2) ***A*** *v. tr.* ***1*** (*raro*) Azionare il congegno di un'arma da fuoco: — *un fucile*; — *un colpo di fucile*. ***2*** Tirare, scagliare: — *calci, pugni* | — *il pallone in rete*, in una partita di calcio, segnare una rete con un violento tiro. ***3*** (*fig.*) Dire cose false ed esagerate: *spararle grosse*. ***B*** *v. intr.* (*aus. avere*) ***1*** Tirare con un'arma da fuoco: — *a salve* | — *a zero*, a bruciapelo | — *a zero su qc.*, (*fig.*) sottoporlo a critiche violente. ***2*** Nelle riprese televisive, produrre abbagliamento, detto di superfici od oggetti troppo chiari. [→ tav. *proverbi* 62]

sparàta *s. f.* ***1*** Scarica di arma da fuoco. ***2*** (*fig.*) Millanteria, vanto.

sparàto (1) *s. m.* Petto inamidato di una camicia da uomo spec. da sera. [→ ill. *abbigliamento*]

sparàto (2) *part. pass. di sparare* (2); *anche agg.* ***1*** Esploso con arma da fuoco. ***2*** (*fig.*) Fulmineo, velocissimo: *è corso* — *a casa*.

sparatóre *s. m.* (*f.* -*trice*) Chi spara con un'arma da fuoco.

sparatòria *s. f.* Serie di spari.

sparecchiàre *v. tr.* (*io sparécchio*) **1** Liberare la tavola su cui si è mangiato da stoviglie, posate, tovaglia e sim.; CONTR. Apparecchiare. **2** (*fig.*) Mangiare con avidità ogni cibo che viene portato in tavola.

sparéggio *s. m.* **1** Mancanza di pareggio, disavanzo. **2** (*sport*) Partita supplementare decisiva fra due avversari o squadre che alla fine di una o più gare si trovino alla pari; SIN. (*pop.*) Bella.

spàrgere **A** *v. tr.* (*pres. io spàrgo, tu spàrgi; pass. rem. io spàrsi, tu spargésti; part. pass. spàrso, poet. spàrto*) **1** Gettare qua e là, in più parti: – *fiori*; – *la sabbia sul pavimento.* **2** Sparpagliare persone o animali: – *i cani all'inseguimento di qc.* **3** Versare: – *il vino sulla tovaglia* | – *lacrime*, piangere | – *sangue*, ferire o uccidere; SIN. Spandere. **4** Emanare, mandare intorno: – *luce, calore.* **5** Diffondere, divulgare: – *una notizia*; – *una voce ai quattro venti.* **6** (*lett.*) Dare, elargire. **B** *v. intr. pron.* **1** Sparpagliarsi. **2** Diffondersi, divulgarsi: *si è sparsa una voce sul suo conto.*

spargiménto *s. m.* Versamento, diffusione | – *di sangue*, ferimento, uccisione.

spariglìàre *v. tr.* (*io sparìglio*) **1** Disfare una pariglia, una coppia. **2** Nel gioco della scopa, far sì che rimanga scompagnata una carta: – *i sette.*

sparìre *v. intr.* (*pres. io sparìsco, tu sparìsci; pass. rem. io sparìi, lett. spàrvi, tu sparìsti; aus. essere*) **1** Sottrarsi alla vista spec. improvvisamente o causando sorpresa: *il sole sparisce dietro le nuvole* | (*est.*) Dileguarsi, dissolversi (*anche fig.*): *la macchina è sparita*; SIN. Scomparire, svanire; CONTR. Apparire. **2** Rendersi irreperibile: *suo padre è sparito* | *Far* – *q.c.*, rubarla. **3** Consumarsi presto, detto spec. di cibi o sim.: *la torta è sparita in un'ora.*

sparizióne *s. f.* **1** Scomparsa spec. improvvisa di persona o cosa che prima era visibile | (*est.*) Dissolvimento. **2** (*fig.*) La circostanza in cui qc. o q.c. è o diventa irreperibile, introvabile: *la* – *di un libro.*

sparlàre *v. intr.* (*aus. avere*) **1** Parlare male di qc., far maldicenza: – *di tutti.* **2** Parlare a sproposito, volgarmente e sim.

spàro *s. m.* Atto dello sparare | Scatto di arma da fuoco | Rumore così prodotto.

sparpagliamènto *s. m.* **1** Dispersione, spargimento disordinato e in varie direzioni. **2** (*fis.*) Scattering.

sparpagliàre **A** *v. tr.* (*io sparpàglio*) Spargere qua e là, senza ordine: *il vento sparpaglia i fogli* | Mandare qua e là, in varie direzioni: – *gli agenti.* **B** *v. intr. pron.* Spargersi in varie parti.

sparring partner /*ingl.* 'spa:riŋ 'pa:tnə/ *loc. sost. m. inv.* (*pl. ingl. sparring partners* /'spa:riŋ 'pa:tnəz/) Pugile che allena un altro pugile boxando con lui.

spàrso o (*poet.*) *spàrto* (2) *part. pass. di spargere; anche agg.* **1** Disposto qua e là, sparpagliato: *casette sparse nei boschi* | Non riunito, non raccolto insieme, sciolto: *capelli sparsi*; *rime sparse.* **2** (*bot.*) Che ha disposizione apparentemente disordinata. **3** (*mil.*) *Ordine* –, formazione che assume un reparto a contatto del nemico, disponendosi a intervalli irregolari.

spartàno *agg.* **1** Di Sparta. **2** (*fig.*) Fiero, austero, rigido, secondo i costumi considerati tipici degli Spartani antichi: *spirito* –.

sparteìna *s. f.* Alcaloide contenuto nei fiori della ginestra, stimolante del cuore e diuretico.

spartiàcque *s. m. inv.* Linea di displuvio di una catena montana. [→ ill. *geografia*]

sparticàmpo *s. m. inv.* Parte della mietitrice che devia verso la lama i culmi da recidere.

spartigràno *s. m. inv.* Sparticampo.

spartinéve *s. m. inv.* Meccanismo a forma di cuneo o di lama inclinata disposto sul lato anteriore del veicolo motore allo scopo di liberare la sede stradale dalla neve respingendola ai lati della strada | (*est.*) Veicolo motore munito del cuneo suddetto. [→ ill. *autoveicoli*]

spartìre *v. tr.* (*io spartìsco, tu spartìsci*) **1** Dividere distribuendo a ciascuno la sua parte: – *un patrimonio* | *Non aver nulla da* – *con qc.*, (*fig.*) non voler avere nessun rapporto o relazione con lui. **2** Allontanare, separare: – *due litiganti.*

spartisémi *s. m.* Apparecchio per separare i vinaccioli dalle vinacce torchiate.

spartìto *s. m.* **1** Riduzione per canto e pianoforte di un componimento per orchestra e voci soliste. **2** Partitura.

spartitóre *s. m.* (*f.* -*trice*) (*raro*) Chi spartisce.

spartitràffico **A** *s. m. inv.* Struttura stradale atta a suddividere una strada in varie corsie. [→ ill. *strada*] **B** *anche agg. inv.*: *banchina* –.

spartizióne *s. f.* Distribuzione a ciascuno delle varie parti in cui si è diviso q.c.: – *del bottino*; SIN. Partizione.

spàrto (1) *s. m.* Graminacea africana e spagnola dalle cui foglie si ricava una fibra utile per cordami, reti, panieri e carta fine.

spàrto (2) V. *sparso.*

sparùto *agg.* **1** Piccolo e magro, gracile, smunto: *bimbi sparuti.* **2** Di numero esiguo: *uno* – *gruppetto.*

sparvièro o *sparvière s. m.* **1** Uccello rapace diurno con testa piccola, ali brevi, piumaggio grigio sul dorso e bianco rossiccio sul ventre. [→ ill. *animali* 11] **2** Tavoletta di legno con impugnatura sulla faccia inferiore, usata dal muratore per lisciare l'intonaco. [→ ill. *edilizia*]

spaṣimànte *s. m. e* (*raro*) *f.* (*scherz.*) Innamorato, corteggiatore.

spaṣimàre *v. intr.* (*io spàṣimo; aus. avere*) **1** Patire spasimi fisici: – *per il dolore.* **2** (*fig.*) Soffrire per affanno, desiderio ardente: – *di rivedere qc.*

spàṣimo *s. m.* Dolore acuto, lancinante: *gli spasimi della fame* | Sofferenza dell'animo.

spàṣmo *s. m.* (*med.*) Contrazione prolungata di un muscolo o di una parte di esso.

spaṣmòdico *agg.* (*pl. m.* -*ci*) **1** Che dà spasimo, angoscia: *attesa spasmodica.* **2** (*med.*) Di spasmo.

spaṣmofilìa *s. f.* Stato di ipereccitabilità dei muscoli con tendenza allo spasmo.

spaṣmolìtico **A** *agg.* (*pl. m.* -*ci*) Detto di farmaco, che risolve uno spasmo. **B** *anche s. m.*

spassàre **A** *v. tr.* Dare spasso, divertire: – *un bambino* | *Spassarsela*, divertirsi. **B** *v. intr. pron.* Trattenersi piacevolmente.

spassionàto *agg.* Che è libero da parzialità, preferenze, interessi: *osservatore* –; *parere* –; SIN. Imparziale, obiettivo, oggettivo.

spàsso *s. m.* **1** Divertimento, passatempo, svago: *darsi* –; *darsi agli spassi* | *Per* –, per divertimento | *Prendersi* – *di qc.*, divertirsi alle sue spalle. **2** (*fig.*) Persona spassosa. **3** Passeggiata breve e fatta a scopo di svago: *andare, mandare, portare a* – | (*fig.*) *Essere a* –, essere disoccupato | *Mandare qc. a* –, licenziarlo | *Portare qc. a* –, (*fig.*) prenderlo in giro.

spassóso *agg.* Che dà spasso, che diverte.

spàstico **A** *agg.* (*pl. m.* -*ci*) (*med.*) Di, caratterizzato da spasmo: *paralisi spastica.* **B** *agg.; anche s. m.* (*f.* -*a*) Detto di chi è in stato di spasmo | Affetto da paralisi spastica.

spàta *s. f.* (*bot.*) Larga e vistosa brattea che avvolge in parte l'infiorescenza a spadice.

spàto *s. m.* (*miner.*) Minerale sfaldabile in cristalli regolari | – *d'Islanda*, varietà limpida di calcite che presenta la birifrangenza del raggio di luce che l'attraversa.

spàtola *s. f.* **1** Stecca a bordi smussati usata dal muratore o stuccatore per lavori di rifinitura | Arnese, costituito da una lamina metallica con manico, per trattare sostanze pastose | Piccolo strumento in plastica con manico usato per fare aderire i trasferibili al supporto al quale si vogliono applicare | Lista di legno per tagliare la polenta | *A* –, a forma di spatola, con le estremità lunghe e piatte: *dita a* –. [→ ill. *bar, cucina, disegnatore, medicina e chirurgia, metallurgia, pittore*] **2** (*med.*) Strumento largo e appiattito per scostare o comprimere i visceri. **3** Parte anteriore dello sci. **4** Pesce dei fiumi americani con muso prolungato in un rostro sottile | Uccello di palude con becco dilatato all'estremità.

spatolàto *agg.* Detto di foglia allungata con apice arrotondato a base ristretta. [→ ill. *botanica*]

spatriàre **A** *v. tr.* (*io spàtrio*) (*raro*) Scacciare dalla patria. **B** *v. intr. e intr. pron.* Andarsene dalla patria.

spauràcchio *s. m.* **1** Spaventapasseri. **2** (*fig.*) Persona o cosa che incute paura.

spaurìre **A** *v. tr.* (*io spaurìsco, tu spaurìsci*) Mettere paura: – *un bambino*; SIN. Spaventare. **B** *v. intr. pron.* Aver paura.

spaurito *part. pass. di spaurire; anche agg.* ***1*** Pieno di paura. ***2*** Smorto, pallido, stanco.

spavalderìa *s. f.* L'essere spavaldo | Atto da spavaldo; SIN. Baldanza.

spavàldo *agg.; anche s. m.* (*f.* -*a*) Che (o chi) è sfrontato e temerario, troppo sicuro di sé; SIN. Baldanzoso.

spaventapàsseri *s. m.* ***1*** Fantoccio di stracci imbottiti con paglia issato su una pertica in mezzo ai campi per spaventare gli uccelli granivori. ***2*** (*fig.*) Persona brutta e allampanata.

spaventàre ***A*** *v. tr.* (*io spavènto*) Incutere spavento: *quella vista li spaventò* | (*est.*) Dare preoccupazione: *viaggiare con questo tempo mi spaventa*; SIN. Impaurire, inorridire, intimorire, sgomentare, spaurire. ***B*** *v. intr. pron.* Provare spavento; SIN. Impaurirsi.

spaventévole *agg.* Spaventoso.

spavènto *s. m.* ***1*** Intenso e improvviso timore dovuto alla presenza, alla sensazione o all'eventualità di un avvenimento pericoloso o dannoso: *fare, incutere, mettere* —; *provare un grande* —; SIN. Paura, sgomento. ***2*** (*est., fam.*) Persona o cosa che per bruttezza spaventa.

spaventóso *agg.* ***1*** Che suscita spavento: *sogno* — | Che impressiona profondamente: *sciagura spaventosa*; SIN. Orrendo, orribile, pauroso. ***2*** (*est., fam.*) Straordinario, incredibile: *avere una fortuna spaventosa*.

spaziàle *agg.* ***1*** Dello spazio. ***2*** (*aer.*) Relativo allo spazio aereo o cosmico: *capsula, nave, volo* —. [→ ill. *astronautica*]

spazialità *s. f.* Nel linguaggio della critica delle arti figurative, effetto di spazio relativo a un'opera figurativa o architettonica.

spaziàre ***A*** *v. intr.* (*io spàzio; aus. avere*) ***1*** Muoversi liberamente e sicuramente in un ampio spazio: *gli uccelli spaziano nel cielo.* ***2*** (*fig.*) Vagare col pensiero in un vasto ambito di idee. ***B*** *v. tr.* ***1*** Distribuire oggetti opportunamente distanziati nello spazio. ***2*** Mettere uno spazio tra parola e parola, o tra lettera e lettera, o tra linea e linea.

spaziatóre *agg.* (*f.* -*trice*) Nelle macchine da scrivere e sim., detto di congegno che si preme per spaziare tra loro parole o lettere. [→ ill. *ufficio*]

spaziatùra *s. f.* Disposizione di oggetti opportunamente distanziati nello spazio | Distribuzione degli spazi nella composizione tipografica o in dattilografia.

spazieggiàre *v. tr.* (*io spaziéggio*) ***1*** Porre spazio tra una cosa e l'altra. ***2*** Intercalare uno spazio bianco fra lettere e lettere di una parola.

spazientìre ***A*** *v. intr. e intr. pron.* (*io spazientisco, tu spazientìsci; aus. essere*) Perdere la pazienza. ***B*** *v. tr.* (*raro*) Far perdere la pazienza.

spàzio *s. m.* ***1*** Nel linguaggio scientifico e filosofico, entità illimitata e indefinita nella quale sono situati i corpi: — *tridimensionale*; — *pluridimensionale.* ***2*** Luogo esterno all'atmosfera terrestre in cui i corpi celesti sono e si muovono: *volare nello* —; *lo* — *cosmico* | *Pionieri dello* —, i primi astronauti. ***3*** Estensione di luogo, variamente limitata, vuota od occupata da corpi: *qui non c'è* —; *c'è* — *solo per due*; *non ha* — *per muoversi.* ***4*** Intervallo: *lo* — *tra le file dei banchi.* ***5*** Ambito, campo d'azione: *cercare un proprio* — *nel lavoro* | Opportunità: *dare* — *a qc.* ***6*** In tipografia, ciascuno degli intervalli bianchi esistenti fra lettera e lettera o fra parola e parola. ***7*** (*mus.*) Vuoto che nel pentagramma separa una linea dall'altra, o dal taglio. ***8*** Estensione di tempo: *fece tutto nello* — *di un giorno.*

spaziosità *s. f.* L'essere spazioso; SIN. Ampiezza, vastità.

spazióso *agg.* Di grande spazio, che occupa grande spazio: *strada spaziosa*; SIN. Ampio, vasto.

spazzacamìno *s. m.* Chi per mestiere ripulisce i camini dalla fuliggine.

spazzamàre *s. m.* Catamarano fornito di speciali apparecchiature per ripulire l'acqua del mare da nafta, olio e sim.

spazzamìne *s. m. inv.* (*mar.*) Dragamine.

spazzanéve *s. m. inv.* ***1*** Spartineve, sgombraneve. ***2*** Nello sci, movimento che serve per rallentare, consistente nel divaricare le code degli sci a punte ravvicinate.

spazzàre *v. tr.* ***1*** Pulire pavimenti o sim. con la scopa: — *la strada.* ***2*** Levare via, scopando o facendo pulizia: — *l'immondezza.* ***3*** (*fam.*) Mangiare avidamente: *ha spazzato via il dolce.* ***4*** (*fig.*) Liberare da ciò che è dannoso, pericoloso o sim.: — *la città dai ladri.*

spazzatrìce *s. f.* Veicolo automotore provvisto di meccanismi atti all'asportazione di rifiuti. [→ ill. *autoveicoli*]

spazzatùra *s. f.* ***1*** Operazione dello spazzare. ***2*** Ciò che si spazza; SIN. Immondizia, rifiuti.

spazzìno *s. m.* (*f.* -*a*) Chi fa il mestiere di spazzare le strade.

spàzzola *s. f.* ***1*** Oggetto costituito da un supporto in legno o altro materiale su cui sono infissi setole o fili metallici, usato per togliere la polvere, lucidare, ravviare i capelli e sim. | *A* —, di capelli tagliati corti e pari. [→ ill. *spazzola, acconciatura, barbiere, meccanica, parrucchiere, toilette e cosmesi*] ***2*** (*elettr.*) Organo di contatto montato sulla parte fissa di una macchina elettrica che, strisciando sul collettore, serve ad addurvi corrente o a prelevarvela. [→ ill. *elettricità*] ***3*** (*mus.*) Tipo di bacchetta che porta all'estremità un pennello di fili metallici per ottenere speciali effetti dai tamburi e dai piatti di una batteria. [→ ill. *strumenti musicali*] ***4*** (*autom.*) Bacchetta metallica del tergicristallo, con un bordo di gomma.

spazzolàre *v. tr.* (*io spàzzolo*) Pulire con la spazzola: — *un cappotto.*

spazzolàta *s. f.* Atto dello spazzolare una volta e alla meglio.

spazzolìno *s. m.* Piccola spazzola per pulire denti, unghie e sim. [→ ill. *spazzola, toilette e cosmesi*]

spazzolóne *s. m.* Grossa spazzola di saggina con lungo manico, usata per pulire o lucidare pavimenti e sim. [→ ill. *spazzola*]

spazzola

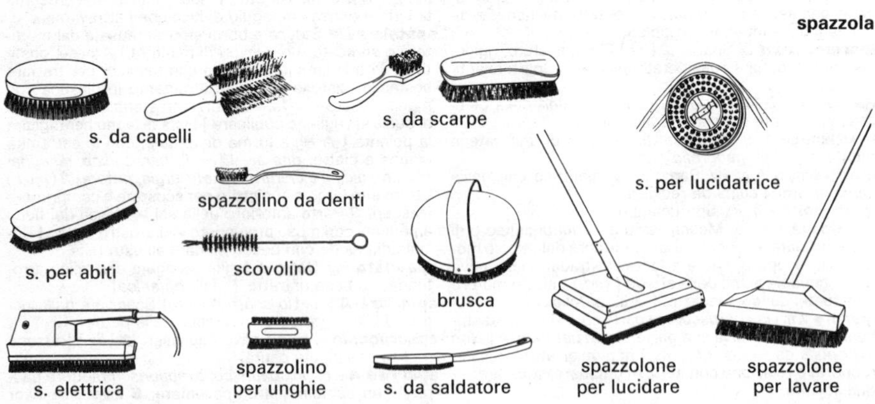

speaker /*ingl.* 'spi:kə/ *s. m. inv.* (*pl. ingl. speakers* /'spi:kəz/) **1** Nell'uso radiofonico e televisivo, annunciatore o lettore. **2** Nel linguaggio sportivo, chi, attraverso un altoparlante, comunica al pubblico di una gara varie informazioni. **3** Nei paesi anglosassoni, presidente della camera dei deputati.

speakeràggio /spik'raddʒo/ *s. m.* (*pl. -gi*) Divulgazione di notizie, idee e sim. per mezzo di un altoparlante posto su un'automobile.

specchiàrsi **A** *v. rifl.* (*io spècchio*) **1** Guardarsi, mirarsi allo specchio: *sta sempre a —* | (*est.*) Guardarsi in una superficie che riflette le immagini: *— nelle vetrine.* **2** (*fig.*) Prendere esempio da qc.: *— in qc.*; *— in qc. per onestà.* **B** *v. intr. pron.* Riflettersi in uno specchio d'acqua, detto di cose: *la villa si specchia nel lago.*

specchiàto *part. pass. di specchiarsi; anche agg.* **1** Riflesso nello specchio. **2** (*fig.*) Puro, integro, esemplare: *persona di specchiati costumi.*

specchièra *s. f.* Grande specchio da parete, spec. con funzioni decorative | Tavolino da toeletta munito di specchio. [→ ill. *mobili*]

specchiétto *s. m.* **1** Specchio di ridotte dimensioni variamente utilizzato: *— da borsetta* | *— retrovisore, retrovisivo,* in un'automobile, piccolo specchio orientabile per controllare ciò che avviene dietro. [→ ill. *automobile, medicina e chirurgia*] **2** Richiamo meccanico per le allodole, consistente in un brillare di specchietti girevoli | *— per le allodole,* (*fig.*) inganno in cui cadono gli ingenui. **3** Prospetto, nota riassuntiva. [→ ill. *cacciatore*]

spècchio *s. m.* **1** Superficie che riflette in modo regolare i raggi luminosi, generalmente costituita da una lastra di vetro con una faccia metallizzata | *— piano, concavo, convesso,* secondo la forma della superficie specchiante | *— retrovisore, retrovisivo,* V. *specchietto.* [→ ill. *astronomia, fisica, marina, ottica*] **2** Lastra di specchio di dimensioni varie usata per la toeletta: *— a mano, da tavolo, da parete, da muro.* [→ ill. *mobili, toilette e cosmesi*] **3** (*fig.*) Cosa molto pulita: *tenere la casa come uno —.* **4** (*fig.*) Cosa che riflette, che lascia vedere: *gli occhi sono lo — dell'anima.* **5** (*fig.*) Esemplare, modello: *essere uno — di onestà.* **6** Superficie acquea non agitata da correnti, venti o sim.: *oggi il mare è uno —* | *— d'acqua,* tratto di mare o di lago | *— freatico,* superficie superiore di una falda acquifera | *A —,* di cosa posta in riva al mare, lago o sim. in modo da potercisi specchiare: *il paese è a — del mare.* **7** (*pesca*) Attrezzo usato per vedere sul fondo marino in acque poco profonde. **8** Nota, prospetto, specchietto: *lo — delle assenze scolastiche.* **9** (*sport*) Nella pallacanestro, tabellone | Nel calcio, *— della porta,* spazio frontale della porta. [→ ill. *sport*] **10** (*mar.*) Quadro di poppa.

special /*ingl.* 'speʃəl/ *s. m. inv.* (*pl. ingl. specials* /'speʃəlz/) In televisione, numero unico di un programma di rivista eseguito da un solo complesso o cantante.

speciàle *agg.* **1** Che è proprio di una specie, spec. in contrapposizione a *generale*: *incarico —* | (*est.*) Particolare, singolare: *avere una — predilezione per qc.* | *Slalom —,* V. *slalom.* **2** Scelto, di qualità non comune: *vino —.*

specialìsta *s. m. e f.* (*pl. m. -i*) **1** Chi attende a un ramo speciale di un'attività, una professione e sim.: *uno — di radiotecnica*; *uno — in restauri.* **2** Medico diplomato in un particolare ramo della medicina. **3** Atleta che pratica una specialità sportiva.

specialìstico *agg.* (*pl. m. -ci*) Di, da specialista.

specialità *s. f.* **1** (*raro*) L'essere speciale. **2** Ramo di un'attività, una professione e sim. in cui si è particolarmente esperti: *la sua — è la storia romana.* **3** Ciascuno dei particolari tipi di attività agonistiche di uno sport. **4** Prodotto tipico ed esclusivo: *questa stoffa è una — del nostro negozio* | Piatto caratteristico: *i maccheroni alla chitarra sono una — dell'Abruzzo* | *— farmaceutica,* ritrovato scientifico già in distribuzione, indicato per la cura di determinate malattie. **5** *al pl.* Corpi o reparti delle varie armi, addestrati per assolvere particolari compiti.

specializzàre **A** *v. tr.* Restringere un'attività a particolari mansioni per ottenere una maggior perizia nello svolgimento di questa: *— un'industria.* **B** *v. rifl.* Dedicarsi a un ramo particolare di un'attività: *specializzarsi in radiologia.*

specializzàto *part. pass. di specializzare; anche agg.* **1** Dotato di specializzazione: *operaio —.* **2** *Coltura specializzata,* esclusiva di un appezzamento o di tutta o parte della superficie aziendale.

specializzazióne *s. f.* **1** Lo specializzare. **2** Acquisizione di una competenza specifica in un ramo particolare di un'attività, studio e sim. | Competenza specialistica. **3** Divisione dello scibile umano in vari rami, per ognuno dei quali la ricerca si svolge con metodi autonomi: *la — è tipica della cultura moderna.*

spècie **A** *s. f. inv.* **1** (*lett.*) Immagine, apparenza, aspetto: *apparve in — di angelo* | *Sotto — di,* in aspetto di: *Gesù venne sulla terra sotto — di uomo.* **2** Aggruppamento di elementi distinti da altri dello stesso genere per certi comuni caratteri particolari: *la — è una suddivisione del genere.* **3** (*biol.*) Complesso di individui aventi gli stessi caratteri biologici e morfologici e che riproducendosi danno una prole feconda. **4** (*est.*) Genere umano, *spec. nella loc. la — umana.* **5** Caso particolare in cui si realizza un'entità più generale | *Nella —,* nel caso particolare. **6** Sorta, qualità: *ogni — di frutta*; *frutta di ogni —.* **7** Impressione, meraviglia, stupore, *nella loc. fare —.* **8** *Nella loc. una — di,* di cosa che ha vaga somiglianza con altra analoga: *abita in una — di villa.* **9** *Nella loc. avv. in —,* in modo particolare: *ringraziò tutti, ma in — il maestro.* **B** *in funzione di avv.* In modo particolare: *mi piace il teatro, — quello drammatico.*

specìfica *s. f.* Descrizione analitica, schematica e quantitativa, spec. espressa in cifre.

specificàre *v. tr.* (*io specìfico, tu specìfichi*) Indicare distintamente, in particolare, anche ass.: *devi — di che cosa si tratta*; *— i fatti*; SIN. Precisare.

specificatamènte *avv.* Con ogni determinazione e specificazione.

specificàto *part. pass. di specificare; anche agg.* Indicato distintamente.

specificazióne *s. f.* Precisa determinazione: *chiedere la — delle spese* | *Complemento di —,* quello che specifica il concetto espresso da un sostantivo di carattere più generale dal quale è retto (es. le chiavi *di casa*; il libro *della mamma*).

specificità *s. f.* Caratteristica di ciò che è specifico.

specìfico **A** *agg.* (*pl. m. -ci*) **1** Che si riferisce alla specie | *Caratteri specifici,* caratteristiche proprie di tutti gli individui appartenenti a una stessa specie. **2** Particolare, determinato: *nel caso —.* **3** (*med.*) *Malattia specifica,* prodotta da germi ben noti, in particolare la tubercolosi e la sifilide | *Rimedio —,* antidoto. **4** (*fis.*) *Peso — assoluto,* rapporto tra il peso e il volume di un corpo | *Peso — relativo,* rapporto tra il peso del corpo e il peso di un ugual volume di acqua distillata a 4 °C, presa come campione. **B** *s. m.* **1** Rimedio specifico. **2** Caratteristica intrinseca ed esclusiva, peculiarità: *lo — televisivo*; SIN. Specificità.

specìllo *s. m.* (*med.*) Strumento sottile di metallo terminante con punta smussa, per sondare ferite e piaghe. [→ ill. *medicina e chirurgia*]

specimen /*lat.* 'spɛtʃimen, *ingl.* 'spesimin/ *s. m. inv.* (*pl. lat. specimina* /spe'tʃimina/, *pl. ing. specimens* /'spesiminz/) **1** Saggio, campione. **2** Pagina o fascicoletto di saggio di un'opera, distribuito a fini pubblicitari.

speciosità *s. f.* L'essere specioso.

specióso *agg.* Che ha qualche apparenza di bello, di vero, di buono, ma senza sostanza: *argomento —.*

speck /*ted.* ʃpek/ *s. m. inv.* (*pl. ted. specke* /ʃpekə/) Prosciutto crudo salato e affumicato, tipico della salumeria tedesca.

spèco *s. m.* (*pl. -chi*) **1** (*lett.*) Antro, spelonca, caverna. **2** (*anat.*) Canale.

spècola *s. f.* Osservatorio astronomico situato in luogo eminente.

spècolo *s. m.* (*med.*) Strumento formato da valve per esplorare le cavità del corpo comunicanti con l'esterno.

speculàre (1) **A** *v. tr.* (*io spèculo*) Indagare con l'intelletto: *— la natura umana.* **B** *v. intr.* (*aus. avere*) **1** Considerare filosoficamente: *— sulla natura umana.* **2** Compiere operazioni commerciali o economiche traendone utili. **3** (*est.*) Sfruttare, anche in modo illecito, possibilità che la situazione offre a proprio vantaggio e a svantaggio altrui: *— sul lavoro degli operai.*

speculàre (2) *agg.* Di specchio, che ha le caratteristiche di uno specchio: *superficie* —. [→ ill. *fisica*]
speculativo *agg.* **1** Che si riferisce alla speculazione intellettuale: *facoltà speculativa.* **2** Atto alla speculazione intellettuale: *intelletto* —. **3** (*econ.*) Che ha scopo di guadagno.
speculatóre *s. m.; anche agg.* (*f. -trìce*) **1** (*raro*) Chi (o che) specula filosoficamente. **2** Chi (o che) compie speculazioni economiche.
speculazióne *s. f.* **1** Ricerca dottrinale avente fini esclusivamente teorici: — *filosofica* | (*est.*) Meditazione (*anche scherz.*). **2** Ricerca di guadagno in operazioni commerciali: *fare una* — | Insieme di operazioni commerciali intese a ricercare un guadagno. **3** Pretesto per conseguire un vantaggio per sé o per il proprio partito: *una — politica.*
spedalità *s. f.* Complesso delle pratiche inerenti al ricovero degli ammalati in ospedale.
spedalizzàre V. *ospedalizzare.*
spedire *v. tr.* (*io spedisco, tu spedisci*) **1** Inviare, mandare lettere, merci o sim. tramite i servizi postali o un qualsiasi mezzo di trasporto: — *una lettera*; — *q.c. per espresso*; — *q.c. a Roma.* **2** Mandare sollecitamente qc. cui è affidato un dato incarico: — *il fattorino in banca* | — *qc. all'altro mondo,* ucciderlo.
speditaménte *avv.* In modo rapido, veloce: *camminare* —.
speditézza *s. f.* L'essere spedito.
spedito *part. pass. di spedire; anche agg.* **1** Svelto e rapido: *essere — nel fare q.c.* | Facile, pronto: *pronuncia spedita.* **2** (*fam.*) Spacciato, destinato a morte sicura: *il poveretto è bell'e* —.
speditóre **A** *s. m.* (*f. -trìce*) Chi spedisce; SIN. Mittente. **B** *anche agg.*
spedizióne *s. f.* **1** Invio di lettere, merci e sim. tramite i servizi postali o altro mezzo di trasporto | Collo spedito. **2** Attività dello spedizioniere: *agenzia di* —. **3** Viaggio di più persone compiuto a scopo di esplorazione, ricerca, studio: *organizzare una* — | Insieme di persone partecipanti a tale viaggio.
spedizionière *s. m.* Chi, per mestiere, provvede al trasporto di determinate cose e a tutte le operazioni a ciò necessarie.
speedway /'spidwei/ *s. m. inv.* (*pl. ingl. speedways* /'spidweiz/) Tipo di motocross su pista circolare.
spegnàre *v. tr.* (*io spégno*) Liberare ciò che è stato dato in pegno.
spègnere o *spégnere, tosc. spèngere o spéngere* **A** *v. tr.* (*pres. io spèngo o spéngo, tu spègni o spégni; pass. rem. io spènsi o spénsi, tu spegnésti; part. pass. spènto*) **1** Far sì che q.c. cessi di ardere, di dare luce, di emanare calore: — *il fuoco*; CONTR. Accendere. **2** Rendere inattiva un'apparecchiatura elettrica: — *la televisione*; CONTR. Accendere. **3** Chiudere, estinguere: — *un conto.* **4** Far svanire, distruggere lentamente: *il tempo spegne i rancori* | Attenuare, smorzare: *la neve spegne i rumori.* **B** *v. intr. pron.* **1** Cessare di avere, di dare luce o calore: *il fuoco si spense.* **2** Smettere di funzionare, detto di apparecchiature elettriche: *la radio si è spenta.* **3** Venir meno. **4** Morire: *si è spento serenamente.*
spegniménto *s. m.* Operazione dello spegnere; SIN. Estinzione | Cessazione della produzione di luce o calore | (*est.*) Interruzione del funzionamento di q.c.
spegnitóio *s. m.* Piccolo cono vuoto metallico fissato a un manico col quale si copre la fiamma di una candela o sim. per spegnerla.
spelacchiàre **A** *v. tr.* (*io spelàcchio*) Togliere il pelo qua e là. **B** *v. intr. pron.* Perdere il pelo qua e là.
spelacchiàto *part. pass. di spelacchiare; anche agg.* Che ha poco pelo | Che ha pochi capelli.
spelàre **A** *v. tr.* (*io spélo*) Privare del pelo. **B** *v. intr. pron.* (*aus. essere*) Perdere il pelo.
spelèo **A** *s. m.* (*raro, lett.*) Caverna. **B** *agg.* Delle caverne, che vive in caverne: *fauna spelea.*
speleologìa *s. f.* Ramo della geografia fisica che studia le caverne naturali | Pratica e tecnica di esplorare caverne naturali.
speleològico *agg.* (*pl. m. -ci*) Della speleologia.
speleòlogo *s. m.* (*f. -a; pl. m. -gi*) Chi si occupa di speleologia.
spellàre **A** *v. tr.* (*io spèllo*) **1** Levare la pelle a un animale ucciso: — *un coniglio.* **2** (*fam.*) Produrre lievi escoriazioni: *spellarsi le mani*; SIN. Sbucciare. **3** (*fam.*) Chiedere prezzi esosi: *certi negozianti spellano la gente.* **B** *v. intr. pron.* Perdere la pelle, scorticarsi.
spellatùra *s. f.* **1** Operazione dello spellare. **2** Escoriazione; SIN. Sbucciatura.
spelónca *s. f.* **1** Grotta, caverna vasta e profonda. **2** (*fig.*) Casa squallida e triste.
spème *s. f.* (*lett.*) Speranza.
spencer /*ingl.* 'spensə/ *s. m. inv.* (*pl. ingl. spencers* /'spensəz/) Giacca, spec. maschile, di maglia di lana.
spendacciòne *s. m.* (*f. -a*) Chi spende molto e male.
spèndere *v. tr.* (*pass. rem. io spési, tu spendésti; part. pass. spéso*) **1** Trasferire a qc. una somma di denaro come pagamento di un acquisto, come compenso per una prestazione e sim.: — *trecentomila lire di affitto*; — *molto per vestire*; — *molto in vestiti* | — *un occhio della testa,* moltissimo. **2** (*fig.*) Impiegare, consumare: *ho speso un mese per correggere il libro* | Dare via, sprecare: *ha speso i suoi anni migliori inutilmente.* **3** ass. Fare acquisti, fare spese: *andare al mercato a* —. [→ tav. *proverbi* 82]
spenderéccio *agg.* (*pl. f. -ce*) **1** Che è largo nello spendere. **2** (*est.*) Che comporta forti spese.
spèngere V. *spegnere.*
spennacchiàre **A** *v. tr.* (*io spennàcchio*) **1** Privare in parte delle penne, spec. strappandole: — *una gallina.* **2** (*fig., fam.*) Ghermire denaro: — *qc. al gioco.* **B** *v. intr. pron.* Perdere le penne qua e là.
spennàre **A** *v. tr.* (*io spénno*) **1** Privare delle penne. **2** (*fig.*) Far pagare troppo: *in quel negozio spennano i clienti.* **B** *v. intr. pron. e* (*poet.*) *intr.* (*aus. essere*) Perdere le penne.
spennellàre **A** *v. tr.* (*io spennèllo*) Percorrere una superficie con un pennello intinto in una sostanza liquida. **B** *v. intr.* (*aus. avere*) Verniciare, dipingere.
spennellàta *s. f.* Atto dello spennellare.
spennellatùra *s. f.* **1** Spennellata. **2** (*med.*) Pennellatura.
spensieratàggine *s. f.* Spensieratezza, inconsideratezza eccessiva | Azione inconsiderata.
spensieratézza *s. f.* L'essere spensierato.
spensieràto *agg.* Che non è preoccupato da pensieri tristi o molesti.
spènto o *spénto part. pass. di spegnere; anche agg.* **1** Che non arde o illumina più. **2** Smorto: *colore* — | Attutito, attenuato: *suono* — | Privo di vivacità, di espressione: *sguardo* —; SIN. Scialbo. **3** Estinto, morto: *civiltà spenta* | Tramontato: *speranze ormai spente.*
spenzolàre **A** *v. tr.* (*io spènzolo*) Far penzolare. **B** *v. intr.* (*aus. avere*) Penzolare. **C** *v. rifl.* Sporgersi molto in fuori.
spenzolóni *avv.* Penzoloni.
spèra *s. f.* **1** (*raro, lett.*) Sfera | (*est.*) Sfera celeste | *La — del sole,* il disco solare. **2** (*tosc.*) Insieme di raggi luminosi: *una — di sole.*
speràbile *agg.* Che si può sperare; CONTR. Insperabile.
sperànza *s. f.* **1** Attesa fiduciosa di q.c. in cui si è certi o ci si augura che consista il proprio bene, o di q.c. che ci si augura avvenga secondo i propri desideri: *nutrire — in qc.*; *avere la — di vincere*; *avere la — della vittoria.* **2** Cosa sperata: *le mie speranze sono finite.* **3** Persona o cosa in cui si ripone speranza: *il figlio è la sua unica* — | Giovane che, all'inizio di un'attività, spec. sportiva o artistica, rivela buone doti: *le speranze del cinema.* **4** Una delle tre virtù teologali. [→ tav. *proverbi* 51, 155]
speranzóso *agg.* Pieno di speranza.
speràre (1) **A** *v. tr.* (*io spèro*) Aspettare con desiderio e fiducia q.c. di cui si è certi o ci si augura che deriverà bene, gioia, piacere e sim.: — *la guarigione* | Aver fiducia che q.c. avvenga o sia avvenuta secondo i propri desideri: *spero di guarire* | *Lo spero, spero di sì, voglio —, vorrei —, spero bene* e sim., espressioni indicanti la fiducia assoluta che q.c. si svolga secondo i propri desideri. **B** *v. intr.* (*aus. avere*) Riporre fiducia, speranza: — *nella Provvidenza*; SIN. Confidare. [→ tav. *proverbi* 345]
speràre (2) *v. tr.* (*io spèro*) Guardare controluce un corpo diafano | — *le uova,* per controllarne la freschezza.
speratùra *s. f.* Operazione dello sperare le uova.
spèrdere **A** *v. tr.* (*coniug. come perdere*) **1** (*lett.*) Disperdere. **2** (*raro*) Smarrire. **B** *v. intr. pron.* Smarrirsi, perdersi

(*anche fig.*): *sperdersi nel bosco.*

sperdùto *part. pass. di sperdere; anche agg.* **1** Disperso. **2** Solitario, isolato: *uno — paesetto.* **3** Che si sente a disagio, fuori dal proprio ambiente abituale: *sentirsi —.*

sperequàre *v. tr.* Distribuire non equamente; CONTR. Perequare.

sperequàto *agg.* Caratterizzato da sperequazione.

sperequazióne *s. f.* Differenza non equa, mancanza di uniformità | *— tributaria,* incidenza dell'onere tributario sui vari contribuenti, in modo ineguale e non proporzionato.

spergiuràre *v. tr. e intr.* (*aus. avere*) Giurare il falso | (*raff.*) *Giurare e —,* sostenere con ogni argomento la verità di q.c.

spergiùro (1) *agg.; anche s. m.* (*f. -a*) Detto di chi manca ai giuramenti fatti.

spergiùro (2) *s. m.* Giuramento falso.

spericolàrsi *v. intr. pron.* (*io mi spericolo*) Esporsi con temerarietà a un pericolo.

spericolàto *part. pass. di spericolarsi; anche agg. e s. m.* (*f. -a*) Che (o chi) si espone ai pericoli con temerarietà.

sperimentàle *agg.* **1** Che si basa sull'esperienza, che procede per via di esperimenti: *metodo —.* **2** Detto di attività che sperimenta nuove tecniche in un dato campo | *Teatro —, cinema —,* spettacolo teatrale o film che adotta procedimenti stilistici d'avanguardia.

sperimentalìsmo *s. m.* **1** Orientamento metodologico per cui la ricerca scientifica viene fondata sull'esperienza. **2** Corrente letteraria contemporanea d'avanguardia.

sperimentàre o *esperimentàre* **A** *v. tr.* (*io speriménto*) **1** Sottoporre q.c. a esperimento allo scopo di verificarne le caratteristiche, la funzionalità e sim.: *— l'efficacia di una medicina.* **2** (*fig.*) Mettere al cimento: *— i giovani nelle armi.* **3** (*fig.*) Mettere alla prova qc. o i sentimenti di qc.: *— la sincerità di un amico.* **4** (*fig.*) Conoscere per esperienza: *ho sperimentato la sua amicizia.* **5** (*fig.*) Tentare: *abbiamo sperimentato ogni mezzo.* **B** *v. rifl.* Mettersi al cimento: *sperimentarsi nelle armi.*

sperimentatóre *s. m.* (*f. -trice*) Chi fa esperimenti.

sperimentazióne *s. f.* **1** Attività rivolta a verificare le caratteristiche, la funzionalità e sim. di q.c. sottoponendola a esperimento. **2** Nella scuola, ricerca e realizzazione di innovazioni.

spèrma *s. m.* (*pl. -i*) (*biol.*) Liquido contenente gli spermatozoi.

spermacèti *s. m.* Materia oleosa che si trova nella testa del capodoglio e di altri cetacei, usata per candele, cosmetici e sim.

spermàtico *agg.* (*pl. m. -ci*) Di sperma.

spermatozòo *s. m.* (*biol.*) Cellula seminale maschile.

spermicìda *agg.; anche s. m.* (*pl. -i*) Di prodotto antifecondativo che impedisce agli spermatozoi di vivere: *ovulo, pomata —.*

speronàre *v. tr.* (*io speróno*) Detto di nave, colpire un'altra nave con lo sperone | (*est.*) Detto di veicolo, colpirne un altro nel fianco.

speronàta *s. f.* Colpo di sperone.

speronàto *agg.* **1** Munito, dotato di speroni. **2** Detto di edificio rinforzato con speroni.

speróne *s. m.* **1** Arnese di metallo a forma di U, portante o meno una rotella dentata, applicato al tacco dello stivale del cavaliere per pungolare l'animale. **2** (*mar.*) Rostro. **3** (*zool.*) Appendice del piede dei polli particolarmente sviluppata nei galli da combattimento. **4** (*geogr.*) Diramazione secondaria di una cresta o cima montuosa. **5** Struttura sporgente trasversalmente, costruita per rinforzare murature, dighe e sim. sottoposte a spinte oblique. **6** (*bot.*) Prolungamento cavo, ristretto e incurvato del calice o della corolla di alcuni fiori.

sperperàre *v. tr.* (*io spèrpero*) **1** Spendere senza discernimento; *— un'eredità;* SIN. Dissipare, prodigare, scialacquare. **2** (*est.*) Consumare malamente.

sperperio *s. m.* Uno sperperare continuo.

spèrpero *s. m.* Spesa eccessiva, senza criterio; SIN. Dissipazione, scialo, spreco.

spersonalizzàre **A** *v. tr.* **1** Rendere privo di personalità. **2** Privare di ogni elemento personale una questione per garantirne l'obiettività. **B** *v. rifl.* Perdere la propria personalità.

spersonalizzazióne *s. f.* Privazione, perdita della personalità.

sperticàre **A** *v. intr.* (*io spèrtico, tu spèrtichi; aus. essere*) (*raro*) Allungarsi in alto come una pertica, detto di albero. **B** *v. intr. pron.* Fare q.c. in modo esagerato e poco sincero: *sperticarsi nel lodare qc.*

sperticàto *agg.* **1** Smisurato: *naso —.* **2** (*fig.*) Esagerato: *elogi sperticati.*

spésa *s. f.* **1** Versamento, esborso di una somma di denaro come pagamento, compenso e sim. | Quantità di denaro che si spende o si deve spendere per acquistare, compensare, pagare tributi e sim.: *la — è di cinquantamila lire; la — è sulle centomila lire* | *Non badare a spese,* spendere senza economia; (*fig.*) essere disposto a tutto per raggiungere un dato scopo | *A spese di,* a carico di: *studia a spese nostre;* (*fig.*) di persona, a proprio danno: *l'ho imparato a mie spese.* **2** Compera, acquisto: *uscire a fare spese.* **3** *al sing.* (*fam.*) Acquisto dei generi alimentari e di prima necessità occorrenti al mantenimento quotidiano di una famiglia: *andare a fare la —* | (*est.*) L'insieme delle cose acquistate: *tornare a casa con la —.* [→ ill. *borsa*] **4** *al pl.* (*gener.*) Uscita di denaro, denaro liquido sborsato: *le spese sono superiori alle entrate* | Ciò che si spende per il vitto, l'alloggio e il mantenimento: *ha un salario oltre le spese* | *Stare sulle spese,* provvedere al proprio mantenimento stando in un luogo diverso da quello in cui si vive abitualmente. [→ tav. *proverbi* 142, 146, 357]

spesàre *v. tr.* (*io spéso*) Mantenere a proprie spese: *la società lo spesa di tutto.*

spesàto *part. pass. di spesare; anche agg.* Che ha le spese rimborsate: *è — dalla società.*

spessìmetro *s. m.* Piccolo apparecchio per misurare la profondità e lo stato di usura del battistrada di uno pneumatico. [→ ill. *meccanica*]

spésso **A** *agg.* **1** Denso: *vapori spessi.* **2** Fitto, folto. **3** Che ha un certo spessore: *un cartone — quattro centimetri.* **4** (*est.*) Numeroso, frequente | *Spesse volte,* frequentemente. **B** *avv.* Di frequente: *questo mi accade —; lo fai troppo —.*

spessóre *s. m.* Dimensione di un corpo secondo una direzione quando le altre due sono prevalenti.

spettàbile *agg.* Nella corrispondenza commerciale, ragguardevole, rispettabile: *— ditta.*

spettacolàre *agg.* Che costituisce uno spettacolo eccezionale, grandioso: *apparato —; film —.*

spettàcolo *s. m.* **1** Rappresentazione teatrale, cinematografica, canora e gener. artistica che ha luogo di fronte a un pubblico | *Dare —, dare — di sé,* attirare su di sé l'attenzione non sempre benevola dei presenti. **2** Vista che, per bellezza, eccezionalità, bruttezza e sim., trae a sé l'attenzione e gli sguardi: *uno — doloroso, penoso, commovente, magnifico.*

spettacolóso *agg.* **1** Che fa spettacolo, che costituisce uno spettacolo: *festa spettacolosa.* **2** (*fig.*) Straordinario, grandioso: *bellezza spettacolosa.*

spettànza *s. f.* **1** Appartenenza, competenza, *spec. nelle loc. di mia, di tua, di sua, —.* **2** *spec. al pl.* Ciò che compete di diritto per l'attività prestata: *farsi liquidare le proprie spettanze.*

spettàre *v. intr.* (*io spètto; aus. essere*) Essere di spettanza: *la decisione spetta a voi.*

spettatóre **A** *s. m.* (*f. -trice*) **1** Chi assiste a uno spettacolo. **2** Chi è presente a un avvenimento: *essere — di un evento.* **B** (*raro*) *anche agg.*

spettegolàre *v. intr.* (*io spettégolo; aus. avere*) Fare pettegolezzi; SIN. Chiacchierare.

spettinàre **A** *v. tr.* (*io spèttino*) Arruffare i capelli, disfare la pettinatura; CONTR. Pettinare. **B** *v. rifl. e intr. pron.* Disfarsi la pettinatura.

spettràle *agg.* Di spettro | Simile a spettro: *figura —.*

spèttro *s. m.* **1** Fantasma, larva, ombra con sembianze di persona morta: *la fantasia popolare crede agli spettri* | *Sembrare uno —,* di persona pallida e magra. **2** (*fig.*) Ciò che incombe minacciosamente: *lo — della fame.* **3** (*fis.*) Insieme delle onde di varia frequenza che costituiscono una data radiazione | *— d'assorbimento,* insieme delle radiazioni monocromatiche che una sostanza è capace di assorbire | *— solare,* ottenuto esaminando la luce del sole mediante lo spettroscopio | *— di emissione,* insieme delle radiazioni monocromatiche emesse da una sorgente luminosa. **4** Campo d'azione: *farmaco ad ampio* –.

spettrografìa *s. f.* Insieme dei sistemi di produzione, osservazione e registrazione degli spettri in quanto fenomeno fisico.

spettrògrafo *s. m.* (*fis.*) Strumento per eseguire la spettografia su emulsioni fotografiche.

spettroscopìa *s. f.* Parte della fisica che studia gli spettri elettromagnetici.

spettroscòpico *agg.* (*pl. m. -ci*) Della spettroscopia.

spettroscòpio *s. m.* (*fis.*) Strumento ottico, a prisma o a reticolo, per la produzione dello spettro e la determinazione della posizione delle linee spettrali. [→ ill. *ottica*]

spezìale *s. m.* **1** Venditore di spezie. **2** (*pop., dial.*) Droghiere, farmacista.

spèzie *s. f. inv. spec. al pl.* Aromi di cucina, come pepe, cannella, noce moscata e sim.; SIN. Droga. [→ ill. *spezie*]

spezierìa *s. f.* Bottega dello speziale.

spezzàre A *v. tr.* (*io spèzzo*) **1** Ridurre in due o più pezzi: – *il pane, la legna* | Infrangere, rompere: – *spezzarsi un braccio* | – *il cuore*, (*fig.*) schiantarlo, dare un grave dolore. **2** (*fig.*) Dividere in due o più parti, interrompere: – *il viaggio in quattro tappe.* **B** *v. intr. pron.* Ridursi in due o più pezzi | (*fam., fig.*) *Si spezza ma non si piega*, di chi preferisce essere abbattuto piuttosto che umiliato. [→ tav. *proverbi* 215; → tav. *locuzioni* 104]

spezzatìno *s. m.* Vivanda di carne a pezzetti, rosolata in tegame poi cotta a fuoco lento.

spezzàto A *part. pass. di spezzare; anche agg.* Ridotto in due o più pezzi | *Orario* –, orario di lavoro diviso in due o più turni | *Periodo* –, eccessivamente articolato | (*geom.*) *Linea spezzata*, sequenza di segmenti tali che due segmenti consecutivi non abbiano un vertice comune. **B** *s. m.* **1** Completo maschile con giacca di tessuto e colore diverso da quello dei pantaloni. **2** (*teatr.*) Piccolo elemento di scena di profilo vario, adoperato per fingere particolari di ambienti. **3** Spezzatino. **4** *al pl.* Monete spicciole.

spezzatrìce *s. f.* Macchina del panificio che taglia la pasta in pezzi di forma voluta. [→ ill. *panettiere*]

spezzatùra *s. f.* **1** Rottura in più pezzi. **2** Volume scompagnato di un'opera.

spezzettaménto *s. m.* Riduzione in piccoli pezzi.

spezie

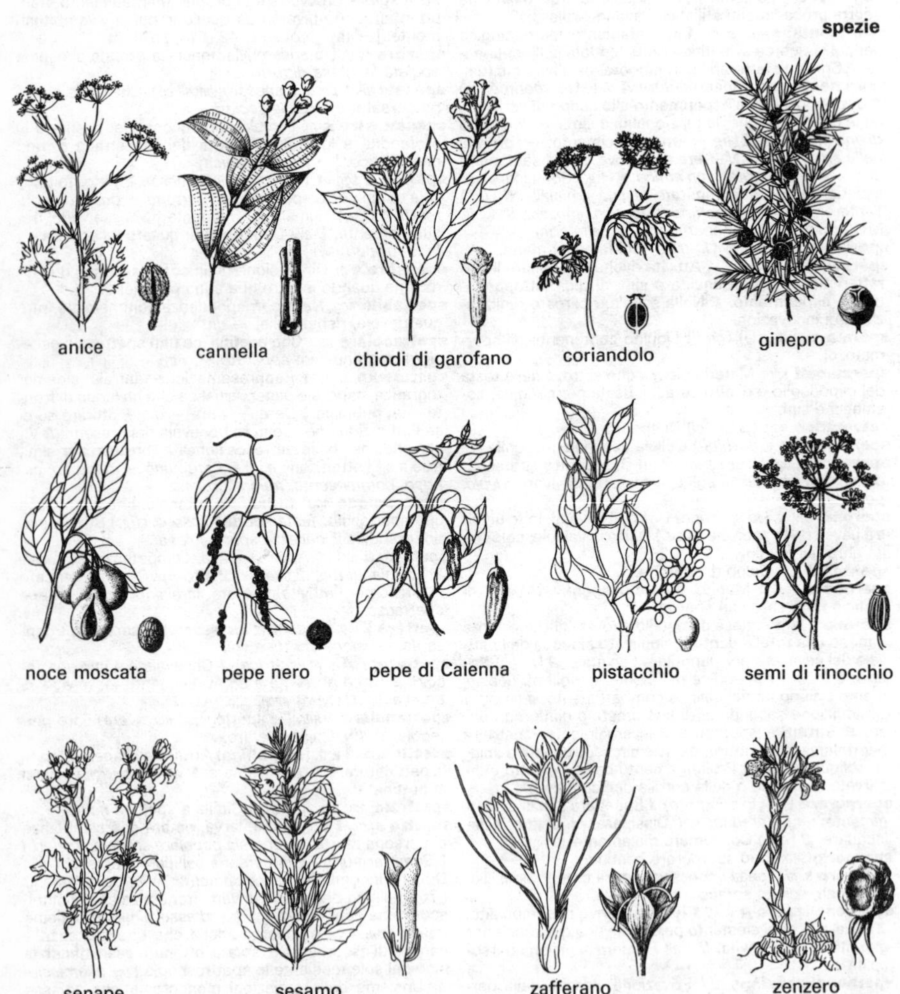

spezzettàre *v. tr.* (*io spezzétto*) Ridurre in piccoli pezzi.

spezzonàre *v. tr.* (*io spezzóno*) Bombardare con spezzoni.

spezzóne *s. m.* **1** Piccola bomba d'aereo, cilindrica, usata contro obiettivi poco consistenti. **2** (*gener.*) Parte, frammento di un tutto unitario | Corto pezzo di pellicola cinematografica.

spìa **A** *s. f.* **1** Chi, dietro compenso o per malevolenza, investiga di nascosto per riferire cose per cui altri possono subire punizioni, danni e sim.: *scoprire una* – | *Fare la* –, riferire di nascosto | Confidente della polizia; SIN. Delatore. **2** Chi esercita attività di spionaggio. **3** Dispositivo ottico, o acustico e sim. per segnalare determinate condizioni di funzionamento: *la – dell'olio, della benzina.* [→ ill. *automobile, riscaldamento*] **4** (*fig.*) Indizio, sintomo: *il rialzo dei prezzi è una – della crisi.* **5** Fessura in usci o pareti per vedere al di là senza essere visti. **B** *in funzione di agg. inv.* (*posposto al s.*) *Lampada* –, tipo di lampada che, con la sua accensione, indica il funzionamento di un'apparecchiatura. [→ tav. *proverbi* 72]

spiaccicàre **A** *v. tr.* (*io spiàccico, tu spiàccichi*) Schiacciare, spec. cosa molliccia o cedevole: – *un insetto.* **B** *v. intr. pron.* Schiacciarsi.

spiacènte *part. pres. di spiacere; anche agg.* Dispiaciuto, rammaricato: *sono – di non venire.*

spiacére **A** *v. intr.* (*coniug. come piacere; aus. essere*) Causare risentimento, amarezza: *l'ingratitudine spiace a chi fa del bene.* **B** *v. intr. pron.* Dispiacersi, rammaricarsi.

spiacévole *agg.* Che dà noie, disturbo, dolore; SIN. Increscioso; CONTR. Piacevole.

spiàggia *s. f.* (*pl. -ge*) Fascia di costa pianeggiante, generalmente sabbiosa, frequentata dai bagnanti nei mesi estivi: *le spiagge dell'Adriatico* | *L'ultima* –, (*fig.*) il momento conclusivo della vita, intesa come una lunga navigazione; (*est.*) l'ultima possibilità. [→ ill. *geografia, spiaggia*]

spianaménto *s. m.* Operazione dello spianare.

spianàre **A** *v. tr.* **1** Rendere piana una superficie eliminandone le asperità: – *il terreno* | – *la pasta*, stenderla, assottigliarla | – *le cuciture di un abito*, stirarle, ribatterle | – *la fronte*, appianare le rughe | – *il fucile*, puntarlo contro qc. **2** (*fig.*) Togliere ostacoli e difficoltà: – *il cammino a qc.* **3** Abbattere, demolire: – *una casa.* **B** *v. intr.* (*aus. avere*) (*raro*) Diventare piano: *più in alto la strada spiana.*

spianàta *s. f.* **1** Atto dello spianare una volta e in fretta. **2** Luogo pianeggiante.

spianatóia *s. f.* Asse su cui si spiana la pasta.

spiaggia

1 panfilo 2 scogliera 3 moletto 4 faro 5 pontile 6 porticciolo 7 bandiera di segnalazione 8 veranda 9 campeggio 10 bar e ristorante 11 pineta 12 parcheggio 13 passeggiata a mare 14 albergo 15 villa 16 piscina 17 bar 18 bagno 19 tenda 20 arenile 21 trampolino 22 barca a vela 23 battellino pneumatico 24 bagnino 25 moscone 26 telo prendisole 27 canoa 28 sedia a sdraio 29 ombrellone 30 doccia 31 cabina 32 poltrona 33 canotto 34 battello pneumatico 35 motoscafo 36 barca a motore 37 zona di sicurezza 38 materassino pneumatico 39 branda

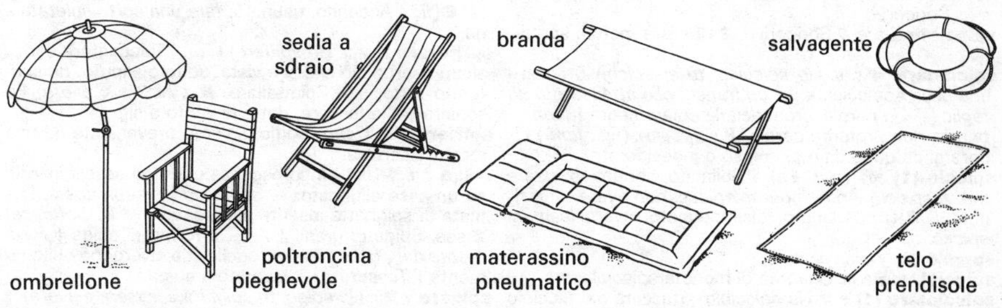

spianatrice *s. f.* Veicolo provvisto di attrezzature per spianare, spec. il terreno.

spiàno *s. m.* **1** (*raro*) Atto dello spianare | Luogo spianato. **2** (*fig.*) *A tutto* —, senza interruzione e in abbondanza: *spendere a tutto* —.

spiantàre **A** *v. tr.* **1** (*raro*) Sradicare, svellere: — *un albero.* **2** (*fig.*) Ridurre in miseria: *il gioco lo ha spiantato.* **B** *v. intr. pron.* Andare in rovina.

spiantàto *part. pass. di spiantare; anche agg. e s. m.* (*f.* -*a*) Che (o chi) è ridotto in miseria.

spiànto *s. m.* Rovina, povertà assoluta, *spec. nelle loc. andare, mandare a, in* —.

spiàre *v. tr.* **1** Seguire di nascosto e con attenzione azioni e comportamenti altrui per curiosità, per informazione o per riferire ad altri: *il nemico spia le nostre mosse.* **2** Cercare di conoscere: — *i segreti altrui* | — *l'avversario,* cercare di scoprire il suo gioco per poterlo prevenire | (*est.*) Aspettare con vigile attenzione: — *l'occasione, il momento propizio.*

spiàta *s. f.* Atto dello spiare | Delazione.

spiattellàre *v. tr.* (*io spiattèllo*) Riferire apertamente e senza riguardi cose riservate, delicate o segrete: — *la verità in faccia a qc.*; SIN. Spifferare.

spiazzàre *v. tr.* **1** (*sport*) Nel calcio e nel tennis, far perdere all'avversario la sua normale posizione per impedirgli di svolgere il suo gioco. **2** (*fig.*) Porre, spec. con astuzia, qc. in posizione sfavorevole.

spiàzzo *s. m.* Spazio piuttosto ampio, libero e aperto.

spiccàce *agg.* Detto di susina, pesca e sim., la cui polpa si stacca agevolmente dal nocciolo.

spiccàgnolo *agg.* Spiccace.

spiccàre **A** *v. tr.* (*io spicco, tu spicchi*) **1** Staccare una cosa appiccicata o attaccata a un'altra (*anche fig.*): — *un fiore dalla pianta*: — *la testa dal busto* | — *le parole, le sillabe,* pronunciarle distintamente. **2** Nel linguaggio giudiziario e commerciale, emettere: — *un mandato di cattura*; — *una tratta.* **3** Compiere un movimento brusco e repentino staccandosi da terra: — *un balzo, un salto* | — *il volo,* elevarsi in volo; (*fig.*) evadere da un ambiente. **B** *v. intr.* (*aus. avere*) Fare spicco, apparire distintamente: *spicca fra tutti per bellezza*; *il bianco spicca sul nero*; *il tuo vestito spicca tra la folla*; SIN. Campeggiare, risaltare. **C** *v. intr. pron.* Staccarsi con facilità dal nocciolo, detto di frutta.

spiccàto *part. pass. di spiccare; anche agg.* Marcato: *uno* — *accento americano* | Notevole, singolare: *una spiccata intelligenza.*

spicchio *s. m.* **1** Ciascuna delle parti interne, avvolte da una sottile pellicola piena di cellule colme di succo, in cui è suddiviso l'endocarpo degli agrumi | Ciascuno dei piccoli bulbi che nell'insieme formano il bulbo dell'aglio | (*est.*) Ciascuna delle parti, simile per forma agli spicchi degli agrumi, in cui si può tagliare qualunque frutto: *uno* — *di pera.* [→ ill. *botanica*] **2** (*est.*) Qualunque cosa la cui forma sia simile a quella di uno spicchio: *uno* — *di torta, di formaggio* | *A spicchi,* formato di parti a forma di spicchi | *Berretta a spicchi,* quella a tre punte dei preti. **3** (*geom.*) Parte d'un solido di rotazione compresa nel diedro il cui spigolo coincide con l'asse di rotazione: — *sferico.*

spicciàre **A** *v. tr.* (*io spìccio*) **1** Sbrigare in fretta: — *una faccenda.* **2** Rendere libera una persona da impedimento, attesa e sim.: — *gli avventori.* **3** (*tosc.*) Sgombrare: — *una stanza.* **B** *v. intr.* (*aus. essere*) Sgorgare con impeto, detto dei liquidi: *il sangue spiccia dalla ferita.* **C** *v. intr. pron.* Sbrigarsi.

spicciativo *agg.* **1** Sbrigativo. **2** Che usa metodi sbrigativi.

spiccicàre **A** *v. tr.* (*io spiccico, tu spìccichi*) Staccare una cosa appiccicata: — *un francobollo attaccato a un foglio* | — *le parole,* pronunciarle chiaramente | *Non* — *parola,* non proferire parola. **B** *v. intr. pron.* (*fig., fam.*) Liberarsi da qc. o da q.c. noioso o indesiderato.

spiccio (1) *agg.* (*pl. f.* -*ce*) **1** Sollecito, sbrigativo: *usare mezzi spicci* | *Andare per le spicce,* non avere tanti riguardi. **2** (*raro*) Libero, disimpegnato: *avere le mani spicce.*

spiccio (2) V. *spicciolo.*

spicciolàme *s. m.* Quantità di monete spicciole.

spicciolàre (1) *v. tr.* (*io spicciolo*) Staccare dal picciolo gli acini d'uva.

spicciolàre (2) *v. tr.* (*io spicciolo*) Cambiare in moneta spicciola: — *diecimila lire.*

spicciolàto *part. pass. di spicciolare* (1); *anche agg.* Staccato dal picciolo | *Alla spicciolata,* a pochi per volta: *arrivare alla spicciolata.*

spicciolo o *spìccio* (2) **A** *agg.* **1** Minuto, spezzato in piccoli tagli, detto di denaro. **2** (*tosc.*) Ordinario, semplice: *gente spicciola.* **B** *s. m. spec. al pl.* Moneta spicciola.

spicco *s. m.* (*pl.* -*chi*) Risalto, rilievo: *fare* — | (*raro*) Distacco.

spicola *s. f.* (*zool.*) *spec. al pl.* Formazioni minerali di forma varia presenti nel corpo di molti invertebrati ove costituiscono come un'impalcatura (es. *spugne*).

spider /*ingl.* 'spaidə/ *s. m. o f. inv.* (*pl. ingl.* *spiders* /'spaidəz/) Automobile scoperta a due posti, di tipo sportivo, munita di capote. [→ ill. *autoveicoli*]

spidocchiàre **A** *v. tr.* (*io spidòcchio*) Levare i pidocchi. **B** *v. rifl.* Levarsi i pidocchi.

spiedàta *s. f.* Quantità di carne che si può infilare in uno spiedo in una sola volta.

spiedino *s. m.* Asticciola appuntita su cui si infilano bocconcini di carni diverse da far rosolare sulla brace | (*est.*) Vivanda così preparata. [→ ill. *cucina*]

spièdo *s. m.* **1** Arma bianca costituita da un ferro lungo e acuminato. **2** Ferro appuntito del girarrosto, su cui si infilza la carne da arrostire alla fiamma. [→ tav. *proverbi* 206]

spiegàbile *agg.* Che si può spiegare; CONTR. Inspiegabile.

spiegaménto *s. m.* (*mil.*) Insieme dei movimenti che un'unità compie per assumere la formazione di combattimento | — *di forze,* concentramento di grande quantità di truppe o di forze di polizia pronte ad entrare in azione.

spiegàre **A** *v. tr.* (*io spiègo, tu spièghi*) **1** Distendere, svolgere ciò che è piegato o involto: — *la tovaglia, la bandiera* | — *le vele,* stenderle nella loro ampiezza | — *le ali,* aprirle per volare | — *il volo,* volare ad ali spiegate | (*fig.*) — *la voce, il canto,* emetterli. **2** (*fig.*) Rendere intelligibile ciò che presenta difficoltà di comprensione: — *il senso di una frase*; — *un enigma* | Esporre commentando, chiarendo, interpretando: — *un teorema*; — *le opere di Dante*; — *Dante*; SIN. Chiarire. **3** (*est.*) Insegnare, far capire: *spiegami come devo fare.* **4** (*mil.*) Disporre unità in formazione da combattimento: — *le truppe.* **B** *v. rifl.* Manifestare chiaramente il proprio pensiero: *in tedesco non riesco a spiegarmi.* **C** *v. rifl. rec.* Venire a una spiegazione: *dopo la lite si sono spiegati.* **D** *v. intr. pron.* **1** Aprirsi, svolgersi. **2** Diventare chiaro, comprensibile: *ecco che il problema si spiega.*

spiegazióne *s. f.* **1** Chiarimento di ciò che presenta difficoltà di comprensione: *la* — *dell'enigma* | Esposizione fatta commentando, chiarendo e sim.: *ascoltare la* — *dell'insegnante.* **2** Ciò che serve a spiegare, a chiarire: *ecco la* — *del mistero.* **3** Manifestazione del pensiero proprio o altrui in relazione a parole o fatti che siano stati intesi in altro senso: *chiedere una* — *a qc.* **4** Nelle scienze fisiche, il ricondurre un fenomeno ad altro già conosciuto.

spiegazzàre *v. tr.* Piegare malamente; SIN. Sgualcire.

spiegazzatùra *s. f.* Atto dello spiegazzare | Piega o serie di pieghe; SIN. Sgualcitura.

spietàto *agg.* **1** Che è senza pietà, che non ha pietà: *mostrarsi* — *verso qc.* | Crudele, inesorabile: *sorte spietata.* **2** (*fig.*) Accanito, ostinato: *fare una corte spietata a qc.*

spifferàre **A** *v. tr.* (*io spiffero*) (*fam.*) Raccontare senza alcun riserbo ciò che si è visto, udito o saputo: *ha spifferato tutto*; SIN. Spiattellare. **B** *v. intr.* (*aus. avere*) Fischiare tra le fessure, detto di vento o sim.

spiffero *s. m.* (*fam.*) Soffio di vento proveniente da una stretta apertura.

spiga *s. f.* **1** (*bot.*) Infiorescenza con fiori sessili inseriti su un asse allungato: — *semplice* | — *composta,* formata di spighette inserite sul graspo. [→ ill. *botanica*] **2** ass. Spiga di grano | *A* —, a forma di spiga | *Pavimento a* —, fatto con mattonelle che divergono obliquamente | *Tessuto a* —, lavorato a spiga.

spigàre *v. intr.* (*io spigo, tu spìghi; aus. essere e avere*) **1**

Fare la spiga, detto di cereali. **2** (*est.*) Allungarsi nella cima a mo' di spiga, perdendo freschezza, detto di ortaggi.
spigàto *agg.* **1** Lavorato a spiga: *tessuto* —. **2** (*bot.*) Che ha fiori disposti a spiga.
spighétta *s. f.* **1** (*bot.*) Insieme dei fiori riuniti e avvolti dalle glume che nelle graminacee formano la spiga composta. **2** Nastro di seta o cotone intrecciati usato come bordo in sartoria o tappezzeria. [→ ill. *passamaneria*]
spigliatézza *s. f.* L'essere spigliato; SIN. Disinvoltura.
spigliàto *agg.* Disinvolto, franco, privo di impacci; CONTR. Impacciato.
spignattàre *v. intr.* (*aus. avere*) (*fam.*) Darsi da fare intorno ai fornelli.
spignoràre *v. tr.* (*io spignóro*) Liberare ciò che era pignorato; CONTR. Pignorare.
spigo *s. m.* (*pl. -ghi*) (*bot.*) Lavanda.
spigola *s. f.* Grosso pesce osseo marino dei Perciformi con due spine sulla prima pinna dorsale, carnivoro, con carni pregiate; SIN. Branzino. [→ ill. *animali* 8]
spigolàre *v. tr.* (*io spigolo*) **1** Raccattare le spighe rimaste sul campo dopo la mietitura, spec. ass.: *andare a* —. **2** (*fig.*) Raccogliere cose o fatti minuti, sparsi: — *curiosità letterarie.*
spigolatóre *s. m.* (*f. -trìce*) Chi spigola (*anche fig.*).
spigolatùra *s. f.* **1** Raccolta delle spighe rimaste dopo la mietitura. **2** *spec. al pl.* (*fig.*) Fatterelli, notizie.
spìgolo *s. m.* **1** (*geom.*) Segmento che segna l'intersezione di due facce contigue di un poliedro: *un tetraedro ha sei spigoli* | Intersezione dei due semipiani che limitano un diedro. **2** Parte angolare o laterale prominente di costruzioni, oggetti e sim. [→ ill. *casa*] **3** *spec. al pl.* (*fig.*) Asprezza, ruvidezza: *smussare gli spigoli del proprio carattere.*
spigolóso *agg.* **1** Pieno di spigoli. **2** (*fig.*) Che è difficile da comprendere e trattare.
spigonàrdo *s. m.* (*bot.*) Lavanda coltivata.
spigrire **A** *v. tr.* (*io spigrisco, tu spigrisci*) Rendere meno pigro; CONTR. Impigrire. **B** *v. intr. pron.* Diventare meno pigro.
spilla *s. f.* **1** (*dial.*) Spillo. **2** Gioiello che si appunta per ornamento: *una* — *d'oro.* [→ ill. *gioielli*]
spillàre **A** *v. tr.* **1** Forare con spillo la botte per cavarne vino. **2** (*fig.*) Riuscire a prendere q.c. poco alla volta, usando la furbizia o l'inganno: — *denaro a qc.* **B** *v. intr.* (*aus. essere,* se il sogg. è il liquido, *avere* se il sogg. è il recipiente) (*raro*) Stillare, detto di liquido: *il vino è spillato dalla botte; la botte ha spillato.*
spillàtico *s. m.* (*pl. -ci*) Parte della rendita dotale spettante annualmente alla donna per le sue spese personali.
spillo *s. m.* **1** Sottile filo di acciaio appuntito da un lato e terminante dall'altro con una capocchia | — *da balia, di sicurezza,* spillo doppio dotato di un fermaglio a molla che, quando lo spillo è chiuso, ne copre la punta | *A* —, a forma di spillo, sottile e appuntito: *tacchi a* — | *Colpo di* —, (*fig.*) punzecchiatura, dispetto. [→ ill. *tessuto, ufficio*] **2** Spilla: *uno* — *di brillanti.* **3** Stiletto di ferro per forare le botti e assaggiarne il vino | Foro fatto sulla botte con lo stiletto. **4** — *di sicurezza,* congegno che impedisce lo scoppio prematuro della bomba a mano o della spoletta di un proietto d'artiglieria.
spillóne *s. m.* **1** *Accr. di spillo.* **2** Lungo spillo, spesso con capocchia decorativa, usato per appuntare cappelli o abiti femminili.
spilluzzicàre *v. tr.* (*io spillùzzico, tu spillùzzichi*) **1** Mangiare una vivanda a pezzetti minuti. **2** (*fig.*) Impadronirsi di q.c. a poco a poco.
spilorcerìa *s. f.* L'essere spilorcio; SIN. Avarizia, taccagneria, tirchieria.
spilórcio *agg.; anche s. m.* (*f. -a; pl. f. -ce*) Detto di chi è molto avaro, anche nelle spese minute o necessarie; SIN. Avaro, taccagno, tirchio.
spilungóne *s. m.* (*f. -a*) Persona molto alta e magra.
spìna *s. f.* **1** Formazione vegetale dura e pungente | Correntemente, appendice legnosa del fusto di alcune piante; SIN. Aculeo. [→ ill. *botanica*] **2** *al pl.* Insieme di piante o rami spinosi: *un cespuglio di spine.* **3** (*fig.*) Tribolazione, cruccio: *avere una* — *nel cuore* | (*fig.*) *Essere, stare, sulle spine,* in grande agitazione o ansia. **4** (*pop.*) Dolore acuto, fitta: *sentire una* — *alla spalla.* **5** (*zool.*) Aculeo di ricci o istrici | Pungiglione di insetti | Lisca dei pesci | *A* — *di pesce,* si dice di ciò che nel disegno o nella forma ripete il tracciato della spina di pesce: *tessuto a* — *di pesce* | *Passo a* — *di pesce,* nello sci, sistema usato per superare pendii secondo la linea di massima pendenza. **6** (*anat.*) — *dorsale,* colonna vertebrale. **7** Dispositivo di collegamento elettrico mobile: *attacco a* —. [→ ill. *elettricità, fisica, telefonia*] **8** Foro della botte in cui entra la cannella per spillare il vino | La cannella stessa | *Birra alla* —, spillata direttamente dalla botte. **9** (*mecc.*) Elemento metallico di forma spec. cilindrica che, attraversando due organi meccanici, ne assicura il collegamento | Nelle turbine idrauliche, regolatore del getto d'acqua che scorre entro l'ugello. [→ ill. *motore*] **10** (*edil.*) Struttura longitudinale rispetto ad altre strutture simili. [→ tav. *proverbi* 288, 353]
spinàcio *s. m.* Pianta erbacea delle Centrospermali con foglie triangolari verde scuro, che si mangiano cotte. [→ ill. *verdura*]
spinàle *agg.* (*anat.*) Della spina dorsale. [→ ill. *anatomia umana*]
spinàre *v. tr.* Levare la lisca a un pesce.
spinarèllo *s. m.* Piccolo pesce osseo d'acqua dolce, il cui maschio costruisce un nido a forma di tuba e sorveglia le uova fino alla schiusa.
spinaròlo *s. m.* Piccolo squalo commestibile con aculeo puntuto che precede le pinne dorsali.
spinàto *agg.* **1** Fornito di spine, *spec. nella loc. filo* —, filo di ferro munito di punte, per reticolati. [→ ill. *ferramenta*] **2** Fatto a spina di pesce: *tessuto* —.
spinèllo (1) *s. m.* Minerale costituito da un ossido doppio di magnesio e alluminio sostituibili da altri elementi metallici, che comunemente si presenta in ottaedri rosei o limpidi, ed è usato come gemma.
spinèllo (2) *s. m.* (*gerg.*) Sigaretta di marijuana o di hascisc | *Farsi uno* —, fumarlo.
spinéto *s. m.* Luogo pieno di spine.
spinétta *s. f.* Strumento musicale a corde pizzicate a mezzo di una tastiera fornita di tasti a leva. [→ ill. *strumenti musicali*]
spingàrda *s. f.* **1** Grosso fucile a canna lunga e di grande calibro, per tiri a distanza su stormi di anatre posate. **2** Antica arma da fuoco incassata a foggia di grosso moschetto.
spìngere **A** *v. tr.* (*pres. io spìngo, tu spìngi; pass. rem. io spìnsi, tu spingésti; part. pass. spìnto*) **1** Esercitare una forte pressione, continua o temporanea, su q.c. affinché si muova, si sposti e sim.: — *un carro;* — *un tavolo contro il muro* | Premere: — *un pulsante.* **2** (*fig.*) Protendere: — *lo sguardo lontano.* **3** (*fig.*) Stimolare, indurre: — *qc. a far male.* **4** ass. Fare ressa, dare spinte: *smettete di* —. **B** *v. intr.* (*aus. avere*) Fare pressione: *il fiume spinge contro gli argini.* **C** *v. intr. pron.* **1** Andare, inoltrarsi: *si spinsero fino al Polo.* **2** (*fig.*) Osare: *la sua prepotenza si è spinta fino a questo punto.*
spinìte *s. f.* (*med.*) Mielite spinale.
spinnaker /*ingl.* 'spinəkə/ *s. m. inv.* (*pl. ingl. spinnakers* /'spinəkəz/) Nelle imbarcazioni da regata, vela speciale a forma di sacco o di paracadute tesa fuori bordo per mezzo di un'asta per favorire l'azione del vento. [→ ill. *marina*]
spìno (1) *s. m.* **1** (*gener.*) Pianta spinosa. **2** Pruno selvatico.
spìno (2) *agg.* Spinoso, solo in denominazioni botaniche o zoologiche: *pero* —; *porco* —.
spinóne *s. m.* Cane da ferma adatto per caccia, con pelo abbondante, duro e ispido. [→ ill. *cane*]
spinóso *agg.* **1** Pieno di spine: *ramo* —. **2** (*fig.*) Difficile, irto di difficoltà: *linguaggio* — | Scabroso: *una questione spinosa.*
spinòtto *s. m.* (*mecc.*) Perno che collega il pistone alla biella. [→ ill. *motore*]
spìnta *s. f.* **1** Pressione, urto che si esercita su qc. o q.c. affinché si muova, si sposti e sim.: *la* — *del vento; dare, ricevere, una* — | Impulso: *darsi una* — *in avanti.* **2** (*fig.*) Stimolo: *l'orgoglio è per lui una* — *a lavorare.* **3** (*fig.*) Aiuto, appoggio, favoreggiamento: *per avere l'impiego ha bisogno di una* —. **4** (*fis.*) Forza applicata dall'ester-

no sulla superficie di un corpo, e avente una direzione predominante | — *idrostatica*, esercitata dall'acqua su un corpo immerso.

spintarèlla *s. f.* **1** *Dim. di spinta* | Nel linguaggio sportivo, spinta data irregolarmente ai ciclisti per aiutarli nei tratti di salita. **2** (*fig.*) Appoggio, raccomandazione.

spinterògeno *s. m.* Dispositivo che serve per far arrivare ciclicamente l'alta tensione alle candele di un motore a scoppio provocandone le scintille. [→ ill. *automobile, motore*]

spinteròmetro *s. m.* Dispositivo per provocare scariche elettriche, consistente in due elettrodi tra i quali si applica una tensione.

spinto *part. pass. di spingere; anche agg.* **1** Disposto, inclinato, forzato: *sentirsi — verso l'arte.* **2** Eccessivo, estremistico | Scabroso: *un discorso —* | Piccante, salace: *barzellette spinte.* **3** (*scient.*) Portato a condizioni superiori al normale: *motore —* | *Vuoto —*, v. *vuoto.*

spintonàre *v. tr.* (*io spintóno*) Nel linguaggio calcistico, spingere rudemente l'avversario | (*est.*, *gener.*) Urtare con spintoni.

spintóne *s. m.* **1** *Accr. di spinta.* **2** (*fig.*) Aiuto, raccomandazione.

spintòre *s. m.* Speciale imbarcazione, dotata di potente motore, con prora quadrata davanti a cui sono poste e collegate solidamente varie chiatte, di cui diviene apparato propulsore.

spiombàre (1) *v. tr.* (*io spiómbo*) Rendere privo di piombatura | Togliere i piombini: *— un pacco.*

spiombàre (2) **A** *v. tr.* (*io spiómbo*) **1** Spostare dalla linea a piombo. **2** (*est.*) Gettare a terra. **B** *v. intr.* (*aus. avere* nel sign. 1, *essere e avere* nel sign. 2) **1** (*raro*) Spostarsi dalla linea a piombo. **2** Essere molto pesante: *è un carico che spiomba.*

spionàggio *s. m.* Attività clandestina diretta a procurarsi notizie che, nell'interesse dello Stato, dovrebbero rimanere segrete o riservate | — *industriale*, divulgazione illecita di notizie riservate o segrete su lavori, progetti e sim., di industrie concorrenti.

spioncino *s. m.* Spia di porta, per vedere senza essere visti, prima di aprire.

spióne *s. m.* (*f. -a*) (*spreg.*) Di spia.

spionìstico *agg.* (*pl. m. -ci*) Di spia.

spiovènte **A** *part. pres. di spiovere* (2); *anche agg.* Che ricade in giù | Che ha una grande inclinazione verso terra: *tetto —* | Nel calcio, detto di pallone lanciato con parabola abbastanza alta, che ricade obliquamente spec. nell'area di porta. **B** *s. m.* **1** Falda inclinata d'un tetto. **2** (*geogr.*) (*raro*) Versante. **3** Nel calcio, tiro spiovente.

spiòvere (1) *v. intr. impers.* (*spiòve; pass. rem. spiòvve; aus. essere e avere*) Cessare di piovere.

spiòvere (2) *v. intr.* (*coniug. come piovere; aus. essere*) **1** Scolare, scorrere in giù, detto dell'acqua. **2** (*est.*) Ricadere: *i capelli le spiovono sul viso.*

spira *s. f.* **1** Ciascuno dei giri che una curva descrive intorno a un punto iniziale | *A spire*, a spirale. **2** (*elettr.*) Ciascuno dei giri di un conduttore elettrico avvolto a bobina. **3** *al pl.* Anelli che i serpenti formano avvolgendosi su se stessi.

spiràbile *agg.* (*poet.*) Respirabile.

spiràglio *s. m.* **1** Fessura attraverso la quale passano l'aria e la luce | (*est.*) Soffio d'aria, raggio di luce, che passa attraverso uno spiraglio. **2** (*fig.*) Barlume, indizio: *uno — di speranza.*

spiràle **A** *agg.* Che è fatto a spire. **B** *s. f.* **1** (*mat.*) Curva piana caratterizzata da infiniti giri intorno a un punto. **2** Oggetto, struttura, formazione, a forma di spirale | *A —*, a forma di spirale | *Molla a —*, negli orologi, quella che regola il moto alternato del bilanciere. [→ ill. *fisica, orologio*] **3** (*fig.*) Sviluppo costante e a intensità crescente di un sentimento, fenomeno e sim. spec. negativo: *la — della violenza.* **4** (*med.*) Dispositivo anticoncezionale intrauterino, di varia forma e materiale.

spirànte (1) **A** *part. pres. di spirare* (1); *anche agg.* Che spira | (*ling.*) *Consonante —*, costrittiva. **B** *s. f.* (*ling.*) Costrittiva.

spirànte (2) *part. pres. di spirare* (2); *anche agg.* Che sta per morire | *Essere —*, in agonia.

spiràre (1) **A** *v. intr.* (*aus. avere*) **1** Soffiare, detto dei venti: *non spira un alito di vento.* **2** Esalare, emanare: *un pessimo odore spira dalla fossa.* **B** *v. tr.* **1** Emanare, spargere intorno: *il suo sguardo spira serenità.* **2** (*poet.*) Ispirare.

spiràre (2) *v. intr.* (*aus. essere*) **1** Morire, esalare l'ultimo respiro: *spirò dopo lunga agonia.* **2** (*fig.*) Terminare, finire: *è appena spirato l'anno.*

spirillo *s. m.* (*biol.*) Batterio filiforme, a spirale. [→ ill. *batteri*]

spiritàto **A** *agg.* **1** Posseduto da uno spirito malefico. **2** Che è in preda a grande agitazione: *occhi spiritati.* **3** Che è pieno di vita, vivacità: *bambino —.* **B** *s. m.* (*f. -a*) **1** Persona invasata da uno spirito malefico. **2** Persona piena di vita, vivacità.

spiritèllo *s. m.* **1** *Dim. di spirito* (1). **2** (*fam.*) Persona, bambino, molto vivace. **3** Nelle mitologie nordiche, ciascuno dei geni o spiriti elementari che abitano i vari regni naturali.

spirìtico *agg.* (*pl. m. -ci*) Che si riferisce allo spiritismo.

spiritìsmo *s. m.* Teoria secondo cui taluni fenomeni metapsichici e paranormali vengono attribuiti agli spiriti dei defunti, coi quali i vivi entrano in contatto attraverso un medium.

spiritista *s. m. e f.* (*pl. m. -i*) Chi segue o pratica lo spiritismo.

spiritìstico *agg.* (*pl. m. -ci*) Che si riferisce a fenomeni propri dello spiritismo.

spìrito (1) o (*poet.*) *spirto s. m.* **1** Principio immateriale attivo, spesso considerato immortale o di origine divina, che si manifesta come vita e coscienza: *l'arte è un'attività dello —; i valori dello —.* **2** (*gener.*) Anima, in quanto contrapposta al corpo e alla carne: *la vita dello —.* **3** Manifestazione ed essenza della divinità, riferita soprattutto al momento di creazione e di ordinamento del cosmo: *Dio è puro —.* **4** Essenza personificata che ha vita autonoma, perché separata per morte dal corpo, o perché, per natura, priva di corpo: *gli spiriti dei morti* | *I puri spiriti, gli spiriti celesti*, gli angeli | *Gli spiriti infernali, gli spiriti maligni*, i demoni | *Gli spiriti beati*, le anime dei beati in Paradiso | *Lo Spirito Santo*, la terza delle tre persone della Trinità. **5** (*est.*, *gener.*) Fantasma, spettro: *avere paura degli spiriti.* **6** Disposizione d'animo da cui deriva un modo d'essere e di agire: *— cristiano, umanitario; — di carità, di giustizia* | *— di contraddizione*, tendenza ostinata a contraddire tutto e tutti | *— di parte*, partigianeria. **7** Complesso delle facoltà morali, sentimentali, intellettuali e sim. dell'animo umano: *parlare con noi gli sollevò lo —; grandezza, meschinità di —* | *Essere presente in —*, partecipare idealmente, con l'anima, il pensiero e sim. a un avvenimento. **8** Vivacità d'ingegno: *avere molto —; essere tutto —* | *Presenza di —*, capacità di sapersi comportare convenientemente in circostanze pericolose o imbarazzanti | Senso dell'umorismo: *mancare di —* | *Fare dello —*, dire cose divertenti, argute | *Persona di —*, che accetta le battute e gli scherzi | *Povero di —*, persona semplice; (*est.*) persona sciocca | *Battuta, motto, di —*, frase arguta, spiritosa. **9** (*est.*) Persona, in quanto dotata di determinate facoltà morali: *i grandi spiriti del passato* | *Un bello —*, una persona arguta, brillante. **10** Essenza, significato sostanziale: *lo — di una legge*; CONTR. Lettera. **11** Secondo l'antica fisiologia, fluido sottile che si credeva scorresse nel corpo umano determinandone le funzioni vitali: *— vitale.*

spìrito (2) *s. m.* **1** Sostanza alcolica ad alta gradazione, ottenuta per distillazione di liquidi fermentati di varia natura. **2** Alcol etilico.

spìrito (3) *s. m.* Nella grammatica greca, *— aspro o dolce*, segno grafico designante l'attacco vocalico aspirato o non aspirato.

spiritosàggine *s. f.* **1** L'essere spiritoso. **2** Atto, discorso, spiritoso (*anche spreg.*); SIN. Frizzo.

spiritóso **A** *agg.* **1** (*raro*) Che contiene alcol: *bevanda spiritosa.* **2** Che è ricco di umorismo, arguzia, brio: *conversatore —*; SIN. Arguto, lepido. **B** *s. m.* (*f. -a*) (*spreg.*) Chi fa dello spirito fuoriluogo.

spiritual /*ingl.* 'spiritjuəl/ *s. m. inv.* (*pl. ingl. spirituals* /'spiritjuəlz/) Canto popolare, corale e a ispirazione biblica, dei negri nordamericani.

spirituàle *agg.* **1** Che concerne lo spirito: *facoltà spirituali* | Che si riferisce allo spirito, spec. in contrapposizione a sensuale: *amore* —. **2** Che concerne lo spirito, come principio puro distinto dalla materia | *Sostanza* —, l'anima | *Potere, dominio* —, quello della Chiesa cattolica sulle anime dei fedeli. **3** Che nel modo di sentire attribuisce grande importanza ai valori dello spirito: *persona* —. • CONTR. Materiale.

spiritualismo *s. m.* Dottrina filosofica che afferma l'esistenza nell'uomo di un principio spirituale dal quale è possibile desumere i dati della ricerca filosofica; CONTR. Materialismo.

spiritualista *s. m. e f.* (*pl. m.* -*i*) Chi segue lo spiritualismo; CONTR. Materialista.

spiritualità *s. f.* **1** Qualità di spirituale. **2** Attitudine a vivere secondo le esigenze dello spirito e a dare loro preminenza.

spiritualizzàre A *v. tr.* **1** Rendere spirituale, ridurre su un piano puramente spirituale: — *l'amore*; CONTR. Materializzare. **2** Idealizzare: — *la donna amata.* **B** *v. intr. pron.* Ridursi a puro spirito.

spiritualizzazióne *s. f.* Riduzione a puro spirito | Idealizzazione.

spiritualménte *avv.* In modo spirituale | Per quel che concerne lo spirito.

spiro *s. m.* **1** (*poet.*) Alito, soffio. **2** Anima.

spirochèta *s. f.* (*biol.*) Batterio filiforme a spirale | — *pallida*, agente della sifilide.

spiroidàle *agg.* Che ha forma di spirale.

spirometrìa *s. f.* (*med.*) Determinazione del volume d'aria inspirata ed espirata dal polmone.

spirto V. *spirito* (1).

spiumàre *v. tr.* Privare delle piume.

spizzicàre *v. tr.* (*io spìzzico, tu spìzzichi*) Spilluzzicare, piluccare, anche ass.

spizzico *s. m.* (*pl.* -*chi*) *Solo nelle loc. avv. a* —, *a spizzichi*, un po' per volta: *pagare a* —.

splashdown /*ingl.* splæʃdaun/ *s. m. inv.* Ammaraggio di un veicolo spaziale o di un missile.

spleen /*ingl.* spli:n/ *s. m. inv.* Stato di malessere, di malinconia, di totale insoddisfazione.

splendènte *part. pres. di splendere; anche agg.* Che splende; SIN. Lucente.

splèndere *v. intr.* (*pass. rem. io splendéi o splendètti, tu splendésti; aus. essere e avere*) Mandare vivida luce: *nel cielo splendono le stelle* | (*fig.*) Risplendere, rilucere: *la felicità splende nei tuoi occhi*; *i tuoi occhi splendono di felicità*; SIN. Sfavillare.

splèndido A *agg.* **1** Che manda vivo splendore: *sole, astro* —. **2** Bellissimo, mirabile, stupendo: *donna splendida* | (*est.*) Sfarzoso, lussuoso: *ricevimento* —; SIN. Magnifico. **3** Ottimo, notevole: *è uno* — *libro.* **4** Largo nello spendere e nel donare: *uomo, signore* —. **5** Illustre, cospicuo: *ha fatto un matrimonio* —. **B** *s. m.* (*f.* -*a*) Chi è molto generoso nello spendere e nel donare.

splendóre *s. m.* **1** Luce vivida e intensa; SIN. Lucentezza, luminosità. **2** (*fig.*) Fulgore: *la donna è nel pieno* — *della sua bellezza.* **3** Magnificenza, sfarzo: *lo* — *di una festa.* **4** Ricchezza, nobiltà, fasto: *i passati splendori.* **5** Persona, cosa, molto bella, mirabile: *che* — *di ragazza!*

splène *s. m.* (*anat.*) Milza.

splenectomìa *s. f.* Asportazione chirurgica della milza.

splenètico A *agg.* (*pl. m.* -*ci*) (*med.*) Splenico. **B** *agg.; anche s. m.* (*f.* -*a*) **1** (*med.*) Splenico. **2** (*est.*) Che (o chi) ha carattere malinconico.

splènico A *agg.* (*pl. m.* -*ci*) Della milza. **B** *s. m.* (*f.* -*a*) Chi è affetto da male alla milza.

splenìte *s. f.* Infiammazione della milza.

splenomegalìa *s. f.* Aumento di volume della milza.

spòcchia *s. f.* Boria, vanteria.

spocchióso *agg.* Che è pieno di spocchia.

spodestàre *v. tr.* (*io spodèsto*) **1** Privare del potere, dell'autorità: — *un re dal regno.* **2** (*raro*) Privare della proprietà, della ricchezza.

spoetizzàre *v. tr.* Far perdere ogni disposizione poetica, anche ass.: *le sue parole mi hanno spoetizzata* | (*est.*) Disgustare.

spòglia *s. f.* **1** (*lett.*) Abito, vestito: *spoglie regali* | *Sotto mentite spoglie*, con altra veste, sotto false apparenze. **2** (*poet.*) Cadavere, salma: — *mortale*; *spoglie mortali.* **3** Pelle che taluni animali, rettili, insetti e sim., perdono durante la muta. **4** *al pl.* Armatura di guerriero vinto, presa dal vincitore in segno di vittoria. **5** *al pl.* (*est.*) Preda, bottino: *le spoglie del Colosseo.*

spogliàre A *v. tr.* (*io spòglio*) **1** Lasciare qc. senza uno o più indumenti, togliendoglieli uno dopo l'altro: — *un bambino per fargli il bagno*; — *qc. delle vesti*; CONTR. Vestire. **2** Privare di rivestimenti, ornamenti e sim.: — *l'altare dei paramenti.* **3** (*fig.*) Rendere privo di ogni sovrastruttura: *quell'autore spogliò la lingua della retorica.* **4** (*fig.*) Depredare, rubare: *fu spogliato di tutti i suoi beni* | Privare di tutto il denaro. **5** Fare lo spoglio: — *la corrispondenza.* **B** *v. rifl.* **1** Restare senza uno o più indumenti, sfilandoseli di dosso: *spogliarsi del mantello*; *spogliarsi in camicia.* **2** Cambiare la pelle, detto di alcuni animali. **C** *v. intr. pron.* **1** Privarsi di ciò che si possiede, spec. per darlo ad altri: *si spogliò di tutto a favore dei figli.* **2** (*fig.*) Lasciare, abbandonare, deporre: *spogliarsi dei pregiudizi.* **3** Diventare spoglio.

spogliarellista *s. f.* Ballerina che esegue gli spogliarelli.

spogliarèllo *s. m.* Spettacolo del teatro di varietà basato su una pantomima durante la quale una o più artiste si spogliano a ritmo di musica; SIN. Strip-tease.

spogliatóio *s. m.* Stanza in cui ci si può spogliare e depositare gli indumenti. [→ ill. *casa*]

spòglio (1) *agg.* **1** Spogliato, nudo, privo: *rami spogli di foglie.* **2** (*fig.*) Immune da: — *di pregiudizi.*

spòglio (2) *s. m.* **1** (*raro, lett.*) Spoliazione. **2** Raccolta, ordinamento e classificazione di dati, notizie e sim. eseguita attraverso l'analisi di un dato numero di essi: *procedere allo* — *dei giornali* | *Fare lo* — *di un testo*, leggerlo per individuare determinati elementi utili ai fini di uno studio | — *delle schede*, operazione consistente nell'apertura, lettura e computo dei voti, nel corso delle attività per accertare i risultati di un'elezione.

spòglio (3) *s. m.* **1** Vestiario smesso. **2** (*poet.*) Spoglia di animale.

spoiler /*ingl.* 'spɔilə/ *s. m. inv.* (*pl. ingl. spoilers* /'spɔiləz/) Dispositivo applicato alla carrozzeria di un autoveicolo per migliorare la penetrazione nell'aria e ridurre il consumo di carburante.

spòla *s. f.* **1** Bobina di filato che si introduce nella navetta, per tessere | Navetta già armata, che passa avanti e indietro tra i fili dell'ordito | Spoletta di macchina per cucire | *Fare la* —, (*fig.*) andare avanti e indietro da un luogo a un altro. [→ ill. *tessuto*] **2** Pane di forma affusolata.

spolatrìce *s. f.* Macchina che avvolge i filati sulle bobine.

spolatùra *s. f.* Operazione con cui si preparano le spole per i telai.

spolétta *s. f.* **1** *Dim. di spola.* **2** Rocchetto che si introduce nella navicella della macchina per cucire. **3** Congegno destinato a provocare l'esplosione della carica interna dei proietti | — *a percussione*, messa in azione dall'urto del proietto contro il bersaglio | — *a tempo*, che entra in funzione allo scadere di un determinato intervallo di tempo. [→ ill. *armi*]

spoliazióne *s. f.* Ingiusta appropriazione di roba altrui.

spoliticizzàre *v. tr.* Rendere privo di caratteri politici: — *i sindacati.*

spolmonàrsi *v. intr. pron.* (*io mi spolmóno*) Parlare, cantare, gridare e sim. tanto da affaticare i polmoni: — *a chiamare qc.*

spolpàre *v. tr.* (*io spólpo*) **1** Levare la polpa: — *un osso.* **2** (*fig.*) Privare di gran parte degli averi: — *il popolo con le tasse.*

spoltrìre *v. tr. e intr. pron.* (*io spoltrìsco, tu spoltrìsci*) Spoltronire.

spoltronìre A *v. tr.* (*io spoltronìsco, tu spoltronìsci*) Rendere meno poltrone. **B** *v. intr. pron.* Diventare meno poltrone.

spolveràre (1) A *v. tr.* (*io spólvero*) **1** Pulire levando la polvere: — *i mobili*; CONTR. Impolverare. **2** (*fig.*) Mangiare con avidità: *ha spolverato un intero pollo.* **3** — *un disegno*, riprodurlo mediante lo spolvero. **B** *v. intr.* (*aus. avere*) Levare la polvere.

spolveràre (2) *v. tr.* (*io spólvero*) Cospargere con una sostanza in polvere: — *un dolce con lo zucchero.*

spolveràta (1) *s. f.* Atto dello spolverare una volta e in fretta.

spolveràta (2) *s. f.* Spargimento di una sostanza fine come polvere | La sostanza così sparsa.

spolveratùra *s. f.* **1** Rimozione della polvere. **2** Farina impalpabile. **3** (*fig.*) Conoscenza superficiale: *ha solo una – di scienza.*
spolverino (1) *s. m.* **1** (*tosc.*) Piumino per togliere la polvere. **2** Vasetto bucherellato per cospargere di zucchero i dolci. **3** Piccola spazzola usata dai barbieri per togliere gli eventuali residui dei capelli dopo averli tagliati. [→ ill. *barbiere*]
spolverino (2) *s. m.* Leggero soprabito un tempo usato per viaggio | Attualmente, leggero soprabito di seta, cotone e sim.
spolverizzàre *v. tr.* **1** Ridurre in polvere. **2** Cospargere con una sostanza in polvere: *– una torta di zucchero.* **3** Ricavare un disegno mediante la tecnica dello spolvero.
spólvero *s. m.* **1** (*raro*) Atto dello spolverare. **2** Strato impalpabile di sostanza polverosa. **3** (*fig.*) Infarinatura, conoscenza superficiale: *uno – di erudizione.* **4** (*fig., raro*) Apparenza, esteriorità: *erudizione di –.* **5** Particolare sistema di riporto di un disegno su una superficie, che si fa praticando una serie di fori lungo i contorni del disegno, sui quali viene successivamente passato un tampone.
spónda *s. f.* **1** Superficie che limita lateralmente un corso d'acqua, il mare, un lago. **2** Bordo laterale, lato estremo, di letti, tavoli da biliardo, autocarri, carri ferroviari e sim. | Parapetto. [→ ill. *ferrovia, giochi, mobili*]
spondàico *agg.* (*pl. m. -ci*) Nella metrica greca e latina, detto di esametro che nella quinta sede ha uno spondeo.
spondèo *s. m.* Nella poesia greca e latina, piede metrico formato da due sillabe lunghe.
spondilite *s. f.* (*med.*) Infiammazione della colonna vertebrale.
spòndilo *s. m.* (*anat.*) Corpo vertebrale.
spòngia *s. f.* Animale invertebrato delle Spugne, le cui impalcature scheletriche liberate delle parti molli sono vendute come spugne naturali. [→ ill. *animali* 1]
sponsàle *agg.* (*lett.*) Nuziale, coniugale.
sponsàli *s. m. pl.* **1** Promessa di futuro matrimonio. **2** (*est., lett.*) Matrimonio: *solenni sponsali.*
sponsor /*ingl.* 'spɔnsə/ *s. m. inv.* (*pl. ingl. sponsors* /'spɔnsəz/) Chi, per ricavarne pubblicità, finanzia attività sportive o artistiche, o (*gener.*) spettacoli, mostre, trasmissioni e sim.
sponsorizzàre *v. tr.* Nel mondo dello sport e dello spettacolo, finanziare con intento pubblicitario qc. o q.c.
spontaneismo *s. m.* Atteggiamento ispirato a totale spontaneità rispetto ai principi teorici, alle direttive di organi di vertice e sim.
spontaneista *s. m. e f.* (*pl. m. -i*) Chi si ispira a spontaneismo.
spontaneità *s. f.* L'essere spontaneo; SIN. Naturalezza.
spontàneo *agg.* **1** Che si fa per proprio libero impulso, senza che vi siano costrizioni o sollecitazioni da parte di altri: *offerta spontanea* | *Di mia, tua, sua* ecc. *spontanea volontà*, in seguito a una libera scelta; SIN. Volontario; CONTR. Forzato. **2** Che nasce dal proprio animo, che è dettato dal sentimento: *uno – moto dell'animo* | Privo di artificio o finzione: *stile –*; SIN. Naturale; CONTR. Artificioso. **3** Detto di fenomeno naturale che avviene per forza propria, senza l'opera dell'uomo: *vegetazione spontanea.*
spopolaménto *s. m.* Diminuzione della popolazione o dell'affollamento.
spopolàre **A** *v. tr.* (*io spòpolo*) **1** Rendere privo o povero di popolazione: *l'epidemia spopolò il paese*; CONTR. Popolare. **2** Rendere meno affollato. **B** *v. intr.* (*aus. avere*) (*fam.*) Avere molto successo: *è un oratore che spopola.* **C** *v. intr. pron.* **1** Diventare privo o povero di popolazione. **2** Diventare meno affollato: *le spiagge in settembre si spopolano.*
spòra *s. f.* (*biol.*) Cellula riproduttiva di molte piante inferiori capace di originare un nuovo individuo. [→ ill. *paleontologia*]
sporadicità *s. f.* L'essere sporadico.
sporàdico *agg.* (*pl. m. -ci*) Isolato, non continuo nel tempo e nello spazio: *visite sporadiche* | *Malattia sporadica*, che appare saltuariamente.
sporàngio *s. m.* (*bot.*) Organo vegetale nel quale si formano le spore.
sporcaccióne *agg.; anche s. m.* (*f. -a*) **1** Detto di chi è molto sporco. **2** Detto di chi manifesta una sensualità volgare | Detto di persona immorale. ● SIN. Sudicione.
sporcàre **A** *v. tr.* (*io spòrco, tu spòrchi*) **1** Rendere sporco, imbrattare con cose che macchiano, insudiciano: *– la tovaglia di vino; sporcarsi la camicia di sugo*; SIN. Imbrattare, insozzare, insudiciare; CONTR. Pulire. **2** (*fig.*) Macchiare, deturpare moralmente: *– il proprio nome.* **B** *v. rifl. e intr. pron.* **1** Insudiciarsi, spec. involontariamente: *si è sporcato tutto.* **2** (*fig.*) Fare q.c. di losco, vile o sim. tale da macchiare il proprio nome: *sporcarsi con un affare* | Abbassarsi moralmente: *non mi sporco a trattare con voi.*
sporcìzia *s. f.* **1** L'essere sporco; CONTR. Pulizia. **2** Cosa sporca. **3** (*fig.*) Atto, parola volgare.
spòrco **A** *agg.* (*pl. m. -chi*) **1** Che non è pulito: *avere le mani sporche* | *Avere la fedina penale sporca*, non essere incensurato | *Avere la coscienza sporca*, aver agito male; SIN. Sozzo, sudicio; CONTR. Pulito. **2** Che è imbrattato, insudiciato, da cose che macchiano, insozzano e sim.: *il foglio è – di inchiostro.* **3** (*fig.*) Che è contrario all'onestà, alla morale, all'onore: *è una sporca faccenda* | *Denaro –*, frutto di furto, rapina e sim., che i delinquenti non possono spendere senza essere identificati, in quanto ne è noto il numero di serie: *riciclare denaro –* | Volgare, osceno, turpe: *libro –; barzelletta sporca* | (*fam.*) *Farla sporca*, fare una cosa disonesta senza curarsi di nasconderla. **B** *s. m. solo sing.* Sporcizia: *vivere nello –*; CONTR. Pulito. [→ tav. *proverbi* 209]
sporgènte *part. pres. di sporgere; anche agg.* Che sporge; SIN. Prominente.
sporgènza *s. f.* **1** L'essere sporgente. **2** Ciò che sporge: *la – della parete*; SIN. Prominenza, protuberanza.
spòrgere **A** *v. tr.* (*pres. io spòrgo, tu spòrgi; pass. rem. io spòrsi, tu sporgésti; part. pass. spòrto*) Protendere, stendere in avanti, in fuori: *– le mani verso qc.* | (*dir.*) *– querela*, presentarla. **B** *v. intr.* (*aus. essere*) Fare oggetto, venire in fuori: *lo scoglio sporge dal mare.* **C** *v. rifl.* Stendersi in avanti, in fuori: *sporgersi dal balcone.*
sporogonìa *s. f.* (*bot.*) Forma di riproduzione sessuata multipla a cui segue la formazione di spore, tipica dei Protozoi parassiti.
sport /*ingl.* spɔ:t/ **A** *s. m. inv.* (*pl. ingl. sports* /spɔ:ts/) **1** Insieme delle gare e degli esercizi compiuti individualmente o in gruppo come manifestazione agonistica o per svago o per sviluppare l'agilità del corpo: *fare dello –; praticare lo –; lo – del calcio.* [→ ill. *sport*] **2** (*est.*) Divertimento, passatempo, *spec. nella loc. per –*: *fare q.c. per –.* **B** *in funzione di agg. inv.* (*posposto a un s.*) Sportivo: *macchina –.*
spòrta *s. f.* **1** Borsa grande e capace, di materiale vario, fornita di due manici, usata spec. per il trasporto delle cose acquistate per le necessità quotidiane: *andare a fare la spesa con la –.* [→ ill. *cesta*] **2** (*est.*) Quantità di roba contenuta in una sporta. **3** Grande quantità, *nella loc. un sacco e una –.*
sportellista *s. m. e f.* (*pl. m. -i*) Impiegato il cui lavoro si svolge a diretto contatto col pubblico, dietro uno sportello.
sportèllo *s. m.* **1** Imposta girevole su cerniere verticali | Imposta. [→ ill. *mobili, riscaldamento*] **2** Porta di carrozza ferroviaria, automobile, aereo e veicoli in genere. **3** Piccolo uscio incluso in una porta grande. **4** Apertura attraverso la quale, nelle banche e in alcuni uffici, gli impiegati possono comunicare col pubblico | *Chiudere gli sportelli*, nelle banche, sospendere operazioni e pagamenti | *– automatico*, impianto computerizzato, collocato all'esterno di una banca, che consente a un correntista di effettuare varie operazioni bancarie previa introduzione di una tessera magnetica e composizione, su un'apposita tastiera, di un numero di codice personale segreto. [→ ill. *ufficio*] **5** Ognuna delle tavole laterali di un trittico che si rovesciano a coprire il dipinto.
sportivaménte *avv.* Secondo lo spirito sportivo.
sportività *s. f.* L'essere sportivo.
sportivo **A** *agg.* **1** Di, dello sport: *spettacolo –* | *Campo –*, luogo dove si praticano gli sport all'aperto. **2** Che pratica gli sport: *un ragazzo –* | *Spirito –*, conforme alle norme di lealtà proprie dello sport. **3** Detto di abito

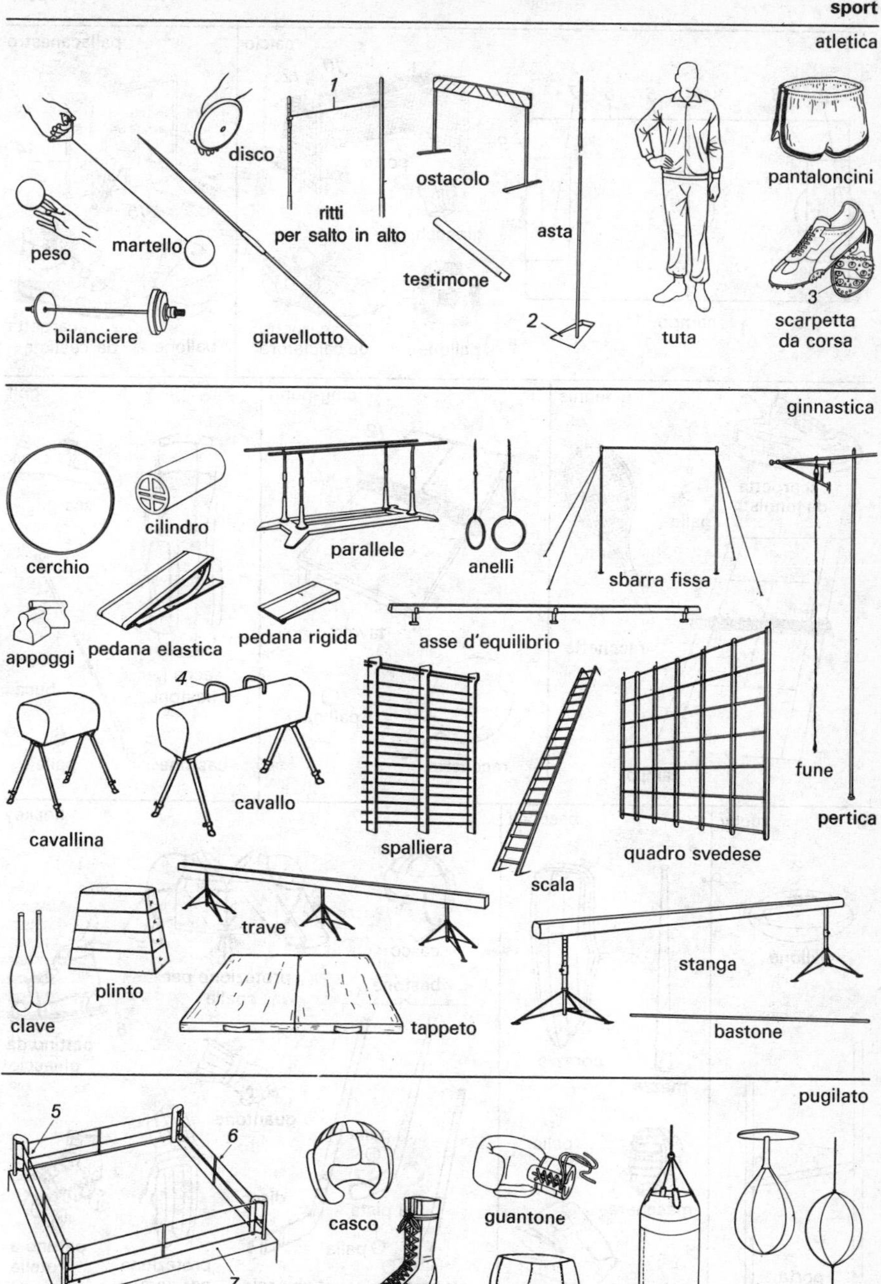

1 asticella 2 cassetta d'appoggio 3 chiodo 4 maniglia 5 angolo 6 corda 7 tappeto

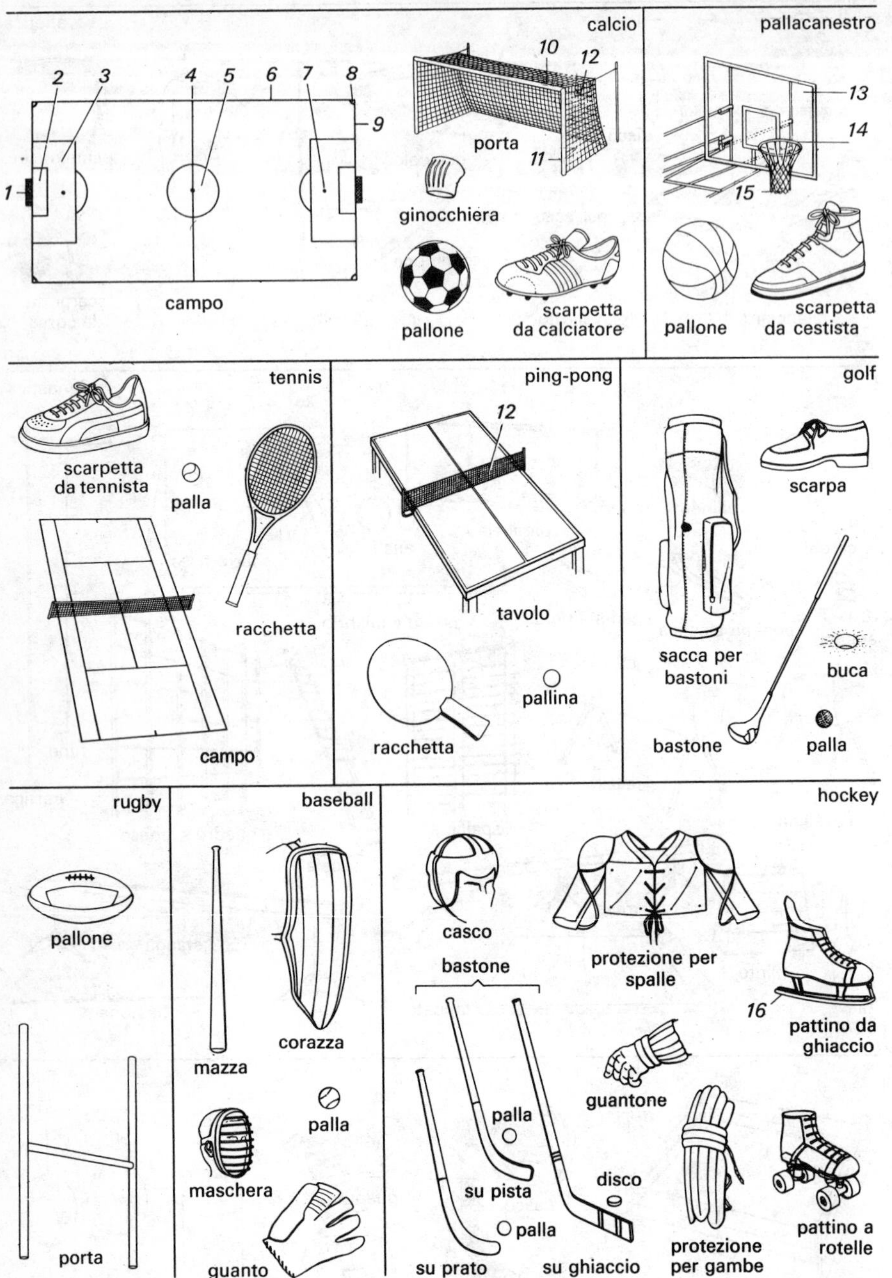

1 porta 2 area di porta 3 area di rigore 4 linea di metà campo 5 centro campo 6 linea laterale 7 dischetto del calcio di rigore 8 corner 9 linea di fondo 10 traversa 11 palo 12 rete 13 specchio 14 anello 15 canestro 16 lama

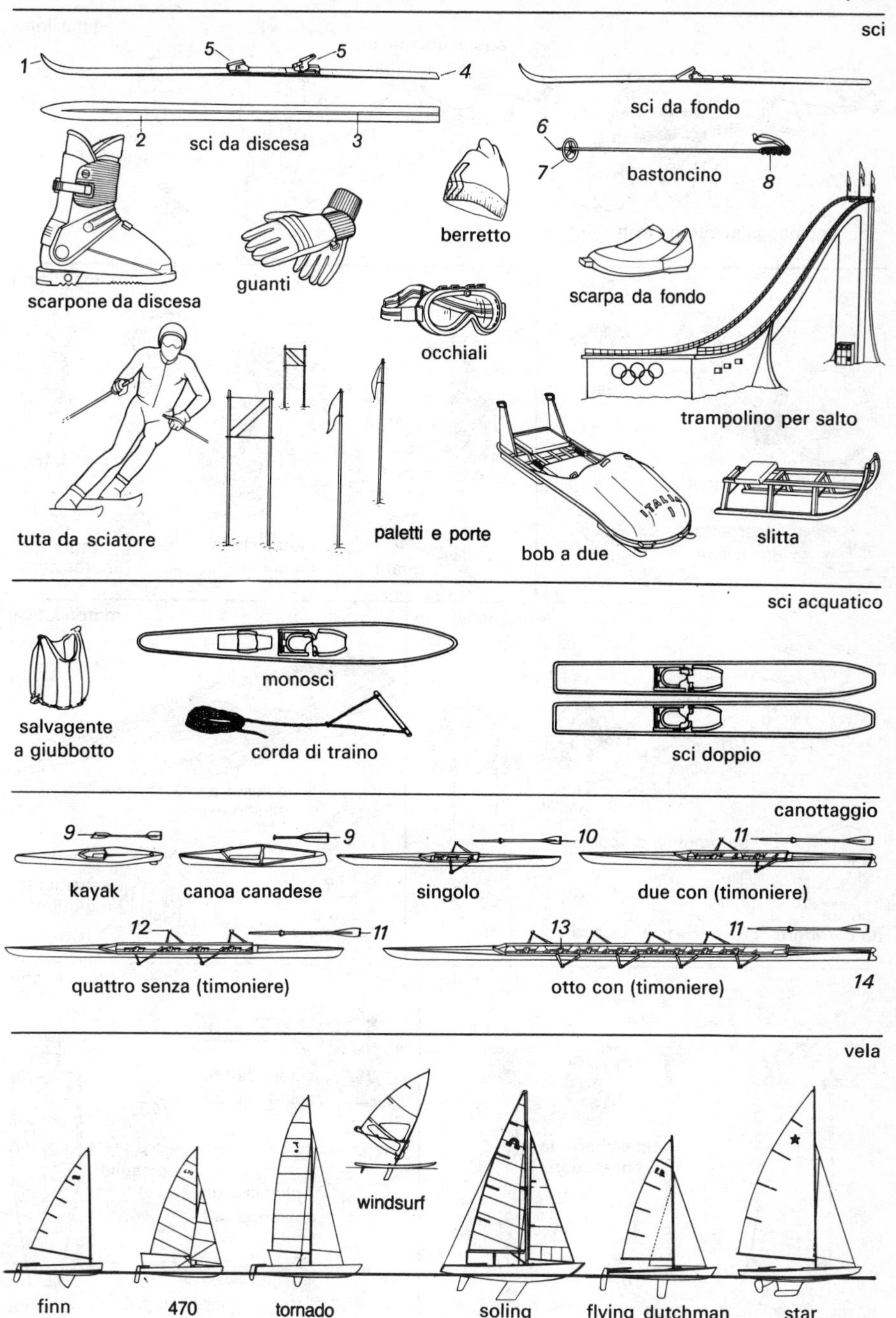

1 punta 2 suola 3 scanalatura 4 coda 5 attacco 6 puntale 7 racchetta 8 manopola 9 pagaia 10 remo di coppia 11 remo di punta 12 scalmo 13 sedile scorrevole 14 timone

➡

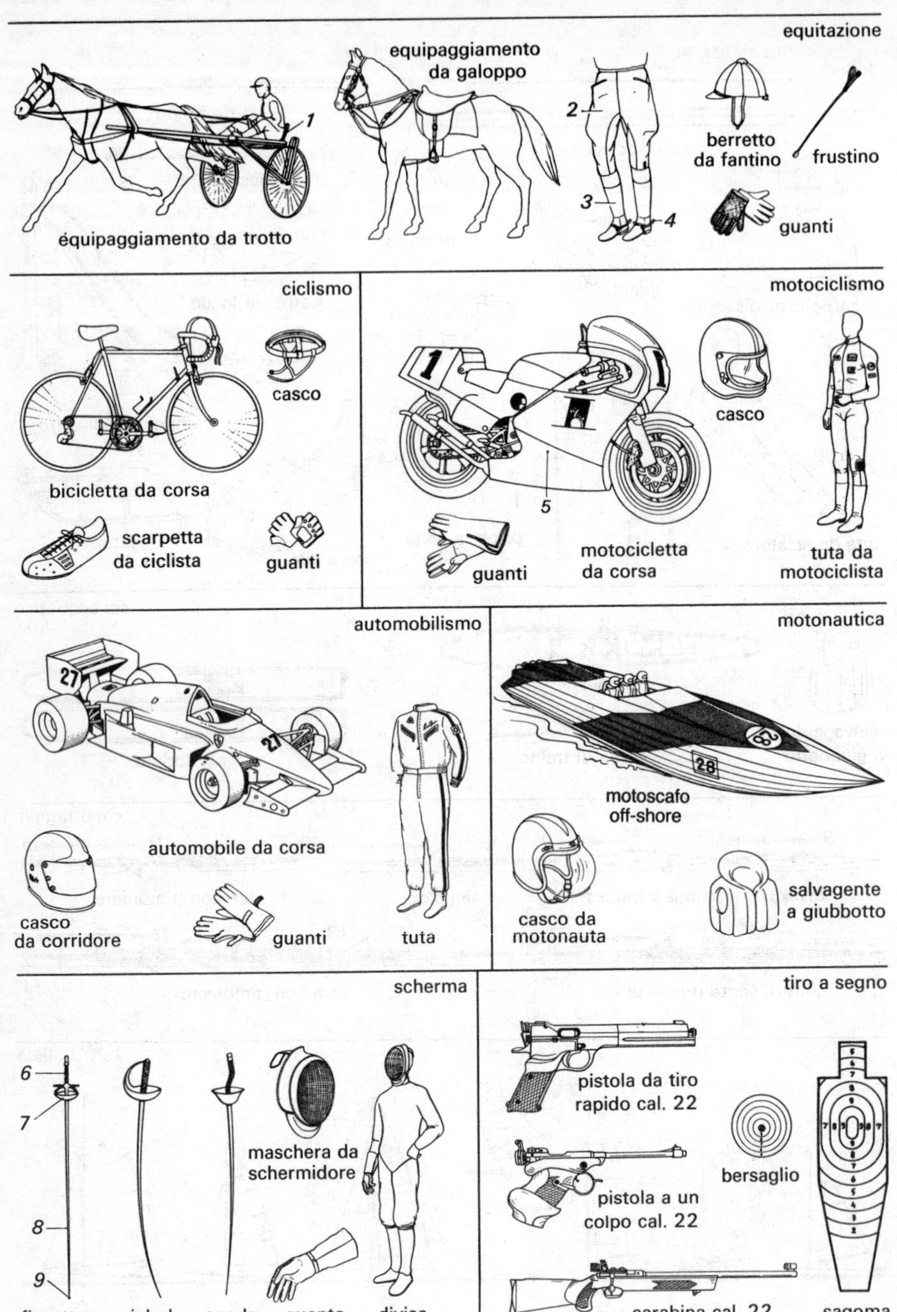

1 sulky 2 calzoni 3 stivale 4 sperone 5 carenatura 6 impugnatura 7 coccia 8 lama 9 bottone

←

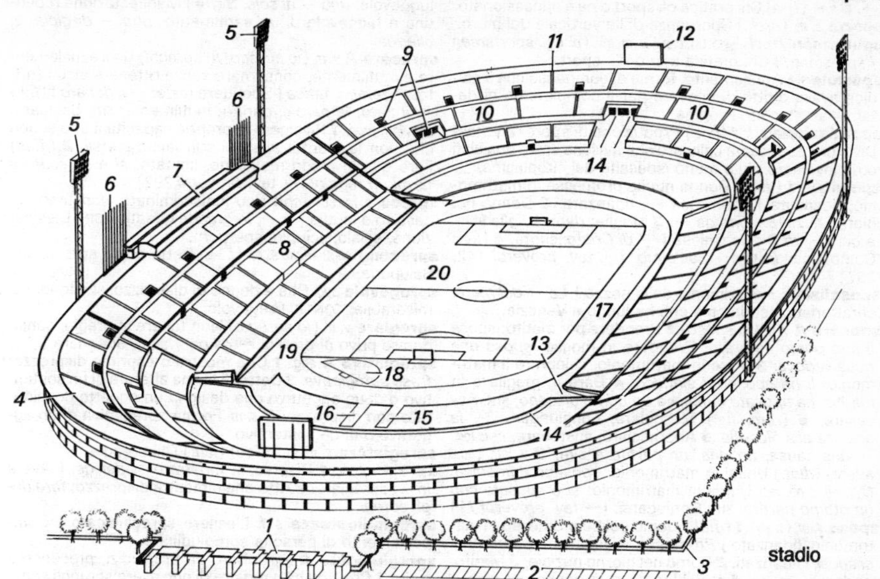

1 ingressi e biglietteria 2 parcheggio 3 muro di cinta 4 curva 5 riflettori 6 aste delle bandiere 7 cabina della radio e della televisione 8 tribune 9 ingressi del pubblico 10 gradinate 11 scale 12 tabellone dei risultati 13 entrata degli atleti 14 rete di protezione 15 pedana per il lancio del disco, del martello e del peso 16 corsia per il lancio del giavellotto 17 pista ad anello per corsa 18 salto in alto 19 pista per la corsa dei 100 metri 20 campo di calcio

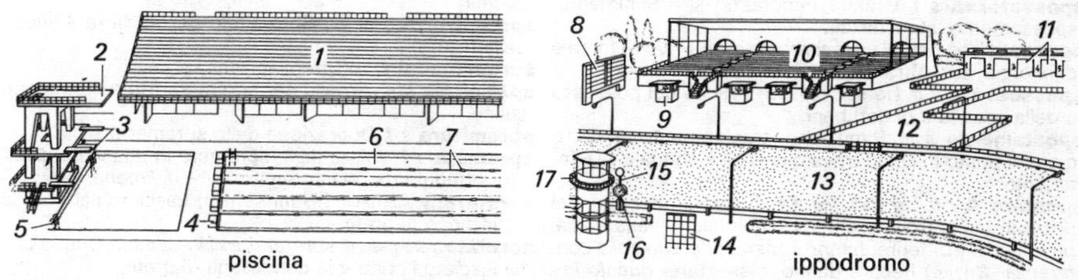

1 gradinata 2 piattaforma 3 trampolino 4 blocco di partenza 5 scaletta 6 corsia 7 fune con galleggianti 8 tabellone dei partenti 9 botteghino delle giocate 10 tribuna 11 box dei cavalli 12 recinto 13 pista 14 tabellone dei vincenti 15 palo d'arrivo 16 cronografo 17 torre dei giudici

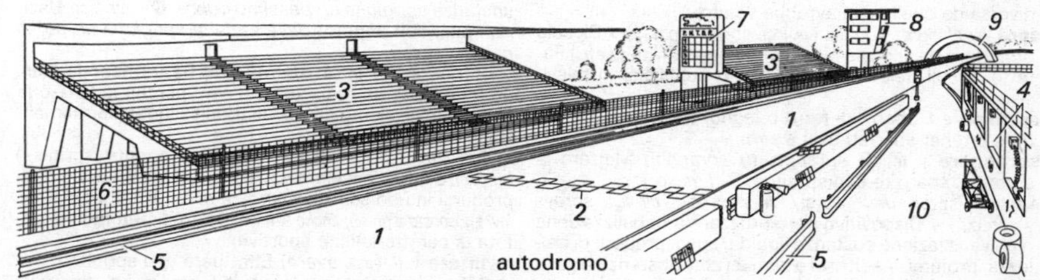

1 pista 2 striscione di partenza e di arrivo 3 tribuna 4 box dei meccanici 5 guardrail 6 rete di protezione 7 tabellone elettronico dei tempi 8 torre della giuria 9 cavalcavia 10 corsia dei box

particolarmente pratico, semplice e giovanile: *cappotto —*. **B** *s. m.* (*f.* -*a*) Chi pratica gli sport o ne è appassionato.

spòrto *s. m.* (*arch.*) Sporgenza dalla verticale del muro.

sportsman /*ingl.* 'spɔ:tsmən/ *s. m. inv.* (*pl. ingl. sportsmen* /'spɔ:tsmən/) Chi pratica uno o più sport.

spòrtula *s. f.* Anticamente, forma di compenso che il giudice aveva diritto di ricevere per il compimento di determinati atti; SIN. Propina.

sporulazióne *s. f.* **1** (*bot.*) Produzione di spore. **2** (*zool.*) Divisione asessuata cellulare che avviene entro una cisti o un involucro più o meno ispessito del citoplasma.

spòṣa *s. f.* **1** (*dial.*) Donna nubile promessa in matrimonio, fidanzata | *Promessa —*, fidanzata. **2** Donna nel giorno nuziale: *abito da —*. **3** Moglie: *dare la figlia in — a qc.* | *— di Dio*, la Chiesa | *— di Cristo*, suora. **4** (*fig.*) Compagna: *la vite — all'olmo.* [→ tav. *proverbi* 142, 357]

spoṣalìzio *s. m.* Cerimonia delle nozze | *Lo — del mare*, caratteristica cerimonia che ha luogo a Venezia.

spoṣàre **A** *v. tr.* (*io spòṣo*) **1** Prendere per marito: *sposa il suo primo amore.* **2** Prendere in moglie: *sposa una ricca vedova.* **3** Unire in matrimonio, celebrare il matrimonio: *li ha sposati il sindaco.* **4** Dare in moglie o in marito: *ha sposato la figlia a un uomo anziano*; SIN. Accasare. **5** (*raro*, *fig.*) Mescolare, congiungere: *— la scienza alla filosofia.* **6** Abbracciare, sostenere, *nelle loc.*: *— una causa, un'idea, un partito* e sim. **B** *v. intr.* (*aus. avere*) (*dial.*) Unirsi in matrimonio: *sposano domenica.* **C** *v. rifl. e rifl. rec.* Unirsi in matrimonio: *si è sposata con un ottimo partito*; SIN. Coniugarsi. [→ tav. *proverbi* 71]

spòṣo *s. m.* (*f.* -*a*) **1** (*dial.*) Uomo celibe promesso in matrimonio, fidanzato | *Promesso —*, fidanzato | *I promessi sposi*, i fidanzati. **2** Uomo nel giorno nuziale. **3** Marito: *andare — a qc.* **4** *al pl.* L'uomo e la donna nel giorno nuziale | Marito e moglie, spec. sposati da poco: *sposi novelli.*

spossaménto *s. m.* Debilitazione fisica o psichica; SIN. Spossatezza.

spossànte *part. pres. di spossare; anche agg.* Che spossa; SIN. Snervante.

spossàre **A** *v. tr.* (*io spòsso*) Togliere forza, vigore, energia: *la fatica lo spossa*; SIN. Estenuare, fiaccare, sfinire. **B** *v. intr. pron.* Perdere forza, vigore, energia.

spossatézza *s. f.* Grande debolezza; SIN. Sfinimento, spossamento, stanchezza.

spossàto *part. pass. di spossare; anche agg.* Privo di forza e di energia; SIN. Affranto, esausto, stanco.

spossessàre *v. tr.* (*io spossèsso*) Privare del possesso o della proprietà di dati beni.

spostaménto *s. m.* Rimozione, trasferimento di qc. o q.c. dal posto in cui si trova o che gli è abituale | Differimento.

spostàre **A** *v. tr.* (*io spòsto*) **1** Rimuovere qc. o q.c. dal posto in cui si trova o che gli è abituale: *— una sedia, un armadio* | Differire: *hanno spostato l'orario della conferenza.* **2** (*fig.*) Recare danno, dissestare: *questo imprevisto mi sposta.* **B** *v. rifl.* Muoversi dal posto che si occupa o che è abituale: *da Roma mi sposterò a Napoli.* **C** *v. intr. pron.* (*aus. essere*) Muoversi dal posto o dalla posizione abituale, detto di cosa: *la lancetta si è spostata.*

spostàto **A** *part. pass. di spostare; anche agg.* Rimosso, trasferito. **B** *agg. e s. m.* (*f.* -*a*) Che (o chi) per motivi sociali, ereditari, psicologici e sim. non riesce a realizzarsi nella vita pratica e si trova costantemente in una condizione diversa da quella che avrebbe voluto.

spot /*ingl.* spɔt/ *s. m. inv.* (*pl. ingl. spots* /spɔts/) **1** Piccolo proiettore da scena a luce molto concentrata | (*est.*) Faretto. [→ ill. *televisione*] **2** Spazio pubblicitario televisivo.

sprànga *s. f.* Sbarra di ferro o legno, traversa per chiudere o tener sbarrati usci e sim.

sprangàre *v. tr.* (*io spràngo, tu sprànghi*) Mettere la spranga, sbarrare con spranga: *— l'uscio.*

spray /'sprai, *ingl.* 'sprei/ **A** *s. m. inv.* (*pl. ingl. sprays* /'spreiz/) **1** Dispositivo per spruzzare a nebulizzazione o polverizzazione sostanze liquide, spec. prodotti di bellezza, profumi, insetticidi e sim. **2** (*est.*) Sostanza liquida che si spruzza mediante lo spray. **B** *in funzione di agg. inv.* (*posposto al s.*) Detto di prodotto fornito di spray: *bombola —*. [→ ill. *toilette e cosmesi*]

spràzzo *s. m.* **1** Spruzzo. **2** Raggio di luce repentino e fuggevole: *uno — di sole.* **3** (*fig.*) Manifestazione repentina e fuggevole di un sentimento: *uno — di gioia, di allegria.*

sprecàre **A** *v. tr.* (*io sprèco, tu sprèchi*) Usare malamente e inutilmente, consumare senza ottenere alcun frutto: *— tempo, fatica* | Spendere male: *— il denaro* | (*fig.*) *— il fiato, le parole*, parlare inutilmente; SIN. Sciupare. **B** *v. intr. pron.* **1** Rivolgere le proprie capacità a uno scopo che non le merita: *si spreca in lavori banali.* **2** (*dial.*) Fare q.c. in modo meschino, limitato: *si è sprecato a farmi un regalo!* [→ tav. *proverbi* 292]

sprèco *s. m.* (*pl.* -*chi*) Uso indiscriminato, consumo eccessivo o inutile | *A —*, in grande quantità; SIN. Dissipazione, scialo, sciupio, sperpero.

sprecóne *agg.; anche s. m.* (*f.* -*a*) Detto di chi spreca; SIN. Sciupone.

spregévole *agg.* Che è degno di disprezzo; SIN. Ignobile, miserabile; CONTR. Pregevole.

spregiàre *v. tr.* (*io sprègio*) Non tenere in pregio, considerare privo di pregio: *— gli onori*; SIN. Sdegnare.

spregiativo **A** *agg.* **1** Che mostra o esprime disprezzo: *frase spregiativa.* **2** Detto di forma alterata di un sostantivo o di un aggettivo che designa un oggetto considerato con disprezzo. **B** *s. m.* Forma spregiativa di un aggettivo o di un sostantivo.

spregiatóre *s. m.* (*f.* -*trìce*) (*lett.*) Chi spregia.

sprègio *s. m.* **1** Disprezzo: *mostrare — per qc.* | *Avere in —*, spregiare. **2** Atto che dimostra disprezzo: *fare degli spregi.*

spregiudicatézza *s. f.* L'essere spregiudicato | Comportamento di persona spregiudicata.

spregiudicàto **A** *agg.* Libero da pregiudizi, preconcetti e sim. | Che non ha o mostra di non avere scrupoli spec. morali. **B** *anche s. m.* (*f.* -*a*).

sprèmere *v. tr.* (*pass. rem. io spreméi o sprèmetti, tu spreméSti; part. pass. spremùto*) **1** Premere, stringere, schiacciare e sim., q.c. per trarne il liquido in essa contenuto: *— un'arancia, un limone* | *— il sugo da q.c.*, (*fig.*) trarne l'essenza | *— lacrime*, muovere al pianto | *Spremersi il cervello, le meningi*, affaticarsi per risolvere q.c. **2** (*fig.*) Far sborsare denaro: *— i cittadini con le tasse.*

spremiagrùmi *s. m.* Spremitoio per agrumi. [→ ill. *bar, cucina*]

spremifrùtta *s. m. inv.* Spremitoio per estrarre il succo della frutta.

spremilimóni *s. m.* Spremiagrumi.

spremitóio *s. m.* Arnese per spremere frutta contenenti succo.

spremitùra *s. f.* Operazione dello spremere.

spremùta *s. f.* **1** Atto delle spremere in una volta. **2** Bibita ottenuta da una spremitura: *— di limone.*

spretàrsi *v. intr. pron.* (*io mi sprèto*) Lasciare l'abito e la condizione di prete.

spretàto *part. pass. di spretarsi; anche agg. e s. m.* Che (o chi) ha lasciato l'abito e la condizione di prete.

sprezzànte *part. pres. di sprezzare; anche agg.* Che sente e mostra disprezzo; SIN. Sdegnoso.

sprezzàre *v. tr.* (*io sprèzzo*) (*lett.*) Disprezzare. [→ tav. *proverbi* 47]

sprèzzo *s. m.* Disprezzo | Noncuranza: *agire con — del pericolo.*

sprigionàre **A** *v. tr.* (*io sprigióno*) **1** (*raro*) Liberare dalla prigione; CONTR. Imprigionare. **2** (*fig.*) Emettere: *questa sostanza sprigiona un pessimo odore.* **B** *v. intr. pron.* Uscire, spec. con impeto: *dalla stufa si sprigiona un po' di calore.*

sprimacciàre *v. tr.* (*io sprimàccio*) Battere con le mani un guanciale, un materasso e sim. perché la lana o la piuma che lo riempiono si distribuiscano uniformemente nella fodera.

sprint /*ingl.* sprint/ **A** *s. m. inv.* (*pl. ingl. sprints* /sprints/) (*sport*) Scatto, accelerazione improvvisa | Capacità di prodursi in uno scatto: *mancare di —*. **B** *in funzione di agg. inv.* (*posposto a un s.*); *anche s. f. inv.* Detto di automobile dotata di caratteristiche sportive.

sprintàre *v. tr.* (*aus. avere*) Effettuare uno sprint.

sprinter /*ingl.* 'sprintə/ *s. m. e f. inv.* (*pl. ingl. sprinters* /'sprintəz/) (*sport*) Velocista.

sprizzàre **A** *v. intr.* (*aus. essere*) Scaturire, zampillare, detto di liquidi: *l'acqua sprizza dalla fontana.* ***B*** *v. tr.* ***1*** Far scaturire impetuosamente: *la ferita sprizza sangue.* ***2*** (*fig.*) Manifestare vivacemente un modo di essere: — *salute da tutti i pori.*

sprìzzo *s. m.* ***1*** Getto impetuoso di liquido. ***2*** (*fig.*) Manifestazione breve e vivace di un sentimento: *uno — di allegria.*

sprofondaménto *s. m.* ***1*** Lo sprofondare | Parte sprofondata. ***2*** (*geogr.*, *geol.*) Depressione dovuta al cedimento di alcuni strati della crosta terrestre.

sprofondàre ***A*** *v. tr.* (*io sprofóndo*) Precipitare nel profondo: *Dio sprofondò il demonio.* ***B*** *v. intr.* (*aus. essere*) ***1*** Cadere nel profondo: *la neve sprofondò negli abissi* | Cadere rovinando: *le case sono sprofondate per il terremoto.* ***2*** Formare una voragine: *il terreno sprofondò sotto di noi.* ***3*** Affondare per un buon tratto in q.c. di molle: — *nel fango.* ***4*** (*fig.*) Lasciarsi vincere da q.c.: — *nel dolore.* ***C*** *v. rifl.* ***1*** Lasciarsi andare su q.c.: *sprofondarsi in un divano.* ***2*** (*fig.*) Lasciarsi assorbire da un lavoro, un'attività e sim.: *sprofondarsi nello studio.*

sproloquiàre *v. intr.* (*io sprolòquio; aus. avere*) Parlare inutilmente, dire sproloqui.

sprolòquio *s. m.* Discorso lungo, enfatico e inconcludente.

spronàre *v. tr.* (*io spróno*) ***1*** Stimolare il cavallo con gli sproni per incitarlo a muoversi: — *il cavallo.* ***2*** (*fig.*) Stimolare, incitare: — *qc. a studiare.*

spronàta *s. f.* ***1*** Colpo di sprone. ***2*** (*fig.*) Incitamento: *ha bisogno di una —.*

spróne *s. m.* ***1*** Sperone | *Dar di — ai cavalli*, spronarli | *A spron battuto*, velocemente, di gran corsa; (*fig.*) in gran fretta: *andarsene a spron battuto.* ***2*** (*fig.*) Stimolo, incitamento: *servire di — a qc.* ***3*** Rettangolo di tessuto che, nelle camicie maschili e in certe camicette sportive, scende sulle spalle e sul petto.

sproporzionàto *agg.* ***1*** Che manca di proporzione: *il peso è — all'altezza*; CONTR. Proporzionato. ***2*** (*est.*) Esagerato, eccessivo: *prezzo —*; SIN. Spropositato.

sproporzióne *s. f.* Discordanza nelle proporzioni tra loro; CONTR. Proporzione.

spropositàre *v. intr.* (*io spropòsito; aus. avere*) (*raro*) Fare, dire, scrivere spropositi.

spropositàto *part. pass. di spropositare; anche agg.* ***1*** Pieno di spropositi: *lettera spropositata.* ***2*** (*fig.*) Troppo grande, enorme: *spesa spropositata*; SIN. Sproporzionato.

spropòsito *s. m.* ***1*** Atto, cosa fuor di proposito, contraria alla convenienza e alla saggezza: *è stato uno — sposarsi così giovane* | *Fare, commettere uno —*, un'azione grave, non meditata ma dettata dall'ira | *A —*, inopportunamente: *rispondere a —.* ***2*** Errore, grosso sbaglio: *uno — di grammatica*; SIN. Sfarfallone, strafalcione, svarione. ***3*** Quantità enorme, eccessiva: *ha mangiato uno — di dolci* | Somma enorme, esagerata: *l'ho pagato uno —.*

spropriàre V. *espropriare.*

sprovvedére ***A*** *v. tr.* (*coniug. come provvedere*) (*raro, lett.*) Lasciare sprovvisto. ***B*** *v. rifl.* Privarsi di ciò di cui si è provvisti: *sprovvedersi di ogni avere.*

sprovvedùto ***A*** *agg.* Che manca della preparazione necessaria ad affrontare determinate situazioni: *essere — di fronte alla vita* | (*est.*) Che ha scarse doti intellettuali o culturali: *pubblico —.* ***B*** *s. m.* (*f. -a*) Persona sprovveduta.

sprovvìsto *part. pass. di sprovvedere; anche agg.* Che non è fornito di q.c.; SIN. Privo | *Alla sprovvista*, di sorpresa: *cogliere qc. alla sprovvista.*

spruzzabiancherìa *s. m. inv.* Piccolo recipiente munito di coperchio bucherellato che contiene l'acqua per aspergere i panni da stirare. [→ ill. *lavatura e stiratura*]

spruzzàre *v. tr.* ***1*** Spargere una sostanza liquida a spruzzi, a piccole gocce: — *un po' di profumo sui capelli.* ***2*** Aspergere, bagnare, con spruzzi di sostanza liquida: — *qc. d'acqua.* ***3*** (*est.*) Spargere sopra: — *lo zucchero su una torta.*

spruzzàta *s. f.* ***1*** Atto dello spruzzare una volta. ***2*** (*fig.*) Pioggia leggera e minuta, di breve durata.

spruzzatóre *s. m.* ***1*** (*gener.*) Oggetto per spruzzare. ***2*** Flaconcino a pompetta per spruzzare profumi. [→ ill. *barbiere*] ***3*** Ugello del carburatore da cui viene aspirato il carburante nella camera di carburazione.

spruzzétta *s. f.* Dispositivo usato nei laboratori chimici per spruzzare un liquido sotto forma di getto sottile. [→ ill. *chimico*]

sprùzzo *s. m.* ***1*** Getto di liquido formato da minutissime gocce: *uno — d'acqua.* ***2*** (*tecnol.*) *Verniciatura a —*, mediante una speciale pistola ad aria compressa che spruzza la vernice sull'oggetto.

spudoratézza *s. f.* L'essere spudorato; SIN. Impudenza; CONTR. Pudore.

spudoràto *agg.; anche s. m.* (*f. -a*) Che (o chi) non ha pudore, non sente vergogna: *ragazzo —*; SIN. Impudente, svergognato.

spùgna ***A*** *s. f.* ***1*** Scheletro di alcuni Poriferi, costituito da una sostanza cornea, morbida, molto elastica, facilmente inzuppabile d'acqua, utile per svariati usi | — *artificiale*, simile a quella naturale, ma fatta di gomma o materia plastica | *Passare la — su q.c.*, *dare un colpo di — su q.c.* e sim., (*fig.*) cancellarla dalla memoria | (*fig.*) *Diventare una —*, inzupparsi completamente, detto spec. di persona | *Bere come una —*, (*fig.*) essere un gran bevitore. ***2*** (*est.*) Tessuto di cotone soffice e poroso, usato spec. per accappatoi da bagno e asciugamani | *Getto della —*, nel pugilato, l'atto del secondo di un pugile che getta sul quadrato un asciugamano di spugna in segno di resa; (*fig.*) riconoscimento del proprio insuccesso. ***B*** *s. f. pl. Spugne*, tipo di invertebrati acquatici con corpo sacciforme sostenuto da un'impalcatura silicea, cornea, calcarea; SIN. Poriferi. [→ tav. *locuzioni* 54] [→ ill. *animali* 1, *zoologia*]

spugnatùra *s. f.* ***1*** Applicazione sul corpo di una spugna inzuppata d'acqua. ***2*** Trattamento fisioterapico con acqua o liquidi medicamentosi applicati mediante spugna.

spugnétta *s. f.* ***1*** *Dim. di spugna.* ***2*** Piccola spugna inumidita, in apposito recipiente, usata spec. negli uffici per umettarsi le dita e inumidire i francobolli. [→ ill. *ufficio*]

spugnòla *s. f.* Fungo commestibile con cappello conico dotato di alveoli e internamente cavo; SIN. Morchella. [→ ill. *fungo*]

spugnosità *s. f.* L'essere spugnoso.

spugnóso *agg.* Che ha l'aspetto, la natura, le caratteristiche della spugna: *osso —.*

spulàre *v. tr.* Mondare dalla pula.

spulciàre ***A*** *v. tr.* (*io spùlcio*) ***1*** Togliere le pulci. ***2*** (*fig.*) Esaminare minuziosamente, cercando dati, notizie, errori e sim.: — *testi antichi.* ***B*** *v. rifl.* Togliersi le pulci.

spùma *s. f.* ***1*** Schiuma. ***2*** (*miner.*) — *di mare*, magnesite, sepiolite.

spumànte ***A*** *part. pres. di spumare; anche agg.* Che fa spuma, detto spec. di vino. ***B*** *s. m.* Vino frizzante, solitamente bianco.

spumàre *v. intr.* (*aus. avere*) Fare spuma.

spumeggiànte *part. pres. di spumeggiare; anche agg.* ***1*** Che spumeggia: *birra —* | (*fig.*) Vivace, frizzante: *commedia —.* ***2*** (*fig.*, *lett.*) Soffice, vaporoso: *pizzo —.*

spumeggiàre *v. intr.* (*io spuméggio; aus. avere*) Sollevare molta spuma, spec. continuamente.

spumóne *s. m.* Sorta di dolce spumoso, fatto con chiara d'uovo, latte e zucchero | Gelato soffice ottenuto con panna montata. [→ ill. *dolciumi*]

spumosità *s. f.* L'essere spumoso.

spumóso *agg.* ***1*** Che è pieno di spuma, che fa molta spuma: *vino —.* ***2*** (*fig.*) Che è soffice e leggero come la spuma: *dolce —.*

spùnta *s. f.* Nel linguaggio commerciale, operazione di controllo o revisione di conti.

spuntàre (1) ***A*** *v. tr.* ***1*** Privare della punta: — *la penna* | Accorciare leggermente: — *i capelli, i baffi*; SIN. Cimare. ***2*** Staccare ciò che era appuntato: — *un nastro.* ***3*** (*fig.*) Superare: — *una difficoltà* | *Spuntarla*, riuscire in ciò che si desidera. ***B*** *v. intr.* (*aus. essere*) ***1*** Nascere, venir fuori, cominciare a vedersi: *al bambino è spuntato un dente.* ***2*** Apparire all'improvviso: *spuntò da un cespuglio.* ***C*** *v. intr. pron.* ***1*** Perdere la punta. ***2*** (*fig.*) Smussarsi, perdere forza: *la sua rabbia si spuntò di colpo.* ***D*** *s. m. solo sing.* Atto dell'apparire, del venir fuori: *allo — del sole.*

spuntàre (2) *v. tr.* Controllare un elenco, una distinta e sim. apponendo un segno accanto a ciascuno dei dati man mano che questi vengono controllati: — *le fatture.*

spuntatùra *s. f.* ***1*** Taglio della punta | Parte tagliata. ***2***

Trinciato per pipa fatto con le punte tagliate via dai sigari. ***3*** Taglio di carne bovina o suina intorno alla punta delle costole.

spuntìno *s. m.* Leggero pasto consumato tra quelli principali o in sostituzione di uno di essi.

spùnto (1) *s. m.* ***1*** Accenno che il suggeritore fa di una battuta teatrale | Prima battuta di un motivo musicale. ***2*** (*est.*) Occasione che suggerisce l'esecuzione di q.c.: *dare, offrire, lo —; prendere lo — da q.c.* ***3*** Difetto del vino che comincia a sapere di acido.

spùnto (2) *s. m.* ***1*** (*mecc.*) Superamento dell'attrito o sforzo all'avviamento di veicoli, motori e sim. ***2*** (*sport*) Scatto: *— di velocità.*

spuntóne *s. m.* ***1*** Spina acuta e legnosa. ***2*** Grossa punta di legno o ferro. ***3*** Arma antica in asta con ferro lungo e aguzzo adatto alla difesa delle brecce. ***4*** In alpinismo, breve sporgenza di roccia utilizzata come appiglio nell'arrampicata.

spunzóne *s. m.* (*tosc.*) Grossa punta di ferro.

spurgàre *v. tr.* (*io spùrgo, tu spùrghi*) Liberare, pulire, da ciò che ingombra, ostruisce, insudicia: *— un canale; spurgarsi il petto.*

spùrgo *s. m.* (*pl. -ghi*) ***1*** Operazione dello spurgare: *lo — di una fogna* | Liberazione da ciò che ingombra, ostruisce e sim. ***2*** Materia che si elimina spurgando.

spùrio *agg.* ***1*** Illegittimo: *figlio —.* ***2*** Non genuino, non autentico: *opere spurie.* ***3*** (*anat.*) *Coste spurie*, fluttuanti.

sputacchiàre *v. intr.* (*io sputàcchio; aus. avere*) Sputare spesso.

sputacchièra *s. f.* Recipiente per sputarvi dentro. [→ ill. *medicina e chirurgia*]

sputacchìna *s. f.* Insetto omottero le cui larve compiono tutto lo sviluppo immerse in una schiuma bianca sull'erba medica o sul trifoglio.

sputàcchio *s. m.* Sputo grasso e denso.

sputàre ***A*** *v. tr.* ***1*** Espellere dalla bocca: *— saliva, catarro; — la medicina* | *— sangue*, (*fig.*) faticare molto | *— veleno, bile*, (*fig.*) dire parole piene di sdegno, rabbia, invidia | (*fig.*) *— i polmoni*, tossire molto forte; (*est.*) sfiatarsi a parlare | (*fig.*) *— sentenze*, dare giudizi non richiesti, con atteggiamento saccente | (*fig.*) *— il rospo*, esprimere liberamente ciò che era stato a lungo celato. ***2*** (*fig.*) Gettare fuori, lanciare con violenza: *il vulcano sputa lava.* ***B*** *v. intr.* (*aus. avere*) Espellere sputo dalla bocca | *— su q.c., addosso a q.c.; — in faccia a qc.*, dimostrare grande disprezzo | *— nel piatto in cui si mangia*, (*fig.*) disprezzare chi o ciò che dà aiuto, sostentamento e sim.

sputasentènze *s. m. e f. inv.* Chi parla sentenziosamente e con gravità; SIN. Cacasenno.

sputnik /*russo* 'sputnik/ *s. m. inv.* Primo satellite artificiale, lanciato dall'Unione Sovietica nel 1957 | (*est., gener.*) Ogni satellite artificiale sovietico.

spùto *s. m.* ***1*** (*raro*) Atto dello sputare. ***2*** Getto di saliva o di escreti dell'apparato respiratorio espulsi dalla bocca | *Essere fatto con lo —*, (*fig.*) di cosa, essere molto debole | *Essere appiccicato con lo —*, (*fig.*) di cosa, non tenere, non reggere.

sputtanàre ***A*** *v. tr.* (*pop.*) Sparlare di qc. in modo da fargli perdere la reputazione. ***B*** *v. rifl.* (*pop.*) Comportarsi in modo tale da perdere la reputazione, la considerazione degli altri.

squadernàre *v. tr.* (*io squadèrno*) ***1*** (*raro*) Voltare e rivoltare le pagine di libri, quaderni e sim. ***2*** Spalancare, per mostrare con evidenza: *gli squadernò la lettera davanti agli occhi.*

squàdra (1) *s. f.* Strumento per disegno, a forma di triangolo rettangolo, atto a tracciare le perpendicolari e le parallele a una retta data | *A —*, ad angolo retto | *Uscire di —*, (*fig.*) uscire dall'ordine; (*est.*) perdere la pazienza | *Essere fuori di —*, non essere perpendicolare; (*fig.*) essere fuori posto. [→ ill. *disegnatore, edilizia, officina meccanica, misure, tessuto*]

squàdra (2) *s. f.* ***1*** Complesso di persone addette a uno stesso lavoro o riunite per uno stesso scopo: *una — di operai, di pompieri* | *— mobile*, reparto speciale della polizia giudiziaria. ***2*** Minima unità organica di alcune armi o specialità dell'esercito, comandata da un sergente o sergente maggiore | Unità organica dell'aeronautica o della marina militare costituita di due divisioni. ***3*** (*gener.*) Gruppo di soldati | *— d'azione fascista*, nell'Italia fascista, squadra d'assalto che compiva azioni di violenza contro le organizzazioni democratiche. ***4*** (*sport*) Insieme organico di giocatori che partecipano a competizioni: *— di calcio.*

squadràccia *s. f.* ***1*** *Pegg. di squadra* (2). ***2*** (*spreg.*) Squadra d'azione fascista.

squadràre *v. tr.* ***1*** Disporre in modo da ottenere una figura con angoli retti | *— un foglio* (*da disegno*), disegnarvi, con squadra e compasso, il riquadro entro cui si svilupperà il disegno. ***2*** (*est.*) Ridurre a sezione o in forma quadra: *— una trave.* ***3*** (*est.*) Osservare attentamente: *— qc. da capo a piedi.*

squadratùra *s. f.* Operazione dello squadrare.

squadrìglia *s. f.* ***1*** (*raro*) Piccola squadra. ***2*** (*mar.*) Gruppo di piccole navi da guerra. ***3*** (*aer.*) Unità organica dell'aeronautica militare.

squadrismo *s. m.* Insieme delle squadre d'azione fasciste e loro attività negli anni 1921-'25.

squadrista *s. m. e f.* (*pl. m. -i*) Appartenente attivo a una squadra d'azione fascista.

squàdro (1) *s. m.* ***1*** Atto dello squadrare. ***2*** Strumento topografico, a traguardi, che permette di tracciare allineamenti ad angolo retto.

squàdro (2) *s. m.* Pesce degli Squaliformi con larghe pinne pettorali, testa e tronco depressi; SIN. Pesce angelo.

squadróne *s. m.* ***1*** *Accr. di squadra* (2). ***2*** Unità organica di cavalleria al comando di un capitano.

squagliàre ***A*** *v. tr.* (*io squàglio*) Liquefare, sciogliere, fondere: *il sole squaglia la neve* | (*fig.*) *Squagliarsela*, andarsene furtivamente. ***B*** *v. intr. pron.* ***1*** Liquefarsi, sciogliersi: *la neve al sole si squaglia.* ***2*** (*fig.*) Andarsene furtivamente.

squalìfica *s. f.* (*sport*) Provvedimento disciplinare nei confronti di un atleta o di una squadra colpevoli di gravi scorrettezze, consistente nell'esclusione dall'attività per un periodo più o meno lungo.

squalificàre ***A*** *v. tr.* (*io squalìfico, tu squalìfichi*) ***1*** Riconoscere non idoneo. ***2*** (*sport*) Infliggere la squalifica a un atleta o a una squadra. ***B*** *v. rifl.* Dimostrarsi col proprio comportamento inadatto o incapace a un lavoro.

squàllido *agg.* ***1*** Che si trova in uno stato di abbandono e miseria tale da esprimere o infondere tristezza: *tugurio —; vivere una vita squallida.* ***2*** Detto di persona, pallido, smunto, emaciato: *viso —.*

squallóre *s. m.* Aspetto squallido | Stato di grave miseria, abbandono, tristezza; SIN. Desolazione.

squàlo *s. m.* (*gener.*) Pesce cartilagineo con corpo fusiforme, cinque o sette fessure branchiali, bocca ventrale e pinna della coda asimmetrica | *— balena*, molto grande, non aggressivo, grigiastro a macchie bianche | *— tigre*, feroce, tropicale, bruno-grigio con carni commestibili | Correntemente, pescecane. [→ ill. *animali* 7]

squàma *s. f.* ***1*** (*zool.*) Ciascuna delle piccole lamine cornee di forma e grandezza varie sulla pelle di molti vertebrati spec. pesci e rettili. ***2*** (*bot.*) Lamina fogliacea molto ridotta. ***3*** (*anat.*) Formazione lamellare | *— cutanea*, lamella di tessuto corneo che si sfoglia dalla cute.

squamàre ***A*** *v. tr.* Privare delle squame. ***B*** *v. intr. pron.* Detto della pelle umana o animale, sfaldarsi in squame.

squamàto *agg.* Fatto a squame | Ricoperto di squame.

squamifórme *agg.* Che ha forma di squama.

squamóso *agg.* Che è coperto di squame.

squarciagóla *vc. Solo nella loc. avv. a —*, con tutta la forza della voce, in modo forte e violento: *urlare a —.*

squarciàre ***A*** *v. tr.* (*io squàrcio*) ***1*** Aprire lacerando con violenza, rompere in brandelli: *— le bende.* ***2*** (*fig.*) Aprire, svelare: *— il velo del mistero.* ***B*** *v. intr. pron.* Fendersi, aprirsi (*anche fig.*).

squàrcio *s. m.* ***1*** Lacerazione grande e profonda (*anche fig.*): *fare, produrre uno —; uno — d'azzurro.* ***2*** (*fig.*) Brano letterario, poetico, musicale: *gli squarci più belli del romanzo.*

squartàre *v. tr.* Dividere in quarti, tagliare in grossi pezzi: *— un vitello macellato.*

squartatóre *s. m.* (*f. -trice*) Chi squarta.

squassàre *v. tr.* Scuotere con violenza: *il vento squassa gli alberi.*

squattrinàto *agg.; anche s. m.* (*f. -a*) Detto di chi non ha quattrini.

squaw /*ingl.* skwɔ:/ *s. f. inv.* (*pl. ingl. squaws* /skwɔ:z/) Moglie, nel linguaggio degli Indiani dell'America settentrionale.

squèro *s. m.* (*sett.*) Cantiere navale.

squilibràre ***A*** *v. tr.* ***1*** (*raro*) Far uscire d'equilibrio | (*fig.*) Privare dell'equilibrio psichico. ***2*** (*fig.*) Dissestare finanziariamente. ***B*** *v. intr. pron.* (*raro*) Perdere l'equilibrio.

squilibràto ***A*** *part. pass. di squilibrare; anche agg.* Che manca di equilibrio: *carico* —; *economia squilibrata.* ***B*** *agg. e s. m.* (*f. -a*) Che (o chi) non ha, o non ha più, l'equilibrio psichico, mentale o morale.

squilibrio *s. m.* ***1*** Mancanza di equilibrio, anche psichico o mentale. ***2*** Differenza, sbilancio.

squilla (1) *s. f.* Campana, spec. piccola e di suono acuto | Campano appeso al collo dei bovini.

squilla (2) *s. f.* (*zool.*; *dial.*) Canocchia.

squillànte *part. pres. di squillare; anche agg.* ***1*** Chiaro, acuto, detto di suono: *voce* —. ***2*** (*fig.*) Vivace, intenso, detto di colore.

squillàre *v. intr.* (*aus. essere e avere*) Emettere un suono chiaro, acuto, alto: *squilla il telefono.*

squillo ***A*** *s. m.* Suono forte, acuto e vibrante, dalla durata breve: *uno — di tromba.* ***B*** *in funzione di agg. inv.* (*posposto al s.*) *Ragazza* —, prostituta disponibile mediante chiamata telefonica | *Casa* —, luogo ove si esercita la prostituzione. ***C*** *in funzione di s. f. inv.* Ragazza squillo.

squìncio V. *sguincio.*

squinternàre *v. tr.* (*io squintèrno*) ***1*** Sconnettere i quinterni di un libro, un fascicolo e sim. ***2*** (*fig.*) Scombussolare, turbare: *quel fatto mi ha squinternato.*

squinternàto ***A*** *part. pass. di squinternare; anche agg.* Detto di libro e sim. con i quinterni sconnessi. ***B*** *agg. e s. m.* (*f. -a*) Che (o chi) si comporta in modo strano | Che (o chi) non ha il cervello completamente a posto.

squiṣitézza *s. f.* ***1*** L'essere squisito. ***2*** *spec. al pl.* (*est.*) Cosa squisita.

squiṣito *agg.* ***1*** Eccellente, prelibato, detto di cibo, bevanda e sim., dal sapore delicato e gradevole. ***2*** (*fig.*) Raffinato, perfetto: *cortesia squisita.*

squittio *s. m.* Uno squittire continuo.

squittire *v. intr.* (*io squittìsco, tu squittìsci; aus. avere*) ***1*** Emettere versi brevi, acuti e stridenti, detto di animali, spec. uccelli: *i pappagalli squittiscono.* ***2*** (*raro, scherz., spreg.*) Emettere piccoli gridi striduli, detto di persona.

ṣradicàre *v. tr.* (*io ṣràdico, tu ṣràdichi*) ***1*** Strappare un vegetale con la radice: — *un albero dal suolo*; SIN. Estirpare, svellere. ***2*** (*fig.*) Estirpare, distruggere: — *i vizi.*

ṣradicàto ***A*** *part. pass. di sradicare; anche agg.* Estirpato (*anche fig.*). ***B*** *agg. e s. m.* (*f. -a*) Detto di chi non sente legami e rifiuta di avere rapporti con l'ambiente in cui vive.

ṣragionàre *v. intr.* (*io ṣragióno; aus. avere*) Ragionare male, fare ragionamenti sconnessi; SIN. Vaneggiare.

ṣregolatézza *s. f.* ***1*** L'essere sregolato: — *di vita*; SIN. Disordine. ***2*** Atto, comportamento, sregolato.

ṣregolàto *agg.* ***1*** Che non ha regola: *essere — nel bere*; SIN. Disordinato. ***2*** Moralmente disordinato.

ṣrotolàre ***A*** *v. tr.* (*io ṣròtolo*) Stendere ciò che era arrotolato; CONTR. Rotolare. ***B*** *v. intr. pron.* Stendersi, detto di ciò che è arrotolato.

stabbiàre ***A*** *v. tr.* (*io stàbbio*) ***1*** Tenere il bestiame nello stabbio. ***2*** Concimare con lo stabbio. ***B*** *v. intr.* (*aus. avere*) Stare nello stabbio per concimare il terreno, detto di pecore o sim.

stabbiatùra *s. f.* Concimazione del terreno da parte degli stessi animali che vi pernottano.

stàbbio *s. m.* ***1*** Recinto ove sono raccolte di notte pecore o mandrie al pascolo. ***2*** Stallatico.

stàbile ***A*** *agg.* ***1*** Che è ben saldo, fisso, inamovibile: *fondamenta stabili* | *Beni stabili*, beni immobili. ***2*** (*fig.*) Durevole, costante: *essere — nei propositi* | Permanente, duraturo: *impiego* — | Non variabile, detto del tempo: *tempo* —; *bello* —; CONTR. Instabile. ***3*** *Teatro* —, *compagnia* —, organizzazione teatrale o compagnia stabilmente attiva presso una determinata città. ***4*** (*fis.*) Detto di atomo o particella elementare non soggetti a disintegrazione spontanea. ***B*** *s. m.* ***1*** Edificio, casa, fabbricato. ***2*** Teatro stabile. ***C*** *s. f.* Compagnia teatrale stabile.

stabiliménto *s. m.* ***1*** Determinazione di q.c. di fisso, stabile e sim.: — *della propria dimora*; *lo — della pace* | Istituzione: — *di una società.* ***2*** Insieme di fabbricati in cui si svolge un'attività industriale: — *industriale.* ***3*** Insieme di fabbricati in cui si svolge un servizio di pubblica utilità: — *balneare.*

stabilire ***A*** *v. tr.* (*io stabilìsco, tu stabilìsci*) ***1*** Rendere stabile, fissare: — *la propria sede in un luogo.* ***2*** Istituire, costruire: *Dario stabilì l'impero persiano.* ***3*** Statuire, deliberare, decretare: — *i patti* | Decidere: *stabilì di andare* | Proporsi: *stabilì in cuor suo di fuggire*; SIN. Convenire. ***B*** *v. rifl.* Prendere stanza, sede, dimora (*anche fig.*): *si stabilì a Roma.*

stabilità *s. f.* L'essere stabile.

stabilito ***A*** *part. pass. di stabilire; anche agg.* Disposto, fissato: *è — che*; *resta — che...* | *L'ordine* —, la legge. ***B*** *s. m.* (*dir.*) Documento contenente tutti gli elementi del contratto, che, se munito di clausola all'ordine, ne consente la cessione senza accettazione del contraente ceduto.

stabiliẓẓàre ***A*** *v. tr.* Rendere stabile. ***B*** *v. intr. pron.* Diventare stabile.

stabiliẓẓatóre ***A*** *agg.* (*f. -trice*) Che stabilizza: *apparecchio* —. ***B*** *s. m.* ***1*** (*elettr.*) Dispositivo che elimina variazioni nella tensione o nella corrente destinate all'alimentazione di apparecchiature a tensione costante, come radio, televisione e sim. ***2*** (*aer.*) Parte fissa dell'impennaggio orizzontale destinata ad assicurare la stabilità dell'aeromobile. ***3*** (*mar.*) Apparecchio che estingue il rollio.

stabiliẓẓazióne *s. f.* Conferimento o acquisizione di stabilità.

stabulazióne *s. f.* Sistema di allevamento del bestiame nelle stalle.

stacanovìṣmo *s. m.* ***1*** Movimento sorto nell'Unione Sovietica per incrementare la produttività lavorativa. ***2*** (*iron.*) Attività e premura eccessiva sul lavoro.

stacanovista ***A*** *s. m. e f.* (*pl. m. -i*) ***1*** Chi pratica lo stacanovismo. ***2*** (*iron.*) Chi lavora con entusiasmo esagerato. ***B*** *agg.* Che si riferisce allo stacanovismo: *sistema* —.

staccàbile *agg.* Che si può staccare.

staccàre ***A*** *v. tr.* (*io stàcco, tu stàcchi*) ***1*** Levare da ciò che è attaccato o congiunto ad altro: — *un francobollo da una lettera* | *Non — gli occhi di dosso a qc.*, *non — gli occhi da qc.*, guardare a lungo e con insistenza. ***2*** Spiccare: — *un assegno.* ***3*** (*sport*) In una gara di corsa, distanziare gli avversari: — *il gruppo.* ***4*** (*mus.*) — *le note*, eseguirle producendo un suono secco e disgiunto. ***B*** *v. intr.* (*aus. avere*) ***1*** Risaltare, avere rilievo: *la figura stacca dal fondo.* ***2*** (*fam.*) Cessare il lavoro: *a che ora stacchi?* ***C*** *v. intr. pron.* ***1*** Separarsi (*anche fig.*): *si staccò dalla parete.* ***2*** Venir via: *si è staccato un bottone.* ***3*** (*fig.*) Allontanarsi.

staccàto ***A*** *part. pass. di staccare; anche agg.* Tolto da ciò cui era attaccato | Separato, isolato. ***B*** *s. m.* (*mus.*) Esecuzione a suoni separati tra loro, indicata da un punto su di ogni nota.

stacciàre *v. tr.* (*io stàccio*) Setacciare.

stacciatùra *s. f.* Operazione dello stacciare | Residuo di ciò che si staccia.

stàccio *s. m.* Setaccio.

staccionàta *s. f.* ***1*** Recinzione formata di traverse di legno sostenute da pali infissi nel terreno. [→ ill. *stalla*] ***2*** (*sport*) Nelle gare ippiche di salto, ostacolo formato di traverse di legno o di frasche e sterpi.

stàcco *s. m.* (*pl. -chi*) ***1*** (*raro*) Separazione. ***2*** (*fig.*) Intervallo, mancanza di continuità: *c'è troppo — fra le due scene* | (*est.*) Breve annuncio pubblicitario che interrompe un programma radiotelevisivo. ***3*** Passaggio brusco | *Fare* —, risaltare, spiccare. ***4*** (*sport*) Nel salto, azione con cui il corpo dell'atleta abbandona il contatto con il terreno.

stadèra *s. f.* Tipo di bilancia con un solo piatto e un lungo braccio graduato lungo il quale scorre un peso costante, detto romano | — *a ponte*, per pesare il carico di autocarri, carri ferroviari e sim. [→ ill. *bilancia, ferrovia*]

staderàio *s. m.* Chi fabbrica o vende stadere.

stàdia *s. f.* Asta graduata impiegata in rilevamenti topografici.

stàdio *s. m.* ***1*** Misura greca di lunghezza, corrispondente a seicento piedi, di valore variabile intorno a m 180. ***2***

(*archeol.*) Nell'antica Grecia e Roma, edificio di forma rettangolare, della lunghezza pressoché di uno stadio, circondato da gradinate che permettevano agli spettatori di assistere seduti alle gare di corsa a piedi. ***3*** Campo per lo svolgimento di gare sportive attrezzato in modo da poter ospitare un certo numero di spettatori: *le tribune dello —*. [→ ill. *sport*] ***4*** (*fig.*) Fase, grado, periodo: *il processo si trova al primo —*. ***5*** (*aer.*) Ciascuno dei tronchi propulsivi di un missile vettore che si staccano via via, al procedere della salita, quando è esaurito il loro propellente. [→ ill. *astronautica*] ***6*** (*elettr.*) Circuito. [→ ill. *radio, televisione*]

staff /*ingl.* sta:f/ *s. m. inv.* Gruppo di persone addette a un particolare compito: *uno — di ricercatori.*

stàffa (1) *s. f.* ***1*** Ciascuno dei due arnesi di ferro pendenti dalla sella, nei quali il cavaliere infila o appoggia i piedi | *Essere con il piede nella —*, essere pronto a partire (*anche fig.*) | *Perdere le staffe*, non avervi più i piedi infilati; (*fig.*) perdere la pazienza | *Tenere il piede in due staffe*, (*fig.*) attenersi a due partiti fra loro opposti. [→ ill. *finimenti*] ***2*** Predellino della carrozza. ***3*** Striscia di tessuto o di cuoio che, passando sotto al piede o sotto alla scarpa, tiene fermi i calzoni o le ghette | *— della calza*, parte fra il calcagno e il collo del piede | *— della vanga*, staffale. ***4*** In alpinismo, attrezzo ottenuto fissando un anello di corda a uno spuntone o a un moschettone, usato come appoggio per il piede. [→ ill. *alpinista*] ***5*** In varie tecnologie, pezzo di ferro, piegato a U, con funzioni di collegamento e rinforzo | In fonderia, contenitore metallico di varie forme in cui viene posta la terra da fondere. [→ ill. *metallurgia, sollevamento*] ***6*** (*edil.*) Elemento dell'armatura trasversale delle travi di cemento armato predisposto per resistere agli sforzi di taglio.

stàffa (2) *s. f.* (*anat.*) Uno degli ossicini dell'orecchio medio. [→ ill. *anatomia umana*]

staffàle *s. m.* Ferro sporgente del manico della vanga su cui poggia il piede dell'operatore; SIN. Vangile.

staffétta *s. f.* ***1*** Corriere, anticamente a cavallo, incaricato di portare lettere, ordini, messaggi e sim. ***2*** (*sport*) Gara di corsa, nuoto e sim., tra squadre i cui componenti percorrono ognuno un tratto successivo del percorso.

staffettista *s. m. e f.* (*pl. m. -i*) (*sport*) Concorrente di una gara a staffetta.

staffière *s. m.* ***1*** Servo che reggeva la staffa al signore che montava a cavallo. ***2*** Servitore di casa signorile.

staffilàre *v. tr.* ***1*** Percuotere con lo staffile. ***2*** (*fig.*) Sferzare con critiche aspre.

staffilàta *s. f.* ***1*** Colpo di staffile. ***2*** (*fig.*) Critica aspra, acerba. ***3*** Nel calcio, tiro forte e rapido contro la porta avversaria.

staffile *s. m.* ***1*** Sferza, spec. formata da una striscia di cuoio. ***2*** Striscia di cuoio cui sta appesa la staffa.

stafilocòcco *s. m.* (*pl. -chi*) (*biol.*) Varietà di microrganismo formato da batteri che si dispongono a grappolo: ne esistono molte specie, alcune agenti di varie malattie, come polmoniti e foruncolosi.

stage /*ingl.* 'steidʒ/ *s. m. inv.* (*pl. ingl. stages* /'steidʒiz/) Fase di un addestramento consistente nel trascorrere un periodo di tempo in un dato ufficio per imparare il lavoro che vi si svolge.

stagflazióne *s. f.* (*econ.*) Fenomeno di recessione e inflazione contemporanee.

stàggio *s. m.* Ciascuna delle due aste verticali della scala a mano, in cui sono infissi di traverso i pioli | Ciascuno dei due legni della sedia che delimitano la spalliera | Regolo di gabbia | Ciascuno dei due legni cui è fissata la lama nella sega intelaiata. [→ ill. *sega*]

stagionàle ***A*** *agg.* ***1*** Che riguarda la stagione: *fenomeno —* | Che è proprio di una stagione: *malattia —*. ***2*** Che dura una stagione: *emigrazione —*. ***B*** *s. m. e f.* Chi lavora solo in determinati periodi dell'anno: *gli stagionali dell'agricoltura.*

stagionàre ***A*** *v. tr.* (*io stagióno*) Tenere in serbo il tempo necessario all'acquisto di certe qualità: *— il vino* | *— il legname*, lasciarlo all'aria aperta sino a che abbia perso tutta l'umidità. ***B*** *v. intr. e intr. pron.* (*aus. essere*) Acquistare determinate qualità rimanendo in determinate condizioni per un certo tempo.

stagionàto *part. pass. di stagionare; anche agg.* ***1*** Tenuto in serbo per acquistare certe qualità. ***2*** (*scherz.*) Attempato, in là con gli anni: *uomo —*.

stagionatùra *s. f.* Metodo di conservazione di un prodotto in modo che acquisti determinate qualità | Tempo necessario per stagionare.

stagióne *s. f.* ***1*** Ciascuno dei quattro periodi in cui gli equinozi e i solstizi dividono l'anno solare, e cioè primavera, estate, autunno, inverno: *l'altenarsi delle stagioni* | *Mezza —*, primavera e autunno | *Abito da mezza —*, né leggero né pesante. ***2*** (*est.*) Condizioni meteorologiche e atmosferiche che accompagnano ogni stagione: *— fredda, calda.* ***3*** Periodo dell'anno in cui hanno luogo determinati lavori agricoli o in cui si hanno determinati raccolti: *la — della semina, dell'uva.* ***4*** Periodo dell'anno in cui hanno luogo determinate attività, manifestazioni e sim.: *la — teatrale*; *saldi di fine —* | *Alta* (o *bassa*) *—*, periodo dell'anno in cui l'attività turistica e alberghiera è particolarmente intensa (o particolarmente ridotta) | *— morta*, periodo dell'anno in cui un'attività si svolge a ritmo ridotto, o cessa del tutto. ***5*** Tempo propizio: *la — dei bagni, degli amori* | *Frutto di —*, giunto a maturazione nel suo tempo; (*fig.*) qualunque evento normale per il periodo in cui si verifica | *Frutto fuori —*, giunto a maturazione prima o dopo il suo tempo; (*fig.*) qualunque evento si verifichi in un periodo insolito o inopportuno. ***6*** (*poet.*) Periodo di tempo | Età.

stagliàre ***A*** *v. tr.* (*io stàglio*) Tagliare grossolanamente. ***B*** *v. intr. e intr. pron.* (*aus. essere*) Risaltare, fare spicco: *la montagna si staglia contro il cielo.*

stagnàio o (*dial.*) *stagnàro s. m.* Artigiano che salda con lo stagno e fa lavori con la latta; SIN. Lattoniere.

stagnànte *part. pres. di stagnare* (3); *anche agg.* Che stagna, si ferma (*anche fig.*).

stagnàre (1) *v. tr.* ***1*** Rivestire o aggiustare con lo stagno: *— una pentola.* ***2*** (*est.*) Chiudere recipienti in modo che il liquido in essi contenuto non fuoriesca: *— un barile.*

stagnàre (2) ***A*** *v. tr.* Far cessare il flusso di un liquido: *— il flusso del sangue.* ***B*** *v. intr. e intr. pron.* (*aus. intr. avere*) Cessare di fluire.

stagnàre (3) *v. intr.* (*aus. avere*) ***1*** Fermarsi formando uno stagno, detto di acqua: *l'acqua del fiume stagna nelle campagne* | (*est.*) Non circolare: *nei luoghi chiusi l'aria stagna.* ***2*** (*fig.*) Ridursi notevolmente d'intensità, detto spec. di attività economica: *i commerci stagnano.*

stagnàro V. *stagnaio.*

stagnatùra *s. f.* ***1*** Operazione dello stagnare. ***2*** Rivestimento di superfici metalliche con uno strato superficiale di stagno.

stagnazióne *s. f.* Fase di arresto nello sviluppo di un'attività, spec. economica o culturale; SIN. Ristagno.

stagnino *s. m.* (*dial.*) Stagnaio.

stàgno (1) *s. m.* Elemento chimico, metallo bianco argenteo, malleabile, usato per leghe, per saldature elettriche, per la produzione della latta. SIMB. Sn.

stàgno (2) *s. m.* Piccola distesa d'acqua poco profonda sulla quale affiorano piante palustri.

stàgno (3) *agg.* ***1*** Che è a tenuta d'acqua: *paratie stagne*; *compartimenti stagni.* ***2*** (*dial.*) Solido, ben piantato.

stagnòla *s. f.* ***1*** Stagno in fogli sottilissimi usato per l'avvolgimento protettivo di sostanze spec. alimentari. ***2*** (*dial.*) Bidone per olio o petrolio.

stagnòlo *agg.* Di stagno, *spec. nella loc. carta stagnola.*

stàio *s. m.* (*pl. stàia f.* nei sign. 1, 3, *stài m.* nel sign. 2) ***1*** Misura di capacità per cereali o aridi. ***2*** Recipiente cilindrico a doghe per misurare grano, avena e sim., di capacità diversa secondo i luoghi. ***3*** Misura agraria che indica quanta terra occorre alla semina di uno staio di grano e sim.

stalagmite *s. f.* Deposito colonnare di carbonato di calcio che s'innalza dal pavimento delle grotte sulle quali gocciolano acque calcaree. [→ ill. *geografia*]

stalagmòmetro *s. m.* (*fis.*) Apparecchio che misura la tensione superficiale di un liquido.

stalattite *s. f.* Deposito di carbonato di calcio di forma generalmente conica che pende dalla volta delle grotte nelle quali si sono infiltrate e gocciolano acque calcaree. [→ ill. *geografia*]

staliniàno *agg.* Che si riferisce a J. Stalin e alla sua politica.

stalinismo *s. m.* Complesso delle concezioni ideologiche e politiche che si richiamano alla particolare interpretazione del marxismo di J. Stalin | (*est.*, *spreg.*) Esercizio duro e repressivo del potere.
stalinista ***A*** *s. m. e f.* Chi segue lo stalinismo | (*est.*, *spreg.*) Chi si impone in modo duro e repressivo. ***B*** *agg.* Che si riferisce allo stalinismo.
stàlla *s. f.* ***1*** Fabbricato rurale destinato al ricovero di bovini | (*fig.*) *Essere, sembrare una* —, di ambiente molto sporco | *Dalle stelle alle stalle*, per indicare un brusco e improvviso passaggio da una situazione elevata a una infima. [→ ill. *stalla*] ***2*** (*est.*) Insieme delle bestie in una stalla: *avere una buona* —.
stallàggio *s. m.* ***1*** Anticamente, alloggio per le bestie, spec. i cavalli, in stalle di locande, osterie e sim. ***2*** Spesa dello stallaggio.
stallàtico ***A*** *agg.* (*pl. m. -ci*) Di stalla | *Concime* —, letame di animali allevati in stalla. ***B*** *s. m.* ***1*** Concime stallatico; SIN. Stabbio. ***2*** Stallaggio.
stallìa *s. f.* Nel contratto di trasporto marittimo, tempo normale di durata delle operazioni di carico o scarico della nave.
stallière *s. m.* Servitore addetto alla cura dei cavalli.
stàllo (1) *s. m.* ***1*** Sedile di legno con braccioli e dorsale, destinato a persone eminenti | Sedile, spec. con braccioli e dorsale, unito ad altri uguali su cui siedono le persone riunite a convegno. ***2*** Nel gioco degli scacchi, situazione del re che non può muoversi perché cadrebbe comunque sotto scacco | *Situazione di* —, (*fig.*) situazione bloccata, giunta a un punto morto.
stàllo (2) *s. m.* (*aer.*) Perdita di portanza di un'ala che si verifica al distacco della corrente fluida dal dorso dell'ala stessa.
stallóne *s. m.* Maschio del cavallo destinato alla riproduzione. [→ ill. *cavallo*]
stamàni o (*lett.*) *stamàne* *avv.* Stamattina.
stamattìna *avv.* Nella mattinata di oggi.
stambécco *s. m.* (*pl. -chi*) Mammifero ruminante alpino degli Ungulati, affine alla capra, grigio rossastro con corna massicce inanellate curvate a scimitarra. [→ ill. *animali* 18]
stambèrga *s. f.* Casa squallida e sporca; SIN. Tugurio.
stambùgio *s. m.* Stanzino buio e squallido.
stamburàre ***A*** *v. tr. e intr.* (*aus. avere*) (*raro*) Suonare con insistenza il tamburo. ***B*** *v. tr.* (*fig.*) Vantare, decantare: — *i propri successi*.
stàme *s. m.* ***1*** La parte più fine e resistente della lana. ***2*** (*est.*) Filo, spec. dell'ordito | *Lo — della vita*, ipotetico filo a cui è legata la vita di ognuno. ***3*** (*bot.*) Organo maschile del fiore costituito da filamento e antera. [→ ill. *botanica*]
stamìgna *s. f.* Tessuto di tela rado ma resistente.
stàmpa *s. f.* ***1*** Particolare tecnica che permette di riprodurre uno scritto, un disegno e sim. in un numero illimitato di copie uguali partendo da un'unica matrice | (*est.*) Insieme di operazioni concrete proprie di tale tecnica: *iniziare la — di un libro*; *essere in corso di* —; *bozze di* — | *Dare un'opera alla* —, *alle stampe*, farla pubblicare. [→ ill. *stampa*] ***2*** Insieme di caratteri e immagini risultanti dalle operazioni di stampa: *la — non è nitida*. [→ ill. *ufficio*] ***3*** (*gener.*) Complesso delle pubblicazioni giornalistiche: — *quotidiana, periodica* | — *gialla*, scandalistica | — *rosa*, di tono sentimentale e galante | *Libertà di* —, diritto di manifestare liberamente il proprio pensiero a mezzo della stampa | *Godere di buona, cattiva* —, godere di buona o cattiva reputazione. ***4*** (*gener.*) Giornalisti, pubblicisti e sim. considerati nel loro insieme: *i giudizi della* — | *Conferenza* —, in cui un personaggio famoso risponde alle domande dei giornalisti. [→ ill. *giustizia*] ***5*** Riproduzione di un disegno, un quadro e sim. ottenuta mediante stampa: *la — di un'incisione* | (*est.*) Foglio contenente la riproduzione di un disegno, un quadro e sim.: *una — del Settecento*. ***6*** (*fot.*) Procedimento mediante il quale le immagini di una pellicola vengono trasferite su un'altra o su carta fotosensibile. ***7*** — *dei tessuti*, impressione su stoffa di un disegno a colori.
stampàggio *s. m.* Operazione di foggiatura entro stampi

stalla

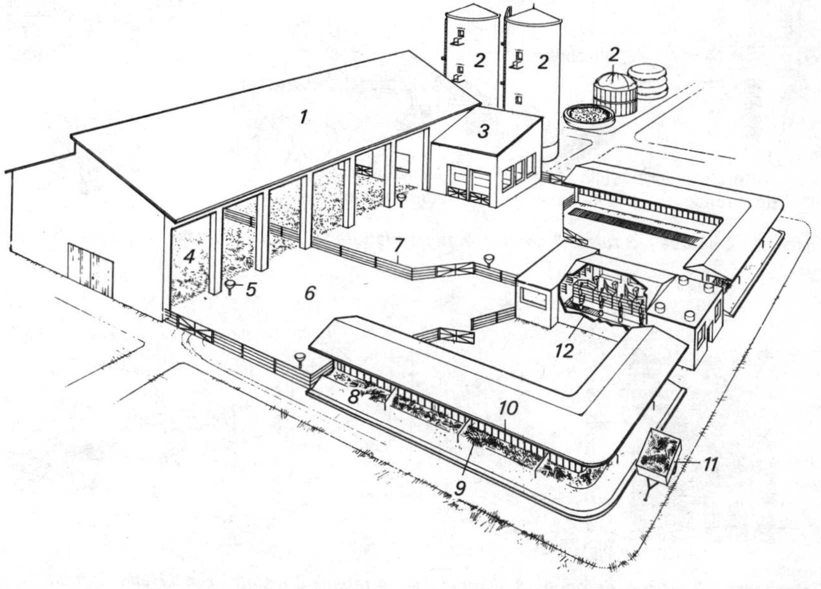

1 capannone per ricovero notturno 2 silo per foraggio 3 capannone per vitellini e mucche partorienti 4 strame 5 abbeveratoio 6 recinto 7 staccionata 8 mangiatoia 9 foraggio 10 rastrelliera 11 carrello per foraggio 12 reparto mungitura meccanica

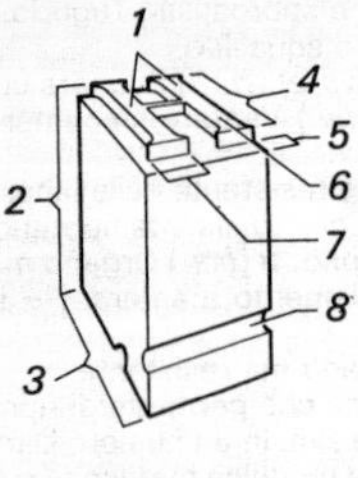

1 2 3 4 5 6 7 8

carattere mobile

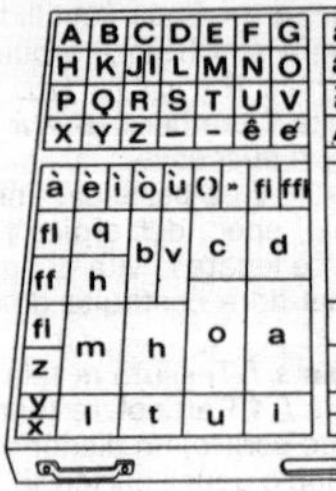

cassa

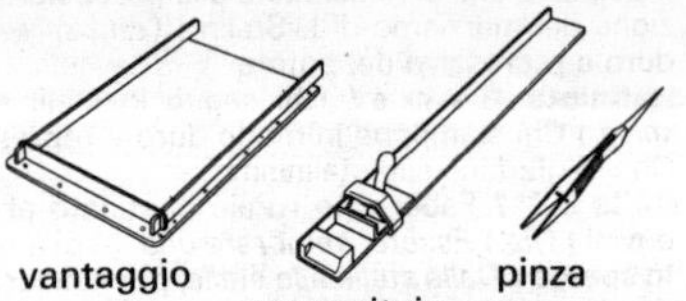

vantaggio

compositoio

pinza

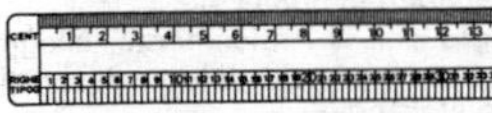

tipometro

monotype

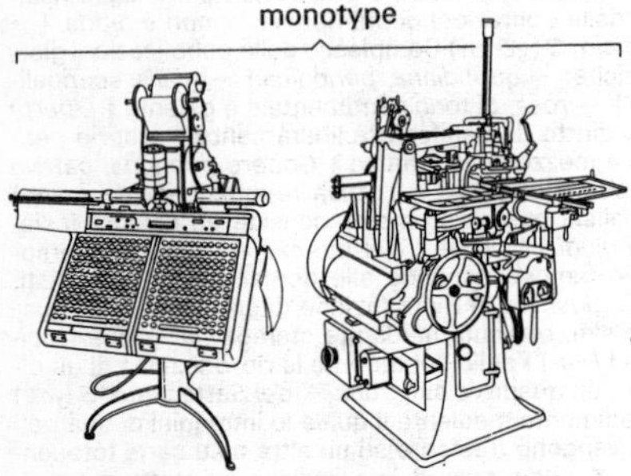

tastiera

compositrice-fonditrice

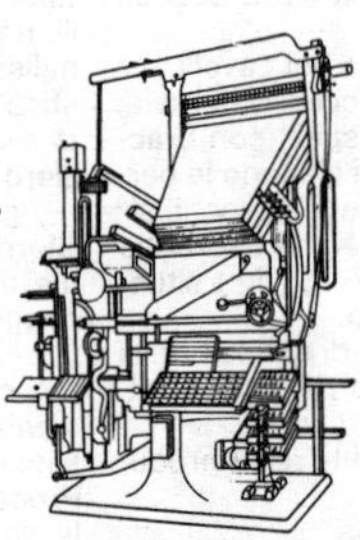

linotype

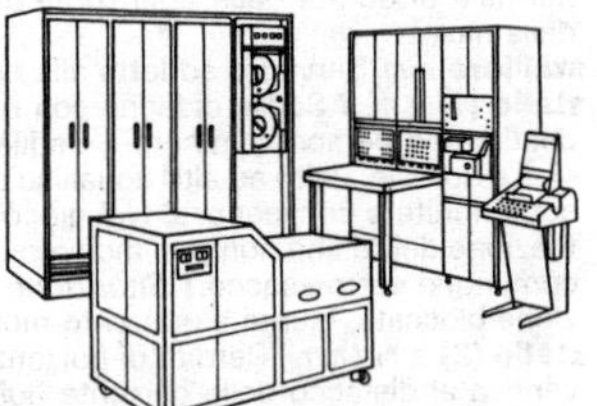

fotocompositrice

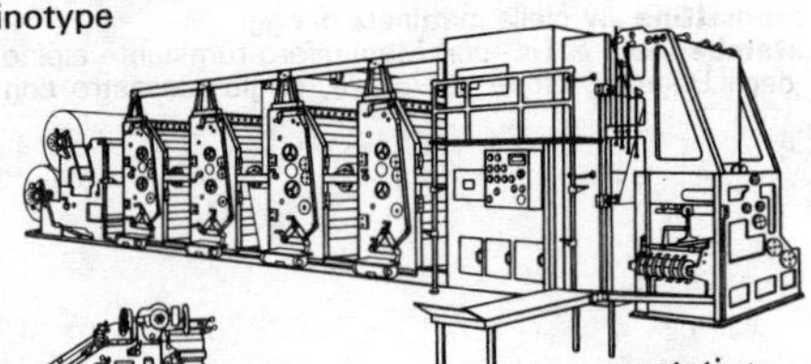

rotativa

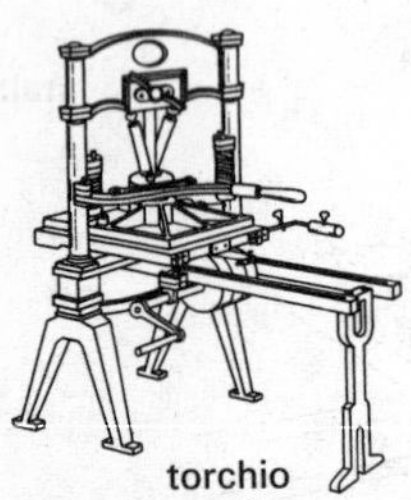

torchio tipografico

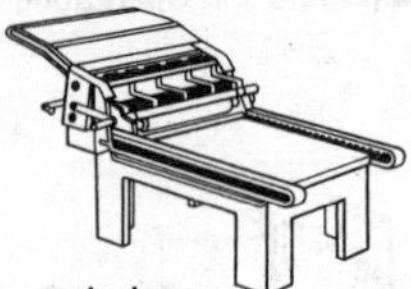

tirabozze

rullo per inchiostrare

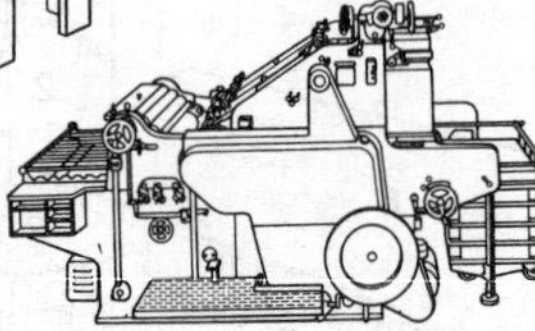

stampatrice piana

cliché

1 occhio 2 altezza 3 forza di corpo 4 altezza lettera 5 spalla 6 asta 7 grazie 8 tacca

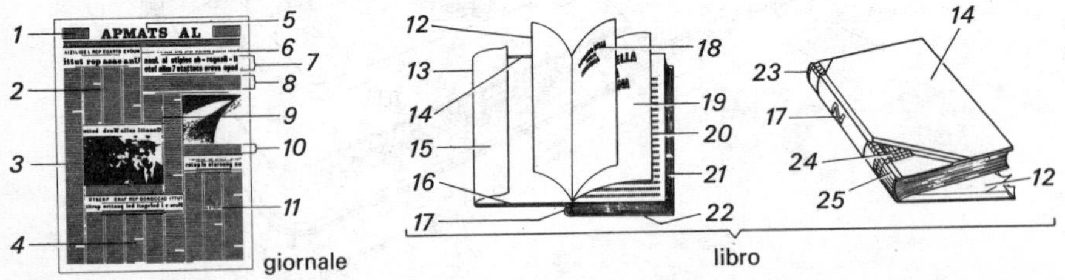

1 manchette 2 articolo di fondo 3 illustrazione 4 taglio 5 testata 6 occhiello 7 titolo 8 sommario 9 articolo di spalla 10 didascalia 11 sottotitolo 12 risguardo 13 sovraccoperta 14 copertina 15 risvolto 16 piatto anteriore 17 dorso 18 occhiello 19 frontespizio 20 pagina 21 taglio 22 piatto posteriore 23 capitello 24 garza 25 segnatura

di lamiere, pezzi metallici, materie plastiche e sim.

stampànte **A** *part. pres. di stampare; anche agg.* Che stampa. **B** *s. f.* (*elab.*) Tipica unità periferica di uscita dei dati sotto forma di prospetti stampati. [→ ill. *elaborazione dati*]

stampàre **A** *v. tr.* **1** Imprimere, lasciare impresso (*anche fig.*): – *orme sulla sabbia.* **2** Riprodurre mediante le operazioni di stampa: – *un libro.* **3** Pubblicare, dare alle stampe: – *un libro, un articolo* | (*est.*) Scrivere: *ha stampato tre volumi di memorie.* **4** Dire, fare in abbondanza e con facilità, *nelle loc.* (*fam.*): – *bugie,* – *figli* e sim. **5** Riprodurre mediante stampaggio: – *pezzi metallici.* **6** (*fot.*) Trasferire l'immagine di una pellicola su un'altra o su carta fotosensibile. **B** *v. intr. pron.* Restare impresso (*anche fig.*): *quelle parole gli si stamparono nel cuore.*

stampatèllo **A** *agg.* Detto di carattere a mano che imita quello di stampa. **B** *anche s. m.*

stampàto **A** *part. pass. di stampare; anche agg.* **1** Pubblicato per mezzo della stampa: *libro* –. **2** *Tessuto* –, con disegni a colori impressi dopo la tessitura. **3** (*fig.*) Impresso, chiaramente visibile: *portare* – *in viso il proprio vizio.* **4** *Circuito* –, circuito elettrico in cui alcuni componenti sono fabbricati per stampaggio su una base di laminato fenolico. [→ ill. *elettronica*] **B** *s. m.* **1** Foglio, opuscolo e sim. stampato: *affrancare gli stampati.* **2** Tessuto stampato.

stampatóre *s. m.* (*f. -trice*) **1** (*gener.*) Chi stampa | In una tipografia, operaio addetto alle macchine da stampa. **2** Operaio addetto allo stampaggio.

stampatrice *s. f.* Macchina atta a compiere il procedimento di stampa fotografica e cinematografica. [→ ill. *stampa*]

stampèlla *s. f.* Gruccia.

stamperìa *s. f.* Stabilimento in cui si eseguono stampati di vario genere.

stampìglia *s. f.* Timbro di metallo o gomma che serve a imprimere numeri, diciture, firme.

stampigliàre *v. tr.* (*io stampìglio*) Timbrare con la stampiglia.

stampigliatùra *s. f.* Operazione dello stampigliare | Timbro, segno e sim. impresso con la stampiglia.

stampìno *s. m.* **1** Disegno traforato su cartone, gomma o lastra metallica, che si riproduce applicandolo su una superficie e passandovi il pennello. **2** Piccolo ferro tagliente per fare buchi regolari.

stampista *s. m.* Chi è addetto alla preparazione e manutenzione di stampi.

stàmpo *s. m.* **1** Attrezzo da cucina, di forme e dimensioni varie, in cui si versano o plasmano sostanze allo stato liquido o pastoso che, solidificando, assumono la forma dell'attrezzo stesso: – *per dolci.* [→ ill. *cucina*] **2** Attrezzo meccanico di acciaio temperato, in genere applicato a una pressa, che reca impressa la modellatura dell'oggetto da riprodurre | *Essere fatto con lo* –, (*fig.*) di cosa o persona uguale a molte altre. [→ ill. *meccanica*] **3** (*fig.*) Indole, carattere: *sono tutti dello stesso* –; *un uomo di vecchio* – | Sorta, specie: *non voglio parlare con gente di quello* –. **4** Arnese per stampare disegni su stoffa, cuoio, intonaco. **5** Nella caccia, spec. di palude, uccello finto usato per attirare gli uccelli selvatici. [→ ill. *cacciatore*]

stanàre *v. tr.* **1** Fare uscire dalla tana; SIN. Snidare. **2** (*fig.*) Fare uscire qc. dal luogo in cui sta rinchiuso.

stànca *s. f.* Periodo dell'alta marea o della piena di un corso d'acqua in cui il livello dell'acqua rimane in stasi prima di cominciare a decrescere | (*est., fig.*) Ristagno.

stancàbile *agg.* Che si stanca facilmente; CONTR. Instancabile.

stancàre **A** *v. tr.* (*io stànco, tu stànchi*) **1** Rendere stanco, fisicamente o psichicamente: *la corsa mi ha stancato*; SIN. Affaticare. **2** Far venir meno l'impegno, indebolire la capacità di resistenza: – *l'avversario, il nemico.* **3** (*est.*) Annoiare, tediare, infastidire, anche ass.: *le sue chiacchiere stancano tutti.* **B** *v. intr. pron.* **1** Affaticarsi grandemente provocando un indebolimento fisico o psichico nel proprio organismo. **2** Annoiarsi: *mi sono stancato di ascoltarti.*

stanchézza *s. f.* Condizione di stanco; SIN. Spossatezza.

stànco *agg.* (*pl. m. -chi*) **1** Che, spec. a causa di una fatica sostenuta, si sente spossato, svigorito, indebolito nelle forze fisiche e psichiche, e desidera tranquillità e riposo: *essere* – *per la corsa*; *essere* – *nella mente*; SIN. Fiacco, spossato. **2** Che non sente più desiderio di continuare a fare una data cosa: *essere* – *di parlare* | Che non può più sopportare oltre: *sono* – *delle sue scenate.* **3** (*fig.*) Esaurito, spento: *fantasia stanca* | (*agr.*) *Terreno* –, esaurito, sfruttato | (*econ.*) *Mercato* –, in cui c'è scarsità di contrattazioni.

stand /*ingl.* stænd/ *s. m. inv.* (*pl. ingl. stands* /stændz/) **1** Spazio riservato a un espositore o a una categoria di prodotti in un'esposizione, fiera e sim. **2** Campo per il tiro a volo | Spazio destinato al pubblico di varie manifestazioni sportive.

stàndard /*ingl.* 'stændəd/ **A** *s. m. inv.* (*pl. ingl. standards* /'stændədz/) **1** Modello, esempio, punto di riferimento prestabilito: *attenersi a uno* – *comune* | Livello qualitativo: – *di vita.* **2** (*tecnol.*) Modello o tipo di un certo prodotto | Insieme di norme per unificare un certo prodotto. **B** *in funzione di agg. inv.* (*posposto al s.*) Tipico, unificato: *prodotto* – | *Misura* –, convenzionalmente accettata.

standardiẓẓàre *v. tr.* Ridurre prodotti industriali a pochi tipi standard e stabilire le norme relative: – *un prodotto*; SIN. Unificare | (*est., fig.*) Rendere uguale a q.c. che si assume come modello: – *la propria vita.*

standardiẓẓazióne *s. f.* Conformazione a modelli standard (*anche fig.*).

standing /*ingl.* 'stændiŋ/ *s. m. inv.* (*pl. ingl. standings* /'stændiŋz/) (*banca*) Posizione finanziaria di una persona o di un'azienda.

standista *s. m. e f.* (*pl. m. -i*) Chi allestisce uno stand | Chi riceve i visitatori di uno stand.

stànga *s. f.* **1** Lungo legno squadrato. [→ ill. *sport*] **2** Ciascuno dei due bracci paralleli di carro o carrozza tra i quali si pone l'animale da tiro. [→ ill. *finimenti*] **3** Sbarra che separa i cavalli tra loro nelle stalle. **4** (*fig., pop.*) Persona, spec. donna, alta e magra.

stangàre *v. tr.* (*io stàngo, tu stànghi*) **1** Puntellare con la stanga: – *l'uscio.* **2** Percuotere con la stanga. **3** (*fig.*) Infliggere un danno, una perdita e sim.: – *i cittadini con tasse esose.*

stangàta *s. f.* **1** Colpo di stanga. **2** (*fig.*) Spesa superiore al previsto | Danno economico, grave perdita: *il fallimento è stato una vera* – | Sacrificio economico gener. imprevisto richiesto dallo Stato alla collettività. **3** (*fig.*) Cattivo risultato: *prendere una* – *agli esami.* **4** Nel calcio, tiro molto forte con traiettoria tesa.

stanghétta *s. f.* **1** *Dim. di stanga.* **2** Ferretto quadrangolare del chiavistello che, col volgere della chiave, esce fuori dalla toppa, entra nella bocchetta e serra l'uscio. **3** Ciascuna delle due piccole aste laterali che servono a fermare gli occhiali alle orecchie. [→ ill. *ottica*] **4** (*mus.*) Lineetta verticale che divide i valori costituenti una data misura.

stanòtte *avv.* Nella notte in corso, in quella immediatamente passata, o in quella che sta per venire.

stànte **A** *part. pres. di stare; anche agg.* Che sta | *A sé* –, distinto, separato dagli altri: *appartamento a sé* – | Con valore avverbiale *seduta* –, mentre si svolge la seduta; (*est.*) immediatamente: *mi ha risposto seduta* –. **B** *prep.* A causa di, per la presenza o condizione di: – *il cattivo tempo, non partiremo.*

stantìo **A** *agg.* **1** Che ha perso freschezza, bontà di sapore, per essere stato conservato troppo a lungo, detto spec. di cibo: *burro* –. **2** (*est.*) Vecchio, disusato: *usanza stantia* | (*fig.*) Non più attuale: *notizie stantie.* **B** *s. m. solo sing.* Odore, sapore di cosa stantia.

stantùffo *s. m.* (*mecc.*) Elemento a sezione circolare che nelle macchine a moto alternativo riceve o trasmette tramite un'asta la spinta del fluido motore entro un cilindro. [→ ill. *motore*]

stànza *s. f.* **1** (*raro, lett.*) Atto dello stare in un luogo | Luogo di dimora: *prendere* – *in un luogo* | (*mil.*) *Essere di* –, avere sede abituale. **2** (*gener.*) Ambiente interno di un edificio, spec. di un appartamento: – *da pranzo*; – *di soggiorno* | – *dei bottoni,* (*fig.*) luogo da cui si esercita un importante comando, in cui sono le leve del potere, spec. politico; SIN. Camera. **3** (*letter.*) Gruppo di versi costituente l'unità metrica della canzone; SIN. Strofa | Ottava.

stanziàle *agg.* Che dimora stabilmente in un luogo.

stanziaménto *s. m.* **1** Assegnazione di una somma in bilancio | La somma stanziata. **2** Insediamento stabile in un luogo.

stanziàre A *v. tr.* (*io stànzio*) Inserire una spesa in un bilancio preventivo. **B** *v. intr.* Dimorare. **C** *v. intr. pron.* Prendere dimora stabile in un luogo: *gli invasori si stanziarono a sud.*

stanzino *s. m.* **1** *Dim. di stanza.* **2** Piccola stanza che serve come spogliatoio e sim. | (*euf.*) Gabinetto.

stappàre *v. tr.* Levare il tappo: – *una bottiglia*; SIN. Sturare; CONTR. Tappare.

star /*ingl.* sta:/ *s. f. inv.* (*pl. ingl. stars* /sta:z/) **1** Attrice o attore molto famoso e importante | (*est.*) Il personaggio più importante. **2** (*mar.*) Media imbarcazione a vela da regata, con scafo a spigolo e chiglia fissa. ● SIN. Stella. [→ ill. *marina*]

stàre *v. intr.* (*pres. io sto, tu stài, egli sta, noi stiàmo, voi stàte, essi stànno; fut. io starò; pass. rem. io stètti, tu stésti, egli stètte, noi stémmo, voi stéste, essi stèttero; congv. pres. io stìa, tu stìa, egli stìa, noi stiàmo, voi stiàte, essi stìano; congv. imperf. io stéssi; condiz. pres. io starèi, tu starésti; imper. sta o sta'* (V. nota d'uso ELISIONE e TRONCAMENTO) *o stài, stàte; part. pass. stàto; aus. essere*) ATTENZIONE! *sto* e *sta* non vanno accentati; *sta'* (seconda pers. imperat.) vuole l'apostrofo (V. nota d'uso ELISIONE e TRONCAMENTO) **1** Esprime il rimanere in un dato luogo, una data posizione, una data situazione, per un periodo più o meno lungo: *vado fuori, ma ci starò poco; sono stata a fare quattro chiacchiere* | Indugiare, tardare: *stette alquanto prima di decidere.* **2** Sempre seguito da una determinazione che ne specifica il senso, esprime l'essere, il trovarsi, il venirsi a trovare, in un dato luogo, una data condizione o posizione, anche con riferimento allo stato di vita e di salute, alle condizioni economiche e di lavoro e sim.: – *ad aspettare qc.*; – *in casa*; – *a scuola*; – *con la porta chiusa*; – *in compagnia*; – *in ginocchio, a testa alta*; – *in ansia, col cuore in gola*; – *bene di salute*; *è stato male con la gola*; – *a servizio, alla cassa*; – *a guardia di q.c.* | *Chiedere come sta qc., chiedere a qc. come sta*, domandare notizie della sua salute | Avere il proprio domicilio, la propria abitazione: *sta di casa in via Roma*; *sta in via Roma* | (*est.*) Vivere: *sta con i genitori* | – *come un papa, come un re* e sim., con ogni comodità | Essere collocato, situato, detto di cose: *il libro sta nel cassetto* | *Non – né in cielo, né in terra*, di cosa assurda, priva di senso. **3** S'avvicina a taluni significati del v. essere | (*gener.*) Essere: *le cose stanno così*; *adesso sto tranquillo* | *Stando ciò, stando così le cose*, poiché la situazione è questa | – *a cuore*, importare molto | – *a dieta*, seguire una dieta | Dipendere: *sta a vedere se è vero* | *Sta in me, in lui*, ecc., dipende da me, da lui, ecc. | Consistere: *qui sta il difficile.* **4** Essere contenuto, entrarci: *in quel recipiente ci sta un litro* | (*fig.*) *Non – in sé dalla gioia*, non saperla trattenere, dimostrarla a tutti | (*mat.*) Avere rapporto, proporzione: *20 sta a 100 come 5 sta a 25.* **5** Esprime varie relazioni grammaticali | Seguito da un gerundio, indica la continuità dello svolgimento dell'azione espressa dal verbo stesso: *stavamo parlando di te* | Seguito dalla prep. *a* e l'inf., indica l'esecuzione dell'azione espressa dal verbo stesso: – *a chiacchierare, a leggere, a guardare* | Seguito dalla prep. *per* e l'inf. indica l'imminenza dell'azione espressa dal verbo stesso: *sta per piovere.* **6** Assume significati diversi a seconda delle loc. in cui ricorre | Nella loc. – *a*, attenersi: – *al regolamento* | – *alle apparenze*, giudicare basandosi solo su elementi esterni | – *alle parole di qc.*, fidarsene | – *allo scherzo*, accettarlo con spirito, senza risentirsene | Nella loc. – *bene*, essere in buona salute e (*est.*) in buone condizioni economiche; adattarsi bene, spec. di indumenti: *il cappello ti sta bene al viso*; essere opportuno, decente: *non sta bene sbadigliare in pubblico*; essere meritato, detto di cosa spiacevole: *ti sta bene*; *ben ti sta, così impari* | Nella loc. – *male*, essere in cattiva salute e (*est.*) in cattive condizioni economiche; non adattarsi: *quel cappello ti sta male* | Nella loc. – *con*, abitare insieme con qc.: *sta con i genitori*; convivere: *sta con quell'uomo da molti anni*; stare in compagnia di qc.: *si sta bene con loro* | Nella loc. *starci*, accettare, acconsentire: *ci state a fare una gita?* | Nella loc. *lasciare* –, non toccare una cosa, non occuparsi di q.c. o di qc.: *lasciate – i miei libri*; *quest'affare scotta, lascialo* – | Nella loc. *non poter – senza q.c. o qc.*, non poterne fare a meno: *non posso – senza di lui.* [→ tav. *proverbi* 177, 348; → tav. *locuzioni* 2, 99]

starlet /*ingl.* 'sta:lit/ *s. f. inv.* (*pl. ingl. starlets* /'sta:lits/) Giovane attrice cinematografica, con doti personali di fascino.

stàrna *s. f.* Uccello affine alla pernice, grigiastro con strisce scure dorsali. [→ ill. *animali* 11]

starnazzàre *v. intr.* (*aus. avere*) **1** Agitare le ali gettandosi la terra addosso, detto dei gallinacei e di altri uccelli. **2** (*fig., scherz.*) Agitarsi scioccamente facendo chiasso, detto di persona.

starnutàre *v. intr.* (*aus. avere*) Starnutire.

starnutìre *v. intr.* (*io starnutìsco, tu starnutìsci; aus. avere*) Compiere starnuti.

starnùto *s. m.* Violento atto espiratorio, riflesso, involontario, consecutivo a profonda inspirazione, con urto sonoro dell'aria contro le fauci.

start /*ingl.* sta:t/ *s. m. inv.* (*pl. ingl. starts* /sta:ts/) Fotogramma d'inizio di film.

stàrter /*ingl.* 'sta:tə/ *s. m. inv.* (*pl. ingl. starters* /'sta:təz/) **1** Chi dà il via in una gara di corsa. **2** Negli autoveicoli, dispositivo per facilitare l'avviamento del motore.

stasàre o *staṣàre* *v. tr.* Liberare da intasamenti: – *un condotto*; CONTR. Intasare.

staséra *avv.* Questa sera, nella serata che sta per venire o che è già in corso.

stàṣi *s. f.* **1** (*med.*) Rallentamento della corrente sanguigna in un organo. **2** (*fig.*) Ristagno, arresto momentaneo: *c'è una – nel commercio.*

stàṣimo *s. m.* Nella tragedia greca, canto del coro che divide un episodio dall'altro.

statàle A *agg.* Dello Stato. **B** *s. m. e f.* Chi è impiegato presso un ufficio dello Stato o di altro ente pubblico. **C** *s. f.* Strada statale.

statalìṣmo *s. m.* **1** Teoria politica che riconosce, come unica fonte di diritto, lo Stato. **2** Concezione politica fautrice dell'intervento dello Stato nella vita economica.

statalizzàre *v. tr.* Rendere di proprietà statale.

statalizzazióne *s. f.* Trasferimento dai privati allo Stato della proprietà e gestione di imprese produttive o servizi.

statère *s. m.* Moneta greca d'oro o d'argento diffusa spec. nei sec. VI-IV a.C. [→ ill. *moneta*]

stàtica *s. f.* **1** (*fis.*) Parte della meccanica che studia l'equilibrio dei corpi sottoposti a forze. **2** (*est.*) Complesso delle condizioni di stabilità e di equilibrio di una costruzione: *il palazzo ha buona* –.

staticità *s. f.* Condizione di ciò che è statico.

stàtico *agg.* (*pl. m. -ci*) **1** (*fis.*) Relativo alla statica | *Sollecitazione statica*, sollecitazione applicata a un corpo in modo da non turbarne l'equilibrio | *Elettricità statica*, relativa a cariche elettriche in quiete. **2** Che ha buone condizioni di stabilità e di equilibrio: *ponte* –. **3** (*fig.*) Che è privo di sviluppo in qualsiasi senso: *situazione statica* | *Linguistica statica*, studio di una lingua nello stato in cui si trova; CONTR. Dinamico.

statino *s. m.* **1** Prospetto, specchietto. **2** Modulo rilasciato allo studente universitario, comprovante il pagamento delle tasse, l'iscrizione all'esame e sim.

station wagon /*ingl.* 'steiʃən 'wægən/ *loc. sost. f. inv.* (*pl. ingl. station wagons* /'steiʃən 'wægənz/) Automobile con porta e sedili posteriori ribaltabili, con ampio spazio per bagagli e merci.

statista *s. m.* (*pl. -i*) Uomo di Stato | Chi governa uno Stato.

statistica *s. f.* **1** Insieme dei metodi aventi per oggetto lo studio di fenomeni collettivi. **2** (*fis.*) Legge probabilistica di distribuzione delle particelle di un sistema che permette di definire le proprietà del sistema stesso quando l'elevato numero delle particelle non consente lo studio di ognuna di esse. **3** (*est.*) Raccolta organica e ordinata di dati: *fare la – della popolazione* | (*est.*) Calcolo accurato.

statìstico A *agg.* (*pl. m. -ci*) Della statistica. **B** *s. m.* Chi si occupa di statistica.

stativo *s. m.* Supporto per microscopi e altri strumenti

di precisione. [→ ill. *fisica*]
statizzàre *v. tr.* Statalizzare.
statizzazióne *s. f.* Statalizzazione.
stàto *s. m.* **1** Lo stare, lo stare fermo: *verbi di — e verbi di moto.* **2** Modo di essere, di trovarsi: *lo — delle cose; lo — del mondo; essere in uno — pietoso;* SIN. Condizione. **3** Modo di vivere, di persone o animali: *— di civiltà; vivere allo — selvaggio.* **4** Condizione economica e sociale: *essere nato in, di, umile —; essere salito in grande —.* **5** Condizione di una persona relativamente alla posizione che essa occupa nell'ambito della famiglia, della collettività e sim.: *— nubile, coniugale* | *— giuridico,* qualificazione attribuita dall'ordinamento giuridico a un soggetto in relazione alla sua posizione nella collettività, come cittadino, coniuge, figlio e sim.: *— civile; — di famiglia; — libero* | Documento comprovante tale condizione: *richiedere lo — di famiglia.* **6** Condizione di carattere eccezionale in cui si trovano una o più persone: *essere in — di accusa; essere in — di emergenza* | *— d'assedio,* disposizione diretta a mantenere l'ordine pubblico turbato da sommosse. **7** Condizione di salute, sia fisica sia psichica: *— di salute; essere in — di gravidanza* | *— d'animo,* condizione di spirito | *— di grazia,* nella teologia cattolica, condizione di chi ha la grazia santificante; (*fig.*) condizione di particolare euforia, ispirazione e sim. **8** Classe sociale, ceto: *anticamente il popolo francese era diviso in tre stati* | *Il terzo —,* la borghesia. **9** (*dir.*) Situazione | *— di fallimento,* insolvibilità. **10** (*chim.*) Particolare condizione in cui una sostanza si trova | *Stati di aggregazione,* ognuno dei diversi modi nei quali le molecole di una sostanza possono trovarsi associate: *— solido, liquido, gassoso.* **11** (*mil.*) *Stato maggiore,* complesso di ufficiali qualificati posti alla guida e direzione dei comandi di grandi unità. **12** (spec. con iniziale maiuscola) Persona giuridica territoriale sovrana costituita dall'organizzazione politica di un gruppo sociale stanziato stabilmente su di un territorio: *— monarchico, repubblicano; — democratico; capo dello —* | *Colpo di —,* sovvertimento illegittimo dell'organizzazione costituzionale dello Stato | *Ragion di —,* la logica dell'azione politica di uno Stato | *Affare di —,* che concerne strettamente lo Stato | (*fig.*) *Fare un affare di — di q.c.,* fare gran rumore attorno a q.c. di scarsa importanza. **13** (*est.*) Territorio di uno Stato.
-stato *secondo elemento*: in parole composte scientifiche e tecniche, spec. riferito a strumenti, indica capacità di stabilizzare (*termostato*) o capacità di sostenersi (*aerostato*).
statolatrìa *s. f.* Culto assoluto ed esclusivo dell'autorità dello Stato.
statóre *s. m.* (*mecc.*) Parte non rotante di macchina elettrica, turbina e sim.; CONTR. Rotore. [→ ill. *motore*]
statoreattóre *s. m.* Tipo di reattore per altissime velocità, in cui la compressione dell'aria permette di eliminare gli organi rotanti; SIN. Autoreattore.
stàtua *s. f.* **1** Opera di scultura a tutto tondo, rappresentante una persona, un animale o una cosa personificata: *una — di marmo* | Figura scolpita: *la — di un condottiero* | *— equestre,* raffigurante una persona a cavallo. **2** (*fig.*) Persona dall'aspetto solenne | Persona muta e immobile.
statuàle *agg.* Dello Stato, quale persona giuridica territoriale sovrana: *organo —.*
statuària *s. f.* (*raro*) Scultura.
statuàrio *agg.* **1** Di statua | Da statua: *marmo —.* **2** (*est.*) Degno di una statua: *bellezza statuaria.*
statuìre *v. tr.* (*pres. io statuìsco, tu statuìsci; part. pass. statuìto*) (*lett.*) Stabilire; SIN. Sancire.
statuizióne *s. f.* (*dir.*) Affermazione di diritto posta dall'autorità.
statunitènse *agg.; anche s. m. e f.* Degli Stati Uniti d'America.
statu quo /*lat.* 'statu 'kwɔ/ o *status quo* /*lat.* 'status 'kwɔ/ *loc. sost. m. inv.* Situazione di fatto, rilevante spec. in campo giuridico e politico, che sussiste in un dato momento: *l'invasione della Polonia interruppe lo — europeo nel 1939.*
statùra *s. f.* **1** Altezza del corpo umano che sta in posizione eretta: *essere di — media* | (*est.*) Altezza di alcuni animali, misurata dal piede alla spalla. **2** (*fig.*) Altezza morale, d'animo, d'ingegno: *essere di alta — morale.*
status /*lat.* 'status/ *s. m. inv.* Posizione di un individuo in una struttura sociale | Stato giuridico.
status quo /*lat.* 'status 'kwɔ/ V. *statu quo.*
status symbol /*ingl.* steitəs 'simbəl/ *loc. sost. m. inv.* (*pl. ingl. status symbols* /steitəs 'simbəlz/) Ogni segno visibile riconosciuto come indice di appartenenza a una classe sociale elevata o che denota una condizione di prestigio: *l'automobile come —.*
statutàrio *agg.* Di statuto.
statùto *s. m.* **1** Atto che disciplina l'organizzazione e l'attività di una persona giuridica: *— della società* | *— albertino,* carta costituzionale del Regno di Sardegna, poi d'Italia, concessa nel 1848, oggi sostituita dall'attuale Costituzione. **2** (*est.*) Complesso di deliberazioni normative di un ente. **3** Nel Medioevo, corpo delle leggi comunali.
staurotèca *s. f.* Custodia di reliquie, spec. della Croce di Cristo, di piccolo formato.
stavòlta *avv.* (*fam.*) Questa volta.
stayer /*ingl.* 'steiə/ *s. m. inv.* (*pl. ingl. stayers* /'steiəz/) (*sport*) Cavallo da corsa con attitudine per le gare di fondo | Nel ciclismo, mezzofondista.
stazionàle *agg.* (*relig.*) Che si riferisce alla Via Crucis: *processione —.*
stazionaménto *s. m.* Sosta spec. di veicoli in un luogo. [→ ill. *automobile*]
stazionàre *v. intr.* (*io stazióno; aus. avere*) Essere di stazione in un luogo | Stare fermo in un luogo, detto spec. di veicoli: *le automobili stazionano nella piazza.*
stazionàrio *agg.* **1** Che rimane fermo in un luogo. **2** Detto di animale che non migra ma trascorre tutta la vita nella medesima zona: *uccelli stazionari.* **3** (*fig.*) Che non muta: *la situazione è stazionaria.*
stazióne *s. f.* **1** Complesso degli impianti necessari all'espletamento del traffico di viaggiatori e merci: *— ferroviaria, marittima, aerea* | ass. Stazione ferroviaria: *ti accompagno alla —.* [→ ill. *ferrovia, miniera*] **2** Fermata, sosta, spec. di veicoli: *essere di — in un luogo.* **3** Anticamente, luogo attrezzato per il cambio dei cavalli. **4** Località di villeggiatura e di soggiorno: *— climatica, balneare.* **5** Luogo, edificio, attrezzato per la prestazione di particolari servizi | *— sanitaria,* ambulatorio | *— di servizio,* autostazione | *— trasmittente,* luogo ove esistono uno o più trasmettitori radio o televisivi | *— ricevente,* luogo ove esistono uno o più ricevitori | *— di trasformazione,* luogo ove si procede alla trasformazione della corrente alternata. [→ ill. *petrolio, porto, strada*] **6** Piccolo osservatorio scientifico: *— astronomica; — meteorologica.* **7** *— spaziale,* satellite artificiale attrezzato come base di riferimento per astronavi. **8** (*relig.*) Nella pratica della Via Crucis, ciascuna delle quattordici immagini dinanzi alle quali i fedeli sostano, e le orazioni che accompagnano tale sosta. **9** (*mil.*) Nucleo di uomini destinato a restare fisso in una determinata posizione | Giurisdizione delle minori unità dei carabinieri. **10** Posizione del corpo umano: *— eretta, supina* | Posizione dell'animale in piedi.
stàzza *s. f.* Capacità di carico di una nave, determinata da un'unità di misura ('tonnellata di stazza') pari a m^3 2,83168 | *— lorda* o *di registro,* corrispondente al volume interno della nave | *— netta,* ottenuta togliendo alla stazza lorda lo spazio non utilizzabile per il carico.
stazzàre *v. tr.* **1** Misurare la stazza di un'imbarcazione. **2** Avere una determinata capacità, detto di nave.
stazzatùra *s. f.* Misurazione della stazza.
stàzzo *s. m.* Recinto all'aperto del gregge.
stazzonàre *v. tr.* (*io stazzóno*) Maneggiare malamente, sgualcire: *— un abito.*
steamer /*ingl.* 'sti:mə/ *s. m. inv.* (*pl. ingl. steamers* /'sti:məz/) (*mar.*) Nave a vapore.
steàrico *agg.* (*pl. m. -ci*) (*chim.*) Detto di acido grasso saturo monovalente, presente in organismi animali e vegetali, usato spec. per fabbricare candele | *Candela stearica,* di stearina.
stearìna *s. f.* (*chim.*) Gliceride dell'acido stearico, costituente di grassi animali, usato spec. nella preparazione di candele.
steatite *s. f.* **1** (*miner.*) Varietà compatta di talco. **2** Pietra da sarto.

stécca *s. f.* **1** Asticella stretta e sottile, spec. di legno: *le stecche del ventaglio; metro a stecche.* [→ ill. *abbigliamento, falegname, finestra, marina, metro*] **2** Sottile asta di materiale vario, adibita a usi diversi | *Stecche dell'ombrello*, bacchette d'acciaio che ne costituiscono l'ossatura | *Stecche di balena*, i fanoni, usati per busti e ventagli | – *del biliardo*, asta tonda di frassino, più sottile in cima ove è guarnita di un girello di cuoio, per colpire la palla | *Fare una* –, colpire male la palla. [→ ill. *giochi, scultore*] **3** (*fig.*) Stonatura improvvisa di un cantante o di uno strumento: *fare, prendere, una* –. **4** Scatola o involucro contenente dieci o venti pacchetti di sigarette.
steccàre *A v. tr.* (*io stécco, tu stécchi*) **1** Dotare di stecche | Cingere con uno steccato: – *il giardino.* **2** Fasciare con una stecca: – *una gamba rotta.* **3** Lardellare la carne introducendo spezie. **4** (*fig.*) Sbagliare: – *una nota.* **B** *v. intr.* (*aus. avere*) Fare una stecca, giocando a biliardo, cantando o suonando.
steccàta *s. f.* **1** Steccato. **2** Colpo di stecca.
steccàto *s. m.* **1** Riparo, recinto, chiusura fatta di stecche o stecconi. **2** Nell'ippica, delimitazione della pista composta di pali infitti nel terreno e collegati fra loro. **3** Spiazzo cinto con uno steccato adibito a tornei, giostre e sim.
stecchétto *s. m.* **1** *Dim. di stecco.* **2** *Nella loc. avv. a* –, con scarsità di cibo, di denaro, di mezzi: *stare, far stare, tenere a* –.
stecchìno *s. m.* **1** *Dim. di stecco.* **2** Stuzzicadenti.
stecchìre *A v. intr. e intr. pron.* (*io stecchisco, tu stecchisci; aus. essere*) Diventare secco | Diventare rigido. **B** *v. tr.* **1** (*raro*) Far diventare secco. **2** Uccidere sul colpo: *con un colpo di fucile stecchì l'animale.*
stecchìto *part. pass. di stecchire; anche agg.* Molto magro: *forme stecchite* | *Morto* –, morto sul colpo | (*fig.*) *Lasciare* –, molto sorpreso.
stécco *s. m.* (*pl. -chi*) **1** Ramoscello sfrondato e secco | *Essere sottile come uno* –, *essere uno* –, (*fig.*) di persona molto magra. **2** Bastoncino aguzzo.
stecconàta *s. f.* Steccato.
steccóne *s. m.* **1** Stecca lunga e larga, appuntita alla sommità, usata spec. per fare steccati. **2** Lunga stecca da biliardo.
stechiometrìa *s. f.* (*chim.*) Studio delle relazioni numeriche, in peso e volume, fra elementi e composti, delle proporzioni con cui gli elementi si combinano fra loro, delle quantità di elementi o composti interessati a una reazione.
stechiomètrico *agg.* (*pl. m. -ci*) Della stechiometria.
steeplechase /*ingl.* 'sti:pltʃeis/ *s. m. inv.* (*pl. ingl. steeplechases* /'sti:pltʃeisiz/) Nell'ippica, corsa a ostacoli, con siepi naturali o artificiali.
stégola *s. f.* Dispositivo di varie macchine agricole munito di impugnatura che ne consente la guida da parte dell'operatore: *le stegole dell'aratro.*
stegosàuro *s. m.* Grande rettile mesozoico, appartenente ai Dinosauri, provvisto dorsalmente di placche ossee e di spinosità sulla coda. [→ ill. *paleontologia*]
stèle *s. f.* (*pl. stèle, stèli*) Lastra in pietra o marmo, funeraria o commemorativa, adorna spesso di rilievi e scritture.
stélla *s. f.* **1** Corpo celeste splendente di luce propria, come il sole: – *nana, gigante* | – *cadente, filante*, meteora | – *polare*, la stella dell'Orsa Minore, situata allo zenit del Polo Nord. **2** (*est., gener.*) Qualunque corpo celeste luminoso: *il chiarore delle stelle; notte piena di stelle; stelle erranti, fisse* | (*fig.*) *Andare, giungere, salire alle stelle*, salire molto in alto; rincarare, detto dei prezzi | (*fig.*) *Levare, portare qc. alle stelle*, esaltarlo, magnificarlo | (*fig.*) *Vedere le stelle*, provare un fortissimo dolore fisico. **3** *al pl.* (*fig.*) Occhi lucenti e molto belli. **4** Destino, sorte, secondo l'antica credenza che riteneva le vicende umane sottoposte agli influssi degli astri: *nascere sotto una buona, una cattiva* –. **5** (*est.*) Persona che protegge, aiuta, *spec. nella loc. essere la buona* – *di qc.* **6** (*poet.*) Donna bellissima | Donna amata. **7** Attrice, attore o, (*est.*) personaggio molto famoso; SIN. Star. **8** Oggetto, struttura, a forma di stella | – *dello sperone*, rotellina, rosetta | *A* –, a forma di stella, cioè con un certo numero di punte o raggi che si dipartono dal centro: *motivo ornamentale a* – | *Stelle filanti*, strisce di carta arrotolate variamente colorate che si lanciano in aria spec. a carnevale. **9** (*mar.*) Imbarcazione a vela da regata; SIN. Star. **10** Distintivo, emblema a forma di stella: *la* – *d'Italia* | Simbolo di classificazione di certe prestazioni: *hotel a quattro stelle.* **11** (*bot.*) – *alpina*, pianta erbacea alpina delle Sinandrali, con rizoma cilindrico, foglie lanuginose, piccoli capolini raggruppati circondati da brattee anch'esse lanuginose; SIN. Edelweiss | – *di Natale*, pianta arbustiva delle Euforbiali, con fiori gialli circondati da grandi bratee rosse disposte a forma di stella. [→ ill. *piante* 14] **12** (*zool.*) – *di mare*, animale invertebrato degli Echinodermi con corpo a forma di stella con cinque o più bracci. [→ ill. *animali* 5]
stellànte *agg.* **1** (*poet.*) Pieno di stelle: *cielo* –. **2** Che splende come stella: *occhi stellanti.*
stellàre *agg.* **1** Di stella, della stella: *luce* –. **2** Che è a forma di stella. **3** (*mecc.*) Detto di motore a scoppio in cui gli assi dei cilindri sono disposti a raggiera.
stellàto *A agg.* **1** Pieno, disseminato di stelle: *cielo* – | *Bandiera stellata*, (*per anton.*) quella degli Stati Uniti d'America | (*est.*) Cosparso, disseminato: *un prato* – *di fiori.* **2** Che è a forma di stella: *ricamo* –. **B** *s. m.* Cielo stellato | Quantità di stelle che si vedono a ciel sereno.
stellétta *s. f.* **1** *Dim. di stella* (1). **2** *al pl.* Distintivo che contraddistingue lo stato militare degli appartenenti alle forze armate. [→ ill. *uniforme militare*] **3** Asterisco.
stellìna *s. f.* **1** *Dim. di stella* (1). **2** Giovane attrice cinematografica; SIN. Starlet. **3** *spec. al pl.* Pastina da brodo, a forma di piccole stelle. [→ ill. *pasta*]
stelloncìno *s. m.* (*giorn.*) Asterisco | Trafiletto.
stèlo *s. m.* **1** (*bot.*) Fusto delle piante erbacee e dei fiori. **2** (*est.*) Asta di sostegno di forma allungata e sottile: *lo* – *dello stantuffo* | *Lampada a* –, con lungo fusto poggiante sul pavimento. [→ ill. *illuminazione, radio, televisione*]
stèmma *s. m.* (*pl. -i*) **1** L'insieme dei contrassegni di nobiltà: *lo* – *degli Asburgo* | Emblema: *lo* – *di Firenze.* **2** – *dei codici*, schema che, come in un albero genealogico, rappresenta le relazioni di dipendenza dei vari codici di un testo.
stemperàre o *stempràre* **A** *v. tr.* (*io stèmpero*) **1** Diluire in un liquido: – *i colori nell'olio.* **2** Togliere la tempera: – *l'acciaio.* **3** (*raro*) Togliere la punta: – *una penna.* **B** *v. intr. pron.* **1** Perdere la tempera o la punta. **2** (*raro*) Struggersi: *stemperarsi in lacrime.*
stempiàrsi *v. intr. pron.* (*io mi stèmpio*) Perdere i capelli sulle tempie.
stempràre V. *stemperare.*
stendàrdo *s. m.* **1** Insegna o bandiera, nelle antiche milizie | Fino alla seconda guerra mondiale, bandiera dei reggimenti di cavalleria e di artiglieria. [→ ill. *bandiera*] **2** Bandiera o gonfalone che, nelle processioni cattoliche, porta l'immagine del patrono.
stèndere *A v. tr.* (*pass. rem. io stési, tu stendésti; part. pass. stéso*) **1** Allungare, distendere, allargare: – *le braccia, le gambe* | – *la mano*, per dare o prendere q.c.; (*est.*) chiedere l'elemosina. **2** Sciorinare, mettere all'aria, anche ass.: – *la biancheria* | Spiegare, svolgere: – *un tappeto.* **3** Spianare, spalmare: – *il burro sul pane.* **4** Mettere a giacere: *lo stesero sul letto.* **5** Mettere per iscritto: – *un verbale.* **B** *v. rifl.* Allungarsi, distendere il corpo: *mi stendo un po'.* **C** *v. intr. pron.* Estendersi nello spazio: *il ponte si stende da un versante all'altro.*
stendibiancherìa *s. m. inv.* Attrezzo in metallo o plastica su cui si stende, anche all'interno dell'abitazione, la biancheria da asciugare.
stenditóio *s. m.* Locale in cui si stendono i panni | Arnese a braccia o a fili su cui si mettono ad asciugare i panni.
stenìa *s. f.* Senso di forza organica; CONTR. Astenia.
stèno- *primo elemento*: in parole composte significa 'stretto' (*stenocardia*) o ha il significato di 'più breve' (*stenografia*).
stenocardìa *s. f.* (*med.*) Sensazione di costrizione nella regione circostante il cuore, caratteristica dell'angina pectoris.
stenodattilografìa *s. f.* Tecnica di chi sa stenografare e poi scrivere a macchina il testo corrispondente.
stenodattilògrafo *s. m.* (*f. -a*) Chi è diplomato in steno-

dattilografia.
stenografàre *v. tr.* (*io stenògrafo*) Scrivere con la stenografia, anche ass.
stenografìa *s. f.* Scrittura veloce sintetica, capace di seguire il parlato, con la formazione di parole con segni semplici e l'uso di abbreviazioni fisse e facoltative. [→ ill. *ufficio*]
stenogràfico *agg.* (*pl. m. -ci*) Di stenografia | Scritto mediante la stenografia: *resoconto* –.
stenògrafo *s. m.* (*f. -a*) Chi scrive con la stenografia. [→ ill. *parlamento*]
stenogràmma *s. m.* (*pl. -i*) Stenoscritto.
stenoscritto *s. m.* Testo stenografato.
stenòṣi *s. f.* (*med.*) Restringimento di un canale o passaggio naturale.
stenotèrmo *agg.* Detto di animale o vegetale che non tollera forti variazioni di temperatura.
stenotipìa *s. f.* Scrittura dei segni stenografici per mezzo di una macchina analoga alla macchina per scrivere.
stentàre ***A*** *v. intr.* (*io stènto; aus. avere*) ***1*** Faticare per riuscire in q.c.: – *a leggere* | *Stento a crederlo*, mi è difficile crederlo; SIN. Faticare, penare. ***2*** Condurre una vita grama, infelice: *è una famiglia che stenta*. ***B*** *v. tr.* *Nelle loc.* – *la vita, il pane* e sim., vivere fra grandi stenti.
stentàto *part. pass. di stentare; anche agg.* ***1*** Eseguito a fatica, tirato via: *compito* –. ***2*** Che è fatto, detto e sim. con sforzo, senza spontaneità: *invito* – | Che mostra artificiosità: *prosa stentata*. ***3*** Pieno di sofferenze e privazioni: *vita stentata*.
stenterèllo *s. m.* ***1*** Maschera del teatro fiorentino. ***2*** (*est.*) Persona molto magra e patita | Persona sciocca e ridicola.
stènto (1) *agg.* (*tosc.*) Stentato.
stènto (2) *s. m.* ***1*** Patimento, sofferenza per scarsità o privazione di cosa necessaria: *vivere tra gli stenti, di stenti*. ***2*** Difficoltà nel riuscire in q.c.: *con qualche* – *ho capito la lezione* | *A* –, con difficoltà, a fatica | *Senza* –, senza difficoltà. [→ tav. *proverbi* 126]
stentòreo *agg.* Chiaro e forte, detto della voce umana.
stéppa *s. f.* Vasta pianura povera di acque e dove prevalgono forme di vegetazione erbacea con arbusti.
steppóso *agg.* Che ha aspetto di steppa.
steradiànte *s. m.* (*mat.*) Unità di misura di angolo solido: è definito come l'angolo solido che intercetta una superficie sferica di area pari al quadrato del raggio della superficie stessa.
steràngolo *s. m.* (*mat.*) Angolo solido.
stèrco *s. m.* (*pl. -chi*) Escrementi, feci di animale.
stercoràrio *agg.* ***1*** Di sterco. ***2*** *Scarabeo* –, insetto con corpo robusto, zampe dilatate e appiattite, che scava gallerie sotto gli escrementi bovini o equini per deporvi le uova.
Sterculiàcee *s. f. pl.* Famiglia di piante erbacee o legnose delle Malvali, prevalentemente tropicali, con frutti sempre deiscenti. [→ ill. *piante* 6]
stèreo ***A*** *agg. Acrt. di stereofonico.* ***B*** *s. m.* Impianto per l'ascolto spec. di musica registrata, costituito da amplificatori e altoparlanti che diffondono il suono in modo da riprodurre il panorama di suoni acustici originari; SIN. Impianto stereofonico.
stèreo- *primo elemento*: in parole scientifiche composte significa 'solido' (*stereometria*) o 'spaziale', 'tridimensionale' (*stereoscopia, stereofonico, stereogramma*).
stereocinematografìa *s. f.* Cinematografia stereoscopica.
stereofonìa *s. f.* Tecnica di registrazione e di riproduzione del suono su due canali, per cui l'ascoltatore riceve un effetto spaziale del suono riprodotto.
stereofònico *agg.* (*pl. m. -ci*) Che si riferisce alla stereofonia: *effetto* – | *Impianto* –, stereo. [→ ill. *suono*]
stereofotografìa *s. f.* Fotografia stereoscopica.
stereografìa *s. f.* (*med.*) Metodo diagnostico radiologico che si basa sull'osservazione di due radiografie disposte in un particolare apparecchio in modo da averne una visione stereoscopica.
stereogràmma *s. m.* (*pl. -i*) ***1*** (*mat.*) Diagramma in tre dimensioni | Rappresentazione grafica di dati statistici mediante volumi di figure geometriche solide. ***2*** (*geol.*) Rappresentazione grafica tridimensionale della struttura geologica di una regione.
stereoiṣomerìa *s. f.* (*chim.*) Isomeria di certi composti che, avendo la stessa formula, si differenziano per la diversa posizione nello spazio di alcuni dei loro atomi.
stereometrìa *s. f.* Parte della geometria che studia la misurazione dei solidi.
stereoscopìa *s. f.* ***1*** Percezione del rilievo volumetrico di un oggetto attraverso la visione binoculare | Parte dell'ottica che studia tale percezione. ***2*** Metodo di ripresa e proiezione delle immagini che dà la sensazione volumetrica degli oggetti. ***3*** Fotografia stereoscopica.
stereoscòpico *agg.* (*pl. m. -ci*) Che si riferisce alla stereoscopia | *Fotografia stereoscopica*, ripresa fotografica affiancata di due immagini dello stesso oggetto per ottenere in sede di osservazione visiva, con apposito binocolo, l'effetto tridimensionale. [→ ill. *fotografo*]
stereoscòpio *s. m.* Strumento per l'osservazione di fotografie stereoscopiche. [→ ill. *fotografo, ottica*]
stereotipàto *agg.* ***1*** Stampato con la stereotipia. ***2*** (*fig.*) Convenzionale, reso quasi immutabile dall'uso: *frasi stereotipate*.
stereotipìa *s. f.* Procedimento di copiatura d'una matrice rilievografica in cui si fonde una certa quantità di lega su un flano recante l'impronta della matrice | La nuova matrice ottenuta con tale procedimento | Stampa ottenuta con tale matrice.
stereotipista *s. m.* (*pl. -i*) Operaio addetto alla produzione delle stereotipie.
stereòtipo ***A*** *agg.* Stereotipato. ***B*** *s. m.* (*psicol.*) Percezione o concetto relativamente rigido ed eccessivamente semplificato o distorto di un aspetto della realtà.
stèrile *agg.* ***1*** Che è incapace di riprodursi: *donna* –; SIN. Infecondo; CONTR. Fecondo, fertile. ***2*** Detto di fiore, che non dà frutti. ***3*** (*fig.*) Che non produce effetti: *vita* – | Vano: *chiacchiere sterili*. ***4*** Sterilizzato: *soluzione* –.
sterilità *s. f.* L'essere sterile.
sterilizzàre *v. tr.* ***1*** Rendere sterile. ***2*** Sottoporre a sterilizzazione.
sterilizzatóre ***A*** *s. m.* (*f. -trìce* nel sign. 1) ***1*** Chi sterilizza. ***2*** Apparecchio per sterilizzare. ***B*** *agg.* Che sterilizza.
sterilizzazióne *s. f.* ***1*** Soppressione della capacità di generare. ***2*** Eliminazione di tutti i germi in un corpo, con mezzi vari | Trattamento eseguito sugli alimenti conservati, per azione di temperature superiori a 100 °C, allo scopo di renderli atti a una lunga conservazione; CFR. Pastorizzazione.
sterlétto *s. m.* Pesce molto simile allo storione ma più piccolo e con muso assai appuntito, che fornisce carne e caviale pregiatissimi.
sterlina *s. f.* Unità monetaria circolante nel Regno Unito di Gran Bretagna e Irlanda, e in vari paesi extra-europei.
sterlineàre *v. tr.* (*io sterlìneo*) In una composizione tipografica, togliere le interlinee per diminuire le distanze fra una riga e l'altra.
sterminàre *v. tr.* (*io stèrmino*) Distruggere, annientare, far sparire dal mondo: – *i nemici*.
sterminàto *agg.* Che ha ampiezza smisurata (*anche fig.*): *paese* –.
sterminatóre *s. m.; anche agg.* (*f. -trìce*) Chi (o che) stermina: *angelo* –.
stermìnio *s. m.* ***1*** Distruzione generale, strage: *fare uno* –; *campi di* –. ***2*** (*fig., fam.*) Quantità molto grande: *ha uno* – *di libri*.
stèrno *s. m.* (*anat.*) Osso piatto sulla linea mediana anteriore del torace al quale si uniscono le coste. [→ ill. *anatomia umana*]
sternocleidomastoidèo ***A*** *agg.* Detto di muscolo del collo con inserzioni allo sterno, alla clavicola e alla mastoide. ***B*** *anche s. m.* [→ ill. *anatomia umana*]
steròidi *s. m. pl.* (*sing. -e*) Gruppo di composti organici, con caratteristica struttura a quattro anelli, comprendenti, tra altri, gli ormoni.
sterpàglia *s. f.* Ammasso di sterpi.
sterpàia *s. f.* Luogo pieno di sterpi.
sterpàio *s. m.* Sterpaia.
sterpàzzola *s. f.* Uccello dei Passeriformi grigio-brunastro, più chiaro nella parte inferiore, che vive nelle siepi e nei cespugli.
sterpigno *agg.* Che ha natura di sterpo.
stèrpo o *stérpo* *s. m.* Ramo secco, pruno spinoso | Residuo delle radici di un albero tagliato.

sterràre *v. tr.* (*io stèrro*) Scavare e portare via la terra, per fare una strada, una fossa e sim.

sterratóre *s. m.* Operaio che sterra.

stèrro *s. m.* Operazione dello sterrare | Fossa, buca aperta sterrando.

sterzàre *v. tr. e intr.* (*io stèrzo; aus. avere*) **1** Manovrare lo sterzo con il volante o il manubrio: — *a sinistra* | Cambiare la direzione di marcia, detto di veicolo. **2** (*fig., fam.*) Cambiare idea, spec. all'improvviso.

sterzàta *s. f.* **1** Manovra per voltare lo sterzo | Mutamento della direzione di marcia di un veicolo. **2** (*fig.*) Brusco mutamento di idea.

stèrzo *s. m.* Dispositivo di comando delle ruote anteriori degli autoveicoli, motocicli e cicli, atto a dirigerli. [→ ill. *automobile*]

stésa *s. f.* Atto dello stendere | Serie di cose stese.

stésso A *agg. dimostr.* **1** Indica identità con q.c. o qc.: *abbiamo le stesse idee*; *è sempre la stessa storia* | *Nel, al tempo* —, *nello — tempo*, contemporaneamente; SIN. Medesimo. **2** Indica uguaglianza per grandezza, quantità, qualità: *hanno la stessa età*; SIN. Medesimo. **3** (*raff.*) Proprio, in persona: *il presidente — si è congratulato con lui* | (*raff., enf.*) Anche, persino: *i nemici stessi gli hanno reso onore.* **4** Rafforza un pron. pers.: *bada a te* —. **5** *Nella loc. avv. lo* —, ugualmente: *andrò lo —, anche se non vogliono.* **B** *pron. dimostr.* La medesima, identica persona: *la padrona è la stessa di una volta.* **C** *s. m. solo sing.* La stessa cosa: *se non vieni, per me è lo* —; *non ti preoccupare, fa lo* —. [→ tav. *proverbi* 54]

stesùra *s. f.* **1** Atto dello stendere, spec. per iscritto: *la — del verbale.* **2** Redazione di un'opera letteraria.

stetoscopìa *s. f.* (*med.*) Indagine mediante lo stetoscopio.

stetoscòpio *s. m.* Strumento a cannula ed estremità svasata che si applica su una regione del corpo per percepire, amplificati, i suoni in essa prodotti. [→ ill. *medicina e chirurgia*]

steward /*ingl.* 'stjuəd/ *s. m. inv.* (*pl. ingl. stewards* /'stjuədz/) Persona di sesso maschile impiegata sugli aerei civili e (*est.*) su altri mezzi di trasporto, per fornire assistenza ai passeggeri.

stìa *s. f.* Grande gabbia in cui si tengono i polli e sim., per ingrassarli o per trasportarli.

stiacciàto *s. m.* Nella scultura, rilievo e sporgenza minima che si attenua gradualmente dai primi agli ultimi piani dando l'illusione della profondità, tipico spec. delle predelle rinascimentali.

stiància *s. f.* (*pl. -ce*) Pianta palustre delle Pandanali con rizoma strisciante e articolato e lunghe foglie lineari usate per lavori di intreccio. [→ ill. *piante* 15]

stick /*ingl.* stik/ *s. m. inv.* (*pl. ingl. sticks* /stiks/) Bastoncino, piccolo cilindro spec. di materiale cosmetico o igienico.

sticòmetro *s. m.* (*tip.*) Tipometro.

stiffèlius o *stifèlius s. m.* Redingote.

stìglio *s. m. spec. al pl.* (*dial.*) Mobili e arredi di un negozio, di un magazzino e sim.

stigma o *stimma s. m.* (*pl. -i*) **1** (*bot.*) Parte apicale espansa del pistillo, vischiosa o piumosa, su cui germina il polline. **2** (*zool.*) Ognuna delle piccole aperture ai lati del corpo degli insetti per permettere l'entrata dell'aria nelle trachee. **3** Anticamente, marchio impresso sulla fronte di malfattori o schiavi. **4** Segno caratteristico: *ha sul viso lo — del vizioso.*

stigmate o (*raro*) *stìmmate s. f. pl.* **1** Segni, in forma di piaghe e ferite, prodotti da chiodi, alle mani e ai piedi di Gesù crocifisso | Impressione delle medesime piaghe sulle corrispondenti parti del corpo di santi e asceti. **2** (*fig.*) Segno caratteristico, impronta: *le — del peccato.*

stigmàtico *agg.* (*pl. m. -ci*) Che riguarda lo stigma.

stigmatizzàre o *stimmatizzàre v. tr.* **1** (*raro*) Imprimere lo stigma. **2** (*fig.*) Bollare con parole di forte biasimo: — *le decisioni di qc.*

stilàre *v. tr.* Redigere un documento.

stilb *s. m.* (*fis.*) Unità di brillanza definita come quella di una superficie luminosa che emette una candela per centimetro quadrato; SIMB. sb.

stile *s. m.* **1** Qualità dell'espressione risultante dalla scelta degli elementi linguistici che l'individuo compie: — *accurato, dimesso*; — *tragico, comico*; *lo — di Dante* | (*est.*) Modo particolare di esprimersi musicalmente: *lo — di Verdi* | In pittura, architettura e sim. insieme degli elementi e delle forme caratteristiche di un autore, una scuola, un'epoca: — *raffaellesco*; *lo — di Donatello*; — *bizantino* | — *di un mobile*, insieme delle caratteristiche formali e artistiche con riferimento all'epoca in cui vennero di moda e ai personaggi che le imposero: *mobile — Luigi XV.* **2** Modo di computare il tempo, negli anni: — *romano, gregoriano.* **3** Modo abituale di essere, di comportarsi, di agire: *avere un proprio* — | ass. Correttezza, signorilità, nel comportarsi e nell'agire: *donna di* —. **4** Modo di esecuzione di un esercizio o di un'attività sportiva | Nel nuoto, — *libero*, crawl. **5** Foggia di vestito o di accessorio di moda: *mantello di — inglese.* **6** *Nella loc. in grande* —, con larghezza di mezzi: *festa in grande* —. **7** Stiletto.

stilè *agg.* Raffinato, elegante, spec. nel vestire.

stilèma *s. m.* (*pl. -i*) Frase, costrutto, procedimento stilistico tipico di un autore, una scuola, un periodo.

stilettàta *s. f.* **1** Colpo di stiletto. **2** (*est.*) Dolore acuto e intenso (*anche fig.*).

stilétto *s. m.* Specie di pugnale, con ferro a sezione quadra o triangolare, molto aguzzo. [→ ill. *armi*]

stilista (1) *s. m. e f.* (*pl. m. -i*) Chi cura molto la correttezza e l'eleganza dello stile.

stilista (2) *s. m. e f.* (*pl. m. -i*) Chi progetta la linea estetica dei modelli per una serie di prodotti industriali.

stilìstica *s. f.* Studio dei procedimenti e degli effetti di stile caratteristici di un genere letterario, di una data epoca o di un dato autore.

stilìstico *agg.* (*pl. m. -ci*) Dello stile.

stilita *s. m.* (*pl. -i*) Nella chiesa orientale, santo e anacoreta che pratica la penitenza pubblica passando la vita sopra una colonna.

stilizzàre *v. tr.* Rappresentare nelle linee essenziali, interpretare secondo uno stile uniforme.

stilla *s. f.* (*lett.*) Goccia, piccola goccia | *A — a* —, a goccia a goccia.

stillànte *part. pres. di stillare; anche agg.* (*lett.*) Gocciolante.

stillàre A *v. tr.* **1** Mandare fuori a stille: *i favi stillano miele.* **2** (*raro*) Distillare, filtrare | (*fig., fam.*) *Stillarsi il cervello*, lambiccarsi il cervello. **B** *v. intr.* (*aus. essere*) Uscire a stille: *il miele stilla dai favi*; SIN. Gocciolare.

stilliberìsta *s. m. e f.* (*pl. m. -i*) Nel nuoto, chi disputa le gare in stile libero.

stillicìdio *s. m.* **1** Caduta dell'acqua goccia a goccia: *lo — di una grondaia.* **2** (*fig.*) Ripetizione continua e monotona di q.c.

stilnovìsmo *s. m.* **1** Stilnovo. **2** Modo di poetare caratteristico degli stilnovisti.

stilnovìsta *s. m.* (*pl. -i*) Poeta dello stilnovo.

stilnòvo *s. m.* Stile poetico comune ad alcuni verseggiatori italiani del XIII e XIV sec., tra cui Dante, caratterizzato da uno squisito impegno formale e dall'idealizzazione della donna come fonte di elevazione morale; SIN. Stilnovismo.

stilo *s. m.* **1** Presso gli antichi, strumento di metallo od osso, con un'estremità appuntita, per scrivere sulle tavolette cerate, e con l'altra estremità allargata, per cancellare la scrittura stendendo la cera. **2** Braccio graduato della stadera | Ago di bilancia | Nel giradischi, asta mobile che regge una puntina di diamante. [→ ill. *bilancia*] **3** Stiletto. **4** (*bot.*) Parte del pistillo che si eleva dall'ovaio e sorregge lo stigma. **5** (*zool.*) Appendice, spina di taluni insetti.

stilòbate *s. m.* (*arch.*) Negli edifici dell'antica Grecia, base della colonna | Zoccolo a gradinate di un edificio.

stilogràfica *s. f.* Penna stilografica. [→ ill. *penna da scrivere, scuola*]

stilogràfico *agg.* (*pl. m. -ci*) Detto di un tipo di penna dotato di un serbatoio contenente inchiostro molto fluido che alimenta un pennino. [→ ill. *penna da scrivere*]

stìma *s. f.* **1** Valutazione, assegnazione di un prezzo a un bene o un servizio: *fare la — di una casa* | Prezzo assegnato in base a tali operazioni: — *alta, bassa* | Cosa su cui si è fatta la stima | *Stime vive*, bestiame del podere | *Stime morte*, letame, paglia, foraggi, macchine, attrezzi. **2** (*mar.*) Calcolo per determinare la posizione della nave in base alle rotte seguite e alle velocità tenute. **3** Opinione buona, favorevole, delle qualità altrui: *godere la — di tutti* | *Successo di* —, quello di un'opera, spec. teatrale, dovuto più al buon nome dell'autore che non al merito intrinseco dell'opera stessa; SIN. Apprezzamento, considerazione, credito; CONTR. Disistima.

stimàbile *agg.* Che è degno di stima.

stimàre o (*lett.*) *estimàre* **A** *v. tr.* **1** Determinare il prezzo, il valore: — *un podere.* **2** Reputare, giudicare, credere: *tutti lo stimano fortunato.* **3** Avere grande considerazione di qc.: *tutti lo stimano.* **B** *v. rifl.* Giudicarsi, ritenersi: *puoi stimarti fortunato.*

stimatóre *s. m.* (*f. -trìce*) (*raro*) Chi, spec. per professione, giudica il valore o il prezzo di q.c.: *uno — di oggetti d'arte.*

stìmma V. *stigma.*

stìmmate V. *stigmate.*

stimmatizzàre V. *stigmatizzare.*

stimolànte **A** *part. pres. di stimolare; anche agg.* Che stimola | Che eccita una determinata funzione: *medicinale* —. **B** *s. m.* Sostanza stimolante.

stimolàre *v. tr.* (*io stìmolo*) **1** (*raro, lett.*) Pungere con lo stimolo: — *i buoi.* **2** (*fig.*) Incitare, invogliare, spronare, esortare: — *qc. a studiare.* **3** Eccitare una determinata reazione: — *l'appetito.*

stimolazióne *s. f.* (*fisiol.*) Azione di uno stimolo su una terminazione nervosa.

stìmolo *s. m.* **1** (*raro*) Pungolo per i buoi. **2** (*fig.*) Incentivo, incitamento: *agire sotto lo — dell'ira; sentire gli stimoli del rimorso.* **3** Bisogno di soddisfare una necessità fisiologica: *sentire lo — della fame.* **4** Fattore capace di provocare una sensazione o una reazione organica: — *acustico, ottico, tattile.*

stìnco *s. m.* (*pl. -chi*) **1** (*pop.*) Osso della gamba dell'uomo, dal ginocchio al collo del piede | *Rompere gli stinchi a qc.*, importunarlo. **2** (*zool.*) Parte dell'arto fra il ginocchio e la nocca, nei quadrupedi. [→ tav. *locuzioni* 71]

stìngere **A** *v. tr.* (*coniug. come tingere*) Togliere la tinta, il colore. **B** *v. intr. e intr. pron.* (*aus. intr. essere, raro avere*) Perdere la tinta.

stìpa *s. f.* Insieme di sterpi, rami secchi e sim. usati per accendere il fuoco.

stipàre **A** *v. tr.* Ammassare persone o cose in uno spazio assai limitato; SIN. Gremire. **B** *v. intr. pron.* Accalcarsi, pigiarsi.

stipendiàre *v. tr.* (*io stipèndio*) Assumere al proprio servizio | Retribuire con uno stipendio.

stipendiàto *part. pass. di stipendiare; anche agg. e s. m.* (*f. -a*) Che (o chi) percepisce uno stipendio.

stipèndio *s. m.* **1** Retribuzione del lavoro subordinato degli impiegati. **2** Anticamente, paga, soldo per servizio militare | Retribuzione corrisposta ai mercenari | (*raro, lett.*) *Essere, stare allo —, agli stipendi di qc.*, al servizio di qc.

stipettàio *s. m.* Artigiano specializzato nella fabbricazione di stipi.

stìpite *s. m.* **1** (*bot.*) Fusto delle palme | Gambo dei funghi. **2** Elemento architettonico verticale che limita lateralmente porta o finestra. [→ ill. *casa, finestra*] **3** (*fig.*) Colui da cui discendono due o più persone legate fra loro da un vincolo di parentela.

stìpo *s. m.* Mobiletto di solito in legno pregiato e artisticamente decorato. [→ ill. *mobili*]

stìpola *s. f.* (*bot.*) Espansione fogliacea posta all'inserzione del picciolo.

stipolàto *agg.* Detto di foglia provvista di stipola.

stìpsi *s. f.* (*med.*) Ritardo o insufficienza dell'evacuazione delle feci dall'intestino crasso; SIN. Stitichezza.

stipulànte *part. pres. di stipulare; anche agg. e s. m. e f.* Che (o chi) conclude con altri una stipulazione.

stipulàre *v. tr.* (*io stìpulo*) Redigere una convenzione per iscritto: — *un contratto di vendita.*

stipulazióne *s. f.* (*dir.*) Qualunque convenzione scritta nell'osservanza delle forme di legge.

stiracalzóni *s. m.* Pressa di legno per fare la piega ai calzoni.

stiracchiàre **A** *v. tr.* (*io stiràcchio*) **1** (*raro*) Tirare facendo forza, per distendere, allargare e sim.: — *le gambe.* **2** (*fig., fam.*) Cercare di risparmiare il più possibile, anche ass.: *per vivere devono* — | — *la vita*, campare con stento. **B** *v. tr. e intr.* (*aus. avere*) **1** (*fam.*) Mercanteggiare: — *un prezzo, su un prezzo.* **2** (*fam.*) Interpretare cavillando, forzare il significato di q.c.: — *il senso di una frase.* **C** *v. rifl.* Distendere le membra: *stiracchiarsi in pubblico.*

stiracchiàto *part. pass. di stiracchiare; anche agg.* (*fig.*) Sforzato, stentato: *discorso* —.

stiramàniche *s. m. inv.* Attrezzo in legno per stirare le maniche senza comprimerle.

stiraménto *s. m.* **1** (*tecnol.*) Operazione dello stirare masse di vetro, metallo e sim. **2** (*med.*) Lesione dei legamenti di un'articolazione per allontanamento dei capi articolari.

stiràre **A** *v. tr.* **1** Distendere tirando: — *una coperta.* **2** Togliere le pieghe col ferro caldo, anche ass.: — *la biancheria.* **3** (*tecnol.*) Stendere su una superficie più ampia masse di vetro, metallo e sim. **B** *v. rifl.* (*fam.*) Distendere le membra intorpidite.

stiratóra *s. f.* Stiratrice.

stiratrìce *s. f.* Donna che per mestiere stira i panni | Macchina automatica per stirare. [→ ill. *lavatura e stiratura*]

stiratùra *s. f.* **1** Operazione dello stirare col ferro caldo: — *dei panni* | (*tecnol.*) Stiramento | Prezzo dello stirare. [→ ill. *lavatura e stiratura*] **2** (*med.*) Stiramento di muscoli.

stirerìa *s. f.* Laboratorio in cui si stira la biancheria.

stìro *s. m.* **1** Operazione dello stirare i panni, *spec. nella loc. da —: ferro, tavolo da* —. [→ ill. *lavatura e stiratura*] **2** Operazione cui si sottopongono le fibre sintetiche dopo la filatura.

stiròlo *s. m.* (*chim.*) Idrocarburo aromatico usato per la fabbricazione di materie plastiche.

stìrpe *s. f.* **1** Schiatta, origine di una famiglia: *essere di nobile* —; SIN. Casata, famiglia, linguaggio. **2** Complesso di persone che formano la discendenza immediata di un defunto.

stitichézza *s. f.* Stipsi.

stìtico *agg.; anche s. m.* (*f. -a; pl. m. -ci*) **1** Detto di chi soffre di stipsi. **2** (*fig.*) Detto di chi opera con lentezza. **3** (*fig.*) Avaro.

stìva (1) *s. f.* Locale della nave in cui è immagazzinato il carico. [→ ill. *marina*]

stìva (2) *s. f.* Stegola dell'aratro.

stivàggio *s. m.* Operazione dello stivare.

stivàle *s. m.* **1** Calzatura di cuoio o gomma che arriva al ginocchio, a mezza coscia o anche all'inguine | *Dei miei stivali*, (*fig., spreg.*) si dice di persona che non vale nulla: *avvocato dei miei stivali!* [→ ill. *calzatura*] **2** (*est.*) Grosso boccale da birra a forma di stivale.

stivalétto *s. m.* **1** *Dim. di stivale.* **2** Scarpa che arriva poco più su del collo del piede, da uomo, donna o bambino. **3** Speciale calzatura per il pattinaggio su ghiaccio e a rotelle | — *anfibio*, calzatura militare alta fino al polpaccio, resistente e impermeabile all'acqua. [→ ill. *uniforme militare*]

stivalóne *s. m.* **1** *Accr. di stivale.* **2** Stivale spec. in gomma che può arrivare all'anca, usato da pescatori e cacciatori. [→ ill. *pesca*]

stivàre *v. tr.* **1** Alloggiare convenientemente nella stiva le merci da caricare. **2** (*raro*) Stipare.

stivatóre *s. m.* Chi è addetto allo stivaggio.

stìzza *s. f.* **1** Accesso d'ira di breve durata, dovuto spec. a scontentezza, contrarietà, impazienza. **2** (*tosc.*) Ghiandola che il pollo ha sul codrione.

stizzìre **A** *v. tr.* (*io stizzìsco, tu stizzìsci*) Far prendere la stizza. **B** *v. intr. e intr. pron.* (*aus. essere*) Essere preso dalla stizza.

stizzóso *agg.* Che è facile a stizzirsi | Che dimostra stizza: *parole stizzose*; SIN. Bilioso.

stocàstico *agg.* (*pl. m. -ci*) (*lett.*) Dovuto al caso, aleatorio.

stoccafìsso *s. m.* **1** Merluzzo disseccato all'aria. **2** (*fig., fam.*) Persona magra e secca.

stoccàggio *s. m.* Accumulazione o sistemazione di merci in magazzino | Magazzinaggio.

stoccàta *s. f.* **1** Colpo di stocco. **2** Nella scherma, colpo che conclude un'azione. **3** Nel calcio, forte tiro in porta a conclusione di un'azione d'attacco. **4** (*fig.*) Allusione, battuta pungente: *hai sentito che stoccate dà?* **5** (*fig.*) Molesta richiesta di denaro.

stoccatóre *s. m.* (*f. -trice*) **1** Chi dà stoccate, parlando o chiedendo denaro. **2** Nel calcio, giocatore abile nel tirare a rete.

stòcco (1) *s. m.* **1** Arma da punta con lama di media lunghezza. **2** Bastone, mazza che ha l'anima di stocco: *bastone da* –.

stòcco (2) *s. m.* (*pl. -chi*) Stelo del mais.

stòck /*ingl.* stɔk/ *s. m. inv.* (*pl. ingl. stocks* /stɔks/) Quantità di merci o di materie prime giacenti in un magazzino o in un negozio.

stòffa *s. f.* **1** Tessuto per abiti o tappezzeria, di lana, seta, cotone e sim. [→ ill. *forbici, tessuto*] **2** (*fig., fam.*) Capacità per fare una data cosa: *ha la – del pittore* | ass. Capacità, attitudine: *quel bambino ha della* –.

stoicismo *s. m.* **1** Dottrina della scuola filosofica fondata ad Atene da Zenone nel III sec. a.C., il cui ideale etico è rappresentato dall'apatia raggiungibile attraverso l'esercizio della virtù, la liberazione dalle passioni, il vivere secondo natura. **2** (*est.*) Fermezza d'animo, impassibilità al dolore.

stòico A *agg.* (*pl. m. -ci*) **1** Dello stoicismo o degli stoici. **2** (*est.*) Che non si lascia vincere né turbare da dolori e avversità. **B** *s. m.* (*f. -a*) **1** Chi segue lo stoicismo. **2** (*est.*) Persona stoica.

stoino *s. m.* (*dim. di stuoia*) Piccola stuoia messa davanti all'uscio per pulirvisi i piedi | Tenda esterna di esili stecche di legno, avvolgibile con funicelle. [→ ill. *casa*]

stòla *s. f.* **1** Striscia larga di stoffa posta sopra il camice, discendente in due liste fino al basso, come insegna del potere dell'ordine proprio dei vescovi, dei sacerdoti e dei diaconi. [→ ill. *religione*] **2** Sciarpa di pelliccia che ricopre le spalle. **3** Antica veste femminile lunga fino ai piedi: – *romana*. [→ ill. *vesti*]

stolidità *s. f.* **1** L'essere stolido; SIN. Stoltezza. **2** Azione da persona stolida.

stòlido *agg.; anche s. m.* (*f. -a*) Stolto.

stóllo *s. m.* **1** Lungo legno attorno al quale si ammassa paglia o fieno. **2** (*est.*) Asta di legno.

stolóne (1) *s. m.* Fregio ricamato in oro che corre lungo le due parti anteriori del piviale.

stolóne (2) *s. m.* **1** (*bot.*) Fusto strisciante sul terreno capace di emettere a intervalli radici e di originare nuove piantine. [→ ill. *botanica*] **2** (*zool.*) Prolungamento del corpo di alcuni invertebrati e cordati su cui si formano nuovi organismi.

stoltézza *s. f.* **1** L'essere stolto; SIN. Stolidità. **2** Azione da persona stolta.

stólto A *agg.* Che dimostra poca intelligenza, poco senno; SIN. Stolido. **B** *s. m.* (*f. -a*) Persona stolta.

stòma *s. m.* (*pl. -i*) (*bot.*) Apertura nell'epidermide delle foglie e del fusto che permette gli scambi gassosi e la traspirazione.

stomacàre A *v. tr.* (*io stòmaco, tu stòmachi*) **1** Dare nausea, turbare lo stomaco: *quel cibo mi stomaca*; SIN. Disgustare, nauseare. **2** (*fig.*) Disgustare moralmente, anche ass.: *la sua volgarità ci stomaca*. **B** *v. intr. pron.* Sentirsi rivoltare lo stomaco | (*fig.*) Disgustarsi moralmente.

stomachévole *agg.* Che muove lo stomaco, che nausea, disgusta (*anche fig.*); SIN. Disgustoso, nauseante, schifoso.

stomàchico *s. m.* (*pl. -ci*) Farmaco che favorisce il buon funzionamento dello stomaco.

stòmaco *s. m.* (*pl. -chi, pop. -ci*) **1** Organo a forma di sacco dell'apparato digerente contenuto nella parte alta dell'addome, subito dopo l'esofago, con importanti funzioni digestive | *Avere uno – di ferro, di struzzo*, essere in grado di digerire qualsiasi cosa | *Avere q.c. sullo* –, non avere digerito | *Avere qc. sullo* –, (*fig.*) non poterlo sopportare | *Dare di* –, vomitare. [→ ill. *anatomia umana, zoologia*] **2** (*fig., fam.*) Capacità di chi sa tollerare situazioni o persone particolarmente disgustose o moleste: *ci vuole un bello – a stare con certa gente*.

stomàtico *agg.* (*pl. m. -ci*) **1** Detto di rimedio contro le infiammazioni della mucosa boccale. **2** (*bot.*) Dello stoma.

stomatite *s. f.* (*med.*) Infiammazione della mucosa della bocca.

stomatologia *s. f.* Studio delle malattie della bocca.

stomatòlogo *s. m.* (*f. -a; pl. m. -gi*) Specialista in stomatologia.

stonàre (1) A *v. tr. e intr.* (*io stòno; aus. avere*) Nel cantare o nel suonare, uscire di tono, non tenersi al debito grado di elevatezza: – *il la*; *un cantante che stona*. **B** *v. intr.* (*aus. avere*) Non armonizzare: *quel quadro stona con l'ambiente*.

stonàre (2) *v. tr.* (*io stòno*) Stordire, confondere: *la notizia mi ha stonato*.

stonàto *part. pass. di stonare* (1); *anche agg.* Fuori di tono | *Nota stonata*, (*fig.*) elemento, particolare inopportuno, non adatto alla situazione.

stonatùra *s. f.* **1** Atto dello stonare, cantando e suonando | Suono stonato. **2** Cosa fuori di tono, inopportuna.

stòp /*ingl.* stɔp/ *s. m. inv.* (*pl. ingl. stops* /stɔps/) **1** Fanalino d'arresto degli autoveicoli. **2** Obbligo d'arresto per i veicoli segnalato da apposito cartello o da dicitura sulla carreggiata. **3** Ordine verbale di fermarsi: *intimare lo* –. **4** (*sport*) Nel calcio, arresto del pallone al volo di piede o col corpo | Nel pugilato, azione difensiva per impedire all'avversario di colpire. **5** Punto fermo, nel linguaggio telegrafico.

stóppa *s. f.* Cascame del lino e della canapa, usato per imbottiture o, incatramato, per calafatare imbarcazioni | *Capelli di* –, biondi, slavati e secchi | *Avere le gambe di* –, deboli, fiacche | *Essere un uomo di* –, senza autorità.

stoppàccio *s. m.* **1** Batuffolo di stoppa con cui si fermavano gli elementi di carica nei fucili. **2** (*est., pop.*) Batuffolo di stoppa.

stoppàre (1) *v. tr.* (*io stòppo*) Turare con stoppa o stoppaccio.

stoppàre (2) *v. tr.* (*io stòppo*) **1** Fermare. **2** (*sport*) Effettuare uno stop o una stoppata.

stoppàta *s. f.* (*sport*) Effettuazione di uno stop.

stòpper /*ingl.* 'stɔpə/ *s. m. inv.* (*pl. ingl. stoppers* /'stɔpəz/) Nel calcio, giocatore della difesa che ha il compito di contrastare il giocatore più avanzato della squadra avversaria.

stóppia *s. f. spec. al pl.* Residui di steli e foglie di una coltura, spec. di cereali, rimasti sul terreno dopo la mietitura.

stoppino *s. m.* **1** Lucignolo di candela, lume a olio o petrolio. [→ ill. *illuminazione*] **2** Miccia per fuochi artificiali. **3** Nastro di fibre tessili, che non ha ancora ricevuto la torsione per la filatura.

stoppóso *agg.* Che è simile a stoppa, che ha aspetto di stoppa: *capelli stopposi*.

storàce *s. m.* Balsamo ricavato dalla corteccia bollita dell'albero omonimo, usato in medicina e in profumeria.

stòrcere A *v. tr.* (*pres. io stòrco, tu stòrci; pass. rem. io stòrsi, tu storcésti; part. pass. stòrto*) **1** Torcere con violenza: – *una mano a qc.* | Spostare dalla linea diritta e naturale: – *un chiodo* | – *il naso, le labbra, la bocca*, in segno di disapprovazione, disgusto e sim. | *Storcersi un piede*, slogarselo. **2** (*raro, fig.*) Volgere ad altro significato: – *le parole di qc.* **B** *v. rifl.* Contorcersi, dimenarsi.

stordiménto *s. m.* **1** Alterazione dell'equilibrio psichico, grande turbamento; SIN. Intontimento. **2** Condizione di chi è stordito.

stordire A *v. tr.* (*io stordisco, tu stordisci*) **1** Provocare grande turbamento e confusione, impedendo temporaneamente l'udito, alterando l'equilibrio psichico e sim.: *il boato ci stordì* | Privare dei sensi: *lo stordì con un pugno*. **2** (*fig.*) Far rimanere attonito, sbalordito: *la grandezza del luogo lo stordì*. **B** *v. intr.* (*aus. essere*) (*raro*) Rimanere attonito, sbalordito: *stordisco a vedere tutto questo*. **C** *v. rifl.* (*fig.*) Sviarsi da pensieri tristi, preoccupazioni e sim. con emozioni e divertimenti.

storditàggine *s. f.* L'essere stordito | Azione da persona stordita.

stordito A *part. pass. di stordire; anche agg.* **1** Privo di sensi | Intontito | Sbalordito. **2** Sventato, inconsiderato. **B** *s. m.* (*f. -a*) Persona sventata.

stòria *s. f.* **1** L'insieme degli eventi umani, o di determinati eventi umani, considerati nel loro svolgimento: *la scoperta dell'America segna l'inizio della – moderna*. **2** Narrazione sistematica dei fatti memorabili della collettività umana, fatta in base a un metodo d'indagine critica: *Erodoto fu detto il padre della* – | *Passare alla*

—, di avvenimento, persona e sim. degni di essere ricordati dai posteri. **3** Narrazione di fatti d'ordine politico, sociale, militare, religioso, economico e sim. relativi a una determinata epoca, a una determinata collettività umana e sim.: — *medievale, greca*; — *di Francia*; *la — delle guerre puniche* | Nelle scuole, materia d'insegnamento. **4** Opera storica: *la — del Cantù*. **5** Fatto vero, documentabile: *mescolare la favola con la —*. **6** Esposizione critica di fatti relativi all'origine e all'evoluzione di una determinata attività umana: — *dell'arte, della letteratura, della filosofia* | — *naturale*, l'insieme delle scienze naturali. **7** Serie di vicende, spec. personali: *la tua è una triste —*; *fammi la — della tua vita* | (*est.*) Vicenda, relazione amorosa. **8** (*gener.*) Faccenda, questione: *non voglio più parlare di questa —* | *È la solita —*, di cosa, spec. spiacevole, che si ripete con monotonia. **9** Narrazione di un fatto particolare, vero o inventato: *mi fece la — del viaggio*; *la — dei cavalieri della tavola rotonda*. **10** Fandonia, racconto inventato: *quel ragazzo racconta un sacco di storie* | Scusa, pretesto: *è una — per non venire*. **11** *spec. al pl.* Tergiversazioni, smancerie: *non fare tante storie*; *eh, quante storie!*

storicaménte *avv.* **1** Da un punto di vista storico: *considerare — la natura umana*. **2** Nella realtà dei fatti.

storicismo *s. m.* **1** Indirizzo filosofico, sorto in Germania nella seconda metà del XIX sec., che esamina le possibilità di una scienza storica autonoma nei confronti di ogni altra disciplina. **2** Studio delle matrici storiche e culturali di ogni attività e manifestazione umana.

storicità *s. f.* Qualità, carattere di ciò che è storico | Realtà storica.

storicizzàre *v. tr.* Considerare come processo storico, o come momento di un processo storico: — *la letteratura*.

stòrico A *agg.* (*pl. m. -ci*) **1** Della storia, che appartiene alla storia: *notizie storiche*. **2** Che è realmente accaduto, che non è inventato: *personaggio —* | *Romanzo —*, in cui hanno parte eventi e personaggi storici | *Film —*, ispirato alla storia passata e generalmente in costume. **3** (*est.*) Che è degno di essere ricordato nel tempo: *una storica giornata*. **4** (*fam.*) Che è noto a tutti, che non si può mettere in dubbio: *questa è una cosa storica*. **B** *s. m.* (*pl. -i*) Scrittore, studioso di storia; SIN. Storiografo.

storièlla *s. f.* **1** *Dim. di storia*. **2** Fatterello, barzelletta | Fandonia.

storiografìa *s. f.* Elaborazione e stesura di opere storiche | Complesso delle opere e dei metodi storici di una data epoca o su un dato argomento.

storiogràfico *agg.* (*pl. m. -ci*) Della storiografia.

storiògrafo *s. m.* Autore di opere storiche.

storióne *s. m.* Pesce degli Acipenseriformi lungo oltre tre metri, con quattro barbigli sul lungo muso, bocca ventrale priva di denti, marino, che depone le uova nei fiumi. [→ ill. *animali* 9]

stormire *v. intr.* (*io stormisco, tu stormisci; aus. avere*) Agitarsi producendo un lieve fruscio: *le foglie stormiscono*.

stórmo *s. m.* **1** (*raro*) Moltitudine di persone | *Suonare a —*, a martello, detto di campane. **2** Moltitudine di uccelli in volo. **3** (*aer.*) Unità organica dell'aeronautica militare costituita da più gruppi.

stornàre *v. tr.* (*io stórno*) **1** Volgere ad altra parte: — *un pericolo*. **2** (*fig.*) Distogliere, dissuadere: — *qc. da un proposito*. **3** (*rag.*) Girare una partita da un conto a un altro.

stornellàre *v. intr.* (*io stornèllo; aus. avere*) Cantare, comporre stornelli.

stornellàta *s. f.* Atto dello stornellare.

stornèllo *s. m.* Canto popolare, spec. dell'Italia centrale, composto di due endecasillabi preceduti da un quinario, nel quale c'è spesso l'invocazione del nome di un fiore.

stórno (1) *s. m.* (*zool.*) Uccello gregario con corpo slanciato, becco diritto, canto melodioso. [→ ill. *animali* 13]

stórno (2) *agg.* (*zool.*) Detto di mantello equino grigio scuro disseminato di piccole macchie bianche: *cavalla storna*.

stórno (3) *s. m.* (*rag.*) Giro di un valore da un conto a un altro.

storpiaménto *s. m.* Storpiatura.

storpiàre A *v. tr.* (*io stòrpio*) **1** Rendere storpio: *l'incidente gli storpiò i piedi*. **2** (*fig.*) Pronunciare male, erroneamente: — *le parole*. **B** *v. intr. pron.* Diventare storpio.

storpiatùra *s. f.* **1** Minorazione, deformazione degli arti. **2** (*fig.*) Pronunzia erronea, scorretta.

stòrpio *agg.; anche s. m.* (*f. -a*) Detto di chi è deforme nelle braccia e nelle gambe.

stòrta (1) *s. f.* **1** (*raro*) Violenta torsione, lo storcersi: *dare una — a qc.* **2** (*fam.*) Distorsione: *prendere una —*.

stòrta (2) *s. f.* **1** Recipiente di vetro o altro materiale a base larga e collo ripiegato verso il basso, usato per distillazione. [→ ill. *chimico*] **2** Pappagallo per orinare.

stortézza *s. f.* L'essere storto.

stòrto A *part. pass. di storcere; anche agg.* **1** Che non è diritto: *gambe storte*; CONTR. Diritto. **2** Che non è collocato in linea diritta: *il quadro che hai appeso è —*; CONTR. Diritto. **3** (*fig.*) Erroneo, sbagliato: *idee storte*. **B** *in funzione di avv.* In modo obliquo: *camminare —*; *guardare —*.

stortùra *s. f.* **1** L'essere storto | Cosa storta (*anche fig.*). **2** (*fig.*) Maniera erronea di giudicare.

stovìglia *s. f. spec. al pl.* Piatti e vasellame per uso di cucina e di tavola. [→ ill. *stoviglie*]

stoviglierìa *s. f.* Quantità di stoviglie | Fabbrica di stoviglie.

stozzàre *v. tr.* (*io stòzzo*) Lavorare di stozzo.

stozzatrice *s. f.* Macchina utensile usata per spianare superfici continue, spec. per eseguire scanalature, con moto di lavoro in verticale. [→ ill. *meccanica*]

stòzzo *s. m.* Strumento per stozzare | Specie di cesello o punzone per dare la prima impronta a una lastra metallica.

stra- *pref.* **1** Vale propriamente 'fuori' (dal lat. *extra*, 'fuori'): *straordinario, straripare*. **2** Indica eccesso: *strafare, stravizio*. **3** Esprime misura oltre il normale: *stravincere*. **4** Premesso ad agg. lo rende di grado superlativo: *stragrande, stravecchio*.

stràbico *agg.; anche s. m.* (*f. -a; pl. m. -ci*) Affetto da strabismo.

strabiliànte *part. pres. di strabiliare; anche agg.* Che fa strabiliare.

strabiliàre A *v. intr.* (*io strabilio; aus. avere*) Rimanere sbalordito per la meraviglia: *mi ha fatto — con le sue prodezze*; SIN. Stupire. **B** *v. tr.* Sbalordire, stupire al massimo grado: *la cosa mi strabilia*; SIN. Meravigliare, stupefare, stupire.

strabismo *s. m.* (*med.*) Difetto di parallelismo dei due assi oculari.

straboccàre *v. intr.* (*io strabócco, tu strabócchi; aus. essere o avere*) (*pop.*) Traboccare.

strabocchévole *agg.* Numeroso, straordinario, eccessivo: *ricchezza, folla —*.

strabuzzàre *v. tr.* Stralunare, stravolgere, spalancare *nella loc.* — *gli occhi*.

stracannatùra *s. f.* (*tess.*) Operazione consistente nel trasportare il filato da un rocchetto all'altro.

stracàrico *agg.* (*pl. m. -chi*) Molto carico, troppo carico: *l'ascensore è — di gente*.

straccàle *s. m.* **1** Finimento che si attacca al basto e fascia i fianchi della bestia da soma. **2** (*pop., tosc.*) Cencio | Cosa inutile.

straccàre A *v. tr.* (*io stràcco, tu stràcchi*) Rendere stracco. **B** *v. intr. pron.* Stancarsi molto.

stracceria *s. f.* Quantità di stracci.

stracchino *s. m.* Formaggio di pasta grassa e uniforme, non fermentato. [→ ill. *formaggi*]

stracciaiòlo *s. m.* (*f. -a*) Cenciaiolo, straccivendolo.

stracciàre A *v. tr.* (*io stràccio*) **1** Lacerare, tirando con violenza e riducendo in brandelli: — *un vestito*; SIN. Strappare. **2** (*tess.*) Sfilacciare con pettine di ferro la seta dei bozzoli. **3** (*fig., pop.*) In una competizione, vincere dimostrando grande superiorità: — *gli avversari*. **B** *v. intr. pron.* Lacerarsi.

stracciatèlla *s. f.* **1** Minestra preparata gettando in brodo bollente uova sbattute con parmigiano e, talvolta, semolino. **2** Tipo di gelato alla crema con scaglie di cioccolato.

stracciàto *part. pass. di stracciare; anche agg.* **1** Strappato | Che ha i vestiti laceri, detto di persona. **2** Detto di prezzo estremamente ribassato.

stràccio (1) *agg.* (*pl. f. -ce*) **1** Stracciato. **2** Che è da stracciare | *Carta straccia*, da macero.

stràccio (2) *s. m.* **1** Cencio, brandello di stoffa: *lo – per il pavimento* | *Ridursi uno –*, in cattive condizioni, spec. fisiche | *Sentirsi uno –*, stremato di forze. **2** Seta sfilacciata dai bozzoli col pettine. **3** (*fam.*) Persona, cosa e sim., misera, di poco conto *nella loc. uno – di*: *non avere neppure uno – di vestito*. **4** *spec. al pl.* (*fam.*) Indumenti, effetti personali e sim.: *prendi i tuoi stracci e vattene*. [→ tav. *proverbi* 167, 170, 355]

straccióne *s. m.* (*f. -a*) Persona con vesti stracciate, logore | Pezzente, miserabile. [→ tav. *proverbi* 174]

straccivéndolo *s. m.* (*f. -a*) Chi per mestiere compra e rivende stracci.

stràcco *agg.* (*pl. m. -chi*) **1** (*pop.*) Stanco, esausto, affaticato | Fiacco, languido: *passo –*. **2** (*fig.*) Logorato dal lungo uso: *macchina stracca*.

stracittà *s. f.* Nel primo dopoguerra italiano, corrente letteraria che propugnava, in opposizione al regionalismo nazionalistico, un'adesione alle correnti culturali europee.

stracòtto **A** *part. pass. di stracuocere; anche agg.* **1** Cotto troppo. **2** (*fig., scherz.*) Molto innamorato. **B** *s. m.* Carne di manzo in umido, cotta a lungo.

stracuòcere *v. tr.* (*coniug. come cuocere*) Cuocere a lungo, o troppo.

stràda *s. f.* **1** Tratto di terreno, generalmente spianato o lastricato, che permette la comunicazione fra più luoghi: *quella – porta, conduce, va a Roma*; *quella – mette in piazza*; *– statale, comunale* | *– panoramica*, tracciata a scopo turistico in zona panoramica | *– ferrata*, ferrovia | *Tagliare la – a qc.*, attraversarla improvvisamente, costringendo a una brusca frenata chi sopraggiunge | *Codice della –*, quello contenente le norme che regolano la circolazione stradale. [→ ill. *strada, agricoltura, diga*] **2** Via che conduce a un dato luogo: *insegnare la – a qc.*; *smarrire la –*; *essere sulla buona –*; *andare per la propria –* | *Divorare la –*, andare molto veloce, detto di veicoli | *– facendo*, mentre si cammina | *Fare –*, percorrerla; (*fig.*) fare progressi | *Uomo della –*, uomo qualunque, uomo medio; SIN. Cammino. **3** (*fig.*) Con-

stoviglie da tavola

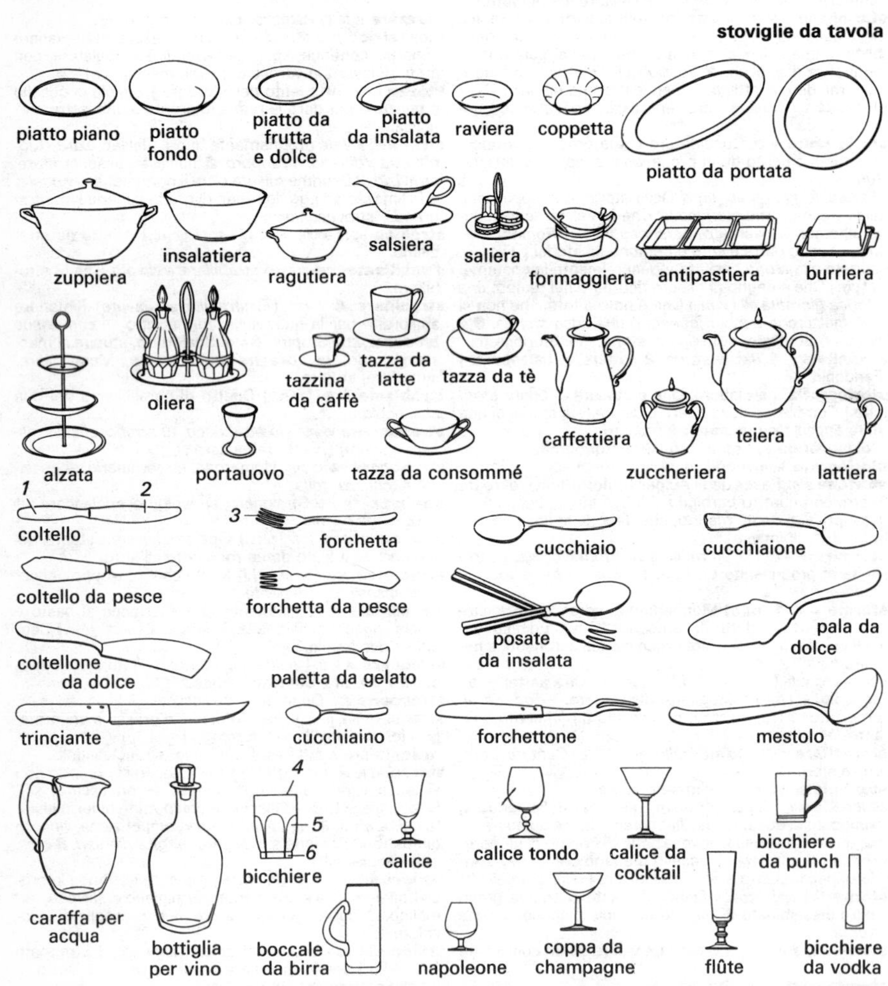

1 manico 2 lama 3 rebbio 4 orlo 5 parete 6 fondo

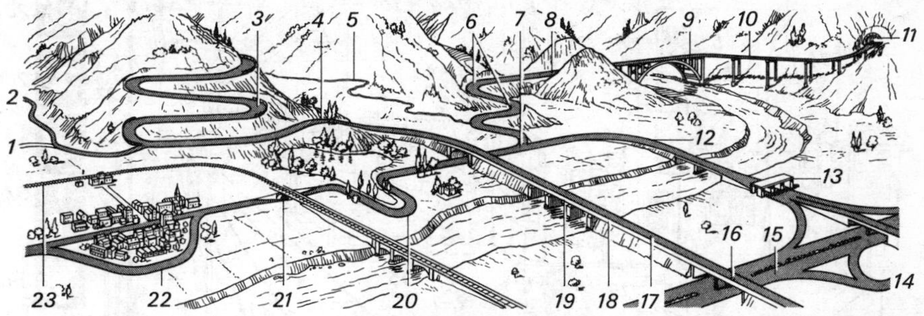

1 carrareccia 2 strada secondaria 3 tornante 4 dosso 5 sentiero 6 curva a "S" 7 bivio 8 strada in trincea 9 viadotto 10 strada soprelevata 11 galleria 12 raccordo 13 casello autostradale 14 svincolo 15 autostrada 16 cavalcavia 17 rettilineo 18 strada rilevata 19 ponte 20 curva a gomito 21 sottopassaggio 22 circonvallazione 23 ferrovia

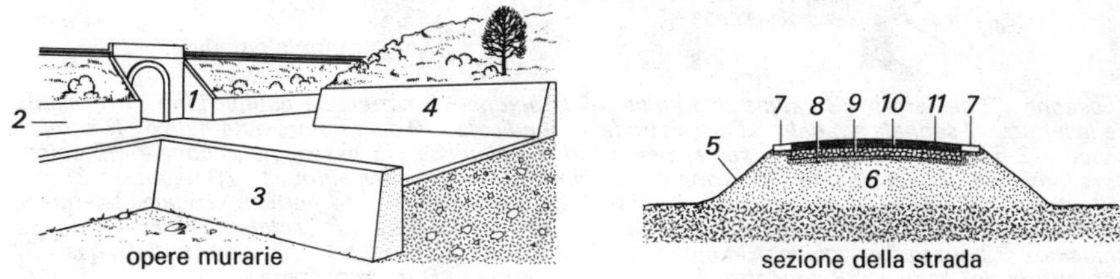

opere murarie

sezione della strada

1 muro d'ala 2 muro di risvolto 3 muro a scarpa 4 muro di controripa 5 scarpata 6 rilevato 7 banchina 8 sabbione 9 pietrame 10 pietrisco 11 bitume

macchine stradali

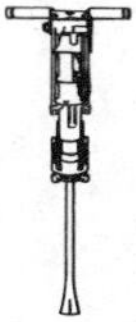

livellatrice

mazzeranga

bulldozer

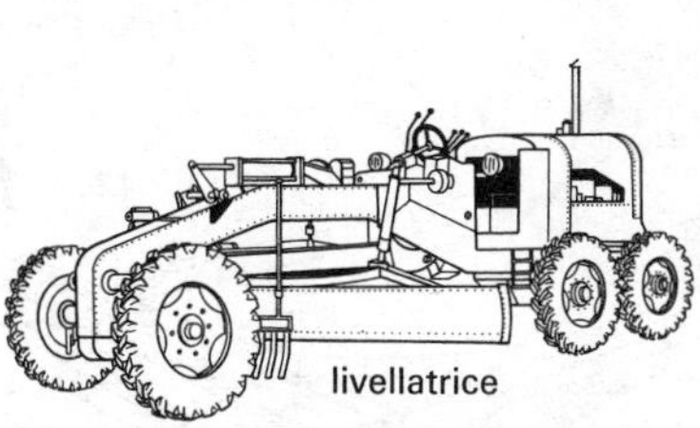

martello pneumatico

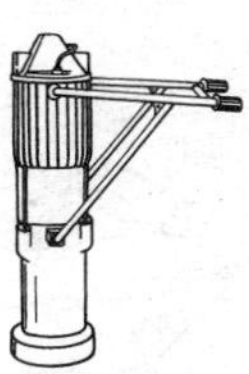

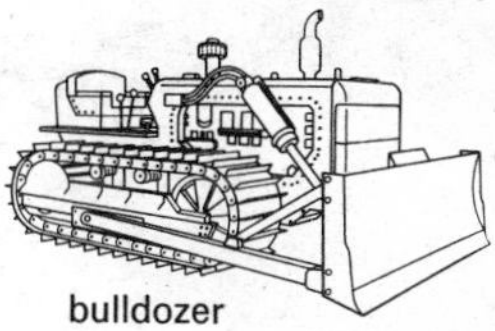

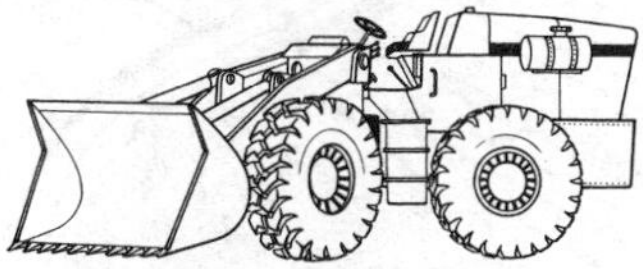

pala caricatrice

bonza

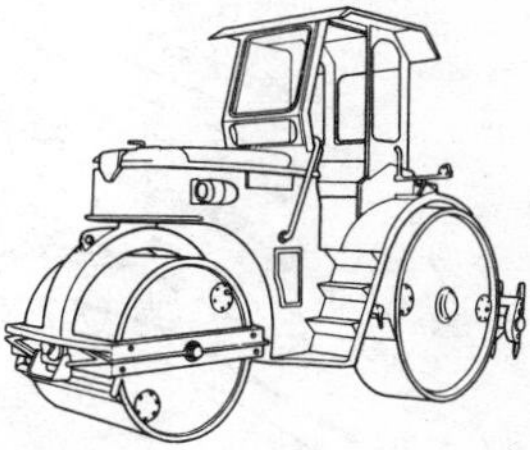

compressore

finitrice

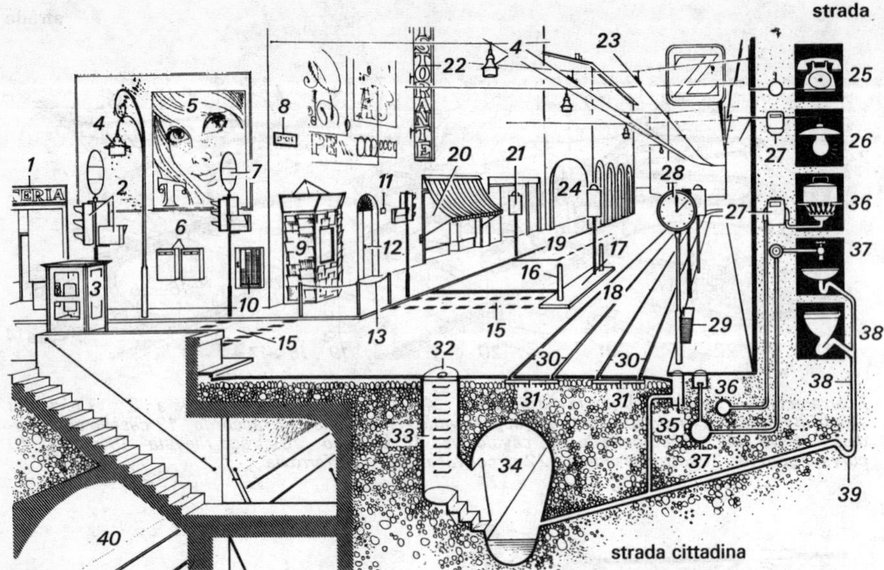

strada cittadina

1 insegna 2 semaforo 3 cabina telefonica 4 lampione 5 cartellone pubblicitario 6 cassetta delle lettere 7 segnale stradale 8 targa stradale 9 edicola 10 distributore automatico 11 numero civico 12 portone 13 catena di sbarramento 14 marciapiede 15 passaggio pedonale 16 colonnina luminosa 17 salvagente 18 fermata del tram 19 fermata dell'autobus 20 negozio 21 cartello degli orari 22 insegna luminosa 23 linea elettrica tranviaria 24 portico 25 linea telefonica 26 linea elettrica 27 contatore 28 orologio 29 cestino dei rifiuti 30 rotaia 31 traversina 32 chiusino 33 pozzo d'ispezione 34 collettore della fogna 35 pozzetto 36 conduttura del gas 37 conduttura dell'acqua 38 condotto di scarico 39 sifone 40 metropolitana

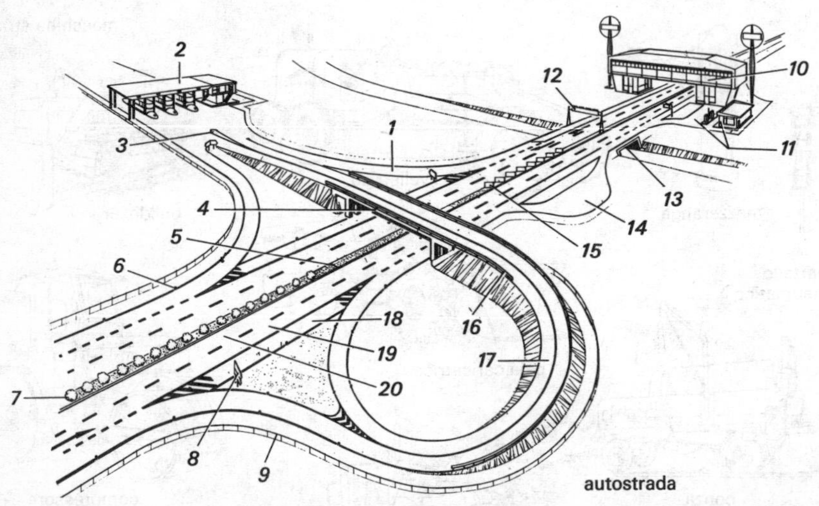

autostrada

1 raccordo di uscita 2 casello 3 isola spartitraffico 4 cavalcavia 5 banchina spartitraffico 6 paracarro catarifrangente 7 siepe antiabbagliante 8 segnali di direzione 9 rete di recinzione 10 bar e ristorante 11 area e stazione di servizio 12 segnali di direzione e indicazione 13 sottopassaggio 14 piazzola di sosta 15 pannelli antiabbaglianti 16 guardrail 17 raccordo di entrata 18 corsia di sosta di emergenza 19 corsia di marcia normale 20 corsia di solo sorpasso

dotta, modo di procedere, di comportarsi: *essere sulla buona* —; *essere su una cattiva* —; *cambiare* —; *percorrere la — dell'onore* | *Andare per la propria* —, mirare al proprio scopo, senza interessarsi di ciò che fanno o dicono gli altri | *Andare fuori* —, cadere in errore | *Essere fuori* —, essere in errore | *Trovare la propria* —, *la — giusta*, l'attività più congeniale alle proprie caratteristiche. **4** (*fig.*) Condizione di miseria, di mancanza di mezzi, *nelle loc. mettere qc. sulla* —; *mettere qc. in mezzo a una* —; *trovarsi sulla* — | *Darsi, mettersi, buttarsi, alla* —, al brigantaggio o all'assassinio. **5** (*spreg.*) *Nelle loc. di* —, *da* —, indica volgarità, trivialità: *ragazzi di* —; *parole da* — | *Donna di* —, prostituta. **6** (*gener.*) Passaggio, varco (*anche fig.*): *farsi — nei boschi*; *farsi — tra la folla* | *Farsi* —, rivelarsi, detto di cose; (*est.*) avere successo in un'attività | *Fare — a qc.*, mostrargli il cammino. **7** (*fig.*) Mezzo, modo per riuscire in un intento: *la — per riuscire è quella*. [→ tav. *proverbi* 370]

stradàle ***A*** *agg.* Di strada: *polizia* —. [→ ill. *illuminazione, strada*] ***B*** *s. f.* Polizia stradale.

stradàrio *s. m.* Elenco alfabetico delle strade di una città con le indicazioni per trovarle.

stradino *s. m.* Operaio che lavora alla manutenzione delle strade.

stradista *s. m.* (*pl. -i*) Corridore ciclista o podista specialista delle gare su strada.

stradivàrio *s. m.* Violino o violoncello fabbricato da Antonio Stradivari.

stradóne *s. m.* Grande strada, spec. alberata periferica.

strafalcióne *s. m.* (*f. -a* nel sign. 2) **1** Errore, sproposito grossolano. **2** (*pop.*) Chi lavora grossolanamente, senza cura.

strafàre *v. intr.* (*pres. io strafàccio o strafò, tu strafài, egli strafà; nelle altre forme coniug. come fare; aus. avere*) Fare più di quanto occorre o conviene.

strafàtto *part. pass. di strafare; anche agg.* **1** Troppo maturo, detto di frutta: *pere strafatte*. **2** Fatto da tempo, *spec. nella loc. essere fatto e* —.

strafóro *s. m.* (*raro*) Traforo | *Lavori di* —, filigrane | *Di* —, (*fig.*) di nascosto: *vedersi di* —.

strafottènte *part. pres. di strafottere; anche agg. e s. m. e f.* Che (o chi) manifesta un arrogante disinteresse per ciò che riguarda gli altri.

strafottènza *s. f.* L'essere strafottente.

strafóttere ***A*** *v. intr. pron.* (*io mi strafótto*) (*volg.*) Infischiarsene: *me ne strafotto di tutti*. ***B*** *v. intr.* (*volg.*) *Nella loc. avv. a* —, in grande quantità: *avere soldi a* —.

stràge *s. f.* **1** Uccisione violenta di un gran numero di persone o animali: *la — degli innocenti*; SIN. Distruzione, massacro, sterminio. **2** (*fig., est.*) Esito rovinoso: *agli esami c'è stata una* —. **3** (*pop.*) Grande quantità: *c'era una — di ciliegie*.

stragiudiziàle *agg.* (*dir.*) Extragiudiziale.

stràglio V. *strallo*.

stragrànde *agg.* Molto grande.

stralciàre *v. tr.* (*io stràlcio*) **1** (*raro*) Tagliare i tralci alle viti. **2** Togliere da un insieme: — *un nome da un elenco*. **3** Levare via, liquidare: — *una partita da un conto*.

stràlcio ***A*** *s. m.* **1** Eliminazione, separazione da un insieme | Ciò che si stralcia. **2** Liquidazione: *vendere a* —. ***B*** *in funzione di agg. inv.* (*posposto al s.*) *Nella loc. legge* —, quella contenente solo una parte delle norme di una legge più ampia | *Ufficio* —, quello che cura la liquidazione di una gestione.

stràle *s. m.* **1** (*poet.*) Freccia, saetta (*anche fig.*). **2** (*est.*) Colpo, trafittura.

strallo o *stràglio s. m.* (*mar.*) Cavo per sostenere a prua l'albero di una nave. [→ ill. *marina*]

stralunàre *v. tr.* Detto degli occhi, sbarrarli e stravolgerli, per malore, forte emozione; SIN. Strabuzzare.

stralunàto *part. pass. di stralunare; anche agg.* Sbarrato: *occhi stralunati* | Stravolto, fuori di sé.

stramaledire *v. tr.* (*coniug. come maledire*) (*pop.*) Maledire con veemenza.

stramazzàre ***A*** *v. tr.* (*raro*) Gettare disteso per terra. ***B*** *v. intr.* (*aus. essere*) Cadere pesantemente a terra: *stramazzò al suolo*.

stramàzzo (1) *s. m.* **1** Lo stramazzare. **2** *Fare, dare* —, in alcuni giochi di carte, vincere tutte le partite tranne una. **3** (*idraul.*) Uscita a contorno aperto, tale che l'acqua ne tocca soltanto il contorno inferiore o laterale.

stramàzzo (2) *s. m.* (*dial.*) Grosso panno ripiegato più volte, da dormirci in mancanza del letto | Paglericcio.

stramberìa *s. f.* L'essere strambo | Atto, discorso strambo; SIN. Bizzarria, stranezza, stravaganza.

stràmbo *agg.* **1** Strano, bizzarro, stravagante: *idee strambe*. **2** (*raro*) Storto.

strambòtto *s. m.* Breve componimento poetico satirico o amoroso, di otto endecasillabi a rima alternata.

stràme *s. m.* Paglia, fieno e sim. usati per alimento o lettiera al bestiame. [→ ill. *stalla*]

stramònio *s. m.* Pianta annua delle Solanacee, con foglie dentate e corolla bianca a imbuto, usata in farmacia.

strampalàto *agg.* Strano, stravagante, illogico: *ragionamenti strampalati*.

stranézza *s. f.* **1** L'essere strano; SIN. Bizzarria, stramberia, stravaganza. **2** Atto, discorso, comportamento strano.

strangolaménto *s. m.* Uccisione di qc. mediante ostruzione delle vie respiratorie del collo.

strangolàre ***A*** *v. tr.* (*io stràngolo*) **1** Uccidere ostruendo le vie respiratorie al collo; SIN. Strozzare. **2** (*fig.*) Stringere il collo impedendo il respiro: *questa cravatta mi strangola*. **3** (*mar.*) Imbrogliare le vele. ***B*** *v. intr. pron.* Morire strozzato.

strangolatóre *s. m.* (*f. -trice*) Chi strangola.

stràngoli *s. m. pl.* Attrezzi del fucinatore per produrre strozzature nel metallo. [→ ill. *meccanica*]

stranguglióne *s. m. spec. al pl.* Singhiozzo, senso di peso e di soffocamento allo stomaco.

straniàre ***A*** *v. tr.* (*io strànio*) Allontanare: — *qc. dalla famiglia*. ***B*** *v. rifl.* Estraniarsi.

stranièro ***A*** *agg.* **1** Di persona che ha la cittadinanza di uno Stato estero: *turisti stranieri*. **2** Che è proprio di una nazione diversa dalla propria: *lingue straniere*. **3** Che si riferisce a un popolo nemico e invasore: *esercito* —. ***B*** *s. m.* (*f. -a* nel sign. 1) **1** Cittadino di un altro stato. **2** Popolo nemico e invasore: *essere oppressi dallo* —.

stranito *agg.* Smarrito, inquieto, turbato | Intontito: *è ancora — dal sonno*.

strano *agg.* Che è diverso dal consueto e dal normale: *veste in modo* — | Che, per le sue caratteristiche, provoca stupore, turbamento o sospetto: *è uno — caso*; *talvolta succedono strani fenomeni*; SIN. Bizzarro, strambo, stravagante.

straordinarietà *s. f.* L'essere straordinario.

straordinàrio ***A*** *agg.* **1** Che è fuori dell'ordinario, rispetto alla natura o alla consuetudine: *caso* —; *spesa straordinaria* | *Treno* —, che fa servizio quando se ne manifesta la necessità | *Lavoro* —, eccezionalmente prestato dal lavoratore al di fuori dell'orario normale di lavoro | *Impiegato* —, assunto temporaneamente; CONTR. Ordinario. **2** Molto grande, notevole: *successo* — | Singolare, eccezionale: *spettacolo* —; SIN. Fantastico, formidabile. ***B*** *s. m.* (*f. -a* nel sign. 2) **1** Lavoro straordinario | Compenso per tale lavoro. **2** Impiegato straordinario.

strapaesàno ***A*** *agg.* Che reca in sé al massimo i caratteri della vita del suo paese. ***B*** *agg.; anche s. m.* (*f. -a*) Aderente al movimento letterario di strapaese.

strapaése *s. m.* Nel primo dopoguerra italiano, corrente letteraria che propugnava un ritorno alle tradizioni regionali in opposizione all'imitazione dei modelli letterari stranieri; CFR. Stracittà.

strapagàre *v. tr.* (*io strapàgo, tu strapàghi*) Pagare troppo, anche ass.: *pagare e* —.

straparlàre *v. intr.* (*aus. avere*) Parlare troppo, a sproposito.

strapazzàre ***A*** *v. tr.* **1** Maltrattare: — *i dipendenti*. **2** Adoperare senza riguardo, senza cura: — *un vestito* | — *un autore*, tradurlo o interpretarlo male | — *un mestiere*, esercitarlo male. **3** Affaticare eccessivamente: — *i cavalli*. ***B*** *v. rifl.* Sottoporsi a fatiche eccessive: *si strapazza col troppo lavoro*.

strapazzàta *s. f.* **1** Grave rimprovero, sgridata: *ricevere una* —. **2** Fatica fisica.

strapazzàto *part. pass. di strapazzare; anche agg.* **1** Maltrattato, sciupato | *Uova strapazzate*, sbattute mentre si cuociono al tegame. **2** Affaticato.

strapàzzo *s. m.* **1** (*raro*) Lo strapazzare la roba. **2** *Nella loc. da* —, di poco prezzo, privo di eleganza, ma da potersi usare senza riguardo: *vestito da* —; (*fig.*) privo di valore: *scrittore da —*. **3** Eccessivo affaticamento: *per lo — si è ammalato.*

strapazzóso agg. Che reca strapazzi, fatiche: *viaggio —*.

strapièno agg. Molto pieno.

strapiombàre v. intr. (*io strapiómbo*; aus. *essere* e *avere*) Non cadere a piombo, sporgere in fuori, dall'alto: *il muro strapiomba.*

strapiómbo s. m. **1** Sporgenza all'infuori. **2** Luogo scosceso. **3** In alpinismo, tratto di roccia sporgente dall'alto.

strapotènte agg. Molto potente.

strapotènza s. f. L'essere strapotente.

strapotére s. m. Potere eccessivo.

strappacuòre agg. inv. Che strappa il cuore, che commuove fortemente (*anche iron.*): *scena —*.

strappalàcrime agg. inv. Che strappa le lacrime, che commuove (*anche iron.*): *film, romanzo —*.

strappàre **A** v. tr. **1** Togliere tirando via con forza e in modo rapido: *— un fiore da una pianta* | *Strapparsi i capelli*, in segno di rabbia, disperazione e sim. | Sradicare, svellere (*anche fig.*) *— un dente.* **2** Rimuovere, allontanare a forza: *strappò il figlio alla madre.* **3** Stracciare, lacerare: *— un foglio, una lettera* | (*fig.*) *— il cuore*, commuovere profondamente. **4** (*fig.*) Riuscire a ottenere, a estorcere: *— una promessa, una confessione* | *— le lacrime*, commuovere profondamente. **B** v. intr. pron. Lacerarsi, rompersi.

stràppo s. m. **1** Atto dello strappare. **2** Lacerazione, rottura: *farsi uno — nel vestito* | (*med.*) *— muscolare*, eccessivo stiramento delle fibre muscolari. **3** (*raro, pop.*) Squarcio: *uno — di sereno.* **4** (*fig.*) Infrazione, eccezione: *fare uno — alla regola* | *A strappi*, a intervalli: *dormire a strappi.* **5** (*fig., pop.*) Passaggio in macchina chiesto o offerto: *farsi dare uno —*. **6** (*sport*) Serie di pedalate forzate in cui si produce un corridore ciclista per staccare gli avversari, soprattutto in salita.

strapuntino s. m. Sedile pieghevole di automobile, sala di spettacoli e sim.

strapùnto s. m. **1** Materasso sottile, saccone imbottito e trapuntato. **2** Coperta imbottita.

straricco agg. (pl. m. *-chi*) (*pop.*) Molto ricco.

straripaménto s. m. Fuoriuscita dalle rive o dagli argini, detto di fiumi.

straripàre v. intr. (aus. *essere* e *avere*) Traboccare uscendo dalle rive o dagli argini, detto di fiumi: *l'Arno è straripato.*

strascicaménto s. m. **1** Spostamento di q.c. che striscia per terra. **2** (*fig.*) Stentato prolungamento di un'attività | (*fig.*) Pronuncia confusa e indistinta.

strascicàre **A** v. tr. (*io stràscico, tu stràscichi*) **1** Trascinare con azione continuata e poco energica: *— un vestito per terra* | *— le gambe*, di persona debole o stanca | *— i piedi*, strisciarli per terra. **2** (*fig.*) Fare q.c. lentamente, di malavoglia: *— un lavoro.* **3** (*fig.*) Pronunciare con suono prolungato, indistinto: *— le parole.* **B** v. rifl. Trascinarsi. **C** v. intr. (aus. *avere*) Toccare terra, spec. pendendo: *la coperta strascica sul pavimento.*

stràscico s. m. (pl. *-chi*) **1** Atto dello strascicare | *Rete a —*, tipo di rete molto lunga, che viene trascinata sul fondo del mare, di fiumi, laghi e sim. | *Caccia alla volpe con lo —*, fatta trascinando per terra un pezzo di carne, il cui odore attira l'animale. **2** Parte di abito lungo che dietro strascica per terra: *abito da sposa con lo —*; *reggersi lo —*. **3** Corteo, accompagnamento: *un lungo — di servi.* **4** Segno che le lumache lasciano nel passare. **5** Serie di conseguenze negative: *gli strascichi della malattia.*

strascinàre **A** v. tr. Trascinare q.c. di pesante e che oppone una certa resistenza: *— una catena.* **B** v. rifl. Trascinarsi a fatica.

strass /ted. ʃtras/ s. m. inv. (pl. ted. *strasse* /'ʃtrasə/) Cristallo molto ricco di piombo, che imita lo splendore del diamante.

stratagèmma s. m. (pl. *-i*) Accorgimento astuto per sorprendere e sopraffare il nemico | (*est.*) Inganno, astuzia: *ricorrere a uno —*.

stratèga V. *stratego.*

strategìa s. f. **1** Branca dell'arte militare che tratta della condotta della guerra | Comportamento strategico tenuto da un comandante o da un esercito; CFR. Tattica. **2** (*fig.*) Abilità nel raggiungere lo scopo voluto.

stratègico agg. (pl. m. *-ci*) **1** Attinente alla strategia: *piano —* | *Obiettivo —*, la cui conquista o difesa è determinante ai fini dell'esito positivo della guerra; CFR. Tattico. **2** (*fig.*) Che è detto, fatto e sim. in modo abile, astuto: *trovata strategica.*

stratègo o *stratèga* s. m. (pl. *-ghi*) **1** Nell'antica Grecia, comandante militare | Ad Atene, comandante supremo con poteri militari e civili. **2** Capo militare che ha senso ed esperienza della strategia.

stratificàre **A** v. tr. (*io stratìfico, tu stratìfichi*) Disporre a strati. **B** v. intr. pron. Disporsi a strati.

stratificazióne s. f. **1** Disposizione a strati | *— sociale*, fenomeno per cui i componenti di una società si presentano in gruppi omogenei differenziati tra loro. **2** (*geol.*) Suddivisione di una roccia in strati.

stratifórme agg. Che ha forma di strato.

stratigrafìa (1) s. f. Ramo della geologia che ricostruisce i rapporti di precedenza delle rocce stratificate e ne studia la distribuzione nel tempo.

stratigrafìa (2) s. f. (*med.*) Tecnica radiografica che permette di osservare isolatamente un singolo strato di un organo; SIN. Tomografia.

stratigràfico agg. (pl. m. *-ci*) (*geol., med.*) Della stratigrafia.

stratimetrìa s. f. Misura degli spessori degli strati che formano la crosta terrestre.

stràto s. m. **1** Quantità di materia omogenea distesa su una superficie in modo piuttosto uniforme: *uno — di polvere, di vernice.* **2** Corpo geologico sedimentario depositato in condizioni fisiche e ambientali costanti, di vario spessore. [→ ill. *geografia*] **3** (*meteor.*) Distesa nuvolosa uniforme bassa, grigia, talvolta accompagnata da pioggia debole. [→ ill. *meteorologia*] **4** Livello di scavo archeologico caratterizzato da materiali che risalgono a uno stesso periodo. **5** (*biol.*) Sovrapposizione di file di cellule dello stesso tipo. **6** (*fig.*) Ceto, classe, grado sociale: *i vari strati della popolazione.* [→ ill. *zoologia*]

stratocùmulo s. m. (*meteor.*) Nube composta di grandi elementi tondeggianti. [→ ill. *meteorologia*]

stratonémbo s. m. (*meteor.*) Nembostrato.

stratosfèra s. f. Regione dell'atmosfera al di sopra della troposfera, caratterizzata da un aumento di temperatura e da presenza di ozono.

stratosfèrico agg. (pl. m. *-ci*) **1** Della stratosfera. **2** (*fig.*) Fantastico, astruso: *discorso —* | Spropositato: *prezzo —*.

strattonàre v. tr. (*io strattóno*) Dare strattoni.

strattóne s. m. Scossa, movimento brusco e violento: *dare uno — a qc.*

stravaccàrsi v. intr. pron. (*io mi stravàcco, tu ti stravàcchi*) (*dial.*) Sdraiarsi, sedersi in modo estremamente scomposto.

stravaccàto agg. (*dial.*) Seduto, sdraiato o sim. in modo estremamente scomposto.

stravagànte **A** agg. **1** Che va al di fuori dei limiti | *Rime stravaganti*, non comprese da un autore nella raccolta da lui stesso curata. **2** (*est.*) Che esce dall'uso comune | Straordinario: *discorsi stravaganti.* **3** (*est.*) Che si comporta in modo strano, bizzarro, eccentrico: *gli artisti sono un po' stravaganti*; SIN. Originale, strambo. **B** s. m. e f. Persona stravagante.

stravagànza s. f. L'essere stravagante | Atto, discorso, comportamento e sim. stravagante; SIN. Bizzarria, originalità, stramberia, stranezza.

stravècchio agg. **1** Molto vecchio (*anche raff.*): *vecchio e —*. **2** Stagionato a lungo, detto di sostanze alimentari: *vino, formaggio —*.

stravedére v. tr. e intr. (coniug. come *vedere*; aus. *avere*) Vedere male | (*fig.*) *— per qc.*, amarlo, ammirarlo in modo eccessivo.

stravincere v. tr. (coniug. come *vincere*) Vincere di gran lunga, superare nettamente.

straviziàre v. intr. (*io stravìzio*; aus. *avere*) Fare stravizi.

stravìzio s. m. Disordine, eccesso nel mangiare, nel bere, nei piaceri sensuali.

stravòlgere **A** v. tr. (coniug. come *volgere*) **1** Volgere con violenza | Deviare dalla posizione o direzione normale: *— gli occhi.* **2** (*fig.*) Turbare, agitare: *la notizia gli stravolse il viso.* **3** (*fig.*) Interpretare male o tendenziosamente: *— il senso di uno scritto*; SIN. Travisare. **B** v. rifl.

Contorcersi, torcersi.
stravòlto *part. pass. di stravolgere; anche agg.* Alterato, sconvolto: *occhi stravolti.*
straziànte *part. pres. di straziare; anche agg.* Che affligge profondamente.
straziàre *v. tr.* (*io stràzio*) **1** Tormentare, provocare atroci dolori fisici: — *le carni, il corpo, la persona* | Affliggere profondamente: *il rimorso lo strazia.* **2** (*fig.*) Fare cattivo uso, sciupare miseramente: — *la roba* | — *una commedia*, recitarla male.
straziàto *part. pass. di straziare; anche agg.* Tormentato, addolorato.
stràzio *s. m.* **1** Scempio, tormento. **2** (*fam.*) Fastidio, noia, seccatura: *che* — *questo libro!* **3** (*fig.*) Sciupio, consumo: *fare* — *dei soldi.*
strèga *s. f.* **1** Donna che, nelle credenze popolari, è ritenuta in rapporto con le potenze malefiche e accusata di azioni delittuose contro la religione e la società | *Caccia alle streghe*, quella cui, nel passato, erano sottoposte le donne accusate di stregoneria; (*fig.*) ogni persecuzione mossa da superstizioni o pregiudizi. **2** (*fig.*) Donna, ragazza, malvagia, perfida e sim. | (*est.*) Donna brutta e vecchia.
stregàre *v. tr.* (*io strégo, tu stréghi*) **1** Sottoporre una persona o una cosa a operazioni di stregoneria. **2** (*fig.*) Ammaliare, sedurre: *non farti* — *dai suoi sorrisi, dalle sue grazie.*
stregóne *s. m.* (*f. -a*) **1** Presso molti popoli allo stato di natura, persona, spesso importante, che svolge funzioni sacrali di indovino e guaritore. **2** (*est., gener.*) Uomo che pratica la stregoneria; SIN. Mago.
stregonerìa *s. f.* **1** Pratica magica che si avvale di forze occulte a fini malefici, in antitesi alla religione riconosciuta. **2** Incantesimo di strega o di stregone: *fare una* —; SIN. Magia.
strégua *s. f.* Misura, proporzione, criterio, *nella loc. alla* — *di*: *giudicare qc. alla* — *di un altro.*
strelitzia *s. f.* Pianta delle Scitaminee coltivata per i fiori recisi di forma strana con sepali arancione e petali azzurri. [→ ill. *piante* 15]
stremàre *v. tr.* (*io strèmo*) Indebolire, ridurre allo stremo; SIN. Sfiancare.
strèmo *s. m.* Estremo limite delle forze fisiche, delle possibilità finanziarie e sim.: *ridursi allo* — *delle forze.*
strènna *s. f.* Regalo che si fa o si riceve in occasione di feste annuali: *la* — *di Natale.*
strènuo *agg.* Valoroso, coraggioso: — *difensore* | (*est.*) Infaticabile: *uno* — *lavoratore.*
strèpere *v. intr.* (*io strèpo; dif. del part. pass. e dei tempi composti*) (*poet.*) Strepitare.
strepitàre *v. intr.* (*io strèpito; aus. avere*) Fare strepito.
strepitìo *s. m.* Strepito continuato.
strèpito *s. m.* Insieme confuso e disordinato di rumori vari, schiamazzi, voci e grida fragorose; SIN. Baccano, clamore, frastuono.
strepitóso *agg.* **1** Che fa strepito: *applausi strepitosi.* **2** (*fig.*) Che desta grande rumore, grande meraviglia: *successo* —; SIN. Eccezionale.
streptocòcco *s. m.* (*pl. -chi*) Batterio di forma ovale o sferica, sovente disposto con altri in catena, agente di malattie quali setticemia, polmonite e altre.
streptomicina *s. f.* Antibiotico ottenuto dai liquidi di coltura di alcuni particolari batteri, efficace in varie malattie, tra cui la tubercolosi.
stress /*ingl.* stres/ *s. m. inv.* (*med.*) Qualunque condizione, fisica, psichica e sim., che, esercitando uno stimolo dannoso sull'organismo, ne provoca la reazione | (*gener.*) Tensione, affaticamento psico-fisico.
stressànte *part. pres. di stressare; anche agg.* Che provoca stress: *un lavoro* —.
stressàre *v. tr.* Sottoporre a stress.
stressàto *agg.* (*med.*) Sottoposto a stress.
strétta *s. f.* **1** Atto dello stringere, spec. con forza: *dare una* — *a una vite* | — *di mano*, gesto di saluto | (*fig.*) Riduzione, restrizione: — *creditizia*; CONTR. Allentamento. **2** (*fig.*) Turbamento, commozione improvvisa: *sentire una* — *al cuore.* **3** Calca, mischia: *sottrarsi alla* — *della folla.* **4** Momento critico, punto culminante: *il freddo è alla* — | Conclusione, fase risolutiva: *venire alle strette.* **5** Varco angusto, gola: *la* — *delle Termopili.* **6** Situazione difficile, stato di estremo bisogno: *trovarsi in una dolorosa* —.
strettézza *s. f.* **1** L'essere stretto. **2** (*fig.*) Scarsezza: — *di tempo* | Povertà, ristrettezza: *vivere nelle strettezze.*
strétto (1) *part. pass. di stringere; anche agg.* **1** Premuto, serrato con forza: *tenere q.c.* — *fra le mani*; *tenere qc.* — *a sé* | *A bocca stretta*, (*fig.*) di malavoglia: *parlare a bocca stretta* | *A denti stretti*, (*fig.*) lottando per non cedere: *combattere a denti stretti* | (*fig.*) *Avere il cuore* — *dall'angoscia*, essere in preda all'angoscia. **2** Molto vicino, rasente: *stare* — *a qc.*; *erano stretti l'uno all'altro* | *Prendere una curva stretta*, passando molto rasente al bordo della strada. **3** Legato ad altri da vincoli di amicizia, parentela e sim.: *essere* — *da amicizia con qc.* | Intimo: *amicizia stretta* | Prossimo: *parenti stretti.* **4** Costretto, spinto: *essere* — *dalla necessità a fare q.c.* **5** Urgente, impellente: *trovarsi nella stretta necessità di fare q.c.* **6** Che ha dimensioni limitate nel senso della larghezza: *camera stretta* | *Andare* —, *essere* —, esser di misura inferiore a quella richiesta dalle dimensioni del corpo, detto di indumenti | Angusto: *passaggio, corridoio* —; CONTR. Largo. **7** Rigoroso, severo: *la stretta osservanza delle regole* | *Lutto* —, rigoroso | Preciso: *attenersi allo* — *significato di un vocabolo.* **8** Puro, detto di dialetto o sim.: *parlare lo* — *napoletano.* **9** (*preposto al s.*) Soltanto, niente altro che, *nelle loc. lo* — *necessario, lo* — *indispensabile.* **10** (*ling.*) Detto di vocale chiusa.
strétto (2) *s. m.* **1** Braccio di mare attraverso il quale comunicano le acque di due mari contigui: *lo* — *di Messina.* [→ ill. *geografia*] **2** (*mus.*) Parte finale della fuga.
strettóia *s. f.* **1** Punto in cui una strada si restringe. **2** (*fig.*) Momento di notevole gravità.
stria *s. f.* **1** Scanalatura di una colonna. **2** (*gener.*) Riga sottile su un fondo di colore diverso. **3** Linea biancastra o pigmentata della cute.
striàre *v. tr.* Segnare di strie.
striàto *agg.* **1** Segnato, cosparso di strie. **2** (*anat.*) *Fibre muscolari striate*, attraversate da strie che caratterizzano la muscolatura scheletrica.
striatùra *s. f.* Formazione di strie | Insieme di strie | Stria.
stricnina *s. f.* Alcaloide velenoso a complessa struttura chimica, usato come stimolante.
stridènte *part. pres. di stridere; anche agg.* Che stride | (*fig.*) Che discorda, contrasta.
stridere *v. intr.* (*pass. rem. io stridéi o stridètti, tu stridésti; aus. avere; raro nei tempi composti*) **1** Mandare un suono acuto e sgradevole: *quella porta stride.* **2** Strillare, emettere grida acute, detto di persona. **3** Detto di animali, emettere un verso stridulo e acuto: *le cicale stridono.* **4** (*fig.*) Produrre un contrasto sgradevole: *quei colori stridono fra loro.*
stridìo *s. m.* Emissione di suoni acuti e sgradevoli | Strido prolungato.
strido *s. m.* (*pl. strìda, f.; raro stridi, m.*) Voce, grido, suono acuto e ingrato.
stridóre *s. m.* Rumore di cosa che stride.
strìdulo *agg.* Che emette suono acuto e stridente: *le stridule cicale.*
strìge *s. f.* (*pop.*) Gufo.
strìglia *s. f.* Arnese formato di più lamine dentate infisse in un telaietto metallico, usato per pulire il pelo degli equini.
strigliàre **A** *v. tr.* (*io strìglio*) **1** Fregare con la striglia: — *il cavallo.* **2** (*fig.*) Criticare aspramente. **B** *v. rifl.* (*scherz.*) Spazzolarsi e ripulirsi ben bene.
strigliàta *s. f.* **1** Passata di striglia. **2** (*fig.*) Duro rimprovero, critica severa.
strillàre **A** *v. intr.* (*aus. avere*) **1** Gridare forte, emettere grida acute; SIN. Urlare. **2** (*est.*) Parlare a voce molto alta. **3** (*fig.*) Risentirsi vivamente. **B** *v. tr.* **1** Dire a voce molto alta: *strillò 'arrivederci' e se ne andò.* **2** (*fam.*) Rimproverare, sgridare.
strillo *s. m.* Grido acuto.
strillóne *s. m.* (*f. -a*) **1** (*fam.*) Chi strilla molto | Chi parla a voce molto alta. **2** Venditore ambulante di giornali che grida ad alta voce le notizie più interessanti in essi contenute.
strillòzzo *s. m.* Uccello con piumaggio poco appariscente, di piccole dimensioni e con voce simile a uno strillo.

striminzire *A* *v. tr.* (*io striminzisco, tu striminzisci*) Stringere il corpo di qc. con busto, fascia o sim. per renderlo più sottile. *B* *v. rifl.* Stringersi per apparire più sottile.

striminzito *part. pass. di striminzire; anche agg.* Misero: *vestito* — | Molto magro: *uomo* —.

strimpellàre *v. tr.* (*io strimpèllo*) Suonare malamente, con imperizia, strumenti musicali a tasti o a corde, anche ass.: — *il pianoforte*.

strimpellàta *s. f.* Sonata eseguita strimpellando.

strimpellatóre *s. m.* (*f. -trìce*) Chi strimpella.

strinàre *A* *v. tr.* *1* Bruciacchiare alla fiamma viva uccelli o polli già spennati. *2* Bruciacchiare la biancheria stirandola con ferro troppo caldo. *B* *v. intr. pron.* Bruciacchiarsi.

strìnga *s. f.* Nastro, terminato spesso da puntali metallici, usato per allacciare scarpe e sim. [→ ill. *calzatura*]

stringàre *v. tr.* (*io strìngo, tu strìnghi*) *1* Legare bene, stringere forte, spec. con legacci. *2* (*fig.*) Rendere conciso, essenziale: — *uno scritto*.

stringatézza *s. f.* L'essere stringato; SIN. Concisione, laconicità.

stringàto *part. pass. di stringare; anche agg.* *1* Legato bene. *2* (*fig.*) Conciso, succinto: *stile* —; SIN. Laconico.

stringènte *part. pres. di stringere; anche agg.* *1* Che persuade, convince: *argomenti stringenti*. *2* Incalzante: *interrogatorio* —.

strìngere *A* *v. tr.* (*pres. io strìngo, tu strìngi; pass. rem. io strinsi, tu stringésti; part. pass. strétto*) *1* Avvicinare fra loro due cose, o due parti di una stessa cosa, serrando più o meno forte: — *una morsa, le tenaglie* | — *i denti*, essere in uno stato di grande tensione fisica | — *i freni*, (*fig.*) rendere più rigida una disciplina; CONTR. Allargare. *2* Premere qc. o q.c. contro altra persona o cosa: — *qc. fra le braccia* | (*fig.*) — *il cuore*, commuovere profondamente. *3* (*lett.*) Impugnare, brandire: — *la spada*. *4* Cingere tutt'intorno: — *una città d'assedio* | Costringere qc. a ridosso di q.c.: — *qc. al muro*. *5* (*raro*) Obbligare, costringere: *il bisogno mi stringe a chiedere aiuto*. *6* Concludere, stipulare: — *un patto*; — *amicizia con qc.* *7* Comprimere, premere dolorosamente, anche ass.: *queste scarpe stringono i piedi*. *8* Ridurre le misure di q.c., rimpicciolire: — *un vestito*; CONTR. Allargare. *9* (*fig.*) Riassumere, anche ass.: — *un discorso* | *Stringi, stringi*, in conclusione. *10* (*fig.*) Rendere più celere | — *il tempo, i tempi*, accelerarli, in un'esecuzione musicale; (*fig.*) accelerare il compimento di q.c. *B* *v. intr.* (*aus. avere*) Incalzare, urgere, premere: *il tempo stringe*. *C* *v. rifl.* *1* Accostarsi, farsi molto vicino: *stringersi al muro* | Restringersi: *stringetevi un po'*. *2* Contrarsi | *Stringersi nelle spalle*, sollevare le spalle e poi lasciarle ricadere, in segno di disinteresse, impotenza e sim. [→ tav. *proverbi* 104]

stringiménto *s. m.* (*raro*) Lo stringere | (*fig.*) — *di cuore*, stretta al cuore.

strippàta *s. f.* (*pop.*) Grande mangiata.

strip-tease /*ingl.* strip 'ti:z/ *s. m. inv.* (*pl. ingl. strip-teases* /strip 'ti:ziz/) Spogliarello.

strìscia *s. f.* (*pl. -sce*) *1* Pezzo stretto e lungo di materiale vario: *una* — *di carta, di stoffa*. *2* Ciò che è simile a una striscia | Traccia lunga e sottile: *una* — *biancastra*. *3* Fumetto: *le strisce di Charlie Brown*. *4* *al pl.* Passaggio pedonale delimitato da zebratura: *attraversare sulle strisce*.

strisciànte *part. pres. di strisciare; anche agg.* *1* Che striscia. [→ ill. *botanica*] *2* (*fig., spreg.*) Che è subdolo, insinuante: *individuo* —. *3* (*fig.*) Detto di fenomeno, spec. economico o politico, che si verifica in modo non particolarmente vistoso: *inflazione* —.

strisciàre *A* *v. tr.* (*io strìscio*) *1* Muovere sfregando, strofinando: — *i piedi sul pavimento*. *2* Toccare appena passando, sfiorare: *il proiettile gli strisciò la tempia*. *B* *v. intr.* (*aus. avere*) *1* Passare sfiorando o sfregando sopra una superficie: *i serpenti strisciano per terra*. *2* Passarare rasente: — *col parafango contro un muro*. *3* Crescere rasoterra: *i fusti delle zucche strisciano sul suolo*. *4* (*fig.*) Essere umile, servile per ottenere vantaggi. *C* *v. rifl.* *1* Sfregarsi, strofinarsi: *non strisciarti al muro*. *2* (*fig.*) Adulare, piaggiare servilmente: *strisciarsi ai potenti*.

strisciàta *s. f.* *1* Atto dello strisciare. *2* Segno lasciato da ciò che striscia.

strìscio *s. m.* *1* Movimento compiuto strisciando | *Ballo con lo* —, eseguito strisciando i piedi | *Fare lo* —, nel gioco del tressette, strisciare una carta sul tavolo per indicare al compagno che se ne hanno altre dello stesso seme | *Ferita di* —, superficiale. *2* (*med.*) Preparato per esame microscopico, ottenuto strisciando il materiale da esaminare su un vetrino. *3* *Nella loc. avv. di* —, strisciando, non in pieno: *colpire, ferire di* —; *prendere la palla di* —. *4* Segno fatto strisciando.

striscióne *s. m.* *1* *Accr. di striscia* (1). *2* Larga striscia di tessuto, carta e sim. appesa in alto su strade o piazze, o innalzata durante manifestazioni: — *pubblicitario*.

stritolaménto *s. m.* Riduzione in pezzi minuti | (*fig.*) Annientamento.

stritolàre *v. tr.* (*io strìtolo*) *1* Ridurre in pezzi minuti: *quella macchina stritola i sassi*. *2* (*fig.*) Annientare, schiacciare, con le proprie argomentazioni: — *l'avversario*.

strizza *s. f.* (*fam.*) Paura.

strizzàre *v. tr.* Stringere forte q.c. in modo da farne uscire il liquido in essa contenuto; — *i panni bagnati* | — *l'occhio*, ammiccare.

strizzàta *s. f.* Atto dello strizzare una volta.

strizzóne *s. m.* *1* Strizzata forte, violenta: *dare uno* — *a qc.* *2* Fitta, dolore acuto.

stròbilo *s. m.* *1* (*bot.*) Cono. *2* (*zool.*) Insieme delle proglottidi che formano il corpo di alcuni platelminti.

stroboscopìa *s. f.* Osservazione mediante lo stroboscopio.

stroboscòpio *s. m.* (*fis.*) Apparecchio per l'osservazione di un fenomeno periodico: si basa su un'illuminazione intermittente con periodo leggermente diverso dal fenomeno in esame, per cui questo appare rallentato.

stròfa V. *strofe*.

strofànto o *stròfanto* *s. m.* Pianta africana lianosa e velenosa delle Genzianali con fusto peloso, fiori giallastri a strie rosse e semi utili in medicina. [→ ill. *piante* 11]

stròfe o *stròfa* *s. f.* (*pl. stròfe, raro stròfi*) *1* Gruppo ritmico di due o più versi che viene gener. ripetuto più di una volta. *2* Nella lirica greca, parte di una triade lirica.

stròfico *agg.* (*pl. m. -ci*) Detto di componimento nel quale un determinato periodo ritmico è ripetuto più volte.

strofinàccio *s. m.* Cencio per strofinare, pulire, rigovernare e sim.; SIN. Canovaccio.

strofinaménto *s. m.* Atto dello strofinare.

strofinàre *A* *v. tr.* Passare ripetutamente q.c. sopra una superficie per pulirla, lucidarla e sim.: — *il marmo con uno straccio*; SIN. Sfregare. *B* *v. intr. pron.* Strisciarsi | (*fig.*) Adulare: *strofinarsi a qc.*

strofinìo *s. m.* *1* Strofinamento continuo. *2* (*fis.*) Operazione mediante la quale si elettrizza staticamente un corpo, strofinandolo con un panno o una pelle.

stròlaga *s. f.* (*pop.*) Colimbo.

stròma *s. m.* (*biol.*) Trama fondamentale di una cellula, di un tessuto, di un organo.

strombatùra *s. f.* Conformazione di porta, finestra e sim. con stipite tagliato obliquamente.

strombazzàre *A* *v. tr.* Divulgare con esagerato chiasso: — *i meriti di qc.* *B* *v. intr.* (*aus. avere*) (*raro*) Suonare la tromba male e rumorosamente.

strombazzatóre *s. m.* (*f. -trìce*) Chi strombazza.

strombazzatùra *s. f.* Divulgazione chiassosa e propagandistica.

strombettàre *v. intr.* (*io strombétto; aus. avere*) *1* Suonare la trombetta, o la tromba, spesso e male. *2* (*est.*) Suonare ripetutamente il clacson dell'automobile.

strombettìo *s. m.* Uno strombettare continuo.

strómbo (1) *s. m.* Grosso mollusco dei Gasteropodi dei mari caldi, a conchiglia conica con protuberanze e ampia espansione marginale. [→ ill. *animali* 5]

strómbo (2) *s. m.* Strombatura.

stroncàre *v. tr.* (*io strónco, tu strónchi*) *1* Troncare con violenza (*anche fig.*): *il vento stronca i rami*. *2* (*fig.*) Reprimere, soffocare: — *una rivolta*. *3* (*fig.*) Fare oggetto di critica feroce: — *un film*.

stroncatóre *s. m.; anche agg.* (*f. -trìce*) Chi (o che) stronca (*spec. fig.*): *critica stroncatrice*.

stroncatùra *s. f.* *1* (*raro*) Rottura violenta con un colpo secco. *2* (*fig.*) Critica acerba.

stronfiàre *v. intr.* (*io strónfio; aus. avere*) (*fam., tosc.*) Sbuffare forte, detto di persona.

strònzio *s. m.* Elemento chimico, metallo alcalino terroso, solido bianco argento, usato per leghe. SIMB. Sr.

strónzo *s. m.* (*f. -a* nel sign. 2) **1** Pezzo di sterco sodo, di forma cilindrica. **2** (*fig., volg.*) Persona spregevole e (*gener.*) tale da essere ingiuriata.

stropicciaménto *s. m.* Atto dello stropicciare.

stropicciàre A *v. tr.* (*io stropiccio*) **1** Strofinare, sfregare forte q.c. con la mano, o una cosa contro un'altra: *stropicciarsi un braccio.* **2** (*dial., fam.*) Sgualcire: *stropicciarsi il vestito.* **B** *v. intr. pron.* (*pop.*) Infischiarsi, disinteressarsi di q.c. o qc.: *me ne stropiccio di voi!*

stropiccio *s. m.* Stropicciamento continuo | Rumore di cosa, spec. piedi, stropicciata.

stroppiàre *v. tr. e intr.* (*io stròppio*) (*raro*) Storpiare. [→ tav. *proverbi* 198]

stròppo *s. m.* (*mar.*) Anello di corda che tiene il remo attaccato allo scalmo. [→ ill. *marina*]

stròzza *s. f.* Fauci, canna della gola.

strozzaménto *s. m.* **1** Strangolamento, spec. con le mani | (*est.*) Impedimento al respiro, soffocamento | (*fig.*) Imposizione di un interesse molto alto. **2** (*est.*) Restringimento di un organo od oggetto cavo | Ostruzione | (*med.*) — *erniario,* alterazione della circolazione sanguigna in un viscere contenuto nell'ernia.

strozzàre A *v. tr.* (*io stròzzo*) **1** Uccidere ostruendo le vie respiratorie mediante una pressione esercitata sul collo con le mani; SIN. Strangolare. **2** (*est.*) Impedire il respiro, soffocare, anche ass.: *è un cibo che strozza.* **3** (*est.*) Restringere in un punto un organo o un oggetto cavo, spec. premendo dall'esterno: — *un tubo* | (*est.*) Ostruire: *uno scoglio strozza il passaggio.* **4** (*fig.*) Prestare denaro a forte usura: *con quell'interesse lo strozzano.* **B** *v. intr. pron.* **1** Morire per strozzamento. **2** Avere il respiro impedito. **3** Subire una strozzatura. **C** *v. rifl.* Strangolarsi, impiccarsi.

strozzàto *part. pass. di strozzare; anche agg.* **1** Che esce dalla gola a stento, a scatti: *grido* —. **2** (*med.*) Sottoposto a strozzamento: *ernia strozzata.*

strozzatùra *s. f.* **1** Riduzione del diametro di un recipiente, un tubo e sim. | Punto di restringimento. **2** Tratto nel quale una strada si restringe. **3** (*fig.*) Arresto nell'attività economica limitato a un settore, che impedisce lo sviluppo di altri rami produttivi.

strozzinàggio *s. m.* Usura.

strozzìno *s. m.* (*f. -a*) **1** Chi presta denaro a interesse molto alto; SIN. Usuraio. **2** (*est.*) Chi vende a prezzi molto alti.

struccàre A *v. tr.* (*io strùcco, tu strùcchi*) Togliere il trucco dal viso. **B** *v. rifl.* Togliersi il trucco dal viso.

strudel /*ted.* 'ʃtru:dəl/ *s. m. inv.* Dolce di pasta arrotolata, farcito di frutta e cotto in forno. [→ ill. *dolciumi*]

strùffolo *s. m. spec. al pl.* Palline fritte di pasta dolce e miele.

struggènte *part. pres. di struggere; anche agg.* Che strugge, tormenta.

strùggere A *v. tr.* (*pres. io strùggo, tu strùggi; pass. rem. io strùssi, tu struggésti; part. pass. strùtto*) **1** Liquefare, sciogliere col calore: — *la cera, la neve.* **2** (*fig.*) Consumare lentamente, causare dolore, sofferenza: *l'amore lo strugge.* **B** *v. intr. pron.* **1** Fondersi, sciogliersi col calore. **2** (*fig.*) Consumarsi, logorarsi di passione, desiderio, dolore e sim.: *struggersi d'amore per qc.*

struggiménto *s. m.* **1** (*raro*) Scioglimento col calore. **2** (*fig.*) Logorante sofferenza interiore causata da nostalgia, passione, dolore e sim. | Desiderio tormentoso.

strumentàle A *agg.* **1** Di strumento | Relativo a strumento. **2** Che si esegue mediante strumenti: *osservazione* — | *Musica* —, fatta per gli strumenti. **3** Che serve di strumento | *Bene* —, di cui si avvale la produzione per ottenere i beni di consumo | (*fig.*) Fatto per un secondo fine: *polemica* —. **4** (*ling.*) Detto di caso della declinazione indeuropea indicante lo strumento dell'azione verbale. **B** *s. m.* Caso strumentale.

strumentalizzàre *v. tr.* Servirsi di qc. o di q.c. per raggiungere un proprio fine: — *la politica.*

strumentalizzazióne *s. f.* Sfruttamento, uso di q.c. o qc. per i propri fini.

strumentàre *v. tr. e intr.* (*io struménto; aus. avere*) (*mus.*) Attribuire agli strumenti dovuti le parti di una composizione per più strumenti.

strumentatóre *s. m.* (*f. -trìce*) (*mus.*) Chi strumenta.

strumentazióne *s. f.* **1** (*mus.*) Attribuzione agli strumenti dovuti delle parti di una composizione per più strumenti. **2** Complesso degli strumenti e attrezzature che occorrono per certe attività di ricerca e controllo. **3** Insieme degli strumenti di controllo di una macchina, di un veicolo.

strumentìno *s. m.* **1** *Dim. di strumento.* **2** (*mus.*) *spec. al pl.* Legno.

strumentìsta *s. m. e f.* (*pl. m. -i*) **1** Chi, per professione, suona uno strumento musicale. **2** Specialista nella progettazione e montaggio di strumentazione per impianti industriali.

struménto *s. m.* **1** (*gener.*) Arnese o dispositivo atto al compimento di determinate operazioni; *gli strumenti del fabbro* | *Strumenti di bordo,* a bordo di navi, aerei e sim., quelli usati per la navigazione e il controllo del veicolo | — *di misura,* che serve per misurare e indicare il valore di una grandezza fisica | *Strumenti di precisione,* quelli che sono in grado di fornire dati della massima esattezza possibile. [→ ill. *ottica, misure*] **2** (*mus.*) Apparecchio costruito in modo da produrre suoni musicali: *strumenti a fiato, a percussione, a corda.* [→ ill. *strumenti musicali*] **3** (*fig.*) Persona, cosa e sim., che serve come mezzo per raggiungere un dato fine: *fu lo* — *della provvidenza.* **4** Atto pubblico redatto da un notaio.

strusciàre A *v. tr. e intr.* (*io strùscio; aus. avere*) Strofinare q.c. sopra o contro un'altra: — *i piedi per terra* | Rovinare: — *i vestiti.* **B** *v. rifl.* **1** Strofinarsi: *non strusciarti alla porta.* **2** (*fig.*) Adulare, stare attorno a qc.: *strusciarsi a qc.*

strùscio *s. m.* **1** (*merid.*) A Napoli, giro per la visita ai sepolcri nel giovedì santo. **2** (*est.*) Passeggiata domenicale che ha luogo nella via principale di paesi o cittadine di provincia.

strùtto A *part. pass. di struggere; anche agg.* Liquefatto, sciolto. **B** *s. m.* (*gener.*) Grasso ricavato facendo fondere le parti adipose del maiale; SIN. Sugna.

struttùra *s. f.* **1** Insieme delle parti costruttive e portanti di un edificio. **2** (*est.*) Composizione, ordine e modo di essere di un organismo, di un'opera e sim.: *la* — *dello Stato*; *la* — *del corpo umano*; *la* — *di un romanzo, di un film.* **3** (*chim.*) Disposizione degli atomi nella molecola di un composto | — *di una roccia,* in mineralogia, rapporto intercorrente tra i componenti di una roccia per effetto del processo genetico. **4** (*ling.*) Organizzazione sistematica degli elementi di una lingua (fonemi, morfemi e sintagmi).

strutturàle *agg.* Della struttura.

strutturalìsmo *s. m.* Teoria e metodologia scientifica che, spec. in varie scienze umane, considera la struttura degli elementi come un sistema di relazioni reciproche formalmente definibile.

strutturalìsta *s. m. e f.* (*pl. m. -i*) Seguace dello strutturalismo.

strutturàre *v. tr.* Disporre secondo una struttura.

strutturazióne *s. f.* Atto dello strutturare | Modo in cui q.c. è strutturato.

strutturìstica *s. f.* (*fis.*) Disciplina che studia la costituzione interna dei corpi solidi.

strùzzo *s. m.* Grosso uccello con ali inadatte al volo, zampe lunghe e prive di penne, piede a due dita, collo lungo e sottile | *Fare come lo* —, *fare la politica dello* —, (*fig.*) fingere di ignorare cose o situazioni di particolare gravità, secondo la leggenda per cui lo struzzo, all'avvicinarsi del pericolo, nasconde la testa nella sabbia. [→ ill. *animali* 14]

stuccàre (1) *v. tr.* (*io stùcco, tu stùcchi*) **1** Turare, rivestire con lo stucco: — *un buco, un vetro.* **2** Decorare con stucchi.

stuccàre (2) A *v. tr.* (*io stùcco, tu stùcchi*) **1** Riempire fino alla sazietà, dare nausea: *troppi dolci stuccano.* **2** Infastidire, annoiare. **B** *v. intr. pron.* Infastidirsi: *si stucca di ogni cosa.*

stuccatóre *s. m.* **1** Chi esegue lavori di stuccatura. **2** Chi esegue stucchi per decorazioni.

stuccatùra *s. f.* **1** Operazione del rivestire con stucco. **2** Stucco messo in opera, già indurito.

ad aria

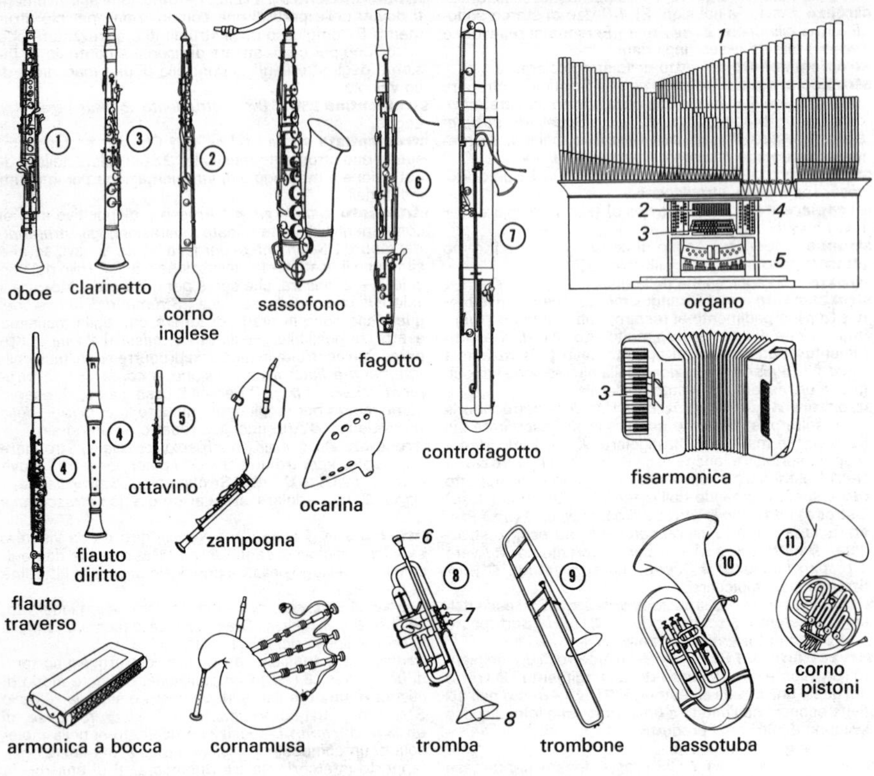

oboe (1) clarinetto (3) corno inglese (2) sassofono fagotto (6) controfagotto (7)

organo: 1 2 3 4 5

fisarmonica: 3

flauto traverso (4) flauto diritto (4) ottavino (5) zampogna ocarina

tromba (8): 6 7 8 trombone (9) bassotuba (10) corno a pistoni (11)

armonica a bocca cornamusa

1 canne 2 leggio 3 tastiera 4 registri 5 pedaliera 6 bocchino 7 pistoni 8 sordina

a percussione

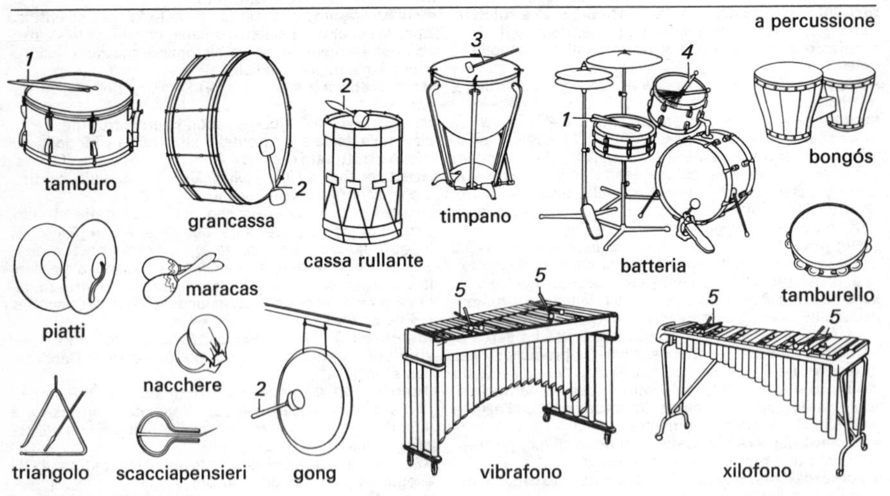

1 bacchette 2 mazza 3 mazzuolo 4 spazzole 5 martelletti

a corda

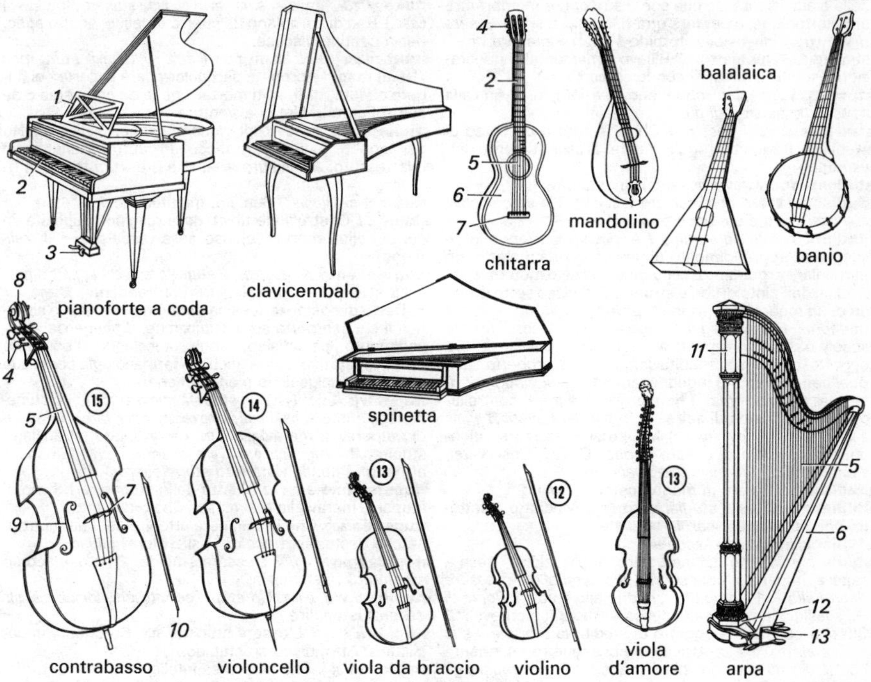

pianoforte a coda

clavicembalo

chitarra

mandolino

balalaica

banjo

spinetta

contrabasso

violoncello

viola da braccio

violino

viola d'amore

arpa

1 leggio 2 tastiera 3 pedaliera 4 bischeri 5 corde 6 cassa 7 ponticello 8 chiocciola 9 orecchia 10 archetto 11 colonna 12 zoccolo 13 pedali

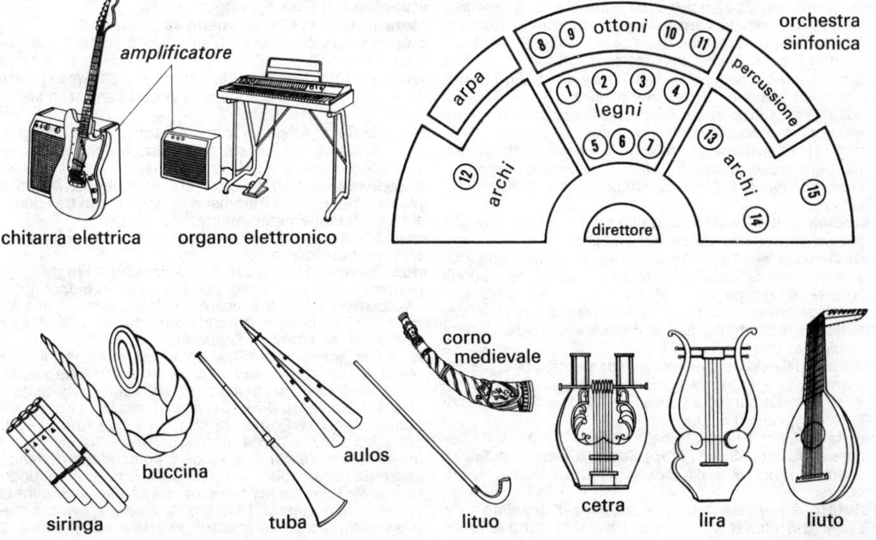

stucchévole *agg.* Che dà fastidio, nausea | Che dà tedio, noia: *discorsi stucchevoli.*
stùcco (1) *s. m.* (*pl.* *-chi*) **1** Malta composta di gesso, colla e altre sostanze che serve a ricoprire membrature architettoniche, o per fare ornati, cornici e sim. | *Essere di* –, (*fig.*) insensibile, torpido | (*fig.*) *Rimanere di* –, sbalordito, stupefatto. **2** Rilievo ornamentale, decorazione, scultura eseguiti con lo stucco.
stùcco (2) *agg.* (*pl. m.* *-chi*) Pieno a sazietà, sazio fino alla nausea: *essere – di q.c.*
studènte *s. m.* (*f.* *-éssa*) **1** Chi è iscritto a un corso di studi e lo frequenta regolarmente. **2** ass. Studente universitario.
studentésco *agg.* (*pl. m.* *-schi*) Di studente.
studiacchiàre o *studicchiàre* *v. tr. e intr.* (*io studiàcchio; aus. avere*) Studiare poco e male.
studiàre ***A*** *v. tr.* (*io stùdio*) **1** Applicare la propria intelligenza all'apprendimento di una disciplina, un'arte, un particolare argomento, seguendo un certo metodo e valendosi dell'aiuto di libri e strumenti, spesso sotto la guida di un maestro: *– musica, pittura, scultura*; *– q.c. a memoria.* **2** ass. Seguire regolarmente i corsi di una scuola o di un'università: *non ha i mezzi per –.* **3** Fare oggetto di esame, meditazione: *– un progetto, una questione* | Cercare ingegnosamente: *– il modo per risolvere un problema.* **4** Ponderare, misurare, controllare il proprio modo di agire: *– le parole, i gesti.* ***B*** *v. intr. e intr. pron.* (*aus. intr. avere*) Industriarsi, sforzarsi, ingegnarsi: *si studia di essere buono.* ***C*** *v. rifl.* Osservarsi, esaminarsi: *si studiava allo specchio.*
studiataménte *avv.* In modo ricercato, voluto.
studiàto *part. pass. di studiare; anche agg.* Meditato, affettato, non spontaneo: *parole studiate.*
studicchiàre V. *studiacchiare.*
stùdio *s. m.* **1** Atto dello studiare, applicazione intesa a sapere, imparare, conoscere: *dedicarsi allo –*; *essere dedito allo –* | *Uomo di* –, dedito allo studio | *Borsa di* –, sussidio in denaro concesso a studenti meritevoli. **2** Ciò che costituisce oggetto di studio: *la storia è il suo – prediletto.* **3** *al pl.* Attività di chi segue regolarmente i corsi di una scuola o di un maestro: *interrompere gli studi.* **4** *al pl.* Organizzazione scolastica, nelle loc.: *provveditorato agli studi*, complesso dell'organizzazione scolastica di una provincia, *provveditore agli studi*, chi è preposto a un provveditorato. **5** Ricerca eseguita mediante lo studio approfondito di determinati argomenti: *studi sulla lingua.* **6** (*mus.*) Pezzo nel quale domina un dato passaggio, inteso a vincere una difficoltà tecnica, vocale o strumentale. **7** Progetto, disegno, preparazione: *lo – di una nuova autostrada* | *Essere allo* –, di proposta ancora all'esame dei competenti. **8** Disegno, soggetto, preso dal vero a scopo di approfondimento di particolari, preparazione di un'opera e sim. **9** (*lett.*) Cura, diligenza, sollecitudine: *mettere tutto lo – nel fare q.c.*; *fare q.c. con ogni –.* **10** Stanza da studio | Mobili che costituiscono l'arredamento di uno studio. [→ ill. *casa*] **11** Stanza in cui un professionista o un artista svolgono la loro attività: *– di notaio, di pittore.* [→ ill. *pittore*] **12** Insieme di ambienti appositamente attrezzati per riprese cinematografiche o televisive interne: *gli studi di Cinecittà.* [→ ill. *cinematografia, radio, televisione*]
studiòlo *s. m.* **1** Piccola stanza da studio. **2** (*tosc.*) Mobile per scrivere molto diffuso nel XVI sec.
studióso ***A*** *agg.* **1** Che studia | Che si dedica agli studi: *è – di matematica.* **2** Che studia con diligenza e buona volontà: *è un ragazzo –.* **3** (*raro, lett.*) Premuroso, sollecito, zelante: *essere – di apprendere.* ***B*** *s. m.* (*f.* *-a*) Chi si dedica agli studi | Chi si dedica allo studio di data disciplina: *uno – di storia.*
stùfa *s. f.* **1** Apparecchio di riscaldamento, spec. per usi domestici: *– a carbone, elettrica.* [→ ill. *elettrodomestici, riscaldamento*] **2** (*raro*) Serra calda. **3** Stanza delle terme | Bagno caldo.
stufàre ***A*** *v. tr.* **1** Scaldare nella stufa: *– i bozzoli.* **2** Cuocere in stufato. **3** (*fig., fam.*) Seccare, dare fastidio: *mi avete stufato!* ***B*** *v. intr. pron.* (*fig., fam.*) Seccarsi, annoiarsi.
stufàto ***A*** *part. pass. di stufare; anche agg.* **1** Scaldato nella stufa. **2** Stufo. ***B*** *s. m.* Carne a pezzetti cotta a fuoco lento in un tegame ben chiuso.
stùfo *agg.* (*pop.*) Annoiato, infastidito, seccato: *essere – di q.c.*
stuka /*ted.* 'ʃtu:ka/ *s. m. inv.* (*pl. ted.* *stukas* /'ʃtu:kas/) (*aer.*) Tipo di aeroplano da guerra tedesco, adatto spec. per repentine discese.
stunt-man /*ingl.* 'stʌnt mən/ *s. m. inv.* (*pl. ingl.* *stunt-men* /'stʌnt mən/) Acrobata particolarmente esperto nel fingere cadute, tuffi, salti mortali che fa da comparsa o da controfigura in film di avventure.
stuòia *s. f.* **1** Tessuto di giunchi, canne, paglia, sparto per tappeti, tendaggi, graticci | Prodotto ottenuto con tale tessuto. **2** *Tessuto a* –, che presenta trama in rilievo.
stuòlo *s. m.* (*gener.*) Schiera, moltitudine.
stùpa *s. f.* Costruzione tipica della religione buddista, in cui di solito sono racchiuse delle reliquie. [→ ill. *religione*]
stupefacènte ***A*** *part. pres. di stupefare; anche agg.* Che provoca stupore, meraviglia; SIN. Sorprendente. ***B*** *agg. e s. m.* Detto di sostanza tossica di origine vegetale o sintetica il cui uso porta ad assuefazione, dipendenza e decadimento psicofisico, compromettendo l'equilibrio neurovegetativo; usata anche in farmacologia per le sue proprietà analgesiche e anestetiche.
stupefàre ***A*** *v. tr.* (*pres. io stupefàccio o stupefò, tu stupefài, egli stupefà; nelle altre forme coniug. come fare*) Riempire di stupore, di meraviglia; SIN. Meravigliare, strabiliare, stupire. ***B*** *v. intr. e intr. pron.* (*aus. essere*) (*raro*) Rimanere attonito: *a quella vista tutti stupefecero.*
stupefazióne *s. f.* (*raro*) Atto dello stupefare | Stato di stupore, meraviglia e sim.; SIN. Sbalordimento.
stupèndo *agg.* Che fa rimanere attonito per l'ammirazione che desta: *spettacolo –*; SIN. Meraviglioso.
stupidàggine *s. f.* **1** L'essere stupido. **2** Atto, discorso stupido. **3** (*est.*) Inezia.
stupidire *v. tr. e intr.* (*io stupidìsco, tu stupidìsci; aus. intr. essere*) Istupidire.
stupidità *s. f.* **1** L'essere stupido; SIN. Cretineria, imbecillità. **2** Atto, discorso stupido.
stùpido ***A*** *agg.* Che ha scarsa intelligenza, mente tarda: *persone stupide* | Che mostra stupidità: *parole stupide*; SIN. Cretino, imbecille. ***B*** *s. m.* (*f.* *-a*) Persona stupida.
stupìre ***A*** *v. tr.* (*io stupìsco, tu stupìsci*) Riempire di stupore: *il suo silenzio mi stupisce*; SIN. Meravigliare, strabiliare, stupefare. ***B*** *v. intr. e intr. pron.* (*aus. intr. essere*) Restare attonito, pieno di stupore: *stupirsi a sentire q.c.*
stupóre *s. m.* Senso di grande meraviglia che colpisce e lascia attonito; SIN. Meraviglia.
stuporóso *agg.* Che produce torpore: *vino –.*
stupràre *v. tr.* Fare oggetto di stupro.
stupratóre *s. m.* Chi commette stupro.
stùpro *s. m.* Accoppiamento sessuale imposto con la violenza.
stùra *s. f.* Atto dello sturare: *dare la – a un fiasco* | *Dare la* –, (*fig.*) dare libero sfogo ai propri pensieri o sentimenti.
sturàre ***A*** *v. tr.* **1** Aprire ciò che è turato: *– una bottiglia*; SIN. Stappare. **2** Liberare da ostruzioni, occlusioni: *– una conduttura.* ***B*** *v. intr. pron.* Stapparsi.
stuzzicadènti *s. m.* **1** Sottile stecco di legno, avorio o plastica per levare i frammenti di cibo rimasti tra i denti. **2** (*fig.*) Persona molto magra.
stuzzicànte *part. pres. di stuzzicare; anche agg.* Eccitante, stimolante: *argomento –.*
stuzzicàre *v. tr.* (*io stùzzico, tu stùzzichi*) **1** Frugare leggermente qua e là, spec. con cosa sottile e appuntita: *stuzzicarsi i denti.* **2** Toccare con insistenza: *– una ferita* | (*fig.*) Molestare, irritare: *non – tuo fratello.* **3** (*fig.*) Stimolare, eccitare: *– l'appetito.*
su ***A*** *prep. propria semplice* (*per eufonia lett. sur davanti a parola che cominci per u. Fondendosi con gli art. det. dà origine alla prep. art. m. sing. sul, poet. su'l, sullo; m. pl. sui, sugli; f. sing. sulla; f. pl. sulle*) Stabilisce diverse relazioni dando luogo a molti complementi. **1** Compl. di stato in luogo (*anche fig.*): *stava sdraiato sull'erba*; *potete contare – di me* | (*fig.*) Indica il settore cui si estende il comando, il dominio, l'autorità: *comanda – tutti.* **2** Compl. di moto a luogo (*anche fig.*): *venite sul terrazzo*; *cercano di scaricare la colpa – quei ragazzi* | Contro: *la polizia sparò sui manifestanti* | Verso: *le finestre guardano sul giardino.* **3**

Compl. d'argomento: *saggio sulla questione del Mezzogiorno; opera — Cesare.* ***4*** Compl. di tempo det. (esprime approssimazione): *vediamoci sul mezzogiorno; lo incontrai sul far della sera* | *Sul momento, sull'istante, sui due piedi*, immediatamente, lì per lì. ***5*** Compl. di tempo continuato (con il sign. di 'circa'): *starò assente sui due mesi.* ***6*** Compl. d'età (indica approssimazione): *un ragazzo sui dodici anni.* ***7*** Compl. di stima e prezzo (indica approssimazione): *la casa gli è costata sui trenta milioni.* ***8*** Compl. di peso e misura (indica approssimazione): *pesa sui sessanta chili.* ***9*** Compl. di modo o maniera: *lavorare — ordinazione; scarpe — misura; prestito — pegno* | *Giurare sul Vangelo, — qc. o q.c.*, giurare in nome del Vangelo, il nome di qc. o q.c. | *È uno che sta sulle sue*, che tiene gli altri a distanza. ***10*** Con particolare valore modale e strumentale: *dipinto — tela; incisione — rame.* ***B*** *avv.* ***1*** In alto, verso l'alto: *guarda — e lo vedrai* | (*est.*) Al piano superiore: *è — dalla nonna* | *Andare — e giù*, scendere e salire o andare avanti e indietro | *Non andare né — né giù*, non riuscire a inghiottire, non digerire, e (*fig.*) non tollerare | *Un — e giù*, un viavai, un andirivieni; CONTR. Giù. ***2*** (*iter.*) Indica un movimento progressivo o prolungato, spec. lento, in salita: *salimmo — — fino alla vetta.* ***3*** (*pleon.*) Con valore ints.: *metti — q.c. sulle spalle.* ***4*** ass. Con ellissi del v. in escl. di esortazione, comando, sdegno e sim.: *— ragazzi, andiamo!; — con la vita!* ***5*** Nella loc. avv. *in —*, verso l'alto | (*est.*) Al Nord | Decrescendo verso valori più alti: *si accettano puntate dalle mille lire in —* | Nelle loc. avv. *da, di —*, dall'alto, da sopra | *Di qua, di là, di —, di giù*, da ogni parte.

suadènte *agg.* (*lett.*) Che persuade, concilia, lusinga: *voce —.*

suadére *v. tr. e intr.* (*pass. rem. io suàṣi, tu suadésti; part. pass. suàṣo; aus. avere*) (*poet.*) Persuadere.

suaṣìvo *agg.* (*lett.*) Persuasivo.

suàṣo *part. pass. di suadere; anche agg.* (*poet.*) Persuaso.

sub- *prep.* ***1*** Significa 'sotto' (*anche fig.*): *subacqueo, subalterno, subordinato.* ***2*** Significa 'vicino', 'a lato': *subartico.* ***3*** Con valore attenuativo, significa 'quasi' (*subacuto, subdesertico*) o 'simile', 'prossimo' (*subalpino, sublitorale*).

sub *s. m. e f. Acrt. di subacqueo* (B).

subàcqueo ***A*** *agg.* Che si trova, si svolge, opera e sim. sott'acqua: *cavo —; pesca subacquea* | *Sport subacquei*, la pesca o caccia subacquea e le gare di immersione | *Nuotatore —*, chi pratica sport subacquei. [→ ill. *maschera, pesca, vigili del fuoco*] ***B*** *s. m.* Chi pratica sport subacquei.

subaffittàre *v. tr.* Cedere ad altri in subaffitto.

subaffìtto *s. m.* Contratto di affitto stipulato dall'affittuario con un terzo.

subaffittuàrio *s. m.* (*f. -a*) Chi prende q.c. in subaffitto.

subalpìno *agg.* ***1*** Che si riferisce alla parte inferiore del piano alpino: *vegetazione subalpina.* ***2*** (*est.*) Piemontese | *Parlamento —*, nel Risorgimento, quello del regno sardo.

subaltèrno ***A*** *agg.* Che è posto sotto altri, che dipende da altri: *personale —* | *Ufficiali subalterni*, tenenti e sottotenenti. ***B*** *s. m.* (*f. -a* nel sign. 1) ***1*** Persona subalterna. ***2*** Ufficiale subalterno.

subappaltàre *v. tr.* Dare in subappalto.

subappàlto *s. m.* Contratto con cui l'appaltatore affida a un altro l'esecuzione dell'opera da lui già assunta con contratto d'appalto.

subàrtico *agg.* (*pl. m. -ci*) Adiacente alle regioni artiche.

subàsta *s. f.* (*dir.*) Vendita all'incanto.

subatòmico *agg.* (*pl. m. -ci*) (*fis.*) Che ha dimensioni inferiori a quelle dell'atomo | *Particelle subatomiche*, costituenti dell'atomo, del tipo dei protoni, neutroni, elettroni.

sùbbia *s. f.* Scalpello con la punta a piramide quadrangolare, per lavorare la pietra. [→ ill. *scultore*]

sùbbio *s. m.* (*tess.*) Nel telaio per tessitura, cilindro di legno o di metallo sul quale sono avvolti i fili dell'ordito. [→ ill. *tessuto*]

subbùglio *s. m.* Confusione tumultuosa, scompiglio: *essere in —; mettere in —*; SIN. Fermento, trambusto.

subcònscio *agg.; anche s. m.* (*pl. f. -sce o scie*) (*psicol.*) Subcosciente.

subcontinènte *s. m.* (*geogr.*) Parte vasta e delimitata di un continente, con caratteri peculiari.

subcosciènte ***A*** *agg.* (*psicol.*) Detto di ciò che non è chiaramente cosciente ma è suscettibile di divenirlo. ***B*** *s. m.* ***1*** (*psicol.*) Attività psichica non chiaramente conscia ma suscettibile di divenire tale. ***2*** Zona della attività psichica di cui non si ha piena e chiara coscienza: *nel suo — sente di odiarla.*

subdeṣèrtico *agg.* (*pl. m. -ci*) Detto di territorio che si trova ai margini del deserto.

sùbdolo *agg.* Astutamente falso, ingannevole: *animo —.*

subenfitèuṣi *s. f.* Concessione di un fondo in enfiteusi da parte dell'enfiteuta anziché del proprietario dello stesso.

subentràre *v. intr.* (*io subéntro; aus. essere*) Entrare al posto di altri, in seguito a successione o sostituzione (*anche fig.*): *— a qc. in q.c.*; SIN. Succedere.

subéntro *s. m.* (*bur.*) Il subentrare.

subequatoriàle *agg.* Che si trova fra l'equatore e i tropici.

suberificazióne *s. f.* (*bot.*) Processo di trasformazione della membrana cellulare delle piante in sughero.

subìre *v. tr.* (*io subisco, tu subisci*) ***1*** Essere costretto a sopportare q.c. di dannoso o spiacevole: *— un affronto, un torto* | Sottostare a: *— un esame; — cambiamenti.* ***2*** Sottoporsi a: *— un'operazione.*

subissàre ***A*** *v. tr.* ***1*** Far inabissare, sprofondare in precipitosa rovina: *— città.* ***2*** (*fig.*) Colmare, riempire: *— qc. di doni.* ***B*** *v. intr.* (*aus. essere*) (*raro*) Sprofondare.

subìsso *s. m.* ***1*** Grande rovina, sterminio: *mandare q.c. in —.* ***2*** (*fig., fam.*) Grande quantità: *un — di applausi.*

subitàneo *agg.* Repentino, che si manifesta in modo rapido e improvviso: *apparizione subitanea.*

sùbito (1) *avv.* ***1*** Immediatamente, all'istante, senza indugiare: *vado — da lui* | *— prima, — dopo*, immediatamente prima o dopo. ***2*** (*est.*) In un tempo brevissimo: *un colpo di ferro ed è — pronto.* (v. nota d'uso ACCENTO)

sùbito (2) *agg.* ***1*** (*lett.*) Improvviso, repentino: *lampo —.* ***2*** Rapido | Pronto: *con subita risoluzione.*

sublimàre (1) ***A*** *v. tr.* ***1*** (*lett.*) Innalzare, elevare a grandi onori: *— qc. all'impero.* ***2*** (*fig.*) Elevare sul piano spirituale, rendere sublime: *— qc. alla gloria dei santi.* ***3*** (*psicol.*) Trasformare impulsi sessuali o aggressivi in altri di ordine superiore. ***B*** *v. intr. pron.* (*fig.*) Elevarsi spiritualmente.

sublimàre (2) ***A*** *v. intr.* (*aus. essere*) (*chim.*) Passare direttamente dallo stato solido a quello gassoso senza passare attraverso lo stato liquido. ***B*** *v. tr.* (*chim.*) Purificare una sostanza mediante sublimazione.

sublimàto *s. m.* (*chim.*) Prodotto ottenuto per sublimazione | *— corrosivo*, cloruro di mercurio, velenosissimo, usato come disinfettante esterno.

sublimazióne (1) *s. f.* ***1*** (*lett.*) Elevazione a grandi onori | (*fig.*) Elevazione spirituale. ***2*** (*psicol.*) Capacità di trovare qualche attività compensatrice per la rinuncia alla soddisfazione di istinti o desideri proibiti.

sublimazióne (2) *s. f.* (*chim.*) Purificazione di sostanze, risolidificando su di una parete fredda i loro vapori | Passaggio diretto di una sostanza dallo stato solido a quello gassoso.

sublime ***A*** *agg.* ***1*** (*lett.*) Molto alto, elevato: *vette sublimi.* ***2*** (*fig.*) Illustre, nobile, eccelso: *virtù sublimi.* ***3*** (*fig.*) Eccellente, insigne sugli altri, detto di persona: *poeta, scrittore —.* ***B*** *s. m. solo sing.* La manifestazione di un fatto estetico o etico nel suo massimo grado: *innalzare l'animo al —.*

subliminàle *agg.* (*psicol.*) Detto di stimolo che è troppo debole per essere percepito e riconosciuto, ma non tanto da non esercitare qualche influenza sui processi psichici o sul comportamento.

sublimità *s. f.* Qualità di sublime.

sublocàre *v. tr.* (*io sublòco, tu sublòchi*) Dare in sublocazione: *— un appartamento.*

sublocazióne *s. f.* Contratto di locazione concluso dal conduttore con un terzo.

sublunàre *agg.* Che è posto sotto la luna.

subnormàle ***A*** *agg.* Che è al di sotto della norma, detto spec. di bambino di intelligenza notevolmente al di sotto della media. ***B*** *s. m. e f.* Bambino subnormale.

subodoràre *v. tr.* (*io subodóro*) Presentire, intuire, avere sentore: – *un'insidia.*
suborbitàle *agg.* (*aer.*) Detto spec. di volo la cui traiettoria è inferiore a quella necessaria per fare entrare un corpo in orbita.
subordinàre *v. tr.* (*io subórdino*) Far dipendere una cosa da un'altra | Mettere una cosa in posizione d'inferiorità rispetto a un'altra: *subordina tutto al suo interesse personale.*
subordinàta *s. f.* Proposizione subordinata.
subordinàto **A** *part. pass. di subordinare; anche agg.* **1** Disciplinato, ubbidiente, rispettoso: *essere – verso i superiori*; CONTR. Insubordinato. **2** *Lavoro* –, che si presta alle dipendenze e sotto la direzione del datore di lavoro. **3** *Proposizione subordinata*, unita a un'altra e da essa dipendente; SIN. Dipendente, secondaria; CONTR. Coordinata. **B** *s. m.* (*f. -a*) Persona subordinata a un'altra.
subordinazióne *s. f.* Stato, condizione di subordinato; SIN. Dipendenza.
subórdine *s. m. Solo nella loc. avv. in* –, in grado subordinato ad altri, in dipendenza.
subornàre *v. tr.* (*io subórno*) Commettere subornazione nei confronti di qc.
subornazióne *s. f.* Reato di chi offre denaro o altra utilità a un testimone per indurlo a una falsa testimonianza.
subrettìna *s. f.* Nel teatro di rivista italiano, attrice giovane che fa da spalla al primo attore (derivazione dal fr. *soubrette*, V.).
subsidènte *agg.* (*geol.*) Che manifesta subsidenza.
subsidènza *s. f.* (*geol.*) Abbassamento lento di un vasto territorio, sovente presso il margine continentale, e perciò con avanzamento delle acque.
subsònico *agg.* (*pl. m. -ci*) (*aer.*) Relativo a velocità inferiori alla velocità del suono: *aereo* –; CONTR. Supersonico. [→ ill. *aeronautica*]
substràto *s. m.* **1** (*biol.*) Base o sostegno su cui si fissa una pianta, o un animale incapace di movimento. **2** (*biol.*) Sostanza inerte contenente una soluzione nutritizia. **3** (*agr.*) Suolo inorganico inerte predisposto per colture. **4** V. *sostrato.*
subtropicàle *agg.* **1** Che è posto sotto i tropici. **2** Che nasce e sim. sotto i tropici: *flora* –.
subumàno *agg.* Che è al di sotto della condizione umana: *livello di vita* –.
suburbàno *agg.* Che è vicino alla città.
subùrbio *s. m.* Zona periferica della città.
subùrra *s. f.* **1** Nell'antica Roma, quartiere molto popolare e malfamato situato tra il Celio e l'Esquilino. **2** (*est.*) Il quartiere più malfamato di una città.
succedàneo *agg.; anche s. m.* Surrogato.
succèdere **A** *v. intr.* (*pass. rem. io succèssi o succedéi o succedètti*, nei sign. A 1, A 2 e nel sign. B, *tu succedésti; part. pass. succèsso o succedùto*, nei sign. A 1, A 2 e nel sign. B; *aus. essere*) **1** Prendere il posto di altri in un ufficio, un grado, una dignità: – *a qc. nel trono*; SIN. Subentrare. **2** Venire dopo, nel tempo o nello spazio: *l'effetto succede alla causa.* **3** Avvenire, accadere: *questo fatto successe molti anni or sono.* **B** *v. intr. pron.* Susseguirsi, venire l'uno dopo l'altro: *gli avvenimenti si succedono serrati.*
successióne *s. f.* **1** (*dir.*) Il subentrare di un soggetto nella situazione giuridica precedentemente occupata da un altro: – *nei contratti dell'azienda*; – *al trono.* **2** Serie di avvenimenti, fenomeni e sim. susseguentisi ordinatamente fra loro: *la – dei giorni, dei mesi.* **3** (*mat.*) Serie ordinata di numeri naturali.
successivaménte *avv.* In ordine successivo | In seguito, poi.
successìvo *agg.* Che succede ad altro: *anno* –; SIN. Consecutivo, seguente.
succèsso *s. m.* **1** (*lett., raro*) Avvenimento, evento. **2** Esito, risultato: *avere un buon* –; SIN. Riuscita. **3** ass. Esito favorevole, favore popolare: *ottenere* –; *film di* –.
successóre *s. m.* (*raro f. succeditrice*) **1** Chi succede ad altri in uffici e sim. | Erede. **2** Numero intero che rispetto a un altro è maggiore per un'unità: *il 7 è il – del 6.*
successòrio *agg.* (*dir.*) Relativo a una successione a causa di morte: *imposta successoria.*
succhiàre *v. tr.* (*io sùcchio*) **1** Attrarre nella propria bocca un liquido aspirando con le labbra strette: – *il latte dal biberon* | – *il sangue a qc.*, (*fig.*) sfruttarlo. **2** Assorbire: *le radici delle piante succhiano l'acqua piovana.* **3** Sorbire tranquillamente (*anche fig.*): *succhiarsi un liquore.* **4** Nel ciclismo, – *la ruota*, stare subito dietro la ruota posteriore di un altro corridore per farsi tagliare l'aria.
succhiatóre *s. m.* (*f. -trice*) Chi succhia.
succhiellàre *v. tr.* (*io succhièllo*) Forare col succhiello: – *una botte.*
succhièllo *s. m.* Utensile formato da un corpo cilindrico di acciaio con un'estremità a punta elicoidale, usato per praticare fori nel legno. [→ ill. *falegname*]
sùcchio *s. m.* Atto del succhiare.
succhiòtto *s. m.* Tettarella di gomma non bucata, che viene posta nella bocca del lattante per calmarlo, per farlo addormentare e sim. [→ ill. *puericultura*]
succiacàpre *s. m. inv.* (*zool.*) Caprimulgo.
succiamèle *s. m. inv.* Pianta erbacea delle Tubiflorali, parassita delle Leguminose, priva di clorofilla, di color ocra-giallo con infiorescenza biancastra a spiga.
succìdere *v. tr.* (*pass. rem. io succiṣi, tu succidésti; part. pass. succiṣo*) (*lett.*) Tagliare dalla parte di sotto | – *una pianta*, tagliarla alla base.
succìngere *v. tr.* (*coniug. come cingere*) (*raro, lett.*) Avvolgersi alla vita con la cintura le vesti troppo lunghe, in modo che non impaccino.
succìnto *part. pass. di succingere; anche agg.* **1** (*raro, lett.*) Detto di veste fermata sotto il petto da una cintura e poi tirata su. **2** Detto di abito, corto, scollato, che lascia scoperta buona parte del corpo: *i succinti abiti estivi.* **3** (*fig.*) Breve, conciso, compendioso: *esposizione succinta* | *In* –, (*ell.*) in modo conciso; SIN. Sintetico.
succlàvio *agg.* (*anat.*) Che è posto sotto la clavicola: *vena, arteria succlavia.* [→ ill. *anatomia umana*]
sùcco *s. m.* (*pl. -chi*) **1** Sostanza liquida spremuta da ortaggi o frutta: – *di pomodoro, d'uva*; SIN. Sugo. **2** (*anat.*) Qualsiasi prodotto di secrezione ghiandolare: – *gastrico.* **3** (*fig.*) Sostanza, essenza: *il – del discorso.*
succóso *agg.* **1** Che è pieno di succo; SIN. Sugoso. **2** (*fig.*) Sostanzioso e conciso al tempo stesso: *scritto* –.
sùccube *agg. e s. m. e f.* Che (o chi) soggiace completamente al volere di un altro: *è – del marito.*
sùccubo *agg. e s. m.* (*f. -a*) Succube.
succulènto *agg.* **1** Pieno di succo, succoso. **2** (*est.*) Gustoso, sostanzioso: *cibo* –.
succursàle *s. f.* Sede secondaria di una società, di un'azienda; SIN. Filiale.
sud o *Sud s. m.* **1** Punto cardinale nella cui direzione si osserva il sole nel momento in cui esso è più alto sull'orizzonte: *polo* –. [→ ill. *geografia*] **2** Zona meridionale di un paese: *il – dell'Italia.* • CONTR. Nord.
sudafricàno *agg.; anche s. m.* (*f. -a*) Del Sudafrica.
sudanése *agg.; anche s. m. e f.* Del Sudan.
sudàre **A** *v. intr.* (*aus. avere*) **1** Emettere sudore: – *per il caldo* | – *freddo*, per malattia, emozione, paura e sim. **2** Affaticarsi, lavorare molto: – *per guadagnarsi da vivere.* **B** *v. tr.* **1** Trasudare: *il vaso suda acqua.* **2** Guadagnarsi con fatica: – *il pane.* **3** Affaticarsi molto, *nelle loc.* – *sangue*, – *sette camicie.*
sudàrio *s. m.* **1** Presso gli antichi Romani, sottile panno di lino per detergere il sudore. **2** Presso gli antichi, panno con cui coprire il viso dei morti. **3** Panno con il quale la Veronica asciugò il sudore a Gesù portato al Calvario e sul quale restò impressa l'immagine di lui.
sudàta *s. f.* **1** Atto del sudare, spec. abbondantemente. **2** (*est.*) Fatica, grande sforzo.
sudatìccio *agg.* (*pl. f. -ce*) Alquanto sudato, molliccio di sudore.
sudàto *part. pass. di sudare; anche agg.* **1** Bagnato di sudore. **2** (*fig.*) Fatto con grande impegno e fatica: *studi sudati.*
suddétto *agg.* Nominato in precedenza.
suddiaconàto *s. m.* Nella gerarchia sacerdotale cattolica, primo degli ordini maggiori, soppresso dopo il Concilio Vaticano Secondo.
suddiàcono *s. m.* Chi aveva ricevuto il suddiaconato.
sudditànza *s. f.* Condizione di suddito.
sùddito *s. m.* (*f. -a*) **1** Chi è sottoposto a una sovranità statale. **2** Chi è sottoposto alla sovranità di uno stato e come tale soggetto ai doveri, ma privo dei diritti propri del cittadino: – *coloniale.* **3** Il cittadino in rapporto al

monarca spec. assoluto.
suddividere *v. tr.* (*coniug. come dividere*) Dividere ulteriormente ciò che era già diviso; SIN. Ripartire.
suddivisìbile *agg.* Che si può suddividere.
suddivisióne *s. f.* Divisione ulteriore. [→ ill. *geografia*]
sudicerìa *s. f.* **1** L'essere sudicio. **2** Atto, discorso e sim. sudicio. **3** Insieme di cose sudice.
sùdicio **A** *agg.* (*pl. f. -ce o -cie*) **1** Non lavato né pulito, imbrattato, sporco: *biancheria sudicia; il vestito è — di fango*; SIN. Lercio, lurido. **2** Detto di colore, non brillante, non vivo: *bianco —*. **3** (*fig.*) Disonesto, turpe, immorale: *affare —* | Indecente, sconcio: *discorsi sudici.* **B** *s. m. solo sing.* Sudiciume (*anche fig.*): *vivere nel —*.
sudicióne *s. m.* (*f. -a*) **1** Persona non pulita. **2** (*fig.*) Chi manifesta una sensualità volgare | Persona disonesta; SIN. Sporcaccione.
sudiciùme *s. m.* **1** Roba sudicia; SIN. Lerciume, luridume. **2** (*fig.*) Immoralità, disonestà.
sudista *s. m. e f.* (*pl. m. -i*) **1** Nella guerra di secessione americana, chi apparteneva a uno Stato del sud o parteggiava per esso. **2** Chi abita nella zona meridionale di un paese politicamente diviso in due parti: *i sudisti della Corea.*
sudorazióne *s. f.* Secrezione del sudore.
sudóre *s. m.* **1** Liquido incolore, di sapore salato e odore caratteristico, prodotto dalle ghiandole sudoripare: *grondare —; essere in un bagno di —* | *— freddo*, dovuto a particolari stati, spec. emotivi. **2** (*fig.*) Fatica, lavoro: *questa casa è costata molto —*.
sudorìfero *agg.* Che determina sudorazione: *bevanda sudorifera.*
sudorìparo *agg.* Del sudore, che produce sudore: *ghiandola sudoripara.*
sudòvest *s. m. inv.* (*mar.*) Cappello di tela cerata con tesa allungata sul collo. [→ ill. *copricapo*]
sufficiènte **A** *agg.* **1** Che basta alla necessità, che vale a soddisfare un bisogno: *questa carne non è — per due* | Che è adatto allo scopo: *quanto dici non è — a scusarti*; CONTR. Insufficiente. **2** Detto di condizione che basta da sola al verificarsi di un fatto | *Principio di ragion —*, in filosofia, quello in base al quale è possibile rendere ragione a priori del perché una cosa esiste invece di non esistere e del perché essa è così e non altrimenti. **3** Nelle votazioni scolastiche, giudizio corrispondente alla votazione di sei decimi. **4** Borioso, presuntuoso: *tono —*. **B** *s. m. solo sing.* Ciò che basta, ciò che è strettamente necessario: *il — per vivere.* **C** *s. m. e f.* Chi assume atteggiamenti di superiorità nei confronti degli altri.
sufficiènza o *sufficènza* *s. f.* **1** L'essere sufficiente: *avere — di q.c.* | *A —*, che basta, abbastanza: *avere tempo a — per fare q.c.* **2** (*fig.*) Presunzione, boria: *aria di —*. **3** Votazione scolastica di sei decimi.
suffisso *s. m.* (*ling.*) Affisso collocato dopo il radicale di una parola (es. *pleur-ite*); CONTR. Prefisso.
suffissòide *s. m.* (*ling.*) Elemento formativo usato come secondo elemento di parole composte (ad es. *-fero in calorifero*); CONTR. Prefissoide; CFR. Suffisso.
suffragàre *v. tr.* (*io suffràgo, tu suffràghi*) **1** (*lett.*) Aiutare, favorire, giovare: *valide ragioni suffragano la nostra tesi.* **2** Raccomandare con preghiera a Dio l'anima dei morti.
suffragétta *s. f.* (*scherz.*) Suffragista.
suffràgio *s. m.* **1** Voto per elezione: *— universale*, estensione del diritto di voto a tutti i cittadini che abbiano una data età, senza vincoli economici o culturali. **2** (*lett.*) Parere favorevole: *il libro ottenne i suffragi della critica.* **3** Preghiera o opera di carità i cui meriti sono applicati a favore dei morti.
suffragista *s. m. e f.* (*pl. m. -i*) Seguace del movimento femminista propugnante l'uguaglianza dei diritti elettorali delle donne e degli uomini.
suffrùtice *s. m.* Pianta perenne con fusto legnoso solo alla base e rami erbacei.
suffruticóso *agg.* Che ha carattere di suffrutice.
suffumicàre *v. tr.* (*io suffùmico, tu suffùmichi*) Esporre al fumo, spec. a scopo medicamentoso.
suffumìgio *s. m.* Forma di somministrazione di medicamenti mediante fumi.
suggellàre *v. tr.* (*io suggèllo*) **1** (*lett.*) Sigillare. **2** (*fig.*) Confermare: *suggellarono l'amicizia con una stretta di mano.*
suggèllo *s. m.* **1** (*lett.*) Sigillo. **2** (*fig.*) Gesto, parola, fatto che testimonia, conferma e sim.
sùggere *v. tr.* (*io sùggo, tu sùggi; dif. del part. pass. e dei tempi composti*) (*poet.*) Succhiare.
suggeriménto *s. m.* (*raro*) Atto del suggerire | Cosa suggerita: *segui il suo —*; SIN. Consiglio.
suggerire *v. tr.* (*io suggerìsco, tu suggerìsci*) **1** Rammentare ad altri q.c., spec. a bassa voce: *gli suggerì la risposta.* **2** Far venire in mente: *questo paesaggio suggerisce tristi pensieri* | Consigliare.
suggeritóre *s. m.* (*f. -trice*) **1** Chi suggerisce. **2** Nel teatro di prosa e di rivista, chi suggerisce la parte agli attori sul palcoscenico. [→ ill. *teatro*]
suggestionàbile *agg.* Che si può suggestionare | Che è facile a subire suggestioni.
suggestionàre **A** *v. tr.* (*io suggestióno*) Indurre con suggestione. **B** *v. intr. pron.* Subire una suggestione | Credere q.c. per suggestione.
suggestionàto *part. pass. di suggestionare; anche agg.* Che ha subito suggestione | Vivamente colpito: *rimase — da quella visione.*
suggestióne *s. f.* **1** (*psicol.*) Processo mediante cui un individuo, senza l'uso di mezzi coercitivi, induce un altro individuo ad agire in un determinato modo, o ad accettare una certa opinione. **2** (*est.*) Istigazione, suggerimento: *la — al male.* **3** (*fig.*) Intenso fascino: *la — di un paesaggio.*
suggestività *s. f.* L'essere suggestivo.
suggestivo *agg.* **1** (*dir.*) Che suggerisce la risposta: *domande suggestive.* **2** (*fig.*) Che suscita viva emozione: *spettacolo —*.
sùghera *s. f.* Grande albero delle Fagali coltivato per la caratteristica corteccia da cui si ricava il sughero; SIN. Quercia da sughero. [→ ill. *piante* 2]
sugheréto *s. m.* Bosco di querce di sughero.
sugherificio *s. m.* Stabilimento per la lavorazione del sughero.
sùghero *s. m.* **1** (*bot.*) Tessuto che costituisce la scorza dei grossi alberi, formato di cellule piccole e morte, con funzioni di difesa contro parassiti, eccessi termici, traspirazione eccessiva. **2** Oggetto di sughero | Tappo di sughero | Galleggiante per lenze e reti da pesca. [→ ill. *vino*]
sugheróso *agg.* Che è poroso come il sughero.
sùgli *prep. art.* V. *gli* per gli usi ortografici.
sùgna *s. f.* Massa di grasso intorno ai rognoni del maiale, che si liquefa per ottenere lo strutto.
sùgo *s. m.* (*pl. -ghi*) **1** Liquido spremuto da frutta e verdure: *il — dell'arancia*; SIN. Succo. **2** Liquido più o meno denso e di gusto gradevole prodotto durante la cottura dalle vivande, spec. dalla carne: *il — dell'arrosto.* **3** Condimento preparato con olio, burro, pomodoro, cipolla, erbe aromatiche, per condire spec. riso o pasta. **4** (*fig.*) Sostanza, essenza, idea fondamentale: *il — del discorso* | (*est.*) Gusto, soddisfazione | *Non c'è —, c'è poco —* e sim., non c'è gusto | *Senza —*, scipito, insulso.
sugosità *s. f.* Qualità di ciò che è sugoso.
sugóso *agg.* Ricco di sugo (*anche fig.*); SIN. Succoso.
sùi *prep. art.* V. *i* per gli usi ortografici.
suicìda **A** *s. m. e f.* (*pl. m. -i*) Chi uccide se stesso. **B** *agg.* Che tende al suicidio: *mania —*.
suicidàrsi *v. rifl.* **1** Commettere suicidio. **2** (*est.*) Rischiare la vita inutilmente. **3** (*fig.*) Danneggiarsi gravemente sul piano morale o materiale.
suicìdio *s. m.* **1** Uccisione di se stesso, atto con cui ci si dà la morte di propria volontà. **2** Inutile rischio della vita. **3** (*est., fig.*) Atto con cui si arreca grave danno alla propria reputazione, salute e sim.: *lavorare troppo è un —*.
sui generis /*lat.* 'sui 'dʒɛneris/ *loc. agg. inv.* Di un genere tutto a sé, tutto particolare, di natura singolare: *un tipo —*.
suìni *s. m. pl.* (*sing. -o*) (*zool.*) Nome con il quale si comprendono le varie razze del maiale domestico.
suìno **A** *agg.* Di maiale: *carne suina.* [→ ill. *macelleria*] **B** *s. m.* Maiale.
suite /*fr.* sɥit/ *s. f. inv.* (*pl. fr. suites* /sɥit/) (*mus.*) Composizione strumentale formata da un susseguirsi di musiche di danza aventi diverso carattere ma uguale tona-

lità.

suiveur /*fr.* sɥi'vœr/ *s. m. inv.* (*pl. fr. suiveurs* /sɥi'vœr/) (*sport*) Chi segue una corsa ciclistica per ragioni tecniche o professionali.

sul *prep. art.* V. *il* per gli usi ortografici.

sulfamidico ***A*** *agg.* (*pl. m. -ci*) (*chim.*) Detto di composto organico di varia costituzione caratterizzato dalla presenza di zolfo e azoto, usato in medicina per l'azione antibatterica. ***B*** *anche s. m.*

sulfùreo *agg.* Di zolfo, che contiene zolfo.

sulky /*ingl.* 'sʌlki/ *s. m. inv.* (*pl. ingl. sulkies* /'sʌlkiz/) Speciale carrozzino leggero a due ruote, su cui siede il guidatore nelle corse al trotto.

sùlla (1) *s. f.* Pianta erbacea delle Rosali coltivata per foraggio o sovescio. [→ ill. *piante* 9]

sùlla (2) *prep. art.* V. *la* per gli usi ortografici.

sùlle *prep. art.* V. *le* per gli usi ortografici.

sùllo *prep. art.* V. *lo* per gli usi ortografici.

sultanàto *s. m.* ***1*** Dignità di sultano. ***2*** Territorio sottoposto a un sultano.

sultanina ***A*** *agg. solo f.* Detto di una varietà di uva bianca da tavola, senza semi, adatta a essere essiccata. ***B*** *anche s. f.*

sultàno *s. m.* (*f. -a*) Titolo del sovrano dell'impero ottomano | Titolo del califfo in alcuni paesi islamici | (*fig., scherz.*) *Fare una vita da* —, sfarzosa.

sùmma o *sómma s. f.* ***1*** Nel mondo medievale, opera contenente i principi fondamentali di una scienza: *la — teologica di S. Tommaso.* ***2*** (*est.*) Raccolta sistematica: *questo libro è la — della letteratura inglese.*

summit /*ingl.* 'sʌmit/ *s. m. inv.* (*pl. ingl. summits* /'sʌmits/) Incontro al vertice, spec. di capi di Stato.

sunnominàto *agg.* Nominato in precedenza.

sunteggiàre *v. tr.* (*io suntéggio*) Ridurre in sunto.

sùnto *s. m.* Compendio, esposizione riassuntiva orale o scritta: *fare il — di q.c.*; SIN. Riassunto.

sùo ***A*** *agg. poss. di terza pers. sing.* (*f. sùa; pl. m. suòi, pl. f. sùe*) ***1*** Che appartiene a lui, a lei, a loro (indica proprietà): *mi ha prestato i suoi libri*; *ho preso per sbaglio la sua giacca.* ***2*** Che gli è peculiare (indica appartenenza con riferimento all'essere fisico o spirituale): *ci mette tutta la sua volontà*; *nessuno conosce i suoi pensieri.* ***3*** Di lui, di lei, di loro (indica relazione di parentela, di amicizia, di conoscenza, di dipendenza e sim.; nel caso in cui indichi relazione di parentela, respinge l'articolo quando il s. che segue l'agg. poss. sia sing., non alterato e non accompagnato da attributi o apposizioni; fanno eccezione i s. 'mamma', 'babbo', 'nonno', 'nonna', 'figliolo', 'figliola' che possono anche essere preceduti dall'art.): *rispetta molto — padre*; *adora i suoi figli*; *ha un debole per sua nipote*; *la sua mamma l'aiuta spesso.* ***4*** Che gli è abituale, consueto: *dopo pranzo si beve sempre il — caffè.* ***5*** Adatto, conveniente, opportuno: *ogni cosa va fatta a — tempo* | Corrispondente, relativo: *una scatola con il — coperchio.* ***6*** Preposto a un s., si usa in formule di cortesia e di cerimoniale: *Sua Maestà è servita*; *Sua Santità impartirà la benedizione.* ***B*** *pron. poss. di terza pers. sing.* ***1*** Quello che a lui, a lei, a loro appartiene, o è proprio, o è peculiare: *il mio consiglio è più disinteressato del —.* ***2*** ass. Con ellissi del s., in alcune espressioni proprie del linguaggio fam., ciò che gli appartiene: *non vuole rimetterci del —* | *Ha dilapidato tutto il —*, il suo patrimonio | *Paga del —*, paga con i suoi denari e (*fig.*) ci rimette di tasca sua | *Ha voluto dire la sua*, la sua opinione, la sua ragione | *I suoi*, i suoi genitori, o amici, seguaci e sim.: *va a cena dai suoi* | *Ha fatto anche lui le sue*, le sue scappatelle | *Ne ha fatta una delle sue*, una delle sue solite malefatte | *Ha passato anche lui le sue*, le sue disavventure, amarezze e sim. | *È uno che sta molto sulle sue*, che ha molto sussiego o tratta gli altri con distacco. ***3*** *al pl.* I suoi familiari, parenti: *va dai suoi.* [→ tav. *proverbi* 6, 21, 27, 54, 310, 311, 313, 314, 315]

suòcera *s. f.* ***1*** Madre di uno dei coniugi, nei confronti dell'altro coniuge. ***2*** (*fig., fam.*) Donna che vuole comandare | Donna bisbetica.

suòcero *s. m.* (*f. -a*) ***1*** Padre di uno dei coniugi, nei confronti dell'altro coniuge. ***2*** *al pl.* Il suocero e la suocera considerati insieme.

suòla *s. f.* ***1*** Parte della scarpa che poggia a terra. [→ ill. *calzatura*] ***2*** (*zool.*) Strato corneo interno dell'unghia dei mammiferi. ***3*** Rivestimento inferiore dello sci. ***4*** In vari congegni, faccia o parte inferiore: *la — della pialla.* [→ ill. *ferrovia, metallurgia*]

suolàre V. *solare* (2).

suolatùra V. *solatura.*

suolétta V. *soletta.*

suòlo *s. m.* ***1*** Parte più superficiale del terreno: *giacere al —.* ***2*** Strato superficiale della crosta terrestre prodotto dall'azione fisica e chimica degli agenti esogeni organici e inorganici sulle rocce: *— coltivato, arido.* ***3*** (*fig., lett.*) Luogo, paese: *— natio.*

suonàre V. *sonare.*

suonàto V. *sonato.*

suonatóre V. *sonatore.*

suonerìa V. *soneria.*

suòno o (*pop., lett.*) *sòno s. m.* ***1*** Sensazione percepita dall'organo dell'udito, dovuta a onde meccaniche nell'aria o in altri mezzi elastici con frequenze da 16 a 20.000 Hz | (*est.*) Insieme di tali onde meccaniche: *— alto, acuto, basso, grave*; *il — del campanello*; *l'intensità del —.* [→ ill. *suono*] ***2*** Particolari vibrazioni ordinate di uno strumento musicale: *il — della chitarra.* ***3*** *— linguistico*, unità fisico-acustica del linguaggio articolato. ***4*** Impressione resa da una parola, una frase e sim.: *il verbo deve avere un — più dolce* | Significato di una parola, una frase e sim. ***5*** (*poet.*) Parola | Discorso. ***6*** (*poet.*) Fama. ***7*** *Nelle loc. al — di, a suon di*, con l'accompagnamento di un dato strumento musicale (*anche fig.*): *ballavano al — del violino*; *lo cacciarono a suon di pugni.*

suòra *s. f.* Davanti a nome proprio, *suora* si tronca sempre in *suor*: *suor Angela, suor Maria.* (V. nota d'uso ELISIONE e TRONCAMENTO) ***1*** (*poet.*) Sorella. ***2*** Religiosa che ha pronunziato i soli voti semplici. ***3*** (*fig., fam.*) Scaldino da letto.

super- *pref.* ***1*** Indica addizione, eccesso: *superstrato, superallenamento.* ***2*** Significa 'che sta sopra', 'che supera' (*superalcolico, supersonico*) o indica preminenza: *supervisione, superuomo.* ***3*** Conferisce valore superlativo: *supercinema, supermercato.*

sùper ***A*** *in funzione di agg. inv.* (*posposto al s.*) Di qualità eccellente, superiore: *benzina —.* ***B*** *in funzione di s. f. inv.* (*fam.*) Benzina super.

superàbile *agg.* Che si può superare; CONTR. Insuperabile.

superaffollàto *agg.* Che è eccessivamente affollato.

superalimentazióne *s. f.* Alimentazione superiore alle necessità dell'organismo.

superallenaménto *s. m.* Allenamento eccessivo, che determina uno stato di esaurimento; SIN. Sovrallenamento.

superaménto *s. m.* ***1*** Sorpasso: *il — di un veicolo.* ***2*** Passaggio oltre un dato limite (*anche fig.*) | Attraversamento. ***3*** Positiva soluzione di una situazione impegnativa, pericolosa e sim.: *— di una crisi* | Abbandono di ciò che non è più valido o attuale: *— di vecchie concezioni.*

superàre *v. tr.* (*io sùpero*) ***1*** Essere superiore ad altre persone o cose per dimensioni o quantità: *— qc. in altezza*; *— qc. di statura.* ***2*** Andare oltre un dato limite (*anche fig.*): *la scala non supera i tre metri*; *quella donna ha superato la trentina* | Percorrere: *— grandi distanze* | Sorpassare: *— un veicolo in curva*; SIN. Oltrepassare. ***3*** (*fig.*) Essere più bravo, più valente, di altri: *— qc. per intelligenza*; *— qc. in astuzia* | Uscire senza danno da una situazione difficile o pericolosa: *— un dolore, una difficoltà, un esame.*

superàto *part. pass. di superare; anche agg.* Che non è più valido, che non è più attuale: *idee superate.*

superàttico *s. m.* (*pl. -ci*) Attico sovrastante un altro attico | Attico di gran lusso, di gran pregio.

supèrbia *s. f.* Opinione esagerata di sé, delle proprie capacità e dei propri meriti, accompagnata da disprezzo per gli altri. [→ tav. *proverbi* 234, 235]

supèrbo ***A*** *agg.* ***1*** Che ha superbia e la dimostra: *uomo —* | Che rivela superbia: *atteggiamento —.* ***2*** (*sempre seguito da una specificazione*) Che è fiero, che si compiace giustamente di qc. o di q.c.: *andare — dei propri figli.* ***3*** Detto di animale, tronfio: *pavone —.* ***4*** Grandioso, imponente: *palazzo —* | Magnifico, splendido: *ricevimento —* | *La Superba*, (*per anton.*) la città di Genova. ***B*** *s. m.*

(*f.* -*a*) Persona superba.
supercarburànte *s. m.* Benzina ad alto numero di ottano, ossia elevato potere antidetonante.
supercolòsso *s. m.* Film di altissimo costo e di carattere spettacolare.
superconduttività *s. f.* (*fis.*) Brusca e totale scomparsa della resistività di alcuni metalli, quando la temperatura si abbassa sotto un certo valore critico.
superconduttivo *agg.* (*fis.*) Che è dotato di superconduttività.
supercongelàto *agg.; anche s. m.* Surgelato.
superdecoràto *agg.; anche s. m.* (*f.* -*a*) Che (o chi) è stato insignito di molte decorazioni.
superdònna *s. f.* (*iron.*) Donna che presume di essere superiore agli altri e come tale si comporta.
superdòṣe *s. f.* Overdose.
superdotàto ***A*** *agg.* Che ha doti superiori alla media. ***B*** *anche s. m.* (*f.* -*a*).
superègo *s. m.* (*psicol.*) Super-io.
supereterodìna *s. f.* (*rad.*) Radioricezione con conversione di tutte le frequenze ricevute a una frequenza fissa.
superficiàle ***A*** *agg.* ***1*** Della superficie, che costituisce la superficie: *strato* — **|** Che sta alla superficie: *macchia* —; SIN. Epidermico. ***2*** Detto di persona, che non approfondisce, che si ferma all'esteriorità delle cose: *spirito* — **|** Detto di cosa, rapido, sbrigativo: *esame* —; SIN. Leggero. ***B*** *s. m. e f.* Persona superficiale.
superficialità *s. f.* L'essere superficiale (*spec. fig.*).
superficie o (*evit.*) *superfice s. f.* (*pl. superfici o superficie*) ***1*** Ente geometrico che delimita un corpo: *la — di un muro, di uno specchio* **|** Superficie del mare o di altre distese di acque: *restare in* —. ***2*** (*fig.*) Esteriorità, apparenza: *fermarsi alla* —. ***3*** (*est.*) Strato superficiale: *una sottile — di colore.* ***4*** (*est.*) Area: *calcolare la — di un quadrato.* ***5*** (*dir.*) Diritto di fare o di mantenere al disopra o al disotto del suolo altrui una costruzione di cui si acquista la proprietà.
superflụità *s. f.* L'essere superfluo.
supèrflụo ***A*** *agg.* Che eccede il bisogno, che è in più: *spese superflue*; CONTR. Necessario. ***B*** *s. m. solo sing.* Ciò che è superfluo: *fare a meno del* —.
super-io *s. m. inv.* (*psicol.*) Complesso delle norme e dei principi morali ricevuti dai genitori e dalla società e assimilati dall'io di una persona.
superióra ***A*** *s. f.* Monaca o suora che governa un ordine di religiose. ***B*** *anche agg. solo f.: madre* —.
superióre ***A*** *agg.* ***1*** Che è posto sopra, più in alto, rispetto a un termine di paragone: *il piano — al vostro*; *il labbro* —. ***2*** Che è maggiore per numero, quantità, qualità e sim.: *avere una statura — alla media.* ***3*** Che possiede determinate qualità in misura maggiore di altre persone o cose: *essere — a qc. per intelligenza* **|** Che possiede determinate qualità in massimo grado: *ingegno, mente* —. ***4*** Che in una gerarchia occupa un grado più alto: *classe, scuola, istituto* — **|** *Scuole medie superiori*, scuole secondarie di 2° grado **|** *Ufficiali superiori*, maggiore, tenente colonnello, colonnello. ***5*** (*fig.*) Che va oltre un dato limite: *l'esito è stato — all'attesa* **|** Che è al di sopra di determinate situazioni: *è una persona — a ogni sospetto.* • CONTR. Inferiore. ***6*** Che considera determinate cose con sdegno, noncuranza, disinteresse, *nella loc. essere — a*: *essere — alle insinuazioni.* ***B*** *s. m.* (*f.* -*a*) ***1*** Chi, in una gerarchia, riveste un grado più alto, in rapporto a chi ne riveste uno più basso. ***2*** Religioso che governa una comunità regolare.
superiorità *s. f.* L'essere superiore (*spec. fig.*); CONTR. Inferiorità.
superlativo ***A*** *agg.* ***1*** Massimo, sommo, eminente: *bontà superlativa.* ***2*** *Grado* —, superlativo. ***B*** *s. m.* Grado dell'aggettivo e dell'avverbio che esprime la più alta gradazione di una qualità **|** — *relativo*, in rapporto ad altri elementi dello stesso tipo (es. *sei il più bravo di tutti noi*) **|** — *assoluto*, senza il confronto con altri elementi (es. *sei bravissimo*).
superlavóro *s. m.* Lavoro eccessivo.
supermàrket /*ingl.* 'sju:pəma:kit/ *s. m. inv.* (*pl. ingl. supermarkets* /'sju:pəma:kits/) Supermercato.
supermercàto *s. m.* Locale di vendita di prodotti di largo consumo, caratterizzato dalla massima esposizione

registrazione e riproduzione del suono

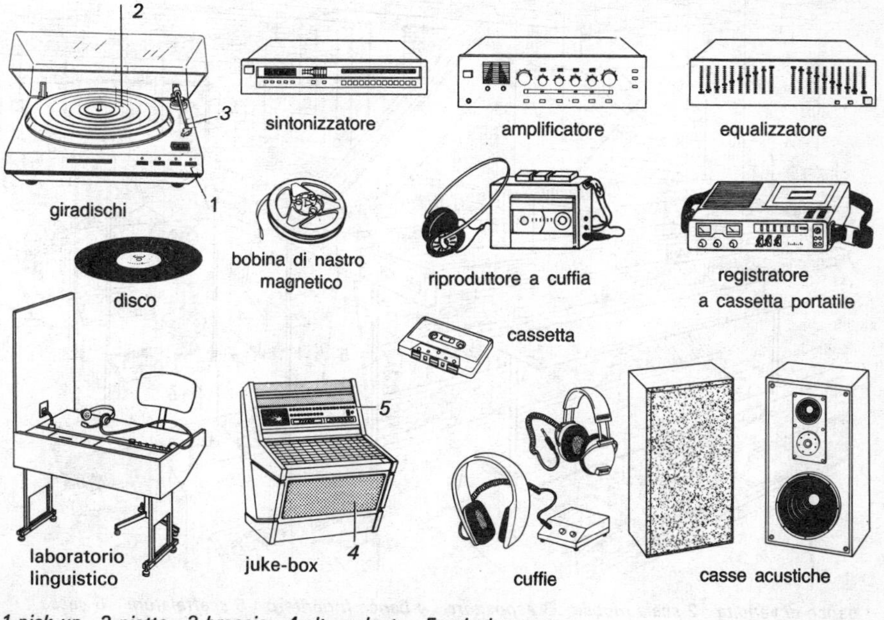

giradischi
disco
sintonizzatore
bobina di nastro magnetico
amplificatore
riproduttore a cuffia
cassetta
equalizzatore
registratore a cassetta portatile
laboratorio linguistico
juke-box
cuffie
casse acustiche

1 pick-up 2 piatto 3 braccio 4 altoparlante 5 selezionatore

possibile dei prodotti e dal self-service da parte dei clienti. [→ ill. *carrello, supermercato*]

supernazionàle *agg.* (*raro*) Sopranazionale.

supèrno *agg.* ***1*** (*lett.*) Superiore. ***2*** (*est.*) Del cielo, celeste.

supernòva *s. f.* (*pl.* -ae) (*astron.*) Stella che, esplodendo con estrema violenza, lancia parte della materia che la costituisce nei circostanti spazi.

supernutrizióne *s. f.* (*med.*) Superalimentazione; CONTR. Iponutrizione.

sùpero (1) ***A*** *agg.* (*lett.*) Posto nella parte più alta: *gli dei superi.* ***B*** *s. m. al pl.* Nella mitologia greco-romana, dei del cielo, opposti agli Inferi.

sùpero (2) *s. m.* Avanzo, eccedenza.

superperito *s. m.* Specialista a cui, durante una istruttoria o un processo, viene demandato il controllo di perizie tecniche.

superperìzia *s. f.* Perizia di un superperito.

superpotènza *s. f.* Stato in possesso di una grande organizzazione industriale e di armamenti atomici.

supersònico *agg.* (*pl. m.* -ci) Relativo a velocità superiori a quella del suono: *aereo* —. [→ ill. *aeronautica*]

supèrstite ***A*** *agg.; anche s. m. e f.* Detto di chi è rimasto in vita dopo un evento in cui altri sono morti: *figlio — ai genitori.* ***B*** *agg.* Che resta, rimane: *le rovine superstiti.*

superstizióne *s. f.* Attribuzione a cause soprannaturali di fenomeni spiegabili razionalmente | (*est.*) Credenza basata su ignoranza o suggestione: *la — della iettatura* | Eccesso di scrupolo e di timore religioso.

superstizióso ***A*** *agg.* ***1*** Che crede alle superstizioni. ***2*** Che deriva da superstizione: *credenza superstiziosa.* ***B*** *s. m.* (*f.* -a) Persona superstiziosa.

superstràda *s. f.* Grande strada per il traffico veloce in cui il numero degli attraversamenti è ridotto al minimo.

supertestimóne o *supertèste s. m. e f.* Chi, durante un'istruttoria o un processo, presenta prove decisive a carico o a discarico dell'imputato.

superuòmo *s. m.* (*pl.* superuòmini) ***1*** Nella filosofia di F. Nietzsche, colui che attraverso la volontà di potenza è in grado di staccarsi dalla morale comune e di vivere al di là del bene e del male. ***2*** (*est., iron.*) Uomo che crede di essere superiore agli altri.

supervisióne *s. f.* ***1*** Attività del supervisore. ***2*** (*cine.*) Direzione generale, artistica, tecnica ed economica di un film.

supervisóre *s. m.* (*f.* -a) (*gener.*) Chi dirige e controlla la realizzazione di un'opera e sim.

supinatóre *agg.* (*anat.*) Detto di muscolo che provoca supinazione.

supinazióne *s. f.* (*fisiol.*) Atto del rivoltare la mano con il palmo verso l'alto; CONTR. Pronazione.

supìno (1) *agg.* ***1*** Detto di persona, che giace sul dorso col viso e il ventre rivolti all'insù: *stare* —; CONTR. Prono. ***2*** (*est.*) Che ha il palmo voltato verso l'alto, detto della mano. ***3*** (*fig.*) Che mostra obbedienza cieca, servile: *essere — alla volontà altrui* | *Ignoranza supina*, crassa.

supìno (2) *s. m.* (*ling.*) Forma nominale del verbo in latino.

suppellèttile *s. f.* ***1*** Oggetto o insieme di oggetti di qualche pregio che fanno parte dell'arredamento di una casa, di una scuola, di una chiesa e sim. ***2*** (*archeol.*) Oggetto rinvenuto in uno scavo.

suppergiù *avv.* (*fam.*) Circa, più o meno.

supplementàre *agg.* ***1*** Che serve di supplemento: *entrata* — | *Tempi supplementari*, nello sport, prolungamento della durata di una partita, per designare la squadra vincente. ***2*** (*geom.*) Detto di angolo che, aggiunto all'angolo dato, dà un angolo piatto.

suppleménto *s. m.* ***1*** Ciò che si aggiunge a q.c. per supplire a una mancanza, a un'insufficienza e sim. ***2*** Aggiunta o aggiornamento di un'opera: *— al vocabolario* | *— a un giornale*, fascicolo aggiunto alle pagine normali,

supermercato

1 banco di vendita 2 scala mobile 3 espositore 4 banco frigorifero 5 scaffalatura 6 cassa 7 registratore di cassa 8 carrello 9 vetrina frigorifera 10 cartellino del prezzo

dedicato a un particolare argomento. ***3*** Sovrapprezzo: *— rapido.*

supplènte *part. pres. di supplire; anche agg. e s. m. e f.* Che (o chi) sostituisce temporaneamente un impiegato o un insegnante.

supplènza *s. f.* Ufficio, condizione di supplente | Durata di tale ufficio: *una — di un anno.*

suppletivo *agg.* Che serve a supplire.

supplì *s. m.* Crocchetta di riso variamente farcita con carne, rigaglie, mozzarella.

sùpplica *s. f.* Atto del supplicare | Umile richiesta, solitamente esposta per iscritto: *rivolgere, presentare, una — a qc.*; SIN. Preghiera.

supplicànte *part. pres. di supplicare; anche agg. e s. m. e f.* Che (o chi) supplica.

supplicàre *v. tr. e intr.* (*io sùpplico, tu sùpplichi; aus. avere*) Pregare umilmente, chiedere con fervore e umiltà: *— Dio perché faccia la grazia*; *— qc. di una grazia*; *— a Dio*; SIN. Implorare.

sùpplice *agg.* (*lett.*) Che supplica.

supplichévole *agg.* Che supplica, che ha tono di supplica: *sguardo —.*

supplìre ***A*** *v. intr.* (*io supplisco, tu supplìsci; aus. avere*) Provvedere a colmare una lacuna, una mancanza, a sopperire a un difetto: *— con la buona volontà al poco impegno*; SIN. Sopperire. ***B*** *v. tr.* Sostituire temporaneamente in un ufficio il titolare assente: *supplisco l'insegnante di latino.*

suppliziàre *v. tr.* (*io supplizio*) (*raro*) Sottoporre a supplizio.

supplizio *s. m.* ***1*** Pena, tormento, grave castigo corporale: *il — della crocifissione* | *— di Tantalo*, nel mito greco, quello inflitto a Tantalo, costretto a soffrire la fame e la sete senza poter toccare le bevande e il cibo a portata di mano; (*est., fig.*) desiderio ardente, e sempre deluso, di un bene che pare vicino | *L'estremo —, l'ultimo —*, la pena di morte; SIN. Martirio, strazio. ***2*** (*fig.*) Tormento fisico o morale.

supponènte *agg.; anche s. m.* Altezzoso.

suppórre *v. tr.* (*coniug. come porre*) Immaginare che q.c. sia accaduto o possa accadere in un determinato modo: *supponiamo che questo sia vero*; SIN. Opinare, presumere.

supporter /*ingl.* sə'pɔːtə/ *s. m. inv.* (*pl. ingl. supporters* /sə'pɔːtəz/) (*sport*) Tifoso.

suppòrto *s. m.* ***1*** (*mecc.*) Organo di macchina, contenente il cuscinetto cui si appoggia il perno di un albero. ***2*** (*est.*) Ciò che sostiene q.c.: *la tela è il — del dipinto.*

suppositòrio *s. m.* Forma medicamentosa da introdurre nelle cavità naturali del corpo: *— rettale.*

supposizióne *s. f.* Ipotesi che q.c. sia accaduto o possa accadere in un dato modo; SIN. Congettura.

suppósta *s. f.* Suppositorio rettale. [→ ill. *medicina e chirurgia*]

suppuràre *v. intr.* (*aus. avere o essere*) Venire a suppurazione.

suppurativo *agg.* Di suppurazione.

suppurazióne *s. f.* Processo infiammatorio caratterizzato dalla formazione di pus.

supremazia *s. f.* Autorità assoluta.

suprême /*fr.* sy'prɛm/ *s. f. inv.* (*pl. fr. suprêmes* /sy'prɛm/) La parte più tenera del petto di pollo o di tacchino, variamente cucinata.

suprèmo *agg.* ***1*** (*lett.*) Che è posto più in alto di ogni altra cosa. ***2*** (*fig.*) Sommo, massimo: *capo —*; *il — potere.* ***3*** (*fig.*) Estremo, ultimo | *L'ora suprema*, quella della morte.

sur- *primo elemento*: in parole composte equivale a 'sopra', 'super-', e indica superamento di un limite o eccesso: *surgelare, surriscaldamento.*

surah /*ingl.* 'sjuərə/ *s. m. inv.* Tipo di tessuto molto morbido, in seta o cotone.

surclassàre *v. tr.* ***1*** In gare sportive, sconfiggere un avversario con schiacciante superiorità. ***2*** (*est.*) Rivelarsi notevolmente superiore ad altri in q.c.: *nel ballo surclassa tutti.*

surf /*ingl.* səːf/ *s. m. inv.* ***1*** Ballo moderno nordamericano. ***2*** (*sport*) Tavola lunga e stretta, su cui si sta in piedi facendo velocissime planate trascinati dalle onde del mare. ***3*** (*sport*) *Acrt. di windsurf.*

surfing /*ingl.* 'səːfiŋ/ *s. m. inv.* Sport praticato con il surf.

surgelaménto *s. m.* Procedimento col quale si congelano a bassissima temperatura prodotti alimentari che poi si conservano a bassa temperatura.

surgelàre *v. tr.* (*io surgèlo*) Sottoporre a surgelamento.

surgelàto ***A*** *agg.* Detto di alimento conservato mediante surgelamento. ***B*** *anche s. m.*

surmenage /*fr.* syrmə'naʒ/ *s. m. inv.* (*pl. fr. surmenages* /syrmə'naʒ/) ***1*** Condizione di chi si è sovraffaticato. ***2*** (*sport*) Superallenamento.

surplace /*fr.* syr'plas/ *s. m. inv.* (*pl. fr. surplaces* /syr'plas/) (*sport*) Nelle gare ciclistiche di velocità su pista, posizione di quasi assoluta immobilità, in equilibrio sulla bicicletta ferma, studiando l'avversario in attesa di scattare.

surplus /*fr.* syr'ply/ *s. m. inv.* ***1*** (*econ.*) Eccesso di produzione sul consumo, di offerta sulle domande, di crediti sui debiti. ***2*** (*gener.*) Sovrappiù, residuo.

surreàle *agg.* Che evoca il mondo dell'inconscio.

surrealismo *s. m.* Movimento artistico e letterario, sorto in Francia attorno al 1920, che rinnegava i tradizionali metodi di espressione in favore di un'arte dominata dal mondo dell'inconscio.

surrealista ***A*** *s. m. e f.* (*pl. m. -i*) Seguace del surrealismo. ***B*** *agg.* Surrealistico.

surrealistico *agg.* (*pl. m. -ci*) Che si riferisce al surrealismo e ai surrealisti.

surrenàle *agg.* (*anat.*) Del surrene | *Ghiandola —*, posta sul polo superiore di ciascun rene. [→ ill. *anatomia umana*]

surrène *s. m.* (*anat.*) Ghiandola surrenale.

surrettìzio *agg.* ***1*** Nel linguaggio giuridico, detto di ciò che si ottiene tacendo intenzionalmente qualche circostanza essenziale: *grazia surrettizia.* ***2*** (*filos.*) Detto di concetto contrario o difforme ai principi logici di un ragionamento e sim. ***3*** (*est.*) Detto di ciò che si compie o si ottiene con reticenza, di nascosto.

surriscaldaménto *s. m.* (*fis.*) Somministrazione di calore al vapore per portarlo dallo stato di vapore saturo sino a quello di vapore surriscaldato.

surriscaldàre ***A*** *v. tr.* ***1*** Riscaldare eccessivamente. ***2*** (*fis.*) Sottoporre a surriscaldamento. ***B*** *v. intr. pron.* Diventare eccessivamente caldo.

surriscaldàto *part. pass. di surriscaldare; anche agg.* ***1*** (*fis.*) Detto di vapore che ha raggiunto una temperatura superiore a quella di saturazione. ***2*** Riscaldato eccessivamente. ***3*** (*fig.*) Pieno di nervosismo, di agitazione: *atmosfera surriscaldata.*

surriscaldatóre *s. m.* Apparecchio a tubi che nella caldaia serve a produrre vapore surriscaldato.

surrogàbile *agg.* Che si può surrogare.

surrogàre *v. tr.* (*io surrògo o sùrrogo, tu surròghi o sùrroghi*) ***1*** Mettere qc. o q.c. in luogo di altra persona o cosa: *— un bene con un altro*; *— un bene a un altro.* ***2*** Subentrare ad altri in un ufficio, un impiego e sim.: *— un insegnante.*

surrogàto ***A*** *part. pass. di surrogare; anche agg.* Detto di ciò che si può sostituire ad altra cosa. ***B*** *s. m.* Prodotto alimentare di minor valore usato al posto di un altro genuino: *l'orzo tostato è un — del caffè*; SIN. Succedaneo.

suscettibile *agg.* ***1*** Capace di subire alterazioni: *beni suscettibili di pignoramento.* ***2*** Facile a risentirsi, a offendersi: *è un tipo molto —*; SIN. Permaloso.

suscettibilità *s. f.* Eccessiva propensione ad offendersi.

suscettività *s. f.* ***1*** Capacità di ricevere influenze esterne. ***2*** (*fis.*) *— magnetica*, attitudine di un corpo a magnetizzarsi, espressa dal rapporto fra l'intensità di magnetizzazione e quella del campo magnetico che la produce.

suscitàre *v. tr.* (*io sùscito*) ***1*** Far sorgere (*spec. fig.*). ***2*** Eccitare, destare: *— ira, discordia*; SIN. Ispirare.

suscitatóre *s. m.; anche agg.* (*f. -trice*) Chi (o che) suscita.

susìna o *susìna* *s. f.* Frutto del susino, con polpa di diversa consistenza, buccia sottile, nocciolo duro e seme amaro; SIN. Prugna. [→ ill. *frutta*]

susino o *susìno* *s. m.* Alberetto delle Rosali con foglie ovali seghettate e rugose, fiori bianchi o rosa e frutto a drupa. [→ ill. *piante* 8]

suspense /*ingl.* səs'pens/ *s. f. o* (*raro*) *m. inv.* Stato di ansia e di attesa provocato dall'intreccio avventuroso di un dramma di cui non si sa immaginare la fine: *un film ricco di* –.

suspicióne *s. f.* **1** Sospetto. **2** (*dir.*) Sospetto che l'opinione pubblica possa influire sulla decisione del giudice penale, data la particolare gravità di un reato e la particolare situazione locale.

susseguènte *part. pres. di susseguire; anche agg.* Che segue.

susseguìre **A** *v. tr. e intr.* (*io susséguo; aus. intr. essere*) Seguire, venire dopo, come conseguenza: *il tuono sussegue il lampo; il tuono sussegue al lampo.* **B** *v. rifl. rec.* Verificarsi di due eventi a breve distanza di tempo l'uno dall'altro.

sussidiàre *v. tr.* (*io sussìdio*) Aiutare con un sussidio, dotare di un sussidio: – *una famiglia*; SIN. Sovvenzionare.

sussidiàrio **A** *agg.* Che è di sussidio, di aiuto: *esercito* – | *Fermata sussidiaria*, quella, poco distante dalla fermata normale di un mezzo pubblico, utilizzata qualora vi sia la contemporanea fermata di più vetture. **B** *s. m.* Libro di testo, adottato nel secondo ciclo della scuola elementare, contenente i primi elementi di tutte le materie d'insegnamento.

sussìdio *s. m.* **1** Aiuto, soccorso: *mandare truppe in* – *alla città.* **2** Sovvenzione in denaro: *chiedere, concedere, un* –.

sussiègo *s. m.* (*pl. -ghi*) Aspetto, contegno, dignitoso e sostenuto, non privo di una certa affettazione d'importanza.

sussiegóso *agg.* Pieno di sussiego.

sussistènte *part. pres. di sussistere; anche agg.* Che sussiste.

sussistènza *s. f.* **1** Esistenza reale e attuale. **2** Ciò che è necessario per il sostentamento: *mezzi di* –. **3** (*mil.*) Tutto ciò che occorre per il sostentamento delle truppe.

sussìstere *v. intr.* (*pass. rem. io sussistéi o sussistètti, tu sussistésti; aus. essere, raro avere*) **1** Esistere, essere: *il fatto non sussiste* | Essere fondato, aver reale consistenza: *sono motivi che non sussistono.* **2** (*filos.*) Esistere indipendentemente dal soggetto pensante.

sussultàre *v. intr.* (*aus. avere*) **1** Sobbalzare con moto subitaneo, spec. per improvvisa emozione: – *di spavento*; – *per la gioia*; SIN. Trasalire. **2** Muoversi improvvisamente, spec. dal basso verso l'alto.

sussùlto *s. m.* **1** Sobbalzo, spec. per improvvisa emozione; SIN. Trasalimento. **2** Movimento improvviso spec. dal basso verso l'alto.

sussultòrio *agg.* Che dà sussulti, che si manifesta con sussulti | *Terremoto* –, provocato in prevalenza da onde che giungono perpendicolarmente alla superficie terrestre; CONTR. Ondulatorio.

sussurràre **A** *v. tr.* **1** Dire a bassa voce: – *due parole all'orecchio di qc.*; SIN. Bisbigliare, mormorare. **2** Dire in segreto, con tono di riprovazione: *sussurrano certe cose sul suo conto...!* **B** *v. intr.* (*aus. avere*) **1** Mandare un rumore leggero e continuo: *le fronde sussurrano al vento.* **2** Sparlare di nascosto: – *contro qc.*

sussurrìo *s. m.* Un sussurrare continuo.

sussùrro *s. m.* Atto del sussurrare | Suono leggero, continuo e indistinto; SIN. Bisbiglio, mormorio.

sùsta *s. f.* **1** (*dial.*) Molla, spec. a spirale. **2** *spec. al pl.* Stanghette degli occhiali.

sutùra *s. f.* **1** (*anat.*) Articolazione fissa tra due ossa, con interposizione di tessuto fibroso: – *cranica.* **2** (*chir.*) Metodo di riunione dei margini di una ferita con fili o graffette metalliche. [→ ill. *medicina e chirurgia*]

suturàre *v. tr.* Sottoporre a sutura.

suvvìa *inter.* Esprime esortazione, incoraggiamento e sim. spec. con tono d'impazienza.

suzióne *s. f.* Complesso dei movimenti delle labbra e della lingua con cui il bambino succhia il latte dalla mammella.

ṣvagàre **A** *v. tr.* (*io ṣvàgo, tu ṣvàghi*) **1** Distrarre, far divagare qc. da ciò che sta facendo: – *qc. dal lavoro.* **2** Distrarre da pensieri tristi, preoccupazioni e sim.: *il teatro lo svaga molto*; SIN. Divertire. **B** *v. intr. pron.* **1** Distrarsi da ciò che si sta facendo. **2** Divertirsi.

ṣvagàto *part. pass. di svagare; anche agg.* Distratto, disattento, spensierato.

ṣvàgo *s. m.* (*pl. -ghi*) **1** Piacevole distrazione dalla normale routine, dalle preoccupazioni e sim. **2** Ciò che svaga; SIN. Divertimento, passatempo.

ṣvaligiàre *v. tr.* (*io ṣvaligio*) Rubare da un luogo il denaro, gli oggetti e sim. in esso contenuti: – *un negozio.*

ṣvaligiatóre *s. m.* (*f. -trice*) Chi svaligia.

ṣvalutàre **A** *v. tr.* (*io ṣvalùto o evit. ṣvàluto*) **1** Ridurre il valore, il prezzo di q.c.: – *la moneta.* **2** (*fig.*) Considerare inferiore all'importanza reale: – *l'opera dei predecessori.* **B** *v. intr. pron.* Diminuire di valore.

ṣvalutazióne *s. f.* **1** Diminuzione di valore, importanza, pregio e sim. **2** (*econ.*) Riduzione del valore di una moneta nei confronti delle altre monete estere.

ṣvampito **A** *agg.* (*dial.*) Svaporato. **B** *agg.; anche s. m.* (*f. -a*) Detto di chi vuole apparire leggero e futile.

ṣvanìre *v. intr.* (*io ṣvanisco, tu ṣvanisci; aus. essere*) **1** Disperdersi, finire in nulla. **2** Dileguarsi, scomparire: *l'apparizione svanì* | (*fig.*) Cessare di essere: *svanirono le illusioni*; SIN. Sparire. **3** Perdere sapore, aroma: *all'aria le essenze svaniscono.* **4** (*fig.*) Esaurirsi.

ṣvanìto **A** *part. pass. di svanire; anche agg.* **1** Dileguato, scomparso. **2** Che ha perso l'aroma. **3** (*fig.*) Sfumato: *sogno* –. **B** *agg.; anche s. m.* (*f. -a*) Detto di chi, per malattia, vecchiaia e sim., ha le facoltà mentali indebolite | Detto di chi è o vuole apparire leggero e futile.

ṣvantaggiàto *agg.* Che si trova in condizioni di svantaggio rispetto ad altri.

ṣvantàggio *s. m.* **1** Situazione di netto sfavore: *essere in* – *rispetto a qc.* | Pregiudizio, danno: *ciò torna a* – *della salute*; CONTR. Vantaggio. **2** (*sport*) Distacco da chi è in testa a una gara o da chi sta prevalendo in una partita: – *di tre punti.*

ṣvantaggióso *agg.* Che arreca svantaggio; CONTR. Vantaggioso.

ṣvànzica *s. f.* **1** (*pop., lett.*) Vecchia moneta austriaca da venti soldi. **2** *spec. al pl.* (*fam., scherz.*) Denaro.

ṣvaporàre *v. intr.* (*io ṣvapóro; aus. essere*) **1** Perdere odore, sapore, aroma, detto di determinate sostanze: *all'aria la benzina svapora.* **2** (*fig.*) Svanire, esaurirsi: *gli è svaporato l'entusiasmo.*

ṣvaporàto *part. pass. di svaporare; anche agg.* Svanito, detto di persona.

ṣvariàre **A** *v. tr.* (*io ṣvàrio*) **1** Rendere vario o più vario: – *uno spettacolo.* **2** (*fig.*) Svagare, distrarre. **B** *v. intr.* (*aus. essere e avere*) (*lett.*) Avere varietà di aspetto, di colori.

ṣvariàto *part. pass. di svariare; anche agg.* **1** Che ha molte varietà: *forme svariate*; SIN. Vario. **2** *al pl.* Molto, numeroso: *gli ho scritto svariate volte.*

ṣvarióne *s. m.* Grosso errore di lingua; SIN. Sfarfallone, sproposito.

ṣvaṣàre *v. tr.* **1** Cambiare di vaso: – *una pianta.* **2** Foggiare a forma di vaso, cioè di tronco conico rovesciato | – *un albero*, potarne i rami quasi a formare un vaso | – *una gonna*, allargarla verso il basso.

ṣvaṣatùra *s. f.* Operazione dello svasare | Parte svasata.

ṣvàsso *s. m.* (*zool.*) – *maggiore*, uccello di palude con lungo collo, zampe inserite all'indietro e ciuffi di penne sul capo.

ṣvàstica *s. f.* **1** Simbolo religioso di molte popolazioni del gruppo linguistico indoeuropeo, rappresentante probabilmente il movimento solare e le quattro direzioni cosmiche, costituito da una croce a quattro bracci uncinati di uguale lunghezza, orientati in senso antiorario. **2** Simbolo del nazismo, costituito da una croce a quattro bracci uncinati di uguale lunghezza orientati in senso orario.

ṣvecchiaménto *s. m.* Eliminazione di ciò che è vecchio; SIN. Rinnovamento.

ṣvecchiàre *v. tr.* (*io ṣvècchio, tu ṣvècchi*) Liberare da ciò che è vecchio: – *il guardaroba.*

ṣvedése **A** *agg.; anche s. m. e f.* Della Svezia. **B** *agg.* Detto di ciò cui si attribuisce tradizionalmente origine svedese | *Fiammifero* –, che si accende solo se sfregato su apposito materiale. [→ ill. *fumatore*]

ṣvéglia *s. f.* **1** Interruzione del sonno. **2** Segnale dato mediante un suono di tromba, campanello, tamburo e sim. per svegliare gli appartenenti a una comunità: *suonare la* –. **3** Orologio con suoneria, che suona all'ora voluta. [→ ill. *orologio*]

ṣvegliàre **A** *v. tr.* (*io ṣvéglio*) **1** Destare dal sonno, fare interrompere il sonno: *svegliami alle sette* | (*fam.*) *Non lo sveglierebbero neppure le cannonate*, di chi ha il sonno molto pesante; CONTR. Addormentare. **2** (*fig.*) Rendere attento, vigile, togliendo da uno stato di torpore: *devi — un po' quel ragazzo.* **3** (*fig.*) Eccitare, suscitare: *— un desiderio, l'appetito.* **B** *v. intr. pron.* **1** Destarsi dal sonno: *svegliarsi di soprassalto.* **2** (*fig.*) Scaltrirsi: *con l'età si è svegliato.* **3** (*fig.*) Manifestarsi, mettersi in azione: *gli si è svegliato l'appetito.*

svéglio *agg.* **1** Che non dorme, che è in stato di veglia; CONTR. Addormentato. **2** (*fig.*) Attento e pronto, dotato di ingegno vivace: *bambino —.*

svelàre A *v. tr.* (*io svélo*) **1** Rivelare q.c. di segreto: *— un segreto a qc.* **2** (*fig.*) Mostrare chiaramente: *— le proprie intenzioni*; SIN. Dichiarare, palesare. **B** *v. rifl.* (*fig.*) Palesarsi, rivelarsi: *si è svelato per quell'egoista che è.*

svelenìre A *v. tr.* (*io svelenisco, tu svelenìsci*) **1** Liberare dal veleno. **2** (*fig.*) Liberare dal rancore, dall'astio. **B** *v. intr. pron.* Sfogare il rancore.

svèllere *v. tr.* (*io svèllo o svèlgo, tu svèlli, egli svèlle, noi svelliàmo, voi svelléte, essi svèllono o svèlgono; pass. rem. io svèlsi, tu svellésti; congv. pres. io svèlla o svèlga; part. pass. svèlto*) (*lett.*) Strappare, tirare via con forza, sradicare (*anche fig.*): *— una pianta*; *— un ricordo.*

sveltézza *s. f.* **1** Qualità di svelto; SIN. Agilità, lestezza, rapidità. **2** Forma slanciata ed elegante.

sveltìre A *v. tr.* (*io sveltìsco, tu sveltìsci*) **1** Rendere più svelto, più disinvolto: *l'esperienza lo ha sveltito.* **2** Rendere più spedito, più rapido: *— il traffico.* **3** Rendere più snello, più slanciato: *quell'abito sveltisce la figura.* **B** *v. intr. pron.* Diventare più svelto, più disinvolto.

svèlto (1) *agg.* **1** Che si muove, agisce e sim. con prontezza, senza impaccio: *un cameriere — nel servire* | *— di mano*, che ha tendenza a rubare o a picchiare | *— di lingua*, troppo loquace. **2** Lesto, sollecito: *passo —* | *Alla svelta*, in modo rapido; SIN. Rapido. **3** Sottile e slanciato, agile: *campanile —.* **4** Sveglio, vivace. [→ tav. *proverbi* 56]

svèlto (2) *part. pass. di svellere* (*raro*) Divelto, sradicato.

svenàre A *v. tr.* (*io svéno*) **1** Uccidere tagliando le vene. **2** (*fig.*) Privare qc. di tutto, o di quasi tutto, ciò che possiede: *quello strozzino lo ha svenato.* **B** *v. rifl.* **1** Darsi la morte tagliandosi le vene. **2** (*fig.*) Sostenere grandi sacrifici per qc. o q.c.

svéndere *v. tr.* (*coniug. come vendere*) Vendere a prezzo inferiore al costo, anche ass.

svéndita *s. f.* Atto dello svendere.

svenévole *agg.* Che si comporta in modo eccessivamente languido, lezioso, sdolcinato; SIN. Lezioso, sdolcinato, smanceroso.

svenevolézza *s. f.* **1** L'essere svenevole; SIN. Leziosaggine, sdolcinatezza. **2** Atto, comportamento svenevole; SIN. Smanceria.

sveniménto *s. m.* Malessere che si manifesta con una transitoria perdita di coscienza non dovuta a malattie.

svenìre *v. intr.* (*coniug. come venire; aus. essere*) Perdere i sensi, cadere in deliquio.

sventagliàre A *v. tr.* (*io sventàglio*) **1** Agitare il ventaglio, fare aria con un ventaglio: *sventagliarsi la faccia.* **2** (*est.*) Agitare come un ventaglio. **B** *v. rifl.* Farsi aria con un ventaglio.

sventagliàta *s. f.* **1** Atto dello sventagliare. **2** Scarica di arma automatica mossa a ventaglio: *una — di mitra.*

sventàre *v. tr.* (*io svènto*) Far andare a vuoto, rendere vano: *— una congiura.*

sventatézza *s. f.* **1** L'essere sventato; SIN. Sbadataggine, scapataggine. **2** Atto, comportamento sventato.

sventàto *agg.; anche s. m.* (*f. -a*) Detto di chi agisce senza giudizio, senza ponderazione; SIN. Sbadato, scapato.

svèntola *s. f.* **1** Ventola | (*fig.*) *Orecchie a —*, col padiglione che sporge molto in fuori. **2** (*est.*) Colpo violento, percossa. **3** Nel pugilato, colpo portato facendo compiere un ampio movimento semicircolare al braccio disteso; SIN. Swing.

sventolaménto *s. m.* Agitazione di q.c. al vento o per fare vento.

sventolàre A *v. tr.* (*io svèntolo*) **1** Muovere, agitare al vento: *— la bandiera.* **2** Fare vento | *— il fuoco*, ravvivarlo. **3** Dare aria, arieggiare. **B** *v. rifl.* Farsi vento: *sventolarsi con un giornale.* **C** *v. intr.* (*aus. avere*) Muoversi per il vento.

sventolìo *s. m.* Uno sventolare continuo.

sventraménto *s. m.* **1** Atto dello sventrare | (*fig.*) Demolizione di quartieri o edifici. **2** (*med.*) Grave rilasciamento dei muscoli anteriori dell'addome.

sventràre *v. tr.* (*io svèntro*) **1** Aprire il corpo di un animale macellato per levarne le interiora. **2** (*est.*) Uccidere ferendo al ventre. **3** (*fig.*) Demolire quartieri di una città per motivi igienici o urbanistici più o meno validi.

sventùra *s. f.* **1** Mala ventura, mala sorte: *essere perseguitato dalla —*; SIN. Infelicità. **2** Caso, fatto che provoca danno, dolore: *raccontare le proprie sventure*; SIN. Disgrazia, sciagura. [→ tav. *proverbi* 10, 279]

sventuràto A *agg.* **1** Perseguitato dalla sventura: *famiglia sventurata*; SIN. Disgraziato, infelice, sciagurato. **2** Che apporta sventura: *quello — giorno.* **B** *s. m.* (*f. -a*) Persona sventurata.

sverginàre *v. tr.* (*io svérgino*) Togliere la verginità.

svergognàre *v. tr.* (*io svergógno*) **1** Far vergognare qc. rimproverandolo, spec. pubblicamente. **2** Rivelare la reale natura malvagia di qc.: *l'accusatore lo svergognò di fronte a tutto il paese.*

svergognàto *agg.; anche s. m.* (*f. -a*) Detto di chi non sente vergogna di ciò che di vergognoso fa o dice; SIN. Spudorato.

svergolaménto *s. m.* Deformazione torsionale di una trave o struttura.

svernaménto *s. m.* Atto dello svernare.

svernàre A *v. intr.* (*io svèrno; aus. avere*) Passare l'inverno in un determinato luogo, spec. riparato dal freddo: *— in Africa.* **B** *v. intr. e intr. pron.* (*raro*) Uscire dall'inverno.

svérza o **svèrza** *s. f.* Scheggia lunga e sottile di legno.

svestìre A *v. tr.* (*io svèsto*) Privare delle vesti: *— un bambino* | Togliere un rivestimento; CONTR. Vestire. **B** *v. rifl.* Togliersi di dosso le vesti.

svettàre (1) *v. tr.* (*io svétto*) Togliere la vetta o cima dei rami: *— un albero.*

svettàre (2) *v. intr.* (*io svétto; aus. avere*) **1** Flettere la vetta, la cima, detto di alberi. **2** (*est.*) Ergersi con la vetta: *il monte svetta nel cielo.*

svettatóio *s. m.* Arnese usato per svettare gli alberi.

svezzaménto *s. m.* Divezzamento; SIN. Slattamento.

svezzàre A *v. tr.* (*io svézzo*) **1** Far perdere il vezzo, l'abitudine, il vizio: *— qc. dal bere.* **2** Passare dall'allattamento a un'alimentazione più varia costituita da pappe a base di farinacei, carne e verdure: *— un bambino*; SIN. Slattare. **B** *v. intr. pron.* Perdere un'abitudine, un vizio.

sviaménto *s. m.* **1** Deviazione. **2** Allontanamento dalle consuete occupazioni; SIN. Distrazione | Allontanamento dalla retta via; SIN. Traviamento.

sviàre A *v. tr.* **1** Fare uscire dalla via, volgere verso altra parte: *— l'attenzione degli astanti* | *— il discorso*, portarlo su un argomento diverso. **2** (*fig.*) Distogliere dalle consuete occupazioni: *— qc. dallo studio.* **B** *v. intr. e intr. pron.* (*aus. intr. avere*) Uscire di strada (*anche fig.*).

sviàto *part. pass. di sviare; anche agg. e s. m.* (*f. -a*) Che (o chi) è stato allontanato dal bene.

svicolàre *v. intr.* (*io svìcolo; aus. essere e avere*) Scantonare in un vicolo per sfuggire qc.

svignàre *v. intr.* (*aus. essere*) Allontanarsi in fretta, di nascosto | (*fam.*) *Svignarsela*, andarsene via di nascosto.

svigorìre A *v. tr.* (*io svigorisco, tu svigorisci*) Far perdere il vigore, indebolire: *— il corpo*; SIN. Infiacchire. **B** *v. intr. pron.* Perdere il vigore.

sviliménto *s. m.* Riduzione in una condizione vile, priva di pregio: *— della cultura.*

svilìre *v. tr.* (*io svilisco, tu svilisci*) Rendere vile, spregiare.

svillaneggiàre *v. tr.* (*io svillanéggio*) Maltrattare, coprire di villanie.

sviluppàbile *agg.* Che si può sviluppare: *superficie —.*

sviluppàre A *v. tr.* **1** (*lett.*) Sciogliere un viluppo: *— un groviglio.* **2** Trattare ampiamente: *— un argomento.* **3** Far progredire, far aumentare: *lo studio sviluppa l'intelligenza.* **4** Suscitare, produrre: *la scintilla ha sviluppato un'esplosione.* **5** (*fot.*) Fare apparire con un reagente l'immagine negativa di una fotografia. **6** (*geom.*) Trasformare un'espressione in un'altra meno concisa ma meglio calcolabile. **B** *v. rifl.* (*lett.*) Liberarsi, districarsi: *svilupparsi da una stretta.* **C** *v. intr. e intr. pron.* (*aus. avere*)

1 Acquistare la forma definitiva, detto di organismi viventi. *2* Raggiungere l'età dello sviluppo, detto di ragazzi. **D** *v. intr. pron.* *1* Progredire, evolversi. *2* Prodursi, manifestarsi: *si sta sviluppando un incendio.*

ṣviluppàto *part. pass. di sviluppare; anche agg.* *1* Evoluto, progredito: *società sviluppata.* *2* Svolto, elaborato: *tema poco* —. *3* Che ha una costituzione fisica molto robusta. *4* Detto di adolescente che ha raggiunto la pubertà.

ṣviluppatóre *s. m.* *1* Chi sviluppa. *2* Soluzione chimica contenente sostanze atte a rendere visibile l'immagine latente di un negativo fotografico.

ṣviluppatrice *s. f.* Macchina per il trattamento delle pellicole cinematografiche e fotografiche. [→ ill. *fotografo*]

ṣvilùppo *s. m.* *1* Incremento, potenziamento, espansione: *dare — a un'attività* | — *economico*, ass. —, tendenza all'espansione di un sistema economico e quindi all'aumento della produzione e del reddito | Insorgenza, diffusione: *lo — di un incendio.* *2* Svolgimento, trattazione di un tema: *lo — di un racconto.* *3* (*biol.*) Insieme dei processi attraverso i quali un organismo acquista la sua forma definitiva | Processo di crescita dell'organismo umano che s'avvia verso la sua complessione perfetta | *L'età dello* —, la pubertà. *4* (*fot.*) Procedimento chimico per rendere visibile l'immagine latente di un negativo fotografico. *5* (*geom.*) — *d'una superficie*, lo stendere la superficie su un piano, detto spec. per i coni, i cilindri e le superfici poliedriche.

ṣvinàre *v. tr.* Togliere il vino nuovo dai tini per immetterlo nelle botti.

ṣvinatùra *s. f.* Estrazione del vino dai tini | Separazione del vino dalle vinacce.

ṣvincolàre **A** *v. tr.* (*io ṣvincolo*) *1* Liberare da un vincolo. *2* Ritirare una merce dalla stazione o dalla dogana, pagando i relativi diritti. **B** *v. rifl.* Liberarsi da un vincolo: *svincolarsi da una stretta.*

ṣvincolo *s. m.* *1* Adempimento delle condizioni del trasporto della merce al fine di poterla ritirare. *2* Strada o complesso di strade di collegamento fra due o più autostrade che s'incrociano o si diramano. [→ ill. *strada*]

ṣviolinàre *v. tr.* (*fam.*) Trattare con adulazione e lusinghe sfacciate, anche ass.

ṣviolinàta *s. f.* (*fam.*) Atto dello sviolinare | Discorso fatto per sviolinare.

ṣvirilizẓàre *v. tr.* *1* Privare della forza virile. *2* (*fig.*) Svigorire.

ṣviṣàre *v. tr.* Travisare, alterare: — *i fatti.*

ṣvisceràre **A** *v. tr.* (*io ṣviscero*) *1* (*raro*) Privare dei visceri. *2* (*fig.*) Indagare a fondo: — *un argomento.* **B** *v. rifl.* (*fig.*) Esprimere intenso affetto, grande stima e sim.: *sviscerarsi per qc.*

ṣvisceràto *part. pass. di sviscerare; anche agg.* Appassionato, veemente: *amare qc. di amore* —.

ṣvista *s. f.* Sbaglio dovuto a disattenzione, fretta e sim.

ṣvitàre *v. tr.* Girare la vite in senso contrario, per allentarla o toglierla | Disunire cose fermate con vite o con viti; CONTR. Avvitare.

ṣvitàto **A** *part. pass. di svitare; anche agg.* *1* Non più fermato da viti. *2* (*fam.*) Sconclusionato, stravagante. **B** *s. m.* (*f.* -*a*) (*fam.*) Persona svitata.

ṣvìzzero **A** *agg.; anche s. m.* (*f.* -*a*) Della Svizzera. [→ ill. *araldica*] **B** *agg.* Detto di ciò cui si attribuisce tradizionalmente origine svizzera | *Formaggio* —, emmenthal, groviera | *Guardia svizzera*, corpo armato pontificio costituito nel XVI sec. **C** *s. m.* *1* Appartenente alla Guardia svizzera. *2* Formaggio svizzero. **D** *s. f.* Porzione arrotondata e appiattita di polpa di carne bovina tritata.

ṣvogliatézza *s. f.* L'essere svogliato | Stato di indifferenza, di apatia: — *dallo studio*; SIN. Fiacchezza, negligenza.

ṣvogliàto *agg.* (*f.* -*a*) Che non ha o ha perduto la voglia di q.c.: — *del cibo*; SIN. Fiacco.

ṣvolazzàre *v. intr.* (*io ṣvolàzzo; aus. avere*) *1* Volare qua e là, senza direzione. *2* (*fig.*) Vagare qua e là, spec. con la mente: — *da un pensiero a un altro.* *3* Dibattere le ali. *4* Essere agitato dal vento.

ṣvolàzzo *s. m.* *1* Atto dello svolazzare. *2* Cosa che svolazza | Lembo svolazzante di veste. *3* Nella scrittura, ornamento finale o iniziale di una lettera: *firma con svolazzi.* *4* *spec. al pl.* (*fig.*) Ornamento eccessivo: *discorso pieno di svolazzi.*

ṣvòlgere **A** *v. tr.* (*coniug. come volgere*) *1* Distendere, aprire, spiegare ciò che è involto: — *un rotolo*; CONTR. Avvolgere. *2* (*fig.*) Sviluppare, trattare per esteso: — *un tema.* *3* Attuare una serie di azioni allo scopo di raggiungere un dato fine: — *un piano di lavoro* | Esplicare: — *una attività.* **B** *v. rifl.* Liberarsi, sciogliersi: *svolgersi da un impaccio.* **C** *v. intr. pron.* *1* Distendersi, spiegarsi (*anche fig.*): *una splendida vista si svolge qui sotto.* *2* Accadere, avere luogo: *qui la vita si svolge tranquilla* | Essere ambientato: *la scena del dramma si svolge a Londra.*

ṣvolgiménto *s. m.* *1* (*raro*) Atto dello svolgere: — *di un pacco* | Srotolamento. *2* (*fig.*) Realizzazione: — *di un'attività* | Sviluppo, andamento: *lo — dei fatti.* *3* (*fig.*) Elaborazione | Trattazione di un tema scolastico; SIN. Componimento.

ṣvòlta *s. f.* *1* Cambiamento di direzione. *2* Curva di strada | Manovra compiuta per percorrerla. *3* (*fig.*) Mutamento importante: *questa scoperta segna una — nella storia della scienza.*

ṣvoltàre (1) *v. tr.* (*io ṣvòlto; aus. avere*) Svolgere ciò che era involto: — *un pacco.*

ṣvoltàre (2) *v. intr.* (*io ṣvòlto*) Mutare direzione: — *a sinistra.*

ṣvoltàta *s. f.* Svolta.

ṣvuotaménto *s. m.* Atto dello svuotare | (*fig.*) Privazione, perdita: — *di significato.*

ṣvuotàre *v. tr.* (*io ṣvuòto;* in tutta la coniug. si preferisce conservare il dittongo *uo* anche se non tonico) *1* Vuotare di tutto il contenuto: — *il fiasco*; CONTR. Riempire. *2* (*fig.*) Privare di significato: — *una frase di ogni sentimento.*

sweater /*ingl.* 'swetə/ *s. m. inv.* (*pl. ingl.* *sweaters* /'swetəz/) Ampio maglione sportivo di lana pesante.

swing /*ingl.* swiŋ/ *s. m. inv.* *1* (*mus.*) Nel jazz, particolare disposizione degli accenti sui tempi della battuta con esecuzione pulsante ed elastica. *2* (*sport*) Nel pugilato, sventola.

symposium /*lat.* sim'pɔzjum/ *s. m. inv.* Convegno, spec. di studiosi, ricercatori e sim.

T

t *s. f. o m. inv.* Diciottesima lettera dell'alfabeto italiano.

tabaccàio *s. m.* (*f. -a*) Rivenditore di tabacchi, gestore di una privativa.

tabaccàre *v. intr.* (*io tabàcco, tu tabàcchi; aus. avere*) Fiutare tabacco.

tabaccherìa *s. f.* Rivendita di tabacchi, sale, francobolli.

tabacchicoltùra *s. f.* Coltivazione del tabacco.

tabacchièra *s. f.* Scatoletta in cui si tiene il tabacco da naso.

tabacchìna *s. f.* Operaia di una manifattura di tabacco.

tabàcco ***A*** *s. m.* (*pl. -chi*) **1** Pianta erbacea aromatica annua delle Tubiflorali con fusto peloso, grandi foglie ovate, fiori di vario colore in corimbo. [→ ill. *piante* 12] **2** Prodotto da fumo, da fiuto o da masticazione, ottenuto dalle foglie essiccate e conciate, eventualmente trinciate e polverizzate, della pianta omonima. [→ ill. *fumatore*] ***B*** *in funzione di agg. inv.* (*posposto al s.*) Detto di una particolare gradazione di marrone dorato. [→ tav. *proverbi* 29]

tabaccóso *agg.* Sporco di tabacco o che ne conserva l'odore: *fazzoletto* –.

tabagismo *s. m.* Intossicazione cronica da uso eccessivo di tabacco da fumo.

tabarin /*fr.* taba'rɛ̃/ *s. m. inv.* (*pl. fr. tabarins* /taba'rɛ̃/) Locale notturno da ballo, anche con numeri di varietà.

tabàrro *s. m.* Ampio mantello che gli uomini indossavano sull'abito o sul cappotto.

tàbe *s. f.* **1** (*med.*) Consunzione generata da malattie croniche | – *dorsale*, infezione da lue del midollo spinale. **2** (*raro*) Pus, marcia.

tabèlla *s. f.* Prospetto, specchietto con indicazioni, iscrizioni, disegni vari: *la – dei prezzi* | – *di marcia*, prospetto dei tempi approssimativi in cui i ciclisti dovrebbero transitare in alcuni punti del percorso; (*fig.*) prospetto che fissa le scadenze delle varie fasi di un lavoro.

tabellióne *s. m.* **1** Nell'antica Roma, scrivano. **2** Nell'esarcato di Ravenna, notaio.

tabellóne *s. m.* **1** *Accr. di tabella.* **2** Cartellone, prospetto contenente votazioni, orari di mezzi di trasporto pubblici, ecc. [→ ill. *sport*] **3** Tavola applicata a una parete, e provvista di sostegni, per l'affissione di avvisi, manifesti, giornali e sim. **4** Nella pallacanestro, quadro di materiale vario al quale è fissato il canestro.

tabernàcolo *s. m.* **1** Edicola, cappella nella quale si conservano immagini di santi | Ciborio. **2** Presso gli antichi ebrei, tenda posta nel deserto nella quale si conservano le Tavole della Legge.

tabètico ***A*** *agg.* (*pl. m. -ci*) Di tabe. ***B*** *agg.; anche s. m.* (*f. -a*) Affetto da tabe.

tabloid /*ingl.* 'tæblɔid/ *s. m. inv.* (*pl. ingl. tabloids* /'tæblɔidz/) Giornale di formato corrispondente a circa la metà dei quotidiani normali, che pubblica un notiziario condensato e molto materiale fotografico.

tablòide *s. m.* Tavoletta di preparato farmaceutico.

tabù ***A*** *s. m.* **1** Presso gli abitanti della Polinesia, ciò che viene considerato sacro | Presso tutte le religioni primitive, ciò che è sacro, proibito. **2** (*est.*) Cosa non nominabile, argomento che non si può criticare, persona che non si deve o non si può avvicinare. ***B*** *agg. inv.* (*posposto al s.*) **1** Sacro o sottoposto a divieto sacrale. **2** (*est., scherz.*) Che non si può nominare o non è possibile criticare: *argomento* – | Che non si lascia avvicinare: *un superiore* –.

tabula rasa /*lat.* 'tabula 'raza/ *loc. sost. f. inv.* In vari sistemi filosofici, supposta condizione della mente umana anteriore all'acquisizione dei dati del mondo esterno, affine, per analogia, a un foglio bianco sul quale l'esperienza traccerà i suoi segni | *Fare* –, (*fig.*) eliminare completamente, togliere tutto.

tabulàre (1) *agg.* Che ha la forma appiattita propria di una tavola.

tabulàre (2) *v. tr.* (*io tàbulo*) **1** (*mat.*) Mettere in tabella. **2** (*elab.*) Preparare, stampare tabulati.

tabulàto *s. m.* Prospetto prodotto dalla stampante di un elaboratore elettronico.

tabulatóre *s. m.* Dispositivo delle macchine per scrivere che consente di ottenere l'incolonnamento automatico. [→ ill. *ufficio*]

tabulazióne *s. f.* Esposizione, sotto forma di tabella, dei dati ottenuti con un'indagine.

tac o *tàcchete inter.* Riproduce il rumore secco e leggero di q.c. che cade, di una molla che scatta e sim.

TAC (sigla di *tomografia assiale computerizzata*) *s. m. o f. inv.* (*med.*) Apparecchiatura per eseguire la tomografia assiale computerizzata | La tecnica diagnostica che usa tale apparecchiatura.

tàcca *s. f.* **1** Incisione a cuneo ottenuta con due tagli vicini e convergenti: *un banco di scuola rovinato dalle tacche* | *Le tacche della stadera*, incise sul braccio a distanze uguali, per indicare i vari pesi | – *di mira*, intaglio nel ritto dell'alzo delle armi da fuoco portatili, per il puntamento dell'arma. **2** In tipografia, piccola scanalatura praticata nel fusto d'un carattere mobile per indicarne il giusto verso. [→ ill. *stampa*] **3** Intaccatura sul filo di una lama. **4** (*fig.*) Statura, levatura | *Di mezza* –, di statura media e (*fig.*) di poco valore. **5** Macchia naturale sul manto di animali, su marmo o pietra. **6** (*fig.*) Magagna, difetto.

taccagnerìa *s. f.* L'essere taccagno; SIN. Avarizia, pitoccheria, spilorceria, tirchieria.

taccàgno *agg.; anche s. m.* (*f. -a*) Detto di chi è tirato nello spendere; SIN. Avaro, spilorcio, tirchio.

taccheggiàre (1) *v. tr.* (*io tacchéggio*) Nella tecnica tipografica, eseguire il taccheggio.

taccheggiàre (2) *v. tr. e intr.* (*io tacchéggio*) Rubare col taccheggio.

taccheggiatóre *s. m.* (*f. -trice*) Chi compie furti di merci in un negozio.

tacchéggio (1) *s. m.* Operazione volta a differenziare localmente mediante strati di carta sottilissima la pressione di stampa esercitata su un cliché.

tacchéggio (2) *s. m.* Furto commesso da chi, in un negozio, sottrae clandestinamente ciò che gli capita a portata di mano.

tàcchete V. *tac.*

tacchettìo *s. m.* Rumore dei tacchi di chi cammina velocemente.

tacchétto *s. m.* **1** *Dim. di tacco.* **2** Tacco piccolo, esile e alto. **3** Ciascuno dei dischetti di cuoio o di gomma applicati sotto la suola delle scarpe dei calciatori per far presa sul terreno.

tacchìno *s. m.* (*f. -a*) Grosso uccello di origine americana con capo e collo nudi e verrucosi, piumaggio a tinte metalliche, coda erigibile a ruota nei maschi, allevato per le carni | *Diventare rosso come un* –, arrossire molto. [→ ill. *animali* 11]

tàccia *s. f.* (*pl. -ce*) Accusa, imputazione dovuta alla pubblica opinione | Cattiva fama: *essersi creato la – di imbroglione.*

tacciàbile *agg.* Che può essere tacciato: *essere – di malafede.*

tacciàre *v. tr.* (*io tàccio*) Incolpare, imputare: – *qc. di negligenza.*

tàcco *s. m.* (*pl. -chi*) **1** Rialzo di cuoio, legno, metallo o plastica rivestito di pelle e posto nelle calzature sotto il tallone | *Tacchi alti*, quelli delle calzature da donna | – *a spillo*, altissimo, sottile, nelle calzature da donna | *Battere, alzare il* –, andarsene. [→ ill. *calzatura*] **2** Cuneo, pezzo di legno per tenere sollevata o ferma una cosa. **3** Nella tecnica tipografica, striscia cartacea per il taccheggio.

tàccola (1) *s. f.* Uccello nero con la parte superiore del collo e il capo color cenere, comune in Italia.

tàccola (2) *s. f.* (*sett.*) Pisello con semi piccoli e teneri di cui si mangia anche il baccello.

taccuìno *s. m.* Quadernetto per appunti, spec. tascabile.

tacére ***A*** *v. intr.* (*pres. io tàccio, tu tàci, egli tàce, noi tacciàmo, voi tacéte, essi tàcciono; pass. rem. io tàcqui, tu tacésti; congv. pres. io tàccia, noi tacciàmo, voi tacciàte, essi tàcciano; part. pass. taciùto; aus. avere*) **1** Non parlare, non dire nulla: – *per la vergogna* | Astenersi dal dire: *su quel fatto è meglio* – | *Mettere q.c. a, in* –, evitare che se ne parli | Subire senza opporsi: *abbiamo taciuto troppo.* **2** Cessare di parlare o fare rumore: *dette poche parole, tacque; taci!* **3** Non dire, non riferire nulla: *sull'incidente il giornale tace.* **4** (*est.*) Non fare rumore, non farsi più sentire: *gli strumenti tacquero all'improvviso* | Non essere in funzione, di macchine e sim.: *i cannoni tacquero* | (*fig.*) Essere silenzioso o immerso nel silenzio, detto della natura, di paesaggi: *la notta tace.* **B** *v. tr.* **1** Non dire, passare sotto silenzio: *tacque l'accaduto* | Non rivelare, tenere segreto: — *il nascondiglio di qc.* | Celare (*anche fig.*): — *il proprio dolore.* **2** *Nella loc. far* —, interrompere, far cessare, ridurre al silenzio (*anche fig.*): *fate — i bambini; far — le proteste; far — un rimorso.* **C** *in funzione di s. m.* Silenzio: *il — lo ha salvato.* [→ tav. *proverbi* 100]

tacheometrìa *s. f.* Metodo di rilevamento topografico rapido col quale, facendo stazione in un sol punto, si misurano, tramite speciali cannocchiali e stadie, i dislivelli e le distanze degli altri punti.

tacheòmetro *s. m.* Strumento tipico della tacheometria, meno preciso del teodolite; SIN. Celerimetro.

tàchi- *primo elemento*: in parole composte significa 'veloce': *tachicardia, tachimetro.*

tachicardìa *s. f.* Palpitazione cardiaca; CONTR. Bradicardia.

tachìmetro *s. m.* Strumento per misurare la velocità istantanea di rotazione di un albero o organo di macchina, usato generalmente negli autoveicoli per indicarne la velocità in km/h | — *contachilometri*, strumento formato dalla combinazione di un tachimetro e di un contachilometri sugli autoveicoli. [→ ill. *automobile*]

tachióne *s. m.* (*fis.*) Presunta particella elementare che si crede viaggi più veloce della luce.

tachipnèa *s. f.* (*med.*) Aumento di frequenza degli atti respiratori.

tacitaménte *avv.* **1** In silenzio. **2** In segreto.

tacitàre *v. tr.* (*io tàcito*) **1** Soddisfare una richiesta di denaro con una somma inferiore a quella dovuta: — *un creditore.* **2** (*est.*) Mettere a tacere: — *uno scandalo.*

tacitiàno *agg.* **1** Che concerne lo storico romano Tacito. **2** (*est.*) Compendioso, conciso: *stile* —.

tàcito *agg.* **1** Che tace, mantiene il silenzio | (*est.*) Che non fa rumore: *passo* —. **2** Che non è espresso apertamente, ma si può facilmente intuire: *fra loro c'è un — patto*; SIN. Muto.

tacitùrno *agg.* Che per natura tace quasi sempre; SIN. Silenzioso; CONTR. Loquace.

tackle /*ingl.* taekl/ *s. m. inv.* (*pl. ingl. tackles* /tæklz/) Nel calcio, intervento contro un giocatore avversario in possesso del pallone: *entrare in* —.

tactìsmo *s. m.* (*biol.*) Movimento di traslazione dovuto a stimoli di varia natura, proprio dei batteri e delle piante inferiori.

tafàno *s. m.* **1** Insetto affine alla mosca, ma più grande, le cui femmine perseguitano gli animali al pascolo per suggerne il sangue. [→ ill. *animali* 3] **2** (*fig.*) Persona molto importuna o che cerca di sfruttare gli altri.

tafferùglio *s. m.* Baruffa di molte persone che provocano rumore e scompiglio; SIN. Mischia, parapiglia.

taffettà o *taffetà s. m.* Tessuto di seta o di fibra artificiale, frusciante e molto compatto.

tafofobìa *s. f.* Paura morbosa di essere sepolto vivo.

tàglia (1) *s. f.* **1** Statura, complessione del corpo | *Di mezza* —, di media statura. **2** In sartoria, e spec. in confezione, misura convenzionale dell'abito: *giacca di — 46.* **3** Anticamente, tributo richiesto dai vincitori per il riscatto di persone, famiglie, città. **4** Prezzo di un riscatto | Premio che si promette a chi riesce a catturare malviventi molto pericolosi: *sul capo del rapitore pende una grossa* —.

tàglia (2) *s. f.* Paranco di due bozzelli e una o più carrucole, su cui si avvolge una fune, per sollevare grandi pesi con moderato sforzo.

tagliabórse *s. m. e f. inv.* Borsaiolo.

tagliabòschi *s. m.* Chi per mestiere taglia i boschi cedui, abbattendo gli alberi e segandoli in tronconi.

tagliacàrte *s. m. inv.* Stecca metallica, d'avorio e sim., tagliente, per tagliare carte, aprire pagine ancora chiuse e sim. [→ ill. *ufficio*]

taglialégna *s. m. inv.* Chi per mestiere taglia e spacca i tronchi e i grossi rami riducendoli nelle pezzature volute.

tagliamàre *s. m. inv.* (*mar.*) Pezzo di costruzione avanti alla ruota di prua col quale il bastimento fende il mare nel suo cammino.

tagliàndo *s. m.* Parte che viene staccata da un titolo, una cartella di rendita, una tessera, un biglietto e sim.

tagliànte *part. pres. di tagliare; anche agg.* Che taglia.

tagliapàsta *s. m. inv.* Utensile da cucina munito di una rotella dentata per tagliare la sfoglia. [→ ill. *cucina*]

tagliapiètre *s. m. inv.* Scalpellino.

tagliàre A *v. tr.* (*io tàglio*) **1** Separare, fendere un corpo usando una lama affilata o altro arnese tagliente: — *q.c. con il coltello; — un tronco con la scure* | ass. Essere tagliente, ben affilato: *una lama che taglia.* **2** Dividere una o più parti dell'intero, usando una lama e sim.: — *le pagine di un libro*, separarle dove i fogli sono piegati, usando il tagliacarte | — *un diamante*, sfaccettarlo | — *vini*, mescolare un vino robusto con uno debole | — *una droga*, mescolarla con sostanze affini di aspetto, aumentandone il peso ma spesso anche la tossicità | — *le carte*, fare due o più mazzetti e ricomporre il mazzo sovrapponendoli in ordine inverso | — *fuori*, (*fig.*) isolare da un gruppo | Accorciare: *tagliarsi le unghie.* **3** Togliere una parte recidendola: — *un ramo* | — *una gamba*, amputarla | — *i panni addosso a qc.*, (*fig.*) sparlarne | — *la testa al toro*, (*fig.*) prendere una decisione troncando ogni indugio | — *corto*, (*fig.*) abbreviare o terminare bruscamente un discorso | — *la corda*, (*fig.*) andarsene di nascosto, scappare | — *i ponti*, (*fig.*) rompere i rapporti con qc. | — *il traguardo*, superarlo. **4** Separare in più parti con tagli adatti: — *in due, in quattro* | — *il salame*, affettarlo | — *la palla*, nel calcio e nel tennis, imprimerle un particolare effetto. **5** Produrre uno o più tagli o incisioni: *tagliarsi un dito con la lametta* | Ferirsi: *tagliarsi la gola con il rasoio* | (*fig.*) *Un freddo che taglia la faccia*, molto intenso | *Un vino che taglia le gambe*, molto alcolico. **6** Abbreviare, condensare: — *un articolo* | — *una sequenza cinematografica*, eliminarla. **7** Interrompere mettendo ostacoli: — *le comunicazioni* | — *i viveri*, cessare il rifornimento e (*fig.*) togliere i mezzi per vivere. **8** Attraversare, incrociare: *una strada che ne taglia un'altra* | — *la strada a qc.*, attraversargliela costringendolo a fermarsi e (*fig.*) impedirgli di realizzare q.c. **9** Attraversare per la via più breve per accorciare la strada: — *il paese per le scorciatoie* | — *la curva*, percorrerla non seguendone l'arco ma procedendo in linea retta. **B** *v. intr.* (*aus. avere*) Seguire la via più breve: *tagliammo per i campi.* **C** *v. intr. pron.* Rompersi, dividersi: *il vestito si è tagliato.* [→ tav. *locuzioni* 105]

tagliàta *s. f.* **1** Operazione del tagliare, spec. in una volta e in fretta: *dare una — ai capelli.* **2** Abbattuta di alberi | Superficie del bosco dove si è eseguito il taglio in una sola volta. **3** Opera di difesa costituita da un fosso attraverso una strada per ritardare la marcia del nemico.

tagliatèlla *s. f. spec. al pl.* Pasta all'uovo a strisce lunghe, che si mangia asciutta. [→ ill. *pasta*]

tagliàto *part. pass. di tagliare; anche agg.* **1** Che ha subito un taglio | Accorciato, ridotto: *è un'edizione molto tagliata* | Tolto, soppresso: *scene tagliate.* **2** Fatto, formato, riguardo al carattere: *è un uomo — all'antica* | (*fig.*) *Essere — per q.c.*, avere inclinazione per q.c. **3** (*arald.*) Detto di scudo o figura, divisi in due parti uguali per mezzo di una linea diagonale dall'angolo superiore sinistro all'angolo inferiore destro. [→ ill. *araldica*]

tagliatóre *s. m.* (*f. -trice*) Chi taglia | Chi è impiegato in lavori di taglio.

tagliatrìce *s. f.* **1** Macchina per tagliare. **2** (*min.*) Macchina provvista di una catena dentata che esegue intagli orizzontali alla base dei banchi di taluni minerali per consentirne l'abbattimento. [→ ill. *miniera*]

tagliatùra *s. f.* **1** Operazione del tagliare | Punto in cui q.c. è stato tagliato. **2** Ciò che resta dopo un'operazione di taglio.

tagliaùnghie *s. m. inv.* Piccolo tronchese per tagliare le unghie. [→ ill. *toilette e cosmesi*]

tagliauòva *s. m. inv.* Utensile da cucina costituito da un telaio con una serie di piccole lame per tagliare a fettine un uovo sodo. [→ ill. *cucina*]

taglieggiàre *v. tr.* (*io tagliéggio*) Sottoporre a taglie, tri-

buti e sim. un paese conquistato.
tagliènte ***A*** *agg.* ***1*** Di taglio sottile, ben affilato: *lama —* | (*fig.*) Mordace, maldicente: *una battuta —*. ***2*** Di taglio netto, privo di sfumature: *profilo —*. ***B*** *s. m.* Parte affilata di q.c.: *il — della lama.*
taglière *s. m.* Asse di cucina di legno duro variamente sagomato, sul quale si trincia la carne, si affetta il salame, si prepara il pesto. [→ ill. *cucina*]
taglierina *s. f.* Macchina per tagliare carta, trinciare lamiere metalliche, tessuti e sim.
taglierino *s. m. spec. al pl.* Sorta di tagliatelle molto sottili, per minestra in brodo; SIN. Tagliolino. [→ ill. *pasta*]
tàglio *s. m.* ***1*** Azione, lavoro del tagliare: *il — di un metallo, dei boschi, di un abito* | — di un arto, amputazione | *— della testa,* decapitazione | *Vino da —*, ricco di alcol, che serve a dar forza ai vini deboli | *Strumenti da —*, quelli che servono a tagliare, come il coltello, la scure, la falce e sim. | (*fig.*) Soppressione di una parte: *un — della censura* | (*fig.*) *Dare un —*, troncare bruscamente un discorso o i rapporti con qc. [→ ill. *cucina*] ***2*** Risultato del tagliare, parte tagliata: *due tagli nella giacca* | Ferita prodotta da uno strumento tagliente: *farsi un — al dito* | Aspetto del punto dove q.c. è stato tagliato: *un — irregolare* | Nella testa della vite, incisione ove si inserisce il tagliente del cacciavite. [→ ill. *cava, ferramenta, stampa*] ***3*** Ciascuna delle parti tagliate da un tutto: *un — di seta, di carne* | Pezzo di stoffa staccato dalla pezza: *un — di tre metri; comprare, vendere a —*. [→ ill. *macelleria*] ***4*** Maniera, stile di lavorare tagliando: *il mio sarto ha un bel —* | Tecnica del tagliare stoffe: *scuola di —* | Foggia, linea, di abiti e sim.: *vestito di — inglese* | (*fig.*) Angolazione, stile, impostazione, spec. di uno scritto: *un saggio di — retorico; dare un — originale a un articolo.* ***5*** Parte tagliente di una lama: *coltello a — vivo* | *Colpire di —*, di fianco, con la parte laterale di una lama o di altro arnese tagliente | *Colpire la palla, il pallone di —*, di lato, per imprimere loro un particolare effetto | (*est.*) La parte più sottile o stretta di un mattone, una pietra o altro: *il — della tavola* | Spigolo di un muro | *Essere, collocare di —*, in modo da mostrare i lati più stretti. [→ ill. *coltello*] ***6*** Formato, dimensione, misura: *marmi dello stesso —* | *Banconota di piccolo —*, di valore minore rispetto a una di grande taglio. ***7*** Forma data alle pietre preziose: *— a navetta.* ***8*** (*med.*) Incisione | *— cesareo,* estrazione del feto per via addominale con incisione dell'utero.
tagliòla *s. f.* Dispositivo per catturare selvaggina o animali nocivi, formato da due branche di metallo che si chiudono a molla.
tagliolino *s. m.* Taglierino.
tagliòlo *s. m.* Attrezzo del fucinatore per tagliare i metalli. [→ ill. *meccanica*]
taglióne (1) *s. m.* Tipo antichissimo di pena, consistente nell'infliggere al colpevole lo stesso danno da lui arrecato ad altri: *pena, legge del —*.
taglióne (2) *s. m.* Struttura di fondazione in muratura, di notevole profondità, usata nelle costruzioni idrauliche. [→ ill. *diga*]
tagliuzzaménto *s. m.* Il tagliuzzare.
tagliuzzàre *v. tr.* Tagliare minutamente, in striscioline o pezzettini.
tàiga *s. f.* Formazione vegetale di conifere estesa su vasti territori siberiani a sud della tundra.
tailandése *agg.; anche s. m. e f.* Della Thailandia.
tailleur /*fr.* ta'jœr/ *s. m. inv.* (*pl. fr. tailleurs* /ta'jœr/) Completo femminile con giacca e gonna o con abito a giacca. [→ ill. *abbigliamento*]
talàltro o *tal àltro pron. indef.* Qualche altro (si usa in correl. con 'taluno' e 'talvolta'): *talvolta mi riceve, talaltra no.*
tàlamo *s. m.* ***1*** Camera nuziale. ***2*** (*lett.*) Letto coniugale | (*fig.*) Nozze. ***3*** (*bot.*) Parte superiore dilatata del peduncolo fiorale, sulla quale stanno inseriti stami e pistillo. ***4*** (*anat.*) Regione laterale del diencefalo. [→ ill. *anatomia umana*]
talàre ***A*** *s. f.* Abito lungo indossato dai preti cattolici. [→ ill. *religione*] ***B*** *anche agg.: veste —*.
talàssico *agg.* (*pl. m. -ci*) (*raro*) Del mare.
talassocrazìa *s. f.* (*raro*) Dominio del mare | Potenza fondata sul dominio del mare: *la — di Venezia.*
talassografìa *s. f.* Scienza che studia il mare dal punto di vista fisico e chimico.
talassologìa *s. f.* Oceanografia.
talassoterapìa *s. f.* Cura che sfrutta l'azione del clima marino e dei bagni di mare.
talché o *tal ché cong.* (*lett.*) Cosicché, in modo tale che.
tàlco *s. m.* (*pl. -chi*) ***1*** (*miner.*) Silicato idrato di magnesio in masse lamellari di lucentezza madreperlacea, sfaldabili, tenere, untuose al tatto, di colore biancastro spesso con sfumature verdoline. ***2*** Polvere del minerale omonimo, usata in cosmesi e come lubrificante. [→ ill. *toilette e cosmesi*]
tàle ***A*** *agg. dimostr.* (*pl. m. e f. tàli.* Troncato in *tal* spec. davanti a parole che cominciano per consonante; non si apostrofa mai: *una tal attesa, tal angoscia*). (V. nota d'uso ELISIONE e TRONCAMENTO) ***1*** Di questa o di quella sorta, maniera, natura: *tali discorsi non sono tollerabili* | Fa correl. con 'che', 'da' e 'quale': *ha detto tali sciocchezze da fare ridere; ha tali sentimenti quali tu non immagini.* ***2*** Così grande: *fa una — confusione!* ***3*** In correl. con 'tale', esprime identità, somiglianza strettissima: *con — precedente, tali scuse.* ***4*** Questo, quello: *con tali parole mi ha congedato.* ***B*** *agg. indef.* ***1*** Certo (al sing. sempre preceduto dall'art. indet. con valore raff. per indicare cosa o persona): *sembra che conosca un — personaggio influente; incontrarono degli amici, tali Rossi.* ***2*** Indica persona o cosa indeterminata (preceduto dall'art. det.): *voglio parlare con la tal persona.* ***C*** *pron. dimostr.* Questa, quella persona già menzionata e di cui non si vuole ripetere il nome: *quel — gli ha risposto.* ***D*** *pron. indef.* ***1*** Indica persona indeterminata (preceduto dall'art. indet.): *c'è un — che vuole parlare con te.* ***2*** Indica, preceduto da 'quello' o da 'questo', persona già menzionata o comunque nota: *è tornato quel — di ieri a cercarti.* ***3*** *Nella loc. il tal dei tali,* indica persona ben nota di cui si conoscono nome e cognome ma che non si vuole menzionare. [→ tav. *proverbi* 332, 359]
talèa *s. f.* Porzione di ramo, germoglio, foglia o radice, capace di costituire, infitta nel terreno, una nuova pianta: *moltiplicazione per —*. [→ ill. *agricoltura*]
taléggio *s. m.* Tipo di formaggio molle e stagionato. [→ ill. *formaggi*]
talentàccio *s. m.* Ingegno originale, anche se non raffinato.
talentàre *v. intr.* (*io talènto; aus. essere*) (*lett.*) Andare a genio.
talènto (1) *s. m.* Unità ponderale greca di 60 o 50 mine e di peso diverso secondo il sistema ponderale in uso nella regione.
talènto (2) *s. m.* ***1*** (*lett.*) Voglia, desiderio | *A proprio —*, spontaneamente | *Andare a —*, andare a genio, piacere. ***2*** Ingegno, capacità, genialità | Persona dotata di ingegno e capacità. [→ tav. *proverbi* 124]
talent scout /*ingl.* 'tælənt 'skaut/ *loc. sost. m. e f. inv.* (*pl. ingl. talent scouts* /'tælənt 'skauts/) Chi ricerca persone di talento nel campo dell'editoria e dello spettacolo.
talismàno *s. m.* ***1*** Carattere, figura, formula, incisi o scritti su un oggetto che, nelle credenze popolari e religiose, hanno virtù magica difensiva contro il male e i demoni. ***2*** L'oggetto stesso che porta il carattere, la figura o la formula.
tàllero *s. m.* Grossa moneta d'argento coniata per la prima volta da Sigismondo d'Austria nel 1484, poi diffusa in tutta l'Europa e in Italia con diverso valore. [→ ill. *moneta*]
tàllio *s. m.* Elemento chimico, metallo di aspetto simile al piombo, usato in varie leghe, velenoso nei suoi sali usati come depilatori e come topicidi. SIMB. Tl.
tallire *v. intr.* (*io tallisco, tu tallisci; aus. essere e avere*) Mettere talli | Accestire.
tallito *part. pass. di tallire; anche agg.* Che ha messo talli | *Orzo —*, germinato, usato nella fabbricazione della birra.
tàllo *s. m.* ***1*** Corpo vegetativo dei vegetali inferiori, non distinto in radice, fusto e foglie. ***2*** Germoglio.
tallòfita *s. f.* Pianta inferiore il cui corpo vegetativo è un tallo.
tallonaménto *s. m.* Inseguimento ravvicinato, incalzante.
tallonàre *v. tr.* (*io tallóno*) ***1*** Inseguire da vicino, spec. in

gare di corsa. *2* Nel rugby e nel calcio, colpire il pallone con il tallone mandandolo all'indietro.

tallonàta *s. f.* *1* Colpo di tallone. *2* Nel calcio e nel rugby, lancio del pallone all'indietro con un colpo di tacco.

talloncìno *s. m.* *1* *Dim. di tallone* (2). *2* Piccola cedola che, staccata da una scheda, da una cartolina e sim., serve da ricevuta.

tallóne (1) *s. m.* *1* (*anat.*) Calcagno | – *d'Achille*, quello che, secondo la leggenda omerica, era il solo punto vulnerabile dell'eroe; (*fig.*) punto vulnerabile di qc. o q.c. *2* Rinforzo della calza sul calcagno. *3* Parte sporgente che in vari oggetti serve di appoggio fermo o mobile: *il – della lama del coltello.* *4* Ciascun bordo ingrossato del copertone, che sta a contatto col cerchio della ruota. [→ ill. *automobile*] [→ tav. *locuzioni* 106]

tallóne (2) *s. m.* Tagliando, cedola.

talménte *avv.* Così, tanto: *sono – contento che non puoi credere.*

talmùd *s. m. inv.* Raccolta di trattati giuridici e religiosi del III-V sec. d.C., che contengono la dottrina giudaica post-biblica in forma di sentenze fondamentali e di interpretazioni e ampliamento di tali sentenze.

talóra *avv.* (*poet.* troncato in *talór* spec. davanti a parola che comincia per consonante) Qualche volta.

tàlpa *s. f.* *1* Piccolo mammifero degli Insettivori a vita sotterranea, con morbida pelliccia rasa, occhi piccolissimi e zampe unghiute e robuste atte a scavare gallerie nel terreno. [→ ill. *animali* 17] *2* (*fig.*) Persona tarda e di intelligenza ottusa. *3* (*fig.*) Persona gener. insospettabile che procura a gruppi eversivi informazioni e documenti provenienti dal suo ambiente di lavoro. *4* Macchina operatrice usata per scavare gallerie, spec. per ferrovie metropolitane.

talùno *A* *agg. indef.* Alcuni, certi: *citerò taluni autori.* *B* *pron. indef.* Qualcuno, qualche persona: *taluni si offesero.*

talvòlta *avv.* Qualche volta.

tamarindo *s. m.* Albero delle Rosali coltivato nelle regioni calde per il frutto a legume di cui si utilizza la polpa per bevande dissetanti e in medicina. [→ ill. *piante* 10]

tamarìsco o *tamerìsco* *s. m.* (*bot.*) Tamerice.

tamburàre *v. tr.* *1* (*raro*) Bastonare. *2* Battere con mazze la carcassa di una bestia, perché la pelle si stacchi dalla carne. *3* In falegnameria, costruire un pannello tamburato.

tamburàto *part. pass. di tamburare; anche agg.* *Pannello –*, pannello formato da due fogli di compensato o laminato plastico applicati su uno strato interno costituito da nido d'ape o materiale leggero.

tambureggiaménto *s. m.* *1* Serie di colpi battuti su un tamburo | (*fig.*) Tiro continuato e insistente di armi da fuoco: *il – dell'artiglieria.* *2* Nel calcio, serie di attacchi continui contro la porta avversaria | Nel pugilato, rapida e prolungata successione di colpi sferrati all'avversario.

tambureggiàre *A* *v. intr.* (*io tamburéggio; aus. avere*) *1* Battere il tamburo. *2* Nel calcio, condurre un'azione di tambureggiamento. *B* *v. tr.* (*fig.*) Battere, colpire fittamente.

tamburellàre *A* *v. intr.* (*io tamburèllo; aus. avere*) Suonare il tamburello. *B* *v. tr. e intr.* (*aus. avere*) (*fig.*) Battere con colpi rapidi e fitti: *la pioggia tamburella sui tetti*; *– con le dita sul tavolo.*

tamburèllo *s. m.* *1* *Dim. di tamburo.* *2* Strumento musicale consistente in una membrana tesa su di un cerchio di legno, dove sono incastrati piccoli sonagli, che si suona percuotendo la membrana con il dorso della mano oppure agitandolo velocemente. [→ ill. *strumenti musicali*] *3* Cerchietto di legno su cui è tesa una pelle, per rilanciare la palla nell'omonimo gioco. [→ ill. *giochi*]

tamburìno *s. m.* *1* *Dim. di tamburo.* *2* Suonatore di tamburo: *il – di una banda.*

tambùro *s. m.* *1* Cassa cilindrica in legno o metallo, coperta ai due lati da membrane, di cui la superiore viene percossa da apposite bacchette | *A – battente*, (*fig.*) in tutta fretta | *Battere il –*, (*fig.*) farsi pubblicità in modo rumoroso. [→ ill. *strumenti musicali*] *2* Chi suona il tamburo: *– maggiore.* *3* (*arch.*) Parte cilindrica o prismatica di alcune cupole, compresa fra gli elementi di base e la calotta | Elemento cilindrico nel fusto di una colonna. [→ ill. *architettura, religione*] *4* (*tecnol.*) Organo cilindrico rotante | Nella rivoltella, cilindro con funzione di serbatoio dei proiettili | Parte rotante dei freni degli autoveicoli, solidale con la ruota | Negli orologi a molla, bariletto | *– dell'ancora*, cilindro attorno a cui si avvolge la catena dell'ancora | In vari strumenti di misura, cilindro che porta una graduazione o su cui si registra l'andamento di un fenomeno nel tempo. [→ ill. *armi, edilizia, meteorologia, sollevamento*]

tamerìce *s. f.* Pianta legnosa delle Parietali, tipica dei luoghi salmastri, con foglie a squame e fiori rosei; SIN. Tamarisco.

tamerìsco V. *tamarisco.*

tàmia *s. m. inv.* Vivace mammifero americano dei Roditori simile a uno scoiattolo con mantello rosso bruno striato longitudinalmente.

tampinàre *v. tr.* (*fam.*) Seguire con insistenza | (*fig.*) Molestare, assillare.

tampòco *avv.* Nemmeno, neppure (sempre preceduto dalla cong. negativa 'né') | Oggi scherz.: *non ho voglia di vederlo né – di parlargli.*

tamponaménto *s. m.* *1* Operazione del tamponare. *2* Collisione di un veicolo contro un altro che si trova davanti.

tamponàre *v. tr.* (*io tampóno*) *1* Chiudere con un tampone | *– una falla*, (*fig.*) mettere un rimedio provvisorio a un guaio improvviso. *2* Urtare la parte posteriore del veicolo che precede: *l'autobus tamponò un autocarro.*

tampóne *A* *s. m.* *1* Pezzo di garza o cotone per assorbire il sangue o eseguire prelievi di liquidi organici | Assorbente interno. *2* Cuscinetto impregnato d'inchiostro per inumidire i timbri. [→ ill. *posta, ufficio*] *3* Respingente. *B* *in funzione di agg. inv.* (*posposto al s.*) Detto di provvedimento provvisorio per situazioni di emergenza: *legge –*; *misure –.*

tamtàm *s. m.* *1* Strumento a percussione di origine cinese. *2* Grande tamburo ligneo da segnali, costituito da un tronco scavato, posato o sospeso orizzontalmente che viene percosso con bastoni | (*fig.*) Circolazione di notizie da persona a persona: *il – del carcere.*

tamurè *s. m. inv.* Ballo tipico dell'isola di Tahiti.

tàna *s. f.* *1* Buca profonda, scavata spec. nella terra o nella roccia, dove si rifugiano animali selvatici | (*fig.*) Rifugio, covo, nascondiglio: *una – di malviventi.* [→ ill. *cane*] *2* (*fig.*) Abitazione malsana e squallida; SIN. Tugurio.

tanàglia V. *tenaglia.*

tanagliàre *v. tr.* (*io tanàglio*) Attanagliare.

tanatofobìa *s. f.* Paura ossessiva della morte.

tànca *s. f.* (*mar.*) Cisterna o vano stagno per contenere e trasportare liquidi sulle navi.

tàndem *s. m. inv.* *1* Bicicletta a due sellini e due coppie di pedali azionata da due ciclisti posti uno dietro l'altro. [→ ill. *ciclo e motociclo*] *2* Coppia di atleti che gareggiano con precisa intesa: *giocare in –.*

tanfàta *s. f.* Ondata di tanfo o di odore sgradevole.

tànfo *s. m.* Pesante e sgradevole odore di rinchiuso o di muffa.

tànga *s. m. inv.* Costume da bagno femminile o slip molto sgambato e ridotto.

tangènte *A* *agg.* *1* Che tocca, sfiora. *2* (*mat.*) Detto di figura geometrica che abbia con un'altra un punto di contatto: *retta – a una curva.* *B* *s. f.* *1* (*mat.*) Retta tangente a una curva; SIN. Tangenziale | *– trigonometrica d'un angolo*, rapporto fra il seno e il coseno dell'angolo | *Filare per la –*, (*fig.*) svignarsela. *2* Parte che tocca a ciascuno in guadagno o spesa comune. *3* (*est.*) Compenso estorto con minacce o derivante da favori illeciti.

tangènza *s. f.* *1* (*mat.*) Posizione che assume una retta secante a una curva quando uno dei due punti in cui essa taglia la curva si avvicina all'altro fino a congiungersi con esso. *2* (*aer.*) Altitudine massima raggiungibile in aria calma da un aereo.

tangenziàle *A* *agg.* Di tangente o tangenza. *B* *s. f.* *1* (*mat.*) Tangente. *2* Strada di traffico veloce che gira intorno a un centro urbano.

tàngere *v. tr.* (*io tàngo, tu tàngi; oggi usato solo nelle terze pers. sing. e pl. dif. del pass. rem., del part. pass. e dei tempi composti*) (*lett.*) Toccare (*anche fig.*).

tànghero *s. m.* (*f. -a*) Persona grossolana, rustica e villana.

tangìbile *agg.* *1* Percepibile al tatto. *2* (*est., fig.*) Che si

può toccare con mano, concreto, manifesto: *prova* —. • CONTR. Intangibile.
tangibilità *s. f.* L'essere tangibile.
tàngo ***A*** *s. m.* (*pl. -ghi*) Danza popolare di movimento moderato, introdotta in Europa dall'America meridionale. ***B*** *in funzione di agg. inv.* (*posposto al s.*) Detto di un colore rosso assai brillante: *rosso* —.
tànica *s. f.* ***1*** Recipiente di forma parallelepipeda, in metallo o materia plastica, destinato al trasporto di liquidi, spec. combustibili. [→ ill. *contenitore, petrolio*] ***2*** Serbatoio rigido sganciabile da un aereo.
tànnico *agg.* (*pl. m. -ci*) Del tannino.
tannino *s. m.* Classe di composti del fenolo diffusi in legni, foglie, cortecce e frutti, usati come concianti e astringenti.
tantàlio *s. m.* Elemento chimico di colore grigio, duro e molto duttile, resistente agli agenti chimici; un tempo usato per filamenti di lampade, ora impiegato in leghe. SIMB. Ta.
tantino ***A*** *agg. indef. Dim. di tanto* (1). ***B*** *pron. indef. solo m. sing.* ***1*** Una piccola quantità. ***2*** *Nella loc. avv. un* —, un po': *sono un — stanco.*
tànto (1) ***A*** *agg. indef.* ***1*** *al sing.* Così molto, così grande (con valore più esteso di 'molto' e 'grande'): *abbiamo davanti — tempo; devi fare ancora tanta strada?* | In correl. con 'che' e 'da' introduce una prop. consec.: *ha tanta volontà che riesce in ogni cosa; ho — sonno da morire.* ***2*** Molto (per numero o quantità): *c'erano tante persone; ti faccio tanti auguri.* ***3*** In quantità o numero così grande (in espressioni interr. ed escl.): *cosa te ne fai di — denaro?; non faccia tanti complimenti!* ***4*** In correl. con 'quanto' indica corrispondenza di numero o di quantità in prop. compar.: *ci sono tanti quaderni quanti sono gli alunni.* ***5*** Altrettanto: *ho cambiato le centomila lire in tanti biglietti da mille.* ***6*** Con valore distributivo preceduto da 'ogni': *ogni tanti chilometri c'è un distributore di benzina.* ***7*** Con valore neutro per ellissi di un s.: *non stare fuori —; spende — per le sue condizioni* | *Fra non* —, fra breve tempo | *A dir, a far* —, tutt'al più, al massimo | *Da* —, di molto valore, capace di simili cose: *tu non sei da* — | *Giungere, arrivare a* —, a tal punto | *Dirne tante a qc.*, rimproverarlo aspramente | *Raccontarne tante*, tanti fatti, spec. fandonie | *Darne tante a qc.*, picchiarlo ben bene | *Di — in —, ogni* —, di quando in quando. ***B*** *pron. indef.* ***1*** *al pl.* Molte persone: *tanti lo trovano antipatico.* ***2*** Molto, parecchio (riferito a cose e a persone con valore indef.): *se ti piacciono i libri, qui ne troverai tanti; è una ragazza come tante.* ***3*** Altrettanto (in correl. con 'quanto'): *devi comprare dei quaderni, tanti quanti sono le materie scolastiche* | *Né — né quanto*, affatto: *non mi piace né — né quanto.* ***4*** Con valore indet. indica un numero o una quantità che non si vuole o non si può specificare: *dei soldi che ti do, tanti sono per la casa, tanti per le tue spese.* ***5*** Con valore neutro indica una quantità indeterminata che non si vuole o non si può specificare: *costa un — al metro; pago un — al semestre* | *— vale, — fa, — varrebbe*, è lo stesso, sarebbe meglio | *Con — di*, (*enf.*) addirittura con, proprio con (seguito da un compl. partitivo): *l'ho visto con — di barba* | (*fig.*) *Ascoltare con — d'orecchie*, molto attentamente | (*fig.*) *Guardare con — d'occhi*, con meraviglia, spalancando gli occhi per lo stupore | (*fig.*) *Rimanere con — di naso*, restare male. ***C*** *in funzione di pron. dimostr.* Tutto questo, ciò (con valore neutro): *a — non seppi trattenermi; e con — la riverisco.*
tànto (2) ***A*** *avv.* ***1*** Così, in questo modo, in questa misura: *andiamo — d'accordo!; non studiare —; è alto — e largo* — | In correl. con 'che' e 'da', introduce una prop. consec. espl. o impl.: *è — giovane che sembra un ragazzo; è stato — ingenuo da credere a tutto.* ***2*** Così, altrettanto (in correl. con 'quanto' o 'tanto' nei compar. di uguaglianza e nelle prop. compar.): *è — bella quanto modesta; scrive — quanto parla.* ***3*** Molto, assai: *ti ringrazio —; saluta — la nonna.* ***4*** Solamente, soltanto: *per una volta — potresti venire; facciamo una partita a carte, — per passare il tempo.* ***5*** *Nelle loc. avv. — più, — meno* (in correl. con 'tanto' o 'quanto' nelle propr. compar.): *— più lo conosco, — più l'ammiro; quanto più lo frequento, — meno mi trovo imbarazzato.* ***B*** *cong.* ***1*** Tuttavia, ma comunque (con valore avversativo): *puoi andarci, — non gliene importa.* ***2*** Con valore conclusivo esprime sfiducia o rassegnata accettazione: *non avvilirti, — ormai è fatta.* [→ tav. *proverbi* 25, 101, 360, 361]
tanzaniàno *agg.; anche s. m.* Della Tanzania.
tào *s. m. inv.* Nel sistema filosofico-religioso cinese di Lao-Tse (V sec. a.C.), principio divino non personale che ha dato origine al cosmo e lo regge.
taoìsmo *s. m.* Religione cinese che risale alle dottrine tradizionali del tao, fondata sulle norme di non-azione nei confronti del tao e sulle vie magiche per prendere contatto con esso.
tapìno *agg.; anche s. m.* (*f. -a*) (*lett.*) Che (o chi) è misero, infelice, meschino.
tapiòca *s. f.* Fecola alimentare fornita dai tuberi della manioca.
tapìro *s. m.* Mammifero notturno degli Ungulati, simile nell'aspetto a un suino, con coda rudimentale, muso terminante in una breve proboscide, che vive in luoghi paludosi. [→ ill. *animali* 18]
tapis roulant /*fr.* ta'pi ru'lã/ *loc. sost. m. inv.* (*pl. fr. tapis roulants* /ta'pi ru'lã/) Nastro trasportatore.
tàppa *s. f.* ***1*** Luogo designato per una fermata che permetta di riposare o di ristorarsi durante un viaggio o uno spostamento di truppe | (*est.*) Fermata, sosta | (*fig.*) Momento fondamentale: *le tappe della civiltà.* ***2*** Tratto di strada che separa una tappa dall'altra: *arriveremo in due tappe* | *Bruciare le tappe*, (*fig.*) raggiungere una rapida affermazione in q.c. ***3*** In un giro ciclistico, frazione che si corre in un giorno: *corsa a tappe.* [→ tav. *locuzioni* 15]
tappabùchi *s. m. e f.* (*scherz.*) Persona che viene di solito chiamata a sostituirne o supplirne un'altra assente.
tappàre ***A*** *v. tr.* Chiudere, turare con un tappo: *— le bottiglie* | (*est.*) Chiudere un'apertura, un buco: *ho tappato tutti i buchi del muro* | Chiudere bene, senza lasciare fessure: *— la finestra* | *Tapparsi le orecchie, gli occhi, la bocca*, (*fig.*) non voler sentire, vedere, parlare | *— la bocca a qc.*, (*fig.*) impedirgli di parlare, o usare un argomento tale che egli non possa replicare; CONTR. Stappare. ***B*** *v. rifl.* Chiudersi, serrarsi, non uscire più da un luogo: *tapparsi in casa.*
tapparèlla *s. f.* (*pop.*) Persiana avvolgibile.
tapparellista *s. m. e f.* (*pl. m. -i*) (*pop.*) Chi fabbrica, ripara, mette in opera tapparelle.
tappéto *s. m.* ***1*** Spesso tessuto di lana, cotone o altra fibra, spec. con disegni ornamentali, destinato a essere collocato sul pavimento: *— persiano; battere i tappeti* | (*est.*) Drappo per ricoprire tavoli e sim. | *— verde*, quello del tavolo da gioco ed (*est.*) il locale in cui si gioca | *Mettere q.c. sul* —, (*fig.*) affrontare una discussione | (*est.*) Spesso strato che ricopre q.c.: *un — di fiori* | *— erboso*, l'erba folta dei prati | (*fig.*) *Bombardamento a* —, lancio di grandissime quantità di bombe su una delimitata zona in modo da distribuirle dappertutto. ***2*** Nel pugilato, e in alcuni tipi di lotta, piano del quadrato su cui si svolge il combattimento, ricoperto di materiale morbido in modo da attutire i colpi | *Mettere, mandare al* —, atterrare l'avversario. [→ ill. *sport*]
tappezzàre *v. tr.* (*io tappézzo*) Rivestire pareti o mobili con tappezzeria di stoffa o di carta.
tappezzerìa *s. f.* ***1*** Tessuto per lo più con disegni, ricami e sim. per rivestimento decorativo di pareti o mobili | Carta da parato | *Fare da* —, (*fig.*) assistere a q.c., spec. a feste da ballo, senza essere invitata a ballare. ***2*** Bottega, arte del tappezziere.
tappezzière *s. m.* (*f. -a*) Artigiano che mette in opera stoffe di arredamento, monta le tende, imbottisce divani e sim. [→ ill. *martello*]
tàppo *s. m.* ***1*** Accessorio realizzato in metallo, materia plastica, sughero, legno, vetro, impiegato per la chiusura di bottiglie, contenitori e recipienti. [→ ill. *bagno, vino*] ***2*** (*fig., scherz.*) Persona di bassa statura.
tàra (1) *s. f.* Peso del recipiente o del veicolo di una merce, da detrarre dal peso complessivo per avere quello netto | Perdita di valore che subisce una merce per avaria nella qualità o diminuzione nella quantità | (*fig.*) *Fare la — a un racconto, a una notizia* e sim., accoglierli con riserve.
tàra (2) *s. f.* Malattia, deformazione biopsichica ereditaria.

tarabùso *s. m.* Uccello simile all'airone con becco puntuto e fortissimo, morbido piumaggio rossastro che forma ciuffo sul capo.

taràllo *s. m.* Biscotto a forma di ciambella, tipico dell'Italia meridionale. [→ ill. *dolciumi*]

tarantèlla *s. f.* Vivace danza popolare delle regioni meridionali, che si balla a coppie con accompagnamento di nacchere e tamburelli.

tarantìsmo *s. m.* (*med.*) Manifestazione isterica di tipo convulsivo, attribuita dalle credenze popolari al morso della tarantola.

taràntola *s. f.* **1** Ragno dell'Europa meridionale, con corpo peloso, grigio a disegni bianchi e neri e con morso velenoso ma non mortale. [→ ill. *animali* 4] **2** – *dei muri*, geco.

taràre *v. tr.* **1** Fare la tara. **2** Mettere a punto uno strumento, un'apparecchiatura e sim.

taràssaco *s. m.* (*pl. -chi*) (*bot.*) Dente di leone.

taràto (1) *part. pass. di tarare; anche agg.* **1** Detto di peso da cui è stata detratta la tara. **2** Di strumento messo a punto.

taràto (2) *agg.; anche s. m.* (*f. -a*) Detto di chi è malato, anormale, spec. in conseguenza di un male ereditario.

taratùra *s. f.* Operazione che si compie sugli strumenti di misura per la loro esatta graduazione.

tarchiàto *agg.* Di persona dalla corporatura ben quadrata e forte.

tardàre A *v. intr.* (*aus. avere* nel sign. 1, *essere* nel sign. 2) **1** Arrivare, fare q.c., oltre il tempo fissato, utile, necessario: – *alla festa*; – *nella consegna della merce*; – *a rispondere* | Non arrivare in tempo: *uscite subito per non* –. **2** Stare molto a venire: *i rinforzi tardano ad arrivare*. **B** *v. tr.* Ritardare, procrastinare: – *i soccorsi*.

tardézza *s. f.* L'essere tardo.

tàrdi *avv.* **1** A ora avanzata: *mi sono svegliato* –; *ho dormito fino a* – | *Sul* –, *verso il* –, nelle ore avanzate del pomeriggio, verso sera | *Presto o* –, prima o poi | *Al più* –, al massimo che si possa indugiare o tardare: *al più* – *sarò di ritorno tra una settimana*; CONTR. Presto. **2** Oltre il termine di tempo conveniente, stabilito o necessario: *cerca di non arrivare* –; *anche oggi ho fatto* – *a scuola*. [→ tav. *proverbi* 102, 267]

tardità *s. f.* L'essere tardo.

tardìvo *agg.* **1** Che giunge tardi: *primavera tardiva* | Che è lento a nascere, fiorire, maturare, detto di piante e di frutta. **2** (*fig.*) Che è indietro nello sviluppo fisico e intellettuale: *un ragazzo* –. ● CONTR. Precoce. **3** Che giunge troppo tardi e quindi non è più utile: *rimedio* –.

tàrdo *agg.* **1** (*lett.*) Pigro, non sollecito | (*est.*) Lento: – *a muoversi* | (*fig.*) Ottuso, poco sagace: *essere* – *a capire*. **2** Molto inoltrato: *nel* – *pomeriggio* | Estremo, ultimo: *i tardi nipoti* | Che è il più vicino alla fine, detto di periodi storici, artistici, letterari: *il* – *illuminismo*. **3** Che viene dopo il tempo opportuno e riesce inutile: *consiglio* –; SIN. Tardivo.

tardóna *s. f.* (*scherz.*) Donna già sfiorita che ostenta abbigliamento e atteggiamenti giovanili.

tàrga *s. f.* **1** Lastra metallica o di altro materiale, recante un'indicazione, un'iscrizione, un fregio e sim. | – *di circolazione*, di autoveicoli e motocicli, che reca la sigla del capoluogo di provincia e il numero di iscrizione | – *internazionale*, che reca la sigla del paese di appartenenza | (*ass.*) Targa di circolazione: *la* – *dell'auto*. [→ ill. *automobile, strada*] **2** Placca di metallo per lo più prezioso con fregi e iscrizioni da darsi in premio per gare vinte e sim. **3** Scudo di legno e cuoio a forma di cuore, largo in cima e appuntito in fondo, in uso in età medievale. [→ ill. *armi*]

targàre *v. tr.* (*io tàrgo, tu tàrghi*) Provvedere di targa: – *un autoveicolo*.

targatùra *s. f.* Operazione del targare.

target /*ingl.* 'ta:git/ *s. m. inv.* (*pl. ingl. targets* /'ta:gits/) **1** (*comm.*) Fascia di potenziali consumatori di un prodotto alla quale si rivolgono le strategie di vendita di un'azienda. **2** (*comm.*) Obiettivo da raggiungere nella campagna di vendita di un prodotto.

targhétta *s. f.* Piccola targa, spec. con l'indicazione del nome e dell'indirizzo.

tarì *s. m.* Moneta d'oro araba e normanna della Sicilia, imitata dalle zecche dell'Italia meridionale. [→ ill. *moneta*]

tariffa *s. f.* Insieme dei prezzi stabiliti per determinate merci o prestazioni: – *ferroviaria, doganale* | Prospetto su cui tali prezzi sono indicati.

tariffàre *v. tr.* Mettere a tariffa.

tariffàrio A *agg.* Di tariffa. **B** *s. m.* Lista di tariffe.

tarlàre A *v. tr.* Detto di tarli, tarme e sim., produrre guasti in legno o stoffa. **B** *v. intr. e intr. pron.* (*aus. essere*) Essere roso dai tarli: *il legno vecchio tarla* | Essere infestato dalle tarme: *il cappotto si è tarlato*.

tarlatàna *s. f.* Tessuto di cotone molto leggero e apprettato.

tarlatùra *s. f.* Galleria prodotta da larve di insetti nel legno.

tàrlo *s. m.* **1** (*pop.*) Ogni insetto le cui larve rodono il legno, scavandovi delle gallerie. **2** (*fig.*) Tormento, pena che pare rodere l'animo: *il* – *del rimorso*. [→ tav. *proverbi* 310]

tàrma *s. f.* (*zool.*) Tignola.

tarmàre A *v. tr.* Detto di tarme, guastare, rodere la stoffa. **B** *v. intr. e intr. pron.* (*aus. essere*) Essere infestato, roso dalle tarme.

tarmicìda A *s. m.* (*pl. -i*) Sostanza che distrugge le tarme. **B** *anche agg.*: *prodotto* –.

taròcco (1) *s. m.* (*pl. -chi*) Ciascuna delle 22 carte figurate che con altre 56 di quattro semi formano il mazzo usato per il gioco dei tarocchi.

taròcco (2) *s. m.* (*pl. -chi*) Varietà coltivata di arancio della Sicilia con frutto a buccia sottile e polpa sanguigna, che matura in dicembre-gennaio.

tarpàn *s. m. inv.* Cavallo selvatico asiatico, oggi estinto, probabile progenitore delle razze domestiche.

tarpàno *agg.; anche s. m.* (*raro*) Zotico, villano.

tarpàre *v. tr.* Tagliare in punta le penne delle ali agli uccelli | – *le ali, il volo*, (*fig.*) impedire a qc. di progredire in q.c.

tarsìa *s. f.* **1** Tecnica decorativa in legno o pietra, consistente nell'accostare elementi di vario colore connettendoli secondo un disegno prestabilito. **2** Opera ottenuta con tale tecnica.

tàrsio spèttro *s. m.* (*zool.*) Scimmia con testa rotonda e grande, orecchie e occhi molto sviluppati, dita lunghe e armate di unghie piatte, coda con ciuffo terminale, diffusa nell'Indomalesia. [→ ill. *animali* 21]

tàrso *s. m.* (*anat.*) Insieme delle ossa del piede poste tra la tibia e il perone da un lato e i metatarsi dall'altro. [→ ill. *anatomia umana, zoologia*]

tartagliaménto *s. m.* Difetto di pronuncia consistente nel tartagliare.

tartagliàre A *v. intr.* (*io tartàglio; aus. avere*) Parlare ripetendo più volte la lettera o la sillaba iniziale della parola; SIN. Balbettare. **B** *v. tr.* Dire a fatica, con poca chiarezza: *tartagliò poche parole*.

tartaglióne *s. m.; anche agg.* (*f. -a*) Chi (o che) tartaglia; SIN. Balbuziente.

tàrtan *s. m. inv.* **1** Tessuto di lana a quadri larghi di vario colore, usato specialmente nella confezione dei kilt scozzesi. **2** Nome commerciale di resina di particolare composizione adottata per ricoprire piste di atletica, salto, scherma, campi di basket, pallavolo e sim.

tartàna *s. f.* **1** Piccolo veliero da carico, con un solo albero, vela latina e uno o due fiocchi, impiegato anche per la pesca. [→ ill. *marina, pesca*] **2** Rete da pesca a strascico.

tartàreo *agg.* (*lett.*) Del Tartaro, infernale.

tartàrico *agg.* (*pl. m. -ci*) (*chim.*) Del tartaro.

tàrtaro (1) *s. m.* Nella mitologia greco-romana, abisso in cui furono precipitati i Titani e luogo di tormento per i dannati | (*est., lett.*) Inferno.

tàrtaro (2) *s. m.* **1** Incrostazione prodotta dal vino nelle botti. **2** (*miner.*) Cristallizzazione di carbonato di calcio deposta da acque cariche di bicarbonato. **3** (*med.*) Deposito di sali di calcio sui denti.

tàrtaro (3) A *s. m.* (*f. -a*) Chi appartiene a una stirpe mongola guerriera e nomade originaria dell'attuale Mongolia esterna. **B** *agg.* Dei Tartari | *Salsa tartara*, salsa fredda a base di olio di oliva, tuorli d'uova sode, cipollina fresca tritata, senape, aceto di vino | *Bistecca alla tartara*, (*ell.*) *tartara*, filetto di manzo tritato e servito crudo con salsa tartara.

tartarùga *s. f.* **1** Testuggine. **2** (*fig.*) Persona molto lenta nel muoversi o nell'agire. **3** Sostanza ossea semitrasparente ricavata dalle placche cornee della tartaruga, adoperata per pettini, montature d'occhiali e sim.

tartassàre *v. tr.* (*raro*) Vessare, angariare | (*fam.*) Maltrattare, strapazzare, conciare male | (*fig.*) *– qc. a un esame*, porgli una lunga e difficile serie di domande | (*fig.*) *– uno strumento*, strimpellarlo.

tartìna *s. f.* Crostino o fettina di pane spalmata con burro, acciughe o altro | Pasticcino costituito da una vaschetta di pasta frolla riempita di marmellata e sim. [→ ill. *dolciumi*]

tartràto *s. m.* Sale o estere dell'acido tartarico.

tartufàia *s. f.* Terreno che produce tartufi.

tartufàre *v. tr.* Guarnire, condire con tartufi.

tartufàta *s. f.* Torta farcita di panna e ricoperta di falde sottili di cioccolato.

tartùfo (1) *s. m.* **1** Fungo sotterraneo che vive in simbiosi con piante arboree, di cui sono note specie commestibili, profumate, assai pregiate: *– bianco, nero.* [→ ill. *cucina, fungo, verdura*] **2** Punta del naso del cane. [→ ill. *zoologia*]

tartùfo (2) *s. m.* Chi, sotto un'apparenza di onestà e di sentimenti devoti, nasconde viltà, immoralità e cinismo (dal nome di un personaggio di Molière).

tàsca *s. f.* **1** Sacchetto cucito all'interno di apposita apertura del vestito, destinato ad accogliere fazzoletti, portafoglio, chiavi e sim. o usata come guarnizione | *Starsene con le mani in –*, (*fig.*) restare inoperoso | *Vuotarsi, ripulirsi le tasche*, (*fig.*) spendere tutto | *Riempirsi le tasche*, (*fig.*) guadagnare molto | *Non mi entra nulla in –*, (*fig.*) non ci guadagno nulla | *Conoscere q.c. come le proprie tasche*, conoscere molto bene. [→ ill. *abbigliamento, orologio*] **2** (*est.*) Scompartimento interno di valigie, borse, portamonete e sim. **3** Sorta di imbuto in tela per decorare con crema o altro i dolci. [→ ill. *cucina*]

tascàbile **A** *agg.* **1** Che si può portare in tasca: *libro –.* [→ ill. *radio*] **2** (*est.*) Di piccole dimensioni (*anche scherz.*): *donna –.* **B** *s. m.* Libro in edizione economica di formato adatto a entrare nelle tasche.

tascapàne *s. m.* Borsa a tracolla per il cibo, usata da soldati e da escursionisti.

tascàta *s. f.* Tutto ciò che può riempire una tasca.

taschìno *s. m.* Piccola tasca, spec. sul petto della giacca maschile, o nel gilè. [→ ill. *abbigliamento*]

task-force /*ingl.* ta:sk fɔ:s/ *s. f. inv.* (*pl. ingl. task-forces* /ta:sk fɔ:siz/) Formazione navale indipendente | Unità militare terrestre per missioni speciali | Unità operativa per situazioni di emergenza.

tàssa *s. f.* **1** Prestazione pecuniaria dovuta allo Stato o ad altro ente pubblico per l'esplicazione di un'attività dell'ente che concerne in modo particolare l'obbligato: *tasse scolastiche, postali.* **2** (*fam.*) Imposta, tributo.

tassàbile *agg.* Che si può o si deve tassare.

tassàmetro *s. m.* Sorta di contatore con contagiri combinato con un movimento a orologeria, che serve a determinare il percorso fatto da una vettura pubblica e la somma dovuta.

tassàre **A** *v. tr.* Sottoporre a tassa: *– i redditi.* **B** *v. rifl.* Accordarsi su ciò che ciascuno deve pagare per concorrere a una spesa: *ci siamo tassati per diecimila lire.*

tassativo *agg.* Che stabilisce in modo preciso e perentorio: *ordini tassativi.*

tassazióne *s. f.* Imposizione di una tassa, di tasse | Tassa dovuta.

tassellàre *v. tr.* (*io tassèllo*) **1** Ornare, riparare con tasselli. **2** Tagliare q.c., estraendone un tassello: *– un cocomero.* **3** Applicare un talloncino comprovante il pagamento della tassa erariale su articoli d'importazione soggetti al monopolio di Stato.

tassèllo *s. m.* **1** Pezzetto di legno o pietra a forma di dado, cuneo o prisma, che si applica a un muro o a un mobile per riparare, restaurare, turare | Blocchetto di legno o plastica che, inserito in un foro, accoglie una vite, dilatandosi e così fissandola. [→ ill. *ferramenta*] **2** Pezzetto che si cava come assaggio da cocomeri, formaggi, ecc. **3** (*fig.*) Singola parte di un insieme, di un contesto: *i tasselli di una vicenda.*

tassì *s. m.* Adattamento di *taxi.*

tassìa *s. f.* (*bot.*) Ordine con cui si dispongono parti di un vegetale.

tassidermìa *s. f.* Arte di preparare gli animali impagliati; SIN. Imbalsamazione.

tassinàro *s. m.* (*centr.*) Tassista.

tassista *s. m. e f.* (*pl. m. -i*) Autista di taxi.

tàsso (1) *s. m.* Mammifero dei Carnivori, onnivoro, con corte zampe dalle unghie solidissime, pelo foltissimo grigio e bianco sul capo con due strisce nere. [→ ill. *animali* 20]

tàsso (2) *s. m.* **1** Arbusto delle Conifere con foglie piatte, appuntite, velenose e bacche rosse. [→ ill. *piante* 1] **2** Legno molto duro dell'albero omonimo.

tàsso (3) *s. m.* **1** Indice numerico dell'andamento di un fenomeno nel tempo | *– di natalità*, rapporto fra il numero dei nati vivi in un anno, in una popolazione, e la popolazione stessa. **2** Misura percentuale dell'interesse: *– del 6% d'una obbligazione* | *– di sconto*, tasso di interesse stabilito da una banca centrale per la concessione di prestiti. **3** (*med.*) *– di zucchero nel sangue*, glicemia.

tàsso (4) *s. m.* Incudine quadrata, senza corni, usata da fabbri e calderai. [→ ill. *meccanica*]

tassobarbàsso *s. m.* Pianta erbacea delle Tubiflorali caratterizzata da una lanuggine biancastra; SIN. Verbasco.

tassonomìa *s. f.* **1** (*biol.*) Metodo e sistema di descrizione e classificazione dei corpi organici e inorganici. **2** (*est.*) Classificazione.

tassonòmico *agg.* (*pl. m. -ci*) Di tassonomia.

tastàre *v. tr.* **1** Toccare ripetutamente e leggermente per sentire q.c. al tatto | *– il polso a qc.*, per sentirne i battiti e (*fig.*) cercare di conoscerne le intenzioni | *– il terreno*, esplorarlo e (*fig.*) cercare di rendersi conto di una situazione. **2** (*fam.*) Toccare, palpare.

tastàta *s. f.* Atto del tastare.

tastièra *s. f.* **1** (*mus.*) Serie di tasti per produrre il suono di alcuni strumenti musicali | (*per anton.*) La tastiera del pianoforte | (*per anton.*) La tastiera dell'organo elettronico o del sintetizzatore | Negli strumenti a corda, parte del manico sulla quale si premono, con le dita, le corde: *la – della viola.* [→ ill. *strumenti musicali*] **2** (*gener.*) Insieme di tasti azionanti un meccanismo, congegno e sim. | Insieme dei tasti di scrittura o di comando in una macchina per scrivere o da calcolo. [→ ill. *stampa, telegrafia, ufficio*]

tastierìsta *s. m. e f.* (*pl. m. -i*) **1** (*tecnol.*) Chi manovra la tastiera di una macchina e sim. **2** (*mus.*) Chi aziona la tastiera di un organo elettronico, un sintetizzatore e sim.

tàsto *s. m.* **1** Atto del tastare | *Conoscere q.c. al –*, al tatto | *Andare a –*, tastando il terreno, spec. con un bastone. **2** (*mus.*) Ciascuno dei legnetti dell'organo o del clavicembalo, che si toccano per suonare | *Tasti del pianoforte*, corrispondenti a martelletti di legno coperti di panno o feltro che percuotono le corde metalliche | *Toccare un brutto –, un – delicato, falso*, (*fig.*) affrontare un argomento spiacevole o inopportuno. **3** Nelle macchine per scrivere o da calcolo, bottone su cui si preme il dito per ottenere la scrittura o l'impostazione della lettere o cifra corrispondente o per fornire un comando alla macchina | (*est.*) Comando a pulsante, in apparecchi radio, televisori, interruttori e sim. [→ ill. *radio, ufficio*] **4** In telegrafia, il dispositivo manuale con cui si chiude e apre il circuito per mandare il segnale. **5** Saggio di materiale prelevato per esaminare le condizioni, lo stato di q.c. | *– di formaggio, di cocomero*, tassello.

tastóni *avv.* Brancolando nel buio e procedendo senza vedere e tastando quindi il terreno, le pareti e gli oggetti: *camminare – per la stanza* | (*fig.*) Alla cieca, in modo incerto: *andiamo avanti – in questa faccenda* | Anche nella loc. avv. *a –.*

tàta *s. f.* (*inft.*) Bambinaia | Donna che ha cura di un bambino.

tàttica *s. f.* **1** Branca dell'arte militare che tratta, per ciascuna arma, i criteri e le modalità per l'impiego delle unità e dei mezzi nel combattimento; CFR. Strategia. **2** Nel calcio, nella pallacanestro, nel ciclismo e in altri sport, sistema di schieramento dei giocatori in campo: *– di gioco.* **3** (*est.*) Complesso di azioni e manovre dirette al conseguimento di uno scopo: *il partito di minoranza ha cambiato* –. **4** (*fig.*) Prudenza, accortezza: *con lui bisogna usare un po' di* –.

tatticismo *s. m.* Uso frequente di manovre ed espedienti tattici (*anche spreg.*).

tàttico *agg.* (*pl. m. -ci*) **1** Che riguarda la tattica | Che concerne una sola operazione militare; CFR. Strategico. **2** (*fig.*) Che rivela accortezza, prudenza e scaltrezza: *mossa tattica.*

tàttile *agg.* Del tatto: *sensibilità* –.

tattilità *s. f.* **1** Facoltà tattile. **2** L'essere percepito dal tatto: *la – di uno stimolo.*

tàtto *s. m.* **1** Senso che permette di prendere conoscenza del mondo esterno mediante il contatto con la superficie cutanea. **2** (*fig.*) Accortezza, prudenza: *occorre – nel dargli la notizia.*

tatuàggio *s. m.* Pittura corporale consistente nell'incidere la pelle con sostanze particolari o nell'eseguire punture con introduzione di sostanze coloranti nelle ferite.

tatuàre **A** *v. tr.* (*io tàtuo*) Eseguire un tatuaggio | Sottoporre a tatuaggio. **B** *v. rifl.* Praticarsi un tatuaggio.

taumaturgìa *s. f.* Compimento di operazione miracolosa.

taumatùrgico *agg.* (*pl. m. -ci*) Di taumaturgia o di taumaturgo.

taumatùrgo *s. m.* (*pl. -ghi o -gi*) Operatore di miracoli.

taurino *agg.* **1** Di, da toro. **2** (*fig.*) Pieno di vigore: *membra taurine* | *Collo* –, (*fig.*) tozzo e robusto.

tauromachìa *s. f.* Corrida.

tautogràmma *s. m.* (*pl. -i*) Componimento le cui parole cominciano tutte con la medesima lettera.

tautologìa *s. f.* Ripetizione del medesimo concetto con parole diverse.

tautològico *agg.* (*pl. m. -ci*) Di tautologia.

tautomerìa *s. f.* (*chim.*) Isomeria dovuta allo spostamento di un atomo da un punto all'altro della molecola.

tautòmero *agg.* **1** (*chim.*) Di composto che presenta il fenomeno della tautomeria. **2** (*anat.*) Di organo situato nella stessa metà del corpo.

tavèlla *s. f.* Laterizio forato, piano o curvo, usato in rivestimenti, tramezzi, soffittature e sim. [→ ill. *edilizia*]

tavèrna *s. f.* **1** Trattoria, osteria | (*spreg.*) Bettola: *discorsi da* –. **2** Trattoria o locale notturno in stile rustico. [→ tav. *proverbi* 201]

tavernétta *s. f.* **1** *Dim. di taverna.* **2** Piccolo locale arredato in stile rustico, spec. per feste o cene.

tavernière *s. m.* (*f. -a*) **1** (*lett.*) Oste che gestisce una taverna. **2** Frequentatore di taverne.

tàvola *s. f.* **1** Asse rettangolare di legno, più o meno sottile, e di una certa lunghezza: *capanna di tavole* | – *di salvezza*, quella a cui si attacca il naufrago e (*fig.*) estrema via di salvezza | *al pl.* Pavimento formato di tavole connesse fra loro: *le tavole del palcoscenico.* **2** (*est.*) Lastra, lamina a forma rettangolare di vari materiali: *una – di marmo*; – *di cioccolata.* **3** Mobile di legno, metallo, materia plastica e sim., formato da un piano orizzontale posto su un supporto gener. a quattro gambe, e impiegato spec. per la mensa: – *ovale, rettangolare* | – *rotonda*, negli antichi romanzi cavallereschi, quella che vedeva riuniti a mensa o congresso i cavalieri di re Artù; (*fig.*) gruppo di esperti riuniti per la discussione di un problema | *Mettere le carte in* –, (*fig.*) rivelare con chiarezza le proprie intenzioni | Tavola a cui si consumano i pasti: *sedersi a* – | *È pronto in* –, *è in* –, il pranzo è servito | *Portare in* –, servire in tavola le vivande | *Avere il gusto della buona* –, saper gustare i buoni cibi | – *calda*, specie di ristorante con servizio dei pasti al banco e prolungato orario d'apertura | (*est.*) Insieme dei commensali: *una – allegra.* [→ ill. *coltello, stoviglie*] **4** Banco da lavoro, piano per macchine, strumenti: *la – del falegname* | (*est.*) Arnese da lavoro a forma di tavola: – *da stiro.* [→ ill. *disegnatore*] **5** Superficie scrittoria in metallo, pietra o legno | *Le tavole della legge*, lastre di pietra sulle quali Mosè scrisse il decalogo dettatogli da Dio | *Le dodici tavole*, quelle con incisa la legge dei decemviri, il più antico monumento del diritto romano. **6** Quadro dipinto su una tavola di legno: *una – del Trecento.* **7** Pagina, foglio di un libro con illustrazioni, figure, riproduzioni, disegni: *una – fuori testo* | Prospetto grafico, tabella: *la – pitagorica*; *tavole dei logaritmi* | *Tavole astronomiche*, effemeridi | – *di tiro*, per il puntamento di artiglierie. [→ ill. *scuola*] **8** Apparecchio per separare minerali di diverso peso specifico, in base al diverso trascinamento che subiscono per effetto di una corrente d'acqua fluente su una tavola inclinata | Nella trivellazione petrolifera, disco rotante che aziona lo scalpello. [→ ill. *petrolio*] **9** Ogni matrice per stampare francobolli. **10** Coperchio di violino, violoncello e sim. | – *armonica*, asse di abete che serve di coperta alla cassa del pianoforte. **11** Antica misura agraria di superficie. **12** – *reale*, gioco a due su un tavoliere con frecce bianche e nere, con 30 pedine e due dadi; SIN. Tric-trac.

tavolàccio *s. m.* **1** *Pegg. di tavolo.* **2** Giaciglio di detenuti nelle prigioni.

tavolàta *s. f.* Insieme di molti commensali seduti a una stessa tavola.

tavolàto *s. m.* **1** Parete o pavimento di tavole. **2** (*geogr.*) Altipiano costituito di rocce stratificate con disposizione orizzontale.

tavolétta *s. f.* **1** *Dim. di tavola.* [→ ill. *disegnatore*] **2** Pezzo rettangolare e di piccolo formato di sostanze alimentari o medicinali: *una – di cioccolato.* **3** *Nella loc. prep. andare a* –, tenere premuto a fondo l'acceleratore di un autoveicolo per imprimergli la massima velocità.

tavolière *s. m.* **1** Tavolino da gioco con disegnati i riquadri per gli scacchi o i dadi | Piano del tavolo da biliardo. **2** (*geogr.*) Vasta pianura: – *delle Puglie.*

tavolino *s. m.* **1** *Dim. di tavolo.* [→ ill. *bar, campeggiatore, mobili*] **2** Tavolo usato come scrittoio spec. per studiare, scrivere o leggere | *Stare a* –, studiare | *Lavoro di* –, che richiede tempo e pazienza. [→ ill. *ufficio*] **3** Tavolo da gioco.

tàvolo *s. m.* Tavola adibita a usi particolari: – *da gioco, da ping-pong, di cucina* | – *operatorio*, ripiano articolato su cui viene posto il paziente per l'intervento | – *anatomico*, per dissezioni anatomiche | – *di commutazione*, in una centrale telefonica. [→ ill. *illuminazione, medicina e chirurgia, mobili, parlamento, radio, sport, televisione, ufficio*]

tavolòzza *s. f.* **1** Sottile assicella sulla quale i pittori tengono i colori durante il lavoro. [→ ill. *pittore*] **2** (*est.*) I colori preferiti da un pittore: *la – di Raffaello.*

tàxi /'taksi, *fr.* tak'si/ *s. m. inv.* (*pl. fr. taxis* /tak'si/) Automobile di piazza, fornita di tassametro.

taxi-girl /*ingl.* 'tæksi gəːl/ *s. f. inv.* (*pl. ingl. taxi-girls* /'tæksi gəːlz/) Ragazza stipendiata dal padrone di una sala da ballo per far danzare i clienti.

taylorismo /tailo'rizmo o teilo'rizmo/ *s. m.* Teoria di organizzazione aziendale che ha introdotto metodi scientifici nello svolgimento delle attività produttive attraverso la razionale suddivisione del lavoro in funzioni specifiche.

tàzza *s. f.* **1** Piccolo recipiente tondo e basso, di solito con manico ad ansa | Quanto sta nella tazza: *bere una – di brodo.* [→ ill. *bar, barbiere, stoviglie*] **2** Vaso del water closet. **3** In una draga, noria e sim. ciascuno dei contenitori a forma di secchio collegati a una catena motrice. [→ ill. *sollevamento*]

tazzina *s. f.* Piccola tazza, spec. da caffè. [→ ill. *bar*]

tbc *s. f. inv. Acrt. di tubercolosi polmonare.*

té *pron. pers. di seconda pers. m. e f. sing.* **1** Indica la persona a cui si parla e si usa al posto di 'tu' nei vari compl.: *abbiamo parlato di* –; *parlerò con* –; *verrò da* –; *fra lui e – c'è differenza* | Si usa come compl. ogg. in luogo del pron. atono 'ti' quando gli si vuole dare rilievo: *vogliono – al telefono.* **2** Si usa al posto di 'tu', con funzione di sogg. in espressioni esclamative e in espressioni comparative dopo 'come' e 'quanto' e anche, con funzione di predicato nominale, dopo i verbi 'essere', 'sembrare', 'parere', quando il sogg. della prep. non sia 'tu': *povero* –!; – *infelice!*; *sono contento anch'io come* –; *ne so quanto* –; *sembra proprio* –! **3** Ti (come compl. ogg. e come compl. di termine, sia encl. sia procl.; forma che il pron. atono 'ti' assume davanti ai pron. atoni 'la', 'le', 'li', 'lo', e alla particella 'ne'): – *lo dico in due parole*; – *ne parlerò dopo.* [→ tav. *proverbi* 307] (v. nota d'uso ACCENTO)

te' *inter.* (*da t(i)eni, imper. di tenere*) (*pop.*) Tieni, prendi: – *i soldi!*

tè o (*raro*) *thè* *s. m.* **1** Pianta delle Guttiferali coltivata come arbusto per le foglie sempreverdi coriacee e dentellate, contenenti teina. [→ ill. *piante* 6] **2** Foglie torrefatte, essiccate e sbriciolate dell'arbusto omonimo | Infuso che con tali foglie si prepara come bevanda. [→ ill. *bar*] **3** Ricevimento a carattere familiare o mondano durante il quale è offerto il tè | – *danzante*, trattenimento pomeridiano in cui si balla. (V. nota d'uso ACCENTO)

tèa *agg. solo f.* Detto di una varietà di rosa che emana odore di tè.

Teàcee *s. f. pl.* Famiglia di piante legnose delle Guttiferali, con frutto a capsula. [→ ill. *piante* 6]

teak /*ingl.* ti:k/ *s. m. inv.* (*pl. ingl.* *teaks* /ti:ks/) (*bot.*) Tek.

team /*ingl.* ti:m/ *s. m. inv.* (*pl. ingl.* *teams* /ti:mz/) **1** Squadra, formazione sportiva. **2** Gruppo di ricercatori scientifici | (*est.*) Gruppo di persone che collaborano per lo stesso scopo. ● SIN. Equipe.

tea-room /*ingl.* 'ti: ru:m/ *s. m. inv.* (*pl. ingl.* *tea-rooms* /'ti:-ru:mz/) Sala da tè.

teatìno *agg.; anche s. m.* (*f.* *-a*) Di Chieti.

teatràbile *agg.* Che può essere rappresentato in teatro.

teatràle *agg.* **1** Di, da teatro: *spettacolo* –. [→ ill. *maschera*] **2** (*fig.*, *spreg.*) Di effetto esagerato, privo di naturalezza: *gesto* –; SIN. Melodrammatico.

teatralità *s. f.* L'essere teatrale (*anche fig.*).

teatrànte *s. m. e f.* **1** (*raro* o *spreg.*) Attore che recita in teatro | Comico. **2** (*spreg.* o *scherz.*) Chi usa spesso un tono declamatorio e artificioso.

teatrìno *s. m.* **1** *Dim. di teatro.* **2** Teatro in miniatura, per bambini. [→ ill. *teatro*]

teàtro *s. m.* **1** Edificio destinato alla rappresentazione di opere liriche o di prosa | – *di posa*, ambiente in cui vengono eseguite le riprese degli interni di un film | *Gente di* –, attori, cantanti, ballerini, registi, tecnici e sim. | (*est.*) Rappresentazione che si dà in teatro. [→ ill. *teatro*, *monumenti archeologici*] **2** Complesso degli spettatori presenti in teatro. **3** Attività teatrale di un autore, di un periodo letterario o storico, di un Paese: *il* – *di Sofocle.* **4** Complesso delle attività che promuovono l'allestimento di spettacoli teatrali. **5** Luogo dove si svolgono o si svolsero in passato azioni importanti: *i teatri dell'ultima guerra* | (*mil.*) – *di operazioni*, il territorio nel quale si svolgono operazioni belliche | *Di* –, detto di arma impiegata nel teatro di operazioni: *missile di* –. **6** Aula universitaria per esperimenti | – *anatomico*, sala di dissezione per la dimostrazione didattica.

tebaismo *s. m.* Intossicazione da oppio.

tèca *s. f.* **1** (*raro*) Custodia, astuccio. **2** Astuccio o scatola in cui si conservano reliquie di santi.

-tèca *secondo elemento*: in parole composte significa 'deposito', 'raccolta' e sim.: *biblioteca, cineteca, enoteca, discoteca.*

technicòlor /*ingl.* 'teknikʌlə/ *s. m. inv.* Nome commerciale di un sistema tecnico di fabbricazione e di stampa di pellicole cinematografiche a colori | *In* –, (*fig.*, *fam.*) a colori sgargianti: *vestirò in* –.

tèck V. *tek.*

tecnèzio o *tecnèto* *s. m.* Elemento chimico, ottenuto artificialmente mediante reazioni nucleari; SIN. Masurio. SIMB. Tc.

tècnica *s. f.* **1** Serie di norme che regolano il concreto svolgimento di un'attività manuale o intellettuale: *la* – *della pittura a olio*; *la* – *militare.* **2** Modo di lavorare. **3** Qualsiasi forma di attività umana volta, sfruttando le conoscenze della scienza, alla creazione di nuovi prodotti e strumenti che migliorino le condizioni di vita dell'uomo: *le realizzazioni della* –.

tecnicaménte *avv.* Secondo la tecnica | Per quanto concerne la tecnica.

tecnicismo *s. m.* **1** Aderenza rigida ed esclusiva alle norme che regolano la realizzazione di qualsiasi attività pratica o intellettuale. **2** (*est.*) Predominio del fattore tecnico, a scapito dell'inventiva personale e dell'attività fantastica. **3** (*ling.*) Termine o locuzione propri di una disciplina, di un'attività tecnica. **4** (*spreg.*) Uso eccessivo di terminologia tecnica.

tecnicizzàre *v. tr.* Rendere tecnico.

tècnico **A** *agg.* (*pl. m.* *-ci*) **1** Che riguarda un'attività specifica, una scienza, una disciplina: *nozioni tecniche.* **2** Che è relativo a un'arte, a un'attività, a una disciplina e alla loro pratica attuazione. **B** *s. m.* (*f.* *-a;* V. nota d'uso FEMMINILE) **1** Chi ha una pratica specifica in q.c. **2** Chi mette in pratica i progetti di altri.

tecnìgrafo *s. m.* (*mecc.*) Strumento per disegnatori tecnici che si applica sul banco da disegno, ed è costituito da una squadra e da un goniometro mobili. [→ ill. *disegnatore*]

tècno- *primo elemento*: in parole composte significa 'capacità tecnica' o fa riferimento a specializzazione tecnica: *tecnocrazia, tecnologia.*

tecnòcrate *s. m.* Uomo politico o alto funzionario la cui autorità si fonda prevalentemente sulla competenza tecnica.

tecnocrazìa *s. f.* Governo dei tecnici | Potere dei tecnici nella vita dello Stato.

tecnofibra *s. f.* Fibra tessile ottenuta mediante procedimenti tecnologici.

tecnologìa *s. f.* **1** Studio della tecnica e delle sue applicazioni. **2** Studio dei procedimenti per la trasformazione di una data materia prima in un prodotto industriale: – *meccanica, metallurgica, del legno, delle materie plastiche.*

tecnològico *agg.* (*pl. m.* *-ci*) Della tecnologia.

tecnopatìa *s. f.* Malattia professionale.

tecnostruttùra *s. f.* Insieme di coloro che partecipano, con le loro conoscenze tecniche, ai processi decisionali delle imprese di grandi dimensioni.

tecnotrònica *s. f.* Tecnologia avanzata, con l'apporto di sistemi elettronici di controllo, automazione e sim.

téco *forma pron.* (*lett.*) Con te.

tectite *s. f.* (*pl.* *-i*) (*miner.*) Piccola massa vetrosa traslucida di colore per lo più rossastro, prodotta probabilmente dalla fusione e dispersione di rocce colpite da meteoriti.

tèda *s. f.* Fiaccola di legno resinoso usata dai Greci e dai Romani nelle solennità nuziali e nei cortei | (*poet.*) Fiaccola.

teddy boy /*ingl.* 'tedi 'bɔi/ *loc. sost. m. inv.* (*pl. ingl.* *teddy boys* /'tedi 'bɔiz/) Giovane teppista.

tedésco *agg.; anche s. m.* (*pl. m.* *-schi; f.* *-a*) Della Germania.

tedescòfilo *agg.; anche s. m.* (*f.* *-a*) Che (o chi) parteggia per i Tedeschi.

tedescòfobo *agg.; anche s. m.* (*f.* *-a*) Che (o chi) detesta i Tedeschi.

te deum /*lat.* te 'dɛum/ o *tedèum* *loc. sost. m. inv.* Solenne inno cattolico di glorificazione e ringraziamento di Dio.

tediàre **A** *v. tr.* (*io tèdio*) Procurare tedio | Annoiare, infastidire. **B** *v. intr. pron.* Provare fastidio, noia.

tèdio *s. m.* Senso di profonda noia e dolorosa stanchezza | (*est.*) Noia, fastidio: *dare* –; *venire a* –; SIN. Uggia.

tedióso *agg.* Che procura tedio; SIN. Noioso, uggioso.

tedòforo *s. m.; anche agg.* (*f.* *-a*) (*lett.*) Portatore di fiaccola.

teen-ager /*ingl.* 'ti:n 'eidʒə/ *s. m. e f. inv.* (*pl. ingl.* *teen-agers* /'ti:n 'eidʒəz/) Ragazzo o ragazza fra i tredici e i diciannove anni.

tèflon *s. m.* Nome commerciale di materia plastica molto resistente agli acidi e ai solventi.

tegàme *s. m.* Recipiente da cucina in terracotta o metallo, tondo e basso, con manici ad ansa o manico lungo. [→ ill. *cucina*]

tegamìno *s. m.* Piccolo tegame con sponda, usato spec. per cuocere le uova. [→ ill. *cucina*]

téglia *s. f.* Tegame basso senza manico, per cuocere in forno dolci e gener. vivande. [→ ill. *cucina, panettiere*]

tégola *s. f.* Laterizio, di forma cilindro-conica o piatta, usato per copertura di tetti | – *in testa*, (*fig.*) cosa spiacevole e inaspettata. [→ ill. *casa*]

teguménto *s. m.* Tessuto o apparato di rivestimento del corpo o di un organo nelle piante e negli animali.

teicoltùra *s. f.* Coltivazione del tè.

teièra *s. f.* Bricco panciuto con beccuccio in cui si prepara o si serve il tè. [→ ill. *bar, stoviglie*]

teìna *s. f.* Alcaloide contenuto nelle foglie del tè, identico chimicamente alla caffeina.

teismo *s. m.* Credenza in una divinità personale e unica | Dottrina religiosa o filosofica fondata su tale credenza.

teista *s. m. e f.* (*pl. m.* *-i*) Seguace del teismo.

tèk o *tèck* *s. m.* Legno che si ricava da un albero dell'Asia tropicale, leggero ma durissimo e resistente, usato per

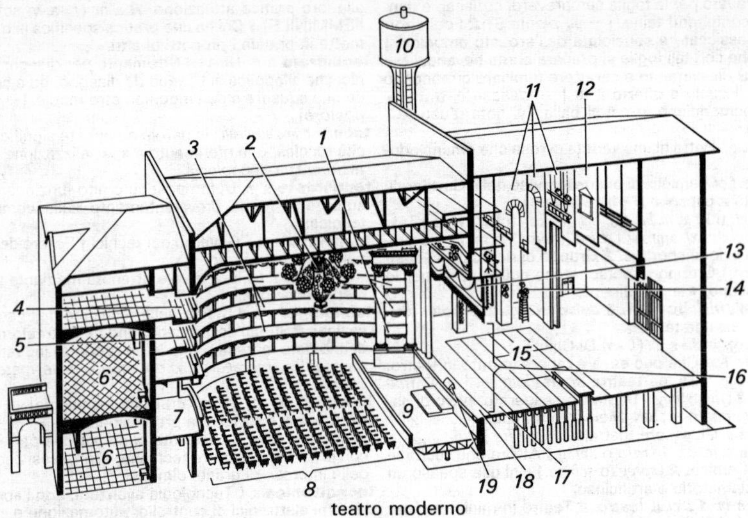

teatro moderno

1 palchi di proscenio 2 lampadario 3 palchi 4 loggione 5 prima galleria 6 ridotto 7 palco centrale 8 platea 9 fossa dell'orchestra 10 serbatoio dell'acqua antincendio 11 scene mobili 12 fondale 13 sipari 14 riflettori 15 palcoscenico 16 boccascena 17 proscenio 18 ribalta 19 buca del suggeritore

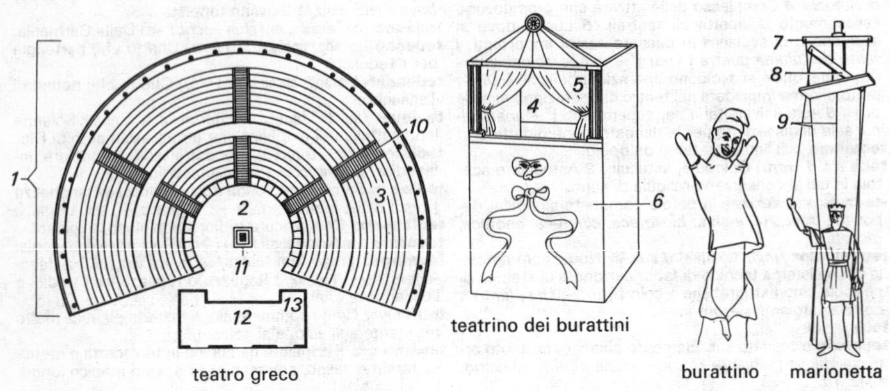

teatro greco — teatrino dei burattini — burattino — marionetta

1 cavea 2 orchestra 3 gradinata 4 scena 5 sipario 6 baracca 7 bilancino 8 croce 9 fili 10 scale 11 timele 12 proscenio 13 parascenio

maschere della commedia dell'arte

ponti di navi, pavimenti, serramenti; SIN. Teak.

tèla *s. f.* **1** Tessuto di lino, cotone o canapa a tessitura classica: *lenzuolo di* — | — *cerata*, impermeabilizzata con gomma o vernice | *La* — *di Penelope*, (*fig.*) lavoro che sembra non aver termine perché sempre rivisto, corretto, rifatto. [→ ill. *tessuto, ferramenta*] **2** Quadro dipinto su tela: *alcune tele di Raffaello*. [→ ill. *pittore*] **3** Sipario | *Cala la* —, (*fig.*) per indicare la fine di fatti, vicende, avvenimenti. **4** (*fig.*) Complesso di azioni meditate e preordinate, spec. per raggirare qc.: *ordire una* —; *cadere nella* —. **5** Elemento costitutivo dell'armatura dello pneumatico. [→ ill. *automobile*] [→ tav. *proverbi* 277]

telàio *s. m.* **1** Macchina tessile che produce il tessuto mediante l'intreccio di due elementi tra loro perpendicolari, l'ordito e la trama: — *a mano, automatico* | — *da ricamo*, attrezzo formato da due cerchi concentrici in cui si tende il tessuto da ricamare. [→ ill. *tessuto*] **2** Incastellatura di travi i cui assi formano una linea chiusa: — *di finestra* | Ossatura, armatura, intelaiatura: — *del letto*. [→ ill. *apicoltore, finestra, pittore, tenda*] **3** Scheletro metallico costituente l'ossatura di base di un automezzo, di un vagone ferroviario e sim.

telamóne *s. m.* Statua d'uomo che, nelle parti esterne di un edificio, funge da colonna o pilastro; SIN. Atlante. [→ ill. *architettura*]

telàto *agg.* Simile alla tela | Che ha l'aspetto e la consistenza della tela: *carta telata*.

tèle- *primo elemento*: in parole composte spec. scientifiche e tecniche significa 'da lontano' o fa riferimento a trasmissione a distanza: *telefono, telegrafo, televisione* | In alcuni casi è accorciamento di *televisione*: *teleabbonato, telecamera, telefilm*.

teleabbonàto *s. m.* (*f.* -*a*) Abbonato ai servizi televisivi della RAI-TV.

teleàrma *s. f.* Ordigno offensivo telecomandato o teleguidato.

telecabina *s. f.* Cabina di funivia | *Impianto a* —, cabinovia. [→ ill. *funivia*]

telecàmera *s. f.* Dispositivo da ripresa per televisione che trasforma l'immagine ottica in una successione di segnali elettrici. [→ ill. *televisione*]

telecomandàre *v. tr.* Comandare a distanza, dispositivi, veicoli e sim.; SIN. Teleguidare.

telecomandàto *part. pass. di telecomandare; anche agg.* Guidato a distanza.

telecomàndo *s. m.* **1** Comando di un dispositivo a distanza, per mezzo di organi meccanici o elettrici, oppure onde elettromagnetiche. **2** Dispositivo di telecomando: — *televisivo*. [→ ill. *televisione*]

telecomunicàre *v. intr. e tr.* (*io telecomùnico, tu telecomùnichi; aus. avere*) Comunicare a distanza.

telecomunicazióne *s. f.* **1** Comunicazione a distanza di suoni, parole, immagini, scritture tramite conduttori elettrici oppure onde hertziane. [→ ill. *telefonia, televisione*] **2** Comunicazione eseguita per mezzo del telefono o del telegrafo.

telecrònaca *s. f.* Ripresa commentata di un avvenimento eseguita mediante apparecchiature televisive.

telecronìsta *s. m. e f.* (*pl. m.* -*i*) Chi esegue telecronache.

telefax *s. m. inv.* Apparecchio collegato alla linea telefonica in grado di ricevere e trasmettere a distanza copie di documenti e sim. [→ ill. *telefonia*]

telefèrica *s. f.* Impianto per il trasporto di merci mediante veicoli che viaggiano sospesi nell'aria lungo una o più funi portanti. [→ ill. *funivia*]

telefèrico *agg.* (*pl. m.* -*ci*) Concernente gli impianti teleferici.

teleferista *s. m.* (*pl.* -*i*) Chi è addetto all'esercizio di una teleferica.

telefilm *s. m. inv.* Film concepito e realizzato appositamente per la televisione.

telefonàre **A** *v. tr.* (*io telèfono*) Comunicare per via telefonica: *ci hanno telefonato cattive notizie*. **B** *v. intr.* (*aus. avere*) Parlare per mezzo del telefono: *mi telefona ogni lunedì*.

telefonàta *s. f.* Chiamata e comunicazione per telefono.

telefonia *s. f.* Trasmissione a distanza dei segnali fonici, gener. per mezzo della corrente elettrica. [→ ill. *telefonia*]

telefonicaménte *avv.* Per mezzo del telefono.

telefònico *agg.* (*pl. m.* -*ci*) **1** Di telefono, di telefonia: *elenco, impianto* — | *Centrale telefonica*, che consente lo svolgimento del servizio telefonico. [→ ill. *strada, telefonia*] **2** Ottenuto tramite il telefono: *chiamata telefonica*.

telefonista *s. m. e f.* (*pl. m.* -*i*) **1** Chi è addetto alle comunicazioni telefoniche. **2** Operaio addetto agli impianti telefonici.

telèfono *s. m.* Apparecchio che, mediante la trasformazione delle onde acustiche in impulsi elettrici, consente la trasmissione della voce a distanza: composto esternamente di una cassa e di un microtelefono e internamente di dispositivi elettroacustici. [→ ill. *telefonia, ufficio*]

telefòto *s. f. inv. Acrt. di telefotografia.*

telefotografìa *s. f.* Sistema di trasmissione a distanza di immagini fisse mediante correnti elettriche | Immagine trasmessa con tale sistema. [→ ill. *telegrafia*]

telegènico *agg.* (*pl. m.* -*ci*) Detto di persona con caratteristiche tali da dare una buona resa in televisione.

telegiornàle *s. m.* Notiziario televisivo.

telegrafàre *v. tr. e intr.* (*io telègrafo; aus. avere*) Comunicare col telegrafo: — *una notizia*.

telegrafia *s. f.* Trasmissione e riproduzione a distanza di un messaggio codificato. [→ ill. *telegrafia*]

telegraficaménte *avv.* Per mezzo del telegrafo | (*fig.*) Concisamente.

telegràfico *agg.* (*pl. m.* -*ci*) **1** Concernente il telegrafo o la telegrafia: *impianto* —. **2** Trasmesso con il telegrafo. **3** (*fig.*) Conciso, stringato: *stile* —.

telegrafìsta *s. m. e f.* (*pl. m.* -*i*) **1** Persona addetta alla trasmissione e alla ricezione di messaggi telegrafici. **2** Operaio addetto alla manutenzione d'impianti telegra-

telegrafia

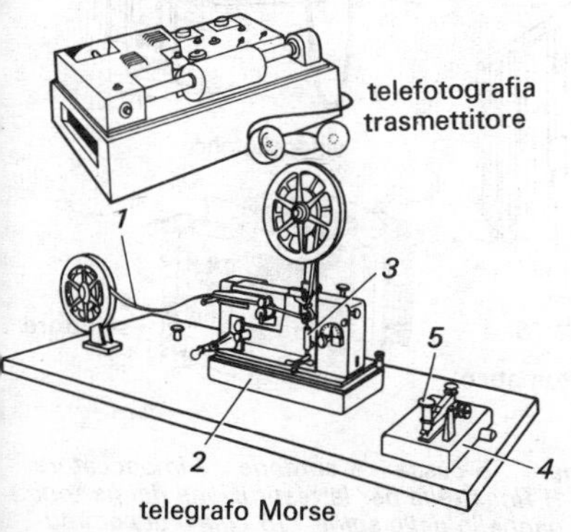

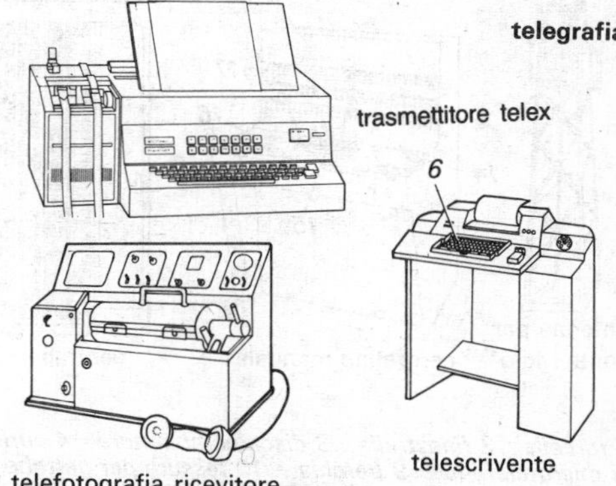

1 nastro di carta 2 ricevitore 3 penna 4 trasmettitore 5 tasto 6 tastiera

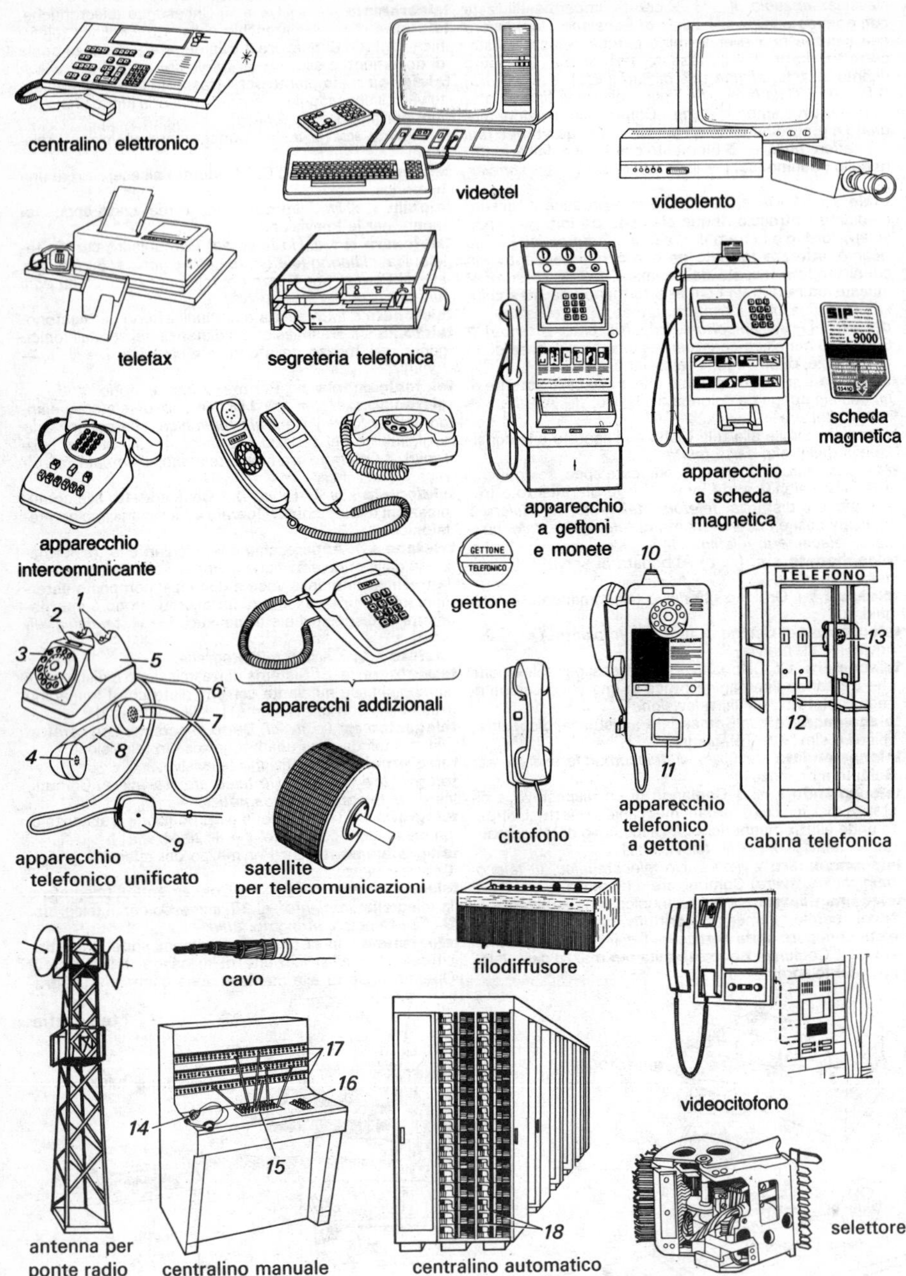

1 forcella 2 finestrella 3 disco combinatore 4 auricolare 5 cassa 6 cordone 7 imboccatura 8 microtelefono 9 borchia 10 fessura per gettone 11 finestrella per la restituzione dei gettoni 12 gettoniera 13 apparecchio telefonico 14 cuffia 15 pannello delle spine 16 chiavi di commutazione 17 pannello delle prese 18 selettori

fici.

telègrafo *s. m.* **1** Dispositivo, apparecchiatura per telegrafia | — *Morse*, telegrafo elettrico per riprodurre a distanza messaggi scritti, codificati | — *senza fili*, per via radio, con onde hertziane. [→ ill. *telegrafia*] **2** Edificio ove sono situati impianti telegrafici.

telegràmma *s. m.* (*pl.* -*i*) Testo trasmesso per telegrafo.

teleguìda *s. f.* Guida, sistema di guida, telecomandata.

teleguidàre *v. tr.* Guidare a distanza il moto di veicoli, navi, missili e sim.

teleguidàto *part. pass. di teleguidare; anche agg.* Guidato a distanza.

telemàtica *s. f.* Servizio di telecomunicazioni di massa, in cui grandi banche di dati vengono rese accessibili a qualsiasi utente collegato via cavo o via radio e presentate su un videoterminale.

telemetrìa *s. f.* Teoria e pratica dell'impiego del telemetro.

telèmetro *s. m.* Strumento che permette una misurazione indiretta delle distanze, utilizzato in fotografia, tipografia e spec. in artiglieria. [→ ill. *ottica*]

telencèfalo *s. m.* (*anat.*) Parte dell'encefalo formata dai due emisferi cerebrali e dal corpo calloso.

teleobiettìvo *s. m.* Obiettivo fotografico per riprendere soggetti a notevole distanza.

teleologìa *s. f.* (*filos.*) Finalismo.

teleològico *agg.* (*pl. m.* -*ci*) Della teleologia.

telepatìa *s. f.* Conoscenza di processi mentali di un'altra persona, a distanza, non ottenuta attraverso i normali organi di senso.

telepàtico *agg.* (*pl. m.* -*ci*) Di telepatia.

teleprocessing /*ingl.* 'teli'prousesiŋ/ *s. m. inv.* (*pl. ingl. teleprocessings* /'teli'prousesiŋz/) Uso di elaboratori elettronici a distanza per mezzo della rete di comunicazione telefonica.

teleproiètto *s. m.* Proietto a grande raggio di azione, telecomandato, autopropulso per tutta la traiettoria o per una parte di essa.

telequiz o *telequìz s. m. inv.* Quiz televisivo.

telerìa *s. f.* Assortimento di tele.

teleriscaldaménto *s. m.* Tecnologia che ottiene il calore necessario al riscaldamento di ambienti dal vapore in eccesso di un'unica centrale di produzione.

teleromànzo *s. m.* Romanzo opportunamente adattato, trasmesso dalla televisione.

teleschérmo o *teleschèrmo s. m.* Schermo del cinescopio del televisore | (*est.*) Televisione.

telescopìa *s. f.* Osservazione di corpi celesti o di oggetti distanti, mediante particolari strumenti che ne facilitano la visione.

telescòpico *agg.* (*pl. m.* -*ci*) **1** Detto di sistema ottico idoneo a ricevere immagini di oggetti lontanissimi. **2** Visibile col telescopio. **3** Detto di elementi tubolari atti a scorrere l'uno nell'altro come le parti di un cannocchiale. [→ ill. *ciclo e motociclo*]

telescòpio *s. m.* Cannocchiale a fortissimo ingrandimento, impiegato per l'osservazione di oggetti molto lontani, usato spec. in astronomia. [→ ill. *astronomia, ottica*]

telescrivènte *s. f.* Macchina, simile nell'aspetto e nell'uso a una macchina per scrivere, destinata alla ricezione e trasmissione in lettere di scrittura di normali messaggi su linee telegrafiche. [→ ill. *telegrafia*]

telescriventìsta *s. m. e f.* (*pl. m.* -*i*) Operatore addetto a una telescrivente.

teleselettìvo *agg.* Della teleselezione.

teleselezióne *s. f.* Servizio telefonico interurbano automatico che consente di chiamare direttamente abbonati di altre reti urbane formando col disco combinatore del telefono, prima del numero desiderato, il prefisso corrispondente alla località da raggiungere.

telespettatóre *s. m.* (*f.* -*trice*) Chi segue trasmissioni televisive.

telestesìa *s. f.* Percezione di oggetti o di eventi che oltrepassano la portata dei normali organi di senso.

teletèxt *s. m. inv.* Sistema di telematica che consente di trasmettere, insieme ai programmi televisivi ordinari, informazioni ciclicamente ripetute riguardanti notizie lampo o di interesse generale, riproducendole sul cinescopio di un televisore a colori.

teletrasméttere *v. tr.* (*coniug. come trasmettere*) Trasmettere a distanza immagini e suoni.

teletrasmissióne *s. f.* Trasmissione a distanza di suoni e immagini | Trasmissione televisiva.

teléttа *s. f.* **1** *Dim. di tela.* **2** Tessuto di cotone rado molto resistente.

teleutènte *s. m. e f.* Utente di un servizio televisivo.

televideo *s. m. inv.* Il sistema di teletext usato in Italia.

televisióne *s. f.* **1** Sistema di trasmissione a distanza di immagini non permanenti, mediante un collegamento radio o tramite cavo coassiale | — *a circuito chiuso*, quando il ricevitore è collegato direttamente alla telecamera mediante cavo. [→ ill. *televisione, sport*] **2** (*fam.*) Ente che diffonde programmi televisivi | Complesso dei programmi televisivi | Televisore.

televisìvo *agg.* Della televisione. [→ ill. *televisione*]

televisóre *s. m.* Apparecchio ricevente di trasmissioni televisive, in cui l'immagine in movimento compare sullo schermo fluorescente di un tubo a raggi catodici. [→ ill. *scuola, televisione*]

tèlex /'tɛleks/ **A** *s. m. inv.* Servizio di scambio diretto di messaggi telegrafici mediante telescriventi e reti telegrafiche pubbliche | Il messaggio così inviato. **B** *agg. inv.* (*posposto al s.*) *Servizio, utente* —. [→ ill. *telegrafia*]

tellìna *s. f.* Mollusco mediterraneo dei Bivalvi a conchiglia rosea e carni pregiate. [→ ill. *animali* 5]

tellùrico *agg.* (*pl. m.* -*ci*) Della Terra, spec. con riferimento ai fenomeni che avvengono nel suo interno: *movimento* —.

tellùrio *s. m.* Elemento chimico di aspetto metallico, fragile, presente in natura anche allo stato nativo; usato per semiconduttori, nell'ottica a raggi infrarossi, come materiale colorante per vetri. SIMB. Te.

télo *s. m.* **1** Pezzo di tela come esce dal telaio, che cucito con altri simili compone un lenzuolo o una veste: *lenzuolo a tre teli.* **2** Pezzo di tela o altro tessuto, adibito a vari usi | — *di salvataggio, da salto*, quello impiegato dai vigili del fuoco per attutire la caduta di persone, che si gettino da uno stabile in fiamme. [→ ill. *spiaggia, vigili del fuoco*]

telóne *s. m.* **1** *Accr. di telo.* **2** Sipario teatrale a manovra verticale.

tèma (1) *s. m.* **1** Argomento, soggetto di uno scritto, un ragionamento, una discussione: *dare il — della conversazione; uscire di —* | Argomento o motivo di fondo, ripetutamente trattato in opere artistiche, letterarie e sim.: *il — dell'eroismo nella poesia dell'Alfieri.* **2** Argomento di un componimento scolastico: — *d'esame* | Il componimento stesso; SIN. Composizione. **3** (*mus.*) Idea melodica, motivo soggetto a variazioni. **4** (*ling.*) Parte di una parola che rimane togliendo la desinenza.

téma (2) *s. f. solo sing.* (*lett.*) Timore, paura: *senza — di essere contraddetto.*

temàtica *s. f.* Complesso dei temi ricorrenti in opere musicali, artistiche, letterarie, in autori, epoche, movimenti culturali: *la — del Manzoni.*

temàtico *agg.* (*pl. m.* -*ci*) **1** Che riguarda il tema musicale, artistico, letterario e sim. **2** Del tema di una parola: *formazione tematica.*

temerarietà *s. f.* L'essere temerario, ardito; SIN. Audacia.

temeràrio **A** *agg.* **1** Che è troppo ardito e non riflette sui pericoli ai quali si espone: *un giovane — e imprudente* | Troppo audace, sfrontato: *risposta temeraria*; SIN. Imprudente. **2** Inconsiderato, avventato, precipitoso: *sono conclusioni temerarie.* **B** *s. m.* (*f.* -*a*) Persona temeraria.

temére **A** *v. tr.* (*pres. io témo; pass. rem. io teméi o temètti, tu teméstì*) **1** Provare una sensazione di timore o turbamento aspettando che avvenga q.c. di spiacevole o che si vorrebbe evitare: — *la morte, il castigo*; *temo di scivolare* | *Temo che venga*, vorrei che non venisse | *Temo che non venga*, desidero che venga | *Non avere nulla da* —, essere a posto con la coscienza | Non curarsi, non dare importanza: *non — le chiacchiere* | Avere il dubbio, il sospetto: *temeva che lo tradissero.* **2** Riverire, considerare con riverenza: — *Dio* | Avere soggezione, rispetto: — *i genitori.* **3** Risentire di qualche condizione sfavorevole: *i vecchi temono il freddo.* **B** *v. intr.* (*aus. avere*) **1** Essere preoccupato: — *per la salute di qc.* **2** Sospettare, diffidare: *non bisogna — di tutto* | Dubitare: *sarete ricompensati, non temete.* **3** Nutrire

microfono
a mano
da collo
su stelo
1
2
3
4
5
6
7
8
studio televisivo
telecamera

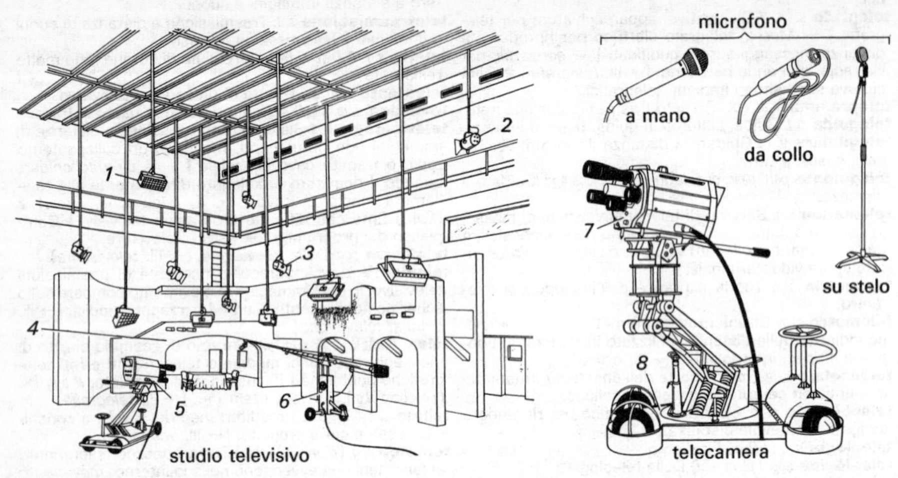

1 plafoniera 2 riflettore 3 spot 4 scena 5 telecamera 6 giraffa 7 torretta degli obiettivi 8 carrello

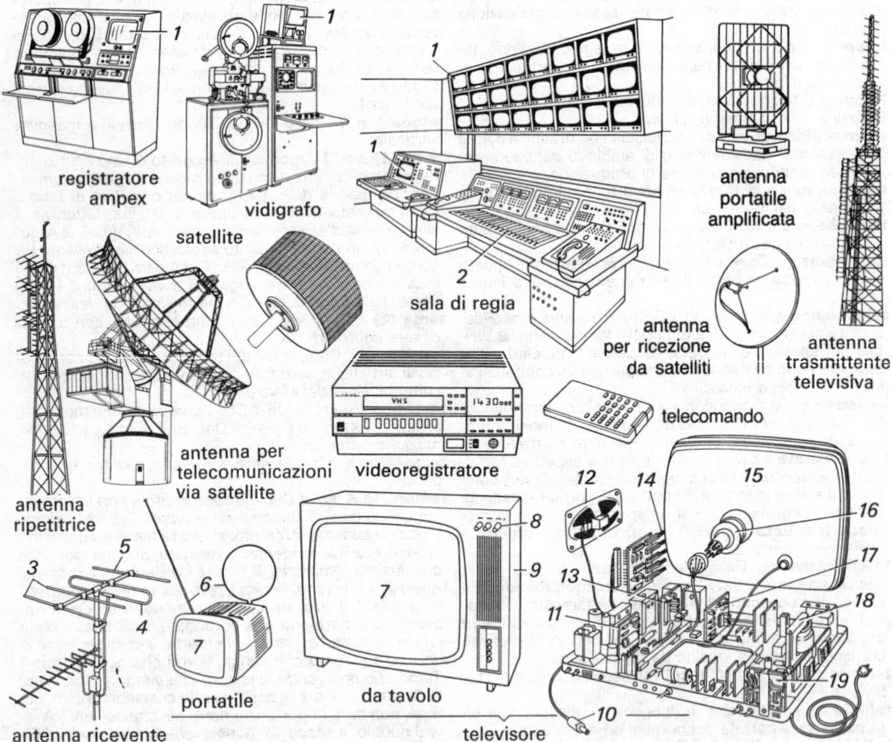

registratore ampex
vidigrafo
sala di regia
antenna portatile amplificata
satellite
antenna per ricezione da satelliti
antenna trasmittente televisiva
VHS
14.30
videoregistratore
telecomando
antenna per telecomunicazioni via satellite
antenna ripetitrice
antenna ricevente
portatile
da tavolo
televisore
1
2
3
4
5
6
7
8
9
10
11
12
13
14
15
16
17
18
19

1 monitor 2 console di comando e controllo 3 direttori 4 dipolo 5 riflettore 6 antenna 7 schermo 8 manopola 9 mobile 10 presa dell'antenna 11 stadio dell'audio 12 altoparlante 13 stadio finale del video 14 stadio del comando programmi 15 cinescopio 16 bobina di deflessione 17 stadio di deflessione orizzontale 18 trasformatore di riga 19 stadio di deflessione verticale

dubbi, timori: *temono del buon esito dell'esperimento.*

temerità *s. f.* Temerarietà.

temibile *agg.* Che si deve o si può temere.

tèmolo *s. m.* Pesce osseo d'acqua dolce con pinna dorsale a ventaglio e carni molto apprezzate.

tempàccio *s. m.* **1** *Pegg. di tempo.* **2** Cattive condizioni atmosferiche.

tèmpera *s. f.* **1** Pittura eseguita con colori a colla diluiti in acqua: *dipingere a* —. [→ ill. *pittore*] **2** (*est.*) Quadro dipinto a tempera. **3** V. *tempra.*

temperalàpis *s. m.* Temperamatite.

temperamatite *s. m. inv.* Piccolo arnese di acciaio, plastica o altro materiale, a forma di cono vuoto e fornito di una lama tagliente con cui si temperano la matite facendovele girare dentro; SIN. Temperalapis. [→ ill. *disegnatore, scuola, ufficio*]

temperaménto *s. m.* **1** (*raro*) Attenuazione, moderazione | (*fig.*) Alleviamento. **2** Complesso delle condizioni fisiche, dei tratti psichici e delle disposizioni psicologiche di un individuo; SIN. Carattere. **3** ass. Carattere forte, indipendente, originale: *un attore senza* —.

temperànte *agg.* Di persona che sa moderare o contenere i propri bisogni e istinti: *essere — nel bere*; SIN. Continente; CONTR. Intemperante.

temperànza *s. f.* L'essere temperante; SIN. Continenza; CONTR. Intemperanza.

temperàre **A** *v. tr.* (*io tèmpero*) **1** (*raro*) Mescolare con la debita proporzione, spec. il vino con l'acqua. **2** Addolcire, mitigare (*spec. fig.*): — *la severità* | (*fig.*) Frenare, moderare: — *il desiderio.* **3** Affilare, aguzzare: — *la matita.* **B** *v. intr. pron.* V. *temprare.*

temperàto *part. pass. di temperare; anche agg.* **1** Che possiede un giusto grado, una misura non eccessiva di calore, detto spec. del clima, della temperatura o delle stagioni. [→ ill. *geografia*] **2** Non eccessivo, prudente: *un entusiasmo* —. **3** Che sa moderare istinti, appetiti, passioni: *un uomo — nel bere.*

temperatùra *s. f.* **1** Grandezza fisica scalare usata, mediante la scelta di scale di misura, per misurare lo stato termico di un corpo: *misurare la — col termometro* | — *assoluta*, riferita allo zero assoluto | — *media*, risultante della media fra le temperature misurate a intervalli uguali in un certo periodo | — *alta*, molto calda | — *bassa*, fredda. **2** (*med.*) Grado di calore del corpo umano | — *esterna*, misurata alla cute | — *interna*, misurata nelle cavità del corpo. **3** Condizione dell'atmosfera: — *costante*; *sbalzi di* — | — *dell'aria*, quella indicata da un termometro esposto all'aria | — *massima e minima*, il più alto e il più basso valore verificatosi in un determinato periodo di tempo.

tempèrie *s. f. inv.* **1** Stato dell'atmosfera, clima. **2** Carattere di una particolare situazione storica o culturale in rapporto ai fatti con i quali si manifesta. • SIN. Clima.

temperino *s. m.* Coltello a serramanico a una o più lame, inferiori a 8 cm di lunghezza | Temperamatite. [→ ill. *coltello*]

tempest /*ingl.* 'tempist/ *s. f. o m. inv.* Media imbarcazione da regata, a scafo tondo e deriva fissa. [→ ill. *marina*]

tempèsta *s. f.* **1** Perturbazione atmosferica con vento di forte o fortissima intensità, pioggia e talvolta grandine | — *magnetica*, forte perturbazione del campo magnetico terrestre, durante accessi dell'attività solare. **2** (*fig.*) Veemenza, impeto: *la — dei sentimenti.* **3** Grande turbamento, sconvolgimento, violenta agitazione | (*fig.*) *Una — in un bicchier d'acqua*, un grande agitarsi di discussioni, contrasti, litigi che si risolve in nulla. **4** Pastina da brodo a forma di piccolissimi cilindri. [→ ill. *pasta*] [→ tav. *proverbi* 96, 207]

tempestàre **A** *v. tr.* (*io tempèsto*) **1** Percuotere con colpi fitti, rapidi e violenti (*anche fig.*): — *la porta di colpi*; — *qc. di domande.* **2** Ornare fittamente: — *un diadema di brillanti.* **B** *v. intr.* (*aus. avere*) Essere, mettersi in tempesta, detto spec. delle acque del mare, dei laghi, ecc. **C** *v. intr. impers.* (*aus. avere e essere*) Fare, infuriare tempesta: *tempesta e grandina.*

tempestio *s. m.* Successione rapida e brusca di colpi (*spec. fig.*): *un — di pugni, di richieste.*

tempestività *s. f.* L'essere tempestivo.

tempestivo *agg.* Che giunge opportuno, che si compie nel momento adatto, conveniente: *rimedio, aiuto* —; CONTR. Intempestivo.

tempestóso *agg.* **1** Burrascoso, agitato da tempesta: *mare* —. **2** (*fig.*) Agitato, turbato, inquieto: *vita tempestosa* | (*fig.*) Che è contrastato o provoca reazioni violente: *una riunione molto tempestosa.*

tèmpia *s. f.* Regione della testa corrispondente all'osso temporale.

tempificàre *v. tr.* Ripartire i tempi di lavorazione all'interno di un processo industriale.

tèmpio o (*lett.*) **tèmplo** *s. m.* (*pl. tèmpi o tèmpli*) **1** Edificio consacrato a una divinità e al culto religioso, spec. nelle religioni superiori: — *egiziano, greco, romano.* [→ ill. *monumenti archeologici*] **2** Chiesa, santuario, basilica: *il — di S. Pietro a Roma.* **3** (*fig.*) Luogo sacro, degno di venerazione o simbolo di nobili ideali: *quel teatro è un — dell'arte.*

tempiṣmo *s. m.* L'essere tempista.

tempista *s. m. e f.* (*pl. m. -i*) **1** Musicista che ha perfetta abilità nell'andare a tempo. **2** (*fig.*) Chi sa agire cogliendo il momento giusto, opportuno. **3** Tecnico addetto alla rilevazione dei tempi.

templàre *s. m.* Membro dell'ordine militare-religioso del Tempio, che si proponeva la guerra contro gli infedeli e la liberazione del Santo Sepolcro.

tèmplo V. *tempio.*

tèmpo *s. m.* **1** Il trascorrere degli eventi in una successione illimitata di istanti | Durata globale del fluire delle cose, considerata in assoluto: *la nozione del* —; *il fluire del* — | *Dar — al* —, aspettare con pazienza che le cose si risolvano da sé; attendere il momento opportuno | *Senza* —, eternamente. **2** Successione di istanti, considerata come estensione illimitata, ma capace di essere suddivisa e misurata: *la misura del* —; *l'orologio segna il* — | Ore e frazioni di ore trascorse dal passaggio del Sole sul meridiano | *Unità di* —, il secondo equivalente a 1/86.400 del giorno solare medio. **3** Porzione limitata di una durata complessiva, periodo: — *lungo, breve*; *quanto — ti fermerai in città?* **4** Intervallo di tempo stabilito o previsto per il compiersi di un'azione: *calcolare i tempi* | — *di cottura*, richiesto da una vivanda perché sia cotta al giusto punto | — *di lavorazione*, necessario per eseguire una operazione produttiva. [→ ill. *fotografo*] **5** Intervallo di una certa durata occorrente per l'espletamento di un'attività o di un lavoro: *ci vuole molto — per prepararti?*; *non mi ha dato il — di rispondere* | — *un mese*, prima che sia trascorso un mese | *Non c'è — da perdere*, bisogna affrettarsi | *È finito il* —, si è esaurito il termine assegnato | *Senza por — in mezzo*, senza indugiare | *Acquistare, guadagnare* —, fare le cose con un certo anticipo | *Al — stesso*, nello stesso momento | *Per* —, presto. **6** (*mus.*) Unità ritmica in cui è divisa la battuta: *segnare, battere il* — | Una delle parti di cui si compone la sonata, il concerto, la sinfonia e sim. **7** In metrica, misura equivalente al valore di una vocale breve. **8** Ciascuno dei movimenti di cui è formata un'azione complessa: *passo di danza in due tempi.* **9** Ciascuna delle fasi il cui insieme costituisce il ciclo di funzionamento di un motore a scoppio: *motore a due, a quattro tempi.* [→ ill. *motore*] **10** (*sport*) Nel calcio, pallacanestro, rugby e sim., periodo di tempo fissato per lo svolgimento di una partita: *segnare allo scadere del* — | Ciascuna delle parti in cui è diviso un incontro: *primo, secondo* — | *Tempi supplementari*, quelli che vengono disputati in aggiunta a quelli regolamentari in competizioni a eliminazione, quando un incontro è finito in parità | — *massimo*, nelle gare di corsa, il tempo, stabilito in base a quello impiegato dal vincitore, entro il quale i concorrenti devono arrivare al traguardo per non essere eliminati. **11** Ripartizione di uno spettacolo di rivista o di un film, corrispondente all'atto del teatro di prosa o dell'opera lirica. **12** Periodo, momento distinguibile rispetto a un 'prima' e a un 'dopo': *in quel tempo ci fu un terremoto*; *è passato il — dell'allegria* | — *di*, caratterizzato da: — *di carestia*; *in — di pace* | Epoca, età: *al — dei primi uomini* | *Il nostro* —, l'epoca in cui viviamo | *Al mio —, al suo —, ai nostri tempi*, quando eravamo giovani o nel pieno dell'attività | *Al — che Berta filava*, (*scherz.*) in tempi assai remoti | *Del* —, contemporaneo | *In quel* —, allora | *In quei tempi, a quei tempi*, per indicare avvenimenti lontani | — *fa*, — *ad-*

dietro, per indicare un passato prossimo | *Un* –, nel passato | *In ogni* –, sempre | *D'ogni* –, in qualsiasi momento o circostanza | *Ha fatto il suo* –, si dice di persona o cosa scaduta di autorità o passata di moda | *spec. al pl.* Epoca definibile spec. per le condizioni storiche e sociali: *tempi d'oro*; *tempi difficili* | *Quelli erano tempi! Che tempi erano quelli! Altri tempi!*, (*escl.*) di nostalgia per epoche ritenute migliori di quella in cui si vive | *Che tempi!*, esclamazione di nostalgia per epoche passate, o di riprovazione per quella in cui si vive | *Adeguarsi ai tempi, essere all'altezza dei tempi*, sapersi conformare alle esigenze di un'epoca | *Al* – *dei tempi, nella notte dei tempi*, in epoca assai lontana. ***13*** Età dell'uomo o di un animale, spec. se giovani: *quanto* – *ha il suo bambino?* ***14*** Spazio dell'anno di una certa durata con proprio carattere: – *d'estate, di vacanze*; – *pasquale.* ***15*** Parte della giornata o di un più lungo periodo destinata a un determinato impiego: *il* – *dello studio, del lavoro, del riposo*; *far buon uso del* – | – *pieno*, nella scuola dell'obbligo, prolungamento dell'orario scolastico al pomeriggio durante il quale vengono svolte attività integrative e complementari al normale insegnamento | – *lungo*, nella scuola dell'obbligo, estensione dell'orario oltre il tempo pieno spec. per permettere agli alunni la permanenza nelle strutture scolastiche durante l'orario di lavoro dei genitori | – *prolungato*, nella scuola dell'obbligo, estensione dell'orario scolastico al pomeriggio durante il quale viene impartito il normale insegnamento da parte degli stessi docenti del mattino | – *libero*, quello al di fuori dell'orario di lavoro, utilizzabile per il riposo o lo svago | *Nei ritagli di* –, *a* – *avanzato, a* – *perso*, nei momenti liberi da lavori impegnativi | *Sprecare, buttare via il* –, fare cose inutili o stare in ozio | *Perdere* –, *perdere il* –, farlo passare senza concludere nulla | *Riguadagnare il* – *perduto*, mettersi alacremente a lavorare per rimediare alla pigrizia di cui si era data prova precedentemente | *Passare, ingannare, ammazzare il* –, fare q.c. per non annoiarsi | *Darsi al bel* –, *al buon* –, spassarsela. ***16*** In grammatica, momento in cui il parlante colloca l'azione espressa dal verbo: – *presente, passato, futuro* | – *composto*, con l'ausiliare e il participio passato. ***17*** Momento adatto, conveniente: *è* – *di dormire* | *A suo* –, nel momento opportuno: *ogni cosa va fatta a suo* –. ***18*** Insieme degli elementi meteorologici che caratterizzano lo stato dell'atmosfera in un determinato momento: – *bello, brutto, variabile, umido* | – *da cani, da lupi*, pessimo, assai rigido | *Previsioni del* –, quelle fatte dai meteorologi | *Sentire il* –, avvertire il prossimo cambiamento del tempo con dolori, disturbi, irritabilità e sim. | *Lascia il* – *che trova*, si dice di azione che non ha alcun risultato | *Fare il buono e il cattivo* –, *la pioggia e il bel* –, (*fig.*) avere autorità assoluta in un ambiente, su una persona e sim. [→ tav. *proverbi* 23, 37, 63, 116, 129, 195, 196, 197, 205, 206, 207, 345; → tav. *locuzioni* 48, 108]

tèmpora *s. f. pl.* Stagioni, *nella loc.* *quattro tempora* che indicava i giorni iniziali (mercoledì, venerdì e sabato) delle quattro divisioni dell'anno liturgico, nei quali vi era obbligo di digiuno.

temporàle (1) ***A*** *agg.* ***1*** Che ha durata limitata nel tempo | Caduco, mondano: *beni temporali.* ***2*** (*ling.*) Di, del tempo: *avverbio* – | *Proposizione* –, subordinata indicante contemporaneità, anteriorità o posteriorità di un'azione rispetto alla reggente. ***B*** *s. f.* Proposizione temporale.

temporàle (2) *agg.* Che si riferisce alla tempia: *regione* –; *osso* –.

temporàle (3) *s. m.* Perturbazione atmosferica locale, di breve durata, accompagnata da raffiche di vento, pioggia, talvolta grandine o scariche elettriche.

temporalésco *agg.* (*pl. m.* -*schi*) Di temporale: *cielo* –.

temporaneità *s. f.* L'essere temporaneo.

tempor àneo *agg.* Che dura poco tempo, che non è stabile: *incarico* – | Provvisorio, momentaneo: *rimedio* –; SIN. Momentaneo, passeggero, transitorio.

temporeggiaménto *s. m.* Il temporeggiare.

temporeggiàre *v. intr.* (*io temporéggio; aus. avere*) Prendere tempo, aspettare il momento opportuno per agire; SIN. Indugiare.

temporeggiatóre *s. m.* (*f.* -*trice*) Chi temporeggia.

temporizzatóre *s. m.* Dispositivo a motore o a orologeria, il quale, a intervalli prefissati, apre o chiude un circuito elettrico; SIN. Timer. [→ ill. *misure*]

tèmpra o (*raro*) *tèmpera s. f.* ***1*** Stato di maggior durezza o resistenza che acquistano i metalli e le leghe, spec. gli acciai, e il vetro, se riscaldati e poi rapidamente raffreddati. ***2*** Insieme delle doti fisiche, intellettuali e morali possedute da una persona: *un uomo di* – *eccezionale*; *una* – *di studioso* | Costituzione fisica, spec. se robusta e salda: *una* – *rotta a tutte le fatiche.* ***3*** Insieme di caratteristiche particolari possedute dalla voce umana o dal suono di uno strumento.

tempràre o *temperàre* spec. nei sign. B, C ***A*** *v. tr.* (*io tèmpro*) ***1*** Dare la tempra: – *il vetro.* ***2*** (*est.*, *fig.*) Irrobustire, rendere forte e resistente: *il lavoro gli ha temprato il carattere.* ***B*** *v. rifl.* Fortificarsi nel fisico o nello spirito: *temprarsi con lo sport.* ***C*** *v. intr. pron.* Diventare più forte.

tenàce *agg.* ***1*** Che è difficile a rompersi: *filo* – | Sodo, compatto: *terreno* –. ***2*** Che è viscoso, adesivo: *colla* –. ***3*** (*fig.*) Saldo: *memoria* – | Che è fermo, costante nei propositi e nelle idee.

tenàcia *s. f.* (*pl.* -*cie*) Qualità di tenace (*spec. fig.*); SIN. Perseveranza.

tenacità *s. f.* Resistenza, compattezza: *la* – *di un metallo.*

tenàglia o *tanàglia s. f.* ***1*** *spec. al pl.* Attrezzo costituito da due bracci incrociati intorno a un perno, usato per sconficcare chiodi, tagliare, afferrare e sim. | *A* –, detto di ciò che per forma o funzione ricorda una tenaglia | (*mil.*) *Manovra a* –, quella con cui un esercito arriva sui due fianchi dello schieramento nemico. [→ ill. *calzolaio, falegname, meccanica*] ***2*** (*med.*) Pinza per estrazioni dentarie. [→ ill. *medicina e chirurgia*] ***3*** *spec. al pl.* (*pop.*) Chele di crostacei o scorpioni.

tènar o *tènare agg.* Detto del rilievo muscolare del palmo della mano dalla parte del pollice: *eminenza* –.

tènda *s. f.* ***1*** Tela stesa allo scoperto per riparo dal sole, dalla pioggia, dal vento. [→ ill. *bagno, spiaggia*] ***2*** Drappo di tessuto, talora trasparente, appeso davanti alla finestra, per ornamento o come protezione contro la luce solare | *Tirare la* –, farla scorrere per aprirla o chiuderla. [→ ill. *bagno, tenda*] ***3*** Ricovero costituito da un telo impermeabile sorretto da pali infissi nel terreno, usato come abitazione provvisoria da campeggiatori, militari o nomadi: – *canadese, a casetta* | *Rizzare, piantare le tende*, accamparsi; (*fig.*) approfittare a lungo dell'ospitalità di qc. | *Levare le tende*, smontare l'accampamento; (*fig.*) andarsene precipitosamente | *Ritirarsi sotto la* –, (*fig.*) isolarsi sdegnosamente. [→ ill. *abitazione, campeggiatore*] ***4*** – *a ossigeno*, apparecchio che crea intorno al malato un ambiente ricco di ossigeno. [→ ill. *medicina e chirurgia*]

tendàggio *s. m.* ***1*** Tenda che chiude il vano di un letto, una porta, una finestra. ***2*** Insieme di più tende disposte per adornare un ambiente.

tendènza *s. f.* ***1*** Propensione, attitudine verso q.c.: *avere* – *ai lavori manuali*; *non ha tendenze per il disegno*; SIN. Inclinazione. ***2*** Orientamento che si sviluppa all'interno di fenomeni culturali, movimenti storici, artistici o letterari, partiti politici: *in ogni partito c'è una* – *di sinistra.*

tendenziàle *agg.* Che rivela una tendenza.

tendenziosità *s. f.* L'essere tendenzioso.

tendenzióso *agg.* Che serve a considerazioni e fini determinati, più o meno lontani | Parziale: *giudizio* –; CONTR. Obiettivo.

tènder /*ingl.* 'tendə/ *s. m. inv.* (*pl. ingl.* *tenders* /'tendəz/) Veicolo ferroviario la cui cassa è atta a contenere scorte di acqua, combustibile, lubrificanti e gli attrezzi necessari per la locomotiva a vapore. [→ ill. *ferrovia*]

tèndere ***A*** *v. tr.* (*pres. io tèndo; pass. rem. io tési, tu tendésti; part. pass. téso*) ***1*** Distendere, spiegare tirando, per allargare o allungare al massimo: – *una fune* | Preparare (*anche fig.*): – *le reti*; – *una trappola.* ***2*** Porgere, allungare: – *la mano per chiedere l'elemosina* | – *l'orecchio*, prestare attenzione a un discorso. ***B*** *v. intr.* (*aus. avere*) ***1*** Cercare di raggiungere, volgere a un fine: *tendiamo a una maggiore serenità.* ***2*** Essere naturalmente incline: *un ragazzo che tende alle fantasticherie.* ***3*** Stare per evolversi verso una determinata condizione: *la stagione tende al caldo.* **4** Avvicinarsi a una determinata gradazione, detto di colori, sapori, odori: *il cielo tende al grigio.*

tendicaténa *s. m. inv.* Dispositivo per mantenere tesa una catena di trasmissione in biciclette, motocicli e sim.

tendicòllo *s. m. inv.* Rinforzo di plastica che si mette all'interno del collo della camicia maschile per renderlo rigido.

tendifilo *s. m. inv.* Nella macchina per cucire, congegno che mantiene teso il filo svolgentesi dal rocchetto.

tendìna *s. f.* **1** *Dim. di tenda.* **2** Tenda piccola e leggera per finestre, finestrini e sim. [→ ill. *tenda*] (v. nota d'uso ACCENTO)

tèndine *s. m.* (*anat.*) Estremità connettivale fibrosa di un muscolo, che lo fissa allo scheletro | – *d'Achille*, della parte posteriore del calcagno. [→ ill. *anatomia umana*] (v. nota d'uso ACCENTO)

tendiscàrpe *s. m. inv.* Forma munita di una molla che, introdotta in una scarpa, la distende e la riporta alla sua forma originale.

tenditóre *s. m.* (*f. -trice* nel sign. 1) **1** (*raro*) Chi tende. **2** Meccanismo usato per tendere cavi, catene o altro. [→ ill. *ferramenta, sollevamento*]

tendóne *s. m.* **1** *Accr. di tenda.* [→ ill. *tenda*] **2** Tenda grande e robusta: – *da circo* | (*agr.*) *A* –, detto di un particolare tipo di allevamento della vite. [→ ill. *agricoltura, circo*]

tendòpoli *s. f.* Campeggio molto esteso e affollato | (*est.*) Agglomerato di tende, spec. in caso di calamità.

tènebra o (*raro*) *tenèbra s. f.* **1** *spec. al pl.* Oscurità profonda, buio assoluto: *la città è avvolta in fitte tenebre.* **2** (*fig.*) Ignoranza | *Avvenimenti ancora avvolti nelle tenebre*, non ancora conosciuti o studiati.

tenebróso *agg.* Pieno di tenebre, avvolto in una fitta oscurità: *notte tenebrosa* | (*fig.*) Misterioso.

tenènte *s. m.* Secondo grado della gerarchia degli ufficiali, successivo a quello di sottotenente | – *colonnello*, secondo grado della gerarchia degli ufficiali superiori, successivo a quello di maggiore | – *generale*, grado della gerarchia militare esistente in taluni organi e servizi, corrispondente al grado di generale di divisione | – *di vascello*, ufficiale di marina di grado pari al capitano dell'esercito.

tenènza *s. f.* Comando retto da un ufficiale subalterno dei carabinieri o della guardia di finanza.

tenére **A** *v. tr.* (*pres. io tèngo, tu tièni, egli tiène, noi teniàmo, voi tenéte, essi tèngono; pass. rem. io ténni o tenéi o tenètti, tu tenésti; fut. io terrò, tu terrài; congv. pres. io tènga, noi teniàmo, voi teniàte, essi tèngano; condiz. pres. io terrèi, tu terrésti; imper. tièni, tenéte; part. pres. tenènte; part. pass. tenùto*) **1** Avere q.c. o qc. con sé e stringerlo perché non cada, non si muova, non sfugga: – *in mano un libro*; – *l'ombrello con la sinistra*; – *un bambino per mano* | Reggere: *tienimi la scala mentre salgo.* **2** Mantenere q.c. o qc. per un certo tempo in una determinata posizione o condizione: – *le mani in tasca, il cappello in testa*; – *la finestra aperta, la porta chiusa*; – *un uccellino in gabbia*; – *un ragazzo in collegio* | – *q.c. da conto*, custodirla con cura | *Tenersi buono qc.*, conservarselo amico per timore che possa nuocere o per calcolo | (*fig.*) – *le distanze*, non entrare in dimestichezza con chi si giudica inferiore | – *un bambino a battesimo, a cresima*, fargli da padrino o da madrina. **3** Avere per sé, prendere: *tienilo per mio ricordo.* **4** (*mus.*) – *una nota*, prolungarne il suono con la voce o con uno strumento. **5** Mantenere ciò che si è detto o promesso: – *fede alla parola data* | – *un segreto*, non rivelarlo ad altri. **6** Trattenere: – *qc. a pranzo* | Frenare, dominare: – *il riso.* **7** Occupare, ingombrare: *quell'arazzo tiene tutta la parete* | Occupare un luogo per conservarlo: *se arrivi prima tienimi il posto* | Presidiare, difendere: – *una posizione.* **8** Contenere, avere una determinata capacità: *questa bottiglia tiene un litro.* **9** Seguire una direzione (*anche fig.*): – *sempre la medesima strada*; – *un contegno scorretto* | – *la destra, la sinistra*, procedere lungo il lato destro o sinistro della strada | – *la strada*, di autoveicolo, non sbandare. **10** Ritenere, considerare, stimare: *l'avevo tenuto per un amico sincero* | – *qc. o q.c. in molto, poco, nessun conto*, stimarlo molto, poco o niente | – *per fermo*, ritenere come cosa sicura. **11** Ricorre in alcune espressioni particolari per indicare un'azione che viene determinata dal predicato o dal compl. oggetto | – *stretto*, stringere | – *d'occhio qc.*, sorvegliarlo | – *conto di q.c.*, prenderla in considerazione | – *copia di q.c.*, farne copia e conservarla | – *caldo*, di abito pesante e sim., fornire calore | – *compagnia*, far compagnia | – (*il*) *banco*, in un gioco, accettare le puntate degli altri giocatori e guidare il gioco | (*fig.*) – *banco*, detto di chi, in una riunione, accentra su di sé l'attenzione generale | – *una carica*, esercitarla | – *un discorso*, pronunciarlo. **B** *v. intr.* (*aus. avere*) **1** Resistere allo sforzo: *i soldati non terranno a lungo* | – *alla distanza*, nel linguaggio sportivo, resistere bene sino alla fine di una gara | *Tener duro*, non cedere. **2** Di una chiusura, reggere, non aprirsi | Di un recipiente, non lasciar uscire il liquido in esso contenuto: *questa cisterna non tiene.* **3** Resistere, essere valido (*anche fig.*): *i chiodi non tengono*; *sono scuse che non tengono* | Di colla, calce e sim., far presa. **4** Parteggiare: – *per qc.* | – *per una squadra*, fare il tifo per essa. **5** Annettere importanza: *è uno che tiene alla forma.* **C** *v. rifl.* **1** Aggrapparsi per evitare di cadere: *si tenga alla ringhiera!* **2** Essere o restare in una determinata posizione o condizione: *tenersi in piedi*; *tenersi vicino*; *tenersi pronto.* **3** Seguire una determinata direzione: *tenersi a sinistra* | *Tenersi al largo*, di nave che naviga lontano dalla costa; (*fig.*) star lontano da qc. o da q.c. **4** Attenersi a q.c.: *tenersi al regolamento.* **5** Trattenersi, contenersi: *tenersi a stento dal ridere.* **6** Ritenersi, stimarsi: *si tenne onorato dell'incarico.*

tenerézza *s. f.* **1** L'essere tenero. **2** (*fig.*) Dolcezza, te-

tenda

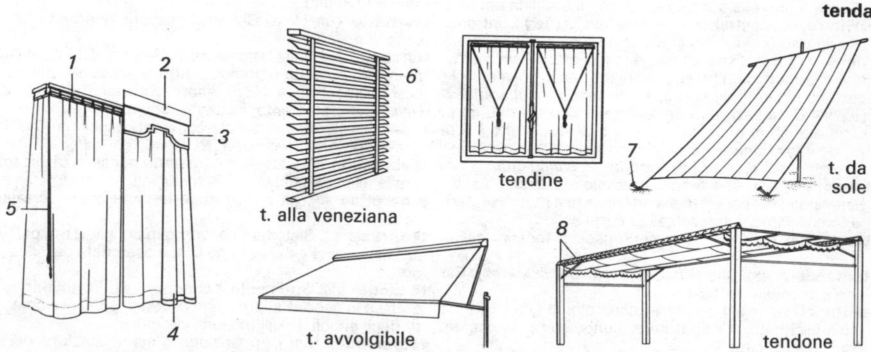

1 riloga 2 cassonetto 3 mantovana 4 soprattenda 5 cordoni 6 lamella 7 picchetto 8 telaio

nera commozione suscitata da sentimenti di affetto, amore, compassione e sim.: *provare — verso i propri figli*; SIN. Amorevolezza. **3** *al pl.* Atti, parole tenere.

tènero A *agg.* **1** Che non è duro o che è meno duro del consueto: *carne tenera* | *Pietra tenera*, poco dura, facile a lavorarsi | Cedevole al tatto: *cera tenera*; CONTR. Duro. **2** Nato di fresco, spuntato recentemente: *pianticelle tenere* | Che ha pochissimi anni, detto di persona: *un — bambino* | *Età tenera, teneri anni*, la fanciullezza. **3** (*fig.*) Che è dolce di animo e si commuove facilmente: *un uomo — e sensibile* | Indulgente, facile al perdono: *è un educatore troppo —* | Che esprime tenerezza: *sguardo —*; SIN. Amorevole. **B** *s. m.* **1** Parte tenera di q.c. **2** Simpatia, affetto: *fra quei ragazzi c'è del —*.

tenerùme *s. m.* **1** Insieme di cose tenere | Materia, parte tenera di q.c.: *il — delle foglie*. **2** (*fig.*) False tenerezze, smancerie. **3** Cartilagini attaccate alle ossa, spec. del bollito.

tenèșmo *s. m.* (*med.*) Contrazione involontaria e dolorosa di uno sfintere associata al continuo bisogno di evacuare: *— vescicale*.

tènia *s. f.* **1** Verme dei Platelminti con capo munito di quattro ventose e corpo fatto di proglottidi | (*per anton.*) Verme di tale tipo, parassita allo stato adulto dell'uomo e che ha come ospite intermedio il maiale; SIN. Verme solitario | *— saginata*, che ha come ospite intermedio il bue. [→ ill. *animali* 1, *zoologia*] **2** (*arch.*) Listello che nell'ordine dorico separa l'architrave dal fregio. [→ ill. *architettura*]

teniași *s. f.* (*med.*) Malattia prodotta da tenia.

tenifugo A *s. m.* (*pl. -ghi*) Sostanza o medicamento efficaci nel combattere l'infestazione da tenia. **B** *anche agg.*: *farmaco —*.

tènnis *s. m. inv.* **1** Gioco di origine inglese che si svolge tra due o quattro giocatori che si rinviano una palla di gomma rivestita di panno, per mezzo di una racchetta, da una parte all'altra di una rete che divide il terreno di gioco | *— da tavolo*, ping-pong. [→ ill. *sport*] **2** Luogo dove si pratica tale gioco.

tennista *s. m. e f.* (*pl. m. -i*) Chi gioca al tennis.

tennìstico *agg.* (*pl. m. -ci*) Del tennis, dei tennisti.

tènno /*giapp.* 'tenno:/ *s. m.* Titolo dell'imperatore del Giappone.

tenóre *s. m.* **1** Comportamento, modo di procedere: *non continuare con questo —* | (*raro*) Andamento di fatti, fenomeni | Modo, maniera: *— di vita* | Forma, tono, contenuto: *il — della sua richiesta non ammette indugi*. **2** Proporzione di una sostanza in un tutto: *liquore a basso — alcolico*. **3** Voce maschile adulta del registro più alto | Chi canta con voce di tenore.

tenorile *agg.* Di, da tenore: *voce —*.

tensioattivo A *s. m.* Ogni sostanza che aggiunta a un liquido ne abbassa la tensione superficiale, usata nella preparazione di emulsioni, cosmetici, detersivi, inchiostri, adesivi, prodotti alimentari. **B** *anche agg.*: *sostanza tensioattiva*.

tensióne *s. f.* **1** Atto del tendere | Stato di ciò che è teso: *la — di un muscolo*. [→ ill. *tessuto*] **2** (*fig.*) Stato di eccitazione nervosa accompagnata da instabilità emotiva | Sforzo, concentrazione: *— mentale*. **3** (*fig.*) Contrasto che spesso prelude a una rottura: *un momento di grande —*. ● CONTR. Distensione. **4** (*fis.*) Forza, riferita all'unità di superficie, che si scambiano reciprocamente le parti contigue di un corpo, e che tende a separarle. **5** (*elettr.*) Differenza di potenziale elettrico tra due corpi o tra due punti di un conduttore o di un circuito | *Alta —*, ogni tensione elettrica che superi i 30.000 volt. [→ ill. *elettricità*] **6** (*med.*) Pressione: *— sanguigna*.

tensóre A *agg.* Che tende: *muscolo —*. **B** *s. m.* (*mat.*) Estensione del concetto di vettore, atta a rappresentare le tensioni anche trasversali in corpi solidi.

tensoriàle *agg.* (*mat.*) Che si riferisce ai tensori: *calcolo —*.

tentàbile A *agg.* Che si può tentare. **B** *s. m. solo sing.* Ciò che è possibile tentare.

tentacolàre *agg.* **1** Simile a tentacolo. **2** (*fig.*) Che ha molteplici capacità di attirare, conquistare, avvincere, corrompere: *città —*.

tentàcolo *s. m.* **1** Appendice mobile di molti animali invertebrati che serve per catturare le prede o funziona come organo di senso o di locomozione: *i tentacoli del polpo*. [→ ill. *zoologia*] **2** (*fig.*) Ciò che attrae, avvince e da cui non è possibile liberarsi: *i tentacoli del vizio*.

tentàre *v. tr.* (*io tènto*) **1** (*lett.*) Toccare lievemente | *— le corde di uno strumento*, toccarle per farle suonare. **2** Toccare per accertarsi della consistenza, della natura, di q.c.: *— il terreno con un bastone* | Mettere alla prova: *— le intenzioni di qc.*; SIN. Provare. **3** Cercare di corrompere, istigare al male: *lo tentavano con promesse di una vita facile* | Allettare, attirare: *è una vacanza che mi tenta*. **4** Cercare di riuscire in q.c.: *è inutile — di persuaderlo* | Sperimentare, provare: *hanno tentato ogni mezzo*. [→ tav. *proverbi* 363]

tentativo *s. m.* Prova, esperimento per cercare di riuscire in q.c.

tentatóre *s. m.; anche agg.* (*f. -trìce*) Chi (o che) tenta, alletta, istiga al male: *diavolo —*.

tentazióne *s. f.* **1** Sollecitazione, istigazione al male | Condizione di chi è tentato: *cadere in —*. **2** Ciò che tenta (*anche scherz.*): *le tentazioni della gola* | Voglia, desiderio, curiosità (*spec. scherz.*): *non resistemmo alla — di leggere quel romanzo*.

tenténna *s. m. e f. inv.* Persona irresoluta ed esitante.

tentennaménto *s. m.* (*raro*) Movimento traballante | (*fig.*) Atteggiamento di dubbio, esitazione e sim.

tentennànte *part. pres. di tentennare; anche agg.* **1** Che tentenna. **2** (*fig.*) Indeciso, esitante.

tentennàre A *v. intr.* (*io tenténno; aus. avere*) **1** Stare malfermo sulle fondamenta, muoversi in qua e in là: *dente che tentenna*; SIN. Pencolare, traballare, vacillare. **2** (*fig.*) Essere irresoluto, incerto, titubante: *tentenna fra due soluzioni*; SIN. Esitare, nicchiare, titubare. **B** *v. tr.* Muovere in qua e in là, scuotere: *— la testa in segno di disapprovazione*; SIN. Crollare.

tentennìo *s. m.* Tentennamento continuato | (*fig.*) Indecisione, irresolutezza.

tentóni o *tentóne avv.* **1** Alla cieca, tentando senza vederlo il terreno con un piede o con un bastone: *camminare, procedere —*. **2** (*fig.*) A caso, senza sicurezza: *rispondere —, a —*.

tènue A *agg.* **1** (*lett.*) Sottile, esile, leggero: *un — filo* | Non molto vivo, detto di colore: *rosso —* | Debole: *un — suono*; SIN. Fioco. **2** (*fig.*) Di scarsa importanza, di poco peso e rilievo: *un — guadagno*. **3** (*anat.*) *Intestino —*, parte dell'intestino che va dal piloro al cieco. **B** *s. m.* (*anat.*) Intestino tenue.

tenuità *s. f.* L'essere tenue.

tenùta *s. f.* **1** Mantenimento in una posizione, una condizione e sim. | Capacità di impedire a liquidi o gas di fuoriuscire o filtrare: *flacone a — perpetua* | *— di strada*, attitudine di un autoveicolo a seguire la traiettoria impostagli senza sbandare. [→ ill. *vino*] **2** Quantità che può essere contenuta: *questa bottiglia ha una — di un litro*; SIN. Capacità. **3** Modo di tenere in regola la contabilità: *— dei libri paga*. **4** Resistenza di un atleta o di una squadra a un prolungato sforzo: *dimostrare una buona —*. **5** Esteso possedimento agricolo di più poderi. **6** Abito, abbigliamento: *— da lavoro, di fatica* | Divisa: *sfilarono in alta —*.

tenutàrio *s. m.* (*f. -a*) Chi ha o gestisce una bisca, una casa di malaffare e sim.

tenzóne *s. f.* **1** Nella letteratura medievale, disputa in vario metro su di un argomento fittizio, personale, filosofico o amoroso. **2** (*lett.*) Aspro contrasto verbale. **3** (*lett.*) Combattimento, battaglia, scontro.

tèo- *primo elemento*: in parole composte significa 'Dio' o gener. 'divinità': *teocrazia, teologia*.

teobromìna *s. f.* Alcaloide contenuto nei semi di cacao, simile alla caffeina, usato in medicina.

teocràtico *agg.* (*pl. m. -ci*) Appartenente alla teocrazia: *governo —*.

teocrazìa *s. f.* Sistema di governo in cui l'autorità politica, vista come emanante da Dio, è esercitata dai sacerdoti.

teodolite *s. m.* Strumento a cannocchiale usato in topografia e in geodesia, provvisto di cerchi per il rilevamento degli angoli. [→ ill. *misure, ottica*]

teofanìa *s. f.* (*lett.*) Apparizione o manifestazione della divinità.

teogonìa *s. f.* Narrazione mitologica dell'origine della ge-

nerazione degli dei.
teologàle *agg.* Di teologo o di teologia.
teologìa *s. f.* Scienza e studio della natura di Dio | – *naturale*, scienza dell'esistenza e della provvidenza di Dio, fondata sui dati della sola ragione | – *speculativa*, *dogmatica*, che riguarda le verità rivelate e i dogmi.
teològico *agg.* (*pl. m. -ci*) Della teologia.
teòlogo *s. m.* (*pl. -gi*) Studioso di teologia.
teorèma *s. m.* (*pl. -i*) Proposizione che, in una teoria matematica, viene dimostrata logicamente a partire dagli assiomi.
teoremàtico *agg.* (*pl. m. -ci*) Di teorema.
teorètica *s. f.* Filosofia teoretica, riguardante il problema della conoscenza; CFR. Etica, estetica.
teorètico *agg.* (*pl. m. -ci*) (*filos.*) Attinente alla teoria o al problema della conoscenza.
teorìa *s. f.* **1** Formulazione e sistemazione dei principi generali di una scienza o di una sua parte, di una dottrina filosofica o di altra forma del sapere: *le teorie della critica filologica*; *la – degli insiemi.* **2** Complesso dei precetti che servono di guida alla pratica | *In* –, teoricamente; CONTR. Prassi, pratica. **3** Modo di pensare: *non condivido le sue teorie sull'amicizia*; SIN. Idea, opinione. **4** (*lett.*) Processione, corteo, fila: *lunghe teorie di cavalli.*
teoricaménte *avv.* Per mezzo di deduzioni teoriche | In teoria.
teoricità *s. f.* L'essere teorico.
teòrico **A** *agg.* (*pl. m. -ci*) Di teoria: *manuale* – | Attinente alla teoria, basato sulla teoria: *considerazioni teoriche* | Speculativo, concettuale: *elaborazione teorica*; CONTR. Pratico. **B** *s. m.* (*f. -a*) Chi elabora, formula e sviluppa una teoria: *i teorici del marxismo* | (*spreg.*) Chi insiste sulla teoria non preoccupandosi delle applicazioni pratiche.
teorizzàre *v. tr.* Formulare una teoria | Ridurre a teoria.
teosofìa *s. f.* Ogni dottrina filosofico-religiosa che si fonda su una diretta rivelazione di scienza divina e indica i mezzi per un contatto diretto con la divinità.
teosòfico *agg.* (*pl. m. -ci*) Della teosofia.
teòsofo *s. m.* (*f. -a*) Seguace della teosofia.
tèpalo *s. m.* (*bot.*) Ciascuno degli elementi del fiore formato dalla fusione dei sepali coi petali.
tepee /*ingl.* 'ti:pi:/ *s. m. inv.* (*pl. ingl. tepees* /'ti:pi:z/) Tenda di forma conica dei pellirosse della prateria.
tepidàrio *s. m.* Nell'antichità romana, ambiente delle terme di passaggio dal bagno freddo al bagno caldo.
tèpido e deriv. V. *tiepido* e deriv.
tepóre *s. m.* Caldo moderato e gradevole: *il – primaverile.*
téppa *s. f.* **1** (*bot.*) Borraccina. **2** (*sett.*) Feccia, gentaglia della grande città; SIN. Teppaglia.
teppàglia *s. f.* (*spreg.*) Teppa.
teppìsmo *s. m.* Modo di comportarsi da teppista.
teppìsta *s. m. e f.* (*pl. m. -i*) Chi appartiene alla teppa | Chi commette azioni violente e vandaliche.
tequila /*sp.* te'kila/ *s. f. inv.* Liquore messicano ricavato dalla distillazione delle foglie di una varietà di agave.
tèra- *primo elemento*: anteposto a un'unità di misura la moltiplica per mille miliardi.
terapèutica *s. f.* Scienza della cura delle malattie.
terapèutico *agg.* (*pl. m. -ci*) Di terapia.
terapìa *s. f.* Parte della medicina che tratta della cura delle malattie | (*est.*) Cura: *iniziare una –.*
-terapìa *secondo elemento*: in parole composte del linguaggio medico significa 'metodo di cura': *idroterapia*, *elioterapia*, *pranoterapia.*
teràpico *agg.* (*pl. m. -ci*) Di terapia.
teratologìa *s. f.* (*med.*) Studio delle malformazioni corporee.
tèrbio *s. m.* Elemento chimico, metallo del gruppo delle terre rare. SIMB. Tb.
Terebintàli *s. f. pl.* (*sing. -e*) Ordine di piante dicotiledoni per lo più legnose spesso con organi secretori. [→ ill. *piante* 7]
terebìnto *s. m.* Alberetto delle Terebintali che fornisce la resina della trementina di Chio o di Cipro, con frutti aromatici eduli e semi oleosi.
terèdine *s. f.* Mollusco marino dei Bivalvi con corpo allungato la cui parte anteriore è protetta da una piccola conchiglia cilindrica; è dannosa perché scava gallerie in qualunque legno sommerso.
tèrgere *v. tr.* (*pres. io tèrgo, tu tèrgi; pass. rem. io tèrsi, tu tergésti; part. pass. tèrso*) (*lett.*) Forbire, nettare, pulire asciugando.
tergicristàllo *s. m.* Dispositivo applicato alla faccia esterna del parabrezza di autoveicoli, aerei e sim., che con un movimento a va e vieni di una spazzola di gomma mantiene pulito il cristallo in caso di pioggia o neve. [→ ill. *automobile*]
tergiversàre *v. intr.* (*io tergivèrso; aus. avere*) Cercare di eludere una questione, di sfuggire a una domanda, di ritardare una decisione, ricorrendo a pretesti e a sotterfugi; SIN. Nicchiare.
tergiversatóre *s. m.* (*f. -trìce*) Chi tergiversa.
tèrgo *s. m.* (*pl. tèrghi m.* nel sign. 2, *tèrga f.* nel sign. 1) **1** (*lett.*) Dorso, schiena | *A*, *da* –, di, da dietro. **2** Parte posteriore di un foglio | Rovescio di una moneta o di una medaglia.
terilène *s. m.* Nome commerciale di fibra poliestere molto resistente, usata per tessuti, tappeti, corde e sim.; SIN. Terital.
tèrital *s. m.* Altro nome commerciale del terilene.
terlàno *s. m.* Vino bianco verdolino, secco, prodotto in provincia di Bolzano.
termàle *agg.* **1** Detto di acqua minerale che sgorga da una sorgente calda: *acque termali* | *Stabilimento* –, ove si fanno cure con acque spec. da bersi. **2** Concernente le antiche terme.
tèrme *s. f. pl.* **1** Edificio per cure termali. **2** Presso gli antichi Romani, edifici pubblici per bagni con annessi luoghi di riunione, palestre, biblioteche: *le – di Diocleziano.*
tèrmico *agg.* (*pl. m. -ci*) **1** Attinente al calore o alla temperatura. **2** Detto di macchina capace di trasformare energia calorifica in energia meccanica. [→ ill. *ferrovia*]
termidòro *s. m.* Undicesimo mese del calendario repubblicano francese.
terminàbile *agg.* Che si può terminare | Che ha un termine; CONTR. Interminabile.
terminal /*ingl.* 'tə:minl/ *s. m. inv.* **1** *Acrt. di air terminal.* **2** Stazione capolinea, collegata con il retroterra o i centri urbani, per trasporti terrestri, marittimi o fluviali: *un nuovo – per container.*
terminàle **A** *agg.* **1** Di termine, di confine: *cippo* –. **2** Che è posto alla fine o costituisce la parte finale: *tratto – di un fiume*; CONTR. Iniziale. **3** (*bot.*) Detto di organo vegetale che si trova all'apice di un altro organo. **B** *s. m.* Punto estremo di collegamento di un conduttore, di un apparecchio elettrico e sim. | (*elab.*) Unità periferica per l'ingresso e l'uscita di dati, che permette l'utilizzazione a distanza di un calcolatore. [→ ill. *elettronica*]
terminàre **A** *v. tr.* (*io tèrmino*) **1** Ultimare, condurre a termine: – *un lavoro*; SIN. Compiere, finire; CONTR. Cominciare, iniziare. **2** (*raro*) Porre i termini, i confini. **B** *v. intr.* (*aus. essere*) **1** Finire, arrivare al termine: *la strada termina in campagna*; SIN. Cessare; CONTR. Iniziare. **2** (*ling.*) Uscire, avere desinenza.
terminazióne *s. f.* **1** Compimento, conclusione. **2** Estremità, punto terminale: *terminazioni nervose.* **3** Collocazione dei termini sulle linee di confine tra singole proprietà. **4** (*ling.*) Uscita, desinenza.
tèrmine (1) *s. m.* **1** Confine, limite di un podere, un territorio, una regione. **2** (*dir.*) Momento del tempo da cui decorrono o cessano gli effetti di un negozio giuridico | *Contratto a* –, di cui è stata fissata la scadenza al momento della stipulazione. **3** Ognuno dei due momenti entro i quali si compie q.c.: *oltrepassare i termini stabiliti* | Limite di tempo: *nel – di un mese.* **4** Punto estremo, fine: *siamo arrivati al – della strada* | *Aver* –, finire | *Portare a* –, portare a compimento | *Volgere al* –, stare per finire. **5** Elemento che viene esaminato separatamente, ma non può essere definito senza tenere conto dell'insieme cui appartiene: *il soggetto e il predicato sono termini di una proposizione* | *I termini di un paragone*, ciascuno degli elementi che vengono precisati in una similitudine | *Complemento di* –, indica la persona o la cosa a cui è rivolta l'azione espressa dal verbo. **6** (*mat.*) *Termini di una frazione*, il numeratore e il denominatore | *Ridurre ai minimi termini*, trasformare

una frazione in un'altra di valore uguale, e in cui numeratore e denominatore siano numeri primi fra loro; (*fig.*) ridurre in cattivo stato. **7** (*fig.*) Punto, grado a cui si arriva: *siamo giunti a questo* — | (*fig.*) Meta, punto di arrivo: *mirare a un — preciso.* **8** *spec. al pl.* (*fig.*) Limiti concessi all'agire: *varcare i termini della buona educazione* | Complesso degli elementi e delle circostanze che concorrono a definire una situazione: *ci siamo accordati entro questi termini* | Stato, condizione, modo di essere: *le cose stanno in questi termini* | *Essere in buoni termini con qc.*, in buoni rapporti.

tèrmine (2) *s. m.* **1** Locuzione, voce propria di una scienza, un'arte, una disciplina: *un — medico, filosofico.* **2** Parola, come elemento di una proposizione: *questo — è il predicato* | (*est.*) Parola, vocabolo: *un — toscano* | *In altri termini*, in altre parole | *Moderare i termini*, attenuare un linguaggio aspro od offensivo | *A rigor di termini*, secondo il significato più stretto | *Senza mezzi termini*, chiaramente, senza sotterfugi.

terminologìa *s. f.* Insieme dei termini usati per esprimere le nozioni proprie di una scienza, un'arte o una disciplina e sim.: *la — scientifica.*

termistóre *s. m.* (*elettr.*) Resistore con un coefficiente di temperatura molto elevato, tanto da variare entro ampi limiti il valore della resistenza.

termitàio *s. m.* Nido di termiti.

tèrmite (1) *s. f.* Insetto che si nutre di legno, vivente in grandi società in cui si distinguono varie caste di individui. [→ ill. *animali* 2]

termite (2) *s. f.* Mescolanza di metalli e ossidi metallici in polvere, spec. ossido di ferro e alluminio, la cui combustione produce altissimo calore.

tèrmo-, -tèrmo *primo e secondo elemento*: in parole composte scientifiche e tecniche fanno riferimento al calore, alla temperatura: *termodinamica, isotermo.*

termocautèrio *s. m.* (*chir.*) Strumento per cauterizzazioni.

termochìmica *s. f.* Parte della chimica che si occupa dei fenomeni di sviluppo o assorbimento di calore che accompagnano le reazioni.

termocoibènte *s. m.; anche agg.* Termoisolante.

termoconvettóre *s. m.* Apparecchio riscaldante costituito da due o più tubi alettati orizzontali, usato negli impianti di riscaldamento ed acqua calda.

termocòppia *s. f.* Coppia di metalli diversi, saldati per le estremità, nella quale si manifesta una forza elettromotrice quando esiste una differenza di temperatura fra le due saldature. [→ ill. *fisica*]

termodinàmica *s. f.* Studio delle trasformazioni dell'energia termica in energia meccanica e viceversa.

termodinàmico *agg.* (*pl. m. -ci*) Della termodinamica.

termoelettricità *s. f.* (*elettr., fis.*) Insieme dei fenomeni connessi alla trasformazione, tramite termocoppie, dell'energia termica in energia elettrica e viceversa.

termoelèttrico *agg.* (*pl. m. -ci*) **1** Della termoelettricità. **2** Detto di elettricità di origine termica | (*est.*) *Centrale termoelettrica*, impianto di produzione dell'energia elettrica che utilizza macchine elettriche.

termoelettrònica *s. f.* Insieme dei fenomeni e delle leggi relative all'effetto termoelettronico.

termoelettrònico *agg.* (*pl. m. -ci*) Detto della emissione di elettroni da un metallo, spec. posto nel vuoto, e portato a temperatura elevata.

termòforo *s. m.* Apparecchio formato da una resistenza elettrica chiusa in tessuto di amianto e variamente rivestito, il cui calore viene utilizzato a scopo terapeutico. [→ ill. *riscaldamento*]

termogènesi *s. f.* (*biol.*) Produzione di calore negli animali.

termògeno *agg.* Che genera calore.

termògrafo *s. m.* Termometro il cui indice è in grado di disegnare un diagramma delle temperature in funzione del tempo. [→ ill. *meteorologia*]

termoindurènte *agg.* Detto di sostanza che indurisce in maniera irreversibile per effetto del calore: *resine termoindurenti.*

termoiònica *s. f.* (*fis.*) Studio e complesso di fenomeni relativi all'emissione di ioni da corpi a temperatura sufficientemente elevata nel vuoto circostante.

termoiònico *agg.* (*pl. m. -ci*) Della termoionica | *Effetto* —, emissione di ioni da una superficie metallica riscaldata nel vuoto.

termoisolànte **A** *s. m.* Sostanza che, essendo cattiva conduttrice del calore, viene usata come isolante termico; SIN. Termocoibente. **B** *anche agg.*: *sostanza* —.

termolàbile *agg.* Che si altera con il calore.

termologìa *s. f.* Parte della fisica che studia i fenomeni e le leggi riguardanti il calore.

termoluminescènza *s. f.* (*fis.*) Tipo di luminescenza consistente in emissione, sotto forma di debole luce, dell'energia termica prima immagazzinata.

termometrìa *s. f.* **1** Studio dei metodi e degli strumenti di misura delle temperature. **2** Misura della temperatura del corpo e studio delle variazioni durante la malattia.

termomètrico *agg.* (*pl. m. -ci*) Del termometro | Misurato con il termometro.

termòmetro *s. m.* **1** Strumento di misura di temperature in particolari unità convenzionali, dette gradi | — *a massima, a minima*, per misurare la più alta e la più bassa temperatura durante un periodo di tempo determinato | — *clinico*, per la misura della massima temperatura corporea raggiunta. [→ ill. *chimico, fisica, medicina e chirurgia, meteorologia, misure, riscaldamento*] **2** (*fig.*) Segno indicatore, indizio: *questa protesta è il — del malcontento generale*; SIN. Spia.

termonucleàre *agg.* **1** Detto di reazione nucleare che può avvenire solo ad altissima temperatura. **2** Detto di apparato che interviene nei processi per ottenere energia termica da energia nucleare.

termoplàstico *agg.* (*pl. m. -ci*) Detto di materiale, quale il vetro, che diventa plastico per effetto del riscaldamento.

termoreattóre *s. m.* (*mecc.*) Sistema propulsivo che utilizza un getto ottenuto accelerando, per mezzo del calore, una massa d'aria prelevata dall'esterno.

termoregolatóre *s. m.* Termostato nel sign. 2.

termoregolazióne *s. f.* **1** Meccanismo biologico di autoregolazione della temperatura corporea degli animali. **2** Regolazione della temperatura per mezzo di termoregolatori.

tèrmos V. *thermos.*

termoscòpio *s. m.* Indicatore non graduato dello stato termico di un corpo.

termosensìbile *agg.* Che è sensibile alle variazioni di temperatura.

termosifóne *s. m.* **1** Sistema di riscaldamento degli ambienti di un edificio mediante circolazione di acqua calda che da una caldaia centrale raggiunge i radiatori per convenzione o con circolazione forzata. **2** Ciascuno dei radiatori che danno calore ai vari ambienti.

termostàbile *agg.* Che non si altera con il calore.

termòstato *s. m.* **1** Apparecchio in cui si mantiene costante la temperatura: — *a gas, elettrico.* **2** Dispositivo che mantiene costante la temperatura di un ambiente, di un apparecchio, di un liquido. [→ ill. *riscaldamento, tessuto*]

termotècnica *s. f.* Ramo della tecnica che studia il calore nelle sue applicazioni pratiche.

termoterapìa *s. f.* Cura delle malattie per mezzo del calore.

termoventilazióne *s. f.* Sistema di riscaldamento degli ambienti mediante circolazione di aria calda.

tèrna *s. f.* **1** Insieme di tre elementi. **2** Lista di tre persone una delle quali deve essere scelta per un incarico: *la — dei candidati alla presidenza.*

ternàrio **A** *agg.* Che si compone di tre elementi: *verso* —. **B** *s. m.* (*letter.*) Terza rima, terzina | Trisillabo.

tèrno *s. m.* **1** Al lotto, giocata ed estrazione di tre numeri dati sulla stessa ruota | *Vincere un — al lotto*, (*fig.*) beneficiare di una fortuna insperata | A tombola, serie di tre numeri estratti sulla stessa fila di una cartella. **2** Gruppo di tre fogli piegati in due e inseriti l'uno dentro l'altro.

terpène *s. m.* Ognuno degli idrocarburi a catena aperta o chiusa e di varia grandezza molecolare che si riscontra negli oli essenziali e nelle resine naturali.

terpènico *agg.* (*pl. m. -ci*) Di terpene.

terpìna *s. f.* Glicol terpenico ottenuto per idratazione della trementina con acido solforico; usato come espettorante.

tèrra *s. f.* **1** (o *Tèrra* nel sign. 1) Il terzo pianeta in ordine di distanza dal Sole, sul quale vivono uomini, animali e vegetali: *la superficie della Terra.* [→ ill. *astronomia, geografia*] **2** La vita terrena in contrapposizione al cielo, al mondo soprannaturale: *non ho nessun altro che lui sulla —* | *I beni della —*, quelli materiali | *Lasciare questa —*, morire | *Ci corre quanto dal cielo alla —*, (*fam.*, *enf.*) per indicare grandissima differenza | *Cose che non stanno né in cielo né in —*, cose incredibili, inaudite, o errori madornali. **3** Parte solida e compatta della superficie terrestre, massa che emerge dalle acque (in contrapposizione al mare, all'aria): *una lingua di — si protende nel mare; ha viaggiato per — e per mare* | *Vento, brezza di —*, che spira dalla terra al mare | *Cercare qc. o q.c. per — e per mare*, (*fam.*, *iperb.*) dappertutto | *Prendere, pigliare, toccar —*, approdare. **4** Estensione più o meno ampia e determinata della superficie solida del globo terrestre, territorio, regione, paese: *terre artiche, australi, boreali*; *— straniera* | *Terra Santa*, i luoghi della Palestina, in cui visse Gesù Cristo | *— promessa*, quella che Dio aveva promesso agli Ebrei come loro patria; (*fig.*) ogni bene ardentemente desiderato | *— bruciata*, territorio abbandonato in guerra al nemico dopo aver distrutto tutto quanto poteva essergli utile | *— di nessuno*, terreno posto fra due eserciti in guerra e (*fig.*) settore dell'elettorato non ancora conquistato da un partito | Paese, patria: *la — natale*; *difendere la propria —*. **5** Parte superficiale esterna della crosta terrestre, e (*est.*) qualsiasi superficie su cui poggia un corpo: *strisciare sulla —*; *nascondere q.c. sotto —*; *stare seduto in —*; *sdraiarsi per —*; *buttare q.c. a —*; *sollevare un carico da —*; *stare con lo sguardo fisso in —* | *Buttare, gettare, prostrare a —*, (*fig.*) far cadere in basso, avvilire | *Essere a —*, (*fig.*) essere molto mal ridotto | *Stare con i piedi in —*, *sulla —*, (*fig.*) essere realista | *Sentirsi mancare la — sotto i piedi*, (*fig.*) sentirsi perduto, privo di ogni sostegno | *Avere una gomma a —*, uno pneumatico sgonfio | *A fior di —*, *raso —*, al livello del suolo | *Volare — —*, a scarsissima altezza dal suolo | *Essere — —*, (*fig.*) di scarsa levatura intellettuale e culturale | *Parlare, scrivere — —*, usare un linguaggio molto semplice. **6** Punto di un circuito elettrico con potenziale zero, quale è quello della superficie terrestre | *Messa a —*, collegamento di un conduttore con la terra per scaricarvi elettricità. **7** Materia che forma lo strato superficiale della crosta terrestre: *— battuta*; *un monticello di —*. **8** Elemento in cui crescono le piante: *la — dei campi*; *una zolla di —*; *— coltivata, incolta* | *— grassa, magra*, ricca o povera di sostanze necessarie alla nutrizione delle piante | *— vergine*, che non è mai stata coltivata | Campagna: *i prodotti della —* | (*est.*) Possedimento rurale, tenuta, fondo: *ritirarsi nelle proprie terre.* **9** (*est.*) Sostanza naturale polverulenta e poco compatta: *terre coloranti*; *— di Siena* | *— da fonderia*, terra refrattaria usata per le formature. [→ ill. *metallurgia*] **10** (*chim.*) *Terre rare*, gruppo di quindici elementi, poco frequenti in natura, di numero atomico compreso tra 57 e 71.

terracòtta *s. f.* (*pl. terrecotte*) **1** Argilla modellata seccata e cotta in forno ad alta temperatura, usata per fabbricare vasellame. **2** Manufatto di terracotta.

terràcqueo V. *terraqueo.*

terrafèrma *s. f.* (*pl. terreférme*) Continente.

terràglia *s. f.* **1** Ceramica a impasto poroso e bianco, con vernice trasparente per vasellame, vasche da bagno, lavabi e sim. **2** *al pl.* Vasellame, oggetti in terraglia.

terramàra *s. f.* (*pl. terramàre o terremàre*) Grandi cumuli di terreno archeologico rinvenuti in località un tempo palustri con resti di palafitte, tipici della pianura emiliana a ovest del Reno e dei territori di Mantova e Cremona.

terramicina *s. f.* Antibiotico usato nelle infezioni polmonari e intestinali.

terranòva *s. m. inv.* Cane da guardia grosso e robusto, con pelo lungo e ondulato, orecchie pendenti e lunga coda. [→ ill. *cane*]

terrapièno *s. m.* Massa di terra addossata ad altre opere per arginatura, riparo, difesa.

terràqueo o *terràcqueo agg.* Composto di terra e di acqua | *Globo —*, il globo terrestre, la Terra.

terràzza *s. f.* **1** Superficie praticabile pavimentata all'aperto a livello di terra o ricavata su una parte dell'edificio, adatta al soggiorno e munita di parapetto. **2** Terrazzo.

terrazzaménto *s. m.* **1** (*geogr.*) Formazione di ripiani orizzontali nelle valli fluviali, in quelle glaciali o lungo le coste. **2** (*agr.*) Sistemazione a gradoni di terreno in forte pendio. [→ ill. *agricoltura*]

terrazzàre *v. tr.* Sistemare a terrazzi un terreno declive.

terrazzàto *part. pass. di terrazzare; anche agg.* Sistemato a terrazzi.

terrazzière *s. m.* **1** Sterratore. **2** Chi mette in opera i pavimenti del tipo a terrazzo.

terrazzino *s. m. Dim. di terrazzo.*

terràzzo *s. m.* **1** Terrazza. **2** Gradino di erosione sul fianco di una valle. **3** Ripiano coltivabile di un terreno in pendio sistemato a gradoni. **4** Pavimento impermeabile per terrazze.

terremotàto **A** *agg.* Danneggiato dal terremoto: *paese —*. **B** *s. m.* (*f. -a*) Chi abita o è profugo di una zona danneggiata dal terremoto.

terremòto *s. m.* **1** Scossa o vibrazione rapida e improvvisa della crosta terrestre; SIN. Sismo. **2** (*fig.*) Persona, bambino o animale troppo vivace. **3** (*fig.*) Sconvolgimento, brusco mutamento di una situazione: *c'è stato un — in testa alla classifica.*

terréno (1) **A** *agg.* **1** Che appartiene o si riferisce alla Terra, intesa come luogo ove si svolgono le vicende umane: *vita terrena*; *beni terreni*; SIN. Mondano. **2** Che è a livello del suolo, della strada: *camera terrena* | *Piano —*, pianterreno. **B** *s. m.* Livello stradale: *stanza a —*.

terréno (2) *s. m.* **1** Spazio più o meno esteso e determinato di superficie terrestre: *— pianeggiante, soleggiato* | Area coltivabile, terra coltivata: *dissodare il —*; *— boschivo*; *— agrario* | *Preparare il —*, lavorarlo prima della semina e (*fig.*) disporre qc. o q.c. per ottenere ciò che si desidera | *Trovare il — adatto*, (*fig.*) trovare l'ambiente favorevole | Area fabbricabile. **2** Campo di battaglia | *Guadagnare, acquistare —*, (*fig.*) progredire | *Studiare il —*, (*fig.*) cercare di conoscere le intenzioni di qc. | *Scendere sul —*, affrontare una battaglia | *Restare sul —*, morire in battaglia | *Incontrarsi in — neutro*, (*fig.*) cercare un accomodamento. **3** Suolo, terra: *gettare q.c. sul —* | (*fig.*) Argomento di un discorso o di una discussione: *hanno portato la discussione su di un — pericoloso.* **4** *— di gioco*, (*ell.*) *—*, campo su cui si svolge una partita.

tèrreo *agg.* (*raro*) Che è fatto di terra | Che ha la natura, l'aspetto della terra | *Colorito —*, giallo olivastro.

terrèstre **A** *agg.* **1** Della Terra, attinente alla Terra: *superficie —*; *diametro —*. [→ ill. *geografia*] **2** Di questa terra, terreno: *paradiso —*. **3** Di terra: *battaglia —* | Che vive sulla terra ferma: *animali terrestri.* **B** *s. m. e f.* Chi abita sulla Terra.

terribile *agg.* **1** Che incute terrore, spavento, angoscia: *belva —*; *mostro —* | Che è di un'eccessiva crudeltà o cattiveria: *un nemico —* | Troppo severo, spietato: *il — Dio d'Israele*; SIN. Orrendo, orribile, tremendo. **2** Molto forte, eccessivo: *un dolore —* | Notevole, straordinario, in senso positivo: *una — simpatia.*

terriccio *s. m.* Terra molto sciolta, ricca di sostanze vegetali decomposte, usata spec. per piante coltivate in vaso, in aiuole, in serre.

terricolo *agg.* Che vive in terra: *animale —*.

terrier /*fr.* te'rje, *ingl.* 'terjə/ *s. m. inv.* (*pl. fr. terriers* /te'rje/, *pl. ingl. terriers* /'terjəz/) Cane piccolo e robusto, un tempo utilizzato per la caccia, oggi prevalentemente da compagnia. [→ ill. *cane*]

terrièro *agg.* Di terra, di terreno agrario: *possidente —*.

terrificàre *v. tr.* (*io terrìfico, tu terrìfichi*) (*raro*) Riempire di spavento.

terrìgeno *agg.* **1** (*lett.*) Nato dalla terra. **2** (*geol.*) Relativo a sedimenti o a granuli clastici di origine continentale.

terrina *s. f.* Zuppiera, insalatiera, tegame a sponda alta di terracotta.

territoriàle *agg.* Di territorio, appartenente a un territorio: *proprietà —* | *Milizia —*, fino alla prima guerra mondiale, suddivisione dell'esercito costituita con le classi più anziane per la tutela del paese e i servizi di retrovia | *Comando militare —*, quello che esercita la propria autorità sugli enti, sulle cose e sugli affari territoriali dell'esercito nella regione militare di sua giurisdizione | *Acque territoriali*, zona di mare adiacente alle coste di uno Stato e sottoposta alla sovranità dello stesso.

territorialità *s. f.* Condizione di territoriale.

territòrio *s. m.* Porzione definita di terra | Regione, paese: *i territori d'oltremare.*

terróne *s. m.* (*f. -a*) (*dial., spreg.*) Nativo dell'Italia meridionale.

terróre *s. m.* **1** Grande paura, forte spavento, timore che sconvolge: *mettere, incutere —*; SIN. Panico. **2** Chi (o ciò che) incute terrore: *l'esame era il suo —.* **3** *Il Terrore*, periodo della Rivoluzione Francese dal maggio 1793 al luglio 1794, in cui il Comitato di salute pubblica decretò molte esecuzioni capitali | (*est.*) Periodo di dittatura violenta e sanguinaria.

terrorìsmo *s. m.* **1** Regime instaurato da governanti o belligeranti che si valgono di mezzi atti a incutere terrore. **2** Concezione e pratica di lotta politica che fa uso della violenza per ottenere radicali cambiamenti.

terrorista **A** *s. m. e f.* (*pl. m. -i*) Chi compie atti di terrorismo. **B** *anche agg.*: *gruppo —.*

terroristico *agg.* (*pl. m. -ci*) Che mira a terrorizzare | Ispirato ai metodi del terrorismo.

terrorizzàre *v. tr.* Incutere grande spavento.

terróso *agg.* **1** Che è misto a terra: *liquido —* | Imbrattato di terra: *mani terrose.* **2** Che nell'aspetto assomiglia alla terra: *materiale —.*

tèrso *part. pass. di tergere; anche agg.* Nitido, pulito | Limpido: *cielo —* | (*fig.*) Detto di scritto o stile forbito, elegante.

tèrza *s. f.* **1** Terza classe di una scuola. **2** Negli autoveicoli, terza marcia: *innestare la —.* **3** Atteggiamento schermistico: *invito di —.* **4** Ora canonica corrispondente alle nove antimeridiane. **5** (*mus.*) Intervallo che abbraccia tre gradi della scala diatonica.

terzàna *s. f.* Forma di malaria in cui l'accesso febbrile insorge ogni terzo giorno.

terzarolàre *v. tr.* (*io terzaròlo*) (*mar.*) Far terzarolo.

terzaròlo o *terzaruòlo s. m.* Ripiegatura che si fa a ogni vela per diminuirne la superficie quando il vento soverchia | *Far —*, manovrare per restringere una parte della vela e prendere minor vento | *Prendere una o più mani di —*, raccogliere la vela riducendo l'ampiezza alla misura voluta.

terzerìa *s. f.* Contratto di compartecipazione per il quale il coltivatore del terreno riceve un terzo del prodotto.

terzétta *s. f.* Antica pistola da cintura, a canna corta. [→ ill. *armi*]

terzétto *s. m.* **1** (*mus.*) Composizione a tre parti, per tre esecutori. **2** Complesso di tre persone simili per qualche particolare fisico o morale o che insieme compiono q.c.: *un allegro —; un — di truffatori.*

terziàrio **A** *s. m.* (*f. -a*) **1** Iscritto al terzo ordine di una regola di frati: *— francescano.* **2** (*geol.*) Cenozoico. **3** (*econ.*) Settore che produce o fornisce servizi | *— avanzato*, quello in cui i servizi hanno un alto contenuto di innovazione, come la ricerca tecnico-scientifica, l'informatica, la consulenza aziendale e sim. **B** *agg.* **1** Che occupa il terzo posto. **2** (*econ.*) Detto del settore che produce o fornisce servizi.

terziarizzazióne *s. f.* (*econ.*) Processo socioeconomico per cui tendono a prevalere i lavoratori dei servizi rispetto a quelli dell'industria e dell'agricoltura.

terzière *s. m.* Ognuna delle tre parti in cui era divisa una città.

terzìglio *s. m.* Tressette a tre; SIN. Calabresella.

terzìna *s. f.* **1** Strofe di tre versi endecasillabi, di cui il 1° rima col 3° mentre il 2° con il 1° e il 3° della strofa seguente. **2** Suddivisione di un dato valore o figura musicale in tre valori uguali.

terzinàre *v. tr.* (*mus.*) Scrivere o eseguire un brano in terzine.

terzìno *s. m.* **1** Nel calcio, giocatore della terza linea che ha il compito di controllare le punte avversarie. **2** Fiasco piccolo, terza parte del comune. **3** Piccolo clarinetto.

tèrzo **A** *agg. num. ord.* Corrispondente al numero tre in una sequenza | *Il — Stato*, in Francia, prima della Rivoluzione Francese, la borghesia | *Il — mondo*, gruppo di nazioni che non appartengono né al mondo occidentale né a quello socialista e che hanno gener. in comune un passato di dominazione coloniale | *Il — sesso*, gli omosessuali | *Terza pagina*, nei quotidiani, pagina riservata gli articoli di cultura | *La terza età*, la vecchiaia | *Terza rima*, terzina | (*fig.*) *Di terz'ordine*, di qualità scadente: *roba di terz'ordine.* **B** *s. m.* (*f. -a* nel sign. 4) **1** Ciascuna delle tre parti uguali di una stessa quantità. **2** (*dir.*) Persona estranea rispetto a un determinato rapporto giuridico. **3** *spec. al pl.* Chi non fa parte di q.c., chi è estraneo: *non voglio l'intervento di terzi* | *Per conto di terzi*, per conto di altre persone. **4** Chi (o ciò che) viene dopo altri due: *per giocare manca un —* | *Il — incomodo*, chi si intromette inopportunamente tra due persone che conversano. [→ tav. *proverbi* 365]

terzùltimo *s. m.; anche agg.* (*f. -a*) Chi (o che) in una sequenza corrisponde al numero tre o sta al terzo posto, partendo a contare dall'ultimo.

terzuòlo *s. m.* Terzo taglio annuale del fieno.

tésa *s. f.* **1** Parte sporgente del cappello attaccata alla cupola: *cappello a larghe tese.* **2** Operazione del tendere le reti, spec. agli uccelli. **3** Misura di lunghezza, varia secondo i luoghi, pari circa all'apertura delle braccia.

tesafili *s. m.* Attrezzo a ganasce usato nella tesatura dei conduttori delle linee elettriche aeree.

tesàre *v. tr.* (*io téso*) **1** Tendere cavi, funi e sim. **2** (*mar.*) Tendere un cavo oppure orientare una vela perché sfrutti pienamente il vento.

tesàta *s. f.* Tesatura.

tesatùra *s. f.* Operazione del tesare.

tesaurizzàre *v. tr. e intr.* (*aus. avere*) **1** Accumulare ricchezze senza destinarle a investimenti produttivi. **2** (*fig.*) Accumulare beni.

tèschio *s. m.* Cranio.

tèsi *s. f.* **1** Proposizione che richiede di essere dimostrata: *formulare, sostenere una —*; CONTR. Antitesi; CFR. Sintesi | *Commedia, romanzo a —*, che si propongono di dimostrare una tesi, spec. sociale o morale | *— di laurea*, dissertazione scritta che uno studente presenta alla discussione per il conseguimento del titolo dottorale. **2** (*mat.*) Parte dell'enunciato d'un teorema, contenente l'affermazione che si vuol provare in base all'ipotesi. **3** Nella metrica greca, tempo forte del piede, nella metrica latina tempo debole.

tésla *s. m. inv.* (*fis.*) Unità di misura dell'induzione magnetica, pari a 1 weber/m². SIMB. T.

téso *part. pass. di tendere; anche agg.* Tirato, disteso: *corda tesa* | *Avere i nervi tesi*, essere molto inquieto | *Faccia tesa*, con i lineamenti affaticati | (*fig.*) *Rapporti tesi*, vicini a una rottura | (*fig.*) *Situazione tesa*, momento critico che in genere prelude ad aperte ostilità. [→ tav. *proverbi* 215]

tesorerìa *s. f.* **1** Luogo dove si tiene il tesoro dello Stato. **2** Ufficio che amministra e maneggia il denaro di uffici, aziende e sim.

tesorière *s. m.* (*f. -a*) Chi custodisce e amministra un tesoro | Capo della tesoreria centrale o provinciale, di Stato o Comune.

tesòro *s. m.* **1** Grande quantità di denaro o oggetti preziosi, conservati spec. nascosti: *trovare un —* | *Caccia al —*, gioco di società all'aperto, consistente nel rintracciare oggetti disparati, in precedenza disseminati da chi ha organizzato il gioco. **2** (*est.*) Grande quantità di denaro. **3** (*fig.*) Ricchezza naturale: *i tesori del sottosuolo* | Opera artistica di grande valore | Preziosa ricchezza spirituale: *il — della virtù.* **4** (*fig.*) Persona molto amata, cosa alla quale si attribuisce grande valore | *Fare — di q.c.*, tenerla in grande conto. **5** Erario pubblico | *Ministero del —*, da cui dipende il bilancio generale dello Stato e la gestione del denaro pubblico. **6** Nella letteratura, spec. medievale, opera enciclopedica. [→ tav. *proverbi* 105]

tèssera *s. f.* **1** Cartoncino o libretto con l'indicazione delle generalità e talvolta con la fotografia del possessore per dimostrare l'appartenenza a un ente, a un'associazione o a un partito, per il suo riconoscimento o per l'attribuzione di particolari diritti: *la — di impiegato statale* | *— annonaria*, per ottenere le previste razioni di viveri, spec. in periodo bellico | *— magnetica*, dotata di una banda magnetizzata che, letta da apposite apparecchiature, permette di utilizzare sistemi o di accedere a luoghi altrimenti inaccessibili. **2** Ciascuno dei pezzi del domino. [→ ill. *giochi*] **3** Ciascuno dei tasselli cubici di pietra che compongono il mosaico.

tesseraménto *s. m.* **1** Iscrizione a un partito, ente e sim. mediante una tessera: *campagna di —*. **2** Distribuzione di tessere annonarie | Razionamento: *— del pane.*

tesseràre **A** *v. tr.* (*io tèssero*) **1** Provvedere di tessera, fornire la tessera di iscrizione a un partito, a un ente e sim. **2** Razionare mediante tessera viveri e altri prodotti, in casi di emergenza: *— lo zucchero.* **B** *v. intr. pron.* Munirsi di tessera | Iscriversi a un partito o a un ente, prendendone la tessera.

tesseràto **A** *part. pass. di tesserare; anche agg.* **1** Provvisto di tessera | Detto di atleta che fa parte di una società sportiva. **2** Razionato. **B** *s. m.* (*f. -a*) Chi ha la tessera di un partito, di un ente e sim.

tèssere *v. tr.* (*pass. rem. io tesséi, tu tesséstì; part. pass. tessùto*) **1** Fabbricare una stoffa sul telaio, intrecciando con la spola i fili dell'ordito con quelli della trama: *— la canapa.* **2** Comporre a guisa di tessuto: *— una stuoia.* **3** (*est.*) Intrecciare (*anche fig.*): *— funi*; *— danze.* **4** (*fig.*) Comporre con arte: *— un discorso* | Compilare con cura: *— un'opera storica* | *— lodi*, metterle insieme con arte. **5** Macchinare, ordire: *— inganni, tradimenti.* [→ tav. *proverbi* 255]

tèssile **A** *agg.* Concernente la tessitura: *industria —* | *Piante tessili*, coltivate per le loro fibre, come la canapa, il lino e il cotone. **B** *s. m. e f. spec. al pl.* Chi lavora nell'industria tessile. **C** *s. m.* Prodotto tessile.

tessilsàcco *s. m.* (*pl. -chi*) Nome commerciale di uno speciale sacco di carta o plastica per tenervi gli abiti al riparo dalla polvere e dalle tarme.

tessitóre *s. m.* (*f. -trìce*) **1** Operaio dell'industria tessile che esegue la tessitura. **2** (*fig., lett.*) Chi compone con cura, arte, attenzione. **3** (*fig.*) Orditore: *— d'inganni.*

tessitùra *s. f.* **1** Operazione del tessere | Modalità e costo di tale operazione. **2** Lavoro, opera d'intreccio: *stuoia a —*. **3** Stabilimento in cui si tessono i filati. **4** (*fig.*) Composizione di un'opera letteraria: *la — di una commedia.* **5** Registro della voce umana nell'ambito più favorevole al canto. **6** *— di una roccia*, modo con cui si riuniscono i cristalli che costituiscono la roccia.

tessutàle *agg.* (*anat.*) Di tessuto.

tessùto *s. m.* **1** Strato flessibile formato da uno, da due o più sistemi di fili che si incrociano e si intrecciano fra loro. [→ ill. *tessuto*] **2** (*fig.*) Insieme di cose, di fatti strettamente legati e connessi. **3** (*biol.*) Insieme di cellule della stessa natura di un corpo animale o vegetale: *— muscolare, epiteliale, osseo.*

tèst /*ingl.* test/ *s. m. inv.* (*pl. ingl. tests* /tests/) **1** (*psicol.*) Prova, quesito per valutare le caratteristiche di uno o più individui. **2** Prova attitudinale, spec. nell'orientamento professionale | (*est.*) Quesito che ammette una sola risposta esatta, posto a un esaminando. **3** (*gener.*) Prova, saggio.

tèsta *s. f.* **1** Negli uomini e negli animali, estremità del corpo contenente l'encefalo, il tratto iniziale dell'apparato digerente e respiratorio e diversi organi di senso: *reclinare la — sul petto* | *Dalla — ai piedi*, in tutto il corpo | *Rompersi la —*, ferirsi alla testa | Parte superiore del cranio, coperta normalmente dai capelli: *una — bionda, bruna, ricciuta, calva* | *Andare a — alta*, avere orgogliosa coscienza della propria onestà, del proprio merito | *Abbassare, chinare la —*, (*fig.*) accettare un'umiliazione | *Avere mal di —*, soffrire di cefalea | *Avere giramenti di —*, soffrire di vertigini | *Lavata di —*, (*fig.*) sgridata, rimprovero | *Andare, montare il sangue alla —*, essere sconvolto dall'ira | *Dare alla —*, di vino o altra bevanda alcolica, inebriare | *Non sapere dove battere la —*, non sapere dove trovare aiuto | *Teste coronate*, i sovrani, i regnanti; SIN. Capo. [→ ill. *macelleria*] **2** Vita: *ne va della —*; *giuro sulla — dei miei figli.* **3** Rappresentazione di una testa nell'arte: *le teste di Andrea del Sarto.* **4** (*sport*) Nelle corse ippiche, unità di misura, corrispondente alla lunghezza della testa del cavallo: *vincere per una —*. **5** *— e croce*, gioco d'azzardo consistente nel buttare in aria una moneta e nel cercare di indovinare quale faccia presenterà dopo la caduta. **6** (*zool.*) *— di morto*, atropo. **7** (*fig.*) Sede dell'intelletto, della ragione | *Mettersi, ficcarsi in — q.c.*, convincersene | *Mettersi in — di fare q.c.*, decidere fermamente di farla | *Mettere q.c. in — a qc.*, convincerlo di q.c. | *Entrare in —*, essere compreso e assimilato: *la matematica non mi entra in —* | *Passare per la —*, affacciarsi alla mente | *Passare di —*, dimenticarsi di q.c. | *Rompersi la —*, (*fig.*) scervellarsi su un problema | Riflessione, discernimento: *adoperare la —* | *Fare le cose senza —, con la — nel sacco*, senza riflettere a ciò che si fa | *Avere la — tra le nuvole*, essere svagato, distratto | *Vivere con la — tra le nuvole*, perdere il contatto con la realtà | *Avere la — a q.c.*, pensarci insistentemente | *Avere la — a posto*, agire in modo assennato | *Perdere la —*, non essere più perfettamente padrone di sé e dei propri atti | *Mettere la — a posto, a segno, a partito*, mettere giudizio | *Montarsi la —*, illudersi | *Fare di — propria*, agire per propria libera scelta, senza tener conto dei consigli | Ingegno, capacità: *non ha mai avuto una gran —*. **8** (*fig.*) Sede degli stati psicologici: *una — stramba.* **9** Persona avente determinate caratteristiche: *è una — d'asino* | *— quadra*, persona equilibrata od ostinata | *— dura*, persona ottusa, cocciuta | *— vuota*, persona sventata, smemorata | *— matta*, persona focosa, stravagante | *— calda*, persona di carattere impulsivo | *— d'uovo*, (*iron.*) intellettuale le cui idee politiche o economiche mancano spesso di contenuto pratico | *— di cavolo, di rapa*, (*euf.*) imbecille, stupido, zuccone | Persona, individuo, in espressioni come: *toccare, spettare un tanto a —*. **10** Parte iniziale, anteriore, estremità superiore di q.c.: *— della trave* | *Vettura di —*, la prima del treno | *La — del letto*, la sponda presso la quale si poggia il capo | *— di una pagina*, il lato superiore | *— d'albero*, sui velieri, parte superiore di un albero | *La — delle ruote*, mozzo | Estremità di un oggetto che si sviluppa in lunghezza, quando esso formi un ingrossamento: *la — di un fiammifero, di un chiodo, di uno spillo, esplosiva* | *— di produzione*, complesso di valvole che regolano la produzione di un pozzo petrolifero o metanifero. [→ ill. *armi, campana e campanello, ferramenta, meccanica, miniera, petrolio, tornio*] **11** (*anat.*) Estremità | *— del femore*, parte del femore a mezza sfera che si articola col bacino. **12** (*bot.*) Estremità arrotondata di alcune piante | *— d'aglio*, l'insieme degli spicchi. **13** Estremità anteriore di una fila, di una formazione di marcia: *la — del corteo* | *Essere in —, alla —*, avanti a tutti | *Mettersi, essere alla —*, a capo: *mettersi alla — di un movimento* | *Tener — al nemico*, opporsi, resistere | *— di ponte*, terreno occupato da un'avanguardia immediatamente al di là di un fiume | *— di sbarco*, in un'operazione di sbarco, la prima presa di possesso del territorio nemico | (*sport*) In una gara, prima posizione: *passare, essere in —* | *— di serie*, la squadra migliore o ciascuno dei giocatori di notevole abilità che, in un torneo a eliminazione diretta, vengono esclusi dal sorteggio perché non accada che si scontrino tra loro ai primi turni. **14** Parte superiore, snodabile e orientabile, del cavalletto di una macchina da presa. **15** (*mecc.*) Testata di motore a combustione interna | *— del cilindro*, nei motori a scoppio, parte che racchiude la camera di combustione | *— a croce*, nelle macchine a stantuffo, organo scorrevole su guide che collega lo stelo dello stantuffo alla biella. [→ ill. *motore*] [→ tav. *proverbi* 74, 130, 187; → tav. *locuzioni* 105]

testàcei *s. m. pl.* Ordine di protozoi rivestiti da un guscio munito di un'apertura.

testàceo *agg.* Detto di invertebrato munito di conchiglia | *Membrana testacea*, la più esterna dell'uovo degli uccelli, immediatamente sotto il guscio.

tèsta-códa *loc. sost. m. inv.* Sbandamento dopo il quale un autoveicolo si trova rivolto in senso opposto a quello in cui procedeva.

testamentàrio *agg.* Del testamento, che riguarda il testamento o si fa per testamento.

testaménto *s. m.* **1** Atto revocabile con cui taluno dispone di tutto o di parte del proprio patrimonio per il tempo successivo alla propria morte | *— spirituale*, complesso di idee e sentimenti che costituiscono il messaggio ideale ispirato dall'opera e la vita di grandi uomini. **2** *Antico e Nuovo —*, le due parti della Bibbia, concernenti il Patto o Testamento Antico, stretto da Dio con Israele, e il Testamento o Patto Nuovo annunciato da Gesù.

testardàggine *s. f.* L'essere testardo; SIN. Cocciutaggine, ostinazione.

testàrdo *agg.; anche s. m.* (*f. -a*) Detto di chi si rifiuta di rocca

filatoio

telaio a mano

spola

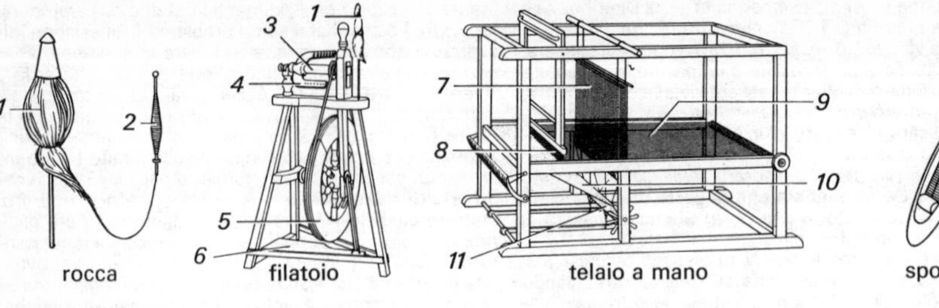

1 rocca 2 fuso 3 rocchetto 4 aletta 5 girella 6 pedale 7 licci 8 pettine 9 ordito 10 tessuto 11 subbio

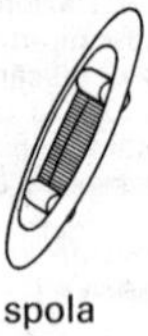

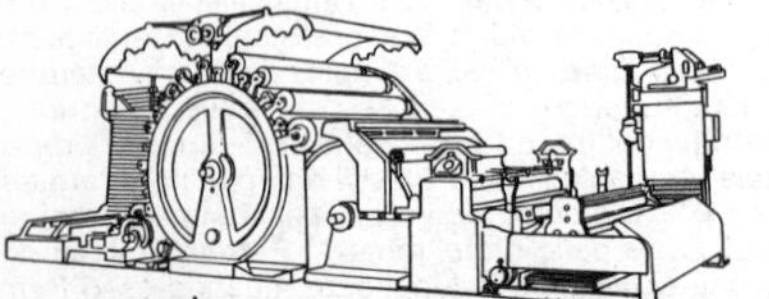

carda

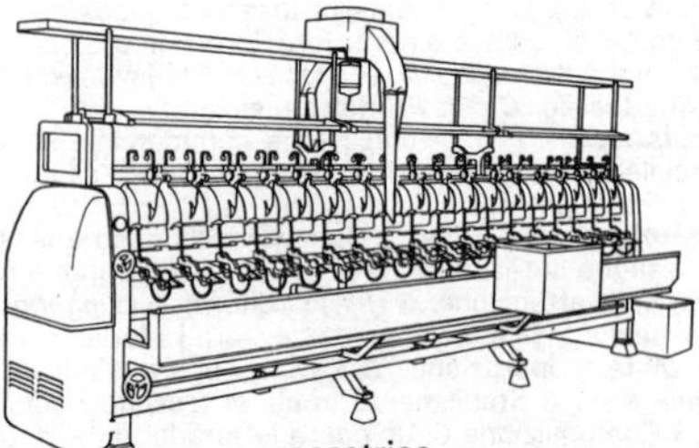

roccatrice

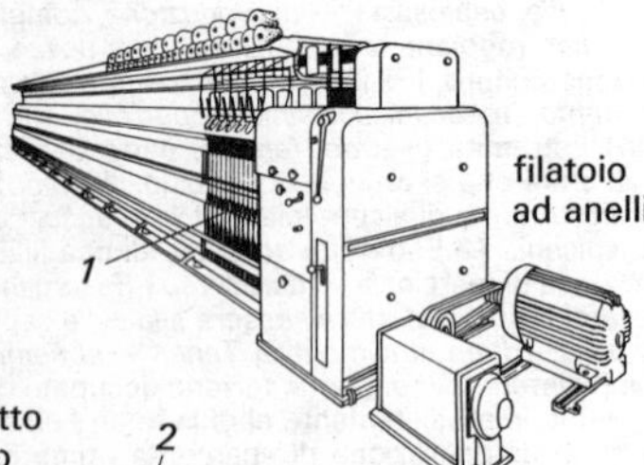

filatoio ad anelli

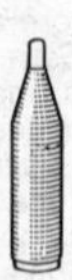

rocchetto di filato

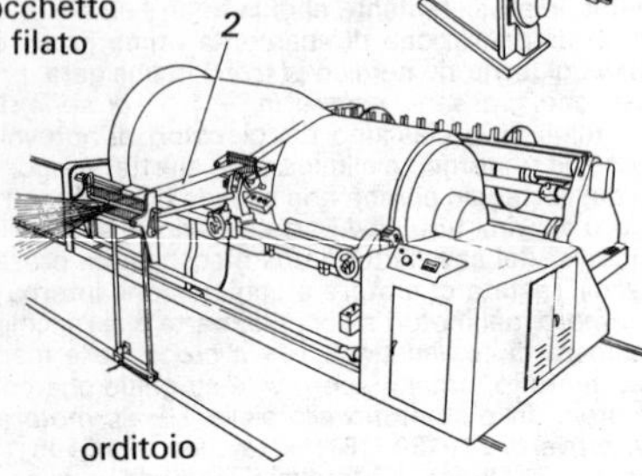

orditoio

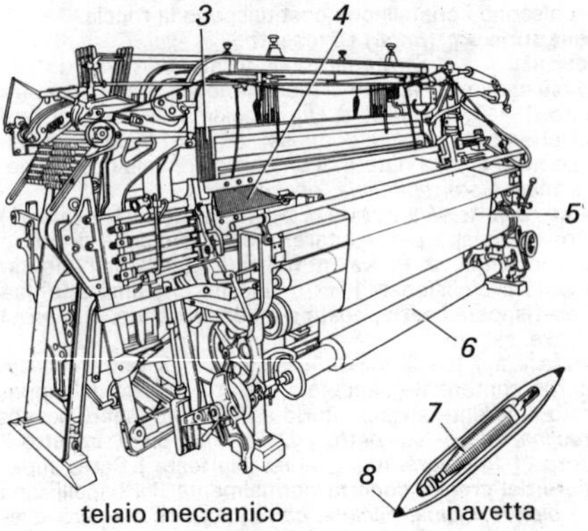

telaio meccanico

navetta

1 rocchetti di filato 2 ordito 3 licci 4 pettine 5 tessuto 6 subbio 7 bobina 8 punta metallica

armatura del tessuto

tela saia raso

macchina per maglieria

maglia

diritta rovescia a coste

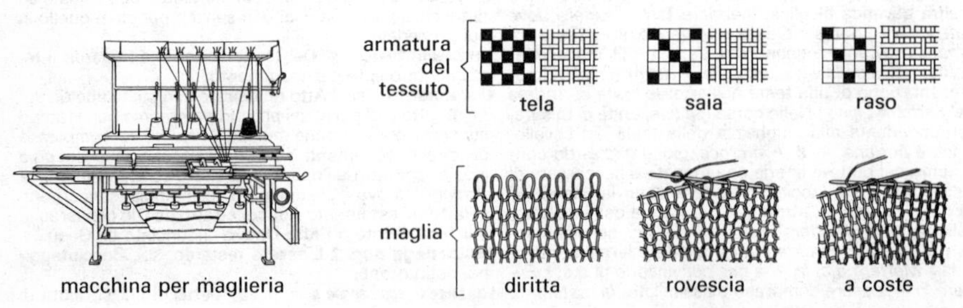

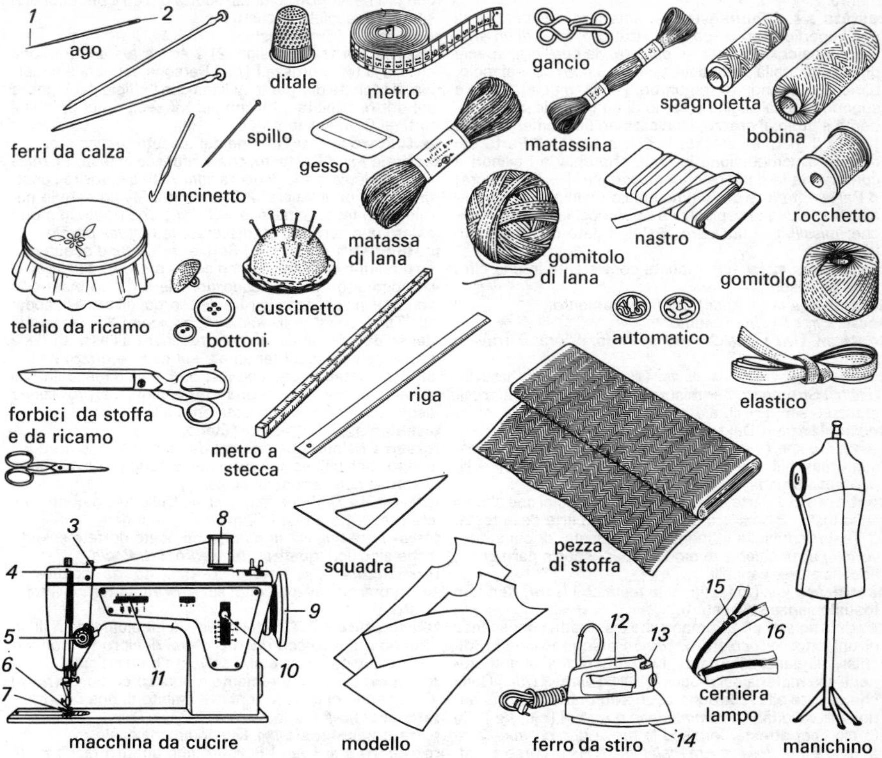

tessuto

1 2 ago

ferri da calza

ditale

metro

spillo

gesso

uncinetto

gancio

matassina

spagnoletta

bobina

rocchetto

matassa di lana

nastro

gomitolo di lana

gomitolo

telaio da ricamo

cuscinetto

bottoni

automatico

riga

elastico

forbici da stoffa e da ricamo

metro a stecca

squadra

pezza di stoffa

manichino

3 4 5 6 7 8 9 10 11 macchina da cucire

modello

12 13 14 ferro da stiro

15 16 cerniera lampo

1 punta 2 cruna 3 guida del filo 4 leva tirafilo 5 blocco di tensione 6 ago 7 placca d'ago 8 rocchetto 9 volantino 10 regolatore dei punti 11 selettore dei punti 12 impugnatura 13 termostato 14 piastra 15 cursore 16 dentino

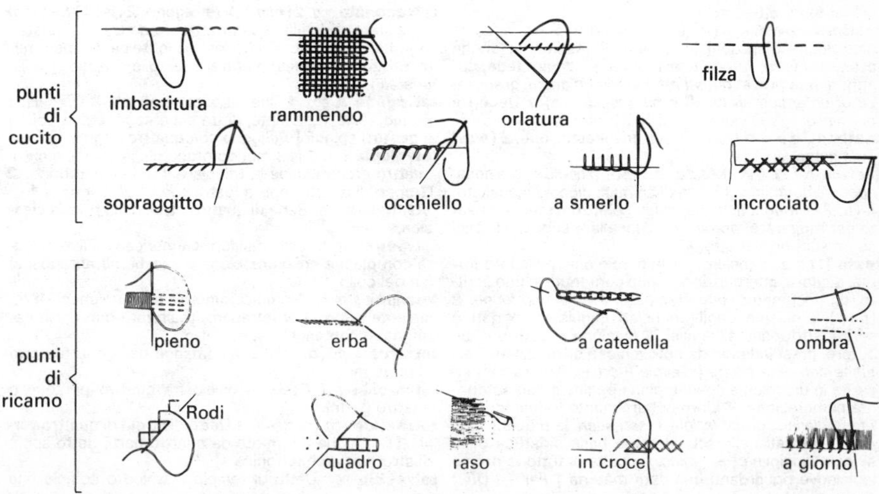

ascoltare il parere altrui e non si lascia persuadere; SIN. Cocciuto, ostinato.

testàre *v. intr.* (*io tèsto; aus. avere*) (*dir.*) Fare testamento.

testàta *s. f.* **1** Parte estrema, anteriore o superiore di una superficie, un corpo, una struttura: *la — di un argine, di una colonna* | *La — del letto*, la spalliera, specie quella alta, dalla parte della testa | *— d'arrivo*, nel molo, banchina, sponda di traguardo. [→ ill. *mobili*] **2** Parte superiore della pagina o foglio di un giornale comprendente il titolo, il prezzo, l'indicazione del numero e sim. | (*est.*) Il giornale stesso. [→ ill. *stampa*] **3** Parte del motore a combustione interna, che chiude i cilindri e comprende le camere di combustione. [→ ill. *motore*] **4** Parte anteriore dell'ultimo stadio di un missile contenente una carica esplosiva o apparecchiature scientifiche: *missili a — nucleare.* **5** Colpo dato o battuto con la testa.

testàtico *s. m.* (*pl. -ci*) Imposta consistente in una cifra fissa a persona.

testatóre *s. m.* (*f. -trice*) Chi fa testamento.

tèste *s. m. e f.* (*dir.*) Testimone.

testé *avv.* (*lett.*) Qualche momento fa, or ora: *è arrivato —.*

tester /*ingl.* 'testə/ *s. m. inv.* (*pl. ingl. testers* /'testəz/) (*elettr.*) Strumento per misurare tensioni, correnti, resistenze e sim. [→ ill. *elettricità, elettronica*]

testicolàre *agg.* Del testicolo.

testicolo *s. m.* (*anat.*) Ciascuna delle due ghiandole sessuali maschili che producono gli spermatozoi. [→ ill. *anatomia umana*]

testièra *s. f.* **1** Parte del finimento degli equini che s'infila sulla testa. **2** Spalliera del letto, dalla parte della testa. **3** Testa femminile in legno o cartapesta, di cui si servono i parrucchieri e le modiste per esporre parrucche, acconciature, cappelli.

testificàre *v. tr.* (*io testìfico, tu testìfichi*) (*raro*) Rendere testimonianza | Attestare.

testimòne *s. m. e f.* **1** Persona che è a diretta conoscenza di un fatto: *— oculare.* **2** (*dir.*) Persona fisica che dichiara dinnanzi all'organo giudiziario fatti a lei noti attinenti alla materia del processo; SIN. Teste. **3** (*dir.*) Colui che assiste alla redazione di un atto pubblico attestandone la validità: *i testimoni delle nozze.* **4** (*est., fig.*) Chi (o ciò che) attesta, fornisce la prova di q.c.: *questa risposta è il — della vostra malafede.* **5** Nelle corse a staffetta, bastoncino che dev'essere consegnato al compagno cui tocca di correre la successiva frazione. [→ ill. *sport*]

testimoniàle *agg.* Di testimone.

testimoniànza *s. f.* Atto del testimoniare | Ciò che viene testimoniato: *— falsa* | (*est.*) Dichiarazione, prova che rende atto di q.c.: *dare — di buona volontà* | *Rendere —*, far fede, attestare.

testimoniàre **A** *v. tr.* (*io testimònio*) **1** Esporre, spec. in giudizio, dichiarazioni in qualità di testimone, anche ass.: *— il vero*; *furono convocati a —.* **2** Fare fede, costituire una prova: *questi resti testimoniano la grandezza di un'antica civiltà.* **B** *v. intr.* (*aus. avere*) **1** Deporre: *non volle — sull'incidente.* **2** (*est.*) Riferire.

testimònio *s. m.* **1** (*raro*) Prova, manifestazione. **2** (*pop.*) Testimone.

testìna *s. f.* **1** *Dim. di testa.* **2** Testa piccola e graziosa, spec. di bambino. **3** Testa di animale piccolo macellato. **4** (*fis.*) *— magnetica*, dispositivo elettromagnetico usato per registrare, riprodurre, cancellare segnali elettrici su un supporto adatto.

tèsto (1) *s. m.* **1** Insieme delle parole che, nella loro forma, dicitura, interpunzione, sono contenute in uno scritto, un documento, uno stampato: *il — di una legge.* **2** (*ling.*) L'insieme degli enunciati linguistici, parlati o scritti, sottoposti all'analisi. **3** Qualunque scritto di un autore, prescindendo da note, chiose o traduzioni: *versione con — a fronte* | *Tavole fuori —*, illustrazioni inserite in un volume spec. a piena pagina e con autonoma numerazione. **4** Libro culturalmente fondamentale: *i testi classici greco-latini* | *I testi sacri*, la Bibbia | *Libri di —*, adottati nelle scuole come base didattica delle singole discipline | *— unico*, raccolta di tutte le norme legislative riguardanti una data materia | *Far —*, (*fig.*) costituire un punto di riferimento fondamentale. [→ ill. *scuola*]

tèsto (2) *s. m.* Coperchio di terracotta | Teglia per torte, con orli bassi | Disco di terracotta o pietra per cuocervi sopra schiacciate di castagne.

testolìna *s. f. Dim. di testa.*

testóne *s. m.* (*f. -a* nel sign. 2) **1** *Accr. di testa.* **2** Persona che ha la testa grossa | (*fig.*) Persona ostinata e caparbia. **3** Moneta d'argento italiana con l'effigie del Signore sul dritto, coniata a Milano nel XV sec., e poi da quasi tutti gli Stati italiani.

testosteróne *s. m.* Ormone del tessuto testicolare.

testuàle *agg.* **1** Del testo, che si riferisce al testo | *Critica —*, in filologia, serie di operazioni volte a stabilire l'esatta lezione di un'opera. **2** Che riporta fedelmente le parole di un testo: *citazione —* | (*est.*) Che ripete in modo esatto uno scritto o un discorso: *le testuali parole.*

testùggine *s. f.* **1** (*gener.*) Rettile terrestre, d'acqua dolce o marina dei Cheloni, con corpo protetto dal carapace costituito da uno scudo dorsale e da un piastrone ventrale in cui possono ritrarsi il corpo, gli arti e la coda; SIN. Tartaruga. [→ ill. *animali* 6, *zoologia*] **2** Formazione dei soldati dell'antichità nel procedere all'assalto delle mura, con gli scudi tenuti alti sul capo e orizzontali, a stretto contatto l'uno con l'altro. **3** Antica macchina da assedio consistente in una tettoia mobile a protezione degli assalitori nell'accostamento alle mura.

tetànico *agg.* (*pl. m. -ci*) Di tètano.

tètano *s. m.* Infezione causata da un bacillo che produce una tossina che agisce sul sistema nervoso provocando dolorose contrazioni muscolari.

tête-à-tête /*fr.* 'tɛt a 'tɛt/ *s. m. inv.* Colloquio a quattr'occhi | Incontro a due | Conversazione intima.

tètra- *primo elemento*: in parole composte dotte e scientifiche significa 'quattro': *tetraedro, tetralogia.*

tetraciclìna *s. f.* Antibiotico ricavato da colture di streptomiceti avente uno spettro antibatterico molto vasto.

tetraclorùro *s. m.* Combinazione di un elemento o di un gruppo atomico con quattro atomi di cloro | *— di carbonio*, liquido usato come solvente e insetticida.

tetracòrdo *s. m.* **1** Strumento a quattro corde. **2** (*mus.*) Gradazione di quattro toni nell'ambito di una quarta.

tetracromìa *s. f.* Quadricromia.

tetradimensionàle *agg.* Quadridimensionale.

tetraèdro *s. m.* (*mat.*) Poliedro con quattro facce triangolari. [→ ill. *figure geometriche*]

tetraetìle *agg.* (*chim.*) Detto di composto contenente quattro gruppi etilici | *Piombo —*, composto metallico-organico usato come antidetonante per carburanti.

tetrafluorùro *s. m.* Combinazione di un elemento o di un gruppo atomico con quattro atomi di fluoro.

tetràggine *s. f.* L'essere tetro | Umore tetro.

tetragonàle *agg.* **1** (*mat.*) Di tetragono. **2** (*geol.*) *Sistema —*, sistema cristallino caratterizzato da tre assi cristallografici perpendicolari tra loro e inoltre da due parametri orizzontali uguali, mentre il terzo è diverso. [→ ill. *cristalli*]

tetràgono **A** *agg.* **1** Che ha quattro angoli. **2** (*fig., lett.*) Fermo, forte, resistente, detto di persona. **B** *s. m.* Solido a quattro spigoli | Poligono con quattro angoli.

tetralogìa *s. f.* **1** Nel mondo greco classico, insieme di quattro drammi, cioè la trilogia e il dramma satirico. **2** Gruppo di quattro opere teatrali: *la — di Wagner.*

tetràmetro *s. m.* Serie di quattro metri nella poesia classica.

tetraóne *s. m.* Uccello galliforme americano a livrea scura con piedi e collo arancione e sacchi membranosi ai lati del collo.

tetrapàk *s. m. inv.* Nome commerciale di uno speciale recipiente a forma di tetraedro, realizzato con carta paraffinata, contenente spec. latte.

tetràrca *s. m.* (*pl. -chi*) Chi comanda nella quarta parte di un regno.

tetrarchìa *s. f.* Governo diviso fra quattro persone o quattro partiti.

tetràstico *agg.* (*pl. m. -ci*) **1** Detto di strofa di quattro versi. **2** (*est.*) Che è formato da quattro parti, detto spec. di struttura architettonica.

tetràstilo *agg.* Detto di tempio classico o edificio che presenta una serie di quattro colonne nella facciata.

tetravalènte *agg.* (*chim.*) Di atomo o raggruppamento atomico che può combinarsi con quattro atomi d'idrogeno: *il carbonio è —.*

tètro *agg.* (*sup. tetrìssimo, lett. tetèrrimo*) ***1*** Scuro, senza luce: *una tetra cantina* | (*est.*) Che dà un senso di orrore: *un paesaggio —.* ***2*** (*fig.*) Cupo, malinconico, triste: *viso —; umore —.*

tètrodo o (*evit.*) *tetròdo s. m.* Valvola elettronica con 4 elettrodi.

tétta *s. f.* (*fam.*) Poppa, mammella.

tettarèlla *s. f.* Capezzolo di gomma del poppatoio | Oggettino simile che si dà da succhiare al bambino per tenerlo buono.

tétto *s. m.* ***1*** Copertura a spioventi di un edificio, costituita solitamente da una intelaiatura lignea o da solai inclinati ricoperti da tegole, embrici, coppi, lamiere ondulate e sim.: *— a capanna, a padiglione, a cupola* | *A —*, proprio sotto il tetto: *stanza a —.* [→ ill. *casa, religione*] ***2*** (*est.*) Casa: *il — natio* | *Restare senza —*, perdere la casa in seguito a disgrazia o calamità. ***3*** (*est.*) Copertura: *il — dell'automobile.* ***4*** (*fig.*) Limite massimo: *il — del disavanzo pubblico.* ***5*** Nel linguaggio alpinistico, tratto di roccia sporgente quasi a formare un angolo retto con una parete. ***6*** Roccia che sta al di sopra del giacimento, o in genere, di altro strato di roccia. [→ ill. *miniera*]

tettóia *s. f.* ***1*** Copertura a forma di tetto di uno spazio aperto. ***2*** (*est.*) Riparo, copertura: *una — di frasche.*

tettònica *s. f.* (*geol.*) Studio delle deformazioni e degli spostamenti che subiscono le rocce e la crosta terrestre.

tettònico *agg.* (*pl. m. -ci*) Della tettonica.

tettùccio *s. m.* ***1*** *Dim. di tetto.* ***2*** (*aer.*) Struttura sovrastante l'abitacolo di aerei.

teutònico *agg.* (*pl. m. -ci*) ***1*** Dell'antica popolazione dei Teutoni. ***2*** Tedesco (*spec. spreg.*): *tenacia teutonica.*

thè V. *tè.*

thèrmos o *tèrmos s. m. inv.* Recipiente a doppia parete, con le facce interne argentate e l'intercapedine vuota, per conservare a lungo un liquido caldo o freddo come vi è stato immesso.

thriller /*ingl.* 'θrilə/ *s. m. inv.* (*pl. ingl. thrillers* /'θriləz/) Testo narrativo, spettacolo teatrale, film avvincente e di particolare tensione e paura; SIN. Thrilling.

thrilling /*ingl.* 'θriliŋ/ ***A*** *agg. inv.* Detto di spettacolo o narrazione emozionante, appassionante, orripilante. ***B*** *s. m. inv.* Thriller.

thyratron /*ingl.* 'θairətrən/ *s. m. inv.* (*fis.*) Triodo a vapori di mercurio o a gas inerte, impiegato come raddrizzatore e relè.

ti (1) *pron. pers. atono di seconda pers. sing.* (formando gruppo con altri pron. atoni e avv., si premette a *ci, si* e si pospone a *mi*: *non — ci provare; non — si può dire nulla* | Assume la forma *te* davanti ai pron. atoni *la, le, li, lo* e alla particella *ne*) ***1*** Tu (come compl. ogg. encl. o procl.): *non — ho visto ieri; non voglio vederti piangere.* ***2*** A te (come compl. di termine encl. o procl.): *— racconterò ogni cosa; voglio darti un consiglio.* (V. nota d'uso ELISIONE e TRONCAMENTO)

ti (2) *s. f. o m. inv.* Nome della lettera *t.*

tiàra *s. f.* ***1*** Copricapo rigido, per lo più a punta, dei sacerdoti e dei re dell'antico Oriente. ***2*** Copricapo ornato da tre corone sovrapposte e con croce all'apice, portato dal Papa come simbolo del potere, in alcune cerimonie. [→ ill. *religione*]

tiberino *agg.* Del Tevere.

tibia *s. f.* ***1*** (*anat.*) Osso lungo della gamba, dalla parte interna, rispetto alla fibula. [→ ill. *anatomia umana*] ***2*** Nel mondo classico, strumento a fiato di canna, bossolo o avorio.

tibiàle *agg.* (*anat.*) Della tibia: *arteria, muscolo —.* [→ ill. *anatomia umana*]

tibùrio *s. m.* Rivestimento esterno cilindrico o prismatico di una cupola, usato in alcune forme architettoniche bizantine, romane, gotiche. [→ ill. *religione*]

tic o *ticche, ticchete* nel sign. A, B 1 ***A*** *inter.* Riproduce un rumore lieve e secco. ***B*** *in funzione di s. m.* ***1*** Piccolo colpo o battito. ***2*** Movimento involontario e brusco, che può colpire qualsiasi muscolo: *— nervoso*; SIN. Ticchio. ***3*** (*fig.*) Comportamento, gesto strano o quasi incontrollato che viene ripetuto spesso.

ticchettàre *v. intr.* (*io ticchétto; aus. avere*) Produrre un ticchettio o un picchiettio.

ticchettìo *s. m.* Rumore secco, rapido e leggero che si ripete frequentemente.

tìcchio (1) *s. m.* ***1*** Tic. ***2*** Vizio d'abitudine per cui un animale, spec. un cavallo, assume atteggiamenti anormali. ***3*** (*fig.*) Capriccio, ghiribizzo, voglia strana: *gli è saltato il — di recitare.*

tìcchio (2) *s. m.* Macchiolina che si scorge spec. nei marmi, in alcune pietre o nella frutta.

ticchiolàto *agg.* Macchiettato.

ticchiolatùra *s. f.* Malattia fungina di alcune piante, spec. del pero e del melo.

ticcóso *agg.* ***1*** (*raro*) Di tic nervoso. ***2*** (*raro*) Di persona affetta da tic.

ticket /*ingl.* 'tikit/ *s. m. inv.* (*pl. ingl. tickets* /'tikits/) ***1*** Scontrino. ***2*** (*med.*) Quota fissa a carico degli aventi diritto all'assistenza sanitaria per fruire di specialità farmaceutiche o prestazioni mediche.

tic tac ***A*** *inter.* Imita il rumore ritmico prodotto da colpi secchi lievi e con frequenza regolare: *l'orologio faceva — —.* ***B*** *in funzione di s. m.* Il rumore stesso.

tiepidézza o *tepidézza s. f.* L'essere tiepido | (*fig.*) Scarsezza di interesse, di fervore: *accogliere qc., una proposta, con —.*

tièpido o (*raro*) *tèpido agg.* ***1*** Non molto caldo: *acqua tiepida.* ***2*** (*fig.*) Di chi dimostra poco interesse, calore o slancio nei sentimenti o nelle azioni: *innamorato —* | Debole, fiacco, detto di sentimenti: *— affetto.*

Tifàcee *s. f. pl.* Famiglia di piante erbacee delle Pandanali con infiorescenze a spadice pelose. [→ ill. *piante* 15]

tifàre *v. intr.* (*aus. avere*) (*fam.*) Fare il tifo per un atleta o per una squadra sportiva | (*est.*) Essere fautore, sostenitore di qc.: *— per un attore.*

tifico *agg.* (*pl. m. -ci*) (*med.*) Del tifo.

tiflografìa *s. f.* Scrittura in rilievo per uso dei ciechi.

tifo *s. m.* ***1*** Infezione, prodotta da un batterio, che si manifesta con senso di torpore, cefalea e diarrea. ***2*** (*fam.*) Fanatismo sportivo | (*est.*) *Fare il — per qc.*, sostenerlo, esaltarlo.

tifòide o *tifoidèo agg.* (*med.*) Simile a tifo.

tifoidèa *s. f.* Febbre tifica.

tifoidèo V. *tifoide.*

tifóne *s. m.* Ciclone tropicale dei Mari della Cina e dell'India | (*est.*) Vento tempestoso e vorticoso.

tifoserìa *s. f.* Gruppo, insieme di tifosi di un atleta o di una squadra (*anche spreg.*).

tifóso *agg.; anche s. m.* (*f. -a*) ***1*** (*med.*) Affetto da tifo. ***2*** (*fam.*) Detto di chi fa il tifo per atleti, squadre sportive o personaggi famosi.

tight /*ingl.* 'tait/ *s. m. inv.* (*pl. ingl. tights* /'taits/) Abito maschile da cerimonia, con giacca nera a falde larghe e lunghe e pantaloni rigati. [→ ill. *abbigliamento*]

Tigliàcee *s. f. pl.* Famiglia di piante legnose delle Malvali, che crescono nelle regioni calde temperate. [→ ill. *piante* 6]

tìglio *s. m.* ***1*** Albero delle Malvali con foglie a cuore seghettate, fiori in infiorescenze dal profumo intenso forniti di una brattea giallo-verdastra e frutto a piccola noce. [→ ill. *piante* 6] ***2*** Legno bianco e tenero dell'albero omonimo. ***3*** Fibre di pianta legnosa o erbacea | (*est.*) Filo duro di carne, frutta e sim.

tiglióso *agg.* Fibroso.

tìgna *s. f.* ***1*** Fungo con filamenti sottili e ramosi responsabili delle tigne dell'uomo e degli animali. ***2*** Affezione del cuoio capelluto, con scomparsa dei capelli. [→ tav. *proverbi* 130]

tignòla *s. f.* Farfalla di piccole dimensioni e livrea poco appariscente le cui larve, nutrendosi di sostanze organiche eterogenee, possono essere molto dannose: *— dei panni, del grano, della farina*; SIN. Tarma. [→ ill. *animali* 2]

tignósa *s. f.* Fungo velenoso con gambo provvisto di anello e volva | *— paglierina*, con cappello giallo macchiato di marrone. [→ ill. *fungo*]

tignóso *agg.; anche s. m.* (*f. -a*) ***1*** Affetto da tigna. ***2*** (*fig.*) Fastidioso.

tigràto *agg.* Che ha macchie a strisce come il mantello della tigre. [→ ill. *gatto*]

tigratùra *s. f.* Complesso delle strisce e delle macchie che presenta un mantello di animale tigrato.

tìgre *s. f. o (lett.) m.* **1** Mammifero asiatico dei Carnivori, snello ed elegante, giallastro a strisce scure, feroce. [→ ill. *animali* 20] **2** (*est., fig.*) Persona crudele e feroce.

tigròtto *s. m.* Cucciolo della tigre.

tilde *s. m. o f.* (*ling.*) Segno messo sopra a una lettera per designare una particolare pronuncia (ad. es., in spagnolo, *señora*).

tilt /*ingl.* tilt/ *s. m. inv.* (*pl. ingl. tilts* /tilts/) *Fare, essere, andare in* –, subire un guasto, detto di circuiti elettrici o elettronici; (*fig.*) perdere il controllo, essere in crisi.

timbàllo *s. m.* **1** (*mus.*) Timpano | (*lett.*) Tamburo. **2** Pasticcio cotto al forno in uno stampo in forma di tamburo: *– di maccheroni.*

timbràre *v. tr.* Mettere un timbro.

timbratrìce *s. f.* Obliteratrice. [→ ill. *posta*]

timbratùra *s. f.* Timbro, spec. quello applicato su un francobollo.

tìmbrico *agg.* (*pl. m. -ci*) Che riguarda il timbro, in musica e in pittura.

tìmbro *s. m.* **1** Stampo in legno o metallo e gomma di piccolo formato che serve per imprimere bolli, scritte e sim. | Annullo. [→ ill. *posta, ufficio*] **2** Colore del suono dei diversi strumenti e voci: *un bel – di voce* | (*est.*) In pittura, maniera di usare il colore. **3** (*fig.*) Tono, cadenza caratteristica di autori o composizioni letterarie.

timèle *s. f.* Nella Grecia antica, ara sacrificale di Dioniso, collocata al centro dell'orchestra, nei teatri. [→ ill. *teatro*]

timer /*ingl.* 'taimə/ *s. m. inv.* (*pl. ingl. timers* /'taiməz/) Temporizzatore.

timidézza *s. f.* L'essere timido | Comportamento da timido.

tìmido **A** *agg.* **1** Che si spaventa o si scoraggia facilmente: *un – coniglio* | Che manca di disinvoltura, che si dimostra impacciato, detto di persona. **2** Che rivela impaccio e titubanza: *una domanda timida ed esitante* | (*est.*) Vago, indeciso: *un – accenno di sole.* **B** *s. m.* (*f.* *-a*) Persona timida.

tìmo (1) *s. m.* **1** Pianta arbustiva delle Tubiflorali dei terreni aridi con fiori rosei e odore aromatico. [→ ill. *piante* 12, *verdura*] **2** Droga aromatica ricavata dalla pianta omonima.

tìmo (2) *s. m.* (*anat.*) Ghiandola a secrezione interna, a funzione non ben nota, presente nell'infanzia nel mediastino anteriore, atrofica nell'adulto. [→ ill. *anatomia umana*]

timòlo *s. m.* Sostanza organica di sapore aromatico che si trova nell'essenza di timo, usata in farmacia.

timóne *s. m.* **1** (*mar.*) Organo direzionale dei natanti, generalmente costituito da una superficie piana e sagomata, incernierata a poppa in corrispondenza del piano longitudinale di simmetria e in grado di ruotare intorno a un asse verticale in modo da disporsi obliquamente rispetto alla direzione del moto. [→ ill. *marina, armi*] **2** (*aer.*) Parte mobile dell'impennaggio di coda che consente i movimenti del velivolo nel piano orizzontale. [→ ill. *aeronautica*] **3** Parte articolata del rimorchio che serve ad agganciarlo alla motrice. **4** Stanga sporgente innanzi a un veicolo agrario, che serve di guida al carro e di attacco alle bestie da tiro. [→ ill. *carro e carrozza*] **5** (*fig.*) Governo, guida, direzione: *il – dello Stato*; *mettersi al – della famiglia.*

timonèlla *s. f.* Carrozzino a quattro ruote, con mantice, tirato da un solo cavallo.

timonièra *s. f.* (*mar.*) Locale coperto situato sul ponte di comando che contiene la ruota del timone, la bussola, gli strumenti.

timonière *s. m.* **1** Chi è addetto al maneggio della ruota o della barra del timone. **2** Canottiere che manovra il timone di una imbarcazione da regata.

timonièro *agg.* Del timone | *Penne timoniere*, le penne di contorno della coda degli uccelli con funzione di timone nel volo. [→ ill. *zoologia*]

timoràto *agg.* Scrupoloso, onesto che segue la coscienza: *un giovane –* | *– di Dio*, che ha timore di Dio e cerca di non offenderlo.

timóre *s. m.* **1** Stato d'animo che riflette un sentimento di paura o di ansia provocato da un male imminente, vero o creduto tale, e al quale ci si vorrebbe sottrarre: *vivere in continuo –*; *avere – degli esami* | Preoccupazione, turbamento: *timori irragionevoli*; SIN. Apprensione. **2** Rispetto, soggezione: *aver – dei più anziani* | *– di Dio*, uno dei sette doni dello Spirito Santo | *Essere senza – di Dio*, essere senza scrupoli | *– reverenziale*, quello che si prova nei confronti di persone dalle quali si dipende o che hanno un maggiore ascendente.

timoróso *agg.* Che è pieno di timore, di paura | Che rivela timore: *una risposta timorosa.*

timpànico *agg.* (*pl. m. -ci*) (*med.*) Del timpano.

timpanìsta *s. m. e f.* (*pl. m. -i*) Chi suona il timpano.

tìmpano *s. m.* **1** (*anat.*) Membrana che chiude il condotto uditivo esterno separandolo dall'orecchio medio | *Rompere il –, i timpani*, (*fig.*) assordare con un forte rumore. [→ ill. *anatomia umana*] **2** (*mus.*) Strumento a percussione che consta di un vaso emisferico di lamina di rame, sulla cui bocca è tesa una pelle che si picchia con due mazzuoli; SIN. Timballo | (*lett.*) Tamburo. [→ ill. *strumenti musicali*] **3** (*arch.*) Spazio triangolare o mistilineo compreso tra la cornice e i due rampanti del frontone. [→ ill. *architettura*]

tinca *s. f.* Pesce osseo d'acqua dolce con pelle verde scurissima, abitatore di stagni e di ambienti a fondo melmoso. [→ ill. *animali* 9]

tinèllo *s. m.* **1** *Dim. di tino.* **2** Stanza ove mangiavano i servitori delle case signorili. **3** (*sett.*) Saletta da pranzo adiacente alla cucina.

tìngere **A** *v. tr.* (*pres. io tingo, tu tingi; pass. rem. io tinsi, tu tingésti; part. pass. tinto*) **1** Fare diventare q.c. di colore diverso da quello originario: *– un vestito di nero*; *tingersi i capelli*; SIN. Colorare. **2** Macchiare, insudiciare (*anche fig.*): *tingersi le mani d'inchiostro.* **3** (*lett.*) Colorare: *l'alba tinge il cielo di rosa.* **B** *v. rifl.* Darsi il belletto, il rossetto. **C** *v. intr. pron.* Prendere naturalmente un determinato colore: *il cielo si tinge di rosso.*

tinnìre *v. intr.* (*io tinnisco, tu tinnisci; aus. avere*) (*lett.*) Squillare, tintinnare.

tinnìto *s. m.* (*lett.*) Tintinnio.

tìnnulo *agg.* (*lett.*) Squillante, risonante.

tìno *s. m.* **1** Grande recipiente a tronco di cono per la fermentazione del mosto, in legno o cemento. [→ ill. *vino*] **2** Vasca nella quale si fanno le tinture. **3** Parte superiore tronco-conica dell'altoforno nella quale viene introdotto il minerale. [→ ill. *metallurgia*]

tinòzza *s. f.* **1** Tino basso, più largo che alto. [→ ill. *vino*] **2** Recipiente di ferro smaltato o marmo, in forma di basso tino, usato un tempo come vasca da bagno.

tìnta *s. f.* **1** Materia con la quale si tinge o si colorisce: *dare una mano di – al muro.* **2** Colore assunto da q.c. in seguito a tintura | *Mezza –*, sfumatura non ben definita | *In – unita*, tutto di un colore | (*est.*) Colore: *una – calda* | (*est.*) Colore naturale: *la – del cielo, del mare.* **3** Tratto, tocco, colorito di una composizione letteraria: *un racconto dalla – malinconica* | Maniera di presentare una narrazione: *raccontò l'accaduto con tinte molto suggestive* | *Calcare le tinte*, (*fig.*) esagerare l'importanza o la gravità di un fatto | *A forti tinte*, (*fig.*) con effetti massicci di drammaticità | *A fosche tinte*, (*fig.*) in modo pessimistico. **4** (*fig., fam.*) Tendenza, opinione politica, partito: *sono della stessa –* | (*pop.*) Indole, qualità: *ce n'è di tutte le tinte.*

tintarèlla *s. f.* **1** *Dim. di tinta.* **2** (*fam.*) Abbronzatura.

tinteggiàre *v. tr.* (*io tintéggio*) Colorire qua e là con la tinta o con diverse tinte.

tinteggiatùra *s. f.* Coloritura, spec. delle pareti intonacate di un edificio.

tintinnàre *v. intr.* (*aus. essere e avere*) Squillare, risuonare con brevi colpi staccati.

tintinnìo *s. m.* Un tintinnare continuato.

tintinno *s. m.* Il tintinnare | Suono, risonanza.

tìnto *part. pass. di tingere; anche agg.* Che è coperto di tinta.

tintóre *s. m.* (*f. -tóra*) Chi si dedica alla tintura di tessuti e sim.

tintorìa *s. f.* **1** Officina o reparto in cui si tingono fibre tessili | Laboratorio per la smacchiatura e la tintura dei vestiti. **2** Tecnica e attività del tingere.

tintòrio *agg.* Della tintura: *arte tintoria.*

tintùra *s. f.* **1** Operazione e tecnica del tingere | (*raro*)

La colorazione ottenuta. ***2*** Materia per tingere. ***3*** Preparazione medicinale liquida ottenuta con estrazione dei principi attivi dalle droghe mediante liquidi diversi: *— di iodio*, soluzione alcolica di iodio, impiegata spec. come antisettico.

tiòrba *s. f.* (*mus.*) Strumento simile al liuto, con doppio manico e sino a quattordici paia di corde di metallo da pizzicarsi con un plettro, tipico del XVI sec.

tipicità *s. f.* Carattere, qualità di ciò che è tipico.

tipico *agg.* (*pl. m. -ci*) ***1*** Che appartiene a un tipo, a una persona o a una cosa | (*est.*) Esemplare: *caso —*; SIN. Caratteristico, proprio. ***2*** Che può valere da tipo essendo conforme a un tipo o avendone le caratteristiche: *gesto —*; *vino —* | (*est.*) Caratteristico: *cucina tipica.*

tipiẓẓàre *v. tr.* Rendere conforme a un tipo.

tipiẓẓazióne *s. f.* Adeguamento a un tipo | Standardizzazione.

tìpo ***A*** *s. m.* (*f. -a* nel sign. 5) ***1*** Segno impresso, impronta, conio: *il — di una moneta.* ***2*** Modello, esemplare, campione (*anche iron.*): *il vero — del gentiluomo* | Genere, in relazione al prezzo e alle caratteristiche, detto di prodotto in vendita: *un — elegante di soprabito* | Specie: *gente del suo —.* ***3*** Forma esemplare a cui si possono ricondurre i singoli con le loro varietà: *il — mongolo* | Fisionomia, caratteristica. ***4*** Rappresentazione artistica di un carattere o di un personaggio che tenga conto solo di particolari elementi anche comuni ad altri individui: *i tipi del teatro popolare.* ***5*** (*est.*) Persona originale, singolare o bizzarra: *che —!*; *un bel —.* ***6*** Suddivisione della sistematica zoologica e botanica che raggruppa classi fra loro affini. ***7*** *spec. al pl.* Caratteri tipografici: *i tipi bodoniani.* ***B*** *in funzione di agg. inv.* Che può fungere da campione: *risposta —* | Tipico, medio: *famiglia —.*

tìpo-, -tìpo *primo e secondo elemento*: in parole composte significano ‘stampo’ (*tipografia, dagherrotipo*) o ‘esemplare’, ‘modello’ (*archetipo, biotipo, prototipo, tipologia*).

tipografìa *s. f.* ***1*** Primo e più antico sistema di stampa, in cui gli elementi stampanti sono in rilievo. [→ ill. *stampa*] ***2*** Stabilimento in cui si stampa con tale sistema.

tipogràfico *agg.* (*pl. m. -ci*) Di tipografia: *carattere —.* [→ ill. *stampa*]

tipògrafo *s. m.* (*f. -a*) ***1*** Chi stampa con il sistema tipografico. ***2*** Operaio di una tipografia.

tipologìa *s. f.* Studio della classificazione e descrizione dei diversi tipi di un genere, spec. quello umano.

tipològico *agg.* (*pl. m. -ci*) Della tipologia.

tipometrìa *s. f.* Scienza che studia le misure tipografiche.

tipòmetro *s. m.* Strumento di misura graduato in righe tipografiche. [→ ill. *stampa*]

tip tap ***A*** *inter.* Riproduce il suono ritmico e secco che si produce tamburellando con le dita sopra q.c. o saltellando. ***B*** *s. m.* ***1*** Il suono stesso. ***2*** Danza moderna di origine irlandese importata in America verso la metà dell'800.

tiptologìa *s. f.* ***1*** Serie di colpi battuti sul muro usati come linguaggio dai carcerati. ***2*** Metodo di interpretazione dei colpi battuti dagli spiriti sul tavolino nelle sedute spiritiche.

tip top *s. m.* Nome commerciale di contenitore in cartone rinforzato per pratiche d'ufficio. [→ ill. *ufficio*]

TIR (sigla fr. di *T*(*ransports*) *I*(*nternazionaux*) *R*(*outiers*) ‘Trasporti Internazionali Stradali’) *s. m. inv.* Grande autotreno o autoarticolato per i trasporti internazionali di merci.

tirabàci *s. m.* Nelle acconciature femminili, ricciolo piatto che ricade sulla fronte o su una gota.

tirabòzze *s. m. inv.* Piccolo torchio azionato a mano e usato per ottenere bozze di una composizione tipografica.

tirafórma *s. m. inv.* Asticciola metallica a forma di T che serve per togliere le forme dalle scarpe. [→ ill. *calzolaio*]

tiràggio *s. m.* Movimento continuo dell'aria necessaria alla combustione che entra nel focolare e dei fumi che escono dal camino | *— naturale*, per differenza di densità tra i fumi caldi e l'aria esterna | *— forzato*, provocato da ventilatori.

tiralàtte *s. m. inv.* Dispositivo per estrarre il latte alla puerpera quando ve ne sia in eccesso o il neonato non sia in grado di succhiarlo.

tiralinee *s. m. inv.* Piccolo arnese d'acciaio con due punte sottilissime intinte d'inchiostro e regolate con una vite, per tirar linee più o meno sottili sulla carta. [→ ill. *disegnatore*]

tiralingua *agg. inv. Nella loc. pinza —*, strumento chirurgico utilizzato per trattenere la lingua. [→ ill. *medicina e chirurgia*]

tiranneggiàre ***A*** *v. tr.* (*io tirannéggio*) Governare da tiranno | (*est.*) Imporsi sugli altri limitandone in qualche modo la libertà e la personalità: *— gli inferiori*; *— la moglie*; SIN. Opprimere. ***B*** *v. intr.* (*aus. avere*) Esercitare il governo in modo tirannico | (*est.*) Comportarsi in modo tirannico.

tirannìa *s. f.* ***1*** Governo del tiranno | Dispotismo, tirannide | (*est.*) Autorità imposta con violenza e prepotenza: *liberarsi dalla — del padre* | Atto tirannico. ***2*** (*fig.*) Costrizione, limitazione di libertà: *la — della rima.*

tirannicìda ***A*** *s. m. e f.* (*pl. m. -i*) Chi uccide un tiranno. ***B*** *anche agg.*: *spada —.*

tirannicìdio *s. m.* Uccisione di un tiranno.

tirànnico *agg.* (*pl. m. -ci*) Di, da tiranno: *governo —* | (*est.*) Crudele, prepotente e violento; SIN. Dispotico.

tirànnide *s. f.* ***1*** Governo di un tiranno, spec. in riferimento alla Grecia classica. ***2*** (*lett.*) Governo assoluto e dispotico.

tirànno ***A*** *s. m.* (*f. -a*) ***1*** Nell'antica Grecia, chi si faceva signore di una città assumendo ogni potere civile e militare. ***2*** (*est.*) Chi raggiunge il potere con la violenza e lo esercita con dispotismo | (*est.*) Chi con prepotenza impone la propria autorità o la propria volontà; SIN. Despota. ***B*** *in funzione di agg.* ***1*** Dispotico, prepotente: *un padrone —.* ***2*** Che attira e tiene legato fortemente: *un amore —.*

tirannosàuro *s. m.* Gigantesco rettile carnivoro scomparso nel Cretaceo con grosso cranio e forte dentatura. [→ ill. *paleontologia*]

tirànte ***A*** *part. pres. di tirare; anche agg.* Che tira. ***B*** *s. m.* ***1*** Arnese per tenere unite due o più parti di oggetti, congegni e sim. mediante trazione. ***2*** (*arch.*) Elemento strutturale per sopportare carichi di trazione | Negli archi, asta tesa per sopportare la spinta orizzontale. [→ ill. *ferrovia, ponte*]

tirapièdi ***A*** *s. m.* Aiutante del boia che un tempo aveva il compito di tirare per i piedi gli impiccati per abbreviarne l'agonia. ***B*** *s. m. e f.* (*fig., spreg.*) Chi è al servizio di qc. e ne asseconda servilmente ogni iniziativa | (*fig., fam.*) Chi lavora assolvendo incombenze molto misere.

tirapùgni *s. m.* Arma proibita formata da quattro anelli metallici uniti in modo da adattarli alle dita rendendo micidiale il pugno; SIN. Noccoliere.

tiràre ***A*** *v. tr.* ***1*** Portare verso di sé, o allontanare, le estremità di q.c. in modo da distenderla: *— una corda, una molla* | *— gli orecchi a qc.*, rimproverarlo aspramente | *— la cinghia*, (*fam.*) vivere stentatamente | *— le cuoia*, morire | *— in lungo, per le lunghe*, prolungare nel tempo. ***2*** Portare verso di sé: *— un cassetto*; *— la porta*; *— il gatto per la coda* | *— i remi in barca*, (*fig.*) concludere un'attività | (*fig.*) Attirare, attrarre | *— gli schiaffi*, rendersi insopportabile | *— l'acqua al proprio mulino*, cercare di volgere ogni cosa a proprio vantaggio | *Tirarsi addosso q.c.*, (*fam.*) procurarsi cose spiacevoli. ***3*** Far avanzare, muovere, spostare dietro di sé: *— una slitta, un rimorchio* | *Tirarsi dietro q.c. o qc.*, trascinare dietro di sé, o portare con sé altre persone | *Una parola tira l'altra*, di discussioni che si fanno sempre più accese. ***4*** Spostare, mutare di posto: *tira più in là il tavolo* | *— qc. da parte*, per parlargli in segreto | *— su*, sollevare, innalzare | *—, tirarsi su i capelli*, raccoglierli in cima alla testa | *— su qc.*, sollevarlo da terra, se caduto; (*fig.*) aiutarlo a superare una crisi | *— su un bambino*, (*fig.*) allevarlo | *— su col naso* o ass. *— su*, (*fam.*) aspirare rumorosamente l'aria col naso | *— giù*, abbassare, calare; (*est.*) prendere q.c. che è posta in alto | *— avanti*, condurre innanzi, far proseguire: *— avanti la famiglia, il negozio* | *— via*, portar via, togliere | *— via un lavoro*, farlo in fretta e con scarsa cura | *— fuori*, estrarre, cavare | *— a sorte*, sorteggiare | *— in ballo q.c.*, fare entrare nel discorso cosa che sembra lontana o inopportuna | – *in ballo qc.*, farlo intervenire. **5** Succhiare, poppare, anche ass.: – *il latte* | – *il fiato*, immettere aria nei polmoni, (*est.*) respirare; (*fig.*) sentirsi finalmente sollevato | – *l'aria*, di stufe, camini e sim., avere un buon tiraggio. **6** (*sport*) Nel ciclismo, – *il gruppo* o ass. –, prendere la testa del gruppo dei corridori e farne a ritmo sostenuto l'andatura, agevolando chi segue con fendere l'aria. **7** Ricavare, trarre una cosa da un'altra: – *molte copie da un negativo* | – *il sugo*, cuocendo la carne a fuoco lento | – *le somme, i conti*, fare l'addizione; (*fig.*) trarre le conclusioni. **8** Condurre, portare in una determinata condizione: – *a cera i pavimenti.* **9** Lanciare, scagliare anche ass.: – *un sasso, la palla* | – *moccoli, bestemmie, imprecazioni*, (*fig.*, *volg.*) dirne in quantità, con rabbia | – *calci, pugni*, sferrarli | Far partire un colpo d'arma da fuoco, sparare: – *una fucilata.* **10** Tracciare, disegnare: – *un frego su una parola* | Riprodurre a stampa: – *le bozze di un libro* | (*est.*) Pubblicare: – *la ristampa di un libro.* **B** *v. intr.* (*aus. avere*) **1** Procedere, proseguire | – *avanti*, continuare a camminare; (*fig.*) proseguire un'azione | *Come va? Si tira avanti!*, si procede così e così | – *di lungo*, andare avanti senza fermarsi | – *diritto*, proseguire per la via diritta; (*fig.*) tendere risolutamente alla meta | – *via*, (*fig.*) affrettarsi, lasciar correre. **2** (*fig.*) Tendere, mirare a q.c.: – *ai soldi*; – *a imbrogliare, a ingannare* | – *a indovinare*, (*fam.*) dare a casaccio qualche risposta nella speranza che sia quella giusta | – *a campare*, badare a vivere evitando di crearsi problemi. **3** Soffiare, spirare, del vento: *oggi tira la tramontana* | *Col vento, con l'aria che tira*, (*fam.*) vista la situazione. **4** Esercitare una trazione efficace, detto di motore e sim.: *quest'auto non tira più* | Detto di ciò che richiede sforzo perché in pendenza: *una strada che tira.* **5** (*fig.*) Essere in piena efficienza: *il turismo tira bene*; *è un settore che tira.* **6** Di indumento, stringere: *la gonna tira sui fianchi.* **7** (*fig.*) Ridurre le spese, cercare di pagare il meno possibile | – *sul prezzo*, contrattare. **8** Azionare un'arma che scaglia proiettili: – *col fucile, con l'arco* | – *di scherma, di boxe*, praticare tali sport. **9** Di arma, avere una determinata gittata: *un fucile che tira a grande distanza.* **C** *v. rifl.* Cambiare stato, luogo, condizione: *tirarsi da parte* | *Tirarsi in là*, farsi da parte | *Tirarsi su*, alzarsi; (*fig.*) sollevarsi, fisicamente o moralmente | *Tirarsi indietro*, indietreggiare; (*fig.*) sottrarsi a un impegno. [→ tav. *proverbi* 189, 210, 315, 378, 379, 383; → tav. *locuzioni* 108]

tiràta *s. f.* **1** Singola e rapida trazione | – *d'orecchi*, (*fig.*) sgridata, rimprovero | (*fam.*) Boccata di fumo. **2** Attività compiuta o portata a termine senza interruzioni: *preparare la tesi è stata una bella* – | *Fare tutta una* –, non fermarsi, andare sempre di seguito | Tratto di percorso fatto senza mai sostare. **3** Lungo discorso scritto o parlato | Invettiva o discorso a difesa: *una – contro i genitori.*

tiràto *part. pass. di tirare; anche agg.* **1** Teso, allungato: *tenda tirata* | (*fig.*) Che rivela tensione, stanchezza: *viso* –. **2** (*fig.*) Sforzato: *un sorriso* – | *Vita tirata*, piena di stenti. **3** Che spende con eccessiva parsimonia; SIN. Avaro, gretto.

tiratóre *s. m.* (*f. -trìce*) Chi tira, spec. con armi da fuoco | – *scelto*, soldato particolarmente abile nel tiro con fucile o moschetto | *Franco* –, guerrigliero; (*fig.*) il deputato che nel segreto dell'urna vota diversamente rispetto alle indicazioni del suo partito, spec. contro il governo.

tiratùra *s. f.* Numero di copie stampate o da stampare di biglietti da visita, manifesti, libri e sim.

tirchierìa *s. f.* (*fam.*) Comportamento di, da tirchio | Azione da tirchio; SIN. Avarizia, pitoccheria, spilorceria, taccagneria.

tìrchio *agg.; anche s. m.* (*f. -a*) (*fam.*) Avaro, spilorcio, taccagno; SIN. Pitocco.

tirèlla *s. f.* Ciascuna delle strisce di cuoio che collegano il pettorale del cavallo alla stanga del veicolo. [→ ill. *finimenti*]

tiremmòlla *s. m. inv.* Continuo alternarsi di azioni che, dirigendosi verso scopi diversi o contrari, ritardano il compimento di q.c.

tireostàtico *agg.* (*pl. m. -ci*) Detto di farmaco ad azione inibitrice sulla funzione della tiroide.

tirétto *s. m.* (*pop.*) Cassetto.

tiritèra *s. f.* Cantilena, filastrocca | (*est.*) Discorso prolisso e noioso.

tirlindàna *s. f.* Lunga lenza con molti ami, che, trainata dalla barca, è usata per la pesca in acque dolci. [→ ill. *pesca*]

tiro *s. m.* **1** Trazione esercitata su q.c. per muoverla, spostarla, attrarla e sim. | Traino di un veicolo tramite animali: *bestia da* – | – *a due, a quattro*, con due o quattro animali, spec. cavalli. [→ ill. *finimenti*] **2** Atto del tirare con un'arma da getto o da fuoco: – *con l'arco* | – *a segno*, contro un bersaglio fisso; luogo dove si svolge questo tipo di esercitazione | – *a volo*, contro un bersaglio mobile, spec. uccelli in gare sportive | – *al piattello*, sparando a dischi spec. di argilla lanciati da macchina speciale | – *al piccione*, tiro a volo, che consiste nello sparare a piccioni chiusi in speciali cassette, quando prendono rapidamente il volo | *Essere a* –, alla giusta distanza per cogliere un bersaglio e (*fig.*, *fam.*) essere a portata di mano | *Venire, capitare a* –, (*fig.*, *fam.*) venire opportuno, presentarsi nel momento più favorevole | Colpo di arma da getto: *un – corto* | Sparo: – *di partenza.* [→ ill. *luna park, sport*] **3** (*est.*) Il gettare, lo scagliare, il lanciare q.c.: *il – del giavellotto* | Nel calcio e in altri sport della palla, lancio della palla. **4** (*fig.*) Colpo, tentativo: *è un – riuscito* | (*fig.*) Azione cattiva che colpisce e danneggia chi non se l'aspetta: *un – mancino* | *Giocare un brutto* –, tentare di fare un danno serio.

tirocinànte *agg.; anche s. m. e f.* Detto di chi fa un tirocinio.

tirocìnio *s. m.* Preparazione pratica necessaria per esercitare un mestiere o una professione e che si svolge sotto la guida di un esperto.

tiròide *s. f.* (*anat.*) Ghiandola endocrina a forma di scudo posta nella parte anteriore del collo, che produce un ormone che favorisce il metabolismo basale dell'organismo. [→ ill. *anatomia umana*]

tiroidèo *agg.* (*anat.*) Della tiroide.

tiroidìna *s. f.* Estratto di ghiandola tiroidea.

tirolése **A** *agg.; anche s. m. e f.* Del Tirolo | *Cappello alla* –, di feltro vellutato verde con pennacchietto di tasso. [→ ill. *copricapo*] **B** *s. f.* Vivace danza campagnola originaria del Tirolo.

tiroxina /tirok'sina/ *s. f.* Ormone prodotto dalla tiroide.

tirrènico *agg.* (*pl. m. -ci*) Del mar Tirreno.

tirrèno **A** *agg.* **1** Appartenente alle antiche popolazioni dell'Italia centro-meridionale identificate un tempo con gli Etruschi. **2** Detto del mare che bagna le coste occidentali dell'Italia. **B** *s. m.* Mare Tirreno.

tìrso *s. m.* Asta circondata da pampini e da edera, che era portata dal dio romano Bacco e dalle baccanti.

tiṣàna *s. f.* Soluzione diluita di sostanze medicamentose di natura vegetale.

tìṣi *s. f.* (*med.*) Tubercolosi.

tìṣico **A** *agg.* (*pl. m. -ci*) **1** Che è malato di tisi. **2** (*est.*) Macilento, quasi consunto | (*fig.*) Stentato, misero, fiacco: *idee tisiche.* **B** *s. m.* (*f. -a*) Chi è malato di tisi.

tiṣiologìa *s. f.* Studio della tubercolosi.

tiṣiòlogo *s. m.* (*f. -a; pl. m. -gi*) Specialista in tisiologia.

tissulàre *agg.* (*biol.*) Dei tessuti.

titànico *agg.* (*pl. m. -ci*) Di, da titano | (*est.*) Gigantesco, eccezionale: *sforzo* –.

titànio *s. m.* Elemento chimico, il solo capace di bruciare nell'azoto, molto resistente alla corrosione e alle sollecitazioni meccaniche, usato per ferroleghe. SIMB. Ti | *Bianco di* –, biossido di titanio, pigmento di alto potere coprente.

titaniṣmo *s. m.* (*letter.*) Atteggiamento di lotta contro tutte le forze che soverchiano l'uomo nel suo slancio verso l'assoluto.

titàno *s. m.* **1** Ciascuno dei giganti che, nel mito greco, combatterono contro Saturno per detronizzarlo e furono sconfitti da Giove. **2** (*fig.*) Persona molto forte fisicamente o che pratica un'attività con risultati eccezionali: *un – della poesia.*

titillaménto *s. m.* Lieve, eccitante solleticamento | (*fig.*) Lusingamento.

titillàre *v. tr.* Sollecitare in modo lieve; SIN. Vellicare.

titolàre (1) **A** *agg.* **1** Che ha un titolo professionale, la nomina per occupare un ufficio: *professore* —. **2** Che ha solo il titolo: *sovrano* — | *Vescovo, arcivescovo, canonico* —, che ha solo il titolo e non il beneficio e la giurisdizione | *Santo* —, patrono che dà il titolo a una chiesa o a un'associazione. **B** *s. m. e f.* **1** Chi occupa un ufficio avendone il titolo. **2** Proprietario: *il — di un negozio.* **3** Atleta che fa parte ufficialmente di una squadra formata per partecipare a una determinata competizione; CONTR. Riserva.

titolàre (2) **A** *v. tr.* (*io tìtolo*) **1** (*raro*) Dare un titolo nobiliare. **2** Determinare il titolo di una lega, di una soluzione chimica e sim. **3** Fornire di titoli un libro e sim. **B** *v. intr.* Uscire con un titolo, detto di giornale: — *a lettere cubitali.*

titolàto **A** *part. pass. di titolare; anche agg.* Che ha un titolo, spec. nobiliare | *Soluzione titolata*, soluzione a concentrazione e titolo noti, che serve per analisi chimiche. **B** *s. m.* (*f. -a*) Chi è dotato di un titolo nobiliare.

titolazióne *s. f.* **1** (*raro*) Determinazione del titolo di una lega, una soluzione chimica e sim. | — *dei filati*, metodo di misurazione che dà il diametro approssimativo di un filo di qualsiasi fibra tessile. **2** Attività redazionale del redigere i titoli degli articoli di un giornale.

tìtolo *s. m.* **1** Nome, breve indicazione posta in cima a uno scritto, nel frontespizio di un libro o in calce a un'opera d'arte per farne conoscere il soggetto o il contenuto | *Titoli di testa*, didascalie poste all'inizio di un film con i nomi del regista, degli attori e dei principali collaboratori. [→ ill. *stampa*] **2** (*dir.*) Giustificazione del diritto soggettivo: — *del diritto di proprietà* | — *di una pretesa*, motivazione a sostegno di una pretesa | — *di credito*, documento che incorpora un diritto di credito il cui contenuto è fissato esclusivamente dal tenore letterale del documento stesso. **3** Denominazione, qualificazione particolare della carica, della dignità, del grado di nobiltà di qc.: *avere il — di professore*; *conferire il — di conte* | *Titoli accademici*, laurea, libera docenza e sim. | Documento che attesta il diritto a fregiarsi di un titolo. **4** (*est.*) Appellativo, nome, qualificazione | (*iron., scherz.*) Epiteto, spec. ingiurioso: *gli diede il — di vigliacco.* **5** (*est., fig.*) Diritto acquisito in base a un merito: *aver — alla gratitudine di qc.* | *Con giusto* —, a buon diritto | Causa, motivo | *A — di*, sotto forma di, con valore di. **6** (*est.*) Intestazione di conti, bilanci o registrazioni varie. **7** Frase in cima a un articolo e in genere a un servizio giornalistico che indica l'argomento di cui si tratta. [→ ill. *stampa*] **8** Rapporto, in forma percentuale, tra il peso di un componente e quello totale del composto o della miscela di cui fa parte | — *dell'oro*, percentuale d'oro in una sua lega. **9** Indice numerico convenzionale della grossezza o della finezza di un filato.

titolóne *s. m.* Titolo, spec. di giornale, scritto a grossi caratteri o con parole tali da attirare l'attenzione del lettore.

titubànte *part. pres. di titubare; anche agg.* Che si mostra incerto, indeciso; SIN. Dubbioso, perplesso.

titubànza *s. f.* L'essere titubante | Comportamento da persona titubante; SIN. Indecisione, perplessità.

titubàre *v. intr.* (*io tìtubo; aus. avere*) **1** (*raro*) Vacillare, non essere fermo. **2** (*fig.*) Mostrarsi incerto, indeciso: — *prima di agire*; SIN. Esitare, nicchiare, tentennare.

tixotropìa /tiksotro'pia/ *s. f.* (*chim.*) Fenomeno per cui certi colloidi passano, se agitati, allo stato liquido ritornando a coagulare al termine dell'azione meccanica.

tizianésco *agg.* (*pl. m. -schi*) Che è proprio del pittore Tiziano o della sua maniera | *Capelli tizianeschi*, di un colore biondo rame | *Colorito* —, florido, roseo.

tìzio *s. m.* (*f. -a*) **1** Persona che non ha o alla quale non si attribuisce grande importanza: *ha sposato un — qualunque.* **2** Persona indeterminata o che non si vuole o non si può nominare.

tìzzo *s. m.* Pezzo di legno o di carbone che sta bruciando.

tizzóne *s. m.* Pezzo di legno o di carbone che arde o che viene tirato fuori dal fuoco | (*fig.*) — *d'inferno*, persona perversa, scellerata.

tmèṣi *s. f.* (*ling.*) Separazione di due elementi di solito uniti in un parola.

to' *inter.* **1** (*fam.*) Eccoti, prendi (accompagnando le parole col gesto): — *questa caramella* | Accompagnando con le parole uno schiaffo, una spinta, un pugno e sim.: —*! prendi anche questo!*; — — *e* —*!* **2** Si usa per richiamare un cane. **3** Esprime meraviglia, stupore: —*! questa è bella!*

toast /*ingl.* 'toust/ *s. m. inv.* (*pl. ingl. toasts* /'tousts/) Coppia di fette di pane a cassetta sovrapposte, variamente farcite e tostate.

tobòga *s. m. inv.* Slitta di origine canadese, priva di pattini, composta tradizionalmente di sottili assi di betulla foggiate come gli sci, ma talvolta costruita anche in ferro. [→ ill. *slitta*]

tocài *s. m.* Vino giallo verdolino, asciutto, prodotto spec. nel Friuli.

toccàbile *agg.* **1** Che si può toccare. **2** (*fig.*) Concreto, tangibile: *prova — con mano.*

toccànte *agg.* Che commuove o intenerisce: *un discorso* —.

toccàre **A** *v. tr.* (*pres. io tócco, tu tócchi; part. pass. toccàto, lett. tócco*) **1** Tastare, sfiorare, premere o sentire con la mano o con un'altra parte del corpo: *toccarsi la fronte con le dita*; — *qc. col gomito* | — *con mano*, accertarsi personalmente di q.c., cercare di scoprire la verità su q.c. | Premere non direttamente ma con un oggetto qualsiasi: — *il muro con un bastone* | Spingere con un tocco, un colpo, un urto più o meno forte: — *un tasto* | (*est.*) Far vibrare col tocco, detto di strumenti musicali spec. a corde o a tasto: — *il violino.* **2** Avvicinarsi a qc. o a q.c. fino a esserne a contatto: *la tenda tocca la finestra* | ass. Nell'acqua, stare con i piedi sul fondo tenendo fuori la testa: *si tocca ancora per pochi metri.* **3** Spostare: *perché avete toccato i miei libri?* | Usare, consumare, manomettere: *non vuole che gli si tocchi la sua roba* | *Non — cibo*, non mangiare. **4** Giungere a un punto determinato, raggiungere un'altezza, una distanza (*anche fig.*): *con la testa tocca il lampadario*; — *la meta* | — *il segno*, colpire nel punto giusto (*anche fig.*) | — *il cielo con un dito*, essere al culmine della beatitudine | — *un porto, una città*, farvi scalo, detto di navi o aerei | — *terra*, scendere a terra, detto di persona; approdare, accostare, detto di nave; atterrare, detto di velivolo. **5** Riguardare: *è un'accusa che tocca tutti voi.* **6** (*fig.*) Comportarsi in modo tale da colpire nell'animo: *guai a toccargli la famiglia* | — *sul vivo*, urtare, irritare con parole particolarmente pungenti | ass. Colpire, commuovere: *il tuo discorso tocca intimamente.* **7** (*fig.*) Trattare brevemente: — *un argomento spinoso.* **B** *v. intr.* (*aus. essere*) **1** Capitare, avvenire, accadere: *gli è toccata una fortuna insperata.* **2** Essere obbligato, costretto: *gli toccò pagare i debiti.* **3** Appartenere, spettare: *tocca a voi difenderci.* **C** *v. rifl. rec.* Essere a contatto, così vicini da sfiorarsi, premersi urtarsi: *si toccano con i gomiti.* [→ tav. *proverbi* 166, 300, 392]

toccasàna *s. m. inv.* Rimedio pronto e sicuro o considerato prodigioso (*anche fig.*).

toccàta *s. f.* **1** Atto del toccare una sola volta. **2** (*mus.*) Sonata, di un sol tempo, di stile elevato e da eseguire sopra uno strumento a tastiera.

toccàto *part. pass. di toccare; anche agg.* **1** (*fig.*) Di chi è stato punto da un motto arguto e non sa replicare. **2** Nella scherma, colpito da una stoccata del ferro avversario. **3** Di persona stravagante, mattoide, scombinata.

tócco (1) **A** *part. pass. di toccare* Toccato. **B** *agg.* (*pl. m. -chi*) **1** (*raro*) Di frutto guasto, o un po' ammaccato. **2** Di persona un po' matta o stravagante.

tócco (2) *s. m.* (*pl. -chi*) **1** Rapido contatto, leggera pressione | *Gli ultimi tocchi*, le rifiniture. **2** Maniera, arte del suonare uno strumento musicale a corda o a tasto: *un pianista dal — raffinato.* **3** Modo del toccare la materia per lavorarla | (*est.*) Impronta caratteristica propria di un autore, di un artista: *un pittore dal — vivace.* **4** (*est.*) Colpo vibrato o battuto contro q.c.: *un — di martello* | Colpo dato sulla campana dal battaglio | Rintocco di orologio pubblico | (*est.*) Prima ora dopo il mezzogiorno: *l'orologio ha suonato il* —.

tòcco (3) *s. m.* (*pl. -chi*) **1** Pezzo più o meno grosso staccato da q.c.: *un — di pane.* **2** Persona alta e robusta | *Un — di ragazza*, una ragazza formosa e appariscente.

tòcco (4) *s. m.* (*pl. -chi*) Berretta tonda e senza tesa. [→ ill. *copricapo, giustizia, vesti*]

toelètta V. *toletta.*

tòga *s. f.* **1** Mantello che i Romani portavano sopra la tunica, costituito da panno di lana a forma semicircolare. [→ ill. *vesti*] **2** Veste che i magistrati e gli avvocati indossano in udienza e i professori universitari nelle cerimonie ufficiali | (*est.*) Professione forense | Chi esercita l'avvocatura o la funzione del giudice | *– d'ermellino*, (*fig.*) magistrato di Corte di Cassazione. [→ ill. *giustizia*]

togàto *agg.* **1** Che veste la toga. **2** (*fig.*) Ampolloso, aulico: *stile –*.

tògliere o (*lett.*, *poet.*) *tòrre* (2) **A** *v. tr.* (*pres. io tòlgo, tu tògli, egli tòglie, noi togliàmo, voi togliéte, essi tòlgono; pass. rem. io tòlsi, tu togliésti; fut. io toglierò, pop., poet. torrò, tu toglierài, pop., poet. torrài; congv. pres. io tòlga, noi togliàmo, voi togliàte, essi tòlgano; condiz. pres. io toglierèi, pop., poet. torrèi, tu toglierésti, pop., poet. torrésti; part. pass. tòlto*) **1** Levare, rimuovere, spostare: *– uno specchio dalla parete* | Levare via: *togliersi i guanti* | *Togliersi una voglia*, soddisfarla | (*fig.*) *Togliersi una spina dal cuore*, eliminare un cruccio | *Togliersi la maschera*, (*fig.*) rivelare la propria natura | *Togliersi qc. dai piedi*, mandarlo via | *– qc. dal mondo*, ucciderlo | *– qc. di mezzo*, allontanarlo, sopprimerlo | *– q.c. di mezzo*, portarla via. **2** Non concedere più, riprendere: *– quel che si era dato* | Privare: *quell'avvenimento gli tolse l'uso della ragione* | *– il saluto*, non salutare più, per rancore o altro | *– l'onore*, disonorare | *– il rispetto*, mancare di rispetto verso qc. | Strappare, portare via a forza: *– il figlio alla madre* | *– la vita*, uccidere | *Togliersi la vita*, suicidarsi | *– la parola a qc.*, impedirgli di parlare | *– la parola di bocca a qc.*, dire quello che l'altro cercava di dire. **3** Sottrarre una parte: *da dieci devi – quattro*; CONTR. Aggiungere. **4** Liberare: *– qc. da una situazione imbarazzante*. **5** (*lett.*) Impedire, *nella loc.* *ciò non toglie che*, ciò non esclude che. **6** (*raro, lett.*) Prendere su, alzare da terra: *– qc. in braccio* | *Tor moglie, torre qc. in, per moglie*, sposarsi. **7** (*lett.*) Derivare, trarre: *– uno stile da un autore* | Ricavare, estrarre da un'opera: *– una citazione*. **B** *v. rifl.* Levarsi: *togliersi da una posizione scomoda* | Allontanarsi, partirsene: *togliersi di mezzo*.

toilette /*fr.* twa'lɛt/ *s. f. inv.* (*pl. fr. toilettes* /twa'lɛt/) **1** Mobile con specchio e ripiano su cui è disposto il necessario per pettinarsi e per truccarsi. **2** (*est.*) Stanza in cui si trova il mobile da toilette. **3** Stanza munita di servizi igienici: *andare alla –*. **4** Complesso delle operazioni che occorrono, spec. a una donna, per completare l'abbigliamento, l'acconciatura o il trucco. [→ ill. *toilette e cosmesi*] **5** Abito femminile sfarzoso ed elegante.

tokaj /*ungh.* 'tokai/ *s. m. inv.* Vino tipico ungherese, biondo oro, secco o dolce, di ricco aroma.

tòlda *s. f.* (*mar.*) Coperta o ponte del bastimento che sorge più in alto.

tolemàico *agg.* (*pl. m. -ci*) **1** Della dinastia egizia dei Tolomei. **2** Concernente l'astronomo greco Tolomeo | *Sistema –*, quello che poneva la terra al centro dell'universo.

tolètta o *tolétta, toelètta s. f.* Adattamento di *toilette*.

tolleràbile *agg.* Che si può tollerare, sopportare; SIN. Sopportabile; CONTR. Intollerabile.

tolleránte *part. pres. di tollerare; anche agg.* Che tollera, che dimostra tolleranza; CONTR. Intollerante.

tolleránza *s. f.* **1** Capacità di tollerare ciò che è o po-

toilette e cosmesi

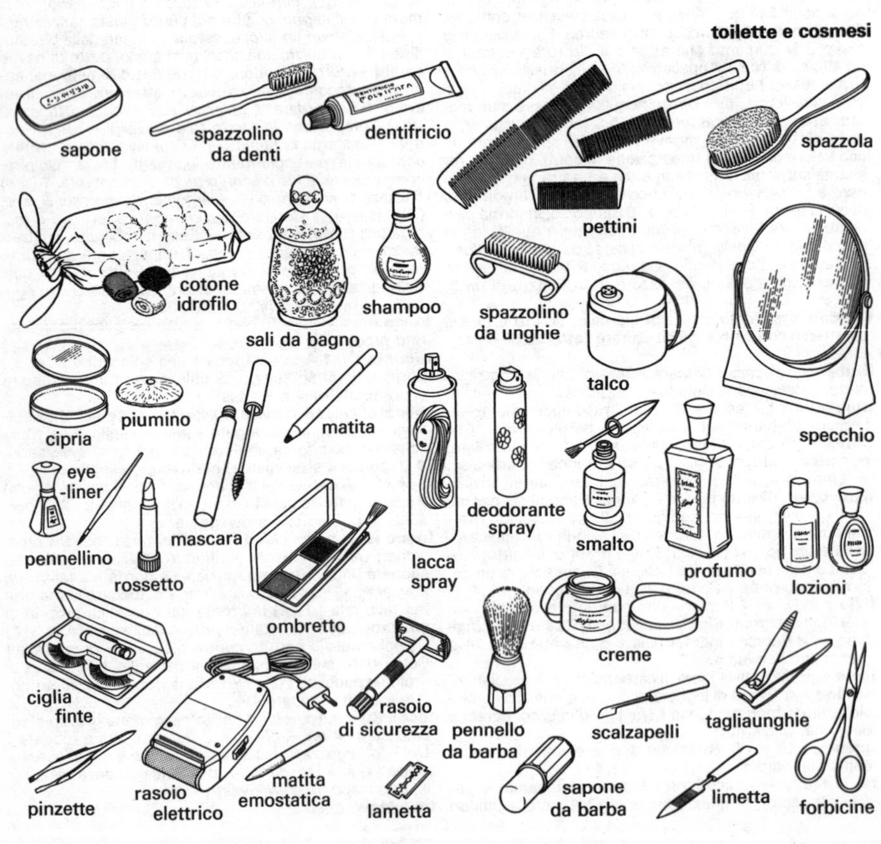

trebbe rivelarsi sgradevole o dannoso: *avere — per un cibo* | *Casa di —*, bordello; SIN. Sopportazione. **2** Disposizione d'animo per la quale si ammette, senza dimostrarsi contrariato, che un altro professi un'idea o un'opinione contraria alla nostra: *— civile, politica*; CONTR. Intolleranza. **3** Possibilità di differenza dalle condizioni e caratteristiche di una merce prevista in contratto: *— di quantità*; *— di calo* | Scarto, divergenza, inesattezza ammissibile. **4** (*mecc.*) Limite dell'errore commesso nelle dimensioni reali di un pezzo lavorato, rispetto a quelle stabilite nel disegno.

tolleràre *v. tr.* (*io tòllero*) **1** Sopportare con pazienza e senza lamentarsene cose spiacevoli o dolorose: *— il disprezzo altrui*; *non tollero le vostre offese* | Poter subire, senza soffrirne dolori, disagi e prove fisiche di varia natura: *non — il caldo eccessivo*; *non — i cibi grassi*; SIN. Sopportare. **2** Ammettere idee, convinzioni, opinioni contrarie alle proprie: *— tutte le religioni*. **3** Consentire dilazioni, scarti, differenze di non grave entità: *è tollerato un ritardo di pochi minuti*.

tòlto *part. pass. di togliere; anche agg.* Levato via, rimosso.

toluène *s. m.* Idrocarburo aromatico, liquido, derivato dal benzolo, presente nel petrolio e nel catrame dai quali si ricava; usato nelle benzine, come solvente e per ottenere esplosivi; SIN. Toluolo.

toluòlo *s. m.* Toluene.

tomahawk /*ingl.* 'tɔməhɔk/ *s. m. inv.* (*pl. ingl. tomahawks* /'tɔməhɔks/) Accetta da guerra propria dei pellirosse, con lama di pietra. [→ ill. *armi*]

tomàia *s. f.* Parte superiore della scarpa. [→ ill. *calzatura*]

tomàio *s. m.* Tomaia.

tómba *s. f.* **1** Luogo di sepoltura per una o più salme a forma di arca, sepolcro, urna, sarcofago | *Essere muto come una —*, *essere una —*, (*fig.*) essere molto riservato | *Avere un piede nella —*, (*fig.*) essere molto malandato, in fin di vita; SIN. Tumulo. **2** (*fig.*) Abitazione bassa e scura o luogo chiuso e buio.

tombàle *agg.* Di tomba | *Pietra —*, quella che chiude una tomba.

tombaròlo *s. m.* (*f. -a*) (*gerg.*) Chi viola le tombe spec. etrusche, protette dalla legge, per rubare oggetti da vendere a collezionisti.

tombino *s. m.* **1** *Dim. di tomba.* **2** Elemento di chiusura di un pozzetto fognario | Canaletto, pozzetto; SIN. Chiusino.

tómbola (1) *s. f.* Gioco consistente nell'estrazione successiva di numeri dall'1 al 90 | Premio massimo di questo gioco, vinto dal primo che si vede estratti tutti i numeri della sua cartella: *far —*. [→ ill. *giochi*]

tómbola (2) *s. f.* (*fam.*) Caduta | *Far —*, *fare una —*, cadere.

tombolàre *v. intr.* (*io tómbolo; aus. essere*) **1** (*fam.*) Cadere col capo all'ingiù: *— dal letto, da una sedia* | (*fam.*, *fig.*) Andare in rovina. **2** (*aer.*) Ruzzolare per aria, detto di aereo, capsula, missile e sim.

tómbolo (1) *s. m.* **1** Cuscino cilindrico a ciascun lato del canapè. **2** Cuscinetto imbottito per la lavorazione del merletto. **3** (*fam.*, *scherz.*) Persona piuttosto piccola e grassoccia.

tómbolo (2) *s. m.* (*centr.*) Duna costiera.

-tomìa *secondo elemento*: in parole composte scientifiche, spec. mediche, significa 'taglio', 'incisione': *laparotomia, gastrotomia*.

tomìno *s. m.* Piccolo formaggio fresco spec. piemontese | Formaggio caprino, con pepe.

tomismo *s. m.* Sistema di filosofia di Tommaso d'Aquino.

tomìsta *s. m. e f.* (*pl. m. -i*) Chi segue il tomismo.

tomìstico *agg.* (*pl. m. -ci*) Del tomismo o dei tomisti.

tòmo (1) *s. m.* **1** Sezione, parte di un'opera a stampa: *vocabolario in otto tomi*. **2** Volume.

tòmo (2) *s. m.* (*fam.*) Persona strana bizzarra | *Un bel —*, un bel tipo.

tomografìa *s. f.* (*med.*) Tecnica radiodiagnostica mediante i raggi röntgen, che permette di osservare isolatamente un singolo strato sottile di un organo | *— assiale computerizzata*, tecnica nota anche come TAC, in cui i raggi röntgen sono raccolti da un rivelatore che invia i propri segnali a un elaboratore elettronico il quale provvede a ricostruire l'immagine.

tómolo *s. m.* Unità di misura della superficie agraria, in uso nell'Italia meridionale.

ton /*ingl.* tʌn/ *s. m. inv.* (*pl. ingl. tons* /tʌnz/) (*fis.*) Unità di energia pari alla quantità di energia liberata dall'esplosione di una tonnellata di tritolo, usata spec. coi suoi multipli kiloton e megaton.

tònaca *s. f.* Abito dei frati e delle monache, lungo fino ai piedi, con maniche, stretto talvolta da un cordone alla cintola | *Vestire, indossare la —*, dedicarsi alla vita religiosa | *Gettare la — alle ortiche*, *buttare la —*, spretarsi. [→ ill. *religione*]

tonàle *agg.* **1** Del tono, che riguarda il tono. **2** (*mus.*) Relativo alla tonalità.

tonalismo *s. m.* (*mus.*) Qualità di composizione basata sul sistema tonale.

tonalità *s. f.* **1** Sfumatura, gradazione di colore. **2** (*mus.*) Insieme di relazioni che collegano una serie di note e di accordi a una nota detta tonica.

tonànte *part. pres. di tonare; anche agg.* Che tuona, rimbomba (*spec. fig.*).

tonàre o *tuonàre* **A** *v. intr.* (*io tuòno, pop. tòno;* in tutta la coniug. la *o* dittonga preferibilmente in *uo* se tonica; *aus. avere*) **1** (*lett.*) Provare il tuono | (*est.*) Rimbombare producendo fragore: *l'artiglieria tonava in lontananza*. **2** (*fig.*) Parlare a gran voce: *— dalla cattedra* | (*est.*) Inveire: *— contro gli imbroglioni*. **B** *v. intr. impers.* (*aus. essere e avere*) Prodursi del rumore del tuono.

tónchio *s. m.* Insetto che vive e si sviluppa a spese dei legumi.

tondeggiànte *part. pres. di tondeggiare; anche agg.* Che ha forma pressoché rotonda.

tondeggiàre *v. intr.* (*io tondéggio; aus. essere*) Essere tondo o quasi.

tondèllo *s. m.* **1** Oggetto di forma tonda. **2** Piccolo disco di metallo di forma rotonda da cui saranno coniate monete o medaglie.

tondino *s. m.* **1** *Dim. di tondo.* **2** Piatto, piattino | Sottobicchiere. **3** Profilato di ferro a sezione circolare, generalmente usato come armatura nel cemento armato. [→ ill. *edilizia, metallurgia*] **4** Modanatura convessa che ha per profilo un semicircolo di piccolo raggio.

tóndo **A** *agg.* Che ha forma circolare, sferica, rotonda o quasi: *un vaso —*; *occhi tondi*; *il sole è —* | (*fig.*) Compiuto, preciso, esatto: *cinque mesi tondi* | *Numero —*, *cifra tonda*, senza frazioni o decimali. [→ ill. *stoviglie*] **B** *s. m.* **1** Globo, circolo, sfera, cerchio. **2** Dipinto, affresco, avente forma circolare: *un — di terracotta*. **3** L'usuale alfabeto latino con lettere perpendicolari all'allineamento. **4** Piatto, vassoio, sottocoppa di forma tonda.

tonfàre **A** *v. intr.* (*io tónfo; aus. essere*) (*raro*) Fare un tonfo. **B** *v. tr.* (*tosc.*) Percuotere, battere.

tónfo *s. m.* **1** Rumore che fa cadendo, spec. in acqua, una persona o una cosa | La caduta stessa: *fare, dare un —*. **2** Rumore sordo causato da colpi battuti.

tònica *s. f.* **1** (*ling.*) Vocale accentata. **2** (*mus.*) Suono fondamentale della scala.

tònico **A** *agg.* (*pl. m. -ci*) **1** (*ling.*) Detto di sillaba accentata | *Accento —*, che caratterizza l'intonazione di una parola. (v. nota d'uso ACCENTO) **2** (*mus.*) Attinente al tono. **B** *s. m.* Ricostituente, spec. corroborante delle funzioni digestive o preparato cosmetico.

tonificànte **A** *part. pres. di tonificare; anche agg.* Che tonifica. **B** *s. m.* Tonico, spec. cosmetico.

tonificàre *v. tr.* (*io tonìfico, tu tonìfichi*) Rendere energico, elastico e sim. | Rinforzare, fortificare.

tonnàra *s. f.* Grande impianto per la pesca dei tonni, costituito di reti che formano camere collegate l'una all'altra nelle ultime delle quali i pesci vengono fatti entrare e poi uccisi.

tonnàto *agg.* Nella loc. *Salsa tonnata*, a base di tonno, maionese, alici e capperi | *Vitello —*, lessato e ricoperto con tale salsa.

tonneau /*fr.* tɔ'no/ *s. m. inv.* (*pl. fr. tonneaux* /tɔ'no/) **1** Telone impermeabile per proteggere dalle intemperie l'abitacolo delle automobili scoperte. **2** (*aer.*) Manovra acrobatica per cui un aeroplano compie un giro completo su se stesso attorno al proprio asse longitudinale.

tonneggiàre *v. tr.* (*io tonnéggio*) Spostare un bastimento con i cavi.

tonnéggio *s. m.* (*mar.*) Cavo che serve a tonneggiare.

tonnellàggio *s. m.* Misura del peso di un natante | Misura del volume riservato al carico di una nave mercantile.

tonnellàta *s. f.* Unità di misura di peso equivalente a 1000 kg | — *di stazza*, misura di volume per la stazza, pari a m^3 2,83168. SIMB. t.

tónno *s. m.* **1** Grosso pesce osseo vivente nei mari temperati, con coda forcuta dal peduncolo sottile. [→ ill. *animali* 9] **2** Carne del pesce omonimo, consumata fresca o conservata sotto'olio.

tòno *s. m.* **1** (*mus.*) Intervallo musicale corrispondente, nella scala naturale, a un rapporto di frequenze di 9/8 | Grado della scala tonale su cui è basato un pezzo | Nota: *toni alti, acuti* | *Dare il* —, dare l'intonazione e (*fig.*) costituire l'esempio | *Essere in* —, essere intonato | *Essere fuori* —, *uscire di* —, stonare e (*fig.*) essere intontito | *Scendere, calare di* —, scendere a toni più bassi, detto della voce e di strumenti musicali e (*fig.*) perdere forza, vigore | *Rispondere a* —, nella maniera più appropriata. **2** (*ling.*) Variazione di altezza nella pronuncia di parole che, in alcune lingue come il cinese o il giapponese, serve a distinguere parole con significati diversi | Modulazione di una voce o di un suono: *parlare con un — basso* | Carattere, espressione di un discorso: *mi rispose con — insolente.* **3** Grado di luminosità dei colori, loro attitudine alla riflessione della luce. **4** Grado di naturale tensione ed elasticità delle fibre e degli organi del corpo umano | — *muscolare*, stato di lieve contrazione dei muscoli mantenuto per via riflessa che rende il muscolo più atto alla risposta contrattile | *Essere in* —, (*fig.*) trovarsi in uno stato di benessere fisico. **5** (*fig.*) Stile di uno scritto o di un discorso: *lettera di — familiare* | Foggia di un abito: *giacca di — sportivo* | Modo, carattere | *Darsi un* —, assumere un atteggiamento pieno di sussiego.

tonsilla *s. f.* (*anat.*) Organo linfatico della cavità boccale | — *palatina*, situata nel retrobocca, tra i pilastri faringei. [→ ill. *anatomia umana*]

tonsillàre *agg.* (*anat.*) Della tonsilla.

tonsillectomìa *s. f.* (*chir.*) Asportazione delle tonsille.

tonsillìte *s. f.* (*med.*) Infiammazione delle tonsille.

tonsùra *s. f.* **1** Cerimonia, ora abolita, del taglio circolare dei capelli o di una sola ciocca, cui era sottoposto chi entrava nello stato ecclesiastico, in segno di rinunzia al mondo. **2** Taglio circolare dei capelli degli ecclesiastici; SIN. Chierica.

tonsuràre *v. tr.* Sottoporre a tonsura.

tónto *agg.* Stupido, di poco senno.

top /*ingl.* tɔp/ *s. m. inv.* (*pl. ingl. tops* /'tɔps/) **1** Culmine, vertice, grado più elevato. **2** Camicetta femminile molto scollata, gener. sostenuta da spalline.

topàia *s. f.* **1** Nido, tana di topi. **2** (*fig.*) Casa vecchia, laida e in pessimo stato.

topàzio *s. m.* Pietra preziosa costituita di silicato d'alluminio e fluoro in cristalli prismatici limpidi, gialli o verdognoli.

tòpica (1) *s. f.* Nella retorica classica, teoria dei luoghi comuni a cui si può far ricorso in una dimostrazione.

tòpica (2) *s. f.* (*fam.*) Mossa sbagliata, inopportuna.

topicida A *s. m.* (*pl. -i*) Preparato velenoso per uccidere i topi. **B** *anche agg.*: *sostanza* —.

tòpico *agg.* (*pl. m. -ci*) **1** Attinente alla topica. **2** Che si riferisce al luogo | Locale | *Rimedio* —, che si applica alla parte malata.

topinambùr *s. m.* Pianta erbacea americana delle Sinandrali, simile al girasole, annua, con capolini gialli e tuberi commestibili. [→ ill. *piante* 4]

topless /*ingl.* 'tɔplis/ *s. m. inv.* Indumento, costume femminile, spec. da bagno, che lascia scoperto il seno.

tòpo *s. m.* Piccolo mammifero dei Roditori, molto diffuso e dannoso, con lunga coda coperta di squamette cornee, occhi e orecchie ben sviluppate, zampe posteriori più lunghe delle anteriori | — *muschiato*, mammifero dei Roditori, simile a un grosso ratto ma con la coda più corta, che vive gregario nelle zone paludose americane ed è allevato per la pelliccia pregiata | — *d'albergo, di treno, d'auto*, (*fig.*) ladro specializzato che ruba negli alberghi, sui treni, nelle automobili | — *di biblioteca*, (*fig.*) studioso che passa molto tempo in biblioteca | *Denti di* —, piccoli e a punta | *Fare la fine del* —, cadere in un inganno. [→ ill. *animali* 16] [→ tav. *proverbi* 334]

tòpo- *primo elemento*: in parole composte dotte o scientifiche significa 'luogo': *topografia, toponimo.*

topografìa *s. f.* **1** Arte di rappresentare col disegno in una mappa con segni convenzionali le varie caratteristiche di un territorio. **2** Descrizione particolare di qualche tratto di paese.

topogràfico *agg.* (*pl. m. -ci*) Della topografia: *rilievo* — | *Carta topografica*, rappresentazione in disegno di una piccola porzione della superficie terrestre. [→ ill. *geografia*]

topògrafo *s. m.* Studioso di topografia.

topolìno A *s. m.* **1** *Dim. di topo.* **2** (*fig.*) Bambino svelto e vivace. **B** *s. f. inv.* (*pop.*) Vettura utilitaria Fiat costruita dal 1936 al dopoguerra.

topologìa *s. f.* **1** Studio geografico delle forme del terreno. **2** (*ling.*) Studio della collocazione delle parole nella frase. **3** Ramo della matematica che studia le proprietà di enti geometrici che non si alterano con la deformazione continua delle figure corrispondenti.

topològico *agg.* (*pl. m. -ci*) Della topologia.

toponimìa *s. f.* Studio dei nomi di luogo.

topònimo *s. m.* Nome di un luogo.

toponomàstica *s. f.* Insieme dei nomi di luogo e studio di essi.

toporàgno *s. m.* Piccolo mammifero degli Insettivori, con muso foggiato a proboscide, feroce predatore notturno di piccoli animali. [→ ill. *animali* 17]

tòppa *s. f.* **1** Pezza di stoffa o di cuoio che si cuce sul punto rotto del vestito, della scarpa | *Mettere una* —, rattoppare. **2** (*fig.*) Riparo, rimedio provvisorio: *mettere una — a una situazione difficile.* **3** Buco della serratura, per infilarvi la chiave. [→ ill. *ferramenta*] **4** Gioco d'azzardo a carte.

tòppo *s. m.* **1** Parte dell'albero che rimane nel terreno dopo il taglio | (*est.*) Tronco d'albero rozzamente tagliato. **2** Parte del tornio che contiene gli organi che determinano l'asse del tornio.

top secret /*ingl.* tɔp 'si:krit/ *loc. agg. inv.* Detto di notizia segretissima, da tenere estremamente riservata.

toque /*fr.* tɔk/ *s. f. inv.* (*pl. fr. toques* /tɔk/) Cappello da donna senza tesa. [→ ill. *copricapo*]

toràce *s. m.* **1** (*anat.*) Porzione del tronco interposta tra il collo e l'addome che ospita, tra l'altro, il cuore e i polmoni. **2** (*zool.*) Parte mediana del corpo degli insetti.

toracentèsi *s. f.* (*chir.*) Puntura evacuativa di liquido presente nella cavità pleurica.

toràcico *agg.* (*pl. m. -ci*) Del torace.

toracoscopìa *s. f.* Esame ottico della cavità toracica e degli organi prospicienti il cavo pleurico.

tórba *s. f.* Combustibile fossile, di recente formazione, costituito da residui di piante paludose accumulatesi al fondo di laghi o stagni, con basso potere calorifico.

tórbida *s. f.* Liquido che trascina particelle in sospensione | (*est.*) Il materiale così trasportato.

torbidézza *s. f.* L'essere torbido.

tórbido A *agg.* **1** Detto di liquido impuro, che manca di chiarezza e limpidezza: *vino* —. **2** (*fig.*) Poco sereno e onesto: *pensieri torbidi* | *Tempi torbidi*, tumultuosi, inquieti. **B** *s. m.* **1** Aspetto poco chiaro, situazione poco onesta | *Pescare nel* —, cercare di trarre profitto da tempi confusi o situazioni poco chiare. **2** *al pl.* Principi di rivoluzione o di sommossa | Tumulti. [→ tav. *locuzioni* 80]

torbièra *s. f.* Sedimento di torba.

torcènte *part. pres. di torcere; anche agg. Momento* —, azione che tende a far ruotare la sezione di un solido rispetto a quella contigua.

tòrcere A *v. tr.* (*pres. io tòrco, tu tòrci; pass. rem. io tòrsi, tu torcésti; part. pass. tòrto*) **1** Avvolgere q.c. su se stessa: — *la biancheria lavata* | *Non — un capello*, non fare alcun male | *Dare del filo da* —, frapporre ostacoli, difficoltà. **2** Piegare con forza: — *un filo di ferro* | Storcere: — *la bocca in segno di disgusto.* **3** (*lett.*) Volgere, dirigere (*spec. fig.*) | (*est.*) Allontanare, deviare: — *qc. dalla retta via.* **B** *v. intr.* (*aus. essere, raro*) Piegare, voltare, mutare direzione: *la strada torce a sinistra.* **C** *v. rifl.* **1** Contorcersi: *torcersi dalle risa.* **2** Volgersi per dirigersi verso qc. o q.c.

torchiàre *v. tr.* (*io tòrchio*) **1** Comprimere col torchio la pasta di olive o le vinacce per spremerne l'olio o il mosto. **2** (*fig., fam.*) Interrogare qc. a lungo e severamente.
torchiatùra *s. f.* Lavoro del torchiare e liquido che ne risulta.
torchiétto *s. m.* **1** *Dim. di torchio.* **2** Attrezzo fotografico per ricavare da una negativa copie positive.
tòrchio *s. m.* **1** Macchina atta a comprimere gradatamente e senza urti un materiale posto fra due piastre parallele, una mobile e una fissa: — *per uva, per olive.* [→ ill. *vino*] **2** La prima e più semplice macchina da stampa | *Essere sotto il* —, essere in via di stampa e (*fig.*) essere costretto a un duro sforzo o a un interrogatorio lungo e difficile. [→ ill. *stampa*]
tòrcia *s. f.* (*pl. -ce*) **1** Fiaccola di funi ritorte e stoppa, impregnata di resina, sego, cera | Ramo resinoso acceso | — *a vento*, che non si spegne al vento | — *elettrica*, grossa lampada portatile alimentata a pila. [→ ill. *campeggiatore, illuminazione, pesca*] **2** Cero per processioni.
torcicòllo *s. m.* **1** Atteggiamento viziato del capo, spesso per contrattura del muscolo sternocleidomastoideo | (*fam.*) Dolore al collo che impedisce la rotazione del capo. **2** Uccelletto insettivoro a zampe brevi, becco dritto e collo mobilissimo. [→ ill. *animali* 10]
torcièra *s. f.* Grosso candeliere per torcia.
torciglióne *s. m.* Fascia attorta portata sul capo a guisa di corona.
torcitóio *s. m.* Dispositivo che produce la torsione dei lucignoli stirati nell'operazione di filatura.
torcitóre *s. m.* (*f. -trice*) Chi torce.
torcitrice *s. f.* Macchina tessile per eseguire l'operazione di torcitura.
torcitùra *s. f.* **1** (*raro*) Operazione del torcere. **2** Operazione dell'industria tessile che conferisce la necessaria resistenza ed elasticità ai lucignoli di fibre mediante la torsione, costituendo il filato.
torcolière *s. m.* Operaio addetto al torchio nelle antiche tipografie.
tordéla *s. f.* Uccello più grande del tordo, con capo chiarissimo e ventre giallo fulvo, gregario e ricercato dai cacciatori.
tórdo *s. m.* Uccello bruno, biancastro nella parte inferiore, di passo, che vive fra i cespugli ed è selvaggina pregiata. [→ ill. *animali* 13]
-tóre *suff.*: è derivativo di agg. e sost. maschili ricavati da verbi: *trasportatore, incisore.*
toreador /*sp.* torea'dor/ *s. m. inv.* (*pl. sp. toreadores* /torea'dores/) Torero.
toreàre *v. intr.* (*io torèo; aus. avere*) Combattere col toro nell'arena.
torèllo *s. m.* **1** Giovane toro. **2** (*fig.*) Ragazzo robusto e vigoroso.
torèro /*sp.* to'rero/ *s. m.* (*pl. sp. toreros* /to'reros/; *pl. it. torèri*) Chi combatte col toro nell'arena.
torèutica *s. f.* Arte di martellare e cesellare i metalli.
torinése *agg.; anche s. m. e f.* Di Torino.
tòrio *s. m.* Elemento chimico, metallo radioattivo naturale impiegato in lega col tungsteno nelle lampade a incandescenza e negli impianti nucleari. SIMB. Th.
tòrlo V. *tuorlo.*
tórma o (*raro*) *tùrma s. f.* **1** (*lett.*) Schiera di soldati | (*est.*) Quantità di persone che vanno insieme e disordinatamente: *una* — *di dimostranti.* **2** Branco di animali: *una* — *di bufali.*
tormalina *s. f.* Minerale formato da una miscela di diversi silicati di alluminio e boro, incolori oppure gialli, verdi, rossastri, le cui varietà trasparenti sono usate come gemme e polarizzatori della luce.
torménta *s. f.* Bufera turbinosa di neve caratteristica dell'alta montagna.
tormentàre **A** *v. tr.* (*io torménto*) **1** Mettere alla tortura, straziare con pene e tormenti fisici: — *i soldati catturati* | Dare dolori fisici più o meno gravi; SIN. Torturare. **2** (*fig.*) Procurare pena, afflizione, rimorso, noia e sim.: *lo tormenta il desiderio di rivedere la famiglia* | Molestare, dare fastidio: *non tormentarmi con questi discorsi.* **B** *v. rifl.* Darsi pena; SIN. Affliggersi, crucciarsi.
tormentatóre *s. m.* (*f. -trice*) Chi tormenta.
torménto *s. m.* **1** Strumento di tortura | Pena della tortura: *il* — *della ruota.* **2** Acuto dolore provocato da mali fisici. **3** (*fig.*) Cruccio insistente, dolore morale: *vivere in un perenne* — | Chi (o ciò che) è causa di preoccupazione. **4** Molestia, seccatura | Persona o cosa che provocano molestia.
tormentóso *agg.* **1** Che dà tormento fisico o spirituale | Fastidioso, molesto: *dubbio* —; SIN. Crudele. **2** (*fig.*) Travagliato, pieno di difficoltà: *esistenza tormentosa.*
tornacónto *s. m.* Utile, guadagno, vantaggio personale; SIN. Convenienza.
tornàdo /*ingl.* tɔː'neidou, *sp.* tor'nado/ *s. m. inv.* (*pl. ingl. tornadoes* e *tornados* /tɔː'neidouz/; *pl. sp. tornados* /tor'nados/) **1** Turbine di limitata estensione ma di grande potenza distruttiva, con un alto vortice, frequente negli Stati Uniti centro-occidentali. **2** (*mar.*) Catamarano da regata, a deriva mobile, lungo m 6,05.
tornànte (1) *s. m.* In una rete stradale o ferroviaria ampia curva semiellittica usata per superare dislivelli | Curva strettissima di strada di montagna. [→ ill. *strada*]
tornànte (2) **A** *agg. Solo nella loc. ala* —, nel calcio, giocatore che pur avendo il ruolo di attaccante ripiega indietro, a centro campo, in appoggio alla difesa. **B** *anche s. m.*
tornàre **A** *v. intr.* (*io tórno; aus. essere*) **1** Volgersi, rientrare, dirigersi di nuovo verso il luogo dal quale si era partiti: *torneremo in città fra dieci giorni* | — *daccapo, al punto di partenza*, riprendere dall'inizio e (*fig.*) non riuscire a progredire | — *in sé*, ricuperare i sensi e (*fig.*) ravvedersi | — *a galla*, riemergere; (*fig.*) tornare d'attualità | — *al mondo, in vita*, recuperare forza, vitalità, energia | — *a bomba*, riprendere il tema del discorso dopo una digressione | — *all'antico*, rifarsi a usi passati. **2** Venire via da un luogo che si è visitato, da uno spettacolo, o dopo aver compiuto q.c., anche ass.: *siamo tornati da teatro.* **3** Andare nuovamente: *dovrà* — *all'ospedale* | — *sui propri passi, sulle proprie decisioni*, recedere da un'azione | — *su un argomento*, discorrerne di nuovo | — *col pensiero a q.c.*, rievocarla | — *alla carica*, (*fig.*) insistere per ottenere q.c. | — *a dire, a fare q.c.*, ripetere. **4** Ripresentarsi, ricomparire: *è tornata la primavera; gli torna la febbre.* **5** (*raro, lett.*) Trasformarsi, cambiare: *la paura torna in gioia* | Volgersi, riuscire: — *a onore, a danno* | Essere: *non mi torna utile.* **6** Ridiventare, rifarsi (*anche fig.*): *è tornato un uomo onesto.* **7** Riuscire giusto, esatto, corrispondere bene, quadrare: *il conto torna* | *Non mi torna*, non sono convinto | — *conto*, essere vantaggioso, profittevole. **B** *v. tr.* **1** (*lett.*) Ricondurre, rimettere, riportare (*anche fig.*): — *q.c. in buono stato.* **2** (*lett.*) Volgere, girare: — *il viso.* [→ tav. *proverbi* 235; → tav. *locuzioni* 109]
tornasóle *s. m. inv.* Materia colorante violacea ricavata da alcuni licheni, usata come indicatore nell'analisi chimica: diventa rossa in ambiente acido e azzurra in ambiente alcalino; SIN. Laccamuffa.
tornàta *s. f.* **1** (*raro, lett.*) Ritorno. **2** (*raro*) Adunanza di un'accademia, di una società, di un'assemblea e sim. | — *elettorale*, singolo turno, consultazione elettorale. **3** (*letter.*) Ultima e più breve stanza della canzone, col commiato e la dedica.
tornatùra *s. f.* Misura agraria dell'Emilia e Romagna, di valori variabili.
torneàre *v. intr.* (*io tornèo; aus. avere*) Prendere parte a un torneo.
tornèlla *s. f.* Porta girevole che, in luoghi o veicoli pubblici, consente l'accesso di una sola persona per volta.
tornèo *s. m.* **1** Spettacolo d'armi in cui i cavalieri si affrontavano a squadre o a coppie entro un largo steccato circolare, cercando di rimanere padroni del campo disarcionando l'avversario | Rievocazione spettacolare di tale combattimento, con cavalieri in costume. [→ ill. *armi*] **2** Serie di gare a eliminazione tra singoli atleti e giocatori o squadre: — *di tennis.*
tornése *s. m.* Moneta d'argento coniata a Tours in Francia da Luigi IX e molto imitata in Italia e altrove. [→ ill. *moneta*]
tórnio *s. m.* Macchina utensile per la lavorazione dei metalli, del legno e sim., nella quale il moto di lavoro, che è rotatorio, viene impresso dal mandrino al pezzo, mentre l'utensile, piazzato sul carrello, compie un moto traslatorio di alimentazione | — *da vasaio*, per lavorare argille. [→ ill. *tornio, falegname, meccanica*]

tornire *v. tr.* (*io tornisco, tu tornisci*) **1** Lavorare al tornio. **2** (*fig.*) Rifinire con grande cura e precisione: – *la frase.*
tornito *part. pass. di tornire; anche agg.* **1** Lavorato al tornio. **2** (*fig.*) Armonioso, ben fatto: *braccia tornite.*
tornitóre *s. m.* Chi lavora a un tornio.
tornitùra *s. f.* **1** Lavorazione al tornio. **2** Residui della lavorazione al tornio.
tórno *s. m.* Giro | *In quel – di tempo,* attorno a quel tempo.
tòro (1) *s. m.* **1** Maschio adulto dei bovini, destinato alla riproduzione | (*fig., fam.*) *Essere, sembrare un –,* di chi ha struttura fisica potente | *Prendere il – per le corna,* (*fig.*) affrontare senza esitazione un ostacolo. [→ ill. *animali* 19, *bue*] **2** *Toro,* secondo segno dello zodiaco, che domina il periodo tra il 21 aprile e il 21 maggio. [→ ill. *zodiaco*] [→ tav. *locuzioni* 105]
tòro (2) *s. m.* **1** Modanatura architettonica della forma del tondino, ma con raggio maggiore, usata nelle basi delle colonne. [→ ill. *elemento ornamentale*] **2** Superficie ottenibile facendo ruotare una circonferenza intorno a una retta del suo piano che non l'interseca.
torpèdine (1) *s. f.* Pesce marino cartilagineo con corpo discoidale nudo, bocca e fessure branchiali ventrali e, sul dorso, organi elettrici mediante i quali emette potenti scariche. [→ ill. *animali* 7]
torpèdine (2) *s. f.* (*mar.*) Arma subacquea, mina.
torpedinièra *s. f.* (*mar.*) Nave militare veloce, destinata spec. all'uso di torpedini o di siluri.
torpèdo /*sp.* tor'pedo/ *s. f. inv.* (*pl. sp. torpedos* /tor'pedos/) Antica automobile aperta a quattro o più posti.
torpedóne *s. m.* Antico autobus aperto | Autopullman.
torpènte *agg.* (*lett.*) Che è inerte | Che rende torpido.
tòrpido *agg.* Che è preso da torpore, che è intorpidito, detto del corpo o di una sua parte | (*est.*) Pigro e tardo, intellettualmente o spiritualmente.
torpóre *s. m.* **1** Alterazione fisica che si manifesta con l'attenuazione della prontezza dei riflessi e dei movimenti e con la perdita totale o parziale della sensibilità. **2** (*est.*) Pigrizia fisica, intellettuale o spirituale.
tòrr o *tòr s. m.* Unità fondamentale di pressione equivalente a un mm di mercurio.
torràzzo *s. m.* Edificio grande e massiccio simile a una torre: *il – di Cremona.*
tórre (1) *s. f.* **1** Edificio eminente, spec. quadrangolare, assai più alto che largo, a diversi ordini di palchi, costituito per difesa di città, castelli, palazzi | – *campanaria,* campanile | – *di Babele,* (*fig.*) caos, confusione | *Chiudersi in una – d'avorio,* (*fig.*) isolarsi, ignorando gli avvenimenti e i problemi del mondo in cui si vive, detto spec. di artisti e scrittori. [→ ill. *orologio*] **2** Qualunque struttura o costruzione a forma di torre | – *di controllo,* ambiente in posizione dominante per il controllo della circolazione d'aeroporto | – *di lancio,* grossa incastellatura per sostenere grandi missili in verticale, o quasi | – *di perforazione,* derrick. [→ ill. *aeroporto, astronautica, edilizia, ferrovia, petrolio, porto, sollevamento*] **3** Apparecchiatura verticale per operazioni chimiche o fisiche: – *di distillazione, di raffreddamento.* [→ ill. *petrolio*] **4** Speciale edificio corazzato, spec. cilindrico, sulle navi da guerra, per contenere i più importanti organi di servizio e impianti di grosse artiglierie: – *di comando.* [→ ill. *armi*] **5** Nel gioco degli scacchi, pezzo in forma di torre. [→ ill. *giochi*] [→ tav. *locuzioni* 22]
tòrre (2) v. togliere.
torrefàre *v. tr.* (*io torrefò o torrefàccio, tu torrefài, egli torrefà; nelle altre forme coniug. come fare*) Sottoporre a torrefazione.
torrefazióne *s. f.* **1** Operazione consistente in un forte riscaldamento cui vengono sottoposte molte sostanze per disidratarle o abbrustolirle o modificarne la composizione chimica: – *del caffè, della pirite.* **2** Negozio in cui si tosta, si vende, si degusta il caffè.
torreggiàre *v. intr.* (*io torréggio; aus. avere*) Elevarsi, dominare come una torre: – *su tutti.*
torrènte *s. m.* **1** Corso d'acqua breve, di solito a forte pendenza e con accentuate variazioni di portata | – *glaciale,* prodotto dalle acque di fusione di un ghiacciaio. [→ ill. *geografia*] **2** (*est.*) Ciò che scorre, scende o precipita con forza e in gran quantità (*anche fig.*): *un – di sangue; un – di ingiurie.*
torrentìzio *agg.* Di torrente: *corso –.*
torrenziàle *agg.* Che procede, scende come un torrente: *pioggia –.*
torrétta *s. f.* **1** *Dim. di torre* (1). **2** Piccola torre, spec. di palazzi gentilizi. [→ ill. *castello*] **3** Sovrastruttura metallica corazzata, girevole, che nei carri armati racchiude e protegge il cannone. [→ ill. *armi*] **4** Supporto per una o più mitragliatrici a bordo di aereo militare. **5** Sorta di cilindro girevole sul quale sono fissati gli obiettivi di una cinepresa, di una telecamera e sim. [→ ill. *ottica, televisione*]
tòrrido *agg.* Bruciato, riarso, caldissimo: *clima –* | *Zona torrida,* parte della Terra attraversata dall'equatore e compresa tra i due tropici. [→ ill. *geografia*]
torrióne o *torrióne s. m.* **1** Grossa torre merlata nelle mura perimetrali di castelli, fortezze e sim. [→ ill. *castello*] **2** Struttura corazzata che s'innalza dal ponte delle grosse navi da guerra. **3** Nel linguaggio alpinistico, struttura rocciosa isolata.
torróne *s. m.* Dolce di mandorle tostate tenuto insieme da un impasto di miele, zucchero, bianco d'uovo. [→ ill. *dolciumi*]
torsiòmetro *s. m.* (*fis.*) Strumento per misurare la torsione dei filati.
torsionàle *agg.* Di torsione.
torsióne *s. f.* **1** Avvolgimento di q.c. su se stessa | Piegamento | In ginnastica, movimento di rotazione del corpo intorno al proprio asse | (*tess.*) Nell'operazione di torcitura, avvolgimento del filato. **2** (*fis.*) Sollecitazione di un corpo prismatico o cilindrico quando è sottoposto a un momento agente nel piano della sua sezione: *l'albero dell'elica è sollecitato a –.* [→ ill. *fisica, meccanica*]
tórso *s. m.* **1** Ciò che rimane di alcuni frutti dopo averne

tornio

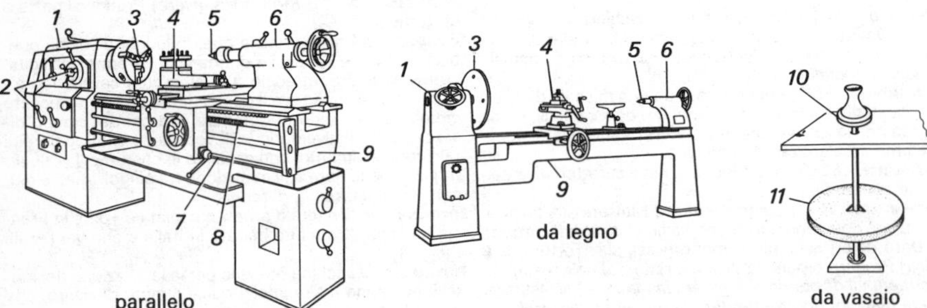

1 testa 2 comandi 3 mandrino 4 carrello 5 contropunta 6 controtesta 7 barra 8 vite madre 9 banco 10 piattello 11 volano

levata la polpa: *un — di pera.* **2** Parte del corpo umano che va dal collo alla cintura | (*est.*) Statua mancante di braccia, testa e gambe.

tórsolo *s. m.* Fusto di piante erbacee privato delle foglie | Parte centrale non commestibile di alcuni frutti, come mele e pere.

tórta *s. f.* Dolce tondo cotto al forno, solitamente a base di farina, latte, uova, zucchero, con aggiunta di ingredienti vari | Preparazione salata, gener. farcita, cotta in forno | *Dividersi la —*, (*fig.*) spartirsi un bottino o un guadagno illecito. [→ ill. *dolciumi*]

tortellino *s. m.* Piccolo tortello, di pasta all'uovo con ripieno a base di carne, prosciutto, parmigiano che si mangia in brodo o asciutto. [→ ill. *pasta*]

tortèllo *s. m.* **1** Involtino di pasta all'uovo ripieno di un composto a base di ricotta, spinaci o altro che si mangia di solito asciutto. **2** *— dolce*, in Lombardia, piccolo dolce campagnolo di farina, uova e burro, fritto.

tortièra *s. f.* Teglia tonda per torte. [→ ill. *cucina*]

tortiglióne *s. m.* **1** Oggetto avvolto a spirale. [→ ill. *illuminazione*] **2** Motivo di tornitura a spirale. **3** *spec. al pl.* Pasta da minestra, avvolta a elica. [→ ill. *pasta*]

tòrtile *agg.* Che gira a spirale: *colonna —*.

tortino *s. m.* **1** *Dim. di torta.* **2** Preparazione salata, a base spec. di verdura e formaggio, cotta in forno.

tòrto (1) *part. pass. di torcere; anche agg.* Piegato, curvo | *Occhi torti*, stravolti | *Viso —*, disgustato, sdegnato.

tòrto (2) *s. m.* **1** Ciò che è contrario al diritto, alla ragione, alla giustizia: *ricevere un —* | *Fare un —*, commettere un'ingiustizia, una slealtà | *Fare — a qc.*, venir meno alla stima dovuta a qc. | *Avere dei torti verso qc.*, avere delle colpe | *Ti fa —*, non è degno di te. **2** L'essere contrario, opposto alla ragione, al diritto, alla giustizia | *Avere —*, non avere la ragione dalla propria parte | *Non ha tutti i torti*, ha le sue ragioni | *Dare — a qc.*, attribuirgli la mancanza di ragione | *Essere, passare dalla parte del —*, comportarsi in modo ingiusto | *A —*, in modo ingiusto; CONTR. Ragione. [→ tav. *proverbi* 80, 143]

tórtora **A** *s. f.* (*m. tórtore, lett.*) Uccello affine al colombo dal piumaggio di colori delicati, addomesticabile, che ha verso monotono e ripetuto a lungo. [→ ill. *animali* 10] **B** *in funzione di agg. inv.* (*posposto al s.*) *Spec. nella loc. grigio —*, detto di colore grigio delicato.

tortrice *s. f.* Piccola farfalla crepuscolare e notturna le cui larve danneggiano fiori o foglie o frutti di alberi coltivati.

tortuosità *s. f.* L'essere tortuoso (*anche fig.*): *la — di un ragionamento* | Curva, ansa; SIN. Sinuosità.

tortuóso *agg.* **1** Che presenta molte pieghe o curve: *via tortuosa*; SIN. Sinuoso. **2** (*fig.*) Poco chiaro, ambiguo: *ragionamento —*. ● CONTR. Lineare.

tortùra *s. f.* **1** Tormento corporale di varia specie che si infliggeva un tempo a un accusato per ottenere la confessione di un delitto o qualche dichiarazione importante. **2** (*est.*) Qualsiasi forma di grave costrizione praticata su qc. per ottenere q.c. o solo per sevizia. **3** (*fig.*) Tormento, grosso fastidio.

torturàre **A** *v. tr.* **1** Mettere alla tortura. **2** (*fig.*) Tormentare, angariare | Affliggere, angustiare | *Torturarsi il cervello*, lambiccarsi. **B** *v. rifl.* Tormentarsi.

tórvo *agg.* Bieco, feroce e minaccioso: *occhio —*; SIN. Losco.

tory /*ingl.* 'tɔ:ri/ *s. m. inv.* (*pl. ingl. tories* /'tɔ:riz/) Chi appartiene al partito conservatore inglese.

tosacàni *s. m.* Chi tosa i cani | (*scherz., spreg.*) Barbiere da strapazzo.

tosaèrba *s. m. o f. inv.* Piccola macchina, spec. a motore, a lame rotanti per falciare e pareggiare l'erba. [→ ill. *giardiniere*]

tosàre *v. tr.* (*io tóso*) **1** Tagliare la lana alle pecore, il pelo ai cani, ai cavalli. **2** Potare, pareggiare siepi, spalliere, piante ornamentali e sim. **3** (*est., scherz.*) Tagliare i capelli molto corti a qc. **4** (*fig.*) Portare via denaro con forti tasse o prezzi eccessivi; SIN. Pelare.

tosasièpi *s. m. o f.* Cesoie con lame larghe a taglio orizzontale usate per tagliare i rami delle siepi per pareggiare la cima. [→ ill. *giardiniere*]

tosatóre *s. m.* (*f. -trìce*) Chi tosa.

tosatrìce *s. f.* Macchinetta per tosare. [→ ill. *barbiere*]

tosatùra *s. f.* **1** Operazione del tosare. **2** (*scherz.*) Taglio molto corto dei capelli. **3** Tutto ciò che si leva tosando.

toscaneggiàre *v. intr.* (*io toscanéggio; aus. avere*) Imitare il modo di parlare o di scrivere dell'uso toscano.

toscanismo *s. m.* **1** (*raro*) L'essere toscano. **2** Modo di parlare proprio dei toscani | Costruzione linguistica toscana.

toscanità *s. f.* **1** L'essere toscano. **2** Uso proprio e regolato del parlare toscano.

toscanizzàre **A** *v. tr.* Rendere toscano. **B** *v. intr. pron.* Divenire toscano o assumere forma linguistica toscana.

toscàno **A** *agg.; anche s. m.* (*f. -a*) Della Toscana: *lingua toscana*; *pane, vino —*. [→ ill. *architettura, pane*] **B** *s. m.* Sigaro di tabacco forte prodotto dal monopolio italiano, che si usa fumare spezzato a metà. [→ ill. *fumatore*]

tósco *agg.; anche s. m.* (*pl. m. -schi*) (*lett.*) Toscano.

tosóne *s. m.* Vello di pecora o d'ariete | *Toson d'oro*, ordine cavalleresco francese, passato poi alla casa asburgica.

tósse *s. f.* Atto respiratorio caratterizzato da una profonda inspirazione cui segue un'espirazione violenta, sonora, per espellere il contenuto delle vie aeree | *— canina, convulsa*, pertosse.

tossicchiàre *v. intr.* (*io tossìcchio; aus. avere*) Tossire leggermente e spesso.

tossicità *s. f.* L'essere tossico; SIN. Nocività.

tòssico **A** *agg.* (*pl. m. -ci*) Detto di sostanza che ha effetto nocivo | (*est.*) Velenoso: *gas tossici.* **B** *s. m.* **1** Sostanza tossica. **2** (*lett.*) Veleno micidiale e amarissimo (*anche fig.*).

tossicodipendènte **A** *s. m. e f.* Chi si trova in una condizione di tossicodipendenza. **B** *anche agg.*

tossicodipendènza *s. f.* Stato in cui cade un tossicomane abituale, che non può fare a meno di sostanze stupefacenti.

tossicologìa *s. f.* Branca della farmacologia che studia la natura dei veleni, la loro azione e il modo di combatterli.

tossicòlogo *s. m.* (*f. -a; pl. -gi*) Studioso di tossicologia.

tossicòmane *s. m. e f.; anche agg.* Affetto da tossicomania.

tossicomanìa *s. f.* (*med.*) Abitudine ad assumere droghe naturali o sintetiche.

tossicòsi *s. f.* Complesso delle manifestazioni morbose che conseguono alla presenza nel sangue di sostanze tossiche.

tossina *s. f.* Sostanza di origine batterica che ha potere tossico per l'uomo e capacità antigene.

tossire *v. intr.* (*io tossisco o tósso, tu tossisci o tóssi; aus. avere*) Avere un attacco di tosse | Segnalare q.c. con un falso colpo di tosse: *tossì per avvertirci dell'errore.*

tostapàne *s. m. inv.* Apparecchio elettrodomestico atto a tostare le fette di pane. [→ ill. *bar, elettrodomestici*]

tostàre *v. tr.* **1** Cuocere fette di pane al forno o nel tostapane. **2** Abbrustolire, torrefare: *— il caffè.*

tostatùra *s. f.* Operazione di blanda torrefazione.

tòsto (1) **A** *avv.* (*lett.*) Presto, subito, senza porre tempo in mezzo. **B** *nelle loc. cong. — che, — come* (*lett.*) Subito che, appena che (introduce una prop. temp. con il v. all'indic.). **C** *agg.* (*lett.*) Presto, veloce.

tòsto (2) *agg.* (*dial.*) Duro, sodo | *Faccia tosta*, di chi è sfrontato.

tòsto (3) *s. m.* Adattamento di *toast.*

tòt **A** *agg. indef.* **1** *al pl.* Tanti, tante (indica un numero preciso ma che non occorre dire): *compera — capi per un valore di — milioni.* **2** *al sing.* Tale: *il giorno —.* **B** *pron. indef.* Un tanto, una certa quantità: *guadagna —.*

totàle **A** *agg.* Pieno, intero, completo: *eclissi —*; SIN. Complessivo; CONTR. Parziale. **B** *s. m.* Risultato di un'addizione. [→ ill. *ufficio*]

totalità *s. f.* **1** L'interezza di qc. o q.c. **2** La quantità totale delle cose o delle persone che vengono considerate.

totalitàrio *agg.* **1** Che riguarda la totalità. **2** Che è ispirato al totalitarismo: *Stato —.*

totalitarismo *s. m.* Dottrina politica che ammette un solo partito a guida dell'azione statale o sostiene che il potere governativo debba disciplinare direttamente tutti i rapporti sociali, spec. quelli economici.

totalizzànte *agg.* Che coinvolge tutto: *un'esperienza —.*

totalizzàre *v. tr.* Calcolare in totale | Conseguire un certo totale.

totalizzatóre *s. m.* **1** Gioco di scommesse in uso negli ippodromi e nei cinodromi | (*est.*) Banco che riceve le scommesse. **2** Parte della calcolatrice che esegue le somme delle cifre.

tòtano *s. m.* (*zool.*) Mollusco marino, commestibile, simile al calamaro.

tòtem *s. m. inv.* Oggetto materiale, corpo celeste, animale o pianta che, nelle credenze di molte tribù primitive, ha dato origine al gruppo, con la conseguenza di un rapporto di discendenza e parentela | Raffigurazione di tale oggetto.

totèmico *agg.* (*pl. m. -ci*) Che si riferisce al totem e al totemismo.

totemismo *s. m.* **1** Sistema di discendenze e di parentele fondato, presso alcune tribù e gruppi primitivi, sul totem. **2** Religione primitiva fondata sul culto del totem.

totip *s. m.* Concorso settimanale a premi basato sul pronostico di corse ippiche.

totocàlcio *s. m.* Concorso settimanale a premi basato sul pronostico delle partite di calcio.

toto corde /*lat.* 'tɔto 'kɔrde/ *loc. avv.* Con tutto il cuore: *vi dò la mia approvazione —.*

toupet /*fr.* tu'pɛ/ *s. m. inv.* (*pl. fr. toupets* /tu'pɛ/) Ciuffo di capelli posticci, usato per acconciature femminili. [→ ill. *acconciatura*]

toupie /*fr.* tu'pi/ *s. f. inv.* (*pl. fr. toupies* /tu'pi/) Macchina per la lavorazione del legno, che esegue sagome, scanalature, incastri e sim. [→ ill. *falegname*]

tour /*fr.* tur/ *s. m. inv.* (*pl. fr. tours* /tur/) **1** Giro turistico, spec. organizzato. **2** (*sport*) Giro ciclistico di Francia.

tour de force /*fr.* 'tur də 'fɔrs/ *loc. sost. m. inv.* (*pl. fr. tours de force* /'tur də 'fɔrs/) **1** (*sport*) Serie di prove che richiedono, per essere positivamente superate, prestazioni superiori al rendimento abituale. **2** (*est.*) Sforzo intenso e fuori della norma: *questo viaggio è un vero —.*

tournedos /*fr.* turnə'do/ *s. m. inv.* Fetta di filetto di bue, spessa e rotonda.

tournée /*fr.* tur'ne/ *s. f. inv.* (*pl. fr. tournées* /tur'ne/) Serie di partite, di gare o di spettacoli, compiuta da una squadra sportiva o da una compagnia di rivista, in diverse località secondo un itinerario e un programma fissati.

tourniquet /*fr.* turni'kɛ/ *s. m. inv.* (*pl. fr. tourniquets* /turni'kɛ/) Strettissima curva stradale, in montagna; SIN. Tornante.

tout court /*fr.* tu 'kur/ *avv.* Brevemente, a farla breve, senza aggiunta.

tovàglia *s. f.* **1** Telo che si stende sulla tavola per apparecchiarla per il pasto. **2** Telo di colore bianco che si stende sull'altare per celebrarvi la messa. [→ ill. *religione*]

tovagliàto *s. m.* Assortimento di tovaglie e tovaglioli per la tavola | Tipo di tessuto usato per la confezione di tovagliati.

tovagliòlo *s. m.* Piccolo telo quadrato, tessuto come la tovaglia, che si adopera a tavola per pulirsi la bocca e le mani e per non macchiarsi gli abiti.

tòzzo (1) *agg.* Di cosa o persona più grossa e larga che alta: *ragazza tozza*; *edificio —*; SIN. Massiccio.

tòzzo (2) *s. m.* Pezzo di pane indurito.

tra *prep.* Ha gli stessi usi e sign. di *fra* ma si preferisce l'una o l'altra forma soprattutto per evitare la cacofonia derivante spec. dall'incontro di gruppi di consonanti **I** Dà luogo a molti complementi **1** Compl. di stato in luogo (con il sign. di 'in mezzo a'): *la strada corre — due file di alberi*; *è scomparso — la folla.* **2** Compl. di moto attrav. luogo: *un raggio di luce passa — le imposte.* **3** Compl. di moto da luogo: *— Roma e Firenze ci sono quattro ore di treno.* **4** Compl. di quantità (indica la distanza che separa da un luogo, da un punto): *— venti chilometri c'è un albergo.* **5** Compl. di tempo: *torno — poco*; *vengono — due giorni.* **6** Compl. di relazione (indica contrasto, solidarietà, reciprocità e sim.): *auspichiamo la pace — tutti i popoli*; *sono amicissimi — loro* | *Detto — noi*, in confidenza | Indica l'esitazione, la scelta e sim.: *sono incerto — il sì e il no.* **7** Compl. di compagnia: *sta sempre — i suoi amici.* **8** Compl. partitivo: *sei il migliore — i miei amici*; *è solo uno — i tanti a pensarla così.* **9** Compl. di causa: *— una chiacchiera e l'altra si è fatto tardi.* **10** Compl. di modo o maniera: *sorrise — le lacrime.* **II** Ricorre con diverso valore e funzione in alcune espressioni **1** Con valore determinativo indica complesso, globalità: *— tutti siamo diecimila iscritti.* **2** Con valore indet. indica approssimazione: *avrà — i dieci e i quindici anni.* **3** Ricorre nella formazione di alcune loc. avv. spec. con valore temporale: *— poco*; *— breve*; *— non molto*, ecc. [→ tav. *proverbi* 364, 365, 366, 367; → tav. *locuzioni* 35] (V. nota d'uso ACCENTO)

tra- *pref.*: significa movimento, passaggio (*anche fig.*) (*tracimare, tramandare, trascrivere*) o attraversamento (*traforare*) | In alcuni casi ha valore attenuativo: *tramortire, trasognare.*

trabàccolo *s. m.* (*mar.*) Bragozzo.

traballaménto *s. m.* Il traballare.

traballàre *v. intr.* (*aus. avere*) Non riuscire a reggersi bene, barcollare, vacillare (*anche fig.*); SIN. Tentennare.

traballio *s. m.* Traballamento continuo.

trabalzàre **A** *v. tr.* (*raro*) Mandare, sbalzare da un luogo all'altro. **B** *v. intr.* (*aus. essere e avere*) (*raro*) Balzare qua e là.

trabalzóne *s. m.* Scossa di persona o cosa che trabalza.

trabeazióne *s. f.* Struttura architettonica orizzontale, sostenuta da colonne, che si compone dell'architrave, del fregio e della cimasa. [→ ill. *architettura*]

trabiccolo *s. m.* **1** Arnese di stecche di legno curvate ad arco, atto a contenere uno scaldino, per asciugare panni stesi sopra o per riscaldare il letto. **2** (*scherz.*) Veicolo vecchio e mal sicuro o mobile mal fatto e traballante.

traboccàre *v. intr.* (*io trabócco, tu trabócchi; aus. essere* se il sogg. è il liquido o il materiale contenuto, *avere* se il sogg. è il recipiente o il contenente) Versarsi, detto di liquido che esce da un recipiente troppo pieno: *l'acqua trabocca dalla pentola*; SIN. Rigurgitare | Essere pieno fino all'orlo, far uscire, detto di recipiente (*anche fig.*): *il tino trabocca*; *l'animo trabocca di felicità.*

trabocchétto **A** *s. m.* **1** Congegno, preparato e dissimulato in un pavimento, consistente in una tavola posta in bilico che si apre quando qc. vi passa, facendolo cadere in una buca scavata al di sotto. **2** (*fig.*) Trappola, inganno: *tendere un — a qc.* **B** *in funzione di agg. inv.* (*posposto al s.*) Che nasconde bene una difficoltà o un tranello: *domanda —.*

trabocchévole *agg.* (*raro*) Che è fuor di misura, eccessivo.

trabùcco *s. m.* Antica misura di superficie agraria, sottomultiplo della pertica.

trac **A** *inter.* Riproduce il rumore forte e secco di q.c. che si spezza o si strappa. **B** *s. m.* Timore improvviso che prova chi parla o si esibisce in pubblico.

tracagnòtto o *traccagnòtto agg.; anche s. m.* (*f. -a*) Detto di chi è piccolo e tarchiato.

tracannàre *v. tr.* Mandar giù nella canna della gola | Bere ingordamente: *— un fiasco di vino.*

traccagnòtto V. *tracagnotto.*

traccheggiàre **A** *v. intr.* (*io tracchéggio; aus. avere*) **1** (*raro*) Rimandare una decisione. **2** Nella scherma, eseguire movimenti di traccheggio. **B** *v. tr.* Tenere in sospeso q.c.

tracchéggio *s. m.* **1** (*raro*) Indugio. **2** Nella scherma, complesso di movimenti per mascherare le proprie intenzioni.

tràccia *s. f.* (*pl. -ce*) **1** Segno lasciato sul terreno da un corpo, un oggetto: *la — di una slitta sulla neve.* **2** Orma, impronta, pesta lasciata da un uomo o da un animale camminando o correndo: *perdere la — di qc.*; *seguire le tracce della volpe* | *Essere sulla —, in —*, essere sul punto di snidare la selvaggina e (*fig.*) stare cercando qc. o q.c. seguendo degli indizi. **3** (*est.*) Segno, indizio: *hanno fatto sparire ogni —.* **4** Ciò che resta a testimoniare di uno stato, un fatto (*anche fig.*): *restano molte tracce del suo soggiorno all'estero.* **5** Abbozzo che serve da guida per l'esecuzione di un disegno | Schema di un componimento o di un discorso, abbozzo di un lavoro e sim. **6** Traiettoria fotografabile che una particella elementare lascia passando in una camera a nebbia o a bolle o direttamente su una lastra fotografica.

tracciaménto *s. m.* (*raro*) Operazione del tracciare | (*ing.*) Rilevamento degli elementi principali di un lavoro o di un'opera da eseguire.

tracciànte **A** *part. pres. di tracciare; anche agg.* Che traccia

| *Proiettile* —, a scia luminosa, che rende visibile la traiettoria percorsa agevolando l'aggiustamento del tiro. ***B*** *s. m.* ***1*** Proiettile tracciante. ***2*** (*chim.*) Isotopo radioattivo che, aggiunto in piccole quantità in una sostanza della stessa specie atomica non radioattiva, permette di seguire, rilevando la radioattività, il processo fisico o chimico cui partecipa.

tracciàre *v. tr.* (*io tràccio*) ***1*** Segnare una traccia per la realizzazione di q.c.: — *un percorso* | — *una strada*, indicarne l'andamento sul terreno. ***2*** (*est.*) Disegnare: — *un rettangolo.* ***3*** (*fig.*) Abbozzare, fare lo schema: — *un discorso.*

tracciàto ***A*** *part. pass. di tracciare; anche agg.* Delineato, indicato. ***B*** *s. m.* ***1*** Grafico, diagramma lineare | (*mar.*) — *della rotta*, linea che rappresenta la rotta di una nave. ***2*** (*ing.*) Grafico risultante dal tracciamento, che contiene le indicazioni per eseguire un lavoro o una costruzione | Elemento geometrico progettuale di un'opera: — *di una ferrovia.* ***3*** Schema. ***4*** (*sport*) — *di gara*, percorso di una competizione.

tracciatóre *s. m.* (*f. -trice* nel sign. 1) ***1*** Chi traccia. ***2*** Operaio specializzato nel lavoro di tracciatura. ***3*** (*mar.*) — *di rotta*, apparecchio collegato alla bussola che traccia gli elementi principali della rotta seguita.

tracciatùra *s. f.* ***1*** Operazione del tracciare. ***2*** Operazione consistente nel riportare sulla superficie di un pezzo grezzo i tratti che servono da guida nella lavorazione alle macchine.

trachèa *s. f.* (*anat.*) Organo canalicolare impari mediano annesso all'apparato respiratorio, che dalla laringe porta l'aria ai bronchi. [→ ill. *anatomia umana*]

tracheàle *agg.* Della trachea.

tracheìte *s. f.* (*med.*) Infiammazione della trachea.

tracheotomìa *s. f.* (*chir.*) Incisione della trachea, per facilitare la respirazione in caso di ostruzione morbosa.

trachìno *s. m.* Pesciolino osseo con pinna dorsale e opercolo muniti di aculei collegati a ghiandole velenose, comune nelle sabbie presso le rive; SIN. Pesce ragno. [→ ill. *animali* 8]

trachìte *s. f.* (*miner.*) Roccia vulcanica effusiva in massa vetrosa di colore grigiastro più o meno scuro.

tracimàre *v. intr.* (*io tracìmo; aus. avere*) Straripare, detto di corsi d'acqua.

tracimazióne *s. f.* Straripamento di un corso d'acqua.

tracòlla *s. f.* Larga striscia di cuoio o stoffa che da una spalla scende sul fianco opposto, per sostenere borse, armi e sim. | *Portare q.c. a* —, per mezzo della striscia suddetta | (*est.*) Borsa che si porta a tracolla.

tracollàre *v. intr.* (*io tracòllo; aus. essere*) Perdere l'equilibrio così da cadere o pendere da un lato.

tracòllo *s. m.* ***1*** Caduta, inclinazione da un lato. ***2*** (*fig.*) Caduta, crollo, rovina: — *finanziario.*

tracòma *s. m.* (*med.*) Infezione cronica contagiosa di natura virale della congiuntiva dell'occhio, caratterizzata da granulazioni nodulari.

tracomatóso ***A*** *agg.* (*med.*) Di tracoma. ***B*** *agg.; anche s. m.* Affetto da tracoma.

tracotànte *agg.; anche s. m. e f.* Che (o chi) è insolente e pieno di presunzione; SIN. Arrogante.

tracotànza *s. f.* L'essere tracotante; SIN. Arroganza, iattanza.

trade mark /*ingl.* 'treid ma:k/ *loc. sost. m. inv.* (*pl. ingl. trade marks* /'treid ma:ks/) Marchio di fabbrica.

tradescànzia *s. f.* (*bot.*) Erba miseria.

trade union /*ingl.* 'treid 'junjən/ *loc. sost. f. inv.* (*pl. ingl. trade unions* /'treid 'junjənz/) In Inghilterra e negli Stati Uniti, sindacato.

tradiménto *s. m.* Violazione di un dovere o di un impegno, inganno della buona fede, dell'affetto e sim. di qc. | *A* —, con l'inganno e (*est.*) all'improvviso | *Mangiare il pane a* —, senza guadagnarselo | *Alto* —, attentato contro la personalità dello Stato compiuto da chi ne è alla testa.

tradìre ***A*** *v. tr.* (*io tradìsco, tu tradìsci*) ***1*** Ingannare la buona fede di qc. venendo meno all'amicizia, all'affetto, mancando alla parola data o a un dovere: — *la propria famiglia*; — *un ideale*; — *il marito* | — *un segreto*, renderlo noto. ***2*** (*fig.*) Mancare, venir meno: *se la memoria non mi tradisce*; SIN. Defezionare. ***3*** Rivelare, lasciare trasparire ciò che dovrebbe restare nascosto: *i suoi gesti tradivano il suo turbamento.* ***B*** *v. rifl.* Manifestare involontariamente pensieri, idee, propositi: *è riuscito a rispondere senza tradirsi.*

traditóre ***A*** *s. m.* (*f. -trice*) Chi tradisce: — *della patria.* ***B*** *agg.* Che tradisce | *Occhi traditori*, seducenti | (*fam.*) *Vino* —, che sembra leggero ma fa ubriacare.

tradizionàle *agg.* Proprio della tradizione, conforme alla tradizione.

tradizionalìsmo *s. m.* Attaccamento alle forme, agli usi, alle opinioni, ai metodi tradizionali.

tradizionalìsta *s. m. e f.* (*pl. m. -i*) Chi, nel modo di pensare e di agire, segue la tradizione.

tradizionalìstico *agg.* (*pl. m. -ci*) Del tradizionalismo, dei tradizionalisti.

tradizióne *s. f.* ***1*** Il tramandare notizie, memorie, consuetudini da una generazione all'altra attraverso l'esempio o testimonianze e ammaestramenti orali o scritti | (*est.*) Opinione, usanza, così tramandata: *cerimonia regolata secondo una* — *antichissima.* ***2*** Forma sotto la quale i documenti antichi e medievali sono giunti fino a noi. ***3*** (*dir.*) Consegna di una cosa da un soggetto a un altro che ne acquista il possesso. ***4*** Uso o comportamento rituale non attestato nei libri sacri.

tradótta *s. f.* Convoglio ferroviario adibito al trasporto di truppe in tempo di guerra.

tradótto *part. pass. di tradurre; anche agg.* ***1*** Condotto. ***2*** Volto in altra lingua.

traducìbile *agg.* Che si può tradurre (*anche fig.*); CONTR. Intraducibile.

tradùrre *v. tr.* (*pres. io tradùco, tu tradùci; imperf. io traducévo; pass. rem. io tradùssi, tu traducésti; congv. pres. io tradùca; congv. pass. io traducéssi; imper. tradùci, traducéte; part. pres. traducènte; ger. traducèndo; part. pass. tradótto*) ***1*** Trasportare da una lingua in un'altra, anche ass.: — *dal tedesco in italiano* | Trasportare nella propria lingua: — *Cesare, Shakespeare* | — *alla lettera*, in modo ligio al testo | — *all'impronta*, senza usare il vocabolario | — *a senso*, con libertà | (*fig.*) — q.c. in parole povere, spiegarla in modo semplice e chiaro | (*fig.*) — *un'idea*, realizzarla | — *in atto*, mettere in atto, eseguire. ***2*** (*lett.*) Trasportare: — *l'esercito di là dal fiume* | (*bur.*) Condurre, trasferire: — *l'imputato in tribunale.*

traduttóre *s. m.* (*f. -trice* nel sign. 1) ***1*** Chi traduce | Chi è autore di una traduzione: *il Monti ha fama di* —. ***2*** Libro di piccolo formato con la traduzione di opere di classici greci o latini.

traduzióne *s. f.* ***1*** Trasposizione da una lingua in un'altra | Versione scolastica | Risultato del lavoro di traduzione. ***2*** (*bur.*) Trasporto di detenuti.

traènte ***A*** *part. pres. di trarre; anche agg.* Che tira | (*fig.*) Che dà impulso, spec. in economia: *un settore* —; SIN. Trainante. [→ ill. *funivia*] ***B*** *s. m. e f.* Chi, nella cambiale-tratta, sottoscrive l'ordine di pagare una data somma.

trafelàto *agg.* Affannato, ansante e stanco.

trafficànte ***A*** *part. pres. di trafficare; anche agg.* Che traffica. ***B*** *s. m. e f.* ***1*** Chi traffica | Mercante. ***2*** (*spreg.*) Chi si dà da fare in modo poco chiaro o svolge traffici illeciti; SIN. Faccendiere.

trafficàre ***A*** *v. intr.* (*io tràffico, tu tràffichi; aus. avere*) ***1*** Commerciare, negoziare: — *in articoli di plastica.* ***2*** Essere in faccende, darsi da fare: — *per casa.* ***B*** *v. tr.* Vendere (*spec. spreg.*): — *mercanzie*; — *voti.*

traffichìno *s. m.* (*f. -a*) Chi si dà da fare, anche con imbrogli, per ottenere incarichi, lavori, appoggi.

tràffico *s. m.* (*pl. -ci*) ***1*** Commercio, spec. non lecito: — *di stupefacenti* | Movimento degli affari: *il* — *in borsa.* ***2*** Movimento di mezzi di trasporto: — *marittimo, aereo, ferroviario.* ***3*** Movimento di persone, posta e merci trasportate | Movimento di persone o di veicoli su strada: — *pedonale*; *regolazione del* —.

trafìggere *v. tr.* (*coniug. come figgere*) ***1*** Passare da parte a parte: — *con un pugnale* | (*est.*) Pungere, ferire (*anche fig.*). ***2*** (*fig.*) Pungere con parole | Addolorare, ferire: *pensieri che trafiggono il cuore.*

trafìla *s. f.* ***1*** Piastra di acciaio temperato con fori conici per assottigliare fili metallici o per far tubi. [→ ill. *metallurgia*] ***2*** (*fig.*) Complesso di prove e di difficoltà attraverso le quali si è costretti a passare in vista di un dato fine: *la* — *degli esami.*

trafilàre *v. tr.* Passare alla trafila un materiale per ridurlo in fili.

trafilàto **A** *part. pass. di trafilare; anche agg.* Passato alla trafila. **B** *s. m.* Tubo, filo e sim. metallico ottenuto per trafilatura.

trafilatrice *s. f.* Macchina per trafilare.

trafilatùra *s. f.* Operazione del trafilare.

trafilétto *s. m.* (*giorn.*) Breve articolo senza titolo.

trafitta *s. f.* **1** Ferita causata da un'arma da punta. **2** Puntura, fitta, trafittura: *sentire una — alla testa.*

trafittùra *s. f.* Atto del trafiggere | Ferita causata da un'arma da punta | (*est.*) Dolore acuto, fitta.

traforàre *v. tr.* (*io trafóro*) **1** Passare da parte a parte: *— un'asse di compensato*; SIN. Perforare. **2** Lavorare di traforo su stoffa, cuoio, legno.

trafóro *s. m.* **1** Opera di scavo di una galleria | Galleria scavata attraverso una montagna o sim. per strade ordinarie o ferrate: *il — del Sempione.* **2** Intaglio in una lamina metallica, nel legno o altro | Gioco di ragazzi per traforare il legno. [→ ill. *sega*] **3** Ricamo a intaglio.

trafugaménto *s. m.* Sottrazione furtiva.

trafugàre *v. tr.* (*io trafùgo, tu trafùghi*) Portare via di soppiatto o furtivamente: *— un quadro*; SIN. Rubare.

tragèdia *s. f.* **1** Genere fondamentale del teatro drammatico caratterizzato dalla narrazione di fatti gravi riguardanti personaggi importanti e dallo scioglimento luttuoso della trama; CFR. Commedia, dramma. **2** Fatto o vicenda tragica, dolorosa | (*fig.*) *Fare una —*, addolorarsi eccessivamente di fronte a piccole contrarietà.

tragediògrafo *s. m.* Autore di tragedie.

traghettaménto *s. m.* Operazione di attraversamento di un corso d'acqua non guadabile mediante traghetti e natanti.

traghettàre *v. tr.* (*io traghétto*) Portare da una sponda all'altra d'un fiume, o lago o braccio di mare, cose o persone | Passare in barca: *— un canale.*

traghettatóre *s. m.* (*f. -trice*) Chi traghetta.

traghétto **A** *s. m.* **1** Trasporto, passaggio da una sponda all'altra | Luogo in cui si compie il passaggio stesso. **2** Mezzo con cui si traghettano cose o persone. **B** *in funzione di agg. inv.* (*posposto al s.*) *Solo nella loc. nave —*, ferry-boat. [→ ill. *marina*]

tragicità *s. f.* L'essere tragico.

tràgico **A** *agg.* (*pl. m. -ci*) **1** Di, della tragedia: *stile, attore —* | *Poeta —*, tragediografo. **2** (*est.*, *fig.*) Doloroso, luttuoso: *un fatto —* | Cruento, mortale: *fare una fine tragica.* **B** *s. m.* Tragediografo. **C** *s. m. solo sing.* Tragicità: *il — di un episodio.*

tragicòmico *agg.* (*pl. m. -ci*) **1** Della tragicommedia. **2** (*fig.*) Che ha elementi comici e tragici.

tragicommèdia *s. f.* **1** Componimento drammatico in cui parti tragiche si alternano a situazioni comiche. **2** (*fig.*) Fatto tragicomico.

tragittàre *v. tr.* (*raro*) Traghettare.

tragitto *s. m.* **1** Passaggio da un luogo a un altro. **2** (*est.*) Cammino, percorso: *il — per arrivare al mare è breve.*

traguàrdo *s. m.* **1** Punto opportunamente contrassegnato in cui si conclude una gara di corsa | Linea o speciale segnalazione che lo indica: *tagliare il —.* **2** Strumento che permette di individuare una linea di mira passante per due fori o incroci di fili o un piano verticale di mira passante per due fenditure. **3** (*fig.*) Punto d'arrivo: *la laurea è il suo —.*

traiettòria *s. f.* Linea continua descritta nello spazio da un punto in moto.

tràina *s. f.* Cavo per trainare | *Pesca a, alla —*, sistema di pesca consistente nel trainare un'esca dietro una barca tenendo la lenza in mano o con la canna. [→ ill. *pesca*]

trainànte *part. pres. di trainare; anche agg.* **1** Che trascina. **2** (*fig.*) Che costituisce una guida | (*econ.*) *Settore —*, che dà un impulso positivo ad altri settori; SIN. Traente.

trainàre *v. tr.* (*io tràino*) Tirare, trascinare un veicolo: *— un carro* | (*fig.*) Stimolare.

trainer /*ingl.* 'treinə/ *s. m. inv.* (*pl. ingl. trainers* /'treinəz/) Allenatore, spec. di una squadra di calcio, di cavalli da corsa e sim.

training /*ingl.* 'treinə/ *s. m. inv.* (*pl. ingl. trainings* /'treinəz/) **1** (*org. az.*) Periodo di preparazione allo svolgimento di attività professionali. **2** (*psicol.*) *— autogeno*, insieme di tecniche capaci di agire positivamente sul sistema neurovegetativo.

tràino *s. m.* **1** Atto del trainare. [→ ill. *pesca*] **2** Veicolo, carico, peso che viene trainato.

trait d'union /*fr.* 'trɛ d y'njɔ̃/ *loc. sost. m. inv.* (*pl. fr. traits d'unions* /'trɛ d y'njɔ̃/) **1** Piccolo tratto grafico che si pone tra parole con forte nesso logico, tali da individuare un'unità semantica. **2** (*fig.*) Intermediario: *fare da — fra due persone.*

tralasciàre *v. tr.* (*io tralàscio*) Lasciare a mezzo, sospendere: *— gli studi* | Cessare di fare, lasciare da parte: *— i rimproveri* | Evitare di prendere in considerazione: *— di leggere una parte di un libro.*

tràlcio *s. m.* Ramo di un anno della vite o di piante rampicanti.

tralìccio *s. m.* **1** Tela robusta di lino o canapa per foderare materassi e guanciali. **2** Sostegno metallico reticolare, usato spec. per portare fili ad alta tensione e sim. [→ ill. *circo, diga, edilizia, elettricità, sollevamento*]

tralìce *vc. Solo nella loc. avv. in —*, obliquamente, di traverso: *tagliare una stoffa in —* | (*fig.*) *Guardare in —*, di sottecchi.

tralignaménto *s. m.* Degenerazione, spec. rispetto alla propria stirpe | (*fig.*) Deviazione: *— dall'antica virtù.*

tralignàre *v. intr.* (*aus. avere e essere*) Degenerare fisicamente o moralmente diventando dissimile dai genitori o dai propri avi | (*fig.*) Deviare, discostarsi: *— dall'antica virtù.*

tralùcere *v. intr.* (*io tralùco, tu tralùci; dif. del part. pass. e di tutti i tempi composti*) **1** Risplendere attraverso corpi diafani, detto della luce. **2** Trasparire (*anche fig.*): *un oggetto che traluce nell'acqua.*

tram *s. m.* Veicolo a trazione elettrica per trasporto di passeggeri su di una rete di rotaie il cui percorso si svolge spec. sulle strade cittadine. [→ ill. *strada*]

tràma *s. f.* **1** Filo che nel tessuto si dispone normalmente all'ordito e che s'intreccia con quello nel tessere. **2** (*fig.*) Maneggio, macchinazione, inganno: *una — a danno di qc.* **3** (*fig.*) Intreccio di un'opera narrativa, teatrale o cinematografica.

tramàglio *s. m.* Rete verticale da pesca, formata da tre teli addossati l'uno all'altro. [→ ill. *pesca*]

tramandàre *v. tr.* Trasmettere nel tempo usi, memorie, fatti, credenze: *— un ricordo di padre in figlio.*

tramàre *v. tr.* **1** Intrecciare la trama coi fili dell'ordito, nel tessere. **2** (*fig.*) Tessere, macchinare: *— inganni* | Complottare, anche ass.: *— la rovina di q.c.*

trambùsto *s. m.* Confusione rumorosa, agitazione di cose o persone | Tumulto, disordine di folla; SIN. Subbuglio.

tramenàre *v. tr.* (*io traméno*) Maneggiare, agitare oggetti mettendo disordine | ass. Trafficare, rovistare, mettere sottosopra.

tramenio *s. m.* **1** Un tramenare continuo | Movimento di oggetti che vengono rimossi in modo disordinato | (*est.*) Andirivieni di persone. **2** Rumore causato da ciò che viene rimosso.

tramestàre **A** *v. tr.* (*io traméstо*) (*tosc.*) Rimestare | Rimescolare: *— i colori* | Mettere sottosopra trafficando. **B** *v. intr.* (*aus. avere*) Rovistare, mettere a soqquadro.

tramestìo *s. m.* Movimento continuo e disordinato di persone o cose e rumore che ne deriva.

tramezzàre *v. tr.* (*io tramèzzo*) Interporre, framezzare, intramezzare: *— una pausa in un discorso* | *— i fogli di un libro con pagine bianche*, interfogliare.

tramezzìno *s. m.* Panino imbottito; SIN. Sandwich.

tramèzzo **A** *avv.* Frammezzo: *non metterti —.* **B** *nella loc. prep. — a*: in mezzo a, fra. **C** *s. m.* **1** Cosa interposta ad altre. **2** Parete sottile di muro o di assito per dividere una stanza o sim. [→ ill. *ufficio*]

tràmite **A** *s. m.* **1** (*lett.*) Sentiero | Via di passaggio, passaggio. **2** (*fig.*) Via, spec. quella da seguire per atti ufficiali: *per il — della presidenza* | *Col — di*, per mezzo di | *Fare, agire da —*, fungere da intermediario. **B** *in funzione di prep.* (*pop.*) Per mezzo di: *mandami la roba — tuo fratello.*

tramòggia *s. f.* (*pl. -ge*) Recipiente a forma di tronco di piramide o tronco di cono capovolti, aperto in alto e in basso, che viene riempito di materiale e che serve all'alimentazione di mulini, frantoi, forni e sim. [→ ill. *ferrovia*]

tramontàna *s. f.* Vento freddo, generalmente secco e piuttosto forte, che soffia da nord | *Perdere la* –, (*fig., fam.*) non saper più che fare o che dire. [→ ill. *geografia, meteorologia*] [→ tav. *locuzioni* 79]

tramontàre ***A*** *v. intr.* (*io tramónto; aus. essere*) ***1*** Sparire sotto la linea dell'orizzonte, detto del sole e di altri corpi celesti; CONTR. Sorgere. ***2*** (*fig.*) Discendere dal sommo di una immaginaria parabola, riferito a forze, attività, favori e sim.: *sono entusiasmi che tramonteranno presto* | Finire, aver fine: *è una vita che sta tramontando.* ***B*** *in funzione di s. m. solo sing.* Tramonto: *al tramontar del sole.*

tramónto *s. m.* ***1*** Il tramontare del sole o degli astri. ***2*** Fenomeno luminoso determinato dal tramonto: *un – sanguigno.* ***3*** (*fig.*) Fine, termine: *giungere al – della vita* | *Essere al –, sul viale del –*, detto di persona, essere giunto nell'estrema vecchiezza o, di artisti, aver perso la notorietà di una volta.

tramortìre ***A*** *v. intr.* (*io tramortìsco, tu tramortìsci; aus. essere*) Perdere i sensi e le forze, venir meno (*anche fig.*): *– per lo spavento.* ***B*** *v. tr.* Far perdere i sensi.

trampolière ***A*** *s. m.* Ogni uccello caratterizzato da collo, zampe e becco lunghi e sottili, tipico delle zone paludose. ***B*** *anche agg.* [→ ill. *zoologia*]

trampolìno *s. m.* Impianto usato per i tuffi o per il salto con gli sci | *Fare da – a qc.*, (*fig.*) servirgli di aiuto nella carriera. [→ ill. *spiaggia*]

tràmpolo *s. m.* ***1*** Ciascuno dei lunghi bastoni con una mensoletta piuttosto in alto per posarvi il piede, usati per camminare in luoghi acquitrinosi, in carnevalate e mascherate o nei numeri da circo e sim. ***2*** *al pl.* (*fig., scherz.*) Gambe molto lunghe.

tramutàre ***A*** *v. tr.* ***1*** Trasportare da un luogo all'altro. ***2*** Mutare, cambiare: *– colore.* ***B*** *v. rifl. e intr. pron.* Convertirsi, prendere l'aspetto di: *Giove si tramutò in toro.*

tramvài V. *tranvai.*

tramvìa V. *tranvia.*

trance /*ingl.* 'tra:ns/ *s. f. inv.* (*pl. ingl. trances* /'tra:nsiz/) ***1*** Condizione di perdita del livello cosciente e sensorio, con conseguente accentuazione delle attitudini medianiche e paranormali | *– spiritica, medianica*, quella tipica dei medium negli esperimenti spiritici. ***2*** (*fam.*) Estasi: *una musica che fa cedere in –.*

tranche /*fr.* trɑ̃ʃ/ *s. f. inv.* (*pl. fr. tranches* /trɑ̃ʃ/) Fetta di vivanda.

trància *s. f.* (*pl. -ce*) ***1*** Grande cesoia meccanica per lamiere. [→ ill. *meccanica*] ***2*** Fetta: *una – di pesce ai ferri.*

tranciàre *v. tr.* Tagliare con la trancia | Tagliare in modo deciso.

tranciatóre *s. m.* (*f. -trice*) Operaio addetto alla trancia.

tranciatùra *s. f.* Operazione di taglio di fili, lamiere e sim., senza asportazione di trucioli.

tràncio *s. m.* Trancia, fetta: *un – di dolce.* [→ ill. *dolciumi*]

tranèllo *s. m.* Inganno, insidia preparata ai danni di qc.: *cadere in un –* | (*est.*) Difficoltà nascosta: *un esercizio con molti tranelli*; SIN. Trappola.

trangugiàre *v. tr.* (*io trangùgio*) ***1*** Inghiottire ingordamente: *– la cena* | Cacciar giù per la gola senza sentire il sapore: *– una medicina* | *– bocconi amari*, (*fig.*) soffrire dispiaceri, umiliazioni; SIN. Ingoiare, ingollare, ingurgitare. ***2*** (*fig.*) Consumare rapidamente: *– un patrimonio.*

trànne *prep.* Eccetto, fuorché, all'infuori di: *riceve tutti i giorni – il sabato* | *Anche nella loc. prep. – che*, a meno che, salvo che (introduce una prop. eccettuativa con il v. al congv.): *non si fanno variazioni – che non vi sia una richiesta generale.*

tranquillànte ***A*** *s. m.* Farmaco sedativo del sistema nervoso; SIN. Ansiolitico. ***B*** *anche agg.*

tranquillàre ***A*** *v. tr.* Rendere tranquillo | (*lett.*) Calmare. ***B*** *v. intr. pron.* Mettersi tranquillo.

tranquillità *s. f.* Stato, condizione di ciò che è tranquillo: *– di spirito* | Quiete | Calma, serenità: *agire con –*; SIN. Pacatezza; CONTR. Irrequietezza.

tranquillizzàre ***A*** *v. tr.* Rendere tranquillo; SIN. Rassicurare. ***B*** *v. intr. pron.* Liberarsi da paure, preoccupazioni.

tranquillo *agg.* ***1*** Che è quieto, sereno | Che gode di quiete e di pace morale: *animo –* | Sereno, senza turbamenti: *sonno –.* ***2*** Che è alieno da ira o impazienza: *una persona tranquilla* | Pacifico | Non disturbato: *cercare un angolo –*; SIN. Placido.

trans- *pref.*: in parole dotte o scientifiche indica passaggio al di là, attraversamento, mutamento, o significa 'al di là', 'attraverso': *transazione, transitivo, transalpino, transatlantico.*

transalpìno *agg.* ***1*** Che è posto al di là delle Alpi | (*per anton.*) Francese; CONTR. Cisalpino. ***2*** Di strada o ferrovia che attraversa le Alpi.

transatlàntico ***A*** *agg.* (*pl. m. -ci*) Che è posto al di là dell'Atlantico | Che attraversa l'Atlantico. ***B*** *s. m.* ***1*** Grande nave passeggeri adibita a percorsi oceanici. ***2*** (*est.*) Sala del palazzo di Montecitorio a Roma ove i deputati sostano a conversare.

transazióne *s. f.* ***1*** Accomodamento basato su compromessi. ***2*** (*dir.*) Composizione contrattuale di un conflitto di interessi tra due o più parti per porre fine a una lite.

transcontinentàle *agg.* Che attraversa un continente.

transeat /*lat.* 'transeat/ *inter.* Esprime concessione con il sign. di: 'sia pure!', 'lasciamo correre!' e sim.

transènna *s. f.* ***1*** Lastra traforata a disegni ornamentali, di marmo o di bronzo, usata come parapetto in presbiteri e sim. o come chiusura di finestre. ***2*** Barriera smontabile appositamente costruita per regolare il traffico, sbarrare o regolare l'accesso a locali pubblici, manifestazioni e sim.

transennàre *v. tr.* (*io transènno*) Delimitare con transenne.

transessuàle ***A*** *s. m. e f.* Persona il cui sesso non è anatomicamente certo, oppure si considera appartenente all'altro sesso | Chi, nato e registrato secondo un sesso, ha assunto, anche con interventi chirurgici, le caratteristiche fisiologiche dell'altro sesso. ***B*** *anche agg.*

transètto *s. m.* Nella chiesa cristiana a pianta longitudinale, navata disposta trasversalmente. [→ ill. *basilica cristiana, religione*]

transeùnte *agg.* (*lett.*) Che passa, che è transitorio.

trànsfert /*fr.* trɑ̃s'fɛr/ *s. m. inv.* (*pl. fr. transferts* /trɑ̃s'fɛr/) (*psicol.*) Spostamento della carica affettiva spec. da una persona ad un'altra.

transfluènza *s. f.* (*geogr.*) Diramazione di lingua glaciale, attraverso una depressione, in una valle contigua.

transfluìre *v. intr.* (*io transfluìsco, tu transfluìsci; aus. avere*) Diramarsi per transfluenza.

trànsfuga *s. m. e f.* (*pl. m. -ghi*) (*lett.*) Disertore, fuggitivo.

transiberiàno *agg.* Che si snoda attraverso la Siberia: *ferrovia transiberiana.*

transìgere *v. intr.* (*pres. io transigo, tu transigi; pass. rem. io transigéi o transigètti, tu transigésti; part. pass. transàtto; aus. avere*) ***1*** Terminare una controversia con una transazione. ***2*** (*est.*) Venire a patti, fare concessioni cedendo a certe esigenze: *– con la propria coscienza.*

transistor /*ingl.* træn'sistə/ *s. m. inv.* (*pl. ingl. transistors* /træn'sistəz/) (*elettron.*) Dispositivo a semiconduttore che raddrizza e amplifica correnti elettriche sostituendosi ai tubi elettronici, con risparmio di spazio e di energia | (*fam.*) Radio a transistor. [→ ill. *elettronica*]

transistóre *s. m.* Adattamento di *transistor.*

transistorizzàre *v. tr.* Realizzare apparecchiature impiegando transistor in luogo di tubi elettronici.

transitàbile *agg.* Detto di luogo o strada per cui si può transitare; CONTR. Intransitabile.

transitabilità *s. f.* Stato di ciò che è transitabile.

transitàre *v. intr.* (*io trànsito; aus. essere*) Passare per un luogo.

transitìvo *agg.* ***1*** (*ling.*) Detto di verbo la cui azione non rimane in sé ma ha bisogno dell'oggetto per compiersi; CONTR. Intransitivo. ***2*** (*mat.*) *Proprietà transitiva*, proprietà di uguaglianza per cui, se, dati tre termini, il primo è uguale al secondo e il secondo è uguale al terzo, il primo è uguale al terzo.

trànsito *s. m.* ***1*** Passaggio di persone, merci, autoveicoli, convogli ferroviari o marittimi per un luogo | *Stazione di –*, di passaggio di merci e passeggeri | *Uccelli di –*, quei migratori che si limitano a sorvolare una regione in date stagioni e che raramente vi si fermano. ***2*** (*lett.*) Morte.

transitorietà *s. f.* L'essere transitorio.

transitòrio *agg.* ***1*** Che passa, che non dura: *gloria transitoria* | (*est., lett.*) Caduco, labile; SIN. Momentaneo, passeggero. ***2*** Provvisorio, temporaneo: *è un provvedi-*

mento — | Detto di norma che disciplina il passaggio da un regolamento a un altro.

transizióne *s. f.* Passaggio tra due condizioni, due epoche, due modi di vita, due situazioni: *vivere in un periodo di* —.

transoceànico *agg.* (*pl. m.* -*ci*) Che è o va oltre l'oceano: *volo* —.

transònico *agg.* (*pl. m.* -*ci*) (*aer.*) Di velocità prossima alla velocità del suono e di ciò che a essa si riferisce.

transpadàno V. *traspadano.*

transpolàre *agg.* Che passa attraverso o sopra il polo: *rotta aerea* —.

transumànza *s. f.* Trasferimento del bestiame in estate ai pascoli della montagna e in autunno al piano.

transumàre *v. intr.* Detto di greggi, fare la transumanza.

transurànico *agg.* (*pl. m.* -*ci*) Di elemento chimico, radioattivo, artificiale, avente numero atomico superiore a quello dell'uranio.

transustanziazióne *s. f.* Nella teologia cattolica, conversione della sostanza del pane e del vino in quella del corpo e del sangue di Gesù Cristo, in virtù della consacrazione nella Messa.

tran tran o *trantràn* **A** *inter.* Riproduce il suono e il ritmo lento, uguale e monotono di una macchina in moto. **B** *s. m.* Andamento uniforme e monotono di un'attività o della vita di tutti i giorni: *il solito* —; SIN. Routine.

tranvài o *tramvài s. m. inv.* Tram.

tranvìa o *tramvìa s. f.* Impianto di trasporto di persone in zona urbana o extraurbana, su rotaie.

tranviàrio *agg.* Di tram o di tranvia. [→ ill. *strada*]

tranvière *s. m.* Impiegato di un'azienda tranviaria, spec. come personale viaggiante.

trapanaménto *s. m.* Trapanazione.

trapanàre *v. tr.* (*io tràpano*) Forare con il trapano | (*est.*, *lett.*) Trafiggere, spec. con la spada.

trapanatóre *s. m.* (*f.* -*trìce*) Operaio addetto al trapano.

trapanatùra *s. f.* Trapanazione.

trapanazióne *s. f.* **1** Lavorazione meccanica con il trapano. **2** (*med.*) Operazione consistente nel praticare un orifizio, gener. in un osso, per mezzo del trapano o sim. | — *dentaria*, nel trattamento di una carie.

tràpano *s. m.* **1** Macchina utensile per forare legno, metallo o altro mediante una punta d'acciaio variamente sagomata fatta girare rapidamente su se stessa: — *a colonna*; — *elettrico*. [→ ill. *trapano, meccanica, scultore*] **2** Strumento chirurgico per praticare fori nella scatola cranica | Strumento impiegato in odontoiatria per modellare o per forare i denti: — *a turbina*; — *Doriot*. [→ ill. *medicina e chirurgia*]

trapassàre A *v. tr.* **1** Passare da parte a parte: *la lancia trapassò la corazza.* **2** (*lett.*) Passare da una parte all'altra, valicare. **B** *v. intr.* (*aus. essere*) **1** (*lett.*) Passare attraverso, penetrando. **2** (*lett.*) Passare, andare oltre. **3** (*lett.*) Trascorrere, detto del tempo. **4** Passare in eredità: *ogni cosa trapassò al marito.* **5** (*raro*) Cessare, finire | Morire, spirare: *è trapassato all'alba.*

trapassàto A *part. pass. di trapassare; anche agg.* **1** Passato da parte a parte. **2** Trascorso, passato. **3** Morto. **B** *s. m.* **1** *spec. al pl.* (*lett.*) Morto, defunto. **2** (*ling.*) Tempo della coniugazione del verbo indicante un processo compiuto.

trapàsso (1) *s. m.* **1** Passaggio da una parte all'altra (*anche fig.*): *il* — *dalla guerra alla pace* | (*fig.*) *Anni, epoca di* —, di transizione. **2** Varco, valico, guado: *il* — *di un fiume.* **3** (*lett.*) Morte, decesso.

trapàsso (2) *s. m.* Andatura irregolare e alterata del cavallo trottatore.

trapelàre A *v. intr.* (*io trapélo; aus. essere*) **1** Infiltrarsi e stillare attraverso aperture, spaccature, fori, detto di un liquido: *l'acqua trapela dal vaso* | Uscire da fessure molto piccole, detto della luce. **2** (*fig.*) Venir fuori di nascosto, venirsi a sapere: *qualche cosa è trapelato del suo piano.* **B** *v. tr.* (*raro*) Arrivare a sapere attraverso pochissimi indizi.

trapélo *s. m.* Cavallo o altra bestia da tiro di rinforzo a una vettura in salita.

trapèzio *s. m.* **1** Quadrangolo con due lati paralleli. [→ ill. *geometria*] **2** Attrezzo ginnico formato di un regolo orizzontale, sorretto alle estremità da due funi appese a trave o sostegno solidamente fissato. [→ ill. *circo*] **3** (*anat.*) Muscolo pari e quadrato che si estende dietro il collo, il dorso e le spalle. [→ ill. *anatomia umana*]

trapezista *s. m. e f.* Ginnasta o acrobata specialista del trapezio.

trapezoidàle *agg.* Che ha forma analoga a quella di un trapezio.

trapiantàre A *v. tr.* **1** Collocare a dimora le piante: — *cavoli, rose.* **2** (*fig.*) Trasferire, trasportare | — *una moda, un'usanza*, farla conoscere. **3** (*chir.*) Sottoporre a trapianto un tessuto o un organo. **B** *v. intr. pron.* Andare a vivere in un altro luogo: *si sono trapiantati in città.*

trapiantatóio *s. m.* Arnese manuale per la messa a dimora delle piantine. [→ ill. *giardiniere*]

trapiantatrice *s. f.* Macchina per il trapianto a dimora di piantine di riso, tabacco, barbabietola da seme, ortaggi e sim.

trapiànto *s. m.* **1** Collocazione a dimora delle piante: — *del riso.* **2** (*fig.*) Introduzione di mode, usanze e sim. **3** (*chir.*) Trasporto di un organo da una parte all'altra del corpo, o da un corpo all'altro: — *cardiaco.*

tràppa *s. f.* Convento dei trappisti.

trappista *s. m.* (*pl.* -*i*) **1** Religioso dell'ordine cistercense riformato dall'abate Rancé nel XVII sec. **2** (*fig.*, *scherz.*) Chi vive in modo molto austero.

tràppola *s. f.* **1** Ogni congegno fabbricato per la cattura di animali: *una* — *per topi.* **2** (*fig.*) Insidia, tranello: *tendere una* — *a qc.* **3** (*fam.*) Oggetto, arnese, veicolo, dal cattivo funzionamento.

trapùngere *v. tr.* (*coniug. come pungere*) (*lett.*) Trapuntare.

trapùnta *s. f.* Coperta imbottita e trapuntata.

trapuntàre *v. tr.* Lavorare di trapunto, trapassare con lunghi punti | Ricamare.

trapùnto A *part. pass. di trapungere; anche agg.* Ricamato | (*fig.*) Ornato qua e là: *un cielo* — *di stelle.* **B** *s. m.* Tipo di ricamo eseguito con due tessuti sovrapposti.

tràrre A *v. tr.* (*pres. io tràggo, tu trài, egli tràe, noi traiàmo, voi traéte, essi tràggono; imperf. io traévo; fut. io trarrò; pass. rem. io tràssi, tu traésti; congv. pres. io tràgga, noi traiàmo, voi traiàte, essi tràggano; condiz. pres. io trarrèi, tu trarrésti; condiz. imperf. io traéssi; imper. trài, traéte; ger. traèndo; part. pres. traènte; part. pass. tràtto*) **1** (*lett.*) Tirare muovendo o portando qc. o q.c. da un luogo all'altro. **2** Portare, condurre (*anche fig.*): — *qc. al supplizio*; — *q.c. a buon fine* | — *in inganno*, ingannare | — *in errore*, fare

trapano

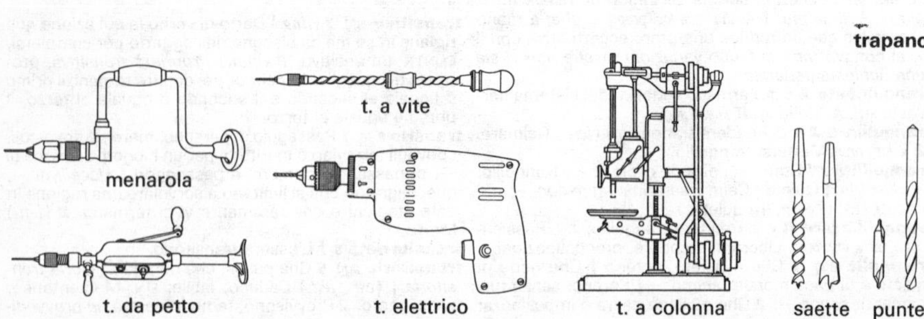

sbagliare | (*fig.*) Portare da una condizione a un'altra: — *in salvo*. **3** (*lett.*) Trascinare. **4** (*lett.*) Lanciare, scagliare. **5** Prendere e portare via: — *di mano q.c. a qc.* **6** Levare, tirare fuori: — *vino da una botte* | Estrarre: — *a sorte*. **7** Ottenere, ricavare, derivare (*anche fig.*): — *guadagno, beneficio*; — *un esempio significativo* | Dedurre: — *il senso di q.c.* | — *origine*, avere origine. **B** *v. intr.* (*aus. avere*) **1** (*lett.*) Accorrere, recarsi in un luogo. **2** (*banca*) Spiccare una tratta, emettere un ordine di pagamento. **C** *v. rifl.* **1** (*raro*) Farsi, portarsi, muoversi verso qc. o q.c.: *trarsi avanti, in disparte*. **2** Levarsi, tirarsi fuori: *trarsi da un imbroglio* | *Trarsi di mezzo*, togliersi di mezzo.

tras- *prefisso*: indica passaggio, movimento al di là, spostamento (*traslocare, trasferire, trasmettere*) o (*fig.*) mutamento (*trasfigurare, trasformare*) o mancanza di cura (*trasandato, trascurare*).

trasaliménto *s. m.* Lieve sussulto per un'emozione improvvisa.

trasalire *v. intr.* (*io trasalisco, tu trasalisci; aus. essere e avere*) Sussultare per una forte e improvvisa emozione: — *per uno spavento*.

traṣandàto *agg.* Sciatto: *abito* — | *Uomo* —, che non ha cura di sé; SIN. Malmesso.

traṣbordàre **A** *v. tr.* Far passare le persone o le merci da un mezzo di trasporto a un altro. **B** *v. intr.* Passare da un mezzo di locomozione a un altro.

traṣbórdo *s. m.* Trasferimento, passaggio di persone o merci da un mezzo di trasporto a un altro.

trascégliere *v. tr.* (*coniug. come scegliere*) Scegliere con diligente attenzione.

trascendentàle *agg.* **1** (*filos.*) Detto di ciò per cui nella coscienza soggettiva esistono le condizioni di ogni realtà. **2** (*est.*) Che è superiore alla norma o alla ragione umana | (*fam.*) *Non è* —, è semplice, facile.

trascendentaliṣmo *s. m.* Ogni dottrina filosofica secondo cui nella coscienza soggettiva esistono le condizioni di ogni realtà.

trascendènte *agg.* **1** Che è al di là dei limiti di ogni conoscenza possibile; CONTR. Immanente. **2** (*mat.*) Non algebrico, detto di numero, funzione, curva, superficie e sim.: *equazione* —.

trascendènza *s. f.* L'essere trascendente.

trascéndere **A** *v. tr.* (*coniug. come scendere*) Oltrepassare, superare. **B** *v. intr.* (*aus. avere e essere*) Passare i limiti, non contenersi: *ho trasceso nel bere*; *sono trascesi a vie di fatto*; SIN. Eccedere.

trascinàre **A** *v. tr.* **1** Tirare facendo strisciare per terra: — *uno straccio per la casa* | — *una gamba*, muoverla a fatica per ferita o malattia | — *la vita*, stentare. **2** (*est.*) Condurre a forza o con insistenza: — *qc. in tribunale* | (*fig.*) — *la folla*, esaltarla | (*fig.*) Affascinare, avvincere, anche ass.: *una musica che trascina*. **B** *v. rifl.* Strisciare per terra: *trascinarsi nel fango*. **C** *v. intr. pron.* Prolungarsi, non accennare a finire: *è una controversia che si trascina da tempo*.

trascinatóre **A** *s. m.* (*f. -trice*) Chi trascina, esalta, entusiasma: *un — di folle*. **B** *anche agg.*: *discorso* —.

trascoloràre *v. intr. e intr. pron.* (*io trascolóro; aus. essere*) Cambiare colore | Accendersi in volto o impallidire.

trascórrere **A** *v. tr.* (*coniug. come correre*) **1** (*lett.*) Percorrere un luogo, uno spazio. **2** (*est.*) Scorrere con gli occhi, percorrere con la mente | — *un libro*, leggerlo in fretta. **3** Passare, consumare, detto del tempo: *abbiamo trascorso giorni lieti*. **B** *v. intr.* (*aus. essere* nel sign. 1, 2, 3, *avere* nel sign. 4) **1** (*lett.*) Andare, correre oltre. **2** Passare con la mente, spec. rapidamente: *la fantasia trascorre da un sogno all'altro* | Passare a un altro argomento. **3** Passare, detto del tempo: *gli anni della gioventù trascorrono veloci*. **4** (*fig.*) Andare troppo oltre superando i limiti della convenienza: *abbiamo trascorso senza volerlo*.

trascórso **A** *part. pass. di trascorrere; anche agg.* Passato. **B** *s. m.* Errore, fallo: *un — di gioventù* | Scorso: — *di penna*.

trascrittóre *s. m.* (*f. -trice*) Chi trascrive.

trascrìvere *v. tr.* (*coniug. come scrivere*) **1** Scrivere q.c. traendola o derivandola da un testo o da una stesura precedenti: — *una citazione* | Ricopiare: — *una frase in bella calligrafia*. **2** Eseguire la trascrizione di un atto giuridico: — *un sequestro*. **3** Traslitterare: — *un nome in cirillico*. **4** (*mus.*) Fare una trascrizione.

trascrizióne *s. f.* **1** Atto del trascrivere | Copia: *una — inesatta*. **2** Inserzione nei pubblici registri, con funzioni di pubblicità, di titoli relativi alla costituzione di diritti concernenti beni immobili o mobili registrati o di determinati atti processuali: — *della citazione*. **3** Scrittura ottenuta usando un sistema grafico differente: — *di una parola in lettere greche* | — *fonetica*, rappresentazione grafica della reale pronuncia dei suoni. **4** (*mus.*) Adattamento di una composizione musicale a un mezzo diverso da quello per il quale era stata originariamente creata.

trascuràbile *agg.* Che si può o si deve trascurare | (*est.*) Minimo, irrilevante: *differenza* —; CONTR. Essenziale, rilevante.

trascuràre **A** *v. tr.* **1** Trattare con negligenza, non curare sufficientemente: — *gli studi* | Non circondare delle debite cure: — *la famiglia*. **2** Omettere, tralasciare: *trascurò di metterlo in guardia* | Non tenere in conto, non calcolare: — *la differenza*. **B** *v. rifl.* Non avere sufficiente cura della propria salute o del proprio aspetto esteriore.

trascuratàggine *s. f.* Trascuratezza.

trascuratézza *s. f.* L'essere trascurato | Atto da persona trascurata; SIN. Sciatteria; CONTR. Accuratezza.

trascuràto **A** *part. pass. di trascurare; anche agg.* **1** Che agisce con poca cura, premura, sollecitudine: *è — nei suoi doveri*; SIN. Sciatto. **2** Non curato, detto di cose: *casa molto trascurata*. **B** *s. m.* (*f. -a*) Persona trascurata.

traṣdùrre *v. tr.* (*fis.*) Trasformare una grandezza fisica in un'altra, come a es. una forza in una tensione elettrica, o energia elettrica in energia sonora e sim.

traṣduttóre *s. m.* Dispositivo che trasforma una grandezza fisica in un'altra.

trasecolàre *v. intr.* (*io trasècolo; aus. essere e avere*) Meravigliarsi molto, restare stupefatto (*anche scherz.*).

trasferìbile **A** *agg.* Che si può trasferire; CONTR. Intrasferibile | *Carattere* —, quello che può essere trasferito, mediante pressione, da un supporto di plastica a un altro supporto, gener. di carta, su cui aderisce. **B** *s. m.* Carattere trasferibile. [→ ill. *disegnatore*]

trasferiménto *s. m.* **1** Spostamento, cambiamento di luogo: — *in campagna* | Cambiamento di sede. **2** (*dir.*) Passaggio di un diritto da uno ad altro titolare | (*est., fig.*) Passaggio, trasmissione, cessione: — *di poteri*.

trasferire **A** *v. tr.* (*io trasferisco, tu trasferisci*) **1** Far cambiare luogo, sede, domicilio: — *un impiegato*. **2** (*fig.*) Trasmettere, passare ad altri o altrove: — *i poteri* | Riversare: — *il proprio affetto su qc.* **B** *v. intr. pron.* Cambiare residenza, domicilio, sede, ubicazione: *ci trasferiremo all'estero*.

trasfèrta *s. f.* **1** L'andare in servizio fuori dalla propria residenza, da parte di pubblico funzionario | Indennità pagata per questo servizio. **2** (*sport*) L'incontro disputato sul campo dell'avversario: *vincere in* —.

trasfiguràre **A** *v. tr.* Far cambiare figura, trasformare l'aspetto | Far apparire diverso per un'emozione, detto spec. del volto. **B** *v. intr. pron.* Cambiare figura, aspetto.

trasfigurazióne *s. f.* **1** Trasformazione, metamorfosi | Mutamento d'aspetto per viva commozione. **2** Apparizione di Gesù nella luce di gloria e con corpo diverso da quello fisico sul monte Tabor.

trasfóndere *v. tr.* (*coniug. come fondere*) **1** (*raro*) Travasare un liquido | Far passare in un altro corpo: — *sangue*. **2** (*fig.*) Infondere idee, sentimenti e sim.: *gli ha trasfuso un grande entusiasmo*.

trasformàbile *agg.* **1** Che si può trasformare: *divano — in letto*. **2** Detto di automobile con tetto completamente apribile.

trasformàre **A** *v. tr.* (*io trasfórmo*) **1** Mutare di forma, di aspetto: *Aretusa fu trasformata in fonte* | Cambiare il carattere, i sentimenti, le idee di qc.: *la solitudine lo ha trasformato*. **2** Nel calcio e sim., segnare mediante calcio piazzato. **B** *v. intr. pron.* Diventare diverso nella forma, nell'aspetto, nel modo di pensare e sim.: *il bruco si trasforma in farfalla*; SIN. Cambiarsi.

trasformatóre *s. m.* Macchina elettrica statica che trasforma la corrente alternata, variandone la tensione ma lasciandone inalterata la frequenza e, a meno delle perdite, la potenza. [→ ill. *diga, elettricità, televisione*]

trasformazionàle *agg.* (*ling.*) Detto della grammatica generativa, in quanto comprende regole atte a trasformare strutture generate dalla base sintattica in frasi ben formate.

trasformazióne *s. f.* **1** Mutamento di forma, di aspetto, di modo di pensare e sim.: *subire una* —; SIN. Cambiamento. **2** Processo chimico per cui una sostanza si muta in un'altra: — *dello zucchero in alcol.* **3** (*elettr.*) Variazione della tensione di una corrente alternata, mediante trasformatore. [→ ill. *miniera*] **4** (*sport*) Realizzazione mediante calcio piazzato.

trasformişmo *s. m.* **1** Metodo di governo che consiste nell'utilizzare spregiudicatamente persone o gruppi politici diversi, in modo da impedire che si formi una vera opposizione. **2** (*biol.*) Evoluzionismo.

trasformìsta *s. m. e f.* (*pl. m. -i*) **1** Chi pratica il trasformismo politico. **2** (*est.*) Chi cambia spesso e facilmente opinione. **3** Artista capace di interpretare una serie continua di ruoli, spec. comici, mutando personaggio con velocissimi cambiamenti di abiti e trucco.

trasfuşionàle *agg.* (*med.*) Relativo alla trasfusione: *centro* —.

trasfuşióne *s. f.* **1** (*raro*) Atto del trasfondere. **2** (*med.*) Traslazione di sangue o dei suoi derivati da un individuo donatore a un altro ricevente.

traşgredìre *v. tr. e intr.* (*io traşgredìsco, tu traşgredìsci; aus. avere*) Eccedere i limiti posti da una norma, non attenersi a quanto disposto da leggi e sim.: — *il comando di qc.*; — *a un ordine*; SIN. Contravvenire, violare.

traşgressióne *s. f.* **1** Violazione di un ordine, di una legge; SIN. Contravvenzione, inosservanza. **2** (*geol.*) Avanzata del mare su un territorio o ritiro di esso dalla terraferma, in seguito a bradisismi.

traşgressóre *s. m.* (*f. traşgreditrìce*) Chi trasgredisce; SIN. Contravventore.

traslàre *v. tr.* Trasportare una salma in altro luogo di sepoltura | (*raro, lett.*) Trasferire.

traşlàto **A** *agg.* **1** (*lett.*) Trasferito, trasportato. **2** Metaforico: *significato* —. **B** *s. m.* (*ling.*) Espressione figurata; SIN. Metafora, tropo.

traşlatòrio *agg.* (*fis.*) Di traslazione.

traşlazióne *s. f.* **1** Trasferimento, trasporto da un luogo a un altro: — *della salma* | Trasferimento delle reliquie di un santo. **2** Nel diritto cambiario, trasferimento del titolo di credito nominativo mediante annotazione dell'acquirente sul registro dell'emittente e sul titolo stesso. **3** (*fis.*) Moto di un corpo in modo tale che un qualsiasi segmento, congiungente due punti di esso, si sposti mantenendosi sempre parallelo a se stesso: *la* — *del sistema solare.*

traşlitteràre *v. tr.* Scrivere sostituendo le lettere d'un alfabeto con quelle equivalenti di un altro: — *un nome russo secondo l'alfabeto latino.*

traşlitterazióne *s. f.* Trascrizione secondo un sistema grafico diverso.

traşlocàre **A** *v. tr.* (*io traşlòco, tu traşlòchi*) Trasferire di sede. **B** *v. intr. pron. e* (*pop.*) *intr.* (*aus. intr. avere*) Trasferirsi, cambiando sede o domicilio: *ci siamo traslocati in periferia.*

traşlòco *s. m.* (*pl. -chi*) Trasferimento di sede o domicilio, cambiando di casa | Trasporto di mobili, masserizie e loro sistemazione in una nuova casa o in un'altra sede; SIN. Sgombero. [→ ill. *autoveicoli*]

traşlùcido *agg.* **1** Detto di corpo che lascia passare parzialmente la luce ma che non permette di distinguere i contorni dei corpi situati dietro di esso. **2** (*lett.*) Trasparente.

traşméttere *v. tr.* (*coniug. come mettere*) **1** Tramandare da una persona all'altra, passare da una cosa all'altra: — *un'usanza, un diritto* | (*est., fig.*) Trasferire: — *a qc. il proprio nervosismo.* **2** Far arrivare, mandare da un luogo all'altro: — *una notizia.* **3** Comunicare un'informazione tramite un qualunque veicolo: — *una notizia per via radio.*

traşmettitóre **A** *s. m.; anche agg.* (*f. -trice*) Chi (o che) trasmette. **B** *s. m.* Apparecchiatura che converte segnali audio, video o in codice in segnali modulati a radiofrequenza tali da essere propagati da onde elettromagnetiche. [→ ill. *telegrafia*]

traşmigràre *v. intr.* (*aus. essere e avere* nel sign. 2, *essere* nel sign. 1) **1** Passare da un luogo all'altro cambiando sede, detto di persone o animali. **2** Trasmettersi da uno ad altro individuo: *sono trasmigrate in lui molte qualità dei genitori.*

traşmigrazióne *s. f.* **1** Emigrazione di persone o animali | (*est.*) Trasmissione. **2** — *delle anime*, metempsicosi.

traşmissìbile *agg.* Che si può trasmettere.

traşmissióne *s. f.* **1** Trasferimento, passaggio da una persona o da una cosa all'altra | Comunicazione: — *di una notizia.* **2** Passaggio dei caratteri ereditari o di malattie da un individuo ai discendenti. **3** (*fis.*) Propagazione | (*est.*) Programma della radio o della televisione: *ascoltare una* —. **4** Comunicazione del movimento da un organo meccanico all'altro e congegno o insieme di congegni a ciò preposti: — *a catena, a ingranaggi, a cinghia, a biella, a manovella*; *albero di* —. [→ ill. *automobile, meccanica*]

traşmittènte **A** *agg.* Che trasmette | *Centro* —, complesso di apparecchiature atte a irradiare segnali radioelettrici per le trasmissioni radiofoniche e televisive. [→ ill. *radio, televisione*] **B** *s. f.* Stazione radio o teletrasmittente.

traşmodàre *v. intr.* (*io traşmòdo; aus. avere*) Passare la misura: — *nel mangiare.*

trasognàre *v. intr.* (*io trasógno; aus. avere*) (*raro*) Sognare a occhi aperti, fantasticare.

trasognàto *part. pass. di trasognare; anche agg.* Che è sempre distratto o smemorato perché assorto in fantasticherie.

traspadàno o *transpadàno agg.* Che è posto al di là del Po, rispetto a Roma; CONTR. Cispadano.

trasparènte **A** *agg.* **1** (*fis.*) Detto di corpo, come il vetro o l'aria, che lascia passare la luce | *Cielo* —, limpido, luminoso; SIN. Diafano; CONTR. Opaco. **2** Che lascia intravvedere ciò che ricopre: *camicetta* — | (*fig., iron.*) Molto sottile: *una fetta di carne* —. **3** (*fig.*) Intuibile con facilità, anche se non esplicito: *allusione* — | (*est.*) Chiaro, palese: *bilancio, amministrazione* —. **B** *s. m.* **1** Intelaiatura di tela o di carta, dipinta con figure, emblemi, iscrizioni, nelle luminarie o per pubblicità. **2** Schermo trasparente, usato nel cinema e alla televisione, sul quale si possono proiettare da tergo immagini cinematografiche, per dare l'illusione di uno sfondo in movimento | Foglio di sostanza trasparente su cui sono stampati scritti o immagini, osservabile mediante proiezione. [→ ill. *scuola*] **3** Tessuto rigido e colorato posto sotto un merletto per farlo risaltare meglio.

trasparènza *s. f.* L'essere trasparente (*anche fig.*).

traspàrire *v. intr.* (*pres. io traspariṡco o traspàio, tu traspariṡci o traspàri, egli traspariṡce o traspàre, noi traspariàmo, voi trasparìte, essi traspariṡcono o traspàiono; pass. rem. io trasparìi raro traspàrsi o traspàrvi, tu trasparìsti, egli trasparì, raro traspàrse o traspàrve, noi trasparìmmo, voi trasparìste, essi trasparìrono, raro traspàrsero o traspàrvero; fut. io trasparirò, lett. trasparrò; congv. pres. io traspariṡca o traspàia, noi traspariàmo, voi traspariàte, essi traspariṡcano o traspàiano; imper. traspariṡci o traspàri, trasparìte; ger. trasparèndo; part. pres. trasparènte; part. pass. trasparìto o raro traspàrso; aus. essere*) **1** Apparire attraverso un corpo, detto della luce o di altri corpi: *il cristallo lascia* — *la luce del sole.* **2** (*fig.*) Rivelarsi attraverso indizi, manifestazioni esteriori, detto di pensieri, idee, sentimenti: *non lascia* — *nulla delle sue intenzioni.* **3** (*raro*) Essere trasparente: *la carta troppo sottile traspare.*

traspiràre **A** *v. intr.* (*aus. essere* nel sign. 1, *essere e avere* nel sign. 2) **1** Uscire attraverso i pori di un organismo animale o vegetale, sotto forma di vapore o piccolissime gocce. **2** (*fig.*) Manifestarsi, palesarsi di qualità, sentimenti, intenzioni: *non traspira niente dei suoi progetti.* **B** *v. tr.* (*raro*) Lasciare traspirare (*anche fig.*): *le piante traspirano acqua.*

traspirazióne *s. f.* Fuoriuscita di vapore o piccolissime gocce attraverso i pori | — *cutanea*, sudore | — *delle piante*, processo di eliminazione, sotto forma di vapore, dell'acqua assorbita.

traspórre *v. tr.* (*coniug. come porre*) Porre altrove, mutare di posto collocando in un ordine diverso: — *i libri di uno scaffale*; — *le parole di uno scritto.*

trasportàbile *agg.* Che si può trasportare.

trasportàre *v. tr.* (*io traspòrto*) **1** Portare oltre: – *i soldati al di là delle linee* | Portare da un luogo a un altro: – *una merce con autocarri.* **2** (*fig.*) Portare con la fantasia, l'immaginazione: *è un libro che ci trasporta al Medioevo.* **3** Trascinare, spingere a forza: *il ladro fu trasportato in questura* | *Lasciarsi* –, abbandonarsi a un impulso, a un'emozione. **4** (*est.*) Riprodurre, copiare: – *un disegno su stoffa.*

trasportatóre **A** *s. m.; anche agg.* (*f. -trìce*) Chi (o che) trasporta. [→ ill. *astronautica, cinematografia*] **B** *s. m.* Macchina o apparecchio che serve al trasporto di materiali, per percorsi relativamente brevi, in generale all'interno di uno stabilimento: – *a nastro, a rulli.* [→ ill. *magazzinaggio*]

traspòrto *s. m.* **1** Atto, operazione del trasportare | – *marittimo, aereo, terrestre* | – *funebre*, esequie, funerali | Spesa del trasporto. [→ ill. *aeronautica, autoveicoli, ferrovia*] **2** Contratto per cui il vettore si obbliga, verso corrispettivo, a trasferire persone o cose da un luogo a un altro. **3** Insieme dei mezzi di trasporto: – *pubblico* | (*mar.*) Nave mercantile. **4** (*fig.*) Impeto, impulso: *un* – *d'ira* | *Con* –, con entusiasmo o passione: *studiare, amare, con* –.

trasposizióne *s. f.* **1** Scambio, inversione di posizione. **2** (*ling.*) Spostamento delle parole nel periodo, rispetto all'ordine normale.

trassàto **A** *agg.* (*dir.*) Di soggetto che ha ricevuto l'ordine di pagare una cambiale tratta: *banca trassata.* **B** *s. m.* Trattario.

trastullàre **A** *v. tr.* **1** Fare divertire con giochi, trastulli: – *un bambino.* **2** Illudere, lusingare: – *qc. con vane parole.* **B** *v. rifl.* **1** Divertirsi con giochi, passatempi: *i bambini si trastullano facilmente.* **2** (*est.*) Perdere tempo: *invece di studiare, si trastulla tutto il giorno*; SIN. Gingillarsi.

trastùllo *s. m.* Gioco, divertimento, passatempo | Balocco, giocattolo.

trasudàre **A** *v. intr.* (*aus. essere* nel sign. 1, *avere* nel sign. 2) **1** Filtrare, stillare lentamente: *l'acqua trasuda dal muro.* **2** Mandare fuori come sudore: *la roccia trasuda.* **B** *v. tr.* Lasciare passare: – *umidità.*

trasudatìzio *agg.* Di trasudato.

trasudàto *s. m.* (*med.*) Liquido che si accumula nei tessuti o nelle cavità del corpo per stasi circolatoria.

trasudazióne *s. f.* **1** Traspirazione | Passaggio di un liquido che filtra lentamente. **2** (*med.*) Processo di formazione del trasudato.

trasumanàre *v. intr. e intr. pron.* (*aus. essere*) (*lett.*) Trascendere i limiti dell'umana natura.

trasversàle *agg.* **1** Che sta di traverso | Che attraversa: *via* –. **2** Che interseca | (*fis.*) *Onde trasversali*, quelle per le quali le vibrazioni avvengono in direzione perpendicolare alla direzione di propagazione.

trasvolàre **A** *v. tr.* (*io trasvólo*) Superare, passare, traversare volando: – *le Alpi, l'Oceano.* **B** *v. intr.* (*aus. essere e avere*) (*fig.*) Trattare di sfuggita o passare oltre senza prendere in esame: – *su un argomento.*

trasvolàta *s. f.* Volo di considerevole distanza e difficoltà, senza scalo.

trasvolatóre *s. m.* (*f. -trìce*) Chi trasvola.

tràtta *s. f.* **1** (*raro*) Atto del trarre. **2** Mercato illegale di persone | *La* – *delle bianche*, adescamento di donne che vengono avviate alla prostituzione in paesi stranieri. **3** Titolo di credito all'ordine ed esecutivo contenente l'ordine di pagare una somma a una data scadenza al legittimo portatore; CFR. Cambiale.

trattàbile *agg.* **1** Che si può trattare. **2** (*fig.*) Di persona affabile con cui si può trattare o conversare; CONTR. Intrattabile.

trattaménto *s. m.* **1** Modo del trattare | Maniera di accogliere qc.: – *di riguardo.* **2** Modo con cui si soddisfano clienti d'alberghi, ristoranti e sim. relativamente al vitto, l'alloggio, il servizio | – *economico*, ass. –, retribuzione, compenso di un lavoratore dipendente. **3** Tipo di lavorazione, manipolazione di q.c.: *il* – *termico d'un metallo* | (*elab.*) – *automatico delle informazioni*, l'insieme delle operazioni svolte automaticamente sulle informazioni dagli appositi sistemi. **4** Cura medica.

trattàre **A** *v. tr.* **1** Discutere, esporre, sviluppare un tema, a voce o per iscritto: *l'oratore ha trattato questioni attuali* | – *la pace*, cercare di ottenerla con negoziati. **2** Fare oggetto di un dato comportamento: *lo tratta come un figlio* | – *dall'alto in basso*, con superbia, arroganza. **3** Concludere, portare a termine: – *un affare, una pratica.* **4** Lavorare, manipolare una sostanza: – *la lana*; – *le conserve con coloranti.* **B** *v. intr.* (*aus. avere*) **1** Discutere, discorrere: – *di politica* | Dissertare, ragionare: – *della decadenza di Roma* | *Di che si tratta?*, che cosa è, che cosa è successo? | *Si tratta della mia vita*, è in gioco la mia vita. **2** Avere a che fare, intrattenere relazione: – *con gente fidata* | *Con lui non si può* –, ha un carattere difficile. **C** *v. rifl.* Governarsi, curarsi, vivere: *trattarsi bene nel mangiare.*

trattàrio *s. m.* Nella cambiale-tratta, colui che riceve l'ordine di pagare.

trattatista *s. m. e f.* (*pl. m. -i*) Autore di un trattato.

trattativa *s. f.* **1** Pratica preliminare di colloqui e conversazioni per risolvere questioni importanti, affari e sim. **2** *al pl.* Negoziato: *le trattative fra i due Stati.*

trattàto *s. m.* **1** Esposizione metodica di una dottrina o di una parte di essa: – *di geometria.* **2** Atto consensuale con cui più soggetti di diritto internazionale risolvono problemi o disciplinano materie di comune interesse: *firmare, ratificare un* –; SIN. Convenzione.

trattazióne *s. f.* Esposizione, svolgimento di un argomento | Scritto in cui viene trattato q.c.: *una* – *di fisica.*

tratteggiàre *v. tr.* (*io trattéggio*) **1** Tracciare linee brevi e molto vicine | Abbozzare: – *un paesaggio.* **2** (*fig.*) Descrivere a voce o per iscritto in modo efficace: – *una scena.*

trattéggio *s. m.* Tecnica del tratteggiare usata per ottenere ombreggiature nei disegni.

trattenére **A** *v. tr.* (*coniug. come tenere*) **1** Far restare, non lasciare andare: – *qc. a pranzo.* **2** Intrattenere, far passare il tempo piacevolmente: *non sapere come* – *gli ospiti.* **3** Tenere in un luogo, tenere a bada: – *la palla.* **4** Tenere più a lungo presso di sé, astenersi dal consegnare: – *una lettera.* **5** Sottrarre da una somma: *trattenere il cinque per cento d'interesse.* **6** Distogliere qc. dal dire o fare q.c.: *ci trattennero dal protestare.* **7** Sforzarsi di tenere dentro di sé: – *il pianto*; SIN. Reprimere. **B** *v. rifl.* Astenersi: *non seppe trattenersi dal ridere.* **C** *v. intr. pron.* Fermarsi per un tempo più o meno lungo: *ci tratterremo in campagna*; SIN. Soffermarsi.

tratteniménto *s. m.* **1** (*raro*) Atto del trattenere | Indugio. **2** Divertimento, passatempo con cui si intrattiene qc. | Festa: – *musicale* | Ricevimento.

trattenùta *s. f.* Parte della remunerazione di un lavoratore che non viene corrisposta, ma direttamente versata dal datore di lavoro a enti pubblici per il pagamento di imposte o di contributi; SIN. Ritenuta.

trattino *s. m.* **1** *Dim. di tratto.* **2** Lineetta che divide o unisce una parola. (V. nota d'uso SILLABA) Il *trattino* si usa per dividere le parti di una parola composta (specialmente quelle che sono collegate in maniera occasionale) o in alcune locuzioni usate soprattutto nel linguaggio giornalistico: *dizionario italiano-francese; tecnico-pratico; un processo di auto-adattamento*; *il rapporto maggioranza-opposizione*; *il divario Nord-Sud.* Le parole composte ormai consolidate nell'uso non richiedono il trattino: *autobiografia, extraconiugale.* Il trattino si usa anche per dividere una parola in fin di riga e per scandire la divisione di una parola in sillabe: *ru-mo-re.* Nel caso di parola composta contenente trattino da dividere in fin di riga, è meglio ripetere due volte il trattino, sia alla fine della riga che all'inizio della riga seguente, per conservare l'informazione relativa al trattino che altrimenti andrebbe perduta con la semplice indicazione del trattino indicante divisione di sillaba: perciò sarà bene dividere *fox-terrier* in *fox-/-terrier.* (V. nota d'uso SILLABA) Un tratto più lungo, detto anche *lineetta* o *trattone*, serve a isolare un inciso all'interno di una frase o, analogamente alle virgolette, per aprire e chiudere un dialogo: – *Avanti, avanti* – *mi invitò.* (V. nota d'uso PUNTEGGIATURA)

tràtto *s. m.* **1** (*raro*) Tirata | (*raro*) *Dare il* – *alla bilancia*, fare in modo che tracolli e (*fig.*) indurre a risolvere una questione. **2** Tocco di penna, matita, pennello e sim.: *disegnare a tratti larghi* | *A grandi tratti*, (*fig.*) in modo rapido, essenziale | Segno, linea: *un* – *di penna.* **3** Maniera di procedere, di comportarsi: *avere un — garbato* | (*fig.*) Moto, impulso: *un — di bontà.* **4** Parte, spazio, striscia, pezzo: *un — di cielo, di mare, di strada* | Distanza: *per lungo —* | Pezzo, brano di uno scritto: *un — di racconto* | Spazio di tempo, momento, periodo: *per un certo — furono amici* | *A tratti*, a intervalli | *A un —, d'un —, tutto a un —*, in un momento, all'improvviso | *Di — in —*, ogni tanto. **5** *spec. al pl.* Lineamenti: *i tratti del volto* | (*fig.*) Caratteristiche, elementi distintivi: *i tratti di un periodo storico.*

trattóre (1) *s. m.* (*f. -trice*) **1** Chi trae. **2** Operaio addetto alla trattura della seta.

trattóre (2) *s. m.* Veicolo munito di cingoli o di ruote con speciali pneumatici o alette per far presa sul terreno, mosso da motore a combustione interna e adibito al traino spec. su terreni impervi di carichi pesanti o di attrezzi agricoli; SIN. Trattrice. [→ ill. *agricoltura, autoveicoli*]

trattóre (3) *s. m.* (*f. -trice, pop. -tora*) Gestore di trattoria.

trattorìa (1) *s. f.* Filanda per la trattura della seta.

trattorìa (2) *s. f.* Locale pubblico ove si dà da mangiare a pagamento.

trattorista *s. m. e f.* (*pl. m. -i*) Chi è esperto nell'uso dei trattori, spec. agricoli.

trattrice *s. f.* Trattore, spec. per usi agricoli | *— stradale*, per il traino di rimorchi.

trattùra *s. f.* Operazione di dipanatura dei bozzoli del baco da seta, che si fa nelle filande immergendo i bozzoli in acqua calda.

trattùro *s. m.* Sentiero naturale tracciato dalle greggi.

tràuma *s. m.* (*pl. -i*) (*med.*) Lesione, ferita, contusione determinata da una causa violenta | *— psichico*, turbamento prodotto da profonda emozione.

traumàtico *agg.* (*pl. m. -ci*) (*med.*) Di trauma.

traumatizzàre *v. tr.* **1** (*med.*) Far subire trauma. **2** (*fig.*) Impressionare fortemente.

traumatizzàto *part. pass. di traumatizzare; anche agg. e s. m.* (*f. -a*) Che (o chi) ha subito un trauma.

traumatologìa *s. f.* (*med.*) Branca della medicina che studia gli effetti dei traumi e la loro cura.

traumatològico **A** *agg.* (*pl. m. -ci*) Di traumatologia: *centro —.* **B** *s. m.* Ospedale traumatologico: *lo hanno portato al —.*

traumatòlogo *s. m.* (*f. -a; pl. m. -gi*) Specialista in traumatologia.

travaglìare **A** *v. tr.* (*io travàglio*) **1** Dare patimento fisico: *la malattia lo travaglia* | Tormentare spiritualmente. **2** Scuotere in modo violento un'imbarcazione, detto del vento o della tempesta. **B** *v. intr.* (*aus. avere*) (*lett.*) Affannarsi, affaticarsi | Affliggersi.

travàglio *s. m.* **1** (*lett.*) Lavoro duro, faticoso. **2** Angoscia, dolore, pena: *il — del dubbio.* **3** Sofferenza fisica: *— di stomaco* | *— di parto*, complesso dei fenomeni che accompagnano l'espulsione del feto dall'utero e che provocano sensazioni dolorose.

travaṣàbile *agg.* Che si può o si deve travasare.

travaṣàre **A** *v. tr.* **1** Versare un liquido da uno ad altro recipiente. **2** (*fig.*) Versare, trasferire: *ha travasato in quest'opera tutta la sua cultura.* **B** *v. intr. pron.* Versarsi, uscire da ciò che lo contiene, detto di liquido.

travàṣo *s. m.* **1** Operazione del travasare: *il — del vino* | (*raro, fig.*) Trasferimento. **2** (*med.*; *raro*) Fuoriuscita: *— di bile, di sangue.*

travàta *s. f.* Trave cui sia affidato l'ufficio statico principale in una costruzione | Travatura. [→ ill. *ponte*]

travàto *agg.* Rinforzato o sostenuto con travi.

travatùra *s. f.* **1** Sistemazione delle travi di una struttura. **2** Ossatura in travi lignee o metalliche di un solaio, di un ponte e sim. | *— reticolare*, fatta di aste rettilinee concorrenti in nodi, per ponti, tralicci e sim.

tràve *s. f.* **1** Grosso e lungo fusto d'albero o elemento costruttivo simile in metallo o cemento armato, impiegato come struttura portante nelle costruzioni edilizie e nell'ingegneria civile | *— di coda*, in aeronautica, struttura che, mancando la fusoliera, collega la velatura principale alla coda dell'aereo sostenendovi generalmente gli organi di stabilità e di governo | (*fig.*) *Fare d'ogni fuscello una —*, ingigantire ogni piccola cosa | (*fig.*) *Non vedere la — nel proprio occhio*, non accorgersi dei propri difetti. **2** Attrezzo in uso nella ginnastica, analogo all'asse di equilibrio. [→ ill. *sport*]

travedére *v. intr.* (*coniug. come vedere; aus. avere*) **1** Vedere una cosa per un altra: *— per la stanchezza.* **2** (*fig.*) Essere indotto in errore da un sentimento, da una passione e sim.: *— per l'odio.*

travéggole *s. f. pl.* *Solo nella loc.* *avere le —*, vedere una cosa per l'altra.

travellers' cheque /*ingl.* 'trævləz 'tʃek/ *loc. sost. m. inv.* (*pl. ingl. travellers' cheques* /'trævləz 'tʃeks/) Assegno turistico a circolazione internazionale rilasciato dalle principali banche contro versamento dell'importo corrispondente.

travèrsa *s. f.* **1** Nelle orditure orizzontali costituite da due ordini di travi disposte secondo due direzioni in genere ortogonali, ciascuna delle travi trasversali che di regola sorreggono quelle longitudinali. **2** Elemento orizzontale di legno variamente sagomato, che congiunge e consolida i sostegni di tavoli e sedili e le guide della spalliera di alcuni sedili e sim. [→ ill. *mobili, sega*] **3** (*ferr.*) Sbarra in legno, acciaio dolce o calcestruzzo armato che collega trasversalmente le due file di rotaie. [→ ill. *ferrovia*] **4** Nel calcio, sbarra orizzontale che limita in alto la porta: *colpire la —.* [→ ill. *sport*] **5** (*gener.*) Asse, sbarra e sim. collocata trasversalmente rispetto a una via, un passaggio, un'entrata. **6** (*mil.*) Costruzione di muro e terra elevata sui vari terrapieni delle opere di fortificazione. **7** (*ell.*) Via traversa. **8** Telo o lenzuolo posto di traverso nel letto di un bambino, di un ammalato e sim., per maggior pulizia.

traversàre *v. tr.* (*io travèrso*) **1** Attraversare (*anche fig.*): *— un paese*; *— la strada a qc.* **2** Mettere, stendere per traverso.

traversàta *s. f.* **1** Attraversamento di un luogo, uno spazio e sim.: *la — di una città* | Viaggio compiuto con mezzi marittimi o aerei, spec. seguendo un itinerario che colleghi direttamente il luogo di partenza a quello di arrivo: *la — dell'Atlantico* | ass. Navigazione: *abbiamo avuto un'ottima —.* **2** Competizione podistica o di nuoto: *— della Manica.* **3** In alpinismo, spostamento laterale in parete con una particolare tecnica di arrampicata in cui si spostano prima le braccia e poi le gambe: *— in parete* | Ascensione in cui la salita avviene per un versante e la discesa per il versante opposto.

traversìa *s. f.* **1** (*mar.*; *raro*) Vento che soffia perpendicolarmente alla rotta di una nave o al lido di una località. **2** *spec. al pl.* (*fig.*) Disavventura, disgrazia, contrarietà: *le traversie della vita.*

traversina *s. f.* **1** *Dim. di traversa.* **2** (*ferr.*) Traversa di binario. [→ ill. *strada*]

travèrso **A** *agg.* Trasversale, obliquo: *linea traversa* | *Via traversa*, strada secondaria che ne attraversa una principale o che si dirama lateralmente da essa; (*fig.*) modo coperto e non leale di raggiungere uno scopo: *procedere per vie traverse.* **B** *s. m.* **1** Estensione di un corpo considerato nel senso della larghezza | *A —*, attraverso | *Per il —*, nel senso della larghezza | *Di, per, a —*, trasversalmente, obliquamente: *buttarsi di — sul letto* | *Andare di —*, detto di cibo o bevanda, finire nella laringe provocando un senso di soffocamento; (*fig.*) detto di ciò che va in modo contrario a quello che si desiderava | *Guardare qc. di —*, con occhiate oblique; (*fig.*) con sentimenti malevoli. **2** (*mar.*) Fianco, lato: *presentare il — alle onde* | *Di —*, di fianco.

traversóne *s. m.* **1** *Accr. di traversa.* **2** (*raro*) Maestrale. **3** Nel calcio, lancio del pallone da un punto laterale del campo verso la linea mediana, spec. presso la porta avversaria; SIN. Cross.

travertino *s. m.* (*miner.*) Roccia calcarea, spugnosa, bianco-giallastra, formatasi per deposito delle acque ricche di carbonato di calcio.

travestiménto *s. m.* **1** Operazione del travestire o del travestirsi | (*fig.*) Camuffamento. **2** Ciò con cui ci si traveste.

travestire **A** *v. tr.* (*io travèsto*) **1** Vestire qc. in modo del tutto diverso dal solito, sì da renderlo irriconoscibile: *— qc. da donna*; SIN. Camuffare. **2** (*fig.*) Cambiare, mutare profondamente q.c.: *— un tema musicale.* **B** *v. rifl.* **1** Indossare un abito di foggia assai diversa da quella usuale, in modo da non essere riconosciuto; SIN. Mascherarsi. **2** (*fig.*) Nascondere la propria vera natura assumendo atteggiamenti o fingendo idee diverse dalle proprie: *è un lupo che si traveste da agnello.*

travestitismo *s. m.* Tendenza a indossare abiti propri dell'altro sesso.

travestito ***A*** *part. pass. di travestire; anche agg.* Che è vestito in modo da essere irriconoscibile (*anche fig.*). ***B*** *s. m.* (*f. -a* nel sign. 1) ***1*** Chi manifesta tendenza al travestitismo. ***2*** Omosessuale maschile che si traveste da donna.

travèt *s. m. inv.* Impiegatuccio subalterno (dal nome del protagonista della commedia 'Le miserie di Monsù Travet').

traviaménto *s. m.* Allontanamento dalla retta via; SIN. Corruzione.

traviàre ***A*** *v. tr.* (*io travìo*) ***1*** (*raro, lett.*) Portare fuori strada. ***2*** (*fig.*) Trascinare al male, corrompere: *— i giovani*; SIN. Fuorviare. ***B*** *v. intr. pron.* Allontanarsi dalla retta via, dal bene, dall'onestà.

travicèllo *s. m.* ***1*** *Dim. di trave.* ***2*** Trave secondaria, appoggiata alle principali e che sostiene a sua volta tavolato o altro.

travisaménto *s. m.* Alterazione della vera natura di q.c.: *— dei fatti*; SIN. Distorsione, falsificazione.

travisàre *v. tr.* ***1*** (*raro*) Alterare l'aspetto di qc. ***2*** (*fig.*) Alterare, modificare, svisare q.c., spec. presentandola in modo inesatto: *— la storia*; SIN. Falsare.

travolgènte *part. pres. di travolgere; anche agg.* ***1*** Che travolge. ***2*** (*fig.*) Che conquista e trascina irresistibilmente: *bellezza —.*

travòlgere *v. tr.* (*coniug. come volgere*) ***1*** (*raro; lett.*) Volgere q.c. per altro verso | *— gli occhi*, storcerli. ***2*** (*est.*) Investire e trascinare con sé violentemente: *la valanga travolse alberi e case.* ***3*** (*est., fig.*) Sopraffare con impeto irresistibile: *lasciarsi — dalla passione.*

travóne *s. m. Accr. di trave.*

trazióne *s. f.* ***1*** Traino: *gancio di —.* ***2*** Forza esercitata da animali o mezzi meccanici su veicoli e sim., atta a determinarne il movimento: *— animale, meccanica* | *— elettrica*, quella che impiega motori elettrici | *Sforzo di —*, forza che il trattore può esercitare a una data velocità. ***3*** (*mecc.*) Sollecitazione esercitata su un corpo da due forze uguali e contrarie agenti nel senso di provocare un allungamento e applicate ai baricentri delle sezioni esterne. ***4*** (*med.*) Applicazione di pesi per tendere un arto fratturato.

tré [3 nella numerazione araba, III in quella romana] ***A*** *agg. num. card. inv.* ***1*** Indica una quantità composta di due unità più una. ***2*** (*est.*) Pochi (con valore indet.): *te lo dico in — parole* | *Ci penserò — volte*, parecchie volte. ***B*** *s. m. e f. inv.* Il numero tre e il segno che lo rappresenta | *Le —*, (*ell.*) le ore tre del mattino e (*fam.*) le ore quindici | *Non c'è due senza —*, se una cosa è accaduta già due volte può accadere la terza | *Le disgrazie vengono sempre a — per volta*, non vengono mai sole. [→ tav. *proverbi* 57, 251, 283; → tav. *locuzioni* 52] (V. nota d'uso ACCENTO)

treàlberi *s. m.* (*mar.; gener.*) Veliero a tre alberi, escluso sempre il bompresso.

treatment /*ingl.* 'tri:tmənt/ *s. m. inv.* (*pl. ingl. treatments* /'tri:tmənts/) Seconda fase di elaborazione di un soggetto cinematografico; CFR. Scaletta, sceneggiatura.

trébbia *s. f.* ***1*** (*agr.*) Trebbiatrice | Battitura del grano. ***2*** Antico strumento di tortura.

trebbiàno *s. m.* Vino bianco da pasto prodotto in Emilia-Romagna, Toscana e Umbria.

trebbiàre *v. tr.* (*io trébbio*) (*agr.*) Liberare dalla pula i chicchi del grano o di altro cereale, sgranandolo con la trebbiatrice oppure, un tempo, battendolo sull'aia con appositi bastoni.

trebbiatóre *s. m.* (*f. -trice*) Chi trebbia.

trebbiatrice *s. f.* Macchina per separare la granella dei cereali e di altri prodotti agricoli dagli involucri e dalle paglie; SIN. Trebbia.

trebbiatùra *s. f.* Operazione del trebbiare | Epoca in cui si esegue tale operazione.

tréccia *s. f.* (*pl. -ce*) ***1*** Composizione di tre lunghe ciocche di capelli accavallate alternativamente, tipica acconciatura di bambine e ragazze. [→ ill. *acconciatura*] ***2*** (*est.*) Composizione di fili, corde, cavi, nastri e sim., ottenuta accavallando i vari elementi a foggia di treccia: *— di paglia, di fili metallici.* [→ ill. *passamaneria*] ***3*** (*est.*) Pezzo di pane in forma di treccia.

trecentésco *agg.* (*pl. m. -schi*) Del Trecento.

trecentista ***A*** *s. m. e f.* (*pl. m. -i*) ***1*** Artista del Trecento. ***2*** Studioso del Trecento. ***B*** *agg.* Dei trecentisti: *poesia —.*

trecènto [300 nella numerazione araba, CCC in quella romana] ***A*** *agg. num. card. inv.* Indica una quantità composta di tre centinaia di unità. ***B*** *s. m. inv.* Il numero trecento e il segno che lo rappresenta | *Il Trecento*, il sec. XIV.

tredicènne *agg.; anche s. m. e f.* Detto di chi ha tredici anni d'età.

tredicèsima *s. f.* Tredicesima mensilità.

tredicèsimo ***A*** *agg. num. ord.* Che corrisponde al numero tredici in una sequenza | *La tredicesima mensilità*, retribuzione aggiuntiva alle altre dodici, corrisposta in prossimità delle feste natalizie. ***B*** *s. m.* Ciascuna delle tredici parti uguali di una stessa quantità.

trédici [13 nella numerazione araba, XIII in quella romana] ***A*** *agg. num. card.* Indica una quantità composta di dodici unità più una. ***B*** *s. m. inv.* Il numero tredici e il segno che lo rappresenta | *Fare, totalizzare un —*, nel gioco del totocalcio, realizzare la massima vincita prevedendo esattamente i risultati di tredici partite di calcio indicate nel pronostico | *Le —*, l'una del pomeriggio.

tredicista *s. m. e f.* (*pl. m. -i*) Chi al totocalcio azzecca tutti i tredici risultati, ottenendo così la vincita massima.

tréfolo *s. m.* Insieme di fili spec. metallici avvolti a elica.

tregènda *s. f.* ***1*** Secondo le antiche leggende nordiche, convegno notturno di demoni, streghe e sim. che si riuniscono per compiere i loro malefici | *Notte di —*, (*fig.*) cupa, tempestosa. ***2*** (*raro, fig.*) Pandemonio, confusione.

trégua *s. f.* ***1*** (*dir.*) Temporaneo arresto delle ostilità | *— di Dio*, sospensione delle ostilità tra belligeranti, imposta dalla Chiesa in epoca medievale durante la quaresima e l'avvento. ***2*** (*est.*) Sospensione o interruzione temporanea di lotte, contese, rivendicazioni e sim.: *— politica.* ***3*** (*fig.*) Riposo, sosta, requie: *lavorare senza un attimo di —.*

trekking /*ingl.* 'trekiŋ/ *s. m. inv.* (*pl. ingl. trekkings* /'trekiŋz/) Escursione di lungo percorso a piedi e in più tappe.

tremànte *part. pres. di tremare; anche agg.* Che trema.

tremàre *v. intr.* (*io trèmo; aus. avere*) ***1*** Essere scosso da una serie di contrazioni muscolari involontarie, dovute a cause fisiche o psichiche: *— di freddo*; *— per la rabbia* | *— come una foglia*, essere in preda a tremiti violenti e continui. ***2*** (*est.*) Essere scosso da oscillazioni più o meno rapide e violente, detto di cosa: *le canne tremano al vento.* ***3*** (*fig.*) Essere in ansia, trepidare: *— per l'avvenire di qc.* | Aver paura. ***4*** (*fig.*) Essere mosso, detto dell'aria | (*poet.*) Vibrare, palpitare. ***5*** Essere intermittente, detto di luce | Offuscarsi, confondersi a tratti, detto della vista.

tremarèlla *s. f.* (*fam.*) Tremito, spec. di paura | (*est., fig.*) Agitazione, paura, timore: *se ci penso mi viene la —.*

tremebóndo *agg.* (*lett.*) Che è tutto tremante e sbigottito (*anche fig.*).

tremèndo *agg.* ***1*** Che fa tremare di paura: *odio —.* ***2*** (*est.*) Disastroso, spaventoso, terribile: *una guerra tremenda.* ***3*** (*est.*) Che è estremamente grave, doloroso, difficile: *momento —.* ***4*** (*fam., iperb.*) Di tutto ciò che eccede la normalità: *avere una fame tremenda* | *Bambino, ragazzo —*, molto vivace.

trementina *s. f.* Oleoresina ricavata con incisioni da alcune conifere, che per distillazione in corrente di vapore fornisce essenza di trementina e colofonia | *Essenza di —*, acquaragia.

trèmito *s. m.* ***1*** Serie di piccole contrazioni muscolari, dovute all'azione del freddo, o ad altre cause. ***2*** (*est.*) Fremito, brivido.

tremolànte *part. pres. di tremolare; anche agg.* Che tremola | Molle, flaccido.

tremolàre ***A*** *v. intr.* (*io trèmolo; aus. avere*) ***1*** Oscillare lievemente e con frequenza: *le foglie tremolano al vento.* ***2*** (*est.*) Brillare con luminosità intermittente: *in cielo tremolano le ultime stelle.* ***3*** (*est.*) Vibrare mutando leggermente e frequentemente di tono, d'intensità, di volume, detto dei suoni, delle voci e sim. ***B*** *in funzione di s. m. solo sing.* Tremolio.

tremolio *s. m.* Oscillazione, vibrazione, brillio di ciò che tremola.
trèmolo *s. m.* **1** (*mus.*) Negli strumenti ad arco, rapida ripetizione della stessa nota | Effetto simile ottenuto negli strumenti a fiato e, su due note, negli strumenti a tastiera. **2** (*mus.*) Nell'organo e nell'armonium, registro e relativo meccanismo per ottenere il tremolo.
tremóre *s. m.* **1** (*gener.*) Movimento caratteristico di ciò che (o di chi) trema. **2** (*fig.*) Tremito, grave apprensione, agitazione e sim.: *il — della paura.*
trèmulo *agg.* **1** Che tremola. **2** (*bot.*) *Pioppo —*, pioppo con foglie leggere dai lunghi piccioli compressi lateralmente e quindi facilmente mobili.
trench /*ingl.* trentʃ/ *s. m. inv.* (*pl. ingl. trenches* /'trentʃiz/) Impermeabile con cintura imitato da quello dell'esercito inglese.
trench-coat /*ingl.* 'trentʃ 'kout/ *loc. sost. m. inv.* (*pl. ingl. trench-coats* /'trentʃ 'kouts/) Trench.
trend /*ingl.* trend/ *s. m. inv.* (*pl. ingl. trends* /trendz/) (*econ.*) La tendenza di un'attività economica | (*est.*) Andamento, orientamento.
trenétta *s. f. spec. al pl.* Pasta alimentare lunga, sottile e schiacciata, usata spec. nella cucina ligure.
trenìno *s. m.* **1** *Dim. di treno* (1). **2** Modellino di treno: *giocare col — elettrico.* [→ ill. *giochi*]
trèno (1) *s. m.* **1** Serie di veicoli ferroviari trainati da locomotive: *— merci, viaggiatori*; *— rapido, espresso, diretto, locale, straordinario.* [→ ill. *ferrovia, miniera*] **2** (*est.*) Qualsiasi mezzo di trasporto che debba viaggiare da una località a un'altra | *— stradale*, autotreno. **3** (*mil.*) Servizio di trasporto dei materiali dell'artiglieria e del genio, compiuto da appositi reparti di artiglieria o autonomi, in uso fino al secolo scorso. **4** (*fig.*) Modo di vivere: *avere un — molto dispendioso* | *— di vita*, tenore di vita. **5** *Nelle loc. — anteriore, — posteriore*, rispettivamente la parte anteriore e quella posteriore di un veicolo o di un animale, spec. cane o cavallo. **6** Affusto di cannone.
trèno (2) *s. m.* Canto funebre, nell'antica poesia greca.
trénta [30 nella numerazione araba, XXX in quella romana] **A** *agg. num. card. inv.* Indica una quantità composta di tre decine. **B** *s. m. inv.* **1** Il numero trenta e il segno che lo rappresenta. **2** Voto massimo nella valutazione universitaria.
trentennàle **A** *agg.* **1** Che dura trent'anni. **2** Che ricorre ogni trent'anni: *celebrazione —.* **B** *s. m.* Ricorrenza del trentesimo anno da un avvenimento memorabile.
trentènne *agg.; anche s. m. e f.* Detto di chi ha trenta anni d'età.
trentènnio *s. m.* Periodo di tempo di trent'anni.
trentèsimo **A** *agg. num. ord.* Corrispondente al numero trenta in una sequenza. **B** *s. m.* Ciascuna delle trenta parti uguali di una stessa quantità.
trentìna *s. f.* **1** Complesso di trenta o circa trenta unità. **2** I trent'anni nell'età dell'uomo.
trentìno *agg.; anche s. m.* (*f. -a*) **1** Di Trento. **2** Della Venezia tridentina.
trepestio *s. m.* (*tosc.*) Rumore confuso, spec. di passi e sim.
trepidànte *part. pres. di trepidare; anche agg.* Che trepida; SIN. Trepido.
trepidàre *v. intr.* (*io trèpido; aus. avere*) Avere l'animo pieno di ansia, timore, affanno: *— per qc.*; *— nell'attesa*; SIN. Tremare.
trepidazióne *s. f.* Stato d'animo ansioso, timoroso.
trèpido *agg.* **1** Che è pieno di timore, apprensione, inquietudine e sim.: *madre trepida*; SIN. Trepidante. **2** (*est.*) Che mostra trepidazione: *occhio, sguardo —.*
treponèma *s. m.* Microrganismo con corpo lungo, sottile, senza parete cellulare | *— pallido*, agente della sifilide.
treppiède *s. m.* **1** Arnese, sostegno, mobile a tre piedi: *il — della mitragliatrice.* [→ ill. *armi*] **2** Arnese da cucina consistente in un cerchietto o triangolo di ferro con tre sostegni o piedi. **3** Sostegno a tre gambe per apparecchi topografici, fotografici e sim.
trequàrti o *tré quàrti* *s. m.* **1** Giaccone o soprabito che ricopre i tre quarti dell'abito. **2** Strumento chirurgico a punta triangolare per penetrare nelle cavità.
trésca *s. f.* **1** Antico ballo contadinesco molto movimentato. **2** (*fig.*) Intrigo, imbroglio: *ordire una —.* **3** (*fig.*) Relazione illecita, intrigo amoroso.
trescàre *v. intr.* (*io trésco, tu tréschi; aus. avere*) **1** Ordire intrighi, imbrogli: *quei due trescano alle nostre spalle.* **2** (*fig.*) Avere un amorazzo: *— con qc.*
trescóne *s. m.* Ballo rustico assai vivace, a salti e piroette.
tresètte V. *tressette.*
tréspolo *s. m.* **1** Arnese a tre o quattro sostegni divaricati che reggono un piano o un altro supporto, usato un tempo spec. per reggere tavole e letti. [→ ill. *scultore*] **2** (*fig., scherz.*) Veicolo, o apparecchio, congegno e sim., vecchio e malridotto.
tressètte o *tresètte* *s. m. inv.* Gioco di carte italiano che si svolge tra due, tre o quattro persone e si gioca con un mazzo di quaranta carte.
tri- *primo elemento*: in parole scientifiche significa 'tre', 'formato da tre': *triciclo, triangolo.*
trìaca *s. f.* Antica composizione medicinale di moltissimi ingredienti, usata spec. come antidoto contro il morso dei serpenti velenosi.
trìade *s. f.* **1** (*mus.*) Accordo di tre note. **2** Nella lirica greca, insieme ritmico formato di strofe, antistrofe, epodo. **3** (*est.*) Gruppo di tre persone. **4** (*est.*) Insieme di tre cose, dati o elementi connessi tra loro.
trial /*ingl.* 'traial/ *s. m. inv.* (*pl. ingl. trials* /'traialz/) (*sport*) Specialità del fuoristrada motociclistico per superare pendenze al limite del ribaltamento senza mai mettere i piedi a terra | (*est.*) La motocicletta usata per tale specialità.
trialìsmo *s. m.* Sistema risultante dalla aggregazione di tre elementi diversi: *— etnico.*
triangolàre (1) **A** *agg.* **1** Che ha tre angoli | Che ha la forma di un triangolo: *figura —* | Che è simile a un triangolo: *muscolo —.* [→ ill. *geometria*] **2** (*fig.*) Che si verifica fra tre parti, enti, nazioni e sim.: *accordo —.* **B** *s. m.* Nel linguaggio sportivo, incontro tra le squadre rappresentative di tre nazioni o di tre società: *un — di nuoto.*
triangolàre (2) *v. tr.* **1** In tipografia e geodesia, eseguire una triangolazione. **2** Nel gioco del calcio, passare il pallone mediante triangolazioni.
triangolazióne *s. f.* **1** Operazione topografica e geodetica mediante la quale si determina e misura una rete di triangoli adiacenti, di cui si fissano i vertici sul terreno, e cui ci si riferisce per la formazione di carte geografiche o topografiche. **2** (*sport*) Nel calcio, serie di passaggi fra diversi giocatori della stessa squadra.
triàngolo *s. m.* **1** (*mat.*) Poligono con tre vertici: *— equilatero, isoscele, scaleno*; *— acutangolo, rettangolo, ottusangolo.* [→ ill. *geometria*] **2** (*est.*) Oggetto, struttura e sim. a forma di triangolo: *un — di stoffa* | *A —*, di ciò che ha la forma di un triangolo. **3** (*fig.*) Serie di tre elementi disposti in tre punti materialmente non allineati | *— industriale*, territorio compreso fra Milano, Torino e Genova | *Il —, il solito, il classico —*, la triade di marito, moglie e amante nel teatro borghese e (*est.*) nella realtà. **4** (*mus.*) Strumento musicale consistente in una verga d'acciaio fatta a triangolo, che si percuote con una barretta d'acciaio. [→ ill. *strumenti musicali*] **5** Lima a sezione triangolare.
triàrio *s. m.* Milite della terza e ultima schiera della legione romana.
trias *s. m.* (*geol.*) Primo e più antico periodo dell'era mesozoica; SIN. Triassico.
triàssico **A** *agg.* (*pl. m. -ci*) Del trias. **B** *s. m.* Trias.
triatòmico *agg.* (*pl. m. -ci*) Detto di molecola costituita di tre atomi.
tribàle *agg.* Che si riferisce alla tribù: *struttura —*; *civiltà tribali.*
triboelettricità *s. f.* Fenomeno di elettrizzazione per strofinio di due corpi di natura chimica differente.
tribolàre **A** *v. tr.* Tormentare, far soffrire. **B** *v. intr.* (*aus. avere*) Penare, patire, soffrire.
tribolàto *part. pass. di tribolare; anche agg.* Che è oppresso da dolori, angustie, povertà e sim.
tribolazióne *s. f.* **1** Grave e continua sofferenza fisica o spirituale. **2** Cosa o persona che procura dolore, angoscia, preoccupazione.
tribolo (1) *s. m.* (*bot.*; *gener.*) Pianta cespugliosa spinosa

| Pianta erbacea delle Rosali buona foraggera con fiori gialli in grappoli profumati e frutto a legume.
trìbolo (2) *s. m.* Tribolazione, tormento.
triboluminescènza *s. f.* Luminescenza generata per sfregamento o rottura.
tribórdo *s. m.* Parte destra della neve, da poppa (il termine non è usato in marineria; v. *dritta*).
tribù *s. f.* **1** In etnologia, gruppo sociale composto di più famiglie unite da vincoli linguistici, razziali e culturali, aventi un proprio ordinamento e un proprio capo. **2** Ciascuno dei dodici gruppi in cui era diviso l'antico popolo ebraico. **3** (*fig., scherz.*) Gran numero, moltitudine di persone: *avere una — di figli.* **4** Nell'antica Roma, ciascuna delle circoscrizioni in cui era diviso il territorio dello Stato romano.
tribùna *s. f.* **1** Piattaforma elevata da cui, nell'antica Roma, parlava il tribuno. **2** Nelle basiliche civili romane, parte absidale dove era collocato il seggio del giudice | (*est.*) Nelle basiliche cristiane, abside. **3** Podio elevato per oratori, in assemblee e sim. **4** Spazio riservato agli uditori, o a particolari categorie di uditori, in aule e sim.: *— riservata al pubblico.* [→ ill. *parlamento*] **5** Palco fisso o provvisorio per gli spettatori in stadi, ippodromi e sim. [→ ill. *sport*]
tribunàle *s. m.* **1** Organo che esercita la giurisdizione in materia civile e penale nei modi e casi stabiliti dalla legge | (*est.*) Organo giudiziario | *Chiamare in —*, citare | *Presentarsi in —*, comparire | *— supremo*, Corte suprema. **2** Luogo ove l'autorità giudiziaria esplica normalmente la propria funzione. **3** (*fig.*) Persona, ente, autorità e sim. da cui si è giudicati sul piano morale: *il — della propria coscienza* | *Il — di Dio*, il giudizio di Dio | *Il — della confessione*, il sacramento della confessione.
tribunalésco *agg.* (*pl. m.* -*schi*) Da tribunale (*spec. spreg.*): *sussiego —.*
tribunàto *s. m.* Carica, ufficio e dignità di tribuno.
tribunésco *agg.* (*pl. m.* -*schi*) Da tribuno (*spec. spreg.*): *tono, piglio —.*
tribùno *s. m.* **1** Nell'antica Roma, qualifica attribuita ai funzionari più importanti dell'amministrazione civile o militare | *Tribuni militari*, ufficiali di grado più elevato nel comando delle legioni | *Tribuni della plebe*, funzionari della plebe, divenuti successivamente magistrati dello Stato con funzione di difesa degli interessi della plebe contro gli abusi dei patrizi. **2** (*fig.*) Uomo politico di idee rivoluzionarie, dotato di un'oratoria particolarmente irruente | (*fig., spreg.*) Politicante demagogo che si atteggia a difensore del popolo.
tributàre *v. tr.* Dare, rendere q.c. a qc. come cosa dovuta: *— onori.*
tributàrio *agg.* **1** Che è obbligato a pagare un tributo: *città tributaria di Roma.* **2** Relativo ai tributi: *regime —.* **3** (*geogr.*) Detto di corso d'acqua che versa le proprie acque in un altro corso d'acqua o in un lago.
tribùto *s. m.* **1** Nell'antica Roma, prestazione che il cittadino doveva allo Stato secondo il proprio censo. **2** (*dir.; gener.*) Ciò che si deve allo Stato o ad altro ente pubblico a causa della potestà di questo. **3** (*fig.*) Ciò che si dà o si fa per adempiere a un dovere, a un obbligo, a un impegno morale: *— di sangue, di lacrime* | *Pagare il proprio — alla natura*, morire.
triceràtopo *s. m.* Rettile del Cretaceo, estinto, con testa molto lunga armata di due corna sopra le orbite e uno sopranasale. [→ ill. *paleontologia*]
trichèco *s. m.* (*pl.* -*chi*) Grosso mammifero pinnipede artico dei Carnivori, goffo e tozzo, con pelle spessa, grosse setole sul labbro, canini di avorio molto sporgenti nei maschi. [→ ill. *animali* 21]
trichina *s. f.* Verme dei Nematodi che vive nell'intestino dei mammiferi ove partorisce larve che vanno a formare cisti nei muscoli.
trichinòṣi *s. f.* (*med.*) Malattia parassitaria da trichina che colpisce particolarmente i muscoli striati.
triciclo *s. m.* Velocipede a tre ruote. [→ ill. *giochi, nettezza urbana*]
tricipite A *agg.* **1** (*lett.*) Che ha tre teste: *mostro —.* **2** (*anat.*) Detto di muscolo che ha tre capi in un'unica massa. [→ ill. *anatomia umana*] **B** *s. m.* Muscolo tricipite.
triclìnio *s. m.* Nell'antica Roma, complesso dei tre letti a tre posti, collocati lungo tre lati della tavola, sui quali si disponevano i commensali per mangiare | (*est.*) Sala da pranzo.
triclino A *agg.* (*miner.*) Detto di sistema cristallino in cui gli assi sono tutti inegualmente inclinati e disuguali i parametri fondamentali. **B** *s. m.* (*miner.*) Sistema triclino.
trico- *primo elemento*: in parole scientifiche composte significa 'pelo', 'capello': *tricofobia.*
tricofobia *s. f.* Paura morbosa dei peli.
tricologia *s. f.* Scienza che studia i peli e i capelli, e le affezioni del cuoio capelluto.
tricòlogo *s. m.* (*f.* -*a*; *pl.* -*gi*) Studioso di tricologia.
tricolóre A *agg.* Di tre colori: *bandiera —.* **B** *s. m.* Bandiera tricolore: *il — di Francia* | (*per anton.*) La bandiera italiana.
tricòrno *s. m.* Cappello con ala rialzata e piegata a formare tre punte, di moda nel Settecento | Berretto a tre spicchi con pompon di seta al centro, tipico dei sacerdoti. [→ ill. *copricapo, vesti*]
tricòṣi *s. f.* (*med.*) Anomalia o malattia dei capelli o dei peli.
tricot /fr. tri'ko/ *s. m. inv.* (*pl. fr.* *tricots* /tri'ko/) (*gener.*) Maglia, indumento o tessuto lavorato a maglia.
tricotomìa *s. f.* Tripartizione.
tricromìa *s. f.* **1** Procedimento per ottenere riproduzioni a stampa nelle tinte originali di soggetti a colori sovrapponendo tre soli colori fondamentali, giallo, rosso e blu. **2** (*est.*) Riproduzione a stampa così ottenuta.
tric-trac A *inter.* Riproduce un rumore secco che avviene in due tempi. **B** *s. m.* **1** Il rumore stesso. **2** Tavola reale.
tricuspidàle *agg.* **1** (*arch.*) Che ha tre cuspidi o punte. **2** (*anat.*) Della valvola tricuspide.
tricùspide *agg.* Che termina con tre cuspidi o punte: *organo —* | (*anat.*) *Valvola —*, valvola cardiaca posta tra l'atrio e il ventricolo destro. [→ ill. *anatomia umana*]
tridàcna *s. f.* Gigantesco mollusco dei Bivalvi con conchiglia a ventaglio che vive incassata nelle scogliere madreporiche dei mari tropicali. [→ ill. *animali* 5]
tridàttilo *agg.* (*zool.*) Che è fornito di tre dita: *uccello —.*
tridènte *s. m.* Forcone con tre rebbi. [→ ill. *agricoltura*]
tridentino *agg.* Trentino, solo in alcune loc. storiche e geografiche: *Concilio —*; *decreti tridentini* | *Venezia tridentina*, la regione Trentino-Alto Adige.
tridimensionàle *agg.* Che ha tre dimensioni: *immagine —.*
tridimensionalità *s. f.* L'essere tridimensionale.
trìduo *s. m.* Pratica devota cattolica pubblica o privata, comprendente preghiere e riti religiosi per la durata di tre giorni, a scopo di ringraziamento o di propiziazione.
trièdro *s. m.* (*geom.*) Parte di spazio limitata da tre semirette non complanari uscenti da un punto detto *vertice.*
trielina *s. f.* Nome commerciale di un composto dell'etilene contenente cloro, usato spec. come solvente di corpi grassi e per sintesi organiche.
triennàle A *agg.* **1** Che dura tre anni. **2** Che ricorre ogni tre anni: *celebrazione —.* **B** *s. f.* Manifestazione che ricorre ogni tre anni.
triènne *agg.* Che ha tre anni, detto di cose e persone.
triènnio *s. m.* Periodo di tempo di tre anni.
trière *s. f.* (*mar.*) Nell'antica Grecia, trireme. [→ ill. *marina*]
triestino *agg.; anche s. m.* (*f.* -*a*) Di Trieste.
trifàṣe *agg.* (*elettr.*) Che ha tre fasi | Detto di un sistema che ha tre correnti alternate delle quali la seconda è sfasata dalla prima, e la terza dalla seconda, di un terzo di periodo.
trìfido *agg.* Che finisce in tre punte: *foglia trifida.*
trifogliàto *agg.* (*arald.*) Trilobato. [→ ill. *araldica*]
trifoglìna *s. f.* Pianta erbacea delle Rosali, molto piccola a foglie imparipennate e fiori gialli e frutto a legume.
trifòglio *s. m.* Pianta erbacea delle Rosali, pelosa, ottima foraggera, con foglie composte di tre foglioline, fiori rossi in glomeruli e frutto a legume. [→ ill. *piante* 9]
trìfola *s. f.* (*dial., sett.*) Tartufo.
trifolàto *agg.* Condito con tartufo | Detto di vivanda tagliata a fettine sottili e condita con olio, prezzemolo, aglio: *rognone —.*
trìfora *s. f.* Finestra il cui vano è diviso, da colonnine e sim., in tre luci minori. [→ ill. *architettura, basilica cristiana*]

trifórme *agg.* (*lett.*) Che ha tre forme, che si presenta in tre aspetti (*anche fig.*).

trigèmino A *agg.* **1** Detto di gravidanza e parto in cui si formano e vengono alla luce tre figli | (*est.*) Detto di ciascuno dei nati da un parto trigemino. **2** (*anat.*) *Nervo* –, quinto paio di nervi cranici diviso in tre branche che presiedono quasi totalmente all'innervazione sensitiva della faccia e all'innervazione motoria di alcuni muscoli masticatori. **B** *s. m.* Nervo trigemino.

trigèṣimo A *agg. num.; anche s. m.* (*raro*) Trentesimo. **B** *s. m.* Trentesimo giorno dopo la morte di qc.

triglia *s. f.* Pesce marino osseo con due barbigli, prima pinna dorsale a raggi spinosi, livrea rosseggiante | (*fig.*) *Fare l'occhio di – a qc.*, guardarlo con occhio languido e dolce. [→ tav. *locuzioni* 44]

triglifo *s. m.* (*arch.*) Decorazione del fregio, nell'ordine dorico, con tre scanalature verticali separate da superfici piane. [→ ill. *architettura*]

trigonometrìa *s. f.* (*mat.*) Studio delle proprietà delle funzioni trigonometriche e delle relazioni fra i lati e gli angoli d'un triangolo.

trigonomètrico *agg.* (*pl. m. -ci*) (*mat.*) Della trigonometria | *Funzione trigonometrica*, ciascuna delle funzioni, quali seno, coseno, tangente e altre, che si possono considerare oltre che funzioni di un angolo anche funzioni dell'arco di cerchio che sottende l'angolo | Ottenuto coi mezzi della trigonometria: *misurazione trigonometrica*.

trilàtero *agg.* Che ha tre lati.

trilìngue *agg.* **1** Che è scritto in tre lingue: *vocabolario* –. **2** Di persona che è in grado di usare correttamente tre lingue: *interprete* –.

trilióne *s. m.* **1** Mille miliardi, secondo l'uso contemporaneo italiano, francese e statunitense. **2** Un miliardo di miliardi, secondo l'uso italiano antico e quello contemporaneo tedesco e inglese.

trilite *s. f.* Elemento dell'architettura primitiva formato da due ritti di pietra, che reggono un'architrave pure di pietra.

trillàre *v. intr.* (*aus. avere*) **1** (*mus.*) Fare il trillo: – *su una nota.* **2** Emettere trilli: *il campanello trillò.*

trillo *s. m.* **1** (*mus.*) Ornamento consistente in una ripetizione rapidissima, alternata, di due note contigue. **2** (*est.*) Canto o suono vibrato o vibrante, simile al trillo: *il – di un campanello.*

trilobàto *agg.* Che ha tre lobi: *foglia, croce, trilobata*; *arco* –. [→ ill. *araldica, architettura*]

trilobite *s. f.* Crostaceo marino fossile del Paleozoico, con carapace diviso sia longitudinalmente che trasversalmente in tre lobi. [→ ill. *paleontologia*]

trilogia *s. f.* **1** Nell'antica letteratura greca, insieme di tre tragedie di argomento affine: *la – di Eschilo.* **2** (*est.*) Triade d'opere letterarie, musicali o figurative che costituiscono un'unità: *la – dantesca.*

trilùstre *agg.* (*lett.*) Che ha tre lustri, cioè quindici anni d'età, detto di cosa o di persona.

trimestràle *agg.* **1** Di un trimestre, che dura tre mesi: *periodo* –. **2** Che ricorre ogni tre mesi: *scadenza* –.

trimestralizzàre *v. tr.* Rendere trimestrale una scadenza.

trimèstre *s. m.* **1** Periodo di tempo di tre mesi. **2** Ciascuno dei tre periodi in cui può essere suddiviso, in Italia, l'anno scolastico. **3** Somma da pagare, o da riscuotere, ogni tre mesi.

trìmetro *s. m.* Serie di tre metri nella poesia classica.

trimorfiṣmo *s. m.* (*miner.*) Cristallizzazione in tre diverse forme.

trimotóre A *agg.* Che ha tre motori: *aereo* –. **B** *s. m.* Aereo trimotore.

trimùrti *s. f.* Nelle religioni dell'India, associazione, nel culto e nella dottrina, delle tre figure divine, Brahma, Siva e Visnù.

trina *s. f.* Pizzo, merletto.

trinàto (1) *agg.* Lavorato, guarnito di trine.

trinàto (2) *agg.* Ordinato per tre.

trìnca *s. f.* (*mar.*) Legatura di buon cavo a molte passate fitte, parallele e sovrapposte.

trincàre (1) *v. tr.* (*io trinco, tu trinchi*) (*mar.*) Legare fortemente con una trinca.

trincàre (2) *v. tr.* (*io trìnco, tu trinchi*) Bere avidamente e smodatamente, spec. alcolici, anche ass.: – *vino*; *gli piace* –.

trincèa *s. f.* **1** (*mil.*) Opera di fortificazione campale composta da un fosso, con parapetto rivolto verso il nemico, usata a protezione delle truppe | *Guerra di* –, di posizione. **2** Scavo di terra, generalmente a sezione rettangolare o svasata, per gettare fondamenta, costruire una strada o per difesa al di sopra del livello del terreno. [→ ill. *strada*]

trinceraménto *s. m.* **1** Costruzione di trincee a scopo difensivo. **2** Luogo trincerato | Insieme di più trincee.

trinceràre A *v. tr.* (*io trincèro*) Munire di trincee: – *il campo.* **B** *v. intr. pron.* **1** Proteggersi con trincee. **2** (*fig.*) Farsi forte di una ragione, di un argomento, atti a costituire un solido strumento di difesa: *trincerarsi dietro il segreto professionale.*

trincétto *s. m.* Coltello a lama ricurva e appuntita, proprio del calzolaio, usato per tagliare il cuoio. [→ ill. *calzolaio*]

trinchétto *s. m.* (*mar.*) Nei velieri a due o più alberi, albero verticale prodiero che può portare un massimo di cinque pennoni con le rispettive vele quadre. [→ ill. *marina*]

trinciaforàggi *s. m.* Macchina per tagliare erbe, fieno e paglia in piccoli pezzi.

trinciànte A *part. pres. di trinciare; anche agg.* Che trincia. **B** *s. m.* Grosso coltello affilato, per tagliare le carni in tavola. [→ ill. *stoviglie*]

trinciapóllo o *trinciapólli s. m. inv.* Forbici da cucina a lama arcuata e con molla a pressione, per tagliare a pezzi pollame e selvaggina. [→ ill. *cucina*]

trinciàre A *v. tr.* (*io trìncio*) Tagliare in striscioline, in pezzetti e sim.: – *il tabacco, il foraggio* | (*gener.*) Tagliare (*anche fig.*): – *q.c. col coltello* | (*fig.*) – *gesti nell'aria*, tagliare l'aria con le braccia, facendo vistosi movimenti | (*fig.*) – *giudizi su qc.*, sputare sentenze | – *i panni addosso a qc.*, (*fig.*) sparlarne. **B** *v. intr. pron.* Recidersi in striscioline, tagliarsi, spec. lungo le pieghe e le cuciture, detto di tessuti: *la seta si trincia con facilità.*

trinciàto A *part. pass. di trinciare; anche agg.* **1** Tagliuzzato. **2** (*arald.*) Detto di scudo o figura divisi in due parti eguali per mezzo di una linea diagonale dall'angolo superiore destro all'angolo inferiore sinistro. **B** *s. m.* **1** Tabacco tagliato in sottili striscioline. [→ ill. *fumatore*] **2** (*arald.*) Scudo trinciato. [→ ill. *araldica*]

trinciatóre A *agg.* (*f. -trice*) Chi trincia. **B** *s. m.* Operaio che trincia il tabacco.

trinciatrice *s. f.* Macchina per trinciare materiali vari.

trinciatùra *s. f.* **1** Operazione del trinciare. **2** Minuzzoli di cosa trinciata: – *di cuoio.*

trinità o *Trinità s. f.* Nella teologia cristiana, l'unione delle tre persone divine, Padre, Figlio e Spirito Santo, in una sola sostanza.

trinitàrio *agg.* Della Trinità: *dogma* –.

trinitrotolu̯òlo *s. m.* Derivato del toluolo usato come esplosivo e per preparare miscele esplosive.

trìno *agg.* **1** (*raro, lett.*) Composto di tre elementi: *aspetto* –. **2** Secondo la teologia cristiana, attributo proprio di Dio nella Trinità: *Dio uno e* –.

trinòmio *s. m.* **1** (*mat.*) Polinomio costituito di tre monomi. **2** (*fig.*) Espressione, formula e sim. costituita da tre elementi in intima connessione tra loro: *il – Dio, patria, famiglia.*

trìo *s. m.* **1** (*mus.*) Composizione per tre strumenti | Parte centrale di alcuni ballabili. **2** (*est.*) Complesso dei tre strumenti esecutori di un trio musicale: – *d'archi* | (*est.*) Complesso di tre cantanti di musica leggera: *il – Lescano.* **3** (*fig.*) Gruppo di tre persone che esercitano insieme una determinata attività: *un – di comici famosi.*

triodo o (*evit.*) *trịòdo s. m.* (*fis.*) Tubo elettronico, a effetto termoionico, che oltre al filamento, che costituisce il catodo ed emette elettroni, e alla placca, che costituisce l'anodo, ha una griglia, che ne regola l'afflusso col variare del suo potenziale. [→ ill. *elettronica*]

trịonfàle *agg.* **1** Di trionfo: *arco, carro* –; *marcia* –. [→ ill. *monumenti archeologici, basilica cristiana, religione*] **2** (*est.*) Grandioso, splendido, superbo: *accoglienze trionfali.*

trịonfaliṣmo *s. m.* Atteggiamento di chi, specie in politica, esalta con eccessiva soddisfazione e ottimismo un avvenimento, un risultato e sim.

trionfalìstico *agg.* (*pl. m.* -*ci*) Pieno di trionfalismo.
trionfànte *part. pres. di trionfare; anche agg.* **1** Che trionfa | *Chiesa* —, costituita dai beati che sono in cielo. **2** Che è pieno di grande gioia, entusiasmo, esultanza: *sguardo* —.
trionfàre *v. intr.* (*io triònfo; aus. avere*) **1** Ottenere gli onori del trionfo, detto dei condottieri nell'antica Roma. **2** (*est.*) Ottenere una grande vittoria: — *sugli avversari*; *Napoleone trionfò a Jena* | (*est., fig.*) Dimostrarsi più forte, avere la meglio: — *sulle avversità*; *una vettura che trionfa in ogni competizione* | (*fig.*) Ottenere grande successo. **3** Esultare di gioia.
trionfatóre *s. m.* (*f.* -*trice*) Chi trionfa.
triónfo *s. m.* **1** Nell'antica Roma, massimo onore che il Senato concedeva al generale vittorioso o all'imperatore stesso: *ottenere, celebrare, il* —. **2** (*est.*) Vittoria, militare o sportiva, piena e splendida: *festeggiare il — di una squadra* | (*est.*) Esito finale positivo: *il — del bene sul male* | Grande e splendido successo: *passare di — in* — | *Portare qc. in* —, alzarlo da terra e portarlo a spalla. **3** (*fig.*) Glorificazione celeste: *il — dei santi.* **4** Centro ornamentale da tavola composto da elementi architettonici circondati da vasetti, statuine e sim. | Alzata a più ripiani in metallo pregiato, ceramica, cristallo. **5** *spec. al pl.* Spettacolo allegorico in uso in Italia durante il Rinascimento, in occasione di particolari solennità.
triòssido *s. m.* (*chim.*) Composto binario contenente tre atomi di ossigeno.
trip /*ingl.* trip/ *s. m. inv.* (*pl. ingl. trips* /trips/) Nel linguaggio dei drogati, effetto dell'assunzione di droghe, spec. allucinogene; SIN. Viaggio.
tripanosòma *s. m.* (*pl.* -*i*) Animale unicellulare dei Protozoi, spesso provvisto di un lungo flagello, parassita di vertebrati cui viene inoculato da punture di artropodi e provoca, per es., la malattia del sonno. [→ ill. *animali* 1]
tripanosomìaṣi *s. f.* (*med.*) Malattia causata da tripanosomi; SIN. Malattia del sonno.
tripartìre *v. tr.* (*io tripartisco, tu tripartisci*) Dividere in tre parti.
tripartìtico *agg.* (*pl. m.* -*ci*) Costituito o attuato da tre partiti politici: *sistema* —.
tripartìto (1) *part. pass. di tripartire; anche agg.* Diviso in tre.
tripartìto (2) **A** *agg.* Pertinente a tre partiti o parti politiche: *governo* —. **B** *s. m.* Governo, alleanza di tre partiti o parti politiche.
tripartizióne *s. f.* Divisione in tre parti.
trìpla *s. f.* Combinazione esauriente le tre probabilità, nei giochi basati su pronostici.
triplàno *agg.* (*aer.*) Che ha tre piani aerodinamici: *velivolo* —.
triplétta *s. f.* **1** Fucile a tre canne. **2** In vari giochi, gare, sport, insieme di tre colpi riusciti, di tre punti ottenuti e sim.: *una — di goal.*
triplicàre **A** *v. tr.* (*io trìplico, tu trìplichi*) **1** Moltiplicare per tre: — *un numero.* **2** (*est.*) Accrescere notevolmente: — *i colpi.* **B** *v. intr. pron.* Accrescersi di tre volte.
trìplice *agg.* **1** Che si compone di tre parti: *documento in — copia.* **2** Che avviene fra tre parti: *una — intesa.*
triplìsta *s. m. e f.* (*pl. m.* -*i*) Atleta specialista del salto triplo.
trìplo **A** *agg.* **1** Che è tre volte maggiore, relativamente ad altra cosa analoga: *spesa tripla.* **2** Triplice: *filo* —. **3** Che si ripete tre volte: — *salto mortale* | *Salto* —, nell'atletica leggera, combinazione di tre salti in lungo eseguiti prima su un piede, poi sull'altro, infine su entrambi al terzo balzo. **B** *s. m.* **1** Quantità, misura tre volte maggiore. **2** (*sport*) Salto triplo.
trìpode *s. m.* **1** Sgabello di bronzo a tre piedi, proprio della Sibilla di Delfi che su di esso sedeva durante l'invasamento pronunciando gli oracoli. **2** Sedile, tavolo a tre gambe | Supporto per bracieri o bacini. [→ ill. *mobili*]
trìpoli *s. m.* Roccia silicea friabile, finemente stratificata, biancastra, che trae origine dall'accumulo dei gusci di microorganismi marini.
tripolìno *agg.; anche s. m.* (*f.* -*a*) Di Tripoli.
tripolitàno *agg.; anche s. m.* (*f.* -*a*) Della Tripolitania.
tripósto *agg. inv.* Dotato di tre posti: *aereo* —.
trippa *s. f.* **1** Stomaco dei bovini che, ben purgato e tagliato in listerelle, viene variamente cucinato. **2** (*est., fam., scherz.*) Pancia, ventre | *Mettere su* —, ingrassare.
tripperìa *s. f.* Bottega ove si vende trippa.
trippóne *s. m.* (*f.* -*a* nel sign. 2) **1** *Accr. di trippa* nel sign. 2. **2** (*est.*) Persona molto panciuta.
tripsìna *s. f.* Fermento digestivo prodotto dal pancreas, che agisce sulle proteine.
tripudiàre *v. intr.* (*io tripùdio; aus. avere*) Saltare per la gioia, fare grande festa.
tripùdio *s. m.* **1** Festa grande, rumorosa manifestazione di gioia: *il — della folla*; SIN. Giubilo. **2** (*fig.*) Insieme di esuberanti manifestazioni di vita, felicità e sim.: *un — di colori, di luci.*
trirégno *s. m.* Tiara papale formata da un copricapo rigido ornato di tre corone sovrapposte. [→ ill. *copricapo*]
trirème *s. f.* Antica nave di epoca romana a tre ordini di remi sovrapposti.
tris **A** *s. m.* Nel poker e in altri giochi, serie di tre carte dello stesso valore: — *di re.* **B** *in funzione di agg. inv.*: *corsa* —, pronostico ippico sull'ordine d'arrivo dei primi tre cavalli.
triṣàvolo *s. m.* (*f.* -*a*) Padre del bisavolo.
trisezióne *s. f.* (*geom.*) Divisione in tre parti uguali: — *d'un angolo, di un segmento.*
trisìllabo **A** *agg.* (*ling.*) Che è formato di tre sillabe. **B** *s. m.* **1** Parola formata da tre sillabe. **2** Verso di tre sillabe.
trìṣma *s. m.* (*pl.* -*i*) Chiusura serrata della mandibola per spasmo dei muscoli masticatori.
triste *agg.* **1** Che è afflitto e malinconico: *persona* — | Che esprime afflizione e malinconia: *occhi tristi*; SIN. Mesto; CONTR. Allegro. **2** Che è privo di gioia, serenità, piacere e sim.: *casa, vita* —. **3** (*est.*) Negativo, spiacevole, amaro: *una — esperienza.*
tristézza *s. f.* **1** Stato d'animo di chi è triste; SIN. Afflizione, mestizia; CONTR. Allegria. **2** Condizione di ciò che è triste: *la — di una casa* | Ciò che rende tristi.
tristìzia *s. f.* **1** (*lett.*) Tristezza. **2** (*lett.*) Malvagità.
trìsto *agg.* **1** (*lett.*) Sventurato, sciagurato, infelice. **2** Malvagio, cattivo: *gente trista* | Che è furbo, astuto, malizioso, abile nel procurare il danno altrui: *è — come il demonio.* **3** Stentato, malandato, misero: *vegetazione trista* | Meschino, povero, scadente: *fare una trista figura.*
tritàbile *agg.* Che si può tritare.
tritacàrne *s. m. inv.* Apparecchio per tritare le carni alimentari. [→ ill. *macelleria*]
tritaghiàccio *s. m. inv.* Apparecchio per tritare il ghiaccio. [→ ill. *bar*]
tritàre *v. tr.* Tagliare, pestare o schiacciare q.c. fino a ridurla in minuti pezzetti: — *la carne.*
tritatùtto *s. m. inv.* Arnese da cucina simile al tritacarne, per sminuzzare anche ortaggi, pane e altro. [→ ill. *cucina*]
tritèllo *s. m.* Prodotto derivante dalla macinazione del grano, formato di particelle più fini della crusca.
trìtio o *trìzio* *s. m.* (*chim.*) Isotopo radioattivo dell'idrogeno, presente in piccolissime quantità in natura e preparato artificialmente mediante reazioni nucleari.
trito **A** *agg.* **1** Tritato, sminuzzato: *cipolla trita.* **2** (*fig.*) Detto di ciò che da troppo tempo si conosce, si ripete, si utilizza e sim., e che quindi è ormai privo di originalità: *argomento* —; *concetti vecchi e triti.* **B** *s. m.* In gastronomia, composto tritato solitamente a base di verdure aromatiche e lardo.
tritòlo *s. m.* (*chim.*) Derivato del toluolo, impiegato come esplosivo e per preparare miscele esplosive.
tritóne (1) *s. m.* Creatura fantastica della mitologia greco-romana, raffigurata con corpo umano terminante in due appendici pesciformi, dotato di pinne e di squame.
tritóne (2) *s. m.* (*zool.*) Anfibio che può vivere sia sulla terra che nell'acqua, noto in numerose specie di cui alcune con caratteristiche livree nuziali. [→ ill. *animali* 6]
tritóne (3) *s. m.* (*fis.*) Nucleo dell'atomo di trizio, costituito da un protone e due neutroni.
trìttico *s. m.* (*pl.* -*ci*) **1** Paramento, polittico d'altare composto da tre scomparti. **2** (*est.*) Opera in tre parti, o complesso di tre opere compiute e autonome ma collegate l'una all'altra. **3** (*est., gener.*) Complesso costituito da tre elementi uguali. **4** Documento costituito da un foglio suddiviso in tre parti staccabili, che serve per una sola entrata e uscita di un veicolo in e da un determinato

Paese.

trittòngo *s. m.* (*ling.*) Unione di tre elementi vocalici in una stessa sillaba. (V. nota d'uso SILLABA)

tritùme *s. m.* **1** Quantità di sostanza o materiale trito. **2** (*fig.*, *spreg.*) Insieme di cose trite, risapute, prive di originalità: *un — d'idee banali.*

trituràbile *agg.* Che si può triturare.

trituràre *v. tr.* Tritare in minutissimi frammenti: *i denti triturano il cibo.*

trituratóre **A** *agg.* (*f.* *-trìce*) Che tritura o è atto a triturare: *denti trituratori.* **B** *s. m.* Piccolo frantoio a mano per granaglie.

triturazióne *s. f.* Operazione del triturare.

triunviràto o *triumviràto* *s. m.* **1** Nell'antica Roma, magistratura collegiale costituita da tre persone: *il — di Cesare, Pompeo e Crasso.* **2** (*est.*) Gruppo di tre persone di pari grado con funzioni direttive nell'ambito di un'organizzazione.

triùnviro o *triùmviro* *s. m.* **1** Nell'antica Roma, magistrato membro di un triunvirato. **2** (*est.*) Ciascun componente di un triunvirato.

trivalènte *agg.* (*chim.*) Detto di atomo o raggruppamento atomico che si può combinare con tre atomi d'idrogeno | Detto di sostanza che presenta nella sua molecola tre identici gruppi funzionali.

trivèlla *s. f.* **1** Asta d'acciaio con testa a vite o a succhiello o a scalpello o a elica tagliente per praticare fori nel terreno. **2** Arnese di ferro con punta a spirale, per praticare fori nel legno. [→ ill. *falegname*]

trivellaménto *s. m.* (*raro*) Trivellazione.

trivellàre *v. tr.* **1** Bucare, perforare con una trivella: *— il legno, il terreno.* **2** (*fig.*) Rendere inquieto, turbato.

trivellazióne *s. f.* Operazione del trivellare spec. il terreno per trovare acqua, petrolio e sim., per indagini geologiche o per preparare le fondazioni su pali per costruzioni. [→ ill. *petrolio*]

trivèllo *s. m.* Trivella.

trivèneto *agg.* Delle Tre Venezie.

triviàle *agg.* Da trivio | (*est.*) Che è estremamente volgare, scurrile, sguaiato: *modi triviali.*

trivialità *s. f.* L'essere triviale | Atto, parola triviale; SIN. Scurrilità, volgarità.

trivio *s. m.* **1** Punto ove si incontrano o si incrociano tre vie | *Da —*, da gente che vive sulla strada e quindi di estrema volgarità: *parole da —* | *Donna da —*, donna di strada. **2** In epoca medievale, l'insieme delle tre arti liberali, cioè grammatica, dialettica e retorica, il loro studio e il loro insegnamento.

trizio V. *tritio.*

trocàico *agg.* (*pl. m.* *-ci*) Che è costituito di trochei: *metro —.*

trocantère *s. m.* (*anat.*) Prominenza ossea dell'estremità superiore del femore.

trochèo *s. m.* Piede metrico della poesia greca e latina formato da una sillaba lunga e da una breve.

trofèo *s. m.* **1** Armi e spoglie dei vinti che il vincitore ammucchiava o appendeva a un albero, sul campo di battaglia | Colonna o monumenti eretti per celebrare una vittoria e recanti scolpiti trofei d'armi. **2** (*est.*) Insieme di oggetti, quali coppe, targhe e sim. che testimoniano successi e vittorie spec. sportive | *— di caccia*, preparazione naturalistica di teste di animali uccisi, spec. di quelli forniti di corna eccezionali. **3** Distintivo metallico che i militari portano sul berretto o sull'elmo. **4** (*fig.*) Segno esteriore che testimonia un passato glorioso, una condizione attuale degna di rispetto e sim.: *i trofei della vecchiaia.*

-trofia *secondo elemento*: in parole composte scientifiche significa 'nutrizione': *atrofia, distrofia, eutrofia.*

tròfico *agg.* (*pl. m.* *-ci*) **1** (*biol.*) Che riguarda la nutrizione dei tessuti. **2** (*med.*) Del trofismo.

trofismo *s. m.* **1** (*biol.*) Nutrizione dei tessuti. **2** (*med.*) Stato generale di nutrizione di un tessuto o dell'organismo.

troglodita *s. m. e f.* (*pl. m.* *-i*) **1** (*gener.*) Uomo preistorico o primitivo che abita le caverne; SIN. Cavernicolo. **2** (*fig.*) Persona incolta, incivile, rozza.

trogloditico *agg.* (*pl. m.* *-ci*) **1** Dei trogloditi. **2** (*est.*) Rozzo, primitivo.

trogloditismo *s. m.* **1** Modo di vivere dei trogloditi. **2** (*fig.*) Modo di vivere rozzo e primitivo.

trògolo o (*lett.*) *truògolo* *s. m.* **1** Vasca quadrangolare in muratura che accoglie acqua, per farvi il bucato, risciacquarvi ortaggi o altro. **2** Cassetta o conca ove si mette il cibo per i maiali.

tròia *s. f.* **1** (*volg.*) Femmina del maiale, spec. destinata alla riproduzione. **2** (*fig.*, *volg.*) Puttana.

troiàio *s. m.* **1** (*volg.*) Porcile. **2** (*est.*, *volg.*) Luogo pieno di sudiciume. **3** (*fig.*, *volg.*) Luogo in cui si trovano molte prostitute o molte persone depravate.

tròica o *tròika* *s. f.* **1** In Russia, tiro di tre cavalli, di cui uno è posto tra le stanghe e gli altri ai due lati. **2** Slitta o carrozza mossa da tale tiro. [→ ill. *slitta*]

trolley /*ingl.* 'trɔli/ *s. m. inv.* (*pl. ingl.* *trolleys* /'trɔliz/) Presa di corrente ad asta delle motrici tranviarie e dei filobus.

trolleybus /*ingl.* 'trɔlibʌs/ *s. m. inv.* (*pl. ingl.* *trolleybuses* /'trɔlibʌsiz/) Filobus.

trómba *s. f.* **1** Strumento musicale a fiato, di lamina d'ottone ridotta a un tubo conico, il cui corpo, con l'intera canna dell'aria, va gradatamente ingrossandosi dal bocchino fino a terminare in un'ampia campana: *gli squilli della —* | *Le trombe del giudizio, le angeliche trombe*, quelle che gli angeli suoneranno per annunciare il giudizio universale | *Suonare la —*, (*fig.*, *poet.*) annunciare q.c. | *Dar fiato alle trombe*, (*fig.*) annunciare q.c. a tutti, con grande clamore | (*fig.*, *fam.*) *Partire in —*, iniziare q.c. con grande slancio ed entusiasmo. [→ ill. *strumenti musicali*] **2** (*fig.*) Suonatore di tromba: *la bravura di quella —.* **3** (*fig.*, *lett.*) Chi diffonde nuovi principi e ideologie | (*spreg.*) Persona pettegola, ciarlona, maldicente: *è la — del quartiere.* **4** (*fis.*) In acustica, organo che aumenta l'efficienza sonora di un generatore: *grammofono a —* | *— elettrica*, negli autoveicoli, avvisatore acustico costituito da una tromba di varia foggia, applicata a una membrana che vibra se sollecitata da un apposito dispositivo elettrico | In idraulica, pompa: *— idraulica.* **5** Oggetto, struttura e sim., che per la forma ricorda una tromba | *— dello stivale*, parte dello stivale che fascia la gamba | *— d'aria*, in marina, manica a vento. [→ ill. *meteorologia*] **6** Condotto, passaggio e sim. che si allarga mano a mano che si allontana dalla base | *— delle scale*, in architettura, spazio vuoto che resta al centro delle rampe. **7** (*zool.*) Nelle farfalle, apparato boccale succhiatore che, in riposo, è avvolto a spirale | (*pop.*) Proboscide. **8** (*meteor.*) Turbine di vento talvolta sinuoso, che nasce sotto una nube temporalesca e si manifesta come un cono rovesciato, costituito da goccioline sollevate dal mare o da polvere, sabbia e detriti sollevati dal suolo: *— terrestre*; *— marina.* **9** (*anat.*) *— di Eustachio*, condotto che mette in comunicazione l'orecchio medio con la faringe. [→ ill. *anatomia umana*]

trombàre *v. tr.* (*io trómbo*) Bocciare un candidato agli esami, alle elezioni, a un concorso e sim. | (*est.*) Determinare il totale fallimento di un'iniziativa.

trombétta *s. f.* **1** *Dim. di tromba.* **2** Giocattolo per bambini costituito da una piccola tromba.

trombettière *s. m.* Soldato suonatore di tromba per la trasmissione di segnali e di ordini.

trombettista *s. m. e f.* (*pl. m.* *-i*) Chi suona la tromba in un'orchestra, spec. di musica jazz.

trómbo *s. m.* (*med.*) Formazione solida all'interno dei vasi sanguigni o nelle cavità cardiache costituita da fibrina, globuli rossi e globuli bianchi.

trombóne *s. m.* **1** Strumento musicale a fiato simile alla tromba ma di dimensioni maggiori e di registro più grave. [→ ill. *strumenti musicali*] **2** (*fig.*) Suonatore di trombone. **3** (*fig.*, *spreg.*) Attore enfatico e vanaglorioso | (*est.*) Persona e personaggio enfatico e vacuo: *questo scrittore è un —.* **4** Schioppo con canna corta e grosso calibro con la bocca svasata. **5** Amarillidacea con grosso bulbo scuro e grande fiore giallo inclinato da un lato.

trombòsi *s. f.* (*med.*) Formazione di trombi nelle cavità cardiache o nei vasi.

trompe-l'oeil /*fr.* trɔ̃ 'l œj/ *loc. sost. m. inv.* Genere di pittura che dà, a distanza, l'illusione della realtà.

troncaménto *s. m.* **1** Rottura di q.c. con un colpo secco e violento | (*fig.*) Brusca interruzione. **2** (*ling.*) Perdita di un suono vocalico o di una sillaba alla fine di parola. (V. nota d'uso ELISIONE e TRONCAMENTO)

troncàre *v. tr.* (*io trónco, tu trónchi*) **1** Rompere q.c. con un colpo secco e violento: – *un ramo*; *la lama gli troncò una gamba*; SIN. Mozzare, recidere. **2** Privare q.c. di una sua parte: – *una pianta della cima.* **3** (*ling.*) Sottoporre a troncamento: – *una parola.* **4** (*fig.*) Rendere privo della forza necessaria per muoversi, operare e sim.: *una salita che tronca le gambe.* **5** (*fig.*) Interrompere in modo brusco: – *un'amicizia, una relazione.*

troncàto A *part. pass. di troncare; anche agg.* **1** (*raro*) Tronco: *parola troncata.* **2** (*arald.*) Detto di scudo o di figura divisi orizzontalmente a metà. [→ ill. *araldica*] **B** *s. m.* (*arald.*) Scudo troncato. [→ ill. *araldica*]

troncatrìce *s. f.* Macchina a lama o a disco abrasivo per tagliare trafilati. [→ ill. *meccanica*]

tronchése *s. m. o f.* Utensile usato per tagliare fili metallici. [→ ill. *meccanica*]

tronchesìna *s. f.* **1** Piccolo tronchese da orafi, usato per tagliare fili, nastrini e sim. **2** Arnese per tagliare le unghie.

trónco (1) *agg.* (*pl. m. -chi*) **1** Mozzo: *piramide tronca.* **2** (*ling.*) Detto di parola che ha subito troncamento | Detto di parola accentata sull'ultima sillaba. **3** (*fig.*) Interrotto, lasciato a metà: *discorso* – | (*est.*) Spezzato da angoscia, ira o emozione: *la sua voce tronca tradiva il timore.* **4** (*raro, fig.*) Rotto di stanchezza: *sentirsi le braccia tronche.* **5** *Nelle loc. avv. in* –, *di* –, di ciò che rimane incompiuto o che avviene in modo brusco e improvviso: *lavori rimasti in* –; *licenziare in* –. (V. nota d'uso ACCENTO)

trónco (2) *s. m.* (*pl. -chi*) **1** (*bot.*) Fusto eretto e legnoso delle piante arboree | (*fig.*) Ceppo: *dal* – *latino germogliarono le lingue romanze.* [→ ill. *botanica*] **2** (*anat.*) Parte del corpo comprendente il torace e l'addome. **3** (*est.*) Parte maggiore di un oggetto spezzato: *il* – *di una lancia.* **4** (*mat.*) – *di cono, di piramide*, solido ottenuto togliendo a un cono o a una piramide la parte compresa fra il vertice e un piano, parallelo alla base, che passa fra il vertice e la base. **5** (*fig.*) Tratto di una strada, di una linea di comunicazione e sim.: *l'ultimo* – *dell'autostrada* | – *ferroviario*, tratto di linea delimitato da due stazioni.

troncocònico *agg.* (*pl. m. -ci*) Che presenta la forma di un tronco di cono.

troncóne *s. m.* **1** *Accr. di tronco* (2). **2** Parte del tronco di un albero spezzato che resta infissa nel terreno. **3** (*est.*) Moncone, moncherino.

troneggiàre *v. intr.* (*io tronéggio; aus. avere*) **1** Sedere maestosamente come un monarca sul trono: – *a capotavola.* **2** (*est., scherz.*) Imporsi all'attenzione, spiccare fra tutti per l'aspetto imponente, maestoso e sim. (*anche iron.*): *la vecchia dama troneggiava nel bel mezzo della sala* | (*est.*) Far bella mostra di sé, detto di cose.

trónfio *agg.* **1** Che è borioso, gonfio di superbia, pieno di sé e sim.: *cammina tutto* –. **2** (*est.*) Che è troppo ampolloso, ridondante e sim.: *stile* –.

tròno *s. m.* **1** Seggio per sovrani, principi, pontefici e sim. in funzioni solenni, collocato sopra uno o più ordini di scalini: *sedere in, sul* –. **2** (*fig.*) Autorità e dignità di sovrano: *aspirare al* –; *erede al* – | *Ascendere, salire al* –, divenire re, imperatore, papa. **3** *al pl.* Nella teologia cattolica, il settimo ordine angelico.

tropicàle *agg.* **1** Dei tropici e delle zone tra essi comprese: *fascia* –; *clima* –. **2** (*est.*) Torrido, caldissimo: *calura* –.

tròpico *s. m.* (*pl. -ci*) **1** (*geogr.*) Ciascuno dei due paralleli a 23° e 27' di latitudine a nord (– *del Cancro*) e a sud (– *del Capricorno*) dell'equatore. [→ ill. *geografia*] **2** *al pl.* Paesi tropicali: *viaggio ai tropici.*

tropìsmo *s. m.* (*biol.*) Reazione a uno stimolo di una cellula o di un organismo vegetale, che avviene in una certa direzione determinata dallo stimolo.

tròpo *s. m.* (*ling.*) Traslato.

tropologìa *s. f.* Discorso allegorico, linguaggio figurato.

tropopàusa *s. f.* Strato atmosferico dello spessore di qualche centinaio di metri che limita superiormente la troposfera e al di sopra del quale inizia la stratosfera.

troposfèra *s. f.* Regione inferiore dell'atmosfera, ove hanno sede i fenomeni meteorologici, caratterizzata da una diminuzione abbastanza regolare della temperatura con la quota.

tròppo A *agg. indef.* Che è in misura, quantità, grado superiore al bisogno o al conveniente e sim.: *c'è troppa gente*; *fai troppi errori*; *fa* – *caldo.* **B** *pron. indef.* **1** *al pl.* Persone che sono in numero eccessivo: *troppi la pensano così.* **2** Quantità esagerata: *non darmi più carne, ne ho già troppa.* **C** *avv.* In misura soverchia, eccessiva, più del giusto o del conveniente: *credo di lavorare* – | *Di* –, in più del dovuto: *sono forse di* – *qui?*; *ha bevuto un bicchiere di* –. **D** *s. m. solo sing.* Ciò che è in eccesso: *il* – *stroppia.* [→ tav. *proverbi* 101, 103, 104, 198, 215, 233, 360, 368, 369]

troppopièno *s. m.* Orifizio, praticato nella parete di serbatoi, vasche e sim. per impedire al liquido di superare un certo livello. [→ ill. *bagno*]

tròta *s. f.* Pesce osseo di acqua dolce, con livrea dai colori variabili tendente al grigiastro e carni pregiate. [→ ill. *animali* 9]

trottàre *v. intr.* (*io tròtto; aus. avere*) **1** Andare di trotto, detto del cavallo e (*est.*) di chi lo cavalca. **2** (*est.*) Camminare con piccoli passi veloci e saltellanti, detto di animali e persone | (*est.*) Andare di fretta, senza sosta (*anche scherz.*): *è da stamattina che trotto da un ufficio all'altro.*

trottàta *s. f.* **1** Corsa del cavallo al trotto | (*est.*) Passeggiata o cavalcata fatta con un cavallo che va di trotto. **2** (*est.*) Camminata veloce, affrettata.

trottatóre *s. m.* Cavallo selezionato e addestrato per le corse al trotto.

trotter /*ingl.* 'trɔtə/ *s. m. inv.* (*pl. ingl. trotters* /'trɔtəz/) Ippodromo per le corse al trotto.

trotterellàre *v. intr.* (*io trotterèllo; aus. avere*) **1** Andare al piccolo trotto, detto del cavallo e (*est.*) di chi lo cavalca. **2** (*fig.*) Camminare in fretta, quasi correndo, detto di bambini, piccoli animali e sim.

tròtto *s. m.* **1** Andatura naturale del cavallo tra passo e galoppo, in cui l'appoggio dell'anteriore destro avviene contemporaneamente all'appoggio del posteriore sinistro e viceversa: *andare al* –; *mettere il cavallo al* –. **2** (*fig.*) Passo veloce, di persona.

tròttola *s. f.* Balocco di legno simile a un cono rovesciato, con punta di ferro che si lancia in terra tirando a sé di colpo lo spago avvolto su apposite scanalature in modo da farlo girare rapidamente su se stesso | *Frullare, girare come una* –, ruotare velocemente (*spec. fig.*); di persona che non sta ferma mai, si dà continuamente da fare. [→ ill. *giochi*]

trottolìno *s. m.* (*f. -a*) **1** *Dim. di trottola.* **2** (*fig., fam.*) Bambino molto vivace.

trotzkìsmo /trots'kizmo/ o *trozkìsmo* /trots'kizmo/ *s. m.* Dottrina comunista di L. Trotzkj, fondata sul concetto di rivoluzione permanente e di lotta alla burocrazia.

trotzkista /trots'kista/ o *trozkista* /trots'kista/ *s. m. e f.* (*pl. m. -i*) Seguace del trotzkismo.

troupe /*fr.* trup/ *s. f. inv.* (*pl. fr. troupes* /trup/) Gruppo di artisti, tecnici, operai, impegnati in una rappresentazione teatrale, nella lavorazione di un film e sim.: – *cinematografica, televisiva.*

trousse /*fr.* trus/ *s. f. inv.* (*pl. fr. trousses* /trus/) **1** Astuccio o fodero per utensili vari: *la* – *della manicure.* **2** Borsetta da sera per signora, di tipo rigido.

trovadóre V. *trovatore.*

trovàre A *v. tr.* (*io tròvo*) **1** Riuscire a incontrare, vedere, conoscere, cogliere, scoprire e sim. la cosa o la persona che si cercava: – *un amico*; – *i guanti, gli occhiali*; – *casa, marito, lavoro* | *Andare a* – *qc.*, andare a fargli visita. **2** Riuscire a ottenere ciò che si desidera: – *un po' di pace.* **3** Avere: *trovarsi addosso poche lire.* **4** (*est.*) Ricevere: – *la morte sul campo.* **5** Scoprire: *hanno trovato il colpevole* | Escogitare, inventare: *non riesco a* – *una soluzione migliore.* **6** Sorprendere, cogliere, pescare: – *qc. sul fatto, in colpa, in errore.* **7** Vedersi dinanzi qc. o q.c. senza averne fatto ricerca, per lo più in modo inaspettato: – *un oggetto smarrito*; – *per caso un vecchio amico.* **8** Riconoscere, riscontrare: *il medico lo trova deperito.* **9** Giudicare, ritenere, pensare: *trovo che hai fatto bene.* **B** *v. rifl. rec.* Incontrarsi: *quando ci troviamo?* **C** *v. intr. pron.* **1** Essere, stare: *trovarsi bene, male, in pericolo.* **2** Arrivare, capitare: *ci siamo trovati a Napoli quasi senza accorgercene.* **3** Essere posto, collocato: *il villaggio si trova al di là del fiume.* [→ tav. *proverbi* 46, 66, 105, 152, 321]

trovaròbe *s. m. e f. inv.* In teatro, addetto al reperimento e alla manutenzione degli oggetti che completano l'arredamento e il fabbisogno di una scena.

trovàta *s. f.* Ciò che si escogita per uscire da una situazione difficile o imbarazzante | Idea felice, buona idea.

trovatèllo *s. m.* (*f. -a*) Bambino iscritto allo stato civile come figlio di ignoti, o lasciato in un istituto di pubblica assistenza senza essere stato denunziato allo stato civile.

trovatóre o *trovadóre s. m.* Poeta rimatore e musico della Provenza, nei sec. XII e XIII.

trovièro *s. m.* Poeta, rimatore della lingua francese antica.

trozkiṣmo /trots'kizmo/ e deriv. v. *trotzkismo* e deriv.

truccàre ***A*** *v. tr.* (*io trùcco, tu trùcchi*) ***1*** Intervenire su q.c. modificandola o alterandola nell'aspetto, nel funzionamento e sim., spec. per trarre in inganno gli altri: — *un mobile per farlo credere antico*; — *i risultati di un'inchiesta* | — *un motore*, elaborarlo in modo da consentirgli prestazioni superiori a quelle originarie. ***2*** Modificare temporaneamente, spec. per esigenze teatrali o cinematografiche, l'aspetto fisico di una persona: — *un attore da vecchio* | (*est.*) Travestire: — *qc. da cinese.* ***3*** (*est.*) Modificare temporaneamente l'aspetto spec. del viso o di una sua parte mediante l'uso di cosmetici o ricorrendo ad altri espedienti: — *le labbra col rossetto*; *truccarsi il viso.* ***B*** *v. rifl.* ***1*** Modificare il proprio aspetto fisico con l'uso di molteplici artifici, spec. per esigenze teatrali o cinematografiche. ***2*** (*est.*) Modificare l'aspetto del proprio viso mediante l'uso di cosmetici.

truccatóre *s. m.* (*f. -trìce*) Persona specializzata nel trucco di attori cinematografici, teatrali e sim.

truccatùra *s. f.* ***1*** Operazione del truccare e del truccarsi | Trucco. ***2*** Ciò che serve per questa operazione.

trùcco *s. m.* (*pl. -chi*) ***1*** Operazione del truccare e del truccarsi | Tecnica del trasformare il viso di un attore per renderlo somigliante a un personaggio. ***2*** Artificio con cui si nasconde, si maschera o si falsa la realtà, per trarre gli altri in inganno: *i trucchi dei maghi*; *conosce ogni sorta di trucchi* | — *fotografico, cinematografico* e sim., artificio atto a creare determinati effetti visivi, ottici, sonori e sim. ***3*** (*est.*) Frode, raggiro: *con un — diabolico lo ha convinto.* ***4*** (*est.*) Insieme di operazioni con cui si cerca di migliorare e abbellire il viso | Risultato di tali operazioni | Insieme di cosmetici per il trucco; SIN. Maquillage. [→ tav. *proverbi* 92]

trùce *agg.* Torvo e minaccioso: *viso* — | Crudele, feroce: *un — tiranno.*

trucidàre *v. tr.* (*io trùcido*) Uccidere con particolare crudeltà ed efferatezza; SIN. Massacrare.

trùciolo *s. m.* ***1*** Sottile e lunga falda simile a nastro che la pialla asporta dal legno a ogni colpo. ***2*** (*est.*) Striscia sottile e arricciata di materiali diversi: *trucioli di plastica, di sapone.*

truculènto *agg.* ***1*** Truce, torvo, terribile (*anche scherz.*): *espressione truculenta.* ***2*** (*est.*, *scherz.*) Che vuole apparire violento, terrificante, ma è così scopertamente falso da non ottenere gli effetti voluti: *film* —.

trùffa *s. f.* ***1*** (*dir.*) Reato di chi con artifizi o raggiri procura a sé o ad altri un ingiusto profitto con altrui danno. ***2*** (*gener.*) Raggiro, imbroglio; SIN. Frode.

truffaldino ***A*** *s. m.* (*f. -a*) Imbroglione. ***B*** *agg.* Di truffa, da truffatore: *impresa truffaldina.*

truffàre *v. tr.* Rendere qc. vittima di una truffa: — *un amico* | Sottrarre con truffa: *gli hanno truffato una somma considerevole*; SIN. Frodare.

truffatóre *s. m.* (*f. -trìce*) Chi truffa; SIN. Frodatore.

trùllo *s. m.* Abitazione in pietra di forma tonda e tetto conico, tipica della penisola salentina: *i trulli di Alberobello.* [→ ill. *abitazione*]

trumeau /*fr.* try'mo/ *s. m. inv.* (*pl. fr. trumeaux* /try'mo/) ***1*** (*arch.*) Muro tra due porte o due finestre. ***2*** Pannello ornamentale o specchiera collocati fra due vani. ***3*** Mobile a doppio corpo, composto da un cassettone a ribalta e da un'alzata a uno o due sportelli. [→ ill. *mobili*]

trumò *s. m.* Adattamento di *trumeau* nel sign. 3.

truògolo v. *trògolo.*

trùppa *s. f.* ***1*** Qualsiasi complesso organico di forza militare: — *scelta, mercenaria, volontaria.* ***2*** (*est.*) Complesso dei soldati semplici: *uomini di* — | *Graduati di* —, caporale e caporal maggiore. [→ ill. *uniforme militare*] ***3*** (*fig.*) Frotta, gruppo nutrito (*spec. scherz.* o *spreg.*): *avere una — di figli.*

truschino *s. m.* (*tecnol.*) Attrezzo fondamentale della tracciatura, formato da un basamento, da un'asta verticale e da una punta per tracciare fissabile a incastro scorrevole sull'asta. [→ ill. *meccanica*]

trust /*ingl.* trʌst/ *s. m. inv.* (*pl. ingl. trusts* /trʌsts/) Gruppo di imprese che esercita un potere monopolistico eliminando o limitando la concorrenza e controllando il mercato | (*fig.*) — *dei cervelli*, gruppo di esperti, tecnici, scienziati e sim., riuniti, spec. in un'azienda, per discutere e risolvere problemi di particolare complessità.

tsè-tsè o *tzè-tzè* /tsɛ t'tsɛ/ *loc. agg. inv. Nella loc. mosca* —, grossa mosca grigiastra dell'Africa tropico-equatoriale che trasmette all'uomo e ai mammiferi il tripanosoma della malattia del sonno.

T-shirt /*ingl.* 'ti:'ʃɔ:t/ *s. f. inv.* (*pl. ingl. T-shirts* /'ti:'ʃɔ:ts/) Maglietta di cotone girocollo a maniche corte.

tu ***A*** *pron. pers. m. e f. di seconda pers. sing.* Indica la persona a cui si parla e si usa (solo come sogg.) rivolgendosi a persona con cui si è in grande familiarità | Generalmente omesso quando la persona è chiaramente indicata dal verbo, si esprime invece quando il v. è al congv., quando i soggetti sono più di uno, nelle contrapposizioni, con 'stesso', 'medesimo', 'anche', 'pure', 'nemmeno', 'proprio', 'appunto' e sim.: *se — l'avessi vista!*; *né — né io lo sapevamo*; — *stesso l'hai affermato*; *anche — lo conosci.* ***B*** *in funzione di s. m.* Il pronome 'tu' | *Dare del — a qc.*, rivolgersi a qc. usando il pron. 'tu' e (*est.*) avere familiarità e confidenza.

tu̯àreg o *tu̯àregh* ***A*** *s. m. e f. inv.* Ogni appartenente a una popolazione seminomade di ceppo berbero, stanziata nel Sahara centrale, dotata di caratteristiche fisiche, sociali e culturali sue proprie. ***B*** *agg. inv.* Dei tuareg: *accampamento* —.

tùba *s. f.* ***1*** Nel mondo greco-romano, tromba bronzea di guerra o per cerimonie religiose e sim., di forma molto allungata. ***2*** (*est.*, *lett.*) Tromba di guerra. ***3*** (*mus.*) Strumento a fiato d'ottone, a tubo conico, munito di pistone. [→ ill. *strumenti musicali*] ***4*** Cappello a cilindro. ***5*** (*anat.*) — *uterina*, nell'apparato genitale femminile, condotto tubolare che va dall'ovaia all'utero; SIN. Salpinge. [→ ill. *anatomia umana*]

tubàre *v. intr.* (*aus. avere*) ***1*** Emettere il caratteristico grido gutturale, spec. durante il periodo dell'accoppiamento, detto di colombi, tortore e sim. ***2*** (*fig.*, *scherz.*) Amoreggiare teneramente.

tubatùra *s. f.* Sistema di tubi che consentono la distribuzione o la raccolta di fluidi in impianti limitati di tipo domestico o industriale: *le tubature dell'acqua, del gas* | (*est.*) Tubo, conduttura.

tubazióne *s. f.* Insieme di tubi per il trasporto di fluidi anche a distanze elevate.

tubercolàre *agg.* ***1*** Di tubercolo. ***2*** Di tubercolosi: *affezione* —.

tubercolina *s. f.* (*med.*) Sostanza derivata dal bacillo della tubercolosi, usata a scopo diagnostico.

tubèrcolo *s. m.* ***1*** (*anat.*) Formazione ossea o cartilaginosa a mo' di nodulo. ***2*** (*med.*) Formazione patologica nodulare determinata da cause varie.

tubercolosàrio *s. m.* Nosocomio per tubercolotici.

tubercolòṣi *s. f.* ***1*** (*med.*) Infezione da *Cobacterium tubercolosis* che colpisce molteplici organi, spec. il polmone, e che si manifesta principalmente con la formazione di particolari tubercoli; SIN. Tisi. ***2*** (*bot.*) Malattia di alcune piante.

tubercolóso ***A*** *agg.* Pieno di tubercoli. ***B*** *agg.; anche s. m.* (*f. -a*) Affetto da tubercolosi.

tubercolòtico ***A*** *agg.* (*pl. m. -ci*) Relativo alla tubercolosi. ***B*** *agg.; anche s. m.* (*f. -a*) Affetto da tubercolosi.

tùbero *s. m.* (*bot.*) Porzione di fusto sotterraneo, ingrossata per accumulo di materiale di riserva, più o meno globosa: *la patata è un* —. [→ ill. *botanica*]

tuberósa *s. f.* Pianta ornamentale delle Liliflore, dell'America centrale, con fiori in lunghe spighe bianche e profumate. [→ ill. *piante* 17]

tuberóso *agg.* Che ha forma di tubero | Che è ricco di tuberi.

tubétto *s. m.* ***1*** *Dim. di tubo.* ***2*** Piccolo recipiente a tubo, con tappo a vite e deformabile se compresso, per pomate, paste, colori. [→ ill. *contenitore*] **3** Astuccio rigido o deformabile, di piccole dimensioni e di forma cilindrica, per la confezione di prodotti farmaceutici, cosmetici e alimentari.

Tubifloràli *s. f. pl.* (*sing.* *-e*) Ordine di piante dicotiledoni con fiori con calice a sepali saldati e corolla a petali uniti in modo da sembrare trombe più o meno regolari. [→ ill. *piante* 12]

tubìno (1) *s. m.* Cappello duro da uomo, con cupola tonda.

tubìno (2) *s. m.* **1** *Dim. di tubo.* **2** Abito femminile di linea semplice e diritta.

tubìsta *s. m.* (*pl.* *-i*) Operaio che fabbrica tubi o ripara tubazioni.

tùbo *s. m.* **1** Corpo cilindrico o prismatico cavo, a sezione gener. circolare, costruito con materiali e procedimenti vari; usato gener. per il trasporto di fluidi, ma anche per costruzioni, impalcature e sim.: — *d'acciaio, di ghisa, di cemento, di gomma, di vetro*; — *per condutture* | — *di scarico, di scappamento,* destinato ad allontanare i gas da scarico di un motore a combustione interna. [→ ill. *giardiniere, metallurgia, vino*] **2** (*tecnol.*) Apparecchio o dispositivo di vario genere che può essere paragonato a un tubo | — *elettronico, termoelettrico, termoionico,* valvola elettronica o termoionica | — *fluorescente,* lampada da illuminazione, di forma tubolare. [→ ill. *astronomia, elettronica, fisica, nucleare, riscaldamento*] **3** (*anat.*) Organo a struttura di forma cilindrica, cava, allungata: — *digerente.* **4** (*fig., euf., pop.*) Niente, con valore raff., nelle loc. negative: *non capire, non fare, non sapere un* —.

tubolàre A *agg.* **1** Che ha forma di un tubo o è simile a un tubo: *lampada* —. **2** Che è costituito da, o è provvisto di tubi: *impalcatura* —. **B** *s. m.* Tipo di pneumatico per le biciclette da corsa.

tùbulo *s. m.* **1** Tubo sottile. **2** (*anat.*) Piccolo canale: *tubuli renali.* **3** (*bot.*) Nei funghi, formazione tubolare interamente rivestita dall'imenio.

tubulóso *agg.* (*bot.*) Detto di organo a forma di tubulo.

tucàno *s. m.* Uccello con piumaggio nero, che vive nelle foreste dell'America meridionale, caratteristico per il gigantesco becco giallo, ricurvo e compresso ai lati. [→ ill. *animali* 9]

tucùl *s. m.* Abitazione africana con pianta circolare, pareti cilindriche e tetto conico di paglia. [→ ill. *abitazione*]

tufàceo *agg.* Che è proprio del tufo | Che è simile al tufo | Che è costituito di tufo: *terreno* —.

tuffàre A *v. tr.* Immergere q.c. rapidamente in un liquido: — *il capo nell'acqua.* **B** *v. rifl.* **1** Immergersi con un sol balzo in un liquido: *tuffarsi in mare.* **2** (*est.*) Gettarsi verso il basso, scendendo velocemente: *tuffarsi nel vuoto.* **3** (*fig.*) Immergersi di scatto scomparendo alla vista: *tuffarsi nel fumo, nella nebbia.* **4** (*fig.*) Lanciarsi, precipitarsi, scagliarsi: *tuffarsi nella mischia.* **5** (*fig.*) Dedicare a q.c. tutta la propria energia, il proprio tempo: *tuffarsi a capofitto nello studio.*

tuffatóre *s. m.* (*f.* *-trìce* nel sign. 1) **1** Chi si tuffa | (*sport*) Tuffista. **2** (*zool.*) Tuffetto.

tuffétto *s. m.* **1** *Dim. di tuffo.* **2** Piccolo uccello bruno, con collo e petto rossi, buon nuotatore e tuffatore; SIN. Tuffatore.

tuffista *s. m. e f.* (*pl. m.* *-i*) Atleta specialista delle gare di tuffi; SIN. Tuffatore.

tùffo *s. m.* **1** Rapida immersione in un liquido, spec. acqua. **2** (*sport*) Atto del gettarsi in acqua da un luogo appositamente predisposto, slanciandosi da diverse altezze e secondo stili vari (anche come specialità sportiva). **3** (*est.*) Caduta verso il basso: *un — nel vuoto.* **4** (*fig.*) Salto, slancio | Nel calcio, l'atto del portiere che si lancia per parare il pallone. **5** (*fig.*) Violento e improvviso aumento dei battiti del cuore, dovuto a emozioni repentine: *provare un — al cuore*; *il sangue mi fece, mi diede un* —.

tùfo *s. m.* (*miner.*) Roccia derivante dalla cementazione di frammenti di origine vulcanica.

tùga *s. f.* (*mar.*) Cameretta di custodia, che si ricava nell'ultimo angolo della poppa o della prua nei piccoli bastimenti o palischermi.

tugùrio *s. m.* Abituro, stamberga, tana, topaia.

tùia *s. f.* Pianta cespugliosa o arborescente delle Conifere, sempreverde, con piccole foglie squamiformi. [→ ill. *piante* 1]

tularemìa *s. f.* Malattia infettiva che colpisce la lepre, il coniglio selvatico e altri roditori.

tùlio *s. m.* Elemento chimico, metallo del gruppo delle terre rare. SIMB. Tm.

tulipàno *s. m.* Pianta bulbosa delle Liliflore con foglie allungate e fiore campanulato di vario colore. [→ ill. *piante* 16]

tùlle *s. m. inv.* Tessuto finissimo a velo, i cui fili sottili di cotone, seta o nailon formano una rete di maglie poligonali.

tumefàre A *v. tr.* (*io tumefàccio o tumefò, tu tumefài, egli tumefà; nelle altre forme coniug. come fare*) Produrre tumefazione. **B** *v. intr. pron.* Subire tumefazione.

tumefàtto *part. pass. di tumefare; anche agg.* Colpito da tumefazione.

tumefazióne *s. f.* (*med.*) Aumento patologico di volume di un organo o di una parte del corpo.

tumescènte *agg.* (*raro*) Turgido, tumefatto.

tumescènza *s. f.* Stato di ciò che è tumescente.

tùmido *agg.* **1** Gonfio, grosso: *ventre* —. **2** Spesso, turgido, carnoso: *labbra tumide.* **3** (*fig., lett.*) Ampolloso, ridondante: *stile* —.

tumoràle *agg.* (*med.*) Che è proprio o caratteristico dei tumori: *cellule tumorali.*

tumóre *s. m.* (*med.*) Qualsiasi neoproduzione di tessuto o carattere benigno o maligno.

tumulàre *v. tr.* (*io tùmulo*) Seppellire.

tumulazióne *s. f.* Seppellimento, spec. in una nicchia o loculo; CFR. Inumazione.

tùmulo *s. m.* **1** Accumulo di terra, sabbia, detriti e sim. che si eleva dalla superficie del terreno. **2** (*archeol.*) Presso alcuni popoli antichi, monticello di terra elevantesi sulla tomba: *i tumuli etruschi.* **3** (*est.*) Tomba.

tumùlto *s. m.* **1** Intenso rumore prodotto da più persone che gridano e si agitano disordinatamente. **2** (*est.*) Agitazione, sommossa, rivolta: *il — dei Ciompi.* **3** (*fig.*) Violento conflitto di più elementi diversi: *un — di pensieri e aspirazioni* | (*est.*) Intima agitazione: *avere il cuore in* —.

tumultuànte *part. pres. di tumultuare; anche agg. e s. m. e f.* Che (o chi) partecipa a una sommossa, a un tumulto: *folla* —.

tumultuàre *v. intr.* (*io tumùltuo; aus. avere*) Fare tumulto (*anche fig.*).

tumultuàrio *agg.* (*raro*) Che è fatto in fretta, che è improvviso e confuso.

tumultuóso *agg.* **1** Che fa tumulto, si agita, si ribella e sim.: *popolo* —. **2** Che è caratterizzato da intensa agitazione, rumore e disordine: *manifestazione tumultuosa.* **3** Che sgorga o scorre con particolare impeto: *fiume* —. **4** (*fig.*) Contraddittorio, confuso: *desideri tumultuosi.*

tùndra *s. f.* Formazione vegetale caratteristica delle regioni glaciali, costituita in prevalenza di muschi e licheni.

tungstèno *s. m.* Elemento chimico, metallo bianco splendente ad alto punto di fusione, usato per filamenti da lampade e preparazione di acciai rapidi, resistenti ad altissime temperature e di grande durezza. SIMB. W.

tùnica *s. f.* **1** Presso gli antichi, indumento maschile e femminile di lino, di linea diritta, trattenuto sotto il petto da una cintura | Più tardi, ampio indumento di foggia classica | Oggi, veste femminile lunga e stretta. [→ ill. *vesti*] **2** Giubba a mezza gamba in uso nel vecchio esercito piemontese. **3** (*biol.*) Membrana che riveste organi vegetali o animali.

tunnel /*ingl.* 'tʌnl/ *s. m. inv.* (*pl. ingl.* *tunnels* /'tʌnlz/) **1** Galleria, traforo: *il — del Sempione* | *Fare il* —, (*fig.*) nel gioco del calcio, liberarsi di un avversario riuscendo a far passare il pallone tra le sue gambe. [→ ill. *luna park*] **2** (*agr.*) Tipo di serra, spec. di film plastico, a forma di galleria. [→ ill. *agricoltura*] **3** (*fig.*) Situazione difficile che si protrae nel tempo: *uscire dal — della crisi* | (*est.*) Condizione senza apparente via d'uscita: *il — della droga.*

tùo A *agg. poss. di seconda pers. sing.* (*f.* *tùa; pl. m.* *tuòi*) **1** Che appartiene a te (indica proprietà, possesso): *prestami qualcuno dei tuoi libri*; *il — vestito è pronto.* ***2*** Che ti è peculiare (indica appartenenza con riferimento al tuo essere fisico o spirituale); *riconosco la tua voce*; *il — compito è sbagliato.* ***3*** Di te (indica relazione di parentela, di amicizia, di conoscenza, di dipendenza e sim., nel caso in cui indichi relazione di parentela respinge l'art. quando il s. che segue l'agg. poss. sia sing., non alterato e non accompagnato da attributi o apposizioni; fanno eccezione i s. 'mamma', 'babbo', 'papà', 'nonno', 'nonna', 'figliolo', 'figliola', che possono anche essere preceduti dall'art. det.): *— padre*; *la tua mamma*; *tua nipote.* ***4*** (*fam.*) Che ti è abituale, consueto: *ora prendi il — caffè e vai a riposare.* ***B*** *pron. poss. di seconda pers. sing.* ***1*** Quello che ti appartiene, che ti è proprio o peculiare (sempre preceduto dall'art. det.): *la mia volontà è meno forte della tua.* ***2*** ass. Con ellissi del s. in alcune espressioni proprie del linguaggio fam. Ciò che ti appartiene | *Eccoti il —*, ciò che ti spetta | *Ne hai combinata una delle tue*, una delle tue solite malefatte. ***3*** *al pl.* I tuoi familiari, i tuoi parenti: *vai a trovare i tuoi.* [→ tav. *proverbi* 270, 274]

tuonàre v. *tonare.*

tuòno *s. m.* ***1*** Manifestazione sonora, consistente in un suono secco e potente o in un brontolio sordo, che accompagna e segue la scarica elettrica atmosferica. ***2*** (*est.*) Strepito, fragore: *il — dei cannoni.*

tuòrlo o (*pop.*) *tòrlo s. m.* Complesso delle sostanze di riserva o nutritizie contenute nel rosso dell'uovo; SIN. Vitello. [→ ill. *gallo*]

tupamaro /*sp.* tupa'maro/ *s. m. inv.* (*pl. sp. tupamaros* /tupa'maros/) ***1*** Appartenente a un'organizzazione guerrigliera uruguaiana di estrema sinistra che compì azioni terroristiche nelle città. ***2*** (*est.*) Chi pratica la guerriglia urbana.

tuppè o *tupè s. m.* Adattamento di *toupet.*

turabottìglie *s. m. inv.* Apparecchio per applicare tappi alle bottiglie. [→ ill. *vino*]

turàcciolo *s. m.* Tappo di sughero o di plastica, per chiudere bottiglie di vetro.

turàre ***A*** *v. tr.* Chiudere l'orifizio di un recipiente o qualunque altra apertura inserendovi q.c.: *— il fiasco, la bottiglia*; *— una falla* | *— un buco*, (*fig.*) pagare un debito; (*est.*) sostituire momentaneamente qc. | *— una falla*, (*fig.*) pagare un debito o risolvere una situazione che procura danni o perdite continue | *— la bocca a qc.*, (*fig.*) impedirgli di parlare | *Turarsi gli occhi, la bocca, il naso, le orecchie*, chiuderli con le mani per non vedere, non parlare, non percepire odori sgradevoli, non udire q.c.; SIN. Tappare. ***B*** *v. intr. pron.* Chiudersi, occludersi.

tùrba (1) *s. f.* ***1*** Gruppo di molte persone accozzate insieme (*anche spreg.*): *una — di straccioni.* ***2*** *spec. al pl.* Folla: *Gesù parlava alle turbe.*

tùrba (2) *s. f.* (*med.*) Alterazione funzionale e organica: *turbe nervose.*

turbaménto *s. m.* ***1*** Disturbo, sovvertimento dell'ordine, della normalità e sim. di q.c.: *— dell'ordine pubblico.* ***2*** Agitazione, sconvolgimento della serenità, dell'equilibrio psichico: *essere in preda a un —*; SIN. Inquietudine, smarrimento.

turbànte *s. m.* Copricapo orientale formato da una sciarpa lunghissima di seta, avvolta attorno alla testa | Cappello da donna che ripete questa foggia. [→ ill. *copricapo*]

turbàre ***A*** *v. tr.* ***1*** (*lett.*) Agitare q.c. privandola della sua limpidezza: *— le acque.* ***2*** Guastare, mandare a monte: *— i piani di qc.* ***3*** Molestare, disturbare: *— una cerimonia* | *— il possesso*, far sì che il possessore di un bene non possa pienamente goderne. ***4*** Sovvertire: *— l'ordine pubblico.* ***5*** Rendere inquieto, agitato, confuso, preoccupato, insoddisfatto, ansioso e sim.: *— l'animo, la mente di qc.*; *quest'incertezza mi turba*; SIN. Commuovere, sconcertare. ***B*** *v. intr. pron.* ***1*** (*lett.*) Guastarsi, detto del tempo. ***2*** Perdere la serenità, divenire agitato, inquieto e sim.; SIN. Impensierirsi.

turbina *s. f.* Macchina motrice dotata di una girante a pale, messa in rotazione da un fluido, inviato a essa da un distributore: *— a vapore, a gas* | *— idraulica*, azionata ad acqua. [→ ill. *diga, medicina e chirurgia, motore*]

turbinàre *v. intr.* (*io tùrbino; aus. avere*) Girare vorticosamente, a guisa di turbine (*anche fig.*).

turbinàto *s. m.* (*anat.*) Osso della cavità nasale applicato sulla parete laterale; SIN. Cornetto.

tùrbine *s. m.* ***1*** Movimento vorticoso dell'aria, tale da sollevare dal suolo polvere, sabbia o detriti, a forma di colonna quasi verticale | (*est.*) Insieme di cose che, trascinate dal vento, si muovono vorticosamente: *— di neve, di sabbia* | *Il — della danza*, il veloce movimento della danza. ***2*** (*fig.*) Grande quantità di pensieri, idee e sim. che si agitano, si sovrappongono: *un — di pensieri, di ricordi.*

turbinìo *s. m.* ***1*** Un turbinare continuo: *— del vento, della bufera.* ***2*** (*fig.*) Movimento continuo, rapido e incalzante: *il — dei pensieri.*

turbinóso *agg.* Che è mosso da turbini | Che suscita turbini (*anche fig.*).

tùrbo ***A*** *s. m.* ***1*** *Acrt. di turbocompressore.* ***2*** Motore a combustione interna sovralimentato mediante un turbocompressore. ***B*** *s. m. e f.* (*tecnol.*) Autoveicolo o motoveicolo azionato da un motore turbo. ***C*** *anche agg.* nei sign. A 2 e B.

tùrbo- *primo elemento*: in parole tecniche composte significa 'turbina': *turbogetto, turbonave.*

turboalternatóre *s. m.* (*elettr.*) Alternatore a elevata velocità di rotazione azionato direttamente da una turbina a vapore o a gas.

turbocistèrna *s. f.* (*mar.*) Nave cisterna mossa da motori a turbina.

turbocompressóre *s. m.* (*mecc.*) Macchina operatrice in grado di trasformare energia meccanica di rotazione in energia di pressione di un gas.

turboèlica ***A*** *s. f.* (*aer.*) Elica azionata da una o più turbine. ***B*** *s. m. inv.* Aereo a turboeliche.

turbogètto *s. m.* Turboreattore. [→ ill. *motore*]

turbolènto *agg.* ***1*** Di persona pronta ad agitarsi, a suscitare sommosse, disordini e sim. | Indisciplinato, ribelle: *ragazzo —.* ***2*** Che è caratterizzato da continue agitazioni: *tempi turbolenti.*

turbolènza *s. f.* ***1*** L'essere turbolento | Stato di ciò che è turbolento: *la — dei tempi.* ***2*** (*raro*) Disordine, sommossa. ***3*** (*meteor.*) Insieme di movimenti irregolari dell'aria che si manifestano sotto forma di vortici e vuoti d'aria. ***4*** (*fis.*) Moto irregolare che si produce gener. nei fluidi.

turbomotóre *s. m.* Motore azionato da turbine.

turbonàve *s. f.* Nave mossa da turbomotori.

turboreattóre *s. m.* Motore a reazione usato per aerei che utilizza un compressore azionato da una turbina a gas per comprimere l'aria esterna per la combustione; SIN. Turbogetto.

turcàsso *s. m.* Astuccio per le frecce.

turchése ***A*** *s. f.* (*miner.*) Fosfato idrato di rame e alluminio, di un bel colore azzurro pallido, usato come pietra preziosa. ***B*** *in funzione di agg.* Che ha colore azzurro pallido. ***C*** *s. m.* Colore azzurro pallido.

turchinétto ***A*** *agg.* Che ha colore turchino pallido. ***B*** *s. m.* Materia colorante azzurra che talora si unisce all'acqua da bucato per dare alla biancheria una leggerissima tinta azzurrognola.

turchìno ***A*** *agg.* Che ha colore azzurro cupo: *cielo —.* ***B*** *s. m.* Colore turchino.

tùrco ***A*** *agg.; anche s. m.* (*pl. m. -chi; f. -a*) Della Turchia | *Fumare come un —*, (*fig.*) moltissimo | *Parlare —, in —*, (*fig.*) in modo incomprensibile | *Bestemmiare come un —*, in modo empio. ***B*** *agg.* Detto di ciò cui si attribuisce tradizionalmente origine turca | *Bagno —*, forma di terapia fisica in ambiente caldo-umido, che provoca abbondante sudorazione; (*fig., scherz.*) gran sudata | *Sedersi alla turca*, a gambe incrociate | *Gabinetto alla turca*, costituito da un vaso a pavimento su cui ci si accoscia | *Divano alla turca*, ottomana. [→ ill. *bagno*]

turf /*ingl.* tə:f/ *s. m. inv.* Terreno erboso su cui si disputano le gare dei cavalli | (*est.*) Tutto ciò che riguarda le corse di cavalli.

turgidézza *s. f.* Stato di ciò che è turgido; SIN. Turgidità.

turgidità *s. f.* Turgidezza.

tùrgido *agg.* ***1*** Gonfio: *ventre —*; *occhi turgidi di lacrime*; SIN. Tumido. ***2*** Detto di organo o tessuto, animale o vegetale, in stato di turgore: *germogli turgidi.* ***3*** (*fig.*) Ampolloso: *stile* —.

turgóre *s. m.* Gonfiore.

turibolo *s. m.* Recipiente liturgico, sospeso a tre catenelle, nel quale si pone l'incenso, facendolo bruciare su un piccolo braciere, contenuto all'interno. [→ ill. *religione*]

turiferàrio *s. m.* **1** Chi, nelle funzioni sacre cattoliche, porta il turibolo. **2** (*fig.*) Incensatore, adulatore.

turióne *s. m.* (*bot.*) Gemma cilindrica, carnosa, emessa dalla radice di piante erbacee o da tuberi o da rizomi | Parte edule dell'asparago.

turismo *s. m.* **1** Il far gite, escursioni, viaggi, per svago o a scopo istruttivo. [→ ill. *aeronautica*] **2** (*est.*) L'insieme delle strutture e delle attività connesse ai viaggi, escursioni e sim.: *Ministero del — e dello Spettacolo.*

turista *s. m. e f.* (*pl. m. -i*) Chi fa del turismo.

turistico *agg.* (*pl. m. -ci*) Del turismo e dei turisti | *Classe turistica*, su navi e aerei, inferiore alla 1ª, pur se con discreto comfort.

turlupinàre *v. tr.* Ingannare qc. beffandolo, prendendolo in giro.

turlupinatóre *s. m.* (*f. -trice*) Chi turlupina.

turlupinatùra *s. f.* Raggiro, inganno.

tùrma V. *torma.*

turnista *s. m. e f.* (*pl. m. -i*) Chi lavora a turno con altri.

tùrno *s. m.* **1** Periodica rotazione di persone che si danno il cambio nello svolgimento di una determinata attività: *lavorare a —* | Avvicendamento di prestazioni, servizi e sim. **2** Ciascuno dei periodi in cui viene suddiviso il tempo necessario allo svolgimento di un'attività, in base a criteri di rotazione periodica: *— di lavoro* | *Fare a —*, un po' per uno.

turn over /*ingl.* 'tə:n 'ouvə/ *s. m. inv.* Avvicendamento della mano d'opera | Sostituzione del personale che ha cessato il rapporto di lavoro.

tùrpe *agg.* **1** (*lett.*) Brutto, deforme. **2** Disonesto, vergognoso: *accusa —* | Osceno, ributtante: *atti turpi.*

turpilòquio *s. m.* Eloquio turpe.

turpitùdine *s. f.* Azione o parola turpe; SIN. Laidezza, nefandezza.

turricolàto *agg.* Che è fatto come una piccola torre.

turrito *agg.* Cinto, munito di torri: *mura turrite.*

tuscànico *agg.* (*pl. m. -ci*) Detto di un ordine architettonico classico di derivazione etrusca, tipico dell'ambiente italico, con colonne prive di scanalature nel fusto e capitello simile a quello dorico.

tussah /*ingl.* 'tʌsə/ *s. f. inv.* Seta ricavata in Oriente da bozzoli di bachi selvatici.

tùssor *s. m. inv.* Organzino di seta del tipo tussah.

tùta *s. f.* Sopravveste gener. di un sol pezzo con pantaloni e maniche, di robusto cotone o di fibre speciali, indossata da operai o persone che svolgono particolari attività: *la — del meccanico*; *— impermeabile*; *— spaziale* | *— da ginnastica, sportiva*, composta da una casacca e dai pantaloni. [→ ill. *abbigliamento, astronautica, puericultura, sport, uniforme militare, vigili del fuoco*]

tutèla *s. f.* **1** (*dir.*) Potestà esercitata per legge nell'interesse e in rappresentanza delle persone legalmente incapaci: *— di un minore* | (*fig., fam., scherz.*) *Essere sotto la — di qc.*, essere privo di autonomia. **2** (*dir.*) Protezione che la legge riconosce e che viene ottenuta con provvedimenti giurisdizionali: *— giuridica.* **3** (*gener.*) Protezione, difesa, salvaguardia: *la — dell'ordine pubblico.*

tutelàre (1) **A** *v. tr.* (*io tutèlo*) Difendere, salvaguardare: *— i propri interessi*; SIN. Custodire, proteggere. **B** *v. rifl.* Prendere precauzioni, premunirsi: *tutelarsi contro i furti.*

tutelàre (2) *agg.* **1** (*dir.*) Di tutela. **2** Che sta a difesa, a salvaguardia di qc. o di q.c.: *nume —.*

tutìna *s. f.* **1** Indumento spec. femminile, costituito da una guaina aderente e sgambata, per ballare o fare ginnastica. **2** Indumento in un solo pezzo per bambini non ancora in grado di camminare.

tùtolo *s. m.* (*bot.*) Asse dell'infruttescenza del granturco a cui sono attaccate le cariossidi.

tutóre *s. m.* (*f. -trice*) **1** Persona incaricata dell'esercizio della tutela. **2** (*est.*) Protettore, difensore: *farsi — di qc.*; *il — dell'unità familiare* | *I tutori dell'ordine pubblico*, (*per anton.*) gli agenti di polizia. **3** Palo cui vengono assicurate le giovani piante dopo il trapianto.

tutòrio *agg.* Relativo alla tutela giuridica | *Autorità tutorie*, organi della pubblica amministrazione esplicanti funzioni di vigilanza su enti pubblici inferiori.

tutt'al più *avv.* Al massimo, nel peggiore dei casi: *— spenderò mille lire.*

tuttavìa *cong.* Pure, nondimeno, con tutto ciò (con valore avversativo): *è un arnese vecchio, — va bene.*

tùtto **A** *agg. indef.* **1** Intero (riferito a un s. sing. indica la totalità, la pienezza di q.c.) *— l'universo*; *tutta la città è in subbuglio*; *con — il cuore*; *lotta con tutte le forze* | Compreso, incluso: *siamo al completo a — il 30 giugno* | *A tutt'oggi, a — domani*, fino a oggi, fino a domani inclusi | *— a un tratto*, improvvisamente | *Essere tutt'uno*, non esserci alcuna differenza: *per me venire o non venire è tutt'uno.* **2** Riferito a un s. pl. o collettivo, indica la totalità di cose, persone, animali considerati nel loro insieme: *tutte le piante respirano*; *ho venduto — il bestiame* | Seguito da un numerale indica che quel numero è considerato proprio nella interezza: *c'erano tutti e due*; *li ho conosciuti tutti e cinque* | *Una volta per tutte*, una volta per sempre | *Pensarle, inventarle, trovarle tutte*, (*ell.*) ogni possibile astuzia. **3** Ogni, qualsiasi: *telefona a tutte le ore* | *Di — punto*, perfettamente: *vestito di — punto* | *In tutti i modi*, a qualsiasi costo, comunque. **4** In ogni parte (con valore ints.): *la casa è tutta mia* | Soltanto, esclusivamente: *è tutta una menzogna* | Seguito da un agg. gli dà valore superl.: *era — allegro*; *il vestito è — bianco* | *Essere — di un pezzo*, avere un carattere fermo e deciso | (*enf.*) *Essere — naso, bocca, occhi, gambe* e sim. avere il naso, la bocca, gli occhi, le gambe che acquistano grande spicco su tutta la persona | *Essere — lingua*, (*fig.*) parlare moltissimo | *Essere tutt'occhi, — orecchi*, attentissimo, guardando o ascoltando con interesse | *Essere — casa, — famiglia, — studio, — lavoro* e sim. mostrare una totale dedizione alla casa, alla famiglia, allo studio, al lavoro e sim. **B** *pron. indef.* **1** Ogni cosa (con valore neutro e indeterminato): *raccontami —*; *ha confessato —* | *Questo è —, ecco —*, non ho altro da dire | *Essere capace di —*, di qualunque imprudenza o di qualunque malvagità | *Mangiare di —*, non avere limitazioni nei cibi | *Fare di —, un po' di —*, essere capace di fare qualsiasi specie di lavoro | *Prima di —, innanzi —*, in primo luogo, per prima cosa | *In —*, complessivamente: *in — fa ottomila lire* | *In — e per —*, completamente, senza alcuna riserva: *dipende in — e per — dal padre* | *Con — che*, malgrado: *con — che l'avessi scongiurato di non farlo, è uscito lo stesso.* **2** L'insieme, la totalità delle persone: *erano tutti presenti.* **C** *avv.* Completamente, interamente: *è — l'opposto di quello che tu pensi* | *Del —*, interamente | *Tutt'al più*, al massimo, come ipotesi ultima: *tutt'al più partiremo con l'aereo* | *Tutt'altro*, per nulla. **D** *in funzione di s. m. inv.* L'intero, l'insieme, il complesso: *scambiare una parte per il —* | *Tentare il — per —*, rischiare tutto quanto per ottenere q.c. [→ tav. *locuzioni* 12; → tav. *proverbi* 370, 371, 372, 373, 374, 375, 376, 377, 382]

tuttofàre **A** *agg. inv.* Detto di domestico capace di svolgere tutti i lavori di casa senza essere specializzato in nessuno di essi: *donna —* | (*est.*) Detto di chi, in un'azienda e sim., fa qualsiasi lavoro: *impiegato —.* **B** *s. m. e f. inv.* Persona, spec. domestico, tuttofare.

tuttóra *avv.* Ancora, ancora adesso.

tuttotóndo o *tutto tondo s. m. inv.* In scultura, tipo di esecuzione in cui il soggetto è rappresentato liberamente nello spazio e può quindi essere guardato da tutti i lati: *scultura a —.*

tutù *s. m. inv.* Tipico costume delle ballerine di danza classica, costituito da un gonnellino di tulle a più strati con corpino di raso attillato.

TV *s. f. inv.* Televisione | (*fam.*) Televisore.

tweed /*ingl.* twi:d/ *s. m. inv.* Tessuto sportivo in lana a grossa trama, solitamente a due colori, fabbricato in

Scozia.
twill /*ingl.* twil/ *s. m. inv.* Stoffa diagonale, spigata.
twin-set /*ingl.* 'twin set/ *loc. sost. m. inv.* Capo di abbigliamento femminile costituito da due golf, uno chiuso e a maniche corte, l'altro aperto e a maniche lunghe; SIN. Gemelli.
twist /*ingl.* twist/ *s. m. inv.* (*pl. ingl. twists* /twists/) Ballo d'origine nordamericana, a tempo veloce.
two step /*ingl.* 'tu: step/ *loc. sost. m. inv.* Danza simile alla polca, d'origine americana.
tzè-tzè V. *tse-tsè.*
tzigàno V. *zigano.*

U

u *s. f. o m. inv.* Diciannovesima lettera dell'alfabeto italiano | *Curva a* –, di strada che ritorna su se stessa | *Inversione a* –, svolta continua compiuta da un veicolo per invertire il senso di marcia su una strada.
uàdi *s. m.* In Africa, letto pietroso di fiume sempre asciutto, tranne che nella stagione delle piogge.
ubbìa *s. f.* Pregiudizio superstizioso che causa timore, avversione nei confronti di qc. o di q.c.: *ubbie di, da donnicciola* | Scrupolo o timore vano, infondato: *avere la testa piena di ubbie.*
ubbidiènte o *obbediènte part. pres. di ubbidire; anche agg.* Che abitualmente ubbidisce, che esegue docilmente i comandi impartiti: *scolaro* –; *cavallo* – *alla briglia;* CONTR. Disubbidiente.
ubbidiènza o *obbediènza s. f.* **1** Atto dell'ubbidire: *si deve* – *alle leggi.* **2** Comportamento abituale di chi ubbidisce. **3** (*lett.*) Sottomissione: *fare atto d'* – *al sovrano* | *Ridurre qc. all'* –, sottometterlo | *Stare all'* –, restare sottomesso.
ubbidìre o *obbedìre* **A** *v. intr. e tr.* (*io ubbidisco, tu ubbidisci; aus. avere*) **1** Fare ciò che altri vuole, eseguire gli ordini, i consigli e sim. altrui: – *alle leggi;* – *i genitori;* CONTR. Disubbidire. **2** (*est., fig.*) Fare ciò che un impulso, un istinto, un moto dell'anima comandano: – *alle leggi della natura;* – *la voce della coscienza.* **B** *v. intr.* (*aus. avere*) **1** Essere docile, detto di animali: *il cavallo ubbidisce al morso.* **2** (*est., fig.*) Corrispondere in modo adeguato a manovre o sollecitazioni, detto di macchine, veicoli, strumenti: *l'aereo non ubbidisce più ai comandi.* **3** (*fig.*) Assecondare: *la materia ubbidisce all'artista.* **4** (*fig.*) Rassegnarsi a determinate situazioni di fatto, anche se controvoglia: – *alle esigenze familiari.* **5** (*lett.*) Essere suddito, soggetto a una potestà: *i popoli che ubbidivano all'Austria.*
ubbióso *agg.* (*raro*) Pieno di ubbie.
ubbrìaco e deriv. V. *ubriaco* e deriv.
ubertà *s. f.* (*lett.*) Fertilità del terreno.
ubertosità *s. f.* (*lett.*) L'essere ubertoso.
ubertóso *agg.* (*lett.*) Fertile, fecondo: *campagne ubertose.*
ubicàre *v. tr.* (*io ùbico, tu ùbichi*) Disporre, situare, collocare: *la villa è ubicata a Sud.*
ubicazióne *s. f.* (*arch.*) Posizione di una costruzione in un complesso urbanistico | Luogo in cui è situato un fondo.
ubi consistam /*lat.* 'ubi kon'sistam/ *loc. sost. m. inv.* Punto d'appoggio, di partenza e sim., da cui un'azione può prendere le mosse.
-ùbile *suff.* di aggettivi che esprimono qualità, possibilità e sim.: *solubile, volubile.*
ubiquità *s. f.* Facoltà di essere presente in più luoghi nello stesso tempo, attributo di Dio nelle religioni superiori | *Non avere il dono dell'* –, (*fig., scherz.*) non poter essere in più luoghi contemporaneamente.
ubriacaménto *s. m.* Ubriacatura.
ubriacàre o (*raro*) *ubbriacàre* **A** *v. tr.* (*io ubriàco, tu ubriàchi*) **1** Rendere ubriaco, anche ass.: – *qc. col vino, di liquori.* **2** (*fig.*) Ridurre qc. in condizioni di intontimento, stordimento, malessere: *il movimento dell'automobile lo ubriaca;* – *qc. di chiacchiere.* **3** (*fig.*) Indurre qc. in stato di grande eccitazione, offuscandone la coscienza, la lucidità mentale: *la gelosia lo ubriaca.* **B** *v. intr. pron.* **1** Diventare ubriaco; SIN. Sborniarsi, sbronzarsi. **2** (*fig.*) Cadere in preda a grande eccitazione: *ubriacarsi di una donna.*
ubriacatùra *s. f.* **1** L'ubriacarsi | Sbornia: *una solenne* –. **2** (*fig.*) Esaltazione, infatuazione.
ubriachézza o *briachézza, ubbriachézza s. f.* **1** Stato o condizione di chi è ubriaco. **2** Vizio di chi abusa sistematicamente delle bvande alcoliche.
ubriàco o (*raro*) *briàco, ubbriàco* **A** *agg.* (*pl. m. -chi*) **1** Detto di chi si trova in condizioni di etilismo acuto | *Es-*

sere — duro, marcio, fradicio e sim., essere completamente ubriaco. **2** (*fig.*) Detto di chi si trova in uno stato di esaltazione tanto intensa da offuscare la sua capacità di giudizio: *essere — d'amore.* **3** (*est., fig.*) Stordito, frastornato. **B** *s. m.* (*f. -a*) Chi è ubriaco. [→ tav. *proverbi* 299]

ubriacóne *s. m.* (*f. -a*) Chi ha il vizio di ubriacarsi; SIN. Beone.

uccellagióne *s. f.* **1** Arte e pratica del cacciare e catturare vivi gli uccelli con trappole, reti, panieri e sim. o mediante rapaci debitamente addestrati. **2** Quantità di volatili catturati uccellando.

uccellàio *s. m.* Chi alleva e vende uccelli, da canto e da richiamo.

uccellànda *s. f.* Ogni appostamento fisso destinato all'uccellagione.

uccellàre *v. intr.* (*io uccèllo; aus. avere*) Cacciare mediante uccellagione: *— a tordi; — col falcone.*

uccellatóre *s. m.* (*f. -trìce*) Chi si dedica all'arte dell'uccellare.

uccellétto *s. m.* **1** *Dim. di uccello.* **2** *spec. al pl.* Cacciagione | *Fagioli all'—*, lessati e soffritti con sugo di pomodoro, specialità fiorentina.

uccellièra *s. f.* **1** Luogo in cui si tengono gli uccelli. **2** Gabbia di paglia, vimini, filo metallico, talvolta artisticamente lavorata, contenente uccelli vivi, impagliati o meccanici.

uccellìno *s. m.* **1** *Dim. di uccello.* **2** Uccello appena nato.

uccèllo A *s. m.* **1** Ciascuno degli animali appartenenti alla classe degli Uccelli: *il volo degli uccelli* | *Uccelli di rapina*, rapaci | *— mosca*, colibrì | *— del paradiso*, paradisea | *— delle tempeste*, procellaria | *Uccel di bosco*, (*fig.*) fuggiasco, fuggitivo | *— di, del, malaugurio*, (*pop.*) la civetta; (*fig.*) persona che prevede continuamente disgrazie | *A volo d'—*, dall'alto e (*fig.*) in modo globale, generale e rapido. [→ ill. *animali* 9, *zoologia*] **2** (*pop., volg.*) Pene. **B** *s. m. pl. Uccelli*, classe di vertebrati omeotermi, con corpo coperto di penne e pinne, becco corneo, riproduzione ovipara. [→ ill. *animali* 9, *zoologia*] [→ tav. *proverbi* 21; → tav. *locuzioni* 110]

uccìdere A *v. tr.* (*pass. rem. io uccìsi, tu uccidésti; part. pass. uccìso*) **1** Far morire, rendere privo di vita: *— un uomo con la spada; — qc. in duello*; SIN. Ammazzare. **2** (*est.*) Condurre più o meno rapidamente alla morte, anche ass.: *la polmonite lo uccise in pochi giorni; è un morbo che uccide.* **3** (*est.*) Far perire, mandare in rovina: *questa gelata ucciderà il raccolto.* **4** (*fig.*) Distruggere, abolire, eliminare: *— il vizio perché trionfi la virtù.* **B** *v. rifl.* Togliersi la vita: *si è ucciso col veleno.* **C** *v. intr. pron.* Perdere la vita: *si è ucciso in un incidente stradale.* [→ tav. *proverbi* 303]

-ùccio *suff.*: è alterativo di aggettivi e sostantivi di valore diminutivo e tono vezzeggiativo o spregiativo: *affaruccio, boccuccia, calduccio, lavoruccio, tesoruccio.*

uccisióne *s. f.* Privazione della vita; SIN. Ammazzamento.

uccìso *part. pass. di uccidere; anche agg. e s. m.* (*f. -a*) Che (o chi) è stato privato della vita.

uccisóre *s. m.* (*f. -sóra raro, o ucciditrice*) Chi uccide.

-ùcolo *suff.*: è alterativo di sostantivi con valore spregiativo: *paesucolo, poetucolo.*

ucràino *agg.; anche s. m.* (*f. -a*) Dell'Ucraina.

udìbile *agg.* Che si può udire.

udibilità *s. f.* L'essere udibile | *Soglia di —*, il minimo livello di pressione sonora che un suono deve esercitare sull'apparato acustico per essere udibile.

udiènza *s. f.* **1** Ascolto | *Dare, prestare —*, ascoltare chi parla | *Trovare — presso qc.*, essere ascoltato. **2** Permesso di essere ricevuto e ascoltato da un'autorità e incontro che ne deriva: *chiedere, accordare, concedere un'—.* **3** Durata dell'amministrazione della giustizia in un singolo giorno: *— civile, penale.* **4** Pubblico di spettatori, lettori e sim. di mezzi di comunicazione di massa: *— televisiva* (per calco sull'ingl. *audience*, 'pubblico').

udìre *v. tr.* (*pres. io òdo, tu òdi, egli òde, noi udiàmo, voi udite, essi òdono; fut. io udirò o udrò, tu udirài o udrài; condiz. pres. io udirèi o udrèi, tu udirésti o udrésti; part. pres. udènte; in tutte le coniug. la u diventa o se tonica*) **1** Percepire con l'orecchio suoni, voci, rumori: *— una melodia, un grido, un colpo*; SIN. Sentire. **2** (*est.*) Venire a sapere: *avete udito la notizia?* | Sentir dire, apprendere da voci, chiacchiere e sim.: *chissà se è vero quel che abbiamo udito.* **3** (*lett.*) Ascoltare: *— messa* | *— i testimoni, l'imputato*, accoglierne le deposizioni. **4** (*est.*) Dare ascolto a preghiere, comandi e sim.: *Dio ode le invocazioni dei poveri.*

uditìvo o *auditìvo agg.* Dell'udito: *organo —.*

udìto *s. m.* Senso capace di percepire le onde sonore, che ha per organo l'orecchio.

uditóre o *auditóre* **A** *agg.* (*f. -trìce*) Che ode. **B** *s. m.* **1** (*raro, lett.*) Chi ode. **2** *spec. al pl.* Chi ascolta. **3** Qualifica di taluni magistrati | *— giudiziario*, magistrato di prima nomina. **4** Chi frequenta una scuola ascoltandone le lezioni senza esservi regolarmente iscritto.

uditòrio (1) *agg.* (*raro*) Uditivo.

uditòrio (2) *s. m.* Complesso di persone che ascoltano.

uff o *aùf, aùffa, ùffa inter.* Esprime fastidio, impazienza, stizza, noia e sim.

ufficiàle (1) *agg.* **1** Di documento, deliberazione o notizia autentica, in quanto proveniente dall'autorità competente: *bollettino —; notizia —*; CONTR. Ufficioso | (*est.*) Che è autorizzato dalla pubblica autorità: *manifestazione —.* **2** (*est.*) Che è manifestato, disposto o realizzato da un ente pubblico, secondo precise norme e formalità protocollari: *ricevimento —; visita — di un capo di Stato* | (*est.*) Che è detto o fatto pubblicamente, da privati cittadini, spesso seguendo formalità tradizionali: *fidanzamento —.* **3** Che è proprio di atti, cerimonie e sim. ufficiali: *forma —; carattere —.*

ufficiàle (2) *s. m.* (*f. -éssa*) **1** Persona incaricata di un pubblico ufficio: *— sanitario* | *Pubblico —*, chi esplica una pubblica funzione legislativa, giudiziaria o amministrativa. [→ ill. *giustizia*] **2** (*mil.*) Ogni militare graduato, da sottotenente (o guardiamarina) in su: *ufficiali inferiori, superiori* | *— di rotta*, in marina e aeronautica, addetto alla sorveglianza della rotta da seguire. [→ ill. *uniforme militare*] **3** In molti ordini cavallereschi, classe o grado superiore a quello iniziale.

ufficialità (1) *s. f.* Qualità di ciò che è ufficiale.

ufficialità (2) *s. f.* (*mil.*) Insieme degli ufficiali di un corpo, di un presidio, o dell'intero esercito.

ufficializzàre *v. tr.* Rendere noto e ufficiale quanto già deciso o attuato: *— una nomina.*

ufficiàre A *v. tr. e intr.* V. *officiare.* **B** *v. tr.* (*bur.*) Invitare, sollecitare con ossequio: *il presidente fu ufficiato a presentarsi.*

ufficiatùra *s. f.* Celebrazione degli uffici religiosi.

ufficio o (*pop.*) *officio* spec. nel sign. 2, (*lett.*) *uffizio s. m.* **1** (*raro*) Ciò che ciascuno deve fare secondo il luogo, il tempo, la condizione e sim.: *a lui spetta l'— di assistere; — di tutore.* **2** (*est., raro*) Beneficio, favore, servigio: *— verso il prossimo.* **3** (*est.*) Intervento, raccomandazione, sollecitazione: *ciò che abbiamo ottenuto lo dobbiamo ai vostri buoni uffici.* **4** (*est.*) Incarico, incombenza: *accettare, rifiutare un —.* **5** (*dir.*) Gruppo di funzioni di cui è investito un funzionario: *doveri e oneri dell'—* | *D'—*, per autonoma iniziativa di un funzionario, di un'autorità e sim.: *dimissioni d'—* | *Difensore d'—*, designato dal giudice e assegnato alla parte che non può procurarsene uno di fiducia | (*est.*) Luogo in cui un funzionario esercita le funzioni che gli competono. **6** (*org. az.*) Compito che una persona svolge nell'ambito dell'organizzazione di un'azienda | (*est.*) Posto di lavoro di un impiegato o di un dirigente: *recarsi in —.* [→ ill. *ufficio*] **7** (*dir.*) Organo: *— di collocamento.* **8** In un'azienda, complesso di funzioni aziendali omogenee raggruppate in un unico settore o sede in cui sono svolte: *— vendite; — del personale* | *— stampa*, presso aziende, enti e sim. quello che cura la diffusione delle notizie ai giornalisti. **9** Preghiera, cerimonia, funzione religiosa: *— funebre.*

ufficiosità *s. f.* L'essere ufficioso.

ufficióso *agg.* **1** (*raro, lett.*) Che è molto gentile, cortese, premuroso: *servitore —* | *Bugia ufficiosa*, detta per evitare danni, dolori e sim. **2** Che non è ufficiale, detto spec. di notizia, comunicazione e sim. e dei modi con cui è resa nota: *comunicazione ufficiosa; l'informazione proviene da fonti ufficiose.*

uffìzio V. *ufficio.*

ùfo (1) *vc. Solo nella loc. avv. a —*, senza pagare, a spese altrui: *mangiare a —.*

1
2
3
4
5
6
7
8
9
10
11
12
13
14
15
16
17
18
19
20
21
22

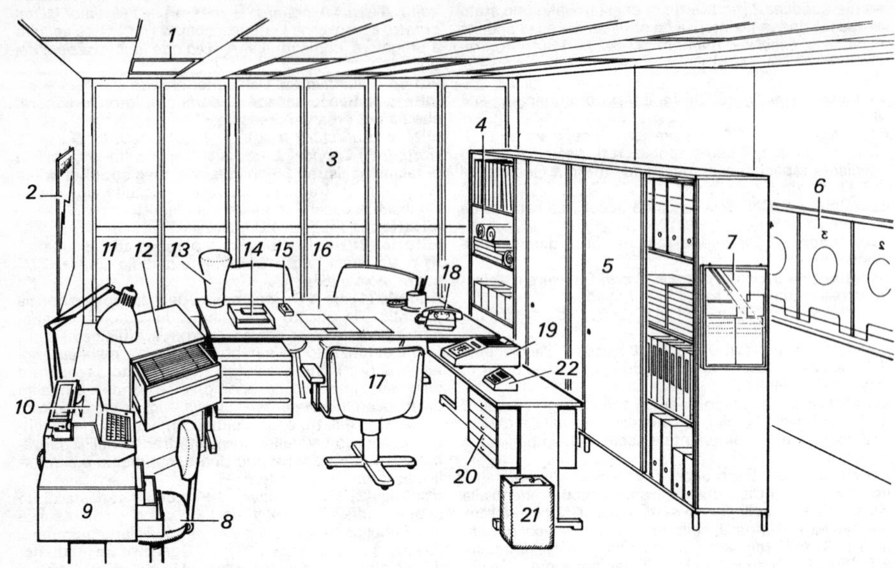

1 pannello luminoso 2 diagramma 3 tramezzo 4 scaffale 5 armadio 6 sportello per il pubblico 7 bacheca 8 sedia girevole 9 tavolino per macchina da scrivere 10 macchina da scrivere 11 lampada snodabile 12 classificatore 13 lampada da tavolo 14 vaschetta per pratiche 15 calendario 16 scrivania 17 poltrona girevole 18 telefono 19 calcolatrice 20 cassettiera 21 cestino della carta straccia 22 dittafono

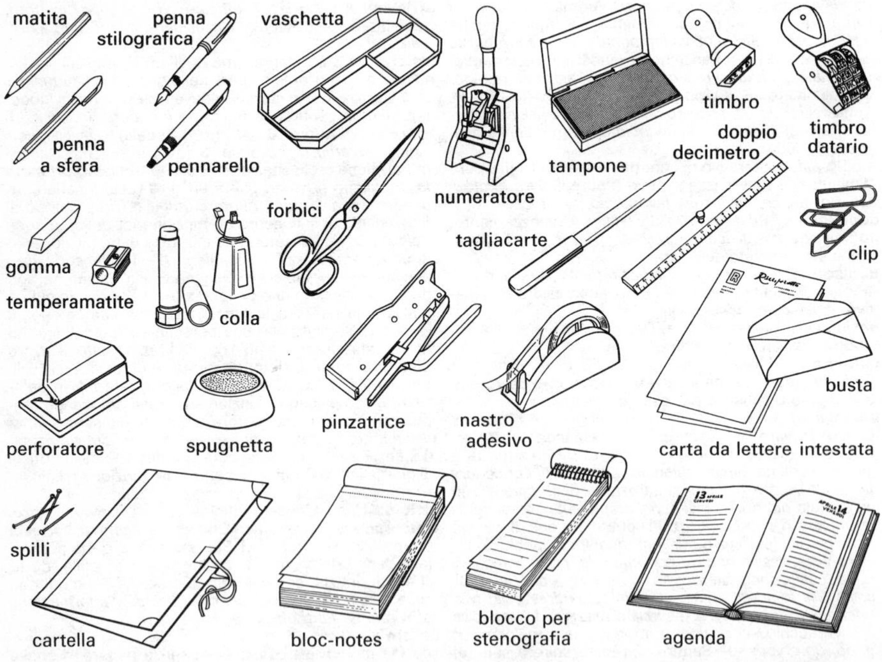
matita
penna stilografica
vaschetta
timbro
timbro datario
penna a sfera
pennarello
numeratore
tampone
doppio decimetro
forbici
tagliacarte
clip
gomma
temperamatite
colla
busta
perforatore
spugnetta
pinzatrice
nastro adesivo
carta da lettere intestata
spilli
cartella
bloc-notes
blocco per stenografia
agenda

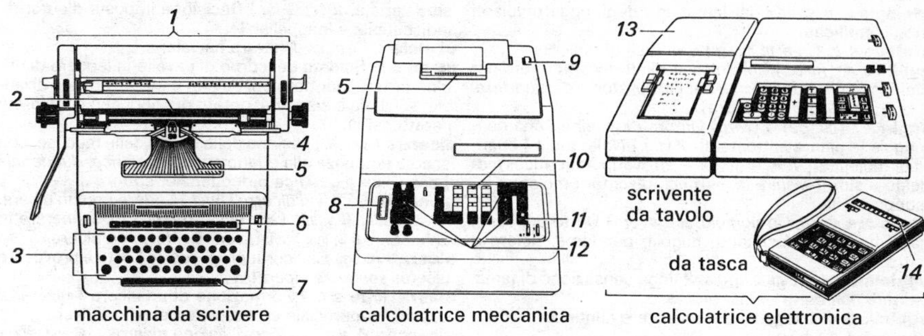

macchina da scrivere

calcolatrice meccanica

calcolatrice elettronica

1 carrello 2 rullo 3 tastiera 4 nastro 5 martelletti 6 tabulatore 7 barra spaziatrice 8 indicatore di capacità 9 manopola del rullo 10 tastiera numerica 11 tasto del totale 12 tasti delle operazioni 13 scrivente 14 finestrella dei numeri

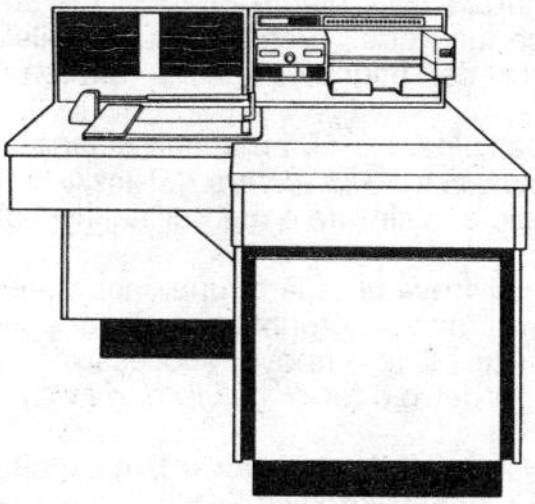

fotocopiatrice

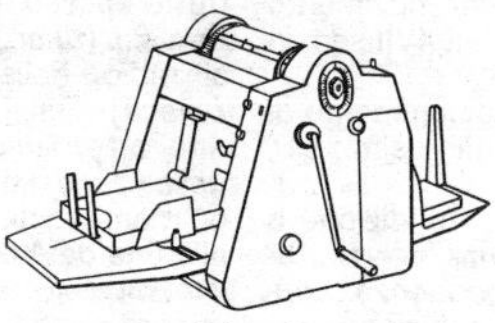

ciclostile

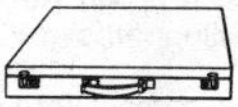

diplomatica

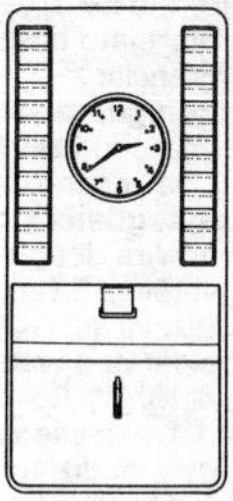

pesalettere

orologio di controllo

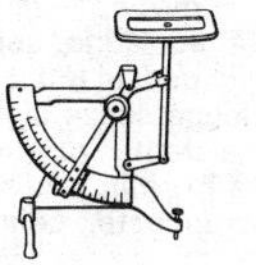

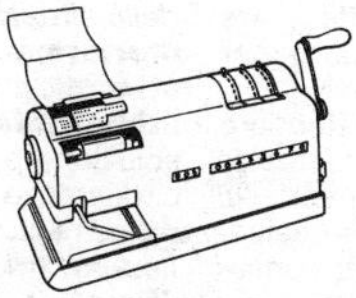

affrancatrice

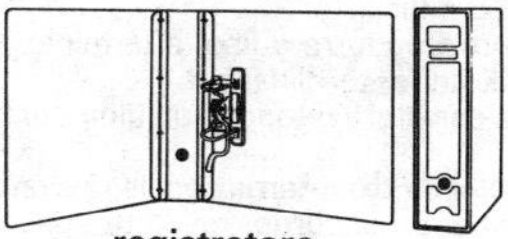

registratore

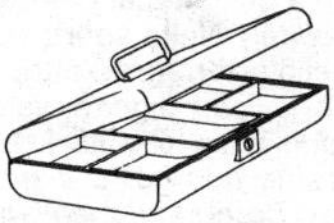

cassetta portavalori

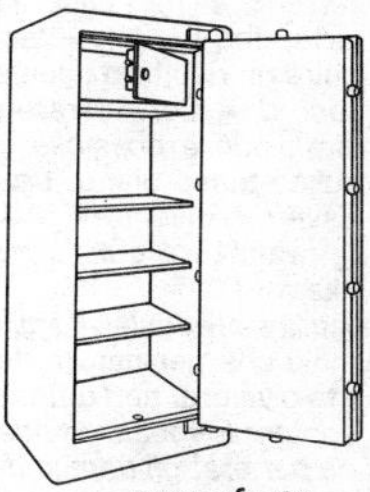

cassaforte

cartella per la firma

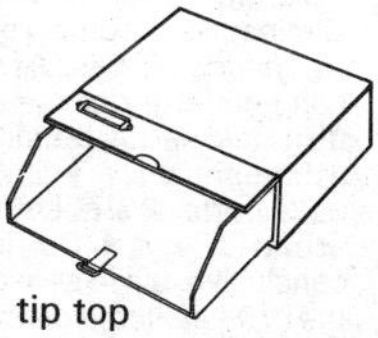

tip top

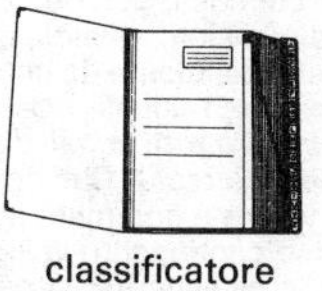

classificatore a cartella

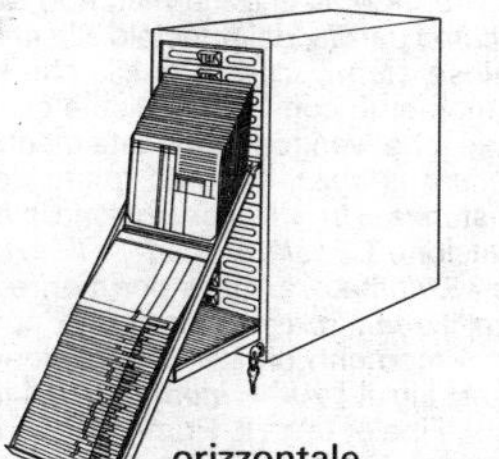

orizzontale

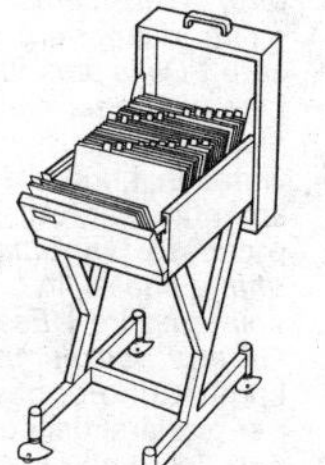

verticale

rotativo

schedario

classificatore verticale

ùfo (2) *s. m. inv.* Oggetto volante non identificato, di natura imprecisata ma gener. spiegabile (sigla dell'ingl. *U(nidentified) F(lying) O(bjects)* 'oggetti volanti non identificati').
ufologia *s. f.* Studio del fenomeno degli oggetti volanti non identificati.
ufòlogo *s. m.* (*f. -a; pl. m. -gi*) Studioso di ufologia.
ugèllo *s. m.* (*mecc.*) Condotto studiato e conformato per l'efflusso di un fluido: – *del carburatore, del reattore.* [→ ill. *metallurgia, motore*]
ùggia *s. f.* (*pl. -ge*) **1** (*raro*) Ombra degli alberi che danneggia le piante sottostanti. **2** (*fig.*) Noia, tedio | Fastidio, molestia | *Avere qc. in –*, trovarlo antipatico, molesto e sim. | *Venire in – a qc.*, diventare molesto, insopportabile.
uggiolàre *v. intr.* (*io ùggiolo; aus. avere*) Detto del cane, lamentarsi con insistenti mugolii, per fame, dolore o altro.
uggiolìna *s. f.* **1** *Dim. di uggia.* **2** Vaga sensazione di fame: *sentire una certa – allo stomaco.*
uggiolìo *s. m.* L'uggiolare frequente e continuo.
uggiosità *s. f.* L'essere uggioso.
uggióso *agg.* **1** (*raro, lett.*) Ombroso e umido. **2** (*fig.*) Che dà uggia: *tempo –*; SIN. Tedioso.
ùgna V. *unghia.*
ùgola *s. f.* **1** (*anat.*) Piccola appendice che si distacca dal margine libero del palato molle. [→ ill. *anatomia umana*] **2** (*est., scherz.*) Gola | *– d'oro*, (*fig., scherz.*) di persona che canta molto bene.
ugonòtto *agg.; anche s. m.* (*f. -a*) Aderente al movimento riformato cristiano sviluppatosi fra il XVI e il XVII sec. in Francia.
uguagliaménto *s. m.* Conferimento o raggiungimento di una condizione di uguaglianza, uniformità e sim.; SIN. Livellamento, pareggiamento.
uguagliànza o *eguagliànza s. f.* **1** Stato, condizione o qualità di uguale: – *di forme*; – *di vedute*; CONTR. Diversità. **2** (*est.*) Parità, equilibrio, corrispondenza: *condizioni di –.* **3** Principio per cui tutti gli uomini sono considerati davanti alla legge senza distinzione e privilegi. **4** (*mat.*) Relazione esistente fra due enti che godono delle stesse proprietà | (*geom.*) Relazione esistente fra due figure che, sovrapposte, coincidono punto per punto.
uguagliàre o *eguagliàre* **A** *v. tr.* (*io uguàglio*) **1** Rendere uguale: – *il peso di due oggetti*; – *gli uomini di fronte alla legge.* **2** Rendere uniforme, liscio, omogeneo: – *il terreno.* **3** (*fig.*) Essere uguale a qc. o a q.c. per qualità, virtù, doti e sim.: – *qc. in abilità* | Nello sport, conseguire un risultato uguale a quello ottenuto da altri: – *un record.* **4** Considerare uguale, di pari dignità, valore e sim.: *non è possibile – le due città.* **B** *v. rifl.* Mettersi sullo stesso piano: *uguagliarsi a, con qc.* **C** *v. intr. pron.* Essere o divenire uguale: *i vari criteri si uguagliano.*
uguagliatóre *s. m.; anche agg.* (*f. -trìce*) Chi (o che) uguaglia.
uguàle o *eguàle* **A** *agg.* **1** Detto di cosa, persona o animale che per natura, forma, dimensioni, qualità, quantità o valore, non differisce sostanzialmente da un'altra: *sostanze uguali*; *le nostre idee sono uguali*; *essere – di, per età*; *gli uomini devono essere tutti uguali di fronte alla legge*; CONTR. Disuguale, diverso. **2** Che conserva la stessa natura, lo stesso valore e non muta col variare delle situazioni particolari e contingenti: *la legge è – per tutti.* **3** Piano, liscio, privo di asperità: *superficie –.* **4** (*fig.*) Omogeneo, uniforme: *andatura, moto –.* **B** *in funzione di avv.* Allo stesso modo: *costano –.* **C** *s. m. e f. spec. al pl.* Chi appartiene allo stesso grado, ceto o classe sociale di uno o più altri: *trattare solo coi propri uguali* | *Non avere l'–, uguali*, essere incomparabile, straordinario.
ugualitàrio V. *egualitario.*
ugualménte *avv.* In ugual modo, parimenti | Ciononostante, lo stesso: *sebbene piova esco –.*
uh *inter.* Esprime dolore acuto, fastidio, meraviglia, sorpresa, disapprovazione.
ùhi *inter.* Esprime forte dolore, contrarietà o rammarico.
uhm *inter.* Esprime incertezza, diffidenza, dubbio, incredulità.
uistitì *s. m. inv.* Piccola scimmia americana lunga solo venti o trenta centimetri con testa molto piccola, coda prensile e pollice non opponibile.
ukàse *s. m. inv.* **1** Nell'antica Russia, fino al XIX sec., editto o decreto imperiale, tipica espressione del dispotismo zarista. **2** (*est., fig.*) Decisione imposta d'autorità, indiscutibile e inappellabile.
ukulèle *s. f. e m. inv.* Chitarra hawaiana.
ulàno *s. m.* Soldato del corpo di cavalleria leggera di origine tartara, adottato poi da altri eserciti, armato di lancia, sciabola e carabina, dotato di copricapo e uniforme caratteristici.
ùlcera *s. f.* (*med.*) Lesione della cute o delle mucose, con scarsa tendenza alla guarigione: – *gastrica, duodenale* | ass. Ulcera gastrica o duodenale: *soffrire di –.*
ulceràre A *v. tr.* (*io ùlcero*) (*med.*) Ledere con un'ulcera: – *la pelle.* **B** *v. intr.* (*aus. essere*) (*med.*) Degenerare in un'ulcera. **C** *v. intr. pron.* Divenire affetto da ulcera.
ulcerativo *agg.* Di ulcera: *processo –* | Atto a provocare ulcere: *sostanze ulcerative.*
ulcerazióne *s. f.* **1** Formazione di un'ulcera | ulcera. **2** Lesione superficiale con caratteri simili all'ulcera.
ulceróso A *agg.* Di ulcera: *lesione ulcerosa.* **B** *agg.; anche s. m.* (*f. -a*) Affetto da ulcera gastrica o duodenale.
ulìgine *s. f.* (*raro, lett.*) Umidità naturale della terra.
ulìte *s. f.* (*med.*) Infiammazione delle gengive.
ulìva V. *oliva.*
ulìvo e deriv. V. *olivo* e deriv.
Ulmàcee *s. f. pl.* Famiglia di piante arboree o arbustive delle Urticali con foglie ovali, infiorescenze a ombrella, frutto spesso a samara. [→ ill. *piante* 2]
ùlna *s. f.* (*anat.*) Osso lungo dell'avambraccio, parallelo al radio, dalla parte del mignolo. [→ ill. *anatomia umana*]
ulnàre *agg.* (*anat.*) Dell'ulna. [→ ill. *anatomia umana*]
ùlster /*ingl.* 'ʌlstə/ *s. m. inv.* (*pl. ingl. ulsters* /'ʌlstəz/) Lungo mantello da viaggio con cintura e mantellina, in voga alla fine del XIX sec.
ulterióre *agg.* **1** Che si trova al di là di una linea determinata rispetto a un punto di riferimento: *Spagna –*; CONTR. Citeriore. **2** (*est.*) Che è nuovo, successivo e si aggiunge a quanto già detto o fatto: *gli ulteriori sviluppi della situazione.*
ulteriorménte *avv.* **1** Ancor più. **2** Più avanti, in seguito.
ultimaménte *avv.* Di recente: *l'ho visto –.*
ultima ratio /*lat.* 'ultima 'rattsjo/ *loc. sost. f. inv.* L'ultima soluzione possibile, l'estrema possibilità di salvezza in circostanze disperate o difficili.
ultimàre *v. tr.* (*io ùltimo*) Condurre a fine, a termine: – *l'opera*; SIN. Compiere, finire, terminare.
ultimativo *agg.* Che ha carattere o tono di un ultimatum: *ordine –.*
ultimàtum *s. m. inv.* **1** Nel diritto internazionale, insieme delle ultime condizioni di un accordo, respinte le quali si minaccia di rompere i negoziati o di ricorrere alla forza: *mandare un –.* **2** (*est., fig.*) Proposta perentoria che non ammette ripensamenti o rifiuti.
ultimazióne *s. f.* Definitivo compimento.
ultimissima *s. f.* **1** L'ultima edizione di un giornale: – *della notte.* **2** *al pl.* Le notizie più recenti.
ùltimo A *agg.* **1** Corrispondente all'elemento finale o conclusivo, sia in senso spaziale che temporale: *l'– nome di un elenco*; *l'ultima lettera dell'alfabeto*; *l'– giorno dell'anno* | *L'ultima parola*, (*fig.*) quella decisiva | *Avere, dire, volere sempre l'ultima parola*, in una discussione e sim. rispondere sempre, non arrendersi mai, non tacere | *Dalla prima all'ultima parola*, dal principio alla fine | *Le ultime parole famose*, (*fam., scherz.*) quelle che si dicono in determinati momenti, con tono deciso e convinto, in buona fede, e che vengono poi totalmente smentite dai fatti | *Ultima istanza*, estremo grado del processo | *In ultima istanza*, (*fig.*) in conclusione | *In ultima analisi*, in conclusione | *Esalare, rendere l'– respiro*, morire | *Essere all'ultima ora*, stare per morire | *Gli eroi dell'ultima ora*, (*iron., spreg.*) coloro che non combattono e, passati i momenti difficili, ricompaiono per gloriarsi dei successi altrui | *All'– momento*, sul finire del tempo utile; SIN. Finale; CONTR. Primo. **2** Che è il più vicino al tempo presente, che risale a poco o pochissimo tempo fa: *le ultime notizie*; *hai saputo l'ultima novità?* | *All'ultima moda*, modernissimo | *Dell'ultima*

ora, recentissimo: *notizia dell'ultima ora.* **3** Che è molto lontano dal tempo presente in quanto risale a un remoto passato o si proietta in un remoto futuro: *le ultime origini della nostra civiltà*; *la sua fama durerà fino agli ultimi secoli.* **4** Che costituisce la parte finale di q.c.: *l'— lembo di spiaggia.* **5** (*fig.*) Che per importanza, pregio, merito, capacità, valore e sim. è inferiore ad altri: *è l'— scrittore che leggerei* | *L'— arrivato, l'— venuto,* (*fig.*) la persona meno importante, capace, meritevole | *L'ultima ruota del carro,* (*fig.*) la persona più irrilevante | (*est.*) Peggiore, infimo: *di ultima qualità.* **6** (*fig.*) Massimo, sommo: *le ultime vette dell'ingegno.* **7** (*fig., lett.*) Primario, fondamentale: *Dio è l'ultima causa del mondo.* **B** *s. m.* (*f. -a* nel sign. 1) **1** Chi viene dopo tutti gli altri, chi è ultimo nel tempo, nello spazio o per importanza, pregio, meriti: *l'— dell'elenco*; *l'— di noi, fra noi*; *essere uno degli ultimi* | *L'— della classe,* quello che ottiene i peggiori risultati scolastici | *L'— degli ultimi,* il peggiore in senso assoluto. **2** (*fam.*) Elemento che chiude una successione, una classificazione, una serie: *l'— (giorno) del mese.* **3** (*fig.*) Momento finale, conclusivo | *All'—,* alla fine | *Essere all'—, agli ultimi,* in punto di morte | *Da —,* infine | *In —,* alla fine | *Fino all'—,* fino alla fine. [→ tav. *proverbi* 14, 342]

ùlto *agg.* (*poet.*) Vendicato.

ultóre *agg.; anche s. m.* (*f. -trìce*) (*poet.*) Che (o chi) vendica.

ùltra /*fr.* yl'tra/ *s. m. inv.; anche agg.* (*pl. fr. ultras* /yl'tra/) In Francia, durante la Restaurazione, sostenitore intransigente della monarchia assoluta | In epoca più recente, reazionario, nazionalista.

ultrà o *ultra agg.; anche s. m. e f. inv.* Appartenente a gruppi estremisti: *la destra, la sinistra —* | (*est.*) Fanatico: *tifoso —.*

ultracórto *agg.* **1** Molto corto. **2** (*fis.*) Detto delle onde hertziane di lunghezza d'onda compresa fra 10 m e 1 m.

ultramicroscòpico *agg.* (*pl. m. -ci*) Che è visibile solo con l'ultramicroscopio: *particella ultramicroscopica.*

ultramicroscòpio *s. m.* (*ott.*) Microscopio ottico dotato di un fascio luminoso, per l'osservazione di corpuscoli minutissimi.

ultramicròtomo *s. m.* Strumento che serve a tagliare corpi in fette di spessore molto piccolo, inferiore a 0,1 mm.

ultramodèrno *agg.* Che costituisce o rappresenta quanto di più moderno vi è: *tecniche ultramoderne.*

ultraràpido *agg.* Che è estremamente rapido.

ultrarósso *agg.; anche s. m.* Infrarosso.

ultrasensìbile *agg.* Che è dotato di estrema sensibilità.

ultrasinistra *s. f.* L'insieme delle organizzazioni politiche di estrema sinistra.

ultrasònico *agg.* (*pl. m. -ci*) Pertinente agli ultrasuoni: *onde ultrasoniche.*

ultrasonòro *agg.* Ultrasonico.

ultrasuòno *s. m.* Suono di frequenza superiore al limite di udibilità umana.

ultraterréno *agg.* Che è o va al di là delle cose della Terra: *mondo —.*

ultraviolétto A *s. m.* Radiazione magnetica situata oltre l'estremo violetto, con lunghezza d'onda fra 0,4 e 0,2 micron. **B** *agg.* Dell'ultravioletto: *raggi ultravioletti.*

ululàre *v. intr.* (*io ùlulo; aus. avere*) **1** Emettere ululati, detto del cane e del lupo: *un cane ulula alla luna.* **2** (*est., lett.*) Emettere prolungati e cupi lamenti, detto di persone. **3** (*fig.*) Produrre suoni simili a ululati: *il vento ulula.*

ululàto *s. m.* **1** Urlo cupo e prolungato del lupo o del cane e (*est.*) di altri animali. **2** (*est., lett.*) Lungo grido lamentoso. **3** (*fig.*) Suono lungo e cupo simile a un ululato: *gli ululati del vento.*

ùlulo *s. m.* Ululato.

ululóne *s. m.* Anfibio senza coda simile a un piccolo rospo, con pelle verrucosa sul dorso, liscia e vivacemente colorata sul ventre; nel periodo della riproduzione emette un verso simile a un ululato. [→ ill. *animali* 6]

ùlva *s. f.* (*bot.*) Lattuga di mare.

umanaménte *avv.* **1** Dal punto di vista dell'uomo: *fare questo è — impossibile.* **2** Con umanità: *trattare qc. —.*

umanésimo *s. m.* **1** Movimento culturale sorto in Italia alla fine del XIV sec. e diffusosi in tutta Europa fino al sec. XVI, caratterizzato dal rifiorire degli studi classici e dall'affermarsi di una concezione della vita basata sulla riscoperta di autonomi valori umani e storici. **2** (*est.*) Qualsiasi concezione della vita fondata su valori analoghi. **3** (*est.*) Interesse per gli studi filologici o classici.

umanista *s. m. e f.* (*pl. m. -i*) **1** Seguace dell'Umanesimo. **2** (*est*) Chi coltiva gli studi classici.

umanìstico *agg.* (*pl. m. -ci*) **1** Che si riferisce all'Umanesimo e agli umanisti. **2** (*est.*) Che si riferisce alla lingua e alla letteratura classiche: *studi umanistici* | (*est.*) Letterario: *facoltà umanistiche.*

umanità *s. f.* **1** Natura umana: *l'— e la divinità del Cristo.* **2** (*est.*) Complesso di elementi spirituali quali la benevolenza, la comprensione, la generosità e sim. verso gli altri, che si ritengono propri dell'uomo: *avere un profondo senso di —.* **3** Moltitudine di uomini: *un'— sofferente* | Il genere umano: *benefattore dell'—.* **4** (*lett.*) Studi letterari.

umanitàrio A *agg.* **1** Che pensa e opera secondo principi di generosità, comprensione, carità, amore verso il prossimo. **2** (*est.*) Che è proprio di una persona umanitaria: *ideali umanitari.* **B** *s. m.* (*f. -a*) Persona umanitaria; SIN. Filantropo.

umanitarìsmo *s. m.* Insieme dei principi ideali delle attività concrete proprie degli umanitari; SIN. Filantropia.

umanizzàre *v. tr.* Rendere umano, civile.

umàno A *agg.* **1** Di uomo, proprio dell'uomo: *corpo, organismo, destino —*; *condizione umana* | (*est.*) Che è costituito da uomini: *specie umana*; *genere —.* [→ ill. *anatomia umana*] **2** Detto di persona in cui si realizza pienamente la natura umana in ciò che essa ha di essenziale e di universale: *un eroe —* | Che è proprio della natura umana in quanto imperfetta, limitata, contraddittoria: *l'umana debolezza*; *errare è —.* **3** Pieno di umanità: *parole umane e consolatrici*; CONTR. Inumano. **4** (*fig.*) Intensamente espressivo: *il cane mi guardava con uno sguardo —.* **B** *s. m. solo sing.* Ciò che è proprio dell'uomo: *l'— e il divino.* **C** *s. m. spec. al pl.* (*lett.*) Uomo: *il pianto degli umani.*

umanòide *agg.; anche s. m.* Che (o chi) è fornito di caratteri simili all'umano (spec. in testi di fantascienza).

umazióne *s. f.* (*lett.*) Seppellimento.

Umbellàli *s. f. pl.* (*sing. -e*) Ordine di piante dicotiledoni. [→ ill. *piante* 10]

umbertìno *agg.* Di Umberto I d'Italia e dell'epoca del suo regno: *società umbertina* | *Stile —,* tipico di tale epoca e caratterizzato da una grande varietà di influenze stilistiche diverse.

umbilìco V. *ombelico.*

umbràtile *agg.* **1** (*lett.*) Che è in ombra, che è pieno d'ombra: *giardino —.* **2** (*fig.*) Che ama il silenzio, la riservatezza e sim.: *uomo, carattere —*; SIN. Introverso, timido.

ùmbro *agg.; anche s. m.* (*f. -a*) Dell'Umbria.

-ùme *suff.*: è derivativo di sostantivi di senso spregiativo: *fradiciume, luridume.*

umettàre *v. tr.* (*io umétto*) **1** Umidificare in superficie: *umettarsi le labbra.* **2** (*raro*) Inumidire.

ùmico *agg.* (*pl. m. -ci*) Che si riferisce all'humus: *sostanze umiche del terreno.*

umidézza *s. f.* Condizione o stato di ciò che è umido.

umidìccio *agg.* (*pl. f. -ce*) **1** Che è piuttosto umido: *terreno —.* **2** Che è sgradevolmente umido: *mani umidicce.*

umidificàre *v. tr.* (*io umidìfico, tu umidìfichi*) Rendere umido | *— l'aria,* aumentarne l'umidità relativa nebulizzando acqua o immettendovi vapore acqueo.

umidificatóre *s. m.* Apparecchio che conferisce l'umidità voluta all'aria di una stanza.

umidità *s. f.* **1** L'essere umido; CONTR. Aridità. **2** Presenza di vapore acqueo nell'atmosfera: *l'— della notte* | *— atmosferica,* contenuto di vapore acqueo dell'atmosfera | *— assoluta,* massa di vapor d'acqua esistente nella unità di volume di aria atmosferica | *— relativa,* rapporto, espresso in percentuale, tra la quantità di vapor d'acqua contenuto in un dato volume d'aria e la quantità necessaria per saturarlo. **3** (*gener.*) Quantità d'acqua o di vapore acqueo contenute in una sostanza o in un corpo: *misurare l'— del terreno.*

ùmido A *agg.* **1** Che è più o meno impregnato o asperso d'acqua o d'altro liquido: *terreno —*; *essere — di sudore* | Che non si è ancora completamente asciugato: *bian-*

cheria umida. **2** Detto dell'atmosfera, e dei fenomeni che la riguardano, quando l'umidità relativa supera il sessanta per cento: *clima* —. **3** Detto di procedimenti o fenomeni che avvengono mediante liquidi o che si accompagnano a produzione di materiali più o meno liquidi. **B** *s. m.* **1** Umidità. **2** Sugo di pomodoro, verdure varie, olio, in cui si mette a cuocere una vivanda | Vivanda così cucinata.

umidóre *s. m.* (*lett.*) Umidità.

umìfero *agg.* Detto di terreno grasso, fertile, ricco di humus.

umificazióne *s. f.* Trasformazione in terreno agrario (humus), a opera di microrganismi, delle sostanze organiche presenti nel terreno.

ùmile *agg.* (*sup. umilissimo, poet. umillimo*) **1** Poco elevato, quanto a grado sociale: *umili origini.* **2** (*est.*) Povero, modesto, dimesso: *un'— casetta* | (*est.*) Meschino, misero, vile: *i lavori più umili.* **3** Che è pienamente consapevole dei propri limiti e non si inorgoglisce per le proprie qualità o per i successi che consegue: *un eroe* —; *essere — di cuore*; SIN. Modesto; CONTR. Arrogante, orgoglioso, superbo. **4** Che riconosce e accetta l'autorità o la supremazia altrui: *essere — coi superiori.* **5** Che mostra umiltà, che è improntato a umiltà: *atteggiamento* —.

umiliànte *part. pres. di umiliare; anche agg.* Che umilia, provoca vergogna, imbarazzo e sim.

umiliàre A *v. tr.* (*io umìlio*) **1** Sottomettere, reprimere: — *la superbia di qc.*; — *il proprio orgoglio.* **2** Indurre qc. in uno stato d'animo di profondo avvilimento, vergogna, imbarazzo e sim., con offese o altro: — *qc. con aspre parole*; SIN. Mortificare. **B** *v. rifl.* **1** Riconoscere apertamente la propria imperfezione, inferiorità, malvagità e sim.: *chi si umilia sarà esaltato.* **2** Fare atto di sottomissione: *umiliarsi davanti a Dio.*

umiliazióne *s. f.* **1** Avvilente mortificazione. **2** Azione, discorso, situazione che avvilisce, mortifica, umilia.

umiltà *s. f.* **1** Qualità di ciò che è umile: *l'— di un lavoro.* **2** Coscienza della propria debolezza che induce l'uomo ad abbassarsi, reprimendo ogni moto d'orgoglio: *l'— è una virtù cristiana*; SIN. Modestia; CONTR. Orgoglio, superbia. **3** Estrema deferenza, reverenza, sottomissione: *presentarsi a qc. con grande* —.

umóre (1) *s. m.* **1** (*lett.*) Sostanza liquida o quasi liquida, che stilla, gocciola e sim. **2** Liquido biologico di un organismo animale o vegetale | — *acqueo*, liquido contenuto nella camera anteriore dell'occhio | — *vitreo*, liquido denso contenuto nella camera posteriore dell'occhio. **3** Indole, carattere: *essere di — bizzarro* | *Bell'*—, persona faceta e bizzarra. **4** (*est.*) Disposizione dell'animo: *essere di cattivo, di pessimo, di buon* —.

umóre (2) *s. m.* (*raro*) Umorismo.

umorésca *s. f.* (*mus.*) Pezzo strumentale di carattere capriccioso e umoristico.

umorişmo *s. m.* Modo intelligente, sottile e ingegnoso di vedere, interpretare e presentare la realtà, ponendone in risalto gli aspetti insoliti, bizzarri e divertenti: *avere il senso dell'*—.

umorìsta *s. m. e f.* (*pl. m. -i*) **1** Persona dotata di umorismo. **2** Chi scrive opere umoristiche | Chi fa dell'umorismo.

umorìstico *agg.* (*pl. m. -ci*) **1** Che è proprio dell'umorismo o dell'umorista: *senso* —. **2** Che è detto o fatto con umorismo: *battuta umoristica.*

un A *agg. num. card.; anche pron. indef.* Forma tronca di 'uno'. **B** *anche art. indet.*: — *tale.*

unànime *agg.* **1** Detto di una pluralità di persone che manifestano totale concordanza di idee, opinioni, aspirazioni, desideri e sim.: *fummo unanimi nel condannare il misfatto.* **2** Detto di ciò che è pienamente condiviso da tutti i membri di un gruppo: *lode* —.

unanimeménte *avv.* All'unanimità.

unanimişmo *s. m.* Tendenza a raggiungere posizioni di unanimità formale, spec. nel linguaggio politico.

unanimità *s. f.* Totale concordanza di idee, opinioni, aspirazioni tra più persone | *All'*—, col pieno consenso di tutti: *la proposta fu accettata all'*—.

una tantum /*lat.* 'una 'tantum/ **A** *loc. agg.* Detto di retribuzione, premio, e in genere, concessione aventi carattere straordinario. **B** *s. f.* **1** Compenso a carattere non continuativo. **2** Forma straordinaria di imposizione fiscale.

uncinàre *v. tr.* **1** Modellare, foggiare a uncino: — *una punta.* **2** Afferrare con un uncino: — *la preda.* **3** (*fig.*) — *il pallone*, nel gioco del calcio, arrestarlo al volo, col piede.

uncinàto *part. pass. di uncinare; anche agg.* Foggiato a uncino | *Amo* —, fornito di artiglio | *Croce uncinata, croce uncinata nazista*, svastica. [→ ill. *araldica*]

uncinétto *s. m.* **1** *Dim. di uncino.* **2** Specie di grosso ago con una estremità uncinata usato per far lavori a maglia o a rete.

uncìno *s. m.* **1** Strumento spec. metallico, aguzzo e adunco, atto ad afferrare o appendere q.c. | *A* —, uncinato, adunco; SIN. Ronciglio. **2** (*fig.*) Scusa, pretesto, cavillo. **3** (*sport*) Nel pugilato, gancio.

undècimo *agg. num. ord.; anche s. m.* (*lett.*) Undicesimo.

under /*ingl.* 'ʌndə/ (sempre seguito da un num. card.) **A** *s. m. e f. spec. al pl.* Atleta al disotto di una data età: *gli — 23.* **B** *agg.; anche s. f.* Squadra formata di atleti al disotto di una data età: *la nazionale — 21*; *l'— 21 ha vinto.*

underground /*ingl.* 'ʌndə'graund/ **A** *agg. inv.* Detto di produzione musicale, artistica, letteraria, di tono anticonformista, la cui diffusione avviene attraverso canali diversi da quelli ordinari: *musica, giornale* —. **B** *s. f.* Cultura alternativa, controcultura.

undicènne *agg.; anche s. m. e f.* Detto di chi ha undici anni di età.

undicèşimo A *agg. num. ord.* Corrispondente al numero undici in una sequenza. **B** *s. m.* Ciascuna delle undici parti uguali di una stessa quantità.

ùndici [11 nella numerazione araba, XI in quella romana] **A** *agg. num. card.* Indica una quantità composta di dieci unità più una. **B** *s. m. inv.* **1** Il numero undici e il segno che lo rappresenta. **2** Squadra di calcio, in quanto formata da undici giocatori | *L'— azzurro*, la squadra nazionale italiana.

ungàrico *agg.* (*pl. m. -ci*) (*lett.*) Ungherese.

ùngere A *v. tr.* (*pres. io ùngo, tu ùngi; pass. rem. io ùnsi, tu ungésti; part. pass. ùnto*) **1** Spalmare di olio o di altre sostanze grasse, anche ass.: — *q.c. di sego*; — *il tegame di burro* | (*est.*) Macchiare d'unto: *ungersi il vestito.* **2** (*est.*) Ingrassare, lubrificare: — *una ruota, un ingranaggio* | — *le ruote, le carrucole a qc.*, (*fig.*) adularlo, offrirgli denaro, regali e sim., per ottenere favori | (*fig.*) — *il dente*, mangiare, spec. a spese altrui. **3** (*fig.*) Blandire, lisciare, anche ass. **B** *v. rifl.* Spalmarsi di sostanze grasse: *ungersi con la crema.* **C** *v. intr. pron.* Macchiarsi d'unto, sugo e sim.: *ungersi mangiando.*

ungherése *agg.; anche s. m. e f.* Dell'Ungheria.

ùnghia o (*raro*) **ùgna** *s. f.* **1** (*anat.*) Produzione cornea lamellare, caratteristica dei Vertebrati terrestri, che riveste l'estremità distale del dito: *le unghie dell'uomo*; *le unghie del gatto, del cavallo, del leone* | *Avere le unghie lunghe*, (*fig.*) essere propenso al furto | *Metter fuori le unghie*, (*fig.*) mostrare chiaramente la propria ostilità | *Difendersi coi denti e con le unghie*, (*fig.*) con ogni mezzo. [→ ill. *bue, forbici, maiale, spazzola, toilette e cosmesi*] **2** *al pl.* (*fig.*) Grinfie, mani: *mettere le unghie addosso a qc.* | *Avere, tenere qc. tra, sotto, le unghie*, in proprio potere. **3** (*fig.*) Distanza, dimensione, o quantità minima: *c'è mancata un'*—. **4** Taglio obliquo all'estremità di un attrezzo: *l'— dello scalpello* | (*est.*) Attrezzo con tale taglio. [→ ill. *scultore*] **5** Intaccatura sulla lama di un coltello a serramanico, per facilitare l'estrazione della lama stessa.

unghiàta *s. f.* Colpo inferto con le unghie | Ferita provocata da tale colpo; SIN. Graffio.

unghiàto *agg.* (*lett.*) Che è armato di unghie: *aquila unghiata.*

unghièllo *s. m.* Artiglio, unghiolo: *gli unghielli del gatto.*

unghiòlo *s. m.* (*zool.*) Unghia stretta e acuta del gatto e di alcuni uccelli, a es. la gallina.

unghióne *s. m.* **1** (*pop.*) Zoccolo. **2** Artiglio.

unghiùto *agg.* Che è dotato di robuste unghie.

ungueàle *agg.* (*anat.*) Dell'unghia: *lamina* —.

unguènto *s. m.* **1** Medicamento molle preparato con eccipienti grassi | Pomata. **2** Impasto molle di sostanze odorose, usato un tempo come profumo; SIN. Balsamo.

ùngula *s. f.* **1** (*raro*) Unghia. **2** (*zool.*) Zoccolo.

Ungulàti *s. m. pl.* Ordine di mammiferi con unghia a zoccolo. [→ ill. *animali* 17]

unguligrado A *agg.* Detto di animale che camminando poggia al suolo soltanto l'unghia. [→ ill. *zoologia*] **B** *anche s. m.*

ùni- *primo elemento*: in parole composte significa 'uno', 'uno solo': *unifamiliare, uniforme.*

unibile *agg.* Che si può unire.

unicaménte *avv.* Solamente, soltanto.

unicameràle *agg.* Detto di ordinamento politico rappresentativo fondato sull'unicameralismo.

unicameralismo *s. m.* Sistema parlamentare in cui il potere legislativo è attribuito a una sola camera o assemblea legislativa.

unicellulàre *agg.* (*biol.*) Detto di organismo formato da una sola cellula. [→ ill. *alga*]

unicità *s. f.* L'essere unico.

ùnico A *agg.* (*pl. m. -ci*) **1** Che non è preceduto, accompagnato o seguito da nessun altro elemento uguale, che è il solo esistente del suo tipo o specie: *volume, esemplare* –; *figlio* – | *Numero* –, di giornale o pubblicazione che esce saltuariamente, non periodico. **2** Che non ha uguali quanto a valore, virtù, importanza, prestigio e sim.: *quadro di bellezza unica*; SIN. Incomparabile. **B** *s. m.* (*f. -a* nel sign. 1) **1** Chi è solo a fare, dire, pensare e sim., q.c.: *sei l'– a crederlo.* **2** Oggetto o animale unico.

unicòrno A *agg.* (*zool.*) Detto di animale con un corno solo. **B** *s. m.* Nelle mitologie antiche e nelle credenze medievali, animale fantastico, simile al cavallo, con un corno sulla fronte, che ridotto in polvere, aveva virtù curative; SIN. Liocorno.

unicum /*lat.* 'unikum/ *s. m. inv.* Nel linguaggio di bibliografi, filatelici, numismatici, esemplare unico.

unidirezionàle *agg.* **1** (*tecnol.*) Detto di dispositivo atto al passaggio di un fluido, della corrente elettrica o altro, in una sola direzione. **2** In un sistema di circolazione stradale, detto di corrente di marcia in una sola direzione.

unifamiliàre *agg.* Detto di casa progettata e costruita per servire di abitazione a una sola famiglia: *villetta* –.

unificàbile *agg.* Che si può unificare.

unificàre A *v. tr.* (*io unìfico, tu unìfichi*) **1** Ridurre a unità, fondere due o più elementi in un solo organico insieme: – *l'Europa*; – *le leggi.* **2** Standardizzare prodotti industriali, nomenclature, unità di misura, metodi di prova. **B** *v. rifl. rec.* Ridursi a unità.

unificatóre *s. m.; anche agg.* (*f. -trice*) Chi (o che) unifica.

unificazióne *s. f.* **1** Funzione di due o più elementi in un solo organico insieme. **2** Standardizzazione.

uniformàre A *v. tr.* (*io unifórmo*) **1** Rendere uniforme: – *una superficie irregolare.* **2** Adeguare: – *la moda ai propri gusti.* **B** *v. rifl.* Adeguarsi, conformarsi, sottomettersi: *uniformarsi alla situazione.*

uniformazióne *s. f.* **1** Livellamento (*anche fig.*). **2** Adattamento, adeguamento.

unifórme (1) *agg.* **1** Che è uguale in ogni sua parte, che è privo di variazioni, difformità, discontinuità e sim.: *superficie piatta e* – | *Moto* –, con velocità costante; CONTR. Difforme. **2** (*fig.*) Monotono: *paesaggio* –.

unifórme (2) *s. f.* **1** Abito uguale per tutti gli appartenenti a una stessa forza armata | *Alta* –, *grande* –, prescritta per le occasioni solenni. [→ ill. *uniforme militare*] **2** (*est.*) Abito uguale prescritto per tutti gli appartenenti a un determinato ordine, istituto, servizio e sim.: *l'– dei ferrovieri*; SIN. Assisa.

uniformità *s. f.* **1** L'essere uniforme. **2** Conformità, concordanza, accordo: – *di vedute, di opinioni.*

unigènito A *agg.* Detto del Cristo, unico figlio di Dio fatto uomo: *Gesù, figlio – del Padre.* **B** *anche s. m.*

unilateràle *agg.* **1** Che riguarda un solo lato. **2** (*dir.*) Che riguarda o considera una sola delle parti: *promessa* – | *Negozio giuridico* –, in cui la manifestazione di volontà è una sola. **3** (*fig.*) Che prende in considerazione un solo lato o aspetto della cosa: *visione – di un problema* | (*est.*) Eccessivamente personale: *concetto* – | (*est.*) Arbitrario: *interpretazione* –.

unilateralità *s. f.* L'essere unilaterale (*spec. fig.*).

uninominàle *agg.* (*dir.*) Detto di sistema elettorale nel quale ogni lista presenta, in ogni collegio, un solo candidato.

unióne *s. f.* **1** Congiungimento di due o più elementi così che diventino un tutto unico | (*est.*) Fusione, stretto collegamento; CONTR. Separazione. **2** Ciò che risulta dall'unione di due o più elementi, spec. associazione di persone munite o meno di personalità giuridica: – *sindacale* | Legame, vincolo morale o giuridico: – *matrimoniale.* **3** (*fig.*) Intesa, accordo, concordia: *l'– degli animi, dei propositi* | Continuità, coesione: *manca l'– fra i vari elementi dell'opera.* **4** (*dir.*) Forma di cooperazione fra più soggetti di diritto internazionale per fini di comune interesse: – *doganale, monetaria*; – *europea occidentale.* [→ tav. *proverbi* 254]

unionista *s. m. e f.; anche agg.* (*pl. m. -i*) Fautore o sostenitore dell'unione di due o più organismi politici, economici, religiosi e sim.; CONTR. Separatista.

uniparo *agg.* Detto di animale che mette al mondo un solo figlio a ogni parto.

unìre A *v. tr.* (*io unìsco, tu unìsci*) **1** Congiungere, accostare o mescolare due o più cose o parti tra loro, così che diventino una cosa sola: *unite i vari ingredienti.* **2** (*est.*) Fondere, collegare strettamente, associarsi: *hanno deciso di – i loro beni* | – *l'utile al dilettevole*, fare q.c. di piacevole, traendone anche concreti benefici | (*est.*) Possedere contemporaneamente: – *al merito la*

uniforme militare

ordinaria per ufficiale

ordinaria per truppa

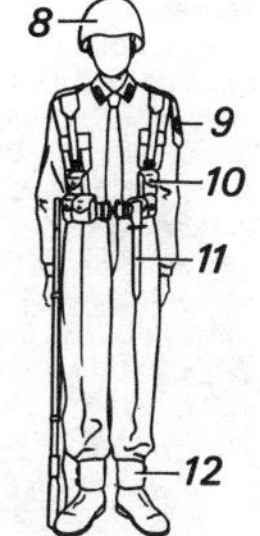

per servizi armati

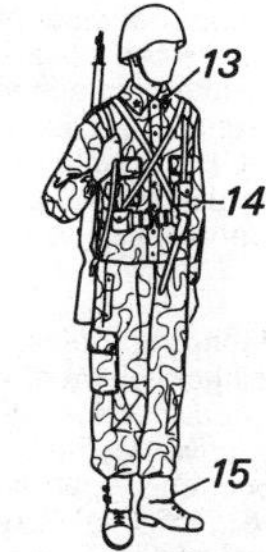

da combattimento

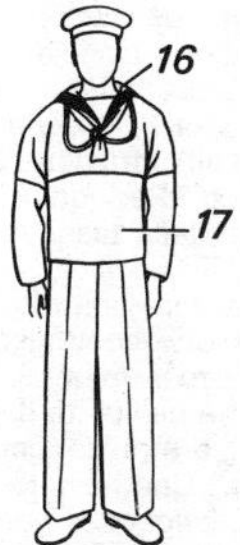

da marinaio

da aviere

1 berretto rigido 2 mostrina 3 distintivi di grado 4 basco 5 controspallina 6 scudetto di divisione o di specializzazione 7 giubbetto 8 elmetto 9 fascetta 10 giberna 11 baionetta 12 mollettiera 13 stelletta 14 tuta mimetica 15 stivaletto anfibio 16 solino 17 camisaccio 18 bustina

virtù. **3** (*est.*) Portare o indurre a un comune consenso, impegno, determinazione e sim., anche ass.: *spesso il dolore unisce gli uomini* | (*est.*) Legare con vincoli di natura morale o giuridica: *una promessa li unisce* | — *in matrimonio*, accogliere la manifestazione di volontà dei nubendi e dichiararli sposi. **4** Mettere in comunicazione, collegare: *un nuovo traforo unirà i due paesi.* **B** *v. rifl. rec.* **1** Mettersi insieme, formare una unione: *unirsi in matrimonio.* **2** Congiungersi, accostarsi, mescolarsi in modo da formare un tutto; SIN. Collegarsi. **3** (*est.*) Fare causa comune, agire per uno scopo comune: *unirsi contro l'invasore.* **C** *v. intr. pron.* **1** Accompagnarsi, mettersi con qc.: *si unirono al gruppo.* **2** (*est.*) Esistere contemporaneamente: *in lui l'astuzia si unisce all'intelligenza.*

unisessuàle *agg.* (*biol.*) Detto di pianta o animale portatore degli organi sessuali di un solo sesso.

unisessuàto *agg.* Unisessuale.

unisèx **A** *agg. inv.* Che si adatta a entrambi i sessi: *abbigliamento* —. **B** *s. m. inv.* Insieme di prodotti di abbigliamento unisex.

unisono **A** *agg.* **1** (*mus.*) Di più suoni aventi la stessa nota, la stessa altezza: *canto* —. **2** (*fig.*) Che è in pieno accordo, in conformità e sim.: *opinioni unisone.* **B** *s. m.* **1** (*mus.*) Esecuzione delle stesse note da parte di più voci o strumenti e nel medesimo tempo, *spec. nella loc. avv.*: *all'* —. **2** (*fig.*) Totale concordanza e contemporaneità: *agire all'* —.

unità *s. f.* **1** Qualità o condizione di ciò che è uno e indivisibile: *l'* — *dello spirito* | Nella teologia cristiana, attributo di Dio, come unica sostanza in tre persone. **2** Qualità o caratteristica di unico | — *di tempo, di luogo e di azione*, secondo i classicisti, condizione per cui la tragedia deve svolgersi tutta in un sol giorno, nello stesso luogo e senza digressioni. **3** Qualità di ciò che è costituito da molte parti strettamente unite l'una all'altra, o connesse tra loro in modo organico e omogeneo: *l'* — *della famiglia, di una lingua* | (*est.*) Unione politica: *l'* — *nazionale.* **4** Convergenza, concordia, identità: *agire con* — *di metodi e d'intenti.* **5** Elemento, oggetto, individuo o gruppo singolo, considerato in quanto tale o in quanto costitutivo di un complesso: *la frase è un'* — *sintattica; il comune è l'* — *amministrativa fondamentale.* **6** (*mat.*) Il numero uno | In una rappresentazione decimale di numeri naturali, numero dall'1 al 9 rappresentato dall'ultima cifra a destra. **7** (*fis.*) — *di misura*, grandezza, il cui valore viene posto uguale a uno, rispetto alla quale vengono misurate le altre grandezze con essa omogenee. **8** (*med.*) Misura internazionale adottata per il dosaggio biologico di certi farmaci e per la valutazione dell'effetto medicamentoso: — *di penicillina.* **9** (*econ.*) — *monetaria*, moneta scelta quale base del sistema monetario di un paese. **10** (*mil.*) Complesso organico delle varie armi e servizi, agli ordini di un comandante | *Grande* —, brigata, divisione, corpo d'armata | Ogni singola nave o aereo di un determinato tipo: — *pesante, leggera.* **11** (*med.*) Insieme coordinato di servizi e terapie mediche | *Unità Sanitaria Locale*, complesso integrato di servizi per l'assistenza sanitaria ai cittadini su un dato territorio. **12** (*elab.*) — *centrale*, nei sistemi elettronici per l'elaborazione dei dati, quella che esegue la vera e propria elaborazione dei dati e che presiede al governo del sistema | — *periferiche*, quelle destinate all'introduzione o all'estrazione dei dati. [→ ill. *elaborazione dati*] **13** (*telef.*) Periodo di tre minuti indivisibili per la determinazione della tassa di una conversazione interurbana.

unitarietà *s. f.* L'essere unitario.

unitàrio **A** *agg.* **1** Che costituisce un'unità: *complesso* —. **2** Che si riferisce a un'unità, a un singolo elemento: *costo* —. **3** Che ha nell'unità il suo scopo: *politica unitaria.* **4** Organico, armonico, continuo: *stile, poema* —; *metodo* —. **5** (*fis.*) Che ha valore di uno, che è pari all'unità di misura: *lunghezza unitaria.* **B** *s. m.* (*f.* -*a*) Fautore dell'unità politica, religiosa, amministrativa e sim.

unitarịsmo *s. m.* Propensione a impostare e a risolvere in modo unitario problemi, questioni, controversie e sim.

unitézza *s. f.* (*raro*) L'essere unito.

unito *part. pass. di unire; anche agg.* **1** Compatto, fisso: *tessuto* —. **2** Che è animato da un forte spirito di solidarietà: *famiglia molto unita.* **3** Uniforme, privo di disegni e sim.: *tinta unita.* **4** Denominazione di unioni o confederazioni di Stati, di organismi internazionali e sim.: *Stati Uniti d'America; Organizzazione delle Nazioni Unite.*

universàle **A** *agg.* **1** Dell'universo: *gravitazione* —. **2** Che si riferisce a tutte le cose: *le leggi universali della natura.* **3** (*filos.*) Detto di tutto ciò che può essere predicato di tutti gli individui di una stessa classe: *concetti universali.* **4** Che riguarda l'intera umanità: *giudizio* — | (*est.*) Di vastissima portata, d'importanza mondiale: *questioni universali.* **5** Che riguarda tutti gli uomini di un determinato paese, ambiente, ceto: *cordoglio, plauso, consenso* — | *Suffragio* —, diritto di voto esteso a tutti i cittadini di uno Stato che abbiano compiuto una certa età. **6** Che riguarda una totalità di cose, beni e sim. | *Erede* —, dell'intero patrimonio. **7** Che è versato in ogni campo dello scibile: *il genio* — *di Leonardo.* **8** In varie tecnologie, detto di dispositivo atto a essere usato in diverse condizioni | *A tensione* —, detto di apparecchio elettrico che può funzionare con le diverse tensioni in uso sulle reti di distribuzione. **B** *s. m.* **1** (*filos.*) Ciò che può essere predicato di tutti gli individui di una stessa classe: *dedurre dall'* — *il particolare.* **2** (*lett.*) La totalità, l'intero numero: *l'* — *dei viventi.*

universalịsmo *s. m.* Tendenza di un movimento politico o religioso a considerarsi valido per tutta l'umanità: *l'* — *della Chiesa.*

universalìsta *s. m. e f.* (*pl. m.* -*i*) Chi segue l'universalismo.

universalità *s. f.* **1** Qualità di ciò che è universale. **2** Totalità: *l'* — *dei cittadini.*

universalizzàre **A** *v. tr.* **1** Rendere universale. **2** (*est.*) Diffondere al massimo: — *la cultura.* **B** *v. intr. pron.* Estendersi a un numero sempre maggiore di persone.

universiade *s. f. spec. al pl.* Gare mondiali fra atleti universitari.

università *s. f.* **1** In epoca medievale, corporazione o associazione di arti o mestieri: *l'* — *dei mercanti.* **2** Istituto di studi superiori diviso in varie facoltà a seconda delle specializzazioni, che conferisce un titolo legale a chi abbia completato il previsto corso di studi | — *popolare*, istituto sorto per diffondere una cultura di livello universitario tra i ceti meno abbienti | (*est.*) Sede dell'università.

universitàrio **A** *agg.* Dell'università: *professore* —. **B** *s. m.* (*f.* -*a*) **1** Chi studia all'università. **2** Chi insegna all'università.

univèrso (1) *agg.* (*lett.*) Tutto intero, considerato nella totalità dei suoi componenti: *l'* — *mondo.*

univèrso (2) *s. m.* **1** L'insieme della materia distribuita nello spazio e nel tempo: *la struttura dell'* —; SIN. Cosmo. **2** (*est.*) L'insieme di tutto ciò che esiste: *i misteri dell'* —; SIN. Creato, natura. **3** Il globo terrestre e coloro che lo abitano | (*fam.*, *scherz.*) *Credersi il padrone dell'* —, pretendere di comandare su tutto e su tutti.

univocità *s. f.* L'essere univoco.

univoco *agg.* (*pl. m.* -*ci*) **1** Detto di ciò che si può definire con un solo nome o termine. **2** Che ha un unico significato, che è suscettibile di una sola interpretazione: *discorso* —.

ùno [1 nella numerazione araba, I in quella romana] **A** *agg. num. card.* (*f.* *ùna*) La forma maschile *uno* si tronca in *un* davanti ai nomi che cominciano per consonante o per vocale: *un cane, un dito, un ragazzo, un albero, un ente, un uomo*; rimane però *uno* davanti ai nomi che cominciano con *s impura, z, x, gn, pn, ps, i semiconsonante* (cioè che precede una vocale), *y* e *j*: *uno zaino, uno pseudonimo, uno iato, uno stupido* (nell'uso la forma tronca *un* si affianca a *uno* in diversi casi: *un pneumatico, un jumbo*). La forma femminile *una* si usa sempre davanti a consonante, *i semiconsonante*, *y* e *j*: *una donna, una farmacia, una iattura, una psicanalista.* Davanti a vocale tonica generalmente si elide: *un'isola, un'ancora, un'ugola*; di fronte a vocale atona si può elidere o meno: *un'assemblea* o *una assemblea, un'uscita* o *una uscita.* ATTENZIONE: in certi casi la presenza o meno dell'apostrofo è — a parte il contesto — l'unico segno che può rivelare il genere maschile o femminile. Ad es. *un'insegnante* o *un'assistente* sono donne, mentre *un insegnante* o *un assistente* sono uomini. Come *uno* si comportano gli aggettivi indefiniti *alcuno, ciascu-*

no, nessuno e veruno. **1** Indica la quantità numerica di una unità (*spec. preposto a un s.*): *è accaduto un anno fa*; *verrò con una ragazza.* **2** (*est.*) Uno unico, uno solo (spec. in espressioni negative o rafforzato da *'solo'*, *'soltanto'*, *'unico'* e sim.): *non ho un soldo in tasca*; *non ho che un desiderio*; *ho un'unica speranza* | *Fare, essere un tutt'*–, una sola cosa. **3** (*est., lett.*) Unito, compatto: *nazione una, libera e indipendente.* **B** *s. m.* Primo numero naturale, e il segno che lo rappresenta | *A – a* –, uno alla volta | *Essere – dei tanti*, (*fig.*) di persona che non si distingue, che non eccelle | – *per tutti e tutti per* –, esprimendo solidarietà di persona verso un gruppo e del gruppo verso una persona. **C** *art. indet. m. solo sing.* (*f. ùna*) **1** Indica, con valore indeterminato, persona o cosa generica o qualsiasi fra le tante della stessa specie: *ci sedemmo sotto un albero*; *un uomo mi ha fermato per la strada.* **2** Seguito da un agg. o da un s. con funzione predicativa indica persona o cosa che, come le tante della stessa specie, è dotata di quella particolare qualità: *sei una brava ragazza*; *credo sia un poco di buono*; *c'era un sole bellissimo.* **3** (*enf.*) Indica ciascuno degli appartenenti a una determinata categoria o classe: *un giovane deve avere coraggio*; *tutti abbiamo una famiglia.* **4** (*pleon.*) Circa, pressappoco: *costerà un cinquemila lire.* **D** *pron. indef.* (*f. ùna; pl. m. ùni; pl. f. ùna.* La forma tronca *'un'* è propria dell'uso lett. o tosc. e delle loc. *l'un l'altro, l'un con l'altro*) **1** Un tale, una certa persona, qualcuno: *ho incontrato – che ti conosce*; *è una del mio paese.* **2** Preceduto da 'se', con valore impersonale: *se – vuole può benissimo entrare.* **3** Questo (correl. con *'altro'*): *l'– o l'altro non fa differenza* | *L'un l'altro*, vicendevolmente: *si amano l'un l'altro.* **4** Uno qualunque, qualsivoglia: *ci sono dei giornali sul tavolo, passamene* – | *Sentirne, raccontarne una*, (*ell.*) una notizia strabiliante | *Combinarne una*, (*ell.*) una marachella. **E** *agg. indef. Solo nella loc. l'– e l'altro* (*seguito da un s.*), entrambi: *ho visitato l'una e l'altra città.* [→ tav. *proverbi* 45, 143, 380, 382, 386, 387, 391]

untìccio *agg.* (*pl. f. -ce*) Che è alquanto e sgradevolmente unto.

ùnto (1) **A** *part. pass. di ungere; anche agg.* Spalmato, sporco, di sostanza grassa. **B** *s. m.* (*relig.*) *L'– del Signore*, nella tradizione biblica, chi è stato eletto a speciale missione da Dio; (*est.*) Il Messia | Nel cristianesimo, chi è stato consacrato re o sacerdote in nome di Dio; (*est.*) il Cristo.

ùnto (2) *s. m.* **1** Sostanza grassa, che unge: *una macchia di* –. **2** Sugo o grasso che condisce le vivande, o che cola dalla carne stessa mentre cuoce.

untóre *s. m.* (*f. -trice*) Chi, durante la peste che infierì a Milano nel XVII sec., si credeva ungesse con sostanze infette le case per propagare il contagio | *Dagli all'–!*, (*fig.*) si dice per ironizzare su interpretazioni del tutto negative di particolari posizioni politiche, ideologiche, sociali e sim.

untorèllo *s. m.* **1** *Dim. di untore.* **2** (*fig.*) Persona da poco, incapace di provocare gravi danni.

untùme *s. m.* **1** Quantità di sostanza grassa che unge. **2** (*est.*) Sudiciume grasso.

untuosità *s. f.* **1** L'essere untuoso. **2** Materia grassa che unge. **3** (*fig.*) Maniera melliflua di comportarsi, assumendo atteggiamenti di urtante e ipocrita cortesia o servilismo.

untuóso *agg.* **1** Che ha in sé dell'unto, che unge. **2** (*fig.*) Che è caratterizzato da atteggiamenti ipocriti, melliflui, di eccessiva cortesia.

unzióne *s. f.* **1** Applicazione di unguenti, pomate e sim. sul corpo umano o una parte di esso. **2** Nella liturgia cattolica, l'ungere la fronte e altre parti del corpo con olio santo in alcuni sacramenti | *Sacramento degli Infermi, dei Morenti* (*Estrema Unzione* prima del Concilio Vaticano Secondo), sacramento che, nella Chiesa Cattolica, è amministrato ai malati gravi. **3** (*fig.*) Ipocrisia, fariseismo.

uòmo o (*pop.*) *òmo s. m.* (*pl. uòmini*) **1** Mammifero dei Primati, della specie *Homo sapiens*, a stazione eretta, con differenziazione funzionale delle mani e dei piedi, pollice della mano opponibile, grande sviluppo del sistema nervoso, dotato di forte intelligenza e capace di linguaggio articolato: *l'– preistorico*; *lo studio anatomico dell'–* | *L'– delle caverne*, (*gener.*) l'uomo preistorico. [→ ill. *animali* 21] **2** (*est.*) La specie umana in quanto tale, considerata nel suo complesso: *l'– è apparso sulla terra agli inizi del Quaternario.* **3** Ciascun essere umano in quanto dotato di ragione, sensibilità e sim.: *la coscienza dell'–*; *virtù e difetti dell'–.* **4** Ciascun essere umano, in quanto inserito in una particolare realtà sociale, storica, culturale, politica: *l'– preistorico, antico*; *l'– del medioevo, del rinascimento*; *le angosce dell'– moderno.* **5** Maschio fisicamente adulto della specie umana: *caratteri fisiologici dell'–* | *Da* –, proprio dell'uomo o adatto a lui: *voce da –*; *abito, cappello da* – | (*fig.*) *Come un sol* –, tutti insieme, con perfetta coordinazione dello sforzo. **6** (*gener.*) Individuo di sesso maschile: *un – giovane, vecchio*; *un – d'una certa età* | *Brav'–, onest'–*, onesto lavoratore, ma di limitate capacità intellettuali | *Sant'–*, estremamente buono, onesto, paziente | *Grand'–*, dotato di eccezionali capacità e qualità | – *di parola*, che mantiene ciò che promette | – *di poche parole*, taciturno, che preferisce l'azione ai discorsi | – *d'onore*, onorato e rispettabile | – *d'azione*, che non perde tempo in chiacchiere | – *di fiducia*, del quale ci si può interamente fidare | – *di paglia*, (*spreg.*) prestanome, comparsa | *Da – a* –, in tutta franchezza. **7** Essere umano adulto di sesso maschile, considerato in relazione alle caratteristiche della sua natura, e spesso contrapposto al bambino, alla donna oppure a creature prive di ragione: *la psicologia dell'–*; *ha solo quindici anni ma è già un –*; *non è da uomini disperarsi così.* **8** Essere umano di sesso maschile, considerato in relazione al contesto sociale, economico, politico nel quale vive, e alla funzione che svolge: *un – povero, ricco*; *un – all'antica* | – *di corte*, cortigiano | – *di mondo*, che ha grande esperienza della vita | *L'– della strada*, il cittadino comune e (*est.*) l'opinione pubblica | – *politico*, che si dedica all'attività politica | – *di Stato*, statista | – *di legge*, giurista, *avvocato e sim.* | – *d'affari*, che si dedica al commercio | – *d'arma, di spada, di guerra*, combattente, spadaccino, soldato | – *di mare*, marinaio | – *di lettere*, letterato | – *di teatro*, drammaturgo | – *di scienza*, scienziato. **9** (spec. preceduto da un possessivo) Individuo particolare, del quale si parla o al quale si è in qualche modo legati: *ecco il nostro –!*; *il partito ha trovato il suo* – | *Il mio –, il tuo, il suo* –, (*pop.*) marito, amante. **10** Operaio, dipendente: *l'– delle pulizie* | *L'– del gas, della luce, del telefono*, (*fam.*) l'addetto alla lettura dei contatori | – *di fatica*, addetto ai lavori pesanti | *L'– del pane, del latte*, il fornaio, il lattaio spec. se consegna la merce a domicilio. **11** (*mil.*) Soldato, uomo armato | (*mar.*) Marinaio. **12** (*gener.*) Uno: *quando l'– perde la testa, ne combina di tutti i colori.* **13** – *morto*, attaccapanni da camera a rotelle. **14** – *nero*, gioco di carte con un mazzo privato dei fanti tranne quello di picche o bastoni. [→ tav. *proverbi* 29, 248, 255, 256, 257, 388]

uòpo *s. m.* (*lett.*) Bisogno, necessità | *All'–*, al bisogno: *fare all'–* | *Essere d'–, far d'–, far* –, essere necessario.

uòsa *s. f. spec. al pl.* Ghette, spec. di grossa tela, allacciate lateralmente.

uòvo o (*pop.*) *òvo s. m.* (*pl. uòva f.*) **1** (*biol.*) Gamete femminile degli animali a riproduzione sessuata, ricco di sostanze nutritive, di forma sferica, ellissoidale o cilindrica e di dimensioni diverse a seconda delle varie specie animali. [→ ill. *ape, baco da seta, gallo, rana*] **2** Uovo degli animali ovipari: *le uova dei pesci, degli uccelli, degli insetti*; *uova di gallina.* **3** (*per anton.*) Uovo di gallina: *uova fresche di giornata* | *Bianco, chiara d'–*, l'albume | *Rosso d'–*, il tuorlo | *Pasta all'–*, pasta alimentare con aggiunta di uova | *Pelle d'–*, la sottile pellicola bianca che sta tra il guscio e l'albume; (*fig.*) tela finissima da biancheria | *L'– di Colombo*, (*fig.*) espediente facilissimo cui però nessuno aveva pensato prima, come la leggera ammaccatura sul fondo che, secondo la tradizione, Cristoforo Colombo escogitò per far stare un uovo ritto su di un tavolo | *Essere pieno come un –*, (*fig.*) avere mangiato moltissimo | (*fig.*) *Cercare il pelo nell'–*, essere estremamente minuzioso. **4** (*est.*) Oggetto che ha la forma di uovo di gallina. [→ tav. *proverbi* 158, 264; → tav. *locuzioni* 111]

uppercut /*ingl.* 'ʌpəkʌt/ *s. m. inv.* (*pl. ingl. uppercuts* /'ʌpəkʌts/) Nel pugilato, montante.
up-to-date /*ingl.* ʌptə'deit/ *loc. agg. inv.* Che è estremamente aggiornato, informato, moderno e sim.: *persona* —; *abito* —.
ùpupa *s. f.* Uccello dal lungo becco curvo a sciabola, ciuffo erettile sul capo, piumaggio delicato a colori contrastanti e voce monotona. [→ ill. *animali* 15]
-ùra *suff.*: è derivativo di sostantivi con valore collettivo: *capigliatura, dentatura.*
uragàno *s. m.* **1** (*meteor.*) Ciclone tropicale del mare delle Antille | (*est.*) Ogni ciclone di estrema violenza | *Vento da* —, che superi i 115 km all'ora. **2** Tempesta di estrema violenza: *un — ha interrotto le comunicazioni.* **3** (*fig.*) Grande e rumorosa quantità: *un — di applausi.*
uranìfero *agg.* Che contiene uranio.
uraninìte *s. f.* (*miner.*) Ossido di uranio di colore nero pece e dalla lucentezza resinosa, sovente con torio; SIN. Pechblenda.
urànio *s. m.* Elemento chimico, metallo radioattivo, il più pesante degli elementi naturali, dalla cui disintegrazione si ottiene tutta una serie di elementi radioattivi fra cui il radio; utilizzato come combustibile nucleare; SIMB. U. [→ ill. *nucleare*]
Uràno *s. m.* (*astron.*) Settimo pianeta in ordine di distanza dal Sole, dal quale dista in media 2870 milioni di km; se ne conoscono cinque satelliti.
uranografìa *s. f.* (*astron.*) Descrizione delle costellazioni e della sfera celeste.
uranòlite o *uranòlito s. m.* (*raro*) Bolide, meteorite.
urbanésimo *s. m.* Fenomeno per cui si verifica una concentrazione crescente degli abitanti di una nazione nelle città, a causa dell'immigrazione dalla campagna di persone che lasciano l'agricoltura per lavorare nell'industria o nei servizi.
urbanìsta *s. m. e f.* (*pl. m. -i*) Studioso di urbanistica.
urbanìstica *s. f.* (*arch.*) Arte di disporre e organizzare razionalmente ed esteticamente gli aggregati urbani.
urbanìstico *agg.* (*pl. m. -ci*) Dell'urbanistica.
urbanità *s. f.* L'essere urbano, educato; SIN. Educazione.
urbanizzàre *v. tr.* **1** Rendere urbano, educato, civile. **2** Conferire a un centro abitato le caratteristiche di una città.
urbanizzazióne *s. f.* Attività rivolta a favorire lo sviluppo razionale di un centro abitato mediante le necessarie sistemazioni e infrastrutture urbanistiche.
urbàno *agg.* **1** Della città: *vigili urbani*; *nettezza urbana.* [→ ill. *nettezza urbana, strada*] **2** (*st. dir.*) Della città di Roma. **3** (*fig.*) Civile, cortese, educato: *modi urbani*; CONTR. Villano.
ùrbe *s. f. solo sing.* (*lett.*) Città | *L'Urbe*, (*per anton.*) Roma.
urbi et orbi /*lat.* 'urbi e't ɔrbi/ *loc. agg. inv. e avv.* Forma e formula di indirizzo dei decreti della Santa Sede e della benedizione papale solenne: *benedizione* — | (*fig., scherz.*) A tutti, dappertutto: *sono cose ormai note* — (*loc. lat.*, letteralmente 'alla città e al mondo').
urèa o *ùrea s. f.* Sostanza organica azotata presente nell'urina umana, preparata per sintesi da ammoniaca e anidride carbonica; usata come fertilizzante, per la fabbricazione di farmaceutici e materie plastiche.
urèico *agg.* (*pl. m. -ci*) Dell'urea | *Resina ureica*, a base di urea.
uremìa *s. f.* (*med.*) Aumento dei composti azotati nel sangue, e in particolare dell'urea, per insufficiente secrezione renale.
urèmico A *agg.* (*pl. m. -ci*) Dell'uremia: *coma* —. **B** *agg.; anche s. m.* (*f. -a*) Affetto da uremia.
urènte A *agg.* (*lett.*) Bruciante: *febbre* —. **B** *s. m.* (*bot.*) *spec. al pl.* Peli rigidi che producono sostanze ad azione caustica, come ad es. quelli delle ortiche.
ureteràle *agg.* (*anat., med.*) Relativo all'uretere.
uretère *s. m.* (*anat.*) Condotto allungato che porta l'urina da ciascun rene alla vescica. [→ ill. *anatomia umana*]
urètra o (*evit.*) *ùretra s. f.* (*anat.*) Condotto che porta l'urina dalla vescica all'esterno. [→ ill. *anatomia umana*]
uretràle *agg.* (*anat.*) Dell'uretra: *canale* —.
uretrìte *s. f.* (*med.*) Infiammazione dell'uretra.
urgènte *part. pres. di urgere; anche agg.* Che non consente o non ammette dilazioni o ritardi, che dev'essere fatto immediatamente: *bisogno* —; *questioni urgenti* | *Lettera* —, da recapitare nel minor tempo possibile; SIN. Impellente.
urgènza *s. f.* **1** L'essere urgente. **2** Situazione di estrema gravità, che esige decisioni immediate: *caso d'*—. **3** Estrema rapidità, sollecitudine e sim.: *bisogna intervenire con* —.
ùrgere A *v. tr.* (*pres. io ùrgo, tu ùrgi; dif. del pass. rem., dell'imper., del part. pass. e di tutti i tempi composti; si usa esclusivamente nelle terze persone sing. e pl.*) **1** (*lett.*) Spingere, incalzare. **2** (*est.*) ass. Esercitare una pressione: *i nemici urgevano alla porta.* **3** (*fig.*) Incitare, spronare. **B** *v. intr.* **1** Essere necessario al più presto: *urge il vostro intervento.* **2** Esigere soluzioni immediate: *necessità che urgono.*
-urgìa *secondo elemento*: in parole composte significa 'opera', 'lavoro': *chirurgia, liturgia, metallurgia.*
ùria *s. f.* Uccello con coda cortissima, lungo becco diritto, tuffatore e nuotatore, che vive in mare aperto nelle zone artiche.
uricemìa *s. f.* (*med.*) Quantità eccessiva di acido urico contenuta nel sangue.
uricèmico A *agg.* (*pl. m. -ci*) Dell'uricemia. **B** *agg.; anche s. m.* (*f. -a*) Affetto da uricemia.
ùrico *agg.* (*pl. m. -ci*) (*chim.*) Detto di acido organico, azotato, presente in piccole quantità nell'urina umana.
urìna V. *orina.*
urinàre V. *orinare.*
urinàrio *agg.* Che si riferisce all'orina: *apparato, sistema* —. [→ ill. *anatomia umana*]
urlàre A *v. intr.* (*aus. avere*) **1** Emettere urli, ululati, detto dei lupi, dei cani e di altri animali. **2** (*est.*) Emettere urla, grida, detto dell'uomo: — *di dolore*; — *a squarciagola*; SIN. Gridare, strillare. **3** (*est.*) Alzare la voce spec. accalorandosi in rimproveri, discussioni e sim. **B** *v. tr.* **1** Dire a voce molto alta: — *insulti, parolacce.* **2** Cantare a piena voce: — *una canzone.*
urlatóre *agg.; anche s. m.* (*f. -trice*) Che (o chi) urla, spec. per abitudine: *scimmia urlatrice* | *Cantante* —, (*ell.*) —, negli anni '60, cantante di musica leggera dal canto tendente a uno stile urlato.
urlìo *s. m.* Un urlare frequente e continuato.
ùrlo *s. m.* (*pl. ùrli, m.* nei sign. 1, 2, 4, 5, *ùrla, f.* nei sign. 3, 5) **1** Grido forte, cupo e prolungato, di animale: *gli urli delle belve.* **2** (*est.*) Strepito, fragore: *l'— della tempesta.* **3** Acuto grido umano, per lo più forte e prolungato: *un — di spavento.* **4** (*est.*) Ogni esclamazione, parola, frase o discorso pronunciato con voce troppo alta, con tono violento o scomposto. **5** (*est.*) Canto sguaiato.
ùrna *s. f.* **1** Recipiente d'origine e d'uso antichissimi, di forma, materia, dimensioni e utilizzazione molto varie: — *in terracotta*; — *per liquidi*; *conservare in un'— le reliquie di un santo* | — *cineraria*, in cui si conservano le ceneri dei defunti | — *elettorale*, specie di cassetta dotata di un'apertura nella parte superiore, atta ad accogliere e a contenere le palline o le schede delle votazioni. **2** *spec. al pl.* (*est., lett.*) Tomba, sepolcro. **3** ass. Urna elettorale: *sigillare le urne.* [→ ill. *parlamento*] **4** *spec. al pl.* (*fig.*) Votazione, consultazione elettorale: *il responso delle urne* | *Andare alle urne*, a votare | *Disertare le urne*, astenersi dal votare | *Ricorrere alle urne*, alle elezioni. **5** (*bot.*) Nei muschi, organo che porta le spore.
ùro *s. m.* Mammifero ruminante degli Ungulati selvatico considerato progenitore del bue, vissuto in Eurasia e Nord Africa, estinto dal XVII sec.
ùro- *primo elemento*: in parole composte spec. mediche significa 'urina', 'minzione': *urologia.*
Urodèli *s. m. pl.* (*zool.*) Ordine di Anfibi con corpo allungato, due paia di arti, coda lunga e ben sviluppata, pelle non ricoperta di scaglie.
urogàllo *s. m.* (*zool.*) Gallo cedrone.
urogenitàle *agg.* (*anat.*) Che concerne l'apparato urinario e genitale.
urografìa *s. f.* Tecnica radiologica di visualizzazione delle vie urinarie.
uròlito *s. m.* (*med.*) Calcolo delle vie urinarie.
urologìa *s. f.* Scienza medica che studia le affezioni dell'apparato urinario.
uròlogo *s. m.* (*f. -a; pl. m. -gi*) Specialista di urologia.
uropìgio *s. m.* (*zool.*) Ghiandola cutanea a secrezione sebacea posta a livello della parte dorsale del codrione degli uccelli: secerne un liquido che impermeabilizza le

penne dall'acqua.

uroscopìa *s. f.* (*med.*) Esame delle urine.

urotropìna *s. f.* Nome commerciale di un prodotto di condensazione dell'aldeide formica con ammoniaca impiegato per la sua azione disinfettante e diuretica.

urrà o *hurrà*, (*evit.*) *hurràh inter.* Si usa come escl. gioiosa di plauso, d'esultanza, d'incitamento e di augurio: —, *abbiamo vinto!*

urtànte ***A*** *part. pres. di urtare; anche agg.* Antipatico, spiacevole, irritante: *comportamento* —. ***B*** *s. m.* (*mar.*) Congegno che sporge da mine subacquee e ne produce l'esplosione se urtato da una nave.

urtàre ***A*** *v. tr.* ***1*** Dar contro, investire, colpire col proprio corpo, col proprio mezzo di locomozione, o con una loro parte: — *q.c. con un piede*; *l'abbiamo urtato col parafango* | Sbattere per caso: — *la testa in uno spigolo.* ***2*** (*fig.*) Indisporre, irritare, indispettire, anche ass.: *ci sono in voi molte cose che mi urtano*; *ha un modo di fare che urta* | — *i nervi*, dare molto fastidio. ***B*** *v. intr.* (*aus. avere*) ***1*** Dar di cozzo, andare a sbattere: — *contro un muro*; — *in un ostacolo improvviso.* ***2*** (*fig.*) Imbattersi, incappare: — *contro difficoltà insormontabili*; — *in ostacoli d'ogni sorta.* ***C*** *v. rifl. rec.* ***1*** Scontrarsi, spingersi, investirsi reciprocamente. ***2*** (*fig.*) Essere o venire a contrasto, in attrito e sim.: *si sono urtati per una questione familiare.* ***D*** *v. intr. pron.* Irritarsi, indispettirsi: *si urta per un nonnulla.*

Urticàcee *s. f. pl.* Famiglia di piante erbacee delle Urticali, prevalentemente tropicali, con infiorescenza a cima e frutto ad achenio. [→ ill. *piante* 3]

Urticàli *s. f. pl.* (*sing.* -*e*) Ordine di piante dicotiledoni con foglie stipolate e frutto ad achenio o a drupa. [→ ill. *piante* 2]

urticànte *agg.* ***1*** Detto di organo vegetale o animale che al contatto emette sostanze che producono irritazione sulla pelle. ***2*** (*est.*) Detto di sostanza che provoca irritazione cutanea.

urticària V. *orticaria.*

ùrto ***A*** *s. m.* ***1*** (*gener.*) Colpo contro q.c. o qc.: *dare un* —. ***2*** (*mecc.*) Interazione fra due o più corpi in moto relativo. ***3*** Scontro, collisione: *l'*— *di due autotreni*; — *tra navi* | Impatto: *l'*— *del vento contro un natante.* ***4*** Cozzo, scontro di schiere armate. ***5*** (*fig.*) Conflitto di due mentalità in aperto contrasto tra di loro: *l'*— *tra padre e figlio era inevitabile* | *Essere, mettersi in* — *con qc.*, contrastarlo apertamente, spezzando eventuali vincoli di amicizia | *Prendere qc. a, in* —, prenderlo in antipatia. ***B*** *in funzione di agg. inv. Spec. nella loc. dose* —, dose di medicinale superiore a quella tipica, con effetto farmacologico più rapido.

urtoterapìa *s. f.* (*med.*) Terapia con dosi massicce di farmaci.

uruguayàno *agg.; anche s. m.* (*f.* -*a*) Dell'Uruguay.

uṣàbile *agg.* Che si può usare.

uṣànza *s. f.* ***1*** Ciò che si usa fare tradizionalmente in un determinato luogo, tempo e ambiente: *un'antica* — *meridionale*; *seguiamo le usanze del paese*; SIN. Consuetudine, costume. ***2*** (*est.*) Moda, voga: *l'*— *della gonna corta.* [→ tav. *proverbi* 321]

uṣàre ***A*** *v. tr.* ***1*** Mettere a profitto un mezzo, uno strumento, una fonte di guadagno, di energia, una qualità dell'animo, della mente e sim.: — *la macchina, il cacciavite*; — *un'arma per difendersi*; — *gli appoggi di qc.*; — *l'elettricità per il riscaldamento*; *cerca di* — *il buon senso* | — *la testa*, ragionare | Servirsi, parlando o scrivendo: — *termini tecnici*; SIN. Adoperare. ***2*** Mettere in atto, recare a effetto: *userò tutte le mie forze*; — *le cattive maniere.* ***3*** Applicare, far valere: — *l'astuzia, la frode*; — *lealtà verso qc.* ***4*** Fare, spec. in espressioni di cortesia: *usatemi la gentilezza di lasciarmi solo.* ***5*** Giovarsi abitualmente di q.c.: *d'inverno uso la pelliccia.* ***6*** Avere l'abitudine, essere solito: *noi usiamo passeggiare a piedi.* ***B*** *v. intr.* (*aus. avere*) ***1*** Servirsi di q.c. o di qc.: — *dei propri diritti*; SIN. Usufruire. ***2*** Operare, agire, comportarsi con: *usate di una certa comprensione nei suoi confronti.* ***3*** Essere di moda: *abitudini che non usano più.* ***C*** *v. intr. impers.* (*aus. essere*) Essere solito, normale, corrente: *in questi luoghi usa così.*

uṣàto ***A*** *part. pass. di usare; anche agg.* ***1*** Detto di tutto ciò che non è più nuovo: *abito* —. ***2*** (*lett.*) Avvezzo, abituato: — *alle armi.* ***3*** (*lett.*) Consueto, solito: *il lavoro* —. ***B*** *s. m.* ***1*** Modo solito, consueto: *secondo l'*—. ***2*** L'insieme dei prodotti non più nuovi, rimessi in vendita: *il mercato dell'*—.

uṣbèrgo *s. m.* (*pl.* -*ghi*) ***1*** Armatura del busto usata nel Medioevo, a foggia di camice, fatta di maglia di ferro o di piastrine variamente unite. ***2*** (*est., lett.*) Corazza, armatura. ***3*** (*fig., lett.*) Difesa, protezione.

uscènte *part. pres. di uscire; anche agg.* ***1*** Che è ancora in corso, ma sta per finire: *settimana* —. ***2*** Detto di chi è in procinto di lasciare il proprio ufficio trasmettendone le relative funzioni a un successore: *consigliere* —.

uscière *s. m.* (*f.* -*a*) ***1*** Negli uffici spec. pubblici, impiegato d'ordine con funzioni di inserviente nei confronti dell'ufficio stesso, cui spetta il compito di fornire informazioni al pubblico e di indirizzare i visitatori ai singoli funzionari. ***2*** (*raro*) Nel linguaggio forense, ufficiale giudiziario.

ùscio *s. m.* Porta, spec. di fattura e dimensioni modeste: *i battenti, la soglia, la chiave, dell'*— | *Farsi sull'*—, affacciarsi a esso | *Infilare, prendere l'*—, andarsene.

uscìre *v. intr.* (*pres. io èsco, tu èsci, egli èsce, noi usciàmo, voi uscìte, essi èscono; congv. pres. io èsca, noi usciàmo, voi usciàte, essi èscano; imp. èsci, uscìte; in tutta la coniug. il tema è esc- se tonico, usc- se atono; aus. essere*) ***1*** Andare o venire fuori da un luogo chiuso, delimitato o circoscritto, detto di esseri animati: — *da casa*; *dalla porta principale*; — *per la porta*; — *in piazza*; — *sul terrazzo* | — *di scena*, di attore che nel corso di una rappresentazione lascia momentaneamente la scena, secondo le esigenze del copione; (*fig.*) di persona o cosa che perde la posizione preminente che prima occupava; CONTR. Entrare. ***2*** (*est.*) Andare fuori a spasso, a passeggio o per qualsiasi altro motivo di svago: *se dipendesse da me, uscirei ogni sera.* ***3*** (*est.*) Allontanarsi, distaccarsi, da un gruppo di persone: — *dalle file, dal gruppo.* ***4*** (*est.*) Venir fuori da q.c., detto di oggetti o sostanze che si muovono, scorrono e sim.: *il gas usciva sibilando dal tubo.* ***5*** (*est.*) Saltar fuori, detto di persona o cosa che manifesta la propria presenza in modo brusco e inaspettato: — *dall'acqua, dall'oscurità.* ***6*** (*fig.*) Sbottare, esclamare, dare in: — *a dire*; — *in imprecazioni* | *Uscirsene*, dire all'improvviso: *se ne uscì con una battuta divertente.* ***7*** (*est.*) Andare fuori da un preciso spazio, ambito, livello, limite e sim., con riferimento a cose che dovrebbero esservi perfettamente contenute: *l'olio esce dalla bottiglia*; *l'acqua esce dalla vasca*; *l'auto uscì di strada* | — *di strada, di carreggiata*, (*fig.*) deviare dal cammino prefissato | — *dal seminato*, tralignare | — *dai gangheri*, (*fig.*) infuriarsi | — *di bocca*, (*fig.*) sfuggire inavvertitamente, di cosa che non si doveva dire | — *di mano*, (*fig.*) sfuggire al controllo | (*spreg., fig.*) *Di qui non s'esce*, non esistono altre vie d'uscita | — *dalla memoria, di mente, di testa*, dimenticare | — *di moda*, passare di moda | *Entrare da un orecchio e* — *dall'altro*, (*fig.*) di cosa che si dimentica appena udita | (*fig.*) — *di sé, di senno*, impazzire. ***8*** (*est.*) Sporgere da una superficie, in maggiore o minore misura: *il chiodo esce di qualche centimetro dal muro.* ***9*** (*est.*) Essere sorteggiato: *il tuo nome è uscito per primo.* ***10*** Nel calcio, compiere un'uscita, detto del portiere. ***11*** (*fig.*) Lasciare uno stato, una condizione, una situazione e sim., per passare a un altro: — *dall'adolescenza, dalla primavera, dai guai, dalla neutralità*; — *da un partito* | *Uscirne*, cavarsela. ***12*** (*fig.*) Superare un determinato limite: — *dalla legalità* | (*est.*) Esulare, eccedere: *ciò esce dalla mia competenza* | — *dall'ordinario*, di cosa o persona decisamente fuori dal comune per qualità o pregi. ***13*** (*fig.*) Trarre da qc. o q.c. la propria origine, fonte, sorgente: — *da una famiglia umile* | — *dal cuore*, (*fig.*) di ciò che è profondamente sincero e sentito: *parole che escono dal cuore.* ***14*** (*fig.*) Risultare: *cosa uscirà da questo imbroglio?* | (*est.*) Riuscire: — *vincitore* | Ricavare: *da quattro litri escono cinque bottiglie.* ***15*** (*fig.*) Essere stato fatto, fabbricato e sim.: *tutti questi prodotti escono dalla nostra industria* | Essere pubblicato, essere presentato al pubblico: *il terzo volume sta per* —. ***16*** (*fig.*) Avere desinenza, terminazione: — *in vocale.* [→ tav. *locuzioni* 112, 113]

uscìta *s. f.* ***1*** Atto, circostanza dell'uscire: *l'*— *degli stu-*

denti; ci vediamo all'– | *Libera –*, periodo di libertà concesso a militari, collegiali e sim. | *Via d'–*, che consente di uscire da un luogo; (*fig.*) via di scampo, di salvezza. **2** Apertura, passaggio, varco da cui si esce o si può uscire | *Vicolo senza –*, senza sbocco | *– di sicurezza*, in cinematografi, teatri, stadi e sim., passaggio che viene aperto solo in caso di pericolo per consentire un rapido deflusso del pubblico. • CONTR. Entrata. [→ ill. *strada*] **3** Movimento, scorrimento e sim. di oggetti o sostanze fuori da q.c.: *– di un liquido, di un gas, dalle condutture* | (*est.*) Superamento di un preciso spazio, livello e sim.: *– di strada* | (*fig.*) Produzione, pubblicazione, presentazione al pubblico: *l'– di un nuovo film.* **4** (*mil.*) Sortita. **5** In teatro, entrata in scena. **6** (*sport*) Nel gioco del calcio, azione del portiere che lascia la linea di porta per intercettare il pallone. **7** (*ling.*) Desinenza, terminazione: *l'– del genitivo*; *– in vocale.* **8** Esito, spesa, passivo, somma erogata: *segnare all'–*; *l'– supera l'entrata.* **9** (*fig.*) Parola o frase spiritosa, scherzosa: *la sua – destò grande ilarità.*

uṣignòlo *s. m.* Uccelletto slanciato, insettivoro, bruno, rossiccio, vivace, con dolcissimo canto. [→ ill. *animali* 13]

uṣitàto *agg.* (*lett.*) Usato molto, con frequenza; CONTR. Inusitato.

ùṣo (1) *agg.* (*lett.*) Abituato, avvezzo, solito: *non è – a fare simili cose.*

ùṣo (2) *s. m.* **1** Impiego di q.c. per un fine determinato: *l'– dell'automobile*; *– del vino*; *medicina per – esterno* | *D'–*, correntemente usato, applicato: *monete d'– nel secolo scorso*; *prassi d'–* | *Lingua d'–*, quella correntemente adoperata dalle comunità dei parlanti | *A – di*, destinato a, fatto per: *atlante a – dei licei* | *Istruzioni per l'–*, allegate ai più svariati prodotti per insegnare il più corretto uso degli stessi | *Fuori –*, *fuori d'–*, inservibile | *– tessera*, da usare per tessera: *fotografia – tessera.* **2** Capacità, facoltà, possibilità di usare q.c.: *perdere l'– della ragione*; *riacquistare l'– delle braccia.* **3** Diritto di servirsi di una cosa altrui e, se fruttifera, di raccoglierne i frutti limitatamente ai bisogni propri e della propria famiglia. **4** Esercizio continuo, pratica costante: *acquistare abilità con l'–*; *perfezionarsi in q.c. con l'–.* **5** Abitudine, consuetudine, usanza, costume: *è nostro – restituire le visite*; *seguire l'– degli antichi* | (*est.*) Voga, moda: *essere, venire in –* | *All'– di*, secondo la moda, il sistema, i gusti di: *abito confezionato all'– di Parigi* | *– pelle*, *– seta* e sim., detto di materiale che imita la pelle, la seta e sim. **6** Maniera consueta di parlare e di scrivere, tipica di una persona, di una collettività, di un'epoca, di un ambiente: *l'– locale di una lingua*; *l'– fiorentino*; *– letterario, popolare* | (*est.*) Senso, significato: *l'– figurato di un termine.*

ùssaro *s. m.* Ogni appartenente alla cavalleria nazionale ungherese | In alcuni eserciti stranieri, ogni appartenente al corpo di cavalleria leggera costituito in origine da ungheresi.

ùsta *s. f.* (*caccia*) Passata o emanazione lasciata da un selvatico e seguita dai cani.

ustionàre ***A*** *v. tr.* (*io ustióno*) Sottoporre a ustione: *ustionarsi le mani*; SIN. Scottare. ***B*** *v. rifl. e intr. pron.* Prodursi un'ustione.

ustionàto *part. pass. di ustionare; anche agg. e s. m.* (*f. -a*) Che (o chi) ha subito ustioni.

ustióne *s. f.* (*med.*) Lesione dei tessuti per effetto del calore eccessivo | *– di primo, secondo, terzo grado*, di crescente gravità.

ùsto *agg.* **1** (*poet.*, *raro*) Bruciato. **2** (*chim.*) Calcinato: *magnesia usta.*

ustolàre *v. intr.* (*io ùstolo; aus. avere*) **1** (*pop.*, *tosc.*) Esprimere con gli occhi e con la voce il desiderio del cibo, detto di animali e persone. **2** (*est.*) Uggiolare, guaire, detto di animali.

ustòrio *agg.* Che brucia o è atto a far bruciare | *Specchio –*, specchio concavo che fa convergere i raggi solari su un oggetto, bruciandolo.

uṣuàle *agg.* **1** Che è dell'uso comune, che si usa di frequente: *mezzi usuali*; SIN. Solito; CONTR. Inusitato. **2** (*est.*) Solito, comune, corrente: *roba –* | *Lingua, parlata –*, non scelta, non letteraria.

uṣualménte *avv.* Di solito, per consuetudine.

uṣucapióne *s. f.* (*dir.*) Modo di acquisto della proprietà e degli altri diritti reali per effetto del possesso protratto per un certo tempo.

uṣucapìre *v. tr.* (*io uṣucapìsco, tu uṣucapìsci; part. pass. uṣucapito*) Acquistare per usucapione.

uṣufruìbile *agg.* Di cui si può usufruire.

uṣufruìre *v. intr.* (*io uṣufruìsco, tu uṣufruìsci; aus. avere*) **1** (*dir.*) Godere l'usufrutto di q.c. **2** (*est.*) Giovarsi, avvantaggiarsi: *– di un privilegio*; SIN. Usare.

uṣufrùtto *s. m.* Diritto di usare e godere la cosa altrui facendone propri i frutti, ma rispettandone la destinazione economica.

uṣufruttuàrio *s. m.* (*f. -a*) Chi è titolare del diritto di usufrutto.

uṣùra (1) *s. f.* Eccessivo interesse richiesto per un prestito o un mutuo: *dare denaro a –* | *A –*, (*fig.*) con un margine molto elevato di utilità: *ricompensare qc. a –.*

uṣùra (2) *s. f.* **1** Degradazione funzionale di oggetti o parti meccaniche conseguente a uso o funzionamento prolungato: *l'– di un meccanismo.* **2** (*fig.*) Logorio: *guerra di –.* • SIN. Logoramento.

uṣuràio *s. m.* (*f. -a*) **1** Chi dà denaro a usura | Chi esercita l'usura; SIN. Strozzino. **2** (*est.*) Persona estremamente avida e avara.

uṣuràre *v. tr.* (*tecnol.*) Sottoporre a usura.

uṣuràrio *agg.* Relativo all'usura, nel sign. (1).

uṣurpàre *v. tr.* **1** Fare indebitamente proprio, spec. con la violenza o con l'inganno, un bene legittimamente spettante ad altri: *– un diritto, il trono.* **2** (*est.*) Godere, usare od occupare senza merito o indegnamente: *– la fama, la gloria.*

uṣurpatóre *s. m.; anche agg.* (*f. -trice*) Chi (o che) usurpa.

uṣurpazióne *s. f.* Appropriazione, spec. con la violenza o l'inganno, di ciò che spetta ad altri.

ut *s. m.* In Italia fino al XVII sec., e in altri paesi anche attualmente, prima nota della scala musicale; SIN. Do.

utensìle o (*raro*) **utènsile** spec. nel sign. A ***A*** *agg.* Che serve, che è utile | *Macchine utensili*, famiglia di macchine alla quale appartengono il tornio, il trapano, la limatrice e la piallatrice. ***B*** *s. m.* **1** Ogni attrezzo per lavorare legno, pietre, metalli, usato sia a mano, sia nelle macchine utensili. [→ ill. *meccanica*] **2** (*gener.*) Arnese d'uso domestico: *utensili da cucina.* [→ ill. *cucina*]

utensilerìa *s. f.* **1** Reparto d'una officina destinato alla preparazione degli utensili. **2** Negozio in cui si vendono utensili. **3** Complesso degli utensili necessari per una data lavorazione: *– meccanica.*

utènte *s. m. e f.* Chi usa un bene, un servizio spec. pubblico: *gli utenti della strada.*

utènza *s. f.* **1** Stato o condizione dell'utente. **2** Insieme degli utenti.

uterìno *agg.* **1** Dell'utero | (*scherz.*, *spreg.*) Irrazionale: *reazione uterina.* [→ ill. *anatomia umana*] **2** (*dir.*) Discendente dalla stessa madre, ma da padre diverso: *fratello –.*

ùtero *s. m.* **1** (*anat.*) Organo cavo mediano dell'apparato genitale femminile, posto nel piccolo bacino, destinato ad accogliere l'uovo fecondato. [→ ill. *anatomia umana*] **2** (*est.*, *poet.*) Ventre materno.

ùtile ***A*** *agg.* **1** Detto di tutto ciò che serve o può servire al bisogno: *oggetto, strumento –* | *Tempo, giorno –*, entro cui si può compiere un dato atto: *tempo – per l'iscrizione* | (*est.*) Che serve a un preciso scopo, che si può usare in determinati casi o situazioni: *prodotto – contro i parassiti*; CONTR. Inutile. **2** Che è d'aiuto, che provoca vantaggi, benefici: *mi sarebbe – un vostro intervento.* **3** Detto di persona che contribuisce efficacemente a q.c.: *è l'elemento più – dell'ufficio* | *Rendersi –*, darsi da fare, collaborare attivamente. ***B*** *s. m.* **1** Ciò che è utile, che serve: *unire l'– al dilettevole.* **2** Vantaggio, utilità morale o materiale: *tendere solo all'–.* **3** Guadagno, profitto realizzato mediante l'esercizio di un'attività economica: *– netto*; *– lordo*; *partecipazione agli utili.*

utilità *s. f.* **1** Qualità di utile; CONTR. Inutilità. [→ ill. *cane*] **2** (*econ.*) Capacità di un bene o di un servizio di soddisfare un bisogno umano. **3** Vantaggio materiale o morale.

utilitària *s. f.* Piccola automobile di basso costo d'acquisto e di esercizio.

utilitàrio **A** *agg.* **1** Che considera, o si prefigge, solo ciò che è materialmente utile: *sistema* –. **2** Che ha requisiti di praticità e buon prezzo: *vettura utilitaria.* **B** *s. m.* (*f.* *-a*) Chi si prefigge l'utile materiale come unico scopo.

utilitarismo *s. m.* Dottrina etico-politica secondo cui il fine di ogni attività morale consiste nel conseguire la maggiore felicità possibile per il maggior numero di persone possibili.

utilitarista *s. m. e f.* (*pl. m.* *-i*) **1** Fautore dell'utilitarismo. **2** (*est.*) Chi tende soltanto al proprio utile.

utilitaristico *agg.* (*pl. m.* *-ci*) Dell'utilitarismo o degli utilitaristi.

utilizzàbile *agg.* Che si può utilizzare; CONTR. Inutilizzabile.

utilizzàre *v. tr.* Rendere utile, mettere a profitto: – *gli avanzi, gli scarti*; SIN. Adoperare.

utilizzatóre *s. m.* Apparecchio che utilizza energia elettrica.

utilizzazióne *s. f.* Impiego di q.c. per ottenerne un utile, un vantaggio.

utilizzo *s. m.* Nel linguaggio burocratico, utilizzazione: – *di fondi.*

-ùto *suff.* di agg. che indicano ciò di cui uno è fornito, o abbondanza di qualcosa (*biforcuto, barbuto*) o particolare caratteristica (*paffuto, panciuto, ricciuto*).

utopìa *s. f.* **1** Concezione immaginaria di un governo o di una società ideali. **2** (*est.*) Concezione, idea, aspirazione, fantastici e irrealizzabili.

utòpico *agg.* (*pl. m.* *-ci*) Che ha le caratteristiche dell'utopia: *ideale* –.

utopista *s. m. e f.* (*pl. m.* *-i*) Chi coltiva e persegue ideali utopici.

utopistico *agg.* (*pl. m.* *-ci*) Che è proprio dell'utopista o dell'utopia: *speranze utopistiche*; SIN. Chimerico, illusorio.

ùva *s. f.* **1** Infruttescenza a grappolo della vite, formata da singoli frutti o bacche detti anche acini o chicchi: – *da tavola*; – *da vino.* [→ ill. *botanica, frutta*] **2** (*est.*) Pianta con frutto simile all'uva | – *di mare*, sargasso | – *spina*, frutice delle Sassifragacee a rami lisci con spine a tre punte e bacche tonde, giallicce, commestibili. [→ ill. *piante* 9]

uvàceo *agg.* **1** (*raro*) Di uva. **2** Che ha il colore dell'uva.

ùvea *s. f.* (*anat.*) Una delle tuniche dell'occhio, pigmentata in blu scuro, che costituisce la membrana vascolare e nutritiva dell'occhio.

uvétta *s. f.* **1** *Dim. di uva.* **2** Uva passa assai dolce, con acini senza semi.

uvìfero *agg.* (*lett.*) Che produce uva.

uxoricida /uksori'tʃida/ *s. m. e f.* (*pl. m.* *-i*) Chi commette uxoricidio.

uxoricidio /uksori'tʃidjo/ *s. m.* (*dir.*) Omicidio aggravato in quanto commesso contro il coniuge.

uxòrio /uk'sɔrjo/ *agg.* Della moglie, spec. nella terminologia giuridica.

ùzza *s. f.* (*pop., tosc.*) Aria pungente, della sera o del primo mattino.

ùzzolo *s. m.* (*tosc.*) Desiderio intenso e capriccioso: *mi è venuto l'*– *di partire.*

v *s. f. o m. inv.* Ventesima lettera dell'alfabeto italiano (nome per esteso: *vu*, (*raro*) *vi*).

vacànte *part. pres. di vacare; anche agg.* Che non è occupato, che manca del titolare, detto di impiego, carica e sim.: *cattedra* –.

vacànza *s. f.* **1** Stato o condizione di ciò che è vacante e durata di tale condizione: – *della sede pontificia.* **2** Periodo di interruzione delle normali attività lavorative di enti, aziende, assemblee, privati cittadini, per motivi generali o particolari: *essere in* –; *andare in* –. **3** *spec. al pl.* Periodo in cui restano chiuse le scuole, le accademie, il Parlamento: *vacanze natalizie, pasquali, estive* | (*est.*) Vacanze estive.

vacanzière *s. m.* Chi trascorre le vacanze fuori della propria residenza abituale | (*est., scherz.*) Chi va, o cerca di andare, spesso in vacanza.

vacàre *v. intr.* (*io vàco, tu vàchi; aus. essere*) (*raro*) Essere o rimanere privo del titolare, detto di cariche, uffici e sim.

vacazióne *s. f.* **1** (*dir.*) – *della legge*, periodo che intercorre fra la pubblicazione della legge e il momento in cui essa diventa obbligatoria. **2** Periodo lavorativo durante il quale un perito presta la sua opera su richiesta dell'autorità giudiziaria.

vàcca *s. f.* **1** Femmina adulta dei bovini | *Tempo delle vacche grasse, delle vacche magre*, rispettivamente, un periodo d'abbondanza o di miseria; SIN. Vaccina. [→ ill. *bue*] **2** Carne dell'animale macellato, usata come alimento. **3** (*fig., spreg.*) Donnaccia, sgualdrina. **4** *spec. al pl.* Bachi da seta che non fanno il bozzolo perché ammalati di giallume | (*fig.*) *Finire in vacca*, risolversi negativamente, fallire. [→ tav. *locuzioni* 107]

vaccàio o *vaccàro* *s. m.* Guardiano di vacche.

vaccàta *s. f.* (*sett., volg.*) Porcheria | Sciocchezza grossolana.

vaccherìa *s. f.* Stalla di vacche, talora con latteria annessa.

vacchétta *s. f.* **1** *Dim. di vacca.* **2** Pellame per la confezione di calzature militari e da lavoro, ottenuto conciando al tannino pelli bovine esotiche.

vaccìna *s. f.* **1** Vacca. **2** Carne di vacca o di manzo. **3** Sterco di vacca o di bovini in genere.

vaccinàre **A** *v. tr.* Sottoporre a vaccinazione: – *un bambino contro il vaiolo.* **B** *v. rifl.* (*fig.*) Premunirsi, difendersi da q.c. di fastidioso o doloroso, spec. in seguito a esperienze negative: *vaccinarsi contro le delusioni.*

vaccinazióne *s. f.* Pratica profilattica intesa a provocare nell'organismo un'immunità attiva specifica contro determinate malattie infettive, mediante inoculazione di germi o tossine attenuate.

vaccìnico *agg.* (*pl. m.* *-ci*) Del vaccino.

vaccìno **A** *agg.* Di vacca: *latte* – | Bovino: *bestiame* –. **B** *s. m.* Prodotto batterico o virale che, introdotto nell'organismo, conferisce uno stato di immunità provocando un processo morboso attenuato; usato per la profilassi delle malattie infettive.

vaccinoprofilàssi *s. f.* (*med.*) Profilassi con vaccini.

vaccinoterapìa *s. f.* (*med.*) Terapia con vaccini.

vacillaménto *s. m.* Il vacillare (*anche fig.*).

vacillàre *v. intr.* (*aus. avere*) **1** Accennare a cadere, inclinando ora da una parte ora dall'altra, detto di persone o cose: – *per la stanchezza*; SIN. Barcollare, pencolare, tentennare, traballare. **2** (*fig.*) Minacciare di cadere, essere in grave pericolo: *il governo vacilla.* **3** (*fig.*) Essere incerto o malsicuro, essere in procinto di esaurirsi: *la luce vacillò; la memoria vacilla.*

vacuità *s. f.* L'essere vacuo.

vàcuo **A** *agg.* **1** (*raro, lett.*) Vuoto. **2** (*fig.*) Che è privo o povero di sentimenti, idee, principi, significato e sim.: *mente vacua; discorsi vacui.* **B** *s. m.* Vuoto perfetto o quasi perfetto, immaginato, supposto o esistente: *il* – *della macchina pneumatica.*

vacùolo *s. m.* (*biol.*) Cavità nel citoplasma cellulare contenente un succo cellulare. [→ ill. *cellula, zoologia*]

vacuòmetro *s. m.* (*fis.*) Manometro usato per la misura di pressioni inferiori a quella atmosferica normale; SIN. Vuotometro.

vademècum *s. m. inv.* Manualetto tascabile con le indicazioni di più frequente necessità relative a una particolare scienza, arte, professione e sim.

vade retro Satana /*lat.* 'vade 'rɛtro 'satana/ *loc. inter.* Si usa (*spec. scherz.*) per respingere o allontanare qc., per manifestare rifiuto, ripulsa e sim.

vae victis /*lat.* vɛ 'viktis/ *loc. inter.* Si dice spec. per sottolineare, spesso con tono di riprovazione, che il vinto è comunque, sempre, alla mercé del vincitore.

va e vièni *loc. sost. m.* Andirivieni, viavai.

vagabondàggine *s. f.* Stato o condizione di vagabondo | Vita da vagabondo.

vagabondàggio *s. m.* **1** Vita, condizione di vagabondo. **2** L'insieme dei vagabondi e il fenomeno della loro esistenza, considerato come piaga sociale: *estirpare il* —. **3** Serie di spostamenti per visitare luoghi, monumenti e sim. senza itinerari fissi o prestabiliti; SIN. Peregrinazione.

vagabondàre *v. intr.* (*io vagabóndo; aus. avere*) **1** Fare il vagabondo, vivere da vagabondo. **2** (*est.*) Andar vagabondo da un luogo all'altro, senza meta precisa: *vagabondava pensoso per la città*; SIN. Peregrinare.

vagabóndo **A** *agg.* **1** Che non ha sede stabile e vive errando qua e là: *gente vagabonda.* **2** (*est.*) Che si muove, si sposta continuamente: *nuvola vagabonda.* **3** (*est., fig.*) Che vaga da un'idea all'altra, che non resta a lungo sullo stesso argomento: *pensieri vagabondi.* **4** (*fig.*) Fannullone, scioperato: *figlio* —. **B** *s. m.* (*f. -a*) **1** Persona per lo più senza fissa dimora che si sposta frequentemente da un luogo all'altro, spec. vivendo di espedienti. **2** (*est., fig.*) Chi non ha voglia di lavorare, chi fa vita oziosa e scioperata.

vagàre *v. intr.* (*io vàgo, tu vàghi; aus. avere*) Andare da luogo a luogo, qua e là, senza direzione certa, senza itinerari prestabiliti (*anche fig.*): *andar vagando per il mondo*; — *senza meta per la città*; — *con la mente*; *l'uomo vaga d'affetto in affetto*; SIN. Errare.

vagheggiaménto *s. m.* **1** (*lett.*) Contemplazione ammirata e compiaciuta. **2** (*fig.*) Rappresentazione interiore, immaginazione di ciò che intensamente si desidera, si spera e sim.: — *della patria lontana.*

vagheggiàre *v. tr.* (*io vaghéggio*) **1** (*lett.*) Guardare con diletto e compiacimento: — *le bellezze del creato* | Guardare a lungo, intensamente, con amore, desiderio e sim.: *la madre vagheggia il fanciullo.* **2** (*est., fig.*) Considerare nella mente, con amore, desiderio, rimpianto e sim.: — *la gloria, il successo*; SIN. Sognare.

vagheggìno *s. m.* Giovane galante, fatuo e leggero, che corteggia tutte le donne; SIN. Bellimbusto, damerino, ganimede.

vaghézza *s. f.* **1** L'essere vago, indeterminato. **2** Bellezza, grazia, attrattiva: *lineamenti di rara* — | Cosa vaga, bella, che accende d'ammirazione: *giardino adorno d'ogni* —. **3** Piacere, diletto: *trarre* — *da q.c.* **4** (*lett.*) Desiderio, voglia (*anche scherz.*).

vagìna *s. f.* **1** (*lett.*) Guaina, fodero. **2** (*anat.*) Canale dell'apparato genitale femminile che va dall'esterno fino al collo dell'utero. [→ ill. *anatomia umana*]

vaginàle *agg.* Della vagina.

vaginìte *s. f.* (*med.*) Infiammazione della vagina.

vagìre *v. intr.* (*io vagisco, tu vagisci; aus. avere*) Emettere vagiti, detto di bambini lattanti | — *nella culla*, (*fig.*) essere appena agli inizi, ai primordi, detto di un'arte, una civiltà e sim.

vagìto *s. m.* **1** Pianto dei bambini lattanti. **2** (*fig.*) Prima espressione, manifestazione e sim., di ciò che è ancora agli inizi: *i primi vagiti di una nuova arte.*

vàglia (1) *s. f. solo sing.* Pregio, merito, qualità, spec. con riferimento a doti morali, intellettuali, artistiche e sim., *nelle loc. di* —, *di gran* —: *scrittore di gran* —.

vàglia (2) *s. m. inv.* (*gener.*) Titolo di credito: — *bancario, cambiario* | Vaglia postale. [→ ill. *posta*]

vagliàre *v. tr.* (*io vàglio*) **1** Passare al vaglio, per separare dal materiale estraneo: — *il grano.* **2** (*fig.*) Esaminare a fondo, soppesando gli elementi positivi e quelli negativi: — *le ragioni dell'avversario*; SIN. Valutare.

vagliatùra *s. f.* **1** Operazione di separare materiali col vaglio. **2** Scarto che resta nel vaglio.

vàglio *s. m.* **1** In varie tecnologie, dispositivo costituito essenzialmente da una superficie provvista di fori o da una rete di fili intrecciati, usato per separare materiali fini da altri più grossolani | *Passare al* —, vagliare (*anche fig.*); SIN. Staccio. **2** (*fig.*) Esame diligente e minuzioso: *teoria che non regge al* — | *Fare un* —, fare una scelta accurata.

vàgo **A** *agg.* (*pl. m. -ghi*) **1** (*lett.*) Che vaga: *animale* — *e randagio.* **2** (*est.*) Che è privo di certezza, determinatezza, chiarezza e sim.: *sensazioni vaghe*; *fare un* — *accenno a q.c.* **3** (*lett.*) Voglioso, desideroso: *esser* — *di ragionare.* **4** (*fig.*) Che è amabile, bello, grazioso: *le vaghe membra*; *viso, volto* — | Che desta rimpianto, che è dolce da trascorrere: *vaghi sogni di fanciulla.* **5** (*anat.*) *Nervo* —, vago. **B** *s. m. solo sing.* Ciò che è privo di determinatezza, certezza, chiarezza e sim.: *cadere nel* —. **C** *s. m.* (*anat.*) Decimo paio di nervi cranici che si distribuiscono, con funzioni motrici e sensitive, a numerosi organi del corpo.

vagolàre *v. intr.* (*io vàgolo; aus. avere*) Vagare di continuo.

vagoncìno *s. m.* **1** *Dim. di vagone.* **2** Carrello per trasporto di materiale su decauville, teleferiche e sim. [→ ill. *funivia, miniera*]

vagóne *s. m.* Veicolo ferroviario.

vaiàto *agg.* (*arald.*) Detto del campo di uno scudo costituito da vaio di smalti diversi dall'argento e dall'azzurro.

vainìglia V. *vaniglia.*

vàio (1) *agg.* (*lett.*) Che ha colore tendente al nero, detto spec. di frutti prossimi alla maturazione: *uva vaia* | Che ha colore bianco macchiato di nero: *mantello* —.

vàio (2) *s. m.* **1** Pelliccia grigia tratta dal mantello invernale dello scoiattolo siberiano, usata un tempo per abiti di magistrati e dignitari. **2** (*arald.*) Pelliccia composta di pezzi azzurri e d'argento alternati e contrapposti punta a punta e base a base. [→ ill. *araldica*]

vaiòlo *s. m.* **1** (*med.*) Malattia infettiva acuta, contagiosa, di origine virale, caratterizzata dalla comparsa di vescicole e pustole cutanee, che lasciano cicatrici permanenti, e da notevole compromissione dello stato generale. **2** (*bot.*) Malattia dei vegetali prodotta da un fungo.

vaiolóso **A** *agg.* Del vaiolo. **B** *agg.; anche s. m.* (*f. -a*) Affetto da vaiolo.

valànga *s. f.* **1** Massa di neve o ghiaccio che si distacca dalla sommità o dal pendio di un monte e precipita a valle, accrescendosi di volume durante la caduta. **2** (*fig.*) Enorme quantità: *una* — *di lettere, di spropositi* | *A* —, con estrema irruenza: *si precipitò a* — *verso di noi.*

valchìria *s. f.* **1** Ciascuna delle figure mitologiche femminili che, nella religione degli antichi Germani, accompagnavano gli eroi morti nel Valalla. **2** (*est., scherz.*) Ragazza dei paesi nordici, alta, bionda e vigorosa.

valdése **A** *s. m. e f.* Aderente al movimento religioso che risale alla predicazione di povertà evangelica di Pietro Valdo di Lione, del XII sec. e che posteriormente aderì alla Riforma. **B** *agg.* Che si riferisce ai Valdesi: *chiesa evangelica* —.

valdìsmo *s. m.* Movimento, confessione religiosa, dei Valdesi.

vàle **A** *inter.* Si usava, presso gli antichi romani, come formula di saluto augurale, accomiatandosi. **B** *s. m. inv.* (*lett.*) Addio, estremo saluto: *l'estremo* —.

valenciennes /*fr.* valɑ̃'sjɛn/ **A** *s. m. inv.* Finissimo merletto a fuselli in filato di lino con motivi ricchi e vari. **B** *anche agg. inv.*: *pizzo* —.

valènte *part. pres. di valere; anche agg.* **1** Che vale molto, che è fornito di molti pregi, doti, capacità e sim.: *donna* —. **2** Che è molto abile nella propria professione: *medico* —; *un giovane* — *nelle armi*; SIN. Bravo.

valentìa *s. f.* Qualità di valente; SIN. Bravura.

valentuòmo *s. m.* (*pl. valentuòmini*) Uomo di grandi meriti e pregi.

valènza *s. f.* **1** (*raro, lett.*) Valore | (*est.*) Significato: *la* — *politica di un discorso.* **2** (*chim.*) Proprietà di un atomo di un elemento di combinarsi con altri atomi | — *di un elemento*, numero di atomi d'idrogeno che possono combinarsi con un atomo dell'elemento stesso: *l'ossigeno ha* — *2.*

valére ***A*** *v. intr.* (*pres. io vàlgo, tu vàli, egli vàle, noi valiàmo, voi valéte, essi vàlgono; fut. io varrò, tu varrài; pass. rem. io vàlsi, tu valésti; congv. pres. io vàlga, noi valiàmo, voi valiàte, essi vàlgano; condiz. pres. io varrèi, tu varrésti; part. pass. vàlso, raro valùto; aus. essere*) ***1*** Avere forza, potenza, autorità: *in quell'ambiente lui vale molto* | *Far — le proprie ragioni*, sostenerle energicamente | *Farsi —*, far rispettare la propria autorità, il proprio prestigio. ***2*** Essere abile, capace e sim.: *come poeta non vale niente; in matematica vale parecchio* | *Farsi —*, mettere in risalto le proprie doti. ***3*** Avere pregio, peso, rilevanza e sim., detto di cose: *la carrozzeria è bella, ma il motore non vale niente* | Essere utile, giovare: *a che vale piangere?* ***4*** Avere vigore, autorità, efficacia: *questi ragionamenti non valgono* | (*est.*) Avere effetto, essere regolare, legittimo: *il documento vale solo se è presentato in tempo utile.* ***5*** (*est.*) Essere vero: *è una critica che vale in ogni caso.* ***B*** *v. intr. e tr.* (*aus. intr. essere*) ***1*** Avere un determinato prezzo o valore: *questa casa vale diversi milioni* | *— un occhio della testa, un mondo, un tesoro, un Perù, un mucchio di soldi* e sim., (*fig.*) valere moltissimo | *Non — un fico, un fico secco, un soldo, un accidente, una cicca* e sim., (*fig.*) essere privo d'ogni valore | *Vale tant'oro quanto pesa*, (*fig.*) di persona di grandi qualità, di cosa molto pregiata. ***2*** Essere uguale, analogo o comparabile a qc. o a q.c.: *in questo lavoro nessuno ti vale; un uomo vale l'altro* | *Non — la pena, la spesa, la posta, la fatica* e sim., (*fig.*) detto di cosa il cui valore intrinseco è minimo se comparato al sacrificio necessario per ottenerla. ***3*** Equivalere, corrispondere, significare: *Ellade vale Grecia* | *Vale a dire*, ciò significa che. ***4*** Fruttare, rendere: *podere che può — un milione di lire mensili.* ***C*** *v. tr.* Far avere, procurare, cagionare: *la distrazione mi valse duri rimproveri.* ***D*** *v. intr. pron.* Mettere a profitto: *valersi dei suggerimenti di qc.* [→ tav. *proverbi* 120, 136, 178, 389, 390, 391]

valeriàna *s. f.* Pianta medicinale erbacea delle Rubiali con fusto cavo, alto fino a due metri, foglie pennate e radice usata come sedativo. [→ ill. *piante* 13]

Valerianàcee *s. f. pl.* Famiglia di piante erbacee con radice molto odorosa e frutto secco indeiscente. [→ ill. *piante* 13]

valerianèlla *s. f.* Piantina delle Rubiali con infiorescenze di piccoli fiori azzurri e foglie intere un po' dentate. [→ ill. *piante* 13, *verdura*]

valetudinàrio *agg.* (*lett.*) Che è molto cagionevole di salute: *vecchio —.*

valévole *agg.* Utile, valido, efficace: *partita — ai fini della classifica; biglietto — per un anno.*

valgìsmo *s. m.* (*med.*) Deformità di un segmento di un arto quando il suo asse è angolato con concavità verso l'esterno rispetto alla linea normale; CONTR. Varismo.

vàlgo *agg.* (*pl. m. -ghi*) Caratterizzato da valgismo: *ginocchio —*; CONTR. Varo.

valicàbile *agg.* Che si può valicare; CONTR. Invalicabile.

valicàre *v. tr.* (*io vàlico, tu vàlichi*) Passare da una parte all'altra: *— un colle*; SIN. Varcare.

vàlico *s. m.* (*pl. -chi*) ***1*** Attraversamento, passaggio da una parte all'altra. ***2*** Luogo in cui si può passare, spec. la depressione presente in un punto di una catena montuosa che consente il passaggio con minore difficoltà: *il — Gran San Bernardo*; SIN. Passo, varco. [→ ill. *geografia*]

validità *s. f.* L'essere valido.

vàlido *agg.* ***1*** Forte, gagliardo, vigoroso, resistente: *intelligenza valida; essere — alla fatica; essere — di corpo; essere — per q.c.* ***2*** (*dir.*) Che è stato posto in essere con piena osservanza delle norme che lo disciplinano: *atto processuale —*; CONTR. Nullo. ***3*** Efficace: *offrire un — aiuto.* ***4*** Che vale, che ottiene o merita approvazione, consenso e sim.: *opera valida.*

valigerìa *s. f.* ***1*** Fabbrica o negozio di valigie e borse. ***2*** Assortimento di valigie e sim. [→ ill. *valigeria*]

valìgia *s. f.* (*pl. -gie o -ge*) ***1*** Specie di cassetta di cuoio, tela, fibra o plastica, con maniglia per reggerla, in cui si ripongono abiti e oggetti vari da portare in viaggio | *Far le valigie*, prepararsi a partire; (*fig.*) andarsene | *— delle Indie*, treno di lusso settimanale già in servizio tra la Gran Bretagna e le Indie occidentali. ***2*** *— diplomatica*, involucro contenente la corrispondenza inviata al proprio governo da una missione diplomatica all'estero, su cui non si esercita controllo doganale.

valigiàio *s. m.* (*f. -a*) Fabbricante o venditore di valigie, bauli e sim.

vallàre *v. tr.* (*raro*) Cingere con un vallo.

vallàta *s. f.* Valle, considerata in tutta la sua ampiezza ed estensione: *le verdi vallate alpine.*

vàlle *s. f.* (troncato in *val* in molti toponimi: *val Tiberina; val d'Aosta*) ***1*** (*geogr.*) Forma concava di terreno racchiusa fra montagne e delimitata da due versanti, nel cui fondo scorre gener. un corso d'acqua | *— fluviale*, dovuta all'erosione di un fiume | *— glaciale*, modellata dall'erosione glaciale | *— sottomarina*, prolungamento sotto il mare di una valle terrestre | (*fig.*) *— di lacrime*, il mondo in quanto pieno di dolore | *A —*, verso il basso; (*fig.*) in una fase posteriore (CONTR. *a monte*) | *A — di*, nella parte più prossima alla foce | *Per monti e per valli*, (*fig.*) dappertutto. [→ ill. *diga, geografia*] ***2*** Zona di laguna morta: *le valli di Comacchio* | Specchio d'acqua lagunare per l'allevamento dei pesci, la caccia e sim.: *le valli venete.*

vallèa *s. f.* (*poet.*) Valle, vallata.

vallétta *s. f.* (*raro, m. -o*) Giovane aiutante del presentatore di uno spettacolo televisivo.

vallétto *s. m.* ***1*** Sino alla rivoluzione francese, paggio, staffiere | Servente municipale che segue in livrea la bandiera del Comune in cortei solenni. ***2*** (*raro*) V. *valletta.*

vallicoltùra *s. f.* Piscicoltura lagunare.

valligiàno ***A*** *agg.* Delle valli montane. ***B*** *s. m.* (*f. -a*) Abitante di una valle.

vallìvo *agg.* ***1*** Relativo a valle fluviale | *Terreno —*, di fondovalle, poco saldo e spesso paludoso. ***2*** Relativo a valle lagunare: *pesca valliva.*

vàllo *s. m.* ***1*** (*mil.*) Parapetto alzato di qua di un fosso intorno al campo dei Romani e munito di palizzata per

valigeria

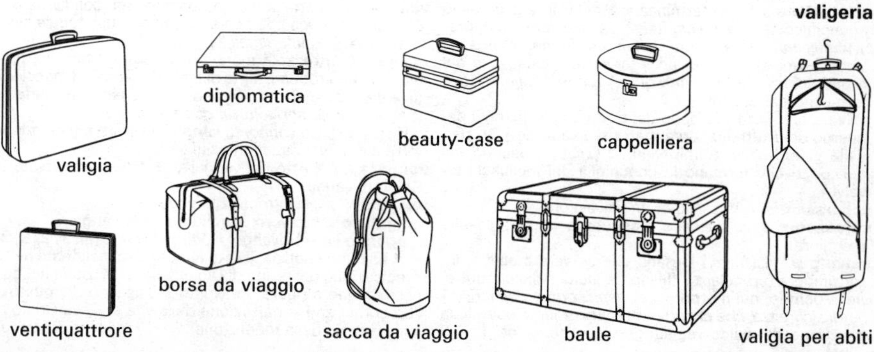

impedire l'accesso al nemico | Campo cinto di vallo. *2* Opera difensiva costituita da una serie continua di fortificazioni: – *Adriano, Atlantico.* *3* (*poet.*) Baluardo, trincea.

vallóne *s. m.* *1* Valle stretta e profonda | Burrone. *2* Canale marino più o meno ramificato e profondo, tipico della Dalmazia e dell'Istria.

valóre *s. m.* *1* Complesso delle qualità positive in campo morale, intellettuale, professionale per le quali una persona è degna di stima: *avere coscienza del proprio* –; *medico di* –. *2* Coraggio, ardimento, eroismo: *atti di* –; *croce al* – *militare* | – *civile,* coraggio dimostrato in qualità di semplice cittadino nel soccorrere chi è in pericolo: *ricompensa al* – *civile*; SIN. Prodezza. *3* Prezzo, costo, pregio: *il* – *di un terreno*; *oggetto di grande* – | Peso, purezza, taglio, intensità del colore di una pietra preziosa. *4* (*econ.*) – *d'uso,* utilità che un dato bene ha per chi lo possiede | – *di scambio,* quantità di un bene o di moneta che si dà in cambio di un altro bene o servizio | – *nominale,* quello indicato su un titolo. *5* *al pl.* Oggetti preziosi. *6* *al pl.* Tutto ciò che può essere comprato e venduto in Borsa | *Valori bollati,* marche da bollo, francobolli e sim. *7* Importanza: *per te l'amicizia non ha alcun* –. *8* Ciò che si ritiene vero, bello, buono secondo un giudizio personale più o meno in accordo con quello della società dell'epoca: *valori morali, sociali, estetici* | *I valori umani,* gli ideali a cui aspira l'uomo nella sua vita. *9* (*mat.*) Numero che indica l'ammontare di una certa grandezza | – *assoluto,* di un numero relativo, il numero stesso preso col segno positivo | Elemento particolare con il quale si identifica, o si può identificare, una variabile | (*fis.*) Misura di una grandezza secondo criteri convenzionali. *10* (*mus.*) Durata della nota o della pausa corrispondente. *11* *Con* – *di, avere* – *di, loc.* che esprimono equivalenza fra due fatti: *participio con* – *di aggettivo.* *12* Significato: *il* – *di un vocabolo, di una locuzione.* *13* *al pl.* Nel linguaggio della critica d'arte, gli elementi stilistici particolari di un'espressione artistica: *valori spaziali.*

valorizzàre *v. tr.* *1* Mettere in valore, far aumentare di valore: – *un terreno.* *2* (*fig.*) Consentire a una persona di esprimere completamente le proprie qualità, capacità e sim.: – *un tecnico.*

valoróso **A** *agg.* *1* Coraggioso, animoso, prode: *soldato* – | Che dimostra valore, ardimento: *azione valorosa*; CONTR. Vile. *2* Valente, abile, capace: *un* – *professionista.* **B** *s. m.* (*f.* -*a*) Chi ha e dimostra valore, ardimento.

valpolicèlla *s. m. inv.* Vino rosso rubino, asciutto, prodotto nel Veronese.

valùta *s. f.* *1* Moneta circolante in un paese. *2* Tempo cui si riferisce una partita a debito o credito in un conto corrente per la decorrenza degli interessi.

valutàbile *agg.* Che si può valutare.

valutàre *v. tr.* (*io valùto* o *vàluto*) *1* Determinare il prezzo, il valore di un bene economico: – *una casa, un gioiello.* *2* (*fig.*) Tenere in considerazione: *non ti valutano secondo le tue reali capacità.* *3* Stabilire in misura approssimativa: – *il peso di q.c.*; SIN. Calcolare, ponderare. *4* (*fig.*) Vagliare: *non hai saputo* – *le conseguenze del tuo gesto.*

valutàrio *agg.* Della valuta.

valutazióne *s. f.* *1* Determinazione del valore di un bene economico: *la* – *di un capitale* | Calcolo sommario, previsione: *una prima* – *dei danni*; SIN. Stima. *2* (*pedag.*) Verifica dell'efficacia di un intervento educativo e del profitto di un allievo: *criteri di* – | Giudizio su un allievo formulato dai docenti.

vàlva *s. f.* *1* (*bot.*) Ciascuno dei pezzi che formano il pericarpo dei frutti quando a maturità si aprono | Brattea delle glume delle graminacee. *2* (*zool.*) Ciascuno dei due pezzi che formano la conchiglia dei molluschi bivalvi.

valvassino *s. m.* Vassallo di un valvassore.

valvassóre *s. m.* Vassallo dipendente da un vassallo maggiore.

vàlvola *s. f.* *1* (*mecc.*) Organo che serve a stabilire, interrompere o regolare il flusso dei fluidi nelle condotte, nelle pompe, nei motori: – *di aspirazione, di scarico* | – *di sicurezza,* che si apre automaticamente quando la pressione del fluido raggiunge valori pericolosi | – *a farfalla,* costituita da un disco girevole in una sezione di una condotta | – *in testa, laterale,* del motore dell'automobile, secondo sia disposta sulla testata o lateralmente al cilindro. [→ ill. *automobile, diga, fisica, motore, riscaldamento*] *2* (*est., fig.*) Ciò che consente la liberazione periodica e controllata di tendenze, istinti, tensioni e sim.: *lo sport è la sua* – *di sfogo.* *3* (*elettr.*) Dispositivo atto a interrompere il flusso della corrente elettrica in caso di cortocircuito. *4* – *termoionica,* tubo elettronico a catodo caldo. *5* (*anat.*) Apparato che consente la progressione del contenuto di un organo cavo in una sola direzione: – *cardiaca.* [→ ill. *anatomia umana*]

vàlzer o *wàlzer* *s. m.* Danza a coppie di origine tedesca, in tre tempi, a movimento allegro o moderato.

vamp /*ingl.* væmp/ *s. f. inv.* (*pl. ingl.* *vamps* /væmps/) Donna, spec. attrice, dal fascino sensuale e violento.

vàmpa *s. f.* *1* Flusso, ondata di intenso calore: *la* – *del sole d'agosto.* *2* (*fig.*) Senso di calore in viso, per febbre, ira, vergogna, e il rossore che ne consegue.

vampàta *s. f.* Vampa violenta | (*fig.*) Manifestazione improvvisa e intensa di un fenomeno: *una* – *di violenza.*

vampeggiàre *v. intr.* (*io vampéggio; aus. avere*) (*raro*) Mandare vampe.

vampirismo *s. m.* Complesso dei fenomeni che, nella stregoneria, sono connessi al comportamento di vampiri.

vampiro *s. m.* (*f.* -*a* nel sign. 3) *1* Nelle credenze popolari, spettro che abbandona di notte la tomba e assale i viventi, per succhiarne il sangue. *2* Correntemente, pipistrello americano che si nutre di insetti, frutta e talvolta anche di sangue, con grandi appendici laminari nella regione nasale che conferiscono al muso un aspetto orrendo. [→ ill. *animali* 17] *3* (*fig.*) Strozzino, usuraio.

vanàdio *s. m.* Elemento chimico, metallo color argento, presente in minerali di ferro, nelle ceneri di certe piante, in alcuni petroli e bitumi; usato per acciai speciali e, in vari suoi composti, come catalizzatore. SIMB. V.

vanaglòria *s. f.* Vanità eccessiva, senza giustificazione nella realtà dei fatti; SIN. Boria, millanteria.

vanagloriàrsi *v. intr. pron.* (*io mi vanaglòrio*) Vantarsi, essere pieno di sé.

vanaglorióso *agg.* Pieno di vanagloria; SIN. Borioso, millantatore.

vandàlico *agg.* (*pl. m.* -*ci*) *1* Dei Vandali. *2* (*fig.*) Degno di un vandalo: *furia vandalica.*

vandalismo *s. m.* Tendenza a devastare o distruggere ogni cosa, spec. se bella o utile.

vàndalo **A** *s. m.* (*f.* -*a*) *1* Appartenente a un'antica popolazione germanica, che nel V sec. assalì e saccheggiò Roma. *2* (*fig.*) Persona incolta o incivile che distrugge beni di valore o di pubblica utilità. **B** *agg.* Vandalico.

vaneggiaménto *s. m.* Il vaneggiare; SIN. Farnetico, vaniloquio.

vaneggiàre *v. intr.* (*io vanéggio; aus. avere*) *1* Pensare e parlare in modo sconnesso, dire cose senza senso: – *nel delirio* | (*est.*) Dire, pensare, credere cose assurde; SIN. Delirare, farneticare, sragionare. *2* (*lett.*) Fantasticare.

vanèsio *agg.; anche s. m.* (*f.* -*a*) Detto di chi è fatuo e vanitoso.

vanéssa *s. f.* Farfalla diurna cosmopolita, con livrea dai bei colori e bruco spinoso e peloso che danneggia svariate erbe. [→ ill. *animali* 2]

vànga *s. f.* Attrezzo a mano per lavorare il terreno, formato da una robusta lama di ferro di forma e dimensioni diverse, con manico di legno e in basso una staffa o vangile. [→ ill. *agricoltura, giardiniere*]

vangàre *v. tr.* (*io vàngo, tu vànghi*) Tagliare e rivoltare la terra con la vanga, anche ass.

vangàta *s. f.* *1* Atto del vangare. *2* Vangatura rapida. *3* Colpo di vanga.

vangatóre *s. m.* (*f.* -*trìce*) Chi vanga.

vangatùra *s. f.* Lavoro compiuto con la vanga.

vangèlo o (*raro*) *evangèlo* (*Vangelo* nei sign. 1, 2, 3) *s. m.* *1* La buona notizia, il lieto annunzio, consistente nella predicazione del regno di Dio e della redenzione del genere umano a opera del Cristo | Ciascuno dei quattro libri contenenti la narrazione della vita di Gesù Cristo e il messaggio della redenzione; *il* – *di Matteo, di Marco,* *di Luca e di Giovanni.* **2** (*est.*) Libro contenente il Vangelo | *Giurare q.c. sul* –, garantirne al massimo la veridicità. **3** Parte della Messa in cui il celebrante legge un brano tratto dal Vangelo. **4** (*fig.*) Ciò che costituisce il fondamento ideologico di un partito, un movimento, un gruppo: *il – rivoluzionario.* **5** (*fig.*) Verità sacrosanta, indiscutibile: *quello che dirà lui per me è –.*

vangile *s. m.* (*agr.*) Staffale.

vanificàre *v. tr.* (*io vanìfico, tu vanìfichi*) Rendere vano, inutile, inefficace: – *gli sforzi.*

vanìglia o *vainìglia s. f.* Pianta rampicante messicana delle Ginandre coltivata ai tropici di cui si usano i frutti come condimento e in profumeria. [→ ill. *piante* 15]

vanigliàto *agg.* Profumato alla vaniglia: *zucchero –.*

vanillìna o *vaniglina s. f.* Aldeide aromatica presente nella vaniglia.

vanilòquio *s. m.* Discorso vano, sconclusionato | Discorso futile, sciocco.

vanità *s. f.* **1** Caratteristica di chi prova e ostenta un alto concetto di se stesso, ricercando tutto ciò che può far risaltare le sue qualità personali: *la – femminile*; SIN. Fatuità. **2** L'essere vano, inutile, inconsistente: *la – di uno sforzo.* **3** L'essere futile, falso, caduco e sim.: *la – dei beni terreni*; SIN. Futilità. **4** (*est.*) Ciò che è falso, caduco e sim.: *la bellezza è solo –.*

vanitóso **A** *agg.* **1** Pieno di vanità; SIN. Fatuo, vanesio; CONTR. Modesto. **2** Che dimostra vanità. **B** *s. m.* (*f. -a*) Persona vanitosa.

vàno **A** *agg.* **1** Che all'interno è vuoto: *guscio –.* **2** Incorporeo: *la vana ombra dei trapassati.* **3** (*fig.*) Privo di reale consistenza o fondamento: *promesse vane* | Che è futile, frivolo o privo di effettivo valore: *le vane lacrime del mondo*; *le vane ricchezze.* **4** (*fig.*) Inutile, inefficace: *minacce vane.* **5** (*fig.*) Che è privo di senno, saggezza, profondità di pensiero: *gente vana e superba* | Che mostra vanità: *vana ostentazione di ricchezze.* **B** *s. m.* **1** Spazio vuoto. **2** Apertura praticata in una struttura muraria: *il – della porta.* **3** Ambiente, stanza.

vantàggio *s. m.* **1** Ciò che mette qc. o q.c. in condizione più favorevole rispetto ad altri: *il – della statura, della posizione*; CONTR. Svantaggio. **2** Profitto, utile, guadagno: *trarre – da q.c.* **3** Distacco conquistato sull'avversario: *tre punti di –*; *portarsi in –.* **4** In tipografia, tavoletta su cui si posano le linee di caratteri man mano che vengono composte | Dispositivo analogo montato sulle macchine per comporre. [→ ill. *stampa*]

vantaggióso *agg.* Che dà, procura vantaggio: *posizione vantaggiosa*; SIN. Proficuo; CONTR. Svantaggioso.

vantàre **A** *v. tr.* **1** Lodare con ostentazione, esaltare come ottimo, insigne, superiore e sim.: – *una persona*; – *i meriti di qc.* **2** Andar fiero, superbo, orgoglioso: – *amicizie altolocate.* **B** *v. rifl.* Millantare le proprie doti, capacità, virtù e sim.: *si vanta di saper fare tutto*; SIN. Gloriarsi.

vantatóre **A** *s. m.* (*f. -trìce*) (*raro*) Chi vanta o si vanta. **B** *anche agg.*

vanterìa *s. f.* Vana lode di sé, esagerata ostentazione di meriti o qualità spesso immaginari.

vànto *s. m.* **1** Atto del vantarsi | *Menar –*, vantarsi. **2** Ciò che costituisce motivo di lode, pregio, merito: *ha il – della costanza.*

vànvera *s. f. Solo nella loc. avv. a –*, a casaccio, senza fondamento, senza senso: *parlare a –*; *fare le cose a –.*

vàpiti *s. m.* Adattamento di *wapiti.*

vaporàre **A** *v. tr.* (*io vapóro*) (*lett.*) Empire di vapori. **B** *v. intr.* (*aus. avere e essere*) (*lett.*) Evaporare, svaporare | Diffondersi sotto forma di vapore.

vapóre *s. m.* **1** (*chim., fis.*) Sostanza aeriforme che si sviluppa da un liquido, per evaporazione o ebollizione, o da un solido per sublimazione: *vapori di iodio, di mercurio* | – *acqueo*, che si sviluppa dall'acqua in ebollizione. [→ ill. *illuminazione*] **2** (*per anton.*) Vapore acqueo | *A –*, detto di macchine o dispositivi che producono vapore o che funzionano sfruttando l'energia termica del vapore: *caldaia a –*; *locomotiva a –*; *turbina a –* | *A tutto –*, (*fig.*) a gran velocità | *Bagno a –*, consistente nell'esporre il corpo all'azione termica del vapore | *Cuocere al –*, cucinare cibi esponendoli, in un recipiente speciale, al solo vapore dell'acqua bollente. [→ ill. *ferrovia, motore, panettiere, riscaldamento*] **3** Nave a vapore | (*raro*) Vaporiera. **4** *spec. al pl.* Fumo, nebbia o qualunque altra esalazione percepibile con i sensi: *vapori d'incenso*; *i vapori malsani delle paludi* | *I vapori del vino, dell'alcol*, i fumi del vino, dell'alcol. [→ tav. *locuzioni* 73]

vaporétto *s. m.* Battello a vapore di ridotte dimensioni, usato spec. come mezzo pubblico di trasporto su lagune e sim.

vaporièra *s. f.* Locomotiva a vapore.

vaporizzàre **A** *v. tr.* **1** Portare un liquido allo stato di vapore, far evaporare o bollire. **2** Sottoporre le stoffe tinte all'azione del vapore acqueo. **3** In cosmesi, far dilatare i pori col vapore caldo. **B** *v. intr. e intr. pron.* (*aus. essere*) Evaporare.

vaporizzatóre **A** *s. m.* In varie tecnologie, apparecchio per la riduzione di soluzioni acquose in finissime gocce. [→ ill. *bar*] **B** *agg.* Che vaporizza. [→ ill. *riscaldamento*]

vaporizzazióne *s. f.* **1** Evaporazione. **2** Riduzione di soluzioni acquose in finissime gocce. **3** Operazione del vaporizzare stoffe e sim.

vaporosità *s. f.* L'essere vaporoso (*spec. fig.*).

vaporóso *agg.* **1** (*raro*) Pieno di vapori. **2** (*fig.*) Estremamente sottile e leggero: *velo –* | *Abito –*, in tessuto molto leggero, di foggia ampia. **3** (*fig.*) Soffice: *capelli vaporosi.*

vaquero /*sp.* va'kero/ *s. m.* (*pl. sp. vaqueros* /va'keros/; *pl. it. vaqueri*) Guardiano di mandrie di bovini | Custode di tori pronti per le corride.

varàno *s. m.* Rettile lungo da due a quattro metri, con forma che ricorda la lucertola, agilissimo e predatore, cacciato per la pelle. [→ ill. *animali* 6]

varàre **A** *v. tr.* **1** (*mar.*) Far scendere per la prima volta in acqua la nave dal cantiere in cui è stata costruita. **2** (*fig.*) Portare a compimento e presentare al pubblico: – *una commedia* | – *una legge*, approvarla definitivamente. **B** *v. intr. pron.* Arenarsi, incagliarsi, *nelle loc. vararsi in costa, in secca.*

varàta *s. f.* **1** Grande mina destinata ad abbattere un grande volume di roccia. **2** Abbattimento di rocce mediante mine | Distacco e discesa a valle di una falda di marmo.

varcàbile *agg.* Che si può varcare.

varcàre *v. tr.* (*io vàrco, tu vàrchi*) **1** Oltrepassare q.c. attraversandola: – *un burrone, una strada*; SIN. Valicare. **2** (*fig.*) Superare: *ha ormai varcato la sessantina* | – *i confini, i limiti*, eccedere.

vàrco *s. m.* (*pl. -chi*) **1** Passaggio, passo, valico | *Aprirsi un –*, procurarsi lo spazio necessario per passare: *aprirsi un – tra la folla* | *Aspettare qc. al –*, per coglierlo senza che abbia alcuna possibilità di scampo e (*fig.*) aspettare il momento favorevole, per vendicarsi o metterlo alla prova. **2** (*geogr.*) Passo, colle di catena montuosa per cui si passa da una valle all'altra.

varechìna o *varecchina s. f.* Candeggina.

varia /*lat.* 'varja/ *s. f. pl.* Cose varie, argomenti vari, spec. in titoli, intestazioni e sim.

variàbile **A** *agg.* **1** Che varia, cambia: *tempo –*; SIN. Instabile, mutabile; CONTR. Invariabile. **2** (*ling.*) Detto di parola che muta la sua forma secondo il genere, il numero, il tempo, il modo, la persona: *parti variabili del discorso.* **3** (*mat.*) Non costante. **B** *s. f.* (*mat.*) Grandezza che può assumere valori differenti | – *indipendente*, il cui valore può essere fissato arbitrariamente.

variabilità *s. f.* L'essere variabile; SIN. Instabilità, mutabilità.

variànte **A** *part. pres. di variare; anche agg.* Che varia | *Lezione –*, in filologia, parola o frase che due testi di una stessa opera riportano in modo diverso. **B** *s. f.* **1** Modificazione rispetto a una tipologia primaria: – *di un piano regolatore* | (*est.*) Modificazione di un percorso o di un progetto: *apportare una – al programma di viaggio.* **2** In filologia, lezione variante: *le varianti dei canti leopardiani.* **3** (*ling.*) – *di forma*, ogni realizzazione dello stesso fonema. **4** Nel linguaggio sportivo, tratto di percorso diverso da quello originario di una data via alpinistica, di un circuito e sim.

variàre **A** *v. tr.* (*io vàrio*) **1** Mutare, cambiare: – *la disposizione dei mobili.* **2** Diversificare: – *suoni, colori*; – *la pena secondo il delitto* | (*est.*) Abbellire con la varietà per togliere monotonia, uniformità e sim.: – *un* *motivo musicale.* **B** *v. intr.* (*aus. avere* con sogg. di pers., *essere* con sogg. di cosa) **1** Diventare diverso, subire variazioni: *— di idee*; *— di camera.* **2** Essere diverso: *le convinzioni variano da persona a persona.*

variàto *part. pass. di variare; anche agg.* Vario, diverso: *frutti variati* | *Terreno —*, ineguale.

variatóre *s. m.* In varie tecnologie, organo o dispositivo che consente variazioni, regolazioni, controlli e sim.: *— di velocità.*

variazióne *s. f.* **1** Modificazione: *— dei prezzi* | Cambiamento, mutamento: *le variazioni del vento.* **2** (*mus.*) Modificazione melodica, armonica, timbrica cui si sottopone un tema musicale.

varice *s. f.* (*med.*) Dilatazione di una vena spesso accompagnata da allungamento.

varicèlla *s. f.* (*med.*) Malattia infettiva acuta contagiosa di natura virale caratterizzata dalla comparsa sulla cute di un particolare esantema.

varicóso *agg.* Di varice | Che è affetto da varice: *vena varicosa.*

variegàto *agg.* Di colori vari, disposti a striature irregolari: *marmo —.*

variegatùra *s. f.* Insieme di striature irregolari, di colore diverso da quello di fondo.

varietà (1) *s. f.* **1** L'essere vario, ricco, molteplice: *la — dei colori, dei suoni, delle forme.* **2** Differenza, divario: *la — esistente tra una cosa e l'altra.* **3** Elemento che pur rientrando in un genere si differenzia da altri analoghi per caratteristiche sue proprie: *una rara — di marmo rosa.* **4** (*biol.*) Gruppo tassonomico in cui si raccolgono organismi della stessa specie che si distinguono per caratteri particolari: *— di piante, di animali.*

varietà (2) *s. m.* Spettacolo leggero composto di canzoni, dialoghi, danze e numeri di attrazione; SIN. Variété.

variété /*fr.* varje'te/ *s. m. inv.* (*pl. fr. variétés* /varje'te/) Varietà (2).

vàrio **A** *agg.* **1** Che è costituito da elementi disuguali ma non contrapposti o discordanti: *paesaggio — e piacevole*; *ritmo —.* **2** Di forma, modi, qualità, origini e sim. differenti e molteplici: *negozio di generi vari*; SIN. Svariato. **3** Numeroso: *ho varie cose da fare.* **4** Instabile, mutevole, incostante; *essere di umore —.* **B** *in funzione di agg. indef. solo pl.* Disparati, parecchi: *vari autori ne parlano.* **C** *al pl. in funzione di pron. indef.* Parecchie e disparate persone: *vari dicono che la colpa sia sua* | *Varie*, nel titolo di libri, scritti, miscellanee, rubriche, indica un contenuto disparato. [→ tav. *proverbi* 182]

variolàto *agg.* Cosparso di piccole macchie rotonde, simili per la forma alle pustole del vaiolo.

variòmetro *s. m.* Strumento per determinare le variazioni di una grandezza fisica.

variopìnto *agg.* Di vari colori: *fiore —*; SIN. Multicolore.

varìsmo *s. m.* (*med.*) Condizione patologica in cui l'asse di un segmento di arto devia in dentro rispetto alla posizione normale; CONTR. Valgismo.

vàro (1) *s. m.* **1** (*mar.*) Operazione del varare una nave. **2** (*fig.*) Definitiva approvazione: *il — di una legge* | Presentazione.

vàro (2) *agg.* (*med.*) Caratterizzato da varismo; CONTR. Valgo.

vasàio o (*pop.*) *vasàro s. m.* Artigiano che fabbrica o vende vasi di terracotta, ceramica e sim. [→ ill. *tornio*]

vasàle *agg.* (*anat.*) Di vaso sanguigno o linfatico.

vasàro v. *vasaio.*

vàsca *s. f.* **1** Costruzione in muratura, cemento, lamiera o altro, incassata nel muro, in un banco, nel suolo o da esso sporgente, destinata a contenere acqua o altri liquidi, per uso domestico o industriale: *— da bagno*; *la — del bucato*; *la — dei pesci* | *— di chiarificazione, di sedimentazione*, in varie tecnologie, quella in cui viene fatto passare un liquido a velocità molto ridotta, per far depositare le sostanze da esso trasportate. [→ ill. *bagno, bar, giardino pubblico, religione*] **2** Piscina | *Fare una —*, nel linguaggio dei nuotatori, percorrere in un senso la lunghezza della piscina.

vascèllo *s. m.* (*mar.*) Nave | Dalla fine del XVI sec., grande nave da guerra a tre alberi altissimi, 80 e più pezzi di artiglieria e moltissime vele. [→ ill. *marina*]

vaschétta *s. f.* **1** *Dim. di vasca.* [→ ill. *bagno, bar, fotografo, meteorologia, orafo e argentiere, riscaldamento*] **2** Contenitore di forma parallelepipeda senza coperchio, in cartoncino, pasta di cellulosa, vetro, plastica e sim. [→ ill. *contenitore, ufficio*]

vascolàre *agg.* **1** (*anat.*) Vasale | *Sistema —*, complesso dei vasi sanguigni. **2** (*bot.*) *Tessuto —*, tessuto vegetale costituito di cellule morte che formano un sistema di tubi per il trasporto dell'acqua dalle radici alle foglie. **3** Che si riferisce ai vasi di terracotta: *arte —.*

vascolarizzàto *agg.* Ricco di vasi sanguigni: *tessuto —.*

vascolarizzazióne *s. f.* (*anat.*) Distribuzione dei vasi sanguigni in un tessuto | Irrorazione sanguigna dello stesso.

vasectomìa *s. f.* (*med., chir.*) Taglio e legatura dei dotti deferenti, a scopo di sterilizzazione maschile.

vaselìna *s. f.* Sostanza semisolida, filante, di consistenza d'unguento, ottenuta dai residui della distillazione del petrolio, usata in profumeria, in farmacia e come lubrificante.

vasellàme *s. m.* Insieme di piatti, vassoi, tazze e sim. per la mensa, spec. se di valore.

vasistas /*fr.* vazis'tas/ *s. m. inv.* Battente girevole intorno al suo lato inferiore, posto nella parte alta di alcune finestre per la ventilazione. [→ ill. *finestra*]

vàso *s. m.* **1** Recipiente di terracotta, vetro, metallo o altro materiale, di forma tondeggiante e varia, gener. più largo alla bocca che alla base: *— di rame, di porcellana*; *vasi greci, etruschi* | *— da notte*, orinale | *— da fiori*, di terracotta, per coltivarvi piante, oppure di cristallo o altro per collocarvi fiori recisi | *Vasi sacri*, calice, pisside, ostensorio, ciborio | (*fig.*) *— d'elezione*, San Paolo, in cui Dio pose la sua scelta per la propagazione della fede | *Essere come il — di coccio tra i vasi di ferro*, di persona debole e indifesa tra persone forti e prepotenti. **2** Contenitore cilindrico, normalmente di vetro, per confezionare prodotti alimentari, chimici, farmaceutici; SIN. Barattolo. [→ ill. *contenitore*] **3** (*est.*) Parte della latrina che accoglie i rifiuti. [→ ill. *bagno*] **4** (*anat.*) Condotto tubolare attraversato da sangue o linfa: *vasi sanguigni, linfatici* | (*bot.*) Canale atto alla circolazione dei liquidi in un vegetale. **5** (*fis.*) *Vasi comunicanti*, sistema di più recipienti aperti in alto, comunicanti con tubazioni in basso, nei quali un liquido si dispone allo stesso livello | *— Dewar*, recipiente di vetro a doppia parete con intercapedine isolante, usato per conservare l'aria liquida e altri gas liquefatti. [→ ill. *fisica*] [→ tav. *locuzioni* 35]

vasocostrittóre **A** *s. m.* Farmaco che agisce diminuendo il calibro dei vasi sanguigni. **B** *anche agg.* (*f.* -*trìce*): *farmaco —.*

vasocostrizióne *s. f.* Riduzione di calibro dei vasi sanguigni.

vasodilatatóre **A** *s. m.* Farmaco che agisce dilatando i vasi sanguigni. **B** *anche agg.* (*f.* -*trìce*): *farmaco —.*

vasodilatazióne *s. f.* Aumento di calibro dei vasi sanguigni.

vasomotilità *s. f.* (*anat.*) Capacità dei vasi di contrarsi o dilatarsi.

vasomotóre *agg.* Che presiede alla contrazione o dilatazione dei vasi: *nervo, farmaco —.*

vasomotòrio *agg.* Della vasomotilità.

vassallàggio *s. m.* **1** Nella società feudale, contratto in base al quale un uomo libero si assoggettava a un signore il quale si impegnava a proteggerlo. **2** (*fig.*) Condizione di asservimento; SIN. Sudditanza.

vassàllo **A** *s. m.* (*f.* -*a*) **1** Nella società feudale, uomo libero che si assoggettava a un signore mediante vassallaggio. **2** (*est.*) Suddito, sottoposto (*anche fig.*). **B** *in funzione di agg.* Che è soggetto a qc.: *nazione vassalla di una grande potenza.*

vassóio *s. m.* Grande piatto d'argento o altro materiale, generalmente di forma ovale o tonda, usato per trasportare piatti e bicchieri, servire vivande o rinfreschi, contenere servizi da tè o caffè, lettere, dolciumi o altro. [→ ill. *bar*]

vastità *s. f.* L'essere vasto; SIN. Spaziosità.

vàsto *agg.* **1** Di grande estensione: *oceano, cielo, deserto —*; SIN. Spazioso. **2** (*fig.*) Detto di atteggiamento, fenomeno, situazione, sentimento e sim., accentuato, rilevante, importante: *vasta cultura* | *Di vaste vedute*, di persona priva di pregiudizi | *Di vaste proporzioni*, di cosa molto estesa, molto grave, molto importante | *Di vasta portata*, molto importante, gravido di conseguenze | *Su vasta scala*, in grandi proporzioni.

vàte *s. m.* **1** (*lett.*) Indovino | Poeta profetico. **2** Poeta di alta ispirazione | *Il sommo* –, (*per anton.*) Dante.

vaticanista *s. m. e f.* (*pl. m. -i*) Studioso, esperto, dell'attività religiosa e politica e dell'organizzazione del Vaticano.

vaticàno **A** *agg.* Della città del Vaticano e dello Stato omonimo. **B** *s. m. Vaticano*, governo temporale della Chiesa cattolica: *la politica del* –.

vaticinàre *v. tr.* (*io vaticìno o vatìcino*) Predire, indovinare, profetare.

vaticìnio *s. m.* **1** Profezia, predizione solenne. **2** Scienza del vaticinare.

vattelappésca *loc. inter.* (*fam.*) Vallo a indovinare, va' tu a saperlo, chissà (esprime incertezza, ignoranza assoluta e sim.): – *dove sarà!*

vaudeville /fr. vodə'vil/ *s. m. inv.* (*pl. fr. vaudevilles* /vodə'vil/) Genere teatrale leggero misto di parti recitate e cantate sorto in Francia nei primi decenni del sec. XIX.

vé **A** *pron. pers. atono di seconda pers. m. e f. pl.* (*forma che il pron. e avv. vi assume davanti ai pron. atoni la, le, li, lo e alla particella ne*) A voi (come compl. di termine in posizione sia encl. sia procl.): – *ne parlerò*; *desidero parlarvene*. **B** *avv.* Là, lì, nel luogo di cui si parla: *prese uno sgabello e* – *li appoggiò*.

ve' o **véh** *inter.* **1** Si usa, con il sign. di 'bada', per rafforzare un avvertimento, una raccomandazione: *attento,* –, *che cadi!*; *studia,* –! **2** Si usa per rafforzare un'affermazione o una negazione: *sì,* –, *è vero*. **3** Esprime meraviglia, stupore: –*!, com'è bello!*

vecchiàia *s. f.* **1** Periodo della vita caratterizzato da decadimento delle funzioni organiche e atrofia di organi e tessuti | *Bastone della* –, (*fig.*) persona che è di aiuto e sostegno a una persona anziana; CONTR. Giovinezza. **2** Persone vecchie, intese in quanto gruppo, categoria e sim.: *rispettare la* –.

vecchiàrdo *s. m.* (*f. -a*) (*spreg.*) Persona vecchia.

vecchierèllo *s. m.* (*f. -a*) **1** *Dim. di vecchio*. **2** Vecchietto debole, fragile.

vecchiétto *s. m.* (*f. -a*) *Dim. di vecchio*.

vecchiézza *s. f.* Condizione di ciò che è vecchio (*anche fig.*) | Vecchiaia.

vècchio **A** *agg.* **1** Di persona che ha molti anni di vita | *Esser più* – *di Noè, di Matusalemme*, (*fig.*) essere vecchissimo | (*est.*) Che ha i caratteri propri della vecchiaia: *viso* –; *sentirsi* –; CONTR. Giovane. **2** Più vecchio, quando si vogliono distinguere due personaggi dello stesso nome e di diversa età: *Plinio il* –. **3** Che è nato o sorto da molto tempo: *animale* –; *una vecchia quercia* | *Luna vecchia*, nell'ultimo quarto | *Rami vecchi*, inariditi | Detto di prodotto maturo stagionato: *formaggio, vino, legno* – | (*est.*) Detto di prodotto agricolo o alimentare che risale all'anno precedente: *grano* –. **4** (*est.*) Di un tempo, d'altri tempi, di un periodo precedente o di molti anni prima: *una vecchia chiesa* | Antico: *le vecchie mura*; *il* – *testamento* | – *stile*, di ciò che è un po' fuori dal suo tempo | – *stampo*, (*fig.*) che corrisponde a uno stile d'altri tempi; CONTR. Nuovo. **5** (*est., fig.*) Che risale a molti anni addietro, che dura da molto tempo: *una vecchia abitudine* | *Vecchia storia*, (*fig.*) cosa che si sente, si ripete e sim. da anni | (*est.*) D'antica data: *una vecchia amicizia* | *La vecchia guardia*, i fedeli della prima ora | *Una vecchia conoscenza*, persona che si conosce da tempo; CONTR. Nuovo. **6** (*fig.*) Trito, vieto, superato: *una vecchia ideologia*. **7** (*fig.*) Usato, portato da tempo e ormai logoro per l'uso: *abito* –; CONTR. Nuovo. **8** (*fig.*) Cauto, esperto | *Essere* – *del mestiere*, praticarlo da tempo ed essere quindi molto abile; (*est.*) avere esperienza delle cose del mondo. **B** *s. m.* (*f. -a*) **1** Persona vecchia. **2** *al pl.* Gli antichi, i predecessori, gli antenati o gli uomini delle generazioni precedenti. **C** *s. m. solo sing.* Ciò che è trito, vieto, disusato: *sostituire il* – *col nuovo*. [→ tav. *proverbi* 30, 66, 160, 164, 337; → tav. *locuzioni* 114]

vecchiòtto *agg.* Che è alquanto vecchio.

vecchiùme *s. m.* **1** (*spreg.*) Insieme di cose vecchie. **2** (*fig., spreg.*) Insieme di idee, principi, usanze vieti, superati.

véccia *s. f.* (*pl. -ce*) Pianta erbacea delle Rosali, buona foraggera, con foglie pennate terminate da un cirro, fiori violacei, frutto a legume. [→ ill. *piante* 10] [→ tav. *proverbi* 205]

véce *s. f.* **1** (*lett.*) Vicenda, mutamento. **2** *spec. al pl.* Funzione, mansione, ufficio, *spec. nella loc. fare le veci di qc.*, esercitarne le funzioni. **3** *Nella loc. prep. in* – *di*, al posto di | *In* – *mia, tua, sua, o in mia, tua, sua* –, al posto mio, tuo, suo.

vedènte *part. pres. di vedere; anche agg. e s. m. e f.* Che (o chi) vede, ha la sensazione visiva | *Non* –, cieco.

vedére **A** *v. tr.* (*pres. io védo, lett. véggo, poet. véggio, tu védi, egli véde, noi vediàmo, poet. veggiàmo, voi vedéte, essi védono, lett. véggono, poet. véggiono; imperf. io vedévo, poet. vedéva; fut. io vedrò, tu vedrài; pass. rem. io vìdi, poet. vedètti, poet. vedéi, tu vedésti, egli vìde, vedètte, noi vedémmo, voi vedéste, essi vìdero, poet. vedèttero, vedérono; congv. pres. io véda, poet. végga, poet. véggia, noi vediàmo, poet. veggiàmo, voi vediàte, poet. veggiàte, essi védano, poet. véggano, poet. véggiano; condiz. pres. io vedrèi, tu vedrésti; imp. pres. védi, vedéte; ger. vedèndo, poet. veggèndo; part. pres. vedènte o veggènte; part. pass. vìsto o vedùto*) **1** Percepire con gli occhi la realtà concreta, anche ass.: – *il sole, la luna, le stelle* | – *la luce*, nascere, detto di persona; (*fig.*) giungere a compimento, detto di cosa | (*fig.*) *Non* – *il giorno, l'ora, il momento* e sim., essere molto impaziente, desideroso e sim. | *Non* –, *non vederci*, essere in parte o totalmente privo della vista | ass. (*fig.*) *Non vederci per la fame*, essere affamato oltre ogni dire | ass. –, *vederci da un occhio, da un solo occhio*, disporre di un solo organo visivo | ass. *Vederci doppio*, percepire le immagini sdoppiate per stanchezza, ubriachezza e sim. | – *per credere*, appurare direttamente q.c. per convincersene, anche ass. | *Quattro occhi vedono meglio di due*, (*fig.*) se ci si aiuta si ottengono migliori risultati | *Farsi* –, mostrarsi | *Stare a* –, assistere a q.c. senza prendervi parte | ass. *Vedremo!*, escl. di riserva, prudenza e sim. | *Te la farà, te lo faccio* – *io*, escl. fam. di minaccia (*anche scherz.*) | (*fig.*) – *qc. di buon occhio*, averlo in stima, simpatia | – *qc. di malocchio*, non stimarlo, averlo in antipatia | *Non farsi* –, agire di nascosto. **2** Esaminare, leggere: *ho appena visto il suo ultimo libro* | – *i conti*, controllarli. **3** Trovarsi presente in un luogo, essere testimone di un avvenimento: – *un saggio ginnico, una partita di calcio*; *andare a* – *un film* | Visitare: – *un museo*. **4** Incontrare: *lo sai chi ho visto oggi?* | (*fam.*) *Guarda chi si vede*, per esprimere lieta sorpresa per un incontro inatteso | *Non farsi* –, *non farsi più* –, evitare incontri, visite e sim. | *Non voler* – *qc.*, sfuggirlo, evitarlo | *Non poter* – *qc.*, (*fig.*) averlo in grande antipatia | *Farsi* – *dal medico*, farsi visitare. **5** (*fig.*) Contemplare con gli occhi della mente, della fede e sim.: – *Dio* | Raffigurarsi nel pensiero, nella fantasia: – *qc. in sogno* | Prevedere, vaticinare: *vedo prospettive poco piacevoli* | – *rosa*, – *nero*, fare previsioni ottimistiche o pessimistiche. **6** (*fig.*) Sentire: *hai visto cosa sono capaci di dire i maligni?* | Accorgersi di q.c.: *non vedi come soffre?* **7** (*fig.*) Intendere, conoscere, capire: *dai fatti si vede il valore di un uomo* | *Si vede che*, è evidente che, è logico supporre che | *Dare a* –, far capire | *Non dare a* –, nascondere | –, *vederci chiaro*, capire bene | *Non vederci chiaro*, detto spec. a proposito di situazioni particolarmente confuse. **8** (*fig.*) Considerare, giudicare: *vediamo meglio tutta la faccenda* | *A mio modo di* –, secondo il mio giudizio. **9** Tentare, provare: *vediamo se il gioco riesce* | *Vediamo, vediamo un po'* e sim., formula con cui si è soliti introdurre un tentativo: *vediamo un po' se funziona* | – *di*, cercare: *vedi di trovarmi questo libro*. **10** Riferirsi, essere in rapporto, *spec. nelle loc. avere a che* –, *non aver nulla a che* –, *con q.c. o con qc.* **B** *v. rifl.* **1** Percepire la propria immagine: *vedersi nello specchio*. **2** (*fig.*) Credersi, ritenersi, sentirsi: *vedersi salvo*. **3** (*fig.*) Riconoscersi: *in lui mi vedo bambino*. **C** *v. rifl. rec.* Incontrarsi: *vedersi a scuola* | *Vedersi da qc.*, a casa di qc. **D** *in funzione di s. m.* **1** Atto del vedere | *Al* –, vedendo: *al* – *un simile spettacolo rimase di stucco*. **2** Opinione, giudizio, *spec. nelle loc. a mio, tuo, suo, nostro* –, secondo la mia, la tua, la sua, la nostra, opinione. [→ tav. *proverbi* 138, 306, 392; →

tav. *locuzioni* 115]

vedétta (1) *s. f.* **1** (*mil.*) Luogo eminente sulle mura di una fortezza da dove si vigila intorno e lontano; SIN. Veletta | *Essere, stare di* –, *alla* –, stare di guardia | (*fig.*) – *della classifica*, nel linguaggio sportivo, la squadra che è in testa a una classifica di campionato. [→ ill. *castello*] **2** (*est.*) Guardia alla vedetta | Marinaio posto in un punto elevato di una nave per osservare. **3** (*mar.*) Nave da guerra piccola, velocissima, per la caccia ai sommergibili e la vigilanza lungo le coste.

vedétta (2) *s. f.* Adattamento di *vedette*.

vedette /fr. və'dɛt/ *s. f. inv.* (*pl. fr. vedettes* /və'dɛt/) Attore o attrice di grande fama nel teatro leggero.

védova *s. f.* **1** Donna a cui è morto il marito | – *bianca*, (*fig.*) donna il cui marito è lontano per lungo tempo, spec. per lavoro. **2** Passeraceo africano il cui maschio, in abito nuziale, ha lunghissime penne timoniere | – *nera*, piccolo ragno delle zone aride americane che ha veleno pericoloso anche per l'uomo e divora il maschio dopo l'accoppiamento.

vedovànza *s. f.* Condizione di vedovo o di vedova.

vedovàre *v. tr.* (*io védovo*) **1** (*lett.*) Rendere vedovo. **2** (*fig., lett.*) Rendere privo di q.c.

vedovile *agg.* Di vedovo o vedova.

védovo A *agg.* **1** Detto di persona cui è morto il coniuge: *padre* –; *madre vedova.* **2** (*fig., lett.*) Privo, privato | *Pianta vedova*, sfrondata. **B** *s. m.* (*f. -a*) Uomo cui è morta la moglie.

vedrétta *s. f.* Tipo di ghiacciaio minore posto su un ripido pendio.

vedùta *s. f.* **1** (*lett.*) Vista. **2** Panorama: *di quassù si gode una splendida* – | Possibilità di vedere un certo panorama: *questo terrazzo ha una bella – sul lago.* **3** Rappresentazione, spec. pittorica o fotografica, di un paesaggio o di un ambiente: *una – di Napoli* | – *prospettica*, in architettura, rappresentazione di un edificio in prospettiva. **4** *al pl.* (*fig.*) Complesso di idee, convinzioni, principi, che caratterizzano la mentalità di un individuo o di un gruppo: *persona di vedute meschine* | *Avere vedute larghe, ampie*; *essere di larghe, di ampie vedute*, avere una mentalità aperta, priva di pregiudizi.

vedutiṣmo *s. m.* Arte e tecnica di dipingere vedute: *il – veneto del Settecento.*

vedutista *s. m. e f.* (*pl. m. -i*) Chi dipinge vedute.

veemènte *agg.* Impetuoso, intenso, violento: *febbre, passione* –; SIN. Focoso.

veemènza *s. f.* L'essere veemente; SIN. Foga, impetuosità.

vegetàle A *agg.* **1** Che riguarda le piante: *vita* –; *regno* –. [→ ill. *cellula*] **2** Che si ricava o si ottiene dalle piante: *prodotti vegetali* | *Brodo* –, di verdure | *Olio* –, ottenuto dai semi o dalla polpa dei frutti di molte piante. **B** *s. m.* Organismo vivente che appartiene al regno vegetale.

vegetàre *v. intr.* (*io vègeto; aus. avere*) **1** Vivere e crescere, detto delle piante. **2** (*fig.*) Condurre un'esistenza inattiva, piatta e insignificante, priva di ogni elemento che non sia biologico: – *nell'ozio.*

vegetarianiṣmo *s. m.* Tipo di alimentazione che prescrive una dieta vegetariana.

vegetariàno A *agg.* Che è costituito unicamente da cibi di origine vegetale, e talvolta anche uova e latte. **B** *agg.; anche s. m.* (*f. -a*) Detto chi si nutre di soli cibi vegetali e non fa uso di carne.

vegetativo *agg.* **1** Proprio dei vegetali | *Vita vegetativa*, negli animali, insieme delle funzioni che riguardano la sola vita organica; (*est.*) nell'uomo, la vita di chi vegeta. **2** (*filos.*) *Anima vegetativa*, nella psicologia di Aristotele, una delle determinazioni fondamentali dell'anima che presiede alle funzioni nutritive e riproduttive di tutti i viventi a cominciare dalle piante.

vegetazióne *s. f.* **1** Nascita, crescita delle piante. **2** Insieme dei vegetali di una data regione: – *mediterranea, alpina.*

vègeto *agg.* **1** Che vegeta, che cresce bene, detto di piante: *frutteto* –. **2** (*est.*) Sano, vigoroso, gagliardo: *un vecchietto ancora* – | *Vivo e* –, di chi è in ottima salute.

vegetominerale *agg. Solo nella loc. acqua* –, soluzione di acqua e acetato basico di piombo, utilizzata nella cura delle distorsioni, contusioni e sim.

veggènte A *part. pres. di vedere; anche agg.* (*raro*) Che vede. **B** *s. m. e f.* **1** (*raro*) Chi vede. **2** (*lett.*) Profeta. **3** Mago, indovino: *il responso di un* –.

veggènza *s. f.* (*raro*) Chiaroveggenza.

véglia *s. f.* **1** Atto del vegliare: – *d'armi*; *fare la – a un malato.* **2** Stato di chi è desto | *Stare a* –, vegliare. **3** Periodo di tempo, normalmente destinato al sonno, che si trascorre senza dormire per insonnia, lavoro, studio o altro: – *notturna* | Manifestazione pubblica nelle ore notturne: – *della pace* | – *funebre*, trascorsa spec. pregando accanto a un defunto. **4** Festicciola tra amici o trattenimento in locale pubblico che dalla sera si prolunga alla tarda notte: – *danzante.*

vegliàrdo *s. m.* (*f. -a*) Vecchio autorevole e di aspetto venerando; SIN. Veglio.

vegliàre A *v. intr.* (*io véglio; aus. avere*) **1** Stare desto, non dormire, spec. durante i periodi di tempo normalmente destinati al sonno: – *fino all'alba*; – *sui libri*; – *in attesa di qc.* **2** Stare vigile, attento: *mentre noi dormiamo, altri vegliano per noi* | Prendersi cura, proteggere: – *sulla gioventù abbandonata.* **B** *v. tr.* Curare, assistere amorevolmente, spec. durante le ore notturne: – *un malato, un morto.*

vèglio *s. m.* (*f. -a, raro*) (*lett.*) Vegliardo.

veglióne *s. m.* Grande veglia da ballo, per lo più con maschere, che si prolunga per tutta la notte.

veglionissimo *s. m.* Veglione di S. Silvestro, di carnevale e sim.

véh V. *ve'.*

veicolàre (1) *agg.* Di, relativo a veicolo: *transito* –.

veicolàre (2) *v. tr.* (*scient.*) Trasportare, in quanto veicolo di diffusione: *i topi veicolano alcune malattie* | (*est., fig.*) Diffondere: – *idee.*

veicolo *s. m.* **1** Qualsiasi mezzo di trasporto, per persone o cose, spec. meccanico e guidato dall'uomo: – *ferroviario*; – *stradale*; – *aereo* | – *a cuscino d'aria*, veicolo generalmente anfibio che galleggia e procede su uno strato d'aria prodotto da apposite eliche | – *spaziale*, qualunque veicolo capace di trasportare un carico oltre l'atmosfera terrestre. [→ ill. *astronautica*] **2** Qualunque mezzo atto a propagare o diffondere q.c. (*anche fig.*): *le mosche possono essere – di malattie*; *questo giornale è un – di nuove idee.* **3** (*chim.*) Sostanza inattiva usata per presentare nel modo più opportuno sostanze attive a essa miscelate | Nella tecnica farmaceutica, eccipiente.

veilleuse /fr. ve'jøz/ *s. f. inv.* (*pl. fr. veilleuses* /ve'jøz/) Divano a braccioli d'altezza ineguale uniti da una spalliera.

véla *s. f.* **1** (*mar.*) Superficie costituita di più strisce di tela o di cotone, distesa sulle verghe, che riceve in grembo la spinta del vento e imprime moto alla nave: – *maestra, di trinchetto, di gabbia*; *aprire, sciogliere, spiegare, raccogliere, ammainare le vele*; *barca a* – | – *latina*, triangolare | – *quadra*, di forma rettangolare o trapezoidale | – *Marconi*, triangolare inferita a poppavia dell'albero | *Far* –, partire, salpare (*anche fig.*) | *Dare, spiegare le vele al vento*, navigare | *Alzare la* –, *le vele*, (*fig.*) intraprendere q.c. | *A gonfie vele*, sfruttando appieno la forza del vento; (*fig.*) con eccellenti risultati | *Raccogliere le vele*, (*fig.*) concludere | *Calar le vele*, (*fig.*) cedere, arrendersi | *Volo a* –, con alianti, cioè senza motore | *Sport della* –, complesso delle competizioni tra imbarcazioni a vela, da regata. [→ ill. *marina, spiaggia*] **2** (*lett.*) Nave a vela. **3** Sport della vela: *gara di* –. **4** (*arch.*) Ogni spicchio della volta a crociera. [→ ill. *architettura*]

velaccino *s. m.* (*mar.*) Pappafico. [→ ill. *marina*]

velàccio *s. m. spec. al pl.* (*mar.*) Vela quadra più alta dell'albero di maestra. [→ ill. *marina*]

velàme (1) *s. m.* **1** (*lett.*) Ciò che vela, nasconde, impedisce la vista: *i velami del futuro.* **2** (*fig., lett.*) Apparenza sotto cui se ne cela un'altra.

velàme (2) *s. m.* Complesso delle vele di un bastimento.

velàre (1) A *v. tr.* (*io vélo*) **1** Coprire con un velo per nascondere, ornare, proteggere, schermare e sim.: *velarsi il capo*; – *una luce.* **2** (*est.*) Coprire con uno strato sottile come un velo (*anche fig.*): *le lacrime gli velarono gli occhi* | – *un colore*, coprire una superficie colorata con una mano di tinta leggera, per attenuarla. **3** (*fig.*)

Appannare, offuscare: *densi vapori velano le luci dell'alba* | Rendere spento, privo di vivacità: *il suo sorriso è velato di dolore.* **4** (*fig.*) Nascondere: — *la verità.* ***B*** *v. intr. pron.* ***1*** Coprirsi di uno strato sottile come un velo. ***2*** Offuscarsi, appannarsi | Diventare spento, privo di vivacità. ***C*** *v. rifl.* ***1*** Coprirsi con un velo. ***2*** Prendere il velo, monacarsi.

velàre (2) *v. tr.* (*io vélo*) (*mar.*) (*raro*) Fornire di vela.

velàre (3) *agg.* Detto di suono nella cui articolazione il dorso della lingua batte contro il palato molle; SIN. Gutturale.

velàrio *s. m.* ***1*** Ampia tenda che copriva i teatri aperti e gli anfiteatri per riparare gli spettatori dal sole e dalla pioggia. ***2*** Tendaggio, sipario.

velarizzazióne *s. f.* (*ling.*) Trasformazione per la quale un suono diventa velare.

velàto *part. pass. di velare* (1); *anche agg.* ***1*** Coperto con un velo: *volto* — | (*est.*) Offuscato (*anche fig.*): *cielo* —; *sguardo — di tristezza.* ***2*** Molto trasparente, tenue come un velo: *calze velate.* ***3*** (*fig.*) Che non è chiaro, aperto, esplicito: *allusioni velate.*

velatùra (1) *s. f.* ***1*** Operazione del velare. ***2*** Strato sottilissimo steso su una superficie: *una — di cipria.* ***3*** (*fot.*) Tonalità grigia uniforme più o meno densa di un'immagine fotografica negativa, provocata da varie cause.

velatùra (2) *s. f.* ***1*** (*mar.*) Complesso di tutte le vele di un veliero e loro postura. [→ ill. *marina*] ***2*** (*aer.*) Complesso di tutte le superfici aerodinamiche per la sostentazione di un velivolo.

vèlcro *s. m.* Nome commerciale di un sistema per l'unione rapida di lembi di tessuto, costituito da due strisce che si uniscono tra loro con una semplice pressione.

veleggiàre ***A*** *v. intr.* (*io veléggio; aus. avere*) ***1*** (*mar.*) Navigare a vela: — *sull'Oceano.* ***2*** (*aer.*) Volare senza motore, o senza diretto impiego del motore, detto di alianti. ***B*** *v. tr.* (*lett.*) Percorrere uno specchio d'acqua navigando a vela: — *il mare.*

veleggiatóre ***A*** *agg.* (*f. -trìce*) Che veleggia. ***B*** *s. m.* ***1*** Imbarcazione a vela. ***2*** (*aer.*) Aliante con minima velocità discensionale.

velenìfero *agg.* Che porta, produce veleno.

veléno *s. m.* ***1*** Sostanza tossica che, se penetra in un organismo e ne viene assorbita anche in piccola quantità, produce effetti gravissimi, anche letali: *il — della vipera* | *Amaro come il* —, di cosa estremamente amara. ***2*** (*est.*) Sostanza dannosa, nociva: *l'alcol e il fumo sono veleni per lui.* ***3*** (*est.*) Sostanza di sapore disgustoso: *questo non è caffè, ma* —. ***4*** Sentimento distruttivo più per chi lo prova che per chi ne è oggetto: *il — della gelosia* | Astio, rancore, odio: *parole piene di* — | *Schizzar —, schizzar — da tutti i pori*, mostrare un odio intenso | *Sputare* —, parlare mostrando il proprio rancore.

velenosità *s. f.* L'essere velenoso; SIN. Tossicità | (*fig.*) Malevolenza, perfidia.

velenóso *agg.* ***1*** Che costituisce un veleno: *liquido* — | Che contiene, produce, o emette veleno: *animale* —; SIN. Tossico. ***2*** (*fig.*) Estremamente nocivo, spec. sul piano spirituale o morale: *libro* —. ***3*** (*fig.*) Pieno di astio, malevolenza, rancore, odio e sim.: *risposta velenosa.*

velétta (1) *s. f.* Velo leggero o trina trasparente, con applicazione di pallini di ciniglia, che un tempo le donne appuntavano sul cappello in modo che ricadesse sul viso.

velétta (2) *s. f.* (*lett.*) Vedetta | *Essere, stare alle velette*, di vedetta.

vèlia (1) *s. f.* (*zool.*; *pop.*) Averla.

vèlia (2) *s. f.* Insetto con addome sottile e lunghe zampe, che vive sulle acque di stagni e paludi.

vèlico *agg.* (*pl. m. -ci*) Della vela: *sport* —.

velièro ***A*** *agg.* (*raro*) Provvisto di vele: *nave veliera.* ***B*** *s. m.* Nave, bastimento a vela. [→ ill. *marina*]

velina ***A*** *agg. solo f. Nella loc. carta* —, detto di un tipo di carta molto sottile, usata sia per imballare oggetti delicati, sia per copie di dattiloscritti. ***B*** *s. f.* ***1*** Carta velina | Foglio di carta velina. ***2*** Copia ottenuta con carta carbone su carta velina. ***3*** (*fig.*) Circolare diramata ai giornali dal governo o da un partito con l'intento di ottenere un atteggiamento conformistico.

velino *s. m.* Tipo di pergamena più bianca e delicata della pergamena normale.

velìsmo *s. m.* Sport della vela e tecniche a esso relative.

velìsta *s. m. e f.* (*pl. m. -i*) Chi pratica lo sport della vela.

vèlite *s. m.* Soldato romano armato alla leggera.

velìvolo ***A*** *agg.* (*poet.*, *raro*) Che corre veloce alla vela: *legni velivoli* | Che è solcato da veloci velieri: *mare* —. ***B*** *s. m.* (*aer.*) Aeromobile che trae la propria sostentazione principalmente da ali fisse | Aeroplano.

velleità *s. f.* Volontà, desiderio, aspirazione, progetto e sim. irrealizzabili perché sproporzionati alle reali capacità del soggetto.

velleitàrio ***A*** *agg.* ***1*** Detto di persona che ha delle velleità. ***2*** Detto di tutto ciò che è caratterizzato da un'evidente sproporzione tra l'importanza degli scopi che si intendono raggiungere e la concreta possibilità di realizzarli: *politica velleitaria.* ***B*** *s. m.* (*f. -a*) Chi ha o mostra delle velleità.

velleitarìsmo *s. m.* Atteggiamento tipico dei velleitari.

vellicaménto *s. m.* Leggero solletico | (*fig.*) Lieve eccitazione; SIN. Titillamento.

vellicàre *v. tr.* (*io vèllico, tu vèllichi*) ***1*** Solleticare in modo leggero: — *qc. su una guancia*; SIN. Titillare. ***2*** (*fig.*) Stimolare: — *la fantasia.*

vèllo *s. m.* ***1*** Manto di lana che copre la pecora, il montone e la capra. ***2*** (*est.*) Pelame degli animali da pelliccia e di ogni altro animale.

vellutàre *v. tr.* Nell'industria tessile, dare a una stoffa l'aspetto del velluto.

vellutàto *part. pass. di vellutare; anche agg.* ***1*** Detto di tessuto che ha superficie morbida. ***2*** Detto di tutto ciò che, spec. al tatto, è simile al velluto: *petali vellutati* | *Pelle vellutata*, morbida come velluto. ***3*** *Salsa vellutata*, sorta di besciamella preparata con brodo. ***4*** (*fig.*) Detto di colore intenso e caldo: *rosso* —. ***5*** (*fig.*) Detto di suono armonioso e dolce: *voce vellutata.*

vellutìno *s. m.* Velluto leggero | Nastrino di velluto, per guarnizione di abiti femminili.

vellùto ***A*** *agg.* (*lett.*) Peloso, villoso. ***B*** *s. m.* ***1*** Tessuto di seta, cotone, lana o fibre sintetiche che presenta su una delle facce una superficie pelosa formata da fili rasati più o meno alti e fitti | — *a coste*, lavorato a righe in rilievo | (*fig.*) *Andare, camminare sul* —, procedere con passi silenziosissimi o con estrema facilità | *Giocare sul* —, (*fig.*) senza rischiare nulla | *Di* —, (*fig.*) vellutato: *viso, mani di* —. ***2*** (*fig.*) Superficie morbida, gradevole al tatto, alla vista: *il — delle guance.*

vélo *s. m.* ***1*** Tessuto finissimo e trasparente, di cotone, seta o altra fibra | (*est.*) Pezzo di tale tessuto, usato per scopi particolari nell'abbigliamento femminile: *coprirsi il capo con un — da messa*; — *nuziale, da sposa*; — *da lutto* | *Prendere il* —, monacarsi | *Deporre, lasciare il* —, abbandonare lo stato monacale | (*gener.*) Pezzo di tessuto che copre, ripara e sim.: — *omerale* | — *del calice*, nella liturgia cattolica, drappo dello stesso colore della pianeta che ricopre il calice. [→ ill. *religione*] ***2*** Tessuto di crine dello staccio, del buratto. ***3*** (*fig.*) Strato leggerissimo che si stende su q.c.: *un — di nebbia*; *un — di zucchero* | *Zucchero a* —, finissimo, per spolverare torte. ***4*** (*fig.*) Ciò che copre, maschera o nasconde q.c.: *avere sugli occhi il — dell'ignoranza*; *la passione fa — alla mente.* ***5*** (*lett.*) Apparenza ingannevole: *nasconde l'invidia sotto un — di cortesia.* ***6*** (*bot.*) Membrana che spesso avvolge i giovani funghi e si riduce poi alla volva | — *parziale*, membrana che nei funghi collega il margine del cappello al gambo, attorno al quale, a maturità, resta a formare un anello. ***7*** (*anat.*) Organo o formazione membranosa: — *palatino*, palato molle.

velóce *agg.* ***1*** Che percorre o consente di percorrere un notevole spazio in poco tempo: *nave* —; *lo raggiunse con una — corsa*; SIN. Celere, rapido; CONTR. Lento. ***2*** Che opera, lavora, agisce con rapidità: *mano* —; *operaio* —; *essere — nell'azione.* ***3*** Che giunge presto al termine: *il — trascorrere del tempo.* ***4*** Compiuto a grande velocità: *un — giro di pista.*

velocipede *s. m.* Antico modello di bicicletta con una grande ruota anteriore e quella posteriore molto più piccola | (*scherz.*) Bicicletta.

velocipedista *s. m. e f.* (*pl. m. -i*) (*raro*) Ciclista.

velocipedistico *agg.* (*pl. m. -ci*) (*raro*) Relativo allo sport del ciclismo: *Unione Velocipedistica Italiana.*

velocista *s. m. e f.* (*pl. m. -i*) Atleta specializzato nelle corse podistiche o ciclistiche di velocità.
velocità *s. f.* **1** L'essere veloce: *la — di un cavallo, di un aereo*; *— di pensiero* | *A grande —*, molto velocemente | *Grande, piccola —*, diversi regimi di inoltro delle merci a mezzo ferrovia | *Gara di — su pista*, nel ciclismo, gara che si disputa su una distanza di settecentocinquanta o mille metri e in cui viene cronometrato il tempo impiegato negli ultimi duecento metri | *Corse di —*, nell'atletica, quelle che si svolgono su distanze fino a duecento metri; SIN. Rapidità; CONTR. Lentezza. **2** (*fis.*) Rapporto fra lo spazio percorso e il tempo impiegato a percorrerlo: *la — del suono, della luce* | *— di fuga*, quella che deve avere un oggetto per non tornare più sulla Terra dopo che se n'è staccato | *— supersonica*, superiore alla velocità del suono nell'aria. [→ ill. *cinematografia*] **3** Negli autoveicoli, marcia: *cambio di —*.
velòdromo *s. m.* Impianto sportivo con pista a tracciato ellittico di cemento, asfalto o legno a curve rialzate, per la disputa di gare ciclistiche.
velours /*fr.* ve'lur/ *s. m. inv.* Stoffa pelosa di lana, simile al velluto.
vèltro *s. m.* (*lett.*) Cane forte e veloce, da inseguimento e da presa, simile al levriero.
véna *s. f.* **1** (*anat.*) Vaso sanguigno a pareti sottili che conduce il sangue verso il cuore: *— basilica, femorale, cava, porta, renale* | (*gener.*) Vaso sanguigno | *Tagliare, recidere le vene*, uccidere per dissanguamento | (*fig.*) *Sentirsi bollire il sangue nelle vene*, essere oltremodo irato | (*fig.*) *Non avere sangue nelle vene*, essere fiacco, smidollato | (*fig.*) *Non avere più sangue nelle vene*, essere spaventatissimo, molto emozionato; CFR. Arteria. [→ ill. *anatomia umana*] **2** (*est.*) Venatura: *le vene del legno*. **3** (*fig.*) Traccia, indizio, segno: *una — di malinconia*. **4** (*geogr.*) Meato naturale nelle rocce, entro cui scorre acqua: *una — d'acqua sorgiva*. **5** (*geol.*) Filone sotterraneo di minerale: *— aurifera*. **6** (*fig.*) Estro, fantasia, creatività: *— poetica* | *Essere, non essere in —*, sentirsi o no in grado di fare o accettare q.c.: *oggi non sono in — di scherzi*. **7** (*fig.*) Disposizione d'animo: *non essere in buona —*. **8** *Nella loc. sulla —*, detto di vino in cui si avverte il gusto dolce. [→ tav. *locuzioni* 39]
venàle *agg.* **1** Che si vende o si compra | Di vendita: *valore —* | *Prezzo —*, quello corrente, di mercato. **2** (*fig.*) Di ciò che, contrariamente alla propria natura, è o diviene oggetto di lucro: *amore —*; *arte —*. **3** (*fig.*) Che agisce solo per avidità di denaro: *donna —*.
venalità *s. f.* L'essere venale.
venàre *v. tr.* (*io véno*) Coprire di venature.
venàto *agg.* **1** Percorso di vene, strisce, venature: *legno — di scuro*. **2** (*fig.*) Che reca il segno, la traccia di q.c.: *nota venata di tristezza*.
venatòrio *agg.* Che si riferisce alla caccia.
venatùra *s. f.* Segno, riga di colore diverso da quello di fondo, che serpeggia nei legni e nelle pietre.
vendémmia *s. f.* Operazione del raccogliere l'uva per fare il vino | Tempo della raccolta | Quantità di uva raccolta e vino che se ne ottiene.
vendemmiàbile *agg.* Che si può vendemmiare.
vendemmiàio *s. m.* Primo mese del calendario repubblicano francese.
vendemmiàre **A** *v. tr.* (*io vendémmio*) **1** Raccogliere l'uva: *— la vigna*. **2** (*fig.*) Spogliare, depredare. **B** *v. intr.* (*aus. avere*) **1** Fare la vendemmia: *è tempo di —*. **2** (*fig.*) Fare lauti guadagni: *ha trovato da —*.
vendemmiatóre *s. m.* (*f. -trìce*) Chi è addetto alla vendemmia.
véndere **A** *v. tr.* (*pass. rem. io vendéi o vendètti, tu vendésti; part. pass. vendùto*) **1** Concludere una vendita, anche ass.: *— un bene*; *— all'asta, a buon mercato* | *— caro, a caro prezzo*, esigendo un prezzo elevato | *— cara la pelle*, (*fig.*) difendersi strenuamente, fino all'ultimo | *Saper — la propria merce*, (*fig.*) saper mettere in luce le proprie qualità | *Averne da —*, (*fig.*) in grande quantità: *avere ragione da —*; CONTR. Comprare. **2** Commerciare, anche ass.: *— pollami, tessuti*; *— per la strada, al mercato*; *— all'ingrosso, al dettaglio*; *— a credito, per contanti*. **3** Concedere, dare per lucro o utilità, riferito anche a cose astratte o comunque non commerciabili: *— il proprio lavoro* | (*fig.*) *— l'anima al diavolo*, essere disposto a qualunque infamia pur di ottenerne un utile | Tradire, spec. per denaro: *— i compagni* | Prostituire: *— il proprio corpo, il proprio ingegno*. **4** Nel linguaggio calcistico, cedere un giocatore, da parte di una società a un'altra. **5** (*fig.*) Spacciare: *— frottole* | *— fumo*, dare a intendere cose non vere, vantarsi di meriti che non si hanno | *— q.c. per buono*, spacciare per vero, autentico e sim. ciò che non lo è. **B** *v. rifl.* **1** Lasciarsi corrompere: *vendersi al nemico* | Prostituirsi: *si vende per poco*. **2** Farsi credere: *si vende per quel che non è*. [→ tav. *proverbi* 173, 303]
vendétta *s. f.* **1** Offesa, danno più o meno grave inflitto a qc. per fargli scontare un torto o un'ingiustizia subita: *giurare —* | *Far — di*, vendicare | *Ricevere —*, essere vendicato; CONTR. Perdono. **2** Castigo: *la — degli dei* | *Il giorno della —*, del giudizio universale | *Gridare —*, invocare a gran voce la giusta punizione.
vendeuse /*fr.* vã'døz/ *s. f. inv.* (*pl. fr. vendeuses* /vã'døz/) Commessa di boutique.
vendìbile *agg.* Che si può vendere; CONTR. Invendibile.
vendicàbile *agg.* Che si può vendicare.
vendicàre **A** *v. tr.* (*pres. io véndico, tu véndichi*) Far scontare un torto, un'ingiustizia, un delitto, arrecando volontariamente un danno più o meno grave all'offensore: *— un'ingiustizia*; *— il fratello ucciso*; CONTR. Perdonare. **B** *v. rifl.* Compiere la propria vendetta: *vendicarsi dell'offesa*; *vendicarsi su qc.*
vendicativo *agg.* Che non dimentica le offese, ed è pronto a vendicarle.
vendicatóre *s. m.; anche agg.* (*f. -trìce*) Chi (o che) vendica.
véndita *s. f.* **1** (*dir.*) Contratto che ha per oggetto il trasferimento della proprietà di una cosa, dietro corrispettivo di un prezzo; CONTR. Compra. **2** Nella terminologia calcistica, cessione di un giocatore da parte di una società a un'altra. **3** Smercio: *avere una buona — di prodotti*. [→ ill. *supermercato*] **4** Negozio dove si vende: *— di vini*; SIN. Spaccio.
venditóre *s. m.; anche agg.* (*f. -trìce*) Chi (o che) vende: *ente —* | (*fig.*) *— di fumo*, fanfarone, imbroglione | (*euf.*) *Venditrice d'amore*, prostituta; CONTR. Compratore.
-véndolo *secondo elemento*: in parole composte indica chi esercita un'attività di vendita di un dato prodotto: *erbivendolo, fruttivendolo, straccivendolo*; (*spreg.*) *pennivendolo*.
vendùto *part. pass. di vendere; anche agg.* **1** Che è stato posto in vendita e comprato. **2** (*fig.*) Corrotto, prezzolato: *arbitro —*.
veneficio *s. m.* Avvelenamento criminoso di una o più persone.
venèfico *agg.* (*pl. m. -ci*) **1** Tossico, velenoso: *sostanza venefica* | (*est.*) Molto nocivo, insalubre: *aria venefica*. **2** (*fig.*) Pernicioso, perfido: *insinuazioni venefiche*.
veneràbile **A** *agg.* Degno di essere venerato. **B** *agg.; anche s. m. e f.* Titolo di persona morta in concetto di santità e per la quale è stata promossa la causa di beatificazione. **C** *s. m.* Presidente di una loggia massonica.
venerabilità *s. f.* L'essere venerabile.
veneràndo *agg.* Degno di venerazione.
veneràre *v. tr.* (*io vènero*) Avere in grande reverenza, fare oggetto di venerazione: *— la madre*.
venerazióne *s. f.* Sentimento di grande reverenza, rispetto, stima e sim.: *provare — per qc.*
venerdì *s. m.* Quinto giorno della settimana civile | *— Santo*, quinto giorno della Settimana Santa, nel quale si commemora la passione e morte del Cristo | (*fig.*) *Gli manca un —, qualche —*, si dice di persona piuttosto stramba. [→ tav. *proverbi* 87]
vènere (*Vènere* nei sign. 1 e 4) *s. f.* **1** Presso gli antichi Romani, dea dell'amore e della bellezza. **2** (*est.*) Donna eccezionalmente bella. **3** (*fig.*) Sensualità, amore sensuale: *i piaceri di —* | (*est.*) Prostituta, *nelle loc. — di marciapiede*; *— vagante*. **4** (*astron.*) Secondo pianeta in ordine di distanza dal Sole, dal quale dista in media 108 milioni di km. [→ tav. *proverbi* 29]
venèreo *agg.* **1** (*lett.*) Di Venere | Sensuale, lascivo. **2** Che riguarda i rapporti sessuali: *atto —*. **3** Detto di malattia che si trasmette con i rapporti sessuali.
vèneto *agg.; anche s. m.* (*f. -a*) Delle Tre Venezie, spec. della Venezia Euganea.
veneziàna *s. f.* **1** Donna di Venezia. **2** (*sett.*) Specie di

brioche emisferica cosparsa di chicchi di zucchero. **3** Tenda a stecche di legno o a lamine in plastica, inclinabili a piacere. [→ ill. *tenda*]

veneziàno *agg.; anche s. m.* (*f. -a*) Di Venezia | *Alla veneziana*, alla maniera dei veneziani: *fegato alla veneziana* | *Lampioncini alla veneziana*, di carta colorata per illuminazioni festose | *Pavimento alla veneziana*, terrazzo.

venezuelàno o *venezuelàno agg.; anche s. m.* (*f. -a*) Del Venezuela.

vènia *s. f.* (*lett.*) Indulgenza, perdono: *chiedere, ottenere, —*.

veniàle *agg.* **1** Nella morale cattolica, detto di peccato non grave e non producente la perdita della grazia; CONTR. Mortale. **2** (*est.*) Meritevole d'indulgenza: *errore —*; CONTR. Imperdonabile.

venire **A** *v. intr.* (*pres. io vèngo, tu vièni, egli viène, noi veniàmo, voi venite, essi vèngono; imperf. io venivo; fut. io verrò, tu verrài; pass. rem. io vénni, tu venìsti, egli vénne, noi venìmmo, voi veniste, essi vénnero; congv. pres. io vènga, tu vènga, egli vènga, noi veniàmo, voi veniàte, essi vèngano; condiz. pres. io verrèi, tu verrésti; imper. vièni, venìte; part. pres. veniènte, venènte; part. pass. venùto; aus. essere*) **1** Recarsi nel luogo dove è, va o sarà la persona alla quale si parla, o la persona che parla: *verrò questa sera a casa tua*; *— in aereo, in macchina, a piedi*; *— di corsa*. **2** Giungere, arrivare: *il mio amico non è ancora venuto*; *eccolo che viene!* | (*fig.*) Pervenire: *— a un accomodamento* | *— a patti*, rinunciare alla lotta | *— ai ferri corti*, mettere da parte ogni riguardo | *— alle mani, alle prese*, azzuffarsi | *— alla luce*, nascere; di scavi o opere dimenticate, ricomparire; di fatti, emergere | *— a capo di q.c.*, giungere a una conclusione | *— a sapere q.c.*, *— a conoscenza di q.c.*, esserne informato | *— al dunque, al nocciolo, al fatto*, arrivare al punto essenziale di una questione | *— in possesso di q.c.*, ottenerne disponibilità materiale | *— a noia*, cominciare ad annoiare. **3** Provenire (*anche fig.*): *viene da Firenze*; *una moda che viene d'oltralpe*; *proprio da te mi viene il rimprovero!* | *Farsi — q.c.*, disporre che qualcosa venga inviata, spedita | *Far — qc.*, mandarlo a chiamare | Derivare, avere origine: *viene da un'ottima famiglia*; *molti termini scientifici vengono dal greco*. **4** Sopraggiungere, presentarsi, manifestarsi, accadere, capitare: *venne il temporale*; *ora viene il bello!*; *mi è venuta un'idea!*; *che ti viene in mente?* | *Non mi viene*, (*fam.*) non riesco a ricordare | *Venir da...*, sentire l'impulso di...; usato nella forma impers.: *mi viene da piangere* | *Venir fatto, venir detto*, usato sempre nella forma impers., fare o dire per caso: *gli venne fatto di scrivermi*. **5** Nascere, dell'uomo o di animali: *— al mondo* | *Venir su*, crescere, svilupparsi | Delle piante, attecchire: *è un clima in cui il grano non viene*. **6** Riuscire: *come è venuta la fotografia?*; *il problema non mi viene* | *Come viene, come viene viene*, come capita, alla meno peggio | Ottenere come risultato: *ho fatto la divisione e mi viene 540* | Costare: *Quanto viene?* **7** Di numero, esser sorteggiato: *è venuto il 23*. **8** Giungere, arrivare, con riferimento al procedere del tempo: *è venuto il momento di agire* | Di feste, anniversari e sim., ricorrere: *la festa di S. Giuseppe viene il 19 marzo* | *Che viene*, prossimo: *il mese che viene* | *A —*, futuro: *nei secoli a —* | *Di là da —*, lontanissimo nel tempo: *cose di là da —*. **9** Cedere a una trazione, staccarsi: *questo chiodo non viene via* | *Venir giù*, cadere: *veniva giù una pioggerellina sottile* | *Venir meno*, di persona, svenire. **10** Seguito da un gerundio, indica l'azione nel suo svolgimento: *venir dicendo, facendo*; *mi vengo persuadendo che hai ragione*. **11** Seguito da un participio passato, sostituisce *essere* nella coniugazione passiva dei verbi, limitatamente ai tempi semplici: *verrà lodato da tutti*. **B** *v. intr. pron.* Seguito dalla particella pronominale *ne*, andare, recarsi in in luogo: *se ne veniva piano piano*. **C** *in funzione di s. m.* Atto dello spostarsi, del dirigersi in una data direzione, *spec. nella loc. andare e —*, movimento continuo e alternato. [→ tav. *proverbi* 130, 197, 214, 230, 236, 243, 302, 374; → tav. *locuzioni* 7]

venóso *agg.* Di vena | *Sangue —*, contenuto nelle vene. [→ ill. *anatomia umana*]

ventàglia *s. f.* Nelle antiche armature, parte inferiore della visiera della celata chiusa, che proteggeva il mento e la bocca. [→ ill. *armi*]

ventàglio *s. m.* **1** Arnese per farsi vento, formato di stecche di legno, avorio, madreperla, tartaruga o altri materiali, riunite insieme a un capo da un perno, alle quali è applicato un pezzo di stoffa o di carta, che si chiude e si apre con le stecche, come un'ala | *A —*, detto di tutto ciò che per la forma ricorda un ventaglio aperto | *Aprirsi a —*, facendo perno a un capo e allargandosi all'altro. [→ ill. *abbigliamento*] **2** (*fig.*) Serie di possibili alternative: *un — di richieste*.

ventàta *s. f.* **1** Violenta folata di vento. **2** (*fig.*) Movimento improvviso e violento di sentimenti, impulsi, idee e sim.: *— rivoluzionaria*; *una — di follia*.

ventennàle **A** *agg.* Che dura da vent'anni. **B** *s. m.* Ricorrenza del ventesimo anno da un avvenimento memorabile.

ventènne *agg.; anche s. m. e f.* Che (o chi) ha vent'anni, detto di persona o di cosa.

ventènnio *s. m.* Spazio di tempo di vent'anni.

ventèsimo **A** *agg. num. ord.* Corrispondente al numero venti in una sequenza | *Il — secolo*, gli anni dal 1901 al 2000. **B** *s. m.* Ciascuna delle venti parti uguali di una stessa quantità.

vénti [20 nella numerazione araba, XX in quella romana] **A** *agg. num. card.* Indica una quantità composta di due decine. **B** *s. m.* Il numero venti e il segno che lo rappresenta. **C** *s. f. pl.* *Le —*, le otto di sera.

ventilàbro *s. m.* Larga pala di legno per sollevare il grano in aria in modo da separarlo dalla pula.

ventilàre *v. tr.* (*io vèntilo*) **1** Lanciare in aria i cereali o lasciarli cadere in una corrente d'aria per liberarli dalle scorie leggere: *— il grano*. **2** (*fig.*) Esporre ad altre persone ciò che si pensa, spec. per discuterne: *— un'idea, una proposta*. **3** Consentire un regolare ricambio dell'aria in ambienti chiusi: *— una stanza*. **4** (*est.*) Rinfrescare facendo vento: *— il viso*.

ventilàto *part. pass. di ventilare; anche agg.* Che è reso fresco dal vento che spira: *zona aperta e ventilata*.

ventilatóre **A** *agg.* (*f. -trice*) Che produce ventilazione. **B** *s. m.* **1** Apparecchio destinato a imprimere moto all'aria o a un altro gas, costituito da una ventola fornita di pale azionata da un motore gener. elettrico; usato spec. nella ventilazione dell'aria in ambienti abitati o di lavoro e nel convogliamento dei gas in impianti industriali. [→ ill. *elettrodomestici, miniera*] **2** (*edil.*) Apertura in una parete, per il ricambio dell'aria.

ventilazióne *s. f.* **1** Operazione del ventilare | Ricambio dell'aria spec. in ambienti di abitazione o di lavoro. [→ ill. *miniera*] **2** *— polmonare*, ricambio dell'aria nell'apparato respiratorio mediante gli atti respiratori. **3** Movimento dell'aria dovuto al vento.

ventìna *s. f.* **1** Complesso di venti o circa venti unità. **2** I vent'anni nell'età dell'uomo.

ventino *s. m.* Moneta da venti centesimi | (*est.*) Monetina da poco.

ventiquàttro [24 nella numerazione araba, XXIV in quella romana] **A** *agg. num. card. inv.* Indica una quantità composta di due decine più quattro unità. **B** *s. m. inv.* Il numero ventiquattro e il segno che lo rappresenta. **C** *s. f. pl.* *Le —*, la mezzanotte.

ventiquattr'óre o *ventiquattróre* nei sign. B **A** *s. f. pl.* Periodo di tempo di ventiquattro ore, corrispondente a un giorno. **B** *s. f. inv.* **1** Valigetta da viaggio. [→ ill. *valigeria*] **2** Gara, spec. automobilistica, che dura ventiquattro ore: *la — di Le Mans*.

ventisètte [27 nella numerazione araba, XXVII in quella romana] **A** *agg. num. card. inv.* Indica una quantità composta di due decine più sette unità. **B** *s. m. inv.* Il numero ventisette e il segno che lo rappresenta | *Il — del mese*, il giorno ventisette, in cui viene generalmente pagato lo stipendio ai dipendenti dello Stato e di molte ditte private.

ventitré [23 nella numerazione araba, XXIII in quella romana] **A** *agg. num. card.* Indica una quantità composta di due decine più tre unità. **B** *s. m. inv.* Il numero ventitré e il segno che lo rappresenta. **C** *s. f. pl.* *Le —*, le undici di sera, la penultima ora del giorno | *Portare il cappello sulle —*, portarlo inclinato da una parte. (V. nota d'uso ACCENTO)

vènto *s. m.* **1** Movimento prevalentemente orizzontale delle masse d'aria: *— di tramontana, di levante, di po-*

nente; — *fresco, caldo*; *velocità, forza, direzione del* —; *la rosa dei venti*; *tira un forte* —; *spira un leggero* — *dal mare* | — *costante*, che spira sempre nella medesima direzione, come gli alisei | — *periodico*, che spira alternativamente in determinati periodi, in opposte direzioni, come i monsoni | — *variabile*, che non ha una direzione costante né fissa | — *favorevole, sfavorevole*, che favorisce od ostacola la navigazione | *Navigare col* — *in poppa*, detto di veliero, procedere nella stessa direzione del vento, sfruttandone al massimo la spinta; (*fig.*) di cosa che procede benissimo | — *di prora*, che spira in direzione opposta a quella della nave | *Prendere il* —, detto di uccelli e (*fig.*) di oggetti che volano, risalire il vento di punta, per esserne sostenuti | *Qual buon* —?, *Qual buon* — *ti mena, ti porta?*, (*fig., fam.*) per quale favorevole occasione sei qui? | (*fig.*) *Parlare, gridare al* —, senza ottenere alcun risultato | (*fig.*) *Dire, gridare, spargere q.c. ai quattro venti*, far sapere q.c. a tutti | *Buttare al* —, (*fig.*) sprecare, sciupare | *Voltarsi a tutti i venti*, (*fig.*) essere volubile e incostante | *Il regno dei venti*, (*fig., poet.*) il mare | *Il re dei venti*, nella mitologia classica, Eolo. [→ ill. *geografia, meteorologia*] **2** Nella loc. *a* —, indica q.c. che viene mosso dal vento, o che al vento oppone una particolare resistenza: *manica, mulino a* —; *giacca, torcia a* —. **3** (*est.*) Aria, corrente d'aria, fiato | *Fare, farsi* —, muovere l'aria con un ventaglio, un ventilatore e sim. | — *di fronda*, (*fig.*) aria di ribellione | (*fig.*) Ciò che è futile, inconsistente, fatuo: *le grandezze umane sono un* — | *Essere gonfio, pieno di* —, (*fig.*) di persona tronfia e boriosa che non vale nulla | (*fig.*) *Pascersi di* —, di chiacchiere vuote e inutili. **4** (*mar.*) Cavo atto a mantenere nella posizione voluta qualunque struttura sporgente, mobile o fissa. **5** Nelle antiche artiglierie ad avancarica, differenza di diametro fra anima della bocca da fuoco e proietto. [→ tav. *proverbi* 96, 225, 393; → tav. *locuzioni* 10, 86]

vèntola *s. f.* **1** Arnese da camino per ravvivare il fuoco, simile a un rustico ventaglio. **2** Supporto per candele e sim. da appendere al muro. **3** Organo mobile, a pale, del ventilatore e sim. [→ ill. *motore*]

ventósa *s. f.* **1** (*med.*) Coppetta per salassi. **2** Organo adesivo di svariati animali: *le ventose del polpo, delle sanguisughe*. **3** (*gener.*) Coppetta in materiale più o meno elastico che, applicata mediante pressione a una superficie liscia, vi aderisce.

ventosità *s. f.* **1** L'essere ventoso. **2** Accumulo di gas nello stomaco o negli intestini; SIN. Flatulenza.

ventóso (1) *agg.* **1** Pieno di vento: *giornata ventosa*. **2** Che è battuto dal vento: *regione ventosa*. **3** Che produce ventosità, flatulenza.

ventóso (2) *s. m.* Sesto mese del calendario repubblicano francese.

ventràle *agg.* **1** Del ventre: *pinne ventrali*; CONTR. Dorsale. **2** (*est.*) Inferiore, rivolto verso terra: *parte* — | (*sport*) *Salto* —, salto in alto con il ventre rivolto verso terra; CONTR. Fosbury.

vèntre *s. m.* **1** Addome, spec. la sua parte anteriore | Cavità del corpo contenente lo stomaco, gli intestini e altri organi | (*est.*) Complesso formato dallo stomaco e dagli intestini: *dolori di* — | *Empire, empirsi il* —, mangiare | *A* — *pieno, vuoto*, avendo mangiato o no | — *mio, fatti capanna!*, (*escl., scherz.*) di chi si prepara a consumare un pasto lauto e invitante | *Flusso di* —, dissenteria | *Non pensare che al* —, (*fig.*) pensare solo a mangiare. [→ ill. *cavallo, zoologia*] **2** (*est., lett.*) Utero: *benedetto sia il frutto del* — *tuo*. **3** (*fig.*) Grembo, viscere: *nel* — *della montagna*. **4** (*est.*) Parte rigonfia di q.c.: *il* — *di un vaso, della colonna*; — *dell'altoforno* | Parte cava, interna di q.c.: *il* — *di un'onda*. [→ ill. *metallurgia*] **5** (*fis.*) In un sistema di onde stazionarie, punto in cui la vibrazione è massima. [→ ill. *geografia*] [→ tav. *proverbi* 323, 324, 394, 395]

ventrésca *s. f.* **1** Ventre di tonno sott'olio. **2** (*tosc.*) Pancetta di maiale.

ventricolàre *agg.* (*anat.*) Di ventricolo.

ventrìcolo *s. m.* **1** (*raro*) Stomaco. **2** (*anat.*) — *cardiaco*, cavità del cuore al di sotto dell'atrio | — *cerebrale*, dilatazione del canale midollare contenente liquido cefalorachidiano. [→ ill. *anatomia umana*]

ventrièra *s. f.* **1** Panciera. **2** Borsa di pelle o fustagno cinta in vita, usata un tempo dagli artigiani per piccoli attrezzi e dai cacciatori per le munizioni.

ventrìglio *s. m.* Parte dello stomaco degli uccelli, la cui parete è formata da una robusta tonaca muscolare rivestita da uno strato corneo, atto a triturare.

ventrilòquio *s. m.* Arte di parlare senza muovere le labbra e i muscoli del viso, modificando la voce in modo che essa sembri provenire dal ventre o da altra persona.

ventrìloquo *s. m.* (*f.* -*a*) Chi sa praticare il ventriloquio.

ventùra *s. f.* **1** (*lett.*) Destino, sorte: *predire, indovinare la* — | *Buona, cattiva* —, buona, mala sorte | *Andare alla* —, affidarsi alla sorte. **2** Buona sorte, buona fortuna: *andare in cerca di* —. **3** (*st.*) *Compagnia di* —, schiera di mercenari guidata da un condottiero, tipica dei sec. dal XIV al XVI.

venturìmetro *s. m.* Dispositivo che misura la portata di una corrente fluida in una tubazione.

ventùro *agg.* **1** (*lett.*) Che verrà, che deve o sta per venire. **2** Prossimo: *l'anno* —.

venturóso *agg.* (*poet.*) Beato, fortunato.

vénula *s. f.* (*anat.*) Piccola vena.

venușiàno **A** *agg.* Del pianeta Venere. **B** *s. m.* (*f.* -*a*) Ipotetico abitante del pianeta Venere.

venustà *s. f.* (*lett.*) Qualità di venusto.

venùsto *agg.* Che è di una bellezza ideale sia per la perfezione delle forme sia per la grazia e l'armonia dei movimenti: *forme venuste*.

venùta *s. f.* Arrivo: *aspettare la* — *di qc.*

venùto **A** *part. pass. di venire; anche agg.* Arrivato. **B** *s. m.* (*f.* -*a*) Chi è giunto, arrivato: *i primi venuti*; *un nuovo* — | *Primo* —, (*fig.*) persona sconosciuta o della quale si ignora quasi tutto, e che quindi non ha importanza | *Non essere il primo* —, essere ben conosciuto, essere una persona abbastanza importante.

véra *s. f.* **1** (*sett.*) Anello matrimoniale. **2** Parapetto posto attorno alla bocca di un pozzo.

veràce *agg.* **1** (*lett.*) Che è vero, che non ha in sé alcuna falsità: *Dio* —. **2** Che è sincero, che non dissimula nulla: *testimone* —; SIN. Veritiero; CONTR. Mendace.

veracità *s. f.* L'essere verace.

veraménte *avv.* **1** Realmente, davvero: *sono* — *contento di vederti*. **2** In frasi interrogative esprime dubbio, incredulità: *ti hanno* — *promosso?* **3** Però, nondimeno: *io,* —, *sarei partito*.

veràndà *s. f.* Terrazzo coperto, talvolta chiuso lateralmente con vetrate. [→ ill. *spiaggia*]

veràtro *s. m.* Pianta rampicante delle Liliflore, velenosa, con foglie inferiormente pelose. [→ ill. *piante* 17]

verbàle **A** *agg.* **1** Formato di parole: *offese verbali* | *Nota* —, comunicazione diplomatica non firmata, su argomento non urgente | (*est.*) Orale: *esame, ordine*, —. **2** Che consta soltanto di parole ed è privo di sostanza, di significato e sim.: *affetto puramente* —. **3** (*ling.*) Del verbo: *forma* — | Che appartiene alla categoria del verbo: *sostantivi verbali*; *predicato* —. **B** *s. m.* Documento in cui sono descritte attività e riportate dichiarazioni, così attestate con presunzione di veridicità: *il* — *di un'adunanza*; *redigere, stendere, firmare il* — | *Mettere a* —, registrare in tale documento.

verbalișmo *s. m.* Modo di esporre verboso e vacuo, che cura le parole e la forma trascurando i concetti.

verbalizzàre **A** *v. tr.* Mettere a verbale. **B** *v. intr.* (*aus. avere*) Redigere un verbale.

verbalménte *avv.* A voce, a parole.

verbàsco *s. m.* (*pl.* -*schi*) (*bot.*) Tassobarbasso.

verbèna *s. f.* Pianta erbacea molto ramosa delle Tubiflorali, perenne, con piccoli fiori a spiga molto profumati; SIN. Vermena. [→ ill. *piante* 12]

Verbenàcee *s. f. pl.* Famiglia di piante erbacee o legnose delle Tubiflorali tipiche delle regioni tropicali. [→ ill. *piante* 12]

verbigerazióne *s. f.* (*psicol.*) Ripetizione stereotipata e incoerente di parole o frasi.

verbigràzia *avv.* (*lett.* o *scherz.*) Per esempio: *dite,* —, *come fareste voi*.

vèrbo *s. m.* **1** Parola: *predicare il* — *di Dio* | *A* — *a* —, parola per parola | *Non dire, non aggiungere, non proferire* —, tacere. **2** *Il Verbo*, nella teologia cristiana, la seconda persona della Trinità, Gesù Cristo. **3** (*ling.*) Parte variabile del discorso che indica un'azione o un modo di essere di persona o di cosa: — *attivo, passivo, transitivo, intransitivo.*

verbosità *s. f.* L'essere verboso; SIN. Prolissità.

verbóso *agg.* **1** Che parla o scrive con sovrabbondanza di parole: *oratore, scrittore* —; SIN. Prolisso. **2** Che è pieno di lunghi e inutili giri di parole: *discorso* —.

verdàstro **A** *agg.* **1** Di un verde brutto, sporco: *liquido* —. **2** Che tende al verde: *giallo* —. **B** *s. m.* Colore verdastro.

verdazzùrro **A** *agg.* Che ha un colore intermedio tra il verde e l'azzurro. **B** *s. m.* Colore verdazzurro.

vérde **A** *agg.* **1** Che ha un colore che sta tra il giallo e il blu, tipico dell'erba vegetante: *foglie verdi*; *un prato* — | *Tappeto* —, panno che copre i tavoli da gioco | *Zona* —, insieme di parchi, giardini e sim. in una città; zona del centro storico a traffico limitato. **2** (*est.*) Di territorio ricco di vegetazione: *l'Umbria* — | (*est.*) Molto pallido, livido: *farsi — per la rabbia*; *diventare — dalla bile.* **3** (*est.*) Acerbo, immaturo: *frutta* —. **4** (*est.*) Fresco: *fieno* — | Ancora vegetante, appena tagliato: *legna* —. **5** (*fig.*) Giovane, giovanile: *anni verdi*; *la — età.* **6** (*fig.*) Agricolo: *Europa* —; *piano* —. **B** *s. m.* **1** Il colore verde | — *bandiera, bottiglia, oliva, pisello, pistacchio, smeraldo* e sim., varie tonalità del verde. **2** Parte verde di q.c.: *il — del cocomero* | (*fig.*) *Essere, trovarsi, ridursi al* —, in assoluta miseria, senza un centesimo in tasca. **3** (*est.*) Vegetazione: *campagna ricca di* — | Area, zona, ricca di prati, alberi e vegetazione in genere: *la difesa del* — | — *pubblico*, l'insieme delle aree destinate a parco o giardino di una città. **4** (*fig.*) Vigore, rigoglio: *trovarsi nel — degli anni.* **5** (*chim.*) Composto o sostanza di colore verde. **C** *s. m.; anche agg.* Appartenente a un movimento d'opinione che svolge un'azione politica alternativa ai partiti tradizionali spec. su temi ecologici e antimilitaristi. [→ tav. *locuzioni* 36]

verdeggiànte *part. pres. di verdeggiare; anche agg.* Che verdeggia.

verdeggiàre *v. intr.* (*io verdéggio; aus. avere*) **1** Essere e apparire verde. **2** Diventare verde coprendosi di vegetazione: *la campagna verdeggia in primavera.*

verdèllo *s. m.* **1** (*zool.*) Verdone. **2** Limone che matura da giugno ad agosto.

verdemàre *agg. inv.* Di colore verde sfumato d'azzurro, caratteristico delle acque del mare.

verderàme **A** *s. m. inv.* **1** Patina verde che si forma col tempo sugli oggetti di rame. **2** Acetato basico di rame, un tempo usato per colori a olio, ora impiegato per bagni galvanici e in veterinaria | Solfato di rame, usato come anticrittogamico in agricoltura. **B** *agg. inv.* Che ha il colore del verderame.

verdésca *s. f.* Squalo verde azzurro, con robusti denti triangolari seghettati, voracissimo, che vive anche nel Mediterraneo.

verdétto *s. m.* **1** (*dir.*) Nel processo penale, decisione della giuria sulle questioni di fatto deferite al suo giudizio. **2** Nel linguaggio sportivo, decisione finale di un arbitro, dei giudici di gara o di una giuria. **3** (*fig.*) Giudizio, sentenza: *il — della storia.*

verdìcchio *s. m.* Vino giallo paglierino, brillante, secco, prodotto dal vitigno omonimo spec. nelle Marche.

verdìccio *agg.* (*pl. f. -ce*) Che tende al verde: *giallo* —.

verdógnolo *agg.* **1** Che sfuma nel verde: *colore* —. **2** Verdastro, livido, pallido: *viso* —.

verdolìno *agg.* Che è leggermente verde.

verdóne **A** *agg.* Che ha colore verde intenso ma non cupo. **B** *s. m.* **1** Colore verdone. **2** Piccolo uccello a coda forcuta, di colore verde dorato sul dorso e giallastro sul ventre, con becco breve e conico e canto melodioso; SIN. Verdello. [→ ill. *animali* 12]

verdùra *s. f.* **1** (*raro*) Il verde dei campi e delle piante. **2** *spec. al pl.* Alimenti vegetali costituiti da foglie, fiori e radici, per lo più coltivati negli orti: *minestra di* —. [→ ill. *verdura*]

verecóndia *s. f.* Qualità di verecondo; SIN. Pudicizia, pudore.

verecóndo *agg.* Che ha timore e vergogna di ciò che è sconveniente, e se ne astiene: *fanciulla verecconda* | Che esprime verecondia: *sguardo* —; SIN. Pudico.

vérga *s. f.* **1** (*raro*) Ramoscello | (*fig.*) *Tremare come una* —; *tremare — a* —, essere scosso da un forte tremito in tutto il corpo. **2** Bacchetta, bastoncello, spesso flessibile. **3** Scettro o altro simbolo del potere: — *reale*; *la — di Mosè* | Bacchetta del rabdomante o dell'indovino. **4** Specie di lingotto di metallo prezioso: *verghe d'oro, d'argento.* **5** (*lett., euf.*) Pene.

vergàre *v. tr.* (*io vérgo, tu vérghi*) **1** (*raro*) Percuotere con una verga. **2** Listare o rigare tessuti o carte con linee o righe parallele. **3** Manoscrivere: — *una lettera.*

vergàta *s. f.* Colpo di verga.

vergatìna *s. f.* Carta sottile per ottenere molte copie con la macchina da scrivere.

vergatìno *s. m.* Tessuto a righe sottili e di colore diverso.

vergàto *part. pass. di vergare; anche agg.* Detto di carta che presenta una serie di righe parallele e vicine in superficie, usate per scrivere, da stampa e da imballo.

vergatùra *s. f.* **1** Operazione del vergare tessuti o carte. **2** Insieme di linee tracciate su un tessuto o visibili su una carta.

vergèlla *s. f.* Semilavorato metallico a sezione circolare, laminato a caldo.

verginàle o (*lett.*) *virginàle* (1) *agg.* **1** Proprio di una vergine: *purità* —; SIN. Virgineo. **2** (*est.*) Monacale: *benda* —.

vérgine **A** *s. f.* **1** Donna in condizione di verginità | *La Vergine*, (*per anton.*) la Madonna. **2** Fanciulla, ragazza, donna non sposata. **3** *spec. al pl.* Monaca, in quanto ha pronunciato il voto perpetuo di castità. **4** *Vergine*, sesto segno dello zodiaco, che domina il periodo fra il 24 agosto e il 23 settembre. [→ ill. *zodiaco*] **B** *s. m.* Uomo in condizione di verginità. **C** *agg.* **1** Di persona che è in stato di verginità: *donna, uomo* — | Di femmina di animale in analoga condizione. **2** (*est.*) Giovane, innocente: *le vergini spose.* **3** (*fig.*) Integro, casto, puro: *animo, cuore* —. **4** (*fig.*) Che è naturale, che non ha subito manipolazioni, lavorazioni, trasformazioni: *foresta* —; *lana* — | *Cera* —, *miele* —, non raffinati | *Campo, terreno* —, non coltivato; (*fig.*) zona, ambito, settore e sim. passibili di sfruttamento.

vergìneo V. *virgineo.*

verginità o (*raro*) *virginità* *s. f.* **1** Condizione di chi non ha avuto rapporti sessuali completi | *Voto di* —, quello proprio delle monache. **2** (*fig.*) Integrità morale, rettitudine, buona reputazione.

vergógna *s. f.* **1** Turbamento e timore che si provano per azioni, pensieri o parole che sono o si ritengono sconvenienti: *sentire — di un peccato, per l'errore commesso*; *arrossire di* — | *Aver — di q.c., di qc.*, vergognarsene. **2** (*est.*) Senso di soggezione, timore e sim. dovuto spec. a timidezza: *provare — davanti a qc.*; *tacere per la* —; *ha — di parlare.* **3** Onta, disdoro, disonore: *coprirsi di* — | *Far* —, *tornare a* —, essere causa di disonore; SIN. Ignominia. **4** (*est.*) Cosa o persona che è motivo di vergogna: *è la — della famiglia.* **5** *al pl.* Organi genitali: *coprire le vergogne.*

vergognàrsi *v. intr. pron.* (*io mi vergógno*) **1** Sentire vergogna: — *di q.c.*; *si vergognò all'udire simili cose.* **2** (*est.*) Avere soggezione, timore e sim.: — *dei superiori*; *mi vergogno a parlare in pubblico.*

vergognóso *agg.* **1** Che sente e mostra vergogna: *peccatore pentito e* —. **2** Schivo, riservato, verecondo: *fanciulla vergognosa.* **3** Che causa o dovrebbe causare vergogna: *azioni vergognose.*

vérgola *s. f.* Filo di seta ritorto, usato per gli occhielli | Lista sottile di seta o di oro tessuta nei drappi.

veridicità *s. f.* L'essere veridico.

verìdico *agg.* (*pl. m. -ci*) Che dice il vero: *testimone* —.

verìfica *s. f.* Controllo della validità, esattezza o autenticità di q.c. mediante apposite prove: — *dei conti*; SIN. Accertamento, riprova.

verificàbile *agg.* Che si può verificare.

verificabilità *s. f.* L'essere verificabile | *Principio di* —, in filosofia, procedimento in base al quale è possibile provare la verità di un enunciato.

verificàre **A** *v. tr.* (*io verìfico, tu verìfichi*) **1** Accertare l'esistenza, la validità e l'autenticità di un fatto, l'esattezza di un'operazione e sim. mediante opportune prove: — *la stabilità di un edificio*; — *un conto*; SIN. Appurare, constatare, controllare. **2** Confermare una ipotesi, una teoria: — *una legge chimica.* **B** *v. intr. pron.* **1** Dimostrarsi vero: *oggi può verificarsi questa ipotesi.* **2** Avve-

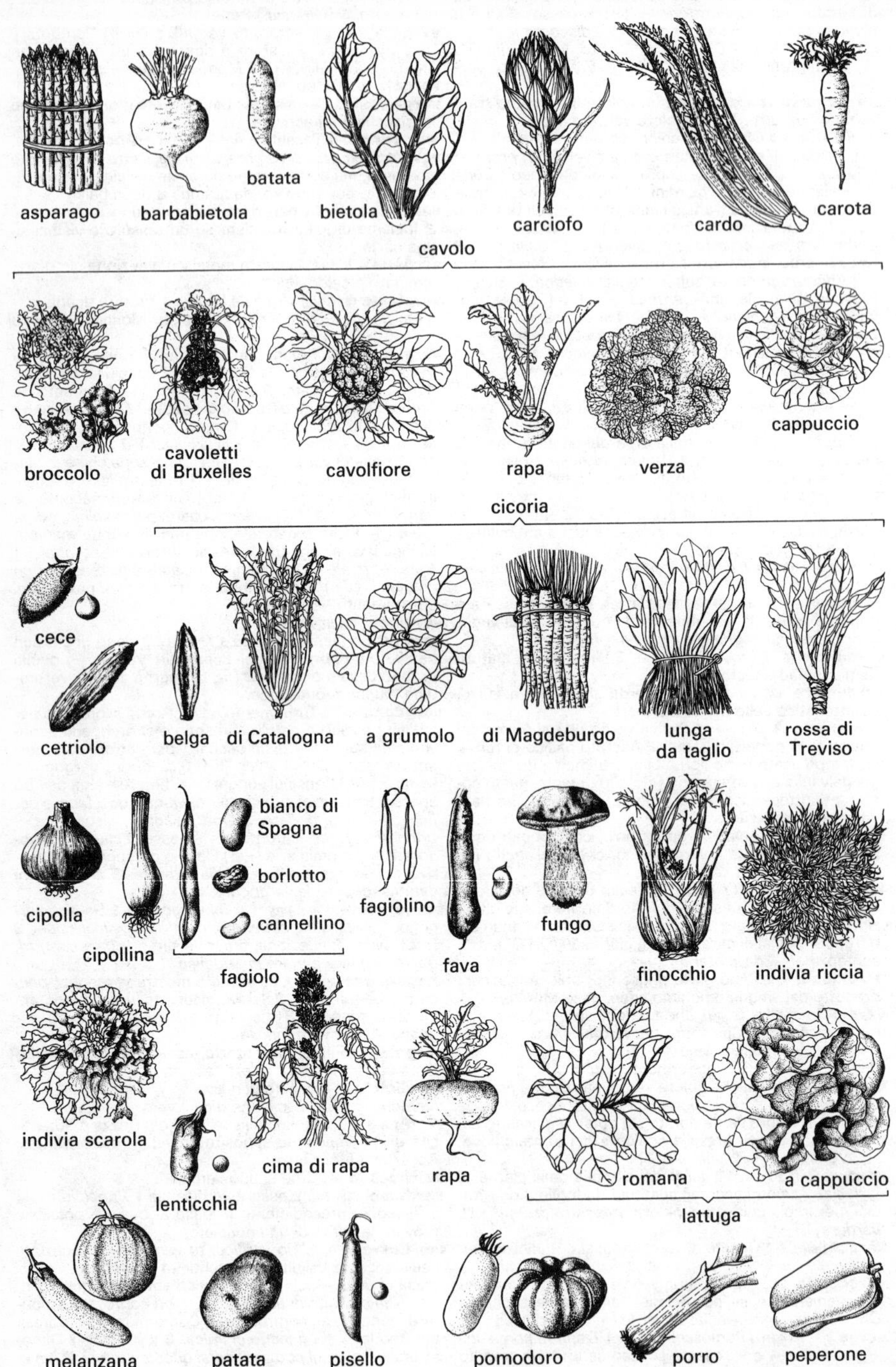
asparago
barbabietola
batata
bietola
carciofo
cardo
carota
cavolo
broccolo
cavoletti di Bruxelles
cavolfiore
rapa
verza
cappuccio
cicoria
cece
cetriolo
belga
di Catalogna
a grumolo
di Magdeburgo
lunga da taglio
rossa di Treviso
cipolla
cipollina
bianco di Spagna
borlotto
cannellino
fagiolo
fagiolino
fava
fungo
finocchio
indivia riccia
indivia scarola
lenticchia
cima di rapa
rapa
romana
a cappuccio
lattuga
melanzana
patata
pisello
pomodoro
porro
peperone

verdura

ravanello
scorzonera
sedano a costola
sedano rapa
spinacio
tartufo bianco
tartufo nero
valerianella
zucca
zucchina

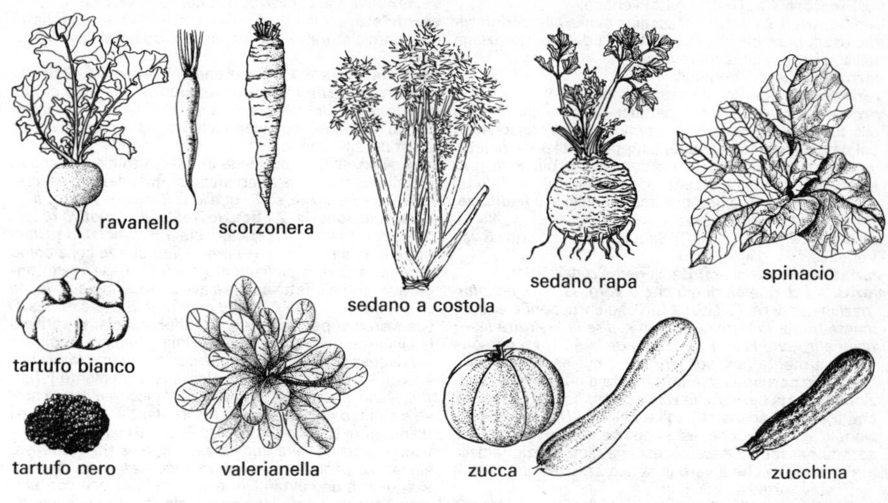

erbe aromatiche

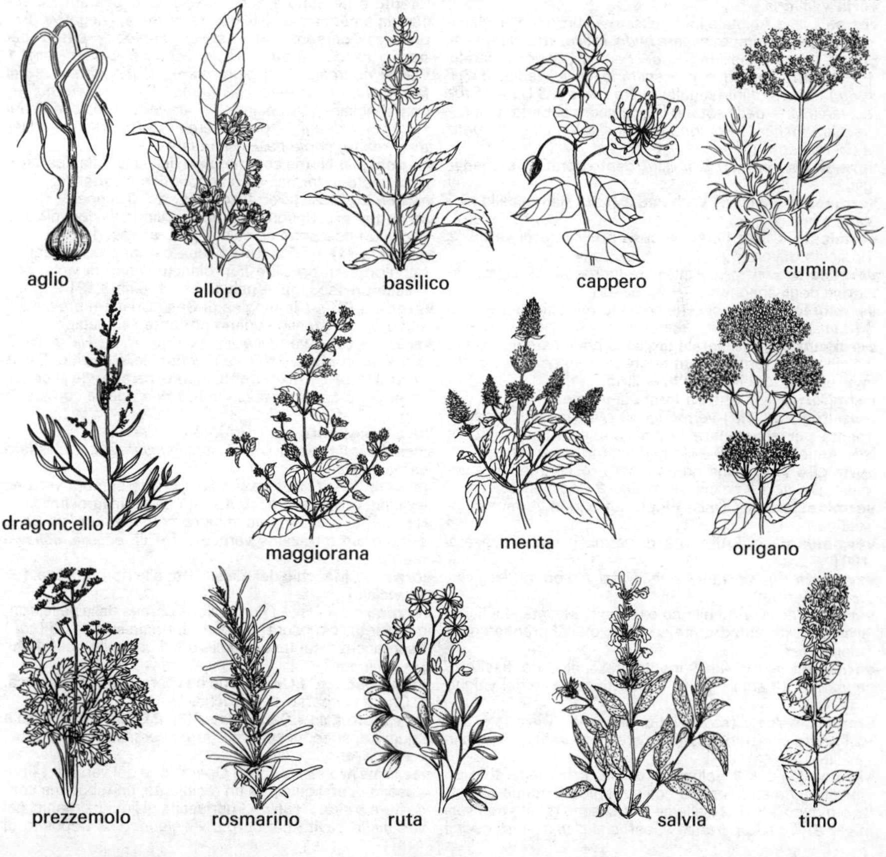

aglio
alloro
basilico
cappero
cumino
dragoncello
maggiorana
menta
origano
prezzemolo
rosmarino
ruta
salvia
timo

nire realmente | (*est.*) Accadere: *si è verificato un fatto nuovo.*

verificatóre *s. m.* (*f.* -*trìce*) Chi verifica.

verificatrice *s. f.* (*elab.*) Macchina simile alla perforatrice, usata per controllare l'esattezza della perforazione delle schede meccanografiche.

verificazióne *s. f.* Verifica.

verisìmile e deriv. V. *verosimile* e deriv.

verismo *s. m.* **1** Corrente estetica affermatasi in Italia alla fine del XIX sec., che propugnava, in consonanza col naturalismo francese, una rappresentazione obiettiva di tutta la realtà, anche nei suoi aspetti più umili, prescindendo da ogni elemento idealizzante: *il — di Verga e di Capuana* | Analogo movimento nelle arti figurative. **2** (*est., fig.*) Crudo realismo.

verista **A** *s. m. e f.* (*pl. m.* -*i*) Seguace del verismo. **B** *agg.* Veristico.

verìstico *agg.* (*pl. m.* -*ci*) Del verismo o dei veristi.

verità *s. f.* **1** Qualità di ciò che è vero: *la — di un'informazione*; CONTR. Falsità. **2** Ciò che corrisponde esattamente a una determinata realtà: *dire la —, tutta la —, nient'altro che la —* | *La bocca della —*, (*fig.*) persona che non mente | *A, per dire la —*, per essere sincero. **3** Ciò che corrisponde esattamente a una rappresentazione astratta del vero: *le verità scientifiche* | *— rivelata*, che è stata manifestata agli uomini da Dio nella rivelazione | *— di fede*, che, essendo rivelata, dev'essere accettata per fede, senza necessaria dimostrazione della ragione. **4** Ciò che è vero in senso assoluto: *cercare la —* [→ tav. *proverbi* 236]

veritièro *agg.* **1** Che dice il vero: *storico —*; SIN. Verace; CONTR. Menzognero. **2** Che corrisponde a verità: *notizia veritiera.*

vèrla V. *averla.*

vèrme *s. m.* **1** Animale invertebrato a corpo molle, allungato, privo di zampe: *essere nudo, molle, strisciante come un —*; SIN. Anellide | *— dei bambini*, (*pop.*) ascaride | *— di terra*, lombrico | *— solitario*, (*pop.*) tenia. **2** *al pl.* (*pop.*) Parassita intestinale: *avere i vermi.* **3** (*fam.*) Bruco, larva: *il — della seta.* **4** (*fig.*) Essere abbietto e spregevole | (*scherz.*) Persona che non vale nulla: *di fronte a voi mi sento un —.*

vermeil /*fr.* ver'mɛj/ *s. m. inv.* Argento dorato, per medaglie.

vermèna *s. f.* **1** (*bot.*) Verbena. **2** (*lett.*) Ramoscello giovane e sottile.

vermicàio *s. m.* **1** Luogo o cosa brulicante di vermi. **2** Brulichio di vermi.

vermicèllo *s. m. spec. al pl.* Pasta lunga da minestra, più sottile degli spaghetti. [→ ill. *pasta*]

vermicolàre *agg.* Di ciò che per la forma è simile a verme | (*anat.*) *Appendice —*, appendice ileocecale.

vermiculite *s. f.* Minerale argilloso che si sfoglia con la calcinazione fornendo un aggregato soffice, usato come refrattario e isolante in edilizia.

vermifórme *agg.* Che ha forma di verme.

vermìfugo o (*evit.*) *vermifùgo* **A** *s. m.* (*pl.* -*ghi*) Medicamento per allontanare i vermi parassiti dall'intestino; SIN. Antielmintico. **B** *anche agg.*: *sostanza vermifuga.*

vermìglio **A** *agg.* Che ha un colore rosso intenso e acceso. **B** *s. m.* **1** Il colore vermiglio. **2** Cocciniglia.

verminazióne *s. f.* (*med.*) Riproduzione di vermi nell'intestino.

verminóso *agg.* Brulicante di vermi. [→ tav. *proverbi* 180]

vermouth /*fr.* vɛr'mut/ *s. m. inv.* (*pl. fr.* *vermouths* /vɛr'mut/) Vermut.

vèrmut *s. m. inv.* Vino bianco o rosso di elevata alcolicità, aromatizzato con droghe ed erbe, che si prende come aperitivo.

vernàccia *s. f.* (*pl.* -*ce*) Vino ambrato, alcolico, asciutto, leggermente amarognolo, prodotto con uva del vitigno omonimo.

vernàcolo **A** *agg.* (*raro*) Natio, paesano | Dialettale. **B** *s. m.* Parlata caratteristica di un'area geografica: *poesia in —*; SIN. Dialetto.

vernice (1) *s. f.* **1** Soluzione di uno o più leganti in un solvente, da stendere su una superficie a scopo protettivo o decorativo. **2** Pellame lucidissimo rifinito con vernice. **3** (*fig.*) Apparenza superficiale: *una — di buona creanza.*

vernice (2) *s. f.* Vernissage.

verniciàre *v. tr.* (*io vernìcio*) Coprire di vernice.

verniciatóre *s. m.* (*f.* -*trìce* nel sign. 1) **1** Operaio addetto alla verniciatura: *— di mobili.* **2** Dispositivo per verniciare.

verniciatùra *s. f.* **1** Operazione del verniciare. **2** Strato di vernice. **3** (*fig.*) Vernice, apparenza: *una — di civiltà.*

vernissage /*fr.* vɛrni'saʒ/ *s. m. inv.* (*pl. fr.* *vernissages* /vɛrni'saʒ/) Inaugurazione ufficiale di un'esposizione artistica; SIN. Vernice.

véro **A** *agg.* **1** Che possiede in misura totale e in modo incontestabile le caratteristiche proprie del suo essere, della sua natura e sim.: *quello è il mio — padre*; *il — colpevole sono io.* **2** Effettivo, reale: *il — motivo di q.c.* **3** Giusto, esatto, proprio: *qui sta il — problema* | *Chiamare le cose col loro — nome*, (*fig.*) dire le cose come stanno. **4** Che è pienamente conforme alla realtà oggettiva, che è effettivamente avvenuto: *è incredibile ma —* | *Com'è — che c'è Dio, com'è — Dio* e sim., escl. asseverativa per confermare, rafforzandola, la verità o la sincerità delle proprie asserzioni | *Sembrare, parere —*, di cosa artificiale che imita perfettamente la realtà | *Fosse —!*, di cosa che si desidera ardentemente | *Tant'è — che*, si dice per introdurre nel discorso nuove prove e sim.: *io non ne sapevo niente, tant'è — che non gli ho neppure telefonato*; CONTR. Falso. **5** Genuino, autentico: *— oro*; *la vera cucina casalinga.* **6** (*fig.*) Intenso, sincero e profondo: *— amore*; *vera amicizia.* **7** (*fig.*) Preposto a un sostantivo, e spesso in unione con *proprio*, accentua enfaticamente il significato delle parole, precisa l'ambito del concetto espresso e sim.: *sarebbe un — misfatto*; *è stata una vera e propria infamia.* **8** Riferito a persona e spec. preposto al sostantivo, accentua enfaticamente la qualità positiva o negativa propria della persona: *un — amico*; *l'unico — pittore del nostro secolo*; *è un — delinquente.* **B** *s. m. solo sing.* **1** Verità: *ricercare il —*; *giurare il —*; *distinguere il — dal falso* | *Il Sommo Vero*, (*per anton.*) Dio | *Essere nel —*, non sbagliare | *A onor del —*, in verità | *A, per dire il —, a voler dire il —*, per essere sincero, preciso. **2** Natura, realtà: *copia dal —*; *studiare il —.*

veronàl *s. m.* Nome commerciale dell'acido dietilbarbiturico, usato in farmacia come ipnotico e sedativo.

veróne *s. m.* (*lett.*) Terrazzo scoperto, balcone.

veròngia *s. f.* Spugna di forma cilindrica con piccolo osculo in posizione apicale. [→ ill. *animali* 1]

verònica (1) *s. f.* Pianta erbacea perenne delle Tubiflorali, con fusti gracili e fiori bianchi venati di viola, che cresce presso laghi e paludi. [→ ill. *piante* 12]

verònica (2) *s. f.* Immagine di Gesù Cristo impressa sul sudario | Lo stesso sudario portante l'immagine.

verònica (3) o *verónica* /*sp.* be'ronika/ *s. f.* (*pl. sp.* *veronicas* /be'ronikas/; *pl. it.* *veròniche*) Nelle corride, figura in cui il torero, ritto di fronte al toro, ne attende la carica tenendo la cappa protesa in avanti e aperta con ambo le mani.

verosimigliànte *agg.* (*raro*) Verosimile.

verosimigliànza o (*raro*) *verisimigliànza* *s. f.* L'essere verosimigliante.

verosìmile o (*raro*) *verisìmile* *agg.* Che sembra vero ed è quindi credibile: *racconto —*; CONTR. Inverosimile.

verricèllo *s. m.* Argano minore con tamburo ad asse orizzontale e trazione verticale. [→ ill. *edilizia, sollevamento*]

vèrro *s. m.* Maschio del maiale atto alla riproduzione. [→ ill. *maiale*]

verrùca *s. f.* **1** (*med.*) Formazione cornea della pelle, tondeggiante, circoscritta, spec. di origine virale. **2** (*bot.*) Escrescenza sul fusto, foglie o sul cappello dei funghi. [→ ill. *fungo*]

verrucóso *agg.* **1** (*med.*) Che ha i caratteri della verruca. **2** Che è cosparso di verruche.

versàccio *s. m.* **1** *Pegg. di verso* (3). **2** Grido scomposto e sguaiato, spec. di scherno: *fare i versacci a qc.* **3** (*est.*) Gesto villano.

versaménto *s. m.* **1** (*raro*) Operazione del versare | Fuoriuscita di un liquido da un recipiente, un tubo, una conduttura e sim. **2** (*med.*) Fuoriuscita di liquidi organici dai vasi nelle cavità del corpo: *— pleurico.* **3** Deposito di una somma in banca: *effettuare un* —.

versànte (1) ***A*** *part. pres. di versare* (1); *anche agg.* Che versa. ***B*** *s. m. e f.* Chi esegue un deposito, un pagamento.

versànte (2) *s. m.* (*geogr.*) Declivio di uno dei lati di una catena di monti o di un singolo monte | *Sul — di*, (*fig.*) per quanto riguarda.

versàre (1) ***A*** *v. tr.* (*io vèrso*) ***1*** Fare uscire un liquido o altro, rivoltando o inclinando il recipiente che lo contiene: — *il vino dalla bottiglia*; — *la farina sul tagliere* | ass. Lasciare uscire il proprio contenuto attraverso aperture, fessure e sim., detto di recipienti: *la botte versa.* ***2*** (*est.*) Spargere: — *lacrime per la morte di qc.* | — *il proprio sangue*, morire combattendo | (*fig.*) — *fiumi d'inchiostro*, scrivere moltissimo. ***3*** (*est.*) Rovesciare: — *sale sulla tovaglia.* ***4*** (*est.*) Far confluire: *il Po versa le proprie acque nell'Adriatico.* ***5*** Depositare una somma: — *in banca il ricavato di una vendita.* ***B*** *v. intr. pron.* ***1*** Uscir da q.c. e spargersi (*anche fig.*): *una folla immensa si versò nella piazza.* ***2*** Sboccare, confluire.

versàre (2) *v. intr.* (*io vèrso; aus. avere*) ***1*** Essere, trovarsi: — *in fin di vita.* ***2*** (*raro*) Avere per argomento: *la conferenza versa sull'ecologia*; SIN. Vertere.

versàtile *agg.* ***1*** (*raro, lett.*) Che può volgersi con facilità da una parte e dall'altra. ***2*** (*fig.*) Che è atto a studi diversi, che sa occuparsi, con abilità e competenza, di cose diverse: *ingegno* —.

versatilità *s. f.* Qualità di versatile.

versàto *part. pass. di versare* (2); *anche agg.* Particolarmente dotato, esperto, pratico: *è molto — nelle lettere.*

verseggiàre ***A*** *v. intr.* (*io verséggio; aus. avere*) Scrivere in versi, in rima. ***B*** *v. tr.* Mettere in versi; SIN. Versificare.

verseggiatóre *s. m.* (*f. -trìce*) ***1*** (*raro*) Chi scrive versi. ***2*** (*spreg.*) Chi sa scrivere in versi, ma è privo di una autentica ispirazione poetica; SIN. Versificatore.

verseggiatùra *s. f.* Versificazione.

versétto *s. m.* ***1*** *Dim. di verso* (3). ***2*** Ciascuna delle suddivisioni in frasi dei capitoli della Bibbia.

versièra *s. f.* ***1*** (*lett.*) Demonio di sesso femminile, diavolessa. ***2*** (*fig.*) Donna laida e malvagia.

versificàre *v. tr. e intr.* (*io versìfico, tu versìfichi; aus. avere*) Verseggiare.

versificatóre *s. m.* (*f. -trìce*) Verseggiatore.

versificazióne *s. f.* Attività, modo e tecnica del comporre versi.

versiliberista *s. m. e f.* (*pl. m. -i*) Chi compone poesie in versi liberi.

versióne *s. f.* ***1*** Traduzione in altra lingua: — *dal greco in francese.* ***2*** (*est.*) Narrazione, esposizione di avvenimenti: *la sua — dei fatti è diversa dalla vostra.* ***3*** Trasposizione, adattamento: — *teatrale di un romanzo*; — *italiana di un film.* ***4*** Complesso di variazioni e modifiche apportate a un prodotto industriale in modo da ottenere un prodotto diverso per aspetto, caratteristiche, proprietà | Il prodotto stesso: *la — lusso di un'automobile.*

vèrso (1) *agg.* (*raro, lett.*) Voltato | *Pollice* —, volto in basso, in segno di condanna.

verso (2) /*lat.* 'vɛrso/ *s. m.* Faccia posteriore di un foglio di carta | (*est.*) Rovescio di monete, medaglie e sim.

vèrso (3) *s. m.* ***1*** Porzione definita di testo poetico dopo la quale si va a capo, a volte determinata da un certo numero di sillabe: — *piano, tronco, sdrucciolo*; — *endecasillabo*; *versi rimati, sciolti.* ***2*** *al pl.* Composizione poetica: *alcuni versi di Ungaretti.* ***3*** Grido caratteristico degli uccelli: *il — della tortora* | (*est.*) Voce caratteristica degli altri animali: *il — del cane, del gatto.* ***4*** Grido particolare di alcune categorie di venditori ambulanti: *il — del pescivendolo, dell'acquaiolo* | Grido inarticolato: *un — di dolore.* ***5*** Modo abituale di parlare, muoversi, camminare e sim.: *imitare il — di qc.* | *Rifare il — a qc.*, imitarlo. ***6*** Orientamento di peli o fibre: *il — della pelliccia, della stoffa.* ***7*** Senso, volta, direzione: *prendere il — giusto* | *Cambiare* —, cambiare direzione (*anche fig.*) | *Per ogni —, per tutti i versi*, da ogni lato, da ogni parte | *Intendere, capire per il suo —, nel giusto* —, interpretare bene q.c. | *Prendere qc. per il suo —, per il — giusto*, saperlo trattare | *Rispondere per il* —, rispondere a tono | *Cose senza* —, senza capo né coda. ***8*** (*fig.*) Modo, maniera: *non c'è — di farlo tacere* | *A* —, a modo, come si deve: *fare le cosa a* —; *una persona a* —.

vèrso (4) *prep.* ***1*** Alla volta di, in direzione di: *incamminiamoci — casa*; *si volse — destra*; — *dove siete diretti?* | Contro: *marciare — il nemico*; *venivano — di noi.* ***2*** Dalle parti di, nelle vicinanze di: *abita — Napoli*; *sta — il centro.* ***3*** Circa a, poco prima o poco dopo (nel compl. di tempo determinato): *verrò — mezzogiorno.* ***4*** Prossimo a, vicino a (nel compl. d'età): *è — i sessant'anni.* ***5*** Nei riguardi di, nei confronti di: *non devi nutrire odio — nessuno.* ***6*** Contro, dietro (nel linguaggio commerciale): *consegna — pagamento immediato.*

versóio *s. m.* Organo dell'aratro che compie il rovesciamento della fetta di terreno staccata dal coltro e dal vomere. [→ ill. *agricoltura*]

versóre *s. m.* (*fis.*) Vettore di lunghezza unitaria, avente direzione e verso dati.

vèrsta /*russo* v'irs'ta/ *s. f.* Antica misura di lunghezza russa, corrispondente a m 1066,79.

versùra *s. f.* Misura agraria di superficie, di valore variabile, usata in alcune zone dell'Italia meridionale.

vèrtebra *s. f.* (*anat.*) Elemento osseo costitutivo, con altri sovrapposti, della colonna vertebrale.

vertebràle *agg.* Di vertebra: *colonna* —. [→ ill. *anatomia umana*]

Vertebràti *s. m. pl.* Tipo di animali con scheletro cartilagineo od osseo il cui asse è formato dalla colonna vertebrale. [→ ill. *animali* 6]

vertebràto *agg.; anche s. m.* Di animale che possiede la colonna vertebrale; CONTR. Invertebrato.

vertènza *s. f.* Lite, controversia, questione ancora pendente: *risolvere un'annosa* —; *aprire una — sindacale.*

vèrtere *v. intr.* (*io vèrto, dif. del part. pass e dei tempi composti*) ***1*** Essere in corso, in fase di esame, discussione o trattazione, detto di controversia e sim.: *tra i due verte un'annosa disputa.* ***2*** Avere per argomento: *la controversia verte su due punti.*

verticàle ***A*** *agg.* ***1*** Detto di retta o piano perpendicolare a un piano orizzontale. ***2*** Detto di tutto ciò che è collocato o si sviluppa perpendicolarmente al piano di chi osserva o a un piano orizzontale: *posizione* —; *salita* —. ***3*** (*fig.*) *Concentrazione* —, tra imprese che si trovano ai successivi stadi produttivi | Detto di organizzazione sindacale articolata per categorie. ● CONTR. Orizzontale. ***4*** (*raro*) Che passa per il vertice. ***B*** *s. f.* ***1*** Linea verticale | — *di un punto*, perpendicolare alla superficie di gravità costante passante per quel punto. ***2*** Posizione del ginnasta con il corpo perpendicolare al suolo, a testa in giù e piedi in su.

verticalità *s. f.* L'essere verticale.

verticalménte *avv.* In senso verticale.

vèrtice *s. m.* ***1*** Cima, sommità: *il — di una montagna.* ***2*** Punto più alto (*anche fig.*): *il — di una scala*; *trovarsi al — di una gerarchia*; *raggiungere il — della fama* | (*est.*) Complesso dei dirigenti di un partito o delle massime autorità di un governo | *Al* —, al livello delle massime autorità: *riunione al* — | *Incontro, conferenza al* —, fra le più alte autorità di diversi Stati; SIN. Culmine. ***3*** (*mat.*) — *d'un angolo*, punto d'intersezione dei lati dell'angolo | — *d'un poliedro*, uno dei punti di intersezione di più spigoli | — *d'un poligono*, uno dei punti comuni a due lati consecutivi | — *d'una curva*, punto in cui la curvatura è massima o minima | — *d'un cono*, punto per cui passano tutte le generatrici del cono. ***4*** (*fis.*) In ottica, intersezione di uno specchio, concavo o convesso, con l'asse ottico.

verticillàto *agg.* Detto di organo vegetale disposto a verticillo: *fiori verticillati.*

verticillo *s. m.* (*bot.*) Insieme di più organi che si dipartono da un medesimo livello intorno a un asse comune, quali i sepali, i petali, gli organi sessuali nel fiore e sim.

verticiṣmo *s. m.* Tendenza, in un ambito organizzativo, a delegare il potere decisionale a poche persone, lasciando estranea la base.

vertigine *s. f.* ***1*** (*med.*) Turbamento della sensibilità spaziale, con sensazione di spostamento dell'ambiente circostante | Capogiro: *soffrire di vertigini* | *Avere le vertigini*, (*fig.*) stravedere, avere le traveggole. ***2*** (*fig.*) Intenso turbamento dell'animo.

vertiginóso *agg.* ***1*** (*med.*) Di vertigine. ***2*** Che provoca o può provocare vertigine: *altezza vertiginosa.* ***3*** (*fig.*) Esagerato, estremo, eccessivo, incredibile: *correre a vertiginosa velocità.*

verùno *agg.* (*lett.*) Alcuno, nessuno (spec. preceduto da negazione): *è stato accusato senza colpa veruna.* (V. nota d'uso UNO)
verve /*fr.* vɛrv/ *s. f. inv.* Brio, vivacità, spigliatezza: *essere ricco di* —; *avere molta* —.
vérza *s. f.* Varietà di cavolo a foglie eduli. [→ ill. *verdura*]
verzellino *s. m.* Piccolo uccello simile al canarino, ma con piumaggio verde olivastro sul dorso, che per il canto melodioso spesso è tenuto in cattività. [→ ill. *animali* 12]
verzière *s. m.* (*lett.*) Giardino, orto.
verzòtto *s. m.* Varietà di cavolo a foglie ampie, coltivata come ortaggio.
verzùra *s. f.* (*lett.*) Insieme di piante verdi.
véscia *s. f.* (*pl.* -*sce*) Fungo di forma globosa e privo di gambo, bianco e commestibile da giovane, ripieno di spore che, a maturità, formano un ammasso polverulento. [→ ill. *fungo*]
vescìca *s. f.* **1** (*anat.*) Organo cavo del corpo umano o animale, destinato alla raccolta di liquidi: — *urinaria.* [→ ill. *anatomia umana*] **2** (*med.*) Lesione cutanea caratterizzata da scollamento dei piani superficiali e sottostante raccolta liquida.
vescicànte **A** *agg.* Detto di sostanza fortemente revulsiva, che determina la formazione di vesciche sulla pelle. **B** *s. m.* Farmaco revulsivo che dà origine a vesciche.
vescicatòrio *agg.; anche s. m.* Vescicante.
vescìcola *s. f.* Piccola vescica. [→ ill. *anatomia umana*]
vescicolàre *agg.* **1** Di vescica o vescicola. **2** Che è simile, per forma, a una vescica: *cavità* —. **3** Che è costituito di vescicole: *tessuto* —.
vescovàdo *s. m.* **1** Dignità, ufficio di vescovo. **2** Territorio su cui il vescovo esercita la sua giurisdizione. **3** Palazzo che è sede del vescovo; SIN. Episcopio.
vescovìle *agg.* Di vescovo. [→ ill. *copricapo*]
véscovo *s. m.* Ministro sacro che, nella Chiesa Cattolica, ha la piena potestà del ministero apostolico, nella predicazione della fede, nell'ordinamento e svolgimento del culto e nel governo della comunità ecclesiale.
vèspa (1) *s. f.* Insetto sociale, con corpo fortemente assottigliato fra torace e addome, non peloso, a livrea nera e gialla, la cui femmina è dotata di pungiglione velenifero | (*fig.*) *Vita, vitino di* —, molto sottile. [→ ill. *animali* 3]
vèspa (2) *s. f.* Nome commerciale di un tipo di motoscooter fabbricato in Italia.
vespàio *s. m.* **1** Nido di vespe | *Suscitare, stuzzicare un* —, (*fig.*) provocare vivaci proteste, cercare e ottenere guai e molestia. **2** (*med.*) Favo. **3** Camera d'aria sottostante al pavimento, composta di strati di ciottoli o altro materiale, per isolare questo dal terreno e proteggerlo dall'umidità.
vespasiàno *s. m.* Orinatoio pubblico in forma di edicola o di torretta.
vesperàle *agg.* (*lett.*) Vespertino.
vèspero *s. m.* **1** V. *vespro.* **2** (*raro*) Il pianeta Venere quando è visibile di sera.
vespertìno *agg.* Del vespro, della sera: *ore vespertine* | *Stella vespertina*, il pianeta Venere; SIN. Vesperale.
vespista *s. m. e f.* (*pl. m.* -*i*) Chi circola in vespa.
vèspro o (*pop.*) **vèspero** *s. m.* **1** Ora del giorno in cui il sole va declinando, tardo pomeriggio. **2** Nella liturgia cattolica, ora canonica corrispondente alle diciotto | Ufficio recitato in tale ora.
vessàre *v. tr.* (*io vèsso*) Sottoporre qc. a continui abusi e maltrattamenti: — *i sudditi*; SIN. Tartassare.
vessatóre *s. m.; anche agg.* (*f.* -*trice*) Chi (o che) vessa.
vessatòrio *agg.* Che impone o realizza continue vessazioni: *governo* —.
vessazióne *s. f.* Maltrattamento di qc. con continue angherie, soprusi e sim.
vessillifero *s. m.* (*f.* -*a*) **1** Chi porta il vessillo di un corpo, di un esercito e sim. **2** (*fig.*) Alfiere, antesignano: *il* — *di nuove idee politiche.*
vessillo *s. m.* **1** Nell'antico esercito romano, riquadro di stoffa rossa attaccata alla sommità di un'asta, subito sotto la punta. [→ ill. *bandiera*] **2** (*est.*) Bandiera, insegna (*anche fig.*): *il* — *tricolore*; *il* — *della rivoluzione.* **3** (*zool.*) Nella penna degli uccelli, l'insieme delle barbe. [→ ill. *zoologia*] **4** (*bot.*) Nelle Papilionacee, il petalo superiore della corolla.
vestàglia *s. f.* Ampia veste lunga o corta da camera. [→ ill. *abbigliamento*]
vestagliétta *s. f.* **1** *Dim. di vestaglia.* **2** Vestito femminile da casa o da spiaggia, corto e scollato, aperto sul davanti.
vestàle *s. f.* **1** Sacerdotessa del tempio di Vesta e custode del fuoco sacro. **2** (*fig.*) Donna di costumi irreprensibili | (*est.*) Persona che custodisce con assoluta intransigenza un ideale: *una* — *della famiglia.*
vèste *s. f.* **1** (*gener.*) Abito, vestito | — *talare*, sottana nera portata dal sacerdote cattolico | — *da camera*, vestaglia. **2** *spec. al pl.* Complesso degli indumenti che coprono il corpo, spesso diverso e caratteristico a seconda degli usi, delle funzioni, delle cariche, della persona: *vesti maschili, femminili*; *vesti tradizionali, ecclesiastiche, liturgiche.* [→ ill. *vesti*] **3** (*est., gener.*) Rivestimento, copertura: *la* — *in paglia di un fiasco* | — *editoriale, tipografica*, il risultato finale di tutte le operazioni grafiche necessarie alla realizzazione di un libro e, quindi, l'aspetto definitivo dello stesso. **4** (*fig.*) Forma, aspetto esteriore, apparenza | *In* — *di*, sotto l'apparenza di: *si è presentato in* — *di persona onesta.* **5** (*fig.*) Autorità e diritto inerente a una carica: *con la* — *di sindaco* | Qualità, funzione: *intervenire in* — *di ministro.*
vestiàrio *s. m.* **1** Insieme dei capi di abbigliamento. **2** Guardaroba di scena di attori e cantanti. **3** Assortimento di abiti, di indumenti: *magazzino di* —.
vestiarista *s. m. e f.* (*pl. m.* -*i*) Chi confeziona costumi di scena per attori, cantanti, ballerini.
vestibolàre *agg.* (*anat.*) Del vestibolo.
vestìbolo *s. m.* **1** Vano che serve da entrata a un edificio o a una grande sala | (*est.*) Vano di accesso, in treni, aerei e sim. **2** (*anat.*) Spazio cavo in comunicazione con un'altra cavità | — *auricolare*, apparato di registrazione della posizione e dei movimenti del corpo situato nell'orecchio interno.
vestìgio *s. m.* (*pl. vestigi, m.*, o *vestigia, f.*) **1** Impronta del piede (*anche fig.*): *vestigia umane* | *Seguire le vestigia di qc.*, (*fig.*) seguirne l'esempio. **2** (*fig.*) Traccia, indizio, segno che permette di ritrovare, riconoscere e ricordare qc. o q.c.: *le vestigia di un'antica civiltà* | *spec. al pl.* Ruderi, rovine.
vestiménto *s. m.* (*pl. lett. vestiménta, f.*) (*lett.*) Abito, veste, indumento.
vestina *s. f.* **1** *Dim. di veste.* **2** Abito infantile.
vestire **A** *v. tr.* (*io vèsto*) **1** Coprire con le vesti: — *un bambino, un malato*; CONTR. Spogliare, svestire. **2** Fornire degli indumenti necessari: — *i propri figli*; — *i derelitti* | (*est.*) Fornire qc. di abiti, detto di sarto o di negozio d'abbigliamento: *sarto che veste una ricca clientela.* **3** Indossare: — *un abito* | (*est.*) Indossare un particolare abito, indicativo di uno stato, di una professione e sim.: — *il saio*; — *la toga, le armi.* **4** Adattarsi alla persona, alla figura, stare bene indosso, detto di abito, anche ass.: *quel cappotto ti veste perfettamente*; *guarda come veste questa tunica.* **5** (*fig.*) Fornire di rivestimento: — *i fiaschi.* **6** (*fig.*) Ricoprire, ammantare: *la primavera veste di verde la campagna.* **7** (*fig.*) Adornare, addobbare: — *la chiesa per una funzione solenne.* **B** *v. intr.* (*aus. avere*) Indossare, portare un abito: — *di bianco*; — *alla moda, alla marinara*; *essere vestito da casa.* **C** *v. rifl.* **1** Mettersi le vesti | (*est.*) Abbigliarsi, indossare un abito appropriato: *vestirsi per un ballo.* **2** Fornirsi di abiti: *si veste dal migliore sarto della città.* **3** Indossare l'abito proprio di un particolare stato, ufficio o professione: *vestirsi della toga.* **4** (*fig.*) Ammantarsi, ornarsi, ricoprirsi: *il bosco si veste di foglie.* **D** *in funzione di s. m.* Abito, abbigliamento, vestiario.
vestito (1) *part. pass. di vestire; anche agg.* **1** Coperto di vesti: *essere* — *di lana.* **2** Detto di organo vegetale, coperto da un involucro: *seme, riso,* —.
vestito (2) *s. m.* **1** Abito: — *da uomo*; — *da inverno.* **2** Vestiario.
vestizióne *s. f.* **1** (*raro, lett.*) Operazione del vestire o del vestirsi. **2** Cerimonia del vestire l'abito di un ordine religioso o cavalleresco.
vesuviàno *agg.* Del Vesuvio.
veteràno **A** *s. m.* (*f.* -*a*, nel sign. 2) **1** Chi ha prestato per molti anni servizio militare. **2** (*est., fig.*) Chi per molto

vesti

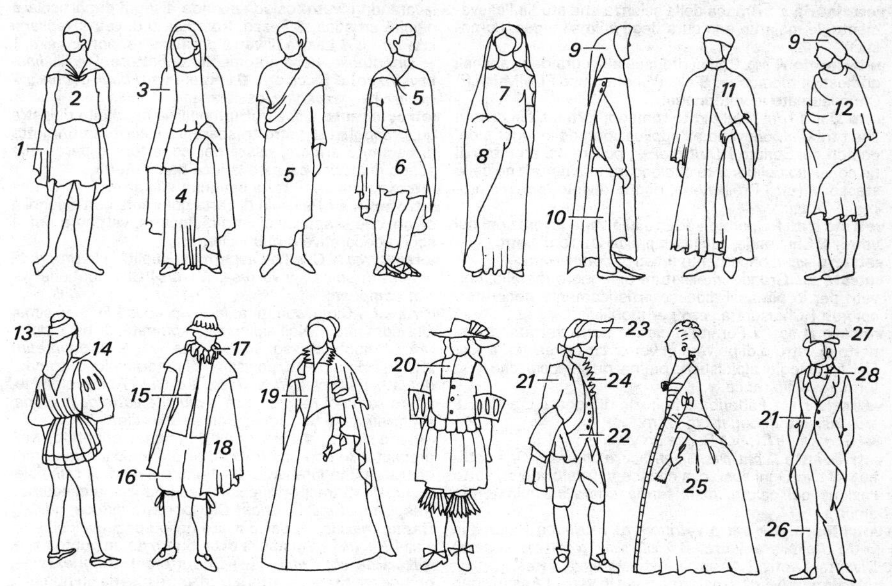

1 clamide 2 chitone 3 imatio 4 peplo 5 toga 6 tunica 7 stola 8 palla 9 cappuccio 10 calza 11 lucco 12 cappa 13 tocco 14 farsetto 15 giustacuore 16 brache 17 gorgiera 18 mantello 19 corpetto 20 facciola 21 redingote 22 panciotto 23 tricorno 24 jabot 25 crinolina 26 pantaloni 27 cilindro 28 cravatta

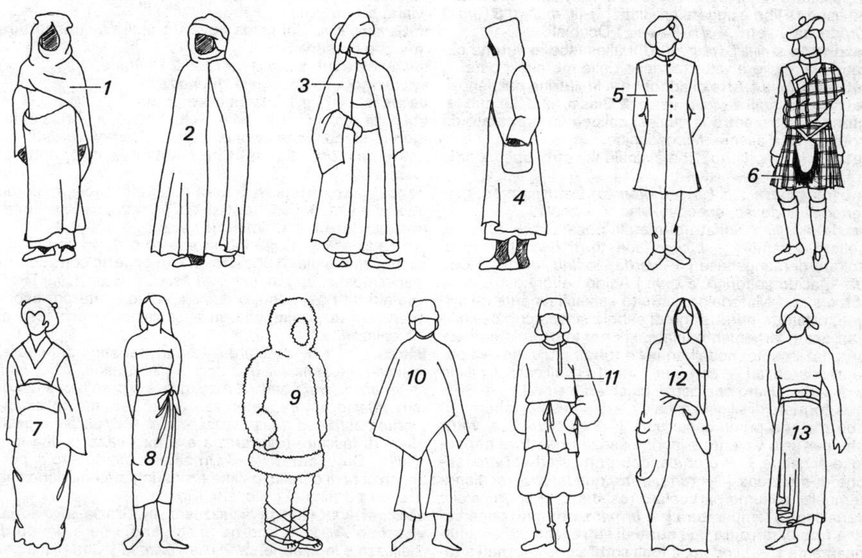

1 barracano 2 burnus 3 caffettano 4 gellaba 5 guru 6 kilt 7 chimono 8 pareo 9 parka 10 poncho 11 rubasca 12 sari 13 sarong

tempo ha svolto un'attività, esercitato una professione, frequentato un luogo e sim.: *un — dell'insegnamento, dello sport.* ***B*** *agg.* Vecchio, anziano, esperto.

veterinària *s. f.* Branca della scienza che studia l'allevamento, le malattie e la cura degli animali, spec. domestici.

veterinàrio ***A*** *agg.* Che si riferisce alla cura degli animali domestici: *medico —.* ***B*** *s. m.* (v. nota d'uso FEMMINILE) Chi è laureato in veterinaria.

vèto *s. m.* ***1*** (*dir.*) Nel diritto romano, formula del divieto che i tribuni ponevano all'applicazione delle leggi e dei decreti del Senato | *Diritto di —*, potere del membro di un consiglio deliberante di bloccare una decisione dello stesso. ***2*** (*est.*) Proibizione, rifiuto, divieto: *porre il proprio — a q.c.*

vetràio *s. m.* ***1*** Operaio addetto alle varie lavorazioni del vetro. ***2*** Chi vende, taglia e applica lastre di vetro.

vetràrio *agg.* Concernente il vetro: *commercio —.*

vetràta *s. f.* Grande intelaiatura di legno o metallo, con vetri per lo più fissi, spesso artisticamente decorati o colorati | Chiusura a vetri per mobili.

vetràto ***A*** *agg.* ***1*** Fornito di vetro: *porta vetrata.* ***2*** Coperto di vetro o di polvere di vetro: *carta vetrata.* ***B*** *s. m.* Nel linguaggio alpinistico, patina di ghiaccio che può formarsi sulle rocce.

vetrerìa *s. f.* ***1*** Fabbrica o negozio di oggetti di vetro. ***2*** *al pl.* Insieme di oggetti di vetro.

vétrice *s. m. e f.* (*bot.*) Salice da vimini.

vetrificànte ***A*** *part. pres. di vetrificare; anche agg.* Che vetrifica. ***B*** *s. m.* Ogni sostanza capace di trasformarsi, sotto l'azione del calore, dalla forma cristallina alla forma amorfa.

vetrificàre ***A*** *v. tr.* (*io vetrìfico, tu vetrìfichi*) Ridurre in vetro o simile al vetro. ***B*** *v. intr. e intr. pron.* (*aus. essere*) Diventare vetro | Assumere consistenza vitrea.

vetrificazióne *s. f.* Trasformazione in vetro | Assunzione di aspetto o consistenza vitrea.

vetrìna (1) *s. f.* Sostanza o miscela di sostanze diverse, come silice, carbonati alcalini, ossidi metallici, portata allo stato vetroso con cottura; usata per impermeabilizzare e decorare i prodotti ceramici.

vetrìna (2) *s. f.* ***1*** Parte esterna del negozio nella quale vengono esposte al pubblico le merci: *guardare le vetrine* | (*fig.*) *Mettersi in —*, mettersi in mostra, pavoneggiarsi. [→ ill. *bar, supermercato*] ***2*** Armadio, armadietto, alzata a ripiani, con sportelli a vetri per conservare ed esporre libri e oggetti pregiati. [→ ill. *mobili*] ***3*** (*dial.*) Credenza a vetri. ***4*** *al pl.* (*scherz.*) Occhiali.

vetrinìsta *s. m. e f.* (*pl. m. -i*) Chi allestisce le vetrine curando la migliore valorizzazione delle merci esposte.

vetrinìstica *s. f.* Arte di addobbare le vetrine dei negozi.

vetrìno (1) *s. m.* ***1*** *Dim. di vetro.* ***2*** Ciascuna delle due lastrine di vetro entro le quali si colloca un preparato da sottoporre a esame microscopico.

vetrìno (2) *agg.* (*raro*) Che è simile al vetro, spec. per la fragilità.

vetrioleggiàre *v. tr.* (*io vetrioléggio*) Deturpare qc. gettandogli addosso, spec. sul viso, il vetriolo.

vetriòlo *s. m.* ***1*** Solfato di metalli pesanti | *— azzurro*, solfato di rame | *— bianco*, solfato di zinco | *— rosa*, solfato di manganese | *— verde*, solfato ferroso | *Olio di —*, acido solforico. ***2*** (*pop.*) Acido solforico.

vétro *s. m.* ***1*** Materiale costituito essenzialmente da silicati, ottenuto per fusione di sabbia silicea con ossidi e carbonati; largamente usato, sia per la proprietà di essere facilmente modellato nelle forme più varie, sia per la trasparenza | *— comune*, formato di silicato di calcio e di sodio, usato per lastre, bicchieri e sim. | *— di Boemia*, formato di silicato di calcio e di potassio, fabbricato con materie prime assai pure | *— di sicurezza*, vetro che per urto violento s'incrina senza proiettare pericolose schegge | *— d'ottica*, con particolari caratteristiche di rifrazione | *— temperato*, quello che, mediante tempera, assume particolare resistenza agli urti e alle variazioni di temperatura | *— armato*, ottenuto ponendo una rete di ferro tra due strati di vetro laminati simultaneamente | *— blindato*, a fogli sottilissimi alternati a fogli di plastica | *Essere di —*, (*fig.*) essere estremamente delicato, fragile | *Palazzo di —*, costruzione con ampie vetrate esterne; (*per anton.*) la sede delle Nazioni Unite. [→ ill. *elettronica, fisica, orologiaio*] ***2*** Ogni prodotto dell'industria o dell'artigianato vetrario | *— artistico*, vaso, coppa, bicchiere, vetrata, figura e sim., realizzata lavorando il vetro caldo secondo disegni di particolare dignità artistica. ***3*** Pezzo, frammento di vetro: *tagliarsi con un —.* ***4*** Lastra di vetro per finestre, porte e sim. | *— orientabile*, nelle automobili, deflettore. [→ ill. *finestra, radio*] ***5*** Bicchiere. ***6*** Lente: *i vetri degli occhiali.* ***7*** (*miner.*) *— vulcanico*, ossidiana.

vetroceménto *s. m.* Struttura edilizia costituita di lastre quadrangolari di vetro trasparente inserite in un getto di cemento armato, usata per coperture o pareti allo scopo di lasciar passare la luce negli interni.

vetrocromìa *s. f.* Pittura eseguita su vetro.

vetrofanìa *s. f.* Pellicola di carta gommata con disegni a colori, che si applica ai vetri di finestre, vetrine e sim. a scopo decorativo o pubblicitario.

vetróso *agg.* ***1*** Che ha l'aspetto, la qualità o le proprietà del vetro: *sostanza vetrosa.* ***2*** (*raro*) Che contiene vetro: *composto —.*

vétta *s. f.* ***1*** Cima, sommità: *la — del colle* | *In —*, in cima, alla sommità | Nell'alpinismo, sommità di un monte; (*est.*) il monte stesso: *scalare una —.* [→ ill. *geografia*] ***2*** (*fig.*) Primo posto, posizione di predominio, di comando: *la — della classifica.* ***3*** *spec. al pl.* (*fig.*) Apice, culmine, grado sommo: *raggiungere le più alte vette della gloria.* ***4*** Estremità di un ramo | Rametto sottile.

vettóre ***A*** *s. m.* ***1*** (*mat., fis.*) Segmento orientato, rappresentabile con una freccia, atto a indicare una grandezza che ha intensità, direzione e senso. ***2*** (*dir.*) Nel contratto di trasporto, colui che si obbliga a eseguire il trasporto. ***B*** *agg.* (*f. -trìce*) Che porta, conduce, guida | *Razzo, missile —*, per portare nello spazio veicoli spaziali | *Raggio —*, distanza di un punto da un punto fisso.

vettoriàle *agg.* (*mat., fis.*) Di vettore | *Grandezza —*, grandezza fisica caratterizzata, oltre che da un numero, da una direzione e da un verso.

vettovagliaménto *s. m.* Rifornimento di vettovaglie; SIN. Approvvigionamento.

vettovagliàre *v. tr.* (*io vettovàglio*) Provvedere di vettovaglie.

vettovàglie *s. f. pl.* (*sing. -a, raro*) Tutti i generi che servono per il sostentamento di una pluralità di persone, spec. di un esercito.

vettùra *s. f.* ***1*** Carrozza a cavalli per servizio pubblico: *— di piazza.* ***2*** Autovettura, automobile. ***3*** Carrozza ferroviaria o tranviaria.

vetturàle *s. m.* Chi guida cavalli o muli per trasportare merci o persone.

vetturétta *s. f.* ***1*** *Dim. di vettura.* ***2*** Utilitaria.

vetturìno *s. m.* Cocchiere di piazza.

vetustà *s. f.* (*lett.*) Qualità di vetusto.

vetùsto *agg.* ***1*** (*lett.*) Che è molto antico, e perciò è degno di stima, venerazione, rispetto: *templi vetusti; vetuste memorie.* ***2*** (*lett.*) Che è molto vecchio, detto di persona.

vezzeggiaménto *s. m.* Uso di modi affettuosi, riguardi, moine e sim. nei confronti di qc. | Vezzo, serie di vezzi.

vezzeggiàre *v. tr.* Colmare di vezzi.

vezzeggiativo ***A*** *agg.* ***1*** Che è fatto o detto con intenzione amorevole. ***2*** Che designa un oggetto considerato con simpatia: *aggettivo —; suffisso —.* ***B*** *s. m.* (*ling.*) Forma alterata del nome o dell'aggettivo usata per esprimere affetto o simpatia, in associazione con l'idea di piccolezza.

vézzo *s. m.* ***1*** Modo abituale e caratteristico di parlare, muoversi e sim.: *far q.c. per —* | Abitudine, vizio: *ha il — di arricciarsi i baffi.* ***2*** Atto, gesto o parola che dimostra affetto, amore, tenerezza. ***3*** *al pl.* Lezi, moine, smancerie: *basta con questi vezzi.* ***4*** *al pl.* Atti, parole o gesti pieni di fascino, brio, grazia e sim.: *i vezzi di una fanciulla* | Dote, attrattiva. ***5*** Ornamento composto di perle, chicchi di corallo, palline e sim. infilate una dopo l'altra, da portarsi al collo; SIN. Monile.

vezzosità *s. f.* Qualità di vezzoso; SIN. Grazia, leggiadria.

vezzóso ***A*** *agg.* ***1*** Che ha molti vezzi, che è dotato di bellezza e leggiadria: *fanciulla vezzosa* | Che piace per la sua grazia, la sua delicatezza: *immagine vezzosa*; SIN. Leggiadro. ***2*** Lezioso: *discorsi vezzosi.* ***B*** *s. m.* (*f. -a*) Chi affetta modi leggiadri, graziosi e civettuoli.

vi ***A*** *pron. pers. atono di seconda pers. m. e f. pl. Assume la forma ve* (v.) *davanti ai pron. atomi la, le, li, lo e alla particella ne* **1** Voi (come compl. ogg. encl. e precl.): *– hanno visto*; *non vogliono disturbarvi* | Si usa, encl. e procl., nelle coniug. dei v. rifl, rifl. rec. e intr. pron.: *vestitevi in fretta*; *– pentirete di questo.* **2** A voi (come compl. di termine encl. e procl.): *– pagherò da bere*; *non posso darvi altro.* **3** Esprime (come 'dativo etico') partecipazione affettiva, interesse, adesione psicologica del sogg.: *– prenderete un malanno.* ***B*** *in funzione di pron. dimostr.* A ciò, in ciò: *non – trovo differenza*; *sono passato senza farvi caso.* ***C*** *avv.* **1** Qui, in questo luogo, là, in quel luogo, ci: *Napoli è bella, – sono restato tre anni.* **2** Per questo, per quel luogo: *non – passa mai nessuno.* (v. nota d'uso ACCENTO)

via (1) *s. f.* **1** Strada: *– comunale, provinciale, nazionale, statale* | Strada urbana lungo la quale si svolge il traffico di pedoni e di veicoli: *abitiamo in – Dante* | *– senza uscita,* (*fig.*) situazione complessa e pericolosa, dalla quale non si può uscire senza danni | *Per – ordinaria,* nel linguaggio militare, detto di movimenti o trasporti compiuti su strada. **2** (*est.*) Pista, sentiero, varco, passaggio: *una – tra i campi*; *aprirsi una – nella foresta* | *– libera,* passaggio aperto | *Dare – libera,* lasciare libero il passo; (*fig.*) non opporsi: *dare – alla protesta* | *– d'acqua,* falla | In alcune loc., seguito da un nome, indica attraversamento, passaggio (*anche fig.*): *viaggiare – terra*; *trasmettere – radio*; *collegamento – satellite.* **3** (*astron.*) *– lattea,* addensamento di stelle attorno all'equatore galattico, dovuto a un fenomeno prospettico determinato da una maggiore profondità del sistema stellare nella direzione del piano galattico. **4** (*anat.*) Canale, transito, passaggio: *– respiratoria, digerente* | *– locale, orale,* via di somministrazione dei medicamenti nel punto in cui devono agire attraverso il cavo orale. **5** (*est.*) Percorso, itinerario: *seguire la solita –*; *insegnare a qc. la –* | *Fare, tenere una –,* seguire un determinato percorso | *Mettere qc. in –,* indicargli il percorso | (*mar.*) Rotta: *fare – per le Antille.* **6** Nell'alpinismo, itinerario seguito nel corso di una scalata per raggiungere una vetta: *aprire una –.* **7** (*est., lett.*) Spazio percorribile: *le vie del cielo.* **8** (*est.*) Cammino, viaggio: *essere, mettersi in –* | *In, per –,* cammin facendo | (*fig.*) *In – di,* in fase di: *il malato è in – di guarigione* | *Essere sulla – di,* (*fig.*) in procinto di. **9** (*fig.*) Carriera: *la – del sacerdozio*; *quella laurea apre molte vie.* **10** (*fig.*) Parte, lato: *parenti per – di madre.* **11** (*fig.*) Mezzo, possibilità: *l'unica – d'uscita* | *– aerea,* posta aerea | *Vie brevi,* nel linguaggio commerciale, comunicazioni fatte con mezzi rapidi, quali telefono, telegrafo e sim. **12** (*fig.*) Modo di vivere, indirizzo morale: *uscire dalla retta –.* **13** (*fig.*) Modo o maniera di giungere a q.c.: *le vie nazionali al socialismo* | *Trovare la – del cuore,* commuovere | (*est.*) Accorgimento, partito: *non vedo altra – per superare l'intoppo* | *– di mezzo,* soluzione intermedia, compromesso | *Vie traverse,* (*fig.*) stratagemmi, accorgimenti | *In – privata, confidenziale* e sim., privatamente, confidenzialmente e sim. **14** Ragionamento: *il principio è dimostrabile anche per altra –.* **15** Causa, *spec. nelle loc. per – di,* o (*pop.*) *per – che*: *per – di Giulia non sono potuto venire.* **16** Procedimento: *adire le vie legali*; *agire per – diplomatica* | *In – provvisoria,* provvisoriamente | *Vie di fatto,* violenze fisiche: *passare a vie di fatto.* [→ tav. *proverbi* 66, 237, 247]

via (2) ***A*** *avv.* **1** Esprime allontanamento in modo generico: *se n'è volato –*; *lo ha cacciato – in malo modo* | *Andar –,* andarsene | *Macchie che non vanno –,* che non si riesce a eliminare | *Buttare, gettare – q.c.,* disfarsene | *Buttare, gettare – tempo, denaro, fiato,* sprecarli, spenderli senza risultato | *Dare – q.c.,* cederla, regalarla | *Levare – q.c.,* toglierla, rimuoverla | *Mandare – qc.,* cacciarlo, licenziarlo | *Andare –,* detto di cosa, vendersi con facilità | *Portare – q.c.,* prenderla con sé; (*est.*) rubarla | *Tirar –,* affrettarsi, fare q.c. in fretta e male | (*fam.*) *Essere –,* essere fuori casa, fuori città. **2** Eccetera, e così di seguito: *abbiamo parlato di arte e così –*; *discussero di cinema, di sport e – dicendo.* **3** (*iter.*) Di volta in volta, a mano a mano (con valore distributivo): *ti passerò le notizie – – che arrivano.* ***B*** *inter.* **1** Si usa per cacciare, mandare via qc. che infastidisce: *–! –! voglio starmene in pace.* **2** Si usa per dare il segnale di partenza in una gara, in un gioco e sim.: *pronti... –!*; *uno, due, tre, –!* **3** Esprime incoraggiamento, incitamento, esortazione: *–, fatevi coraggio!*; *animo, –!* ***C*** *s. m. inv.* Segnale di partenza di una gara di corsa: *scattare al –* | *Dare il –,* dare il segnale di partenza, abbassando l'apposita bandierina o in altro modo; (*est., fig.*) dare inizio: *dare il – ai lavori.* [→ tav. *proverbi* 246]

viàbile *agg.* Che è percorribile dai veicoli.

viabilìsta *agg.* (*pl. m. -i*) Che si occupa della viabilità: *tecnico –.*

viabilìstico *agg.* (*pl. m. -ci*) Che riguarda la viabilità.

viabilità *s. f.* **1** Condizione di ciò che è viabile. **2** Insieme delle strade di una data zona. **3** Insieme delle norme e delle attività relative alla costruzione e alla manutenzione delle strade e alla regolamentazione del traffico: *i problemi della – urbana.*

via crucis /*lat.* 'via 'krutʃis/ *loc. sost. f. inv.* **1** Pratica pia cattolica, consistente in meditazioni e preghiere penitenziali fatte, per più giorni, dinanzi a immagini delle varie fasi della passione di Gesù | Le quattordici immagini che rappresentano la passione, in tale pratica. **2** (*fig.*) Lunga serie di esperienze dolorose.

viadótto *s. m.* Ponte generalmente a più luci che scavalca una valle. [→ ill. *strada*]

viaggiàre ***A*** *v. intr.* (*io viàggio; aus. avere*) **1** Fare uno o più viaggi: *– per diporto*; *– all'estero*; *– per mare, a cavallo, in macchina.* **2** Fare il commesso viaggiatore: *– per conto di una ditta*; *– in pellami.* **3** Muoversi, spostarsi lungo un determinato percorso, detto di mezzi di trasporto: *l'auto viaggia a grande velocità.* **4** Essere trasportato, detto di merci: *la merce viaggia a rischio del destinatario.* ***B*** *v. tr.* Attraversare, visitare, nel corso di uno o più viaggi: *ha viaggiato mezzo mondo.*

viaggiatóre ***A*** *agg.* (*f. -trice*) Che viaggia: *commesso, piccione –.* ***B*** *s. m.* **1** Chi viaggia, spec. con un mezzo di trasporto pubblico. [→ ill. *ferrovia*] **2** Commesso viaggiatore.

viàggio *s. m.* **1** Spostamento, trasferimento da un luogo a un altro: *essere, mettersi in –*; *un – di tre giorni* | *L'ultimo –, l'estremo –, il – senza ritorno,* la morte. **2** Giro più o meno lungo, attraverso luoghi o paesi diversi dal proprio, con soste e permanenze di varia durata, per vedere, conoscere, imparare, divertirsi: *– di esplorazione, d'istruzione, di studio, d'affari*; *– turistico.* [→ ill. *borsa, valigeria*] **3** (*fam.*) Trasporto di merci, suppellettili e sim.: *con tre viaggi esauriremo la merce* | *Fare un – e due servizi,* (*fig.*) ottenere due risultati con un unico sforzo. **4** Nel linguaggio dei drogati, l'effetto provocato da sostanze stupefacenti, spec. allucinogeni.

viàle *s. m.* Via ampia e alberata in una città, in un parco e sim. [→ ill. *giardino pubblico*]

viandànte *s. m. e f.* Chi compie lunghi viaggi e peregrinazioni a piedi.

viàrio *agg.* Relativo alla via: *rete viaria.*

viàtico *s. m.* (*pl. -ci*) **1** Nell'antica Roma, insieme di oggetti e provviste per un viaggio. **2** (*est., fig., lett.*) Ciò che serve a confortare chi inizia un'opera. **3** (*relig.*) Comunione amministrata a chi sta per morire.

viavài *s. m.* Movimento animato di persone o cose che vanno e vengono.

vibrafonista *s. m. e f.* (*pl. m. -i*) Chi suona il vibrafono.

vibràfono *s. m.* (*mus.*) Strumento costituito da una serie di lamine di acciaio (sotto ognuna delle quali è collocato un tubo risuonatore) intonate cromaticamente e percosse da due bacchette. [→ ill. *strumenti musicali*]

vibrànte *part. pres. di vibrare; anche agg.* **1** Che vibra. **2** (*fig.*) Che ha un suono alto, energico | Fremente: *voce – di sdegno.*

vibràre ***A*** *v. tr.* **1** (*lett.*) Agitare o scuotere con forza un'arma, prima di lanciarla: *– la lancia* | (*est.*) Lanciare con forza: *– una freccia.* **2** Assestare con forza: *– un pugno, uno schiaffo.* ***B*** *v. intr.* (*aus. avere*) **1** (*fis.*) Essere in vibrazione. **2** (*est., fig.*) Fremere, essere pervaso da: *– di passione.* **3** (*fig.*) Risuonare: *un'ultima nota vibrò nell'aria.* **4** (*fig.*) Trasparire, mostrarsi più o meno chiaramente: *nel suo pianto vibra una nota di sincerità.*

vibràtile *agg.* Che compie movimenti ondulatori, di vibrazione: *ciglia vibratili* | (*biol.*) *Epitelio* –, costituito da cellule che a un'estremità sono fornite di ciglia capaci di movimenti ondulatori.

vibràto **A** *part. pass. di vibrare; anche agg.* **1** Scagliato. **2** Energico, concitato. **B** *s. m.* (*mus.*) Effetto sonoro proprio degli strumenti ad arco, che si ottiene facendo oscillare la mano sinistra mentre il dito è appoggiato sulla corda.

vibratóre **A** *s. m.* **1** Piccolo apparecchio che trasforma in alternata una corrente elettrica continua. **2** Dispositivo meccanico, idraulico, pneumatico o elettrico che produce vibrazioni della struttura sulla quale è applicato. [→ ill. *edilizia*] **B** *agg.* (*f.* *-trìce*) *Cuscinetto* –, usato per massaggi dimagranti.

vibratòrio *agg.* Di vibrazione.

vibrazióne *s. f.* **1** (*fis.*) Oscillazione di piccola ampiezza e di grande frequenza, propria dei corpi elastici | (*est.*) Variazione periodica di un fenomeno fisico | – *acustica*, quella dell'aria e dei corpi che trasmettono il suono. **2** (*est., fig.*) Tremolio: *le vibrazioni delle stelle.* **3** (*fig.*) Fremito dovuto a intensi moti dell'animo: *vibrazioni di tenerezza.*

vibrióne *s. m.* Batterio a forma di virgola | – *del colera*, molto sottile, agente patogeno del colera.

vibrìssa *s. f.* (*zool.*) Pelo o setola sensitiva che è in rapporto con terminazioni nervose | (*anat.*) Nell'uomo, pelo situato nel vestibolo delle fosse nasali. [→ ill. *zoologia*]

vibrògrafo *s. m.* (*fis.*) Strumento atto a segnalare e registrare le vibrazioni dei corpi.

vicarìa *s. f.* **1** Ufficio e giurisdizione che sostituisce quelli del titolare, in molte funzioni di diritto canonico. **2** Nel Medioevo, circoscrizione territoriale su cui aveva giurisdizione un vicario.

vicariànte *agg.* (*biol., med.*) Che sostituisce, supplisce o compensa: *la funzione – di un organo.*

vicariàto *s. m.* **1** Ufficio e giurisdizione di vicario | Durata di tale ufficio. **2** Circoscrizione territoriale retta da un vicario.

vicàrio **A** *s. m.* (*f.* *-a*) Chi fa le veci di un'autorità in sua assenza o impossibilità di esercitare direttamente il potere, spec. negli ordinamenti ecclesiastici: – *imperiale* | – *di Dio, di Pietro, di Gesù*, il Papa. **B** *agg.* **1** (*med.*) Vicariante. **2** Che sostituisce, che fa le veci di qc. o di q.c.: *autorità vicaria* | *Cardinal* –, che sostituisce il Papa nella giurisdizione di vescovo di Roma | *Padre* –, religioso che fa le veci del superiore.

vìce *s. m. e f. inv.* Chi è autorizzato a sostituire il titolare di un ufficio in caso di sua assenza o impedimento: *è il – del direttore.*

vìce- *primo elemento*: in parole composte relative a cariche o uffici significa 'che fa le veci di', 'che svolge le funzioni di': *vicepreside, vicesegretario, viceré.*

viceammiràglio *s. m.* (*mar.*) Un tempo, ufficiale di grado immediatamente inferiore al contrammiraglio.

vicebrigadière *s. m.* Nelle armi dei carabinieri, della guardia di finanza, delle guardie carcerarie e forestali, quarto grado della gerarchia.

vicecomitàle *agg.* (*lett.*) Di visconte.

vicedirettóre *s. m.* (*f.* *-trìce*) Funzionario di grado immediatamente inferiore a quello di direttore.

vicemàdre *s. f.* Donna che fa da madre a chi ne è rimasto privo.

vicènda *s. f.* **1** Serie di fatti, avvenimenti, situazioni e sim. che si succedono alternandosi: *la – degli anni, delle stagioni* | *L'umana* –, la vita. **2** (*agr.*) Avvicendamento delle colture, rotazione. **3** Caso, fatto, evento: *una triste* –; *le vicende della vita* | *Con alterne vicende*, con un alternarsi di eventi favorevoli e sfavorevoli. **4** (*raro, lett.*) Turno, volta, giro | *A* –, a turno, l'un l'altro: *complimentarsi a* –.

vicendévole *agg.* Scambievole, reciproco: *aiuto* –.

viceprefètto *s. m.* **1** Nel governo della provincia, funzionario di grado immediatamente inferiore a quello del prefetto. **2** In collegi e sim., chi coadiuva o sostituisce il prefetto.

vicepréside *s. m. e f.* Insegnante che fa le veci del preside.

vicepresidènte *s. m.* (*f.* *-éssa*) Chi è tenuto a fare le veci del presidente.

viceré *s. m.* Chi è demandato a governare, in nome del re, una parte, spec. lontana, del regno. (v. nota d'uso ACCENTO)

vicereàle *agg.* Di viceré.

vicereàme *s. m.* **1** (*raro*) Ufficio, titolo e dignità di viceré | Durata di tale ufficio. **2** Territorio governato da un viceré.

viceregina *s. f.* **1** Moglie del viceré. **2** Donna che ha la carica e la dignità del viceré.

vicevèrsa **A** *avv.* **1** In direzione contraria, all'inverso: *viaggio da Bologna a Firenze e* –. **2** (*fig.*) All'opposto, al contrario: *così dovevi procedere, non* –. **B** *in funzione di cong.* (*fam.*) E invece, al contrario (con valore avversativo): *avevi detto che avresti telefonato tu, – non l'hai fatto.*

vichingo **A** *agg.* (*pl. m.* *-ghi*) **1** Che si riferisce alle popolazioni di stirpe germanica stanziate sin dall'alto Medioevo nelle regioni dell'Europa settentrionale corrispondenti alle odierne Norvegia, Svezia e Danimarca. **2** (*est., scherz.*) Dell'odierna Scandinavia. **B** *s. m.* (*f.* *-a*) **1** Ogni appartenente alle popolazioni vichinghe. **2** (*scherz.*) Scandinavo.

vicinàle *agg.* (*dir.*) Detto di strada privata esterna all'abitato e aperta al transito pubblico.

vicinànza *s. f.* **1** Stato, condizione o posizione di vicino: *la – del mare*; *la – delle vacanze* | *In – di*, nei pressi di: *in – del porto*; CONTR. Lontananza. **2** (*fig.*) Affinità, somiglianza: – *di idee.* **3** *al pl.* Luoghi vicini, zone circostanti: *abitano nelle vicinanze.*

vicinàto *s. m.* **1** Insieme di persone che abitano una stessa casa, rione o quartiere e la zona stessa in cui esse abitano. **2** Insieme di rapporti che intercorrono fra vicini.

viciniòre *agg.* Nel linguaggio burocratico, più vicino, limitrofo: *zone viciniori.*

vicìno **A** *agg.* **1** Che si trova a una distanza relativamente piccola rispetto al punto cui si fa riferimento: *il traguardo è ormai* – | *Essere, sentirsi – a qc.*, partecipare ai suoi sentimenti | Di cose o persone che si trovano a breve distanza l'una dall'altra: *case vicine* | Confinante, detto di paesi: *stati vicini*; CONTR. Lontano. **2** Che è imminente, che sta per giungere, accadere, verificarsi: *la partenza è vicina* | *Essere – a*, stare per: *essere – a partire* | *Essere – ai quaranta*, di persona che ha quasi quarant'anni | Che è accaduto da non molto tempo: *eventi storici ancora troppo vicini a noi*; SIN. Prossimo. **3** (*fig.*) Simile, somigliante: *un colore – al verde.* **B** *s. m.* (*f.* *-a*) Ogni abitante di una casa, di un rione e sim., rispetto a tutti gli altri. **C** *avv.* Non lontano, accanto: *vieni qui* –; *abitiamo* – | *Farsi* –, avvicinarsi | *Da* –, da poca distanza. **D** *nella loc. prep.* – *a* **1** Accanto a: *sta – a tuo padre.* **2** Nei pressi di: *abito – a Napoli.*

vicissitùdine *s. f. spec. al pl.* Vicenda triste, evento sfavorevole.

vìco *s. m.* (*pl.* *-chi*) **1** (*raro, lett.*) Borgo, villaggio. **2** (*dial., mer.*) Vicolo.

vìcolo *s. m.* Via urbana di dimensioni modeste | – *cieco*, senza sbocco; (*fig.*) situazione complessa, senza uscita.

victòria *s. f. inv.* Carrozza scoperta a due posti con quattro ruote, serpa e mantice. [→ ill. *carro e carrozza*]

victòria règia *s. f.* Pianta acquatica delle Policarpali, con enormi foglie inferiormente spinose e grandi fiori profumati. [→ ill. *piante* 4]

vìdeo **A** *s. m.* **1** Tutto ciò che è relativo alla ripresa, trasmissione e ricezione delle immagini televisive | L'immagine stessa. [→ ill. *televisione*] **2** (*elab.*) Videoterminale. **B** *in funzione di agg. inv.* (*posposto al s.*) Relativo alla ripresa, trasmissione e ricezione delle immagini televisive: *informazione* –; *apparecchiature* –.

vìdeo- *primo elemento*: in parole composte scientifiche e tecniche, indica apparecchiature, immagini e sim. usate nei sistemi televisivi di trasmissione: *videocassetta, videoregistratore.*

videocassétta *s. f.* Caricatore contenente una pellicola cinematografica o un nastro magnetico su cui si registrano programmi televisivi riproducibili sullo schermo televisivo.

videocitòfono *s. m.* Citofono collegato a un impianto te-

levisivo a circuito chiuso.
video-clip /*ingl.* 'vidiou klip/ *s. m. inv.* (*pl. ingl. video-clips* /'vidiou klips/) (*mus.*) Breve filmato che, spesso arricchito di immagini suggestive, accompagna l'esecuzione di un brano musicale, spec. a scopo promozionale.
videodìsco *s. m.* (*pl. -schi*) Disco di materia plastica per videoregistrazione.
videofòno *s. m.* (*raro*) Videocitofono | (*raro*) Videotelefono.
videogame /*ingl.* 'vidiou geim/ *s. m. inv.* (*pl. ingl. videogames* /'vidiou geimz/) Videogioco.
videogiòco *s. m.* (*pl. -chi*) Apparecchio elettronico che permette a uno o più giocatori di simulare, mediante vari comandi, sullo schermo di un televisore, vari giochi gener. sportivi | Il gioco stesso. [→ ill. *giochi*]
videolènto *s. m. inv.* Nome commerciale di un sistema di trasmissione televisiva di immagini mediante cavi telefonici alla velocità rallentata che è propria di questi. [→ ill. *telefonia*]
videomusic /*ingl.* vidiou'mju:zik/ *s. f. inv.* Ogni forma di musica diffusa attraverso il sistema dei video-clip.
videonàstro *s. m.* Videotape.
videoregistratóre *s. m.* Apparecchio atto a registrare immagini e programmi televisivi su pellicola, nastro o disco che ne consentano la riproduzione in un televisore. [→ ill. *scuola, televisione*]
videoregistrazióne *s. f.* **1** Registrazione mediante un videoregistratore. **2** Le immagini, il programma televisivo registrati mediante un videoregistratore.
videotape /*ingl.* 'vidiou teip/ *s. m. inv.* (*pl. ingl. videotapes* /'vidiou teips/) **1** Nastro magnetico per videoregistrazione. **2** (*est.*) Videoregistrazione.
videotèca *s. f.* Raccolta di videoregistrazioni | Luogo dove viene conservata tale raccolta.
videotèl *s. m. inv.* Nome italiano del videotex. [→ ill. *telefonia*]
videotelefonia *s. f.* Sistema di comunicazioni televisive mediante cavo telefonico.
videotelèfono *s. m.* Apparecchio telefonico con uno schermo video su cui è visibile l'interlocutore; SIN. Videofono.
videoterminàle *s. m.* Terminale di un elaboratore elettronico, comprendente un cinescopio e gener. una tastiera. [→ ill. *elaborazione elettronica dei dati*]
videotèx *s. m. inv.* Nome commerciale di un sistema telematico che consente di ottenere informazioni varie, orari, notizie e sim. utilizzando, tramite una linea telefonica, un televisore collegato con un computer.
vidiconoscòpio o *acrt. vidicon s. m.* Tubo termoelettrico di ripresa televisiva, usato spec. nelle telecamere industriali.
vidìgrafo *s. m.* Nome commerciale di un apparecchio per la trasmissione di filmati via cavo o via radio. [→ ill. *televisione*]
vidimàre *v. tr.* (*io vìdimo*) Apporre il visto, autenticare.
vidimazióne *s. f.* Convalida, autenticazione di un documento per mezzo di un visto, un bollo, una firma e sim.
viennése *agg.; anche s. m. e f.* Di Vienna.
viepiù o (*lett.*) *vie più, vieppiù avv.* (*lett.*) Sempre più, assai più.
vietàre *v. tr.* (*io vièto*) Ordinare d'autorità che una cosa non si faccia: — *l'ingresso*; *il medico gli ha vietato di fumare*; SIN. Impedire, proibire; CONTR. Permettere.
vietàto *part. pass. di vietare; anche agg.* Che non è concesso: *sosta vietata*; — *fumare*.
vietnamìta *agg.; anche s. m. e f.* (*pl. m. -i*) Del Vietnam. [→ ill. *copricapo*]
vièto *agg.* (*spreg.*) Che è ormai privo di validità, interesse, attrattiva e sim.: *argomenti vieti*; SIN. Inattuale, trito.
vigènte *part. pres. di vigere; anche agg.* Che è in vigore: *legge* —.
vìgere *v. intr.* (*dif. usato solo nelle terze pers. sing. e pl. del pres. vige, vigono; dell'imperf. vigéva, vigévano; del congv. pres. vìga, vigano; del congv. imperf. vigésse, vigéssero; nel gerundio vigèndo e nel part. pres. vigènte*) Essere in vigore, avere forza e autorità, detto di usi, norme, principi e sim.: *qui vige questa legge.*
vigèsimo *agg. num. ord.* (*lett.*) Ventesimo.
vigilànte **A** *part. pres. di vigilare; anche agg.* Che vigila. **B** *s. m. e f.* Addetto alla vigilanza di q.c.
vigilànza *s. f.* **1** Attenta sorveglianza a scopo di controllo | — *speciale*, misura di prevenzione applicabile a persona pericolosa. **2** Cura sollecita, accorta attenzione: *esercitare un'attenta — verso, sui figli.*
vigilàre **A** *v. tr.* (*io vìgilo*) Sottoporre qc. o q.c. ad accurati controlli, ad attenta sorveglianza e sim.: — *i lavori*; — *le persone sospette*; SIN. Sorvegliare. **B** *v. intr.* (*aus. avere*) **1** (*lett.*) Vegliare, star desto. **2** Badare attentamente, provvedere con diligenza e cura: — *che tutto si svolga nel modo dovuto*; *bisogna — all'adempimento delle norme.*
vigilàto **A** *part. pass. di vigilare; anche agg.* Sottoposto a controlli | *Libertà vigilata*, misura di sicurezza restrittiva della libertà personale. **B** *s. m.* (*f. -a*) Persona sottoposta a libertà vigilata.
vigilatóre *s. m.* (*f. -trìce*) Chi vigila.
vigilatrìce *s. f.* Donna che svolge specifici compiti di sorveglianza e controllo | — *scolastica*, assistente sanitaria nella scuola dell'obbligo | — *d'infanzia*, diplomata che opera nelle strutture ospedaliere e nei servizi sociosanitari per l'infanzia.
vìgile **A** *agg.* Che vigila: *l'occhio — della madre.* **B** *s. m.* Chi appartiene a specifici corpi di guardia | — *urbano*, agente di pubblica sicurezza e di polizia giudiziaria cui è affidata la vigilanza nell'applicazione dei regolamenti di polizia urbana | — *del fuoco*, cui è affidata la prevenzione e l'estinzione degli incendi; SIN. Pompiere. [→ ill. *vigili del fuoco*] **C** *s. f.* (*evit. -essa*; V. nota d'uso FEMMINILE) Donna appartenente al corpo dei vigili urbani.
vigìlia *s. f.* **1** (*lett.*) Notte trascorsa senza dormire, veglia: *lunghe vigilie di studio.* **2** Nella liturgia precedente il Concilio Vaticano II, giorno che precede una solennità religiosa, con obbligo di digiuno e di astinenza | Attualmente, giorno di preparazione spirituale a una grande festa, senza obbligo di digiuno e astinenza. **3** (*est.*) Digiuno, astinenza: *osservare, rompere la* —. **4** (*est.*) Giorno che precede un fatto di particolare rilievo: *la — dell'esame, del matrimonio.* **5** Turno di guardia delle sentinelle romane.
vigliaccheria *s. f.* **1** L'essere vigliacco; SIN. Codardia, pusillanimità, viltà. **2** Azione di vigliacco.
vigliàcco **A** *agg.; anche s. m.* (*f. -a; pl. m. -chi*) **1** Detto di chi fugge davanti al pericolo o accetta, senza ribellarsi, ingiustizie, umiliazioni, soperchierie; SIN. Codardo, pusillanime, vile. **2** Detto di chi approfitta della debolezza altrui. **B** *agg.* Di, da vigliacco: *comportamento* —.
vìgna *s. f.* Vigneto | *La — del Signore*, (*fig.*) la Chiesa | *La — di Cristo*, (*fig.*) attività molto redditizia | — *che non fa uva*, (*fig.*) persona di scarsissime capacità.
vignaiòlo *s. m.* (*f. -a*) Chi coltiva una vigna.
vignéto *s. m.* Superficie piuttosto estesa di terreno piantato a vite. [→ ill. *agricoltura*]
vignétta *s. f.* **1** In origine, fregio a forma di foglia o tralcio di vite | In seguito, qualunque genere d'illustrazione. **2** (*est.*) Disegno, spec. satirico o umoristico, con o senza parole.
vignettista *s. m. e f.* (*pl. m. -i*) Chi disegna vignette satiriche.
vigógna *s. f.* **1** Mammifero degli Ungulati, simile al lama, di color giallo rossiccio sul dorso e bianco ventralmente. [→ ill. *animali* 17] **2** Stoffa soffice e calda, tessuta con la lana dell'animale omonimo.
vigóre *s. m.* **1** Forza vitale propria di ogni organismo vivente. **2** (*est., fig.*) Energia, nerbo, potenza, vivacità: *il — dell'ingegno, della mente.* **3** (*dir.*) Efficacia, obbligatorietà, di un atto normativo: — *della legge*; *entrare in* —.
vigorìa *s. f.* Vigore (*spec. fig.*): — *fisica, morale.*
vigorosità *s. f.* L'essere vigoroso.
vigoróso *agg.* Che è pieno di vigore (*anche fig.*): *uomo* —; *ingegno* —; SIN. Energico.
vìle **A** *agg.* **1** (*lett.*) Che costa e vale poco: *merce* — | *A vil prezzo*, a prezzo bassissimo. **2** (*est., lett.*) Misero, meschino | *Avere, tenere a* —, non essere stimato. **3** (*est., fig.*) Basso, spregevole: *sentimenti vili*; *il — denaro.* **4** (*lett.*) Di poveri natali, di oscure origini, di misera condizione sociale: *gente* —; *uomo di — condizione.* **5** (*fig.*) Che fugge dinanzi al pericolo, che ha paura: *popolo* — | (*est.*) Che è dettato dalla paura: *azione* —; SIN. Codardo, pusillanime, vigliacco; CONTR. Valoroso. **B** *s. m.*

e f. Persona vile.

vilipèndere *v. tr.* (*pass. rem. io vilipési, tu vilipendésti; part. pass. vilipéso*) Considerare e trattare con palese disprezzo; SIN. Ingiuriare, offendere.

vilipèndio *s. m.* (*lett.*) Palese disprezzo | (*dir.*) Reato consistente nel mostrare disprezzo per iscritto, oralmente o mediante altri atti materiali verso particolari beni giuridici: – *alla nazione italiana.*

vilipéso *part. pass. di vilipendere; anche agg.* Che è stato fatto oggetto di vilipendio.

villa *s. f.* **1** Casa signorile, spesso fuori città, circondata da ampio giardino o parco. [→ ill. *abitazione, giardino pubblico, spiaggia*] **2** (*est.*) Abitazione cittadina unifamiliare, con giardino, costruita nei quartieri residenziali. [→ ill. *abitazione*] **3** (*lett.*) Campagna, contado.

villàggio *s. m.* **1** Piccolo centro abitato. **2** (*est.*) Complesso edilizio dotato dei servizi propri di un quartiere urbano, costruito su aree cittadine periferiche o nella fascia di territorio che circonda immediatamente una grande città: – *popolare, residenziale*; – *olimpico.*

villanàta *s. f.* Atto, gesto, discorso e sim. da villano.

villanèlla *s. f.* **1** Contadinella. **2** (*letter.*) Canzonetta villereccia, simile allo strambotto, di origine napoletana, diffusa nel sec. XVI. **3** (*mus.*) Canzone a ballo con ritmo

vigili del fuoco

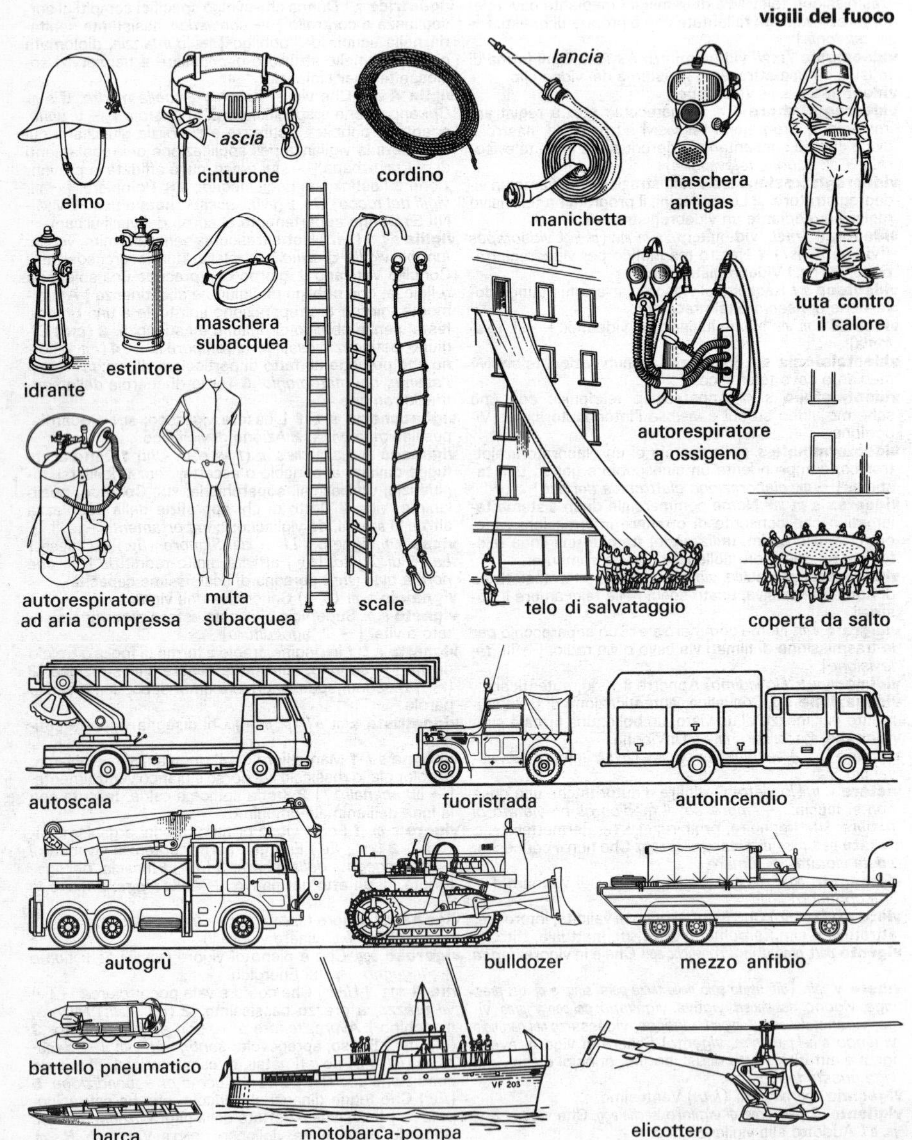

facile.

villanìa *s. f.* **1** L'essere villano; SIN. Maleducazione, scortesia. **2** Atto, discorso e sim. offensivo o ingiurioso; SIN. Sgarbo.

villàno A *s. m.* (*f.* *-a*) **1** Abitante della campagna, contadino | (*spreg.*) — *rifatto, rivestito*, contadino o persona di umili origini che ha raggiunto una buona posizione economica, ma ha conservato modi rozzi. **2** (*est., fig.*) Persona rozza e incivile, priva di educazione; SIN. Zotico. **B** *agg.* Che è rozzo, privo di garbo, di buona creanza: *gente villana*; *modi villani*; SIN. Maleducato, scortese, screanzato, sgarbato. [→ tav. *proverbi* 42, 163, 349]

villanoviàno *agg.* Detto di civiltà preistorica, dell'età del ferro, dell'Italia centro settentrionale.

villanzóne *s. m.* (*f.* *-a*) Chi è oltremodo villano.

villeggiànte *part. pres. di villeggiare; anche s. m. e f.* Chi è o va in villeggiatura.

villeggiàre *v. intr.* (*io villéggio; aus. avere*) Trascorrere un periodo di riposo e svago, spec. durante la stagione estiva, in località adatta: — *al mare, in montagna, sui laghi.*

villeggiatùra *s. f.* Permanenza a scopo di riposo e svago in località adatta | Tempo e luogo in cui si villeggia.

villeréccio *agg.* (*pl. f.* *-ce*) (*lett.*) Campestre, campagnolo.

villétta *s. f.* **1** *Dim. di villa.* **2** Piccola casa con giardino.

vìllico *s. m.* (*f.* *-a; pl. m.* *-ci*) (*lett.*) Abitante del contado | Oggi spec. scherz.; SIN. Contadino.

villìno *s. m.* Villetta.

vìllo *s. m.* **1** (*anat.*) Formazione allungata, prominente | — *intestinale*, prominenza della parete epiteliale dell'intestino con funzioni di assorbimento. **2** (*bot.*) Pelo lungo e morbido di alcuni vegetali.

villosità *s. f.* **1** L'essere villoso. **2** Insieme di villi.

villóso *agg.* **1** (*anat., bot.*) Detto di organo munito di villi. **2** Peloso: *torace* —.

villòtta *s. f.* Canzone a ballo, corale, di carattere popolare, affine alla villanella | Canzone popolare friulana.

viltà *s. f.* **1** L'essere vile; SIN. Codardia, pusillanimità, vigliaccheria. **2** Azione, discorso, comportamento da vile.

vilùcchio *s. m.* Pianta erbacea delle Tubiflorali a sottile rizoma strisciante e fusto rampicante, con fiori solitari e rosei a campanule, infestante i campi seminati. [→ ill. *piante* 12]

vilùppo *s. m.* **1** Intreccio disordinato e confuso di fili, capelli o cose sottili in genere. **2** (*fig.*) Imbroglio, intrico: *un — di complicazioni.*

vìmine *s. m. spec. al pl.* Ramo flessibile di salice che, opportunamente trattato, serve per fare panieri, sedie e sim.: *sedia di vimini*; SIN. Vinco.

vinàccia *s. f.* (*pl.* *-ce*) Insieme di bucce, vinaccioli e graspi dell'uva spremuta, residui della vinificazione, usati per preparare vinelli, distillati, mangime, combustibile.

vinacciòlo *s. m.* Ciascuno dei semi contenuti in un chicco d'uva.

vinàio *s. m.* (*f.* *-a*) **1** Venditore di vino. **2** Oste.

vinàrio *agg.* Di vino: *produzione vinaria* | *Cella vinaria*, locale dell'antica casa romana in cui si serbavano le anfore del vino.

vinavil *s. m.* Nome commerciale di colla sintetica ad alto potere adesivo a base di acetato di polivinile.

vincàia *s. f.* (*raro*) Vincheto.

vincènte *part. pres. di vincere; anche agg. e s. m. e f.* Che (o chi) vince.

vìncere A *v. tr.* (*pres. io vinco, tu vinci; pass. rem. io vìnsi, tu vincésti; part. pass. vinto*) **1** Superare, battere l'avversario in uno scontro armato, una contesa verbale o una competizione pacifica: — *i nemici*; — *qc. in battaglia*; — *qc. al gioco, nel salto*; CONTR. Perdere. **2** Concludere con esito favorevole, positivo: — *la guerra, le elezioni, una gara* | — *una causa*, vedere accolte dal giudice le ragioni e le richieste avanzate a proprio favore in un processo. **3** Conseguire ciò per cui si è lottato, gareggiato, giocato e sim.: — *un posto, una cattedra, una medaglia, il premio Nobel*; — *un terno al lotto.* **4** (*fig.*) Domare, fiaccare, piegare, soggiogare: — *l'ostinazione di qc.*; — *la passione, gli istinti* | — *se stesso*, dominarsi. **5** (*fig.*) Persuadere, detto di parole: *la sua eloquenza ci ha vinto.* **6** (*fig.*) Superare: — *qc. in bellezza*; — *ogni ostacolo.* **B** *v. intr.* (*aus. avere*) Riportare la vittoria su qc.: *lottare per —; vinca il migliore!* | — *sulla carta*, (*fig.*) godere dei favori del pronostico. **C** *v. rifl.* Sopraffare i propri desideri e impulsi: *devi imparare a vincerti.* [→ tav. *proverbi* 64, 109]

vinchéto *s. m.* Luogo umido dove sono coltivati i vimini; SIN. Vincaia.

vincìbile *agg.* Che si può vincere; CONTR. Invincibile.

vìncita *s. f.* **1** Vittoria conseguita al gioco, in una lite e sim.: *una — al poker, al lotto.* **2** Ciò che si vince, spec. in denaro.

vincitóre *s. m.; anche agg.* (*f.* *-trice*) Chi (o che) vince.

vìnco *s. m.* (*pl.* *-chi, poet.* *-ci*) Vimine.

vincolànte *part. pres. di vincolare* (2)*; anche agg.* Che vincola, obbliga: *impegno* —.

vincolàre (1) *agg.* (*mecc.*) Dovuto a vincoli: *reazione* —.

vincolàre (2) *v. tr.* (*io vìncolo*) **1** Impedire o limitare la libertà di movimento di qc. o di q.c. con vincoli, legami: — *le braccia, le gambe.* **2** (*est.*) Assoggettare a vincoli di tempo: — *una somma in banca.* **3** (*fig.*) Obbligare: *la legge vincola i propri destinatari.*

vincolatìvo *agg.* Che è atto a vincolare: *norma vincolativa.*

vincolàto *part. pass. di vincolare* (2)*; anche agg.* Assoggettato, obbligato | *Deposito* —, deposito bancario che il depositante può ritirare solo dopo lo scadere di un termine prefissato.

vincolìstico *agg.* (*pl. m.* *-ci*) *Nella loc. regime* —, complesso di norme giuridiche che disciplinano un settore ponendo una serie di limiti: *regime — dei contratti agrari.*

vìncolo *s. m.* **1** (*raro, lett.*) Laccio, legame, catena. **2** (*mecc.*) Limitazione alla mobilità dei punti di un corpo solido. **3** (*fig.*) Obbligo di natura morale o giuridica: *i vincoli della legge.* **4** Rapporto di natura morale, affettiva, sociale e sim. che lega reciprocamente due o più persone: *i vincoli del sangue.*

vìndice *agg.; anche s. m. e f.* (*lett.*) Che (o chi) vendica, rivendica, riscatta (*spec. fig.*): *la — spada*; *essere il — degli oppressi.*

vinèllo *s. m.* **1** Vino leggero e di gusto gradevole. **2** Prodotto ottenuto dalla fermentazione delle vinacce vergini di uva fresca macerate in acqua; SIN. Mezzo vino.

vinìcolo *agg.* Che riguarda la produzione e la conservazione del vino.

vinificàre *v. intr.* (*io vinìfico, tu vinìfichi; aus. avere*) Fare il vino.

vinificazióne *s. f.* **1** Trasformazione del mosto in vino. **2** Complesso di operazioni con le quali si ricava il vino dall'uva.

vinìle *s. m.* (*chim.*) Radicale derivato dall'etilene per perdita di un atomo d'idrogeno | *Cloruro di* —, gas incoloro che polimerizza per dare resine viniliche.

vinìlico *agg.* (*pl. m.* *-ci*) Di vinile | *Resina vinilica*, materia plastica ottenuta per polimerizzazione di sostanze contenenti vinile.

vìno *s. m.* **1** Bevanda alcolica ottenuta dalla fermentazione del mosto d'uva, per lo più in presenza di vinacce: — *rosso, bianco*; — *da pasto, da dessert*; — *secco, asciutto, dolce* | — *passito*, fatto con uva passa | — *cotto*, denso e liquoroso, di colore mattone, ottenuto con successive concentrazioni del mosto e fatto poi fermentare | — *brûlé*, vino solitamente rosso, bollito con spezie e zucchero, che si beve caldo | — *fatturato*, alterato nella composizione per l'aggiunta di sostanze estranee | — *artefatto*, ottenuto con materie diverse dall'uva | *Mezzo* —, vinello | (*fig.*) *Dire pane al pane e — al* —, dire apertamente quello che si pensa. [→ ill. *stoviglie, vino*] **2** Bevanda alcolica, più o meno simile al vino, ottenuta per fermentazione di frutti diversi dall'uva: — *di pera* | — *di mele*, sidro. **3** (*fig.*) Ubriachezza: *i fumi del —*; *smaltire il* —. [→ tav. *proverbi* 34, 38, 173]

vinóso *agg.* **1** Che concerne il vino: *fermentazione vinosa* | *Uve vinose*, molto ricche di mosto. **2** Di qualità simile a quella del vino: *sapore* —. **3** Che sa di vino: *fiato* —.

vinsànto o *vin sànto* *s. m.* Vino aromatico, ad alta gradazione alcolica, fatto con uva bianca appassita.

vìnto A *part. pass. di vincere; anche agg.* **1** Sconfitto, superato: *popolo* —. **2** Concluso con esito favorevole: *battaglia, causa vinta.* **3** Domato | Persuaso a cedere | *Darsi per* —, cedere, arrendersi | *Non darsi per* —, continuare a lottare | *Darla vinta a qc.*, cedere alle sue richieste | *Darle tutte vinte a qc.*, non negargli mai nulla.

produzione e conservazione del vino

1 vite 2 madrevite 3 gabbia 4 zaffo 5 cerchio 6 doga 7 çannella 8 sedile 9 impagliatura 10 collo 11 fondo 12 sciampagnotta 13 borgognona 14 renana 15 bordolese

B *s. m.* (*f. -a, raro*) Chi è stato vinto: *una guerra senza vincitori né vinti.*

viòla (1) ***A*** *s. f.* Pianta erbacea delle Parietali con fiori variamente colorati e frutto a capsula | – *del pensiero*, con foglie inferiori cuoriformi e superiori allungate, coltivata per i fiori violetti, gialli e bianchi, molto grandi; SIN. Pensée | – *mammola*, con foglie cuoriformi crenate, fiori odorosi, violetti, spontanea nei boschi e lungo le siepi. [→ ill. *piante* 5] ***B*** *in funzione di agg. inv.* Che ha un colore intermedio fra il turchino e il rosso. ***C*** *in funzione di s. m. inv.* Il colore viola. (V. nota d'uso ACCENTO)

viòla (2) *s. f.* Strumento musicale a corda e ad arco, alla cui famiglia appartengono il violino, il violoncello e il contrabbasso, dei quali è molto più antico, con numero di corde variabili | – *da gamba*, a sei corde, che si suonava appoggiandola a terra | – *da braccio*, di forma e dimensioni analoghe a quelle del violino | – *d'amore*, con sette corde melodiche, e, sotto la tastiera, sette corde di risonanza. [→ ill. *strumenti musicali*]

violaciòcca *s. f.* Pianta erbacea delle Papaverali spontanea e ornamentale per i fiori purpurei o violacei in grappoli, assai profumati. [→ ill. *piante* 5]

Violàcee *s. f. pl.* Famiglia di piante delle Parietali con fiori a cinque petali ineguali. [→ ill. *piante* 5]

violàceo ***A*** *agg.* Che è di colore viola o tendente al viola. ***B*** *s. m.* Il colore violaceo.

violàre *v. tr.* (*io vìolo*) ***1*** Non osservare o non rispettare le disposizioni di una qualunque fonte di obblighi giuridici, morali, sociali e sim., contravvenendo agli obblighi che ne derivano: – *la legge, i precetti divini, le norme di buona creanza*; – *un patto, un giuramento, una promessa* | – *il segreto epistolare*, aprire e leggere la corrispondenza diretta ad altri; SIN. Trasgredire. ***2*** Costringere altri a subire la propria forza, iniziativa e sim.: – *la neutralità di un Paese* | Profanare: – *un sepolcro, una chiesa.*

violazióne *s. f.* ***1*** Inosservanza, trasgressione di una norma, un obbligo, un impegno e sim.: – *della tregua, dei patti.* ***2*** Imposizione della propria forza, iniziativa e sim. contro qc. o q.c. | – *di domicilio*, reato di chi si introduce, senza esservi autorizzato, in casa d'altri | Profanazione.

violentàre *v. tr.* (*io violènto*) Costringere con la violenza: – *una persona*; – *la coscienza di qc.* | – *una donna*, imporle un rapporto sessuale con la violenza.

violènto ***A*** *agg.* ***1*** Che è solito abusare della propria forza fisica, spec. in modo incontrollato e impulsivo. ***2*** Che è proprio delle persone violente: *indole violenta.* ● SIN. Aggressivo, brutale. ***3*** Che si fonda sull'uso sistematico della forza fisica e delle armi: *politica, ideologia violenta.* ***4*** Che avviene o si manifesta con impeto furioso, con indomabile forza: *una violenta rivolta popolare*; *uragano* –. ***5*** Molto energico, irruente, aggressivo: *una violenta presa di posizione.* ***6*** (*fig.*) Detto di tutto ciò che è particolarmente forte, carico, intenso e sim.: *urto, impatto, scossone* –; *tinta violenta.* ***B*** *s. m.* (*f. -a*) Chi è solito abusare della propria forza fisica, spec. in modo incontrollato e impulsivo.

violènza *s. f.* ***1*** L'essere violento; SIN. Aggressività, brutalità. ***2*** Azione violenta: *far uso della* –; *ricorrere alla* –; *subire una* – | *Dolce, amorevole* –, insistenza gentile, che costringe a fare q.c. | *Non* –, in politica, resistenza passiva attuata spec. mediante forme di disubbidienza civile | – *carnale*, reato di chi impone ad altri un rapporto sessuale con la violenza | *Usare* – *a qc.*, sottoporre a violenza carnale | – *privata*, reato di chi costringe altri a fare o non fare q.c.

violétta *s. f.* ***1*** *Dim. di viola* (1). ***2*** Viola mammola.

violétto ***A*** *s. m.* ***1*** Colore intermedio fra il turchino e il rosso. ***2*** Sostanza colorante che tinge di violetto: – *di metile, di cobalto.* ***B*** *agg.* Che è di color violetto; *cielo* –; *nube violetta.*

violinista *s. m. e f.* (*pl. m. -i*) Chi suona il violino.

violinìstico *agg.* (*pl. m. -ci*) Che si riferisce al violino o ai violinisti.

violìno *s. m.* ***1*** Strumento musicale della famiglia delle viole, il più acuto e piccolo di tale famiglia, dotato di quattro corde e accordato per quinte. [→ ill. *strumenti musicali*] ***2*** Chi, in un'orchestra, suona il violino | – *di spalla*, primo violinista di un'orchestra. ***3*** (*fig., fam., scherz.*) Prosciutto.

violista *s. m. e f.* (*pl. m. -i*) Chi suona la viola.

violoncellista *s. m. e f.* (*pl. m. -i*) Chi suona il violoncello.

violoncèllo *s. m.* ***1*** Strumento musicale appartenente alla famiglia delle viole, con estensione fonica intermedia fra quella della viola e del contrabbasso. [→ ill. *strumenti musicali*] ***2*** Chi, in un'orchestra, suona il violoncello.

viòttola *s. f.* Via stretta di campagna | Sentiero fra i campi.

viòttolo *s. m.* Viottola.

vip /vip/ *s. m. e f. inv.* Persona che gode di notorietà e prestigio (vc. inglese, da *v*(*ery*) *i*(*mportant*) *p*(*erson*) 'personaggio veramente importante').

vìpera *s. f.* ***1*** Serpente velenoso con testa triangolare distinta dal corpo cilindrico terminante con una coda sottile: – *comune* | – *dal corno*, con un cornetto molle all'apice del muso | – *del deserto*, più grossa della vipera comune, con grandi macchie sul dorso, vive in Africa e in Arabia. [→ ill. *animali* 7] ***2*** (*fig.*) Persona velenosa, che sa cogliere ogni occasione per danneggiare, offendere, umiliare o che reagisce con rabbia alla minima provocazione.

viperìno *agg.* ***1*** Di vipera. ***2*** (*fig.*) Malvagio, iroso e velenoso come una vipera: *lingua viperina.*

vìpla *s. f.* Nome commerciale di materia plastica polivinilica, usata per rivestimenti, tendaggi, pavimentazioni e per la fabbricazione di oggetti vari.

viràggio *s. m.* ***1*** (*mar.*) Viramento | (*aer.*) Virata. ***2*** (*chim.*) Mutamento di colore di una soluzione. ***3*** (*fot.*) Nelle stampe in bianco e nero, procedimento per trasformare le tonalità dei colori.

viràgo *s. f.* (*pl. viràgini*) ***1*** Donna d'animo e robustezza virile. ***2*** (*est., scherz.*) Donna mascolina e sgraziata.

viràle *agg.* (*med.*) Di virus | Dovuto a virus: *epatite* –.

viraménto *s. m.* (*mar.*) Virata; SIN. Viraggio.

viràre ***A*** *v. tr.* (*mar.*) Far ruotare, girare: – *l'argano.* ***B*** *v. intr.* (*aus. avere*) ***1*** (*mar.*) Invertire la rotta: – *di bordo.* ***2*** (*aer.*) Percorrere una curva verso destra o verso sinistra, rispetto al pilota, detto di aerei. ***3*** Nel nuoto, eseguire la virata. ***4*** (*chim.*) Subire il viraggio.

viràta *s. f.* ***1*** (*mar., aer.*) Inversione, cambiamento di rotta; SIN. Viraggio | (*fig.*) Inversione di tendenza. ***2*** (*sport*) Nel nuoto, inversione di direzione eseguita dal nuotatore dopo aver toccato il bordo della piscina.

virènte *agg.* (*poet.*) Verdeggiante.

virginàle (1) V. *verginale.*

virginàle (2) *s. f.* Spinetta di forma quadrata molto in uso in Inghilterra durante il regno di Elisabetta I.

virgìneo o *vergìneo agg.* (*lett.*) Verginale.

virginia ***A*** *s. m. inv.* ***1*** Tipo di tabacco originario della Virginia. ***2*** Sigaro con pagliuzza nell'interno, in origine confezionato con tabacco della Virginia. [→ ill. *fumatore*] ***B*** *anche agg. inv.*: *tabacco* –. ***C*** *s. f. inv.* Tipo di sigaretta confezionata con tabacco Virginia.

virginità V. *verginità.*

vìrgola ***A*** *s. f.* ***1*** Segno grafico della più breve pausa | *Non cambiare, non modificare, non togliere neanche una* –, lasciare intatto uno scritto. La *virgola* indica la più breve delle pause. In linea di massima *non* si deve mai porre la virgola tra soggetto e predicato o tra il predicato e l'oggetto. Gli impieghi della virgola sono numerosi e complessi e spesso dipendono da una scelta soggettiva di chi scrive. Di regola la virgola è usata: per separare i singoli termini di un elenco: *ho comperato pane, latte, uova e burro.* ATTENZIONE: se gli elementi che compongono l'elenco sono lunghi o contengono altre virgole al loro interno, sarà meglio usare il punto e virgola (V. nota d'uso PUNTO): *Ecco la mia giornata: mi alzo verso le sette; alle otto, se tutto va bene, sono al lavoro; all'una mangio qualcosa;* ecc.; per separare varie proposizioni fra loro, specialmente in una struttura di una certa complessità: *la giornata si presentava fredda e piovosa, pertanto fummo costretti a cambiare i nostri programmi;* nelle frasi incidentali: *Chi è arrivato in ritardo, se non mi sbaglio, è stato lui.* In questo caso la virgola si presenta in coppia, all'inizio e alla fine dell'inciso. Fra i molti altri, ricordiamo l'uso della virgola per isolare un'apposizione (*la capitale della Romania, Bucarest*), per evidenziare una frase secondaria o una locuzione all'inizio di un periodo (*In ultima analisi, è lei ad* *aver ragione*), per isolare un vocativo, un'esclamazione e sim. (*Ma Carlo, come ti permetti?; Ah, che spettacolo!*). (v. nota d'uso PUNTEGGIATURA) **2** (*mat.*) Segno che separa la parte intera da quella decimale, in un numero decimale. **3** Ciocca di capelli acconciata a virgola. [→ ill. *acconciatura*] **B** *in funzione di agg. inv.* (*posposto al s.*) *Nella loc. bacillo* —, vibrione del colera.

virgolétta *s. f.* **1** *Dim. di virgola.* **2** *al pl.* Segno ortografico che si usa prima e dopo un passo o una parola quando si riporta un discorso diretto o una citazione, o per dare rilievo a un vocabolo | *Tra virgolette*, chiuso tra virgolette; (*fig.*) messo in evidenza, usato in un particolare significato. Le virgolette servono a delimitare un discorso diretto o una citazione: *Esclamò: "Vattene!"*; *Come dice l'art. 39 della Costituzione: "L'organizzazione sindacale è libera"*. Le virgolette sono spesso usate per evidenziare il significato di una parola, soprattutto se inserita in un contesto diverso dal solito, o per indicare espressioni figurate e gergali o anche per marcare una connotazione ironica: *aspro confronto tra "falchi" e "colombe"*; *la scelta di un determinato "registro" linguistico*; *una prosa alquanto "anemica"*; *il "pranzo" consisteva in un piatto di patate*. (v. nota d'uso PUNTEGGIATURA)

virgolettàre *v. tr.* (*io virgolétto*) Chiudere tra virgolette: — *una citazione*.

virgùlto *s. m.* **1** Germoglio, pollone di piante | Pianta giovane. **2** (*fig.*, *lett.*) Giovane rampollo di una famiglia.

virìle *agg.* **1** Che è proprio dell'uomo in quanto maschio: *sesso, aspetto* — | (*est.*) Da uomo, da maschio: *atteggiamenti virili*. **2** Che è proprio dell'uomo adulto: *saggezza* —; *coraggio* —. **3** (*est.*, *fig.*) Che è proprio di persona forte, equilibrata e sicura di sé: *comportamento dignitoso e* —.

virilìsmo *s. m.* (*med.*) Comparsa nella donna di caratteri morfologici e funzionali propri del maschio.

virilità *s. f.* **1** Epoca della vita d'un uomo della piena maturità delle forze. **2** L'essere virile: — *di propositi*.

virilizzàre **A** *v. tr.* Rendere virile (*spec. fig.*). **B** *v. intr. pron.* Assumere caratteri, spec. fisici, propri del maschio.

virilòide *agg.* Detto di donna con tendenza al virilismo.

virogènesi *s. f.* (*biol.*) Processo di moltiplicazione dei virus.

virologìa *s. f.* Branca della biologia e della medicina che studia i virus, le malattie da essi provocate e i mezzi per combatterle.

viròlogo *s. m.* (*f.* -*a*; *pl. m.* -*gi*) Studioso di virologia.

viròsi *s. f.* Malattia da virus.

virtù *s. f.* **1** Amore attivo del bene che induce l'uomo a perseguirlo e a praticarlo costantemente: — *civile* | — *naturale*, — *morale*, costante disposizione dell'anima a fare il bene | — *cardinali*, prudenza, giustizia, fortezza e temperanza | — *teologali*, fede, speranza e carità | — *eroica*, ogni virtù teologale o cardinale che attribuisce la santità. **2** (*est.*) Qualità positiva, pregio, dote: *avere la — della discrezione* | (*lett.*) Abilità, preziosità: — *di scrittore*. ● CONTR. Vizio. **3** (*est.*) Forza d'animo, energia morale, per cui l'uomo persegue lo scopo che si è proposto, superando ogni difficoltà | Valore militare: *combattere con grande* —. **4** Facoltà, potenza: *la — del libero arbitrio*. **5** Qualità intrinseca per cui q.c. è adatto alla realizzazione di uno specifico fine: *la — di una preghiera, di un'iniziativa*; *le — medicinali di una pianta* | *In, per — di*, in forza di, grazie a.

virtuàle *agg.* **1** (*filos.*) Che esiste solo in potenza e non è ancora in atto. **2** (*est.*) Detto di tutto ciò che può avere, ma non ha, realizzazione o manifestazione concreta: *proprietà virtuali*. **3** (*fis.*) Detto di spostamento o lavoro possibile, cioè compatibile con i vincoli, immaginato ma non effettuato. **4** (*fis.*) Detto di punto o immagine nel quale non convergono, ma dal quale sembrano provenire, i raggi luminosi.

virtualità *s. f.* L'essere virtuale.

virtuosìsmo *s. m.* **1** Perfezione tecnica di un artista, spec. musicista o cantante. **2** (*est.*, *spreg.*) Esibizione non richiesta della propria abilità tecnica, sfoggiata da artisti o atleti per ottenere applausi: *virtuosismi inutili*. **3** (*fig.*) Estrema abilità nel superare difficoltà d'ogni genere: — *politico*.

virtuosità *s. f.* Qualità di virtuoso.

virtuóso **A** *agg.* **1** Che pratica il bene, la virtù. **2** Che si fonda sulla virtù: *vita virtuosa*. ● CONTR. Vizioso. **B** *s. m.* (*f.* -*a*) **1** Chi pratica il bene, la virtù. **2** Chi conosce perfettamente un'arte, una scienza e sim., ed è in grado di usarne con assoluta padronanza tutti i mezzi tecnici inerenti: *un — del violino, del pennello*.

virulènto *agg.* **1** Dotato di virulenza: *infezione virulenta*. **2** (*fig.*) Che è pieno di violenza, rabbia, rancore: *attacchi virulenti*.

virulènza *s. f.* **1** (*biol.*) Capacità di un germe di impiantarsi in un organismo e di riprodursi, provocando uno stato di malattia. **2** (*fig.*) L'essere rabbioso, virulento: — *del linguaggio*.

vìrus *s. m.* (*biol.*) Agente infettivo di dimensioni submicroscopiche, filtrabile attraverso le membrane impermeabili ai comuni batteri, che vive e si riproduce all'interno di cellule viventi.

visagìsta *s. m. e f.* (*pl. m.* -*i*) Estetista specializzato nelle cure di bellezza e nel trucco del viso.

vis-à-vis /*fr.* viz a 'vi/ *loc. avv.* A faccia a faccia, di fronte: *star seduti* —.

visceràle *agg.* **1** Dei visceri: *dolori viscerali*. **2** (*fig.*) Istintivo, irrazionale: *amore* —.

vìscere *s. m.* (*pl. visceri m.*, nel sign. 1, *viscere f.*, nei sign. 2, 3, 4, 5) **1** (*anat.*) Ogni organo interno del corpo: *visceri addominali*. **2** *al pl.* Interiora di un animale ucciso: *le viscere fumanti delle vittime*. **3** *al pl.* (*est.*, *lett.*) Utero, grembo: *le viscere materne*. **4** *al pl.* (*raro*, *fig.*) Sentimento, sensibilità: *amare qc. con viscere di madre*. **5** *al pl.* (*fig.*) Parte più interna o più profonda di q.c.: *le viscere della terra*.

vìschio *s. m.* **1** Pianta arbustiva sempreverde delle Santalali parassita di diversi alberi, con foglie cuoiose e frutti a bacca bianchi, globosi e appiccicaticci | — *quercino*, parassita delle querce usato per preparare la pania. [→ ill. *piante* 3] **2** Pania.

vischiosità *s. f.* **1** L'essere vischioso. **2** (*fis.*, *chim.*) Viscosità. **3** (*econ.*) Resistenza dei prezzi a variare malgrado la modificazione di alcuni elementi del mercato | (*est.*) Tendenza a non modificare le proprie abitudini.

vischióso *agg.* **1** Che è tenace e attaccaticcio come il vischio: *liquido* —. **2** (*fis.*, *chim.*) Viscoso.

viscidità *s. f.* L'essere viscido.

vìscido *agg.* **1** Che è denso, gelatinoso e scivoloso: *sostanza viscida*. **2** Che, al tatto, è sgradevolmente molle e scivoloso: *una viscida lumaca*. **3** Che sfugge, che ha modi subdoli ed equivoci: *individuo* —.

viscidùme *s. m.* (*spreg.*) Insieme di cose o sostanze viscide.

vìsciola *s. f.* (*bot.*) Amarena.

vìsciolo *s. m.* (*bot.*) Amareno.

vis comica /*lat.* vis 'kɔmika/ *loc. sost. f. inv.* Comicità particolarmente arguta ed efficace.

viscónte *s. m.* (*f.* -*éssa*) Titolo nobiliare immediatamente inferiore al conte | (*est.*) Chi è insignito di tale titolo.

viscontèa *s. f.* **1** Giurisdizione del visconte. **2** Territorio sottoposto a tale giurisdizione.

viscontèo *agg.* Di visconte.

viscontéssa *s. f.* **1** Moglie del visconte. **2** Signora di una viscontea.

viscósa *s. f.* Sostanza ottenuta per soluzione di cellulosa in solfuro di carbonio e soda caustica | *Processo alla* —, metodo di fabbricazione del raion.

viscosìmetro *s. m.* Strumento di misura della viscosità di un liquido. [→ ill. *fisica*]

viscosità o *vischiosità* *s. f.* **1** (*fis.*, *chim.*) Attrito tra le diverse molecole dei gas o dei liquidi che ne limita la mobilità e la fluidità. **2** (*fig.*) Il trascinarsi per inerzia di un fenomeno, una situazione: *la — dell'attuale momento politico*. ● CONTR. Fluidità.

viscóso o *vischióso* *agg.* (*fis.*, *chim.*) Detto di liquido o gas con notevole viscosità; CONTR. Fluido.

visétto *s. m.* **1** *Dim. di viso.* **2** Viso grazioso, gentile e ridente.

visìbile *agg.* **1** Che si può vedere, percepire con la vista: *oggetti visibili* | — *a occhio nudo*, detto di ciò che può essere visto da un occhio normale, senza uso di particolari strumenti ottici; CONTR. Invisibile. **2** (*est.*) Chiaro, manifesto: *una — angoscia*; SIN. Palese.

visibìlio *s. m. solo sing.* **1** (*fam.*) Gran numero di persone, gran quantità di cose: *un — di gente*. **2** *Nella loc. andare* in —, entusiasmarsi, andare in estasi.

visibilità *s. f.* Possibilità di vedere, distinguere, riconoscere gli oggetti in relazione alle condizioni di luce e di trasparenza dell'atmosfera.

visièra *s. f.* **1** Nelle antiche armature, parte dell'elmo che copriva il viso. **2** Buffa o cappuccio della cappa di confraternite e sim. **3** (*raro*) Maschera dello schermidore. **4** Breve tesa a mezzaluna nei berretti militari, sportivi, o di altre uniformi.

visionàre *v. tr.* (*io visióno*) **1** Vedere un film, spec. per scopi tecnici, da parte di persone specializzate. **2** (*est.*) Esaminare con attenzione.

visionàrio A *agg.; anche s. m.* (*f. -a*) **1** Detto di chi nell'esperienza religiosa ha visioni. **2** (*psicol.*) Detto di chi ha allucinazioni visive. **3** (*fig.*) Detto di chi segue le visioni della propria fantasia o interpreta in modo personale e fantastico la realtà. **B** *agg.* Da visionario: *politica visionaria.*

visióne *s. f.* **1** Processo percettivo, di cui è tramite il senso della vista, per mezzo del quale si ha la conoscenza del mondo esterno. **2** Atto del vedere, vista, esame | *Prendere — di q.c.*, esaminarla | *Dare, porgere — di q.c.*, presentarla a qc. perché la veda, la esamini | *Prima, seconda —*, prima o seconda presentazione al pubblico di un film | *Cinema di prima, seconda —*, (*est.*) sala cinematografica in cui si proiettano film di prima o di seconda visione. **3** (*est.*) Idea, concetto, quadro: *farsi una chiara — degli avvenimenti.* **4** (*est.*) Scena, spettacolo che colpisce in modo particolare: *una — orrenda, terribile, allucinante.* **5** Nell'esperienza religiosa, il percepire visivamente realtà soprannaturali: *le visioni di San Paolo* | Apparizione di persona, di immagine o di realtà, appartenente al mondo divino: *— della Madonna.* **6** (*est.*) Percezione visiva di eventi che, pur non essendo in sé reali, traggono origine dalla realtà e possono divenire reali: *le visioni di Cassandra.* **7** (*est.*) Allucinazione, sogno, fantasia: *avere delle visioni*; *visioni notturne.*

visìr *s. m.* Nell'impero ottomano, dapprima rappresentante del governo e, in seguito, ministro | *Gran —*, primo ministro.

vìsita *s. f.* **1** Atto, circostanza del recarsi e del trattenersi presso qc. o in un luogo, per vari motivi: *— di ringraziamento*; *fare una — a qc.*; *far — a un amico*; *fare un giro di visite nei musei* | *— pastorale*, obbligo canonico, cui sono tenuti i vescovi, di visitare tutte le parrocchie della loro diocesi, per controllarne l'attività. **2** (*med.*) Esame medico dei vari organi e apparati: *— medica*; *— specialistica* | *— di controllo*, fatta per controllare lo stato generale dell'organismo | *Passare la —*, sottoporsi a visita medica | *Marcar —*, nel gergo militare, chiedere una visita medica dichiarandosi ammalato. **3** Ispezione: *— alle carceri* | *— doganale*, per accertare la presenza o meno di merci sottoposte a dogana | Perquisizione: *— delle navi mercantili.*

visitàre *v. tr.* (*io vìsito*) **1** Andare presso qc. e intrattenersi con lui per amicizia, cortesia, dovere e sim.: *— un amico*; *— qc. per congratularsi.* **2** Sottoporre a esame medico: *— un malato* | ass. Fare visite mediche: *oggi il dottore non visita.* **3** Andare in un luogo e trattenervisi più o meno a lungo, per motivi di svago, lavoro, studio, preghiera e sim.: *— una città, una fabbrica, un museo.* **4** (*raro*) Controllare, ispezionare: *— il deposito bagagli.*

visitatóre *s. m.* (*f. -trice*) **1** Chi si reca in visita presso qc.: *un — degli infermi.* **2** Chi visita musei, gallerie, monumenti e sim. **3** *— apostolico*, ecclesiastico che, per incarico della S. Sede, visita e ispeziona istituti religiosi, seminari e diocesi.

visitazióne *s. f.* **1** Visita. **2** Visita fatta da Maria Vergine a Elisabetta e festa commemorativa di essa, il 2 luglio.

visìvo *agg.* Della vista: *organi visivi* | *Memoria visiva*, in grado di ricordare particolarmente il luogo o il contesto in cui una data cosa fu vista.

vìso *s. m.* **1** Parte anteriore della testa dell'uomo, in cui hanno sede gli organi della vista, dell'olfatto e della parola | *— pallido*, uomo bianco, secondo un'espressione usata dai pellirosse | *Guardarsi in —*, fissarsi l'un altro | *— a —, a — a —*, faccia a faccia | *Non guardare in — qc.*, (*fig.*) non curarsene | (*fig.*) *Dire q.c. sul — a qc.*, dirgliela senza alcun riguardo | (*fig.*) *A — aperto*, con franchezza e coraggio. **2** (*est.*) Espressione del volto: *— allegro, sorridente* | (*fig.*) *Fare il — duro*, mostrare la massima severità, intransigenza e sim. | *Fare buon — a qc.*, dimostrare di gradirne l'arrivo. [→ tav. *proverbi* 33]

visóne *s. m.* **1** Mammifero dei Carnivori, molto amante dell'acqua, con pelliccia assai pregiata. [→ ill. *animali* 20] **2** Pelliccia dell'animale omonimo.

visonétto *s. m.* Pelliccia che imita il visone.

visóre *s. m.* **1** (*fot.*) Dispositivo con lente di ingrandimento per osservare in trasparenza le negative e le diapositive. [→ ill. *fotografo*] **2** Mirino, spec. di telecamera.

vìspo *agg.* Che è pronto, svelto, brioso e vivace sia nel fisico che nei modi.

vissùto A *part. pass. di vivere; anche agg.* **1** Trascorso vivendo: *gli anni vissuti a Roma.* **2** Che è ricco di esperienze sia positive che negative: *uomo —* | *Donna vissuta*, che ha avuto molte esperienze sentimentali. **B** *s. m.* Tutto ciò che, appartenendo a un'esperienza precedente, è presente in modo vivo nella coscienza individuale o collettiva: *il — familiare, sociale.*

vìsta *s. f.* **1** Facoltà di vedere, capacità visiva dell'occhio: *la — è uno dei cinque sensi* | *Occhiali da —*, per chi non vede perfettamente | *Avere la — corta*, vederci poco (*anche fig.*) | *Avere la — lunga*, vedere bene e lontano (*anche fig.*) | *Perdere la —*, diventare cieco | *Sottrarsi alla — di qc.*, nascondersi | *Essere fuori di —*, di ciò che è troppo lontano per essere visto a occhio nudo | *A prima —*, alla prima occhiata, (*fig.*) in modo superficiale | *Di —*, superficialmente: *conoscere qc. di —* | *Perdere di — qc.*, non vederlo più | *In —*, detto di ciò che è esposto alla vista di tutti; (*est.*) di persone, ambienti e sim. che godono di grande notorietà: *oggetto in —*; *collocare q.c. bene in —*; *una personalità molto in —* | *Essere in —*, essere visibile; (*fig.*) essere molto noto; (*fig.*) essere vicino nello spazio; (*fig.*) essere vicino nel tempo, prossimo: *sono in — gravi scioperi* | *In — di*, nei pressi di; (*fig.*) in considerazione di: *si fermarono in — della città*; *in — di ciò, rimandiamo la partenza* | *Guardare a —*, tenere continuamente d'occhio | *Sparare a —*, senza preavviso | *A —*, nel linguaggio commerciale e bancario, alla presentazione: *titolo di credito pagabile a —* | *Avere in — q.c.*, (*fig.*) prevedere di ottenerla, di raggiungerla. **2** Possibilità di vedere e ambito materiale entro cui l'occhio può percepire la realtà: *impedire la — di q.c.* | (*raro*) Luce, finestra, apertura che consente di vedere. [→ ill. *armi, automobile*] **3** Panorama, scena, spettacolo e sim. che si vede: *dalla finestra si gode una splendida —.* **4** Aspetto, apparenza | *Far — di, far le viste di*, fingere: *far — di piangere.*

vistàre *v. tr.* Apporre il visto, munire di visto: *— il passaporto.*

vìsto *s. m.* Firma di approvazione di un'autorità superiore su un atto di una autorità inferiore | (*gener.*) Firma di approvazione o presa visione di un'autorità competente: *il — del presidente* | *— consolare*, mediante il quale il console di uno Stato attribuisce al passaporto di uno straniero una determinata validità rispetto al proprio Stato.

vistosità *s. f.* L'essere vistoso.

vistóso *agg.* **1** Che dà nell'occhio, che è molto appariscente: *abito, colore —*; SIN. Chiassoso, sgargiante. **2** (*fig.*) Notevole, considerevole, ingente: *vincita vistosa.*

visuàle A *agg.* Della vista | *Angolo —*, formato nell'occhio dai raggi che partono dalle estremità di un oggetto; (*fig.*) punto di vista. **B** *s. f.* **1** Veduta, panorama: *una bella —*; *coprire la —.* **2** (*fis.*) Linea retta che idealmente congiunge l'occhio dell'osservatore con l'oggetto osservato.

visualizzàre *v. tr.* Rendere visibile q.c. che per sua natura non lo è | Rappresentare con immagini: *— un fenomeno con grafici.*

visualizzatóre *s. m.* Dispositivo di uscita di un elaboratore elettronico.

visualizzazióne *s. f.* Atto del visualizzare | Rappresentazione per mezzo di immagini.

visus /*lat.* 'vizus/ *s. m. inv.* Capacità visiva dell'occhio.

vìta (1) *s. f.* **1** (*biol.*) Complesso delle proprietà quali la nutrizione, la respirazione e la riproduzione, che caratterizzano la materia vivente: — *animale, vegetale*; — *vegetativa, sensitiva* | (*gener.*) Condizione, stato di ciò che vive: *il poveretto non dà segno di* — | *Venire alla* —, nascere | *Dare la — a qc.*, procrearlo | *Ridar la — a qc.*, (*fig.*) aiutarlo a superare un momento difficile | *Dar — a q.c.*, esserne il creatore | *Esser in fin di* —, sul punto di morire | *Perdere la* —, morire | *Privare della* —, uccidere | *Togliersi la* —, uccidersi | *Essere uniti per la — e per la morte*, per sempre, nelle vicende liete o tristi | *Dare la — per q.c.*, dedicarvi tutte le proprie energie | *Vender cara la* —, battersi impavidamente prima di soccombere | *Ne va della* —, è in gioco la vita | *O la borsa o la* —, intimazione di rapinatori | *Pena la* —, sotto pena di morte | *Far grazia della* —, graziare un condannato a morte | *Render la — difficile a qc.*, ostacolarlo in ogni modo; CONTR. Morte. ***2*** Spazio di tempo compreso tra la nascita e la morte; (*est.*) tempo che resta da vivere: *le diverse età della — dell'uomo* | *A* —, per tutta la durata della vita: *senatore a* — | — *natural durante*, per tutta la vita (*anche scherz.*) | *L'altra* —, la vita eterna | *Passare a miglior* —, morire | — *media*, di una popolazione, numero che si ottiene facendo la media delle età in cui gli individui che la compongono sono morti. ***3*** Modo di vivere: — *civile, primitiva, selvaggia, solitaria* | — *di relazione*, quella dell'uomo in quanto si svolge in una società | — *pubblica*, dell'individuo in quanto partecipa al governo dello Stato | — *privata*, del cittadino che non si occupa attivamente di politica | *Fare una bella* —, vivere comodamente, senza preoccupazioni | *Fare la bella* —, essere dedito ai piaceri mondani | *Fare la* —, (*euf.*) darsi alla prostituzione | *Ragazza, donna, di* —, prostituta | *Ragazzo di* —, giovane malvivente o vizioso | *Avere una doppia* —, nascondere dietro una facciata di irreprensibilità azioni e comportamenti viziosi o disonesti | *Cambiar* —, mutare in meglio la propria condotta. ***4*** Parte dell'attività intellettiva, fisica, o morale: — *psichica, spirituale, sensitiva.* ***5*** (*fig.*) Durata: *questa moda avrà — breve.* ***6*** Vigore, vitalità: *un giovane pieno di* — | Forza operante, animatrice: *il sole è fonte di* — | (*fig.*) Animazione, fermento: *una strada piena di* —. ***7*** Ciò che garantisce l'esistenza, le dà valore, significato: *il lavoro è — per lui.* ***8*** Essere vivente, persona: *giovani vite spente dall'odio.* ***9*** Ciò che è necessario per vivere, con particolare riguardo al vitto: *lavorare sodo per guadagnarsi la* — | *Il costo della* —, le spese necessarie per il proprio mantenimento. ***10*** Fama, nome: *aver — fra i posteri.* ***11*** Biografia: *una — di Dante.* ***12*** Mondo umano, corso delle cose umane: *conoscere la* —. [→ tav. *proverbi* 20, 155, 330]

vita (2) *s. f.* ***1*** Parte del corpo umano sopra i fianchi, in corrispondenza della cintura: *avere una — sottile*; *una — di vespa* | Parte del vestito sopra i fianchi: *giacca troppo stretta di* —. ***2*** (*est.*) Parte del corpo umano compresa tra i fianchi e le spalle.

Vitàcee *s. f. pl.* Famiglia di piante arbustive rampicanti delle Ramnali con foglie palmato-lobate e frutto a bacca. [→ ill. *piante* 7]

vitaiòlo *s. m.* Viveur.

vitàlba *s. f.* Arbusto rampicante delle Ranuncolacee con foglie opposte, picciolate, e fiori bianchi riuniti in pannocchie.

vitàle *agg.* ***1*** Della vita: *necessità vitali* | *Spazio* —, quello che è, o si ritiene, necessario alla vita e allo sviluppo di un popolo. ***2*** Che dà e mantiene la vita: *soffio* —; *la linfa — delle piante.* ***3*** (*fig.*) Fondamentale, essenziale: *gli interessi vitali della nazione.* ***4*** Che ha vitalità: *un essere* —. ***5*** (*fig.*) Che è adatto e produttivo rispetto agli scopi che si propone: *è l'unico organo — della nostra società.*

vitalità *s. f.* ***1*** (*fisiol.*) Capacità di vita, di sopravvivenza. ***2*** L'essere vitale.

vitalìzio ***A*** *agg.* Che ha durata pari a quella della vita di qc. | *Contratto* —, *rendita vitalizia*, che prevedono una rendita per la durata della vita di chi ne fruisce. ***B*** *s. m.* Rendita vitalizia.

vitamìna *s. f.* Sostanza indispensabile alla vita, che l'organismo non è capace di produrre e che pertanto deve essere assunta con gli alimenti, convenzionalmente indicata con le lettere dell'alfabeto: — *A, B , C.*

vitamìnico *agg.* (*pl. m. -ci*) Di vitamina | Che è ricco di vitamine: *alimento* —.

vitaminizzàre *v. tr.* Aggiungere a un alimento una o più vitamine per potenziare i suoi principi nutritivi.

vitaminologìa *s. f.* Ramo della biologia che studia in particolare le vitamine.

vitàto *agg.* Piantato a vite: *terreno* —.

vite (1) *s. f.* Pianta arbustiva delle Ramnali con rami rampicanti, ingrossati ai nodi, foglie palmate, fiori verdi in grappoli e frutto a bacca succosa | — *selvatica*, — *americana*, abrostine | — *vergine*, — *del Canada*, coltivata per ricoprire i muri | (*fig.*) *Piangere come una — tagliata*, a dirotto. [→ ill. *piante* 7]

vite (2) *s. f.* ***1*** Cilindretto metallico con rilievo elicoidale, per fermare, stringere, collegare | *A* —, a spirale, come una vite; chiuso con viti | — *senza fine, perpetua*, a uno o più filetti, trasmette il movimento a una ruota elicoidale avente asse perpendicolare al proprio che si muoverà lentamente, spostandosi di uno o due o tre denti a ogni giro della vite, secondo che questa è a uno, a due, a tre pezzi | — *madre*, nel tornio, lunga barra filettata che muove il carrello porta utensili | *Giro di* —, (*fig.*) irrigidimento dei rapporti con qc. [→ ill. *falegname, ferramenta, meccanica, alpinista, ottica, tornio, trapano, vino*] ***2*** (*aer.*) Discesa di un velivolo lungo una spirale verticale di piccolo raggio, con notevole velocità angolare.

vitèlla *s. f.* ***1*** Vitello femmina: — *da latte.* ***2*** Carne dell'animale macellato, usata come cibo.

vitellìno (1) *agg.* (*raro*) Di vitello: *cuoio* —.

vitellìno (2) *agg.* (*biol.*) Che si riferisce al vitello dell'uovo: *sacco* —.

vitèllo (1) *s. m.* (*f. -a*) ***1*** Il nato della vacca, di età inferiore all'anno. [→ ill. *bue, stalla*] ***2*** Carne di vitello macellato. ***3*** Pelle di vitello grezza o conciata.

vitèllo (2) *s. m.* (*biol.*) Nell'uovo animale, materiale destinato alla nutrizione dell'embrione; SIN. Tuorlo.

vitellóne *s. m.* ***1*** *Accr. di vitello* (1). ***2*** Bovino di 1-2 anni ingrassato per il macello | Carne del vitellone macellato. ***3*** (*fig.*) Giovane ozioso o frivolo: *vitelloni di provincia.*

vitìccio *s. m.* ***1*** (*bot.*) Appendice filamentosa a volte ramificata, derivata da foglie o da rami, che si attorciglia ad altri corpi per sostenere le piante rampicanti. [→ ill. *botanica*] ***2*** Motivo ornamentale ispirato alla forma del viticcio.

vitìcolo *agg.* Concernente la vite e la viticoltura.

viticoltóre *s. m.* Chi attende alla coltivazione della vite.

viticoltùra *s. f.* Coltivazione razionale della vite.

vitìgno *s. m.* Varietà coltivata di vite.

vitilìgine *s. f.* (*med.*) Affezione cutanea che si manifesta con chiazze biancastre, prive di pigmento.

vitivinìcolo *agg.* Che concerne la coltura della vite e la produzione del vino.

vitreo ***A*** *agg.* ***1*** Di vetro: *boccia vitrea.* ***2*** Che è simile al vetro per trasparenza, lucentezza, fragilità e sim.: *struttura, sostanza vitrea* | *Occhio, sguardo* —, (*fig.*) immobile e inespressivo. ***3*** (*anat.*) *Corpo* —, formazione trasparente dell'occhio, posta dietro il cristallino. [→ ill. *anatomia umana*] ***B*** *s. m.* (*anat.*) Corpo vitreo. [→ ill. *anatomia umana*]

vittima *s. f.* ***1*** Nel rito sacrificale, animale o uomo offerto, per uccisione, alla divinità: *immolare una* —. ***2*** (*fig.*) Chi perde la vita o subisce gravi danni personali o patrimoniali, in seguito a calamità, sventure, disastri: *le vittime del terremoto* | *Le vittime della strada*, coloro che muoiono in incidenti stradali | *Le vittime del progresso*, coloro che muoiono in seguito a esperimenti, collaudi di macchine nuove e sim. ***3*** (*fig.*) Chi soggiace ad azioni ingiuste, a prepotenze, violenze: *le vittime della tirannide*; *è la — della famiglia.* ***4*** (*fig.*) Chi subisce, anche senza averne piena coscienza, le conseguenze negative di errori, vizi, difetti: *è la — inconsapevole del sistema* | *Fare la* —, atteggiarsi a persona trascurata, perseguitata, infelice.

vittimìsmo *s. m.* Tendenza ad atteggiarsi a vittima.

vìtto *s. m.* Insieme di alimenti e bevande necessarie per vivere: — *sano, nutriente, scarso, abbondante* | *Mezzo* —, scarso, dato a un infermo che non è in grado di consumare il pasto normale.

vittòria *s. f.* Successo ottenuto contro un avversario in uno scontro armato, una contesa o una competizione: — *militare*; *gareggiare per la* —; *la — arrise alla nostra* *squadra* | *Cantar* —, (*fig.*) rallegrarsi oltremodo di un successo, talvolta prima di averlo conseguito del tutto | — *morale*, ottenuta in campo morale, spirituale e sim. affermando la propria supremazia, anche in caso di sconfitta materiale | — *di Pirro*, (*fig.*) quella che mette il vincitore nella stessa condizione del vinto, così come accadde al re Pirro che pur sconfiggendo ripetutamente i Romani, vide quasi distrutto il suo esercito | (*est.*) Conseguimento di un risultato positivo: *le vittorie della medicina*; CONTR. Sconfitta. [→ tav. *locuzioni* 116]

vittoriόso *agg.* **1** Di vittoria: *esito* —. **2** Che ha vinto: *atleta* —. **3** Di chi ha vinto: *ritorno* —.

vituperàbile *agg.* Che si può o si deve vituperare.

vituperàre *v. tr.* (*io vitùpero*) Offendere gravemente qc. o q.c. con ingiurie o epiteti infamanti.

vituperatóre *s. m.; anche agg.* (*f. -trìce*) Chi (o che) vitupera.

vituperévole *agg.* (*lett.*) Vituperabile.

vitupèrio *s. m.* **1** (*raro*) Atto del vituperare | *spec. al pl.* Ingiuria, offesa infamante: *coprire qc. di vituperi.* **2** (*lett.*) Grave onta, disonore, vergogna: *esser causa di — per qc.*; *fare, recare, — a qc.* **3** Chi (o ciò che) è causa di vituperio.

vituperóso *agg.* **1** Di vituperio. **2** Infame, disonorevole, abietto: *azione vituperosa.*

viùzza *s. f.* Via angusta, stretta.

viva **A** *inter.* Esprime approvazione incondizionata, plauso, augurio e sim. verso q.c. o qc.: — *l'Italia!* **B** *in funzione di s. m. inv.* Plauso, approvazione.

vivacchiàre *v. intr.* (*io vivàcchio; aus. avere*) Vivere più o meno stentatamente, tirando avanti come si può | *Si vivacchia*, (*scherz.*) si tira avanti.

vivàce *agg.* **1** (*lett.*) Che è pieno di vita, rigoglioso, vitale. **2** Che è dotato di grande vitalità fisica ed è sempre in attività, in movimento: — *e irrequieto*; SIN. Esuberante. **3** Che brilla di vita, che è sveglio, attento, pronto: *mente* —; *una — intelligenza* | (*est.*) Brioso, animato, brillante: *conversazione* —. **4** (*mus.*) Notazione di esecuzione concitata: *allegro* —; — *con brio.* **5** (*fig.*) Pieno di animosità, eccitazione, risentimento: *risposta* —; *la discussione si fa troppo* —. **6** (*fig.*) Intenso e brillante: *colore* —.

vivacità *s. f.* L'essere vivace (*anche fig.*).

vivacizzàre *v. tr.* Rendere vivace: — *il racconto* | Nel gergo giornalistico, rendere vivace una pagina mediante un'originale composizione tipografica.

vivàgno *s. m.* **1** Cimosa. **2** (*est., lett.*) Orlo, lembo, margine.

vivàio *s. m.* **1** (*pesca*) Impianto fisso in cui si allevano i pesci: *trota di* —; *un — per anguille.* **2** (*agr.*) Complesso degli impianti occorrenti alla produzione di piante da trapiantare. [→ ill. *giardino pubblico*] **3** (*fig.*) Luogo, ambiente, scuola, in cui ci si forma fisicamente o intellettualmente: *un — di atleti, di ribelli.*

vivaìsta *s. m. e f.* (*pl. m. -i*) (*pesca, agr.*) Chi è addetto a un vivaio.

vivaménte *avv.* In modo vivace, caloroso: *ringraziare — qc.*

vivànda *s. f.* Cibo preparato per il pasto | *La mistica* —, l'ostia consacrata.

vivandière *s. m.* (*f. -a*) Negli eserciti del passato chi vendeva le vivande ai soldati.

vivènte **A** *part. pres. di vivere; anche agg.* Che vive | *Essere* —, pianta, animale o, spec., uomo, che è in vita. **B** *s. m.* Essere vivente.

vìvere **A** *v. intr.* (*fut. io vivrò, tu vivrài; pass. rem. io vìssi o vivéi o vivètti, tu vivésti; part. pass. vissùto; aus. essere, raro avere*) **1** Essere in vita, esistere, detto di uomini, animali, piante | *Cessare di* —, morire. **2** Trascorrere l'esistenza, in relazione al tempo, al luogo e alle condizioni della stessa: *visse ottant'anni*; *Dante visse dal 1265 al 1321*; — *in città, all'estero*; — *tranquillo, in pace, onestamente, rettamente*; — *da parassita*; — *di pesca*; — *con poco, di poco*; — *di rendita* | — *alla giornata*, giorno per giorno, senza un piano prestabilito | — *per qc., per q.c.*, dedicarvi tutte le proprie energie. **3** Comportarsi come richiedono le convenzioni sociali: *è una persona che non sa* — | *Imparare a* —, come comportarsi. **4** Realizzare tutte le possibilità della vita, godere la vita: *vivi oggi, non rimandare a domani.* **5** (*fig.*) Durare: *la sua fama vivrà eternamente.* **B** *v. tr.* **1** Con il compl. dell'oggetto interno, trascorrere: — *una lunga vita, una vita serena* | — *la propria vita*, trascorrerla secondo i propri desideri. **2** Passare: *ho vissuto un brutto momento* | — *un dramma*, essere travolto in vicende dolorose. **3** Provare: — *attimi di angoscia.* **4** Sentire intimamente q.c.: — *le pene, le gioie di qc.* **C** *in funzione di s. m. solo sing.* **1** Il fatto di vivere, vita | Modo di condurre l'esistenza: *il — degli antichi*; *amare il quieto* —. **2** Ciò che è necessario per mantenersi in vita: *il — costa sempre più caro.* [→ tav. *proverbi* 51, 69, 396]

vìveri *s. m. pl.* Vettovaglie, derrate alimentari: — *di prima necessità* | *Tagliare i — a una città assediata*, impedirle di rifornirsene dall'esterno | *Tagliare i — a qc.*, privarlo dei mezzi di sussistenza.

vivèrra *s. f.* Mammifero asiatico dei Carnivori, a corpo snello, con ghiandole anali che secernono una sostanza odorosa.

viveur /*fr.* vi'vœr/ *s. m. inv.* (*pl. fr. viveurs* /vi'vœr/) Uomo che conduce vita mondana, dedito ai piaceri e ai divertimenti; SIN. Vitaiolo.

vivézza *s. f.* **1** (*raro*) L'essere vivo. **2** (*fig.*) Vivacità.

vivìbile *agg.* **1** Che può essere vissuto. **2** (*est.*) Che è facile o piacevole da vivere: *lottare per un'esistenza più* — | *Ambiente* —, gradevole.

vìvido *agg.* **1** (*lett.*) Che è pieno di vita | (*poet.*) Che dà vita. **2** Che è particolarmente intenso e brillante: *colori vividi.* **3** (*fig.*) Che ha grande vigore, acutezza, penetrazione e sim.: *uomo di — ingegno.*

vivificàre *v. tr.* (*io vivìfico, tu vivìfichi*) **1** Rendere vivo, costituire il principio vitale di q.c. (*anche fig.*): — *la materia.* **2** (*est.*) Ridare forza e vitalità, rendere vigoroso, anche ass.: *la pioggia vivifica le piante.* **3** (*fig.*) Rendere vivace, piacevole, interessante.

vivificatóre *s. m.; anche agg.* (*f. -trìce*) Chi (o che) vivifica.

vivificazióne *s. f.* Animazione | (*est.*) Rinvigorimento.

vivìparo **A** *agg.* (*f. -a*) Detto di animale che partorisce figli vivi e già sviluppati. **B** *anche s. m.*

vivisettòrio *agg.* Di vivisezione.

vivisezionàre *v. tr.* (*io vivisezióno*) Sottoporre a vivisezione (*anche fig.*): — *una cavia, uno scritto.*

vivisezióne *s. f.* **1** Sperimentazione chirurgica sugli animali vivi. **2** (*fig.*) Indagine, analisi, estremamente accurata e rigorosa: *la — di un testo poetico.*

vìvo **A** *agg.* **1** Che vive, che è in vita: *bisogna prenderlo — o morto* | *Pianta viva*, rigogliosa, fiorente | *Mangiarsi uno* —, (*fig.*) sopraffarlo con rimproveri violenti o sim. | *Farsi* —, dar notizie di sé | *Essere più morto che* —, stordito, confuso per la paura, malconcio | *Sepolto* —, (*fig.*) Detto di chi vive in clausura, senza alcun contatto con gli altri | *Non c'era anima viva*, non c'era nessuno | *Siepe viva*, di piante radicate nel terreno | *Carne viva*, non coperta da tegumenti e quindi molto sensibile. **2** (*est.*) Che permane, che è in uso: *una consuetudine ancora viva* | *Lingua viva*, quella dell'uso contemporaneo. **3** Vivace: *occhi vivi* | *Ingegno* —, acuto, versatile | *Discussione viva*, accanita | Attivo, operoso, animato: *una città viva.* **4** (*est.*) Intenso: *la luce troppo viva dà fastidio agli occhi* | *Colore* —, brillante, luminoso | *Cuocere a fuoco* —, a fiamma alta | Di sentimento, forte, particolarmente intenso: — *sdegno*; *viva emozione.* **5** (*fig.*) Detto di ciò che per le sue caratteristiche ricorda la mobilità, la spontaneità, la sensibilità di ciò che vive | *Aria viva*, fresca, pura | *Acqua viva*, corrente | *Argento* —, il mercurio, per la sua caratteristica mobilità; (*est.*) irrequietezza | *Calce viva*, ossido di calcio | *A viva forza*, con la violenza | *Roccia viva*, nuda, non ricoperta da terriccio | *Angolo, canto, spigolo* —, non smussato. **B** *s. m.* **1** *spec. al pl.* Persona vivente: *pregare per i vivi e i morti.* **2** Parte viva, particolarmente sensibile, di un organismo: *la punta del ferro penetrò nel — della carne* | *Toccare, ferire, pungere nel, sul* —, (*fig.*) cogliere nella parte più sensibile | *Nel — del cuore*, nell'intimo del cuore | Parte essenziale: *entrare nel — di una questione.* [→ tav. *proverbi* 269]

viziàre **A** *v. tr.* (*io vìzio*) **1** Permettere o determinare l'insorgere o lo stabilirsi di un vizio materiale o morale: — *un animale*; — *un contratto*; — *un giovane.* **2** (*est.*) Abituare male, educare con eccessiva condiscendenza: *non devi — così quel bambino.* **3** Corrompere, guastare, macchiare: — *l'innocenza, la purezza.* **B** *v. intr. pron.* Contrarre vizi: *il cane si è viziato per l'inesperienza dell'istruttore.*

viziàto *part. pass. di viziare; anche agg.* **1** Che è male abituato, spec. per eccessiva condiscendenza: *bambino* —. **2** (*dir.*) Invalido, irregolare: *atto processuale* —. **3** Inquinato: *acqua viziata* | Pesante, irrespirabile: *aria viziata.*

vìzio *s. m.* **1** Abitudine inveterata e pratica costante di ciò che è, o viene considerato, male: *il — della lussuria; il — di mentire; mettersi sulla strada del —; essere carico di vizi;* CONTR. Virtù. **2** (*est.*) Abitudine inveterata che provoca il desiderio e la ricerca costante di ciò che è o può essere dannoso: *il — del fumo; avere il — del gioco.* **3** (*est.*) Cattiva abitudine: *ha il — di parlare troppo* | (*est.*) Ogni elemento negativo del carattere, dovuto spec. a un'educazione sbagliata: *un bambino pieno di vizi.* **4** (*anat.*) Alterazione morfologica e funzionale di una parte del corpo: — *cardiaco.* **5** Grave difetto di un oggetto inanimato, che ne impedisce il buon funzionamento o l'appropriata utilizzazione e quindi ne diminuisce l'utilità, il pregio o il valore: *il tessuto ha qualche — di lavorazione.* **6** (*dir.*) Non conformità al disposto della legge: — *di un atto processuale.* **7** Errore, scorrettezza: — *di ortografia* | (*est.*) Aspetto o elemento negativo: *un — dello stile.* [→ tav. *proverbi* 179, 252]

viziosità *s. f.* L'essere vizioso.

vizióso **A** *agg.* **1** Che è pieno di vizi: *uomo* —. **2** Che mostra corruzione, depravazione e sim.: *atti viziosi.* • CONTR. Virtuoso. **3** (*est.*) Difettoso, anomalo: *posizione viziosa del piede.* **4** Imperfetto, inesatto, scorretto: *ortografia viziosa* | *Circolo* —, ragionamento scorretto in cui si dà come prova ciò che è ancora da provare; (*fig.*) situazione che è o pare senza via d'uscita. **B** *s. m.* (*f.* -*a*) Persona viziosa, depravata.

vìzzo *agg.* Che non è più fresco e sodo: *fiore* — | *Guance vizze*, grinzose, cascanti.

vocabolàrio *s. m.* **1** Opera che raccoglie i vocaboli di una lingua, ordinati alfabeticamente, corredati da definizioni, spiegazioni, applicazioni, traslati, usi fraseologici e sim., e talora dalla traduzione in altra lingua; SIN. Dizionario. [→ ill. *scuola*] **2** Insieme dei vocaboli propri di una lingua, di un autore, di un individuo, di un gruppo, di un'epoca e sim.: *le lingue neolatine hanno un ricco —; — dantesco, leopardiano; il — dei chimici.*

vocabolarista *s. m. e f.* (*pl. m.* -*i*) (*raro*) Lessicografo.

vocàbolo *s. m.* (*ling.*) Ogni parola di una lingua o dialetto: *il significato di un* —; SIN. Voce.

vocàle (1) *agg.* **1** (*anat.*) Della voce: *corde vocali.* **2** (*mus.*) Di canto: *accademia* — | *Musica* —, per canto.

vocàle (2) *s. f.* (*ling.*) Suono nella cui articolazione l'aria espirata non incontra ostacoli, e segno grafico corrispondente a tale suono: — *aperta, chiusa; vocali lunghe, brevi;* CFR. Consonante.

vocàlico *agg.* (*pl. m.* -*ci*) (*ling.*) Di vocale: *suono* —.

vocalismo *s. m.* Sistema vocalico di una lingua.

vocalist /*ingl.* 'voukəlist/ *s. m. e f. inv.* (*pl. ingl. vocalists* /'voukəlists/) Cantante, esecutore di musica vocale.

vocalità *s. f.* (*mus.*) Qualità di canto e maniera di trattare la voce umana sia nella composizione sia nell'esecuzione.

vocalizzàre **A** *v. intr.* (*aus. avere*) (*mus.*) Cantare sulle vocali, senza usare parole o nominare le note. **B** *v. tr.* (*ling.*) Sottoporre a vocalizzazione.

vocalizzazióne *s. f.* **1** (*mus.*) Vocalizzo. **2** (*ling.*) Passaggio da un elemento consonantico a una vocale.

vocalìzzo *s. m.* (*mus.*) Modo di lettura nel quale si sostituiva alla nomenclatura delle note una vocale, spec. la *a* o la *e*; usato anche oggi nella tecnica del canto come esercizio.

vocatìvo **A** *s. m.* Caso della declinazione indeuropea indicante la persona o la cosa a cui si è rivolto il discorso. **B** *anche agg.*: *caso* —.

vocazióne *s. f.* **1** (*raro*) Chiamata | *Complemento di* —, indica la persona o la cosa personificata a cui si rivolge il discorso. **2** Chiamata rivolta dalla divinità a un uomo, perché scelga la vita religiosa o compia opere volute da Dio. **3** (*fig.*) Inclinazione innata verso un'arte, una disciplina, una professione: *avere — per la musica.*

vóce *s. f.* **1** Suono prodotto dalla laringe e articolato per mezzo delle corde vocali, nel parlare e nel cantare: *l'intensità, l'ampiezza, il timbro, il tono della —; — forte, robusta, esile, sottile, fievole; — maschile, femminile; alzare, abbassare la —; parlare ad alta, a bassa* — | *Parlare a mezza* —, con voce né troppo alta né troppo bassa | *Fare la — grossa*, assumere un tono autoritario | *Sotto* —, con voce molto bassa | *Perdere la* —, diventare afono o muto | *Essere senza* —, essere afono | *A gran* —, gridando con clamore di molti insieme | *A una* —, parlando simultaneamente | *Un fil di* —, una voce esile e sottile | *Rifar la — a qc.*, imitarne il modo di parlare | *Dar sulla — a qc.*, contraddirlo | *Dare una — a qc.*, chiamarlo | *Dar — a un sentimento*, esprimerlo. **2** (*est.*) Suono prodotto dagli organi vocali di animali: *la — dell'usignolo, del cane, del leone.* **3** (*est.*) Suono di uno strumento musicale: *la — del violino* | (*est.*) Rumore, fragore: *la — del mare.* **4** Persona che parla: *udì una — in lontananza* | (*fig.*) — *nuova*, personalità innovatrice. **5** (*gener.*) Parola | *Darsi la* —, far correre una parola d'intesa. **6** (*fig.*) Richiamo, suggerimento, impulso interno dell'animo: *la — della religione, della coscienza* | *La — del sangue*, l'istinto che fa riconoscere e amare i propri parenti. **7** *al pl.* Sensazioni o allucinazioni auditive di mistici o visionari: *sentire le voci.* **8** Diritto di voto | *Aver — in capitolo*, detto di religiosi, aver diritto di voto nel capitolo, (*fig.*) godere di una certa autorità. **9** Opinione: — *di popolo, — di Dio.* **10** Notizia generica, informazione non precisa: *corre — che...; una ridda di voci* | *Voci di corridoio*, indiscrezioni sull'attività politica | *Spargere la* —, diffondere una notizia. **11** (*gramm.*) Forma: *'siamo' è — del verbo essere* | Vocabolo, termine: — *dell'uso; una — dialettale* | Nei dizionari e sim., singola parola spiegata e stampata in grassetto; SIN. Lemma. **12** Ciascun elemento di una lista di oggetti, argomenti, dati e sim.: *le varie voci del catalogo* | — *di bilancio*, entrata o uscita. **13** (*mus.*) Forma della voce, quanto alla sua altezza, intensità: — *di soprano* | — *bianca*, di fanciullo o giovinetta, o di cantore evirato | (*est.*) Cantante: *concorso per voci nuove.* [→ tav. *locuzioni* 14]

vociàre **A** *v. intr.* (*io vócio; aus. avere*) **1** Parlare a voce troppo alta; SIN. Sbraitare. **2** (*est.*) Far commenti, chiacchiere, pettegolezzi: — *su qc.* **B** *in funzione di s. m.* **1** Rumore prodotto da molte persone che parlano insieme e a voce alta: *il — della folla.* **2** (*est.*) Insieme di chiacchiere, pettegolezzi.

vociferàre **A** *v. intr.* (*io vocìfero; aus. avere*) (*raro*) Parlare a voce alta e a lungo. **B** *v. tr.* Dire, insinuare con particolare insistenza (usato spec. nella forma impersonale): *si vocifera che tornerà presto; si vociferava da tempo della sua morte.*

vociferatóre *s. m.; anche agg.* (*f.* -*trìce*) Chi (o che) vocifera.

vociferazióne *s. f.* Diffusione di notizie o voci spec. infondate | Notizia più o meno fondata.

vocìo *s. m.* Un vociare continuo.

vòdka /*russo* 'vɔtka/ *s. f. inv.* Acquavite ottenuta dalla distillazione di cereali, diffusa spec. in Russia. [→ ill. *stoviglie*]

vóga *s. f.* **1** (*mar.*) Spinta data col remo per far procedere la barca | *A* —, a spinta di remi | — *di punta*, con un solo rematore per banco, e ciascuno con un solo remo | — *corta*, a palate brevi e veloci | — *lunga*, a palate lunghe e relativamente lente | — *reale*, in cui i vogatori si sollevano dai banchi e si piegano verso la prora | — *alla veneziana*, eseguita da un solo vogatore che sta in piedi a poppa dell'imbarcazione e aziona un solo remo. **2** (*fig.*) Divulgazione o diffusione di q.c. dovuta al favorevole accoglimento di essa da parte del pubblico: *essere in —; venire in —; il disco più in — del momento* | Moda: *la — delle gonne corte* | *Persona in* —, che gode il favore del pubblico.

vogàre *v. intr.* (*io vógo, tu vóghi; aus. avere*) (*mar.*) Spingere con forza i remi perché la barca proceda; SIN. Remare.

vogàta *s. f.* **1** Attività del vogare: *farsi una bella* —. **2** Serie di movimenti compiuti ogni volta dal vogatore per manovrare opportunamente il remo e imprimere alla barca il movimento voluto.

vogatóre *s. m.* (*f.* -*trìce* nel sign. 1) **1** Chi voga. **2** Attrezzo ginnico col quale si compie un movimento analogo a quello del rematore, per esercizio fisico. **3** Canottiera molto aperta: — *in filo di Scozia.*

vòglia *s. f.* **1** Stato d'animo di chi è intenzionato, disposto o propenso a fare q.c.: *avere – di studiare; non ha – di far niente* | *Contro –, di mala –*, malvolentieri | *Di buona –*, volentieri. **2** Intenso desiderio: *aver – di correre; mi vien – di ridere* | *Levarsi la – di q.c.*, soddisfare pienamente un desiderio. **3** (*euf.*) Desiderio sessuale: *soddisfare le proprie voglie.* **4** Capriccio: *una – improvvisa.* **5** (*pop.*) Desiderio improvviso di cibi o bevande particolari, tipico delle gestanti | (*est., pop.*) Macchia di vario colore e natura sulla pelle del bambino che, secondo la credenza popolare, è dovuta a una voglia non soddisfatta della madre durante la gravidanza.

vogliόso *agg.* **1** Che è incline a desiderare tutto ciò che non possiede: *è sempre – di tutto.* **2** Di voglia, che mostra o esprime voglia: *sguardo –.*

vói **A** *pron. pers. m. e f. di seconda pers. pl.* **1** Indica le persone a cui si parla, e si usa, come sogg., riferito a più persone; nel linguaggio arcaico, dialettale, commerciale o aulico, si usa anche rivolgendosi a una singola persona in segno di deferenza: *– non volete ascoltarmi*; *– siete d'accordo signor conte?* | Generalmente omesso quando il sogg. è chiaramente indicato dal verbo, si esprime invece quando i soggetti sono più d'uno, nelle contrapposizioni, nelle esclamazioni, nei vocativi, in unione con 'stesso', 'medesimo', 'anche', 'pure', 'nemmeno', 'proprio', 'appunto' e sim. e, in genere, quando si vuole dare al sogg. particolare rilievo: *– e io potremo andare d'accordo; beati –!; – stessi dovete provvedere; proprio – dovevate insistere; anche – c'eravate* | Si usa nelle comparazioni dopo 'come' e 'quanto': *ne so quanto –* | Si usa, con funzione predicativa, dopo i verbi copulativi 'essere', 'sembrare', 'parere': *non sembrate più –.* **2** Si usa (come compl. ogg., e come compl. di termine preceduto dalla prep. 'a'), invece delle forme 'vi' e 've' quando gli si vuol dare particolare rilievo: *cercavo –; dobbiamo ringraziare –; a – non posso nascondere la verità* | *Eccomi a –*, a vostra disposizione | *Torniamo a –*, al vostro problema. **3** Si usa, preceduto dalle prep., nei vari complementi: *desidero venire con –; fra – e me c'è differenza; si è parlato di –* | *Da –*, a casa vostra, nella vostra famiglia, nel vostro paese o nel luogo in cui risiedete: *sarò da – domani.* **4** Si usa (come sogg.) riferito a un s. sing. collettivo: *–, gente di campagna, siete semplici.* **5** Si usa (come sogg.) con valore impers.: *quando – considerate la gravità del fatto.* **B** *in funzione di s. m.* Il pronome 'voi' | *Dare del – a qc.*, rivolgersi a qc. usando il pron. 'voi' in segno di rispetto o di distacco.

voiàltri *pron. pers. m. di seconda pers. pl.* (*f. voiàltre*) (*raff.*) Voi (indica contrapposizione): *mentre noi siamo qui a lavorare – andate a spasso.*

voile /*fr.* vwal/ *s. m. inv.* (*pl. fr. voiles* /vwal/) Tessuto trasparente, molto leggero, usato per tende, filtri, vesti femminili.

voivòda *s. m.* (*f. voivodìna; pl. voivòdi*) Nel mondo slavo, dall'epoca medievale sino al XX sec., titolo di capi o governatori di territori o province.

volàno *s. m.* **1** Palla leggerissima, costituita da una mezza sfera di sughero recante infisse alcune penne, che si lancia, giocando, con una racchetta. **2** (*mecc.*) Organo rotante costituito da una ruota di notevole massa, con lo scopo di attenuare le variazioni di velocità che si manifestano nelle macchine alternative, o di accumulare energia nelle macchine operatrici a funzionamento intermittente. [→ ill. *meccanica, motore, tornio*]

volant /*fr.* vɔ'lɑ̃/ *s. m. inv.* (*pl. fr. volants* /vɔ'lɑ̃/) Striscia di tessuto increspato e fissato ad altro tessuto lungo l'increspatura.

volànte (1) **A** *part. pres. di volare; anche agg.* **1** Che vola | *Macchina –*, aeromobile | *Cervo –*, aquilone | *Foglio –*, foglio di carta che non fa parte di un fascicolo rilegato, di un quaderno e sim. | *Indossatrice –*, non legata a una particolare sartoria ma libera di presentare collezioni di varie case | *Traguardo –*, nelle gare ciclistiche, traguardo a premio che può essere posto una o più volte, a percorso non ancora finito, per animare la gara. [→ ill. *luna park*] **2** (*fig.*) Celere, veloce, atto a impieghi che richiedono rapidi spostamenti: *squadra – della polizia.* **B** *s. f.* Squadra di polizia celere: *chiamare la –.*

volànte (2) *s. m.* (*mecc.*) Organo di forma circolare, con razze, manovrabile a mano, per il comando di valvole e altri congegni, spec. quello fissato al piantone dello sterzo per la guida degli autoveicoli | *Stare al –*, guidare un autoveicolo | *Sport del –*, automobilismo | *Asso del –*, campione di automobilismo. [→ ill. *automobile*]

volantinàggio *s. m.* Distribuzione di volantini in luogo pubblico.

volantinàre *v. tr.* Propagandare attraverso volantini | ass. Effettuare una distribuzione di volantini.

volantìno (1) *s. m.* Piccola ruota che serve per guidare organi meccanici, per regolare valvole e sim. | *– d'elevazione, di direzione*, organi di manovra che in un pezzo d'artiglieria muovono la bocca da fuoco per farne il puntamento sull'obiettivo. [→ ill. *tessuto*]

volantìno (2) *s. m.* Foglietto volante distribuito al pubblico, contenente informazioni di vario genere, propaganda, pubblicità e sim.

volàre *v. intr.* (*io vólo; aus. avere* quando si considera l'azione in sé, *essere* quando si considera lo svolgimento dell'azione) **1** Sostenersi e spostarsi liberamente nell'aria per mezzo delle ali, detto degli uccelli e di ogni animale alato: *nel cielo volano le rondini*; *le farfalle volano attorno al lume* | (*est.*) Muoversi nell'aria in virtù delle ali, detto di esseri fantastici, mitologici e sim.: *il quadro rappresenta Pegaso che vola.* **2** (*est.*) Percorrere lo spazio atmosferico o extratmosferico, detto di aeromobili o di veicoli spaziali: *– a bassa quota*; *l'aereo vola velocissimo* | (*est.*) Viaggiare su un aeromobile o su un veicolo spaziale: *voliamo da molte ore.* **3** (*est.*) Essere proiettato nell'aria, attraversare uno spazio aereo grazie a una forte spinta: *il pallone è volato fuori campo* | (*est., fig.*) Essere scagliato, avventato, con particolare violenza: *gli schiaffi volano*; *tra loro volarono gravi insulti.* **4** (*est.*) Restar sospeso nell'aria per qualche tempo, scendendo poi lentamente verso terra, detto di corpi molto leggeri: *le piume volano*; *cominciano a – i primi fiocchi di neve.* **5** (*est.*) Precipitare verso il basso: *– dalla finestra.* **6** (*est.*) Salire a grandi altezze (*anche fig.*): *– in, verso il, cielo* | *– in, al Cielo, in Paradiso, alla gloria dei beati* e sim., (*euf.*) morire. **7** (*fig.*) Correre, muoversi a grande velocità: *l'auto vola sull'autostrada.* **8** Diffondersi ovunque e in breve tempo: *la fama vola.* **9** (*fig.*) Andare lontano, nello spazio o nel tempo: *– sulle ali del sogno*; *il suo pensiero vola alla casa paterna.* **10** (*fig.*) Trascorrere in fretta, sfuggire rapidamente: *il tempo vola.* [→ tav. *proverbi* 239]

volàta (1) *s. f.* **1** Il volare una volta; SIN. Volo. **2** (*est.*) Gruppo di animali che volano | *– di uccelli*, stormo. **3** (*est.*) Movimento o spostamento veloce: *fare una – in macchina* | *Di –*, di corsa; (*est.*) in gran fretta. **4** (*sport*) Nel ciclismo, ultimo sforzo compiuto da un corridore in prossimità del traguardo, per aggiudicarsi la gara: *battere qc. in –; vincere in –.* **5** (*fig.*) Slancio poetico, fantastico e sim.: *– lirica.* **6** (*mil.*) Parte anteriore della bocca da fuoco di un pezzo d'artiglieria. **7** Esplosione simultanea di più mine, per abbattimento di rocce.

volàta (2) *s. f.* Volée.

volàtica *s. f.* (*pop.*) Eritema cutaneo a decorso rapido e benigno.

volàtile **A** *agg.* **1** (*raro*) Che è atto a volare: *animali volatili.* **2** (*chim.*) Detto di sostanza che passa facilmente allo stato gassoso. **B** *s. m.* (*gener.*) Uccello.

volatilità *s. f.* (*chim.*) L'essere volatile, proprietà di trasformarsi rapidamente in gas.

volatilizzàre **A** *v. tr.* (*chim.*) Ridurre una sostanza volatile allo stato aeriforme. **B** *v. intr. e intr. pron.* (*aus. essere*) (*chim.*) Passare allo stato aeriforme. **C** *v. intr. pron.* (*fig., fam.*) Dileguarsi, scomparire.

volatilizzazióne *s. f.* (*chim.*) Trasformazione, passaggio allo stato gassoso; SIN. Evaporazione | (*fig.*) Improvvisa scomparsa di qc.

volatóre *s. m.* (*f. -trìce*) (*raro*) Chi vola.

vol-au-vent /*fr.* 'vɔl o 'vɑ̃/ *s. m. inv.* Involucro di pasta sfoglia salata, variamente farcito. [→ ill. *dolciumi*]

volée /*fr.* vo'le/ *s. f. inv.* Nel tennis, colpo al volo: *– di dritto*; SIN. Volata.

volènte *part. pass. di volere; anche agg.* Che vuole | *– o nolente*, che si voglia o no, per forza: *– o nolente, devi obbedire.*

volenteróso o *volonteróso* *agg.* **1** Di buona volontà: *at-*

teggiamento —. **2** Che è pieno di buona volontà.

volentièri avv. **1** Di buona voglia, di buon grado, con piacere: *lavora* —; *si sacrifica — per gli altri.* **2** Certamente sì, con grande piacere (come risposta cortesemente affermativa): *'puoi aiutarmi?' '—'.*

volére **A** v. tr. (pres. *io vòglio, tu vuòi, egli vuòle, noi vogliàmo, voi voléte, essi vògliono;* fut. *io vorrò, tu vorrài;* pass. rem. *io vòlli, tu volésti, egli vòlle, noi volémmo, voi voléste, essi vòllero;* congv. pres. *io vòglia, tu vòglia;* condiz. pres. *io vorrèi, tu vorrésti;* imp. *vògli, vogliàte;* ger. *volèndo;* part. pres. *volènte;* part. pass. *volùto;* aus. *essere* se usato ass.; come v. servile ha l'ausiliare richiesto dal v. a cui si accompagna) **1** Essere fermamente risoluto a fare, a ottenere e sim. q.c.: *vuole il successo*; *voglio cambiare vita* | *Senza* —, *non volendo,* involontariamente | — *o no,* — *o volare,* (*fam.*) che si voglia o no, per amore o per forza. **2** Esigere, pretendere che altri faccia o non faccia q.c.: *voglio che facciate silenzio*; *volle sapere la verità.* **3** ass. Esser dotato di ferma e decisa volontà: *a chi vuole nulla è impossibile* | *Capacità di intendere e di* —, di capire e di esercitare, ordinare, controllare la volontà. **4** Comandare, stabilire, spec. in relazione alla determinazione di una potenza superiore: *il destino ha voluto così* | Ordinare, disporre, esigere: *la buona educazione vuole così.* **5** Desiderare intensamente, tentando di ottenere ciò che si desidera: *vogliono la mia rovina*; *suo padre lo vuole medico* | *Non sa neanche lui quello che vuole,* di persona indecisa e scontenta | *Come vuoi, come volete, quando vorrete,* formule con cui ci si rimette alla volontà e alle decisioni di altri | Usato al condizionale indica attenuazione del desiderio: *se non ti dispiace, vorrei restar solo.* **6** Permettere, consentire: *se la mamma vuole, esco anch'io con te*; *mio padre non vuole che frequenti certi ambienti* | *Dio voglia che..., Dio volesse che..., Dio voglia!, Dio volesse!, volesse il cielo* e sim., espressioni di augurio e di desiderio | *Dio non voglia,* inciso di scongiuro | *Come Dio volle,* alla fine, finalmente | *Come Dio vuole, quando Dio vorrà* e sim., per esprimere rassegnata sottomissione | Accettare, gradire: *vuole un po' di dolce?* **7** Richiedere, pretendere indebitamente: *vuole troppo da quel ragazzo!* **8** Chiedere un determinato prezzo o compenso: *quanto vuole per questa borsa?* **9** Comportare, richiedere, reggere: *questo costrutto vuole il congiuntivo.* **10** Aver bisogno, non poter fare a meno di: *un malato che vuole continua assistenza* | *Volerci, volercene, non volerci, non volercene,* essere o no necessario, occorrere o no: *ci vuole un bel coraggio a dire cose simili* | *Ci vuol altro che...* o ass., *ci vuol altro,* per indicare che una persona o una cosa è inadatta, insufficiente e sim. | *Quanto ce ne vuole,* secondo la quantità necessaria: *mettici tanto sale quanto ce ne vuole.* **11** Credere, ritenere, esprimere un'opinione (con sogg. indeterm.): *vogliono che stia per cominciare una nuova crisi*; *c'è chi vuole che sia tutta una messinscena* | Tramandare, asserire: *come vuole un'antica leggenda.* **12** Risolversi, decidersi a, spec. in frasi negative per indicare un'ostinata fermezza: *oggi il motore non vuol funzionare.* **13** Essere imminente, probabile: *vuol piovere*; *si direbbe che il tempo voglia rimettersi.* **14** Nelle loc. — *bene, male a qc.,* desiderare il suo bene, avere affetto per lui o, al contrario, desiderare il suo male, nutrire antipatia, contro di lui: — *bene a un amico*; *gli vuole bene come a un fratello* | — *molto bene, un gran bene, un bene dell'anima* e sim., amare molto, oltre ogni dire | *Volerne a qc.,* serbargli rancore. **15** Intendere, avere intenzione nella loc. *voler dire*: *volete dire che avete ragione voi?* | *Voglio dire, volevo dire,* modi di correggersi e di precisare l'espressione | *Volevo ben dire!,* per significare che una cosa era stata prevista e non poteva non accadere | Significare: *che vuol dire questo vocabolo?* **16** (*correl.*) Nella loc. cong. *vuoi... vuoi,* sia... sia, tanto... quanto: *vuoi gli amici, vuoi i nemici, lo applaudirono.* **B** v. rifl. rec. Nella loc. *volersi bene,* provare un reciproco sentimento di affetto. **C** in funzione di s. m. **1** Volontà: *ha seguito il — dei suoi genitori*; *sia fatto il — di Dio* | *Il buon* —, la buona volontà. **2** al pl. Intenti, determinazioni: *concordia di voleri.* [→ tav. *proverbi* 27, 49, 81, 104, 110, 111, 190, 274, 282, 286]

volfràmio v. *wolframio.*

volgàre **A** agg. **1** Del volgo, detto spec. di forme linguistiche in uso presso gli strati meno colti di un popolo: *superstizioni volgari*; *lingua* —. **2** (*fig., spreg.*) Che è comune, corrente, privo di ogni caratteristica atta a distinguerlo dalla massa: *una — imitazione dell'antico.* **3** (*fig., spreg.*) Che è assolutamente privo di finezza, distinzione, signorilità: *donna vistosa e* —; *atteggiamento* —; SIN. Scurrile, triviale. **B** s. m. Lingua parlata dal popolo, spec. con riferimento al periodo in cui ebbero origine le lingue neolatine, in contrapposizione al latino considerato come la lingua colta e letteraria per eccellenza: *il — italiano*; *i volgari francesi.*

volgarità s. f. **1** L'essere volgare; SIN. Scurrilità, trivialità. **2** (*est.*) Termine, locuzione volgare.

volgarizzaménto s. m. **1** Traduzione in volgare. **2** (*est.*) Testo tradotto in volgare.

volgarizzàre v. tr. **1** Tradurre dal latino o dal greco in volgare neolatino o italiano. **2** (*est.*) Rendere accessibile a tutti una scienza, una disciplina e sim.: — *la filosofia.*

volgarizzatóre s. m. (f. *-trice*) **1** Chi volgarizza una scienza, una disciplina e sim. **2** Chi un tempo traduceva in volgare i testi spec. degli autori classici greci e latini.

volgarizzazióne s. f. **1** Volgarizzamento. **2** Il volgarizzare una scienza, una disciplina e sim.; SIN. Divulgazione.

volgarménte avv. **1** In modo volgare. **2** A modo di proverbio. **3** Nella lingua comune, volgare: *l'arachide è — detta nocciolina americana.*

volgàta v. *vulgata.*

vòlgere **A** v. tr. (pres. *io vòlgo, tu vòlgi;* pass. rem. *io vòlsi, tu volgésti;* part. pass. *vòlto*) **1** Dirigere verso un luogo o un punto determinato (*anche fig.*): — *gli occhi, lo sguardo, verso qc.*; — *i passi verso un luogo*; — *la prua verso la riva* | — *in fuga il nemico,* farlo fuggire. **2** (*fig.*) Mutare da uno ad altro tono, significato, condizione e sim.: — *le cose in burla*; — *il pianto in riso.* **B** v. intr. e intr. pron. (aus. intr. *avere*) **1** Piegare verso una parte in una direzione: *la strada volge a destra* | — *in fuga,* cominciare a fuggire: *i nemici volsero in fuga.* **2** Avvicinarsi, approssimarsi: *la gara volge al termine* | Di colore, tendere: *un rosso che volge al viola* | Esser sul punto di evolversi in un dato modo: *la situazione volge al peggio.* **C** v. rifl. **1** Rivolgersi verso qc. o q.c., dirigersi verso un luogo: *si volse verso di lui*; *volgersi a destra.* **2** (*fig.*) Rivolgere le proprie cure a q.c., dedicarsi: *volgersi agli studi filosofici.* **D** v. intr. pron. Sfogarsi, riversarsi: *la sua ira si volse contro di noi.*

vólgo s. m. (pl. *-ghi*) **1** Classe sociale economicamente più povera e culturalmente più trascurata: *le superstizioni del* —. **2** (*est., spreg.*) Moltitudine indistinta, turba, massa: *il — dei letterati* | *Uscire dal* —, uscire dalla mediocrità, dalla massa.

volièra s. f. Uccelliera.

volitìvo **A** agg. **1** Della volontà: *atto* —. **2** Che è dotato di una volontà forte e inflessibile: *carattere* —. **B** s. m. (f. *-a*) Persona volitiva.

vólo s. m. **1** (*zool.*) Facoltà del volare, libero spostamento nell'aria per mezzo delle ali, tipico di uccelli, insetti e mammiferi chirotteri: *il — dell'aquila, dell'ape, del pipistrello*; *spiccare il* — | — *a vela,* tipico di alcuni uccelli che sfruttano, ad ali quasi ferme, l'azione del vento | — *radente,* a bassissima quota | *A — d'uccello,* dall'alto e (*fig.*) in modo globale, generale e rapido: *paesaggio visto a — d'uccello* | *In* —, mentre l'animale vola | *Al* —, mentre l'animale vola e (*fig.*) subito, all'istante: *colpire al* —; *capire q.c. al* — | *Tiro a, al* —, sport che consiste nello sparare con fucile da caccia a bersagli mobili nell'aria | *Prendere il* —, alzarsi in volo e (*fig.*) fuggire, sparire. **2** (*aer.*) Movimento di aeromobili o veicoli spaziali nello spazio atmosferico o extratmosferico: — *ad alta, a bassa quota* | — *a motore,* degli aerei con motore | — *a vela,* di alianti | — *spaziale,* di veicolo spaziale che viaggia al di fuori dell'atmosfera terrestre | — *di Icaro,* (*fig.*) impresa ambiziosa che ha esito infelice | (*est.*) Viaggio compiuto a bordo di un aeromobile o di un veicolo spaziale: *questo è il mio primo* — | Servizio di trasporto aereo: — *Roma-Parigi*; — *charter.* **3** (*est.*) Stormo: *un — d'uccelli, d'aerei.* **4** (*est.*) Traiettoria aerea compiuta da un corpo, grazie a un forte slancio iniziale: *il — di un proiettile, di una freccia.* **5** (*est.*) Salto, caduta violenta, spec. da notevole altezza: *fare un — dalla fi-*

nestra | *Colpire, respingere al — la palla*, raggiungerla prima che abbia toccato terra. **6** (*est.*) Rapida corsa, volata | *In un —*, subito. **7** (*fig.*) Ardita o brillante intuizione logica o fantastica: *— poetico*; *i voli della fantasia* | *— pindarico*, trapasso tra un argomento e l'altro con analogie improvvise, alla maniera del poeta greco Pindaro.

volontà *s. f.* **1** Facoltà del volere, capacità di decidere e iniziare una certa azione: *— ferma, energica, ferrea*; *un uomo privo di —*. **2** Atto del volere: *l'ho fatto di mia spontanea —*; *forzare la — di qc.* | *A mia, tua, sua —*, secondo il volere mio, tuo, suo | *A —*, come, quando, quanto si vuole; *mangiare, bere a —* | Ciò che si vuole: *fare la — di Dio* | *Esprimere, scrivere, dettare le ultime —*, le disposizioni testamentarie. **3** Disposizione, buona o cattiva, a fare q.c.: *quel ragazzo non ha — di studiare* | *Buona —*, disposizione a far bene, impegno | *Cattiva —*, disposizione a sottrarsi a ordini e doveri.

volontariaménte *avv.* Di propria volontà.

volontariàto *s. m.* **1** Servizio militare prestato volontariamente oltre il periodo di leva obbligatorio. **2** Il prestare gratuitamente, o quasi, la propria opera presso enti pubblici o privati.

volontarietà *s. f.* L'essere volontario.

volontàrio **A** *agg.* **1** (*filos.*) Che è sotto il dominio della volontà: *movimento —*; CONTR. Involontario. **2** Che nasce da un atto di volontà, che è liberamente e consapevolmente scelto, deciso, realizzato: *esilio —*; *domicilio —*; SIN. Intenzionale. **3** Spontaneo: *offerta volontaria*. **B** *agg.; anche s. m.* (*f. -a*) **1** Che (o chi) di propria spontanea volontà, accetta o decide di fare q.c.: *donatore —*; *i volontari della morte*. **2** Che (o chi) presta la propria opera in regime di volontariato: *assistente universitario —*; *l'arruolamento dei volontari*.

volontarismo *s. m.* (*filos.*) Ogni dottrina filosofica che scorge nella volontà la sola sostanza del mondo.

volontaristico *agg.* (*pl. m. -ci*) Del volontarismo.

volonteróso V. *volenteroso*.

volovelismo *s. m.* Tecnica e attività che riguardano il volo a vela.

volovelista *s. m. e f.* (*pl. m. -i*) Chi pratica il volo a vela.

volpacchiòtto *s. m.* (*f. -a*) **1** Giovane volpe. **2** (*fig.*) Persona astuta e subdola.

vólpe *s. f.* **1** Mammifero dei Carnivori di medie dimensioni, con muso allungato e denti taglienti, tronco snellissimo, brevi zampe robuste e pelliccia pregiata | *— rossa*, con bella pelliccia dorsalmente color ruggine | *— argentata*, varietà con pelliccia nera con spruzzatura bianca. [→ ill. *animali* 20] **2** Pelliccia dell'animale omonimo. **3** (*fig.*) Persona molto astuta: *è una vecchia —*.

volpino **A** *agg.* **1** Di, da volpe: *pelo —*; *astuzia volpina*. **2** Che è simile a una volpe | *Cane —*, volpino. **B** *s. m.* Cane da compagnia, piccolo, intelligente, con muso allungato, coda arrotolata, pelame lungo e fitto. [→ ill. *cane*]

volpòca *s. f.* Uccello simile all'anatra, nero a riflessi verdi sul capo e bianco, rosso e nero nelle altre parti del corpo, che vive gregario lungo le sponde marine sabbiose.

volpóne *s. m.* (*f. -a*) **1** *Accr. di volpe*. **2** (*fig.*) Persona di grande esperienza e furberia.

vòlt *s. m. inv.* (*elettr.*) Unità di misura di differenza di potenziale elettrico e di forza elettromotrice, definita come caduta di potenziale provocata dalla corrente di un ampere sulla resistenza di un ohm. SIMB. V.

vòlta (1) *s. f.* **1** Atto del voltare o del voltarsi | Svolta: *la strada fa una —* | *Dar —, dar la —, dar di — il cervello*, uscir di senno. **2** (*mar.*) Attorcigliamento d'un cavo. **3** (*aer.*) *Gran —*, figura acrobatica per cui un aereo descrive una traiettoria pressoché circolare in un piano verticale. **4** (*tip.*) Facciata del foglio o del nastro stampata per seconda, ovvero quella in cui non compare la prima pagina della segnatura. **5** In metrica, ciascuno dei due periodi uguali che costituiscono la seconda parte della stanza di una canzone. **6** Direzione, *spec. nella loc. avv. alla — di*, in direzione di, verso: *partimmo alla — di Firenze*. **7** (*fig.*) Turno, vece, avvicendamento: *si alzò e parlò a sua —* | *A — a —*, a turno, secondo un dato avvicendamento | *Per —, alla —*, con valore distributivo: *venite tre per —* | *— per —*, al presentarsi di ogni singolo caso | *Tutto in una —*, tutto insieme. **8** Circostanza in cui un fatto si verifica: *per questa — sarò indulgente* | *Una —, una buona —*, alla fine, finalmente: *smettila una buona —!* | *Una — tanto*, ogni tanto, non sempre | *Una — per tutte*, in maniera definitiva | *Una — o l'altra*, prima o poi | *Un'altra —*, in altra circostanza. **9** Con un numerale o altra determinazione quantitativa indica il ripetersi di un fatto, il moltiplicarsi o il dividersi di una quantità e sim.: *è già la terza — che ti chiamo*; *te l'ho detto infinite volte*; *tre volte quattro fa dodici*; *una quercia tre volte centenaria* | *Molte, tante volte*, spesso | *Poche, rare volte*, raramente | *Certe volte, delle volte, alle volte*, in certi momenti, in certi casi | *A volte*, di quando in quando | *Di — in —*, ogni volta, a seconda del caso | *Una —*, nel tempo passato, anni fa: *una — si faceva così* | *C'era una —*, classico inizio di fiabe per bambini | *Una — che*, dal momento che. [→ tav. *proverbi* 68, 385, 386]

vòlta (2) *s. f.* **1** (*arch.*) Copertura di una stanza, sala o teatro con una struttura a semplice o a doppia curvatura | *— a cupola*, avente forma di una superficie di rotazione o a spicchi | *— a vela*, simile alla volta a cupola, ma tagliata lateralmente dai muri | *— a crociera*, generata dall'intersezione di due volte a botte perpendicolari | *— a padiglione*, che su base quadrata o rettangolare dà origine a spicchi e fusi che si incontrano su un punto o una linea di sommo | *— a botte*, volta semicilindrica che scarica direttamente il suo peso su due muri paralleli | (*est.*) Superficie interna di una volta o soffitto di gallerie e di cavità naturali o artificiali: *gli affreschi della — della Cappella Sistina*; *la — di una caverna* | *A —*, detto di costruzione a forma di volta: *copertura a —*. [→ ill. *architettura*, *panettiere*, *ponte*, *riscaldamento*] **2** (*est., gener.*) Struttura che è, o pare, di forma arcuata: *la — celeste*. **3** (*anat.*) Parete superiore arcuata: *— del palato*; *— cranica*.

voltafàccia *s. m. inv.* **1** Inversione di direzione, spec. con movimento repentino: *il — di un cavallo*. **2** (*fig.*) Improvviso cambiamento di idee, opinioni, posizioni ideologiche e sim.: *— politico* | Sleale e imprevedibile venir meno alla parola data.

voltafièno *s. m. inv.* Macchina per rivoltare il fieno sparso sui campi dopo la falciatura.

voltagabbàna *s. m. e f. inv.* Chi, per utilità personale, muta facilmente opinione, partito e sim.

voltàggio *s. m.* Tensione elettrica.

voltàico *agg.* (*pl. m. -ci*) Che si riferisce al fisico italiano A. Volta | *Arco voltaico*, arco elettrico | Che si riferisce alla generazione di correnti elettriche basata su effetti elettrochimici: *pila voltaica*.

voltàmetro *s. m.* Strumento che, per mezzo dell'elettrolisi, misura la quantità di elettricità trasportata in un certo tempo dalla corrente che lo attraversa.

voltampere /voltam'pɛr, *fr.* vɔltɑ̃'pɛr/ *s. m. inv.* Unità di misura della potenza elettrica apparente d'una corrente alternata, corrispondente a un volt per un ampere.

voltamperòmetro *s. m.* Strumento per la misura della potenza elettrica apparente.

voltapiètre *s. m. inv.* Uccello con ampie ali che vive sulle spiagge e cerca il nutrimento sotto le pietre che volta con il robusto becco. [→ ill. *animali* 15]

voltàre **A** *v. tr.* (*pres. io vòlto, tu vòlti*) **1** Piegare il corpo o parte di esso in una determinata direzione: *— gli occhi, il viso* | *— le spalle a qc.*, mostrargliele; (*fig.*) togliergli l'aiuto, l'appoggio | *— le spalle al nemico*, fuggire | *— le spalle alla fortuna*, (*fig.*) ignorare un'occasione favorevole | Dirigere un animale, un veicolo e sim.: *— la prua verso la riva*. **2** Girare q.c. in modo che presenti il lato contrario, l'altra faccia: *— una medaglia*; *una moneta* | *— casacca, gabbana, mantello*, (*fig.*) mutar d'opinione, di partito, spec. per opportunismo. **3** Girare, oltrepassare: *appena voltato l'angolo*. **B** *v. intr.* (*aus. avere*) Cambiar direzione: *all'incrocio volti a destra*. **C** *v. intr. pron.* Mutare, o tendere a mutare: *il tempo si è voltato al brutto*. **D** *v. rifl.* Girarsi, volgersi: *si voltava e rivoltava nel letto* | *Non saper dove voltarsi, da che parte voltarsi*, che cosa fare, a chi chiedere aiuto.

voltastòmaco *s. m.* (*pl. -chi*) Nausea, vomito: *avere il —* | (*fig.*) Disgusto, ribrezzo: *una scena che dà il —*.

voltàta *s. f.* **1** Movimento del voltare q.c. in modo che presenti il lato contrario: *una — di spalle*. **2** Svolta di strada.

volteggiàre **A** *v. intr.* (*io voltéggio; aus. avere*) **1** Volare girando sempre nello stesso spazio aereo, sulla stessa zona e sim.: *il falco volteggia sulla preda.* **2** (*est.*) Muoversi cambiando continuamente direzione, eseguendo giravolte e sim.: – *attorno a q.c.* **3** In vari sport, eseguire uno o più volteggi: – *in corsa*; – *alle, sulle parallele.* **B** *v. tr.* Far girare attorno un cavallo, fargli compiere giravolte.

voltéggio *s. m.* **1** Volo compiuto girando sempre nello stesso spazio aereo, sulla stessa zona e sim. **2** Azione del ginnasta che supera un ostacolo saltandolo con gli arti inferiori e mantenendo l'appoggio con quelli superiori | In equitazione, esercizio di abilità consistente nel passaggio da una posizione a un'altra in groppa al cavallo.

voltelettróne *s. m.* Elettronvolt.

volterràna *s. f.* **1** Tipo di volta lavorata a gesso, con mattoni messi per piano. **2** Tipo di laterizio forato con poco peso, usato per solai.

vòltmetro o *voltìmetro, voltòmetro s. m.* Strumento elettrico per la misura di tensioni espresse in volt. [→ ill. *elettricità, fisica, misure*]

vòlto (1) *part. pass. di volgere; anche agg.* Rivolto, girato | Diretto | Inclinato, dedito.

vólto (2) *s. m.* **1** (*lett.*) Viso, faccia: *un – bello, angelico, delicato.* **2** (*fig.*) Aspetto esteriore, modo di apparire: *i mille volti della natura.* **3** (*fig.*) Carattere, essenza, natura: *conoscere il vero – di qc.*

voltolàre **A** *v. tr.* (*io vòltolo*) Far girare più volte su se stesso, rotolare: – *un sasso, una botte.* **B** *v. rifl.* Rotolarsi, girarsi: *voltolarsi per terra, sull'erba.*

voltolino *s. m.* Uccelletto di palude, bruno e notturno.

voltòmetro V. *voltmetro.*

voltùra *s. f.* **1** (*dir.*) Trascrizione nei registri catastali del trasferimento da una persona a un'altra di un diritto su un bene immobile o mobile registrato: – *catastale.* **2** Nei contratti per le forniture al pubblico di beni e servizi, cambiamento del nominativo dell'utente al quale è intestato il contratto stesso: *la – del gas, della luce.*

volturàre *v. tr.* Sottoporre a voltura.

volùbile *agg.* **1** (*lett.*) Girevole: *ruota –.* **2** (*bot.*) Detto di fusto lungo e debole che si avvolge a un sostegno. **3** (*lett.*) Che si muove, si sposta, si avvolge e sim. di continuo: *l'onda –.* **4** (*fig.*) Instabile, mutevole, incostante: *tempo –*; *la – fortuna*; CONTR. Costante.

volubilità *s. f.* L'essere volubile; SIN. Instabilità.

volùme *s. m.* **1** Estensione di un corpo nelle tre dimensioni: altezza, larghezza, lunghezza | Spazio limitato da una superficie chiusa. **2** Misura di tale spazio rispetto a una determinata unità di misura: *il – di un cubo, di una piramide, di un liquido.* **3** (*est., gener.*) Mole, massa: *una cassa di gran –* | (*fig.*) Quantità globale: *il – degli affari.* **4** Nel linguaggio della critica d'arte, pienezza della forma in una costruzione architettonica o in un'opera di scultura. **5** Intensità di un suono: *ridurre il – della radio*; *il – della voce.* **6** Nell'antichità, rotolo di fogli di papiro. **7** Libro a sé stante, anche se costituisce parte di un'opera | Opera, testo.

volumetrìa *s. f.* Misurazione del volume, spec. di un edificio | Distribuzione dei volumi dei diversi elementi di un edificio o di un complesso architettonico.

volumètrico *agg.* (*pl. m. -ci*) **1** Che riguarda la misura del volume | (*chim.*) *Analisi volumetrica,* determinazione quantitativa di una sostanza contenuta in una soluzione. **2** Che si riferisce al volume o ai volumi: *proporzione volumetrica di una scultura.*

voluminosità *s. f.* L'essere voluminoso.

voluminóso *agg.* **1** Che ha grande volume e quindi occupa molto spazio: *pacco, oggetto, mobile –.* **2** (*est.*) Grasso, grosso: *donna voluminosa.*

volùta *s. f.* **1** Spira, spirale. **2** (*arch.*) Ornamento architettonico a forma di spirale, che fa parte dei capitelli ionico, corinzio, composito. [→ ill. *architettura*]

volùto *part. pass. di volere; anche agg.* **1** Che corrisponde alla volontà, ai desideri. **2** (*fig.*) Artificioso, ricercato: *tono –.*

voluttà *s. f.* **1** Intenso godimento fisico o spirituale. **2** Piacere sensuale.

voluttuàrio *agg.* Superfluo, di lusso: *spesa voluttuaria*; CONTR. Indispensabile.

voluttuosità *s. f.* L'essere voluttuoso.

voluttuóso *agg.* Di voluttà: *desideri voluttuosi* | Che è pieno di voluttà: *sguardo –* | Che promette, esprime o rivela voluttà: *labbra voluttuose.*

vòlva *s. f.* (*bot.*) Involucro che si trova alla base del gambo di alcuni funghi e rappresenta il residuo del velo. [→ ill. *fungo*]

vòlvolo *s. m.* (*med.*) Rotazione di un'ansa intestinale, che può portare a occlusione.

vombàto *s. m.* Mammifero dei Marsupiali che assomiglia a un orsacchiotto, con pelliccia ispida, oggi assai raro. [→ ill. *animali* 15]

vomeràia *s. f.* Nell'aratro, parte anteriore del ceppo che riceve il collo del vomere.

vòmere *s. m.* **1** (*agr.*) Lama dell'aratro che taglia in senso orizzontale la fetta di terra da rovesciare. [→ ill. *agricoltura*] **2** (*mil.*) Piastra metallica appuntita posta alla coda dell'affusto di un pezzo d'artiglieria, la quale, piantandosi nel terreno, impedisce l'arretramento del pezzo durante il tiro. [→ ill. *armi*] **3** (*anat.*) Piccolo osso della parte posteriore del setto nasale.

vòmica *s. f.* (*med.*) Emissione dalla bocca di una raccolta purulenta apertasi bruscamente nelle vie respiratorie.

vòmico *agg.* (*pl. m. -ci*) Che provoca il vomito, *solo nella loc.: noce vomica.*

vomitàre **A** *v. tr. e intr.* (*io vòmito, aus. avere*) Espellere attraverso la bocca il contenuto gastrico: – *il pasto*; – *sangue*; – *per il mal di mare* | (*fig.*) – *l'anima,* svuotarsi completamente lo stomaco, con violenti conati. **B** *v. tr.* **1** (*est.*) Emettere, lanciar fuori con violenza: – *fuoco, fiamme.* **2** (*fig.*) Dire rabbiosamente e in grande quantità: – *ingiurie, insulti.*

vomitativo *agg.* Vomitatorio.

vomitatòrio *agg.* Che produce vomito.

vomitèvole *agg.* Che provoca vomito | (*est., fig.*) Repellente, inaccettabile: *uno spettacolo –.*

vòmito *s. m.* **1** (*med.*) Espulsione del contenuto gastrico attraverso la bocca, per contrazione antiperistaltica dello stomaco. **2** (*est.*) Materia vomitata.

vóngola *s. f.* Correntemente, mollusco dei Bivalvi con conchiglia giallognola a linee scure concentriche, che vive sui fondali sabbiosi e fangosi e ha carni apprezzatissime: *spaghetti con le vongole.* [→ ill. *animali* 5, *pesca*]

voràce *agg.* **1** Che ha bisogno di molto cibo per saziarsi e ne divora grandi quantità: *belva –.* **2** (*est.*) Che mangia molto o troppo, con avidità: *bambino –*; SIN. Ingordo. **3** (*fig.*) Che inghiotte ogni cosa e la distrugge: *fiamma –*; *incendio –.*

voracità *s. f.* L'essere vorace; SIN. Ingordigia.

voràgine *s. f.* **1** Profonda apertura o spaccatura del terreno. **2** (*est.*) Gorgo. **3** In speleologia, ampia caverna a pareti scoscese, nella quale precipitano acque torrentizie di superficie.

voraginóso *agg.* (*lett.*) Che forma voragini.

-voro *secondo elemento:* in parole composte significa 'che mangia', 'che si nutre di', oppure 'che consuma', 'che assorbe': *carnivoro, erbivoro, insettivoro, onnivoro, idrovoro.*

vorticàre *v. intr.* (*io vòrtico, tu vòrtichi; aus. avere*) (*raro*) Girare con movimento vorticoso.

vòrtice *s. m.* **1** Rapido movimento girante, di liquido e sim., intorno a un asse ideale, fisso o mobile | (*est.*) Massa liquida o fluida che gira velocemente su se stessa: *vortici di sabbia.* **2** (*fig.*) Veloce movimento rotatorio: *il – della danza* | Rapido susseguirsi di eventi, fenomeni e sim.: *il – della vita moderna.* **3** (*fig.*) Forza, impeto, richiamo irrefrenabile che sconvolge e trascina: *il – della passione.*

vorticèlla *s. f.* Animale unicellulare dei Protozoi a forma di calice, con peduncolo che lo fissa al substrato. [→ ill. *animali* 1]

vorticóso *agg.* **1** Che è pieno di vortici, che scorre o si muove formando vortici: *fiume –.* **2** (*fig.*) Che compie o fa compiere veloci movimenti rotatori: *danza vorticosa.* **3** (*fig.*) Che è caratterizzato da un rapidissimo e spesso incontrollabile susseguirsi di eventi, fenomeni e sim.: *un – giro di cambiali.*

vossignorìa *in funzioni di pron. pers. m. e f. di seconda pers. pl.* (*dial., bur.*) Signoria vostra (rivolgendosi a una singola persona in segno di deferenza): *la sottoscritta fa domanda a* —.

vòstro ***A*** *agg. poss. di seconda pers. pl.* (*f. vòstra; pl. m. vòstri; pl. f. vòstre*) ***1*** Che appartiene a voi: *la vostra casa è bella.* ***2*** Che appartiene al vostro essere fisico o spirituale, o a sue facoltà, espressioni, manifestazioni: *ammiro il — coraggio*; *conosco ogni — pensiero* | *La vostra lingua*, quella che parlate voi | *I vostri tempi*, quelli in cui voi eravate giovani. ***3*** Di voi (indica relazione di parentela, di amicizia, dipendenza e sim.; quando indica relazione di parentela respinge l'art. se il s. che segue l'agg. poss. è sing., non alterato e non accompagnato da attributi o apposizioni; fanno eccezione i s. 'mamma', 'babbo', 'nonno', 'nonna', 'figliolo', 'figliola', che possono anche essere preceduti dall'art. det.): *— padre*; *i vostri figli*; *la vostra mamma*; *i vostri amici.* ***4*** Come compl. maiestatico rivolgendosi a personalità o a qc. di grado sociale superiore: *la Maestà Vostra*; *Vostra Santità*; *Vostra Eccellenza.* ***5*** (*fam.*) Che vi è abituale, consueto: *andare a fare il — sonnellino.* ***B*** *pron. poss. di seconda pers. pl.* ***1*** Quello che vi appartiene, che vi è proprio o peculiare (sempre preceduto dall'art. det.): *nostro figlio è più vivace del* —. ***2*** ass. Con ellissi del s., in alcune espressioni proprie del linguaggio fam.; *spendete del* — | *Accontentatevi del* —, di ciò che avete. ***3*** *al pl.* I vostri familiari, parenti.

votànte *part. pres. di votare; anche agg. e s. m. e f.* Che (o chi) vota o deve votare.

votàre ***A*** *v. tr.* (*io vóto*) ***1*** Sottoporre a votazione: *è stata votata una nuova legge* | Approvare, deliberare dando il proprio voto: *— una proposta.* ***2*** (*relig.*) Offrire in voto: *— a Dio la propria vita.* ***B*** *v. intr.* (*aus. avere*) (*dir.*) Dare il proprio voto: *— col sistema proporzionale*; *— per un partito di sinistra*; *— contro, a favore di, qc. o q.c.* ***C*** *v. rifl.* ***1*** Obbligarsi con un voto: *votarsi alla verginità.* ***2*** Darsi, offrirsi totalmente: *votarsi a Dio.*

votazióne *s. f.* ***1*** Manifestazione della propria volontà mediante un voto | (*dir.*) Procedimento di elezione o di elaborazione attuato mediante voti: *— segreta* | Risultato di tale procedimento. [→ ill. *parlamento*] ***2*** Insieme dei voti conseguiti da uno studente, nel corso dell'anno scolastico, come esito di un esame e sim.

votivo *agg.* (*relig.*) Di voto: *offerta votiva* | *Iscrizione votiva*, che ricorda un voto o ne spiega l'origine | Che è offerto in voto o è oggetto di voto: *lume* — | *Messa votiva*, celebrata per devozione particolare.

vóto *s. m.* ***1*** (*relig.*) Il dedicare a una divinità un oggetto, un animale o un uomo per esprimere gratitudine per un bene ricevuto | Nel cattolicesimo, promessa fatta a Dio, alla Vergine o a un Santo, di azione loro gradita, di impegno a evitare il peccato e sim.: *fare un* —; *far — di recarsi in pellegrinaggio; sciogliere qc. da un* — | *— religioso*, obbligo di castità, povertà e obbedienza, che assume chi entra nello stato religioso | *Prendere, pronunciare i voti*, entrare in religione. ***2*** (*est.*) Chi (o ciò che) è oggetto di voto | Oggetto offerto in conseguenza di un voto: *cappella piena di voti.* ***3*** *spec. al pl.* (*fig., lett.*) Volontà, desiderio: *ciò era nei nostri voti* | Augurio, auspicio: *formulare voti di vittoria.* ***4*** (*dir.*) Dichiarazione della propria volontà in un procedimento di elezione o di deliberazione: *diritto di* — | (*est.*) Votazione: *— segreto, palese* | *— deliberativo*, che ha per oggetto la deliberazione | *— consultivo*, con cui si esprime un semplice parere | *— di fiducia*, al governo, da parte delle assemblee legislative. ***5*** (*est.*) Scheda o altro oggetto che rechi o indichi il voto: *deporre il proprio — nell'urna.* ***6*** Giudizio di merito, espresso spec. con numeri, relativo al grado di preparazione dimostrato da uno studente o da un partecipante a un concorso: *voti bassi, mediocri, alti* | *A pieni voti*, col massimo dei voti.

voyeur /*fr.* vwa'jœr/ *s. m. inv.* (*pl. fr. voyeurs* /vwa'jœr/) Chi, per morbosa curiosità, spia le nudità o gli atti sessuali altrui; SIN. Guardone.

voyeurișmo /voje'rizmo, vwajø'rizmo/ *s. m.* Perversione del voyeur.

vu *s. f. o m. inv.* Nome della lettera *v* | *— doppio*, nome della lettera *w.*

vudù ***A*** *s. m. inv.* ***1*** Culto animista diffuso fra i neri delle Antille e di Haiti, fondato sulla commistione fra pratiche originarie dell'Africa ed elementi rituali cristiani. ***2*** (*est.*) Ciascuna delle divinità adorate in tale culto. ***B*** *agg. inv.*: *setta, rito* —.

vuduișmo *s. m. inv.* Insieme delle pratiche vudù.

vuduista *s. m. e f.* (*pl. m. -i*) Fedele del vuduismo.

vuelta /*sp.* 'bwelta/ *s. f. inv.* (*pl. sp. vueltas* /'bweltas/) (*sport*) Giro ciclistico di Spagna.

vulcanéșimo V. *vulcanismo.*

vulcànico *agg.* (*pl. m. -ci*) ***1*** Di vulcano e vulcanismo: *fenomeni vulcanici* | *Roccia vulcanica*, eruttiva | *Condotto* —, passaggio attraverso il quale il magma risale dal focolaio alla superficie. [→ ill. *geografia*] ***2*** (*fig.*) Detto di ciò che per impetuosità, ardore, ricchezza di energia, ricorda un vulcano in piena attività: *ingegno, cervello* — | Detto di persona che presenta tali caratteristiche.

vulcanișmo o *vulcanéșimo s. m.* (*geol.*) Insieme di processi dovuti alla risalita del magma alla superficie terrestre, che portano alla formazione di vulcani e all'insorgenza di fenomeni vari | *— minore*, manifestazioni del calore interno terrestre comprendenti solfatare, fumarole, sorgenti termali.

vulcanite *s. f.* (*geol.*; *gener.*) Roccia effusiva.

vulcanizzànte ***A*** *part. pres. di vulcanizzare; anche agg.* Che vulcanizza. ***B*** *s. m.* Sostanza che favorisce la vulcanizzazione.

vulcanizzàre *v. tr.* Sottoporre a vulcanizzazione: *— il caucciù.*

vulcanizzatóre *s. m.* ***1*** Operaio addetto alla vulcanizzazione. ***2*** Apparecchio in cui si effettua la vulcanizzazione.

vulcanizzazióne *s. f.* ***1*** Trattamento con zolfo o composti solforati cui vengono sottoposte alcune sostanze, tra cui il caucciù, per eliminarne la plasticità e renderle elastiche. ***2*** Insieme delle operazioni atte a ripristinare pneumatici deteriorati.

vulcàno *s. m.* Condotto della crosta terrestre dal quale possono uscire lave, gas, vapori e prodotti piroclastici, che sovente formano un monte di forma conica, terminante in un cratere | *— attivo*, che è in fase di eruzione | *— spento*, che ha cessato ogni attività | *— di fango*, pozza di fango spesso solforoso, ribollente per esalazioni gassose | *Camminare, star seduti su un* —, (*fig.*) essere in una situazione molto pericolosa | (*fig.*) *Avere la testa come un* —, ribollente di idee, progetti e sim. | *Essere un* —, (*fig.*) di persona piena d'ardore, entusiasmo. [→ ill. *geografia*]

vulcanologìa *s. f.* Scienza che studia i fenomeni vulcanici.

vulcanòlogo *s. m.* (*f. -a; pl. m. -gi*) Studioso di vulcanologia.

vulgàta o *volgàta s. f.* Versione latina della Bibbia, fatta da S. Gerolamo e adottata come testo ufficiale e liturgico dalla Chiesa Cattolica Romana.

vulgàto *agg.* (*lett.*) Divulgato, diffuso.

vulneràbile *agg.* ***1*** Che si può vulnerare, ferire (*anche fig.*); CONTR. Invulnerabile. ***2*** (*est.*) Che si può ledere, danneggiare, infrangere e sim.: *fortificazione — in più punti.* ***3*** (*fig.*) Che si può facilmente criticare, controbattere, smentire: *questione — sotto diversi aspetti.*

vulnerabilità *s. f.* L'essere vulnerabile.

vulneràre *v. tr.* (*io vùlnero*) ***1*** (*lett.*) Ferire. ***2*** (*fig.*) Offendere, ledere: *— un principio.*

vulnerària *s. f.* Pianta erbacea foraggera delle Rosali, con grandi fiori gialli in glomeruli e frutto a legume. [→ ill. *piante* 10]

vulneràrio *agg.* Detto di sostanza vegetale atta a cicatrizzare piaghe e ferite.

vùlva *s. f.* (*anat.*) Insieme degli organi genitali esterni femminili.

vuotàggine *s. f.* ***1*** (*raro*) Condizione di ciò che è vuoto; SIN. Vacuità. ***2*** Cosa insulsa, vuota, stupida.

vuotaméle *s. m. inv.* Utensile da cucina consistente in un tubetto metallico che, spinto all'interno di mele, pere e sim., ne fa venir fuori il torsolo.

vuotàre ***A*** *v. tr.* (*io vuòto;* in tutta la coniug. la *o* dittonga preferibilmente in *uo* anche se atona, per evitare ambiguità con il v. *votare*) Rendere vuoto, privare q.c. del suo contenuto: *— un cassetto, un baule* | *— il bicchiere, la bottiglia*, rovesciarne o berne l'intero contenuto | *— il piatto*, gettare o mangiare tutto il cibo in esso contenuto | *— le tasche, la borsa, il portafogli*, spendere tutto

il denaro di cui si dispone | — *il sacco*, (*fig.*) confessare tutto ciò che si sa. ***B*** *v. intr. pron.* Diventare vuoto.
vuotatùra *s. f.* Operazione del vuotare; SIN. Svuotamento.
vuotazucchine *s. m. inv.* Coltello da cucina a lama incavata, con cui si toglie l'interno delle zucchine.
vuòto ***A*** *agg.* ***1*** Che è totalmente privo di contenuto: *fiasco —*; *armadio —* | Che è privo del contenuto che dovrebbe avere: *una spiga vuota* | *Rimanere con le tasche vuote*, senza soldi | *Teatro —*, *mezzo —*, con pochi spettatori | *Sedia vuota*, libera, non occupata | *Casa vuota*, sfornita di mobili, o disabitata | *A stomaco —*, *a corpo —*, senza aver mangiato | *A mani vuote*, senza portar nulla, senza aver ottenuto nulla | *Sentirsi la testa vuota*, esser quasi incapace di ricordare o di pensare | *Testa vuota*, persona leggera, priva di idee e sim.; CONTR. Pieno. ***2*** (*fig.*) Privo: *parole vuote di senso* | (*fig.*) Che manca di interesse, di sostanza: *versi vuoti*; *discorso —* | *Vita vuota*, futile, insignificante | *Giornata vuota*, durante la quale non si è fatto niente. ***B*** *s. m.* ***1*** Spazio completamente privo di materia | Condizione di rarefazione della materia contenuta in un recipiente, in una valvola e sim. | *Sotto — spinto*, detto di prodotti spec. farmaceutici o alimentari ottenuti in ambiente privato quasi completamente di aria o di gas | Grado di rarefazione della materia: *un — di 2 mm di mercurio*. [→ ill. *fisica, petrolio*] ***2*** *— d'aria*, rapida variazione d'intensità o improvvisa cessazione di una corrente ascendente che provoca bruschi sobbalzi agli aeromobili in volo. ***3*** Spazio libero, non occupato da corpi solidi: *precipitare nel —* | *Cadere nel —*, (*fig.*) di parole, proposte e sim. rimanere inascoltate | *Fare il — intorno a sé*, (*fig.*) comportarsi in modo da allontanare da sé gli altri; riuscire a superare tutti gli avversari. ***4*** Spazio vuoto, cavità vuota: *un — nel muro*. ***5*** Recipiente vuoto: *la restituzione dei vuoti*. ***6*** (*fig.*) Mancanza, carenza: *colmare un —* | *— di potere*, quando in uno Stato manca la direzione politica. ***7*** Ciò che è inutile, vano, inesistente, *nella loc. avv. a —* | *Parlare a —*, invano, senza effetto | *Andare a —*, riuscire senza effetto | *Girare a —*, girare in folle, di ruote, ingranaggi e sim. | *Assegno a —*, senza copertura. [→ tav. *proverbi* 324, 395]
vuotòmetro *s. m.* (*fis.*) Vacuometro.

w *s. f. o m. inv.* Lettera di alcuni alfabeti stranieri moderni. In italiano si può incontrare la lettera *W* solo in forestierismi, dove di regola ha lo stesso valore del *V* (es. *wàfer*). Delle parole che contengono un *w*, alcune hanno una variante grafica più italiana con un *v* (es. *kìvi* o *kìwi*). In forestierismi non adattati, spec. voci inglesi, la lettera *W* può rappresentere /w/ (es. *western*).
wàfer /vafer, *ingl.* 'weifə/ *s. m. inv.* (*pl. ingl. wafers* /'weifəz/) Biscotto di due cialde friabili spalmate all'interno di crema o cioccolato. [→ ill. *dolciumi*]
wagon-lit /*fr.* va'gõ 'li/ *loc. sost. m. inv.* (*pl. fr. wagons-lits* /va'gõ 'li/) Veicolo ferroviario attrezzato con piccole cabine a uno, due o tre letti.
wagon-restaurant /*fr.* va'gõ rɛsto'rã/ *loc. sost. m. inv.* (*pl. fr. wagons-restaurants* /vã'gõ rɛsto'rã/) Veicolo ferroviario attrezzato per servire i pasti ai passeggeri.
walkie-talkie /*ingl.* 'wɔ:ki 'tɔ:ki/ *s. m. inv.* (*pl. ingl. walkie-talkies* /'wɔ:ki 'tɔ:kiz/) Ciascuno dei due o più ricetrasmettitori portatili sintonizzati tra loro su una lunghezza d'onda fissa e con portata massima limitata a pochi chilometri. [→ ill. *radio*]
wàlzer /'valtser, *ted.* 'valtsər/ v. valzer.
wampum /*ingl.* 'wɔmpəm/ *s. m. inv.* (*pl. ingl. wampums* /'wɔmpəmz/) Ornamento in uso presso molte tribù pellirosse, ricavato da pezzi di conchiglia.
wàpiti /'vapiti, *ingl.* 'wɔpiti/ *s. m. inv.* (*pl. ingl. wapiti* o *wàpitis* /'wɔpitiz/) Mammifero ruminante degli Ungulati dell'America del Nord, con pelame bruno e corna assai sviluppate, simile al cervo. [→ ill. *animali* 17]
warrant /*ingl.* 'wɔrənt/ *s. m. inv.* (*pl. ingl. warrants* /'wɔrənts/) ***1*** Nel linguaggio commerciale, nota di pegno. ***2*** (*banca*) Certificato che dà il diritto di sottoscrivere, a un prezzo prefissato, azioni od obbligazioni di una società emesse in un momento successivo.
wash-and-wear /*ingl.* 'wɔʃ ənd 'wɛə/ *loc. agg. inv.* Detto di tessuto di fibre sintetiche che, dopo lavato e asciugato, non richiede stiratura prima dell'impiego: *abito —*.
wassermann /*ted.* 'vasərmən/ *agg. e s. f. inv.* (*med.*) *Reazione —*, (*ell.*) —, esame per la diagnosi della sifilide per mezzo di un test sierologico.
wàter /'vater, *ingl.* 'wɔ:tə/ *s. m. inv.* (*pl. ingl. waters* /'wɔ:təz/) Water closet | Vaso di maiolica del gabinetto all'inglese.
water closet /*ingl.* 'wɔ:tə 'klɔzit/ *loc. sost. m. inv.* (*pl. ingl. water closets* /'wɔ:tə 'klɔzits/) Latrina o gabinetto con vaso di maiolica e sciacquone.
water polo /*ingl.* 'wɔtə 'poulou/ *loc. sost. m. inv.* Pallanuoto.
waterproof /*ingl.* 'wɔ:tepru:f/ *loc. agg. inv.* Detto di tessuto impermeabile.
watt /vat, *ingl.* wɔt/ *s. m. inv.* (*pl. ingl. watts* /wɔts/) (*fis.*) Unità di misura della potenza elettrica equivalente al lavoro di 1 joule in un secondo, oppure di un volt per un ampere. SIMB. W.
wàttmetro /'vattmetro/ o *wattòmetro* /'vat'tɔmetro/ *s. m.* Strumento usato per misurare la potenza attiva di una corrente elettrica.
wattóra /vat'tora/ *s. m. inv.* (*fis.*) Unità di energia corrispondente all'energia di un watt in un'ora. SIMB. Wh.
watùsso /va'tusso/ ***A*** *agg.* Dei Watussi. ***B*** *s. m.* (*f. -a*) Chi appartiene alla popolazione di pastori di origine etiopica stanziati a sud e a ovest del lago Vittoria, noti per l'altissima statura.
weber /'vɛber, *ted.* 've:bər/ *s. m. inv.* (*fis.*) Unità di misura del flusso magnetico, pari a 1 volt moltiplicato per 1 secondo. SIMB. Wb.
week-end /*ingl.* 'wi:k end/ *s. m. inv.* (*pl. ingl. week-ends* /'wi:k endz/) Fine settimana | Vacanza da dedicare al riposo e allo svago, che si usa prendere nei giorni di sabato e domenica.
wèlter /'vɛlter, *ingl.* 'weltə/ *s. m. inv.* Categoria di peso della lotta e del pugilato, intermedia tra i pesi leggeri e

i pesi medi.

west /*ingl.* west/ *s. m. inv.* Le regioni occidentali degli Stati Uniti e del Canada.

western /*ingl.* 'westən/ *agg. inv.; anche s. m. inv.* Detto di film ambientato nell'ovest degli Stati Uniti della seconda metà del sec. XIX.

whig /*ingl.* wig/ *s. m. inv.* (*pl. ingl. whigs* /wigz/) Nell'Inghilterra del '700, membro del partito fautore delle innovazioni.

whisky /*ingl.* 'wiski/ o *whiskey* /*ingl.* 'wiski/ *s. m. inv.* (*pl. ingl. whiskies* /'wiskiz/ o *whiskeys* /'wiskiz/) Acquavite di cereali, di origine anglosassone.

whisky-à-gogo /*fr.* wis'ki a go'go/ *s. m. inv.* Sala da ballo, per lo più situata in un seminterrato, con musica riprodotta con dischi.

whist /*ingl.* wist/ *s. m. inv.* (*pl. ingl. whists* /wists/) Gioco di carte simile al bridge, d'origine inglese.

widia /'vidja, *ted.* 'vi:dja/ *s. m. inv.* Sostanza durissima a base di carburo di tungsteno, usata per utensili.

wigwam /*ingl.* 'wigwæm/ *s. m. inv.* (*pl. ingl. wigwams* /'wigwæmz/) Nome dato alla tenda a cupola degli Algonchini, pellirosse degli USA e del Canada.

winchester /*ingl.* 'wintʃistə/ *s. m. inv.* (*pl. ingl. winchesters* /'wintʃistəz/) Carabina a ripetizione dal tiro molto potente e preciso.

windsurf /*ingl.* 'windsə:f/ *s. m. inv.* (*pl. ingl. windsurfs* /'windsə:fs/) Imbarcazione costituita da una tavola galleggiante munita di vela e di un albero che consentono di dirigere l'imbarcazione stando in piedi su di essa | Lo sport praticato con tale imbarcazione. [→ ill. *sport*]

wolfràmio /vol'framjo/ o *volfràmio s. m.* (*chim.*) Tungsteno.

würstel /*ted.* 'vyrstəl/ *s. m. inv.* Salsiccia tipica della Germania e dell'Austria, di carni tritate. [→ ill. *salumi*]

x ***A*** *s. f. o m. inv.* Lettera dell'alfabeto greco e latino e di alcuni alfabeti stranieri moderni. In italiano si può incontrare la lettera *X* solo in latinismi (es. *uxoricìda*), in grecismi (es. *xerofite*), in forestierismi d'altra origine (es. *texàno*), in rari cognomi e nomi di luogo (es. *Bìxio, Xànto*). Generalmente il suono rappresentato dalla lettera *X* è quello d'una /ks/, che soprattutto nel parlare rapido, e tanto più nelle parole d'uso meno raro, tende a ridursi al solo /s/, doppio se compreso in mezzo a due vocali nell'interno della parola (es. *sassòfono* accanto a *saxòfono*), altrimenti scempio (es. *silògrafo* accanto a *xilògrafo*). In una serie di vocaboli, per lo più latinismi o grecismi comincianti per *ex-*, alla lettera *X* si suol dare, oltre e più spesso che il suono della doppia consonante sorda /ks/, quello della sonora correlativa /gz/ (es. *exegètico*), a cui fa riscontro una semplice *s* sonora /z/ in altre forme dello stesso vocabolo o in altre voci della stessa famiglia più compiutamente italianizzate (es. *esegètico*). ***B*** *in funzione di agg. inv.* (*posposto al s.*) Detto di cosa o persona indeterminata, sconosciuta, di cui non si sa nulla: *il signor* — | Detto di evento cruciale: *scocca l'ora* —.

xèno /'ksɛno/ *s. m.* Elemento chimico appartenente al gruppo dei gas nobili, usato per riempire lampade impiegate in fotografia e lampade ad arco. SIMB. Xe.

xenofobìa /ksenofo'bia/ *s. f.* Odio fanatico per tutto ciò che è straniero.

xenòfobo /kse'nɔfobo/ *agg; anche s. m.* (*f. -a*) Che (o chi) sente o rivela odio per tutto ciò che è straniero.

xères /'ksɛres/ *s. m. inv.* Vino bianco, spagnolo, di colore ambrato e sapore secco e asciutto.

xèro- *primo elemento*: in parole composte scientifiche significa 'secco': *xerobio, xerografia.*

xeròbio /kse'rɔbjo/ *agg.* (*biol.*) Detto di organismo animale o vegetale che può vivere in ambiente arido.

xerocòpia /ksero'kɔpja/ *s. f.* Copia di documenti ottenuta per mezzo di riproduttori xerografici.

xeròfite /kse'rɔfite/ *s. f. pl.* (*bot.*) Piante xerofite.

xeròfito /kse'rɔfito/ *agg.; anche s. m.* (*f. -a*) Detto di organismo vegetale, spec. pianta, che vive in ambienti aridi.

xerografìa /kserogra'fia/ *s. f.* Procedimento di stampa a secco, impiegato nella riproduzione di documenti e basato sui principi dell'elettrostatica.

xerogràfico /ksero'grafiko/ *agg.* (*pl. m. -ci*) Di xerografia.

xerosfèra /kseros'fɛra/ *s. f.* Ambiente climatico tipico dei deserti.

xeròsi /kse'rɔzi/ *s. f.* (*med.*) Lesione degenerativa della congiuntiva.

xerotèrmo /ksero'tɛrmo/ *agg.* Detto di organismo vegetale, spec. pianta, tipico delle regioni povere di precipitazioni e con ampia escursione termica.

xilèma /ksi'lɛma/ *s. m.* (*pl. -i*) (*bot.*) Tessuto legnoso dei vegetali.

xilofonista /ksilofo'nista/ o *silofonista s. m. e f.* (*pl. m. -i*) Suonatore di xilofono.

xilòfono /ksi'lɔfono/ o *silòfono s. m.* Strumento di cilindri, lamine di legno, vetro, o sim. infilati su cordoni e separati tra loro con isolatori, che si suona con piccoli martelli di legno. [→ ill. *strumenti musicali*]

xilografìa /ksilogra'fia/ e deriv. V. *silografia* e deriv.

Y

y *s. f. o m. inv.* Lettera dell'alfabeto greco e latino e di alcuni alfabeti stranieri moderni. In italiano si può incontrare la lettera *Y* solo in pochi forestierismi, dove ha, secondo i casi, l'uno o l'altro dei due principali valori dell'*I*, quello vocalico (es. *ipsilon* o *ypsilon*) e quello semiconsonantico (es. *iòle* o *yòle*).

yacht /*ingl.* jɔt/ *s. m. inv.* (*pl. ingl. yachts* /'jɔts/) Panfilo da diporto.

yachting /*ingl.* 'jɔtin/ *s. m. inv.* Sport o pratica della navigazione da diporto.

yachtsman /*ingl.* 'jɔtsmən/ *s. m. inv.* (*pl. ingl. yachtsmen* /'jɔtsmən/) Chi pratica lo yachting.

yak /jak, *ingl.* jæk/ *s. m. inv.* (*pl. ingl. yaks* /jæks/) Mammifero ruminante degli Ungulati, delle montagne asiatiche, con mantello lanoso di peli ondulati. [→ ill. *animali* 18]

yankee /*ingl.* 'jæŋki/ ***A*** *s. m. inv.* (*pl. ingl. yankees* /'jæŋkiz/) Soprannome con il quale i soldati inglesi chiamavano gli Americani durante la rivoluzione | Soprannome con cui i sudisti chiamavano i nordisti durante la guerra di secessione | Ogni cittadino americano di origine anglosassone. ***B*** *agg. inv.* Degli yankee | (*est.*) Che è tipicamente americano (*spec. spreg.* o *scherz.*): *usanza* —.

yard /*ingl.* ja:d/ *s. f. inv.* (*pl. ingl. yards* /ja:dz/) Misura di lunghezza inglese, pari a metri 0,914.

yawl /*ingl.* jɔ:l/ *s. m. inv.* (*pl. ingl. yawls* /jɔ:lz/) Yacht a due alberi.

yemenìta *agg.; anche s. m. e f.* (*pl. m. -i*) Dello Yemen.

yen *s. m.* Unità monetaria del Giappone.

yèti /'jɛti/ *s. m. inv.* Essere simile all'uomo, ma di costituzione gigantesca, che, secondo una leggenda, vivrebbe fra le nevi dell'Himalaya.

yé-yé /*fr.* je je/ ***A*** *s. m. inv.* Genere di musica leggera molto ritmata con caratteristici accompagnamenti vocali, di moda nella prima metà degli anni Sessanta | Tipo di ballo assai animato al ritmo di questa musica | (*est.*) Moda, atteggiamenti, gusti caratteristici di una certa gioventù di quel tempo. ***B*** *agg. inv.* Che si ispira a tale moda e atteggiamento: *vestito, ragazza* —.

yiddish /*ingl.* 'jidiʃ/ o *jiddish* ***A*** *s. m. inv.* Lingua e cultura delle comunità ebraiche della Germania e dell'Europa orientale. ***B*** *anche agg. inv.*: *lingua* —.

yòga /'jɔga, *sans.* 'jo:ga/ ***A*** *s. m. inv.* ***1*** Sistema filosofico--religioso dell'India antica, che aspira alla mistica unione con l'Essere Supremo attraverso una tecnica di dominio del corpo e dei sensi. ***2*** Tecnica ginnastica della respirazione e dei movimenti di origine orientale. ***B*** *agg. inv.* Dello yoga, nel sign. 2: *posizione* —.

yògurt /'jɔgurt/ o *iogurt s. m. inv.* Latte coagulato per effetto di uno speciale fermento, originario della Bulgaria.

yòle /'jɔle/ V. *iole*.

yorkshire terrier /*ingl.* 'jɔ:kʃiə 'terjə/ *loc. sost. m. inv.* (*pl. ingl. yorkshire terriers* /'jɔ:kʃiə 'terjəz/) Piccolo cane inglese di lusso, dal caratteristico pelo fluente, con mantello gener. a due colori, molto vivace ed elegante. [→ ill. *cane*]

yo-yò /jɔ 'jɔ, *ingl.* 'jou 'jou/ *s. m. inv.* Nome commerciale di un giocattolo d'origine cinese costituito da una rotella scanalata su cui è avvolto uno spago, legato a un'estremità al dito del giocatore; lasciando cadere la rotella, essa risale da sola. [→ ill. *giochi*]

ypsilon V. *ipsilon*.

yùcca *s. f.* Pianta americana delle Liliflore con fusto rivestito di foglie lineari e fiori bianchi o violacei penduli in pannocchie. [→ ill. *piante* 17]

Z

z *s. f. o m. inv.* Ventunesima lettera dell'alfabeto italiano.

ẓabaióne o (*evit.*) *ẓabaglióne s. m.* Crema spumosa che si ottiene sbattendo tuorli d'uova con zucchero, aggiungendovi marsala o altro vino liquoroso, e cuocendo a bagnomaria.

zàcchera *s. f.* Schizzo di fango che resta attaccato al fondo degli abiti o alle scarpe.

zaccheróso *agg.* Schizzato di fango.

zaffàre *v. tr.* Turare con uno zaffo.

zaffàta *s. f.* ***1*** Tanfo improvviso che impedisce il respiro. ***2*** Getto di liquido o di gas che all'improvviso colpisce addosso.

ẓafferàno *s. m.* ***1*** Erba delle Iridacee con foglie lineari verdi e due fiori utili per estrarre la droga omonima. [→ ill. *piante* 17, *spezie*] ***2*** Droga giallo-rossa che si ottiene dagli stimmi polverizzati dello zafferano, usata spec. in cucina, come colorante e aromatico, o in farmacia | *Giallo come lo* —, giallo vivo.

ẓaffìro o (*evit.*) *ẓàffiro s. m.* (*miner.*) Varietà azzurra di corindone, usata come gemma | (*fig.*) *Cielo di* —, azzurro e trasparente.

zàffo *s. m.* ***1*** Tappo di legno ricoperto di tela e stoppa per chiudere la spina delle botti e dei tini. [→ ill. *vino*] ***2*** Tratto di benda per medicazione, tamponamento e sim. ***3*** Borra, stoppaccio.

ẓagàglia *s. f.* ***1*** Lunga arma in asta in uso fino al sec. XVI. ***2*** Arma primitiva in forma di corto giavellotto dalla punta di ferro.

ẓàgara *s. f.* Fiore bianco di arancio.

ẓàino *s. m.* Sacco di tela o altro materiale, trasportato sulle spalle, usato da militari, alpinisti, gitanti e sim. [→ ill. *alpinista*, *campeggiatore*]

ẓairiàno *agg.; anche s. m.* (*f. -a*) Dello Zaire (Repubblica Democratica del Congo).

ẓambiàno *agg.; anche s. m.* (*f. -a*) Dello Zambia.

zàmpa *s. f.* ***1*** Ciascuno degli arti degli animali, che servono per camminare: *le zampe di un elefante* | Parte terminale dell'arto degli animali, anche con riferimento culinario: *una* — *di vitella*. [→ ill. *zoologia*] ***2*** (*fig.*) *spec. al pl.* (*spreg.*) Gamba dell'uomo | *A quattro zampe*, carponi | (*fig.*, *scherz.*) Mano dell'uomo: *giù le zampe!* ***3*** (*ferr.*) — *di lepre*, rotaie di risvolta, facenti parte dell'incrocio del deviatoio in corrispondenza dell'intersezione di due rotaie. [→ ill. *ferrovia*] ***4*** (*raro*, *est.*) Gamba o piede di un mobile: *le zampe del tavolo*.

zampàre *v. intr.* (*aus. avere*) ***1*** Percuotere il suolo con le zampe anteriori stando fermo, detto spec. di cavalli. ***2*** (*raro*, *est.*) Battere i piedi in terra facendo strepito, detto di persona.

zampàta *s. f.* ***1*** Colpo di zampa. ***2*** (*est.*) Calcio dato da una persona. ***3*** Impronta della zampa di un animale.

zampeggiàre *v. intr.* (*io zampéggio; aus. avere*) ***1*** Battere il terreno con le zampe. ***2*** (*tosc.*) Agitare le zampe.

zampettàre *v. intr.* (*io zampétto; aus. avere*) ***1*** Muoversi velocemente, detto di animali con zampe piccole o minute. ***2*** (*est.*, *scherz.*) Sgambettare.

zampétto *s. m.* ***1*** *Dim. di zampa.* [→ ill. *macelleria*] ***2*** Zampa lessa di vitello, agnello, maiale.

zampillànte *part. pres. di zampillare; anche agg.* Che zampilla.

zampillàre *v. intr.* (*aus. essere e avere*) Sgorgare d'un liquido con impeto verso l'alto formando zampilli.

zampìllo *s. m.* Sottile getto d'acqua o altro liquido che sgorga con impeto verso l'alto e ricade in basso. [→ ill. *giardino pubblico*]

zampìna *s. f.* ***1*** *Dim. di zampa.* ***2*** Sostegno di ferro dello spiedo.

zampìno *s. m.* ***1*** *Dim. di zampa* | *Mettere lo* — *in q.c.* (*fig.*) immischiarsi, intromettersi, per influire sull'esito di q.c., spec. a proprio favore. ***2*** (*est.*, *iron.*) Grinfia, artiglio | *Mettere lo* — *addosso a qc. o a q.c.*, acchiappare, prendere. [→ tav. *proverbi* 361]

ẓampiróne *s. m.* Piccola spirale di apposite sostanze compresse che, bruciando lentamente, scaccia zanzare o insetti molesti.

zampógna *s. f.* Strumento musicale simile alla cornamusa, tipico dei pastori dell'Italia meridionale. [→ ill. *strumenti musicali*]

zampognàro *s. m.* Suonatore di zampogna.

zampóne *s. m.* **1** *Accr. di zampa.* **2** Zampa anteriore di maiale svuotata e riempita di carne trinciata, salata e drogata, da lessare: *lo — di Modena.* [→ ill. *salumi*]

zàna o *ẓàna s. f.* **1** Cesta ovale, intessuta di sottili strisce di legno. **2** Quantità di roba contenibile in una zana. **3** Culla a forma di zana, fermata su due legni convessi che fungono da arcioni.

zàngola o *ẓàngola s. f.* **1** Apparecchio per fare il burro sbattendo la panna del latte, solitamente in forma di botticella. **2** Catino di legno ove i salumai mettono a mollo il baccalà e sim.

zànna *s. f.* **1** Ciascuno dei robusti e sviluppatissimi denti sporgenti della mascella di alcuni mammiferi: *le zanne dell'elefante, del cinghiale.* [→ ill. *zoologia*] **2** Ciascuno dei denti ben sviluppati di animali spec. carnivori. **3** (*est.*, *spreg.* o *scherz.*) Dente umano grande o lungo | *spec. al pl.* (*fig.*) Dente di persona ingorda o minacciosa | *Mostrare le zanne a qc.*, (*fig.*) minacciarlo.

zannàta *s. f.* **1** Colpo di zanna | (*est.*) Morso. **2** Segno lasciato dal morso.

ẓànni *s. m.* **1** Tipo del servo semplice nella commedia dell'arte. **2** (*est.*) Persona goffa e ridicola.

zannùto *agg.* **1** Provvisto di zanne. **2** (*est.*, *spreg.*) Che ha denti grandi o lunghi, detto di persona.

ẓanzàra *s. f.* Insetto con corpo sottile, arti e antenne lunghi e filiformi, due ali, apparato boccale pungitore e succhiatore, le cui femmine si nutrono del sangue dell'uomo e di altri animali. [→ ill. *animali* 3]

ẓanzarièra *s. f.* Velo a rete di maglie finissime posto nel letto per proteggere dalle zanzare.

zàppa *s. f.* Attrezzo manuale per lavorare il terreno, formato da una lama di ferro di forma e dimensioni diverse, fissata ad angolo a un manico di legno | *Darsi la — sui piedi,* (*fig.*) ragionare contro il proprio interesse, nuocersi involontariamente. [→ ill. *agricoltura*; → tav. *locuzioni* 28]

zappàre *v. tr.* **1** Lavorare la terra con la zappa | *— la terra,* (*fig.*) fare il contadino, (*est.*) vivere in campagna. **2** Scavare opere di fortificazione.

zappàta *s. f.* **1** Colpo di zappa. **2** Lavoro fatto con la zappa | Lo zappare alla svelta.

zappatèrra *s. m. inv.* **1** (*spreg.*) Chi lavora la terra con la zappa | (*est.*) Contadino. **2** (*fig.*) Persona rozza, incolta e volgare.

zappatóre *s. m.* (*f. -trice*) **1** Chi per mestiere zappa la terra | (*est.*) Contadino. **2** Soldato addetto a scavare opere di fortificazione.

zappatrìce *s. f.* Macchina agricola per lavorare il terreno munita di utensili rotanti a forma di zappette.

zappatùra *s. f.* **1** Lavorazione del terreno per mezzo della zappa. **2** Terra sminuzzata e smossa dalla zappa.

zappétta *s. f.* Piccola zappa, spec. per lavori agricoli. [→ ill. *agricoltura, giardiniere*]

zappettàre *v. tr.* (*io zappétto*) Zappare un poco, in superficie.

zar o (*evit.*) *czar s. m.* Titolo imperiale in uso in Russia e in Bulgaria fino alla Rivoluzione.

ẓara *s. f.* Gioco d'azzardo con tre dadi, praticato in Italia in epoca medievale.

zarèvic /tsa'rɛvitʃ/ *s. m. inv.* Principe ereditario nella Russia nell'epoca anteriore alla rivoluzione.

zarìna *s. f.* Donna insignita del titolo imperiale russo | Moglie dello zar.

zarista A *agg.* (*pl. m. -i*) Concernente lo zar. **B** *agg.; anche s. m. e f.* Sostenitore dello zar.

zàttera o *ẓàttera s. f.* **1** Galleggiante costruito con tronchi legati insieme, in uso presso popoli primitivi o come mezzo di fortuna, spec. da parte dei naufraghi. **2** (*mar.*) Barcone di fondo piatto per lavori idraulici, traghetti o depositi di merci. [→ ill. *marina*]

zatteróne *s. m.* **1** *Accr. di zattera.* **2** (*est.*) Sandalo femminile estivo con suola e tacco molto alti, generalmente di sughero.

ẓavòrra *s. f.* **1** Massa pesante, solida o liquida, che si mette nella nave per darle l'immersione necessaria alla sua stabilità. **2** Negli aerostati, sacchetti di sabbia sganciabili per alleggerire il peso del carico e guadagnare quota. **3** (*fig.*, *spreg.*) Cosa ingombrante, di poco valore | Persona di scarsa levatura morale o intellettuale.

ẓavorraménto *s. m.* L'operazione di zavorrare navi, aerostati e sim. | La zavorra caricata.

ẓavorràre *v. tr.* (*io ẓavòrro*) Caricare di zavorra.

zàzzera *s. f.* **1** Capigliatura, spec. maschile, lasciata crescere dietro e ricadente quasi sulle spalle. **2** (*est.*, *spreg.* o *scherz.*) Capelli lunghi e incolti.

zazzerùto *agg.* **1** Che ha la zazzera. **2** (*est.*, *spreg.* o *scherz.*) Che ha i capelli lunghi e incolti.

ẓèbra *s. f.* **1** Mammifero africano degli Ungulati con aspetto intermedio fra quello del cavallo e quello dell'asino e pelame chiaro a strisce nere. [→ ill. *animali* 17] **2** *al pl.* (*pop.*) Zebratura stradale: *fu investito sulle zebre.*

ẓebràto *agg.* Segnato da strisce trasversali bianche e nere o chiare e scure.

ẓebratùra *s. f.* **1** Disegno a strisce bianche e nere del mantello delle zebre. **2** (*est.*) Disegno a strisce chiare e scure | *— stradale,* quella che sul fondo stradale delimita un passaggio pedonale.

ẓebù *s. m.* Mammifero domestico, ruminante degli Ungulati, dell'Africa e dell'India con caratteristica gobba sul dorso. [→ ill. *animali* 19]

zécca (1) *s. f.* (*pop.*) Acaro che si fissa sulla pelle di uomo o animali, da cui succhia sangue. [→ ill. *animali* 4]

zécca (2) *s. f.* Officina dove si coniano le monete | *Nuovo di —,* detto di moneta appena uscita dalla zecca e (*fig.*) di ciò che è nuovo fiammante.

zecchinétta *s. f.* Gioco d'azzardo a carte, simile alla toppa.

zecchìno *s. m.* Dal XVI sec., ducato d'oro veneziano | (*est.*) Qualunque moneta d'oro puro. [→ ill. *moneta*]

zéccola *s. f.* **1** Qualunque impurità che si attacchi al vello degli animali, spec. delle pecore. **2** (*fig.*) Bazzecola.

ẓèffiro V. *zefiro.*

ẓefir o *zéphir s. m. inv.* Filato o tessuto di cotone particolarmente leggero e delicato.

ẓèfiro o *ẓèffiro s. m.* **1** (*lett.*) Vento di ponente, spec. primaverile. **2** (*est.*, *lett.*) Vento mite e leggero.

ẓelànte A *agg.* **1** Che è pieno di zelo: *— del dovere.* **2** Che lavora con zelo | (*iron.* o *spreg.*) Che dimostra eccessivo zelo; SIN. Sollecito. **B** *s. m. e f.* Che si dà da fare dimostrando un eccesso di zelo.

ẓelatóre *s. m.* (*f. -trìce*) **1** (*raro*) Chi si adopera per la realizzazione di q.c. **2** Chi sostiene, con aiuti materiali e morali, una chiesa o sim.

ẓèlo *s. m.* **1** Fervore, ardore che spinge ad adoperarsi per il conseguimento di un fine o la diffusione di un ideale | (*relig.*; *est.*) Impegno del cattolico militante. **2** Diligenza nello svolgimento delle proprie mansioni; SIN. Impegno, sollecitudine.

ẓèn A *s. m. inv.* Setta religiosa buddistica, di origine cinese, la quale rinunzia a ogni speculazione intellettuale e ritiene possibile l'illuminazione e la salvezza in condizioni eccezionali, provocate anche da stimoli fisici improvvisi. **B** *anche agg. inv.*: *filosofia —.*

ẓendàdo *s. m.* **1** Velo finissimo di seta. **2** Scialle ampio e nero, frangiato, usato dalle popolane veneziane.

ẓènit *s. m.* Il punto in cui la verticale passante per un luogo di osservazione terrestre incontra la sfera celeste.

ẓenitàle *agg.* Attinente allo zenit.

ẓénzero *s. m.* Pianta erbacea delle Scitaminee dell'Asia tropicale il cui rizoma è usato come eupeptico e aromatico | (*est.*) La droga ricavata da tale pianta. [→ ill. *piante* 15, *spezie*]

ẓeolite *s. f.* Minerale, silicato idrato di alluminio e di altri elementi, caratterizzato da un reticolo cristallino entro cui possono entrare quantità variabili d'acqua o di sostanze estranee.

zéphir /*fr.* ze'fir/ V. *zefir.*

zéppa *s. f.* **1** Pezzetto di legno per rincalzare mobili che non posano bene in piano o chiudere qualche fessura. **2** In tipografia, listello di piombo per riempire gli spazi lasciati liberi dalla composizione. **3** (*fig.*) Rimedio per correggere una cosa mal detta o malfatta. **4** (*fig.*) Frase o parola che funge da riempitivo insignificante: *trovare una – per la rima.* **5** Gioco enigmistico consistente nel trasformare una parola in un'altra inserendovi una lettera (es. *mare, marte*).

zeppelin /*ted.* 'tsɛpəli:n/ *s. m. inv.* (*pl. ted. zeppeline* /'tsɛpəli:nə/) Dirigibile rigido di grande portata impiegato nella prima guerra mondiale spec. per azioni di bombardamento e, dopo la guerra, per trasporto passeggeri.

zéppo *agg.* Estremamente pieno, stivato, gremito (*anche fig.*): *teatro – di spettatori.*

zéppola *s. f.* Ciambella o frittella dolce che si prepara per Carnevale nelle regioni meridionali.

zerbino *s. m.* Piccolo tappeto posto dinanzi alle porte d'ingresso degli appartamenti; SIN. Stoino.

zerbinòtto *s. m.* Giovane galante e di un'eleganza ostentata; SIN. Damerino.

zèro **A** *s. m.* (*pl. zèri*) **1** (*mat.*) Numero indicante la mancanza di ogni valore, la cui cifra corrispondente (0), posta a destra di qualsiasi numero, ne indica la moltiplicazione per dieci, nella numerazione decimale | Una delle due cifre della numerazione binaria | (*fig.*) *Spaccare lo –*, fare i conti con estrema esattezza | *Segnare, totalizzare –*, non fare nessun punto in un gioco | *Sparare a –*, tenendo l'arma orizzontale; (*fig.*) criticare violentemente, senza riguardi | Minimo voto scolastico. **2** Punto iniziale di una scala graduata in uno strumento di misura. **3** (*fis.*) Grado di temperatura corrispondente a quella del ghiaccio fondente, nelle scale Celsius e Reaumur | *Essere sotto –*, a una temperatura inferiore a zero gradi | (*fis.*) *– assoluto*, la più bassa temperatura possibile, corrispondente alla cessazione dei moti molecolari nella materia. **4** (*est.*) Niente: *non vale uno –* | *Essere uno –*, (*fig.*) una nullità | (*fig., est.*) *Tagliare i capelli a –*, scorciarli del tutto. **B** *agg. num. card.* Indica una quantità numerica nulla: *ho fatto – punti* | Identifica q.c. in una sequenza | *L'ora –*, la mezzanotte, oppure gener. l'ora d'inizio di una nuova attività o situazione.

zèta *s. f. e m.* (*pl. zète, f., zèta m. e f.*) Nome della lettera *z* | *Dall'a alla –*, (*fig.*) dal principio della fine.

zèugma *s. m.* (*pl. -i*) Figura retorica per la quale si collegano due o più enunciati a un termine che è appropriato per uno solo di essi (es. *sentirai cantare e ballare*).

zìa *s. f.* Sorella del padre o della madre rispetto ai nipoti | (*est.*) Moglie dello zio.

zibaldóne *s. m.* **1** Mescolanza confusa di cose o persone diverse. **2** Quaderno con una miscellanea di memorie, riflessioni, appunti: *lo Zibaldone di Leopardi.* **3** (*est., spreg.*) Scritto, discorso, contenente una serie disordinata di pensieri e motivi.

zibellino *s. m.* **1** Piccolo mammifero dei Carnivori, siberiano, snello, con arti corti e mantello scuro. [→ ill. *animali* 20] **2** Pelliccia pregiata dell'animale omonimo.

zibètto *s. m.* **1** Mammifero africano dei Carnivori, con muso aguzzo, mantello scuro a macchie, una criniera sul dorso e caratteristiche ghiandole anali. [→ ill. *animali* 20] **2** Sostanza butirrosa secreta dalla ghiandola anale dell'animale omonimo, usata in profumeria.

zibibbo *s. m.* Varietà di uva bianca da tavola, dolce, consumata spec. appassita o per produrre vino da dessert.

zigàno o *tzigàno* **A** *s. m.* (*f. -a*) Zingaro, spec. d'Ungheria | (*est.*) Suonatore ambulante, spec. di violino. **B** *agg.* Che riguarda gli zingari ungheresi.

zigàre *v. intr.* (*io zìgo, tu zìghi; aus. avere*) (*raro*) Mandare il caratteristico suono stridulo e acuto, detto del coniglio.

ziggurat *s. m. o f. inv.* Tempio proprio della civiltà della Mesopotamia, a forma di alta torre a gradoni. [→ ill. *monumenti archeologici*]

zigodàttilo *agg.* Detto del piede di alcuni uccelli con due dita rivolte in avanti e due indietro.

zigolo *s. m.* Uccelletto con coda forcuta e becco conico con margini ripiegati in dentro. [→ ill. *animali* 13]

zigomàtico *agg.* (*pl. m. -ci*) Dello zigomo.

zigomo *s. m.* (*anat.*) Ciascuna delle due sporgenze ossee ai lati della faccia.

zigòsi *s. f.* (*biol.*) Unione di due gameti con formazione dello zigote.

zigòte *s. m.* (*biol.*) Cellula risultante dalla fusione dei gameti maschile e femminile.

zigrinàre *v. tr.* **1** Conciare una pelle o trattare una tela in modo da conferir loro l'aspetto dello zigrino. **2** Imprimere o stampare una fitta serie di piccole righe parallele sull'orlo di monete, lembi di sigarette, assegni e sim.

zigrinàto *part. pass. di zigrinare; anche agg.* **1** Conciato a guisa di zigrino. **2** Che è fittamente impresso di piccole righe. [→ ill. *moneta*]

zigrino *s. m.* **1** Pelle ruvida di squalo o razza usata per levigare, grazie ai dentelli cutanei di cui è coperta. **2** Pelle di cavallo, asino, cammello, cui un'opportuna concia ha conferito la granulosità della pelle dello zigrino.

zigzàg o *zig zag s. m. inv.* **1** Serie di linee formanti tra loro angoli alternativamente sporgenti e rientranti: *disegno a –.* **2** (*est.*) Moto di un corpo secondo una linea a zigzag: *gli – della lepre* | *A –*, procedendo con una serie di secchi cambiamenti di direzione.

zigzagàre *v. intr.* (*io zigzàgo, tu zigzàghi; aus. avere*) **1** Andare avanti a zigzag. **2** Svolgersi a zigzag | Fare degli zigzag.

zillàre *v. intr.* (*aus. avere*) (*raro*) Mandare uno più zilli, detto di alcuni insetti.

zillo *s. m.* (*raro*) Verso acuto e sottile di alcuni insetti: *lo – delle cavallette.*

zimàrra *s. f.* **1** Lunga veste usata un tempo come cappotto. **2** (*scherz.*) Cappotto troppo lungo.

zimàsi *s. f.* (*biol.*) Insieme degli enzimi che intervengono nella fermentazione alcolica.

zimbellàre *v. tr.* (*io zimbèllo*) **1** Adescare gli uccelli con lo zimbello. **2** (*fig.*) Allettare con la civetteria o con lusinghe.

zimbellatóre *s. m.* (*f. -trice*) **1** Chi fa agire gli zimbelli. **2** (*fig.*) Chi alletta, lusinga.

zimbèllo *s. m.* **1** Uccello vivo, legato a un palo con un lungo filo perché funga da richiamo ad altri uccelli | (*est.*) Ogni uccello da richiamo, nella caccia. [→ ill. *cacciatore*] **2** (*fig.*) Lusinga, allettamento. **3** Oggetto di burle, spasso e risa: *è lo – di tutti.*

zimino *s. m.* Salsa per piatti di pesce, a base di verdure, aglio, cipolla, pomodoro, vino bianco ed erbe aromatiche | Pietanza così condita.

zimologìa *s. f.* Scienza che studia l'azione e la composizione degli enzimi.

zincàre *v. tr.* (*io zinco, tu zinchi*) Ricoprire una superficie metallica con uno strato di zinco per immersione in zinco fuso o per elettrodeposizione.

zincàto *part. pass. di zincare; anche agg.* Ricoperto di zinco.

zincatùra *s. f.* **1** Operazione dello zincare. **2** Strato di zinco che riveste la superficie metallica che è stata zincata.

zinco *s. m.* (*pl. -chi*) Elemento chimico, metallo di colore grigio, presente in natura nei suoi minerali dai quali si ottiene per arrostimento; usato come strato protettivo su altri metalli, per lamiere e per la preparazione dell'ottone. SIMB. Zn. [→ ill. *elettricità*]

zincografìa *s. f.* **1** Procedimento di incisione su lastre di zinco, con processo fotochimico, per preparare i cliché per riproduzione a stampa. **2** Laboratorio zincografico.

zincogràfico *agg.* (*pl. m. -ci*) Di zincografia | Ottenuto per mezzo di zincografia.

zincògrafo *s. m.* Chi esegue zincografie.

zincotipìa *s. f.* **1** Zincografia. **2** Laboratorio in cui vengono preparate fotoincisioni su zinco. **3** Copia stampata che si ottiene dalla lastra di zinco dopo l'inchiostratura.

zincotipista *s. m. e f.* (*pl. m. -i*) Zincografo.

zingarésco **A** *agg.* (*pl. m. -schi*) Di, da zingaro. **B** *s. m.* Lingua parlata dagli zingari.

zìngaro *s. m.* (*f. -a*) **1** Appartenente a una popolazione originaria dell'India, diffusasi in Europa sino dal XII sec., caratterizzata da nomadismo, attività lavorative saltuarie e ricche tradizioni etniche. **2** (*fig., spreg.*) Persona sudicia e malvestita.

zinna *s. f.* (*centr., pop.*) Poppa, mammella.

zinnia *s. f.* Pianta erbacea ornamentale delle Sinandrali con fiori uniti in capolini di vario colore. [→ ill. *piante* 14]

zinzino *s. m.* Pezzettino, piccolissima porzione: *uno – di pane* | (*fig.*) Piccola quantità.

zìo *s. m.* **1** Fratello del padre o della madre, rispetto ai nipoti: *– paterno; – materno* | (*est.*) Marito della zia | (*scherz.*) *– d'America*, quello emigrato in America che lascia o può lasciare una cospicua eredità; (*est.*) zio o parente ricco. **2** *al pl.* Lo zio e la zia rispetto ai nipoti.

zip *s. m. inv.* Chiusura lampo.

zìpolo *s. m.* Legno col quale si tura il buco o spillo fatto nella botte.

zircóne *s. m.* (*miner.*) Silicato di zirconio contenente arnio e torio, in cristalli prismatici dalla lucentezza adamantina, spesso usato come gemma.

zircònio *s. m.* Elemento chimico, metallo di aspetto simile all'acciaio, usato in ferroleghe, apparecchiature chimiche, nei reattori nucleari e, in un suo composto, come refrattario. SIMB. Zr.

zirlàre *v. intr.* (*aus. avere*) Emettere uno o più zirli, detto del tordo | Imitare il sibilo caratteristico del tordo per richiamo, detto di cacciatori.

zirlo *s. m.* Verso breve e acuto del tordo.

zita *s. f. spec. al pl.* Pasta alimentare bucata, sorta di grossi maccheroni. [→ ill. *pasta*]

zitèlla o *zitèlla s. f.* Donna nubile | (*scherz.* o *spreg.*) Donna nubile e non più giovane.

zitellóne o *zitellóne s. m.* (*f. -a*) (*scherz.*) Uomo scapolo e un po' attempato.

zittìo *s. m.* Lo zittire | Sibilo leggero per ridurre al silenzio.

zittìre **A** *v. intr.* (*io zittìsco, tu zittìsci; aus. avere*) Fare con la bocca un sommesso sibilo per far tacere qc., spec. per interrompere oratori, attori o cantanti poco graditi. **B** *v. tr.* Far tacere qc. con un sibilo sordo o leggero, a teatro, a una conferenza e sim.: *tutti zittivano la cantante.*

zitto **A** *agg.* Che non parla: *stare — e quieto*; *— come un olio* | *Rimanere —*, in assoluto silenzio | *Far stare —*, costringere qc. a tacere | (*est.*) Che non si fa sentire, non fa valere le sue ragioni: *di fronte a un torto non devi stare —*. **B** *inter.* Si usa per intimare il silenzio o per minacciare qc.

zizza *s. f.* (*merid.*, *pop.*) Poppa, mammella.

zizzània *s. f.* **1** (*bot.*; *pop.*) Loglio. **2** (*fig.*) Discordia, grave contrasto, male: *seminare, spargere —*. [→ tav. *locuzioni* 100]

zoccolàio *s. m.* **1** Chi fa o vende zoccoli. **2** (*fig.*) Zotico, villano.

zoccolànte **A** *agg.* Che porta gli zoccoli. **B** *s. m.* Frate minore osservante, che porta gli zoccoli.

zoccolàre *v. intr.* (*io zòccolo; aus. avere*) (*pop.*) Far fracasso con gli zoccoli, camminando.

zòccolo *s. m.* **1** Calzatura con la suola di legno e tomaia per lo più a strisce. [→ ill. *calzatura*] **2** (*fig.*, *spreg.*) Persona villana, rozza, ignorante | Uomo da nulla. **3** Unghia tipica degli Ungulati, corta, a piastra incurvata trasversalmente e suola robusta; SIN. Unghione, ungula. [→ ill. *cavallo*] **4** Strato di terra o fango che resta attaccato alle scarpe passando per luoghi bagnati. **5** Basamento, di vario materiale, in varie strutture: *uno — di pietra*; *lo — di una colonna* | (*est.*) Piede delle mura, nelle antiche fortificazioni | (*est.*) Fascia inferiore della parete di una stanza, o della base di una porta, tinta in colore più scuro o rivestita di materiale vario, a scopo decorativo o protettivo. [→ ill. *casa, illuminazione, mobili, strumenti musicali, porta*] **6** (*geogr.*) *— continentale*, piattaforma e scarpata continentale.

zodiacàle *agg.* Attinente allo zodiaco.

zodìaco *s. m.* Zona ideale della sfera celeste che contiene le traiettorie apparenti descritte del Sole, dai pianeti e dalla Luna | *Costellazioni dello —*, Ariete, Toro, Gemelli, Cancro, Leone, Vergine, Libra, Scorpione, Sagittario, Capricorno, Acquario, Pesci. [→ ill. *zodiaco*]

zoidiofilìa *s. f.* Impollinazione operata da animali.

zoidiòfilo *agg.* Detto di pianta che affida l'impollinazione agli animali.

zolfanèllo *s. m.* **1** Fiammifero di legno con capocchia di zolfo o fosforo, da sfregare | *Accendersi come uno —*, (*fig.*) essere molto irascibile. **2** Stoppino impregnato di zolfo fuso, per disinfettare le botti.

zolfatàra V. *solfatara.*

zólfo o (*raro*) *sólfo s. m.* Elemento chimico, metalloide giallo, diffusissimo in natura nei suoi composti in solfuri e solfati, nonché allo stato elementare; usato per produrre acido solforico, come additivo di fertilizzanti, per la vulcanizzazione della gomma, in medicina, in molte industrie chimiche. SIMB. S.

zòlla o *zòlla s. f.* **1** Pezzo di terra che si stacca dai campi coltivati. **2** *spec. al pl.* Campo lavorato, terreno. **3** Pezzo di altre materie: *una — di zucchero.*

zollétta o *zollétta s. f.* **1** *Dim. di zolla.* **2** Pezzetto spec. di zucchero.

zombie /*ingl.* 'zɔmbi/ o *zombi s. m. inv.* (*pl. ingl. zombies* /'zɔmbiz/) **1** (*relig.*) Nelle credenze popolari delle Antille, spirito soprannaturale che ridà vita a un cadavere | Il cadavere così rianimato. **2** (*est.*, *fig.*) Persona abulica, priva di carattere e volontà.

zompàre *v. intr.* (*io zómpo; aus. essere e avere*) (*centr.*) Saltare.

zòna *s. f.* **1** Fascia, striscia | (*est.*) Superficie, spazio delimitato: *una — d'ombra* | (*mat.*) *— sferica*, parte di superficie sferica compresa fra due piani secanti paralleli. **2** (*geogr.*) Ciascuna delle cinque fasce parallele che, per convenzione, suddividono la superficie della Terra, delimitate dai circoli polari e dai tropici, che prendono il nome dal clima dominante: due glaciali o polari, artica e antartica, due temperate, boreale e australe, e una torrida, o equatoriale, fra i due tropici. [→ ill. *geografia, spiaggia*] **3** (*est.*) Territorio, regione, ben delimitati o che presentano caratteri distintivi | *— climatica*, zona della superficie terrestre determinata in base al clima che vi regna | *— depressa*, area economicamente depressa | *— calda*, dove incombe un pericolo di conflitto armato | *— di guerra*, parte del territorio nazionale nella quale vige la legge di guerra. **4** Parte di territorio comunale o gener. urbano destinata a una determinata funzione: *— industriale*; *— residenziale* | *— del silenzio*, ove vige per gli autoveicoli il divieto di usare i segnali acustici | *— verde*, quella che, in un abitato, è adibita a parco o a giardino | *— blu, verde*, parte del centro storico della città in cui il traffico è variamente limitato | *— disco*, in cui le automobili possono sostare per un tempo limitato esponendo il disco orario. **5** In vari giochi di palla, parte del campo in cui uno o più giocatori devono svolgere la loro azione | Sistema di difesa (distinto da quello 'a uomo') basato sulla copertura, da parte dei difensori, di una determinata area del campo. **6** Fascia con cui gli antichi si cingevano la vita.

zonàle *agg.* Attinente a una zona.

zonatùra *s. f.* Divisione in zone.

zonizzazióne *s. f.* (*urban.*) Suddivisione di un'area urbana in diverse zone destinate a funzioni specifiche.

zónzo *vc. Solo nella loc. a —*, a spasso, qua e là senza una meta.

zòo *s. m. inv.* (*fam.*) Giardino zoologico. [→ ill. *circo*]

zòo-, -zòo *primo e secondo elemento*: in parole composte significano 'animale': *zoofilo, zoologia, protozoi.*

zoofilìa *s. f.* Amore per gli animali, spec. domestici.

zoòfilo *agg.*; *anche s. m.* (*f. -a*) Che (o chi) ama e protegge gli animali.

zoofobìa *s. f.* Timore morboso di tutti gli animali o di una determinata specie.

zoòforo **A** *s. m.* Fregio ionico, situato fra architrave e cornice, decorato con figure spec. animali. **B** *agg.* Che sorregge una raffigurazione spec. animale.

zoogènico *agg.* (*pl. m. -ci*) Detto di roccia formata da resti

zodiaco

animali.

zoogeografìa *s. f.* Scienza che studia la distribuzione delle specie animali sulla superficie terrestre e le cause che la influenzano.

zooiàtra *s. m. e f.* (*pl. m. -i*) (*raro*) Veterinario.

zooiatrìa *s. f.* (*raro*) Veterinaria.

zoologìa *s. f.* Scienza che studia gli animali nelle loro forme, funzioni, comportamenti, ordinandone le specie secondo una sistematica. [→ ill. *zoologia*]

zoològico *agg.* (*pl. m. -ci*) Che riguarda la zoologia.

zoologìsta *s. m.* (*pl. -i*) Chi commercia o caccia animali per i giardini zoologici.

zoòlogo *s. m.* (*f. -a; pl. m. -gi*) Studioso di zoologia.

zoom /*ingl.* zu:m/ *s. m. inv.* (*pl. ingl. zooms* /zu:mz/) Obiettivo la cui distanza focale può essere variata per poter variare le dimensioni dell'immagine. [→ ill. *cinematografia*]

zoomàre e deriv. V. *zumare* e deriv.

zoometrìa *s. f.* Studio delle dimensioni degli animali.

zoomòrfo *agg.* Che rappresenta un animale.

zoonòsi *s. f.* Ogni malattia infettiva degli animali | Malattia propagabile dagli animali all'uomo, quali la tubercolosi, il carbonchio, la rabbia.

zootecnìa *s. f.* Scienza che studia l'allevamento degli animali utili all'uomo.

zootècnico ***A*** *agg.* (*pl. m. -ci*) Che riguarda la zootecnia | *Patrimonio* –, l'insieme degli animali d'allevamento di uno Stato. ***B*** *s. m.* Studioso di zootecnia.

zootomìa *s. f.* Anatomia animale.

zoppàggine *s. f.* (*raro*) Zoppìa.

zoppìa *s. f.* Infermità di un animale zoppo | (*med.*) Condizione di una persona zoppa.

zoppicamènto *s. m.* (*raro*) Lo zoppicare (*anche fig.*).

zoppicànte *part. pres. di zoppicare; anche agg.* Che zoppica (*anche fig.*) | *Verso* –, che presenta irregolarità metriche.

zoppicàre *v. intr.* (*io zòppico, tu zòppichi; aus. avere*) ***1*** Camminare, andare zoppo. ***2*** (*est.*) Poggiare in modo difettoso, traballante, detto spec. di mobili: *questa sedia zoppica.* ***3*** (*fig.*) Essere manchevole o moralmente debole | (*fig.*) Essere incerto, insicuro: *zoppica un po' in italiano* | (*fig.*) Non reggere, mancare di rigore, detto di ragionamenti e sim. [→ tav. *proverbi* 107]

zoppicóni *avv.* Zoppicando.

zòppo ***A*** *agg.* ***1*** Che è infermo alle gambe o ai piedi e non può camminare con l'andatura naturale: *è – da una gamba* | *Piede* –, che fa zoppicare | *Andare a piè* –, saltellando su una gamba. ***2*** (*est.*) Traballante, detto di mobile: *tavolo* –. ***3*** (*fig.*) Difettoso, debole, incompleto: *rima zoppa.* ***B*** *s. m.* (*f. -a*) Chi zoppica, spec. in modo durevole. [→ tav. *proverbi* 107]

zorìlla *s. f.* Mammifero africano e asiatico dei Carnivori, simile alla moffetta, piccolo, con pelliccia scura striata di bianco.

zoster /*lat.* 'dzoster/ *agg. inv.* (*med.*) *Nella loc. herpes* –, caratterizzato da vescicole molto dolorose lungo il decorso dei nervi.

zoticàggine *s. f.* (*spreg.*) Carattere di zotico.

zotichézza *s. f.* L'essere zotico; SIN. Rozzezza.

zòtico ***A*** *agg.* (*pl. m. -ci*) ***1*** Incolto, incivile | Rozzo, grossolano; SIN. Rustico. ***2*** (*raro, est.*) Ruvido, detto di panno. ***B*** *s. m.* (*f. -a*) Persona zotica; SIN. Cafone.

zòzza *s. f.* ***1*** (*pop., tosc.*) Intruglio alcolico di qualità scadente. ***2*** (*fig.*) Gente vile, triviale.

zuàvo ***A*** *s. m.* Soldato di un corpo di fanteria coloniale francese creato in Algeria nel 1831. ***B*** *In funzione di agg. nella loc. alla zuava,* (*ell.*) alla maniera degli zuavi | *Pantaloni alla zuava*, corti, larghi e serrati sotto il ginocchio. [→ ill. *abbigliamento*]

zùcca *s. f.* ***1*** Pianta delle Cucurbitali con fusto strisciante, foglie pelose, grande frutto di forma variabile | Frutto della pianta omonima. [→ ill. *piante* 14, *verdura*] ***2*** (*scherz.*) Testa umana | *Essere senza sale in* –, *essere una* –, non avere giudizio, essere sciocco.

zuccàta *s. f.* (*scherz.*) Colpo dato con la testa.

zuccheràggio *s. m.* Operazione enologica consistente nell'aggiungere zucchero ai mosti non ricchi di glucosio.

zuccheràre *v. tr.* (*io zùcchero*) Rendere dolce con lo zucchero.

zuccheràto *part. pass. di zuccherare; anche agg.* ***1*** Reso dolce con lo zucchero. ***2*** (*fig.*) Mellifluo, insinuante: *maniere zuccherate.*

zuccherièra *s. f.* Vaso per custodire o presentare lo zucchero. [→ ill. *bar, stoviglie*]

zuccherière *s. m.* Industriale che produce zucchero | Operaio di zuccherificio.

zuccherièro *agg.* Concernente lo zucchero e la sua produzione.

zuccherifìcio *s. m.* Stabilimento in cui si produce zucchero.

zuccherìno ***A*** *agg.* ***1*** Che ha sapore e qualità di zucchero | Che è ricco di zucchero. ***2*** Dolce come lo zucchero. ***B*** *s. m.* ***1*** Pezzetto, dolcino di zucchero. ***2*** (*fig.*) Favore, gentilezza che fanno accettare a qc. q.c. di poco piacevole.

zùcchero *s. m.* ***1*** (*chim.*) Composto della classe dei carboidrati | – *di latte*, lattosio | – *d'uva*, glucosio | – *di frutta*, fruttosio. ***2*** (*gener.*) Saccarosio ricavato dalla canna da zucchero o dalla barbabietola: sostanza bianca, dolce, cristallina dopo la raffinazione, usata nell'alimentazione: *produzione dello* – | – *greggio*, non raffinato. ***3*** (*est.*) Cibo, bevanda dolce o troppo dolce | *Dolce come lo* –, dolcissimo. ***4*** (*fig.*) Persona buona, mite, affabile | Persona falsamente amabile, melliflua.

zuccheróso *agg.* ***1*** Che ha in sé molto zucchero. ***2*** (*fig.*) Lusinghiero in modo ipocrita. ***3*** Sdolcinato, stucchevole: *commedia zuccherosa.*

zucchétta *s. f.* ***1*** *Dim. di zucca.* ***2*** Zucchina.

zucchétto *s. m.* ***1*** *Dim. di zucca.* ***2*** Zucchina. ***3*** (*est.*) Berretto a forma di calotta emisferica. [→ ill. *copricapo*]

zucchìna *s. f.* ***1*** *Dim. di zucca.* ***2*** Frutto di una varietà di zucca consumato verde e immaturo; SIN. Zucchetta, zucchetto, zucchino. [→ ill. *piante* 14, *verdura*]

zucchìno *s. m.* ***1*** *Dim. di zucca.* ***2*** Zucchina.

zucconàggine *s. f.* L'essere zuccone.

zuccóne ***A*** *s. m.* (*f. -a*, nel sign. 3) ***1*** *Accr. di zucca.* ***2*** (*pop.*) Testa grande e grossa | (*est.*) Persona con la testa grossa. ***3*** (*fig., spreg.*) Persona dura di testa, ottusa. ***B*** *agg.* Di poca intelligenza: *scolaro* –.

zuccòtto *s. m.* Dolce semifreddo con panna e cioccolato. [→ ill. *dolciumi*]

zùffa *s. f.* ***1*** Combattimento non lungo ma accanito | Mischia, battaglia. ***2*** Rissa, baruffa, litigio.

zufolàre ***A*** *v. intr.* (*io zùfolo; aus. avere*) Suonare lo zufolo | Emettere suoni simili a quelli dello zufolo. ***B*** *v. tr.* Fischiettare a labbra chiuse, come zufolando: – *un motivo musicale*; SIN. Fischiare.

zufolìo *s. m.* Uno zufolare continuo.

zùfolo *s. m.* Strumento a fiato costituito da un cilindro cavo di bossolo con alcuni fori.

zuiù ***A*** *s. m. e f.* ***1*** Ogni membro della tribù di lingua bantu appartenente a un vasto gruppo di popolazioni negre stanziate in Sudafrica. ***2*** (*fig., spreg.*) Persona incivile, incolta. ***B*** *anche agg. inv.*: *popolazioni* –.

zumàre o *zoomare* ***A*** *v. intr.* (*aus. avere*) (*cine., tv*) Avvicinare la macchina da presa o la telecamera al soggetto e poi allontanarla. ***B*** *v. tr.* (*cine., tv.*) Eseguire una variazione del campo d'immagine con uno zoom, senza spostare la macchina da presa o la telecamera.

zumàta o *zoomata s. f.* (*cine., tv.*) Operazione dello zumare | Ripresa con lo zoom.

zùppa *s. f.* ***1*** Minestra di pane affettato in brodo di carne, pesce o verdure | *Se non è – è pan bagnato*, fra le due cose non c'è differenza sostanziale. ***2*** (*fig.*) Confusione, mescolanza di cose eterogenee. [→ tav. *proverbi* 351]

zuppièra *s. f.* Recipiente con coperchio, nel quale si porta in tavola la minestra. [→ ill. *stoviglie*]

zùppo *agg.* Inzuppato, intriso: *impermeabile – di pioggia.*

zuzzurullóne o *zuzzerellóne, zuzzurellóne s. m.* (*f. -a*) (*fam., tosc.*) Ragazzo o adulto che, come un bambino, pensa sempre al gioco e allo scherzo.

zzz *inter.* ***1*** Riproduce il ronzio di un insetto in volo. ***2*** Riproduce il rumore sibilante di chi russa piano piano. ***3*** Riproduce il rumore di una sega in opera.

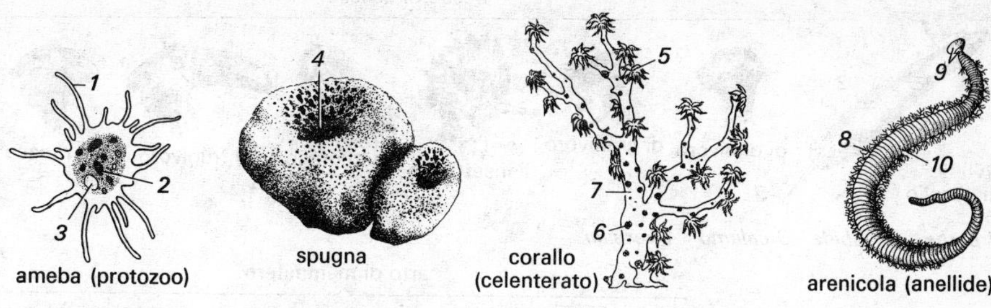

1 pseudopodio 2 vacuolo digestivo 3 vacuolo pulsante 4 osculo 5 polipo espanso 6 polipo retratto 7 scheletro 8 parapodi 9 metameri cefalici 10 metamero

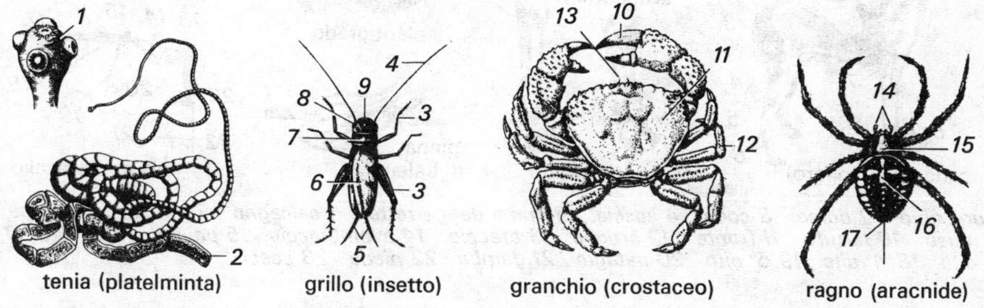

1 scolice 2 proglottide 3 zampa 4 antenna 5 cerci 6 elitra 7 protorace 8 occhio 9 capo 10 chela 11 carapace 12 arto 13 antenna 14 cheliceri 15 capotorace 16 addome 17 filiere

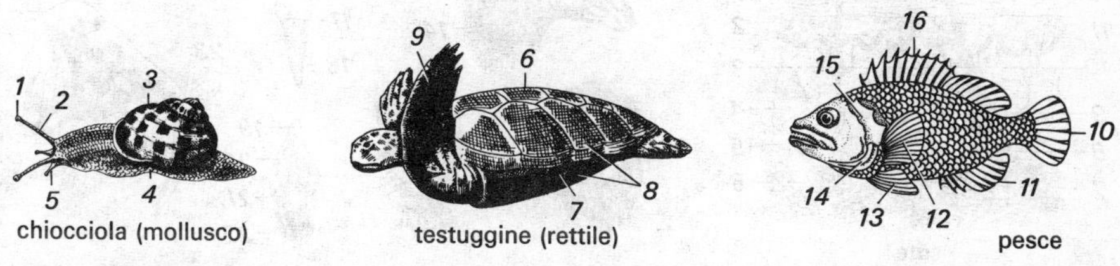

1 occhio 2 tentacolo oculare 3 conchiglia 4 piede 5 tentacolo 6 scudo 7 piastrone 8 carapace 9 zampa natatoria 10 pinna caudale 11 pinna anale 12 pinna pettorale 13 pinna pelvica 14 apertura branchiale 15 opercolo 16 pinna dorsale

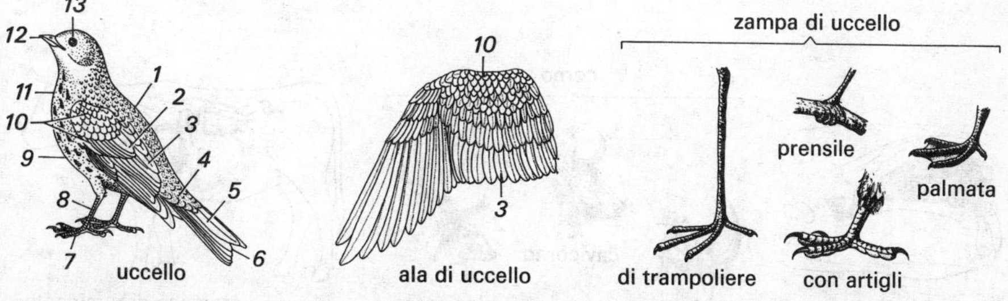

1 dorso 2 ala 3 penne remiganti 4 codrione 5 penne timoniere 6 coda 7 zampa 8 tarso 9 ventre 10 penne copritrici 11 petto 12 becco 13 occhio

1 barbe 2 rachide 3 calamo 4 vessillo

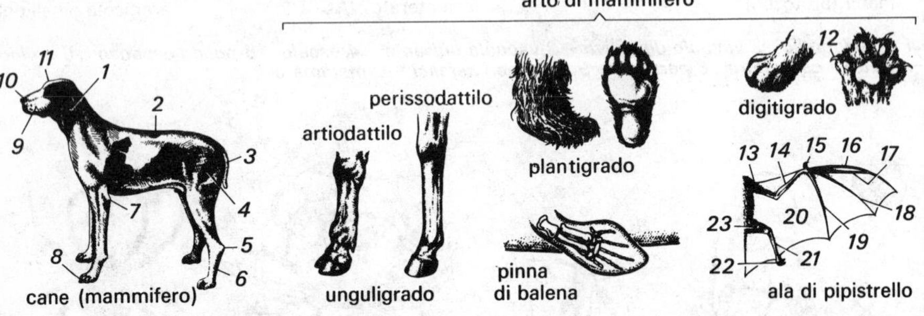

1 orecchio 2 dorso 3 coda 4 coscia 5 punta del garretto 6 calcagno 7 gomito 8 zampa 9 muso 10 tartufo 11 fronte 12 artiglio 13 braccio 14 avambraccio 15 pollice 16 2° dito 17 3° dito 18 4° dito 19 5° dito 20 patagio 21 gamba 22 piede 23 coscia

1 strato corneo 2 strato granuloso 3 muscolo del pelo 4 derma 5 papilla 6 ghiandola 7 ipoderma 8 capillari sanguigni 9 bulbo 10 ghiandola sebacea 11 strato basale 12 strato lucido 13 pelo 14 criniera 15 vibrissa 16 corona 17 colletto 18 radice 19 smalto 20 avorio 21 polpa 22 alveolo 23 zanna 24 proboscide

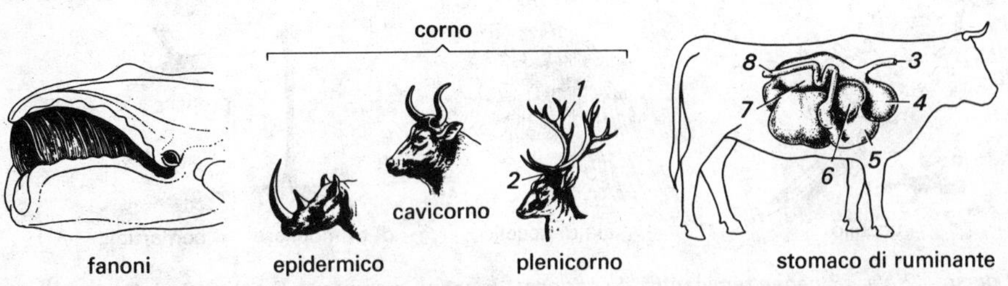

1 palco 2 rosa 3 esofago 4 reticolo 5 abomaso 6 omaso 7 rumine 8 intestino

←

SIGLE, ABBREVIAZIONI E SIMBOLI

A, *1* (*mat.*) altezza | area. *2* (*fis.*) ampere. *3* autostrada.
A.B.I., Associazione Bancaria Italiana.
A.B.S., (*chim.*) Acrilonitrile Butadiene Stirene.
ABS, (*ted. Anti-Blockier System*) Sistema (frenante) Anti Bloccaggio.
Ac, (*chim.*) attinio.
A.C.I., Automobile Club d'Italia.
A.C.L.I., Associazioni Cristiane dei Lavoratori Italiani.
A.C.T.H., (*ingl. AdrenoCortico Trophic Hormone*) (*med.*) ormone adrenocorticotrofico.
A.D.N., (*biol.*) Acido Deossiribonucleico = DNA.
A.D.P., *1* (*ingl. Adenosine diphosphate*) (*chim.*) adenosin difosfato. *2* (*ingl. Automatic Data Processing*) Elaborazione automatica dei dati.
A.D.V.S., Associazione Donatori Volontari del Sangue.
A.F., *1* (*elettr.*) Alta Frequenza. *2* Assegni Familiari.
AG, Agrigento.
Ag, (*chim.*) argento.
A.G.I.P., Azienda Generale Italiana Petroli.
A.G.I.S., Associazione Generale Italiana dello Spettacolo.
Ah, (*fis.*) amperora.
A.I.D.O., Associazione Italiana Donatori Organi.
AIDS, (*ingl. Acquired Immune Deficiency Syndrome*) Sindrome di Immunodeficienza acquisita.
A.I.E., Associazione Italiana degli Editori.
A.I.E.D., Associazione Italiana Educazione Demografica.
A.I.G., Associazione Italiana Alberghi per la Gioventù.
AL, Alessandria.
Al, (*chim.*) alluminio.
A.L.F.A. (Romeo), Anonima Lombarda Fabbrica Automobili (Romeo).
ALGOL, (*ingl. Algorithmic Language*) (*elab.*) linguaggio algoritmico.
A.L.T.A.I., (*org. az.*) Analisi Livellamento e Tempificazione Automatici Integrati.
Am, (*chim.*) americio.
A.M., Aeronautica Militare.
AN, Ancona.
A.N.A.A.O., Associazione Nazionale Aiuti e Assistenti Ospedalieri.
A.N.A.S., Azienda Nazionale Autonoma delle Strade.
A.N.B., Associazione Nazionale Bersaglieri.
A.N.C., Alleanza Nazionale dei Contadini.
A.N.C.R., Associazione Nazionale Combattenti e Reduci.
A.N.D.U., Associazione Nazionale Docenti Universitari.
A.N.I.A., Associazione Nazionale Imprese Assicuratrici.
A.N.I.C., Associazione Nazionale dell'Industria Chimica.
A.N.I.C.A., Associazione Nazionale Industrie Cinematografiche e Affini.
A.N.I.E., Associazione Nazionale Industrie Elettrotecniche ed Elettroniche.
A.N.P.A.C., Associazione Nazionale Piloti Aviazione Civile.
A.N.P.I., Associazione Nazionale Partigiani d'Italia.
A.N.S.A., Agenzia Nazionale Stampa Associata.
AO, Aosta.
AP, Ascoli Piceno.
A.P., (*ingl. Associated Press*) Stampa Associata (Agenzia di stampa americana).
A.P.I., Anonima Petroli Italiana.
A.P.L., (*ingl. Automatic Programming Language*) (*elab.*) Linguaggio per la Programmazione Automatica.
AQ, Aquila.
AR, Arezzo.
Ar, (*chim.*) argo.
A.R.C.I., Associazione Ricreativa Culturale Italiana.
Arcip., arcipelago, nelle carte geografiche.
A.R.I., Associazione Radioamatori Italiani.
A.R.M.I.R., Armata Italiana in Russia, durante la seconda guerra mondiale.
art., articolo.
As, (*chim.*) arsenico.
Ass., assicurazione | assicurata | assegno.
A.S.S.T., Azienda di Stato per i Servizi Telefonici.
A.T., Alta Tensione.
AT, Asti.
A.T.I., Aerotrasporti Italiani.
At, (*chim.*) astato.
A.T.M., Azienda Tranviaria Municipale.
atm., (*fis.*) atmosfera normale.
ATP, (*ingl. Adenosine triphosphate*) (*chim.*) Adenosin trifosfato.
Au, (*chim.*) oro.
A.U.C., allievo ufficiale di complemento.
AV, Avellino.
a/v, a vista.
A.V.I.S., Associazione Volontari Italiani del Sangue.
AZ, Alitalia.
Az., azioni.
B, (*chim.*) boro.
BA, Bari.
Ba, (*chim.*) bario.
B.B.C., (*ingl. British Broadcasting Corporation*) Ente Britannico di Radiodiffusione.
Be, (*chim.*) berillio.
BENELUX, (*fr. Belgique-Nederland-Luxemburg*) (unione economica e doganale fra Belgio-Olanda-Lussemburgo).
BF, (*elettr.*) Bassa Frequenza.
BG, Bergamo.
Bi, (*chim.*) bismuto.
B.I., Banca d'Italia.
B.I.G.E., (*fr. Billet Individuel Groupe Étudiant*) (*ferr.*) Biglietto Individuale Gruppo Studenti.
bit., (*ingl. Binary Digit*) cifra binaria nel trattamento automatico delle informazioni.
Bk, (*chim.*) berchelio, berkelio.
BL, Belluno.
B.M.W., (*ted. Bayerische Motoren Werke*) Fabbrica Bavarese Motori (fabbrica di automobili).
BN, Benevento.
B.N.L., Banca Nazionale del Lavoro.
BO, Bologna.
BOT, bot, Buono Ordinario del Tesoro.
B.P.D., Bombrini Parodi Delfino.
B.P.L., Buono Per Lire (nelle cambiali).
BR, *1* Brindisi. *2* Banco di Roma. *3* Brigate Rosse (organizzazione terroristica).
Br, (*chim.*) bromo.
B.R.M., (*ingl. British Racing Motors*) Motori da Corsa Britannici (fabbrica di automobili).
BS, Brescia.
B.T., Buono del Tesoro.
B.U., Bollettino Ufficiale.
bus, autobus, filobus e sim., nelle segnalazioni stradali.
BZ, Bolzano.
C, (*chim.*) carbonio.
°C, (*fis.*) grado Celsius.
C., capo, nelle carte geografiche.
CA, Cagliari.
Ca, (*chim.*) calcio.
c.a., *1* corrente alternata. *2* corrente anno.
cab., cablogramma.
Caf, (*ingl. Cost And Freight*) Costo e Nolo.
C.A.I., Club Alpino Italiano.
Cal, (*fis.*) grande caloria.
Cal., California.
cal, (*fis.*) piccola caloria.
Cambital, Ufficio Italiano dei Cambi.
C.A.P., Codice di Avviamento Postale.
cap., capitolo.
C.A.R., Centro Addestramento Reclute.
CARIPLO, Cassa di Risparmio Province Lombarde.
CB, Campobasso.
CC, Carabinieri.
C.C., *1* Comitato Centrale. *2* Codice Civile. *3* Corpo Consolare.
c/c, Conto Corrente.
c.c., *1* (*fis.*) corrente continua. *2* centimetro cubico.
cc, centimetro cubico.
C.D., Corpo Diplomatico.
CD, compact disc.
Cd, (*chim.*) cadmio.
cd, (*fis.*) candela.
C.d.A., Corte d'Appello | Corte d'Assise | Consiglio d'Amministrazione | Consiglio d'Azienda.
C.D.C., Cooperativa Doppiatori Cinematografici.
c.d.d., come dovevasi dimostrare.
C.d.F., Consiglio di Fabbrica.
C.d.L., Camera del Lavoro.
C.d.R., Cassa di Risparmio.

C.d.S., Codice della Strada.
C.d.Z., Consiglio di Zona.
CE, Caserta.
Ce, (*chim.*) cerio.
C.E.A., Casa Editrice Ambrosiana.
C.E.A.T., Cavi Elettrici e Affini - Torino.
C.E.C.A., Comunità d'Europa del Carbone e dell'Acciaio.
C.E.D.A.M., Casa Editrice Dott. Antonio Milani.
C.E.E., Comunità Economica Europea.
C.E.I., Conferenza Episcopale Italiana.
CENSIS, Centro Studi Investimenti Sociali.
cent., centesimo.
C.E.R.N., Comitato Europeo di Ricerche Nucleari.
CE.S.P.E., Centro Studi di Politica Economica.
CF, (*ingl. Cost and Freight*) Costo e Nolo, compresi nel prezzo.
Cf, (*chim.*) californio.
Cfr., (*lat. Confer*) confronta.
cg, centigrammo.
C.G.D., Compagnia Generale del Disco.
C.G.E., Compagnia Generale di Elettricità.
C.G.I.L., Confederazione Generale Italiana del Lavoro.
C.G.S., (*fis.*) centimetro-grammo massa-secondo.
CH, Chieti.
C.ia, compagnia.
C.I.A., (*ingl. Central Intelligence Agency*) Ufficio Centrale di Informazione (servizio di controspionaggio degli USA).
C.I.D.I., Centro di Iniziativa Democratica degli Insegnanti.
C.I.G.A., Compagnia Italiana dei Grandi Alberghi.
C.I.O., Comitato Internazionale Olimpico.
C.I.P., Comitato Interministeriale dei Prezzi.
C.I.P.E., Comitato Interministeriale per la Programmazione Economica.
C.I.S.A.L., Confederazione Italiana Sindacati Autonomi dei Lavoratori.
C.I.S.L., Confederazione Italiana Sindacati Lavoratori.
C.I.S.N.A.L., Confederazione Italiana Sindacati Nazionali dei Lavoratori.
C.I.T., Compagnia Italiana Turismo.
CL, Caltanissetta.
Cl, (*chim.*) cloro.
cl, centilitro.
C.L.N., Comitato di Liberazione Nazionale.
Cm, (*chim.*) curio.
cm, centimetro.
c.m., corrente mese.
CN, Cuneo.
C.N.E.L., Consiglio Nazionale dell'Economia e del Lavoro.
C.N.E.N., Comitato Nazionale per l'Energia Nucleare.
C.N.R., Consiglio Nazionale delle Ricerche.
C.N.R.N., Comitato Nazionale Ricerche Nucleari.
Co, (*chim.*) cobalto.
CO, Como.
c/o, (*ingl. Care of*) presso.
COBOL, (*ingl. Common Business Oriented Language*) (*elab.*) Linguaggio Orientato alle Procedure Amministrative Correnti.
C.O.D., (*ingl. Cash on Delivery*) Pagamento Alla Consegna.
cod., codice.
COLDIRETTI, Confederazione nazionale coltivatori diretti.
COLF, Collaboratrice Familiare.
COMECON, Consiglio di Mutua assistenza Economica (fra i paesi dell'Europa orientale).
CONFAGRICOLTURA, Confederazione Generale dell'Agricoltura Italiana.
CONFAPI, Confederazione Nazionale della Piccola Industria.
CONFCOMMERCIO, Confederazione Generale del Commercio.
CONFINDUSTRIA, Confederazione Generale dell'Industria Italiana.
C.O.N.I., Comitato Olimpico Nazionale Italiano.
cos, (*mat.*) coseno.
cosec, (*mat.*) cosecante.
cot, (*mat.*) cotangente.
C.P., ***1*** Codice Penale. ***2*** Casella Postale. ***3*** Capitaneria di Porto.
C.P.C., Codice di Procedura Civile.
C.P.R., (*mil.*) Camera di Punizione di Rigore.
C.P.S., (*mil.*) Camera di Punizione Semplice.
cpv., capoverso.
CR, Cremona.
Cr, (*chim.*) cromo.
C.R.A.L., Circolo Ricreativo Assistenziale Lavoratori.
C.R.I., Croce Rossa Italiana.
CS, Cosenza.
Cs, (*chim.*) cesio.
c.s., come sopra.
c/s, (*fis.*) ciclo al secondo.
C.S.M., Consiglio Superiore della Magistratura.
CT, Catania.
C.T., Commissario Tecnico.
ctg, (*mat.*) cotangente.
Cu, (*chim.*) rame.
C.U.S., Centro Universitario Sportivo.
C.U.T., Centro Universitario Teatrale.
C.U.Z., Consiglio Unitario di Zona (organismo sindacale).
CV, (*fis.*) Cavallo Vapore = HP
c.v.d., come volevasi dimostrare.
C.V.L., Corpo dei Volontari della Libertà.
c.vo, corsivo.
CZ, Catanzaro.
D, (*ferr.*) Diretto.
dal, (*mat.*) decalitro.
dam, (*mat.*) decametro.
DAMS, Discipline delle Arti, della Musica, dello Spettacolo.
db, (*fis.*) decibel.
DB, (*ingl. Data Base*) (*elab.*) Banca Dati.
DBA, (*ingl. Data Base Administration*) (*elab.*) Banca Dati Amministrativi.
D.C., Democrazia Cristiana.
d.C., dopo Cristo.
DD, (*ferr.*) Direttissimo.
D.D.L., Disegno Di Legge.
D.D.T., dicloro-difenil-tricloroetano.
deg, decagrammo.
dg, (*mat.*) decigrammo.
DIGOS, Divisione Investigazioni Generali e Operazioni Speciali (della Polizia di Stato).
dipl., diploma.
DIRSTAT, Associazione Nazionale Funzionari Direttivi dell'Amministrazione dello Stato.
D.J., Disk Jockey.
D.L., decreto legge.
dl, decilitro.
D.M., Decreto Ministeriale.
dm, (*mat.*) decimetro.
DNA, (*ingl. Deoxyribonucleic Acid*) (*biol.*) acido deossiribonucleico = ADN.
D.O.C., Denominazione di Origine Controllata.
D.O.S., (*ingl. Disk Operating System*) (*elab.*) Sistema Operativo su Disco.
D.P., ***1*** Decreto Presidenziale. ***2*** (*polit.*) Democrazia Proletaria.
D.P.R., Decreto del Presidente della Repubblica.
D.T., Direttore Tecnico.
Dy, (*chim.*) disprosio.
E, ***1*** (*fis.*) campo elettrico. ***2*** Itinerario europeo, sulla segnaletica stradale.
E, Est.
E.A.D., Elaborazione Automatica dei Dati = ADP.
E.C.A., Ente Comunale di Assistenza.
Ecc., Eccellenza.
ecc., eccetera.
ECG, (*med.*) elettrocardiogramma.
ECU, (*ingl. European Currency Unit*) Unità Monetaria Europea.
Ed., editore.
ed., edizione.
EDI, Editrice Industriale.
E.D.P., (*ingl. Electronic Data Processing*) (*elab.*) Elaborazione Elettronica dei Dati.
E.E., Escursionisti Esteri.
E.E.D., Elaborazione Elettronica dei Dati.
EEG., (*med.*) elettroencefalogramma.
E.F.T.A., (*ingl. European Free Trade Association*) Associazione Europea di Libero Scambio.
E.H.F., (*ingl. Extremely High Frequency*) (*fis.*) frequenza estremamente elevata.
E.I., Esercito Italiano.

EN, Enna.
E.N.A.L., Ente Nazionale Assistenza Lavoratori.
E.N.A.L.C., Ente Nazionale Addestramento Lavoratori del Commercio.
E.N.A.S.A.R.C.O., Ente Nazionale di Assistenza per gli Agenti e Rappresentanti di Commercio.
E.N.E.A., ***1*** Comitato nazionale per la ricerca e lo sviluppo dell'Energia Nucleare e delle Energie Alternative. ***2*** (*ingl. European Nuclear Energy Agency*) Agenzia Europea per l'Energia Nucleare.
E.N.E.L., Ente Nazionale per l'Energia Elettrica.
E.N.I., Ente Nazionale Idrocarburi.
E.N.I.T., Ente Nazionale Italiano per il Turismo.
E.N.P.A., Ente Nazionale Protezione Animali.
E.N.P.A.M., Ente Nazionale di Previdenza e Assistenza Medici.
E.N.P.A.S., Ente Nazionale di Previdenza e Assistenza per i dipendenti Statali.
E.N.P.D.E.P., Ente Nazionale di Previdenza per i Dipendenti da Enti di Diritto Pubblico.
E.P.T., Ente Provinciale per il Turismo.
Er, (*chim.*) erbio.
E.R.I., Edizioni R.A.I. Radiotelevisione Italiana.
Es, (*chim.*) einstenio.
E.S.R.O., (*ingl. European Space Research Organization*) Organizzazione Europea di Ricerche Spaziali.
E.T.A., (*basco Euzkadi Ta Azkatasuna*) Patria basca e libertà (organizzazione clandestina).
E.T.I., Ente Teatrale Italiano.
Eu, (*chim.*) europio.
EU, Europa.
E.U.R., Esposizione Universale di Roma.
EURATOM, Comunità Europea dell'Energia Atomica.
eV, (*fis.*) elettronvolt.
F, (*chim.*) fluoro.
°F, (*fis.*) grado Fahrenheit.
f, (*fis.*) frequenza.
F.A.O., (*ingl. Food and Agriculture Organization*) Organizzazione per l'Alimentazione e l'Agricoltura.
F.A.P., Fondo Adeguamento Pensioni.
F.B.I., (*ingl. Federal Bureau of Investigations*) Ufficio Federale Investigativo.
f.co, franco.
FE, Ferrara.
Fe, (*chim.*) ferro.
FF.AA., Forze Armate.
FF.SS., Ferrovie dello Stato.
FG, Foggia.
FI, Firenze.
F.I.A.T., Fabbrica Italiana Automobili Torino.
F.I.D.A.L., Federazione Italiana Di Atletica Leggera.
F.I.F.A., (*fr. Fédération Internationale Football Association*) Federazione Internazionale del Calcio.
fig., figura.
F.I.G.C., Federazione Italiana Gioco Calcio.
F.I.M., Federazione Italiana Metalmeccanici.
F.I.N., Federazione Italiana Nuoto.
F.I.O.M., Federazione Impiegati e Operai Metallurgici.
F.I.S.I., Federazione Italiana Sport Invernali.
F.lli, fratelli.
F.L.M., Federazione Lavoratori Metalmeccanici.
F.L.N., Fronte di Liberazione Nazionale.
Fm, (*chim.*) fermio.
F.M., (*ingl. Frequency Modulation*) (*fis.*) Modulazione di frequenza.
F.M.I., Fondo Monetario Internazionale.
FO, Forlì.
FORTRAN, (*ingl. Formula Translation*) (*elab.*) Traduzione di Formule.
F.P.L., Fronte Popolare di Liberazione.
FR, Frosinone.
fr., franco.
Fr, (*chim.*) francio.
FS, Ferrovie dello Stato.
ft, (*ingl. foot*) piede.
f.to, firmato.
F.U.A.N., Fronte Universitario di Azione Nazionale.
F.U.C.I., Federazione Universitaria Cattolica Italiana.
F.U.O.R.I., Fronte Unitario Omosessuale Rivoluzionario Italiano.
g, ***1*** grammo. ***2*** accelerazione di gravità.
Ga, (*chim.*) gallio.
gA, grammo atomo.
G.A.D., Gruppo di Arte Drammatica.
G.A.P., Gruppo di Azione Patriottica.
G.A.T.T., (*ingl. General Agreement on Tariffs and Trade*) Accordo Generale sulle Tariffe e sul Commercio.
G.C., ***1*** Gesù Cristo. ***2*** Genio Civile.
Gd, (*chim.*) gadolinio.
G.d.F., Guardia di Finanza.
GE, Genova.
Ge, (*chim.*) germanio.
GESCAL, Gestione Case per Lavoratori.
GeV, (*fis.*) gigaelettron volt.
G.I., Giudice Istruttore.
G.L., Giustizia e Libertà (movimento politico nella Resistenza italiana).
G.M., (*ingl. General Motors*) Società Generale per i Motori (fabbrica automobilistica).
G.M.T., (*ingl. Greenwich Mean Time*) tempo medio di Greenwich.
GO, Gorizia.
G.P., ***1*** (*sport*) Gran Premio. ***2*** Giunta Provinciale.
G.P.A., Giunta Provinciale Amministrativa.
G.P.L., ***1*** Gas di Petrolio Liquefatto. ***2*** Gas Propano Liquido.
GR, Grosseto.
G.S., Gruppo Sportivo.
G.T., Gran Turismo.
G.T.I., (*autom.*) Gran Turismo Internazionale.
H, ***1*** ospedale. ***2*** idrogeno.
h, ***1*** ora. ***2*** etto.
ha, ettaro.
Ha, (*chim.*) hahnio.
He, (*chim.*) elio.
HF, (*ingl. High Frequency*) alta frequenza.
Hf, (*chim.*) afnio.
Hg, (*chim.*) mercurio.
hg, ettogrammo.
Hi. Fi., (*ingl. High Fidelity*) alta fedeltà.
hl, ettolitro.
hm, ettometro.
Ho, (*chim.*) olmio.
HP, hp, (*ingl. Horse Power*) (*fis.*) cavallo vapore = CV
Hz, (*fis.*) hertz.
I, ***1*** Italia. ***2*** (*chim.*) iodio.
I.A.C.P., Istituto Autonomo per le Case Popolari.
I.A.D., Istituto Accertamento Diffusione.
I.B.M., (*ingl. International Business Machines*) Società Internazionale Macchine per uffici.
IC, (*ingl. Inter City*) Treno Intercity rapido in servizio interno e internazionale.
id., idem.
I.F.I., Istituto Finanziario Italiano.
I.G.E., Imposta Generale sull'Entrata.
I.G.M., ***1*** Istituto Geografico Militare. ***2*** Ispettorato Generale della Motorizzazione.
ill., illustrazione, illustrato.
Ill.mo, illustrissimo.
ILOR, Imposta Locale sui Redditi.
IM, Imperia.
I.M.I., Istituto Mobiliare Italiano.
I.M.Q., Istituto del Marchio di Qualità.
In, (*chim.*) indio.
I.N.A., Istituto Nazionale delle Assicurazioni.
I.N.A.D.E.L., Istituto Nazionale per l'Assistenza dei Dipendenti degli Enti Locali.
I.N.A.I.L., Istituto Nazionale per l'Assicurazione contro gli infortuni sul Lavoro.
I.N.A.M., Istituto Nazionale per l'Assicurazione contro le Malattie.
I.N.C.I.S., Istituto Nazionale per le Case degli Impiegati dello Stato.
INCOM, Industria Corti Metraggi.
I.N.G.I.C., Istituto Nazionale per la Gestione delle Imposte di Consumo.
I.N.P.D.A.I., Istituto Nazionale di Previdenza dei Dirigenti di Aziende Industriali.
I.N.P.S., Istituto Nazionale Previdenza Sociale.
INTERPOL, (*ingl. International Police*) Polizia Internazionale.
INTERSIND, Sindacato delle Aziende a Partecipazione Statale.
I.O.R., Istituto Opere di Religione.
I.P.S.I.A., Istituto Professionale di Stato per l'Industria e l'Artigianato.
Ir, (*chim.*) iridio.
I.R.A., (*ingl. Irish Republican Army*) Esercito della Re-

pubblica Irlandese (organizzazione clandestina).
I.R.I., Istituto per la Ricostruzione Industriale.
I.R.P.E.F., Imposta sul Reddito delle Persone Fisiche.
I.R.P.E.G., Imposta sul Reddito delle Persone Giuridiche.
I.R.R.S.A.E., Istituto Regionale per la Ricerca, la Sperimentazione e l'Aggiornamento Educativo.
IS, Isernia.
ISCO, Istituto Nazionale per lo Studio della Congiuntura.
I.S.E.F., Istituto Superiore di Educazione Fisica.
ISTAT, Istituto Centrale di Statistica.
ISVEIMER, Istituto per lo Sviluppo Economico dell'Italia Meridionale.
I.T.C., Istituto Tecnico Commerciale.
I.T.I.S., Istituto Tecnico Industriale Statale.
I.T.S.O.S., Istituto Tecnico Statale a Ordinamento Speciale.
I.T.T.S., Istituto Tecnico di Stato per il Turismo.
IUD, (*ingl. Intrauterine Device*) Dispositivo Anticoncezionale Intrauterino.
I.V.A., Imposta sul Valore Aggiunto = T.V.A.
J, (*fis.*) joule.
jr., junior.
K, (*chim.*) potassio.
k, (*mat.*) kilo-, kilo, chilo.
Kal., (*lat. Kalendae*) calende, nelle iscrizioni latine.
Kc/s, (*fis.*) kilocicli, chilocicli al secondo.
kg, (*fis.*) chilogrammo.
K.G.B., (*russo Komitét Gosudàrstvennoj Bezopásnosti*) Comitato per la Sicurezza dello Stato (servizio di spionaggio sovietico).
Km, (*mat.*) chilometro.
Kmq, (*mat.*) chilometroquadrato.
K.O., k.o., (*ingl. Knock-Out*) (*sport*) fuori combattimento.
Kr, (*chim.*) cripto.
KW, (*fis.*) kilowatt, chilowatt.
L, ***1*** lira. ***2*** (*fis.*) litro.
La, (*chim.*) lantanio.
laser, (*ingl. light amplification* (*by*) *stimulated emission of radiation*) amplificazione della luce per mezzo di emissione stimolata di radiazione.
LE, Lecce.
LEICA, (*ted. Leitz Camera*) Macchina fotografica Leitz.
L.E.M., (*ingl. Lunar Excursion Module*) Modulo per l'Escursione Lunare.
Li, (*chim.*) litio.
LI, Livorno.
L.I.D., Lega Italiana per il Divorzio.
L.I.P.U., Lega Italiana Protezione Uccelli.
Lit., Lira italiana.
LL.PP., Lavori pubblici.
L.O.C., Lega Obiettori di Coscienza.
loc. cit., loco citato.
L.P., (*ingl. Long Playing*) (*mus.*) Lunga esecuzione, nei microsolchi.
Lr, (*chim.*) laurenzio.
LSD, (*ingl. Lysergic Acid Diethylamide*) Dietilammide dell'Acido Lisergico.
L.st., lira sterlina.
LT, Latina.
Ltd, (*ingl. Limited*) Società a responsabilità limitata.
LU, Lucca.
Lu, (*chim.*) lutezio.
L.U.C.E., L'Unione Cinematografica Educativa (istituto cinematografico).
m, (*mat.*) metro.
mA, (*fis.*) milliampere.
M.A.S., Motobarca Armata Svan (*pop.* Motobarca Anti-Sommergibile).
maser, (*ingl. microwave amplification* (*by*) *stimulated emission of radiation*) amplificazione di microonde mediante emissione stimolata di radiazione.
MC, Macerata.
M/C, motocannoniera.
Mc, (*fis.*) megaciclo.
M.C.D., (*mat.*) massimo comun divisore.
M.C.E., Movimento di Cooperazione Educativa.
m.c.m., (*mat.*) minimo comune multiplo.
M.C.M., Manifatture Cotoniere Meridionali.
Md, (*chim.*) mendelevio.
M.E., Movimento Europeo.
ME, Messina.
M.E.C., Mercato Europeo Comune.
M.F.E., Movimento Federalista Europeo.
M.G., (*ingl. Morris Garage*) garage Morris (ditta automobilistica; dal luogo ove si approntò la prima vettura).
Mg, (*chim.*) magnesio.
mg, (*mat.*) milligrammo.
MI, Milano.
Min., ministro, ministero.
min., ***1*** minuto. ***2*** minimo.
M.M., ***1*** Marina Militare. ***2*** Metropolitana Milanese.
Mm, miriametro.
mm, (*mat.*) millimetro.
MM.GG., magazzini generali.
MN, Mantova.
M/N, m/n, Motonave.
Mn, (*chim.*) manganese.
M.O., Medio Oriente.
MO, Modena.
Mo, (*chim.*) molibdeno.
M.P.L., Movimento Politico Lavoratori.
mq, metro quadrato.
MS, Massa-Carrara.
M/S, m/s, Motosilurante.
M.S.I.-D.N., Movimento Sociale Italiano-Destra Nazionale.
MT, Matera.
M.V., Meccanica Verghera.
mV, (*fis.*) millivolt.
MW, (*fis.*) megawatt.
Mx, (*fis.*) maxwell.
N, (*chim.*) azoto.
N, Nord.
NA, Napoli.
Na, (*chim.*) sodio.
N.A.S., Nucleo Antisofisticazioni (dei carabinieri).
NASA, (*ingl. National Aeronautic and Space Administration*) Ente Aeronautico e Spaziale (negli USA).
N.A.T.O., (*ingl. North Atlantic Treaty Organization*) Organizzazione del Trattato Nord Atlantico = OTAN.
N.B., nota bene.
Nb, (*chim.*) niobio.
N.B.C., (*ingl. National Broadcasting Company*) Compagnia Nazionale di Radiodiffusione (negli USA).
Nd, (*chim.*) neodimio.
N.d.A., nota dell'autore.
N.d.D., nota della direzione.
N.d.E., nota dell'editore.
N.d.R., nota della redazione.
N.d.T., nota del traduttore.
N.E., Nord-Est.
Ne, (*chim.*) neon.
Ni, (*chim.*) nichel.
N.M.R., (*ingl. Nuclear Magnetic Resonance*) (*fis.*) Risonanza Magnetica Nucleare = R.M.N.
NN, (*lat. nescio nomen*) di padre ignoto.
nn, numeri.
NNE, nord-nord-est.
NNO, nord-nord-ovest.
NO, Novara.
NO, Nord-Ovest = NW
No, (*chim.*) nobelio.
N.O.C.S., Nucleo Operativo Corpi Speciali (della Polizia di Stato).
Np, (*chim.*) nettunio.
ns., nostro.
N.T., Nuovo Testamento.
n.t., note tipografiche.
NU, Nuoro.
N.U., ***1*** Nazioni Unite = ONU. ***2*** Nettezza Urbana.
O, (*chim.*) ossigeno.
O, Ovest.
O.A.P.E.C., (*ingl. Organization of Arab Petroleum Exporting Countries*) Organizzazione dei Paesi Arabi Esportatori di Petrolio.
obb.mo, obbligatissimo.
O.C.S.E., Organizzazione per la Cooperazione e lo Sviluppo Economico.
O.d.G., Ordine del Giorno.
O.E.C.E., Organizzazione Europea per la Cooperazione Economica.
O.L.P., Organizzazione per la Liberazione della Palestina.
O.M.S., Organizzazione Mondiale della Sanità.
On., Onorevole.
O.N.A.R.M.O., Opera Nazionale Assistenza Religiosa

Morale Operai.
O.N.M.I., Opera Nazionale Maternità e Infanzia.
O.N.U., Organizzazione delle Nazioni Unite = U.N.O.
Op., opera, in bibliografia.
op. cit., opera citata.
O.P.E.C., (*ingl. Organization of Petroleum Exporting Countries*) Organizzazione dei Paesi Esportatori di Petrolio.
OR, Oristano.
Os, (*chim.*) osmio.
O.S.A., Organizzazione degli Stati Americani.
O.S.C.A., Officine Specializzate Costruzioni Automobili.
O.U.A., (*fr. Organisation de l'Unité Africaine*) Organizzazione dell'Unità Africana.
O.V.R.A., Opera Vigilanza Repressione Antifascismo (nell'Italia fascista).
oz, (*ingl. ounce*) oncia.
P, ***1*** Papa. ***2*** (*chim.*) fosforo.
p, ***1*** pagina. ***2*** (*chim.*) piro-.
3P, Produrre, Progredire, Provare (club agricolo).
Pa, (*chim.*) protoattinio.
P.A., Pubblica Amministrazione.
PA, Palermo.
pA, peso atomico.
pag., pagina.
par., paragrafo.
Pb, (*chim.*) piombo.
PC, ***1*** Piacenza. ***2*** Personal computer.
p.c., per conoscenza.
p.c.c., per copia conforme.
P.C.I., Partito Comunista Italiano.
PD, Padova.
Pd, (*chim.*) palladio.
P.d'A., Partito d'Azione.
P.D.I.U.M., Partito Democratico Italiano di Unità Monarchica.
PE, Pescara.
PEEP, Piano Edilizia Economica Popolare.
p/fo, piroscafo.
P.F.R., Partito Fascista Repubblicano.
PG, Perugia.
P.G., Procuratore Generale.
p.g.r., per grazia ricevuta.
pH, (*lat. potenziale Hidrogenium*) (*chim.*) potenziale idrogeno.
PI, Pisa.
p.i., perito industriale.
P.I., Pubblica Istruzione.
P.L.I., Partito Liberale Italiano.
P.M., ***1*** Pubblico Ministero. ***2*** Pontefice Massimo.
Pm., (*chim.*) prometeo.
pM, peso molecolare.
P.M.P., Partito Monarchico Popolare.
PN, Pordenone.
P.N.F., Partito Nazionale Fascista.
P.N.M., Partito Nazionale Monarchico.
Po, (*chim.*) polonio.
POLFER, Polizia Ferroviaria
POLSTRADA, Polizia Stradale.
PP., (*cine.*) primo piano.
p.p., ***1*** pacco postale. ***2*** per procura.
pp., pagine.
PP.TT., Poste e Telecomunicazioni (Ministero delle).
P.Q.M., (*dir.*) per questi motivi.
Pr, (*chim.*) praseodimio.
PR, Parma.
P.R., ***1*** Partito Radicale. ***2*** Piano Regolatore.
P.R.A., Pubblico Registro Automobilistico.
Preg., pregiatissimo.
P.R.G., Piano Regolatore Generale.
P.R.I., Partito Repubblicano Italiano.
Proc. Gen., Procuratore Generale.
PS, Pesaro.
P.S., ***1*** Pubblica Sicurezza. ***2*** postscriptum.
P.S.d'A., Partito Sardo d'Azione.
P.S.D.I., Partito Socialista Democratico Italiano.
P.S.I., Partito Socialista Italiano.
P.S.I.U.P., Partito Socialista Italiano di Unità Proletaria.
P.S.U., Partito Socialista Unificato | Partito Socialista Unitario.
PT, Pistoia.
P.T., ***1*** posta e telegrafi. ***2*** Polizia Tributaria.
Pt, (*chim.*) platino.
P.T.P., Posto Telefonico Pubblico.
Pu, (*chim.*) plutonio.
pulsar, (*ingl. pulsating star*) stella pulsante.
PV, Pavia.
P.V., piccola velocità.
p.v., pv/, prossimo venturo.
P.V.C., (*ingl. poly-vinyl cloride*) cloruro di polivinile.
PZ, Potenza.
q, ***1*** quintale. ***2*** quota.
Q.G., Quartier Generale.
Q.I., (*ingl. Quotient Intelligence*) quoziente d'intelligenza = I.Q.
quasar, (*ingl. quasi star*) simile a una stella.
RA, Ravenna.
Ra, (*chim.*) radio.
racc., raccomandata.
radar, (*ingl. radio detecting and ranging*) radio-rivelatore e misuratore di distanza.
R.A.F., (*ingl. Royal Air Force*) Reale Aviazione Militare, in Inghilterra.
R.A.I., Radio Audizioni Italiane, ora RAI-TV.
RAI-TV, Radio televisione italiana.
RAM, ***1*** (*ingl. Random Access Memory*) (*elab.*) memoria ad accesso casuale. ***2*** ridotte attitudini militari.
Rb, (*chim.*) rubidio.
RC, Reggio Calabria.
R.C., Responsabilità Civile.
R.C.A., Responsabilità Civile Autoveicoli.
RE, Reggio Emilia.
Re, (*chim.*) renio.
Rf, (*chim.*) rutherfordio.
RF, (*fis.*) radio frequenza.
RG, Ragusa.
RH, (*biol., fisiol.*) deriv. da Macacus *Rh*esus, fattore antigene del sangue umano.
Rh, (*chim.*) rodio.
RI, Rieti.
RIV-SKF, Roberto Incerti Villar-Svenska Kullager Fabriken.
R.M., ricchezza mobile.
R.M.N., (*fis.*) Risonanza Magnetica Nucleare = N.M.R.
Rn, (*chim.*) radon.
RNA, (*ingl. Ribonucleic Acid*) (*biol.*) acido ribonucleico.
RO, Rovigo.
ROM, (*ingl. Read Only Memory*) (*elab.*) memoria a sola lettura.
R.R., ricevuta di ritorno.
R.S.I., Repubblica Sociale Italiana.
R.S.M., Repubblica di San Marino.
RSVP, (*fr. Répondez S'il Vous Plait*) Si Prega di Rispondere (spec. nei biglietti d'invito).
Ru, (*chim.*) rutenio.
S, (*chim.*) zolfo.
S, Sud.
s, (*fis.*) secondo.
SA, Salerno.
S.A., ***1*** Società Anonima. ***2*** (*ted. Sturmabteilungen*) Formazioni d'assalto (naziste).
S.A.F.F.A., Società Anonima Fabbriche Fiammiferi e Affini.
S.A.I.E., Salone Internazionale dell'Industrializzazione Edilizia.
S.A.L.T., (*ingl. Strategic Arms Limitation Talks*) Trattative per la Limitazione delle Armi Strategiche.
SAMIA, Salone Mercato Internazionale dell'Abbigliamento.
S.A.R.O.M., Società Azionaria Raffinazione Oli Minerali.
S.A.U.B., Struttura Amministrativa Unificata di Base.
Sb, (*chim.*) antimonio.
Sc, (*chim.*) scandio.
SE, ***1*** Sud Est. ***2*** Sua Eccellenza.
Se, (*chim.*) selenio.
sec., ***1*** secolo. ***2*** secondo.
S.E.A.T., Società Elenchi Ufficiali degli Abbonati al Telefono.
S.E.A.T.O., (*ingl. South East Asia Treaty Organization*) Organizzazione del Trattato per l'Asia Sud-Orientale.
SECAM, (*fr. Sequentiel à Memoire*) sequenziale a memoria (sistema di televisione a colori).
S.E.I., Società Editrice Internazionale.
S.E.T.A.F., (*ingl. Southern European Task American Force*) Unità Operativa Americana del Sud Europa.
sg., seguente.
S.H.A.P.E., (*ingl. Supreme Headquarters Allied Powers in Europe*) Supremo Quartier Generale delle Potenze Alleate in Europa.

SI, Siena.
Si, (*chim.*) silicio.
S.I.A.E., Società Italiana Autori ed Editori.
S.I.D., Servizio Informazioni Difesa.
S.I.D.A., Sindacato Italiano Lavoratori dell'Automobile.
SIFAR, Servizio Informazioni Forze Armate.
Sig., signor.
Sigg., signori.
Sig.na, signorina.
Sig.ra, signora.
S.I.M., Servizio Informazioni Militari.
S.I.M.C.A., (*fr. Société Industrielle de Mécanique et Carrosserie Automobile*) Società Industriale di Meccanica e Carrozzeria Automobilistica.
sin, sinistra.
SINASCEL, Sindacato Nazionale Scuola Elementare.
S.I.P., Società Italiana per l'esercizio telefonico.
S.I.S.A.L., Società Italiana Sistemi a Lotto.
S.I.S.M.I., Servizio per l'Informazione e la Sicurezza Militare.
S.I.U.L.P., Sindacato Unitario dei Lavoratori di Polizia.
s.l., (*sport*) stile libero.
S.M., *1* Stato Maggiore. *2* Sua Maestà.
Sm, (*chim.*) samario.
S.M.E., *1* Società Meridionale Finanziaria. *2* Stato Maggiore dell'Esercito. *3* Sistema Monetario Europeo.
S.M.G., Stato Maggiore Generale.
Sn, (*chim.*) stagno.
SNAM, Società Nazionale Metanodotti.
S.N.I.A. (Viscosa), Società Nazionale Industria Applicazioni (Viscosa).
SO, Sondrio.
SO, Sud Ovest = SW
Soc., società.
sonar, (*ingl. sound navigation and ranging*), navigazione e misurazione per mezzo del suono.
S.O.S., segnale internazionale di pericolo dell'alfabeto Morse.
SP, La Spezia.
S.p.A., Società per Azioni.
Spett., spettabile.
SR, Siracusa.
Sr, (*chim.*) stronzio.
S.r.l., Società a responsabilità limitata.
SS, Sassari.
S.S., (*ted. Schutzstaffeln*) Squadre di sicurezza (naziste).
SSE , sud-sud-est.
SSO, sud-sud-ovest.
SSSR, = URSS.
STET, Società Finanziaria Telefonica.
S.T.I.P.E.L., Società Telefonica Interregionale Piemontese e Lombarda.
S.U.N.I.A., Sindacato Unitario Nazionale Inquilini e Assegnatari.
SV, *1* Savona. *2* Signoria Vostra.
S.V.P., (*ted. Südtiroler Volkspartei*) Partito Popolare Sud Tirolese.
T, tabaccheria (nelle insegne).
t, tonnellata.
TA, Taranto.
Ta, (*chim.*) tantalio.
TAC, (*med.*) Tomografia Assiale Computerizzata.
TAR, Tribunale Amministrativo Regionale.
T.A.S.S., (*russo Telegrafnoje Agentstvo Sovietskovo Ssojusa*) Agenzia Telegrafica dell'Unione Sovietica (agenzia di stampa).
Tb, (*chim.*) terbio.
TBC, tbc, (*med.*) tubercolosi.
Tc, (*chim.*) tecnezio.
T.C.I., Touring Club Italiano.
TE, Teramo.
Te, (*chim.*) tellurio.
T.E.E., Trans Europ Express.
TELEX, (*ingl. Telegraph Exchange*) trasmissione per telescrivente.
TELVE, Società telefonica delle Venezie.
TEN, Trans Euro notte.
TETI, (Società) Telefonica Tirrena.
T.F.R., (*bur.*) Trattamento di Fine Rapporto.
Th, (*chim.*) torio.
Ti, (*chim.*) titanio.
T.I.M.O., Telefoni Italia Medio-Orientale.
T.I.R., (*fr. Transport Internationals Routiers*) Trasporti Internazionali su Strada.
Tl, (*chim.*) tallio.
Tm, (*chim.*) tulio.
T.M.G., Tempo medio di Greenwich = G.M.T.
TN, Trento.
T/N, t/n, turbonave.
TNT, Trinitrotoluolo.
TO, Torino.
TP, Trapani.
TR, Terni.
TS, Trieste.
TU, *1* (*fis.*) tempo universale. *2* (*dir.*) testo unico.
TUT, (*tel.*) Tariffa Urbana a Tempo.
TV, *1* Treviso. *2* Televisione.
T.V.A., tassa sul valore aggiunto = I.V.A.
TVC, televisione a colori.
U, (*chim.*) uranio.
U.C.I.G.O.S., Ufficio Centrale per le Investigazioni Generali e le Operazioni Speciali (della Polizia di Stato).
UD, Udine.
U.D.I., Unione Donne Italiane.
U.E.F.A., (*ingl. Union European Football Association*) Unione Europea delle Federazioni di Calcio.
U.E.O., Unione dell'Europa Occidentale.
U.F.O., (*ingl. Unidentified Flying Object*) Oggetto volante non identificato = O.V.N.I.
UHF, (*ingl. Ultra High Frequency*) (*fis.*) frequenza ultra--alta.
UHT, (*ingl. Ultra High Frequency*) Temperatura Ultra Alta.
U.I., (*farm.*) uso interno | Unità immunizzanti.
U.I.C., Ufficio Italiano dei Cambi | Ufficio Internazionale dei Cambi.
U.I.L., Unione Italiana del Lavoro.
U.M.A., Utenti Motori Agricoli.
U.N., = U.N.O., O.N.U.
U.N.E.S.C.O., (*ingl. United Nations Educational, Scientific and Cultural Organization*) Organizzazione delle Nazioni Unite per l'Educazione, la Scienza, la Cultura.
U.N.I.C.E.F., (*ingl. United Nations International Children's Emergency Fund*) Fondo Internazionale di Emergenza per l'Infanzia delle Nazioni Unite.
UNIVAC, (*ingl. Universal Automatic Computer*) Calcolatore universale automatico.
U.N.O., = O.N.U.
U.N.R.R.A., (*ingl. United Nations Relief Rehabilitation Administration*) Amministrazione delle Nazioni Unite per la riabilitazione e il Soccorso dei Paesi liberati.
U.P., (*ingl. United Press*) Stampa Unita (agenzia di stampa americana).
U.R.A.R., Ufficio Registro Abbonamenti Radio.
U.R.S.S., Unione delle Repubbliche Socialiste Sovietiche.
u.s., ultimo scorso.
U.S.A., (*ingl. United States of America*) Stati Uniti d'America.
U.S.I.S., (*ingl. United States Information Service*) Centro Statunitense d'Informazioni (culturali).
U.S.L., Unità Sanitaria Locale.
U.S.S.L., Unità Socio-Sanitaria Locale.
U.T.E.T., Unione Tipografica Editrice Torinese.
U.T.I.F., Ufficio Tecnico delle Imposte di Fabbricazione.
UV, (*fis.*) Ultravioletto.
UVA, (*fis.*) Ultravioletto prossimo.
V, (*chim.*) vanadio.
V1, V2, (*ted. Vergeltungswaffe*) arma della rappresaglia.
VA, Varese.
VC, Vercelli.
VE, Venezia.
Ve, (*fis.*) voltelettrone, elettronvolt = eV.
VES, (*med.*) velocità di eritrosedimentazione.
V.F., Vigili del Fuoco.
VI, Vicenza.
V.I.P., (*ingl. Very Important Person*) persona molto importante, personalità di primo piano.
VO, (*ingl. Very Old*) molto vecchio, fino a 12 anni di invecchiamento.
VR, Verona.
v.s., vedi sopra.
vs/, vostro.
V.S.O., (*ingl. Very Superior Old*) stravecchio superiore (detto di Cognac che abbia da 12 a 17 anni di invecchiamento).
V.S.O.P., (*ingl. Very Superior Old Pale*) stravecchio superiore paglierino (detto di Cognac che abbia da 18 a

25 anni di invecchiamento).
VT, Viterbo.
V.V.S.O.P., (*ingl. Very Very Superior Old Pale*) super stravecchio superiore paglierino (detto di Cognac che abbia da 25 a 40 anni di invecchiamento).
W, (*chim.*) wolframio, tungsteno.
wc, (*ingl. Water closet*) gabinetto di decenza.
W.H.O., (*ingl. World Health Organization*) Organizzazione Mondiale della Sanità.
W.P., (*ingl. Word Processing*) (*elab.*) Trattamento della Parola; elaborazione dei testi.
W.W.F., (*ingl. World Wildlife Fund*) Fondo Mondiale per la Natura.
x, (*mat.*) simbolo d'incognita o di variabile.
Xe, (*chim.*) xeno.
Y, (*chim.*) ittrio.
Yb, (*chim.*) itterbio.
Zn, (*chim.*) zinco.
Zr, (*chim.*) zirconio.

LOCUZIONI

1 - **Acqua in bocca!** Così, con lieve malizia, s'invita qualcuno a tacere, particolarmente un segreto. Si vuole che derivi dal rimedio contro la maldicenza suggerito a una donna da un confessore: tenere in bocca, durante la tentazione, un po' d'acqua che, per gli effetti, fu ritenuta miracolosa.

2 - **Agire, stare, muoversi dietro le quinte.** Influire su una situazione, manovrarla senza mostrarsi, per mezzo di altri. Le quinte, col panneggio dell'arco scenico, sono dette 'mantello d'Arlecchino' perché là dentro questa maschera usava nascondersi e, non vista, continuava ad agire e a parlare.

3 - **Allevare la serpe in seno.** Favorire, aiutare chi in seguito può nuocere o mostrarsi ingrato. Dalla favola di Esopo, Fedro e La Fontaine, che narra di un contadino il quale riscaldò una serpe assiderata e ne fu morso.

4 - **Alto papavero.** Al significato di essere una persona importante si unisce spesso un giudizio negativo, come quando si dice 'un mandarino' alludendo alla potenza e all'inettitudine dei funzionari dell'Impero Cinese. Narra Livio in che modo Tarquinio il Superbo facesse capire al figlio di sbarazzarsi dei notabili più potenti della città di cui era signore: passeggiando nel giardino decapitò con un bastone tutti i papaveri più alti che emergevano dall'erba.

5 - **Alzare il gomito.** Bere un po' troppo o, semplicemente, bere. Tipica locuzione che indica un'azione attraverso un gesto caratteristico, come: 'alzare i tacchi' per 'correre, fuggire'; 'far ballare i denti' per 'mangiare'.

6 - **Andare coi piedi di piombo.** Procedere con prudenza e circospezione, senza azzardare minimamente. Nella frase la lentezza è in funzione della cautela, mentre 'Avere il piombo ai piedi' vale essere stanchi o impediti in modo da non poter procedere speditamente, e 'una cappa di piombo' è un peso, fisico o morale, insopportabile.

7 - **Andare, venire a Canossa.** Chiedere umilmente perdono, sottomettersi, in particolare dopo una condotta spregiudicata e spavalda. Al castello di Canossa nel 1077 Enrico IV, scalzo e con l'abito dei penitenti, andò a chiedere perdono al papa Gregorio VII che l'umiliò con un'attesa di tre giorni.

8 - **Andar per la maggiore.** Godere di molta stima e prestigio; essere valutato tra i primi nel proprio ambiente o nella propria arte; essere in voga. Nella Firenze antica 'andar per la maggiore' o 'minore' indicava l'essere iscritto a una delle arti maggiori o minori.

9 - **Araba fenice.** ('Che vi sia ciascun lo dice, Dove sia nessun lo sa' dicono i versi del Metastasio). È ciò che risulta rarissimo, unico o impossibile a trovarsi (come 'una mosca bianca'). Erodoto e gli antichi narrarono che la fenice nasceva ogni cinquecento anni, unico esemplare della sua specie, facendo nascere poi dalle sue ceneri un nuovo uccello.

10 - **Aria, vento di fronda.** Spirito di rivolta, d'opposizione, avvisaglie di ribellione. Dal fr. *Fronde* (fionda), nome di due periodi d'agitazioni e di rivolte che ebbero luogo in Francia (1648-49 e 1649-53) contro il Mazzarino. Da una frase del consigliere Bachaumont in cui paragonava l'opposizione del Parlamento alle battaglie che i ragazzi di Parigi, armati di fionde, ingaggiavano con la polizia.

11 - **Aspettare la manna dal cielo.** Si dice di chi resta inerte, inoperoso, aspettando la buona fortuna o che altri faccia per lui o gli appiani le difficoltà. Come narra la Bibbia, la manna fu per gli ebrei un cibo inatteso e insperato (è una 'manna' una bella e improvvisa fortuna) che Dio faceva scendere ogni notte dal cielo.

12 - **A tutta birra.** Specialmente nel linguaggio sportivo e nella lingua parlata: a gran velocità, di gran carriera, procedendo col massimo impiego d'energie. Probabilmente dalla locuzione 'a tutta briglia' (*fr.* à toute bride) di identico significato, deformata, nel riferimento alla macchina, per analogia con 'a tutto vapore, a tutto gas' e con accostamento birra-benzina.

13 - **Avere il bernoccolo (degli affari, della meccanica, ecc.).** Essere ben dotato per una materia o per una certa attività. Da una teoria scientifica del XVIII sec., che pretendeva di conoscere dalla conformazione della testa le inclinazioni del carattere, è derivata l'idea che in un bernoccolo del capo risieda ciò che determina una qualità.

14 - **Avere voce in capitolo.** Essere tra coloro che hanno credito e autorità, godere del diritto di parlare e del prestigio per essere ascoltati. *'Capitolo'* è l'adunanza dei canonici o d'altri religiosi che riuniti in tale sede discutono e prendono decisioni collettive.

15 - **Bruciar le tappe.** Procedere a ritmo sostenuto, celermente, superando con rapidità ostacoli e indugi. I postiglioni e i messi d'un tempo, dovendo fare un servizio rapido, saltavano spesso le poste del cambio dei cavalli.

16 - **Cadere dalla padella nella brace.** Cambiare la situazione in peggio, trovare un rimedio peggiore del male. Si racconta d'una tinca che, cadendo in padella, cercò di fuggire nel fuoco, invitando i compagni di sventura a fare altrettanto.

17 - **Cambiar registro.** Cambiare il tono, la tattica, il contegno al sopraggiungere d'un fatto nuovo o per un ammonimento. Si dice anche: Girare, virare di bordo, come la nave che cambia direzione. Alcuni strumenti, tra cui l'organo, dispongono di registri che, comandati da leve o pulsanti, consentono di cambiare immediatamente diversi timbri di suono.

18 - **Canto del cigno.** L'ultima opera d'un autore, specialmente se è la più bella. Gli antichi (tra cui Platone) credevano che il cigno fosse canoro e in punto di morte intonasse il suo più bel canto.

19 - **Caval di S. Francesco.** Il bastone, nell'uso che ne fa chi, non avendo altro mezzo, s'aiuta con quello per andare a piedi. Fu questo il fido compagno di viaggio del Poverello d'Assisi. 'Andare col caval di S. Francesco': andare a piedi.

20 - **Cavallo di battaglia.** Per un artista è il pezzo teatrale o musicale da lui preferito e in cui riesce a rivelare al massimo il suo talento; in genere: materia, argomento di cui uno si sente assolutamente padrone. Fra i cavalli di cui disponevano i condottieri e i capitani d'un tempo, quello addestrato per la battaglia era il migliore e, quasi sempre, il favorito.

21 - **Cavar le castagne dal fuoco.** Procurarsi vantaggi, guadagni, evitare noie (facendo rischiare o lavorare gli altri: per questo si aggiunge alla frase 'con la zampa del gatto'). In una favola di La Fontaine una scimmia si serviva della dabbenaggine d'un gatto per impadronirsi, senza scottarsi, delle castagne che cuocevano nel fuoco.

22 - **Chiudersi in una torre d'avorio.** È l'appartarsi sdegnoso d'un uomo di cultura dalla vita pratica o dalla lotta, per coltivare gli studi o la propria arte. Dal lat. *Turris eburnea* (torre d'avorio), espressione che si trova nel Cantico dei Cantici divenuta epiteto che i cristiani danno alla Madonna (v. anche: Ritirarsi sull'Aventino).

23 - **Ciurlare nel manico.** Mancare a una parola o a un impegno, rinviare con scuse o pretesti l'adempimento di promesse. Chi si comporta così fa un po' come la parte metallica d'un arnese, la quale, quando non sta ben ferma nel manico (ciurla, tentenna, gira) rende vana l'opera di chi lavora.

24 - **Colpo di grazia.** Ciò che rovina definitivamente chi già si trova in una brutta situazione. Ai morenti sul campo di battaglia o ai giustiziati si abbreviano le sofferenze dell'agonia con un colpo mortale detto 'di grazia'.

25 - D'alto bordo. Si dice di persona altolocata, autorevole, importante. Traslato dalla nave 'd'alto bordo' che ha la parte emersa dei fianchi assai più alta di quella di basso bordo.

26 - Dare corda, spago. Dar maggiore libertà, allentare freni e limitazioni precedentemente imposti; assecondare chi parla perché dica ciò che interessa all'interlocutore. Dall'uso di legare gli animali con una corda (capre), o con uno spago (chiocce, galline) perché non s'allontanino da un luogo.

27 - Dare un colpo al cerchio e uno alla botte. Distribuire opportunamente lodi o biasimi, ragioni o torti, in modo da non dispiacere a nessuno; portare avanti due affari curandoli alternativamente. Probabile riferimento al lavoro del bottaio che stringe le doghe nei cerchi battendo ora questi ora quelle.

28 - Darsi la zappa sui piedi. Ragionare, portare prove contro il proprio assunto; nuocere involontariamente a se stessi, nel qual senso si usa anche 'Scavarsi la fossa sotto i piedi', 'Farsi la croce con le proprie mani', 'Farsi la frusta per la schiena'.

29 - Di punto in bianco. All'improvviso, inaspettatamente, cogliendo quindi alla sprovvista, come 'a bruciapelo'. Tiro di punto in bianco era detto un tempo il tiro delle artiglierie che sparavano direttamente senza elevazione, con il congegno di puntamento che non segnava alcun valore (in bianco).

30 - Doccia scozzese. Una serie di notizie, fatti piacevoli e spiacevoli che si alternano provocando opposti stati d'animo. La doccia scozzese si fa alternando acqua calda e fredda con graduali variazioni di temperatura. 'Una doccia fredda' è qualcosa che smorza l'entusiasmo.

31 - Dormire della grossa. Dormire profondamente. I bachi da seta fanno in genere tre dormite dette la 'cinerina', la 'pelosina' e la 'grossa': quest'ultima è la più lunga. Con riferimento agli animali che vanno in letargo si dice anche: 'Dormire come un ghiro, come un tasso'.

32 - Dormire, riposare sugli allori. Stare inoperoso all'ombra dei meriti acquistati o accontentandosi delle glorie passate. L'alloro, con cui si usava cingere le tempie dei poeti o dei guerrieri vincitori, è passato a indicare il premio della vittoria e la vittoria stessa.

33 - Eminenza grigia. Uno che, senza darlo a vedere, esercita un forte potere o controlla una situazione, soprattutto influenzando persone potenti (v. anche: Ninfa Egeria). Così fu detto del frate cappuccino consigliere del cardinale Richelieu per il colore grigio dell'abito del suo ordine per analogia al titolo di 'Eminenza Rossa' del Richelieu, che portava la veste purpurea propria della sua dignità.

34 - Esser come il diavolo e la croce (o **l'acqua santa).** Due elementi inconciliabili, divisi da inimicizia e avversione per cui si escludono a vicenda. Come quella fra il cane e il gatto, tra suocera e nuora, è proverbiale l'inimicizia tra il diavolo e la croce o l'acqua benedetta, cose usate anche per cacciarlo.

35 - Esser come il vaso di coccio tra i vasi di ferro. Il debole che deve contrastare coi più forti, o chi, senza difesa, si trova gomito a gomito coi prepotenti (un po' l'inverso della 'serpe tra le anguille': persona scaltra tra sempliciotti). Da una favola (Esopo, La Fontaine) d'un vaso di coccio che in un fiume, trovandosi vicino a uno di ferro, badava a tenere le distanze per evitare il peggio.

36 - Essere al verde. Non avere più soldi; essere a corto di qualcosa (v. Essere in bolletta; Esser povero in canna). L'uso antico di tingere di verde il fondo delle candele, o fasciarlo con carta colorata per rendere più solida la parte di cera da inserire nel candeliere, sta probabilmente all'origine di questa metafora.

37 - Essere, fare come l'asino di Buridano. Restare indeciso nella scelta, particolarmente quando ci sono due possibilità (mancando le quali si dice: 'Non saprei che pesci prendere, che acqua bere'). L'argomento dell'asino che, non riuscendo a scegliere tra due fasci di fieno, o tra il fieno e l'acqua, muore di fame, fu attribuito al filosofo medievale Giovanni Buridano per illustrare una sua teoria filosofica.

38 - Essere in bolletta. Essere rimasto senza soldi (v. Essere al verde), trovarsi in una difficile situazione economica. La frase deriva dall'uso di esporre pubblicamente la lista dei nomi (bolletta) di coloro che erano falliti, cosa che, almeno in passato, equivaleva a non avere più un soldo.

39 - Essere in vena. Sentirsi nel pieno delle forze, dell'estro, nella condizione migliore per fare qualcosa. Probabile abbreviazione di 'essere in buona (cattiva) vena', espressione che una volta indicava che il malato aveva (o meno) il polso regolare.

40 - Esser povero in canna. Esser poverissimo, quasi nell'indigenza, nella miseria. Si dice anche 'Ridotto sul lastrico', 'Povero come Giobbe' (v. Essere al verde). È una di quelle locuzioni sulla cui origine si fanno solo ipotesi, tutte insoddisfacenti.

41 - Far come quello che cercava l'asino e c'era sopra, o **la pipa e l'aveva in bocca.** Cercare inutilmente una cosa che è vicina, con riferimento a una novelletta di P. Bracciolini ove un tale cercava il suo asino credendolo smarrito, senza avvedersi che lo stava cavalcando.

42 - Fare fiasco. Fallire in un tentativo, non raggiungere lo scopo voluto, non riuscire. L'origine della locuzione è sconosciuta e nessuna ipotesi (dall'arte del vetro, dal teatro) è convincente.

43 - Fare gli occhi di basilisco. Fare gli occhi feroci, truci, per intimorire o in segno di furore. Da un pregiudizio degli antichi secondo cui il basilisco poteva uccidere l'uomo con lo sguardo.

44 - Far gli occhi di triglia. Fare lo sguardo dolce, svenevole, mostrando d'essere innamorato. Si usa anche 'Far l'occhio a pesce morto' o 'fradicio' perché, nella morte, la loro pupilla diventa molto languida.

45 - Fare il diavolo a quattro. Fare strepito, gran fracasso e confusione. Quelle rappresentazioni medievali che, oltre alle altre figure, prevedevano la comparsa di quattro o più diavoli erano dette 'grandi diavolerie', mentre le altre erano dette 'piccole'.

46 - Fare un (gran) cancan. Far gran chiasso, confusione; in particolare, riferito a un avvenimento: sollevarvi intorno gran scalpore. Popolarmente la si riferisce spesso al movimentato ballo ottocentesco dallo stesso nome, mentre la parola è assai più antica, anche nel senso di 'confusione' e deriva dal lat. *quamquam* 'benché', congiunzione frequente nelle dissertazioni medievali, fatte un tempo in latino, che passò poi a indicare lunghe e noiose disquisizioni.

47 - Far la gattamorta, essere una gattamorta. Celare le proprie intenzioni, nascondere l'astuzia sotto una posticcia ingenuità per fare più agevolmente il proprio interesse o cogliere meglio l'occasione, come faceva anche la 'gatta di Masino', che chiudeva gli occhi per non vedere i topi. Esopo e altri narrano d'un gatto che fingeva d'esser morto per far avvicinare i topi e prenderli più comodamente.

48 - Far la pioggia e il bel tempo (o **il buono e il cattivo tempo).** Esercitare un'influenza determinante su chi comanda o decide. Leggermente diverso da 'Dettar legge' che vale sempre: esercitare direttamente e apertamente il potere. Probabile riferimento all'importanza che, nel decidere le imprese, s'attribuiva un tempo agli astrologi, i quali prevedevano anche le condizioni atmosferiche.

49 - Far le cose alla carlona. Far le cose alla buona, senza cura, abborracciando, così come vengono. Carlo Magno fu detto re Carlone e nella tarda stagione della poesia cavalleresca fu rappresentato come uomo bonario e anche non molto accorto.

50 - Far le parti del leone. In una spartizione prendersi tutto o quasi; dividere ingiustamente e a proprio vantaggio. Esopo e altri narrano che il leone divise in tre parti il bottino d'una battuta di caccia fatta in società con altri animali, prendendosele poi tutte.

51 - Filo d'Arianna. Un elemento, una traccia che guida in un'intricata vicenda, in una situazione difficile, in un complesso problema, conducendo alla soluzione. Teseo, secondo il mito, dopo aver ucciso il Minotauro, ritrovò l'uscita del labirinto grazie al filo datogli da Arianna, che egli aveva steso lungo il suo cammino.

52 - Furbo di tre cotte. Chi è straordinariamente astuto e raggiunge quasi l'apice della furbizia. Traslato dalla lavorazione dello zucchero o di altre cose che si raffinano con cotture (cotte) successive, tre delle quali, in genere, bastano a raggiungere la perfezione.

53 - Gettare il guanto. Provocare, fare un aperto atto di sfida; 'Raccogliere il guanto': accettare la sfida. Gli antichi cavalieri, secondo l'uso germanico, gettavano un guanto per sfidare a duello chi, raccogliendolo, accettava la sfida.

54 - **Gettare la spugna.** Ritirarsi da un'impresa riconoscendosi vinto o incapace. Nel pugilato, per evitare a un pugile l'umiliazione d'una brutta sconfitta, il suo secondo può gettare sul quadrato l'asciugamano (una volta la spugna) dichiarando così il ritiro del pugile dal combattimento.

55 - **Gettare olio sulle onde.** Intervenire in una controversia, un litigio, uno stato di tensione con parole o elementi di conciliazione; pacificare, rasserenare. Del mare calmo si dice che è 'liscio come un olio', mentre 'Gettare olio sul fuoco' significa rinfocolare le contese o i rancori. I marinai per frenare la furia del mare talvolta gettano in acqua dell'olio che, galleggiando e spargendosi, attenua la violenza dei marosi intorno allo scafo.

56 - **Indorare la pillola.** Rendere meno amara una cosa o una notizia sgradevole (che si dice anche 'pillola' o 'boccone amaro'). Le pillole un tempo erano ricoperte d'uno strato di liquirizia dorata.

57 - **Lacrime di coccodrillo.** Ostentazione ipocrita, o di convenienza, di dolore o d'afflizione; pentimento per un male determinatamente commesso. È antico pregiudizio, non corrispondente a verità, che il coccodrillo lacrimi dopo aver divorato l'uomo.

58 - **Lasciare, piantare in asso.** Abbandonare uno nel momento più difficile, sul più bello, o quando meno se l'aspetta (v. anche: Piantar baracca e burattini). Si vuole che 'asso' sia alterazione di 'Nasso', l'isola delle Cicladi in cui, secondo il mito, Arianna fu abbandonata da Teseo. Altri fanno derivare la locuzione dal gioco delle carte.

59 - **Lavarsene le mani.** Disinteressarsi d'una faccenda lasciando che segua il suo corso, declinando ogni responsabilità. Con allusione al gesto di Pilato (si dice anche: 'Fare come Pilato') che, lavandosi le mani davanti al popolo, dichiarò di non esser responsabile della morte di Cristo.

60 - **Lotta senza quartiere.** Lotta violenta, senza tregua né esclusione di colpi, tendente a spegnere nell'avversario ogni possibilità di reazione. 'Dare, non dar quartiere': risparmiare o meno la vita del vinto, concedere o meno la tregua. Probabile riferimento a 'quartiere' nell'antico significato di 'parte della paga d'un militare', presa come base di valutazione del riscatto che il vinto poteva offrire in cambio della vita.

61 - **Madonnina infilzata.** Una donna che ostenta ingenuità, bontà, candore intemerato, nascondendo spesso un'indole diversa. Dalle immagini della Madonna dai sette dolori che mostra il cuore trafitto da altrettante spade.

62 - **Mangiarsi il grano in erba.** Consumare un bene, una ricchezza prima che dia i suoi frutti, dimostrando così scarsa oculatezza. Da un'antica espressione latina collegata probabilmente all'uso, ancora vivo, di vendere il raccolto quando è lontano dalla maturazione, come i frutti quando le piante sono ancora in fiore (*fr.* Manger son blé en herbe).

63 - **Menare il can per l'aia.** Portare le cose per le lunghe, indugiare in modo da non concludere nulla o lasciare le cose come stanno. L'aia è uno spazio troppo ristretto per portarvi in giro un cane da caccia che vuole luoghi ben più spaziosi e aperti.

64 - **Menar per il naso.** Indurre uno a fare quello che si vuole con continui raggiri o inganni, senza che egli se ne renda conto. Fa riferimento ai buoi che, afferrati per il naso, vanno docilmente dove si vogliono condurre.

65 - **Mettere il carro innanzi ai buoi.** Fare una cosa prima del tempo; in particolare: farla prima di ciò che logicamente dovrebbe precedere.

66 - **Mettere i puntini sulle i.** Precisare chiaramente una cosa senza lasciare dubbi o incertezze; esagerare nella precisione. Nell'evoluzione della grafia ci fu un momento in cui si incominciò da alcuni a segnare un punto sopra la i (che non l'aveva ancora), per distinguerla meglio da altri segni verticali. E questo sembrò a qualcuno un eccesso di cura.

67 - **Mettere una mano sul fuoco.** Affermare una cosa senza il minimo dubbio o esitazione. Nella forma negativa si usa per attenuare un'asserzione di cui non si è assolutamente certi. Porre una mano nel fuoco era una delle prove medievali alle quali s'attribuiva valore di giudizio divino.

68 - **Mostrare la corda.** Così si dice propriamente d'un tessuto logoro che scopre i fili dell'ordito, e, figuratamente, d'un discorso, un argomento vecchio, risaputo, o che lascia trasparire chiaramente le segrete intenzioni di chi lo fa.

69 - **Nascere con la camicia.** Avere la fortuna costantemente favorevole. 'Camicia' è detta volgarmente la membrana amniotica che talvolta copre ancora il corpo dei bambini al momento della nascita. Per questo si dice anche 'esser nato con la cuffia' o 'vestito'. Questo fatto fu ritenuto segno di fortuna o di particolare destino.

70 - **Ninfa Egeria.** Chi segretamente ispira il pensiero o guida l'azione d'una persona, essendo da questa costantemente seguito e tenuto quasi in conto d'oracolo. 'Esser l'oracolo' invece ha senso d'avere grande autorità o di essere infallibile, come i responsi delle antiche divinità; spesso usato però in tono ironico. Secondo la leggenda, che in parte riferisce Livio, fu la ninfa Egeria a ispirare a Numa Pompilio, in colloqui notturni, le istituzioni religiose di Roma (v. anche: Eminenza grigia).

71 - **Non essere uno stinco di santo.** Lasciare molti dubbi sulla propria rettitudine e le proprie virtù. Nei reliquiari che raccolgono i frammenti di corpi di santi, l'osso della tibia, in genere, è la reliquia più grossa e vistosa.

72 - **Ottava meraviglia.** Con voluta esagerazione si dice tale una cosa eccezionalmente bella e, con ironia, ciò che pretende di esserlo. Sette erano anticamente le meraviglie del mondo fatte dall'uomo, e di uno 'se ne dice le sette meraviglie' quando lo si loda esageratamente.

73 - **Padrone del vapore.** In tono un po' ironico si chiama così chi comanda o, in una situazione, tiene le leve del potere (con espressione più attuale: chi sta nella 'stanza dei bottoni') perché proprietario, dirigente, ecc. Nel linguaggio marinaresco 'padrone del vapore' è il comandante d'un'imbarcazione.

74 - **Pagare il fio.** Scontare la punizione meritata, dovuta a un male commesso o, semplicemente, sopportare le conseguenze d'un comportamento errato. Col termine 'fio' s'indicò la rendita d'un feudo, un obbligo feudale, e quindi un tributo.

75 - **Partire in quarta.** Andarsene improvvisamente; affrontare immediatamente, con la massima energia e prontezza, un lavoro o un problema. Si suppone, senza fondamento, che una macchina possa iniziare la sua corsa con la marcia più veloce che, in genere, è la quarta.

76 - **Parto della montagna.** Meschino effetto che segue grandi e ostentate promesse (v. anche i prov.: Tanto fumo per poco arrosto; Tanto rumore per nulla) da un'immagine oraziana della montagna che partorì il topolino. Montagna ha anche significato figurato di 'cosa, quantità enorme e esagerata'.

77 - **Passare in cavalleria.** Passa in cavalleria tutto ciò che è promesso e non mantenuto, prestato e non restituito e ciò che sparisce senza essere smarrito. Locuzione derivata dal gergo militare ed era forse in origine espressione eufemistica per indicare il disertore, o il militare trasferito o congedato, come passato ad altra arma, la cavalleria, un tempo ritenuta più nobile e prestigiosa delle altre.

78 - **Passare una notte in bianco.** Trascorrere una notte insonne. Nel Medioevo chi doveva essere investito cavaliere, trascorreva la notte precedente vegliando vestito di bianco in segno di purezza e questa era la veglia d'armi.

79 - **Perdere la tramontana.** Perder l'orientamento, la pazienza. Si dice anche 'Perder la bussola, le staffe'. 'Stella tramontana' si chiamò in passato la stella polare che era il principale punto di riferimento per i navigatori d'un tempo.

80 - **Pescare nel torbido.** Approfittare dello scompiglio e della confusione (o crearli a bella posta) per ottenere disonestamente dei vantaggi. Probabile riferimento alla celebre comparazione, fatta da Aristofane nella commedia 'I Cavalieri', dei pescatori d'anguille che ne prendono molte di più quando le acque sono torbide e fangose.

81 - **Piantar baracca e burattini.** Lasciare improvvisamente un'impresa e coloro che in quella ci erano compagni; cessare in tronco un'attività (v. Lasciare, pianta-

re in asso). 'Baracca' propriamente significa teatrino di burattini e in senso figurato indica un'organizzazione un po' malandata (Mandare avanti la baracca: portare avanti una cosa con fatica); 'burattini' si dicono le persone poco serie.

82 - **Pietra dello scandalo.** Ciò che corrompe col malesempio; ciò che provoca discordia (v. anche: Seminatore di zizzania). Si dice anche 'pietra del vituperio' o 'd'inciampo'. L'espressione si trova in Isaia ed è ripetuta in altri passi della Bibbia.

83 - **Pietra di paragone.** Termine al quale ci si riferisce, per le sue qualità discriminanti o per una qualità posseduta in modo assoluto, per giudicare i valori di diversi elementi. È la pietra che per le sue qualità permette, fregandovelo sopra, di saggiare l'oro.

84 - **Prendere, cogliere in contropiede.** Con una rapida azione prendere alla sprovvista l'avversario che si trova impegnato altrove e non se l'aspetta. L'azione di contropiede nel gioco del calcio consiste nel rovesciare improvvisamente il gioco passando dalla difesa all'attacco, in modo da raggiungere la zona della porta avversaria rimasta pressoché indifesa.

85 - **Prendere due piccioni con una fava.** Ottenere due vantaggi con una sola spesa o un solo lavoro, come chi con una sola esca catturi due prede. Le fave si ponevano un tempo nelle trappole per la caccia ai colombi selvatici.

86 - **Prendersela, lottare con i mulini a vento.** Si dice di chi per mania di persecuzione o per idee fisse o strane se la prende con nemici inesistenti e con persone e cose che non c'entrano. Dalla famosa avventura di Don Chisciotte (1, 8) che, credendoli giganti, lottò contro dei mulini a vento.

87 - **Questioni di lana caprina.** Discussioni senza fondamento o su cose da nulla, come le 'dispute sul sesso degli angeli' o 'sull'ombra dell'asino'. Manca una spiegazione soddisfacente sull'origine di questa espressione molto antica che si trova già in Orazio.

88 - **Quinta colonna.** Chi, dall'interno d'uno schieramento, favorisce gl'interessi della parte nemica. Espressione nata durante la guerra civile spagnola (1936-1939), quando il generale Mola, puntando su Madrid con quattro colonne, dichiarò di poter contare su una quinta colonna che operava a favore dei seguaci di Franco all'interno della città.

89 - **Raddrizzare le gambe ai cani.** Darsi da fare intorno a una cosa impossibile, inutile, o pretendere di mutare ciò che non può cambiare. Un po' come 'Lavare la testa all'asino'. Non è da escludere la derivazione dall'antico 'rassettar le gambe ai cani' riferito però a coloro che curavano le gambe rotte di questi animali.

90 - **Rimandare, mandare alle calende greche.** Rimandare a una data che non verrà mai (anche 'all'anno mai' o 'al giorno mai'). Era questa un'espressione usata dall'imperatore Augusto per indicare la data in cui i debitori insolventi avrebbero pagato, cioè mai; così narra Svetonio nella *Vita di Augusto* (le calende nel calendario greco non esistevano, mentre nel calendario romano erano il primo giorno del mese in cui si usava saldare i debiti).

91 - **Rispondere per le rime.** Rispondere senza ammettere nulla dell'accusa, 'rendendo la pariglia', adducendo altrettante e più valide ragioni. Dall'uso dei poeti d'un tempo che, nelle tenzoni in versi, componevano il sonetto di risposta conservando le stesse rime della proposta (v. ad es., i sonetti dei mesi di Folgore da S. Giminiano cui rispose Cene dalla Chitarra).

92 - **Ritirarsi sull'Aventino.** Appartarsi, ritirarsi sdegnosamente in segno di protesta morale (v. anche: Chiudersi in una torre d'avorio). Sul colle dell'Aventino si ritirò la plebe dell'antica Roma durante la lotta con i patrizi. 'Aventino' fu detta l'opposizione di coloro che abbandonarono il Parlamento nel 1924, dopo l'assassinio di Giacomo Matteotti, per protesta e accusa contro il governo fascista.

93 - **Rivedersi a Filippi.** Rimandare una questione al giorno della resa dei conti. Al futuro assume tono ironico o minaccioso per ricordare che verrà il giorno della prova. Così, apparendo in sogno, promise a Bruto il suo cattivo genio, predicendo all'uccisore di Cesare la sconfitta e il suicidio sul campo di battaglia presso Filippi.

94 - **Rompere il ghiaccio.** In genere: vincere una difficoltà iniziale; particolarmente: nei rapporti umani superare la freddezza, il silenzio d'un primo incontro o d'una situazione critica. Forse si rifà all'uso antico di far precedere un'imbarcazione da uomini che rompevano il ghiaccio d'un fiume gelato.

95 - **Salire, essere al settimo cielo.** Conseguire il massimo della felicità, come 'Toccare il cielo con un dito'. Il settimo cielo, nel sistema tolemaico, era il più alto, oltre cui erano le stelle fisse e l'orbe supremo.

96 - **Salvar capra e cavoli.** Destreggiarsi in modo da evitare due pericoli, sfuggire uno dei quali comporterebbe logicamente di non poter sottrarsi all'altro. Dalla favola del barcaiolo che, dovendo far attraversare un fiume a una capra, a un lupo e a dei cavoli, risolse il problema con sette traversate, portando le tre cose avanti e indietro in modo che il lupo non mangiasse la capra né questa i cavoli.

97 - **Salvarsi in corner.** Salvarsi all'ultimo momento, usando l'ultimo mezzo disponibile (v. anche: Per il rotto della cuffia). Dall'ingl. *corner* (angolo), abbreviazione di *corner kick* (calcio d'angolo), rimessa in gioco che nel calcio è prevista a sfavore della squadra che spinge la palla oltre la propria linea di fondo, azione spesso fatta volontariamente per risolvere pericolose situazioni.

98 - **Scagliare la prima pietra.** Dare il primo colpo, quasi assumendo tutta la responsabilità, contro una persona o un'istituzione. Dalla frase con cui Cristo difese la donna adultera che doveva essere lapidata 'Chi di voi è senza peccato, le scagli contro la prima pietra'.

99 - **Seguire, essere, stare a ruota.** Stare a brevissima distanza da chi precede o arriva per primo; essere preceduto di stretta misura nel conseguire un risultato. Locuzione propria delle gare ciclistiche in cui un corridore, che non si lascia staccare da un rivale, lo segue a ruota (anche di proposito, per farsi tirare) e giunge a ruota sul traguardo quando la ruota posteriore della prima bicicletta non sopravanza quella anteriore della seconda.

100 - **Seminatore di zizzania (o seminare zizzania).** Seminatore di discordia (v. anche: Pietra dello scandalo). Dalla parabola evangelica dell'uomo nemico che di notte seminò la zizzania (o loglio, da cui anche: 'Mischiare il grano col loglio') in mezzo al grano. Il vocabolo 'zizzania' è entrato nella lingua italiana attraverso questa parabola.

101 - **Sentirsi fischiare gli orecchi.** Credere, avere il sospetto che altri stiano parlando di noi. È un antico pregiudizio che chi sente un fischio negli orecchi sia in quel momento ricordato da qualcuno.

102 - **Sepolcro imbiancato.** Un ipocrita che aggiunge alla falsità l'ostentazione d'un'esagerata integrità, come facevano gli scribi e i farisei, che Cristo paragonò ai sepolcri imbiancati, riferendosi all'usanza ebraica di render visibili le tombe, imbiancandole perché nessuno le toccasse rendendosi impuro.

103 - **Spada di Damocle.** L'incombere incessante d'una minaccia o d'un pericolo. Dioniso il vecchio, tiranno di Siracusa, mostrò a Damocle, suo favorito, che lo aveva detto felice, come vivesse un tiranno, facendogli sospendere sul capo, durante un banchetto, una spada legata ad un tenue filo.

104 - **Spezzare una lancia a favore.** Parlare, agire in difesa, in favore di uno, aiutarlo. Uno dei doveri dei cavalieri, oltre a quello di difendere l'onore proprio e del sovrano, era di proteggere i deboli e gli oppressi, in favore dei quali scendevano in campo dove il primo scontro era quello delle lance.

105 - **Tagliare la testa al toro.** Risolvere senza lasciare dubbi o incertezze una questione o un problema; troncare una discussione, superare una difficoltà con mezzi risolutivi. Deriva probabilmente dalla tauromachia.

106 - **Tallone d'Achille.** Punto debole d'una persona o d'un sistema difensivo; la parte più vulnerabile o delicata. La madre Teti immerse Achille, quando era piccolo, nello Stige: ciò lo rese invulnerabile in tutto il corpo tranne che nel tallone per il quale essa lo sorreggeva. Da ciò anche il tendine che scende fino alla parte posteriore del calcagno è detto 'tendine d'Achille'.

107 - **Tempo delle vacche grasse (o magre).** Il tempo dell'abbondanza, della prosperità (della carestia, della miseria). Nel racconto della Genesi sette vacche grasse che vennero divorate da sette vacche magre furono sognate dal Faraone e interpretate da Giuseppe come sette anni d'abbondanza seguiti da sette anni di carestia.

108 - **Tirare i remi in barca.** Sospendere un'attività o perché giunti alla sua conclusione, o per deliberato pro-

posito di lasciare che facciano altri. Si dice anche: 'Chiamarsi fuori' (dal gioco delle carte) quando uno, avendo raggiunto il suo scopo, lascia una faccenda. Fa riferimento al vogatore che cessa di remare e si lascia portare dall'inerzia o dalla corrente.

109 - Tornare a bomba. Tornare al punto, al proposito, all'argomento di cui si stava trattando prima di una digressione. 'Bomba' è il nome del punto da cui partono e a cui devono ritornare i giocatori nel gioco infantile del nascondino.

110 - Uccello del malaugurio. Persona che ha un influsso malefico, annuncia la sventura o ama fare sempre previsioni sinistre. Tra gli animali alcuni uccelli, e in particolare il loro canto, si ritiene che predicano o portino sventura.

111 - Uovo di Colombo. Trovata semplicissima che risolve un problema da tutti considerato insolubile. Vuole un aneddoto che Colombo mostrasse quanto appaia semplice la soluzione d'un problema quando è risolto, invitando alcuni a far star ritto un uovo: non riuscendoci nessuno, mostrò come ciò fosse facile praticando una leggera ammaccatura sul fondo.

112 - Uscire dai gangheri. Arrabbiarsi, perdere la calma, la pazienza, il controllo di se stessi e comportarsi senza logica. Immagine presa dalla porta che si scardina; come il cavaliere che 'perde le staffe' ha dato origine alla locuzione dello stesso significato.

113 - Uscire, passare per il rotto della cuffia. Cavarsela alla meglio o quasi per miracolo. Si vuole, con poca probabilità, farlo derivare dall'antico gioco della quintana, in cui era ritenuta valida anche la prova di quel concorrente che subiva un colpo o un danno nella cuffia.

114 - Vecchia guardia. I fondatori, i più fedeli e vecchi seguaci d'un movimento, considerati spesso più per i meriti del passato che per quanto contino nel presente. La Vecchia Guardia imperiale di Napoleone I (della quale fu detto che 'muore, ma non s'arrende') era composta dai più valorosi veterani.

115 - Vedere la pagliuzza nell'occhio altrui. Si usa rimproverare, con questa frase evangelica, la facilità con cui si censurano gli altrui lievi difetti senza guardare i propri, spesso peggiori. Si dice anche, se uno rimprovera ad altri il proprio difetto: 'Come disse la padella al paiolo: fatti in là che mi tingi'.

116 - Vittoria di Pirro. Una vittoria che costa al vincitore più che al vinto la sconfitta e lo pone in condizioni precarie o d'inferiorità nei confronti del nemico battuto. Tale si dice fosse appunto la situazione di Pirro dopo aver vinto i Romani ad Ascoli (o a Eraclea, secondo altri); pur avendo battuto il nemico non fu in grado di sconfiggerlo definitivamente.

PROVERBI

1 - A brigante brigante e mezzo. Suggerisce di usare le armi dell'avversario, anche se disoneste, e ancor meglio di lui. Tuttavia *Due torti non fanno una ragione*: rispondere a un atto ingiusto con un atto ingiusto non ristabilisce la giustizia.

2 - A buon intenditor poche parole. A chi sa capire non occorre rivolgere lunghi discorsi. Si usa per giustificare o attenuare la brutalità di certi avvertimenti, o per alludere a cose che vengono taciute per prudenza, riguardo, connivenza ecc. Già nel latino di Plauto: *Intelligenti pauca.*

3 - A caval donato non si guarda in bocca. Quando un cavallo ti viene regalato non devi ispezionarne la bocca (per controllarne l'età o la salute, come si fa quando lo si paga). Vale come considerazione utilitaria (quel che ti giunge senza tua richiesta o spesa va sempre bene), come regola di galateo (non si fanno apprezzamenti sull'eventuale scarso valore dei doni), o come commento scherzoso (quel che ti regalano ti tocca prenderlo come è).

4 - Acqua cheta rompe i ponti. Certe acque (o persone) che in superficie appaiono tranquille e innocue sono poi al fondo turbinose e insidiose. v. *Dagli amici* ecc.

5 - Acqua passata non macina più. L'acqua che è già passata (sotto la ruota del mulino) non è più in grado di far muovere la mola e quindi di macinare. Si dice per azioni, atteggiamenti, sentimenti ecc. che hanno avuto valore un tempo ma non ne hanno più oggi.

6 - Ad ognuno la sua croce. A tutti tocca qualche cruccio o dolore, anche se nascosto; in altre parole *Ogni legno ha il suo tarlo.* E crucci o tarli, se non appaiono al di fuori, sono però noti dal di dentro: *I guai della pentola li sa il mestolo.*

7 - A goccia a goccia si scava la pietra. Pur se si è deboli, l'ostinata perseveranza vince gli ostacoli più duri. Dal latino *Gutta cavat lapidem*: la goccia scava la pietra.

8 - Agosto ecc. v. *Gennaio* ecc.

9 - Aiutati che Dio (oppure **il ciel) t'aiuta; Aiutati che io ti aiuto.** Adoperati per risolvere da te i tuoi problemi e troverai che altri ti darà una mano. Noto nella forma: *Chi s'aiuta, Iddio l'aiuta.*

10 - Al bisogno (oppure **Nelle sventure) si conosce l'amico.** Le amicizie vere danno prova di sé nei momenti duri (e solo queste sono un tesoro: v. *Chi trova* ecc.).

11 - Al buio tutti i gatti sono bigi. v. *Di notte* ecc.

12 - Al contadin non far sapere quanto è buono il formaggio con le pere. Non bisogna far conoscere al contadino quanto siano buoni certi prodotti del suo lavoro, altrimenti non si contenterebbe di cibi più grossolani e poveri. Cinicamente suggerisce di tenere i sottoposti nell'ignoranza del proprio ruolo, per profittarne. Perciò talvolta si rovesciano le parti dicendo: *Al padron non far sapere* ecc.

13 - Al cuore non si comanda. I sentimenti non prendono ordini. Si usa specialmente per dire che non ci si innamora (e non si smette di amare) a comando, e più in generale per sottolineare che la volontà propria o altrui può poco sugli affetti.

14 - All'ultimo si contano le pecore. v. *Ride ben* ecc.

15 - A mali estremi estremi rimedi. Se il male è estremo, anche il rimedio deve essere tale. Serve per giustificare con la (vera o presunta) gravità della situazione la durezza, la drasticità ecc. di certi provvedimenti adottati o da adottare.

16 - Ambasciator non porta pena. Non si ha colpa, e non si può essere puniti, per i messaggi anche sgraditi di cui si è latori. Antica norma di immunità nel diritto delle genti, si usa più o meno scherzosamente e malignamente per le piccole vicende quotidiane.

17 - A muro basso ognuno ci si appoggia. I meno potenti o abbienti sono sempre sfruttati. Ed è anche perciò che *Chi nasce afflitto muore sconsolato*: non riesce a mutar condizione. v. *Il cane morde lo straccione.*

18 - A nemico che fugge ponti d'oro. Se il nemico fugge conviene agevolargli la strada perché non cambi avviso. Suggerisce di non voler stravincere, o più maliziosamente di largheggiare in concessioni formali quando si è vinto su questioni sostanziali. Già in latino: *Qua fugiunt hostes, via munienda est* (la via per la quale fugge il nemico gli va resa sicura).

19 - Anno nevoso anno fruttuoso. Infatti *Sotto la neve pane, sotto l'acqua fame.* Per altri detti sul tempo atmosferico, i mesi e le feste v. *Buon tempo* ecc., *Cielo a pecorelle* ecc., *Di carnevale* ecc., *Gennaio secco* ecc., *Gobba a ponente* ecc., *L'Epifania* ecc., *Natale* ecc., *Quando piove* ecc., *Rosso di sera* ecc., *Vento fresco* ecc.

20 - Anno nuovo vita nuova. Vale come augurio e come proposito.

21 - A ogni uccello suo nido è bello. Ciascuno ama i luoghi, le condizioni, le abitudini ecc. che gli sono familiari o congeniali, e ciò anche se si tratta di cose povere o modeste. In modo meno conciso: *Casa mia casa mia, benché piccola tu sia, tu mi sembri una badia.*

22 - A padre avaro figliuol prodigo. v. *Tale il padre tale il figlio.*

23 - A pagare e morir c'è sempre tempo. E così per ogni altra cosa sgradita.

24 - Aprile ecc. v. *Gennaio* ecc.

25 - A rubar poco si va in galera, a rubar tanto si fa carriera (oppure **Chi ruba poco va** ecc.**).** Il ladruncolo, magari per bisogno, viene preso e punito, e il grande malversatore sfugge alla legge e accresce la sua potenza. Anche in questo caso *Sono sempre gli stracci* ecc. C'è anzi di peggio: *Ladro piccolo non rubare che il ladro grosso ti fa impiccare.*

26 - A San Martino ecc. v. *Gennaio* ecc.

27 - Attacca l'asino dove vuole il padrone e, se si rompe il collo, suo danno. Se qualcuno da cui dipendi esige da te azioni che lo danneggiano, esegui e tanto peggio per lui.

28 - A tutto c'è rimedio fuorché alla morte. Invita a non perdersi d'animo, anche se l'avversità è grave.
29 - Bacco, tabacco e Venere riducono l'uomo in cenere. Vino, fumo e donne sono vizi che distruggono.
30 - Bandiera vecchia onor di capitano. Quando è vecchia, o proprio perché è vecchia, la bandiera è più gloriosa e dunque fa onore a chi ne è portatore. In linguaggio militaresco dice le virtù delle cose vecchie di cui parla, in linguaggio casalingo, anche *Gallina vecchia* ecc., e si presta ad analoghi impieghi scherzosi.
31 - Batti il ferro quando (oppure **finché) è caldo.** Come il fabbro lavora sul ferro quando (e finché) è arroventato e quindi malleabile, così bisogna iniziare le proprie imprese quando la situazione è favorevole (e insistervi finché resta tale).
32 - Bello in fasce brutto in piazza. v. *Brutto in fasce* ecc.
33 - Bisogna far buon viso a cattivo gioco. Bisogna non solo saper perdere senza esternare dispetto, ma anche mostrar di adattarci volentieri a ciò che non ci conviene o piace.
34 - Botte buona fa buon vino. Le botti di buona qualità rendono buono il vino che contengono. Più in generale: da buoni produttori si hanno buoni prodotti, e da cause buone buoni effetti: es. *Buon vino fa buon sangue.*
35 - Brutto in fasce bello in piazza. Chi è brutto nell'infanzia sarà (o potrà essere) bello da grande. Si dichiara anche l'inverso: *Bello in fasce brutto in piazza.*
36 - Buon sangue non mente. Si dice sia per le persone che per gli animali, quando compiono azioni o imprese non inferiori a quelle degli ascendenti.
37 - Buon tempo e mal tempo non dura tutto il tempo. Ambedue vengono a fine. Si usa anche per le vicende umane, ma riguarda soprattutto i fatti atmosferici per i quali v. *Anno nevoso* ecc.
38 - Buon vino fa buon sangue. v. *Botte buona* ecc.
39 - Cambiano i suonatori ma la musica è sempre quella. Si dice quando col mutare dei protagonisti o dei dirigenti la sostanza dei fatti (umani, politici, ecc.) resta la stessa.
40 - Campa, cavallo mio, che l'erba cresce. Invito ironico o rassegnato a cercar di sopravvivere in attesa di un evento favorevole che però è lontano, improbabile, e non dipende da noi. E per aspettative così incerte si dice appunto che *Chi di speranza vive disperato muore.*
41 - Can che abbaia non morde. Dichiara più o meno scherzosamente che chi proferisce molte minacce di solito non passa ai fatti. Ha qualche analogia con *Tra il dire e il fare* ecc.
42 - Carta canta e villan dorme. Quando gli accordi sono messi per iscritto si è più tranquilli. Infatti *Scripta manent, verba volant*: gli scritti restano, le parole volano.
43 - Casa mia casa mia ecc. v. *A ogni uccello* ecc.
44 - Chi ben comincia è alla metà dell'opra. Chi avvia bene un lavoro è come se l'avesse già compiuto per metà. Segnala l'importanza di impiantare bene, fin dall'inizio, ogni impresa. v. *Il buon giorno* ecc.
45 - Chi cento ne fa una ne aspetta. v. *Una ne paga cento.*
46 - Chi cerca trova. Se cerchi, alla fine troverai; solo se cerchi potrai trovare. L'impegno produce risultati, e perciò si dice anche *Chi la dura la vince*: chi tiene fermo il suo proposito e lo persegue con fermezza alla fine riesce nel suo intento. v. anche *Chi dorme* ecc., *Chi non risica* ecc.
47 - Chi compra sprezza e chi ha comprato apprezza. v. *Chi disprezza* ecc.
48 - Chi dice donna dice danno. v. *Donna danno* ecc.
49 - Chi dice quel che vuole sente quel che non vorrebbe. Se ci esprimiamo sugli altri senza riguardi, ne riceveremo risposta 'per le rime'. Si dice anche (e non solo per le parole): *Qual proposta tal risposta.* v. *Quel ch'è fatto* ecc., *Come mi suoni* ecc.
50 - Chi di spada ferisce di spada perisce. v. *Chi la fa l'aspetti.*
51 - Chi di speranza vive disperato muore. v. *Campa, cavallo* ecc.
52 - Chi disprezza compra. Per ottenere condizioni più favorevoli, o per altri motivi, spesso si svalutano a parole persone o cose che invece si apprezzano. Si dice anche *Chi compra sprezza e chi ha comprato apprezza.*
53 - Chi dorme non piglia pesci. Se il pescatore è addormentato, distratto, disattento ecc. non pescherà nulla. Più in generale: solo se sarai sveglio e attento potrai ottenere risultati, ed è giusto che tu non li abbia se non lo sei. v. *Chi cerca* ecc., *Chi la dura* ecc., *Chi non risica* ecc.
54 - Chi è causa del suo mal pianga se stesso. Chi ha prodotto da sé le situazioni o gli eventi che lo danneggiano deve rimproverare se stesso e non gli altri o la sorte. Ha qualche analogia con *Chi pecora* ecc.
55 - Chi è in difetto è in sospetto. Chi è o si sente in colpa scambia per accuse o denunce anche accenni innocui, ignari o puramente casuali.
56 - Chi è svelto a mangiare è svelto a lavorare. Chi è lesto, attivo, sveglio, veloce, lo dimostra in tutto.
57 - Chi fa da sé fa per tre. Chi fa da sé le proprie cose riesce tre volte meglio che affidandole ad altri. v. per analogia *Chi vuole vada* ecc., e per contrasto *Una mano* ecc. Con riferimento più diretto ai beni materiali e alle gelose cure che ne hanno i proprietari si dice anche *L'occhio del padrone ingrassa il cavallo.*
58 - Chi fa falla, e chi non fa sfarfalla. Chi agisce commette necessariamente qualche errore, ma chi resta inattivo ne fa di più gravi e per giunta inutili.
59 - Chi ha avuto ha avuto e chi ha dato ha dato. Quando una questione è chiusa, ognuno deve tenersi quel che di bene o di male gli è toccato.
60 - Chi ha denti non ha pane e chi ha pane non ha denti. Commenta il fatto che certi beni tocchino a chi non sa o non può servirsene, e viceversa. Si dice anche *Chi ha farina non ha la sacca, e chi ha la sacca non ha la farina.*
61 - Chi ha farina non ha la sacca ecc. v. *Chi ha denti* ecc.
62 - Chi ha polvere spara. v. *Il ricco quando vuole* ecc.
63 - Chi ha tempo non aspetti tempo. Se già hai il tempo per fare qualcosa che devi, non aspettare di averne dell'altro. Analogo invito è espresso da *Non rimandare a domani quello che puoi fare oggi.*
64 - Chi la dura la vince. v. *Chi cerca trova.*
65 - Chi la fa l'aspetti. Chi danneggia gli altri deve aspettarsene risposte dello stesso tipo. Un concetto analogo esprime *Chi di spada ferisce di spada perisce* che deriva direttamente dal latino *Qui gladio ferit gladio perit.* v. *Quel ch'è fatto* ecc., *Una ne paga cento.*
66 - Chi lascia la via vecchia per la nuova sa quel che lascia ma non sa quel che trova (oppure **peggio si trova).** Ad abbandonare le strade già note si va incontro all'incerto (o, più pessimisticamente, al peggio). v. per analogia *Meglio l'uovo* ecc. e per contrasto *Chi non risica* ecc.
67 - Chi mal semina mal raccoglie. v. *Chi semina vento* ecc.
68 - Chi mena per primo mena due volte. v. *Chi prima arriva* ecc.
69 - Chi muore giace e chi vive si dà pace. Sottolinea con realismo o con rammarico o con cinismo che, per i vivi, la vita continua.
70 - Chi nasce afflitto muore sconsolato. v. *A muro basso* ecc.
71 - Chi nasce è bello, chi si sposa è buono e chi muore è santo. Commenta ironicamente le lodi convenzionali che si fanno per i neonati, gli sposi e i morti.
72 - Chi non beve in compagnia o è un ladro o è una spia. v. *In compagnia* ecc.
73 - Chi non comincia non finisce. Esorta a dare sollecito inizio a imprese o faccende magari lunghe e noiose ma necessarie: se non le si avvia non si potrà mai liberarcene.
74 - Chi non ha buona testa ha buone gambe. Se si è sbadati, smemorati, disattenti ecc., si è costretti a muoversi per rimediare.
75 - Chi non mangia ha già mangiato. Interpreta il rifiuto del cibo come sazietà. In forma più completa si dice anche *Chi non mangia a desco ha mangiato di fresco*, e in modo più immaginoso *Gallina che non razzola ha già razzolato.*
76 - Chi non risica non rosica. Chi non osa esporsi a qualche rischio non ottiene nulla; solo rischiando si può riuscire; è giusto che chi non rischia non ottenga. v. per analogia *Chi cerca* ecc., *Con niente* ecc., e per contrasto *Chi lascia* ecc., *Chi si contenta* ecc., *Chi troppo vuole* ecc.
77 - Chi non semina non raccoglie (oppure **miete).** Chi non si è adoperato al momento giusto non può at-

tendersi frutti.

78 - **Chiodo scaccia chiodo.** Come un secondo chiodo rimuove il primo, se confitto nello stesso foro, così una preoccupazione, un dolore ecc. scaccia l'altro, o lo fa passare in seconda linea.

79 - **Chi pecora si fa, il lupo se la mangia.** Se ci si pone da soli in posizione di debolezza se ne subiscono le conseguenze dannose. Ha qualche analogia con *Chi è causa* ecc.

80 - **Chi perde ha sempre torto.** v. *Chi vince* ecc.

81 - **Chi più ha più vuole.** v. *L'appetito* ecc.

82 - **Chi più spende meno spende.** Spendendo di più, per avere cose di qualità migliore, si spende di meno perché durata ed efficienza sono maggiori. Mette in guardia contro false economie in cose essenziali: v. *Chi serba* ecc.

83 - **Chi prima arriva macina.** Dice i vantaggi del giungere presto o prima degli altri. Stesso senso hanno *Chi prima nasce prima pasce* e il più brutale e aggressivo *Chi mena per primo mena due volte*: chi muove per primo all'attacco resta in vantaggio. Sui ritardi v. *Chi tardi* ecc. Si dice anche *La miglior difesa è l'attacco.*

84 - **Chi prima nasce prima pasce.** v. *Chi prima arriva* ecc.

85 - **Chi più ne ha più ne metta.** Dovrebbe valere soprattutto per il senno o la roba (deve impiegarne di più chi ne è più fornito), ma si usa spesso al posto di 'e così via', 'e via dicendo', per abbreviare una enumerazione di fatti o oggetti e per suggerire insieme l'idea del loro grande numero e della loro varietà.

86 - **Chi più sa meno crede.** v. *Chi scopre il segreto* ecc.

87 - **Chi ride il venerdì piange la domenica.** v. *Il riso* ecc.

88 - **Chi ride senza perché** ecc. v. *Il riso fa buon sangue.*

89 - **Chi rompe paga.** Se rompi un oggetto devi pagarlo. Avverte che se si arreca un danno si deve risponderne e non si può non risarcirlo. Talora si aggiunge: *... e i cocci sono suoi*, che può significare soltanto che si ha diritto a tenersi ciò che resta dell'oggetto rotto e pagato, o può sottolineare scherzosamente che, dopo aver rotto e pagato, quel che al massimo ti resta sono i cocci.

90 - **Chi ruba poco** ecc. v. *A rubar poco* ecc.

91 - **Chi sa fa e chi non sa insegna.** Chi veramente conosce un mestiere, un'arte, una scienza ecc., opera e produce; chi invece non li conosce è prodigo di consigli, ammaestramenti e in sostanza di chiacchiere.

92 - **Chi sa il gioco** (oppure **il trucco) non l'insegna** (oppure **insegni).** Chi conosce il meccanismo o l'espediente che porta a vincere, nel gioco o in cose più serie, ben si guarda (o si guardi) dal rivelarlo.

93 - **Chi s'aiuta Iddio l'aiuta.** v. *Aiutati* ecc.

94 - **Chi s'assomiglia si piglia.** v. *Dio li fa* ecc.

95 - **Chi scopre il segreto perde la fede.** Quando si viene a sapere come stanno realmente le cose, si guarisce dalla credulità, ci si comporta più razionalmente ecc. Si dice anche *Chi più sa meno crede.*

96 - **Chi semina vento raccoglie tempesta.** Chi crea situazioni o eventi negativi se ne trova poi addosso le conseguenze moltiplicate. Si dice anche, in forma meno forte, *Chi mal semina mal raccoglie.*

97 - **Chi serba serba al gatto.** Chi vuol troppo conservare le cose invece di consumarle le vedrà andare in malora. Anche l'eccesso di parsimonia può risolversi in uno spreco: v. *Chi più spende* ecc.

98 - **Chi si contenta gode.** Si usa per esortare alla moderazione nei desideri, con concezione analoga a *Chi lascia* ecc. e contrastante con *Chi non risica* ecc.: ma serve anche per commentare ironicamente la troppo facile contentatura di qualcuno, come se si dicesse: 'contento lui, contenti tutti!'.

99 - **Chi si scusa si accusa.** Quando ci si scusa senza esserne richiesti vuol dire che si è (o ci si sente) in colpa. Equivale al latino *Excusatio non petita, accusatio manifesta*: scusa non richiesta, accusa manifesta.

100 - **Chi tace acconsente.** Chi non si pronuncia contro è come se fosse a favore; se non manifesti il dissenso vuol dire che sei d'accordo. Si dice per spingere qualcuno a pronunciarsi o per considerare sbrigativamente chiusa una questione quando si sa che i dissenzienti non vogliono o non possono pronunciarsi.

101 - **Chi tanto** (oppure **troppo) e chi niente.** Commenta con amarezza la ingiusta disuguaglianza delle sorti, delle condizioni sociali ecc.

102 - **Chi tardi arriva male alloggia.** Chi giunge quando l'ora giusta è passata trova posto scomodo o non ne trova affatto. Nata in riferimento a locande o alberghi, l'espressione si usa per tutti i ritardi e tutti i ritardatari. Per i vantaggi del giungere presto v. *Chi prima arriva* ecc.

103 - **Chi troppo e chi niente.** v. *Chi tanto* ecc.

104 - **Chi troppo vuole nulla stringe.** Se vuoi troppo non otterrai nulla. Esorta a non eccedere nelle pretese, nelle ambizioni ecc. Ma vedi *Chi non risica* ecc.

105 - **Chi trova un amico trova un tesoro.** Si riferisce naturalmente alle amicizie vere (v. *Al bisogno* ecc.) e non a quelle fittizie e insidiose (v. *Dagli amici* ecc.).

106 - **Chi va al mulino s'infarina.** Come è impossibile andare al mulino senza che ci si depositi addosso il pulviscolo sollevato dalla mola, così è impossibile affrontare certe imprese, certi lavori ecc. senza che ce ne resti addosso il segno, per lo più morale. Ha qualche analogia con *Chi va con lo zoppo* ecc.

107 - **Chi va con lo zoppo impara a zoppicare.** Si prendono le abitudini, specie se negative, di quelli che si frequentano. Analogo, ma con sfumatura diversa, a *Chi va al mulino* ecc.

108 - **Chi va piano va sano e va lontano.** Non riguarda solo il muoversi o viaggiare, ma esorta alla ponderazione e alla calma anche nel lavoro manuale o intellettuale.

109 - **Chi vince ha sempre ragione.** Con amarezza o realismo dichiara che se si ha ragione non sempre si vince, ma se si vince si ha sempre ragione. Si dice anche *Chi perde ha sempre torto.*

110 - **Chi vuole i santi se li preghi.** v. *Non si entra* ecc.

111 - **Chi vuole vada e chi non vuole mandi.** Se veramente vuoi ottenere un risultato devi muoverti di persona; se invece ne incarichi altri sicuramente non lo otterrai. v. per analogia *Chi fa da sé* ecc., e per contrasto *Una mano* ecc.

112 - **Cielo a pecorelle acqua a catinelle.** Nuvole bianche e a fiocchi indicano pioggia abbondante. v. *Anno nevoso* ecc.

113 - **Col fuoco non si scherza.** Invita alla prudenza in tutte le faccende pericolose.

114 - **Col nulla non si fa nulla.** v. *Con niente* ecc.

115 - **Col pane tutti i guai sono dolci.** v. *Tutti i guai* ecc.

116 - **Col tempo e con la paglia** ecc. v. *Roma non fu* ecc.

117 - **Come mi suoni, commare, ti ballo** (oppure **ti canto).** Mi comporterò con te a seconda di come tu ti comporterai con me. v. *Chi dice quel che vuole* ecc., *Quel ch'è fatto* ecc.

118 - **Con niente non si fa niente.** Ogni impresa richiede impegno e spese (e comporta rischi: v. *Chi non risica* ecc.). Alle persone si riferisce invece *Non si fa niente per niente*; nessuno si impegna senza averne o sperarne ricambi, vantaggi ecc. Senso analogo ai precedenti può assumere anche *Il mulino non macina senz'acqua* (e *Senza denari non canta un cieco*, opp. *non si canta messa*, che però dice anche l'importanza del denaro e gli svantaggi del non averne).

119 - **Contadini, scarpe grosse e cervelli fini.** Anche in questo caso *L'apparenza inganna.*

120 - **Contro la forza la ragion non vale.** Non serve avere ragione quando gli altri impiegano contro di noi la prepotenza. Commenta con amara rassegnazione molte ingiustizie personali o sociali, cui si riferiscono anche *Il cane morde* ecc., *Il pesce grosso* ecc., *L'acqua corre* ecc.

121 - **Corpo satollo anima consolata.** v. *La contentezza* ecc.

122 - **Corpo sazio non crede a digiuno.** v. *Pancia piena* ecc.

123 - **Cosa fatta capo ha.** Quando una cosa è fatta non può più essere disfatta. Frase attestata già nel sec. XIII e ancora in uso per esortare a liberarsi da esitazioni nell'azione.

124 - **Cuor contento gran talento.** v. *Gente allegra* ecc.

125 - **Cuor contento il ciel l'aiuta.** v. *Gente allegra* ecc.

126 - **Cuor contento non sente stento.** v. *Gente allegra* ecc.

127 - **Da cosa nasce cosa.** v. *Una ciliegia* ecc.

128 - Dagli amici (oppure **Dall'acqua cheta) mi guardi Dio, dai nemici (**oppure **dalla corrente) mi guardo io.** Meglio un nemico dichiarato o un pericolo scoperto che un falso amico o un'insidia nascosta. v. *Acqua cheta* ecc., *Al bisogno* ecc.

129 - Dai tempo al tempo. Invita a non voler 'forzare i tempi', così nelle aspettative come nell'azione, e cioè ad attendere che gli eventi si sviluppino secondo il tempo che è loro necessario. Per analoghi inviti v. *Roma non fu* ecc., *La gatta frettolosa* ecc., e *Il tempo è galantuomo.*

130 - Dal capo (oppure **Dalla testa) vien la tigna.** Dichiara che certi mali (o anche tutti) hanno origine in chi sta in alto, comanda ecc. Nello stesso senso si dice che *Il pesce puzza dalla testa* (il marcio comincia dall'alto) e, in forma meno forte, che *Il difetto sta nel manico* (e cioè in chi guida l'operazione e nel suo modo di condurla).

131 - Dal frutto si conosce l'albero. v. *Se son rose* ecc.

132 - Dall'acqua cheta mi guardi Dio ecc. v. *Dagli amici* ecc.

133 - Da una rapa non si cava sangue. Inutile pretendere da cose o persone ciò che per natura esse non possono dare.

134 - De gustibus non est disputandum. v. *Tutti i gusti* ecc.

135 - Del senno di poi (ne) son piene le fosse. L'assennatezza che sopravviene a cose fatte è facile e non serve.

136 - Di carnevale ogni scherzo vale. Divengono lecite cose che altrimenti non lo sarebbero. Ma si dice anche *Di carnevale il povero a zappare*: non c'è festa per lui (v. *Il ricco* ecc.). Per detti su altre feste v. *L'Epifania* ecc., *Natale* ecc. e v. *Anno nevoso* ecc.

137 - Dicembre ecc., v. *Gennaio* ecc.

138 - Di giorno si vedono le macchie. Che la notte si sperava di tener nascoste. v. *Quando la neve* ecc.

139 - Di notte (oppure **Al buio) tutti i gatti sono neri (**oppure **bigi).** Ci sono momenti o situazioni in cui non è possibile scorgere le differenze che pure esistono tra oggetti, persone, qualità ecc. Bisogna dunque evitar di scegliere o decidere in tali momenti: *Né donna né tela a lume di candela.*

140 - Dio li fa e poi li accoppia (oppure **appaia).** Si dice per persone che agiscono o vivono insieme e hanno gli stessi difetti. Riferendosi anche a qualità positive si dice pure *Chi s'assomiglia si piglia*, o *Ogni simile ama il suo simile.*

141 - Dio manda il freddo secondo i panni. Commenta il fatto che in certi casi le pene o i dolori sono proporzionali alle capacità di sopportazione di chi ne è colpito.

142 - Donna danno, sposa spesa, moglie maglio. Con una serie di giochi di parole o 'bisticci', esprime sfiducia verso il sesso femminile e la condizione coniugale. Si usa anche dire *Chi dice donna dice danno* ecc. Per altri 'bisticci' v. *Fratelli flagelli.*

143 - Due torti non fanno una ragione. v. *A brigante* ecc.

144 - Dura più l'incudine che il martello. Chi percuote, magari con violenza furiosa, resiste meno di chi si limita a incassare i colpi con fermezza.

145 - È meglio... v. *Meglio...*

146 - È più la spesa che l'impresa. Ciò che si deve spendere (in denaro o fatiche) è più di quanto si potrà ricavare dall'impresa, e perciò non mette conto di impegnarvisi. v. *Il gioco non vale* ecc.

147 - Errando discitur. v. *Sbagliando s'impara.*

148 - Errare humanum est, perseverare diabolicum. Sbagliare è umano, ma perseverare (nell'errore) è diabolico.

149 - Excusatio non petita accusatio manifesta. v. *Chi si scusa* ecc.

150 - Fa il bene e scordati, fa il male e pensaci. Il bene va fatto per sola generosità, e comunque non bisogna attendersene riconoscenza; per il male invece si deve aver rimorso, o comunque temerne le conseguenze.

151 - Fa quel che il prete dice, non quel che il prete fa. Dice che i precetti valgono anche se chi li proclama non li rispetta (e cioè 'predica bene e razzola male').

152 - Fatta la legge trovato l'inganno. Emanata una legge c'è sempre chi trova l'espediente per eluderla. Si dice in genere con rassegnata sfiducia nella forza delle norme giudicate buone, e con riprovazione per i furbi; ma talora assume il valore di una sollecitazione all'astuta mancanza di scrupoli.

153 - Febbraio ecc. v. *Gennaio* ecc.

154 - Fidarsi è bene, non fidarsi è meglio. Non serve solo a esprimere sfiducia verso gli altri, ma anche ad avvertire che in certi casi è bene non fidarci troppo neppure di noi stessi (della nostra memoria, della nostra abilità ecc.).

155 - Finché c'è vita (oppure **fiato) c'è speranza.** Esortazione a non disperare, anche in condizioni difficili, o anche commento più o meno ironico su chi continua a sperare anche quando ormai è inutile.

156 - Fortunato in amor non giochi a carte. Si usa spesso come scherzosa consolazione (o insinuazione) per quelli che perdono (o vincono) al gioco.

157 - Fratelli flagelli (oppure **coltelli).** Sfruttando la somiglianza dei suoni e il contrasto dei significati, e cioè facendo un 'bisticcio' o 'gioco di parole', afferma che i fratelli sono fonte di guai, contrasti ecc., e che le peggiori inimicizie sono quelle tra congiunti (*Parenti serpenti*). Altrettanto vale per gli amici: *Dagli amici* ecc. Per altri bisticci v. *Donna danno*, e anche *Chi non risica* ecc., *Chi di spada* ecc.

158 - Gallina che canta ha fatto l'uovo. Insinua più o meno maliziosamente che qualcosa si cela sotto certe allegrie apparentemente senza motivo.

159 - Gallina che non razzola ha già razzolato. v. *Chi non mangia* ecc.

160 - Gallina vecchia fa buon brodo. Come la gallina che fornisce buon cibo quando (o proprio perché) è vecchia, così molte cose o persone producono risultati positivi o agiscono efficacemente quando (o proprio perché) sono vecchie. Più in generale: non tutte le cose vecchie sono inutili o spregevoli, e anzi molte possono essere buone solo se tali. Può avere però anche senso ironico o scherzoso. v. la versione in linguaggio militaresco *Bandiera vecchia* ecc.

161 - Gennaio secco, massaio ricco. Se è asciutto il raccolto sarà buono. Tra i detti sugli altri mesi indichiamo: *Febbraietto, corto e maledetto* (per il cattivo tempo); *Marzo è pazzo* (per i continui cambiamenti atmosferici) e *Marzo molle, gran per le zolle* (se umido nuoce al grano); *Aprile dolce dormire*; *Maggio ortolano, molta paglia e poco grano* (se acquoso è dannoso); *Giugno, la falce in pugno*; *Luglio dal gran caldo, bevi bene e batti saldo* (il vino aiuta a lavorare sodo nei campi); *Agosto, moglie mia non ti conosco* (è caldo) e *Agosto ci matura il grano e il mosto*; *Settembre, l'uva è fatta e il fico pende*; *Ottobre mostaio* (si fa il mosto); *Novembre vinaio* (infatti *A San Martino ogni mosto è vino*); infine *Dicembre favaio* (per la produzione e il consumo delle fave). Per altri detti sul tempo ecc. v. *Anno nevoso* ecc.

162 - Gente allegra (oppure **Cuor contento) il ciel l'aiuta.** La letizia e la serenità di spirito attirano simpatia e appoggio; inoltre accrescono la capacità di realizzazione e la resistenza alle avversità: *Cuor contento gran talento*, e *Cuor contento non sente stento.* v. *Il riso* ecc.

163 - Gioco di mano gioco di villano. v. *Scherzo di mano* ecc.

164 - Giovane ozioso vecchio bisognoso. Una gioventù di ozio ci porterà a una vecchiaia di stenti.

165 - Giugno ecc. v. *Gennaio* ecc.

166 - Gli estremi si toccano. Ogni cosa, spinta all'estremo, viene a coincidere con il suo contrario; e perciò si usa ancora il detto latino *Summum ius, summa iniuria* (il sommo diritto è somma ingiustizia): l'applicazione troppo rigorosa della giustizia si converte in una grave ingiustizia.

167 - Gli stracci vanno sempre all'aria. v. *Sono sempre gli stracci* ecc.

168 - Gobba a ponente luna crescente, gobba a levante luna calante. Sfrutta le rime per identificare agevolmente le fasi della luna. v. *Anno nevoso* ecc.

169 - Gutta cavat lapidem. v. *A goccia a goccia* ecc.

170 - I cenci e gli stracci vanno sempre all'aria. v. *Sono sempre gli stracci* ecc.

171 - I guai della pentola li sa il mestolo. v. *A ognuno* ecc.

172 - Il buon giorno si conosce dal mattino. Come una giornata buona si annuncia tale fin dal mattino, così il modo con cui un'impresa è avviata già ci dice quale ne sarà il risultato: non per nulla *Chi ben comincia è alla metà dell'opra* (v.).

173 - Il buon vino si vende senza frasca. I buoni prodotti si smerciano senza bisogno di pubblicità o di insegne (la 'frasca').

174 - Il cane morde lo straccione. Come il cane si avventa con particolare violenza contro i poveracci malvestiti (perché a ciò addestrato), così guai, danni, dolori si accaniscono contro chi ne ha già molti. L'opposto capita a chi sta già bene: v. *L'acqua corre* ecc. e v. anche *Contro la forza* ecc., *A muro basso* ecc.

175 - Il diavolo fa le pentole ma non i coperchi. Segnala che l'astuzia o la malvagità possono fornire il recipiente per contenere le azioni giudicate riprovevoli, ma non il coperchio per tenerle nascoste.

176 - Il diavolo non è così brutto come si dipinge. Vuol dire che spesso le cose che temiamo non sono nella realtà così brutte come le nostre paure ce le fanno apparire.

177 - Il difetto sta nel manico. v. *Dal capo* ecc.

178 - Il gioco non vale la candela. La posta è così piccola che non ripaga neppure il costo della candela consumata durante il suo svolgimento: dice, in modo più figurato, la stessa cosa di *È più la spesa* ecc.

179 - Il lupo perde il pelo ma non il vizio. Si dice a proposito di chi ostinatamente persevera in errori o in azioni considerate riprovevoli anche se ha 'perduto il pelo' per punizioni o vecchiaia.

180 - Il medico pietoso fa la piaga verminosa. Il male si aggrava irrimediabilmente quando non si ha il coraggio di adottare i rimedi adeguati, anche se dolorosi.

181 - Il meglio è nemico del bene. Esorta a non voler fare meglio di quanto basta: si rischia infatti di guastare il tutto. v. *L'assai* ecc., *Il troppo* ecc.

182 - Il mondo è bello perché è vario. Esorta più o meno ironicamente ad apprezzare le diversità di idee, di costumi, di abitudini, di gusti ecc. v. *Tutti i gusti* ecc., *Vivi* ecc.

183 - Il mondo è fatto a scale, chi le scende e chi le sale. In origine forse riferito soprattutto al salire dalla nascita alla maturità e al declinare nella vecchiaia verso la morte, vale anche come commento rassegnato o pungente per le vicende che portano in alto chi era in basso e viceversa.

184 - Il mondo non fu fatto in un giorno. v. *Roma non fu* ecc.

185 - Il mulino non macina senz'acqua. v. *Con niente* ecc.

186 - Il pesce grosso mangia il piccolo. I più potenti sconfiggono, distruggono, divorano i più deboli. Serve come constatazione di fatto o come riflessione amara su certe situazioni personali o sociali. v. *Contro la forza* ecc.

187 - Il pesce puzza dalla testa. v. *Dal capo* ecc.

188 - Il più conosce il meno. Si usa spesso come risposta a chi ci qualifica dispregiativamente (e per es. ci chiama 'sciocchi'). Ma ha anche impieghi e valori più generici.

189 - Il più tira il meno. v. *I più tirano i meno.*

190 - Il ricco quando vuole, il povero quando può. Mentre il ricco può liberamente operare secondo le sue scelte o voglie, il povero è schiavo delle sue limitate possibilità. Alla diversità sociale dei mezzi si fa spesso riferimento, ora con rammarico ora con consenso che giunge all'esortazione, anche quando si dice *Chi ha polvere spara* (oppure *spari*) e *Salta* (oppure *Salti*) *chi può.* v. *Di carnevale* ecc.

191 - Il riso abbonda ecc. v. *Il riso fa buon sangue.*

192 - Il riso fa buon sangue. Una sana allegria giova anche alla salute (e porta pure altre conseguenze benefiche: v. *Gente allegra* ecc.). Il riso eccessivo è però considerato indice di stoltezza: *Risus abundat in ore stultorum* (ossia *Il riso abbonda sulla bocca degli sciocchi)*; in modo più vivace si dice anche *Chi ride senza perché o è pazzo o ce l'ha con me.* Altre volte poi la spensieratezza fuori luogo è giudicata dannosa: *Chi ride il venerdì piange la domenica.*

193 - Il sangue non è acqua. Si usa per dire che i legami di consanguineità o di parentela sono forti.

194 - Il silenzio è d'oro e la parola è d'argento. Come l'oro è più prezioso dell'argento, così il tacere è spesso più vantaggioso (o più serio) del parlare.

195 - Il tempo è galantuomo. Ristabilisce la verità, ripara i torti ecc. Bisogna dunque saper attendere: *Il tempo viene per chi sa aspettare* e *Dai tempo al tempo* (v.). Inoltre lenisce i dolori o li fa dimenticare, ridimensiona i problemi ecc., e in questo senso si dice *Il tempo guarisce tutti i mali* (dal latino *Tempus omnia medetur*: il tempo medica ogni cosa).

196 - Il tempo guarisce tutti i mali. v. *Il tempo è* ecc.

197 - Il tempo viene per chi sa aspettare. v. *Il tempo è* ecc.

198 - Il troppo stroppia. Ogni eccesso è dannoso, anche in cose giuste e serie. v. *Il meglio* ecc., *L'assai* ecc., *Meglio un asino* ecc.

199 - Impara l'arte e mettila da parte. Impara a fare quante più cose è possibile, e conserva le capacità che avrai così acquisite: un giorno potranno esserti utili.

200 - In cauda venenum. v. *La coda* ecc.

201 - In chiesa coi santi e in taverna coi ghiottoni (oppure **bricconi).** La compagnia che si trova dipende dai luoghi che si frequentano, ed è saggio sapersi adattare a ciascuna.

202 - In compagnia prese moglie un frate. Dice che talvolta siamo trascinati, anche al di là delle nostre intenzioni, da quel legame di 'compagnia' che obbliga a un comportamento solidale: *Chi non beve in compagnia o è un ladro o è una spia.*

203 - In dubio abstine. v. *Nel dubbio astieniti.*

204 - Intelligenti pauca. v. *A buon intenditor* ecc.

205 - In tempo di carestia pane di veccia. v. *In tempo di tempesta* ecc.

206 - In tempo di guerra ogni spiedo è spada. v. *In tempo di tempesta* ecc.

207 - In tempo di tempesta ogni buco è porto. Nei casi di emergenza e di necessità ci si attacca a tutto. Si dice anche *In tempo di guerra ogni spiedo è spada*; un significato analogo può avere pure *In tempo di carestia pane di veccia.*

208 - In vino veritas. Quando si è bevuto si dicono cose che altrimenti si tacerebbero.

209 - I panni sporchi si lavano in famiglia. Le faccende delicate vanno risolte senza divulgarle fuori del giro di chi vi è direttamente interessato. Può essere un richiamo alla disciplina di gruppo o un invito all'omertà.

210 - I più tirano i meno. I molti trascinano o attraggono i pochi. Si dice per gli uomini e le loro opinioni ma anche e soprattutto per i denari o i beni, specialmente quando suona *Il più tira il meno.* v. *L'acqua corre al mare.*

211 - I poveri s'ammazzano e i signori s'abbracciano. Le tensioni del bisogno portano i poveri a contrastare tra loro, mentre la ricchezza fa fronte comune. v. *Tra cani* ecc.

212 - L'abito non fa il monaco. Non basta indossarne le vesti per essere davvero monaci: i segni esteriori non bastano a garantire la sostanza interiore. v. *L'apparenza* ecc., *Non è tutto oro* ecc., *Una rondine* ecc.

213 - La coda è la più lunga da scorticare. La parte finale dei lavori (o affari ecc.) è o sembra la più lunga, ardua, faticosa. Si riferisce invece alle frecciate o agli attacchi contenuti spesso nella parte finale di discorsi polemici il latino *In cauda venenum* (nella coda il veleno).

214 - La contentezza viene dalle budella. Dice, in forma più diretta, lo stesso che *Corpo satollo, anima consolata*: non c'è letizia o serenità quando si soffre la fame.

215 - La corda troppo tesa si spezza. Come per la corda, così per tutte le cose c'è un limite di resistenza che non bisogna superare, 'tirando troppo la corda' come appunto si dice, e cioè pretendendo troppo dalle forze proprie o di altri, dalla altrui sopportazione ecc.

216 - L'acqua corre al mare. Come l'acqua affluisce dove ce n'è già molta, così di solito le cose vantaggiose toccano a chi ne ha già in abbondanza. Diverso da *Tutti i fiumi* ecc., è il necessario complemento di *Il cane morde* ecc. v. anche *Contro la forza* ecc., *I più* ecc.

217 - Ladro piccolo non rubare ecc. v. *A rubar poco* ecc.

218 - La fame caccia il lupo dal bosco. v. *Pancia vuota* ecc.

219 - La fame è cattiva consigliera. v. *Pancia vuota* ecc.

220 - La farina del diavolo va tutta in crusca. Dichiara che beni, ricchezze, vantaggi ecc. ottenuti con mezzi illeciti sono illusori e si dissolvono.

221 - La gallina... v. *Gallina...*

222 - La gatta frettolosa fece i gattini ciechi. Per voler troppo accelerare le cose la gatta mise al mondo gattini ciechi; così le persone che agiscono in modo troppo frettoloso e sbrigativo ottengono cattivi risultati. v. *Dai tempo al tempo.*

223 - La lingua batte dove il dente duole. Come la lingua involontariamente torna a toccare il dente dolorante, così pensieri o discorsi sono portati a tornare di continuo sugli argomenti che più ci scottano. Si dice per segnalare che l'insistenza su certi temi rivela, anche se non lo vogliamo, che essi ci stanno troppo a cuore.

224 - La mala erba non muore mai. Come nei campi così nella vita.

225 - La mala nuova la porta il vento. v. *Nessuna nuova* ecc.

226 - La miglior difesa è l'attacco. v. *Chi prima arriva* ecc.

227 - La notte porta consiglio. Si suggerisce di prendere tempo per riflettere sulle decisioni da adottare.

228 - La pianta si conosce dal frutto. v. *Se son rose* ecc.

229 - L'apparenza inganna. Ciò che appare al di fuori è spesso (o magari sempre) ingannevole, illusorio ecc. Invita a diffidare della veste o presentazione esteriore e dell'aspetto superficiale delle cose, come fanno anche *Contadini* ecc., *L'abito* ecc., *Non è tutto oro* ecc.

230 - L'appetito vien mangiando. Si usa in genere per dire che più si ha e più si vuole avere (e dunque equivale a *Chi più ha più vuole*); ma talvolta si impiega per sottolineare che una attività può cominciare a piacerci dopo averla iniziata.

231 - La prima acqua è quella che bagna. Dichiara che il momento che più ci ferisce, in caso di eventi spiacevoli, è quello del primo contatto; poi ci si abitua.

232 - L'arcobaleno la mattina ecc. v. *Rosso di sera* ecc.

233 - L'assai basta e il troppo guasta. Dice lo stesso che *Il troppo stroppia* (v.). v. *Il meglio* ecc.

234 - La superbia è figlia dell'ignoranza. Solo chi poco sa presume molto di sé.

235 - La superbia va a cavallo e torna a piedi. È, cioè, sconfitta e umiliata.

236 - La verità vien sempre a galla. v. *Le bugie* ecc.

237 - La via dell'inferno è lastricata di buone intenzioni. Ripromettersi di fare cose buone non serve, se i propositi e le intenzioni non si traducono in fatti.

238 - Le bugie hanno le gambe corte. Ossia non vanno molto lontano: presto o tardi vengono scoperte perché *La verità vien sempre a galla.*

239 - Le cattive nuove volano. v. *Nessuna nuova* ecc.

240 - L'eccezione conferma la regola. v. *Non c'è regola* ecc.

241 - Le chiacchiere non fanno farina. Ossia non producono nulla di consistente. Usando la vecchia e discutibile contrapposizione tra vacuità femminile e solidità maschile, si usa anche dire che *Le parole sono femmine e i fatti sono maschi.*

242 - Le cose lunghe diventano serpi (oppure **prendono vizio).** Discussioni, affari, trattative ecc. che vanno troppo per le lunghe si aggrovigliano, imbrogliano, confondono. v. anche *Ogni bel gioco* ecc.

243 - Le disgrazie non vengono mai sole. Commenta le situazioni in cui a un guaio se ne aggiunge un altro.

244 - Le ore del mattino hanno l'oro in bocca. E cioè sono le più preziose della giornata.

245 - Le parole sono femmine e i fatti sono maschi. v. *Le chiacchiere* ecc.

246 - L'Epifania (oppure **Pasqua Befania) tutte le feste porta via.** Chiude il ciclo festivo di fine e inizio d'anno. Per detti su altre feste v. *Di carnevale* ecc., *Natale* ecc.

247 - Le vie della provvidenza sono infinite. Si usa anche per commentare scherzosamente o ironicamente aspirazioni o speranze che appaiono spropositate.

248 - L'occasione fa l'uomo ladro. Sottolineando con realistico pessimismo che spesso non si contravviene alle norme solo perché ne è mancata l'occasione propizia e sicura, serve anche come condiscendente giustificazione per certi falli 'occasionali'.

249 - L'occhio del padrone ingrassa il cavallo. v. *Chi fa da sé* ecc.

250 - Lontano dagli occhi lontano dal cuore. Le persone che non ci sono più vicine fisicamente non richiamano più i nostri affetti. Si duole più o meno scherzosamente della troppo facile dimenticanza per chi è ora lontano o assente. Simile, ma con più accentuato valore di semplice constatazione di fatto, è l'espressione *Occhio non vede cuore non sente* (oppure *non duole*), le cose che accadono senza che noi ne veniamo a conoscenza non feriscono i nostri sentimenti.

251 - L'ospite e il pesce dopo tre dì rincresce. v. *Ospite raro* ecc.

252 - L'ozio è il padre di tutti i vizi. I vizi nascono dalla inattività oziosa.

253 - Luglio ecc. v. *Gennaio* ecc.

254 - L'unione fa la forza. In molti, e concordi, si può quel che non si potrebbe da soli e divisi.

255 - L'uomo ordisce e la fortuna tesse. v. *L'uomo propone* ecc.

256 - L'uomo per la parola e il bue per le corna. Come il bue per le corna, così l'uomo si lega con la parola data.

257 - L'uomo propone e Dio (oppure **la sorte) dispone.** Oppure *L'uomo ordisce e la fortuna tesse.* Ricorda che ci sono fattori imponderabili e imprevedibili (la volontà divina, il caso ecc.) che modificano anche radicalmente lo svolgimento e i risultati dei nostri progetti.

258 - Lupo non mangia lupo. v. *Tra cani non si mordono.*

259 - Maggio ecc. v. *Gennaio* ecc.

260 - Mal comune mezzo gaudio. Quando tocca a molti, e non a noi soltanto, il danno, il disagio ecc. sembrano o divengono più sopportabili. Si dice o a modo di consolazione seria, o come constatazione un po' cinica.

261 - Male non fare paura non avere. Quando non si opera scorrettamente si può essere sicuri di sé, senza timori.

262 - Marzo ecc. v. *Gennaio* ecc.

263 - Meglio essere invidiati che compatiti. Si dice in genere per confortare o commentare qualche nostra scelta egoistica.

264 - Meglio l'uovo oggi che la gallina domani. È preferibile avere con certezza una cosa piccola oggi che aspettarne una più grande domani. Invita a 'non lasciare il certo per l'incerto', anche se questo ultimo appare più desiderabile. v. per analogia *Chi lascia* ecc., e per contrasto *Chi non risica* ecc.

265 - Meglio poco che niente. v. *Meglio tardi* ecc.

266 - Meglio soli che male accompagnati. Anche se non è piacevole, giovevole ecc., la solitudine è sempre preferibile a una compagnia non buona, sgradevole, noiosa ecc.

267 - Meglio tardi che mai. Si dice come commento rassegnato o ironico per il ritardo con cui finalmente accade qualcosa che aspettavamo e desideravamo da tempo. Un analogo commento sulla quantità, inferiore alle aspettative, è espresso da *Meglio poco che niente.*

268 - Meglio una festa che cento festicciole. Meglio una sola cosa, ben fatta, che cento coserelle. Nello stesso senso si usa l'espressione *Una e* (oppure *ma*) *buona.*

269 - Meglio un asino vivo che un dottore morto. Esorta a non eccedere neppure nelle cose serie come lo studio: anche in questo campo *Il troppo stroppia.*

270 - Moglie e buoi dei paesi tuoi. Mettendo sullo stesso piano bestie e persone sollecita ad avvalersi di cose che ci sono meglio note nelle loro qualità positive o negative.

271 - Moglie maglio. v. *Donna danno* ecc.

272 - Molto fumo e poco arrosto (oppure **poca brace).** Molta apparenza e poca sostanza.

273 - Morto un papa se ne fa un altro. Le istituzioni continuano anche se scompare chi le impersona temporaneamente. Si usa anche per vicende più modeste (amore ecc.).

274 - Natale coi tuoi, Pasqua con chi vuoi. Le feste natalizie sono familiari e intime. Serve anche a distinguere tra obblighi e libertà. Per altre feste v. *Di carnevale* ecc.

275 - Ne ammazza più la gola che la spada. Ottimisticamente ritiene che la gola porti più danni che le armi.

276 - Necessità fa legge. Quando si è costretti da gravi circostanze, è lo stato di necessità che detta legge.

277 - Né donna né tela a lume di candela. v. *Di notte* ecc.

278 - Nel dubbio astieniti. Traduce il latino *In dubio abstine* e invita a non prendere decisioni quando non ci sono elementi sufficienti.

279 - Nelle sventure si conosce l'amico. v. *Al bisogno* ecc.

280 - Nel regno dei ciechi anche un guercio è re. Non è difficile emergere in confronto a persone totalmente sprovvedute. Deriva dal latino *Beati monoculi in regno caecorum* (beati quelli che hanno un occhio nel regno dei ciechi).

281 - Nessuna nuova buona nuova. Invita a interpretare ottimisticamente l'assenza di notizie su persone o fatti che ci stanno a cuore: si dice infatti che *Le cattive nuove volano* e *La mala nuova la porta il vento.*

282 - Non cade (oppure **si muove) foglia che Dio non voglia.** Non c'è evento, sia pur minimo, che esca dal regolato ordine dell'universo.

283 - Non c'è due senza tre. Se qualcosa, buona o cattiva, è accaduta già due volte, accadrà anche una terza. Si rifà, alla lontana, all'antica idea del numero tre come numero perfetto: *Omne trinum est perfectum.*

284 - Non c'è fumo senza arrosto. Sospettosamente o realisticamente e comunque in modo sbrigativo, afferma che in certi casi dove c'è un semplice indizio c'è anche il fatto.

285 - Non c'è pane senza pena. Il pane si ha solo se lo si guadagna con fatica e pena. È meno generico e più direttamente legato alle reali condizioni di vita di persone e ceti sociali di quanto non lo sia *Non c'è rosa senza spine.*

286 - Non c'è peggior sordo di chi non vuol sentire. Mentre la sordità reale può in qualche modo essere vinta, quella volontaria di chi si rifiuta di ascoltare è insormontabile.

287 - Non c'è regola senza eccezioni. Anche quando è dato riconoscere una generale uniformità di comportamenti, di eventi ecc. (e cioè una regola), esistono però sempre casi anomali ossia non corrispondenti alla regola. Ma si ritiene che, ciononostante, la regola resti valida e perciò si dice che *L'eccezione conferma la regola.*

288 - Non c'è rosa senza spine. Serve a sottolineare che ogni cosa bella o desiderabile ha necessariamente i suoi lati meno belli o non desiderabili. Può considerarsi come la versione pessimistica di *Ogni medaglia* ecc., e come il contrario di *Non tutto il male* ecc. v. anche il meno generico *Non c'è pane* ecc.

289 - Non destare il can che dorme. Potrebbe morderti. Esorta a non agitare situazioni che sono per il momento tranquille, e in qualche modo ricorda il latino *Quieta non movere* (non smuovere le cose che stanno quiete). Si usa anche nella forma *Non toccare il can che giace.*

290 - Non dir quattro se non l'hai nel sacco. Invita a non considerare come certi e come già realizzati gli eventi favorevoli che non si sono ancora verificati. Analogamente si dice: *Non vendere la pelle dell'orso prima d'averlo ucciso.* v. *Ride ben* ecc.

291 - Non è tutto oro quel che luce. Non tutto ciò che splende esteriormente è in realtà prezioso. È un modo più immaginoso per dichiarare che *L'apparenza inganna* (v.).

292 - Non fare il male ch'è peccato, non fare il bene ch'è sprecato. Si dice con rammarico o con malizia, ma comunque con evidente sfiducia verso le cose del mondo.

293 - Non nominar la corda (oppure **la fune) in casa dell'impiccato.** v. *Non si parla di corda* ecc.

294 - Non rimandare a domani quello che puoi fare oggi. v. *Chi ha tempo non aspetti tempo.*

295 - Non si entra in Paradiso a dispetto dei Santi. Non si entra in un gruppo ambito senza il consenso dei suoi componenti: c'è dunque da pagare lo scotto di un comportamento che sia loro gradito. Se poi il prezzo è alto, lo paghi chi se la sente: *Chi vuole i santi se li preghi.*

296 - Non si fa niente per niente. v. *Con niente* ecc.

297 - Non si muove foglia ecc. v. *Non cade foglia* ecc.

298 - Non si parla di corda in casa dell'impiccato. Invita a evitare ogni accenno, anche indiretto, ad argomenti scottanti o dolorosi per chi ci ascolta. Si usa anche nella forma *Non nominar la corda* (oppure *la fune*) ecc.

299 - Non si può avere la botte piena e la moglie ubriaca. O non si beve vino o si mette mano alla botte. Vale per chi vorrebbe cose tra loro contrastanti, e soprattutto certi vantaggi senza le necessarie spese.

300 - Non toccare il can che giace. v. *Non destare* ecc.

301 - Non tutte le ciambelle riescono col buco. Come accade che, dopo la cottura, non tutte le ciambelle conservino la tipica forma che si era data loro nel prepararle, così accade che non sempre ciò che abbiamo predisposto, e magari tramato, riesca secondo i progetti.

302 - Non tutto il male vien per nuocere. Talvolta certi eventi che sono (o appaiono) dannosi, sono viceversa anche giovevoli. Invita a considerare gli aspetti positivi che possono esservi anche nei fatti negativi, oppure a riflettere se certe cose spiacevoli (delusioni, insuccessi ecc.) non siano in realtà da apprezzare come stimoli e avvertimenti vantaggiosi. Nel primo senso può considerarsi come la versione ottimistica di *Ogni medaglia* ecc., e come il contrario di *Non c'è rosa* ecc.

303 - Non vendere la pelle dell'orso prima di averlo ucciso. v. *Non dir quattro* ecc.

304 - Novembre ecc. v. *Gennaio* ecc.

305 - Occhio che piange cuore che sente. Si usa quando si crede alla sincerità delle lacrime o della commozione di qualcuno. Altrimenti si parla di 'pianto del coccodrillo'.

306 - Occhio non vede cuore non duole. v. *Lontano dagli occhi lontano dal cuore.*

307 - Oggi a me domani a te. Quel che oggi tocca a me, domani toccherà a te; le sorti buone e cattive giustamente si alternano. In senso analogo si dice: *Una volta per uno non fa male a nessuno.*

308 - Ogni bel gioco dura poco. Per essere piacevoli, anche gli scherzi, i giochi ecc. non debbono prolungarsi troppo. v. *Le cose lunghe* ecc.

309 - Ogni lasciata è persa. Ogni occasione di cui non abbiamo saputo o voluto approfittare è definitivamente perduta. Si riferisce soprattutto alle piccole cose, e incita maliziosamente a prenderne quel che si può, soprattutto quando gli anni cominciano a passare.

310 - Ogni legno ha il suo tarlo. v. *Ad ognuno la sua croce.*

311 - Ogni medaglia ha il suo rovescio. Come le medaglie, le monete e simili, tutte le situazioni o tutti gli eventi hanno due facce: se l'una è buona l'altra non lo è o può non esserlo. Per una versione 'pessimistica' di questo concetto v. *Non c'è rosa* ecc., e per una 'ottimistica' *Non tutto il male* ecc.

312 - Ogni promessa è debito. Ciò che prometti diventa per te un obbligo. Sottolinea che mentre il promettere è un atto che dipende da noi, il mantenere diventa un dovere verso gli altri.

313 - Ogni simile ama il suo simile. v. *Dio li fa* ecc.

314 - Ognuno ha la sua croce. v. *Ad ognuno la sua croce.*

315 - Ognuno tira l'acqua al suo mulino. Commenta più specialmente certe contese in cui le contrapposte argomentazioni sembrano disinteressate e non lo sono.

316 - Ognun per sé e Dio per tutti. Si dice in genere quando si vogliono separare le proprie azioni o i propri interessi da quelli altrui.

317 - O mangi questa minestra o salti questa finestra. Si usa a significare chi si è di fronte ad una alternativa non modificabile e che non c'è una terza via d'uscita.

318 - Omne trinum est perfectum. v. *Non c'è due* ecc.

319 - Ospite raro ospite caro. Gli ospiti sono più graditi se le loro visite non sono troppo frequenti. Inoltre anche le permanenze debbono essere brevi: si dice infatti che *L'ospite e il pesce dopo tre dì rincresce*, o, in forma più brutale, che *L'ospite è come il pesce: dopo tre giorni puzza.*

320 - Ottobre ecc. v. *Gennaio* ecc.

321 - Paese che vai usanza che trovi. Se vai altrove, troverai altre usanze, perché ogni luogo ha le sue. Avverte che i propri modi di vivere non sono gli unici al mondo, e che bisogna capire e rispettare quelli degli altri, anche adattandovisi, se necessario. v. *Il mondo è bello* ecc.

322 - Paga il giusto per il peccatore. Spesso sono gli innocenti che moralmente, materialmente, giudiziariamente ecc. scontano le colpe dei veri responsabili.

323 - Pancia piena (oppure **Ventre pieno) non crede a digiuno.** Constata e condanna l'indifferenza e l'incomprensione di chi ha verso chi non ha. Si dice anche

Corpo sazio non crede a digiuno.

324 - **Pancia vuota (**oppure **Ventre vuoto) non sente ragioni.** A chi è mosso dalla fame e protesta non serve opporre parole, ragionamenti, richiami alle leggi ecc. A sottolineare la forza coercitiva del bisogno del cibo si dice anche *La fame caccia il lupo dal bosco* (o *dalla tana*), e per spiegare o giustificare le azioni anche violente cui esso può indurre si dichiara che *La fame è cattiva consigliera.*

325 - **Parenti serpenti.** v. *Fratelli flagelli.*

326 - **Pasqua Befania** ecc. v. *L'Epifania* ecc.

327 - **Passata la festa gabbato lo santo.** Quando la festa di celebrazione del santo è finita, del santo ci si dimentica, e dunque è come se lo si fosse preso in giro. Vuol sottolineare che certe manifestazioni solenni per eventi o persone sono superficiali e insincere, o anche che gli impegni assunti in certe circostanze gravi o solenni vengono spesso dimenticate appena la situazione è tornata normale.

328 - **Patti chiari amici cari (**oppure **amicizia lunga).** Se gli accordi sono precisi non sorgeranno contrasti. Si usa spesso come avvertimento di una delle due parti all'altra, al momento di fissare i reciproci impegni in affari o anche in faccende di minor conto.

329 - **Peccato confessato è mezzo perdonato.** Il riconoscere i propri errori ne scema la gravità e ne attenua le conseguenze.

330 - **Poca brigata vita beata.** Quando non si è in molti, si vive e ci si diverte meglio.

331 - **Qua fugiunt hostes, via munienda est.** v. *A nemico che fugge ponti d'oro.*

332 - **Qual proposta tal risposta.** v. *Chi dice quel che vuole* ecc.

333 - **Quando ci sono molti galli a cantare non si fa mai giorno.** v. *Tanti galli* ecc.

334 - **Quando il gatto non c'è i topi ballano.** Se non c'è l'animale che li terrorizza, i topi fanno festa o comunque fanno il comodo proprio. Si dice per constatare, in modo sorridente o anche amaro, che quando manca temporaneamente chi a ragione o a torto fa valere la sua autorità, ed è perciò temuto, ci si comporta in modi di cui in altri momenti non si avrebbe il coraggio.

335 - **Quando la neve si scioglie si scopre la mondezza.** Allude alle magagne coperte che vengono alla luce quando si verifichino certi eventi. v. *Di giorno* ecc.

336 - **Quando la pera è matura casca da sé (**oppure **bisogna che caschi).** Non c'è dunque bisogno di sforzarsi per coglierla. Esorta ad attendere con pazienza il naturale evolversi (e maturare) degli eventi.

337 - **Quando piove col sole le vecchie fanno (**oppure **il diavolo fa) l'amore.** Commenta immaginosamente la rarità del fenomeno atmosferico. v. *Anno nevoso* ecc.

338 - **Quando si è in ballo bisogna ballare.** Quando ci si trova impegnati o si è coinvolti in una impresa non ci si può tirare indietro.

339 - **Quel ch'è fatto è reso.** Quel che si fa ad altri ci verrà ripagato con eguale moneta; i conti vengono sempre pareggiati. Riguarda soprattutto i danni o le offese che arrechiamo: v. *Chi la fa* ecc., *Chi dice quel che vuole* ecc., *Come mi suoni* ecc.

340 - **Quieta non movere.** v. *Non destare* ecc.

341 - **Qui gladio ferit gladio perit.** v. *Chi la fa* ecc.

342 - **Ride ben chi ride l'ultimo.** Ammonisce chi si rallegra contro l'avversario prima della conclusione del gioco o della contesa. Ed è solo la conclusione che conta: solo *All'ultimo si contano le pecore.* v. *Non dir quattro* ecc.

343 - **Risus abundat in ore stultorum.** v. *Il riso* ecc.

344 - **Roma non fu fatta in un giorno (**oppure **Il mondo non fu** ecc.**).** Le imprese importanti richiedono tempo e costanza. In tono molto meno solenne e con più familiare esortazione alla pazienza si dice pure *Col tempo e con la paglia si maturano le nespole.* v. *Dai tempo al tempo.*

345 - **Rosso di sera, buon tempo si spera; rosso di mattina mal tempo s'avvicina.** Uno stesso colore del cielo in momenti diversi della giornata è segno di diverso andamento del tempo. Si dice anche *L'arcobaleno la mattina bagna il becco alla gallina; l'arcobaleno la sera buon tempo mena.* v. *Anno nevoso* ecc.

346 - **Salta chi può.** v. *Il ricco quando vuole* ecc.

347 - **Sbagliando s'impara.** Si usa come commento benevolo per errori propri o altrui, e come esortazione a non perdersi d'animo sulla via dell'apprendimento. Già in latino: *Errando discitur.*

348 - **Scherza coi fanti e lascia stare i santi.** Non si debbono prendere alla leggera o derisoriamente le cose serie.

349 - **Scherzo (**oppure **Gioco) di mano, scherzo (**oppure **gioco) di villano.** È grossolano e ineducato il 'mettere le mani addosso' ad altri, pesantemente, anche se per gioco.

350 - **Scripta manent, verba volant.** v. *Carta canta* ecc.

351 - **Se non è zuppa è pan bagnato.** Segnala che due cose sono identiche, anche se le si chiama con nomi diversi.

352 - **Senza denari non canta un cieco (**oppure **non si canta messa).** v. *Con niente* ecc.

353 - **Se son rose fioriranno, se son spine pungeranno.** Poiché *La pianta si conosce dal frutto* (e *Dal frutto si conosce l'albero*), dal suo prodotto di rose o di spine sapremo di che natura è un qualsiasi cespuglio non ancora sviluppato abbastanza. Esprime una dubbiosa sospensione di giudizio di fronte a situazioni ancora incerte; se ne giudicherà dagli sviluppi e dagli effetti.

354 - **Settembre** ecc. v. *Gennaio* ecc.

355 - **Sono sempre gli stracci che vanno all'aria.** Sono sempre i meno potenti o meno ricchi ecc. che pagano e scontano per chi sta in alto. In forma più concisa: *Gli stracci* (oppure *I cenci e gli stracci*) vanno sempre all'aria. v. *A rubar poco* ecc.

356 - **Sotto la neve pane, sotto l'acqua fame.** v. *Anno nevoso* ecc.

357 - **Sposa spesa.** v. *Donna danno* ecc.

358 - **Summum ius, summa iniuria.** v. *Gli estremi si toccano.*

359 - **Tale il padre tale il figlio.** Sostiene che i figli hanno le stesse caratteristiche (soprattutto morali) dei padri, e in genere serve come commento non favorevole. Ma si dice anche *A padre avaro figliuol prodigo*: il figlio ha il vizio opposto a quello del padre.

360 - **Tanti (**oppure **Troppi) galli a cantar non fa mai giorno.** Se molti (o troppi) pretendono di comandare o impartiscono ordini, le imprese non si realizzano. Inoltre, dare ordini senza applicarsi di persona non serve: *Vale più uno a fare che cento a comandare.* Si dice anche *Troppi cuochi guastano la cucina.*

361 - **Tanto va la gatta al lardo che ci lascia lo zampino.** Se la gatta torna troppe volte a rubare il lardo, verrà il momento che la zampa le resterà presa nella trappola. Si dice per avvertire del rischio crescente che si corre nel ripetere troppe volte imprese azzardate, pericolose ecc., e soprattutto se condannabili.

362 - **Tempus omnia medetur.** v. *Il tempo è galantuomo.*

363 - **Tentar non nuoce.** Dichiara che fare un tentativo, anche se di esito incerto, non può recar danno e forse porterà vantaggio.

364 - **Tra cani non si mordono.** Commenta in tono sfiduciato il fatto che le persone della stessa risma, specie se potenti, non si danneggiano tra loro, e anzi spesso si spalleggiano contro gli altri. Nello stesso senso si dice anche *Lupo non mangia lupo.* v. *I poveri s'ammazzano* ecc.

365 - **Tra i due litiganti il terzo gode.** Quando due sono in lite, di solito c'è un terzo che ne profitta o almeno se ne rallegra. Si dice per invitare certi litiganti a riflettere se i loro contrasti non siano solo dannosi per loro e utili invece ad altri.

366 - **Tra il dire e il fare c'è di mezzo il mare.** Tra le cose che si dicono e quelle che si fanno c'è una distanza grande come il mare. Insomma, altro è parlare e altro è agire. Un po' diverso, anche se in parte simile, il concetto di *Can che abbaia* ecc.

367 - **Tra moglie e marito non mettere il dito.** Non intrometterti nelle liti (e più in genere nei rapporti) tra persone che sono molto legate fra loro.

368 - **Troppi cuochi guastano la cucina.** v. *Tanti galli* ecc.

369 - **Troppi galli a cantar** ecc. v. *Tanti galli* ecc.

370 - **Tutte le strade portano a Roma.** C'è sempre un qualche percorso, anche se lungo e magari tortuoso, che può portarci a raggiungere ciò che ci proponiamo.

371 - **Tutti i fiumi vanno al mare.** Come i fiumi, per loro natura, scendono necessariamente verso il mare, così

per molte altre cose ci sono percorsi e conclusioni naturali e inevitabili. Si dice per lo più come accettazione della realtà, e quindi senza l'ironia di *Tutti i salmi* ecc. o l'amarezza di *L'acqua corre* ecc.

372 - **Tutti i guai son guai, ma il guaio senza pane è il più grosso.** Nella miseria ogni guaio o dolore diviene più grave, e s'alleggerisce invece quando si è ricchi: *Col pane tutti i guai sono dolci.*

373 - **Tutti i gusti son gusti.** Dichiara che in fatto di gusti ognuno ha i suoi, e ha diritto di averli, come noi i nostri. Già in latino: *De gustibus non est disputandum*, e cioè sui gusti non si può discutere. v. *Il mondo è bello* ecc.

374 - **Tutti i nodi vengono al pettine.** Nella tessitura presto o tardi il pettine del telaio incontrerà tutti i nodi che in precedenza sono stati fatti nei fili, rivelandone l'esistenza e costringendo a sbrogliarli. In altre parole non c'è speranza di nascondere gli errori commessi, né c'è vantaggio a non risolvere tempestivamente e bene i problemi perché giungerà il momento in cui ce li ritroveremo addosso.

375 - **Tutti i salmi finiscono in gloria.** Poiché al loro termine si recita o canta sempre il Gloria, la conclusione dei Salmi è sempre la stessa. Si usa per rilevare più o meno ironicamente che si sa bene dove andranno a parare certi discorsi o certe argomentazioni che pure si danno l'aria di mirare ad altro, e dunque ha senso diverso da *Tutti i fiumi* ecc.

376 - **Tutto è bene quel che finisce bene.** Esorta a dimenticare le passate traversie quando non hanno portato danni irreparabili.

377 - **Tutto il mondo è paese.** Segnala che certi difetti che sembrano tipici delle piccole comunità paesane (maldicenze, malignità, meschinità ecc.) si ritrovano viceversa ovunque.

378 - **Una ciliegia tira l'altra.** Come accade che si continui a mangiar ciliegie quasi involontariamente o per una specie di automatismo dei gesti, o perché l'intrico dei piccioli fa sì che ciascuna ne trascini con sé altre, così accade anche che *Una parola tira l'altra*, o, più in generale, che *Una cosa tira l'altra*. Analogamente si constata di solito in senso ottimistico, che *Da cosa nasce cosa.*

379 - **Una cosa tira l'altra.** v. *Una ciliegia* ecc.

380 - **Una e** (oppure **ma) buona.** v. *Meglio una festa* ecc.

381 - **Una mano lava l'altra e tutte e due lavano il viso.** Si dice per sottolineare l'importanza e, più ancora, la necessità della cooperazione e del reciproco aiuto, e quindi in qualche modo contrasta con la sfiducia espressa da *Chi fa da sé* ecc., *Chi vuole vada* ecc.

382 - **Una ne paga cento,** oppure **Una le paga tutte.** Quando un solo evento ci risarcisce di molti torti o ci punisce di molte malefatte. In questo secondo senso si dice anche: *Chi cento ne fa una ne aspetta.* v. *Chi la fa l'aspetti.*

383 - **Una parola tira l'altra.** v. *Una ciliegia* ecc.

384 - **Una rondine non fa primavera.** Non basta l'arrivo di una sola rondine per garantirci che la primavera sia davvero arrivata. Dice che un solo segno lieto non deve farci credere che una situazione volga veramente al meglio. Ha qualche analogia con *L'abito* ecc. e simili.

385 - **Una volta corre il cane e una volta la lepre.** Da inseguitori si può diventare inseguiti.

386 - **Una volta per uno non fa male a nessuno.** v. *Oggi a me* ecc.

387 - **Un padre campa cento figli e cento figli non campano un padre.** Dichiara in forma iperbolica che i genitori si sacrificano per i figli assai più di quanto i figli facciano per i genitori.

388 - **Uomo avvisato mezzo salvato.** Chi è preavvertito di un pericolo può prevenirlo e perciò è già in parte salvo. Si usa come esortazione a prestare ascolto a chi ci informa su rischi di qualche nostra azione, ma vale anche come allusione minacciosa.

389 - **Vale più la pratica che la grammatica.** L'esercizio effettivo di un'arte, mestiere, disciplina ecc. conta più dell'apprendimento meccanico delle regole astratte.

390 - **Vale più un gusto che un casale.** Talvolta conta di più togliersi una soddisfazione che ricavare un guadagno, fosse pure un possedimento in campagna: perciò si è disposti a 'rimetterci' pur di 'levarsi un gusto' (o uno 'sfizio') come anche si dice.

391 - **Vale più uno a fare** ecc. v. *Tanti galli* ecc.

392 - **Vedere e non toccare è una cosa da crepare.** Vale anche a scusare chi 'tocca' ciò che non si dovrebbe.

393 - **Vento fresco mare crespo.** Dal tipo di vento si prevede lo stato del mare. v. *Anno nevoso* ecc.

394 - **Ventre pieno non crede a digiuno.** v. *Pancia piena* ecc.

395 - **Ventre vuoto non sente ragioni.** v. *Pancia vuota* ecc.

396 - **Vivi e lascia vivere.** Esorta alla tolleranza o anche all'indifferenza verso le azioni o i modi di vita altrui. v. *Il mondo è bello* ecc.

NOMI DI PERSONA

L'asterisco (*) segnala che la forma è linguisticamente ricostruita o supposta, ma non attestata da documenti scritti. Il segno (˘) indica che la vocale è breve, il segno (¯) che la vocale è lunga.

Abbóndio. Nome cristiano, *Abŭndiu(m)*, derivato dall'aggettivo del latino tardo *abŭndu(m)* parallelo, anche nel significato, ad *abundānte(m)* 'abbondante' e, semanticamente, a *copiōsu(m)* 'copioso', che ha dato pure il nome proprio latino *Copiōsu(m)*.

Achille. Il nome latino *Achīlle(m)* ripeteva quello dell'eroe omerico *Achil(l)éus*, che, non trovando sufficiente spiegazione nell'ambito della tradizione indeuropea, si pensa possa essere di origine pregreca.

Àda. Nel nome *Ada* possono confluire due tradizioni: una proveniente dalla Francia, dove *Ade* può rappresentare una riduzione di *Adele*, se non ci è giunta direttamente dal nome germanico, da cui deriva il nome francese; l'altra legata all'ebraico *'Adāh* 'ornamento', connessa con la radice *'ah* '(ad)-ornare'.

Adalgìsa. Nome germanico, *Adalgisa* o *Adelgisa*, in longobardo *Adelchīsa*, composto di *adel* 'nobile' e *gīsil* 'dardo, freccia'.

Adelàide. Nome di origine germanica, composto di *adal* 'stirpe nobile, nobiltà' e del suffisso, spesso impiegato per caratterizzare gli astratti, *-haidi* 'di nobile aspetto'.

Adèle. Nome di origine germanica, probabile abbreviazione di un nome composto con *adal-* 'nobiltà'.

Adeodàto v. *Donato*.

Adòlfo. Nome di origine germanica, da *Athawulf* 'lupo (*wulf*) nobile (*athal, adal*)'.

Adriàno, Adriàna. Nome latino, *Hadriānu(m)*, derivato dal nome della città di *Hădria(m)*, di probabile origine illirica, sia che si tratti dell'*Adria* veneta, sia dell'*Atri* (ma anticamente *Hădria*) picena.

Àgata. Nome cristiano, in latino *Ăgatha(m)*, che riproduce il greco *Agathe*, propriamente femminile dell'aggettivo *agathós* 'buono' di antica origine indeuropea.

Agnèse, Ines. Il nome, molto raro presso i Latini, è di chiara origine greca, dove *Hagnḗ* non era altro che l'aggettivo femminile *hagnḗ* 'pura, casta'. Nel latino dei primi Cristiani si diffuse con la pronuncia ossitona dei Greci e si ebbe, quindi, *Agnès*, da cui il nostro *Agnese*, lo spagnolo *Inés*, passato poi in Italia con sbagliata, ma ormai stabilizzata, accentazione, e l'ingl. *Agnes* con le sue antiche varianti *Annis, Annys* e forse anche *Nancy.*

Agostino v. *Augusto*.

Albèrto, Albertìna. Nome di origine germanica sia quando è riduzione di *Adalberto* 'di chiara (*berht*) nobiltà (*adal*)', sia quando ripete il nome germanico *Alberht* 'tutto (*ala*) chiaro (*berht*)'. *Albertina* è il corrispondente femminile di forma diminutiva, più diffuso di *Alberta.*

Àldo, Àlda. Il nome è attestato in Italia a partire dall'epoca della dominazione longobarda, per cui è facile vedervi l'aggettivo longobardo *ald* 'vecchio'. Se fosse, invece, come in qualche caso potrebbe essere, abbreviazione di qualche altro nome in *-aldo* (Romualdo, Reginaldo), allora bisogna riconoscere in questo secondo elemento compositivo il germanico *-wald*, da *waldan* 'comandare'.

Alessàndro, Alessàndra, Sàndro, Sàndra. Il nome latino *Alexăndru(m)* deriva dal greco *Aléxandros*, che, come *Aléxios*, è collegato col verbo *aléxein* 'proteggere' e significa 'protettore di uomini (*ándres*)'.

Alèssio. Il latino cristiano *Alĕxiu(m)* trascrive, adattandolo, il greco *Aléxios*, che viene solitamente connesso col verbo *aléxein* 'difendere, proteggere respingendo (un danno, un nemico, ecc.)', di origine indeuropea.

Alfònso, Alfonsìna. Il nome proviene dalla penisola iberica, dove l'introdussero probabilmente i Visigoti. Secondo l'antica variante *Adelfonsus* si potrebbe interpretare il nome come un composto gotico significante 'valoroso, pronto (*funs*) nella battaglia (*hildi*)', anche se altre varianti suggerirebbero di leggere nella prima parte ora 'nobile, nobiltà (*athal*)', ora 'tutto (*ala*)' superlativo. Il femminile è usato piuttosto al diminutivo.

Alfrédo, Alfréda. Nome di origine anglosassone, venutoci dall'Inghilterra attraverso la Francia: *Aelfrǣed* era nome composto, significante 'consiglio (*rǣed*) degli spiriti, noti nella mitologia nordica come Elfi (*aelf*)'.

Alìce. Antico nome francese (*Aalis*, poi *Alis*) di origine germanica (*Adalhaid*, donde il nostro *Adelaide*), passato in Inghilterra con la forma grafica posteriore *Alice* e di qui, o direttamente dalla Francia, in Italia.

Amàlia. Accorciamento di *Amalberga*, antico nome germanico, composto di **amals* 'valoroso, laborioso' e di un derivato dal verbo gotico *bairgan* 'proteggere', con particolare riferimento alla stirpe gotica degli *Amali*, dal nome di un loro eroe.

Ambrògio. Il nome latino *Ambrŏsiu*(*m*) è stato ripreso in epoca cristiana dal greco *Ambrósis*, che etimologicamente significa 'che non (*a-*) è mortale (*brotós*, di origine indeuropea)', 'immortale'.

Amedèo. Anche se non si trova, come ci si aspetterebbe, il corrispondente latino **Ămadĕu*(*m*), con il quale si sarebbe potuto rendere il composto greco *Theóphilos* 'Teofilo', cioè 'colui che ama Dio' (o, con l'imperativo, 'ama Dio'), il nome italiano ha questa origine, presto obliata, come dimostra la formazione del femminile corrispondente *Amedea*.

Amèlia. Nome femminile corrispondente al nome maschile latino *Amēliu*(*m*) diminutivo di *Ămiu*(*m*) di probabile origine etrusca, anche se si pensa che sulla sua sopravvivenza o reviviscenza possa aver influito il nome di provenienza germanica *Amalia*.

Amerìgo, Arrìgo, Enrìco, Enrìca. L'antico nome germanico *Haimirich* veniva spiegato come 'signore' (*rik* 'ricco, potente') in patria (*haimi* 'casa, patria') ed è stato adattato, in italiano, prima con la forma *Amerigo*, poi con quelle, perfettamente equivalenti, di *Arrigo* ed *Enrico*.

Andrèa, Andreìna. Nome latino, *Andrĕam*, che i Romani presero dal diffuso greco *Andréas*, legato all'elemento *andr-*, sia riferito ad *anḗr*, genitivo *andrós*, 'uomo', sia al derivato *andréia* 'virilità, coraggio'. Il femminile italiano è reso necessariamente (per la finale in *-a* del maschile) con un diminutivo.

Àngelo, Àngela. Nomi già in uso presso i primi Cristiani, *Ăngelu*(*m*) e *Ăngela*(*m*), che, secondo il significato originario del corrispondente nome comune *ăngelu*(*m*), di provenienza greca, volevano dire 'messaggeri (di Dio)'.

Ànna. Nome trasmesso dai Libri Sacri: l'ebraico *Hannâh* si sentiva direttamente connesso con la radice *hanan* 'aver misericordia, favorire, concedere grazia'.

Annìbale. Nome latino, *Hannĭbale*(*m*), di origine punica: in fenicio *Hann-ĭ-Bá'al* significa 'grazia (*hann*) del (*-i-*) dio *Baal*'.

Annunziàta. Forma ridotta, come in altri casi simili (*Addolorata, Assunta, Concetta*), di *Maria Annunziata* (della prossima maternità di Gesù).

Ansèlmo. Nome di origine germanica, *Anselmo* è adattamento di *Ans*(*e*)*helm*, composto di *ansi* 'Dio' e *hélma* 'elmo'. Il nome significherebbe, quindi, 'elmo di Dio'.

Antònio, Antonìno, Antònia. Antico nome latino, *Antōniu*(*m*), derivato, pare, da un precedente prenome *Ănto* di probabile origine etrusca e di significato sconosciuto. Non vi può essere, comunque, nessuna connessione col greco *ánthos* 'fiore', anche se, per esempio, in inglese alternano *Antony* e, per quell'errato accostamento, *Anthony*. I derivati *Antonino* e *Antonia* erano già in uso a Roma: *Antonīnu*(*m*) col suffisso proprio dei derivati da gentilizi, e *Antōnia*(*m*), femminile.

Apollònia. Dal latino *Apollōnia*(*m*), femminile di *Apollōniu*(*m*), collegato sì con il culto del dio greco *Apóllōn* e, quindi, con i nomi propri da questo derivati *Apollṓnios* e, al femminile, *Apollōnia*, ma originariamente antico nome latino, *Ap*(*o*)*lōniu*(*m*), dipendente dal gentilizio etrusco *Apluni*.

Arrìgo v. *Amerigo*.

Artùro. Nome diffuso in Francia (e di qui in Italia) con la popolarità dell'epopea cavalleresca e del suo eroe bretone, il Re *Artù*, anche se il nome di questo leggendario re sfugge a una spiegazione convincente. Di probabile origine celtica, potrebbe, tuttavia, essere connesso con l'irlandese *art* 'orso' e allora la contaminazione medievale del nome proprio con il nome greco della stella *Arktôuros*, letteralmente 'il custode (*ôuros*) dell'Orsa (*árktos*)', avrebbe una lontana giustificazione nella medesima base indeuropea indicante l''orso'.

Assùnta. Forma ridotta del nome, che completamente suona *Maria Assunta* (al cielo), con uso assoluto del participio femminile (*assŭmpta*(*m*)) del verbo latino *adsūmere* 'prendere su di sé'.

Atanàsio. Il nome latino assunto dai primi Cristiani *Athanăsiu*(*m*), riproduceva il corrispondente greco *Athanásios*, che è, però, chiaramente spiegabile: 'colui che non (*a-* negativo) conosce la morte (*thánatos*)', 'l'immortale (*athánatos*)'.

Attìlio. Nome di origine latina: molto frequente a Roma, il gentilizio *A*(*t*)*tĭliu*(*m*), anche se pare connesso con la voce bambinesca *ătta* 'papà', è piuttosto da considerarsi di origine etrusca e di significato oscuro. Il nome si è affermato, in italiano, in epoca rinascimentale e non è, quindi, di derivazione diretta e continua dal latino.

Augùsto, Augùsta, Agostìno. Il nome proprio latino *Augŭstu*(*m*), non è altro che il nome comune *augŭstu*(*m*), cioè 'consacrato dagli *àuguri*' e poi, riferito inizialmente a Ottaviano, 'venerabile'. Col suffisso di relazione *-īnu*(*m*) (e non in funzione diminutiva, come in altri casi) gli stessi Romani formarono e usarono *Augustīnu*(*m*), da cui il nostro *Agostino*.

Aurèlio, Aurèlia, Aureliàno. Il nome latino *Aurēliu*(*m*), come anche il suo derivato *Aureliānu*(*m*), è quasi certamente di origine sabina e legato, attraverso una forma **ansel-*, col nome sabino del 'sole', inteso come 'divinità solare'.

Bàbila. Raro nome latino, *Băbyla*(*m*), attribuito solo a stranieri, che trascriveva il greco *Babylâs* d'incerta origine, probabile diminutivo (*-âs*) di un nome orientale, forse collegato con *Babele* e *Babilonia* (e allora significherebbe 'il piccolo Babilonese').

Bàrbara. Sia il nome latino *Bărbara*(*m*), sia il suo modello, il greco *Barbára*, si riferivano all'origine non tanto al primitivo significato di 'balbuziente', quanto a quello derivato di 'straniera'.

Bàrnaba. Nome del Nuovo Testamento, *Bărnaba*(*m*) in latino, *Barnabâs* in greco, derivante senza dubbio dall'aramaico, ma mentre nella prima parte si legge chiaramente la voce *bar* 'figlio', che appare in molti analoghi composti, la seconda è stata oggetto di diverse identificazioni: *nehāmāh* 'consolazione' o *nābhī́* 'profeta' o, infine e più facilmente, *Nebō*, nome di un Dio babilonese.

Bartolomèo. Come altri nomi del Nuovo Testamento, tanto il latino *Bartholomāeu*(*m*), quanto il greco *Bartholomâios*, sono adattamenti del nome aramaico *Bartalmay* 'il figlio (*bar*) di *Talmay* (nome biblico di incerto significato)'.

Basìlio. Nome latino, *Basĭliu*(*m*), di origine greca: il greco *Basíleios* è propriamente l'aggettivo di *basiléus* 're' e significa, quindi, 're(g)ale'.

Battìsta. In latino *baptĭsta*(*m*) è il corrispondente del greco *baptistḗs*, col significato 'che battezza', attributo di S. Giovanni, che battezzò Gesù.

Beatrìce, Bìce. Nome dei primi Cristiani, *Beatrīce*(*m*) corrisponde ad un aggettivo *beatrīce*(*m*) ricavato da *beātu*(*m*) ('felice') col suffisso dei nomi d'agente ('che rende') *-trīce*(*m*). Non è infrequente la forma accorciata *Bice*.

Benedétto, Benedétta. Come il nome latino *Benedĭctu*(*m*), anche il significato del nome italiano è immediatamente comprensibile, pensando al participio di *benedire* (*benedīcere* in latino). Vi corrisponde lo spagnolo *Benito*, accolto anche in italiano.

Beniamìno. Latino (*Beniămīn*) e greco (*Beniamín*) risalgono all'ebraico *Binyāmīn*, tradizionalmente spiegato come 'figlio (*bēn*) della parte destra (*yāmīn*)', cioè della parte della fortuna.

Benìgno. Il latino *Benĭgnu*(*m*), identico all'aggettivo *benĭgnu*(*m*) significa etimologicamente colui che genera (*-gno-* del verbo *gĭgnere* 'produrre', di origine indeuropea) il *bene* (egualmente di origine indeuropea).

Bèppe v. *Giuseppe*.

Berenìce v. *Veronica*.

Bernàrdo, Bernardìno. Il nome germanico *Ber(i)nhard* è composto di *hardu* 'ardito, forte' e di un primo elemento, in cui comunemente si ravvisa il germanico *bera* 'orso': l'intero nome varrebbe allora, 'orso forte' oppure 'forte come un orso'.

Bèrta. Il nome *Berta* era molto diffuso nel Medioevo e può essere considerato o raccorciamento di nome più lungo, come *Alberta* o *Roberta*, oppure come secondo componente di uno dei numerosi composti germanici con *-berta*: in quest'ultimo caso *-berth(h)a* avrebbe il significato di 'chiaro, famoso'.

Biàgio. Nome di origine latina, *Blāsiu(m)*, equivale a *blāesu(m)* 'balbuziente', voce importata a Roma dal greco dell'Italia Meridionale *blaisós* 'storto, sbilenco'.

Biànca. Nome medievale, che può sì provenire, come l'aggettivo comune *bianco*, dal germanico (com'è avvenuto per *Bruno*), ma che può essere stato da quello tratto indipendentemente per l'usanza di attribuire a persone nomi di colori.

Bìce v. *Beatrice.*

Bonifàcio. Nome latino tardo, *Bonifātiu(m)*, che significa 'fortunato', come appare chiaro analizzando il composto: 'che ha un buon (*bŏnu(m)*) fato (*fātu(m)*)'.

Brìgida. Antico nome medievale di origine celtica, in antico irlandese *Brigit*, variante locale del nome della dea *Brigantia*, che forse significava 'la alta', come confermerebbero alcuni nomi di luogo gallici, in cui è conservato l'elemento *-briga* col senso di 'colle, altura'.

Brùno, Brùna. Nome di origine germanica, che significa '(di colore) bruno (*brūn*)', ma ricostruito da *Brunōne(m)*, ritenuto un accrescitivo.

Càio. Il nome latino *Cāiu(m)*, anteriormente *Gāiu(m)*, corrispondeva al nome comune *gāiu(m)*, *gāia(m)* 'ghiandaia, gazza' ma resta sempre aperta la questione, se il nome proprio provenga da quello dell'uccello o viceversa o anche se si tratta di una casuale identità.

Callìsto. Il nome latino *Callĭstu(m)* è la pura riproduzione con un semplice adattamento formale del greco *Kállistos*, propriamente superlativo di *kalós* 'bello': *Kállistos*, allora, significa 'bellissimo'.

Camìllo, Camìlla. *Camĭllu(m)* e *Camĭlla(m)*, sono due nomi latini, provenienti probabilmente dalla terminologia sacra ('fanciulli nobili che servivano nei sacrifici') e passati dall'Oriente a Roma per il tramite degli Etruschi, presso i quali *Camillus* o, alla greca, *Kadmîlos* era il nome che designava il Mercurio romano.

Càndido, Càndida. I nomi latini *Căndidu(m)* e *Căndida(m)* riflettono chiaramente l'aggettivo *căndidu(m)*, *-a(m)*, cioè 'candido, puro'.

Càrlo, Càrla, Carolìna, Carlòtta. Il nome medievale *Carolu(m)* rappresenta la latinizzazione del nome germanico *Karl*, originalmente, presso i Franchi, nome comune, che dal primitivo senso di 'uomo' (con connessioni indeuropee: **ger-* 'vecchio') era passato a indicare, come in antico nordico, anche l''uomo libero' per divenire, infine, un titolo presso la corte franca. Tra le corrispondenze femminili, *Carla*, *Carolina* e, attraverso il francese, *Carlotta.*

Carmèlo, Càrmine, Carmèla. Benché noto al latino ecclesiastico il nome *Carmelo* ci è probabilmente giunto dalla Spagna, dove il culto di *Maria del Carmelo* (cioè del monte palestinese, che diede ospitalità e nome all'ordine dei Carmelitani), è molto diffuso. Dal maschile si è formato il corrispondente femminile *Carmela* e, dalla forma parallela spagnola, *Carmen* '(ordine del) Carmelo', *Carmine.*

Carolìna v. *Carlo.*

Casimìro. Nome di origine polacca: in polacco, infatti, *Kazimierz* aveva un significato molto chiaro, 'che predica (dal verbo *kazać* 'predicare, proclamare') la pace (*-mier*, solo in composizione)', modificato poi in *Kazimir*, popolarmente inteso come 'distruttore (dal verbo *kazić*) della pace'.

Caterìna. Il nome latino cristiano *Catharīna(m)*, pur essendo riconosciuto di origine greca, è stato avvicinato a *katharós* 'puro', anziché al nome *Aikaterínē*, variante del più antico *Ekaterínē*, collegabile sia con *Hékatos*, epiteto di Apollo, in cui si riconosce la riduzione dell'aggettivo *hekatēbólos*, chiaro solo nella seconda parte (*bállein* 'lanciare, saettare'), sia con *Hekátē*, corrispondente femminile, attributo della dea degli Inferi.

Cecìlia. Come il corrispondente maschile *Caecĭliu(m)*, il nome *Caecĭlia(m)* fu molto diffuso presso i Romani, che lo connettevano, direttamente o indirettamente, con *cāecu(m)* 'cieco': anche se oggi si pensa a una sua origine etrusca per il confronto con altri nomi propri, come *Caecina(m)*, per lungo tempo il nome fu accostato a *cieco.*

Celestìno. Nome latino cristiano, *Caelestīnum* è diminutivo di *Caelĕste(m)* corrispondente al nome comune *caelĕste(m)* 'appartenente al *cielo*'.

Césare, Cesàrio, Cesarìna. Notissima è la spiegazione che i Latini davano del nome *Cāesare(m)*: 'nato dal ventre tagliato (*cāesu(m)*) della madre'. Ma non è spiegazione comunemente accettata, anche se è difficile decidersi nella scelta di altre proposte, come quella, pure antica, che collega il nome con *caesărie(m)* 'capigliatura', o l'altra, che vede nel celebre nome la continuazione di un nome etrusco. Da *Cāesare(m)* proviene il tardo *Caesāriu(m)*, da *Cesare* il diminutivo femminile *Cesarina.*

Chiàra v. *Clara.*

Cirìaco. Il raro nome latino *Cyrĭacu(m)* è semplice trascrizione e adattamento del greco *Kyriakós*, aggettivo di *kýrios* 'padrone' e anche 'Signore', per cui, in senso cristiano, *Kyriakós*, più ancora di *Kýrillos* 'Cirillo', corrispondeva esattamente al latino *Domĭnicu(m)* 'Domenico' (e di qui la scarsa esigenza di assumere il nome greco).

Cirìllo. Il latino *Cyrĭllu(m)*, diffuso in epoca cristiana, corrisponde al greco *Kýrillos*, un derivato di *kýrios* 'Signore', tanto nel senso di 'padrone', quanto in quello di 'Dio': *Cirillo* corrisponde, così, in ultima analisi, a *Domenico.*

Clàra, Chiàra. Prima che il femminile *Clāra(m)*, il latino usava il maschile *Clāru(m)*, legato direttamente all'aggettivo *clāru(m)* 'chiaro', sia in senso fisico, sia in senso morale ('illustre, famoso'). In italiano è sopravvissuto il corrispondente femminile *Chiara*, ma anticamente era abbastanza frequente anche il maschile *Chiaro.*

Clàudio, Clàudia. Nome prettamente latino, *Clāudiu(m)* era forma aggettivale dell'originario soprannome *Clădu(m)*, molto chiaro per i Romani, corrispondendo all'agg. comune *clāudu(m)*, cioè 'zoppo'.

Clèlia. Il nome latino *Cloēlia(m)* ha avuto un certo successo in epoca rinascimentale con la moda di assumere nomi romani. In origine era probabilmente sentito il collegamento del nome, molto diffuso in ambiente italico, col verbo *cluĕre* (poi *clŭere*) 'chiamarsi' e anche 'essere famoso'.

Clemènte. Nome latino, *Clemĕnte(m)*, che apparteneva alla non esigua serie di nomi, richiamanti una qualità di carattere (in questo caso la 'clemenza'), che si desiderava nel figlio, tanto è vero che ebbe la sua maggior fortuna nel periodo cristiano.

Clotìlde. Nome di origine germanica, reso nelle fonti latine medievali come *Chlotichilda*, che ci spiega meglio la composizione: *hlod* 'famoso, rinomato' e *hildi* 'combattimento'. Clotilde significherebbe, allora, 'celebre in battaglia'.

Concètta, Concètto. Il nome si richiama all'attributo della Madonna, 'concepita', in latino *concĕpta(m)*, senza peccato; e se il femminile è un'abbreviazione di *Maria Concetta*, come in (*Maria*) *Addolorata*, il corrispondente maschile è una forma derivata dal femminile.

Cornèlio. Nome latino, *Cornēliu(m)*, composto del latino *cŏrnu* 'corno' (con tutte le simboliche allusioni alla prosperità e alla difesa dai mali) e del suffisso *-ēliu(m)*, caratteristico nella derivazione dei nomi propri.

Corràdo. Nome germanico, *Ch(u)onrad*, composto dell'aggettivo *kuon* 'coraggioso, ardito' e dal sostantivo *rāt* 'consiglio', per cui l'intero nome sarebbe da interpretare 'audace nel consiglio' con la stessa ambiguità dell'italiano, potendo *rāt* significare tanto 'giudizio', quanto 'assemblea'.

Còsma, Còsimo. Nel latino ecclesiastico *Cŏsmas* si riconosce il greco *Kosmâs*, direttamente collegato col verbo di incerta origine *kosmêin* 'ordinare, disporre in ordine', per cui significherebbe '(bene) ordinato'. Per rompere il raro nesso *-sm-* si è più tardi introdotta una *-i-*, che ha dato origine al nome parallelo *Cosimo.*

Costantìno, Costànzo. Nome di origine latina, dove *Costăntiu(m)* era chiaramente connesso col nome *Constănte(m)*, ch'è tutt'uno con l'aggettivo *constănte(m)*, cioè 'fermo, costante'. Da esso proviene (ma a Roma piuttosto tardi) anche col suffisso proprio dei derivati da gentilizi, *Costantīnu(m)* 'Costantino'.

Crispìno. Antico nome latino, *Crispīnu(m)*, derivato con suffisso usuale, da *Crīspu(m)*, che, a sua volta, non era altro che l'attributo *crīspu(m)* 'crespo (di capelli)'.

Cristìna. Nome latino rivelatosi in epoca tarda, quando la libertà di culto permise la divulgazione del nome *Christīna(m)*, che, come il maschile *Christīnu(m)*, è un evidente derivato di *Chrīstu(m)* 'Cristo', parallelo all'altro aggettivo, molto diffuso, *Christiāna(m)* (e *Christiānu(m)*).

Cristòforo. Nome prettamente cristiano, il latino *Cristŏphoru(m)* trascrive il greco *Christophóros*, un composto chiaramente analizzato come 'il portatore (dal verbo *phérein* 'portare', di origine indeuropea) di Cristo (*Christós*)'. Anche se originariamente aveva un significato mistico e allegorico, successivamente intorno al nome, e per meglio spiegarlo, sorse la leggenda del gigante pagano 'portatore di Cristo' bambino attraverso un fiume.

Dalmàzio. Il nome latino *Dalmătiu(m)* era evidentemente, all'origine, un aggettivo etnico e si riferiva al 'proveniente dalla Dalmazia (*Dalmătia(m)*, di probabile provenienza illirica col significato di 'paese delle pecore')'.

Dàmaso. In latino *Dămasu(m)* era nome di origine greca e in greco *Damasos* è molto antico, collegato col tema di origine indeuropea *dma-* 'domare'.

Danièle, Danièla. La Bibbia ha diffuso il nome greco *Daniḗl* e latino *Daniēle(m)*, riproducenti l'ebraico *Dānī'ēl*, nel quale si riconoscono tanto la componente *-Ēl* 'Dio', quanto un primo elemento connesso con il sostantivo *dayān* 'giudice' o col perfetto *dān* 'ha giudicato': il nome può valere, dunque, 'Dio è (mio) giudice' oppure 'Dio ha giudicato'.

Dànte. Antico accorciamento toscano di *Durante*, dal latino tardo *Durănte(m)*, tratto dal participio presente del verbo *durāre* col significato 'che dura, che sopporta', il quale ha dato anche il nome latino *Dūru(m)* 'forte, solido'.

Dàrio, Dària. Nome latino *Dāriu(m)* o *Dariūm*, secondo la pronuncia classica più aderente all'originale greco (*Darêios*), che ripeteva l'antico persiano *Dārayava(h)ush* 'che possiede (dal verbo *dārayāmiy* 'possedere, mantenere') il bene o i beni (*-vahu-*)'.

Dàvide. Nome passato dalla tradizione biblica al greco, *Danéid*, e al latino, *Dāvid*, di origine ebraica: in ebraico, infatti, *Dāwīdh* è spiegato come 'l'amato', di probabile formazione fanciullesca.

Desidèrio. Nome latino, *Desidĕriu(m)*, che i primi Cristiani assunsero volentieri, sia che, come *Desiderato*, esprimesse la gioia compiuta dei genitori, sia che si ispirasse al 'desiderio' della salvezza eterna.

Diàna. Il latino *Diāna(m)*, nome della dea della caccia, si connette con il latino *dīus* 'divino' e anche 'luminoso', spiegandosi l'accostamento con il culto della luna, personificata appunto nella dea. In Italia è stato ripreso, dopo l'oblio dell'epoca cristiana, in età medievale.

Diègo. Nome di origine spagnola entrato tardivamente in Italia, derivato, come chiariscono le più antiche forme iberiche *Diaco* e *Diago*, da *Didacus*, *Didagus* del latino medievale, finora ribelle ad ogni spiegazione convincente.

Dìno, Dìna. Non di origine germanica, come da qualcuno è stato sostenuto, ma semplicemente con funzione vezzeggiativa o diminutiva dei maschili in *-dino*, come i medievali *Aldobrandino*, *Bernardino*, *Ubaldino*, ecc.

Dionìgi. Nome pervenutoci, attraverso il latino *Dionýsiu(m)*, dal greco *Dionsýios*, originariamente un aggettivo di incerta spiegazione: '(proprio) di *Dioniso*'. La desinenza ci rivela un posteriore adattamento al corrispondente nome francese, molto diffuso in Francia, che in *S. Dionigi*, venera il primo vescovo di Parigi.

Dolóres. Nome spagnolo (letteralmente 'dolori'), abbreviazione di *María de los Dolores* 'Maria dei Dolori, Addolorata'.

Doménico, Doménica. I nomi latini *Domĭnicu(m)* e *Domĭnica(m)*, in uso presso i Cristiani, potevano riferirsi, sì, ai figli 'nati di domenica (*dĭe(m)*) *domĭnica(m)*', ma, rifacendosi direttamente a *Dŏminu(m)* 'Signore', significavano altresì 'proprio del Signore'.

Donàto, Adeodàto, Donàta, Donatèlla. Il latino *Donātu(m)*, in uso nei primi secoli dell'era cristiana, non è altro che il participio passato *donātu(m)* 'donato', sottinteso 'da Dio', come conferma l'altro nome *Adeodātum* 'dato (*dātu(m)*) da (*ă*) Dio (*Dĕo*)'. Il corrispondente femminile *Donata* col suo più frequente *Donatella* erano egualmente in uso presso i Cristiani: *Donāta(m)* e *Donatĕllam*, col parallelo *Donatīlla(m)*.

Dorotèo, Dorotèa v. *Teodoro*.

Edgàrdo. Nome inglese, in anglosassone *Ēadgar*, che si analizza 'dardo (*gār*) della prosperità (*ēad*)'.

Edmóndo. Nome di origine francese (*Edmond*), venuto in Francia dall'Inghilterra, dove *Edmond*, *Edmund* continua l'anglosassone *Ēadmund* 'protezione (*mund*) della ricchezza (*ēad*)'.

Edoàrdo, Odoàrdo, Edoàrda. Nome di origine inglese: in inglese *Edward* continua l'anglosassone *Ēadweard* 'guardiano (*weard*) di beni (*ēad* 'ricchezza, possesso, prosperità')', cui corrisponde la parallela forma germanica *Adoward*, che ha dato l'italiano *Odoardo*.

Edvìge. Nome di origine germanica, *Hathuwic*, propriamente 'santa (*wic* 'santo, sacro') battaglia (*hathu*)', più tardi attratto nella serie dei nomi in *-wiq* 'lotta, battaglia', dando origine piuttosto recentemente al tedesco *Headwig*, che, analizzato, dovrebbe, quindi, significare 'battaglia battaglia!'.

Egìdio. Nome attestato nel latino tardo *Aegĭdiu(m)* di origine greca, anche se un greco **Aigĭdios*, dal nome comune *aigĭdion* 'capretto', diminutivo (*-ion*) di capra (*áix*, genitivo *aigós*), non è attestato.

Éda, Ìlda. Nome di origine germanica, parallelo di *Ilda* e derivato dal germanico *Hilda*, forma ridotta dei tanti nomi (*Ildegarda*, *Ildebrando*, ecc.) che hanno come loro primo elemento di composizione *hilt(j)a* 'battaglia' (che riappare in altri nomi, come *Clotilde*).

Èlena. Il latino *Hĕlena(m)* proviene dal greco *Helénē*, nome dapprima diffuso col ciclo epico troiano e della sua bella figura centrale, la moglie di Menelao, probabilmente collegata alla radice *vel-*, da cui anche il greco *hélios* 'sole': *Elena* sarebbe stata, dunque, originariamente una divinità solare. Tuttavia, pur riconoscendone l'origine divina, altri pensano alla stessa origine di *Venere*, altri a nomi di piante (culti di vegetazione).

Eleonòra. Il nome, che nella forma più antica (*Alienor*) è attestato in Provenza e Portogallo, è da considerarsi, con qualche riserva, di origine germanica, un composto, cioè, di *Ali-*, connesso col gotico *alan* 'crescere' e del nome di origine oscura *Aenor*.

Elìgio. Il tardo nome latino *Elĭgiu(m)* non è di sicura interpretazione, ma è abbastanza probabile che si possa connettere col verbo *elĭgere* 'scegliere' ed 'elegante', per cui il nome significherebbe 'scelto, eletto' (sottinteso 'da Dio').

Elìsa. Adattamento del francese *Elise*, popolarmente ritenuto un diminutivo di *Elisabeth* 'Elisabetta', ma da considerarsi, piuttosto, come il femminile di *Elisée* 'Eliseo'.

Elisabètta. Il latino *Elisabeth*, come il greco *Elisàbet*, si rifanno al nome biblico *Elīsheba'*, composto di una prima parte chiara e ricorrente (*Ēl* 'Dio') è di un'altra variamente interpretata (*shb'* 'giurare', quindi 'Dio è (il mio) giuramento', o *sheba'* 'sette', numero perfetto, e allora 'Dio è perfezione').

Elisèo. Il latino della Chiesa *Elisĕu(m)* e il greco *Elisâios* si rifanno entrambi al nome biblico *Elīshā'*, composto di *Ēl*, abbreviazione del nome inesprimibile di 'Dio' e, probabilmente, della radice *īsh'* 'aiutare, salvare', per cui *Eliseo* significherebbe 'Dio è salvezza' o qualcosa di simile.

Elvìra. Nome spagnolo, che i Visigoti portarono nella penisola Iberica, dove anticamente si trova scritto *Gel(o)vira*: ma se nella seconda parte del composto si può riconoscere il gotico *wêrs* 'amichevole', la prima parte è soggetta a interpretazioni diverse: dal gotico **gails* 'lancia' o da **gail* 'allegro'.

Emanuèle, Emanuèla. Nome che dall'Antico Testamento è passato in greco (*Emmanouḗl*) e nel latino ecclesiastico (*Emmănuel*): il nome ebraico *'Immanu'ēl* significa letteralmente 'con noi (*'immānū*) Dio (*Ēl*)'.

Emìlio, Emìlia. Il latino *Aemĭliu(m)*, da cui poi anche il corrispondente femminile *Aemĭlia(m)*, non è sicuramente spiegato: attraverso la sua forma più antica *Aimĭlios* possiamo collegarlo al nome proprio etrusco *Aimos*, di cui, tuttavia, ignoriamo il significato (ma gli antichi lo sentivano vicino, invece, ad *āemulus* 'emulo', a sua volta di non certa origine).

Èmma. Il nome *Imma*, *Emma* è certamente di origine germanica, ma nell'ambito di questa famiglia linguistica non è stata ancora trovata un base soddisfacente: assieme al maschile *Immo* rappresenterebbe, come ritengono alcuni, una forma vezzeggiativa ridotta di nomi germanici composti (*Immo*, *Emmo* sarebbero, per esempio, equivalenti a *Irminio*, *Erminio*).

Enrico v. *Amerigo*.

Ènzo v. *Lorenzo*.

Eràsmo. I latini presero il nome *Erăsmu*(*m*) dai Greci, presso i quali *Èrasmos* era nome di significato trasparente, perché direttamente connesso con l'aggettivo *erásmios* 'desiderato, amabile' (dal verbo *erân* 'desiderare, amare'), che, del resto, era già passato in latino come nome proprio, *Erāsmiu*(*m*).

Èrcole. Il nome latino *Hĕrcule*(*m*) è di origine greca: il greco *Heraklês* si spiega, infatti, come 'gloria (da *kléos* 'fama' di origine indeuropea) della dèa (*Hēra* 'la protettrice', della stessa famiglia di *hēros* 'eroe').

Ermànno. Presso i Germani *Hariman* era nome composto di *harja* (sostantivo) 'esercito, popolo' e (aggettivo) 'guerresco' e *man*(*n*) 'uomo' con il senso, quindi, complessivo di 'uomo d'arme, guerriero'.

Ermìnia. Nome latino *Hermĭnia*(*m*), corrispondente al maschile *Hermĭnu*(*m*), di origine etrusca e significato sconosciuto, anche se non si può escludere che allo stesso risultato italiano possano essere giunti altri nomi, di origine germanica, questi, legati al nome del semidio *Ermin*, *Irmin* 'forte, potente'.

Ernèsto, Ernestina. Nome di origine germanica, *Ernust*, tramutazione a nome proprio del nome comune *ernust* 'battaglia' e poi 'forza, vigore'. *Ernestina* è il diffuso diminutivo del suo corrispondente femminile *Ernesta*.

Ersìlia. Nome latino, *Hersĭlia*(*m*), corrispondente femminile di *Hersĭliu*(*m*) di probabile origine etrusca, anche se non conosciamo il significato delle voci etrusche (*h*)*ersina*, *hersu*, alle quali si collegherebbe.

Èttore. Il latino *Hĕctorem* è ripreso dal nome greco, reso famoso dall'eroe omerico, cui era attribuito, *Héktōr*, spiegato col verbo *échein* '(trat)tenere, reggere' (ed *éche-* *-tōr* sarebbe il 'reggitore del popolo'), anche se qualche perplessità può suscitare l'assegnazione di un nome greco a un principe troiano, a meno che non si pensi a una probabile traduzione del corrispondente nome indigeno, a noi rimasto sconosciuto.

Eugènio, Eugènia. In età cristiana si diffuse il nome latino *Eugĕniu*(*m*), dal greco *Eugénios*, tratto, a sua volta, dall'aggettivo *eugenēs* 'bennato' (composto di *êu* 'bene' e *gen-* 'nascere'). Anche il femminile latino *Eugĕnia*(*m*) ha il suo corrispondente greco *Eugenía*, che può, tuttavia, anziché rappresentare il femminile di *Eugénios*, riprodurre direttamente il sostantivo *eugéneia*, *eugenía* 'nobiltà (di natali)'.

Eulàlia. Nome cristiano, *Eulălia*(*m*), di origine greca, come il documentato maschile *Eulálios*, che propriamente significa 'eloquente', cioè 'colui che parla (dal verbo *lalêin* 'parlare') bene (*êu*)'.

Eusèbio. Il latino d'epoca cristiana *Eusēbiu*(*m*) riproduce il greco *Eusébios*, derivato dall'aggettivo *eusebēs* 'religioso, pio' (un composto di *êu* 'bene' e dalla stessa radice del verbo *sébesthai* 'venerare, onorare', cui è legato anche il nome *Sebastiano*).

Èva. Nome diffuso, dal racconto biblico sia in greco, *Éua*, quanto in latino, *Hēva*(*m*): l'origine ebraica *Hannāh* è tradizionalmente spiegata con il verbo *hāyāh* 'vivere' (per cui *Eva* significherebbe 'madre dei viventi'), ma l'interpretazione non è generalmente accettata, pur non avendone altre valide da proporre. Interessante l'ipotesi che collegherebbe il nome ebraico con un nome semitico del 'serpente' (in arabo, a esempio, *hayya*).

Evaristo. Il latino cristiano col nome *Euarĭstu*(*m*) rendeva il greco *Euárestos*, letteralmente 'il ben (*êu*) piacente (*arestós*, dal verbo di origine molto incerta *aréskein* 'piacere, recare soddisfazione').

Evàsio. Trascrive il raro nome latino *Euāsiu*(*m*), ritenuto di origine etrusca.

Èzio. I Romani conoscevano il gentilizio *Āetiu*(*m*), di significato oscuro, pare di origine etrusca, ma avevano anche preso dai Greci il loro *Aétios* (legato al nome dell''aquila', *a*(*i*)*etós*), adattato in *Aĕtiu*(*m*), per cui nel nostro *Ezio* possono confluire le due tradizioni.

Fàbio. Antico nome romano, *Făbiu*(*m*) era già stato connesso dai Latini con il nome della 'fava', *făba*(*m*). Sarebbe, quindi, uno dei non pochi nomi tratti da nomi di piante.

Fabrizio, Fabrizia. Nome gentilizio latino, *Fabrĭciu*(*m*), ora sentito come legato a *fābru*(*m*) 'fabbro' (nel senso di 'artefice'), ma in origine di probabile discendenza etrusca.

Fàusto, Fàusta, Faustino. Il nome latino *Fāustu*(*m*) era, per i Romani, molto chiaro, com'è l'italiano *Fausto*, se si considera l'immediato collegamento, rispettivamente, col nome comune (interpretato in chiave augurale) *fāustu*(*m*) e *fausto* 'felice, prospero'.

Fedéle. Il nome latino *Fidēle*(*m*) aveva lo stesso significato trasparente, che ha il suo derivato italiano *Fedele*, trasmesso soprattutto attraverso il culto cristiano con riferimento alla 'fiducia di Dio', e anzi, ricalcando il latino l'altro significato assunto dal greco *pistós*, a 'colui che crede in Dio'.

Federico, Federica. Nome germanico, *Frithurik* nelle più antiche attestazioni, composto di *frithu* 'pace' e *rikja* 'ricchezza'. Potrebbe, quindi, tradursi con 'dominatore con la pace'.

Felice, Felicita. I Romani trassero il nome *Felīce*(*m*) dall'aggettivo *felīce*(*m*) 'contento, favorito dagli dèi'. Al corrispondente astratto, *felicitāte*(*m*), nominativo *felīcitas*, risale *Felicita*, cioè 'felicità'.

Ferdinàndo, Fernàndo, Ferdinànda. Il nome è di origine germanica, ma è passato a noi dalla Spagna, dove si trova attestato tanto *Fredenandus*, che si può far risalire a un composto gotico con **frithu* 'pace' e **nanth* 'audace' (e il significato completo sarà allora 'ardito nella pace'), quanto *Fre*(*d*)*nando*, da cui, per metatesi, si ebbe poi *Fernando*.

Férmo. Equivale al nome lat. *Fĭrmu*(*m*), esattamente corrispondente all'aggettivo *fĭrmu*(*m*) 'solido, stabile' con chiaro riferimento, per i primi Cristiani, all'incrollabilità nella fede.

Fernàndo v. *Ferdinando*.

Ferrùccio. Nome medievale italiano, certamente collegato con *ferro*, sia che si consideri il diminutivo di un documentato soprannome *Ferro*, sia che si pensi a una riduzione, con successiva notazione vezzeggiativa, di un composto, di cui *Ferro-* sia il primo elemento, come nel caso molto noto di *Ferroacuto* (donde *Ferraguto* e anche *Ferraù*), anche se frutto di un adattamento del nome epico *Fernagu*.

Filippo, Pippo. Nome latino, *Philippu*(*m*), riproducente il greco *Phílippos*, l''amatore (*philos*) di cavalli (*íppoi*)'.

Fiorènzo. Il nome latino *Florĕntiu*(*m*) dipende dal precedente *Florĕnte*(*m*), connesso col verbo *florēre* 'fiorire', di cui costituisce originariamente il participio presente. Ebbe una reviviscenza d'uso in periodo cristiano per il suo sottinteso significato augurale.

Flàvio, Flàvia. Antico nome romano, il latino *Flăviu*(*m*) proviene da un precedente *Flāvu*(*m*), identico al nome comune *flāvu*(*m*) 'biondo': quindi dovette essere all'inizio attribuito, come soprannome, a persona 'dai capelli biondi'.

Flòra. Il latino *Flōra*(*m*) era il nome della 'dea dei fiori (*flōres*)', il cui culto, assieme al nome, era molto diffuso presso gli Italici e connesso con i riti primaverili.

Fósca. Dal nome latino *Fŭsca*(*m*), corrispondente all'aggettivo femminile *fŭsca*(*m*) 'scura, nera'.

Francésco, Francésca. Originariamente aggettivo etnico di provenienza germanica: *Francĭscu*(*m*), da **frankisk*, valeva, appunto, nel latino tardo 'Franco, proprio dei Franchi' e più tardi 'francese'.

Frànco, Frànca. Presso i Franchi lo stesso loro etnico (di origine discussa, forse legato al nome della lancia) fu adoperato anche come nome di persona (*Francko*, *Franc*(*h*)*o*; più tardi pure *Francka*), anche senza il suffisso *-isk*, che ha dato poi origine a *Francesco*, di cui *Franco* (e, rispettivamente, *Francesca* da *Franca*) potrebbe costituire anche una riduzione.

Fùlvio, Fùlvia. Nomi latini, *Fŭlviu*(*m*) e *Fŭlvia*(*m*), ritornati di moda durante il Rinascimento italiano, quando s'intese rettamente la diretta connessione con l'aggettivo *fŭlvu*(*m*) 'biondo, rossiccio (specie dei capelli)'.

Gabrièle, Gabriélla. Tanto il latino *Gabriēle*(*m*), quanto il greco *Gabriḗl*, riproducono l'ebraico *Gabri'ēl*, nome dell'arcangelo inviato da Dio a Maria, che porta in sé il pregnante significato 'Dio (*-Ēl*) è forte (dal verbo *gābhár*)' o, secondo altri, pensando alla sua apparizione 'l'uomo (*gébher*) di Dio (*Ēl*)'.

Gaetàno. Il latino *Caietānu*(*m*) era, originariamente, un etnico e indicava il 'proveniente da *Caiēta*(*m*) (Gaeta)', passato a soprannome e poi a nome.

Gàspare. Passato dalla tradizione cristiana, che sola ci ha conservato i nomi dei tre re Magi, è, come questi, di probabile origine orientale, e più precisamente iranica: può, infatti, rappresentare la riduzione di un antico aggettivo persiano *windahwarena* 'che ha splendore in sé'.

Gastóne. Nome proveniente dal nome francese, diffuso fin dal Medioevo, *Gaston*, di origine poco chiara: se inteso come variante di *Gascon* corrispondente a un etnico ('proveniente dalla *Guascogna*'), se, invece, si pensa a un nome germanico, allora si potrebbe vedere una sua connessione col nome comune *gastiz* 'ospite, straniero'.

Gaudènzio. In latino *Gaudĕntiu(m)* era sentito un diretto derivato dal participio presente del verbo *gaudēre* 'godere', cioè *gaudĕnte(m)* con un tipo di suffissazione proprio dell'onomastica postclassica: valeva, quindi, 'colui che gode, che si rallegra'.

Gèmma. Nome latino, *Gĕmma(m)*, diffuso in epoca cristiana, tratto dal nome comune *gĕmma(m)* 'gemma preziosa' (e, prima, 'gemma, bottone di una pianta, specie della vite').

Gènnaro. Come il nome comune *gennaio*, proviene dal nome latino *Ianuāriu(m)*, attraverso la variante popolare **Ienāriu(m)*, e già dai Romani era imposto, originariamente, ai bambini nati in quel mese, dedicato al dio che apriva l'anno, *Iānu(m)* 'Giano'.

Genovèffa. Nome venuto in Italia dalla Francia, dove la santa *Geneviève* ha un culto molto diffuso (è, tra l'altro, patrona di Parigi). Pare un nome composto e si è cercato di analizzarlo in *geno-* 'stirpe', presente in parecchi nomi di origine celtica, e *wīfa*, voce germanica per 'donna'. Quindi: 'donna nobile'.

Geràrdo, Gheràrdo. Il nome germanico *Gairard, Gerhard* può essere interpretato come 'forte (*hart, hard*) dardo' o 'forte nel lanciare il dardo (*gār, gēr*)': *Gherardo* è stato assunto in Italia direttamente da un popolo germanico, *Gerardo*, invece, attraverso la mediazione francese, che si rivela nel diverso trattamento dell'iniziale.

Germàno. Nome latino, *Germānu(m)*, indicante originariamente l'appartenente alle tribù di *Germāni*, ma anche (ed è difficile determinare quando il nome proprio sia legato all'etnico o al nome di parentela e abbia, quindi, etimologicamente diversa origine) il 'fratello'.

Geròlamo, Giròlamo, Gerònimo. Il nome latino *Hierōnymu(m)* fu usato dai primi Cristiani per imitazione del greco *Hierónymos* dalla chiara formazione: 'nome (*ónoma*) sacro (*hierós*)'. In italiano si nota una dissimilazione della prima (*n*) delle due nasali (*n, m*), che non ha avuto luogo nella variante molto meno frequente *Geronimo*.

Gheràrdo v. *Gerardo*.

Giacìnto. Nome latino, *Hyacīnthu(m)*, preso dal greco (ma di origine preellenica) *Hyákinthos*, il mitico giovanetto ucciso per errore da Apollo, che pur lo amava.

Giàcomo. L'accento del nome latino *Jacōbu(m)* fu portato sulla prima sillaba per influsso del modello greco *Jákōbos*, che rende l'originale ebraico *Y'acagōbh* di incerta spiegazione, anche se comunemente fatto risalire alla radice *'gb'*, per alcuni col senso di 'proteggere', per altri con quello di 'seguire, venir dopo'.

Giànni, Giànna v. *Giovanni*.

Gilbèrto. Nome venuto a noi dalla Francia, dove *Gilbert* rappresentava la riduzione del nome franco *Gisilbert, Gislebert*, composto di *gisil* 'dardo' e *berht* 'chiaro, illustre (forse, appunto, per il modo di lanciare il dardo)'.

Gìno v. *Lodovico*.

Giordàno. I primi Cristiani assunsero volentieri come nome proprio il nome del fiume palestinese, dove fu battezzato Gesù, in latino *Iordānu(m)* e in greco *Iordánēs* e l'uno e l'altro dall'ebraico *Yardēn*, probabilmente da una radice *yārad* 'scorrere, fluire' completata dalla desinenza *-ēn* propria del duale aramaico: letteralmente significherebbe allora '(fiume formato da) due fiumi'.

Giòrgio, Giòrgia. Il latino *Geōrgiu(m)* risale immediatamente al tardo nome greco *Geṓrgios*, che per i Greci era subito collegato con il nome comune *geōrgós* 'contadino, agricoltore' di antica origine indeuropea.

Giovànni, Giovànna, Giànni, Giànna. Il latino ecclesiastico *Iohānne(m)*, come il greco *Iōánnēs*, è adattamento del comune nome ebraico *Yōhānān*, che si interpreta 'Dio (*Yo-* per *Yahvé*) ebbe misericordia (*hānán*)'.

Giròlamo v. *Gerolamo*.

Giudìtta. Tanto il latino ecclesiastico *Jūdith*, quanto il greco *Ioudíth*, provengono dall'ebraico biblico *Yehūdith*, femminile di *Yehūdhī* 'ebreo': è nome attribuito a '(donna) giudea' da parte di non-ebrei.

Giuliàno, Giuliàna, Giùlio, Giùlia. Da *Iūliu(m)* 'Giulio' i Romani avevano derivato col suffisso *ānu(m)* il (cog)nome *Iuliānu(m)*. In epoca più tarda fu adottato anche nella forma femminile *Iuliāna(m)*. *Iūliu(m)*, a sua volta, rappresenterebbe (l'identificazione non è certa) un aggettivo non attestato **iouilos* 'di Giove (*Iŏvis*)', quando non indichi semplicemente il 'nato nel mese di *luglio*'.

Giusèppe, Giuseppìna, Bèppe, Pìppo. Nome di tradizione cristiana, che si rifà, attraverso il greco *Jōsēph, Jṓsēpos*, e il latino *Iŏseph, Iosēphu(m)*, all'ebraico *Yōseph*, già nella Bibbia spiegato come 'Dio aggiunga (dal verbo *yāsáph* 'aggiungere')', sottinteso 'altri figli'.

Giustìno. Il latino *Iustīnu(m)* era direttamente dipendente, col suffisso *-īnu(m)*, così frequente nell'onomastica romana, da *Iūstu(m)*, che ebbe larga diffusione in epoca cristiana per il suo evidente significato di 'equo, giusto'.

Goffrédo. Nome di origine germanica, giuntoci dalla Francia (*God(e)froy*), dove il franco *Godafrid*, come il suo corrispondente longobardo *Godefrit*, non raro nei documenti italiani del Medioevo, veniva inteso, analizzando i suoi elementi compositivi, 'pace (*fridu*) di Dio (*got*)'.

Gràzia. Già i Romani avevano il nome di donna *Grātia(m)*, derivato dall'altro, *Grāta(m)*, che ne rivela l'origine religiosa: 'grata (agli dèi)', ma la presenza del corrispondente inglese *Grace*, diffuso specie fra i Puritani dopo la Riforma, lo ha reso tardivamente popolare anche presso di noi.

Graziàno. Se andiamo alla formazione del nome latino *Gratiānu(m)*, possiamo rintracciare anche il suo primitivo significato: *Gratiānu(m)*, infatti, proviene da un precedente *Grātiu(m)* (di cui era originariamente l'aggettivo), nome legato chiaramente all'aggettivo *grātu(m)* 'gradito, caro'.

Gregòrio. Il latino *Gregŏriu(m)* rispecchia il greco *Grēgórios*, che aveva il significato di *grēgoros* 'sveglio' in senso proprio ('desto') e figurato ('pronto').

Gualtièro, Wàlter. Nome di origine germanica, documentato in Italia nel periodo longobardo nella forma *Waldhari*, che significa 'comandante' (dal verbo *waltan* 'governare, dominare') l'esercito (*hari* 'popolo in guerra'). Dalla stessa base germanica proviene anche il corrispondente inglese *Walter*, che dall'Ottocento fu introdotto e usato anche in Italia.

Guglièlmo, Guglielmìna. Nome di origine germanica (nella forma più antica *Willahelm*), composto di *wilja* 'volontà' e *helm* 'elmo'.

Guìdo. Il nome germanico *Wito* (sia esso da collegarsi col gotico **widus* 'legno, bosco' o con l'antico tedesco *wīt* 'lontano' e tenuto conto che si tratterà della prima parte di un nome composto, secondo il modulo usuale dell'onomastica germanica) è entrato con i Longobardi in Italia, dove è stato adattato alle condizioni fonetiche locali.

Gustàvo. Nome di origine nordica, diffuso soprattutto in Svezia nella forma *Gtöstav*, che si rivela come composto dell'antico nordico *stafr* 'sostegno' e *Göt*, probabilmente 'Goti': *Gustavo* sarebbe, quindi, il 'sostegno dei Goti'.

Ida. Nome di origine germanica, probabile riduzione di un composto, di cui si è perduta la seconda parte, mentre nella prima si ravvisa la stessa parola, presente nel nordico antico *idh* 'lavoro, attività'.

Ignàzio. Dal latino *Ignātiu(m)* per il più antico *Egnātiu(m)*, che pare collegato, ma l'accostamento non è sicuro, con i tipi etruschi *Ecnate, Ecnatna*, di cui si ignora il significato.

Ilàrio, Ilària. Il nome latino *Hilāriu(m)* (con molti altri affini) è chiaramente derivato dall'aggettivo *hīlare(m)* 'allegro, giocondo' di origine greca.

Ilda v. *Elda*.

Immacolàta. Rappresenta l'aggettivo *immacolata*, derivato, come attributo della Madonna, dal latino *immaculāta(m)*, cioè 'colei che è senza (*in-* negativo) macchia (*măcula(m)*)', la 'non macchiata (dal peccato originale)'.

Ines v. *Agnese*.

Innocènte, Innocènzo. Nel tardo latino tanto *Innocĕnte(m)*, quanto *Innocĕntiu(m)* sono tratti, con modalità diverse, dall'aggettivo composto *innocĕnte(m)*, cioè 'colui che non (*in-*) è colpevole (*nocĕnte(m)*)', 'che non nuoce'.

Iolànda. Per l'origine di questo nome si possono suggerire due ipotesi: o l'antico francese *Yolant*, variante di *Violant* 'Violante' (connesso, quindi, almeno popolarmente, con *viola*) oppure un nome germanico, composto di una prima parte oscura e di *-lindi* '(scudo di legno di) tiglio'.

Ippòlito. I romani presero il nome *Hippŏlytu(m)* dal greco *Hippólytos*, un composto di *híppos* 'cavallo' e *lytós* 'che scioglie' (dal verbo *lýein*, di origine indeuropea).

Irène. Il nome latino cristiano *Irēne* è una trascrizione con adattamento alla pronuncia dell'epoca del greco *Eirḗnē*, eguale al nome comune *eirḗnē*, cioè 'pace'.

Isabèlla. Sull'origine di questo nome esistono due diverse ipotesi. Alcuni lo fanno derivare dal biblico *Iesebel* o *Iezabel*, che significa 'eletta dal Signore' (da *Baal* 'Signore'). Altri propendono per una deformazione di *Elisabetta*.

Isidòro. Il nome latino *Isidōru(m)* proveniva direttamente dal greco *Isídōros* dalla chiara composizione: 'dono (*dôron*) di Iside (*Ísis*)'. Non è necessario pensare a una immediata provenienza dall'Egitto, dal momento che il culto di Iside si era largamente esteso in Grecia e a Roma stessa.

Italo. Nome mitologico dei Romani, che ritenevano *Ītalu(m)* un antico re, il quale avrebbe dato il nome alla regione da lui retta, l'*Italia*, ma, come questa, anche *Italo* resta ancora di origine oscura.

Ivo, Ivónne. Nome venuto a noi dalla Francia, come il femminile *Ivonne*, che parrebbe ripetere il nome del 'tasso', pianta molto diffusa nei paesi nordici, sia nella sua forma germanica (*ūva*), sia nel parallelo celtico (**ivos*).

Ladislào. Antico nome slavo, che suona *Wadisláw* in polacco e *Vladisláv* in ceco, composto di *vlad-* 'dominare' e *slava* 'gloria', quindi '(che) domina con gloria'.

Lambèrto, Lambèrta. Nome di origine germanica, diffuso fra noi dai Longobardi, che significa, bene interpretando l'antica forma *Landoberht*, 'famoso (*berhta*) nel paese (*landa*)'.

Lanfrànco. Nome germanico *Lan(d)frank*, che, considerato già avvenuto il passaggio di *Frank* da 'Franco' a 'uomo libero', vuole significare 'libero (*frank*) nel paese (*landa*)'.

Làura. Nome latino connesso con *lăuru(m)* 'alloro', albero sacro ad Apollo e simbolo di sapienza e di gloria, come il suo corrispondente greco *Dáphnē*.

Làzzaro. Nel latino e nel greco del Nuovo Testamento troviamo, rispettivamente, *Lăzaru(m)* e *Lázaros*, come trascrizione del nome aramaico *La'zâr*, considerato un diminutivo dell'ebraico *El'āzār*, cioè *Eleazaro* 'Dio (*Ēl*) ha aiutato (*āzār* 'venire in aiuto')'.

Leonàrdo. Nome di origine germanica, *Leonhart*, composto di *lev* 'leone' e *hart* 'forte, valoroso', cioè 'forte, come un leone'.

Letìzia. In latino, come in italiano, il nome *Laetītia(m)* 'allegria, contentezza', che voleva ricordare la 'gioia' dei genitori (e bisogna aggiungere cristiani, perché i pagani, pur conoscendo il nome, proprio di una dea, non ne attribuivano questo significato) per la nascita della figlia.

Lìdia. Nome latino, *Lȳdia(m)*, derivato del greco *Lydía*, propriamente 'originaria dalla regione della *Lidia* (Asia Minore)'.

Lìlia, Liliàna. Nomi di origine inglese, tanto *Lilia*, quanto *Liliana* si rifanno a *Lil(l)ian*, che rappresenta un chiaro vezzeggiativo, foggiato con la solita reduplicazione di una sillaba tra le iniziali, da *Elizabeth* 'Elisabetta'.

Lìno. Nome latino, *Līnu(m)*, assunto dai primi Cristiani (tra gli altri dal successore di S. Pietro): il suo isolamento nell'ambito dell'onomastica latina ed etrusca e l'incerta connessione con il greco *Línos*, rimasto del resto inspiegato, fanno ritenere che si tratti della forma ridotta di altro nome, come è avvenuto per il femminile *Lina*, sicuramente derivata da diminutivi del tipo *Adelina*, *Evelina*, e simili.

Lìvio, Lìvia. *Līviu(m)* era un nome latino molto diffuso, anche se sulla sua origine non si è in grado di dire nulla di sicuro: potrebbe essere connesso con l'aggettivo *līvidu(m)* nel senso di 'pallido' e rappresentare, quindi, un soprannome nato da una caratteristica fisica.

Lodovìco, Luìgi, Luìgia, Luìsa, Gìno. Il nome franco *Hlodowig*, spiegato come 'famoso (*hloda* è la 'gloria') nella battaglia (*wiga*)', fu ridotto più tardi nella forma italiana *Lodovico* (con la variante *Ludovico*), mentre in Francia assume quella di *Louis*, da cui il nostro *Luigi*. Analogamente il femminile *Louise* venne accolto in due riprese, la prima con lo stesso adattamento del maschile (*Luigia*), la seconda, più recente e più vicina all'originale (*Luisa*). Al diminutivo maschile (*Lui*)-*gino* risale il diffuso *Gino*.

Loredàna. Nome di origine veneziana, corrispondente, in ultima analisi, al latino della Chiesa *Lauretāna(m)*, cioè 'di Loreto'. E da *Loreto*, poi *Loredo* e ora *Loreo*, nel Polesine, provenne la famiglia patrizia veneziana dei *Loredàn*, da cui è tratto, al femminile, *Loredana*.

Lorènzo, Lorènza, Ènzo, Rènzo. Il latino *Laurĕntiu(m)*, come anche il corrispondente femminile *Laurĕntia(m)*, designavano originariamente il 'proveniente dalla città di *Laurĕntum*', centro laziale, che gli antichi dicevano (non sappiamo con quanto fondamento) così nominato da *lāuru(m)* 'alloro'.

Lùcio, Lucìa, Luciàna, Luciàno. Il nome latino *Lūciu(m)* era molto diffuso fra i Romani, che lo connettevano, non sappiamo con quale fondamento, col nome della 'luce', *lūce(m)* e sarebbe stato imposto, quindi, ai figli 'nati con la luce del giorno'. Da *Lūciu(m)* fu tratto poi tanto il femminile *Lūcia(m)*, che in italiano (ma non in alcuni dialetti) spostò l'accento, *Lucía*, quanto, col suffisso proprio dei (cog)nomi latini, *Luciānu(m)* 'Luciano'.

Luìgi, Luìgia, Luìsa v. *Lodovico*.

Maddaléna. Il nome latino *Magdalēna(m)* risale, come il parallelo greco *Magdalḗnē*, alla tradizione del Nuovo Testamento, nel quale appare chiaro che il nome era legato alla provenienza (*Maria detta Maddalena*), cioè al nome del villaggio palestinese di *Magdala* (in ebraico *Migdal* 'torre').

Mafàlda. *Mafalda* ci proviene dalla penisola iberica, dove il nome germanico *Mahalt* (lo stesso che sta all'origine del nostro *Matilde*) è stato adattato, appunto, in *Mafalda*.

Mànlio. Secondo i Romani, *Mānliu(m)* — ma nella forma primitiva *Manīliu(m)* da *Māniu(m)* — era connesso con *māne* 'di mattina', cioè 'nato nelle ore mattutine', ma ora si riconosce invece un collegamento diretto con il nome delle anime dei morti, *Mānes* 'i mani'.

Mansuèto. Nome latino, dell'epoca repubblicana, *Mansuētu(m)*, uno dei tanti nomi derivati da un augurabile tratto di carattere, in questo caso *mansuētu(m)* 'mansueto'.

Marcèllo, Marcèlla, Marcellìno, Màrco. Nome di origine latina, *Marcĕllu(m)*, propriamente un diminutivo (col suffisso *-ĕllus*) di *Mārcus* 'Marzo', legato al culto del dio *Marte*, dal cui nome deriva.

Margherìta, Rìta. Nome che i primi Cristiani trassero dal latino *margarīta(m)*, antico grecismo (*margarítēs*) di origine orientale col valore di 'perla'. La parte finale del nome, usata come affettivo, ha acquistato una certa autonomia.

Màrio, Marìa. Nome di origine italica, probabilmente legato all'etrusco *maru* 'uomo' e poi nome di una carica, trasmessa dagli Etruschi agli Umbri e dagli Umbri ai Romani, che ne trassero il loro *Măriu(m)*. Solo apparente è, invece, la connessione col latino *Măria(m)*, che i primi Cristiani assunsero dal greco *Mariám*, che a sua volta riproduceva il diffuso nome ebraico *Maryām*, di probabile origine egizia (dal verbo *mrj* 'amare').

Marìsa. Fusione settentrionale dei due nomi *Maria Luisa*, secondo il modulo, che presiede alla formazione di *Marilena* (*Maria Eléna* e *Maria Maddalena*) e al raro *Maresa* (*Maria Teresa*).

Màrta. Il latino *Mărtha(m)*, come il greco *Mártha*, riproduce il nome aramaico *Mārtā*, eguale al nome comune *mārtā*, femminile di *mār* 'signore', e significa, quindi, 'signora, padrona'.

Màssimo. I Romani usavano non raramente il nome *Măximu(m)*, letteralmente 'massimo', originariamente attribuito al fratello 'maggiore' fra più.

Matìlde. Nome di origine germanica, *Mathhildis*, che significherebbe, analizzando i due composti, 'forza (*matha*) nella battaglia (*hildi*)'.

Mattèo, Mattìa. Nome proprio della tradizione evangelica, che ha trasmesso nella forma greca *Matthâios* e in quella latina *Matthēu(m)* l'ebraico *Mattiyyāh*, forma abbreviata di *Mattithyāh*, letteralmente 'dono (*mattāth*) di Dio (*yāh* per il nome proibito *Yahvé*)'. *Mattia* è lo stesso nome ebraico, reso però diversamente in greco, *Maththías*, e in latino, *Mat(t)hīa(m)*.

Màuro, Màura, Maurìzio. Il nome latino *Māuru(m)* indicava, originariamente, l'appartenente alle popolazioni dell'Africa settentrionale (*Mauritiania*), note ai Romani col nome generico di *Mauri'*, nome di oscura etimologia, probabilmente tratto da un'antica denominazione locale. Col suffisso *-īciu*(*m*), molto produttivo in epoca tarda, si è poi foggiato anche il derivato *Maurīciu*(*m*) con la variante *Maurītiu*(*m*), da cui il nostro *Maurizio*.

Michèle, Michèla. Il latino *Michāel* e il greco *Michaḗl* si rifanno all'ebraico *Mikhā'ēl*, che significa 'chi (*mī*) come (*khā*) Dio (*Ēl*)?'.

Milèna. Nome di origine slava, introdotto in Italia in epoca recente: *Milena* (il cambiamento di accento si spiega con la sua trasmissione per scritto) è considerato un vezzeggiativo di altro nome, composto con *mila* 'cara'.

Mirèlla. Nome di origine francese (*Mireille*), reso familiare in Italia, come in Francia, dalla popolarità del poemetto *Mirèio* di F. Mistral; il nome leggendario dell'eroina è messo in relazione col provenzale *mirar* 'ammirare'.

Modèsto. Nome sorto presso i primi Cristiani, il latino *Modĕstu*(*m*) era immediatamente e trasparentemente collegato con l'aggettivo *modĕstu*(*m*) e voleva ricordare le doti di 'modestia, moderazione', augurate al nuovo nato.

Mònica. Osservando l'originaria forma latina del nome, *Mŏnnica*(*m*), si pensa che il nome possa essere di provenienza punica oppure derivato dal nome latino, di formazione infantile, *Mŏnna*(*m*), letteralmente 'mamma, sposa', mentre l'accostamento al greco *monachós* 'eremita' sarebbe del tutto secondario e popolare.

Nàdia. In russo *Nadja*, diminutivo di *Nadéžda*, che corrisponde, anche letteralmente, al nostro '*Speranza*'.

Natàle, Natalìa. Originariamente nome attribuito a persona, maschio (*Natale*) o femmina (*Natalìa*, al diminutivo *Natalina*), nata il giorno di *Natale*, cioè espressamente nel *dīe*(*m*) *natāle*(*m*) di Gesù.

Nicòla, Nicolétta, Nicolò. Il *Nicolāu*(*m*) dei Latini corrispondeva all'antico nome greco *Nikólaos*, letteralmente 'vittorioso (della stessa famiglia di *nikē* 'vittoria') tra il popolo (*laós*)'. Anche in italiano si ebbe una forma più vicina all'originale, cioè *Nicolào* (da cui poi *Nicolò*), mentre *Nicola* sembra un adattamento più recente sull'accento greco.

Norbèrto. Nome di origine germanica non del tutto chiarito nella sua composizione. Mentre nella seconda parte si riconosce l'aggettivo *berht* 'chiaro, illustre', così frequente nei nomi germanici, maschili e femminili, nella prima si potrebbe leggere *northa* 'nord' e interpretare, così, l'intero nome, come '(uomo) illustre nel Settentrione'.

Oddóne, Ottóne. Nel latino medievale, *Old*(*d*)*one*(*m*), ma al nominativo, *O*(*d*)*do* corrispondeva a un nome longobardo risalente al germanico *Audo*, abbreviazione di un composto, la cui prima parte era *auda-* 'ricchezza'. Dalla stessa base è disceso anche il parallelo alamanno o baiuvaro *O*(*t*)*to*, reso in italiano con *Otto*, *Ottone*.

Odoàrdo v. *Edoardo*.

Olga. Antico nome russo (*Ól'ga*) diffuso in Italia solo in epoca relativamente recente, corrispondente al diffuso e antico nome scandinavo *Helga* e l'uno e l'altro derivati da una lingua nordica, in cui era ancora chiaro il collegamento con l'aggettivo *heilagr* e *helgi* 'santo', per cui *Olga* significa, in ultima analisi, 'la santa'.

Onòfrio. Il nome *Onūphriu*(*m*) resta isolato nell'ambito del latino ecclesiastico e si può accostarlo solo al greco *Onnṓphris*, che trascrive un antico nome egiziano dal probabile significato 'sempre felice'.

Onoràto. In latino *Honorātu*(*m*), originalmente participio passato dal verbo *honorāre* 'onorare' col duplice significato, di 'onorato' e 'onorabile'.

Oràzio. Antico nome latino, *Horātiu*(*m*), diffuso con la più larga conoscenza rinascimentale della storia romana, di probabile origine etrusca, anche se ignoriamo il significato dell'etrusco *hurás* evidentemente connesso con altri simili nomi latini.

Orèste. Il nome latino *Orĕste*(*m*) si riferiva originariamente al mitico personaggio greco *Oréstēs*: ma in Grecia questo nome era molto diffuso, anche perché di formazione elementare, tratto, com'è, da *óros* 'monte' e interpretabile, quindi, letteralmente, come 'montanaro'.

Orlàndo, Rolàndo. Nome di origine germanica, *Hrodland*, composto di *hrothi* 'fama' e *land*, che sta per *nand* 'ardito': l'intero nome significa, dunque, 'che ha fama di essere ardito'. La forma più vicina all'originale è *Rolando*, dal quale solo in Italia, anzi in Toscana, è stata tratta la variante *Orlando*.

Órsola. In latino il nome *Ŭrsula*(*m*) era subito riconosciuto come un diminutivo di *ŭrsa*(*m*), cioè 'orsa', usato pure come nome proprio.

Òscar. Le forme medievali del nome (*Anscharius*, *Ansgarius*) ci rendono ragione tanto della originale forma composta germanica (*Ansger*), quanto dell'interpretazione dei suoi elementi: 'lancia (*gairu*) di Dio (in lingue germaniche *âss*, *ôss*)'. La modificazione del nome, che si riscontra in italiano, come in altre lingue, si deve alla variante irlandese *Oscur*, che le poesie ossianiche contribuirono a diffondere in tutta Europa.

Ottàvio, Ottàvia. Il nome latino *Octāviu*(*m*) era chiaramente e direttamente derivato da *Octāvum*, cioè 'ottavo' con riferimento, come in tanti altri casi, a partire da *Prīmu*(*m*), *Secŭndu*(*m*), ecc., all'ordine di nascita della medesima famiglia.

Ottóne v. *Oddone*.

Pancràzio. I primi Cristiani presero il loro *Pancrătiu*(*m*) dal greco *Pankrátēs*, un chiaro composto di *pan* 'tutto' (di origine indeuropea) e di altra voce (frequentissima nell'onomastica, come dimostrano i nomi *Socrate*, *Isocrate*, *Policrate*) connessa col verbo *kratêin* 'avere il potere', originariamente un attributo di Giove 'che tutto può'.

Pàolo, Pàola, Paolìno. Antico nome latino, *Pāul*(*l*)*u*(*m*) equivaleva all'aggettivo raro e arcaico *pāullu*(*m*) e più tardi *pāulu*(*m*), che significava 'piccolo': un nome, quindi, originariamente applicato a persone di 'piccola' statura, ma che il culto cristiano rese quanto mai popolare e diffuso.

Pasquàle, Pasqualìna. Nome medievale *Pasquāle*(*m*), identico all'aggettivo *pasquāle*(*m*), tarda variante del latino *paschāle*(*m*) 'relativo a *Pasqua*'.

Patrìzio, Patrìzia. Per i Romani *Patrĭciu*(*m*) era interpretabile chiaramente come 'nobile' dal momento che corrispondeva al nome comune *patrĭciu*(*m*) 'appartenente a una famiglia di ottimati (*pătres*)'. Il femminile giunse a noi, invece, con molta probabilità, dal nome inglese, di diffusione piuttosto recente, *Patricia*.

Piètro, Pièro. Come spiega il passo evangelico ('Tu sei Pietro, e su questa pietra io edificherò la mia Chiesa'), il latino *Pĕtru*(*m*) ripete il greco *Pétros*, che significava, come il femminile *pétra*, 'roccia, pietra' e traduceva l'aramaico *Kēphā*, l'originale nome dell'apostolo, interpretabile, appunto, 'roccia'.

Pìo. Sebbene già in uso a Roma in epoca imperiale, il nome latino *Pīu*(*m*) fu assunto volentieri dai primi Cristiani per la sua chiara connessione con l'agg. *pīu*(*m*) 'puro, pietoso'.

Pippo v. *Filippo*, *Giuseppe*.

Plàcido. Anche il latino *Plăcidu*(*m*), come l'italiano, era interpretato come attributo dovuto a una qualità del carattere, riproducendo perfettamente il comune aggettivo *plăcidu*(*m*) 'calmo, tranquillo'.

Pompèo. Nell'antico nome latino *Pompēiu*(*m*) si può vedere l'osco **pompe* corrispondente al latino *Quīn*(*c*)*tu*(*m*), originariamente 'il quinto(genito)', tanto più che altre lingue italiche adottarono questo tipo (osco *Púntiis*, peligno *Ponties*).

Prìmo. Tra le possibilità di scelta del nome dei figli, gli antichi avevano anche quella di designarli con un numerale, corrispondente all'ordine di nascita. Così il 'primo(genito)' si chiamò in latino *Primu*(*m*) e, derivato da questo o formato in maniera analoga, in italiano *Primo*.

Pròspero. Il nome latino *Prŏsperu*(*m*) era una sola cosa con l'aggettivo *prŏsperu*(*m*), cioè 'prosperoso, apportatore di abbondanza', nome, quindi, chiaramente augurale.

Quìnto, Quintìno. Collegato con l'abitudine di chiamare i figli secondo l'ordine della loro nascita, il latino *Quīntu*(*m*) designava, originariamente, il 'quinto (nato)'. Da esso con il suffisso di dipendenza *-īnus* si è successivamente formato il derivato *Quintīnu*(*m*) 'Quintino'.

Quirìno. Il nome prettamente romano *Quirīnu*(*m*) è connesso certamente col nome comune *quirīte*(*m*), sinonimo di *cīve*(*m*) 'cittadino (di Roma)', ma ancora non spiegato nella sua origine, anche se da molti non si ritiene del tutto infondata l'opinione degli antichi che *Quirīnu*(*m*) fosse inseparabile col nome della capitale sabina *Cŭre*(*s*).

Raffaèle, Raffaèlla, Raffaèla. Il nome biblico *Rephā'ēl* fu reso in greco con *Raphaḗl* e in latino, da cui dipende il nome italiano, con *Raphaēle*(*m*). Nel nome ebraico si ravvisa subito quella costante componente *-Ēl*, che rappresenta l'abbreviazione del nome di Dio, *El(ōhīm)*, mentre nella prima parte si legge la radice verbale *rāphā'* 'egli ha guarito'. Il nome intero va, quindi, interpretato: 'Dio ha guarito (i miei mali)'. La variante italiana in *-ello*, sulla quale si è formato anche il femminile *Raffaella*, è dovuta alla tendenza a evitare i nomi in consonante.

Raimóndo. Nome di origine germanica, che nella forma più antica *Raginmund* fa maggiormente trasparire il significato della composizione: 'protezione (*mund*) del consiglio (*ragin*)' o, secondo l'accezione che il gotico *ragin* assume nella corrispondente voce antico-nordica, 'protezione divina'.

Regina. Nome latino di epoca cristiana, equivalente, come in italiano, al nome comune *regīna(m)*, sia che si intendesse alludere alla regalità della Madonna, sia che volesse ripetere l'omonimo nome germanico *Ragina*, *Regina* 'assemblea (degli dèi)': in gotico, infatti, *ragin* vale 'consiglio'.

Reginàldo v. *Rinaldo*.

Remìgio. Questo nome, molto diffuso in Francia, tanto che si è pensato a una origine celtica, è probabilmente lo stesso nome cristiano *Remĕdiu(m)*, in cui si riconosceva il nome comune *remĕdiu(m)*, cioè 'rimedio (spirituale)', anche se non è da escludersi una sovrapposizione di due nomi, *Remīgiu(m)* e *Remĕdiu(m)*, di diversa provenienza.

Rèmo. Il nome del celebre fratello di Romolo, *Rĕmu(m)*, è legato, attraverso il precedente *Rĕmmiu(m)*, a quello della tribù dei *Remmii*, di origine etrusca (*rem-ni*).

Renàto, Renàta. I nomi latini *Renātu(m)* e *Renāta(m)* per i primi Cristiani richiamavano subito alla mente l'idea della 'rinascita' contenuta nel participio passato *renātu(m)*, *-āta(m)* 'nato a nuova vita'.

Rènzo v. *Lorenzo*.

Riccàrdo, Riccàrda. Il nome germanico *Ric(o)hard* appare composto di due elementi: *rikja* 'padrone, signore' e *hart* 'forte, valoroso'. *Riccardo* verrebbe, quindi, a significare: 'forte e valente'.

Rinàldo, Reginàldo. Nome venutoci dalla Francia, dove l'eroe di tanti poemi cavallereschi *Renaut*, *Rainaut* doveva il suo nome al francone *Raginald* 'che comanda (*-ald* dal verbo *waltan* 'reggere, governare') divinamente (*ragin* 'consiglio divino'), portato in Italia anche dai Longobardi nella forma *Reginaldo*.

Rìta v. *Margherita*.

Robèrto, Robèrta. Nome di origine germanica, composto di due elementi, che ritornano frequentemente nell'onomastica nordica: *hrothi* 'fama' e *berht* 'chiaro, illustre'. L'intero nome va, quindi, letto 'di chiara fama'.

Ròcco. Nome medievale, tanto chiaro nella sua origine (da una radice germanica *hroc*) quanto oscuro nel significato, che per alcuni corrisponderebbe a 'cornacchia' (in gotico *krukijan* 'crocidare') per altri a 'uomo forte' (in antico nordico *krókr*) e per altri ancora a '(pieno di) cura' (antico tedesco *ruoh*).

Rodòlfo. Nome latinizzato, *Rodŭlphu(m)*, di origine germanica, dal composto *Hrodulf* 'lupo (*wulf*) di gloria (*hrod-*)'.

Rolàndo v. *Orlando*.

Romàno. Presso i latini *Romānu(m)* era semplicemente l'etnico di *Roma* e dal nome della città regolarmente derivato con l'usuale suffisso *-ānu(m)*.

Ròmolo. Il nome del fondatore di Roma, *Rōmulu(m)* è indubbiamente legato al nome della città, con quale genere di rapporto, tuttavia, si ignora. Si pensa che fosse il capostipite della *gĕnte(m) Romīlia(m)* e che, come questa, provenisse dall'Etruria.

Romuàldo. Nome di origine longobarda, composto di *krôm*, *hruôm* 'gloria, fama' e *-wald*, connesso col verbo germanico *waldan* 'comandare', con significato complessivo di 'comandare con gloria'.

Ròsa. Nome introdotto nel Medioevo con espresso riferimento, come in altri casi, al nome del fiore *rosa*. Quando, invece, *Rosa* sia abbreviazione di *Rosalia*, allora ha un'altra origine.

Rosalìa. Nome dall'origine discussa, ma che può benissimo accostarsi al nome attestato in francese antico come *Ros(s)celin*, in cui si riconosce, nella prima parte, il germanico *hrothi* 'fama, gloria', mentre la seconda parte sfugge a una chiara interpretazione, anche se è ammissibile riconoscervi un suffisso diminutivo (*-līn*).

Ruggèro. Nome di origine germanica: in franco, infatti, *Hrodgêr* può essere spiegato come 'famoso (*hrothi* 'fama') per il suo giavellotto (*gêr*)'.

Sabìno, Sabìna, Savìno, Savìna. I Latini chiamarono *Sabīnu(m)* il 'proveniente dal territorio della *Sabina*', poi divenuto, come il corrispondente femminile *Sabīna(m)*, nome proprio indipendente dall'etnico e passato in italiano in forma dotta (*Sabino*, *Sabina*) e in forma semipopolare (*Savino*, *Savina*).

Salvatóre. Il nome latino *Salvatōre(m)* fu assunto dai primi Cristiani come traduzione di Gesù (in ebraico *Yēshū̆a'* 'colui che salva'), non diversamente dall'uso greco del corrispondente *Sōtḗr*. Il nome è attualmente diffuso specie nell'Italia meridionale, dove sono usati anche gli accorciamenti *Tore* e *Turi* col diminutivo *Turiddu*.

Sàndro, Sàndra v. *Alessandro*.

Sàra. Nome noto attraverso la Bibbia, dove *Sārāh* corrisponde esattamente al sostantivo ebraico *sārāh* (femminile di *sar* 'principe') 'principessa', non isolato nell'ambito della famiglia semitica.

Savèrio. Il nome proviene da quello del santo Francesco *Saverio*, che si era chiamato così dal castello spagnolo *Xavier* (ora *Javier*), dove era nato agli inizi del Cinquecento. Il toponimo è variante di *Echeberri*, di origine basca, e significa letteralmente *Casanova*, dal basco-iberenico *eche*, 'casa' e *berri* 'nuovo'.

Savino, Savina v. *Sabino*.

Sebastiàno. Il latino *Sebastiānu(m)* riproduce il nome greco *Sebastianós*, derivato dall'aggettivo *sebastós* 'augusto, venerabile', dipendente dal verbo *sébesthai* 'onorare (gli dèi)'.

Secóndo. Originariamente il nome latino *Secŭndu(m)* si riferiva, come altri nomi simili, all'ordine della nascita e valeva, quindi, 'secondo(genito)', 'colui che segue (*sĕqui*) il primogenito'.

Serafino. Il nome greco-latino *Seraphím* è tratto dall'ebraico *Serāphīm*, plurale (come denota il suffisso *-īm*) di *sārā̆ph* 'ardente, bruciante' e anche 'drago (bruciante)'. Se preso in senso metaforico, il nome può aver significato gli 'ardenti, i purificanti'.

Sèrgio, Sèrgia. Il latino *Sĕrgiu(m)*, nome antichissimo e diffuso, è di origine incerta, ma non è escluso che provenga dall'onomastica etrusca, che tanto influsso ebbe, almeno nel periodo più antico della storia di Roma, su quella latina.

Sèvero, Severìno. Tanto il latino *Sevēru(m)* quanto l'italiano *Severo* hanno un significato chiaro, se si pensa all'aggettivo comune dal quale sono legati (*severo*). I Romani ne avevano tratto anche un derivato (non diminutivo) *Severīnu(m)*, sopravvivente nell'italiano *Severino*.

Silvàno, Silvàna v. *Silvio*.

Silvèrio. Nel latino dei primi Cristiani *Silvēriu(m)* era nome chiaramente derivato da *sīlva(m)* 'selva, bosco', col suffisso *-ērius* di altri nomi propri.

Silvèstro. Dal latino *Silvĕstru(m)*, che rispecchia l'aggettivo *silvĕstre(m)*, cioè 'pertinente, abitante nel bosco (*sīlva*)'.

Silvio, Silvia, Silvàno, Silvàna. Nome latino, *Sīlviu(m)* e, al femminile, *Silvia(m)*, evidentemente legati al nome comune *sīlva(m)* 'selva', come i derivati *Silvānu(m)* e *Silvāna(m)* 'proprio della selva', originariamente detto delle divinità boschive.

Simeóne, Simóne, Simonétta, Simóna. Sia *Simone* (da cui il femminile *Simona* col suo diminutivo *Simonetta*), come *Simeone*, sono nomi legati alla tradizione ecclesiastica: nei libri sacri s'incontrano, infatti, in veste latina *Simōne(m)* e in veste greca *Simōn* e *Symeṓn*, l'uno e l'altro rispecchianti l'ebraico *Shime'ōn*, solitamente interpretato come 'Dio ha esaudito (*shama'*)'.

Sìro. Il nome era in uso fra i Romani, presso i quali *Sȳru(m)* e *Sȳra(m)* erano semplicemente degli etnici e valevano 'Siriaco' e 'Siriaca', cioè 'proveniente dalla Siria', forse in origine riferito a schiavi siriani.

Sìsto. Forma popolare del nome latino *Sĕxtu(m)*, che rientra, significando letteralmente 'sesto', nella serie dei nomi indicanti, in origine, l'ordine di nascita dei figli, in questo caso il 'sesto(genito)'.

Sofìa, Sònia. Nome di origine greca: il greco *Sophía* è immediatamente riconosciuto come lo stesso nome comune *sophía*, cioè 'sapienza', ma alla sua diffusione contribuì soprattutto il culto della Divina Sapienza (in greco *Théia Sophía*), cioè di Cristo. Apparentemente diverso, ma pervenutoci soltanto in tempi più recenti e per altra via (letteraria), è *Sonia*, vezzeggiativo (*Sónja*) del russo *Sophíja* 'Sofia'.

Speránza. Nome cristiano, che bene si inserisce nella serie di nomi astratti, il cui modello è stato fornito in gran copia dai Romani, presso i quali, oltre che *Sperăntia(m)*, usavano anche il maschile *Sperăntiu(m)*, l'uno e l'altro dal participio presente, *sperănte(m)*, del verbo *sperāre*.

Stéfano, Stefània, Stefanèlla. A Roma *Stĕphanu(m)* era nome straniero e precisamente greco. In Grecia *Stéphanos*, un personale di antica tradizione, corrispondeva al nome comune *stéphanos* 'corona'. *Stefania* (col diminutivo *Stefanella*) è, invece, formazione italiana.

Teodòro, Teodòra, Dorotèo, Dorotèa. I Romani, adottando il nome *Theodōru(m)*, non fecero che trasporre in latino il greco *Theódōros*, chiarissimo nella sua composizione: 'dono (*dôron*) di Dio (*Theós*)'. Gli stessi elementi, in posizione inversa, compaiono anche nel nome greco *Dōrótheos* (col femminile *Dōrothéa*), passato nel latino cristiano *Dorothēu(m)* (e *Dorothēa(m)*), da cui i nostri *Doroteo* e *Dorotea*.

Terèsa. Nome di origine spagnola, nella sua forma più antica *Tarasia*, proveniente dalla Grecia, dove sono attestati sia *Tarasía*, sia il corrispondente maschile *Tarásios*; il significato, però, dei due nomi greci è ancor oggi molto oscuro.

Timòteo. Nome che i primi Cristiani accolsero dai Greci, riconoscendo il significato del composto *Timótheos* 'colui che onora (da *timḗ* 'onore') Dio (*Theós*)' e adattandolo in *Timŏtheu(m)*.

Tito. Diffusissimo nome latino, *Tītu(m)*, di dubbia spiegazione, a meno che non si tratti, com'è molto probabile, di un tipo di formazione reduplicativa proprio del linguaggio dei bambini.

Tommàso. Il latino della Chiesa *Thōmas* è riproduzione del greco *Thōmâs*, a sua volta traslitterazione dell'aramaico *t'ōmā'* 'gemello', forse soprannome dell'apostolo per distinguerlo da altra persona omonima.

Torquàto. Antico nome latino *Torquātu(m)*, che è anche nome comune, *torquātu(m)* 'munito, adornato di una collana (*tŏrque(m)*)'.

Tùllio, Tùllia. Nome latino, *Tŭlliu(m)*, derivato dall'antico prenome romano *Tŭllu(m)*, di probabile origine etrusca, da collegarsi, forse, con l'etrusco *tul* che vale 'pioggia violenta'.

Ubàldo. Nome di origine germanica, che nella sua forma più antica, *Hugibald*, rivela il suo significato: 'ardito (*balda*) nel senno (*hugu*)', cioè 'di ingegno vivace'.

Ugo. Il nome germanico *Hugo* sembra riduzione di un nome composto, modello prevalente dell'onomastica germanica, e nei molti nomi che conservano come primo elemento *Hugu-*, vediamo che esso può corrispondere a una voce comune germanica col significato di 'mente, senno, intelligenza'.

Umbèrto. Il nome germanico (*Humbert* è un composto con *-behrt*, frequentissimo nell'onomastica germanica con il significato di 'illustre, famoso, chiaro' e di una prima parte, variamente intesa: *un-* rafforzativo ('illustrissimo') o *Hun-* 'Unni' ('chiaro fra gli Unni') o *hunn* 'orsacchiotto' ('giovane orso famoso').

Urbàno. Nome latino, *Urbānu(m)*, eguale al nome comune *urbānu(m)*, cioè 'cittadino' e poi 'persona civile' in opposizione a 'contadino', 'villano'.

Valentino, Valentina. Il nome latino *Valentīnu(m)* è formato con un suffisso frequente in questo genere di derivazioni, *-īnu(m)*, e di *Valĕnte(m)*, letteralmente il participio presente di *valēre* 'star sano, essere forte'.

Valèrio, Valèria, Valeriàno. Antichi nomi latini, *Valĕriu(m)* e *Valĕria(m)* sono solitamente (anche senza assoluta certezza) fatti risalire alla stessa base del *valēre* 'star bene, essere sano'. Aggettivo relativo al nome era *valeriānu(m)*, che divenne più tardi nome autonomo, dal quale dipende anche l'italiano *Valeriano*.

Venànzio. Nel latino dei primi Cristiani *Venăntiu(m)* manteneva il chiaro significato di 'cacciatore', immediatamente collegato com'era col participio *venănte(m)* del verbo *venāri* 'andare a caccia', di antica origine indeuropea.

Venceslào. Nome di origine slava, diffuso dapprima fra i Cèchi (*Venceslav*) e i Polacchi (*Wieceslaw*), composto delle antiche basi slave *vent-* 'maggiore' e *slŭ-* 'gloria': 'colui che ha la più grande gloria'.

Verònica, Berenìce. Pare che il nome medievale *Veronica* sia direttamente legato, attraverso la variante *Verenice*, al greco *Bereníkē* 'apportatrice (da una voce macedone, equivalente al greco *phérein* 'portare') di vittoria (*níkē*)'.

Vilma. Nome di origine germanica, rappresentante il femminile di *Wilm*, cioè '*Guglielma*'.

Virgìlio, Virgìnio, Virgìnia. I nomi latini *Virgĭniu(m)* e *Virgĭnia(m)* rappresentano, probabilmente, dei nomi etruschi, di ignoto significato, latinizzati, anche se i Romani li connettevano volentieri ora con *vĭrga(m)* 'verga' ora con *vĭrgine(m)* 'vergine'. Anche il latino *Virgĭliu(m)*, *Vergĭliu(m)*, da cui deriva il nostro *Virgilio*, ha verosimilmente la medesima origine etrusca.

Vito, Vitàle, Vitaliàno. Nome in uso presso i primi Cristiani, che in *Vītu(m)*, *Vitāle(m)*, *Vitaliānu(m)* esprimevano la loro fede nella 'vita' eterna.

Vittòrio, Vittòria, Vittóre. In latino erano egualmente diffusi tanto *Victōre(m)*, quanto *Victōriu(m)* — entrambi col senso di 'vincitore' — da cui i nostri *Vittore* e *Vittorio*.

Waltèr v. *Gualtiero*.

Wànda, Vànda. Nome di origine sconosciuta, che pare inventato, agli inizi del XIII sec., da uno scrittore polacco, il quale avrebbe tratto il nome di una leggendaria figlia del supposto fondatore di Cracovia, Wanda appunto, dall'etnico *Vandali*. Dalla Polonia, dove il nome ha avuto notevole diffusione, si è in altro modo connesso con la stessa radice germanica *vand* (d'altronde di significato sconosciuto). Con grafia italianizzata: *Vanda*.

Zaccarìa. Il latino *Zacharīa(m)* e il greco *Zacharías* riproducono entrambi l'ebraico *Zekharyā̆h*, che, spiegandosi 'Dio (*-yah*, forma abbreviata del nome divino) si è ricordato (dal verbo *zakhár*)', allude al 'ricordo del Signore' del desiderio dei genitori in attesa di un figlio.

Zita. Se consideriamo l'area di diffusione di questo nome (la Toscana soprattutto), possiamo spiegarlo col nome comune toscano *zit(t)a*, variante di *cit(t)a* 'piccola, ragazza', di origine bambinesca.

LUOGHI D'ITALIA

L'asterisco (*) segnala che la forma è linguisticamente ricostruita o supposta, ma non attestata da documenti scritti. Il segno (˘) indica che la vocale è breve, il segno (¯) che la vocale è lunga.

Abrùzzo o **Abrùzzi.** Dal medievale *Aprūtiu(m)*, propriamente denominazione del contado d'Apruzzo, dipendente dal circondario di Teramo ed etimologicamente ancora oscuro. La forma plurale è dovuta al riferimento alle quattro province che lo compongono.

Àdige. In latino *Ăt(h)esi(m)*, che non trova connessioni in ambienti indeuropei ed è, piuttosto, riconducibile a una lingua paleomediterranea.

Adriàtico. In latino *(H)adriātícu(m)*, dal nome della città di *(H)ădria* 'Adria', che s'affacciava un tempo sul mare, cui dette il nome.

Àlpi. Il nome latino delle Alpi, *mŏnte(s) Ălpe(s)*, non aveva il ristretto significato odierno e già gli antichi ne sentivano la connessione, anche se oggi non pacificamente accettata, con *ălbu(m)* dalla base indeuropea **alb-* 'bianco'.

Ancóna. Il latino *Ancōna(m)* o *Ancōne(m)* trascrive il greco *Ankṓn*, chiaramente dipendente dal nome comune *ankṓn* 'gomito, svolta', suggerito dal caratteristico promontorio sul quale sorge la città.

Aòsta. Prima parte del nome della colonia latina fondata dai veterani della coorte pretoria di Augusto e da qui chiamata *Augŭsta(m) Praetōria(m)*.

Appennìni. Nel latino *Appennīnu(m)* si riscontra il nucleo celtico *penn-*, che, col significato di 'cresta rocciosa', più o meno puntuta, è molto diffuso.

Àrno. Da una antichissima voce mediterranea, *arna*, che significava 'letto di fiume (o anche incavato dal mare)'.

Barbàgia. *Barbaricīni* furono chiamati gli abitanti, considerati *barbari*, del centro montagnoso della Sardegna: da loro la regione occupata venne chiamata dapprima *Barbaria*, poi *Barbargia*, *Barbagia*.

Bàri. Nome di probabile origine messapica: sappiamo, infatti, che nella lingua di quegli antichi abitatori della regione *baris* significava 'casa'.

Basilicàta. Regione retta nel Medioevo da un regio (*basilikós*) funzionario bizantino e da lui così chiamata.

Benàco. In latino *Benăcu(m)*, nome di probabile origine gallica, da avvicinarsi al celtico *bĕnna* 'carro di vimini', se non addirittura alla stessa base, che diede l'irlandese antico *bennach* 'cornuto', intendendosi 'dai molti capi (promontori)'.

Bològna. Il nome latino della città, *Bonōnia(m)*, era collegato con l'appellativo gallico *bona* 'fondazione', che ritorna anche nell'omonima città francese di *Boulogne*.

Bréscia. Nome di origine gallica, in latino *Brīxia(m)* anche se ancora sfugge il significato fondamentale della voce, che pure trova diverse corrispondenze in vari luoghi d'Europa, come *Bressanone*; *Breslau*, ecc.

Briànza. Da un'antica forma celtica *Brigantia*, legata alla base **brigant-* col significato fondamentale di 'sporgente, sovrastante'.

Cadóre. Dal nome latino, attestato in epoca tarda, *Catŭbriu(m)*, probabile composto di due elementi di origine gallica, **catu-* 'battaglia' e *brī(g)a* 'monte, rocca, altura', e quindi 'la rocca della battaglia' o più semplicemente 'roccaforte'.

Càgliari. Il nome medievale della città (*Callari*, *Calari*) è dovuto a una metatesi del nome latino *Căralis*, che si spiega come residuo di un'antica denominazione locale nella quale appaiono la radice mediterranea **kar(ra)* col senso di 'pietra, roccia' e il suffisso *-al(i)* di valore collettivo. *Cagliari* significa, quindi, originariamente 'ammasso di rocce'.

Calàbria. In latino *Calăbria(m)* designava la 'regione dei *Calabri*', ma il nome degli abitanti è ancora etimologicamente oscuro, forse di origine mediterranea (dalla radice **calabra*, *galabra* 'roccia'), col significato di 'abitatori delle zone rocciose' (in opposizione degli 'abitanti della pianura').

Campània. In latino *Campānia(m)*, oltre che 'campagna', anche 'pianura aperta', secondo uno dei significati di *cămpu(m)* 'campo'.

Campidàno. Nome medievale originariamente assegnato alla 'pianura' (*campo*) intorno a Cagliari e Oristano e poi esteso a tutta la regione pianeggiante della Sardegna centro-meridionale.

Campobàsso. Nome piuttosto recente, dato alla città quando fu costruita nel piano in contrapposizione alla parte più alta della città vecchia.

Canavése. Dal latino *Canabēnse(m)* 'relativo alla *cănaba(m)*' col significato medievale di 'luogo di raccolta di prodotti agricoli'.

Capitanàta. Adattamento, per influsso di *capitano*, dell'antico nome della provincia *Catapanata*, cioè 'terra amministrata da un *catapano*', come si chiamava, con denominazione greca (*katepánō* 'colui che sta sopra, il sovrintendente'), il locale governatore bizantino.

Càpri. In latino *Căprea(s)*, come altre località, 'luogo di capre', anche se, con gli antichi, si può pensare più volentieri a un dominatore dal nome *Căpreu(m)*.

Casentìno. In latino *Casentīnu(m)*, probabile derivato aggettivale (*-īnu(m)*) da *Casĕntu(m)* antica città umbra di origine italica.

Catània. Dall'antico nome greco *Katánē*, che rimane tuttora oscuro, anche se si è voluto ricollegarlo, malgrado notevoli difficoltà, al latino *catīnu(m)*, pensando alla 'conca', in cui giace la città.

Catanzàro. Composto, sembra, della preposizione greca *katá* 'verso' e del nome comune *anzaru* 'piano sopra un pendio o un precipizio' di origine non chiara.

Cervìno. Probabile alterazione di **Silvino*, nome non attestato, che sarebbe derivato da *Sīlviu(m)*, denominazione tradizionale del monte.

Chiànti. Probabilmente dal cognome e gentilizio etrusco *Clante*, *Clanti*.

Cilènto. Nome che risale al Medio Evo, quando indicava una rocca posta al centro della regione, 'al di qua (*cĭs*)' del fiume 'Alento (anticamente *Alĕntum*, poi *Lĕntum*)'.

Ciociarìa. Sta per 'terra dei Ciociari', cioè di coloro che usano quelle calzature, che vanno sotto il nome di *ciòce*, etimologicamente affini a *zocche* 'zoccoli'.

Dolomìti. Dal nome della roccia calcarea ivi particolarmente diffusa, la *dolomia*, così chiamata dal geologo che per primo la studiò, il francese *de Dolomieu*.

Ègadi. Il nome *Aegātes* dei Latini e quello *Áigoussai* (da cui il nome classico dell'attuale Favignana, *Egusa*) dei Greci fanno riferimento a una base ancora oscura, precedente agli uni e agli altri.

Èlba. Dal nome latino dell'isola, *Ĭlva(m)*, forse di origine ligure, se lo si connette col nome della tribù ligure degli *Ilvāte(s)*.

Emìlia. La regione romana *Aemĭlia(m)* trae il suo nome dalla *Aemĭlia(m) vĭa(m)* 'via Emilia', che l'attraversava, così chiamata perché aperta sotto il consolato di M. *Emilio* Lepido.

Eòlie. In latino *Aeŏlia(m)*, in greco *Aiolíē*, identificate con l'Eolia, che fin dall'età omerica era ritenuta residenza di *Eolo*, il dio dei venti.

Ètna. Il latino *Aĕtna(m)* ricalcava il nome greco del vulcano *Áitnē*, facilmente ma non sicuramente posto in relazione col verbo *áithein* 'ardere, bruciare'.

Firènze. Antica forma popolare del nome *Fiorenza* (non intaccato nel suo derivato *fiorentino*), che ripete il latino *Florĕntia(m)*, astratto ('la fiorenza') attribuito alla città fondata dopo la conquista dell'Etruria.

Friùli. Letteralmente, secondo l'originaria denominazione latina *Fŏru(m) Jūlii*, 'mercato di Giulio', nome dato all'insediamento romano fondato da Giulio Cesare o Augusto nell'attuale Cividale.

Gallùra. Nome medievale posto in relazione con il nome di un'antica popolazione della Sardegna centrale, i *Galil(l)ĕnses*, un etnico che non è escluso abbia qualche legame con la palestinese *Galilea*.

Gàrda. Latino tardo *gărda(m)* 'guardia lungo le strade del traffico', 'luogo elevato di guardia', dal gotico *warda* 'guardia'.

Garfagnàna. Dal nome proprio latino *Carfāniu(m)*, di origine etrusca, attraverso il cognome *Carfaniānu(m)*, come è dimostrato anche dagli antichi nomi della regione (*Carfaniana*).

Gènova. Da una base, forse ligure, **gen-* col significato di 'bocca, golfo', egualmente attribuibile ad altri toponimi, come *Ginevra*.

Gran Paradìso. Probabile intrusione popolare di *paradiso* nel nome, che originariamente sarebbe stato chiamato *Gran Parèi*, cioè, in piemontese, 'grande parete (rocciosa)'.

Irpinia. Dal nome degli antichi abitatori, gli *Hirpīni*, nel quale già i Romani riconoscevano il nome sannita del 'lupo', *hĭrpu(m)* o *ĭrpu(m)*.

Ìschia. Letteralmente 'isola', dal latino *īnsula(m)*, attraverso una fase intermedia, di tradizione locale, *īns'la(m)*.

Itàlia. Il nome latino *Itālia(m)* non è ancora stato soddisfacentemente spiegato: di tradizione indigena, forse illirica, solo in seguito è stato popolarmente accostato a *vĭtulu(m)* 'vitello', trovando, così, motivo per chiarire il nome della regione, un tempo molto più ristretta dell'attuale, come 'terra dei vitelli'.

Jònio. Il latino *Jōniu(m)* riproduce il nome greco del mare occidentale, *Iṓnios*, legato alla leggendaria impresa della mitologica *Jṓ* (amata da Giove), che avrebbe attraversato quel mare a nuoto; più facile, invece, è che il nome sia stato dato dai primi colonizzatori greci provenienti dalla *Jonia*.

Lànghe. Da un probabile antico nome **Langa* di ignoto significato, che, diffuso fra Piemonte e Liguria, avrebbe dato il nome all'antica tribù ligure dei *Langēnse(s)* o *Langāte(s)*.

L'Àquila. Come non pochi altri nomi di luogo, *Aquila* è posto in relazione con le abitudini del rapace, ed è nome solitamente assegnato a 'cime', 'vette'.

Làrio. Il latino *Lāriu(m)*, malgrado alcuni tentativi di spiegazione, rimane piuttosto isolato e oscuro: si pensa a un'origine preromana, forse retica.

Làzio. Il latino *Lătiu(m)* è stato spesso, anche se non generalmente, riconosciuto dipendente dal nome comune *lătu(m)* nel senso di 'piatto, esteso': la regione significherebbe, allora, 'il paese piano' in opposizione al 'paese montuoso' sabino.

Ligùria. Dal nome dei suoi antichi abitanti, i *Lĭgure(s)* dei Romani, ma l'etnico ci rimane ancora di oscura origine.

Lìpari. In latino *Lĭpara(m)*, dal greco *Lipára* legato alla radice *leip-*, che ritroviamo in *liparós* 'grasso' (e, quindi, s'intenderebbe 'la ricca'), ma anche nel raro *líps* 'pietra sulla quale l'acqua stagna'.

Lombardìa. Originariamente *Longobardia*, cioè 'terra dei *longobardi*', nome dato all'intera Italia settentrionale e alla Toscana dai Franchi.

Lomellina. Dal nome di luogo *Lomello*, nel latino medievale *Laumĕllu(m)*, in cui si potrebbe riconoscere, tenuto conto del (celtico?) *mellum* 'collina', un composto col significato 'monte bianco' o 'monte (del paese) aperto'.

Lunigiàna. Il nome della regione deriva da quello di un antico celebre scalo, denominato in epoca romana *Lūna*, poi *Luni*, presso l'attuale La Spezia, molto facilmente legato a un appellativo etrusco col significato di 'porto' (come in *Vetu-lonia* e *Popu-lonia*), mentre gli antichi vi riconoscevano il nome del satellite della terra.

Màrche. Dal preciso significato politico-amministrativo assunto dalla voce germanica *marka* dall'epoca di Carlomagno: '(territorio di) frontiera'.

Marémma. In latino il nome plurale *marĭtima* designava genericamente i 'paesi sul mare', e solo più tardi restrinse geograficamente il suo significato.

Mediterràneo. Mentre l'aggettivo *mediterrānеu(m)* è del latino classico col significato originario 'che sta in mezzo (*mĕdius*) alle terre (*tĕrrae*)', opposto a *marĭtimu(m)* 'che sta sul mare', il senso ristretto di *Mediterràneu(m) māre* è attestato piuttosto tardi, pur mantenendo l'allusione.

Messina. Più che dal nome latino, *Messāna(m)*, la denominazione attuale della città si ricollega alla *Messḗnē* dei Greci, che chiamarono la colonia siciliana, già occupata da genti ioniche, con lo stesso nome della città di provenienza: e la Messenia greca è stata spiegata come 'territorio centrale' (da *mésos* 'mezzo'), ma i più dubbiosi preferiscono riconoscervi un'origine pregreca.

Milàno. Il nome latino della città, *Mediolānu(m)*, suggerisce di vedervi un composto del latino *mĕdio* 'in mezzo' e del celtico *lau(n)o* 'piano, pianura' e anche 'luogo consacrato'.

Molise. Nome medievale, di origine sconosciuta, designante, originariamente il castello di una contea normanna.

Monferràto. Forse da non intendersi come 'monte ferrato' con allusione al colore ferroso della roccia, bensì come 'monte farrato', dal latino *farrātu(m)* 'ricco di granaglie (*farro*) e foraggio'.

Mónte Biànco. Nome trasparente, suggerito dal colore dei vasti ghiacciai, ma testimoniato solo in epoca medievale nella forma *Rūpe(m) Ălba(m)*.

Mónte Ròsa. Il nome, erroneamente connesso con *rosa* e popolarmente spiegato con il colore del gruppo montagnoso, non è altro che la parola valdostana, di discussa origine, *rosia* 'ghiacciaio'.

Mugèllo. Dal nome personale latino *Mucĕllu(m)*, un diminutivo di *Mūciu(m)*, nome di persona probabilmente di origine etrusca.

Nàpoli. Dal nome greco della città (*Neápolis*), 'città (*pólis*) nuova (*néa*)', non si sa in contrapposizione a quale città preesistente, forse la stessa Partènope (in greco *Parthenópē*, nome mitologico di una sirena), con cui tuttora si suole talvolta chiamare la capitale campana.

Pàdova. Forse da una forma parallela, ma più popolare e antica (**Pădua(m)*) del nome classico della città, *Patăviu(m)*, probabilmente collegato col nome del fiume *Po*, in latino *Pădus*.

Palèrmo. Il nome latino della città, *Panŏrmu(m)*, rivela il supposto composto greco, dal quale deriva: **panormos* 'intero (*pán*) porto (*hórmos* 'luogo di ormeggio')', nome dato, in Grecia e fuori, a parecchie città portuali.

Pantellerìa. Il nome dell'isola ha aspetto greco (e resta testimonianza di un'antica *Talaría*), ma i tentativi fatti per spiegarlo sono rimasti infruttuosi.

Perùgia. Il latino *Perŭsia(m)* ripete senza dubbio un precedente nome etrusco non bene identificato.

Pescàra. Dal nome mediev. *Piscaria*, cioè *pescaia* 'chiusa (per catturare i pesci)' ed anche 'pescheria'.

Pianùra Padàna. Il latino *Padānu(m)* era l'aggettivo del nome del fiume *Pădu(m)* 'Po' e significava, quindi, 'proprio, relativo al Po'.

Piemónte. Composto secondo la norma italiana: 'al *pie(de)* del *monte*' per la principale caratteristica geografica della regione.

Pò. Il nome latino del fiume, *Pădu(m)*, non è originale: già gli antichi ne erano consapevoli e lo facevano derivare da una voce gallica col significato di 'pino', mentre più recentemente è stata avanzata l'ipotesi che si tratti di un nome venetico.

Polésine. Limitazione del nome comune *polesine*, ora grecamente inteso come 'terreno poroso, dai molti (*poly-*) vuoti (*kenói*)', ora con il dialettale *pol(o)* 'cumulo di ghiaia e sabbia lungo i fiumi, coperto di vegetazione arbustiva' (in latino *pŭllu(m)* 'selva cedua').

Potènza. Dal nome astratto latino *potĕntia(m)* i Romani hanno tratto il nome della città di trasparente significato.

Pùglia. Dal latino *Apūlia(m)*, probabile adattamento italico di *Iapygia*, la terra degli *Iapigi*.

Réggio di Calàbria. In latino *Rēgiu(m)*, che si distingueva dall'omonima città emiliana, apponendo a questa la specificazione *Lĕpidum* 'dei Lepidi': gli antichi ne spiegavano il nome ora ricorrendo al greco (*rhḗgnymi* 'rompere, spezzare'), ora al latino (*rēgnu(m)* 'regno'), ma è molto probabile che *Reggio* sia, invece, di antica origine ligure.

Róma. Come è riconosciuta l'origine etrusca della città, così si ritiene che anche il nome *Rōma(m)* sia di probabile derivazione etrusca.

Romàgna. Dal latino medievale *Romānia(m)*, che per i Longobardi designava i territori italiani rimasti ancora sotto il dominio dell'Impero *romano* d'Oriente, ristretti poi, per un processo non ancora definitivamente chiarito, all'esarcato di Ravenna.

Salènto. I Romani usavano l'etnico *Salentīni* sia per la regione, sia per i suoi abitanti, e lo spiegavano con l'oscura voce *sălu(m)* 'luogo d'ancoraggio nel porto', forse di origine preindeuropea.

Sànnio. Dal nome latino della regione, *Sămniu(m)*, da un precedente **Săb-nio-(m)* 'territorio del dio **Săbo*', dal quale presero il loro nome anche i *Sabini*, che costituirebbero allora, linguisticamente, una semplice variante di *Sanniti*.

Sardégna. Il latino *Sardĭnia(m)* indicava la 'terra dei *Sardi*', originariamente nome (di oscura provenienza) della popolazione mista di Libi, Fenici e Sardi costituitasi nella pianura meridionale dell'isola dopo l'importazione di schiavi libici.

Sicìlia. Dal nome latino dell'isola, *Sicĭlia(m)*, adattamento di quello greco, *Sikelía* 'terra dei Siculi (*Sikenói*)', popolo oscuro quanto origini e lingua.

Sila. Dal nome latino della foresta, *Sīla(m)*, che si è voluto considerare quasi una variante di *sĭlva(m)*, cioè 'selva, bosco', mentre è più probabile che sia d'antica origine preindeuropea.

Strómboli. La variante più antica del nome dell'isola, *Strongolo*, ci chiarisce la sua origine dal greco *strongýlos* 'rotondo', evidentemente per la sua configurazione geografica.

Tàranto. In greco *Táras*, ma al genitivo *Tárantos* (donde l'attuale accentazione), nome di un fiume, che sfocia sul Mar Jonio, quindi: 'la città sul Taras'.

Tavolière. Da *tavola* nel senso geomorfologico di 'territorio piano', come comunemente, ma non sicuramente, si ritiene.

Tévere. Il latino *Tĭberi(m)*, come altri nomi di fiumi (*Tib-isco*, *Tif-erno*, ecc.), può essere collegato con i nomi preindeuropei *típhos* 'palude' e *typhē* 'pianta palustre'.

Ticino. Il nome latino del fiume, *Ticīnu(m)*, non è di origine latina, ma rimane, tuttavia, incerta l'attribuzione al celto-ligure, dove la radice *teg* indica lo 'scorrere, scolare', o al venetico per altri nomi di luogo affini in area veneta.

Tirrèno. In latino *Tyrrhēnu(m)*, prima che nome del mare, era un aggettivo etnico: 'proprio dei Tirreni (*Tyrrhēni*)', cioè di quelle antiche popolazioni, occupanti l'Etruria in epoca antichissima, chiamate in greco, con nome derivato dal nome di una città (**Tursa*), *Tyrsēnói* o *Tyrrēnói*.

Torìno. Dal nome latino della città, *Taurinos*, cioè 'centro della tribù dei Taurini' (i Romani, infatti, chiamarono la colonia militare da loro fondata *Iūlia Augŭsta Taurinōrum* 'Giulia Augusta dei Taurini').

Toscàna. Dall'aggettivo latino *tuscānu(m)*, cioè 'pertinente ai *Tusci*', come i Romani chiamavano gli antichi abitatori della Toscana, gli 'Etruschi'.

Trasimèno. In latino *Trasimēnu(m)* per un più antico *Tarsimēnu(m)*, nel quale si può intravedere un'origine etrusca, anche nella formante *-ēn(a)-*.

Trèmiti. Il latino *Trĭmetu(m)*, nome della principale isola del gruppo, viene connesso con la voce comune *tĕrmite(m)* '(ramo di) ulivo selvatico'.

Trentìno. *Tridentīnu(m)* era per i Romani l'aggettivo di *Tridĕntu(m)*, nome di luogo di probabile origine retica, certamente preromana.

Trènto. Nome di probabile origine gallica, equivalente, forse, a 'trivio'.

Trièste. Dalla tarda forma latina *Tregĕste* per il precedente *Tergĕste*, nome connesso con l'antica base, certamente prelatina, **terg-* 'piazza, mercato', la stessa che si trova in *Opitĕrgiu(m)* 'Oderzo'.

Umbria. Il latino *Ŭmbria(m)* designava la 'terra degli *Umbri*', antica popolazione italica, il cui nome, malgrado numerosi tentativi d'interpretazione, rimane ancora d'origine oscura.

Vèneto. Dal nome degli antichi abitanti, i *Vĕneti* dei Latini (*(H)enetói* per i Greci), legato alla famiglia della radice *wen* col significato fondamentale di 'desiderare' (e, quindi, i *Veneti* sarebbero gli 'amati').

Venèzia. Dapprima nome latino della regione dei *Vĕneti* (*Venĕtia(m)*), poi nome della città principale, in origine usato popolarmente al plurale con riferimento alle isole sulle quali si estendeva, con successivo ripristino della forma dotta *Venezia*.

Venèzia Giùlia. Nome recente, che G. I. Ascoli propose in armonia con le altre due regioni venete (*Venezia Euganea* e *Venezia Tridentina*), poggiandosi sul nome latino dell'estrema sezione orientale delle Alpi e sulla sua continuazione umanistica, con significato regionale: *Regiōne(m) Jūlia(m)* 'la regione di Giulio (Cesare o Ottaviano)'.

Verbàno. Dal nome latino del lago, *Verbānu(m)*, tanto antico, quanto oscuro, ma che si potrebbe collegare con il nome di una pianta derivato dalla radice indeuropea *verb-* 'volgere, girare'.

Veróna. Nome certamente non latino, *Verōna(m)* è stata ritenuta ora di origine venetica, ora celtica, anche se non si può escludere, tenuto conto dell'esistenza di nomi eguali o simili in Toscana, la derivazione da un nome personale etrusco.

Vesùvio. Dal nome latino del vulcano, *Vesŭviu(m)*, che, come il nome collaterale *Vesēvu(m)*, è ritenuto di origine indeuropea, anche se i pareri si dividono fra la scelta di due radici: *aues-* 'illuminare' o *eus-* 'bruciare, ardere'.

ABITANTI D'ITALIA

Abano Terme→ abanesi o aponensi.
Abbadia San Salvatore→ abbadinghi.
Abbiategrasso→ abbiatensi.
Abruzzo→ abruzzesi.
Acireale→ acesi.
Acqui Terme→ acquesi o acquigiani.
Adria→ adriesi.
Afragola→ afragolesi.
Agliè→ alladiesi.
Agrigento→ agrigentini o girgentani.
Alassio→ alassini.
Alba→ albesi.
Albenga→ albenganesi.
Alcamo→ alcamesi.
Alessandria→ alessandrini.
Alghero→ algheresi.
Altamura→ altamurani.
Alto Adige→ altoatesini.
Ancona→ anconitani o anconetani.
Andria→ andriesi.
Anzio→ anziati.
Aosta→ aostani.
Aprilia→ apriliani.
Aquino→ aquinati.
Arezzo→ aretini.
Arona→ aronesi.
Arpino→ arpinati.
Arquata Scrivia→ arquatesi.
Ascoli Piceno→ ascolani.
Asiago→ asiaghesi.
Assisi→ assisani o assisiati.
Asti→ astigiani.
Augusta→ augustani o augustanesi.
Avellino→ avellinesi.
Aversa→ aversani.
Bagni di Lucca→ bagnilucchesi o bagnaioli.
Barbagia→ barbaricini.
Barga→ barghigiani.
Bari→ baresi.
Barletta→ barlettani.
Basilicata→ lucani.
Bassano del Grappa→ bassanesi.
Belluno→ bellunesi.
Benevento→ beneventani.
Bergamo→ bergamaschi.
Biella→ biellesi.
Bisceglie→ biscegliesi.
Bitonto→ bitontini.
Bollate→ bollatesi.
Bologna→ bolognesi.
Bolzano→ bolzanini o bolzanesi.
Bordighera→ bordigotti o bordigheresi.
Borgosesia→ borgosesiani.
Brennero→ brenneresi.
Brescia→ bresciani.
Bressanone→ bressanonesi o brisinensi.
Brianza→ brianzoli.
Brindisi→ brindisini.
Busto Arsizio→ bustesi o bustocchi.
Cadore→ cadorini.
Cagliari→ cagliaritani.
Calabria→ calabresi.
Caltanissetta→ nisseni.
Campania→ campani.
Campobasso→ campobassani.
Canavese→ canavesani.
Canazei→ canazeiesi.
Canosa→ canosini.
Cantù→ canturini.
Capannori→ capannoresi.
Capri→ capresi.
Carpi→ carpigiani.
Carrara→ carresi o carraresi.
Casale Monferrato→ casalesi o casalaschi.
Cascia→ casciani.
Casentino→ casentinesi.
Caserta→ casertani.
Casoria→ casoriani.
Cassino→ cassinati.
Castelfranco Veneto→ castellani.
Castellammare del Golfo→ castellamaresi.
Castellammare di Stabia→ stabiesi.
Catania→ catanesi.
Catanzaro→ catanzaresi.
Cattolica→ cattolichini o cattolicesi.
Cava de' Tirreni→ cavesi.
Cefalù→ cefaludesi o cefalutani.
Cerignola→ cerignolani.
Cesena→ cesenati.
Cesenatico→ cesenaticesi.
Ceva→ cevani o cebani.
Chianciano Terme→ chiancianesi.
Chianti→ chiantigiani.
Chieri→ chieresi.
Chieti→ teatini o chietini.
Chioggia→ chioggiotti o chiozzotti.
Cinisello Balsamo→ cinisellesi.
Ciociaria→ ciociari.
Città della Pieve→ pievesi.
Città di Castello→ castellani o tifernati.
Civitavecchia→ civitavecchiesi.
Cogne→ cogneins o cognini.
Colle di Val d'Elsa→ colligiani.
Collegno→ collegnesi.
Cologno Monzese→ colognesi.
Como→ comaschi o comensi o comacini.
Conegliano→ coneglianesi.
Corsico→ corsichesi.
Cortina d'Ampezzo→ cortinesi o ampezzani.
Cortona→ cortonesi.
Cosenza→ cosentini.
Courmayeur→ cormaioresi o courmayeurins.
Crema→ cremaschi.
Cremona→ cremonesi.
Crotone→ crotoniati o crotonesi.
Cuneo→ cuneesi o cuneensi.
Cupra Marittima→ cuprensi.
Cupramontana→ cuprensi.
Domodossola→ domesi.
Eboli→ ebolitani.
Elba→ elbani.
Emilia→ emiliani.
Empoli→ empolesi.
Enna→ ennesi.
Ercolano→ ercolanesi o resinesi.
Este→ estensi.
Faenza→ faentini.
Falconara Marittima→ falconaresi.
Fano→ fanesi.
Fara S. Martino→ faresi.
Ferrara→ ferraresi.
Fidenza→ fidentini.
Fiera di Primiero→ fieracoli o primierotti.
Fiesole→ fiesolani.
Firenze→ fiorentini.
Fiuggi→ fiuggini.
Foggia→ foggiani.
Folgaria→ folgaretani.
Foligno→ folignati.
Fondi→ fondani.
Forlì→ forlivesi.
Forte dei Marmi→ fortemarmini o fortedemarmini.
Fossombrone→ fossombronesi o forsempronesi.
Frascati→ frascatani.
Fratta Polesine→ frattensi.
Friuli→ friulani.
Frosinone→ frusinati.
Gaeta→ gaetani.
Gallarate→ gallaratesi.
Gallura→ galluresi.
Gardone Riviera→ gardonesi.
Gela→ gelesi.
Gemona del Friuli→ gemonesi.
Genova→ genovesi.
Gorizia→ goriziani.
Giugliano in Campania→ giuglianesi.
Gressoney-La Trinité→ gressonari.
Grosseto→ grossetani.
Gubbio→ eugubini o gubbini.
Guidonia Montecelio→ guidoniani o montecellesi.
Iesi→ iesini.
Iglesias→ iglesienti.

Imola → imolesi.
Imperia → imperiesi.
Iolanda di Savoia → iolandini.
Irpinia → irpini.
Ischia → ischitani.
Iseo → iseani.
Isernia → isernini.
Ivrea → eporediesi.
La Maddalena → maddalenini.
Lamezia Terme → lametini.
Lampedusa → lampedusani.
Langhe → langaroli.
L'Aquila → aquilani.
La Spezia → spezzini.
Latina → latinensi.
Lazio → laziali.
Lecce → leccesi.
Lecco → lecchesi.
Legnano → legnanesi.
Lerici → lericesi o lericini.
Liguria → liguri.
Lipari → liparesi o liparoti.
Livorno → livornesi.
Lodi → lodigiani.
Lombardia → lombardi.
Loreto → loretani o lauretani.
Lucca → lucchesi.
Lunigiana → lunensi.
Macerata → maceratesi.
Manfredonia → manfredoniani o sipontini.
Mantova → mantovani.
Marche → marchigiani.
Maremma → maremmani.
Marostica → marosticensi.
Marsala → marsalesi.
Martina Franca → martinesi.
Massa → massesi.
Matera → materani.
Mazara del Vallo → mazaresi.
Menfi → menfitani.
Merate → meratesi.
Messina → messinesi.
Mestre → mestrini.
Milano → milanesi.
Milazzo → milazzesi o milaiti.
Modena → modenesi.
Modica → modicani.
Molfetta → molfettesi.
Molise → molisani.
Moncalieri → moncalieresi.
Moncenisio → moncenisini o ferresi.
Mondovì → monregalesi.
Monferrato → monferrini.
Monopoli → monopolitani.
Monsummano Terme → monsummanesi.
Montecatini Terme → montecatinesi.
Montefiascone → montefiasconesi o falisci.
Montepulciano → montepulcianesi o poliziani.
Monterotondo → monterotondesi o eretini.
Monte San Savino → savinesi.
Montevarchi → montevarchini.
Monza → monzesi.
Muggia → muggesani.
Napoli → napoletani.
Nardò → neretini o naretini.
Narni → narnesi.
Nepi → nepesini o nepensi.
Nichelino → nichelinesi.
Nizza Monferrato → nicesi o nizzesi.
Nocera → nocerini.
Norcia → nursini o norcini.
Novara → novaresi.
Novi Ligure → novesi.
Nuoro → nuoresi.
Oderzo → opitergini.
Olbia → olbiesi o olbiensi.
Oristano → oristanesi.
Orte → ortani.
Ortisei → ortiseiani o gardenesi.
Orvieto → orvietani.
Orzinuovi → orceani.
Orzivecchi → orceani.
Osimo → osimani.
Osoppo → osoppani o osovani.
Otranto → otrantini o idruntini.
Padova → padovani.
Palermo → palermitani.
Pantelleria → panteschi.
Paola → paolani.
Parma → parmigiani o parmensi.
Paternò → paternesi.
Pavia → pavesi.
Perdasdefogu → foghesini.
Perugia → perugini.
Pesaro → pesaresi.
Pescara → pescaresi.
Peschiera del Garda → peschierani o peschierotti.
Pescia → pesciatini.
Piacenza → piacentini.
Piana degli Albanesi → pianesi.
Piemonte → piemontesi.
Pievepelago → pievaroli o pelagesi.
Pieve Santo Stefano → pievani.
Piombino → piombinesi.
Pisa → pisani.
Pistoia → pistoiesi.
Po → padani.
Polesine → polesani.
Pompei → pompeiani.
Ponte di Legno → dalignesi.
Pontinia → pontiniani.
Ponza → ponzesi.
Pordenone → pordenonesi.
Portici → porticesi.
Porto Azzurro → portoazzurrini.
Porto Empedocle → empedoclini.
Potenza → potentini.
Pozzuoli → puteolani.
Prato → pratesi.
Puglia → pugliesi.
Quartu Sant'Elena → quartesi.
Ragusa → ragusani.
Rapallo → rapallesi.
Ravenna → ravennati o ravegnani.
Recanati → recanatesi.
Reggio di Calabria → reggini.
Reggio nell'Emilia → reggiani.
Rho → rhodensi.
Rieti → reatini o rietini.
Rimini → riminesi.
Rivoli → rivolesi.
Roccaraso → roccarasini o roccolani.
Roma → romani.
Romagna → romagnoli.
Rovigo → rodigini o rovigotti.
Sabaudia → sabaudiesi.
Salento → salentini.
Salerno → salernitani.
Salò → salodiani.
Salsomaggiore Terme → salsesi.
San Benedetto del Tronto → sambenedettesi.
San Candido → sancandidesi.
San Giorgio a Cremano → sangiorgesi.
San Giovanni in Persiceto → persicetani.
Sannio → sanniti o sannitici.
San Remo → sanremesi.
Sansepolcro → borghesi o biturgensi.
San Severo → sanseveresi.
Santa Teresa di Gallura → teresini o lungunesi.
Sant'Eufemia Lamezia → lametini o santeufemiesi.
San Vito Chietino → sanvitesi.
Sardegna → sardi.
Saronno → saronnesi.
Sassari → sassaresi.
Sasso → sassesi.
Sassuolo → sassolesi o sassolini.
Savona → savonesi.
Scandicci → scandiccesi.
Schio → scledensi.
Sciacca → saccensi.
Sesto (Calende, Fiorentino, San Giovanni) → sestesi.
Settimo Torinese → settimesi.
Sicilia → siciliani.
Siena → senesi.
Siracusa → siracusani.
Soave → soavesi.
Sondrio → sondriesi.
Sotto il Monte → sottomontesi.
Spoleto → spoletini.
Stelvio → stelviotti o stilfser.
Stra → stratesi o stratensi.
Stresa → stresiani.
Stromboli → stromboliotti.
Susa → segusini.
Sutri → sutrini.
Taleggio → taleggini.
Taranto → tarantini.
Tarvisio → tarvisiani.
Tempio Pausania → tempiesi.
Teramo → teramani.
Terni → ternani.
Tevere → tiberini.
Ticino → ticinesi.
Tivoli → tiburtini o tivolesi.
Todi → tuderti, tudertini o todini.
Tolentino → tolentinati.
Torino → torinesi.
Torre (Annunziata, del Greco, Pellice) → torresi.
Toscana → toscani.
Trani → tranesi.
Trapani → trapanesi.
Tremiti → tremitesi.
Trentino → trentini.
Trento → trentini.
Treviso → trevigiani.
Trieste → triestini.
Udine → udinesi.
Umbria → umbri.
Urbino → urbinati.
Valle d'Aosta → valdostani.
Valtellina → valtellinesi.
Varese → varesini.
Veneto → veneti.
Venezia → veneziani.
Venezia Giulia → giuliani.
Verbania → verbanesi.
Vercelli → vercellesi.
Verona → veronesi.
Versilia → versiliesi.
Viareggio → viareggini.
Vibo Valentia → vibonesi.
Vicenza → vicentini.
Vico Equense → vicani.
Vigevano → vigevanesi.
Villa San Giovanni → villesi.
Viterbo → viterbesi.
Vittoria → vittoriesi.
Vittorio Veneto → vittoriesi.
Voghera → vogheresi.
Volterra → volterrani.

TAVOLE DI NOMENCLATURA

Quadro sistematico

L'uomo: i cinque sensi

1. Vista pag. 1153
2. Udito 1154
3. Gusto 1154
4. Olfatto 1154
5. Tatto 1155

La convivenza umana

6. Casa 1155
7. Edifici di pubblico interesse 1156
8. Negozi 1158

La natura

9. Clima 1158
10. Ambiente naturale pag. 1159
11. Albero 1160
12. Animali domestici e selvatici 1161
13. Mare 1162
14. Montagna 1163
15. Lavori agricoli 1164

Il tempo libero

16. Spettacoli 1165
17. Radio-televisione 1166
18. Sport 1167
19. Gioco 1168

Trasporti

20. Viabilità pag. 1169
21. Mezzi di trasporto 1170

Tecnologie

22. Alimentazione 1170
23. Bevande 1172
24. Abbigliamento 1172
25. Industria metallurgica-siderurgica 1173
26. Industria meccanica 1174
27. Industria chimica 1175
28. Industria estrattiva 1176
29. Industria editoriale 1176
30. Informatica 1177
31. Energia 1178

Abbreviazioni e segni convenzionali

Fig.	Figurati (usi)
Prov.	Proverbi
Tav.	Tavola
⇔	fra termini in opposizione
=	fra termini che siano sinonimi o affini
–	precede tutti i termini in elenco che siano pari per importanza o funzione linguistica, oppure gli usi figurati e i proverbi
( )	racchiudono esplicazioni o suddivisioni del termine precedente
:	introducono un elenco esplicativo del termine precedente
;	separa gruppi di termini che siano sinonimi o affini
,	separa termini in elenco
.	conclude e separa argomenti diversi

Tav. 1 VISTA

vista buona ⇔ cattiva, acuta ⇔ debole, lunga ⇔ corta, chiara = limpida ⇔ torbida = offuscata = incerta.
confondere, annebbiare = offuscare = oscurare, abbagliare = abbarbagliare = abbacinare, rischiarare; perdere, restituire = ridonare; misurare, sanare, correggere.
difetti visivi: daltonismo, miopia, presbiopia, astigmatismo, strabismo.
Fig. — essere di vista corta — essere in vista — perdere di vista — crescere a vista d'occhio.

occhio infossato, pesto = cerchiato = livido, sanguigno, lacrimoso = lustro, storto, guercio, stralunato, spiritato, cisposo, velato; vivo = vivace = vispo ⇔ spento = assonnato; espressivo ⇔ inespressivo, acuto = penetrante ⇔ imbambolato = smarrito; chiaro = limpido ⇔ cupo, sereno ⇔ torvo = bieco = truce = grifagno; aperto = sgranato = sbarrato ⇔ chiuso = semichiuso = socchiuso; aprire, chiudere = serrare, girare, strabuzzare l'occhio; alzare, abbassare, chiudere = serrare, battere le palpebre.
parti dell'occhio: orbita; sopracciglia, palpebre, ciglia; bulbo, iride, cornea, sclera, cristallino, retina, corpo vitreo, nervo ottico, pupilla.
Fig. — vedere di buon occhio, di cattivo occhio — aprire gli occhi — non perdere d'occhio — chiudere un occhio — spendere, pagare un occhio della testa — essere come il fumo negli occhi — fare gli occhi dolci — gettare polvere negli occhi — perdere il lume degli occhi — mangiare, divorare con gli occhi — mettere gli occhi addosso — avere gli occhi fuori dell'orbita — non lasciare che gli occhi per piangere — non chiudere occhio.
Prov. occhio non vede, cuore non duole — occhio per occhio, dente per dente — lontano dagli occhi, lontano dal cuore — in terra di ciechi, beato chi ha un occhio — occhio del padrone ingrassa il cavallo — avere un occhio alla gatta e uno alla padella.

colore
fondamentale ⇔ complementare, primitivo ⇔ composto, naturale ⇔ artificiale;
denso = pieno = carico = pesante = compatto = corposo = unito ⇔ disteso = leggero = trasparente = diafano; chiaro = luminoso ⇔ scuro = opaco; caldo ⇔ freddo, intenso ⇔ tenue, forte ⇔ debole, vistoso = vivace = vivido = acceso = chiassoso ⇔ scialbo = smorto = pallido = spento = sbiadito = smorzato; brillante = smagliante = scintillante = squillante = accecante ⇔ fosco = cupo = livido = tenebroso = tetro = sordo; aspro = duro = crudo ⇔ morbido = vellutato.
preparare, impastare, macinare; spalmare, spargere, stendere; accordare, sfumare, velare.
colori rosso: incarnato, carnicino, rosa; sanguigno, vermiglio, scarlatto, porpora, cremisi, magenta, amaranto; rosso fragola, corallo, geranio, ciclamino, rubino, carminio, minio, cardinale, sangue, vino, rame, mattone, granata, ruggine;
arancione, tango;
giallo: paglierino, banana, canarino, ambra, crema, limone, cromo, cadmio, uovo, topazio, ocra;
verde: verde acqua, pisello, smeraldo, bandiera, mare, foglia morta, sottobosco, oliva, bottiglia;
blu: glauco; celeste = ceruleo, azzurro, turchese, lapislazzuli, acquamarina, ultramarino, zaffiro, saraceno; turchino, blu cielo, cobalto, orizzonte, oltremare, elettrico, gendarme, pavone, notte;
indaco;
violetto: lilla, malva;
bianco = albo: cereo, eburneo, lattiginoso, latteo, niveo, candido; bianco perla, panna, gesso, avorio, crema, latte, argento;
nero, nero inchiostro;
grigio: cenere, tortora, perla, fumo, antracite, piombo, ferro; grigio-verde; grigio talpa, pulce, bigio;
marrone: sabbia, avana, beige, nocciola, cammello, caffellatte; marrone bruciato, cioccolata, tabacco, caffè, testa di moro.
opacità ⇔ trasparenza = luminosità;
accordo = armonia ⇔ disaccordo = disarmonia = contrasto; opalescenza, iridescenza, marezzatura; gamma, gradazione, tono, intensità, mescolanza, impasto.
Fig. — diventare di tutti i colori — farne di tutti i colori — cambiar colore — difendere i propri colori — vedere

tutto roseo — essere al verde — non distinguere il bianco dal nero — essere di umor nero — lavoro nero — mettere nero su bianco — sangue blu — principe azzurro — vita grigia.

Tav. 2 UDITO

udito fine = sensibile = buono = eccellente ⇔ duro = ottuso.
udire = sentire, ascoltare, percepire; chiudere = turare = tappare l'orecchio, aprire = tendere = porgere = prestare l'orecchio, parlare all'orecchio.
orecchio: padiglione (lobo, conca), condotto uditivo, membrana del timpano, martello, incudine, staffa, coclea, nervo acustico, canale tubarico.
Fig. — giungere, venire all'orecchio — avere gli orecchi foderati di prosciutto — dare una tiratina d'orecchi — sturare gli orecchi a uno — da questo orecchio non ci sento — entrare da un orecchio e uscire dall'altro — fare orecchi da mercante — mettere una pulce nell'orecchio — essere tutt'orecchi.

suono
chiaro = limpido ⇔ confuso = opaco, cristallino = argentino ⇔ rauco, vivace = vibrante = metallico = squillante ⇔ spento = profondo = cupo = sordo; piacevole = grato = gradevole ⇔ spiacevole = ingrato = sgradevole; morbido ⇔ duro, dolce ⇔ aspro, soave = melodioso = modulato = armonioso = armonico ⇔ stridulo = stridente = disarmonico; alto ⇔ basso, acuto = elevato ⇔ grave, forte = potente ⇔ debole = fioco = fievole = flebile = tenue = sommesso = smorzato = lieve = impercettibile; articolato ⇔ inarticolato, leggero ⇔ pesante.
vibrare, risonare, ripercuotersi, rifrangersi, perdersi, raddolcirsi, diminuire, affievolirsi, smorzarsi = spegnersi, morire = cessare; rafforzarsi, aumentare = accrescersi = ampliarsi, innalzarsi, dilatarsi.
livello sonoro, altezza, intensità; decibel; timbro, estensione, registro, diàpason; intervallo, tono, fusione, pienezza, tenuità, debolezza; armonia, disarmonia.
rumori: fiotto, gorgoglio = ribollio, scroscio; balbettio, bisbiglio, sussurro = mormorio = brusio = brontolio, vocio, gridio, stridio, urlo, clamore, schiamazzo = baccano = fracasso; fragore = gazzarra; rovinio = sconquasso; rombo = boato = rimbombo = rintronamento; schiocco, stridore, strepitio; scoppio = detonazione = schianto; scricchiolio = cigolio; crepitio = scoppiettio; tintinnio = scampanellio, trillo = squillo, clangore; calpestio = scalpiccio = trapestio = scalpitio; fischio = sibilo; frullo; fruscio; soffio; eco.

voce
nasale, gutturale, estesa, stentorea, chioccia, fessa, sforzata, infantile; chiara = limpida = argentina = squillante ⇔ velata ⇔ roca = cupa = cavernosa = sorda; soave = armoniosa = melodiosa = pastosa ⇔ secca = aspra = stridula = vibrante; debole = fioca = flebile = esile = tenue = sottile ⇔ forte = robusta = grossa = tonante; acuta = alta ⇔ bassa = profonda; spiegata = piena ⇔ soffocata = sommessa = contenuta; naturale = fresca ⇔ artefatta; ferma ⇔ incerta; espressiva ⇔ inespressiva.
articolare, posare, abbassare, alzare, appoggiare, modulare, addolcire, spiegare, contenere, contraffare la voce.
altezza, volume, timbro, inflessione, registro, estensione, intensità, sonorità.
Fig. — correre voce — dare una voce — dare sulla voce — avere voce in capitolo.

pronunzia aperta = larga ⇔ chiusa = stretta, buona ⇔ cattiva, chiara = netta = distinta = nitida ⇔ confusa = indistinta, corretta ⇔ difettosa = errata, sciolta = scorrevole ⇔ inceppata = impacciata.
pronunziare, dire, recitare, declamare, parlare; imparare la pronunzia.

voci degli animali (v. **Tav. 12 Animali domestici e selvatici**)
miagolare, gnaulare, soffiare, ronfare, ustolare (*gatto*); abbaiare, uggiolare, guaire, mugolare, gagnolare, schiattire, latrare, ringhiare, ululare (*cane*); chiocciare, crocciare (*chioccia*); crocchiare, crocchiolare, cantare, schiamazzare (*gallina*); cantare (*gallo*); pigolare, pipiare (*pulcino*); gloglottare = gorgogliare (*tacchino*); tubare, grugare (*piccione*); paupulare, stridere (*pavone*); zigare, squittire (*coniglio*); muggire = mugghiare (*bue*); grugnire, stridere, ringhiare, rugliare (*maiale, cinghiale*); ragliare (*asino*); nitrire (*cavallo*); belare (*capra, pecora*); gracidare (*rana*); ronzare = bombire (*insetti*); frinire (*cicala*); cinguettare.
ciangottare, gorgheggiare, garrire, squittire (*uccelli*); squittire (*topo*); chiurlare (*chiurlo, assiuolo*); zirlare (*tordo*); crocidare = gracchiare (*corvo, cornacchia*); gufare (*gufo*); ruggire (*leone*); bramire (*cervo, orso*); barrire (*elefante*); sibilare (*serpente*).
Fig. — abbaiare dalla fame — abbaiare al vento — ronzare nella mente.

Tav. 3 GUSTO

gusto (v. **Tav. 22 Alimentazione**)
fine ⇔ grossolano, acuto ⇔ ottuso, delicato ⇔ rozzo, avere, esercitare, perdere, riacquistare, formare, educare, raffinare il gusto.
Fig. — ridere di gusto — prendersi il gusto — prenderci gusto — scherzi di cattivo gusto.
Prov. — tutti i gusti son gusti — dei gusti non si disputa.

bocca stretta ⇔ larga, regolare ⇔ irregolare, piccola ⇔ grande.
parti della bocca: labbra (angoli, orli); inferiore, superiore; sottili, grosse, carnose, tumide, sporgenti — vestibolo — arcate gengivo-dentarie (superiore, inferiore) — denti (corona, smalto, dentina, polpa; colletto, radice, apice, alveolo): incisivi, canini, premolari, molari — cavità orale: palato (velo pendulo = velo palatino), pavimento, frenulo = filetto, caruncole linguali, lingua (punta, faccia inferiore, faccia superiore, solco mediano, papille, margine laterale) — tonsille — ugola — pilastri.
abbassamento ⇔ inarcazione; allungamento ⇔ accorciamento; protrusione ⇔ retrazione; laterizzazione, accartocciamento.
Fig. rimanere a bocca aperta, asciutta — levarsi il pane di bocca — togliere la parola di bocca — tappare la bocca — essere di bocca buona — storcere la bocca — rifarsi la bocca — pendere dalla bocca di uno — passare di bocca in bocca — mostrare i denti — avere il dente avvelenato.
Prov. — in bocca chiusa non c'entrano mosche — finché l'uomo ha denti in bocca, non sa mai quel che gli tocca — la lingua batte dove il dente duole.

sapore (v. **Tav. 22 Alimentazione** e **Tav. 23 Bevande**)
dolce = dolciastro = zuccherino ⇔ amaro = amarognolo, salato = salino = salso = salmastro, acre = agro = acido, piccante, pungente, frizzante, aromatico, astringente, rancido, agliaceo, agrodolce, metallico, alcalino; semplice ⇔ complesso, soave ⇔ aspro = asprigno, gradevole ⇔ sgradevole, delizioso = squisito ⇔ disgustoso = nauseante = ripugnante = stomachevole; forte ⇔ debole, intenso = acuto ⇔ tenue, grossolano ⇔ delicato.
gustare, sentire il sapore, trovar saporito, assaggiare = assaporare, degustare.
Fig. — far sentire il sapore del bastone — non aver amore né sapore.

Tav. 4 OLFATTO

olfatto
fine = acuto ⇔ ottuso.

naso piccolo ⇔ grande, corto ⇔ lungo, sottile ⇔ grosso, fine ⇔ rigonfio, affilato ⇔ spugnoso; retto = diritto ⇔ schiacciato = piatto = camuso = rincagnato, arcuato = aquilino = adunco.
fiutare = annusare = odorare; arricciare, grattare, pulire, soffiare, tappare, smocciare, sgocciolare; starnutire.
parti del naso: radice, setto, dorso, pinne = alette, narici, fosse, seno frontale, regione olfattoria, meato superiore, meato medio, meato inferiore.
Fig. — non aver naso — aver buon naso — ficcare il naso — battere la porta sul naso — mettere la punta del naso fuori della porta — andare con il naso per aria — non vedere più in là del proprio naso — prendere per

il naso — restare con tanto di naso — giudicare a naso — montare la mosca al naso.

odore acre, aspro, acido, agliaceo, rancido; acuto = pungente = penetrante; stagnante; gradevole ⇔ sgradevole, soave ⇔ nauseante = nauseabondo = disgustoso = stomachevole = ripugnante = rivoltante = fetido, balsamico = aromatico ⇔ putrido = mefitico = graveolente.
profumare = olezzare, puzzare = intanfire, aromatizzare, ammorbare = appestare.
profumo, olezzo, fragranza, aroma; puzzo, fetore, lezzo; effluvio, esalazione; tanfo, miasma; leppo, nidore, afrore, zaffata.
Fig. — morire in odore di santità.

Tav. 5 TATTO

tatto delicato = fine ⇔ ottuso.
toccare, palpare, tastare, tentare, brancicare, carezzare, lambire, sfiorare; titillare, vellicare, solleticare; stuzzicare; picchiare, colpire.
Fig. — aver molto tatto nel parlare — non aver tatto.

superficie lanosa, stopposa, vellutata, serica, satinata, gommosa, mucillaginosa, marmorea, legnosa, gessosa, porcellanata, vetrosa, farinosa, glutinosa, pastosa, oleosa, spugnosa, carnosa;
tenera ⇔ dura, morbida = soffice ⇔ coriacea, liscia = levigata = polita ⇔ ruvida = scabrosa = aspra = squamosa = grinzosa = rugosa = ondulata = ronchiosa = bitorzoluta = granulosa = smerigliata; fluida = scorrevole ⇔ attaccaticcia = appiccicosa = viscida = viscosa; elastica = flessibile = pieghevole = trattabile = cedevole = malleabile = duttile ⇔ rigida = inflessibile; molle = floscia = moscia = flaccida = frolla ⇔ compatta = solida = soda; pelosa = villosa = irsuta = ispida ⇔ pelata = spelacchiata = calva.
Fig. — passarla liscia — andar per le lisce — dormire sodo — avere un cuore tenero — fare il duro — tener duro — essere aspro — avere modi ruvidi — essere inflessibile — argomento scabroso.

Tav. 6 CASA

casa nuova ⇔ vecchia, ariosa ⇔ soffocata, solida ⇔ cadente, signorile ⇔ popolare, pulita ⇔ imbrattata.
costruire = edificare = fabbricare, elevare = alzare = erigere, restaurare = ammodernare, sopraelevare = sopraedificare, ripulire, rinfrescare, abbellire = ornare = decorare, tinteggiare, imbiancare, intonacare; demolire, spianare, livellare, smantellare, puntellare; sporcare = deturpare = imbrattare.
facciata = prospetto;
cantonata, fiancata, parete, zoccolo, scantinato, cantina, seminterrato, ammezzato = mezzanino, piano terra, nobile, rialzato; primo, secondo, terzo, attico, mansarda, solaio, terrazza, abbaino, lucernario; muro (principale = maestro = di sostegno, divisorio, tagliafuoco, tramezzo, cieco, grezzo, a cortina, a bugnato, a bozza, a tenuta, a secco, di rimpetto).
Fig. — i muri parlano — i muri hanno orecchi — mettere qualcuno con le spalle al muro — prendere una cantonata.
Prov. — non si giudica dalla facciata.

tetto
inclinato, spiovente, sporgente, aguzzo, grigio; a falda (unica, doppia), a padiglione, a mezzo padiglione, a cupola, a capanna, a due o tre acque, a terrazza, a piramide, a volta, a spiovente, a capriata di ferro o di legno; di lavagna, di lamiera, di zinco, di eternit, di embrici (a frate), di tegole (a doppio corso, semplici, curve, a canale = concave, a sfiatatoio), in lastre (di cemento, di amianto).
mettere il tetto, sfondare, riparare, rifare, salire sul tetto, abitare a tetto.
sgrondo = pendenza, travatura, cavalletto = capriata, comignolo = fumaiolo, scrimolo, canale di gronda, grondaia, gocciolatoio, compluvio, scarico, doccia, cornicione, spioventi = falde, lanterna, abbaino, pinnacolo = guglia, banderuola, embrice, trave.
Fig. — predicare sui tetti — avere messo il tetto — non avere né pane né tetto — cotto come un embrice — tetto natio, paterno — il tetto del disavanzo pubblico.
Prov. — quattrin sotto il tetto, quattrin benedetto — per S. Benedetto la rondine è sotto il tetto.

porta: telaio a muro, soprapporta, strombatura, cornice, architrave, stipiti, soglia, arpioni = gangheri = cardini, battenti, pannelli; porta scorrevole, porta a libro, portello, portone; campanello, serratura, chiave, toppa, maniglia, paletto, catenaccio, catena di sicurezza, spranga saliscendi, nasello, spioncino.

finestra = finestrino = finestrone = rosone = vetrata = lunetta = occhio di bue;
finta, tonda, invetriata, ferrata, architravata, impannata; a tetto, a frontone;
larga ⇔ stretta, interna ⇔ esterna, semplice ⇔ doppia.
chiudere, socchiudere, accostare, serrare, aprire, spalancare, affacciarsi.
telaio, strombatura, architrave, stipite, davanzale, gangheri = cardini, bandelle, impannata (lastre di vetro, mastice, telaio, battentatura, nottolino = nasello = monachetto, maniglia), imposte = scuri, persiana girevole (telaio, battenti, cardini, bandelle, stecche, gelosie), persiana scorrevole (rotaie, incavi), persiana avvolgibile (rullo, cassonetto, guide, cinghia), veneziana, tenda: mantovana, capriccio, riloga, tendina (cordone, orlo, frangia, cappi, nappe).
fila di finestre, riscontro di finestre; inferriata (vano, bastone): a mandorla, diritta, a corpo (a gabbia, inginocchiata).
Fig. — stare alla finestra — mettersi alla finestra — uscire dalla porta, entrare dalla finestra — buttare i soldi dalla finestra — mangiare la minestra o saltare dalla finestra.

balcone. balconata, ballatoio, verone, veranda, loggia, poggiolo; chiuso, ad angolo, a ringhiera; beccatello = mensola, ringhiera, sponda, transenna, parapetto, balaustra, sporto, pensilina, tettoia; terrazzo (a sbalzo, coperto).

materiali da rivestimento (v. **Tav. 28 Industria estrattiva**: *cava*)
pietra squadrata = **concio**: bugnato, strozzato, liscio, trapezoidale, curvo; travertino, tufo;
mattone: intero, sagomato, refrattario, consumato, arrotato, smosso, rotto; crudo ⇔ cotto; quadruccio, quadrello, tambellone;
marmo: (v. **Tav. 28 Industria estrattiva**: *marmo*); **intonaco**.
Fig. — avere un mattone sullo stomaco — quel film è un mattone — avere il cuore di marmo — metterci una pietra sopra — far ridere o piangere le pietre.

ambienti della casa

atrio: portone, zerbino = stuoino, guida, cassetta delle lettere, ascensore (pozzo = vano, cabina, guide, pattini di guida, cavo elettrico, fune di sospensione, contrappeso).

scala
interna ⇔ esterna, fissa ⇔ mobile, d'onore ⇔ di servizio; a pozzo, a chiocciola, a sdrucciolo, a pioli.
gradino = scalino, tromba = pozzo, rampa, pianerottolo, lucernario, ringhiera, corrimano, sottoscala.

anticamera = ingresso: attaccapanni, panca, cassapanca.

cucina (v. **Tav. 22 Alimentazione**: *pasto*)
acquaio = lavello = lavandino: rubinetto (chiavetta, cannella), pila, sgocciolatoio, gratella, buco, tubo di scarico, sifone; rastrelliera = scolapiatti — cappa: canna fumaria, aspiratore, tubo (gomito, valvola a farfalla), mensola — cucina economica: piastra, anelli, sportello di alimentazione, sportello di aerazione, sportello per la cenere, griglia, forno, caldaia, strumenti (paletta, molle, attizzatoio, soffietto, treppiedi, parafuoco, girarrosto, alare, catena) — cucina a gas: rubinetti = manopole, ugelli, diffusore, raccoglitore d'aria, supporto, bacinella estraibile = raccogligocce, forno (guide, griglia), termostato

— stufa: elettrica, a gas, a carbone — fornello: elettrico, a gas, a carbone — credenza: alzata, fondo, piano, ripiani, scompartimenti = cassetti, sportelli = ante:
elettrodomestici (V. **Tav. 26 Industria meccanica**: *prodotti dell'industria meccanica*)
frigorifero: termostato, congelatore, bacinelle per cubi di ghiaccio, bacinella per sbrinamento, mensole portauova, mensole per bottiglie, cassetti per frutta e verdura, griglie, pedale — lavatrice = lavabiancheria: manopola, programmatore, oblò, tamburo, filtro, pompa di scarico, tubo di scarico — lavastoviglie: scomparti, cestelli = contenitori, ventole rotanti, pompa lavaggio, pompa scarico — macchine elettriche: macinacaffè, tritacarne, spremiagrumi, tostapane, tostacaffè, frullatore — ferro da stiro: manico, piastra, resistenza, termostato;
utensili: pestello, mortaio, setaccio = staccio, spianatoio = matterello, spianatoia, spatola, rotella, mezzaluna, tagliere, filtro per il tè, colino, colabrodo, colapasta, spiedo = schidione, leccarda, graticola, macinino (manovella, ruota dentata, mola elicoidale), grattugia, affettauova, spremilimone, sbucciapatate, tritacarne (manovella, corpo, coltello rotante, trafila, disco forato), tritatutto, bilancia (piatto, peso scorrevole, scala graduata), appoggiapentola, pentola = pignatta, pentola a pressione, coperchio, casseruola, tegame, bollitore, paiolo, bollilatte, teglia = tortiera, testo, forma = stampo, padella, bricco, caffettiera (beccuccio, filtro), caffettiera moca (caldaietta, filtro a imbuto, piastrina filtro, raccogligocce, coperchio, guarnizione), trinciapollo, trinciante, batticarne, apriscatole, apribottiglie, cavatappi, imbuto, coprivivande, frusta, frullino, ramaiolo = mestolo, mestola (forata, schiumarola), palettina, forchettone, tinozza, catino, catinella, canovaccio;
tavolo: piano, fascia, cassetto, gambe, piedi;
sedia: spalliera = schienale, impagliatura, piano, gambe, intelaiatura (staggi, traverse).
Fig. — pestare l'acqua nel mortaio — qualcosa bolle in pentola — cadere dalla padella nella brace.
Prov. — il diavolo fa le pentole, ma non i coperchi — dura più una pentola fessa che una sana.

sala da pranzo = stanza da pranzo, tinello tavolo, sedie, credenza = buffet, carrello portavivande.
vasellame = stoviglie: piatto (tondo, ovale, fondo = scodella = fondina, piattino); tazza (da brodo = ciotola, da tè, da caffè = chicchera, da latte = tazzone); vasellame di servizio: vassoio, antipastiera, pesciaiola, insalatiera, formaggiera, burriera, salsiera, zuppiera, lattiera, portadolci, fruttiera; portampolle (saliera, oliera), portafiaschi, portastecchini, teiera, caffettiera = bricco = cuccuma, zuccheriera; cristalleria: bicchiere da vino, da acqua, da mezzovino, da liquore, da spumante = coppa, da birra = gotto, a calice, a coppa; boccale, grolla, bottiglia, boccia, brocca = caraffa, fiasco;
posate: cucchiaio, forchetta (manico, punte = rebbi), coltello (lama, ghiera, codolo, manico), cucchiaione, cucchiaino, forchettone, mestolo, ramaiolo, tagliapesce, molle, paletta, spadino;
biancheria: tovaglia, tovagliolo (portatovagliolo), centrino.
Fig. — tener tavola — avere il coltello per il manico — essere una buona forchetta — parlare in punta di forchetta — raccogliere uno con il cucchiaio — affogare in un bicchier d'acqua.
Prov. — a tavola non s'invecchia.

salotto sofà = divano = canapè (testata, spalliera, sedile, braccioli, cuscini, tomboli, fascia, piedi), poltrona (poggiatesta, origlieri, schienale, sedile, braccioli, piede), panchetta, seggiolone, sedia a dondolo, scranno, sgabello, trumeau, consolle, specchiera, quadro, tappeto (trama, bordo, frangia).
Fig. — ottenere una poltrona — aspirare a una poltrona — mettere una questione sul tappeto.

stanza da bagno vasca da bagno (rubinetteria; doccia a mano, tubazione flessibile, impugnatura, bulbo forato; tubo di troppopieno, tubo di scarico), lavandino = lavabo (rubinetteria, leva del tappo, troppopieno, tubo di scarico, sifone, mensole, piede), gabinetto = water closet (tazza, piede del vaso, tavoletta = sedile, coperchio, tubo di scarico, sifone, cassetta, sciacquone, leva per tiraggio, catena, impugnatura), bidè, nicchia per la doccia, doccia da parete, doccia da soffitto, vaschetta per la doccia, scaldabagno elettrico (serbatoio, tubo d'ingresso dell'acqua, tubo di uscita dell'acqua, valvole, spia), scaldabagno a gas (bruciatore, ugelli, dispositivo di sicurezza e di regolazione), portasapone, portabicchieri, portasciugamani.

ripostiglio aspirapolvere, battitappeto, lucidatrice, scopa = granata, scopa elettrica, redazza, ramazza, spazzolone, spazzola a manico, piumino, strofinaccio, secchio, bidone, pattumiera, paletta, scala a libro, cesta, pinzette = mollette, asse da stiro.
Fig. — essere di ramazza — essere comandante di ramazza.
Prov. — granata nuova spazza bene tre giorni.

camera da letto letto: piedi, gambe, spalliere (testata), saccone elastico, rete metallica, materassi (traliccio, lana, crine vegetale, gommapiuma permaflex), pagliericcio = saccone, divano letto, ottomana; cassettone = comò = canterano; armadio = guardaroba: fondo, fiancate, sportelli, piedi, palchetti = ripiani; comodino, guanciale = cuscino; biancheria: lenzuolo (orli, risvolto), federa, coperta = coltre, imbottitura = trapunta, piumino, copripiedi, copriletto.
Fig. — essere inchiodato nel letto — essere in un letto di rose — dormire tra due cuscini.

studio — libreria: montanti, palchetti, mensole; scaffale, scansia — scrivania: armadietto (cassetti, scompartimenti), ribalta (leggio, tiranti), pedana — macchina per scrivere: carrello (marginatori, frizione, leva liberacarrello, leva dell'interlinea, telaio reggicarta, leva liberacarta, rullo), guidacaratteri, nastro, forcella, martelletti, bobine, leva del bicolore, tastiera (tasti del tabulatore, tasti delle maiuscole, tasto fissamaiuscole, tasto del ritorno, tasto liberamargine), barra spaziatrice — magnetofono = registratore: microfono, nastro, bobine, cassette, regolatore di potenza, regolatore di tonalità, tasto di registrazione, tasto di riproduzione, tasto di arresto, tasto di cancellazione, tasto di avanzamento, tasto di riavvolgimento.

soffitta = solaio: scala a pioli (staggi, pioli), serramento ribaltabile (lucchetto), botola, tramezzo divisorio = assito, mansarda, abbaino, tetto.

apparecchi — apparecchio radioricevente = radio, televisore (V. **Tav. 17 Radio-televisione**), apparecchio telefonico = telefono (V. **Tav. 7 Edifici di pubblico interesse**: *telefono*), giradischi (V. **Tav. 26 Industria meccanica**: *prodotti dell'industria meccanica*): châssis, piatto, albero, fonorivelatore = pick-up, braccio, cambio di velocità, comando per la ripetizione, leva di messa in marcia, leva di arresto, cambiadischi automatico.

Tav. 7 EDIFICI DI PUBBLICO INTERESSE

municipio, comune
piccolo, medio, grande, capoluogo di provincia, diviso in circoscrizioni; urbano ⇔ rurale, montano; consorziato.
uffici comunali, albo, servizi di stato civile = anagrafe, delegazioni = circoscrizioni, esattoria comunale, tesoreria, archivio; polizia urbana, nettezza urbana; demanio.
consiglio comunale, giunta, assessore, sindaco, commissario prefettizio; segretario, messo, usciere.

altri edifici pubblici
prefettura, questura, pretura, tribunale, prigione = carcere, ospedale; biblioteca, museo, galleria.

giardino pubblico, parco, villa
boscoso, prativo, all'inglese, all'italiana, alla francese, centrale ⇔ periferico, curato ⇔ mal tenuto.
muro di cinta, cancello, ingresso, viale, vialetto, viottolo, sentiero, aiola, prato, siepe, pergolato, arbusto, albero, bosco, fontana, zampillo, sedile = panchina, uccelliera; spazio aperto, campo sportivo, maneggio.
orto botanico; giardino zoologico.
giardiniere, custode.
Fig. — L'Italia è il giardino d'Europa.

edificio scolastico
moderno, funzionale, severo, insufficiente.
aula = **classe**: lavagna (cancellino, gesso), cattedra, predella = pedana, banco (sedile ribaltabile, spalliera, calamaio), tavolino, carta geografica murale, mappamondo, armadio, bibliotechina di classe.
biblioteca, laboratorio; palestra; presidenza, segreteria.

scuola statale, provinciale, comunale, pareggiata, parificata = legalmente riconosciuta; mista = promiscua; obbligatoria = dell'obbligo; religiosa = ecclesiastica, parrocchiale; nido, asilo d'infanzia = scuola materna = preparatoria, elementare, media, ginnasiale, liceale, magistrale, tecnica, professionale, politecnica, normale, accademica, universitaria; primaria, secondaria; internazionale, europea; militare, carceraria; per corrispondenza;
pubblica ⇔ privata, inferiore ⇔ superiore, maschile ⇔ femminile, diurna ⇔ serale, rurale ⇔ urbana, laica ⇔ confessionale; scuola speciale.
materia, lezione, lavoro di gruppo, lavoro interdisciplinare; assemblea, collettivo, attivo.
Fig. — la scuola del sacrificio, del dolore — andare a scuola da qualcuno.
Prov. — impariamo per la vita non per la scuola.

ufficio postale

posta ordinaria, aerea, pneumatica.
impostare = imbucare, avviare = istradare, spedire, indirizzare; affrancare, tassare, smistare, timbrare, distribuire, consegnare, recapitare, ritirare, respingere, cestinare.
ufficio postale, impiegato, portalettere = postino, procaccia, portapacchi, marconista, telegrafista, postelegrafonico, radiotelegrafista.
servizi e operazioni nell'ufficio postale — sportelli: dei pacchi (bilancia pesapacchi; etichetta, sigillo, talloncino, bollettino di spedizione; pacco postale, manoscritti aperti con o senza lettera, stampe, campione senza valore; valore dichiarato, franchigia, raccomandazione, assicurazione, espresso, tariffa ridotta ⇔ normale, spedizione, ricevuta), per la vendita dei francobolli e dei valori bollati (pesalettere; foglio dei francobolli, marche da bollo, carta bollata, stampato, modulo per conto corrente, modulo per vaglia postale), dei versamenti (pagamento pensioni, vaglia, raccomandate, conto corrente postale; causale del versamento), dei telegrammi (cablogramma, marconigramma, radiotelegramma, telegramma; modulo per telegramma) — casella postale = casellario (fermo posta) — buca = cassetta per le lettere — ritiro della posta (levata; sacco, plico fuorisacco, furgoncino; ora di levata) — smistamento — spedizione: timbratura, inoltro, distribuzione (con urgenza, con precedenza).

lettera = epistola = missiva
semplice, assicurata, raccomandata; affrancata, tassata, giacente = ferma in posta.
dettare, scrivere, mandare, ricevere, arrivare, leggere, rispondere, firmare, datare.
indirizzo, destinatario, mittente, numero di codice, affrancatura (per l'interno ⇔ per l'estero; francobollo ordinario ⇔ commemorativo; soprattassa di beneficenza);
biglietto postale, cartolina (illustrata, postale con o senza risposta pagata, doppia), stampe (fascetta), manoscritto (aperto, raccomandato con o senza lettera), espresso, vaglia (postale, telegrafico), postagiro.

telegrafo, pantelegrafo, radiotelegrafo, radiotelescrivente, telescrivente (v. **Tav. 17 Radio-televisione**).
fare, compilare, dettare un telegramma; telegrafare, trasmettere, marconigrafare.

telefono, citofono.
formare, comporre il numero; essere in linea, stare al telefono; parlare, telefonare, chiamare; ricevere una telefonata; fare, dare un colpo di telefono.
telefonata (urbana ⇔ interurbana, breve ⇔ lunga), chiamata (normale, urgente, urgentissima, con preavviso, con prenotazione, in teleselezione), appuntamento telefonico, conversazione, intercettazione, contatto; numero, prefisso, segnale acustico, pronto, libero, occupato; tariffa (a contatore, a forfait; unità telefonica); guida = elenco telefonico, elenco telefonico per categorie = pagine gialle, elenco telefonico stradale; abbonato, utente, coutente; centralino, centralinista, telefonista, segreteria telefonica, teleselezione, distretto telefonico.
posto telefonico pubblico: cabina telefonica, telefono a gettone, gettone.
impianto telefonico: singolo, duplex, interno, a spina, a centralino; apparecchio principale, apparecchio addizionale, derivazione semplice; impianti intercomunicanti.
Fig. — suppli al telefono.

banca
banco, monte; cassa, sportello; listino (dei corsi = di borsa, dei cambi, dei prezzi); cassetta di sicurezza.
affidare, depositare, versare, ritirare, riscuotere, scontare, scomputare, aprire, chiudere un conto = una partita.

deposito fiduciario, garantito, cauzionario, circolare, pecuniario, bancario; per affare, di cassa;
vero = reale ⇔ fittizio, ordinario ⇔ straordinario, regolare ⇔ irregolare.
depositante, depositario, risparmiatore, versamento, prelievo, rimborso, estinzione, saldo, scoperto; interesse maturato, liquidazione degli interessi.

credito bancario, ipotecario, fondiario, agrario.

sconto bancario, commerciale, cambiario, finanziario, mercantile, razionale.
Fig. — scontare i propri peccati.

interesse semplice, continuo, composto, maturato, nominale = virtuale; attivo ⇔ passivo, legale ⇔ usurario.
saggio = tasso di interesse.

assegno bancario, circolare, trasferito, girato, domiciliato, retrodatato ⇔ postdatato, estinto; trasferibile ⇔ non trasferibile = sbarrato; a vista, a vuoto = allo scoperto, a taglio limitato, a copertura garantita, in bianco.

cambiale bancabile, commutabile, girabile; avallata, girata, insoluta, pagata, protestata; finanziata, commerciale, ipotecaria, pignoratizia; in sofferenza, all'incasso; effetto, carta-foglio, farfalla, rata, tratta; pagamento, presentazione, proroga, protesto.

borsa
debole, buona, sostenuta, oscillante, fluttuante; ferma ⇔ instabile.
giocare, comprare, vendere, svendere, rialzare, ribassare, quotare, trattare, speculare, frequentare la borsa.
valori, titoli, merci; piccola borsa, borsa nera; mercato (languido, fiacco, fermo, morto, sostenuto; interno ⇔ esterno, libero = aperto ⇔ chiuso = regolato), agente, mediatore, negoziatore, commissionario, speculatore; andamento, apertura, chiusura, orario, calendario, gioco, quotazione, collasso, negoziazione, contrattazione, aggiotaggio.

moneta = valuta metallica, cartacea; falsa = contraffatta, spicciola, contante = corrente, sonante, liquida, effettiva; banconota;
legale ⇔ abusiva, ideale ⇔ reale, forte ⇔ debole, buona ⇔ cattiva, perfetta ⇔ imperfetta, di grosso taglio ⇔ di piccolo taglio.
zecca, coniazione, emissione, circolazione, corso (legale ⇔ forzoso).
Fig. — pagare con la stessa moneta — prendere per buona moneta.
Prov. — il tempo è denaro — la moneta cattiva caccia la buona.

cambio vantaggioso ⇔ svantaggioso, favorevole ⇔ sfavorevole, diretto ⇔ indiretto, certo = fisso ⇔ incerto = variabile, ufficiale ⇔ libero, esterno ⇔ interno, manuale ⇔ traiettizio.

azione ordinaria, postergata, preferenziale = privilegiata, nominativa.
ripartizione degli utili, residuo, dividendo, interessenza,

partecipazione, diritto di prelazione sugli utili; girata, incetta, trasferimento, nominatività, pacchetto azionario; cedola, cedolare (secca, d'acconto).
cartella (fondiaria, di rendita), obbligazione, — del debito pubblico (consolidato ⇔ fluttuante, redimibile ⇔ irredimibile), buoni del tesoro.

luoghi di culto
chiesa, tempio, moschea, pagoda (indiana, birmana, cinese, giapponese), sinagoga;
chiesa cristiana: cattolica, protestante;
abbazia = badia, certosa, basilica, cattedrale = duomo = matrice, collegiata, parrocchia = pieve, santuario; cappella, cappelletta, edicola; battistero.
erigere, dedicare, consacrare, sconsacrare, profanare = violare, riconsacrare; parare, addobbare; aprire una chiesa al culto, officiare.
esterno della chiesa: sagrato, portico, protiro, nartece, portale, porta, rosone, guglia, campanile, cupola, abside, vetrata.
interno della chiesa: navata (centrale, laterale), transetto, iconostasi, balaustra, presbiterio, abside, arco trionfale, cantoria, coro, stallo, scanno, matroneo, cappella, cripta, sacello, altare (mensa, predella, ciborio = tabernacolo, baldacchino), acquasantiera, fonte battesimale, confessionale, pulpito = pèrgamo = ambone, cero pasquale, cassetta per elemosine, affresco, lunetta, quadro, statua, ex voto, banchi, inginocchiatoio.
Fig. — essere di chiesa — essere tutto casa e chiesa — consumare le panche della chiesa — mettere qualcuno sugli altari — scoprire gli altarini.
campanile = torre campanaria
girato, svettante, isolato, tozzo, massiccio, mutilato, smantellato; a vela;
dritto ⇔ pendente, rotondo ⇔ quadrato.
parti del campanile: cella campanaria, feritoie, pinnacolo = guglia = cuspide, banderuola = ventarola; campane, orologio.
Fig. — campanile — campanilismo — non veder più in là del proprio campanile — lanciare campanili — lungo, alto come un campanile — tiro a campanile.
campana argentina, squillante, grave, cupa; legare, sciogliere; scampanare, squillare, sonare (a messa, a predica, a vespro, a festa, a gloria, a morto, a martello, a fuoco, a distesa, a stormo);
tocco, rintocco, squillo; scampanio, concerto di campane;
parti della campana: martello, cicogna, bilichi, corona, bocca, penna, battente, fascia, culatta, battaglio (pera, occhio = maniglia), castello.
Fig. — sentire tutte e due le campane — sentire una sola campana — vivere sotto una campana di vetro.

culto religioso ⇔ profano, permesso ⇔ proibito, ufficiale ⇔ tollerato, cattolico ⇔ acattolico, privato ⇔ pubblico.
essere osservante del culto, esercitare gli atti del culto; adorare, venerare, ringraziare, propiziarsi la divinità.
festa, cerimonia, calendario liturgico, liturgia (romana, ambrosiana, armena, copta, gallicana, greca, illirica, ortodossa, slava; di rito romano, ambrosiano), messa, preghiera, catechismo.
Fig. — culto della famiglia, della patria, delle memorie, delle tradizioni, della libertà, della bellezza, dell'amicizia, della buona tavola.
Prov. — sbaglia anche il prete a dir messa.

Tav. 8 NEGOZI

negozio
bottega, spaccio, emporio, mercato, supermercato, grande magazzino, esercizio, boutique, bazar, bancarella;
attrezzato, fornito, bene avviato, fallimentare; frequentato; accreditato ⇔ screditato.
aprire un negozio, gestire = esercire un negozio; andare a bottega, tenere bottega, mandare avanti la bottega, chiudere bottega; avviare un commercio; impacchettare, servire, vendere (all'ingrosso, al dettaglio = al minuto).
negozio a catena, vendita, rivendita, deposito, laboratorio, magazzino, fondaco, azienda, distributore automatico.
gestione: commercio, mercanteggiamento, contrattazione, patteggiamento, scambio, baratto, smercio, speculazione, affare, accaparramento, approvvigionamento, mediazione, traffico, maneggio, trattativa; avviamento, concorrenza, guadagno, perdita, rimessa, percentuale, prezzo (fisso, unico, d'occasione), scelta, liquidazione, forfait, listino; appalto, gerenza; ordinativo, scorta = provvista, marca.
entrata (ingresso libero), insegna luminosa, cartello, imposte, vetrina, mostra, esposizione, illuminazione al neon, slogan; banco cassa, bilancia, scaffale, bacheca, espositori; mercanzia, scampolo, assortimento; magazzino, deposito, retrobottega, ripostiglio, succursale; bottegaio, commerciante, esercente, negoziante, conduttore, gerente, rivenditore, rivendugliolo, rigattiere, mercante, merciaio, ambulante, piazzista, affarista, grossista; fattorino, garzone, apprendista, inserviente, commesso, banconiere = banchista, cassiere; avventore, compratore = acquirente, cliente.

negozi di vendita generi alimentari = commestibili = derrate (v. **Tav. 22 Alimentazione**): panetteria = panificio = forno = vapoforno = prestino, pastificio, macelleria = macellaio = beccheria, polleria = pollivendolo = pollaiolo, salumeria = pizzicheria = salsamenteria = norcineria, pescheria = pescivendolo, drogheria = spezieria, frutteria = fruttivendolo = fruttaiolo = erbivendolo = ortolano = ortofrutta, latticini, latteria = cremeria = gelateria, pasticceria, bar, caffè = torrefazione, mescita = bottiglieria = fiaschetteria = vinaio (v. **Tav. 23 Bevande**); rosticceria, pizzeria, friggitoria; abbigliamento, confezioni = mode, cappelleria = cappellaio = modista, sartoria, pellicceria, pelletteria, camiceria, guantaio, calzoleria = calzolaio, pantofoleria, drapperia = tessuti (v. **Tav. 24 Abbigliamento**);
parrucchiere = barbiere, profumeria; estetica, cosmetica;
tintoria = elettrolavaggio = lavanderia, stireria; arredamento, mobili, tappezzeria, falegnameria, ebanista, antiquariato, ferramenta, articoli casalinghi, elettricista, elettrodomestici, vetreria, materie plastiche (v. **Tav. 6 Casa**);
libreria, cartolibreria, cartoleria, cartotecnica, legatoria, copisteria, fotocopie, giornalaio = edicola (v. **Tav. 29 Industria editoriale**); tabaccheria = rivendita di tabacchi = spaccio = generi di monopolio (sale, chinino di stato, tabacchi, sigaro, sigaretta, fiammifero = cerino = zolfanello, pipa, francobollo, marca da bollo, carta da bollo); sigaraio = tabacchino = tabaccaio;
farmacia, articoli sanitari; gioielleria, chincaglieria = bigiotteria, orologeria;
fioraio = fiorista (v. **Tav. 11 Albero**);
ottica, fotografia, fotoottica;
armeria = coltelleria;
articoli sportivi, caccia e pesca (v. **Tav. 18 Sport**);
autoaccessori, autoriparazioni, elettrauto;
strumenti musicali, dischi, discoteca.

Tav. 9 CLIMA

tempo sereno, mite, splendido, umido, piovoso, ventoso, nevoso;
primaverile, estivo, autunnale, invernale;
bello ⇔ brutto, clemente ⇔ inclemente, stabile ⇔ incostante = incerto = variabile.
esserci o avere bel tempo o cattivo tempo, rimettersi del tempo, chiudersi del tempo, rompersi del tempo.
Fig. — fare il bello e il cattivo tempo.
Prov. — rosso di sera buon tempo si spera.

clima caldo ⇔ freddo, rigido; marittimo ⇔ continentale, umido ⇔ asciutto = secco, sano ⇔ malsano, mite = dolce ⇔ aspro = crudo.
influire; acclimatarsi = acclimarsi, vivere in un nuovo clima, cambiare clima.
asprezza, mitezza del clima; stazione, cura climatica.
Fig. — clima storico, tragico, lirico, fosco.

meteorologia scientifica, strumentale, climatologica, sinottica; prevedere, misurare, indicare, informare, trasmettere.
condizione, vicenda, perturbazione; stagione, annata; alba, aurora, crepuscolo, tramonto; arcobaleno, eclisse;

stato del cielo (precipitazione, nuvolosità), radiazione solare.
stazione meteorologica = **osservatorio**: strumenti di misura (eliofanografo, evaporimetro Galli, termometri a massima e a minima, barometro, barografo, igrometro, termografo, termoigrografo, psicrometro, pluviometro, pluviografo, attinometro, anemometro, bussola, nefoscopio, radio sonda, radiogoniometro, ionosonda, pallone ad idrogeno, trasmettitore a onde corte, radar), carta climatica (isallobara, isalloterma, isobara, isoterma, area di bassa pressione, area di alta pressione); meteorologo; previsione del tempo, informazione, bollettino meteorologico, servizio per la previsione del tempo.

aria (v. **Tav. 27 Industria chimica**: *aria*) polverosa, viziata, satura, afosa; fresca, pungente = frizzante; nativa, vivificatrice, uggiosa; compressa, condizionata, gassata, ossigenata, liquida;
calda ⇔ fredda, umida ⇔ asciutta, pura ⇔ inquinata, nitida = trasparente = limpida ⇔ opaca, sana = salubre ⇔ malsana = insalubre.
respirare, purificare, ossigenare, ozonizzare, condizionare, riscaldare, refrigerare, saturare, comprimere, viziare, inquinare.
mefite, miasma, malaria; afa, calma, offuscamento, rarefazione; temperatura, stato igrometrico; filo = soffio = spiffero d'aria, corrente, folata, boccata, bolla.
Fig. — parole campate in aria — fare castelli in aria — mandare all'aria un progetto — cambiare aria.

atmosfera naturale, fluida, irritante, velenosa, deleteria, asfissiante.
rarefarsi, condensarsi; azotare; salire, scendere, oscillare della pressione, tensione, rarefazione, liquefazione, combinazione, decomposizione, combustione.
troposfera, stratosfera, ionosfera, esosfera, chemosfera.
variazione della temperatura, misurazione della temperatura (termometro a massima ⇔ a minima), escursione termica (diurna, mensile, annua), isoterme; distribuzione della temperatura (media diurna, media mensile, media stagionale; media annua).
pressione atmosferica: alta ⇔ bassa; misurazione della pressione (barometro a mercurio, metallico, olosferico, a sifone), altezza barometrica, colonna barometrica, gradiente barometrico; isobare.
fenomeni atmosferici: vento, umidità, precipitazioni = idrometeore, scariche elettriche.
Fig. — atmosfera tragica, lirica, surreale.

vento fresco, disteso, gagliardo, impetuoso; umido ⇔ secco, caldo ⇔ freddo.
spirare = alitare, soffiare, sibilare = fischiare, alzarsi, mulinare, cambiare, cessare, rinfrescare, infuriare, scatenarsi, stormire;
inversione del vento, mulinello, colpo di vento; vento di prora, vento di poppa; mulino a vento.
direzione del vento = rosa dei venti: tramontana, greco, levante, scirocco, mezzogiorno, libeccio (libecciata), ponente = ponentino, maestro (maestrale).
tipi di vento — costanti: alisei, contralisei — periodici: monsoni (estivi ⇔ invernali), brezza (di mare ⇔ di terra, di valle = anabatica ⇔ di monte = catabatica) — variabili: bora (scura ⇔ chiara), maestrale, tramontana, libeccio, desertico (simun, shamsin, ghibli, scirocco), favonio; ciclone (tropicale, extratropicale; uragano, tifone, tornado, tromba marina o d'aria).
Fig. — vento di fronda — pascere di vento — parole al vento — perdere la tramontana.
Prov. — chi semina vento raccoglie tempesta.

idrosfera (v. **Tav. 10 Ambiente naturale**: *fiume, lago*; e **Tav. 13 Mare**)

nube = nuvola = nembo
bigia = grigia = cenerognola, dorata, infuocata, rossastra; minacciosa, procellosa; sparsa, vagabonda; a cappuccio, lenticolare, a bandiera, a imbuto, d'ostacolo, a sviluppo verticale (alta ⇔ bassa; cumulo, cumulo-nembo), alta (cirro, cirrostrato, cirrocumulo = a pecorelle) media (alto-strato, alto-cumulo), bassa (nembo-strato, banco di nubi, cumulo).
addensarsi; annuvolarsi, intorbidarsi, rabbuiarsi, rabbruscarsi, rompere, rasserenarsi, sgombrarsi, aprirsi, squarciare, dissipare, schiarirsi.
nube di fumo, nembo di polvere; grado di nuvolosità, annuvolamento, cielo nuvoloso = coperto, cielo poco nuvoloso = semicoperto, cielo senza nubi = chiaro = sereno; nubifragio.
umidità: assoluta ⇔ relativa; igrometria (igrometro a capello o a condensazione, igroscopio, psicometro a ventilazione).
Fig. — cascare dalle nuvole — andar per le nuvole — scacciare ogni nube.
Prov. — cielo a pecorelle, acqua a catinelle.

pioggia = piova
abbondante, torrenziale, dirotta, impetuosa, improvvisa, devastatrice; a cateratte, a catinelle, a dirotto; minuta, leggera, fitta, greve; ristoratrice, rinfrescante.
piovere, piovigginare, strapiovere, diluviare, scrosciare, grondare, stillare, spiovere = cessare di piovere.
pioggia fine = pioviggine, piovasco = rovescio = acquazzone, turbine, tempesta, temporale, nubifragio, diluvio.
strumenti di misurazione: pluviometro, pluviografo a galleggiante.
Fig. — pioggia di fiori, di sassi, di fuoco; interventi a pioggia.

neve (v. **Tav. 14 Montagna**: *ghiacciaio, nevaio*) soffice, farinosa, gelata; persistente, perenne.
fioccare, nevicare, cadere, mulinare; accumularsi, sciogliersi = squagliarsi; spalare, spazzare, togliere.
nevischio, nevicata, nevaio; gelo; valanga, palla di neve, fantoccio di neve, manto di neve; nivometro.
Fig. — fioccano le punizioni, i rimproveri.
Prov. — anno di neve, anno di bene — sott'acqua fame, e sotto neve pane.

grandine secca ⇔ mista a pioggia, grossa ⇔ minuta, sferoidale ⇔ irregolare.
grandinare, battere = percuotere, devastare.
globulo = chicco = granello; grandinifugo, artiglieria antigrandine; pioggia grandinosa.

rugiada guazza, gelo notturno, brina (traslucida, vetrosa; brinata; brinare, sbrinare).

fulmine = saetta, lampo = baleno = folgore, tuono.
saettare, balenare, guizzare, fulminare, lampeggiare, tuonare, brontolare, cadere.
Fig. — cadere come un fulmine a ciel sereno — avere un lampo di genio — correre come un lampo.

Tav. 10 AMBIENTE NATURALE

ambiente naturale = fisico
acquatico: marino, delle acque interne (fiumi, laghi, paludi, stagni); terrestre: desertico, dei terreni coltivati, degli abitati.
modificare, alterare, mutare, trasformare; ambientarsi, acclimatarsi, abituarsi, adattarsi.
ecologia; conservazione dell'ambiente, parco naturale, parco nazionale, riserva naturalistica.

terra

ere geologiche primitivo = archeozoico (arcaico, algonchiano); primario = paleozoico (cambriano, siluriano, devoniano, carbonifero, permiano); secondario = mesozoico (triassico, giurassico, cretaceo); terziario = cenozoico: paleogene (eocene, oligocene), neogene (miocene, pliocene); quaternario = neozoico (pleistocene, olocene).
affioramento, bradisismo, cataclisma, cordoni litorali, deposito, diaclasi, erosione, fenomeni carsici, fenomeni sismici, fenomeni vulcanici, fessurazione, glaciazione, grotta, orogenesi, petrogenesi, piega, precipitazioni atmosferiche, roccia, sedimento, stratificazione, strato.

mare (v. **Tav. 13 Mare**)

fiume fiumara, torrente, ruscello, rio, canale; fiumana; affluente, subaffluente, tributario; aurifero, ghiaioso, melmoso, grosso = gonfio, profondo, tortuoso = serpeggiante = sinuoso, maestoso; artificiale; navigabile;

emissario ⇔ immissario, oceanico ⇔ continentale, guadabile ⇔ inguadabile;
sorgente, letto = alveo, ansa, meandro, foce (delta, estuario); bacino.
nascere, fluire, defluire, scaturire, sgorgare; finire, affluire, confluire, sboccare, sfociare, versarsi; bagnare, diramarsi, ghiacciare, gonfiare, irrigare, inondare, perdersi, serpeggiare, straripare; arginare, disarginare, inalveare, imbrigliare, interrare, guadare, tagliare la corrente, traghettare.
Fig. — un fiume di parole — una fiumana di gente.

lago stagno, pelaghetto, gora, laguna, palude;
vulcanico, carsico, tettonico di sprofondamento, intermorenico, glaciale, di sbarramento; chiuso, intermittente; navigabile;
naturale ⇔ artificiale, temporaneo ⇔ permanente.
dilagare, allagare, straripare, stagnare.
specchio, riva, pelo dell'acqua; pontile, imbarcatoio, palafitte; piena, risacca, risucchio, sessa.
Fig. — un lago di sangue, di sudore.

monte (V. **Tav. 14 Montagna**)

bosco (V. **Tav. 11 Albero** e **Tav. 14 Montagna**: *silvicoltura*) d'alto fusto, ceduo, di latifoglie, di aghifoglie, misto; rigoglioso ⇔ spoglio, folto ⇔ rado, giovane ⇔ secolare, puro ⇔ misto, demaniale ⇔ privato.
piantare, abbattere, atterrare, infoltire ⇔ sfoltire, tagliare, scapezzare, tenere a ceppaia, rimboscare ⇔ diboscare, imboscarsi.
abetaia, abetina, acereto, cipresseto, lecceto, pineta, palmeto, querceto, olmeto, gelseto, saliceto, carpineta, castagneto, faggeta, pioppeto, oliveto; soprasuolo, sottobosco; cespuglio, fratta, matricina, pollone; radura, roveto, forteto, stipa; silvicoltura (semenzaio, vivaio, piantonaio), rimboschimento ⇔ diboscamento, scapezzamento, taglio, atterramento: legnatico, macchiatico; silvicoltore, boscaiolo, guardaboschi, taglialegna (V. **Tav. 11 Albero**: *fiore* e **Tav. 14 Montagna**: *vegetazione montana*).
Fig. — portare legna al bosco — selva di capelli — darsi, stampare alla macchia — uccel di bosco — imboscarsi.

foresta folta, intricata, impraticabile; equatoriale, subequatoriale = a galleria, tropicale, mediterranea, boreale;
patrimonio forestale, demanio forestale, leggi forestali, vincolo forestale; guardia forestale, ispettore forestale.
Fig. — il re della foresta, il richiamo della foresta.

prato prateria, pascolo;
verde, fiorito;
naturale ⇔ coltivato, artificiale, permanente = stabile = poliennale ⇔ alterno = annuo.
appratire, formare un prato, disfare, rompere, infittire, svecchiare, ringiovanire, coltivare, seminare, irrigare, mettere a prato.
praticoltura, irrigazione (V. **Tav. 15 Lavori agricoli**: *irrigazione*);
foraggio: biada, fieno; strame
fresco ⇔ conservato = insilato, naturale ⇔ sintetico.
falciare, spargere, far essiccare, raccogliere, riporre, ravviare, rastrellare, tagliare, imballare; foraggiare, biadare, affienare, strameggiare.
taglio, bica, covone, mucchio, forcata; falce fienaia, forca, raccattafieno, voltafieno, trinciaforaggi; fienile, silo.
erbe da foraggio: achillea, medica, ginestra, lupinella, trifoglio, tribolo, veccia, segale, orzo selvatico, cicerchia, poa, sagginella, salvastrella.
Fig. — foraggiare un partito politico.

deserto, landa, steppa
sabbioso, ghiaioso, dunoso, roccioso.
attraversare, esplorare, inoltrarsi, sostare, entrare; formare una carovana.
miraggio = fata morgana; carovana, carovaniera, pista; carovaniere, cammelliere, cammello, dromedario; duna, ghibli, simun, uadi (plur. uidian), oasi, palmeto.
Fig. — a quell'ora la piazza era un deserto — parlare, predicare al deserto — voce nel deserto.

Tav. 11 ALBERO

albero (V. **Tav. 15 Lavori agricoli**: *arboricoltura*)
selvatico = spontaneo; nodoso, ombroso, foglioso, ramificato, radicato, abbarbicato, ornamentale, resinoso; secolare, d'alto fusto, di medio fusto, a cespuglio, da foglia, da frutto, d'ornamento, da legno, di serra;
indigeno = nostrano ⇔ esotico, nano ⇔ gigante, alto ⇔ basso, contorto ⇔ diritto, produttivo ⇔ improduttivo, fruttifero ⇔ sterile, raro ⇔ comune, chiomato = frondoso ⇔ spoglio = sfrondato, annoso ⇔ giovane, verdeggiante ⇔ secco, a foglie caduche ⇔ sempreverde.
piantare, innestare, adattare, disinfettare, tagliare, abbattere, segare, sradicare = divellere = estirpare; mondare, svettare, scoronare, scapitozzare, sbarbicare, sfrondare, scalzare, sperticare, scortecciare, sbroccare; rinverdire, ramificare, fiorire, infogliare, ingemmare, germogliare, fruttificare, produrre, vegetare, intristire, intisichire, seccarsi, curvarsi, spogliarsi, tallire, allignare = attecchire.
arbusto = frutice, suffrutice; chioma (folta, verdeggiante, lussureggiante, ombrosa), fogliame, fronda; alberета.
Fig. — albero motore, albero di trasmissione, albero distributore; albero genealogico, della cuccagna — avere l'albero dai frutti d'oro.
Prov. — per un colpo non cade l'albero.

foglia
spuntare, nascere, ingiallire, cadere, mettere le foglie = fogliare.
parti della foglia: lamina = lembo (aghiforme, lineare, bislunga = ovale = obovata, setta = fida = partita, lanceolata, arrotondata, aguzzata, marginata, cuoriforme, cuneiforme, spiniforme, laciniata — nervatura: palminervia, penninervia, parallelinervia), margine (dentato, seghettato, spinificato), picciuolo, peluria, struttura (epidermide, tessuto a palizzata, parenchima lacunare, cuticola, stomi), base (stipola, guaina).
Fig. — il cadere delle foglie — mangiare la foglia.
Prov. — non cade foglia che Dio non voglia.

ramo
spezzare, schiantare i rami.
Fig. — non è il suo ramo — specializzarsi in un certo ramo.
Prov. — ramo corto vendemmia lunga.

fusto = tronco
legnoso, carnoso, nodoso, globuloso, glabro, spinoso, volubile.
struttura: primaria (epidermide, corteccia primaria, cilindro centrale, fasci fibrovascolari, vasi cribosi, vasi legnosi, trachee, tracheidi, parenchima midollare), secondaria (sughero, lenticelle, felloderma, fellogeno, libro, cambio, legno, alburno = durame, midollo);
legno: docile, venato, sbucciato, fibroso.
Fig. — non passar oltre la corteccia — essere un tronco — testa di legno.

radice = radichetta = barbicaia
fascicolata, affastellata, avventizia, terrestre, aerea, tabulare, respiratoria, carnosa, fibrosa, dormiente, principale = maestra = a fittone.
radicarsi = mettere, prendere radici; tagliare, scoprire, sradicare.
parti della radice: velo radicale, cuffia, barba, pelo assorbente, fasci fibrovascolari.
ramificazione, metamorfosi della radice.
Fig. — mettere le radici al sole — la prima radice del male — curare il male alla radice.
Prov. — quando la radice è tagliata le foglie se ne vanno.

bosco (V. **Tav. 10 Ambiente naturale**: *bosco* e **Tav. 14 Montagna**: *vegetazione montana, silvicoltura*)

foresta (V. **Tav. 10 Ambiente naturale**: *foresta*)

fiore
odoroso ⇔ inodoro, selvatico ⇔ coltivato, fresco ⇔ secco, chiuso ⇔ spampanato, vizzo ⇔ rigoglioso, naturale ⇔ artificiale.
spuntare, nascere, schiudersi, sbocciare, sfarfallarsi,

appassire, marcire, fiorire ⇔ sfiorire.
parti del fiore: gineceo: pistillo (ovario, stilo, stimma), androceo: stami (antere, polline, filamento), perigonio: tepali, perianzio: corolla (petali), calice (sepali), talamo, peduncolo, gambo;
infiorescenza: cimosa, racemosa.
impollinazione: corona, serto, ghirlanda, mazzo, festone, infiorata, fioritura; floricultore, fiorista, fioraio.
Fig. — il fiore degli anni — parlare a fior di labbra — il fiore della gioventù — sembrare tutto rose e fiori.
Prov. — nei fiori ci cova la serpe — dopo il fiore viene il frutto — far d'ogni fior ghirlanda — la bellezza è fiore caduco.

frutto vero: secco deiscente (follicolo, capsula, siliqua, baccello = legume), secco indeiscente (achenio, cariosside, noce, lomento), carnoso (drupa, bacca, peponide, esperidio); **falso**: pomo, siconio, balaùsta.
fruttificare, imbozzacchire, maturare, marcire, imbacare, cadere; accastellare, produrre, vendere; bacchiare, raccogliere, mondare, sbucciare, spolpare, snocciolare, spicchiare, selezionare, conservare, sciroppare, frullare.
seme: perisperma = albume, tegumento.
parti del frutto: pericarpio, polpa, spicchio, buccia = scorza, corteccia mallo; riccio, guscio, nocciolo, picciolo = gambo.
frutta: autunnale, estiva, primaticcia, serbevole, fallace, profumata, mangereccia, fatta = matura ⇔ acerba = verde, agra ⇔ dolce, strafatta = passata, fradicia = marcia, bacata, ammaccata, brancicata, ammosciata, sfarinata; selezionata = scelta, stagionale (V. **Tav. 22 Alimentazione**: *frutta*).
marmellata: conserva = confettura di frutta; frutteto; fruttivendolo.
Fig. — cogliere il frutto quando è maturo — essere frutto fuori stagione — mettere a frutto le proprie capacità — pomo della discordia — frutto proibito.
Prov. — dal frutto si conosce l'albero — albero grande più ombra che frutto — ogni frutto vuol la sua stagione — ad albero che non frutta non si tiran sassi.

Tav. 12 ANIMALI DOMESTICI E SELVATICI

animali = bestie, selvatici = in libertà ⇔ domestici, addomesticati, ammaestrati; erbivori, carnivori, onnivori.
voci degli animali (V. **Tav. 2 Udito**):
allevare, addomesticare, ammaestrare, ammansire, sottomettere, governare, pascolare = pascere, stabbiare, alimentare, abbeverare, alternare l'alimentazione, somministrare il cibo, ingrassare; accoppiare, incrociare, migliorare, selezionare; marchiare, mattare = macellare.
bestiame (grosso ⇔ minuto), armento, branco, mandria, gregge, muta, bergamina; allevatore, buttero = mandriano, pastore, guardiano; veterinario.
allevamento: primitivo, brado, semibrado; stabulato, in batteria, in clausura, in semiclausura; familiare, industriale;
alimentazione: prato, pascolo, foraggio (V. **Tav. 10 Ambiente naturale**).

animali da cortile

appollaiarsi, accovacciarsi, covare, chiocciare, nidificare, deporre le uova = ovificare; raspare = ruspare = razzolare, beccare = bezzicare; spennare = spiumare, mutare le penne.
pollo = pollastro = cappone: toscano, novello, di batteria, ruspante; **gallo**; **gallina** (chioccia): nostrana, ovaiola, covatrice; di razza; **faraona**; **anatra**; **oca**; **tacchino**; **pavone**; **fagiano**; **colombo**.
allevamento: incubatrice.
allevatrice = madre artificiale; pollaio.
uovo (V. **Tav. 22 Alimentazione**: *uova*): guscio, membrana = pelle, camera d'aria, albume = bianco, tuorlo = rosso, calaza, disco germinale, cicatricula, cercine germinativo.
pollicoltura, colombicoltura, livornizzazione; ovificazione = deposizione delle uova, cova, schiusa, covata = chiocciata, capponatura = capponaggio, claustrazione, muta (normale, precoce, accidentale, forzata); pollicultore, pollivendolo.
Fig. — far ridere i polli — sembrare un pulcino nella stoppa — fare il gallo — essere il figlio dell'oca bianca — fare il pavone — amarsi come colombi.
Prov. — la gallina che canta ha fatto l'uovo — gallina vecchia fa buon brodo — consiglio di volpi, danno di pollaio — meglio un uovo oggi che la gallina domani.
coniglio mite, pavido, vorace, prolifico, di razza; selvatico ⇔ domestico; roditore.
rodere, scavare, pelare = spelare, scuoiare, zigare, squittire.
coniglicoltura; pelatura, scuoiatura; conigliera.

animali da fattoria

bovini aggiogare, apparigliare, attaccare, pungolare; strigliare, spazzolare, governare, mungere, pascolare, alpeggiare; scornare, mugghiare, muggire, allattare, slattare.
vitello, vitello di latte = lattone = sanato, vitellone, sopranno, manzo, bue, torello, toro; manzetta, manza, giovenca, vacca = mucca.
bovidi (sottofamiglia): zebù, gaur, gayal, banteng, yack, bisonte europeo, bisonte americano, bufalo domestico, bufalo africano, anoa.
carne (V. **Tav. 22 Alimentazione**).
stalla, lettiera.
Fig. — mettere il carro innanzi ai buoi — serrar la stalla quando sono scappati i buoi.
Prov. — moglie e buoi dei paesi tuoi.

equini addestrare, cavalcare, scavalcare, disarcionare; sellare, bardare, imbrigliare, impastoiare, cinghiare, imbracare, scavezzare, sbrigliare, strigliare, pettinare; governare, ferrare, sferrare; correre, trottare, galoppare, saltare, ambiare, scalciare, arrembare, impennarsi, recalcitrare, adombrarsi, imbizzarrirsi; nitrire, rignare, ansare; prendere la mano, mordere la briglia, rodere il freno; ragliare, portare la soma, il basto.
cavallo stallone, palafreno, destriero, corsiero, chinea, ronzino, ronzinante, puledro; cavalla, giumenta, puledra;
indomito, nobile, focoso, restio, ombroso; da sella, da tiro, da stanga, da carrozza;
addestramento, andatura (passo, trotto, galoppo, ambio; a briglia sciolta), scalpitamento, rinculo, ciambella, piroetta, voltata, caracollo, falcata, volata, carriera, arrembatura; automedonte = cocchiere = guidatore, trainer, fantino, amazzone, cavallerizzo, cavaliere, palafreniere, stalliere, staffiere, maniscalco.
mantello: bianco, nero, rosso, baio, sauro, morello, grigio, storno, ubero, roano, pezzato;
pezzatura, orlatura, marezzatura, zebratura, tizzonatura, slavatura, sfacciatura, sfumatura, tigratura, pomellatura, tinteggiatura, riflesso, decolorazione, pezza, macchia, stella, rosetta, morfea, lista, balza, riga.
asino = ciuco = somaro.
ibridi: bardotto, mulo.
Fig. — essere a cavallo — il cavallo di S. Francesco — calcio dell'asino — dar dell'asino.
Prov. — l'occhio del padrone ingrassa il cavallo — a caval donato non si guarda in bocca — campa cavallo, che l'erba cresce — attacca l'asino dove vuole il padrone — raglio d'asino non giunge in cielo — fra tanti muli può stare un asino.

ovini

pascolare, brucare, strappare, svernare, belare, sgozzare, scornare, stabulare, mungere, tosare, rincartare.
pecora = agnella, agnello = abbacchio, castrato, ariete = montone.
pastorizia: brada, stanziale, transumante; ovile, stazzo = barco (chiuso ⇔ addiaccio), pascolo; pastore = pecoraio, agnellaio; cane pastore.
prodotti: lana, vello, tosone, cartapecora, lanolina, carne, latte.
Fig. — la pecora nera — trattare i popoli come pecore.
Prov. — chi pecora si fa, il lupo se la mangia — il buon pastore tosa, ma non scortica.

caprini

capra = capretta, capretto, caprone = becco
nostrana, esotica, montana, cavicorne, acorne, a pelo lungo; da carne, da latte, da lana;
caprile; capraio, beccaio.
Fig. — luoghi da capre — salvare capra e cavoli.

suini (V. **Tav. 22 Alimentazione**)

grugnire, grufolare, stridere, russare, strogolare, stabbiare, voltolarsi, ingrassare; macellare, scotennare, salare, insaccare.
porco = maiale = suino = verro; troia = scrofa.
prodotti e tagli di carne: cotenna, setole, grasso, sugna, grifo = grugno, spalle, carré, lardo, cosciotto, arista, costoletta, mezzana, cicciolo, biroldo, budello, fegato, fegatello, bondiola, cervellata, cotechino, salsiccia, pancetta, capocollo, lonza, salame, mortadella, prosciutto, culatello, ventresca, ginocchiello, zampetto, zampone.
Fig. — mangiare come un porco — grasso come un porco.
Prov. — porco pulito non fu mai grasso.

cane, cagna, cucciolo, botolo
accucciarsi, annusare, gattonare, mordere, digrignare i denti; accalappiare, tenere al guinzaglio.
razze: bracco, pointer, setter, segugio, spinone, grifone, cocker, bassotto, levriere, danese, lupo (tedesco, scozzese), mastino, molosso, alano, bovaro, san bernardo, bull dog, terranova, samoiedo, arlecchino, barbone, fox terrier, pekinese, volpino.
cinofilo, accalappiacani, cacciatore; cinofilia, cinodromo; cagnara, guaito, ululato, latrato, mugolio, ringhio; guinzaglio, collare, museruola; canile, cuccia, cucciolata.
Fig. — vita da cani — canaglia — menare il can per l'aia — far come cani e gatti.
Prov. — can che abbia non morde — cane non mangia cane.

gatto = micio
sornione, ladro, diffidente, agile, flessuoso, randagio.
saltare, strisciare, sgattaiolare, accovacciarsi, raggomitolarsi, graffiare, arrotare le unghie, miagolare, soffiare, drizzare il pelo, fare le fusa, leccarsi.
razze: comune, europeo, persiano, angora, soriano, siamese, birmano, nubiano, azzurro, fulvo, dorato.
Fig. — essere lesto come un gatto — essere quattro gatti.

fauna acquatica
pesce di mare, d'alto mare, di scoglio, di fiume, di lago, di allevamento (vivaio).
pesce di mare: merluzzo (stoccafisso, baccalà), merluzzetto = nasello = merlano = pesce prete = lovo, dentice, palombo = cagnoletto, spinarolo = palombo dallo spino = archilao = ciuntrune = asiàl = caddutu = ugghiatu, pesce spada, tonno, alalunga, cernia, spigola = pesce lupo = branzino = spinola = ragno, ombrina, sogliola, rombo, razza = raia = arzilla = baràcola = pìcara, pesce angelo = pesce squadro, pesce mola = luna = sole, sgombro = maccarello = lacerto, triglia = barbone, pesce S. Pietro = pesce giallo, orata, chéppia = salacca, muggine, lòfio = pesce rospo = coda di rospo = rana pescatrice = lamia = bordrò = vitello di mare, pesce ragno = dragone = trachino, pesce cappone, scorfano, pagello = fragolino, labro = tordo di mare, passera, storione, anguilla = bisatto = ciriola (capitone, ceca), murena, grongo = salisci, lampreda di mare, aguglia, acciuga = alice, sarda = sardina = sardella, aringa;
pesce d'acqua dolce: trota, carpione, coregone = lavareto = lavarello, cheppia = alosa = agone = sardena, pesce persico, pigo, cavedano, barbo, carpa, sandra = lucioperca, luccio, storione, salmone, salmerino, anguilla, lasca = leucisco = triotto, lampreda di fiume, ghiozzo = gobione = gò = vanà = temel, bottatrice, siluro, tinca, temolo, scardola, vairone, cobite, sanguinerola;
crostacei: gambero = mazzancolla, àstice, granchio, grancevola, aragosta, scampo, canocchia = cicala di mare = pannocchia = sparnocchia = astrei, lépade = taccasasso;
molluschi: seppia, calamaro = tòtano, pòlipo, òstrica, cozza = mitilo = muscolo = pidocchio di mare = peocio, tellina = arsella, vòngola, calcinello, canestrello, riccio di mare, dattero marino = fòlade.
tartaruga di mare.

selvaggina
nobile, stanziale, migratoria, protetta.
capo di selvaggina = selvatico.
uccelli: nidificanti, di passo, di ripasso = di rimonta, di transito, di eccezionale nidificazione; statìni;
selvaggina minuta: allodola, tordo, cesena, storno, pispola, merlo, passero, beccafico, fringuello, capinera, ortolano, zìgolo, pèppola, calandra, rigògolo, ghiandaia, frosone, gazza;
palmipedi: ànatra, ànatra selvatica = volpoca = mallardo, germano reale, alzàvola = marzaiola, fòlaga, oca selvatica, ottarda, gallina prataiola, cormorano, svasso maggiore, codone, moriglione, moretta, fischione, smergo, mestolone;
trampolieri: piviere, beccaccino = beccaccia di mare, frullino = sordo, croccolone, airone, cavaliere d'Italia, pavoncella, chiurlo, avocetta, fratino, piro piro, voltolino = rallo, fenicottero, gru;
beccaccia, colombaccio, colombo, colombella, tortora;
selvaggina nobile stanziale: fagiano, coturnice, quaglia, starna;
fauna alpina: gallo cedrone, fagiano di monte = forcello, francolino di monte, pernice (bianca, rossa); corvo, gracchio, cornacchia, tàccola;
rapaci: aquila, avvoltoio, avvoltoio degli agnelli, falco, poiana;
selvaggina da pelo (V. **Tav. 24 Abbigliamento**: *pelliccia*): lepre, lepre alpina, cinghiale, daino, capriolo, capra selvatica, cervo, camoscio, stambecco, muflone, orso, lupo, volpe, ermellino, marmotta, màrtora, lontra, lince, coniglio selvatico, gatto selvatico, ìstrice, dònnola, faina, tasso.

Tav. 13 MARE

mare, oceano
burrascoso, infido, tranquillo; pescoso; spumeggiante, verde, azzurro, grigio, cobalto; glaciale, tropicale, equatoriale, oceanico, mediterraneo, periferico; mosso = agitato ⇔ calmo, liscio ⇔ increspato, trasparente ⇔ torbido, chiuso ⇔ aperto, libero ⇔ territoriale.
rifluire, infrangersi, mugghiare, stendersi, agitarsi, incupirsi, inghiottire, sommergere, avanzare ⇔ ritirarsi, sbattere, trascinare, confluire, comunicare.
regione oceanica (litoranea, pelagica, abissale), oceanografia, oceanografo, talassografia, livello, profondità, batimetria, batimetro, batiscafo, palombaro, draga, scandaglio.
fondo marino (continentale, pelagico): dorsale, rialto, dorso, cupola, gobba, catena, montagna, bacino, avvallamento, fossa, abisso, solco, conca, platea, tavolato, piattaforma, fondale, bassofondo, zoccolo continentale (scarpa continentale, piattaforma continentale).
caratteristiche: salsedine, salinità, alcalinità, concentrazione, densità, trasparenza, oscurità, colore, tonalità, luminescenza, temperatura (variabile ⇔ costante).
movimenti del mare — irregolari: onda (cresta, ventre, altezza, lunghezza, velocità di propagazione, periodo, profilo), onda di oscillazione, onda di traslazione, onda morta, onda progressiva, onda stazionaria, cavallone, maroso, risacca, frangente, mareggiata, sessa, maremoto, tsunami — periodici: marea (viva ⇔ stanca, alta ⇔ bassa, flusso ⇔ riflusso); ⇔ costanti: corrente (calda ⇔ fredda, verticale ⇔ orizzontale, oceanica ⇔ mediterranea, lenta ⇔ veloce, di deriva, superficiale, di compenso); correntometro.
azione geodinamica del mare: demolizione, abrasione, erosione, trasporto, sedimentazione = deposito, chimica (costruttiva, distruttiva).
costa: sabbiosa ⇔ rocciosa, unita ⇔ incisa = articolata, rettilinea ⇔ frastagliata, uniforme ⇔ irregolare, alta ⇔ bassa;
falesia, ripa, finestra, arco, guglia, obelisco, faraglione, terrazzo litoraneo, cordone litoraneo, battigia, spiaggia, lido, litorale (ciottoloso, ghiaioso, sabbioso, roccioso), laguna (viva ⇔ morta), barriera, banco, secca, barra, scogliera, atollo, isola, arcipelago, iceberg, istmo, penisola, pseudopenisola, promontorio, capo, lingua, delta, estuario, bacino, insenatura, ansa, golfo, baia, bocca, seno, rada, fiordo, cala, rias, canale, stretto.
Fig. — mare di guai — promettere mari e monti — mare senza fondo — buttare a mare.

flora e fauna marina
superficiale, pelagica, abissale, bentonica, planctonica, nectonica, sessile, strisciante, natante, ambulante.
alghe gelatinose, foliacee, cartilaginee, calcaree, cretose, pietrose; microscopiche ⇔ giganti.

corallo rosso, vermiglione, carminio, rosso sangue, rosa pallido, rosa carnicino, bianco, morto ⇔ vivo; colonia, banco, madrepore, attinia = anemone di mare = rosa di mare = pomodoro di mare, spugna;
pesci, crostacei, molluschi (V. **Tav. 12 Animali domestici e selvatici**).

marina mercantile, militare, da guerra, civile, industriale, da pesca, da diporto.
nave (V. **Tav. 26 Industria meccanica**: *cantiere navale*): marittima, costiera, fluviale, lacuale, atlantica, mediterranea, transatlantica, da passeggeri, da carico = cargo, mista, da cabotaggio, da lungo corso, da guerra; a vapore, a motore, a propulsione atomica, a turbina; nave scuola, nave cisterna, nave traghetto, nave ospedale, nave frigorifero, nave da pesca, nave vagabonda = tramp; corazzata, silurante, sottomarino = sommergibile, torpediniera, portaerei, dragamine; vapore, motonave, turbonave, piroscafo, veliero, yacht, battello, goletta.
navigazione: libera, di linea, costiera, di lungo corso; imbarco, sbarco, beccheggio, rollio, naufragio; portata lorda, portata netta, stazza lorda, stazza netta, tonnellaggio, carico, armamento, cabotaggio, abbrivio, deriva, miglio, nodo, lungo corso, traversata, collisione; armatore, capitano, comandante, ufficiale di coperta, comandante in seconda, direttore di macchina, ufficiale macchinista, nostromo, equipaggio, sottufficiale nocchiero, pilota = ufficiale di rotta, timoniere, marinaio, fochista, macchinista, mozzo.
commercio marittimo, traffico marittimo, trasporto marittimo, nolo marittimo, embargo, flotta.

porto militare, mercantile, porto-canale; porto franco; naturale ⇔ artificiale.
approdare, attraccare, ormeggiare, avere libera pratica, salpare.
Fig. — porto di mare — essere in alto mare — navigare col vento in poppa — calar le vele — andare a gonfie vele — giungere in porto — mandare in porto — navigare in cattive acque — un uomo navigato — promessa di marinaio.

stazione balneare
nuotare, remare, tuffarsi, abbronzarsi, scottarsi, bagnarsi, asciugarsi.
stabilimento balneare: ingresso, biglietteria, bar, guardaroba, spogliatoio, cabina, toletta, doccia, giochi, stazione di controllo, infermeria, pronto soccorso, avviso di pericolo, bandiera di pericolo, boa, zattera.

sport balneari (V. **Tav. 18 Sport**)
immergersi, nuotare, annaspare, stare a galla, fare il morto, galleggiare, bere, guizzare, toccare il fondo, risalire = riemergere; annegare.
nuoto = nuotata: scomposto, sul petto, sul dorso, sul fianco;
bracciata, guizzo, immersione, fondo. sforbiciata, virata, allungo, respirazione, slancio, ritmo, crampo; annegamento;
stile libero, a rana, a delfino, a farfalla, sul dorso, sul fianco, alla marinara, a mulinello, all'australiana;
tuffo: acrobatico, mortale, spettacolare, perpendicolare, di testa, di pancia, in piedi, raggruppato, da grande altezza;
pallanuoto: = waterpolo: porta, portiere, pallone, terzino, centrattacco;
immersione subacquea: a ossigeno ⇔ in apnea, profonda ⇔ superficiale, lunga ⇔ breve; pesca, esplorazione, fondo, fondale, embolia, stordimento;
canottaggio: da gara, da diporto, a remi, a pagaia; remata = vogata (di punta, di coppia; corta ⇔ lunga), palata, remo (attacco, passata in acqua, estrazione, ripresa, manico, impugnatura, guarnizione, stroppo, attacco della pala), pagaia (semplice ⇔ doppia); canotto, jole di mare, fuori scalmo (di punta, di coppia; a due, a quattro, a otto vogatori; singolo; con timone ⇔ senza timone), canotto pneumatico.
Fig. — toccare il fondo — riemergere.

sport della vela ammainare, ancorare, andar di bolina, approdare, attraccare, bordeggiare, disincagliare, disormeggiare, filare, virare, orzare, prendere il largo, sbandare, spiegare, veleggiare, vogare, alzare le vele, doppiare, costeggiare, stringere il vento.
Fig. — andare a gonfie vele — imbarcarsi in un'impresa.

motoscafo (scafo, motore, timone, elica, cabina, sedile, volante, parabrezza, paraonde, scaletta): entrobordo, fuoribordo, cabinato, da crociera, da diporto leggero, da piccola crociera.

Tav. 14 MONTAGNA

montagna = monte, collina = colle (V. **Tav. 10 Ambiente naturale**)
a picco = a strapiombo, rocciosa, franosa, a pieghe, a pan di zucchero, seghettata, asimmetrica, vulcanica, isolata, digradante:
impervia ⇔ accessibile, tondeggiante = a mammellone = a cupola ⇔ aguzza.
estendersi, elevarsi, svettare, strapiombare;
valicare, salire, scendere, costeggiare.
orografia, orogenesi; altimetria, altimetro, altitudine = altezza = quota, altura, altipiano, sommità; cima = vetta (a corno, a dente, a cupola, a cono, a gobba, a tavola, a piatto, a pettine), curvatura, dosso, pendenza, salita, discesa, declivio, strapiombo, dirupo, placca, balza, gradino, gola = forra, salto, fessura, profilo, dorsale; gruppo = massiccio, sistema, catena, giogaia, rilievo, crinale, cresta, forcella, dente, picco, cengia, croda, pala, guglia, piramide, torre, campanile, spuntone, spalla, dorso, cornice, sporgenza, tetto; piede = base, falda, pendio, fianco, versante, costa, muraglione, spelonca, grotta, nicchia, canalone, canalino, camino, colatoio, ghiaione, parete, anfiteatro (glaciale, morenico), slargo vallivo, conca, circo, pieghe, strati, acrocoro, tavolato, falsopiano, pianoro, ghiacciaio, nevaio (V. **Tav. 9 Clima**), roccia, contrafforte; strada, sentiero, mulattiera, pista; passo, valico, sella.
Fig. — mandare a monte — un monte di ragioni, di spropositi.
Prov. — loda il monte e attienti al piano.

valle glaciale, d'erosione, sospesa = pensile, tettonica, carsica, d'accumulazione; anticlinale ⇔ sinclinale, longitudinale ⇔ trasversale, simmetrica ⇔ asimmetrica, aperta ⇔ chiusa, larga ⇔ stretta.
scendere a valle, precipitare a valle, uscire dalla valle; scavare la valle.
testata, fondovalle, vallone, truogolo glaciale, spalla, rilievo intravallivo, versante, pendio, fianco = parete, filone di valle, gola, stretta, chiusa, forra, cornice, terrazzo alluvionale, sbocco = termine; vallivo, intravallivo, valligiano.
Fig. — valle di lacrime — cercare per monti e per valli.

ghiacciaio (V. **Tav. 9 Clima**)
composto, di tipo norvegese, di tipo alpino, pedemontano, continentale, di circo, di vallone, di canalone, di altipiano, di pendio, di primo ordine = vallivo, di secondo ordine = vedretta, rigenerato, sospeso.
morena: laterale, mediana, frontale di fondo, superficiale, interna, in movimento, galleggiante, deposta; anfiteatro morenico, limo glaciale, detriti, ciottoli striati, massi erratici, rocce montonate, doccia, truogolo, nicchia glaciale, circo glaciale; innevamento, gelo, disgelo, fusione, glaciazione, esarazione.
modellamento carsico: cunicolo, canale, pozzo, inghiottitoio, campo carreggiato, grotta = caverna, valle cieca, stalattite, stalagmite, dolina.
altre modificazioni: erosione, abrasione, smerigliamento, disgregazione, frantumazione, trasporto, deposito, disfacimento meteorico, fessura, frattura, spacco, modellamento, degradazione;
tormenta, frana, smottamento, valanga, slavina;
detriti: di falda, alluvionali; blocco, masso, ciottolame, sabbia, polvere, pietrisco.

vegetazione montana (V. **Tav. 11 Albero**)
di bosco, di prato, di roccia; latifoglie, conifere (abete, pino, leccio, larice, pino mugo), felce, ginepro; sassifraghe, muschi, alghe, licheni.
flora alpina: erioforo = piumino rotondo, giglio di monte, mughetto, anterico, stellina dorata, giglio rosso, giglio martagone, dente di cane, colchico, croco, bucaneve, narciso, nigritella, salice erbaceo, salice reticolato,

romice = lapazio, erba serpentina, licnide delle Alpi, saponaria, garofano dei ghiacciai, botton d'oro, atragene delle Alpi, rosa di Natale, peonia, anemone delle Alpi, ranuncolo, aquilegia, aconito, papavero delle Alpi, rosa alpina; potentilla = cinquefoglie, maggiociondolo, trifoglio delle Alpi, geranio, violetta, rododendro, azalea delle Alpi, erica, mirtillo, orecchia d'orso, primula, androsace, soldanella, ciclamino, genziana, salvia, miosotide = non ti scordar di me, veronica, linaria, digitale, valeriana, fiteuma, campanula, amello = astro, stella alpina = edelweiss, antennaria, achillea, borsa da pastore, sempre vivo, margherita, genepì, arnica, senecio, fiordaliso di monte.

silvicoltura (v. **Tav. 10 Ambiente naturale** e **Tav. 11 Albero**)
rimboscare, disboscare, abbattere, tagliare, segare, sradicare, scortecciare, sfrondare, accatastare, trasportare.
foresta, bosco, sottobosco, selva, abetaia, pineta, lariceto, castagneto; sezione del bosco, sentiero forestale, strada di esbosco, risina = scivolo per i tronchi; vivaio forestale, semenzaio forestale, ceppaia.
operazioni e lavori: disboscamento, taglio del bosco, segatura, abbattimento (tacca, taglio), punzonatura = marcatura, scortecciatura, accatastamento, trasporto; **persone addette**: tagliaboschi = taglialegna, legnaiolo, boscaiolo, segatore, guardaboschi = guardia forestale; **macchine e arnesi**: segheria, sega a due manici (lama, denti, manici), saracco, sega a motore (manico, nastro, guida), ascia (manico, bordo = filo, lama = taglio, testa, occhio), contrafforte, cuneo, bietta da abbattimento, pistola per scortecciare, bilanciere (asse angolare, tenaglie), roncola, leva a uncino, pala per scortecciare, compasso a slitta, coltello a due manici, punzone a revolver; martelletto per marcare.

fauna montana (v. **Tav. 12 Animali domestici e selvatici**)
pascolo, alpeggio.
costruzioni montane: baita, malga = casera = alpe, maso, chalet, capanna, rifugio, ricovero, bivacco, tenda, ospizio.

sport della montagna (v. **Tav. 18 Sport**)
aprire una via, bivaccare, campeggiare, compiere un passaggio, salire, arrampicarsi, attaccare una parete, calarsi, discendere, scalare, scivolare, attaccarsi, appigliarsi, cadere = precipitare, incrodarsi, gradinare, assicurarsi, puntellarsi, issarsi, ascendere, pendolare, saltare, traversare; sciare, venire giù sparato, perdere l'equilibrio, cadere.
alpinismo (attrezzatura): scarponi, pedule, alpenstock = bastone, piccozza, ramponi, martello da roccia, corda, chiodi, cappio di appiglio, anello di corda, anello di cordino, moschettone, gancio di sicurezza, staffa, scaletta di corda, cuneo, trapano, respiratore, passamontagna, giacca a vento, guanti, sacco, occhiali, borraccia.
sci: istruttore = maestro di sci, sciatore (provetto, principiante, spericolato), scia, discesa, caduta, capitombolo, scivolata, fondo, voltata, slalom, cristiania, stem-cristiania, spazzaneve, salto di voltata, salto di terreno, passo di pattinaggio, telemark, salita (passo a scala, passo a spina di pesce), salto.
attrezzatura per sciare: sci (suola del pattino, scanalatura di direzione e di scivolamento, lamina protettiva; attacco kandar: tenditore, staffa, cinghia, placca, tirante, superdiagonale, coltello), sci da diporto, da slalom, da fondo, da corsa, di legno, di plastica, di metallo; bastoncino (manopola, cappio, racchetta, puntale); scarpone da sci (lamina di protezione, serratallone, cavigliera).
sport con la slitta: slitta (pattini, sostegni, seggiolino), bob, toboga (base di legno, carenatura), skeleton.
pattinaggio sul ghiaccio (artistico, a vela, di velocità): pattino (lama, ganasce, chiave a dado, dentini, scarponcino); hockey su ghiaccio.
mezzi di trasporto della montagna: funivia, seggiovia, cabinovia, ovovia, slittovia, sciovia = skilift, gatto delle nevi.

Tav. 15 LAVORI AGRICOLI

lavoro agricolo fondiario, complementare, iniziale, periodico, primordiale; di ammendamento (spietramento = scasso, dissodamento), di miglioria, di bonifica (per canalizzazione, per sollevamento), di costruzione, di divisione, di impianto, di rinnovo, di viabilità.
abbonire, ammendare, spianare, bonificare, coltivare, costipare, disgregare, dissodare, governare, impiantare, lavorare, migliorare, pulire, rinnovare, rivoltare, sbronconare, scassare = spietrare, sminuzzare; arare, coltrare, dirizzare, interzare, inquartare, intraversare, ripuntare, rinsolcare, solcare, erpicare, imporcare; mescolare, pettinare, rastrellare, rivoltare, rullare, rompere, sarchiare, diserbare = mondare, zappare = zappettare, vangare.
campo, maggese; coltura (attiva, estensiva, intensiva, specializzata, mista), coltivazione, conversione, rotazione = avvicendamento, disgregamento, pulitura, risanamento, rottura, sbronconatura, scespugliamento, spianamento, scasso, sterro.
Fig. — coltivare un affetto, un'amicizia.

aratura autunnale, estiva; meccanica ⇔ a mano, superficiale ⇔ profonda, ordinaria ⇔ di scasso.
rottura, coltratura, solcatura, rivoltamento, erpicatura, rullatura = cilindratura; mondatura, diserbatura, sarchiatura = sminuzzamento = zappatura; vangatura.
macchine e strumenti: — aratro = aratrello = coltrina = perticara = spianapoggi (manico, bure, coltro, regolatore di profondità, timone, versoio, vomere, scoticatore): dissodatore, rincalzatore, ripuntatore, cavatuberi, monovomere ⇔ polivomere, voltorecchi, talpa, con avantreno, a bilancia, a vapore — aratrice = autoaratrice = motoaratrice — erpice: romboidale, piano, quadro, a croce, a scalzo, a denti flessibili, senza denti = rullo, frangizolle, trebbio — bidente = forca, tridente — vanga = fittarella = vangheggia — gravina — pala = badile — piccone — zappa = marra — appianatoio — ruspa — estirpatrice — rastrello = ruspolina — sarchiatrice = sarchio = rasta.
Prov. — la vanga ha la punta d'oro — vanga piatta poco attacca, vanga ritta terra ricca, vanga sotto ricca al doppio — al villano la zappa in mano.

irrigazione a pioggia, a scorrimento, per infiltrazione, per aspersione, per irrorazione, per allagamento, per immersione.
adacquare = irrigare, innaffiare, irrorare, bagnare, inondare, canalizzare, arginare, affossare, aggottare, prosciugare.
argine, canale, golena, solco, trincea, terrazza; arginatura, affossatura, canalizzazione, drenaggio, fognatura, sbarramento, terrazzamento, prosciugamento, raccolta; adacquamento, inondamento, bagnatura, irrorazione, irrigazione, aggottamento; colmata (di monte, di piano), marcita; opera irrigua.
macchine e strumenti: annaffiatoio, irroratore, bindolo = noria, irrigatore (statico, oscillante, rotante, a pioggia), pompa (premente, rotante, travasatrice, a stantuffo, centrifuga, aspirante).

concimazione
correttiva (aggiunta, sovescio, letamazione, debbio), in copertura.
alletamare, arrovesciare, concimare, fertilizzare, debbiare, calcinare, gessare, sovesciare, emendare, riconcimare, rifondere, risanare, spargere, stabbiare, satollare, umificare.
emendamento, stabbiatura, spargimento, somministrazione, interramento.
concime = letame = stallatico = stabbio — organico: vegetale, animale, misto — inorganico: naturale, chimico, azotato, fosfatico, potassico, calcareo.

seminagione = semina (v. **Tav. 10 Ambiente naturale**: *prato*)
a fila, a spaglio, a volata, a righe, a pizzico, a ciuffo, a buchetta; in vivaio.
gettare, sparpagliare, seminare, piantare, trapiantare, tramutare, trasportare; porre a dimora, ricoprire; asciugare, conciare, preparare, nitrificare, selezionare il seme.
asciugamano, concia, medicatura, confettatura, nitrificazione, preparazione, selezione = cernita del seme.
macchine e strumenti: seminatrice, motocoltivatrice, spianatrice, seminatoio, cavicchio = foraterra.

Fig. — seminare idee — seminare zizzania.
Prov. — chi semina vento, raccoglie tempesta — chi semina spine non vada scalzo — quando scema la luna non piantar cosa alcuna.

raccolto = raccolta = colta
abbondante ⇔ scarso; grasso ⇔ magro.
cogliere, raccogliere, raccattare, ricogliere, ricavare, fare il raccolto; bacchiare, erbare, vendemmiare, falciare, mietere, trebbiare, abbicare, accovonare, ammannare, forconare, battere, crivellare, dilollare, mondare, ventilare, vigliare.
bacchiatura, castagnatura, erbatura, vendemmia (v. **Tav. 23 Bevande**: *vino*), falciatura = sfalcio = segatura = mietitura (a collo, a terra), battitura, crivellatura = vaglio, trebbiatura, tritatura, vigliatura, spannocchiatura, abbicamento, accovonatura, forconatura.
macchine e strumenti: cavatuberi, falciatrice, mietitrice, trebbiatrice, mietitrebbiatrice, raccattafieno, spandifieno, caricafieno, carro agricolo, falce, furlana, forca = forchetto = forcone, pàlmola, sgranatoio, ventilabro.
granaio: orizzontale (a piani sovrastanti), verticale = silo (tramoggia di carico, elevatore, cella).
fienile: a pagliaio, a tettoia, a silo;
fieno (balle), paglia, biada, foraggio (v. **Tav. 10 Ambiente naturale**).
Fig. — mietere vite umane — mietere nel campo di altri — mettere la falce all'altrui messe.
Prov. — chi non semina non raccoglie.

arboricoltura, viticoltura (v. **Tav. 11 Albero** e **Tav. 23 Bevande**: *vendemmia*)
alberare, avvitire, cafagnare, gambare, impalare, impiantare, piantare, preparare, radere, rincalzare, scalzare, sradicare, diboscare, potare, spollonare, innestare = insetare = inocchiare, incidere = intaccare, incalmare, inzolfare, ramare.
innesto: a corona, a spacco, a scudo, per ravvicinamento, ad anello, a doppio spacco inglese, a occhio.
propagazione: per gemma, per seme, a talea, a magliolo.
impianto: a scacchiera, a quinconce, a settonce.
potatura: a vaso, a piramide, a palmetta (a branche orizzontali, verticali, oblique), a vino, di costruzione, di ricostruzione, di produzione.
operazioni: taglio, innestatura, potatura, scalzatura, rincalzatura, impalatura, inzolfatura, ceduazione, abbarcamento, affastellamento, cimatura, roncatura.
strumenti: coltello da innesto (fenditoio), accetta, forbice, svettatoio, sfogliatoio, lisciola, scalpello, sgorbia, trapiantatoio, roncone = roncola = pennato, scure = mannaiola = potatoio.
Fig. — sradicare il vizio — innestare il nuovo col vecchio.

Tav. 16 SPETTACOLI

cinema = cinematografo
stereoscopico, tridimensionale, a passo ridotto; documentario, didattico, scientifico;
muto ⇔ sonoro = parlato, a colori ⇔ in bianco e nero.
cinematografia;
tecniche cinematografiche: technicolor, techniscope, stereoscopia, cinerama, circorama.

ripresa cinematografica
cinematografare, filmare, girare, realizzare, produrre; caricare, scaricare la pellicola, registrare, dirigere, riprendere, inquadrare; recitare, interpretare; zoomare, provare, impallare, montare, doppiare, sonorizzare, sincronizzare, tagliare.
teatro di posa, studio, camerino, riflettori, macchina da presa, scena, interni, esterni, ciack, scenario, flash-back, effetti speciali, primo piano, campo lungo, campo medio, controcampo, panoramica, carrellata, sequenza.
persone: produttore, cineasta, cinematografaro, sceneggiatore, soggettista, documentarista, direttore di produzione, segretaria di produzione, regista, aiutoregista, cast, attori, assistente alla regia, controfigura, sarta, costumista = trovarobe, scenografo, architetto, operatore, direttore della fotografia, direttore del dialogo, truccatore, tecnico del suono, comparsa, caratterista; stella, divo.
montaggio: registrazione sonora, doppiaggio, sviluppo, stampa, lavaggio, fissaggio, essiccamento, inversione, colonna sonora, banco di montaggio, sincronizzazione, ingrandimento, sovraimpressione.

cinematografo di prima visione, di seconda visione, di terza visione, d'essai, parrocchiale, rionale;
affollato ⇔ deserto, accogliente = moderno ⇔ antiquato.
distribuire, proiettare, programmare, presentare, dare in prima visione.
locali e attrezzature: ingresso, atrio, guardaroba, biglietteria, bar, sala di proiezione, platea, galleria, corsie, poltrone, uscita di sicurezza, impianto di riscaldamento, aperture per ventilazione, impianto di condizionamento d'aria, impianto d'illuminazione, schermo (panoramico, gigante, nitido ⇔ opaco), altoparlanti, cabina di proiezione, proiettore cinematografico.
film = pellicola: classico, innovatore, sdolcinato, severo, realistico, spettacolare, audace, scandaloso, sexy, western, storico, passionale, romantico = sentimentale, avventuroso, dell'orrore, del mistero, d'arte; comico ⇔ drammatico, pesante ⇔ leggero;
cassiera, maschera;
documentario, telefilm, cinegiornale, attualità, film pubblicitario, cartoni animati, cortometraggio, provino, comica; testate, didascalie.
Fig. — la vita è un cinematografo — sognare in technicolor.

teatro
comico, tragico, satirico, farsesco, d'avanguardia; dramma, commedia, tragedia; prosa ⇔ opera = opera lirica, operetta; dramma sacro = dramma liturgico, lauda, sacra rappresentazione, mistero; melodramma; opera buffa, commedia musicale, varietà, rivista, avanspettacolo, cabaret, recital, farsa, pochade, vaudeville; mimo, pantomima, balletto; teatro dei burattini = delle marionette = opera dei pupi;
commedia dell'arte — maschere: Arlecchino (Bergamo), Pulcinella (Napoli), Pantalone (Venezia), Colombina (Venezia), Brighella (Bergamo), Scaramuccia (Napoli), Balanzone (Bologna), Stenterello (Firenze), Gianduia (Torino), Rugantino (Roma), Meneghino (Milano), Gioppino (Bergamo), Capitan Fracassa (Spagna), Capitan Spaventa (Genova), Sandrone (Modena), Giangurgolo (Calabria), Fagiolino (Reggio Emilia).
locali: facciata, ingresso, atrio, botteghino, ridotto = foyer; platea, balconata, palchi, galleria, loggione; palcoscenico, boccascena, buca del suggeritore, scena = ribalta, retroscena, quinte, scenari, sipario, riflettori; camerini, guardaroba, magazzino, uscita di sicurezza, ingresso degli artisti.
calcare le scene, presentarsi alla ribalta, recitare, debuttare, esordire, interpretare, cantare, suonare, danzare; fare fiasco, impaperarsi, declamare, mimare, provare, truccarsi, replicare, dare la battuta; mettere in scena, andare in scena, sceneggiare, scritturare, tenere il cartellone; applaudire, fischiare, chiamare, bissare, annoiarsi, entusiasmarsi.
parte, ruolo, scrittura; applauso, bis, chiamata, fischio; locandina, cartellone, programma, manifesto, cassetta; claque, bagarino, portoghese; biglietto, abbonamento, entrata di favore; anteprima, debutto, prima, prova generale, rappresentazione, replica, serata di gala, serata d'onore, matinée = mattinata, soirée = serata, stagione, tournée; atto, azione, battuta, trama, colpo di scena, dialogo, monologo, numero, quadro, esibizione, preludio, prologo, soggetto, sketch, atto unico, finale, intervallo, interludio, duetto, cavatina, tirata; regia, dizione, interpretazione, recitazione; allestimento coreografia, scenografia, costumi, messinscena, canovaccio.
autore, bozzettista, critico teatrale, impresario, agente teatrale, drammaturgo, commediografo, tragediografo, mimografo.
compagnia: comica ⇔ drammatica, stabile ⇔ di giro; regista, aiuto-regista, scenografo, inserviente, maschera: capo-comico, prima donna; primo amoroso, prima amorosa, caratterista, comparsa, interprete, personaggio; suggeritore, trovarobe, costumista, sarta, tecnico delle luci, buttafuori.
attore: esordiente, sorpassato, istrione, pagliaccio, gigione, guitto, buffone, generico, illusionista, prestigia-

tore, acrobata, burattinaio = marionettista = puparo, soubrette, imitatore, spogliarellista, ipnotizzatore, cantautore, chansonnier;
dilettante ⇔ professionista, drammatico ⇔ comico = brillante, sconosciuto ⇔ famoso.
Fig. — recitare la commedia — essere un commediante — sostenere un ruolo — mettersi, togliersi, gettare la maschera — fare delle tragedie — finire in commedia — la commedia finisce in tragedia.

circo = circo equestre
tendone, arena, palco, gradini, trapezio, rete, altalena, pertica, fune; animali ammaestrati, serraglio, gabbie, carrozzoni; acrobata = funambolo = equilibrista = trapezista, clown = pagliaccio; cavallerizzo, amazzone, allenatore, domatore; direttore.

spettacoli musicali

musica (V. **Tav. 2 Udito**: *suono*)
sala da concerto = auditorium; musica strumentale, solistica, orchestrale, sinfonica, vocale; descrittiva, popolare = folkloristica;
diatonica, espressionistica, dodecafonica, elettronica; colorita, ariosa, cadenzata, ballabile;
operistica, teatrale, scenica, cinematografica, da ballo, da camera, di chiesa;
sacra ⇔ profana, comica ⇔ tragica, tonale ⇔ atonale, polifonica ⇔ monodica, classica ⇔ leggera.
concerto: sinfonico, vocale, corale, strumentale, solistico; sinfonia, poema sinfonico; rapsodia, parodia, centone;
bacchetta, leggio, spartito, partitura, metronomo; banda, orchestra, coro; maestro, maestro concertatore, direttore d'orchestra, orchestrali, complesso, quartetto, duo, trio; musicista, strumentista, librettista, compositore, concertista;
tenore, baritono, basso, soprano, mezzosoprano, contralto;
ballerino, corpo di ballo, coreografo;
opera: lirica, buffa = comica, da camera, operetta, zarzuela, melodramma; preludio, ouverture, introduzione, intermezzo, interludio, finale;
musica popolare: frottola, villotta, maggiolata, strambotto, brunette, berceuse, villanella (alla napoletana, bergamasca, giustiniana), barcarola, stornello (romanesco, fiorentino, satirico), stornellata, pasquetta, serenata, nenia, pastorale, marcia, ritornello, treno = canto funebre, romanza, bruscello, zingana, mattinata, song, leitmotiv;
musica jazz: cool jazz, hot jazz, straight jazz, ragtime, spiritual, blues, swing; jazz band;
musica sacra: liturgica, bizantina, responsoriale, ambrosiana, gregoriana.
cantare messa, cantare il mattutino, mattinare, suonare il vespro, salmodiare, litaniare, intonare un inno.
cantilena, sequenza, canone, organum, mistero, laude, conductus, lamento, requiem, miserere, preghiera, passione, litania, salmo, oratorio, sacra rappresentazione.

canto a solo, sottovoce, a mezza voce, recitativo, in falsetto, a gorgheggio, a vocalizzo, staccato, picchettato; aggraziato ⇔ sgraziato, intonato ⇔ stonato.
cantare (a aria, a orecchio, di maniera, a squarciagola, del gallo), canticchiare, canterellare, gorgheggiare, farseggiare, trillare, modulare, vocalizzare, smorzare, gridare, berciare, stornellare, declamare.
coro: polifonico, maschile ⇔ femminile, a voci pari ⇔ a voci dispari, di voci bianche, concertante;
canzone: strumentale, vocale, popolare, spirituale; melodica, ritmica, napoletana, all'italiana, americana, della montagna, western, beat, di protesta, ballabile; festival della canzone; cantante, cantautore, canzonettista, cantastorie, trovatore.
Fig. — è la solita musica — bisogna cambiar musica — prendere fiato — il canto del cigno — cantar vittoria.
Prov. — per niente non canta il cieco — meglio la musica che la battuta — tutti i salmi finiscono in gloria.

spettacoli sportivi (V. **Tav. 18 Sport**)

Tav. 17 RADIO-TELEVISIONE

trasmissione, telecomunicazione, radiocollegamento, ricezione, informazione, fototelegrafia.
riprendere, trasmettere, amplificare, ricevere, trasformare, irradiare, propagare, sintonizzare, modulare, registrare, collegare, mandare in onda, proiettare, annunciare, presentare, realizzare; assistere, ascoltare, accendere = aprire, regolare (il volume, il contrasto, la luminosità), spegnere = chiudere (la radio, la televisione).
apparecchiatura di ripresa (V. **Tav. 16 Spettacoli**: *ripresa cinematografica*) telecamera, tubo a raggi catodici, pennello elettronico scrittore, formatore del segnale video, apparecchiatura elettronica, preamplificatore video, amplificatore video, generatore di sincronismo, microfono, amplificatore audio.

via di telecomunicazione
su cavo, a circuito chiuso, via satellite;
radiotelevisione, stazione radiotrasmittente, satellite televisivo, ponte televisivo, ponte radio, area di servizio, ripetitore, canale, rete, antenna (trasmittente, telemetrica), radiotrasmettitore (video, audio), radioricevitore audio.
apparato di riproduzione o ricevente: stazione ricevente, amplificatore video, cinescopio, pennello elettronico lettore, generatore di deflessione, separatore di sincronismo, amplificatore audio, altoparlante.

televisore = ricevitore radiotelevisivo
a soprammobile, a proiezione (V. **Tav. 6 Casa**);
parti: mobile, schermo, cristallo di sicurezza, sintonizzatore, amplificatore, piastrina di attacco dell'antenna, selettori di canali, cinescopio, altoparlante, comandi (pulsante, manopola, tasto).
riflettore; antenna (esterna, circolare, allungabile); trasformatore; quadro, sintonia, punti (bianchi ⇔ neri), righe, contrasto, luminosità, volume, monoscopio, sincronismo (orizzontale ⇔ verticale), disturbi (atmosferici, industriali), interferenza, evanescenza, interruzione, guasto, effetto neve.
radiodiffusione televisiva: ripresa televisiva (diretta, esterna, interna, mobile), registrazione televisiva (su pellicola, su filo magnetico = in ampex);
studio, auditorio, studio mobile, telecamera, impianto, carrello, giraffa, riflettori, cabina di regia, finestra di controllo, dosaggio, miscelazione del suono, miscelazione del video, analizzatore, proiettore-analizzatore, monitor = schermo, modulatore di onde = carrier, cavo di trasmissione.
personale addetto: operatore = cameraman, aiuto-operatore, regista, aiuto-regista, assistente alla regia, assistente di studio, tecnico del suono, tecnico delle luci, segretario di produzione, arredatore, annunciatore = speaker, presentatore, radiocronista, telecronista, commentatore, giornalista, redattore, documentarista, attore, cantante (V. **Tav. 16 Spettacoli**: *cinema e teatro*).
utente, telespettatore, radioamatore, radioascoltatore, radioabbonato, teleabbonato, pubblico, spettatore, ascoltatore;
canone = tassa di abbonamento, ascolto, indice di gradimento.

radiocomunicazione = radiodiffusione = radiotrasmissione.
trasmissione radio: microfono, circuito elettrico, corrente oscillante, onde sonore, onde elettromagnetiche, oscillatore;
onda (lunga, media, corta, cortissima, ultracorta, portante, modulata), modulatore, antenna trasmittente, antenna ricevente, frequenza (alta ⇔ bassa), ciclo (chilociclo, megaciclo), lunghezza d'onda, rivelatore = detectore, altoparlante (lamina, elettrocalamita, risonatore acustico).
apparecchio radio (V. **Tav. 6 Casa**): a galena, a transistor; portatile, autoradio, a spina; valvola termoionica, cassetta, condensatore variabile, transistor, tasto, manopola, bottone, regolatore del volume, scala parlante, regolatore del tono, occhio magico, commutatore di gamma.
filodiffusione: telefono, radioonde; programma radiofonico; allacciamento, installazione.

programma radiotelevisivo
programma, canale;
rubrica, trasmissione, realizzazione, edizione, ciclo =

serie, replica, telefilm, telegiornale, giornale radio, notiziario, bollettino, varietà, carosello, pubblicità, segnale orario, attualità, reportage, collegamento (nazionale ⇔ in eurovisione, in intervisione), teleromanzo, riduzione, adattamento, puntata, numero, intervallo, intermezzo, quiz, telequiz, lungometraggio, cortometraggio, documentario, film (v. **Tav. 16 Spettacoli**: *cinema*), originale televisivo, inchiesta, servizio, commento, intervista, presentazione, rassegna, retrospettiva.

Tav. 18 SPORT

sport
preferito, praticato, salutare, benefico;
individuale ⇔ a squadre, professionistico ⇔ dilettantistico.
esercitare, praticare uno sport, fare dello sport, essere sportivo.
competizione = gara = lotta = agone, ludo, spettacolo; ginnastica; agonismo, sportività; girone, serie, allenamento, gara, categoria, batteria, classifica, graduatoria, eliminatoria (quarti di finale, semifinale, finale), punteggio, primato = record, scudetto; fallo, penalità, squalifica; ingaggio, incontro, partita, meeting, match;
campionato, giuria, arbitro, direttore tecnico, allenatore, manager, massaggiatore; atleta, campione, campionissimo, concorrente, professionista, dilettante.
stadio, ippodromo, velodromo, autodromo, palestra, campo da tennis, campo da baseball, sferisterio.
Fig. — fare qualcosa per sport.

atletica leggera correre, marciare, accelerare l'andatura; disputare una gara, stabilire la classifica; saltare, abbattere un ostacolo, passarsi il testimone, effettuare il cambio, prepararsi al cambio; saltare; impugnare il disco o il giavellotto; lanciare, scagliare l'attrezzo; squalificare, qualificarsi.
corsa — su strada: maratona (marciatore = maratoneta) — su pista: corsa piana (gare di velocità, gare di velocità prolungata, gare di mezzofondo, gare di fondo, staffetta), corsa a ostacoli — campestre;
salto in lungo, in alto, con l'asta, triplo;
lancio del disco (disco, pedana circolare di lancio, zona di delimitazione, bande laterali di zona; discobolo);
lancio del giavellotto (linea di lancio, pedana; giavellotto: di metallo, di legno; impugnatura, punta; giavellottista);
lancio del peso (peso; pedana di lancio, fermapiedi);
lancio del martello (martello, filo d'acciaio, maniglia; inferriata di protezione);
decathlon, pentathlon.

atletica pesante sollevare il bilanciere; lottare, fare lo sgambetto, ungersi di olio; combattere, salire sul ring, abbandonare il ring, colpire di destro o di sinistro; infilare, calzarsi, cavarsi i guantoni; mettere K.O., vincere (ai punti, per fuori combattimento = knock out, per arresto del combattimento = knock out tecnico, per abbandono, per getto della spugna, per intervento medico, per squalifica, per non contest).
sollevamento pesi = pesistica (sbarra a pesi fissi = bilanciere, sbarra a pesi aumentabili): sollevamento di strappo, sollevamento di slancio, sollevamento di distensione; pesista = sollevatore di pesi;
lotta: greco-romana, stile libero; giapponese = judo = ju-jitsu, lotta con cintura = glima islandese, lotta svizzera;
pugilato: allenamento (sacco = palla di sabbia = punch-bag, palla di cuoio = punching ball, sacco di sabbia = sand-bag; fascia, guantone); ring = quadrato (corde, angolo neutro);
diretto, schivata a tuffo e guardia = duck, corpo a corpo = clinch, sventola = swing, montante = uppercut, gancio = hook = crochet, colpo basso, colpo proibito, break, ripresa a round, allungo, bloccaggio, conteggio, K.O. = knock out = fuori combattimento = abbandono; gong; peso (mosca, gallo, piuma, leggero, welter leggero, welter pesante, medio, mediomassimo, massimo); pugile = boxeur, secondo = aiutante, commissario = relatore, procuratore = manager.

sport del pallone

calcio vincere, pareggiare, sconfiggere; giocare in casa o fuori casa (in trasferta); attaccare, difendersi, rinviare, segnare, battere un calcio di punizione, effettuare un passaggio, caricare, parare; arbitrare una partita, fare il tifo per una squadra.
campo di gioco: porta, linea di porta, area di porta, area di rigore (dischetto di rigore), linea laterale, linea di metà campo, cerchio di centro campo, area di corner = d'angolo (bandiera);
formazione: portiere, terzino destro e sinistro, centromediano, mediano destro e sinistro, ala destra e sinistra, mezzala destra e sinistra, centrattacco; battitore libero, centrocampista, stopper;
svolgimento del gioco: tiro (di prima, di seconda), rimessa in gioco dall'area di porta, calcio di punizione (di prima, di seconda), tiro a rete = in porta, goal, cannonata, calcio di rigore, calcio d'angolo, colpo di testa, dribbling, sbarramento di giocatori, palla fuori gioco, rimessa laterale, posizione fuori gioco, fallo di persona, rovesciata;
stadio: tribuna, gradinate, recinto, campo (fondo del campo), spogliatoi, docce, infermeria, biglietterie, ingressi.

rugby = rugby-football = gioco della palla ovale.
campo di gioco: linea di pallone morto, linea di meta, linee laterali, pali di porta, porta, linea dei ventidue metri, linea dei dieci metri, linea di metà campo;
formazione: 8 avanti, 2 mediani (di mischia e di apertura), 4 trequarti, 1 estremo;
svolgimento del gioco: calcio di invio, calcio libero, calcio di punizione, calcio a volo, calcio di rimbalzo, meta, calcio di trasformazione meta.

pallanuoto (v. **Tav. 13 Mare**: *sport balneari*)

pallamano: linea di porta, area di porta, linea dei tredici metri, linea di tiro libero, angolo di punizione.

pallavolo = volleyball: area di battuta, rete; servente, giocatore di appoggio, giocatore alla rete; battuta, schiacciata, taglio, muro.

pallacanestro = basketball: campo (canestro, centine di sostegno, specchio; linea di fondo, area di tiro libero); cronometrista, segnapunti; riserve = rincalzi.

sport della piccola palla

baseball = pallabase: campo di gioco (rombo = diamante, casabase, linea del battitore, fuoricampo, pedana di lancio, area di presa, linea dei giocatori); formazione (lanciatore, ricevitore, prima base, seconda base, terza base, interbase, esterno sinistro, esterno centro, esterno destro); strike, ball, inning; cuscinetto di base, mazza da baseball.

cricket: porta, linea di porta, linea del lanciatore; guardiano, battitore, ribattitore; run; mazza piatta.

hockey su prato (*su ghiaccio*, v. **Tav. 14 Montagna**: *sport invernali*)
linea laterale, linea di porta = di fondo, linea tratteggiata, cerchio d'invio = area di tiro, porta; portiere (imbottitura per le gambe = parastinchi, ginocchiera); bully, penalty-bully = rigore; mazza, palla di sughero pressato ricoperta di caucciù.

croquet: picchetto di partenza, archetti, picchetto di gioco = birillo; maglio = bastone.

tennis = lawn tennis: campo (linea laterale per gioco in coppia, linea laterale per gioco singolo, linea di battuta = di servizio, rettangolo di servizio, rete); gioco in coppia (doppio maschile, doppio femminile, doppio misto), gioco singolo (singolo maschile, singolo femminile); battuta = servizio (di sinistra = rovescio, di destra = diritto); racchetta (impugnatura = manico, superficie di battuta), pressa per racchette (tenditore a vite), visiera paraocchi; mezzavolata, volata di rimando, smash = schiacciata.

golf: campo (percorso, ostacolo, trappola, green = terreno presso la buca, buca, asta, con bandierina): bastoni da golf, borsa portabastoni, inserviente portabastoni

= caddie; colpo di partenza = drive, colpo leggero = putting.

pattinaggio
a rotelle, su ghiaccio (v. **Tav. 14 Montagna**: *sport invernali*)
corsa su pista, velocità, mezzofondo, fondo, gran fondo;
pattinaggio artistico, curva, esse, tre, boccola, volta, otto, esercizi liberi;
pattinatore, pattinatrice.

sport delle armi
scherma: con fioretto, con sciabola, con spada; posizione (di saluto, di guardia = di parata), incrocio (di seconda, di terza, di quarta), mulinello; fioretto italiano = arma di punta, spada, sciabola leggera (guardia, paramano di cuoio), fioretto francese, stiletto = pugnale.

caccia e pesca (v. **Tav. 12 Animali domestici e selvatici**)

sport equestre (v. **Tav. 12 Animali domestici e selvatici**):

ippica (equitazione di scuola, da campagna), ippodromo (tabellone delle partenze, totalizzatore, tribune coperte, apparecchio per le partenze = starting gate), scuderia (box, bilancia, paddock = recinto per cavalli, ring); fantino, mossiere = starter, allibratore = bookmaker; puledro purosangue = trottatore (pedigree); accoppiata, piazzata, alta scuola, andatura, gran premio, corsa (al trotto, al galoppo, piana, a ostacoli).
Fig. — darsi all'ippica.

ciclismo (v. **Tav. 21 Mezzi di Trasporto**)
individuale, a squadre, su pista, su strada, d'inseguimento, a cronometro; corsa di regolarità;
ciclista dilettante — professionista;
pedale, pigiare sui pedali, volare; arrancare; frenare.

motociclismo (v. **Tav. 21 Mezzi di trasporto**)
motocicletta da gran turismo, da sport, da motocross; motociclo = ciclomotore = motorino = motoretta, motorscooter = scooter;
gare su strada, su pista, su circuiti misti;
motociclista, scooterista.

motocross = gara motociclistica fuori strada.
gare di regolarità, trial, cross; impennata, salto, guado.

automobilismo (v. **Tav. 21 Mezzi di trasporto**)
automobile da corsa;
gare di velocità, gare di regolarità;
automobilista, corridore automobilista.

sport invernali (v. **Tav. 14 Montagna**)

sport acquatici (v. **Tav. 13 Mare**)
piscina (bordo, corsia, scaletta d'immersione, indice di profondità, funicella con galleggiante, base di partenza): rettangolare, rotonda, a fagiolo, quadrata, lunga, corta, olimpionica, a ricambio continuo, a ricambio periodico, d'acqua dolce, d'acqua salata, d'acqua termale; attrezzatura per tuffi (trampolino, scaletta, piattaforma), scivolo.

Tav. 19 GIOCO

gioco (v. **Tav. 18 Sport**)
atletico, ginnico, sportivo; rituale, scenico, coreografico, folkloristico; pericoloso; individuale ⇔ collettivo, pubblico ⇔ privato, consentito ⇔ vietato, tranquillo ⇔ movimentato.
giocare, giocherellare, divertirsi, ricrearsi, divagarsi, sollazzarsi, trastullarsi, gingillarsi, scherzare, ruzzare, folleggiare, baloccarsi.
passatempo, ricreazione, svago, trastullo, divertimento, diporto, distrazione; beffa, burla, celia; giocosità, giocoforza; gioco di luce, d'acqua, di parole; giocatore, avversario, perdente ⇔ vincente.
tipi di gioco: infantile, di società, di carte, di azzardo, da tavola, di pazienza, di prestigio, di enigmistica, di artificio = pirotecnico.
Fig. — mettere in gioco l'esistenza — volgere tutto in gioco — prendersi gioco di qualcuno.
Prov. — un bel gioco dura poco — gioco di mano, gioco di villano.

giochi infantili = per ragazzi.
quattro cantoni, nascondino = rimpiattino = nascondarella, mosca cieca, guardie e ladri, girotondo, barriera; salto della corda, scivolarella, scaricalasino, cavallina; giostra, altalena; bolle di sapone; palla avvelenata, palla prigioniera, palla a mano; piastrella, battaglia navale; della mattonella, dell'ambasciatore, della settimana.
giocattoli (meccanici, automatici, di legno, di plastica, metallici): palla, pallina = bilia (biglia), pallone; cerchio, cerchietti; aquilone = cervo volante; tamburello, corda, birillo, trottola, girandola, cerbottana, fionda, monopattino; meccano, trenino elettrico, soldatini (di piombo, di stagno, di plastica), bambola (di porcellana, di cartapesta, di segatura, di legno, di gomma, di gommapiuma, parlante); tromba, fischietto, tamburo.

giochi di società caccia al tesoro, pentolaccia, proverbio muto, quadro vivente, sciarada muta, mano calda, ombra cinese, parole a doppio senso, passa l'anello, oracolo, degli omonimi, del perché, del tribunale, della verità;
pegno, penitenza, berlina, premio.

giochi d'azzardo vincere, perdere, guadagnare, barare, bluffare, scoprire, dissimulare il proprio gioco, restare, sballare, battere, giocarsi una fortuna, raddoppiare la posta.
vincita, perdita, lucro, posta = scommessa, mossa, puntata; casa da gioco = casinò, sala da gioco = bisca; banchiere, biscazziere, socio, baro.
roulette: cassa, chef de partie, croupier (rastrello del croupier);
tavolo della roulette: ruota (cerchio, pallina, sporgenza d'arresto, piatto girevole, barra a croce), pool, fiche = gettone, quadro delle puntate (zero, passe, pair = numero pari, impair = numero dispari, manque, noir = nero, rouge = rosso, dozzina); colonna, en plein, carré, trasversale; rien ne va plus.
dadi (bussolotto, punto del dado); lanciare = gettare i dadi.
a carte: baccarà = macao, chemin de fer, poker, zecchinetta, sette e mezzo.
Fig. — il dado è tratto.

giochi di carte fare il mazzo, fare le carte, mescolare le carte, sfogliare le carte, tagliare il mazzo, alzare il mazzo, avere la mano, pigliare, aprire, calare, dichiarare, pescare, lasciare, passare, restare, rispondere, sballare, sparigliare, accusare, bussare, chiamare il compagno, scoprire una carta, scartare, andare a primiera, scappottare, stramazzare, dichiararsi fuori, avere bel gioco, avere l'asso secco.
giochi: scopa, scopone, briscola, briscolone, bàzzica, tressette, tarocchi, mercante in fiera; canasta, canastone, ramino, scala quaranta, bridge, boston, dòmino, pinnacolo; baccarà, trente et quarante, faraone, bambara, poker, zecchinetta, sette e mezzo (v. *giochi d'azzardo*); solitario.
carte da gioco: italiane (coppe, bastoni, spade, denari); francesi (fiori, picche, quadri, cuori).
Fig. — giocare a carte scoperte.
Prov. — fortunato al gioco, sfortunato in amore.

giochi di prestigio illudere, fare sparire, fare riapparire, rievocare, falsare la direzione, leggere il pensiero o la mano, ipnotizzare.
atto magico, magia bianca, magia nera (apparizione, sparizione, rievocazione); destrezza, comunicativa, alterazione, passaggio, lettura del pensiero; sussidio meccanico = apparecchio magico; prestigiatore = prestidigitatore = illusionista = giocoliere, ipnotizzatore, impostore = ciarlatano.

giochi da tavola
scacchi: arroccare, intavolare, far patta = pattare; scacchiera (quadretto bianco, quadretto nero), pezzi bianchi = i bianchi, pezzi neri = i neri (re, regina, alfiere, cavallo,

torre, pedone); stallo, scacco matto; scacchista, convegno scacchistico.
dama: mangiare, muovere, sdamare, soffiare, andare a dama; tavoliere, pedina (bianca, nera).
filetto = gioco del mulinello = della tela: mulino chiuso = tela, mulinello doppio = tela doppia.
domino: tessera (doppio sei).
tennis da tavola = ping-pong: racchetta = paletta, rete da tavolo, pallina in celluloide = da ping-pong.
biliardo: acchitare; acchito, bazzica, carambola, carolina, quartiere; tavolo da biliardo (da carambola, a buche); piano (di ardesia, di marmo), panno verde = drappo, sponde elastiche, buca = bilia; accessori; stecca (punta di cuoio), birilli, boccette = bilie (bianca, rossa, pallino), segnatempo a tassametro, lavagna segnapunti.

lotteria lotto, totocalcio, totip, enalotto, tombola; nazionale, pubblica, di beneficenza; autorizzata ⇔ non autorizzata = clandestina.
giocare un numero, pronosticare, estrarre = sorteggiare, uscire, vincere, compilare la schedina; autorizzare.
abbinamento (corsa di cavalli, corsa automobilistica), premio prefissato, sorteggio.
Fig. — dare i numeri — è come vincere un terno al lotto — tenere in scacco qualcuno — essere in una situazione di stallo — fare una stecca.

giochi vari: giochi matematici; telequiz, gioco dell'oca, tiro a segno, corsa dei sacchi, gincana, bocce, palio, quintana, corsa dei ceri.
giochi di enigmistica: indovinello, sciarada, anagramma, logogrifo, bisenso, polisenso, incastro, crittogramma, rebus, monoverbo, quadrato magico, cambio, parole incrociate, bifronte, falso accrescitivo, falso diminutivo.

Tav. 20 VIABILITÀ

strada

acciottolata, lastricata, ammattonata, di terra battuta, a massicciata = a macadam, asfaltata; statale, provinciale, comunale, vicinale; carovaniera, montana; dissestata, interrotta, deformata, impraticabile, tortuosa, a culla, a schiena d'asino; polverosa, bagnata, ghiacciata; di circonvallazione, d'accesso, di sbocco;
selciata ⇔ disselciata, pubblica ⇔ privata, spaziosa = larga ⇔ stretta, comoda ⇔ scomoda, sicura ⇔ pericolosa, frequentata = affollata ⇔ deserta = vuota = sgombra, piana ⇔ erta = ripida = scoscesa, convergente ⇔ divergente.
via, arteria, sentiero, pista, mulattiera, tratturo, trazzera, viottolo, callaia, rotabile, carrareccia, stradone, camionabile, carrozzabile, superstrada; passo carraio, meandro, rampa, viadotto, sopravia, sottovia, scorciatoia, raccordo, tratto, tronco, variante, anello stradale, tangenziale, curva, tornante, gomito, salita, discesa, bivio, trivio, quadrivio, attraversamento, pendenza, saliscendi, biforcazione, diramazione, cunetta, fosso; viaggio, percorso, direzione, meta, transito.
parti della strada: pavimentazione, fondo stradale, manto, carreggiata, piano stradale, corsia (di marcia, di sorpasso, di sosta = di emergenza), banchina (transitabile, non transitabile, di servizio, spartitraffico), paracarro; piazzola, ciglio, margine, parapetto; segnaletica (orizzontale ⇔ verticale).
Fig. — essere sulla buona strada, sulla retta via — farsi strada — trovarsi in mezzo a una strada.

segnaletica stradale verticale ⇔ orizzontale.
cartello: triangolare, quadrangolare, circolare; di pericolo, di indicazione, di prescrizione;
segnali: di pericolo, di prescrizione, di indicazione;
segnali luminosi di circolazione: semaforo (pensile, a colonnina, per veicoli, tramviario, pedonale; luce gialla, verde, rossa), frecce direzionali;
segnaletica orizzontale: strisce bianche (continue, discontinue, affiancate, alternate), strisce gialle, strisce azzurre; chiodi, gemme, rifrangenti, frecce direzionali, linea di arresto, passaggio pedonale = zebratura, attraversamento ciclabile, fermata di autobus, area preclusa al parcheggio, delimitazione zona di parcheggio, divieto di sosta.

viabilità urbana

rete stradale: a scacchiera, a schema triangolare, radiocentrica, a ventaglio, curvilinea, lineare; via, corso, viale = passeggiata = boulevard, lungofiume, lungolago, lungomare, vicolo, vicolo cieco, budello, calle, carrugio, chiassuolo, largo, piazza, piazzale, campo, ponte, cavalcavia, sottopassaggio, viadotto, bastioni, gradinata = scalinata, traversa, incrocio, biforcazione, attraversamento pedonale, marciapiede, passo carrabile;
servizi: fognatura: cloaca, botola = tombino = pozzetto di controllo, fogna, sifone, tubo di allacciamento, collettore, canali, tunnel, depuratore, sistema di scarico, acqua di scarico; acquedotto: serbatoio = vasca di raccolta, conduttura, pozzetto di carico; illuminazione: elettrica, al neon; palo, lampione = fanale, rete di distribuzione (elettrodotto, cavo, palo, traliccio, isolatori; tesatura, allacciamento; alta tensione, bassa tensione; cavi telefonici (V. **Tav. 7 Edifici di pubblico interesse**: *ufficio postale*); collegamenti radiotelevisivi (V. **Tav. 17 Radio-televisione**); sede tramviaria (V. **Tav. 21 Mezzi di trasporto**).

servizi di sicurezza perlustrare, vigilare, dirigere il traffico, intimare l'alt, multare, deviare il traffico.
corpo di polizia stradale, agente della strada, vigile urbano = pizzardone, guardia notturna;
contravvenzione = multa; codice della strada, norma, osservanza, infrazione;
traffico: ordinato ⇔ disordinato = caotico, intenso = grande ⇔ ridotto = moderato = scarso, interrotto; intasamento = imbottigliamento = congestione = ingorgo, confluenza, scorrimento; incidente, tamponamento; sorpasso, senso unico, itinerario (obbligato, preferenziale, riservato), velocità (forte, regolare, moderata, ridotta, spinta, folle); coppa giratoria, pedana, colonnina luminosa (a luce fissa ⇔ a luce lampeggiante), salvagente, banchina spartitraffico, aiuola.

viabilità extraurbana

autostrada libera ⇔ a pagamento, a una pista ⇔ a due piste;
casello, ingresso, posto di pagamento del pedaggio, uscita, aiuola spartitraffico, guardrail, siepe, cordonata, pannello antiabbagliante, piazzola di sosta, area di sosta, area di parcheggio, stazione di servizio, autogrill, raccordo, rampa di raccordo, corsia (di marcia, di sorpasso, di accelerazione, di uscita, di decelerazione, di emergenza).

ponte in legno, in pietra, in ferro, in cemento armato; coperto, a travata, ad arco, a schiena d'asino, sospeso, mobile, girevole, levatoio, di barche, portatile.
fare, gettare, levare; tagliare, minare, far saltare, rovinare.
parti: piedritto, campata, pignone, testata, ala, arcata, pilone, sprone, luce, spalletta, impiantito, marciapiede, parapetto, intradosso = imbotte, banchina, bocca, cassone, fiancata.
Fig. — far da ponte — tenere in ponte — fare il ponte — fare i ponti d'oro — tagliare i ponti.
Prov. — l'acqua cheta rovina i ponti — a nemico che fugge ponti d'oro.

vie fluviali fiumi navigabili, canali.
argini = sponde, sbarramento = diga, porto fluviale, dàrsena, bacino; chiuse (paratoia verticale, piana, cilindrica).

ferrovia = strada ferrata (V. **Tav. 21 Mezzi di trasporto**: *treno*) a binario semplice, a binario doppio, a scartamento normale, a scartamento ridotto, a scartamento maggiore, a ingranaggio, a cremagliera, ad aderenza normale, ad aderenza artificiale; aerea, soprelevata, sotterranea.
rete ferroviaria, diramazione, tronco, nodo, tracciato, allacciamento; linea ferroviaria (costiera, interna, trasversale, meridiana, internazionale); scambio.
passaggio a livello: con barriere, con semibarriere, senza barriere; custodito ⇔ incustodito, aperto ⇔ chiuso.
stazione ferroviaria
di testa ⇔ di transito, principale ⇔ secondaria, perife-

rica ⇔ centrale.
Fig. — sbagliare binario — rimettere sul binario giusto — uscire dai binari — essere su un binario morto.

Tav. 21 MEZZI DI TRASPORTO

mezzi di trasporto
veicolo, mezzo = automezzo; treno; metropolitana, autobus, pullman = autopullman, corriera = autocorriera, filobus, tram, omnibus; automobile, taxi, autoambulanza, carro funebre, cellulare; carro, carrozza, bicicletta, triciclo, motocicletta, moto-carrozzetta, risciò; mezzi aerei, imbarcazioni.
parcheggio: pubblico ⇔ privato, libero ⇔ limitato (a pagamento, a orario, a tariffa differenziale), zona disco, zona blu.
stazione: ferroviaria, degli autobus, della metropolitana, dei filobus, dei tram, dei taxi.

automobile (V. **Tav. 20 Viabilità** e **Tav. 18 Sport**)
berlina ⇔ limousine, convertibile = decappottabile = cabriolet, coupé, da corsa, giardinetta, da gran turismo, da turismo veloce, spider = a due posti, sportiva, familiare, utilitaria, veloce, potente, di rappresentanza, d'occasione;
nuova ⇔ vecchia = usata = di seconda mano, di serie ⇔ fuori serie, pubblica ⇔ privata.
avviare il motore, mettere in moto, guidare = pilotare, sorpassare, segnalare, sterzare, rallentare, accelerare, frenare, bloccare i freni, decelerare, investire, slittare, urtare, sbandare, tamponare, scontrarsi, ribaltarsi, grippare, imballare il motore, fondere le bronzine, forzare il motore, rodare, mettere in folle, cambiare, sostare, fare rifornimento, fare il pieno, riparare, revisionare, smontare, mettere a punto, vulcanizzare, cambiare una gomma = una ruota.
carrozzeria, interno, telaio, differenziale.
ruota: di scorta, anteriore ⇔ posteriore; pneumatico = gomma (copertone, camera d'aria), cerchione, calotta, copriruota, cuscinetto, mozzo, dadi di ancoraggio;
motore: a scoppio, diesel, turbo-diesel, turbo, elettrico, rotativo; potente, giù di giri, grippato, imballato; a due tempi, a quattro tempi;
freno;
accessori: foderine, triangolo, catene antineve, cinture di sicurezza, antifurto, autoradio, antenna, poggiatesta, cricco = cric = martinetto, chiavi.
Fig. — partire in quarta — essere giù di giri — essere su di giri — seguire a ruota.

autocarro = autotreno = camion
medio, pesante, leggero; a cassone (centina, telone), a furgone (con cassone ribaltabile, frigorifero, con rimorchio); autobotte.

motocicletta scatola porta attrezzi, pedale di avviamento, filtro dell'aria, carburatore, serbatoio della benzina, cilindro, manopola, comando del gas, forcella telescopica, tubo di scappamento, catena di trasmissione, pedale del cambio, carter, tamburo del freno.
motociclismo (V. **Tav. 18 Sport**).

bicicletta da turismo, sportiva, da uomo, da donna, da corsa.
pedalare, montare in sella.
ciclismo (V. **Tav. 18 Sport**).

treno (V. **Tav. 20 Viabilità**: *ferrovia*)
merci, misto, locale = accelerato, diretto, espresso = direttissimo, rapido = intercity, super rapido; internazionale, riservato, presidenziale.
correre, fischiare, fermarsi, stazionare, partire, sferragliare, sbuffare, mettersi in moto, snodarsi, bloccarsi, deragliare; prendere il treno, perdere il treno, cambiare treno, dare il segnale di partenza, controllare, prenotare.
locomotiva a vapore: carro di rifornimento = tender, getto vapore, tiraggio forzato, pressione, combustione, vapore, acqua, ebollizione;
elettromotrice: linea di contatto, asta di presa, archetto, pantografo, interruttore, isolatori, sezionatore;
vagone = carrozza = vettura: di testa, di coda, di centro; letto, bar, ristorante, belvedere; per viaggiatori, per fumatori ⇔ per non fumatori, riservata; cisterna, frigorifero, serbatoio, postale, per il bestiame; a scompartimenti separati, a piattaforma esterna;
carro merci: aperto ⇔ chiuso; pianale, silos, cisterna, serbatoio, a tramoggia, a scarico automatico, a scarico laterale, a due piani, a ripiani;
personale addetto: capotreno, macchinista, aiutomacchinista, manovratore, aiuto manovratore, scambista = deviatore; utente, viaggiatore, abbonato, pendolare.

tram = tranvia.
parti: motrice, rimorchio, carrello girevole, presa di corrente (a pantografo, ad archetto); targa della linea, quadro del percorso, porta (di entrata ⇔ di uscita, ad apertura pneumatica, a libro), piattaforma, sedili, maniglia, corrimano; posto di manovra.
personale addetto: tranviere, fattorino, controllore, bigliettaio, conduttore, manovratore; passeggero.
Fig. — perdere l'ultimo tram.

carro da legna, da fieno, botte, funebre;
aperto ⇔ chiuso, leggero ⇔ pesante, robusto ⇔ traballante.
parti: telaio, stanghe, timone, boccole, assali, ruote (quarto, cerchione, raggio, mozzo), freno a tamburo.
Fig. — mettere il carro avanti ai buoi — essere l'ultima ruota del carro — tirare la carretta.
Prov. — la peggior ruota del carro è quella che stride.

carrozza padronale, di gala, a quattro posti, a sei posti; chiusa ⇔ scoperta.
parti: letto, timone, sterzo, stanga, telaio, boccole, mozzi, assali, ruote, freno a tamburo, mantice, cassetta.
Fig. — andare in paradiso in carrozza — mettere il bastone fra le ruote.

aeromobile (V. **Tav. 26 Industria meccanica**: *prodotti dell'industria meccanica*)
aeroplano, aereo, apparecchio, velivolo;
da trasporto, da turismo, di linea, postale; civile ⇔ militare (caccia, bombardiere); bimotore, trimotore, quadrimotore;
di stato ⇔ privato, con eliche spingenti ⇔ con eliche traenti, a reazione = reattore, aviogetto, a involo obliquo ⇔ a involo verticale, idrovolante, aerostato ⇔ aerodine, aliante, cervo volante, motoaliante, elicottero.
pilotare, rullare, decollare, librarsi, cabrare, impennare, imbardare, planare, picchiare, virare, flottare, dirottare, scivolare d'ala, capottare, precipitare, derapare, rientrare alla base, atterrare, ammarare; perdere quota, prendere = guadagnare quota.
aerostati — senza motore: pallone (libero ⇔ frenato) — con motore ausiliario: motopallone — con motore: dirigibile.

teleferica pilone, puleggia, campata, vagoncino, carrello, carrucola, cabina, stazione motrice, fune, di soccorso, portante, traente;
funicolare: puleggia, fune di trazione, funi di sicurezza, rulli di sostegno, rotaie (V. **Tav. 14 Montagna**: *mezzi di trasporto della montagna*).
monorotaia.

nave (V. **Tav. 26 Industria meccanica**: *cantiere navale* e **Tav. 13 Mare**: *marina*)

Tav. 22 ALIMENTAZIONE

cibo = nutrimento = alimento = vitto = pasto = vivanda = sostentamento (calorie; proteine, grassi, idrati di carbonio, vitamine) fresco ⇔ conservato (sterilizzato, inscatolato, congelato, surgelato, precotto, omogeneizzato, liofilizzato); buono ⇔ cattivo, prelibato ⇔ comune, eccellente ⇔ pessimo, squisito ⇔ repellente, appetitoso ⇔ ripugnante, gustoso ⇔ disgustoso, saporito = saporoso = sapido ⇔ insipido = insulso = scipito; sostanzioso = nutriente ⇔ inconsistente, magro ⇔ grasso, fresco ⇔ stantio, leggero ⇔ pesante = indigesto; cucinato ⇔ naturale; caldo ⇔ freddo.

pasto: colazione, desinare, pranzo, merenda, cena, spuntino, picnic; lauto ⇔ parco, abbondante = lucullia-

no = pantagruelico ⇔ veloce = frugale.
fame = appetito ⇔ inappetenza = disgusto, voracità = ingordigia = golosità ⇔ sobrietà; ghiottoneria ⇔ intruglio, leccornia ⇔ voltastomaco;
gastronomia: trattato di gastronomia, arte culinaria, specialità gastronomiche; gastronomo.
eccitare, svegliare, confortare, saziare, perdere l'appetito.
cucinare, cuocere, apprestare, preparare; arrostire, rosolare, dorare, colorire, scottare, far soffriggere, friggere, girare, rivoltare; far lessare = bollire; battere, tritare, macinare; salare, insaporire, condire, marinare, gratinare, affogare, grattugiare = grattare; impanare, infarinare; impastare, intridere, spianare; rimestare, dimenare; guarnire, glassare, giulebbare, farcire, imbottire, lardellare; affettare, trinciare, incidere; colare, scolare; frullare; riscaldare; stemperare, schiumare; allestire un pranzo, ammannire.
Fig. — dar cibo all'occhio, all'orecchio — non poter accozzare il pranzo con la cena.
Prov. chi va a letto senza cena tutta notte si dimena — l'appetito vien mangiando.

pane (crosta, mollica; briciola)
casalingo = casareccio; condito: all'olio, al burro, al latte; integrale; biscottato, tostato = abbrustolito; buono ⇔ cattivo, ben cotto ⇔ mal cotto, fresco ⇔ raffermo = secco, soffice ⇔ croccante, tenero ⇔ duro, bianco ⇔ nero, lievitato ⇔ azzimo; comune ⇔ di lusso.
pagnotta, pagnottella = pagnottina = michetta = panino di Vienna = rosetta; bastone = filone, bastoncino = sfilatino = filoncino, ciriola, coreano, indiano, treccia, ciambella; pane in cassetta; grissino, cracker = tartina, galletta.
panificazione: impastare, lievitare, infornare, sfornare.
Fig. — spezzare il pane della scienza.
Prov. — dir pane al pane — essere buono come il pane — rendere pan per focaccia — non è pane per i suoi denti — se non è zuppa è pan bagnato.

condimenti e salse sale, pepe, noce moscata, senape, aceto, paprica = peperoncino, mostarda, anice, cumino, zenzero, cannella, zafferano, chiodi di garofano; burro, olio d'oliva, olio di semi, strutto, lardo, sugna, margarina; estratto di carne, dado; salsa (di pomodoro), salsa verde, salsa bianca, ragù, maionese, worcester sauce, salsa tartara, rubra, bagna cauda, pinzimonio, besciamella.
Fig. — il condimento del buon umore — essere la salsa e il condimento — cucinare in tutte le salse.
Prov. — il miglior condimento è l'appetito.

antipasto
sapido, stuzzicante; grasso ⇔ magro;
freddo: salumi assortiti, affettato misto; sottaceti = giardiniera; insalate crude; insalata alla russa con maionese; uova sode con maionese; pesce: salmone affumicato, aringhe affumicate, filetti d'acciuga, sardine, tonno, caviale, bottarga, frutti di mare, cocktail di gamberetti e scampi; paté di fegato, sandwich = tramezzino = panino (al prosciutto, al formaggio);
caldo: — crostino = tartina = canapè; rustico = vol au vent = sfogliatina ripiena; toast, pizzetta; lumache.

primi piatti
pastasciutta (cotta ⇔ scotta, al dente), pasta gratinata, pasta all'uovo (tagliatelle, fettuccine, pappardelle, lasagne); timballo = pasticcio, cannelloni; tortelli: cappelletti, ravioli; risotto, insalata di riso, supplì, pomodori ripieni; gnocchi (di patate, di semolino) — pizza — polenta; brodo ristretto = consommé, pasta in brodo, riso in brodo — minestra di verdura, minestrone, passato di legumi, crema, pancotto, pangrattato = panata, stracciatella, zuppa: pavese, di pesce (brodetto, cacciucco, buiabassa, sburrita), di cozze = di telline, di rane.
Fig. — è sempre la stessa minestra — trovare la minestra bell'e scodellata — se non è zuppa, è pan bagnato.
Prov. — o mangiar questa minestra o saltar questa finestra.

uovo (guscio, albume = bianco, tuorlo = rosso) fresco = caldo ⇔ stantio = vecchio = andato a male = guasto; gallato.
sperare le uova; rompere, sbattere, frullare, strapazzare, montare; rivoltare la frittata.
uova all'ostrica, al guscio = alla coque, bazzotte, sode, ripiene, al tegamino (al burro, al bacon), affogate = in camicia, strapazzate, in tazzina, sbattute; frittata, omelette (arrotolata, ripiena).
Fig. — rompere le uova nel paniere — cercare il pelo nell'uovo.
Prov. — meglio un uovo oggi che una gallina domani.

pesce (v. **Tav. 12 Animali domestici e selvatici**: *fauna acquatica*)
lessato, arrostito, fritto, allo spiedo, alla griglia, al forno, al cartoccio; fresco ⇔ conservato (carpionato, marinato, salato, seccato, affumicato, sott'olio, congelato, surgelato) minuto ⇔ da taglio.
pulire, lavare, squamare, sbuzzare, cuocere, friggere, arrostire.
pesce di mare, pesce d'acqua dolce; crostacei, molluschi.

carne (v. **Tav. 12 Animali domestici e selvatici**) fresca ⇔ frolla, bianca ⇔ rossa, magra ⇔ grassa, soda ⇔ floscia, tenera ⇔ dura; battuta.
arrosto; lesso = bollito; umido; brasato; stufato; spezzatino; scaloppina; cotoletta; bistecca = braciola = lombatina, nodino; fricandò; ossobuco; carne trita: polpette, polpettone, hamburger, crocchette; frattaglie = interiora; fegato = fegatelli, animelle, cuore, polmone, milza, rognone, cervello, testina, lingua, trippa; cotica.
carne suina (fresca ⇔ insaccata).
carne di manzo, equina, caprina, coniglio, pollame; selvaggina.
Fig. — essere carne da macello — mettere troppa carne al fuoco — carne venduta — trovare carne per i propri denti.
Prov. — non c'è carne senz'osso.

ortaggi = erbaggi = verdura
lattuga, indivia, cicoria, agretto = crescione, barba di cappuccino = barbatella = mescolanza; spinaci; cavolo, cavolfiore, broccolo, cavolino di Bruxelles, rapa, broccoletto = cima di rapa; ravanello; bieta, barbabietola; asparago; carciofo, cardo = cardone; finocchio; carota; patata; pomodoro, peperone, melanzana; zucca, zucchina, fiore di zucca, cetriolo; odori = erbe aromatiche = mazzetto guarnito;
legumi: pisello, fagiolo (fagiolino), tàccola, fava, cece, lente = lenticchia, soia.

funghi: porcino = boleto, prataiolo, òvolo, chiodello = famigliola, spugnola, gallinaccio, ditola, gelone.
Fig. — venire su come i funghi — fungo atomico — salvare capra e cavoli — entrarci come il cavolo a merenda.

formaggio = cacio
grasso (semigrasso) ⇔ magro, molle ⇔ duro, fresco ⇔ stagionato, da tavola ⇔ da grattugiare; salato, duro, duro e piccante, cotto a maturazione lenta, piccante, grasso, fresco, fuso.
Fig. — alto come un soldo di cacio — essere come il cacio sui maccheroni — stare come un topo in una forma di cacio — essere come pane e cacio.

dolci = pasticceria
torta = pasta di fondo, pasta di lievito (panettone, pandoro, plum cake, ciambella, focaccia = pizza, pan di miglio, pan di Spagna), dolci al cucchiaio (crema, zabaione, bavarese, budino, charlotte, bignè); meringa; plum pudding, zuppa inglese, strudel, zuccotto; crostata; timballo di frutta, composta di frutta, macedonia, marmellata, gelatina, frutta candita, fondente di frutta; panna montata, frappé, gelato; biscotteria = pasticceria (biscotto, pasta = pasticcino).
Fig. — dolce far niente — dolce vita.

frutta (v. **Tav. 11 Albero**: *frutto, frutta*)
vizza = avvizzita, moscia, ammaccata, macolata, pesta, mézza, marcia, fradicia; saporita, fragrante, sugosa, farinosa, stopposa;
fresca ⇔ secca, acerba ⇔ matura, dura ⇔ molle = tenera, aspra = allappante ⇔ dolce = zuccherina; primaticcia = precoce ⇔ tardiva.
pera, mela, mandorla, pesca, albicocca, ciliegia, amare-

na, susina (prugna, mirabella), nespola, agrumi, fico d'India, ribes, uva, uva spina, melagrana, fragola, fico, cocomero = anguria, melone = mellone = popone, carruba, cachi, castagna, noce, nocciola, pinolo, arachide; **frutta selvatica** (mirtillo, lampone, mora); **frutta esotica** (dattero, banana, ananas, cocco, nespola del Giappone, avocado, kiwi, mango, anacardio).
Fig. — raccogliere il frutto delle proprie fatiche — il frutto proibito — il frutto di un'educazione sbagliata.

Tav. 23 BEVANDE

bevanda = bibita = pozione = beverone = beveraggio corroborante, tonica, medicinale, effervescente, frizzante, gassata, rinfrescante, aromatica, eccitante; alcolica ⇔ analcolica, dolce ⇔ aspra, fredda ⇔ calda.
bere (a fior di labbra, a sorsi, a garganella, d'un fiato), sorbire, libare, brindare, assaggiare, assaporare, centellinare, sorseggiare, gustare, degustare; tracannare, trincare, sbevazzare, ingozzarsi, ingollare; dissetarsi, rinfrescarsi, abbeverarsi; mescere.
Fig. — bere uno con gli occhi — bere le parole — darla a bere — berle grosse.

aperitivo alcolico ⇔ analcolico.

birra bionda = chiara ⇔ scura, dolce ⇔ amara; alla spina, in bottiglia.
macinazione del malto, mescolamento con l'acqua, ammostatura, decantazione, bollitura col luppolo, raffreddamento, fermentazione, maturazione, filtrazione, pastorizzazione.
Fig. — correre a tutta birra.

vino
bianco, rosso, rosato, chiaretto; frizzante, spumante; alterato, inacidito; sapido, austero, nervoso; denso, corposo, robusto; tagliato; aromatizzato;
abboccato ⇔ asciutto, amabile = pastoso = sulla vena ⇔ secco, dolce ⇔ aspro = acidetto = asprigno = agretto = acerbo; delicato ⇔ gagliardo, leggero ⇔ generoso = alcolico;
ruvido ⇔ morbido; nuovo ⇔ vecchio, giovane ⇔ stagionato = invecchiato = stravecchio; trasparente ⇔ torbido; genuino = sincero ⇔ adulterato.
travasare, imbottigliare, imbottare, infiascare; cavare, spillare, mescere.
vendemmia (V. **Tav. 15 Lavori agricoli**: *arboricoltura, viticoltura*)
cernita, lavatura, diraspatura, pigiatura, torchiatura, solforazione, fermentazione del mosto, follatura, rimonta, svinatura, colmatura, travaso, filtrazione, taglio, concia, chiarificazione.
cantina
ventilata = aerata, buia, sotterranea;
fresca = refrigerata ⇔ calda = afosa, umida ⇔ asciutta = secca, vuota ⇔ zeppa = stipata = fornita.
andare, scendere in cantina.
Fig. — vivere in una cantina — odorare di muffa e di cantina — portare qualcosa in cantina.
botte aggrumata, avvinata, corpacciuta, sdogata, uzzata, ricerchiata, muta; napoletana, bordolese.
aggrumarsi, buttare, cocchiumare, zaffare, sdogare, dare la stura, stagnare, imbottare, riempire, svuotare, zipolare, zolfare, travasare, cavare = spillare, imbottigliare = infiascare.
parti della botte: doghe, cerchi, cocchiume, fondi; sedile.
altri recipienti: tino, tinozza, bigoncia, barile, barilotto, caratello, bozzello; orcio, giara, doglio, fusto; damigiana, bottiglione, fiasco, bottiglia (renana, bordolese, sciampagnotta, borgognona), boccale.
torchio (madrevite, leva, piastra, incastellatura), imbottigliatrice, imbuto = pevera = imbottavino, scaffali; solfatura.
Fig. — essere in una botte di ferro — dare un colpo al cerchio e uno alla botte — fare il pesce in barile — volere la botte piena e la moglie ubriaca — capire fischi per fiaschi — dir pane al pane e vino al vino.
Prov. — la botte dà solo il vino che ha — il vino è il latte dei vecchi — il buon vino fa buon sangue — in vino veritas.

liquori maraschino, alchermes, anice = anisetta = sambuca = fumetto = sassolino = vespetrò, cordial Campari, cerasella, nocino, nocillo, chartreuse, certosino, corfinio, génépy, centerbe, fiordalpe, aurum, alpestre, strega; poncio, rum, kümmel, vov, sidro, calvados, fernet; **acquavite**: kirsch = cherry brandy, slivovitz, vodka, whisky, gin, brandy = cognac = armagnac, grappa, acquavite di genziana, mistrà.

bevande analcoliche
— calde: caffè, tè, caffè e latte, cappuccino, cioccolata, camomilla, infuso (di tiglio, di malva, di menta, di sambuco, di verbena, di alloro); — calde o fredde: latte (scremato, intero, condensato, pastorizzato); — fredde: acqua minerale, seltz, limonata, aranciata, cedrata, spremuta di limone, spremuta di arancia, succo di frutta (albicocca, pesca, pera, pompelmo, mela, pomodoro, ananas, uva, mirtillo), granatina, frullato = frappé, orzata, tamarindo, gassosa.

Tav. 24 ABBIGLIAMENTO

abito = vestito
civile = borghese, militare, ecclesiastico, ufficiale, da cerimonia, da passeggio, da sera; lacero = strappato, sdrucito, rattoppato, rammendato; difettoso; sbagliato; imbastito ⇔ rifinito, abbottonato ⇔ sbottonato, chiuso ⇔ aperto, stretto = attillato = aderente ⇔ largo = abbondante, lungo ⇔ corto, vistoso ⇔ semplice, elegante ⇔ dimesso, nuovo ⇔ vecchio = rivoltato, stirato ⇔ gualcito.
infilare, indossare, mettere, deporre, calzare, sfilare, rimboccare, arrovesciare; tornare bene in dosso, far grinze, stare a pennello.
veste femminile (a campana, increspata, sbracciata; corta ⇔ lunga, accollata ⇔ scollata): gonna = gonnella, gonnellino, minigonna, sottana, camicia, camicetta, mantella, dolman, cappa, cappotto, soprabito, paletot, tailleur, abito pronto.
abito da uomo: pastrano, tabarro, palamidone, impermeabile; giacca (sportiva, cacciatora, a un petto, a doppio-petto; bavero, petto, dorso, maniche, mostra, risvolto, tasca, bottoniera, asola, fodera), casacca, farsetto, figaro, giaccone, giubba, giubbetto, giubbone; calzoni = brache = pantaloni = calzoncini = blue jeans (a tubo, a campana, alla scudiera, alla zuava, con lo spacco, col risvolto ⇔ senza risvolto); smoking, frac, marsina.
Fig. — attaccare un bottone a qualcuno.
Prov. — l'abito non fa il monaco.

biancheria = lingeria
stirata, inamidata, operata (damascata, ricamata), liscia, personale = intima;
sporca = sudicia ⇔ pulita = linda = candida.
cucire, ricamare, cifrare, rammendare, aggiustare; sgualcire, cambiare, lavare, sciorinare, stendere, asciugare, stirare, inamidare, apprettare.
camicia = camicetta (collo, sprone, polso, polsino, gemelli), pigiama, maglia = maglietta, canottiera (di lana, di filo, di cotone; a bretelline, con mezze maniche, con manica lunga), mutanda = mutandina = slip = culottes, fazzoletto.

maglieria
maglia rasata, traforata, passata, accavallata, a catenelle;
doppia ⇔ semplice, aumentata ⇔ diminuita, fitta ⇔ rada, stretta ⇔ lenta, a dritto ⇔ a rovescio.
avviare una maglia, lavorare a maglia, fare la maglia; rinfilare, ripigliare, smagliare, ribattere, accavallare, scappare = cadere.
maglia a mano: uncinetto = crochet, ferri (aghi) da calza;
maglia a macchina: telaio Cotton (aghi, platine), telaio milanese, telaio circolare francese, telaio circolare inglese (ago automatico; ago a becco; barra = pressa, platina).
Fig. — uscire per le maglie — cadere nelle maglie della polizia.

fibra tessile lunga ⇔ corta, forte = robusta ⇔ debole, dura = resistente ⇔ molle = tenera; naturale (lana, cotone, kapòc, lino, canapa, seta, ginestra, ortica, iuta, tiglio, agave, rafia, amianto, argoneto, oro, vetro), artifi-

ciale = sintetica (lanital, nailon, lilion, raion, terital, filanca, leacril, dralon, viscosa).
Fig. — uomo di fibra forte, robusta o debole — non aver fibra — snervare la fibra.

filatura a mano (rocca = conocchia, fuso), meccanica (filatoio continuo).
filare, addoppiare, torcere, cardare, dipanare.
macerazione, essiccamento, battitura, pettinatura, cardatura, filatura, torcitura, ritorcitura, accoppiamento, aspatura.
Fig. — il discorso fila bene — far filare qualcuno — le automobili filano sull'autostrada.
Prov. — non è più il tempo che Berta filava — chi fila ha una camicia e chi non fila ne ha due.

filo grosso ⇔ sottile = invisibile, bianco ⇔ colorato, aggrovigliato ⇔ dipanato, unico ⇔ ritorto.
infilare ⇔ sfilare; ammannellare, abbindolare, ammatassare, aggomitolare, avvolgere; dipanare, imbrogliare, sbrogliare la matassa; torcere.
gugliata, incannata, gomitolo, rocchetto, matassa (bandolo), nodo, groviglio.
Fig. — a filo di logica — per filo e per segno — il filo della vita — camminare sul filo del rasoio — dar filo da torcere.
Prov. — un filo non fa tela — tre fili fanno uno spago — il filo si rompe dal capo più debole.

tessitura meccanica ⇔ a mano.
ordire, tramare, tessere, disfare, stare = lavorare al telaio, riempire l'ordito.
allicciatura, incannatura, stracannaggio, orditura, armatura, follatura, garzatura, cimatura, pinzatura; impannatura, disegno, tintura; piede dell'ordito = croce dell'ordito.
macchine: telaio a mano (navetta, spola, subbi, portafili, licci, macchina d'armatura, fili di trama, fili di ordito), arcolaio, aspo, calandra, asciugatrice, cimatrice, gualchiera, imbozzimatrice, orditoio, incannatoio, mercerizzatrice, spazzolatrice, tosatrice, vellutatrice, trafila;
stabilimenti: cotonificio, canapificio, iutificio, lanificio, setificio.
Fig. — ordire, tramare una congiura.
Prov. — chi vuol lavor gentile, ordisca grosso e trami sottile — uno ordisce la tela e l'altro la tesse — a tela ordita, Dio manda il filo.

tessuto = stoffa = panno = drappo = tela
brizzolato, damascato, vellutato, operato, felpato, cotonoso, trapunto, screziato, gessato, pettinato, misto, unito, sgargiante, trasparente; antimacchia, infeltrito, stampato (a dadi, a fiori, a quadri), a doppia faccia, a due dritti, a righe, a spiga, in pezza;
pesante ⇔ leggero, ruvido ⇔ morbido, ordinario = dozzinale ⇔ pregiato, rigido ⇔ elastico, impermeabile ⇔ permeabile, fitto ⇔ rado, ingualcibile ⇔ gualcibile, resistente = forte.
pezza, cimosa, striscia, banda, scampolo, taglio d'abito.
Fig. — avere la stoffa del campione — un tessuto di menzogne — essere della stessa lana — questioni di lana caprina — la tela di Penelope.

pelliccia costosa, elegante; spelacchiata, intignata, tarlata, logora; calda, morbida, screziata = variegata.
portare, indossare, provarsi, infilarsi la pelliccia.
animali da pelliccia: castorino, castoro, ermellino, faina, lince, lontra, martora, tasso, visone, volpe (argentata, azzurra, rossa), zibellino russo, orso, pantera, tigre, leopardo, ocelot, breitschwanz, astrakan (v. **Tav. 12 Animali domestici e selvatici**: *selvaggina*).

pellicceria — **conceria** conciare; scarnare, pelare, patinare, asciugare, sugherare, allumare, cilindrare; marocchinare, scamosciare.
conciatura: scarnamento, digrassatura, assottigliamento, macerazione, rasatura, bagno, allumatura, impiumatura, tintura, scamosciatura, incollatura.
Fig. — conciare uno per il dì delle feste — lasciarci la pelle — far la pelle a qualcuno — amici per la pelle — scherzare sulla pelle altrui — avere la pelle dura.

calzatura imbullettata, sformata, risuolata, scalcagnata, rappezzata; da camera, da ballo, da sport; di vitello, di capretto, di cuoio grasso, di tela, di corda, di raso.
calzare, lucidare, tacchettare; slabbrarsi, scalcagnarsi, stringere; stare in pianelle, portare le scarpe a ciabatta.
parti: tacco (basso ⇔ a spillo = alto), calcagno, bocca, linguetta, lacci = stringhe, mascherina, occhiello, gambaletto, tirante, sperone.
calzolaio = ciabattino; calzoleria, calzaturificio.
Prov. — non fu mai sì bella scarpa che non diventasse ciabatta.

guanto imbottito, scamosciato, traforato, da lavoro, da scherma, da pugilato; a cerniera, a bottoni; monchino.
calzare, cavare, levare, infilare, sfilare, mettere; inguantarsi; gettare, lanciare, raccogliere il guanto di sfida.
Fig. — trattare coi guanti — ladro in guanti gialli.

cappello di feltro, di paglia, di seta, di panno; a cupola, a punta, a lobbia, a staio, a cencio, alla bersagliera, alla tirolese, alla marinara, alla calabrese; copricapo, berretto, cuffia, tuba, panama, cilindro, bombetta, paglietta, turbante, cappuccio, tòcco, berretto goliardico; tricorno, galero, papalina, zucchetto, mitra, tiara; colbacco, feluca, chepì, casco, elmo, elmetto, lucerna, bustina, basco;
alto ⇔ basso, duro ⇔ molle, nuovo ⇔ usato, rigido ⇔ floscio, stirato ⇔ sgualcito, sbertucciato.
levare, togliere, mettere, scambiare, provare, ficcarsi; portare il cappello, stare a capo scoperto, scappellarsi.
parti del cappello: — maschile: cocuzzolo, fascia, nastro, orlo, piega, tesa, falda — femminile: carcassa, cupola, balza, merletto, nastro, fiori, guarnizione, veletta.
modista = crestaia = cappellaia = cappellinaia; cappellaio.
Fig. — prendere cappello.

acconciatura
pettinare, cotonare, tagliare, lavare, tingere, colorare, decolorare, sbarbare, rasare.
parrucchiere per donna = coiffeur pour dames, parrucchiere per uomo = barbiere; taglio (dolce, scolpito), sfumatura (alta ⇔ bassa), shampooing, messa in piega, permanente, rasatura, ossigenatura, cachet, méches, colpi di sole, cotonatura.

parrucca albina, bionda, castana, bruna, nera, corvina, rossa, fulva, grigia, bianca; a riccioli; incipriata; di capelli naturali ⇔ di capelli artificiali.
imparruccarsi; mettersi, levarsi la parrucca; portare la parrucca, pettinare la parrucca.
ciocca, ricciolo, frangetta, treccia; fintino, posticcio, ciambella, chignon, ciuffetto, ciuffo, toupet.
Fig. — parruccone.
Prov. — non è più il tempo delle parrucche.

Tav. 25 INDUSTRIA METALLURGICA-SIDERURGICA

metallurgia — **siderurgia** (v. **Tav. 26 Industria meccanica**)
fondere, colare, gettare, sbavare, solidificare; massellare, laminare, trafilare; temperare; bianchire, brunire.
impianto metallurgico, impianto siderurgico, stabilimento metallurgico, stabilimento siderurgico; fonderia, acciaieria, ferriera; reparto forni, reparto convertitori, reparto trattamenti termici; fucina, magona.
puddellaggio, amalgamazione, cementazione, cianurazione, elettrolisi (v. **Tav. 27 Industria chimica**); affinazione; scorie.
forni: altoforno, convertitore, cubilotto, forno a crogiolo, forno a riverbero, forno a tino, forno elettrico (ad arco, a induzione, ad alta frequenza, a bassa frequenza), forno di riscaldo; apparecchi soffianti;
colata (in caduta, continua, sotto vuoto): canale di colata, secchione di colata = siviera, getto, lingottiera, lingotto;
formatura (a verde, a secco): anima, cassa, cassa d'anima, conchiglia, forma = stampo, sabbia, terra di fonderia; pressofusione, gettopressatura; fusione, solidificazione, distaffatura, sbavatura, sabbiatura.
addolcimento, bonifica, normalizzazione, ricottura, rinvenimento, tempra; decapaggio; acciaiatura, galvanizzazione, metallizzazione, bronzatura = brunitura, cadmiatura, cromatura, nichelatura, ottonatura, piom-

batura, stagnatura, zincatura.

metallo duttile, malleabile, conduttore, elettropositivo, elastico, cristallizzato, friabile, fusibile, grasso, refrattario;
solido ⇔ liquido, tenero ⇔ duro, pesante ⇔ leggero, raro ⇔ comune, nobile = prezioso ⇔ vile.
metalli leggeri: alluminio, magnesio, berillio;
metalli nobili: platino, oro, osmio, argento, rodio;
metalli comuni vili: ferro, rame, piombo, stagno;
metalli rari: osmio, iridio, palladio;
metalli alcalini: litio, sodio, potassio, rubidio, cesio;
metalli alcalino-terrosi: berillio, magnesio, calcio, stronzio, bario;
metalli terrosi: alluminio;
metalli magnetici: ferro, nichel, cobalto;
metalli ferrosi: ferro, ghisa, acciaio;
metalli non ferrosi: alluminio, antimonio, argento, berillio, bismuto, cadmio, cobalto, cromo, indio, iridio, litio, magnesio, manganese, mercurio, molibdeno, nichel, platino, piombo, oro, osmio, rame, stagno, titanio, torio, tungsteno, zinco, zirconio, uranio, vanadio;
leghe non ferrose: alpacca, bronzo, duralluminio, magnalio, peltro, nichelcromo, ottone, silumin, tutania, zama;
lega metallica: leggera, resistente, pregiata; binaria, ternaria, quaternaria;
splendore metallico, lucentezza metallica, riflessi metallici, suono metallico, voce metallica, timbro metallico.
Fig. — andar coi piedi di piombo — nuotare nell'oro — avere un cuor d'oro — capelli d'argento — spirito di cattiva lega — avere una faccia di bronzo — legge di bronzo dei salari.
Prov. — non è tutt'oro quel che riluce.

ferro fuso, temperato, galvanizzato, ossidato, zincato, stagnato, brunito, damaschinato; nativo; tenero ⇔ duro, dolce ⇔ crudo, acciaioso ⇔ pudellato, fucinabile ⇔ fucinato.
lavorare, battere, forgiare, fucinare, temperare.
minerale di ferro (V. **Tav. 28 Industria estrattiva**); rottame di ferro; arte del ferro, lavori in ferro battuto.
Fig. — i ferri del mestiere — toccar ferro — salute di ferro — stomaco, braccio, polso di ferro — governare con mano di ferro — digerire il ferro — essere in una botte di ferro — essere, venire ai ferri corti — mettere a ferro e a fuoco — battere il ferro quando è caldo.

acciaio extradolce, dolce; semiduro, duro, durissimo, extraduro; rapido, superrapido; calmato, effervescente, legato, amagnetico, inossidabile.
resilienza ⇔ fragilità, rottura, allungamento, snervamento.
elementi di lega negli acciai speciali: alluminio, boro, cromo, manganese, molibdeno, nichel, rame, silicio, titanio, tungsteno, vanadio.
Fig. — duro, resistente come l'acciaio — essere fatto d'acciaio — sguardo d'acciaio — avere nervi, volontà, tempra d'acciaio.

lavorazioni plastiche dei metalli
lavorazioni: — a caldo: fucinatura, stampaggio, laminazione, estrusione, trafilatura — a freddo: fucinatura, laminazione, tranciatura, imbutitura, pallinatura;
macchine: berta, filiera, fucinatrice, laminatoio (continuo, reversibile), maglio, martellatrice, pressa, trafilatrice; banco di trafilatura, treno di lavorazione;
prodotti (semilavorati, finiti): laminati, stampati, trafilati, profilati: lamiera (striata, forata, bugnata, ondulata), bandone, foglio di lamiera, rotolo di lamiera, lamierino; barra, cavo, cilindro, moietta, nastro, rotaia, putrella, tondino, trave, tubo, verga, vergella.

professioni specifiche dell'industria metallurgica (V. **Tav. 26 Industria meccanica**: *professioni specifiche dell'industria meccanica*)
formatori: animista, distaffatore, formatore, modellista, sabbiatore, staffatore;
fonditori e fornisti: alimentatore di forni, bruciaferro, caricaforni, conduttore di forni, fonditore, fornista, imbavatore, lingottista, miscelatore, raffinatore, sbavatore;
galvanoplastieri: acidulatore, bronzatore, brunitore, cadmiatore, cromatore, decapatore, galvanista, galvanoplastiere, galvanostegista, nichelatore, ottonatore, piombatore, ramatore, stagnatore, zincatore;
laminatori e trafilatori: cesoiatore, estrudatore, filierista, laminatore, mandrinatore, profilatore, trafilatore, trafiliere, tranciatore a caldo, tranciatore a freddo.

Tav. 26 INDUSTRIA MECCANICA

industria meccanica (V. **Tav. 25 Industria metallurgica-siderurgica**)
metalmeccanica, motoristica, manifatturiera; automobilistica, motociclistica, ciclomotoristica, navale, aeronautica, aerospaziale, missilistica; autoaviomotoristica, navalmeccanica, elettromeccanica, elettronica; meccanica pesante, meccanica generale, meccanica di precisione; ingegneria meccanica, tecnologia meccanica; arte navalmeccanica, cantiere navale (V. **Tav. 13 Mare**: *marina*); stabilimento, fabbrica.

officina di lavorazione, di montaggio, di riparazione.
tranciare, profilare, filettare, zigrinare, alesare = barenare, rettificare, tornire; lavorare alla fresatrice, al tornio; collaudare.
settori-reparti: progettazione, prototipi, fusione, stampaggio, forgiatura, saldatura, trattamento galvanico, trattamento termico, lavorazione, sala macchine utensili (sala torni, sala laminatoi), sala premontaggio, sala montaggio, collaudo;
ciclo di lavorazione: disegno di lavorazione, tempo di lavorazione, ciclo di produzione, catena di produzione, catena transfer = catena automatica, linea di montaggio = catena di montaggio, nastro di montaggio;
macchine: alesatrice, brocciatrice, cesoiatrice, chiodatrice, ribaditrice, dentatrice, fresatrice (orizzontale, verticale, universale), limatrice, mandrino, molatrice, pialatrice, punzonatrice, rettificatrice, rifilatrice, sabbiatrice, strozzatrice, trancia, tornio (parallelo, frontale, verticale), trapano (radiale, orizzontale);
operazioni: calettatura, saldatura = brasatura, aggiustaggio, bronzatura = brunitura = burnitura = metallocromia, centratura, fresatura, sagomatura, molatura;
collaudo: in officina, in pista; sala prova, banco di prova, prova su rulli, pista di controllo;
produzione: in serie, semiautomatizzata, automatizzata, continua.
officina meccanica (di riparazione): autoriparazione, revisione, controllo, diagnosi; convergenza fari, convergenza ruote, equilibratura gomme, registrazione freni, registrazione frizione, rettifica cilindri, rettifica valvole, smerigliatura valvole, sabbiatura candele, grafitaggio, revisione motore;
buca per riparazioni, ponte di lavaggio;
meccanico riparatore, elettrauto, carburatorista, radiatorista, lavaggiatore (V. **Tav. 21 Mezzi di trasporto**).

cantiere navale (V. **Tav. 13 Mare**: *marina*)
calafatare, carenare, varare; essere in cantiere.
sala di tracciamento, piazzale di prefabbricazione, scalo (di costruzione, di riparazione, di demolizione), banchina di armamento, varatoio, bacino di carenaggio galleggiante, scivolo (piano dello scivolo, incastellatura di scivolo); squero; varo.
Fig. — mettere in cantiere un film — varare una legge.
parti della nave: scafo, ponte, coperta, paratia, linea di galleggiamento, opera viva = carena, opera morta = murate, prua, poppa, costole, maestra, tribordo, babordo, chiglia, paramezzale, corrente, fasciame, dritto di poppa, dritto di prua, coffa, alberatura, albero di trinchetto, albero di maestra, castello, cassero, ponte di comando, plancia di comando, cabina di comando, fanali, fumaiolo, timone, radar, stazione radio, sala nautica, telegrafo di manovra, ponte, lance, alloggi degli ufficiali, alloggio del capitano, ponte coperto, sala di lettura, sala di ritrovo, bar, sala di scrittura, servizi, passeggiata, piscina, cabine passeggeri, soggiorno bambini, salone dei ricevimenti, sala da pranzo, cucine, ufficio postale, magazzino attrezzi, mensa equipaggio, frigorifero, infermeria, deposito bagagli, sala accumulatori e macchine ausiliarie, stiva, magazzino, autorimessa, sala macchine, magazzino viveri, cisterna d'olio, cisterna d'acqua potabile, macchine per il controllo del timone, gru, ascensore, elica, ancora, passerella, scialuppa, argani, oblò, boccaporto.

prodotti dell'industria meccanica cicli, autoveicoli, autocarro, treno (v. **Tav. 21 Mezzi di trasporto**), autogrù, autopompa, autocisterna, spazzatrice, spartineve, trattore agricolo, motoaratrice, motofalciatrice, motoseminatrice (v. **Tav. 15 Lavori agricoli**), autocompressore, bulldozer, escavatore, aeromobile (v. **Tav. 21 Mezzi di trasporto**), aeroplano, reattore, turboreattore, aviogetto, turbogetto, aerorazzo, monoplano, biplano, aeronave, aerostato, dirigibile, aliante, elicottero, idroplano, idrovolante, anfibio, astronave, navicella spaziale, capsula spaziale, sonda spaziale, missile (balistico, intercontinentale), razzo (monostadio ⇔ a più stadi, vettore), satellite artificiale; imbarcazione, natante (v. **Tav. 13 Mare**);
apparecchiature elettriche: accumulatore, alternatore, commutatore, convertitore, dinamo, generatore, trasformatore, turbina, turboalternatore;
elettrodomestici: (v. **Tav. 6 Casa**) aspirapolvere, lavatrice, lavastoviglie, lucidatrice, scaldabagno, scalda acqua, frigorifero, frullatore, grattugia elettrica, macinacaffè, spremifrutta, spremiagrumi, tritacarne, tritaghiaccio, tostapane; asciugacapelli, rasoio elettrico; condizionatore d'aria, ventilatore, stufa; radio, dittafono, giradischi, mangiadischi, giranastri, mangianastri, grammofono, magnetofono, megafono, registratore, televisore;
apparecchi di precisione: elaboratore elettronico, calcolatore elettronico, elettrocardiografo, microscopio elettronico, pilota automatico, radar, radioaltimetro, radiobussola, radiofaro, radiosonda, radiogoniometro, radioscopio, radiotelefono, relais elettronico, ricetrasmettitore, telecamera, telescrivente, cronometro;
binocolo, cannocchiale, cinepresa, macchina fotografica; termometro, tassametro, telescopio, rifrattometro, spettrografo, spettroscopio, stereoscopio, proiettore; cuscinetto a sfera; distributore automatico di carburante, serbatoio di carburante;
macchina per posta pneumatica, macchina affrancatrice (v. **Tav. 7 Edifici di pubblico interesse**: *ufficio postale*);
macchina per cucire, macchina per scrivere, calcolatrice, imbottigliatrice; inscatolatrice, incassettatrice, decassettatrice, tappatrice, etichettatrice, infialettatrice; macchine utensili; mobili metallici, cassaforte, pensilina metallica, serranda metallica, saracinesca, tettoia metallica (v. **Tav. 6 Casa**).

professioni specifiche dell'industria meccanica (v. **Tav. 25 Industria metallurgica-siderurgica**: *professioni specifiche dell'industria metallurgica*)
fabbri ferrai e fucinatori: battiferro, battimazza, chiodaiolo, forgiatore, fucinatore, magnano, pressofonditore, punzonatore, raddrizzatore, ribattitore;
carpentieri in ferro: calafato in ferro, carenatore, carpentiere, montatore, pontista, tracciatore;
lamieristi: autocarrozziere, battilamiera, bronzista, calderaio, coltellinaio, impressore, lamierista, lastraio, lastroferratore, lattoniere, mobiliere in metallo, ondulatore di lamiera, scoccaio, stampatore;
catenisti e cordisti: bobinatore, cablatore, catenista, cordaio, funaio, mollista, retista;
alesatori, fresatori e tornitori: alesatore, filettatore, fresatore, rettificatore, sbozzatore, tornitore;
saldatori: autogenista, brasatore, giuntista, piombatore, saldatore, tagliatore;
finitori, verniciatori e pulitori: brocciatore, brunitore, decapatore, lucidatore, molatore, verniciatore;
riparatori e montatori: aggiustatore meccanico, allestitore navale, armaiolo, attrezzatore marittimo, meccanico (aeronautico, di bordo, addetto alla manutenzione), montatore (di macchine, navale), motorista meccanico, riparatore.

Tav. 27 INDUSTRIA CHIMICA

alchimia
alchimista, alchimizzatore, adepto, soffiatore; quintessenza, arcano, pietra filosofale, elisir universale, panacea.

chimica
generale, organica ⇔ inorganica; agraria, analitica, applicata, atomica, biologica, cosmica, bromatologica, docimastica, elementare, clinica, farmaceutica, fisiologica, industriale, generale, minerale, fisica, sperimentale, patologica, pura, sintetica, nucleare;
fitochimica, geochimica, elettrochimica, termochimica, gazochimica, stereochimica, zoochimica.
combinare, ossidare, disossidare, idratare, disidratare, ossigenare, estrarre, precipitare, ridurre, solidificare, spartire, analizzare, sublimare, riscaldare, colorare, fondere, misurare, essiccare, distillare, agitare, pesare.
operazioni: sintesi, preparazione, azione, reazione, fusione = liquefazione, diluizione, solidificazione = coagulazione, rarefazione, condensazione, evaporazione, sublimazione, volatilizzazione, fluidificazione, cristallizzazione, concentrazione, decantazione, idratazione, disidratazione, dissoluzione, disseccamento, ossidazione, disossidazione, dialisi, catalisi, distillazione, idrogenazione, defecazione, filtrazione, ebollizione, misurazione, dosaggio, levigazione, macerazione, mineralizzazione, precipitazione, riduzione, sintesi, combustione, combinazione;
persone: chimico, preparatore, manipolatore, ricercatore, assistente, sperimentatore;
apparecchi: alambicco, autoclave, bagno, bilancia, microscopio, buretta, cannello dardifiamma, colorimetro, cristallizzatore, coppella = crogiolo, durimetro, distillatore, essiccatoio, fornello, lampada Teclù, linguetta, mortaio di Abich, carta di tornasole, filtro, dializzatore, essiccatore, morsette, pallone di vetro, oleometro, imbuto separatore, picnometro, pipetta, provetta, pirometro, pompa a vuoto torricelliano, serpentina, saccarimetro, sifone, spatola, storta, termometro (a liquido, a mercurio), tubi, vaschetta.
corpo = materia: gassoso, fluido, liquido, solido, neutro; semplice ⇔ composto, omogeneo ⇔ eterogeneo, idratato ⇔ disidratato, amorfo ⇔ polimorfo, monovalente ⇔ polivalente;
acidità, basicità, solubilità, fusibilità, friabilità, odore, sapore, densità, temperatura di fusione, temperatura di ebollizione, riduzione, saturazione.
sostanza: organica ⇔ inorganica, semplice = elemento ⇔ complessa = composto (binario, ternario, quaternario).
soluzione: empirica, titolata; satura, soprassatura, normale, molecolare; concentrata ⇔ diluita;
soluto, solvente, concentrazione, dissociazione elettrolitica = ionizzazione.

elettrolisi polo (positivo = anodo ⇔ negativo = catodo); elettròlito; elettrolizzare.

atomo elettropositivo ⇔ elettronegativo.
aggregare, combinare, fissare, scindere, bombardare.
fissione nucleare, fusione nucleare, attivazione nucleare, reazione (nucleare, termonucleare, a catena), radioattività, peso atomico (grammoatomo).
Fig. — un atomo di giudizio, di verità.

molecola (monoatomica ⇔ poliatomica) composizione molecolare, spazio intermolecolare, coesione, adesione, disgregazione, aggregazione (solida, liquida, aeriforme = gassosa), affinità molecolare, velocità molecolare, peso molecolare (grammomolecola); isomeria, polimeria, stereoisomeria; isomero (destrogiro ⇔ levogiro); formula (bruta, di struttura), indice, coefficiente, simbolo, valenza, composto chimico (omopolare ⇔ eteropolare);
reazione (di sintesi, di analisi, di scambio doppio o semplice; termica ⇔ atermica, endotermica ⇔ esotermica, reversibile ⇔ irreversibile): contatto, calore, elettricità, luce, pressione, catalizzatore.

composti inorganici
metallo (v. **Tav. 25 Industria metallurgica-siderurgica**: *metallo*);
minerale (v. **Tav. 28 Industria estrattiva**);
metalloide (elettronegativo, gassoso = aeriforme, solido ⇔ liquido): antimonio, arsenico, azoto, bario, bromo, iodio, selenio, fosforo, silicio, tellurio, argo, neon, xeno, zolfo, carbonio (carbon fossile, grafite, diamante);
acqua (v. **Tav. 9 Clima** e **Tav. 10 Ambiente naturale**: *idrosfera*);
aria (ossigeno, azoto, anidride carbonica, gas nobili, va-

por acqueo, pulviscolo atmosferico): incolore, trasparente, compressibile, elastica, secca, umida, liquida.
ossido, anidride, acido inorganico, idrossido = base, sale, idruro.

composti organici
idrocarburo (v. **Tav. 28 Industria estrattiva**: *idrocarburi, petrolio, metano*);
alcol (fermentazione alcolica: fermenti organizzati = saccaromiceti, fermenti chimici = enzimi), aldeide, chetone, acido organico, etere, estere, grassi, sapone, chetone, glucidi = idrati di carbonio, sostanze proteiche = albuminoidi, alcaloidi (nicotina, chinina, stricnina, cocaina, morfina, caffeina), esplosivi (polvere pirica; dinamite, nitrocellulosa, tritolo, acido picrico).

materie plastiche nitrato di cellulosa, cellofan, acetato e triacetato di cellulosa; resine fenoliche, resine cresiliche, resine ureiche, resine melamminiche, resine gliceroftaliche, resine poliestere, resine caseiniche, resine poliamidiche, resine polietileniche, resine propileniche, resine polistiroliche, resine viniliche, resine metacriliche, resine acriliche, resine politetrafluoroetileniche.

Tav. 28 INDUSTRIA ESTRATTIVA

petrolifera, metanifera, mineraria.
sondare, scavare, perforare = trivellare, estrarre, pompare, lavorare, raffinare.
giacimento, miniera, cava, solfara, soffione, salina; bacino minerario, distretto minerario, ricerca mineraria, sfruttamento minerario; concessione mineraria, legislazione mineraria; ingegneria mineraria, tecnica mineraria; sondaggio, fronte di attacco, perforazione, trivellazione, estrazione, produzione mineraria.

giacimento di salgemma, di zolfo, a cobalto, a nichelio, a stagno, a uranio, a zinco; coltivabile;
intrusivo ⇔ estrusivo = vulcanico, metallifero ⇔ non metallifero, povero ⇔ ricco, piccolo ⇔ grande.
individuare un giacimento, sfruttare un giacimento.

miniera (v. **Tav. 25 Industria metallurgica-siderurgica**)
di argento, di carbone, di diamanti, di grafite, di mercurio, di minerali di ferro, di piombo, di rame, di nitrati, di oro, di platino, di salgemma, di uranio, di zinco.
armare una miniera, coltivare, sfruttare, esaurire, chiudere; lavorare in miniera.
prospezione, sondaggio, scavo, coltivazione, abbattimento del minerale (manuale, meccanico, con esplosivo, termico), estrazione (filone, ganga, vena), frantumazione, macinazione, classificazione, arricchimento, flottazione.
perforatrice, estrattrice, scanalatrice, frantoio, fornello da mina (foro da mina) (v. **Tav. 27 Industria chimica**: *esplosivi*); elmetto, lampada di sicurezza, lampada grisumetrica; carro-navetta, nastro trasportatore, vagonetto; castello di estrazione, impianto di scarico, impianto di ventilazione, condotta di aspirazione, cunicolo, galleria (di carreggio, di testa, di ventilazione), livello di coltivazione, pozzo di estrazione, pozzo di ventilazione, pozzo per l'estrazione dell'acqua di drenaggio, stazione di carico;
abbattitore, carichino, fochino, minatore, tracciatore.
Fig. — una miniera inesauribile di notizie, di informazioni.

cava di marmo, di pietra, di pozzolana, di tufo, di ciottoli, di ghiaia, di pietrisco, di roccia calcarea, di sabbia; a gradini, a scarpata, a imbuto;
a cielo aperto ⇔ in galleria.
cavare.
cavatore, cavapietre, lizzatore, spaccapietre = tagliapietre.
macchina perforatrice pneumatica, escavatrice, frantoio, lavatrice, vaglio, selezionatore.
Fig. — essere la pietra dello scandalo — avere il cuore di pietra — rimanere di pietra — metterci una pietra sopra.

marmo (v. **Tav. 6 Casa**)
azzurro, giallo, grigio, nero, roseo = fior di pesco, rosso, verde;
venato, screziato, broccato, listato, fiorito, trasparente;
grezzo ⇔ lavorato, monocromo ⇔ policromo.
segare, sbozzare, lavorare, intagliare, scolpire.
statua, pavimento, colonna, fregi in marmo; scultore, scalpellino, marmista; taglio (con filo elicoidale), lizzatura (via di lizza, lizza, parati); piazzale di cava, stazione di carico; masso, blocco, lastra.
macchine e arnesi: fresa, lucidatrice, martello pneumatico, sagomatrice, sega a telaio, segatrice, tornio; mazzetta, scalpello;
varietà di marmi: atracio, belga, botticino, brecciato della Versilia, broccatello, campanino, cipollino, di Campiglia, di Carrara (bianco ordinario, bianco statuario, bardiglio), docimitico, fantastico, giallo di Siena, pario, portoro, rosso di Serravezza, ruiniforme = pietra paesina, serpentino, tebaico, verde d'Irlanda, verde di Polcevera.
Fig. — duro, freddo come marmo — essere di marmo — scolpire, incidere in marmo.

salina
estrazione del sale marino: evaporazione dell'acqua, concentrazione dell'acqua, cristallizzazione del sale, depurazione, raffinazione; canale di aspirazione, bacini di evaporazione, caselle servitrici, caselle salanti; salinario = salinaro.
Fig. — essere il sale della terra — zucca senza sale — rimaner di sale — mettere il sale sulla coda dell'uccello.

idrocarburi
saturi ⇔ insaturi
gassosi: metano, propano, butano, pentano, esano, eptano;
liquidi: petroli grezzi;
solidi e semisolidi: bitume, asfalto, asfaltite;
idrocarburi colorati: carotene, rubrene, pirene, colantrene.

petrolio
campo petrolifero, falda petrolifera, giacimento petrolifero, impianti petroliferi, pozzo petrolifero.
trivellare, estrarre, raffinare, distillare.
perforazione (sistema a percussione, sistema rotary): carotaggio (meccanico, elettrico, radioattivo), batteria di perforazione, asta di perforazione, carotiera, croce di eruzione = albero di natale, derrick, torre di perforazione, torre di produzione.
raffineria — operazione: decantazione, depurazione del grezzo petrolifero, distillazione, raffinazione — impianti: di distillazione, per oli lubrificanti, serbatoio di stoccaggio — prodotti finali: gas secco, gas liquefatti, benzina solvente, benzina avio, benzina auto, cherosene, carburante Diesel, nafta leggera, nafta pesante, oli lubrificanti, coke di petrolio, paraffina, bitume.
persone: analista, cementatore di pozzi, conduttore di centrale di pompaggio, depuratorista, derrista = pontista, estrattore, etilatore, motorista di sonda, perforatore, petroliere, prelevatore di campioni, purificatore, rettificatore, trivellatore, turbinista.
oleodotto, porto petrolifero, nave cisterna = petroliera, carro cisterna = autocisterna.

metano naturale, biologico, alluvionale = gas delle paludi;
campo metanifero, giacimento metanifero, pozzo metanifero; estrazione, raccolta; metanodotto, nave metanifera, stazione di distribuzione, stazione di ricompressione (bombola di metano).

Tav. 29 INDUSTRIA EDITORIALE

stampa tipografica, litografica, anastatica, a rotocalco; quotidiana ⇔ periodica, cittadina = locale, nazionale ⇔ estera, indipendente ⇔ di partito.
stampare, ristampare, imprimere, tirare; pubblicare, curare la stampa, mandare o dare alle stampe.
libro, giornale, rivista, pubblicazione; libertà di stampa, reati di stampa, conferenza stampa.

tipografia, stamperia, officina tipografica, arti grafiche.
fondere (i caratteri); comporre (in corsivo, in tondo, a dilungo), fare il registro, spazieggiare, marginare, leg-

gere in piombo, stampare, tirare, andare in macchina, impaginare, interfogliare, incatenare, legare, rilegare.
incisione e fusione dei caratteri: incisione del punzone, punzonatura della matrice, fusione; matrice (galvanica, incisa, punzonata), refuso, sbavaggio, taccheggio.
forme dei caratteri (altezza, corpo, occhio, avvicinamento): aldino, bodoniano, elzeviro, bastardo, corsivo ⇔ tondo, grassetto, chiaro ⇔ neretto, maiuscolo ⇔ minuscolo, romano, gotico, normanno, inglese.
segni e fregi tipografici: accento, asterisco, parentesi, paragrafo, filetti, millefili, grappe, fregi.
inchiostri: essiccanti, colorati, a doppia tinta, fuggitivi, copiativi, indelebili, opachi, per carte patinate, per cartevalori, per timbri.
composizione (a mano ⇔ a macchina; a dilungo ⇔ corrente, parallela, interlineata, alternata, con matrici): incorniciatura, spazieggiatura, interlineatura, bloccatura, paginatura, biffatura, lettura in piombo, correzione in piombo; monotipia, politipia, stenotipia, linotipia, stereotipia;
cassa, compositoio, vantaggio, flano, retino, sticometro, tipometro, giustificatoio, squadra micrometrica per matrici, calibro per l'altezza.
stampa: imposizione in macchina, marginatura, squadratura, impressione, tiratura; cliché, bozza di stampa (in colonna, impaginata), menabò; collazione, revisione, velinatura, ritocco, impaginazione.
carta: telata, pergamenata, satinata, filigranata, vergata, patinata, zigrinata, calandrata, bollata, oleata, camoscio, velina, carbone; da stampa, da disegno, da lettera; di paglia, di riso, di pula, di sparto, di stracci, di stagno = stagnola, di alfa;
foglio, foglietto, pagina, risma, bobina, rotolo, quaderno, quinterno, registro, scheda, cartella, agenda, taccuino, scartafaccio; cartiera, cartaio, cartoleria, cartolaio.
Fig. — dare carta bianca.
macchine: compositrici (linotype, monotype compositrice, fonditrice e fotocompositrice), cromolitografiche, torchio, rotativa, rotocalcografica, tipografica piana, policilindrica, goffratrice, gommatrice, verniciatrice, piegatrice, offset, tirabozze, taglierina.
personale specializzato: tipografo, battitore, fonditore, compositore, monotipista, linotipista, stereotipista, zincografo, rullatore, torcoliere, impressore, impaginatore, revisore, correttore.

libro volume, testo, codice, incunabolo, palinsesto, opuscolo, fascicolo, almanacco, manoscritto, dispensa; best-seller;
anonimo, autografo; scientifico, letterario, didattico, di testo, di lettura, di critica; istoriato, miniato, illustrato; fuori commercio, proibito, all'indice, ristampato; brossurato, cartonato, rilegato; tascabile;
intonso ⇔ tagliato, nuovo ⇔ usato = d'occasione; buono ⇔ cattivo, utile ⇔ dannoso.
scrivere, chiosare, esaminare, dedicare, intitolare, leggere, sfogliare, plagiare; sequestrare, catalogare, schedare, consultare.
parti del libro: custodia, fodera, sopraccoperta, risvolto, copertina, fascetta, risguardo, occhiello, frontespizio, capitello, dorso = costola, taglio, piatto (anteriore, posteriore), corpo, pagina;
titolo, dedica, prefazione, capitolo, paragrafo, colonna, capoverso, verso, testata, commento, avvertenza, sommario, nota, richiamo, appendice, riepilogo, indice (alfabetico, analitico, degli autori, dei nomi, degli argomenti), errata-corrige; tavola, illustrazione; autore, commentatore, glossatore, illustratore, miniaturista, editore, tipografo.
edizione: nuova, ultima, esaurita, riveduta e corretta, ampliata, clandestina, critica, annotata = commentata, illustrata, scolastica, tascabile; purgata ⇔ integrale, lussuosa ⇔ economica = popolare.
biblioteca: catalogo, scheda, schedario, scaffale, sala di consultazione, sala di lettura, sala di distribuzione; prestito, malleveria; bibliotecario, conservatore, distributore.
Fig. — parlare come un libro stampato — essere un libro chiuso — libro bianco.

giornale bollettino, gazzetta, foglio, corriere, organo, rivista;
quotidiano, settimanale, quindicinale, mensile, periodico; del mattino, del pomeriggio, della sera; politico, religioso, finanziario, letterario, sportivo, umoristico, satirico, scandalistico; illustrato, a rotocalco, a fumetti; murale, radiofonico, televisivo, cinematografico; di viaggio, di bordo, di classe; informato, serio, venduto;
indipendente ⇔ di partito, accreditato ⇔ screditato, imparziale ⇔ fazioso = settario.
edizione (del mattino, della sera, straordinaria), redazione, tiratura; abbonamento, supplemento, arretrato;
giornalista, direttore, direttore responsabile, redattore, caporedattore, cronista, capocronista, caposervizio, inviato speciale, reporter, fotoreporter = paparazzo, corrispondente, collaboratore, pubblicista, articolista, fondista, corsivista, polemista, critico, intervistatore; giornalaio = edicolista, strillone.
parti del giornale: testata, manchette, occhiello, titolo, sottotitolo, sommario, cappello, colonna, articolo (di apertura, di fondo, di spalla, di taglio, di comunicato, di colore, di elzeviro, di corsivo; asterisco, finestrina, stelloncino, trafiletto), illustrazione, pubblicità, inserzione, necrologio;
cronaca (nera, mondana, parlamentare), servizio = reportage, fotocronaca = fotoreportage, inchiesta, intervista, corrispondenza, bollettino, notiziario, resoconto, pastone, lettera aperta, critica, polemica, commento, recensione, nota, spigolature; colpo giornalistico = scoop, esclusiva, primizia.

Tav. 30 INFORMATICA

informatica elaborazione automatica dei dati (= ADP), elaborazione elettronica dei dati (= EDP); cibernetica; teorie delle comunicazioni; teoria dei sistemi; telematica; avionica; bionica; agronica.
bit, nibble, byte = carattere (numerico, alfanumerico), parola; baud; pixel.

applicazioni gestionali ⇔ scientifiche;
calcolo numerico; controllo di produzione; acquisizione dati; gestione di impianto; simulazione (statica ⇔ dinamica); controllo numerico; riconoscimento immagini; trattamento testi (= word processing); automazione dell'ufficio (= burotica = office automation); istruzione assistita da elaboratore (= CAI); progettazione con l'ausilio dell'elaboratore (= CAD).
elaboratore = calcolatore (elettronico) = computer = cervello elettronico = (*fam.*) cervellone; personal (computer); microelaboratore = microcomputer; minielaboratore.
calcolatore digitale ⇔ analogico, ibrido; universale ⇔ specializzato; compatibile; rete di elaboratori: elaboratore centrale = master ⇔ periferico = satellite.
operazione a distanza (= teleprocessing), in partizione di tempo (= time sharing), in duplex; multiprogrammazione.
Fig. — avere un cervello elettronico = essere molto intelligente.

componenti logiche = software ⇔ componenti fisiche = hardware.
sistema operativo (a dischi = DOS; a nastri = TOS; di base = BOS).
linguaggio: macchina (assembler) ⇔ simbolico = evoluto (Basic, Algol, Fortran, Cobol, APL, PL-1, Pascal, IPL, Lisp, Ada, Logo, RPG, Prolog); ad alto (⇔ basso) livello; conversazionale.
programma: sottoprogramma (= subroutine, routine); compilatore, assemblatore, di ordinamento, di fusione; parametrico; sorgente ⇔ oggetto; diagnostico; emulatore; di servizio = di utilità; concatenato; biblioteca = libreria di programmi.
dati logici: record (fisso ⇔ variabile), archivio = file, volume.
programmazione: analisi, schema a blocchi, diagramma di flusso; programmazione strutturata; metodo top-down ⇔ bottom-up.

istruzioni lettura, scrittura, assegnazione, dimensionamento, definizione di funzione, dichiarazione di tipo o formato, chiamata di sottoprogramma, trasferimento, salto, confronto, salto condizionato, iterazione, operazione aritmetica o logica, attesa, pausa, arresto.

calcolo in virgola fissa (⇔ mobile); logica binaria; alge-

bra di Boole; procedura, algoritmo, funzione.
costanti e variabili: intere, reali (in precisione semplice, doppia, estesa), complesse, booleane = logiche, alfanumeriche = stringhe (di caratteri).
variabili con indice vettori, matrici.
carattere numerico, alfabetico, alfanumerico.

codifica interna ⇔ esterna; binaria, ottale, decimale, esadecimale; codice ASCII, EBCDIC, ISO; Hollerith, Bull; codice a barre; caratteri ottici (OCR); codificare, decodificare.

componenti fisiche = hardware ⇔ componenti logiche = software.

unità centrale = CPU: unità logica, unità aritmetica, unità di controllo, memoria centrale; contatore, accumulatore, registro, catasta = pila; canale di comunicazione (= bus).
scheda, circuito integrato, chip, microprocessore; cablaggio, alimentatore, chassis.

memoria centrale = interna = principale ⇔ ausiliaria = esterna; di massa; riservata ⇔ comune; protetta; statica ⇔ dinamica; di lavoro; volatile ⇔ permanente; virtuale ⇔ reale; di transito = temporanea = buffer; ad accesso casuale ⇔ sequenziale.
magnetica = a nuclei di ferrite, a stato solido; a strato sottile, a bolle, a linea di ritardo, olografica; di sola lettura (ROM), ad accesso casuale (RAM), programmabile di sola lettura (PROM), programmabile e cancellabile di sola lettura (EPROM).
cella, indirizzo, locazione, pagina, libro, blocco di memoria.
allocare, azzerare, cancellare, leggere, scrivere (in), trasferire (da); farne il back-up.

interfaccia seriale ⇔ parallela; sincrona ⇔ asincrona; standard.

unità periferiche terminale (interattivo, intelligente, remoto); in linea (= on line) ⇔ fuori linea (= off line).
unità di ingresso (input): tastiera; lettore di schede (perforate, magnetiche); lettore di banda (= nastro perforato); convertitore analogico-digitale; penna luminosa; tavoletta grafica; interruttore di console; lettore ottico; lettore di codice a barre.
unità di uscita (output): schermo televisivo (CRT); perforatore di schede; perforatore di banda (= nastro); stampante (seriale ⇔ parallela); a impatto (a barra, a margherita, ad aghi), elettrostatica, xerografica, termica, laser, a getto di inchiostro; registratore XY (= plotter); fotocompositrice; convertitore digitale-analogico; visualizzatore (a cristalli liquidi, a diodi luminosi, a plasma); sintetizzatore di voce.
unità di ingresso e uscita (input/output): console, telescrivente; videoterminale; unità a nastro magnetico; unità a disco magnetico (fisso ⇔ mobile), minidisco, floppy disk = dischetto; audiocassetta, videocassetta; tamburo magnetico; accoppiatore acustico; modem.
unità ausiliarie: perforatrice, verificatrice, selezionatrice di schede; tastiera con banda carta, con floppy disk.

mansioni analista, programmatore, analista-programmatore, perforatore, tastierista, analista di sistemi = sistemista, tecnico della manutenzione (dell'hardware ⇔ del software), installatore, operatore, capocentro.

calcolatrice scrivente ⇔ non scrivente (con visualizzazione a cristalli liquidi, a diodi luminosi, a plasma, a tubo a raggi catodici); tascabile ⇔ da tavolo; scientifica; programmabile.

Tav. 31 ENERGIA

forme e qualificazioni dell'energia accumulabile ⇔ non accumulabile, acustica (= sonora), alternativa, animale, assorbita, chimica, cinetica, cosmica, delle maree (= mareomotrice, maremotrice), di accoppiamento, di associazione ⇔ dissociazione, di attivazione, di eccitazione, di estrazione, di formazione, di interazione, di ionizzazione, di legame, di massa, di pressione, di punto zero, di riposo (= di quiete), di risonanza, di scambio, di soglia (= critica), di transizione, dura ⇔ soffice, elastica, elettrica, elettrocinetica, elettromagnetica, elettrostatica, eolica (= del vento), esterna ⇔ interna, geotermica (= endogena), geotermoelettrica, gravitazionale, idraulica, idroelettrica, incidente, libera, luminosa, magnetica, magnetostatica, meccanica, muscolare, mutua, non rinnovabile ⇔ rinnovabile, nucleare (= atomica), nucleotermoelettrica, potenziale (= di posizione), raggiante (= radiante), relativistica, riflessa, solare, stellare, superficiale, termica (= calore), termodinamica, termoelettrica, totale, trasmessa, utilizzabile (= utile), utilizzata, volumica (= densità di energia).

processi e proprietà accumulazione (= immagazzinamento), approvvigionamento, assorbimento, ciclo, conservazione, consumo, conversione (= trasformazione), degradazione, dispersione, distribuzione, estrazione, flusso, generazione, produzione, riflessione, sfruttamento, spreco, surrogabilità, trasmissione (= trasporto, trasferimento), utilizzazione.

concetti attinenti banda di energia (= banda energetica); bilancio energetico; calore specifico; contenuto energetico; corrente elettrica; decadimento radioattivo; effetto fotoelettrico, fotovoltaico, Joule, termoelettrico, termoelettronico; entropia; fattore di assorbimento, di riflessione, di trasmissione; flusso; forza; forza motrice; fossilizzazione; fotodisintegrazione; fotosintesi; isolamento termico; isotopo fertile, fissile (= fissionabile); lavoro; livello energetico; neutrone (lento, termico, veloce); nucleo; potenza; principi della termodinamica; principio di conservazione dell'energia; radiazione elettromagnetica, solare; reazione chimica (endoenergetica ⇔ esoenergetica, endotermica ⇔ esotermica), nucleare (di fissione, di fusione); rendimento; superconduttività; temperatura.

fonti (= sorgenti) di energia (= energetiche = materie prime energetiche) primarie, secondarie.
fonti primarie: combustibili fossili, vegetali, nucleari; energia gravitazionale, delle maree, eolica, geotermica, idraulica, solare; gradiente termico del mare; moto ondoso del mare.
fonti secondarie: carbone di legna; energia elettrica; coke; gas di cokeria, d'officina, d'altoforno, di petrolio liquefatto (GPL), di raffineria; benzine, gasolio, olio combustibile, kerosene, distillati leggeri del petrolio.
processi e proprietà: accesso, accumulazione, approvvigionamento, conversione (= trasformazione), movimentazione, nobilitazione, trasportabilità, trasporto, utilizzazione.
impianti e mezzi di estrazione: miniera di carbone; pozzo petrolifero; pozzo gasifero; torbiera; serbatoio idraulico.
impianti di trasformazione: raffineria, cokeria, altoforno, carbonaia, officina del gas.
mezzi di trasporto: gasdotto, metanodotto, oleodotto, nave carboniera, nave metaniera, petroliera, superpetroliera, linea elettrica.
impianti di accumulazione: serbatoio di petrolio e prodotti petroliferi, di gas naturale, di gas d'officina, idraulico; parco carbone.

bioenergetica ciclo dell'energia; fotosintesi; fotofosforilazione; fosforilazione; assimilazione ⇔ disassimilazione; metabolismo ⇔ catabolismo; animali omeotermi (= a sangue caldo) ⇔ eterotermi (= pecilotermi, a sangue freddo); bioluminescenza; bioelettricità.

energetica ecologica ecosistema; flusso di energia; livello trofico; catena alimentare; rete alimentare; piramide dell'energia; consumatori primari, secondari, terminali; biomassa.

energia delle maree centrale (elettrica) mareomotrice.

energia elettrica
produzione generatori: alternatore, turboalternatore; dinamo, turbodinamo;
centrale elettrica: anemoelettrica, dieselelettrica, geotermoelettrica (= geotermica), idroelettrica, mareomotrice, nucleotermoelettrica (= elettronucleare = nucleare), termoelettrica; trasformatore; motore elettrico;

accumulatore.
conversione diretta in energia elettrica da energia termica (magnetofluidodinamica; termoionica; termoelettrica; termopila); da energia luminosa (fotoelettrica: cella solare, batteria solare); da energia chimica (elettrochimica: pila voltaica, a combustibile).
pila voltaica, termocoppia, pila termoelettrica, pila fotoelettronica (= fotovoltaica).
trasmissione e distribuzione (= **fornitura**) **dell'energia elettrica**: linea elettrica (di trasporto = trasmissione, di distribuzione) aerea, in cavo; rete di trasmissione e interconnessione; rete di distribuzione; rifasamento; ora di punta.

energia eolica motore a vento (= motore eolico, aeromotore), turbina a vento, mulino a vento, centrale anemoelettrica (= eolica), impianto anemoelettrico (= eolico).

energia geotermica soffione, sorgente calda, geyser; gradiente geotermico; falda geotermale; fluido geotermico; campo geotermico; giacimento geotermico; impianto geotermico; centrale geotermoelettrica (= geotermica).

energia idraulica bacino imbrifero, serbatoio idraulico, condotta forzata, impianto di pompaggio, turbina idraulica, motore idraulico, salto motore, centrale idroelettrica.

energia meccanica motore a molla, pneumatico, ad aria compressa, a inerzia, a volano.

energia nucleare il nucleare, l'elettronucleare; industria nucleare; reazione nucleare di fissione non controllata ⇔ controllata, di fusione non controllata ⇔ controllata.
combustibile nucleare per reattori a fissione: isotopi fissili; uranio naturale, arricchito; arricchimento dell'uranio; isotopi fertili; ciclo del combustibile; barra di combustibile.
combustibile nucleare per reattori a fusione: deuterio, tritio, litio.
energia nucleare da fissione: **reattore nucleare a fissione**: reattore di ricerca, di produzione, di potenza, a neutroni termici (= termico), a neutroni veloci (= veloce), a uranio naturale, a uranio arricchito, a plutonio; reattore autofertilizzante (*breeder reactor*); BWR (*boiling water reactor*: reattore moderato e refrigerato ad acqua naturale bollente); PWR (*pressurized water reactor*: reattore moderato e refrigerato ad acqua naturale in pressione); GCR (*gas cooled reactor*: reattore moderato e refrigerato con anidride carbonica); nocciolo; moderatore; fluido refrigerante; impianto nucleare; sicurezza del reattore.
energia nucleare da fusione: **reattore nucleare a fusione**: plasma; confinamento, riscaldamento, diagnostica del plasma; bottiglia magnetica; TOKAMAK, STELLARATOR, JET (Joint European Thorus), reattore a fusione a laser.
utilizzazione dell'energia nucleare: impieghi civili (produzione di energia elettrica, di acqua dolce, di calore, di idrogeno; propulsione navale, aerea, spaziale), impieghi militari (bomba atomica, aggressivi nucleari).

energia solare energia raggiante (= radiazione) solare; costante solare; effetto serra; collettore solare (= pannello solare); eliomotore; eliopompa; centrale eliotermica (= solare); impianto termico (= di riscaldamento) a energia solare; accumulatore termico (= di calore); casa solare, solarizzata; cucina solare; distillatore solare; forno solare; cella solare, cella al silicio; batteria solare; il solare.

energia termica
combustibili: solidi, liquidi, gassosi; *primari*: combustibili naturali; fossili, vegetali; *secondari*: benzina, gasolio, olio combustibile, coke; *fossili solidi*: torba; lignite; carbone fossile (antracite, litantrace); scisti, calcari, sabbie bituminose; ozocerite; *fossili liquidi*: petrolio, bitume; *fossili gassosi*: gas naturale (GN); *solidi artificiali*: agglomerati di combustibili solidi naturali, coke, semicoke, carbone di legna; *liquidi artificiali*: derivati da petrolio: benzine, gasolio, olio combustibile; alcol metilico, etilico; benzolo; oli vegetali; sintina; sintolo; syncrude; propellenti combustibili aeronautici e spaziali; *gassosi artificiali*: gas di città (= illuminante), d'officina, di petrolio liquefatto (GPL), d'aria (= povero), d'acqua, misto, d'altoforno, dei forni a coke (= di cokeria), di raffineria, doppio, di olio, di cracking, di olio minerale; idrogeno; acetilene; ossido di carbonio.
carbone fossile (= **naturale**): miniera; giacimento; gassificazione, idrogenazione, liquefazione, pirolisi del carbone; cokeria, officina del gas, altoforno.
carbone di legna: carbonaia.
petrolio (= **olio minerale grezzo**, **petrolio grezzo**, **grezzo**): pozzo; giacimento; distillazione, raffinazione, cracking (= piroscissione, pirolisi), reforming, idrogenazione dei distillati; raffineria.
motore termico: a combustione interna (= endotermico) ⇔ esterna; endoreattore (= motore a razzo) ⇔ esoreattore (= motore a getto); generatore di vapore (= caldaia), scambiatore di calore, pompa di calore, centrale termoelettrica, centrale termica.

biogenerazione energia da trasformazione di residui organici; biomassa; biogeneratore di energia.

cogenerazione energia totale; impianto, sistema a energia totale; impianto di cogenerazione; cogeneratore; biogas; TOTEM.

gradiente termico del mare centrale talassotermica.

unità di energia joule (J); elettronvolt (= voltelettrone) (eV); erg; kilogrammetro ($kg_f \cdot m$); litro atmosfera ($l \cdot atm$); tec; tep, megatep (Mtep); ton (T), kilowattora (kWh).

unità di calore caloria (cal), kilocaloria (= grande caloria) (kcal); frigoria (fg); unità termica britannica (Btu).

unità di potenza watt (W); cavallo vapore (CV); cavallo vapore britannico (= horse power) (hp).

effetti sull'ambiente e sull'uomo inquinamento atmosferico, delle acque (radioattivo, termico); rifiuti radioattivi = scorie; smaltimento dei rifiuti radioattivi; esposizione alle radiazioni ionizzanti; fall-out; dosimetria; dosimetro.

problemi economici e politici
fonti energetiche: competitività, conservazione, costo, diversificazione, economia, disponibilità, risparmio.
fabbisogni (= **bisogni**) **di energia** (= **energetici**) stagionali, mensili, settimanali, orari.
risorse (= **riserve**) **energetiche**: conservazione, consumo, disponibilità, esaurimento, uso razionale, razionamento.
domanda, consumi, sprechi di energia; approvvigionamento, rifornimento energetico; crisi dell'energia (= energetica), del petrolio (= petrolifera); problema energetico; scorte di energia; investimenti nel settore energetico; misure, politiche di conservazione, di risparmio dell'energia: isolamento termico degli edifici, riscaldamento centralizzato, teleriscaldamento, trasporti collettivi; prospettiva energetica; politica, programma nucleare; movimento, protesta antinucleare; gli antinucleari.
Fig. — con energia, con grande energia, persona priva di energie, di poca energia; fiaccare, togliere l'energia; mancare di energia; sprecare le energie vitali; dare, infondere energia; energia fisica, morale; governare, comandare con energia; soprassalto d'energia; energie giovanili.
attaccare, curare, eseguire, esprimere, intervenire, rifiutare, rispondere, smentire energicamente.
carattere, rimedio, tono, viso energico; condotta, critica, cura, persona, politica, stretta di mano, telefonata energica; gesti, lineamenti energici.

UNITÀ DI MISURA

SISTEMA INTERNAZIONALE DI UNITÀ DI MISURA (SI)

Unità di misura	*Grandezza*	*Simbolo*	*Definizione*
UNITÀ FONDAMENTALI			
metro	lunghezza	m	Distanza percorsa nel vuoto dalla luce nell'intervallo di tempo di (1/299792458) s
kilogrammo	massa	kg	Massa pari alla massa campione di platino-iridio conservata a Sèvres (Francia)
secondo	tempo	s	Periodo pari a 9 192 631 770 oscillazioni corrispondenti alla transizione iperfina tra i livelli $F=4$, $M=0$ e $F=3$, $M=0$ dello stato fondamentale del cesio 133
ampere	corrente elettrica	A	Corrente che, percorrendo due conduttori paralleli, di lunghezza infinita e diametro infinitesimo, posti alla distanza di un metro nel vuoto, produce fra i due conduttori una forza di $2 \cdot 10^{-7}$ N/m
kelvin	temperatura	K	Fissato stabilendo che, nella scala delle temperature assolute, il punto triplo dell'acqua corrisponda a 273,16 K
candela	intensità luminosa	cd	Intensità luminosa di una sorgente che emette una radiazione monocromatica di frequenza 540×10^{15} Hz e la cui intensità energetica è pari a (1/683) W/sr
mole	quantità di materia	mol	Quantità di materia che contiene lo stesso numero di entità elementari (atomi, molecole, ...) presente in 0,012 kg dell'isotopo ^{12}C
UNITÀ SUPPLEMENTARI			
radiante	angolo piano	rad	Angolo piano che, su una circonferenza avente centro nel vertice dell'angolo e giacente sul piano dell'angolo, intercetta un arco di lunghezza uguale al raggio della circonferenza stessa
steradiante	angolo solido	sr	Angolo solido che, su una sfera avente centro nel vertice dell'angolo, intercetta una calotta di area uguale a quella di un quadrato avente lato uguale al raggio della sfera stessa

UNITÀ DERIVATE

Unità	*Grandezza*	*Simbolo*	*Equivalenza in altre unità*
metro quadrato	area		m^2
metro cubo	volume, capacità volumica		m^3
kilogrammo al metro cubo	massa volumica		kg/m^3
hertz	frequenza	Hz	s^{-1}
metro al secondo	velocità		m/s
radiante al secondo	velocità angolare		rad/s
metro al secondo quadrato	accelerazione		m/s^2
radiante al secondo quadrato	accelerazione angolare		rad/s^2
newton	forza	N	$kg \cdot m/s^2$
newton al metro	tensione superficiale		N/m
pascal	pressione	Pa	N/m^2
joule	lavoro; energia	J	$N \cdot m$
watt	potenza	W	J/s
newton metro	momento		$N \cdot m$
newton secondo al metro quadrato	viscosità (dinamica)		$Pa \cdot s$; $N \cdot s/m^2$
metro quadrato al secondo	viscosità cinematica		m^2/s
grado Celsius	temperatura	°C	T(°C) = T(K) − 273,15
coulomb	carica elettrica	C	$A \cdot s$
volt	potenziale elettrico; forza elettromotrice	V	W/A; J/C
volt al metro	campo elettrico		V/m
ohm	resistenza elettrica	Ω	V/A
siemens; mho	conduttanza elettrica	S	Ω^{-1}
farad	capacità elettrica	F	C/V
henry	induttanza	H	Wb/A
ampere al metro	campo magnetico		A/m
weber	flusso magnetico	Wb	$V \cdot s$
tesla	induzione magnetica	T	Wb/m^2
lumen	flusso luminoso	lm	$cd \cdot sr$
lux	illuminazione	lx	$cd \cdot sr/m^2$
becquerel	attività nucleare	Bq	s^{-1}
gray	dose assorbita	Gy	J/kg
sievert	equivalente di dose	Sv	J/kg

ALTRE UNITÀ DI MISURA

Unità	*Grandezza*	*Simbolo*	*Equivalente SI*
fermi	lunghezza	fm	$= 10^{-15}$ m
ångström	»	Å	$= 10^{-10}$ m
micron	»	µm	$= 10^{-6}$ m
unità astronomica	»	UA; AU	$= 1{,}49599 \cdot 10^{11}$ m
annoluce	»		$= 9{,}461 \cdot 10^{15}$ m
parsec	»		$= 3{,}08572 \cdot 10^{16}$ m
pollice (inch)	»	in	= 0,0254 m
piede (foot)	»	ft	= 12 in = 0,3048 m
iarda (yard)	»	yd	= 36 in = 0,9144 m
miglio terrestre	»	mi	= 1760 yd = 1609,344 m
miglio marino (internazionale)	»		= 1852 m
ara	area	a	$= 100$ m^2
ettaro	»	ha	$= 10\,000$ m^2
barn	»	b	$= 10^{-28}$ m^2
litro	volume	l	$= 10^{-3}$ m^3
gallone (USA)	»	gal	$= 3{,}785412 \cdot 10^{-3}$ m^3
gallone (GB)	»	gal	$= 4{,}54609 \cdot 10^{-3}$ m^3
grado (sessagesimale)	angolo piano	°	= (π/180) rad
minuto (di angolo)	»	′	= (π/10 800) rad
secondo (di angolo)	»	″	= (π/648 000) rad
minuto (primo)	tempo	min; m	= 60 s
ora	»	h	= 3600 s
giorno	»	d	= 86 400 s
anno (solare)	»	a	= 365,24220 d
kilometro orario	velocità	km/h	= 0,2777... m/s
galileo; gal	accelerazione	Gal	= 0,01 m/s^2
grammo	massa	g	= 0,001 kg
quintale (metrico)	»	q	= 100 kg
tonnellata (metrica)	»	t	= 1000 kg
oncia (ounce avoirdupois)	»	oz	= 0,0283495 kg
libbra (pound avoirdupois)	»	lb	= 16 oz = 0,45359237 kg
unità (di massa) atomica	»	u	$= 1{,}66057 \cdot 10^{-27}$ kg
dina	forza		$= 10^{-5}$ N
kilogrammo-forza	»	kgf	= 9,80665 N
(piccola) caloria	energia; lavoro	cal	= 4,1868 J
kilocaloria (*evit.* grande caloria)	»	kcal (*evit.* Cal)	= 4186,8 J
erg	»		$= 10^{-7}$ J
elettronvolt	»	eV	$= 1{,}602 \cdot 10^{-19}$ J
kilowattora	»	kWh	$= 3{,}6 \cdot 10^{6}$ J
British thermal unit	»	Btu	= 1055,056 J
quad	»		$= 10^{15}$ Btu $= 1{,}055056 \cdot 10^{18}$ J
horse power	potenza	hp	= 745,7 W
cavallo-vapore	»	CV	= 735,4 W
bar	pressione		$= 10^{5}$ Pa
baria	»		= 0,1 Pa
atmosfera (standard)	»	atm	$= 1{,}01325 \cdot 10^{5}$ Pa
millimetro di mercurio; torr	»		= (101 325/760) Pa
poise	viscosità (dinamica)	P	= 0,1 Pa · s
stokes	viscosità cinematica	St	$= 10^{-4}$ m^2/s
grado Fahrenheit	temperatura	°F	T(°F) = (9/5) · T(°C) + 32
franklin	carica elettrica		$= 3{,}3356 \cdot 10^{-10}$ C
biot	corrente elettrica	Bi	= 10 A
gilbert	forza magnetomotrice	Gb	= 10/(4π) A
oersted	campo magnetico	Oe	= 1000/(4π) A/m
gauss	induzione magnetica		$= 10^{-4}$ T
maxwell	flusso magnetico	Mx	$= 10^{-8}$ Wb
curie	attività nucleare	Ci	$= 3{,}7 \cdot 10^{10}$ Bq
rad	dose assorbita	rad; rd	$= 10^{-2}$ J/kg
röntgen	esposizione a radiazioni	R	$= 2{,}58 \cdot 10^{-4}$ C/kg
nit	brillanza; luminanza	nt	= 1 cd/m^2
stilb	brillanza; luminanza	sb	$= 10^{4}$ cd/m^2
phot	illuminazione	ph	$= 10^{4}$ lx
lambert	brillanza; luminanza	L	$= 10^{4}/\pi$ cd/m^2
diottria	potenza (di una lente)	D	$= 1$ m^{-1}

GRADI MILITARI

	ESERCITO	MARINA	AERONAUTICA
Ufficiali generali	Generale d'Armata	Ammiraglio d'Armata	Generale d'Armata Aerea
	Generale di Corpo d'Armata	Ammiraglio di Squadra Ammiraglio Ispettore Capo	Generale di Squadra Aerea Generale Ispettore
	Generale di Divisione Tenente Generale	Ammiraglio di Divisione Ammiraglio Ispettore	Generale di Divisione Aerea Tenente Generale
	Generale di Brigata Maggiore Generale	Contrammiraglio	Generale di Brigata Aerea Maggiore Generale
Ufficiali superiori	Colonnello	Capitano di Vascello	Colonnello
	Tenente Colonnello	Capitano di Fregata	Tenente Colonnello
	Maggiore	Capitano di Corvetta	Maggiore
Ufficiali inferiori	Capitano	Tenente di Vascello	Capitano
	Tenente	Sottotenente di Vascello	Tenente
	Sottotenente	Guardiamarina	Sottotenente
Sottufficiali	Aiutante di Battaglia		Aiutante di Battaglia
	Maresciallo maggiore Maresciallo maggiore d'alloggio dei Carabinieri	Aspirante Capo di 1ª classe	Maresciallo di 1ª classe
	Maresciallo capo Maresciallo d'alloggio capo dei Carabinieri	Capo di 2ª classe	Maresciallo di 2ª classe
	Maresciallo ordinario Maresciallo d'alloggio ordinario dei Carabinieri	Capo di 3ª classe	Maresciallo di 3ª classe
	Sergente maggiore Brigadiere dei Carabinieri	Secondo capo	Sergente maggiore
	Sergente Vicebrigadiere dei Carabinieri	Sergente	Sergente
Graduati di truppa	Caporalmaggiore Appuntato dei Carabinieri	Sottocapo	Primo aviere
	Caporale Carabiniere		Aviere scelto
Truppa	Soldato Allievo Carabiniere	Comune 1ª classe Comune 2ª classe	Aviere

PREFISSI

	significato	esempio
a- (1)	senza	*ateo*
a- (2)	avvicinamento	*aggiungere*
acro-	alto, estremo	*acropoli*
aero-	aria	*aeroporto*
ali-	ala	*aliscafo*
allo-	altro	*allopatia*
ambi-	due, di due	*ambidestro*
an-	senza	*anarchia*
ana- (1)	all'insù, sopra	*anagogia*
ana- (2)	indietro, contro	*anagramma*
andro-	uomo	*androceo*
anemo-	vento	*anemometro*
anfi-	intorno, doppio	*anfiteatro*
anglo-	inglese	*anglomane*
ante-	anteriorità	*anteporre*
anti- (1)	prima	*anticamera*
anti- (2)	contro	*antinevralgico*
anto-	fiore	*antologia*
antropo-	uomo	*antropofago*
apo-	fuori, lontano	*apoteosi*
archeo-	antico	*archeologia*
archi-	primo, capo	*archidiocesi*
arci-	al massimo grado	*arciduca*
artro-	articolazione	*artrite*
astro-	astro	*astronauta*
audio-	dell'udito	*audiovisivo*
auri-	oro	*aurifero*
auto- (1)	di se stesso	*autobiografia*
auto- (2)	automobile	*autodromo*
avi-	uccello, volatile	*avicoltura*
avio-	aeromobile	*aviolinea*
bari-	pesante, grave	*baricentro*
baro-	peso, pressione	*barometro*
bi-	due	*biposto*
biblio-	libro	*bibliofilo*
bio-	vita	*biologia*
bis- (1)	peggiorativo	*bistrattare*
bis- (2)	due volte	*bisnipote*
brachi-	corto, breve	*brachicefalo*
bradi-	lento	*bradisismo*
caco-	cattivo	*cacofonia*
calco-	rame	*calcografia*
calli-	bellezza	*calligrafia*
cardio-	cuore	*cardiaco*
cata-	verso il basso, giù	*catastrofe*
cefalo-	testa	*cefalopodi*
ceno- (1)	recente	*cenozoico*
ceno- (2)	vuoto	*cenotafio*
ceno- (3)	comune	*cenobio*
centi-	diviso cento	*centimetro*
chilo-	moltiplicato mille	*chilogrammo*
chiro-	mano	*chiromanzia*
ciano-	azzurro	*cianuro*
ciclo-	cerchio	*ciclone*
cine-	movimento	*cinema*
cino-	cane	*cinofilo*
circum-, circon-	intorno	*circumpolare, circoncisione*
cis-	di qua da	*cispadano*
cito-	cellula	*citologia*
cloro-	verde	*cloridrico*
con-	con	*concittadino*
contro-	opposizione	*controvoglia*
cosmo-	mondo, universo	*cosmico*
cripto-, critto-	nascosto	*criptoportico, crittogama*
criso-	oro	*crisolito*
cromo-	colore	*cromatico*
crono-	tempo	*cronometro*
dattilo-	dito	*dattilografia*
de-	allontanamento	*deviare*
deca-	moltiplicato dieci	*decametro*
deci-	diviso dieci	*decimetro*
demo-	popolo	*democratico*

	significato	esempio
derma-	pelle	*dermatologo*
di- (1)	movimento	*discendere*
di- (2)	doppio	*dimetro*
dia-	attraverso	*diacronia*
dis- (1)	separazione	*disgiungere*
dis- (2)	anomalia	*disfunzione*
dodeca-	dodici	*dodecagono*
echino-	riccio	*echinodermi*
ecto-	al di fuori di, esterno	*ectoplasma*
elettro-	dell'elettricità	*elettrodinamico*
elio-	sole	*elioterapia*
emato-	sangue	*ematosi*
emi-	metà	*emiciclo*
emo-	sangue	*emoteca*
endo-	interno	*endocrino*
entero-	intestino	*enterite*
entomo-	insetto	*entomologo*
epato-	fegato	*epatico*
epi-	sopra	*epidermide*
epta-, etta-	sette	*eptasillabo, ettaedro*
esa-	sei	*esagono*
eso-	fuori	*esotismo*
etero-	altro	*eterogeneo*
etto-	moltiplicato cento	*ettometro*
extra-, estra-	fuori	*extraurbano, estrazione*
fago-	mangiare	*fagocita*
fanta-	di fantasia	*fantapolitica*
feno-	apparire	*fenomeno*
ferro- (1)	che contiene ferro	*ferrolega*
ferro- (2)	ferroviario	*ferrotranviario*
fillo-	foglia	*fillossera*
filo- (1)	affinità, simpatia	*filosofia*
filo- (2)	discendenza	*filogenesi*
filo- (3)	mediante filo	*filovia*
fisio-	natura	*fisiocrate*
fito-	pianta	*fitopatologia*
fono-	voce	*fonografo*
foto-	luce	*fotografo*
freno-	intelligenza, mente	*frenologia*
galatto-	latte	*galattosio*
galvano-	della corrente elettrica	*galvanometro*
gamo-	matrimonio	*gamete*
gastro-, gastero-	stomaco	*gastropatia, gasteropodi*
geo-	terra	*geografia*
gero-	vecchio	*geriatria*
gineco-	donna	*gineceo*
glico-	dolce	*glicogeno*
glotto-	lingua	*glottologia*
grafo-	scrivere	*grafologia*
ideo-	idea	*ideogramma*
idro-	acqua	*idrofobo*
igro-	umido	*igrometro*
in- (1)	dentro	*incarcerare*
in- (2)	non	*inabile*
infra-	al di sotto	*infrarosso*
inter-	dentro	*interaziendale*
intra-	all'interno	*intracerebrale*
intro-	dentro	*introverso*
iper-	sopra	*ipertensione*
ipno-	sonno	*ipnosi*
ipo-	sotto	*ipogeo*
ippo-	cavallo	*ippodromo*
iso-	uguale	*isotermo*
isto-	telaio, tela	*istologia*
ittio-	pesce	*ittiologia*
laringo-	della laringe	*laringoiatra*
leuco-	bianco	*leucocita*
linfo-	linfa	*linfocita*
lito-	pietra	*litografia*
logo-	discorso	*logogrifo*
macro-	grande, esteso	*macrocosmo*

	significato	esempio
magneto-	magnetico	*magnetofono*
maxi-	molto lungo o grande	*maxigonna*
meccano-	macchina	*meccanografico*
mega-	grande	*megalitico*
megalo-	grande	*megalocardia*
melano-	nero	*melanosi*
melo-	musica	*melodico*
meso-	medio, mediano	*mesozoico*
meta-	dopo, oltre	*metatesi*
metro-	misura	*metronomo*
mico-	fungo	*micologia*
micro-	piccolo	*microscopio*
milli-	diviso mille	*milligrammo*
mini-	molto piccolo	*minigonna*
mio-	muscolo	*miocardio*
miria-	diecimila	*miriapodi*
mono-	solo	*monolitico*
morfo-	forma	*morfologia*
moto-	motore	*motoveicolo*
multi-	numeroso	*multicolore*
necro-	morto	*necropoli*
nefro-	rene	*nefrite*
neo-	nuovo	*neologismo*
neuro-,	nervo	*neurologia,*
nevro-		*nevralgia*
nitro-	con azoto	*nitroglicerina*
noso-	malattia	*nosologia*
odonto-	dente	*odontalgia*
oftalmo-	occhio	*oftalmia*
oligo-	poco	*oligarchia*
oltre-	al di là	*oltretomba*
omeo-	simile	*omeopatia*
omo-	uguale	*omologo*
onco-	tumore	*oncologia*
onni-	tutto	*onnivoro*
ornito-	uccello	*ornitologo*
oro-	montagna	*orogenesi*
orto-	diritto	*ortografia*
osteo-	osso	*osteite*
oto-	orecchio	*otoiatra*
otta-	otto	*ottaedro*
ovo-,	uovo	*ovopositore,*
ovi-		*ovidotto*
paleo-	antico	*paleolitico*
panto-	tutto	*pantografo*
para-	vicino a, presso	*paradosso*
pato-	malattia	*patologia*
penta-	cinque	*pentagono*
per-	attraverso	*perforare*
peri-	attorno	*periostio*
petro-	pietra, roccia	*petrografia*
piezo-	pressione	*piezometro*
piro-	fuoco	*pirotecnica*
pleuro-	fianco	*pleurite*
pluri-	più di uno	*pluridecorato*
pneumo-	respiro, polmone	*pneumopatico*
podo-	piede	*podometro*
poli-	numeroso	*poligono*
post-	dopo	*postdatare*
pre-	prima	*preistoria*
preter-	oltre	*preterizione*
pro- (1)	davanti	*proboscide*
pro- (2)	in luogo di	*proconsole*
proto-	primo	*prototipo*
pseudo-	falso	*pseudonimo*
psico-	anima	*psicologo*
ptero-	ala	*pterosauri*
quadri-	quattro	*quadrifoglio*
radio-	raggio	*radiologia*
re-	ripetizione	*reiterare*
retro-	dietro, indietro	*retroattivo*
ri-	di nuovo	*riaprire*
rino-	naso	*rinoceronte*
rizo-	radice	*rizoma*
s-	senza	*sbucciare*
sarco-	carne	*sarcofago*
schizo-	dividere	*schizofrenia*
sclero-	indurimento	*sclerosi*
semi-	a metà	*semiaperto*
semio-	segno	*semiologia*
servo-	asservito	*servomeccanismo*
sidero-	del ferro	*siderurgia*
sin-	assieme, con	*sintesi*
socio-	società	*sociologia*
sopra-,	al di sopra	*soprattassa,*
sovra-		*sovraccarico*
sotto-	al di sotto	*sottospecie*
stereo-	fermo, solido	*stereoscopio*
stomato-	bocca	*stomatologia*
stra-	eccesso	*straordinario*
sub-	sotto	*subalterno*
super-,	sopra	*supersonico,*
sur-		*surgelato*
tachi-	veloce	*tachimetro*
tassi-	ordinamento	*tassidermia*
tauto-	lo stesso	*tautologia*
tecno-	arte, tecnica	*tecnologia*
tele-	lontano, a distanza	*telefono*
teo-	dio	*teocrazia*
termo-	calore	*termometro*
tetra-	quattro	*tetragono*
tipo-	stampo, matrice	*tipografia*
topo-	luogo	*toponimia*
tra-	passaggio	*tradurre*
trans-	al di là	*transazione*
tri-	tre	*triciclo*
trico-	pelo, capello	*tricosi*
tropo-	movimento	*troposfera*
turbo-	turbina	*turbonave*
ultra-	al di là	*ultrasuono*
uni-	uno	*unificare*
uro- (1)	orina	*urologia*
uro- (2)	coda	*urogallo*
vice-	in vece di	*viceré*
xeno-	straniero	*xenofobia*
xero-	secco	*xerobio*
xilo-,	legno	*xilofono,*
silo-		*silografia*
zigo-	unione	*zigosi*
zoo-	essere vivente	*zoologia*

SUFFISSI

	significato	esempio
-abile	abitudine, possibilità	*cantabile*
-accio	peggiorativo	*avaraccio*
-aceo	qualità, somiglianza	*erbaceo*
-aggine	condizione, qualità negativa	*testardaggine*
-aglia	peggiorativo	*ferraglia*
-aio (1)	ambiente	*granaio*
-aio (2)	mestiere	*orologiaio*
-ale	stato, qualità	*glaciale*
-algia	dolore	*nevralgia*
-ame	collettivo	*legname*
-ano	origine	*romano*
-anza	risultato di un'azione	*speranza*
-archia	dominio	*monarchia*
-ardo	spregiativo	*bugiardo*
-are (1)	v. della 1ª coniugazione	*amare*
-are (2)	relazione	*esemplare*
-ario	agente	*mercenario*
-astro	peggiorativo	*giovinastro*
-ato (1)	condizione, carica	*magistrato*
-ato (2)	stato	*dentellato*
-ato (3)	collettivo	*colonnato*
-baro	peso, pressione	*isobaro*
-bio	vita, essere	*microbio*
-bolo	che lancia	*discobolo*
-cardio	cuore	*miocardio*
-carpo	frutto	*pericarpo*
-cefalo	testa	*bicefalo*
-cene	recente	*eocene*
-ciclo	cerchio	*triciclo*
-cida	che uccide	*infanticida*
-cidio	uccisione	*omicidio*
-cito, -cita	cellula	*linfocito, leucocita*
-colo	relativo alla coltura	*viticolo*
-coltore, -cultore	coltivatore	*agricoltore, puericultore*
-coltura, -cultura	arte della coltivazione	*agricoltura, puericultura*
-cosmo	mondo	*microcosmo*
-crazia	potere	*democrazia*
-crono	tempo	*sincrono*
-dattilo	dito, relativo a dito	*perissodattilo*
-derma	pelle	*pachiderma*
-dotto	conduttura	*oleodotto*
-dromo	luogo ove si effettuano gare di corsa	*ippodromo*
-edro	faccia, base	*ottaedro*
-eggiare	azione intensiva	*occhieggiare*
-ello	diminutivo	*contadinello*
-emia	sangue	*anemia*
-enza	condizione, stato	*sonnolenza*
-eo	qualità	*ferreo*
-ere	v. della 2ª coniugazione	*vedere*
-eria (1)	qualità	*furberia*
-eria (2)	locale	*birreria*
-esco	qualità	*romanesco*
-ese (1)	stato, qualità, provenienza	*borghese*
-ese (2)	abitante	*giapponese*
-esimo	numerale ordinale successivo a decimo	*ventesimo*
-etto	diminutivo	*sacchetto*
-evole	stato, qualità	*biasimevole*
-ezza	qualità	*saggezza*
-fago	mangiatore	*antropofago*
-fero	che porta	*fruttifero*
-ficare	fare, rendere	*dolcificare*
-ficio	fabbrica, lavorazione	*lanificio*
-fico	che fa	*benefico*
-filia	simpatia, affinità	*bibliofilia*
-filo	amico di	*idrofilo*
-fito, -fita	pianta	*xerofito, tallofita*

	significato	esempio
-fobia	avversione	*idrofobia*
-fobo	che prova avversione	*anglofobo*
-fonia	suono, voce	*sinfonia*
-fono	suono, voce	*francofono*
-forme	che ha forma di	*filiforme*
-foro	che porta	*semaforo*
-fugo	che mette in fuga	*febbrifugo*
-gamia	unione	*poligamia*
-gamo	matrimonio	*poligamo*
-genico	che produce	*telegenico*
-geno	generare	*idrogeno*
-gero	che porta	*armigero*
-glotto	lingua, linguaggio	*alloglotto*
-gono	angolo	*poligono*
-grafia	scrittura, disegno	*tipografia*
-grafo	che scrive, narra	*telegrafo*
-grammo	multiplo o sottomultiplo del grammo	*centigrammo*
-iatra	che cura	*pediatra*
-iatria	cura	*psichiatria*
-iccio	approssimazione, degenerazione	*nericcio*
-icello	diminutivo	*praticello*
-icino	diminutivo	*micino*
-ico	appartenenza, origine	*chimico*
-ide	composto chimico	*ammide*
-idro	acqua	*anidro*
-iere	che compie un'azione	*pasticciere*
-iero	qualità	*ospedaliero*
-ifico	modo di essere	*prolifico*
-igiano	origine	*alpigiano*
-igno	approssimazione	*ferrigno*
-ile	qualità	*gentile*
-ina (1)	ambiente	*officina*
-ina (2)	sostanza di natura basica	*morfina*
-ino (1)	diminutivo	*biondino*
-ino (2)	peggiorativo	*libertino*
-io (1)	continuità, intensità	*brulichio*
-io (2)	stato, condizione	*natio*
-ire	v. della 3ª coniugazione	*capire*
-ismo	dottrina, tendenza	*comunismo*
-issimo	superlativo	*bellissimo*
-ista (1)	che si riferisce a	*realista*
-ista (2)	aderente a	*comunista*
-ite (1)	malattia	*meningite*
-ite (2)	minerale	*pirite*
-ito (1)	verso d'animale	*barrito*
-ito (2)	sale, estere	*ipoclorito*
-ivo	qualità	*furtivo*
-izzare	attuazione	*tranquillizzare*
-lalia	modo di parlare	*ecolalia*
-latria	adorazione	*idolatria*
-lisi	soluzione, separazione	*analisi*
-lite, -lito	pietra	*nummolite, crisolito*
-litico	dell'età della pietra	*paleolitico*
-litro	multiplo o sottomultiplo del litro	*decilitro*
-logia	discorso, studio	*zoologia*
-logo	che studia	*geologo*
-mania	passione, tendenza	*megalomania*
-manzia	predizione	*cartomanzia*
-melia	malformazione	*focomelia*
-mente	avverbio	*facilmente*
-mento	azione	*stazionamento*
-metro	multiplo o sottomultiplo del metro	*decimetro*
-mila	migliaia	*diecimila*
-morfo	che ha forma	*antropomorfo*
-nomia	governo, amministrazione	*agronomia*
-nomo	che governa, amministra	*economo*

	significato	esempio
-oide	di forma	*sinusoide*
-onimia	che ha nome	*omonimia*
-oso (1)	qualità di	*formoso*
-oso (2)	caratterizzazione	*valoroso*
-otto	diminutivo	*aquilotto*
-paro	che genera	*oviparo*
-patia	disturbo, affezione	*cardiopatia*
-patico	affetto da	*psicopatico*
-peto	movimento	*centripeto*
-plasia	formazione	*neoplasia*
-plegia	paralisi	*paraplegia*
-pode	piede	*antipode*
-poli	città	*acropoli*
-ragia	fuoriuscita di liquido	*emorragia*
-scafo	natante	*motoscafo*
-scopia	esame	*radioscopia*
-scopio	che vede	*telescopio*
-sismo	movimento tellurico	*bradisismo*
-sofia	scienza	*filosofia*
-soma	corpo	*cromosoma*
-stasi, -stasia	cessazione	*emostasi, isostasia*
-statico	che ferma, arresta	*emostatico*
-stato	capacità di stabilizzare	*termostato*
-stico	rigo, verso	*distico*
-tassi	disposizione	*ipotassi*

	significato	esempio
-teca	armadio, custodia	*discoteca*
-termia	temperatura	*diatermia*
-termo	calore	*isotermo*
-tipo	stampo, modello	*prototipo*
-tomia	incisione, resezione	*anatomia*
-tonia	tensione, pressione	*distonia*
-tono	tensione, tono	*baritono*
-tore	che compie un'azione	*roditore*
-trofia	nutrizione	*atrofia*
-tropia	movimento,	*entropia*
-tropo	che si dirige	*isotropo*
-ttero	ala	*elicottero*
-tura	azione, strumento	*armatura*
-ubile	qualità, possibilità	*solubile*
-uccio	vezzeggiativo, spregiativo	*lavoruccio*
-ucolo	spregiativo	*poetucolo*
-ume	spregiativo	*luridume*
-ura	collettivo	*dentatura*
-urgia	opera, lavoro	*chirurgia*
-uria	dell'orina	*ematuria*
-uto	abbondanza	*barbuto*
-voro	che si nutre di	*onnivoro*
-zione	azione, effetto	*produzione*
-zoico	relativo agli esseri viventi	*mesozoico*

THE ELEMENTAL DETECTIVES

“A beautifully written book, bristling with magic, set in an ancient London filled with dragons, ghosts, water spirits, and a mysterious, creeping sleeping-sickness that must be fought by the brave young heroes. I loved it”
Cressida Cowell, Children’s Laureate & author of *How to Train Your Dragon*

“*The Elemental Detectives* is a rip roaring magical adventure… Patrice Lawrence has done a marvellous job of building an imaginative and creative mythology which lurks just under the city streets”
Catherine Johnson, author of *Freedom*

“*The Elemental Detectives* is a richly imagined, inventive and immersive fantasy adventure”
E. L. Norry, author of *Son of the Circus*

“I loved reading about a re-imagining of London with so much invention and energy. The world-building is, well … out of this world. Patrice Lawrence is amongst the greatest voices for young people writing today. I’m honoured to be a peer of hers”
Alex Wheatle, author of *Cane Warriors*

“BRILLIANT … history and fantasy woven magnificently into a thrilling, magical adventure”
Sophie Anderson, author of *The House with Chicken Legs*

“A fantastic adventure, packed with rich world building and stunning elemental magic”
Peter Bunzl, author of *Cogheart*

PATRICE LAWRENCE was born in Brighton and brought up in an Italian-Trinidadian household in Sussex. Her first novel *ORANGEBOY* was one of the most talked-about YA books of 2016 and won the Waterstones Children's Book Prize for Older Fiction and the Bookseller YA Book Prize that year. Ever since, her work has consistently featured on prestigious prize lists, and her recent novel *EIGHT PIECES OF SILVA* has won a number of awards, including the CrimeFest YA Prize, the inaugural Jhalak Children's and Young Adult's Prize for UK Writers of Colour and the Woman and Home Teen Drama Award. Patrice has been awarded the MBE for services to literature.

BOOKS BY PATRICE LAWRENCE FOR OLDER READERS

Orangeboy
Indigo Donut
Rose, Interrupted
Eight Pieces of Silva
Splinters of Sunshine

Diver's Daughter: a Tudor Story
Needle
Rat